音字母と 21 種の母音字母を組み合わせ...
ない。
ㅈの系列(平音)は、語頭では無声...
..., ㅉの系列(濃音)とㅋ, ㅌ, ㅍ, ㅊ...
(末子音)のカナ発音表記の例: 낙 ...

ㅙ	ㅚ	ㅛ	ㅜ							
괘	괴	교	구				규			기
グェ	グェ	ギョ	グ				ギュ	グ	ギ	ギ
꽤	꾀	꾜	꾸	ㅝ	ㅞ	뀌	뀨	끄	끠	끼
ックェ	ックェ	ッキョ	ック	ックォ	ックェ	ックィ	ッキュ	ック	ッキ	ッキ
놰	뇌	뇨	누	눠	눼	뉘	뉴	느	늬	니
ヌェ	ヌェ	ニョ	ヌ	ヌォ	ヌェ	ヌィ	ニュ	ヌ	ニ	ニ
돼	되	됴	두	둬	뒈	뒤	듀	드	듸	디
ドェ	ドェ	ヂョ	ドゥ	ドォ	ドェ	ドゥィ	デュ	ドゥ	ディ	ディ
뙈	뙤	뚀	뚜	뚸	뛔	뛰	뜌	뜨	띄	띠
ットェ	ットェ	ッテョ	ットゥ	ットォ	ットェ	ットゥィ	ッテュ	ットゥ	ッティ	ッティ
뢔	뢰	료	루	뤄	뤠	뤼	류	르	릐	리
ルェ	ルェ	リョ	ル	ルォ	ルェ	ルィ	リュ	ル	リ	リ
왜	뫼	묘	무	뭐	뭬	뮈	뮤	므	믜	미
ムェ	ムェ	ミョ	ム	ムォ	ムェ	ムィ	ミュ	ム	ミ	ミ
봬	뵈	뵤	부	붜	붸	뷔	뷰	브	븨	비
ブェ	ブェ	ビョ	ブ	ブォ	ブェ	ブィ	ビュ	ブ	ビ	ビ
뽸	뾔	뾰	뿌	뿨	뿸	쀠	쀼	쁘	쁴	삐
ップェ	ップェ	ッピョ	ップ	ップォ	ップェ	ップィ	ッピュ	ップ	ッピ	ッピ
쇄	쇠	쇼	수	숴	쉐	쉬	슈	스	싀	시
スェ	スェ	ショ	ス	スォ	スェ	シュィ	シュ	ス	シ	シ
쐐	쐬	쑈	쑤	쒀	쒜	쒸	쓔	쓰	씌	씨
ッスェ	ッスェ	ッショ	ッス	ッスォ	ッスェ	ッシュィ	ッシュ	ッス	ッシ	ッシ
왜	외	요	우	워	웨	위	유	으	의	이
ウェ	ウェ	ヨ	ウ	ウォ	ウェ	ウィ	ユ	ウ	ウィ	イ
좨	죄	죠	주	줘	줴	쥐	쥬	즈	즤	지
ジュェ	ジュェ	ジョ	ジュ	ジュォ	ジュェ	ジュィ	ジュ	ジュ	ジ	ジ
쫴	쬐	쬬	쭈	쭤	쮀	쮜	쮸	쯔	쯰	찌
ッチュェ	ッチュェ	ッチョ	ッチュ	ッチュォ	ッチュェ	ッチュィ	ッチュ	ッチュ	ッチ	ッチ
쵀	최	쵸	추	춰	췌	취	츄	츠	츼	치
チュェ	チュェ	チョ	チュ	チュォ	チュェ	チュィ	チュ	チュ	チ	チ
쾌	쾨	쿄	쿠	쿼	퀘	퀴	큐	크	킈	키
クェ	クェ	キョ	ク	クォ	クェ	クィ	キュ	ク	キ	キ
퇘	퇴	툐	투	퉈	퉤	튀	튜	트	틔	티
トェ	トェ	テョ	トゥ	トォ	トェ	トゥィ	テュ	トゥ	ティ	ティ
퐤	푀	표	푸	풔	풰	퓌	퓨	프	픠	피
フェ	フェ	ピョ	プ	プォ	フェ	フィ	ピュ	プ	ピ	ピ
홰	회	효	후	훠	훼	휘	휴	흐	희	히
フェ	フェ	ヒョ	フ	フォ	フェ	フィ	ヒュ	フ	ヒ	ヒ

デイリーコンサイス
韓日・日韓辞典

SANSEIDO'S DAILY CONCISE KOREAN DICTIONARY

尹亭仁 [編]

デイリーコンサイス
韓日辞典

SANSEIDO'S DAILY CONCISE KOREAN-JAPANESE DICTIONARY

尹亭仁 [編]

三省堂

© Sanseido Co., Ltd. 2009

Printed in Japan

[編 者]　　　　　　　尹亭仁

[執筆・執筆協力者]　　尹亭仁　永原歩　小野順子　文彰鶴
　　　　　　　　　　　金秀美　車香春

[編集協力者]　　　　　上保敏　吉岡幸子　李根雨　尹恵禎
　　　　　　　　　　　細川雄　鈴木康子　佐々木香奈　金銀珠
　　　　　　　　　　　三上将宏　金珠怜　西條香菜　香川義雄
　　　　　　　　　　　金倫廷　金志訓　趙懸貞　柳彬　馬場緑

[システム及びデータ設計]　三省堂データ編集室

[地　図]　　　　　　　ジェイ・マップ

[装　丁]　　　　　　　三省堂デザイン室

序

ここ数年の間に、スポーツやドラマなどを介して日本と韓国の社会的・文化的交流がかつて類を見ないほどの勢いで深まっている。日本における韓国語学習者の数も飛躍的に増えてきて、一時的な興味の対象としてではなく真摯に韓国語を学ぼうという学生や社会人の層が着実に形成されつつある。その影響は当然辞書の編纂やテキスト・参考書類の編集にも及んでくることになった。

本書は、そのような流れに押されて2005年の春に企画の構想に着手し、執筆のための準備作業に入った。韓国人と日本人の執筆者が大学の授業の中で日々体験する問題を出し合い、学習者にとってどのような辞書がよいものなのか、知恵を絞って様々な工夫を凝らした。三省堂のデイリーコンサイスシリーズの特長を活かし、コンパクトながら現代生活に必要十分な項目数を収録した辞書をめざした。新しく登場する韓国語の辞書として我々が特に意識した点は以下の通りである。

韓国語には日本語にない子音や母音が多いため、学習者は発音を習得するのにまず苦労する。そこで、韓日辞典では見出し語の発音情報を充実させた。すなわち、頻度の高い重要語にはIPA(国際音声記号)を表示した。また、学習者がおそらく一番初めに覚えるべき実際の発音をハングルで併記した。本書を使ううちに、韓国語の発音の仕組みが自然に分かるようになると思われる。

複合語は親となる見出し語のもとに見やすく表示した。名詞の場合、一語を通して関連語も一緒に学習できるように心がけた。特に漢語名詞の習得には役立つものと期待している。また、この種のハンディサイズの限界まで、語の使い方が分かるような句例・文例を豊富に収録した。

語彙の習得を意味の関連で捉えられるように、類義語、対義語、関連語や派生関係が個別的である受身形、使役形、さらに略語なども掲載した。韓国語に特徴的な母音の交替で語感の強弱・軽重を表わす対語も表示した。

韓国語習得の重要なポイントとなる用言の活用の理解に役立つように、紙幅の許す限り「正則・変則活用」「重要動詞・形容詞活用表」を巻末に掲載した。眺めるだけで変則や用言の活用形の違いが分かるように意図した。そのほか、韓国についての文化的な情報および語法的な知識を補強するのに役立つ付録を巻末に掲載した。

1990年の来日以来、『大辞林』をはじめとする国語辞典を愛用している編者であるが、韓国語と日本語の学習者にいささかでも役に立ち親しまれる辞書を届けたいと心から願って、本書が成った次第である。不十分な点が色々あると思われるが、読者の方々のご意見・ご叱正を待ちたい。

最後に、精緻な組版と印刷・製本を担当された三省堂データ編集室および三省堂印刷株式会社の関係者の方々、出版をお勧めくださった株式会社三省堂、とりわけ企画・編集を担当された柳百合編集長をはじめ外国語辞書編集室の崔熙眞さん、村上眞美子さんには深く感謝申し上げる。

2009年3月

編者 尹亭仁

凡 例

1. 見出し語

1-1. 約 4 万 8 千の見出し語を,韓国での正書法におけるハングルの字母順に配列した.親見出しを含む複合語は,子見出しとしてその項目にまとめて示した.また,見出し語に 2 つ以上の品詞の別がある場合には,—— で区分した(自動詞・他動詞の別もこれに準じた).見出し語から派生した副詞・受身動詞などは,見出し語と同じ項末に置いた.

가격 (價格) /kagjɔk/ 图 価格;値段;値.
……
가격˚연동제 (價格連動制) 【-껼년-】 価格連動制.

가구¹ (家口) /kagu/ 图 世帯.㊞ 세대(世帯).
…… —— 依名 …世帯.

1-2. 同じハングル表記の語(同音異義語の見出し語)は右肩に番号を付して別見出しとした.

가상¹ (家相) 图 家相.　　**가상**² (假想) 图 ㊲自動 仮想.

1-3. 英語などの外来語,地名などの固有名詞,助詞,補助動詞,略語,重要動詞・形容詞の活用形も見出し語とした.

1-4. 重要語 5,160 語は色付きで表示した.そのうち特に使用頻度の高い最重要語 1,100 語は 2 行取り大字で表示した.

가능 (可能) /ka:nɯŋ/ 图 ㊲形 可能;できること.

1-5. 見出し語にはハイフン(-)で語結合を表示したが,分かち書きをしてもよい語には ˚ を表示した.

가랑-눈 图 粉雪.　　**공과˚대학** (工科大學) 【-꽈-】 图 工科大学;工学部.

1-6. 接頭・接尾辞,語尾などはハイフン付きで,自立語の後に配列した.

가-⁶ (假) 接頭 仮…;仮の…. ∥가-**가-**⁷ (家) 接尾 ❶ …家(ʻʼ).계약 仮契約.가면허 仮免許.

2. 表 記

2-1. 漢字語の見出し語には,( )に入れて韓国漢字を併記した.

간편-하다 (簡便-) /ka:nphjɔnhada/ 【㊲変】 簡便だ;便利だ;…

2-2. 英語などの外来語の見出し語には,原語のスペルを( )に入れて併記した(「13. 記号・略語類」参照).

가제² (Gaze ᴰ) 图 ガーゼ.

3. 発 音

3-1. 色付きで示した重要語には,/ /に入れて国際音声記号(IPA)を表示した.

가수 (歌手) /kasu/ 图 歌手.

3-2. ハングル通りの読みではなく,実際の発音において鼻音化・濃音化など音変化の起こる見出し語については,実際発音を【 】に入れてハングルで併記した.発音が変わらない部分は - で表示した.

가라-앉다 /karaanˀ̚ta/ 【-안따】 自 ❶ 沈む.

3-3. 見返しに掲載した「反切表とカナ発音表記」に従って本文中の姓や地名をカナ表記したが(ただし音節末子音には小字を使用しない),キムチ,チョゴリなど固有の事物は日本における慣用表記を使用した.

4. 品詞

4-1. 見出し語の品詞を 图 のように略号で示した(「13. 記号・略号類」参照). 品詞の名称および分類は, 原則として韓国の現行の学校文法に従った.

4-2. 名詞・副詞のうち, 하다 あるいは 되다 が付いて動詞あるいは形容詞になるものには 图他/自 のような記号を表示した(「13. 記号・略号類」参照).
가결 (可決) 图 图他 可決. 团부결(否決).

5. 活用・変化

5-1. 変則活用をする動詞・形容詞には [ㅂ変] のような表示をした(「13. 記号・略号類」参照). 活用の詳細については, 付録の「正則・変則活用表」「重要動詞・形容詞活用表」参照.
가까운 厖 [ㅂ変] 가깝다(近い)の現在連体形.

5-2. 重要動詞・形容詞には, 現在連用形および現在連体形を品詞・変則活用の後に表示した. また, 過去連体形で語幹の変わるものは併記した.

기르다 /kiruda/ 他 [르変] [길러, 기르는] ❶ 育てる; 育成する.

6. 語義

6-1. 語義の配列に当たっては, 原則として頻度を重視した.

6-2. 語義の区分は ❶❷…で示した. これを更に区分する場合は, (i)(ii)…を使用した.

6-3. ( )内に語義の補足説明を入れた.

6-4. 〔 〕内に文法的・語法的説明を入れた.

6-5. 《 》内に専門分野を表示した. ただし, 《経》は経済・経営, 《地》は地理・地質・地学, 《薬》は薬学・薬剤・薬物のように複数の分野を含む.

7. 用例

7-1. 用例は語義ごとに示し, 語義と用例は ‖ で区分した.

7-2. 用例中の見出し語に当たる部分は, 活用形も含めて省略せずに全書した.

8. 慣用句・諺

8-1. 慣用句・諺は項目末に ▶ を付して掲載した.
▶가까운 남이 먼 일가보다 낫다
〔諺〕遠い一家より近い隣; 遠くの親類より近くの他人.

8-2. 慣用句・諺は, 原則として先頭の語を見出しとする項目に挙げた.

8-3. 慣用句・諺の語義は①②…で区別した.

9. 百科的・語法的解説

9-1. 韓国固有の文化や語の運用に関する説明は, 語義や用例の後に ✤ で示した.
국화² (國花)【구콰】图 国花. ✤韓国は무궁화(無窮花), 日本は桜.

10. 類義語・対義語・関連語

10-1. 類義語, 対義語, シリーズをなす関連語は, 語義ごとに 類 对 圞 で示した.

가수요(假需要)⦗名⦘⦗経⦘ 仮需要. ⦗反⦘실수요(實需要).

11. 受身形・使役形・略語・縮約形
11-1. 受身形, 使役形, 略語, 縮約形は ⦗受⦘ ⦗使⦘ ⦗略⦘ ⦗縮⦘ で示した.

가지-가지 /kadʒigadʒi/⦗名⦘ 色々; 様々. ⦗縮⦘갖가지.

12. 語感の強弱・軽重を表現する語
12-1. 母音の交替によって語感の強弱・軽重を表現する対語は, それぞれ ⦗强⦘ ⦗弱⦘ で示した.

깔깔 ⦗副⦘⦗한自⦘ 屈託なく高らかに笑う声: けらけら; からから. ⦗弱⦘껄껄.

13. 記号・略号類

( )	省略可能/補足/韓国漢字	⦗하自⦘	하다が付くと自動詞
[ ]	置換可能/連用・連体形	⦗하他⦘	하다が付くと他動詞
/ /	発音(IPA)	⦗하自他⦘	하다が付くと自動詞・他動詞
【 】	実際発音	⦗하形⦘	하다が付くと形容詞
⇨	参照	⦗되自⦘	되다が付くと自動詞
←	語源		
‖	用例の開始	⦗類⦘	類義語
▶	慣用句・諺	⦗対⦘	対義語
✣	百科的・語法的解説	⦗関⦘	関連語
		⦗使⦘	使役形
⦗名⦘	名詞	⦗受⦘	受身形
⦗代⦘	代名詞	⦗略⦘	略語
⦗数⦘	数詞	⦗强⦘	語感を強める語
⦗依名⦘	依存名詞	⦗弱⦘	語感を弱める語
⦗自⦘	自動詞		
⦗他⦘	他動詞	イ	イタリア語
⦗自他⦘	自動詞・他動詞	オ	オランダ語
⦗形⦘	形容詞	ギ	ギリシャ語
⦗冠⦘	冠形詞	ス	スペイン語
⦗副⦘	副詞	ド	ドイツ語
⦗感⦘	感歎詞	フ	フランス語
⦗助⦘	助詞	ポ	ポルトガル語
⦗補動⦘	補助動詞	ラ	ラテン語
⦗補形⦘	補助形容詞	ロ	ロシア語
⦗受身⦘	受身動詞	中	中国語
⦗接頭⦘	接頭辞	日	日本語
⦗接尾⦘	接尾辞	梵	梵語
⦗語尾⦘	語尾		

[ㄹ語幹]	ㄹ(리을)語幹
[ㄷ変]	ㄷ(디귿)変則
[러変]	러変則
[르変]	르変則
[ㄹ変]	ㄹ変則
[ㅂ変]	ㅂ(비읍)変則
[ㅅ変]	ㅅ(시옷)変則
[우変]	우変則
[으変]	으変則
[ㅎ変]	ㅎ(히읗)変則
[하変]	하変則

ㄱ

ㄱ 图 ハングル子音字母の第1番目. 名称は「기역」.

ㄱㄴ-순 (-順) 图 ハングルの字母順; いろは順.

ㄱ-자 (-字) 图 「ㄱ」のような形のもの; ㄱ形.

가¹ /ka/ 图 ①はし; ほとり. 縁(ふち); …際(さい); …辺; …岸. ‖ 모자 가에 레이스를 달다 帽子の縁にレースをつける. 연못가 池のほとり. 窓가 窓辺. ②水際. 渚; 窓際. 강가 河畔; 川岸.

가² (可) 图 ①可. ‖즉시 입주 가 即時入居可. ②5段階の成績評価(秀・優・美・良・可)の中で5番目の成績; 可.

가³ /ka/ 图 [母音で終わる体言に付いて; 子音の場合は이] ①…が. ‖ 친구가 기다리고 있다 友だちが待っている. 오빠가 결혼을 했다 兄が結婚した. 내가 선택한 길이야 私が選んだ道です. ②[疑問文などで新しい話題として]…は. ‖프레스센터가 어디에 있어요? プレスセンターはどこにありますか. 학교가 어디에 있어요? 学校はどこにありますか. ③[…가 되다の形で]…になる. ‖내년 봄에 엄마가 되나요 来年の春, ママになります. 신문 기자가 되고 싶다 新聞記者になりたい. ④[…가 아니다の形で]…では(ない). ‖아직은 말할 때가 아니다 まだ話す時ではない. ⑤[넘다・모자라다などの文で]数量名詞に付く. ‖천 대가 넘는 차 千台を超える車. 나사가 두 개가 모자라다 ねじが2つ足りない.

가⁴ 尾 가다(行く)の連用形.

가-⁵ (加) 接頭 加…. ‖가속도 加速度.

가-⁶ (假) 接頭 仮の…. ‖가계약 仮契約. 가면허 仮免許.

-가⁷ (家) 接尾 ①…家(か). ‖소설가 小説家. 실업가 実業家. 자산가 資産家. 노력가 努力家. ②…家(け). ‖케네디가 ケネディ家. 박정희 가의 사람들 朴正熙家の人々.

-가⁸ (哥) 接尾 [名字に付けて] その名字であることを表わす. ‖한국에는 김가 성을 가진 사람이 많다 韓国には金という名字の人が多い. ②[男性同士で名字に付けて] 親しい関係または軽く扱うような感じを表わす. ‖저 김가가 그렇게 말했어 あの金がそう言った.

-가⁹ (街) 接尾 …街; …丁目. ‖상점가 商店街.

-가¹⁰ (歌) 接尾 …歌. ‖응원가 応援歌.

가가대소 (呵呵大笑) 图 呵々大笑.

가가호호 (家家戸戸) 图 圖 家ごと; 一軒ずつ. ‖가가호호 방문하다 一軒

一軒訪ねる.

가-건물 (假建物) 图 認可を受けていない仮の建物.

가게 (←假家) /ka:ge/ 图 (小規模の)店. ‖가게를 내다[차리다] 店を出す. 아침 열 시에 가게 문을 엽니다 朝10時に店を開けます. 가게 안으로 들어가다 店内に入る. 가게 문 닫을 시간에 손님이 들어와서 閉店の時間にお客さんが入ってきた. 채소 가게 八百屋. 생선 가게 魚屋.

가격 (價格) /kagjək/ 图 価格; 値段; 値. ‖가격 파괴 価格破壊. 가격을 깎다 値切る. 가격이 오르다 値が上がる. 생각보다 가격이 비싸다 思ったより値段が高い. 소비자 가격 消費者価格. 도매가격 卸価格.

가격 연동제 (價格連動制) [-경년-] 图 価格連動制.

가격 자유화 (價格自由化) [-짜-] 图 価格自由化.

가격 지수 (價格指數) [-찌-] 图 (經) 価格指数.

가격 탄력성 (價格彈力性) [-녁-썽] 图 価格弾力性.

가격표 (價格票) 图 値札. ‖가격표를 붙이다 値札をつける.

가격 협정 카르텔 (價格協定 Kartell) [-껴쩡-] 图 (經) 価格カルテル.

가결 (可決) 图 하困 可決. 困 부결(否決). ‖만장일치로 가결하다 満場一致で可決する. **가결-되다** 困자.

가계¹ (家計) [-/-게] 图 家計.

가계-부 (家計簿) 图 家計簿. ‖가계부를 적다 家計簿をつける.

가계-비 (家計費) 图 家計費.

가계 조사 (家計調査) 图 家計調査.

가계² (家系) [-/-게] 图 家系; 血筋.

가계약 (假契約) [-/-게-] 图 仮契約. ‖가계약을 맺다 仮契約を結ぶ.

가곡 (歌曲) 图 歌曲.

가공¹ (加工) /kagoŋ/ 图 하困 加工. ‖원료를 가공해서 수출하다 原料を加工して輸出하는.

가공 무역 (加工貿易) 图 加工貿易.

가공 수입 (加工輸入) 图 加工輸入.

가공 수출 (加工輸出) 图 =가공 무역 (加工貿易).

가공 식품 (加工食品) 图 加工食品.

가공² (架空) 图 ①架空. ‖가공의 인물 架空の人物.

가공-하다 (可恐-) 形 하困 [主に가공할…の形で] 恐るべき…. 驚くべき…. ‖가공할 핵무기 恐るべき核兵器.

가관 (可觀) 图 ①見る価値があること. ②苦しいこと; みっともないこと. ‖꼴이 가관이다 格好が見苦しい.

가교 (架橋) 图 架橋; かけ橋.

가구¹ (家口) /kagu/ 图 世帯. 图 세대 (世帶). ‖가구수 世帯数. 가구주 世

帯主. ― 依02 …世帯. ‖이 연립 주택에는 스무 가구가 살고 있다 このテラスハウスには 20 世帯が住んでいる.

가구²(家具) 图 家具. ‖가구점 家具店.

가극(歌劇) 图《音楽》歌劇. ‖오페라.

가금(家禽) 图 家禽.

가급-적(可及的) /kaːguɯpʲdʑʌk/【-쩍】图 可及的に; できること. ‖가급적 이 일은 하고 싶지 않다 できることなら, この仕事はしたくない. ― 圖 可及的に; なるべく; できるだけ. ‖싸움은 가급적 피하는 것이 좋다 けんかはできるだけ避けた方がよい. 내일은 가급적 빨리 가자 明日はなるべく早く行こう.

가까스로 /kaʔkasɯro/ 圖 やっと; 辛うじて; ようやく; どうにか. ‖가까스로 마감 시간을 지키다 どうにか締め切りを守る. 가까스로 이기다 辛うじて勝つ.

가까운【ㅂ変】 가깝다(近い)の現在連体形.

가까워【ㅂ変】 가깝다(近い)の連用形.

가까-이 /kaʔkai/ 圖 (하体) ❶ 近く. ‖역 가까이에 살고 있다 駅の近くに住んでいる. 오늘은 십 킬로 가까이 뛰었다 今日は 10 キロ近く走った. 가까이 가서 보다 近寄って見る. ❷ 親しく. ‖가까이 지내는 사람들 親しく付き合う人たち. 책을 가까이하는 습관 書物に親しむ習慣.

가깝다 /kaʔkapʲta/【-따】 形【ㅂ変】 [가까워, 가까운] ❶ (空間的・時間的に)近い. ‖친구 집은 역에서 가깝다 友だちの家は駅から近い. 가까운 시일 내에 찾아뵙겠습니다 近いうちに伺います. 환갑 가까운 나이 還暦に近い歳. ❷ (性質や内容が)近い; 似ている; ほとんど同じである. ‖불가능에 가까운 不可能に近い. 술에 가까운 음료 酒に近い飲み物. ❸ 親しい. ‖가까운 사이 親しい関係. ▶가까운 남이 먼 일가보다 낫다 圓 遠い一家より近い隣; 遠くの親戚より近くの他人.

가꾸는 가꾸다(栽培する)の現在連体形.

가꾸다 /kaʔkuda/ 他 ❶ (植物などを)育てる; 培う; 栽培する. ‖난을 가꾸다 蘭を育てる. 농작물을 가꾸다 農作物を栽培する. ❷ 手入れする; 装う; 整える. ‖정성 들여 가꾼 정원 丹精込めて手入れした庭. 몸매를 가꾸다 スタイルを整える.

가꾸어[가꿔] 他 가꾸다(栽培する)の連用形.

가꾼 가꾸다(栽培する)の過去連体形.

가꿀 가꾸다(栽培する)の未来連体形.

가끔 /kaʔkum/ 圖 時々; 時折; たまに; 時たま. ‖가끔 놀러 오세요 時々遊びに来てください. 가끔 생각이 난다 たまに思い出す. 가끔 만나기도 한다 時たま会うこともある.

가나다-순(-順) 图 ハングルの字母順; いろは順. ‖가나다순으로 배열하다 いろは順に並べる.

가난 /kanan/ 图 (하変) 貧乏; 貧困; 貧しさ; 貧しいこと. ‖가난에 쪼들리다 貧困に苦しむ. 젊고 가난했을 때 若くて貧乏していた頃. 마음이 가난하다 心が貧しい. ▶가난 구제는 나라도 못한다 圓 貧民救済は国も手に余る. ▶가난이 죄다 圓 (事が順調に運ばないのは) 貧乏のせいだ. ▶가난한 집 제사 돌아오듯 圓 (「貧しい家に祭祀が回ってくるよう」の意で)相次いで困難なことが起きることのたとえ.

가난-뱅이 〔さげすむ言い方で〕貧乏人.

가내(家内) 图 家族; 家の中; 家内.
가내-공업(家內工業) 图 家内工業.
가내-노동(家內勞動) 图 家内労働.

가냘프다【으変】 形 弱い; 弱々しい; か細い. ‖가냘픈 몸으로 か弱い体で. 가냘픈 목소리로 대답하다 か細い声で答える.

가녀리다 形 か細い. ‖가녀린 몸매 か細い体つき.

가누다 /kanuda/ 他 (体を)支える; 保つ. ‖몸을 제대로 못 가누다 体を支えきれない.

가느-다랗다[-라타] 形【ㅎ変】 きわめて細い; 極細い. 圖 굵다랗다.

가는¹ 圖【ㄹ語幹】 갈다(替える)の現在連体形.

가는² 形【ㄹ語幹】 가늘다(細い)の現在連体形.

가는³ 圓 가다(行く)の現在連体形. ‖서울에 가는 사람 ソウルに行く人.

가는-눈 图 細目; 薄目. 圓 실눈. ‖가는눈을 뜨고 주위를 살피다 細目を開けて様子を伺う.

가늘다 /kanulda/ 形【ㄹ語幹】 [가늘이→가늘] ❶ 細い. ‖손가락이 가늘다 指が細い. 신경이 가는 사람 細い神経の持ち主. 목소리가 가는 声が細い. ❷ (幅が)狭い. ‖눈을 가늘게 뜨다 目を細める. ❸ (織り目などが)細い. ‖가늘게 짜다 細かく織る. 파를 가늘게 썰다 ネギを細かく刻む.

가늘어 圖【ㄹ語幹】 가늘다(細い)の連用形.

가늠 /kanɯm/ 图 他 ❶ ねらい; 見当. ‖제대로 가늠이 よくねらいをつける. 圓 뉘 당; 見積もり; 見計らい. ▶전혀 가늠할 수가 없다 全く見当がつかない. 출하 나

기를 可能하다 出荷の時期を見計らう.

가능(可能)/ka:nuŋ/ 图 回能. ‖できること. ‖実行可能な計画. 実行可能な計画. 再生可能エネルギー. 가능한 可能な限り; できる限り; 極力.

가능-성(可能性)【-성】图 可能性. ‖성공할 가능성 成功する可能性.

가다¹ /kada/ 国 ● 가다 ‖학교에 가다 学校へ行く. 역까지 같이 갑시다 駅まで一緒に行きましょう. 저리 가! あっちへ行け! 역까지 걸어서 십 분이면 갈 수 있다 駅まで歩いて10分で行ける. 서울에 간 적이 있다 ソウルに行ったことがある. 서울에서 부산 가는 열차 ソウルから釜山に行く列車. 담당자한테 연락이 갈 겁니다 担当者から連絡が行くはずです. 가는 봄을 아쉬워하다 行く春を惜しむ. ❷ 去る; 過ぎ去る. ‖ 겨울이 가고 봄이 왔다 冬が去り, 春が来た. ❸ (時間が) 経つ. ‖시간 가는 줄도 모르고 친구 집에서 놀다 時間が経つのも忘れて友だちの家で遊ぶ. ❹ (明かりが) 消える. ‖불이 가다 明かりが消える. ❺ ひびが入る. ‖접시에 금이 가다 皿にひびが入る. ❻ 気持ちが向いた状態になる. ‖납득이 갈 때까지 질문하다 納得の行くまで質問する. 자꾸 눈이 가다 しょっちゅう目が行く. 이해가 안 가다 理解に苦しむ. 호감이 가다 好感が持てる. 예쁜 여학생에게 마음이 가다 きれいな女子学生に気が行く. ❼ (物事が) 複雑に入り組む. ‖손이 많이 가다 手のこんだ仕事. ❽ (体重・値段などが) それくらいはある[なる]. ‖체중이 백 킬로그램이나 간다 体重が100kgにもなる. 시가로 백만 원은 간다 時価100万ウォンはする. ❾ (味などが) 変わる; 変になる. ‖맛이 가다 味が変になる. ❿ [까무러치다の俗語] のびる. ‖어퍼컷 한 방에 가 버렸다 アッパーカットを1発くらってのびた.

── 国 ❶ ‖밤길을 가다 夜道を行く. 이 길을 죽 가면 역이 나옵니다 この道をまっすぐ行けば駅に出ます. ❷ [一部の名詞 + 을[를] 가다の形で] …に行く. ‖심부름을 가다 お使いに行く. 소풍을 멀리 가다 遠足に行く. ❸ [動作性名詞 + 을[를] 가다の形で] 미국으로 이민을 가다 アメリカへ移民する. 서울로 전학을 가다 ソウルに転校する. ❹ [動作性名詞 + 을[를] 가다の形で] 動作の目的を表わす. ‖미국으로 유학을 가다 アメリカへ留学に行く. 서울로 출장을 가다 ソウルへ出張に行く. 중국으로 조사를 가다 中国へ調査に行く. 남동생은 바다로 캠프를 가고 없다 弟は海へキャンプに行って今いない. ❺ […(으)러 가다の形で] 動作の目的を表わす. ‖친구하고 영화를 보러 가다 友だちと映画を見に行く. 대사관에 비자를 받으러 가다 大使館にビザを取りに行く. ▶가는 날이 장날 [諺] (行った日が市の立った日の意)で) たまたま行ったところ意外なことに遭遇することのたとえ. ▶가는 말이 고와야 오는 말이 곱다 [諺] 売り言葉に買い言葉.

가다² /kada/ 補動 […어[아])가다の形で] …ていく. ‖열심히 살아 가다 一生懸命に生きる. 마음이 점점 멀어져 가다 気持ちがだんだん遠ざかっていく. 밤이 깊어 가다 夜が更けていく. 주름이 늘어 가다 しわが増していく. ❷ …(し)つつある. ‖병이 나아 가다 病気が治りつつある. 그 사람은 점점 더 말이 없어 간다 彼は益々無口になりつつある. ❸ …かける. ‖여름이 끝나 가고 있었다 夏が終わりかけていた.

가다듬다 /kadadumtʰa/【-따】国 ❶ (気を) 取り直す; (心を) 落ち着かせる; (気持ちを) 静める. ‖마음을 가다듬고 얘기를 듣다 気持ちを落ち着かせて話を聞く. ❷ 整える. ‖호흡을 가다듬다 呼吸を整える. 전열을 가다듬다 隊列を整える. ❸ 繕う. ‖머리를 가다듬다 髪を繕う.

가다랑어 (魚介類) カツオ (鰹).

가닥 /kadak/ 图 ❶ (糸などの) 縒(よ)り; 糸すじ; (話の) すじ; 糸口. ‖이야기의 가닥을 잡다 話の糸口をつかむ. ❷ [한 가닥の形で] 一縷の. わずかな. ‖한 가닥의 희망 一縷の希望.

── 依名 糸などを数える語: すじ. ‖한 가닥의 실 1すじの糸.

가담 (加擔) 图 依動 加担.

가당찮다 (可當-)【-찬타】形 [가당하지 아니하다の縮約形] ❶ とんでもない. ‖가당찮은 소리를 하다 とんでもないことを言う. ❷ 手ごわい. ‖가당찮은 상대 手ごわい相手.

가도 (街道) 图 街道. ‖차는 지금 김포 가도를 달리고 있다 車は今金浦街道を走っている. 출세 가도 出世街道.

가동 (稼動) 图 依動 稼動. ‖가동 인구 稼動人口. 가동 중 稼動中. **가동-되다**

가동-률 (稼動率)【-늘】图 稼動率. ‖가동률을 높이다 稼動率を上げる.

가두 (街頭) 图 街頭. ‖가두 캠페인 街頭キャンペーン. 가두시위 街頭デモ.

가두-모금 (街頭募金) 图 街頭募金.

가두-연설 (街頭演説) 图 街頭演説.

가두다 /kaduda/ 国 閉じ込める; 押し込める; 監禁する; 閉じこめる. ‖사람을 방에 가두다 人を部屋に閉じ込める. 지하실에 가두다 地下室に監禁する. 돼지를 우리에 가두다 豚を小屋に囲う. ❷ 囲む.

가드 (guard) 图 ガード. ‖보디가드 ボディーガード.

가드-펜스 (guard fence) 图 ガードフェンス.

가드-레일 (guardrail) 图 ガードレール.

가득 /kaduk/ 圖 (하형) いっぱい; たっぷり; ぎっしり. ‖선물을 가득 안고 들어서다 プレゼントをいっぱい抱えて入ってくる. 이 우유에는 두뇌 발육에 좋은 DHA가 듬뿍 들어 있습니다 この牛乳には頭脳の発育にDHAがたっぷり入っています. 행복이 가득한 집 幸せいっぱいの家.

가든-파티 (garden party) 图 ガーデンパーティー.

가등기 (假登記) 图 (하민) 仮登記. 본등기(本登記).

가득-이나 圖 それでなくても; ただでさえ. ‖가득이나 바쁜데 쓸데없는 얘기 나, 그런 소리 하지 말아 줘 それでなくても忙しいのに, くだらない話を持ち出さないでくれ.

가라-앉다 /karaantʰa/ 〔-안따〕 圓 ❶ 沈む. ‖유조선이 침몰되어 바다 밑으로 가라앉았다 タンカーが沈没して海の底に沈んだ. ❷ (痛みなどが)和らぐ. ‖통증이 조금 가라앉다 痛みが少し和らぐ. ❸ (怒りなどが)静まる; 治まる. ‖흥분이 조금 가라앉았지만 興奮が多少静まった. 아직도 분이 가라앉지 않았다 まだ怒りが治まっていない. ❹ (腫れなどが)引く. ‖부기가 많이 가라앉았다 腫れがずいぶんいた. ❺ (雰囲気などが)静まる; 収まる; 落ち着く. ‖시험이 다가오고 있어서 그런지 교실 분위기는 많이 가라 앉아 있었다 試験が近づいているせいか教室の雰囲気がずいぶん落ち着いていた. ⑭가라앉히다.

가라앉-히다 /karaanthida/ 〔-안치-〕 他 〔가라앉다의 사동형〕 ❶ 沈める. ‖적함을 가라앉히다 敵艦を沈める. ❷ (痛みなどを)和らげる. ‖통증을 가라앉히다 痛みを和らげる. ❸ (怒りなどを)静める; 鎮静させる; 落ち着かせる. ‖분을 가라앉히다 怒りを静める. 사람들의 흥분을 가라앉히다 人々の興奮を落ち着かせる.

가라오케 (からオケ日) 图 カラオケ. ⑭노래방(-房).

가라테 (唐手日) 图 (スポーツ) 空手.

가락[1] 图 細長い棒状か筒状の物の一つ一つ. ‖젓가락 箸. 손가락 指. 숟가락 さじ. スプーン. 연필 한 가락 鉛筆一本.

가락-국수 〔-꾹쑤〕 图 (料理) 平打ちうどん.

가락[2] 图 ❶ (音の)調子; 節; 拍子. ‖노래 가락 曲調. ❷ (慣れた)調子; 手並み; 扱かまえ. ‖옛날 가락이 나오다 昔の調子がよみがえる.

가락지 〔-찌〕 图 (二つ一組の)指輪.

가랑-눈 图 細雪(ささめゆき).

가랑-비 /karaŋbi/ 图 小雨; 細雨. ‖가랑비가 뿌리다 小雨がぱらつく. ▶가랑비에 옷 젖는 줄 모른다 (🌐「小雨に服が濡れるのも気づかない」の意で) 僅かな支出でも度重なればばかにならないことのたとえ.

가랑이 图 股; 股ぐら. ‖바짓가랑이가 즈봉의 股下. ▶가랑이가 찢어지게 가난하다 (🌐 赤貧洗うが如し.

가랑-잎 〔-닢〕 图 (広葉樹の)落ち葉.

가래[1] /kare/ 图 痰. (🗂)담(痰). ‖가래가 끓다 痰がからむ. 가래를 뱉다 痰を吐く 〔切る〕.

가래-침 图 痰つば.

가래[2] 图 鍬(くわ).

가래[3] 图 (餅·飴などを棒状に延ばして切った)一切れ.

가래-떡 图 細長い棒状の白い餅.

가래-엿 〔-엳〕 图 細長い棒状の飴.

-가량 (假量) /ka:rjaŋ/ 接尾 ほど; ぐらい; ばかり. ‖나보다 키가 5 센티가량 크다 私より背が5センチほど高い. 사십 대가량의 남자 40代ぐらいの男性. 원가량 주세요 1万ウォンばかりください.

가려-내다 /karjəne:da/ 他 えり分ける; より分ける; 選別する. ‖불량품을 가려내다 不良品をより分ける.

가련-하다 (可憐-) 图 (하변) 可憐だ; 不憫だ. ‖소녀의 가련한 모습 少女の可憐な姿. 가련하게 여기다 不憫に思う. **가련-히** 圖

가렵다 /karjəpˀta/ 〔-따〕 图 〔ㅂ変〕〔가려워, 가려운〕 かゆい. ‖등이 가렵다 背中がかゆい. 가려운 데를 긁다 かゆいところをかく. 가려워서 참을 수가 없다 かゆくてたまらない. ▶가려운 데를 긁어 주다 かゆいところに手が届く.

가령 (假令) /ka:rjəŋ/ 圖 仮に; もしも; たとえ; 例えば. ‖가령 그렇다고 치자 仮にそうだとしよう. 가령 당신이라면 어떻게 하겠습니까? 例えばあなたならどうしますか.

가로[1] /karo/ 图 横. (🗂)세로. ‖가로 십 센티, 세로 십 센티의 상자 横10 センチ, 縦10 センチの箱. 가로 길이가 얼마예요? 横の長さはどれくらいですか.

가로-축 (-軸) 图 (数学) 横軸; x 軸. (🗂)세로축 (-軸).

가로[2] (街路) 图 街路.

가로-등 (街路燈) 图 街路灯; 街灯.

가로-수 (街路樹) 图 街路樹; 並木.

가로-놓다 〔-노타〕 他 横にして置く. ⑭가로놓이다.

가로-놓이다 〔-노-〕 圓 〔가로놓다의 受身動詞〕 横たわる. ‖큰 다리가 가로놓여 있다 大きな橋が横たわっている〔かかっている〕. 많은 어려움이 가로놓여 있다 多くの困難が横たわっている.

가로-누이다 他 가로눕다의 使役動詞.

가로-눕다 〔-따〕 圓 〔ㅂ変〕 横になる;

횡たわる. ‖침대에 가로누워 이것저것 생각하다 ベッドに横たわってあれこれと考える. 働가로누이다.

가로-막다 /karomak²ta/[-따] 他 ❶ 〈前を〉塞ぐ;立ちはだかる. ‖출구를 가로막다 出口を塞ぐ. 고장 난 트럭이 길을 가로막고 있다 故障したトラックが道を塞いでいる. 働가로막히다. ❷ 遮る;妨げる. ‖상대편 말을 가로막다 相手の言葉を遮る.

가로막-히다 [-마키-] 国 〔가로막다의 受身動詞〕塞がれる;塞がる;立ち塞がられる. ‖큰 차에 가로막히다 大きな車に立ち塞がれる.

가로-세로 名 縦横;横縱(종).

가로쓰-기 他名 横書き. 働횡서(横書). 만세로쓰기.

가로-젓다 [-전따] [人変] 〈首を〉横に振る. ‖고개를 가로저으며 싫다고 하다 首を横に振りながら嫌だと言う.

가로-줄 名 横の線. 만세로줄.

가로-지르다 [르変] ❶ 〈横に〉かけ渡す; 〈門(문)などを〉かける. ‖문빗장을 가로질러 두다 門をかけておく. ❷ 横切る. ‖큰길을 가로질러 가다 大通りを横切って行く.

가로-채다 /karotɛ̌ʰeda/ 他 ❶ 横取りする;奪い取る. ‖남의 몫을 가로채다 人の取り分を横取りする. ❷ 〈話の腰を〉折る. ‖내 말을 가로채서 자기 이야기만 했다 私の話の腰を折って自分の話ばかりした. 働가로채이다.

가로채-이다 他 〔가로채다의 受身動詞〕 横取りされる;奪われる;取られる. ‖상대 팀에 공을 가로채이다 相手チームの選手にボールを取られる.

가루 /karu/ 名 粉;粉末. ‖가루를 빻다 粉を挽(ʰ)く. 밀가루 小麦粉. 콩가루 きな粉. 찹쌀 가루 白玉粉. 고춧가루 唐辛子の粉. 분필 가루 チョークの粉.

가루-비누 名 粉石けん.

가루-약 (-藥) 名 粉薬.

가르는 [르変] 가르다(裂く·分ける)의 現在連体形.

가르다 /karuda/ 他 [르変] [갈라, 가르는] ❶ 裂く;かき切る; 割る;切り裂く. ‖배를 가르다 腹をかき切る. 배를 갈라 알을 들어내다 腹を裂いて卵を取り出す. 두 사람 사이를 갈라 놓다 2人の仲を裂く. ❷ 分ける. ‖편을 가르다 チームに分ける. 승패를 가르다 勝敗を分ける. 働갈리다.

가르마 (髪の)分け目. ‖가르마를 타다 髪に分け目をつける.

가르치는 他 가르치다(教える)의 現在連体形.

가르치다 /karuɛ̌ʰida/ 他 ❶ 教え る;教授する. ‖피아노를 가르치다 ピアノを教える. 인사하는 법을 가르치다 挨拶の仕方を教える. 교도하다; 指導する; 手ほどきする. ‖미국인 친구에게 한국어 기초를 가르쳐 주다 アメリカ人の友だちに韓国語の手ほどきをする. ❸ 教え込む; 仕込む. ‖춤을 가르치다 踊りを仕込む.

가르치어 [가르쳐] 他 가르치다(教える)의 運用形.

가르친 他 가르치다(教える)의 過去連体形.

가르칠 他 가르치다(教える)의 未来連体形.

가르침 /karuɛ̌ʰim/ 名 教え;教訓. ‖선생님의 가르침 先生のお教え.

가른 [르変] 가르다(裂く·分ける)의 過去連体形.

가를 [르変] 가르다(裂く·分ける)의 未来連体形.

가리는 他 가리다(選ぶ·覆う)의 現在連体形.

가리다¹ 国 遮られる;遮断される. ‖앞 건물에 시계가 가리다 前のビルに視界を遮られる.

가리다² /karida/ 他 ❶ 選ぶ;えり分ける;より分ける. ‖이기기 위한 수단을 가리지 않다 勝つために手段を選ばない. ❷ 人見知りする;人怡じする. ‖낯을 가리다 人見知りする. ❸ 弁(연)える; 見分ける; 分かつ. ‖때와 장소를 가리다 時と場所を弁える. ‖가리지 않고 뭐든지 잘 먹다 えり好みせずに何でもよく食べる.

가리다³ /karida/ 他 覆う;遮る;隠す. ‖햇빛을 가리기 위한 커튼이 필요하다 日差しを遮るためのカーテンが必要だ. 구름이 해를 가리고 있다 雲が日を遮っている. 손수건으로 얼굴을 가리다 ハンカチで顔を覆う.

가리어 [가려] 他 가리다(選ぶ·覆う)의 運用形.

가리키는 他 가리키다(指す·指し示す)의 現在連体形.

가리키다 /karikʰida/ 他 ❶ 指す; 指し示す; 指差す; 示す. ‖나침반이 남쪽을 가리키다 羅針盤が南を指す. 손을 우산을 손가락으로 가리키다 買いたい傘を指で指す. 범인을 가리키다 犯人を指差す. 시계는 벌써 열두 시를 가리키고 있었다 時計はすでに12時を示していた. ❷ 〔…을 [를] 가리키어의 形で〕…を指して;…のことを. ‖동네에서는 그를 가리켜 신동이라고 했다 村では彼のことを神童と言っていた.

가리키어 [가리켜] 他 가리키다(指す·指し示す)의 運用形.

가리킨 他 가리키다(指す·指し示す)의 過去連体形.

가리킬 他 가리키다(指す·指し示す)의 未来連体形.

가린 〖動〗 가리다(選ぶ・覆う)の過去連体形.

가릴 〖動〗 가리다(選ぶ・覆う)の未来連体形.

가마¹ 〖名〗 가마솥の略語.

가마² 〖名〗 〖陶磁器・炭などを焼く〗窯(かま).

가마³ 〖名〗 가마니の略語.

가마⁴ 〖名〗 つむじ; 旋毛. ∥머리에 가마가 두 개 있다 頭につむじが2つある.

가마니 〖名〗 かます; 俵(たわら). 働 가마.
∥가마니를 짜다 かますを編む.
── 〖名〗 (米・炭などを入れた)かますを数える語: …かます; …俵. ∥쌀 두 가마니 米2俵. 숯 세 가마 炭3俵.

가마득-하다 [─드카─] 〖形〗〖ㅎ変〗 遥かに遠い; 気が遠くなる; 途方に暮れる. ∥어떻게 살아 나가야 할지 가마득하다 どう生きていったらよいか途方に暮れている. ∥가마득한 옛날 일 遥か昔のこと.
가마득-히 〖副〗

가마-솥 [─손] 〖名〗 釜. 働가마.

가마우지 〖名〗〖鳥類〗 ウ(鵜).

가만-있다 [─만닏따] 〖自〗 ❶ おとなしくしている; 黙っている; じっとしている. ∥가만있지 말고 뭐라고 한마디 하세요 黙っていないで何か一言言ってください. ❷ 〖감탄사・가만있어라などの形で〗 さて; はて; ええと; 待ってよ. ∥가만있자 저 사람이 누구더라? ええと, あの人, 誰だっけ?

가만-히 /kamanhi/ 〖副〗 じっと; 黙って; おとなしく. ∥그는 가만히 듣고만 있었다 彼はただ聞いていたばかりだった. 눈을 감은 채 가만히 누워 있다 目を閉じたままじっと横になっている. 좀 가만히 있으세요 ちょっとおとなしくしてください.

가망 (可望) /ka:maŋ/ 〖名〗 見込み; 望み. ∥더 이상 가망이 없다 もう見込みがない. 성공할 가망이 없다 成功する望みがない.
가망-성 (可望性) 【─썽】〖名〗 見込み; 将来の可能性.

가-매장 (假埋葬) 〖名〗〖他〗 仮埋葬.

가맹 (加盟) 〖名〗〖自他〗 加盟.
가맹-자 (加盟者) 〖名〗 加盟者.
가맹-점 (加盟店) 〖名〗 加盟店.

가면 (假面) /ka:mjʌn/ 〖名〗 仮面. ▶가면을 벗다 仮面を脱ぐ. ▶가면을 쓰다 仮面を被る.
가면-극 (假面劇) 〖名〗 仮面劇.
가면-무도회 (假面舞蹈會) 【─/─훼】〖名〗 仮面舞踏会.

가-면허 (假免許) 〖名〗 仮免許.

가명 (假名) 〖名〗 仮名. ㉗본명(本名)・실명(實名).

가무 (歌舞) 〖名〗〖自他〗 歌舞.

가무스레-하다 〖形〗〖ㅎ変〗 =가무스름하다.

가무스름-하다 〖形〗〖ㅎ変〗 浅黒い; 薄黒い. ∥얼굴이 통통하고 가무스름하다 顔がぽっちゃりして浅黒い.

가무잡잡-하다 〖形〗〖ㅎ変〗 浅黒い. ∥가무잡잡한 피부 浅黒い肌.

가문 (家門) 〖名〗 家柄; 家門. ∥집안. ∥가문의 명예 家門の名誉.

가문비-나무 〖名〗〖植物〗 エゾマツ(蝦夷松).

가물 /kamul/ 〖名〗 旱魃(かんばつ); 日照り. 働한발(旱魃). ∥올해는 가물 피해가 심각하다 今年は旱魃による被害が深刻である. ▶가물에 콩 나듯 〖俚〗 (「日照りに豆が生えるように」の意で)ごくまれであることのたとえ.

가물가물-하다 〖自〗〖ㅎ変〗 ぼんやりする; かすかだ. ∥그 사람에 대한 기억도 이제는 가물가물한다 あの人の記憶も今ではかすかである. 작은 글씨는 가물가물해서 못 읽겠다 小さい字はちらちらして読めない. ㉗거물거물.

가물-거리다 /kamulgɔrida/ 〖自〗 ❶ (明かりなどが)ちらちらする; ちらつく; ゆらゆらする; 揺らぐ; ゆらめく. ∥가물거리는 불빛 揺らぐ明かり. ❷ (遠くのものが)かすんで見える; しょぼつく. ∥눈이 가물거린다 目がちらちらする. ❸ (記憶などが)かすかだ. ∥가물거리는 기억 かすかな記憶. ㉗거물거리다.

가물다 〖ㄹ語幹〗 旱魃が続く; 日照りが続く.

가물치 〖魚介類〗 タイワンドジョウ科の淡水魚.

가뭄 〖名〗 =가물.

가미 (加味) 〖名〗〖他〗 加味.

가발 (假髮) /ka:bal/ 〖名〗 かつら. ∥가발을 쓰다 かつらをつける[かぶる].

가방 /kabaŋ/ 〖名〗 かばん; 袋. ∥손가방 手提げかばん. 종이 가방 紙袋. 가죽 가방 革のかばん. 가방에 집어넣다 かばんに詰め込む.

가벼운 〖ㅂ変〗 가볍다(軽い)の現在連体形. ∥가벼운 복장 軽い服装.

가벼워 〖ㅂ変〗 가볍다(軽い)の連用形.

가변 (可變) 〖名〗〖自他〗 可変. ㉗불변(不變).
가변-성 (可變性) 【─썽】〖名〗 可変性.
가변-자본 (可變資本) 〖名〗 可変資本.
가변-적 (可變的) 〖名〗 可変的. ∥가변적인 요소 可変的な要素.

가볍다 /kabjʌp̚ta/ 【가벼워, 가벼운】〖形〗〖ㅂ変〗 ❶ 軽い. ∥수소는 공기보다 가볍다 水素は空気より軽い. 오늘은 가방이 가볍다 今日はかばんが軽い. 입이 가볍다 口が軽い. 가벼운 상처 軽いけが. 가볍게 들어 올리다 軽々と持ち上げる. ❷ 軽率だ. ∥좀 가볍게 구는 사람 多少軽率にふるまう人. ❸ 軽微だ. ∥가벼운 피해 軽微な被害. ❹ 軽やかだ; 軽快だ. ∥가벼

복장 軽やかな服装. 가벼운 발걸음 軽やかな足取り. ❺簡単だ. ‖この程度の問題は簡単に解ける このくらいの問題は簡単に解ける. **가벼이** 副

가보(家寶)图 家宝.

가보트(gavotte フ)[音楽] ガボット.

가봉[1](假縫)图他動 仮縫い. ‖ドレスを仮縫いする ドレスを仮縫いする.

가봉[2](Gabon)图国名 ガボン.

가부(可否)图 可否. ‖가부 여하 可否如何.

가부-간(可否間)副 いずれにせよ, いずれにしても, どちらにしても. ‖물리 치료든 수술이든 가부간 결정해야 한다 物理療法なり手術なりどちらにしても決めなければならない.

가부-장(家父長)图 家父長.
가부장-제(家父長制)图 家父長制.

가부-좌(跏趺坐)图 結跏(ゲッカ)趺坐(ズ). ‖결가부좌(結跏趺坐)·반가부좌를 틀다 結跏趺坐を組む.

가분수(假分數)[数学]❶仮分数. ⇔ 진분수(眞分數). ❷〔あざける言い方で〕体に比べ頭が大きい人.

가불(假拂)图他動 前貸し. 鄭가지급(假支給).

가뿐-하다 形 ❶身体の動きが軽い. ‖운동을 했더니 몸이 가뿐하다 運動をしたら体が軽い. ❷わりと簡単だ. 鄭가뿐하다.

가쁘다 形[으変] (息が)苦しい. ‖숨을 가쁘게 몰아쉬다 苦しそうに息をする.

가사[1](家事)图 家事. ‖가사에 전념하다 家事に専念する. 가사 노동 家事労働.

가사[2](袈裟←kaṣāya 梵)[仏教] 袈裟.

가사[3](假死)图 仮死. ‖가사 상태에 빠지다 仮死状態に陥る.

가사[4](歌詞)[音楽] 歌詞.

가산[1](加算)图他動 加算. ‖원금에 이자를 가산하다 元金に利子を加算する. **가산-되다** 自動
가산-세(加算稅)[-쎄]图 加算稅.
가산-점(加算點)[-쩜]图 加算点.

가산[2](家産)图 家産; 身代; 身上. ‖가산을 탕진하다 身代を潰す.

가상[1](家相)图 家相.

가상[2](假想)图 仮想. ‖가상 현실 仮想現実; バーチャルリアリティー. 가상 적국 仮想敵国.

가상-공간(假想空間)图 サイバースペース.

가상-극(假想劇)[文芸] 仮想劇.

가상-하다(嘉尙-)形 [여変] 感心だ; 奇特だ; けなげだ. ‖가상한 일이라 아니할 수 없다. **가상-히** 副

가석방(假釋放)[-빵][法律] 仮釈放. **가석방-되다** 自動

가설[1](架設)图他動 架設. ‖전화를 가설하다 電話を架設する. 가설 공사 架設工事.

가설[2](假設)图他動 仮設. ‖가설 극장 仮設劇場.

가설[3](假說)图 仮説. ‖가설을 세우고 가설을 검증하다 仮説を検証する.

가성[1](假聲)图 ❶仮声; つくり声. ❷ 裏声.

가성[2](歌聲)图 歌声.

가성[3](苛性)图 苛性(皮膚やその他の動物組織に激しく作用し,腐食させる性質).
가성¯소다(苛性 soda)图 苛性ソーダ.

가성[4](假性)[医学] 仮性. ⇔진성(眞性). ‖가성 근시 仮性近視.

가세[1](加勢)图他動 加勢.

가세[2](家勢)图 家勢. ‖가세가 기울다 家勢が衰える.

가소-롭다(可笑-)[-따] 形[ㅂ変] 笑うことだ; ちゃんちゃらおかしい; 滑稽だ; 笑止千万だ; 片腹痛い. ‖하는 짓이 가소롭기 짝이 없다 やっていることが笑止千万だ. **가소로이** 副

가소-성(可塑性)[-썽]图 可塑性.

가속(加速)图自動 加速. ⇔감속(減速).
가속-도(加速度)[-또]图 加速度. ‖가속도가 붙다 加速度がつく.
가속도-계(加速度計)[-또-/-또게]图 加速度計.
가속 장치(加速裝置)[-짱-]图 加速装置.

가솔린(gasoline)图 ガソリン.
가솔린 기관(gasoline 機關)图 ガソリン機関.
가솔린 엔진(gasoline engine)图 = 가솔린 기관(gasoline 機關).
가솔린-차(-車)图 ガソリン車.

가수(歌手)/kasu/图 歌手. ‖샹송 가수 シャンソン歌手.

가수¯분해(加水分解)[化学] 加水分解.

가수요(假需要)[経] 仮需要. 鄭실수요(實需要).

가스(gas ネ)/kasu/图 ガス. ‖가스가 새다 ガスが漏れる; ガス漏れする. 탄소 가스 炭酸ガス. 액화 석유 가스 液化石油ガス.
가스-관(gas 管)图 ガス管.
가스 기관(gas 機關)图 ガス機関.
가스-난로(gas 煖爐)[-날-]图 ガスストーブ. 鄭가스스토브.
가스-등(gas 燈)图 ガス灯.
가스-라이터(gas lighter)图 ガスライター.
가스-레인지(gas range)图 ガスレンジ.
가스-마스크(gas mask)图 ガスマス

가스-버너 (gas burner) 图 ガスバーナー.
가스-봄베 (Gasbombe ド) 图 ガスボンベ.
가스-스토브 (gas+stove 日) 图 ガスストーブ. ⑨가스난로(gas 煖爐).
가스-엔진 (gas engine) 图 ガスエンジン.
가스-총 (-銃) 图 ガス銃.
가스펠 (gospel) 图《キリスト教》ゴスペル.

가슴 /kasum/ 图 ❶胸. ‖가슴을 펴고 걷다 胸を張って歩く. 가슴이 답답하다 胸が苦しい. 괴로워서 가슴이 미어질 것 같다 苦しくて胸が張り裂けそうだ. 가슴을 쓸어내리다 胸をなで下ろす. 가슴이 설레다 胸が騒ぐ. 가슴에 손을 얹고 생각해 보렴 自分の胸に聞いてみて. 가슴에 새기다 胸に刻む. ❷心. ‖가슴 아픈 이야기에 心が痛くなる話. 가슴이 두근거린다 心が騒ぐ; 胸騷ぎがする. ❸前身頃. ▶가슴에 못을 박다 心を深く傷つける. ▶가슴이 내려앉다 胸がつぶれる. ▶가슴이 뜨끔하다 胸を突かれる. ▶가슴이 미어지다 胸がつかえる. ▶가슴(이) 벅차다 胸がいっぱいになる. ▶가슴이 아리다 胸が痛い.
가슴-둘레 (-圖) 图 胸圍. ⑨흉위(胸圍).
가슴-샘 (解剖) 图 胸腺. ⑨흉선(胸腺).
가슴-속 [-쏙] 图 胸のうち. ‖가슴속을 털어놓다 胸のうちを吐露する. 가슴속에 묻어두다 胸にしまっておく.
가슴-앓이 [-스라리] 图 ①《医学》胸痛. ②切ない思い.
가슴-지느러미 (魚介類) 图 胸びれ.
가슴-통 (-桶) ❶ 图 胸圍. ❷ 图 胸幅.
가습-기 (加濕器) [-끼] 图 加湿器.
가시¹ /kaʃi/ 图 ❶刺(とげ)・棘(とげ), いばら. ‖손가락에 가시에 찔리다 指にとげが刺さる. 장미 가시 バラのとげ. 가시가 돋친 말 とげとげしい言い方. 말에 가시가 있는 듯하다 とげのある言い方だ. ❷魚の骨; 小骨. ‖생선 가시를 발라내다 魚の小骨をとる. ❸[比喩的に] 目障りな人. ‖눈엣가시 目の上のこぶ.
가시-나무 (植物) 图 シラカシ(白樫).
가시-덤불 图 いばらの藪.
가시-밭 图 いばらの藪.
가시밭-길 [-받낄] 图 いばらの道. ‖인생은 가시밭길이라고도 한다 人生はいばらの道とも言われる.
가시² (可視) 图 可視. ‖가시광선 可視光線.
가시-성 (可視性) 图 可視性.
가시-화 (可視化) 图 하他 可視化.
가시다¹ /kaʃida/ 自 ①去る; なくなる; 消える. ‖무서움이 가시다 恐怖が失せる. 아픔이 가시지 않다 痛みが取れない. 미움이 가시다 憎しみが消える.
가시다² (目) (口を)ゆすぐ. ‖입을 가시다 口をゆすぐ.
가식 (假飾) 图 飾り気. ‖가식이 없다 飾り気がない.
가십 (gossip) 图 ゴシップ. ‖가십 기사 ゴシップ記事.
가압 (加壓) 图 하自 加圧.
가-압류 (假押留) [-암뉴] 图 하他《法律》仮差し押え.
가야-금 (伽倻琴) 图《音楽》カヤグム(朝鮮の撥弦(ハツゲン)楽器の一つ. 十二弦の箏(ｺﾄ)); 新羅(ﾅｸﾞ)琴.
가업 (家業) 图 家業. ‖가업을 잇다 家業を継ぐ.
가-없다 [-업따] 图 果てしない; 限りがない. **가없-이** 副
가역 (可逆) 图 可逆.
가역-반응 (可逆反應) [-빠능] 图 可逆反応.
가역-변화 (可逆變化) [-뼌-] 图《物理》可逆変化.
가역-성 (可逆性) [-썽] 图 可逆性.
가연 (可燃) 图 可燃.
가연-물 (可燃物) 图 可燃物.
가연-성 (可燃性) [-썽] 图 可燃性. ‖가연성 폐기물 可燃性廃棄物.
가열 (加熱) [kajəl] 图 하他 加熱. ‖가열 처리 加熱処理. 가열 살균된 제품 加熱殺菌された製品.
가열-기 (加熱器) 图 加熱器.
가엽다 /ka:jəp'ta/ [-엽따] 形 かわいそうだ; 哀れだ; 気の毒だ. ‖가엾은 목소리로 울고 있다 哀れな声で泣いている. 가엾게도 또 선생님한테 혼나고 있다 かわいそうに, また先生に叱られている. 가엾은 생각이 들다 気の毒に思う. **가엾-이** 副 かわいそうに; 哀れに思う.
가오리 (魚介類) 图 エイ(鱝).
가옥 (家屋) 图 家屋.
가외-로 (加外-) [-/-웨-] 副 それ以外に; 他に.
가요 (歌謠) 图 歌謠. ‖대중 가요 大衆歌謠.
가요-계 (歌謠界) [-/-게] 图 歌謠界.
가요-곡 (歌謠曲) 图 歌謠曲.
가요-제 (歌謠祭) 图 歌謠祭.
가우스 (gauss) 依图 …ガウス(G).
가운¹ (家運) 图 家運.
가운² (gown) 图 ガウン. ‖가운을 걸치다 ガウンを羽織る.

가운데 /kaunde/ 图 ❶中; 真ん中. ‖길 가운데로 걷다 道路の真ん中を歩く. 가운데가 꺼져 있다 真ん中がへこんでいる. 이 가운데 범인은 누구일까? この中で犯人は誰だろう. 저 가운데 아는 사람이 있니? あの中で知り合いはいる? 가운데 아들 真ん中の息子. ❷間. ‖학생들 가운데서는 인기가 있다. 学生の間では人気がある. ❸中間. ∥成績が反對に가운데다 成績がクラスで中間だ.
가운뎃-발가락 〘-빨까-/-뗀쏜까-〙图 足の中指.
가운뎃-손가락 〘-쏜까-/-뗃쏜까-〙图 手の中指. ㉑중지(中指).
가위¹ /kawi/ 图 ❶はさみ. ∥가위로 자르다 はさみで切る; はさみで裁れる. 나무가위【전지가위】剪定ばさみ. 잘 드는 가위가 잘 들지 않는다. 다섯 살인데 아직 가위질을 못 한다 5歳なのにまだはさみが使えない. ❷(じゃんけんの)チョキ.
가위-표 (-標) 图 伏せ字.
가위² 图 悪い夢にうなされること; 金縛りにあうこと. ∥가위에 눌리다 悪夢にうなされる; 金縛りにあう.
가위³ (可謂) 图 陰暦 8月 15日. ㉑한가위・추석(秋夕).
가위⁴ (可謂) 圖 ❶言うなれば; いわば. ❷実に. ∥가위 명필이다 実に名筆だな.
가위바위보 图 じゃんけん; じゃんけんぽん.

가을 /kaɯl/ 图 秋. ∥결실의 가을 実りの秋. 가을이 깊어 가다 秋が深まる. 가을바람이 불다 秋風が吹く.
가을-걷이 【-거지】图 ㉑他 秋の取り入れ.
가을-바람 〘-빠-〙图 秋風.
가을-비 〘-삐〙图 秋雨.
가을-철 图 秋季.
가이드 (guide) /kaidɯ/ 图 ガイド. ∥관광 가이드 観光ガイド.
가이드-라인 (guideline) 图 ガイドライン.
가이드-북 (guidebook) 图 ガイドブック.
가이아나 (Guyana) 图 (国名) ガイアナ.
가이-없다 〘-업따〙 形 가없다의 誤り.
가인 (佳人) 图 佳人; 美人.
가일층 (加一層) 图 ㉑他 なお一層; より一層. ∥가일층의 노력 より一層の努力.
── 圖 なお一層; より一層. ∥가일층 노력하다 より一層努力する.
가입 (加入) /kaip/ 图 ㉑他 (保険などに)加入する. 신규 가입 新規加入.
가입-자 (加入者) 〘-짜〙图 加入者.
가자미 (魚介類) 图 カレイ (鰈).
가자미-눈 图 怒ってにらみつける目.
가작 (佳作) 图 佳作.
가장¹ (家長) 图 家長.
가장² (假製) 图 ㉑他 ❶仮装. ∥가장 무도회 仮装舞踏会. 가장행렬 仮装行列. ❷装うこと; 見せかけること.

가장³ /kadʒaŋ/ 圖 最も; 一番; 何よりも(も); この上なく. ∥世界の中で가장 높은 산은 해발 팔천팔백사십육 미터의 에베레스트이다 世界で最も高い山は海抜 8846 m のエベレストである. 学校에서 가장 발이 빠른 학생 学校で最も足の速い生徒. 가장 중요한 인물 最も重要な人物. 가장 필요한 것 一番必要なもの. 가장 좋은 작품 一番いい作品. 네가 와 준 게 가장 기뻤다 君が来てくれたことが何よりうれしい. 지금이 가장 행복한 때다 今が一番幸せな時だ.
가장-자리 图 はし; ほとり; へり; 縁(ふち). ∥가장자리에는 앉지 마세요 はしには座らないでください. 연못 가장자리 池のとり〔へり〕.
가재 【-ka.dʒɛ-】 图 (魚介類) ザリガニ (蝲蛄); エビガニ(海老蟹). ▶가재는 게 편이라 〔ザリガニもカニに味方する〕の意で似ていて縁故のある方に味方する.
가재² (家財) 图 家財. ∥가재 도구 家財道具.
가전 (家電) 图 家電. ∥가전 업계 家電業界.
가전-제품 (家電製品) 图 家庭用電気製品.
가정¹ (假定) /kadʒʌŋ/ 图 ㉑自他 仮定. ∥네가 한 말이 옳다고 가정하자 お前が言ったことが正しいと仮定しよう. 지진이 일어나지 않을 거라는 가정하에 地震が起きないという仮定のもとに.
가정-법 (假定法) 〘-뻡〙 图 〔言語〕 仮定法.

가정² (家庭) /kadʒʌŋ/ 图 家庭. ∥행복한 가정을 이루다 幸せな家庭を築く. 가정 내 폭력 家庭内暴力; ドメスティックバイオレンス.
가정-교사 (家庭敎師) 图 家庭教師.
가정-교육 (家庭敎育) 图 家庭教育.
가정-극 (家庭劇) 图 〔文芸〕 家庭劇.
가정-란 (家庭欄) 〘-난〙图 〔新聞・雑誌などで〕家庭欄.
가정-방문 (家庭訪問) 图 家庭訪問.
가정법원 (家庭法院) 图 家庭裁判所.
가정 소설 (家庭小說) 图 〔文芸〕 家庭小説.
가정-적 (家庭的) 图 家庭的. ∥가정적인 분위기 家庭的な雰囲気.
가정-환경 (家庭環境) 图 家庭環境.
가정³ (家政) 图 家政.
가정-과 (家政科) 〘-꽈〙图 家政科.
가정-부 (家政婦) 图 家政婦.
가정-학 (家政學) 图 家政学.
가제¹ (假題) 图 仮題.
가제² (Gazeド) 图 ガーゼ. ∥가제 마스크 ガーゼのマスク.
가-제본 (假製本) 图 ㉑他 仮製本.

가져-가다 /kadʒʌɡada/ 〘-저-〙他 持っていく. ∥선물을 가

가져-오다 /kadʒəoda/ [-저-] 他 持ってくる; もたらす. ‖学校にゲーム機を가져와서는 안 된다 学校にゲーム機を持ってきてはいけない. 행운을 가져오다 幸運をもたらす.

가족 (家族) /kadʒok/ 名 家族. 囲식구(食口). ‖가족은 네 명이다 4人家族である. 가족을 부양하다 家族を養う [扶養する]. 가족이 늘다 家族が増える. 핵가족 核家族. 대가족 大家族.

가족-계획 (家族計劃) [-계-/-께-] 名 家族計劃.

가족-법 (家族法) [-뻡] 名 《法律》 家族法.

가족^수당 (家族手當) [-쑤-] 名 家族手当.

가족^제도 (家族制度) [-쩨-] 名 家族制度.

가죽 /kadʒuk/ 名 ❶ 皮; 毛皮. ‖호랑이 가죽 虎の皮. 얼굴 가죽이 두껍다 面の皮が厚い. 햇볕에 타서 등가죽이 벗겨졌다 日焼けで背中の皮がむけた. ❷ 革; 皮革; レザー. ‖가죽 제품 革製品. 가죽 가방 革のかばん. 가죽 잠바 革ジャン; 革製のジャンパー.

가중 (加重) 名 自他 加重; (負担など)が加わること. ‖부담이 가중되다 負担が加わる.

가증 (加增) 名 自他 加増.

가증-스럽다 (可憎-) [-따] 形 ⋓変 非常に憎たらしい. **가증스레** 副

가지[1] /kadʒi/ 名 《植物》 ナス (茄子).

가지[2] /kadʒi/ 名 枝. ‖나뭇가지를 꺾다 木の枝を折る. 가지를 치다 枝分かれする. ▶가지 많은 나무에 바람 잘 날이 없다 (直訳)「枝の多い木は風で静まる日がない」の意で)子どもの多い人は心配が絶えない.

가지-치기 名他 枝打ち.

가지[3] 依名 …種類; …通り; …品. ‖세 가지 방법 3つの方法. 표는 두 가지밖에 없다 切符は2通りある. 오늘 반찬은 두 가지밖에 없다 今日のおかずは2品しかない. 한 가지를 보면 열 가지를 안다 一事が万事.

가지-각색 (-各色) [-쌕] 名 色々; 色とりどり. ‖가지각색의 물건 色々な品. 가지각색의 옷 色とりどりの服.

가지-가지 /kadʒigadʒi/ 名 色々; 様々. 갖가지. ‖취향도 가지가지다 好みも色々だ. 성격도 가지가지다 性格も様々だ.

가-지급 (假支給) 名他 前貸し. 囲가불(假拂).

가지다[1] /kadʒida/ 他 ❶ 持つ. 갖다. ‖우산을 가지고 나가

다 傘を持って出かける. 지금 지갑을 안 가지고 있다 今財布を持っていない. 집을 두 채나 가지고 있다 家を2軒も持っている. 차 면허를 가지고 있다 車の免許を持っている. 오래된 전통을 가지고 있는 학교 古い伝統を持っている学校. 음악에 재능을 가지고 있는 소년 音楽の才能を持った少年. 자신을 가지다 自信を持つ. 여유를 가지다 余裕を持つ. 긍지를 가지다 誇りを持つ. 얘기할 기회를 가지다 話し合う機会を持ちたい. 관계를 가지다 関係を持つ. ❷ 身ごもる; 妊娠する. ‖아이를 가지다 子どもを身ごもる. ❸ […을] 를] 가지고의 형で] …を相手に; …について; …で. ‖그 일을 가지고 주위에서 말이 많다 そのことで周りがうるさい. 그걸 가지고 될까 それで足りるかな.

가지다 […아/어] 가지고의 형で] 動作・状態が持続していることを表わす. ‖어머니한테 용돈을 받아 가지고 왔어 お母さんから小遣いをもらってきた. 술도 사 와라 ついでに酒も買ってきて. 많이 울어 가지고 눈이 부었다 泣き過ぎて目が腫れた. 많이 먹어 가지고 일어설 수가 없다 食べ過ぎて起き上がれない.

가지런-하다 形 雅変 (物の大きさや高さが) 揃っている; 整然としている; そろっている. ‖크기가 가지런하다 大きさがそろっている. **가지런-히** 副 きちんと. ‖현관의 신을 가지런히 정돈하다 玄関の靴をきちんとそろえる.

가짜 (假-) /ka:tʃa/ 名 にせ物; まがい物; いんちき. 囲진짜. ‖가짜 마늘마는데 한 にせ物. 가짜 상품 いんちき商品.

가차 (假借) 名他 ❶ 仮借 (カ-シャ). ‖가차 없는 비판 仮借ない批判. 가차 없이 처벌하다 容赦なく処罰する. ❷ 《漢字の六書の一つの》 仮借 (カ-シャ). ‖가차 표기 仮借表記.

가창 (歌唱) 名他 歌唱.

가창-력 (歌唱力) [-녁] 名 歌唱力.

가책 (呵責) 名他 呵責 (カ-シャク). ‖양심의 가책을 느끼다 良心の呵責を感じる.

가-처분 (假處分) 名他 仮処分.

가처분^소득 (可處分所得) 名 可処分所得.

가축 (家畜) /katʃʰuk/ 名 家畜. 囲집짐승.

가출 (家出) 名自 家出.

가치 (價値) /katʃʰi/ 名 価値; 値打ち. ‖한 번 읽어 볼 가치가 있는 책 一読の価値のある本. 언급할 가치도 없다 言及する価値もない. 화폐 가치 貨幣価値. 희소가치 希少価値.

가치-관 (價値觀) 名 価値観. ‖가치관의 차이 価値観の相違.

가치^판단 (價値判斷) 名 価値判断.

가칭 (假稱) 图 하되 仮称.
가타-부타 (可一否一) 圖 うんともすんとも. ‖それについて가타부타言う必要がない それについて가타부타言う返事がない.
가탈 图 ❶事を進めるにおいての支障; 妨げ; 差し障り; 障害; 邪魔. ‖가탈이 많다 差し障りが多い. ❷いらぬ가탈を부리다 要らぬ邪魔立てをする.
가탈-스럽다 圏 까다롭다の誤り.
가택 (家宅) 图 家宅. ‖가택 연금 家宅軟禁.
가택 ̄수색 (家宅搜索) 【一수ㅡ】图 家宅搜索. ‖가택 수색을 받다 家宅搜索を受ける.
가톨릭 (katholiek*) 图 (宗教) カトリック. ✝『普遍的』の意.
가톨릭-교 (一敎) 图 (宗教) カトリック.
가파르다 [르変] 圏 (勾配が)急だ; 急斜面だ; 険しい; 切り立っている. ‖가파른 언덕길 急な坂道. 가파르게 절벽 切り立っている絶壁.
가표 (可票) 图 (票決で)賛成票. ⇔부표 (否票).
가품 (家風) 图 家風.
가필 (加筆) 图 하되 加筆.
가-하다 (加ー) /kahada/ 【하変】❶加える. ‖공격을 가하다 攻撃を加える. 일격을 가하다 一撃を加える. 체벌을 가하다 体罰を加える. 제재가 가해지다 制裁が加えられる. ❷作用を及ぼす; (圧力などを)かける. ‖박차를 가하다 拍車をかける. 압력을 가하다 圧力をかける.
가해 (加害) 图 하되 加害. ‖피해 (被害).
가해-자 (加害者) 图 加害者. ⇔피해자 (被害者).
가호 (加護) 图 하되 加護. ‖신의 가호 神のご加護.
가호[1] (家號) 图 家号.
가호[2] (家戶) 图 戸籍上の家; 所帯数を単位とする家.
가혹-하다 (苛酷ー) 【-호카-】【하変】過酷だ; 惨い; 辛い. ‖가혹한 처사 惨い仕打ち. 가혹하게 굴다 辛く当たる.
가훈 (家訓) 图 家訓.
가-히 (可ー) 圖 ❶まさに. ‖가히 절경이다 まさに絶景である. ❷十分; かなり. ‖가히 천재라는 소리를 들을 만하다 十分天才と言われるに値する.
각[1] (角) 图 ❶皮膚. ‖각이 지다 角が立つ. ❷(数学)角.
각[2] (各) /kak/ 冠 各々の; それぞれの. ‖각 방면으로 各方面に. 각 학교 各校. 각 나라에서 各国から.
각-각[1] (各各) /kakʰkak/ 【-깍】冠 各自; めいめい; それぞれ. ‖각자의 의견 各自の意見.
—— 各々; 各自; めいめい; 別々に. ‖각각 하나씩 갖고 가다 各々1つずつ持って行く. 어느 작품에도

각각 특색이 있다 どの作品にもそれぞれ特色がある.
각각[3] (刻刻) 【-깍】 刻々. ‖시시각각 時時刻々. 각각으로 刻々と.
각개 (各個) 【-깨】图 各個. ‖각개 격파 各個擊破.
각계 (各界) 【-계/-게】图 各界. ‖각계의 반응 各界の反応.
각계-각층 (各界各層) 图 各界各層. ‖각계각층의 노력 各界各層の努力.
각고 (刻苦) 【-꼬】图 하되 刻苦. ‖각고의 노력 끝에 개발에 성공하다 大変な努力の末, 開発に成功する.
각골 (刻骨) 【-꼴】图 하되 (恩や恨みなどが)心に刻まれること.
각골-난망 (刻骨難忘) 【-꼴ー】 (恩を)心に刻みつけて忘れないこと.
각광 (脚光) 【-꽝】图 脚光. ‖각광을 받다 脚光を浴びる.
각국 (各國) 【-꾹】图 各国.
각급 (各級) 【-끕】图 各級.
각기 (各其) 【-끼】圖 各々; それぞれ. ‖각기 다른 3명의 人名 각 3명の名前.
각기-병 (脚氣病) 【-끼뼝】图 (医学) 脚気(かっけ).
각도 (角度) /kak'to/ 【-또】图 角度. ‖다른 각도에서의 조명 違う角度からの照明. 각도를 바꿔서 한번 더 생각해보자 角度を変えてもう一度考えてみよう.
각도-계 (角度計) 【-또-/-또게】图 角度計.
각도-기 (角度器) 图 角度定規.
각론 (各論) 【-논】图 各論. ‖총론 (總論). ‖지금부터 각론으로 들어가 겠습니다 これから各論に入ります.
각료 (閣僚) 【-뇨】图 閣僚.
각막 (角膜) 【-막】图 (解剖) 角膜.
각막-염 (角膜炎) 【-망념】图 (医学) 角膜炎.
각막-이식 (角膜移植) 图 (医学) 角膜移植.
각목 (角木) 【-목】图 角材.
각박-하다 (刻薄ー) 【-바카-】【하変】世知辛い; 薄情だ. ‖각박한 세상 世知辛い世の中. **각박-히** 圖
각방[1] (各方) 【-빵】图 各方面.
각방[2] (各房) 【-빵】图 それぞれの部屋. ‖각방을 쓰다 それぞれ別の部屋を使う.
각별-하다 (各別ー) 【-뼐ー】圏 【하変】❶格別だ; 格段だ; 特別だ; 特段だ. ‖더울 때 마시는 맥주 맛은 각별하다 暑い時のビールの味は格別だ. 각별한 배려 특유の配慮. ❷丁寧だ; 礼儀正しい. ‖손님을 맞는 태도가 각별하다 お客を迎える態度が丁寧だ. **각별-히** 圖 特に; 特別に. ‖각별히 유념하다 特に留意する.
각본 (脚本) 【-뽄】图 脚本.

각본-가 (脚本家) 图 脚本家.
각색 (脚色) [-쌕] 图 (하他) 脚色. ‖전설을 연극으로 각색하다 伝説を芝居に脚色する.
각서 (覺書) [-써] 图 念書; 覚え書き. ‖각서를 쓰다 念書を書く.
각선 (脚線) [-썬] 图 脚線.
각선-미 (脚線美) 图 脚線美.
각설 (却說) [-썰] 图 (主に…말[는] 각설하고の形で) …はさておき. ‖그 이야기는 각설하고 다른 이야기를 합시다 その話はさておいて別の話をしましょう.
각-설탕 (角雪糖) [-썰-] 图 角砂糖.
각섬-석 (角閃石) [-썸-] 图 〔鉱物〕 角閃石.
각성 (覺醒) [-썽] 图 (하自) 覚醒. ‖의식의 각성을 촉구하다 意識の覚醒を促す.
각성-제 (覺醒劑) [-썽-] 图 覚醒剤.
각양-각색 (各樣各色) [-쌕] 图 十人十色.
각오 (覺悟) /kago/ 图 (하他) 覚悟. ‖죽음을 각오가 되어 있다 死ぬ覚悟はできている. 비난을 각오하고 구조 조정을 단행하다 非難を覚悟の上でリストラを断行する.
각인 (刻印) 图 (하他) 刻印.
각인-각색 (各人各色) [-쌕] 图 十人十色.
각자 (各自) /kakˀtɕa/ [-짜] 图 各自. 각자의 책임하에 행하다 各自の責任の下で行なう.
　　— 圕 各自; 各々; それぞれ. ‖각자 하나씩 들다 各々1つずつ持つ.
각종 (各種) [-쫑] 图 各種. ‖각종 법규 各種法規.
각주 (脚註·脚注) [-쭈] 图 脚注. ‖각주를 달다 脚注をつける.
각지 (各地) [-찌] 图 各地. ‖전국 각지 全国各地.
각질 (角質) [-찔] 图 角質.
각질-층 (角質層) [-찔-] 图 角質層.
각질-화 (角質化) [-찔-] 图 角質化.
각처 (各處) 图 各処.
각축 (角逐) 图 (하自) 角逐(한); せり合うこと.
각축-장 (角逐場) [-짱] 图 角逐の場.
각축-전 (角逐戦) [-쩐] 图 角逐戦. ‖각축전을 벌이다 角逐戦を繰り広げる.
각층 (各層) 图 各層. ‖사회 각층 社会の各層.
각하[1] (却下) /kakʰa/ 图 (하他) ❶下げ戻し(政府·役所などに差し出した書類などをそのまま本人に返すこと). ❷却下.
각하[2] (閣下) /kakʰa/ 图 閣下. ‖대통령 각하 大統領閣下.
각혈 (咯血) [가켤] 图 (하自) 咯血.
간[1] /kan/ 图 塩加減; 塩気; 塩梅. ‖간

이 짜다 塩辛い; しょっぱい. 간이 맞다 塩加減がいい. 간을 보다 味見をする; 塩梅を見る. 간을 맞추다 塩加減をする.
간[2] (肝) /ka:n/ 图 ❶ 〔肝臓(肝臓)の略語〕肝臓. ‖간이 안 좋다 肝臓がよくない. 간에 좋은 식품 肝臓にいい食品. ❷ 〔食品としての〕レバー; 肝. ‖소 간 牛のレバー. ▶간에 기별도 안 간다 量が少なくて食べた気がしない. ▶간에 바람이 들다 わけもなくしょっちゅう笑う. ▶간을 녹이다 心をとろかす; 心を奪う. ▶간이 떨어지다 肝を潰す. ▶간이 붓다 〔俗っぽい言い方で〕大胆になる. ▶간이 콩알만 해지다 肝を冷やす. ▶간(이) 크다 肝が太い; 大胆だ. 간 큰 짓을 하다 大胆なことをする. ▶간에 붙었다 쓸개에 붙었다 하다 (口) 二股商売. ▶간이라도 빼어 먹이겠다 (口) 「肝でも取り出して食べさせそうだ」の意でごく親しい仲で, 何でも惜しみなくやりそうだ.
간[3] (間) (間)/依) [-] 图 …間. ‖친구 간 友だちとの間柄. 두 나라 간에 両国の間に.
간[4] (間) 図〔語幹〕 갈다 (穀える) の過去連体形.
간[5] 図 가다 (行く) の過去連体形.
-간[6] (間) 接尾 ❶ 場所を表わす: …屋. ‖외양간 牛小屋. 대장간 鍛冶屋. ❷ 時間を表わす: 間. ‖삼 일간 3日間.
간간-이 (間間-) /kanɡani/ 圕 ❶ 〔時間的に〕 時々; 時たま. ‖간간이 들려오는 차 소리 時々聞こえる車の音. ❷ 〔空間的に〕所々. ‖간간이 오자가 있다 所々誤字がある.
간간-하다 [하形] 塩気がきいて味がちょうどいい.
간격 (間隔) /ka:nɡjək/ 图 間隔. ‖간격을 좁히다 間隔を詰める. 충분한 간격을 두다 十分な間隔をとる. 버스는 십 분 간격으로 온다 バスは10分間隔で来る.
간결 (簡潔) 图 (하形) 簡潔. ‖간결한 문장 簡潔な文章. 간결하게 설명하다 簡潔に説明する.
간경변-증 (肝硬變症) [-쯩] 图 〔医学〕 肝硬変.
간계 (奸計) [-/-게] 图 奸計. ‖간계를 부리다 奸計をめぐらす. 간계에 빠지다 奸計に陥る.
간곡-하다 (懇曲-) /ka:nɡokʰada/ [-고카-] 圈 (하형) 懇切だ; 丁重だ. ‖간곡하게 부탁하다 丁重に頼む. **간곡-히** 圕
간과 (看過) /kanɡwa/ 图 (하他) 看過; 見逃すこと. ‖간과는 간과하기 쉽다 見落としやすい. 간과할 수 없는 문제 看過できない問題.
간교 (奸巧) 图 (하形) ずる賢いこと; 悪賢いこと. ‖간교한 남자 悪賢い男. 간

교한 술책을 쓰다 悪巧みをする.
간구 (懇求) 图 하他 切実に求めること.
간극 (間隙) 图 間隙(がき). ‖간극을 메우다 間隙を縫う. 간극이 생기다 間隙が生える.
간뇌 (間腦) 图 [/-ㄴ뇌] 图 [解剖] 間腦.
간단 (簡單) 图 하形 簡単. ㉠복잡(複雜). ‖간단한 문제 簡単な問題. **간단-히** 图 점심을 간단히 해결하다 昼食を簡単に済ます. 간단히 말하자면 簡単に言えば.
간단명료-하다 (簡單明瞭-) [-뇨-] 图 하形 簡単明瞭だ.
간단-없다 [間斷-] [-따] 图 絶え間ない. **간단없-이** 图
간담[1] (懇談) 图 하自 懇談. ‖간담을 나누는 모임 懇談を交わす.
간담-회 (懇談會) 图 [/-뙈] 图 懇談会. ‖학부모 간담회 PTA 懇談会.
간담[2] (肝膽) 图 肝胆; 心の中. ‖간담을 서늘하게 하다 肝胆を寒からしめる.
간-덩이 (肝-) [-떵-] 图 «肝(간)의 俗語» 肝덩이가 붓다 くそ度胸がある. ▶간덩이가 크다 肝っ玉が太い.
간-동맥 (肝動脈) 图 [解剖] 肝動脈.
간드러-지다 图 «特に女性の声·身ぶりなどが≫なまめかしい; 色っぽい. ‖간드러진 웃음소리 なまめかしい笑い声.
간들-간들 하自 ❶ 小さなものが軽く揺れる様子; ゆらゆら. ❷ 風がそよそよと吹く様子. ‖봄바람이 간들간들 불다 春風がそよそよと吹く.
간-디스토마 (肝 distoma) 图 [医学] 肝臓ジストマ; 肝臟吸虫.
간략 (簡略) [갈-] 图 하形 簡略. ‖간략한 설명 簡略な説明. 결혼식은 간략하게 하다 結婚式は簡略にする. **간략-히** 图
간략-화 (簡略化) [갈랴콰] 图 하他 簡略化.
간만 (干滿) 图 干満. ‖간만의 차 干満の差.
간발 (間髮) 图 間一髮. ‖간발의 차이로 구조되다 間一髪で助けられる.
간-밤 昨夜; 昨晚; 夕べ. ‖간밤에 비가 많이 왔다 昨夜大雨が降った.
간병 (看病) 图 看病.
간병-인 (看病人) 图 看病人.
간부[1] (奸婦) 图 奸婦(かん); 毒婦; 悪婦.
간부[2] (幹部) /kanbu/ 图 幹部. ‖조합 간부 組合幹部. 간부 회의 幹部会議.
간빙-기 (間氷期) 图 [地] 間氷期.
간사[1] (幹事) 图 幹事. ‖동창회 간사 同窓会の幹事.
간사[2] (奸詐) 图 하形 奸詐(かん); 悪巧み. ‖간사를 부리다 悪巧みをする.
간사[3] (奸邪) 图 하形 ずる賢いこと; 悪賢いこと. ‖간사한 놈 ずる賢いやつ.

간사-스럽다 (奸邪-) [-따] 图 [ㅂ変] ずる賢い; 悪賢い. **간사-스레** 图
간살 图 おべっか; お世辞; へつらい. ‖간살을 떨다[부리다] お世辞を言う; おべっかを使う.
간살-스럽다 [-따] 图 [ㅂ変] おべっかを使う. **간살-스레** 图
간살-쟁이 图 お世辞者; おべっか使い.
간-석지 (干潟地) [-찌] 图 干潟地.
간선 (幹線) 图 幹線. ㉠지선 (支線). ‖간선 도로 幹線道路.
간선-제 (間選制) 图 [間接選挙制度(간접선거제도)의略称] 間接選挙制度.
간섭 (干涉) /kanʃɔp/ 图 하自他 干涉. ‖남의 일에 간섭하다 人のことに干涉する. 지나치게 간섭하다 干涉しすぎる. 내정 간섭 內政干涉.
간소 (簡素) 图 하形 簡素. ‖간소한 결혼식 簡素な結婚式. **간소-히** 图
간소-화 (簡素化) 图 하他 簡素化. ‖수속을 간소화하다 手続きを簡素化する.
간수[1] 图 保管すること; きちんとしまっておくこと. ‖소중한 것이니까 잘 간수해 두어라 大切なものだからちゃんとしまっておけ.
간수[2] (-水) 图 苦汁(にがり).
간수[3] (看守) 图 하他 看守.
간식 (間食) 图 하自 間食.
간신-히 (艱辛) /kanʃinhi/ 图 辛うじて; 辛くも; ようやく; やっと; ぎりぎりのところで. ‖간신히 합격하다 辛うじて合格する. 간신히 위험을 피하다 辛くも難を逃れる. 간신히 먹고 살 수 있을 정도의 월급 やっと食べていけるくらいの給料.
간암 (肝癌) 图 [医学] 肝癌.
간염 (肝炎) 图 [医学] 肝炎. ‖B 형 간염 B型肝炎.
간원 (懇願) 图 하他 懇願.
간유 (肝油) 图 肝油.
간음 (姦淫) 图 하自 姦淫.
간이 (簡易) /ka:ni/ 图 簡易. ‖간이 식당 簡易食堂. 간이 화장실 簡易トイレ.
간이-역 (簡易驛) 图 無人駅.
간이-화 (簡易化) 图 하他 簡易化.
간장[1] (-醬) 图 醬油. 장(醬).
간장[2] (肝臟) 图 [解剖] 肝臓. ㉠간(肝).

간장 (肝腸) /ka:nʤaŋ/ 图 ❶ 肝臓と腸. ❷ いちずに焦がれるような気持ち. ▶간장을 녹이다 ① 心をとろかす; 心を奪う. ② 気苦労をさせる; 心を痛しめる. ▶간장을 태우다 胸を焦がす; 気をもませる.
간절-하다 (懇切-) /ka:nʤɔlhada/ 图 [ㅎ変] 切実だ. ‖간절한 마음으로 빌다 切実な気持ちで祈る. **간절-히** 图
간접 (間接) /ka:nʤɔp/ 图 間接. ㉠직접 (直接).

간접-비(間接費) [-삐] 圀(經) 間接費.
간접˚선거(間接選擧) [-썬-] 圀 間接選擧.
간접˚선거제도(間接選擧制度) [-썬-] 圀 間接選擧制度. ㉙간선제(間選制).
간접-세(間接稅) [-쎄] 圀 間接稅.
간접˚인용(間接引用) [-뇽] 圀 間接引用.
간접-적(間接的) [-쩍] 圀(的). 직접적으로 영향을 받다 間接的に影響を受ける. 간접적으로 말하다 間接的に言う.
간접˚조명(間接照明) [-쪼-] 圀 間接照明.
간접˚화법(間接話法) [-저콰뻡] 圀 〔言語〕間接話法.
간접˚흡연(間接吸煙) [-저프변] 圀 間接喫煙.

간조(干潮) 圀 干潮. ㉙만조(滿潮).
간조-선(干潮線) 圀 干潮線. ㉙만조선(滿潮線).

간주(看做) 囲他 見なすこと. ∥없었던 일로 간주하다 なかったことと見なす. 결석은 기권으로 간주하겠습니다 欠席は棄権と見なします. **간주-되다** 囲

간지(干支) 圀 干支(え).

간지럼 圀 くすぐったいこと. ∥간지럼을 잘 타다 くすぐったがり屋だ. 간지럼을 태우다 くすぐる.

간지럽다 /kandʑiropt͈a/ [-따] [ㅂ變] [간지러워, 간지러운] ❶ くすぐったい; こそばゆい. ∥발바닥이 간지럽다 足の裏がくすぐったい. ❷ (口を出したくて)むずがゆする. ∥한마디 하고 싶어서 입이 간지럽다 一言言いたくてむずがゆする.

간직-하다 /kandʑikʰada/ [-지카-] 囲他 囲變 ❶心にしまっておく; 大事にとってある; 大切に持っている; 維持する; とどめる. ∥고등학교 교복을 아직도 간직하고 있다 高校の時の制服を今も大事にとってある. 옛 모습을 간직하고 있다 面影をとどめている.

간질(癇疾) 圀〔醫學〕癲癇(かっ). ㉙간 질병(-病).

간질-간질 囲 囲變 ❶くすぐったい様子; むずがゆう. ∥등이 간질간질하다 背中がむずがゆうする. ❷何かをしたくて落ち着かない様子; うずうずする, うずうずす.

간질-거리다 [-대다] 囲他 くすぐる. ∥발바닥을 간질거리다 足の裏をくすぐる.

간질-이다 囲他 = 간질거리다.
간척(干拓) 囲他 干拓.
간척-지(干拓地) [-찌] 圀 干拓地.
간첩(間諜) 圀 囲他 間諜(かき), スパイ.
간청(懇請) 圀 囲他 懇請(ぶ).
간추리다 /kantɕʰurida/ 囲他 簡単にまとめる; 要約する; かいつまむ. ∥강연 취지를 간추리다 講演の趣旨を要約する. 경과를 간추려서 이야기하다 経過をかいつまんで話す.

간통(姦通) 圀 囲他 姦通.
간투-사(間投詞) 圀〔言語〕間投詞; 感動詞.

간파-하다(看破-) 囲變 看破する; 見破る; 見抜く. ∥정체를 간파하다 正体を見破る. 속셈을 간파하다 下心を見抜く. **간파-당하다** 受身

간판(看板) /kanpʰan/ 圀 ❶看板. ∥약국 간판 薬局の看板. 간판을 걸다 看板を出す. 입간판 立て看板. 간판 스타 看板スター. ❷(俗っぽい言い方で) 学歴; 看板倒れ. ∥간판만 좋았지 실력은 없어 学歴だけで実力はない.

간편-하다(簡便-) /kaːnpʰjonhada/ 圀 囲變 簡便だ; 便利だ; 扱いやすい; 手っ取り早い. ∥이 제품은 사용이 간편하다 この製品は扱いやすい. 간편한 방법 簡便な方法. **간편-히** 囲

간행(刊行) 圀 囲他 刊行. ∥미술 전집을 간행하다 美術全集を刊行する.
간행-되다 受身
간행-물(刊行物) 圀 刊行物.
간행-본(刊行本) 圀 刊行本.
간헐-적(間歇的) [-쩍] 圀 間欠的. ∥간헐적인 진통 間欠的な陣痛.

간호(看護) /kanho/ 囲他 看護. ∥간호 활동 看護活動. 부상자를 간호하다 けが人を看護する.
간호-부(看護婦) 圀 看護師.
간호-사(看護士) 圀 看護師.

간혹(間或) /kanhok/ 囲 時々; 時たまに; たまに. ∥간혹 역까지 걸을 때도 있다 時々駅まで歩くこともある. 저 사람은 간혹 역에서 본다 あの人は時折駅で見かける. 간혹 만나기도 한다 たまに会うこともする.

갇히다 /katɕ͈ida/ (가치-) 囲〔가두다의 受身動詞〕閉じこめられる; 監禁される. ∥감옥에 갇히다 投獄される. 우리는 폭설에 갇히고 말았다 私たちは吹雪に閉じこめられてしまった.

갈¹ 圀 [ㄹ語幹] 갈다(替える)의 未来連体形.
갈² 圀 가다(行く)의 未来連体形.
갈겨-쓰다 囲 囲變 殴り書きする; 走り書きする. ∥글씨를 갈겨쓰다 字をなぐり書きする.
갈고랑-이(-) 圀 鉤(☆), 갈고리.
갈고리 圀 갈고랑이의 縮約形.
갈구(渴求) 圀 囲他 渴望. ∥자유를 갈구하다 自由を渴望する.
갈근-탕(葛根湯) 圀〔漢方〕葛根湯.
갈기¹ 圀 たてがみ. ∥사자의 갈기 ライオンのたてがみ.
갈기-갈기 囲 ちぎれちぎれに; きれぎれ

갈기다 他 ❶ ぶん殴る; 引っぱたく. ∥뺨을 한 대 갈기다 頰を一発ぶん殴る. ❷ 乱射する. ∥총을 갈기다 銃を乱射する. ❸ 殴り書きする. ∥마구 갈겨쓴 글씨 殴り書きした字. ❹ 〈ところかまわず〉小便をする.

갈다¹ /ka:lda/ 他 [ㄹ語幹][갈아, 가는, 간] ❶ 研ぐ; 〈墨などを〉する; 下ろす; すり下ろす. ∥식칼을 갈다 包丁を研ぐ. 먹을 갈다 墨をする. 무를 강판에 갈다 大根を下ろし金ですり下ろす. ❷〈石臼などで〉ひく. ∥맷돌에 콩을 갈다 石臼で豆をひく. ❸ 歯ぎしりする. ∥분해서 이빨을 갈다 悔しくて歯ぎしりをする. 敬 갈리다.

갈다² /kalda/ 他 [ㄹ語幹][갈아, 가는, 간] 替える〈換える·代える〉; 取り替える; 交換する. ∥베갯잇을 갈다 枕カバーを取り替える. 튜브를 갈다 ピッチャーを代える. ∥타이어를 새 것으로 갈다 タイヤを新品に取り替える. 敬 갈리다.

갈다³ /ka:lda/ 他 [ㄹ語幹][갈아, 가는, 간] 耕す; すき起こす. ∥밭을 갈다 畑を耕す.

갈-대 [-때] 图 [植物] アシ〈葦〉. ∥인간은 생각하는 갈대이다 人間は考える葦である〈パスカルの言葉〉.

갈대-밭 [-때밭] 图 葦原.

갈등 〈葛藤〉 /ka:lt͈ɯŋ/【-等】 图 葛藤. ∥갈등이 생기다 葛藤が生じる. 심리적 갈등 心理的葛藤. 갈등이 해소되다 葛藤が解消する.

갈라 他 [르変] 가르다〈裂く·分ける〉の 連用形.

갈라-놓다 /kallanotʰa/【-노타】他 引き裂く; 引き裂く. ∥두 사람 사이를 갈라놓다 2人の仲を引き離す.

갈라-서다 /kallasʌda/ 自 別れる; 離婚する. 関係が切れる. ∥남편과 갈라서다 夫と別れる.

갈라-지다 /kalladʑida/ 自 分かれる; 割れる; 裂ける. ∥길이 갈라지다 道が分かれる. 의견이 갈라지다 意見が分かれる. 평가가 갈라지다 評価が分かれる. 지진으로 땅이 갈라지다 地震で地面が割れる. 표가 갈라지다 票が割れる. 벼락이 떨어져서 나무가 갈라졌다 落雷で木が裂けた.

갈래 分岐点; 枝分かれ.
  ─依を 一股. …股. ∥두 갈래로 갈라지다 二股に分かれる.

갈리다¹ 自 〔가르다の受身動詞〕分かれる; 分けられる. 分岐する. ∥의견이 두 갈래로 갈리다 意見が二つに分かれる.

갈리다² 自 〔갈다¹の受身動詞〕❶ 研がれる. ❷ 歯ぎしりされる. ∥분해서 이가 갈리다 悔しさで歯ぎしりする.

갈리다³ 自 〔갈다²の受身動詞〕替えられる; 取り替えられる; 交替される; 代わる. ∥담임이 갈리다 担任が代わる.

갈리다⁴ 自 〔갈다³の受身動詞〕耕される.

갈림-길 [-낄] 图 別れ道; 岐路. ∥인생의 갈림길 人生の別れ道. 갈림길에 서다 岐路に立つ.

갈망 〈渴望〉 图 愛他 渴望; 切望. ∥평화를 갈망하다 平和を渇望する.

갈매기 /kalmegi/ 图 〔鳥類〕 カモメ〈鷗〉. 敬 백구〈白鷗〉.

갈무리 图 愛他 始末; 締めくくり. ∥질질 끌던 일을 갈무리하다 長引いていた仕事をうまく締めくくる.

갈분 〈葛粉〉 图 葛粉; 片栗粉.

갈비 /kalbi/ 图 ❶ 肋骨; あばら骨. ❷ 食用の牛のあばら骨; カルビ.

갈비-뼈 /kalbip͈jʌ/ 图 あばら骨; 肋骨. 敬 늑골〈肋骨〉. ∥갈비뼈가 부러지다 肋骨が折れる.

갈비-찜 图 [料理] 牛のあばら骨を味付けして煮込んだ物.

갈비-탕 〈-湯〉图 [料理] カルビタン〈カルビを煮込んだスープ〉.

갈빗-대 [-비때/-빋때] 图 肋骨の一本·本の骨.

갈색 〈褐色〉 /kalsʰɛk/【-색】图 褐色; 茶色.

갈수-기 〈渴水期〉【-쑤-】图 渴水期.

갈-수록 【-쑤-】副 益々; なお一層. ▶갈수록 태산이다 諺 一難去ってまた一難.

갈아 [르語幹] 갈다〈替える〉の連用形.

갈아-입다 /karaip̚t͈a/【-따】 他 着替える; 着替えする. ∥옷을 갈아입다 服を着替える. 외출복으로 갈아입다 外出着に着替える. 敬 갈아입히다.

갈아입-히다 /-ipʰida/ 他 〔갈아입다の使役動詞〕着替させる. ∥애 옷을 갈아입히다 子どもの服を着替えさせる.

갈아-치우다 他 すげ替える. 更改する. ∥감독을 갈아치우다 監督をすげ替える.

갈아-타다 /karatʰada/ 他 乗り換える; 乗り継ぐ. ∥전철을 갈아타다 電車を乗り換える. 전철을 갈아타기가 불편한 역 電車の乗り換えが不便な駅. 버스에서 전철로 갈아타다 バスから電車に乗り継ぐ.

갈증 〈渴症〉 /kalt͈͈ɯŋ/【-증】图 渴き. ∥갈증이 나다〈느끼다〉; 渇きを覚える.

갈지자-걸음 〈-之字-〉【-찌짜-】图 千鳥足; 酔歩.

갈채 〈喝采〉图 喝他 喝采. ∥갈채를 받다 喝采を浴びる. 박수갈채 拍手喝采.

갈취(喝取)【图】【他】(金品などを)ゆす り取ること;巻き上げること。∥돈을 갈취 하다 お金をゆすり取る。

갈치/kalʧʰi/【图《魚介類》タチウオ(太刀 魚)。
  갈치-구이【料理】タチウオの切り身の塩焼き。

갈퀴【图】(竹の)熊手;こまごない;松葉かき。

갈탄(褐炭)【图】褐炭。

갈파(喝破)【图】【他】喝破(깉).

갈팡-질팡【kalpʰaŋʤilpʰaŋ】【图】【他】うろうろと;まごまご;まごまど。∥결정을 못 내리고 갈팡질팡하다 決定を下せずにまごまごする。갈팡질팡하며 나가는 곳을 찾다 うろうろ(と)出口を探す。

갈피/kalpʰi/【图】❶物事の見分け;分別;要領。∥갈피를 못 잡다 要領をつかめない。❷折った物や積んだ物の間。∥책갈피 本のページとページの間。

갉다【各따】【他】❶かじる。❷(人を)こせこせとする。

갉아-먹다【-따】【他】❶かじる;かじって 食べる。∥나무뿌리를 갉아먹다 木の根をかじる。❷(財産などを)しぼり上げる;しぼり取る。

감¹/ka:m/【图】《植物》カキ(柿)。∥단감 甘柿。곶감 串柿;干し柿。

감²【图】❶材料;生地。∥감이 비싸 보이는 한복 材料代が高そうな韓服。안줏감 つまみの材料。❷ふさわしい人。∥훌륭한 며느릿감 嫁としてふさわしい人。

감³【图】❶感;感じ。∥시기 상조의 감이 있다 時期尚早の感がある。감이 좋다 感じがよい。❷感度。∥전화 감이 멀다 電話の感度が鈍い。

-감⁴(感)【接尾】…感;…の念。∥해방감 解放感。우월감 優越感。자색감 自責の念。

감가-상각(減價償却)【-까-】【图】《経》減価償却。

감각(感覺)/ka:mgak/【图】【他】感覚。∥감각을 되살리다 感覚を取り戻す。새로운 감각의 옷 新しい感覚の服。금전 감각이 마비되어 있다 金銭感覚が麻痺している。색채 감각 色彩感覚。미적 감각 美的感覚。

감각-기관(感覺器官)【-끼-】【图】感覚器官。
감각-마비(感覺麻痺)【图】感覚麻痺。
감각-묘사(感覺描寫)【图】感覚描写。
감각-세포(感覺細胞)【-쎄-】【解剖】感覚細胞。
감각-신경(感覺神經)【-씬-】【图】感覚神経。
감각-적(感覺的)【-쩍】【图】感覚的。∥감각적인 표현 感覚的な表現。
감각-점(感覺點)【-쩜】【图】感覚点。
감각 중추(感覺中樞)【-쭝-】【解剖】感覚中枢。

감감-무소식(-無消息)【图】音信不通。

감감-하다【形】【하変】❶はるかに遠い。∥감감하여 잘 보이지 않다 はるかに遠くてよく見えない。❷消息がない。∥몇 해째 소식이 감감하다 何年も消息がない。

감개-무량(感慨無量)【图】【形】感無量;感慨無量。

감격(感激)/ka:mgjɔk/【图】【他】感激。∥명연주에 감격하다 名演奏に感激する。감격한 나머지 우는 사람도 있었다 感激のあまり泣く人もいた。

감격-적(感激的)【-쩍】【图】感動的。∥그 말은 너무나 감격적이었다 その言葉はあまりにも感動的だった。감격의 순간 感激の瞬間。

감광(感光)【图】【他】感光。
감광-계(感光計)【-/-게】【图】感光計。
감광-도(感光度)【图】感光度。
감광-지(感光紙)【图】感光紙。
감광 필름(感光 film)【图】感光フィルム。

감귤(柑橘)【图】《植物》柑橘;ミカン類。

감금(監禁)【图】【他】監禁。∥세 사람을 지하실에 감금하다 3人を地下室に監禁する。**감금-되다**【-되다】【受】

감기(感氣)/ka:mgi/【图】風邪;かぜ。∥감기에 걸리다 風邪をひく。감기 기운이 있다 風邪気味だ。감기가 안 낫는다 風邪が治らない【抜けない】。감기약 風邪薬。코감기 鼻風邪。유행성 감기 インフルエンザ;流行性感冒。

감기다¹【動】〖감다¹の受身動詞〗巻かれる。∥목에 감긴 따스한 목도리 首に巻かれた暖かいマフラー。

감기다²【動】〖감다²の受身動詞〗(目が)閉ざされる;合わさる。∥눈이 감기다 まぶたが合わさる。

감기다³【他】〖감다¹の使役動詞〗巻かせる。∥아이에게 실을 감기다 子どもに糸を巻かせる。

감기다⁴【他】〖감다²の使役動詞〗洗わせる;洗ってあげる。∥아이 머리를 감기다 子どもの髪を洗ってあげる。

감기다⁵【他】〖감다⁵の使役動詞〗(目を)閉じさせる;つぶらせる。∥전원 눈을 감기다 全員の目をつぶらせる。

감-나무(-木)柿の木。∥감나무 밑에 누워서 홍시 떨어지기를 기다린다【諺】(「柿の木の下に寝転がって熟柿が落ちるのを待つ」の意で)何の努力もせずに結果を望むことのたとえ。

감내(堪耐)【图】【他】耐え忍ぶこと;忍耐すること。∥감내하기 어려운 고통 耐え難い苦痛。

감는 감다(巻く·髪を洗う·目を閉じる)の現在連体形。

감다¹/ka:mt̚a/【-따】【他】❶巻く。∥천천히 실을 감다 ゆっくり糸を巻く。팔에

붕대를 감다 腕に包帯を巻く. 목에 목도리를 감다 首にマフラーを巻く. 시계 태엽을 감다 時計のぜんまいを巻き締める. ❷(手・足などを)相手に絡みつける. [受]감기다. [使]감기다.

감다[2] /ka:mʔta/ 【-따】 [他] ❶(自分の髪を)洗う. ‖샴푸로 머리를 감다 シャンプーで髪を洗う. [使]감기다. ❷〔멱을 감다の形で〕水遊びをする. ‖강에서 멱을 감다 川で水遊びをする.

감다[3] /ka:mʔta/ 【-따】 [他] ❶(目を)閉じる. ‖눈을 감다 目を閉じる. [受]감기다. ❷死ぬ; 永眠する.

감당-하다 (堪當-) /kamdaŋhada/ [他] 〖하変〗 やりこなす; 十分堪え得る; 堪える; 成し終える; 抱える; 成し得る. ‖혼자서는 감당하기 힘든 일 1人では抱え切れない仕事. 이 정도는 감당할 수 있다 これくらいなら何とかなる.

감도 (感度) [名] 感度.

감독 (監督) /kamdok/ [名] [하他] 監督. ‖영화 감독 映画監督. 야구 감독 野球監督.

감독-관 (監督官) 【-꽌】 [名] 監督官.

감독-권 (監督權) 【-꿘】 [名] 監督権.

감-돌다 /ka:mdo:lda/ [自] 〖ㄹ語幹〗〔감돌아, 감도는, 감돈〕 漂う; 垂れこめる. ‖암운이 감돌다 暗雲が漂う. 전운이 감돌다 戦雲が垂れこめる.

— [他] 〔감돌아 흐르다の形で〕曲がりくねりながら流れる. ‖산기슭을 감돌아 흘러온 물은 한강으로 흘러간다 山のふもとを曲がりくねりながら流れてきた水は漢江へ流れ込む.

감동 (感動) /ka:mdoŋ/ [名] [하自] 感動. ‖그 소설을 읽고 무척 감동했다 その小説を読んでとても感動した. 깊은 감동을 받다 深い感動を受ける. 감동을 준 한마디 感動を与えた一言. 감동한 나머지 눈물을 흘리다 感動のあまり涙を流す.

감동-적 (感動的) [名] 感動的. ‖감동적인 장면 感動的な場面.

감등 (減等) [名] [하他] 等級を下げること.

감량 (減量) 【-냥】 [名] [하自他] 減量. [対]증량(增量).

감로 (甘露) 【-노】 [名] 甘露.

감로-수 (甘露水) [名] 甘露水.

감로-주 (甘露酒) [名] 甘露酒.

감리 (監理) 【-니】 [名] [하他] 監理; 監督[管理]すること.

감리-교 (監理教) 【-니-】 [名] 《宗教》 メソジスト派. ✣プロテスタント教会の教派の一つ.

감마 (gamma・γ ギ) [名] (ギリシャ文字の第3字の)ガンマ.

감마-선 (γ線) [名] 《物理》 ガンマ線.

감면 (減免) [名] [하他] 減免. ‖형을 감면하다 刑を減免する. **감면-받다** [受身]

감명 (感銘) [名] [하自] 感銘. ‖교장 선생님 말씀에 큰 감명을 받았다 校長先生のお言葉に大きな感銘を受けた. 많은 사람에게 감명을 주다 多くの人に感銘を与える.

감-물 [名] 柿渋.

감미 (甘味) [名] 甘味.

감미-롭다 (甘味-) 【-따】 [形] 〖ㅂ変〗 甘味だ; 甘い. ‖감미로운 과일 甘美な果物. 감미로운 멜로디 甘い[甘美な]メロディー. **감미로이** [副]

감미-료 (甘味料) [名] 甘味料. ‖인공감미료 人工甘味料.

감방 (監房) [名] 監房; 刑務所; 監獄; 牢屋.

감별 (鑑別) [名] [하他] 鑑別.

감별-법 (鑑別法) 【-뻡】 [名] 鑑別法.

감별-사 (鑑別師) 【-싸】 [名] 鑑別士.

감복 (感服) [名] [하自] 感服.

감봉 (減俸) [名] [하他] 減俸; 減給. ‖감봉 처분을 받다 減給処分を受ける. **감봉-당하다** [受身]

감비아 (Gambia) [名] 《国名》 ガンビア.

감사[1] (感謝) /ka:msa/ [名] [하自他] 感謝. ‖호의에 감사 드립니다 ご好意に感謝申し上げます. 와 주셔서 정말 감사합니다 お越しいただきまして誠にありがとうございます.

감사-장 (感謝狀) 【-짱】 [名] 感謝状.

감사-절 (感謝節) [名] 〔추수 감사절(秋收感謝節)の略語〕 感謝祭.

감사-패 (感謝牌) [名] 感謝の意を込めた牌(はい).

감사[2] (監事) [名] 監事.

감사[3] (監査) [名] [하他] 監査.

감산 (減産) [名] [하自他] 減産. [対]증산(增産).

감상[1] (感想) /ka:msaŋ/ [名] 感想. ‖일본에 대한 감상은 어떻습니까? 日本の感想はいかがですか. 영화를 본 감상을 말하다 映画についての感想を語る.

감상-문 (感想文) [名] 感想文.

감상[2] (鑑賞) [名] [하他] 鑑賞. ‖음악 감상 音楽鑑賞. 영화 감상 映画鑑賞.

감상[3] (感傷) [名] [하自] 感傷. ‖감상에 젖다[빠지다] 感傷にひたる.

감상-적 (感傷的) [名] 感傷的; センチメンタル.

감상-주의 (感傷主義) 【-/-이】 [名] センチメンタリズム.

감성 (感性) [名] 感性. ‖감성이 풍부하다 感性が豊かだ.

감성-적 (感性的) [名] 感性的.

감성ˆ지수 (感性指數) [名] 感性指数(EQ).

감성-돔 [名] 《魚介類》 クロダイ(黒鯛); チヌダイ(茅渟鯛).

감세 (減稅) [名] [하自] 減税. [対]증세(增稅).

감소 (減少) /ka:mso/ [名] [하自他] 減少. [対]증가(增加). ‖수입이 감소하다 収

감속

입이 減少する. 出生率가 감소하고 있다 出生率が減少しつつある. 인구 감소 人口の減少.

감속(減速) 图 하자 減速. ⑦가속(加速).

감수¹(減壽) 图 하자 寿命が縮むこと. ‖십 년 감수했다 寿命が10年も縮むような思いをした.

감수²(甘受) 图 하자 甘受. ‖비판을 감수하다 批判を甘受する.

감수³(監修) 图 하자 監修. ‖사전을 감수하다 辞典を監修する. 감수자 監修者.

감수⁴(感受) 图 하자 感受.

감수-성(感受性) [-썽] 图 感受性. ‖감수성이 풍부하다 感受性が豊かだ.

감시(監視) 图 하자 監視; 見張り. ‖연안을 감시하다 沿岸を監視する. 경찰의 감시하에 있다 警察の監視下にある.

감시-망(監視網) 图 監視網. ‖감시망을 뚫고 탈출에 성공하다 監視網をくぐり抜けて脱出に成功する.

감시-원(監視員) 图 監視員.

감식(鑑識) 图 하자 鑑識.

감식-안(鑑識眼) 图 鑑識眼.

감싸고-돌다 〘ㄹ語幹〙 かばい立てる; 何とかばう; 庇護(ひご)する. ‖큰아들만 감싸고돌다 長男ばかりかばい立てる.

감-싸다 /ka:m²sada/ ⑩ ❶くるむ 包み隠す; 覆いかぶせる; 包む. ‖상처를 손수건으로 감싸 매다 傷口をハンカチでくるむ. 애정으로 감싸 매다 愛情で包んであげる. ❷ かばう. ‖아이를 감싸다 子どもをかばう.

감아 ⑩ 감다(巻く·髪を洗う·目を閉じる)의 連用形.

감안(勘案) 图 하자 勘案; 考慮すること; 考え合わせること. ‖제반 사정을 감안하다 諸事情を勘案する.

감액(減額) 图 하자 減額. ⑦증액(增額).

감언-이설(甘言利說) [-니-] 图 口車. ‖감언이설에 속아 넘어가다 口車に乗せられる.

감염(感染) 图 되자 感染. ‖세균에 강염되다 細菌に感染する.

감옥(監獄) 图 〔교도소(矯導所)의 旧称〕 監獄.

감원(減員) 图 하자 減員; 人員削減. ⑦증원(增員).

감은 감다(巻く·髪を洗う·目を閉じる)의 過去連体形.

감을 감다(巻く·髪を洗う·目を閉じる)의 未来連体形.

감자¹/kamʥa/ 图 〔植物〕ジャガイモ(ジャガ芋). ‖삶은 감자를 소금에 찍어 먹다 ゆでたジャガイモを塩につけて食べる.

감자-튀김 图 フライドポテト.

감자²(減資) 图 하자 減資. ⑦증자(增資).

감전(感電) 图 하자 感電. ‖감전 사고 感電事故. 감전사하다 感電死する.

감점(減點) [-쩜] 图 하자 減点. ‖반칙으로 감점당하다 反則で減点を食らう.

감정(鑑定) 图 하자 鑑定. ‖보석을 감정하다 宝石を鑑定する.

감정-서(鑑定書) 图 鑑定書.

감정-인(鑑定人) 图 鑑定人.

감정(感情) /ka:mʥʌŋ/ 图 感情. ‖감정에 호소하다 感情に訴える. 감정을 넣어서 부르다 感情を込めて歌う. 얼굴에 감정을 드러내다 感情を顔に出す. 감정을 그대로 드러내다 感情をむき出しにする. 감정을 해치다 感情を害する.

감정-론(感情論) [-논] 图 感情論.

감정-이입(感情移入) 图 感情移入.

감정-적(感情的) 图 感情的. ‖감정적인 대립 感情的な対立. 감정적으로 대응하다 感情的に対応する.

감주(甘酒) 图 甘酒.

감지(感知) 图 하자 感知. ‖빛을 감지하다 光を感知する.

감지-기(感知器) 图 感知器. 센서.

감지-덕지(感之德之) [-찌] 圕 하자 非常にありがたく. ‖몇 푼을 감지덕지 받다 いくらかを非常にありがたく受け取る.

감질-나다(疳疾−) /kamʥillada/ 〘ㄹ−〙 되 じれったい; もどかしい; はがゆい; ちびちび(と)やる. ‖감질나는 이야기 じれったい話. 술을 감질나게 마시다 ちびちび(と)酒を飲む.

감쪽같다 /kam²ʨok²kat²ta/ 〘−깐 따〙 圕 ❶ (模造品·うそなどが)見分けがつかない; 少しも違わない; そっくりだ. ❷ (消える様子などが)跡形もない. **감쪽같-이** 圖 감쪽같이 사라지다 跡形もなく消える. 감쪽같이 속았다 まんまとだまされた.

감찰(監察) 图 하자 監察.

감찰-관(監察官) 图 監察官.

감천(感天) 图 하자 まごころが天に通ずること. ‖지성이면 감천이라 至誠天に通ず.

감청(紺青) 图 紺青(こんじょう).

감초(甘草) 图 ❶ 〔植物〕 カンゾウ(甘草). ❷ 〔比喩的に〕 (カンゾウが漢方薬には欠かせない素材であることから) 欠くことのできないもの; どんなことにも首をつっ込む人.

감촉(感觸) /ka:mʨʰok/ 图 하자 手触り; 感触. ‖감촉이 좋은 천 手触りのいい布地. 비단의 부드러운 감촉 絹の布の柔らかい感触.

감추다 /kamtʃʰuda/ 他 ❶隠す;くらます;消す. ‖서랍 속에 감추다 引き出しの中に隠す. 사람 눈에 띄지 않는 곳에 감추다 人目につかないところに隠す. 종적을 감추다 姿を消す;跡をくらます. ❷秘める;潜める. ‖진상은 오랫동안 감추어져 있었다 真相は長いと秘められていた.

감축 (減縮) 图 他 削減. ‖예산을 대폭 감축하다 予算を大幅に削減する.
감축-되다 自
감칠-맛 【-맏】 图 風味のある味;こくのある味;旨味. ‖감칠맛이 나다 風味がある;こくのある味だ.
감침-질 图 他 まつり縫い;まつりぐけ.
감탄 (感歎) 图 自 感嘆. ‖재能에 감탄하다 才能に感嘆する. ~의 소리 感嘆の声.
감탄-사 (感嘆詞) 图 [言語] 感嘆詞.
감탄-형 (感嘆形) 图 [言語] 感嘆形.
감퇴 (減退) 图 自 減退. ‖기억력이 감퇴하다 記憶力が減退する.
감투¹ 图 ❶昔, 役人がかぶった官帽の一種. ❷[職位]の俗っぽい言い方で) 役職;地位. ‖감투를 쓰다 役職につく.감투 싸움 地位争い.
감투² (敢鬪) 图 自 敢鬪.
감투-상 (敢鬪賞) 图 敢鬪賞.
감-하다 (減-) 他 減らす;減じる. ‖세금을 감해 주다 税金を減免する.
감행 (敢行) 图 他 敢行.
감형 (減刑) 图 他 減刑.
감호 (監護) 图 他 監護. ~처분 監護処分.
감화 (感化) 图 自 感化. ‖기독교의 감화를 받다 キリスト教の感化を受ける. **감화-되다** 【-받-】 自
감회 (感懷) 图 自 感懐. ‖감회가 새롭다 感懐が新だ.
감흥 (感興) 图 自 感興. ‖감흥이 일다 感興がわく[起きる].
감-히 (敢-) /ka:mhi/ 副 恐れ多くも;敢えて;大胆にも;図々しくも. ‖선생님께 감히 그런 말을 하다니 恐れ多くも先生にそんなことを言うなんて. 감히 질문하다 敢えて質問する.
갑¹ (甲) 图 ❶甲. ‖갑을 甲乙. ❷(十干の) 甲(きのえ).
갑² (岬) 图 岬.
갑³ (匣) 依名 …箱. ‖담배 한 갑 タバコ 1箱.
갑각-류 (甲殼類)【-깍뉴】 图 [魚介類] 甲殼類.
갑갑-하다 /kapkapʰada/【-가파-】 【하变】 ❶息苦しい;詰まりする;窮屈だ;狭苦しい;重苦しい. ‖좁고 갑갑한 집 手狭で窮屈な家. 속이 갑갑하다 胸が重苦しい. 전철이 초만원이라 갑갑해 電車が超満員で息苦しい. ❷もどかしい;じれったい;いらいらする. ❸制대로 표현을 못해 갑갑하다 うまく表現できなくてもどかしい.

갑골^문자 (甲骨文字)【-꼴-짜】 图 [言語] 甲骨文字.
갑남을녀 (甲男乙女)【갑-려】 图 平凡な普通の人々. ⇒필부필부(匹夫匹婦).
갑론을박 (甲論乙駁)【갑 노 늘-】 图 自 甲論乙駁(ぱく).
갑부 (甲富)【-뿌】 图 大金持ち.
갑상-선 (甲狀腺)【-쌍-】 图 [解剖] 甲状腺. ‖갑상선이 붓다 甲状腺が腫れる. 갑상선 호르몬 甲状腺ホルモン.
갑-옷 (甲-)【-뽇】 图 鎧(よろい).
갑자 (甲子) 图 甲子.

갑자기 /kap̚tʃʼagi/【-짜-】 副 いきなり;突然;俄然;急に. ‖갑자기 울기 시작하다 いきなり泣き出す. 갑자기 찾아오다 突然訪ねてくる. 병세가 갑자기 나빠지다 病状が急に悪くなる.

갑작-스럽다 /kap̚tʃʼaks'lopʰta/【-짝쓰-】 【ㅂ变】 突然だ;急だ. ‖너무나도 갑작스러운 일 あまりにも突然の出来事. **갑작스레** 副
갑절 (甲-)【-쩔】 图 倍;2倍. ‖밀리면 시간이 갑절은 걸린다 渋滞すると倍の時間がかかる.
갑종 (甲種)【-쫑】 图 甲種.
갑판 (甲板) 图 甲板;デッキ.
값 /kap̚/【갑】 图 ❶値;値段;価格. ‖값이 오르다 値が上がる. 값이 비싸다 値段が高い. 값을 매길 수가 없다 値がつけられない. ❷代価. ‖값을 치르다 代価を払う. ❸代金;料金. ❹방값 部屋代; 기름값 ガソリン代. 價値. ‖값 있는 죽음 価値のある死. ❺(数学) 值. ‖x의 값을 구하라 xの値を求めよ. ▶값을 부르다 (取引で)適当だと思われる値を言う.
값-싸다 【갑-】 形 ❶値段が安い. ❷안っぽい. ‖값싼 동정심 安っぽい同情心.
값-어치 /kab̚ətʃʰi/【가버-】 图 値打ち;価値. ‖값어치가 있다 値打ちがある. 골동품으로서의 값어치는 없다 骨董品としての値打ちはない.
값-지다【갑찌-】 形 ❶値打ちがある. ❷貴い. ‖값진 희생 貴い犠牲.
갓¹ 【갇】 图 昔, 成年男子がかぶった冠. ⇒(ランプなどの) 笠(かさ).
갓² 【갇】 图 [植物] カラシナ (芥菜).
갓³ 【갇】 依名 干物などを 10 個束ねたものを数える語: …束. ‖굴비 한 갓 イシモチ 1束.
갓⁴ /kat/ 【갇】 副 たった今;ちょうど今;…(し)たばかりの;…たての. ‖갓 태어난 아기 生まれたばかりの赤ちゃん. 갓 구운 빵 焼きたてのパン. 지금 갓 돌아왔다 たった今戻ったばかりです.

갓-길【갓낄】图 路肩.

갓난-아기【간-】图 갓난아이를 귀여움을 담아 이르는 말.

갓난-애【간-】图 赤ん坊. ☞갓난애.

갓난-애【간-】图 갓난아이의 축약형.

강¹ (江) /kaŋ/ 图 川. ‖강을 건너다 川を渡る. 강에서 헤엄치다 川で泳ぐ. 유유히 흘러가는 한강 悠々と流れる漢江. 미시시피 강 ミシッピ(川). 템즈 강 テムズ(川). 강줄기 川の流れ. ▷강 건너 불구경 [諺] 対岸の火事.

강² (姜)【姓】姜(ガン).

강³ (康)【姓】康(ガン).

강⁴ (綱)【生物】綱. ‖포유강 哺乳綱.

강-⁵ (強) [接頭] 強…. ‖강타자 強打者. 강행군 強行軍.

강-⁶ [接頭] ひどい…; 厳しい…. ‖강추위 厳しい寒さ.

강-가 (江-)【-까】图 川辺; 川べり; 河岸.

강간 (強姦) [하他] 強姦.

강간-죄 (強姦罪)【-쬐/-쮀】图 [法律] 強姦罪.

강강-술래 图 [民俗] 全羅道地方の伝統的な踊り.

강개 (慷慨) [하自] 慷慨(ぶん). ‖비분 강개하다 悲憤慷慨する.

강건 (剛健) [하形] 剛健.

강건-체 (剛健體)【-체】图 [文芸] 力強くて硬い男性的な文体.

강건-하다 (強健-) [形] [하变] 強健だ.

강경 (強勁·強硬) [하形] 強硬. ‖강경하게 대처하다 強硬に対処する.

강경-책 (強勁策) 图 強硬策.

강경-파 (強勁派) 图 強硬派; タカ派. ‖온건파 (穩健派).

강고-하다 (強固-) [形] [하变] 強固だ. ‖강고한 의지 強固な意志.

강골 (強骨) 图 硬骨. ②약골(弱骨).

강공 (強攻) 图 強攻.

강공-책 (強攻策) 图 強攻策. ‖강공책을 취하다 強攻策を取る.

강관 (鋼管) 图 鋼管.

강구 (講究) [하他] 講究; (手段·方法などを)講じること. ‖적절한 대책을 강구하다 適切な対策を講じる.

강국 (強國) 图 強國. ②약국(弱國).

강권¹ (強權)【-꿘】图 強權. ‖강권 발동 強權発動.

강권² (強勸) [하他] 無理に押しつけること.

강-기슭 (江-)【-끼슭】图 河岸. ②하안(河岸).

강-나루 (江-) 图 川の渡し(場); 渡り場.

강남 (江南)【地名】ソウルの漢江の南側の地域.

강낭-콩 图《植物》インゲンマメ(隠元豆). ②옥수수.

강냉이 图《植物》トウモロコシ(玉蜀黍). ⓝ옥수수.

강단¹ (剛斷) 图 果断さ; 決断力. ‖강단이 있다 決断力がある.

강단² (講壇) 图 講壇. ‖대학 강단에 서다 大学の講壇に立つ.

강당 (講堂) 图 講堂.

강대 (強大) [하形] 強大. ‖강대한 권력 強大な権力.

강대-국 (強大國) 图 強大國. ②약소국(弱小國).

강도¹ (強度) 图 強度.

강도² (強盜) 图 強盜. ‖집에 강도가 들다 家に強盜が入る; 強盗に入られる.

강도-범 (強盜犯) 图 [法律] 強盜犯.

강도-질 (強盜-) 图 強盜をはたらくこと. ‖강도질을 하다 強盜をはたらく.

강동-강동 [하自] 短い足で跳ねながら歩く様子: ぴょんぴょん.

강동-거리다 [自] 短い足で跳ねながら歩く.

강등 (降等) [하他] 降等; 格下げ.
강등-하다 (降等-) [受動]

강력 (強力)【-녁】图 [形] 強力. ‖강력한 단속 방안 強力な対処方策. 개혁을 강력하게 추진하다 改革を強力に推し進める.

강력-범 (強力犯)【-녁뻠】图 [法律] 強力犯. ②지능범(知能犯).

강력-분 (強力粉)【-녁뿐】图 強力粉. ②박력분 (薄力粉).

강렬-하다 (強烈-) /kaŋnjəlhada/【-녈-】[形] [하变] 強烈だ. 강렬한 인상 強烈な印象. 강렬한 펀치 強烈なパンチ. 소설은 사실보다 전달하는 힘이 강렬하다 小説は事実より伝える力が強烈だ.
-강렬-히 [副]

강령 (綱領)【-녕】图 綱領.

강림 (降臨)【-님】[하自] 降臨.
강림-절 (降臨節)《キリスト教》=대림절 (待臨節).

강-마르다 [形][르変] 乾き切っている; ひどくやせている. ‖강마른 남자 ひどくやせた男の人.

강매 (強賣) [하他] 押し売り.

강목 (綱目) 图 綱目.

강-물 (江-) 图 川の水. ‖강물이 범람하다 川が氾濫する.

강-바닥 (江-)【-빠-】图 川底; 河床. ②하상(河床).

강-바람 (江-)【-빠-】图 川風; 川おろし.

강박 (強迫) [하自他] 強迫.
강박-관념 (強迫觀念)【-꽌-】图 強迫観念.
강박-신경증 (強迫神經症)【-씬-】图 [医学] 強迫神経症; 強迫性障害.

강변¹ (江邊) 图 川辺.

강변²(強辯) [하에] 強弁.
강보(襁褓) [명] 襁褓(きょう); おくるみ.
강북(江北) [명] [地名] ソウルの漢江の北側の地域.
강사(講師) [명] 講師. ‖전임 강사 専任講師. 시간 강사 非常勤講師.
강산(江山) [명] ❶ 山河. ❷ 領土.
강-샘 [하자] ❶ やきもち; 嫉妬.
강성¹(剛性) [명] [物理] 剛性.
  강성-률(剛性率) [-뉼] [物理] 剛性率.
강성²(剛性) [명] 強い性質.
강성(強盛) [명] 強盛を示す IT関連の株.
강세(強勢) [명] ‖강세를 보이는 아이티 관련 주 強勢を示す IT関連の株.
강-소주(-燒酒) [명] つまみもなく飲む焼酎.
강-속구(強速球) [-꾸-] [명] [野球] 豪速球; スピードボール.
강수(降水) [명] 降水.
  강수-량(降水量) [명] 降水量.
강습(講習) [명] [하자] 講習. ‖강습을 받다 講習を受ける.
강신(降神) [명] [하자] 降神; 神降ろし.
강-심장(強心臟) /kaŋʃimdʑaŋ/ [명] 心臓が強いこと; 度胸のある人. ‖강심장を持った男 度胸のある男.
강심-제(強心劑) [명] [藥] 強心剤.
강아지(kaŋadʑi) [명] ❶ 犬; 子犬; わんちゃん. ❷ 幼児や孫をかわいがって言う語.
  강아지-풀 [명] [植物] エノコログサ(狗尾草); ネコジャラシ(猫じゃらし).
강압(強壓) [명] [하자] 強圧.
  강압-적(強壓的) [-쩍] [명] 強圧的. ‖강압적인 태도를 취하다 強圧的な態度を取る.
강약(強弱) [명] 強弱.
  강약´부호(強弱符號) [-뿌-] [명] [音樂] 強弱記号.
강연(講演) [명] [하자] 講演. ‖경제 동향에 대해서 강연하다 経済動向について講演する.
  강연-회(講演會) [-/-에] [명] 講演会.
강요(強要) [명] [하자] 強要; 強いること. ‖기부를 강요하다 寄付を強要する. 술을 강요하다 酒を強いる. **강요-받다**[-당하다] [受動]
강우(降雨) [명] [하자] 降雨.
  강우-기(降雨期) [명] 降雨期.
  강우-량(降雨量) [명] 降雨量.
강의(講義) /ka:ŋɰi/ [-/-이] [명] [하자] 講義. ‖강의를 듣다 講義を聞く; 講義をとる. 집중 강의 集中講義.
  강의-록(講義錄) [명] 講義録.
  강의-실(講義室) [명] 講義室.
강인-하다(強靭-) [하어] [형] [여변] 強靭だ. ‖강인한 정신 強靭な精神.
강자(強者) [명] 強者. ⑦약자(弱者).

‖강자의 논리 強者の論理.
강장¹(强壯) [명] [하자] 強壮.
  강장-제(强壯劑) [명] [藥] 強壮剤.
강장²(腔腸) [명] [生物] 腔腸.
  강장´동물(腔腸動物) [명] [生物] 腔腸動物.
강적(強敵) /kaŋdʑɔk/ [명] 強敵; 大敵. ‖강적을 만나다 強敵にあう.
강점¹(強占) [명] [하자] (領土などを)強制的に占有すること. **강점-당하다** [受動]
강점²(強點) [-쩜] [명] 強み. ⑦약점(弱點).
강제(強制) /ka:ŋdʑe/ [명] [하자] 強制; 無理強い. ‖강제로 끌고 가다 無理矢理連れていく. 노동을 강제하다 労働を強制する. 강제 연행 強制連行. 강제 노동 強制労働. **강제-당하다** [受動]
  강제-권(強制權) [-꿘] [명] [法律] 強制権.
  강제-력(強制力) [명] 強制力.
  강제´송환(強制送還) [명] 強制送還.
  강제´수사(強制搜査) [명] 強制捜査. ‖임의 수사 (任意搜査).
  강제´수용소(強制收容所) [명] 強制収容所.
  강제-적(強制的) [명] 強制的. ‖강제적으로 서류에 서명하게 하다 強制的に書類に署名させる.
  강제´집행(強制執行) [-지팽] [명] 強制執行.
  강제´징수(強制徵收) [명] 強制徴収.
  강제´처분(強制處分) [명] 強制処分.
강조(強調) /ka:ŋdʑo/ [명] [하자] 強調. ‖개혁의 필요성을 강조하다 改革の必要性を強調する. 선생님은 내가 어떻게 생각하는가가 중요하다고 몇 번이나 강조하셨다 先生は私がどう思うかが重要だと、何度も強調した. 한국적인 아름다움을 강조한 디자인 韓国的な美しさを強調したデザイン. **강조-되다** [受動]
강좌(講座) [명] 講座. ‖하기 강좌 夏季講座.
강-줄기(江-) [-쭐-] [명] 川の流れ.
강중-강중 [부] 短い足で跳ねながら歩く様子: ぴょんぴょん.
강중-거리다[-대다] [자] 短い足で跳ねながら歩く.
강직-하다(剛直-) [-지카-] [형] [여변] 剛直だ. ‖강직한 성격 剛直な性格.
강진(強震) [명] 強震.
강짜(強-) [명] ❶ 〔강샘の俗語〕 やきもち; 嫉妬. ❷ 強情. ‖강짜를 부리다 強情を張る.
강철(鋼鐵) [명] 鋼鉄. ‖강철판 鋼鉄板.
강타(強打) [명] [하자] ❶ 強打. ‖강타를 치다 強打を打つ. ❷ (台風などが)襲う. ‖태풍이 남부 지방을 강타하다 台風が南部地方を襲う.

강-타자(强打者) 명 (野球에서) 強打者.

강탈(强奪) 하변 強奪. ▎주권을 강탈하다 主権を強奪する. **강탈-당하다** 受変.

강토(疆土) 명 疆土(きょうど); 領土.

강판¹(薑板) 명 下ろし金. ▎무를 강판에 갈다 大根を下ろし金でずり下ろす.

강판²(鋼板) 명 鋼板.

강판³(降板) 명 되변 (野球에서) 降板. ⑦降板すること. ▎투수가 강판되다 投手が降板する.

강팍-하다(剛愎-)【-파카-】형 →깡파퀴하다.

강퍅-하다(剛愎-)【-파카-】형 [하변](性格が)強情で気難しい.

강풍(强風) 명 強風. ▎강풍이 휘몰아치다 強風が吹きすさぶ.

강하(降下) 명 되변 降下. ▎급강하 急降下.

강-하다¹(剛-) 형 [하변](志などが)堅い;剛直である. ⑦柔らかい(柔-).

강-하다²(强-) 【-kaŋhada】형 [하변] ❶強い. ⑦弱하다(弱-). ▎책임감이 강하다 責任感が強い. 상대 팀은 생각보다 강했다 相手チームは思ったより強かった. 강한 인상을 받다 強い印象を受ける. 바람이 강하게 불다 風が強く吹く. ❷《…에 강하다의 형で》…に強い. ▎스포츠에 강하다 スポーツに強い. 지진에 강한 건물 地震に強い建物.

강해-지다(强-) 재 強まる; 強くなる. ▎세력이 강해지다 勢力が強くなる. 자의식이 강해지다 自意識が強くなる.

강행(强行)【kaːŋhəŋ】명 하변 強行. ▎비가 오는데도 대회를 강행하다 雨が降るにもかかわらず大会を強行する. **강행-되다** 受変.

강-행군(强行軍) 명 재변 強行軍. ▎강행군을 하다 強行軍をする.

강호(强豪) 명 強豪.

강화¹(强化)/kaŋhwa/ 명 하변 強化. ⑦약화(弱化). ▎전력을 강화하다 戦力を強化する. 규제를 강화하다 規制を強化する. 강화 훈련 強化訓練. **강화 -되다** 受変.

강화²(講和) 명 재변 講和. ▎강화 조약 講和条約.

갖-가지【kat̚kadʑi】【갖까-】명 〔가지가지의 縮約形〕色々; 様々; とりどり. ▎이 반찬에는 갖가지 영양소가 들어 있다 このおかずには色々な栄養素が入っている. 갖가지 색깔 色とりどり.

갖다 /kat̚ta/【갇따】타 〔가지다의 縮約形〕持つ. ▎가정을 갖다 家庭を持つ. 자신을 갖다 自信を持つ. 지금은 안 갖고 있다 今は持っていない. 막대한 재산을 갖고 있다 莫大な財産を所有している.

갖-바치(-) 명 (옛)革鞋匠.

갖은/kadʑwn/ 관 あらゆる;ありとあらゆる;すべての. ▎갖은 고생을 다 하다 あ りとあらゆる苦労をする. 갖은 수단을 다 쓰다 あらゆる手段を尽くす. 갖은 양념 色々な薬味.

갖은-소리 명 あらゆる言葉.

갖추다 /kat̚t͈ʰuda/【갖-】타 備える; 取り揃える; 整える. ▎자질을 갖추다 資質を備える. 구색을 갖추다 品物を色々と取り揃える. 필요한 물건은 갖추어 있습니다 必要な物は取り揃えてあります.

같다 /kat̚ta/【갇따】형 ❶同じだ; 同様だ; 等しい. ▎가격이 같다 値段が同じだ. 둘은 학교도 같고 학년도 같다 二人は学校も同じで, 学年も同じだ. 아버지하고 취향이 같다 父親と好みが同じだ. 형하고 하는 짓이 같다 兄と同じにふるまう. 삼 년 전에도 이와 같은 사건이 일어났다 3年前にもこれと同様の事件が起きた. 같은 얘기를 다른 사람한테서도 들었다 同様のことを他の人からも聞いた. 이하 같음 以下同様. 같은 길이 等しい長さ. ❷…のようだ;…みたいだ. ▎꿈 같은 날들이 계속되다 夢のような日々が続く. 요코하마나 고베 같은 항구 도시 横浜や神戸みたいな港町. ❸《…같으면の形で》…であったら;…なら,…나 같으면 참지 못했을 거야 私だったら我慢できなかったと思う. 너 같으면 어떻게 했겠니? お前ならどうしたと思う? ▶같은 값이면 다홍치마【같】《諺》〔同じ値段なら真紅のスカートの〕意で〕同じ値段なら見た目のいいものを選ぶことのたとえ. 동가홍상(同價紅裳).

같은-표(-標) 명 等号 (=). 何等号(等號).

같이¹/kat̚ɕʰi/【가치】부 ❶同じく;同じように; 同様に; 等しく. ▎오른쪽 그림과 같이 하시면 됩니다 右の絵と同じようにすればいいです. 같이 취급하다 同様に扱う. ❷一緒に; ともに. ▎같이 이 일을 합시다 一緒に仕事をしよう. 어디든지 같이 다니다 どこへでも連れ立って行く. ❸…와[과] 같이의形》…通りに;…のように. ▎말씀드린 바와 같이 申し上げた通りに. 이와 같이 このように. **같이-하다** [하변] 共にする. ▎행동을 같이하다 行動を共にする. 운명을 같이하다 運命を共にする.

같이²/kat̚ɕʰi/【가치】조 …のように;…と同じく;…のごとく;…みたいに. ▎보름달같이 둥근 얼굴 満月のようにまん丸い顔. 눈같이 희다 雪のように白い.

같잖다【갇짠타】형 〔같지 아니하다의 縮約形〕ばかばかしい; くだらない; つまらない. ▎같잖은 소리를 하다 くだらないことを言う.

갚다/kap̚ta/【갑따】타 ❶(借金などを)返す; 返済する; 償う; 報いる. ▎빚을 갚다 借金を返す. 죄를 갚다 罪を償う. ❷恩返しをする; (恩に)報いる. ▎은혜를 갚다

恩返しをする. 은혜를 원수로 갚다 恩を仇で返す. ❸ (敵)을 치다. ‖원수를 갚다 敵を討つ.

개¹ /kɛ/ 图 ❶ (動物) イヌ(犬). ‖새끼 개 子犬. 개 사료 ドッグフード. 개집 犬小屋. 들개 野良犬. 개를 두 마리 키우고 있다 犬を2匹飼っている. 개가 지나가는 사람을 향해 짖었다 犬が通行人に向かって吠えた. 개를 묶어 두다 犬をつないでおく. ❷ [比喩的に] 回し者; スパイ. ‖개 패듯 하다 容赦なくぶん殴る. ▸개가 똥을 마다하다 (諺) (「犬が糞を嫌うと言う」の意で) 大好物を遠慮されない時に皮肉って言う表現. ▸개 눈에는 똥만 보인다 (諺) (「犬の目には糞だけが見える」の意で) 何かに凝っていると, あらゆるものがそれに見える.

개² 윷놀이 (ユンノリ) 에서 4개의 윷가락 중 2개 앞면이 나오는 것.

개³ (個・介・箇) /kɛ/ 依名 ‖개; …つ. ‖귤 열 개 ミカン10個. 사과 세 개 リンゴ3個. 한 개씩 포장해 주세요 1つずつ包装してください.

개⁻⁴ 接頭 無駄な…; 野生の…; 値打ちのない…; でたらめの…. ‖개죽음 無駄死に; 犬死に. 개살구 野生の杏.

-개⁵ 接尾 〔一部の動詞に付いて〕器具であることを表わす. ‖깔개 敷物. 지우개 消しゴム.

개가¹ (改嫁) 图 하自 (女性の) 再婚; 再縁. ‖재가 再縁.

개가² (開架) 图 하自他 開架. ‖개가식 도서관 開架式図書館.

개가³ (凱歌) 图 凱歌. ‖개가를 올리다 凱歌をあげる [奏する].

개각 (改閣) 图 하他 内閣改造; 組閣.

개간 (開墾) 图 하自他 開墾. ‖황무지를 개간하다 荒れ地を開墾する.

개간-지 (開墾地) 图 開墾地.

개강 (開講) 图 하自 開講. 凡終講) · 폐강 (閉講). ‖한국은 삼월부터 개강이다 韓国は3月から開講だ.

개개 (個個·箇箇) 图 個々. ‖개개의 문제 個々の問題.

개개-인 (個個人) 图 個々人.

개개다 어 집요하게 달라붙어서 손해를 입히다.

개고 (改稿) 图 改稿.

개-고기 图 犬の肉.

개골-개골 图 カエルの鳴き声; ケロケロ.

개과-천선 (改過遷善) 图 과거를 고쳐 착한 사람이 되는 것.

개관¹ (開館) 图 하自他 開館. 凡폐관 (閉館).

개관² (槪觀) 图 槪觀. ‖한국사 개관 韓国史概観.

개괄 (槪括) 图 槪括. ‖보고 내용을 개괄하다 報告内容を概括する.

개괄-적 (槪括的) 【-쩍】 图 概括的. ‖개괄적인 설명 概括的な説明.

개교 (開校) 图 하自他 開校. 凡폐교 (閉校).

개교-기념일 (開校記念日) 图 開校記念日; 創立記念日.

개구리 (蛙) : カワズ (蛙). ‖청개구리 雨蛙. 식용 개구리 牛蛙. 우물 안 개구리 井の中の蛙. ▸개구리 올챙이 적 생각 못한다 (諺) (「カエルはオタマジャクシの頃を思い出せない」の意で) 成功した後は昔の苦労を忘れてしまう.

개구리-밥 图 (植物) ウキクサ (浮き草・萍). 凡부평초 (浮萍草).

개구리-헤엄 图 蛙泳ぎ; 平泳ぎ. 凡평영 (平泳).

개-구멍 图 犬くぐり.

개구쟁이 图 わんぱく; いたずらっ子.

개국¹ (開局) 图 하自他 開局. ‖새로운 티비 채널 개국 新しいTVチャンネルの開局.

개국² (開國) 图 하自他 開國.

개국³ (個國) 依名 …か国. ‖오 개국 순방 5か国歴訪.

개굴-개굴 图 하自 カエルの鳴き声; ケロケロ.

개그 (gag) 图 ギャグ; お笑い. ‖개그 콘테스트 お笑いコンテスト.

개그-맨 (gagman) /kɛgɯmen/ 图 ギャグマン; お笑い芸人.

개근 (皆勤) 图 하自 皆勤. ‖육년 연속 개근을 하다 6年連続皆勤する.

개근-상 (皆勤賞) 图 皆勤賞.

개기 (皆旣) 图 (天文) 皆旣.

개기-식 (皆旣蝕) 图 (天文) 皆旣食.

개기`월식 (皆旣月蝕) 【-씩】 图 (天文) 皆旣月食.

개기`일식 (皆旣日蝕) 【-씩】 图 (天文) 皆旣日食.

개기다 图 '개개다'의 잘못.

개-기름 图 顔にべっとり (と) にじみ出る脂.

개-꿈 /kɛːk͈um/ 图 くだらない夢; ばかげた夢. ‖개꿈을 꾸다가 くだらない夢を見る.

개나리 /kenari/ 图 (植物) レンギョウ (連翹).

개년 (個年) 依名 …か年. ‖오 개년 계획 5か年計画.

개념 (槪念) 图 概念. ‖추상 개념 抽象概念. 상위 개념 上位概念.

개념-론 (槪念論) 【-논】 图 概念論.

개념-적 (槪念的) 【-쩍】 图 概念的.

개다¹ /kɛːda/ 仅 (空などが) 晴れる; (雨が) 上がる. ‖비가 갠 뒤에 무지개가 떴다 雨が上がった後に虹が出た. 하늘이 맑게 개다 空が澄み渡っている.

개다² /kɛːda/ 图 〔개키다의 縮約形〕 (布団や衣服などを) たたむ. ‖이불을 개다 布団をたたむ. 옷을 개다 服をたたむ.

개다³ (泥·粉などを)こねる; 練る. ∥밀가루를 개다 小麦粉をこねる. 점토를 개다 粘土を練る.

개도-국(開途國) 〖개발도상국(開發途上國)의 약칭〗開発途上国.

개-돼지 图 犬畜生; 畜生. ∥개돼지만도 못한 인간 犬畜生にも劣るやつ.

개-떡 图 ❶ そばのぬかやくず麦などで作った粗末な餅. ❷ くだらないもの; 気にならないもの.

개-똥 图 ❶ 犬のくそ; 犬の糞. ❷ くだらないもの. ▶개똥도 약에 쓰려면 없다 〖俗〗(「犬の糞も薬に使おうとするとない」の意で)普段はやたらとごろごろしているものでも、いざ求めようとするとなかなか見つからない.

개똥-밭【-밭】图 犬の糞があちこちに転がっている汚い所. ▶개똥밭에 굴러도 이승이 좋다 〖俗〗苦労あっての物種.

개똥-벌레〖昆虫〗ゲンジボタル(源氏蛍).

개똥-지빠귀〖鳥類〗ツグミ(鶇).

개-띠 (戌-) 戌年生まれ.

개량-조개(-조개)〖魚介類〗バカガイ(馬鹿貝).

개략(概略) 图 (하自) 概略. ∥국제 정세를 개략하다 国際情勢を概略する.

개략-적(概略的)【-적】图 概略的. ∥개략적으로 살펴보다 概略的に調べる.

개량(改良) /kɛːrjaŋ/ 图 (하他) 改良. ∥품종을 개량하다 品種を改良する.
　개량-되다 (受動)
　개량-종(改良種) 图 改良種.
　개량-주의(改良主義)【-/-이】图 改良主義.

개런티(guarantee) 图 ギャランティー; ギャラ.

개론(概論) 图 (하他) 概論. ∥언어학 개론 言語学概論.

개막(開幕) /kɛmak/ 图 開幕. ↔ 폐막(閉幕). ∥프로 야구 공식전의 개막 プロ野球公式戦の開幕.
　개막-식(開幕式)【-씩】图 開幕式.
　개막-전(開幕戰)【-쩐】图 開幕戦.

개-망신(-亡身) 图 (하自) 赤恥; 大恥. ∥개망신을 당하다 大恥をかく.

개-마루〖植物〗ノブドウ(野葡萄).

개명(開明) 图 開明.

개명²(改名) 图 (하他) 改名.

개-모음(開母音) 图 〖言語〗広母音; 低母音. ↔ 폐모음(閉母音).

개미 /kɛːmi/ 图 〖昆虫〗アリ (蟻). ∥일개미 働きアリ. 개미 허리와 腰. ▶개미 새끼 하나도 얼씬 못하다 アリの這い出る隙もない. ▶개미 새끼 하나 볼 수 없다 人っ子一人いない.
　개미-굴(-窟) 图 アリの巣.
　개미-떼 图 アリの群れ.
　개미-지옥(-地獄) 图 アリ地獄.
　개미-집 图 アリの巣.
　개미-핥기【-할끼】图 〖動物〗アリクイ (蟻食).

개발(開發) /kebal/ 图 (하他) 開発. ∥신제품 개발에 주력하다 新製品の開発に力を入れる. 기술 개발 技術開発. 우주 개발 宇宙開発. **개발-되다** (受動)

개발도상국(開發途上國) 图 開発途上国. **개발도국**(開發途國). (⇒선진국(先進國)·중진국(中進國).

개-밥 图 犬のえさ. ▶개밥에 도토리 〖俗〗(「犬のえさにどんぐり」の意で)何八分.

개방(開放) /kebaŋ/ 图 (하他) 開放. ∥문호 개방 門戸開放. **개방-되다** (受動)
　개방 경제(開放經濟) 图 開放経済.
　개방-적(開放的) 图 開放的. ∥개방적인 성격 開放的な性格.

개버딘(gabardine) 图 〖服地の〗ギャバジン.

개벽(開闢) 图 (하自) 開闢(かいびゃく).

개별(個別) 图 個別. ∥개별 면담 個別面談. 개별 학습 個別学習. 학생들을 개별적으로 지도하는 学生を個別的に指導する.
　개별-개념(個別概念) 图 個別概念.
　개별-성(個別性)【-썽】图 個別性.

개복(開腹) 图 (하自) 開腹. ∥개복 수술 開腹手術.

개봉(開封) 图 (하他) 開封; (映画の)封切り; ロードショー. ∥개봉 박두 近日上映. 개봉관 封切館. 개봉 박두 近日上映.

개비 (依名) 小割りなどを数える語: …本. ∥담배 한 개비 タバコ1本. 성냥 한 개비 マッチ1本.

개-뼈다귀 图 ❶ 犬の骨. ❷ (比喩的に)馬の骨. ∥어디서 굴러들어 온 개뼈다귀인지 どこの馬の骨とも知れない.

개산(概算) 图 (하他) 概算. ∥공사비를 개산하다 工事費を概算する.

개-살구 〖植物〗マンシュウアンズ (満州杏). ∥빛 좋은 개살구 見かけ倒し.

개-새끼 图 畜生; 野郎.

개선¹(凱旋) 图 (하自) 凱旋. ∥개선 장군 凱旋将軍.
　개선-문(凱旋門) 图 凱旋門.

개선²(改善) /kɛːsɔn/ 图 (하他) 改善. ∥개악(改惡). ∥개선책 改善策. 처우 개선 待遇改善. 개선의 여지가 있다 改善の余地がある. **개선-되다** (受動)

개설¹(開設) 图 (하他) 開設; 設けること. ∥서울에 지점을 개설하다 ソウルに支店を開設する. 계좌를 개설하다 口座を設ける[設立する]. **개설-되다** (受動)

개설²(概說) 图 (하他) 概説. ∥국어학 개설 国語学概説.

개성(個性) /kɛːsɔŋ/ 图 個性. ∥개성이 강하다 個性が強い. 개성을 발휘하

다 個性を発揮する. 개성을 살리다 個性を生かす.
개성-적(個性的) 個性的. ‖個性的な服装 個性的인 服裝.
개소¹(開所) 開所.
개소-식(開所式) 依 開所式.
개소²(個所·箇所) 依 …ヶ所. ‖十ヶ所 개소 10か所.
개-소리 名 (ののしり方で)でたらめなこと; でたらめにしゃべりちらす話.
개수¹(個數) 名 個數. ‖荷物の個數を數える.
개수²(改修) 名 하타 改修.
개-수양버들(一垂柳) 名 〖植物〗 イヌシダレヤナギ(犬枝垂柳).
개-수작(一酬酌) 名 하자 (ののしり方で)でたらめな言い方.
개수-통(一桶) 名 食器を洗う桶.
개시¹ /kɛʃi/ 名 하타 開始. ‖作業 開始 作業の開始. 攻擊을 개시하다 攻擊を開始する. **개시-되다** 受身
개시²
개시³(開示) 名 하타 開示.
개식(開式) 名 하자 開式.
개식-사(開式辭) 名 〖ㅡ씨〗 開會の辭.
개신(改新) 名 하타 改新.
개신-교(改新敎) 名 〖キリスト敎〗 新敎; プロテスタント.
개심(改心) 名 하자 改心.
개-싸리 名 〖動物〗 ウミカラマツ(海唐松).
개악(改惡) 名 하타 改惡. ㋐改善(改善). ‖憲法 改惡에 反對하다 憲法の改惡に反對する.
개안(開眼) 名 하자 〖佛敎〗 開眼(かいげん).
개암 名 ハシバミの實.
개암-나무 名 〖植物〗 ハシバミ(榛).
개업(開業) 名 하타 開業. ㋐廢業(廢業). ‖變護士 개업을 하다 辯護士を開業する.
개업-의(開業醫) 名 〖ㅡ어비〗 開業醫; 町醫者.
개-여뀌 名 〖植物〗 イヌタデ(犬蓼).
개연-성(蓋然性) 名 ㅡ性 蓋然性. ‖小說은 개연성 있는 허구다 小說は蓋然性のある虛構である.
개연-적(蓋然的) 名 蓋然的. ㋐必然的(必然的).
개요(槪要) 名 하타 槪要.
개운(開運) 名 開運.
개운-하다 /kɛunhada/ 形 〖하변〗 すっきりする; さっぱりする. ‖頭がすっきりする 머리가 개운하다. 別로 개운치 못한 이야기다 どうもすっきりしない話だ. 좀 뛰었더니 몸이 개운하다 少し走ったら體が輕い. 개운한 맛 さっぱりした味. **개운-히**

월 妊娠3か月.
개-음절(開音節) 名 〖言語〗 開音節. ㋐閉音節(閉音節). ✤音節または二重母音で終わる音節. 日本語の音節のほとんどは開音節である.
개의(介意) 名 〖-/-이〗 介意; 懸念すること. ‖죽음도 개의치 않다 死も意に介しない.

개인 〖個人〗 /kɛ:in/ 名 個人. ‖個人敎授 개인 敎授 個人敎授. 개인의 權利 個人の權利.
개인-기(個人技) 名 個人技.
개인-어음(個人ㅡ) 名 〖經〗 個人小切手.
개인-연금(個人年金) 【-넌-】 名 個人年金.
개인-적(個人的) 名 個人的. ‖個人的인 問題 個人的な問題.
개인-전(個人展) 名 個展. ‖個人展을 열다 個展を開く.
개인-주의(個人主義) 【-/-이】 名 個人主義.
개인-차(個人差) 名 個人差.
개인-택시(個人taxi) 名 個人タクシー.
개인-플레이(個人play) 名 個人プレー.
개입(介入) 名 하자 介入. ‖勞使間의 分爭이 政府의 介入으로 圓滿히 타결되다 勞使間の紛爭が政府の介入によって圓滿に妥結する.
개입-권(介入權) 名 〖-꿘〗 〖法律〗 介入權.
개-자식(ㅡ子息) 名 畜生; 野郞.
개작(改作) 名 하타 改作.
개장(開場) 名 하자 開場. ㋐閉場(閉場).
개재(介在) 名 하자 介在.
개전(改悛) 名 하자 改悛. ‖改悛의 情 改悛の情.
개점(開店) 名 하자·타 開店. ㋐閉店(閉店).
개점-휴업(開店休業) 名 開店休業.
개정¹(改正) 名 하타 改正. ‖法律을 개정하다 法律を改正する. **개정-되다** 受身
개정²(改定) 名 하타 改定. ‖改定料金 改定料金. **개정-되다** 受身
개정³(改訂) 名 하타 改訂. ‖改訂新版 改訂新版. **개정-되다** 受身
개정⁴(開廷) 名 하자 開廷. ㋐閉廷(閉廷).
개조¹(改造) 名 하타 改造. ‖臺所를 改造する 부엌을 개조하다. 內閣을 改造する 內閣을 개조하다. **개조-되다** 受身
개조²(個條) 依 …か條.
개종(改宗) 名 하자 改宗.
개-죽음 名 하자 犬死に; 無駄死に. ‖개죽음을 당하다 犬死にする.

개중 (個中・箇中) /kɛdʒuŋ/ 名 〔主に개중에の形で〕数ある中で; その中で. ∥개중에 나은 것 数ある中でましなもの.

개진 (開陳) 名 他 開陳すること. ∥의견을 개진하다 意見を開陳する.

개-집 犬小屋.

개-차반 〔ののしる言い方で〕下劣な者.

개찰 (改札) 名 他 改札. ∥자동 개찰기 自動改札機.

개찰-구 (改札口) /kɛtɕʰalgu/ 名 改札口.

개척 (開拓) /kɛtɕʰok/ 名 他 開拓; 切り開くこと. ∥새로운 시장을 개척하다 新市場を開拓する. **개척-되다** 受身

개척-자 (開拓者) 名 〔-짜〕 開拓者. ∥개척자 정신 開拓者魂.

개척-지 (開拓地) 名 〔-찌〕 開拓地.

개천 (-川) 名 小川; 溝. ➝개천에서 용 난다〔 諺 〕鳶(뚍)が鷹を生む.

개천-절 (開天節) 名 韓国の建国記念日. 10月3日.

개체 (個體) 名 個体.
　개체" 개념 (個體概念) 名 ＝개별 개념(個別概念).
　개체-군 (個體群) 名 (生物) 個体群.
　개체"발생 (個體發生) 【-쌩】 名 (生物) 個体発生. ㊂계통 발생 (系統發生).
　개체"변이 (個體變異) 名 (生物) 個体変異.
　개체-주의 (個體主義) 名 〔-이〕 名 個体主義.

개최 (開催) /kɛtɕʰwe/ 名 〔-췌〕 他 開催. ∥위원회를 개최하다 委員会を開催する. **개최-되다** 受身
　개최-지 (開催地) 名 開催地.

개축 (改築) 名 他 改築. ∥개축 공사 改築工事. 낡은 건물을 개축하다 古び た建物を改築する. **개축-되다** 受身

개코-망신 (-亡身) 名 他 赤っ恥; 大恥. ∥개코망신을 당하다 赤っ恥をかく.

개키다 他 (衣服・布団などを)たたむ. 挙개다. ∥이불을 개켜 놓다 布団をた たんでおく.

개탄 (慨歎・慨嘆) 名 他 慨嘆. ∥개탄을 금치 못하다 慨嘆にたえない.

개탄-스럽다 (慨歎-・慨嘆-) 〔-따〕 形 〔ㅂ変〕 嘆かわしい. ∥지금의 정치 상 황이 개탄스럽다 今の政治状況が嘆か わしい. **개탄스레** 副

개통 (開通) 名 自 開通. ∥전철이 개통되다 電車が開通する.
　개통-식 (開通式) 名 開通式.

개-판 (-板) 秩序や一貫性のないめちゃくちゃな状態(場面). ∥모든 것이 개판이다 すべてがめちゃくちゃだ.

개펄 渴(갯).

개편 (改編) 名 他 改編. ∥조직을 개편하다 組織を改編する. **개편-되다** 受身

개폐¹ (改廢) 【-/-폐】 名 他 改廃.

개폐² (開閉) /kɛpʰe/ 【-/-폐】 名 他 開閉.
　개폐-기 (開閉器) 名 開閉器.
　개폐-식 (開閉式) 名 開閉式.

개표 (開票) /kɛpʰjo/ 名 他 開票. **개표-되다** 受身
　개표-소 (開票所) 名 開票所.
　개표-율 (開票率) 名 開票率.

개-피 (-稗) 名 〔植物〕 ミノゴメ(葉米); カズノコグサ(数の子草).

개피 医俗 개비の誤り.

개학 (開學) /kɛhak/ 名 自 (学校の)始業; 授業が始まること. ∥언제부터 개학이 아이에요? いつから授業が始まりますか.
　개학-날 (開學-) 【-항-】 名 ＝개학일(開學日).
　개학-식 (開學式) 【-씩】 名 (学校の)始業式.
　개학-일 (開學日) 名 新学期の授業が始まる日.

개항 (開港) 名 自他 開港.

개-해 戌年. 匍술년(戌年).

개헌 (改憲) 名 改憲.
　개헌-안 (改憲案) 名 改憲案.

개-헤엄 名 大かき; 犬泳ぎ. ∥개헤엄을 치다 犬かきをする.

개혁 (改革) /kɛhjok/ 名 他 改革. ∥구조 개혁 構造改革. 의식 개혁 意識改革. 교육 제도를 개혁하다 教育制度を改革する. 근본적인 개혁을 요 구하다 根本的な改革を求める. **개혁-되다** 受身

개혼 (開婚) 名 自 その家の子どもが初めて結婚すること、またはその結婚. ㊂필혼(畢婚).

개화¹ (化化) 名 自 化化. ∥문명개화 文明開化.
　개화-사상 (開化思想) 名 開化思想.

개화² (開花) 名 開花. ∥고산 식물이 일제히 개화하다 高山植物が一斉に開花する.
　개화-기 (開花期) 名 開花期.

개회 (開會) 【-/-훼】 名 自 開会. ㊂폐회(閉會). ∥개회를 선언하다 開会を宣言する. 아홉 시에 개회하다 9時に開会する.
　개회-사 (開會辭) 名 開会の辞.
　개회-식 (開會式) 名 開会式. ㊂폐회식(閉會式).

객¹ (客) 名 客. 匍손님. ∥낯선 객이 찾아오다 見知らぬ客が訪ねてくる.

객-² (極獨) つまらない…; くだらない…; 無駄な…, 無益な…. ∥객소리 無駄口.

-객³ (客) 接尾 …客. ∥관광객 観光客. 불청객 招かれざる客.

객관 (客觀) /kɛkʰkwan/ 【-꽌】 图 客観. ⊕주관(主観).
  객관-성 (客観性) 【-꽌썽】 图 客観性. ‖객관성이 결여되다 客観性に欠ける.
  객관-적 (客観的) 【-꽌쩍】 图 문제를 보다 객관적으로 봐야 한다 問題をもっと客観的に見るべきだ.
  객관-화 (客観化) 【-꽌화】 图 客観化.
객기 (客気) 【-끼】 图 客気(かっ-). ‖객기를 부리다 客気にかられる;羽目をはずす.
객사 (客死) 【-싸】 图 自 客死.
객석 (客席) 【-썩】 图 客席.
객선 (客船) 【-썬】 图 客船.
객-식구 (客食口) 【-씩꾸】 图 食客;居候.
객실 (客室) 【-씰】 图 客室. ❶〔家の〕客間. ❷客船・ホテルなどの〕客が泊まる部屋.
객원 (客員) 图 ‖객원 교수 客員教授.
객지 (客地) 【-찌】 图 客地(かく-). ‖객지 생활 客地での生活.
객-쩍다 (客-) 【-따】 圈 つまらない;くだらない;ばかばかしい;決まりが悪い. ‖객쩍은 소리를 하다 くだらないことを言う.
객체 (客體) 图 客体. ⊕주체(主體).
객토 (客土) 图 客土.
갤러리 (gallery) 图 ギャラリー.
갤런 (gallon) [依] 液体の体積の単位; … ガロン.
갭 (gap) 图 ギャップ. ‖세대 간의 갭이 크다 世代間のギャップが大きい. ‖갭이 생기다 ギャップが生じる. ‖갭이 벌어지다 ギャップが広がる. ‖갭을 메우다 ギャップを埋める.
갯-가재 【개까-/갠까-】 图 [魚介類] シャコ (蝦蛄).
갯-버들 【개뻐-/갠뻐-】 图 [植物] ネコヤナギ (猫柳).
갯-벌 【개뻘/갠뻘】 图 干潟.
갯-장어 (-長魚) 【개짱-/갠짱-】 图 [魚介類] ハモ (鱧).
갯-지렁이 【개찌-/갠찌-】 图 [動物] ゴカイ (沙蚕).
갱[1] (坑) 图 [鉱山] の坑.
갱[2] (羹) 图 祭司 (祭事) に使う汁物.
갱[3] (gang) 图 ギャング.
갱구 (坑口) 图 [鉱山] の坑口.
갱년-기 (更年期) 图 更年期.
갱년기성 장애 (更年期障礙) [医学] 更年期障害.
갱생 (更生) 图 自 更生.
갱신 (更新) /kɛːnʃin/ 图 他 更新. ‖여권을 갱신하다 旅券を更新する. 기록을 갱신하다 記録を更新する. **갱신-되다** 受動
갱신-일 (更新日) 图 更新日.

가륵-하다 【-르카-】 圈 [하얗] けなげだ;奇特だ. 〔心がけが〕感心するほどだ. ‖정성이 가륵하다 心がけがけなげだ. **가륵-히** 副

가름-하다 圈 [하얗] 〔顔などが〕細長だ. ‖얼굴이 가름한 여자 아이 面長な女の子.

가우뚱 副 [하얗] やや斜めに傾ける様子.

가우뚱-거리다 /kjauʔtuŋɡɔrida/ 他 〔首を〕傾げる. ‖고개를 가우뚱거리다 首をかしげる.

갹출 (醵出) 图 自他 醵出(きょ-);〔ある目的のために〕金品を出し合うこと. ‖회비를 갹출하다 会費を醵出する.

개 〔그 아이の縮約形〕その子;あの子.

거[1] /kɔ/ 依 そこ;それ. ‖그거 줄래? それ、私にくれる?

거[2] /kɔ/ 依 〔것の縮約形〕もの;こと. ‖먹을 것이 있으면 좀 주세요 食べるものがあったら少しください.

거[3] 感 それ;ほら. ‖그거 봐라 ほら、見ろ.

거간 (居間) 图 거간꾼の略語.

거간-꾼 (居間-) 图 仲買人. ⊕거간 (居間).

거개 (擧皆) 图 ほとんど;大部分.
  — 副 ほとんど.

거구 (巨軀) 图 巨軀;巨体;大きい体.

거국 (擧國) 图 擧國;国全体. ‖거국적으로 全国的に;国を挙げて.

거금 (巨金) 图 大金. ‖거금을 손에 쥐다 大金を手に入れる 〔つかむ〕.

거기 /kɔɡi/ 代 ❶ ‖거기가 유명한 커피숍이야 そこが有名な喫茶店なの. ‖나는 거기서 나오는 걸 봤어 わたしはそこから出るのを見たの. ❷ あそこ. ‖제 고향이 거기예요 私の故郷はあそこです. 문제가 거기부터 어려워져 問題があそこから難しくなるの.
  — 感 ❶ そこに. ‖거기 아무도 없니? そこに誰もいないの. ❷ あそこに. ‖두 시쯤에 거기 있을게 2時頃、あそこにいるから.

거기다가 副 そこに;その上に;さらに. ‖비가 오는데 거기다가 바람까지 불고 있다 雨が降っているのに、さらに風まで吹いている.

거꾸러-뜨리다 他 倒す;ひっくり返す. ‖적을 단숨에 거꾸러뜨리다 敵を一気に倒す.

거꾸러-지다 自 ❶倒れる;つんのめる. ‖발길에 거꾸러지다 足元でつんのめる. ❷〔죽다の俗語〕くたばる.

거꾸러-트리다 他 =거꾸러뜨리다.

거꾸로 /kɔʔkuro/ 副 ❶逆さまに. ‖거꾸로 매달다 逆さまにつる. 포스터를 거꾸로 붙이다 ポスターを逆さまに貼る. ❷逆に. ‖순서를 거꾸로 하다 順序を逆にする. 담배를 거꾸로 물다 タバコを逆にくわえる.

거나¹ /konirago/ 조 …でも; …であれ; ‖여자여자 아이거나 상관없이 女であれ子どもであれ関係なく.

-거나² 어미 …でも; …ようと; …(だ)ろうが; …でも; ‖키가 크거나 작거나 이 일에는 관계없다 背が高かろうが低かろうがこの仕事には関係ない. 비가 오거나 말거나 오늘은 끝내야 한다 雨が降ろうが降るまいが, 今日は終えないといけない.

거나-하다 /kona.hada/ 형 [하변] ほろ酔い機嫌だ; 一杯機嫌だ; ほろ酔い気持ちがいい. ‖술이 거나하다 ほろ酔い機嫌である. **거나-히** 부

거느리다 /konurida/ 타 ❶ 率いる; 引率する. ‖학생들을 거느리고 소풍을 가다 生徒を引率して遠足に行く. ❷ 統率する; 従える; 連れていく. ‖부하들을 거느리고 시찰을 나가다 部下たちを従えて視察に出向く.

거는 관 [ㄹ語幹] 걸다(かける)의 현재 관형형. ‖자식에게 거는 기대 子どもにかける期待.

-거늘 어미 ❶ …のに; …にもかかわらず; ‖지각하지 말라고 그렇게 일렀거늘 오늘 또 지각이야 運刻しないでとあんなに言ったのに, 今日また運刻だよ.

거니와 부 〔母音で終わる体言に付いて; 子音の場合は이거니와〕 …なのにその上; …だが. ‖수재거니와 집안도 좋다 秀才なにその上, 家柄もいい.

-거니와 어미 …(である)上に; …だが. ‖일도 잘하거니와 성격도 좋다 仕事もよくできる上に性格もいい.

거닐다 /konilda/ 자 [ㄹ語幹] [거닐어, 거니는, 거닌] ぶらつく; ぶらぶら歩く; 散歩する. 散策する. ‖공원을 거닐다 公園をぶらりと散歩する. 집 근처를 거닐다 家の近くを散歩する.

거담 (祛痰) 명 [하변] 去痰.

거담-제 (祛痰劑) 명 [약] 去痰薬.

거대 (巨大) 명 [하변] 巨大. ‖거대 기업 巨大企業. 거대 도시 巨大都市. 거대한 조직 巨大な組織.

거덜 /kodʌl/ 명 (財産·家勢などが) 尽きること.

거덜-나다 /kodʌlnada/ 【-나-】 자 財産がなくなる; 家勢が衰える; (家が) 滅びる. ‖실직으로 집이 거덜나다 失業して家が滅びる.

거덜-내다 /kodʌlneda/ 【-내-】 타 食いつぶす; 食い倒す; (財産などを) 使い果たす. ‖전 재산을 거덜내다 全財産を食いつぶす.

거동 (擧動) /ko.doŋ/ 명 [하변] 擧動; ふるまい; 体を動かすこと. ‖거동이 수상한 남자 擧動不審な男. 나이가 들어 거동이 불편하다 年をとって体を自由に動かせない.

거두 (巨頭) 명 巨頭.

거두다 /koduda/ 타 ❶ 集める. ‖답지를 거두다 答案用紙を集める. 기부금을 거두다 寄付金を集める. ❷ 納める; 收める; 上げる. ‖회비를 거두다 会費を納める. 성과를 거두다 成果を收める. 승리를 거두다 勝利を收める. 좋은 성적을 거두다 好成績を上げる. ❸ 引き取る. ‖고아들을 거두다 遺児たちを引き取る. 숨을 거두다 息を引き取る. ❹ 取り入れる. ‖벼를 거두다 稲を取り入れる.

거두어-들이다 타 取り入れる; 取り込む. ‖벼를 거두어들이다 稻を取り入れる. 빨래를 거두어들이다 洗濯物を取り込む.

거두-절미 (去頭截尾) 명 [하변] 単刀直入に要点だけを言うこと. ‖거두절미하고 요점만 말하다 単刀直入に要点だけを言う.

거드름 /ko.durum/ 명 傲慢な態度; 尊大な態度. ‖거드름을 피우다 威張る; 気取る.

거든¹ 부 …であるなら; …なら.

-거든² 어미 ❶ …たら. ‖어머니가 돌아오시거든 나가자 お母さんが帰ってきたら出かけよう. 이번에 만나거든 애기하자 今度会ったら話そう. ❷ …だよ; …の. ‖집에 빨리 가야 하거든 家に早く帰らないといけないの. 늦잠을 잤거든 寝坊をしたんだよ.

거들다 /ko.duldα/ 타 [ㄹ語幹] [거들어, 거드는, 거든] 手伝う; 人の仕事を助ける. ‖일을 거들다 仕事を手伝う. 좀 거들어 주세요 ちょっと手伝ってください. ❷ (余計な) 口出しをする; 差し出口をきく. ‖네가 왜 말을 거드니? お前がなんで差し出口をきくの.

거들떠-보다 타 ちょっと目をやる; 目を向ける; 関心を示す. ▶거들떠보지도 않다 見向きもしない, 사람들이 거들떠보지도 않는 기사 人々が見向きもしない記事.

거들먹-거리다 【-대다】【-거】【때】【-】 자 威張りちらす; のさばる; 気取る.

거듭 /ko.dup/ 부 重ねて; 繰り返し; 反復して. ‖거듭 말씀드리지만 重ねて申し上げますが. 거듭 강조하다 繰り返し強調する. 실패를 거듭하다 失敗を繰り返す. **거듭-거듭** 부

거듭-나다 【-나-】 자 生まれ変わる. ‖그 사람은 그 일을 계기로 거듭난 것 같다 あの人はそのことをきっかけに生まれ変わったみたい.

거듭-되다 【-뙤/-뛔-】 자 繰り返される; 度重なる; 頻繁に起こる. ‖거듭되는 공무원 부정 사건 繰り返される公務員汚職事件.

거든-하다 형 [하변] ❶ (ものなどが) 思ったより軽い; 使いやすい. ❷ (気持ちや体が) 軽い; 身軽だ. ‖몸이 거든하다 身が軽い. **거든-히** 부 軽く; 軽々(と). ‖역기를 거든히 들어올리다 バーベルを

軽く(と)持ち上げる.
거래 (去來) /kɔ:rɛ/ 图 он 取引. ‖거래할 품목을 체크하다 取引する品目をチェックする. 거래가 이루어지지 않아 거래가 행하여지다. 取引が成立する. **거래-되다** 자

거래-량 (去來量) 图 取引量.
거래-소 (去來所) 图 取引所.
거래-처 (去來處) 图 取引先.
거론 (擧論) /kɔ:ron/ 图 (問題として) 取り上げること. ‖이 문제는 회의에서 거론할 필요가 있다 この問題は会議で取り上げる必要がある. **거론-되다** 자

거룩-하다【-루카-】[形] [하変] 神聖だ; 神々しい. ‖거룩하신 하느님 聖なる神.
거룩-히 부

거류 (居留) 图 (하自) 居留.
거류-민 (居留民) 图 居留民.
거류-지 (居留地) 图 居留地.

거르다[1] /kɔruda/ 他 [르変] [걸러, 거르는] (順序を)抜かす; 欠かす; 省く. ‖관계없는 장은 거르고 지나가다 関係のない章をとばす. 점심을 거르다 る昼をぬく. 매일 거르지 않고 피아노 연습을 하고 있다 毎日欠かさずピアノの練習をしている.

거르다[2] /kɔruda/ 他 [르変] [걸러, 거르는] 濾過(ろか)する; 濾(こ)す. 句여과하다(濾過-). ‖필터로 거르다 フィルターで濾過する.

거름 图 肥(こ)やし; 肥料. 句비료(肥料). ‖거름을 주다 肥料を施す[与える].
거름-봉(-桶) 图 肥やし桶.
거름-종이 图 濾紙(し). 句여과지 (濾過紙).

거리[1] /kɔri/ 图 (길거리의略語) 街; 通り; 路上; 街頭. ‖거리를 질주하는 차들 街を疾走する車. 거리는 젊은이들로 붐비고 있었다 街は若者たちでにぎわっていた.

거리[2] 图 ❶ (料理などの)材料; 具. ‖국거리 汁物の材料. ❷ 行動や感情の内容となる材料: ネタ; …ぐさ. ‖볼거리가 많다 見物(もの)が多い. 이야깃거리 話のネタ.

거리[3] (距離) /kɔ:ri/ 图 ❶ 距離. ‖집에서 역까지의 거리 自宅から駅までの距離. 이상과 현실의 거리 理想と現実の距離. 조금 거리를 두고 사귀다 少々距離をおいて付き合う. 학교는 버스로 삼십 분 거리에 있다 学校はバスで30分の距離にある. ❷ 道のり. ‖한 시간 정도의 거리 1時間ほどの道のり. ❸ (数学) 距離. ❹ […와[과] 거리가 먼]の形で] …に[と・から]ほど遠い; かけはなれている. ‖이상과는 거리가 먼 이론 現実にはほど遠い理論.
거리-감 (距離感) 图 距離(感). ‖거리감이 느껴지다 距離(感)を感じる.

거리[4] (巨利) 图 巨利.

거리끼다 /kɔri?kida/ 자 ❶ 邪魔になる; 妨げになる; 足手まといになる. ‖사업을 하려니까 거리끼는 것이 많다 事業を始めようとしたら妨げになることが多い. ❷ 気に障る. 気にかかる; ためらう. **거리낌-없이** 부 ‖거리낌없이 말하다 気兼ねなく話す.

거리낌-없다 /kɔri?kimɨɔp̚t̚a/ [-끼업따] [形] 気兼ねしない; 躊躇(ちゅう)しない; ためらわない; うちつけだ. **거리낌없-이** 부

거만-하다 (倨慢-) [形] [하変] 傲慢だ; 横柄だ. ‖거만한 태도 傲慢な態度. 거만하게 굴다 傲慢にふるまう.

거머리 /kɔ:mɔri/ 图 (動物) ヒル (蛭).
거머-잡다 [-따] 他 引っつかむ. ‖머리채를 거머잡다 髪の毛を引っつかむ.
거머-쥐다 /kɔmədʑwida/ 他 握り締める, ぐっと握る. ‖차 열쇠를 꽉 거머쥐고 내놓으려고 하지 않다 車の鍵をぐっと握り締めて渡そうとしない.
거머-채다 無理矢理奪い取る; ひったくる. ‖지나가는 사람의 핸드백을 거머채다 通行人のハンドバッグをひったくる.

거목 (巨木) 图 巨木.
거무뎅뎅-하다 [形] [하変] 黒みを帯びている.
거무스레-하다 [形] [하変] 黒っぽい.
거무스름-하다 [形] [하変] (色が)薄黒い.
거무접접-하다 [-짜파-] [形] [하変] (顔が)やや黒い.
거무칙칙-하다 [-치카-] [形] [하変] どす黒い; 黒くくすんでいる. ‖거무칙칙한 피가 묻어 있다 どす黒い血がついている.
거무튀튀-하다 [形] [하変] (色が)黒っぽくて汚い.

거문고 /kɔmungo/ 图 (音楽) コムンゴ (琴に似た伝統弦楽器の一つで, 弦が6本ある).

거물 (巨物) 图 大物; 大人物. ‖정계의 거물 政界の大物.
거물-급 (巨物級) [-끕] 图 大物.
거물-거리다 자 ❶ (明かりなどが)ちらちらする; ちらつく. ❷ (遠くのものが)かすかに見える. 中가물거리다.
거물거물-하다 자 [하変] ぼんやりする; ちらちらする; かすむだ. 中가물가물하다.

거뭇-하다 [-무타-] [形] [하変] 浅黒い; 薄黒い.
거미 /kɔmi/ 图 (動物) クモ (蜘蛛).
거미-줄 图 クモの糸. ‖거미줄을 치다 クモが巣をつくる.
거미-집 图 クモの巣.

거베라 (gerbera) 图 (植物) ガーベラ.
거봉 (巨峰) 图 (ブドウの一品種の)巨峰.

거부¹(巨富) 图 富豪.
거부²(拒否) /kʌbu/ 하也 拒否する; 拒むこと. ‖要求を拒否する 要求を拒否する. 거부 반응을 보이다 拒否反応を示す. **거부-되다【-당하다】** 受動
거부-권(拒否權) 【-꿘】 图 (法律) 拒否権. ‖거부권을 행사하다 拒否権を行使する.

거북 /kʌbuk/ 图 (動物) カメ(亀). ‖토끼와 거북 ウサギとカメ. 거북딱지 カメの甲; 甲羅.
거북-선(-船) 【-썬】图 (歷史) 亀甲船.
거북-이 图 =거북. ‖거북이 걸음 のろい歩み.
거북-점(-占) 【-쩜】图 亀卜(きぼく).
거북-스럽다 【-쓰-따】 ㉠ [ㅂ変] (何となく)気まずい; 決まりが悪い感じだ; (何かが)しにくい. ‖듣기에 거북스러운 내용 聞いていて気まずい内容. **거북스레** 副
거북-하다 /kʌbukʰada/【-부카-】㉠ [여変] 気まずい; 決まりが悪い; 具合が悪い; ぎこちない; (何かが)しにくい. ‖대하기가 거북하다 接しにくい. 속이 좀 거북하다 腹の具合がちょっとよくない.
거뿐-하다 ㉠ [여変] かなり軽い. 倒 -히.
거사(擧事) 图 大事を起こすこと.
거선(巨船) 图 巨船.
거성(去聲) 图 (言語) 去声(きょしょう).
거세(去勢) 图 去勢; 取り除くこと. **거세-당하다** 受動
거세다 /kʌseda/ ㉠ 激しい; 荒々しい. ‖비바람이 거세다 風雨が激しい. 거센 항의 激しい抗議. 거센 파도가 밀려오다 荒々しい波が押し寄せる.
거센-소리 图 (言語) 激音. ㉯격음(激音).
거센소리-되다【-/-ㅙ-】图 (言語) 激音化. ㉯격음화(激音化).
거수(擧手) 图 挙手. ‖거수로 결정하다 挙手で決める. 거수경례 挙手の礼.
거스러미 图 ささくれ; 逆むけ.
거스르다 ㉠ [르変] 逆らう. ‖명령을 거스르다 命令に逆らう. 부모님의 뜻을 거스르다 親の意に逆らう. 물을 거슬러 올라가다 さかのぼる.
거스르다² /kʌsɯruda/ ㉠ [르変] 釣り銭を出す. ‖잔돈을 거슬러 받다 お釣りを受け取る. 잔돈을 거슬러 주다 お釣りを出す.
거스름 图 거스름돈の略称.
거스름-돈 【-똔】图 お釣り; 釣り銭. ㉯잔돈.
거슬-거슬 副 (形동) がさがさ; かさかさ; ざらざら. ‖손이 거슬거슬하다 手がかさかさしている.
거슬리다 /kʌsɯllida/ ㉑ 気に障る; 耳障りだ; 目障りだ. ‖눈에 거슬리는 행동 目障りな行動. 귀에 거슬리는 말투 耳障りな言い方. 거슬리는 게 한두 가지가 아니다 気に障るのが一つや二つではない.
거슴츠레-하다 ㉠ [여変] (目が)どんよりしている; (目つきが)ぼんやりしている. ‖거슴츠레한 눈 どんよりとした目.
거시(巨視) 图 巨視; ㉑미시(微視).
거시-경제학(巨視經濟學) 图 マクロ経済学; 巨視的経済学.
거시-적(巨視的) 图 巨視的. ‖거시적인 분석 マクロ分析. 거시적인 안목 巨視的な目線.
거시기 图 話の途中, 人やものの名前がすぐ出てこない時, それの代わりとして使う語. ‖내 거시기 어디 있지? 私のあれ, どこにあるんだっけ?
거식(擧式) 【-씩】 图 挙式.
거식-증(拒食症) 【-쯩】 图 (医学) 拒食症.
거실(居室) 图 居間; リビング.
거액(巨額) 图 巨額; ㉑소액(少額). ‖거액을 투자하다 巨額を投資する.
거역(拒逆) 图 하也 逆らうこと. ‖부모님 말씀을 거역하다 親の意に逆らう.

거울 /kʌul/ 图 ❶ 鏡. ‖새 원피스를 입고 거울에 비춰 보다 新しいワンピースを着て鏡に映してみる. 거울에 비친 모습 鏡に映った姿. 거울 手鏡. ❷ 鑑(かがみ); 規範; 手本. 亀鑑. ‖학생의 거울 学生の鑑. 다른 사람의 실패를 거울로 삼다 人の失敗を鑑とする.
거울-삼다 【-따】他 鑑みる; 教訓とする.
거웃 【-읃】 图 陰毛; 恥毛.
거위 图 (鳥類) ガチョウ(鵞鳥).

거의 /kʌi/ 【-/-이】副 ❶ ほぼ; ほとんど; おおよそ(のところ); たいてい; あらかた. ‖거의 다 읽었다 ほぼ読み終わった. 거의 다 되었다 ほとんど出来上がっている. 거의 성공할 것처럼 보였다 ほとんど成功するかに見えた. 두 사람の의견은 거의 일치했다 2人の意見はおおよそ一致した. 얘기하느라고 음식을 거의 남겼다 話に夢中で料理をあらかた残した. ❷ めったに. ‖텔레비전은 거의 안 본다 テレビはめったに見ない.
거인(巨人) 图 巨人.
거작(巨作) 图 大作.
거장(巨匠) 图 巨匠.
거저 /kʌdʒʌ/ 副 ❶ ただで; 無料で. ‖거저나 마찬가지入 가격이다 ただも同然の値段だ. ❷ 手ぶらで; 何もせず. ‖생일이라는데 어떻게 거저 가니? 誕生日だというのにどうやって手ぶらで行けるか! 거저 보고만 있었니? お前は何もせず見ていたのか?
거저먹기【-끼】 图 たやすいこと; 朝飯前.

거-먹다[-따] 他 ただで手に入れる. ‖노력 없이 거저먹다 努力せずにただで手に入れる.

거적 名 むしろ. ‖거적을 깔다 むしろを敷く.

거절(拒絶)/kodʒʌl/ 名 他動 拒絶; 拒否; 断わること. ‖요구를 거절하다 要求を拒絶する. 친구의 부탁을 거절하다 友だちの頼みを断わる. **거절-하다** 他変

거점(據點)[-쩜] 名 拠点. ‖거점을 확보하다 拠点を確保する.

거족(巨足) 名 長足. ‖거족의 발전 長足の発展.

거족-적(擧族的)[-쩍] 名 民族全体.

거주(居住)/kodʒu/ 名 自動 居住. ‖거주 구역 居住区域. 거주 면적 居住面積.

거주-권(居住權)[-꿘] 名 居住権.
거주-자(居住者) 名 居住者.
거주-지(居住地) 名 居住地.

거죽(居竹) 名 表皮; 表皮. ‖살 거죽이 아프다 皮膚の表面[表皮]が痛い.

거즈(gauze) 名 =가제².

거지/kodʒi/ 名 乞食者; 物乞い.

거지-꼴(乞食のような)みすぼらしい格好で.

거지반(居之半) 副 ほとんど. ‖일이 거지반 끝났다 仕事がほとんど終わった.

거짓[-짇] 名 うそ; 偽り. 反対義.

거짓-말/kodʒinmal/ [-진-] 名 虚言; 空言. 対語 참말·정말(正-). ‖아무 일도 없이 거짓말을 하다 平気でうそをつく; 平気で空言を言う. 거짓말이 탄로나다 うそがばれる. 새빨간 거짓말 真っ赤なうそ. 거짓말같은 이야기 うそのような話.

거짓말-쟁이 名 うそつき.
거짓말-탐지기(-探知機) 名 うそ発見器.

거참 感 [그것참の縮約形]それはまて; はてさて; いやはや. ‖거참 안됐다 それはまてさて; 気の毒だね. 거참 이상하다 いやはや, 不思議だね. 거참 골치 아프네 はてさて弱ったね.

거창-하다(巨創-)/kodʒʌŋhada/ 形 形変 (規模·計画·夢などが)非常に大きい; 遠大だ; 巨大だ; おおげさだ. ‖거창한 꿈 大きな夢. 거창한 계획을 세우다 遠大な計画を立てる. 거창하게 선전하다 大げさに宣伝する.

거처(居處) 名 居場所. ‖거처를 옮기다 居場所を移す.

거추장-스럽다/kotʃʰudʒaŋsurʌp'ta/ [-따] 形 ㅂ変 [거추장스러워, 거추장스러운] ❶(重かったりかさばったりして)扱いにくい; 手に余る; 足手まといだ. ‖치마가 길어서 거추장스럽다 スカートが長くて歩きにくい. ❷(仕事などが)面倒だ; やっかいだ; わずらわしい. **거추장**

스레 副

거출(醵出) 名 他動 拠出. 類 갹출(醵出).

거취(去就) 名 去就; 進退. ‖거취가 주목되다 去就が注目される.

거치(据置) 名 据え置き.

거치다/kotʃʰida/ 自 経る; 経由する; 立ち寄る. ‖서류 심사를 거친 다음에 면접을 보다 書類審査を経てから面接を受ける. 거쳐 가다 経由していく. 서울을 거쳐 오는 비행기 ソウルを経由してくる飛行機.

거치적-거리다[-대다]【-끼 [때]-】 自 手きまといになる; 邪魔になる.

거친 形 [ㄹ語幹] 거칠다(粗い)の現在連体形. ‖말이 거칠다 言葉が荒い.

거칠-다 [ㄹ語幹] [거칠어, 거친] ❶ (粒·文章などが)粗い. ‖표면이 거칠다 表面が粗い. 결이 거칠다 きめが粗い. 올이 거칠다 目が粗い. 문장이 거칠다 文章が粗い. ❷ 荒い; 乱暴だ. ‖숨소리가 거칠다 息づかいが荒い. 성격이 좀 거칠다 気性が荒い. 말이 거칠다 言葉遣いが荒い. 사람을 거칠게 다루다 人使いが荒い. 방문을 거칠게 닫고 나갔다 部屋のドアを乱暴に閉めて出ていった. ❸ 荒れている. ‖손이 거칠다 手が荒れている. 거친 땅을 일구다 荒れ地を耕す. ❹ (手練などが)悪い. ‖손버릇이 거칠다 手癖が悪い. ❺ (味が)悪い; 栄養がない. ‖거친 음식 栄養価のない料理.

거칠어 形 [ㄹ語幹] 거칠다(粗い)の連用形.

거칠어-지다 自 荒れる; 荒くなる. ‖피부가 거칠어지다 肌が荒れる. 말투가 많이 거칠어졌다 言い方がだいぶ荒くなった.

거칠-하다 形変 (肌·髪の毛などが)つやがない; かさかさしている. ‖거칠한 피부 かさかさした肌. 손이 거칠해지다 手がかさかさになる.

거침-없다/kotʃʰimʌp'ta/ [-치 멉 따] 形 遠慮がない; はばかること[もの]がない; よどみがない. ‖거침없는 말투 遠慮のない言い方. **거침없-이** 副 ずばずば(と). ‖다른 사람의 잘못을 거침없이 말하다 人の過ちをずばずばと言う.

거포(巨砲) 名 巨砲.

거푸 副 立て続けに; 何度も. ‖거푸 다섯 잔을 마시다 立て続けに5杯を飲む.

거푸-집 名 鋳型(⁽ᵢᵏᵃᵗᵃ⁾). 類 주형(鑄型).

거품/kopʰum/ 名 ❶ 비누 거품 石けんの泡. 거품이 일다 泡が立つ. 입에 거품을 물고 대들다 口角泡を飛ばしながら食ってかかる.

거-하다 形変 盛大だ; 豪華だ. ‖거하게 차린 음식 豪華なごちそう.

거행(擧行)/kohɛŋ/ 名 挙行; 行なうこと. ‖입학식을 거행하다 入学式

를 擧行する. **거행-되다** 受身

걱정 /kək̚tɕəŋ/ 【-정】 图 他サ 心配; 懸念; 気がかり. ® 근심. ‖내일 시합에 이길 수 있을지 걱정입니다 明日の試合に勝てるか心配です. 걱정을 끼쳐 드려 죄송합니다 ご心配をおかけして申し訳ありません. 걱정이 많이 됩니다 とても心配です. 걱정이 많다 心配事が多い.

걱정-거리 【-정꺼-】 图 心配事; 心配の種. ‖걱정거리가 생겼다 心配事ができた.

걱정-스럽다 【-정-따】 形 [ㅂ変] 心配だ; 気がかりだ. **걱정스레** 副

건[1] (巾) 图 頭巾など頭にかぶるものの総称.

건[2] (件) 图 件; こと; 事件; 事柄. ‖저번 건은 해결이 되었습니까? この間のことは解決できましたか.
── 依存 …件. ‖교통사고가 세 건 발생하다 交通事故が3件発生する.

건[3] (腱) 图 [解剖] 腱. ‖아킬레스건 アキレス腱.

건[4] (鍵) 图 [楽器の]鍵(けん).

건[5] 助 [거나]の縮約形] …でも; …であろうと. ‖소주건 맥주건 뭐든지 주세요 焼酎でもビールでも何でもいいからください.

건[6] /kən/ [것은の約形] …のは; …のことは. ‖많이 먹는 건 좋지 않다 たくさん食べるのはよくない.

건[7] (ㄹ語幹) 걸다(かける)の過去連体形. ‖어제 전화를 건 사람 昨日電話をかけた人.

건-[8] (乾) 接頭 ❶ 干し…. ‖건포도 干しブドウ. 건어물 干物. ❷ 乾…. ‖건전지 乾電池.

건각 (健脚) 图 健脚.

건강 (健康) /kən̚gaŋ/ 图 形サ 健康. ‖건강을 회복하다 健康を回復する. 건강을 위하여 健康のために. 건강상의 이유로 健康上の理由で. 건강에 좋은 음식 健康にいい食べ物. 건강에 신경을 쓰다 健康に気を使う. 건강을 해치다 健康を損なう[害する]. 건강한 나날을 보내다 健康な日々を送る. 건강한 생활 健康な生活. 혈색도 좋고 보기에도 건강해 보인다 血色もよく, 見るからに健康だ.

건강-미 (健康美) 图 健康美.
건강 보험 (健康保險) 图 健康保険.
건강-식 (健康食) 图 健康食.
건강-식품 (健康食品) 图 健康食品.
건강 진단 (健康診斷) 图 健康診断. ‖건강 진단을 받다 健康診断を受ける.

건곤-일척 (乾坤一擲) 图 乾坤(けんこん)一擲(いってき).

건국 (建國) 图 他サ 建国. ‖건국 신화 建国神話.

건너-가다 /kənnəgada/ 自他 渡る; 渡っていく. ‖강을 건너가다 川を渡っていく. 젊었을 때 미국으로 건너갔다 若い時にアメリカへ渡った. 토지 소유권이 남의 손에 건너가고 말았다 土地の所有権が人手に渡ってしまった.

건너다 /kənnəda/ 自他 ❶ 渡る. ‖횡단보도를 건너다 横断歩道を渡る. 건널목을 건너다 踏切を渡る. 강을 헤엄쳐서 건너다 川を泳いで渡る. 소문이 몇 사람 입을 건너다 본인한테까지 알려졌다 うわさが何人かの人を経て本人にまで伝わった. ❷ 抜かす. ‖배가 아파 두 끼나 건너다 お腹が痛くて二食も抜かす.

건너-뛰다 图 ❶ 飛び越える; 飛ばす. ‖징검다리를 건너뛰다 飛び石を飛んで渡る. 모르는 것은 건너뛰었다 分からないところは飛ばした. ❷ 抜かす. ‖시간이 없어서 점심은 건너뛰었다 時間がなくてお昼は抜かした.

건너-오다 /kənnəoda/ 他 渡ってくる. ‖횡단보도를 건너오고 있는 것이 보였다 横断歩道を渡ってくるのが見えた. 열 살 때 일본으로 건너왔다 10歳の時に日本に渡ってきた.

건너-편 (-便) /kənnəpʰjən/ 图 向こう側; 向かいの側. ‖길 건너편에 서 있는 사람 道路の向こう側に立っている人.

건넌-방 (-房) 图 【韓国式の家で】大廳(板の間)をはさんで안방(居間)の向かいにある部屋.

건널-목 /kənnəlmok̚/ 图 踏切. ‖건널목을 건너다 踏切を渡る.

건넛-방 (-房) 【-너빵/-넏빵】 图 向かい側の部屋.

건네다 /kənneda/ 他 渡す; 手渡す; [言葉などを]かける. ‖편지를 건네다 手紙を渡す. 계약금을 건네다 契約金を手渡す. 배턴을 건네다 バトンを渡す. 농담을 건네다 冗談を言う. 말을 건네다 話しかける.

건네-받다【-따】 他 渡される. ‖편지를 건네받다 手紙を渡される.

건네-주다 /kənnedʑuda/ 他 渡す; 渡してやる. ‖우체부가 편지를 건네주다 郵便配達人が手紙を渡す.

건달 (乾達) 图 ❶ [無職の]遊び人. ❷ 一文無し.
건달-꾼 (乾達-) 图 よた者; 遊び人; ぐうたら; やくざ.
건달-패 (乾達牌) 图 건달(꾼)の連中.

건답 (乾畓) 图 乾きやすい田.

-건대 語尾 …すると; …するに; …だけど. ‖추측하건대 그 사람은 안 올 거야 推測するに彼は来ないと思う.

건더기 /kəndəgi/ 图 ❶ 汁の実や具; 液体の中に溶けずに浮いている塊. ‖건더기가 별로 없는 국 具の少ないスープ. ❷ 中身. ❸ [取り立てるほどの]値打ち.

‖말을 건드기가 없다 取り立てて言うことはない.

건드리다 /kəndurida/ 囲 ❶ 触る;触れる. ‖전시품을 건드리다 展示品に触れる. 손가락으로 건드리다 指で触れる. 아무도 건드리고 싶어하지 않는 문제 誰も触れたがらない問題. ❷ 障る;傷つける. ‖신경을 건드리다 神経に障る, 사람 자존심을 건드리다 人のプライドを傷つける. ❸ (他の分野や女の人に)手を出す. ‖순진한 여자를 건드리다 うぶな女の人に手を出す.

건들-거리다 /kəndɯlgərida/ 囲 ふらふらする;ぶらぶらする.

건들-건들 副 (하自) ふらふらと;ぶらぶら.

건립 (建立)〔걷-〕图 (하他) 建物や記念碑などを建てること. ‖기념관을 건립하다 記念館を建てる.

건망-증 (健忘症)〔증-〕图 ❶ (医学) 健忘(症). ❷ 物忘れ. ‖나이 탓인지 건망증이 심하다 年のせいか物忘れが激しい.

건-명태 (乾明太) 图 スケトウダラの干物. ⑰북어(北魚).

건몸 一人でやっきになること. ▶건몸(을) 달다 一人でやっきになる;気をもむ.

건물¹ (建物) /kɔ:nmul/ 图 建物. ‖십 층짜리 건물 10階建ての建物. 낡은 건물 古い建物. 새로운 건물을 짓다 新しい建物を建てる. 세계에서 가장 높은 건물 世界で最も高い建物.

건물² (乾物) 图 乾物;干物.

건물-상 (乾物商)〔-쌍〕 图 乾物屋.

건반 (鍵盤) 图 鍵盤. ‖피아노 건반 ピアノの鍵盤. 건반을 두드리다 鍵盤を叩く.

건반악기 (鍵盤樂器)〔-끼〕 图 (音楽) 鍵盤楽器.

건방 图 生意気[横柄]な態度. ‖건방을 떨다 生意気[横柄]にふるまう.

건방-지다 /kɔnbaŋdʑida/ 圈 生意気だ;横柄だ;おこがましい. ‖건방진 녀석 生意気なやつ. 건방진 말투 横柄な口のきき方. 건방지게 굴다 横柄にふるまう.

건배 (乾杯) /kɔnbe/ 图 乾杯. ‖논문집 출판을 기념하며 건배합시다 論文集の出版を記念して乾杯しましょう. 결혼을 축하하며 건배하다 結婚を祝して乾杯する.

건-빵 (乾-) 图 乾パン.

건사-하다 囲 (하変) 自分の身の回りのことをちゃんとこなす. ‖제 몸 하나도 제대로 건사하지 못하다 自分のことすらもきちんとできない. ❷ きちんと保管する;大事にしまっておく. ‖잘 건사하도록 하라 大事にしまっておくれ.

건삼 (乾參) 图 側根や枝根を取り除き皮をむいて乾燥させた朝鮮人参. ⑰수삼(水參).

건생 (乾生) 图 (하自) 乾生.

건생^식물 (乾生植物)〔-생-〕图 (植物) 乾生植物.

건선 (乾癬) 图 (医学) 乾癬(선). ⑰마른버짐.

건설 (建設) /kɔ:nsəl/ 图 (하他) 建設. ‖ 건설 회사 建設会社. 교량 건설 橋梁建設. 초고층 빌딩을 건설하다 超高層ビルを建設する. 이상 국가의 건설 理想国家の建設. 건설-되다 受動

건설-업 (建設業) 图 建設業.

건설-적 (建設-的)〔-쩍〕 图 建設的. ‖ 건설적인 의견 建設的な意見.

건성¹ /kɔnsəŋ/ 图 ❶ うわの空. ‖얘기를 건성으로 듣다 うわの空で話を聞く. 건성으로 대답하다 生返事する. ❷ いい加減なこと;(仕事などを)適当にやること. ‖일을 건성으로 하다 仕事をいい加減にする.

건성² (乾性) 图 乾燥性.

건수 (件數)〔-쑤〕 图 件数. ‖범죄 건수 犯罪件数. 화재 건수 火事の件数.

건승 (健勝) 图 健勝. ‖건승을 빕니다 ご健勝をお祈りします.

건실-하다 (健實-) /kɔ:nʑilhada/ 圈 (하変) ❶ 堅実だ. ❷ まじめだ. ‖건실한 청년 まじめな青年.

건아 (健兒) 图 健児.

건-어물 (乾魚物) 图 干物.

건장-하다 (健壯-) 圈 (하変) 壮健だ; 体が健康で元気だ.

건재 (建材) 图 建材. ‖수입 건재 輸入建材.

건재-상 (建材商) 图 建材商.

건재-하다 (健在-) 圈 (하変) 健在だ.

건-전지 (乾電池) 图 乾電池. ‖건전지를 갈다 乾電池を取り替える.

건전-하다 (健全-) /kɔ:ndʑənhada/ 圈 (하変) 健全だ. ‖건전한 놀이 健全な遊び. 건전한 생각 健全な考え方.

건져-내다 /kəndʑəne:da/ 囲 〔-저-〕 (水中にあるものを)引き上げる;(ある状況から)救い上げる;助け出す. ‖물에 빠진 아이를 건져내다 おぼれた子を救い上げる.

건조 (乾燥) /kɔndʑo/ 图 (하自) 乾燥; 乾いていること. ‖공기가 건조하다 空気が乾燥している.

건조-기¹ (乾燥器·乾燥機) 图 乾燥機.

건조-기² (乾燥期) 图 乾季.

건조-제 (乾燥劑) 图 乾燥剤.

건조² (建造) 图 (하他) 建造. ‖유조선을 건조하다 タンカー[油槽船]を建造する. 건조-되다 受動

건조-물 (建造物) 图 建造物.

건지다 /kəndʑida/ 囲 ❶ (液体の中からものを)拾い上げる;すくう;すくい取る. ‖국에서 멸치를 건지다 スープから煮干を拾い上げる. ❷ (苦境などから人を)救

이랗게; 救い出す; 助け出す. ‖목숨을 건지다 命拾いをする. ❸〈投資したもの〉を取り返す. ‖본전을 건지다 元を取る.

건초 (乾草) /kəncʰo/ 图 干し草. 働마른풀.
건축 (建築) /kəːnʨʰuk/ 图 他動 建築. ‖건축 허가를 받다 建築許可が下りる. 건축 양식 建築様式. 서양 건축 西洋建築.
건축-가 (建築家) 【-까】 图 建築家.
건축-계 (建築界) 【-층-】 图 建築界.
건축-비 (建築費) 【-삐】 图 建築費.
건축-사 (建築士) 【-싸】 图 建築士.
건축-업 (建築業) 图 建築業.
건축-학 (建築學) 【-추칵】 图 建築学.
건투 (健鬪) /kəːnʨʰu/ 图 (하動) 健鬪. ‖건투를 빕니다 ご健鬪をお祈りします.
건평 (建坪) /kəːnpʰjəŋ/ 图 建坪.
건폐-율 (建蔽率) 【-/-폐-】 图 建蔽(ペい)率.
건포 (乾布) /kəːnpʰo/ 图 乾布. ‖건포마찰 乾布摩擦.
건-포도 (乾葡萄) 图 干しブドウ.
건-하다 彫 (하變) 豊かである;〈暮らし向きに〉余裕がある.

걷는 【건-】 自 [ㄷ變] 걷다(歩く)の現在連体形.

걷다[¹] /kəːt͈a/ 【-따】 自 [ㄷ變] [걸어, 걷는, 걸은] ❶ 歩く. ‖길을 걷다 道を歩く. 역까지 걸어 가자 駅まで歩いていこう. 아기가 혼자 걸을 수 있게 되다 赤ん坊が1人で歩けるようになる. 포복으로 걸어 나가다 四球で歩く. 하루에 삼십 분 이상 걸으세요 1日30分以上歩いてください. 여기저기를 걸어 다니다 あちこち歩き回る. ❷ 歩む;経験する. ‖아버지가 걸어온 길 갖은 父が歩んできた道. 고난의 길을 걷다 苦難の道を歩む. ⑨걸리다.

걷다[²] 【-따】 他 ❶ まくる. ‖소매를 걷다 袖をまくる. 팔을 걷어 올리다 腕をまくる. ❷ 折りたたむ; 片づける. ‖이불을 걷다 ドロンゲンを畳む. 걷어 넣다 仕舞い込む. ❸ 敷いてあったり敷いたりしたござを片づける. 빨래를 걷다 洗濯物を取り込む. ❸ 取り立てる; 徴収する. ‖세금을 걷다 税金を徴収する. 회비를 걷다 会費を集める. ⑨걷히다.

걷어-붙이다 【-부치-】 他 まくり上げる; たくし上げる. ‖소매를 걷어붙이다 袖をまくり上げる.

걷어-차다 他 ❶ 蹴飛ばす; 蹴り上げる; 強く蹴る. ‖돌멩이를 발로 걷어차다 石ころを足で蹴飛ばす. ❷ 見捨てる.

걷어-치우다 他 ❶ 取り除く; 片づける. ‖이불을 걷어치우다 布団を片付ける. ❷ 途中でやめる; たたむ; 断念する. ‖장사를 걷어치우다 店をたたむ. 학업을 걷어치우다 学業を断念する.

걷-잡다 【-짭따】 他 食い止める; 取り拾す

る. ‖번지는 불길은 걷잡을 수가 없었다 広がる火の手を食い止めることはできなかった. 걷잡을 수 없는 상황 収拾がつかない状況.

걷히다[¹] /kətɕʰida/ 【-치-】 自 〈雲·霧などが〉晴れる. ‖안개가 걷히다 霧が晴れる.

걷-히다[²] 【거치-】 自 〈걷다[²]の受身動詞〉取り立てられる; 集められる; 集まる. ‖회비가 전부 걷히다 会費が全部集まる.

걸[¹] 图 윷で遊ぶゲーム윷놀이で4本の윷のうち3本裏側が出ること.

걸[²] /kəl/ 〔것을の縮約形〕…ものを; …ことを. ‖마음에 드는 걸 고르세요 気に入ったものを選んでください. 집에 없는 걸 몰랐어 家にいないことを知らなかったの.

걸[³] 图 語尾形 걸다(かける)の未来連体形.

걸걸-하다 彫 [하變] 〈声がかれて〉がらがした. ‖걸걸한 목소리가 가라나다. 감기 걸려 목소리가 걸걸해졌다 風邪で声ががらがらになった.

걸고-넘어지다 言いがかりをつける; 揚げ足を取る.

걸다[¹] 彫 [語幹] ❶〈液体が〉濃い, 水気が少ない. ‖죽이 좀 걸다 お粥が水気が少ない. ❷ 豪勢だ. ‖걸게 한턱내다 豪勢におごる. ❸ 口さがない; 口汚い. ‖입이 건 친구들 口さがない連中.

걸다[²] /kəlda/ 他 [ㄹ語幹] [걸어, 거는, 건] かける. ‖벽에 그림을 걸다 壁に絵をかける. 빗장을 걸다 門(かんぬき)をかける. 오른발을 걸어 상대를 넘어뜨리다 右足をかけて相手を倒す. 회사에 전화를 걸다 会社に電話をかける. 현상금을 걸다 懸賞金をかける. 목숨을 걸고 싸우다 命をかけて戦う. 한 가닥의 희망을 걸다 一縷の希望をかける. 최면을 걸다 催眠術をかける. 모르는 사람에게 말을 걸다 知らない人に話しかける. 차 시동을 걸다 車のエンジンをかける. ❷ 仕かける. ‖싸움을 걸다 けんかを仕かける[売る]. 시비를 걸다 口論を仕かける. ❸ 起こす. ‖소송을 걸다 訴訟を起こす.

걸러 副 …おきに. ‖하루 걸러 비가 오다 1日おきに雨が降る.

걸러-뛰다 自他 ❶ 飛ばす. ‖해석이 안 되는 부분은 걸러뛰다 解釈ができない部分は飛ばす. ❷ 抜かす. ‖점심을 걸러뛰었습니다 昼食は抜かしました.

걸레 /kəlle/ 图 雜巾. ‖마른 걸레 乾いた雑巾.

걸레-질 图 (하動) 雜巾がけ.

걸려-들다 自 [ㄹ語幹] ❶ ひっかかる; かかる. ‖사기꾼에게 걸려들다 詐欺師にひっかかる. ❷ 〈罠などに〉陷る. ‖함술수에 걸려들다 悪巧みに陷る.

걸리다[1] /kɔllida/ 【걸다[2]의 受身動詞】걸리다. ❶〔…에〕かけられる. ‖혐의가 걸리다 嫌疑がかけられる. ❷ かかる. ‖벽에 그림이 걸려 있다 壁に絵がかかっている. 큰 간판이 걸린 가게 大きな看板がかかっている店. 큰 고기가 그물에 걸리다 大きな魚が網にかかる. 마음에 걸리다 気にかかる. 최면에 걸리다 催眠術にかかる. 전화가 걸려 오다 電話がかかってくる. 달이 중천에 걸려 있다 月が中天にかかっている. 만드는 데 시간이 걸리다 作るのに時間がかかる. 회사의 운명이 걸린 프로젝트 会社の運命がかかったプロジェクト. 시동이 걸리다 エンジンがかかる. 덫에 걸리다 罠(わな)にかかる. 검문에 걸리다 検問にかかる. ❸ ひっかかる. ‖서랍이 걸려 잘 안 열리는 물건틀이 걸려서 서랍이 안 열리다 悪い物差しがひっかかって引き出しが開かない. 나쁜 날씨에 걸리다 悪い天気にひっかかる. ❹ つっかえる. ‖목에 가시가 걸리다 のどに小骨がつっかえる. ❺ かかわる. ‖사활이 걸린 문제 死活にかかわる問題. ❻〔風邪を〕ひく;罹(り)る;(病に)冒(おか)される. ‖감기에 걸리다 風邪をひく. 중병에 걸리다 重い病気に罹る. 불치의 병에 걸리다 不治の病に冒される.

걸리다[2] /kɔllida/ 【걷다[2]の使役動詞】歩かせる. ‖애를 집에까지 걸리다 子どもを家まで歩かせる.

걸림-돌 (ー돌) 障害物;障害となる人. ネック. ㊥장애물(障碍物).

걸-맞다 /kɔlmat̚t'a/ 【形】ふさわしい;似合っている;つり合っている;相応する;見合う. ‖직업에 걸맞지 않은 행동을 하다 職業にふさわしくない行動をする. 실력에 걸맞은 학교를 고르다 実力に相応する学校を選ぶ. 수입에 걸맞은 생활 収入に見合う生活.

걸머-지다 背負う;担(かつ)ぐ;しょい込む. ‖등에 짐을 걸머지다 背中に荷物をしょい込む.

걸물 (傑物) 【名】傑物.

걸-상 (ー床) 【名】腰掛け;椅子. ‖책걸상 机と椅子. 옆 교실에서 걸상을 두 개 가져오다 隣の教室から椅子を2脚持ってくる.

걸^스카우트 (Girl Scouts) 【名】 ガールスカウト. ㊥보이 스카우트.

걸식 (乞食) 【名】 乞食. ㊥밥빌어 먹기.

걸신 (乞神) 【名】 食い意地.
걸신-들리다 (乞神一) 食い意地を張る;がつがつ;がつがつとむさぼり食う.

걸어[1] 【ㄹ語幹】 걸다(かける)の連用形.

걸어[2] 【ㄷ変】 걷다(歩く)の連用形.

걸은 【ㄷ変】 걷다(歩く)の過去連体形.

걸을 【ㄷ変】 걷다(歩く)の未来連体形.

걸음 /kɔrum/ 【名】 歩み;歩行;足取り. ‖걸음을 재촉하다 歩みを進める. 걸음을 멈추다 歩みを止める. 걸음을 옮기다 歩みを運ぶ. 빠른 걸음 速足. 가벼운 걸음 軽い足取り.
— 한 걸음. ‖천릿길도 한 걸음부터 千里の道も一歩から. 날을 살려라 三十六計逃げるに如(し)かず. ▶걸음을 떼다 歩き始める.

걸음-걸음 【名】一歩一歩;一歩ごと.
걸음-걸이 【名】足取り;歩き方. ‖가벼운 걸음걸이 軽い足取り.
걸음-마 【名】あんよ. ‖아기가 걸음마를 배우다 赤ちゃんがあんよを覚える.

걸이 (韓国相撲で)足を相手の足にかけて倒す技.

걸인[1] (乞人) 【名】 乞食.
걸인[2] (傑人) 【名】 傑人;傑物;優れた人.

걸작 (傑作) 【ー짝】 【名】 ❶ 傑作. ❷ 滑稽な行動をする様子;とんだ事が実に滑稽だ やっていることがいかにも滑稽だ.

걸쭉-하다 【ー쭈카-】 【形】 【하変】 (液体が)どろどろしている.

걸출-하다 (傑出ー) 【形】 【하変】 傑出している.

걸치다 /kɔltɕʰida/ 【他】 わたる;及ぶ. ‖칠 년에 걸친 대공사 7年にわたる大工事. 이 문제에 관해서는 이십 페이지에 걸쳐 상세하게 논하고 있다 この問題に関しては、20ページにわたって詳しく論じている. 열 시간에 걸친 대수술 10時間に及ぶ大手術.
— 【他】 ❶ かける;又渡す. ‖강에 다리를 걸치다 川に橋をかける. 이 층에 사다리를 걸치다 2階に梯子をかける. ❷ まとう;ひっかける. ‖카디건을 걸치다 カーディガンを羽織る.

걸터-앉다 【ー안따】 腰かける;またがる. ‖의자에 걸터앉다 椅子に腰かける.

걸핏-하면 /kɔlpʰitʰamjən/ 【副】ともすると;ともすれば;何かにつけて. ‖걸핏하면 다른 사람한테 시키려고 하다 何かにつけて人にやらせようとする. 걸핏하면 화를 내다 何かにつけて怒り出す.

검 (劍) 【名】 剣.
검객 (劍客) 【名】 剣客.
검거 (檢擧) 【名】 【하変】 檢擧. ‖검거 선풍이 불다 検挙の嵐が吹く. **검거-되다** 【受動】
검뇨 (檢尿) 【名】 【하変】 檢尿.

검다[1] /kɔːmt'a/ 【形】 黒い. ㊥희다. ‖머리카락이 검다 髮の毛が黒い. 검은색 黒(色). 얼굴이 검게 타다 日焼けする. 뱃속이 검은 사람 腹黑い人. ▶검은 머리가 파뿌리 되도록[될 때까지] 共白髪まで.

검다[2] 【ー따】 (金を)かき集める.

검댕 煤(す).
검도 (劍道) 【名】 剣道.
검둥-이 ❶ (俗っぽい言い方で)黒人. ❷ 黒い犬の愛称. ❸ 肌色が黒い人.

검문 (檢問) 图 他 檢問. **검문-당하다** 受身

검문-소 (檢問所) 图 檢問所.

검-버섯 [-섣] 图 (主に老人の肌にできる)黒い斑点.

검-붉다 [-북따] 形 赤黒い.

검사¹ (檢事) /kɔːmsa/ 图 (法律) 檢事.

검사² (劍士) 图 劍士.

검사³ (檢査) /kɔːmsa/ 图 他 檢査. ∥수질 검사 水質検査. 신체검사 身体検査. 기계를 검사하다 機械を検査する. **검사-받다** [-당하다] 受身

검사-장 (檢査場) 图 檢査場.

검사-필 (檢査畢) 图 檢査済み.

검산 (檢算) 图 他 檢算.

검색 (檢索) 图 他 檢索. ∥인터넷에서 정보를 검색하다 インターネットで情報を検索する. 색인이 있어서 검색하기에 편리하다 索引があるので検索するのに便利だ.

검색-엔진 (檢索 engine) 图 (IT) 検索エンジン.

검소-하다 (儉素-) /kɔːmsohada/ [하요] 形 質素だ; つましい. ∥검소한 생활 つましい生活. 검소하게 살다 質素に暮らす.

검술 (劍術) 图 劍術.

검시 (檢屍) 图 他 檢屍; 検死; 検視.

검약 (儉約) 图 他 儉約; 節約.

검약-가 (儉約家) [-까] 图 倹約家.

검역 (檢疫) 图 他 檢疫.

검역-소 (檢疫所) [-쏘] 图 検疫所.

검열 (檢閱) [-녈] 图 他 檢閲.

검열-관 (檢閱官) [-녈-] 图 検閲官.

검은-깨 图 (植物) 黒ゴマ.

검은-손 图 魔手; 魔の手.

검은-자위 图 〈眼球の黒目; 黒目玉. 흰자위.

검은-콩 图 (植物) クロマメ(黒豆).

검인¹ (檢印) 图 檢印.

검인² (檢認) 图 (法律) 検認.

검-인정 (檢認定) 图 他 検定および認定.

검인정-교과서 (檢認定教科書) 图 検定教科書.

검인정-필 (檢認定畢) 图 検定および認定済み.

검정 (檢定) 图 他 檢定. ∥검정 시험 検定試験.

검정-고시 (檢定考試) 图 檢定試験.

검정-필 (檢定畢) 图 検定済み.

검정-콩 图 (植物) クロマメ(黒豆).

검증 (檢證) 图 他 檢證. ∥현장 검증 現場検証. **검증-되다** [-돠다] 受身

검지 (-指) 图 人差し指. ⑳집게손가락.

검진 (檢診) 图 他 檢診.

검찰 (檢察) 图 検察. ∥검찰에 소환되다 検察に召喚される.

검찰-관 (檢察官) 图 検察官. ∥검찰관에게 취조를 받다 検察官に取り調べを受ける.

검찰-청 (檢察廳) 图 (行政) 検察庁.

검출 (檢出) 图 他 検出. **검출-되다** 受身

검침 (檢針) 图 他 検針.

검토 (檢討) /kɔːmtʰo/ 图 他 檢討. ∥검토해 볼 만하다 検討に値する. 검토할 필요가 있다 検討する必要がある. 이 문제는 현재 검토 중입니다 この問題は現在検討中です. 재검토 再検討. **검토-되다** 受身

검표 (檢票) 图 他 檢札.

검-푸르다 [러変] 形 深みのある濃い青をしている; 黒みを帯びた青色をしている.

검품 (檢品) 图 他 検品.

겁¹ (劫) 图 (仏教) 劫(㕛).

겁² (怯) 图 気後れ; 臆病. ∥겁이 많다 臆病だ. 겁도 없이 달려들다 向こう見ずに食ってかかる. 겁(을) 먹다 恐れる; 怯(ː)む. 겁을 주다 恐がらせる. ▶ 겁에 질리다 おびえる. 겁에 질린 듯한 눈 おびえているような目つき.

겁-나다 (怯-) 自 恐ろしい; 恐い.

겁-내다 (怯-) 【-내-】 他 恐がる; おびえる.

겁-쟁이 (怯-) 【-쨍-】 图 臆病者; 恐がり; 弱虫; 腰抜け.

겁탈 (劫奪) 图 他 ❶劫奪(ごぶ); 強奪. ❷レイプ; 婦女暴行. **겁탈-당하다** 受身

것 /kɔt/ 【걷】 依名 ❶…もの; …物; …や つ. ∥일본적인 것 日本のもの. 저 영화는 한 번 본 것이다 あの映画は一度見たものだ. 다른 것을 빌리다 ほかのを借りる. 어떤 것을 갖고 싶니? どんなものが欲しい? 인간의 심리는 복잡한 것이다 人間の心理は複雑なものである. 먹을 것 食べ物. 단것 甘い物. 큰 것으로 주세요 大きいやつをください. ❷…こと. ∥자세한 것은 나중에 말씀드리겠습니다 詳しいことは後でお話します. 그 사람은 내가 말하는 것을 잘 모르는 것 같다 彼は私の言うことがよく分かっていないようだ. 그 사람이 유능하다는 것을 인정하지 않는 사람은 없다 彼が有能であることを認めない人はいない. 열 시까지 모일 것 10時までに集まること. ❸…者; …やつ. ∥젊은 것이 건방지다 若いやつが生意気だ. 너 같은 것하고는 말하고 싶지 않다 お前みたいなやつとは話したくない. ❹…の; …のもの. ∥내 것 私のもの. 내가 믿는 것은 너뿐이다 私が信じるのは君だけだ. ❺ [⋯을[를] 것이다の形で] …つもりだ; …だろう; …でしょう; …はずだ. ∥내

일은 비가 올 것이다 明日는 雨가 降하리라. 아마 내일은 갈 것이다 多分明日は行くでしょう. 이번에는 꼭 이길 것이다 今度は絶対勝つもりだ.

겉 /kɔt/ 【전】 图 表; 表面; うわべ; 上っ面. ¶겉만 꾸미다 表面だけを取り繕う. ¶겉만 보고서는 모른다 上っ面だけでは分からない. ▶겉 다르고 속 다르다 裏表が一致しない.

겉-감 {걷깜} 图 (衣服의) 表地. ↔안 감.

겉-껍질 {걷-절} 图 粗皮 (麁); 外皮; 表皮. ㉠속껍질.

겉-넓이 {건널비} 图 表面積. ㉠표면적 (表面積).

겉-늙다 {건늑따} 彫 実年齢より老けている. ¶겉늙어 보이다 年より老けて見える.

겉-돌다 {걷똘-} 圊 仲間はずれになる; うまく溶け込めない.

겉-면 (-面) {건-} 图 表; 表面.

겉-모습 (-mosɯp) {건-} 图 外見; 外貌. ¶사람을 겉모습만 보고 판단하지 마라 人を外見だけで判断するな.

겉-모양 (-模樣) /kɔtmojaŋ/ {건-} 图 外観; 見た目; 見かけ.

겉-보기 (-) {건-} 图 見かけ.

겉-봉투 (-封套) {건뽕-} 图 二重になっている封筒の外側の袋.

겉씨-식물 (-植物) {건-} 图 【植物】 裸子植物. ㉠속씨 식물 (-植物).

겉-옷 /kɔdot/ {거돋} 图 ㉠속옷.

겉-절이 {건쩌리} 图 (白菜などの) 浅漬け. ¶배추 겉절이 白菜の浅漬.

겉-치레 (-治禮) {건찌-} 图 見せかけ; 虚飾.

겉-치장 (-治粧) {건-} 图 图 見せかけ; 外装.

게 /ke/ 图 【動物】 カニ (蟹). ¶꽃게 ワタリガニ (渡蟹); ガザミ (蝤蛑).

게² 代 [거기의 縮約形] そこ. ¶게 좀 앉으시오 そこにお座りなさい.

게³ /ke/ [것이의 縮約形] ①ものが; ものは. ¶집에 먹을 게 없다 家に食べるものがない. 이게 뭐야? これは何? ②ことが. ¶너한테 말할 게 있어 お前に話したいことがある.

게⁴ 助 [에게의 縮約形] …に. ¶제게 맡겨 주세요 私に任せてください.

-게 語尾 ❶…しなさい; …したまえ. ¶이걸 보게 これを見てみたまえ. 빨리 가게 早く行きなさい. ❷…지 않니의) …の. ¶그랬다가 나만 흔나게? そうしたら私だけ怒られるじゃないの. 그런 옷 사서 뭐하게? そんなの買ってなにするの? ❸…게; …く. ¶행복하게 하다 幸せにする. 예쁘게 꾸미다 きれいに着飾る. ¶늦게 일어나다 遅く起きる. ❹ […게 하다의 形で] (…する) ようにする; …させる. ¶사게 하다 買うようにする. 말을 듣게 하다 言うことを聞くようにする. ❺ […게 하다의 形で] …(さ)せる. ¶놀라게 하다 驚かせる. 슬프게 하다 悲しませる. 기쁘게 하다 喜ばせる. ❻ […게 되다의 形で] …になる. ¶훌륭하게 되다 立派になる. 행복하게 되다 幸せになる.

게-거품 图 ❶カニが吹き出す泡. ❷(人や動物が) 興奮した時または苦しい時に吹き出す泡.

게걸 图 食い意地.

게걸-스럽다 {-따} 彫 [ㅂ変化] 食い意地がうんとついている (とする). ¶너무 배가 고파 게걸스럽게 먹다 あまりにもお腹がすいてガツガツと食う. **게걸스레** 副 むしゃむしゃ (と).

게-걸음 图 カニの横ばい.

게정지만-하다 彫 [하変] 取るに足らない.

-게나 語尾 …なさい; …しなさい. ¶얼른 들어오시게나 さあ, いらっしゃい.

게놈 (Genom ド) 图 【生物】 ゲノム.

게-눈 图 カニの目.

거다가 /kedaga/ ❶そこに. ¶게다가 놓으세요 そこにおいてください. ❷それに; その上に; さらに; それに加えて. ¶비가 오고 게다가 바람까지 분다 雨が降ってさらに風も吹いている.

게-딱지 {-찌} 图 ❶カニの甲羅. ❷ [比喩的に] (家などが) 小さくておんぼろだ. ¶게딱지만한 집 小さくておんぼろな家.

게라 (ゲラ 日) 图 (活字組版での) ゲラ; ゲラ刷り; 校正刷り. ¶게라 교정 校正刷り (校正刷り).

게르마늄 (Germanium ド) 图 【化学】 ゲルマニウム.

게르치 图【魚介類】 ムツ (鯥).

게릴라 (guerrilla ス) 图 ゲリラ.

게릴라-전 (-戦) 图 ゲリラ戦.

게-살 图 カニの肉; カニの風味を加えたかまぼこのようなもの.

게서¹ 〔그에게서의 縮約形〕 …から. ¶내게서 빌려간 책 돌려 주었으면 좋겠어 私から借りていった本, 返してほしい.

게서² 〔거기에서의 縮約形〕 ❶そこで; あそこで. ¶게서 놀지 말고 집에 돌아가거라 そこで遊ばないで家に帰りなさい. ❷そこから; あそこから. ¶게서 빨리 나와 そこから早く出てきなさい.

게-성운 (-星雲) 图 【天文】 蟹星雲.

게스트 (guest) /kesɯttɯ/ 图 ❶ゲスト; 客. ❷特別出演者.

게시 (揭示) 图 他動 揭示. ¶합격자 명단을 벽에 게시하다 合格者の名前を壁に揭示する. **게시-되다** 受身

게시-판 (揭示板) /keʃip̚an/ 图 揭示板.

게알-젓 {-젇} 图 カニの卵の塩辛.

게양 (揭揚) 图 他動 揭揚. ¶국기를 게양하다 国旗を揭揚する. **게양-되다** 受身

게양-대 (揭揚臺) 图 揭揚台.
게우다 囮 吐く; 吐き出す; もどす; 嘔吐する. ‖차멀미를 해서 전부 게워 내고 말았다 乗り物に酔って全部もどしてしまった.

게으르다 /keuruda/ 圈 [르変] [게을러, 게으른] 怠け者だ; 怠惰だ; 怠慢だ; 不精だ. ‖저 게으른 녀석 あの怠け者. 게을러서 수염도 안 깎는다 不精してひげも剃らない.

게으름 图 怠惰; 不精; 横着. ‖게으름을 부리다[피우다] 怠ける.

게으름-뱅이 图 怠け者; 不精者; ものぐさな人.

게을러-빠지다 囲 不精らしい; 不精を決め込む; 怠け続ける.

게을러-터지다 囲 =게을러빠지다.

게을리 圖 怠けて. ‖연습을 게을리 하다 練習を怠ける.

게이 (gay) 图 ゲイ.

게이지 (gauge) 图 ゲージ.

게이트 (gate) 图 ゲート.

게이트-볼 (gate+ball 日) 图 ゲートボール.

게임 (game) 图 ゲーム. ‖트럼프 게임 トランプゲーム.

━ 依名 競技の回数を表わす語: …ゲーム. ‖당구 한 게임 하자 ビリヤードを1ゲームやろう.

게임-기 (─機) 图 ゲーム機.

게-자리 图 [天文] 蟹座.

게-장 (─醬) 图 ❶カニの塩辛. ❷ケジャン.

게재 (揭載) 图 他動 掲載. ‖신문에 칼럼을 게재하다 新聞にコラムを掲載する.

게재-되다 受動

겐 [게는の縮約形]…には. ‖내겐 없는 재능이 여동생에겐 있어 私にはない才能が妹にはある. 아무지겐 생겼다 しっかりものには見える.

-겠- /ket/ [겐] 語尾 ❶ 未来時制を表わす. ‖곧 가겠습니다 すぐ行きます. 내일 뵙겠습니다 明日, お目にかかります. ❷ 推量·推測を表わす. ‖맛있겠다 おいしそう. 재미있겠다 面白そう. 그건 나라도 할 수 있겠다 それなら 私もできそう. ❸ 話し手の意志を表わす. ‖저도 가겠습니다 私も行きます. 꼭 돌아오겠습니다 必ず戻ってきます.

겨 图 糠(ぬか); 穀殻. ‖쌀겨 米糠.

겨냥 图 ❶ ねらい [照準]を定めること. ‖목표물을 겨냥하여 쏘다 ねらいを定めて撃つ. ❷ にらむこと. ‖총선거를 겨냥한 발언 総選挙をにらんだ発言.

겨냥-도 (─圖) 图 見取り図.

겨누다 /kjənuda/ 囮 ねらう; (銃器などを)向ける. ‖과녁을 겨누어 쏘다 的をねらって撃つ. 총구를 겨누다 銃口を向ける.

겨드랑이 /kjədurani/ 图 脇; 脇の下.

‖겨드랑이 밑에 체온계를 넣다 脇の下に体温計をはさむ.

겨레 图 はらから; 同胞; 同じ民族.

겨루다 /kjəruda/ 囮 競う; 競争する; 張り合う. ‖역량을 겨루다 力量を競う. 총재 자리를 놓고 겨루다 総裁の座を張り合う.

겨를 /kjərul/ 依名 〔…겨를이 없다の形で〕 いとまがない. 圕 暇. ‖너무 바빠서 밥 먹을 겨를도 없다 忙しすぎて飯を食う暇もない.

겨우 /kjəu/ 圖 やっと; ようやく; 辛うじて. ‖겨우 찾아냈다 やっと見つけた. 겨우 막차를 타다 辛うじて終電に間に合う. 내 실력으로 겨우 합격했다 私の実力で辛うじて合格した. 겨우 도망쳐 나왔다 辛うじて逃げ出してきた.

겨우-내 圖 冬の間ずっと. ‖겨우내 집에 들어박혀 책만 읽었다 冬の間はずっと家に閉じこもって本ばかり読んだ.

겨우-살이 (他自) 图 越冬.

겨울 /kjul/ 图 冬. ‖올 겨울은 따뜻한데 今年の冬は暖かだ. 서울은 겨울에 눈이 많이 옵니까? ソウルは冬に雪がたくさん降りますか. 겨울 철 冬季. ▶겨울을 나다 冬を越す; 越冬する.

겨울-바람 [─빠─] 图 冬の風. ‖매서운 겨울바람 厳しい冬の風.

겨울-밤 [─빰] 图 冬の夜. ‖긴긴 겨울밤 長い冬の夜.

겨울-방학 (─放學) [─빵─] 图 (学校の)冬休み. ‖겨울 방학에 들어가다 冬休みに入る.

겨울-옷 [─옫] 图 冬服; 冬物.

겨울-잠 [─짬] 图 冬眠. ⑪ 冬眠(とうみん).

겨자 图 ❶ [植物] カラシナ (芥子菜). ❷ (香辛料の)芥子.

격[1] (格) /kjək/ 图 ❶ 格. ‖격이 다르다 格が違う. 격이 올라가다 格が上がる. ❷ 分; 身分; 地位. ‖격에 어울리다 分にふさわしい. ❸ [言語] 格. ‖목적격 目的格.

━ 依名 …こと; …わけ. ‖누워서 침 뱉는 격이다 天を仰いで唾することだ.

격[2] (隔) 图 (関係上の)距離. ‖격을 두다 距離を置く.

격감 (激減) [─깜] 图 他動 激減. ⑪ 激増(激増).

격납-고 (格納庫) [─꼬] 图 格納庫.

격년 (隔年) [경─] 图 他動 隔年で; 一年おき.

격노 (激怒) [경─] 图 他動 激怒.

격돌 (激突) [─똘] 图 他動 激突.

격동 (激動) [─똥] 图 他動 激動. ‖격동하는 국제 정세 激動する国際情勢.

격동-기 (激動期) 图 激動期.

격랑 (激浪) [경냥] 图 激浪.

격려 (激勵) [경녀] 图 他動 激励; 激励の言葉. ‖격려를 아끼지 않다 激

の言葉を惜しまない.
격려-문(激勵文)【경-】图 激勵文.
격려-사(激勵辭)【경-】图 激勵の言葉.
격렬-하다(激烈-)【경녈-】[하変] 激烈だ;激しい. ‖격렬한 논쟁을 벌이다 激しい論争を繰り広げる. **격렬-히** 副
격론(激論)【경논】图 (하自) 激論.
격류(激流)【경뉴】图 激流;奔流. ‖격류에 휩쓸리다 激流にのみ込まれる.
격리(隔離)【경니】图 (하他) 隔離. ‖전염병 환자를 격리하다 伝染病患者を隔離する. **격리-당하다** 受身
격막(隔膜)【경-】图 (解剖) 隔膜. ‖횡격막 橫隔膜.
격무(激務)【경-】图 激務. ‖격무에 시달리다 激務に苦しむ. 격무로 쓰러지다 激務に倒れる.
격물-치지(格物致知)【경-】图 格物致知.
격변(激變)【-뼌】图 (하自) 激變. ‖격변하는 국제 정세 激変する国際情勢.
격~변화(格變化)【-뼌-】图(言語) 格変化.
격분[1](激憤)【-뿐】图(하自) 激憤.
격분[2](激奮)【-뿐】图 激しく興奮すること.
격상(格上)【-쌍】图(하自他) 格上げ. ㊦격하(格下).
격세(隔世)【-쎄】图 隔世.
격세-유전(隔世遺傳)【-쎄-】图 (生物) 隔世遺伝.
격세지감(隔世之感)【-쎼-】 隔世の感. ‖격세지감을 감출 수가 없다 隔世の感を禁じ得ない.
격식(格式)【-씩】图 格式. ‖격식을 갖추다[차리다] 格式ばる.
격심-하다(激甚-)【-씸-】[形] [하変] 激甚;激しい;甚大だ. ‖격심한 피해를 입다 激甚な被害をこうむる. 이번 태풍으로 입은 피해는 격심하다 今回の台風による被害は甚大だ.
격앙(激昂)【겨강】图 (하自) 激昂. ‖격앙된 어조 激昂した口調.
격언(格言)【겨건】图 格言;金言.
격월(隔月)【겨궐】图(하自) 隔月;ひと月おき. ‖격월로 발간하다 隔月で発刊する.
격월-간(隔月刊)【겨궐-】图 隔月刊.
격음(激音)【겨금】图(言語) 激音;有気音. ㊦거센소리.
격음-화(激音化)【겨그-】图 (言語) 激音化;有気音化.㊦거센소리되기.
격일(隔日)【겨길】图 隔日;ひと月おき. ‖격일 근무 隔日勤務.
격자(格子)【-짜】图 格子.
격자-문(格子門)【-짜-】图 障子.
격자-창(格子窓)【-짜-】图 格子窓.
격전(激戰)【-쩐】图 激戰. ‖치열하게 격전을 벌인 곳 熾烈に激戰を繰り広げた場所.

격전-지(激戰地)【-쩐-】图 激戰地.
격정(激情)【-쩡】图 激情. ‖격정에 휩싸이다 激情にかられる.
격정-적(激情的)【-쩡-】图 激情的. ‖쿨해 보이지만 격정적인 일면이 있다 クールに見えるが激情的な一面がある.
격조[1](格調)【-쪼】图 格調. ‖격조 있는 분위기 格調ある雰囲気. 격조 높은 문장 格調の高い文章.
격조[2](隔阻)【-쪼】图 (하自) ご無沙汰すること.
격-조사(格助詞)【-쪼-】图(言語) 格助詞.
격주(隔週)【-쭈】图(하自) 隔週;一週間おき. ‖회의는 격주로 열린다 会議は隔週で開かれる.
격증(激增)【-쯩】图(하自) 激增.㊦격감(激減). ‖중국에서는 자동차 인구가 격증하고 있다 中国では自動車人口が激増している.
격지(隔地)【-찌】图 隔地;遠隔地;遠方.
격-지다(隔-)【-찌-】自 〈関係が〉疎遠になる.
격진(激震)【-쩐】图 激震.㊦震度7に当たる,最も激しい地震.木造家屋の三分の一が壊れ,山崩れや地割れのほか断層がも生じる.
격차(格差)【/kjɔktɕʰa/】图 格差;差. ‖격차를 줄이다 格差を縮める. 격차가 벌어지다 格差が広がる. 빈부 격차 貧富の格差. 임금 격차 賃金格差.
격찬(激讚)【-찬】图(하他) 絶讚.
격추(擊墜)【-추】图(하他) 擊墜. ‖적기 세 대를 격추하다 敵機3台を撃墜する. **격추-당하다** 受身
격침(擊沈)【-침】图(하他) 擊沈. **격침-당하다** 受身
격퇴(擊退)【-/-퉤】图 (하他) 擊退. ‖적을 격퇴시킬 방안을 생각하다 敵を撃退させる方法を考える. **격퇴-당하다** 受身
격투(格鬪)【/kjɔkt'u/】图(하自) 格鬪. ‖격투 끝에 格鬪の末. 격투를 벌이다 格鬪をする.
격투-기(格鬪技)【-】图 格鬪技;格技.
격파(擊破)【-】图(하他) 擊破. **격파-당하다** 受身
격하(格下)【겨카】图(하他) 格下げ.㊦격상(格上).
격-하다(激-)【겨카-】[形] [하変] 〈感情などが〉激しい. ‖격한 어조 激しい口調.
격화(激化)【겨콰】图(하自) 激化. ‖양국의 대립이 격화되고 있다 両国の対立が激化している.
격화-소양(隔靴搔癢)【겨콰-】图 隔靴掻痒(思い通りにいかなくて, もどかしいこと).
겪는[겡-] 連 겪다(苦難などを経験す

る)의 現在連體形.

겪다 /kjəkt'a/ [껵따] 他 (苦難などを)經驗する; なめる; 味わう; 遭う; 經る.∥經濟的으로 어려움을 겪고 있다 經濟的に厳しい. 말 못할 고통을 겪다 言葉にできない苦痛をなめる. 세상의 온갖 어려움을 다 겪다 世の辛酸をなめる.

겪어 他 겪다(苦難などを經驗する)の連用形.
겪은 他 겪다(苦難などを經驗する)の過去連體形.
겪을 他 겪다(苦難などを經驗する)の未來連體形.
견(絹) 名 絹.
견갑-골(肩胛骨) 【-꼴】 名 解剖 肩甲骨.
견갑-근(肩胛筋) 【-끈】 名 解剖 肩甲筋.
견강-부회(牽強附會) 【-/-훼】 名 自サ 牽強(なまり)付会(自分の都合のいいように強引に理屈をこじつけること).
견고-하다(堅固-) 形 하変 堅固だ. ∥견고한 성 堅固な城. **견고-히** 副
견과(堅果) 名 堅果. ✢堅く乾燥し, 熟しても裂開しない果実. クリ・カシの実の類.

견디다 /kjəndida/ 自 長持ちする; 持ちこたえる.∥나일론이라 오래 견디겠다 ナイロンだから長持ちする. 적의 맹공에 견디다 敵の猛攻を持ちこたえる.
— 他 我慢する; 耐える; こらえる.∥더 이상 견딜 수가 없다 もはや我慢がならない. 견디다 못해 我慢しきれず; 我慢できず. 추위를 견디다 寒さをこらえる. 시련을 견디다 試練に耐える. 괴로움을 견뎌 내다 辛えに耐え抜く.
견마지로(犬馬之勞) 名 犬馬の労(主君や他人のために全力を尽くして働くこと).
견문(見聞) 名 自他サ 見聞.∥견문을 넓히다 見聞を広める.
　견문-록(見聞錄) 【-녹】 名 見聞録.∥동방 견문록 『東方見聞録』(マルコポーロの旅行記).
견물생심(見物生心) /kjə:nmulsɛŋʃim/ 名 物を見ると欲しくなること.
견본(見本) 名 見本; サンプル.
　견본-시장(見本市場) 名 見本市.
　견본 주택(見本住宅) 名 モデルハウス. ㉛モデル ハウス.
견비-통(肩臂痛) 名 漢方 肩から肘までの神経痛.
견사[1](絹絲) 名 絹糸.
견사[2](繭絲) 名 繭糸(けんし).
견습(見習) 名 하他サ 見習い; 研修.∥현재 견습 중이다 現在見習い中である. 견습 기간은 삼 주이다 研修期間は3週間だ.

견습-공(見習工) 【-꽁】 名 見習い工.
견습-생(見習生) 【-쌩】 名 見習い生; 実習生.
견식(見識) 名 見識.∥견식이 있는 사람 見識のある人.
견실-하다(堅實-) 形 하変 堅実だ.∥견실한 회사 운영 堅実な会社運営.
견우(牽牛) 名 견우성(牽牛星)の略語.
　견우-성(牽牛星) 名 天文 牽牛星. ㉛ 직녀성(織女星).
견원지간(犬猿之間) 名 犬猿の仲.
견인(牽引) 名 하他サ 牽引.∥견인 차량 牽引車両.
　견인-차(牽引車) 名 牽引車. ∥주차 위반한 차를 견인차가 끌고 가다 駐車違反した車を牽引車が引いていく.
견인불발(堅忍不拔) 名 하変サ 堅忍不抜(どんな困難や誘惑にも心を動かさず, 我慢すること).∥견인불발의 정신 堅忍不抜の精神.
견장(肩章) 名 肩章.
견적(見積) /kjə:ndʒɔk/ 名 하他サ 見積.∥서로 견적을 내다 工事の見積りを出す. 견적을 뽑다 見積りをとる.
　견적-서(見積書) 【-써】 名 見積書.
견제(牽制) 名 하他サ 牽制.∥서로 견제하다 牽制し合う.
　견제-구(牽制球) 名 (野球で)牽制球.∥견제구를 던지다 牽制球を投げる.
견주다 /kjəndʒu:da/ 他 比べる; 競う.∥실력을 견주다 実力を比べる.
견지[1](見地) 名 見地.∥도덕적 견지 道徳的見地. 넓은 견지 広い見地.
견지[2](堅持) 名 하他サ 堅持.∥종래의 방침을 견지하다 従来の方針を堅持する.
견직-물(絹織物) 【-징-】 名 絹織物.
견책(譴責) 名 하他サ 譴責(けん).∥견책 대상 讀責の対象.
견치(犬齒) 名 犬歯. ㉛송곳니.
견학(見學) /kjə:nhak/ 名 하他サ 見学.∥방송국에 견학을 가다 放送局に見学に行く. 공장 견학 工場見学.
견해(見解) /kjə:nhɛ/ 名 見解.∥견해를 달리하다 見解を異にする. 견해를 밝히다 見解を述べる. 새로운 견해를 표명하다 新たな見解を表明する.
　견해-차(見解差) 名 見解の差; 見解の相違.∥견해차가 크다 見解の差が大きい.
걷다[1] 【-따】 自他 ㄷ変 ❶ (汗などが)染み込む.∥땀에 걷은 옷 汗が染み込んだ服. ❷手慣れる.∥손에 걷은 솜씨 手慣れた腕前.
걷다[2] 【-따】 他 ㄷ変 ❶編む.∥대바구니를 걷다 竹かごを編む. ❷組む.∥이깨를 걷다 肩を組む.
걸[1] /kjəl/ 名 (木·布·肌などの)きめ; 木

目. ∥결이 고운 피부 きめの細かい肌. 결이 거칠다 きめが粗い. 나뭇결 木目.

결² (訣) 〔성결(性)—의 略語〕 訣別する. ∥결이 고운 아이 気立てのいい子.

결³ (缺) 图 欠; 欠席.

결⁴ 〔依②〕 图 ❶…うち; …間. ∥어느 결에 い つの間にか. ❷ 〔겨를의 縮約形〕 暇. ∥머 무르려 할 겨를도 없이 たもうら暇がない.

결-가부좌 (結跏趺坐) 图 〖佛敎〗 結跏 (けっか) 趺坐 (ふざ) する.

결격 (缺格) 【-껵】 图 (하다) 欠格. ⑳ 격 (適格). ∥결격 사유 欠格事由.

결과 (結果) /kjəlgwa/ 图 結果. ⑳ 원인 (原因). ∥원인과 결과. 시험 결과를 발표하다 試験 の結果を発表する. 의외의 결과가 나오 다 意外な結果が出る. 조사 결과를 정 리하다 調査の結果をまとめる. 비참한 결과를 가져오다 悲惨な結果をもたらす.

결과-론 (結果論) 图 結果論.
결과-적 (結果的) 图 結果的. ∥결과 적으로 운이 좋았다 結果的に運がよかっ た.
결구 (結句) 【-꾸】 图 結句.
결국 (結局) /kjəlguk/ ❶ 图 結局. ∥결 국은 한숨도 못 잤다 結局は一睡もでき なかった. ❷ 〖副詞的〗 結局; ついに; 一 度も. ∥얘기 끝에 결국 내가 가게 되었 다 話し合いの末, 結局私が行くことになっ た. 결국 흐지부지하게 끝나다 結局 うやむやに終わる. 결국 돌아오지 않았 다 ついに帰ってこなかった.
결근 (缺勤) 图 (하다) 欠勤. ⑳ 출근 (出 勤). ∥무단결근 無断欠勤.
결단 (決斷) /kjəlt'an/ 【-딴】 图 (하다) 決斷. 決斷を下す; 決断する. ∥결 단이 필요하다 決斷を要する.
결단-성 (決斷性) 【-딴썽】 图 決斷 力.
결단-코 (決斷-) 图 決して. ∥결단코 용납할 수 없다 決して許せない.
결딴 图 全く駄目になること; 台無しにな ること.
결딴-나다 图 駄目になる; つぶれる.
결딴-내다 图 駄目にする; つぶす.
결락 (缺落) 图 (하다) 欠落.
결렬 (決裂) 图 (하다) 決裂. ∥교섭이 결렬되다 交渉が決裂する.
결례 (缺禮) 图 (하다) 欠礼. ∥결례를 범하다 欠礼する.
결론 (結論) /kjəllon/ 图 (하다) 結論. ∥결론이 나오다 結論が出る. 결론에 달하다 結論に達する. 섣부른 결론에 내리다 早まった結論を下す. 결론을 먼 저 말하자면 結論を先に言うと.
결론-적 (結論的) 图 結論的. ∥결론적 으로 말하자면 結論的に言うと.
결론-짓다 (結論-)【-짇따】佃 〖ㅅ變〗 結論づける. ∥타살로 결론짓다 他殺と して結論づける.

결리다 /kjəllida/ 他 〔首·横隔など体の 一部が〕突っ張る; 凝る. ∥열구리가 결 리다 横隔が突っ張る. 어깨가 결리다 肩が凝る.
결막 (結膜) 图 〖解剖〗 結膜.
결막-염 (結膜炎) 【-뗨】 图 〖医学〗 結膜炎.
결말 (結末) /kjəlmal/ 图 結末; けり. ∥의외의 결말 意外な結末. 극적인 결 말 劇的な結末.
결말-나다 (結末-)【-라-】图 結末が つく; けりがつく.
결말-내다 (結末-)【-래-】他 結末を つける; けりをつける.
결말-짓다 (結末-)【-짇따】他 〖ㅅ變〗 =결말내다 (結末-).
결명-자 (決明子) 图 〖漢方〗 エビスグサ の種.
결명-차 (決明茶) 图 〖植物〗 エビスグサ (夷草).
결박 (結縛) 图 (하다) 〔体や手などを〕 縛 ること; 縛り上げること. **결박-당하다** 受動
결백 (潔白) 图 (하形) 潔白. ∥결백을 증명하다 潔白を証明する. 청렴결백한 사람 清廉潔白な人.
결번 (缺番) 图 欠番.
결벽 (潔癖) 图 潔癖.
결벽-증 (潔癖症) 【-쯩】 图 〖医学〗 潔 癖症.
결별 (訣別) 图 (하다) 決別.
결부 (結付) 图 (하다) 結び付けること. ∥정치와 문제 政治と結び付け たい問題. 이 문제를 개인적인 감정과 결 부시키지 말아 주세요 この問題を個人 的な感情に結び付けないでください.
결빙 (結氷) 图 (하다) 結氷. ⑳ 해빙 (解 氷).
결빙-점 (結氷點) 【-쩜】 图 〖物理〗 氷 点.
결사¹ (決死) 【-싸】 图 (하다) 決死. ∥결사 반대 決死反対.
결사-대 (決死隊) 图 決死隊.
결사-적 (決死的) 图 必死. ∥결사적 으로 저항하다 必死になって抵抗する.
결사² (結社) 【-싸】 图 (하다) 結社. ∥비 일 결사 秘密結社.
결산 (決算) /kjəlsan/【-싼】图 (하다) 決算. ∥예산과 결산 予算と決算. 결산 보고 決算報告. 총결산 総決算.
결산-기 (決算期) 图 決算期.
결산-서 (決算書) 图 決算書.
결산-표 (決算表) 图 決算表.
결석 (缺席) /kjəls'ək/【-썩】图 (하다자) 欠席. ⑳ 출석 (出席). ∥감기로 결석하다 風邪で欠席する. 일 로 학교를 결석하다 用事で学 校を欠席する.
결석-계 (缺席屆) 【-썩계 /-썩께】 图

결석

欠席届け.
결석재판 (缺席裁判)【-썩 쩨-】图 欠席裁判.

결석² (結石)【-썩】图 結石. ‖신장 결석 腎結石; 腎臟結石.

결선 (決選)【-썬】图 決選; 本選. ‖결선 투표 決選投票.

결성 (結成)【-썽】图 他サ 結成. ‖신당을 결성하다 新党を結成する. **결성-되다** 受身

결속 (結束)【-쏙】图 他サ 結束. ‖결속을 꾀하다 結束を図る.
결속-력 (結束力)【-쏭녁】图 結束力.

결손 (缺損)【-손】图 欠損.

결승 (決勝)【-씅/-씅】图 他サ 決勝. ‖결승까지 진출하다 決勝にまで進出する. 결승에서 패하다[지다] 決勝で破れる[負ける]. 준결승 準決勝.
결승-전 (決勝戰)【-쩐】图 決勝戰.
결승-점 (決勝點)【-쩜】图 決勝点. ‖결승점을 올리다 決勝点をあげる.

결식 (缺食)【-씩】图 他サ 欠食.
결식-아동 (缺食兒童)【-씨가-】图 欠食兒童.

결실 (結實)【-씰】图 他サ 結実; 実り. ‖결실의 가을 実りの秋. 그동안의 노력이 결실을 맺다 これまでの努力が実を結ぶ.

결심¹ (決心)【-씸】图 他サ 決心. ‖대학원에 진학하기로 결심하다 大学院に進学しようと決心する. 의사가 되기로 결심하다 医者になる決心をする. 결심이 흔들리다 決心が揺らぐ. 결심이 안 서다 決心がつかない.

결심² (結審)【-씸】图 他サ【法律】結審.

결여 (缺如)【kjɔrjɔ】图 自サ 欠如; 欠けていること. ‖책임 의식이 결여되어 있다 責任意識が欠如している.

결연-하다 (決然-)【-연-】形サ 決然としている. ‖결연한 의지 決然たる意志.
결연-히 副

결원 (缺員)图 他サ 欠員.

결의¹ (決意)【-/겨리】图 他サ 決意. ‖결의를 보이다 決意を示す. 굳게 결의하다 固く決意する.

결의² (決議)【-/겨리】图 他サ 決議. ‖파업을 결의하다 ストライキを決議する. 결의 사항 決議事項.
결의-문 (決議文) 決議文.
결의-안 (決議案) 決議案.

결자해지 (結者解之)【-짜-】 ("結んだ者が自らそれを解く"の意で)自らやったことは自ら解決すべきだということ.

결장 (結腸)【-짱】图【解剖】結腸.
결장² (缺場)【-짱】图 欠場.

결재 (決裁)【-째】图 他サ 決裁. ‖결재를 바라다 決裁を仰ぐ. 부장의 결재를 받다 部長の決裁をもらう. 미결재 未決裁.
결재-권 (決裁權)【-꿘】图 決裁権.
결재-필 (決裁畢) 決裁済み.

결전 (決戰)【-쩐】图 決戰.

결절 (結節)【-쩔】图 結節.

결점 (缺點)【kjɔlt͈ɕʌm/-쩜】图 欠点; 短所. ‖최대의 결점 最大の欠点. 누구에게나 결점은 있다 誰にでも欠点はある. 내 결점은 금방 싫증을 내는 것이다 私の短所は飽きっぽいことだ.

결정¹ (決定)/kjɔltɕʌŋ/【-쩡】图 他サ 決定. ‖활동 방침을 결정하다 活動方針を決定する. 잘못된 결정을 내리다 誤った決定を下す. 결정에 따르다 決定に従う.
결정-권 (決定權)【-꿘】图 決定権.
결정-론 (決定論)【-쩡는】图 決定論.
결정-적 (決定的) 图 決定的. ‖결정적인 역할 決定的な役割. 결정적인 순간 決定的な瞬間.
결정-타 (決定打) 图 決定打.
결정-판 (決定版) 图 決定版.

결정² (結晶)【-쩡】图 他サ 結晶.
결정-체 (結晶體) 图 結晶体.

결제 (決濟)【-쩨】图 他サ 決濟. ‖신용 카드로 결제하다 クレジットカードで決済する.
결제-일 (決濟日) 決済日.

결집 (結集)【-찝】图 結集.

결착 (決着) 图 自サ 決着.

결초-보은 (結草報恩) 图 他サ (故事から)草を結んだ恩に報いること.

결코 /kjɔlkʰo/ 副〔下に打ち消しの表現を伴って〕決して. ‖그 사람은 이 정도로는 결코 만족하지 않을 것이다 彼はこの程度では決して満足しないはずだ. 결코 용서하지 않겠다 決して許せない.

결탁 (結託) 图 他サ 結託. ‖언론과 정치권력의 결탁 言論と政権との結託.

결투 (決鬪) 图 他サ 決鬪. ‖결투를 벌이다 決鬪を行なう.

결판 (決判) 图 他サ 決着をつけること.
결판-나다 (決判-) 自 決着がつく; 勝負が決まる.
결판-내다 (決判-) 他 決着をつける; 勝負を決める.

결핍 (缺乏) 图 自サ 欠乏. ‖괴혈병은 비타민 C가 결핍되었을 때 생기는 병이다 壞血病はビタミンCが欠乏した時に生じる病気である.

결함 (缺陷)【kjɔlham】图 欠陷.
결합 (結合)【kjɔlhap】图 自サ 結合; 結び付くこと. ‖분자가 결합하다 分子が結合する.
결항 (缺航) 图 自サ 欠航.

결핵 (結核) 图《의학》結核.
결행 (決行) 图 하他 決行.
결혼 (結婚) /kjəlhon/ 图 하自 結婚. ‖이혼 (離婚). ‖결혼 행진곡 結婚行進曲. 결혼사진 結婚写真. 연애 결혼 恋愛結婚. 중매 결혼 見合い結婚. 국제 결혼 国際結婚. 정략 결혼 政略結婚. 어릴 때 친구하고 결혼하다 幼なじみと結婚する. 친구들도 다 결혼했어 友だちも皆結婚している. 결혼 축하합니다 ご結婚おめでとうございます.
결혼-관 (結婚観) 图 結婚観.
결혼-반지 (結婚斑指) 图 結婚指輪.
결혼-상담소 (結婚相談所) 图 結婚相談所.
결혼-식 (結婚式) 图 結婚式. ‖결혼식을 올리다 結婚式を挙げる.
결혼 연령 (結婚年齢) 【-년-】 图 結婚年齢.
결후 (結喉)《解剖》のどぼとけ. 他のど誂え.
겸 (兼) /kjəm/ 名《主に겸の形で》重ねて; 二重に. ‖겸으로 쓰다 二重に包む.
— 依名 …重. ‖한 겸 一重.
겸- (兼-) 【-접】《主に겹겸으로の形で》幾重にも. ‖깨지지 않도록 겹겹이 싸다 割れないように幾重にも包む. 옷을 겹겹으로 입다 服を何枚も重ねて着る.
겸-눈 [겸-] 图《動物》複眼. 他복안 (複眼).
겸다 [-따] 形 하있다 ❶ 手に余る; 手に負えない. ‖힘에 겨운 일 手に余る仕事. ❷ (込み上げる感情を) 抑え切れない; …の余り. ‖슬픔에 겨워 눈물을 흘리다 悲しみの余り涙を流す.
겸-바지 [-빠-] 图 綿を入れて裏をつけて作ったパジ.
겸-받침 [-빧침] 图 異なる2つの子音で成り立つ終声文字. ❖값・닭・넋など.
겸-벗꽃 [-뻔꼳] 图《植物》ヤエザクラ(八重桜).
겸-사돈 (-査頓) [-싸-] 图 二重の姻戚関係.
겸-실 [-씰] 图 合わせ糸.
겸-이불 [겸니-] 图 綿を入れて裏をつけて作った布団.
겸-잎 [겸닙] 图《植物》複葉. 他겹잎.
겸-저고리 [-쩌-] 图 綿を入れて裏をつけて作ったチョゴリ.
겸-치기 [-]图 2つ以上の仕事が重なること; かけ持ちすること.
겸-치다 /kjəpʰida/ 自他 重なる; 重ねる. ‖약속이 겹치다 約束が重なる. 불행이 겹치다 不幸が重なる. 스웨터를 겹쳐 입다 セーターを重ねて着る.
겻-불 [겯불/견불] 图 糠殻を燃やす火.
경 (驚) 图 ひどく叱ること. ‖경을 치다 ひどく叱る.
경² (卿) 图 卿.
경³ (經) 图 ❶ 経書 (經書) の略語. ❷ 불경 (佛經) の略語.
경⁴ (經) 图 ❶ 経度 (經度) の略語. ❷ 경선 (經線) の略語.
경⁵ (更) 图 一夜を五つに分けた, 昔の時刻の単位.
경⁶ (庚) 图 (十干の) 庚 (こう).
경⁷ (京) 图 京. 他兆の一万倍.
경-⁸ (輕-) 頭 軽-. ‖경공업 軽工業. 경금속 軽金属.
-경 (-頃) 尾 …頃. ‖두 시경 2時頃. 사월경 四月頃.
경각 (警覺) 图 하他 覚醒すること.
경각-심 (警覺心) [-씸] 图 用心する気持ち; 注意を払う心がけ. ‖경각심을 불러일으키다 注意を喚起する.
경감 (輕減) 图 하他 軽減.
경거-망동 (輕擧妄動) /kjəŋgəːmaŋdoŋ/

경건-하다 (敬虔-) 〖형〗[ㅎ변] 敬虔だ. ‖경건한 마음 敬虔な気持ち. **경건-히** 〖부〗

경계¹ (境界) /kjəŋge/ 〖명〗[-/-게] 境界. ‖경계를 긋다 境界を画する. **경계표** 境界標.

경계² (警戒) /kjəŋge/ 〖명〗[-/-게] 〖명〗[하타] 警戒. ‖엄중히 경계하다 厳重に警戒する. 경계 수위 警戒水位. 연말 특별 경계 年末特別警戒.
경계-경보 (警戒警報) 〖명〗 警戒警報.
경계-망 (警戒網) 〖명〗 警戒網.
경계-색 (警戒色) 〖명〗[動物] 警戒色.
경계-선 (警戒線) 〖명〗 警戒線.
경계-심 (警戒心) 〖명〗 警戒心. ‖경계심이 강하다 警戒心が強い.

경고 (警告) 〖명〗[하타] 警告. ‖경고를 받다 警告を受ける. 경고하다 警告を発する. 팻말로 경고하다 立て札で警告する.
경고-문 (警告文) 〖명〗 警告文.
경골¹ (頸骨) 〖명〗[解剖] 頸骨. ㉮목뼈.
경골² (硬骨) 〖명〗[解剖] 硬骨. ㉮연골(軟骨).

경-공업 (輕工業) 〖명〗 軽工業. ㉯중공업(重工業).

경과 (經過) /kjəŋgwa/ 〖명〗[하자] 経過; 成り行き. ‖삼 년이 경과하다 3年が経過する. 수술 뒤의 경과는 양호합니다 術後の経過は良好です. 앞으로의 경과를 지켜보자 今後の成り行きを見る.

경관¹ (警官) 〖명〗 警官.
경관² (景觀) 〖명〗 景観. ‖도시 경관 都市景観. 경관을 해치다 景観を害する.
경구¹ (敬具) 〖명〗 敬具.
경구² (硬球) 〖명〗 硬球. ㉮연구(軟球).
경구-개 (硬口蓋) 〖명〗[解剖] 硬口蓋.
경구개-음 (硬口蓋音) 〖명〗[言語] 硬口蓋音.

경국 (經國) 〖명〗 経国.
경국¹ (傾國) 〖명〗 傾国; 傾城.
경국지색 (傾國之色) 【-찌-】 〖명〗 傾国の美女.

경극 (京劇) 〖명〗[文芸] 京劇.
경-금속 (輕金屬) 〖명〗[化学] 軽金属. ㉯중금속(重金屬).

경기¹ (景氣) /kjəŋgi/ 〖명〗 景気. ‖경기 변동이 극심하다 景気の変動がはなはだしい. 경기가 호전되다 景気が好転する. 호경기 好景気. 불경기 不景気.
경기² (競技) /kjəŋgi/ 〖명〗[하자] 競技. ‖단체 경기 団体競技. 개인 경기 個人競技. 육상 경기 대회 陸上競技大会. 경기에 출전하다 競技に出場する.
경기-장 (競技場) 〖명〗 競技場.
경기-도 (京畿道) 〖명〗[地名] 京畿道.
경남 (慶南) 〖명〗[地名] 〔경상남도 (慶尚南道)의 略語〕慶南.

경내 (境內) 〖명〗 境内.
경단 (瓊團) 〖명〗 団子.
경대 (鏡臺) 〖명〗 ㉮화장대(化粧臺).
경도¹ (硬度) 〖명〗 硬度.
경도² (傾倒) 〖명〗[도자] 傾倒. ‖실존주의에 경도되다 実存主義に傾倒する.
경도³ (經度) 〖명〗[地] 経度. ㉯경(經). ㉯위도 (緯度).
경동-선 (頸動線) 〖명〗[解剖] 頸動線.
경-동맥 (頸動脈) 〖명〗[解剖] 頸動脈.
경락¹ (經絡) 【-낙】 〖명〗[漢方] 経絡.
경락² (競落) 【-낙】 〖명〗[하타] 競り落とすこと.
경량 (輕量) 【-냥】 〖명〗 軽量. ㉯중량(重量).
경량-급 (輕量級) 【-냥끕】 〖명〗 軽量級.
경력 (經歷) /kjəŋnjək/ 【-녁】 〖명〗 経歷. ‖경력 사원 経験のある社員. 경력을 날조하다 経歷を偽る. 화려한 경력 輝かしい経歷.
경련 (痙攣) 【-년】 〖명〗[하자] 痙攣(ﾖる). ‖다리가 경련을 일으키다 足が痙攣を起こす.
경례 (敬禮) 【-네】 〖명〗[하자] 敬礼.
경로¹ (經路) /kjəŋno/ 【-노】 〖명〗 経路. ‖입수 경로 入手経路. 변천 경로 変遷の経路.
경로² (敬老) 【-노】 〖명〗 敬老.
경로-당 (敬老堂) 〖명〗 お年寄りの憩いの家.
경로-석 (敬老席) 〖명〗 (地下鉄やバスなどの)お年寄りのための席; シルバーシート.
경륜¹ (經綸) 【-뉸】 〖명〗 経綸.
경륜² (競輪) 【-뉸】 〖명〗 競輪.
경리 (經理) 【-니】 〖명〗 経理. ‖경리 사원 経理の社員.
경마 (競馬) 〖명〗[하자] 競馬.
경마-장 (競馬場) 〖명〗 競馬場.
경망-스럽다 (輕妄-) 〖형〗[ㅂ변] 軽々しい; 軽率だ; そそっかしい. ‖경망스러운 언동을 삼가다 軽々しい言動を慎む. **경망스레** 〖부〗
경매¹ (競買) 〖명〗[하타] 競買.
경매² (競賣) /kjəŋme/ 〖명〗[하타] 競売; 競り売り. ‖경매에 붙이다 競売にかける.
경매-물 (競賣物) 〖명〗 競売物品.
경매-인 (競賣人) 〖명〗[하타] 競売人.
경-매매 (競賣買) 〖명〗[하타] 競売買.
경멸 (輕蔑) 〖명〗[하타] 軽蔑. ‖경멸에 찬 눈빛으로 보다 軽蔑のまなざしで見る. **경멸-당하다** 受身
경문 (經文) 〖명〗 経文. ‖경문을 읽다 経を読む; 読経する.
경미-하다 (輕微-) 〖형〗[ㅎ변] 軽微だ; 軽い; わずかだ. ‖경미한 피해 軽微な被害. 경미한 죄 軽い罪.
경박-하다 (輕薄-) 【-바카-】 〖형〗[ㅎ변]

軽薄だ.∥경박한 웃음 軽薄な笑い.
경배(敬拜)【图】【하他】 敬拝.
경백(敬白)【图】 敬白.
경벌(軽罰)【图】 軽罰.㊦重罰(重罰).
경-범죄(軽犯罪)【~罪|~에】 軽犯罪.
경보[1](警報)/kjəŋbo/【图】 警報.∥화재 경보 火災警報.홍수 경보 洪水警報.경보를 발하다 警報を出す.
경보-기(警報器)【图】 警報器.
경보[2](競歩)【图】(スポーツ) 競歩.∥경보 경기 競歩競技.
경부(頸部)【图】(解剖) 頸部.
경부-선(京釜線)【图】 ソウル(ソウル)と부산(釜山)を結ぶ鉄道.
경북(慶北)【图】〔경상북도(慶尙北道)の略語〕慶北.
경비[1](警備)/kjəŋbi/【图】【하他】 警備.∥경비를 더욱 강화하여 空港周辺の警備を強化する.무인 경비 시스템 無人警備システム.
경비-대(警備隊)【图】 警備隊.
경비-망(警備網)【图】∥물샐틈없는 경비망 水も漏らさぬ警備網.
경비-원(警備員)【图】 警備員.
경비[2](経費)/kjəŋbi/【图】 経費.∥경비가 많이 들다 経費がかかかる.경비 절감 経費節減.필요 경비 必要経費.
경-비행기(軽飛行機)【图】 軽飛行機;セスナ機.
경사[1](傾斜)/kjəŋsa/【图】【하自】 傾斜;勾配.∥경사가 지다 傾斜する;傾く.경사가 급한 길 勾配が急な坂.
경사-도(傾斜度)【图】 傾斜度.
경사[2](慶事)【图】 慶事;祝い事;めでたい事.∥경사가 나다 祝い事[めでたい事]がある.
경사-스럽다(慶事—)【~다】【ㅂ変】 めでたい;喜ばしい.∥경사스러운 일 めでたい事.
경산-부(經産婦)【图】 経産婦.
경상[1](經常)【图】 経常.∥경상 이익 経常利益.
경상-비(經常費)【图】 経常費.
경상-수지(經常收支)【图】 経常収支.
경상[2](軽傷)【图】【하自】 軽傷.㊦重傷(重傷).∥경상을 입다 軽傷を負う.
경상남도(慶尙南道)【地名】 慶尙南道.
경상-도(慶尙道)【地名】〔慶尙南道と慶尙北道の併称〕慶尙道.
경상북도(慶尙北道)【~도】【地名】 慶尙北道.
경색(梗塞)【图】【하自】 梗塞.㊦~경(梗).
경서(經書)【图】 経書.㊦~경(經).
경선(競選)【图】【하他】 公選.
경선(經線)【图】 経線.㊦~권(経).㊦위선(緯線).
경성[1](京城)【图】【地名】 1910年の韓国併合以降,日本統治時代に用いられたソウルの呼称.
경성[2](硬性)【图】 硬性.㊦연성(軟性).
경세-제민(經世濟民)【图】【하他】 経世済民.
경솔-하다(軽率—)/kjəŋsolhada/【形】【하変】 軽率だ;粗忽(そこつ)だ.∥경솔한 행동 軽率な行動.경솔하게 처신하다 軽率にふるまう.경솔하다는 비난을 면치 못하다 軽率のそしりを免れない.경솔한 언동 軽率な言動.
경수(硬水)【图】 硬水.㊦센물.㊦연수(軟水).
경수(軽水)【图】 軽水.
경수-로(軽水爐)【图】 軽水炉.
경-승용차(軽乗用車)【图】 軽自動車.
경시(軽視)【图】【하他】 軽視;重視(重視).
경식(硬式)【图】 硬式.㊦연식(軟式).
경식 야구(硬式野球) 硬式野球.
경신(更新)【图】【하他】 更新;記録を更新する.**경신-되다**【하自】
경악(驚愕)/kjəŋak/【图】【하自】 驚愕;非常に驚くこと.∥그 말에 경악을 금치 하다 その言葉に驚きを隠せない.
경애(敬愛)【图】【하他】 敬愛.
경양식(軽洋食)【图】 簡単な洋食.
경어(敬語)/kjəŋə/【图】(言語) 敬語.
경연(競演)【图】【하他】 競演.
경영(經營)/kjəŋjəŋ/【图】【하他】 経営.∥회사를 경영하다 会社を経営する.경영이 어렵다 経営が苦しい.경영 부진 経営不振.
경영-관리(經營管理)【~괄~】【图】(経) 経営管理.
경영-권(經營權)【~꿘】【图】 経営権.
경영-난(經營難)【图】 経営難.∥경영난에 허덕이다 経営難にあえぐ.
경영-분석(經營分析)【图】 経営分析.
경영-자(經營者)【图】 経営者.
경영-전략(經營戰略)【~쨘~】【图】(経) 経営戦略.
경영 참가(經營參加)【图】 経営参加.
경영-학(經營學)【图】 経営学.
경영(競泳)【图】【하自】 競泳.
경외(敬畏)【~/~웨】【图】【하他】 畏敬.
경외-심(敬畏心)【图】 敬う気持ち.
경우(境遇)/kjəŋu/【图】 ❶場合;状況;際.∥만일의 경우 万が一の場合.경우에 따라서는 場合によっては,경우의 수(数学で)場合の数.결석할 경우에는 欠席の際は.경우가 경우인 만큼 매사에 조심해야 한다 状況が状況だけにあらゆることに気をつけなければならない. ❷弁(わきま)え;道理.∥경우가 밝은 사람 弁えのある人.
경운-기(耕耘機)【图】 耕耘機.

경원 (敬遠) [하다] 敬遠. ‖부하들이 잔소리가 심한 상사를 경원하다 部下たちが小言の多い上司を敬遠する. **경원-당하다** 受動

경위 (經緯) /kjəŋwi/ 名 経緯. ‖사건의 경위 事件の経緯.

경유[1] (經由) /kjəŋju/ 名 [하다] 経由. ‖홍콩을 경유해서 싱가포르로 가다 香港経由でシンガポールに行く. 경유지 経由地.

경유[2] (輕油) 名 軽油.

경음 (硬音) 名 [言語] 濃音. 된소리. ÷ㄲ·ㄸ·ㅃ·ㅆ·ㅉ의 こと.

경음-화 (硬音化) 名 [言語] 濃音化. ‖된소리되기.

경-음악 (輕音樂) 名 軽音楽. ÷ポピュラー音楽の総称. ジャズ·シャンソン·タンゴ·流行歌など.

경의 (敬意) [-/-이] 名 敬意. ‖경의를 표하다 敬意を払う.

경이 (驚異) 名 驚異. ‖경이에 찬 눈빛으로 바라보다 驚異の目を見張る.

경이-감 (驚異感) 名 驚異の感.

경이-롭다 (驚異-) 【-따】 形 [ㅂ변] 驚異的だ; 驚異的だ. 경이로이 副 ‖경이로운 (驚異的) 的, ‖경이적인 숫자 驚異的な数字.

경인-선 (京仁線) 名 서울(ソウル)과 인천(仁川)을 結ぶ鉄道.

경작 (耕作) 名 [하다] 耕作. ‖황무지를 경작하다 荒れ地を耕作する.

경작-권 (耕作權) 【-꿘】 名 耕作権.

경작-지 (耕作地) 【-찌】 名 耕作地.

경쟁 (競爭) /kjəŋdʒεŋ/ 名 [하다] 競爭. ‖경쟁이 치열하다 競争が激しい. 경쟁에서 이기다 競争に勝つ. 경쟁 의식 競爭意識. 생존 경쟁 生存競爭. 과당 경쟁 過当競爭.

경쟁-가격 (競爭價格) 名 (經) 競爭価格.

경쟁-계약 (競爭契約) 【-/-계-】 名 (經) 競爭契約.

경쟁-력 (競爭力) 【-녁】 名 競争力.

경쟁-률 (競爭率) 【-뉼】 名 ① 競爭率. ② 倍率. ‖입시 경쟁률 入試の倍率.

경쟁-매매 (競爭賣買) 名 (經) 競爭売買.

경쟁-시험 (競爭試驗) 名 競爭試験.

경쟁-심 (競爭心) 名 競爭心.

경쟁-입찰 (競爭入札) 名 競爭入札.

경쟁-자 (競爭者) 名 競爭相手.

경적 (警笛) 名 警笛. ‖경적을 울리다 警笛を鳴らす.

경전 (經典) 名 経典.

경정[1] (更正) 名 [하다] 更正.

경정[2] (更訂) 名 [하다] 更訂.

경정[3] (競艇) 名 [スポーツ] 競艇.

경제 (經濟) /kjəŋdʒe/ 名 経濟. ‖경제관념이 희박하다 経済観念が薄い. 경제 대국 経濟大国. 한국 경제 韓国経濟. 세계 경제 世界経濟.

경제-개발 (經濟開發) 名 (經) 経済開発.

경제-계 (經濟界) 【-/-게】 名 経濟界.

경제-공황 (經濟恐慌) 名 (經) 経濟恐慌.

경제-권[1] (經濟權) 【-꿘】 名 経濟の実権.

경제-권[2] (經濟圈) 【-꿘】 名 経済圏.

경제-난 (經濟難) 名 経濟難.

경제-력 (經濟力) 名 経濟力.

경제-면 (經濟面) 名 経濟面.

경제-봉쇄 (經濟封鎖) 名 (經) 経濟封鎖.

경제-성 (經濟性) [-썽] 名 経濟性.

경제-성장 (經濟成長) 名 (經) 経濟成長.

경제-성장률 (經濟成長率) 【-뉼】 名 (經) 経濟成長率.

경제-속도 (經濟速度) 【-또】 名 (經) 経濟速力.

경제-속력 (經濟速力) 【-송녁】 名 (經) = 경제속도 (經濟速度).

경제-수역 (經濟水域) 名 (經) 経濟水域.

경제-원조 (經濟援助) 名 (經) 経濟援助.

경제-인 (經濟人) 名 経濟人.

경제-적 (經濟的) 名 経濟的. ‖경제적인 이유로 진학을 포기하다 経済的な理由で進学を諦める. 사람 수에 따라서는 버스보다 택시가 경제적이다. 人数によってはバスよりタクシーの方が経済的だ.

경제-정책 (經濟政策) 名 (經) 経濟政策.

경제-제재 (經濟制裁) 名 (經) 経濟制裁.

경제-특구 (經濟特區) 【-꾸】 名 経濟特別区.

경제-학 (經濟學) 名 経濟学.

경제-행위 (經濟行爲) 名 (經) 経濟行為.

경제-협력 (經濟協力) 【-혐녁】 名 (經) 経濟協力.

경제-협력 개발 기구 (經濟協力開發機構) 【-혐녁-】 名 (經) 経濟協力開発機構 (OECD).

경조 (慶弔) 名 慶弔. ‖경조사 慶事と弔事.

경조부박 (輕佻浮薄) 名 [하形] 軽佻浮薄. ‖경조부박한 행동 軽佻浮薄な行動.

경종 (警鐘) 名 警鐘. ▶경종을 울리다 警鐘を鳴らす.

경주[1] (傾注) 名 [하다] 傾注. ‖전력을 경주하다 全力を傾注する.

경주[2] (競走) 名 [하다] 競走. ‖달리기 경주에서 일등을 하다 徒競走で1位

になる. 장애물 경주 障害物競走.
경주³(慶州)[명](地名)慶州.
경중(輕重)[명]軽重.
경증(輕症)[명─증]軽症. ↔중증(重症).
경지¹(耕地)[명]耕地.
경지²(境地)[명]境地. ‖깨달음의 경지에 이르다 悟りの境地に達する. 새로운 경지 新境地.
경직(硬直)[명─자]硬直. ‖생각이 경직되어 있다 考え方が硬直している. 경직된 음성으로 硬直した声で.
경질¹(更迭·更佚)[명─하타]更迭. ‖장관을 경질하다 大臣を更迭する. **경질-되다**[受動]
경질²(硬質)[명]硬質. ↔연질(軟質).
경찰(警察)/kjəːŋʧʰal/[명]警察. ‖경찰에 통보하다 警察へ通報する. 경찰을 부르다 警察を呼ぶ. 경찰에 불려 가다 警察に呼ばれる. 경찰에서 취조를 받고 있다 警察で取り調べを受けている.
경찰-견(警察犬)[명]警察犬.
경찰-관(警察官)[명]警察官.
경찰-국가(警察國家)[─까][명]警察国家.
경찰-권(警察權)[─꿘][명](法律)警察権.
경찰-봉(警察棒)[명]警棒.
경찰-서(警察署)[─쎄][명]警察署.
경채(莖菜)[명](植物)茎菜(ホ)⋅茎立ちさい(立菜).
경채-류(莖菜類)[명](植物)茎菜類.
경척(鯨尺)[명]鯨尺.
경천-동지(驚天動地)[명─자]驚天動地.
경천-애민(敬天愛民)[명]敬天愛人.
경첩-하다(輕捷─)[─처파─][헤]하변]軽捷だ.
경청(敬聽)[명]敬聴; 清聴. ‖경청해 주셔서 감사합니다 ご清聴、ありがとうございます.
경추(頸椎)[명](解剖)頸椎.
경축(慶祝)[명─하타]慶祝.
경치(景致)/kjəːŋʧʰi/[명]景色. ‖경치가 좋은 곳 景色のいい所. 경치가 아름답다 景色がきれい.
경-치다(黥─)[명]❶ こっぴどく叱られる; 大目玉を食らう. ❷ 이런 경칠 놈의 그 罰当たりめ. ❸ [主に경치다の形で]ひどく; ものすごく; [はなはだし]. ‖날씨가 경치게 덥다 ものすごく暑い.
경칩(驚蟄)[명](二十四節気の)啓蟄(½).
경청(敬稱)[명](言語)敬称. ↔비칭(卑稱).
경쾌-하다(輕快─)/kjəŋkʰwehada/[혜][하변]軽快だ; 軽やかだ. ‖경쾌한 곡 軽快な曲. 경쾌하게 달려가는 스포츠

카 軽やかに疾走するスポーツカー. **경쾌-히**[부]
경탄(驚歎)[명─자타]驚嘆. ‖비범한 재주에 경탄하다 非凡な才能に驚嘆する.
경파(硬派)[명]硬派. ↔연파(軟派).
경품(景品)[명]景品.
경하(慶賀)[명─하타]慶賀.
경합(競合)[명─하타]競合.
경-합금(輕合金)[─끔][명](化学)軽合金.
경향¹(傾向)/kjəŋhjaŋ/[명]❶ 傾向. ‖그 사람은 보수적인 경향이 있다 彼は保守的な傾向がある. 아버지는 과음하는 경향이 있다 父は飲み過ぎる傾向がある. 한국 사람들의 일반적인 경향 韓国人の一般的な傾向. ❷ 向き. ‖무슨 일이든지 비관적으로 보는 경향 何事も悲観的に見る向き. 이상주의에 치닫는 경향이 있다 理想主義に走る向きがある.
경향²(京鄕)[명]都と地方. ‖경향 각지 津々浦々.
경험(經驗)/kjəŋhəm/[명─하타]経験. ‖경험을 쌓다 経験を積む. 경험을 살리다 経験を生かす. 경험이 풍부하다 経験が豊富だ. 학생 때 많은 것을 경험하고 싶다 学生のうちに色々なことを経験したい.
경험-담(經驗談)[명]経験談.
경험-론(經驗論)[─논][명]経験論.
경험-자(經驗者)[명]経験者. ‖경험자 우대 経験者優遇.
경험-주의(經驗主義)[─/─이][명]経験主義.
경호(警護)[명─하타]警護.
경호-원(警護員)[명]警護要員.
경화¹(硬化)[명─자타]硬化. ↔연화(軟化).
경화-증(硬化症)[─쯩][명](医学)硬化症.
경화²(硬貨)[명]硬貨.
경환자(輕症者)[명]軽症患者. ↔중환자(重患者).
경황(景況)[명](精神的·時間的)余裕. ‖그럴 경황이 없다 そうする余裕がない.
곁/kjət/[곁][명]横; わき; そば; 傍ら. ‖곁에 있어 주세요 そばにいてください. 어머니 곁에 앉다 母のそばに座る. 곁에서 말참견하다 横から口を出す.
곁-가지[곁까─][명]わきの枝; 小枝.
곁-길[곁낄][명]横道; 横道.
곁-눈[견─][명]横目; わき目; 流し目. ‖곁눈으로 보다 横目で見る; 流し目に見る.
곁눈-질[견─][명─하타]横目を使うこと; よそ見; わき見; 流し目. ‖곁눈질을 하다 横目を使う.
곁-다리[곁따─][명]❶付けたり; 付属

品. ❷関係のない人; 余計な人. ▶겯다리(를) 끼다【듣다】お節介をする; 出しゃばる.

겯다 【걷똔】【ㄹ語幹】⑤ 〚ㄹ語幹〛 そばで助ける; 助太刀する; 手伝う. ‖힘들어 보여서 나도 겯들었다 大変そうだったので私も手伝った.

겯들-이다 /kjəɾt²turida/ 【겯뜨리-】 添えろ; あしらう; 加える. ‖고기에 야채를 겯들이다 肉に野菜を添える. 노래에 춤을 겯들이다 歌に踊りを添える.

겯-뿌리 【겯-】 图 側根; 支根.

겯-상 〖-床〗 【겯쌍】 图 脇膳.

겯-채 【겯-】 图 別棟.

겯-콩팥 〖겯-解〗 〖解剖〗 副腎. ⓗ부신(副腎).

계¹ 〖戒·誡〗 【-/-계】 图 戒.

계² 〖-/-계〗 图 〚生物〛 界.

계³ 〖-/-계〗 图 〚数学〛 系.

계⁴ 〖計〗 〖-/-계〗 图 計; 合計; 総計. ‖계 삼만 원 計 3万ウォン.

계⁵ 〖契〗 〖-/-계〗 图 ❶契〚朝鮮時代以来の相互扶助組織〛. ❷頼母子講.

계⁶ 〖癸〗 〖-/-계〗 图 〚十干の〛癸(호).

-계⁷ 〖界〗 〖-/-계〗 接尾 …界. ‖법조계 法曹界. 출판계 出版界.

-계⁸ 〖-/-계〗 接尾 …系. ‖동양계 東洋系.

-계⁹ 〖-/-계〗 接尾 …届け. ‖결석계 欠席届け.

-계¹⁰ 〖計〗 〖-/-계〗 接尾 …計. ‖온도계 温度計.

계간 〖季刊〗 〖-/-계-〗 图 季刊.
계간-지 〖季刊誌〗 图 季刊誌.

계고 〖戒告〗 〖-/-계-〗 图 戒告.

계곡 〖溪谷〗 〖-/-계-〗 图 溪谷; 小谷; 谷間.

계관 〖鷄冠〗 〖-/-계-〗 图 ❶鷄冠. ❷〚植物〛ケイトウ(鶏頭).
계관-초 〖鷄冠草〗 图 〚植物〛ケイトウ(鶏頭); 맨드라미.
계관-화 〖鷄冠花〗 图 〚植物〛ケイトウの花.

계관²시인 〖桂冠詩人〗 图 〚文芸〛 桂冠詩人.

계급 〖階級〗 /kegwp/ 〖-/-계-〗 图 階級. ‖중류 계급 中流階級. 무산 계급 無産階級.
계급-의식 〖階級意識〗 〖-/-계 그ㅢ-〗 图 階級意識.
계급-장 〖階級章〗 〖-쨩/-계-쨩〗 图 階級章.
계급-제도 〖階級制度〗 〖-쩨-/-계-쩨-〗 图 階級制度.
계급-주의 〖階級主義〗 〖-쭈-/-계-쭈이〗 階級主義.
계급-투쟁 〖階級鬪爭〗 〖-/-계-〗 图 階級鬪爭.

계기¹ 〖計器〗 〖-/-계-〗 图 計器; 計量器

械; メーター.

계기² 〖契機〗 /keːgi/ 〖-/-계-〗 图 契機; きっかけ. ‖사고를 계기로 운전을 못 하게 되었다 事故を契機にできなくなった. 그 일이 계기가 되어 두 사람은 결혼하게 되었다 そのことがきっかけで2人は結婚することになった.

계단 〖階段〗 /kedan/ 〖-/-계-〗 图 階段. ‖나선 계단 螺旋階段. 출세의 계단 出世の階段.
계단-참 〖階段站〗 图 〚階段の〛踊り場.

계도¹ 〖系圖〗 〖-/-계-〗 图 系図.

계도² 〖啓導〗 〖-/-계-〗 图 ⓗ他 教え導くこと.

계란 〖鷄卵〗 /keran/ 〖-/-계-〗 图 鷄卵; 卵. ‖삶은 계란 ゆで卵. 라면에 계란을 두 개 넣다 ラーメンに卵を2つ入れる.
계란-국 〖鷄卵-〗 〖-꾹/-계-꾹〗 图 卵スープ.
계란-덮밥 〖鷄卵-〗 〖-덥빱/-계-덥빱〗 图 〚料理〛 卵どんぶり.
계란-말이 〖鷄卵-〗 图 〚料理〛 卵焼き.
계란-찜 〖鷄卵-〗 图 〚料理〛 茶碗蒸し.
계란-프라이 〖鷄卵 fry〗 图 〚料理〛 目玉焼き.

계략 〖計略〗 〖-/-계-〗 图 計略.

계량 〖計量〗 〖-/-계-〗 图 ⓗ他 計量.
계량-기 〖計量器〗 图 計量器.
계량-스푼 〖計量 spoon〗 图 計量スプーン.
계량-컵 〖計量 cup〗 图 計量カップ.

계류¹ 〖溪流〗 〖-/-계-〗 图 溪流.

계류² 〖繋留〗 〖-/-계-〗 图 ⓗ他 繋留(けいりゅう).

계류³ 〖繋留〗 〖-/-계-〗 图 ⓗ他 〚法律〛 係留.

계륵 〖鷄肋〗 〖-/-계-〗 图 鷄肋(가).

계면"장력 〖界面張力〗 〖-/-계-〗 图 界面張力. ⓗ표면 장력(表面張力).

계면-쩍다 〖kemjən²ŋʑok²t͡ɕa〛 〖-따/-계-따〗 形 〚겸연쩍다(慊然-)の転〛 照れくさい; きまりが悪い; 気まずい.

계면"활성제 〖界面活性劑〗 〖-쎙-/-계-쎙-〗 图 界面活性剤.

계명 〖戒名〗 〖-/-계-〗 图 〚仏教〛 戒名.

계명-성 〖啓明星〗 〖-/-계-〗 图 〚天文〛 啓明(明けの明星).

계모 〖繼母〗 〖-/-계-〗 图 継母.

계몽 〖啓蒙〗 〖-/-계-〗 图 ⓗ他 啓蒙.
계몽-운동 〖啓蒙運動〗 图 啓蒙運動.
계몽-주의 〖啓蒙主義〗 〖-/-계-쭈이〗 图 啓蒙主義.

계발 〖啓發〗 〖-/-계-〗 图 ⓗ他 啓発. ‖자기 계발 自己啓発.

계보¹ 〖系譜〗 〖-/-계-〗 图 系譜.

계보² 〖季報〗 〖-/-계-〗 图 季刊誌. ⓗ계간지(季刊誌).

계보-기 (計步器)【-/게-】图 計歩器; 歩度計;万歩計.

계부 (繼父)【-/게-】图 繼父.

계분 (鷄糞)【-/게-】图 鷄糞; 鷄ふん;鶏どん.

계사¹ (繋辞)【-/게-】图〔言語〕繋辞;コピュラ.

계사² (鷄舎)【-/게-】图 鷄舎;鶏小屋.

계산 (計算)【ke/san】图 他 計算. ‖원가 계산 原価計算. 칼로리 계산 カロリー計算. 계산이 안 맞다 計算が合わない. 상대방의 반응까지 계산에 넣다 相手の反応まで計算に入れる. 비가 오리라는 것까지는 계산을 못 했다 雨の降ることまでは計算していなかった.

계산-기 (計算器·計算機)【-/게-】图 計算機.

계산-대 (計算臺)【-/게-】图 レジ;勘定場.

계산-서 (計算書)【-/게-】图 計算書;勘定書.

계산-적 (計算的)【-/게-】图 計算高いこと. ‖그렇게 안 보이지만 실은 꽤 계산적인 사람이다 そうは見えないが実はかなり計算高い人である.

계상 (計上)【-/게-】图 他 計上. ‖특별비로서 예산에 계상하다 特別費として予算に計上する.

계속¹ (繫属·係屬)【-/게-】图〔法律〕係属. ‖소송 계속 訴訟係属.

계속² (繼續)【ke/sok】【-/게-】图 他 繼續; 継続すること. ‖심의를 계속하다 審議を継続する. 시합을 계속하다 試合を続ける. 영화를 계속해서 두 편 보다 映画を続けて2本見る. 소강상태가 계속되고 있다 小康状態が続いている. 아까부터 똑같은 말을 계속하고 있다 さっきから同じことを言い続けている.

─ 副 ずっと. ‖서울에서 인천까지 계속 서서 왔다 ソウルから仁川までずっと立ち通しだった. 삼 일째 계속 비가 내리고 있다 3日間ずっと雨が降っている.

계속-범 (繼續犯)【-뺌/게-뺌】图〔法律〕繼續犯;犯行が完成してしまった後でも, 行為の違法な状態が継続されると認められる犯罪).

계속-비 (繼續費)【-삐/게-삐】图 繼續費.

계속ᐨ**심의** (繼續審議)【-쏙-/게-씨미】图 繼続審査.

계속-적 (繼續的)【-쩍/게-쩍】图 継続的.

계수 (季嫂)【-/게-】图 弟の嫁. **┿**一般的に제수 (弟嫂)の方が用いられる.

계수² (係數)【-/게-】图 係数. ‖팽창 계수 膨張係数.

계수-기 (計數器)【-/게-】图 計數器.

계수-나무 (桂樹)【-/게-】图 ❶〔植物〕トンキンニッケイ(東京肉桂); カシア. ❷(童話で)月にあるとされる想像上の木.

계승 (繼承)【ke/suɪŋ】图 他 繼承. ‖왕위를 계승하다 王位を継承する.

계승-자 (繼承者) (繼承者) 継承者.

계시 (啟示)【-/게-】图 他 啓示.

계시다¹ /ke/ʃida/【-/게-】自〔있다의 尊敬語〕いらっしゃる. ‖선생님은 지금 도서관에 계신다 先生は今図書館にいらっしゃる. 김부장님 지금 계십니까? 金部長は今おられますか.

계시다² 【補助〕〔…-고 계시다의 形で〕動作が現在進行中であることを表わす: …ていらっしゃる, …ておられる. ‖논문을 쓰고 계십니다 論文を書いていらっしゃいます. 농사를 짓고 계십니다 農業を営んでいらっしゃいます.

계시다³ 【補形〕〔…-아[어] 계시다의 形で〕状態が続いていることを表わす: …ていらっしゃる, …ておられる. ‖누워 계십니다 横になっていらっしゃいます. 지금 입원해 계십니다 現在入院していらっしゃいます.

계약 (契約)【ke/jak】图 他 契約. ‖계약을 맺다 契約を結ぶ. 계약을 교환하다 契約を交わす. 큰 계약을 따내다 大口の契約を取り付ける. 수의 계약 随意契約.

계약-금 (契約金)【-끔/게-끔】图 手付金; 頭金.

계약-서 (契約書)【-써/게-써】图 契約書.

계약 위반 (契約違反) 图 契約違反.

계엄 (戒嚴)【-/게-】图 戒厳.

계엄-령 (戒嚴令)【-녕/게-녕】图 戒厳令. ‖계엄령을 내리다 戒厳令を敷く.

계열 (系列)【-/게-】图 系列. ‖계열 기업 系列企業. 낭만주의 계열 ロマン主義の系列.

계열-사 (系列社)【-싸/게-싸】图 系列会社.

계영 (繼泳)【-/게-】图 自 継泳;水泳のリレー競技.

계원¹ (係員)【-/게-】图 係員.

계원² (契員)【-/게-】图 계(契)のメンバー.

계율 (戒律)【-/게-】图〔佛教〕戒律.

계율-종 (戒律宗)【-/게-】图〔佛教〕戒律宗.

계인 (契印)【-/게-】图 割印.

계장 (係長)【-/게-】图 係長.

계절 (季節)【ke/dʒʌl】图 季節. ‖계절이 바뀌다 季節が変わる. 계절에 맞지 않는 옷 季節はずれの服.

계절-감 (季節感)【-/게-】图 季節感.

ㄱ

계절^노동 (季節勞動) 【-로-/게-로-】 [名] 季節労働.

계절^변동 (季節變動) [名] 《経》 季節変動.

계절-병 (季節病) 【-뼝 /게-뼝】 [名] 季節病.

계절-상품 (季節商品) [名] 季節商品.

계절^예보 (季節豫報) 【-례-/게-례-】 [名] 季節予報.

계절-적 (季節的) 【-쩍 /게-쩍】 [名] 季節的.

계절-풍 (季節風) [名] 《天文》 季節風.

계절^회유 (季節回游) 【-/게-훼-】 [名] 《動物》 季節回遊.

계정 (計定) 【-/게-】 [名] (簿記で)勘定. ‖계정 과목 勘定科目.

계제 (階梯) 【-/게-】 [名] ❶階梯. ❷折り; 機会; チャンス; 場合; ところ. ‖그런 말을 할 계제가 아니다 そんなことを言っている場合ではない.

계좌 (計座) 【-/게-】 [名] 口座. ‖계좌 번호 口座番号. 은행에 계좌를 개설하다 銀行に口座を設ける.

계집 【-/게-】 [名] ❶〔여자(女子)の俗っぽい言い方で〕女. ❷〔아내の俗っぽい言い方で〕妻; 女房.

계집-아이 [名] 女の子; 少女; 娘. [縮]계집애.

계집-애 [名] 계집아이の縮約形.

계집-질 【-찔 /게-찔】 [名] [하自] (妻のいる男が)女遊びをすること.

계책 (計策) 【-/게-】 [名] [하他] 計略; 計策.

계측 (計測) 【-/게-】 [名] [하他] 計測.

계층 (階層) /keːtʃʰɯŋ/ 【-/게-】 [名] 階層. ‖사회 계층 社会階層.

계통 (系統) 【-/게-】 [名] 系統. ‖신경 계통 神経系統.

계통^발생 (系統發生) 【-쌩 /게-쌩】 [名] 《生物》 系統発生. [対]개체 발생(個體發生).

계통-수 (系統樹) [名] 《生物》 系統樹.

계통-적 (系統的) [名] 系統的. ‖계통적으로 살펴보다 系統的に調べる.

계투 (繼投) 【-/게-】 [名] [하自] (野球で)継投.

계피 (桂皮) 【-/게-】 [名] 桂皮; シナモン.

계획 (計劃) /keːhwek/ 【-/게훽】 [名] [하他] 計画. ‖계획을 세우다 計画を立てる. 계획을 짜다 計画を練る. 장기 계획 長期計画. 내년에 집을 살 계획이다 来年, 家を買うことを計画している.

계획^경제 (計劃經濟) 【-꼉-/게훽꼉-】 [名] 計画経済.

계획-량 (計劃量) 【-횡냥 /게휑냥】 [名] 計画量.

계획-서 (計劃書) 【-써 /게훽써】 [名] 計画書.

계획-성 (計劃性) 【-썽 /게훽썽】 [名] 計画性.

계획-적 (計劃的) 【-쩍 /게훽쩍】 [名] 計画的. ‖계획적인 범행 計画的な犯行.

계획-표 (計劃表) [名] 計画表.

곗-날 (契ㅅ-) 【곈-/겐-】 [名] 頼母子講の会合の日.

곗-돈 (契ㅅ-) 【계똔 /겐똔】 [名] ❶頼母子講の掛け金. ❷頼母子講が当たって受け取る金.

고[1] (苦) [名] 苦.

고[2] (高) [名] 《姓》 高(ゴ).

고[3] [冠] 〔그を見くびって, またはかわいさを込めて言う語〕それ(の); その. ‖고 녀석 そいつ. 겨우 고 정도야? たったその程度なの?

고[4] (故) [冠] 故. ‖고 박정희 대통령의 생가 故朴正熙大統領の生家.

고[5] /ko/ [助] 〔母音で終わる体言に付いて; 子音の場合は이고〕 ❶…で. ‖이게 총각김치고 저게 깍두기야 これがチョンガキムチであれがカクテギなの. ❷…であれ. ‖이 일은 여자고 남자고 관계없다 この仕事は女であれ男であれ関係ない.

고-[6] (高) [接頭] 高…. ‖고소득 高所得. 고성능 高性能.

고-[7] (古) [接頭] 古…. ‖고문서 古文書.

-고[8] (高) [接尾] …高. ‖생산고 生産高. 판매고 売上高.

-고[9] (苦) [接尾] …難. ‖생활고 生活難.

-고[10] [語尾] ❶並列を表わす: …て. ‖비가 오고 바람이 부는 날 雨が降って風が吹く日. 키가 크고 안경을 낀 남자 背が高く眼鏡をかけた男. ❷先行事実を表わす: …てから; …て. ‖집에서 점심을 먹고 나가다 家で昼を食べてから出かける. 보고도 못 본 척하다 見て見ぬふりをする. 저렇게 먹고 나중에 또 저녁을 먹겠지 あんなに食べてまた夕ご飯を食べるだろう. ❸原因・理由を表わす: …て. ‖많이 먹고 배탈이 나다 食べ過ぎてお腹を壊す. 어머니한테 꾸지람을 듣고 지금 제 방에서 울고 있다 お母さんに怒られて今自分の部屋で泣いている. ❹相反することを対照的に表わす. ‖오고 가는 사람들 往来する人々. 오고 안 오고는 네 마음이다 来るか来ないかはお前の気持ち次第だ. ❺疑問を表わす. ‖돈은 누가 내고? お金は誰が払うの. ❻〔…-고 있다の形で〕…ている. ‖지금 자고 있다 今寝ている. 증권 회사에 다니고 있다 証券会社に勤めている. ❼〔…-고 싶다の形で〕…たい. ‖서울에 가고 싶어요 ソウルに行きたいです. 한번 만나 보고 싶어요 一度会ってみたいです. ❽〔…-고 가다[오다・다니다]の形で〕…ていく[くる・通う]. ‖전철을 타고 가다 電車に乗っていく. 버스를 타고 다니다 バスに乗って通う. 선물을 사 가지고 오다 プレゼントを買ってくる.

고가¹ (古家) 图 古い家.

고가² (高架) 图 高架.‖고가 도로 高架道路.

고가³ (高價)【-까】图 高価.‖고가품 高価な品.

고간 (股間) 图 股間.

고갈 (枯渇)【되다】 枯渇.‖수자원이 고갈되다 水資源が枯渇する.

고-갈비 图 鯖の塩焼き.

고개¹ /koge/ 图 峠; 坂.‖고개를 넘다 峠を越える. 가파른 고개 急な坂. 사십 고개로 접어들다 四十の坂にさしかかる.

고갯-길【-개낄/-갣낄】 图 坂道.

고갯-마루【-갠-】 图 峠の最も高い所の平らな場所.

고개² /koge/ 图 首; もうげ; 頭; うなじ.‖고개를 들다 頭をもたげる. 고개를 숙이다 首[うなじ]を垂れる. 고개를 돌리다 [うなじを] 向ける. 고개를 끄덕이다 うなずく. ▶고개 하나 까딱하지 않다 微動だにしない.

고객 (顧客) 图 顧客.‖고객 관리 顧客管理.

고갱이 图 ❶ (草木などの)芯.‖배추 고갱이 白菜の芯. ❷ 核心.

고검 (高検) 图 [高등 검찰청(高等検察庁)의 略称] 高検; 高等検察庁.

고-것【-걷】 代 [그것을 낮추든가, 또는 귀여워서 말할 때] 그것; 그 애; 아이.‖고것도다 이게 더 싸고 좋아 あれよりこれの方が安くていい. 고것 참 귀엽기 짝이 없다 ちえっ, とてもかわいい.

고결-하다 (高潔-)【하여】 [하변] 高潔だ.‖고결한 선비 高潔の士.

고고-하다 (孤高-)【하여】 [하변] 孤高だ.‖고고한 정신 孤高の精神.

고고-학 (考古學) 图 考古学.

고공 (高空) 图 高空. ↔저공 (低空).

고과 (考課)【-봐】 [하변] 考課.‖인사 고과 人事考課.

고관 (高官) 图 高官.
고관-대작 (高官大爵) 图 高位顕職.

고-관절 (股關節) 图 [解剖] 股関節.

고교 (高校) /koɡjo/ 图 [高등학교(高等学校)의 略称] 高校.

고구려 (高句麗) 图 [歴史] 高句麗(?〜668).

고구마 /ko:guma/ 图 [植物] サツマイモ(薩摩芋). 图 찐 고구마 蒸かし芋. 군고구마 焼き芋. 고구마 튀김 サツマイモの天ぷら.

고국 (故國) 图 故国. ⇔모국(母國)・조국(祖國).

고군-분투 (孤軍奮鬪)【하다】 [하변] 孤軍奮闘.

고궁 (古宮・故宮) 图 故宮.

고귀-하다 (高貴-)【하여】 [하변] 高貴だ.‖고귀한 사람 高貴な人.

고금 (古今) 图 古今.‖동서고금 古今東西.

고-금리 (高金利)【-니】 图 高金利.

고급 (高級) /koɡup/ 图 高級; 上級. ↔저급(低級)・하급(下級).‖고급 관료 高級官僚. 고급품 高級品. 고급스러운 물건들 高級そうな品々. 고급 회화 上級会話.

고기¹ /koɡi/ 图 ❶ 肉.‖쇠고기 牛肉. 돼지고기 豚肉. 불고기 プルゴギ. ❷ [물고기의 略語] 魚.

고기² (古器) 图 古器.

고기-밥 图 ❶ 釣りのえさ. ❷ 魚類のえさ.

고-기압 (高氣壓) 图 [天文] 高気圧. ↔저기압 (低氣壓).‖이동성 고기압 移動性高気圧.

고기-잡이 (-) 【하다】 图 ❶ 漁労; 漁. ❷ 漁夫; 漁師.
고기잡이-배 图 漁船.

고짓-고짓【-긷꼳/-긷꼳】 くしゃくしゃに; くたくたに; しわくちゃに.

고깃-국【-기꾹/-긷꾹】 图 肉のスープ; 肉汁.

고깃-덩어리【-기떵-/-긷떵-】 图 肉のかたまり.

고깃-배【-끼배/-긷빼】 图 漁船; 漁船(漁船).

고까-신 图 色とりどりの子どもの履物 ‖꼬까신・때때신.

고까-옷 图 子どもの晴れ着. ‖꼬까옷・때때옷.

고-까짓【-낃】 冠 それしきの; わずかそれくらいの; その程度の.‖고까짓 일로 끙끙대지 마라 それしきのことでくよくよするな.

고깔 (僧帽や尼僧などがかぶる)三角形の頭巾.
고깔-모자 (-帽子) 图 (僧帽や尼僧などがかぶる)山形の帽子; 三角帽子.

고깝다【-따】 [ㅂ변칙] 恨めしい; 残念だ; 悪く思う; 不愉快だ.‖내 말을 고깝게 여기는 것 같다 私が言ったことを恨めしく思っているようだ. 고깝게 생각하지 마세요 不愉快に思わないでください.

고꾸라-뜨리다 (前の方に)倒す; のめらせる; つんのめらせる.

고꾸라-지다 [他] ❶ (前の方に)倒れる; のめる; つんのめる. ❷ [죽다의 俗語] くたばる.

고꾸라-트리다 (他) = 고꾸라뜨리다.

고난 (苦難) 图 苦難.‖고난을 극복하다 苦難を乗り切る. 고난의 길 苦難の道.

고-난도 (高難度) 图 高い難度.

고뇌 (苦惱) /konwe/ 图【-/-뇌】 [하다] 苦悩.‖고뇌에 찬 표정 苦悩に満ちた表情. 얼굴에 고뇌의 빛이 역력하다 顔に苦悩の色ににじむ.

-고는 [主に-고는 하다[했다]의 形で] 動作が繰り返されていることを表わす.‖가끔 우리집에 놀러 오고는 한다. 다

ㄱ

まにうちに遊びに来たりもする.

고니 [名] 《鳥類》 ハクチョウ(白鳥). [類]백조(白鳥).

고다 [他] (肉などを形がなくなるまで)十分に煮込む; 煮詰める. ‖닭 한 마리를 고다 鶏 1 羽を煮込む.

고단 (高段) [名] 高段. ✣普通五段以上を言う.

고단-수 (高段手) [名] (油断できない)なかなかのやり手.

고단-자 (高段者) [名] 高段者.

고단-하다 [形] 『하変』 疲れて体がだるい.

고달프다 /kodalpʰuda/ [形] 『으変』 [고달퍼, 고달픈] しんどい; つらい; 疲れてだるい. ‖심신이 고달프다 心身ともにしんどい.

고답-적 (高踏的) 【-쩍】 [名] 高踏的.

고대[1] (古代) [名] 古代. ‖고대 사회 古代社会.

고대[2] (苦待) [名] [하他] 待ち焦がれること; 待ち望むこと; 待ちわびること. ‖학수고대하다 首を長くして待つ.

고대-광실 (高臺廣室) [名] 非常に大きく立派な屋敷.

고도[1] (古都) [名] 古都.

고도[2] (孤島) [名] 孤島.

고도[3] (高度) /kodo/ [名] [하形] 高度. ‖고도의 문명 高度の文明. 고도 성장을 이루다 高度成長を遂げる. 고도로 기계화된 공장 高度に機械化された工場.

고도-화 (高度化) [名] [되自] 高度化.

고독 (孤獨) /kodok/ [名] [하形] 孤独. ‖고독한 생활 孤独な生活. 고독을 즐기다 孤独を楽しむ.

고독-감 (孤獨感) 【-깜】 [名] 孤独感.

고독-사 (孤獨死) 【-싸】 [名] 孤独死.

고동[1] [名] 汽笛. ‖뱃고동 소리 船の汽笛の音.

고동[2] (古銅) [名] 古銅.

고동-색 (古銅色) [名] 赤褐色.

고동[3] (鼓動) [名] [하自] 鼓動.

고동-치다 (鼓動-) [自] 鼓動する; 脈打つ. ‖심장이 고동치다 心臓がどきどき(と)打つ.

고-되다 /kodweda/ 【-/-뒈-】 [形] きつい; つらい. ‖일이 고되다 仕事がきつい.

고두-밥 [名] 固いご飯; 強飯(こわめし).

고두-사죄 (叩頭謝罪) 【-/-쉐】 [名] [하自] 頭を下げて謝ること.

고드름 /koduɯrɯm/ [名] つらら; 氷柱. ‖고드름이 얼다 つららができる.

고들-고들 [副] [하形] 炊き上がったご飯が水分が足りなくてやや硬い様子. ‖밥이 고들고들하다 ご飯がやや硬い.

고등 (高等) /koduɯŋ/ [名] [하形] 高等. [対]하등(下等).

고등^검찰청 (高等檢察廳) [名] 高等検察庁.

고등^교육 (高等教育) [名] 高等教育.

고등^동물 (高等動物) [名] 《動物》 高等動物.

고등^법원 (高等法院) [名] 高等裁判所.

고등^수학 (高等數學) [名] 《数学》 高等数学.

고등^식물 (高等植物) 【-싱-】 [名] 《植物》 高等植物.

고등-학생 (高等學生) 【-쌩】 [名] 高校生.

고등어 /koduɯŋɔ/ [名] 《魚介類》 サバ(鯖).

고등-학교 (高等學校) /koduɯŋhakˀkjo/ 【-꾜】 [名] 高等学校.

고딕 (Gothic) [名] ゴシック.

고딕-체 (-體) [名] ゴシック体.

고-딩 (高-) [名] 〔고등학생(高等學生)の俗語〕高校生.

고라니 [名] 《動物》 キバノロ(牙麞).

고락 (苦樂) [名] 苦楽. ‖고락을 함께하다 苦楽をともにする.

고랑[1] [名] 畝間(うねま); 畝合(うねあい). [縮]골.

고랑[2] [名] 〔쇠고랑の略語〕手錠.

고래[1] /korɛ/ [名] 《動物》 クジラ(鯨). ‖고래 고기 鯨肉. 돌고래 イルカ. ▸고래 등 같다 家が非常に大きくて広壮だ. ▸고래 싸움에 새우 등 터진다 [諺] (「クジラの争いのためにエビの背中が裂ける」の意で)強者のけんかで弱者がとばっちりを受けることのたとえ.

고래-잡이 [名] [하自] 捕鯨. [類]포경(捕鯨).

고래[2] [名] 〔방고래(房-)の略語〕온돌(オンドル)の煙道.

고래[3] (古來) [名] 古来. ‖고래로 昔から; 古来; 古くから.

고래[4] [副] 〔고리하여・고러하여の縮約形〕それで; そうして. ‖고래 가지고야 내일까지 제출 못 한다 そうしていては明日までに提出できない.

고래-고래 [副] わめき立てる様子. ‖고래고래 소리를 지르다 大声でわめき立てる.

고래-상어 [名] 《魚介類》 ジンベイザメ(甚平鮫).

고랭지 (高冷地) [名] 高冷地.

고랭지^농업 (高冷地農業) [名] 高冷地農業.

고량 (高粱) [名] 《植物》 コーリャン(高粱).

고량-주 (高粱酒) [名] コーリャン酒.

고량-진미 (膏粱珍味) [名] 膏粱珍味.

고려[1] (考慮) /korjɔ/ [名] [하他] 考慮. ‖상대방의 입장을 고려하다 相手の立場を考慮する. 고려할 여지는 있다 考慮の余地はある. 그 점까지 고려해서 결론을 내겠습니다 その点も考慮に入れて結論を出します.

고려[2] (高麗) [名] 《歴史》 高麗(918～1392).

고려^인삼 (高麗人參)《植物》高麗人參; 朝鮮人參.
고려-청자 (高麗靑瓷)图 高麗靑磁.
고령 (高齡)图 高齡.
고령-자 (高齡者)图 高齡者.
고령-화 (高齡化)图 高齡化.
고령화^사회 (高齡化社會)【-/-쾌】图 高齡化社会.
고령-토 (高嶺土)图 高嶺土; カオリン.
고-로 (故)接 ゆえに. ‖나는 생각한다. 고로 존재한다 我思う、ゆえに我あり (デカルトの言葉).
고료 (稿料)图 稿料; 原稿料.
고루 (稿料)图 均等に; 等しく; 同様に; むらなく. ‖전원에게 고루 할당하다 全員に均等に割り当てる. **고루-고루**图.
고루-하다 (固陋-)图 [하여] 固陋 (ろう)だ. ‖고루한 생각 固陋な考.
고르다¹ 图 [르変] ❶ 均等している; 均等だ; そろっている. ‖성적이 평균하고 있다 成績が平均している. 고르게 배분하다 均等に割り当てる. ❷ 正常で順調だ. ‖날씨가 고르지 않다 天候が不順だ.
고르다² /koruda/ 图 [르変] 選ぶ; 選択する; 選り分ける; より分ける. ‖넥타이를 고르다 ネクタイを選ぶ. 굵은 것으로 고르다 太いものを選ぶ. 미깐의 큰 것을 골라 먹다 ミカンの大きい方を選ぶ. 맛있는 것만 골라서 먹다 おいしいものだけより分けて食べる.
고르다³ 图 [르変] ならす; 平らにする. ‖땅을 고르다 土をならす.
고름¹ 图 [웃고름의略語] 저고리 (チョゴリ) などの結び紐 (ひも).
고름² /kurum/ 图 うみ; 膿 (う). 歯農 (膿). ‖고름을 짜내다 うみを出す.
고리¹ 图 輪 (わ); 輪 (こ).
고리² (高利)图 高利. 歯저리 (低利).
   고리-대금 (高利貸金)图 高利貸し.
   고리-채 (高利債)图 高利で借りた金.
고리³ 代 このように; そちらへ. ‖고리 들어가세요 そちらへ入ってください.
고리다 图 ❶ 臭い; 悪臭がする. ❷ (行動や心が) 汚い; 怪しい; 卑劣である.
고리타분-하다 图 [하여] 古臭い; 陳腐だ. ‖고리타분한 이야기 陳腐な話.
고린-내 图 (足などの臭いにおい). ‖발에서 고린내가 나다 足が臭い.
고릴라 (gorilla)图 《動物》ゴリラ.
고립 (孤立)/korip/ 图 [되直] 孤立. ‖혼자만 고립된 상태가 되다 1人だけ孤立した状態になる. 친구들 사이에서 고립시키다 仲間から孤立させる.
   고립-무원 (孤立無援)【-뤈-】图 孤立無援.
   고립-어 (孤立語)图 《言語》孤立語. 歯굴절어 (屈折語)·교착어 (膠着語).
   고립-적 (孤立的)【-쩍-】图.
   고립-화 (孤立化)【-리콰】图 [되直]

孤立化.
고마움 图 ありがたさ; ありがみ. ‖고마움을 느끼다 ありがみを感じる.
고막 (鼓膜)图 [解剖] 鼓膜. 歯귀청.
고-만副 ❶その程度で; それくらいで; そのくらいで. ‖텔레비전은 고만 보고 공부 좀 해라 テレビはそれくらいにして、少し勉強しなさい. ❷そのまま; これで; そろそろ. ‖그만 가지 그럼 가자 そろそろ帰ろう.
고만고만-하다 图 [하여] それくらいだ; そこそこだ; 似たり寄ったりだ. ‖서 있는 사람들의 키가 고만고만하다 立っている人の背が似たり寄ったりだ.
고만-두다 图 やめる; 思いとどまる; 取りやめる. 歯관두다.
-고말고 語尾 質問などに対して肯定を強く表わす. ‖…(である) とも; …だとも; (する) とも. ‖내일 모임에 오실 거죠? 가고말고 그 때의 집まりにいらっしゃるんですすよね. 行くとも.

고맙다 /ko:map̚ta/【-따】图 [ㅂ変] ありがたい; ありがとう; 感謝している. ‖와 줘서 고맙다 来てくれてありがとう. 고맙게 생각하고 있다 ありがたく思う. 항상 너한테 고마워하고 있어 君にはいつも感謝している.
고매-하다 (高邁-)图 [하여] 高邁 (まい)だ. ‖고매한 인품의 소유자 高邁な人格の持ち主.
고명¹ 图 《料理》料理の上に添える飾り分の薬味. ‖국수 위에 고명을 얹다 麺に薬味を添える.
고명² (高名)图 图形 高名. ‖고명한 화가 高名な画家.
고명-딸 图 息子が多い家の一人娘.
고모 (姑母) /komo/ 图 おば (父の姉妹).
   고모-부 (姑母夫)图 こも (姑母)の夫.
고-모음 (高母音)图 《言語》高母音; 狭母音. 歯폐모음 (閉母音).
고목¹ (古木)图 古木.
고목² (枯木)图 枯木.
고무¹ (鼓舞)图 [하여] 鼓舞.
   고무-적 (鼓舞的)图 鼓舞的.
고무² (←gomme프) /komu/ 图 ゴム. ‖천연고무 天然ゴム. 고무로 生ゴム.
   고무-공 图 ゴマリ; ゴム製のボール.
   고무-나무 《植物》ゴムの木; ゴム植物.
   고무-도장 (-圖章)图 ゴム印.
   고무-뜨기 图 ゴム編み.
   고무-보트 (-boat)图 ゴムボート.
   고무-신 图 ゴム製の靴.
   고무-장갑 (-掌匣)图 ゴム手袋.
   고무-지우개 图 消しゴム.
   고무-풍선 (-風船)图 ゴム風船.
   고무-호스 (gomme + hose日)图 ゴムホース.

고무래 (T字型の)柄振(えぶり).
　고무래-바탕 图 柄振板.
　고무래-질 图(하다) 柄振でかき集めたり散らしたりすること.
고무-줄 /komudʑul/ 图 ゴム紐.
　고무줄-놀이 [-로리] 图 ゴム飛び; ゴム段.
고문¹ (古文) 图 古文.
고문² (顧問) 图 顧問.
고문³ (拷問) 图(하다) 拷問.
고-문서 (古文書) 图 古文書.
고물¹ /komul/ 图 餠や団子などにまぶす粉.
고물² 船尾; とも. 倒 선미(船尾).
　고물-이.
고물³ (古物) /komul/ 图 古物; ぼろ. ‖고물 자동차 ぼろの自動車.
　고물-상 (古物商) [-쌍] 图 古物商; 古物屋; くず屋.
고-물가 (高物價) [-까] 图 物価高.
고물-거리다 囘 もぞもぞする; もそもそする; もたもたする.
고물-고물 剾(하다) もぞもぞ; もそもそ; もたもた.
고민 (苦悶) /komin/ 图(하다) 苦悶. ‖고민을 털어놓다 悩みを打ち明ける. 고민이 많다 悩みが多い. 취직 문제로 고민하다 就職のことで悩む.
　고민-거리 (苦悶-) [-꺼-] 图 悩みの種.
고발 (告發) 图(하다) 告発. ‖탈세를 고발하다 脱税を告発する. **고발-당하다** 受動
고배 (苦杯) 图 苦杯. ‖고배를 마시다 苦杯を喫する.
고백 (告白) /ko:bek/ 图(하다) 告白. ‖사랑을 고백하다 愛を告白する.
　고백-록 (告白錄) [-뱅녹] 图 告白録.
　고백 성사 (告白聖事) [-썽-] 图 (カトリック) 告解; ゆるしの秘跡.
고법 (高法) [(고등 법원(高等法院)의 略語] 高等裁判所.
고별 (告別) 图 告別.
　고별-사 (告別辭) [-싸] 图 告別の辭.
　고별-식 (告別式) 图 告別式. ‖영결식(永訣式).
고본 (古本) 图 古本.
고봉 (高捧) 图 山盛り; 大盛り.
　고봉-밥 (高捧-) [-빱] 图 山盛りによそった ご飯.
고봉-준령 (高峰峻嶺) [-준-] 图 高峰と峻嶺.
고부 (姑婦) 图 嫁と姑.
　고부-간 (姑婦間) 图 嫁と姑の間柄. ‖고부간의 갈등 姑と嫁の葛藤.
고부랑-하다 囿(하얀) やや曲がっている.
고분 (古墳) 图 古墳.

고분-고분 (하얀) 従順に; 素直に; よとなしく. ‖시키는 대로 고분고분 잘 따르다 言う通りに素直に従う.
고-분자 (高分子) 图(化学) 高分子.
고불-고불 剾(하얀) くねくね; うねうね. ‖고불고불한 길 くねくね(と)曲がった道.
고비¹ /kobi/ 图 山場; 峠. ‖고비를 넘기다 峠を越す. 올해가 고비다 今年が山場だ.
고비² 图(植物) ゼンマイ(薇).
　고비-나물 图(料理) ゼンマイのナムル.
고뿔 (漢方) 图 風邪.
고삐 图 手綱. ‖말고삐 手綱. ▶고삐를 늦추다 手綱を緩める.
고사¹ (古史) 图 古史.
고사² (故事) 图 故事. ‖고사 성어 故事成語.
고사³ (告詞·告辭) 图 告辞.
고사⁴ (告祀) 图(하다) 一身や一家の厄運を祓い幸運を祈願する祭祀. ‖고사를 지내다 供え物を供えて祈願の祭祀をおこなう.
　고사-떡 (告祀-) 图 祈願の祭祀の際に供える餠.
고사⁵ (枯死) 图(하다) 枯死.
고사⁶ (考査) 图(하다) 考査; 試験; テスト. ‖학기말 고사 学期末の考査. 학력 고사 学力テスト.
고사⁷ (固辭) 图(하다) 固辞. ‖사장 취임을 고사하다 社長就任を固辞する.
고사리 /kosari/ 图(植物) ワラビ(蕨).
고-사본 (古寫本) 图 古写本.
고사-포 (高射砲) 图(軍事) 高射砲.
고사-하다 (姑捨-) /kosahada/ 图(하변) 〔主に…는 고사하고の形で〕…はおろか; …はもとより; …はさておき. ‖재산은 고사하고 목숨마저 잃다 財産はおろか, 命まで失う.
고산 (高山) 图 高山.
　고산-대 (高山帶) 图 高山帯.
　고산-병 (高山病) [-뼝] 图 高山病.
　고산 식물 (高山植物) [-씽-] 图 高山植物.
고상-하다 (高尙-) /kosaŋhada/ 囿(하변) 高尚だ; 上品だ; 品がある. ‖고상한 취미 高尙な趣味.
고색 (古色) 图 古色.
고색창연-하다 (古色蒼然-) 囿(하변) 古色蒼然としている.
고생 (苦生) /kosen/ 图(하다) 苦労; 骨折り. ‖고생을 모르고 자라다 苦労を知らずに育つ. 고생한 보람이 있다 苦労した甲斐がある. 부모님을 고생시키다 親に苦労をかける. 헛고생만 하다 無駄骨折りする. 고생 끝에 낙이 온다 (諺) 苦は楽の種. ▶고생-길 (苦生-) [-낄] 图 いばらの道; 苦難の多い生活.
고생-문 (苦生門) 图 苦労する運命;

苦勞의 始まり.

고생-살이 (苦生-) 图 苦しい生活; 辛い生活.

고생-티 (苦生-) 图 苦労の跡. ‖고생티가 줄줄 나다 苦労の跡がありありと見える.

고생-대 (古生代) 图 [地] 古生代.

고-생물 (古生物) 图 古生物.

고-서적 (古書籍) 图 古書.

고성 (古城) 图 古城.

고성능 (高性能) 图 高性能. ‖고성능 전투기 高性能戦闘機.

고성-방가 (高聲放歌) 图 하자 高声放歌.

고소¹ (告訴) 图 하他 [法律] 告訴; 訴えること. ‖법원에 고소하다 裁判所に告訴する《訴える》.

고소-인 (告訴人) 图 [法律] 告訴人.

고소-장 (告訴狀) 【-짱】图 [法律] 告訴狀.

고소² (苦笑) 图 하자 苦笑; 苦笑い. ‖쓴웃음. ‖고소를 금할 길 없다 苦笑を禁じ得ない.

고소³ (高所) 图 高所; 高い所.

고소 공포증 (高所恐怖症) 【-쯩】 [医学] 高所恐怖症.

고-소득 (高所得) 图 高所得.

고소-하다 /kosohada/ 图 ❶ (炒りゴマ・ピーナッツ味のように) 香ばしい. ‖고소한 참기름 냄새 香ばしいゴマ油のにおい. ❷ 小気味よい. 人の失敗などを喜ぶ. ‖잘난 체하던 녀석이 시험에 떨어져서 정말 고소하다 威張っていたやつが試験に落ちていい気味だ.

고속 (高速) /kosok/ 图 高速. ‖고속으로 달리다 高速で走る. 초고속 超高速.

고속˘철도 (高速鐵道) 【-또】图 高速鉄道; 新幹線.

고속-도 (高速度) 【-또】图 高速度.

고속도-강 (高速度鋼) 图 高速度鋼.

고속도-촬영 (高速度撮影) 图 高速度撮影.

고속-도로 (高速道路) /kosokˀtoro/ 【-또-】图 高速道路.

고속˘버스 (高速 bus) /kosokˀpʌsɯ/ 【-뻐-】图 高速バス.

고수¹ (高手) 图 (囲碁・将棋などの) 上手; 高段者.

고수² (鼓手) 图 鼓手.

고수³ (叩首) 图 叩首; 叩頭.

고수⁴ (固守) 图 하他 固守. ‖입장을 고수하다 立場を固守する.

고수레 图 하自 野原で食べ物を食べる時や巫女(무당)が厄払いをする時, 神仙に先に捧げる意味で, 食べ物を少し分けて投げること.

── 图 고수레의 際, 食べ物を投げる時に言う言葉.

고수-머리 图 縮れ毛; 癖毛; 縮れ毛の

人. ⁵⁰ 곱슬머리.

고수-부지 (高水敷地) 图 (水嵩が増えて浸かる) 河川敷.

고스란-히 圖 元通りに; そのままに); こっそり. ‖들은 것을 고스란히 일러바치다 聞いたことをそのまま言いつける. 고기만 먹고 야채는 고스란히 남겨 놓다 肉だけ食べて野菜はこっそり残しておく.

고-스톱 (←go + stop) 图 kosuutˀopˀ 花札遊びの一つ.

고슬-고슬 图 하자 飯がほどよく炊けた様子: ふっくら. ‖고슬고슬한 밥 ふっくらとほどよく炊けたご飯.

고슴도치 图 [動物] ハリネズミ (針鼠).

고승 (高僧) 图 [仏教] 高僧.

고시¹ (古時) 图 古式.

고시² (考試) 图 国家試験. ‖사법고시 司法試験.

고시-원 (考試院) 图 ゴシウォン (司法試験・公務員試験・教員採用試験などを準備する受験生のための住居施設).

고시-촌 (考試村) 图 고시원(考試院)が密集している地域.

고시³ (告示) 图 하他 告示.

고시랑-거리다 图 ぶつぶつ言う. ‖하루 종일 고시랑거리고 있다 一日中ぶつぶつ言っている.

고시랑-고시랑 圖 하自 ぶつぶつ.

고식 (古式) 图 古式.

고식² (姑息) 图 姑息; 一時逃れ; その場しのぎ.

고식-적 (姑息的) 【-쩍】图 姑息. ‖고식적인 수단 姑息な手段.

고식-책 (姑息策) 图 姑息な策.

고실 (鼓室) 图 [解剖] (中耳にある) 鼓室.

고심 (苦心) 图 하自 苦心; 腐心; 苦慮. ‖고심한 흔적이 보이다 苦心の跡が見られる. 고심해서 내린 결론 苦心して下した結論.

고심-참담 (苦心慘憺) 图 하自 苦心惨憺.

고아 (孤兒) 图 孤児; みなしご.

고아-원 (孤兒院) 图 孤児院; 児童養護施設.

고안 (考案) 图 하他 考案.

고압 (高壓) 图 高圧.

고압-계 (高壓計) 【-꼐/-께】图 高圧計.

고압-선 (高壓線) 【-썬】图 高圧線.

고압-적 (高壓的) 【-쩍】图 高圧的; 高飛車. ‖고압적인 태도 高飛車な態度.

고액 (高額) 图 高額. ‖고액 지폐 高額紙幣.

고약 (膏薬) 图 膏薬.

고약-하다 /ko:jakˀada/【-야카-】图 하変 ❶ (におい・味などが) 臭い. 臭いにおいがする. ❷ (性格・立ち振る舞いなどが) よくない; 偏

屈も;不届きだ. ‖저 고약한 성질 あの偏屈な性格. ❸ 《仕事などが》こじれる;うまくいかない;変な方向に進んでいる. ‖일이 고약하게 되어 가고 있다 仕事が変な方向に進んでいる. ❹ 《天候が》不順だ. ‖날씨가 고약하다 天候が不順だ. ❺ 《…기(가) 고약하다の形で》…にくい. ‖먹기 고약하다 食べにくい.

고양(高揚) 图 自他 高揚;意識·気分などが高まること. ‖감정이 고양되다 感情が高揚する.

고양이 /kojaŋi/ 图 《動物》ネコ(猫). ► 도둑고양이 泥棒猫. ►고양이 목에 방울 달기 《諺》 猫の首に鈴を付ける. ►고양이 보고 반찬 가게 지키라는 격(이다) 《諺》 猫に鰹節.

고어 (古語) 图 古語.
고언 (苦言) 图 苦言.
고역 (苦役) 图 ❶ 苦役(—). ❷ 苦仕. ‖어릴 때 악보 읽기는 정말 고역이었다 幼少の頃, 楽譜読みは本当に苦仕であった. ❸ 散々な目にあうこと;大変な経験をすること. ‖고역을 치르다 散々な目にあう.
고열 (高熱) 图 高熱.
고엽 (枯葉) 图 枯葉.
  고엽-제 (枯葉剤) [-쩨] 图 枯葉剤.
고옥 (古屋) 图 古屋;古い家.
고온 (高温) 图 高温. 反저온(低温). ‖고온 다습 高温多湿.
고와 形 [ㅂ変] 곱다(美しい·きれい)の連用形.
고요-하다 /kojohada/ 形 [하変] 静かだ;穏やかだ;静寂だ. ‖고요한 밤 静かな夜. 고요한 바다 穏やかな海. **고요-히** 圖 고요히 잠들다 静かに眠る.
고욕 (苦辱) 图 耐え難い屈辱. ‖고욕을 치르다 耐え難い屈辱を受ける.
고용[1] (雇用) /kojoŋ/ 图 他 雇用;雇うこと. ‖종신 고용 終身雇用. 고용 조건 雇用条件. 종업원을 고용하다 従業員を雇う.
  고용 보험 雇用保険.
  고용-원 (雇用員) 图 雇用者.
  고용-인 (雇用人) 图 雇用者.
고용[2] (雇傭) 图 自 雇われること. ‖고용 보험 雇用保険.
  고용-원 (雇傭員) 图 雇用者.
  고용-주 (雇傭主) 图 雇用主.
고용-체 (固溶體) 图 《化学》 固溶体.
고운 形 [ㅂ変] 곱다(美しい·きれい)の現在連体形. ‖고운 목소리 きれいな声.
고원 (高原) 图 高原.
고위 (高位) /kowi/ 图 高位. 反하위(下位).
  고위-직 (高位職) 图 高官;高位高官.
  고위-층 (高位層) 图 上層部.

고유 (固有) /koju/ 图 形動 固有. ‖한국 고유의 문화 韓国固有の文化. 고유한 성질 固有な性質.
  고유 명사 (固有名詞) 图 《言語》 固有名詞.
  고유-법 (固有法) [-뻡] 图 《法律》 固有法.
  고유-성 (固有性) [-썽] 图 固有性.
  고유-어 (固有語) 图 《言語》 固有語.
  고유-종 (固有種) 图 固有種.
고육지계 (苦肉之計) [-찌-/-찌께] 图 苦肉の計.
고육지책 (苦肉之策) /kojukt͈ɕitɕʰɛk/ [-찌-] 图 苦肉の策.
고율 (高率) 图 高率. 反저율(低率). ‖고율의 수익 高率の収益.
고을 图 《古い言い方で》 郡; 村; 町. 縮 골.
고음 (高音) 图 高音. 反저음(低音).
  고음-부 (高音部) 图 高音部.
고-음계 (高音階) [-/-계] 图 高音階.
고의 (故意) [-/-의] 图 故意. ‖미필적 고의 未必の故意.
  고의-로 (故意-) 圖 故意に;わざと. ‖고의로 시비를 걸다 故意にけんかを売る.
  고의-범 (故意犯) 图 《法律》 故意犯.
  고의-적 (故意的) 图 故意. ‖고의적인 반칙 故意の反則.
고이/ko:i/ 圖 ❶きれいに;美しく;素直に;そのままの状態で. ‖고이 자라다 素直に育つ. 고이 돌려드리다 そのままの状態でお返しする. ❷ 大事に;大切に. ‖고이 간직하다 大事にしまっておく. ❸ 安らかに;静かに. ‖양지바른 곳에 고이 잠들다 日当たりのいいところに安らかに眠る. 고이 잠든 바다 静かに凪いだ海.
  고이-고이 圖
고이다[1] 自 =괴다[3].
고이다[2] 他 =괴다[3].
고인 (古人) 图 古人.
고인[2] (故人) 图 故人.
고인-돌 (故人-) 图 支石墓;ドルメン. 縮 지석묘(支石墓).
고입 (高入) 图 [고등학교 입학(高等学校入学)の略] 高校入学.
고자[1] (古字) 图 古字.
고자[2] 图 生殖器の不完全な男.
고-자세 (高姿勢) 图 高姿勢; 高飛車; 居丈高. ‖고자세로 나오다 高飛車に出る.
고자-질 (告者-) 图 他 告げ口(をすること). ‖선생님께 고자질하다 先生に告げ口する.
  고자질-쟁이 (告者-) 图 告げ口屋.
고작 /kodʑak/ 圖 せいぜい; たかだか; どう見ても; 多くとも; たった. ‖고작 천 원 가지고 뭘 사니? たった千ウォンで何が買える? 모여도 고작 열 명 정도다 集まってもせいぜい 10 人くらいだ.

고장¹ (垈) 圀 ❶ (特定의)地方;土地. ∥낯선 고장 不案內의 土地. ❷ 地元;故郷. ❸ 産地. ∥인삼의 고장 朝鮮人参の産地.

고장² (故障) /kodʒaŋ/ 圀 故障;壊れること. ∥연속되는 고장을 막기 위해 相次く故障を防ぐため. 엔진이 고장 나다 エンジンが故障する. 텔레비전이 고장 나다 テレビが壊れる. 고장 난 차 故障車.

고쟁이 圀 韓服の下に履く女性の下着の一種.

고저 (高低) /koʒɔ/ 圀 高低. ⑨높낮이. ∥소리의 고저 音の高低.

고적-대 (鼓笛隊) 圀 [-때] 鼓笛隊.

고적-운 (高積雲) 圀《天文》高積雲.

고적-하다 (孤寂-) 【-지카-】 圀 [하変] 孤寂하여 寂しい.

고전¹ (古典) /ko:dʒɔn/ 圀 古典.

고전-극 (古典劇) 圀《文芸》古典劇.

고전-문학 (古典文学) 圀《文芸》古典文学.

고전-미 (古典美) 圀 古典美.

고전-발레 (古典 ballet) 圀 古典バレエ.

고전-어 (古典語) 圀 古典語.

고전-적 (古典的) 圀 古典的な. ∥고전적인 분위기 古典的な雰囲気.

고전-주의 (古典主義) 圀 [-/-이] 《文芸》古典主義.

고전-파 (古典派) 圀 古典派.

고전² (苦戦) 圀 [하自] 苦戦. ∥고전을 면치 못하다 苦戦を強いられる.

고정 (固定) /kodʒɔŋ/ 圀 [하他] 固定. ∥의자를 바닥에 고정하다 椅子を床に固定する. 시선을 고정하다 視線を固定する. 고정 독자 固定読者. **고정-되다** 受動.

고정-관념 (固定観念) 圀 固定観念.

고정-급 (固定給) 圀 固定給.

고정-비 (固定費) 圀 固定費用.

고정-비용 (固定費用) 圀 = 고정비 (固定費用).

고정-식 (固定式) 圀 固定式.

고정-액 (固定液) 圀 固定液.

고정-자본 (固定資本) 圀《経》固定資本. ⑨ 유동 자본 (流動資本).

고정-자산 (固定資産) 圀《経》固定資産. ⑨ 유동 자산 (流動資産).

고정-표 (固定票) 圀 固定票. ⑨ 부동 표 (浮動票).

고정-화 (固定化) 圀 [하自他] 固定化.

고정 환율제 (固定換率制) 圀 [-제] 《経》固定為替相場制. ⑨ 변동 환율제 (変動換率制).

고정-하다 自 [하変] 〔目上の人に用いる言い方で〕怒りや興奮などを落ち着かせる.

고조¹ (高祖) 圀 高祖.

고조² (高祖母) 圀 高祖母.

고조² (高潮) 圀 [하自] 高潮. ∥분위기가 고조되다 雰囲気が高調する.

고조³ (高潮) 圀 [하自] 高潮. ∥최고조 最高潮. 논의가 고조되다 議論が高潮する.

고-조모 (高祖母) 圀 高祖母.

고-조부 (高祖父) 圀 高祖父.

고졸 (高卒) 圀 〔고등학교 졸업 (高等學校卒業) 의 略語〕 高卒.

고종 (姑従) 圀 いとこ (父の姉妹の子ども). 앞 내종 (内従).

고종-사촌 (姑従四寸) 圀 = 고종 (姑従).

고주-망태 圀 酔いどれ;酔っ払い;へべれけ. ∥고주망태가 되다 酔いつぶれる.

고주알-미주알 圀 根掘り葉掘り;何から何まで. ⑳ 미주알고주알.

고-주파 (周波数) 圀 高周波.

고즈넉-하다 【-너카-】 圀 [하変] 静かだ;静まり返っている. **고즈넉-이** 圓.

고증 (考證) 圀 [하他] 考証. ∥시대 고증 時代考証.

고증-학 (考證學) 圀 考証学.

고지¹ 圀《カボチャ・サツマイモなどの切り干し. ∥ 박고지 干瓢 (かんぴょう).

고지² (高地) 圀 高地. ⑨저지 (低地).

고지³ (固持) 圀 固持.

고지⁴ (告知) 圀 [하他] 告知.

고지-서 (告知書) 圀 告知書.

고-지대 (高地帯) 圀 高台;高地帯. ⑨저지대 (低地帯).

고지식-하다 【-시카-】 圀 [하変] きまじめだ;くそまじめだ;きまじめすぎて融通がきかない.

고진-감래 (苦盡甘來) /kodʒingamnɛ/ 圀 [-내] 苦しみが終わって楽が訪れること.

고질 (痼疾) 圀 ❶ 痼疾;持病. ❷ なかなか直らない悪い癖.

고질-병 (痼疾病) 圀 [-뼝] 持病.

고질-적 (痼疾的) 圀 [-쩍] 圀 慢性的なこと;頑固なこと. ∥고질적인 교통 체증 慢性的な渋滞. 고질적인 무좀 頑固な水虫.

고집

고집 (固執) /kodʒip/ 圀 [하他] 固執;我;意地;強情. ∥고집이 세다 我が強い;頑固だ. 자기주장만 고집하다 自分の主張ばかり押し通す. 고집을 부리다 [피우다] 意地を張る;強情を張る;一点張りだ.

고집불통 (固執不通) 圀 [-뿔-] 圀 頑固一徹;全く融通がきかないこと. ∥고집불통인 아버지를 가우 설득했다 頑固一徹な親父をやっと説得した.

고집-스럽다 (固執-) 【-쓰-따】 圀 [ㅂ変] 頑固だ. ∥고집스럽게 생긴 아이 我の強そうな子.

고집-쟁이 (固執-) 圀 [-쨍-] 意地っ張り;強情っ張り;頑固者;一徹者.

고집통-이 (固執-) 圀 意地っ張り [強

고차 (高次) 图 高次. ‖고차 방정식 高次方程式.

고차-적 (高次的) 图 高次; 高次元. ‖보다 고차적인 기술 より高次元の技術.

고착 (固着) 图 邼邵 固着. ‖본드로 고착시키다 ボンドで固着する.

고착-제 (固着劑) [-쩨] 图 固着剤.

고찰[1] (古刹) 图 古刹(ㅅっ).

고찰[2] (考察) /kotɕʰal/ 图 邼邵 考察. ‖다양한 각도에서 문제를 고찰하다 様々な角度から問題を考察する. 경제 동향에 대해서 고찰하다 経済の動向について考察する.

고참 (古參) 图 古参. ‖신참(新参).‖최고참 最古参.

고참-병 (古參兵) 图 {軍事} 古参兵.

고철 (古鐵) 图 くず鉄; 鉄くず; スクラップ.

고체 (固體) /ko:tɕʰe/ 图 固体. ‖액체(液體)・기체(氣體).

고체-화 (固體化) 图 邼邵 固体化.

고쳐-지다 【-처-】 邵 直る. ‖나쁜 버릇이 고쳐지다 悪い癖が直る.

고초 (苦楚) 图 苦しみ; 辛苦; 苦労; 辛酸. ‖고초를 겪다 辛酸をなめる.

고추 /kotɕʰu/ ❶ {植物} トウガラシ (唐辛子). ❷ おちんちん.

고추-냉이 {植物} ワサビ(山葵). 산규(山葵).

고추-씨 唐辛子の種.

고추-가루 【-쑤까-/-츄까-】 图 唐辛子の粉.

고추-잠자리 {昆虫} 赤トンボ.

고추-장 (-醬) /kotɕʰudʑaŋ/ 图 コチュジャン; 唐辛子味噌.

고충 (苦衷) 图 苦衷(ㅊゅう). ‖그 사람의 고충은 짐작하고도 남는다 彼の苦衷は察するに余りある.

고취 (鼓吹) /kotɕʰwi/ 图 邼邵 鼓吹(ㅊい).

고층 (高層) /kotɕʰɯŋ/ 图 高層. ‖고층빌딩 高層ビル.

고층-운 (高層雲) 图 {天文} 高層雲.

고치 繭(ㅅ).

고치다 /kotɕʰida/ 邵 邵 ❶ 直す. ‖고장난 라디오를 고치다 壊れたラジオを直す. 나쁜 버릇을 고치다 悪い癖を直す. 화장을 고치다 化粧を直す. 글씨를 고쳐 쓰다 書き直す. ❷ 治す. ‖병을 고치다 病気を治す. ❸ 正す. ‖자세를 고치다 姿勢を正す. 틀린 곳을 고치다 誤りを正す. ❹ 改める. ‖규칙을 고치다 規則を改める. 법을 고치다 法を改める. 능동문을 수동문으로 고치다 能動文を受動文に改める. ❺ 改造する. ‖지붕을 고치다 屋根を修繕する. 가게 안을 고치다 店内を改装する.

고태 (古態) 图 古態.

고통 (苦痛) /kotʰoŋ/ 图 苦痛. ‖정신적 고통 精神的苦痛. 고통을 참다 苦痛に耐える. 고통을 호소하다 苦痛を訴える.

고통-스럽다 (苦痛-) 【-따】 邵 [ㅂ変] 苦痛だ; 苦しい. ‖그 사람의 긴 이야기는 고통스러웠다 彼の長話は苦痛だった. **고통스레** 邵

고파 邵 [으変] 고프다(空腹だ)의 運用形.

고풍 (古風) 图 古風.

고풍-스럽다 (古風-) 【-따】 邵 [ㅂ変] 古風な感じがする; 古めかしい. ‖고풍스러운 분위기 古風な雰囲気. **고풍스레** 邵

고프다 /kopʰɯda/ 邵 [으変] [고파(-고픈)] 空腹だ; (お腹が)すいている. ‖배가 고프다 お腹がすいた. 배가 고파서 아무것도 할 수 없다 お腹がすいて何もできない.

고픈 邵 [으変] 고프다(空腹だ)의 現在連体形.

고하 (高下) 图 高下. ‖직급의 고하를 불문하고 役職の高低を問わず.

고하-간 (高下間) 图 {主に…고하간에の形で} …の高下[高低]にかかわらず.

고-하다 (告-) 邵 [하変] 告げる.

고학 (苦學) 图 苦学.

고학-생 (苦學生) [-쌩] 图 苦学生.

고학-년 (高學年) [-항-] 图 高学年. ‖저학년(低学年).

고함 (高喊) /koham/ 图 大声; 大きな叫び声. ‖부하한테 마구 고함을 치다 部下に怒鳴り散らす. 고함을 지르다 大声で叫ぶ. 고함 소리 大きな怒鳴り声.

고해 (苦海) 图 {仏教} 苦海.

고해^성사 (告解聖事) 图 {カトリック} =고백 성사(告白聖事).

고행 (苦行) 图 {仏教} 苦行.

고향 (故鄕) /kohjaŋ/ 图 故郷. ‖마음의 고향 心の故郷. 제이의 고향 第二の故郷. 타향도 정이 들면 고향이다 住めば都.

고-혈압 (高血壓) 图 {医学} 高血圧. ‖저혈압(低血圧).

고형 (固形) 图 固形.

고형-물 (固形物) 图 固形物.

고혹 (蠱惑) 邵邵 蠱惑(ㅅく).

고혹-적 (蠱惑的) 【-쩍】 图 蠱惑的. ‖고혹적인 눈빛 蠱惑的な瞳.

고환 (睾丸) 【-]】 图 {解剖} 睾丸.

고희 (古稀) [-히] 图 古稀; 70歳.

고희-연 (古稀宴) 图 古稀の祝宴.

곡[1] (曲) 图 {音楽}(曲)의略語 图. ❶ 依記 …曲. ‖좋아하는 노래 두 곡 好きな歌二曲.

곡[2] (哭) 邵邵 ❶ 哭; 大声で泣くこと. ❷ 葬式の時, 声を上げて泣く儀式.

-곡³(曲) 接尾 …曲. ∥행진곡 行進曲. 협주곡 協奏曲.
곡가(穀價)〔~까〕图 穀物の価格.
곡간(穀間)图〔방행곡간(房房曲間)の略語〕津々浦々.
곡-괭이〔-꽹-〕图 つるはし.
곡류¹(曲流)〔공뉴〕图 自 曲流.
  곡류-천(曲流川)图 曲りくねって流れる川.
곡류²(穀類)〔공뉴〕图 穀類.
곡마(曲馬)〔공-〕图 曲馬.
  곡마-단(曲馬團)图 曲馬団.
곡면(曲面)〔공-〕图〔数学〕曲面.
  곡면-체(曲面體)图〔数学〕曲面体.
곡명(曲名)〔공-〕图 曲名.
곡목(曲目)〔공-〕图 曲目.
곡물(穀物)〔공-〕图 穀物.
  곡물-상(穀物商)〔공-상〕图 穀物商.
곡보(曲譜)〔-뽀〕图 曲譜.
곡분(穀粉)〔-뿐〕图 穀粉.
곡사(曲射)〔-싸〕图 他 曲射.
  곡사-포(曲射砲)〔-〕图〔軍事〕曲射砲.
곡선(曲線)/kok³sɔn/〔-썬〕图 曲線. ⊕직선(直線). ∥이차 곡선 二次曲線. 쌍곡선 双曲線.
  곡선-미(曲線美)图 曲線美.
곡성(哭聲)〔-썽〕图 哭声; 泣き叫ぶ声.
곡식(穀食)〔-씩〕图 穀物; 穀類.
곡예(曲藝)图 曲芸.
  곡예-단(曲藝團)图 曲芸団.
  곡예-사(曲藝師)图 曲芸師.
곡우(穀雨)图〔二十四節気の〕穀雨.
곡절(曲折)/kok³ʤʌl/〔-쩔〕图 曲折. ∥우여곡절을 거치다 紆余曲折を経る. ❷理由; わけ; 事情. ∥무슨 곡절이 있는 것 같다 何か事情があるようだ.
곡조(曲調)〔-쪼〕图 曲調; 調べ. ∥애절한 곡조 哀切な曲調.
곡주(穀酒)〔-쭈〕图 穀物で作った酒.
곡창(穀倉)图 穀倉. ∥곡창 지대 穀倉地帯.
곡필(曲筆)图 他 曲筆.
곡학-아세(曲學阿世)〔고카가-〕图 曲学阿世(真理に背いての時代の好みにおもねり, 世間の人に気に入られるような説を唱えること).
곡해(曲解)〔고캐〕图 他 曲解. ∥내 의도를 곡해하고 있는 것 같다 私の意図を曲解しているようだ.
-곤 語尾 ❶-고는の縮約形. ∥가끔 만나곤 한다 たまに会ったりする. ❷〔-고를強めた言い方で〕…では; …ては. ∥곤 싶은데 시간이 없다 行きたいが, 時間がない.
곤경(困境)/ko:ngjɔŋ/图 苦境. ∥곤경에 처하다 苦境に立つ. 곤경에 빠지다 苦境に陥る.
곤궁(困窮)图 他形 困窮.

곤돌라(gondola)图 ゴンドラ.
곤두박-질〔-찔〕图 自 ❶〔胴体が〕急速に逆さまになって落ちること. ❷〔数値などが〕急落すること. ∥주가가 곤두박질하다 株価が急落する.
곤두-서다他 ❶ よだつ; 逆立つ. ∥머리털이 곤두서다 髪の毛が逆立つ. ❷〔神経などが〕尖る. ∥신경이 곤두서다
곤두세우다/konduseuda/他〔곤두서다の使役動詞〕尖らす; 尖らせる. ∥전화 소리에 신경을 곤두세우고 있다 電話の音に神経を尖らせている.
곤드레-만드레副 酔いつぶれている様子; ぐでんぐでん. ∥곤드레만드레가 되어 들어오다 酔いつぶれて帰ってくる.
곤들-매기图〔魚介類〕イワナ(岩魚).
곤란-하다〔골-〕/ko:llanhada/形〔困難-〕困難だ; 困る; 難しい; 苦しい. ∥곤란한 입장 難しい〔困難な〕立場. 생활이 곤란하다 生活が困難だ. 이렇게 미스가 많으면 곤란하다 こんなにミスが多いと困る.
곤봉(棍棒)图 棍棒.
곤약(蒟蒻)图〔植物〕コンニャク(蒟蒻).
곤욕(困辱)图 ひどい目にあうこと. ∥곤욕을 치르다 ひどい目にあう.
곤지图〔韓国の伝統婚礼で〕花嫁の額につける紅.
곤충(昆蟲)/kontʃʰuŋ/图 昆虫; 虫. ∥곤충 채집 虫取り.
곤-하다(困-)形〔하変〕疲れている. ∥곤한지 벌써 잠들었다 疲れたのかすでに眠っている.
곤혹(困惑)图 困惑.
곤혹-스럽다(困惑-)〔-쓰-따〕形〔ㅂ変〕困惑している.

곧/kot/副 ❶ すぐ; 直ちに; じきに; 間もなく. ∥곧 출발합니다 すぐ出発します. 문제를 곧 해결하다 問題をすぐ解決する. 곧 시작하다 すぐに始めよう. 곧 질리겠지 じきに飽きるだろう. 곧 오겠지 間もなく来るだろう. ❷ つまり; すなわち. ∥선거는 곧 민심의 반영이다 選挙はつまり民心の反映である.
곧다/kot'a/〔-따〕形 ❶ まっすぐだ. ∥자세 곧은 자세 まっすぐな姿勢. 심성이 곧은 사람 まっすぐな人.
곧-바로〔-빠-〕副 直ちに; すぐに; さま. ∥연락을 받고 곧바로 달려가다 連絡をもらってすぐ駆けつける.
곧은-결图 正目(まさめ).
곧이/kodʒi/〔고지〕副 そのまま; ありのまま. ∥곧이 여기다 そのまま受け止める; 真に受ける.
곧이-곧대로/kodʒigot²tero/〔고지-〕副 そのまま; ありのままに; 率直に. ∥그 사람 말을 곧이곧대로 믿다 彼の話をそ

곧이-듣다 [고지-따] 匪 ㄷ變 真に受ける; 本気にする.

곧-이어 圖 引き続き.

곧잘 /kot͡ɕal/ [-짤] 圖 ❶ かなり上手に; なかなか立派に. ‖노래도 곧잘 하다 歌もかなり上手だ. ❷ たびたび; しばしば; よく. ‖산으로도 곧잘 놀러 가곤 했으니 山にもよく遊びに行ったものだ. 예전에는 전화도 곧잘 하더니만 요즘은 전혀 연락이 없다 昔は電話もしばしばかけてきたりしたのに, 最近は全く連絡がない.

곧장 /kot͡ɕaŋ/ [-짱] 圖 ❶ まっすぐ(に). ‖학교에서 곧장 집으로 돌아가다 学校からまっすぐに家に帰る. ❷ 直ちに. ‖소식을 듣고 곧장 달려가다 連絡をもらって直ちに駆けつける.

곧추다 匪 (曲がったものを)まっすぐにする.

곧추-뛰기 图 垂直跳び.

곧추-뜨다 匪 [으變] (目を)むく. ‖눈을 곧추뜨고 화를 내다 目をむいて怒る.

곧추-서다 圓 まっすぐに立つ. ⑳곧추세우다.

곧추세우다 他 〔곧추서다의 使役動詞〕まっすぐに立たせる.

골¹ /kol/ 图 〔머릿골의 略語〕脳髄; 頭. ‖골이 아프다 頭が痛い. ▶골(이) 비다 頭が空っぽだ; 脳みそが足りない; 頭が悪い.

골² /kol/ 图 怒り. ▶골을 올리다 怒らせる. ▶골이 오르다 怒る.

골³ /kol/ 图 (靴などの)型.

골⁴ 图 ❶ 〔고올의 縮約形〕村. ❷ 〔골짜기의 略語〕谷. ❸ 〔기압 골〕気圧の谷. ❹ 〔고랑의 縮約形〕畝間; 畝().

골⁵ (goal) /kol/ 图 ゴール. ‖자살골 自殺点; オウンゴール.

골간 (骨幹) 图 骨幹.

골격 (骨格) 图 骨格.
　골격-근 (骨格筋) 【-끈】 图 〔解剖〕骨格筋.

골계 (滑稽) 【-/-계】 图 滑稽.
　골계-소설 (滑稽小説) 图 〔文芸〕滑稽小説.

골고루 /kolgoru/ 圖 〔고루고루의 縮約形〕均等に; 等しく; 同様に; 同じく; むらなく. ‖골고루 나눠 주다 等しく分けてやる.

골골 圖 오래 長い患いで病状が一進一退する様子.
　골골-거리다 [-대다] 圓 病気がちである.

골다 /ko:lda/ 匪 ㄹ語幹 〔골아, 고는, 곤〕(いびきを)かく. ‖코를 골다 いびきをかく.

골다공-증 (骨多孔症) 【-쯩】 图 〔医学〕骨粗しょう症.

골-대 (goal-) 图 =골포스트.

골동-품 (骨董品) 【-똥-】 图 骨董品.

골든-아워 (golden + hour 日) 图 ゴールデンアワー.

골똘-하다 匪 〔하變〕没頭している.
　골똘-히 圖 暇を惜しんで考えている 何かを一生懸命考えている.

골라-내다 /ko:llane:da/ 匪 選び出す; 抜き取る. ‖불량품을 골라내다 不良品を抜き取る.

골라-잡다 [-따] 匪 選び取る. ‖마음에 드는 걸로 골라잡으세요 気に入った物を選んでください.

골-마루 图 廊下. ⑳복도(複道). ‖학교 골마루 学校の廊下.

골막 (骨膜) 图 〔解剖〕骨膜.
　골막-염 (骨膜炎) 【-망념】 图 〔医学〕骨膜炎.

골-머리 /kolmori/ 图 〔머릿골의 俗語〕頭. ‖애가 말썽을 피워 골머리가 아프다 子どもがトラブルを起こして頭が痛い. ▶골머리를 앓다 頭を悩ます; 悩む; 困り入る.

골목 /ko:lmok/ 图 路地; わき道; 横丁. ‖뒷골목 裏通り; 裏道.
　골목-골목 [-꼴-] 圖 路地ごとに; あらゆる路地に.
　골목-길 [-낄] 图 路地; わき道.
　골목 대장 (-大將) [-때-] 图 がき大将.

골몰 (汨沒) 图 〔하自〕没頭; 熱中; 専念. ‖시험 공부에 골몰하다 試験勉強に没頭している.

골무 图 指ぬき.

골반 (骨盤) 图 〔解剖〕骨盤.

골-방 (-房) 图 わき部屋; (家の隅にある)小部屋.

골-백번 (-百番) 【-뻔】 图 何百回.

골뱅이 /ko:lbɛŋi/ 图 ❶ 巻き貝の総称. ❷ (IT) アットマーク(@).

골병 (骨病) /ko:lbjɔŋ/ 图 内攻した病気; 重病.
　골병-들다 (-病-) 【-ㄹ語။尾】 ① 病膏肓(育)に入る; 重病にかかる. ② 蝕まれる. ‖골병든 몸 蝕まれた体.

골분 (骨粉) 图 骨粉. ⑳뼛가루.

골상 (骨相) 【-쌍】 图 骨相.
　골상-학 (骨相學) 图 骨相学.

골-속 [-쏙] 图 脳髄の中; 頭の中; 脳みそ. ‖골속이 텅 비어 있다 脳みそが空っぽだ.

골수 (骨髓) 【-쑤】 图 〔解剖〕骨髄. ‖골수 이식 骨髄移植. ▶골수에 맺히다 骨髄に入る. ▶골수에 사무치다 骨髄に徹する. 원한이 골수에 사무치다 恨みが骨髄に徹する.
　골수-염 (骨髓炎) 图 〔医学〕骨髄炎.

골연화-증 (骨軟化症) 【-련-쯩】 图 〔医学〕骨軟化症.

골육 (骨肉) 图 骨肉.
　골육-상잔 (骨肉相殘) 【-쌍-】 图 〔하自〕骨肉相食むこと.

골육-상쟁 (骨肉相爭)【-쌍-】图 (하) 骨肉相爭すること.

골육-종 (骨肉腫)【-륙종】图 (医学) 骨肉腫.

골인 (goal+in 日) 图 ゴールイン.

골자 (骨子)【-짜】图 骨子. ‖法案の骨子.

골재 (骨材)【-째】图 骨材.

골절 (骨折)【-쩔】图 (医学) 骨折.

골-조직 (骨組織)【-쪼-】图 (解剖) 骨組織.

골짜기 图 谷; 谷間. 粵谷.

골-초 (-草) 图 〔からかう言い方で〕ヘビースモーカー.

골치 /kolʧʰi/【-】图 〔머릿골의 俗談〕頭. ▶ 골치(가) 아프다 頭が痛い; やっかいだ. 골치가 아픈 문제 やっかいな問題.

골칫-거리【-치꺼-~-친꺼-】图 悩みの種.

골칫-덩어리【-치떵-~-친떵-】图 悩みの種; やっかい者; 困り者.

골칫-덩이【-치떵-~-친떵-】图 = 골칫덩어리.

골-키퍼 (goal keeper) 图 ゴールキーパー.

골탕 /koltʰaŋ/ 图 ひどい迷惑や損害. ▶골탕(을) 먹다 ひどい目にあう. ▶골탕(을) 먹이다 ひどい目にあわせる; 散々困らせる.

골통 图 ❶〔머리의 俗談〕頭. ❷〔俗っぽい言い方で〕やっかい者; 頭の悪い人.

골-파 (植物) ワケギ(分葱).

골판지 (-板紙) 图 段ボール.

골-포스트 (goalpost) 图 (ラグビー・サッカーなどで)ゴールポスト.

골프 (golf) /kolpʰɯ/ (スポーツ) ゴルフ. ‖매주 일요일 골프를 치러 간다 毎週日曜日, ゴルフに行く.

골프-장 (golf場) 图 ゴルフ場.

골프-채 图 ゴルフクラブ; ゴルフバター.

곪다 /ko:mtʰa/【-】⾃ (傷などが)膿(う)む; 化膿する. ‖상처가 곪다 傷口が化膿する. 종기가 곪아서 아프다 おできが膿んで痛い. ❷〔比喩的に〕腐る. ‖곪을 대로 곪은 사회 腐り切った社会.

곪기다¹【곪타】⾃ (中身が)腐る; 傷む. ‖사과가 곪기다 リンゴが腐る.

곪기다² 【곪타】⾃ (お腹が)すかす. ‖역을 것이 없어서 배를 곪기고 있다 食べ物がなくてお腹がすいている.

곪기다【곪-】⾃他〔곪다의 使役動詞〕(お腹を)すかす; ひもじい思いをさせる. ‖아이를 배를 곪기다 子どもたちにひもじい思いをさせる.

곪어떨어지다【고라-】⾃ 眠りこける; 爆睡する.

곰¹ /ko:m/ 图 ❶ (動物) クマ(熊). ❷〔からかう言い方で〕のろま; とんま.

곰² 图 (肉や魚などを)じっくり煮込んだスープ.

곰곰-이 /ko:mgomi/ 圖 じっくり(と); つくづく; よくよく; 十分に. ‖곰곰이 생각해 보니 내가 잘못했다 よくよく考えると, 私が悪かった.

곰방-대 图 管の短いキセル.

곰-보 图 あばた面の人.

곰살궂다【-굳따】圏 ❶気さくで優しい. ❷几帳面で細かい.

곰상-스럽다【-따】圏【ㅂ変】こせこせしている.

곰-솔 (植物) クロマツ(黒松).

곰치 (魚介類) ウツボ(鱓).

곰-탕 (-湯) /ko:mtʰaŋ/ 图 (料理) コムタン(牛の骨・肉・内臓などを長時間煮込んだスープ); 牛テールスープ.

곰팡-내 图 かびのにおい. ‖곰팡내가 나다 かびくさい.

곰팡-이 /ko:mpʰaŋi/ 图 黴(菌). ‖식빵에 곰팡이가 피었다 食パンにかびが生えた.

곱 图 〔곱절의略語〕倍. ‖비용이 곱으로 들다 費用が倍かかる; 倍の費用がかかる.

곱다¹【-따】圏 (寒さなどで手が)かじかむ. ‖손이 곱아서 글을 쓸 수가 없다 手がかじかんで字が書けない.

곱다² /ko:pt͈a/【-따】圏【ㅂ変】〔고와, 고운〕❶ 美しい; きれい; 麗しい. ‖꽃이 고운 색 花のように麗しい花嫁. 자태가 곱다 容姿が美しい. 색깔이 곱다 色がきれいだ. ❷ やさしい. ‖마음씨가 고운 아가씨 気立てのやさしい娘. ❸ 細かい. ‖살결이 곱다 肌のきめが細かい. 가루를 곱게 갈다 粉を細かくひく.

곱다³【-따】圏 曲がっている; ゆがんでいる. ‖등이 곱은 할머니 背中が曲がっているおばあさん.

곱-배기 /kop͈egi/ 图 ❶食べ物などを器に普通よりも多めに盛ること; 大盛り. ❷二度繰り返すこと.

곱사-등 【-씨-】 图 くる病で曲がった背.

곱살-끼다 【-쌀-】 图 ひどくむずかる; せがむ.

곱-셈 /kop͈sem/ 【-쎔】 图 (하) (数学) かけ算; 乗法. ⻑곱하기. 粵덧셈・뺄셈・나눗셈.

곱셈 부호 (-符號) 图 かけ算の符号(×).

곱셈-표 (-標) 图 = 곱셈 부호(-符號).

곱슬곱슬-하다 【-쓸-쓸-】 圏 (하않) (髪の毛などが)縮れている.

곱슬-머리 【-쓸-】 图 縮れ毛; 癖毛; 縮れ毛の人. 粵고수머리.

곱-씹다 【-씹-】 ⾃他 ❶ (食べ物を)十分噛む. ❷ 繰り返し言う; 繰り返し考える.

곱-절 【-쩔】 图 倍. 粵곱절. ‖곱절로 돌려주다 (2)倍にして返す.

곱-창 牛の小腸. ‖곱창 구이 牛のホルモン焼き.

곱-하기 [고파-] 图 (数学) かけ算; 乗法. ◉곱셈. 때하기·빼기·나누기.

곱-하다 /kopʰada/ [고과-] 他 [하변] かける; 数を乗じる; かけ算をする. ‖수누다. ‖이에 삼을 곱하면 육이 된다 2에 3を かけると 6になる.

곳 /kot/ [곧] 图 場所; ところ. ◉앉을 만한 곳을 찾다 座れる場所を探す. ‖이 곳에 사는 사람들 ここに住んでいる人たち. 틀린 곳은 없어요? 間違ったところはないですか. 음식이 맛있는 곳 料理がおいしいところ.

一 依名 …か所. ‖두 곳 2か所.

곳간 (庫間) 图 [고까-문깐] 图 蔵.

곳-곳 [곧꼳] 图 あちこち; 至るところ; 色々なところ. ‖성격이 좋아서 곳곳에 친구가 있다 性格がよくてあちこちに友だちがいる.

공[1] /koːŋ/ 图 ボール; 球; まり. ‖공을 차다 ボールを蹴る. 축구 공 サッカーボール. 테니스 공 テニスボール. 야구 공 野球のボール.

공[2] (公) 图 公. ‖공과 사 公私.

공[3] (孔) 图 (姓) 孔 (コン).

공[4] (功) 图 ❶功; 手柄. ‖공을 세우다 功を立てる; 手柄を立てる. ❷誠意. ‖공을 들이다 誠意を尽くす.

공[5] (空) /koŋ/ 图 ❶ (仏教) 空 (くう). ‖공즉시색 空即是色. 图 [공군] (공군의 略語) 空. ‖육해공군 陸海空の 3軍. ❸アラビア数字の 0. ‖서울의 시외 전화 지역 번호는 공이입니다 ソウルの市外局番は 02です.

공[6] (gong) 图 ゴング. ‖공이 울리다 ゴングが鳴る.

-공[7] (工) 接尾 …エ. ‖용접공 溶接エ.

-공[8] (公) 接尾 …公. ‖충무공 忠武公.

공간[1] (公刊) 图 公刊.

공간[2] (空間) /koŋgan/ 图 空間. ‖생활 공간 生活空間. 우주 공간 宇宙空間. 시간과 공간 時間と空間. 좁은 공간을 유효하게 활용하다 狭い空間を有効に活用する.

공갈 (恐喝) /koːŋgal/ 图 自他 ❶恐喝. ❷ 〔거짓말의 俗語〕うそ.

공갈-죄 (恐喝罪) [-쬐 /-쮀] 图 (法律) 恐喝罪.

공갈-치다 (恐喝-) 间 ①恐喝する. ②うそをつく.

공감 (共感) /koːŋgam/ 图 自 共感. ‖그 사람 말에 공감하다 彼の話に共感する. 공감을 불러일으키다 共感を呼ぶ. 공감을 느끼다 共感を覚える; 共感がわく.

공-감각 (共感覺) 图 共感覺. ‖〔따뜻한 색깔〕과 같은 표현을 공감각적 비유라고 한다 「暖かい色」のような表現を共感覺的比喩と言う.

공개 (公開) /koŋge/ 图 他 公開. ‖정보를 공개하다 情報を公開する. 일반 공개 一般公開. 비공개로 非公開で. 미공개 未公開. 공개 방송 公開放送. 공개 석상 公開の席. **공개-되다** 受身

공개-수사 (公開搜査) 图 公開搜査.
공개-재판 (公開裁判) 图 公開裁判.
공개-적 (公開的) 图 ‖공개적인 자리에서 公の席で; 公開的に 公に.

공-것 (空-) [-껃] 图 ただ; ただのもの; 無料.

공격 (攻擊) /koːŋgjʌk/ 图 他 攻擊. ‖방어(防御). ‖일방적인 공격 一方的の攻擊. 인신공격 人身攻擊. 전면 공격을 가하다 全面攻擊をかける. **공격-받다** [-닫하다]

공격-기 (攻擊機) [-끼] 图 攻擊機.
공격-적 (攻擊的) [-쩍] 图 攻擊的. ‖공격적인 태도 攻擊の態度.

공경 (恭敬) 图 他 恭敬; 敬うこと. **공경-받다** 受身

공-경제 (公經濟) 图 (經) 公経済. ‖사경제 (私經濟).

공고[1] (工高) 图 공업 고등학교 (工業高等學校) の略語. 工高.

공고[2] (公告) 图 他 公告.

공고-문 (公告文) 图 公告文.

공고-하다 (鞏固-) 胚 [하변] 強固だ.
공고-히 (鞏固-) 副 強固に. ‖기초를 공고히 하다 基礎を強固にする.

공공 (公共) 图 公共.
공공-단체 (公共團體) 图 公共団体.
공공-물 (公共物) 图 公共用物; 公用物.
공공-방송 (公共放送) 图 公共放送. ‖민간 방송 (民間放送).

공공-복지 (公共福祉) [-찌] 图 公共の福祉.
공공-사업 (公共事業) 图 公共事業.
공공-성 (公共性) [-썽] 图 公共性.
공공-시설 (公共施設) 图 公共施設.
공공-심 (公共心) 图 公共心.
공공-요금 (公共料金) [-뇨-] 图 公共料金.
공공-장소 (公共場所) 图 公共の場.
공공연-하다 (公公然-) 胚 [하변] 公然だ. ‖공공연히 公然と.
공공-칠가방 (空空七-) 图 〔俗っぽい言い方で〕 アタッシェケース.

공과-금 (公課金) /koŋgwagum/ 图 公共料金.

공과ᄀ**대학** (工科大學) [-꽈-] 图 工科大学; 工学部.

공관 (公館) 图 公館.

공관-장 (公館長) [名] 公館長.
공교-롭다 (工巧−) /koŋjorop'ta/【−따】[形]『ㅂ変』[공교로워, 공교로운]〔主に공교롭게(도)の形で〕あいにく; あいにくなことに; 折あしく; 偶然(にも). ‖공교롭게도 비가 왔다 あいにくの雨だった. 공교롭게도 그날 집에 없었다 あいにくなことに, あの日, 留守だった. 공교로이 [副]
공-교육 (公教育) [名] 公教育. [対]사교육(私教育).
공구 (工具) [名] 工具.
공국 (公國) [名] 公国. ‖모나코 공국 モナコ公国.
공군 (空軍) [名]《軍事》空軍. [略]공(空). [関]육군(陸軍)·해군(海軍).
공군^사관학교 (空軍士官學校)【−꾜】[名] 空軍士官学校. [略]공사(空士).
공권 (公權)【−꿘】[名] 公権.
공권-력 (公權力)【−꿘녁】[名] 公権力. ‖공권력을 발동하다 公権力を発動する.
공그르다 [他]『르変』(裾などを)くけ縫いにする; くける.
공금 (公金) [名] 公金.
공금^횡령 (公金橫領)【−녕/−휑녕】[名] 公金横領.
공급 (供給) /ko:ŋgɯp/ [名] [하他] 供給. [対]수요(需要). ‖전력을 공급하다 電力を供給する. 공급-되다 [受身]
공급-원 (供給源) [名] 供給源.
공기[1] [名] ❶石など; 石などり; 石なごとり. ❷お手玉.
공기[2] (工期) [名] 工期; 工事期間.
공기[3] (公器) [名] 公器. ‖신문은 사회의 공기라고 일컬어진다 新聞は社会の公器と言われる.
공기[4] (空氣) /koŋgi/ [名] 空気. ‖신선한 공기 新鮮な空気. 겨울의 찬 공기 冬の冷たい空気. 방 안 공기가 탁하다 部屋の中の空気がよどんでいる.
공기^냉각 (空氣冷却) [名] 空気冷却. [略]공랭(空冷).
공기-압 (空氣壓) [名] (タイヤの)空気圧.
공기^전염 (空氣傳染) [名] 空気感染.
공기-주머니 (空氣−) [名]《鳥類》気嚢(きのう).
공기^청정기 (空氣淸淨器) [名] 空気清浄器.
공기-총 (空氣銃) [名] 空気銃.
공기[5] (空器) /koŋgi/ [名] 茶碗.
— [依名] 茶碗に盛ったご飯を数える語: …杯. ‖밥 두 공기 ご飯 2 杯.
공-기업 (公企業) [名] 公企業. [対]사기업(私企業).
공납[1] (公納) [名] 国庫に納める税金.
공납-금 (公納金)【−끔】[名] ①国家や地方自治体に義務として徴収される金. ②(主に中高の学生が)学校に定期的に納める金; 授業料.
공납[2] (貢納) [名] [하他] 貢納(こうのう).
공노 (共怒) [名] [하自] 共に怒ること. ‖천인공노할 만행 天と人が共に怒るべき[許し難い]蛮行.
공단[1] (工團) [名]〔공업 단지(工業團地)の略語〕工業団地.
공단[2] (公團) [名] 公団.
공당 (公黨) [名] 公党.
공대[1] (工大) [名]〔공과 대학(工科大學)の略語〕工科大学; 工学部.
공대[2] (恭待) [名] [하他] 相手に敬語を使って接すること. [対]하대(下待).
공대-말 (恭待−) [名]《言語》敬語.
공-대공 (空對空) [名] 空対空.
공대공^미사일 (空對空 missile) [名]《軍事》空対空ミサイル.
공-대지 (空對地) [名] 空対地.
공대지^미사일 (空對地 missile) [名]《軍事》空対地ミサイル.
공덕[1] (公德) [名] 公徳.
공덕[2] (功德) [名] 功徳.
공도 (公道) [名] 公道. [対]사도(私道).
공도-동망 (共倒同亡) [名] [하自] 共倒れ. ‖공도동망하다 共倒れになる.
공-돈 (空−)【−똔】[名] 苦労せずに得た金; ただで入った金; あぶく銭.
공-돌이 (工−) [名]〔俗っぽい言い方で〕男子工員. [対]공순이(工−).
공동[1] (空洞) [名] 空洞.
공동-화 (空洞化) [名] [되自] 空洞化. ‖공동화 현상 ドーナツ現象.
공동[2] (共同) /ko:ŋdoŋ/ [名] [하他] 共同. ‖공동 작업 共同作業. 공동 소유 共同所有. 공동으로 관리하다 共同で管理する.
공동^경비^구역 (共同警備區域) [名] 共同警備区域(JSA).
공동^규제^수역 (共同規制水域) [名] 共同規制水域.
공동^기업 (共同企業) [名] 共同企業体.
공동^담보 (共同擔保) [名] 共同担保.
공동^대표 (共同代表) [名] 共同代表.
공동-묘지 (共同墓地) [名] 共同墓地.
공동^사회 (共同社會)【−/−훼】[名] 共同社会. [対]이익 사회(利益社會).
공동^선언 (共同宣言) [名] 共同宣言.
공동^성명 (共同聲明) [名] 共同声明.
공동^소유 (共同所有) [名] 共同所有.
공동^전선 (共同戰線) [名] 共同戦線.
공동-체 (共同體) [名] 共同体. ‖운명 공동체 運命共同体.
공동^출자 (共同出資)【−짜】[名] 共同出資.
공동^판매 (共同販賣) [名] 共同販売.
공-들다 (功−) [自]『ㄹ語幹』念を入れる; 骨折る. ▸공든 탑이 무너지랴〔諺〕精魂込めて成し遂げた仕事が無駄になることはない.

가 개 갸 걔 거 게 겨 계 고 과 괘 괴 교 구 궈 궤 귀 규 그 긔 기

공들-이다 (功-) 囼 精魂을 込める. ‖공들여서 만든 물건 精魂込めて作った品.
공-떡 (空-) 囼 棚ぼた; 棚からぼた餅.
공란 (空欄) 【-난】囼 空欄. ㉮빈칸.
공람 (供覽) 【-남】囼 他 供覽.
공랭 (空冷) 【-냉】囼 〔공기 냉각(空氣冷却)의 略語〕空冷.
 공랭-식 (空冷式) 囼 空冷式.
공략 (攻略) 【-냑】囼 他 攻略. ‖선발 투수를 공략하다 先発投手を攻略する.
 공략-당하다 (攻略-) 彼
공로[1] (公路) 【-노】囼 公路.
공로[2] (功勞) 【-노】囼 功労. ‖공로를 치하하다 功労を称える.
공로[3] (空路) 【-노】囼 空路. ㉭육로(陸路)・해로(海路).
공론[1] (公論) 【-논】囼 公論.
공론[2] (空論) 【-논】囼 空論. ‖탁상공론 机上の空論.
공룡 (恐龍) 【-뇽】囼 恐竜.
공리[1] (公利) 【-니】囼 公利; 公益.
공리[2] (公理) 【-니】囼 公理.
공리[3] (功利) 【-니】囼 功利.
 공리-적 (功利的) 【-니-/-니-이】 囼 功利的.
 공리-주의 (功利主義) 【-니-/-니-이】囼 功利主義.
공리-공론 (空理空論) 【-니-는】囼 空理空論.
공립 (公立) 【-닙】囼 公立. ㉭사립(私立).
공매[1] (公賣) 囼 他 公売. ‖공매에 부치다 公売に出す[かける].
공매[2] (空賣) 囼 他 (経) (株式の信用取引による)空売り.
공맹 (孔孟) 囼 孔孟.
공명[1] (功名) 囼 功名.
 공명-심 (功名心) 囼 功名心.
공명[2] (共鳴) 囼 自他 共鳴.
공명[3] (公明) 囼 公明.
 공명-정대 (公明正大) (形動) 公明正大.
공모[1] (公募) 囼 他 公募. ‖사원을 공모하다 社員を公募する.
 공모-주 (公募株) 囼 (経) 公募株.
공모[2] (共謀) 囼 他 共謀.
공무 (公務) 囼 公務.
 공무 집행 방해죄 (公務執行妨害罪) 【-지뺑-/-지뺑-쮀】囼 (法律) 公務執行妨害罪.
공무-원 (公務員) /konmuwɔn/ 囼 公務員. ‖국가 공무원 国家公務員. 교육 공무원 教育公務員.
공문 (公文) 囼 公文.
공-문서 (公文書) 囼 公文書. ㉭사문서(私文書).
 공문서 위조죄 (公文書僞造罪) 【-쬐/-쮀】囼 (法律) 公文書偽造罪.
공물 (貢物) 囼 貢ぎ物.
공민 (公民) 囼 公民.
공민-권 (公民權) 【-꿘】囼 (法律) 公民権.
공박 (攻駁) 囼 他 (誤りなどを取り上げて)なじること; 攻め立てること.
공-밥 (空-) 【-빱】囼 ただ飯.
공방[1] (工房) 囼 工房; アトリエ.
공방[2] (攻防) 囼 攻防.
 공방-전 (攻防戰) 囼 攻防戦. ‖공방전을 벌이다 攻防戦を繰り広げる.
공방[3] (空房) 囼 空房; 空閨(쿠우).
공-배수 (公倍數) 囼 (数学) 公倍数.
공백 (空白) 囼 空白; ブランク. ‖정치적인 공백 政治的な空白. 공백을 메우다 空白を埋める.
공범 (共犯) 囼 (法律) 共犯. ㉮단독범(単独犯).
공법[1] (工法) 【-뻡】囼 工法.
공법[2] (公法) 【-뻡】囼 (法律) 公法. ㉭사법(私法).
공-법인 (公法人) 【-뻐빈】囼 (法律) 公法人.
공병[1] (工兵) 囼 (軍事) 工兵.
공병[2] (空甁) 囼 空き瓶.
공보 (公報) 囼 公報.
공복[1] (公僕) 囼 公僕; 公務員.
공복[2] (空腹) 囼 空腹. ㉭반속.
공부 (工夫) /kombu/ 囼 自他 勉強. ‖도서관에서 늦게까지 공부하다 図書館で遅くまで勉強する. 공부를 잘하는 편이다 勉強はできる方だ. 뭐든지 공부라고 생각하고 해 보세요 何でも勉強だと思ってやってみてください.
 공부-방 (工夫房) 【-빵】囼 勉強部屋.
 공붓-벌레 (工夫ㅅ-) 【-부뻘/-붇뻘】囼 勉強の虫.
공부[2] (工簿) 囼 公簿.
공-분모 (公分母) 囼 (数学) 公分母.
공비[1] (公費) 囼 公費. ㉮사비(私費).
공비[2] (共匪) 囼 共匪(공--).
공사[1] (工事) /kɔŋsa/ 囼 自 工事. ‖도로 공사 道路工事. 수도 공사 水道工事. 공사 중 工事中.
 공사-비 (工事費) 囼 工事費.
 공사-장 (工事場) 囼 工事現場.
 공사-판 (工事-) 囼 工事現場.
공사[2] (公私) 囼 公私. ‖공사를 혼동하다 公私を混同する. 공사 다양한 가운데 公私共に多忙な中.
공사[3] (公事) 囼 公事; 公務.
공사[4] (公使) 囼 公使.
공사[5] (公社) 囼 公社.
공사[6] (空士) 囼 空軍 사관학교(空軍士官学校)의 略語.
공-사립 (公私立) 囼 公立と私立.
공-사채 (公社債) 囼 公社債.
공산[1] (公算) 囼 公算. ‖실패할 공산이 크다 失敗する公算が大きい.
공산[2] (共産) 囼 共産.
 공산-권 (共産圈) 【-꿘】囼 共産圏.

공산-당 (共産黨) [名] 共産党.
공산-주의 (共産主義) 【-/-이】 [名] 共産主義.
공산-주의자 (共産主義者) 【-/-이-】 [名] 共産主義者.
공산-품 (工産品) [名] 工業製品.
공상[1] (工商) [名] 工商.
공상[2] (空想) [名] [하他] 空想. ‖미래의 생활을 공상하다 未来の生活を空想する. 공상에 빠지다 空想にふける.
공상^과학^소설 (空想科學小說) 【-쏘-】 [名] 空想科学小説(SF).
공생 (共生) [名] [하自] 共生.
공석[1] (空席) [名] 空席. [類]빈자리.
공석[2] (公席) [名] 公務を執る席; 公の場. [対]사석(私席).
공선 (公選) [名] [하他] 公選.
공선-제 (公選制) [名] 公選制.
공설 (公設) [名] [하他] 公設. [対]사설(私設).
공세 (攻勢) [名] 攻勢. [対]수세(守勢).
공소[1] (公訴) [名] [하他] 《法律》 公訴.
공소-권 (公訴權) 【-꿘】 [名] 《法律》 公訴権.
공소^시효 (公訴時效) [名] 《法律》 公訴時効.
공소-장 (公訴狀) 【-짱】 [名] 《法律》 公訴状.
공소[2] (控訴) [名] [하他] 《法律》 〔항소(抗訴)の旧用語〕控訴.
공손 (恭遜) [名] [하形] 丁寧; 丁重; 謙遜. ‖공손하게 인사하다 丁寧に挨拶する.
공손-법 (恭遜法) 【-뻡】 [名] 《言語》 謙譲法.
공수[1] (攻守) [名] 攻守.
공수[2] (空手) [名] 空手.
공수[3] (供水) [名] 供水; 給水.
공수[4] (空輸) [名] [하他] 空輸. ‖원조 물자를 공수하다 援助物資を空輸する.
공수^부대 (空輸部隊) [名] 空輸部隊.
공수래-공수거 (空手來空手去) [名] 《仏教》 手ぶらで生まれ手ぶらで死ぬこと; 裸で生まれ裸で死ぬこと.
공수-병 (恐水病) 【-뼝】 [名] 《医学》 恐水病.
공-수표 (空手票) [名] ❶空手形. ❷〔比喩的に〕実行されない約束. ‖약속이 공수표로 끝나다 約束が空手形に終わる.
공-순이 (エ-) [名] 〔俗っぽい言い方で〕女子工員. [対]공돌이(エ-).
공순-하다 (恭順-) [形] 『하変』 恭順だ.
공-술[1] (空-) 【-쑬】 [名] ふるまい酒. ‖공술을 마시다 ふるまい酒を飲む.
공술[2] (供述) [名] [하他] 供述.
공술[3] (公述) [名] [하他] 公述. ‖공청회에서 공술하다 公聴会で公述する.
공술-인 (公述人) [名] 公述人.
공습 (空襲) [名] [하他] 空襲.
공습-경보 (空襲警報) 【-꼉-】 [名] 空襲警報.
공시 (公示) [名] [하他] 公示.
공식 (公式) /koŋʃik/ [名] 公式. ‖공식 보고서 公式の報告書. 공식 발표 公式の発表.
공식-어 (公式語) [名] 公式語.
공식-적 (公式的) 【-쩍】 [名] 公式(的). ‖공식적인 견해 公式的な見解. 공식적인 자리 公式的な場; 公式の場. 공식적으로 인정하다 公式に認める.
공신 (功臣) [名] 功臣.
공신-력 (公信力) 【-녁】 [名] 《法律》 公信力.
공안[1] (公安) [名] 公安. ‖공안 위원회 公安委員会.
공안[2] (公案) [名] 《仏教》 公案. [類]화두(話頭).
공약[1] (公約) [名] [하他] 公約. ‖선거 공약 選挙の公約.
공약[2] (空約) [名] [하他] 空約束.
공-약수 (公約數) 【-쑤】 [名] 《数学》 公約数.
공양 (供養) [名] [하他] ❶(目上の人を)養うこと. ❷供養.
공양-미 (供養米) [名] 供米(くまい).
공언[1] (空言) [名] [하自] 空言. ‖공언을 하다 空言を吐く.
공언[2] (公言) [名] [하他] 公言.
공업 (工業) /koŋɔp/ [名] 工業. ‖화학 공업 化学工業. 가내 공업 家内工業. 공업 도시 工業都市. 경공업 軽工業. 중공업 重工業.
공업^고등학교 (工業高等學校) 【-꼬-꾜】 [名] 工業高等学校. [略]공고(工高).
공업^규격 (工業規格) 【-뀨-】 [名] 산업 규격(産業規格)の旧用語.
공업^단지 (工業團地) 【-딴-】 [名] 工業団地. [略]공단(工團).
공업^약품 (工業藥品) 【-엄냑-】 [名] 工業薬品.
공업-용 (工業用) 【-엄뇽】 [名] 工業用.
공업-용수 (工業用水) 【-엄뇽-】 [名] 工業用水.
공업^지대 (工業地帶) 【-찌-】 [名] 工業地帯.
공업-화 (工業化) 【-어퐈】 [名] [하自他] 工業化.
공업^화학 (工業化學) 【-어퐈-】 [名] 工業化学.
공역[1] (公役) [名] 公役.
공역[2] (空域) [名] 空域.
공역[3] (共譯) [名] [하他] 共訳.
공연[1] (共演) [名] [하自] 共演.
공연[2] (公演) [名] [하他] 公演. ‖첫 공연 初公演.
공연-장 (公演場) [名] 公演会場.
공연-하다[1] (公然-) [形] 『하変』 公然だ; 広く知れわたっている. ‖공연하게 알

공연-하다² (空然-) /koŋjənhada/ 〖하變〗 不必要だ;役に立たない;無駄だ、余計だ.¶공연한 간섭 余計な口出し. **공연-히** 〖副〗

공-염불 (空念佛)【-념-】〖名〗〖自〗 空念仏.

공영 (共榮)〖하自〗共栄.
공영 (公營)〖하他〗公営.
　공영-기업 (公營企業)〖名〗公営企業.
　공영-방송 (公營放送)〖名〗公共放送.
　공영-주택 (公營住宅)〖名〗公営住宅.

공예 (工藝)〖名〗工芸.
　공예-품 (工藝品)〖名〗工芸品.

공용 (公用)〖하他〗公用. ㉠使用(私用).
　공용-물 (公用物)〖名〗公用物.
　공용-어 (公用語)〖言語〗公用語.
　공용-재산 (公用財産)〖名〗公用財産.

공용 (共用)〖하他〗共用. ㉠専用(専用).¶남녀 공용 男女共用. 공용 부분 共用部分.
　공용-면적 (共用面積)〖名〗共用部分.

공용 (供用)〖하他〗供用.
공원¹ (工員)〖名〗工員.

공원² (公園) /koŋwən/ 〖名〗公園.〖하他〗共着.¶국립 공원 国立公園. 어린이 공원 児童公園.

공유¹ (公有)〖하他〗公有. ㉠私有(私有).
　공유-림 (公有林)〖名〗公有林.
　공유-재산 (公有財産)〖名〗公有財産.
　공유-지 (公有地)〖名〗公有地.

공유² (共有)〖하他〗共有. ㉠専有(専有).
　공유-물 (共有物)〖名〗共有物. ㉠専有(専有).

공-으로 (空-) 〖副〗ただで;無料で.
공이 〖名〗杵(きね).

공익 (公益)〖名〗公益.¶사익(私益). ¶공익 광고 公共広告.
　공익-법인 (公益法人)【-뻐빈】〖名〗公益法人.
　공익-사업 (公益事業)【-싸-】〖名〗公益事業.

공익 (共益)〖名〗共益.
　공익-권 (共益權)【-꿘】〖名〗〖法律〗共益権.
　공익-비 (共益費)【-삐】〖名〗共益費.

공인¹ (公人)〖名〗公人.¶공인으로서 발언하다 公人として発言する.

공인² (公印)〖名〗公印.

공인³ (公認) /koŋin/ 〖하他〗公認.¶공인 단체 公認団体. 두 사람은 공인받은 관계다 2人は公認の関係だ.
　공인-중개사 (公認仲介士)〖名〗宅地建物取引主任者.
　공인 회계사 (公認會計士)【-/-/-헤게-】〖名〗公認会計士.

공-일 (空-)【-닐】 ❶ただ働き. ❷無駄,無駄なこと.

공자 (公子)〖名〗公子.¶귀공자 貴公子.
공작¹ (孔雀)〖名〗(鳥類)クジャク(孔雀).
공작² (公爵)〖名〗公爵.
공작³ (工作)〖하他〗工作.
　공작-기계 (工作機械)【-끼-/-끼게】〖名〗工作機械.
　공작-물 (工作物)【-짱-】〖名〗工作物.
　공작-선 (工作船)【-썬】〖名〗工作船.
　공작-원 (工作員)〖名〗工作員.

공장 (工場) /koŋʤaŋ/ 〖名〗工場.¶석유 화학 공장 石油化学工場. 보세 공장 保税工場. 공장 가동률 工場稼働率. 공장 폐수 工場廃水.
　공장-도 (工場渡)〖名〗工場渡し.¶공장도 가격 工場渡し価格.
　공장-법 (工場法)【-뻡】〖法律〗工場法.
　공장-장 (工場長)〖名〗工場長.
　공장-폐쇄 (工場閉鎖)【-/-/-페-】〖名〗工場閉鎖.
　공장 폐수 (工場廢水)【-/-/-페-】〖名〗工場廃水.

공저¹ (公邸)〖名〗公邸.㉠사저(私邸).
공저² (共著)〖名〗共著.

공-적¹ (公的)【-쩍】〖名〗公の. ㉠사적(私的). ¶공적인 입장 公的な立場. 공적인 성격을 띠다 公的な性格を帯びる.

공적² (功績)〖名〗功績.
공전¹ (公田)〖名〗公田. ㉠사전(私田).
공전² (公轉)〖하自他〗〖天文〗公転. ㉠자전(自轉).
공전³ (空前)〖名〗空前.¶공전의 히트곡 空前のヒット曲.
공전⁴ (空轉)〖하自〗空転;空回り.
공전⁵ (工程)〖名〗工程.¶생산 공정 生産工程. 공정 관리 工程管理.
공정² (公正)〖하形〗公正.¶공정한 판결을 내리다 公正な判決を下す. 공정을 기하다 公正を期する.
　공정-거래 (公正去來)〖名〗公正取引.

공정 (公定)〖名〗公定.
　공정-가 (公定價)【-까】〖名〗公定価格(公定價格)の略語.
　공정-가격 (公定價格)【-까-】〖名〗公定価格. ㉠공정가(公定價).

공제 (共濟)〖名〗共済.
　공제-조합 (共濟組合)〖名〗共済組合.

공제 (控除)〖하他〗控除;天引き. ¶수입에서 필요 경비를 공제하다 収入から必要経費を控除する. 보험료를 공제하다 保険料を天引きする. ¶부양 공제 扶養控除.

공조 (共助)〖하他〗共助.
공존 (共存)〖하自〗共存.¶평화 공존 平和共存.
　공존-공영 (共存共榮)〖名〗共存共栄.

공죄 (功罪)【-쮀】〖名〗功罪.

공주 (公主) [名] 公主; 皇女; 姫. ‖백설 공주 白雪姫. 인어 공주 人魚姫.
공준 (公準) [名] 《数学》 公準.
공중[1] (公衆) /koŋdʒuŋ/ [名] 公衆. ‖공중의 면전에서 창피를 당하다 公衆の面前で恥をかく.
공중-도덕 (公衆道德) [名] 公衆道徳.
공중-위생 (公衆衛生) [名] 公衆衛生.
공중-전화 (公衆電話) [名] 公衆電話.
공중-화장실 (公衆化粧室) [名] 公衆トイレ.
공중[2] (空中) /koŋdʒuŋ/ [名] 空中; 宙. ‖몸이 공중에 뜨다 体が宙に浮く. 꽃잎이 공중에 흩날리다 花びらが宙に舞い散る.
공중-분해 (空中分解) [名] 空中分解.
공중-전 (空中戰) [名] 空中戦.
공중-제비 (空中-) [名] 宙返り; とんぼ返り.
공중파^방송 (空中波放送) [名] ＝지상파 방송(地上波放送).
공즉시색 (空卽是色) 【-씨-】 [名] 《仏教》 空即是色. [類]색즉시공(色卽是空).
공증 (公證) [名] [하他] 公証.
공증-인 (公證人) [名] 公証人.
공지[1] (公知) [名] [하他] 公知. ‖공지 사항 公知事項.
공지[2] (空地) [名] 空き地. [類]공터(空-).
공직 (公職) [名] 公職. ‖공직자 公職者.
공-집합 (空集合) 【-지팝】 [名] 《数学》 空集合.
공짜 (空-) /koŋˀtʃa/ [名] ただ; 無料; ろは. [類]무료(無料). ‖이 술은 공짜예요 この酒はただです. 공짜나 마찬가지다 ただ同然だ. 공짜보다 비싼 것은 없다 ただより高いものはない. 공짜로 빌려 주다 ただで貸してあげる.
공차 (空車) [名] ❶ 空車. ❷ (乗り物に) ただで乗ること.
공채[1] (公採) [名] 公開採用.
공채[2] (公債) [名] 公債.
공책 (空冊) /koŋtʃʰɛk/ [名] ノート. [類]노트. ‖공책에 적어 놓다 ノートに書いておく.
공처-가 (恐妻家) [名] 恐妻家.
공천 (公薦) [名] [하他] (政党の)公認. ‖공천 후보 公認候補. **공천-받다** [受身]
공청-회 (公聽會) 【-/-훼】 [名] 公聴会. ‖공청회를 열다 公聴会を開く.
공출 (供出) [名] [하他] 供出.
공출-미 (供出米) [名] 供出米.
공-치기 [名] [하自] 球技.
공-치다 (空-) [名] [하自他] 当てがはずれる; 期待はずれだ; 徒労に終わる; 駄目だ. ‖비가 와서 오늘 장사는 공쳤다 雨が降って今日の商いは駄目だった.
공-치사[1] (空致辭) [名] [하自他] うわべだけのお祝いのこと.
공-치사[2] (功致辭) [名] [하自他] (自分の手柄を)自慢すること. ‖공치사처럼 들리는 이야기 自慢臭く聞こえる話.
공탁 (供託) [名] [하他] 供託.
공탁-금 (供託金) 【-끔】 [名] 供託金.
공탁-서 (供託書) 【-써】 [名] 供託書.
공-터 (空-) [名] 空き地. [類]공지(空地).
공-테이프 (空 tape) [名] 空テープ.
공통 (共通) /ko:ŋtʰoŋ/ [名] [되自] 共通. ‖두 사람의 공통된 성격 2人の共通した性格. 공통의 목적 共通の目的. 부모들 공통의 고민 親の共通の悩み.
공통-성 (共通性) 【-썽】 [名] 共通性.
공통-어 (共通語) [名] 共通語.
공통-점 (共通點) 【-쩜】 [名] 共通点.
공판 (公判) [名] [하自] 公判.
공판-정 (公判廷) [名] 公判廷.
공판-장 (共販場) [名] 共同販売場.
공평 (公平) /koŋpʰjɔŋ/ [名] [하形] 公平. ‖공평하게 나누다 公平に分ける.
공평-무사 (公平無私) [名] [하形] 公平無私.
공포[1] (公布) [名] [하他] 公布.
공포[2] (空砲) [名] 空砲. ▸공포를 놓다 ① 空砲を放つ. ② 威かす; 脅かす.
공포[3] (恐怖) /ko:ŋpʰo/ [名] 恐怖. ‖공포에 떨다 恐怖に震える. 공포를 느끼다 恐怖を覚える.
공포-감 (恐怖感) [名] 恐怖感.
공포-심 (恐怖心) [名] 恐怖心.
공포^정치 (恐怖政治) [名] 恐怖政治.
공포-증 (恐怖症) 【-쯩】 [名] 《医学》 恐怖症.
공표[1] (公表) [名] [하他] 公表. ‖사실을 공표하다 事実を公表する. 공표하기를 꺼리다 公表をはばかる.
공표[2] (空票) [名] 空くじ.
공학[1] (工學) [名] 工学. ‖전기 공학 電気工学. 전자 공학 電子工学.
공학[2] (共學) [名] [하自] 共学. ‖남녀 공학 男女共学.
공한-지 (空閑地) [名] 空閑地.
공항 (空港) /koŋhaŋ/ [名] 空港. ‖국제 공항 国際空港. 김포 공항 金浦空港. 하네다 공항 羽田空港; 東京国際空港.
공항-세 (空港稅) 【-쎄】 [名] 空港税; エアポートタックス.
공해[1] (公害) /koŋhɛ/ [名] 公害. ‖소음 공해에 시달리고 있다 騒音公害に悩まされている. 공해를 방지하기 위한 노력을 게을리 해서는 안 된다 公害を防ぐための努力を怠ってはいけない.
공해-병 (公害病) 【-뼝】 [名] 《医学》 公害病.
공해[2] (公海) [名] 公海.
공해[3] (空海) [名] 空海.
공허 (空虛) [名] [하形] 空虚. ‖공허한

가 개 갸 걔 거 게 겨 계 고 과 괘 괴 교 구 궈 궤 귀 규 그 긔 기

이론 空虛한 理論.
공허-감 (空虛感) 圏 空虛感.
공헌 (貢獻) /koːŋhən/ 圏 自由 貢獻. ‖우승ന 팀의 공헌하다 優勝に貢獻する. 과학의 진보에 크게 공헌하다 科學の進步に大いに貢獻する.
공헌-도 (貢獻度) 圏 貢獻度.
공화 (共和) 圏 下限 共和.
공화-국 (共和國) 圏 共和國.
공화-정 (共和政) 圏 共和政.
공화 정치 (共和政治) 圏 共和政治.
공화-제 (共和制) 圏 共和制.
공황 (恐慌) 圏 (経) 恐慌. ‖경제 공황 經濟恐慌.
공회-당 (公會堂) 圏 /-/-훼-/ 圏 公會堂.
공후 (箜篌) 圏 《音樂》 箜篌(く); 百濟琴(ことう).
공훈 (功勳) 圏 《音樂》 功勳; 勳功.
공휴-일 (公休日) 圏 公休日.
공-히 (共-) 圖 共に. ‖명실 공히 名實共に.
-곶 (串) 圏 [곧] 複尾 …岬.
곶-감 /kot̚k͈am/ [곧깜] 圏 干し柿; 串柿. ▶곶감 꼬치에서 곶감 빼 먹듯 말 ('干し柿を串から抜いて食べるよう」の意で) 苦労して蓄えた財産などを少しずつ使って食いつぶすことのたとえ.
과¹ (科) 圏 科. ❶ (教育・學問などで) 分野を示す区分け. ‖무슨 과 학생이세요? どこの科の學生ですか. ❷《生物》 (生物分類上の一段階の一つ. ‖까마귀과는 참새목 까마귀과の鳥類で, カラスはスズメ目カラス科の鳥類である.
과² (課) 圏 課. ❶ (役所・會社などで) 組織上の小区分. ‖과별로 課別に. ❷ 教科書などの一区切り. ‖다음 과를 예습해 오세요 次の課を豫習してください.
과³ /kwa/ 助 〔子音で終わる体言に付いて; 母音の場合は와〕❶ …と. ‖형과 동생과 동생, 빵과 우유 パンと牛乳. ‖동생과 만나다 妹と会う. 말하는 것과 행동하는 것の差이 言うことと行動することの差. ❷ …に. ‖나는 형과 닮았다 私は兄に似ている. ❸ …と共に; …と一緒に. ‖반 애들과 같이 영화를 보러 가다 クラスメートと一緒に映画を見に行く.
과감-하다 (果敢-) 圏 果敢だ. ‖과감한 태도 果敢な態度. 과감하게 싸우다 果敢に戰う. 과감하게 한번 해봐 思い切って一度やってみて. **과감-히** 圖
과거¹ (科擧) 圏 (歷史) 科擧.
과거² (過去) /kwaːgə/ 圏 ❶ 過去. ‖과거를 돌아보다 過去を振り返る. 어두운 과거가 있는 사람 暗い過去がある人. 과거의 유물 過去の遺物.
과거 분사 (過去分詞) 圏 《言語》 過去分詞.
과거-사 (過去事) 圏 過去のこと; 昔のこと.
과거 완료 (過去完了) 【-와-】 圏 《言語》 過去完了.
과거지사 (過去之事) 圏 過去のこと.
과거-형 (過去形) 圏 《言語》 過去形.
과격 (過激) 圏 下限 過激; 激しいこと. ‖과격한 운동 過激なスポーツ. 과격한 성격 激しい性格.
과격 분자 (過激分子) 【-뿐-】 圏 過激分子.
과격-파 (過激派) 圏 過激派.
과-꽃 [-꼳] 圏 《植物》 エゾギク(蝦夷菊).
과녁 圏 的. ‖과녁에 맞다 的に当たる. 과녁에 빗나가다 的をはずれる.
과년 (瓜年) 圏 (女性의) 結婚適齡期.
과년-하다 (瓜年-) 圏 下限 女性の年が結婚適齡期を過ぎている. ‖과년한 말이 하나 있다 結婚適齡期を過ぎた娘が1人いる.
과다 (過多) 圏 下限 過多. 反 과소 (過少). ‖위산 과다 胃酸過多.
과다-증 (過多症) 【-쯩】 圏 《医学》 過多症.
과단 (果斷) 圏 下限 果斷.
과단-성 (果斷性) 【-썽】 圏 決斷力. ‖과단성이 있다 決斷力がある.
과당 (果糖) 圏 《化学》 果糖; フルクトース.
과당² (過當) 圏 下限 過当.
과당 경쟁 (過當競爭) 圏 過当競爭.
과대¹ (過大) 圏 過大. 反 과소 (過小). ‖과대한 기대를 걸다 過大な期待をかける.
과대-시 (過大視) 圏 下限 過大視.
과대-평가 (過大評價) 【-까】 圏 過大評價. 反 과소평가 (過小評價).
과대² (誇大) 圏 下限 誇大.
과대-광고 (誇大廣告) 圏 誇大廣告.
과대-망상 (誇大妄想) 圏 誇大妄想.
과도¹ (果刀) 圏 果物ナイフ.
과도² (過度) 圏 下限 過度. ‖과도한 운동 過度な運動.
과도³ (過渡) /kwaːdo/ 圏 過渡.
과도-기 (過渡期) 圏 過渡(期). ‖과도기적인 현상 過渡的な現象.
과도-적 (過渡的) 圏 過渡的.
과두 정치 (寡頭政治) 圏 寡頭政治.
과락 (科落) 圏 과목낙제 (科目落第)の略語.
과로 (過勞) /kwaːro/ 圏 過勞. ‖과로로 쓰러지다 過勞で倒れる.
과로-사 (過勞死) 圏 自由 過勞死.
과료 (科料) 圏 《法律》 過料.
과립 (顆粒) 圏 顆粒.
과목 (科目) /kwamok̚/ 圏 ❶ 科目. ‖전공 과목 專攻科目. 필수 과목 必修科目. ❷ 教科. ‖새로운 과목을 배

우다 新しい教科を習う.

과목-낙제 (科目落第) 〔-몽-쩨〕 图 어느 과목이 급제 점수에 달하지 않음. 图 낙락(科第).

과묵-하다 (寡默−) /−무카다/ 圏[하変] 寡黙だ. ‖과묵한 사람 寡黙な人. **과 묵-히** 圖

과문 (寡聞) 图 寡聞. ‖과문한 탓으로 잘 모르겠습니다 寡聞にして存じません.

과민 (過敏) 图 [하自] 過敏. ‖과민한 반응을 보이다 過敏な反応を示す. 신경 과민 神経過敏.

과민-증 (過敏症) 〔-쯩〕 图 [医学] 過敏症.

과밀 (過密) 图 [하自] 過密. ‖과소(過疏). ‖과밀한 인구 過密な人口. 과밀 도시 過密都市.

과반-수 (過半數) /kwa:bansu/ 图 過半数. ‖과반수 이상의 의석을 차지하다 過半数以上の議席を占める.

과-보호 (過保護) 图 [하他] 過保護.

과부 (寡婦) 图 寡婦; 未亡人.

과-부족 (過不足) 图 過不足.

과-부하 (過負荷) 图 (機械・回路など の) 過負荷. ‖과부하가 걸리다 過負荷がかかる.

과분-하다 (過分−) 圏[하変] 過分だ; 不相応だ. ‖과분한 대접을 받다 過分なもてなしを受ける. 과분한 칭찬을 받다 身に余るお褒めの言葉をいただく. 과분한 生活 分不相応な生活.

과산-증 (過酸症) 〔-쯩〕 图 [医学] 胃酸過多症.

과산화-수소 (過酸化水素) 图 《化学》 過酸化水素.

과세 (過歲) 图 [하自] 〔古い言い方で〕 新年を迎えること. ‖과세 안녕하십니까? 新年明けましておめでとうございます.

과세 (課稅) 图 [하他] 課稅. ‖누진 과세 累進課稅.

과세-율 (課稅率) 图 課稅率.

과세-표준 (課稅標準) 图 課稅標準.

과소¹ (過小) 图 图 過小. ‖과대.

과소-평가 (過小評價) /-까/ 图 [하他] 過小評価. 凤과대평가(過大評價).

과소² (過疎) 图 過疎.

과소³ (過疎) 图 图 過疎. ‖과밀. ‖인구 과소 지역 人口過疎地域.

과속 (過速) 图 [하自] 制限速度以上のスピードを出すこと.

과수 (果樹) 图 果樹.

과수-원 (果樹園) /kwa:suwʌn/ 图 果樹園.

과시 (誇示) /kwa:si/ 图 [하他] 誇示; 見せびらかすこと. ‖위력을 과시하다 威力を誇示する. 집안의 재력을 은근히 과

시하다 家の財力をそれとなく見せびらかす.

과식 (過食) 图 [하自] 食べ過ぎ; 過食.

과신 (過信) 图 [하他] 過信. ‖실력을 과신한 나머지 実力を過信した余り.

과실¹ (果實) 图 果実. ‖과실주 果実酒.

과실² (過失) 图 過失. ‖중대한 과실을 범하다 重大な過失を犯す.

과실-치사 (過失致死) 图 [法律] 過失致死.

과언 (過言) 图 [하自] 過言; 言い過ぎ. ‖결국은 정치적인 문제라고 해도 과언은 아니다 結局は政治力の問題と言っても過言ではない.

과연 (果然) /kwa:jʌn/ 圖 ❶ やはり;さすが. ‖과연 소문대로 舎씨가 뛰어나다 やはりうわさ通りの腕前だ. ❷ 果して; 本当に. ‖과연 이길 수 있을까? 果たして勝てるだろうか.

과열 (過熱) 图 [하自] 過熱.

과오 (過誤) 图 過誤; 過ち. ‖과오를 범하다 過ちを犯す.

과외 (課外) /-/-웨/ 图 ❶ 課外. ‖과외 활동 課外活動. ❷ 家庭教師による授業. ‖수학 과외를 받고 있다 家庭教師に数学を教えてもらっている.

과욕 (寡慾) 图 [하自] 寡欲.

과유불급 (過猶不及) 图 過ぎたるは猶(なお)及ばざるが如し.

과육 (果肉) 图 果肉.

과음 (過飮) /kwa:ɯm/ 图 [하自] 飲み過ぎ; 過飲. ‖과음은 몸에 안 좋다 飲み過ぎは体によくない. 간밤의 과음으로 머리가 아프다 夕べの飲み過ぎで頭が痛い.

과일 /kwa:il/ 图 果物; フルーツ. ‖과일 주스 フルーツジュース. 과일가게 果物屋. 과일 깎는 칼 果物ナイフ.

과잉 (過剩) 图 [하自] 過剰. 图과잉 생산 過剰生産. 과잉 방위 過剰防衛. 공급 과잉 供給過剰.

과자 (菓子) /kwadʑa/ 图 菓子. ‖과자 봉지 お菓子の袋. 선물용 과자 ギフト用のお菓子. 애가 밥은 안 먹고 과자만 먹고 있다 子どもがご飯は食べず、お菓子ばかり食べている.

과작 (寡作) 图 [하自] 寡作. 凤다작(多作).

과장¹ (誇張) /kwa:dʑaŋ/ 图 [하他] 誇張; 大げさ. ‖표정을 과장해서 그리다 表情を誇張して描く. 과장된 몸짓 大げさな身振り[ジェスチャー]. 과장해서 말하다 大げさに言う.

과장-법 (誇張法) 〔-뻡〕 图 [文芸] 誇張法.

과장² (課長) /kwadʑaŋ/ 图 課長.

과장³ (壇占) 图 寡占.

과정¹ (過程) /kwa:dʑʌŋ/ 图 過程. ‖생산 과정 生産過程. 변화 과정에 있

다 변화의 과정에 있다. 성장 과정을 지켜 보다 성장과정을 지켜보다. 여러 과정을 거치다 様々な過程を経る. 박사 과정을 밟다 博士課程をたどる.

과정² (課程) 图 課程. ‖박사 과정 博士課程.

과제 (課題) /kwadʑe/ 图 課題. ‖과제를 주다 課題を与える. 과제로 내걸다 課題に掲げる. 과제가 산적해 있다 課題が山積している. 검토 과제로 하여 검토과제로 하다 檢討課題とする. 당면 과제 当面の課題.

과중-하다 (過重-) 圈 [하옛] 過重だ. ‖과중한 부담 過重な負担.

과즙 (果汁) 图 果汁.

과징 (課徵) 하他 課徵.

과징-금 (課徵金) 图 課徵金.

과찬 (過讚) 图 하他 過讃;ほめすぎ. ‖과찬의 말씀이십니다 身に余るお言葉です.

과태-료 (過怠料) 图 [法律] 過料.

과테말라 (Guatemala) 图 [国名] グアテマラ.

과-포화 (過飽和) 图 [物理] 過飽和.

과피 (果皮) 图 [植物] 果皮.

과-하다¹ (過-) 圈 [하옛] 度を超えている. ‖술이 과한 것 같습니다 飲み過ぎのようです. **과-히** 剾

과-하다² (科-) 하他 科する.

과-하다³ (課-) 하他 課する.

과학 (科學) /kwahak/ 图 科學. ‖사회 과학 社会科学. 자연 과학 自然科学. 근대 과학 近代科学.

과학기술부 (科學技術部) [-끼-] 图 [行政] 科学技術庁.

과학-만능주의 (科學萬能主義) [-항-/-항-이] 图 科学万能主義.

과학-병기 (科學兵器) [-뼁-] 图 科学兵器.

과학-성 (科學性) [-씽] 图 科学性.

과학-소설 (科學小說) [-쏘-] 图 [文藝] 科学小説.

과학-수사 (科學捜査) [-쑤-] 图 科学捜査.

과학-위성 (科學衞星) 图 科学衛星.

과학-자 (科學者) 图 科学者.

과학-적 (科學的) [-쩍] 图 科学的.

과학적 사회주의 (科學的社會主義) [-쩍-/-쩍-줴-이] 图 科学的社会主義.

과학-화 (科學化) [-하콰] 图 하他 科学化.

과혹-하다 (過酷-) [-호카-] 圈 [하옛] 過酷だ.

곽¹ (郭) (姓) 郭 (グヮク).

곽² (槨) 图 棺を入れる箱.

곽란 (癨亂·霍亂) [광난] 图 [漢方] 霍乱. ‖토사곽란 吐瀉霍乱.

관¹ (官) 图 官. ‖관의 명령 官の命令. 관민 官民.

관² (棺) 图 棺; 棺おけ.

관³ (管) 图 管.

관⁴ (貫) 依名 重さの単位: …貫.

관⁵ (官) 接尾 …官. ‖감독관 監督官. 시험관 試験官.

-**관**⁶ (館) 接尾 …館. ‖체육관 体育館. 미술관 美術館.

관⁷ (觀) 接尾 …観. ‖세계관 世界観.

관가 (官家) 图 [歷史] 役所.

관개 (灌漑) 하他 灌漑. ‖관개용수 灌漑用水.

관객 (觀客) 图 観客. ‖관객을 모으다 観客を集める. 관객층을 넓히다 観客層を広げる.

관객-석 (觀客席) [-썩] 图 観客席. ⑰객석 (客席).

관건 (關鍵) 图 要;鍵. ‖성공을 위한 관건 成功の鍵.

관견 (管見) 图 管見.

관계¹ (官界) [-/-게] 图 官界. ‖관계로 진출하다 官界に入る.

관계² (關係) /kwange/ 图 하自 関係;関わること. ‖선후배 관계 先輩後輩の関係. 적대 관계 敵対関係. 국제 관계 国際関係. 인과 관계 因果関係. 관계를 가지다 関係を持つ. 영업 관계의 일을 하고 있습니다 営業関係の仕事をしています. 관계가 악화되다 関係が悪化する. 새 사업에 관계하다 新しい事業に関係する.

관계 대명사 (關係代名詞) 图 [言語] 関係代名詞.

관계-되다 (關係-) [-/-게돼-] 自 関わる;関係がある.

관계-식 (關係式) 图 [数学] 関係式.

관계-있다 (關係-) [-읻따/-게읻따] 圈 関係がある;関係している.

관계-자 (關係者) 图 関係者.

관계-통 (關係通) 图 関係筋.

관계-없다 (關係-) /kwangeːpˀta/ [-업따/-게업따] 圈 関係ない. ‖그는 이와 나하고는 전혀 관계없다 私とは全く関係ない. **관계없-이** 剾 …とは関係없이 일이 진행되었다 私とは関係なく事が進んだ.

관공-서 (官公署) 图 官公署.

관관 접대 (官官接對) [-때] 图 官官接待.

관광 (觀光) /kwangwaŋ/ 图 하他 観光. ‖서울 시내를 관광하다 ソウル市内を観光する. 관광 여행을 가다 観光旅行に行く. 관광 시즌 観光シーズン.

관광-객 (觀光客) 图 観光客.

관광-단 (觀光團) 图 ツアー客.

관광-도시 (觀光都市) 图 観光都市.

관광-버스 (觀光 bus) 图 観光バス.

관광-비자 (觀光 visa) 图 観光ビザ.

관광-자원 (觀光資源) 图 観光資源.

관광-지 (觀光地) 图 観光地.

관광-호텔 (觀光 hotel) 图 観光ホテル.

관구(管區)[명] 管區.
관군(官軍)[명] 官軍.
관권(官權)[–꿘][명] 官權.
관내(管內)[명] 管內.⑪관외(管外).
관념(觀念) /kwannjəm/ [명] 観念. ∥고정관념 固定観念. 시간관념이 없는 사람 時間の観念がない人. 경제관념이 희박하다 経済観念に欠ける.
관념-론(觀念論)[–논][명] 観念論.
관념-적(觀念的)[명] 観念的.∥관념적인 사고 観念的な思考.
관능(官能)[명] 官能.
관능-미(官能美)[명] 官能美.
관능-적(官能的)[명] 官能的.∥관능적인 매력 官能的な魅力.
관능주의(官能主義)[–/–이][명] 官能主義.
관대(冠帶)[명] 冠帶.
관대-하다(寬大–)[형][하여] 寬大だ.∥관대한 조치 寛大なる処置. **관대-히**
관 두다 /kwa:nduda/ [他][고만두다의 縮約形] 辞める; 思いとどまる; 取りやめる.∥회사를 관두다 会社を辞める.
관등(官等)[명] 官等.
관람(觀覽) /kwallam/ [명]〈하他〉観覧, 観賞.∥영화를 관람하다 映画を観覧する. 영화를 단체 관람하다 映画を団体で見る.
관람-객(觀覽客)[명] 見物客.
관람-권(觀覽券)[–꿘][명] 観覧券.
관람-료(觀覽料)[–뇨][명] 観覧料.
관람-석(觀覽席)[명] 観覧席.
관련(關聯) /kwalljən/ [명]〈하自〉関連, 関わること.∥기본 방침과 관련된 조치 基本方針に関わる措置. 화산 활동과 지진은 관련이 있다 火山活動と地震は関連がある. 그 사건과 관련된 이가 체포되었다 あの事件に関わった人は逮捕された. 관련 산업 関連産業.
관련-성(關聯性)[–썽][명] 関連性.
관련-짓다(關聯–)[–짇따][他][人変] 関連付ける.
관례(慣例) /kwa:lle/ [–녜][명] 慣例; 習わし; しきたり.∥관례에 따르는 慣例に従う. 관례를 깨다 慣例を破る. 옛날부터의 관례 古くからの習わし.
관례-법(慣例法)[–뻡][명]《法律》慣例法.
관록[1](官祿)[–녹][명] 官祿.
관록[2](貫祿)[–녹][명] 貫祿.∥관록이 있다 貫祿がある. 관록이 붙다 貫祿がつく. 관록은 충분하다 貫祿十分だ.
관료(官僚) /kwalljo/ [–뇨][명] 官僚.∥고위직 관료 高級官僚. 관료 출신의 장관 官僚出身の大臣.
관료-적(官僚的)[명] 官僚的.
관료-정치(官僚政治)[명] 官僚政治.∥관료 정치의 폐단 官僚政治の弊害.
관료-제(官僚制)[명] 官僚制.
관료-주의(官僚主義)【–/–이】[명] 官僚主義.
관료-화(官僚化)[명]〈하自〉官僚化.
관리[1](官吏)[–니][명] 官吏.∥하급 관리 下級官吏.
관리[2](管理) /kwa:lli/ [–니][명]〈하他〉管理.∥업무를 관리하다 業務を管理する. 건강 관리 健康管理. 안전 관리 安全管理. 위생 관리 衛生管理. 품질 관리 品質管理. 출입국 관리 出入国管理. **관리-되다**
관리-비(管理費)[명] 管理費.
관리-인(管理人)[명] 管理人.
관리-자(管理者)[명] 管理者.
관리-직(管理職)[명] 管理職.
관망(觀望)[명]〈하他〉観望.∥사태를 관망하다 事態を観望する.
관목(灌木)[명]《植物》灌木. ⑳교목(喬木).
관목-대(灌木帶)[–때][명]《地》灌木帶.
관문(關門)[명] 関門.∥관문을 통과하다 関門を通過する. 입시 관문 入試の関門.
관민(官民)[명] 官民.∥관민이 일치하여 관민 일체가 되어.
관보(官報)[명] 官報.
관복[1](官服)[명] 官服.
관복[2](官福)[명] 官職に恵まれる運.
관사[1](官舍)[명] 官舍.
관사[2](冠詞)[명] 冠詞.
관상[1](冠狀)[명] 管狀.
관상[2](觀象)[명]〈하他〉観象.
관상-대(觀象臺)[명] 気象台.
관상[3](觀相) /kwansaŋ/ [명]〈하他〉観相; 人相見.∥관상을 보다 人相を見る.
관상-가(觀相家)[명] 観相家; 人相見.
관상-쟁이(觀相–)[명]〔観相가(觀相家)를 낮추는 말〕観相家.
관상[4](觀賞)[명]〈하他〉観賞.
관상-어(觀賞魚)[명] 観賞魚.
관상-용(觀賞用)[–뇽][명] 観賞用.
관상-동맥(冠狀動脈)[명]《解剖》冠状動脈.
관서(官署)[명] 官署.
관선(官選)[명]〈하他〉官選.
관성(慣性)[명] 慣性.
관세(關稅) /kwanse/ [명] 関稅.∥관세를 부과하다 関稅を課す. 관세를 인하하다 関稅を引き下げる. 보호 관세 保護関稅.
관세-동맹(關稅同盟)[명]《経》関稅同盟.
관세-법(關稅法)[–뻡][명]《法律》関稅法.

관세-율 (關稅率) 명 関税率.
관세 장벽 (關稅障壁) 명 (経) 関税障壁.
관세 정책 (關稅政策) 명 関税政策.
관세-청 (關稅廳) 명 (行政) 関税庁.
관세음-보살 (觀世音菩薩) 명 (仏教) 観世音菩薩.
관수¹ (冠水) 명 (하자) 冠水.
관수² (灌水) 명 (하자) 灌水.
관수³ (官需) 명 官需.∥민수(民需).
관습 (慣習) /kwa:nsup/ 명 慣習.∥관습에 얽매이다 慣習に縛られる.∥관습에 따르다 慣習に従う.
관습-법 (慣習法) [-뻡] 명 (法律) 慣習法.
관습-적 (慣習的) [-쩍] 명 慣習的.

관심 (關心) /kwa:nʃim/ 명 (하자) 関心.∥관심을 불러일으키다 関心を呼び起こす. 정치에 관심을 가지다 政治に関心をもつ. 관심을 보이다 関心を示す.

관심-거리 (關心-) [-꺼-] 명 関心事.
관심-사 (關心事) 명 関心事.∥그 사람의 주된 관심사는 주식이다 彼の主な関心事は株である.
관아 (官衙) 명 (歴史) 官衙(が).
관악 (管樂) 명 (音楽) 管楽.
관악-기 (管樂器) [-끼] 명 (音楽) 管楽器.
관악-대 (管樂隊) [-때] 명 (音楽) 吹奏楽団.
관여 (關與) /kwa:njə/ 명 (자) 関与;関わること.∥사건에 관여하다 事件に関与する.
관엽=식물 (觀葉植物) [-씽-] 명 (植物) 観葉植物.
관외 (管外) [-/-괘] 명 管外.⇔관내(管内).
관용¹ (官用) 명 官用.
관용² (寬容) 명 (하자) 寛容.∥관용을 베풀다 寛容な態度をとる.
관용³ (慣用) /kwa:njoŋ/ 명 (하자) 慣用.
관용-구 (慣用句) [-꾸] 명 (言語) 慣用句.
관용-어 (慣用語) 명 (言語) 慣用語.
관용-음 (慣用音) 명 (言語) 慣用音.
관용-적 (慣用的) 명 慣用的.∥관용적인 표현 慣用的な表現.
관운 (官運) 명 官運に恵まれる運.
관원 (官員) 명 官員.
관음 (觀音) 명 (仏教) 観音.
관음-보살 (觀音菩薩) 명 (仏教) 観音菩薩.
관인 (官印) 명 官印.
관인² (官認) 명 (하자) 官庁で認めること.
관자-놀이 (貫子-) 명 (解剖) こめかみ.
관장¹ (館長) 명 館長.
관장² (灌腸) 명 (하자) 浣腸.
관장³ (管掌) 명 (하자) 管掌.
관재 (官財) 명 官財.

관저 (官邸) 명 官邸.
관전 (觀戰) 명 (하자) 観戦.
관전-기 (觀戰記) 명 観戦記.
관전-평 (觀戰評) 명 観戦評.
관절 (關節) /kwandʒəl/ 명 関節.∥관절을 삐다 関節をはずす.
관절-염 (關節炎) [-럄] 명 (医学) 関節炎.
관점 (觀點) /kwan²dʒəm/ [-쩜] 명 観点.∥교육적 관점 教育の観点. 장기적인 관점에서 長期的観点で. 관점을 바꾸어 생각해 보다 観点を変えて考えてみる.
관제¹ (官制) 명 官制.
관제² (官製) 명 (하자) 官製.
관제-엽서 (官製葉書) [-써] 명 官製葉書.
관제-탑 (管制塔) 명 管制塔.
관조 (觀照) 명 (하자) 観照.
관존-민비 (官尊民卑) 명 官尊民卑.
관중 (觀衆) 명 ∥많은 관중을 앞에서 大観衆の前で.
관중-석 (觀衆席) 명 観客席.
관직 (官職) 명 官職.

관찰 (觀察) /kwantʃʰal/ 명 (하자) 観察.∥자연 현상을 관찰하다 自然現象を観察する. 주의 깊게 관찰하다 注意深く観察する. 관찰 기록 観察記録. 관찰-되다 (受身)

관찰-력 (觀察力) 명 観察力.∥관찰력이 뛰어나다 観察力が鋭い.
관철 (貫徹) 명 (하자) 貫徹.∥신념을 관철하다 信念を貫徹する.

관청 (官廳) /kwantʃʰəŋ/ 명 官庁.∥중앙 관청 中央官庁.

관측 (觀測) 명 (하자) 観測.∥태양의 흑점을 관측하다 太陽の黒点を観測する. 천체 관측 天体観測. 관측-되다 (受身)
관측-소 (觀測所) [-쏘] 명 観測所.
관측-통 (觀測通) 명 消息通.
관통 (貫通) /kwantʰoŋ/ 명 (하자) 貫通.∥탄환이 어깨를 관통하다 弾丸が肩を貫通する.
관포지교 (管鮑之交) 명 管鮑(かんぽう)の交わり.
관하 (管下) 명 管下.

관-하다 (關-) /kwanhada/ 자 (하자) [主に…에 관하여[관해서·관한]の形で] …に関して(の); …についての)…に関する.∥그 사건에 관해서는 전혀 보도되지 않았다 あの事件については一切報道されなかった. 이번 지진에 관한 조사 결과 今回の地震に関する調査の結果.

관하여 (關해) (關-) 자 (하자) 관하다(対する·関する)の連用形.
관한 (關-) 관 (하자) 관하다(対する·関する)の連体形.∥한국에 관한 문제 韓国に関する問題.

관할(管轄) 〖하타〗 管轄. ‖관할 구역 管轄區域.
관행(慣行) 〖하타〗 慣行. ‖관행에 따르다 慣行に従う.
관현(管弦) 〖음악〗 管弦.
관현-악(管弦樂) 〖음악〗 管弦樂.
관현악-단(管弦樂團) 〖─단〗 〖음악〗 管弦樂團.
관형-격(冠形格) 〖─격〗 〖언어〗 連体格.
관형격ˇ조사(冠形格助詞) 〖─격쪼─〗 〖언어〗 属格助詞. ❖韓国語では의の格助詞.
관형-사(冠形詞) 〖언어〗 連体詞. ❖모든·새·헌など.
관형사형(冠形詞形) 〖언어〗 連体形.
관형-어(冠形語) 〖언어〗 連体修飾語.
관형-절(冠形節) 〖언어〗 連体修飾節.
관형-형(冠形形) 〖언어〗 連体形.
관혼(冠婚) 〖명〗 冠婚.
관혼상제(冠婚喪祭) 〖명〗 冠婚葬祭.
괄괄-하다 〖형〗 〖하여〗 ❶(性格が)きびきびしていて荒っぽい. ❷豪気だ.
괄목(刮目) 〖하타〗 刮目(で). ‖괄목할 만한 업적 刮目に値する業績.
괄목-상대(刮目相待·刮目相對) 〖─쌍─〗 (後進の学識や技量の向上が目覚しい場合)驚嘆して相手を見直すこと.
괄약-근(括約筋) 〖─끈〗 〖해부〗 括約筋.
괄태-충(括胎蟲) 〖동물〗 ナメクジ(蛞蝓).
괄호(括弧) /kwalho/ 〖명〗 括弧. ⓗ묶음표(─標). ‖괄호 안을 채우시오 括弧の中を埋めなさい. 대괄호 大括弧([ ]). 중괄호 中括弧({ }).
광[1] 〖명〗 物置; 倉; 納屋; 倉庫. ▶광에서 인심 난다 〖諺〗「人の恩情は倉から出る」の意で)生活に余裕があれば人情も厚くなる.
광[2] (光) 〖명〗 光; つや; 光沢.
　광-나다(光─) 〖자〗 つやが出る; つやつやする; 光沢がある; ぴかぴか光る.
　광-내다(光─) 〖타〗 つやを出す.
광[3] (廣) 〖명〗 幅. ⓗ너비.
광[4] (壙) 〖명〗 墓穴; 塚穴.
광[5] (鑛) 〖명〗 鉱穴.
-광[6] (狂) 〖접미〗 …狂; …マニア; …気違い; …おたく. ‖낚시광 釣り気違い. 우표 수집광 切手マニア.
광견(狂犬) 〖명〗 狂犬.
광견-병(狂犬病) 〖─뼝〗 〖의학〗 狂犬病; 恐水病.
광경(光景) /kwaŋgjəŋ/ 〖명〗 光景. ‖흐뭇한 광경 微笑ましい光景.
광고(廣告) /kwa:ŋgo/ 〖하타〗 廣告. ‖신문에 광고를 내다 新聞に広告を出

す. 광고 대리업 廣告代理業. 신문 광고 新聞廣告. 광고 매체 廣告媒体.
광고-란(廣告欄) 〖명〗 廣告欄.
광고-문(廣告文) 〖명〗 廣告文.
광고-주(廣告主) 〖명〗 廣告主; スポンサー.
광고-지(廣告紙) 〖명〗 廣告紙; ちらし.
광-공업(鑛工業) 〖명〗 鉱工業.
광관(光冠) 〖명〗 光冠; コロナ.
광구[1] (鑛口) 〖명〗 坑口.
광구[2] (鑛區) 〖명〗 鉱区.
광구[3] (光球) 〖물리〗 光球.
광기(狂氣) 〖─끼〗 〖명〗 狂気.
광년(光年) 〖천문〗 光年.
광대[1] 〖명〗 昔, 판소리(パンソリ)·人形劇·仮面劇·軽業などを見せ物としていた旅芸人.
　광대-놀음 〖명〗 판소리(パンソリ)·仮面劇などで芸人がやる演技.
광대[2] (廣大) 〖명〗 広大. ‖광대한 평원 広大な平原. **광대-히** 〖부〗
광대-무변(廣大無邊) 〖명〗 〖하형〗 広大無辺. ‖광대무변한 벌판 広大無辺な平原.
광대-나물 〖식물〗 タビラコ(田平子).
광대-뼈 〖명〗 頬骨. ‖광대뼈가 튀어나오다 頬骨が張っている[高い].
광도(光度) 〖명〗 光度.
광도-계(光度計) 〖/─/계〗 〖명〗 光度計.
광-디스크(光 disk) 〖명〗 光ディスク.
광란(狂亂) 〖─난〗 〖명〗 〖하타〗 狂亂.
광란-적(狂亂的) 〖명〗 狂亂的.
광림(光臨) 〖하타〗 光臨.
광막-하다(廣漠─) 〖─마카─〗 〖하형〗 広漠だ. ‖광막한 벌판 広漠たる平原. 광막한 이국의 하늘 아래에서 広漠たる異郷の空の下で. **광막-히** 〖부〗
광망-하다(曠茫─) 〖형〗 〖하여〗 曠茫(망)としている.
광맥(鑛脈) 〖명〗 鉱脈.
광명(光明) 〖명〗 光明(ょぅ). ‖어둠 속에 한 줄기 광명이 비치다 闇の中に一条の光明が差す.
광명-정대(光明正大) 〖명〗 〖하형〗 言行が公正であること.
광목(廣木) 〖명〗 幅の広い粗織りの木綿.
광물(鑛物) /kwa:ŋmul/ 〖명〗 鉱物.
광물-성(鑛物性) 〖─썽〗 〖명〗 鉱物性.
광배(光背) 〖仏教〗 光背.
광-범위(廣範圍) /kwa:ŋbəmwi/ 〖명〗 〖하형〗 広範囲. ‖광범위한 조사 広範囲な調査.
광범-하다(廣範─) 〖형〗 〖하여〗 広範だ.
광복(光復) 〖하타〗 失われた国権を取り戻すこと.
　광복-절(光復節) 〖─쩔〗 〖명〗 光復節. ❖韓国が日本の植民地支配から解放されたことを祝う祝日. 8月15日. ⓗ팔일오(八一五).

광부(鑛夫) 鉱夫.
광분(狂奔) [하자] 狂奔.
광산(鑛山) 鉱山. ‖광산 지대 鉱山地帯.
광상-곡(狂想曲) [음악] 狂想曲; 奇想曲; カプリッチオ.
광석(鑛石) 鉱石.
광선(光線) 光線. ‖가시광선 可視光線. 태양 광선 太陽光線.
광선-총(光線銃) 光線銃.
광-섬유(光纖維) 光ファイバー.
광속[1](光束) [물리] 光束.
광속[2](光速) [물리] 光速.
광-속도(光速度) [또] [물리] 光速度.
광시-곡(狂詩曲) [음악] 狂詩曲; ラプソディー.
광신(狂信) [하타] 狂信. ‖광신적인 태도 狂信的な態度.
광야(廣野) 広野.
광-양자(光量子) [물리] 光量子.
광어(廣魚) [어개류] ヒラメ(平目). ⑩넙치.
광업(鑛業) 鉱業.
광역(廣域) 広域.
광역~경제(廣域經濟) 【-경-】 広域経済; ブロック経済.
광역~도시(廣域都市) [또] 広域中心都市.
광역-시(廣域市) [씨] 広域市. ÷従来の直轄市が市域を拡張して成立した地方自治団体の一つ. 現在釜山(釜山)・大邱(大邱)・仁川(仁川)・大田(大田)・光州(光州)・蔚山(蔚山)の6つがある. ソウル(ソウル)は特別市.
광열-비(光熱費) 光熱費.
광엽-수(廣葉樹) [수] [식물] 広葉樹.
광영(光榮) 光栄.
광우-병(狂牛病) [뼝] [의학] 狂牛病; 牛海綿状脳症.
광원(光源) 光源.
광음(光陰) 光陰.
광의(廣義) 【-의/-이】 広義. ⑦협의(狭義). ‖광의로 해석하다 広義に解釈する.
광인(狂人) 狂人.
광-입자(光粒子) [짜] [물리] 光粒子.
광자(光子) [물리] 光子.
광장(廣場) /kwa:ndʑaŋ/ 広場. ‖서울 시청앞 광장 ソウル市役所前の広場. 모스크바의 붉은 광장 モスクワの赤の広場.
광-적(狂的) [쩍] 狂的. ‖광적인 집착 狂的な執着.
광전-관(光電管) [물리] 光電管.
광-전자(光電子) [물리] 光電子.
광-전지(光電池) [물리] 光電池.

광주(光州) [지명] 光州. ÷전라남도(全羅南道)の道庁所在地.
광주리 (竹などで編んだ)籠(ㄷ). ‖광주리에 담아 두다 籠に入れておく.
광증(狂症) [증] [의학] 狂気の症状.
광채(光彩) [찌] 光彩. ‖광채를 띠다 光彩を放つ.
광천(鑛泉) [천] [지] 鉱泉.
광태(狂態) 狂態. ‖술에 취해 광태를 보이다 泥酔して狂態を演じる.
광택(光澤) /kwaŋtʰek/ 光沢; つや. ‖광택이 있다 光沢がある. 광택이 나도록 닦다 つやが出るほど磨く.
광택-기(光澤機) [-끼] 光沢機.
광택-지(光澤紙) [-찌] 光沢紙.
광-통신(光通信) /kwaŋtʰoŋsin/ 光通信.
광-파이버(光 fiber) 光ファイバー.
광폭(廣幅) 広幅; ワイド. ‖광폭 텔레비전 ワイドテレビジョン.
광풍[1](狂風) [지] 狂風.
광풍[2](狂風) [지] 狂風.
광학(光學) 光学.
광-합성(光合成) [-썽] [식물] 光合成. ‖광합성 작용 光合成作用.
광-화학(光化學) [지] 光化学.
광활-하다(廣闊-) [형] [하여] 広大だ. ‖광활한 벌판 広大な平原.
광휘(光輝) [하형] 光輝; 光り輝くこと.
광휘-롭다(光輝-) [-따] [형] [ㅂ변] 輝かしい. 광휘로이 [부]
괘(卦) [괘] ❶卦. ‖팔괘 八卦. 좋은 괘가 나오다 よい卦が出る. ❷점괘(占卦)の略称.
괘념(掛念) [하자] 懸念; 心配.
괘사(掛辭) [지] ふざけた言動; 滑稽じゃれ. ‖괘사를 떨다 ふざける; おどける.
괘선(罫線) 罫線.
괘씸-죄(-罪) [-쬐/-쮀] [지] 目上の人から不届きをされること. ‖괘씸죄에 걸리다 不届きをされる.
괘씸-하다 /kweʔɕimhada/ [형] [하여] けしからん; 不埒だ; 不届きだ. ‖모른 척하더니 괘씸하기 짝이 없다 知らん顔をするとはけしからん. 생각할수록 괘씸하다는 생각이 들었다 考えれば考えるほど, けしからんと思った. 괘씸한 녀석, 거짓말을 하다니. けしからぬやつ, うそをつくなんて.
괘종(掛鐘) 掛け時計; 柱時計. ⑩벽시계(壁時計).
괘종-시계(掛鐘時計) 【-/-게】 [지] = 괘종(掛鐘).
괜-스럽다(-) [-따] [형] [ㅂ변] 無駄だ; 心ない. 괜스레 [부] 訳もなくはやる気持ち.
괜-찮다 /kwentɕʰantʰa/ [-찬타] [형] 大丈夫だ; 差し支えない; 構わない; いい; 結構だ; 平気だ. ‖그럴

게 해도 괜찮다 그렇게 해도 좋다. 혹시 괜찮으시다면 もしよろしかったら. 괜찮은 사람이다 いい人だ. 월급은 괜찮은 편이다 給料はいい方だ. 네가 좀 다녀와는 괜찮아 お前がいってもいいのなら、私は大丈夫だ. ❷〔…도 괜찮다의 形で〕…も大丈夫だ;…もいい;…も構わない. ‖내버려 둬도 괜찮다 ほったらかしても大丈夫だ. 여기에 버려도 괜찮을까? ここに捨ててもいいかな. 물건만 좋으면 비싸도 괜찮을 物がよければ、高くても構わない.

괜-하다 形 [하変] 〔공연하다(空然—)의 縮約形〕〔主に괜한…의 形で〕要らない…; 余計な…無駄な…. ‖괜한 걱정을 하다 余計な心配をする.

괜-히 /kwe:nhi/ 副 〔공연히(空然—)의 縮約形〕いたずらに; やたらに; 無駄に; 何となく. ‖괜히 고집을 피우다 やたらに意地を張る. 괜히 무섭다 何となく怖い.

괭이 鍬(ᄉ). ‖괭이 자루 鍬の柄.
괭이-갈매기 〔鳥類〕ウミネコ(海猫).

괴걸 (傀傑) 〔-/ᅦ/-〕 名 怪傑.
괴괴-하다 〔-/ᅰ/-〕 形 [하変] 静まり返っている; もの静かだ; ひっそりとしている. ‖괴괴한 숲속 ひっそりとした森の中.
괴괴-하다[2] (怪怪—) 〔-/ᅰ/-〕 形 [하変] 奇怪だ; 不可解だ.

괴기 (怪奇) 〔-/ᅰ/-〕 名 [하変] 怪奇.
괴기소설 (怪奇小説) 名 〔文芸〕怪奇小説.

괴다[1] /kwe:da/ 〔-/ᅰ/-〕 自 ❶ (水などが) 溜(ᄒ)まる; よどむ. ‖웅덩이에 빗물이 괴다 水溜りに雨水が溜まる. 수채에 물이 고여 있다 溝に水がよどんでいる. 입에 침이 괴다 つばが口に溜まる. ❷ (涙に)にじむ. ‖눈물이 괴다 涙がにじむ.

괴다[2] /kwe:da/ 〔-/ᅰ/-〕 自 ❶ (酒が発酵し出して)ぶくぶく泡立つ. ‖술이 부걱부걱 괴고 있다 酒がぶくぶくと泡立っている. ❷ (怒りなどが)込み上げてくる. ‖열을 받아서 속이 부글부글 괴고 있다 腹が立って怒りが込み上げている.

괴다[3] /kwe:da/ 〔-/ᅰ/-〕 他 (ものの下を支える; 当てる; (頰주)ᆾる)つく. ‖턱을 괴고 앉아 있다 頰づえをついて座っている. 나무가 쓰러질 것 같아 버팀목을 괴어 놓다 木が倒れそうなのでつっかい棒を立てておる. ⊕괴이다.

괴담 (怪談) 〔-/ᅰ/-〕 名 怪談.
괴도 (怪盜) 〔-/ᅰ/-〕 名 怪盜. ‖괴도 루팡 怪盜ルパン.
괴력 (怪力) 〔-/ᅰ/-〕 名 怪力.
괴로움 〔-/ᅰ/-〕 名 苦しみ. ‖괴로움을 털어놓다 苦しみを打ち明ける.
괴로워-하다 〔-/ᅰ/-〕 自 [하変] 苦しむ; 悩む; 悶(ᄆᆞᆫ)とする. ‖심한 두통으로 괴로워하다 ひどい頭痛で苦しむ. 밤낮없이 괴로워하다 日夜悶々とする.

괴롭다 /kworop²ta/ 〔-따/ᅰ-따〕 形 [ㅂ変] 〔고로워, 고로운〕苦しい; 辛い; 悩ましい. ‖괴로운 처지 辛い立場. 이 일로 마음이 괴롭다 そのことで心苦しい. 헤어지려니까 괴롭다 別れが辛い. 고민이 많은 괴로운 나날을 煩悶(ᄇᆞᆫ)多き悩ましい日々. ⊕괴롭다. 괴로이 副

괴롭-히다 /kworophida/ 〔-로피/ᅰ로피-〕 他 괴롭다의 使役動詞 苦しめる; 悩ませる; いじめる. ‖아이들을 괴롭히다 子どもたちを苦しめる. 짓궂은 질문을 해서 선생님을 괴롭히다 意地悪い質問をして先生を苦しめる. 학교에서 선배한테 괴롭힘을 당하다 学校で先輩にいじめられる.

괴뢰 (傀儡) 〔-/ᅰ/-〕 名 傀儡(ᄀᆕ).
괴뢰 정부 (傀儡政府) 傀儡政権.
괴리 (乖離) 〔-/ᅰ/-〕 名 乖離(ᄀᆞᆫ). ‖괴리가 크다 乖離が大きい.
괴멸 (壞滅) 〔-/ᅰ/-〕 名 壞滅. ‖대지진으로 동네가 괴멸되었다 大地震で村が壞滅した.
괴물 (怪物) 〔-/ᅰ/-〕 名 怪物.
괴발-개발 〔-/ᅰ/-〕 副 下手な筆跡や殴り書きしたような様子; ミミズののたくったように 亂筆의. ‖괴발개발 적어 놓아서 잘 읽겠다 殴り書きしてあるから読めない.
괴변 (怪變) 〔-/ᅰ/-〕 名 異變. ‖괴변이 일어나다 異變が起きる.
괴상 (怪常) 〔-/ᅰ/-〕 名 [하変] 奇妙なこと; 奇怪なこと; 奇異なこと; 不思議なこと; とんきょうなこと. ‖괴상한 물체 怪異な物体. 괴상한 소리를 지르다 とんきょうな声を出す. 괴상하게 여기다 不思議に思う. **괴상-히** 副
괴상망측-하다 (怪常罔測—) 〔-ᄎ카-/ᅰ-ᄎ카-〕 形 [하変] 奇怪千万だ.
괴상야릇-하다 (怪常—) 〔-나르타-/ᅰ-나르타-〕 形 [하変] 奇妙きてれつだ. ‖괴상야릇한 이야기 奇妙きてれつな話.

괴수[1] (怪獸) 〔-/ᅰ-〕 名 怪獸.
괴수[2] (魁首) 〔-/ᅰ/-〕 名 魁首(ᄀᆞ).
괴암 (怪岩) 〔-/ᅰ/-〕 名 奇岩; 怪石.
괴어-오르다 〔-/ᅰ어-〕 自 発酵が始まる.
괴-이다 〔-/ᅰ/-〕 他 괴다[3]의 受身動詞.
괴이-하다 (怪異—) 〔-/ᅰ/-〕 形 [하変] 怪異だ; 不思議だ. ‖괴이한 현상 怪異現象. **괴이-히** 副
괴저 (壞疽) 〔-/ᅰ/-〕 名 〔医学〕壞疽(ᄌ).
괴조 (怪鳥) 〔-/ᅰ/-〕 名 怪鳥.
괴질 (怪疾) 〔-/ᅰ/-〕 名 ❶ 原因不明의 病気. ❷ 〔콜레라의俗語〕コレラ.
괴짜 (怪—) /kwe:³dʑa/ 〔-/ᅰ/-〕 名 変人; 変わり者; 奇人; 変わった人. ‖괴짜 취급을 하다 変人扱いする.

괴팍-스럽다 (乖愎-) 【-쓰-따/궤-쓰-따】 形 【ㅂ変】 =괴팍하다(乖愎-).

괴팍-하다 (乖愎-) 【-파카-/궤파카-】 形 【하変】 (性質)が気難しく;機嫌が取りにくい;偏屈だ.

괴한 (怪漢) 【-/궤-】 图 怪漢.

괴-현상 (怪現象) 【-/궤-】 图 怪現象.

괴혈-병 (壞血病) 【-뼝/궤-뼝】 图 (医学) 壞血病.

굉음 (轟音) 【-/궹-】 图 轟音.

굉장-하다 (宏壯-) /kweŋʒaŋhada/ 【-/궹-】 形 【하変】 ❶ 広壮だ; 広くて立派だ. ∥굉장한 저택 広大な邸宅. ❷すばらしい; ものすごい. ∥굉장한 반응 ものすごい反応. **굉장-히** 副 굉장히 어려운 문제 ものすごく難しい問題.

교 (校) 依名 校正の回数を数える語:…校. ∥재교 再校: 2 校. 삼교 3 校.

교가¹ (校歌) 图 校歌. ∥교가 제창 校歌斉唱.

교가² (橋架) 图 橋架; 橋げた.

교각¹ (交角) 图 (数学) 交角.

교각² (橋脚) 图 橋脚; 脚柱; 構脚.

교각-살우 (矯角殺牛) 【-싸루】 图 角を矯(た)めて牛を殺すこと.

교감 (交感) 图 하動 交感. ∥교감 신경 交感神経.

교감² (校監) 图 教頭.

교과 (教科) 图 教科.

교과-목 (教科目) 图 教科目.

교과-서 (教科書) /kjo:gwasɔ/ 图 教科書. ∥국정 교과서 国定教科書. 검정 교과서 検定教科書.

교관 (教官) 图 教官.

교교 (皎皎) 【-꾜】 形 皎々たる(月). ∥달빛이 교교하다 月光が皎々たる.

  교교-월색 (皎皎月色) 【-쌕】 图 皎々たる月.

교구 (敎區) 图 教区.

교권 (教權) 【-꿘】 图 ❶ 教育上の権利; 教員の権利. ❷ 宗教上の権利.

교기¹ (巧技) 图 巧技.

교기² (校旗) 图 校旗.

교내 (校内) 图 校内.

교단¹ (敎團) 图 教団.

교단² (教壇) 图 教壇. ▶교단에 서다 教壇に立つ. ▶교단을 떠나다 教壇を去る.

교당 (敎堂) 图 (宗教) 教会堂.

교대¹ (交代) /kjode:/ 图 自動 交代. ∥삼 교대로 일하다 3交代制で働く. 교대 시간 交代時間.

교대-로 (交代-) 副 交代で; 代わり番こで. ∥주야 교대로 昼夜交代で. 교대로 운전하다 交代で運転する.

교대² (教大) 〔敎育大学(教育大學)の略語〕教育大学.

교도¹ (敎徒) 图 教徒; 信徒.

교도² (敎導) 图 하動 教導. ∥청소년 을 교도하다 青少年を教導する.

교도³ (矯導) 图 ❶ 正しく導くこと. ❷ 看守.

교도-관 (矯導官) 图 刑務官.

교도-소 (矯導所) 图 刑務所.

교두-보 (橋頭堡) 图 (軍事) 橋頭堡 (きょうとうほ).

교란 (攪亂) 图 하動 攪乱.

교량 (橋梁) 图 橋梁.

교련 (教鍊) 图 하自他 教練.

교료 (校了) 图 校了.

교류 (交流) /kjorju/ 图 하自他 ❶ 交流. ∥국제 교류 国際交流. 인사 교류 人事交流. 한일 문화 교류 日韓文化交流. ❷ (電気の)交流. ∥교류 전류 交流電流.

교리 (教理) 图 教理.

교린 (交隣) 图 交隣.

  교린-정책 (交隣政策) 图 交隣政策.

교만-하다 (驕慢-) 形 【하変】 驕慢 (きょうまん)だ. ∥교만한 표정 驕慢な表情.

교모 (校帽) 图 学生帽; 制帽.

교목 (喬木) 图 (植物) 喬木; 高木, 灌木(灌木).

  교목-대 (喬木帯) 【-때】 图 (地) 喬木帯.

교묘-하다 (巧妙-) /kjo:mjohada/ 【하変】 巧妙だ; 巧みだ. ∥교묘한 속임수 巧妙な手口. 교묘하게 다루다 巧妙に操る. 교묘한 수단을 쓰다 巧妙な手段を用いる. 교묘한 말로 사람을 속이다 言葉巧みに人をだます. **교묘-히** 副

교무 (教務) 图 教務.

  교무-실 (教務室) 图 職員室.

교문 (校門) 图 校門.

교미 (交尾) 图 하動 交尾.

교민 (僑民) 图 海外に居住している自国民.

교배 (交配) 图 하動 (生物) 交配.

  교배-종 (交配種) 图 (生物) 交配種.

교복 (校服) 图 制服.

교본 (敎本) 图 教本.

교부 (交付) 图 하他 交付. ∥증명서를 교부하다 証明書を交付する. 무상 교부 無償交付. **교부-되다** [-받다] 受身

교부-금 (交付金) 图 交付金.

교분 (交分) 图 交わり. ∥교분이 있다 交わりがある.

교사¹ (校舎) 图 校舎.

교사² (教師) /kjo:sa/ 图 教師. ∥고등학교 교사 高校の教師. 가정교사 家庭教師. 반면교사 反面教師.

교사³ (教唆) 图 하他 教唆; そそのかすこと. ∥교사 선동 教唆扇動.

  교사-범 (教唆犯) 图 (法律) 教唆犯.

교살 (絞殺) 图 하他 絞殺.

교생 (敎生) 〔教育 実習生(敎育實習生)の略語〕教生.

  교생 실습 (教生實習) 【-씁】 图 教育

실습. ⓗ교육 실습(敎育實習).
교서 (敎書) 图 教書. ‖연두 교서 年頭教書. 일반 교서 一般教書.
교섭 (交涉) /kjoseph/ 图 (他) 交渉; 話し合い. ‖교섭에 임하다 交渉に臨む. 교섭이 결렬되다 交渉が決裂する. 단체 교섭 団体交渉. 교섭 상대 交渉相手. 개별 교섭을 추진하다 個別交渉を進める.
교섭-단체 (交涉團體) 【-딴-】 图 交渉団体.
교성 (嬌聲) 图 嬌声.
교세 (敎勢) 图 宗教上の勢力.
교수¹ (敎授) /kjo:su/ 图 教授. ‖명예교수 名譽教授. 객원 교수 客員教授.
교수-법 (敎授法) 【-뻡】 图 教授法.
교수-회 (敎授會) 【-/-훼】 图 教授会.
교수² (絞首) 图 絞首.
교수-대 (絞首臺) 图 絞首台.
교수-형 (絞首刑) 图 (法律) 絞首刑.
교습 (敎習) 图 他 教習. ‖운전 교습 自動車教習.
교시¹ (敎示) 图 他 教示.
교시² (校時) 图 …時限; …校時. ‖일 교시부터 수업이 있다 1時限から授業がある.
교신 (交信) 图 他 交信. ‖남극 기지와 교신하다 南極基地と交信する.
교실 (敎室) /kjo:/il/ 图 教室. ‖백 명이 들어갈 수 있는 대형 교실 300人が入れる広い教室. 시청각 교실 視聴覚教室. 요리 교실 料理教室. 콩나물 교실 すし詰めの教室.
교안 (敎案) 图 教案. ‖교안 작성 教案作成.
교양 (敎養) /kjo:jaŋ/ 图 教養. ‖일반 교양 一般教養. 교양을 쌓다 教養を積む. 교양이 없는 사람 教養のない人.
교양-과목 (敎養科目) 图 教養科目.
교양-소설 (敎養小說) 图 (文芸) 教養小說.
교언-영색 (巧言令色) 【-녕-】 图 巧言令色.
교역 (交易) 图 (他) 交易.
교열 (校閱) 图 他 校閱. ‖원고를 교열하다 原稿を校閱する.
교외¹ (郊外) /kjowe/ 【-/-웨】 图 郊外.
교우¹ (交友) 图 他 交友. ‖교우 관계 交友関係.
교우² (校友) 图 校友.
교우-회 (校友會) 【-/-훼】 图 校友会.
교우³ (敎友) 图 同じ宗教の仲間.
교원 (敎員) 图 教員. ‖교원 자격증 教員免許状.
교원-병 (膠原病) 【-뼝】 图 (医学) 膠原病.
교원-질 (膠原質) 图 膠原質; コラーゲン.
교위 (敎委) 图 〔교육 위원회(敎育委員會)의 略語〕教委.
교유 (交遊) 图 他 交遊.
교육 (敎育) /kjo:juk/ 图 教育. ‖영재 교육 英才教育. 가정 교육 家庭教育. 의무 교육 義務教育. 대학 교육을 받다 大學教育を受ける. 초등[중등・고등]교육 初等[中等・高等]教育.
교육-감 (敎育監) 【-깜】 图 教育監.
교육-계 (敎育界) 【-계/-께】 图 教育界.
교육-공무원 (敎育公務員) 【-꽁-】 图 教育公務員.
교육-과정 (敎育課程) 【-꽈-】 图 教育課程.
교육-대학 (敎育大學) 【-때-】 图 教育大学.
교육-법 (敎育法) 【-뻡】 图 教育法.
교육-비 (敎育費) 【-삐】 图 教育費.
교육-상 (敎育上) 【-쌍】 图 教育上.
교육-실습 (敎育實習) 【-씰-】 图 教育実習.
교육-위원회 (敎育委員會) 【-/-훼】 图 教育委員会. ⓗ교육(敎育).
교육-자 (敎育者) 【-짜】 图 教育者. ‖교육자로서의 자질 教育者としての資質.
교육-장 (敎育長) 【-짱】 图 教育長.
교육-적 (敎育的) 图 教育的. ‖교육적인 견지 教育的見地.
교육-청 (敎育廳) 图 (行政) 教育委員会.
교육-평가 (敎育評價) 【-까】 图 教育評価.
교육-학 (敎育學) 【-유칵】 图 教育学.
교의¹ (交誼) 【-/-이】 图 交誼.
교의² (校醫) 【-/-이】 图 校医.
교인 (敎人) 图 信徒; 信者.
교자¹ (交子) 图 ❶ = 교자상(交子床). ❷ 교자상에 얹은 요리.
교자-상 (交子床) 【-쌍】 图 (韓国風の)台盤.
교장 (校長) /kjo:dʑaŋ/ 图 校長. ‖그 선생님 校長先生.
교재 (敎材) /kjo:dʑe/ 图 教材. ‖시청각 교재 視聴覚教材. 교재 연구 教材研究.
교전 (交戰) 图 他 交戰.
교전² (敎典) 图 教典.
교점 (交點) 【-쩜】 图 (数学) 交点.
교접 (交接) 图 他 交接.
교정¹ (校庭) 图 校庭.
교정² (校正) 图 他 校正.
교정-료 (校正料) 【-뇨】 图 校正料.
교정-쇄 (校正刷) 图 校正刷. ⓗ게라.
교정³ (校訂) 图 他 校訂.
교정-본 (校訂本) 图 校訂本.
교정⁴ (矯正) 图 他 矯正. ‖치열 교

정 齒列矯正.
교정-술(矯正術) 图 矯正術.
교제(交際) /kjodʑe/ 图 交際;付き合い. ‖1 년 전부터 교제하고 있다 1年前から付き合っている. 교제 범위가 넓다 交際(範囲)が広い. 남녀 교제 男女交際.
교제-비(交際費) 图 交際費.
교제-상(交際上) 图 交際上. ‖교제상 필요한 예의 交際上必要な礼儀.
교제-술(交際術) 图 交際術.
교조[1](教祖) 图 教祖.
교조[2](教條) 图 教条.
교주(教主) 图 教主.
교지(校誌) 图 校誌.
교직(教職) 图 教職. ‖교직 과목 教職科目. 교직 과정 教職課程.
교직-원(教職員) 图 教職員.
교-집합(交集合) 图 [-지팝] (数学) 交わり;共集合;積集合. ⇔합집합(合集合).
교차(交叉) 图 自自 交差. ‖두 개의 직선이 교차하다 2本の直線が交差する.
교차-로(交叉路) 图 交差路.
교차-점(交叉點) 图 [-쩜] 交差点.
교착[1](交錯) 图 自自 交錯.
교착[2](膠着) 图 自自 膠着. ‖교착 상태에 빠지다 膠着状態に陥る.
교착-어(膠着語) 图 (言語) 膠着語. ✚韓国語·トルコ語·フィンランド語など. ⇔고립어(孤立語)·굴절어(屈折語)·포합어(抱合語).
교창(交窓) 图 欄間.
교체(交替·交遞) 图 /kjotɕʰe/ 他他 交替;交代. ‖투수를 교체하다 投手を交替する. 세대 교체 世代交代. **교체-되다**[-당하다] 受動
교칙[1](校則) 图 校則.
교칙[2](教則) 图 教則.
교탁(教卓) 图 教卓.
교태(嬌態) 图 嬌態;色気. ‖교태를 부리다 嬌態を見せる.
교통(交通) /kjotʰoŋ/ 图 交通. ‖교통 위반 交通違反. 해상 교통 海上交通. 교통이 끊어지다 交通が途絶る. 교통 통제를 하다 交通規制が敷かれる.
교통-경찰(交通警察) 图 交通警察.
교통-기관(交通機關) 图 交通機関.
교통-난(交通難) 图 交通難.
교통-량(交通量) 图 [-냥] 图 交通量. ‖교통량이 많은 도로 交通量の多い道路.
교통-마비(交通痲痹) 图 交通麻痺.
교통-망(交通網) 图 交通網. ‖전국적인 교통망 全国的な交通網.
교통-부(交通部) 图 (行政) 国土交通省.
교통-비(交通費) 图 交通費.
교통-사고(交通事故) 图 交通事故. ‖교통 사고 빈발 지역 交通事故多発地帯. 교통 사고를 당하다 交通事故にあう.
교통-신호(交通信號) 图 交通信号.
교통-정리(交通整理)【-니】图 交通整理.
교통-지옥(交通地獄) 图 交通地獄.
교통-편(交通便) 图 交通の便. ‖교통편이 불편하다 交通の便がよくない.
교파(教派) 图 教派.
교편(教鞭) 图 教鞭(鞭). ▶교편을 잡다 教鞭を執る.
교포(僑胞) 图 /kjopʰo/ 海外同胞. ‖재일 교포 在日同胞.
교풍(校風) 图 校風.
교학(教学) 图 教学.
교향-곡(交響曲) 图 (音楽) 交響曲.
교향-시(交響詩) 图 (音楽) 交響詩.
교향-악(交響樂) 图 (音楽) 交響楽.
교호(交互) 图 自自 交互.
교화(教化) 图 自自 教化.
교환[1](交歡) 图 自自 交歓.
교환[2](交換) 图 /kjohwan/ 他他 交換;取り替えること. ‖기념품을 교환하다 記念品を交換する. 의견을 교환하다 意見を交換する. 물물교환 物々交換.
교환-가치(交換價値) 图 (経) 交換価値.
교환-경기(交換競技) 图 親善試合.
교환-교수(交換教授) 图 交換教授.
교환-수(交換手) 图 交換手.
교활-하다(狡猾-) 图 [하용] 狡猾(ずる)だ. ‖교활한 솜씨 狡猾な手口.
교황(教皇) 图 (カトリック) 教皇;法王.
교회(教會) 图 /kjohwe/ [-/-훼] 图 教会. ‖주일에는 교회에 간다 日曜日は教会に行く. 교회에 다니다 教会に通う. 교회[주일] 학교 (教会の)日曜学校.
교훈[1](校訓) 图 校訓.
교훈[2](教訓) 图 自自 教訓.
구[1](句) 图 句. ‖명사구 名詞句.
구[2](具) 图 (姓) 具ぐ.
구[3](區) 图 ● (行政) 区. ‖서울에는 현재 스물다섯 개의 구가 있다 ソウルには現在25ある. 서울 시 남대문구 ソウル市南大門区. ❷ ‖자치구 自治区. 선거구 選挙区.
구[4](球) 图 球.
구[5](九) /ku/ 图 9;九. ‖이십칠 나누기 삼은 구다 27割る3は9である.
— 图 9…. ‖구월 9月. 구 개월 9ヶ月.
구[6](具) 依自 遺体を数える語:…体. ‖신원 불명의 시체 두 구 身元不明の遺体2体.
구[7](舊) 图圖 旧…. ‖구시가지 旧市街地.

-구⁸ (口) 接尾 …口. ∥개찰구 改札口.

-구⁹ (具) 接尾 …具. ∥문방구 文房具.

구가 (謳歌) 名 하他 ごうか.

구간¹ (區間) 名 区間. ∥승차 구간 乗車区間.

구간² (舊刊) 名 旧刊. 反 신간(新刊).

구강 (口腔) 名 解剖 口腔.

구강-염 (口腔炎) 【-념】 名 医学 口内炎.

구개 (口蓋) 名 口蓋.

구개-음 (口蓋音) 名 言語 口蓋音.

구개음-화 (口蓋音化) 名 言語 口蓋音化.

구걸 (求乞) 名 하他 物ごい.

구겨-지다 /kugjəʤida/ 自 しわくちゃになる; もみくちゃになる; しわが寄る; 台無しになる; 丸つぶれになる. ∥바지가 구겨지다 ズボンがしわになる. 종이가 구겨지다 紙がしわが寄る. 체면이 구겨지다 メンツが丸つぶれる.

구결 (口訣) 名 言語 漢文の区切りにつける送り仮名.

구경¹ /ku:gjəŋ/ 名 하他 見物; 観覧. ∥시내 구경 市内見物. 꽃 구경을 가다 花見に行く.

구경-거리 【-꺼-】 名 見せ物; 見もの. ∥구경거리가 되다 見せ物になる.

구경-꾼 名 見物人; 観物客. ∥구경꾼이 많이 몰리다 見物人が大勢集まる.

구경² (口徑) 名 口径.

구공-탄 (九孔炭) 名 穴が9つある練炭.

구관¹ (舊官) 名 前官.

구관² (舊館) 名 旧館. 反 신관(新館).

구관-조 (九官鳥) 名 鳥類 キュウカンチョウ(9官鳥).

구교 (舊教) 名 宗教 旧教; カトリック. 反 신교(新教).

구구¹ (九九) /kugu/ 名 九九法(九九法)の略語.

구구-단 (九九段) 名 =구구법(九九法).

구구-법 (九九法) 【-뻡】 名 数学 九九.

구구-표 (九九表) 名 九九の表.

구구² 副 鶏やハトの鳴き声.
— 感 (えさをやる時に)鶏やハトを呼ぶ声.

구구-이 (句句-) 句句ごとに.

구구절절-하다 (句句節節-) 形 [変] (手紙などの文章の内容が)事細かい; 切実だ. **구구절절-이** 副 一句一句; 事細かく.

구구-하다 (區區-) /kuguhada/ 形 [変] ❶ (意見などが)まちまちだ; 一様ではない; 色々だ. ∥의견이 구구하다 意見がまちまちだ. ❷ くだくだしい; くどくどしい. ∥구구한 변명 くどくどしい言い訳. 구구하게 설명하다 くどくど(と)説明する.

구구-히 副

구국 (救國) 名 하自 救国.

구균 (球菌) 名 마상균(球狀菌).

구극 (究極) 名 =궁극(窮極).

구근 (球根) 名 植物 球根.

구근-류 (球根類) 【-뉴】 名 植物 球根類.

구금 (拘禁) 名 하他 拘禁. **구금-당하다** 反動.

구급 (救急) 名 하他 救急; 応急. ∥구급 조치를 취하다 救急措置を取る. 구급 환자가 실려 오다 救急患者が運ばれる.

구급-낭 (救急囊) 【-금-】 名 救急袋.

구급-방 (救急方) 【-빵】 名 ① 応急の対策. ② 漢方治療の処方箋.

구급-법 (救急法) 【-뻡】 名 救急法.

구급-상자 (救急箱子) 【-쌍-】 名 救急箱.

구급-약 (救急藥) 【-금냑】 名 救急薬.

구급-차 (救急車) 名 救急車. 反 앰뷸런스. ∥구급차를 부르다 救急車を呼ぶ.

구급-책 (救急策) 名 救急策.

구급-치료 (救急治療) 名 応急手当.

구기 (球技) 名 球技.

구기다 /kugida/ 自 駄目になる; 台無しになる. ∥이번 일은 구긴 것 같다 今度の仕事は駄目みたい.
— 他 ❶ (紙や布などを)くちゃくちゃにする; しわくちゃにする. ∥종이를 구기다 紙をしわくちゃにする. ❷ (仕事・メンツなどを)駄目にする; 台無しにする. ∥체면이 구겨지다 メンツがつぶれる.

구기-자 (枸杞子) 名 クコの実.

구기자-나무 (枸杞子-) 名 植物 クコ(枸杞).

구기적-거리다 【-꺽-】 他 くちゃくちゃにする.

구김 名 구김살の略語. ∥옷에 구김이 가다 服にしわが寄る.

구김-살 /kugim?sal/ 【-쌀】 名 ❶ しわ. 縮 구김살. ∥구김살이 지다 しわが寄る. 구김살이 펴지다 しわがとれる. ❷ 屈託. ∥구김살 없는 표정 屈託のない表情. 구김살 없이 자라는 素直でまっすぐな子ども. 구김살 없이 자란 아이 のびのびと育った子ども.

구깃구깃 【-긷꾇】 名 하形 (紙や布などが)しわだらけである様子; くちゃくちゃ. ∥구깃구깃한 돈 しわくちゃのお金.

구나¹ 助 …だね; …だな. ∥진짜구나 本当だね.

-구나² 語尾 …(だ)な; …(だ)ね. 縮 -군. ∥정말 기쁘구나 本当にうれしいね. 잘했구나 よくやったね.

구내 (口內) 名 口内.

구내-염 (口內炎) 名 医学 口内炎.

구내¹【區內】 [名] 区内.
구내²【構內】 [名] 構內. ‖역 구내 駅の構内.
구내-매점(構內賣店) [名] 構內の)売店;(大学などの)購買部.
구내-식당(構內食堂)【-땅】 [名] 構內食堂.
구단(球團) [名] 球団.
구단-주(球團主) [名] 球団オーナー.
구-대륙(舊大陸) [名] 旧大陸. ↔신대륙(新大陸).
구더기(昆蟲) [名] ウジ(蛆);ウジムシ(蛆虫).
구덩이 (地面にできた)くぼみ;穴. ‖구덩이를 파다 穴を掘る.
구도¹(構圖) [名] 構図. ‖안정된 구도 安定した構図. 여야 대결 구도 与野党対決の構図.
구도²(求道) [名] [自サ] 求道.
구도-자(求道者) [名] 求道者.
구독(購讀) [名] [他サ] 購読. ‖정기 구독 定期購読.
구독-료(購讀料)【-뇨】 [名] 購読料. ‖구독료를 내다 購読料を支払う.
구독-자(購讀者)【-짜】 [名] 購読者.
구독자-란(購讀者欄)【-짜-】 [名] (新聞や雑誌などの)読者コーナー.
구두¹/kudu/ [名] 靴. ‖구두를 신다 靴を履く. 구두를 벗다 靴を脱ぐ. 구두를 닦다 靴を磨く. 구두 가게 靴屋.
구두-끈 [名] 靴紐(ひも). ‖구두끈을 묶다 靴紐を結ぶ.
구두-닦이 [名] 靴磨きの人.
구두-약(-藥) [名] 靴墨;靴クリーム.
구두-창 [名] 靴底.
구두-발【-두빨/-둗빨】 [名] 靴を履いた足.
구둣-방(-房)【-두빵/-둗빵】 [名] 靴屋.
구둣-솔【-두쏠/-둗쏠】 [名] 靴刷毛;靴ブラシ.
구둣-주걱【-두쭈-/-둗쭈-】 [名] 靴べら.
구두²(口頭) [名] 口頭. ‖구두시험 口頭試験;口述試験. 구두로 전하다 口頭で伝える.
구두³(句讀) [名] 구두법(句讀法)の略語.
구두-법(句讀法)【-뻡】 [名] 句読法. ⊛구두(句讀).
구두-점(句讀點)【-쩜】 [名] 句読点. ‖구두점을 찍다 句読点をうつ.
구두-쇠【-/-쒜】 [名] けちん坊;しわん坊;しみったれ.
구들(韓国の床暖房)のオンドル.
구들-목 [名] オンドル部屋で焚口に近いところ.
구들-방(-房)【-빵】 [名] オンドル部屋.
구들-장【-짱】 [名] オンドル部屋に敷く石.
구락부(俱樂部)【-뿌】 [名] 俱樂部;クラブ.
구래(舊來) [名] 旧来.
구렁 (地面にできた)深み. ‖구렁에 빠지다 深みにはまる. 악의 구렁에 빠지다 悪の深みに陥る.
구렁이 [名] [動物] アオダイショウ(青大将).
구렁-텅이 [名] 険しく危険な深み.
구레-나룻【-룯】 [名] 頬髯(ひげ).
구력(舊曆) [名] 旧曆;陰曆. ↔신曆(新暦).
구령(口令) [名] [自他サ] 号令. ‖구령을 붙이다 号令をかける. 구령에 맞춰 걷다 号令に合わせて歩く.
구루-병(佝僂病)【-뼝】 [名] [医学] くる病.
구류(拘留) [名] [自他サ] [法律] 拘留. ‖구류에 처하다 拘留に処する.
구류-장¹(拘留狀)【-짱】 [名] [法律] 拘留状.
구류-장²(拘留場) [名] [法律] 拘留場.
구르다¹/kuruda/ [自] [르変]〔굴러, 구르는〕転がる;転げる;転ぶ.のたうち回る. ‖공이 구르다 ボールが転がる. 굴러떨어지다 転がり落ちる. 돈이 굴러 들어오다 金が転がり込む. 배가 아파서 뒹굴뒹굴 구르다 腹痛でのたうち回る. ⊛굴리다. ▶구르는 돌에 이끼가 안 낀다 [諺] 転がる石には苔が生える. ▶굴러온 돌이 박힌 돌 뺀다 [諺] 「転がってきた石がはまり込んでいる石を抜く」の意で)新参が古参を追い出すことのたとえ.
구르다² [自] [르変] 踏み鳴らす;地団駄を踏む. ‖마루를 구르며 달려오다 床を踏み鳴らしながら走ってくる. 발을 구르며 분해하다 地団駄を踏みながら悔しがる.
구름/kurum/ [名] 雲. ‖구름 한 점 없는 하늘 雲一つない空. 보름달이 구름 사이로 나타나다 満月が雲間から現れる. 구름 잡는 듯한 이야기 雲をつかむような話. 먹구름이 잔뜩 낀 하늘 雨雲が一面に垂れ込めた空.
구름-다리 [名] 雲梯.
구름-바다 [名] 雲海.
구름-판(-板) [名] (陸上競技の跳躍種目で)踏切り板.
구릉(丘陵) [名] 丘陵;小山;丘. ‖구릉지대 丘陵地帯.
구릉-지(丘陵地) [名] 丘陵地.
구리/kuri/ [名] 銅;あかがね. ⊛동(銅).
구리-줄(銅線) [名] 銅線.
구릿-빛【-리삗/-릳삗】 [名] 銅(あかがね)色;赤銅(しゃくどう)色;赤銅色(赤銅色). ‖구릿빛 얼굴 赤銅色に日焼けした顔.
구리다/kurida/ [形] ❶(においが)臭い. ‖구린 냄새 臭いにおい. ❷(やり方が)

汚い. ❸うさんくさい；怪しい. ‖뒤가 구리다 後ろ暗い；後ろめたい.

구리터분-하다 [-터뿐-] 形 ❶ 臭いにおいがする. ❷ (やり方・考え方が)汚い.

구리텁텁-하다 [-터ㅂ-] 形 [하変] 非常に臭い.

구린-내 /kurinne/ 名 ❶ 悪臭. ❷ 怪しい気配. ▶구린내가 나다 ① 臭い；悪臭がする. ② 疑わしい；怪しいにおいがする.

구만리-장천 (九萬里長天) [-말-] 名 果てしなく広い空.

구매 (購買) /kume/ 名 하他 購買；購入. ㊛판매 (販賣).

구매-동기 (購買動機) 名 購買動機.

구매-력 (購買力) 名 購買力.

구매-자 (購買者) 名 購入者；買う人. ㊛판매자 (販賣者).

구매-처 (購買處) 名 購買先.

구멍 /kumʌŋ/ 名 ❶ 穴. ‖구멍이 뚫리다 穴が空く. 구멍을 파서 묻다 穴を掘って埋める. 바늘구멍 針の穴. 콧구멍 鼻の穴. 단춧구멍 ボタン穴. ボタンホール. 구멍이 나도록 바라보다 穴の空くほど見つめる. 구멍을 막다 穴を塞ぐ. 장부 구멍을 막다 帳簿の穴を埋める. 부끄러워서 구멍이라도 있으면 들어가고 싶다 恥ずかしくて穴があったら入りたい. 송곳으로 구멍을 내다 錐で穴を空ける. 양말에 구멍이 났다 靴下に穴が空いた. ❷ 逃げ道. ‖빠져나갈 구멍을 찾다 逃げ道を探す.

구멍-가게 名 小規模の店；駄菓子屋.

구면 (舊面) 名 旧知；昔ながみ. ㊛초면 (初面). ‖구면인 사이 旧知の間柄.

구면-경 (球面鏡) 名 〔物理〕球面鏡.

구명¹ (舊名) 名 旧名.

구명² (究明) 名 究明.

구명³ (救命) 名 하他 救命. ‖구명 운동 救命運動.

구명-구 (救命具) 名 救命具.

구명-동의 (救命胴衣) [-/-이] 名 救命胴衣.

구명-보트 (救命 boat) 名 ＝구명정 (救命艇).

구명-부표 (救命浮標) 名 救命浮標；救命ブイ.

구명-정 (救命艇) 名 救命艇；救命ボート.

구문 (構文) 名 構文. ‖수동 구문 受動(受身)構文. 사동 구문 使役構文.

구물-거리다 [-대다] 自 のろのろする；ぐずぐずする. ‖구물대다가 지각하다 ぐずぐずしていて遅刻する.

구미¹ (口味) /ku:mi/ 名 ❶ 口当たり；食欲. ‖구미에 맞다 口に合う. ❷ 興味. ▶구미가 동하다 [당기다] 興味がわく. ▶구미를 돋우다 興味をそそる.

구미² (歐美) 名地 欧米.

구미-호 (九尾狐) 名 ❶ 〔動物〕尾が九つあるという古狐. ❷ 〔比喩的に〕狡猾(⋯)な人.

구민 (敎民) 名 하自 救民.

구민 (區民) 名 区民.

구박 (驅迫) 名 하他 いびること；いじめること. **구박-받다** [-다하다] 受身.

구법 (舊法) 【-뻡】 名 旧法. ㊛신법 (新法).

구별 (區別) /kubjəl/ 名 하他 区別. ‖공사를 구별하다 公私を区別する. 구별이 안 되다 区別がつかない. 구별을 하다 区別する. 구별을 짓다 区別にくい. **구별-되다** 受動.

구보 (驅步) 名 하自 駆け足.

구부러-뜨리다 他 曲げる. ‖철사를 구부러뜨리다 針金を曲げる.

구부러-지다 /kuburʌdʑida/ 自 曲がる. ‖못이 구부러지다 釘が曲がる. 허리가 구부러지다 腰が曲がる. 사거리에서 오른쪽으로 구부러지다 四つ角を右に曲がる.

구부러-트리다 ＝구부러뜨리다.

구부렁-하다 形 [하変] 少し曲がっている；少しかがんでいる.

구부리다 /kuburida/ 他 曲げる；かがめる；丸める. ‖허리를 구부리다 腰をかがめる. 무릎을 구부리다 ひざを曲げる. 등을 구부리고 앉다 背中を丸めて座っている.

구부정-하다 /kubudʑʌŋhada/ 形 [하変] やや曲がっている；少しかがんでいる. ‖허리가 구부정하다 腰がかがんでいる.

구분 (區分) /kubun/ 名 하他 区分. ‖토지를 구분하다 土地を区分する. 시대 구분 時代区分.

구불-구불 副 하自 くねくね(と). ‖구불구불한 산길 くねくね(と)曲がった山道.

구비¹ (口碑) 名 口碑.

구비-문학 (口碑文學) 名 〔文芸〕口碑文学.

구비² (具備) 名 하他 具備. ‖필요한 조건을 구비하다 必要な条件を具備する.

구사 (驅使) 名 하他 駆使. ‖외国語を流暢に駆使する.

구사-일생 (九死一生) 【-쌩】 名 九死に一生を得ること. ‖구사일생으로 살아나다 九死に一生を得る.

구상¹ (球狀) 名 球状.

구상-균 (球狀菌) 名 球菌. ㊛구균 (球菌).

구상² (構想) 名 하他 構想. ‖새로운 교통 체계를 구상하다 新しい交通体系を構想する. 참신한 구상 斬新な構想. 구상을 짜다 [다듬다] 構想を練る.

구상³ (具象) 名 具象.

구상-화¹ (具象化) 名 하他 具象化.

구상-화² (具象畫) 名 〔美術〕具象画.

구상-권 (求償權) 【-꿘】 名 〔法律〕求

구상-나무

구상. 償補.
구상-나무 图《植物》シラビソ(白檜曾).
구색(具色) 图 (各種の品物を)取り合わせること; 取り揃えること. ‖구색을 갖추다(맞추다) 品物を色々と取り揃える; 色々な物を取り揃える.

구석 /kusək/ 图 ❶隅;片隅;隅っこ. ‖방 구석 部屋の隅. 시골 구석에서 片田舎で. ❷ところ. 点; 部分; 面. ‖믿는 구석이 있으니까 信じるところがあるから. 괜찮은 구석도 있는 녀석이다 いい面もあるやつだ. **구석-구석** 圖 隅々;くまなく. ‖구석구석 뒤지다 くまなく探す.

구석-방(一房)【一빵】 图 家の隅にある部屋.
구석-지다【一찌一】 囡 ❶ 奥まっている. ‖구석진 자리 奥まったところ. ❷ 辺ぴだ.
구석기-시대(舊石器時代)【一끼一】 图 旧石器時代.
구설(口舌) 图 口舌.
구설-수(口舌數)【一쑤】 图 うわさに上る羽目. ‖구설수에 오르다 世間のうわさになる.
구성(構成) /kusəŋ/ 图 [하엿] 構成. ‖위원회를 구성하다 委員会を構成する. 구성 요소 構成要素. **구성-되다** 受動
구성-원(構成員) 图 構成員.
구성-지다(一) 图 (曲調などが)いきで味わい深い; 渋い. ‖구성진 노랫가락 渋い曲調.
구세(救世) 图 [하엿] 救世.
구세-군(救世軍) 图 救世軍.
구세-주(救世主) 图《キリスト教》救世主. ⑳구주(救主).
구-세계(舊世界)【一/一게】 图 旧世界. ⑳신세계(新世界).
구-세대(舊世代) 图 旧世代.
구속(拘束) /kusok/ 图 [하엿] 拘束. ‖신병을 구속하다 身柄を拘束する. **구속-되다**【一당하다】【一받다】 受動
구속-력(拘束力)【一녁】 图 拘束力.
구속-시간(拘束時間)【一씨一】 图 拘束時間.
구속-영장(拘束令狀)【一녕짱】 图 逮捕状. ‖구속 영장을 발부하다 逮捕状を出す.
구수-하다 /kusuhada/ 囡 [하엿] ❶ (味やにおいが)香ばしい. ‖구수한 숭늉 냄새 香ばしいおこげ湯のにおい. ❷ (話などが)面白い;興味をそそる. ‖구수한 옛날이야기 面白い昔話.
구순(口脣) 图 口唇; 口と唇.
구순-기(口脣期) 图 口唇期.
구술(口述) 图 [하엿] 口述.
구술-시험(口述試驗) 图 口述試験.

㉔필기시험(筆記試驗).
구스베리(gooseberry) 图《植物》グーズベリー.
구슬 /kusul/ 图 ❶ 玉. ❷ ビー玉. ▶ [誤] 구슬이 서 말이라도 꿰어야 보배(라) 宝の持ち腐れ.
구슬-땀 图 玉の汗; 玉のような大粒の汗. ‖구슬땀을 흘리며 일하다 玉のような大粒の汗を流しながら働く.
구슬-치기 图 [하엿] ビー玉遊び.
구슬리다(kusullida) 囮 巧妙に言いくるめる; 口先で丸め込む; 抱き込む; うまくおだてる. ‖살살 구슬려서 다 털어놓게 하다 うまくおだてすべて打ち明けさせる.
구슬프다(kusulpʰuda) 囮 [으변] [구슬퍼, 구슬픈] うら悲しい; うら寂しい; もの悲しい; もの寂しい. ‖구슬픈 음악 うら悲しい音楽. **구슬-피** 圖 구슬피 울다 もの悲しく泣く.
구습(舊習) 图 旧習.
구승(口承) 图 [하엿] 口承.
구승-문학(口承文學) 图《文芸》口承文学.
구-시가(舊市街) 图 旧市街.
구-시대(舊時代) 图 旧時代.
구시렁-거리다【一대다】 国 ぶつくさ言う; ぶつくさつぶやく; ぶつぶつ言う.
구식(舊式) /ku:ʃik/ 图 旧式. ‖낡아빠진 구식 자동차 おんぼろの旧式自動車.
구실¹ /kuʃil/ 图 役目; 役割. ‖차남이지만 장남 구실을 하고 있다 次男だが長男の役目を果たしている. 제 구실을 다하다 自分の役目を果たす.
구실²(口實) /ku:ʃil/ 图 口実. ‖구실을 만들어 口実を作る. 구실을 대다 口実を設ける. 그럴듯한 구실 もっともらしい口実.
구심¹(求心) 图 求心. ㉔원심(遠心).
구심-력(求心力)【一녁】 图 求心力. ㉔원심력(遠心力).
구심-적(求心的)【一쩍】 图 求心的.
구심-점(求心點)【一쩜】 图 中心点.
구심²(球審) 图《野球》球審.
구십(九十) /kuʃip/ 國 90歳; 90; 九十. ㉘아흔. ─ 图 90…. ‖구십 개 90個.
구악(舊惡) 图 旧悪.
구애¹(求愛) 图 [하엿自] 求愛.
구애²(拘礙) /kuɛ/ 图 {主に…에(에게)구애받는の形で}とらわれる; 拘束される. ‖조건에 구애받지 않다 条件にとらわれない.
구약(舊約) 图 ❶ 旧約; 前からの約束. ❷《キリスト教》旧約. ❸ 旧約 聖書(舊約聖書)の略.
구약-성서(舊約聖書)【一쌩一】 图 旧約聖書. ㉑구약전서(舊約全書). ㉔신약 성서(新約聖書).

구약-나물 (蒟蒻-)【-양-】图【植物】コンニャク(蒟蒻).

구어 (口語) 图【言語】口語. ㉠문어(文語).

구어-문 (口語文) 图【言語】口語文. ㉠문어문(文語文).

구어-체 (口語體) 图【言語】口語体.

구역 (區域)/kujɔk/ 图 区域. ‖출입 금지 구역 立入禁止区域. 주차 금지 구역 駐車禁止区域. 위험 구역 危険区域.

구역-질 (嘔逆-)/kujɔk˺ʧil/【-질】图【自他】嘔吐; 吐き気. ‖구역질이 나다 吐き気を催す; 吐き気がする; へどが出る.

구연-산 (枸櫞酸) 图【化学】クエン酸.

구완 (←救援) 图【他】看護; 看病. ‖할머니 병구완을 하다 祖母を看病する.

구우-일모 (九牛一毛) 图 九牛一毛.

구운 【ㅂ変】焼く(焼く)の過去連体形. ‖숯불에 구운 생선 炭火であった魚.

구워 焼く(焼く)の連用形.

구워-삶다 【-삶따】他 丸め込む; 抱き込む; 言いくるめる. ‖누나를 구워삶아 오토바이를 샀다 姉を言いくるめてオートバイを買った.

구워-지다 /kuwɔʤida/ 自 焼ける. ‖고기가 맛있게 구워지다 肉がおいしく焼ける. 잘 구워진 고기 生焼けの肉.

구원[1] (久遠) 图 图 久遠.
구원[2] (救援) 图 图【他】救援; 救い. ‖구원의 손길을 내밀다 救いの手を差し伸べる. 구원을 청하다 救いを求める. 구원 투수 救援投手; リリーフ. **구원-받다** 受動

구월 (九月)/kuwɔl/ 图 9月. ‖한국에서는 구월에 이 학기가 시작된다 韓国では9月に2学期[後期]が始まる.

구위 (球威) 图 球威で球威.

구유[1] 图 飼い葉桶; まぐさ桶.
구유[2] (具有) 图【他】具有.

구이 /kui/ 图〈魚・肉の〉焼き物. ‖생선 구이 焼き魚. 통닭구이 鶏の丸焼き. 장어구이 ウナギの蒲焼き.

구인[1] (求人) 图【自他】求人. ‖구인 광고 求人広告.

구인-난 (求人難) 图 求人難.
구인-란 (求人欄)【-난】图 求人欄.
구인[2] (拘引) 图【他】拘引.

구입 (購入)/kuip/ 图【他】購入; 仕入れ; 仕入れること. ‖도매상에서 구입하다 問屋から仕入れる. 구입 가격 購入価格. 일괄 구입하다 一括購入する.
구입-처 (購入處) 图 仕入れ先.

구장 (球場) 图 球場.
구적 (舊跡·舊蹟) 图 旧跡.
구전 (口傳) 图【自他】口伝(くでん); 口伝え.

구전-문학 (口傳文學) 图【文芸】口伝文学.

구절 (口節) 图【言語】句; 句; 節. 語句(語句). ‖마음에 드는 구절 気に入った語句. 시의 한 구절 詩の一節.

구절-양장 (九折羊腸)【-량-】图 九折; 羊腸; つづら折り.

구절-초 (九節草) 图【植物】イワギク (岩菊).

구절-판 (九折坂) 图 9つに区切られた重箱に盛られた9種類の料理.

구점 (句點) 图【一점】图 句点.
구정 (舊正)/ku:ʤɔŋ/ 图 旧正月. 신정(新正).

구정-물 图 汚水; 下水.

구제[1] (救濟) 图【他】救済. ‖구제 조치 救済措置. 구제의 손길을 내밀다 救済の手を差し伸べる. **구제-되다**【-받다】 受動

구제-권 (救濟權) 图【ー권】图【法律】救済権.

구제-책 (救濟策) 图 救済策. ‖구제책을 강구하다 救済策を講じる.

구제-품 (救濟品) 图 救済品.
구제[2] (舊制) 图 旧制.
구제[3] (驅除) 图【他】駆除.

구제-역 (口蹄疫) 图【医学】口蹄疫.

구조[1] /ku:ʤo/ 图【他】救助. ‖물에 빠진 아이를 구조하다 おぼれた子どもを救助する. **구조-되다**【-받다】 受動

구조-대[1] (救助袋) 图 救助袋.
구조-대[2] (救助隊) 图 救助隊.
구조-사다리 (救助ー) 图 救助梯子.
구조-선 (救助船) 图 救助船.

구조[2] (構造)/kuʤo/ 图 構造. ‖사회 구조 社会構造. 정신 구조 精神構造. 문장 구조 文の構造.

구조-언어학 (構造言語學) 图【言語】構造言語学.

구조-적 (構造的) 图 構造的. ‖구조적 실업 構造的失業.

구조-조정 (構造調整) 图 リストラ.

구조-주의 (構造主義) 图【-/-이】图 構造主義.

구주[1] (歐洲) 图【地名】欧州.
구주[2] (救主) 图【キリスト教】救世主; 救い主; メシア. 예수그리스도 (救世主).

구중 (九重) 图 ❶九重. ❷구중궁궐 (九重宮闕)の略語.

구중-궁궐 (九重宮闕) 图 宮中; 禁中. ㉠구중(九重).

구직 (求職) 图【自他】求職. ‖구직 광고 求職広告. 구직 활동 求職活動.

구직-난 (求職難)【-장-】图 求職難.
구직-자 (求職者)【-짜-】图 求職者.

구질구질-하다 图【하変】❶汚らしい. ‖구질구질한 옷 汚らしい服. ❷天気がぐずついている. ‖구질구질한 날씨가 계속되다 ぐずついた天気が続く.

ㄱ

구차-하다 (苟且―) /ku:ʧʰahada/ [形] 『하変』 ❶貧しい; 貧乏だ. ‖구차한 살림 貧しい暮らし. ❷くだらない; つまらない. ‖구차한 변명을 늘어놓다 くだらない言い訳を並べる.
구천[1] (九天) [名] 九天.
구천[2] (九泉) [名] 九泉; 黄泉; あの世. [類]황천(黃天)·저승.
구청 (區廳) /kuʧʰɔŋ/ [名] 区役所. ‖구청장 区長. 종로 구청 鐘路区役所.
구체 (具體) /kuʧʰe/ [名] 具体. [対]추상(抽象).
구체-성 (具體性) 【-썽】 [名] 具体性.
구체-적 (具體的) [名] 具体的. ‖구체적인 방안을 제시하다 具体的な方案を提示する.
구체-화 (具體化) [名] [하他] 具体化. ‖계획을 구체화하다 計画を具体化する.
구-체제 (舊體制) [名] 旧体制.
구축[1] (構築) [名] [하他] 構築. ‖기지를 구축하다 基地を構築する.
구축[2] (驅逐) [名] [하他] 駆逐.
구축-함 (驅逐艦) 【-추캄】 [名] 《軍事》 駆逐艦.
구출 (救出) [名] [하他] 救出. ‖조난당한 사람들을 구출하다 遭難者を救出する.
구출-되다 [受身]
구충 (驅蟲) [名] [하他] 駆虫.
구충-제 (驅蟲劑) [名] 駆虫剤; 駆虫薬; 虫下し.
구취 (口臭) [名] 口臭.
구치 (拘置) [名] [하他] 拘置.
구치-소 (拘置所) [名] 拘置所.
구타 (毆打) [名] [하他] 殴打.
구태 (舊態) [名] 旧態.
구태-여 /kutʰɛjɔ/ [副] わざわざ; 強いて; あえて. ‖싫다면 구태여 할 필요는 없다 嫌なら, 強いてすることはない. 구태여 말할 필요는 없다 わざわざ言う必要はない. 이렇게 비가 오는데 구태여 가야 하니? こんなに雨が降っているのにわざわざ行かないといけないの.
구태-의연 (舊態依然) /ku:tʰɛijɔn/ 【-/-이-】 [名] [하形] 旧態依然. ‖구태의연한 방법 旧態依然とした方法.
구토 (嘔吐) [名] [하自] 嘔吐.
구파 (舊派) [名] 旧派. [対]신파(新派).
구-하다[1] (救―) /kuhada/ [他] 『하変』 救う; 助ける. ‖생명을 구하다 命を救う. 연못에 빠진 아이를 구하다 池に落ちた子どもを助ける.
구-하다[2] (求―) /ku:hada/ [他] 『하変』 求める; 探す. ‖도움을 구하다 助けを求める. 적임자를 구하고 있다 適任者を求めている. 싼 하숙집을 구하고 있습니다 安い下宿を探しています. 일자리를 구하다 仕事を探す.
구현 (具現·俱現) [名] [하他] 具現. ‖이상을 구현하다 理想を具現する.

구형[1] (求刑) [名] [하他] 《法律》 求刑.
구형[2] (球形) [名] 球形.
구형[3] (舊型) [名] 古い型; 旧式; 旧モデル. [対]신형(新型). ‖구형 세탁기 旧モデルの洗濯機. 구형 차 旧式の車.
구호[1] (口號) [名] ❶掛け声; スローガン. ‖구호를 외치다 掛け声をかける; スローガンを叫ぶ. ❷暗号.
구호[2] (救護) /ku:ho/ [名] [하他] 救護.
구호-금 (救護金) [名] 義捐金.
구혼 (求婚) [名] [하自] 求婚.
구황^작물 (救荒作物) 【-장-】 [名] 救荒作物.
구획 (區劃) /kuhwek/ 【-/-훽】 [名] [하他] 区画. ‖구획 정리 区画整理.
국[1] /kuk/ [名] ❶汁; 汁物; つゆ: 吸い物; スープ. ‖된장국 味噌汁. 국 건더기 汁の実. 국을 마시다 おつゆを飲む. 미역국 ワカメスープ. 국을 끓이다 汁物を作る. ❷국물の略語.
국[2] (局) [名] 局.
국[3] (國) [名] 国.
국[4] (局) [依名] 囲碁・将棋などの勝負を数える語: …局.
-국[5] (局) [接尾] …局. ‖편집국 編集局.
-국[6] (國) [接尾] …国. ‖선진국 先進国.
국가[1] (國家) /kuk'ka/ 【-까】 [名] 国家. ‖근대 국가 近代国家. 법치 국가 法治国家. 국가 권력 国家権力. 국가 공무원 国家公務員. 국가의 위신이 걸린 문제 国家の威信にかかわる問題.
국가[2] (國歌) 【-까】 [名] 国歌.
국-거리 【-꺼-】 [名] 汁物の材料.
국경 (國境) 【-꼉】 [名] 国境. ‖국경을 넘다 国境を越える. 국경 무역 国境貿易. 국경 없는 의사회 国境なき医師団.
국경-일 (國慶日) 【-꼉-】 [名] 国の定めた祝日; 旗日.
국고 (國庫) 【-꼬】 [名] 国庫.
국고-금 (國庫金) [名] 国庫金.
국교[1] (國交) 【-꾜】 [名] 国交. ‖국교를 수립하다 国交を樹立する. 국교 정상화 国交正常化. 국교 단절 国交断絶.
국교[2] (國教) 【-꾜】 [名] 国教.
국군 (國軍) 【-꾼】 [名] 国軍.
국군의^날 (國軍―) [名] 韓国軍創設記念日. 10月1日.
국권 (國權) 【-꿘】 [名] 国権.
국-그릇 【-끄릇】 [名] 汁椀.
국기[1] (國旗) /kuk'ki/ 【-끼】 [名] 国旗. ‖국기를 게양하다 国旗を掲揚する.
국기[2] (國技) 【-끼】 [名] 国技. ‖한국의 국기는 태권도이다 韓国の国技はテコンドーである.
국난 (國難) 【궁-】 [名] 国難.
국내[1] (局內) 【궁-】 [名] 局内.
국내[2] (國內) /kuŋnɛ/ 【궁-】 [名] 国内. [対]국외(國外).

국내-법 (國內法)【구-뻡】图 国内法.

국내-선 (國內線)图 国内線.

국-내외 (國內外)【구-/구-왜】图 国内外.

국내외-적 (國內外的)图 国内外的.

국도 (國道)【-또】图 国道. ㉠지방도 (地方道).

국력 (國力) /kuŋnjɔk/【궁녁】图 国力. ¶국력을 신장하다 国力を高める.

국론 (國論)【궁-】图 国論. ¶국론이 양분되다 国論が二分する.

국립 (國立) /kuŋnip/【궁닙】图 国立. ㉠사립 (私立).

국립-공원 (國立公園)【궁닙꽁-】图 国立公園.

국립-대학 (國立大學)【궁닙때-】图 国立大学.

국립-묘지 (國立墓地)【궁님뵤지】图 国立墓地.

국면 (局面)【궁-】图 局面. ¶새로운 국면으로 접어들다 新しい局面に差しかかる. 중대한 국면을 맞이하다 重大な局面を迎える.

국명 (國名)【궁-】图 国名.
국모 (國母)【궁-】图 国母.
국무 (國務)【궁-】图 国務.
국문 (國文)【궁-】图 国文.
국문-과 (國文科)【궁-꽈】图 国文科.
국-문법 (國文法)【궁-뻡】图 国文法.
국-문학 (國文學)【궁-학】图 国文学.
국문학-과 (國文學科)【궁-꽈】图 国文学科.

국-물 /kuŋmul/【궁-】图 ❶국, 찌개, 김치 따위의 물기 있는 음식에서 건더기를 제외한 물. 汁(しる). だし汁. 和 멸치 국물 煮干しのだし. 김치 국물 キムチの汁. 어묵 국물 おでんの汁. ❷ 余得; 役得; おこぼれ. ▶국물도 없다 何の利益もない.

국민 (國民) /kuŋmin/【궁-】图 国民. ¶국민을 위한 정치 国民のための政治. 국민의 의무 国民の義務. 국민 경제 国民経済.

국민-성 (國民性)【궁-썽】图 国民性.

국민-소득 (國民所得)【궁-】图《経》国民所得.

국민 연금 제도 (國民年金制度)【궁-】图 国民年金制度.

국민-장 (國民葬)【궁-】图 国葬. ¶국민장으로 치르다 国葬で執り行なう.

국민-적 (國民的)【궁-】图 国民的. ¶국민적 영웅 国民的英雄.

국민 총생산 (國民總生産)【궁-】图 国民総生産 (GNP).

국민-투표 (國民投票)【궁-】图 国民投票.

국민-포장 (國民褒章)【궁-】图 国民褒章.

국민-학교 (國民學校)【궁-교】图 〔초등학교 (初等學校)의 旧称〕 小学校.

국민-훈장 (國民勳章)【궁-】图 国民勲章.

국-밥【-빱】图《料理》クッパ; スープに飯を入れたもの.

국방 (國防)【-빵】图 国防.
국방-군 (國防軍)【-】图 国防軍.
국방-부 (國防部)《行政》国防省.
국방-비 (國防費)【-】图 国防費.
국방-색 (國防色)【-】图 国防色.
국번 (局番)【-뻔】图 局番.
국법 (國法)【-뻡】图 国法.
국보 (國寶) /kuk²po/【-뽀】图 国宝.
국보-적 (國寶的)【-】图 国宝的. ¶국보적인 존재 国宝的な存在.

국부¹ (局部)【-뿌】图 局部. ¶국부 마취 局部麻酔.
국부-적 (局部的)【-】图 局部的. ¶국부적인 문제 局部的な問題.

국부² (國富)【-뿌】图 国富. ¶국부론 国富論.

국부³ (國父)【-뿌】图 国父.

국비 (國費)【-】图 国費. ¶국비 지원을 받다 国費の支援を受ける. 국비 유학생 国費留学生.

국빈 (國賓)【-뻰】图 国賓.
국사¹ (國史)【-싸】图 国史.
국사² (國事)【-싸】图 国事.
국사-범 (國事犯)【-】图《法律》国事犯; 政治犯.

국산 (國産) /kuk²san/【-싼】图 国産.
국산-차 (國産車)【-】图 国産車.
국산-품 (國産品)【-】图 国産品.
국상 (國喪)【-쌍】图 大喪.
국새 (國璽)【-쎄】图 国璽(ぎ). 옥새 (玉璽).
국서 (國書)【-】图 国書.
국선 (國選)【-쎈】图 (他動) 国選.
국선 변호인 (國選辯護人)【-】图 国選弁護人.

국세¹ (國勢)【-쎄】图 国勢.
국세 조사 (國勢調査)图 国勢調査.
국세² (國稅)【-쎄】图 国税. ㉠지방세 (地方稅).
국세-청 (國稅廳)【-】图《行政》国税庁.
국소 (局所)【-쏘】图 局所.

국수¹ (-) /kuk²su/【구-】图 そうめんなど麺類の総称. ¶국수를 먹다 結婚式を挙げる.

국수² (國粹)【-쑤】图 国粋.
국수-주의 (國粹主義)【-쑤-/-쑤-이】图 国粋主義.

국시 (國是)【-쎄】图 国是(ぜ).

국악 (國樂)图 その国の固有の音楽; 韓国の古典音楽.

국어 (國語) /kugɔ/【구-】图 国語. ¶국어 수업 国語の授業. 국어 시간 国語の時間. 국어사전 国語辞典.

국어-과 (國語科)【구-】图 国語科.
국어-국문학과 (國語國文學科)【구-꽈】图 国語国文学科.

국어-사 (國語史)【구-】图 韓国国語史.
국어-학 (國語學)【구-】图 韓国国語学.

국영 (國營)【-】图 (他動) 国営. ¶국영 기

국왕(國王) 图 国王.
국외(局外) 【-/구궤】 图 局外.
국외(國外) 【-/구궤】 图 国外. ⑪国内(國內).
국위(國威) 图 国威. ‖국위 선양 国威宣揚.
국유(國有) 图 国有.
　국유-림(國有林) 图 国有林.
　국유 재산(國有財産) 图 国有財産.
　국유-지(國有地) 图 国有地.
　국유 철도(國有鐵道) 图 〔또〕 国有鉄道. ⑩国鉄(國鐵).
　국유-화(國有化) 하他 国有化.
국익(國益) 图 国益. ‖국익을 도모하다 国益をはかる.
국자¹/kukˀdʒa/【-짜】 图 杓子(ひしゃく); お玉. ‖국자로 뜨다 お玉ですくう.
국자²(國字) 图 国字.
국장¹(局長) 图 局長.
국장²(國葬) 图 国葬.
국적(國籍) /kukˀdʒɔk/【-쩍】 图 国籍. ‖국적을 취득하다 国籍を取得する. 국적 불명의 배 国籍不明の船. 이중 국적 二重国籍.
국전(國展) 【-쩐】 图 国が主催する展覧会.
국정¹(國定) 【-쩡】 하他 国定.
　국정 교과서(國定敎科書) 图 国定教科書.
　국정 조사(國定調査) 图 国定調査.
국정²(國政) 【-쩡】 图 国政.
　국정 감사(國政監査) 图 国政監査.
국제(國際) /kukˀdʒe/【-쩨】 图 国際. ‖국제 전화를 걸다 国際電話をかける.
　국제-간(國際間) 【-쩨-】 图 国際間.
　국제-결혼(國際結婚) 图 自 国際結婚.
　국제-공항(國際空港) 图 国際空港.
　국제-관행(國際慣行) 图 国際慣行.
　국제-균형(國際均衡) 图 (経) 国際均衡.
　국제-기구(國際機構) 图 国際機構.
　국제-도시(國際都市) 图 国際都市.
　국제 범죄(國際犯罪) 【-쩨-/-쩨-꿰】 图 国際犯罪.
　국제-법(國際法) 【-쩨뻡】 图 国際法.
　국제-분업(國際分業) 图 国際分業.
　국제-군형(國際軍衡) 图 国際軍令.
　국제-선(國際線) 图 国際線.
　국제-어(國際語) 图 国際語.
　국제-연합(國際聯合) 图 国際連合(UN).
　국제 연합 교육 과학 문화 기구(國際聯合敎育科學文化機構) 【-쩨-꾜-과학-】 图 ユネスコ.
　국제 연합 아동 기금(國際聯合兒童基金) 图 ユニセフ.
　국제 연합 안전 보장 이사회(國際聯合安全保障理事會) 【-쩨-/-쩨-꿰】 图 国際連合安全保障理事会. ⑩안보리(安保理).
　국제 올림픽 위원회(國際Olympic委員會) 【-쩨-/-쩨-꿰】 图 国際オリンピック委員会(IOC).
　국제-우편(國際郵便) 图 国際郵便.
　국제 음성 기호(國際音聲記號) (言語) 国際音声記号(IPA).
　국제 재판(國際裁判) 图 国際裁判.
　국제 재판소(國際裁判所) 图 国際裁判所.
　국제-적(國際的) 图 国際的. ‖국제적인 관심사 国際的な関心事.
　국제 조약(國際條約) 图 国際条約.
　국제-주의(國際主義) 【-쩨-/-쩨-이】 图 国際主義.
　국제 중재 재판소(國際仲裁裁判所) 图 国際仲裁裁判所.
　국제 축구 연맹(國際蹴球聯盟) 【-쩨-꾸-】 图 国際サッカー連盟(FIFA).
　국제-통화(國際通貨) 图 (経) 国際通貨; 基軸通貨. ⑩기축 통화(基軸通貨).
　국제 통화 기금(國際通貨基金) 图 国際通貨基金(IMF).
　국제 형사 경찰 기구(國際刑事警察機構) 图 国際刑事警察機構(ICPO). ⑩인터폴.
　국제-화(國際化) 하他 国際化.
　국제-회의(國際會議) 【-쩨-/-쩨-이】 图 国際会議.
국조(國鳥) 【-쪼】 图 国鳥.
국졸(國卒) 【-쫄】 图 小学校まで出た人; 小卒.
국지(局地) 【-찌】 图 局地.
　국지-적(局地的) 图 局地的.
　국지-전(局地戰) 图 局地戦.
국채(國債) 图 国債.
국책(國策) 图 国策. ‖국책 사업 国策事業.
국철(國鐵) 图 〔国有鉄道(國有鐵道)의略語〕 国鉄.
국체(國體) 图 国体.
국치(國恥) 图 国恥.
국토(國土) /kukˀtʰo/ 图 国土. ‖국토 계획 国土計画.
　국토 통일원(國土統一院) 图 (行政) 国土-院.
국판(菊判) 图 菊判.
국학(國學) 【구칵】 图 国学.
국한(局限) 【구칸】 하他 局限; 限定. **국한-되다** 受動
국화¹(菊花) /kukʰwa/【-과】 图 (植) キク(菊).
　국화-꽃(菊花-) 【구과꼳】 图 菊の花.
　국화-빵(菊花-) 图 菊模様の鯛焼き.

국화²(國花)【구화】 图 国花. ✤韓国 은 무궁화(無窮花), 日本은 桜.

국회(國會) /kukʰwe/【구회→구웨이】 图 国会. ‖임시 国会. 정기 国会 通常国会. 국회 도서관 国会図書館.

국회의사당(國會議事堂)【구의-/구케이-】 图 国会議事堂.

국회의원(國會議員)【구회-/구웨이-】 图 国会議員.

국회의장(國會議長)【구회-/구웨이-】 图 国会議長.

군¹(軍) 图 ❶軍. ‖군의 기밀 軍の機密. ❷［一部の名詞に付いて］…軍. ‖연합군 連合軍.

군²(郡) 图《行政》地方行政区域の一つ.

군³〈君〉依 …君. ‖이 군 李君.

군⁻⁴接頭 …余計な…. ‖군소리 無駄口. 군식구 居候; 食客.

-군⁵語尾 구나의 縮約形. ‖잘됐군 よかったね. 아이가 참 귀엽군 子どもがとてもかわいいね.

군가(軍歌) 图 軍歌.

군것-질(-)【ku:ngət̚t͈ʃil/-건짤】图 한말 買い食い. ‖군것질이 심한 아이 買い食いをよくする子ども.

군경(軍警) 图 軍隊と警察.

군계-일학(群鷄一鶴)【-/-게/-겔】图 鶏の群の一鶴.

군-고구마 图 焼き芋.

군관(軍官) 图 =장교(將校).

군관민(軍官民) 图 軍隊と政府と国民.

군국(軍國) 图 軍国.
군국-주의(軍國主義)【-쭈-/-쭈이】 图 軍国主義.

군기¹(軍紀) 图 軍紀.
군기²(軍記) 图 軍記.
군기³(軍旗) 图 軍旗.

군-내 图 本来の味ではない嫌なにおい; 古くなって腐りかけたようなにおい. ‖군내가 나다 腐りかけたようなにおいがする.

군단(軍團) 图 軍団.

군담⁻소설(軍談小說) 图《文芸》軍記物; 軍記物語.

군대(軍隊) /kunde/ 图 軍隊. ‖군대에 가다 入隊する.
군대-식 图 軍隊式.

군-더더기 图 余計なもの; 無駄なもの.

군데/kunde/ 依 …か所. ‖몇 군데 何か所; 数か所. 두세 군데 틀린 데가 있다 2,3か所誤りがある.
군데-군데 图画 ところどころ. あちこち; ここかしこ. ‖군데군데 틀리다 ところどころ間違っている.

군도¹(軍刀) 图 軍刀.
군도²(群島) 图 群島.

군락(群落)【굴-】 图 群落.

군락-지(群落地)【-짜】 图 群落地.

군량(軍糧)【굴-】 图 軍糧; 兵糧.
군량-미(軍糧米)【굴-】 图 軍糧米.

군령(軍令)【굴-】 图 軍令.

군림(君臨) 图 君臨.

군-만두(-饅頭) 图 焼き餃子.

군-말(-) 한말 無益口; 無駄言; 贅言(說).囲군소리. ‖군말이 많다 無益口が多い. 군말 하다 無益口をたたく; 無駄口をきく. 군말 말고 빨리 먹어라 無駄言なんか言わずにさっさと食べなさい.

군모(軍帽) 图 軍帽.

군무¹(軍務) 图 軍務.
군무²(群舞) 图한말 群舞.

군-미필자(軍未畢者)【-짜】 图 兵役の義務を果たしていない者.

군민¹(軍民) 图 軍民; 軍隊と民間.
군민²(郡民) 图 行政区域の一つである郡(郡)に住民登録をしてある人々.

군-바리(軍-) 图〔見くびる言い方で〕軍人.

군-밤 图 焼き栗.

군-밥(-) 图 ❶居候のために炊いた飯. ❷残飯.

군번(軍番) 图《軍事》認識番号.

군벌(軍閥) 图 軍閥.

군법(軍法)【-뻡】《軍事》軍法.
군법-회의(軍法會議)【-뻐쾨-/-뻐쾌-】图《軍事》軍法会議.

군⁻법무관(軍法務官)【-범-】图《軍事》軍の法務将校.

군복(軍服) 图 軍服.

군부(軍部) 图 軍部. ‖군부가 정권을 장악하다 軍部が政権を掌握する.

군-불 图 暖房用に焚く火.

군비¹(軍備) 图 軍備.
군비⁻축소(軍備縮小)【-쏘】 图 軍縮小.

군비²(軍費) 图 軍費.

군사(軍事) /kunsa/ 图 軍事. ‖군사기밀 軍事機密.

군사⁻기지(軍事基地) 图《軍事》軍事基地.

군사⁻동맹(軍事同盟) 图《軍事》軍事同盟.

군사-력(軍事力) 图 軍事力.

군사⁻봉쇄(軍事封鎖) 图《軍事》軍事封鎖.

군사-비(軍事費) 图 軍事費.

군사⁻우편(軍事郵便) 图《軍事》軍事郵便.

군사⁻원조(軍事援助) 图《軍事》軍事援助.

군사⁻위성(軍事衛星) 图《軍事》軍事衛星.

군사⁻재판(軍事裁判) 图《軍事》軍事裁判. ‖군사 재판에 회부되다 軍事裁判にかけられる.

군사⁻정권(軍事政權)【-꿘】图《軍事》軍事政権.

군사^혁명 (軍事革命)【-형-】图【軍事】軍事革命.

군-사령관 (軍司令官) 图【軍事】軍司令官.

군-사령부 (軍司令部) 图【軍事】軍司令部.

군사부 (君師父) 图 主君と師と父親.
　군사부-일체 (君師父一體) 图 主君と師と父親の恩は等しいこと.

군-살 /ku:nsal/ 图 ぜい肉. ‖군살が 끼다 ぜい肉がつく. 군살を 빼다 ぜい肉を取る{落とす}.

군상 (群像) 图 群像.

군색-하다 (窘塞-)【-새カ-】[形]【하彼】
❶〈生活が〉貧しい. ‖군색한 생활 貧しい生活. ❷〈状況が〉苦しい. ‖군색한 변명을 하다 苦しい言い訳をする.

군생 (群生) 图 自彼 群生.
　군생-지 (群生地) 图 群生地.

군소 (群小) 图 群小. ‖군소 정당 群小政党.

군-소리 /ku:nsori/ 图 自彼 無駄口; 無駄言; 警言(戒). 畒군말.

군수 [¹] (郡守) 图 行政区域の一つである郡の責任者.

군수 [²] (軍需) 图 軍需.
　군수 물자 (軍需物資)【-짜-】图 軍需物資.
　군수 산업 (軍需産業) 图 軍需産業.
　군수-품 (軍需品) 图 軍需品.

군-식구 (-食口)【-꾸】图 食客; 居候.

군신 (君臣) 图 君臣.
　군신-유의 (君臣有義)【-뉴-/-뉴이】图〈五倫の一つとして〉君臣の義.

군악 (軍樂) 图 軍楽.
　군악-대 (軍樂隊)【-때】图 軍楽隊.

군왕 (君王) 图 君主; 君王. 畒군주 (君主).

군용 (軍用) 图 軍用.
　군용-기 (軍用機) 图【軍事】軍用機.
　군용-도로 (軍用道路) 图【軍事】軍用道路.
　군용-열차 (軍用列車)【-널-】图【軍事】軍用列車.
　군용-차 (軍用車) 图 軍用車.

군웅 (群雄) 图 群雄.
　군웅-할거 (群雄割據) 图 群雄割據.

군의 (軍醫)【-구이】图 군의관(軍醫官)の略語.
　군의-관 (軍醫官) 图 軍医; 軍医官. 畒군의(軍醫).

군인 (軍人) 图 軍人.

군-일【-닐】图 自彼 無駄な仕事.

군자 (君子) 图 君子.
　군자-금 (軍資金) 图 軍資金.

군자연-하다 (君子然-) 圄【하彼】君子然とする; 君子らしく 君子を気取る.

군정 (軍政) 图 軍政.

군제 (軍制) 图 軍制.

군주 (君主) 图 君主. 畒군왕(君主).
　‖군주 정치 君主政治.
　군주-국 (君主國) 图 君主国.
　군주-제 (君主制) 图 君主制.

군중 (群衆) 图 群衆.
　군중-심리 (群衆心理)【-니-】图 群集心理.

군집 (群集) 图 自彼 群集.

군청 [¹] (郡廳) 图〈行政区域の〉郡(郡)の役場.

군청 [²] (群青) 图 群青.
　군청-색 (群青色) 图 群青色.

군축 (軍縮) 图 自彼 軍縮.
　군축 회의 (軍縮會議)【-추쾨-/-추퀘이】图 軍縮会議.

군-침 /ku:ntʃʰim/ 图 よだれ; 生つば. ▶군침을 삼키다{흘리다} よだれを垂らす{流す}; 生つばを呑(の)み込む. ▶군침이 돌다 よだれが出る.

군함 (軍艦) 图 軍艦.

군항 (軍港) 图 軍港.

군화 (軍靴) 图 軍靴.
　군홧-발 (軍靴ㅅ-)【-화발/-환빨】图
① 軍靴を履いた足. ② 軍人や軍事政権による暴力.

굳건-하다 /kutk'ʌnhada/【-껀-】[形]【하彼】〈意志・態度などが〉堅固だ; しっかりしている; たくましい. ‖굳건한 의지 堅固な意志. 굳건한 정신력 たくましい精神力. **굳건-히** 副.

굳다 /kut'ta/【-따】[形] 固い; 堅い; 硬い. ‖손을 굳게 잡다 手をしっかりと握る. 굳은 약속을 나누다 固い約束を交わす. 굳은 결의 堅い決意. 굳은 표정 硬い表情. 굳게 믿다 堅く信じる.
— 固 ❶ 固まる; 固くなる. ‖시멘트가 굳었다 セメントが固まった. 떡이 굳어 버렸다 餅が固くなってしまった. ❷ 癖になる. ‖말버릇이 굳어 버리다 口癖になる. 畒굳히다.

굳-세다 /kutʼseda/【-쎄-】[形] たくましい; 丈夫だ. ‖굳센 정신력 たくましい精神力. 굳세게 살아가다 たくましく生きていく.

굳어-지다 自 固まる; 固くなる; 凝る. ‖시멘트가 굳어지다 セメントが固まる. 비 온 뒤에 땅이 굳어진다 雨降って地固まる. 얼굴의 근육이 굳어지면 표정이 딱딱해진다 顔の筋肉が硬まると, 表情が硬くなる.

굳은-살 (手のひらや足の裏にできる) たこ; まめ. ‖손바닥에 굳은살이 박히다 手のひらにたこができる.

굳이 /kudʒi/【구지】 副 あえて; 無理に; 無理してまで; 強いて; わざわざ. ‖굳이 위험을 무릅쓰다 あえて危険をおかす. 싫다면 굳이 할 필요는 없다 嫌なら無理にやる必要はない.

굳-히다【-치다】 他〔굳다の使役動詞〕固める; 固くする. ‖우박을 굳히다 寒天を固める. 결심을 굳히다 決心を固める.

확실한 자리를 굳히다 地歩を固める.

굴¹/kul/ 図 《魚介類》 カキ(牡蠣). ¶생굴 生ガキ.

굴²《窟》図 ❶穴. ¶두더지가 땅속에 굴을 파다 モグラが地中に穴を掘る. 호랑이 굴 虎穴. ❷洞窟; 洞穴. ❸トンネル.

굴건(屈巾) 図 喪主가 頭巾의 上에かぶる布.

굴건-제복(屈巾祭服) 図 《하자》 굴건(屈巾)과 喪服.

굴곡(屈曲) 図 《하자》 屈曲; 起伏. ¶굴곡이 심하다 起伏が激しい.

굴광-성(屈光性) 【-씽】 図 《植物》 屈光性.

굴다 /kul-/ 《不規則動詞》 [굴어, 구는, 군] 〔さげすむ言い方で〕ふるまう. ¶주인처럼 굴다 主人のようにふるまう. 제멋대로 구는 아이 わがままな子ども. 건방지게 굴다 生意気にふるまう.

굴-다리《窟-》【-따-】 図 《主に交差点付近に作られた》トンネル.

굴뚝 /kulttuk/ 図 煙突.
굴뚝-같다【-깐따】 形 山々だ. ¶가고 싶은 마음은 굴뚝같지만 行きたいのは山々だが.

굴러-가다 自 ❶転がっていく. ¶큰 공이 굴러가다 大きなボールが転がっていく. ❷《仕事などが》うまく回る. ¶사업은 그런대로 굴러가고 있다 事業はそれなりにうまくいっている.

굴러-다니다 自 ❶無造作に転がり回る; 散らかっている; 乱雑に置かれている. ¶방안에 책이 여기저기 굴러다니고 있다 部屋の中に本があちこち乱雑に置かれている. ❷あちこち転々とする.

굴러-들다【굴語幹】 他 転がり込む.

굴러-먹다【-따】 図 転々としながら卑しく暮らす. ¶어디서 굴러먹던 녀석이야? どこの馬の骨だ.

굴렁-쇠 /-/-쎄/ 図 輪回しの鉄輪.

굴레 図 ❶おもがい. ❷絆; 束縛; 拘束. ¶굴레에서 벗어나다 束縛から逃れる. 인간의 굴레 《人間の絆》(モームの小説).

굴리다 /kulli-da/ 他 ❶〔구르다의 使役動詞〕転がらせる; 転がす; 回転させる. ¶학생들을 매트 위에서 세 번 굴리다 学生たちをマットの上で 3 回転がらせる. 공을 굴리다 ボールを転がす. ❷回転させる. ¶굴리다の形で〕金貸しする. ❸乱暴に扱う. ¶귀중한 책을 함부로 굴리고 있다 貴重な本を乱暴に扱っている. ❹《車を》持っている. ¶외제차를 굴리고 있다 外車に乗っている. ❺《頭を使う》. ¶머리를 굴려 묘안을 생각하다 頭を使い妙案を考える.

굴림-대【-때】 図 ころ.
굴-밤 図 ナラ·カシワなどの実; どんぐり.
굴복(屈服) 図 《하자》 屈服; 屈すること.

완력에 굴복하다 腕力に屈服する. 압력에 굴복해서 사임하다 圧力に屈して辞任する.

굴비 図 イシモチの干物.
굴성(屈性) 【-썽】 図 屈性.
굴^소스(-sauce) 図 オイスターソース.
굴신(屈伸) 【-씬】 図 《하자》 屈伸.
굴신-운동(屈伸運動) 【-씬눈-】 図 屈伸運動.

굴욕(屈辱) 図 屈辱. ¶굴욕을 당하다 屈辱を味わう.
굴욕-감(屈辱感) 【-깜】 図 屈辱感.
굴욕-적(屈辱的) 【-쩍】 図 屈辱的.
굴절(屈折) 【-쩔】 図 《되자》 屈折. ¶굴절된 심리 屈折した心理.
굴절-어(屈折語) 【-쩌러】 図 《言語》 屈折語. 囫 고립어(孤立語)·교착어(膠着語)·포합어(抱合語).

굴-젓【-쩟】 図 カキの塩辛.
굴종(屈従) 【-쫑】 図 《하자》 屈従.
굴지(屈指) 【-찌】 図 《하자》 屈指. ¶한굴지의 기업 韓国屈指の企業.
굴지-성(屈地性) 【-찌 썽】 図 《植物》 屈地性.

굴착(掘鑿) 図 《하자》 掘削.
굴착-기(掘鑿機) 【-끼】 図 掘削機.
굴촉-성(屈觸性) 【-썽】 図 《生物》 屈触性.
굴-튀김《-》 《料理》 カキフライ.
굴-하다(屈-) 図 《하여자》 屈する. ¶권력에 굴하다 権力に屈する. 폭력에 굴하지 않다 暴力に屈しない.

굵다 /kukʰta/ 【국 따】 形 ❶太い. ¶다리가 굵다 脚が太い. 굵은 목소리 太い声. 굵은 남자 線が太い男. ❷《つぶが》大きい; 粗い. ¶감자 알이 굵다 ジャガイモのつぶが大きい. 빗방울이 굵어졌다 雨が大降りになってきた. 굵은소금 粗塩.

굵-다랗다【국따라타】 形 《ㅎ変》 太くて大きい. 図 가느다랗다.
굵직굵직-하다【국찍꾹치카-】 形 《하변》 《全部が》大きな目だ; 大ぶりだ. ¶고구마가 굵직굵직하다 サツマイモが全部大ぶりだ. 글씨를 굵직굵직하게 쓰다 字を大きく書く.

굵직-하다【국찌카-】 形 《하변》 かなり大きい; かなり太い. ¶굵직한 목소리 かなり太い声.

굶-기다【국-】 他 〔굶다의 使役動詞〕飢えさせる; ひもじい思いをさせる; 食事を与えない; 干乞しにする. ¶끼니를 굶기다 食事を与えない.

굶다 /kumtta/ 【굼 따】 自他 飢える; 《食事を》抜く. ¶다이어트 때문에 저녁을 굶다 ダイエットのため夕食を抜く. 굶어 죽다 飢え死にする. 囫 굶기다.

굶-주리다《굶-》 図 飢える; 腹をすかす. ¶부모의 애정에 굶주린 아이 親の

굶-뜨다 愛情に飢えている子ども. ‖삼 일째 굶주리고 있다 3日間腹をすかしている.

굶-뜨다 [形] [으変] (動作が)のろい; まだるっこい. ‖굶뜬 дого まだるっこい動作.

굼벵이 [名] ❶蟬の幼虫. ❷〈あげる言い方で〉(動作がの)のろい人; のろま.

굼실-거리다 [-대다] [自] (虫などが)ぞもぞもうごめく.

굼실-굼실 [副] [하自] もぞもぞ; うずうず; うようよ.

굼지럭-거리다 [-거-] [自他] のろのろする; ぐずぐずする.

굼지럭-굼지럭 [-꿈-] [하自他] のろのろ; ぐずぐず.

굽 [名] ❶(牛·馬などの)蹄(ひづめ). ❷〈말발굽〉馬蹄. ❷(靴の)かかと; ヒール. ‖굽이 높은 신 かかとの高い靴.

굽는 [굼-] [冠] [ㅂ変] 굽다(焼く)の現在連体形.

굽다¹ /kupᵗta/ [-따] [形] 曲がっている; かがんでいる; うねっている; たわんでいる. ‖허리가 굽은 할머니 腰の曲がったおばあさん. 눈으로 가지가 굽었다 雪で枝がたわんでいる.
—[自] 曲がる; かがむ; たわむ. ‖허리가 굽다 腰がかがむ. @굽히다.

굽다² /kupᵗta/ [-따] [他] [ㅂ変] [구워, 굽는, 구운] 焼く. ‖빵을 굽다 パンを焼く. 생선을 굽다 魚を焼く. 냄새 魚を焼くにおい. 구운 김 焼きのり.

굽실 [-씰] [副] [하自他] ぺこん; ぺこり.

굽실-굽실 [副] [하自他] ぺこぺこ. ‖사장 앞에서 굽실굽실하다 社長の前でぺこぺこする.

굽실-거리다 [-대다] [自他] ぺこぺこする; へいこうする.

굽어-보다 [他] 俯瞰(ふかん)する; 見下ろす. ‖한강을 굽어볼 수 있는 곳 漢江を見下ろせる所.

굽어-살피다 [他] 照覧する; 思いやる. ‖신이여, 굽어살피소서 神よ、ご照覧あれ.

굽이 [名] (山の)曲がる所; 曲がり.

굽이-치다 [自] うねる; 波打つ. ‖벼 이삭이 굽이친다 稲の穂が波打つ.

굽이-굽이 [名] (山の)いくつもの曲がり.
—[副] ❶曲がりごとに. ❷くねくね; うねうね; 曲がりくねって. ‖굽이굽이 흘러가다 くねくね(と)流れていく.

굽-히다 /kupʰida/ [구피-] [他] 〔굽다の使役動詞〕曲げる; かがめる. ‖머리를 굽히고 들어가다 頭をかがめて入る. 허리를 굽히다 腰をかがめる. 신념을 굽히지 않다 信念を曲げない. 주장을 굽히고 말았다 主張を曲げてしまった.

굿 /kut/ [굳] [名] ❶巫女(みこ)の祈りの儀式. ❷見もの; 見せ物. ▶ 굿이나 보고 떡이나 먹다 〔(よその巫女の儀式を見て餅でも食え)の意〕人のおせっかいをやめて自分のことに励んだ方がいい.

궁 (宮) [名] 宮; 宮殿; 王宮.

궁궐 (宮闕) [名] [歴史] 宮闕. ㊒대궐 (大闕).

궁극 (窮極) [名] 究極. ‖궁극적인 목적 究極の目的.

궁금-하다 [-症-] [쫑-] 気になること; 知りたいこと.

궁금-하다 /kuŋgumhada/ [形] [하変] 気になる; 知りたい. ‖❶ 사람이 어디서 살고 있는지 궁금하다 彼がどこに住んでいるのか気になる. 궁금한 것이 있으면 언제든지 물어보세요 分からないことがあったらいつでも聞いてください. ❷口淋しい. ‖담배를 끊었더니 입이 궁금하다 タバコをやめたら口淋しい.

궁녀 (宮女) [名] [歴史] 女官.

궁도 (弓道) [名] [スポーツ] 弓道.

궁둥이 [名] 尻.

궁리 (窮理) /kunɾi/ [-니-] [名] [하他] 思案; 工夫; 思いめぐらすこと. ‖이럴까 저럴까 궁리를 해도 あれこれかと思いめぐらす, 궁리 끝에 묘안이 떠오르다 思案の末、妙案が浮かぶ.

궁상¹ (弓狀) [名] 弓形.

궁상² (窮相) [名] 貧相.

궁상³ (窮狀) /kuŋsaŋ/ [名] 窮状.

궁상-떨다 (窮狀-) [-] [語幹] わざと貧乏たらしくふるまう; (経済的に)困ったふりをする.

궁상-맞다 (窮狀-) [-맏따] [形] 貧乏くさい; 貧乏たらしい. ‖궁상맞아 보이다 貧乏くさく見える.

궁색 (窮塞) [名] [하形] ❶貧窮; 貧困; 貧苦; 貧しいこと; みすぼらしいこと. ‖궁색한 살림 貧しい暮らし. ❷非常に苦しいこと. ‖그의 변명은 궁색했다 彼の言い訳は苦しいものだった.

궁성 (宮城) [名] 宮城; 皇居; 王宮.

궁수 (弓手) [名] [歴史] 射手.

궁수-자리 (弓手-) [名] [天文] 射手座. ㊒사수자리(射手-).

궁술 (弓術) [名] 弓術.

궁여지책 (窮餘之策) [名] 窮余の一策.

궁전 (宮殿) [名] 宮殿.

궁정 (宮廷) [名] 宮廷.

궁중 (宮中) [名] 宮中.

궁중문학 (宮中文學) [名] [文芸] 宮中文学.

궁중-어 (宮中語) [名] 宮廷語.

궁지 (窮地) [名] 窮地; ピンチ. ‖궁지에 몰리다 ピンチに追い込まれる. 궁지에 빠뜨리다 窮地に落とす.

궁책 (窮策) [名] 窮策.

궁핍-하다 (窮乏) [-피파-] [形] [하変] 窮乏している; 非常に貧しい. ‖궁핍한 생활 非常に貧しい生活.

궁-하다 (窮) /kuŋhada/ [形] [하変] 窮する; 貧しい; (行き詰まって)苦しい; (金銭などに)困っている. ‖생활이 궁하

다 生活に窮ずる. 돈이 좀 궁하다 多少お金に困っている. 주머니가 궁하다 懷が貧しい. 답변이 궁하다 返答に窮ずる.
▶궁하면 통한다 (俗) 窮すれば通ず.
궁합 (宮合) /kuŋhap/ 图 (男女の)相性. ‖궁합이 맞다 相性がいい. 궁합을 보다 (生年月日などで2人の相性のよしあしを見てもらう.

궂기다 [굳끼-] 回 (邪魔が入ったりして)物事がうまくいかない.

궂긴-소식 (-消息) [굳낀-] 图 訃告; 訃報; 訃音.

궂다 /kut͈a/ [굳따] 形 ❶(天気が)悪い. ‖궂은 날씨가 계속되다 悪天候が続く. ❷煩わしい; 忌まわしい.

궂은-비 图 じめじめと降り続く雨.
궂은-살 图 硬く盛り上がってできたぜい肉.
궂은-소리 图 訃報; 悲報.
궂은-일 [-닐] 图 煩わしい仕事; 忌まわしい仕事.

궂히다 [구치-] 他 台無しにする; 駄目にする. ‖일을 궂히다 仕事を駄目にする.

권¹ (權) (姓) 權(グォン).
권² (卷) /kwən/ 依名 …冊. ‖책 두 권 本二冊.
-권³ (券) 接尾 …券. ‖입장권 入場券.
-권⁴ (圈) 接尾 …圏. ‖수도권 首都圏.
-권⁵ (權) 接尾 …権. ‖소유권 所有權.

권고 (勸告) 图 他動 勧告.
권고-사직 (勸告辭職) 图 辭職勧告.
권내 (圈內) 图 圏内. ⑰권외(圈外). ‖당선 권내 当選圏内.
권농 (勸農) 图 勧農.
권능 (權能) 图 権能.
권두 (卷頭) 图. ⑰권말(卷末).
 권두-사 (卷頭辭) 图 卷頭辭. ⑩머리말.
 권두-언 (卷頭言) 图 卷頭言. ⑩머리말.
권력 (權力) /kwəlʎək/ [궐-] 图 権力. ‖國家 權力 国家権力. 권력을 잡다 権力を握る.
권력-가 (權力家) [궐-까] 图 権力者.
권력-관계 (權力關係) [궐-꽌-/꽌-께] 图 権力関係.
권력-분립 (權力分立) [궐-뿔-] 图 権力分立.
권력-싸움 (權力-) [궐-] 图 権力争い.
권력-자 (權力者) [궐-짜] 图 権力者.
권력-투쟁 (權力鬪爭) 图 権力鬪爭.
권리 (權利) /kwəlʎi/ [궐-] 图 権利. ⑰의무(義務). ‖권리를 행사하다 権利を行使する. 권리를 보장하다 権利を保障する. 의무 교육을 받을 권리 義務教育を受ける権利. 너한테 그 말을 할 권리는 없다 お前にそれを言う 権利はない.
권리-금 (權利金) 图 権利金.
권리-증 (權利證) [궐-쯩] 图 権利証. ⑩등기필증(登記畢證).
권말 (卷末) 图 卷末. ⑰권두(卷頭).
 권말-부록 (卷末附錄) 图 卷末付録.
권모 (權謀) 图 権謀.
 권모-술수 (權謀術數) 【-쑤】 图 権謀術数. ‖권모술수를 쓰다 権謀術数をめぐらす.
권문 (權門) 图 權門.
 권문-세가 (權門勢家) 图 權門勢家.
권선 (勸善) 图 勧善.
 권선-징악 (勸善懲惡) 图 勧善懲惡.
권세 (權勢) 图 權勢. ‖권세를 부리다 権勢をふるう.
권속 (眷屬) 图 眷屬.
권수 (卷數) 【-쑤】 图 巻数.
권외 (圈外) [-/궤-] 图 圏外. ⑰권내(圈內).
권위 (權威) /kwənwi/ 图 権威. ‖권위가 실추되다 権威が失墜する. 권위가 있는 학설 権威ある学説.
 권위-자 (權威者) 图 権威者. ‖그 분야의 권위자 斯界の権威者.
 권위-적 (權威的) 图 権威的. ‖권위적인 성격 権威的な性格.
 권위-주의 (權威主義) 【-/-이】 图 権威主義.
권유 (勸誘) /kwə:nju/ 图 他動 勧誘; 勧め(ること). ‖국회 의원에 입후보할 것을 권유하다 国会議員に立候補することを勧める. 친구의 권유에 따르다 友だちの勧めに従う. **권유-를 받다** 受動.
권익 (權益) 图 権益. ‖권익을 지키다 権益を守る.
권장 (勸奬) 图 他動 勧奨.
권-적운 (卷積雲) 图 (天文) 巻積雲; いわし雲.
권좌 (權座) 图 権力の座. ‖권좌에 오르다 権力の座に就く.
권주 (勸酒) 图 献杯.
권총 (拳銃) 图 拳銃.
권-층운 (卷層雲) 图 (天文) 巻層雲.
권태 (倦怠) 图 倦怠. ‖권태를 느끼다 倦怠感を覚える.
 권태-기 (倦怠期) 图 倦怠期.
 권태-롭다 (倦怠-) [-따] 形 [ㅂ变] 飽きがきたようだ; (心身が)だるい; まだるこい. **권태로이** 副.
권토-중래 (捲土重來) [-내] 图 他動 捲土重來.
권투 (拳鬪) 图 (スポーツ) ボクシング. ‖권투 선수 ボクサー.
권-하다 (勸-) /kwə:nhada/ 他 [하变] 勧める. ‖술을 권하다 酒を勧める. 읽으라고 권하다 読むように勧める.
권한 (權限) 图 権限. ‖강력한 권한을 가지다 強力な権限を持つ. 직무 권한 職務権限.

궐(闕) 명 宮殿; 宮闕.
궐기(蹶起) 명 하자 決起. ‖진상 규명을 위해 시민들이 궐기하다 真相究明に市民が決起する.
궐석(闕席) [-썩] 명 하자 =결석(缺席).
　궐석^재판(闕席裁判) [-썩 쩨-] 명 =결석 재판(缺席裁判).
궤(櫃) 명 櫃[ひつ].
궤도(軌道) 명 軌道. ‖사업이 궤도에 오르다 事業が軌道に乗る. 궤도에서 벗어나다 軌道をはずれる.
궤멸(潰滅) 명 하자 壊滅.
궤변(詭辯) 명 詭弁[きべん]. ‖궤변을 늘어놓다 詭弁を弄(ろう)する.
궤양(潰瘍) 명 [医学] 潰瘍. ‖위궤양 胃潰瘍.
궤적(軌跡) 명 軌跡.
궤-짝(櫃-) 명 箱. ‖사과 궤짝 リンゴ箱.

귀¹ /kwi/ 명 ❶耳. ‖귀가 좋다 耳が早い/耳がいい. 귀가 잘 안 들리다 耳が遠い. 귀에 물이 들어가다 耳に水が入る. 귀에 거슬리는 말 耳障りな話. 남일이라고 한 쪽 귀로 듣고 한 쪽 귀로 흘리다 他人事と聞き流す. ❷ (針의)穴. ‖바늘귀 針の穴;針穴. ❸ (角立ったものの)角;端. ‖네 귀가 반듯하다 四隅がきちんとしている. ‖ 귀가 닳다[아프다] (小言などで)耳が痛い.
　▶귀(가) 먹다 耳が遠い;耳が遠くなる.
　▶귀를 기울이다 耳を傾ける; 耳をそばだてる.
귀⁻³(貴) 접두 貴…. ‖귀부인 貴婦人. 귀금속 貴金属.
귀가(歸家) 명 하자 帰宅.
귀감(龜鑑) 명 鑑; お手本. ‖귀감이 되다 鑑[お手本]になる.
귀갑(龜甲) 명 亀甲.
귀-걸이 /kwigɔli/ 명 イヤリング. ‖귀걸이를 하고 있다 イヤリングをして[つけて]いる.
귀결(歸結) 명 자 帰結. ‖당연한 결론으로 귀결되다 当然の結論に帰結する.
귀경(歸京) 명 하자 帰京.
귀-고리 명 =귀걸이.
귀-공자(貴公子) 명 貴公子.
귀국(歸國) /kwiguk/ 명 하자 帰国. ‖귀국에 오르다 帰国の途につく.
귀-금속(貴金屬) 명 貴金属.
귀납(歸納) 명 하자 帰納. ㉠연역(演繹).
　귀납-법(歸納法) [-뻡] 명 帰納法. ㉠연역법(演繹法).
귀농(歸農) 명 하자 帰農.
귀담아-듣다 [-따] [ㄷ変] 傾聴する; 熱心に聞く. ‖귀담아들을 가치가 있다 傾聴に値する.

귀-동냥 명 하타 耳学問; 聞きかじり.
귀두(龜頭) 명 [解剖] 亀頭.
귀-때기 명 〔귀의 俗語〕耳.
귀뚜라미 /kwi²turami/ 명 [昆虫] コオロギ(蟋蟀).
귀뚤-귀뚤 부 コオロギの鳴き声: コロコロ.
귀-띰 /kwitˀim/ [-띰] 명 하타 耳打ち. ‖살짝 귀띔을 하다 こっそり耳打ちをする.
귀로(歸路) 명 帰路. ‖귀로에 오르다 帰路につく.
귀리 명 [植物] エンバク(燕麦); カラスムギ.
귀-마개 명 耳栓.
귀-머거리 명 聾者.
귀문(鬼門) 명 鬼門.
귀-밑 [-믿] 명 耳元. ‖귀밑에서 속삭이다 耳元でささやく.
　귀밑-샘 [-믿쌤] 명 [解剖] 耳下腺. ㉠이하선(耳下腺).
귀-부인¹(貴夫人) 명 貴夫人.
귀-부인²(貴婦人) 명 貴婦人.
귀빈(貴賓) 명 貴賓.
　귀빈-석(貴賓席) 명 貴賓席.
　귀빈-실(貴賓室) 명 貴賓室.
귀-빠지다 俗 태어나った의俗語. ‖귀빠진 날 誕生日.
귀사(貴社) 명 貴社; 御社.
귀성(歸省) 명 하자 帰省. ‖귀성 인파 帰省客の波.
　귀성-객(歸省客) 명 帰省客.
　귀성-열차(歸省列車) [-녈-] 명 帰省列車.
귀소^본능(歸巢本能) 명 帰巣本能.
귀소-성(歸巢性) [-썽] 명 帰巣性; 回帰性.
귀속(歸屬) 명 자타 帰属. ‖귀속 의식 帰属意識.
귀순(歸順) 명 하자 帰順.
귀신(鬼神) /kwi:ʃin/ 명 ❶鬼神; 鬼; 幽霊; 亡霊. ‖귀신이 나오다 幽霊が出る. 귀신이 들리다 神がかりになる. 鬼才; すぐれた才能の持ち主; 達人. ‖ 돈 찾는 데는 귀신이다 道を探すことにかけては達人だ. ▶귀신도 모르다 誰も知らない. ▶귀신이 곡할 노릇 世にも不思議な出来事. ▶귀신이 씻나락 까먹는 소리 [俗] わけの分からない事; とんでもないこと.
　귀신-같다(鬼神-) [-갇따] 형 神業さながらだ. 귀신같-이 부
귀향(歸鄕) 명 하자 [歷史] 島流し; 流刑; 流罪; 遠島.
귀양-살이 명 島流しの生活.
귀엣-말 [-엔-] 명 하타 耳打ち. ‖살짝 귀엣말을 하다 そっと耳打ちする.
귀여워-하다 [ㅂ変] 귀엽다(かわいい)의 現在連体形. ‖귀여운 아이 かわいい子ども.

귀여워 📘【ㅂ변】 귀엽다(かわいい)の連用形. ‖귀여워서 머리를 쓰다듬다 かわいくて頭をなでる.

귀염 /kwi:jɔm/ 图 かわいがること. ‖많은 사람들로부터 귀염받다 多くの人からかわいがられる.

귀염-둥이 图 かわいがられる子.

귀염-성 (-性) 【-썽】图 かわいらしさ; 愛らしさ; かわいげ.

귀엽다 /kwi:jɔpˀta/ 【-따】【ㅂ변】[귀여워, 귀여운] 圈 かわいい; かわいらしい; 愛らしい. ‖눈는 얼굴이 귀엽다 笑顔がかわいい. 귀여운 몸짓 愛らしいしぐさ. 귀엽게 생긴 아이 かわいらしい顔つきの子도.

귀의 (歸依) 【-/-이】 图下图《仏教》帰依.

귀-이개 图 耳かき.

귀인 (貴人) 图 貴人.

귀재 (鬼才) 图 鬼才.

귀족 (貴族) 图 貴族.
　귀족-적 (貴族的) 【-쩍】图 貴族的.‖귀족적인 풍모 貴族的な風貌.

귀중[1] (貴中) 图 御中.

귀중[2] (貴重) /kwi:dʑuŋ/ 图下图 貴重. ‖귀중한 체험 貴重な体験. **귀중-히** 圖
　귀중-품 (貴重品) 图 貴重品.

귀-지[1] 图 耳あか; 耳くそ.

귀지[2] (貴紙) 图 貴紙.

귀지[3] (貴誌) 图 貴誌.

귀차니즘 图《俗…といった言い方で》(特に若者が) 何事も面倒くさく思うこと.

귀착 (歸着) 图下图 帰着; 行き着くこと. ‖결국 그의 잘못으로 귀착되었다 結局彼の過ちに行き着いた.

귀찮다 /kwitɕʰantʰa/ 【-찬타】【ㅎ변】圈 面倒だ; 面倒くさい; 厄介だ; 煩わしい. ‖만사가 귀찮다 何もかもが面倒だ. 귀찮은 일 面倒な仕事. 귀찮은 요구 厄介な要求. 사소한 일로 남을 귀찮게 하다 些細なことで人を煩わす.

귀찮아-하다 /kwitɕʰanahada/ 【-차나-】图他图 面倒がる; 煩わしがる. ‖달라붙는 아이를 귀찮아하다 くっついて離れない子どもを煩わしがる.

귀천 (貴賤) 图 貴賤. ‖직업에는 귀천이 없다 職業には貴賤がない.

귀-청 (-膜) 图 鼓膜. 卽 고막 (鼓膜). ‖귀청이 터질 것 같은 소음 鼓膜が破れそうな騒音.

귀추 (歸趨) 图 帰趨(ㅅ추). ‖귀추가 주목되다 帰趨が注目される.

귀태 (貴態) 图 ❶高貴な態度. ❷品のある態度.

귀통이 图 角; 隅. ‖길 한쪽 귀퉁이에 차를 세우다 道の片隅に車を止める.

귀-티 (-) 图 高貴に見える姿勢や雰囲気. ‖귀티가 나다 上品な雰囲気が漂う.

귀하 (貴下) /kwi:ha/ 图 (手紙の宛名などで) 相手の名前に付ける敬称: 様. ‖이지영 귀하 李知英様.
—— 圕 貴下; 貴殿. ‖귀하의 의견도 들어 보고 싶습니다 貴殿のご意見も伺いたく存じます.

귀-하다 (貴-) /kwi:hada/ 圈【ㅎ변】❶ (身分などが) 高い. ‖귀한 집 자식 高貴の出. ❷大切だ. ‖귀한 손님이 오다 大切なお客さんが来る. 귀하게 자라다 大切に育てられる. ❸珍しい; 珍貴だ. ‖귀한 물건들 珍貴な品々. **귀-히** 圖

귀항[1] (歸航) 图下图 帰航.

귀항[2] (歸港) 图下图 帰港.

귀향 (歸鄕) 图下图 帰郷.

귀화 (歸化) 图下图 帰化.

귀환 (歸還) 图下图 帰還. ‖전쟁터에서 귀환하다 戦地から帰還する.

귓-가 /귀까/귇까/ 图 耳元.

귓-바퀴 /귀빠-/귇빠-/ 图 耳介(ㅈ).

귓-밥 /귀빱/귇빱/ 图 耳たぶの厚さ.

귓-병 (-病) /귀뼝/귇뼝/ 图 耳の病気の総称.

귓-불 /귀뿔/귇뿔/ 图 耳たぶ.

귓-속-말 /귀쏜-/귇쏜-/ 图下图 耳元で交わす言葉; 耳打ち. ‖귓속말을 주고받다 耳打ちし合う.

귓-전 /귀쩐/귇쩐/ 图 耳元.

규격 (規格) /kjugjɔk/ 图 規格. ‖규격에 맞추다 規格に合わせる. 규격을 통일하다 規格を統一する.
　규격-판 (規格判) 图 規格判. ❖書籍·雜誌·便箋などの紙の仕上げ寸法.
　규격-품 (規格品) 图 規格品.
　규격-화 (規格化) 【-겨콰】图他图 規格化. ‖제품을 규격화하다 製品を規格化する.

규명 (糾明) 图他图 糾明; 解明.

규모 (規模) /kjumo/ 图 規模. ‖세계적인 규모 世界的な規模. 대규모 프로젝트 大規模なプロジェクト. 회사 규모를 키우다 会社の規模を大きくする.

규범 (規範) /kjubɔm/ 图 規範. ‖사회 규범 社会規範. 행동 규범 行動規範. 규범에 따르다 規範に従う.

규사 (硅砂) 图《鉱物》硅砂.

규산 (硅酸) 图《化学》硅酸.
　규산-염 (硅酸塩) 【-념】图《化学》硅酸塩.

규석 (硅石) 图《鉱物》硅石.

규소 (硅素) 图《化学》硅素.

규수 (閨秀) 图 閨秀(ㅎ). 他人の未婚の娘. ‖양갓집 규수 良家の娘.

규약 (規約) 图 規約. ‖규약에 어긋나다 規約に違反する. 규약에 저촉되다 規約に触れる. 규약을 정하다 規約を定める.

규율 (規律) 图 規律. ‖규율을 지키다

規律を守る. 규율이 문란해지다 規律が乱れる.

규정[1] (規定) /kjudʒɔŋ/ [名] [하他] 規定; 決まり. ‖개념을 규정하다 概念を規定する. 규정에 따르다 規定に従う. 규정대로 決まり通り.

규정-짓다 (規定―) 【-짇따】 [他] 〖ㅅ変〗 規定する.

규정[2] (規程) [名] 規程. ‖사무 규정 事務規程.

규제 (規制) /kjudʒe/ [名] [하他] 規制. ‖교통 규제 交通規制. 법률적인 규제가 많다 法律的な規制が多い. 규제를 받다 規制を受ける. **규제-당하다** [受身]

규준 (規準) [名] 規準.

규칙 (規則) /kjutʃʰik/ [名] 規則. ‖규칙을 지키다 規則を守る. 규칙을 어기다 規則を破る. 시행 규칙 施行規則. 규칙대로 하다 規則通りにやる. 불규칙 不規則.

규칙^동사 (規則動詞) 【-똥-】 [名] 《言語》 規則動詞.

규칙^용언 (規則用言) 【-칭 농-】 [名] 《言語》 規則用言.

규칙-적 (規則的) 【-쩍】 [名] 規則的. ‖규칙적으로 변화하다 規則的に変化する. 규칙적인 생활 規則正しい生活.

규탄 (糾彈) [名] [하他] 糾弾.

규합 (糾合) [名] [하他] 糾合. ‖동지를 규합하다 同志を糾合する.

균 (菌) /kjun/ [名] 菌. ‖효모균 酵母菌. 콜레라균 コレラ菌.

균등 (均等) [名] [하形] 均等. ‖기회 균등 機会均等.

균등-화 (均等化) [名] [하自他] 均等化.

균류 (菌類) 【귤-】 [名] 菌類.

균분 (均分) [名] [하他] 均分.

균분^상속 (均分相續) [名] 《法律》 均分相続.

균사 (菌絲) [名] 《植物》 菌糸.

균열 (龜裂) [名] [하自] 亀裂; ひび割れ. ‖균열이 생기다 亀裂が生じる; ひび割れする.

균일 (均一) [名] [하形] 均一. ‖품질을 균일하게 하다 品質を均一にする.

균제 (均齊) [名] [하形] 均斉.

균질 (均質) [名] [하形] 均質.

균할 (均割) [名] [하他] 均等に分けること; 等しく配分すること. ‖이익을 균할 배분하다 利益を均等に配分する.

균핵 (菌核) [名] 《植物》 菌核.

균형 (均衡) /kjunhjɔŋ/ [名] 均衡; バランス; 均斉. ‖균형을 잡다 バランスを取る. 균형 감각을 유지하다 バランス感覚を保つ. 균형을 잃다 均衡を失う. 균형이 무너지다 均衡が崩れる. 균형이 잡힌 몸매 均斉のとれた体つき.

귤 (橘) /kjul/ [名] 《植物》 ミカン(蜜柑). ‖귤 다섯 개 ミカン5個.

귤-껍질 (橘―) 【-찔】 [名] ミカンの皮. ‖귤껍질을 벗기다 ミカンの皮をむく.

귤-나무 (橘―) 【-라-】 [名] ミカンの木; タチバナ(橘). [類]밀감(蜜柑).

귤색 (橘色) 【-쌕】 [名] 橙色; 蜜柑色.

그[1] /kɯ/ [代] ❶〔그이の縮約形〕その人; 彼. ‖그로부터는 오늘도 연락이 없다 彼からは今日も連絡がない. ❷〔그것の縮約形〕それ. ‖그보다는 크다 それよりは大きい.

그[2] /kɯ/ [冠] ❶その…. ‖그 책 その本. 그 자리에서 その場で. 그 사이 その間. ❷あの…. ‖그 사람하고는 헤어졌어 あの人とは別れたの. 그 일은 어떻게 됐니? あのことはどうなったの. ✣前に話したものを指し示す時, 相手との共有情報となっている場合にも저(あの)を使わず그(あの)を使う.

― [感] 言葉に詰まったり言いよどんだりした時につなぎに発する語: その…; ええと…. ‖그, 뭐라고 할까? ええと, 何と言えばいいんだろう.

그-간 (―間) [名] その間. ‖그간의 경위 その間のいきさつ.

그-같이 【-가치】 [副] ❶そのように; そんなに. ❷あのように; あんなに.

그-거 /kɯgɔ/ [代] 〔그것の縮約形〕それ. ‖그거 큰일이네 それは大変だ.

그-건 /kɯgɔn/ 〔그것은の縮約形〕それは.

그-걸 /kɯgɔl/ 〔그것을の縮約形〕それを. ‖그걸로 하자 それにしよう.

그-것 /kɯgɔt/ 【-걷】 [代] ❶それ. [縮]그거. ‖그것은 별로 마음에 안 들어 それはあまり気に入らない. 그것이 뭐야? それは何? 그것만이 내가 할 수 있는 일이다 それだけが私のできることなの. ❷あれ. ‖그것 가지고 왔니? あれ, 持って来たの? ❸そいつ; あいつ. ‖그것도 사람이니? あいつも人間と言える? ❹その子. ‖그것들 정말 귀엽다 その子たち, 本当にかわいい.

그것-참 【-걷-】 [感] 感心したり驚いたりする時に発する語: はてさて; はてはて; さてさて; 実に; 本当に. ‖그것참, 어떡하지 はてさて, 弱ったなあ. 그것참, 대단하네 本当にすごい.

그-게 〔그것이の縮約形〕それが; それは. ‖그게 뭐니? それは何? 그게 다야 それが全部なの.

그길-로 [副] その足で.

그-까짓 【-짇】 [冠] それくらい; それくらいの. [略]까짓. ‖그까짓 것은 잊어 버려 それくらいのことは忘れて.

그-끄저께 [名] さきおととい. [縮]그끄제.

그-끄제 [名] 그끄저께の縮約形.

그-나마 /kɯnama/ [副] ❶それさえ(も); それだけでも; それまでも. ‖그나마도 안 남았더라 それさえも残っていなかったよ. ❷せめて; せめてもの. ‖큰 사고가 안 난

것만 해도 그나마 다행이다 大きな事故にならなかったのがせめてもの救いだ.

그나-저나 图〔그러나저러나의 縮約形〕いずれにしても; どちらにしても.

그-날 图 その日; 当日. ‖그날 밤 その日の夜. 그날 못 갔어 あの日, 行けなかったの.

그날-그날 图 その日その日の. ‖그날그날의 일 その日その日のこと.
— 副 その日その日; 1日1日.

그-냥 /kɯnjaŋ/ 副 ❶そのまま; ありのままに. ‖그냥 놓아 두다 そのまま置いておく. ❷ずっと. ‖그냥 잠만 자고 있다 ずっと寝てばかりいる. ❸なんとなく; ただ; 意味もなく; わけもなく. ‖그냥 눈물이 나 なんとなく涙が出た. 그냥 좋아해 何となく好きだ. ❹ただで; 無料; どうぞ. ‖그냥 가져가세요 どうぞ持っていってください. ‖그냥 안 둘 거야 ただではおかないぞ.

그네[1] /-/ 图 ぶらんこ. ‖그네를 타다 ぶらんこに乗る. 그네를 굴다 ぶらんこをこぐ.

그네-뛰기 图 ぶらんこ乗り.

그-네[2] 图 その人たち; あの人たち.

그-녀 (-女) /kɯnjʌ/ 代〔主に文語として〕彼女; 그女. ‖그녀는 친구가 많은 편이다 彼女は友だちが多い方だ. 오늘 그녀로부터 연락이 있었다 今日彼女から連絡があった.

그늘 /kɯnul/ 图 ❶日陰. ‖그늘에서 쉬다 日陰で休む. 나무 그늘 木陰. 젖은 구두를 그늘에서 말리다 ぬれた靴を陰干しにする. 평생을 그늘에서 보내다 一生を日陰で過ごす. ❷陰; 陰り. ‖그늘 있는 표정 陰[陰り]のある表情. ❸物陰.

그-다음 图 その次. 그다음이다.

그-다지 /kɯdadʑi/ 副〔下に打ち消しの表現を伴って〕それほど; あまり. ‖드라마는 그다지 좋아하지 않는다 ドラマはそれほど好きではない. 그다지 하고 싶지 않다 あまり作たくない.

그-담 图 그다음의 縮約形.

그-달 图 その月.

그-대 代〔主に文語として〕君; そなた; そち. ‖사랑하는 그대에 愛する君に.

그-대로 /kɯdero/ 副 そのまま; ありのまま; その通りに. ‖있는 그대로 이야기하다 ありのまま(に)話す. 돌아오자마자 그대로 잠들어 버렸다 帰ってくるなり, そのまま寝入ってしまった. 문자 그대로 文字通りに.

그-동안 /kɯdoŋan/ 图 その間; その後; 今まで. ‖그동안 별고 없으세요? その後お変わりありませんか. 그동안 어디에 있었니? 今までどこにいたの. 그동안 한번도 결석한 적이 없다 今まで一度も欠席したことがない. 그동안의 연구 실적 この間の研究業績.

그득 副 あふれこぼれるほど満ちている様

子; なみなみ; いっぱい. ‖식료품을 그득 사 가지고 오다 食料をいっぱい買ってくる.

그-들 /kɯdul/ 代〔主に文語として〕彼ら; 彼女ら. ‖그 부분은 그들에게 맡기로 했다 そこは彼らに任せることにした.

그-따위 图 そんなもの; そんなふう; そんなやつ. ‖그 따위로 하다니 仕事をそんないい加減にするとは.

그-때 /kɯ'te/ 图 その時; あの時; その折. ‖바로 그때 ちょうどその時. 그때 이후로 만나지 못했다 それ以降会っていない. 그건 그때 가서 생각하자 そのときはその時.

그때-그때 图 その時その時. ‖그때그때의 생각 その時その時の思い.
— 副 その時々; そのたびごとに; その場その場; そのつど. ‖그때그때 만들어 먹다 その都度作って食べる.

그라비어 (gravure) 图 グラビア.
그라운드 (ground) 图 グラウンド.
그라탱 (gratin フ) 图 グラタン.
그랑프리 (grand prix フ) 图 グランプリ; 大賞.

그래[1] 副 ❶〔그리하여의 縮約形〕そして; そうして; それで. ‖그래 괜찮았어? それで大丈夫だったの. ❷〔그러하여의 縮約形〕そのようにして; そんなふうにして. ‖그래 가지고는 안 된다 そのようにしては駄目だ.

그래[2] /kɯre/ 感 そう; うん; ああ. ‖그래, 그건이면 돼, 그렇게말이야. 그래, 생각해 볼게 ん, 考えてみる.

그래-그래 感 そうそう; そうか. ‖그래 그래 알았어 うんうん, 分かった.

그래-도 /kɯredo/ 副 ❶それでも. ‖바람은 그쳤다. 그래도 바깥은 춥다 風はやんだ. それでも外は寒い. 그래도 끝까지는 아니다 それでもびりではない. ❷そのようにしても; そうしても.

그래서 /kɯresʌ/ 副 だから; それで; そして. ‖그래서 울고 버렸다 だから泣いてしまった. 선배가 그래서 어떻게? 先輩がそんなんでどうするの.

그래-저래 副 あれこれ; あれやこれや; なにやかや. ‖그래저래 돈이 좀 들어 あれやこれやで少しお金がかかる.

그래프 (graph) 图 グラフ. ‖막대그래프 棒グラフ.

그래픽 (graphic) 图 グラフィック.
그래픽-디자인 (graphic design) 图 グラフィックデザイン.

그랜드-슬램 (grand slam) 图 (テニス・ゴルフで) グランドスラム.

그랜드-피아노 (grand piano) 图 《音楽》グランドピアノ.

그램 (gram) 依名 質量の単位: …グラム (g).

그러게 /kɯrʌge/ 副 だから. ‖그러게

먹지 말라고 했잖아 だから食べるなと言ったでしょう.

— 副 その通りだ. ‖この 사람 좀 걱정이네. 그렇게 あの人ちょっと心配だな. そうだね.

그러나 /kurəna/ 接 しかし;だが;けれども;が. ‖시험에 떨어졌다. 그러나 포기할 수는 없다 試験に落ちる. しかし諦めるわけにはいかない. 비가 온다. 그러나 안 갈 수가 없다 雨が降っている. しかし行かざるを得ない. 고비는 넘겼다. 그러나 안심할 수는 없다 峠は越した. だが, 安心はできない.

그러나-저러나 副 いずれにしても;どちらにしても. 類그나저나.

그러-넣다 [-너타] 他 引き入れる.

그러니까 /kurəniʔka/ 接 〔그러하니까의 縮約形〕だから;ですから;そうだから. ‖뭐, 깼다고? 그러니까 주의하라고 했잖아 何, 壊した?だから注意したでしょう.

그러다 /kurəda/ 自 〔그러하다의 縮約形〕そうする. ‖그러지 마세요 そうしないでください.

그러-담다 [-따] 他 かき集めて(袋などに)入れる.

그러-당기다 他 引っ張る;引っ張り込む.

그러-들이다 他 (人を)引き入れる.

그러-면 /kurəmjən/ 接 ❶それでは;しからば;さらば. 類그럼. ‖그러면 먼저 가겠습니다 それでは お先に失礼します. ❷ そうすれば;それだったら;そうすると. ‖그러면 몇 시에 만날까요? そうすると何時に会いましょうか. ➤그러면 그렇지 やはりそうだ; 思った通りだ; 言った通りだ.

그러면서 接 そうしながら;そうするなのに. ‖너는 그러면서 나는 왜 안 되니? お前はそうしておいて, なぜ私は駄目なの?

그러-모으다 他 [으変] かき集める;駆り集める;寄せ集める. ‖자금을 그러모으다 資金をかき集める.

그러므로 /kurəmuro/ 接 それゆえに;そこで;だから. ‖그러므로 나는 안 갈래 だから私は行かない.

그러-안다 [-따] 他 抱きしめる;抱える.

그러자 /kurədʑa/ 接 すると;そしたら. ‖그러자 그 사람은 울기 시작했다 そうしたら彼は泣き出した.

그러-잡다 [-따] 他 引っつかむ.

그러저러-하다 形 〔여変〕かくかくだ;かようかようだ;かくしかじかだ. ‖그러저러한 사정 そうそうの事情.

그러-쥐다 他 握りしめる.

그러-하다 形 〔여変〕そうだ;そのようだ;その通りだ. ‖그렇다.

그럭-저럭 /kurəkʔtɕərək/ 副 [-쩌-]. ❶ かれこれ;そうこうするうちに. ‖그럭저럭 여기에 온 지 그럭저럭 십 년이 된다 日本に来てかれこれ 10 年になる. ❷ 何とか;どうに

か. ‖덕분에 그럭저럭 꾸려 가고 있습니다 お陰様で どうにかやっています.

그런 /kurən/ 冠 〔그러한의 縮約形〕そんな. ‖그런 사람을 좋아하니? そんな人が好きなの? 그런 말 하지 마세요 そんなこと, 言わないでください.

그런-대로 /kurəndero/ 副 それなりに. ‖그런대로 잘 하고 있다 それなりにうまくやっている. 그런대로 효과는 있다 それなりに効果はある.

그런데 /kurənde/ 接 ❶しかし;なのに;だが. ‖나는 못 가게 했어. 그런데 가 버렸어 私は引きとめたのだ. 行ってしまった. 두 시쯤에 온다고 했어. 그런데 지금까지 아무 연락이 없어 2 時ぐらいには来ると言ったのに今まで何の連絡もない. ❷〔그런데의 縮約形〕ところで. 類근데. ‖그런데 오늘 시간 있니? ところで今日時間ある?

그런즉 接 それゆえに;そこで;それだから;したがって.

그럴-듯하다 /kurəlʔtutʰada/ [- 뜨타-] 形 〔하変〕❶ いかにもそうらしい;もっともらしい. ‖그럴듯한 변명 もっともらしい言い訳. 그럴듯하게 이야기하다 もっともらしく話す. ❷ (格好などが)すてきだ;すばらしい;なかなかのものだ. ‖그럴듯하게 만들었다 なかなかの出来ばえだ.

그럴싸-하다 形 〔하変〕= 그럴듯하다.

그럼[1] 副 〔그러면의 縮約形〕それでは;しからば;さらば. ‖그럼 나중에 뵙겠습니다 では その後よろしくお願いいたします.

그럼[2] 感 そうだよ;そうなの;そうだとも;もちろん. ‖너도 갈 거니? 그럼! お前も行くの? もちろん.

그렁-그렁[1] 副 [하変] (液体が溢れるような様子: なみなみ, だぶだぶ, がぼがぼ. ‖눈에 눈물이 그렁그렁하다 目に涙が溢れそうだ. 물을 너무 많이 마셔 뱃속이 그렁그렁하다 水を飲み過ぎて腹ががぼがぼしている.

그렁-그렁[2] 副 〔하変〕のどに痰が絡んでいる様子.

그렇다 /kurətʰa/ 【-러타】 形 〔ㅎ変〕〔그래, 그런〕〔그러하다의 縮約形〕そうだ;そのようだ;その通りだ. ‖사정이 그렇다면 다른 방법을 찾아보자 事情がそうであれば, 他の方法を探してみよう. 가령 그렇다 치더라도 たとえそうだとしても. 그렇고 말고 そうだとも. ➤그럼에도 불구하고 それにもかかわらず; にもかかわらず.

그렇-듯 [-러튿] 〔그러하듯의 縮約形〕そうであるように;その通りに.

그렇듯이 【-러트시】〔그러하듯이의 縮約形〕そうであるように;その通りに.

그렇잖다 【-러찬타】 〔그렇지 않다의 縮約形〕そうでない;そうじゃない. ‖그건 그렇잖아 それはそうじゃない.

그렇지 [-러치] 〖感〗 そうだとも; そうとも; その通りだ.

그레나다 (Grenada) 〖名〗《国名》 グレナダ.

그로기 (groggy) 〖名〗 グロッキー.

그로스 (gross) 〖依名〗 12 ダースを 1 組みとして数える際の単位; …グロス.

그로테스크-하다 (grotesque-~) 〖形〗〖하다〗 グロテスクだ. ‖그로테스크한 모습 グロテスクな姿.

그루 /kuru/ 〖名〗 (木などの)株; 根元.
— 〖依名〗 ❶ 木などを数える語: …株. ‖장미를 한 그루 심다 バラを 1 株植える. ❷ 作付けの回数を表わす語. ‖두 그루 농사 二毛作; 二期作.

그루-타기 〖名〗 切り株; 根株.

그룹 (group) 〖名〗 グループ. ‖연구 그룹 研究グループ. ‖그룹별로 グループ別に.

그룹-사운드 (group + sound 日) グループサウンズ.

그룹 학습 (-學習) 〖-씁〗 〖名〗 グループ学習.

그르다 /kuruda/ 〖形〗 〖르変〗 [글러, 그른] ❶ 正しくない; 間違っている; 誤っている. ‖옳고 그른 것 正しいことと正しくないこと; 행실이 그르다 品行が正しくない. ❷ (ま)見込みがない; 可能性がない; 望みがない. ‖합격하기는 글렀다 合格の見込みはない.

그르치다 /kurɯʧʰida/ 〖他〗 誤って事をしくじる; やり損ねる. ‖일을 그르치다 事をしくじる.

그릇¹ /kuruʈ/ 〖-른〗 〖名〗 器. ❶ものを入れる物; 容器. ‖그릇에 담다 器に盛る. 밥그릇 飯茶碗. 사기 그릇 瀬戸物. ❷ 器量; 人物の大きさ. ‖그릇이 큰 사람 器の大きい人. 사장의 그릇은 아니다 社長の器ではない.
— 〖椀; …杯; …膳. ⒨ 공기 (空器). ‖죽 한 그릇 お粥 1 杯. 밥을 두 그릇 이나 먹다 ご飯を 2 膳も食べる.

그릇² 〖-른〗 〖副〗 間違って; 誤って.

그릇-되다 〖-른뙤/-른뛔-〗 〖自〗 間違う; 誤る. ‖그릇된 생각 誤った考え.

그리¹ 〖副〗 ❶ そのように; そう. ‖그리 하십시오 そうしてください. ❷ 〔否定形・疑問形に呼応して〕 そんなに. ‖그리 잘하지는 못한다 そんなに上手ではない. 그리도 좋니? そんなに好きなの?

그리² 〖副〗 そこに; そちらへ. ‖내가 그리로 갈게 私がそちらへ行く.

그리고 /kurigo/ 〖副〗 そして; そうして; それから; 次に; さらに. ‖주위가 어두워지기 시작했다. 그리고 비도 내리기 시작했다 辺りが暗くなってきた. そして雨も降り始めた. 도시락 가지고 가. 그리고 우산도 잊어 末持っていて. それから傘も. 키가 크다. 그리고 잘생겼다 背が高い. それにハンサムだ.

그리다¹ /ku:rida/ 〖他〗 描く. ‖수채화를 그리다 水彩画を描く. 시골 풍경을 담은 그림 田舎の風景を描いた絵. 그 소설은 현대의 심리를 섬세하게 그리고 있다 その小説は現代人の心理を繊細に描いている. 그녀는 마음속으로 행복한 미래를 그리고 있다 彼女は心の中で幸せな未来を描いている.

그리다² /kurida/ 〖他〗 懐かしむ; 懐かしく思う; 恋しく思う; しのぶ. ‖고향을 그리다 故郷をしのぶ.

그리스¹ (Greece) 〖名〗《国名》 ギリシャ.

그리스² (grease) 〖名〗 グリース(粘度の高い潤滑剤).

그리움 〖名〗 恋しさ; 懐かしさ; 思い. ‖사무치는 그리움 募る思い.

그리-하여 〖副〗 そして; そうして; それで.

그린-벨트 (greenbelt) 〖名〗 グリーンベルト.

그린피스 (green peas) 〖名〗《植物》 グリンピース.

그릴 (grill) 〖名〗 グリル.

그림 /ku:rim/ 〖名〗 絵; 絵画. ‖그림을 그리다 絵をかく. 그림을 잘 그리다 絵がうまい. 그림 같은 풍경 絵のような風景. 밑그림 下絵. ▶그림의 떡 〖諺〗絵に描いた餅; 高嶺の花.

그림-그래프 (-graph) 〖名〗 絵グラフ.

그림-문자 (-文字) 〖-짜〗 〖名〗 絵文字.

그림-물감 (-~) 〖-깜〗 〖名〗 絵の具.

그림-연극 (-演劇) 〖-년-〗 〖名〗 紙芝居.

그림-엽서 (-葉書) 〖-녑써〗 〖名〗 絵葉書.

그림-일기 (-日記) 〖名〗 絵日記.

그림-책 〖名〗 絵本.

그림자 /kurimʥa/ 〖名〗 影. ‖그림자를 밟다 影を踏む. 호수에 그림자가 지다 影が映る. 湖に影が映る. 高層ビルが長い影を落としている. 高層ビルが長い影を落としている. 고용 불안이 그림자를 드리우고 있다 雇用の不安が影を落としている. 사람 그림자도 볼 수 없다 人影も見えない. 죽음의 그림자 死の影.

그림자-놀이 〖名〗 影絵(遊び).

그림자-밟기 〖-밥끼〗 〖名〗 影踏み.

그립다 /kuripʰta/ 〖-따〗 〖形〗 〖ㅂ変〗 [그리워, 그리운] 恋しい; 懐かしい. ‖그리운 선생님 恋しい先生. 그리운 학창 시절 懐かしい学生時代.

그만 /kuman/ 〖副〗 ❶ その程度に; そのくらいに. ‖이제 그만 해라 もうそのくらいにして. ❷ もう; そろそろ. ‖그만 먹고 싶어 も う 食 べ た く な い. 그만 돌아가자 そろそろ帰ろう. ❸ つい; うっかり; 思わず. ‖화가 나서 그만 소리를 지르고 말았

다 腹が立ってつい怒鳴ってしまった. 버스 안에서 그만 잠이 들어 버렸다 バスの中でつい寝入ってしまった. 그만 놓쳐 버리다 うっかり見逃してしまう. 그만 비밀을 말하고 말았다 思わず秘密を口走ってしまった.

그만그만-하다 [形]『하変』 似たり寄ったりだ; さほど差がない.

그만-두다 /kumanduda/ [他] 辞める; やめる; やめておく; 取りやめる. ‖회사를 그만두다 会社を辞める. 비가 오면 외출은 그만두자 雨なら外出はやめよう. 그 사람은 갑자기 이야기를 그만두었다 彼は突然話をやめた. 낚시 가자. 오늘은 그만둘래 釣りに行こう. 今日はやめておく. 한번 맛을 들이면 그만둘 수가 없다 一度味をしめれば, やみつきになる.

그만저만-하다 [形]『하変』 それくらいだ; その程度だ. ‖그만저만한 사정이 있겠지 それなりの事情があるんだろう.

그-만큼 /kumankʰum/ [名][副] それほど; それくらい. ‖그만큼 중요한 문제이다 それほど重要な問題である. 그만큼 믿고 있었다 それくらい信頼していた.

그만-하다 /kumanhada/ [形]『하変』 ❶それくらいだ; その程度だ. ‖그만한 것은 애들도 안다 それくらいのことは子どもにも分かる. 그만한 일로 울지 마 その程度のことで泣かないで. 그만하기 다행이다 その程度でよかった. ❷まあまあだ; ほどほどだ. ‖성적은 그만하다 成績はまあまあだ.

그맘-때 [名] その時分; その頃; あの頃.

그물 /kumul/ [名] 網. ❶魚や鳥などを捕らえるためのもの. ‖그물을 치다 網を張る. ❷人や物を捕らえるために張りめぐらされたもの. ‖수사의 그물을 빠져나가다 捜査の網をくぐる. [類]망(網).

그물-눈 【-룬】[名] 網目; 網の目.

그물-맥 (-脈) [名]〔植物〕網状脈. [類]망상맥(網狀脈).

그물-질 [名] [하自] 網で魚を捕らえること.

그물-코 [名] 網目; 網の目.

그믐 /kumum/ [名] 그믐날の略語.

그믐-께 [名] 그믐날に近い数日間.

그믐-날 [名] (陰暦で)その月の最後の日; 晦日. [略]그믐. ‖섣달 그믐날 大晦日.

그믐-달 【-딸】[名] 그믐께の月.

그믐-밤 【-빰】[名] *晦日の夜.*

그-분 [代] その方; あの方.

그-사이 [名] その間. [縮]그새.

그-새 [名] 그사이の縮約形.

그슬다 [他]『ㄹ語幹』 (表面を)焦がす; あぶる. [受]그슬리다. [使]그슬리다.

그슬-리다[1] [自] 〔그슬다の受身動詞〕あぶられる; 焦げる; 焼ける.

그슬-리다[2] [他] 〔그슬다の使役動詞〕焦がす; 焼く.

그야 [副] それは; そりゃ. ‖그야 당연하지 それは当然だろう.

그야-말로 /kujamallo/ [副] ❶〔그것이야말로の縮約形〕それこそ. ‖그야말로 문제다 それこそ問題だ. ❷実に; まさに. ‖그야말로 기쁜 일이다 実にうれしいことだ.

그윽-하다 /kuukʰada/ 【-으카-】[形]『하変』 奥ゆかしい; 幽玄(ゆうげん)だ; ほのかだ. ‖그윽한 분위기 奥ゆかしい雰囲気. 그윽하게 들려오는 종소리 幽玄に聞こえてくる鐘の音. 그윽한 향기 ほのかな香り. **그윽-이** [副]

그을다 [自]『ㄹ語幹』 日焼けする; くすぶる; 煤(すす)ける. [受]그을리다. [使]그을리다.

그을-리다[1] /kuullida/ [自] 〔그을다の受身動詞〕日焼けする; くすぶる; 煤ける.

그을-리다[2] [他] 〔그을다の使役動詞〕日焼けさせる; 黒くする; 焦がす.

그을음 [名] 煤(すす).

그-이 [代] ❶その人; 彼; 彼氏. ❷うちの人; 夫. ‖우리 그이가 알면 큰일나요 うちの人が知ったら大変です.

그-자 (-者) [代] 〔그이・그 사람を見くびる言い方〕そいつ; あいつ. ‖그자하고는 아는 사이니? そいつとは知り合いなの?

그저 /kudʒɔ/ [副] ❶ひた…; ひたすら. ‖그저 달리다 ひた走る. 그저 빌 수밖에 없다 ひたすら謝るしかない. ❷ただ; 単に. ‖그저 너만 믿는다 ただ君だけが頼りだ. 지금은 그저 무사하기만을 빌 뿐이다 今はただ無事を祈るだけである. 그저 바둑만 두고 있다 碁ばかり打っている. 그저 사실을 말한 것에 불과하다 単に事実を述べただけにすぎない.

그저께 /kudʒɔˀke/ [名] おととい; おとつい; 一昨日. [縮]그제. [類]전전날(前前-). ‖그저께 아침 おとといの朝.

그-전 (-前) [名] ❶以前. ‖그전에 만난 적이 있는 사람 以前会ったことのある人. ❷昔. ‖그전에 공장이 있던 자리 昔工場のあった場所. ❸その前; この間.

그제 /kudʒe/ [名] 〔그저께の縮約形〕おととい. ‖그 사람하고는 그제 만났다 彼とはおととい会った.

그-중 (-中) [名] その中. ‖그중의 한 사람이 나다 その中の1人が私である.
— [副] 中でも; とりわけ. ‖이게 그중 낫다 これがとりわけいい. 남동생은 이걸 그중 좋아했다 弟は中でもこれを好んだ.

그지-없다 【-업따】[形] ❶限りない; 切りがない; 計り知れない; この上ない. ‖부모의 사랑은 그지없다 親の愛は計り知れない. ❷〔…기 그지없다の形で〕…極まりない; …やる方がない. ‖분하기 그지없다 憤懣(ふんまん)やる方がない. **그지없-이** [副]

그-쪽 〖代〗 ❶そっち; そちら側. ❷あっち; あちら側.

그-치 〖代〗 〔그 사람을 낮보는 말〕 そいつ; あいつ.

그치다 /kɯtɕʰida/ 〖自〗 やむ; とどまる; 終わる. ‖비가 그치다 雨がやむ. 분쟁이 그치다 紛争が終わる. 첫날의 인사하는 정도로 그쳤다 初日は顔合わせにとどまった. 형식적인 조사에 그치다 形式的な調査にとどまる. 문제를 제기하는 데 그치다 問題点を提起するにとどまる.
— 〖他〗 やむ; とどめる. ‖아이가 울음을 그치다 子どもが泣きやむ.

그-토록 /kɯtʰorok/ 〖副〗 〔그러하도록의 縮約形〕 ❶それほど; そんなに. ‖그토록 善하다는 줄은 몰랐다 そんなに好きだとは知らなかった. ❷あれほど; あんなに. ‖그토록 주의를 했음에도 불구하고 あれほど注意したにもかかわらず.

극[1] (極) 〖名〗 極; 頂点. ‖극과 극을 잇는 선 極と極を結ぶ線. 분노가 극에 달하다 怒りが頂点に達する.

극[2] (劇) 〖名〗 劇; ドラマ. ‖연속극 連続ドラマ. 사극 時代劇.

극광 (極光) 〖-꽝〗 極光; オーロラ.

극구 (極口) 〖-꾸〗 〖副〗 口を極めて; 言葉を尽くして; ありったけの言葉で. ‖극구 변명하다 言葉を尽くして言い訳する. 못가게 극구 말리다 ありったけの言葉で引き止める.

극권 (極圈) 〖-꿘〗 〖地〗 極圏.

극기 (克己) 〖-끼〗 〖하自〗 克己.

극기-심 (克己心) 〖名〗 克己心.

극단[1] (劇團) 〖-딴〗 〖名〗 劇団.

극단[2] (極端) 〖-딴〗 〖名〗 極端.

극단-적 (極端的) /kukːtanjʌk/ 〖名〗 極端的. ‖극단적인 의견 極端的な意見. 관계가 극단적으로 나빠지다 関係が極端に悪くなる.

극대 (極大) 〖-때〗 〖하形〗 極大.

극대-치 (極大値) 〖名〗 〖數學〗 =극댓값.

극대-화 (極大化) 〖하自他〗 極大化. ‖이윤의 극대화 利潤の極大化.

극댓-값 (極大ㅅ-) 〖-때깝/-땓깝〗 〖名〗 〖數學〗 極大値.

극도 (極度) 〖-또〗 〖名〗 極度. ‖극도로 긴장하다 極度に緊張している.

극독 (劇毒) 〖-똑〗 〖名〗 劇毒.

극동 (極東) 〖-똥〗 〖地名〗 極東.

극락 (極樂) 〖긍낙〗 〖名〗 〖佛敎〗 極楽.

극락-왕생 (極樂往生) 〖-쌩〗 〖하自〗 〖佛敎〗 極楽往生.

극락-정토 (極樂淨土) 〖긍낙-〗 〖名〗 〖佛敎〗 極楽浄土.

극락-조 (極樂鳥) 〖긍낙쪼〗 〖名〗 〖鳥類〗 ゴクラクチョウ; 極楽鳥.

극력 (極力) 〖긍녁〗 〖名〗 極力.

극렬 (劇烈) 〖긍녈〗 〖名〗 〖形〗 激烈; 過激. ‖극렬 분자 過激分子.

극명-하다 (克明-) 〖궁-〗 〖形〗 〖하變〗 克明だ. ‖문제점이 극명하게 드러나다 問題点が克明に浮き彫りになる.

극복 (克服) /kuk̚pok/ 〖-뽁〗 〖하他〗 克服; 乗り越えること. ‖악조건을 극복하다 悪条件を克服する. 어려움을 극복하다 困難を克服する. **극복-되다** 극복되다.

극본 (劇本) 〖-뽄〗 〖名〗 劇本.

극비 (極祕) 〖-삐〗 〖名〗 極秘. ‖극비 문서 極秘の文書.

극비-리 (極祕裏) 〖名〗 極秘(裏). ‖극비리에 진행되다 極秘に進められる.

극빈 (極貧) 〖-삔〗 〖하形〗 極貧; 赤貧.

극빈-자 (極貧者) 〖名〗 極めて貧しい人.

극상 (極上) 〖-썽〗 〖名〗 極上.

극-상품 (極上品) 〖-썽-〗 〖名〗 極上品.

극선 (極線) 〖-썬〗 〖數學〗 極線.

극성[1] (極性) 〖-썽〗 〖名〗 極性.

극성[2] (極盛) /kuk̚sʰʌŋ/ 〖-썽〗 〖名〗 〖하變〗 ❶極めて猛烈なこと. ‖극성을 부리다 〖딸다〗 猛烈な勢いで行動する; (伝染病などが)猛威をふるう. ❷(性格などが)激しいこと.

극성-맞다 (極盛-) 〖-썽맏따〗 〖形〗 が めつい; 強欲だ; 猛烈だ. ‖극성맞은 여자 がめつい女. 극성맞게 굴다 猛烈な勢いで行動する.

극성-스럽다 (極盛-) 〖-썽-따〗 〖形〗 〖ㅂ變〗 極盛だ.

극소 (極小) 〖-쏘〗 〖하形〗 極小.

극소-치 (極小値) 〖名〗 〖數學〗 =극솟값.

극솟-값 (極小ㅅ-) 〖-쏘깝/-쏟깝〗 〖名〗 〖數學〗 極小値.

극소 (極少) 〖-쏘〗 〖하形〗 極少.

극-소수 (極少數) 〖名〗 ごく少ない数.

극시 (劇詩) 〖-씨〗 〖名〗 〖文藝〗 劇詩.

극심-하다 (極甚-·劇甚-) 〖-썸-〗 〖形〗 〖하變〗 はなはだしい; ひどい; 激しい. ‖태풍 피해가 극심하다 台風の被害がひどい.

극악 (極惡) 〖名〗 極悪.

극악-무도 (極惡無道) 〖그갹-〗 〖하形〗 極悪非道. ‖극악무도한 짓 極悪非道なふるまい.

극약 (劇藥) 〖名〗 劇薬.

극언 (極言) 〖名〗 極言. ‖극언을 해대다 極言を浴びせる.

극-영화 (劇映畵) 〖긍녕-〗 〖名〗 劇映画.

극우 (極右) 〖名〗 極右; ⑦하自 極右(に). ‖극우 세력 極右勢力.

극-음악 (劇音樂) 〖名〗 劇音楽.

극작 (劇作) 〖-짝〗 〖名〗 劇作.

극작-가 (劇作家) 〖-짝까〗 〖名〗 劇作家.

극장 (劇場) /kuk̚t͈ɕaŋ/ 〖-짱〗 〖名〗 映画館; 劇場. ‖극장 앞에서 만납시다 映

극-적

画館の前で会いましょう。╋극장は主に映画館を指す。

극-적(劇的)/kuk̚tɕ͈ʌk/【-쩍】劇的. 극적인 순간 劇的な瞬間. 극적으로 만나다 劇的に会う.

극점(極點)【-쩜】图 極点.

극좌(極左)【-쫘】图 極左. 凰극우(極右).

극지(極地)【-찌】图 極地.

극진-하다(極盡-) /kukˀtɕinhada/【-찐-】图 하变 この上ない; 手厚い; 至極丁重だ. ‖극진한 대접 手厚いもてなし.

극찬(極讚)图 하他 激賞; 激賞.

극치(極致)图 極致. ‖아름다움의 극치 美の極み.

극친-하다(極親-)【極親-】图 하变 ごく親しい. ‖극친한 사이 ごく親しい仲.

극평(劇評)图 劇評.

극피-동물(棘皮動物)图 (動物) 棘皮(きょくひ)動物.

극한(極限)【그칸】图 極限. ‖극한 상황 極限状況; 限界状況.

극한²(極寒·劇寒)【그칸】图 極寒.

극형(極刑)【그켱】图 極刑. ‖극형에 처하다 極刑に処す.

극화¹(極化)【그콰】图 하他 劇化.

극화²(劇畫)【그콰】图 劇画.

극-히(極-) /kɯkhi/【그키】剾 ごく; 極めて; 非常に. ‖극히 유감스럽다 極めて残念に思う. 극히 드문 일이다 ごくまれなことだ.

근(斤)医习 重量の単位; …斤.

근간¹(近刊)图 하他 近刊.

근간²(根幹)图 根幹. ‖사상의 근간을 이루는 부분 思想の根幹をなす部分.

근간-에(近間-)剾 近々.

근거(根據)/kɯngʌ/图 하他 根拠; 基づくこと. ‖근거를 제시하다 根拠を示す. 근거 없는 이야기 根拠のない話. 실화에 근거한 드라마 実話に基づいたドラマ.

근거-지(根據地)图 根拠地; 拠点. ‖생활의 근거지 生活の拠点.

근-거리(近距離)图 近距離. 凰원거리(遠距離).

근거리-통신망(近距離通信網)图 (IT) ラン(LAN). ╋local area network の略語.

근검(勤儉)图 하形 勤倹(けん).

근검-저축(勤儉貯蓄)图 하他 勤倹貯蓄.

근경¹(近景)图 近景. 凰원경(遠景).

근경²(根莖)图 (植物) 根茎. 凰뿌리줄기.

근계(謹啓)【-/-게】图 謹啓.

근골(筋骨)图 筋骨.

근교(近郊)图 近郊.

근교-농업(近郊農業)图 近郊農業.

근근-이(僅僅-)剾 辛うじて; どうにか; なんとか; 辛くも; やっと. ‖이 월급으로 다섯 식구가 근근이 살아가고 있다 この給料で家族5人が辛うじて生活している.

근기(根氣)图 根気.

근년(近年) /kɯnnɛn/ 图 近年.

근대 대 도시 近代都市. 근대 산업 近代産業.

근대-국가(近代國家)【-까】图 近代国家.

근대-사회(近代社會)【-/-훼】图 近代社会.

근대-적(近代的)图 近代的. ‖근대적인 사고방식 近代的な考え方.

근대-화(近代化)图 하他 近代化.

근데 〔그런데의 縮約形〕ところで; ところが. ‖근데 어제는 어디 갔었니? ところで昨日はどこへ行ってたの?

근동(近東)图(地名)近東.

근들-거리다[-대다]图 ぐらつく. ‖이가 근들거리다 歯がぐらつく.

근들-근들剾 하变 ものが揺れ動いて安定しない様子: ぐらぐら; がたがた; がくがく.

근래(近來)【그-】图 最近; 近頃; 近来. ‖근래에 비가 잦다 近頃雨が頻繁に降る.

근력(筋力)【글-】图 筋力.

근로(勤勞) /kɯllo/【글-】图 하他 勤労.

근로-계급(勤勞階級)【글-/글-게-】图 勤労階級.

근로-기준법(勤勞基準法)【글-뻡】图(法律)労働基準法.

근로-봉사(勤勞奉仕)图 勤労奉仕.

근로-소득(勤勞所得)图 勤労所得. ⊕불로 소득(不勞所得).

근로자의-날(勤勞者-)图 勤労感謝の日.5月1日.

근면-하다(勤勉-)【형】하变 勤勉だ.

근무(勤務) /kɯnmu/ 图 자他 勤務. ‖무역 회사에 근무하고 있다 貿易会社に勤務している. 근무 시간 勤務時間. 근무 태도 勤務態度.

근무-지(勤務地)图 勤務地.

근무-처(勤務處)图 勤務先.

근방(近方)图 近所; 近く; 辺り; …辺(へん). ‖이 근방에 시립 도서관이 있다 この近くに市立図書館がある.

근본(根本)/kunbon/图 根本. ‖민주주의의 근본과 관련되는 중대한 문제 民主主義の根本に関わる重大な問題. 자유와 평등은 민주주의의 근본이다 自由と平等は民主主義の根本である.

근본-법(根本法)【-뻡】图(法律)基本法.

근본-적(根本的)图 根本的. ‖근본적인 문제 根本的な問題.

근사(近似)图 하形 近似.

근사-치 (近似値) 图 《数学》 = 근삿값.

근삿-값 (近似〜) 【-ㅅ갑/-삳깝】 图《数学》近似値.

근-섬유 (筋繊維) 图《解剖》筋繊維.
근성 (根性) 图 根性.
근세 (近世) 图 近世.
근소-하다 (僅少—) 形 【하変】僅少だ; 僅かだ. ‖근소한 차이 僅かな差.
근속 (勤続) 图 《하他》勤続. ‖근속 이십 년 勤続20年.
근수¹ (斤數) 【-쑤】图 目方; 斤目; 斤量.
근수² (根數) 【-쑤】图《数学》根数.
근시 (近視) /kɯːnʃi/ 图 近視. ㉠원시 (遠視).
  근시-안 (近視眼) 图 近視眼.
  근시안-적 (近視眼的) 图 近視眼的な. ‖근시안적인 생각 近視眼的な考え方.
근신 (謹慎) 图 《하自》謹慎. ‖근신 처분 勤勉 謹慎処分.
근실-하다 (勤実—) 形 【하変】勤勉で着実だ.
근심 /kɯnʃim/ 图 《하他》心配. 心配. ‖근심이 떠날 날이 없다 心配が絶える日がない.
  근심-거리 【-꺼-】图 心配事; 心配の種. ‖근심거리가 끊이지 않다 心配の種が尽きない.
  근심-사 (-事) 图 = 근심거리.
  근심-스럽다 (-따)形【ㅂ変】心配だ; 気がかりだ; 不安げだ. ‖근심스러운 얼굴을 하고 있다 心配顔をしている. **근심스레**
근엄-하다 (謹厳—) 形 【하変】謹厳だ.
근엽 (根葉) 图《植物》根葉.
근영 (近影) 图 近影 (最近写したその人の写真).
근원 (根源) 图 根源. ‖악의 근원 悪の根源. 근원을 거슬러 올라가다 根源にさかのぼる.
  근원-적 (根源的) 图 根源的な. ‖근원적인 문제 根源的な問題.
  근원-지 (根源地) 图 根源地.
근위 (近衛) 图 近衛.
  근위-대 (近衛隊) 图 近衛隊.
  근위-병 (近衛兵) 图 近衛兵.
근위축-증 (筋萎縮症) 【-쯩】图《医学》筋萎縮症.
근육 (筋肉) /kɯnjuk/ 图 筋肉. ‖팔에 근육이 붙어 있다 腕に筋肉が相当付いている. 근육이 발달해 있다 筋肉が発達している.
  근육-운동 (筋肉運動) 图 筋肉運動.
  근육-질 (筋肉質) 【-찔】图 筋肉質.
  근육-통 (筋肉痛) 图 筋肉痛.
근인 (近因) 图 近因. ㉠원인 (遠因).
근일 (近日) 图 近日. ‖근일 중으로 발표할 예정입니다 近日中発表する予定です.

근자 (近者) 图 近頃; この頃.
근저 (根底・根柢) 图 根底. ‖통설을 근저에서 뒤엎다 通説を根底から覆す. 작품의 근저에 깔려 있는 허무주의 作品の根底に横たわる虚無主義.
근-저당 (根抵当) 图 《하他》《法律》根(ㄴ)抵当.
근전-도 (筋電図) 图《医学》筋電図.
근절 (根絶) 图 《하他》 ‖소매치기 근절을 위한 대책 すりを根絶するための対策. **근절-되다** 受動
근접 (近接) 图 《하自》近接; 接近. ‖화성이 지구에 근접하다 火星が地球に接近する.
근정 (謹呈) 图 《하他》謹呈.
근제 (謹製) 图 《하他》謹製.
근조 (謹弔) 图 謹んで弔うこと.
근-조직 (筋組織) 图《解剖》筋組織; 筋肉組織.
근종 (筋腫) 图《医学》筋腫. ‖자궁 근종 子宮筋腫.
근질-거리다 自動 (体が)むずむずする; うずうずする.
근질-근질 图 《하他》 むずむず; うずうず. ‖몸이 근질근질하다 体がむずむずする. 한마디 하고 싶어서 입이 근질근질하다 口を出したくてむずむずする[うずうずする]. 동상 걸린 발이 근질근질하다 足のしもやけがむずがゆい.
근채 (根菜) 图 根菜. ‖뿌리채소 (-菜蔬).
근처 (近處) /kɯːntɕʰʌ/ 图 近所; 近く; 辺り. ‖근처에는 병원이 없다 近所には病院がない. 역 근처 駅の近く. 이 근처는 조용하다 この辺りは静かだ.
근체-시 (近體詩) 图《文芸》近体詩.
근치 (根治) 图 《하他》根治.
근친 (近親) 图 近親.
  근친-상간 (近親相姦) 图 近親相姦.
근하-신년 (謹賀新年) /kɯːnɦaʃinnjʌn/ 图 謹賀新年.
근해 (近海) 图 近海. ㉠원해 (遠海).
근호 (根號) 图《数学》根号; ルート.
근황 (近況) 图 近況.
글 /kɯl/ 图 文; 文章. ‖다음 글을 읽고 물음에 답하시오 次の文を読み問いに答えよ. 항의하는 글을 보내다 抗議文を送りつける. 가슴에 닿는 글 胸に響く文. 이 사람 글은 어렵다 この人の文章は難しい. 제 글을 좀 고쳐 주시겠습니까? 私の文章を直してもらえませんか.
글-공부 (-工夫) 【-꽁-】图《하自》勉強; 学問を修めること.
글-눈 【-룬】图 文の理解力.
글라디올러스 (gladiolus) 图《植物》グラジオラス.
글라스 (glass) 图 グラス.
글라이더 (glider) 图 グライダー.
글라이딩 (gliding) 图 グライディング;

글래머 滑空.

글래머 (←glamour girl) 图 グラマー.
글러브 (glove) 图 グローブ.
글로벌리즘 (globalism) 图 グローバリズム.
글리세린 (glycerin) 图 グリセリン.
글리코겐 (glycogen) 图 グリコーゲン.
글-말 图〔言語〕文語; 書き言葉. ⑫입말.
 글말-체 (-體) 图 文語体. ⑫입말체.
글-방 (-房) 【-빵】 图 寺小屋; 私塾.
글썽-거리다[-대다] /kul²səŋɡrida [deda]/ 自他 ❶〔涙を浮かべる〕涙がにじむ; 涙ぐむ. ‖그 말을 듣고 눈물을 글썽거렸다 その話を聞いて涙を浮かべた.
글썽-이다 自他 ⇒글썽거리다.
글쎄 /kul²sē/ 感 ❶ 相手の質問や要求に対して, 答えを考えたり疑念の意を表したりする時の前置きの語: うん; さあ; はて. ‖글쎄 어떻게 하는 게 좋을까 さあ, どうしたらいいかね. ❷ 自分の意見や気持ちを強調したり確認したりする時に言う語: だから. ‖글쎄 그건 안 된다니까 とにかくそれは駄目だってば. 글쎄는 못 가 とにかく私は行けない.
글쓰-기 图 作文.
글쓴-이 图 作者; 著者.
글씨 /kul²ɕi/ 图 字; 文字. ‖글씨를 잘 쓰다 字がうまい. 글씨를 배우다 文字を習う.
 글씨-체 (-體) 图 書体; 字面; 文字の書きぶり. ‖글씨체가 마음에 안 든다 字面が気に入らない.
글-월 图 文; 文書; 文字.
글-자 (-字) /kul²dʑa/ 【-짜】 图 字; 文字. ‖글자를 제대로 못 읽는 사람 字をろくに読めない人. 어느 나라 글자인지 잘 모르겠다 どこの国の文字なのかよく分からない.
글-재주 (←-才操) 【-째-】 图 才能; 文章力.
글-짓기 [-짇끼] 图 他自 作文. ⑫작문(作文).
글-체 (-體) 图〔言語〕書き言葉. ⑫말체(-體).
글피 图 あさっての翌日; しあさって.
긁다 /kuk²ta/ 【극따】 他 ❶ かく; こそげる. ‖가려운 데를 긁다 かゆいところをかく. 구두의 흙을 구둣주걱으로 긁다 靴の泥を靴べらでこそげる. ❷〔人の感情を〕傷つける; 不愉快にさせる. ‖사람 속을 긁다 人を不愉快にさせる. 비위를 긁다 機嫌を損ねる. ❸〔スクラッチシールなどを〕削る. ⑦긁히다. ▶긁어 부스럼 [諺]〔「かいて腫れ物」の意で〕祟りにさわらぬ神に祟りなし.
긁어-내다 他 かき出す; (金などを) 搾り取る; 巻き上げる.
긁어-내리다 他 かき下ろす; (他人を) こき下ろす.
긁어-먹다 【-따】 他 かじって食べる; そぎとって食べる; (金などを) 搾り取る; だまし取る.
긁어-모으다 [으变] 他 かき集める; 寄せ集める. ‖돈을 긁어모으다 お金をかき集める.
긁적-거리다 [-대다] 【극쩍 꺼- 【극쩍 때-】 自 ❶〔頭などを〕しきりにかく. ❷ なぐり書きする; 書き散らす.
긁적-긁적 [극쩍극쩍] 副 ❶ 爪で頭などを小刻みに引っかく様子〔音〕: ぽりぽり. ❷ なぐり書きする様子.
긁-히다 【글키-】 自〔긁다の受身動詞〕引っかかれる. ‖아이한테 얼굴을 긁히다 子どもに顔を引っかかれる.
금[1] /kum/ 图 ❶ ひび; 折れ目; 裂け目. ▶금을 긋다 限度や限界を決める. ▶금 (이) 가다 ひびが入る. 우정에 금이 가 友情にひびが入る.
금[2] 图 値; 値段; 価格; 相場. ‖금을 매기다 値段をつける. 도매금으로 팔다 卸売り価格で売る.
금[3] (金) 图〔鉱物〕金. ▶금이야 옥이야 [諺]蝶よ花よ.
금[4] (金) /kum/ 图 ❶〔금요일(金曜日)の略語〕金. ❷〔陰陽五行の〕金.
금[5] 图〔音楽〕琴.
금[6] (琴) 图〔姓〕琴(グム).
-금[7] (金) 图 …金. ‖계약금 契約金. 입학금 入学金.
금-가락지 (金-) 图【-찌】 图 金の指輪.
금-가루 (金-) 【-까-】 图 金粉.
금강[1] (金剛) 图 金剛.
 금강-력 (金剛力) 【-녁】 图 金剛力.
 금강-석 (金剛石) 图〔鉱物〕金剛石.
금강[2] (錦江) 图〔地名〕錦江(朝鮮半島の中西部を流れる川. 소백산맥(小白山脈)に源を発し, ほぼ西流して黄海(黄海)に注ぐ).
금강-산 (金剛山) 图〔地名〕金剛山. ▶금강산도 식후경 [諺] 花より団子.
금고[1] (金庫) 图 金庫. ‖신용 금고 信用金庫. 금고털이 金庫破り.
금고[2] (禁錮) 图〔法律〕禁固.
금과-옥조 (金科玉條) 【-쪼】 图 金科玉条.
금관 (金冠) 图 金冠.
 금관-악기 (金管樂器) 【-끼】 图〔音楽〕金管楽器.
금광 (金鑛) 图 金鉱. ⑫금산(金山).
 금-광석 (金鑛石) 图〔鉱物〕金鉱石.
금구 (金句) 【-/-꾸】 图 金句.
금구 (禁句) 【-꾸】 图 禁句.
금권 (金權) 【-꿘】 图 金権. ‖금권 정치 金権政治.
금기 (禁忌) 图 他 禁忌; タブー.
금-난초 (金蘭草) 图〔植物〕キンラン(金蘭).
금남 (禁男) 图 他自 男子禁制. ‖금남

금납(金納)[명][하돈] 金納. ㉮물납(物納).
금년(今年)[명] 今年. ㉮올해. ∥금년 봄에 한국에 갔다 왔다 今年の春, 韓国に行ってきた.
금-년도(今年度)[명] 今年度.
금단(禁斷)[명][하돈] 禁断. ∥금단 증상 禁断症状.
금당(金堂)[명] 金堂.
금-덩이(金-)[-명-][-땅-][명] 金塊.
금-도금(金鍍金)[명][하돈] 金めっき.
금란지교(金蘭之交)[-난-][명] 金蘭の契り; 金蘭の交わり.
금렵(禁獵)[-녑][명][하돈] 禁獵.
금렵-구(禁獵區)[-녑꾸][명] 禁獵区.
금렵-기(禁獵期)[-녑끼][명] 禁獵期.
금령(禁令)[-녕][명] 禁令.
금리(金利)[-니][명] 金利. ∥금리 정책 金利政策. 고금리 高金利.
금-메달(金 medal) /kummedal/ [명] 金メダル. ∥금메달을 따다 金メダルを取る.
금목서(金木犀)[-쎄][명] [植物] キンモクセイ(金木犀).
금물(禁物)[명] 禁物.
금박(金箔)[명] 金箔. ∥금박이 벗겨지다 金箔がはげる. ✢日本語のような比喩の意味はない.
금박-지(金-)[명] 金箔を施した物.
금박-지(金箔紙)[-찌][명] 金紙.
금-반지(金半指)[명] 金の指輪.
금발(金髮)[명] 金髮.
금방(今方) /kumbaŋ/ [부] すぐ; すぐに; 間もなく; たった今. ∥금방 가겠습니다 すぐ行きます. 금방 오겠지 間もなく来るだろう. 금방 퇴근했습니다 たった今退社しました.
금-배지(金 badge)[명] ❶ 金製のバッジ. ❷ 国会議員であることを表わすバッジ.
금-본위제(金本位制)[經] 金本位制.
금분(金粉)[명] 金粉.
금-붕어(金-) /kumbuŋʌ/ [명] 金魚.
금-붙이(金-)[-부치][명] 金製の物.
금-비녀(金-)[명] 金のかんざし.
금-빛(金-)[-삔][명] 金色.
금사(金砂)[명] 金砂(촉): 砂金.
금산(金山)[명] 金山. 금광(金鑛).
금상첨화(錦上添花)[명] 錦上に花を添えること.
금색(金色)[명] 金色.
금생(今生)[명] 今生(촉); この世.
금서(禁書)[명] 禁書.
금석(今昔)[명] 今昔.
　금석지감(今昔之感)[-찌-][명] 今昔の感.

금석(金石)[명] 金石.
금석-문(金石文)[-성-][명] =금석 문자(金石文字).
금석-문자(金石文字)[-성-짜][명] 金石文字.
금석-병용기(金石竝用期)[-뼝-][명] 金石併用時代.
금석지교(金石之交)[-찌-][명] 金石の交わり.
금석-학(金石學)[-서칵][명] 金石学.
금선(琴線)[명] 琴線.
금성(金星)[명] [天] 金星.
금세[부] たちまち; すぐに; 直ちに. ∥금세 돌아가다 すぐに帰る. 금세 다 팔리다 たちまち売り切れる.
금-세공(金細工)[명] 金細工.
금-세기(今世紀)[명] 今世紀.
금속(金屬) /kumsok/ [명] 金属. ∥금속 화폐 金属貨幣. 귀금속 貴金属.
금속-공업(金屬工業)[-꽁-][명] 金属工業.
금속-광물(金屬鑛物)[-꽝-][명] 金属鉱物.
금속-성(金屬性)[-썽][명] 金属性.
금속-제(金屬製)[-쩨][명] 金属製.
금속-판(金屬板)[-쫜][명] 金属板.
금수[1](禽獸)[명] 禽獸(츄). ∥금수만도 못한 짓 禽獸にも劣る行為.
금수[2](錦繡)[명] 錦繡.
금수-강산(錦繡江山)[명] ① 美しい自然. ② 韓国朝鮮の別称.
금시조(金翅鳥)[명] [佛教] 金翅(촉) 鳥. ✢インド神話·仏典に見える想像上の鳥.
금시-초문(今時初聞)[명] 初耳だ. ∥그 얘기는 금시초문이다 その話は初耳だ.
금식(禁食)[명][하돈] 断食.
금-실(金-)[명] 金糸.
금실(琴瑟)[명] ❶ 琴瑟(츄). ❷ 夫婦の仲. ∥금실이 좋은 부부 仲睦まじい夫婦.
금-싸라기(金-)[명] ❶ 黃金の粒; 金粉. ❷ 極めて貴重なもの. ∥금싸라기 같은 땅 非常に地価の高い土地.
금액(金額) /kumɛk/ [명] 金額. ∥막대한 금액을 기부하다 莫大な金額を寄付する. 비싼 금액으로 사들이다 高い金額で買い入れる.
금어(禁漁)[명][하돈] 禁漁.
금어-구(禁漁區)[명] 禁漁区.
금어-초(金魚草)[명] [植物] キンギョソウ(金魚草).
금언(金言)[명] 金言.
금연(禁煙) /ku:mjʌn/ [명][하돈] 禁煙.
　금연-차(禁煙車)[명] 禁煙車.

금-요일(金曜日) /kumjoil/ [명] 金曜日. ㉮금(金). ∥금요일은 아침부터 회의가 있다 金曜日

금욕 (禁慾) /kuːmjok/ 图 自他 禁欲.
  금욕-적 (禁慾的) [-쩍] 图 禁欲的; ストイック. ∥금욕적인 생활 ストイックな生活.
  금욕-주의 (禁慾主義) [-쭈-/-쭈이] 图 禁欲主義.
  금욕-주의자 (禁慾主義者) [-쭈-/-쭈이-] 图 禁欲主義者.

금융 (金融) /kɯmnjuŋ/ 【-늉/그륭】 图 金融. ∥무역 금융 貿易金融.
  금융-계 (金融界) [-늉/그륭게] 图 金融界.
  금융 공황 (金融恐慌) 图 (經) 金融恐慌.
  금융-기관 (金融機關) 图 金融機關.
  금융-시장 (金融市場) 图 金融市場.
  금융-업 (金融業) 图 金融業.
  금융 자본 (金融資本) 图 金融資本.
  금융 정책 (金融政策) 图 金融政策.
  금융-채권 (金融債券) 图 [-늉-쩐/그륭-] 图 (經) 金融債.

금은 (金銀) 图 金銀.
  금은-방 (金銀房) [-빵] 图 金銀を加工して販売する店; 宝石店.

금의 (錦衣) [-/그릐] 图 錦衣.
  금의-야행 (錦衣夜行) 图 (「錦衣の衣を着て夜道を歩く」の意で)何の意味もないことをすること.
  금의-환향 (錦衣還鄕) 图 故鄕に錦を飾ること.

금-일 (今-一) 图 今一.
금자-탑 (金字塔) 图 金字塔. ∥수출 분야에 금자탑을 쌓다 輸出分野に金字塔を打ち立てる.
금-잔디 (金-) 图 きれいにしてある芝生.
금잔-화 (金盞花) 图 (植物) キンセンカ (金盞花).
금장-도 (金粧刀) 图 (昔, 主に女性が所持していた)金製の小刀.
금전 (金錢) /kɯmdʑʌn/ 图 金錢. ∥금전 문제 金錢問題. 금전상의 문제 金錢上の問題. 금전 출납부 金錢出納帳. 금전 감각 金錢感覚.
금제¹ (金製) 图 金製.
  금제-품 (金製品) 图 金製品.
금제² (禁制) 图 自他 禁制.
  금제-품 (禁制品) 图 禁制品.
금족-령 (禁足令) [-종녕] 图 禁足令.
금-종이 (金-) 图 金紙.
금주 (禁酒) 图 自他 禁酒.
금-준비 (金準備) 图 =금화 준비(金貨準備).
금-줄¹ (金-) [-쭐] 图 ❶金糸の紐(2). ❷金の鎖.
금-줄² (金-) [-쭐] 图 金脈.
금지 (禁止) /kɯːmdʑi/ 图 他 禁止;

差し止め. ∥출입 금지 立入禁止; 出入り差し止め. 통행금지 通行禁止. 자유행동을 금지하다 自由行動を禁止する. 발매 금지 發賣禁止. 사용 금지 使用禁止. **금지-되다** [-도ː다] 受身
  금지-령 (禁止令) 图 禁止令.
  금지-옥엽 (金枝玉葉) 图 金枝玉葉.
금-치산 (禁治産) 图 (法律) 禁治産.
  금치산-자 (禁治産者) 图 (法律) 禁治産者.
금침 (衾枕) 图 布団と枕; 寢具.
금탑 (金塔) 图 金製または金めっきを施した塔.
금-테 (金-) 图 金縁. ∥금테 안경 金緣眼鏡.
금-팔찌 (金-) 图 金のブレスレット; 金の腕輪.
금품 (金品) 图 金品. ∥금품을 갈취하다 金品をゆすり取る.
금-하다 (禁-) /kɯːmhada/ 他 [하열] 禁じる. ∥무단 출입을 금함 無斷立ち入りを禁ず. 동정을 금할 길 없다 同情の念を禁じ得ない.
금형 (金型) 图 金型(炻).
금혼-식 (金婚式) 图 金婚式. ÷結婚50周年を祝って行なう式.
금화 (金貨) 图 金貨.
  금화 준비 (金貨準備) 图 (經) 金貨準備; 金準備.
금환 (金環) 图 金環.
  금환-식 (金環蝕) 图 (天文) 金環食.

급¹ (級) 图 級. ∥같은 급 선수 同じ級の選手. 장관급의 거물 大臣級の大物. 프로급의 솜씨 プロ級の腕前. 一依名 …級. ∥일급 건축사 1級建築士. 주산 삼 급 珠算3級.
급² (及) 圖 および. ÷主に및が用いられている.
급-³ (急) 接頭 急…. ∥급성장 急成長.
급감 (急減) 图 自他 急減.
급-강하 (急降下) 图 [-장-] 图 自他 急降下.
급거 (急遽) [-꺼] 圖 急遽.
급격-하다 (急激-) /kupˀkjʌkʰada/ 形 [-껴카-] [하열] 急激だ. ∥급격한 변화 急激な變化. 상태가 급격하게 나빠졌다 狀態が急激に惡化した. **급격-히** 副
급-경사 (急傾斜) [-경-] 图 急斜面.
급구 (急求) [-꾸] 图 急募. ∥운전 기사 급구 運轉手急募.
급급-하다¹ (汲汲-) [-끄파-] 形 [하열] 汲汲(詩)としている; 小事にあくせくしている. ∥눈앞의 이익에만 급급하다 目先の利益だけに汲汲としている.
급급-하다² (急急-) [-끄파-] 形 [하열] 非常に急だ; 急に急ぐ.
급기야 (及其也) [-끼-] 圖 ついに; とうとう; 結局; 最後は; とどのつまり; あげくの果てに. ∥급기야 나한테까지 와서 돈

을 꾸어 갔다 あげくの果てに私のところに まで来てお金を借りていった.
급등(急騰)【—등】﹝名﹞﹝하自﹞ 急騰. ㉗급락(急落).
급등-세(急騰勢)﹝名﹞(株などの)急騰する様子. ∥금값이 급등세를 보이고 있다 金相場が急騰している.
급락¹(急落)【급낙】﹝名﹞﹝하自﹞ 及落.
급락²(急落)【급낙】﹝名﹞﹝하自﹞ 急落. ㉗급등(急騰).
급랭(急冷)﹝名﹞﹝하他﹞ 急冷.
급료(給料)﹝名﹞ 給料.
급류(急流)【급뉴】﹝名﹞﹝하自﹞ 急流.
급매(急賣)【—매】﹝名﹞﹝하他﹞ 急いで売ること.
급모(急募)﹝名﹞﹝하他﹞ 急募.
급무(急務)【—무】﹝名﹞ 急務.
급박-하다(急迫−)【—빠카−】﹝形﹞﹝하變﹞ 切迫している; 差し迫っている. ∥급박한 상황 切迫した状況.
급-발진(急發進)【—빨찐】﹝名﹞﹝하自﹞ 急發進.
급변(急變)【—변】﹝名﹞﹝하自﹞ 急変. ∥급변하는 현대 사회 急変する現代社会.
급병(急病)﹝名﹞ 急病.
급보(急報)【—뽀】﹝名﹞﹝하他﹞ 急報.
급부(給付)【—뿌】﹝名﹞﹝하他﹞ 給付. ∥반대급부 反対給付.
급-부상(急浮上)【—뿌−】﹝名﹞﹝하自﹞ 急浮上. ∥새로운 후보자가 급부상하다 新しい候補者が急浮上する.
급-브레이크(急brake)﹝名﹞ 急ブレーキ. ∥급브레이크를 밟다 急ブレーキを踏む[かける].
급사¹(急死)【—싸】﹝名﹞﹝하自﹞ 急死.
급사²(給仕)【—싸】﹝名﹞﹝하他﹞ 給仕.
급사-면(急斜面)【—싸−】﹝名﹞ 急斜面.
급-상승(急上昇)【—쌍−】﹝名﹞﹝하自﹞ 急上昇. ∥주가의 급상승 株価の急上昇.
급서(急逝)【—써】﹝名﹞﹝하自﹞ 急逝; 急死.
급-선무(急先務)【—썬−】﹝名﹞ 急先務.
급-선봉(急先鋒)【—썬−】﹝名﹞ 急先鋒.
급-선회(急旋回)【—썬−/—쒼−】﹝名﹞﹝하自﹞ 急旋回.
급성(急性)【—썽】﹝名﹞ 急性. ∥급성 전염병 急性伝染病.
급성-간염(急性肝炎)【—썽−】﹝名﹞【医学】急性肝炎.
급성-맹장염(急性盲腸炎)【—썽−녕】﹝名﹞【医学】急性虫垂炎.
급성-폐렴(急性肺炎)【—썽−/−썽페−】﹝名﹞【医学】急性肺炎.
급-성장(急成長)【—썽−】﹝名﹞﹝하自﹞ 急成長.
급소(急所)【kupʰso/—쏘】﹝名﹞ 急所. ∥급소를 찌르다 急所を突く. 급소를 맞히다 急所を突かれる.
급-속도(急速度)【—쏙또】﹝名﹞ 急速度; 急速. ∥급속도로 발전하는 한국 경제

急速に発展する韓国経済.
급속-하다(急速−)【kupʰsokada/—쏘카−】﹝形﹞﹝하變﹞ 急速だ. ∥급속한 경제 성장 急速な経済成長. 사태는 급속하게 수습되어 갔다 事態は急速に収拾に向かった. **급속-히**﹝副﹞
급송(急送)﹝名﹞﹝하他﹞ 急送.
급수¹(級數)【—쑤】﹝名﹞ (数学) 級数. ∥유한급수 有限級數. 무한급수 無限級數.
급수²(給水)【—쑤】﹝名﹞﹝하自﹞ 給水.
급수-관(給水管)【—쑤−】﹝名﹞ 給水管.
급수-전(給水栓)【—쑤−】﹝名﹞ 給水栓.
급수-차(給水車)【—쑤−】﹝名﹞ 給水車.
급습(急襲)【—씁】﹝名﹞﹝하他﹞ 急襲.
급식(給食)【kupʰʃik/—씩】﹝名﹞﹝하自﹞ 給食. ∥학교 급식 学校給食. 급식 시간 給食の時間.
급여(給與)【kuɨbjɔ/—여】﹝名﹞ 給与. ∥급여 소득 給与所得.
급우(級友)﹝名﹞ 級友.
급유(給油)﹝名﹞﹝하自﹞ 給油.
급유-기(給油機)﹝名﹞ 給油機.
급작-스럽다【—짝−따】﹝形﹞﹝ㅂ變﹞ 急だ; 突然だ. ∥급작스러운 죽음 突然の死. **급작스레**﹝副﹞
급장(級長)﹝名﹞ 学級委員長.
급전¹(急電)【—쩐】﹝名﹞ 至急電報.
급전²(急錢)【—쩐】﹝名﹞ 急ぎの金. ∥급전을 돌리다 急ぎの金を工面する.
급전³(急轉)【—쩐】﹝名﹞﹝하自﹞ 急転. ∥사태가 급전하다 事態が急転する.
급전(急傳)【—쩐】﹝名﹞﹝하他﹞ 急いで伝えること.
급-전환(急轉換)【—전−】﹝名﹞﹝하自﹞ 急転換.
급-정거(急停車)【—정−】﹝名﹞﹝하自他﹞ 急停車.
급제(及第)【—쩨】﹝名﹞﹝하自﹞ 及第.
급조(急造)【—쪼】﹝名﹞﹝하他﹞ 急造.
급증¹(急症)【—쯩】﹝名﹞ 急病.
급증²(急增)【—쯩】﹝名﹞﹝하自﹞ 急増. ∥도시 인구가 급증하다 都市人口が急増する.
급진(急進)【—찐】﹝名﹞﹝하自﹞ 急進. ㉗점진(漸進).
급진-적(急進的)【—찐−】 急進的の. ㉗점진적(漸進的). ∥급진적인 사고방식 急進的な考え方.
급진-파(急進派)﹝名﹞ 急進派.
급탕(給湯)﹝名﹞ 給湯.
급-하다(急−)【kupʰada】【그파−】﹝形﹞﹝하變﹞ ❶ 急だ; 緊急だ. 火急だ. ∥물살이 急하다 流れが急だ. 급한 볼일이 있어서 急な用事[急用]で. 경사가 급한 언덕길 急な坂道. ❷せっかちだ; 短気だ. ∥성미가 급하다 気が短い. ❸ 慌てている; 急いでいる. ∥마음이 급해서 앉아서 밥을 먹을 수

급행 106

가 없다 急いでいるので座ってご飯を食べられない. 급히 뛰어나가다 急いで駆け出す. **급-히** 副 急いで. ∥급히 먹은 더니 체한 것 같다 急いで食べたのでもたれたみたいだ.

급행(急行)【급행】/kupʰeŋ/【그팽】图 自 急行.
급행-열차(急行列車)【그팽녈-】图 急行列車.
급혈(給血)【그펼】图 自 給血.
급-회전(急回轉)【그푀-/그풰-】图 自 急回転.
급훈(級訓)【그푼】图 学級の標語.

굿-다¹【귿따】自 [人変](雨がしばらく)やむ.
— 雨宿りする.

굿-다² /kutʰta/【귿따】他 [人変] [コ어, 굿는, 그은] ❶(線を)引く. ∥밑줄을 긋다 下線を引く. ❷(十字を)切る. ∥성호를 긋다 十字を切る. ❸(マッチを)する. ∥성냥을 그어 불을 붙이다 マッチをすって火をつける. ❹つけで買う. ∥외상을 긋고 술을 사 오너라 つけで酒を買ってきなさい.

긍정(肯定)图 他 肯定; 認めること. 反부정(否定).
긍정-적(肯定的)图 肯定的. ∥긍정적인 대답을 기대하다 肯定的な返答を期待する.
긍지(矜持)/kuːŋdʑi/图 矜持(きょうじ); 誇り. ∥긍지를 가지고 살아가다 矜持〔誇り〕を持って生きていく.
긍흘-히(矜恤-)副 かわいそうに; 哀れに; 不憫に.

기¹(氣)/ki/图 ❶気. ∥기가 빠지다 気がぬける. ∥기가 센 여자 気が勝った女; 気の強い女. ❷元気; 生気; 気勢. ∥기가 살다 気が上がる; 意気込む. ❸気勢; 気配; 雰囲気. ▶기가 꺾이다 気がくじける; 気がそがれる. ▶기가 막히다[차다] あきれる; 唖然とする. ∥기가 막혀서 말이 안 나오다 あきれてものが言えない. ▶기가 죽다 気がくじける; 気が滅入る; 気が屈する. ▶기를 꺾다 気をくじく. ▶기를 쓰다 躍起になる; 必死になる. ∥기를 쓰고 덤벼들다 躍起になって飛びかかる. ▶기를 죽이다 気をくじく. ▶기를 펴다 羽を伸ばす; 気楽になる.
기²(己)图(十干の)己(つちのと).
기³(忌)图 忌; 忌中; 喪中.
기⁴(期)图 期(き).
기⁵(旗)图 旗.
기⁶(基)依名 ミサイル・墓石などを数える語: …基. ∥미사일 한 기 ミサイル 1基.
-기⁷(機)接尾 機; …機. ∥세탁기 洗濯機.
-기⁸(紀)接尾 (地) …紀. ∥쥬라기 ジュラ紀.
-기⁹(記)接尾 …記. ∥여행기 旅行記.
-기¹⁰(期)接尾 …期. ∥사춘기 思春期.

-기¹¹(器)接尾 …器. ∥확성기 拡声器.
-기¹² 接尾 〔一部の動詞の語幹に付いて〕❶使役動詞を作る: …(さ)せる. ∥많은 사람들을 웃기다 大勢の人を笑わせる. 문제를 못 푼 학생들을 교실에 남기다 問題を解けなかった学生たちを教室に残らせる. ❷受身動詞を作る: …(ら)れる. ∥옷이 찢기다 服が破られる.

-기¹³ 接尾 用言・이다などの語幹に付く転成名詞形語尾: …(する)こと; …(する)の; …方; …さ. ∥저렇게 공부해서는 합격하기 어렵다 ああいうふうに勉強しては合格(すること)は難しい. 만나기를 꺼리다 会うのを嫌がる. 받아쓰기 書き取り. 기울기 傾き; 勾配. 굵기가 다르다 太さが違う.

기가(giga)依名 ❶単位に冠して 10⁹(10億)を表す単位: …ギガ(G). ❷기가바이트の略語.
기가-바이트(gigabyte)依名 (IT)情報容量を表わす単位: …ギガバイト(GB). 略기가.
기각(棄却)图 他 棄却. ∥상고를 기각하여 上告を棄却する. **기각-당하다**(棄却-).
기간¹(基幹)图 基幹.
기간-산업(基幹産業)图 基幹産業.
기간²(既刊)图 既刊.
기간³(期間)/kigan/图 期間. ∥일정한 기간 내에 一定の期間内に. 한국어 영어를 마스터하는 기간에 韓国語を物にする期間. 유료 기간 有効期間. 시험 기간 試験期間. 냉각기간 冷却期間. 접수 기간 受付期間. 장기간 長期間.
기갈(飢渴)图 飢渴(きかつ). ∥기갈나다 飢渴する.
기갑-부대(機甲部隊)【-뿌-】图(軍事)機甲部隊.
기강(紀綱)图 紀綱; 綱紀. ∥기강을 바로잡다 綱紀を正す.
기개(氣槪)图 気概.
기거(起居)图 自 起居.
기겁(氣怯)图 自 びっくり仰天すること; 腰を抜かすこと. ∥바퀴벌레를 보더니 기겁을 했다 ゴキブリを見て腰を抜かした.
기결(旣決)/kigjʌl/图 他 既決. 反미결(未決). ∥기결 사항 既決事項.
기결-수(旣決囚)【-쑤】图 (法律)既決囚. 反미결수(未決囚).
기계¹(棋界)图 棋界.
기계²(機械)/kige/【-/-게】图 機械. ∥공작 기계 工作機械. 정밀 기계 精密機械. 기계로는 할 수 없는 작업 機械ではできない作業. 기계가 고장 나다 機械が故障する.
기계-공업(機械工業)图 機械工業.
기계-공학(機械工學)图 機械工学.

기계-론 (機械論) 명 機械論.
기계-문명 (機械文明) 명 機械文明.
기계-번역 (機械飜譯) 명 機械飜譯.
기계-적 (機械的) 관·명 機械的. ‖기계적으로 작업을 반복하다 機械的に作業を繰り返す.
기계-화 (機械化) 명 自他 機械化.
기계 체조 (器械體操) 명 器械体操.
기고 (寄稿) 명 寄稿.
기고-만장 (氣高萬丈) 명 하변 有頂天. ‖조금 칭찬 들었다고 기고만장하고 있다 少しほめられたからと有頂天になっている.
기골 (氣骨) 명 気骨.
기공¹ (技工) 명 熟練工.
기공² (起工) 명 自他 起工. ‖기공식 起工式.
기공³ (氣孔) 명 [植物] 気孔.
기관¹ (技官) 명 技官.
기관² (汽罐) 명 ボイラー.
기관-지 (氣管支) 명 [解剖] 気管支.
기관지-염 (氣管支炎) 명 [医学] 気管支炎.
기관⁴ (器官) 명 [解剖] 器官. ‖호흡 기관 呼吸器官.
기관⁵ (機關) /kigwan/ 명 機関. ‖보도 기관 報道機関. 내연[외연] 기관 内燃[外燃]機関. 상급 기관 上級機関. 집행 기관 執行機関.
기관-구 (機關區) 명 機関区.
기관-사 (機關士) 명 機関士.
기관-실 (機關室) 명 機関室.
기관-원 (機關員) 명 情報機関の関係者.
기관-지 (機關紙) 명 機関紙.
기관-차 (機關車) 명 [軍事] 機関車.
기관-총 (機關銃) 명 [軍事] 機関銃.
기관-포 (機關砲) 명 [軍事] 機関砲.
기괴 (奇怪) 명 /-/-게 하변 奇怪. ‖기괴한 형상의 바위 奇怪な形状の岩.
기괴-망측 (奇怪罔測) 명 하변 極めて奇怪なこと.
기괴-천만 (奇怪千萬) 명 하변 奇怪千万.
기교¹ (技巧) 명 하변 技巧. ‖기교를 부리다 技巧をこらす.
기교-가 (技巧家) 명 技巧家.
기교-파 (技巧派) 명 技巧派.
기교² (機巧) 명 機巧.
기구¹ (氣球) 명 気球.
기구² (器具) /kigu/ 명 器具. ‖전기 기구 電気器具.
기구³ (機具) 명 機具.
기구⁴ (機構) 명 機構. ‖국제 기구 国際機構. 경제 협력 개발 기구 経済協力開発機構(OECD).
기구⁵ (祈求) 명 하타 祈禱. 9) 기도 (祈禱).
기구-하다 (崎嶇−) 형 하변 (運命な

どが) 数奇だ. ‖기구한 운명 数奇な運命.
기권 (氣圈) −편 명 [天文] 気圏.
기권 (棄權) /ki˥kwʌn/ −편 명 하타 棄権. ‖시합 도중에 기권하다 試合の途中で棄権する. 부상으로 시합을 기권하다 けがで試合を棄権する.
기근 (飢饉·饑饉) 명 飢饉. ‖물 기근 水飢饉. 기근이 들다 飢饉に見舞われる.
기금 (基金) 명 基金. ‖출판 기금 出版基金.
기급 (氣急) 명 慌てふためくこと; うろたえること. ‖갑작스러운 총성에 기급을 하다 突然の銃声に慌てふためく.
기기 (機器·器機) 명 機器. ‖관측용 기기 観測用機器. 교육 기기 教育機器.
기꺼워-하다 自他 [하변] 喜ぶ; 嬉しく思う.
기꺼-이 /ki˥koi/ 부 喜んで; 快く. ‖기꺼이 제안을 받아들이다 喜んで提案を受け入れる.
기껍다 (−따) 형 [ㅂ변] うれしい; 喜ばしい.
가-껏 /ki˥kʌt/ 부 一杯; 力の及ぶ限り. ‖기껏 했댔는 것이 이 정도다 一杯やったがほんの程度だ.
기껏-해야 [−껜해−] 부 たかが; たかだか. ‖모여도 기껏해야 열 명 정도다 集まってもせいぜい 10人ぐらいだ. 기껏해야 천 원일 거다 たかだか千ウォン程度だと思う.
기나-길다 형 [ㄹ語幹] 非常に長い; 長々しい. ‖기나긴 세월 非常に長い年月.
기내 (機內) 명 機内.
기내-식 (機内食) 명 機内食.
기념 (記念·紀念) /kinjʌm/ 명 하타 記念. ‖졸업을 기념해서 나무를 심다 卒業を記念して植樹する. 기념으로 간직하다 記念として大切にしまっておく. 이 사진은 여행의 좋은 기념이 될 거다 この写真は旅行のいい記念になるだろう. 기념 행사 記念行事.
기념-물 (記念物) 명 記念物.
기념-비 (記念碑) 명 記念碑.
기념-사진 (記念寫眞) 명 記念写真. ‖기념사진을 찍다 記念写真を撮る.
기념-식 (記念式) 명 記念式典.
기념-우표 (記念郵票) 명 記念切手.
기념-일 (記念日) 명 記念日.
기념-제 (記念祭) 명 記念祭.
기념-탑 (記念塔) 명 記念塔.
기념-품 (記念品) 명 記念品.
기능¹ (技能) 명 技能.
기능-공 (技能工) 명 技能工.
기능-사 (技能士) 명 技能士.
기능² (機能) /kinɯŋ/ 명 機能. ‖다양한 기능을 가진 전자 제품 多様な機能を持つ電化製品. 언어의 기능

言語の機能. 기능이 떨어지다 機能が衰える.
기능-성(機能性)【-썽】图 機能性.
기능-적(機能的)图 機能的. ‖기능적인 설계 機能的な設計.
기니(Guinea) 图(国名) ギニア.
기니비사우(Guinea-Bissau) 图(国名) ギニアビサウ.
기다/kida/ 圁 ❶ 這う. ‖땅바닥을 기다 地面を這う. ❷ 這いつくばう; 這いつくばる. ‖사장 앞에서는 설설 기다 社長の前では這いつくばる. ▶기는 놈 위에 나는 놈 있다 (諺) 上には上がある.
기다-리다 기다리다(待つ)의 운용형.
기다려-지다 圁 待たれる; 待ち遠しい. ‖시험 결과가 기다려진다 試験結果が待ち遠しい.
기다리는 图 기다리다(待つ)의 현재 연체형.

기다리다
/kidarida/ 圁 ❶ 待つ. ‖결과를 기다리다 結果を待つ. 아이가 태어나기를 애타게 기다리다 子どもが生まれるのを待ちわびる. 합격자 발표를 목이 빠지게 기다리다 合格者発表を首を長くして待つ. 그는 나를 두 시간이나 기다리게 했다 彼は私を2時間も待たせた. 다음 기회를 기다리다 また の機会を待つ. 기다리다 못해 먼저 먹었다 待ち切れずに先に食べる. 아이는 무척 기다렸다는 듯이 엄마의 손을 꼭 쥐었다 子どもは待ちかねたように母親の手を握り締めた. ❷ 待ち受ける. ‖고난이 기다리고 있다 苦難が待ち受けている.

기다린 图 기다리다(待つ)의 과거 연체형.
기다릴 图 기다리다(待つ)의 미래 연체형.
기단[1](氣團) 图《天文》気団.
기단[2](基壇) 图《建造物の》基壇.
기담(奇談) 图 奇談.
기대 (期待·企待) 图 期待; 企待. ‖좋은 결과를 기대하고 있다 いい結果を期待している. 기대에서 벗어나다 期待はずれだ. 기대를 걸다 期待をかける[寄せる]. 기대에 부응하다 期待に応える. 기대 이상의 성과를 거두다 期待以上の成果を収める. 기대를 저버리다 期待を裏切る. 기대한 대로 期待通りに.
기대-감(期待感) 图 期待感.
기대-치(期待値) 图 期待値.
기댓-값(期待-〜) 图〔-대깝〕〔-댇깝〕《数学》期待値.

기대다/ki:deda/ 圁匤 ❶ もたれる; もたれかかる; 寄りかかる. ‖창에 기대어 석양을 바라보다 窓にもたれて夕日を眺める. 벽에 기대다 壁にもたれる. ❷〈언제까지 부모한테 기댈 참이니? いつまで親に頼るつもりなの? 다른 사람

한테 기대지만 말고 알아서 해라 人に頼ってばかりいないで自分でやりなさい.
기대-앉다〔-안따〕 圁 もたれて座る; 寄りかかって座る. ‖벽에 기대앉다 壁にもたれて座る.
기도[1](氣道) 图《解剖》気道.
기도[2](祈禱)/kido/ 图(자下) 祈禱; 祈り; 祈り. ‖기구(祈求). 기도를 드리다 祈りを捧げる.
기도-문(祈禱文) 图 祈禱文. ‖기도문을 외우다 祈禱文を覚える[唱える].
기도[3](企圖) 图(자下) 企図; 企て. ‖탈출을 기도하다 脱出を企てる.

기독-교(基督教)/kidok'kjo/【-꾜】图《宗教》キリスト教.
기동[1](機動) 图 機動.
기동-력(機動力)〔-녁〕图 機動力.
기동-부대(機動部隊) 图《軍事》機動部隊.
기동-성(機動性)〔-썽〕图 機動性.
기동-작전(機動作戦)〔-쩐〕图 機動作戦.
기동[2](起動) 图(자下) 起動; 立ち上げること. ‖컴퓨터를 기동하다 コンピューターを起動する.

기둥/kidun/ 图 ❶ 柱. ‖기둥을 세우다 柱を立てる. ❷ 支え; 支柱; 大黒柱. 圁지주(支柱). ‖한 집안의 기둥 一家の大黒柱.
기둥-뿌리 图 ① 柱の下端. ② (比喩的に) 支え; 支柱. ‖기둥뿌리가 뽑히다 全財産がなくなる.
기둥-서방(-書房) 图 女を働かせ, 金品を貢がせる男; ひも; ジゴロ.
기득-권(既得權)〔-꿘〕图 既得権.
기라-성(綺羅星) 图 綺羅星. ‖기라성 같은 인물들 綺羅星のごとき人々.
기량[1](技倆·伎倆) 图 技量; 腕前. ‖뛰어난 기량 すぐれた技量.
기량[2](器量) 图 器量. ‖장관으로서의 기량 大臣としての器量.
기러기/kirʌgi/图《鳥類》雁(がん).
기러기-아빠 图 (俗っぽい言い方で) 子どもの海外留学のため, 妻子を韓国に送り, 1人韓国で生活する父親.
기력[1](氣力) 图 気力; 気合; 元気. ‖기력이 다하다 気力が尽きる. 기력이 없다 元気がない.
기력[2](機力) 图 機械の力.
기로[1](岐路) 图 岐路. ‖인생의 기로에 서다 人生の岐路に立つ.
기로[2] 囲 (母音で終わる体言に付いて; 子音の場合は이기로) …(だ) と言えども; …(である) としても. ‖아무리 상사라 일을 너무 시키던 上司と言えども, やらせる仕事が多い.
기로서니 囲 기로를 強めて言う語.
-기로[3] 囲 ❶ 理由·原因·根拠を表わす; …と言えども. ‖조금 늦었기로 그렇게 화낼 것까지는 없지 않니? 少し遅

れたと言えども、そんなに怒るまでもないじゃない。❷ [아무리 (参って)] いくら…と言えども。‖아무리 경황이 없었다 한들 문도 안 잠그고 나가다니 いくら慌てたと言えども戸締りもせずに出かけるなんて。

기록 (記錄) /kirok/ 图 他動 ❶記録。‖기록을 세우다 記録を打ち立てる。기록을 깨다 記録を破る。기록을 남기다 記録を残す。기록을 알아보다 記録を調べる。기록을 하다 記録に取る。전국적으로 기온이 삼십육 도를 기록하다 全国的に気温が36度を記録する。아무도 도달하지 못한 기록 前人未到の記録。
기록-계기 (記錄計器)【-계-/-게-】图 記録計器。
기록~문학 (記錄文學)【-롱-】图 〈文芸〉記録文学。
기록~영화 (記錄映畫)【-롱-녕-】图 記録映画。
기록-적 (記錄的)【-쩍】图 記録的。‖기록적인 강우량 記録的な降雨量。
기류 (氣流) 图 〈天文〉気流。‖상승 기류 上昇気流。제트 기류 ジェット気流。
기르다 /kiruda/ 他【르変】[길러, 기르는] ❶育てる;育成する。‖병아리를 기르다 ひよこを育てる。인재를 길러 내다 人材を育てあげる。❷飼う;飼養する。‖개를 기르다 犬を飼う。❸強い精神力を養う 強い精神力を養う。❹(髪の毛・つめなどを)伸ばす。‖이번에는 머리를 기를 생각이다 今度は髪を伸ばすつもりだ。❺(ひげなどを)生やす。‖수염을 기르다 ひげを生やす。❻(習慣・癖などを)身につける。‖일찍 일어나는 습관을 기르다 早く起きる [早起きする]習慣を身につける。

기름 /kirum/ 图 ❶油。‖물에 기름이다 油に水だ。참기름 ゴマ油。❷ガソリン。‖기름값이 대폭 오르다 ガソリン代が大幅に上がる。▶기름을 끼얹다 油を注ぐ。▶(ゴマなど의)기름을 짜다 (ゴマなどの)油を搾る。▶搾取する。▶(기름을 치다 ❶油を差す。❷賄賂を使う。
기름-걸레 图 (ものを磨くために)油を染み込ませた雑巾。
기름-기 (-氣)【-끼】图 ❶(豚肉などの)脂身。❷油気;脂気。❸(生活の余裕からくる)顔のつや。
기름-때 图 油汚れ;油垢。
기름-매미 〈昆虫〉アブラゼミ(油蟬)。
기름-병 (-瓶)【-뼝】图 油を入れる瓶。
기름-종이 图 油紙。☞유지 (油紙)。
기름-지다 形 ❶脂っこい;油気が多い。‖기름진 음식 脂っこい食べ物。❷(土地が)肥沃である。‖기름진 땅 肥沃な土地。
기리다 他 ほめ称える;偲ぶ。‖용기를 기리다 勇気をほめ称える。
기린 (麒麟) 图 〈動物〉キリン(麒麟)。
기린-아 (麒麟兒) 图 麒麟児。
기립 (起立) 图 自他 起立。▶전원 기립! 全員起立! ‖기립 박수 スタンディングオベーション。
기마 (騎馬) 图 自他 騎馬。
기마-대 (騎馬隊) 图 騎馬隊。
기마-전 (騎馬戰) 图 騎馬戦。
기-막히다 (氣-) 图 kimak⁰ida【-마키-】图 ❶あきれる;唖然とする。‖기막한 대답에 할 말을 잃다 あきれた答えに言葉をなくす。
기만 (欺瞞) /kiman/ 图 欺瞞(ぎまん); 欺くこと。‖교묘하게 사람들을 기만하다 巧みに人を欺く。
기만-적 (欺瞞的) 图 欺瞞的。
기말 (期末) 图 期末。‖기말 고사 期末試験。
기맥 (氣脈) 图 気脈。
기명 (記名) 图 自他 記名。▶무기명 (無記名)。
기명-식 (記名式) 图 記名式。
기명 투표 (記名投票) 图 記名投票。▶무기명 투표 (無記名投票)。
기묘-하다 (奇妙-) 图 形 奇妙だ。‖기묘한 모양 奇妙な形。기묘한 풍습 奇妙な風習。
기물 (器物) 图 器物。‖기물 파손 器物破損。
기물~손괴죄 (器物損壞罪)【-죄/-줴】图 〈法律〉器物損壊罪。
기미¹ (皮膚の)しみ。‖얼굴에 기미가 잔뜩 끼었다 顔にしみがたくさんできた。
기미² (氣味) (ものの)においと味。⊹기미가 다르다 言語法が異なる。
기미³ (幾微・機微) /kimi/ 图 気配;兆し。‖기미가 수상하다 怪しい気配がする。줄어질 기미가 보이지 않다 好転の気配がかかりがちれない。
기미-독립운동 (己未獨立運動)【-눈-】图 〈歷史〉1919年3月1日を期して始まり、1年以上にわたって、日本の植民地支配に反対して展開された朝鮮独立運動。
기민-하다 (機敏-) 图 形 機敏だ。‖기민한 동작 機敏な動作。기민하게 처리하다 機敏に片付ける。
기밀 (機密) 图 機密。‖기밀 문서 機密文書。기밀이 새다 機密が漏れる。
기반 (基盤) 图 基盤。‖기반을 굳히다 基盤を固める。기반 정비 基盤整備。생활 기반 生活基盤。민주주의의 기반 民主主義の基盤。
기발-하다 (奇拔-) 图 形 奇抜だ。‖기발한 발상 奇抜な発想。
기백 (氣魄) 图 気魄。‖상대방의 기백에 눌리다 相手の気迫に押される。
기법 (技法)【-뻡】图 技法。‖소설 기

기벽(奇癖) 명 奇癖.
법 小說技法.
기별(奇別) /kibjəl/ 명 [하自他] 消息; 連絡; 知らせ. ‖그네에게서 기별이 왔다 彼女から連絡が来た.
기병(騎兵) 명 騎兵.
기병-대(騎兵隊) 명 騎兵隊.
기보(棋譜·碁譜) 명 棋譜(1).
기복¹(起伏) /kibok/ 명 [하自] 起伏. ‖기복이 심한 성격 起伏の激しい性格. 기복이 많은 인생 起伏の多い人生.
기복²(祈福) 명 幸運を祈願すること.
기본(基本) /kibon/ 명 基本. ‖정책의 기본 政策の基本. 기본을 배우다 基本を学ぶ. 기본으로 하다 基本とする. 사회생활의 기본이 몸에 배어 있다 社会生活の基本が身についている.
기본-값(基本-) -깝 명 (IT) =디폴트.
기본-권(基本權) -꿘 명 (法律) 基本権; 基本的人権.
기본-급(基本給) 명 基本給; 本俸.
기본-법(基本法) -뻡 명 (法律) = 근본법(根本法).
기본-어휘(基本語彙) 명 《言語》 基本語彙.
기본-요금(基本料金) [-Jo-] 명 基本料金; (タクシーなどの) 初乗り運賃.
기본-적(基本的) 명 基本的の. ‖기본적인 동작 基本的な動作.
기본-형(基本形) 명 基本形; 《言語》 基本形; 原形; 辞書形.
기부(寄附) 명 寄付.
기부-금(寄附金) 명 寄付金.
기분(氣分) /kibun/ 명 気分; 機嫌; 気持ち. ‖기분이 좋은 아침 気持ちのいい朝. 오늘은 기분이 좋아 보인다 今日は機嫌がよさそうだ. 기분이 풀지 않다 気分がすぐれない. 기분 좋아하다 気分をこわされる. 놀러 갈 기분이 아니다 遊びに行く気分ではない.
기분-파(氣分派) 명 気分屋.
기뻐-하다 /ki²pəhada/ 타 [하交] 喜ぶ; うれしがる; なつかしがる. ‖합격을 기뻐하다 合格を喜ぶ. 손뼉을 치며 기뻐하다 手をたたいて喜ぶ. 어머니의 기뻐하는 얼굴이 눈에 선하다 母の喜ぶ顔が目に浮かぶ.
기쁘다 /ki²puda/ 형 [으변] 【기뻐, 기쁘니】 うれしい. 喜ばしい. ⑦슬프다. ‖너를 만나서 기쁘다 君に会ってうれしい. 우승해서 너무너무 기쁘다 優勝できてとてもうれしい. 너무 기뻐서 눈물이 나다 うれしさのあまり涙が出た. 기쁜 소식이 있으니까 알려드리겠습니다.
기쁨 /ki²puum/ 명 喜び. ⑭슬픔. ‖첫 우승의 기쁨 初優勝の喜び. 기쁨이 넘쳐흐르다 喜びに溢れる. 일에 기쁨을 느끼다 仕事に喜びを感じる.

기사¹(技士) 명 技士.
기사²(技師) 명 技師.
기사³(記事) /kisa/ 명 記事. ‖신문 기사 新聞記事. 가십 기사 ゴシップ記事. 날조된 기사 捏造された記事.
기사-문(記事文) 명 記事文.
기삿-거리(記事~) 【-사 꺼-/-삳 꺼-】 명 記事の種.
기사⁴(棋士·碁士) 명 棋士.
기사⁵(騎士) 명 騎士.
기사-회생(起死回生) 【-/-훼-】 명 [하自] 起死回生.
기산(起算) 명 [하他] 起算.
기상¹(起床) /kisaŋ/ 명 [하自] 起床. ‖여섯 시에 기상하다 6時に起床する. 기상 시간 起床時間.
기상²(氣象) /kisaŋ/ 명 気象. ‖기상 관측 気象観測. 기상 조건 気象条件.
기상-경보(氣象警報) 명 気象警報.
기상-대(氣象臺) 명 気象台.
기상-도(氣象圖) 명 天気図.
기상-요소(氣象要素) [-Jo-] 명 気象要素.
기상-재해(氣象災害) 명 気象災害.
기상-통보(氣象通報) 명 気象通報.
기상-학(氣象學) 명 気象学.
기상천외-하다(奇想天外-) 【-/-처네-】 형 [여變] 奇想天外だ. ‖기상천외한 발상 奇想天外な発想.
기색(氣色) /kisɛk/ 명 ❶気色. ‖상사의 기색을 살피다 上司の気色をうかがう. ❷気配; 素振り. ‖싫어하는 기색을 보이다 嫌がる素振りを見せる.
기생(妓生) 명 朝鮮の芸妓; キーセン.
기생-오라비(妓生~) 명 [見くびる言い方で] やたら着飾った男の人.
기생(寄生) /kisɛŋ/ 명 寄生.
기생-근(寄生根) 명 《植物》 寄生根.
기생-식물(寄生植物) [-씽-] 명 《植物》 寄生植物.
기생-충(寄生蟲) 명 ①《動物》 寄生虫. ②[比喩的に] 寄生者; パラサイト.
기선¹(汽船) 명 汽船.
기선²(機先) 명 機先. ‖기선을 제압하다 機先を制する.
기선³(機船) 명 機船.
기성¹(期成) 명 [하自] 期成.
기성-회(期成會) 【-/-훼-】 명 期成会.
기성²(棋聖·碁聖) 명 棋聖(囲碁·将棋の達人).
기성³(旣成) /kisəŋ/ 명 [하自] 既成; 既製.
기성-복(旣成服) 명 既成服.
기성-세대(旣成世代) 명 既成世代.
기성-품(旣成品) 명 既製品.
기성-화(旣成靴) 명 既製の靴.
기세(氣勢) ❶気勢. ‖기세가 꺾이다 気勢をそがれる. ❷勢い. ‖빵이라도 때릴 기세다 びんたでも食わす勢いだ. 기

세가 등등하다 勢い猛だ. 기세를 부리다 見栄を張って必要以上のことをする; 気張る.

기소 (起訴) /kiso/ 图 (하他) (法律) 起訴. ‖절도죄로 기소하다 窃盗罪で起訴する. 약식 기소 略式起訴. **기소-되다**[-당하다] 受動

기소~**유예** (起訴猶豫) 图 (法律) 起訴猶予.

기소-장 (起訴状) 图 -짱 图 (法律) 起訴状.

기수[1] (技手) 图 技手.

기수[2] (奇数) 图 (数学) 奇数. ㈜홀수(一數). ㈐우수(偶数).

기수[3] (基数) 图 (数学) 基数.

기수[4] (旗手) 图 旗手.

기수[5] (騎手) 图 騎手.

기수-법 (記数法) 图 -뻡 图 (数学) 記数法.

기숙 (寄宿) 图 (하自) 寄宿.

기숙-사 (寄宿舎) /kisuk͈sa/ 图 -싸 图 寄宿舎; 寮. ‖학생 기숙사 学生寮. 기숙사 생활 寮生活.

기술 (技術) /kisul/ 图 (하他) 技術. ‖技術을 몸에 익히다 技術を身につける. 기술 혁신 技術革新. 고도의 의료 기술 高度な医療技術. 기술 이전 技術移転. 기술 수준 技術水準. 생산 기술 生産技術. 첨단 기술 先端技術.

기술~**원조** (技術援助) 图 技術援助.

기술-자 (技術者) 图 -짜 图 技術者.

기술-적 (技術的) 图 技術的.

기술 (記述) 图 (하他) 記述. ‖사실 있는 그대로 기술하다 事実をありのまま記述する.

기술~**문법** (記述文法) 图 -뻡 图 (言語) 記述文法.

기슭 /kisɯk/ 图 ふもと. ‖산기슭 (山の)ふもと.

기습 (技襲) 图 (하他) 奇襲. ‖기습 전법 奇襲戦法. **기습-당하다** 受動

기승 (氣勝) /kisɯŋ/ 图 (하形) 勝ち気; 利かん気; 負けん気. ‖기승을 떨다 勝ち気にふるまう. ▶기승을 부리다 猛威をふるう; 여름이 기승을 부리다 残暑が猛威をふるう.

기승전결 (起承転結) 图 起承転結.

기시-감 (旣視感) 图 既視感; デジャビュ.

기식[1] (氣息) 图 気息.

기식[2] (寄食) 图 (하他) 寄食.

기실 (其實) 图 その実; 実際のところ; 本当のところ.

기십 (幾十) 图 幾十; 数十. ‖기십 만 원 数十万ウォン.

기-쓰다 /-- (으自) 躍起になる; 必死になる. ‖이기려고 기쓰다 勝とうと必死になる.

기아[1] (飢餓·饑餓) 图 飢餓; 飢え. ‖기아 상태 飢餓状態. 기아 선상에 있는 사람들 飢餓線上の人々. 기아에 허덕이다 飢えに苦しむ.

기아[2] (棄兒) 图 (하自) 棄兒; 捨て子.

기악 (器樂) 图 (音楽) 器楽. ㈜성악 (聲樂).

기악-곡 (器樂曲) 图 -꼭 图 (音楽) 器楽曲.

기안 (起案) 图 (하他) 起案.

기압 (氣壓) 图 気圧. ‖기압 배치 気圧配置. 저기압 低気圧.

기압-골 (氣壓-) 图 -꼴 图 (天文) 気圧の谷.

기약~**분수** (旣約分数) 【-뿐쑤】 图 (数学) 既約分数.

기어 (gear) 图 ギア. ‖기어를 넣다 ギアを入れる.

기어-들다 /--여-/ 国 [으語幹] 入り込む; もぐり込む; (声が)消え入りそうだ. ‖엄마 품으로 기어들다 母の懐にもぐり込む. 기어들어가는 목소리로 이야기하다 消え入るような声で話す.

기어오르다 /--여-/ 国 [르変] ❶よじ登る. ‖험한 산을 기어오르다 険しい山をよじ登る. ❷付け上がる; 増長する.

기어-이 (期於-) /kiəi/ 副 きっと; 必ず; とうとう; つい. ‖기어이 그 일을 해 내다 とうとうその仕事をやり遂げる. 화가 나서 기어이 소리를 지르고 말았다 腹がたてついに怒鳴ってしまった.

기어-코 (期於-) 副 = 기어이 (期於-).

기억 (記憶) /kiok/ 图 (하他) 記憶; 覚え. ‖당시의 일은 지금도 기억하고 있습니다 当時のことは今も覚えています. 옛날 기억이 살아나다 昔の記憶がよみがえる. 기억이 희미해지다 記憶が薄らぐ. 기억에 없다 記憶にない.

기억-력 (記憶力) 图 -녁 图 記憶力.

기억~**상실** (記憶喪失) 图 -쌍- 图 (医学) 記憶喪失.

기억 장치 (記憶裝置) 图 -짱- 图 (IT) 記憶装置.

기엄-기엄 副 (하自) 這う様子.

기업[1] (企業) /kiop/ 图 企業. ‖기업 문화 企業文化. 중소기업 中小企業. 우량 기업 優良企業. 다국적 기업 多国籍企業. 기업이 도산하다 企業が倒産する.

기업-가 (企業家) 图 -까 图 企業家.

기업-주 (企業主) 图 -쭈 图 企業主.

기업-체 (企業體) 图 企業体.

기업[2] (起業家) 图 (하他) 起業.

-기에 囮 〔母音で終わる体言に付いて; 子音の場合は이기에〕…なので; …であるので; …であるため, 책임上기에 그냥 있을 수가 없다 責任なので黙っていられない. 부모기에 애들 문제가 가장 신

경쓰인다 親だから子どものことが一番気がかりだ.

-기에 [語尾] …から; …(た)のか. ‖자신이 없었기에 포기했었다 自信がなかったから諦めたんだった. 얼마나 울었기에 눈이 퉁퉁 부었나 どれほど泣いたのか目がなんか腫れ上がっている.

기여 (寄與) [名][하자] 寄与. ‖사회 발전에 기여한 인물 社会の発展に寄与した人物. 기여한 바가 크다 寄与したところ大である.

기역 ハングルの子音字母「ㄱ」の名称.

기역-자 (-字) [-짜] ハングルの子音字母「ㄱ」.

기연 (奇緣) [名] 奇緣.

기염 (氣焰) [名] 氣焰. ‖기염을 토하다 気焰を吐く.

기예 (氣銳) [名][하형] 氣銳.

기온 (氣溫) /kion/ [名] 気温. ‖평균 기온 平均気温. 기온이 높아지고[올라가고] 있다 気温が上がっている. 기온이 영하 오 도까지 떨어지다[내려가다] 気温が零下5度まで下がる.

기와 (--) [名] 瓦.

기와-집 (--집) [名] 瓦葺きの家; 瓦屋. ‖고래 등 같은 기와집 広壮な瓦屋.

기왕 (既往) /kiwaŋ/ [名] **❶** 既往; 過去. **❷** [副詞的に] どうせ; ついで. ‖기왕 왔으니까 만나 보고 가자 どうせ来たんだから会って帰ろう.

기왕-이면 (既往-) [副] どうせなら. ‖기왕이면 더 좋은 걸로 사자 どうせならもっといいものを買おう.

기왕지사 (既往之事) [名] 過去の出来事.

기요 (紀要) [名] (大学・研究機関などの) 紀要.

기용 (起用) [名][하자] 起用. ‖젊은 사람을 기용하다 若手を起用する. **기용-되다** [受動]

기우 (杞憂) [名] 杞憂; 取り越し苦労. ‖그것은 기우에 불과하다 それは杞憂にすぎない.

기우뚱 [副][하자타] 一方にやや傾いている様子. ‖달력이 조금 기우뚱하게 걸려 있다 カレンダーが少し傾いてかかっている.

기우뚱-거리다 [自他] (物体が)左右に傾きながら揺れ動く; かしげる. ‖고개를 기우뚱거리며 듣고 있다 首をかしげながら聞いている.

기우-제 (祈雨祭) [名] 雨ごい祭り.

기운[1] /kiun/ [名] **❶** 力; 体力. ‖기운이 빠지다 力が抜ける. **❷** 気勢; 生気; 活気. ‖기운이 넘치다 元気が溢れる. 기운이 나다 元気が出る. 기운을 내다 元気を出す. 기운을 잃다 生気を失う. **❸**

기; 気配; 気味; 勢い. ‖봄기운 春の気配. 감기 기운이 있다 風邪気味だ. 불기운 火の勢い. 술기운으로 큰소리치다 酒の勢いで大言を吐く.

기운-차다 [形] 力强い. ‖기운찬 발걸음 力強い足取り.

기운[2] (氣運) [名] 気運. ‖민주화의 기운이 높아지다 民主化の気運が高まる.

기운[3] (機運) [名] 機運; 時運.

기울 (小麦の)ふすま; からこ.

기울-기 [名] 傾き; 角度.

기울다 /kiulda/ [自][ㄹ語幹] [기울어, 기우는, 기운] **❶** 傾く. ‖배가 왼쪽으로 기울다 船が左に傾く. 해가 서쪽으로 기울다 日が西に傾く. 반대쪽으로 마음이 기울고 있다 反対側に気持ちが傾いている. 재정이 기울다 財政が傾く. (常) 기울이다. **❷** (勢いが)衰える; 滅びる. ‖집안이 기울다 家勢が衰える. 나라가 기울다 国が滅びる.

기울어-지다 /kiurədʑida/ [自] 傾く. ‖달력이 약간 기울어져 있다 カレンダーがやや傾いている.

기울-이다 /kiurida/ [他] [기울다의 使動詞] 傾ける; 向ける. **❶** ‖술잔을 기울이다 杯を傾ける. 귀를 기울이다 耳を傾ける. 몸을 앞으로 기울이다 体を前に傾ける. **❷** (誠意などを)注ぐ. ‖심혈을 기울이다 心血を注ぐ. 연구에 전력을 기울이다 研究に全力を注ぐ.

기웃-거리다 [-대다] [-읃께[-읃떼]-] [自他] (しきりにあちこちを)覗き込む. ‖여기저기를 기웃거리다 あちこちを覗き歩く.

기원[1] (祈願) /kiwən/ [名][하타] 祈願; 願うこと. ‖합격을 기원하다 合格を祈願する. 좋은 일이 많이 있기를 기원합니다 ご多幸をお祈りします.

기원[2] (紀元) [名] 紀元. ‖기원전 紀元前.

기원[3] (起源) /kiwən/ [名][하자] 起源; 始まること. ‖인류의 기원 人類の起源.

기원[4] (棋院; 碁院) [名] 碁会所.

기음 (氣音) [言語] 気音; 有気音.

기이-하다 (奇異-) [形][하형] 奇異だ. ‖기이한 현상 奇異な現象.

기인[1] (奇人) [名] 奇人.

기인[2] (起因) [名][하자] 起因. ‖현실 인식의 차이에 기인한 문제 現実認識の相違に起因する問題.

기일[1] (忌日) [名] 命日.

기일[2] (期日) /kiil/ [名] 期日. ‖기일이 촉박하다 日取りが差し迫っている. ‖기일을 꼭 지켜 주십시오 期日を必ず守ってください. 마감 기일 締め切り日.

기입 (記入) /kiip/ [名][하타] 記入. ‖필요 사항을 기입하다 必要事項を記入する. 서류에 이름을 기입하다 書類に名前を記入する.

기입-란 (記入欄) [-임난] [名] 記入欄.

기자(記者) /kidʑa/ 图 記者. ‖기자 회견 記者会見. 신문 기자 新聞記者.
기장¹(〈植物〉) 图 キビ(黍·稷).
기장²(〈着丈〉) 图 (服の)丈; (ズボンの)すそ; 長さ; 着丈. ‖바지 기장이 길다 ズボンすそが長い.
기장³(旗章) 图 旗章.
기장⁴(機長) 图 機長.
기장⁵(記章·紀章) 图 徽章; バッジ.
기장⁶(記帳) 图 (하다) 記帳.
기재¹(奇才) 图 奇才. ‖당대의 기재 当代の奇才.
기재²(記載) /kidʑɛ/ 图 (하다) 記載. ‖장부에 기재하다 帳簿に記載する. 기재 사항 記載事項. **기재-되다** 受動
기재³(器材) 图 器材.
기저(基底) 图 基底. ‖이 운동의 기저에 깔린 사상 この運動の基底となる思想.
기저귀 /kidʑəgwi/ 图 おむつ; おしめ. ‖기저귀를 채우다 おむつを当てる. 기저귀를 갈다 おむつを取り替える. 기저귀를 떼다 おむつがとれる. 종이 기저귀 紙おむつ.
기적¹(汽笛) 图 汽笛. ‖기적 소리 汽笛の音.
기적²(奇蹟·奇跡) /kidʑək/ 图 奇跡. ‖기적이 일어나다 奇跡が起きる. 기적이라고밖에 할 수 없는 出来事.
기적-적(奇蹟的)【~的】图 奇跡的. ‖기적적으로 살아나다 奇跡的に命をとりとめる.
기전(紀傳) 图 〈歷史〉 紀伝.
기전-체(紀傳體) 图 〈歷史〉 紀伝体 (歷史記述の一形式. 各人物ごとの事績を中心に歴史記述を行なうもの).
기절(氣絶) /kidʑəl/ 图 (하다) 気絶.
기절-초풍(氣絶-風) 图 (하다) びっくり仰天すること.
기점¹(起點)【~点】图 起点. ⑪종점(終點).
기점²(基點)【~点】图 基点.
기정(旣定) 图 既定; 既成. ‖기정 사실 既成の事実.
기제¹(忌祭) 图 忌祭; 故人の年忌の祭り.
기제²(機制) 图 機制. ‖방어 기제 防衛機制.
기제-류(奇蹄類) 图 〈動物〉 奇蹄類(るい).
기-제사(忌祭祀) 图 =기제(忌祭).
기조(基調) 图 ❶ 빨강을 기조로 한 그림 赤を基調とした絵. 사르트르の作品の基調を成すのは実存主義であり, サルトルの作品の基調をなすのは実存主義である.
기조-연설(基調演說) 图 基調演説.
기존(旣存) 图 既存. ‖기존 시설 既存の施設.

기종(機種) /kidʑoŋ/ 图 機種.
기-죽다(氣~) /kiʥuk̚ta/ 【~따】图 気が減入る; しょんぼりする; けおされる. ‖학교에서 무슨 일이 있었는지 기죽어서 돌아왔다 学校で何かあったのかしょんぼりして帰ってきた. 상대방의 당당한 태도에 기죽다 相手の堂々たる態度にけおされる.
기죽-이다(氣~) 图 (やる気を)そぐ; くじく.
기준(基準) /kidʑun/ 图 基準. ‖행동 기준 行動基準. 채점 기준 採点の基準. 비교 기준 比較の基準. 기준에 달하다 基準に達する. 엄격한 기준을 정하다 厳しい基準を設ける.
기준-선(基準線) 图 基準線.
기준-점(基準點) 图 基準点.
기중(忌中) 图 忌中.
기중-기(起重機) 图 起重機; クレーン.
기증(寄贈) 图 (하다) 寄贈.
기지¹(基地) 图 基地. ‖군사 기지 軍事基地. 미군 기지 米軍基地.
기지-국(基地局) 图 基地局.
기지²(機智) 图 機知.
기지³(旣知) 图 既知. ⑪미지(未知). ‖기지의 사실 既知の事実.
기지개(旣-) /kidʑigɛ/ 图 伸び. ‖기지개를 켜다[펴다] 伸びをする.
기진-맥진(氣盡脈盡) 【~진】图 (하다) 疲れ果てること.
기질(氣質) 图 ❶ 気質(たち). ‖타고난 기질 持って生まれた気質. ❷ 気質(かたぎ); …肌. ‖장인 기질 職人気質. 학자 기질 学者肌.

기차(汽車) /kitɕha/ 图 〈汽車〉 列車. ❶ 열차(列車). ‖기차로 가다 汽車で行く. 기차로 유럽을 여행하고 싶다 汽車でヨーロッパを旅したい.
기차-표(汽車票) 图 汽車[列車]の乗車券. ‖기차표를 끊다 列車の乗車券を買う.
기찻-길(汽車~) 【~찔·~낄】图 線路. ‖기찻길 옆에 있는 집들 線路沿いの家.
기-차다(氣~) 图 〔俗っぽい言い方で〕とてもいい; すごい. ‖기차게 맛있다 めっちゃおいしい.
기척 /kitɕhək̚/ 图 (人の存在を感じさせる)気配. ‖기척도 없이 방에 들어오다 何の気配もなく部屋の中に入ってくる. 안에 사람이 있는 듯한 기척 中に人がいるような気配. 인기척 人気(ひとけ).
기체¹(氣體) 图 〈物理〉 気体. ⑪고체(固體)·액체(液體).
기체²(機體) 图 機体.
기초¹(起草) 图 起草. ⑰초(草). ‖초안을 기초하다 草案を起草する.
기초²(基礎) /kitɕho/ 图 (하다) ❶ 基礎. ‖탄탄한 기초 실력 しっかり

리던 기초실력. 기초 공사 基礎工事. 기초를 다지다 基礎を固める. 영어를 기초부터 새로 공부하다 英語を基礎から勉強し直す. ❷ [···에 기초하다の形で] ···に基づく; ···に根差す. 『여론에 기초한 정책 世論に基づいた政策.
기초=공제 (基礎控除) 图 基礎控除.
기초=대사 (基礎代謝) 图 基礎代謝.
기초=식품 (基礎食品) 图 基礎食品.
기초=어휘 (基礎語彙) 图 [言語] 基礎語彙.
기초-적 (基礎的) 图 基礎的. 『기초적인 지식 基礎的な知識.
기초=체온 (基礎體溫) 图 基礎體溫.
기축[1] (基軸) 图 基軸.
　기축=통화 (基軸通貨) 图 ⑩国際通貨 (國際通貨).
기축[2] (機軸) 图 機軸. 『신기축 新機軸.
기층[1] (氣層) 图 大氣の層.
기층[2] (基層) 图 基層.
기치 (旗幟) 图 旗(はた)とのぼり; 旗印. 『반전의 기치하에 反戰の旗印の下に.
기침[1] /kitʰim/ 图他自 咳. 『기침을 하다 咳をする; 咳き込む. 기침이 나다[나오다] 咳が出る. 기침이 심하다 咳がひどい. 기침 감기 咳の風邪. 헛기침을 하다 咳払いをする. 기침이 멎다 咳が止まる.
기침[2] (起寢) 图他自 起床. 『여섯 시에 기침하다 6時に起床する.
기타[1] (其他) 图 その他. 『기타 등등의 문제 その他の問題.
기타[2] (guitar) /kitʰa/ 图 [音樂] ギター. 『기타를 치다 ギターを弾く.
기탁 (寄託) 图他 寄託. 『기부금을 신문사에 기탁하다 寄付金を新聞社に寄託する.
기탄-없다 (忌憚―) /kitʰanopʰta/ 【―넘따】 照 忌憚がない. 『기탄없는 의견을 듣고 싶습니다 忌憚のない意見を聞きたいです. **기탄없-이** 圖 기탄없이 말하다 忌憚なく言う.
기통 (氣筒·汽筒) 图 氣筒; シリンダー. ⑩실린더.
기특-하다 (奇特―) /kitʰɯkʰada/ 【―트카―】 图[하変] 奇特だ; 殊勝だ; けなげだ. 感心だ. 『얄밉지 않게 기특하다 子どもながら感心する. 두 살이면도 기특할 정도로 말을 잘하는 2才なのに感心するほどおしゃべりが上手だ. 마음까지 기특한 소년 殊勝な心がけの少年. **기특-히** 圖 기특히 여기다 けなげに思う.
기틀 /kitʰɯl/ 图 基礎; 基盤; 土台. 『기틀을 마련하다 土台を築く. ▶기틀이 잡히다 基盤が固まる.
기포 (氣泡) 图 氣泡; 空氣の泡. 『기포가 발생하다 氣泡ができる.
기폭 (起爆) 图 起爆. 『기폭 장치 起爆

爆裝置.
　기폭-제 (起爆劑) 【―쩨】 图 起爆劑. 『경기 회복의 기폭제가 되다 景氣回復の起爆劑となる.
기표 (記票) 图自 投票用紙に記入すること.
기품 (氣品) 图 氣品. 『기품 있게 생긴 얼굴 氣品のある顔立ち. 기품이 넘치는 중년 부인 氣品あふれる中年女性.
기풍[1] (氣風) 图 氣風. 『온화한 기풍 溫和な氣風.
기풍[2] (碁風·棋風) 图 棋風.
기피 (忌避) 图他 忌避. 『병역을 기피하다 兵役を忌避する.
기필-코 (期必―) /kipʰilkʰo/ 圖 必ず; きっと; 間違いなく. 『기필코 해내고야 말겠다 必ずやってみせる. 기필코 돌아 오리다 きっと歸ってくる.
기하 (幾何) 图 [數学] 幾何.
　기하=급수 (幾何級數) 【―쑤】 图 [数学] 幾何級數. ⑩등비급수 (等比級數).
　기하급수-적 (幾何級數的) 【―쩍】 图 幾何級數的. 『기하급수적으로 인구가 증가하고 있다 幾何級數的に人口が増加している.
　기하-학 (幾何學) 图 [数学] 幾何學.
　기하학-무늬 (幾何學―) 【―항―니】 图 幾何學模樣.
　기하학-적 (幾何學的) 【―쩍】 图 幾何學的.
기-하다 (期―) /kihada/ 他 [하変] 期する; 期す. 『준비에 만전을 기하다 準備に萬全を期す. 필승을 기하다 必勝を期する. 오전 1時를 期して攻擊을 開始하다.
기한 (期限) /kihan/ 图 期限. 『기한을 지키다 期限を守る. 기한이 지나다 期限が過ぎる. 유효 기한 有效期限; 賞味期限. 무기한으로 연기하다 無期限延期する.
　기한-부 (期限附) 图 期限付き.
기함 (旗艦) 图 旗艦.
기합 (氣合) /kihap/ 图 ❶氣合. 『기합을 주다 氣合をかける. 기합을 넣으다 氣合を入れる. ❷ (俗っぽい言い方で) (團体生活で) 罰を與えること.
기행[1] (奇行) 图 奇行.
기행[2] (紀行) 图 紀行.
　기행-문 (紀行文) 图 紀行文.
기형 (畸形) 图 奇形.
　기형-아 (畸形兒) 图 奇形兒.
기호[1] (記號) /kiho/ 图 記號. 『발음 기호 発音記號. 화학 기호 化學記號. 국제 음성 기호 國際音声記號(IPA).
기호[2] (嗜好) 图他自 嗜好.
　기호-품 (嗜好品) 图 嗜好品.
기혼 (旣婚) /kihon/ 图自 旣婚. ⑩미혼 (未婚).

기혼-자(既婚者) 图 既婚者.
기화(気化) 图 <自他>(物理) 気化.
기화-열(気化熱) 图 (物理) 気化熱.
기회(機会)/kihwe/【-훼】图 機会; チャンス; 際; 隙. ‖ 모처럼의 기회를 놓치다 せっかくの機会を逃す. 절호의 기회다 絶好のチャンスだ. 이번 기회에 확실히 말해 두고 싶다 この際にはっきり言っておきたい. 기회를 엿보다 隙をうかがう〔ねらう〕.
기회-주의(機会主義) 图 =/-usi/ 图 機会主義; 日和見主義; オポチュニズム.
기획(企画)/kihwek/【-훽】图 <自他> 企画. ‖ 신제품을 기획하다 新製品を企画する.

기후(気候)/kihu/【-】图 気候. ‖ 대륙성 기후 大陸性気候. 해양성 기후 海洋性気候. 시즈오카는 기후가 온화하다 静岡は気候が温和である.
기후-대(気候帯) 图 (地) 気候帯.
기후-도(気候図) 图 (地) 気候図.
긴[形] 图幹 길다(長い)の現在連体形. ‖ 긴 머리 長い髪.

긴가-민가[副] <自形> 그런가 そうでないか〔どうなのか〕はっきりしない様子. ‖ 긴가민가 말을 애매하게 하다 どちらなのかはっきり言わない.

긴급(緊急) 图 <自形> 緊急. ‖ 긴급시에 대비하여 緊急時に備える. 긴급 상황에는 이 버튼을 눌러 주세요 緊急の場合はこのボタンを押してください. 긴급한 일로 조퇴하다 緊急な用事で早退する. **긴급-히** 副

긴급-동의(緊急動議) 图 =/-ui/ 图 緊急動議.
긴급-사태(緊急事態)【-싸-】图 緊急事態.
긴급-피난(緊急避難) 图 緊急避難.

긴-말 图 <自他> 長くだらだらと話すこと. ‖ 긴말이 필요없는 상황 長く話す必要がない状況.

긴밀-하다(緊密-)/kinmilhada/ [形] <自幹> 緊密だ. ‖ 긴밀한 관계 緊密な関係. 긴밀하게 연락을 취하다 緊密に連絡をとる. **긴밀-히** 副

긴박(緊迫) 图 <自> 緊迫. ‖ 긴박한 상황 緊迫した状況.
긴박-감(緊迫感)【-깜】图 緊迫感. ‖ 긴박감이 감돌다 緊迫感が漂う.

긴-병(-病) 图 長病(い); 長患(い). ‖ 긴병에 효자 없다 [諺]「長患いに孝子なし」の意で何事も長引くと、それに打ち込む誠意も薄れてくる意になる.
긴-소리(言) 長音.

긴장(緊張)/kindʒan/【-】图 <自他> 緊張. ‖ 긴장해서 굳어 있다 緊張でこちこちになっている. 긴장을 풀다 緊張をほぐす. 긴장이 풀리다 緊張がゆるむ. 긴장 완화 緊張緩和.
긴장-되다(緊張-) =/-dwe-/ 图 緊張

する. ‖ 긴장된 표정 緊張した表情.
긴장-감(緊張感) 图 緊張感.
긴축(緊縮) 图 <自他> 緊縮.
긴축-예산(緊縮豫算)【-츙네-】图 緊縮予算.
긴축-재정(緊縮財政)【-째-】图 緊縮財政.

긴-하다(緊-) [形] <自変> 緊要だ; 非常に大事だ. ‖ 긴한 이야기 非常に大事な話. **긴-히** 副 긴히 드릴 말씀이 있습니다 折り入ってお話ししたいことがあります.

긷다[-따] 他 <ㄷ変> (井戸水などを)汲む. ‖ 물을 길어 오다 水を汲んでくる.

길[길] 图 ❶ 길; 道のり. ‖ 길을 묻다 道を聞く〔たずねる〕. 길을 잃다 道に迷다. 길을 비켜 주다 道をあけてあげる. 돌아가는 길 帰り道. 승리로의 길 勝利への道. 가시밭길 いばらの道. 먼 길 長い道のり. ❷ 旅程; 旅. ‖ 길을 떠나다 旅に出る; 旅立つ. 유럽 여행길에서 만나다 ヨーロッパ旅行の際に出会う. ❸ 手段; 方法; すべ. ‖ 해결할 길이 없다 解決のすべがない. 어떻게든 길을 찾아야 한다 どうにかして方法を探さないといけない. ❹ {主に가는 길에の形で} 途中; 行きがけに; 行くついでに. ‖ 학교 가는 길에 담임 선생님을 만나다 学校へ行く途中で担任の先生に会う. 가는 길에 우체국에 넣어 주세요 行きがけに投函してください. 길을 돌다 方法を探す. 길을 재촉하다 道を急ぐ. ▶길을 두고 뫼로 갈까 [諺]「道を差し置いて山を通るか」の意でわざと難しいことをするたとえ.

길[2] 图 ❶ (動物などを)飼いならすこと. ❷ (道具などが)使いやすくなること; 使い慣れすること.

길[3] (吉) 图 (姓) 吉(ギル).
길[4] (-) 图 …尋(尺). ‖ 천 길 낭떠러지 千尋の断崖.

길-가[-까] 图 道端; 道路の脇; 路傍.
길-거리/kilk͈ori/【-꺼-】图 路上; 路頭; 街頭; 街; 道々. ‖ 길거리. 길거리에서 헤매다 路頭で迷う.

길길이 副 かんかんになって怒っている様子. ‖ 화가 나서 길길이 날뛰다 かんかんになって怒る.

길-눈[-룬] 图 道筋や目的地を探す能力. ‖ 길눈이 밝다 方向感覚がある; 道筋の覚えがいい. ‖ 길눈이 어둡다 方向音痴だ.

길다/kilda/ [形] 图語幹 [길어, 긴] 長い; 길다. ‖ 미시시피 강은 세계에서 가장 길다 ミシシッピ川は世界で一番長い. 일본에서 가장 긴 강은 시나노 강이다 日本で最も長い川は信濃川である. 긴 역사 長い歴史. 해가 길어지다 日が長くなる. 긴 안목으로 보면 長い目で見れば. ▶길고 짧은 것은 대어 보아야 안다 [諺]「長い短いは比べ

길다² 自 [ㄹ語幹] 〈髪の毛・つめなどが〉伸びる. ‖머리가 많이 길었다 髪の毛がだいぶ伸びた.
길-동무 【-동-】 名 [한日] 道連れ, 同行.
길-들다 自 [ㄹ語幹] 使い慣れる; 手慣れる; 使いつける. ‖길든 도구 手慣れた道具.
길들-이다 他 ❶手なずける. ‖부하를 길들이다 部下を手なずける. ❷飼い慣らす. ‖매를 길들이다 鷹を飼い慣らす.
길라-잡이 名 ⇒길잡이.
길-모퉁이 名 街角; 曲がり角.
길-목 名 ❶町角; 街角. ❷要所. ‖길목을 지키다 要所を守る. ❸〈時代·時期などの〉変わり目. ‖이십일 세기의 길목 21 世紀の変わり目となる時点. 봄이 오는 길목 春の入り口.
길몽 (吉夢) 名 吉夢; 縁起のよい夢. ↔흉몽(凶夢).
길-바닥 【-빠-】 名 路上; 路面; 道端.
길보 (吉報) 名 吉報.
길상 (吉相) 名 [相] 吉相.
길-섶 【-섭】 名 道端; 路傍.
길쌈 名 [한日] 機織り.
길어 形 [ㄹ語幹] 길다(長い)の連用形. ‖머리가 너무 길어 잘랐다 髪の毛が長すぎて切った.
길-옆 【-엽】 名 道路の脇; 道端; 路傍. ‖길옆에 선 가로수 道端に立つ街路樹.

길-이¹ /kiri/ 名 ❶長さ. ‖미시시피 강의 길이는 삼천칠백팔십 킬로미터이고 시나노 강의 길이는 삼백육십칠 킬로미터이다 ミシシッピー川の長さは 3780km で, 信濃川の長さは 367km である. ❷〈洋服などの〉丈. ‖치마 길이가 너무 길다 スカートの丈が長すぎる. 바지 길이를 줄이다 ズボンの丈をつめる.
길-이² いつまでも; 長く. 길이-길이 副 永遠に; とこしえに.
길일 (吉日) 名 吉日.
길잡-이 名 ❶道しるべ; 道標. ‖길잡이로 삼다 道しるべにする. ❷指針; 手引き. ‖영어 학습의 길잡이 英語学習の手引き. ❸ [길라잡이の縮約形] 道案内人.
길조¹ (吉兆) 【-쪼】 名 吉兆. ↔흉조(凶兆).
길조² (吉鳥) 【-쪼】 名 吉兆とされる鳥. ↔흉조(凶鳥).
길쭉-길쭉 【-쭉-】 副 全部が長めの様子. ‖무가 전부 길쭉길쭉하다 大根が全部長めだ.
길쭉-하다 【-쭈카-】 形 [하変] やや長い; 細長い. ‖얼굴이 면상다 顔が面長だ.

길-치 (-痴) 名 [俗っぽい言い方で] 方向音痴.
길-하다 (吉-) 形 [하変] 縁起がいい. ‖길한 점괘 縁起のいい占いの卦.
길항 (拮抗) 名 拮抗(きっこう). ‖길항 작용 拮抗作用.
길흉 (吉凶) 名 吉凶. ‖길흉화복을 점치다 吉凶禍福を占う.
김¹ /kim/ 名 ❶湯気; 水蒸気. ‖냄비에서 김이 나다 鍋から湯気が立つ. 김이 오르다 湯気が立ち上る. ❷呼気; 息. ‖입김 息; 息づかい. ❸〈特有の〉風味; 気. ▶김(이) 빠지다 ①〈特有の〉風味がなくなる. 김 빠진 맥주 気の抜けたビール. ②間が抜ける; 拍子抜けする.
김-새다 自 [俗っぽい言い方で] 興ざめる; 気抜けする; しらける; やる気がなくなる. ‖정말 김새는 이야기다 何とも気の抜ける話だ.
김² /ki:m/ 名 田畑の雑草.
김매-기 名 [한日] 草取り; 草むしり; 草引き.
김-매다 自 草取りをする.
김³ /ki:m/ 名 海苔. ‖구운 김 焼き海苔. 돌김 岩海苔.
김-밥 【-빱】 名 [料理] 〈韓国風の〉海苔巻き.
김 (金) 名 (姓) 金(ギム).
김⁵ 依名 …ついで; …はずみ. ‖서울에 가는 김에 이것 좀 사다 주지 않을래? ソウルに行くついでにこれを買ってきてくれない? 먹는 김에 다 먹어라 食べるついでに全部食べて.
김장 (←沈藏) /kimʤaŋ/ 名 [한日] 越冬用のキムチの漬け込み.
김장-감 名 キムチ用の白菜·大根などの野菜.
김장-거리 【-꺼-】 名 ⇒김장감.
김장-때 名 [立冬前後の] 越冬用のキムチをつける時期.
김장-철 名 ⇒김장때.
김치 (←沈菜) /kimtɕhi/ 名 キムチ. ‖김치를 담그다 キムチを漬ける. 배추김치 白菜キムチ. 물김치 水キムチ.
김치-찌개 名 [料理] キムチチゲ.
김치-국 【-치꾹→-치꾹】 名 ① キムチの汁. ②キムチを入れて作ったスープ.
깁다 /kip̚t'a/ 他 [ㅂ變] 名 [기워, 기는, 기운] 継ぎを当てる; 継ぎ合わせる; 繕う; 縫う. ‖상처를 깁다 傷口を縫う. 바지 타진 곳을 깁다 ズボンのほつれを繕う.
깁스 (Gips獨) 名 ❶ギプス; ギプス. ❷ 깁스붕대(-繃帶)の略語.
깁스-붕대 (-繃帶) 名 ギプス包帯.
깃¹ 【긷】 名 襟. ‖깃을 여미다 襟を正す.
깃² /kit̚/ 【긷】 名 鳥の羽; 羽毛.
깃-대 (旗-) 【기때·긷때】 名 旗ざお.
깃-들다 【긷뜰-】 自 [ㄹ語幹] 宿る.

‖행운이 깃들다 幸運が宿る. 건전한 신체에 건전한 정신이 깃들다 健全な精神は健全なる身體に宿る.

깃들―이다 [긷드리―] 囘 ❶ 巣をつくる. ❷ 内に宿る; こもる.

깃-발 (旗ー〜) /kit²pal/ 图 ❶ [기빨/긷빨] 旗. ‖승리의 깃발 勝利の旗. 깃발을 흔들다 旗を振る. ❷ 旗脚(旗).

깃-털 [긷―] 图 羽根. ‖새 깃털 鳥の羽根.

깊다 /kip̚ta/ [김따] 囝 ❶ 深い. ‖깊은 바다 深い海. 깊은 산중 深い山奥. 깊은 뜻이 담겨 있다 深い意味が込められている. 깊은 숨을 들이쉬다 深呼吸をする. 깊은 불신감 深い不信感. 인연이 깊다 深い縁だ. 깊은 잠에 빠지다 深い眠りにつく. 깊은 맛을 내다 深い味を出す. 한시에 조예가 깊다 漢詩に造詣が深い. ❷ (夜が) 更けている. ‖밤이 깊었다 夜が更けた.

깊숙-하다 [깁쑤카―] 囝 [하囿] 奥深く奥まっている. ‖깊숙한 곳에 보관하다 奥まった所に保管する. **깊숙-이** 囝

깊어-지다 [기퍼―] 囸 深まる; 深くなる. ‖가을이 깊어지다 秋が深まる.

깊-이¹ /kip̚i/ 图 ❶ 深さ. ‖강의 깊이 川の深さ. ❷ 深み. ‖문장에 깊이가 없다 文章に深みがない. 깊이가 있는 사람 深みのある人.

깊-이² 囝 深く. ‖깊이 파 들어가다 深く掘り下げる. 깊이 반성하다 深く反省する. **깊이-깊이** 囝 奥深く. ‖깊이깊이 간직한 비밀 奥深く秘めた秘密.

ㄲ

ㄲ 图 ハングルの子音字母の一つ. 名称は「쌍기역」.

까까-머리 图 坊主頭; 丸坊主.

까까-중 图 ❶ 丸坊主の僧侶. ❷ 丸坊主; くりくり坊主; いがぐり頭.

까끄라기 图 (稲や麦などの) 芒(까끄라기).

까나리 /k͈anari/ 图 [魚介類] イカナゴ(玉筋魚). ‖까나리 액젓 イカナゴの塩辛エキス.

까놓다 [―노타] 囫 ❶ (隠さずに) ありのままむり明ける; ざっくばらんに言う. ‖까놓고 말하다 ざっくばらんに言う; あけすけにものを言う. ❷ (果物などの皮を) むいておく. ‖껍질을 까놓은 밤 皮をむいた栗.

까는 囿 [ㄹ語幹] 깔다(敷く)の現在体形.

까다¹ /k͈ada/ 囫 ❶ (皮を) むく. ‖마늘을 까다 ニンニクの皮をむく. 완두콩 껍질을 까다 エンドウのさやをむく. ❷ (卵を) 까다 卵をかえす; 卵からひなをかえす. ‖눈을 까고 대들다 目をむいて食ってかかる. ❸ 孵(かえ)す. ‖알을 까다 卵を孵す. ❹ (人を) 蹴る. ‖후배의 무릎을 까다 後輩の膝を蹴る. ❺ (人を) けなす; こき下ろす; ぼろくそに言う. ‖부하를 마구 까다 部下をくそみそにけなす. 다른 사람의 의견을 심하게 까다 人の意見をさんざんにけなす.

까다² 囫 ❶ 差し引く; 控除する. ‖가불한 돈은 매달 월급에서 조금씩 까고 있어요 仮払金は毎月給料から少しずつ差し引いています.

까다³ [俗っぽい言い方で] 粗忽(そこつ)な口のきき方をする.

까다―롭다 /k͈a:darop̚ta/ [―따] 囝 [ㅂ變] [까다로워, 까다로운] ❶ (性格などが) 気難しい; 扱いにくい. ‖까다로운 성격 気難しい性格. 식성이 까다롭다 食べ物の好き嫌いが多い. ❷ (手続きなどが) ややこしい; 面倒だ; 複雑だ. ‖절차가 까다로워서 잘 모르겠다 手続きがややこしくてよく分からない. ❸ (規則などに) 厳しい; きびしい. **까다로이** 囝 副詞に까다로이 굴다 あらゆることにうるさい.

까닥 /k͈adak̚/ [―두] 图 ❶ わけ; 理由. ‖까닭 없이 눈물이 나다 わけもなく涙が出る. 도망간 까닭을 물어보다 逃げた理由を聞いてみる. ❷ 胸算用; もくろみ; いきさつ. ‖무슨 까닭으로 나한테 전화를 했을까? 何をもくろんで私に電話をしたんだろう.

까-뒤집다 [―따] 囫 ❶ 中身が表に出るようにひっくり返す; むき出す. ‖지갑 안을 까뒤집어 보이다 財布の中をひっくり返して見せる. ❷ (눈을 부릅뜨다の俗語) 目をむく; 目を大きく見開く. ‖눈을 까뒤집고 찾 노려 目をむいて, よく見る.

까딱 囝 [하他] (까닥을 강하게 말하는 말) 首を縦に軽く動かす様子.

까딱-이다 首を縦に軽く動かす; 軽くうなずく.

까딱¹ /k͈at̚tak̚/ 囝 [하自] もう少しで; まかり間違えば. ‖까딱 잘못하면 큰일난다 まかり間違えば大変なことになる.

까딱-없다 [―따업―] 囝 びくともしない; 平気だ. **까딱없-이** 囝

까딱-하면 囝 ややもすれば; ともすれば; どうかすると; うっかりすると. ‖까딱하면 다칠 날 수가 있다 うっかりすると事故になりかねない.

까르르 囝 [하自] 女の人や子どもの笑いこける声; おほほ; きゃっきゃっ. ‖까르르 넘어가는 웃음소리 きゃっきゃっと笑いこける声.

까마귀 /k͈amagwi/ 图 [鳥類] カラス(烏). ▶까마귀 날자 배 떨어진다 [諺] (烏が飛び立つや梨が落ちる, の意で) 思わぬ疑いをかけられることのたとえ.

까마득-하다 /k͈amaduk̚hada/ [―드

カト-] 하을하다 はるかに遠い. **까마득-하다** 톙

까막-눈 [-랑-] 명 ❶無学の人;文盲者. ❷ある部門について無知な人.
까막눈-이 [-랑-] 명 =까막눈.

까만 톙 [하変] 까맣다(黒い)の現在連体形.

까맣다 /kamatʰa/[-마타] 톙 [ㅎ変] [까매, 까만] ❶黒い.∥얼굴이 까맣다 顔が黒い. 까만 구두 黒い靴. ❷[까맣게 の形で]すっかり;全く.∥까맣게 모르다 全く知らない. 일요일에 약속이 있다는 걸 까맣게 잊고 있었다 日曜日に約束があるのをすっかり忘れていた.

까매 톙 [하変] 까맣다(黒い)の連用形.

까-먹다 /kamʌkta/[-따] 타 ❶むいて食べる.∥밤을 까먹다 栗をむいて食べる. ❷[貯金などを]使い果たす.∥저금한 돈을 전부 다 까먹다 貯金したお金を全部使ってしまう. ❸忘れる.∥숙제를 까먹다 宿題を忘れる.

까무댕댕-하다 톙 [하変] 薄黒い;浅黒い.

까무러-치다 자 気を失う;気絶する;失神する.

까발리다 ❶[殻などを]むく. ❷露わにする;あばく;すっぱぬく;ばらす.∥비밀을 까발리다 秘密を暴露する.

까불다 /kabulda/ 자 [ㄹ語幹] [까불어, 까부는, 까분] ❶上下に振り動かす. ❷軽薄にふるまう;ふざける.∥학교에서 까불다가 선생님한테 혼났다 学校でふざけて先生に怒られた.

까불-이 명 [さげすむ言い方で]いたずらっ子;お調子者.

까슬-까슬 [表面が)粗くなめらかでない様子;かさかさ;ざらざら.∥손끝이 까슬까슬하다 手先がかさかさしている.

까옥 튀 [하自] 烏の鳴き声 カアカア. **까옥-까옥** 튀 [하自]

까지 조 …まで. ❶時間的・空間的限度を表わす.∥다섯 시부터 열 시까지는 아르바이트가 있다 5時から10時まではアルバイトがある. 서울에서 부산까지는 기차로 네 시간 정도 걸린다 ソウルから釜山までは汽車で4時間くらいかかる. ❷能力・作用の限度を表わす.∥세 개까지는 먹을 수 있다 3個までは食べられる. 힘 닿는 데까지 해보겠습니다 力のおよぶ限り、やってみます. ❸さらに.∥눈까지 오고 있다 雪まで降っている. ❹[下に打ち消しの表現を伴って]…するまでもない.∥조사할 것까지도 없는 일이다 調べるまでもないことだ.

까-지다² /kadʑida/[-찌-] 자 ませている;こましゃくれている;小ざかしい.∥말투가 까졌다 ませた口をきく.

까-지다² すりむける.∥넘어져서 무릎이 까지다 転んで膝がすりむける.

까짓¹ [-진] 이까짓・그까짓・저까짓の略語.∥까짓 것은 무시하여 그렇지 않은 이는 무시하다 (?)

— 감 까짓것の略語.

-까짓² [-진] 接尾 [代名詞이・그・저・요・네などに付いて] …くらい;…しきの.∥이까짓 것으로는 놀라지 않는다 こんなしきのことでは驚かない. 저까짓 녀석은 조금도 두렵지 않다 あんなやつはちっとも怖くない.

까짓-것 [-진껏] 감 そんなの;あんなの;その程度のもの;あの程度のもの.∥까짓것은 신경 쓰지 마 そんなの、気にしないで.

— 감 [大したことではない、という意味合いで]何かを諦めたり思い切ってやろうとしたりする時に発する語. 團하変.

까치 /katɕʰi/명 [鳥類] カササギ(鵲).

까치-걸음 명 ①[子どもがうれしい時など]両足をそろえてぴょんぴょん跳ねながら歩くこと. ②かかとを上げてそっと歩くこと.

까치-발¹ かかとを上げた歩き方.∥까치발을 하고 걷다 つま先で歩く.

까치-발² 명 腕木;腕金.

까치-설날 [-랄] 명 大晦日.

까치-콩 명 [植物] インゲンマメ(隠元豆).

까칠까칠-하다 톙 [하変] かさかさしている;ざらざらしている.∥철야를 했더니 얼굴이 까칠까칠하다 徹夜したので顔がかさかさしている.

까칠-하다 톙 [하変] (肌などに)つやがない.

까탈 명 けちをを強めて言う語.

까탈-스럽다 톙 까다롭다の誤り.

까투리 명 [鳥類] 雄キジ. ⑦장끼.

깍 튀 カラスなどの鳴き声. **깍-깍** 튀 カアカア.

깍두기 /kakʼtugi/[-뚜-] 명 カクテギ.

깍듯-하다 [-뜨따-] 톙 [하変] (挨拶や対応などが)礼儀正しい;丁寧だ;丁重だ;ちゃんとしている. **깍듯-이** 튀 깍듯이 인사를 하다 丁寧に挨拶をする.

깍쟁이 [-쟁-] 명 [見くびる言い方で]ちゃっかり屋.

깍지¹ [-찌] 명 (実のない)さや.∥콩깍지 豆のさや.

깍지² [-찌] 명 両手の指を組み合わせること. **깍지(를) 끼다** 両手の指を組み合わせる.

깎다 /kakʼta/[깍따] 타 ❶削る.∥칼로 연필을 깎다 カッターで鉛筆を削る. ❷(髪の毛などを)刈る;そる.∥머리를 깎다 髪の毛を刈る. 수염을 깎다 ひげをそる. ❸(メンツなどを)損なう.∥품위를 깎는 언행 品位を損なう行ない. ❹(リンゴ・柿などの皮を)むく.∥사

과를 깎다 リンゴの皮をむく. ❺ 値引きする; まける. ‖ 반값으로 깎다 半額にまける. ⑳깎이다.

깎아-지르다 [르変] 〔岩・山・崖などが〕切り立つ. ‖ 깎아지른 듯한 절벽 切り立った絶壁.

깎-이다 /kaʔkida/ 自 〔깎다の受身動詞〕削られる; 損なわれる. ‖ 예산이 많이 깎이다 予算がかなり削られる. 체면이 깎이다 メンツが損なわれる.

깐 [ㄹ語幹] 깔다(敷く)の過去連体形.

깐깐-하다 /kan?kanhada/ 形 [하変] 〔性格などが〕気難しい; 頑固だ. ‖깐깐한 성격 気難しい性格. 깐깐하게 생긴 사람 気難しそうに見える人.

깐죽-거리다 [-꺼-] 自 つまらないことをねちねちと言い続ける.

깔 [ㄹ語幹] 깔다(敷く)の未来連体形.

깔-개 名 敷物. ‖깔개를 깔다 敷物を敷く.

깔깔 副 〔하変〕屈託なく高らかに笑う声: けらけらと; からから. ⑳껄껄.

깔깔-거리다[-대다] 自 からから[けらけら]と笑う.

깔깔-하다 形 [하変] 〔感触が〕ざらざらしている; がさがさしている. ‖담배를 많이 피워서 입안이 깔깔하다 タバコを吸い過ぎて口の中がざらざらしている. ⑳껄껄하다.

깔끔-하다 /kalʔkɯmhada/ 形 [하変] ❶〔身なりなどが〕こぎれいだ; 整理整頓されている; きれいだ. ‖깔끔한 옷차림 こぎっぱりとした身なり. 방안이 깔끔하다 部屋の中がきれいだ. 깔끔하게 차려입고 나가다 こぎれいな身なりで出かける. ❷〔性格などが〕さっぱりしている. ‖깔끔한 성격 さっぱりした性格. ❸ 器用だ; 上手だ; 見事だ.

깔다 /kalda/ 他 [ㄹ語幹] [깔아, 까니, 깐] ❶ 敷く. ‖방석을 깔다 座布団を敷く. 카펫을 깔다 カーペットを敷く. ❷〔尻に〕敷く. ‖남편을 깔고 뭉개다 亭主を尻に敷く. ❸〔金などの〕貸しがある. ‖여기저기 깔아 놓은 돈이 좀 있다 あちこちに貸してあげたお金が少しある. ❹〔目を〕伏せる. ‖눈을 내리깔고 앉아 있다 目を伏せて座っている.

깔딱-거리다[-꺼-] 自 あえぐ;〔息を〕切らす. ‖깔딱거리며 올라가다 息を切らしながら登る.

깔때기 名 じょうご.

깔-리다 /kallida/ 自 ❶〔깔다の受身動詞〕敷かれる; 下敷きになる. ‖박스 더미에 깔리다 段ボール箱の下敷になる. ❷ 敷き詰められる; 一面に散らばる. ‖일대에 경찰이 깔려 있다 一帯に警察が配置されている.

깔-보다 /kalboda/ 他 見下す; 見くびる; 侮蔑する. ‖돈이 없다고 사람을 보다 お金がないことで人を見下す.

깔아-뭉개다 [ㄹ語幹] 깔다(敷く)의 連用形. 押さえつける; 相手の動きを封じる; 無視する. ‖남의 의견을 깔아뭉개다 人の意見を無視する.

깔-유리 (-琉璃) 【-규-】 名 スライドグラス.

깜깜 副 [하形] ❶ 真っ暗な様子. ‖달도 없는 깜깜한 밤 月もない真っ暗な夜. 눈앞이 깜깜하다 目の前が真っ暗だ. ⑳껌껌. ❷ 全く知らない様子. ‖주식에 대해서는 깜깜하다 株については全く知らない.

깜깜-절벽 (-絶壁) 名 ① 話が全く通じない相手. ② 耳が遠くて話が全く聞き取れない人.

깜냥 名 能力; 要領.

깜다 [-따] 形 真っ黒い. ⑳껌다.

깜박 /kambak/ 副 自他 ❶ 瞬間的に光る様子. ‖별이 깜박하다 星がまたたく. ❷ 눈을 깜박하는 様子. ‖눈을 깜박하다 ちょっとまばたきをする. ❸〔意識・記憶などが〕瞬間的に奪われる様子: うっかり; うかうか; すっかり. ‖ 약속을 깜박 잊어 버리고 있었다 約束をすっかり忘れていた. 숙제를 깜박하다 宿題をうっかり忘れる.

깜박-거리다[-대다] 【-끼때-】 自他 ①〔明かりや星の光が〕ちらつく;〔明かりなどを〕ちらつかせる. ‖손전등을 깜박거리며 신호를 보내다 懐中電灯をちらつかせながら信号を送る. ② しきりにまばたきをする; しばたたく. ‖눈부신 듯 눈을 깜박거리다 まぶしそうにまばたきをする.

깜박-깜박 副 [하自他] ① ちらちら(と); きらきら(と); ぱちぱち(と). ② うつらうつら(と); うとうと(と); うつらうつら. ‖깜박깜박 졸고 있다 うとうとしている.

깜박-이다 自他 =깜박거리다.

깜박-이 名 (自動車の)ウインカー.

깜부깃-병 (-病) 【-기뼝 /-긷뼝】 名 黒穂(ぐろほ).

깜빡 副 [하自他] 깜박を強めて言う語.
깜빡-깜빡 副 [하自他] 깜박깜박を強めて言う語.
깜빡-거리다[-대다] 【-끼때-】 自他 깜박거리다を強めて言う語.
깜빡-이다 自他 =깜빡거리다.

깜작-거리다 [-꺼-] 自他 しきりにまばたく; しきりに目をしばたたく.
깜작-깜작 副 自他 ぱちくり; ぱちぱち.

깜짝¹ /kamʔtɕak/ 副 自他 깜작を強めて言う語.
깜짝² 副 びっくりする様子; 驚く様子. ‖의외의 결과를 듣고 깜짝 놀라다 意外な結果を知ってびっくりする. 사람들로 붐비는 곳에서 이름을 불러 깜짝 놀라다 人込みで名前を呼ば

깜짝-하다 れてびっくりする. ¶**깜짝-깜짝** 副 하自

깜짝-거리다 [-끄-] 自 しきりにびくびくする.

깜찍-하다 [-찌카-] 形 하変 ❶ 顔立ちや作りなどが小さくてかわいい. ¶깜찍하게 생긴 아이 顔がとてもかわいい子どもませている; こましゃれている; 小ざかしい.

깜죽-거리다 [-대다] [-쭉-][쭉때]- 自他 いい気になって軽々しくふるまい; 調子に乗る. ¶**깜죽-깜죽** 副 하自他 調子に乗っている様子.

깡 图 깡다구の略称.

깡그리 副 全部; 残らず; すっかり; あらいざらい; 何もかも. ¶깡그리 팔아 치우다 残らず売りさばく.

깡-다구 图 負けん気; 向こう意気; 俗 깡. ¶깡다구가 세다 負けん気が強い.

깡-마르다 形 [르変] やせすぎた; ひどくやせる.

깡-소주 (一燒酒) 图 강소주の誤り.

깡쫑-하다 形 하変 背丈が低いわりに足が長い.

깡충-거리다 [-대다] 自 ぴょんぴょんと跳びはねる.

깡충-깡충 副 하自他 短い足で跳びはねる様子. ぴょんぴょん.

깡통 (-筒) /kaŋtʰoŋ/ 图 ❶ 缶詰の缶. ¶빈 깡통 空き缶. 깡통 따개 缶切り. ❷ (あざける言い方で) 頭が空っぽの人. ¶깡통을 차다 乞食となる.

깡패 (-牌) /kaŋpʰe/ 图 ごろつき; よた者; ぐれん隊; やくざ; 不良.

깨 /ke/ 图 ゴマ類の総称. ¶깨를 볶다 ゴマを炒る(♡)다. 깨를 찧다 ゴマをする. 들깨 エゴマ. ¶깨가 쏟아지다 (特に新婚夫婦の)仲が睦まじい.

깨-강정 图 炒りゴマを飴で固めた菓子.

깨갱-거리다 自 (子犬などが) キャンキャン鳴く.

깨갱-깨갱 副 하自他 (子犬などの) 鳴き声; キャンキャン.

깨-고물 图 (お餅用の) すりおろした黒ゴマ.

깨금-발 图 かかとを上げた立ち方. ¶깨금발을 하고 들여다 보다 かかとを上げて覗き込む.

깨깨 副 ひどくやせている様子; ぎすぎす. ¶깨깨 마른 몸 ぎすぎすした体.

깨끗-이 /k'eːkʰusʃi/ 副 ❶ きれいに. ¶방을 깨끗이 청소하다 部屋をきれいに片付ける. 빚을 깨끗이 갚다 借金をきれいに返す. ❷ 潔く. ¶책임을 지고 깨끗이 물러나다 責任をとって潔く退く.

깨끗-하다 /k'eːkʰutʰada/ 形 하変 ❶ きれいだ; 清潔だ. ¶유리창이 깨끗하다 窓ガラスがきれいだ. 물이 깨끗하지 않다 水がきれいではない. 깨끗한 옷 清潔な服. ❷ 清らかだ; 澄んでいる. ¶깨끗한 물 清らかな水. 깨끗한 마음 澄んだ心. ❸ 潔い. ¶깨끗한 최후 潔い最期.

깨끼-바지 图 薄絹の袷(あわせ)のパジ.

깨끼-옷 [-온] 图 二重に縫い代を作ってこしらえる薄絹の袷.

깨끼-저고리 图 薄絹の袷のチョゴリ.

깨는 他 깨다(壞)の現在連体形.

깨다¹ /k'eːda/ 自他 ❶ (眠り・夢・酔いなどから) 覚める. ¶잠이 깨다 目が覚める. 술에서 깨다 酔いが覚める. 졸음이 안 깬다 眠気が覚めない. 자나 깨나 寝ても覚めても. 働 깨우다. ❷ (目を)覚ます. ¶애 우는 소리에 잠을 깨다 子どもの泣き声に目を覚ます. 働 깨이다. ❸ 物分りがよい; 開ける. ¶깬 사람 開けた人.

깨다² 自他 孵化する; 卵が孵(かえ)ること; 卵を孵すこと. ¶알에서 햇 병아리 卵から孵(かえ)る.

깨다³ /k'eda/ 他 ❶ 割る; ぶち壊す; 破る. ¶유리창을 깨다 窓ガラスを割る. 분위기를 깨다 雰囲気をぶち壊す. 신기록을 깨다 新記録を破る. ❷ (膝などを) すりむく. ¶넘어져서 무릎을 깨다 転んで膝をすりむく. ❸ 解約する; 駄白にする. ¶적금을 깨다 積立金を解約する.

깨닫다 /k'eːdatʰa/ [-따], 働 [ㄷ変] [깨달아, 깨닫는, 깨달은] ❶ 悟る; 悟りを開く. ¶잘못을 깨닫다 過ちを悟る. 지금이 얼마나 중요한 시기인가를 깨닫다 今がどれほど大事な時期かを悟る. 깨달음의 경지 悟りの境地. ❷ 目覚める; 自覚する; 分かる; 気づく. ¶현실을 깨닫다 現実に目覚める. 본인이 깨달을 때까지 기다리다 本人の自覚を待つ.

깨-뜨리다 /k'eːturida/ 他 깨다³を強めて言う語.

깨-물다 /k'emulda/ 他 [ㄹ語幹] [깨물어, 깨무는, 깨문] ❶ 噛む; かじる. ¶혀를 깨물다 舌を噛む. 사과를 한 입 깨물다 リンゴを一口かじる. 働 깨물리다. ❷ 噛みしめる. ¶분해서 입술을 깨물며 悔しくて唇を噛みしめる.

깨물리다 图 〔깨물다の受身動詞〕 噛まれる.

깨-부수다 他 たたき壊す; 粉々にする.

깨-소금 图 ゴマ塩. ▶깨소금 맛 (他人の不幸などに対して) 痛快で気味がいいと思うこと.

깨-알 图 ゴマ粒. ¶깨알 같은 글씨 (ゴマ粒のように) 細かい字.

깨어 他 깨다(壞)の連用形.

깨어-나다 /k'ɔnada/ 自 ❶ (目が) 覚める; 目覚める; 正気に返る. ¶잠에서 깨어나다 眠りから目が覚める. 꿈에서 깨어나다 夢から覚める. 술에서 깨어나다 酔いから覚める. 마취에서 깨어나다 麻酔から覚めた.

깨-엿[-엳] 图 炒りゴマをまぶした飴.
깨-우다 /k'euda/ 他 [깨다]の使役動詞] 起こす; 目を覚まさせる. ‖자는 아이를 깨우다 寝ている子どもを起こす. ‖내일 아침 여섯 시에 깨워 주세요 明日の朝6時に起こしてください.
깨우치다 他 悟らせる; 諭す. ‖진리를 깨우치다 真理を悟らせる. 잘못을 깨우치다 過ちを悟らせる.
깨-이다 自 [깨다]の受身動詞] 目が覚める. ‖꿈자리가 사나워서 일찍 깨었다 夢見が悪くて早く目が覚めた.
깨작-거리다[-대다][-끼때-]](動事を)いやいやをがらする. ‖밥을 깨작거리며 먹고 있다 ご飯をいやいや食べている.
깨작-깨작 副他 気の進まない様子: いやいや, しぶしぶ.
깨-죽 (-粥) 图 ゴマのお粥.
깨-지다 /k'edʒida/ 自 ❶ 割れる; 壊れる; 砕ける. ‖창문이 깨지다 窓ガラスが割れる. 돌이 둘로 깨지다 돌이 2つに割れる. 맞아서 이마가 깨지다 打たれて額が割れる. 접시가 깨지다 皿が割れる. 혼담이 깨지다 縁談が壊れる. 유리가 깨지다 ガラスが砕ける. ❷ 破れる; ついえる. ‖꿈이 깨지다 夢が破れる[ついえる]. 균형이 깨지다 均衡が破れる. ❸ (雰囲気などが) 駄目になる; 白ける; (興)がさめる. ❹ [지다]の俗っぽい言い方で] 敗れる; 負ける. ‖결승전에서 깨져 決勝戦で敗れた.
깨치다 他 悟る; 理解する; 分かるようになる. ‖원리를 깨치다 原理を理解する.
깨-트리다 他 = 깨뜨리다.
깬 깨다(壊)の過去連体形.
깰 깨다(壊)の未来連体形.
깻-묵[깬-] 图 油かす. ‖콩깻묵 豆かす.
깻-잎[깬닙] 图 [植物] ゴマの葉; エゴマの葉.
깽-판 图 [俗っぽい言い方で] 何かを邪魔したりその場の雰囲気を台無しにしたりすること. ‖친구 결혼식에서 깽판을 치다[부리다] 友だちの結婚式で暴れる.
갸우뚱-거리다 他 (首)をかしげる. ‖그 사람은 내 말에 고개를 까우뚱거렸다 彼は私の話に首をかしげた.
꺅 图 驚いたり恐れたりして不意に発する声: きゃあ; きゃっ. **꺅-꺅** 副他
꺼-내다 /k'ɔneːda/ 他 取り出して; 持ち出す. ‖포켓에서 수첩을 꺼내다 ポケットから手帳を取り出す. 언제 결혼 얘기를 꺼내는 게 좋을까 いつ結婚話を切り出した方がいいかな. 이야기를 꺼내다 話を持ち出す; 言い出す.
꺼-뜨리다 他 (誤って火を)絶やす.
꺼리다 /k'ɔrida/ 他 いやがる; はばかる; 嫌う; 避ける; いとう; ためらう; しぶる. ‖사람의 이목을 꺼리다 人目をはばかる. 만나는 것을 꺼리다 会うのをためらう. 사정을 고려해서 공표를 꺼리다 事情を考慮して公表を避ける.
꺼림칙-하다 /k'ɔrimtɕʰikʰada/ [-치카-] 形 [하変] 気が進まない; 気が重い; 忌まれしい; 後ろめたい; 気乗りがしない; 嫌な感じがする. ‖버리자니 꺼림칙하다 捨てるには気が重い. 꺼림칙한 느낌 嫌な感じ.
꺼멓다[-머타] 形 [ㅎ変] 黒い; 真っ黒い.
꺼무죽죽-하다[-쭈카-] 形 [하変] 薄汚く黒い.
꺼무칙칙-하다[-치카-] 形 [하変] 꺼무칙칙하다を強めて言う語.
꺼무튀튀-하다 形 [하変] 꺼무튀튀하다を強めて言う語.
꺼벙-하다 形 [하変] 体は大きいがしまりがない; ぼうっとしている; ぼさっとしている. ‖꺼벙하게 보이지만 일은 잘한다 ぼさっとしているように見えるが, 仕事は確かだ.
꺼슬-꺼슬 副 [形] 거슬거슬を強めて言う語. ‖꺼슬꺼슬한 피부 かさかさした肌.
꺼지다[1] /k'ɔːdʑida/ 自 ❶ (火・明かり・泡などが) 消える. ‖불이 꺼지다 火が消える. 시동이 꺼지다 エンジンが止まる. ❷[比喩的に]死ぬ. ‖꺼져 가고 있는 생명 消えていく命. ❸ (目の前から)消え失せる. ‖내 앞에서 냉금 꺼져라 私の前からとっとと消え失せろ.
꺼지다[2] /k'ɔːdʑida/ 自 ❶ (地面などが) 落ち込む; ぺこむ; くぼむ. ‖지면이 꺼지다 地面が落ち込む. 손가락으로 누르면 꺼진다 指で押すとへこむ. ❷ (目や腹などが)くぼむ; 減る. ‖아잇을 많이 앓은 이 꺼져서 눈이 많이 꺼졌다 病気だったのか目が落ちくぼんでいる. 면 종류는 금세 배가 꺼진다 麺類はすぐお腹が減る.
꺼칠-꺼칠 副 [形] ❶ 手触りが粗くひっかかる様子: ざらざら. ❷ 乾いて潤いのない様子: かさかさ. ‖꺼칠꺼칠한 피부 かさかさした肌.
꺼칠-하다 形 [하変] (やつれて肌が)かさかさしている. ‖수면 부족인지 피부가 꺼칠하다 睡眠不足なのか肌がかさかさしている.
꺼-트리다 他 = 꺼뜨리다.
꺾-기[꺽-] 图 (經) 両建預金. 他 양건예금(兩建預金).
꺾-꽂이[꺽-] 图 [하変] 挿し木.
꺾다 /k'ɔk'ta/ 他 ❶ 折る; 折り曲げる. ‖나뭇가지를 꺾다 木の枝を折る. ❷ くじく; [鼻]를 꺾다 出端をくじく. 힘을 꺾다 勝つ. 우승 후보를 꺾다 優勝候補を破る. 상대 팀을 꺾어야 결승에 진출할 수 있다 相手チームを破れば決勝に進出できる. 受 꺾이다.

꺾-쇠 【꺾쐬/꺾쒜】 图 かすがい.
　꺾쇠-괄호 (-括弧) 图 亀甲かっこ(〔 〕).
꺾어-지다 圓 ❶折れる. ‖바람에 나뭇가지가 꺾어지다 風の枝が折れる. ❷〔道〕が曲がる. ‖사거리에서 오른쪽으로 꺾어지다 交差点で右に曲がる.
꺾은-선 (-線) 图 折れ線.
꺾-이다 /kʼɔkʼida/ 圓 〔꺾다の受身動詞〕 ❶そがれる; 折れる; 破られる; 負かされる. ‖기세가 꺾이다 勢いをそがれる. ❷折れる; 曲がる. ‖나뭇가지가 바람에 꺾이다 木の枝が風に折れる.
꺾임-새 折れ具合; 折れ目.
껄껄 圖 高らかに笑う声. ‖껄껄 웃다 声高らかに笑う. 釟깔깔.
껄껄-하다 圈 (感触が)ざらざらしている; がさがさしている. 釟깔깔하다.
껄끄럽다 /kʼɔlkʼɯrɔpʼta/【-따】 圈 〔ㅂ変〕 ❶〔껄끄러워, 껄끄러운〕 ❶(のぎなどが)ちくちく刺す. ❷(仲が)気まずい. ‖요즘 두 사람과의 사이가 껄끄럽다 最近彼との仲が気まずい.
껄렁껄렁-하다 圈〔하変〕 ぐうたらだ; 不真面目だ; いい加減だ; だらしない. ‖걷는 모습이 껄렁껄렁하다 歩く姿がだらしない.
껄렁-이 图 ろくでなし; のらくら者.
껄렁-하다 圈〔하変〕 ぐうたらだ; 不真面目だ; いい加減だ; だらしない. ‖껄렁한 차림 だらしない身なり.
껄쭉-하다 【-카-】 圈〔하変〕 걸쭉하다を強めて言う語.
껌 (-gum) /kʼɔːm/ 图 ガム; チューインガム. ‖껌을 씹다 ガムを噛む.
껌껌-하다 /kʼɔmkʼɔmhada/ 圈〔하変〕 真っ暗だ. ‖바깥은 껌껌하다 外は真っ暗だ. 釟깜깜하다.
껌다【-따】圈 真っ黒い. 釟깜다.
껌둥-이 图 〔俗っぽい言い方で〕黒人.
껌정 图 黒; 黒の染料.
껍데기 /kʼopʼtegi/【-떼-】 图 ❶殻. 껍질. 계란 껍데기 卵の殻. 조개 껍데기 貝殻. ❷外皮; カバー. ‖이불 껍데기 布団カバー.
껍질 /kʼopʼʃil/ 【-찔】图 皮; 殻. 껍데기. ‖바나나 껍질 バナナの皮. 계란 껍질 卵の殻. 귤 껍질을 벗기다 ミカンの皮をむく.
껑충 圖 ❶長い足で力強く跳び上がる様子; ひょいと. ‖담을 껑충 뛰어넘다 塀をひょいと跳び越える. ❷(物価などが)急に上がる様子. ‖주가가 껑충 뛰고 있다 株価が上がっている. **껑충-껑충** 圖 釟圓 ぴょんぴょん.
껑충-거리다 圓 ぴょんぴょん(と)はねる.
껑충-이 图 のっぽ.
껑충-하다 圈〔하変〕 ひょろ長い. ‖전봇대처럼 키가 껑충한 남자 電柱のようにひょろ長い男.

께[1] /ke/ 圓 〔에의尊敬語〕…に. ‖옆집 할머니께 인사를 드리다 隣のおばさんに挨拶する. 선생님께 숙제를 제출하다 先生に宿題を提出する.
-께[2] 接尾 ❶〔時を表わす名詞に付いて〕…頃. ‖이달 중순께 今月の中旬頃. ❷〔場所を表わす名詞に付いて〕…辺り; 付近; …の近く. ‖공원 입구께에서 기다리다 公園の入り口辺りで待つ.
께름칙-하다 【-치카-】 圈〔하変〕 非常に気になる; ひっかかる. ‖께름칙한 말 非常に気になる言葉.
께름-하다 圈〔하変〕 気にかかる; 気が進まない.
께서 /kesʌ/ 〔主格助詞이・가の尊敬語〕…が. ‖옆집 할머니께서 주셨어요 隣のおばさんがくださいました. 선생님께서 가정방문을 오시다 先生が家庭訪問にいらっしゃる.
껜 〔게는の縮約形〕…には. ‖선생님껜 말씀 드렸어요 先生にはお話ししました.
껴-안다 /kʼjʌːnːtʼa/ 【-따】 抱きしめる; 抱き込む; 抱きすくめる; 抱え込む. ‖아이를 꼭 껴안다 子どもをぎゅっと抱きしめる.
껴-입다【-따】 着込む. ‖추워서 옷을 껴입다 寒くて服を着込む.
꼬기작-거리다[-대다]【-끼「때」-】圓 しわくちゃにする.
꼬깃-꼬깃 【-긴-긷】 圖〔하変〕 くしゃくしゃに; くちゃくちゃに; しわくちゃに. ‖꼬깃꼬깃한 신문지 くしゃくしゃになった新聞紙.
꼬까-신 色とりどりの子どもの履物. 釟고까신・때때신.
꼬까-옷 【-옫】 子どもの晴れ着. 釟고까옷・때때옷.
꼬꼬 图 鷄の幼児語.
　── 圖 めんどりの鳴き声: コッコ, ククク.
꼬꼬댁 〔하自〕 鷄が驚いた時や卵を産んだ後に出す鳴き声: コッコッ.
꼬꾸라-지다 꼬꾸라지다を強めて言う語.
꼬끼오 圖 おんどりの鳴き声: コケコッコー.
꼬나-물다 【ㄹ語幹】 〔俗っぽい言い方で〕タバコを口にくわえる.
꼬나-보다 他 〔俗っぽい言い方で〕にらみつける.
꼬다 /kʼoda/ 他 ❶(糸などを)よる; (縄を)なう. ‖새끼를 꼬다 縄をなう. ❷(体を)ひねる; よじる; (足を)組む. ‖다리를 꼬고 앉다 足を組んで座る. ❸〔비꼬다の略語〕皮肉る. ‖꼬아서 말하다 皮肉って言う.
꼬드기다 他 そそのかす; おだてる.
꼬들-꼬들 圖 고들고들を強めて言う語.
꼬락서니 【-써-】 图 〔꼴の俗語〕ざま; 格好. 他ほとんど.
꼬랑지 图 〔꽁지の俗語〕鳥の尾.

꼬르륵 副 ㊀㊑ ❶ 空腹のために腹が鳴る音; ぐうぐう; ごろごろ. ‖배가 고파서 꼬르륵 소리가 나다 お腹がぎゅうぎゅう(と)鳴る. ❷ 水などが少しずつ小穴を通る音: ごぼごぼ; ちょろちょろ.

꼬르륵-거리다[-대다] 自 ぐうぐう(と)鳴る.

꼬리 /kori/ 图 尾; しっぽ; 尻. ‖꼬리를 흔들다 사いぼを振る. 연 꼬리 たこの尾. 말꼬리를 잡다 言葉じりをとらえる. ▶꼬리가 길다 ① 悪いことを長く続ける. ② ドアを閉めないで出て行く人をとがめて言う言葉. ▶꼬리를 감추다 姿をかくす. ▶꼬리를 달다 ① (何かを)付け加えて話す. ② 条件を付ける. ▶꼬리를 물다 相次いで起こる. ▶꼬리를 밟히다 事がばれる; しっぽを出す. ▶꼬리를 치다[흔들다] 尾を振る; しっぽを振る. ▶꼬리가 길면 밟힌다 諺 悪いことを長く続けるといつかはばれる.

꼬리-곰탕 图 ㊕⑪ 牛テールスープ.
꼬리-뼈 图 ㊐⑳ 尾骶骨(尾骨).
꼬리-지느러미 图 尾びれ.
꼬리-표 (-票) 图 荷札、つけ札. ‖꼬리표를 달다 荷札をつける.
꼬마 /koma/ 图 ❶ ちび; ちびっ子. ❷ 小型のもの.
꼬막 图 ㊚⑭ ハイガイ(灰貝).
꼬맹-이 图 〔見くびる言い方で〕ちびっ子.
꼬무락-거리다[-대다] [-끼 때 -] 自他 もぞもぞする; ぐずぐず; もたもたする.
꼬무락-꼬무락 副 自他 もぞもぞ; ぐずぐず; もたもた.
꼬물-꼬물 副 ㊑⑨ もぞもぞ; ぐずぐず; もたもた.
꼬박 副 꼬박이의略語. ‖뜬눈으로 꼬박 밤을 새우다 まんじりともせず夜を明かす.
꼬박-이 副 ずっと; ぶっ通しで; まんじりともせず; まる…. ㊐ 꼬박. ‖꼬박이 이틀을 굶었다 まる 2 日間何も食べていない.
꼬박[2] ㊑⑨ こくり; こっくり; ぺこり. ‖꼬박 졸다 こっくりする.
꼬박-꼬박 /kobak/kobak/ 副 ちゃんと; きちんと; 欠かさず. ‖밥은 꼬박꼬박 챙겨 먹고 있니? ご飯は毎日ちゃんと食べてるの? 뉴스만큼은 꼬박꼬박 보고 있다 ニュースだけは欠かさず見ている.

꼬부라-들다 自 ㊗幹 (内側に)曲がる. ‖허리가 꼬부라들다 腰が曲がる.
꼬부라-지다 自 (一方に)曲がる; (性格などが)ゆがむ.
꼬부랑-길[-낄] 图 曲がりくねった道.
꼬부랑-하다 形 ㊑⑤ 曲がっている. ‖허리가 꼬부랑하다 腰が曲がっている.
꼬불-꼬불 /kobul/kobul/ 副 ㊑⑤ 曲がりくねった様子: くねくね; うねうね. ‖꼬불꼬불한 산길 曲がりくねった山道.

꼬시다 俗 꾀다[4]の誤り.
꼬시래기 图〔植物〕オゴノリ(海髪海苔).
꼬이다 /koida/ 自 ❶ (物事がうまくいかず)こじれる; もつれる; 狂う. ‖쓸데없는 말을 해서 얘기가 꼬여 버렸다 余計な口出しで話がこじれてしまった. 계획이 꼬이다 計画が狂う. ❷ (心などが)ひねくれる; ねじれる. ‖꼬인 사람 ひねくれた人. ❸ (糸などが)もつれる.
꼬임 图 =꼬이다.
꼬장꼬장-하다 形 ㊑⑤ ❶ 細長くまっすぐだ. ❷ (年寄りが)しゃんとしている. ‖할아버지는 아직도 꼬장꼬장하시다 祖父はまだしゃんとしている. ❸ 剛直で融通がきかない; 片意地だ. ‖꼬장꼬장한 영감 融通の利かない老人.
꼬질-꼬질 副 ㊑⑤ (身なりなどが)汚くてみすぼらしい様子. ‖꼬질꼬질 땟국이 흐르는 옷 垢(あか)まみれのみすぼらしい服.
꼬집다 /kodʒipˈta/ [-따] ㊑ ❶ つねる. ‖믿기지 않아 볼을 꼬집다 信じられなくて頬をつねる. ㊐ 꼬집히다. ❷ 皮肉る. ‖약점만 꼬집어 말하다 弱点ばかり皮肉って言う.
꼬집-히다[-지피-] 自 꼬집다の受身動詞.
꼬챙이 图 串(くし). ‖꼬챙이에 꿰다 串に刺す. ㊐ 꼬치.
꼬치 图 ❶ 꼬챙이の縮約形. ❷ 串刺しの食べ物.
—依存 串刺しを数える語: …本.
꼬치-꼬치 副 執拗に問いただす様子: 根掘り葉掘り. ‖꼬치꼬치 캐묻다 根掘り葉掘り尋ねる.
꼬투리 图 言葉じり; 揚げ足. ‖말꼬투리를 잡고 늘어지다 揚げ足を取って食い下がる.

꼭 /kok/ 副 ❶ しっかり; ぎゅっと; 固く. ‖손을 꼭 잡다 手をぎゅっと[しっかり]握る. 입을 꼭 다물다 口を固くつぐむ. 문을 꼭 닫다 ドアをしっかり閉める. ❷ ぴったり. ‖발에 꼭 맞는 신 足にぴったりした靴. ❷ あたかも; まるで. ‖때もそれて 꼭 봄 같다 暖かくてあたかも春のようだ. ❹ じっと. ‖방에 꼭 틀어박혀 있다 部屋にじっと閉じもっている. ❺ 必ず; ぜひ; きっと; 絶対. ‖약속을 꼭 지키는 사람이다 約束を必ず守る人だ. ‖꼭 이기고 싶다 ぜひ勝ちたい. 너라면 꼭 합격할 거야 君なら絶対合格するよ. ❻ 必ずしも. ‖가난하다고 해서 꼭 불행한 것은 아니다 貧乏だからといって必ずしも不幸ではない.
꼭-꼭 副 ❶ ぎゅうぎゅう(と); ぎっしり. ‖꼭꼭 일어 넣다 ぎゅうぎゅう押し込む. 꼭꼭 묶다 ぎゅっと縛る. ❷ しっかり(と). ‖못 찾도록 꼭꼭 숨기다 見つからないようしっかり隠す. ❸ 必ず; きっと.

꼭대기||매년 꼭꼭 연하장을 보내야 每年必ず年賀状を出す.

꼭두【-】图 頂上; てっぺん. ∥산 꼭대기 山の頂上; 山頂.

꼭두-새벽【-뚜-】图 早朝; 朝っぱら.

꼭지【-찌】图 ❶ (壺などの)つまみ. ∥냄비 꼭지 鍋のつまみ. ❷ (果物や野菜などの)へた; がく. ∥감 꼭지 柿のへた.

꼭지-각【-角】图【数学】頂角.

꼭짓-점【-찝】【꼭쩜-꼭쩜】图【数学】頂点. ∥삼각형 꼭짓점의 합은 백팔십 도이다 三角形の頂点の合計は180度である.

꼴¹ /kol/ 图 ❶ 形. 세모꼴 三角形. ❷ (物事の状態·形などに否定的評価で)ざま; ありさま; 格好. ∥비참한 꼴 みじめなさま, 이 무슨 꼴이냐? 何というありさまだ. 꼴 좋다 ざまを見ろ いい気味だ. 꼴 하고는 不格好だ.

꼴² 图 まぐさ; 飼い葉. ∥꼴을 베다 飼い葉を刈る.

-꼴³ 接尾 …当たり; …換え. ∥원가는 하나에 백 원꼴이다 原価は1個当たり100ウォンだ.

꼴-값【-깝】图〈俗語〉❶ 얼굴값の俗語. ❷ 不格好; 似合わないことをすること; 身のほどを弁(わきま)えないこと. ∥꼴값하고 있네 みっともない; 身のほどを弁えない.

꼴-같잖다【-갇짢타】图 ぶざまだ; 目障りだ; みっともない.

꼴깍图〈有音態〉液体を音を立てて一息に飲み込む様子: ごくり; ごくっと. ∥알약 꼴깍 삼키다 錠剤をごくっと飲み込む.

꼴딱图〈有音態〉❶ 液体や小さい塊を一息に飲み込む音 [様子]: ごくり; ぐっと; ごくっと. ∥약을 꼴딱 삼키다 薬をごくっと飲み込む. ❷ 日が完全に沈む様子: とっぷり; すっかり. ∥해가 꼴딱 넘어갔다 とっぷり(と)日が暮れた. ❸ 何も食べていない様子. ∥꼴딱 이틀을 굶었다 まる 2 日間何も食べていない. ❹ 만(滿)じともせず 夜を明かす様子. ∥밤을 꼴딱 새우다 一晩じともせず夜を明かす.

꼴뚜기图【動物】イイダコ(飯蛸).

꼴-리다国〈主に배알이 꼴리다の形で〉非常に腹が立つ; はらわたが煮えくり返る.

꼴-불견(-不見) /kolbulgjon/ 图 見苦しいこと; 見られないこと. ∥공식적인 자리에 저러고 나타나다니 꼴불견이다 公式の場にああいう格好で現れるなんて.

꼴-사납다【-따】图【비ㅎ】見苦しい; みっともない; 不格好だ.

꼴찌 /kol'dʒi/ 图 びり; 最下位.

꼼꼼-하다图【有音態】几帳面だ. ∥꼼꼼한 성격 几帳面な性格. 꼼꼼-히

꼼지락-거리다【-꺼-】他 (手·足の指を)もぞもぞさせる. ∥발가락을 꼼지락거리다 足の指をもぞもぞさせる.

꼼짝图〈有音態〉体をちょっと動かす様子: ぴくっ; ぴくっと. ∥꼼짝 하나 꼼짝 안 하다 一本動かさない. 꼼짝 말고 듣고 있다 身じろぎもしない話に聞き入っている. ▶꼼짝 못하다 (権力下に抑えられて) どうすることもできない; 言うがままになる; 言いなりになる. 사장 앞에서는 꼼짝 못하다 社長の言いなりになっている.

꼼짝-달싹【-딸-】图〈有音態〉《主に못하다を伴って》体をやっと動かそうとする様子. 옴짝달싹. ∥꼼짝달싹 못하고 있다 身動きができないでいる.

꼼짝-없다【-짜겁따】图 なすすべもない; どうしようもない. 꼼짝없이 ∥꼼짝없이 사기를 당하다 まんまとだまされる.

꼽다 /kop't'a/ [-아] 他 ❶ 指を折る; 折り数える; 屈指する. ∥세계적으로 꼽는 경영자 世界的に指折りの経営者. 한국에서 다섯 손가락 안에 드는 연기자 韓国で一番の演技者だ. ❷ 指目する; 見なす; 目する; 注目する. ∥차기 사장 후보로 꼽고 있다 次期社長候補として注目している. 受 꼽히다.

꼽-사리【-싸-】图 人の遊びなどに無理矢理加わること, くっついて行くこと. ∥선배들이 영화 보러 가는 데 꼽사리를 끼다 先輩たちの映画鑑賞にくっついて行く.

꼽추图 背が曲がった人.

꼽-히다 /kop'hida/ [꼬피-] 国〈꼽다の受身動詞〉数えられる; 目される. ∥차기 시장으로 꼽히는 사람 次期市長として目される人. 명작의 하나に꼽히다 名作の一つに数えられる.

꼿꼿-하다 /kot'kot'ada/ [꼳꼬타-]【하음】❶ まっすぐだ. ∥등을 꼿꼿이 세우다 背中をまっすぐに伸ばす. ❷ 剛直だ. ∥꼿꼿한 성품 剛直な性分.

꽁꽁¹图〈有音態〉うめき声: うんうん.

꽁꽁²图 ❶ ものが非常に堅い様子: かちんかちん; かちかち. ∥꽁꽁 얼다 かちかちに凍る. ❷ 堅く結んだり包んだりする様子: 堅く; しっかり. ∥꽁꽁 묶다 しっかりと締め上げる. ❸ うまく隠れる様子: しっかりと.

꽁무니 /koŋmuni/ 图 ❶ 尻; けつ; しっぽ. ∥꽁무니가 빠지게 달아나다 尻に帆をかける. ❷ 最後; びり; どんじり. ∥行列의 꽁무니에 따라가다 行列の最後について行く. ▶꽁무니를 빼다가 尻込みする; 身を引く. ∥상황이 불리해지자 꽁무니를 빼기 시작했다 状況が不利になると尻込みし始めた.

꽁보리-밥图 麦ご飯.

꽁-생원(-生員)图 しんねりむっつりした人.

꽁지图 鳥の尾.

꽁초图 吸い殻. ∥담배꽁초 タバコの吸

꽁치 /k͈oŋtɕʰi/【魚介類】サンマ(秋刀魚)
꽁-하다【하変】しんねり;むっつりしている;根に持って忘れない。∥꽁한 사람 しんねりむっつりした人。꽁한 성격 根に持って忘れない性格。
꽃다 /k͈otʰa/【꼳따】他 ❶ 挿す;差し込む;挟む。∥꽃瓶에 꽃을 꽃다 花瓶に花を挿す。비녀를 꽃다 かんざしを挿す。콘센트에 플러그를 꽂다 コンセントにプラグを差し込む。편지를 문틈에 꽂아 두다 手紙を戸の隙間に挟んでおく。❷ 刺す。∥사진을 꽂다 写真をピンで刺しておく。팔에 주사바늘을 꽂다 腕に注射針を刺す。受 꽃히다.
꽃-히다【꼬치-】自〔꽃다の受動形動詞〕挿される;差し込まれる。∥플러그가 제대로 안 꽃혔다 プラグがきちんと差し込まれていない。장미 세 송이가 꽃혀 있는 花瓶 バラ 3本が挿してある花瓶。
꽃 /kot/【꼳】图 花。∥꽃이 피다 花が咲く。꽃이 지다 花が散る。꽃이 시들다 花がしぼむ。꽃에 물을 주다 花に水をやる。
꽃-가게【꼳까-】图 花屋。受 꽃집.
꽃-가루【꼳까-】图 花粉。∥꽃가루 알레르기 花粉症.
꽃-게【꼳께】图【動物】ワタリガニ(渡蟹);ガザミ(蝤蛑).
꽃-구경 /kot͈kuːgjʌŋ/【꼳꾸-】〔하自〕图 花見。∥꽃구경을 가다 花見に行く。
꽃-기린 (-麒麟)【꼳끼-】图【植物】ハナキリン(花麒麟).
꽃-꽃이 /kotk͈oji/【꼳꼬지】图〔하自〕生け花.
꽃-나무【꼳-】图 ❶ 花木;花の咲く木。❷ 草花の総称.
꽃-눈【꼰-】图 花の芽.
꽃-다발 /kott͈abal/【꼳따-】图 花束。∥꽃다발을 선사하다 花束を贈る。
꽃-마차 (-馬車)【꼳-】[- matɕʰa]【꼳-】图 花で飾りつけた馬車.
꽃-말【꼰-】图 花言葉.
꽃-망울【꼰-】图 花の小さなつぼみ.
꽃-무늬【꼰-니】图 花模様;花柄。∥꽃무늬 옷 花柄の服.
꽃-미남 (-美男)【꼳-】图〔俗っぽい言い方で〕イケメン.
꽃-바구니【꼳빠-】图 花かご.
꽃-바람【꼳빠-】图 花が咲く頃に吹く春風.
꽃-방석 (-方席)【꼳빵-】图 花模様の刺繡をあしらった座布団.
꽃-밭【꼳빧】图 ❶ 花畑;花園。❷〔比喩的に〕多くの女性が集まっているところ。
꽃-병 (-瓶) /kotp͈jʌŋ/【꼳뼝】图 花瓶。∥꽃병에 프리지아를 꽂다 花瓶にフリージアを挿す.
꽃-봉오리【꼳뽕-】图 つぼみ。∥꽃봉오리가 열리다 つぼみが開く。
꽃-부리【꼳뿌-】图 花冠.
꽃-삽【꼳쌉】图 移植ごて;園芸用の小形のシャベル;スコップ.
꽃-샘-바람【꼳쌤-】图 花嵐.
꽃-샘-추위【꼳쌤-】图 花冷え;春先の寒さ.
꽃-소금【꼳쏘-】图 煎り塩;焼き塩.
꽃-송이【꼳쏭-】图 花房.
꽃-술【꼳쑬】图【植物】雄しべと雌しべ.
꽃-시계 (-時計)【꼳씨-/꼳씨게】图 花時計.
꽃-씨【꼳-】图 花の種。∥꽃씨를 뿌리다 花の種を蒔く.
꽃-잎【꼰닙】图 花びら;花弁.
꽃-집 /kott͈ɕip/【꼳찝】图 花屋。受 꽃가게.
꽃-토란【꼳-】图【植物】カラー.
꽃-피다【꼳-】自 花が咲く。受 꽃피우다.
꽃-피우다【꼳-】他〔꽃피다の使動詞〕花咲かせる;花開かせる。∥찬란한 문화를 꽃피우다 輝かしい文化を開花させる.
꽈르르 副〔하自〕口の狭い容器から大量の液体が流れ出る音[様子];とくとく.
꽈르릉 副〔하自〕雷が鳴り響く時の大きな音.
꽈르릉-거리다 自 〔雷が〕鳴り響く.
꽈리【植物】ホオズキ(酸漿).
꽈배기 图 ❶ こねた小麦粉を伸ばしてひねり,油で揚げた菓子。❷〔からかう言い方で〕ひねくれ者.
꽉 /k͈wak/ 副 ❶ 力を入れて締めたり握ったりする様子: ぎゅっと。∥손을 꽉 잡다 手をぎゅっと握りしめる。❷ 物事が隙間なく詰まっている様子: ぎっしり;いっぱい。∥일정이 꽉 차 있다 日程がぎっしり詰まっている。앞뒤가 꽉 막힌 사람 全く融通の利かない人。꽉-꽉 副 ぎゅうぎゅう。∥꽉꽉 눌러 놓다 ぎゅうぎゅう押し込む.
꽝[1] 图 空くじ。∥꽝을 뽑다 空くじを引く.
꽝[2] 副 ❶ 大きな堅いものが他のものに当たったり落ちたりする音: ばたん。∥문을 꽝 하고 닫다 ドアをばたんと閉める。❷ 鉄砲などの大きな音: どかん; どん。꽝-꽝 副
꽝꽝-거리다 自 しきりにどかんどかんと鳴る;ばたんばたんと音を出す.
꽝꽝-나무 图【植物】イヌツゲ(犬黄楊).
꽤 /k͈wɛ/ 副 かなり;なかなか;だいぶ;随分。∥지금까지 perbanding比較すると今までかなり忙しかった。꽤 재미있는 이야기 なかなか面白い話。꽤 추워졌다 だいぶ寒くなった.

꽥 閧 (하감) 놀라거나 두렵거나 해서 발하는 소리: 꺄ゃっ. わっ. ‖꽥 하고 비명을 지르다 わっと悲鳴を上げる. ③꿱. **꽥-꽥** 閧

꽥꽥-거리다 [-대-] 【-끼[때]-】 圁 わあわあと叫ぶ. わめき立てる.

꽹과리 图 〔音樂〕 鉦 (しょう).

꾀 /kwe/ 【-/꿰-】 图 知恵. たくらみ; 知略; 策略. ‖꾀를 부리다[피우다] ずるける; なまける; 策を弄する. 꾀를 쓰다 浅知恵をはたらかす. 얕은 꾀에 제 꾀가 넘어가다 策士策におぼれる. ▶꾀가 나다 仕事嫌気がさす.

꾀꼬리 /kwe'kori/ 【-/꿰-】 图 〔鳥類〕 コウライウグイス (高麗鶯). 黃鳥. ‖꾀꼬리 같은 목소리 コウライウグイスのような きれいな声.

꾀꼴-꾀꼴 閧 鶯の鳴き声: ホオホケキョ. 꾀꼴-꾀꼴 閧 (하감)

꾀다[1] 【-/꿰-】 圁 (虫などが) たかる; 集まる; 群れる. ‖음식물에 파리가 꾀다 食べ物にハエがたかる.

꾀다[2] /kwe:da/ 【-/꿰-】 ⑩ そそのかす; 誘惑する; 惑わす; (人を) 釣る. ‖아이를 꾀다 子供をそそのかす. 감언이설로 사람을 꾀다 甘言で人を釣る. ▶꾀이다.

꾀-병 (-病) /kwebjɔŋ/ 【-/꿰-】 图 仮病. ‖꾀병을 부리다 仮病を使う.

꾀-보 【-/꿰-】 图 知恵者; 利口者.

꾀어-내다 【-/꿰어-】 ⑩ 誘い出す; おびき出す.

꾀-이다 【-/꿰-】 圁 〔꾀다[2]の受身動詞〕 誘惑される; 釣られる. ‖감언이설에 꾀이다 甘言に釣られる.

꾀죄죄-하다 /kwedzwedzwehada/ 【-/꿰-】 彩 (하감) 薄汚い; みすぼらしい. ‖모양새가 꾀죄죄하다 身なりが薄汚い.

꾀-하다 /kwehada/ 【-/꿰-】 他 (하감) 試みる; 図る; たくらむ; 企てる. ‖변화를 꾀하다 変化を試みる. 음모를 꾀하다 陰謀をたくらむ. 새로운 분야로의 진출을 꾀하다 新しい分野への進出を企てる.

꾐 【-/꿰-】 图 誘惑; 罠; 口車; そそのかされること. ‖친구 꾐에 넘어가다 友だちにそそのかされる; 友だちの口車に乗せられる.

꾸깃-꾸깃 【-긴-긴-】 閧 (形) くしゃくしゃに; しわくちゃに. ‖꾸깃꾸깃한 손수건 しわくちゃのハンカチ.

꾸다[1] /kuda/ ⑩ (꿈을) 見る. ‖이상한 꿈을 꾸다 不思議な[変な] 夢を見る.

꾸다[2] /kuda/ ⑩ (金을) 借りる. ⑩借りる. ‖돈을 꾸다 お金を借りる.

-꾸러기 [接尾] 〔一部の名詞に付いて〕 そのような性質や癖のある人であることを表わす. ‖욕심꾸러기 欲張り. 잠꾸러기 寝坊 (助). 장난꾸러기 いたずらっ子.

꾸러미 图 包み; 束. ‖돈 꾸러미 札束. 열쇠 꾸러미 鍵束.

꾸물-거리다 [-대-] /kumulgɔrida/ 自他 もぞもぞする; ぐずぐずする; もたもたする. ‖꾸물대다가 지각했다 ぐずぐずしていて遅刻した. 꾸물거리지 말고 빨리 해치워라 ぐずぐずしないで早く片付けて.

꾸물-꾸물 閧 もぞもぞ; ぐずぐず; もたもた.

꾸미다 /kumida/ ⑩ ❶作る; 作り上げる; 仕立てる. ‖글을 꾸미다 文を作る. 한 편의 소설로 꾸미다 1編の小説に仕立てる. 꾸며 낸 이야기 作り話. ❷装う; 取り繕う; 着飾る; 模様替えする. ‖여대생처럼 꾸미다 女子大生を装う. 방을 예쁘게 꾸미다 部屋をきれいに模様替える. 예쁘게 꾸미고 나가다 きれいに着飾って出かける. ❸たくらむ; 企てる; 画策する. ‖무슨 일을 꾸미고 있는 것 같니 何かを企てているようだ. 음모를 꾸미다 陰謀をたくらむ. 꾸며 대다 それらしく言い訳する.

꾸밈-없다 [-미업따] 彩 ❶飾り気がない; 꾸밈없는 사람 飾り気のない人. ❷偽りがない; 率直だ. **꾸밈없-이** 劃 率直に; 素直に. ‖꾸밈없이 다 이야기 하다 率直に; 全部話す.

꾸벅 /kubɔk/ 閧 (하감) こくり; こっくり; ぺこり. ‖꾸벅 인사를 하다 ぺこりと挨拶をする. **꾸벅-꾸벅** 閧 (하감)

꾸벅-거리다 【-끼-】 圁 こくりこくり (と) 居眠りをする.

꾸벅-이다 圁 ぺこりと頭を下げる.

꾸부러-들다 【ㄹ語幹】 圁 ひん曲がる.

꾸부러-뜨리다 ⑩ ひん曲げる; 強い力で折り曲げる. ‖철사를 꾸부러뜨리다 針金を折り曲げる.

꾸부러-지다 圁 曲がる; ねじれる; ゆがむ.

꾸부러-트리다 ⑩ = 꾸부러뜨리다.

꾸부리다 /kuburida/ ⑩ かがめる; 曲げる. ‖허리를 꾸부리다 腰をかがめる. 몸을 꾸부리다 身をかがめる.

꾸부정-하다 彩 (하감) 少し曲がっている. ‖허리가 꾸부정하다 腰が少し曲がっている.

꾸불-꾸불 閧 (形) くねくね (と). 구불구불한 산길 くねくね (と) 曲がった山道.

꾸뻑 閧 (하감) 꾸벅を強めて言う語. ‖꾸뻑 인사를 하다 ぺこりと挨拶をする. **꾸뻑-꾸뻑** 閧 (하감)

꾸뻑-거리다 【-끼-】 圁 꾸벅거리다를 강하게 말하는 語.

꾸뻑-이다 圁 꾸벅이다를 강하게 말하는 語.

꾸역-꾸역 閧 (하감) ❶ (大勢の人が) 一か所に押し寄せたり集まったりする様子: 続々 (と). ‖구경꾼들이 꾸역꾸역 모여들다 見物人が続々 (と) 集まってくる. ❷

いとわしい感情が込み上げてくる様子:むかむかと;むくむくと. ‖꾸역꾸역 화가 치밀다 怒りがむくむく(と)頭をもたげる. ❷大量の食べ物を一度に口に入れて嚼む様子:むしゃむしゃ. ‖밥을 꾸역꾸역 먹다 ご飯をむしゃむしゃ食べる.

꾸준-하다 /kudʒunhada/ 【形】 〔하变〕 粘り強い; 根気がある; 着実である; こつこつと努力する. ‖꾸준한 성격 着実な性格. 꾸준하지 못하다 根気がない. **꾸준-히** 粘り強く; 根気よく; 着実に. ‖꾸준히 노력하다 こつこつと努力する.

꾸중 /kudʒuŋ/ 【名】 〔하变〕 お叱り; 叱責. ‖선생님께 꾸중을 듣다 先生に叱られる.

꾸지람 /kudʒiram/ 【名】 〔하变〕 〔目下の人に対して〕お叱り; 叱責. ‖꾸지람하다 叱る; 叱責する. 꾸지람을 듣다 叱られる; お叱りを受ける.

꾸짖다 /kudʒitta/ 【他】 〔-짇-따〕 叱る. ‖아이를 꾸짖다 子どもを叱る. ⇒〔叱られる〕=꾸지람[꾸중]을 듣다[먹다].

꾹 【副】 ❶力を込めて押したり締めたりする様子:ぐいと; ぐいっと; 固く. ‖등을 좀 꾹 눌러 주세요 ちょっと背中をぐいと押してください. 입을 꾹 다물다 固く口をつぐむ. ❷我慢する様子:じっと; ぐっと. ‖아픔을 꾹 참다 じっと痛みをこらえる.

꾹-꾹 【副】 ぎゅうぎゅう; ぐいぐい. ‖꾹꾹 눌러 담다 ぎゅうぎゅう詰める. 옆구리를 꾹꾹 찌르다 脇腹をぐいぐい突く.

-꾼 接尾 〔一部の名詞に付いて〕❶そのことを専門的にまたは習慣的にする人であることを表わす. ‖나무꾼 木こり. 술꾼 飲み助. のべえ. ❷そこに集まった人を表わす. ‖구경꾼 見物人.

꿀 /kul/ 名 蜜; はちみつ. ▸꿀 먹은 벙어리 (諺) 「はちみつをなめた口をきけない人」の意で) 何も言えずにいる人のたとえ.

꿀꺽 /kulk'ʌk/ 【副】 ❶ 〔液体などを〕 一息に飲み込む音〔様子〕: ごっくり; ぐっと; ぐいと. ❷薬を꿀꺽 삼키다 薬をごくりと飲み込む. ❷ 〔怒りなどを〕 我慢する様子: ぐっと. **꿀꺽-꿀꺽** 副.

꿀꿀 【副】 豚が鼻を鳴らす音: ブーブー.
꿀꿀-거리다 【自】 〔豚が〕 ブーブー鼻を鳴らす.
꿀꿀-이 〔あざける言い方で〕 欲張る人.

꿀-단지 【-딴-】 【名】 はちみつの入った壺.
꿀-돼지 【-뙈-】 【名】 =꿀돼지.
꿀-떡 【副】 〔하变〕 〔食べ物などを〕 一息に飲み込む音〔様子〕.
꿀리다 【他】 ❶後ろめたいところがある. ❷引け目を感じる; 引けとる; 気後れする. ‖외모에서 꿀리다 外見から引け目を感じる.
꿀-물 はちみつを入れた水.

꿀-벌 【名】 〔昆虫〕 ミツバチ(蜜蜂).
꿀럭 【副】 がぶり; ごくり; ごっくり. **꿀럭-꿀럭** 副.

꿇다 /kult'a/ 【꿇다】 【他】 ❶ ひざまずく; 무릎을 꿇고 앉다 ひざまずいて座る. ❷留年する. ‖아파서 학교를 일 년 꿇었다 病気で 1 年留年した. 戻꿇리다.

꿇-리다 【꿀-】 【꿇다の使役動詞】 ひざまずかせる. ‖무릎을 꿇리다 ひざまずかせる; 服従させる.

꿇어-앉다 【꾸러안따】 他 ひざをついて座る. 戻꿇어앉히다.

꿇어-앉히다 【꾸러안치-】 他 【꿇어앉다の使役動詞】 ひざまずかせる. ‖싸운 학생들을 복도에 꿇어앉히다 けんかした生徒を廊下にひざまずかせる.

꿈 /kum/ 〇 ❶ 夢. ‖이상한 꿈을 꾸다 不思議な夢を見る. 꿈에서 깨어나다 夢から覚める. ❷ 〔将来の〕 夢; 望; 願い. ‖장래의 꿈이 뭐니? 将来の夢は何? 꿈이 이루어지다 願いがかなう. 꿈을 잃다 希望を失う. ▸꿈도 못 꾸다 考えられない. ▸꿈도 안 꾸다 全く考えていない. ▸꿈에도 생각지 못하다 夢にも思っていない. ▸꿈보다 해몽이 좋다 (諺) 「(「꿈より夢解きがいい」の意で)夢は判じがた.

꿈-같다 /kumgatta/ 【-갇따】 形 夢のようだ; 夢みたいだ. ‖꿈같은 날들 夢のような日々. 합격한 것이 꿈만 같다 合格できたことが夢みたいだ.

꿈-결 /kumk'jʌl/ 【-결】 名 夢うつつ.
꿈-길 【-낄】 名 夢路.
꿈-꾸다 【自他】 ❶夢見る. ‖멋진 미래를 꿈꾸다 すてきな未来を夢見る. ❷ 未来を描く.

꿈-나라 名 夢の国; 眠りの中. ▸꿈나라로 가다 寝入る; 眠り込む.

꿈-속 【-쏙】 名 夢の中.

꿈-자리 /kumdʒari/ 名 夢見. ‖꿈자리가 사납다 【안 좋다】 夢見が悪い.

꿈지럭-거리다 【自他】 〔꿈지럭거리다を強めて言う語〕 のろのろする. ぐずぐずする. ‖꿈지럭거리다가 지각하다 ぐずぐずしていて遅刻する.

꿈지럭-꿈지럭 〔하变〕 굼지럭굼지럭을 強めて言う語.

꿈쩍 【副】 〔主に꿈쩍도 않다の形で〕 びくともしない. ‖꿈쩍도 않고 앉아 있다 びくともしないで座っている.

꿈틀-거리다 【他】 もぞもぞする; うごめく. ‖벌레가 꿈틀거리다 虫がもぞもぞする.

꿈틀-꿈틀 【副】 〔하自他〕 もぞもぞ; にょろにょろ. ‖지렁이가 꿈틀꿈틀을 기어가다 ミミズがにょろにょろ(と)這う(¹).

꿉꿉-하다 〔-꾸파-〕 【形】 〔하变〕 乾き切っていない; 多少湿めいている.

꿋꿋-하다 〔꾿꾸타-〕 【形】 〔하变〕 (意志が)固い; 屈しない; 気丈だ. ‖모진 시련

에도 꿋꿋하다 厳しい試練にも屈しない. 꿋꿋한 태도 気丈なふるまい. **꿋꿋-이** 副

꿍 ものが強く当たったり重いものが落ちたりする時の音; どしん; どすん; どん.

꿍-꽝 副 どかんどかん; どたんばたん.

꿍꽝-거리다[-대다] 自他 しきりにどかんどかんと鳴る; どたんばたんと音を立て, どんどん騒ぐ. ‖꿍꽝거리는 위층 아이들 どんどん騒ぐ上の階の子どもたち.

꿍꿍-앓다 自他 うなる; 声; うんうん. ‖밤새 꿍꿍 앓다 一晩中うんうんとうなる.

꿍꿍이 /k͈uŋʔk͈uɲi/ 名 꿍꿍이셈의 略.

꿍꿍이-셈 名 胸算用; 胸づもり; 胸期定. ‖무슨 꿍꿍이셈이 있는 것 같다 何かしらの胸算用があるようだ. ⦿꿍꿍이.

꿍꿍이-속 名 魂胆; 策略. ‖네 꿍꿍이속은 알고 있다 お前の魂胆は分かっている.

꿍꿍이-수작 (-酬酌) 名 企み; 目論み; 企て.

꿩 /k͈wəŋ/ 名 [鳥類] キジ(雉). ▶꿩 대신 닭 諺 「キジの代わりにニワトリ」の意で 本物でなくて残念ではあるが, それに似たものでどうにかまにあうことができる. ▶꿩 먹고 알 먹기 諺 一石二鳥; 一挙両得.

꿰다 /k͈we:da/ 他 ❶ (糸などを針の穴に)通す. ‖바늘에 실을 꿰다 針に糸を通す. ❷ (串などで)突き通す; 串刺しにする. ‖생선을 꼬챙이에 꿰어 굽다 魚を串刺しにして焼く. ❸ (ある分野のことに)精通する. ‖한국 영화는 꿰고 있다 韓国映画には精通している.

꿰-뚫다 /k͈we:ʔtult͈ʰa/ 他 [-뚫타] ❶ 貫く; 貫通する; 突き通す. ‖총알이 벽을 꿰뚫다 弾丸が壁を貫く. ❷ 見抜く; 見透かす; 見通す. ‖속셈을 꿰뚫다 魂胆を見抜く.

꿰-매다 /k͈we:meda/ 他 縫う; 繕う; 縫い合わせる; 縫い込む. ‖바지를 꿰매다 ズボンを縫う. 상처를 다섯 바늘이나 꿰맸다 傷口を5針も縫った.

꿰-차다 他 ❶ 紐(ひも)を通して腰に下げる. ❷ (俗っぽい言い方で)自分のものにする.

꽥 副 驚いたり恐れたりして発する語: きゃあ; わっ. ‖꽥 하고 소리를 지르다 きゃあっと声を張り上げる. ⦿꽉. **꽥-꽥** 副 きゃあきゃあ.

꽥꽥-거리다[-대다] 【-끼[때]-】自他 きゃあきゃあと叫ぶ; わめき立てる.

뀌다 他 (おならを)ならす(おならを)する; (屁を)ひる. ‖방귀를 뀌다 おならをする.

끄나-불 名 下働き.

끄나-풀 名 ❶ 紐の切れ端. ❷ (さげすむ言い方で)手先; 手下. ‖경찰의 끄나풀 警察の手先.

끄는 他 [ㄹ語幹] 끌다(引く)의 現在連体形.

끄다 /k͈uda/ 他 [으変] [꺼, 끄는] (電気などを)消す; 切る; 止める. ㉠ 켜다. ‖ 전등을 끄다 電灯を消す. 텔레비전을 끄다 テレビを消す. 전원을 끄다 電源を切る. 가스불을 끄다 ガスを止める. 차 시동을 끄다 車のエンジンを止める.

끄덕이다 副他 頭を前後に動かしうなずく様子: こっくり. **끄덕-끄덕** 副 こくこく.

끄덕-거리다[-대다] 【-끼[때]-】自他 しきりにこっくりする.

끄덕-이다 自他 うなずく. ‖고개를 끄덕이다 首を縦に振る; うなずく.

끄덩이 名 束ねた髪や糸などの端. ‖머리 끄덩이를 잡고 싸우다 髪の毛を引っつかんでけんかする.

끄떡-없다 [-떠업따] 形 何の影響もない; びくともしない; 平気だ; 大丈夫だ. ‖무거운 물건을 올려놓아도 끄떡없다 重いものを載せておいても大丈夫だ. 지진에도 끄떡없는 집 地震にもびくともしない家. **끄떡없-이** 副

끄르다 他 [르変] ❶ 解く; ほどく. ‖보따리를 끄르다 風呂敷包みを解く. ❷ はずす; 開ける. ‖단추를 끄르다 ボタンをはずす.

끄집어-내다 他 取り出す; 引っ張り出す; 切り出す; 持ち出す. ‖주머니에서 동전 몇 푼을 끄집어내다 ポケットからいくらかの小銭を取り出す. 결혼하겠다는 말을 어떻게 끄집어내야 할지 모르겠다 結婚話をどう切り出したらいいのか分からない.

끄집어-내리다 他 引っ張り下ろす. ‖선반에서 끄집어내리다 棚から引っ張り下ろす.

끄집어-당기다 他 引き寄せる; 引っ張って寄せる. ‖뒤에서 머리를 끄집어당기다 後から髪の毛を引っ張る.

끄집어-올리다 他 引き上げる; 引っ張り上げる. ‖물에 빠진 사람을 끄집어올리다 おぼれた人を引き上げる.

끄트머리 名 ものの端; ものの先っぽ. ‖끄트머리를 잘 잡아라 端をしっかりとかまえなさい.

끈¹ /k͈un/ 名 ❶ 紐(ひも). ‖끈을 풀다 紐をほどく. 끈으로 묶다 紐で結ぶ; 紐で縛る. 고무줄 끈 ゴム紐. ❷ つて. ‖믿어주는 끈이 없다 有力なつてがない.

끈² 副 [ㄹ語幹] 끌다(引く)의 過去連体形.

끈-기 (-氣) 名 根気. ‖머리는 좋은데 끈기가 없다 頭は良いが根気がない. 끈기가 필요한 일 根気の要る仕事.

끈끈-이 名 はえとり紙; とりもち.

끈끈-하다 形 [하変] ねばねばする; べとべとする.

끈덕-지다 [-찌-] 形 粘り強い; 根気強い. ‖끈덕지게 매달리다 粘り強くしがみつく. 끈덕지게 설득하다 粘り強く説得

する.

끈적-거리다[-대다] 【-꺼[때]-】 [自] 粘りつく; べたつく; べとつく. ‖땀으로 온몸이 끈적거리다 汗で体がべとつく.

끈적-끈적 /ˀkɯndʒɔkˀkɯndʒɔk/ [副] [하自] ねばねば; べたべた; べとべと. ‖땀으로 온몸이 끈적끈적하다 汗で体がべたべたする.

끈-질기다 /ˀkɯndʒilgida/ [形] 粘り強い; しつこい. ‖끈질긴 호소 粘り強い訴え. 끈질기게 따라다니다 しつこくつきまとう.

끊-기다 /ˀkɯnkʰida/ 【끈키-】 [自] 〔끊다の受身動詞〕 切られる; 絶たれる; 切れる; 絶える; 途絶える. ‖전기가 끊기다 電気を切られる. 정부 보조가 끊기다 政府の補助が絶たれる. 연락이 끊기다 連絡が途絶える.

끊다 /ˀkuntʰa/ 【끈타】 [他] ❶ 切る; 断ち切る. ‖전화를 끊다 電話を切る. 그 사람은 거기서 말을 끊었다 彼はそこで言葉を切った. 그 사람하고는 인연을 끊고 싶다 彼とは縁を切りたい. 평균 육십 점 이하의 학생은 끊어 버리다 平均 60 点以下の学生は足切りする. 백 미터 달리기에서 십 초를 끊다 100 メートル競走で 10 秒を切る. 전표를 끊다 伝票を切る. 문장이 너무 기니까 여기서 일단 끊는 게 좋겠다 文が長すぎるから, ここで一旦切った方がいい. 인습의 굴레를 끊다 因習の鎖を断ち切る. 끊을래야 끊을 수 없는 관계 腐れ縁. ❷ 絶つ; 断つ. ‖쇠사슬을 끊다 鎖を断つ. 보급로를 끊다 補給路を断つ. 관계를 일체 끊어 버리다 関係を一切絶つ. 목숨을 끊다 命を絶つ. 연락을 끊다 連絡を絶つ. ❸ やめる; 止める; 中止する. ‖담배를 끊고 싶다 タバコをやめたい. 술을 끊을 수가 없다 酒をやめられない. 신문을 끊다 新聞を止める. ❹ (切符・乗車券を)買う. ‖차표를 끊다 切符を買う. ❺ (小切手・手形などを)振り出す. ‖어음을 끊다 手形を振り出す. [受]끊기다.

끊어-지다 /ˀkɯnɔdʒida/ 【끄너-】 [自] 切れる; (終電などが)なくなる; 途絶える; 絶える. ‖전화가 끊어지다 電話が切れる. 몇 시에 막차가 끊어집니까? 何時に終電(車)がなくなりますか. 그 일로 인연이 끊어지다 そのことで縁が切れる. 소식이 끊어지다 消息が途絶える. 자손이 끊어지다 家系が絶える. 사람들 발길이 끊어진 시간 人通りが絶えた時間.

끊-이다 【끄니-】 [自] 〔主に않다を伴って〕 (後を)絶たない. ‖사건이 끊이지 않다 事件が後を絶たない.

끊임-없다 /ˀkɯnimɔːpˀta/ 【끄니멉따】 [形] 絶え間ない; 途切れない; ひっきりない. ‖끊임없는 노력 絶え間ない努力.

끊임없-이 [副] 引きも切らず; 絶え間なく; ひっきりなしに. ‖끊임없이 내리는 비 絶え間なく降り続く雨. 전화가 끊임없이 걸려 오다 電話がひっきりなしにかかってくる.

끌[1] [名] 鑿(のみ). ‖끌로 홈을 내다 鑿で溝を掘る.

끌[2] [他] 〖ㄹ語幹〗 끌다(引く)の未来連体形.

끌끌 [副] 舌打ちする音: ちぇっ. ‖끌끌 혀를 차다 ちぇっと舌打ちする; 舌を鳴らす.

끌다 /ˀkɯːlda/ [他] 〖ㄹ語幹〗 [끌어, 끄는, 끈] 引く; 引きずる; 引っ張る. ‖말을 끌고 가다 馬を引いていく. 짐수레를 끌다 荷車を引く. 손님을 끌다 客を引く. 사람 눈길을 끄는 옷 人目を引く服. 관심을 끌다 気を引く. 치맛자락을 질질 끌다 スカートの裾を引きずる. 재판을 삼 년이나 끌다 裁判を 3 年も引きずる. 고장 난 차를 끌고 가다 故障車を引っ張っていく. [受]끌리다.

끌러-지다 [自] ほどける; はずれる. ‖단추가 끌러져 있다 ボタンがはずれている.

끌려-가다 [自] 連れて行かれる; 引っ張られる. ‖경찰에 끌려가다 警察に連れて行かれる[連行される].

끌려-오다 [自] 連れて来られる; 引っ張られる.

끌-리다 /ˀkɯllida/ [自] 〔끌다の受身動詞〕 引かれる; 引っ張られる; 引きずられる. ‖어머니 손에 끌려 병원 안으로 들어가다 母(の手)に引っ張られて病院の中に入る. 마음이 끌리다 心惹(ひ)かれる.

끌어 [他] 〖ㄹ語幹〗 끌다(引く)の連用形.

끌어-내다 [他] 引っ張り出す; 引きずり出す. ‖방에서 끌어내다 部屋から引きずり出す.

끌어-내리다 [他] 引き下げる; 引きずり下ろす. [対]끌어올리다.

끌어-당기다 /ˀkɯːrɔdaŋgida/ [他] ❶ 引き寄せる. ‖의자를 끌어당기다 椅子を引き寄せる. ❷ 引き付ける.

끌어-대다 [他] ❶ (金などを)かき集める; 工面する; やり繰りする. ‖돈을 끌어대다 お金を工面する. ❷ 引用する; 引き合わせる; 引き合いに出す. ‖전례를 끌어대다 先例を引き合いに出す.

끌어-들이다 /ˀkɯːrɔdɯrida/ [他] 引っ張り込む. ‖친구 둘을 계획에 끌어들이다 友人 2 人を計画に引っ張り込む.

끌어-매다 [他] 縫い合わせる.

끌어-안다 /ˀkɯːrɔaːnˀta/ 【-따】 [他] 抱きしめる; 抱き寄せる. ‖아이를 끌어안다 子どもを抱きしめる.

끌어-올리다 /ˀkɯːrɔollida/ [他] 引き上げる. [対]끌어내리다. ‖성적을 끌어올리다 成績を引き上げる.

끓는-점 (-點) 【끌른-】 [名] 沸騰点. [類]비등점(沸騰點).

끓다 /k͈ult͈a/【끌타】 圓 ❶ 沸く;煮え立つ. ∥주전자 물이 끓다 やかんの湯が沸く. ❷ 煮え返る. ∥억울해서 속이 부글부글 끓다 悔しくて腹の中が煮え返る. ㉠끓이다. ❸ (痰がつかえて)ぜいぜいする. ∥담이 끓다 痰がからんでぜいぜいする. ❹ 熱が高い;ひどく熱がある. ∥열이 나서 몸이 펄펄 끓다 熱が出て体がひどく熱い. ❺ (虫が)わく. ❻ (血が)騒ぐ;湧き上がる. ∥젊은 피가 끓다 若い血が騒ぐ.

끓어-오르다 /k͈ɨrɯda/【끄르다】【르変】 ❶ 煮え立つ. ❷ (怒り・情熱などが)わく;たぎる;込み上げる. ∥분노가 끓어오르다 怒りが込み上げる.

끓-이다 /k͈ɨrida/【끄리다】 他〔끓다の使役動詞〕(お湯など)沸かす. ∥물을 끓이다 お湯を沸かす. ❷ (コーヒーを)入れる. ∥커피를 끓이다 コーヒーを入れる. ❸ (ラーメンやチゲなどを)つくる. ∥라면을 끓여 먹다 ラーメンをつくって食べる. ❹〔속을 끓이다の形で〕気をもむ.

끔벅-거리다[-대다] /-ːk͈ʌda/【-ː꺼때】 圓他 (目を)ぱちくりする(させる);(目を)ぱちぱちする(させる). ∥눈을 끔벅거리다 目をぱちぱちさせる(ぱちくりさせる).

끔벅-이다 他 =끔벅거리다.

끔찍-하다 /k͈ɯmt͈ɕikʰada/【-찌카다】 形【하変】 ❶ ひどい;ものすごい;すさまじい;むごい;悲惨だ;残酷だ;無慈悲だ. ∥끔찍한 장면 残酷な場面. 끔찍한 사고 現場 すさまじい事故現場. 끔찍한 형상 ものすごい形相. ❷ 手厚い;懇ろだ. ∥끔찍한 대접을 받다 手厚い(懇ろな)もてなしを受ける.

끔찍-이 圓 ひどく;大変;非常に;ものすごく. ∥끔찍이 아끼다 大変大切にする.

끗-발 /k͈ɯt͈pal/ 图 (博打などで)続けざまにいい点数が出ること. ∥끗발(이) 세다 羽振りを利かせる.

끙 圓 うめいたりふんばったりする時の声;うん. **끙-끙** 圓【하変】

끙끙-거리다[-대다] /k͈uŋk͈uŋɡʌrida[deda]/ 圓 うめく;力む. ∥부상者들のうめき声が聞こえる. 책상을 혼자서 옮긴다고 끙끙대고 있다 机を 1 人で動かそうと力んでいる.

끝 /k͈ɯt/ 图 ❶ (空間・時間・事物の)端;先;先端;末. ∥끝이 안 보이다 先が見えない. 머리끝까지 화가 나다 頭に血が上る. 怒り心頭に発する. 칼 끝 刃先. 장대 끝 さおの先. ❷ 終わり;後;果て;切り. 처음부터 끝까지 始め[最初]から終わり[最後]まで. 이 세상 끝까지 この世の果てまで. 그 영화 끝은 어떻게 돼요? あの映画、最後はどうなりますか. 불만을 말하면 끝이 없다 不満を言い出せば切りがない. ❸〔…

끝의 형으로〕…の末に;…のあげく. ∥고생 끝에 苦労の末に. 얘기한 끝에 해결이 되었다 話し合いの末, 解決できた. 고민한 끝에 결론을 내리다 悩んだあげく 결론을 する.

끝끝-내 【끋끈-】 圓 〔끝내を強めて言う語〕 最後まで;終わりまで;結局;とうとう;ついに. ∥서울까지 가서 끝끝내 만나지 못했다 ソウルにまで行ったが結局会えなかった.

끝-나다 /k͈ɯnnada/【끈-】 圓 ❶ 終わる;済む. ∥수업이 끝나다 授業が終わる. 입국 수속이 생각보다 빨리 끝났다 入国の手続きが思ったより早く済んだ. ㉠끝내다. ❷ (空間的・時間的に)切れる;(梅雨などが)明ける;尽きる. ∥이 달로 집 계약이 끝난다 今月で家の契約が切れる. 장마가 끝나다 梅雨が明ける. 길이 끝나는 곳 道が行き止まりになるところ.

끝-내 /k͈ɯnne/【끈-】 圓 ❶〔主に下に打ち消しの表現を伴って〕最後まで;終わりまで;結局;ついに. ∥꽤 기다렸지만 끝내 오지 않았다 ずいぶん待ったが結局来なかった. ❷ とうとう;やっと. ∥끝내 숨을 거두었다 とうとう息を引き取った. 끝내 만들어내다 やっと作り上げる.

끝-내기 /k͈ɯnne-/ 图 (野球) 結末をつけること;けりをつけること. ∥끝내기 홈런 さよならホームラン.

끝-내다 /k͈ɯnneːda/【끈-】〔끝나다の使役動詞〕終える;済ませる. ∥오늘은 빨리 일을 끝내고 돌아오겠다 今日は早く仕事を終えて帰った.

끝-마치다 /k͈ɯnne-/ 他 終える;済ます. ∥수속을 끝마치다 手続きを済ます.

끝-머리-잇기 图 しり取り.

끝-맺다 /k͈ɯnmetta/【끋맫다】 他 締めくくる;結末をつける.

끝-머리 /k͈ɯnne-/ 图 最後;一番後ろ;後尾. ∥첫머리. ∥문장의 끝머리 文の最後.

끝-소리 【끋쏘-】 图〔言語〕一音節末の子音. ㉠종성(終聲).

끝-손질 /k͈ɯnsso-/ 图 他 最後の手入れ.

끝-수 〔-數〕【끋쑤】 图 端数.

끝-없다 /k͈ɯdːʌpt͈a/【끄덥따】 形 終わりがない;切りがない;果てしない. ∥끝없는 질문 切りのない質問. 끝없는 대평원 果てしない大平原. **끝없-이** 副.

끝-장 /k͈ɯtt͈ɕaŋ/【끋짱】 图 終わり;おしまい;終わり;結末. ∥그 사람도 이걸로 끝장이다 彼もこれでおしまいだ. ❷ 끝장을 보다 終わりを見る.

끝장-나다 圓 終わりになる;けりがつく.

끝장-내다 他 終わりにする;けりをつける.

끼¹〔名〕 =끼니.

—〔依名〕食事の回数を数える語;…食.

║하루에 두 끼만 먹는다 1日2食しか食べない.

끼²(-氣) 图 ❶(芸能方面などへの)才能. ❷(女性の)浮気性; 尻が軽いこと. ‖끼가 있는 여자 浮気性の女.

끼고-돌다 国[ㄹ語幹] ひいきする; 溺愛する; かばう. ‖ 큰아들만 끼고돌다 長男ばかり溺愛する.

끼깅 图 犬の鳴き声: キャンキャン.
끼깅-거리다[-대다] 囯 子犬がキャンキャン鳴く.

끼니/kini/ 图 (3度の)食事. ‖끼니를 거르다 食事をぬく.

끼다¹ 国 ❶끼이다의 縮約形. ❷挟まる; (サイズが合わなくて)きちきちだ; 伍する. ‖꼭 끼는 구두 きちきちの靴. 일류선수들과 끼어 달리다 一流選手に伍して走る.

끼다²/k'ida/ 国 ❶(霧·霞などが)立ち込める; (雲などが)垂れ込める; かかる. ‖안개가 끼다 霧が立ち込める. 구름이 낀 날씨 雲のかかった天気. ❷(垢(あか)·ほこり·日やけなどが)つく; たまる. ‖물때가 끼다 水垢がつく. 눈곱이 끼다 目やにがたまる. ❸(苔·錆などが)生える. ‖이끼가 낀 바위 苔むした岩. ❹(顔·声などに感情が)こもる; 帯びる; (しみなどが)できる. ‖얼굴에 기미가 끼다 顔にしみができる.

끼다³/k'ida/ 囲 ❶(脇に)挟む. ‖책을 겨드랑이에 끼다 本を脇に抱える. ⑨ 끼이다. ❷抱える. ‖아이를 끼고 자다 子供を抱きかかえて寝る. ❷(腕を)組む; (手袋などを)はめる. ‖팔짱을 끼다 腕を組む. 장갑을 끼다 手袋をはめる. 반지를 끼다 指輪をはめる. 헤드폰을 끼고 듣다 ヘッドホンをして聞く. ❹沿う. ‖철로를 끼고 걷다 線路に沿って歩く.

-끼리 選尾 …同士で; …だけで. ‖어머니들끼리 만나다 母親同士で会う. 아이들끼리 놀러 가다 子供たちだけで遊びに行く.

끼리-끼리 副 似たもの同士で; 仲間同士で; 三々五々. ‖끼리끼리 어울리다 仲間同士で遊ぶ. 끼리끼리 몰려다니다 三々五々押しかける.

끼어-들다 国[ㄹ語幹] 割り込む; 入り込む. ‖줄에 끼어들다 列に割り込む. 얘기에 끼어들 여지가 없다 話に入り込む余地がない.

끼-얹다 【-언따】 囲 (水などを)かける;

振りかける; 浴びせる; ぶっかける. ‖찬물을 끼얹다 水を浴びせる.

끼-우다/k'iuda/ 囲 はめる; 挟む; はめ込む; 差し込む; 単추를 끼우다 ボタンをはめる. 창틀에 유리를 끼우다 窓枠にガラスをはめる.

끼-이다 囯 ❶[끼다³의 受身動詞] 挟まれる; 差し込まれる; 挟まれる; はまる. ‖두 사람 사이에 끼이어 입장이 곤란하다 2人の間に挟まれて身動きがとれない. ❷加わる; 仲間入りする. ‖나도 끼어서 같이 놀았다 私も加わって一緒に遊んだ.

끼치다¹/k'it∫ʰida/ 囯 ❶[소름이 끼치다의 形で] 身の毛がよだつ. ‖무서워서 소름이 끼치다 恐ろしさに身の毛がよだつ. ❷吹きつける; (身に)かかる. ‖가까이 가자 술 냄새가 확 끼쳤다 近寄ると酒のにおいがぷんと鼻をついた.

끼치다² 囲 (面倒·心配などを)かける. ‖폐를 끼치다 面倒をかける. 심려를 끼쳐 드려서 죄송합니다 ご心配をおかけして申し訳ありません. ❷(影響などを)及ぼす; 与える. ‖영향을 끼치다 影響を及ぼす. 주위 사람들에게 폐를 끼치다 周囲の人に迷惑を及ぼす. 먼 친척들에게까지 누를 끼치다 遠い親戚にまで累を及ぼす.

끽 图 急ブレーキを踏む時に出る金属音.
끽다 (喫茶)【-따】图 自型 喫茶.
끽-소리 [-쏘-] 图 自型 (反論や反抗のための)一言. ‖내 말에 끽소리도 못했다 私が言ったことに一言も反論しなかった.

끽연 (喫煙) /k'igjən/ 图 自型 喫煙.
끽연-실 (喫煙室)图 喫煙室.
끽-하다 【끼카-】 副 [한자] [主に끽해야의 形で] たかが; せいぜい. ‖모여도 끽해야 열 명 정도다 集まっても, せいぜい10人ぐらいだ.

낄깔-거리다[-대다] 囯 くすくす笑う. ‖뭐가 우스운지 둘이서 낄깔대고 있다 何がおかしいのか2人でくすくす笑っている.

낌새/k'imse/ 图 気配; 様子; 気色. ‖낌새가 이상하다 様子がおかしい. 낌새를 보고 생각하자 様子を見て考えよう.

낌새-채다 囯 感ずる.
낑낑-거리다[-대다] 囯 うめく; 力む; 苦しむ; もがく. ‖낑낑대는 소리 うめき声.

ㄴ

ㄴ[1] 图 ハングル子音字母の第 2 番目. 名称は「니은」.

ㄴ[2] 語尾 〔는の縮約形〕…は; …では; …じゃ. ‖난 좋아해 私は好きだよ. 이건 아니야 これじゃない.

-ㄴ[3] 語尾 ❶〔母音およびㄹで終わる動詞の語幹に付いて; 子音の場合は-은〕過去連体形を作る. ‖어제 만난 사람 昨日会った人. 친구가 보내 준 생일 선물 友だちが送ってくれた誕生日プレゼント. ❷〔母音およびㄹで終わる形容詞の語幹に付いて; 子音の場合は-은〕現在連体形を作る. ‖비싼 시계 高い時計. ❸〔이다の語幹に付いて〕現在連体形を作る. ‖회사원인 언니 会社員の[である]姉.

-ㄴ[4] 語尾 〔-너라の縮約形でㅇ다の語幹に付いて〕命令の意を表わす. ‖할머니한테 온 おばあちゃんのところにおいて. ✚오너라より親しみを感じる言い方.

-ㄴ가 語尾 〔母音およびㄹで終わる形容詞の語幹に付いて; 子音の場合は-은가〕疑問を表わす: …の(か). ‖집은 먼가? 家は遠いのか. 그건 얼마나 비싼가? それはどれくらい高いのか.

ㄴ걸 助 〔母音で終わる体言に付いて; 子音の場合は인걸〕❶感嘆の意を表わす: …だな; …だね. ‖힘이 장산걸 力持ちだね. ❷…であることを; …なのを. ‖그 사람 아버지가 변호산걸 몰랐어 彼のお父さんが弁護士であることを知らなかった.

-ㄴ다 語尾 〔母音およびㄹで終わる動詞の語幹に付いて; 子音の場合は-는다〕現在時制を表わす. ‖나는 매일 공부를 한다 私は毎日勉強している. 전철로 학교에 다닌다 電車で学校へ通う.

-ㄴ다고[1] 語尾 〔母音およびㄹで終わる動詞の語幹に付いて; 子音の場合は-는다고〕理由・根拠などを表わす: …からといって. ‖오랜만에 여자 친구를 만난다고 들떠 있다 久しぶりに彼女に会うからといってうきうきしている.

-ㄴ다고[2] 語尾 〔母音およびㄹで終わる動詞の語幹に付いて; 子音の場合は-는다고〕❶話し手の意見や考えなどを強調する意を表わす. ‖그 정도는 나도 안다고 それくらいは私も知っているよ. ❷ある問いに対する答えが、期待に及ばなかったことを表わす. ‖영어 정도는 할 줄 안다고 英語くらいはできると思ってたのに.

-ㄴ다고[3] 語尾 〔-ㄴ다 하고の縮約形〕…と. ‖좋아한다고 고백했다 好きだと告白した.

-ㄴ다느니 語尾 〔母音で終わる動詞の語幹に付いて; 子音の場合は-는다느니〕決めかねていることを表わす. ‖그 사람이 랑 결혼을 한다느니 안 한다느니 그 속을 알 수가 없어 あの人と結婚するとかしないとか, どうする気なのか分からない.

-ㄴ다는 語尾 〔-ㄴ다고 하는の縮約形〕…だという・…との. ‖오늘 만난다는 사람은 누구야? 今日会うという人は誰なの.

-ㄴ다니 語尾 〔-ㄴ다고 하니の縮約形〕…というから; …とのことで; …するそうなので. ‖곧 온다니 조금만 더 기다리자 すぐ来るというからもう少し待とう.

-ㄴ다니까 語尾 ❶〔母音およびㄹで終わる動詞の語幹に付いて; 子音の場合は-는다니까〕話し手の意志・確信などを表わす: …だよ; …だってば. ‖틀림없이 온다니까 必ず来るってば. ❷-ㄴ다고 하니까の縮約形.

-ㄴ다마는 語尾 〔母音で終わる用言の語幹に付いて; 子音の場合は-는다마는〕前の事柄を認めつつも後の事柄がそれに拘束されないことを表わす: …することはするが; …しても. ‖입어 본다마는 그 다지 마음에 드는 색깔은 아니야 着てはみるが, それほど気に入る色ではない.

-ㄴ다만 -ㄴ다마는の縮約形.

-ㄴ다며 -ㄴ다면서の縮約形.

-ㄴ다면서 語尾 ❶〔-ㄴ다고 하면서の縮約形〕…と하면서; …と言って. ‖친구를 만난다면서 나가더니 友だちに会うと言って出かけたよ. ❷聞き返すか皮肉る意を表わす: …は(ん)다면서(?)ね). ‖요즘 그 사람이랑 자주 싸운다면서? 最近あの人とよっちゅうけんかするんだって?

-ㄴ단다 語尾 〔-ㄴ다고 한다の縮約形〕引用の意を表わす: …と言う・…だそうだ; …(ん)だって. ‖야마다 씨는 한국으로 유학 간단다 山田さんは韓国に留学するそうだ.

-ㄴ담 語尾 〔母音で終わる用言の語幹に付いて; 子音の場合は-는담〕軽い感嘆の意を込めた疑問を表わす: …するかね; …するのだ. ‖이 일을 어떡한담? これをどうすればいいのかね.

-ㄴ답니까 語尾 〔-ㄴ다고 합니까の縮約形〕問い返す意を表わす: …と言うんですか; …そうですか. ‖몇 시에 도착한답니까? 何時に着くそうですか.

-ㄴ답니다 語尾 〔-ㄴ-〕語尾 〔-ㄴ다고 합니다の縮約形〕伝え聞いた内容を丁寧に述べる意を表わす: …と言うことです; …だそうです. ‖두 시에 도착한답니다 2 時に着くそうです.

-ㄴ답디까 語尾 〔-ㄴ-〕語尾 〔-ㄴ다고 합디까の縮約形〕伝え聞いた内容を丁寧に問い返す意を表わす: …と言いましたか. ‖몇 사람이 온답디까? 何人が来ると言いましたか.

-ㄴ답디다 語尾 〔-ㄴ-〕語尾 〔-ㄴ다고 합디다の縮約形〕伝え聞いた内容を丁寧に述べる意を表わす: …と言っていました.

-ㄴ대 …そうだ; …って; …んだって.

‖태풍이 온대 台風が来るそうだ.
-ㄴ데¹ 語尾 〔母音で終わる体言に付いて; 子音の場合은인데〕…だが; …であるが. ‖쉬운 문젠데 못 풀었다 易しい問題だが, 解けなかった.
-ㄴ데² 語尾 〔母音および子音で終わる形容詞の語幹に付いて; 子音の場合은-은데〕 ❶ 前置きを表わす. …から; …ので. ‖айтмендем 택시 타지 않을래요? ちょっと늦으니까, タクシーに乗りませんか. ❷ 逆接を表わす. …が; …だけど. ‖얼굴은 예쁜데 맘이 아름답지 않아 顔はきれいが, 体が汚い. ❸ 感嘆を表わす. …ね. ‖날씨가 제법 찬데 ずいぶん寒いね.
ㄴ들 助詞 〔母音で終わる体言に付いて; 子音の場合은인들〕 …としても; …であろうとも; …かといって. ‖이 문제는 부모를 어쩔 수 있겠어? この問題は親って仕方ないじゃない?
-ㄴ지¹ 語尾 〔母音で終わる体言に付いて; 子音の場合은인지〕 …なのか. ‖저 사람이 누군지 알겠니? あの人が誰なのか分かる?
-ㄴ지² 語尾 〔母音および子音で終わる形容詞の語幹などに付いて; 子音の場合은-은지〕 …かも. ‖바쁜지 모르겠다 忙しいかも知れない.
나¹(羅) 名 (姓) 羅(ナ).
나² 名 〔나이의略語〕年(년); 年齢. ‖나 많은 사람 年とった人.
나³ /na/ 代 私; 僕; 俺. ‖나는 학생이다 私は学生だ. 나는 잘 모른다 俺는 よく知らない. 그 사람이 손을 흔들었다 彼は私を見ては手を振った. 이 일에는 어려운 일 私には難しい仕事. ✣助詞가·게が付くと나になる. ▸나는 생각한다 고로 존재한다 我思う, 故に我あり(デカルトの言葉). ▸나 몰라라하다 我関せず.
나⁴ /na/ 助詞 〔母音で終わる体言に付いて; 子音の場合은이나〕選択などの意を表わす. ❶ …でも. ‖커피나 마시러 コーヒーでも飲もう. 케이크나 먹고 싶다 ケーキでもパンでも甘いものが食べたい. ❷ …や. ‖한가할 때는 잡지나 만화를 본다 暇な時は雑誌や漫画を読む. ❸ …も. ‖케이크를 한꺼번에 세 개나 먹었다 ケーキを一度に三個も食べた. ❹ …くらい; …ほど. ‖재고가 몇 개나 남았습니까? 在庫は何個くらい残っていますか. ❺ …でも. ‖그렇게 가고 싶으면 너나 가라 そんなに行きたいならお前が行けば. ❻ …(くらい)は. ‖애나 좋아할 것 같은 맛이니 子どもなら好きそうな味だ.
나⁵ 語尾 나다(出)の連用形.
-나⁶ 語尾 〔母音で終わる用言の語幹に付いて; 子音の場合은-으나〕 ❶ 逆接を表わす. …が. ‖공부는 열심히 하나 성적은 좋지 않다 一所懸命勉強しているが

133

成績はよくない. 일은 잘하나 성질이 급하다 仕事はできるが気が短い. ❷〔反対の意味を表わす語を2つ並べて〕 …ても …でも; いつも; 常に. ‖공부를 하나 안 하나 결과는 똑같다 勉強をしてもしなくても結果は全く同じだ. 앉으나 서나 그 생각뿐이다 いつもそのことばかり考えている.
-나⁷ 語尾 〔疑問を表わす-는가·-은가の縮約形〕…の; …のか. ‖앞으로 어떻게 하나? この先どうするの. 어떤 일이 나는가? どういう仕事がしたいの.
나가는곳【-곳】 名 (駅などの)出口. 略 출구(出口).
나-가다¹ /nagada/ 自 ❶ 出る; 出て行く. ‖베란다에 나가서 담배를 피우다 ベランダに出てタバコを吸う. 회사에 나가다 会社に出る. 시합에 나가다 試合に出る. 동창회에 나가다 同窓会に出る. 사회에 나가다 社会に出る. 정계로 나가다 政界に出る. 여기서 나가 주세요 ここから出て行ってください. 나가서 먹다 外食する. ❷ 出かける; 行く. ‖몇 시에 나가세요? 何時に出かけますか. 쇼핑하러 나가다 買い物に出かける. 역까지 배웅 나가다 駅まで見送りに行く. ❸ 売れる. ‖이것은 잘 안 나간다 これはあまり売れない. 집이 나갔다 家が売れた. ❹(進度などが)進む. ‖수업 진도가 잘 안 나간다 授業がなかなか進まない. 저번 주에 몇 과까지 나갔어요? 先週何課まで進みましたか. ❺(体重·数値などが)ある水準に達する. ‖몸무게가 м 나가다 体重がかなりある. ❻ (気が)抜ける. ‖정신이 나가다 気が抜ける. ❼(電気などの供給が)止まる. ‖전기가 나가다 停電する. ❽ 辞める. ‖일을 그만두고 회사를 나가다 そのことで会社を辞めた. ❾ すり切れる; 駄目になる. ‖구두창이 나가다 靴底がすり切れる. ❿〔…態度로 나가다의 形〕…態度に出る. ‖강경한 태도로 나가다 強硬な態度に出る.
— 他 出す. ‖집을 나가다 家を出る; 家出する. 매일 아침 여덟 시에 집을 나가다 毎朝8時に家を出る.
나-가다³ 補助 …続ける; …ていく. ‖담담히 편지를 읽어나가다 淡々と手紙を読み続ける. 문제를 하나하나 극복해 나가다 問題を一つ一つ克服していく.
나가-떨어지다 自 ❶ぶっ倒れる. ‖(強い力によって)後ろに倒れる; 辛い状態に耐えられなくなる. ❷ 주먹 한 방에 나가떨어지다 パンチ1発でぶっ倒れる. ❸ へばる. ‖며칠 동안 철야하더니 나가떨어져 있다 徹夜続きでへばっていました.
나가-자빠지다 自 ❶あお向けに倒れる; のけぞって倒れる. ❷ 諦める. 略 나자빠지다.
나그네 名 旅人; 旅行者.

나긋나긋-하다

나긋넷-길 [-네낄/-넫낄] 圀 旅路. ‖인생은 나그넷길 人生は旅.
나긋나긋-하다 【-근-그냐-】 厖 [하変] (態度·話し方などが) 柔らかい; 優しい. ‖나긋나긋한 태도 優しい態度.
나날 圀 日々; 毎日. ‖정신없이 바쁜 나날 目まぐるしいほど忙しい日々.
나날-이 /nanali/ 圖 日ごとに; 日に日に. 働날로. ‖나날이 몸이 좋아지고 있다 日ごとに体調がよくなっている.
나노 (nano) 圀 ナノ. ✚メートル法の単位の前に付いて 10億分の1を表す.
나누-기 /nanugi/ 圀 [하変] (数学) 割り算; 除法. 働더하기·빼기·곱하기. ‖육 나누기 삼은 이다 6割る3は2である.

나누다 /nanuda/ 他 ❶ 分ける; 分かつ; 分割する. ‖빵을 여러 조각으로 나누다 パンを何切れかに分ける. 두 팀으로 나뉘서 시합을 하다 2組に分けて試合をする. 상하 두 권으로 나누다 上下2巻に分かつ. ❷ 分配する. ‖재산을 나누다 財産を分配する. ❸ 割る; 割り算する. ‖육을 삼으로 나누다 6を3で割る. ❹ 分かち合う; 分担する. ‖슬픔을 나누다 悲しみを分かち合う. ❺ 交わす; くみ交わす. ‖이야기를 나누다 話を交わす. 술잔을 나누다 酒をくみ交わす.
나누어-떨어지다 圁 (割り算で) 割り切れる; 整除する. ‖이십사는 삼으로 나누어떨어진다 24は3で割り切れる.
나눗-셈 /nanutsem/ 【-눈셈】 圀 [하変] (数学) 割り算; 除法. 働덧셈·뺄셈·곱셈.
 나눗셈 부호 (-符號) 割り算の符号 (÷).
 나눗셈-표 (-標) =나눗셈 부호.
나뉘다 圁 〔나누다의 受動動詞〕 分けられる; 分割される.
나는¹ 圁 나다(出)の現在連体形.
나는² 圁 [ㄹ語幹] 날다(飛ぶ)の現在連体形.

나다¹ /nada/ 圁 ❶ 出る. ‖코피가 나다 鼻血が出る. 눈물이 나다 涙が出る. 열이 나다 熱が出る. 힘이 나다 元気が出る. 결론이 나왔어요? 結論が出ましたか. 어제 일어난 살인 사건이 신문에 났다 昨日起きた殺人事件が新聞に出た. 働내다. ❷ (ある地域に) 生まれる. ‖서울에서 나서 자랐다 ソウルで生まれて育った. ❸ 生える. ‖수염이 나다 ひげが生える. 이가 나다 歯が生える. ❹ できる. ‖여드름이 나다 にきびができる. ❺ 起きる. ‖전쟁이 나다 戦争が起きる. 큰일이 났다 大変なことが起きた. ❻ 産地である; 産出される. ‖이 지방에서는 쌀이 많이 납니다 この地方では米が多く産出されます. ❼ 〔年齢を表わす語を伴って〕 …歳の; …歳になる. ‖일곱 살 난 딸이 하나 있어요 7歳になる娘が1人います. ❽ (時間·空間などが) 空く; ある. ‖시간이 날 때 전화 주세요 時間があるときにお電話ください. 저기 자리가 났다 あそこの席が空いた. ❾ 〔名詞+이[가] 나다の形で〕 …がする. ‖현기증이 나다 目まいがする. 이상한 냄새가 나다 변に匂いがする. 발소리가 나다 足音がする. ❿ 〔名詞+이[가] 나다の形で〕 …が立つ. ‖화가 나다 腹が立つ. 소문이 나다 うわさが立つ. 생각이 나다 思い出す. 이름이 나다 世に知られる.
― 圁 (ある時期を)越す; 過ごす. ‖제비는 따뜻한 남쪽 나라에서 겨울을 난다 ツバメは南の暖かい国で冬を越す.

나다² 補助 ❶ [아[어] 나다の形で]その動詞が表わす動作が続いていることを表わす. ‖꽃들이 피어 나다 花が咲き出す. ❷ [⋯고 나서·⋯고 나다の形で] その動きが終わったことを表わす. ‖리포트를 제출하고 나니 속이 시원하다 レポートを出したので(気持ちが)すっきりしている.
나-다니다 圁 出歩く; うろうろする; ぶらぶらする. ‖하루같이 나다니고 있다 毎日のように出歩いている.
나-돌다 圁 [ㄹ語幹] 나돌아다니다の縮約形. ‖동네에 이상한 소문이 나돌고 있다 村に変なうわさが出回っている.
나-돌아다니다 圁 うろうろ歩き回る; 出回る; ほっつき歩く. 働나돌다. ‖밤늦게까지 나돌아다니다 夜遅くまでほっつき歩く.
나-뒹굴다 圁 [ㄹ語幹] (ものが) あちこちに転がる; 転がり回る. ‖사고 현장에는 자동차 파편들이 여기저기에 나뒹굴고 있었다 事故現場には車の破片があちこちに転がっていた.
나들-이 圀 外出.
 나들이-옷 [-옫] 圀 外出着. 働외출복(外出服).

나라 /nara/ 圀 ❶ 国; 国家. ‖나라를 다스리다 国を治める. 우리나라 わが国. 자기 나라로 돌아가다 母国(祖国)に帰る. 월드컵으로 나라 안이 들썩이고 있다 ワールドカップで国中がざわついている. 이웃 여러 나라 近隣諸国. 나라 이름 国の名前; 国名. ❷ …の世界. ‖꿈나라 夢の世界; 夢の中.
나락 (那落·奈落) 圀 ❶ (仏敎) 奈落; 地獄. ‖나락으로 떨어지다 奈落の底に落ちる. ❷ どん底.
나란-하다 厖 [하変] 並んでいる. **나란히** 圖 並んで; 〔앞으로 나란히! 前へならえ! ‖나란히 걷고 있다 並んで歩いている.
나란히-꼴 圀 (数学) 平行四辺形. 평행 사변형 (平行四邊形).
나란히-맥 (-脈) 圀 (植物) 平行脈.
나랏-돈 【-라똔/-랃똔】 圀 国庫金. 국고금 (國庫金).

나랏-일【-란닐】 图 国事. 颲国事(國事).

나래 图 翼. ‖꿈의 나래를 펼치다 夢の翼を広げる.

나루 图 渡し(場); 渡り場. ‖강나루 川の渡し場.

나루-터 图 船着き場.

나룻-배 图 [-루빼/-룯빼] 图 渡し船. ‖나룻배를 타다 渡し船に乗る.

나르다 /naruda/ 他 [르變] [날라, 나르니] (ものを)運ぶ. ‖어제는 이삿짐을 날랐다 昨日は引っ越しの荷物を運んだ. 목재를 배로 나르다 木材を船で運ぶ.

나르시시스트 (narcissist) 图 ナルシシスト; ナルシスト.

나르시시즘 (narcissism) 图 ナルシシズム; ナルシズム.

나른-하다 /narunhada/ 形 [하變] けだるい; だるい. ‖열이 있는지 몸이 나른하다 熱があるのか体がだるい. 나른한 여름 오후 けだるい夏の昼下がり. **나른-히**

나름 /narum/ 依名 …次第; …なり. ‖자기 하기 나름이다 自分次第だ. 사람 나름대로 私なりに. 사람 나름이다 人それぞれだ.

나리 图 【植物】 ユリ(百合).

나마[1] 副 (母音で終わる体言に付いて;子音の場合は이나마) でも; …だけでも. ‖잠시나마 쉬는 게 좋겠다 ちょっとだけでも休んだ方がいい.

-나마[2] 語尾 …ではあるが; …だが; …けれど. ‖바다에는 못 가나마 풀장에는 갈 생각이다 海には行けないが、プールには行くつもりだ.

나마-교(喇嘛敎) 图 【宗教】 ラマ教.

-나마나 語尾 …ても…なくても; なさそうだろうがあのが. ‖보나마나 합격이야 見なくても合格だよ.

나막-신【-신】 图 昔の木靴.

나맥(裸麥) 图 【植物】 ハダカムギ(裸麥). 颲쌀보리.

나머지 /namədʑi/ 图 ❶残り; 余り. ‖나머지는 네가 먹어라 残りはお前が食べて. ❷(数字)余り(割算の余り). ‖십을 삼으로 나누면 나머지는 일이다 10を3で割ると、余りは1である. ❸後. ‖나머지 일은 내가 처리하겠다 後のことは私が片付ける. ❹〔連体形の後に付いて〕…のあまり. ‖놀란 나머지 실신했다 驚きのあまり失神した. 화가 난 나머지 몸을 부들부들 떨고 있다 怒りのあまり体をぶるぶる震わせている.

나무 /namu/ 图 ❶木; 樹木. ‖나무를 심다 木を植える. 나무를 베다 木を切る. ❷木材; 材木. ❸薪. ‖나무를 패다 薪を割る.

나무-가위 [-까위] 图 剪定ばさみ. 颲전지가위(剪枝-).

나무-껍질 [-찔] 图 木皮; 樹皮. 颲목피(木皮).

나무-꾼 图 木こり.

나무-늘보 图 【動物】 ナマケモノ.

나무-막대기 [-때] 图 木の棒.

나무-뿌리 图 木の根. 颲목근(木根).

나무 상자 (-箱子) 图 木箱.

나무-숲 [-숩] 图 林; 雑木林.

나무-젓가락 [-저까-/-젇까-] 图 木の箸; 割り箸; 菜箸.

나무-토막 图 (やや大きい)木の切れ端.

나무-통 (-桶) 图 木桶; 樽.

나뭇-가지 [-까지/-갇찌] 图 木の枝.

나뭇-결 [-껼/-겯껼] 图 木目; 木理. ‖나뭇결이 거친 나무 木目の荒い木.

나뭇-더미 [-떠-/-덛떠-] 图 積んでおいた薪.

나뭇-등걸 [-뜽-/-듣뜽-] 图 (木の)切り株. ‖나뭇등걸에 걸터앉다 切り株に腰かける.

나뭇-잎 [-닙] 图 木の葉.

나뭇-조각 [-쪼-/-듣쪼-] 图 木切れ; 木片.

나무라다 /namurada/ 他 ❶たしなめる; 叱る. ❷잘못을 나무라다 過ちをたしなめる. ❷〔主に나무랄 데 없이の形で〕立派だ; この上ない. ‖나무랄 데 없는 작품 立派な作品. 나무랄 데가 없다 非の打ちどころがない.

나무-아미타불 (南無阿彌陀佛) 图 【仏教】 南無阿弥陀仏.

나물 /namul/ 图 ❶【料理】 ナムル(韓国風の野菜の和え物). ‖콩나물 豆もやしの和え物. ❷野草; 山菜. ‖나물을 캐러 가다 山菜を採りに行く.

나미비아 (Namibia) 图(国名) ナミビア.

나박-김치【-낌-】图【料理】正方形に薄切りした大根を塩漬けし、唐辛子、ネギ、ニンニクなどを加え、汁をたっぷり注ぎ、漬かった頃に刻んだセリを加えたキムチ.

나발 (←喇叭·喇叭) 图 ❶【音楽】らっぱ. ❷ほら; 大げさ. ❸〔…(이) 나발이고の形で〕…も何も; 何もかも. ‖죽이고 나발이고 아무것도 먹고 싶지 않다 お粥(ユ゙ム)も何も食べたくない. ▶나발을 불다 ①ほらを吹く. ②らっぱを吹く.

나방 【昆虫】 ガ(蛾).

나병 (癩病) 图【医学】 ハンセン病.

나부 (裸婦) 图 裸婦.

나부끼다 自他 はためく; なびく; なびかせる. ‖깃발이 나부끼다 旗がはためく. 긴 머리를 바람에 나부끼며 걸어 오다 長い髪の毛を風になびかせながら歩いてくる.

나부랭이 图 切れ端; 役に立たない人や物. ‖종이 나부랭이 紙の切れ端.

나불-거리다 [-대다] 自 ぺらぺらとむやみにしゃべる.

나불-나불 副 ぺらぺら(と); ぺちゃぺちゃ(と). ‖나불나불 잘도 떠든다 ぺちゃべ

ちゃとよくもしゃべる.

나-붙다【-붙따】 自 張り出される; 掲示される. ¶게시판에 경고문이 나붙다 掲示板に警告が張り出される.

나비[1] 名 幅; 横幅. 漢(幅).

나비[2] /nabi/ 名《昆虫》チョウ〈蝶〉.
  나비-넥타이 (—necktie) 名 蝶ネクタイ; ボータイ.
  나비-매듭 名 蝶結び.
  나비-춤 名 ひらひら舞う踊り.

나빠-지다 /nappadʑida/ 自 悪くなる; 衰える; 悪化する; こじれる; 崩れる. 縮 좋아지다. ¶사태는 점점 나빠지고 있다 事態はますます悪くなっている. 관계가 나빠지다 関係がこじれる. 병세가 나빠지다 病状が悪化する. 날씨가 나빠지다 天気が崩れる.

나쁘다 /naʔpuda/ 形〖으変〗 (나빠, 나쁜) ❶ 悪い. ¶머리가 나쁘다 頭が悪い. 눈이 많이 나빠요 目がとても悪いです. 세상에는 좋은 사람도 있고 나쁜 사람도 있다 世の中にはいい人も悪い人もいる. 나쁜 짓을 하다 悪いことをする; 悪事をはたらく. ❷ 不愉快だ. ¶그 일 때문에 기분이 나빠서 안 가기로 했다 そのことで不愉快なので, 行かないことにした.

나사[1] (螺絲) /nasa/ 名 ねじ. ¶나사를 죄다 ねじを締める. 나사가 빠지다 ねじがはずれる. 수나사 雄ねじ. 암나사 雌ねじ.
  나사-돌리개 (螺絲—) 名 ドライバー; ねじ回し. 縮 드라이버.
  나사-못 (螺絲—) 【—몯】 名 ねじ釘.
  나사-선 (螺絲線) 名 螺旋.
  나사선-운동 (螺絲線運動) 名 螺旋運動.
  나사-조개 (螺絲—) 《魚介類》 マキガイ〈巻き貝〉.
  나사-층층대 (螺絲層層臺) 名 螺旋階段.

나사[2] (羅紗) 名《毛織物の》ラシャ.
  나사-지 (羅紗紙) 名 ラシャ紙.

나상 (裸像) 名 裸体像.

나-서다 /naseda/ 自 ❶ 出る; 出かける. ¶몇 시에 나설까요? 何時に出ますか. ❷ 乗り出す. ¶경찰이 조사에 나서다 警察が調査に乗り出す. 직접 설득에 나서다 直接説得に乗り出す. ❸ 口出しする. ¶네가 왜 나서니? 何でお前が口出しするの?
  — 他 出る; 出発する. ¶집을 나서다 家を出る. 먼 길을 나서다 遠い道のりに向けて出発する.

나선[1] (螺旋) 名 螺旋.
  나선-계단 (螺旋階段) 【-/-게-】 名 螺旋階段.
  나선-상 (螺旋狀) 名 螺旋状.
  나선-운동 (螺旋運動) 名 螺旋運動.
  나선-형 (螺旋形) 名 螺旋形.

나선[2] (螺線) 名《数学》螺線; スパイラル.

나스닥 (NASDAQ) 名《経》ナスダック; 全米証券業者協会相場報道システム. ✚ National Association of Securities Dealers Automated Quotations の略語.

나신 (裸身) 名 裸身.

나아 〖人変〗 낫다 (治る) の運用形.

나아-가다 /naagada/ 自 ❶ (前に) 出る; 進む. ❷ 앞으로 나아가다 前に出る; 前進する. ❷ (病気などが) 治っていく; 快方に向かう. ❸ 進出する. ¶정계로 나아가다 政界に進出する.

나아-가서 副 ひいて; さらに (は); その上に. ¶다른 사람을 위하는 것은 나아가서는 자신을 위하는 것이다 人のために尽くすことがひいては自分のためになることだ.

나아-지다 /naadʑida/ 自 (状態などが) よくなる. ¶형편이 나아지다 暮らし向きがよくなる.

나안 (裸眼) 名 裸眼.

나-앉다【-안따】 自 ❶《場所を変えて》座る. ¶뒤로 나앉다 後ろに移動して座る. ❷ 一定の場所に移る. ¶장사를 하겠다고 시장쪽에 나앉다 商売をするために市場の方に移る. ❸《길거리에 나앉다の形で》一文無しになる; 乞食同然になる. ¶사업이 망해 길거리에 나앉게 되다 事業に失敗して乞食同然になる.

나약-하다 (懦弱—) 【—야카—】 形〖하変〗か弱い; 弱々しい; 意気地ない. ¶나약해 보이는 아이 弱々しく見える子. 나약한 소리를 하다 意気地のないことを言う.

나열 (羅列) 名〖하動〗羅列. ¶검토 사항을 나열하다 検討事項を羅列する.
  나열-되다 受動

나엽 (裸葉) 名《植物》裸葉. 同 포자엽 (胞子葉).

나-오다 /naoda/ 自 ❶ 出る. ¶굴뚝에서 연기가 나오다 煙突から煙が出る. 목욕탕에서 나오다 風呂から出る. 밤하늘에 별이 나오다 夜空に星が出る. 그 말을 듣자 눈물이 出て その言葉を聞いたら涙が出る. 사《月호가 나오다 4月号が出る. 유령이 나오는 집 幽霊の出る家. 검사 결과가 나오다 検査の結果が出る. 평소の 버릇이 나오다 いつもの癖が出る. 많은 질문이 나오다 多くの質問が出る. 그 일이 신문에 나왔다 そのことが新聞に出た. ❷ 出てくる. ¶그리스 신화에 나오는 여신 ギリシャ神話に出てくる女神. 찾고 있던 서류가 서랍에서 나왔다 探していた書類が引き出しから出てきた. 화장실에서 나오다 トイレから出てくる. ❸《입이 나오다の形で》口が尖る; 口を尖らす. ❹《…태도로 나오다の形で》…態度に出る. ¶건방진 태도로 나오다 生意気な態度に出る.

— 他 ❶ 出る. ¶집을 나오다 家を出る. ❷ 辞める. ¶그 일로 회사를 나오다

そのことで会社を辞める. ❸ (何らかの目的的で) 来る. ∥あちらを出たら迎えに来る. 区役所から調査に来る.

나왕 (lauan) 图 [植物] ラワン.
나우루 (Nauru) 图 [国名] ナウル.
나위 依名 [主に…르 나위(도) 없다の形で] …するまでもない. …する必要がない. ∥더할 나위 없이 좋다 この上ない.

나은 冠 [ㅅ変] 낫다(治る)の過去連体形.
나을 冠 [ㅅ変] 낫다(治る)の未来連体形.

나이 /nai/ 图 年; 年齢; (齡). ㉟ 나. ∥올해 나이가 몇입니까? 今年(年は)いくつですか. 나보다 나이가 두 살 많다 私より 2 歳上だ. 나이보다 젊어 보이다 年より若く見える. 나이 탓이다 年のせいだ. 나이에 맞게 놀다 年相応の服を着る. 한창 먹을 나이 食べ盛り. 나이를 알 수 없는 사람 年齢が分からない人. ✤目上の人の年齢を言う場合は연세(年歳)または춘추(春秋)を使う. ▶나이가 들다 年をとる; 年寄になる; 老ける. ▶나이가 아깝다 年甲斐もない. ▶나이가 차다 年頃になる; 一定の年になる. ▶나이를 먹다 年をとる; 年を食う.

나이-віに 副 [あざける言い方で] いい年. ∥나이께나 먹은 사람이 그런 짓을 하다니 いい年してそんなことをするとは.

나이-대접 (—待接) 图 ㉟图 年長者を敬って待遇すること. ∥나이대접을 해주다 年相応の待遇をしてくれる[あげる].

나이-별 (—別) 图 年齢別.
나이-순 (—順) 图 年齢順.
나이-티 图 年相応の態度や雰囲気. ∥나이티가 나다 年相応に見える.

나잇-값 [—이값 /—인값] 图 自人 [あざける言い方で] 年相応のふるまい; 年甲斐. ∥나잇값도 못 한다 年甲斐もない.

나잇-살 [—이쌀 /—인쌀] 图 ① [あざける言い方で] 年をとっていること. ∥나잇살이나 먹은 사람이 애 같은 짓을 하다니 いい年して, 子どもみたいなことをするとは. ② 加齢によるぜい肉.

나이지리아 (Nigeria) 图 [国名] ナイジェリア.
나이키 (Nike) 图 ニケ(ギリシャ神話の勝利の女神).
나이-테 /naitʰe/ 图 (樹木の)年輪. ㉟ 연륜(年輪).
나이트-가운 (nightgown) 图 ナイトガウン.
나이트-게임 (night game) 图 (野球などで)ナイター; ナイトゲーム.
나이트-캡 (nightcap) 图 ナイトキャップ.
나이트-클럽 (nightclub) 图 ナイトクラブ.
나이팅게일 (nightingale) 图 [鳥類] ナイチンゲール.

나이프 (knife) 图 ナイフ. ∥나이프와 포크 ナイフとフォーク.
나인 (←内人) 图 [歴史] 宮廷の女官.
나일론 (nylon) 图 ナイロン.
나-자빠지다 自 나가자빠지다の縮約形.
나자⁻식물 (裸子植物) [—싱⁻] 图 [植物] 裸子植物.
나전 (螺鈿) 图 螺鈿(₅ₐ₄)[細工].
나전-칠기 (螺鈿漆器) 图 螺鈿の漆器.
나절 依名 …半日; 昼間の時間. ∥한 나절을 걸리는 일 半日はかかる仕事.

나중-에 /na:dzuŋe/ 副 後で; 後から; 後ほど. ∥나중에 보자 後で会おう. 나중에 올래? 後で来る? 그럼 나중에 뵙겠습니다 それでは後ほどお目にかかります.

나지막-하다 [—마카—] 厖 [하変] (声の大きさや高さなどが)低い. ∥나지막한 목소리로 말하다 低い声で話す. **나지막-이** 副

나체 (裸體) 图 裸体; ヌード.
나치스 (Nazis)ᴰ 图 ナチス.
나치즘 (Nazism) 图 ナチズム.
나침-반 (羅針盤) 图 羅針盤.

나타-나다 /natʰanada/ 自 現われる; 出現する. ∥그 사람이 삼년 만에 나타났다 彼が 3 年ぶりに現われた. 그녀는 끝끝내 나타나지 않았다 彼女는 結局現われなかった. 달이 구름 사이로 나타나다 月が雲間から現われる. 효과가 나타나다 効果が現われる. 배로 세 시간쯤 달리니까 눈앞에 큰 섬이 하나 나타났다 船で 3 時間ほど走ると目の前に大きな島が 1 つ現われた. 대형 신인이 나타나다 大型新人が出現する. ❀나타내다.

나타-내다 /natʰane:da/ 他 [나타나다の使役動詞] 現わす; 表わす; 出す; 示す; 表現する. ∥가끔 얼굴을 나타내다 たまに顔を出す. 두각을 나타내다 頭角を現わす. 비상구를 나타내는 표지 非常口を示す標識. 마음을 나타낸 표현 気持ちを表わした表現. 말로 나타낼 수가 없다 言葉に表わすことができない. 기호·지도で寺を表わす記号. 지도에서 寺を表わす記号.

나태-하다 (懶怠—) 厖 [하変] 怠惰だ; 怠けている. ∥나태한 사람 怠惰な人; 怠け者.

나토 (NATO) 图 ナトー; 北大西洋条約機構. ✤ North Atlantic Treaty Organizationの略語.
나트륨 (Natrium)ᴰ 图 [化学] ナトリウム.

나팔 (喇叭) /napʰal/ 图 [音楽] らっぱ. ∥나팔을 불다 らっぱを吹く. 기상 起床のらっぱ.
나팔-관 (喇叭管) 图 [解剖] ① 耳管. ② 輸卵管; 卵管; らっぱ管.

나팔-꽃(喇叭-)-꼳] 图 〖植物〗アサガオ(朝顔).

나팔-바지(喇叭-) 图 らっぱズボン.

나팔-수(喇叭手) 图 らっぱ手;らっぱ吹き.

나포(拿捕) 图 他 拿捕. **나포-되다**[-되다/-뒈다] 自

나풀-거리다 〖髪などが〗なびく;なびかせる. ∥여자 아이가 머리를 나풀거리며 뛰어갔다 女の子が髪をなびかせながら走っていた.

나풀-나풀[-라-] 副 〖風などにものが〗なびく様子:ぱたぱた(と);ひらひら(と).

나프탈렌(naphthalene) 图 〖化学〗ナフタリン.

나한(羅漢) 图 〖仏教〗羅漢.

나흘-날[-흔-] 图 =나흗날.

나흘 4日;4日間. ∥그가 떠난 지 나흘째다 彼が去ってから4日目だ. 나흘을 기다릴 수 있다 4日間は待てる.

낙(樂) 图 楽しみ;生き甲斐. ∥낙이 없이 살다 楽しみがない. 낙으로 삼다 楽しみにしている;生き甲斐にしている.

낙과(落果)[-꽈] 图 自 落果.

낙관¹(落款)[-꽌] 图 落款(らっかん).

낙관²(樂觀)[-꽌] 图 他 楽観する.∥비관(悲觀). ∥사태를 낙관하다 事態を楽観する.

낙관-론(樂觀論)[-꽌논] 图 楽観論. ∥비관론(悲觀論).

낙관론-자(樂觀論者)[-꽌논-] 图 楽観論者. ∥비관론자(悲觀論者).

낙관-적(樂觀的)[-꽌-] 冠 楽観的な. ∥비관적(悲觀的). ∥낙관적인 견해 楽観的な見解.

낙관-주의(樂觀主義)[-꽌-/-이] 图 楽観主義.

낙낙-하다[낭나카-] 形 하変 余裕がある;ゆとりがある;ゆったりしている. 图 넉넉하다.

낙농(酪農)[낭-] 图 酪農.

낙농-가(酪農家) 图 酪農家.

낙농-업(酪農業) 图 酪農業.

낙농-품(酪農品) 图 酪農製品.

낙담(落膽)[-땀] 图 自 落胆. ∥그 소식을 듣고 그는 매우 낙담했다 その知らせを聞いて彼は非常に落胆した.

낙도(落島)[-또] 图 離島;離れ島.

낙동-강(洛東江)[-똥-] 图 〖地名〗洛東江(韓国の南東部を南流する川.太白산맥(太白山脈)に源を発し,朝鮮海峡に注ぐ).

낙락-장송(落落長松)[낭낙짱-] 图 枝が垂れ下がった大きな松.

낙락-하다[낭나카-] 形 하変 ❶ 垂れ下がっている. ❷ 〖性格が〗おうようだ.

낙뢰(落雷)[낭뇌/낭눼] 图 自 落雷.

낙루(落淚)[낭누] 图 自 落淚.

낙마(落馬)[낭-] 图 自 落馬.

낙망(落望)[낭-] 图 自 失望;落胆.

낙명(落命)[낭-] 图 自 落命.

낙반(落磐·落盤)[-빤] 图 自 落盤. ∥낙반 사고 落盤事故.

낙방(落榜)[-빵] 图 自 ❶ 科擧(昔の役人の任用試験)に落ちること. ⑰급제(及第). ❷ 試験に落ちること;不合格. ⑰합격(合格).

낙산(酪酸)[-싼] 图 〖化學〗酪酸.

낙산-균(酪酸菌) 图 酪酸菌.

낙서(落書)/nak'sɔ/[-써] 图 自 落書き. ∥여기저기에 낙서를 하다 あちこちに落書きをする.

낙석(落石)[-썩] 图 自 落石.

낙석-주의(落石注意)[-썩-/-썩-이] 图 落石注意.

낙선(落選)[-썬] 图 自 落選. ⑰당선(當選).

낙성(落成)[-썽] 图 自 落成.

낙성-식(落成式)[-썽-] 图 落成式.

낙수(落水)[-쑤] 图 雨だれ;雨水.

낙수-받이(落水-)[-쑤바지] 图 雨樋(とい).

낙숫-고랑(落水--)[-쑤꼬-/-쑫꼬-] 图 ❶ 雨だれでできた溝. ❷ 雨樋.

낙숫-물(落水--)[-쑨-] 图 雨だれ. ∥낙숫물 떨어지는 소리 雨だれが落ちる音.

낙승(樂勝)[-씅] 图 自 楽勝. ⑰신승(辛勝).

낙심(落心)/nak'∫im/[-씸] 图 自 気落ち;落胆;がっかりすること. ∥다음이 있으니까 그다지 낙심하지 마세요 次があるから,そんなにがっかりしないでください.

낙심-천만(落心千萬) 图 ひどくがっかりすること. ∥큰아들이 시험에 떨어져서 낙심천만이다 長男が試験に落ちて本当にがっかりしている.

낙엽(落葉)/naqjɔp/[-녑] 图 落葉;落ち葉. ∥낙엽이 지다 落ち葉が散る. 낙엽을 쓸어 모으다 落ち葉を掃いて集める. 낙엽을 태우는 냄새 落ち葉を焚(た)きのにおい.

낙엽-관목(落葉灌木) 图 落葉灌木.

낙엽-교목(落葉喬木)[-교-] 图 落葉喬木.

낙엽-송(落葉松) 图 〖植物〗カラマツ(唐松);カラマツ(落葉松).

낙엽-수(落葉樹)[-쑤] 图 落葉樹.

낙오(落伍) 图 自 落伍.

낙오-병(落伍兵) 图 落伍兵.

낙오-자(落伍者) 图 落伍者.

낙원(樂園) 图 楽園;パラダイス.

낙인(烙印) 图 烙印(らくいん).

낙인-찍다(烙印-)[-따] 他 ❶ 烙印を押す. ⑭낙인찍히다(烙印-).

낙인찍-히다(烙印-)[-찌키-] 他

〔낙인찍다(烙印-)의 受身動詞〕烙印を押される.‖문제아로 낙인찍히다 問題児の烙印を押される.
낙일(落日)【-ぃㄹ】图 落日.
낙장(落張)【-짱】图 回国 落丁.
낙장-본(落張本)【-짱-】图 落丁本.
낙장불입(落張不入)(花札などで)一度出した札は戻せないという決まり.
낙제(落第)【-쩨】图 回国.❶出席 일수 부족으로 낙제당하다 出席日数が足りなくて落第する.
낙제-생(落第生)【-쩨-】图 落第生.
낙제-점(落第點)【-쩨쩜】图 落第点.
낙-제품(酪製品)【-쩨-】图 酪農製品.
낙조(落照)【-쪼】图 落照; 入日.
낙지[-찌]图〔動物〕テナガダコ(手長蛸)/イイダコ(飯蛸).
낙지¹볶음图 イイダコ炒め(イイダコをコチュジャンなどで辛く炒めた料理).
낙차(落差)图 落差.‖낙차가 심하다[크다]落差が大きい.
낙착(落着)图 回国 落着.
낙찰(落札)图 回国 回国 落札.‖낙찰 가격 落札価格. **낙찰되다** 回国.
낙천(樂天)图 楽天.㉠염세(厭世).
낙천-적(樂天的)图 楽天的(楽観的).‖낙천적인 성격 楽天的な性格.
낙천-주의(樂天主義)图【-/-이】图 楽天主義.㉠염세주의(厭世主義).
낙타(駱駝)图〔動物〕ラクダ(駱駝).
낙태(落胎)图 回国 堕胎; 中絶.
낙하(落下)【나카】图 回国 落下.‖낙하 속도 落下速度.
낙하-산(落下傘)【-싼】图 落下傘; パラシュート.‖낙하산을 타고 내려오다 パラシュートで降りてくる.
낙하산¹-부대(落下傘部隊)图【軍事】落下傘部隊.
낙하산²-인사(落下傘人事)图 天下り(人事).
낙향(落鄕)图 回国 都会から郷里に戻ること; 都落ち.
낙화(落花)【나콰】图 回国 落花.
낙화-생(落花生)【나콰-】图〔植物〕ラッカセイ(落花生).㉠땅콩.
낙화생-유(落花生油)【나콰-뉴】图 ピーナツオイル.
낙후-되다(落後-)【-되다/-뒈다】图 回国(経済・文化などの面で)後れる.落を取る.‖경제적으로 낙후된 지역 経済的に後れている地域.
낚다/nak²ta/【낙따】图 回国 ❶(魚を)釣る.‖강에서 잉어를 낚다 川でコイを釣る.고기를 낚으러 가다 魚を釣りに行く.❷(客を)釣る.㉠낚이다.
낚시 /nak²ʃi/【낙씨】图 回国 釣り.‖주말마다 낚시 낚시하러 가다 週末ごとに 낚시하러 가다.
낚시-꾼 釣り人.

낚시-질【낙씨-】图 回国 釣り; 釣りをすること.
낚시-찌(釣り用の)浮き.
낚시-터 釣り場.
낚싯-대【낙씨때/낙씯때】图 釣り竿; ロッド.
낚싯-바늘【낙씨빠늘/낙씯빠늘】图 釣り針.
낚싯-밥【낙씨빱/낙씯빱】图 釣りえさ.
낚싯-배【낙씨빼/낙씯빼】图 釣り船.
낚싯-봉【낙씨뽕/낙씯뽕】图(釣り用の)重り.
낚싯-줄【낙씨쭐/낙씯쭐】图 釣り糸.
낚아-채다图 ひったくる.‖지나가는 사람의 핸드백을 낚아채다 通行人のハンドバッグをひったくる.
낚-이다〔낚다의 受身動詞〕釣られる; 釣れる.
난¹(亂)图 乱.
난²(欄)图 欄.‖한국 문화를 소개하는 난 韓国文化を紹介する欄.
난³(蘭)图〔植物〕ラン(蘭).
난⁴〔나는의 縮約形〕私は.‖난 안 갈래 私は行かない.
난⁵ 나다(出る)의 過去連体形.‖불이 난 곳 火が出たところ.
난⁶[-語幹] 날다(飛ぶ)의 過去連体形.
난간(欄干)【-欄杆】图 欄干; 手すり.
난감-하다(難堪-)图【하곤】非常に困っている;困り果てている;どうすればいいのか分からない.‖이런 경우는 정말 난감하다 こういう場合は本当に困ってしまう.
난공-불락(難攻不落)難攻不落.‖난공불락의 요새 難攻不落の要塞.
난관¹(卵管)图〔解剖〕卵管; 輸卵管; らっぱ管.㉠수란관(輸卵管).
난관²(難關)图 難関; 困難.‖난관을 극복하다 難関を克服する.난관에 봉착하다 困難に直面する.
난교(亂交)图 回国 乱交.
난국(難局)图 難局.‖난국을 타개하다 難局を乗り切る.
난-기류(亂氣流)图〔天文〕乱気流.
난대(暖帶)图〔地〕暖帯.
난대-림(暖帶林)图〔地〕暖帯林.
난데-없다[-업따]图 出し抜けだ; 不意に; 思いがけない; 突然だ; 唐突だ.‖난데없는 말을 하다 思いがけないことを言う. **난데없-이**图 不意に; 突然.‖난데없이 나타나다 突然現れる.
난도-질(亂刀-)图 回国 めった切りにすること. **난도질하다** 回国.
난동¹(暖冬)图 暖冬.㉠엄동(嚴冬).
난동²(亂動)图 回国 無法なふるまい; 狼藉(낭자).‖난동을 부리다 狼藉をはたらく.
난로(煖爐)/na:llo/【날-】图 暖炉; ストーブ.‖난로에 불을 붙이다 暖炉に火

난롯-가(煖爐ㅅ-)【난로까/난롣까】 图 炉端.

난롯-불(煖爐ㅅ-)【난로뿔/난롣뿔】 图 暖炉の火; ストーブの火. ‖난롯불을 쬐다 ストーブの火にあたる.

난류[1](暖流)【-】 图 〔地〕 暖流. 対寒流(한류).

난류[2](亂流)【-】 图 乱流.

난리(亂離) /na:lli/【난-】 图 ❶ 戦乱. ‖난리가 나다 戦乱が起こる. ❷ 騷ぎ; 騒動. ‖난리 법석을 떨다 大騒ぎをする. 난리를 치다 騒ぎ立てる; 騒ぎを起こす. 물난리가 나다 洪水に見舞われる.

난립(亂立)【난-】 하自 乱立. ‖무허가 건물이 난립해 있다 無認可の建物が乱立している. 후보자가 난립하는 候補者が乱立する.

난마(亂麻) 图 乱麻.

난막(卵膜) 图 〔動物〕 卵膜.

난만-하다(爛漫-) 肜 하変 爛漫だ.
　난만-히 副

난망(難忘) 图 忘れ難いこと.

난맥(亂脈) 图 乱脈.
　난맥-상(亂脈相)【-쌍】 图 乱脈の様相. ‖난맥상을 보이고 있다 乱脈の様相を呈している.

난무(亂舞) 하自 乱舞; 飛び交うこと. ‖근거 없는 소문이 난무하고 있다 根拠のないうわさが飛び交っている.

난문[1](難文) 图 難文.
난문[2](難問) 图 難問. ‖난문에 부딪히다 難問にぶつかる.

난민(難民) 图 難民. ‖난민 문제 難民問題. 난민촌 難民キャンプ.

난-반사(亂反射) 하自 〔物理〕 乱反射.

난발[1](亂發) 하変 乱発.
난발[2](亂髮) 图 乱髪. ‖봉두난발 ぼさぼさ頭.

난방(暖房·煖房) /na:nbaŋ/ 图 暖房. 対冷房(冷房). ‖중앙난방 セントラルヒーティング. 난방 장치 暖房装置.

난백(卵白) 图 卵白. 対난황(卵黄).

난병(難病) 图 難病.

난봉 图 放蕩(방탕).
　난봉-꾼 图 放蕩者.

난사(亂射) 하変 乱射. ‖기관총을 난사하다 機関銃を乱射する.

난-사람 图 衆に秀でた[抜きん出た]人.

난산(難産) 하変 難産. 対순산(順産).

난삽-하다(難澁-)【-사파-】 肜 하変 (文章などが)難解だ; 分かりにくい.

난색[1](難色) 图 難色. ‖난색을 표하다 難色を示す.

난색[2](暖色) 图 〔美術〕 暖色. 対한색 (寒色).

난생(卵生) 图 〔動物〕 卵生. 対태생 (胎生).

난생-처음(-生-) 图 生まれて初めてであること. ‖그는 난생처음으로 전복죽을 먹고 감격했다 彼は生まれて初めてアワビのお粥を食べて感激した.

난세(亂世) 图 乱世.

난-세포(卵細胞) 图 〔生物〕 卵細胞. 対알세포(-細胞), 対정세포(精細胞).

난센스(nonsense) 图 ナンセンス.

난소[1](卵巢) 图 〔解剖〕 卵巢. 対정소 (精巢).

난소[2](難所) 图 難所.

난수-표(亂數表) 图 乱数表.

난숙(爛熟) 하変 爛熟(난숙).

난시(亂時) 图 乱世の時代.

난시[2](亂視) 图 乱視.

난-시청(亂視聽) 图 障害物などにより電波が届きにくいこと.

난심(亂心) 图 乱心.

난역(難役) 图 難役. ‖난역을 무리 없이 해내다 難役を難なくこなす.

난외(欄外)【-/니웨】 图 欄外.

난의-포식(暖衣飽食)【-/니/니-】 하自 何不自由なく暮らすこと.

난이(難易) 图 難易.
　난이-도(難易度) 图 難易度.

난자(卵子) 图 〔生物〕 卵子. 対정자 (精子).

난잡-하다(亂雜-)【-자파-】 肜 하変 乱雑だ; みだらだ; 猥雑(왜잡)だ. ‖책상 위가 난잡하다 机の上が乱雑だ.

난-장(-場) 图 定期的に開かれる市場.

난장-판(亂場-) 图 大騒ぎになっているところ; 修羅場. ‖난장판을 벌이다 修羅場となる.

난쟁이(-) 图 小人(소인). 対키다리.

난적(難敵) 图 難敵.

난전[1](亂廛) 图 露店. 対노점(露店).

난전[2](亂戰) 图 乱戦.

난점(難點)【-쩜】 图 難点. ‖난점을 해결하다 難点を解決する.

난제(難題) 图 難題.

난조(亂調) 图 ❶ 乱調. ‖난조를 보이다 乱調を来たす. ❷ 〔経〕 乱調子; 乱高下.

난중(亂中) 图 戦乱や戦争の真っ最中.

난처-하다(難處-) /na:ntɕʰʌhada/ 肜 하変 (立場などが)苦しい; 気まずい; 困っている. ‖그 때문에 나는 입장이 몹시 난처하다 そのことで私の立場はとても苦しい. 사실대로 말하기는 좀 난처하다 事実をそのまま言うのはちょっと気まずい.

난청(難聽) 图 ❶ (耳の)難聽. ‖노인성 난청 老人性難聽. ❷ (ラジオなどが)よく聞こえないこと. ‖난청 지역 難聽地域.

난초(蘭草) 图 〔植物〕 ラン(蘭).

난충-운(亂層雲)【天文】亂層雲.
난치-병(難治病)【-뼝】難病.‖난치병에 걸리다 難病にかかる.
난타(亂打)【名】〖他動〗❶ 乱打する. 鐘を乱打する. ❷〖野球で〗乱打.
난타하다 鐘を乱打する. ❷〖野球で〗乱打.
난타-전(亂打戰)【名】乱打戦.
난-태생(卵胎生)【名】〖動物〗卵胎生.
난투(亂鬪)【名】〖自動〗乱闘.
난투-극(亂鬪劇)【名】乱鬪騒ぎ.‖난투극을 벌이다 乱鬪騒ぎを起こす.
난파(難破)【名】〖自動〗難破.‖배가 난파되다 船が難破する.
난파-선(難破船)【名】難破船.
난포(卵胞)【名】〖動物〗卵胞.
난폭(亂暴)【na:ŋbok】【名】〖하形〗乱暴.‖난폭 운전 乱暴な運転. 난폭한 사람 乱暴者(もの). 난폭한 짓을 하다 乱暴をはたらく. 물건들을 乱暴にあつかう. 品物を乱暴に扱う. **난폭-히**
난필(亂筆)【名】乱筆.
난-하다(亂-)【形】〖하形〗❶ 乱雑だ. ❷ 派手だ.‖오늘 복장은 너무 난하다 今日の服装は派手すぎる.
난항(難航)【名】〖自動〗難航.‖난항을 거듭하다 難航を重ねる.
난해-하다(難解-)【形】〖하形〗難解だ; 分かりにくい.‖난해한 문장 難解な文章. 그 사람의 글은 난해하다 彼の文章は分かりにくい.
난핵(卵核)【名】〖動物〗卵核.
난행(亂行)【名】〖自動〗乱行; 乱ふるまい.
난형-난제(難兄難弟)【名】甲乙つけ難いこと; 互角.
난황(卵黃)【名】卵黃. ㉟난백(卵白).
낟【名】穀物の粒.
낟-가리【-까-】【名】稲むら.
낟-알【名】(穀物の)粒; 米粒.
날[1]/nal/【名】刃; やいば.‖칼·刀の刃. 면도날 剃刀の刃. 날을 갈다 刃を研ぐ.▶날을 세우다(研いだりして)刃を鋭くする.▶날이 서다(研いだりして)刃が鋭くなる.

날[2] /nal/【名】❶ 日; にち.‖날이 저물다 日が暮れる. 날이 갈수록 병세가 악화되다 日增しに病状が悪化する. 바람이 몹시 부는 날 風が強く吹く日. 어린이날 子どもの日. 어느 날 어느 침 ある日ある朝. ❷ 天気; 日和.‖날이 무덥다 蒸暑い. 날이 개다 晴れる; 雨が上がる. ❸ 日取り; 期日.‖결혼식 날을 잡다 結婚式の日を決める. 마감 날 締め切り日. ❹ 時; 時代.‖젊은 날의 늠름한 모습 若き日のりりしい姿. ❺(ㄹ) 받다 日取りを取り決める.▶날이면 날마다 毎日.▶날(이) 새다 ❶ 夜が明ける. ❷ 見込み가[可能性]없어지다.

날[3]〖織物の経糸(たていと)〗㉟씨.
날[4]〔나를의 縮約形〕私を.‖날 믿어 줘

私를 信じて(くれ).
날[5] 【名】나다(出る)의 未來連體形.
날[6]【ㄹ語幹】날다(飛ぶ)의 未來連體形.
날-[7] 【接頭】生の….‖날계란 生卵.
날-강도(-強盜)【名】❶ 悪質な強盗. ❷ 比喻的에〕因みかない人.‖저 날강도 같은 놈 あの図々しいやつ.
날개/nalge/【名】❶ 翼; 羽.‖날개를 펴다 翼を広げる. 독수리 날개 ワシの翼. ❷(飛行機の)翼. ❸(扇風機の)羽根. ❹(サッカーなどで)ウィング.▶날개가 돋치다 商品がよく売れる.
날개-옷【-옫】【名】(天女の)羽衣.
날갯-죽지【-갠쭉찌/-갣쭉찌】【名】翼の付け根.
날갯-짓【-갣찓/-갣찓】【名】羽ばたき.‖날갯짓을 하다 羽ばたく.
날-것【-걷】【名】❶ 生きもの(生-). ❷ 生もの(生-).‖날것을 그냥 먹다 生ものをそのまま食べる.
날-계란(-鷄卵)【-/-게-】【名】生卵.
날-고기【名】生肉. ㉟생고기(生-).
날고-뛰다【名】(技量·才能などが)抜きん出ている; ずば抜けている.

날다/nalda/【自】【ㄹ語幹】[날아, 나는, 나니]❶ 飛ぶ.‖새가 하늘을 날다 鳥が空を飛ぶ. 총알이 날아오다 弾丸が飛んでくる. ❷(色などが)薄くなる; あせる. ‖색이 날다 色あせる. ❸(水分·においなどが)蒸発する. ❹ 遠くへ逃げ다.‖범인은 해외로 날았다 犯人は海外へ逃げた.▶난다 긴다 한다(技量が)ずば抜けている.▶나는 놈 위에 타는 놈(圖)上には上がある.▶나는 새도 떨어뜨린다(飛ぶ鳥を落とすが勢い다.
날-달걀【-딸-】【名】生鷄卵(-鷄卵).
날-도둑【名】悪質な泥棒.
날도둑-질【-찔】【名】〖他動〗悪質な盗みをはたらくこと.
날-뛰다【名】❶ 躍り上がる; 跳ね上がる.‖기뻐 날뛰다 うれしくて踊り上がる. ❷ 荒れる; 暴れる.‖말이 날뛰다 馬が暴れる. ❸ のさばる; 横行する.
날라리【名】〖見くびる言い方で〗不良; チンピラ.
날래다【形】素早い; すばしこい. ㉟잽싸다.
날려-쓰다【他】갈겨쓰다의 誤り.
날렵-하다【-려-】【形】〖하形〗すばしっこい; 軽い; 敏捷(なう)だ.‖몸놀림이 날렵하다 身のこなしが軽い.
날-로[1]【副】日ごとに; 日增しに; 日に日に.‖병세가 날로 나빠지고 있다 病状が日增しに悪化している.
날-로[2]【副】生で; 生のまま.‖날로 먹다 生で食べる.
날름【副】❶ 舌を前に出す様子: ぺろり(と); ぺろっと.‖혀를 날름 내밀다 舌をぺろっと出す. ❷ 何かをつかみ取ろう

날-리다 ① 翻る; なびく. ∥나뭇잎이 바람에 날리다 木の葉が風に翻る. 머리가 바람에 날리다 髪が風になびく.
—— 他 ❶ [날리다의 使役動詞] 飛ばす. ∥종이비행기 날리다 紙飛行機を飛ばす. ❷ [凧を] 揚げる. ∥연을 날리다 凧を揚げる. ❸ [財産などを] 使い果たす; 失う. ∥도박으로 전 재산을 날리다 博打で全財産を失う. ❹ [仕事などを] いい加減にする. ∥일을 날려서 하다 仕事をいい加減にする.

날리다[2] 他 (名を) 上げる; はせる; とどろかせる. ∥한때 좌완 투수로 이름을 날렸던 사람 一時左腕投手として名をとどろかせた人. 문명을 날리다 文名をはせる.

날림 名 ❶ 手抜き仕事; やっつけ仕事; 粗雑な作り. ∥날림으로 만든 집 手抜き工事で作った家. 날림 공사 手抜き工事; 安普請. ❷ 手抜きで作られたもの; いい加減に作られたもの.

날-마다 /nalmada/ 副 毎日; 日々. ∥날마다 산책을 가다 毎日散歩に行く. 날마다 새로운 것을 배우다 日々新しいことを学ぶ.

날-받다[-따] 他 日取りを決める.

날-밤 名 何となく寝つけない夜. ▶날밤을 새우다 (まんじりともせずに) 夜明かしをする.

날-벼락 名 ❶ 青天の霹靂(へきれき). ❷ 思いがけない災難. 생벼락(生-).

날-붙이[-부치] 名 刃物類.

날-수 (-數) [-쑤] 名 日数. ∥날수를 헤다 日数を数えてみる.

날-숨 [-쑴] 名 呼気; 吐き出す息. 호기(呼気). 반들숨.

날-실[1] 名 (織物の) 経糸(たていと). 관씨실.

날-실[2] 名 生糸(きいと).

날쌔다 形 すばしこい; 素早い; 敏捷(びんしょう)だ. ∥그는 말뿐만 아니라 행동도 날쌘 사람이다 彼は言葉だけでなく行動も素早い人だ.

날씨 /nalɕ'i/ 名 天気; 空模様; 日和. ∥흐린 날씨가 계속되고 있다 曇った空模様が続いている. 맑게 갠 날씨 晴れ上がった天気. 끄물거리는 날씨 ぐずつく天気. 오늘은 날씨가 덥다 [춥다] 今日は暑い [寒い]. 소나기가 한차례 올 듯한 날씨 にわか雨が一降りしそうな空模様.

날씬-하다 /nalɕ'inhada/ 形 [하없] (体つきが) ほっそりしている; すらりとしている. ∥날씬한 몸매 すらりとした体つき. 관늘씬하다.

날아 回 [어간] 날다 (飛ぶ) の連用形.

날아-가다 /naragada/ 自 ❶ 飛ぶ; 飛んでいく; 飛び去る; 飛び立つ. ∥공이 멀리 날아가다 ボールが遠くへ飛ぶ. 비행기가 날아가다 飛行機が飛んでいく. ❷ 吹っ飛ぶ; なくなる; 消える. ∥태풍으로 지붕 기와가 날아가다 台風で屋根の瓦が吹っ飛ぶ. 지가 상승으로 내 집 마련의 꿈이 날아가다 地価の高騰でマイホームの夢が吹っ飛ぶ. 사고로 백만 원이 날아간 사건으로 100万ウォンが消えた. ❸ [목이 날아가다의 形で] 首になる; 解雇される. ∥회사에서 목이 날아가다 会社を首になる.

날아-다니다 自 飛び回る; 飛び交う.

날아-들다 自 [ㄹ變動] 飛び込む; 舞い込む. ∥새 한 마리가 처마 밑으로 날아들었다 1羽の鳥が軒下に舞い込んだ.

날아-오다 自 飛んでくる. ∥철새가 날아오다 渡り鳥が飛んでくる.

날아-오르다 [르變] 飛び上がる; 舞い上がる; 飛翔する.

날염 (捺染) [-념] 他 捺染(なっせん).

날인 (捺印) [-닌] 他 捺印(なついん). ∥서명 날인하다 署名捺印する.

날-일 [-릴] 名 日雇い仕事. ∥날일을 다니다 日雇い仕事をしている.

날조 (捏造) [-쪼] 他 捏造(ねつぞう); でっち上げ. ∥사실을 날조하다 事実を捏造する. **날조-되다** 受動.

날-줄 [-쭐] 名 (織物の) 経糸(たていと). 관씨줄.

날-짐승 [-찜-] 名 鳥類.

날-짜 /naltɕ'a/ 名 ❶ 日数; 日にち. 일자(日字). ∥이 일은 며칠 남았다 日数がある. 날짜를 세다 日にちを数える. ❷ 日取り. ∥약속 날짜 約束の日. 결혼 날짜를 잡다 結婚の日取りを決める. ❸ 日付. ∥오늘 날짜로 사표를 내다 今日付で辞表を出す. 이 사전은 날짜 순으로 편찬되었다 この辞典は日付順で編纂される.

날짜-변경선 (-變更線) 名 [地] 日付変更線.

날치 (魚介類) 名 トビウオ (飛魚).

날-치기 名 他 ❶ ひったくり; かっぱらい. ∥가방을 날치기당했다 バッグをひったくられた. ❷ やっつけ仕事; いい加減な仕事. ∥일을 날치기로 하다 仕事をいい加減にする.

날카롭다 /nalkʰaropʰta/ [-따] 形 [ㅂ變] 날카로워, 날카로운] ❶ (刃物などが) 鋭い; 鋭利だ. 관무디다. ∥날카로운 刃 鋭い刃. ❷ (意見などが) 鋭い; của ある. ∥날카로운 지적 鋭い指摘. 날카로운 눈빛 鋭い目つき. ❸ (神経・声などが) 尖っている. ∥신경이 날카롭다 神経が尖っている. 날카로운 비명 소리 甲高い悲鳴.

날쌍-하다 形 [하없] 柔らかい; ふにゃふにゃしている. ∥이 과자는 노인들이 먹기 좋게 날쌍하다 このお菓子はお年

りが食べるのにほどよく柔らかい.
날-품 [名] 日雇い.
날품팔-이 [名] 日雇い労働者.
낡다 /nak²ta/【낙따】[形] ❶古い; 古びる. ‖낡은 집에서 살고 있다 古い家に住んでいる. 낡은 옷 古着. 낡은 건물 古びた建物. ❷時代遅れだ; 古くさい. ‖낡은 사고방식 時代遅れの考え方.
낡아-빠지다 [自] ❶(ものが)使い古されている; 古ぼけている; おんぼろだ. ‖낡아빠진 옷을 걸치고 있다 着古した服をまとっている. 낡아빠진 차 おんぼろ車. ❷(考えなどが)古くさい. ‖낡아빠진 사고방식 古くさい考え方.
남[1] /nam/ [名] ❶他人; 他の人; (自分以外の)人. ‖남의 물건에 손을 대다 人のものに手をつける. 남들이 뭐라고 하든 他人が何と言おうと. 남의 집 밥을 먹다 他人の飯を食う. 남의 입에 오르다 人のうわさに上る. ❷(家族・親族以外の)人; 血のつながりのない人. ‖생판 남이다 赤の他人だ. ❸そのことと関係ない人; 当事者でない人.
남[2] (男) [名] 男. [対]여(女). ‖남녀 男女.
남[3] (南) /nam/ [名] 南. ‖남북으로 뻗어 있는 도로 南北にのびている道路.
남[4] (南) [名]《姓》南(ナム).
남가-일몽 (南柯一夢) [名] 南柯の一夢; はかない夢.
남경 (男莖) [名] 男根; 陰茎.
남계 (男系)【-/-게】[名] 男系. [対]여계(女系).
남궁 (南宮) [名]《姓》南宮(ナムグン).
남극 (南極) [名] 南極.
남극-권 (南極圏)【-꿘】[名] 南極圏.
남극-해 (南極海)【-그캐】[名] 南極海. [類]남빙양(南氷洋).
남근 (男根) [名] 男根; 陰茎.
남-기다 /namgida/ [他]〔남다の使役動詞〕❶残す; 残らせる; 余す; 保存する. ‖학생들을 교실에 남겨서 공부시키다 学生たちを教室に残らせて勉強させる. 실험 기록을 남기다 実験の記録を残す. 호랑이는 죽어서 가죽을 남긴다 虎は死して皮を残す. ❷儲ける; 利益を得る. ‖만 원만 남기고 팔아 버리다 1万ウォンの利益だけ得て売ってしまう.
남김-없이 /namgimɔp²ʃi/【-기멉씨】[副] 残らず; 余すところなく; すべて. ‖남김없이 먹어 치우다 残らず食べてしまう.
남-남 [名] 他人.
남남-끼리 [副] 他人同士で.
남남-북녀 (南男北女)【-붕-】[名] (「南の男, 北の女」の意で)東男に京女.
남녀 (男女) /namnjɔ/ [名] 男女.
남녀^공학 (男女共學) [名] 男女共学.
남녀-노소 (男女老少) [名] 老若男女.
남녀-평등 (男女平等) [名] 男女平等.
남-녘 (南-)【-녁】[名] 南方; 南の方. [対]북녘(北-). ‖남녘 하늘 南の空.
남다 /na:m²ta/【-따】[自] ❶残る. ‖밥이 남다 ご飯が残る. 늦게까지 회사에 남아서 일을 하다 遅くまで会社に残って仕事をする. 낡은 풍습이 남아 있는 지방 古い風習が残っている地方. 감정적인 응어리가 남다 感情的なしこりが残る. 역사에 남을 치적 歴史に残る治績. ❷儲かる. ‖이 장사도 경쟁이 치열해서 남는 게 거의 없다 この商売も競争が激しくて儲けが少ない. [使]남기다.
남-다르다 /namdaruda/ [形]『르変』[남달라, 남다른] 人並み外れている. ‖아이가 하는 짓이 남다르다 子どものすることが人並み外れている. 남다른 노력을 하다 並々ならぬ努力をする.
남단 (南端) [名] 南端. [対]북단(北端).
남-달리 /namdalli/ [副] 人とは違って; 人並み外れて. ‖남달리 큰 덩치 並外れて大きい図体.
남독 (濫讀) [名] [하他] 乱読.
남동 (南東) [名] 南東.
남동-풍 (南東風) [名] 南東の風.
남-동생 (男同生) /namdoŋsɛŋ/ [名] 弟. [対]여동생(女同生). ‖남동생이 한 명 있다 弟が1人いる.
남루-하다 (襤褸-)【-누-】[形]『하変』みすぼらしい; 外見が大変粗末だ. ‖옷차림이 남루하다 身なりがみすぼらしい.
남매 (男妹) [名] ❶兄と妹; 姉と弟. ❷兄弟関係. ‖몇 남매세요? 何人兄弟でいらっしゃいますか. 삼 남매예요 3人兄弟です.
남-모르다 [自]『르変』誰にも知られない; 人目につかない. ‖남모르는 고생 人知れぬ苦労.
남-몰래 /nammollɛ/ [副] 人知れず; 密かに. ‖남몰래 눈물을 흘리다 人知れず涙を流す. 남몰래 마을을 빠져나가다 密かに村を抜け出す.
남미 (南美) [名]《地名》南米; 南アメリカ.
남-반구 (南半球) [名]《地》南半球.
남발 (濫發) [名] [하他] 乱発. ‖약속 어음을 남발하다 約束手形を乱発する.
남방 (南方) /nambaŋ/ [名] ❶南方. ‖남방 불교 南方仏教. ❷남방셔츠(南方 shirts)の略語.
남방-셔츠 (南方 shirt) [名] 開襟シャツ. ✣南方の人が着ている服に似ていることから.
남벌 (濫伐) [名] [하他] 乱伐.
남부 (南部) [名] 南部.
남-부끄럽다【-따】[形]『ㅂ変』人に対して恥ずかしい; 人目にさらせない. ‖남부끄러운 성적 恥ずかしい成績.
남-부럽다【-따】[形]『ㅂ変』人がうらやましい.

남부럽잖다 [-짠타] 혱 満ち足りている; 何一つ不自由しない. ‖지금은 서울 에서 남부럽잖게 살고 있다 今はソウル で何不自由なく暮らしている.

남북 (南北) /nambuk/ 圀 ❶ 南北. ‖남북 문제 南北問題. 남북으로 뻗어 있는 길 南北に伸びている道. ❷ 韓国 と北朝鮮. ‖남북통일 朝鮮半島の統一.

남빙-양 (南氷洋) [-냥] 圀 南氷洋. ↔남극해(南極海).

남-사당 (男-) 圀 (民俗) 昔の男旅芸人.

남산 (南山) 圀 (地名) 南山(ナムサン). ↔ソウル市内にある山.

남상 (男相) 圀 男性の顔のような女性の顔つき.

남새 圀 野菜.
　남새-밭 [-받] 圀 野菜畑;菜園.
남색[1] (男色) 圀 男色.
남색[2] (藍色) 圀 藍; 紺色.
남생이 圀 (動物) イシガメ (石亀).
남서 (南西) 圀 南西.
남서-풍 (南西風) 圀 南西の風.
남성 (南性) /namsəŋ/ 圀 男性. ↔여성(女性).
남성-미 (男性美) 圀 男性美.
남성-복 (男性服) 圀 紳士服.
남성-적 (男性的) 圀 男性的の. ‖남성적인 요소 男性的な要素.
남성 호르몬 (男性 hormone) 圀 (生理) 男性ホルモン.
남성 합창 (男声合唱) 圀 (音楽) 男声合唱. ↔여성 합창 (女性合唱).
남실-거리다 囚 (波が)うねる. ⑬남실거리다.
남십자-성 (南十字星) [-짜-] 圀 (天文) 南十字星.
남아 (男兒) 圀 ❶男兒;男の子. ❷男子; 男. ▸남아 일언 중천금 (男兒一言重千金) 男子の一言は千金のごとし;武士に二言はない.
남아-넘치다 囚 満ちあふれる;みなぎる.
남아-돌다 /namado:lda/ 囚 [ㄹ語尾] [남아돌아, 남아도는, 남아돈] 有り余る. ‖힘이 남아돌고 있어 力が有り余る.
남아프리카-공화국 (南 Africa 共和國) 圀 (國名) 南アフリカ共和国.
남용 (濫用) 圀他 乱用. ‖직권을 남용하다 職権を乱用する.
남우 (男優) 圀 男優. ↔여우 (女優).
남우세-스럽다 [-따] 圀 [ㅂ変] 笑い物になりそうだ.
남-움직씨 (言語) 他動詞. ⑬타동사 (他動詞). ⑮제움직씨.
남위 (南緯) 圀 (地) 南緯.
남의-눈 /namenun/ [나메-] 圀 人目. ‖남의눈을 피하다 人目を避ける.
남의-일 [나믜-] [나메-] 圀 人のこと; 人ごと.
남-일 /namnil/ [-닐] 圀 他人事. ‖남 일같지 않다 人事に思えない.

남자 (男子) /namdʑa/ 圀 男;男子.
⑬男性. ⑮여자 (女子). ‖남자 화장실 男子トイレ. 남자 친구 ボーイフレンド. 남자 아이 男の子;男児. 남자 옷 을 입고 있다 男性の服を着ている. 차 안에는 남자 두 명이 타고 있었다 車の中には男性 2 人が乗っていた.
남자-답다 (男子-) [-따] 圀 [ㅂ変] 男らしい. ‖남자다운 태도 男らしい態度.
남자-색 (藍紫色) 圀 藍紫色.
남작[1] (男爵) 圀 男爵.
남작[2] (濫作) 圀他 濫作.
남장 (男裝) 圀他 男装.
남정 (男丁) 圀 昔,15歳以上の男子を指した語.
남정-네 (男丁-) 圀 [さないの俗っぽい言い方で] 男衆.
남-조선 (南朝鮮) 圀 (地名) 南朝鮮. ↔北朝鮮における韓国の呼び方.
남존-여비 (男尊女卑) [-녀-] 圀 男尊女卑.
남지나-해 (南支那海) 圀 (地名) 南シナ海.
남진 (南進) 圀他 南進.
남짓 [-짇] 依存 [数量を表わす語に付いて] …余り. ‖열 명 남짓 왔다 10 人余りが来た.
남짓-하다 [-지타-] 圀 [ㅎ変] …余りだ;やや多めだ; …ほどだ; …くらいだ. ‖열 살 남짓한 아이 10 歳くらいの子. **남짓-이** 囲
남-쪽 (南-) /nam'tɕok/ 圀 南; 南の方; 南方; 南側. ‖남쪽으로 난 창 南側に面している窓.
남천 (南天) 圀 (植物) ナンテン (南天).
남청 (藍靑) 圀 濃い青色.
남측 (南側) 圀 南側.
남친 (男親) 圀 [남자 친구(男子親舊)の略語] 男友だち; ボーイフレンド; 彼氏.
남침 (南侵) 圀他 南侵. ↔特に北朝鮮が韓国を侵略すること.
남-탓 [-탇] 圀 人のせい. ‖남탓으로 돌리다 人のせいにする.
남탕 (男湯) /namtʰaŋ/ 圀 (銭湯などで) 男湯. ↔여탕 (女湯).

남편 (男便) /nampʰjɔn/ 圀 夫; 亭主; だんな. ⑬아내. ‖남편은 평범한 샐러리맨이다 夫は平凡なサラリーマンである. 우리 남편 うちの亭主;うちの人.남편과 의논해 보겠습니다 夫に相談してみます. 남편 분은 무슨 일을 하세요? ご主人はどういうお仕事をされていますか.
남포 (+lamp) 圀 =남포등(-燈).
　남포-등 (-燈) 圀 石油ランプ.
　남포-불 [-뽈] [-뿔] 圀 石油ランプの明かり.
남풍 (南風) 圀 南風.
남하 (南下) 圀他 南下.

남-학생 (男學生)【-쌩】图 男子学生. ㉮여학생(女學生).

남한 (南韓)图【地名】❶(1945년 8월 15일 以降의)北緯 38 度線以南의韓国. ❷(1950年의 朝鮮戦争以降의)休戦ラインの南の韓国.

남-한대 (南寒帶)图【地】南半球の寒帯. ㉮북한대(北寒帶).

남해 (南海)图 ❶南の海. ❷【地名】朝鮮半島の南の海.

남-해안 (南海岸)图 ❶南の海岸. ❷【地名】朝鮮半島南部の海岸.

남행 (南行)图[하自] 南に行くこと.

남향 (南向)图 南向き.

 남향-집 (南向-)【-찝】图 南向きの家. ㉮북향집(北向-).

남-회귀선 (南回歸線)【-/-훼-】图 南回帰線. ㉮북회귀선(北回歸線).

남획 (濫獲)【-/-훽】图[하他] 乱獲.

납[1] (化学)图 鉛.

납[2] (納)图[하他]→납부(納付).

납골-당 (納骨堂)【-꼴-】图 納骨堂.

납관 (納棺)【-꽌】图[하他] 納棺.

납급 (納給)【-끕】图[하他] 納付.

납기 (納期)【-끼】图 納期.

 납기-일 (納期日)图 納期の締め切り日.

납-덩이[-떵-]图 鉛の塊.∥납덩이처럼 무거운 마음 鉛のように重い心.

납득 (納得)/nap̚tʰuk̚/【-득】图[하他] 納得;合点.∥도저히 납득할 수 없는 일 到底納得できないこと. 충분히 설명해서 납득시키다 十分に説明して納得させる. 납득이 가지 않다 (合点)がいかない. 납득이 가지 않는 듯한 얼굴 不服そうな顔.

납-땜图[하他] 半田付け.

납량 (納涼)【남냥】图[하自] 納涼.

납본 (納本)图[하他] 納本.

납부 (納付)【-뿌】图[하他] 納付. ㉮납입(納入).∥세금을 납부하다 税金を納付する.

 납부-금 (納付金)图 納付金.

납북 (拉北)【-뿍】图[하他] 北朝鮮に拉致(ら-)すること.∥납북자 北朝鮮に拉致された人.

납-빛[-삗]图 ❶鉛色. ❷얼굴이 납빛이 되다 顔が鉛色になる.

납세 (納稅)【-쎄】图[하自] 納稅.∥납세의 의무 納税の義務.

 납세-신고 (納稅申告)图 納税申告.

 납세-액 (納稅額)图 納稅額.

 납세-자 (納稅者)图 納稅者.

 납세필-증 (納稅畢證)【-쎄-쯩】图 納税済み証紙.

납-세공 (蠟細工)【-쎄-】图 蠟細工.

납입 (納入)图[하他] 納入. ㉮납부(納付).

 납입~고지서 (納入告知書)【-꼬-】图 納入通知書;納入告知書.

 납입-금 (納入金)【-끔】图 納入金.

납작/naptɕak̚/【-짝】副【体ヒ】地面に伏せる様子 ∥납작 엎드려 탄환을 피하다 地面に伏せて弾をよける.

납작-보리 [-짝뽀-]图 押し麦.

납작-코 图 鼻ぺちゃ.

납작-하다 [-짜카-]形[하変] 平たい;平べったい.∥납작하게 생긴 코 平べったい鼻. 납작한 돌멩이 平たい小石. 코를 납작하게 만들다 鼻っ柱をへし折る.

 납작-이 副

납-중독 (-中毒)【-쫑-】图 鉛中毒.

납채 (納采)图 結納.

납치 (拉致)图[하他] 拉致(ら-).∥모르는 남자한테 납치당하다 見知らぬ男に拉致される. **납치-되다** [受動]

납품 (納品)图 納品.∥백화점에 납품하다 デパートに納品する. 납품 업자 納品業者. **납품-되다** [受動]

 납품-서 (納品書)图 納品書.

낫/nat̚/【남】图 鎌.∥낫으로 베다 鎌で刈る. 풀 베는 낫 草刈り鎌. ▶낫 놓고 기역자도 모른다 (直訳) 「기역(ㄱ)に似ている 鎌を見てもㄱの字が分からない」の意)一丁字なし.

 낫-으로 [나스-]'낫'の一丁字な.

 낫는 [난-]【変】 낫다(治る)의現在連体形.

낫다[1] /nat̚ta/【낟따】形【ㅅ変】 [나아, 나은] いい;よい;勝(ま-)っている;優れている;ましだ.∥여러 가지 면에서 동생이 형보다 낫다 色々な面で弟の方が兄より優れている. 조건이 조금이라도 나은 곳에서 일하고 싶다 条件が少しでもいいところで働きたい. 이런 거라도 없는 것보다 낫다 こんなものでもないよりはましだ.

낫다[2] /nat̚ta/【낟따】自【ㅅ変】 [나아, 나은, 나은] (病気などが)治る;快方に向かう.∥병이 낫다 病気が治る. 조금씩 나아지고 있다 少しずつ快方に向かっている.

낫-질 [낟찔] 图[하自] 鎌で刈ること.∥낫질을 하다 鎌で刈る作業をする.

낫-표 (-標)【낟-】图 かぎ括弧(「 」).

낭독 (朗讀)图[하他] 朗読.∥시를 낭독하다 詩を朗読する.

낭-떠러지 图 崖;断崖;絶壁.∥낭떠러지에서 떨어지다 崖から落ちる.

낭랑-하다 (朗朗-)【-낭-】形[하変] ❶朗々としている.∥낭랑한 목소리 朗々とした声. ❷(月の光などが)明るくさえわたっている.∥낭랑한 달빛 皓々(こうこう)たる月の光. **낭랑-히** 副

낭만 (浪漫)图 浪漫(ろまん);ロマン.∥젊은날의 꿈과 낭만 若い日の夢とロマン.

낭만-적 (浪漫的)图 浪漫的;ロマンチック.∥낭만적인 이야기 ロマンチックな物語.

낭만-하다 (朗朗-)∥

낭만-주의 (浪漫主義)【-/-이】 图 浪漫主義.

낭만-파 (浪漫派) 图 浪漫派.

낭보 (朗報) 图 ⑩비보(悲報).
‖낭보를 전하다 朗報を伝える.

낭비 (浪費) /na:nbi/ 한영 浪費; (空しく)費やすこと; 無駄遣い. ‖시간의 낭비 時間の浪費. 에너지를 낭비하다 エネルギーを浪費する. 정력을 낭비하다 精力を費やす. 예산을 낭비하다 予算を無駄遣いする.

낭비-벽 (浪費癖) 图 浪費癖.

낭설 (浪說) 图 デマ; 流言; でっち上げ. ‖낭설을 퍼뜨리다 デマを広める.

낭-세포 (嚢細胞) 图〔生物〕嚢細胞; ⑩모세포(母細胞).

낭송 (朗誦) 图 한영 朗誦.

낭자 (娘子) 图 昔, 良家の娘を指した語.

낭자-하다 (狼藉-) 혱〔하엾〕(液体などが)飛び散っている. ‖유혈이 낭자하다 血が飛び散っている.

낭중지추 (嚢中之錐) 图 嚢中の錐(優れた人物は隠れていても自然と外に現われること).

낭패 (狼狽) 图 한자 狼狽(ﾛｳﾊﾞｲ); 慌てふためくこと; 困ったこと. ‖이거 낭패 났다 これは困ったな. ▶낭패를 보다 不覚を取る.

낮 /nat/【낟】❶ 图 昼; 昼間; 日中. ⑪밤. ‖낮과 밤 昼と夜. 낮에는 집에 없다. 昼間は家にいない. 낮에도 어두운 방 日中でも暗い部屋. ❷ 한낮の略語.

낮다 /natʰta/【낟따】혱 ❶ (高さが)低い. ‖담이 낮다 垣根が低い. 천장이 낮다 天井が低い. ❷ (度合が)低い. ‖지능이 낮다 知能が低い. 수준이 낮은 논의 レベルの低い議論. 낮은 점수를 받다 低い点数をとる. 혈압이 낮다 血圧が低い. 낮은 목소리로 말하다 低い声で話す. ⑪높다. ▶낮추다.

낮-말【낟-】图 昼間の話. ▶낮말은 새가 듣고 밤말은 쥐가 듣는다〔諺〕(「昼の話は鳥が聞き, 夜の話は鼠が聞く」の意で)壁に耳あり障子に目あり.

낮-술【낟쑬】图 昼間飲む酒.

낮-일【난닐】图 昼間の仕事.

낮-잠【낟짬】图 昼寝. ⑩오수(午睡).
‖낮잠을 자다 昼寝をする.

낮잡아-보다【낟자바-】图 見下す; 見下げる; 見くびる. ‖돈 없는 사람들을 낮잡아보다 貧しい人を見下す.

낮-추다 /natʰt͈uda/【낟-】 (낮추의 使役動詞)❶ 低める; 低くする. ‖자신을 낮추다 自分を低める. ❷ 下げる. ‖라디오 볼륨을 낮추다 ラジオのボリュームを下げる. 문제 수준을 낮추다 問題のレベルを下げる. 실내 온도를 낮추다 室温を下げる. ❸〔말을 낮추다の形で〕丁寧語を用いない; 普通体で話す.

낮춤-말【낟-】图 目下の人に使う言葉. ⑩높임말.

낯 /nat/【낟】图 顔. ⑩얼굴. ‖낯을 씻다 顔を洗う. 볼 낯이 없다 合わせる顔がない. 그 말을 듣고 낯이 빨개지다 それを聞いて顔が赤くなる. ▶낯을 가리다 人見知りする; 人怖じする. ▶낯을 붉히다 顔を合わせられない; 顔向けができない. 낯을 붉히다 顔を赤らめる; 赤面する. ▶낯(이) 깎이다 顔がつぶれる; 面目がつぶれる. ▶낯(이) 두껍다 厚かましい; 図々しい. ▶낯(이) 뜨겁다 顔がほてる; 顔から火が出る.

낯-가리다【낟까-】图 人見知りする. ‖처음 보는 사람 앞에서 심하게 낯가리다 初対面の人の前でひどく人見知りする.

낯-가림【낟까-】图 한영 人見知り.

낯-가죽【낟까-】图 面皮; 面の皮. ‖낯가죽이 두껍다 厚かましい; 図々しい.

낯-간지럽다【낟깐-따】혱〔ㅂ変〕面はゆい; 照れくさい; 照れくさい. ‖칭찬을 듣고 있자니 낯간지럽다 ほめられると面はゆい.

낯-빛【낟삗】图 顔色. ⑩안색(顔色). ‖그 소식에 낯빛이 달라지다 その知らせに顔色が変わる.

낯-설다 /natsʌːlda/【낟썰-】【ㄹ語幹】〔낯설어, 낯설은, 낯선〕見慣れていない; なじみがない. ‖낯선 얼굴 見慣れない顔.

낯-익다【난닉따】혱 見慣れている; 顔なじみだ. ‖낯익은 풍경 見慣れた景色. 낯익은 손님 顔なじみのお客さん.

낯-짝【낟짝】图〔낯の俗語〕面(ﾂﾗ); 顔. ‖뻔뻔한 낯짝을 하고 있다 図々しい顔をしている.

낱【낟】图 (数えることのできるものの)1つ 1つ.

낱-개 (-個) /na:tʰkɛ/【낟깨】图 (ばらになっているもの)一つ; 1個; ばら. ‖낱개로도 팔다 ばらでも売る.

낱-권【낟꿘】图 1冊; 1巻.

낱-낱이【난나치】뙤 一つ一つ; 一々. ‖낱낱이 일러바치다 一々告げ口する.

낱-단【낟딴】图 1束; 1たば.

낱-말【난말】图 単語. ⑩단어(單語).

낱-알【나탈】图 粒; 1粒 1粒.

낱-잔 (-盞) /낟짠/ 图 (ボトルではない酒の)1杯 1杯.

낳다 /natʰa/【나타】他 ❶ 生む; 産む; 出産する. (子どもを)もうける. ‖아이를 낳다 子どもを産む. 시대가 낳은 영웅 時代が生んだ英雄. 애를 낳고 잘 살고 있다 2人の子どもをもうけて幸せに暮らしている. 오해를 낳을 소지가 있다 誤解を生む可能性がある. 예상 밖의 결과를 낳다 予想外の結果を生む.

내[1] /nɛ/ 팝 ❶〔助詞가・게の前で用いられて〕私; 僕; おれ; われ. ‖내가 어

제 읽은 책 私が昨日読んだ本. 내가 착각했다 私が勘違いをした. 내가 알고 있는 한 私の知っている限り 내가 무슨 할 말이 있니? 私に何か話したいことがあるの？ ❷ 〔나의 縮約形〕私の. ∥내 생각으로는 私の考えでは, 내 차로 가자 私の車で行こう.

내² 〔--의 縮約形〕臭(にお)い. ∥땀내가 나다 汗臭い.

내³ 图 小川.

내⁴ 图 〔空間·時間의〕内; …中. ∥지역 내 地域内. 한 시간 내 1時間内.

내- 接頭 〔動詞에 붙어〕外側에 向하다는 意를 表하다; 出す. ∥내쫓다 追い払う. 내보내다 追い出す.

-내 接尾 〔時間을 表하는 名詞에 붙어〕그 期間의 始めから終わりまでの意を表わす; …中(じゅう). ∥여름내 夏中. 하루내 一日中.

내각¹ (内角) 图 ❶ 〔數學〕内角. ❷ 〔野球〕内角. インコーナー. ㉗외각(外角).

내각² (内閣) 图 内閣.
내각불신임안 (内閣不信任案) 【-뿔씨님안】图 内閣不信任案.
내각책임제 (内閣責任制) 图 議院内閣制. ㉗의원 내각제(議院内閣制).

내-갈기다 他 ❶ 殴りつける；ぶん殴る；はり飛ばす；力いっぱい殴る. ∥따귀를 내갈기다 横っ面(㋐)を殴る. ❷ なぐり書きする. ∥불펜으로 내갈기다 ボールペンでなぐり書きする. ❸ 排泄する. ❹ 乱射する. ∥총을 마구 내갈기다 銃を乱射する.

내객 (来客) 图 来客.

내-걸다 他 〔ㄹ語幹〕 ❶ 掲げる；打ち出す. ∥이름을 내걸다 名前を掲げる. 슬로건을 내걸다 スローガンを掲げる. 새로운 정책을 내걸다 新しい方針を打ち出す. ❷ 〔命などを〕かける. ∥목숨을 내걸고 싸우다 命がけで戦う.

내-게 〔나에게의 縮約形〕私に. ∥내게 생각할 시간을 조금 줄래？ 私に考える時間を少しくれる？

내과 (内科) /nɛːk̚kwa/ 【-꽈】图 内科. ∥내과 의사 内科医.

내관¹ (内観) 图 自 内観.
내관² (来館) 图 自 来館.
내관³ (内官) 图 来観.

내구 (耐久) 图 自 耐久.
내구-력 (耐久力) 图 耐久力.
내구-성 (耐久性) 【-성】图 耐久性.
내구-재 (耐久材) 图 耐久材.

내국 (内國) 图 内国. 自国.
내국-법 (内國法) 【-뻡】图 〔法律〕内国法；法廷地法.
내국-세 (内國稅) 【-쎼】图 自国内의 稅金.
내국-인 (内國人) 图 内国人.

내규 (内規) 图 内規.
내근 (内勤) 图 自 内勤. ㉗외근(外勤).

내-기¹ /nɛːgi/ 图 他 賭け. ∥내기를 하다 賭けをする. 내기 바둑을 두다 賭け碁を打つ.

-내기 接尾 ❶ 〔場所를 表わす名詞에 붙어〕그 場所의 出身임을 表わす；…出身；…生まれ. ∥시골내기 田舎出身. ❷ 같은 條件의 사람임을 表わす. ∥동갑내기 同い年の人. 보통[여간]내기가 아니다 ただ者ではない. 풋내기 青二才.

내-내 副 ずっと；最初から終わりまで. ∥1년 내내 눈이 내리다 一年中雪が降る.

내년 (来年) /nɛːnjən/ 图 来年. ∥내년에 한국으로 유학 갈 예정이다 来年、韓国へ留学するつもりだ. 내년 이맘때는 来年の今頃は.
내년-도 (来年度) 图 来年度.

내-놓다 /nɛːnot̚ha/ 【-노타】他 ❶ 出しておく；見せる. ∥신제품을 내놓다 新製品を出す. 참신한 아이디어를 내놓다 斬新なアイデアを出す. 받아들일 수 없는 조건을 내놓다 受け入れられない条件を出す. 쓰레기를 집 앞에 내놓다 ごみを家の前に出す. ❷ 〔家·店舖などを〕売りに出す. ∥집을 내놓다 家を売りに出す. ❸ 〔職·地位などから〕退く；辞める. ∥자리를 내놓다 職を辞める. ❹ さらけ出す；あけすけにする. ∥내놓고 말하다 あけすけにものを言う. 내놓고 나쁜 짓을 하다 おおっぴらに悪事をはたらく. ❺ 投げ出す；投じる. ∥전 재산을 내놓다 全財産を投じる[投げ出す].

내다¹ /nɛːda/ 他 〔나다의 使役動詞〕❶ 出す. ∥용기를 내다 勇気を出す. 신문에 광고를 내다 新聞に広告を出す. 좋은 결과를 내다 いい結果を出す. 성명을 내다 声明を出す. 욕심을 내다 かなり欲を出す；かなり欲張る. ❷ 立てる. ∥소문을 내다 うわさを立てる. 이상한 소리를 내다 変な音を立てる. 갑자기 화를 내다 急に腹を立てる. 사고를 내다 事故を起こす. 일을 내다 ことを起こす. ❸ あける. ∥벽에 구멍을 내다 壁に穴をあける. ❹ 〔金などを〕払う；収める；納める. ∥세금을 내다 税金を納める. 수업료를 내다 授業料をおさめる. 벌금을 내다 罰金を払う. ❺ 〔빚을 내다의 形으로〕お金を借りる；借金する. ❻ 〔모를 내다의 形으로〕田植えをする. ❼ 〔시간을 내다의 形으로〕時間をつくる. ❽ 〔…티를 내다의 形으로〕…ぶる. ∥학자티를 내다 学者ぶる.

내다² [補動] 그 동작을 끝내 다 해냄을 나타냄: …抜く; …切る. ‖어려운 일을 해내다 難しい仕事をやり抜く.

내다-보다 /nɛːdaboda/ [他] ❶ 外を見る; 眺める. ‖바깥을 내다보다 外を眺める. ❷ 予測する; 予想する; 推し量る; 見越す; 見据える. ‖십 년 앞을 내다보다 10年先を見通す. ⇨내다보이다.

내다-보이다 [自] 〔내다보다의 受身動詞〕眺められる; 見える; 見渡せる. ‖바깥이 내다보이는 자리에 앉다 外が眺められる席に座る.

내-닫다 [-따] [自][ㄷ変] 飛び出す; 走り出す; 勢いよく前に進む. ‖아이가 길 쪽으로 내닫다 子どもが道路の方に飛び出す.

내-달〔來-〕[名] 来月. ⇨다음 달.

내-달리다 [自] =내닫다.

내-던지다 /nɛːdəndʒida/ [他] ❶ 投げつける; 放り出す; 投げ捨てる. ‖훔친 물건을 내던지고 도망가다 盗んだものを放り出して逃げる. 재떨이를 내던지다 灰皿を投げつける. ❷ (財産·身なども) 差し出す; 投げ打つ. ‖전 재산을 내던지다 全財産を投げ出す. ❸ 叩きつける. ‖사표를 내던지다 辞表を叩きつける.

내-돌리다 [他] むやみに持ち出して人の手に渡るようにをする; 放置する.

내-동댕이치다 [他] 投げ飛ばす; 投げつける; 叩きつける; 投げ打つ. ‖손에 든 것을 땅바닥에 내동댕이치다 手に持っていたものを地面に投げつける.

내-두르다 [他][르変] 振り回す. ⇨내둘리다.

내둘리다 [自] 〔내두르다의 受身動詞〕振り回される. ‖허위 정보에 내둘리다 にせ情報に振り回される.

내-디디다 [他] 踏み出す. ⇨내딛다. ‖첫발을 내디디다 第一歩を踏み出す.

내-딛다 [-따] [他] 내디디다의 縮約形.

내락〔內諾〕[名][하動] 内諾.

내란〔內亂〕[名] 内乱. ‖내란이 일어나다 内乱이 起きる. 내란을 일으키다 内乱を起こす.

　　내란-죄〔內亂罪〕[-죄 /-줴] [名][法律] 内乱罪.

내레이션〔narration〕[名] ナレーション.

내레이터〔narrator〕[名] ナレーター.

내려-가다 /nɛrjəɡada/ [自] ❶ 下りていく; 階段を下りて行く. ‖언덕을 내려가다 坂道を下りていく. ❷ 下(쏙)る; 行く. ‖산을 내려가다 山を下る. 배를 타고 강을 내려가다 舟に乗って川を下る. 시골에는 언제 내려가세요? 田舎へはいつ行かれるんですか. ❸ (成績·値段などが) 下がる. ‖성적이 자꾸 내려가서 걱정이다 成績が下がる一方で心配だ. 기온이 영하로 내려가다 気温が氷点下に下がる. 바지가 내려가다 ズボンが下がる. ⇨올라가다.

— [他] 下ろす; 下の方に下げる. ‖일 층으로 짐을 내려가다 1階へ荷物を下ろす.

내려-꽂다 [-꼳따] [自他] 強く打ち込む. ‖칼을 내려꽂다 刀を強く打ち込む.

내려-놓다 /nɛrjənotʰa/ [-노타] [他] 下ろす; 下に置く. ⇨올려놓다. ‖짐을 내려놓다 荷物を下ろす. 냄비를 불에서 내려놓다 鍋を火から下ろす.

내려다-보다 [他] ❶ 見下ろす. ⇨올려다보다. ‖남산에서 서울 시내를 내려다보다 ナムサン(南山)からソウル市内を見下ろす. ❷ 見下す; 見くびる.

내려-서다 [自] 降り立つ.

내려-앉다 /nɛrjanʔta/ [-안따] [自] ❶ 着陸する; とまる. ‖비행기가 활주로에 내려앉다 飛行機が滑走路に着陸する. 새가 나무 위에 내려앉다 鳥が木の上にとまる. ❷ (屋根などが) 崩れ落ちる. ‖눈 때문에 지붕이 내려앉다 雪で屋根が崩れ落ちた. ❸ (予想しなかった事態が起きて) ぎくっとする. ‖그 말을 듣고 가슴이 덜컥 내려앉았다 それを聞いてぎくっとした.

내려-오다 /nɛrjoda/ [自] ❶ 下りる; 下りてくる. ‖산에서 내려오다 山から下りる [下りてくる]. 차단기가 내려오다 遮断機が下がる. ❷ (地方へ) 下る; 来る. ‖서울에서 내려온 사람 ソウルから来た人. ❸ (上部機関から命令·示達などが) 下る. ‖시달이 내려오다 示達が下る.

— [他] 下ろす; 下の方に下げる. ‖이 층에서 책상을 내려오다 2階から机を下ろす.

내려-치다 [他] 切り落とす; 振り落とす; 打ち下ろす; 切り下ろす; 叩きつける; 強く叩く. ‖주먹으로 탁자를 내려치다 こぶしでテーブルを叩きつける. 등짝을 내려치다 背中を強く叩く.

내력〔來歷〕[名] 来歷; いきさつ; 経歷; 由来. ‖집안 내력 家系の由来.

내로라-하다 [自][하変] 自分[われ]こそはと思う.

내륙〔內陸〕[名] 内陸.

　　내륙성-기후〔內陸性氣候〕[-썽-] [名][地] 内陸気候.

　　내륙-하천〔內陸河川〕[-류 카-] [名] 内陸河川.

내리 [副] ずっと; 続けて. ‖내리 세 번이나 대학 입시에 실패하다 3度も続けて大学受験に失敗する.

내리-깔다 [他][ㄹ語變] (目を) 伏せる. ‖그 사람은 눈을 내리깔고 이야기하는 버릇이 있다 彼は目を伏せて話す癖がある.

내리-내리 [副] 代々. ‖그 집안은 내리내리 학자를 배출하고 있다 その家は代々学者を輩出している.

내리다 /nɛrida/ [自] ❶ 降りる; 下りる. ‖차에서 내리다 車から降

리. 집 앞에서 내리다 家の前で降りる. ‖막이 내리다 幕が下りる. ‖허가가 내리다 許可が下りる. ‖서리가 내리다 霜が降りる. ‖비행기가 활주로에 내리다 飛行機が滑走路に下りる. ❷ 下がる. ‖물가가 내리다 物価が下がる. ‖열이 내리다 熱が下(さ)る. ❸ (値)下がる. ‖판결이 내리다 判決が下る. ❹ (雪·雨などが)降る. ‖비가 내리다 雨が降る. ‖눈이 내리는 날 雪の降る日. ❺ (根が)下りる; 張る; 根づく. ‖뿌리가 내리다 根づく.
― 囮 ❶ 降ろす; 下ろす. ‖짐을 내리다 荷物を降ろす. 저기서 내려 주세요 あそこで降ろしてください. ‖막을 내리다 幕を下ろす. ❷ 下げる. ‖값을 내리다 値を下げる. 문제의 수준을 내리다 問題のレベルを下げる. ❸ 下(さ)す. ‖판결을 내리다 判決を下す. 엄벌을 내리다 厳罰を下す. 결단을 내리다 決断を下す. 명령을 내리다 命令を下す. 정의를 내리다 定義を下す. ❹ (水を)流す. ‖화장실의 물을 내리다 トイレの水を流す. ‖뿌리를 내리다 根を下ろす.
내리-뜨다 [ㄷ变] (目を)伏せる; (視線を)下に向ける. ㉰치켜뜨다. ‖켕기는 것이 있는지 눈을 내리뜨고 이야기하다 後ろめたいことがあるのか, 目を伏せて話す.
내리-막 图 ❶ 下り坂. ㉰오르막. ❷ 下降気味; 落ち目. ‖저 배우도 이제부터 내리막이다 あの俳優ものちの先落ち目だ.
내리막-길 [-낄] 图 ❶ 下り坂. ㉰오르막길. ❷ 인기가 내리막길로 접어들다 人気が下り坂に向かう.
내리-비추다 囮 上から下へ照らす.
내리-비치다 圄 (光が)差す; 照りわたる. ‖교교하게 내리비치는 달빛 아래에서 皓皓(ごう)と照りわたる月の光の下で.
내리-사랑 图 ❶ 子に対する親の愛情. ❷ 孫に対する祖父母の愛情. ㉰치사랑. ▶내리사랑은 있어도 치사랑은 없다 親が子を思う気持ちに子が親を思う気持ちは及ばない.
내리-쬐다 [-/-쬐-] 圄 照りつける; (日差しが)降りそそぐ. ‖한여름의 태양이 내리쬐다 真夏の太陽が照りつける.
내리-치다 囮 叩き落とす; 打ち落とす.
내림-세 (-勢) 图 (物価などの)下落傾向. ㉰오름세(-勢).
내림차-순 (-次順) 图 (数学) 降順. ㉰오름차순(-次順).
내림-표 (-標) 图 (音楽) フラット(♭). ㉰올림표(-標).
내막[1] (內幕) 图 内幕; 内輪の事情.
내막[2] (內膜) 图 [解剖] 内膜.
내-맡기다 [-맏끼-] 图 一任する; すべて任せる; すべて委ねる. ‖이번 일은 그에게 내맡기고 있다 今回のことは彼にすべて委ねている.

내면 (內面) 图 内面. ㉰외면(外面).
내-몰다 /nɛːmoːlda/ 囮 [ㄹ語幹] ❶ 追い込む; 追い出す; 駆り立てる. ‖밖으로 내몰다 外に追い出す. 국민들을 전쟁으로 내몰다 国民を戦争に駆り立てる. ㉰내몰리다. ❷ (車を)飛ばす; 走らせる. ‖급히 차를 내몰다 急いで車を走らせる.
내몰-리다 /nɛmolːrida/ 圄 (내몰다の受身動詞)追い込まれる; 駆り立てられる. ‖궁지로 내몰리다 ピンチに追い込まれる.
내무 (內務) 图 内務.
내무-반 (內務班) 图 (軍事)内務班.
내무-부 (內務部) 图 (行政)内務部.
✦日本の旧内務省に当たる.
내-밀다 /nɛːmiːlda/ 囮 [ㄹ語幹] ‖내밀어, 내미는, 내민) ❶ 突き出す; 差し出す; 差し伸べる. ‖손을 내밀다 手を差し出す. 입술을 삐쭉 내밀다 唇を突き出す. ❷ (顔を)出す. ‖오랜만에 친목회에 얼굴을 내밀다 久々に親睦会に顔を出す. ㉰얼굴을 내밀다; 내밀다; 追い払う. ‖사람들을 문 밖으로 내밀었다 人々を門外に押し出した. ㉰내밀리다. ❹ 押し付ける. ‖맡긴 일을 못 하겠다고 나에게 내밀다니 頼んだ仕事ができないと私に押し付けるとは.
내밀-리다 圄 (내밀다の受身動詞)追い出される; 追いやられる.
내밀-하다 (內密-) [하곁] 内密だ.
내방 (來訪) 图 (自他動) 来訪.
내-배알 (內胚葉) 图 (動物)内胚葉.
내-뱉다 /nɛːbɛtːta/ 囮 [받따] ❶ 吐き出す. ‖괴로운 듯이 담을 내뱉다 苦しそうに痰(たん)を吐き出す. ❷ 言い捨てる. ‖불쾌하다는 듯이 말을 내뱉었다 不快そうに言い捨てた.
내-버리다 /nɛːborida/ 囮 捨てる; 見捨てる. ‖쓰레기를 내버리다 ごみを投げ捨てる. ㉰아이를 내버려 두다 放っておく; 放置する. 우는 아이를 내버려 두다 泣いている子どもを放っておく.
내벽 (內壁) 图 内壁. ㉰외벽(外壁).
내-보내다 /nɛːboneda/ 囮 ❶ 外へ出す. ‖아이들을 밖에 내보내 놀게 하다 子どもたちを外に出して遊ばせる. ❷ 送り出す. ❸ 追い出す; 解雇する. ‖일꾼을 내보내다 使用人を追い出す[解雇する].
내보-이다 ❶ (取り出して)見せる. ‖학생증을 내보이다 学生証を見せる. ❷ (考え·感情などを)表に出す; のぞかせる. ‖속셈을 내보이다 下心をのぞかせる.
내복[1] (內服) 图 下着; 肌着.
내복[2] (內服) 图 [薬学] 内服.
내복-약 (內服藥) [-뇨] 图 内服薬. ㉰외용약(外用薬). ‖내복약을 먹

내부(內部) /nɛːbu/ 명 内部. ㉗외부(外部). ‖건물의 내부 建物の内部. 내부 사정을 잘 알고 있다 内部の事情に詳しい.

내분¹(內分) 명 [수학] 内分. ㉗외분(外分).

내분²(內紛) 명 内紛; もめ事. ‖내분이 일어나다 内紛が起こる. 내분이 끊이지 않다 もめ事が絶えない.

내-분비(內分泌) 명 [生理] 内分泌.
 내분비-물(內分泌物) 명 [生理] 内分泌物.
 내분비-샘(內分泌-) 명 [生理] 内分泌腺.

내비게이션(navigation) 명 ナビゲーション.

내비게이터(navigator) 명 ナビ;ナビゲーター.

내-비치다 자 ❶〔光などが〕漏れる. ‖창밖으로 불빛이 내비치다 窓の外に明かりが漏れる. ❷ほのめかす. ‖속내를 내비치다 内情をほのめかす. ❸透ける. ‖속살이 내비치는 블라우스 肌の透けるブラウス.

내빈(來賓) 명 来賓.
 내빈-석(來賓席) 명 来賓席.

내-빼다 자 逃げ出す. ‖잽싸게 내빼다 素早く逃げ出す.

내-뿜다〔-따〕 타 吹き出す;吐き出す;噴出する. ‖담배 연기를 내뿜다 タバコの煙を吐き出す.

내색(-色) /nɛːsɛk/ 하자 表情にする; そぶり. ‖싫은 내색을 하다 嫌そうな表情を見せる. 한번도 싫어하는 내색을 한 적이 없다 一度も嫌がるそぶりを見せたことがない.

내서(耐暑) 명·하자 耐暑.

내선(內線) 명 内線. ㉗외선(外線).

내성¹(內省) 명[심리] 内省.
 내성-적(內省的) 명 内気. ‖내성적인 성격 内気な性格.

내성²(耐性) 명 耐性. ‖내성이 생기다 耐性ができる.

내세(來世) 명 [仏教] 来世. ㉘전세(前世);현세(現世).

내-세우다 /nɛːseuda/ 타 ❶〔前に〕立たせる. ‖사장을 담당자를 앞에 내세워서 설명하게 했다 社長に担当者を前に立たせて説明させた. ❷〔ある目的のために〕前面に立たせる;立てる. ‖증인으로 내세우다 証人として立てる. 후보로 내세우다 候補に立てる. ❸自慢する;見せびらかす. ‖경력을 자랑스럽게 내세우다 経歴を自慢げに見せびらかす. ❹〔主義·方針·権利·名分などを〕掲げる;打ち出す;主張する. ‖선거 공약으로 내세우다 選挙の公約として掲げる. 권리를 내세우다 権利を主張する. ❺〔よく見えるように〕外に出す. ‖간판을 밖에 내세우다 看板を外に出す.

내셔널리즘(nationalism) 명 ナショナリズム.

내수¹(內需) 명 内需. ㉗외수(外需).

내수²(耐水) 명·하자 耐水.
 내수-성(耐水性)〔-썽〕 명 耐水性.

내숭(←內凶) 명 猫かぶり. ‖내숭을 떨다 猫をかぶる.

내-쉬다〔息を〕吐く;吐き出す. ‖가쁜 숨을 내쉬다 苦しそうに息を吐き出す.

내습(來襲) 명·하자 来襲.

내시¹(內侍) 명 [歷史] 宦官.

내시²(內示) 명·하자 内示.

내시-경(內視鏡) 명 [医学] 内視鏡. ‖위 내시경 胃内視鏡; 胃カメラ.

내신(內申) 명 内申. ‖내신 성적 内申書の成績.
 내신-서(內申書) 명 内申書.

내실(內實) 명 ❶内部の事情. ❷内充実. ‖내실을 기하다 内的充実を期する.

내심¹(內心) 명 ❶内心; 心の中. ❷〔副詞的に〕内心. ‖내심 기뻐하고 있다 内心喜んでいる.

내심²(內心) 명 [수학] 内心. ㉗외심(外心).

내-쏘다 言い放つ. ‖모진 말을 내쏘다 きつい言葉を言い放つ.

내야(內野) 명 〔野球で〕内野. ㉗외야(外野).
 내야-수(內野手) 명 〔野球で〕内野手. ㉗외야수(外野手).

내역(內譯) 명 内訳. ㉘명세(明細).

내연¹(內緣) 명 内縁. ‖내연의 처 内縁の妻.

내연²(內燃) 명·하자 内燃.
 내연-기관(內燃機關) 명 [物理] 内燃機関.

내연(來演) 명·하자 来演.

내열(耐熱) 명·하자 耐熱. ‖내열 유리 耐熱ガラス.

내-오다 타 運び出す; 持ってくる;出す. ‖손님께 마실 것을 내오다 お客様に飲み物を出す.

내왕(來往) 명·하자 行き来; 往来; 交流.

내외(內外) 【-/-에】 명 ❶内外. ㉘안팎. ❷夫婦. ‖오늘은 내외가 같이 왔네 今日はご夫婦一緒だね. ❸〔数詞の後で〕前後; くらい. ‖천 명 내외로 살 수 있다 千ウォン前後で買える.

내외-분(內外-) 명 〔내외(內外)の尊敬語〕 ご夫婦. ‖대통령 내외분 大統領ご夫妻.

내외-하다(內外-) 자[하자] 〔儒教の教えで〕女性がよその男性と顔を合わせることを避ける.

내용(內容) /nɛːjoŋ/ 명 内容; 中身. ‖책 내용 本の内容. 내용이 없는 이야

기 内容のない話: 내용이 빈약한 수업 中身の乏しい授業. 자세한 내용 詳細.
내용-물(内容物) 图 内容物.
내용゛증명(内容證明) 图 =내용 증명 우편(内容證明郵便).
내용゛증명゛우편 (内容證明郵便) 图 内容証明.
내우-외환 (内憂外患) [-/-위-] 图 内憂外患.
내의 (内衣) [-/-이] 图 肌着; 下著. ⑩속옷.
내이 (内耳) 图 〔解剖〕 内耳.
내인 (内因) 图 内因. ⑪외인 (外因).
내일 (來日) /neːil/ 图 ❶明日 (あす). ‖시험은 내일 실시된다 試験は明日行なわれる. 내일부터 여름 방학이다 明日から夏休みだ. 내일까지 리포트를 제출해야 한다 明日までレポートを提出しなければならない. ❷〔比喩的に〕 将来; 未来. あす.
내일-모레 (來日-) 图 ❶ =모레. ❷ 가까이 됨.
내장¹ (内粧·内裝) 图 他 内装. ‖내장 공사 内装工事.
내장² (内蔵) 图 他 内蔵. **내장-되다** 受動 칩이 내장되어 있다 チップが内蔵されている.
내장³ (内臟) 图 〔解剖〕 内臓.
내재 (内在) 图 自 内在. ⑪외재 (外在).
내재-적 (内在的) 图 内在的. ‖내재적인 요소 内在的な要素.
내-적 (内的) [-쩍] 图 内的. ㉠외적 (外的). ‖내적 갈등 内的葛藤. 내적인 요인 内的な要因.
내전 (内戰) 图 内戦. ‖내전이 일어나다 内戦が起こる.
내접 (内接) 图 自〔数学〕内接. ⑪외접 (外接).
내접-원 (内接圓) 图〔数学〕内接円. ㉠외접원 (外接圓).
내-젓다 [-젇따] 他〔人変〕 ❶〔手や손에 가진 것들을〕大きく振り動かす; 振り回す; 振る. ‖손을 휘휘 내젓다 手をぶんぶん振る. 고개를 내젓다 首を横に振る. ❷〔船を〕漕ぎ出す. ‖강 건너를 향해 배를 내젓다 対岸へ向けて船を漕ぎ出す.
내정¹ (内定) 图 他 内定. ‖채용이 내정되다 採用が内定する.
내정² (内政) 图 内政.
내정゛간섭 (内政干涉) 图 内政干涉.
내조 (内助) 图 他 内助. ‖내조의 공 内助の功.
내종 (内從) 图 いとこ (父の姉妹の子). ㉠고종 (姑從).
내주 (來週) 图 来週. ⑩다음 주 (一週). ‖내주에 한국에 간다 来週韓国へ行く. ✥一般的に다음 주をよく使う.

내-주다 /nɛːdʑuda/ 他 ❶〔持っているものを〕渡す; 明け渡す; 譲る. ‖사장 자리를 내주다 社長の座を譲る. 적군에게 길을 내주다 敵軍に道を明け渡す. ❷〔中にあるものを〕取り出して与える〔渡す〕. ‖서랍에서 서류를 내주다 引き出しから書類を取り出して渡す.
내지¹ (乃至) 图 ないし; または. ‖삼 일 내지 사 일 걸리는 일 3日ないし4日かかる仕事.
내지² (内地) 图 ❶ 内地. ⑪외지 (外地). ❷ 内陸.
내-지르다 他〔르変〕 ❶〔遠くへ〕蹴飛ばす; 激しく振り回す; 振り上げる. ‖공을 멀리 내지르다 ボールを遠くへ蹴飛ばす. 주먹을 내지르다 こぶしを振り上げる. ❷〔声を〕張り上げる. ❸〔俗っぽい言い方で〕=낳다 (子どもを産む)・누다 (排泄する).
내진¹ (内診) 图 他〔医学〕内診.
내진² (耐震) 图 耐震. ‖내진 구조 耐震構造.
내쫓-기다 [-쫀끼-] 自〔내쫓다の受身動詞〕追い出される; 追い払われる. ‖집에서 내쫓기다 家から追い出される.
내-쫓다 /nɛːʔdʑotʔta/ [-쫃따] 他 追い出す; 追い払う. ‖도둑고양이를 내쫓다 のら猫を追い払う. ⑩내쫓기다.
내-차다 他 突っぱねる; 追い出す; 追い払う.
내척 (内戚) 图 内戚; 内親.
내친걸음-에 ❶ ついでに. ❷〔気が向いたついでに〕最後まで. ‖내친걸음에 일을 끝내다 ついでに仕事を終わらせる.
내-출혈 (内出血) 图〔医学〕内出血.
내측 (内側) 图 内側. ⑩안쪽.
내-치다 ❶ 突っぱねる; 追い出す; 追い払う.
내통 (内通) 图 他 内通; 内応.
내친걸음-에 ついでに. ‖내친걸음에 은행에 가서 돈도 찾아 왔다 出かけたついでに銀行に寄ってお金も下ろしてきた.
내친김에 ついでに. ‖내친김에 창문 청소까지 하다 (掃除を始めたついでに窓の掃除までする.
내침 (内侵) 图 自他 侵入してくること.
내키다 /nɛːkʰida/ 自 ❶ 気乗りする; 乗り気になる; 気が向く; その気になる. ❷ 마음이 내키는 대로 하세요 気の向くままにしてください. 마음이 내키지 않는 모양이다 気乗りしない様子だ.
내통 (内通) 图 他 内通. ‖적과 내통하다 敵と内通する.
내-팽개치다 投げ捨てる; 放り出す. ‖모든 것을 내팽개치다 すべてのことを放り出す. 숙제를 내팽개치고 놀러 나가다 宿題を放り出して遊びに行く.
내포 (内包) 图 他 ❶ はらむこと; 含むこと. ❷ 外延 (外延). ❸ 가능성을 내포하고 있다 可能性を含んでいる. 모

순을 내포하다 矛盾をはらむ.

내피(內皮) 图 (生物) 内皮. ㉟외피(外皮).

내핍(耐乏) 图 (自自) 耐乏. ‖내핍 생활 耐乏生活.

내한¹(來韓) 图 (自自) 来韓; 韓国に来ること. ‖내한 공연 来韓公演.

내한²(耐寒) 图 (自自) 耐寒.

내항¹(內項) 图 (数学) 内項. ㉟외항(外項).

내항²(來航) 图 (自自) 来航.

내항-동물(內肛動物) 图 (動物) 内肛動物.

내-행성(內行星) 图 (天文) 内惑星. ㉟외행성(外行星).

내향(內向) 图 内向.

내향-성(內向性) [—쌩] 图 内向性. ㉟외향성(外向性).

내화(耐火) 图 耐火. ‖내화 벽돌 耐火煉瓦.

내화-성(耐火性) [—쌩] 图 耐火性.

내환(內患) 图 ❶内患; 内憂. ❷家庭内の心配事.

내-후년(來後年) 图 再来年; 2年後.

내-휘두르다[ㄹ変] (手やこぶしなど を) やたらに振り回す.

내-흔들다[ㄹ語幹] 外に出して振る; 振り回す.

냄비 /nɛmbi/ 图 鍋. ‖냄비 뚜껑 手鍋. 손잡이가 달린 냄비 手鍋り鍋; 手鍋. 자선냄비 社会鍋. 냄비를 불에 올려놓다 鍋を火にかける.

냄새 /nɛmsɛ/ 图 におい; 香り. ㉥臭. ‖코를 찌르는 냄새 香ばしいにおい. 냄새가 진하다 においが強い. 냄새가 독하다 においがきつい. 생선 냄새를 맡고 고양이가 다가왔다 魚のにおいをかぎつけて猫が寄ってきた. 향수 냄새를 피우다 香水のにおいを漂わす.

냄새-나다 (自) におう; においがする. 공 냄새나는 방 かびくさい部屋.

냅다¹ [—따] 形 [ㅂ変] 煙たい; 煙い. ‖내워서 눈을 들 수가 없다 煙たくて目が開けられない.

냅다² [—따] 副 一気に; いきなり; 勢いよく; 一目散に. ‖가방을 들고 냅다 뛰어가다 かばんを抱えて一気に走っていく. 냅다 도망치다 一気に逃げ出す.

냅색(knapsack) 图 ナップザック.

냅킨(napkin) 图 (食事の時の)ナプキン.

냇-가[내까/낻까] 图 川のほとり; 川辺. ㉥천변(川邊).

냇-둑[내뚝/낻뚝] 图 川岸の土手.

냇-물[낸—] 图 川の流れ; 川の水.

냉¹(冷) 图 ❶(漢方)冷え性. ❷帯下(하).

냉-²(冷) 接頭 冷—; アイス—. ‖냉커피 アイスコーヒー.

냉-가슴(冷—) 图 ❶(漢方)体を冷やしたために生じる胸焼け. ❷人知れず気をもむこと. ‖벙어리 냉가슴 앓듯 하다 1人でよくよしている.

냉각(冷却) 图 (自他) 冷却.

냉각-기(冷却器) 图 [—끼] 冷却器.

냉각-기간(冷却期間) [—끼—] 图 冷却期間. ‖냉각기간을 두다 冷却期間を置く.

냉각-수(冷却水) [—쑤] 图 冷却水.

냉각-재(冷却材) [—째] 图 冷却材.

냉각-제(冷却劑) [—쩨] 图 冷却剤.

냉-국(冷—) [—꾹] 图 冷製スープ.

냉기(冷氣) 图 冷気; 冷たい空気. ㉟온기(溫氣). ‖냉기가 흐르는 분위기 冷たい空気が漂う雰囲気.

냉-난방(冷煖房) 图 冷暖房.

냉담-하다(冷淡—) 形 [하여] 冷淡だ; 態度などが)冷たい; 冷ややかだ. ‖냉담한 태도 冷淡な態度.

냉대(冷待) 图 (他) 冷遇. ㉟우대접(待遇). **냉대-받다** (受身)

냉대²(冷帶) 图 (地) 冷帯; 亜寒帯.

냉대-기후(冷帶氣候) 图 (地) 冷帯気候.

냉대-림(冷帶林) 图 (地) 冷帯林; 亜寒帯林.

냉돌(冷埃) 图 オンドル(온돌)を焚いていない部屋; 冷たい部屋.

냉동(冷凍) 图 (他) 冷凍.

냉동-고(冷凍庫) 图 冷凍庫.

냉동-법(冷凍法) [—뻡] 图 冷凍法.

냉동-식품(冷凍食品) 图 冷凍食品.

냉동-실(冷凍室) 图 冷凍室.

냉랭-하다(冷—) [—넝—] 形 [하여] ❶冷え冷えとしている. ❷(態度が)冷淡だ; 冷たい.

냉면(冷麵) [nɛːŋmjʌn] 图 (料理) 冷麵.

냉방(冷房) [nɛːŋbaŋ] 图 冷房. ㉟난방(煖房). ‖냉방이 되고 있는 사무실 冷房がきいている事務室. 냉방중 冷房中.

냉방-병(冷房病) [—뼝] 图 冷房病.

냉방-장치(冷房裝置) 图 冷房装置.

냉소(冷笑) 图 冷笑. ‖냉소를 머금다 冷笑を浮かべる. 냉소를 금할 수 없었다 冷笑を禁じ得なかった.

냉소-적(冷笑的) 图 冷ややかな態度. ‖냉소적인 반응을 보이다 冷ややかな反応を示す.

냉수(冷水) /nɛːŋsu/ 图 冷水; お冷や. ㉥찬물. ㉟온수(溫水). ‖냉수 한 잔 주세요 お冷や1杯ください. ▶냉수 먹고 속 차려라 (諺) お冷やでも飲んでしっかりしなさい. ▶냉수 먹고 이 쑤시기 (諺) (「冷水を飲んで歯をほじくる」の意で)中身がないのにあるふりをすることのたとえ.

냉수-마찰(冷水摩擦) 图 冷水摩擦.

냉안-시 (冷眼視) 图他 冷たい目で見ること; 白い目で見ること.
냉엄-하다 (冷嚴) 图 [하変] 冷厳だ. ‖냉엄한 현실에 직면하다 冷厳な現実に直面する.
냉온 (冷溫) 图 冷温.
냉-온대 (冷溫帶) 图(地) 亜寒帯.
냉이 图(植物) ナズナ(薺).
 냉이-국 (-―) 图(料理) ナズナのスープ.
냉장 (冷藏) /neːdʑaŋ/ 图他 冷蔵. ‖냉장 온도 冷蔵温度.
 냉장-차 (冷藏車) 图 冷蔵車.
냉장-고 (冷藏庫) /neːdʑaŋgo/ 图 冷蔵庫. ‖냉장고 안이 텅텅 비어 있다 冷蔵庫の中が空っぽだ.
냉전 (冷戰) 图 冷戦. ‖두 사람은 여전히 냉전을 벌이고 있다 2 人は未だに冷戦を続けている. 냉전 상태 冷戦状態.
냉정-하다[1] (冷靜) /neːdʑɔŋhada/ 图 [하変] 冷静だ. ‖냉정한 태도로 이야기하다 冷静な態度で話す. 냉정을 잃다 冷静さを失う. 냉정하게 상황을 판단하다 冷静に状況を判断する. **냉정-히** 副
냉정-하다[2] (冷情) 图 [하変] (性格などが)冷たい; 冷淡だ. ‖일부러 냉정하게 대하다 わざと冷たく当たる. 냉정한 태도 冷たい態度. **냉정-히** 副
냉증 (冷症) [-쯩] 图(漢方) 冷え性.
냉지 (冷地) 图 寒冷地.
냉채 (冷菜) 图(料理) 肉や魚介類などと野菜を和えて冷やした料理; 冷菜. ‖오이 냉채 キュウリの冷菜.
냉철-하다 (冷徹) 图 [하変] 冷徹だ. ‖냉철한 판단 冷徹な判断. **냉철-히** 副
냉-커피 (冷 coffee) 图 アイスコーヒー. ‖냉커피를 타서 마시다 アイスコーヒーをいれて飲む. ✦아이스커피とも言う.
냉큼 图 すぐに; 直ちに; とっとと. ‖냉큼 오너라 すぐに来なさい.
냉탕 (冷湯) 图 水風呂. ⇔ 온탕(溫湯).
냉풍 (冷風) 图 冷風.
냉-하다 (冷) 图 [하変] ❶ 冷たい. ❷ (漢方) (下腹が)冷える.
냉해 (冷害) 图 冷害. ‖냉해를 입다 冷害による被害を受ける.
냉혈 (冷血) 图 冷血. ⑦ 온혈(溫血).
 냉혈-동물 (冷血動物) 图(動物) 冷血動物.
 냉혈-한 (冷血漢) 图 冷血漢.
냉혹-하다 (冷酷) 图 [-호카-] 图 [하変] 冷酷だ. ‖냉혹한 현실 冷酷な現実.
냐[1] 语尾 (母音で終わる体言に付いて; 子音の場合は이냐) 疑問を表わす: …か; …かな; …の). ‖누구냐? 誰なの.

-냐[2] 语尾 疑問を表わす: …か; …(な)の; …だい. ‖어디 아프냐? どこか痛いの.

냐고[1] 语尾 (母音で終わる体言に付いて; 子音の場合は이냐고) 疑問文の引用を表わす: …(な)のかと. ‖집이 어디냐고 물어보았다 家はどこなのかと聞いてみた.

-냐고[2] 语尾 疑問を表わす: …(の)か; …かね; …(な)のかと. ‖바쁘냐고 물어보았더니 아니라 오늘 忙しいのかと聞いてみたら, そうではないって.

냐는[1] [—냐고 하는の縮約形] …という.

-냐는[2] 语尾 [—냐고 하는の縮約形] …という.

냠냠 舌鼓を打つ音.

냥 (兩) 依名 ❶ 両. ❷ 重さの単位. ‖금 한 냥 金 1 両. ❸ 昔の通貨の単位.

너 /nʌ/ 代 君; お前; あんた; 汝(なんじ). ‖너는 어떻게 생각하니? お前はどう思う? 너를 생각하던 마음이 아프다 君のことを思うと胸が痛い. 너 자신을 알라 汝自身を知れ. ♦対等または目下の人に使う. ‖너 나 할 것 없이 みんな; 全員; 誰も彼も. 너 나 할 것 없이 불꽃놀이를 보러 가다 誰も彼も花火見物に繰り出す. ‖너 죽고 나 죽자 命がけで; 必死で. 너 죽고 나 죽자고 상대편에게 달려들다 必死で相手に飛びかかる.

너구리 图 ❶(動物) タヌキ(狸). ❷ [比喩的に] ずるい人; 悪賢い人. ‖저 너구리 같은 녀석 あのずるいやつ.

너그럽다 /nʌgɯrʌp't͈a/ [-따] 图 [ㅂ変] (心が)広い; ‖마음이 너그러운 사람 心が広い人. 너그러이 大目に; 大目に見る. ‖너그러이 봐주다 大目に見る.

너나-없이 [-업씨] 副 誰彼なく; 誰もが.

너덜-거리다 [-대다] 自 (ぼろ切れなどが)幾すりも垂れ下がって揺れる. ‖문 창호지가 바람에 너덜거리다 戸の障子紙が破れて風にばたばた(と)している.

너덜-너덜 [-러-] 副 (ぼろ切れなどが)揺れ動く様子. ‖옷이 너덜너덜하다 服がぼろぼろだ.

너덧 图 4 つほど; 4 つくらい. ‖사과 너덧 개 リンゴ 4 個ほど. 너덧 명 4 人ほど.

너도-나도 副 誰も彼も; 我も我もと. ‖너도나도 몰려가다 我も我もと押しかける.

너르다 图 [르変] 広い. ‖마음이 너르다 心が広い. 집이 널러서 좋다 家が広いからいい.

너머 /nʌmʌ/ 图 向こう; …越し. ‖저 산 너머에 あの山の向こうに. 창문 너머로 내다보다 窓越しに外を見る. 어깨 너머로 肩越しに.

너무 /nəmu/ 副 ❶ とても; あまりに; 大変; たいそう; 非常に. ‖너무 멋있다 とてもすてきだ. 너무 비싸서 못 샀다 高くにも買えなかった. ❷ …すぎて. ‖너무 바빠서 쓰러질 것 같다 忙しすぎて倒れそうだ. 너무 마셔서 머리가 아프다 飲みすぎて頭が痛い. **너무-너무** 副

너무-나 副 あまりにも. ‖너무나 힘든 일 あまりにもきつい仕事.

너무-하다 形 あんまりだ; ひどすぎる. ‖그건 해도 너무한다 それはひどすぎる.

너비 名 幅; 横幅. 类幅(幅).

너비아니 名 《料理》 薄切りにした牛肉をたれに漬け込んで焼いたもの.

너스레 名 (下心のある)冗談; おどけ口; ざれごと. ‖너스레를 떨다 わざとふざけた言い方をする; おどける.

너와-집 名 薄い木片で屋根を葺(ふ)いた家.

너울 名 荒波; 大波.

너울-거리다[-대다] 自 波がうねる; 波打つ.

너저분-하다 形 ごちゃごちゃしている; 散らかっている; 散乱している. ‖방안이 너저분하다 部屋の中がごちゃごちゃしている.

너절-하다 /nəjəlhada/ 形 [ㅎ変] ❶ (こざっぱりしないで)むさ苦しい; 汚らしい. ❷ くだらない; つまらない. ‖너절한 변명을 늘어놓다 くだらない言い訳を並べ立てる.

너털-웃음 名 高笑い. ‖너털웃음을 터뜨리다 高笑いする.

너트 (nut) 名 (締め付け用の)ナット.

너풀-거리다[-대다] 自 (布・紙などが風に)はたはたとはためく.

너풀-너풀 副 はたはた; ひらひら.

너희 /nəhi/ 【-희】 代 (너の複数形) 君たち; おまえたち. ‖너희들. ‖어디 가니? 君たちは行かないか? ✜対等または目下の人に使う.

넉넉-잡다 【녕-짭따】 他 (主に넉넉잡아(서)の形で)多少余裕を持って見積もる; 多めに見積もる. ‖이번 여행은 넉넉잡아 백만 원이면 될 것 같다 今回の旅行は多めに見積もって 100万ウォンあれば足りそうだ.

넉넉-하다 /nəŋnəkʰada/ 【녕너카-】 形 [ㅎ変] 余裕がある; ゆとりがある; 裕福だ. ‖살림이 넉넉하다 生活に余裕がある. 趣넉낙하다. **넉넉-히** 副 十分に; たっぷり. ‖용돈을 넉넉히 받다 小遣いをたっぷりもらう.

넉-살 [-쌀] 名 図々しさ; ふてぶてしさ; 厚かましさ. ‖넉살 좋은 녀석 厚かましいやつ. 넉살을 떨다[부리다] ふてぶてしくふるまう. 넉살이 좋다 図々しい; ふてぶてしい; 虫がいい; 臆面がない.

넋 /nək/ 【넉】 名 ❶ 魂; 霊; 霊魂. ‖넋을 위로하다 霊を鎮める. 죽은 넋 亡霊. ❷ 精神; 気; 意識. ‖넋이 빠지다 ぼうっとする; ぼんやりする. 벤치에 넋을 놓고 앉아 있다 ベンチにぼんやりと座っている. ▸넋을 잃다 ① 気を失う. ② 見とれる; うっとりして見入る; 我を忘れる. 너무 예뻐서 넋을 잃고 바라보다 あまりにもきれいなのでうっとりして見入る. ▸넋이 나가다 気が抜ける; 魂が抜ける.

넋-두리 [넉뚜-] 名 愚痴; 泣き言. ‖넋두리를 하다 愚痴をこぼす.

넌더리 名 (非常に強い)嫌気. ‖넌더리가 나다 嫌気がさす; うんざりする.

넌센스 (nonsense) 名 난센스の誤り.

넌지시 副 ひそかに; それとなく; 遠回しに. ‖넌지시 떠보다 それとなく探りを入れてみる.

널 名 ❶ 널뛰기(板跳び)用の板. ❷ 棺; 棺おけ.

널다 /nəlda/ 他 [ㄹ語幹] [널어, 너는, 넌] 干す; 干し物をする; 風に当てる. ‖빨래를 널다 洗濯物を干す. 햇볕에 널다 日に干す. 밖에다 널었더니 금세 말랐다 外に出して干したら, すぐ乾いた. 趣널리다.

널-따랗다 【-라타】 形 [ㅎ変] 広々としている. ‖널따란 방 広々とした部屋.

널-뛰기 名 《民俗》 板跳び(長い板の真中の下に支柱を置き, 板の両端に人が乗り, 交互に跳ね上がる遊び).

널름 副 ❶ 舌を出したり引っこめたりする様子; ぺろりと; ぺろっと. ❷ 素早く取り上げる様子; ぱっと; さっと. ‖널름 집어 들다 ぱっとつまみ上げる. 趣날름.

널름-널름 副

널름-거리다 自 (舌を)出したり引っこめたりする. 趣날름거리다.

널리 /nəlli/ 副 ❶ 広く; あまねく. ‖널리 알리다 広く知らせる. ❷ 寛大に; 大目に. ‖널리 이해해 주시기 바랍니다 ご寛恕たまわりますようお願い申し上げます.

널리다[¹] 自 ❶ 散らばる. ‖갯벌에 널려 있는 게다 干潟にあちこち散らばっているのはカニだ.

널-리다[²] 自 ❶ (널다の受身動詞) 干される. ‖빨랫줄에 빨래가 널려 있다 洗濯ロープに洗濯物が干されている. ❷ 広げられる.

널브러-지다 自 雑然と散らかる; 広く散らかる; 散乱する. ‖방에는 널브러져 있었던 옷들이 가득 차 있었다 部屋には服が散らばっていた.

널-빤지 名 板; 板材.

널어-놓다 [-노타] 他 広げておく; 干しておく.

널찍-하다 [-찌카-] 形 [ㅎ変] 広々としている. ‖방이 널찍하다 部屋が広々と

としている.

널-판지 (-板-) 图 널빤지의 오기.

넓다 /nəlp̚ta/ 〖널따〗 厖 ❶ 넓다. ㉠含다. ‖넓은 집 広い家. 베란다가 꽤 넓다 ベランダがかなり広い. 어깨가 넓다 肩幅が広い. 마음이 넓은 사람 心の広い人. 발이 넓다 顔が広い. 길이 넓어지다 道が広くなる. 시야가 넓어지다 視野が広がる. 간격을 넓히다 視野を広くする. ㉡넓히다.

넓어 厖 넓다(広い)의 연용형.

넓어-지다 自 広がる; 広くなる. ‖행동범위가 넓어지다 行動範囲が広がる. 시야가 넓어지다 視野が広がる.

넓은 厖 넓다(広い)의 현재연체형.

넓이 /nəlbi/ 图 ❶ 広さ. ‖운동장의 넓이 運動場の広さ. ❷ 〔数学〕面積. ㉠면적(面積). ‖이 도형의 넓이를 구하라 この図形の面積を求めよ.

넓이-뛰기 图 〔スポーツ〕幅跳び.

넓적-다리 〖넓쩍-〗图 〔解剖〕太もも; 大腿(股). ㉠대퇴(大腿).

넓죽-하다 〖넙쭈카-〗 厖 〔하変〕(顔などが)広い.

넓-히다 /nəlp̚hida/ 〖널피-〗 他 〔넓다의 使役動詞〕広げる; 広める; 広くする; 拡張する; 拡大する. ‖가게를 넓히다 店を拡張する. 세력을 넓히다 勢力を広げる[拡大する]. 견문을 넓히다 見聞を広める.

넘겨다-보다 他 もの欲しげに覗く; 目をつける.

넘겨-받다 〖-따〗 他 ❶ 譲り受ける. ❷ 引き継ぐ. ‖전임자에게서 업무를 넘겨받다 前任者から業務を引き継ぐ.

넘겨-쓰다 〖-으쓰-〗 他 (罪や責任などを)押し付けられる; なすりつけられる. ㉠넘겨씌우다.

넘겨씌우다 〖-씨-〗 他 〔넘겨쓰다의 使役動詞〕(罪や責任などを)なすりつける. ‖죄를 다른 사람한테 넘겨씌우다 罪を人になすりつける.

넘겨-주다 /nəmgjəǰuda/ 他 渡す; 譲り渡す; 譲渡する. ‖소유권을 넘겨주다 所有権を渡す. 건물을 남에게 넘겨주다 建物を他人に譲渡する.

넘겨-짚다 〖-짐따〗 他 憶測する; 当てずっぽうで勘ぐる; 当て推量をする. ‖그 사람의 말을 넘겨짚다 彼の言葉を憶測する. 넘겨짚어서 말을 하다 憶測で物を言う. 넘겨짚어서 대답하다 当てずっぽうに答える.

넘-기다[1] /nəmgida/ 他 ❶ 越す; 越える. ‖해를 넘기다 年を越す. 겨울을 넘기다 冬を越す. 죽을 고비를 넘기다 死線を越す. 육십 고개를 넘기다 六十の坂を越す. ❷ 渡す. ‖그 서류 봉투 이쪽으로 좀 넘겨 주세요 その書類の封筒, こちらへ渡してください. 도둑을 경찰에 넘기다 泥棒を警察

に渡す. ❸ めくる. ‖책장을 넘기다 本のページをめくる. ❹ 過ぎる. ‖원고 마감일을 넘기고 말았다 原稿の締め切り日を過ぎてしまった.

넘-기다[2] 他 〔넘다의 使動動詞〕越えさせる.

넘나-들다 自 〔ㄹ語幹〕行き来する; さまよう. ‖사선을 넘나들다 生死の境をさまよう.

넘다 /nəmt̚a/【-따】自他 ❶ 越える; 超える. ‖산을 넘다 山を越える. 고개를 넘다 峠を越える. 연일 삼십도 도를 넘는 더위 連日 35 度を越える暑さ. 나이가 서른이 넘었다 年が三十路を越えた. 넘기 어려운 벽 越え難い壁. 수강생이 백 명이 넘는 강의 受講生が 100人を越える講義. ㉠넘기다. ❷ 過ぎる. ‖여기 온 지 두 달이 넘었다 こちらへ来て 2か月が過ぎた. 남동생은 열두 시가 넘어서 돌아왔다 弟は 12時過ぎに帰ってきた.

넘버 (number) 图 ナンバー. ‖차량 넘버 車両ナンバー.

넘버-원 (number one) 图 ナンバーワン.

넘버링 (numbering) 图 넘버링머신의 약칭.

넘버링-머신 (numbering machine) 图 ナンバリング. ㉠넘버링.

넘-보다 他 (人のもの・ポストなどを)狙う. ‖부장 자리를 넘보고 있다 部長の席を狙っている.

넘실-거리다 自 (大波が)うねる. ㉠넘실대다.

넘어-가다 /nəməgada/ 自 ❶ 倒れる; 倒産する. ‖회사가 불경기로 넘어갔다 会社が不景気で倒産した. ❷ (人の手に)渡る; 移転する. ‖극비 서류가 다른 회사로 넘어가다 極秘書類が他社の手に渡る. ❸ 移る. ‖다음 단계로 넘어가다 次の段階に移る. ❹ 沈む. ‖해가 넘어가다 日が沈む. ❺ だまされる; ひっかかる; 負ける. ‖유혹에 넘어가다 誘惑に負ける. 감언이설에 넘어가다 甘い言葉にだまされる. ❻ (事が)うまくいく. ‖이번에도 문제없이 잘 넘어갔다 今回も問題なくうまくいった. ❼ (息が)切れる. ‖숨이 넘어갈 듯이 울어 대다 息が切れるくらい泣きじゃくる. — 乘り越える; 飛び越える. ‖담을 넘어가다 塀を乗り越える[飛び越える]. ❷ 越える; 越えていく. ‖국경을 넘어가다 国境を越える. ❸ (목을 넘어가다의 形で) のどを通る; 喉元を過ぎる. ‖밥이 목구멍을 넘어가지 않다 ご飯がのどを通らない.

넘어-뜨리다 他 倒す; 打倒する. ‖王政을 넘어뜨리다 王政を倒す. 화분을 넘어뜨리다 植木鉢を倒す. 숙적을 넘어뜨리다 宿敵を打倒する.

넘어-서다 邇 ❶ 通り越す; 越す。∥위험한 고비는 넘어섰다 危険な状態は越した。 ❷ (難関などを)乗り越える。

넘어-오다 /nəmoda/ 邇 ❶ 倒れてくる。 ❷ (権利などが)移ってくる。∥소유권이 아버지한테로 넘어오다 所有権が父に移ってくる。 ❸ (仕事・担当などが)回ってくる。∥이번 사원 여행의 주최가 관리부에서 우리 총무부로 넘어왔다 今度の社員旅行の主催が管理部からうちの総務部に回ってきた。 ❹ (食べたものを)戻す。∥먹은 것이 넘어오려고 한다 食べたものを戻しそうだ。
— 邇 越えてくる。∥경계선을 넘어오다 境界線を越えてくる。

넘어-지다 /nəmədʑida/ 国 ❶ 転ぶ; 倒れる; 転倒する。∥돌부리에 걸려 넘어지다 石につまずいて転ぶ。넘어져서 허리를 다치다 転んで腰を痛める。뒷사람한테 밀려 넘어지다 後ろの人に押されて倒れる。계단을 헛디디어 넘어지다 階段を踏みはずして転倒する。 ❷ 倒産する。∥불경기로 회사가 넘어지다 不景気で会社が倒産する。

넘어-트리다 邇 넘어뜨리다.
넘쳐-나다 国 溢れ返る。
넘쳐-흐르다 国 [르変] 溢れる; 溢れ出る; 溢れ返る; みなぎる。∥넘쳐흐르는 젊음 満ち溢れる若さ。의욕이 넘쳐흐르는 사람 意欲がみなぎる人。

넘치다 /nəmtɕhida/ 国 ❶ (液体などが)溢(あふ)れる。∥욕조에 물이 넘치다 浴槽[湯船]に湯が溢れる。매력이 넘치는 사람 魅力溢れる人。 ❷ (ある感情に)満ちる; みなぎる。∥기쁨에 넘치다 喜びに満ちている。의욕이 넘치고 있다 意欲がみなぎっている。 ❸ 余る。∥분에 넘치는 대우 身分に余る待遇。

넙죽-거리다 [-쭉꺼-] 邇 ❶ (口を)ぱくぱく(と)させる。 ❷ (複数の人が地面に)ぺったりと伏せる。

넙죽-넙죽 [-쭉-쭉] 副 ❶ ものを盛んに食べる様子: ぱくぱく。∥넙죽넙죽 받아먹다 (食べさせてもらって)ぱくぱく食べる。 ❷ (複数の人が地面に)ぺったりと伏せる様子。

넙치 图 [魚介類] ヒラメ(平目)。
넝마 图 ぼろ; ぼろ切れ。∥넝마를 걸치다 ぼろ(切れ)をまとう。

넣다 /nəthʰa/ [낳타] 他 ❶ 入れる。∥휴대폰을 가방에 넣다 携帯電話をかばんに入れる。커피에 설탕을 넣다 コーヒーに砂糖を入れる。타이어에 바람을 넣다 タイヤに空気を入れる。외벽과 내벽 사이에 단열재를 넣다 外壁と内壁の間に断熱材を入れる。아들을 대학에 넣다 息子を大学に入れる。자금으로 젊은 사람을 넣다 後任として若い人を入れる。참가비는 교통비까지 넣어서 만 원이다 参加費は交通費を入れて1万ウォンだ。갈아타는 시간을 계산에 넣고 환승 시간을 걸산에 넣었다 乗り換え時間を計算に入れなかった。스위치를 넣다 スイッチを入れる。기합을 넣다 気合を入れる。손에 넣다 手に入れる。퇴직금을 은행에 넣어 두다 退職金を銀行に入れておく。이번에는 야당에 표를 넣었다 今回は野党に票を入れた。추울 때는 찬물에 손을 넣고 싶지 않다 寒い時は冷たい水に手を入れたくない。 ❷ 注ぎ入れる; 差す。∥눈에 안약을 넣다 目薬を差す。 ❸ (応募書類などを)出す。∥세 대학에 입학 원서를 넣었다 3つの大学に入学願書を出した。 ❹ (圧力などを)加える。∥압력을 넣다 圧力を加える[かける]。 ❺ (…아[어] 넣다の形で) …入れる; …込む。∥다리를 밀어 넣다 足を踏み入れる。적어 넣다 書き入れる。

네¹ /ne/ 代 ❶ (助詞ト・게の前で用いられて) 君; お前。∥네가 착각한 것 같이 お前が勘違いしたようだ。네게 할 말이 있다 お前に言いたいことがある。 ❷ (너의縮約形) 君の。お前の。∥네 의견도 들어보고 싶다 君の意見も聞いてみたい。✤口語ではい라는 言い方で用いられる。

네² /ne/ 冠 〔넷が助数詞の前に来た形で〕4つの; 4人の。∥네 명 4人。네 시간 4時間。사과 네 개 リンゴ4つ。네 가지 주의 사항 4つの注意事項。

네³ /ne/ 感 ❶ 肯定・承諾の意を表わす: はい; ええ。∥네, 알겠습니다 はい、分かりました。 ❷ (上がり調子で)反問の意を表わす: え; えっ; はいっ。∥네, 뭐라고요? な、何ですって。

-**네**¹ 接尾 ❶ 〔名詞・代名詞の後に付いて〕…たち; …ら。∥우리네 われら。너네는 안 가니? お前らは行かないの? ❷ 〔人名・人を表わす名詞に付いて〕…の家[人々]。…の家; 友だちの家。철수네는 이번에 하와이로 여행을 간다 チョルスの家族は今回ハワイに旅行する。

-**네**² 語尾 ❶ 〔用言の語幹などに付いて〕(主に男性が)目下や同年輩の人に話す時に用いる終結語尾: …よ。∥자네만 믿고 있네 君だけを頼りにしているよ。 ❷ 軽い詠嘆[感嘆]を表わす: …ね; …だね。∥그 넥타이 멋있네 そのネクタイ、すてきだね。 ❸ 独り合点の気持ちを表わす: …か; …だね。아, 여기 있네 あ、ここにあったか。

네-거리 图 十字路; 交差点。邇 사거리(四-)。✤광화문(光化門)네거리 以外は一般的に사거리を使う。

네거티브 (negative) 图 ネガティブ。◇포지티브。

네글리제 (négligé フ) 图 ネグリジェ。

네-까짓 [-낃] 冠 〔相手を見くびる言い方で〕お前みたいな。∥네까짓 녀석에게

질 수는 없다 *네* 너 앞에 나 같은 녀석에게 지는 자가 있을쏘냐.

네댓 [-댇] 冠 数 4つか5つほど. ¶네댓 동장에 아이 네댓이 놀고 있다 グラウンドで子ども 4, 5 人が遊んでいる. 큰 걸로 네댓 개 주세요 大きい方を 4, 5 個ください.

네덜란드 (Netherlands) 名 国名 オランダ.

네모 名 四角.
  네모-꼴 名 四角形. 彼 사각형(四角形).
  네모-나다 自五 四角い. ¶얼굴이 네모나다 顔が四角い.
  네모반듯-하다 [-드틷-] 形 하変 真四角だ. ¶네모반듯한 형태로 만들다 真四角の形に作る.
  네모-지다 自五 四角い.
네-발 名 四つ足. ¶네발 달린 짐승 四つ足の動物.
  네발-짐승 名 四足歩行の動物.
네온 (neon) 名 ネオン.
  네온-사인 (neon sign) 名 ネオンサイン.
네이블-오렌지 (navel orange) 名 植 ネーブルオレンジ.
네일-아트 (nail art) 名 ネイルアート.
네임-밸류 (name + value 日) 名 ネームバリュー.
네크-라인 (neckline) 名 ネックライン.
네트 (net) 名 ネット.
네트-볼 (netball) 名 (テニス・バレーボールなどで)ネット(ボール).
네트-워크 (network) /ne:t̚wuwɔ:k̚ʰuɲ/ 名 ネットワーク. ¶컴퓨터 네트워크 コンピューターネットワーク.
네티즌 (←network+citizen) /ne:tʰiʥuɲ/ 名 IT ネチズン; ネットワーク市民.
네팔 (Nepal) 名 国名 ネパール.
넥타 (nectar) 名 ネクター.
넥타이 (necktie) /nek̚tʰai/ 名 ネクタイ. ¶넥타이를 매다 ネクタイを締める.
  넥타이-핀 (necktie + pin 日) 名 ネクタイピン.
넷 /ne:t̚/ 【넫】 数 4つ; 4人; 4. ¶넷으로 나누다 4つに分ける. 형제가 넷이나 된다 兄弟が 4人もいる. 하나 둘 셋 넷 1,2,3,4. ✦後ろに助数詞が付く場合は네の形で用いられる. ¶네 명 4人.
  넷-째 [넫-] 冠 数 4つ目; 4番目; 4番目の.
녀석 /njɔsɔk̚/ 名 ❶[男の人をさげすむ言い方で]やつ; 野郎. ¶저 녀석이 문제야 あいつが問題なんだ. 바보 같은 녀석 ばか野郎. ❷同輩以下の者を親しみを込めて言う語. ¶꽤 괜찮은 녀석이다 なかなかいいやつだ. ❸男の子をかわいがって言う語. ¶이 녀석 참 많이 먹는구나 こいつ, けっこう食べるね.

년[1] 依名 〔女の人をさげすんだりのの

しったりする言い方で〕あま; あまっこ. ㉗奴. ¶이 년 このあま.

년[2] (年) /njɔn/ 依名 …年. ¶오년 동안 5年間. 일본에 온지 벌써 이십 년이 된다 日本に来てもう 20年になる.
  -년 (年) 接尾 ¶안식년 安息年; サバティカル(イヤー).

녘[1] 【녘】 依名 ある時間帯を表す; …方; …頃. ¶해질 녘 日暮れ方. 동틀 녘에 明け方頃(に).
  -녘[2] 【녘】 接尾 ある方向を表す; …方. ¶동녘 東方.

노[1] (櫓) /no/ 彼 노끈.
노[2] (魯) 名 姓 魯(ノ).
노[3] (盧) 名 姓 盧(ノ).
노[4] (路) 名 姓 路(ノ).
노[5] (櫓) 名 櫓(ろ); 櫂. ¶노를 젓다 櫓を漕ぐ.

노가다 (土方 日) 名 土木工事に従事する労働者. ¶노가다 하다 土木工事の仕事をする.

노가리 名 スケトウダラの幼魚.

노고 (勞苦) 名 労苦; 苦労; 労. ¶노고에 대하여 감사하다 ご苦労に感謝申し上げます. 사원들의 노고를 치하하다 社員たちの労をねぎらう.

노고지리 (鳥撻) 名 ヒバリ(雲雀).

노곤-하다 (勞困−) 形 하変 けだるい. ¶온몸이 노곤하다 全身がけだるい.

노골 (露骨) 名 露骨.
  노골-적 (露骨的) 名 -적 露骨; 露骨的. ¶노골적인 요구 露骨な要求. 노골적으로 싫어하다 露骨に嫌がる.
  노골-화 (露骨化) 名他 露骨化.

노구 (老軀) 名 老軀; 老体.

노그라-지다 自 ぐったりする. ¶일에 지쳐 노그라지다 仕事に疲れてぐったりする.

노글노글-하다 [-로-] 形 하変 (全身が)けだるい.

노기 (怒氣) 名 怒気. ¶노기 띤 얼굴 怒気を帯びた顔.
  노기등등-하다 (怒氣騰騰−) 形 하変 怒り心頭に発する.

노-끈 紐(ひも). 彼 노.

노년 (老年) 名 老年. 彼 만년(晩年).
  노년-기 (老年期) 名 老年期.

노는 自 語幹 놀다(遊ぶ)の現在連体形.

노-닐다 自 語幹 のんびりと遊び歩く.

노다지[1] ❶鉱脈. ❷大きな幸運; 大当たり. ¶노다지를 만나다 大当たりを当てる.

노다지[2] 副 いつまでもの誤り.

노닥-거리다 [-대다] [-거+때] 自 しゃべりつづける; しゃべりまくる. ¶일은 하지 않고 노닥거리고 있다 仕事はしないでしゃべっている.

노닥-노닥【-닥-】副 한자 ぺちゃくちゃ;ぺちゃぺちゃ.

노-대가(老大家)名 老大家.

노도(怒濤)名 怒濤.

노동(勞動)/nodoŋ/名 한자 勞働. ¶중노동 重勞動, 육체노동 肉体労働. 정신노동 精神労働.

노동-권(勞動權)【-꿘】名 勞働権.
노동-력(勞動力)【-녁】名 勞働力.
노동-법(勞動法)【-뻡】名【法律】労働法.
노동-부(勞動部)名《行政》労働部; 厚生労働省.
노동-운동(勞動運動)名 労働運動.
노동-자(勞動者)名 労働者.
노동-조합(勞動組合)名 労働組合.
노동-판(勞動-)名 肉体労働の現場.

노둣-돌【-두똘/-둗똘】名 乗馬台.

노땅(老-)名〔見くびる言い方で〕年寄り, 年上の人.

-노라 語尾〔文語的言い方で〕自分の動作などを重々しく知らせる: …するぞ; …だよ. ¶나는 이겼노라 われは勝ったぞ. 끝까지 싸우겠노라 最後まで戦うぞ.

노란形 한변 노랗다(黃色い)の現在連体形. ¶노란 셔츠 黄色いシャツ.

노란-빛【-빋】名 黄色; 黄み. ¶노란빛이 돌다 黄みを帯びる.

노란-색(-色)/noransɛk/名 黃色.

노랑名 黃色.
노랑-나비(昆蟲)名 モンキチョウ(紋黃蝶).
노랑-이名 けち.

노랗다/norat'a/【-라타】形 한변 [노래, 노란] 黄色い. ¶노란 손수건 黃色いハンカチ. 노란 병아리 黄色いひよこ. (葉がしおれたように) 見込みがない; 可能性がない. ¶싹수가 노랗다 見込みがない. 圈 누렇다.

노래[1] /nore/ 名 歌; 歌曲. ¶노래를 잘하다 歌がうまい. 옛날 노래 昔の歌; 演歌風の歌, 한때 流行한 노래 一時はやった歌. 노래를 부르다 歌を歌う; ずっとおねだりする.

노래-방(-房)名 カラオケボックス; カラオケルーム.
노래-자랑名 のど自慢.
노래-하다動 한변 歌う. ¶사랑의 기쁨을 노래한 시 愛の喜びを歌った詩.
노랫-말【-랜-】名 歌詞. 圈 가사(歌詞).
노랫-소리【-래쏘-/-랟쏘-】名 歌声. ¶노랫소리가 들리다 歌声が聞こえる.

노래[2] 形 한변 노랗다(黃色い)の連用形.

노래기名《動物》ヤスデ(馬陸).

노래-지다自 ① 黄色くなる; 黄ばむ. ❷ 血の気がひく; 真っ青になる. ¶얼굴이 노래지다 (驚いたり体調が悪くて)顔色が悪くなる. 圈 누레지다.

노략-질(擄掠-)【-찔】名 한자 略奪行為.

노려-보다他 にらみつける. ¶상대방을 노려보다 相手をにらみつける.

노력[1] (努力) /norjɔk/ 名 한자 努力. ¶노력이 결실을 맺다 努力が実を結ぶ. 남다른 노력 並々ならぬ努力. 목표를 향해 노력하다 目標に向かって努力する. 노력한 흔적이 보이다 努力の跡がうかがえる. 그 사람은 노력가형이다 彼は努力家だ.

노력[2] (勞力)名 한자 労力.

노련-하다(老練-)形 한변 老練だ; 巧みだ; ベテランだ. ¶핀치에도 흔들리지 않는 노련한 투수 ピンチにも動揺しない老練な投手.

노령(老齢)名 老齢; 高齢.

노루名《動物》ノロジカ(獐鹿).

노루께-하다形 한변 黄みを帯びている; 黃ばんでいる.

노르마(norma 하)名 ノルマ.

노르스름-하다形 한변 黄みを帯びている; こんがりしている. 圈 누르스름하다.

노르웨이(Norway)名《國名》ノルウェー.

노른-자名〔노른자위の略語〕黄身.

노른-자위名 ❶(卵の)黄身; 卵黄; 黄身部分. ❷《比喩的に》物事の核心部分. 圈 노픈자.

노름名(主に花札などの)博打(ばくち); 賭博(とばく); 賭け事. ¶노름을 하다 博打を打つ.
노름-꾼名 博打打ち; 博徒.
노름-빚【-삗】名 賭博(ばくち)の借金.
노름-판名 賭博(ばくち)場; 賭場. ¶노름판을 벌이다 賭場を開帳する.

노릇/norut'/【-믇】名 ❶ 役割; 役目; 本分. ¶심부름꾼 노릇을 하다 使いとしての役目を果たす. 사람 노릇을 하다 人としての本分を果たす. ❷〔見くびる言い方で〕仕事. ¶선생 노릇 教師稼業. ❸〔主に…수도 없는 노릇이다の形で〕…するわけにも[も]いかない. ¶돈이 없어서 당장 이사를 갈 수도 없는 노릇이다 お金がないから今すぐ引っ越しをするわけにもいかない.

노릇-노릇【-른-믇】副 한자 こんがりと色ついている様子. ¶노릇노릇하게 구워진 빵 こんがりと焼けたパン. 圈 누릇누릇.

노릇-하다【-르타-】形 한변 こんがり(と)きつね色している.

노리개名 ❶女性用の装飾品. ⇔民族衣装のチマチョゴリ(チマチョゴリ)の結び目に付けたりする. ❷慰み者; なぶりもの; おもちゃ. ¶노리개 취급을 당하다 慰み者にされる.

노리다¹ [形] ❶獣臭いにおいがする；ヤスデのにおいがする. ❷けちだ；けちくさい.

노리다² /norida/ [形] ❶にらむ；にらみつける. ‖예리한 눈초리로 노려보다 鋭い目つきでにらみつける. ❷（チャンスなどを）ねらう；当て込む. ‖기회를 노리다 機会をねらう；急所를 노리다 急所をねらう. 틈을 노려 도망가다 隙をねらって逃げる. 심리적인 효과를 노린 판매 전략 心理的な効果をねらった販売戦略. ❸目指す. ‖우승을 노리고 있다 優勝を目指している.

노린-내 [名] 獣臭いにおい. ‖노린내가 나다 獣臭い.

노망 (老妄) [名] 老人ぼけ；もうろく.
 노망-나다 [-도다] [自] ぼける；老人性認知症の症状が出る.

노면 (路面) [名] 路面.
 노면전차 (路面電車) [名] 路面電車.

노모 (老母) [名] 老母.

노목 (老木) [名] 老木.

노무 (勞務) [名] 労務.
 노무 관리 (勞務管理) [-괄-] 労務管理.
 노무-자 (勞務者) [名] 労務者.

노문-과 (露文科) [-꽈-] 〔노어노문학과(露語露文學科)의略語〕ロシア語ロシア文学科.

노반 (路盤) [名] 路盤.

노발-대발 [名] [自] かんかんに(なって)怒ること；激昂すること. ‖노발대발하다 かんかんに怒る.

노방 (路傍) [名] 道端.
 노방-초 (路傍草) [名] 道端の雑草.

노벨-상 (Nobel賞) [名] ノーベル賞.

노변 (爐邊) [名] 炉端.

노병 (老兵) [名] 老兵. ‖노병은 죽지 않는다. 다만 사라질 뿐이다 老兵は死なず、ただ消えるのみ.

노병 (老病) [名] 老病.

노-부모 (老父母) [名] 老父母；年老いた両親.

노-부부 (老夫婦) [名] 老夫婦.

노브 (knob) [名] ノブ.

노-브라 (no + brassiere 日) [名] ノーブラ.

노비 (奴婢) [名] [歷史] 奴婢.

노사 (勞使) [名] 労使. ‖노사 협의 労使協議.

노상 (路上) [名] いつも；常に；しょっちゅう. ‖노상 쓸데없는 짓만 하다 いつもくだらないことばかりする. 노상 웃는 얼굴로 常に笑顔で.

노상² (路上) [名] 路上.
 노상-강도 (路上强盗) [名] 辻強盗.

노새 [動物] ラバ(騾馬).

노선 (路線) /no:sən/ [名] 路線. ❶(バス・鉄道などの)運行経路. ‖버스 노선 バス路線. ❷(政党などが掲げる)運動の方向. ‖반핵 평화 노선 反核平和路線.
 노선-도 (路線圖) [名] 路線図.
 노선 버스 (路線 bus) [名] 路線バス.

노소 (老少) [名] 老少；老若. ‖남녀노소 老若男女.

노송 (老松) [名] 老松；古い松.
 노송-나무 (老松-) [名] [植物] ヒノキ(檜).

노쇠-하다 (老衰-) [-/-쉐-] [形] [하変] 老衰している. ‖노쇠한 부모님 老衰した両親.

노숙 (露宿) [名] [自] 野宿.
 노숙-자 (露宿者) [-짜] [名] ホームレス；路上生活者. ⑩ 노숙인.

노숙-하다 (老熟-) [-수카-] [形] [하変] 老熟している；熟練している.

노스탤지어 (nostalgia) [名] ノスタルジア.

노승 (老僧) [名] [仏教] 老僧.

노심-초사 (勞心焦思) [名] [自] 心を痛めるをもむこと.

노안 (老眼) [名] 老眼.

노약 (老弱) [名] [形] 老弱.
 노약-자 (老弱者) [-짜] [名] 老弱者.

노어 (露語) [名] [言語] ロシア語. ‖노어문학과 ロシア語ロシア文学科.

노여움 (露) [名] 怒り；憤り. ‖선생님의 노여움을 사다 先生のお怒りを買う.

노여워-하다 (露-) [動] 怒る；腹を立てる. ‖그 말에 아버지는 몹시 노여워하셨다 その言葉に父は激怒した.

노역¹ (老役) [名] 老け役；老人役.

노역² (勞役) [名] [自] 労役.

노염 노여움의 縮約形.

노예 (奴隸) [名] 奴隷. ⑩ 노예 해방 奴隷解放.

노을 /noul/ [名] 朝焼け；夕焼け. ⑫ 놀. ‖노을이 붉게 물들다 夕焼けが赤く染まる.

노이로제 (Neurose ド) [名] [医学] ノイローゼ；神経症. ‖노이로제에 걸리다 ノイローゼになる.

노-익장 (老益壯) [-짱] [名] 老いて益々盛んなこと[人].

노인 (老人) /noin/ [名] 老人.
 노인-병 (老人病) [-뼝] [名] 老人病.
 노인성 치매 (老人性痴呆) [-썽-] [名] 老人性認知症.
 노인-장 (老人丈) [名] 〔노인(老人)의 尊敬語〕お年寄り；ご老体；お年寄り.
 노인-정 (老人亭) [名] 老人亭. ⑩ 村의 老人の憩いの場.

노일 (露日) [名] 日露；日本とロシア.

노임 (勞賃) [名] 賃金. ⑩ 품삯・임금(賃金).

노작 (勞作) [名] 労作. ⑩ 역작(力作).

노장 (老將) [名] 老将.

노장-사상 (老莊思想) [名] 老莊思想.

노적 (露積) [名] [自] 露積；野積み.
 노적-가리 (露積-) [-까-] [名] 稲むら.

노점 (露店) 图 露店. ⑩난전(亂廛).
　노점-상 (露店商) 图 露店商.
노정[1] (路程) 图 道のり.
노정[2] (露呈) 他也 露呈. ‖논리의 허점을 노정하다 論理の弱点を露呈する.
노제 (路祭) 图 出棺の時に行なう儀式.
노조 (勞組) 图 労働組合(勞動組合)の略語.
노즐 (nozzle) 图 ノズル.
노지 露地.
노-처녀 (老處女) 图 結婚適齢期を過ぎた未婚女性; オールドミス. ⑩올드미스.
노천 (露天) 图 露天; 野外. ‖노천 시장 青空市場.
　노천-강당 (露天講堂) 图 野外講堂.
　노천-극장 (露天劇場) 图 〔영〕 野外劇場.
노각 (鹿角) 图 =각 シカの角.
노총 (勞總) 图 한국 노동조합 총연맹 (韓國勞動組合總聯盟)의 약어.
노-총각 (老總角) 图 結婚適齢期を過ぎた未婚男性.
노추 (老醜) 图 老醜(ろうしゅう).
노출 (露出) 他也 露出. ‖노출이 심한 옷 露出が激しい服.
　노출-증 (露出症) 图 〔의학〕 露出症.
노친 (老親) 图 老親.
노-카운트 (no＋count 日) 图 ノーカウント.
노-코멘트 (no comment) 图 ノーコメント.
노크 (knock) 他也 ノック.
노-타이 (no＋tie 日) 图 ノータイ; ノーネクタイ.
노-터치 (no touch) 图 ノータッチ.
노트[1] (note) /noːtʰuɪ/ 他也 ❶ ノート. ‖노트한 것 좀 보여 주세요 ノートしたもの, ちょっと見せてください. ❷ 노트북의 약칭.
노트[2] (knot) 依图 (船舶・海流などの) 速さの単位; …ノット(kn・kt).
노트-북 (notebook) /noːtʰubuk/ 图 ❶ ノート; ノートブック. ❷ ノートパソコン. ⑩노트.
노-티 (老-) 图 年寄りくさい素振り. ‖노티 나지 않게 신경을 쓰다 年寄りくさくならないように気を遣う.
노파 (老婆) 图 老婆.
　노파-심 (老婆心) 图 老婆心.
노폐 (老廢) [-/-페-] 图[하며] 老廃.
　노폐-물 (老廢物) 图 老廃物.
노-하다 (怒-) 自[하며] (目上の人が) 怒る; 立腹する.
노-하우 (know-how) /noːhau/ 图 ノウハウ. ‖노하우를 전수하다 ノウハウを伝える. 노하우의 축적 ノウハウの蓄積.
노형 (老兄) 图 〔年長の友人を敬って〕 老兄.

노화 (老化) 图自也 老化.
노환 (老患) 图 〔노병(老病)의 존경어〕 お年寄りのご病気.
노회-하다 (老獪-) [-/-훼-] 厖[하며] 老獪(ろうかい)だ. ‖노회한 정치가 老獪な政治家.
노후[1] (老後) 图 老後. ‖노후 대책을 세우다 老後の対策を立てる.
노후[2] (老朽) 图 老朽.
　노후-화 (老朽化) 图自也 老朽化. ‖노후화된 건물 老朽化した建物.
녹[1] (祿) 图 〔歷史〕 〔녹봉(祿俸)의 略語〕 祿(ろく). ▶녹을 먹다 祿を食(は)む.
녹[2] (綠) /nok/ 图 ❶ 동록(銅綠)의 略語. ❷ 錆(さび). ▶녹(이) 슬다 錆びる; 錆がつく. 녹슨 칼 錆びたナイフ. 머리가 녹이 슬다 頭がさびつく.
녹각 (鹿角) [-깍] 图 シカの角.
녹-갈색 (綠褐色) [-깔쌕] 图 枯草色; カーキ色.
녹-내장 (綠內障) [농-] 图 〔의학〕 綠內障.
녹녹-하다 [농노카-] 厖[하며] やや柔らかい. ‖떡이 녹녹하다 餅が柔らかい.
녹는-점 (-點) 图 〔物理〕 融点; 融解点. ⑩융점(融點)・용해점(融解點), 어는점 (-點).
녹다 /nokʰta/ [-따] 自 ❶ (熱で)溶ける. ❷얼다. ‖얼음이 녹다 氷が溶ける. ❷ (液体に)溶ける. ‖설탕이 녹다 砂糖が溶ける. ❸ (体が)暖まる. ‖따뜻한 것을 마시니까 몸이 좀 녹는 것 같다 温かいものを飲んだら体が少し暖まってきたようだ. ❹ (心が)とろける. ❺ 惚れ込む. ⑩녹이다.
녹두 (綠豆) [-뚜] 图 〔植物〕 リョクトウ(綠豆).
녹록-하다 (碌碌-) [농노카-] 厖[하며] ❶ つまらない. ❷ (性格などが)単純だ; 扱いやすい. ‖그를 녹록한 사람이라고 생각해서는 안 된다 彼を扱いやすい人だと思ってはいけない.
녹말 (綠末) [농-] 图 澱粉(とん).
녹변 (綠便) [-뼌] 图 綠便. ⑩푸른 똥.
녹봉 (祿俸) [-뽕] 图 〔歷史〕 俸祿.
녹비 (綠肥) [-삐] 图 綠肥.
녹색 (綠色) [-쌕] 图 綠色; 緣.
　녹색-식물 (綠色植物) [-쌕 씽-] 图 〔植物〕 綠色植物.
　녹색-신고 (綠色申告) [-쌕-신-] 图 青色申告.
　녹색 혁명 (綠色革命) [-쌕-혀-] 綠の革命.
녹-슬다 (綠-) [-쓸-] 自[ㄹ語幹] 錆びる. ‖녹슨 철로 錆びた線路.
녹신-하다 [-씬-] 厖[하며] ❶ ぶよぶよと柔らかい. ❷ (全身が)気が抜けてけだるい.
녹-십자 (綠十字) [-씹짜] 图 綠十字.

녹-아웃(knockout) 【되동】 ノックアウト.
녹용(鹿茸) 【名】【漢方】 鹿茸(ろくじょう). ® 용(茸).
녹음¹(綠陰) 【名】 綠陰. ‖녹음이 짙다 綠陰が濃い.
녹음²(錄音)【nogɯm】【名】【하変】 錄音. ‖강연을 녹음해 두다 演講を錄音しておく. **녹음-되다** 受動.
녹음-기(錄音器) 【名】 錄音機; テープレコーダー.
녹-이다【nogida】【他】〔녹다의 使役動詞〕 ❶ (熱을 加해서)溶かす. ㉠ 얼리다. ‖얼음을 녹이다 氷を溶かす. ㉡ (粉상이나 덩어리를)녹여서 液體로 하다. ‖(粉 などを 液體に入れて)溶かす. ❸ (かじかんだ體を)暖める; (寒さなどで)和らげる. ‖노위 앞에서 얼어붙은 몸을 녹이다 暖爐の前でかじかんだ體を暖める. ❹ (心を)とろかす. ‖남자의 마음을 녹이는 듯한 달콤한 말 男の心をとろかすような甘い言葉.
녹-조류(綠藻類)【-쪼-】【名】【植物】 綠藻類.
녹즙(綠汁)【-쯥】【名】 青汁.
녹지(綠地)【-찌】【名】 綠地.
녹지-대(綠地帶)【名】 グリーンベルト; 綠地帶.
녹진-하다【-찐-】【形】【하変】 粘り氣があって柔らかい; 粘っこい. ‖떡이 녹진하다 お餅が粘り氣があって柔らかい. **녹진하다**.
녹차(綠茶)【名】 綠茶.
녹초¹【名】 ❶ 疲れていること. ‖녹초가 되다 へとへとになる. ❷ 使い物にならないこと.
녹초²(綠草)【名】 綠草.
녹취(綠取)【名】【하変】 綠取.
녹화¹(綠化)【노콰】【名】 綠化.
녹화²(錄畵)【nokʰwa】【노콰】【名】 錄畵. ‖名畵를 녹화하다 名畵を錄畵する. 녹화 방송 錄畵放送. **녹화-되다** 受動.
녹황색(綠黃色)【名】 綠黃色.
논¹/non/【名】 水田; 田んぼ. ‖논에 물을 대다 田に水を引く. 계단식 논 棚田; 千枚田.
논²(論)【名】 論.
논³【【ㄹ語幹】 놀다(遊)의 過去連體形.
논객(論客) 【名】 論客.
논거(論據) 【名】 論據.
논고¹(論告) 【名】【하変】 論告.
논고²(論考·論攷) 【名】【하変】 論考.
논공(論功) 【名】 論功.
  논공-행상(論功行賞) 【名】 論功行賞.
논급(論及) 【名】【하変】 論及.
논-길【-낄】【名】 畦道. ‖논길을 걷다 畦道を步く.
논-농사(-農事)【名】 稻作; 米作.
논단(論壇) 【名】 論壇.
논-두렁【-뚜-】【名】 畦(あぜ).

논란(論難)【놀-】【名】 論爭; 論難. ‖논란을 빚다 論爭となる.
논리(論理)/nolli/【놀-】【名】 論理. ‖논리의 비약 論理の飛躍. 적자생존의 논리 適者生存の論理. 논리가 통하지 않는 사람 論理が通じない人.
논리-적(論理的) 【名】 論理的. ‖논리적인 글 論理的な文章. 논리적으로 생각하다 論理的に考える.
논리학(論理學) 【名】 論理學.
논-마지기 【名】 いくらかの水田; 多少の田.
논문(論文) 【名】 論文. ‖논문집 論文集. 박사 논문 博士論文.
논-바닥【-빠-】【名】 水田の地面.
논박(論駁) 【名】【하変】 論駁(ばく).
논-밭【-받】【名】 田畑.
논법(論法)【-뻡】【名】 論法. ‖삼단 논법 三段論法.
논설(論說) 【名】【하変】 論說.
  논설-문(論說文) 【名】 論說文.
  논설-위원(論說委員) 【名】 論說委員.
논술(論述) 【名】【하変】 論述.
논-스톱(nonstop) 【名】 ノンストップ.
논어(論語) 【名】 論語.
논외(論外)【-노웨】【名】 論外; 問題外. ‖그건 논외의 문제다 それは論外の問題だ.
논의(論議)【-노늬】【名】【하変】 論議; 議論. ‖교육 현황에 대해서 논의하다 教育の現況について論議する.
논-일【-닐】【名】 田んぼ仕事.
논자(論者) 【名】 論者.
논쟁(論爭)【名】【하変】 論爭; 論戰; 渡り合うこと. ‖논쟁을 벌이다 論爭を繰り広げる. 정책을 둘러싸고 여야당이 논쟁을 벌이다 政策をめぐって与野党が渡り合う.
논저(論著) 【名】 論著.
논점(論點)【-쩜】【名】 論點. ‖논점을 분명히 하다 論點を明らかにする.
논제(論題) 【名】 論題; テーマ.
논조(論調) 【名】 論調. ‖강경한 논조로 이야기하다 強い論調で話す.
논증(論證) 【名】【하変】 論證.
논지(論旨) 【名】 論旨.
논집(論集) 【名】 論集.
논총(論叢) 【名】 論叢; 論集.
논파(論破) 【名】【하変】 論破.
논평(論評) 【名】【하変】 論評. ‖논평을 덧붙이다 論評を加える.
논-픽션(nonfiction) 【名】 ノンフィクション; 논픽션.
논-하다(論-)/nonhada/【自他】【하変】 論じる. ‖시사에 대해 논하다 時事について論じる. 잘잘못을 논하다 是非を論じる.
놀¹ 【名】 노을의 縮約形.
놀²【ㄹ語幹】 놀다(遊)의 未來連體形.

놀다

놀다 /no:lda/ ㉠ [ㄹ語幹] [놀아, 노는, 논] ❶ 遊ぶ. ‖친구들이랑 놀다 友だちと遊ぶ. 바다로 놀러 가다 海に遊びに行く. 숨바꼭질을 하면서 놀다 かくれんぼをして遊ぶ. 요즘 일이 없어 놀고 있다 最近仕事がなくて遊んでいる. 집 앞의 넓은 땅이 놀고 있다 家の前の広い土地が遊んでいる. ㉺놀리다. ❷ 休む. ‖노는 시간 休み時間. 노는 날 休日. ❸ (ねじなどが)緩む. ‖나사가 놀고 있다 ねじが緩む. ❹ふるまう. ‖제 멋대로 놀다 身勝手にふるまう. ❺ (胎児が)動く. ‖뱃속의 아기가 놀고 있다 お腹の子が動いている.

놀라 놀라다(驚く)의 連用形.

놀라는 ㉠ 놀라다(驚く)의 現在連體形.

놀라다 /no:llada/ ㉠ 驚く; びっくりする; たまげる. ‖갑작스러운 비보에 놀라다 突然の悲報に驚く. 유창한 일본어 실력에 놀라다 流暢な日本語に驚く. 놀랄 만한 일이 일어나다 驚くべき出来事が起きる. 놀라지 마, 내가 이번 시험에서 일등 했어 驚かないでね, この間の試験で私が1位になったの. 깜짝 놀라다 あっとたまげる. 놀라움을 감추지 못하다 驚きを隠せない. ❖会話では놀래다·놀랬다의 形을 用いる 경우가 많다. ㉺놀래다.

놀란 놀라다(驚く)의 過去連體形.

놀란-가슴 ㊅ ともすればびくびく[どきどき]する胸. ‖놀란가슴을 쓸어내리다 どきどきする胸をなで下ろす.

놀랄 놀라다(驚く)의 未來連體形.

놀랍다 /no:llap'ta/ ㉠ [-다] [ᆸ변] [놀라워, 놀라운] 驚きだ; 驚くべきだ; 驚くほどだ. ‖그가 그 일을 해내다니 놀랍다 彼がその仕事をやり遂げたとは驚きだ. 최근에 알게 된 놀라운 사실 最近分かった驚くべき事実.

놀래다 ㉣ [놀라다의使役動詞] ❶驚かせる; 驚かす. ‖큰소리를 질러 놀래 주다 大きな声を出して驚かせる. ❷怖がらせる.

놀려-대다 ㉣ からかう; はやし立てる. ‖바보라고 놀려대다 ばかとからかう.

놀리다 /nollida/ ㉣ ❶ [놀다의使役動詞] 遊ばせる; 遊ばす. ‖애를 밖에서 놀리다 子どもを外で遊ばせる. 놀려 둘 정도의 돈은 없다 遊ばせておくほどの金はない. 기계를 놀리다 機械を遊ばす. ❷ (口を)滑らせる; (無駄口を)たたく. ‖입을 함부로 놀리다 やたらに無駄口をたたく. ❸ からかう; ひやかす. ‖사람을 놀려서는 안 된다 人をからかってはいけない.

놀림 ㊅ からかうこと; ひやかし. ‖친구들한테서 놀림을 당하다 友だちからからかわれる.

놀림-감 [-깜] ㊅ 笑い物; さらし者.

놀림감이 되다 笑い物になる.

놀아 ㉠ [ㄹ語幹] 놀다(遊ぬ)의 連用形.

놀아-나다 ㉠ ❶ 放蕩する; 遊びほうける. ❷ 釣られる. ‖사람 말에 잘 놀아나는 사람 人の言葉によく釣られる人.

놀이 /nori/ ㊅ ❶ 遊び; …ごっこ. ‖놀이 상대 遊び相手. 카드 놀이 カード遊び. 집에서 물놀이를 하다 家で水遊びをする. 병정놀이 兵隊ごっこ. 소꿉놀이 ままごと. 불꽃놀이 花火遊び; 花火大会.

놀이-기구 (-器具) ① (公園などの)乗り物; 遊具. ② 観覧車.

놀이-동산 ㊅ 遊園地.

놀이-방 (-房) ㊅ 保育所; 保育園.

놀잇-배 [노리빼] [노릳빼] ㊅ 遊覧船.

놀이-터 /norithʌ/ ㊅ 遊び場; 子どもの公園. ‖놀이터에서 놀다 公園で遊ぶ.

놈 /nom/ ㊅ 敵對関係にある人やその連中を表わす語: やつ. ‖놈들의 움직임이 수상하다 やつらの動きがあやしい.

── ㊅ ❶ 男の人をさげすんだりののしったりする時に用いる語. ‖놈. ‖천벌을 받을 놈 罰当たりなやつ. 멍청한 놈 間抜けなやつ. ❷ 男の子をかわいがって言う語. ‖요 놈 참 귀엽게 생겼다 このやつ, かわいい顔をしているね. ❸ [俗っぽい言い方で] もの; やつ. ‖큰 놈으로 세 개 주세요 大きいやつ 3個ください. ❹ [主に -놈의形으로] 続く名詞を卑下する. ‖이 놈의 차가 또 고장이야 このおんぼろ車, また故障か!

놈-팽이 ㊅ ❶ やつ; 野郎; 痞六. ❷ ジゴロ; ひも.

놋-그릇 [녿끄륻] ㊅ 真鍮の器.

농¹ (弄) ㊅ ❶ いたずら. ❷ [농담(弄談)의略語] 冗談. ‖농이 지나치다 冗談が度を越している.

농² (膿) ㊅ 膿(う). うみ. ㉺고름.

농³ (籠) ㊅ ❶ つづら; 行李. ❷ [장롱(欌籠)의略語] たんす.

농가 (農家) ㊅ 農家.

농간 (弄奸) ㊅ 奸計; たくらみ; 手練. ‖농간을 부리다 奸計をめぐらす.

농경 (農耕) ㊅ 農耕. ‖농경 민족 農耕民族.

농경-지 (農耕地) ㊅ 農耕地.

농고 (農高) ㊅ [농업 고등학교(農業 高等學校)의略語] 農高.

농과 (農科) [-꽈] ㊅ 農科. ‖농과 대학 農學部.

농구¹ (農具) ㊅ 農具.

농구² (籠球) /nongu/ ㊅ (スポーツ) バスケットボール.

농-기구 (農機具) ㊅ 農機具.

농노 (農奴) ㊅ (歷史) 農奴.

농담¹ (弄談) /no:ndam/ ㊅ 冗談. ㉺농(弄). ‖농담이 지나치다 冗談が度を越している. 쓸데없는 농담하

지 마세요 くだらない冗談はやめてください.

농담[2] (濃淡) [名] 濃淡.

농대 (農大) [名] 〔농과 대학(農科大學)の略語〕農学部.

농도 (濃度) [名] 濃度. ‖농도를 조절하다 濃度を調節する. 농도가 진하다 濃度が濃い.

농땡이 [名] 〔俗っぽい言い方で〕のらくらすること; サボること. ‖농땡이를 치다 [부리다] (仕事を)怠ける; サボる.

농락 (籠絡) 【-낙】 [名] [하他] 籠絡(ろうらく); 人を言いくるめること; 弄ぶこと. ‖여자를 농락하다 女を弄ぶ.

농로 (農路) 【-노】 [名] 農道.

농림 (農林) 【-님】 [名] 農林.

농림-부 (農林部) [名] 《行政》 農林水産省.

농무 (濃霧) [名] 濃霧.

농민 (農民) [名] 農民.

농민^문학 (農民文學) [名] 農民文学.

농민^운동 (農民運動) [名] 農民運動.

농밀-하다 (濃密-) [形] 『하変』 濃密だ. ‖농밀한 맛 濃密な味. 농밀한 묘사 濃密な描写.

농번-기 (農繁期) [名] 農繁期. [対]농한기(農閑期).

농본 (農本) [名] 農本.

농본-주의 (農本主義) 【-/-이】 [名] 農本主義.

농부[1] (農夫) [名] 農夫; 農民; 百姓.

농부[2] (農婦) [名] 農婦.

농사

(農事) /noŋsa/ [名] 農事; 農業; 農作業; 野良仕事. ‖농사(를) 짓다 農業を営む. 벼농사 稲作.

농사-꾼 (農事-) [名] 農夫; 農民; 百姓.

농사-력 (農事曆) [名] 農事暦.

농사^시험장 (農事試驗場) [名] 農業試験場.

농사-일 (農事-) [名] 農作業.

농사-철 (農事-) [名] 農期.

농산-물 (農産物) [名] 農産物.

농성 (籠城) [名] [하自] 籠城(ろうじょう). 立てこもり.

농-수산물 (農水産物) [名] 農水産物.

농아 (聾啞) [名] 聾唖(ろうあ). ‖농아 학교 聾学校.

농악 (農樂) [名] 《民俗》 農楽. ✣農村で田植え時や刈り入れ時または祝祭日に, 豊作の祈願, 親睦などを目的として, 農旗を先頭に立て, 銅鑼(どら)・鉦(かね)・장구(チャング)・太鼓・笛などをはやしながら歌い踊る民俗芸能.

농약 (農藥) [名] 農薬. ‖농약을 치다 農薬を散布する.

농어 [名] 《魚介類》 スズキ(鱸).

농-어촌 (農漁村) [名] 農漁村.

농업

(農業) /noŋɔp/ [名] 農業. ‖농업에 종사하다 農業に従事する. 농업을 기계화하다 農業を機械化する. 집약 농업 集約農業.

농업^고등학교 (農業高等學校) 【-꼬-꾜】 [名] 農業高等学校. [略]농고(農高).

농업^시험장 (農業試驗場) 【-씨-】 [名] 農業試験場.

농업^용수 (農業用水) [名] 農業用水.

농업^인구 (農業人口) [名] 農業専従人口.

농업^협동조합 (農業協同組合) 【-어펍똥-】 [名] 農業共同組合. [略]농협(農協).

농염-하다 (濃艶-) [形] 『하変』 濃艶だ. ‖농염한 미소 濃艶な微笑み.

농요 (農謠) [名] 農民の民謡.

농원 (農園) [名] 農園.

농자[1] (農者) [名] 農業; 農民; 農夫. ▸ 농자 천하지대본 (農者天下之大本) 農業は国の基本.

농자[2] (聾者) [名] 聾者.

농작-물 (農作物) 【-장-】 [名] 農作物.

농장 (農場) [名] 農場.

농정 (農政) [名] 農業行政.

농지 (農地) [名] 農地. [対]택지(宅地).

농지^개혁 (農地改革) [名] 農地改革.

농지-세 (農地稅) 【-쎄】 [名] 農地税.

농촌

(農村) /noŋʧʰon/ [名] 農村. ‖농촌 지대 農村地帯. 농촌 활동 大学生が農村で農作業を手伝う活動.

농축 (濃縮) [名] [하他] 濃縮. ‖농축 우라늄 濃縮ウラン.

농축-액 (濃縮液) [名] 濃縮液.

농토 (農土) [名] 農地.

농학 (農學) [名] 農学.

농한-기 (農閑期) [名] 農閑期. [対]농번기(農繁期).

농협 (農協) [名] 〔농업 협동조합(農業協同組合)の略語〕農協.

농후-하다 (濃厚-) [形] 『하変』 濃厚だ; (色が)濃い; 可能性が高い. ‖패색이 농후하다 敗色が濃い.

높-낮이

/nomnadʑi/ 【놈-】 [名] 高低. [類]고저(高低). ‖소리의 높낮이 音の高低.

높다

/nopʔta/ 【놉따】 [形] 高い. [対]낮다. ‖천장이 높다 天井が高い. 악명이 높다 悪名が高い. 눈이 높다 目が高い. 지능이 높다 知能が高い. 혈압이 높다 血圧が高い. 기온이 높다 気温が高い. 생활수준이 높다 生活水準が高い. 비율이 높다 比率が高い. 관심이 높다 関心が高い. 높은 가을 하늘 高い秋空. 높은 사망률 高い死亡率. [使]높이다.

높-다랗다 【놉따라타】 [形] 『ㅎ変』 (建物などが)ずいぶん高い.

높새 【놉쌔】 [名] 〔船乗りの言葉で〕北東の風.

높새-바람 [名] =높새.

높아 톙 높다(高い)의 連用形.

높아-지다 囸 高まる; 高くなる. ¶관심이 높아지다 関心が高まる. 지위가 높아지다 地位が高まる.

높은 톙 높다(高い)의 現在連体形. ¶높은 빌딩 高いビル.

높-이¹ /nop^hi/ 圀 ❶ 高さ. ¶도쿄 타워의 높이 東京タワーの高さ. 높이와 넓이 高さと広さ. 높이를 재다 高さを測る.

높-이² /nop^hi/ 凰 ❶ 高く. ¶높이 날아오르다 高く舞い上がる. 높이 솟아 있는 빌딩들 高くそびえ立っているビル群. 높이 평가하다 高く評価する.

높-이다 /nop^hida/ 囲 〔「높다」의 使役動詞〕高める; 高くする; (声を)荒げる. 囹낮추다. ¶담을 높이다 垣根を高くする. 제품의 질을 높이다 製品の質を高める. 언성을 높이다 声を荒げる. ❷〔「말을 높이다」의 形で〕敬語を使う. ¶선배에게 말을 높이다 先輩に敬語を使う.

높이-뛰기 图《スポーツ》走り高跳び.

높임-말 图《言語》敬語; 尊敬語. 囹낮춤말.

높직-하다〔놉찌카-〕톙〔하變〕高めだ.

놓는〔논-〕囲 놓다(置く)의 現在連体形.

놓다¹ /not^ha/ 〔노타〕囲 ❶ 置く. ¶안경을 책상 위에 놓다 眼鏡を机の上に置く. 통로에 짐을 놓지 마세요 通路に荷物を置かないでください. 배가 불러서 숟가락을 놓았다 お腹がいっぱいなのでスプーンを置いた〔食事をやめた〕. 붓을 놓다 筆を置く. 서류를 집에 놓고 왔다 書類を家に置いてきた. 주산을 놓다 そろばんを置く. 囹이다. ❷ 離す; 放す. ¶잡고 있던 손을 놓으니 아이가 우는 얼굴을 한다. 새를 놓아 주다 鳥を放してやる. 가축을 놓아 기르다 家畜を放し飼いにする. ❸ (火などを)放つ. ¶불을 놓다 火を放つ. ❹ (注射などを)打つ. ¶주사를 놓다 注射を打つ. ❺ 架ける. ¶다리를 놓다 橋を架ける. ❻ 設置する. ¶사무실에 전화를 놓다 事務室に電話を設置する. ❼ 断わったり邪魔だてする言い方をしたりする. ¶퇴짜를 놓다 つき返す; ひじ鉄を食わせる. 엄포를 놓다 脅かす. ❽〔「수를 놓다」의 形で〕刺繍を施す. ❾〔마음을 놓다」의 形で〕安心する. ¶무사하다는 말을 듣고 마음을 놓았다 無事だという話を聞いて安心した. ❿〔「말을 놓다」의 形で〕丁寧語を使わないで話す. ⓫〔「…을[를] 놓고」의 形で〕…について; …をめぐって. ¶교육 문제를 놓고 토론을 벌이다 教育問題をめぐって討論する.

놓다² /not^ha/ 補動 物事の状態がそのまま続いていることを表わす: …(て)おく. ¶짐을 내려 놓다 荷物を下してておく. 문을 닫아 놓다 ドアを閉めておく. 미리 이야기해 놓았어요 前もって話しておきました.

놓은〔노-〕囲 놓다(置く)의 連用形.

놓아-두다〔노-〕囲 ❶置く; 置いておく. ¶가방은 여기에 놓아두고 가세요 かばんはここに置いていってください. ❷放っておく; 構わないでおく. ¶가만히 놓아두다 そっとしておく; 放っておく.

놓아-주다〔노-〕囲 放してやる; 逃がしてやる. ¶잡은 물고기를 놓아주다 釣った魚を逃がしてやる.

놓은〔노-〕囲 놓다(置く)의 過去連体形.

놓을〔노-〕囲 놓다(置く)의 未来連体形.

놓-이다 /noida/ 〔노-〕囸 ❶〔「놓다」의 受身動詞〕置かれる; 置いてある; (橋などが)架かる. ¶어려운 상황에 놓여 있다 困難な状況に置かれている. 책상 위에 안경이 놓여 있다 机の上に眼鏡が置いてある. 큰 다리가 놓이다 大きな橋が架けられる〔架かる〕. ❷〔「마음이 놓이다」의 形で〕安心する; ほっとする. ¶그 말을 듣자 마음이 놓였다 それを聞いてほっとした.

놓-치다 /not^hcida/ 〔놓-〕囲 ❶ 逃がす. ¶범인을 놓치다 犯人を逃がす. ❷ 逃(のが)す. ¶모처럼의 기회를 놓치다 せっかくのチャンスを逃す. 흔기를 놓치다 婚期を逃す. ❸ 乗り損なう. ¶마지막 열차를 놓치다 最終の列車に乗り損なう. ❹ 聞き逃す; 聞き落とす. ¶듣다가 중요한 말을 잠시 잠들이어서 깜つっと하이를 듣いた. ❺ 取り落とす. ¶들고 있던 접시를 놓쳐 깨뜨리다 持っていたお皿を落として割る.

뇌(腦)/nwe/〔-/-ㅔ〕图《解剖》脳. ¶뇌세포 脳細胞.

뇌간(腦幹)〔-/-ㅔ-〕图《解剖》脳幹.

뇌관(雷管)〔-/-ㅔ-〕图 雷管.

뇌까리다〔-/-ㅔ-〕囲 ❶ (人に言われたことを)何度も繰り返し言う. ❷ やたらにしゃべる; 口から出まかせにしゃべる. ¶함부로 뇌까리지 마라 むやみやたらにしゃべるな.

뇌리(腦裏)〔-/-ㅔ-〕图 脳裏. ¶일말의 기대와 불안이 뇌리를 스쳐 가다 一抹の期待と不安が脳裏をかすめる. 뇌리에 떠오르다 脳裏に浮かぶ.

뇌막(腦膜)〔-/-ㅔ-〕图《解剖》脳膜.

뇌막-염(腦膜炎)〔-/-ㅔ념/-ㅔ념〕图《医学》脳膜炎.

뇌물(賂物)/nwemul/〔-/-ㅔ-〕图 賄賂(わいろ). ¶뇌물을 주다 賄賂を渡す.

뇌-빈혈(腦貧血)〔-/-ㅔ-〕图《医学》脳貧血.

뇌사(腦死)〔-/-ㅔ-〕图《医学》脳死.

뇌살(惱殺)图 뇌쇄(惱殺)의 誤り.

뇌성^소아마비(腦性小兒痲痺) 【-/눼-】 图 (医学) 脳性小児麻痺.
뇌쇄(惱殺) 【-/눼-】 图 他 悩殺.
뇌수(腦髓) 【-/눼-】 图 (解剖) 脳髄.
뇌-수종(腦水腫) 【-/눼-】 图 (医学) 脳水腫.
뇌-신경(腦神經) 【-/눼-】 图 (解剖) 脳神経.
뇌-연화증(腦軟化症) 【-종/눼-종】 图 脳軟化症.
뇌염(腦炎) 【-/눼-】 图 (医学) 脳炎.
뇌우(雷雨) 【-/눼-】 图 雷雨.‖뇌우가 쏟아지다 雷雨が降りしきる.
뇌-일혈(腦溢血) 【-/눼-】 图 (医学) 脳溢血.
뇌전-도(腦電圖) 【-/눼-】 图 (医学) 脳電図.
뇌-전색(腦栓塞) 【-/눼-】 图 (医学) 脳塞栓(^そく).
뇌조(雷鳥) 【-/눼-】 图 (鳥類) ライチョウ(雷鳥).
뇌-졸중(腦卒中) 【-종/눼-종】 图 (医学) 脳卒中.
뇌-종양(腦腫瘍) 【-/눼-】 图 (医学) 脳腫瘍.
뇌진탕(腦震蕩) 【-/눼-】 图 (医学) 脳震盪(^とう).
뇌-척수(腦脊髓) 【-수/눼-수】 图 (解剖) 脳脊髄(^ずい).
뇌-출혈(腦出血) 【-/눼-】 图 (医学) 脳出血.
뇌파(腦波) 【-/눼-】 图 脳波.
뇌-하수체(腦下垂體) 【-/눼-】. 图 脳下垂体.
뇌-혈전(腦血栓) 【-전/눼-전】 图 (医学) 脳血栓.
누¹(累) 图 累; 巻き添え; 迷惑.‖누를 끼치다 迷惑をかける; 累を及ぼす. 주변 사람들에게 누가 되는 일은 하지 말아라 周りの人に迷惑になることはしないでね.
누² 冠 〔助詞가の前で用いられる누구の縮約形〕誰.‖누가 내 케이크를 먹었어? 誰が私のケーキを食べたの?
누가 /nuga/ 〔누구가の縮約形〕誰が.‖누가 그렇게 말했어? 誰がそう言ったの? ✥누가の形でしか用いられない.
누가-복음(←Luke 福音) 图 (キリスト教) ルカ福音書.
누각(樓閣) 图 楼閣.‖사상누각 砂上の楼閣.
누계(累計) 【-/-계】 图 他 累計.‖누계를 내다 累計を出す.

누구 /nugu/ 代 ❶ 誰; どなた.‖누구세요? どなたですか. 누구십니까? どちら様ですか. 누구라도 할 수 있는 일 誰でもできる仕事. 이 선물은 누구에게 줄 거니? このプレゼントをあげるの? 반에서 누구를 좋아하니? クラスで誰が好きなの? ❷ 誰の.‖이거 누

구 손수건입니까? これは誰のハンカチですか. ❸ 誰か.‖누구 괜찮은 사람 없을까? 誰かいい人いないかな.
누구-누구 代 誰々; 誰それ; 誰彼.‖오늘 모임에 누구누구가 오니? 今日の集まりには誰が来るの? 누구누구 할 것 없이 誰彼なしに.
누구가 代 誰か.‖저쪽에 누군가가 있다 向こうに誰かがいる.
누그러-뜨리다 他 (態度を)和らげる.
누그러-지다 自 和らぐ; 穏やかになる; 柔らかくなる.‖추위가 누그러지다 寒さが和らぐ. 표정이 누그러지다 表情が和らぐ.
누그러-트리다 =누그러뜨리다.

누나 /nu:na/ 图 (弟から見て)姉; お姉ちゃん.‖누나가 두 명 있다 姉が2人いる. ✥血縁関係でない年上の親しい女性を呼ぶ時に用いる場合もある.
누누-이(屢屢-) 副 しばしば; 何度も.‖누누이 말하다 何度も言う.
누님 图 (弟から見て)お姉さん; お姉さま; 姉上. ✥血縁関係でない年上の親しい女性を呼ぶ時に用いる場合もある.
누다 他 (大小便を)する.‖똥을 누다 大便をする. 敬 누이다.
누대(累代) 图 累代.
누더기 图 ぼろぼろの服; ぼろ.‖누더기를 걸치다 ぼろをまとう.
누드(nude) 图 ヌード.‖누드 사진 ヌード写真.
누락(漏落) 图 自他 抜け落ちること; 漏れること.‖명단에서 이름이 누락되어 있다 名簿から名前が漏れている.
누란지세(累卵之勢) 图 非常に不安な情勢.
누래 形 ㅎ変 누렇다(黄色い)の連用形.
누런 形 ㅎ変 누렇다(黄色い)の現在連体形.
누렇다 /nurʌtʰa/ 【-러타】 形 ㅎ変 〔누레, 누런〕黄色い; 黄ばんでいる.‖벼가 누렇게 익어 가다 稲が黄色くなっていく. 누런 손수건 黄ばんだハンカチ. 敬 누랗다.
누레-지다 自 黄色くなる; 黄ばむ. 敬 노래지다.
누룩(麴) 图 麴(ʰコウʲ).
누룩-곰팡이 【-꼼-】 图 (植物) コウジカビ(麴黴).
누룽지 图 おこげ.

누르다¹ /nu:ruda/ 他 르変 〔눌러, 누른〕 ❶ (ボタンなどを)押す.‖초인종을 누르다 呼び鈴を押す. 위에서 눌러서 망가뜨렸다 上から押してつぶす. 등을 꾹 누르다 背中をぐいと押す. ❷ 押さえる; 抑える.‖상처를 가제로 눌러다 傷口をガーゼで押さえる. 강적을 누르고 우승하다 強敵を押さえて優勝する. 욕망을 누르다 欲望を抑え

누르다

르. ❸押さえつける. ‖반대파를 누르다 反対派を押さえつける. ⑳눌리다.
누르다[러변] (カボチャの花のように)黄色い.
누르스름-하다 [하변] 黄みを帯びている. ⑳노르스름하다.
누름-단추 图 押しボタン.
누름-돌 【─똘】图 重石; 押さえ.
누릇-누릇 [-른-은-] 圖 ❶あちらこちら黄ばんでいる様子. ❷こんがり. ⑳노롯노롯하다.
누리 图 世の中. ‖온누리 全世界; 世の中.
누리¹ 图 享受する; 極める. ‖특권을 누리다 特権を享受する. 자유를 누리다 自由を享受する. 영화를 누리다 栄華を極める.
누리다² 𝒮 獣臭い; 焦げ臭い.
누린-내 图 獣臭いにおい. ‖누린내가 나다 獣臭い.
누명 (陋名) 图 ぬれぎぬ; 冤罪(깨); 汚名. ‖억울한 누명 悔しいぬれぎぬ. 누명을 벗다 冤罪を晴らす. ►누명을 쓰다 ぬれぎぬを着る: 冤罪をこうむる. ►누명을 씌우다 ぬれぎぬを着せる.
누비 刺し縫(ぃ)い; 刺し子.
누비-이불 图 刺し縫いの掛け布団.
누비다 /nubida/ 他 ❶刺し子に縫(ぬ)う; 刺し縫いをする. ‖이불을 누비다 かけ布団を刺し子に縫う. ❷ (人波を) 縫う. ‖인파를 누비고 가다 人波を縫うように進む. ❸縫い回る. ‖전국을 누비다 全国を駆け回る.
누상 (樓上) 图 樓上.
누선 (漏腺・淚腺) 图 淚腺(깨); 涙の泉.
누설 (漏洩) 图 漏洩(洩); (秘密などを)漏らすこと. ‖비밀을 누설하다 秘密を漏洩する[漏らす].
누수 (漏水) 图 漏水; 水漏れ.
누에 (昆蟲) 图 カイコ(蚕). ‖누에를 치다 カイコを飼う.
누에-고치 图 繭(슝).
누에-콩 图 【植物】 ソラマメ(豆).
누운 【ㅂ변】 눕다(横たわる)の過去連体形.
누워 【ㅂ변】 눕다(横たわる)の連用形.
누이 (男兄弟から見て)姉と妹. ►누이 좋고 매부 좋다 【諺】両方にとって得になる.
누이-동생 (一同生) 图 (兄から見て)妹.
누이다¹ /nuida/ 他 〔눕다の使役動詞 눕히다の転〕寝かす; 寝かせる; 横たえる. ⑳뉘다. ‖침대에 아이를 누이다 ベッドに子どもを寝かせる. 몸을 누이다 身を横たえる.
누이다² 〔누다の使役動詞〕 (大小便を)させる. ⑳뉘다. ‖애 오줌을 누이다 子どもに小便をさせる.
누적 (累積) 图 回動 累積. ‖적자가 누적되다 赤字が累積する.
누전 (漏電) 图 漏電. ‖누전으로 인한 사고 漏電による事故.
누진-세 (累進稅) 【-쎼】 图 累進税.
누차 (屢次) 图 屢次; 數次. ‖누차에 걸친 충고 度重なる忠告.
── 圖 たびたび; しばしば; 再三. ‖누차 이야기를 했음에도 불구하고 たびたび言ったにもかかわらず.
누추-하다 (陋醜─) /nuːtɕʰuhada/ 𝒮 [하변] むさ苦しい; 薄汚い; みすぼらしい. ‖누추한 곳이지만 들어와 세요 むさ苦しいところですが、どうぞお入りください. 누추한 차림 みすぼらしい身なり.
누출 (漏出) 图 回動 漏出; 漏れること. ‖정보가 누출되다 情報が漏れる.
눅눅-하다 [눙누카-] 𝒮 [하변] 湿っぽい. ‖장마로 옷들이 눅눅하다 梅雨で洋服が湿っぽい.
눅다 [-따] 𝒮 ❶(練ったものが)柔らかい; 湿り気があって柔らかい. ❷湿って柔らかい. ‖과자가 녹어서 맛이 없다 菓子が湿っておいしくない. ❸(性格などが)穏やかだ. ‖성격이 눅은 사람 性格が穏やかな人. ❹(天候が)暖かい.
눅신-하다 [-씬-] 𝒮 [하변] くにゃくにゃしている. ふにゃふにゃしている.
녹이다 他 ❶ (固いものを) 柔らかくする. ❷ (神経・怒りなどを) 和らげる. ‖날카로워진 신경을 녹이다 とがった神経を和らげる.
눅진-하다 [-찐-] 𝒮 [하변] 粘り気があって柔らかい. ‖떡이 눅진하다 お餅が粘り気があって柔らかい. ⑳눅진하다.
눈¹ /nun/ 图 ❶目. ‖눈이 크다 目が大きい. 눈이 좋다 目がいい. 눈이 나빠서 잘 안 보이다 目が悪くてよく見えない. 눈이 피곤하다 目が疲れる. 눈을 감고 음악을 듣다 目を閉じて音楽を聴く. 잠이 오는 듯한 눈 眠そうな目. 충혈된 눈으로 充血した目で. 눈으로 인사하다 目で挨拶する. 사람을 보는 눈이 없다 人を見る目がない. 눈을 뗄 수가 없다 目が放せない. 눈을 즐겁게 하다 目に入る; 目に留まる. 눈을 의심하다 目を疑う. 눈을 돌리다 目をそらす; 目をそむける. 전문가の 눈 태품의 눈 台風の目. 티눈 うおの目. 눈 아래로 펼쳐지는 대자연의 파노라마 眼下に広がる大自然のパノラマ. ❷まぶた. ‖눈에 보이는 듯하다 まぶたに浮かぶようだ. ►눈 깜짝할 사이 あっという間に; 瞬く間に. 눈도 깜짝 안 한다 瞬きもしない; じっとしている. ►눈 밖에 나다 (信任を得られず)邪魔な存在となる. ►눈에 거슬리다 目に余る; 目に障る. ►눈에 넣어도 아프지 않다 (「目の

中に入れても痛くない」の意で)(子どもや孫が)非常にかわいい. ▸눈에 띄다 目立つ; 目につく; 見当たる. ▸눈에 밟히다 目に浮かぶ. ▸눈에 불을 켜다 目を光らせる. ▸눈에 선하다 目に浮かぶ. ▸눈에 설다 見慣れない. ▸눈에 쌍심지를 켜다 目に角を立てる. ▸눈에 어리다 目に浮かぶ. ▸눈에 이슬이 맺히다 涙ぐむ. ▸눈에 익다 見慣れている; 見覚えがある. ▸눈에 차다 (「目に満ちる」の意で)満足する. ▸눈에 흙이 들어가다 (「目に土が入る」の意で)死ぬ. 내 눈에 흙이 들어가기 전에는 안 된다 私の目の黒いうちは駄目だ. ▸눈을 끌다 目を引く. ▸눈을 붙이다 仮眠を取る. ▸눈을 속이다 目を盗む; 目を掠(かす)める; 目をくらます. ▸눈이 가다 目がいく; 視線が向かう. ▸눈이 꺼지다 (病気や疲労困憊(ぱい)で)目がくぼむ; 目が引っ込む. ▸눈이 높다 目が高い. ▸눈이 뒤집히다 目を剝(む)く. ▸눈이 맞다 ① 目が合う; 視線が合う. ② 恋に落ちる. ▸눈이 멀다 目が眩む. 돈에 눈이 멀다 金に目が眩む. ▸눈이 빠지도록 기다리다 首を長くして待つ. ▸눈이 삐다 見る目がおかしい. ▸눈이 시다 胸くそが悪い; 目に障る. ▸눈이 트이다 目を覚ます; 目を開く. ▸눈 가리고 아웅 [諺] (「目を覆ってにゃあと言う」の意で)すぐにばれるようなやり方で人をだまそうとすること. ▸눈 감으면 코 베어 먹을 세상 [諺] (「目を閉じたら鼻を切り取っていく世の中」の意で)油断ができないこと.

눈[2] /nu:n/ [名] 雪. ‖눈이 오다[내리다] 雪が降る. 눈이 쌓이다 雪が積もる. 첫눈 初雪. 함박눈 ぼたん雪.

눈[3] [名] (木や草などの)芽. ㊫싹. ‖눈이 나오다 芽が出る.

눈[4] [名] (はかりなどの)目; 目盛り. ㊫눈금. ‖저울 눈을 속이다 はかりの目盛りをごまかす.

눈[5] [名] (網などの)目.

눈-가【-까】[名] 目の周り; 目の縁. ‖눈가의 잔주름 目の周りの小じわ.

눈-가루【-까-】[名] 雪の粉.

눈-가리개 [名] 目隠し.

눈-가림 [名] [하自] 見せかけ; うわべ.

눈-감다【-따】[自] ❶ 目を閉じる. ‖너무 눈부셔서 눈감고 있었다 まぶしすぎて目を閉じていた. ❷ 見ないふりをする. ❸〔比喩的に〕息を引き取る; 死ぬ.

눈-곱【-꼽】[名] ❶ 目やに; 目くそ. ‖눈곱이 끼어 있다 目やにがついている. ❷〔比喩的に〕とるに足らない小さな[少ない]もの. ‖다른 사람 생각은 눈곱만큼도 하지 않다 人のことは露ほども考えない.

눈곱만-하다【-꼼-】[形]『하変』ほんの少しだ; 雀の涙ほどだ; 爪の垢ほどだ.

눈-금【-끔】[名] 目盛り. ㊫눈. ‖체온계의 눈금을 읽다 体温計の目盛りを読む.

눈-길[1] /nun²kil/【-낄】[名] 視線; 人目. ‖눈길을 주다 視線を向ける. 사람들 눈길을 피하다 人目を避ける. ▸눈길을 모으다 人目を引く. 그녀의 화려한 의상이 눈길을 끌었다 彼女の派手な衣装が人目を引いた.

눈-길[2]【-낄】[名] 雪道. ‖눈길을 걷다 雪道を歩く.

눈-까풀 [名] まぶた.

눈-깔 [名] 눈(目)の俗語.

눈-꺼풀 [名] まぶた.

눈-꼴 [名] 〔さげすむ言い方で〕目つき; まなざし.

눈꼴-사납다【-따】[形]『ㅂ変』目に余る; 目障りだ. ‖눈꼴사나운 녀석 目障りなやつ.

눈꼴-시다 [形] 目に余る; 目障りだ.

눈-높이 [名] 目の高さ; 目線.

눈-대중【-때-】[名] 目分量. ㊫눈짐작. ‖눈대중을 하다 目分量ではかる.

눈-덩이【-떵-】[名] 雪の塊. ‖빚이 눈덩이처럼 불어나다 雪だるま式に借金が増える.

눈-독【-똑】[名] 物欲しげな目つき. ▸눈독을 들이다 目星をつける; ひそかにねらう. 예쁜 그녀에게 남자들이 다들 눈독을 들였다 きれいな彼女を男性たちは皆ひそかにねらっていた.

눈-동냥【-똥-】[名] 見よう見まね.

눈-동자 (-瞳子) /nun²toŋdʒa/【-똥-】[名] 瞳(ひとみ). ‖까만 눈동자 黒い瞳.

눈-두덩【-뚜-】[名] うわまぶた. ‖눈두덩이 부었다 うわまぶたが腫れた.

눈-뜨다 [自]『으変』❶ 目を開ける; 目を覚ます. ‖눈부신 아침 햇살에 눈뜨다 まぶしい朝日に目を覚ます. ❷ 目覚める. ‖현실에 눈뜨다 現実に目覚める.

눈뜬-장님 [名] ❶ 目が見えない人. ❷ (「目を開いた盲目の人」の意で)文盲.

눈-망울 [名] 目玉; 眼球; 瞳(ひとみ). ‖초롱초롱한 눈망울 きらきらした瞳.

눈-맞추다【-맏-】[自] 目を合わせる; 目線を合わせる.

눈-매 [名] 目つき; 目もと. ‖눈매가 사납다 目つきが荒々しい. 눈매가 예쁜 소녀 目もとがかわいい少女.

눈-멀다 /nunmɔlda/ [自]『ㄹ語幹』[눈멀어, 눈머는, 눈먼] ❶ 目が見えなくなる. ❷ 目が眩む; 盲目になる. ‖사랑에 눈멀다 恋に盲目になる. 돈에 눈먼 사람 金に目が眩んだ人. ▸눈먼 돈 ① 持ち主のない金. ② 思いがけない金. 눈먼 돈이 굴러 들어오다 思いがけない金が手に入る.

눈-물 /nunmul/ [名] 涙. ‖눈물이 나다 涙が出る. 눈물을 흘리다 涙を流す. 눈물을 글썽이다 涙を浮かべる. 피도 눈물도 없다 血も涙もない. 기쁨의 눈물 嬉し涙. ▸눈물을 머금다 涙ぐむ; 涙をこらえる. ▸눈물을 짜다 ① めそ

나 내 냐 냬 너 네 녀 녜 노 놔 놰 뇌 뇨 누 눠 눼 뉘 뉴 느 늬 니

눈물-겹다【-따】[形] [ㅂ変] 涙ぐましい. ‖눈물겨운 이야기 涙ぐましい話.

눈물-샘【-쌤】【解剖】涙腺. ㉙누선(涙腺). ‖눈물샘을 자극하다 涙腺を刺激する.

눈물-짓다【-짇따】[自] [ㅅ変] 涙する. ‖그 얘기에 많은 사람이 눈물지었다 その話に多くの人が涙した.

눈-바람[名] 風雪; 吹雪.

눈-발【-빨】[名] 激しく降る雪. ‖눈발이 날리다 雪が吹きつける.

눈-밭【-받】[名] 雪田; 雪原.

눈-병(-病)【-뼝】【医学】眼病.

눈-보라[名] 吹雪; 雪嵐. ‖눈보라가 치다 吹雪く.

눈-부시다 /nunbuʃida/ [形] ❶ まぶしい; まばゆい. ‖조명이 눈부시다 照明がまぶしい. 눈부실 정도로 아름답다 まばゆいばかりに美しい. ❷ 目覚しい. ‖눈부신 활동 目覚しい活動. 눈부시게 발전하고 있는 중국 경제 目覚しい発展を遂げている中国経済.

눈-붙이다【-부치-】[自] 仮眠を取る; ちょっと眠る. ‖피곤해서 잠시 눈붙이다 疲れてしばらく仮眠を取る.

눈-비[名] 雪と雨.

눈-빛[1]【-삗】[名] 目つき; 目の輝き; 眼差し. ‖째려보는 듯한 눈빛 にらみつけるような目つき.

눈-빛[2]【-삗】[名] 真っ白い色.

눈-사람 /nu:nˀsaram/ 【-싸-】[名] 雪だるま. ‖눈사람을 만들다 雪だるまを作る.

눈-사태(-沙汰)[名] 雪崩(なだれ).

눈-살【-쌀】[名] 眉間のしわ. ▸눈살을 찌푸리다 眉間にしわを寄せる; 眉をひそめる.

눈-속임[名] ごまかし. ‖눈속임이 안 통하다 ごまかしがきかない.

눈-송이【-쏭-】[名] 雪片.

눈-시울【-씨-】[名] 目の周り; 目頭. ‖눈시울이 뜨거워지다 目頭が熱くなる.

눈-싸움[1] /nu:nˀsaum/ 【-싸-】[自] 雪合戦; 雪投げ.

눈-싸움[2] [自] にらめっこ.

눈-썰미 見たものをちゃんと覚える能力; 見よう見まね. ‖눈썰미가 있다 見よう見まねがうまい.

눈-썹 /nun?sop/ 【-씁】[名] ❶ 眉; まゆげ. ‖눈썹을 진하게 그리다 眉を濃く描く. 가는 눈썹 細眉. 細まゆ. 가는 눈썹 하나 까딱하지 않다 眉一つ動かさない; びくともしない. ❷ まつげ. ‖눈썹이 긴 여자 아이 まつげの長い女の子.

눈-알 [名] 目玉; 眼球. ▸눈알을 부라리다 (怒って)目を剥(む)く. ▸눈알이 나오다 (驚いて)目玉が飛び出る. ▸눈알이 빠지도록 (「目玉が飛び出るほど」の意で)待ちこがれている様子.

눈-앞 /nunap/ 【누납】[名] 目の前; 眼前; 目先. ‖애 얼굴이 눈앞에 어른거리다 子どもの顔が目の前にちらつく. 눈앞의 이익을 추구하다 目先の利益を追う. 눈앞에 푸른 바다가 펼쳐지다 眼前に青い海が開ける. ▸눈앞에 두다 目前に控える; 目前に迫る. 입시를 눈앞에 두고 있다 入試が目前に迫っている. ▸눈앞이 캄캄하다 目の前が真っ暗だ. ▸눈앞이 캄캄해지다 途方に暮れる.

눈-약(-藥)【-냑】[名] ㉙안약(眼薬).

눈-언저리 [名] 目の周り; 目もと.

눈엣-가시【누네까-/누넫까-】[名] 目の敵.

눈여겨-보다【-너-】[他] 注視する; 目を止める.

눈-요기(-療飢)【-뇨-】[名] [하自] 目の保養. ‖눈요기가 되다 目の保養になる.

눈-웃음 [名] 目で笑うこと; 目笑. ‖눈웃음을 보내다 目笑を交わす.

눈웃음-치다 [自] なまめかしい目つきをする.

눈-인사(-人事)[名] [하自] 目礼. ㉙목례(目礼).

눈-자위【-짜-】[名] 目玉の周り; 眼球の縁.

눈-짐작(-斟酌)【-찜-】[名] 目分量. ㉙눈대중.

눈-짓【-찓】[名] [하自] 目くばせ; 目顔. ‖잠자코 있으면서 눈짓을 보내다 黙っているように目くばせする. 눈짓으로 알리다 目顔で知らせる.

눈-초리 目じり; まなじり; 目つき; 視線. ‖매서운 눈초리로 째려보다 鋭い目つきでにらみつける.

눈-총 毒々しい眼差し. ‖눈총을 받다 憎まれている.

눈-치 /nuntʃʰi/ [名] ❶ 直感的に感じ取る心の動き; 勘; 目端; 気配(けはい). ‖눈치가 빠르다 勘が鋭い. 눈치로 알아차리다 勘で分かる. ❷ 様子; 態度; 気配; 素振り. ‖내가 같이 가는 걸 싫어하는 눈치였다 私が一緒に行くのを嫌がる素振りだった. 그 날 그 사람의 눈치가 좀 이상했다 あの日, 彼の様子がちょっとおかしかった. ❸ (人の)顔色や機嫌. ▸눈치(가) 보이다 人の顔色[機嫌]が気になる. ▸눈치(를) 보다 人の顔色[機嫌]をうかがう. 상사의 눈치를 보다 上司の顔色をうかがう. ▸눈치를 살피다 人の顔色[機嫌]をうかがう. ▸눈치(를) 채다 気づく; 感じる; 感じ取る. 음모를 눈치 채다 陰謀に感じる. 전혀 눈치 채지 못하다 全く気づいていない.

눈치-코치 [名] 눈치を強めて言う語.

눈칫-밥【-치빱 /-칟빱】[名] (居候な

どが気兼ねしながら食べる飯の意味から)肩身の狭い生活. ‖親戚の家で肩身の狭い生活をする.

눈-코 目(と)鼻. ▶눈코 뜰 사이[새] 없다 「まばたきや息をする時間もないほど忙しい」の意で)非常に忙しい;きりきり舞いだ. 눈코 뜰 새 없이 바빠서 머리가 도는 듯이 忙しい.

눈-퉁이 눈두덩의 俗語.

눋다 [-따] 固 [ㄷ変] (ご飯などが)焦げる. ‖밥이 눌었다 ご飯が焦げた.

눌러-살다 [-語幹] (今までのところに)住み続ける.

눌러-쓰다 [으変] (帽子などを)深くかぶる. ‖모자를 눌러쓰고 나가다 帽子を深くかぶって出かける.

눌러-앉다 [-안따] 固 居座る;そのまま居続ける. ‖십 년째 출판사에 눌러앉아 있다 10年間出版社に居座って[勤めて]いる.

눌리다 /nulːlida/ 固 〔누르다の受身動詞〕押さえつけられる;抑圧される. ‖상대방의 기세에 눌리다 相手の勢いに押される. 장내의 분위기에 눌려 아무 말도 못하다 場内の雰囲気に押されて何も言えない.

눌변(訥辯) 图 訥弁(?). ⇔능변(能辯)·달변(達辯).

눌어-붙다 [-분따] 固 ❶ 焦げつく;焼けつく. ‖밥이 냄비에 눌어붙었다 ご飯が鍋に焦げついた. ❷ 長居する;長く居続ける.

눌언(訥言) 图 訥言(?).

눌은-밥 焦げ飯.

눕는 [-ㄴ-] [ㅂ変] 눕다(横たわる)の現在連体形.

눕다 /nuːpʰta/ 固 [ㅂ変] [-따] [ㅂ変] [누워, 눕는, 누운] ❶ 横たわる;横になる;寝そべる. ‖잠자리에 눕다 寝床に横になる. 하루 종일 누워 있다 一日中寝そべっている. 働눕히다. ❷ 病の床につく. ‖몇 년째 병상에 누워 있다 何年も病床に臥せって病の床についている. ▶누울 자리 봐 가며 발을 뻗어라 (?)「寝所の様子を見て足を伸ばせ」の意で)場所と時を弁(?)えて行動せよ. ▶누워서 떡 먹기 (?)「寝そべって餅を食べる」の意で)朝飯前. ▶누워서 침 뱉기 (?)天を仰いで唾する.

눕-히다 /nupʰida/ 囲 [누피-] 〔눕다の使役動詞〕寝かせる;横にする;横たえる. ‖아이를 조심스레 눕히다 子どもをそっと寝かせる. 몸을 눕히다 身を横たえる.

눙치다 囲 ❶ (気持ちを)なだめる. ❷ とぼける;取り繕う.

뉘[1] 囮 [-누구의 縮約形〕誰. ‖뉘가 이 밤중에 문을 두드리는가? 誰がこんな夜中に戸を叩くのか? ❷ 〔누구의 縮約形〕誰の.

뉘[2] 籾(?).

뉘다 囲 누이다[1]·누이다[2]의 縮約形.

뉘앙스 (nuance) 图 ニュアンス.

뉘엿-뉘엿 [-엳-엳] 囲 だんだんと日が沈む様子. ‖뉘엿뉘엿 해가 지고 있다 だんだんと日が沈んでいく.

뉘우치다 /nwiutʃʰida/ 囲 後悔する;悔いる;反省する. ‖잘못을 뉘우치다 過ちを[非を]悔いる. 불효를 뉘우치다 親不孝を悔いる.

뉴런 (neuron) 图〈生物〉(神経単位の)ニューロン.

뉴스 (news) /njuːsɯ/ 图 ニュース. ▶귀가 솔깃해지는 뉴스 耳よりなニュース. 뉴스를 내보내다 ニュースを流す. 뉴스 시간 ニュースの時間, 임시 뉴스 臨時ニュース. 톱뉴스 トップニュース. 빅뉴스 ビッグニュース.

뉴스-캐스터 (news caster) 图 ニュースキャスター.

뉴질랜드 (New Zealand) 图〈国名〉ニュージーランド.

느글-거리다 [-대다] 固 むかむかする;吐き気がする;気分が悪い. ‖속이 느글거리다 胸がむかむか[むかつ]く.

느글-느글 副 (?) むかむか(と).

느긋-하다 /nɯgɯtʰada/ 【-그타-】 [하変] ゆったりしている;くつろいだ;ゆとりがある. ‖느긋한 태도 ゆったりとした態度. 마음을 느긋하게 먹다 気持ちをゆったり構える.

느끼다 /nuːk͈ida/ 囲 感じる;感じ取る;(感じを)覚える;思う. ‖외로움을 느끼다 寂しさを感じる. 책임을 느끼고 있다 責任を感じている. 흥미를 느끼다 興味を覚える. 불편하다고 느끼는 점 不便だと思うところ.

느끼-하다 [하変] (食べ物などが)脂っこい;しつこい;口当たりが悪い;(胃が)もたれた気味だ. ‖느끼한 음식 脂っこい食べ物. 느끼한 냄새가 나다 脂っこいにおいがする. 속이 좀 느끼하다 お腹がもたれ気味だ.

느낌 /nuːk͈im/ 图 感じ;感じたこと;感想;感触. ‖이상한 느낌이 들다 変な感じがする. 느낌이 안 좋다 感じが悪い. 꿈을 꾸고 있는 듯한 느낌이다 夢を見ているような感じだ. 시를 읽은 느낌을 말하다 詩を読んだ感想を言う. 그런 느낌이 들었다 そんな気がした. 느낌이 좋은 천 感触のいい布. 그렇게 말해도 느낌이 안 온다 そう言われてもぴんと来ない.

느낌-표 (-標) 图 感嘆符(!).

느는 [-語幹] 늘다(伸びる)の現在連体形.

느닷-없다 /nudadsɯpʰta/ [-다 답 따] 形 出し抜けだ;唐突だ;突然だ;不意だ. ‖느닷없는 질문 出し抜けの質問. 그 사람의 등장은 느닷없는 것이었다 彼の登場は突然だった. **느닷없-이**

-느라고 느닷없이 찾아오다 突然訪ねてくる.
-느라고 語尾 原因・理由を表わす: …ので; …ために; …のため. ‖어머니로부터 걸려오는 전화벨 소리를 못 들었다며 母に話をしていたので, 電話の音に気がつかなかった. 늦잠 자느라고 아침을 못 먹었다 朝寝坊のため, 朝食を食べられなかった.

느름-나무 [一름—] 图 [植物] ニレ(楡).

느리-광이 图 のろま.

느리다 /nurida/ 形 ❶ 〔動作・動きなどが〕 遅い; のろい. ‖동작이 느리다 動作がのろい, テンポが遅い ❷ おっとりしている; ゆっくりだ. ‖느리게 달리다 ゆっくり[のろのろ]と走る. ❸ 緩い; 緩やかだ.

느림-보 图 のろま.

느릿-느릿 /nurinnwrit/ [—런—럳] 副 (하다) のろのろ のそのそと. ‖느릿느릿 움직이다 のろのろ(と)動く. 느릿느릿한 걸음걸이 のろのろ(と)した歩み.

느릿-하다 [—리타—] 形 하変 のろい; ゆっくりしている. ‖행동이 느릿하다 行動がのろい.

느슨-하다 形 하変 緩い; 緩んでいる; たるんでいる. ‖나사가 느슨하다 ねじが緩い, 매듭이 느슨해지다 結び目が緩む.

느타리-버섯 [—섣] 图 [植物] ヒラタケ (平茸).

느티-나무 图 [植物] ケヤキ(欅).

늑간 (肋間) 图 [解] 肋間.

늑골 (肋骨) [—꼴] 图 [解剖] 肋骨; あばら骨. 徵갈비뼈.

늑대 [—때] 图 ❶ [動物] チョウセンオオカミ(朝鮮狼); オオカミ(狼). ❷ [比喩的に] 狼.

늑막 (肋膜) [—막] 图 [解剖] 胸膜; 肋膜. 徵흉막.

늑막-염 (肋膜炎) [—망념] 图 [医学] 胸膜炎; 肋膜炎. 徵흉막염(胸膜炎).

늑장 [—짱] 图 もたもたすること; ぐずぐずすること.

늑장-부리다 [—짱—] 目 もたもたする; ぐずぐずする; ぐずつく. ‖모든 일에 늑장 부리는 사람 あらゆることにもたもたする人.

는¹ /nun/ 助 〔母音で終わる体言に付いて; 子音の場合은〕 ❶ …は. 徵ㄴ. ‖지구는 둥글다 地球は丸い. 언니는 미국에 있다 姉はアメリカにいる. 그것과는 다르다 あれとは違う. 너하고는 말하고 싶지 않다 君とは話したくない. 서울에는 바다가 있어요? ソウルには海がありますか. 도쿄에서 서울까지는 얼마나 걸려요? 東京からソウルまではどれくらいかかりますか. 김치를 먹기는 먹는데 좋아하지는 않는다 キムチを食べるのは食べるが, 好きではない. 만나기는 만났는데 얘기는 별로 못 했다 会いはしたものの話はあまりできなかった. ❷ 〔…는 아니다の形で〕 …ではない. ‖그렇게 머리가 좋은 사람은 아니다 そんなに頭のいい人ではない. 유명한 배우는 아니지만 有名な俳優ではない. ❸ 〔…(으)로는 안 되다の形で〕 …ではできない; …は通じない. ‖이것 하나로는 안 된다 これ 1 つではできない. 말로는 안 되는 아이 言葉では通じない子ども. ❹ 〔…는 못 되다の形で〕 …にはならない. ‖성격이 저래서 리더는 못 된다 性格があぁなのでリーダーにはなれない. ❺ 〔…는 되고 싶지 않다の形で〕 …にはなりたくない. ‖정치가는 되고 싶지 않다 政治家にはなりたくない.

는² 国 [ㄹ語幹] 늘다(伸びる)の過去連体形.

-는³ /nun/ 語尾 〔動詞の語幹に付いて〕現在連体形を作る. ‖병원에 가는 날 病院に行く日. 자는 아이를 깨우다 寝ている子どもを起こす. 많이 먹는 사람 たくさん食べる人.

-는가 語尾 疑問を表わす: …の(か). ‖어디에 가는가? どこに行くのか. 일은 잘 되고 있는가? 仕事はうまくいっているのか.

-는다 語尾 〔子音で終わる動詞の語幹に付いて; 母音およびㄹで終わる子音の場合는—다〕現在時制を表わす. ‖그 사람은 밥을 많이 먹는다 彼はご飯をたくさん食べる. 사람은 누구나 죽는다 人は誰でも死ぬ. 나는 매일 집안일을 돕는다 私は毎日家事を手伝っている.

-는다고¹ 語尾 ⇒ -ㄴ다고¹.
-는다고² 語尾 ⇒ -ㄴ다고².
-는다고³ 語尾 ⇒ -ㄴ다고³.
-는다느니 語尾 ⇒ -ㄴ다느니.
-는다는 語尾 ⇒ -ㄴ다는.
-는다니 語尾 ⇒ -ㄴ다니.
-는다니까 語尾 ⇒ -ㄴ다니까. ‖나중에 먹는다니까 後で食べるってば. ❷ -는다고 하니까の縮約形.
-는다마는 語尾 ⇒ -ㄴ다마는.
-는다만 語尾 -는다마는의 縮約形.
-는다면서 語尾 ⇒ -ㄴ다면서.
-는단다 語尾 ⇒ -ㄴ단다.
-는답니까 語尾 〔-는다고 합니까의縮約形〕伝え聞いた内容を丁寧に問い返す意を表わす: …と言うんですか; …そうですか. ‖그 빵집은 몇 시에 문을 닫는답니까? そのパン屋は何時に閉まるそうですか.
-는답니다 [—담—] 語尾 〔-는다고 합니다의縮約形〕伝え聞いた内容を丁寧に述べる意を表わす: …と言っています; …そうです. ‖매운 것은 못 먹는답니다 辛いものは食べられないそうです.
-는대 語尾 [-는다 해の縮約形] …そうだ; …って; …んだって. ‖그 가게는 열 시에 문을 닫는대 その店は 10 時に閉まる

늘리다 ¶事務室을 늘리다.
-는데 /nunde/ 語尾 ❶ 前置きを表わす: …するのだが. ‖비도 오는데 어딜 나가니? 雨も降っているのに, どこに出かけるの. 시간도 없는데 택시를 탈까? 時間もないからタクシーで行こうか. ❷ 逆接を表わす: …が; …けど. ‖많이 먹는데 살이 안 찐다 けっこう食べるけど, 太らない. ❸ 感嘆を表わす: …ね. ‖남동생 잘생겼는데 弟さん, ハンサムね.
-는지 /nundʑi/ 語尾 ❶ 漠然とした疑問を表わす: …やら; …するのか; …かどうか. ‖그 집에 있는지 전화해 보자 その家にいるのか電話してみよう. 그 사람한테서 연락이 오기를 얼마나 기다렸는지 모른다 彼らから連絡が来るのをどれくらい待っていたのか分からない. ❷〔얼마나를 伴って〕感嘆を表わす: どんなに…(こと)か. ‖그 말을 듣고 얼마나 기뻤는지 それを聞いてどれほどうれしかったことか.
는-커녕 助 …はおろか; …するどころか. ‖반성하기는커녕 도리어 큰 소리를 치며 反省するどころかかえって大声を上げる.
늘¹ /nul/ 副 いつも; 常に. ‖늘 하던 말 いつも言っていたこと. 늘 듣고 다니는 가방 常に持ち歩いているカバン.
늘² 〔ㄹ語幹〕늘다(伸びる)の未来連体形.
늘그막 名 晩年; 老年.
늘다 /nulda/ 動 〔ㄹ語幹〕〔늘어, 는, 늘〕❶ 伸びる; 延びる. ‖평균 수명이 늘다 平均寿命が伸びる. 시간이 늘었다 疲れているのか寝る時間が長くなった. ❷ 増える; 増す. ‖수입이 늘다 収入が増える. 체중이 늘다 体重が増える. 수요가 급속하게 늘고 있다 需要が急速に増えている. ❸ 広くなる. ‖간척 사업으로 농지가 늘었다 干拓事業で農地が広くなる. ❹ (経済的に)豊かになる. ‖살림이 늘다 暮らしが豊かになる. ❺ (腕が)上がる; 上達する. ‖영어 실력이 늘다 英語の実力が上がる. 음식 솜씨가 많이 늘었다 料理の腕がだいぶ上がった. 他 늘리다.
늘름 副 〔愈態〕❶ 舌を前に出す様子: ペロり(と); ペろっと. ‖혀를 늘름 내밀다 舌をぺろっと出す. ❷ 何かをつかみ取ろうとする様子: さっと. ‖선물을 늘름 받다 プレゼントを늘름 받다. ❸ 見込み.
늘름-늘름 副 〔愈態〕ぺろぺろと.
늘름-거리다 動 (舌を)ぺろりと出したりっこめたりする. 늘름거리다.
늘-리다 /nullida/ 他 〔늘다の使役動詞〕❶ 延ばす. ‖머리를 늘리다 売り上げを伸ばす. ❷ 増やす. ‖재산을 늘리다 財産を増やす. ❸ 広げる. ‖사무실을

늘리다 ¶事務室을 넓げる.
늘-보 名 〔卑〕のろま.
늘비-하다 形 〔何愈〕ずらりと並んでいる. ‖토산품 가게가 늘비하다 おみやげの店がずらりと並んでいる.
늘씬-하다 形 〔何愈〕❶ すらりとしている. ‖다리가 늘씬하다 足がすらりとしている. 늘씬한 몸매 すらりとした体つき. ❷〔늘씬하게의 形で〕(ぐったりするほど)こっぴどく. ‖늘씬하게 얻어터지다 こっぴどく殴られる. 늘씬하다.
늘어 〔ㄹ語幹〕늘다(伸びる)の連用形.
늘어-나다 /nurɔnada/ 自 ❶ 伸びる. ‖바지 고무줄이 많이 늘어났다 ズボンのゴム紐がずいぶん伸びた. ❷ 増える. ‖수입이 두 배 이상으로 늘어나다 収入が2倍以上に増える. 외식하는 횟수가 늘어나다 外食する回数が増える.
늘어-놓다 /nurɔnotʰa/ 他 〔-노타〕❶ 並べる; 羅列する. ‖한 줄로 늘어놓다 一列に並べる. 가나다순으로 늘어놓다 いろは順に並べる. 식탁 위에 음식을 늘어놓다 テーブルの上に料理を並べる. 미사여구를 늘어놓다 美辞麗句を羅列する. ❷ 散らかしている. ‖장난감을 여기저기에 늘어놓다 おもちゃをあちこちに散らかしている. ❸ (小言を)並べ立てる. ‖불평을 늘어놓다 不平を並べ立てる.
늘어-뜨리다 他 垂らす; (肩を)落とす. ‖어깨를 축 늘어뜨리고 걷다 がっくりと肩を落として歩く.
늘어-서다 自 列になって並ぶ; 立ち並ぶ. ‖길가에 늘어서다 長く立ち並ぶ.
늘어-지다 /nurɔdʑida/ 自 ❶ 伸びる; 長くなる. ‖잠옷 고무줄이 늘어지다 寝巻きのゴム紐が伸びた. ❷ 垂れる; 垂れ下がる. ‖축 늘어진 버들가지 だらりと垂れ下がったヤナギの枝. ❸ ぶら下がる. ‖애들이 팔을 붙잡고 늘어지다 子どもたちが腕にぶら下がる. ❹ (時間が)延びる; 長引く. ‖회의가 한 시간이나 늘어지다 会議が1時間も延びる. ❺ ぐったり(と)する; ぐっすり休む. ‖피곤해서 하루 종일 늘어져 있다 疲れて一日中ぐったりしている. 주말에 늘어지게 낮잠을 자다 週末にぐっすりと朝寝坊をする. ❻〔主に팔자가 늘어지다の形で〕暮らしが楽である; 余裕がある.
늘어-트리다 他 =늘어뜨리다.
늘이다 他 ❶ 伸ばす; 長くする. ❷ 垂らす; 垂れ下げる. ‖발을 늘이다 すだれを垂らす.
늘임-표 (-標) 名 〔音楽〕フェルマータ.
늘-품 (-品) 名 見込み.
늙다 /nukt̚a/【늙吐】❶ 老いる; 年をとる. ❷ 老ける. ‖걱정으로 폭삭 늙다 心配ですっかり老ける. 늙히다.
늙어-빠지다 形 老いぼれている; 老け

늙은-이│图 초라하게 늙어빠진 남자. みすぼらしい老け込んだ男.
늙은-이│图 年寄り; 老人. ⑪젊은이.
늙-히다【늘키-】│他 〔늙다의使役動詞〕❶ 老けさせる. ❷ 熟れさせる.
늠름-하다(凜凜-)【-늠-】│形〔하변〕りりしい; 堂々としている; 凜(りん)としている. ‖늠름한 뒷모습 りりしい後ろ姿. 늠름하게 걷다 堂々と歩く. **늠름-히**│副
늠실-거리다│自 ❶〔波가〕ゆっくりと打つ. ❷ 横目で見る; 盗み見る.
능(陵)│图 陵(みささぎ). ‖임금님 능 王様の陵.
능가(凌駕)│图〔하변〕凌駕(りょうが); 凌ぐこと.
능-구렁이│图 ❶〔動物〕アカマダラ(へび). ❷〔比喩的に〕陰険な人; 古狸; 古狐.
능글-능글【-릉-】│副〔하변〕図々しく; ふてぶてしく.
능글-맞다【-맏따】│形 図々しい; ふてぶてしい.
능금〔植物〕リンゴ(林檎).
능금-산(-酸)│图〔化学〕リンゴ酸.
능동(能動)│图 能動. ⑪수동(受動)・피동(被動).
능동-문(能動文)│图〔言語〕能動文. ⑪피동문(被動文).
능동-적(能動的)│图 能動的. ⑦수동적(受動的). ‖능동적으로 행동하다 能動的に行動する.
능동-태(能動態)│图〔言語〕能動態. ⑪수동태(受動態).
능란-하다(能爛-)【-난-】│形〔하변〕巧みだ; 手慣れている; 非常に上手だ. ‖능란한 솜씨 手慣れた腕前. 능란한 손놀림 手慣れた手つき.
능력(能力)【누ᇰ녁】│图 能力. ‖능력을 발휘하다 能力を発揮する. 능력이 부족하다 能力に欠ける. 능력의 한계 能力の限界. 책임 능력 責任能力. 무능력 無能力.
능력-급(能力給)【-녁급】│图 能力給.
능률(能率)【누ᇰ뉼】│图 能率. ‖능률을 올리다 能率を上げる. 능률이 떨어지다 能率が下がる. 능률적인 작업 공정 能率的な作業工程.
능률-적(能率的)【-뉼쩍】│图 能率的. ‖능률적으로 일하다 能率的に仕事する.
멸(陵蔑・陵侮)│图〔하변〕侮りさげすむこと.
능변(能辯)│图 能弁. ⑪눌변(訥辯).
능사(能事)│图 能事.
능선(稜線)│图 稜線; 山の尾根; 山の端. ⑪산등성이(山-).
능소-화(凌霄花)│图〔植物〕ノウゼンカズラ(凌霄花).
능수능란-하다(能手能爛-)【-난-】│形〔하변〕巧みで熟達している. ‖학생 다루는 것이 능수능란하다 学生指導に熟達している.
능수-버들│图〔植物〕コウライシダレヤナギ(高麗垂柳).
능숙-하다(能熟-)【-수카-】│形〔하변〕熟練している; 達者である; 上手だ. ‖영어에 능숙하다 英語が達者だ. 분란을 능숙하게 처리하다 もめ事をよ上手にまとめる.
능욕(凌辱・陵辱)│图〔하변〕陵辱(りょうじょく).
능지-처참(陵遲處斬)│图〔하변〕〔歷史〕頭・胴体・手・足を切り離してさらし者にする極刑.
능청/nɯŋʧʰəŋ/│图 もっともらしくしらを切ること; しらじらしいこと; 空とぼけること. ‖능청을 떨다 しらばくれる.
능청-맞다【-맏따】│形 しらを知らぬふりをする; 素知らぬ顔をする.
능청-스럽다【-따】│形〔ㅂ변〕しらじらしい. 『능청스러운 변명 しらじらしい言い訳. **능청스레**│副
능통-하다(能通-)│形〔하변〕精通している. ‖외국어에 능통하다 外国語に精通している.
능필(能筆)│图 能筆. ⑪악필(惡筆).
능-하다(能-)│形〔하변〕長じている; 長けている; 上手だ. ‖처세에 능하다 世故に長ける. **능-히**│副 上手に; 十分に; よく. ‖어려운 일도 능히 해내다 難しい仕事も十分にやり遂げる.
늦-가을【늗까-】│图 晩秋.
늦-겨울【늗껴-】│图 晩冬.
늦-깎이【늗-】│图 ❶ 年をとってから僧侶になった人. ❷ 年をとってからその分野に入ってきた人. ❸ 晩学の人. ❹ 晩生(おくて).

늦다/nɯt̚ta/【늗따】│形 遅い. ⑦이르다. ‖오늘은 늦었으니까 내일 하자 今日は遅いから明日やろう. 수업이 없어 늦게 일어났다 授業がないので遅く起きた. 대학에 들어가기에는 늦은 나이다 大学に入るには遅い年齢だ. 밤 늦게까지 공부하다 夜遅くまで勉強する. ‖늦게 배운 도둑이 날 새는 줄 모른다〔諺〕〔"遅く覚えた泥棒は夜が明けるのも分からない"の意〕年をとってから始めたことほど熱中しやすいものだ.
一│自 遅れる. ‖식사 모임에 늦다 食事会に遅れる. 늦어서 죄송합니다 遅れて申し訳ありません. ⑨늦추다.
늦-더위【늗떠-】│图 残暑. ‖늦더위가 기승을 부리다 残暑が威を振るう.
늦-둥이【늗뚜-】│图 年をとってから産んだ子.
늦-바람【늗빠-】│图 年をとってからの浮気. ‖늦바람이 나다 年をとってからの浮気する.
늦-복(-福)【늗뽁】│图 年をとってからの幸せ; 遅れてめぐってくる幸せ.

늦-봄 [늗뽐] 图 晩春.
늦-서리 [늗써-] 图 遅霜(おそじも); 晩霜(ばんそう).
늦어 活 「늦다(遅い)」の連用形.
늦어-지다 自 遅れる; 遅くなる. ‖매일 귀가 시간이 늦어지고 있다 毎日帰宅時間が遅くなっている.
늦-여름 [는녀-] 图 晩夏.
늦은 活 「늦다(遅い)」の現在連体形.
늦-잠 [는짬] 图 寝坊; 朝寝坊. ‖늦잠을 자다 朝寝坊する.
늦잠-꾸러기 图 朝寝坊する人; 寝坊助.
늦-장가 [는짱-] 图 (男性の)普通より遅い結婚. ‖늦장가를 가다 (男性が)遅くに結婚する.
늦-장마 [늗짱-] 图 時期遅れの梅雨.
늦-추다 /nuttʰuda/ [는-] 他 ❶ (늦다の使役助動詞)遅らせる; 延ばす. ‖약속 시간을 늦추다 約束の時間を遅らせる. 결혼식을 한 달 늦추다 結婚式を1か月遅らせる. 마감일을 늦추다 締め切り日を延ばす. ❷ (速度などを)落とす; 緩める. ‖속도를 늦추다 速度を落とす.
늦-추위 [늗-] 图 余寒; 残寒.
늪 /nup/ [늡] 图 沼. ‖늪에 빠지다 沼にはまる.
닐리리 [닐-] 副 (笛・らっぱなど)管楽器を吹き鳴らす音: ぴいひゃら.
니[1] /ni/ 助 〔母音で終わる体言に付いて; 子音の場合은이니〕❶ 理由・原因・根拠を表わす: …ので; …から. ‖비가 올 날씨니 빨리 돌아와라 雨が降りそうな天気だから, 早く帰ってきてね. ❷ 前置きを表わす: …する)と; …(し)たら. ‖안나 보니 괜찮은 사람이었다 会ってみたら, いい人だった. ❸ 〔主に…니…니の形で〕…だの…だの. ‖딸에게 오이니 감자니 별의별 것을 다 보내 주다 娘にキュウリだのジャガイモだの, 色々なものを送ってあげる.
니[2] 助 〔母音で終わる体言に付いて; 子音の場合은이니〕疑問を表わす: …なの. ‖아까 그 사람 누구니? さっきの人, 誰なの. 답은 2이니? 答えは2なの?
-니[3] 語尾 /語尾 〔母音で終わる用言の語幹に付いて; 子音の場合은 -으니〕❶ 〔次に述べる事柄に対して〕理由・原因・根拠などを表わす: …ので; …から. ‖더우니 택시를 탑시다 暑いからタクシーに乗りましょう. ❷ 次に述べる事柄の前置きを表

わす: …(する)と; …(し)たら. ‖생각해 보니 내가 오해한 것 같다 考えてみたら私が誤解していたようだ. 들어 보니 생각보다 무겁다 持ってみたら思ったより重い.
-니[1] 語尾 疑問を表わす: …の(か). ‖서울에는 언제 가니? ソウルにはいつ行くの. 일요일에는 뭐 하니? 日曜日は何をしているの.
니그로 (Negro) 图 ニグロ.
니까[1] 니[1]を強めて言う語. ‖꽤 괜찮은 영화니까 꼭 보세요 なかなかいい映画なのでぜひ見てみてください.
-니까[2] -니[3]を強めて言う語. ‖오늘은 집에 손님이 오니까 빨리 돌아와야 된다 今日は家にお客さんが来るから早く帰らなければならない.
니스 (ニスΗ) 图 ニス; ワニス.
니어^미스 (near miss) 图 ニアミス.
니은 图 ハングル子音字母「ㄴ」の名称.
니제르 (Niger) 图 国名 ニジェール.
니카라과 (Nicaragua) 图 国名 ニカラグア.
니켈 (nickel) 图 (化学) ニッケル.
니코틴 (nicotine) 图 ニコチン.
  니코틴^중독 (一中毒) 图 ニコチン中毒.
니트 (knit) 图 ニット.
니트-웨어 (knitwear) 图 ニットウェア.
니퍼 (nipper) 图 ニッパー.
니힐리스트 (nihilist) 图 ニヒリスト. ⇒허무주의자(虚無主義者).
니힐리즘 (nihilism) 图 ニヒリズム; 虚無主義. ⇒허무주의(虚無主義).
닉네임 (nickname) 图 ニックネーム. ‖닉네임을 붙이다[달다] ニックネームをつける.
님[1] 图 恋人. ‖나의 고운 님 私のいとしい人. ✤詩などで用いられる.
-님[2] /nim/ 接尾 …さん; …様; …殿. ‖선생님 先生. 손님 お客様. 하느님 神様. 해님과 달님 お日様とお月様.
님비 (NIMBY) 图 ニンビー. ✤not in my back yardの略語. 原子力発電所やごみ焼却施設などの必要性は認めるが, 居住地の近くに作られるのは困るという考えを表わす言葉.
님프 (nymph) 图 ニンフ.
닢 [닙] 依名 銅貨など平たいものを数える語: …枚. ‖동전 한 닢 コイン1枚.

ㄷ

ㄷ 图 ハングル子音字母の第3番目. 名称は「디귿」.
ㄷ변칙活用(一變則活用)【-뼌치콸-】图【言語】=ㄷ불규칙 활용(不規則活用).
ㄷ불규칙용언(不規則用言)【-뿔-】图【言語】ㄷ変則用言. ✤듣다・걷다など.
ㄷ불규칙活用(不規則活用)【-뿔치콰-】图【言語】ㄷ変則活用.

다¹ /ta/ 副 ❶ すべて; 皆; 全部. ‖관계자가 다 찬성하다 関係者が全部賛成する. 숙제는 다 했니? 宿題は全部やったの? 다 같이 갑시다 皆一緒に行きましょう. ❷ いずれも; どれも; …とも. ‖둘 다 데리고 갈게요 2人とも連れて行きます. ❸ 残らず; 残りなく; ことごとく; すっかり. ‖다 먹어 버렸다 すっかり食べてしまった. ❹ そろそろ; もうすぐ. ‖목적지에 다 왔다 目的地にもうすぐ着く. ❺ ほとんど. ‖다 되어 가다 ほとんど出来上がっている. ❻〔皮肉な感じを込めて〕実に; どうも. ‖별소리를 다 듣겠네 とんでもないことを言う. ❼〔…다 갔다などの形で〕未来のことを否定する. …(も)う駄目だ; …できない. ‖비가 이렇게 오니 소풍은 다 갔다 雨がこんなに降っていたら遠足は駄目だ. ▶다 된 죽에 코 풀기 [諺]〔「出来上がった粥に鼻をかむ」の意で〕完成したものを台無しにすることのたとえ.
— 图 ❶ 皆; 全員. ‖다들 어디 갔니? 皆どこに行ったの. ❷ すべて; 全部. ‖돈이 다는 아니다 お金がすべてではない. 이것이 내가 가진 것 다다 これが私の持っているもの全部なの.

다² 〔…다 …다の形で〕事柄をあれこれと並べ立てる: …やら…やら; …とか…とか. ‖스파게티다 케이크다 엄청 먹었다 スパゲティやらケーキやらたくさん食べた.

다³ 〔母音で終わる体言に付いて; 子音の場合は이다〕指定の意を表わす: …だ. ‖두 사람은 자매다 2人は姉妹だ.

다⁴ 다가²の縮約形. ‖집에다 두고 왔다 家に置いてきた.

다⁵(多) 接頭 多…. ‖다방면 多方面. 다용도 多用途.

-다⁶ /ta/ 語尾 〔用言の語幹に付いて〕基本形であることを表わす. ‖가다 行く. 먹다食べる. 크다 大きい. 많다 多い. 있다[있는] 있다 ない[ない].

-다⁷ 〔-다가²の縮約形〕…ながら; …しかけて; …する途中で; …の途中で; …してから. ‖먹다 만 빵 食べかけのパン. ❷〔-다고の縮約形〕…と; …だと. ‖못 간다 하더라 行けないそうよ.

다가¹ /taga/ 語尾 位置・場所を表わす: …に. 尊-다. ‖여기다가 놓으세요 ここに置いてください.

-다가² /taga/ 語尾 ❶ …しながら; …しかけて; …する途中で; …の途中で; …してから. ‖울다가 잠이 들다 泣きながら寝入る. 늦게까지 텔레비전을 보다가 자다 遅くまでテレビを見てから寝る. ❷ …したために; …ので; …から. ‖까불다가 혼났다 ふざけたために怒られた. ❸ …だが; …だったが. ‖비가 오다가 그쳤다 雨が降っていたがやんだ. 尊-다.

다가가다 自 近づく; 近寄る.

-다가는 語尾 -다가を強めて言う語. ‖이렇게 먹다가는 배탈이 났다 こんなに食べていてはお腹を壊しそうだ.

다가서다 自 近寄る.

다가앉다【-안따】自 近寄って座る.

다가-오다 /tagaoda/ 自 ❶ 近づく; 近づいてくる; 迫ってくる. ‖기말 시험이 다가오다 期末テストが近づく. 모르는 사람이 다가와서 인사를 했다 知らない人が近づいてきて挨拶をした. 대회가 눈앞에 다가왔다 大会が目前に迫ってきた. ❷ 向かってくる. ‖저쪽에서 다가오는 사람 向こうからやってくる人.

다각(多角) 图 多角. ‖다각 경영 多角経営.

다각-적(多角的)【-쩍】图 多角的. ‖다각적으로 多角的に.

다각-형(多角形)【-가켱】图【数学】多角形.

다각-화(多角化)【-가콰】图【する】多角化. ‖경영의 다각화 経営の多角化. 다각화 전략 多角化戦略.

다-각도(多角度)【-또】图 多方面; 多角的. ‖다각도로 검토하다 多角的に検討する.

-다간 語尾 -다가는の縮約形. ‖늦었다간 큰일난다 遅れたら大変なことになる.

다갈-색(茶褐色)【-쌕】图 茶褐色.

다감-하다(多感-)【다가매-】彫容 多感だ.

-다거나 語尾 〔-다고 하거나の縮約形〕…と言ったり.

-다고 /tago/ 語尾〔間接引用の語尾として〕…と; …と. …だと. 尊-다. ‖그는 내가 잘못했다고 주장했다 彼は私が間違っていると主張した. 오늘은 시간이 없다고 했다 今日は時間がないと言った.

다공(多孔) 图【する】多孔.

다공-질(多孔質) 图 多孔質.

다과¹(多寡) 图 多寡.

다과²(茶菓) 图 茶菓(ち). ‖다과를 내오다 茶菓を供する.

다과-회(茶菓會)【-/-훼】图 茶話会; ティーパーティー.

다-국적(多國籍)【-쩍】图 多国籍.

다국적-군 (多國籍軍)【-적꾼】图 多国籍軍.

다국적기업 (多國籍企業)【-쩍끼-】图 多国籍企業.

다그치다 他 せき立てる. ‖아이를 심하게 다그치다 子どもをひどくせき立てる.

다극 (多極) 图 多極. ‖다극 외교 多極外交.

다극-관 (多極管)【-꽌】图 多極管.

다극-화 (多極化)【-그와】图 自変 多極化. ‖다극화 시대 多極化時代.

다급-하다 (多急-)【-그와-】形 하変 緊急だ; 緊迫している; 急を要している; 焦っている. ‖마음이 다급하다 気持ちが焦る. 다급한 표정 緊迫した表情.

다급-히 副

다기 (多岐) 图 形タ 多岐. ‖복잡다기 複雑多岐.

다녀-가다 /tanjəgada/ 自 寄っていく; 立ち寄っていく. ‖결혼한 딸이 오늘 집을 다녀갔다 結婚した娘が今日家に寄っていった.

다녀-오다 /tanjəoda/ 自 行ってくる. ‖고향에 다녀오다 故郷[実家]に行ってくる.

다년-간 (多年間) 图 長年の間.

다는 〔語幹〕 달다(つるす・つける)の現在連体形.

-다는¹ 語尾 …と言う; …と言った. ⓐ -단다¹¹.

-다는³ 〔-다고 하는の縮約形〕 …だと言う; …と言う; …との. ‖영화 촬영지로 유명하다는 곳 映画の撮影地として有名だと言う場所.

-다는데 〔-다고 하는데の縮約形〕 …だと言うが; …だと言うのに; …だと言うから, ‖그는 올지 모르겠다 바쁘다고 말하는데 彼は忙しいと言うから来るか分からない.

-다니¹ 語尾 ❶ 驚きの意を表わす: …とは. ‖그렇게 건강하던 사람이 쓰러지다니 あんなに元気だった人が倒れるとは. ❷ -다고 하니의 縮約形.

-다니¹¹ 語尾 -다니까의 縮約形.

-다니까 語尾 ❶ …だと言うから; …だと言うので; …だそうだから. ‖맛있다다고 먹어 봅시다 おいしいと言うから食べてみましょう. ❷ …だよ; …だってば. ‖내가 분명히 확인했다니까 私が確かに確認したってば. ❸ -다고 하니까의 縮約形.

다니다 /tanida/ 自 ❶ 行き来する; 往来する; 通る. ‖차들이 많이 다니는 길 車が多く通る道; 通行量の多い道. ❷ (学校・会社などに) 通う; 通勤する; 通学する; 勤める. ‖학교에 다니다 学校に通う. 건설 회사에 다니고 있다 建設会社に勤めている. ❸ 行ってくる; 立ち寄る; 里帰りする. ‖한동안 집에 다녀왔다 しばらく実家に行ってきた. —他 〔動作性名詞に付いて〕回る; …して回る. ‖인사를 다니다 挨拶に回る. 여기저기 구경을 다니다 あちこち見物して回る.

다다르다 /tadarɨda/ 自 으変 〔다다라, 다다르]〕 至る; 到達する. ‖목적지에 다다르다 目的地に到達する.

다다-익선 (多多益善)【-썬】图 多ければ多いほどよいということ.

다닥-다닥【-따-】副 小さいものが一か所にびっしりと集まっている様子; 軒を連らねている様子; 鈴なりに; ふさふさと; びっしりと. ‖다닥다닥 붙어 있는 집들 びっしりとくっついて並んでいる家々.

다-단조 (-短調)【-쪼】图 (音楽) ハ短調.

다단-하다 (多端-)【-와-】形 하変 多岐にわたっている. ‖복잡 다단한 문제 複雑多岐な問題.

다달-이 毎月; 月々; 月ごとに. ⓐ 매달 (毎-), 매월 (毎月).

다당-류 (多糖類)【-뉴】图 (化学) 多糖類.

다도 (茶道) 图 茶道.

다독 (多讀) 图 他変 多読.

다독-거리다【-꺼-】他 ❶ (赤ちゃんを寝かせるため) 軽くたたく. ❷ (泣いたりしねたりする人の) 機嫌をとる.

-다듬지 …したり; …であったり; …なり(して). ‖운다듬지 때를 쓴다듬지 해서 아이는 원하는 것을 손에 넣었다 泣いたりだだをこねたりして子どもは欲しがっていたものを手に入れた.

다듬다 /tadɨmt'a/【-따】他 ❶ 整える; 手入れする. ‖옷매무새를 다듬다 身なりを整える. 목소리를 다듬다 声の調子を整える. ❷ (不要なものを) 摘み取って) きれいにする. ‖콩나물을 다듬다 豆もやしの側根を取ってきれいにする. ❸ (文章などを) 練る. ‖문장을 練る 文章を練る.

다듬이-질 きぬた打ち. ⓐ 다듬질.

다듬-질 图 他変 다듬이질의 縮約形.

다들-다듬다 形 ㄹ語幹 非常に甘い.

다락 〔다락방(-房)의 略語〕 屋根裏部屋.

다락-방 (-房)【-빵】图 屋根裏部屋. ⓐ 다락.

다람-쥐 /taramdʑwi/ 图 (動物) リス (栗鼠).

다랑어 (魚介類) マグロ (鮪). ⓐ 참치.

다래끼 图 麦粒腫; 物もらい. ⓐ 맥립종 (麦粒腫).

다량 (多量) 图 多量; 大量. 反 소량 (少量).

다루다 /taruda/ 他 ❶ 扱う; 取り扱う. ‖최신 기계를 잘 다루다 最新の機械を上手に扱う. 형사 사건을 전문으로 다루다 刑事事件を専門に扱う. 극악을 다루다 劇楽を取り扱う. 사

람을 함부로 다루다 人を邪険に扱う; 人使いが荒い. ❷ 取り上げる. ‖교육 문제를 깊이 다룬 책 教育問題を深く取り上げた本.

다르다 /taruda/ [形] [르変] [달라, 다른] ❶ 異なる; 違う. ‖형제라도 성격이 많이 다르다 兄弟でも性格は随分異なる. 영어하고 일본어는 어순이 다르다 英語と日本語は語順が違う. 어제와는 다르게 오늘은 날씨가 좋다 昨日とは違って今日はいい天気だ. ❷ [다른…의 形で] 他の…; 別の…; 違う…. ‖다른 방법을 찾아 보자 他の[違う]方法を探してみよう.

다름 他. 違い. ‖다름이 아니라 他でもなく.

다름-없다 【-르따】 [形] 同様だ; 同然だ; 変わりがない. ‖공짜나 다름없다 た同然だだ. **다름없-이** 同然と同然に同然に変わりなく사이좋게지내다 以前と変わりなく仲良く付き合っている.

다리[1] /tari/ [名] ❶ 橋. ‖다리를 놓다 橋を架ける. 다리를 건너다 橋を渡る. ❷ 仲介; 仲立ち. ‖그와 사이에 다리를 놓다 2人の橋渡しをする. 経由する過程や段階.

다리[2] /tari/ [名] ❶ (人・動物の) 足; 脚. ‖다리를 뻗다 足を伸ばす. 다리가 저리다 足がしびれる. 굵다 足が太い. 짧은 다리 短い脚[足]. ❷ (物の) 足. ‖책상 다리 机の脚. (眼鏡の)つる. 안경 다리 眼鏡のつる.
다리-뼈 足の骨.
다리-통 足の太さ. ‖다리통이 굵다 足が太い.
다릿-심 [-리씸/-릳씸] [名] 脚力.

다리다 他 (アイロンを)かける. ‖옷을 다리다 服にアイロンをかける.

다리미 /tarimi/ [名] アイロン.
다리미-질 [하動] アイロンがけ. ‖다리미질을 하다 アイロンがけをする; アイロンをかける.
다리미-판 (-板) [名] アイロン台.

-다마는 …だが; …だけれども; …ではあるが. ‖-다만. ‖맛있다마는 너무 비싸다 おいしいけれど高すぎる. 사고 싶다마는 돈이 모자란다 買いたいが金が足りない.

다만[1] /taman/ [副] ❶ ただ(の); 単に. ‖다만 추측을 따름이다 単なる推測にすぎない. ❷ ただし; しかし. ‖계획도 멤버도 다 좋다. 다만 자금이 좀 부족한 게 문제다 計画もメンバーもすべてよし. ただし, 資金が少し足りないのが問題だ.

-다만[2] [語尾] -다마는の縮約形.

다망-하다 (多忙―) [形] 多忙だ. ‖공사다망하다 公私共に多忙だ.

-다며 -다면서の縮約形.

다면[1] (多面) [名] 多面.
다면-각 (多面角) [名] [数学] 多面角.
다면-성 (多面性) [-썽] [名] 多面性.
다면-적 (多面的) [名 動] 多面的.
다면-체 (多面體) [名] 多面体.

-다면[2] /tamjən/ [語尾] 仮定・条件の意を表わす. ❶…と言っても; …と言うなら. ‖저걸 살 수 있다면 얼마나 좋을까? あれを買えるならばどんなにいいだろう. ❷ [-다고 하면의 縮約形] …とすれば; …とするなら; …なら. ‖여행을 간다면 어디로 가고 싶니? 旅行に行くならどこに行きたいの. ❸ 断定を避けつつそうかも知れないという意を表わす: …と言えば; …と言うのが近ければ近いか近くなくでいえば近いだね.

-다면서 /tamjənsə/ [語尾] ❶ …だって?; …なんだって? ‖어제 학교에 안 갔다면서? 昨日学校へ行かなかったんだって? ❷ …と言いながら; …と言いつつ. ‖-다며. ‖그럼 헤어졌다면서 그녀는 울었다 彼と別れたと言いながら彼女は泣いた. 맛없다면서 왜 먹니? まずいと言いながら何で食べるの.

다모-작 (多毛作) [名] 多毛作.
다모-증 (多毛症) [-쯩] [名] 多毛症.
다-목적 (多目的) [-쩍] [名] 多目的. ‖다목적 댐 多目的ダム. 다목적 홀 多目的のホール.

다물다 [ㄹ語幹] (口を)つぐむ. ‖입을 꼭 다물다 固く口をつぐむ.

다반-사 (茶飯事) [名] 茶飯事.

다발[1] (茶) 東. ‖꽃 다발 花束.
—[依名] (花・野菜などの)…束. ‖장미 한 다발 バラ1束.

다발[2] (多發) [名] 多発. ‖사고 다발 지역 事故多発地域.

다방 (茶房) [名] 喫茶店. ✚主に年輩の人が出入りする. 若い人が行くのはカフェ(コーヒーショップ)・카페(カフェ)が一般的.

다-방면 (多方面) [名] 多方面. ‖다방면에 걸친 재능 多方面にわたる才能.

다변[1] (多辯) [名 動] 多弁.
다변-형 (多邊形) [名] [数学] 多辺形.
다변-화 (多邊化) [名 自他動] 多角化. ‖수출 시장의 다변화 輸出マーケットの多角化. 多角化する 変動.

다복-하다 (多福―) [-보카―] [形] [하動] 恵まれて幸せだ. ‖다복한 사람. 幸多き人.

다부지다 [形] ❶ (体が)がっしりしている; 頑丈だ. ‖다부진 몸매 がっしりした体つき. ❷ (性格が)気丈だ; しっかりしている; 抜かりがない. ‖그녀는 매사에 다부지다 彼女は何事にもしっかりしている.

다-분야 (多分野) [名] 多くの分野.

다분-히 (多分―) /tabunhi/ [副] かなり; 相当; 多分に. ‖다분히 의도적이다 かなり意図的だ. 다분히 의심스러운 점이

다비(茶毘)〖仏教〗茶毘(5); 火葬.
다사다난-하다(多事多難-)〖形〗〖ハ変〗多事多難だ. ‖다사다난했던 한 해 多事多難だった1年.
다산(多産)〖名〗〖하他〗多産.
　다산-형(多産型)〖名〗多産型.
다섯 /tasʌt/ 【-ㄹ썯】〖數〗5人; 5つ; 5. ‖다섯이 타기에는 좁다 5人が乗るには狭い.
　—回 5…. ‖다섯 개 5個. 다섯 번 5回.
다섯-째〖數冠〗5つ目; 5番目(の).
다-세대(多世帯)〖名〗多くの所帯.
　다세대^주택(多世帯住宅)〖名〗4階建て以下の分譲式の共同住宅の一種.
다-세포(多細胞)〖名〗〖生物〗多細胞. ㉗단세포(單細胞).
　다세포^동물(多細胞動物)〖名〗〖動物〗多細胞動物. ㉗단세포 동물(單細胞動物).
　다세포^생물(多細胞生物)〖名〗〖生物〗多細胞生物.
　다세포^식물(多細胞植物)【-싱-】〖名〗〖植物〗多細胞植物. ㉗단세포 식물(單細胞植物).
다소(多少) /taso/〖名〗❶多少. ‖나한테도 다소의 잘못은 있다 私にも多少の過失はある. 금액의 다소를 불문하고 金額の多少を問わず. ❷〖副詞的に〗多少; 少し. ‖다소 불편하더라도 참자 多少不便でも我慢しよう.
　다소-간(多少間)〖副〗多少なりとも; 多かれ少なかれ.
다소곳-하다【-코타-】〖形〗〖ハ変〗(行動などが)おとなしい. ‖다소곳이 앉아 있다 おとなしく座っている. **다소곳-이**〖副〗.
-다손 치더라도〖語尾〗(たとえ)…としても. ‖아이가 설령 잘못했다손 치더라도 지나치게 야단쳐서는 안 된다 子どもがたとえ間違ったとしても必要以上に叱ってはいけない.
다수(多數) /tasu/〖名〗多数. ㉗소수(少數). ‖다수의 의견 多数意見.
　다수-결(多數決)〖名〗多数決. ‖다수결의 원칙 多数決の原則. 다수결로 정하다 多数決で決める.
　다수^대표제(多數代表制)〖名〗多数代表制.
　다수-파(多數派)〖名〗多数派. ㉗소수파(少數派).
다스(+dozen)〖依名〗…ダース. ‖연필한 다스 鉛筆1ダース.
다스리다 /tasurida/〖他〗❶治める; 統治する. ‖나라를 다스리다 一国を治める. 마음을 다스리다 心を治める. ❷治す; 治療する. ‖병을 다스리다 病気を治す.
다슬기(魚介類)ニナ(螺).

다습(多濕)〖名〗〖形〗多湿. ‖고온 다습한 기후 高温多湿な気候.
다시 /tasi/〖副〗❶再び; もう一度; また; さらに. ‖다시 만나서 이야기합시다 明日もう一度会って話しましょう. 나중에 다시 오겠습니다 後でまた来ます. 다시 말하면 言い換えると. ❷〖下に打ち消しの表現を伴って〗二度と. ‖다시는 내 앞에 나타나지 마세요 二度と私の前に現われないでください.
　— 一 繰り返させたりやり直させたりする時の号令; もう一度; やり直し. ‖소리가 작다, 다시 声が小さい, もう一度.
다시다〖他〗〖下〗打つ. ‖입맛을 다시다 舌鼓を打つ.
다시마 /taɕima/〖名〗〖植物〗コンブ(昆布).
다시-없다 /taɕiːpʰta/【-업따】〖形〗これ以上に; またとない. ‖그런 착한 사람은 다시없을 것이다 そんない人は他にいないだろう. **다시없-이**〖副〗.
-다시피 /taɕipʰi/〖語尾〗…の通り; …のように. ‖아시다시피 우리 회사는 지금 매우 힘든 상황입니다 ご存知のようにわが社は今非常に厳しい状況です.
다식[1](多識)〖名〗〖形〗多識.
다식[2](多食)〖名〗〖形〗多食.
　다식-증(多食症)【-쯩】〖名〗多食症; 過食症.
다신-교(多神敎)〖名〗〖宗教〗多神敎. ㉗일신교(一神敎).
다양(多樣) /tajaŋ/〖名〗〖形〗多様; 多岐にわたっていること; 様々. ‖다양한 삶의 방식 多様な生き方. 다양한 용도 多様な用途. 다양한 種類 多種多様.
　다양-성(多樣性)【-씽】〖名〗多様性.
　다양-화(多樣化)〖名〗〖되自〗多様化. ‖생활양식이 다양화되고 있다 生活様式が多様化している.
다-용도(多用途)〖名〗多用途.
다운(down)〖名〗〖되自〗❶ダウン. ‖주먹한 방에 다운되다 拳一発でダウンする. ❷다운로드의 略称.
다운로드(download)〖名〗〖하他〗〖IT〗ダウンロード. ㊣다운. ‖다운로드를 받다 ダウンロードする.
다운^증후군(Down症候群)〖名〗〖医学〗ダウン症候群.
다원(多元)〖名〗多元.
　다원-론(多元論)【-논】〖名〗多元論.
　다원-화(多元化)〖名〗〖하他〗多元化.
다음 /taum/〖名〗❶次; 次の; 2番目の. ㉘버금. ‖다음 환자분 들어오세요 次の患者さん, お入りください. 다음 기회에 이야기합시다 次の機会に話しましょう. 부장 다음으로 높은 사람 部長の次に偉い人. ❷今度. ‖다음 일요일에 친구 결혼식이 있다 今度の日曜日に友だちの結婚式がある. 오늘은 바쁘니까 다음에 오세요 今日は忙しいか

らラいらしてください。 ❸後; のち. ‖저녁을 먹은 다음에 산책을 나갔다 夕食を食べた後, 散歩に出かけた. ❹[…아닌 다음에야の形で] …でなければ, …でない限り. ‖아이가 아닌 다음에야 풀 수 있는 문제다 子どもでなければ解ける問題だ.

다음-가다 自 次ぐ. ‖사장 다음가는 실력자 社長に次ぐ実力者. 오사카는 도쿄 다음가는 대도시다 大阪は東京に次ぐ大都市だ.

다음-날 /tauɯmnal/ 名 次の日; 翌日. ⑩이튿날. ‖다음날 아침 翌朝.

다음~달 [-딸] 名 来月; 翌月.

다음-번 (-番) [-뻔] 名 次回; 今度. ‖다음번에 가지고 오겠습니다 今度持ってきます.

다음~주 (-週) /taum²dʑu/ [-쭈] 名 来週; 翌週. ‖다음 주라면 시간이 있다 来週なら時間がある. 다음 주 수요일에 来週の水曜日に.

다음~해 /taumhe/ 名 翌年. ‖결혼한 다음 해에 집을 샀다 結婚した翌年に家を買った.

다의-어 (多義語) [-/-이-] 名《言語》多義語.

다이내믹-하다 (dynamic-) 形 [하변] ダイナミックだ.

다이너마이트 (dynamite) 名 ダイナマイト.

다이너미즘 (dynamism) 名 ダイナミズム.

다이렉트^메일 (direct mail) 名 ダイレクトメール.

다이버 (diver) 名 ダイバー.

다이빙 (diving) 名《スポーツ》ダイビング.

다이스 (dice) 名 ダイス.

다이아 (←diamond) 名 =다이아몬드. **다이아몬드** (diamond) 名 ① ダイヤモンド. ② (トランプのカードの) ダイヤ.

다이어트 (diet) 名 自変 ダイエット.

다이얼 (dial) /taiʎl/ 名 ダイヤル. ‖다이얼을 돌리다 ダイヤルを回す.

다이얼로그 (dialogue) 名 ダイアローグ. ⑩모놀로그.

다이옥신 (dioxine) 名《化学》ダイオキシン.

다이제스트 (digest) 名 ダイジェスト. **다이제스트-판** (-版) 名 ダイジェスト版.

다인 (dyne) 依名 力の大きさの単位; …ダイン(dyn).

다자엽^식물 (多子葉植物) [-씽-] 名《植物》多子葉植物.

다작 (多作) 名 他変 多作. ⑳과작(寡作).

다잡다 [-따] 他 ❶ しっかりつかむ. ❷ 〔마음을 다잡다の形で〕気を引き締める. ‖마음을 다잡고 수험 공부를 하다 気を引き締めて受験勉強をする.

다-장조 (-長調) 【-쪼】名《音楽》ハ長調.

다재다능-하다 (多才多能-) 形 [하변] 多才だ; 多芸多才だ.

다정다감-하다 (多情多感-) 形 [하변] 多情多感だ. ‖다정다감한 성격 多情多感な性格.

다정다한-하다 (多情多恨-) 形 [하변] 多情多恨だ.

다정-하다 (多情-) 形 [하변] ❶ 優しい; 情が深い. ‖다정한 목소리 優しい声. ❷ 親しい; 仲がいい. ‖다정한 부부 仲のいい夫婦. **다정-히** 副

다종다양-하다 (多種多樣-) 形 [하변] 多種多様だ. ‖다종다양한 여행 플랜 多種多様な旅行プラン.

다중 (多重) 名 多重. ‖음성 다중 방송 音声多重放送. 다중 인격 多重人格.

다지다 /tadʑida/ 他 ❶ 固める. ‖지반을 다지다 地盤を固める. 기초를 다지다 基礎を固める. ❷〔決心・決意などを〕固める. ‖결심을 다지다 決心を固める. 결속을 다지다 結束を固める. ❸ みじん切りにする. 細かく刻む. ‖양파를 다지다 玉ネギをみじん切りにする.

다짐 /tadʑim/ 名 自変 ❶ 念押し; 念を押すこと. ‖지각하지 말라고 몇 번이나 다짐을 주다 遅刻しないようにと何度も念を押す. ❷ 決心すること; 決意すること. ‖이번에는 꼭 우승하리라고 다짐하다 今回は必ず優勝すると決意する.

다짜~고짜 副 出し抜けに; いきなり; 有無を言わせず. ‖다짜고짜 덤비다 いきなり飛びかかる.

다채-롭다 (多彩-) /tatɕʰɛrop²ta/ [-따] 形 [ㅂ変] [다채로워, 다채로운] 色とりどりだ; 多彩だ. ‖다채로운 메뉴 多彩なメニュー.

다처 (多妻) 名 多妻. ‖일부다처제 一夫多妻制.

다치다 /tatɕʰida/ 他 ❶ けがをする; 負傷する; 痛める. ‖사고로 머리를 다치다 事故で頭をけがする. 넘어져서 허리를 다쳤다 転んで腰を痛めた. ❷ 被害を与える; 被害を受ける. ‖나 때문에 상사가 다치게 되었다 私のせいで上司が被害を受けることになった.

다큐멘터리 (documentary) 名 ドキュメンタリー.

다큐멘터리^영화 (-映畫) 名 =기록영화(記錄映畫).

다크~호스 (dark horse) 名 ダークホース.

다태-아 (多胎兒) 名《医学》多胎児.

다투다 /tatʰuda/ 自 争う; けんかする; もめる. ‖여동생과 심하게 다투었다 妹と激しくけんかした. 일각을

다투다 一刻を争う. 앞다투어 복권을 사다 先を争って宝くじを買う. 의견 차이로 친구와 다투었다 意見の相違で友だちともめた. 유산 상속 때문에 형제들이 다투고 있다 遺産相続で兄弟同士がもめている.

다툼 图 争い; けんか; いさかい. ‖말다툼 口げんか; 言い争い.

다트 (dart) 图 〔洋服の〕ダーツ; 〔ゲームの〕ダーツ.

다-하다 /taːhada/ 他 〔하変〕 尽きる; 果てる. ‖운이 다하다 運が尽きる. 명이 다하다 命が尽きる.
— 他 尽くす; 全うする. 果す. ‖최선을 다하다 最善を尽くす. 천수를 다하다 天寿を全うする. 책임을 다하다 責任を果す.

다한-증(多汗症) 〔-쯩〕 图 《医学》 多汗症.

다항-식(多項式) 图 《数学》 多項式. ⑦단항식(單項式).

다행(多幸) /tahɛŋ/ 图 하変 幸運; 幸い. ‖불행 중 다행입니다 不幸中の幸いです. **다행-히** 副 幸い; 運よく; 折よく. ‖다행히 다친 데는 없었다 幸いけがはなかった.

다혈-질(多血質) 〔-찔〕 图 多血質.

다홍(-紅) 图 真紅. **다홍-치마**(-紅-) 图 真紅のスカート.

닥-나무[닥-] 图 《植物》 コウゾ(楮).

닥지-닥지 [-찌-찌] 副 ❶ べたべた (と). ‖벽에 광고지를 닥지닥지 붙이다 壁にちらしをべたべたと貼り付ける. ❷ びっしり(と). ‖집들이 닥지닥지 들어서 있다 家がびっしりと建て込んでいる. ⓔ덕지덕지.

닥치다[1] 自 ❶ 迫る; 近寄る; 近づく. ‖대회가 눈앞에 닥치다 大会が目前に迫る. ❷〔닥치는 대로の形で〕手当たり次第(に). ‖닥치는 대로 집어던지다 手当たり次第投げつける.

닥치다[2] 他 閉じる; 閉める. ‖입을 닥치 口を閉じる.

닦다 /takʰta/ 〔닦따〕 他 ❶ 拭く; ぬぐう. ‖손수건으로 이마의 땀을 닦다 ハンカチで額の汗を拭く. 행주로 식탁을 닦다 布巾でテーブルを拭く. 애 콧물을 닦아 주다 子どもの鼻水を拭いてやる. 눈물을 닦다 涙をぬぐう. ❷ 磨く. ‖구두를 닦다 靴を磨く. 마루를 닦다 床を磨く. 이를 닦다 歯を磨く. ❸〔道などを〕平らにする; ならす; 整備する. ‖길을 닦다 道を整備する. ❹〔생활 터전을 닦다 生活の基盤を固める. 기초를 닦다 基礎を固める. ⓔ 닦이다.

닦달-하다[닥딸-] 他 하変 責め立てる; 責めつける; なじる. ‖그만 닦달하세요 それ以上せめないでください.

닦아-내다 他 ふき取る.

닦아-세우다 他 ひどく責めつける; ひどく責め立てる.

닦이다 /takʼida/ 自 〔닦다の受身動詞〕拭かれる; 整備される; 磨かれる. ‖잘 닦인 길 よく整備された道.

단[1]〔衣服の〕折り返し. ‖바지 단 ズボンの折り返し.

단[2](短) 图〔花札の〕短.

단[3](壇) 图 壇. ‖단 위로 올라가다 壇に登る.

단[4](段) /tan/ 图 段. 단을 따라 段を取る.
— 依名 …段. ‖유도 이단 柔道 2段.

단[5] 图 束. ‖볏단 稲の束.
— 依名 …束. ‖시금치 한 단 ホウレンソウ 1 束.

단[6](單) 图 ただ; たった. ‖내가 원하는 것은 단 하나다 私が願うのはただ一つだ. 단 하루만도 좋으니까 단 1日でもいいから. 단 둘이서 たった 2人で; 2 人きりで.

단[7](但) /taːn/ 副 ただし. ‖복장은 자유. 단 화장은 금지 服装は自由. ただし 化粧は禁止.

단[8] 冠 〔ㄹ語幹〕달다(甘い)の現在連体形. ‖단 과자 甘いかし.

단[9] 冠 달다(つるす・つける)の過去連体形. ‖새로 단추를 단 코트 新しくボタンをつけたコート.

-단[10] (團) 接尾 …団. ‖합창단 合唱団.

-단[11] 語尾 〔-다는の縮約形〕…と言う; …と言った. ‖오늘 못 온단 말을 잊고 있었다 今日来られないと言ったことを忘れていた.

단가(單價) 〔-까〕 图 単価. ‖단가가 세다 単価が高い.

단가-표(單價標) 图 単価記号(@).

단-감 图 甘柿.

단감-나무 图 《植物》 甘柿の木.

단-거리(短距離) 图 短距離.

단거리-경주(短距離競走) 图 《スポーツ》 =단거리 달리기(短距離-).

단거리-달리기(短距離-) 图 《スポーツ》 短距離競走.

단걸음-에(-에) 副 一気に; 一息に. ⓔ단숨에. ‖단걸음에 달려가다 一気に走っていく.

단검(短劍) 图 短劍.

단-것[-걷] 图 甘い物. ‖단것을 싫어하다 甘い物が苦手だ. 단것을 좋아하는 사람이 늘고 있다 甘党が増えている.

단견(短見) 图 短見.

단결(團結) /tangjŏl/ 图 하自 団結. ‖전원이 단결해서 나서다 全員が団結して立ち上がる. 일치단결하다 一致団結する. 대동단결 大同団結.

단결-권(團結權) 〔-꿘〕 图 《法律》 団結権.

단결-력(團結力) 图 団結力.

단계(段階) /tange/ [-/-게] 图 段階. ‖오 단계 평가 5段階の評価. 단계를 밟아서 의견을 제출한다 段階を踏んで意見を上申する. 현 단계로서는 現段階では.
　단계-적(段階的) 图 段階的. ‖단계적으로 실시한다 段階的に実施する.
단골 /tangol/ 图 常連; 得意先. ‖단골이 많다 得意先が多い. 단골로 가는 가게 行きつけの店.
　단골-손님 图 ごひいきの客さん; お得意さん; 常連客. 旬뜨내기손님.
　단골-집[-찝] 图 ごひいきの店; 行きつけの店.
단과대학(単科大学) [-꽈-] 图 単科大学.
단구¹(段丘) 图 地 段丘.
단구²(短軀) 图 短軀. 旬장구(長軀).
단기(短期) 图 短期. 旬장기(長期).
　단기거래(短期去来) 图 短期取引.
　단기공채(短期公債) 图 短期公債.
　단기자금(短期資金) 图 短期資金.
단-기간(短期間) 图 短期間. 旬장기간(長期間).
단-꿈 图 甘い夢. ‖단꿈을 꾸다 甘い夢を見る.
단-내 图 ❶ 焦げ臭いにおい; 焼けるにおい. ‖어디서 단내가 나다 どこかから焦げ臭いがする. ❷(高熱の際)口からするにおい.
단념(断念) /ta:nnjəm/ 图 하예 断念; 諦めること; 思い切ること. ‖대학 진학을 단념하다 大学進学を断念する. 단념할 수밖에 없게 되다 断念のやむなきに至る. 단념할 수가 없다 諦めがつかない; 諦め切れない.
-단다 尾 ❶ …なんだよ; …なんだ; …なのよ. ‖저 사람 꽤 유명했단다 あの人, けっこう有名だったのよ. ❷ …だそうよ; …だって. ‖그 사람은 못 간단다 彼は行けないんだって.
단단-하다/tandanhada/ [-] 圏 하예 ❶(ものが)堅い; 硬い; 固い. ‖단단한 연필심 硬い鉛筆の芯. 단단한 음식 固い食べ物. 끈을 단단히 묶다 縄を固く結ぶ. ❷(心·意志などが)堅い. ‖단단한 결심 堅い決意. ❸ しっかり(と)している; 堅実である. ‖재정 기반이 단단하다 財政の基盤がしっかり(と)している. ❹ 丈夫である; 頑丈である. ‖단단한 몸매 頑丈な体つき. 단단한 철문 頑丈な鉄の扉. ❺ きちんとしている. **단단-히** 副 문단속을 단단히 하다 戸締りをきちんとする.
단당-류(単糖類) [-뉴] 图 化学 単糖類.
단도(短刀) 图 短刀. 旬장도(長刀).
단도-직입(単刀直入) 图 単刀直入. ‖단도직입적으로 말하다 単刀直入的に言う.
단독(単独) 图 単独. ‖단독 주택 一戸建て[の家]. 단독 회담 単独会談.
　단독-범(単独犯) [-뻠] 图 法律 単独犯.
　단독-공범(単独共犯) 图 共犯.
　단독-행위(単独行為) [-도앵-] 图 法律 単独行為.
단-돈 图 わずかなお金; たった…. ‖단돈 천 원 たったの千ウォン. 단돈 몇 푼 문에 わずかなお金のために.
단두-대(断頭台) 图 断頭台. ‖단두대의 이슬로 사라지다 断頭台の露と消える.
단-둘 图 2人きり; たった2人. ‖어머니랑 단둘이서 살고 있다 母と2人きりで暮らしている.
단락¹(段落) [달-] 图 段落. ❶(物事の)けじめ; 区切り; 切れ目. ‖단락을 짓다 けじめをつける; けりをつける. ❷(文章の)段落.
단락²(短絡) [달-] 图 短絡. ‖단락적인 사고 短絡的思考.
단란(団欒) [달-] 图 하예 円満, 団欒(欒). ‖단란한 한때를 보내다 団欒の一時を過ごす.
　단란-주점(団欒酒店) 图 カラオケ設備のあるスナックのような飲み屋.
단련(鍛錬) [달-] 图 하예 鍛錬. ‖강철을 단련하다 鋼を鍛錬する.
단리(単利) [달-] 图 単利. 旬복리(複利).
단막-극(単幕劇) [-극] 图 一幕物.
단말-기(端末機) 图 端末機.
단말마(断末魔) 图 仏教 断末魔. ‖단말마의 비명 断末魔の叫び.
단-맛/tanmat/ [-맏] 图 甘い味; 甘味; 甘み. ‖단맛이 나다 甘い味がする; 甘い感じがする. ▶단맛 쓴맛 다 보았다 [諺]海千山千だ. 단맛 쓴맛 다 본 사람 海千山千の人.
단면(断面) 图 断面. ‖현대 사회의 한 단면 現代社会の一断面.
　단면-도(断面図) 图 断面図.
단명(短命) 图 하예 短命. ‖단명 내각 短命内閣.
단명-어음(単名-) 图 経 単名手形. 旬복명 어음(複名-)·자기앞 어음(自己-).
단-모음(単母音) 图 言語 単母音.
단-무지 图 たくあん.
단문¹(単文) 图 言語 単文. 旬복문(複文).
단문²(短文) 图 短文. 旬장문(長文).
단-물 图 ❶ 淡水. ❷ 軟水. 旬연수(軟水). ❸ 센물. ❹(比喩的に)甘い汁. ‖단물을 빨아 먹다 甘い汁を吸う.
단박-에 副 直ちに; すぐに; 一気に. ‖귀찮은 일을 단박에 해치우다 面倒な仕事を一気にやっつける.
단발¹(短髪) 图 短髪. 旬장발(長髪).
단발²(断髪) 图 하예 断髪.

단발-머리(斷髮-) 图 おかっぱ.
단백-뇨(蛋白尿) 【-뇽】 图 蛋白尿.
단백-질(蛋白質) 【-찔】 图 蛋白質.
단번-에(單番-) 圖 直ちに; 一度に. ‖밀린 일을 단번에 해치우다 たまった 仕事を一気にやっつける.
단-벌(單-) 图 一張羅. ‖단벌 신사 着たきり雀.
단봉-낙타(單峯駱駝) 图 〖動物〗 ヒトコブラクダ(一瘤駱駝). ⑩쌍봉낙타(雙峯駱駝).
단-비(-) 图 恵みの雨; 甘雨; 慈雨. ‖단비가 내리다 恵みの雨が降る.
단비(單比) 图 〖数学〗 単比. ㉔복비(複比).
단비례(單比例) 图 〖数学〗 単比例. ㉔복비례(複比例).
단산(斷産) 图 〖㉓他〗 子どもを産まないこと; 出産を絶つこと.
단상(壇上) 图 壇上. ‖단상에 오르다 壇上に上がる[登る].
단상[2](斷想) 图 断想.
단색[1](單色) 图 単色.
　단색-광(單色光) 【-꽝】 图 単色光. ㉔복색광(複色光).
단색[2](丹色) 图 丹色.
단서[1](端緖) /tansŏ/ 图 端緖; 手がかり; 糸口. ‖단서를 찾다 手がかりを探す. 사건 해결의 단서 事件解決の糸口.
단서[2](但書) 图 但し書き. ‖단서를 달 但し書きをつける.
단선(單線) 图 単線. ㉔복선(複線).
　단선-궤도(單線軌道) 图 単線軌道.
단성(單性) 图 単性.
　단성-화(單性花) 图 〖植物〗 単性花. ㉔양성화(兩性花).
단-세포(單細胞) 图 〖生物〗 単細胞.
　단세포-동물(單細胞動物) 图 〖動物〗 単細胞動物. ㉔다세포 동물(多細胞動物).
　단세포-생물(單細胞生物) 图 〖生物〗 単細胞生物.
　단세포-식물(單細胞植物) 【-씽-】 图 〖植物〗 単細胞植物. ㉔다세포 식물(多細胞植物).
단소(短簫) 图 〖音楽〗 ダンソ(竹でできた伝統的な縱笛).
단속[1](團束) /tansok/ 图 〖㉓他〗 取り締まり; 取り締まること. ‖교통 위반 단속 기간 交通違反取り締まり週間. 음주운전을 단속하다 飲酒運転を取り締まる.
단속[2](斷續) 图 断続.
　단속-기(斷續器) 【-끼】 图 〖物理〗 断続器.
　단속-음(斷續音) 图 断続音.
　단속-적(斷續的) 【-쩍】 图 断続的. ‖단속적으로 들려오는 총소리 断続的に聞こえる銃声.
단수[1](段數) 【-쑤】 ❶ 〖囲碁・テコンドーなどの〗段位. ❷ 手練手管. ‖단수가 높다 (やり方)一枚上手.
단수[2](單數) 图 単数. ㉔복수(複數).
단수[3](斷水) 图 〖㉓他〗 断水.
단순(單純) /tansun/ 图 〖㉓他〗 単純. ‖단순한 구조 単純な構造. 단순한 미스 単純なミス. 단순한 사람 単純な人. 매사를 단순하게 생각한다 物事を単純に考える. **단순-히** 圖
　단순-노동(單純勞動) 图 単純労働.
　단순-재생산(單純再生産) 图 〖経〗 単純再生産. ㉔확대 재생산(擴大再生産)・축소 재생산(縮小再生産).
　단순-화(單純化) 图 〖㉓他〗 単純化. ‖시스템을 단순화하다 システムを単純化する.
단-술 图 甘酒. ✢日本の甘酒と味は違う.
단숨-에(單-) /tansume/ 圖 一気に; すぐに; 一息に; 一挙に. ㉑ 단걸음에. ‖한통의 전화에 그는 단숨에 달려왔다 １本の電話で彼はすぐに駆けつけてきた. 밀렸던 일을 단숨에 해치우다 たまっていた仕事を一気に片付ける.
단-시간(短時間) 图 短時間. ㉔장시간(長時間).
단-시일(短時日) 图 短い期間; 数日; 短時日. ‖단시일 내에 数日のうちに.
단식[1](單式) 图 単式. ㉔복식(複式).
　단식-경기(單式競技) 【-껑-】 图 単試合; シングルス. ㉔복식 경기(複式競技).
　단식-부기(單式簿記) 【-뿌-】 图 単式簿記. ㉔복식 부기(複式簿記).
단식[2](斷食) 图 〖㉓他〗 断食.
　단식-기도(斷食祈禱) 【-끼-】 图 〖㉓他〗 断食祈禱.
　단식-요법(斷食療法) 【-쇼뻡】 图 断食療法.
　단식-원(斷食院) 图 断食道場.
　단식-투쟁(斷食鬪爭) 图 〖㉓自〗 ハンガーストライキ; ハンスト.
단신(單身) 图 単身. ‖단신 부임 単身赴任.
단심(丹心) 图 丹心; 赤心.
단아-하다(端雅-) 圈 【하여】 端整である; 端麗である.
단안(單眼) 图 〖昆虫〗 単眼. ⑩홑눈. ㉔복안(複眼).
단애[2](斷岸) 图 断崖.
단안[3](斷案) 图 〖㉓他〗 断案. ‖단안을 내리다 断案を下す.
단어(單語) /tanŏ/ 图 〖言語〗 単語; 낱말. ‖영어 단어를 외우다 英単語を覚える.
　단어-장(單語帳) 【-짱】 图 単語帳; 単語カード.
단언(斷言) 图 〖㉓他〗 断言. ‖단언할 수 있다 断言できる.
단역(端役) 图 端役(ばやく). ㉔주역(主

단연(斷然) 〖副〗 断然; 断じて; 断固として. ‖현재로서는 한국이 단연 우세하
다 現段階では韓国が断然有利だ.
단연-코(斷然-) 〖副〗 =단연(斷然).
단열(斷熱) 〖名〗 断熱. ‖단열 효과가 크다 断熱効果が大きい.
단열-재(斷熱材) 【-째】〖名〗 断熱材.
단오(端午) 〖民俗〗 端午. ㉠천중절(天中節).
단오-절(端午節) 〖民俗〗 端午の節句.
단옷-날(端午ㅅ-) 【단오-】〖名〗 =단오(端午).
단원¹(團員) 〖名〗 団員.
단원²(單元) 〖名〗 単元.
단원-론(單元論) 【-논】〖名〗 一元論.
단원-제(單院制) 〖名〗 一院制. ㉠양원제(兩院制).
단위(單位) /tanwi/ 〖名〗 単位. ‖단위 면적당 수확량 単位面積当たり収量. 그램은 질량의 기본 단위이다 グラムは質量の基本単位である.
단위¹-생식(單爲生殖) 〖名〗〖生物〗 単為生殖. ㉠양성 생식 (兩性生殖).
단음¹(單音) 〖名〗〖言語〗 単音.
단음²(短音) 〖名〗 短音. ‖단음 주법 스타카트.
단-음계(短音階) 【-/-게】〖名〗〖音樂〗 短音階.
단일(單一) 〖形〗 単一; 単独. ‖단일 민족 単一民族. 단일 후보 単独候補.
단일-어(單一語) 〖言語〗 単純語.
단일-화(單一化) 〖名〗 単一化.
단자¹(單子) 〖名〗 単子.
단자-론(單子論) 〖名〗 単子論.
단자²(端子) 〖名〗 端子.
단-자방(單子房) 〖植物〗 単子房.
단-자엽(單子葉) 〖名〗 =외떡잎.
단자엽-식물(單子葉植物) 【-씽-】〖植物〗 単子葉植物.
단-자음(單子音) 〖名〗〖言語〗 単子音. ✚평음과 농음 それぞれを指す.
단-잠 〖名〗 熟睡; 深い眠り. ‖단잠을 깨다 熟睡しているのを起こす.
단장¹(丹粧) /tandʑaŋ/ 〖名〗〖他動〗 ❶装い; 身づくろい. ‖몸단장을 하다 身づくろいをする. ❷改装. ‖새로 단장한 커피숍 新たに改装した喫茶店.
단장²(團長) 〖名〗 団長.
단장³(斷腸) 〖名〗 断腸.
단-적(端的) 【-쩍】〖冠〗 端的. ‖단적으로 말하면 端的に言えば.
단전¹(丹田) 〖名〗 丹田. ‖단전호흡 丹田呼吸.
단전²(斷電) 〖名〗〖自動〗 送電が一時中断すること. ‖사고로 단전되다 事故で一時停電になる.
단절(斷絶) 〖名〗〖自動〗 断絶; 切れること.

국교가 단절되다 国交が断絶する. 집안이 단절되다 一家が断絶する.
단점(短點) /taːnʔdʑɐm/ 【-쩜】〖名〗 短所. ㉠장점(長點). ‖단점을 고치다 短所を改める. 단점을 서로 보완하다 互いに短所を補い合う. 단점이 없는 사람은 없다 短所のない人はいない.
단정(斷定) /taːndʑɐŋ/ 〖名〗〖他動〗 断定. ‖단정을 짓다 断定を下す. 그 사람이 범인이라고 단정하다 彼が犯人と断定する.
단정-적(斷定的) 〖名〗 断定的. ‖단정적인 말투 断定的な言い方.
단정-하다(端正-) /tandʑɐŋhada/ 〖形〗〖하애〗 端正だ; きちんとしている. ‖단정한 얼굴 端正な顔つき.
단조(短調) 【-쪼】〖音樂〗 短調. ㉠장조(長調).
단조-롭다(單調-) /tandʑoropˀta/ 【-따】〖ㅂ變〗【단조로워, 단조로운】 単調だ. ‖단조로운 생활 単調な生活. 단조로운 리듬 単調なリズム. 단조로움을 피하다 単調さを避ける. 단조로이 〖副〗
단종(斷種) 〖名〗 断種; 去勢; 生産中止. ‖이 제품은 단종되었습니다 この製品は生産中止になりました.
단죄(斷罪) 【-/-쩨】〖名〗 断罪.
단지¹(壇) 〖名〗 항아리. ‖꿀단지 はちみつの入った壺.
단지²(團地) 〖名〗 団地. ‖주택 단지 住宅団地. 공업 단지 工業団地.
단지³(但只) /taːndʑi/ 〖副〗 ただ単に. ‖단지 사실을 말한 것에 불과하다 単に事実を述べたにすぎない. 이 책은 단지 쌀 뿐만 아니라 내용도 괜찮다 この本はただ単に安いだけではなく内容もいい.
단-진동(單振動) 〖名〗〖物理〗 単振動.
단-진자(單振子) 〖名〗〖物理〗 単振子.
단-짝(單-) 〖名〗 非常に仲のいい友だち; 親友.
단청(丹靑) 〖名〗〖他動〗 丹青(宮殿やお寺などの伝統木造建造物に鮮やかな色で様々な文様を描くこと).
단체(團體) /tantɕʰe/ 〖名〗 団体. ‖영화를 단체 관람하다 映画を団体で鑑賞する. 종교 단체 宗教団体. 정치 단체 政治団体.
단체-경기(團體競技) 〖名〗 団体競技.
단체-교섭(團體交渉) 〖名〗 団体交渉.
단체-상(團體賞) 〖名〗 団体賞.
단체-여행(團體旅行) 〖名〗 団体旅行.
단체-전(團體戰) 〖名〗 団体戦.
단체-행동(團體行動) 〖名〗 団体行動.
단출-하다 〖形〗 단출하다의 誤り.
단총(短銃) 〖名〗 短銃.
단추 /tantɕʰu/ 〖名〗 ボタン. ‖단추가 떨어지다 ボタンが取れる. 단추를 달다 ボタンをつける. 단추를 채우다 ボタンをかける.
단춧-구멍 【-추꾸-/-춘꾸-】〖名〗 ボタン

穴; ボタンホール.
단축 (短縮) /tant͡ɕʰuk/ [하동] 短縮. ㉠연장(延長). ‖조업 단축 操業短縮. 단축 수업 短縮授業. 시간을 단축하다 時間を短縮する. **단축-되다** 受動 **단축키** (短縮 key) [名] 短縮キー.
단출-하다 [形] [하잡] ❶〔家族·構成員が少なくて〕身軽だ. ❷〔服装·持ち物が少なくて〕身軽だ; 簡便だ. ‖단출한 복장 身軽な服装. **단출-히** 副
단층 (斷層) [名] [地] 断層.
  단층-집 (單層-) [-찝] [名] 平屋建て; 一階建て.
단칸-방 (單-房) [-빵] [名] 一つの部屋; 一間.
단칼-에 (單-) 副 一太刀で; 一刀のもとに. ‖단칼에 베어 버리다 一刀のもとに切り倒す.
단타¹ (單打) [名] 〔野球で〕単打; シングルヒット.
단타² (短打) [名] 〔野球で〕短打. ㉠장타(長打).
단파 (短波) [名] [物理] 短波. ‖단파 방송 短波放送.
단판 (單-) [名] 一番勝負.
단편¹ (單瓣) [名] [植物] 単弁.
  단판-화 (單瓣花) [名] [植物] 単弁花.
단팔목 (-一) [名] 羊羹.;양갱(羊羹).
단팔죽 (-粥) /tanpʰat͡ɕʰt͡ɕuk/ [-팓쭉] [名] 汁粉; ぜんざい.
단편¹ (短篇) [名] ❶ [文芸] 短編. ❷ 단편 소설 (短篇小說)의 略語. ㉠중편 (中篇)·장편 (長篇).
  단편-소설 (短篇小說) [名] [文芸] 短編小説. ㉠단편 (短篇).
  단편 (斷片) [名] 断片.
  단편-적 (斷片的) [名] 断片的. ‖단편적인 지식 断片的な知識.
단평 (短評) [名] 短評; 寸評.
단풍 (丹楓) /tanpʰuŋ/ [名] [植物] モミジ (紅葉); 紅葉. ‖산들이 아름답게 단풍이 들다 山々が美しく紅葉する.
  단풍-나무 (丹楓-) [名] [植物] モミジ; カエデ (楓).
  단풍-놀이 (丹楓-) [名] 紅葉狩り.
  단풍-잎 (丹楓-) [-닙] [名] 紅葉した葉; モミジの葉.
단합 (團合) [名] [自] 団結. ‖단합된 힘을 보이다 団結力を見せる. 단합 회의 構成員の結束を固めるために行なう集会.
단항-식 (單項式) [名] [数学] 単項式. ㉠다항식 (多項式).
단행¹ (單行) [名] 単行.
  단행-범 (單行犯) [名] [法律] 単行犯.
  단행-본 (單行本) [名] 単行本.
단행² (斷行) [名] 〔何かに踏み切ること〕. ‖개혁을 단행하다 改革を断行する. 대규모 인력 삭감을 단행하다 大規模な人員削減に踏み切る.
단행-되다 受動
단향-목 (檀香木) [名] [植物] センダン (栴檀).
단호-하다 (斷乎-) [形] [하잡] 断固としている. 단호한 태도를 취하다 断固たる態度をとる. **단호-히** 副
단혼 (單婚) [名] 単婚. ㉠복혼 (複婚).
단화-과 (單花果) [名] [植物] 単花果.
닫는 [冠] 닫다 (閉める)의 現在連体形.

닫다 /tat̚t͈a/ [-따] [他] 閉める; 閉じる. ㉠열다. ‖창문을 닫다 窓を閉じる. 가게 문은 몇 시에 닫습니까? お店は何時に閉めますか. 문 좀 닫아 주세요 ドアを閉めてください. ㉤닫히다.
닫아 [冠] 닫다 (閉める)의 連用形.
닫아-걸다 [他] [ㄹ語幹] ❶〔戸などを〕閉めて鍵をかける. ‖대문을 닫아걸고 문에 門 (쇠)을 걸다. ❷〔比喩的に〕〔心を〕閉ざす. ‖마음의 문을 닫아걸다 心を閉ざす.
닫은 [冠] 닫다 (閉める)의 過去連体形.
닫을 [冠] 닫다 (閉める)의 未来連体形.
닫-히다 /tat̚t͡ɕʰida/ [다치-] 〔닫다의 受身動詞〕 閉じる; 閉まる. ㉠열리다. ‖문이 닫히다 門が閉じる. 바람에 문이 쾅 하며 닫혔다 風でドアがばたんと閉まった.

달¹ /tal/ [名] ❶月(달). ‖달이 뜨다 月が昇る (出る). 달이 지다 月が沈む (入る). 달밤 月夜. 초승달 三日月. 보름달 満月; 望月; 十五夜の月. 상현달 上弦の月. 하현달 下弦の月. 달 그림자 月影. ❷〔暦での〕月(月). ‖달이 바뀌다 月が変わる. 이 달 말까지 今月の末までに. 다음 달에 일본에 갑니다 来月、日本へ行きます. 큰 달과 작은 달 大の月と小の月. 회의는 한 달에 한 번 열린다 会議は月に１度開かれる. ❸臨月; 産み月. ‖달이 차다 臨月になる. 달이 차면 기운다 (諺) 月満つれば則 (すなわ) ち欠ぐ.
달² /tal/ [ㄹ語幹] 달다 (つるす·つける)의 未来連体形.
달가닥 [하自] 堅くて小さいものが触れ合う音で; ことりと; かたん. **달가닥-달가닥** 副 [하自] かたかたと; ことことと.
달가닥-거리다 [-대다] [- 끼 [때] -] [自] かたかたする; ことことする.

달갑다 /talgap̚t͈a/ [-따] [形] [ㅂ変] 〔달가워, 달가우니〕 ❶ 気に入る; うれしい. ‖달갑지 않은 소식 うれしくない知らせ. ❷ 〔注 다는 받아 들이다의 形で〕喜んで引き受ける; 喜んで受け入れる; 甘んじて受け入れる. ‖어떤 처벌이라도 달갑게 받아 들이겠습니다 どんな処罰でも甘んじて受け入れます.

달갑잖다 [-짠타] [形] 望ましくない; 気

달걀

に入らない; 不満だ。∥달갑잖은 손님이 찾아오다 招かれざる客が訪ねて来る. 달갑잖게 여기다 不満に思う.

달걀 /talgjal/ 图 〔鷄の〕卵; 鶏卵. 鷄卵(鷄卵). ∥라면에 달걀을 두 개나 넣다 ラーメンに卵を2つも入れる. 계란이 깨졌다 卵が割れた.

달걀-꿀 图 卵黄.
달걀-노른자 [-로-] 图 卵黄.
달걀-흰자 [-힌-] 图 卵白.
달관(達觀) 图 自サ 達観. ∥인생을 달관한 듯한 태도 人生を達観したような態度.
달구다 他 〔金属や石などを〕熱くする; 熱する. ∥쇠를 달구다 鉄を熱する.
달구지 图 牛車.
달그락 副 自他サ 堅くて小さいものが触れ合う音: ことりと; かたりと; かたん. **달그락-달그락** 副 自他サ かたかたと: ことこと.

달그락-거리다 [-꺼-] 圁 かたかたと言うこと.∥부엌에서 달그락거리는 소리가 났다 台所でかたかたと音がした.

달-나라 [-라-] 图 月; 月世界.
달-님 [-림] 图 〔月を擬人化した言い方で〕お月様. 働해님.

달다[1] /talda/ 形 〔ㄹ語幹〕[달아, 단]
① 甘い. ∥제철 과일은 매우 달고 旬の果物はとても甘い. 甘い物はなんでも好きです.
② うまずっだ; 気持ちよさそうだ. ∥뭐든지 달게 먹는다 何でもうまそうに食べる. 달게 자고 있다 気持ちよさそうに寝ている.
③ 甘んじる. ∥어떤 처벌이라도 달게 받겠습니다 どんな処罰でも甘んじて受け入れます. ▶달다 쓰다 말이 없다 うんともすんとも言っていない. ▶달면 삼키고 쓰면 뱉는다 (句)〔「甘ければのみ込み, 苦ければ吐き出す」の意で〕自分の利害のみを考える自己中心的な態度のたとえ.

달다[2] /ta:lda/ 圁〔ㄹ語幹〕[달아, 다는, 단] ① 〔汁物などが〕煮詰まる. ∥찌개가 달았다 チゲが煮詰まった. ② 〔鉄や石などが〕熱くなる; 赤熱する. ③ 뜨겁게 달아오르다 赤熱した鉄塊. ③ ほてる. ∥얼굴이 달아 벌겋다 顔がほてって赤い. ④ 気をもむ; やきもきする.

달다[3] /talda/ 他〔ㄹ語幹〕[달아, 다는, 단] ① つるす; 垂らす; かける. ∥풍경을 달다 風鈴をつるす. 커튼을 달다 カーテンを垂らす[かける]. 벽에 그림을 달다 壁に絵をかける. 문패를 달다 表札をかける. ② つける. ∥선반을 달다 棚をつける. 단추를 달다 ボタンをつける. 이름표를 달다 名札をつける. 각주를 달다 脚注をつける. ③ つける; 条件을 달다 但し書きをつける. 条件을 달다. 술값을 외상으로 달아 놓다 酒

代をつけておく. ③ 取り付ける. ∥에어컨을 달다 エアコンを取り付ける. 사무실에 전화를 달다 オフィスに電話を取り付ける. ④ 〔重さを〕量る. ∥몸무게를 달다 体重を量る. ⑤ 掲げる. ∥국기를 달다 国旗を掲げる.

달다[4] 他 〔ㄹ語幹〕〔主に달라・다오の形で〕くれ; くれと言う. ∥딸라고 엄마를 조르다 小遣いをくれとお母さんにせがむ. 아빠한테도 좀 보여 다오 パパにもちょっと見せておくれ.

달달[1] 副 〔寒さや恐怖で〕体が震える様子: がたがた(と); ぶるぶる(と); わなわな(と).∥날씨가 추워서 달달 떨고 있다 寒くてがたがたと震えている. 繊덜덜.

달달[2] 副 〔荷車などが硬い地面を転がる音: がらがら(と). ∥짐수레를 달달 끌고 가다 荷車をがらがら(と)引いていく. 繊덜덜.

달달[3] 副 ① 〔ゴマ・豆などを〕かき回しながら煎(いる)様子. ∥깨를 달달 볶다 ゴマをずりずり煎る. ② 人をいびったりして困らせる様子. ∥사람을 달달 볶다 人をねちねちといびる.

달라-붙다 /tallabut'ta/ [-붙-] 圁 くっつく; へばりつく. ∥옆에 바짝 달라붙어서 앉다 隣にぴったり(と)くっついて座る. 신발에 껌이 달라붙었다 靴にガムがへばりついた. 도마뱀이 돌에 달라붙어 있다 トカゲが石にへばりついている.

달라-지다 /tallad͡ʑida/ 圁 変わる. ∥사고 후 그 사람은 많이 달라졌다 事故の後, 彼は随分変わった. 보는 눈이 달라지다 見る目が変わる. 달라진 점 変わった点. 몰라보게 달라진 서울 시내 見違えるほど変わったソウル市内.

달랑 /tallaŋ/ 副 ① 小さいものがつるされている様子: ぶらりと. ∥작은 오이가 하나 달랑 달려있다 小さいキュウリが1本ぶらりと垂れ下がっている. 가방 하나만 달랑 들고 나가다 かばん1つをぶらりと下げて家を出る. ② 軽々しく動作を行なう様子: 軽々と; ひょいっと. ∥애를 달랑 들어올리다 子どもを軽々と持ち上げる. 손으로 달랑 집어먹다 手でひょいとつまんで食べる. ③ 取り残された様子: ぽつりと; ぽつんと. ∥다 돌아가고 혼자 달랑 남았다 皆帰って1人だけぽつんと残された.

달랑-거리다 [-대다] 圁 そそっかしくふるまう; 軽率にふるまう; ちょこまかする. ∥하루 종일 달랑거리며 돌아다니다 一日中ちょこまか(と)動き回る. 繊덜렁.

달랑달랑-하다 形 [하変] 〔ほとんど余裕がなく〕尽きかけている; 残り少ない; ほんの少しである. ∥이번 생활비가 달랑달랑하다 今月の生活費が残り少ない.

달래《植物》ヒメニラ(姫韭).

달래다 /tallæda/ 他 ❶慰める; なだめる. ‖마음을 달래 주는 노래 心を慰めてくれる歌. ❷なだめすかす. ‖싫다는 아이를 달래서 병원에 데리고 가다 嫌がる子どもをなだめすかして病院へ連れて行く. ❸あやす. ‖울고 있는 아이를 달래서 재우다 泣いている子をあやして寝かせる.

달러 (dollar) /tallʌ/ 名 ドル. ‖달러로 지불하다 ドルで支払う.
— 名 …ドル. ‖백 달러 100ドル.

달러`박스 (dollar box) 名 ドル箱.
달러-환 (—換) 〈經〉 名 ドル為替.

달려-가다 /talljʌgada/ 自 ❶走っていく; 飛んでいく; 駆けつける. ❷現場へ駆けつける 現場に駆けつける. 엄마한테로 달려가다 母のそばへ駆け寄る.
달려-나가다 自 飛び出していく.
달려-들다 /talljʌdulda/ 自 [ㄹ語變] [덤벼들다, 뛰어들다, 들러붙다] ❶飛びかかる; 歯向かう. ❷사냥개가 먹이한테 달려들다 猟犬が獲物に飛びかかる. ❸先生님한테 달려드는 건방진 녀석 先生にも歯向かうような生意気な奴.

달력 (—曆) /tallj∧k/ 名 カレンダー; 暦 (こよみ). ⑩캘린더. ‖달력을 달다 カレンダーをかける.

달리 /talli/ 副 他に; 別に; 特に; (…とは) 裏腹に; (…とは) 違って. ‖달리 할 말이 없었다 特に言うことがなかった. 그 사람의 말과는 달리 그 일의 전망은 그다지 어둡지 않았다 彼の話とは違って その事の展望はそんなに暗くなかった.

달리-기 (—) 名他 駆けっこ; 競走. ‖달리기 대회 徒競走.

달리다[1] /tallida/ 自 走る; 駆ける. ‖힘껏 달리다 力いっぱい走る. 그 사람은 백 미터를 십 초에 달린다 彼は100メートルを10秒で走る. 개가 달려 오다 犬が走っている.
— 他 走らせる; 飛ばす. ‖시속 팔십 킬로로 달리다 車を時速80kmで走らせる.

달리다[2] 自 足りない; 及ばない. ‖체력이 달리다 体力が及ばない. 자금이 달리다 資金が足りない.

달-리다[3] /tallida/ 自 〔달다[3]의 受身動詞〕 ❶掲げられる; ぶら下がる; つり下がる; かかる. ‖여기저기 달린 현수막이 도시 미관을 해치고 있다 あちこちに掲げられた横断幕が都市の美観を損ねている. 처마 끝에 풍경이 달려 있다 軒先に風鈴がつり下がっている. 가슴에 훈장이 달려 있다 胸に勲章がぶら下がっている. ❷取り付けられる; 付いている. ‖큰 거울이 달린 화장대 大きい鏡が付いているドレッサー. 에어컨이 달려 있는 방 エアコン付きの部屋. ❸〔달려 있다の形で〕左右される; かかっている; …如何による; …次第である. ‖자기 노력하기에 달려 있다 自分の努力次第である. ❹扶養する家族がいる. ‖식구가 다섯이다 扶養家族が5人だ.

달리아 (dahlia) 名《植物》ダリア.
달리-하다 他 [하變] 異にする. ‖나는 그 사람과 견해를 달리하고 있다 私は彼と見解を異にしている.

달마 (達磨)名《仏教》達磨.
달-맞이 (—) 名 〈民俗〉 月見. ✥陰曆の1月15日に行われる.

달맞이-꽃 {—꼳} 名《植物》ツキミソウ (月見草).

달무리 月暈 (げつうん). ‖달무리 진 여름밤 月暈がかかった夏の夜.

달-밤 {—빰} 名 月夜.
달변 (達辯) 名 達弁; 能弁. ⑭눌변 (訥辯). ‖달변가 能弁な人.

달-빛 {—삗} 名 月の光; 月光. ‖창문으로 달빛이 비치다 窓から月の光が差し込む.

달성 (達成) /tal'sʌŋ/ {—썽} 名他 達成; 成し遂げること. ‖목표를 달성하다 目標を達成する. 삼 연패를 달성하다 3連覇を成し遂げる. **달성-되다** 受動

달 세뇨 (dal segno^イ) 名《音樂》ダルセーニョ (D.S.).

달싹-거리다[—대다] [—꺼리—][—]動 落ち着かず体を動かす; もぞもぞさせる. ‖엉덩이를 달싹거리다 お尻をもぞもぞさせる.

달싹-달싹 {—딸—} 副他 落ち着かずに体を動かす様子; もぞもぞ.

달싹-이다 自他 ❶上下に少し揺れる. ❷かたわたする; ぐらぐらする. ‖물이 끓는지 주전자 뚜껑이 달싹이기 시작했다 お湯が沸いているのか, やかんの蓋がたたたき始めた.

달싹-하다 [—싸카—] 他 [하變] わずかに動かす; かすかに動じる. ‖천둥소리에도 달싹하지 않다 雷鳴にもびくともしない.

달아[1] 形 [ㄹ語變] 달다 (甘い) の連用形. ‖달아서 못 먹겠다 甘くて食べられない.

달아[2] 他 [ㄹ語幹] 달다 (つるす・つける) の連用形.

달아-나다 /taranada/ 自 ❶逃げる; 逃げ出す; 走り去る. ‖달아나고 싶은 현실 逃げ出したい現実. ❷《意欲・感情などが》なくなる. ‖그 말을 들으니까 의욕이 달아났다 それを聞いたら, やる気がなくなった. ❸(付いて いるものが) 取れる. ‖문 손잡이가 달아났다 ドアのノブが取れた.

달아-매다 他 つるす; ぶら下げる.
달아-오르다 自 [르變] ❶熱くなる. ‖월드컵의 열기가 서서히 달아오르고 있다 ワールドカップの熱気がだんだん高まっている. ❷(顔が) 赤くなる. ‖그 말을

달음박-질 【-찔】 图 駆け足. ∥달음질. 달음박질로 집을 향해 뛰어갔다 駆け足で家に向かって走っていった.

달음-질 图 달음박질의 縮約형.

달이다 他 ❶ 煮出める. ❷ 煎じる; 煮出す.

달-인 (達人) 图 達人. ∥달인의 경지에 접어들다 達人の境地に入る.

달짝지근-하다 [-찌-] 囲 【하变】 やや 甘い. 囝들쩍지근하다.

달착지근-하다 [-찌-] 囲 【하变】 =달 짝지근하다. 囝들척지근하다.

달콤새콤-하다 囲 【하变】 やや甘酸っぱい.

달콤-하다 /talkʰomhada/ 囲 【하变】 甘い. ∥달콤한 맛 甘い味. 달콤한 말로 속삭이다 甘い言葉でささやく.

달팽이 图 《動物》 カタツムリ (蝸牛).

달팽이-관 (-管) 图 《解剖》 蝸牛管; 渦卷細管.

달-포 图 1か月余り.

달필 (達筆) 图 達筆. 囮악필 (惡筆).

달-하다 (達-) /talhada/ 圓 【하变】 達する; 到達する. ∥目的地に到達する. 모금이 목표액에 달하다 募金が目標額に達する. 인구가 백만명에 달하다 人口が100万に達する. 한계에 달하다 限界に達する.

닭 /tak/ 【닥】 图 《鳥類》 ニワトリ(鷄); トリ. 닭이 알을 낳다 鷄が卵を産む. 닭 두 마리를 잡다 鷄を2羽つぶす. 圀 닭 잡아먹고 오리발 내밀기 《鷄をつぶして食べた後, アヒルの足を差し出す》の意で》不正をはたらいて浅知恵で押し隠そうとすることのたとえ. ▶ 닭 쫓던 개 지붕쳐다보듯 圀 《鷄を追いかけていた犬が屋根の上に飛び上がった鷄を見上げているよう》の意で》仕事をしくじってがっかりしていることのたとえ.

닭-갈비 【닥깔-】 图 《料理》 ダッカルビ (唐辛子をふんだんに使った辛いたれで鷄肉・野菜などを味付けして炒め煮たもの).

닭-고기 【닥꼬-】 图 鷄肉.

닭-똥 【닥똥】 图 鷄糞. 囮계분(鷄糞). ∥닭똥 같은 눈물을 흘리다 大粒の涙を流す.

닭띠 【닥띠】 图 酉(ユウ)年生まれ.

닭-살 【닥쌀】 图 鳥肌. ∥닭살이 돋다 鳥肌がたつ.

닭-싸움 【닥-】 图 ❶ 鬪鷄. ❷ 片足で跳びながらぶつかり合って両足をついた方が負けになる遊び.

닭-장 (-欌) 【닥짱】 图 鷄小屋; 鷄舍.

닭장-차 (-欌車) 图 《俗っぽい言い方で》 護送車.

닭-찜 【닥-】 图 《料理》 鷄肉を一口サイズに切り, 藥味を入れて蒸したもの.

닭-해 【다캐】 图 酉年. 囮유년 (酉年).

닮다 /tamtʰa/ 图 【담따】 他 〔-을〕 《닮았다の形で》…に似る; …に似ている. ∥性格は아버지를 닮았다 性格は父親に似ている. 어머니를 닮아서 키가 작다 母親に似て背が低い. 두 사람은 자매인데도 거의 안 닮았다 2人は姉妹なのにほとんど似ていない. 저 부부는 서로 닮았다 あの夫婦は似たものどうしだ. ❷類似する. ∥범죄 수법이 닮은 사건 犯罪の手口が類似した事件. ❸まねる; まねてそれに近くなる.

닮은-꼴 图 ❶ 《数学》 相似形. ❷ 瓜二つ.

닳고닳다 〔닳고달타〕 ❶ すり減る. ❷ 〔比喩的に〕 世間ずれしている. ∥모진 세파에 그녀는 닳고닳아 버렸다 厳しい世の荒波に彼女はすれてしまった.

닳다 /talthʌ/ 【달타】 围 ❶ すり減る; すれる. ∥신발이 닳다 靴がすりへる. ❷ 煮詰まる. ∥국이 닳았다 スープが煮詰まった. ❸ 世知にたけている. ∥닳은 남자 世知にたけている男.

닳아-빠지다 【다라-】 围 世間ずれしている.

담¹ /tam/ 图 塀; 垣; 垣根. ∥ 높은 담을 쌓다 高い垣根を張りめぐらす. 담을 넘다 塀を越える. 담이 무너지다 塀が崩れる. 圀돌담 石垣.

담² 图 [다음の縮約形] 次; 今度. ∥담에 가지고 올게 今度持ってくるよ.

담³ (痰) 图 痰. 囮가래. ∥담이 끓다 痰が絡む. ❷ 分泌液の循環障害による一種の神經痛. ∥담이 들어 꼼짝도 못하다 神經痛がひどくて身動きができない.

담⁴ (膽) 图 ❶ 膽囊. ❷ 度胸. ∥ 담이 크다 度胸がある.

담-⁵ (淡) 接頭 淡い; 薄い. ∥ 담녹색 薄綠; 淡緑色.

-담⁶ (談) 接尾 …談. ∥ 성공담 成功談. 경험담 經驗談.

담-갈색 (淡褐色) 【-깩】 图 淡褐色; 薄茶色.

담-결석 (膽結石) 【-썩】 图 《医学》胆石. 囮 담석 (膽石).

담그다 /tamguda/ 他 【으変】 [담가, 담그는] ❶ 漬ける; 浸ける. ∥ 빨래를 비눗물에 담가 두다 洗濯物を石けん水に浸しておく. 김치를 담그다 キムチを漬ける. ❷ 浸す. ∥ 시냇물에 발을 담그다 小川の水に足を浸す. ❸ 《酒・醬油などを》仕込む; 作る. ∥ 매실주를 담그다 梅酒を仕込む.

담기다¹ 〔담그다の受身動詞〕 漬かる. ∥ 맛있게 담긴 김치 美味しそうに漬かったキムチ.

담-기다² /tamgida/ 〔담다の受身動詞〕 盛られる; 込められる; 盛り込まれ

る. ‖독립 선언에 담긴 정신 独立宣言に込められた精神. 다채로운 내용이 담긴 행사물 多彩な内容が盛り込まれた催し物. 마음이 담긴 선물 心が込められた[こもった]贈り物.

담낭-염(膽囊炎) 【-념】 图 〈医学〉 胆囊炎.

담-녹색(淡綠色) 【-쌕】 图 淡綠色.

담다 /ta:mᵗta/ 【-따】 他 ❶ 入れる; 盛る; よそう; 詰める. ‖된장을 담는 항아리 味噌をいれた壺. 밥을 담다 ご飯をよそう. ❷〈感情を〉込める. 마음을 담은 선물 心を込めた贈り物. 특別한 의미를 담은 표현 特別な意味を持たせた表現. ❸ 盛り込む. ‖쌍방의 주장을 담은 성명문 双方の主張を盛り込んだ声明文. ❹ 収める. ‖아름다운 야경을 카메라에 담다 美しい夜景をカメラに収める. ❺ [입에 담다の形で]口にする; 口に出して言う. ‖그런 말은 입에 담고 싶지 않다 そんなことは口にしたくない. 圏담기다.

담담-하다(淡淡-) /ta:mdamhada/ 【하変】形 淡々としている. ‖담담한 표정 淡々とした表情. 담담하게 이야기하다 淡々と語る. **담담-히** 圖

담당(擔當) /tamdaŋ/ 图 担当. ‖영업을 담당하다 営業を担当する. 영어는 그 사람이 담당하고 있습니다 英語は彼が担当しています. **담당-자**(擔當者) 图

담대-하다(膽大-) 形 〈하変〉 大胆だ.

담력(膽力) 【-녁】 图 胆力; 度胸; 肝っ玉.

담방-거리다[-대다] 自 おっちょこちょいだ; 落ち着きがない.

담배 /ta:mbe/ 图 タバコ(煙草). ‖담배에 불을 붙이다 タバコに火をつける. 담배를 피워도 되겠습니까? タバコを吸ってもかまいませんか. 담배를 끊다 タバコをやめる. 잎담배 葉タバコ. 담배 한 개피 タバコ 1 本.

담배-꽁초(-草) 图 タバコの吸い殻.

담배-쌈지 图 タバコ入れ.

담뱃-가게 【-배까-/-빠까-】 图 タバコ屋.

담뱃-갑(-匣) 【-배깝/-뺃깝】 图 タバコの箱; タバコ入れ.

담뱃-값 【-배깝/-뺃깝】 图 タバコの値段; タバコ代.

담뱃-대 【-배때/-뺃때】 图 キセル.

담뱃-불 【-배뿔/-뺃뿔】 图 タバコの火. ‖담뱃불을 붙이다 タバコに火をつける.

담뱃-재 【-배째/-뺃째】 图 タバコの灰. ‖담뱃재를 떨다 タバコの灰を落とす.

담뱃-진(-津) 【-배찐/-뺃찐】 图 タバコのやに.

담백-하다(淡白-) 【-배카-】 形〈하変〉淡白だ. ‖담백한 맛 淡白な味.

담-벼락 【-뼈-】 图 壁面.

담보(擔保) 图 〈他〉 担保. ‖집을 담보로 돈을 빌리다 家を担保にお金を借りる.

담보-권(擔保權) 【-꿘】 图 〈法律〉担保権.

담보-물(擔保物) 图 〈法律〉 担保物.

담보-물권(擔保物權) 【-꿘】 图 〈法律〉担保物権.

담비 图 〈動物〉 テン(貂).

담뿍 圖 ❶ いっぱい. ‖밥을 담뿍 퍼 주다 ご飯をいっぱいよそってあげる. ❷ たっぷり. ‖아이들에게는 애정을 담뿍 주어야 한다 子どもたちには愛情をたっぷり与えなければならない. 圈듬뿍.

담석(膽石) 图 〈医学〉胆石.

담석(膽石) 图 〈医学〉 胆石. 圏담결석(膽結石).

담석-증(膽石症) 【-쯩】 图 〈医学〉胆石症.

담소(談笑) 图 談笑. ‖학생들과 담소를 나누다 学生たちと談笑する.

담수(淡水) 图 淡水; 真水. 圏민물. 対함수(鹹水).

담수-어(淡水魚) 图 〈魚介類〉 淡水魚. 圏민물고기.

담수-조(淡水藻) 图 淡水藻.

담수-호(淡水湖) 图 〈地〉 淡水湖.

담-쌓다 【-싸타】 他 ❶ 塀を築く. ❷ 関係を絶つ; 没交渉だ. ‖형제 간에 담쌓고 지내다 兄弟が絶縁状態で暮らす. ❸ やめる. ‖공부와 담쌓은 지 오래다 勉強をやめてから随分経っている.

담액(膽液) 图 〈生理〉 胆液; 胆汁. 圏담즙(膽汁)·쓸개즙(-汁).

담약-하다(膽弱-) 【다먀카-】 形〈하変〉小胆だ; 気が小さい.

담-요(後-) /ta:mnjo/ 【-뇨】 图 毛布. 圏모포(毛布). ‖애한테 담요를 덮어주다 子どもに毛布をかけてやる. 담요를 뒤집어쓰다 毛布に包まる. 전기 담요 電気毛布.

담임(擔任) /tamim/ 图〈他〉担任. ‖담임 선생님 担任の先生. 일 학년을 담임하고 있다 1年生を担任している. ✥しばしばに다님と発音される.

담자-균-류(擔子菌類) 【-뉴】 图 〈植物〉担子菌類.

담-자색(淡紫色) 图 薄紫色.

담장(-墻) 图 塀. ‖담장을 타고 넘다 塀を乗り越える.

담쟁이-덩굴 图 〈植物〉 ツタ(蔦).

담-즙(膽汁) 图 〈生理〉 胆汁. 圏담액(膽液)·쓸개즙(-汁).

담즙-질(膽汁質) 【-찔】 图 胆汁質.

담-차다(膽-) 形 大胆だ. ‖담차게 일을 처리하다 大胆に物事を処理する.

담채-화(淡彩畵)【美術】淡彩画.

담-청색(淡青色)图 淡青色.

담판(談判)图 談判;決着をつけること. ‖담판이 결렬되다 談判が決裂する. 담판을 짓다 決着をつける.

담합(談合)图 한他 談合.

담-홍색(淡紅色)图 淡紅色.

담화(談話)图 한他 談話. ‖대통령의 담화 大統領の談話.

담화-문(談話文)图 会話文.

담화-체(談話體)图 会話体.

담-황색(淡黄色)图 淡黄色.

답(答) /tap/ 图 自他 ❶ 〖대답(對答)의 略語〗答え;返事. ‖다음 물음에 답하시오 次の設問に答えなさい. ❷〖해답(解答)의 略語〗答え;解答. ‖명쾌한 답 明快な解答. ❸〖회답(回答)의 略語〗回答;返事. ‖답을 기다리다 返事を待つ.

-답니다〖답-〗語尾 〔-다고 합니다의 縮約形〗…そうです;…と言っています;…と言いました. ‖예정보다 일찍 도착했답니다 予定より早く到着したそうです. 오늘은 못 가겠답니다 今日は行けないそうです.

-답다〖-따〗接尾〖ㅂ變〗…らしい. ‖남자답다 男らしい. 너답다 お前らしい.

답답-하다 /tap̚tap̚hada/【-따파-】 形〖하變〗❶ もどかしい; じれったい; まだるっこしい; 歯がゆい. ‖이런 쉬운 문제도 못 풀다니 정말 답답하다 こんな簡単な問題も解けないなんて本当にもどかしい. 또 삼진을 당하니, 정말 답답한 시합이다 また三振とは、 実にじれったい試合だ. 답답해서 못 보고 있겠다 歯がゆくて見ていられない. ❷ 憂鬱だ;気が重い;心配だ. ‖가슴이 답답하다 胸苦しい. ❸ 息苦しい. ‖답답한 방 息苦しい部屋. ❹ 融通がきかない. ‖정말 답답한 사람이다 本当に融通がきかない人だ.

답례(答禮)【답녜】图 한自 答礼;お礼. ‖답례품 答礼の品.

답변(答辯)【-뼌】图 한自 答弁. ‖국회에서 장관이 답변하다 国会で大臣が答弁する. 답변을 요구하다 答弁を求める. 답변을 하다 答弁を行なう.

답보(踏步)【-뽀】图 자自 足踏み. ‖답보 상태 足踏み状態.

답사[1](答辭)【-싸】图 한他 答辞.

답사[2](踏査)【-싸】图 한他 踏査. ‖실지 답사 実地踏査.

답습(踏襲)【-씁】图 한他 踏襲. ‖종래의 방침을 답습하다 従来の方針を踏襲する. **답습-되다** 受動

-답시고〖-씨-〗語尾〖多少肉感を含んだ言い方〗…からといって;…からって. ‖일류 대학에 다닌답시고 너무 잘난 척하다 一流大学に通っているからといって偉そうにふるまう.

답신[1](答申)【-씬】图 한自 答申.

답신[2](答信)【-씬】图 한自 返信;返書.

답안(答案)/taban/ 图 答案;解答. ‖답안을 쓰다 答案を書く. 답안을 채점하다 答案を採点する. 답안을 백지로 내다 答案を白紙で出す. 모범 답안 模範解答.

답안-지(答案紙)图 答案用紙;解答用紙.

답장(答狀)【-짱】图 한自 返信;(手紙などの)返事. ‖답장을 쓰다 返事を書く.

답지(答紙)【-찌】图 =답안지(答案紙).

답파(踏破)图 한他 踏破.

닷새(五日)图 5日.

닷컴(dot com)/tat̚kɔm/图〖IT〗ドットコム(.com).

당[1](唐)图〖歷史〗(中国王朝の)唐(618∼907).

당[2](糖)图〖化学〗糖.

당[3](黨)/taŋ/图 党;政党. ‖당 방침 党の方針 与党. 야당 野党.

-당[4](當)接尾 …当たり. ‖일 인당 1人当たり. 킬로당 오천 원인 포도 キロ当たり5千ウォンのブドウ.

당구(撞球)图 ビリヤード;玉突き. ‖당구를 치다 ビリヤードをする.

당구-대(撞球臺)图 ビリヤード台.

당구-봉(撞球棒)图 キュー.

당구-장(撞球場)图 ビリヤード場.

당국(當局)图 当局. ‖당국의 발표 当局の発表. 대학 당국 大学当局.

당국-자(當局者)【-짜】图 当局者.

당권(黨權)【-꿘】图 党の主導権.

당규(黨規)图 党規.

당근(tanggun)图 ❶〖植物〗ニンジン(人参). ❷〖俗っぽい言い方〗当然;当然なこと;当たり前のこと. ✥ 主に若者の間で使われる.

당기(黨紀)图 党紀.

당기다[1]自 ❶(心)が動く;動かされる. ‖마음이 당기다 心が動く;心を動かされる. ❷(食欲などが[を])そそられる. ‖입맛이 당기다 食欲をそそられる.

당기다[2]/taŋgida/他 ❶引く. ‖방아쇠를 당기다 引き金を引く. ❷引っ張る;引き寄せる. ‖밧줄을 당기다 綱を引っ張る. 의자를 당기다 椅子を前に引っ張る. ❸ 早める;繰り上げる. ‖날 짜를 당기다 出発日を1日早める.

당-나귀(唐-)图〖動物〗ロバ(驢馬).

당내(黨內)图 党内.

당뇨(糖尿)图〖医学〗糖尿.

당뇨-병(糖尿病)【-뼝】图〖医学〗糖尿病.

당-단백질(糖蛋白質)【-찔】图〖化学〗糖蛋白質.

당당-하다 (堂堂-) /tandaŋhada/ 形 [하엿] 堂々としている. ‖그녀는 매사에 당당하다 彼女は何事にも堂々としている. 당당한 태도 堂々たる態度. 당당하게 권리를 요구하다 堂々と権利を要求する. **당당-히** 副

당대 (代) 名 当代;当世.

당도 (到) 名 하自 到着;到達.

당돌-하다 (唐突-) /taŋdolha-/ 形 [하엿] 唐突だ;生意気だ;大胆だ;僭越(ぼっ)だ. ‖당돌한 질문 唐突な質問. 당돌한 아이 生意気な子ども. 당돌하게 말을 끄집어내다 唐突に言い出す.

당두 (當頭) 名 하自 差し迫ること;切迫すること.

당락 (當落) 【一낙】 名 当落.

당략 (黨略) 【一냑】 名 党略.

당론 (黨論) 【一논】 名 政党の意見.

당류 (糖類) 【一뉴】 名 糖類.

당리-당략 (黨利黨略) 【-니-냑】 名 党利党略.

당면¹ (唐麵) 名 ジャガイモで作った春雨のような乾麵; 韓国風春雨.

당면² (當面) 名 하自 当面. ‖당면과제 当面の課題. 당면한 문제를 해결하다 当面の問題を解決する.

당목 (撞木) 名 撞木.

당무 (黨務) 名 党務.

당밀 (糖蜜) 名 糖蜜.

당번 (當番) /taŋbɔn/ 名 하自 当番. 反비번(非番). ‖당번을 정하다 当番を決める. 청소 당번 掃除当番.

당벌 (黨閥) 名 党閥.

당부¹ (黨部) 名 党本部.

당부² (當付) 名 하他 頼むこと. ‖신신당부하다 くれぐれも頼む.

당분 (糖分) 名 糖分.

당분-간 (當分間) /taŋbungan/ 名 しばらくの間;当分;当分の間. ‖당분간 쉬겠습니다 当分休みます. 당분간 차를 쓸 수가 없다 当分の間, 車が使えない.

당비 (黨費) 名 党費.

당사¹ (黨舍) 名 党本部.

당사² (黨社) 名 当社.

당사-국 (當事國) 名 当事国.

당사-자 (當事者) 名 当事者. ‖당사자 외 출입 금지 当事者以外立入禁止.

당산 (堂山) 名 《民俗》 その土地や村の守護神がいるとされる山や丘.

당선 (當選) /taŋsɔn/ 名 하自 当選. 反낙선(落選). ‖국회의원에 당선되다 国会議員に当選する. 현상 소설에 당선되다 懸賞小説に当選する.

당선-권 (當選圈) 【一꿘】 名 当選圈.
당선-자 (當選者) 名 当選者.
당선-작 (當選作) 名 当選作.

당세 (黨勢) 名 党勢.

당세-풍 (當世風) 名 当世風.

당수¹ (唐手) 名 《スポーツ》 空手.

당수² (黨首) 名 党首.

당숙 (堂叔) 名 父のいとこ.

당-숙모 (堂叔母) 【一쑹一】 名 当叔(堂叔)の妻.

당시¹ (當時) /taŋʃi/ 名 当時;その頃. ‖당시의 총리 当時の総理. 당시의 사람들 当時の人々. 그 당시에는 전철이 없었다 その当時は電車がなかった. 이 곡을 들으면 그 당시가 생각난다 この曲を聞くと当時を思い出す.

당시² (唐詩) 名 《文芸》 唐詩.

당신 (當身) /taŋʃin/ 代 ❶ (相手を軽んじるような言い方で) あんた. ‖당신과는 관계없는 일이요 あんたとは関係ないことよ. ❷ 〔夫婦間で〕 あなた. ‖당신은 뭘 마실래요? あなたは何を飲みますか. ❸ 〔詩や改まった文章において〕 あなた. ‖당신은 언제나 내 마음의 등불이었어요 あなたはいつも私の心の灯火でした. ❹ (その場にいない目上の人を指して) ご自分;ご自身.

당악 (唐樂) 名 《音楽》 唐楽.

당연 (當然) /taŋjɔn/ 名 하形 当然;当たり前. ‖당연한 결과 当然の結果. 당연한 일 当然なこと. 어려운 사람을 돕는 것은 당연한 일이다 困っている人を助けるのは当たり前のことだ. 지극히 당연하다 当然至極だ. **당연-히** 副 그 사람이라면 당연히 그렇게 할 것이다 あの人なら当然そうするだろう.

당연-시 (當然視) 名 하他 当然だと思うこと.

당연지사 (當然之事) 名 当然のこと; 当たり前のこと.

당원 (黨員) 名 党員.

당위 (當爲) 名 当為.

당위-성 (當爲性) 【一썽】 名 当為性.
당위-적 (當爲的) 名 当為的.

당의-정 (糖衣錠) 【/-/-이-/】 名 糖衣錠.

당일 (當日) 名 当日;その日;1日. ‖당일 코스 1日コース. 사고 당일 아침 事故当日の朝.

당일-치기 (當日-) 名 하自 その日 1日で終えること; 一夜漬け. ‖당일치기로 다녀오다 その日のうちにとんぼ帰りする.

당장 (當場) /taŋʤaŋ/ 名 ❶ その場. ‖당장 해결을 하다 その場で解決する. ❷ すぐ;今すぐ. ‖당장 달려오다 すぐ駆けつけてくる. 그런 회사는 지금 당장 그만두어라 そんな会社は今すぐ辞めなさい. ❸ 差し当たり; 差し当たって; 差し当たり困らない.

당쟁 (黨爭) 名 党争.
당적 (黨籍) 名 党籍.
당좌 (當座) 名 《經》 当座.
당좌-수표 (當座手票) 名 《經》 当座小切手.
당좌-예금 (當座預金) 名 《經》 当座

預金.

당직(當直)[名][하自] 当直.

당차다[形] ❶ (考え方などが)しっかりしている。∥당찬 아이 しっかりしている子。❷ (体格が)小さいがしっかりしている。∥당차게 생겼다 がっしりしている。

당첨(當籤)/taŋtʃʰom/ [名][하自] 当籤(ﾁｬｸ). ∥복권에서 일 등으로 당첨되다 宝くじで1等に当籤する。

당첨-자(當籤者)[名] 当籤者.

당초(當初)[名] 当初. ∥이 일은 당초에 시작하지 말았어야 했다 この仕事を最初から始めるべきではなかった。당초의 예상으로는 当初の予想では.

당치-않다(當—)[—안타][形] 〔당치 아니하다の縮約形〕とんでもない; もっての外だ; けしからぬことだ; 非常に不届きだ. ∥그런 나쁜 평가는 당치않다 そのような悪い評価はとんでもない。당치 않은 소리를 하다 とんでもないことを言う.

당파(黨派)[名] 党派. ∥당파 싸움 党争.

당-하다¹(當—)/taŋhada/ [自][하自] やられる. ∥적의 작전에 완전히 당했다 敵の作戦に完全にやられた。그놈한테 당했어 あいつにやられたよ。
— [他] ❶ 直面する. ∥어려운 일을 당하다 困難に直面する。❷ あう. ∥사기를 당하다 詐欺にあう。교통사고를 당하다 交通事故にあう。❸ かなう; 匹敵する. ∥저 사람을 당할 자는 없다 あの人にかなう者はいない。

-당하다²(當—)[接尾][하変] 〔一部の動作性名詞に付いて〕被害・迷惑の意味を表わす受身動詞を作る。…される. ∥협박당하다 脅迫される。체포당하다 逮捕される。무시당하다 無視される.

당혹(當惑)[名][하自] 当惑. ∥당혹한 표정 当惑した表情.

당황-하다(唐慌←唐惶)/taŋhwaŋhada/ [自][하変] 戸惑う; 慌てる; うろたえる. ∥갑작스러운 질문에 당황하다 急な質問に戸惑う。거짓말이 탄로날 것 같아서 당황하고 있다 うそがばれそうになって慌てている.

닻/tat/ [닫] 錨(ﾄﾞｬｸ). ∥닻을 내리다 錨をおろす.

닻-줄[닫쭐] 錨綱(ｲﾏﾂﾞﾅ).

닿다/tatʰa/ [닫타] [他] ❶ 触れる. ∥나뭇가지가 전선에 닿다 木の枝が電線に触れる。❷ 着く. ∥목적지에 닿다 目的地に着く。발이 바닥에 안 닿다 足が床に着かない。키가 커서 머리가 천장에 닿을 것 같다 背が高くて頭が天井に着きそう。겨우 연락이 닿았다 やっと連絡がついた。❸ 届く; 及ぶ; 達する. ∥위험하니까 어린이 손이 닿지 않는 곳에 두십시오 危険なので子どもたちの手が届かないところに置いて

ください。손이 닿다 手が届く。힘 닿는 데까지 돕도록 하겠습니다 力の及ぶ限りお手伝いさせていただきます。❹ (理に)かなう. ∥이치에 닿는 말 理にかなった話.

닿-소리[닫쏘리] [名][言語] 子音. ⑩자음(子音). ⑪홀소리.

대¹[名] ❶ [植物の]茎. ❷ 細長い棒状のもの. ∥담뱃대 煙管(ｷｾﾙ); 煙竹.
— [依名] ❶ タバコを吸う回数. ∥담배 한 대 피우고 하자 一服してからやろう. ❷ 注射を打つ回数. ∥주사 한 대 注射1本. ❸ 頭を小突いた回数. ❹ お尻を叩いた回数. ∥엉덩이를 세 대 때려 주었다 お尻を3回叩いてやった.

대²[名] 志; 意志; 心. ∥대가 센 사람 意志の強い人.

대³[名][植物] タケ(竹). ∥대밭 竹やぶ.

대⁴(大)[名] 大. ∥대소 大小.

대⁵(代)[名] 跡; 後継ぎ; 家系. ∥대를 잇다 跡を継ぐ。대가 끊어지다 家系が途絶える.

대⁶(對)[名] 対. ∥삼 대 이로 이기다 3対2で勝つ.

대⁷(臺)[依名] 車両や機械などを数える単位: …台. ∥승용차 만 대 乗用車1万台.

대-⁸(大)[接頭] 大…. ∥대가족 大家族. 대학자 大学者.

대-⁹(對)[接頭] ❶ 対…. ∥대일 対日. ❷ …向けの. ∥대미 수출 アメリカ向けの輸出.

대¹⁰(隊)[接尾] …隊. ∥해병대 海兵隊.

-대¹¹(帶)[接尾] …帯. ∥시간대 時間帯.

-대¹²(臺)[接尾] 数量の大体の範囲を示す語: …台. ∥천 원대의 점심 チウォン台のランチ.

-대¹³(代)[接尾] ❶ 家系の代を表わす語: …代. ∥삼대째 내려오는 의사 집안 3代続いている医者の家系. ❷ 世代を表わす語: …代. ∥사십 대 아줌마 40代の奥さん. ❸ 地質学的区分を表わす語: …代. ∥신생대 新生代.

-대¹⁴[語尾] 〔-다고 해の縮約形〕…そうだ; …ん…だって. ∥서울은 벌써 눈이 왔대 ソウルはもう雪が降ったって。딸이 머리가 좋대 お嬢さんが頭がいいんだって.

대가(大家)[名] ❶ 大家. ∥그는 이 분야의 대다이다 彼はこの分野の大家だ. ❷ 名家.

대가(代價)[-까][名] 代価; 代償. ∥대가를 치르다 代価を払う。어떤 대가를 치르더라도 どんな代価を払っても.

대가³(對價)[-까][名][法律] 対価.

대가리/tɛgari/ [名] ❶ 〔머리の俗語〕頭. ∥대가리가 나쁘다 頭が悪い。대가리를 너무 썼다 頭を使いすぎた。대가리 수 頭数. ❷ 動物の頭. ▶대가리가 터

지도록 싸우다 ひどく殴り合いながらけんかする. ▶대가리에 피도 안 마르다 くちばしが黄色い.
대-가족 (大家族) 图 大家族.
대각¹ (對角) 图 (数学) 対角.
　대각-선 (對角線)【-썬】图 (数学) 対角線.
대-갈통 〔머리통의 俗語〕頭.
대감 (大監) 图 (歷史) 朝鮮時代に高級官僚を呼ぶ時に用いた語.
대갓-집 (大家ㅅ-) 【-가찝 / 간찝】图 大家; 名家.
대강² (大綱) /tɛːgaŋ/ 图 〔대강령 (大綱領)の略語〕最も重要な綱領.
　— 副 だいたい; おおよそ; 適当に; ほどほどに. ‖대강 다 만들었다 だいたいできた. 대강 먹고 나가자 適当に食べて出よう.
　대-강령 (大綱領)【-녕】图 最も重要な綱領. ⓟ大綱.
대강² (代講) 图 하他 代講.
대-강당 (大講堂) 图 大講堂; 大ホール.
대개 (大概) /tɛːgɛ/ 图 大概. ‖대개의 경우 大概の場合.
　— 副 大概; たいてい; およそ. ‖아침은 대개 일곱 시쯤에 먹는다 朝ご飯は大概 7 時頃に食べる. 아이들은 대개 단것을 좋아한다 子どもはたいてい甘い物が好きだ.
대거 (大擧) 圖 大挙して; 大勢. ‖대구 몰려오다 大挙して押し寄せる. 대거 참여하다 大勢参加する.
대-걸레 图 モップ.
대검¹ (大劍) 图 大劍.
대검² (大檢) 图 대검찰청 (大檢察廳) の略語.
　대-검찰청 (大檢察廳) 图 (法律) 最高検察庁.
대견-스럽다【-따】 形 ㅂ変 感心だ; 殊勝だ; けなげだ. **대견스레** 副
대견-하다 /tɛːɡjənhada/ 形 하않 感心だ; 殊勝だ; けなげだ; あっぱれだ. ‖그런 착한 일을 하다니 어린 나이에 참 대견하구나 そんないいことをするとは, 子どもにしては本当に感心だね. 대견한 아이 けなげな子ども.
대결 (對決) 图 하自 対決. ‖세기의 대결 世紀の対決. 직접 대결을 피하다 直接対決を避ける.
대계¹ (大系) 【-/-게】 图 大系. ‖한국 문학사 대계 韓国文学史大系.
대계² (大計) 【-/-게】 图 大計; 教育 국가의 백년대계이다 教育は国家の百年の大計である.
대공¹ (大公) 图 大公.
　대공-국 (大公國) 图 大公国. ❖리히텐슈타인. 룩셈부르크など.
대공² (大功) 图 大功.
대공³ (對共) 图 対共産主義.
대공⁴ (對空) 图 対空.
　대공=미사일 (對空 missile) 图 対空ミサイル.
　대공=사격 (對空射擊) 图 対空射撃.
대-공원 (大公園) 图 規模の大きい公園.
대관¹ (大觀) 图 하他 大観.
대관² (戴冠) 图 하自 戴冠.
　대관-식 (戴冠式) 图 戴冠式.
대-관절 (大關節) 副 〔下に疑問を表わす表現を伴って〕一体全体. ‖대관절 이게 무슨 일입니까? 一体これはどういうことですか.
대-괄호 (大括弧) 图 大括弧; ブラケット(〔 〕).
대구¹ (大口) /tɛːgu/ 图 (魚介類) タラ(鱈). ‖대구알 たらこ.
대구² (大邱) (地名) 大邱 (デグ). ❖경상북도 (慶尙北道)の都市所在地. 韓国第 3 の都市.
대구³ (對句) 【-꾸】 图 対句.
　대구-법 (對句法) 【-꾸뺍】图 (文芸) 対句法.
대구루루 [音] 硬くて小さいものが転がる様子[音]: ころころ(と).
대국¹ (大局) 图 大局.
　대국-적 (大局的) 【-쩍】冠 大局的. ‖대국적인 견지 大局的な見地.
대국² (大國) 图 大国. ⓟ小國(小國).
대국³ (對局) 图 하自 対局.
　대국-자 (對局者) 【-짜】图 (囲碁・将棋などの)対局者.
대군¹ (大軍) 图 大軍.
대군² (大群) 图 大群.
대굴-대굴 [音] ころころ(と). ‖공이 대굴대굴 굴러가다 ボールがころころ(と)転がっていく.
대권 (大權) 【-꿘】 图 大権; 国家の統治権.
대궐 (大闕) 图 (歷史) 宮闕. ⓟ궁궐 (宮闕).
대-규모 (大規模) 图 大規模; 大掛かり. ⓟ소규모(小規模). ‖대규모의 인원 삭감 大規模な人員削減.
대국 (對局) 图 対局.
　대국-적 (對極的) 【-쩍】冠 対極的.
대근 (代勤) 图 하自 代わりに勤務すること.
대금¹ (大金) 图 大金.
대금² (大笒) 图 (音樂) デグム(竹でできた横笛).
대금³ (代金) /tɛːgɯm/ 图 代金; …代. ‖신문 대금 新聞代.
대금⁴ (貸金) 图 貸し金. ‖고리 대금업 高利貸し.
대기¹ (大氣) /tɛːgi/ 图 大気. ‖대기 오염 大気汚染.
　대기-권 (大氣圈) 【-꿘】图 (地) 大気圏.
　대기-차 (大氣差) 图 (天文) 大気差.

대기² (待機) /tɛ:gi/ 图 [하다] 待機; 待つこと. ‖데모에 대비해 경찰이 대기하고 있다 デモに備えて警官が待機している. 대기중인 부대 待機中の部隊. 대기실 控え室; 待機室.

대기-만성 (大器晩成) 图 大器晩成.
대-기업 (大企業) 图 大企業; 大手企業.

대길 (大吉) 图 大吉.
대-꼬챙이 图 竹串.
대꾸 [하다] (대꾸말의 略記) 口答え; 言い返すこと. ‖그는 내 말에 아무 대꾸도 하지 않았나 彼は私の話に何も言い返さなかった.

대-나무 (植物) タケ(竹). ‖대나무 숲 竹やぶ.
대납 (代納) 图 [하다] 代納.
대납회 (大納會) [-나풰/-나홰] 图 (取引所の) 大納會. ▷대발회(大發會).

대낮 /-낟/ 图 真っ昼間; 白昼. ‖대낮부터 술타령이다 真っ昼間から酒浸りだ. 대낮에 대담하게도 도둑질하러 들어가다 白昼堂々と盗みに入る.

대내 (對內) 图 対內. ▷대외(對外). ‖대내적인 문제 対內的な問題.
대농 (大農) 图 大農; 豪農.
대-농지 (大農地) 图 大規模な農地.
대놓고 [-노코] 副 面と向かって. ‖대놓고 욕을 퍼붓다 面と向かってののしる.
대뇌 (大腦) [/-뉘] 图 (解剖) 大腦. 대뇌 피질 (大腦皮質) 图 (生理) 大腦皮質.
대님 图 男性用韓服ズボンの裾を締める紐(ひも).

대다¹ /tɛ:da/ 自他 ❶(時間に)間に合う. ‖버스 시간에 대다 バスに間に合う. ❷(時間に)間に合わせる. ‖자료를 회의 시간에 대다 資料を会議に間に合わせる. ❸[…에/에게·한테] 대¹의 形で)…に向かって. ‖하늘에 대고 주먹질을 하다 空に向かってこぶしを振り回す.

대다² /tɛ:da/ 他 ❶(손을 대다의 形で) 手を当てる; 手を出す; 手をつける; 手を触れる. ‖이마에 손을 대고 열이 있는지 보다 手を額に当てて熱があるか見る. 남의 물건에 손을 대다 事業に手を出す. 남의 물건에 손을 대다 人のものに手をつける. 이것에는 손을 대지 마십시오 これには手を触れないでください. ❷(귀에 대다의 形で) 耳に当てる. ‖헤드폰을 귀에 대어 보다 ヘッドホンを耳に当ててみる. ❸[입에 대다의 形で] 口をつける; 口にする. ‖컵을 입에 대다 コップに口をつける. 술은 한 방울도 입에 안 대다 酒は一滴も口にしない. ❹ 連絡をとる; (電話を)つなぐ. ‖고위 관직자에게 줄을 대려는 사람이 많다 高級官僚とコネをつけようとする人が多い. 전화를 저한테 대어 주십시오 電話を私につないでください. ❺ もたれる; もたせかける. ‖벽에 등을 대고 앉다 壁に背をもたせかけて座る. ❻ 比較する; 比べる. ‖키를 대어 보다 背を比べてみる. ❼ 이름을 대다(の形で) 白状する. ‖공범의 이름을 대다 共犯者の名前を白状する. ❽[핑계를 대다의 形で] 言い訳をする.

대다³ 他 ❶(車を)空港とか駅などに止める. ‖차를 공항에 대다 車を空港にとめる. ❷(水を)引く; 供給する. ‖논에 물을 대다 田んぼに水を引く. 학비를 대어 주다 学費を出してやる.

대다⁴ [補助] (それほど好ましくない行為を)しきりにする; …(し)たてる; …(し)つづける; …(し)にける; …(し)まくる. ‖하루 종일 먹어 대다 一日中食べまくる. 떠들어 대다 騒ぎ立てる. 웃어 대다 笑いこける.

대-다수 (大多數) 图 大多數.
대-단원 (大團圓) 图 大團圓; 大詰め. ‖대단원의 막을 내리다 大團圓を迎える.

대단찮다 [-찬타] 圈 大したことはない; 取るに足りない; つまらない. ‖대단찮은 일 つまらないこと.

대단-하다 /tɛ:danhada/ 圈 [하変] ❶ すごい; ものすごい; はなはだしい. ‖대단한 솜씨 すごい腕前. 대단한 인기 ものすごい人気. ❷ 重要だ. ‖대단한 사람 重要な人物. ❸ すばらしい; 立派だ. ‖대단한 생각 すばらしい考え. 대단한 경력의 소유자 立派な経歴の持ち主. **대단-히** 圈 非常に; 大変; とても; すごく. ‖대단히 중요한 서류 非常に重要な書類. 대단히 예쁘다 大変きれいだ.

대담¹ (對談) 图 [하다] 対談.
대담² (大膽) 图 [하形] 大胆. ‖대담한 발상 大胆な発想. 대담한 필치로 그리다 大胆な筆致で描く. **대담-히** 圈 大胆に.

대답 (對答) /tɛ:dap/ 图 [自他] 返事する, 圈(答). ‖선생님의 질문에 대답하다 先生の質問に答える. 큰 소리로 대답하다 大きな声で返事する. 씩씩하게 대답하다 元気に返事する. 솔직하게 대답하다 素直に答える.

대대¹ (大隊) 图 (軍事) 大隊.
대대² (代代) 图 代々.
대대-로 (代代-) 图 代々. ‖대대로 학자를 배출하다 代々学者を輩出する.
대대-손손 (代代孫孫) 图 子々孫々; 先祖代々.
대대-장 (大隊長) 图 (軍事) 大隊長.
대대-적 (大大的) 图 圈 ‖대대적인 선전 大々的な宣伝. 사건을 대대적으로 보도하다 事件を大々的に報じる.

대도¹ (大盜) 图 大盜; 大盜人; 大泥棒.
대도² (大道) 图 大道.

-대도[3] [語尾] 〔-다고 하여도の縮約形〕…と言っても. ‖ 설거지는 내가 하겠대도 못 하게 해 皿洗いは私がやると言ってもやらせてくれない.

대-도시 (大都市) [名] 大都市.

대도시-권 (大都市圈) 【-꿘】 [名] 大都市圏.

대독 (代讀) [名] [하他] 代読.

대동 (帶同) [名] [하他] 帯同; 同行. ‖ 부하를 대동하고 나타나다 部下を同行して現われる.

대동-강 (大同江) [名] 《地名》 大同江. ✣平壌の中心を流れる川.

대-동맥 (大動脈) [名] ❶《解剖》大動脈. ❷〔比喩的に〕重要な交通路. ‖ 경부 고속도로는 한국의 대동맥이다 京釜高速道路は韓国の大動脈である.

대동-소이 (大同小異) [名] [하形] 大同小異.

대두[1] (大豆) [名] 《植物》 ダイズ(大豆). [類]콩.

대두-유 (大豆油) [名] 大豆油. [類]콩기름.

대두[2] (擡頭) [名] [하自] 台頭. ‖ 신세력이 대두하다 新勢力が台頭する.

대-들다 /tɛ:dulda/ [自] 『ㄹ語幹』 [대들어, 대드는, 대든] 食ってかかる; 歯向かう; 立ち向かう; たてつく; かみつく. ‖ 그는 선배한테도 대드는 사람이다 彼は先輩にも歯向かう人だ. 부모한테 대들다 親にたてつく.

대-들보 (大-) 【-뽀】 [名] ❶大梁(おおばり). ❷〔比喩的に〕大黒柱.

대등 (對等) [名] [하形] 対等; 同等. ‖ 대등한 입장 対等な立場. 대등한 관계를 유지하다 対等な関係を保つ.

대등-절 (對等節) [名] 《言語》 対立節.

대뜸 [副] 急に; いきなり; 突然. ‖ 대뜸 화를 내다 いきなり怒り出す.

대략 (大略) /tɛ:rjak/ [名] ❶大略; 概略. ❷〔副詞的に〕おおよそ; だいたい. ‖ 대략 삼천만 원 정도가 필요하다 だいたい 3 千万ウォンくらい必要だ. 대략 된 것 같다 だいたいできたみたい.

대량 (大量) /tɛ:rjaŋ/ [名] 大量. [対]소량(少量). ‖ 대량 생산 大量生産. 대량으로 소비하다 大量に消費する. 대량으로 사들이다 大量に買い込む.

대령 (大領) [名] 《軍事》 大佐. [関]중령(中領)・소령(少領).

대로[1] (大路) [名] 大通り; 大きな道路.

대로[2] /tɛro/ [依名] ❶…通り; …まま; …のように. ‖ 하고 싶은 대로 하세요 したいようにしてください; 好きなようにしてください. 시키는 대로 하다 言われる通りにする. ❷…したらすぐ; …次第に. ‖ 도쿄에 도착하는 대로 전화하겠습니다 東京に着き次第電話します. 닥치는 대로 집어던지다 手当たり次第投げつける.

대로[3] [助] …なりに; …通りに. ‖ 자기나름대로 생각이 있겠지 自分なりの考えがあるだろう.

대롱 [名] 細い竹筒.

대롱-거리다 [自] (垂れ下がったものが)ぶらぶらする.

대롱-대롱 [副] [하自] ぶらぶら; ぶらりと; ゆらゆら. ‖ 가지가 몇 개 대롱대롱 달려 있다 ナスがいくつかぶらりと下がっている.

대류 (對流) [名] 《物理》 対流.

대류-권 (對流圈) 【-꿘】 [名] 《天文》 対流圏.

대륙 (大陸) /dɛ:rjuk/ [名] 大陸. ‖ 유라시아 대륙 ユーラシア大陸. 대륙으로 건너가다 大陸に渡る.

대륙-붕 (大陸棚) 【-뿡】 [名] 《地》 大陸棚.

대륙성^기후 (大陸性氣候) 【-썽-】 [名] 《地》 大陸性気候. [類]내륙성 기후(內陸性氣候).

대륙-적 (大陸的) 【-쩍】 [名] 大陸的. ‖ 대륙적인 풍토 大陸的な風土.

대리 (代理) /tɛ:ri/ [名] [하他] 代理. ‖ 부장 대리 部長代理. 대리 투표 代理投票. 대리로 출석하다 代理で出席する.

대리-모 (代理母) [名] 代理母.

대리-인 (代理人) [名] 《法律》 代理人.

대리-점 (代理店) [名] 代理店.

대리-석 (大理石) [名] 《鉱物》 大理石.

대림-절 (待臨節) [名] 《キリスト教》 待降節; 降臨節; アドベント.

대립 (對立) /tɛ:rip/ [名] [하自] 対立. ‖ 의견이 대립하다 意見が対立する. 대립이 표면화되다 対立が表面化する. 대립 관계 対立関係.

대마[1] (大馬) [名] (囲碁で)大石(たいせき).

대마[2] (大麻) [名] 《植物》 アサ(麻). [類]삼.

대마-초 (大麻草) [名] 《植物》 タイマ(大麻).

대만 (臺灣) [名] 《国名》 台湾. [類]타이완.

대-만원 (大滿員) [名] 超満員.

대망[1] (大望) [名] 大望(たいもう). ‖ 대망을 품다 大望をいだく.

대망[2] (待望) [名] 待望. ‖ 대망의 이십일 세기 待望の 21 世紀.

대-매출 (大賣出) [名] [하他] 大売出し.

대맥 (大麥) [名] 《植物》 オオムギ(大麦). [類]보리.

대-머리 [名] 禿げ頭.

대면 (對面) [名] [하自] 対面. ‖ 첫 대면 初対面.

대-명사 (代名詞) [名] 《言語》 代名詞.

대명-천지 (大明天地) [名] 〔主に대명천지에の形で〕世の中に. ‖ 대명천지에 어떻게 이런 일이 世の中にどうしてこんなことが.

대모 (代母) [名] 《カトリック》 代母.

대목 /tɛmok/ [名] ❶重要な場面; 重要

대문 194

な時期. ‖설날 대목 暮れの書き入れ時.
❷(文や映画などの)ある場面. ‖重要な대목 重要な場面.

대목-장(一場)【-짱】图 お正月やお盆などを控えて開かれる市.

대문(大門) /tɛːmun/ 图 (住宅などの)正門; 門. ‖대문을 닫아걸다 門口(㞑)をかける.

대문-짝(大門─) 图 門の扉.

대문짝만-하다(大門─)【-짱-】形
[하members] 大きすぎることを誇張して言う語.
‖신문에 사진이 대문짝만하게 실리다 新聞に写真がでかでかと載せられる. 광고를 대문짝만하게 내다 でかでかと広告を出す.

대-문자(大文字)【-짜】图 (欧文で)大文字. ⟷소문자(小文字).

대물-렌즈(對物 lens) 图 対物レンズ. ⟷접안렌즈(接眼-).

대-물림(代─) 图他 子孫に譲り渡すこと; 受け継がれること. **대물림-되다** 图自.

대미(對美) 图 対米; 対アメリカ. ‖일본의 대미 정책 日本の対米政策.

대-바구니 图 竹籠(간). 国대소쿠리.

대-바늘 图 竹針.

대박(大─) 图 [比喩的に] 大もうけ; 大当たり. ‖대박이 터지다 大当たりする.

대-발회(大發會)【-훼】图 (取引所の)大発会. ⟷대납회(大納會).

대-밭【-받】图 竹林; 竹やぶ.

대번-에 副 すぐに; 即座に. ‖그를 대번에 알아보다 彼だとすぐに分かる.

대범-하다(大汎─) /tɛːbʌmhada/ 形
[하variety] 大様だ; 泰然としている. あまり物怖じしない. ‖대범한 성격 あまり物怖じしない性格. 대범하게 나오다 大様にかまえる.

대-법관(大法官)【-꽌】图 (法律) 最高裁判所の裁判官.

대-법원(大法院) 图 (法律) 最高裁判所.

대법원-장(大法院長) 图 (法律) 最高裁判所長官.

대-법정(大法廷)【-쩡】图 大法廷.

대-법회(大法會)【-뻐회/-뻐훼】图 (佛教) 大法会.

대변[1](大便) 图 大便. ‖대변이 마렵다 大便をもよおす.

대변[2](代辯) 图他 代弁. ‖그 사람의 마음을 대변하다 彼の気持ちを代弁する. **대변-되다** 图自.

대변-인(代辯人) 图 代弁人. スポークスマン.

대변-자(代辯者) 图 代弁者.

대변-지(代辯紙) 图 機関紙.

대변[3](大變) 图 (数学) 対辺.

대변[4](貸邊) 图 貸し方. ⟷차변(借邊).

대-변혁(大變革) 图 大きな変革.

대별(大別) 图他 大別.

대-보다(─) 副 直接比べてみる; 当ててみる. ‖옷이 어울리는지 대보다 服が似合うかどうか当ててみる.

대-보름(大─) 图 (民俗) [대보름날(大─)の略語] 陰暦の 1 月 15 日.

대보름-날(大─) 图 (民俗) 陰暦の 1 月 15 日; 上元. 国대보름.

대본(臺本) 图 台本.

대-본산(大本山) 图 (佛教) 大本山.

대부[1](代父) 图 (カトリック) 代父.

대부[2](貸付) 图他 貸し付け.
대부-금(貸付金) 图 貸付金.

대-부분(大部分) /tɛːbubun/ 图 大部分; ほとんど. ‖이 가게 상품의 대부분은 수입품이다 この店の商品の大部分は輸入品である. 대부분의 사람이 참가했다 ほとんどの人が参加した.

대북(對北) 图 対北朝鮮. ‖대북 관계 対北朝鮮関係.

대-분수(帶分數)【-쑤】图 (数学) 帯分数.

대불(大佛) 图 (佛教) 大仏.

대-비[1](大─) 图 竹ぼうき(菷).

대비[2](大妃) 图 (歷史) 先王の妻.

대비[3](對比) /tɛːbi/ 图他 対比; …比. ‖두 나라의 국민성을 대비하다 両国の国民性を対比する. 작년 대비 영업실적 昨年比営業実績.

대비[4](對備) /tɛːbi/ 图自 (何かに備えて) 準備をすること. ‖기말 시험에 대비하다 期末試験に備えて準備をする. 겨울에 대비해서 전기 장판을 사다 冬に備えて電気カーペットを買う.

대사[1](大事) 图 ❶ 大事; 重要なこと. ‖국가의 대사 国家の大事 ❷ 冠婚葬祭のような重要な行事. 图큰일.

대사[2](大使) /tɛːsa/ 图 大使. ‖주일 일본 대사 駐韓日本大使.
대사-관(大使館) 图 大使館. ‖주일한국 대사관 駐日韓国大使館.

대사[3](大師) 图 (佛教) 大師.

대사[4](代謝) 图 代謝. ‖신진대사 新陳代謝.

대사[5](臺詞) 图 せりふ.

대-사제(大司祭) 图 (カトリック) 大司祭.

대상[1](大賞) 图 大賞; グランプリ. ‖음악 콩쿠르에서 대상을 수상하다 音楽コンクールで大賞を受賞する.

대상[2](代價) 图 代價.

대상[3](帶狀) 图 帯状.

대상[4](隊商) 图 隊商.

대상[5](對象) /tɛːsaŋ/ 图 ❶ 対象. ‖어린이를 대상으로 한 프로그램 子どもを対象とした番組. 연구 대상 研究の対象. 실험 대상 実験の対象 ❷ …向け. ‖주부들을 대상으로 하는 방송 主婦向けの放送. ❸ (의) 图 同

대서¹ (大書) [하타] 大きく書くこと.
대서² (大暑) [名] 〈二十四節気の〉大暑.
대서³ (代書) [名] 代書.
-대서 回尾 〔-다고 하여서의 縮約形〕後続するする文の理由・原因を表わす: …と言うから. ‖내가 먹겠다け안 먹더니 잔뜩 많이 차렸는데 조금밖에 안 먹었다 내가 먹는다고 뭐 그렇게 많이 차렸대서 말이야 食べるというからあれほどたくさん準備したけど少ししか食べなかった.

-대서야 回尾 〔-다고 하여서야의 縮約形〕…(だ)と言っては. ‖이 정도 일이 힘들대서야 아무 일도 못 해 この程度の仕事がつらいと言っては他の仕事もできない.

대서양 (大西洋) [地名] 大西洋.
대서-특필 (大書特筆) [名] 하타 特筆大書.
대석 (對席) [하자] 対席.
대선 (大選) [名] 大統領選挙.
대-선거구 (大選擧區) [名] ❶〈二十四節気の〉大雪(설). ❷大雪(설). ‖대설 주의보 大雪注意報.
대성 (大成) [名] 하자 大成.
대-성공 (大成功) [名] 大成功. ‖대성공을 거두다 大成功を収める.
대성-통곡 (大聲痛哭) [名] 하자 激しく慟哭すること.
대-성황 (大盛況) [名] 大盛況. ‖대성황을 이루다 大盛況を博する.
대세 (大勢) [名] ❶大勢에따르다 大勢に従う. ❷大きな勢力.
대-소 (大小) [名] 大小.
대소² (大笑) [名] 하자 大笑; 大笑い.
대소³ (代訴) [名] 하타 本人に代わって訴訟すること.
대소⁴ (對訴) [名] 하자타 [法律] 反訴. 맞고소(-告訴).
대-소동 (大騷動) [名] 大騒動; 大騒ぎ. ‖대소동이 일어나다 大騒動が起きる.
대소-변 (大小便) [名] 大小便.
대-소사 (大小事) [名] 大小事.
대-소쿠리 [名] 竹籠(농). 대바구니.
대-쇼 (貸損) [経] 貸し倒れ.
대수¹ [名] [疑問文で反語的に] 大したこと; 偉いこと. ‖일류 대학 나오면 대수냐? 一流大学を出たからって偉いのか.
대수² (代数) [名] [数学] 代数.
대수-식 (代数式) [名] [数学] 代数式.
대수-학 (代数學) [名] [数学] 代数学.
대수³ (對數) [名] [数学] 対数. ‖대로그.
대수-표 (對數表) [名] [数学] 対数表 ‖로그표(-表).
대수⁴ (臺數) 【-수】 [名] 台数. ‖자동차 대수 自動車台数.
대수-롭다 /ㄸ:surop̚ta/ 【-따】 [形] [ㅂ変] [대수로워, 대수로이] 〔主に下に

打ち消しの表現を伴って〕大したことではない; 大変なことではない. ‖대수롭지 않은 일이다 大したことではない. 대수롭지 않게 여기다 大したことと思わない. **대수로이** 副
대-수술 (大手術) [名] 하타 大手術.
대-순 (-筍) [名] 竹の子. ‖죽순(竹筍).
대습-상속 (代襲相續) [名] [法律] 代襲相続.
대승¹ (大乘) [名] [仏教] 大乗. ↔소승(小乘). ‖대승을 불교 大乗仏教.
대승² (大勝) [名] 하자 大勝. ↔대패(大敗).
대시 (dash) [名] ❶〈ボクシングで〉ダッシュ. ‖대시 전법 ダッシュ戦法. ❷〈符号の〉ダッシュ(—).
대시-하다 (dash-) [自] [하変] ダッシュする.
대식¹ (帶蝕) [名] [天文] 帯食.
대식² (大食) [名] 하자 大食; 大食い.
대식-가 (大食家) [-까] [名] 大食家(食い).
대식-한 (大食漢) [-시칸] [名] 大食漢; 大食い.
대신¹ (大臣) [名] 大臣.
대신² (代身) /tɛ:ɕin/ [名] 하타 代わり; 代理; 身代わり. ‖저 사람 대신에 제가 가겠습니다 あの人の代わりに私が行きます. 내 대신에 일할 사람을 찾고 있다 私の代わりに仕事をする人を探している. 사장을 대신해서 인사를 하다 社長に代わって〔社長の代理として〕挨拶する.
대심 (對審) [名] 하타 [法律] 対審.
대-싸리 (植物) [名] ホウキギ(帚木).
대안¹ (代案) [名] 代案. ‖대안을 제시하다 代案を提示する.
대안-학교 (代案學校) 【-교】 [名] フリースクールのように, 正規の学校での教育の代わりに個性的な教育理念や信条による教育が行なわれている学校.
대안² (對岸) [名] 対岸; 向こう岸.
대안³ (對眼) [名] 対眼.
대안-렌즈 (對眼 lens) [名] [物理] 接眼レンズ.
대야¹ [名] 洗面器; たらい. ‖세숫대야 洗面器.
-대야 回尾 〔-다고 하여야의 縮約形〕…と言っても. ‖앤들 많이 먹는대야 얼마나 먹겠어 子どもだからたくさん食べると言ってもそんなに食べないよ.
대양 (大洋) [名] 大洋.
대어¹ (大魚) [名] 大魚.
대어² (大漁) [名] 大漁.
대업 (大業) [名] 大業. ‖대업을 완수하다 大業をなし遂げる.
대여 (貸與) [名] 하타 貸与; レンタル. ‖비디오를 대여하다 ビデオをレンタルする.
대-여섯 【-섣】 數 [名] 5,6; 5つか6つ.

대역

∥입사 원서를 대여섯 군데 내다 (入社のための)履歴書を5,6か所に出す.

대역¹ (大役) 图 大役.∥대역을 맡다 大役を任される.

대역² (代役) 하다 图 代役.∥주인공의 대역을 맡다 主役の代役を任される.

대역³ (對譯) 하다 图 対訳.

대열 (隊列) 图 隊列.

대엿 [-엗]관 5,6.

대엿샛-날 [-엗쌘-] 图 5,6日目の日.

대오¹ (大悟) 하다 图 (仏教) 大悟.

대오² (隊伍) 图 隊伍.

대왕 (大王) 图 大王.

대왕-대비 (大王大妃) 图 (歴史) 在位中の王の祖母.

대외 (對外) 图 [-/-웨] 対外.㉠대내(對内).∥대외 신용도 対外信用度.

대외-비 (對外秘) 图 内秘.

대요 (大要) 图 大要.∥계획의 대요 計画の大要.

대용 (代用) 하다 图 代用.

대용-품 (代用品) 图 代用品.

대우 (待遇) /tɛːu/ 하다 图 待遇.∥대우가 나쁘다 待遇が悪い. 특별 대우 特別待遇. 대우 개선 待遇改善. 부장 대우 部長待遇. **대우-받다** 受身.

대-우주 (大宇宙) 图 大宇宙.

대운 (大運) 图 大きな運.

대웅-성 (大熊星) 图 (天文) 大熊座の星.

대웅-전 (大雄殿) 图 (仏教) 大雄殿.✝中国および朝鮮の禅宗系寺院の本堂.

대웅-좌 (大熊座) 图 (天文) 大熊座.

대원¹ (大圓) 图 (数学) 大円.

대원² (隊員) 图 隊員.

대-원수 (大元帥) 图 (軍事) 大元帥.

대월 (貸越) 하다 图 貸し越し.

대월-한 (貸越限) 图 貸越限.

대위¹ (大尉) 图 (軍事) 大尉.㉠중위(中尉)·소위(少尉).

대위² (代位) 하다 图 (法律) 代位.

대위-법 (對位法) 图 (音樂) 対位法.

대-음순 (大陰脣) 图 (解剖) 大陰脣.

대응 (對應) /tɛːuŋ/ 하다 图 対応.∥대응하는 두 각 対応する二角. 대응을 잘못하다 対応を誤る. 대응 관계 対応関係. 구체적인 대응 방안 具体的な対応方案.

대응-각 (對應角) 图 (数学) 対応角.

대응-변 (對應邊) 图 (数学) 対応辺.

대응-책 (對應策) 图 対応策.∥대응책을 강구하다 対応策を講じる.

대의¹ (大意) 图 [-/-이] 大意.

대의² (大義) 图 [-/-이] 大義.

대의-명분 (大義名分) 图 大義名分.

대-의원 (代議員) 图 [-/-이-] 代議員.

대인¹ (大人) 图 ❶大人(おとな). ❷大人(たいじん).

대인² (對人) 图 対人.∥원만한 대인 관계 円満な対人関係.

대인-공포증 (對人恐怖症)【-쯩】图 (医学) 対人恐怖症.

대일 (對日) 图 対日: 対日本.∥대일 무역 수지 対日貿易収支.

대임 (大任) 图 大任.∥대임을 완수하다 大任を果たす.

대입¹ (大入) 图 〔大學 入學의 略語〕大学入試.

대입² (代入) 하다 图 (数学) 代入.

대-자 (一字) 图 竹の定規.

대자¹ (對自) 图 対自.㉠즉자(即自).

대-자보 (大字報) 图 大字報.

대-자연 (大自然) 图 大自然.∥대자연의 섭리 大自然の摂理.

대작¹ (大作) 图 大作.

대작² (對酌) 하다 图 対酌.

대장¹ (大將) 图 ❶ (軍事) 大将. ❷ 大将; 頭目.∥골목대장 餓鬼大将.

대장² (大腸) 图 (解剖) 大腸.

대장-균 (大腸菌) 图 大腸菌.

대장-염 (大腸炎) 【-념】 图 (医学) 大腸炎.

대장³ (隊長) 图 隊長.

대장⁴ (臺帳) 图 台帳.∥토지 대장 土地台帳.

대장-간 (一間) 【-깐】 图 鍛冶屋.∥대장간의 경치 大鍛冶経.

대-장부 (大丈夫) 图 健康で立派な男子.

대장부-답다 (大丈夫-)【-따】形【ㅂ変】男らしい.

대장-장이 图 鍛冶屋.

대쟁 (大箏) 图 (音楽) 唐楽を演奏する時に用いる弦楽器の一つ.

대저 (大抵) 圖 大抵; 大体. ㉠무릇.

대적¹ (大敵) 图 大敵; 強敵.

대적² (對敵) 하다 图 対敵.

대전¹ (大田) 图 (地名) 大田(デジョン). ✝충청남도(忠淸南道)의 도청 소재지.

대전² (大全) 图 大全; 大法.

대전³ (大典) 图 大典.

대전⁴ (大戰) 图 大戰.∥세계 대전 世界大戦.

대전⁵ (對戰) 하다 图 対戦.∥대전 성적 対戦成績.

대전-료 (對戰料) 【-뇨】 图 ファイトマネー.

대-전제 (大前提) 图 大前提.

대절 (貸切) 하다 图 ❶貸し切ること. ㉠전세(專賣).∥관광버스를 대절하다 観光バスを貸し切る.

대접¹ 图 (スープや麺類などを入れる) 浅めのどんぶり.

대접² (待接) /tɛːdʒəp/ 하다 图 ❶もてなし; ごちそうすること.∥융숭한 대접 豪華なもてなし. ❷ (人間的な) 扱い; (人間

として] 接すること。‖인간 대접을 못 받다 人間扱いされない。
대-정각 (對頂角) 图 《数学》 対頂角。
대-정맥 (大靜脈) 图 大靜脈。
대제 (大帝) 图 大帝。‖러시아의 피요트르 대제 ロシアのピョートル大帝。
대-제전 (大祭典) 图 大祭典。
대조 (對照) 【tɛːdʑo】图 (하他) 対照; 照らし合わせること。‖원문과 대조하다 原文と対照する。 대장과 재고품을 대조하다 台帳と在庫品を照らし合わせる。대조 연구 対照研究。
  대조-적 (對照的) 图 対照的。‖그는 성격이 동생과는 대조적이다 彼は性格が弟とは対照的だ。
대졸 (大卒) 图 [대학 졸업 (大學卒業)의 略語] 大卒。
대종-교 (大倧敎) 图 《宗敎》 韓国の建国神である단군 (檀君)を敎祖とする宗敎。
대-종손 (大宗孫) 图 本家の跡継ぎ。
대좌¹ (臺座) 图 《佛敎》 台座。
대좌² (對坐) 图 (하自) 対座。
대죄¹ (大罪) 【-ᅰ】图 大罪。
대죄² (待罪) 【-ᅰ】图 (하自) 処罰を待つこと。
대주 (代投) 图 《野球》 代打。
  대주-자 (代走者) 图 代走者; ピンチランナー。
대-주교 (大主敎) 图 《カトリック》 大司敎。
대-주다 他 ❶供給する; (学費などを)出してやる。❷つがってやる; 当てがってやる; 添えてやる。‖컵을 입에 대주다 コップを口に当てて飲む。
대중¹ 图 ❶見当; 見積もり。‖전혀 대중할 수가 없다 全く見当がつかない。눈대중 目分量; 目積もり。❷基準; 標準; 目安。‖대중을 삼다[잡다] 目安をつける。
  대중-없다 【-업따】图 見当がつかない; ばらばらだ; まちまちだ。‖가게 문 닫는 시간은 대중없다 店を閉める時間はまちまちだ。 **대중없-이** 副
대중² (對中) 图 対中; 対中国。
대중³ (大衆) 【tɛːdʑuŋ】图 大衆。‖일반 대중 一般大衆。대중을 선동하다 大衆を扇動する。大衆を愚弄する政策 大衆を愚弄する政策。
  대중-가요 (大衆歌謠) 图 歌謠; 歌謠曲; 流行歌。
  대중-매체 (大衆媒體) 图 マスメディア。
  대중-목욕탕 (大衆沐浴湯) 图 公衆浴場; 銭湯。働대중탕 (大衆湯)。
  대중-문학 (大衆文學) 图 大衆文学。
  대중-문화 (大衆文化) 图 大衆文化。
  대중-사회 (大衆社會) 【-/-ᅰ】图 大衆社会。
  대중-성 (大衆性) 【-썽】图 大衆性。

대중-소설 (大衆小說) 图 大衆小説。
대중-식당 (大衆食堂) 【-땅】图 大衆食堂。
대중-운동 (大衆運動) 图 大衆運動。
대중-작가 (大衆作家) 【-까】图 大衆作家。
대중-적 (大衆的) 图 大衆的。‖대중적인 인기 大衆的人気。
대중-탕 (大衆湯) 图 大衆沐浴湯 (大衆沐浴湯)の略語。
대중-판 (大衆版) 图 大衆向けの出版物。
대중-화 (大衆化) 图 (하自) 大衆化。‖컴퓨터 사용이 대중화되다 パソコンの使用が大衆化する。

대지¹ (大地) 【tɛːdʑi】图 大地。‖광활한 대지 広々とした大地。
대지² (大志) 图 大志。
대지³ (垈地) 图 敷地。
대지⁴ (貸地) 图 貸地。働차지 (借地)。
대지⁵ (臺地) 图 [地] 台地。
대지⁶ (對地) 图 対地。‖대지 공격 対地攻撃。
대-지주 (大地主) 图 大地主。
대질 (對質) 图 (하他) 《法律》 対質。‖두 증인을 대질시키다 2人の証人を対質させる。
  대질-심문 (對質尋問) 图 《法律》 対質審問。
대-쪽 (大-) 割った竹; 竹の細割。
대쪽-같다 【-깓따】圈 (性格が)竹を割ったようだ。‖대쪽같은 성격 竹を割ったような性格。 **대쪽같-이** 副
대차¹ (貸借) 图 貸借。
  대차-대조표 (貸借對照表) 图 《經》 貸借対照表。
대차² (大差) 图 大差。
대-차다 圈 (性格が)生一本で強い。
대책 (對策) 【tɛːtɕʰɛk/-】图 対策。‖실업 대책 失業対策。대책을 강구하든가 대책을 세우든가 対策を立てる。안전 대책 安全対策。
대처 (對處) 图 (하自) 対処。‖난국에 대처하다 難局に対処する。
대처-승 (帶妻僧) 图 《佛敎》 妻帯僧; 火宅僧。
대-천문 (大泉門) 图 《解剖》 泉門; ひよめき。
대청 (大廳) 图 (母屋の部屋と部屋の間にある)広い板の間。
  대청-마루 (大廳-) 图 =대청 (大廳)。
대-청소 (大淸掃) 图 (하自) 大掃除。
대체¹ (代替) 图 (하自他) 代替。
  대체-물 (代替物) 图 《法律》 代替物。
  대체-에너지 (代替 energy) 图 代替エネルギー。
대체² (對替) 图 (하他) 振替。‖대체 계정 振替勘定。
대체-로 (大體-) 【tɛːtɕʰero】副 大体; おおむね; おおよそ; 総じ

て、｜대체로 기대했던 결과가 大体期待していた結果だ. 경과가 대체로 순조롭다 経過はおおむね順調だ. 두 사람의 의견은 대체로 일치했다 2人の意見はおおよそ一致した. 올해는 대체로 풍작이다 今年は総じて豊作だ.
대체-적 (大體的) 图 大体；およそ. ‖대체적인 반응 大体の反応. 성적은 대체적으로 좋은 편이다 成績は概していい方だ.
대추 /tɛːtʃʰu/ 图 (植物) ナツメ(棗).
　대추-나무 图 (植物) ナツメの木.
　대추-씨 图 ナツメの種.
　대추-차 (-茶) 图 ナツメの実で作ったお茶.
대출[1] (代出) 图 (하자) [대리 출석(代理出席)の略語] 代理出席.
대출[2] (貸出) 图 (하자) 貸し出し. ◎차입(借入).
　대출-금 (貸出金) 图 =대부금(貸付金).
　대출-부 (貸出簿) 图 貸出簿.
　대출-자 (貸出者) 图 -짜] 貸出人；借りた人.
대충 /tɛːtʃʰuŋ/ 副 おおよそ；大体；大ざっぱに；おおまかに；適当に. ‖대충 하고 돌아갑시다 適当にやって帰りましょう. 그 사람은 상황을 대충 설명했다 彼は状況をおおまかに説明した. **대충-대충** 副 適当に；大ざっぱに；おおまかに；いい加減に. ‖일을 대충대충 하다 仕事をいい加減にする.
대치 (對峙) 图 (하자) 対峙(^{ㅅ}). ‖두 부대는 강을 끼고 대치하고 있다 両部隊は川を挟んで対峙している.
대칭 (對稱) 图 対称. ‖대칭 이동 対称移動.
　대칭-면 (對稱面) 图 (数学) 対称面.
　대칭-점 (對稱點) 图 -쩜] (数学) 対称点.
　대칭-형 (對稱形) 图 (数学) 対称形.
대타 (代打) 图 (野球) 代打；ピンチヒッター. ‖대타로 타선에 들어서다 代打で打席に立つ.
대통 (大通) 图 (하자) 開運. ‖운수 대통 運勢大吉.
대통령 (大統領) /tɛːtʰoŋnjʌŋ/ [-녕] 图 大統領. 訓導령. 당선되다 大統領に当選する. 한국의 대통령 임기는 5년이다 韓国の大統領の任期は5年である.
대퇴 (大腿) 图 -/-퉤] 图 (解剖) 大腿. ㊧넓적다리.
　대퇴-골 (大腿骨) 图 (解剖) 大腿骨.
　대퇴-근 (大腿筋) 图 (解剖) 大腿筋.
대파 (大破) 图 (하자) 大破.
대판[1] (大-) 副 大きく；大がかりに. ‖대판 싸우다 大げんかをする.
대판[2] (大版) 图 (印刷物・写真などの)大判.

대패[1] 图 鉋(^{ｶﾝﾅ}). ‖대패로 밀다 鉋をかける.
　대패-질 图 (하자) 鉋がけ.
　대팻-날 [-팬-] 图 鉋の刃.
대패[2] (大敗) 图 (하자) 大敗. ◎대승(大勝).
대-평원 (大平原) 图 大平原.
대포 图 대폿술の略語. ‖대포 한잔 합시다 一杯やりましょう.
　대폿-술 [-뽇-/-폳-] 图 (대폿집などで)大きめの杯で飲む酒. ㊧대포.
　대폿-잔 (-盞) [-폳-/-폳-] 图 大きめの杯.
　대폿-집 [-폳-/-폳-] 图 居酒屋；一杯飲み屋.
대포[2] (大砲) 图 大砲.
　대포-알 (大砲-) 图 砲弾.
대폭 (大幅) /tɛːpʰok/ 图 大幅. ‖예산을 대폭 줄이다 予算を大幅に削減する. 가격을 대폭 인상하다 大幅に値上げする.
　대폭-적 (大幅的) [-쩍] 图 大幅. ‖대폭적인 지지 大幅な支持.
대폭발-설 (大爆發說) [-빨-] 图 ビッグバン.

대표 (代表) /tɛːpʰjo/ 图 (하자) 代表. ‖친척을 대표해서 인사를 하다 親族を代表して挨拶をする. 한국 대표로 회의에 출석하다 韓国代表として会議に出席する. 모네로 대표되는 인상파 미술 モネに代表される印象派の美術. 대표 선수 代表選手.
　대표-음 (代表音) 图 (言語) 代表音.
　대표-이사 (代表理事) 图 代表理事.
　대표-자 (代表者) 图 代表者.
　대표-작 (代表作) 图 代表作.
　대표-적 (代表的) 图 代表的. ‖일본의 대표적인 작가 日本の代表的な作家.
　대표-전화 (代表電話) 图 代表電話.
　대표-치 (代表値) 图 (数学) =대푯값(代表-).
　대푯-값 (代表-) [-표깝/-폳깝] 图 (数学) 代表値.
대풍 (大豊) 图 大豊作. 大豊年. ‖대풍이 들다 大豊作になる.
대피 (待避) 图 (하자) ❶退避. ‖대피 훈련 退避訓練. 노인들과 아이들을 먼저 대피시키다 老人と子どもたちを先に退避させる. ❷待避. ‖떨어져서 대피하다 離れて待避する.
　대피-소 (待避所) 图 待避所；避難場所.
　대피-호 (待避壕) 图 待避壕；防空壕.
대필[1] (大筆) 图 大筆.
대필[2] (代筆) 图 (하자) 代筆. ㊧자필(自筆).
대하[1] (大河) 图 大河.
　대하-드라마 (大河 drama) 图 大河ド

ラマ.

대하-소설 (大河小說) 图 大河小説.

대하² (大蝦) 图 〖魚介類〗 タイショウエビ(大正蝦); コウライエビ(高麗蝦).

대-하다 (對-) /tɛ:hada/ 自他 [하옇] ❶ 対する. ‖정치에 대한 관심 政治に対する関心. 질문에 대한 답변 質問に対する答弁. 미래에 대한 희망 未来に対する希望. 저출산 문제에 대한 정부의 입장 少子化問題に対する政府の立場. 한국에 대한 좋은 인상을 가지고 있다 韓国に対していい印象を持っている. ❷ 소재나 題材에 대하다. ‖한국 문학에 대한 소개 韓国文学についての紹介. 한국 문화에 대하여 강연을 하다 韓国文化について講演をする. ❸ 대면하다; 顔を合わせる. ‖그 사람을 대할 때마다 낯설게 느껴진다 彼と顔を合わせるたびによそよそしく感じる. ❹ 応対する; もてなす; 当たる. ‖정중하게 대하다 丁重にもてなす. 친절하게 대해 주셔서 감사합니다 親切に応対してくださってありがとうございます. 애들에게 심하게 대하다 子どもたちに厳しく当たる.

대하여[대해] (對-) 回 [하옇] 대하다(対する・関する)の連用形.

대하-증 (帯下症) 图 〖医学〗 帯下(たいげ).

대학¹ (大學) /tɛ:hak/ 图 ❶ 大学. ‖대학에 들어가다 大学に入る; 入学する. 일류 대학 一流大学. 대학교수 大学の教授. 시민 대학 市民大学. ❷ 学部. ‖사범 대학 教育学部.

대학-가 (大學街) [-까] 图 学生街.

대학-교 (大學校) [-교] 图 総合大学; 大学.

대학 병원 (大學病院) [-뼝-] 图 大学病院.

대학-생 (大學生) [-쌩] 图 大学生.

대학-원 (大學院) [-눤] 图 大学院.

대학² (大學) 图 『四書の一つ』の略.

대-학자 (大學者) [-짜] 图 〖史〗 大学者.

대한¹ (大寒) 图 『二十四節気』の大寒.

대한² (對韓) 图 対韓; 対韓国.

대한³ (對-) 回 (하다 대하다(対する・関する)の連体形. ‖한국에 대한 관심 韓国に関する関心. ❷関心; 関係.

대한-민국 (大韓民國) /tɛ:hanminguk/ 图 〖国名〗 大韓民国.

대한-제국 (大韓帝國) 图 〖歴史〗 大韓帝国(1897~1910).

대한-해협 (大韓海峽) 图 〖地名〗 朝鮮海峡.

대함 (大艦) 图 大艦.

대합 (大蛤) 图 『魚介類』 ハマグリ(蛤).

대합-조개 (大蛤-) [-조-] 图 =대합(大蛤).

대합-실 (待合室) /tɛ:hap²ʃil/ [-씰] 图 待合室; 控え室. ‖역 대합실 駅の待合室.

대항 (對抗) /tɛ:haŋ/ 图 自 対抗; 歯向かうこと; 立ち向かうこと. ‖대항 의식 対抗意識. 권력에 대항하다 権力に歯向かう.

대항-전 (對抗戰) 图 対抗戦; 対抗試合.

대행 (代行) 图 他 代行. ‖교장의 업무를 대행하다 校長の業務を代行する.

대-헌장 (大憲章) 图 〖歴史〗 大憲章; マグナカルタ.

대형¹ (大型) 图 ↔小型(小型). ‖대형 마트 大型スーパー. 대형 스크린 大型スクリーン.

대형-견 (大型犬) 图 大型犬.

대형¨자동차 (大型自動車) 图 大型自動車. 略 대형차(大型車).

대형-주 (大型株) 图 〖経〗 大型株.

대형-차 (大型車) 图 大型自動車(大型自動車)の略語.

대형-화 (大型化) 图 他 大型化.

대혼˜기간 (待婚期間) 图 〖法律〗 待婚期間; 再婚禁止期間.

대화 (對話) /tɛ:hwa/ 图 自 対話; 会話. ‖부자간의 대화 親子の間の対話. 두 사람이 대화하고 있다 2人が会話を交わしている.

대화-문 (對話文) 图 会話文.

대화-체 (對話體) 图 会話体.

대-환영 (大歡迎) 图 他 大歓迎. ‖대환영을 받다 大歓迎を受ける.

대회 (大會) /tɛ:hwe/ [-/-훼] 图 大会. ‖대회가 열리다 大会が開かれる. 전국 대회 全国大会. 웅변 대회 弁論大会.

대-흉근 (大胸筋) 图 〖解剖〗 大胸筋.

대-흉년 (大凶年) 图 大凶年.

댁¹ (宅) /tɛk/ 图 ❶[남의 집의 尊敬語] お宅; ご自宅. ‖시장님 댁 社長のお宅. 댁까지 모셔다 드리겠습니다 ご自宅までお送りいたします.

— (代) そちら様; あなた. ‖댁은 뉘시오? そちらはどちら様ですか. ✦相手を遠回しに指す言葉. 目上の人には使えない.

-댁² (宅) 接尾 ❶[地名に付けて] 奥さんの出身地を表す. ‖부산댁 釜山から嫁いできた奥さん; 釜山出身の奥さん. ✦古い言い方. ❷[관계를 表わす名詞に付けて] その人の妻であることを表わす. ‖처남댁 妻の男兄弟の奥さん.

댁내 (宅內) [댕-] 图 〖남의 집〗 ご家族; ご家族の皆様. ‖댁내 별고 없으십니까? ご家族の皆様はお変わりありませんか.

댄서 (dancer) 图 ダンサー.

댄스 (dance) 图 ダンス. ‖댄스 파티 ダンスパーティー.

댄스-홀 (dance hall) 图 ダンスホール.

댐 (dam) /tɛm/ 图 ダム. ‖다목적 댐 多目的ダム.

댓 [댇] 冠 5つほど(の); 5つくらい(の). ‖사과 댓 개 주세요 リンゴ5個くらい

댓글

다세요. 댓 명 정도가 앉을 수 있는 가게 5人ほどが座れる店.
댓글/댇끌/[IT] 图 리프라이. 粵리플.
댓−닭/댇딱/댇딱/图〖鳥類〗シャモ(軍鶏).
댓바람−에/댇빠−/댇빠−/图 すぐに; 直ちに; 間もなく.
댓−줄기/댇쭐−/댇쭐−/图 竹の茎.
댕 图 鐘または薄くて大きい金属の器などを軽く叩く音: ごんと. ‖图 하고 종소리가 나다 鐘がごんと鳴る.
댕강 图 小さな金属片などがぶつかり合う時の音: ちん(と).
댕강 图 ものが簡単に折れたり, 切られたりする様子: ぽきり(と); ばっさり(と). ‖지팡이가 댕강 부러졌다 杖がぽきり(と)折れた. 머리채를 댕강 잘리다 垂らしていた髪をばっさり(と)切られる.
댕그랑 阁自 鈴などが鳴る音: ちりん(と). **댕그랑 댕그랑** ちりんちりん.
댕그랑−거리다 自他 ちりんちりん(と)鳴る.
댕기 图 昔, お下げ髮の先につけたリボン.
댕기다 動 (火を)付ける. ‖장작에 불을 댕기다 薪に火を付ける.

더 /tʌ/ 图 ❶ もっと; さらに. 粵덜. ‖더 주세요 もっとください. 더 빨리 달리다 さらに速く走る. ❷ より. 더 높이, 더 멀리, 더 빠르게 より高くより速く ‖ ❸ 〖下に打ち消しの表現を伴って〗 もう…ない; もう…できない; これ以上…できない. ‖더 갈 수가 없다 これ以上 上步けない. 더 못 먹겠다 もう食べられない.
더구나¹ /tʌguna/ 图 もっと; さらに; しかも. ‖ 더구나 비까지 내려 교통이 더욱 혼잡했다 その上雨まで降って道路がさらに混雑した. 잘생기고 더구나 성격도 좋다 ハンサムでしかも性格もいい.
더구나² 〔母音で終わる体言に付いて; 子音の場合は이더구나〕 回想の意を表わす: …だったよ; …だったね. ‖그 사람 고향이 대구더구나 彼の故郷は大邱だったよ.
−더구나¹ 語尾 回想の意を表わす: …たの. 粵 −더군. ‖전화했는데 안 받더구나 電話をしたんだけど, 出なかったよ.
더군 動 더구나² の縮約形.
−더군 語尾 −더구나¹ の縮約形.
더군더나 = 더구나¹.
더냐¹ 〔母音で終わる体言に付いて; 子音の場合은이더냐〕 過去の出来事を問う意を表わす: …だったの？; …だったかね. ‖아가 전화한 사람이 누구더냐 先ほど電話した人は誰だったの.
−더냐 語尾 過去の出来事を問う意味を表わす: …たの？; …たかね. ‖그 사람 오늘 만났더냐？ 彼とは今日会ったの.

더는 图 〖ㄹ語幹〗덜다 (減らす·省く)の現在連体形.
더니¹ 〔母音で終わる体言に付いて; 子音の場合은이더니〕 回想の意を表わす: …だったが; …だったのに. ‖뛰어난 선수더니 優秀な選手だったのに.
−더니 語尾 回想の意を表わす: …かったのに. ‖예전에는 사이가 좋더니 以前は仲がよかったのに.
더−더욱 图 더욱を強めて言う語.
더덕 图 〖植物〗ツルニンジン(蔓人參).
더덕−더덕 图 〔−따−〕 やや大きめのものがやたらにくっついたり貼られたりして集まっている様子: べたべた(と). ‖벽에 포스터가 더덕더덕 붙어 있다 壁にポスターがべたべた(と)貼られている.
더듬−거리다 自他 ❶ (手で)探る; 手探りする. ‖손으로 더듬거리며 어두운 방안의 스위치를 찾다 手探りで暗い部屋の中のスイッチを探る. ❷ どもる; 言いよどむ; たどたどしい. ‖말을 더듬거리다 言いよどむ.
더듬다 /tʌdum˺ta/ 〔−따−〕 ❶ 手探りする. ‖컴퓨터를 더듬으며 전원을 찾다 コンピューターを手探りして電源を探す. ❷ (記憶などを)たどる. ‖옛날 기억을 더듬다 昔の記憶をたどる. ❸ どもる; たどたどしい. ‖더듬으면서 말을 하다 どもりながら話す.
더듬−이¹ 图 〖더듬이の略語〗どもり.
더듬−이² 图 〖動物〗触角. 粵촉각(觸角).
더디다 /tʌdida/ 形 遅い; のろい; 鈍い. ‖일 하는 것이 너무 더디다 仕事があまりにも遅い. 동작이 더디다 動作が鈍い.
더라¹ 動 〔母音で終わる体言に付いて; 子音の場合은이더라〕 ❶ 過去の出来事を回想しつつ相手に告げる意を表わす: …だったよ. ‖꽤 비싼 차더라 かなりの高級車だったよ. ❷ 不確かな事柄や出来事を思い出すうと自問する意を表わす: …だったけ？ ‖누구더라？ 誰だっけ.
−더라 語尾 過去の出来事を回想しつつ相手に告げる意を表わす: (し)たんだ; …だったよ. ‖어제 그 사람한테서 연락이 왔더라 昨日彼らから連絡が来たんだ.
더라도¹ 〔母音で終わる体言に付いて; 子音の場合은이더라도〕 仮定·譲步の意を表わす: (たとえ)…でも; …であっても. ‖부자더라도 고민은 있을 거야 お金持ちであっても悩みがあるんだよ.
−더라도² /tʌrado/ 語尾 …くても; …であっても. ‖바쁘더라도 식사는 꼭 하도록 해라 忙しくても食事はきちんととるようにしてね. 자주 못 만나더라도 전화는 가끔 하자꾸나 しょっちゅう会えなくても, たまに電話はしようね.
−더라면 語尾 …(し)たならば. ‖네 것도 같이 샀더라면 좋았을걸 お前のも一緒に買えばよかったのに.

더러¹ /tʌrʌ/ ❶ 若干; いくらか. ‖우산을 쓴 사람을 더러 있었다 傘を差した人も何人かいた. ❷ たまに; 時々. ‖더러는 매운 게 먹고 싶어진다 時々辛い物が食べたくなる.

더러² /tʌrʌ/ 助 …に; …に対して. ‖나더러 그 일을 하라고 했다 私にその仕事をしろと言った.

더러운 形 [ㅂ変] 더럽다(汚い)の現在連体形.

더러워 形 [ㅂ変] 더럽다(汚い)の連用形.

더러워-지다 自 汚れる; きたなくなる. ‖생활 오수로 강물이 더러워지다 生活排水で川の水が汚れる.

더럭 副 怖じ気・怒り・不安などが急に激しく起こる様子. ‖더럭 겁이 나다 怖じ気立つ. ‖더럭 불안을 느끼다 急に不安になる.

더럽다 /tʌrʌpˀta/ 【-따】 形 [ㅂ変] ❶ 汚い; 不潔だ; 汚れている. ‖옷이 더럽다 服が汚い[汚れている]. 아이 손이 너무 더럽다 子どもの手があまりにも汚い. 汚らしい. ❷ あくどくて醜悪だ. ‖더러운 방법으로 돈을 벌다 汚いやり方で金を稼ぐ. ❸ 非常にけちくさい. ‖千ウォンごときにいじましくふるまう, 4度を越している. ❹ 雨が凄まじく降る.

더럽-히다 /tʌrʌpʰida/ 【-러피-】 他 ❶ [더럽다の使役動詞] 汚くする. ‖아이가 방을 더럽히다 子どもが部屋を汚す. ❷ (名誉などを)傷つける; 汚(けが)す. ‖이름을 더럽히다 名を汚す.

더미 名 …の山. ‖쓰레기 더미 ごみの山.

더벅-머리 【-벙-】 名 もじゃもじゃ頭; ざんばら髪. ‖더벅머리 총각 もじゃもじゃ頭の青年.

더부룩-하다 【-루카-】 形 [하変] ❶ (毛髪や草木などが手入れされず)ぼうぼうとしている. ‖머리가 더부룩하다 髪の毛がぼうぼうとしている. ❷ (お腹が)張る; (胃が)もたれる. ‖소화가 안 돼서 속이 더부룩하다 消化不良でお腹が張っている.

더부-살이 他 ❶ 居候. ‖더부살이를 하다 居候生活をする. ❷ 住み込み.

더불다 /tʌbulda/ 自 [ㄹ語幹] [더불어] [主に…와[과] 더불어の形で] …とともに. ‖친구들과 더불어 술을 마시다 友だちとともに酒を飲む.

더블 (double) 名 ダブル.

더블-드리블 (double dribble) 名 (バスケットボール・ハンドボールなどで)ダブルドリブル.

더블-바순 (double bassoon) 名 (音楽) ダブルバスーン.

더블-베드 (double bed) 名 ダブルベッド.

더블-보기 (double bogey) 名 (ゴルフで)ダブルボギー.

더블-스코어 (double score) 名 ダブルスコア.

더블-스틸 (double steal) 名 (野球で)ダブルスチール.

더블-클릭 (double click) 名 (IT) ダブルクリック.

더블-펀치 (double + punch 日) 名 ダブルパンチ.

더블-폴트 (double fault) 名 (テニスで)ダブルフォールト.

더블-플레이 (double play) 名 (野球などで)ダブルプレー.

더블유 (W・w) 名 (アルファベットの)ダブリュー.

더빙 (dubbing) 名 (하他) ダビング.

더-없이 【-업씨】 副 これ以上なく; この上なく; またとなく. ‖더없이 기쁜 날 この上なくうれしい日.

더욱 /tʌuk/ 副 もっと; さらに; 一層. ‖더욱 분발해라 もっと頑張った. 오늘따라 더욱 공부가 하기 싫다 今日に限って一層勉強したくない.

더욱-더 【-떠】 副 〔더욱を強めて言う語〕 益々; なお一層. ‖더욱더 많은 시련이 나를 기다리고 있었다 なお一層多くの試練が私を待ち受けていた.

더욱-이 副 さらに; その上. ‖더욱이 그는 키도 크다 その上彼は背も高い.

더운 形 [ㅂ変] 덥다(暑い)の現在連体形. ‖더운 여름 暑い夏.

더운-물 名 温水; 湯. 反찬물.

더운-밥 名 炊きたてのあつあつご飯. 反찬밥.

더워 形 [ㅂ変] 덥다(暑い)の連用形.

더위 /tʌwi/ ❶ 名 暑さ. 찌는 듯한 더위 蒸すような暑さ. 더위에 강한 사람 暑さに強い人. 늦더위 残暑. 불볕 더위 焼けつくような暑さ. 反추위. ❷(漢方) 暑気(しょき)あたり; 暑さ負け; 夏ばて. ▶더위 먹다 暑気あたりする; 夏ばてする. ▶더위(를) 타다 暑さに弱い; 暑がる(暑)だ. 엄청 더위를 타는 사람 大変な暑がり(屋).

더치다 自 (病気など)ぶり返す; (病状など)再び悪化する.

더펄-머리 名 ふさふさした髪.

더하기 (하他) (数学) 足し算; 加法. 類셈법. 反빼기・곱하기・나누기.

더-하다 /tʰada/ 形 〔前より〕ひどい. ‖더위가 작년보다 더하다 暑さが去年よりひどい.
— 自 募る; 激しくなる; ひどくなる. ‖통증이 아침보다 더하다 痛みが朝よりひどくなっている.

더 一 @ 加える;足す. ‖오에 삼을 더하다 5に3を足す. ▶더할 나위 없다 この上ない[ある];最高である. 더할 나위 없이 기쁘다 この上なくうれしい.

더-한층 (一層) 副 より一層. ‖더한층 열심히 하겠습니다 より一層頑張ります.

덕 (德)/tək/ 图 ❶ 德を積んで施す善行. ‖덕을 쌓다 徳を積む. ❷ お陰. ‖친척 덕으로 취직하다 親戚のお陰で就職する. ❸ 利益;得;儲け. ▶덕(을) 보다 恩恵をこうむる;利益を得る;儲かる. ‖이번 일로 덕 좀 보셨습니까? 今回の仕事で多少儲かったでしょうか. ▶덕(이) 되다 得になる;ためになる;利益になる. 남에게 덕이 되는 일을 하다 人のためになることをする.

덕담 (德談) [-땀] 图 正月に幸運や成功を祈って交わす言葉.

덕망 (德望) [-망] 图 徳望.

덕목 (德目) [덩-] 图 德目.

덕분 [덕뿐]/təkpun/ [-뿐] 图 お陰. ‖그 사람 덕분에 이번 일이 잘 되었다 あの人のお陰で今回の仕事がうまくいった.

덕성 (德性) [-썽] 图 德性.

덕용 (德用) [더굥] 图 徳用.
  덕용-품 (德用品) 图 徳用品.

덕육 (德育) 图 徳育;道徳教育.

덕지-덕지 [-찌-찌] 副 べたべた(と). ‖벽에 광고지를 덕지덕지 붙이다 壁にちらしをべたべた(と)貼り付ける. ㉑ 닥지닥지.

덕치-주의 (德治主義) [-/-이] 图 徳治主義.

덕택 (德澤)/təktʰɛk/[-택] 图 お陰(様). ‖덕택에 잘 지내고 있습니다 お陰様で元気に過ごしております.

덕행 (德行) [더캥] 图 德行.

덖다 [덕따] 他 炒める. ‖야채를 쇠고기하고 같이 덖다 野菜を牛肉と一緒に炒める.

던 [던] ㄹ語尾 덜다(減らす·省く)の過去連体形.

-던² /tən/ 語尾 ❶ 過去を表わす;…ていた;…だった. ‖한때 미국으로 수출하던 제품 一時期アメリカに輸出していた製品. 학생 때 자주 가던 가게 学生の時よく行っていた店. 그렇게 성실하던 사람이 이렇게 변할줄이야 あんなにまじめだった人がこんなに変わるとは. ❷ 過去のことを回想して相手に疑問を投げかける;…ていた. ‖어머니 뭐라고 하시던? お母さんは何とおっしゃっていた? 그 사람도 갈 수 있다고 하던? 彼も行けると言っていた?

던데 語尾 〔母音で終わる体言に付いて;子音の場合は이던데〕❶ 回想の意を表わす;…었(었)…;…であった(よ). ‖귀여운 아이던데 かわいい子だったよ. ❷ 回想の内容と関連付けて聞き手の意見を聞く;…だったけど;…であったけど. ‖만나 보니 꽤 유능해 보이는 변호사던데 会ってたらなかなか有能そうに見える弁護士だったけど.

-던데 語尾 ❶ 次の話を導くために関連のある事柄を取り上げる;…けど;…をしたら. ‖길에 치자꽃이 피었던데 보았니? 庭にクチナシの花が咲いていたけど、見た? ❷ 큰길에 새 커피숍이 들어섰던데 안 가볼래? 大通りに新しい喫茶店ができたけど、行ってみない? ❷ あることに対して相手の意見を求めながら自分の意見を述べる;…けど;…だったよ. ‖그 가게 음식 맛있던데 あの店の料理、おいしかったけど. 안나 보니까 사람 괜찮던데 会ってみたらいい人だったよ.

던져-두다 [-저-] 他 放っておく;放り投げておく. ‖가방을 방에 던져두고 놀러 나가다 かばんを部屋に放り投げておいて遊びに行く.

던지¹ 語尾 〔母音で終わる体言に付いて;子音の場合は이던지〕回想の内容と関連付けて自分の意見を述べる;…だったのか. ‖얼마나 영리한 아이던지 どれほど賢い子だったのか.

-던지² 語尾 回想の内容と関連付けて自分の意見を述べる;…していたのか;…だったのか;…たのか. ‖그날 무슨 이야기를 했던지 전혀 기억이 안 나 그날, どういう話をしていたのか, 全く思い出せない. 애가 태어난 날 얼마나 기뻤던지 눈물이 나더라 子どもが生まれた日, どんなにうれしかったのか [うれしくて] 涙が出てきたよ.

던지다 /tənd͡ʑida/ ❶ 投げる;投じる. ‖공을 던지다 ボールを投げる. 직구를 던지다 直球を投げる. 강물에 몸을 던지다 川に身を投げる. 화제를 던지다 話題を投げる. 교육계에 파문을 던지다 教育界に波紋を投じる. 찬성표를 던지다 賛成票を投じる. 주사위는 던져졌다 采(さい)は投げられた (カエサルの言葉). ❷ 投げかける. ‖학계의 통설에 대해 의문을 던지다 学界の通説に対して疑問を投げかける. 차가운 시선을 던지다 冷たい視線を投げかける. ❸ 叩きつける;送る. ‖사표를 던지다 辞表を叩きつける. 추파를 던지다 秋波を送る.

덜¹ /təl/ 副 〔形容詞の前で〕程度がより小さいことを表わす. ‖오늘은 어제보다 덜 피곤하다 今日は昨日より疲れていない. 어제보다 덜 춥다 昨日より寒くない. ㉑ 더. ❷ 〔動詞の前で〕 (まだ)…ていない. ‖잠이 덜 깨다 眠りからまだ覚めていない. 옷이 덜 말랐다 服がまだ乾いていない. 옛날과 달리 화를 낼 때 덜 성도 낮다. ❸ 不十分に; 不完全に. ‖잠을 덜 잤더니 머리가 아프다 寝不足なので頭が痛い.

덜² [=語幹] 덜다(減らす·省く)の未来連体形.

덜거덕 副 (하自他) がたん; がたり(と); ごとんと. **덜거덕-덜거덕** 副 (하自他) がたがた; がたんがたん; ごとんごとん.

덜거덕-거리다 [-대다] [-끼[때]-] 自他 しきりにがたがたする; しきりにごとごとする. ‖바람에 문이 덜거덕거리다 風で戸ががたがたする.

덜거덩 副 (하自他) がたんと; ごとんと.
덜거덩-덜거덩 副 (하自他)
덜거덩-거리다 [-대다] 自他 しきりにがたがたする; しきりにごとごとする.

덜걱-거리다[-대다] [-끼[때]-] 自他 しきりにがたがたする.

덜그럭 副 (하自他) がたがた; がちゃがちゃ.
덜그럭-거리다 [-끼-] 自他 しきりにがたがた[がちゃがちゃ]する. ‖덜그럭거리는 책상 がたがたする机.

덜그렁 副 (하自他) がちゃん.
덜그렁-거리다 自他 がちゃんがちゃん音を立てる.

덜다 /tɔlda/ 他 [=語幹] [덜어, 더는, 던] ❶ 減らす; 省く. ‖밥이 많으니까 조금 덜어 주세요 ご飯が多いので少し減らしてください. 수고를 덜다 手間を省く. ❷ 分ける. ‖밥을 조금 덜어 주다 ご飯を少し分けてやる. ❸ (精神的な負担を)軽くする; 和らげる. ‖심리적인 부담을 덜다 心理的な負担を軽くする. 苦痛을 덜다 苦痛を和らげる.

덜덜¹ /tɔldɔl/ 副 (하自他) (寒さや恐怖で)震える様子: ぶるぶる(と); がたがた(と); がくがく(と). ‖추워서 덜덜 떨다 寒くてぶるぶる震える. ⑤달달.
덜덜-거리다 自他 しきりにぶるぶる[がたがた]と身震いする.

덜덜² 副 (하自他) (荷車などが)硬い地面を転がる音: がらがら(と). ‖짐수레를 덜덜 끌고 가다 荷車をがらがら引いて行く. ⑤달달.
덜덜-거리다 自他 続けざまにがらがら音を出す.

덜-되다 [-뙤-/-뛔-] 形 ❶ できあがっていない; 完成していない. ‖밥이 아직 덜되었다 ご飯がまだできあがっていない. ❷ 間抜け; 未熟だ. ‖하는 짓을 보면 아직 덜된 인간이다 やっていることをみると未熟な人間だ.

덜-떨어지다 形 (年のわりに)言動が未熟である; 愚かだ; 幼稚だ.

덜렁 副 (하自他) ❶ やや大きめのものが垂れ下がっている様子. ‖땅바닥에 덜렁 주저앉다 地べたにどかっと腰を下ろす. ❷ そそっかしい様子. ❸ (驚き·恐怖などで)胸が激しく打つ様子: どきっと. ‖놀라서 가슴이 덜렁 내려앉다 驚いて胸がどきっとする.

덜렁-거리다 自 ① そそっかしくふるまう; 軽率だ. ‖덜렁거리는 사람 そそっかしい人. ② (大きい鈴などが)揺れ動く. ⑤달랑거리다.

덜렁-쇠 [-/-쉐] 名 =덜렁이.
덜렁-이 名 慌て者; 粗忽(ぞっ)者; おっちょこちょい.

덜미 /tɔlmi/ 名 [목덜미·뒷덜미의 略語] 襟首; うなじ. ▶덜미(를) 잡히다 ① 首筋を抑えられる. ② 発覚する; ばれる. 들세를 하다가 덜미를 잡히다 脱税のことがばれる.

덜어 他 [=語幹] 덜다(減らす·省く)の連用形.

덜어-내다 他 (あるものから取り出して量や数を)減らす; 取り出す; 取り移す; 分ける. ‖밥을 조금 덜어내다 ご飯を少し取り移す.

덜커덕 副 (하自他) 堅くて重いものがぶつかり合って出す音: がたん. ‖덜커덕 소리를 내며 전철이 멈추었다 がたんと音を立てながら電車が止まった. **덜커덕-덜커덕** 副 (하自他)
덜커덕-거리다 [-끼-] 自他 しきりにたんがたんと音を立てる.

덜커덩 副 (하自他) 金属製のものがぶつかり合って出す鳴り響く音: がたん.
덜커덩-거리다 自他 しきりにたんがたんと音を立てる.

덜컥 副 (하自) 機械などが何かにひっかかって急に止まる音: がたん; ごとん.

덜컥 副 (하自) ❶ 予想しなかった事態が起こって驚き恐れる様子: ぎくっと; どきっと. ‖그 말을 듣자 가슴이 덜컥 내려앉았다 その言葉を聞いたとたん胸がどきっとした. 겁이 덜컥 나다 どきっと怖じけつく. ❷ にわかに妨げられたり抑えられたりする様子: ぐっと. ‖팔목을 덜컥 잡히다 手首をぐっとつかまれる.

덜컹¹ 副 (하自他) がたん; がたり; がたっと.
덜컹-덜컹 副 (하自他)
덜컹-거리다[-대다] 自他 がたつく; がたがたと音を立てる. ‖바람에 문이 덜컹거리다 風で戸ががたがたする.

덜컹 副 (하自他) ぎくっと; どきっと. ‖그걸 본 순간 가슴이 덜컹했다 それを見た瞬間胸がどきっとした.

덜-하다 /tɔlhada/ 形 [하变] ❶ (前よりひどくない); 和らぐ. ‖어제보다 통증이 덜하다 昨日より痛みが和らぐ. 어릴 때보다 투정이 덜하다 子どもの頃よりあまりだだをこねない. ❷ より少ない; 多少足りない. ‖단맛이 덜하다 甘味が少ない. ⑤더하다.

덤 名 ❶ おまけ; 景品. ‖사과를 열 개 샀더니 덤으로 하나를 더 주었다 リンゴを 10 個買ったら, おまけに 1 個くれた. ❷ (囲碁で)込み.

덤덤-하다 /tɔmdamhada/ 形 [하变] ❶ 押し黙っている. ‖그 사람은 뭘 물어 봐도 덤덤하게 있었다 彼は何を聞いても押し黙ったまま

덤병

だった. ❷ 淡々としている;平然としている. ‖덤덤하게 앉아 있다 平然と座っている. ❸ (맛이) 薄い; 味がない. ‖국 맛이 덤덤하다 スープの味が薄い. **덤덤-히** 團

덤병 /tʌmbjəŋ/ [**-히** 團] 重いものが水中などに落ち込む音[様子]: どぶん, どぼん. ‖물에 덤벙 뛰어들다 水にどぼんと飛び込む. **덤병-덤병** 團 [**하며**]

덤병-거리다【-대다】 圓 そそっかしく; せかせかしている. ‖덤병거리지 말고 차분히 행동해라 せかせかしないで落ち着いて行動しなさい.

덤벼-들다 /tʌmbjədulda/ [ㄹ語幹] [덤벼들어, 덤벼드는, 덤벼든] 襲いかかる; 食ってかかる; 飛びかかる. ‖그녀는 그를 보자마자 덤벼들었다 彼女は彼を見るなり食ってかかった.

덤불 圄 草むら; やぶ, 茂み.
덤비다 /tʌmbida/ 圓 飛びかかる; つっかかる; 食ってかかる; 歯向かう. ‖덤벼 봐! かかってこい! ‖상사에 덤비다 上司に歯向かう.

덤터기 圄 (押し付けたり押し付けられたりする) 心配事や疑い. ‖덤터기를 쓰다 人の心配事をしいられる; (身に覚えのない) 疑いをかけられる. 덤터기를 씌우다 人に心配事を押しつける; 濡れ衣を着せる.

덤프-트럭 (dump truck) 图 ダンプカー.
덤핑 (dumping) 图 [하他] ダンピング. **덤핑 관세** (-關稅) ダンピング関税.

덥다 /təp̚ta/ [**-워** 形] [ㅂ変] [더워, 더운] ❶ 暑い. ⓐ춥다. ‖날씨가 덥다 (天気が) 暑い. ❷ (お湯や飲み物などが) 温かい. ‖더운물 湯. ❸ (体が) 熱い. ‖몸을 덥게 하는 음식 体を熱くする食べ物.

덥석 [-썩] 團 にわかにかみついたり握ったりする様子: むんずと. ‖그는 나를 보자 손을 덥석 잡았다 彼は私を見るなりむんずと手を握った.

덧¹ [덛] 團 極めて短い時間を表わす語: 間(間). ‖어느덧 가을이 왔다 いつの間にか秋が来た.
덧-² [덛] 接頭 〔一部の名詞・動詞に付いて〕重ねる・加えるの意を表わす: …に….‖덧칠 上塗り.

덧-가지 [덛까-] 图 余計な枝.
덧-그림 [덛끄-] 图 敷き写しの絵.
덧-나다¹ /tʌnnada/ [덛-] 圓 ❶ ぶり返す; 悪化する. ‖상처가 덧나다 傷口が悪化する. ❷ (感情が) 昂ぶり立たたる.
덧-나다² [덛-] 圓 重なるように生える.
덧-내다 [덛-] 他 (傷口などを) 悪化させる.
덧-니 [덛-] 图 八重歯.
덧-문 (-門) [덛-] 图 二重扉の外側の扉.

덧-버선 [덛뻐-] 图 버선 (朝鮮たび) の上に重ねて履く物.
덧-보태다 [덛뽀-] 他 上乗せする.
덧-붙이다 [덛뿌치따] 圓 付け加わる; 付加される; 加算される. ‖대금에 수수료가 덧붙었다 代金に手数料が加算された.
덧불-이다 /tʌt̚put̚ʃʰida/ [덛뿌-쳐-] 他 付け加える; 付加する. ‖덧붙여서 말하다 付け加えて言う. 덧붙여서 말하자면 付け加えて言うと; ちなみに.
덧-셈 /tʌt̚sʼem/ [덛-] 图 [하自] (数学) 足し算; 加法. 櫻뺄셈·곱셈·나눗셈.
  덧셈-부호 (-符號) 足し算の符号 (+).
  덧셈-표 (-標) 图 (数学) 足し算の記号 (+); プラス.
덧-신 [덛씬] 图 上靴; オーバーシューズ.
덧-없다 /tʌdəp̚t͈a/ [덛-] ❶ 月日の流れが甚だ早い. ‖덧없는 세월 矢のように速い歳月. ❷ はかない; 無常である. ‖인생이란 덧없는 것이다 人生とははかないものである. 덧없는 꿈 はかない夢. **덧없-이** 團 虚しく; はかなく. ‖덧없이 가는 세월 虚しく過ぎる歳月.
덧-옷 [덛옫] 图 服の上に重ね着する服.
덧-칠 (-漆) [덛-] 图 [하他] 上塗り.
덩굴 /tʌŋgul/ 图 (植物) ツル (蔓). ‖장미 덩굴 バラの蔓.
  덩굴-손 图 (植物) マキヒゲ (巻き鬚).
  덩굴-장미 (-薔薇) 图 (植物) ツルバラ (蔓薔薇).
  덩굴-지다 圓 蔓が絡む.
  덩굴-치기 图 [하自] 無駄な蔓を切ること.

덩달-아 /tʌŋdara/ 圓 (…に) つられて; (…に) 便乗して; 尻馬に乗って; 一緒に; 同調して. ‖덩달아 기뻐하다 同調して喜ぶ. 덩달아 가격을 올리다 便乗して値上げする.
덩덩 團 金物の器や太鼓などを軽く叩く音: とんとん. ‖북을 덩덩 울리다 とんとんと太鼓を鳴らす.
덩실-거리다【-대다】 圓 興に乗って肩で拍子を取りながら踊る.
덩실-덩실 團 [하自] 興に乗って肩で拍子を取りながら踊る様子.
덩어리 /tʌŋəri/ 图 塊. ‖고깃덩어리 肉の塊. 덩어리가 지다 塊になる.
덩이 图 小さい塊.
  덩이-뿌리 图 (植物) 塊根.
  덩이-줄기 图 (植物) 塊茎.
덩치 图 図体(ずうたい). ‖덩치만 클 뿐이지 전혀 도움이 안 되다 図体ばかり大きくて, 何の役にも立たない.
덩크-슛 (dunk + shoot 日) 图 (バスケットボールで) ダンクシュート.
덫 /təd̚/ [덛] 图 罠. ‖덫을 치다 罠をかける. 덫에 걸리다 罠にかかる.
덮-개 [덥깨] 图 ❶ 蓋. ❷ (かけ布団や

毛布などの) 覆い; カバー.

덮다 /tɒpʰta/ 【덥따】 ❶ 覆う; 覆いかぶせる; かぶせる; かける. ‖시트로 차를 덮다 シートで車を覆う. ‖하늘을 덮은 먹구름 空を覆った黒雲. ‖이불을 덮어 주다 布団をかけてやる. 불씨를 재로 덮다 火種に灰をかぶせる. ❷덮이다. ‖뚜껑을 하다. ‖냄비 뚜껑을 덮고 蓋をする. ‖(本などを)閉じる. ‖책을 덮고 잠시 생각을 하다 本を閉じてしばらく考える. ❹埋める. ‖회장을 덮은 군중 会場を埋めた群衆. ❺見逃してやる. ‖잘못을 덮어 주다 過ちを見逃してやる.

덮밥 /tɒpʰpap/ 【덥빱】 图 【料理】 どんぶり. ‖장어 덮밥 うなぎ丼.

덮어-놓고 /tɒpʰɔnokʰo/ [-노코] 圖 むやみに; 何であろうと; とにかく; やたらに; 手放しで. ‖덮어놓고 우기다 むやみに意地を張る. 덮어놓고 화를 내다 むやみに怒る. 덮어놓고 사들이다 やたらに買い込む. 덮어놓고 칭찬하다 手放しでほめる.

덮어-놓다 [-노타] 個 かぶせておく; 覆っておく. ‖차를 시트로 덮어놓다 車をシートで覆っておく.

덮어-두다 個 隠しておく; 伏せておく; 秘密にする. ‖잘못을 덮어두다 過ちを伏せておく.

덮어-쓰기 图 他動 (データの)上書き.

덮어-쓰다 /tɒpʰɔsuda/ 個 【으쓴】【덮어써, 덮어쓰니】 ❶ かぶる. 覆いかぶさる. ‖이불을 덮어쓰다 布団をかぶる. ❷ 濡れ衣を着る; 濡れ衣を着せられる. ‖누명을 덮어쓰다 濡れ衣を着せられる.

덮어-씌우다 /tɒpʰɔʃiuda/【-씌-】個 〔덮어쓰다の使役動詞〕❶ かぶせる. ❷ 濡れ衣を着せる. ‖누명을 덮어씌우다 濡れ衣を着せる.

덮-이다 /tɒpʰida/ 個 〔덮다の受身動詞〕覆われる; かぶせられる. ‖세상이 눈으로 덮여 있다 世の中が雪で覆われている.

덮치다 /tɒpʰtʃʰida/ 【덥-】 自他 ❶ 襲う; 襲いかかる; 押さえる. ‖ 아지트를 덮치다 アジトを襲う. 늑대가 양떼를 덮쳤다 オオカミがヒツジの群れに襲いかかった. 현장을 덮치다 現場を押さえる. ❷ ひっつかまえる. ‖소매치기를 덮쳐서 잡다 すりをひっつかまえる. ❸(車などが)いきなり突っ込む. ‖차 한 대가 가게를 덮쳤다 1台の車が店に突っ込んだ. ❹ 色々重なる; 降りかかる. ‖재난이 덮치다 災難が降りかかる.

데/te/ 依名 ❶ 所; 場所. ‖다른 데로 가자 他の所に行こう. ‖갈 데가 없다 行き場がない. 발 디딜 데가 있다 足の踏み場がある. ❷ …の時. ‖머리 아픈 데 먹는 약 頭痛の時に飲む薬. 그렇게 말하는 데는 이유가 있겠지 そういうふうに言う時はわけがあるんだろう. ❸〔…하는 데の形で〕…(する)の. ‖조사하는 데 필요한 경비 調査に必要な経費. 문장을 쓰는 데 필요한 요령 文章を書くのに必要なコツ.

데- 接頭 〔一部の動詞に付いて〕完全でないことを表わす. ‖데삶다 半熟にする; 半煮えにする.

-데[3] 語尾 過去を回想する意を表わす: …だったよ. ‖그 사람 정말 시끄럽데 彼, 本当にうるさかったよ.

데구루루 圖 敢自 堅いものが転がる様子; ごろごろ. ‖공이 데구루루 구르다 ボールがごろごろ転がる.

데굴-데굴 圖 敢自 堅くて大きいものが転がり続ける様子; ごろごろ. ‖데굴데굴 구르다 ごろごろ転がる.

데님 (denim) 图 デニム.

데다 /teːda/ 自 ❶ やけどする. ‖불에 데다 やけどする. ❷ 懲(こ)りる; 手を焼く.

데드라인 (deadline) 图 デッドライン.

데드-볼 (dead+ball 日) 图 【野球で】デッドボール; 死球.

데려-가다 個 連れて行く; 連行する. ‖아이를 병원에 데려가다 子どもを病院に連れて行く.

데려-오다 個 連れて来る; 連れ戻す.

데리다 他 〔主に…을 데리고の形で〕…を連れて. ‖애를 데리고 가다 子どもを連れて行く.

데릴-사위 [-싸-] 图 婿養子.

데마 (←Demagogie ド) 图 デマ.

데면데면-하다 形 下変 よそよそしい; 他人行儀だ. ‖데면데면한 만남 よそよそしい対面.

데모 (demo) /temo/ 图 敢自 デモ; 示威(示威). ‖데모에 참가하다 デモに加わる.

데뷔 (début フ) 图 敢自 デビュー.

데생 (dessin フ) 图 【美術】 デッサン.

데스-마스크 (death mask) 图 デスマスク.

데스크 (desk) 图 デスク.

데스크-워크 (desk work) 图 デスクワーク.

데스크톱 (desktop) 图 〔IT〕 デスクトップ.

데스크톱 컴퓨터 (desktop computer) 图 〔IT〕 デスクトップ.

데시벨 (decibel) 依名 音圧または音の強さを表わす単位: …デシベル(dB).

데우다 /teuda/ 他 温める; 沸かす. ‖식은 국을 데우다 冷めたスープを温める. 우유를 데워서 마시다 牛乳を温めて飲む. 물을 데우다 お湯を沸かす.

데이지 (daisy) 图 〔植物〕 デージー; ヒナギク(雛菊).

데이터 (data) 图 データ.

데이터-뱅크 (data bank) 图 データバ

데이터베이스 206

ンク.
데이터통신 (一通信) 图 データ通信.
데이터베이스 (database) 图 データベース.
데이트 (date) /teitʰu/ (하)自 デート.
데치다 /te:tɕʰida/ 他 湯がく;ゆでる. ‖시금치를 데치다 ホウレンソウを湯がく.
데칼코마니 (décalcomanie⁷) 图 《美術》 デカルコマニー.
데탕트 (détente⁷) 图 デタント.
덱 (deck) 图 デッキ.
덴-가슴 (「やけどした胸」の意で)ひどい目にあって, 似たようなことにびくびくする気持ち.
덴마크 (Denmark) 图《国名》デンマーク.
델타 (delta) 图《地》デルタ;三角洲.
뎀뿌라 (天婦羅⁷) 图 天ぷら.揚げもの.
뎅그렁 〔副〕 やや太くて大きいものが一気に折れたり(切り)落とされたりする様子; どすん(と); どしん(と). ‖솥뚜껑이 뎅그렁 떨어지다 釜の蓋がどすんと落ちる.
뎅그렁-뎅그렁 〔副〕 がらんがらん; ちりんちりん.
뎅그렁-거리다 自他 がらんがらんと鳴る. ‖뎅그렁거리는 교회 종소리 がらんがらんと鳴る教会の鐘の音.
뎅-뎅 〔副〕 ❶(하)自 鐘などを打つ音: がんがん; ごーんごーん.
뎅뎅-거리다 自他 (鐘の音が)鳴り響く.
도¹ (do¹) 图 ❶髪(ユッ)で遊ぶゲーム(ユンノリ)で,4本の髪の中,1本だけ裏側が出ること.
도² (度) /to/ 图 度;程度;限界. ‖도를 넘어선 농담 度を超した冗談. 도가 지나치다 度が過ぎる.
도³ (都) 图(姓) 都(ﾄ).
도⁴ (道) /to:/ 图 ❶道; 道理. ‖도를 깨달은 道理を悟る. ❷宗教の根本となる真理. ❸技芸; 武術などの方法.
도⁵ (道) 图 (行政) 地方行政区域の一つ: 道. ‖경기도 京畿道. ✚日本の県に当たる.
도⁶ (do⁴) 图《音楽》(階名の)ド.
도⁷ /to/ 勔 ❶⋯も. ‖오늘도 아침부터 비가 오고 있다 今日も朝から雨が降っている. 이런 것도 모르는 내 자신이 한심하다 こんなことも知らない自分自身が情けない. 무엇보다도 중요한 것은 약속을 지키는 것이다 何よりも大事なことは約束を守ることだ. 집에서 학교까지는 십 분도 안 걸린다 家から学校までは10分もかからない. ❷[…に…も の形で] …も⋯も. ‖아버지도 어머니도 회사원이다 父も母も会社員だ. 이것도 저것도 마음에 안 든다 あれもこれも気に入らない. ❸強調の意味を表わ

す. ‖낮 열두 시인데 아직도 자고 있다 昼の12時なのにまだ寝ている. 거짓말도 잘한다 よくもうそをつく. ❹[⋯에⋯도 못하다の形で] ⋯することも⋯することもできない. ‖오도 가도 못하고 行くことも来ることもできない. ❺[하나도の形で] 全然; 全く. ‖하나도 안 무섭다 全然怖くない. 하나도 안 변했다 全く変わっていない. ❻[⋯기도 하다の形で] 感嘆の意を表わす. ‖비싸기도 하다 本当に高い.

도⁸ (度) 依名 ⋯度. ❶角度の単位. ‖삼각형의 세 각의 합은 백팔십 도이다 三角形の3つの内角の合計は180度である. ❷温度の単位. ❸経度・緯度の単位. ❹回数の単位. ‖사 도 인쇄 4度印刷. ❺視力の単位. ‖일점 이 도의 시력 1.2度の視力. ❻アルコール含有度の単位. ‖소주는 이십오 도다 焼酎は25度である.
-도⁹ (圖) 接尾 ⋯図. ‖설계도 設計図.
-도¹⁰ (島) 接尾 ⋯島. ‖무인도 無人島.
-도¹¹ (度) 接尾 年度を表わす語: ⋯度. ‖이천십년도 2010年度.
도가 (道家) 图 道家.
도가니 图 ❶るつぼ. ❷興奮のどかに 興奮のるつぼ.
도가니² 图 牛の膝の皿とその肉.
도가니-탕 (一湯) 图《料理》 도가니²を煮込んだ汁.
도감 (圖鑑) 图 図鑑. ‖식물 도감 植物図鑑.
도강 (盜講) 图 (하)自 大学で履修届けを出さないで講義を聞くこと; もぐり.
도경 (道警) 图 道の警察; 道の警察本部.
도공 (陶工) 图 陶工家; 窯元.
도관 (導管) 图 導管.
도괴 (倒壞) 图 [-/-게] (하)自 倒壊.
도교 (道敎) 图 《宗教》 道教.
도구 (道具) /togu/ 图 道具. ‖살림 도구 家財道具. 컴퓨터와 같은 편리한 도구 コンピューターのような便利な道具.
도굴 (盜掘) 图 (하)他 盜掘.
도금 (鍍金) 图 (하)他 鍍金;めっき.
도급 (都給) 图 (하)他 請負.(❀청부(請負).
도급-제 (都給制) 〔-제〕 图 請負制度.
도기 (陶器) 图 陶器.
도깨비 /tokʰɛbi/ 图 化け物;お化け; 鬼. ‖도깨비가 나왔다 お化けが出た. 도깨비집 お化け屋敷.
도깨비-놀음 图 何が何だか分からない奇怪なこと.
도깨비-불 图 ①鬼火;きつね火;燐火. ②不審火;原因不明の火事.
도끼 /to:/k͈i/ 图 おの. ‖도끼로 장작을 패다 おので薪を割る. 도끼로 나무를 찍다 おので木を切る.

도끼-눈 图 (悔しさなどで)にらみつける目. ‖도끼눈을 뜨다 にらみつける.

도낏-자루 【-끼짜-/-낃짜-】 图 斧の柄.

도난 (盜難) 图 盗難. ‖도난을 당하다 盗難にあう; 盗まれる. 도난 방지 盗難防止.

도내 (道內) 图 (行政区域の)도(道)の中; 道内.

도넛 (doughnut) /tonɔt/ 图 ドーナツ.

도넛-판 (-板) 图 ドーナツ盤.

도넛^현상 (-現象) 图 ドーナツ現象.

도는 自 『ㄹ語幹』 돌다(回る)の現在連体形.

도다리 图 《魚介類》 メイタガレイ(目板鰈).

도달 (到達) /to:dal/ 图 하自 到達; 達すること. ‖목적지에 도달하다 目的地に到達する. 같은 결론에 도달하다 同じ結論に達する.

도달-점 (到達點) 【-쩜】 图 到達点.

도당 (徒黨) 图 徒党.

도-대체 (都大體) /todɛːtʃʰe/ 副 ❶〔疑問文で〕一体; 一体全体. ‖도대체 이 사태를 어떻게 수습할 거니? 一体この事態をどうやって収拾するつもりなの? ❷〔否定文で〕全く. ‖네가 하는 짓이 도대체 이해가 되지 않는다 君がやっていることは全く理解できない.

도덕 (道德) /to:dɔk/ 图 道徳. ‖공중도덕 公衆道徳.

도덕-적 (道德的) 【-쩍】 图 道徳的. ‖도덕적인 생활 道徳的な生活.

도도-하다[1] 形 『하変』 傲慢だ. ‖도도한 태도 傲慢な態度. **도도-히** 副

도도-하다[2] (滔滔-) 形 『하変』 滔滔(とうとう)としている. **도도-히** 副 ‖도도히 흐르는 강물 滔滔と流れる大河.

도돌이-표 (-標) 图 《音楽》 反復記号; ダカーポ(D.C.).

도둑 /toduk/ 图 泥棒; 盗人. ‖집에 도둑이 들다 家に泥棒が入る. 도둑을 잡다 泥棒を捕まえる. 도둑을 맞다 盗まれる; 泥棒にあう. ▸도둑이 제 발 저리다 〔諺〕悪いことをすると気がとがめてそれを匂わす行動をすることのたとえ.

도둑-고양이 【-꼬-】 图 野良猫; 泥棒猫.

도둑-놈 【-둥-】 图 〔도둑をののしる言い方で〕泥棒.

도둑-장가 【-짱-】 图 人に知らせずに妻を迎えること.

도둑-질 【-찔】 图 하自他 盗み. ‖도둑질을 하다 盗みをはたらく.

도드라-지다 形 突き出ている; 吹き出ている. ‖도드라진 이마 突き出た額; おでこ.

— 自 際立つ; 目立つ. ‖그녀의 미모는 단연 도드라졌다 彼女の美貌はひときわ目立った.

도떼기-시장 (-市場) 图 〔俗っぽい言い方で〕 ❶正規の市場でなく, 様々な商品の卸売り・小売・闇取引などで入り乱れている市場. ❷混雑しているところ. ‖교실이 너무 시끄러워 도떼기 시장 같다 教室があまりにうるさくて市場のようだ.

도라지 图 《植物》 キキョウ(桔梗).

도란-거리다 自 小さい声で仲良く話す.

도란-도란 副 하自 小さい声で仲良く話す様子. ‖도란도란 이야기를 하다 小さい声で仲良く話す.

도랑 /toraŋ/ 图 小川; 溝; どぶ. ‖도랑을 파다 溝を掘る. 도랑을 치다 どぶをさらう. ▸도랑 치고 가재 잡는다 〔諺〕(「どぶをさらってザリガニをつかむ」の意で)一挙両得だ.

도래[1] (到來) 图 하自 到来; やってくる. ‖찬스가 도래하다 チャンスが到来する.

도래[2] (渡來) 图 하自 渡来.

도량[1] (←道場) 图 《仏教》 道場.

도량[2] (度量) 图 度量. ‖도량이 큰 사람 度量の大きい人.

도량-형 (度量衡) 图 度量衡.

도려-내다 他 えぐる; えぐり出す; 切り取る; 切除する. ‖환부를 도려내다 患部を切除する.

도련-님 图 ❶坊ちゃん; 若旦那. ❷夫の未婚の弟に用いる呼称.

도로[1] (道路) /to:ro/ 图 道路. ‖도로 공사 道路工事. 간선 도로 幹線道路. 고속도로 高速道路. 유료 도로 有料道路.

도로-망 (道路網) 图 道路網.

도로-변 (道路邊) 图 道路の脇; 道路沿い.

도로^표지 (道路標識) 图 道路標識.

도로[2] (徒勞) 图 徒労. ‖노력이 도로로 끝나다 努力が徒労に終わる.

도로[3] 副 ❶元の状態に; 元に; そのまま. ‖사려고 들었던 물건을 도로 제자리에 내려놓다 買おうと手に取った品を元の場所に戻す. ❷再び. ‖일어났다가 도로 눕다 起き出してから再び横になる. ❸引き返して. ‖집을 나섰다가 비가 와서 도로 돌아왔다 家を出たが, 雨が降ったので引き返した. ▸도로 아미타불 元の木阿弥(もくあみ).

도록[1] (圖錄) 图 図録.

-도록[2] /torok/ 語尾 ❶…するまで; …するほど. ‖밤늦도록 공부하다 夜遅くまで勉強する. ❷…するように. ‖내일은 빨리 가도록 하자 明日は早く行くようにしよう. 오늘은 빨리 들어오도록 하여라 今日は早く帰ってくるようにして.

도롱뇽 图 《動物》 サンショウウオ(山椒魚).

도롱이 图 蓑(みの). ✣昔の雨具の一種.

도료 (塗料) 图 塗料.

도루 (盜壘) 〖名〗〖하自〗 (野球で)盜壘; スチール.
도루-묵 (魚介類) ハタハタ(鰰).
도르래 〖名〗 滑車.
도르르 〖副〗 ❶巻物などが巻かれたり解かれたりする様子: くるくる; くるりくるり. ‖나팔꽃 덩굴이 도르르 감기다 朝顔の蔓(づる)がくるりと巻きつく. ❷ 小さくて丸いものが転がる様子 [音]: ころころ; ごろ(と). ‖구슬이 도르르 굴러가다 ビー玉がころりと転がる.
도리 (道理) /to:ri/ 〖名〗 ❶ 道理. ‖인간으로서의 도리 人間としての道理. ❷ 方法; すべ. ‖어떻게 할 도리가 없다 なすすべがない.
도리깨 〖名〗 殼竿(からざお); くるり棒; 麦打ち.
도리다 〖他〗 (丸く)えぐる.
도리-도리 〖副〗 幼児の頭を振らせるためのかけ声.
도리어 /tori\jʌ/ 〖副〗 むしろ; かえって. ‖도움이 되기는커녕 도리어 폐가 되다 役に立つどころかかえって迷惑になる. ‖도리어 미안하게 되었다 かえって申し訳ないことになった.
도립 (道立) 〖名〗 道立. ‖도립 병원 道立病院. ✤日本の県立に当たる.
도마[1] /toma/ 〖名〗 まな板. ▶도마에 오른 고기(諺)まな板の鯉(こい).
도마-질 〖하他〗 まな板の上で包丁を使うこと.
도마[2] (跳馬) 〖名〗 (体操競技種目の)跳馬.
도마-뱀 (動物) トカゲ(蜥蜴).
도마뱀-붙이 [-부치] 〖名〗 (動物) ヤモリ(守宮).
도막 〖名〗 一切れ; 切れ端.
— 〖依名〗 …切れ. ‖생선 한 도막 魚 1切れ.
도막-도막 【-또-】 〖名〗 切れ切れ; ぶつぶつ.
— 〖副〗 切れ切れに; ぶつぶつごとに.

도망 (逃亡) /toman/ 〖名〗〖하自〗 逃亡; 逃げ出ること. ‖도망(을) 다니다 逃げ回る. 도망꾼 逃亡者.
도망-가다 (逃亡−) 〖自〗 逃亡する; 逃げる.
도망-치다 (逃亡−) 〖自〗 逃げる; 逃げ出す. ‖도망치는 범인을 쫓아가다 逃げる犯人を追いかける.
도-맡다 [-만따] 〖他〗 一手に引き受ける. ‖어려운 일을 도맡아 하다 難しい仕事を一手に引き受けてやる.
도매 (都賣) /tome/ 〖名〗〖하他〗 卸売り. ↔소매 (小賣). ‖도매 시장 卸売り市場.
도매-가격 (都賣價格) 【-까-】 〖名〗 卸値; 卸売り価格.
도매-점 (都賣店) 〖名〗 問屋; 卸売り店; 卸売り商.
도메인 (domain) 〖名〗 (IT) ドメイン.

도면 (圖面) 〖名〗 圖面.
도모 (圖謀) 〖名〗〖하他〗 企てること; もくろむこと.
도무지 /tomudʒi/ 〖副〗 〔下に打ち消しの表現を伴って〕全く; 全然. さっぱり. ‖도무지 이해가 안 간다 全く理解できない. 답을 도무지 알 수가 없다 答えがさっぱり[全然]分からない.
도미[1] /to:mi/ 〖名〗 (魚介類) タイ(鯛). 鯛.
도미[2] (渡美) 〖名〗〖하自〗 渡米.
도미노 (domino) 〖名〗 ドミノ.
도미노-이론 (−理論) 〖名〗 ドミノ理論.
도미니카 (Dominica) 〖名〗〖国名〗 ドミニカ. 〖国名〗 ドミニカ共和国.
도민 (道民) 〖名〗 道民. ✤日本の県民に当たる.
도박 (賭博) 〖名〗〖하自〗 賭博(ばく); ギャンブル.
도박-꾼 (賭博−) 〖名〗 博徒; 博打打ち.
도박-장 (賭博場) 【-짱】 〖名〗 賭博場; 賭場.
도박-죄 (賭博罪) 【-죄/-쮀】 〖名〗 (法律) 賭博罪.
도발 (挑發) 〖名〗〖하他〗 挑發. ‖도발 행위 挑発行為.
도발-적 (挑發的) 【-쩍】 〖名〗 挑発的. ‖도발적인 포즈 挑発的なポーズ.
도배 (塗褙) 〖名〗〖하自他〗 ❶上張り. ❷ ネットの掲示板や書き込み欄などに同じことを繰り返して書くこと.
도배-장이 (塗褙−) 〖名〗 紙張り職人.
도배-지 (塗褙紙) 〖名〗 (室内の壁の)壁紙.
도벌 (盜伐) 〖名〗〖하他〗 盜伐.
도법 (圖法) 【-뻡】 〖名〗 圖法.
도벽 (盜癖) 〖名〗 盜癖.
도보 (徒步) /tobo/ 〖名〗〖하自〗 徒步. ‖역에서 집까지는 도보로 오 분 거리이다 駅から家までは徒歩 5分の距離だ.
도복 (道服) 〖名〗 ❶ 道服. ❷ テコンドー着・柔道着・剣道着などの総称.
도불 (渡佛) 〖名〗〖하自〗 渡仏.
도사 (道士) 〖名〗 ❶ 道士. ❷ 達人.
도사리다 〖自〗 ❶あぐらをかく. ❷ こもる; 潜む; 待ち構えている. ‖위험이 도사리고 있는 등굣길 危険が潜んでいる通学路.
도산 (倒産) 〖名〗〖하自〗 倒産. ‖경영난으로 도산하다 経営難で倒産する.
도살 (屠殺) 〖名〗 畜殺; 屠殺.
도살-장 (屠殺場) 【-짱】 〖名〗 屠畜場.
도상 (途上) 〖名〗 途上. ‖발전도상국 発展途上国.
도색 (桃色) 〖名〗 桃色; ピンク; 色事. ‖도색 영화 ピンク映画.
도서[1] (島嶼) 〖名〗 (地) 島嶼(とうしょ).
도서[2] (圖書) /to:sʌ/ 〖名〗 圖書. ‖도서를 열람하다 図書を閲覧する. 미술 관係の도서를 출판하다 美術関係の図書を

출판する. 소장 도서 所蔵図書.
도서-관 (圖書館) 图 図書館.∥国会 도서관 国会図書館.
도서-목록 (圖書目錄)【-몽녹】图 図書目録.
도서-실 (圖書室) 图 図書室.
도선-장 (渡船場) 图 渡し場.
도설 (圖說)（하변） 図説.
도성 (都城) 图 都城.
도솔-천 (兜率天)《仏教》 兜率(とそつ)天.
도수[1](導水)（하변） 導水.
도수-관 (導水管) 图 導水管.
도수[2](度數)【-쑤】图 度数; 回数. ∥온도계 도수 温度計の度数. 도수가 높은 안경 度の強い眼鏡. 전화 사용 도수 電話の使用回数.
도수-제 (度數制) 图 〔電話の〕度数制.
도술 (道術) 图 道術.
도스 (DOS) 图 (IT) DOS. ✢ disk operating system の略語.
도시[1](都市)/toʃi/ 图 都市. ∥도시 계획 都市計画. 国際都市 国際都市. 위성 도시 衛星都市. 자매 도시 姉妹都市. 관광 도시 観光都市.
도시-인 (都市人) 图 都会人.
도시-화 (都市化)（하자변） 都市化. ∥급속히 도시화되다 急速に都市化する.
도시[2](圖示)（하변） 図示.
도시락/toʃirak/ 图 弁当; 弁当箱. ∥도시락을 싸다 弁当を作る. 편의점에서 도시락을 사다 コンビニで弁当を買う.
도식[1](徒食)（하변） 徒食. ∥무위도식 無為徒食.
도식[2](圖式)（하변） 図式.
도심 (都心) 图 都心. ∥도심의 고층 빌딩 都心の高層ビル.
도안 (圖案) 图 図案.
도야 (陶冶) 图 陶冶(とうや). ∥인격을 도야하다 人格を陶冶する.
도약 (跳躍) 图 跳躍.
도약-경기 (跳躍競技)【-껑-】图 〔陸上競技で〕跳躍競技.
도약-운동 (跳躍運動) 图 跳躍運動. ∥뛰뛰기 운동〔一運動〕.
도약-판 (跳躍板) 图 〔水泳で〕飛び込み板; スプリングボード.
도어맨 (doorman) 图 ドアマン.
도어-체인 (door chain) 图 ドアチェーン.
도어-체크 (door check) 图 ドアチェック.
도열 (堵列) 图 堵列(とれつ); 横に並んで立つこと.
도열-병 (稻熱病)【-뼝】图《植物》稲熱(とうねつ)病.
도예 (陶藝) 图 陶芸.

도예-가 (陶藝家) 图 陶芸家.
도와 圓【ㅂ変】 돕다(手伝う)の連用形.
도와-주다/towadʒuda/ 他 手伝う; 手助けする; 手助けをする. ∥짐 싸는 것을 도와주다 荷造りを手伝う. 이사하는 것을 도와주러 가다 引っ越しの手伝いに行く. 무거운 짐을 든 사람을 도와주다 重い荷物を持った人を手伝ってあげる.
도외-시 (度外視)【-/-웨-】图（하변） 度外視. ∥여론을 도외시하다 世論を度外視する.
도요-새 (鳥類) 图 シギ(鴫).
도용 (盜用)（하변） 盗用. ∥디자인을 도용하다 デザインを盗用する.
도우미 图 案内係; コンパニオン.
도운 圓【ㅂ変】 돕다(手伝う)の過去連体形.
도울 圓【ㅂ変】 돕다(手伝う)の未来連体形.
도움/toum/ 图 助け; 手伝い; 援助; 足し. ∥전혀 도움이 안 되다 全く役に立たない; 生活の足しになる. 도움을 받다 援助を受ける. 경제적 도움 経済的の援助.
도움-닫기【-끼】图《スポーツ》〔陸上競技などで〕助走.
도움-말 图 助言; アドバイス.
도원[1](桃園) 图 桃園.
도원[2](桃源) 图 桃源.
도원-경 (桃源境) 图 桃源郷.
도읍 (都邑)（하변） 都; 首都; 都邑(とゆう). 〔古い言い方で〕都.
도의 (道義)【-/-이】图 道義.
도의-적 (道義的) 图 道義的. ∥도의적인 문제 道義的な問題.
도일 (渡日) 图（하변） 渡日; 来日.
도입 (導入)/to:ip/ 图（하변） 導入; 取り入れること. ∥신기술을 도입하다 新技術を取り入れる. 일본으로부터 새 기계를 도입하다 日本から新しい機械を導入する. **도입-되다** 受変
도입-부 (導入部)【-뿌】图 導入部.
도자-기 (陶磁器) 图 陶磁器.
도작 (盜作)（하변） 盗作.
도장[1](塗裝) 图 塗装.
도장[2](道場) 图 道場. ∥태권도 도장 テコンドー道場.
도장[3](圖章)/todʒaŋ/ 图 印; はんこ; 印鑑; 印章. ∥도장을 파다 はんこを作る. 서류에 도장을 찍다 書類にはんを押す.
도장-방 (圖章房)【-빵】图 はんこ屋.
도저-히 (到底-)/todʒəhi/ 圖〔下に打ち消しの表現を伴って〕到底; とても; どうしても. ∥이 부분은 도저히 이해할 수가 없다 どうしてもこの部分は理解できない. 도저히 참을 수가 없다 とても我慢できない. 더 이상은 도저히 못 먹겠다 これ以上はどうしても食べられない.

도적 (盜賊) 图 盜賊.

도전¹ (挑戰) /todʑʌn/ 图 하자 挑戰; 挑むこと. ∥새로운 목표로 도전하다 新しい目標に挑戦する. 신기록에 도전하다 新記録に挑戦する. 도전을 받아들이다 挑戦を受けて立つ. 한계에 도전하다 限界に挑む.

도전-자 (挑戰者) 图 挑戦者.

도전-장 (挑戰狀) [-짱] 图 挑戦状.

도전-적 (挑戰的) 图 挑戦的な. ∥도전적인 태도 挑戦的な態度.

도정 (道程) 图 道程; 道のり.

도정-표 (道程標) 图 道しるべ.

도제¹ (徒弟) 图 徒弟. ∥도제 제도 徒弟制度.

도제² (陶製) 图 陶製.

도주 (逃走) 图 자 逃走. ∥야간도주 夜逃げ.

도중 (途中) /todʑuŋ/ 图 〔主に도중에의 形で〕 途中(で). ∥집에 가는 도중에 선배를 만나다 家に帰る途中で先輩に会う. 일을 도중에 내팽개치다 仕事を途中で投げ出す. 얘기 도중에 울기 시작했다 話の途中で泣き出した.

도중 하차 (途中下車) 图 자하 途中下車; 途中でやめること. ∥그는 그 프로젝트에서 도중 하차했다 彼はそのプロジェクトを途中でやめた.

도중하차 (途中下車) 图 자하 ⇒**도중 하차**.

도지다 国 (病気などが)ぶり返す; 再発する. ∥감기가 도지다 風邪がぶり返す. 병이 도지다 病気が再発する.

도-지사 (道知事) 图 道(도)の知事. (卽)지사(知事).

도착¹ (到着) /to:tʰak/ 图 하자 到着; 着くこと. ∥무사히 목적지에 도착하다 無事, 目的地に到着する. 도착순으로 접수하다 到着順で受け付ける. 도착하는 대로 到着次第; 着き次第.

도착² (倒錯) 图 하자 倒錯. ∥성도착성적倒錯.

도처 (到處) 图 〔主に도처에의 形で〕至る所に; 到る所に. ∥도처에 위험이 도사리고 있다 至る所に危険が潜んでいる.

도청¹ (盜聽) 图 하자 盜聽. ∥전화를 도청하다 電話を盜聽する. **도청-되다** 자수.

도청² (道廳) 图 道(도)の庁舎; 道庁.

도체 (導體) 图 〈物理〉 導体. (卽)부도체(不導體).

도축 (屠畜) 图 하자 畜殺; 屠畜.

도축-장 (屠畜場) [-짱] 图 畜殺場.

도출 (導出) 图 하자 導出; 導き出すこと. ∥데이터에서 결론을 도출하다 データから結論を導き出す. **도출-되다** 자수.

도취 (陶醉) 图 하자 陶醉. ∥명연주에 도취되다 名演奏に陶醉する.

도치¹ (魚介類) 图 ダンゴウオ(団子魚).

도치² (倒置) 图 하자 倒置.

도치-법 (倒置法) [-뻡] 图 〈文芸〉 倒置法.

도킹 (docking) 图 하자 ドッキング.

도탄 (塗炭) 图 泥にまみれ, 炭火に焼かれるような苦しみ.

도탑다 [-따] 图 ㅂ変 (人情・義理などが)厚い. (卽)두텁다.

도태 (淘汰·海汰) 图 하자 淘汰. ∥자연 도태 自然淘汰.

도토리 /totʰori/ 图 どんぐり. ▶도토리 키 재기 [諺] どんぐりの背比べ.

도토리-나무 图〈植物〉カシワ(柏). (卽)떡갈나무.

도토리-묵 图〈料理〉どんぐりの粉で作った寒天状の食品.

도톨-도톨 图 하자 表面に凹凸があって滑らかでない様子; でこぼこ; ぽこぽこ. (卽)두툴두툴.

도톰-하다 图 하변 やや厚めだ; ふっくらしている. ∥도톰한 입술 ふっくらした唇. **도톰-히** 图.

도통¹ (都統) 图 〔下に打ち消しの表現を伴って〕全く; さっぱり. ∥무슨 말인지 도통 알아들을 수가 없다 何のことだかさっぱり分からない. 도통 연락이 없다 全く連絡がない.

도통² (道通) 图 하자 精通.

도투락 图 =도투락댕기.

도투락-댕기 [-땡-] 图 昔, 少女のお下げ髪の先につけたリボン.

도판 (圖版) 图 図版.

도-편수 (都-) 图 棟梁(토우료우); 大工頭.

도포 (塗布) 图 하자 塗布. ∥도포제 塗布剤.

도포 (道袍) 图 昔, 男性が上着の上に羽織った礼服.

도표¹ (道標) 图 道標; 道しるべ.

도표² (圖表) 图 図表.

도피 (逃避) 图 하자 逃避; 逃げること. ∥현실에서 도피하다 現実から逃避する. 해외로 도피하다 海外へ逃げる. 도피 행각 逃避行.

도피-처 (逃避處) 图 逃げ場.

도피-행 (逃避行) 图 逃避行.

도핑 (doping) 图 ドーピング. ∥도핑 테스트 ドーピングテスト.

도-함수 (導函數) 图 〈数学〉 導関数.

도합 (都合) 图 全部合わせて; 全部で; まとめて. ∥도합 열 번 모두で10回.

도항 (渡航) 图 하자 渡航.

도해 (圖解) 图 하자 図解.

도형 (圖形) 图 図形. ∥입체 도형 立体図形. 평면 도형 平面図形.

도화¹ (桃花) 图 桃花; 桃の花.

도화² (導火) 图 導火.

도화-선 (導火線) 图 導火線. ∥제일차 세계 대전의 도화선이 된 사건 第二次世界大戦の導火線となった事件.

도화³ (圖畵) 图 図画.

도화-지 (圖畵紙) 图 画用紙.

도회 (都會) [-/-해] 图 都会; 都会地(都會

地)의 略語.
도화-병(都會病)【-뼝/-췌뼝】图 都會病.
도회-지(都會地)【-지】图 都會. ⇨도회(都會).
독¹(毒)【-(의)】⇨독이 깨지다 甕が割れる. 독을 깨다 甕を割る. 물독 水がめ. ▶독 안에 든 쥐 袋の鼠.
독²(毒)/tok/【-】图 毒. ⇨독이 있는 식물 毒のある植物. 음식에 독을 타다 食べ物に毒を盛る. 이 든 주스 毒を含んだジュース. 독을 품은 말 毒を含んだ言葉. ▶독을 올리다 腹を立てさせる; 怒らせる. ▶독이 오르다 殺気立つ.
독³(獨)【-】[獨逸(獨逸)의 略語] ドイツ. ⇨독어 ドイツ語.
독⁴(dock)【-】图 ドック.
독-⁵(獨)[頭語] 獨り…. ⇨독무대 獨り舞台 독사진 1人で写っている写真.
독-가스(毒gas)【-】图〖化學〗毒ガス.
독감(毒感)/tokʔkam/【-깜】图 ひどい風邪; 流感; インフルエンザ. ⇨독감에 걸리다 ひどい風邪を引く. 독감이 유행하고 있다 インフルエンザが流行している.
독-개미(毒-)【-깨-】图〖昆蟲〗毒アリ.
독거(獨居)【-꺼】图 하自 獨居; 獨り暮らし. ⇨독거 노인 獨居老人.
독경(讀經)【-꼉】图 하自〖仏教〗読経.
독고(獨孤)【-꼬】图〖姓〗獨孤(ドック).
독-과점(獨寡占)【-꽈-】图〖經〗獨寡占.
독균(毒菌)【-뀬】图 毒菌.
독-극물(毒劇物)【-끙-】图 毒劇物.
독기(毒氣)【-끼】图 毒気.
독-나방(毒-)【-】图〖昆蟲〗ドクガ(毒蛾).
독-니(毒-)【-】图 毒牙.
독단(獨斷)【-딴】图 하他 獨斷.
 독단-적(獨斷的)【-딱】图 獨斷的. ⇨독단적인 태도 獨斷的な態度.
독도(獨島)【-또】图〖地名〗竹島.
독려(督勵)【동녀】图 하他 督勵.
독립(獨立)【동닙】/toɲnip/【-】图 하自 獨立. ⇨부모로부터 獨立하다 親から獨立する. 독립해서 가게를 내다 独立して店を出す. 사법권의 독립 司法権の独立.
 독립-국(獨立國)【동닙꾹】图 獨立國.
 독립-군(獨立軍)【동닙꾼】图 獨立軍.
 독립-권(獨立權)【동닙꿘】图 獨立權.
 독립-변수(獨立變數)【동닙뼌-】图〖數學〗独立変数. ⇨종속 변수(従屬變數).
 독립-심(獨立心)【동닙씸】图 独立心. ⇨독립심을 기르다 独立心を育てる.
 독립-적(獨立的)【동닙쩍】图 独立的.
 독립-채산제(獨立採算制)【-】图 独立採算制.
독-무대(獨舞臺)【동-】图 独り舞台.
독물(毒物)【동-】图 毒物.
독방(獨房)【-빵】图 ❶1人部屋. ❷ 獨房.
독배(毒杯·毒盃)【-뻬】图 毒杯. ⇨독배를 들다 毒杯を仰(あお)ぐ.
독백(獨白)【-빽】图 하自 獨白; 獨り言.
독-버섯(毒-)【-뻐섣】图 毒キノコ.
독법(讀法)【-뻡】图 読み方.
독보(獨步)【-뽀】图 하自 獨步.
 독보-적(獨步的)【-뽀-】图 獨步的. ⇨독보적인 존재 獨步的な存在.
독본(讀本)【-뽄】图 読本. ⇨문장 독본 文章読本.
독불-장군(獨不將軍)【-뿔-】图 何でも自分 一人의 考えで推し進める人.
독사(毒蛇)【-】图〖動物〗毒ヘビ.
독-사진(獨寫眞)【-싸-】图 1人で写っている写真.
독살(毒殺)【-쌀】图 하他 毒殺.
독상(獨床)【-쌍】图 一人膳.
독생-자(獨生子)【-쌩-】图〖キリスト教〗イエスキリスト.
독서(讀書)/tokʔsʌ/【-써】图 하自 讀書. ⇨어릴 때부터 독서하는 습관을 들이다 小さい時から読書する習慣をつける. ▶독서 백편 의자현 読書百遍義自ら見(あらわ)る.
 독서-삼매(讀書三昧)【-】图 読書三昧. ⇨독서삼매에 빠지다 読書三昧에 明け暮れる.
 독서-실(讀書室)【-】图 受験勉強用의 有料의 自習室. 机と机의 間이 仕切られている.
독선(獨善)【-썬】图 獨善; 獨りよがり.
 독선-적(獨善的)【-썬-】图 獨善的. ⇨독선적인 행동 獨善的な行動.
독설(毒舌)【-썰】图 毒舌. ⇨독설을 퍼붓다 毒舌をふるう.
독성(毒性)【-썽】图 毒性.
독소(毒素)【-쏘】图 毒素.
독수-공방(獨守空房)【-쑤-】图 하自 結婚한 女性의 獨り寝.
독-수리(禿-)【-쑤-】图〖鳥類〗クロハゲワシ(黒禿鷲).
독수리-자리(禿-)【-쑤-】图〖天文〗わし座.
독순-술(讀脣術)【-쑨-】图 読唇術.
독신(獨身)【-씬】图 獨身; 獨り身. ⇨홀몸.
 독신-녀(獨身女)【-씬-】图 獨身女; 獨身女性.
 독신-자(獨身者)【-씬-】图 獨身者.
독실(獨室)【-씰】图 1人部屋.

독실-하다 (篤實-)【-씰-】 [形][하变] 篤實だ. ‖독실한 신자 篤実な信者.

독심 (毒心)【-씸】 [名] 悪心; 毒心. ‖독심을 품다 悪心をいだく.

독심-술 (讀心術)【-씸-】 [名] 読心術.

독야청청 (獨也靑靑) [名] (松の木は冬にも青々としていることから)孤高な節操を守り切り, 変わらないこと.

독약 (毒藥) [名] 毒薬.

독어 (獨語) [名] 〔독일어(獨逸語)の略語〕ドイツ語.

독일 (獨逸) [国名] ドイツ. ⑳独(獨).

독일-어 (獨逸語) [名] ドイツ語. ⑳独어(獨語).

독자[1] (獨子)【-짜】 [名] 一人息子.

독자[2] (獨自)【-짜】 [名] 独自. ‖독자 노선 独自の路線.

독자-적 (獨自的) [名] 独自. 独自的인 생각 独自の考え. 독자적인 상품 개발 独自的な商品開発.

독자[3] (讀者)【-짜】/tokt͈ɕ͈a/【-짜】 [名] 読者. ‖신문 독자 新聞の読者.

독자-란 (讀者欄)【-짜-】 [名] 読者欄. ‖독자란에 투고하다 読者欄に投稿する.

독자-층 (讀者層)【-짜-】 [名] 読者層.

독작 (獨酌)【-짝】 [名][自] 一人酒.

독재 (獨裁)【-째】 [名] 独裁. ‖독재 정권 独裁政権.

독재-자 (獨裁者)【-째-】 [名] 独裁者.

독재 정치 (獨裁政治) [名] 独裁政治.

독점 (獨占)【-쩜】/tokt͈ɕ͈ʌm/【-쩜】 [名][他] 独占. ‖시장을 독점하다 市場を独占する. 독점욕이 강한 사람 独占欲が強い人.

독점-가격 (獨占價格)【-쩜까-】 [名] 独占価格.

독점-자본 (獨占資本) [名] 独占資本.

독점-적 (獨占的) [名] 独占的. ‖독점적인 지위 独占的な地位.

독존 (獨存)【-쫀】 [名][他] 独存.

독종 (毒種)【-쫑】 [名] 性質がきつい人; きつい人.

독주[1] (毒酒)【-쭈】 [名] ❶アルコール度数の高い酒. ❷毒の入った酒.

독주[2] (獨走)【-쭈】 [名][自] 独走.

독주[3] (獨奏)【-쭈】 [名][他] 〔音楽〕独奏.

독지-가 (篤志家)【-찌-】 [名] 篤志家.

독-차지 (獨-) /tokt͈ɕ͈ʰadʑi/【-차-】 [名][他] 独り占め. ‖이익을 독차지하다 利益を独り占めする. 인기를 독차지하다 人気を独り占めする.

독창[1] (獨唱) [名][自他] 独唱; ソロ.

독창[2] (獨創) [名][自他] 独創.

독창-력 (獨創力)【-녁】 [名] 独創力. ‖독창력이 돋보이는 작품 独創力が際立っている作品.

독창-성 (獨創性)【-썽】 [名] 独創性.

독창-적 (獨創的) [名] 独創的. ‖독창적인 작품 独創的な作品.

독-채 (獨-) [名] 一軒家.

독초 (毒草) [名] ❶きついタバコ. ❷毒草.

독촉 (督促) [名][하他] 督促; 催促. ‖빚을 갚으라고 독촉하다 借金の返済を督促する.

독촉-장 (督促狀)【-짱】 [名] 督促状.

독충 (毒蟲) [名] ❶毒虫. ❷〔動物〕マムシ(蝮).

독침 (毒針) [名] 毒針.

독탕 (獨湯) [名] 1人用の風呂.

독특-하다 (獨特-)【-트카-】 [形][하变] 独特だ. ‖독특한 문체 独特な文体.

독파 (讀破) [名][하他] 読破. ‖대작을 독파하다 大作を読破する.

독-풀 (毒-) [名] 毒草.

독-하다 (毒-) /tokʰada/【도카-】 [形][하变] ❶(性格・刺激の強くなる合ように)きつい; 強い; 強烈だ; 濃い. ‖독한 성격 きつい性格. 독한 술 きつい酒. 독한 냄새 強いにおい. ❷(風邪などが)ひどい; 重い. ❸(意志が)強い; 堅い. ‖마음을 독하게 먹다 気を引き締める.

독학 (獨學)【도카】 [名][하他] 独学. ‖한국어를 독학하다 韓国語を独学する.

독해 (讀解)【도캐】 [名][하他] 読解. ‖영어 장문을 독해하다 英語の長文を読解する.

독해-력 (讀解力)【도캐-】 [名] 読解力.

독해-지다 (毒-)【도캐-】 [自] ❶(におい・味などが)きつくなる; 強くなる. ❷(性格などが)きつくなる.

독후-감 (讀後感)【도쿠-】 [名] 読後感.

돈[1] /to:n/ [名] お金; 銭; 金銭. ‖돈을 벌다 お金を稼ぐ. 돈을 벌러 가다 出稼ぎに行く. 돈을 빌리다 お金を借りる; 借金する. 돈이 들다 お金がかかる. 돈 씀씀이가 헤프다 金遣いが荒い. 잔돈 細かい金; 小銭. 푼돈 용돈 小遣い. 돈 문제 金銭問題. ▶돈을 굴리다 お金を運用する. ▶돈을 만지다 何とかしてお金を稼ぐ. ▶돈을 먹다 買収される. ▶돈을 물 쓰듯 하다 お金を湯水のように使う. ▶돈만 있으면 귀신도 부릴 수 있다【諺】地獄の沙汰も金次第.

돈[2] (錢) 〔貴金属などの〕重量の単位: …匁(もんめ). ‖순금 세 돈 純金3匁.

돈[3] [ㄹ語幹] 돌다(回る)の過去連体形.

돈-가스 (とん[豚]カツ日) とんカツ. ⑳ポコケ튀김.

돈-값【-깝】 [名] 金額に相当する価値; お金の価値. ‖돈값을 하다 値段相応である; 価値相応のことをする.

돈-거리【-꺼-】 [名] 金目のもの. ‖돈거리가 되다 金になる; 金目になる.

돈-내기 [名][하他] 賭け事; 賭博.

돈-냥 (-兩) [名] = 돈돈.

돈-놀이 [‐노리] 图㈑ 金貸し.
돈-독 (‐毒) [‐똑] 图 金に執着する性向. ∥돈독이 오르다 金に目がくらむ; 金に夢中になる.
돈독-하다 (敦篤‐) [‐도카다] 圈 [하옇] 篤実だ; (愛情・信仰などが) 厚い. ∥신앙심이 돈독하다 信仰が厚い.
돈-맛 [‐맏] 图 お金の味; 金を貯めたり使ったりする時の楽しさ. ∥돈맛을 알다 お金の味を知る. 돈맛을 들이다 お金の味を占める.
돈-방석 (‐方席) [‐빵‐] 图 金持ちになること; 大儲けすること. ▶돈방석에 앉다 金持ちになる; 一儲けする.
돈-벌이 /toːnpʌri/ [‐뻐리] 图 ㈑ 金儲け. ∥돈벌이가 되는 일 金儲けになる仕事.
돈-벼락 [‐뼈‐] 图 いきなり大金を手に入れること. ∥복권에 당첨되어 돈벼락을 맞다 宝くじに当たってにわかに大金持ちになる.
돈-복 (‐福) [‐뽁] 图 金運.
돈사 (豚舎) 图 豚舎; 豚小屋. ㊂돼지우리.
돈-세탁 (‐洗濯) 图 ㈑ マネーロンダリング; 資金洗浄.
돈아 (豚兒) 〔아들의 謙譲語〕愚息; 豚児.
돈-주머니 图 小銭入れ; 財布.
돈-줄 [‐쭐] 图 金づる. ∥돈줄이 끊어지다 金づるが切れる.
돈-타령 图 ㈑ 常にお金の話を口にすること.
돈-푼 图 はした金; わずかな金. ㊂돈냥.
돋구다 [‐꾸‐] 個 (食欲などを) そそる; (意欲などを) 高める. ∥입맛을 돋구는 반찬 食欲をそそるおかず.
돋다 /toːtta/ [‐따] 固 ❶ (太陽が) 昇る. ∥해가 돋다 日が昇る. ❷ (芽が) 出る; 生える. ∥새싹이 돋다 芽が出る. ❸ (吹き出物などが) 出る; できる. ∥여드름이 돋다 にきびができる.
돋-보기 [‐뽀‐] 图 老眼鏡; 虫眼鏡; ルーぺ; 拡大鏡.
돋-보이다 [‐뽀‐] 固 際立つ; 目立つ. ∥돋보이는 미모 際立つ美貌.
돋아-나다 固 ❶ 芽生える; 芽吹く; 芽ぐむ. ∥새싹이 돋아나다 新芽が芽生える. ❷ (吹き出物などが) 出る.
돋우다 /toduda/ 個 ❶ (灯心などを) 上げる; かき上げる; 高くする. ∥심지를 돋우다 灯心を上げる. ❷ 奮い立たせる; 励ます. ∥용기를 돋우다 勇気を奮い立たせる. ❸ (声を張り上げる; あおる. ∥목청을 돋우다 声を張り上げる. 화를 돋우다 怒りをあおる; 怒らせる. 신경을 돋우다 神経を尖らせる. ❹ そそる; かき立てる. ∥구미를 돋우다 食欲をそそる.
돋을-새김 图〈美術〉浮き彫り; レリーフ. ㊂부각 (浮刻)・부조 (浮彫).

돌¹ /tol/ 图 満 1歳の誕生日. ∥아이의 돌이 되다 子どもが満 1歳を迎える.
—依图 ‐周年. ∥창립 열 돌을 맞이하다 創立 10 周年を迎える.
돌-날 [‐랄] 图 満 1歳の誕生日.
돌-떡 图 満 1歳の誕生祝いの餅.
돌-맞이 图 ① 満 1歳の誕生日を迎えること. ② 1 周年を迎えること.
돌-상 (‐床) [‐쌍] 图 満 1歳の誕生祝いの膳.
돌-잔치 图 ㈑ 満 1歳の誕生祝い. ✢韓国では盛大に祝う習慣がある.

돌² /toːl/ 图 石. 石材. ∥돌을 던지다 石を投げる. 돌에 걸려 넘어지다 石につまずいて転ぶ. 돌을 잘라내다 石材を切り出す. 바둑돌 碁石.

돌³ [ㄹ語幹] 돌다 (回る) の未来連体形.
돌-감 图〈植物〉野生の柿.
돌격 (突擊) 图 ㈑ 突擊.
돌격-대 (突擊隊) [‐때] 图 突擊隊.
돌-고래 图〈動物〉マイルカ (真海豚).
돌기 (突起) 图 ㈑ 突起. 충양돌기 虫様突起.
돌-기둥 图 石柱.
돌-기와 图 石瓦.
돌-길 [‐낄] 图 砂利道; 石を敷いた道.
돌김 图 岩海苔.

돌다 /toːlda/ 固 [ㄹ語幹] [돌아, 도는, 돈] ❶ 回る. ∥풍차가 돌다 風車が回る. 빙글빙글 돌다 ぐるぐる回る. 회전판이 돌다 回覧板が回る. 술기운이 돌다 酔いが回る. 전국을 돌다 全国を回る. 유럽 오 개국을 돌다 ヨーロッパ 5か国を回る. 운동장을 한 바퀴 돌다 運動場を1周する. 거래처를 돌아서 회사에 가다 取引先を回って会社に行く. 지구가 태양의 둘레를 돌다 地球が太陽の回りを回る. ❷ 出回る. ∥위조 지폐가 돌고 있다 偽造紙幣が出回っている. ❸ 曲がる. ∥왼쪽으로 돌아 左に曲がる. ❹ (うわさなどが) 広まる; 立つ. ∥동네에 이상한 소문이 돌다 近所に変なうわさが立つ[②]. ❺ (伝染病などが) はやる. ∥전염병이 돌다 伝染病がはやる. ❻ 気がふれる; 頭が変になる. ∥머리가 돌다 気が変だ. 頭が変になりそうだ. ❼ (変化が表面に) 表われる; 浮かぶ. ∥얼굴에 생기가 돌다 顔に生気がよみがえる. 검은 빛이 돌다 黒みを帯びる. 붉은 기가 돌다 赤みが出る. 눈물이 핑 돌다 目頭が熱くなる. ❽ (能力などが) 生つきがまわる.

돌-다리 [‐따‐] 图 石橋. ▶돌다리를 두들겨 보고 건너라 [諺] 石橋を叩いて渡る.
돌-담 [‐땀] 图 石垣.
돌-대가리 图 〔俗っぽい言い方で〕石頭.
돌-덩어리 [‐떵‐] 图 =돌덩이.

돌-덩이【-떵-】얘 야 큰 돌이.
돌-도끼 명 石斧.
돌돌 튀 手早く幾重にも巻きつける様子: くるくる. ‖돌돌 말다 くるくる巻く.
돌려 돌리다(回す)의 운용형.
돌려-나기 명 輪生.
돌려-놓다【-노타】타 向きを変えておく.
돌려-드리다 〔돌려주다의 겸양어〕お返しする.
돌려-받다【-따】타 返してもらう.
돌려-보내다 타 ❶ 訪ねてきた人を, 会わずにそのまま帰らす. ‖심부름꾼을 돌려보내다 使いを帰す. ❷ 送り返す. ‖선물을 돌려보내다 贈り物を送り返す.
돌려-보다 타 回し読みする; 回覧する. ‖잡지를 돌려보다 雑誌を回し読みする.
돌려-쓰다【으쓰】타 ❶ やり繰り算段する. ‖돈을 돌려쓰다 お金をやり繰りして使う. ❷ 転用する.
돌려-주다 타 ❶ 返す; 返却する. ‖친구한테 빌린 책을 돌려주다 友だちに借りた本を返す. ❷ 都合してやる.
돌려-짓기【-짇끼】명 輪作. 예 윤작(輪作).
돌리는 돌리다(回す)의 현재 연체형.
돌리다[1] 孤立させられる; 仲間はずれにされる. ‖친구들한테 돌리고 있다 友だちに仲間はずれにされている.
돌리다[2] 타 ひと息する. ‖한숨을 돌리다 ひと息つく.
돌리다[3] /tollida/ 타 ❶ 回す. ‖다이얼을 돌리다 ダイヤルを回す. 채널을 돌리다 チャンネルを回す. 회람판을 돌리다 回覧板を回す. 선풍기를 돌리다 扇風機を回す. 적으로 돌리다 敵に回す. 술잔을 돌리다 杯を回す. 다음으로 돌립시다 次回に回しましょう. ❷ 回らせる. ‖운동장을 열 바퀴 돌리다 運動場を10周回らせる. ❸ (話題・方向などを)変える; (視線で)そらす. ‖화제를 돌리다 話題を変える. 시선을 돌리다 視線をそらす. 눈을 돌리다 目を向ける. 발길을 돌리다 きびすをめぐらす. ❹ 動かす; 稼動する. ‖기계를 돌리다 機械を動かす. 공장을 돌리다 工場を稼動する. ❺ 配る; 配達する. ‖신문을 돌리다 新聞を配達する. ❻ 戻す. ‖계획을 백지로 돌리다 計画を白紙に戻す. 얘기를 교육 문제로 돌리다 話を教育の問題に戻す. ❼ なすりつける. ‖책임을 다른 사람에게 돌리다 責任を他の人になすりつける. ❽ 遠回しに言う. ‖돌려서 말하다 遠回しに言う. ❾ (お金などを)やり繰りする. ‖돈을 돌리다 お金をやり繰りする. ❿ (心を)入れ替える. ‖마음을 돌리다 心を入れ替える.
돌린 돌리다(回す)의 과거 연체형.

돌릴 돌리다(回す)의 미래 연체형.
돌림-감기(-感氣)【-깜-】명 インフルエンザ.
돌림-노래 명 (音楽) 輪唱.
돌림-병(-病)【-뼝】명 はやり病; 流行性疾患; 伝染病.
돌림-자(-字)【-짜】명 世系関係を表わすために名前に共通に用いる一字. 예 항렬자(行列字).
돌림-쟁이 명 仲間はずれ.
돌-멩이 /to:lmeŋi/ 명 小石; 石ころ.
돌멩이-질 하자 石投げ. 예 돌질.
돌-무더기 명 石の小山.
돌발(突發) 하자 突発.
돌발-적(突發的)【-쩍】명 突発的. ‖돌발적인 사고 突発的な事故.
돌-배 명 (植物) 山梨の実.
돌변(突變) 하자 急変; 一変; ころっと変わること. ‖태도가 돌변하다 態度がころっと変わる.
돌-보다 /to:lboda/ 타 世話する; 面倒をみる. ‖손자들을 돌보다 孫たちの世話をする.
돌-부리【-뿌-】명 石の地上に突き出ている部分. ‖돌부리에 걸려 넘어지다 石につまずいて転ぶ.
돌-부처 명 石仏. 예 석불(石佛).
돌-비(-碑) 명 石碑. 예 석비(石碑).
돌-비【-삐】명 (鉱物) 雲母. 예 운모(雲母).
돌-산(-山) 명 石山; 岩山.
돌-상어(魚介類) サメガシラ(鮫頭).
돌-샘 명 岩清水.
돌-소금 명 岩塩.
돌-솜(-綿) (鉱物) 石綿. 예 석면(石綿)・アスベストス.
돌-솥【-솓】명 ❶ 石釜. ❷ 石焼きビビンパの器.
돌아 🆓【ㄹ語幹】돌다(回る)의 운용형.
돌아-가다 /toragada/ 자 ❶ 回る; 回転する. ‖선풍기가 돌아가고 있다 扇風機が回っている. 혀가 제대로 안 돌아가다 舌がうまく回らない; 呂律(쮸)が回らない. ❷ 帰る; 戻る; 立ち戻る. ‖집으로 돌아가다 家に帰る [戻る]. 원점으로 돌아가다 原点に立ち返る. ❸ 帰する. ‖수포로 돌아가다 水泡に帰する. ❹ 遠回りをする. ‖먼 길을 돌아가다 回り道をする. ❺ 曲がる. ‖오른팔이 제대로 안 돌아가다 右腕がうまく曲がらない. 중풍으로 입이 돌아가다 中風で口がゆがむ. ❻ 配分される; 配られる; (全員に)渡る. ‖열 개니까 한 사람당 두 개씩 돌아간다 10個だから1人当たり2個ずつ配られる. ❼ 動く; 稼動する. ‖공장은 잘 돌아가고 있다 工場はうまく稼動している. ❽ (物事が)進む; 変わっていく; 動く. ‖정국이 돌아가는 것을 지켜보다 政局の推移を見守る. ❾〔돌아가시다

의 形으로) 亡くなる. ∥할머니는 작년에 돌아가셨습니다 祖母は去年亡くなりました.

돌아-눕다[-따]{自}[ㅂ變] 寝返りを打つ; 寝る向きを変える.

돌아-다니다{自} うろうろ歩き回る; 巡る.

돌아다니-보다{他} 振り返る. ∥지난날을 돌아다녀보다 過ぎた日を振り返る.

돌아-보다{他} ❶ 振り向く; 振り返る. ∥뒤를 돌아보다 後ろを振り向く. 학창시절을 돌아보다 学生時代を振り返る. ❷ 顧みる; 回顧する; 省みる. ❸ 見回る; 見回す; 見渡す. ∥교내를 돌아보다 校内を見回す.

돌아-서다{自} ❶ 後ろ向きになる. ∥화를 내며 돌아서다 腹を立てて背を向ける. ❷ 仲違いする; 関係を絶つ. ∥결국 두 사람은 돌아서고 말았다 結局 2 人は仲違いしてしまった.

돌아-앉다[-안따]{自} ❶ 後ろ向きに座る; 背を向けて座る. ∥돌아앉은 어머니는 한마디도 하지 않으셨다 背を向けて座ったお母さんは一言も言わなかった. ❷ […(으)로 돌아앉다の形で] …に向かって座る. ∥책상 앞으로 돌아앉다 机に向かって座る.

돌아-오다 /toraoda/{自} ❶ 戻る; 戻ってくる; 帰ってくる. ∥집으로 돌아오다 家に帰ってくる. 정신이 돌아오다 意識が戻る; 我に返る. ❷ (順番などが)回ってくる. ∥내 차례가 돌아오다 私の順番が回ってくる. ❸ [돌아오는 …の形で] 来る…. ∥돌아오는 일요일이 어머니 생신이다 来る日曜日が母の誕生日だ.

돌연-변이{名}[生物] 突然変異.

돌연-사(突然死){名} 突然死.

돌연-히(突然-){副} ∥그가 돌연히 사라졌다 彼が突然消えた.

돌이켜-보다{他} 顧みる; 振り返ってみる. ∥돌이켜보건대 반성할 점이 많다 振り返ってみると反省すべき点が多い.

돌이키다{他} ❶ 振り返る; 顧みる. ❷ 思い直す. ❸ 戻す; 取り戻す; 取り返す. ∥돌이킬 수 없는 순간 取り返すことができない瞬간. 돌이킬 수 없는 실수 取り返しのつかないミス; 痛恨のミス.

돌입(突入){名}{自} 突入.

돌-절구{名} 石臼.

돌-조개{名}[魚介類] イシガイ(石貝).

돌진(突進)【-찐】{名}{自} 突進. ∥적진을 향해 돌진하다 敵陣を目がけて突進する.

돌-질{名}{自} [돌멩이질의 略語] 石投げ.

돌-집[-찝]{名} 石造りの家; 石の家.

돌-쩌귀{名} (扉の)肘壺(ちょうつがい)と肘金(ちょうがね).

돌-촉(-鏃){名} 石鏃(せきぞく).

돌출(突出){名}{自} 突出; 突き出ていること.

돌-층계(-層階)【-/-게】{名} 石段.

돌-콩{名}[植物] ツルマメ(蔓豆).

돌-탑(-塔){名} 石塔. {類}석탑(石塔).

돌파(突破){名}{他} 突破. ∥난관을 돌파하다 難関を突破する. 참가자가 오만 명을 돌파하다 参加者が 5 万人を突破する.

돌파-구(突破口){名} 突破口. ∥돌파구를 찾아내다 突破口を見出だす.

돌팔매-질{名}{他} 石投げ; つぶて打ち.

돌-팔이{名} ❶ 各地を転々としながら占ったり技術·製品などを売ったりする人. ❷ [見くびる言い方で] 専門的知識·技術が備わっていない専門家. ∥돌팔이 의사 免許なしに診療する医者; やぶ医者. 돌팔이 도둑 一度も盗んだことない盗み初めの泥棒.

돌풍(突風){名} 突風. ∥돌풍이 일다 突風が起こる.

돌-하루뿌{名} 돌하르방の誤り.

돌-하르방{名}[民俗] おじいさんの石像. ✧済州島に伝わる安寧と秩序を守ると信じられている石神.

돔[1]{名}[魚類] 〔도미の縮約形〕 タイ(鯛).

돔[2] (dome){名} ドーム.

돕는{冠}{他}[ㅂ變] 돕다(手伝う)の現在連体形.

돕다 /to:p'ta/【-따】{他}[ㅂ變] [도와, 돕는, 도운] ❶ 手伝う; 手助けする; 助ける. ∥집안일을 돕다 家事を手伝う. 가게 일을 돕다 店の仕事を手助けする. 재해를 当った사람들을 돕다 災害にあった人々を助ける. ❷ 救援する. ❸ 助ける; 救う. ∥조난자를 돕다 遭難者を救援する. 도우러 가다 救援に向かう. ❸ 後押しする; 助力する; 力づける. ∥나도 도울게 私も力になってあげる. ❹ 促す. ∥성장을 돕는 영양제 成長を促す栄養剤.

돗-바늘[돋빠-]{名} 大針.

돗-자리[돋짜-]{名} ござ; むしろ. ∥돗자리를 펴다 ござを広げる.

동[1]{名} ❶ (物事の)つじつま; つながり; 筋; 筋道. ∥동이 닿다 つじつまが合う. 동일어지다 かけ離れる. ❷ 間(참); 間(ま). ∥동이 뜨다 間が長い. ❸ 저고리(チョゴリ)の袖の継ぎ合わせの部分. ∥색동저고리 袖を色とりどりの布で縫い合わせたチョゴリ. ❹ (物事の)終わり; 底. ∥동이 나다 底をつく; 品切れになる.

동[2] (東) /toŋ/{名} 東. ∥동이 트다 東の空が白む. ▶동에 번쩍 서에 번쩍{副}「「東にちらっと、西にちらっと」の意で〕動きが非常に機敏なこと.

동[3] (洞){名}[行政] ❶ 行政区域の一つ. ✧구の下に位置する. ❷ 동사무소(洞事務所)の略語.

동[4] (銅){名}[鉱物] 銅. {類}구리.

동⁵(棟)〔依名〕 ❶ …棟. ‖신축 맨션 다섯 동 건설 중 新築マンション5棟建設中. ❷ マンション・アパートなど一連の建物の番号. ‖주공 아파트 백오 동 칠백오 호 住宅公社アパート105棟705号.

동가식서가숙(東家食西家宿)〔─써─〕〔名〕〔하自〕 住むところが一定せず, 知り合いの家を転々と(し)ながら生活すること.

동가-홍상(同價紅裳)〔─가─〕〔名〕 (「同じ値段なら真紅のスカート」の意で)同じ値段なら見た目のいいものを選ぶことのたとえ. ⑩같은 값이면 다홍치마.

동감(同感)〔名〕〔하自〕 ‖너의 말에 동감한다 君の言葉に同感だ.

동갑(同甲) /tongap/〔名〕 同い年; 同年齢; 同い年の人. ‖남편과는 나는 동갑이다 夫とは同い年だ.

동강〔名〕 切れ; 切れ端; かけら. ‖나무 동강 木っ端. 동강(을) 내다 折る; 切る; 切断する. 동강(이) 나다 折れる; 切れる; 切断される. **동강-동강**〔副〕切れ切れに; ずたずたに.

━ 동강 …切れ. ‖두 동강 2切れ.

동거(同居)〔名〕〔하自〕 ❶ 同棲. ‖두 사람은 학생 때부터 동거하고 있다 2人は学生の頃から同棲している. ❷ 同居. ‖동거 가족 同居家族.

동격(同格)〔─껵─〕〔名〕 同格.

동결(凍結)〔名〕〔하他〕 凍結. ‖예산을 동결하다 予算を凍結する. **동결-되다**

동경¹(東經)〔名〕〔地〕 東経.

동경²(憧憬)〔名〕〔하他〕 憧憬, 憧れ. ‖영화 배우를 동경하다 映画スターに憧れる. 동경의 대상 憧れの的.

동계¹(冬季)〔─/─계〕〔名〕 冬季. ‖동계 올림픽 冬季オリンピック.

동계²(同系)〔─/─계〕〔名〕 同系.

동계³(動悸)〔名〕 動悸.

동고-동락(同苦同樂)〔─낙〕〔名〕〔하自〕 苦楽をともにすること.

동고-서저(東高西低)〔名〕〔天文〕 東高西低.

동공(瞳孔)〔名〕〔解剖〕 瞳孔.

동과(冬瓜)〔名〕〔植物〕 トウガン(冬瓜). **동과-자**(冬瓜子)〔名〕〔漢方〕 トウガンの種.

동구¹(東歐)〔名〕〔地名〕 東欧; 東ヨーロッパ. ⑪서구(西歐).

동구²(洞口)〔名〕 村の入り口.

동굴(洞窟)〔名〕 洞窟.

동궁(東宮)〔名〕〔歷史〕 東宮.

동규(冬葵)〔名〕〔植物〕 フユアオイ(冬葵). **동규-자**(冬葵子)〔名〕〔漢方〕 フユアオイの種.

동그라미 /tongurami/〔名〕 円; 丸; 円形. ‖동그라미를 그리다 円を描く. 정답에는 동그라미를 치다 正解には丸をつける.

동그랑-땡〔料理〕 牛肉または豚肉のひき肉とみじん切りにした野菜を混ぜたものに小麦粉と卵の衣をつけて小さいハンバーグ状に焼いたもの.

동그랑-쇠〔─/─쇠〕〔名〕 ❶ 輪回しの鉄輪. ⑩굴렁쇠. ❷ 五徳. ⑭삼발이.

동그랗다〔─라타〕〔形〕〔ㅎ変〕 丸い; まん丸い. ‖동그란 얼굴 丸い顔. ⑭둥그렇다.

동그마니〔副〕 ぽつんと. ‖그녀는 창가에 동그마니 앉아 있었다 彼女は窓際にぽつんと座っていた.

동그스름-하다〔形〕〔ㅎ変〕 丸っこい; 丸みがある. ‖동그스름한 얼굴 丸みを帯びた顔. ⑭둥그스름하다.

동글-납작하다〔─납짜가─〕〔形〕〔ㅎ変〕 (ものや顔が)丸くて平べったい. ⑭둥글넓적하다.

동글다〔形〕〔ㄹ語幹〕 丸い; 円形だ.

동글동글-하다〔形〕〔ㅎ変〕 くりくりしている; 丸い; まん丸だ. ⑭둥글둥글하다.

동급(同級)〔名〕 同級. ‖동급생 同級生.

동기¹(冬期)〔名〕 冬期. ⑪하기(夏期).

동기²(同氣)〔名〕 同気; 兄弟姉妹. ‖동기 간 兄弟姉妹の間.

동기³(同期)〔名〕 同期. ‖입사 동기 同期入社.

동기⁴(動機) /to:ŋgi/〔名〕 動機; きっかけ. ‖범행 동기 犯行の動機. 이 일을 시작하게 된 동기 この仕事を始めるようになったきっかけ.

동남(東南)〔名〕 東南.

동남-간(東南間)〔名〕 東と南の間.

동남-아(東南亞)〔名〕〔地名〕 동남아시아(東南亞)의 略称.

동남-아시아(東南 Asia)〔名〕〔地名〕 東南アジア. ⑩동남아(東南亞).

동남-풍(東南風)〔名〕 東南の風.

동남-향(東南向)〔名〕 東南向き.

동냥〔名〕〔하自他〕 ❶ 物ごい; 物もらい; 托鉢.

동냥-아치〔名〕 乞食; 物ごい.

동냥-질〔名〕〔하自〕 物もらい.

동네(洞一) /to:ŋne/〔名〕 村; 町. ‖같은 동네에 살고 있다 同じ町に住んでいる. 옆 동네 隣の村.

동네-방네(洞─坊─)〔名〕 村中; あちこち. ‖동네방네 떠들고 다니다 村中に騒ぎ立てて回る.

동네-북(洞一)〔名〕 多くの人から非難されたりいじめられたりする人.

동년(同年)〔名〕 同年.

동년-배(同年輩)〔名〕 同輩.

동-녘(東─)〔─녁〕〔名〕 東方; 東の方.

동단(東端)〔名〕 東端; 東の方.

동댕이-치다〔他〕 ❶ (ものを)放り投げる. ‖가방을 바닥에 동댕이치다 かばん

を床に放り投げる. ❷(仕事などを)投げ出す; 放り出す. ‖일을 중도에서 동맹이치다 仕事を途中で投げ出す.

동동[動動] 图 ものを軽く叩く音: とんとん. ‖발을 동동 구르다 足をとんとん(と)踏み鳴らす.

동동-거리다 圓 (寒さ·悔しさ·焦りなどで)地団太を踏む; じたばた踏む; 足をとんとんと踏み鳴らす. ‖추워서 발을 동동거리다 寒くて足をとんとん(と)踏み鳴らす.

동동-걸음 图 小走り; 早足; 刻み足. ‖동동걸음으로 어둠 속으로 사라졌다 小走りで暗闇の中へ消えた.

동동²圓 小さいものが浮いて動く様子: ふわふわ.

동동-주 [-酒] 图 濁り酒.

동등-하다 [同等-] /toŋduŋhada/ 厖 [하게] 同等だ. ‖동등한 자격 同等な資格. 동등하다에 대하다 同等に扱う.

동-떨어지다 [同-] 圃 かけ離れる; 隔たる. ‖현실과 동떨어진 이야기 現実とかけ離れた話.

동라 [銅鑼] [-나] 图 [音楽] 銅鑼.

동란 [動乱] [-난] 图 動乱. ‖6ㆍ25동란 朝鮮動乱; 朝鮮戦争.

동량 [棟梁·棟樑] [-냥] 图 棟梁(りょう).

동력 [動力] [-녁] 图 動力.

동력-계 [動力計] [-녁께] 图 動力計.

동력-로 [動力炉] [-녕노] 图 [物理] 動力炉.

동력-삽 [動力-] [-녁쌉] 图 パワーショベル.

동력-원 [動力源] [-녀권] 图 動力源.

동력-자원 [動力資源] [-녁짜-] 图 動力資源.

동력-차 [動力車] [-녁차] 图 動力車.

동렬 [同列] [-녈] 图 同列.

동록 [銅綠] [-녹] 图 銅青; 綠青(ろくしょう).

동료 [同僚] [-뇨] 图 同僚. ‖직장 동료 職場の同僚.

동류¹ [同流] [-뉴] 图 同流.

동류² [同類] [-뉴] 图 同類.

동류-의식 [同類意識] [-뉴-/-뉴이-] 图 同類意識.

동류-항 [同類項] [-뉴-] 图 [数学] 同類項.

동률 [同率] [-뉼] 图 同率.

동리 [洞里] [-니] 图 [行政] 地方行政区域の동(洞)と이(里).

동맥 [動脈] /toːŋmɛk/ 图 ❶[解剖] 動脈. ⇔정맥(静脈). ❷[比喩的に] 主要な交通路.

동맥 경화 [動脈硬化] [-겨-] 图 [医学] 動脈硬化.

동맥-류 [動脈瘤] [-맹뉴] 图 [医学] 動脈瘤(りゅう).

동맹 [同盟] 图 直他 同盟.

동맹 파업 [同盟罷業] 图 ストライキ.
동맹-국 [同盟国] 图 同盟国.

동-메달 [銅 medal] /toŋmedal/ 图 銅メダル.

동면 [冬眠] 图 直他 冬眠. 圏겨울잠.

동명¹[同名] 图 同名.

동명-이인 [同名異人] 图 同名異人.

동명 [洞名] 图 동(洞)の名前.

동명사 [動名詞] 图 [言語] 動名詞.

동무 [動務] 图 ❶友だち; 友. ‖어릴 때 같이 놀았던 동무 幼い時一緒に遊んだ友だち. ❷仲間. ‖길동무 道連れ. 말동무 話し相手. ✦現在は決まった表現以外は 친구(親舊)が一般的である.

동문¹[同文] 图 同文. ‖이하 동문 以下同文.

동문²[同門] 图 同門.

동문-서답 [東問西答] 图 直自 ピントはずれの答え; 的はずれの答え. ‖그는 내 질문에 동문서답을 했다 彼は私の質問に的はずれの返答をした.

동물 [動物] /toːŋmul/ 图 動物. ‖동물 실험 動物実験. 야생 동물 野生動物.

동물-성 [動物性] [-썽] 图 動物性. ‖동물성 지방 動物性脂肪.

동물-원 [動物園] 图 動物園.

동물-적 [動物的] [-쩍] 图 動物的. ‖동물적인 감 動物的な勘.

동물-학 [動物学] 图 動物学.

동민 [洞民] 图 동(洞)の住民.

동박-새 [-쌔] 图 [鳥類] メジロ(目白).

동반 [同伴] 图 直他 同伴. ‖부부 동반으로 모임에 참석하다 夫婦同伴で集まりに参加する.

동반-자 [同伴者] 图 同伴者.

동반-자살 [同伴自殺] 图 直自 無理心中.

동-반구 [東半球] 图 東半球. ⇔서반구(西半球).

동방 [東方] 图 東方.

동방예의지국 [東方禮儀之國] [-녜-/-네이-] 图 東方の礼儀の国. ✦昔, 中国で朝鮮を指した言葉.

동방² [東邦] 图 ❶東方の国. ❷朝鮮.

동백 [冬柏] /toŋbɛk/ 图 [植物] ❶ツバキ(椿). ❷ツバキの実.

동백-기름 [冬柏-] [-끼-] 图 椿油.

동백-꽃 [冬柏-] [-꼳] 图 ツバキの花.

동백-나무 [冬柏-] [-빵-] 图 [植物] ツバキ(の木).

동병-상련 [同病相憐] [-년] 图 直他 同病相憐れむこと.

동복¹ [冬服] 图 冬服. ⇔하복(夏服). 圏춘추복(春秋服).

동복² [同腹] 图 同腹. ⇔이복(異腹). ‖동복동생 同腹の弟[妹].

동봉 [同封] 图 直他 同封.

동부¹ 图《植物》ササゲ(大角豆).
동부² (東部) 图 東部.
동-부인 (同夫人)【하다】图 夫人同伴.
동북 (東北) 图 東北.
동북-간 (東北間)【-깐】图 東と北の間.
동-북동 (東北東)【-똥】图 東北東.
동북-아시아 (東北 Asia) 图《地名》北東アジア.
동북-풍 (東北風) 图 北東の風.
동분-서주 (東奔西走)【하다】图 東奔西走.
동사¹ (凍死)【하다】图 凍死; 凍え死に.
동사² (動詞) 图《言語》動詞.
동-사무소 (洞事務所) 图 《行政区域の一つである》洞の役所. 働동(洞).
동산¹ 图 ❶家の近所の小山. ‖뒷동산 裏山. ❷家の庭園に作られた山.
동산² (動産) 图《法律》動産. 凾부동산 (不動産).
동산³ (銅山) 图 銅山.
동상¹ (凍傷) 图 凍傷; 霜焼け. ‖동상에 걸리다 凍傷にかかる.
동상² (銅像) 图 銅像.
동상-이몽 (同床異夢) 图 同床異夢.
동색 (同色) 图 同色; 同じ色.
동색 (銅色) 图 ❶銅色. ❷あかがね色.

동생 (同生)／tonsɛŋ／图 ❶弟; 弟または妹. ‖남동생 弟. 여동생 妹. 친동생 実弟. ✦年下の兄弟を男女の区別なく指す言葉. ❷同列の親戚で年下の人. ‖사촌 동생 従弟; 従妹. ❸年下の親しい人.

동서 (同棲)【하다】图 同棲.
동서² (同壻) 图 相壻; 相婿.
동서³ (東西) 图 東西.
동서-고금 (東西古今) 图 古今東西. ‖동서고금을 막론하고 古今東西を問わず.
동서남북 (東西南北) 图 東西南北.
동-서양 (東西洋) 图 東洋と西洋.
동석 (同席) 图 同席.
동선¹ (動線) 图 動線.
동선² (銅線) 图 銅線. 働구리줄.
동성¹ (同性) 图 同性. 凾이성(異性).
동성-애 (同性愛) 图 同性愛.
동성-연애 (同性戀愛)【-녀내】图 = 동성애(同性愛).
동성² (同姓) 图 同姓.
동성-동명 (同姓同名) 图 同姓同名.
동성-동본 (同姓同本) 图 姓と本貫(본)が同じであること.
동성불혼 (同姓不婚) 图 父系血族間の結婚を避けること.
동소-체 (同素體) 图《化学》同素体.
동수 (同數) 图 同数.
동승 (同乘)【하다】图 同乗.

동시 (同時)／toŋʃi／图 同時. ‖동시 녹음 同時録音. 두 편 동시 상영 중 2 本同時上映中.

동시-에 (同時-) 圖 同時に. ‖두 사람이 동시에 손을 들다 2 人が同時に手を挙げる. 도착과 동시에 출발하다 到着と同時に出発する. 그것은 단점인 동시에 장점이다 それは短所であると同時に長所である.
동시-통역 (同時通譯) 图 同時通訳.
동시² (童詩) 图 児童詩.
동-식물 (動植物)【-씽-】图 動植物.
동심 (童心) 图 童心. ‖동심으로 돌아가다 童心に返る.
동심-결 (同心結) 图 同心結び; けまん結び.
동심-원 (同心圓) 图《数学》同心円.
동아 图《植物》トウガン(冬瓜).
동아리¹ 图 長いものの一部分.
동아리² 图 ❶仲間. ❷(大学などのサークル; クラブ活動; 部活) 同好会. 働서클.
동-아시아 (東 Asia) 图《地名》東アジア.
동아-줄 图 太い縄; 太い綱.

동안¹ ／tonan／ 图 （時間的な）間(あいだ); 間(ま). ‖그 동안 その間(かん); その間(あいだ). 오랫동안 長い間. 한동안 しばらくの間. 삼 일 동안 3日間.

동안² (東岸) 图 東岸.
동안³ (童顔) 图 童顔.

동양 (東洋)／toŋjaŋ／图 東洋. 凾서양(西洋).
동양-사 (東洋史) 图 東洋史.
동양-인 (東洋人) 图 東洋人.
동양-학 (東洋學) 图 東洋学.
동양-화 (東洋畵) 图《美術》東洋画.

동업 (同業)【하다】图 同業.
동업-자 (同業者)【-짜】图 同業者.
동여-매다 (同-) 图 強く縛る; 強く結ぶ; 縛りつける; 縛り上げる; 締める. ‖머리띠를 질끈 동여매다 鉢巻をぎゅっと結ぶ.
동-역학 (動力學)【-녀각】图《物理》動力学.
동-영상 (動映像)【-녕-】图 動画像; アニメ; アニメーション.

동요¹ (動搖)／to:njo／图【하다】動揺. ‖그 말에 내 마음은 동요했다 その言葉に私の心は動揺した.

동요² (童謠)／to:njo／图 童謡; わらべ歌.

동우-회 (同友會)【-/-훼】图 同好会; クラブ. ‖사진 동우회 写真同好会.
동원 (動員)【하다】图 動員. ‖학생들을 동원하다 学生たちを動員する.
동원-령 (動員令)【-녕】图《軍事》動員令.
동위 (同位) 图 同位. ‖동위 원소 同位元素.
동-유럽 (東 Europe) 图《地名》東ヨーロッパ; 東欧. 凾서유럽(西-).
동음 (同音) 图 同音.
동음이의-어 (同音異義語)【-/-이-】图

동[言] 同音異義語.
동의¹(同義)【-/-이】[名] 同義. ㉠이의(異義).
동의-어(同義語)[名][言語] 同義語.
동의²(同意)【-/-이】[名][하自] 同意. ‖동의를 구하다 同意を求める.
동의³(胴衣)【-/-이】[名] 胴衣. ‖구명동의 救命胴衣.
동의⁴(動議)【-/-이】[名][하自他] 動議. ‖긴급동의 緊急動議.
동이(柄) 取っ手のついている甕(かめ). ‖물동이 水がめ.
동이다(紐)でくくる; 束ねる.
동인¹(動因)[名] 動因.
동인²(同人)[名] 同人.
동인-지(同人誌)[名] 同人誌.
동일(同一)【-/-이】[하形] 同一. ‖동일 인물 同一人物, 동일하게 취급하다 同一に扱う.
동일-성(同一性)[-썽][名] 同一性.
동일-시(同一視)[-씨][名][하他] 同一視.
동일-체(同一體)[名] 同一體.
동자(童子)[名] 童子.
동자-중(童子-)[名][仏教] 小僧.
동작(動作)/toːŋdʑak/[名][하自] 動作. ‖동작이 굼뜨다 動作がのろい, 재빠른 동작 素早い動作.
동장(洞長)[名] 동사무소(洞事務所)의 長.
동-장군(冬將軍)[名] 冬將軍.
동-적(動的)【-적】[名][形] 動的(静的).
동전(銅錢)/toŋdʑʌn/[名] コイン; 小銭; 銅貨. ‖가진 동전이 없다 小銭の持ち合わせがない, 동전을 모으다 小銭を貯める.
동-전력(動電力)[-절-][名][物理] 動電力.
동점(同點)[-쩜][名] 同点. ‖동점 골을 넣다 同点ゴールを入れる.
동정¹(同正)[名][하自] 同定.
동정²(同情)[名][하自] 同情. ‖동정을 금할 수 없다 同情を禁じ得ない, 동정을 사다 同情を買う.
동정-심(同情心)[名] 同情心.
동정³(動靜)[名] 動靜. ‖적의 동정을 살피다 敵の動静を探る.
동정⁴(童貞)[名] 童貞.
동정-남(童貞男)[名] 童貞の男.
동정-녀(童貞女)[名] ①処女. ②(カトリック) 聖母マリア. ‖동정녀 마리아 聖母マリア.
동조(同調)[名][하自] 同調. ‖그 사람 의견에 동조하다 彼の意見に同調する.
동족(同族)[名] 同族.
동족-상잔(同族相殘)[名] 同族が殺し合うこと.

동족-상쟁(同族相爭)【-쌩-】[名] 同族が互いに争うこと.
동종(同種)[名] 同種.
동지¹(冬至)[名][天文] (二十四節気の)冬至. ㉠하지(夏至).
동지-선(冬至線)[名][天文] 冬至線; 南回帰線.
동지-섣달(冬至-)【-딸】[名] ①陰暦の11月と12月. ②真冬.
동지-점(冬至點)[-쩜][名][天文] 冬至点.
동지-죽(冬至粥)[名][民俗] 冬至に食べる小豆粥.
동지-팥죽(冬至-粥)【-팓쭉】[名][民俗] =동지죽(冬至粥).
동짓-날(冬至-ㅅ-)【-진-】[名] 冬至の日.
동짓-달(冬至-ㅅ-)【-짇딸/-진딸】[名] 陰暦の11月.
동지²(同志)[名] 同志. ‖동지를 규합하다 同志を募る.
동진(東進)[名][하自] 東進.
동질(同質)[名] ㉠이질(異質).
동질-성(同質性)【-씽】[名] 同質性.
동질-적(同質的)【-쩍】[名] 同質. ‖동질적인 요소 同質の要素.
동-쪽(東-)【-ʦʲok/[名] 東; 東の方; 東方; 東側. ‖동쪽에서 해가 뜨다 東から日が昇る, 동쪽 하늘 東の空, 동쪽으로 창이 나 있다 窓は東向きである.
동차(同次)[名][数学] 同次.
동참(同參)[名][하自] ともに参加すること. ‖환경 보호 운동에 동참하다 環境保護運動に参加する.
동창¹(同窓)[名] [동창생(同窓生)의 略語] 同窓.
동창-생(同窓生)[名] 同窓生; 同期生. ⓐ동창(同窓). ‖고등학교 동창생 高校の同窓生[同期生].
동창-회(同窓會)【-/-ㅞ】[名] 同窓会.
동창²(凍瘡)[名][医学] 霜焼け; 凍瘡.
동체¹(同體)[名] 同体. ‖자웅 동체 雌雄同体, 일심동체 一心同体.
동체²(胴體)[名] 胴体.
동체³(動體)[名] 動体.
동치(同値)[名][数学] 同値.
동치미(料理) トンチミ(キムチの一種で, 大根をたっぷりの薄い塩水に漬けたもの).
동치밋-국[-믿꾹/-믿꿍][名][料理] 동치미の汁.
동침(同寢)[名][하自] 一緒に寝ること; 同衾(どうきん).
동태¹(凍太)[名] 冷凍したスケトウダラ.
동태²(動態)[名] 動態. ⓐ정태(靜態). ‖인구 동태 人口動態.
동토(凍土)[名] 凍土.
동토-대(凍土帶)[名][地] 凍土帯; ツンドラ. ⓐ툰드라.
동통(疼痛)[名] 疼痛(とうつう).

동-트다(東-)[자] [으쿤] 空が白む;夜が明ける. ∥동트는 시간 空が白む;夜明け方.

동파(凍破)[명][자サ] 凍って破裂すること. ∥한파로 수도관이 동파되다 寒波で水道管が破裂する.

동판(銅版)[명] 銅版.

동판-화(銅版畵)[명] 《美術》銅版画.

동포(同胞)[명] 同胞. ∥재일 동포 在日同胞.

동풍(東風)[명] 東風.

동-하다(動-)[자] [하여] ❶(心が)動く. ∥마음에 마음이 동하다 心という言葉に心が動く. ❷(ある欲求や感情などが)生じる.

동학(同學)[명] 同学;同窓;同門.

동학(東學)[명] 《歷史》東学(朝鮮時代末期,崔済愚が創始した新興宗教団体).

동학'농민'운동(東學農民運動)[-항-][명] 《歷史》東学党の乱;甲午農民戦争. ✤1894年東学の信徒が主導した農民戦争.

동-합금(銅合金)[-끔][명] 《化學》銅合金.

동해¹(東海)[명] 《地名》日本海;朝鮮半島の東側の海.

동해-안(東海岸)[명] (朝鮮半島の)東側の海岸.

동해²(凍害)[명] 凍害.

동행(同行)[명][자サ] 同行.

동행-인(同行人)[명] 同行する人;同行者;道連れ.

동향¹(同鄕)[명] 同郷.

동향²(東向)[명][자サ] 東向き. ∥동향 집 東向きの家.

동향³(動向)[명]/tonhjaŋ/ 動向;動き. 경제 동향 経済の動向. 동향을 살피다 動向を探る.

동형(同形)[명] 同形.

동호-인(同好人)[명] 同好の士. ∥동호인 모임 同好者の集まり.

동호-회(同好會)[-/-훼][명] 同好会.

동혼-식(銅婚式)[명] 銅婚式.

동화¹(同化)[명] [-/-훼][명] ❶이화 (異化). ❷이민족에 동화되다 異民族に同化する.

동화²(童話)[명]/tonhwa/ 童話. ∥그림 /gɯrim/ グリム童話. 동화 작가 童話作家. 세계적으로 유명한 동화로는 백설공주, 인어공주, 미운 오리 새끼 등이 있다. 世界的に有名な童話としては『白雪姫』,『人魚姫』,『みにくいあひるの子』などがある.

동화³(動畫)[명] 動画. ㊣ アニメーション.

동-활자(銅活字)[-짜][명] 銅活字.

돛[돋][명] 帆. ∥돛을 달아 帆を張る.

돛단-배[돋딴-][명] 帆かけ船;帆船. ㊣ 범선(帆船).

돛-대[돋때][명] マスト;帆柱. ㊣ マスト.

돼-먹다[-따][자] [主に下に打ち消しの表現を伴って] 人間としてちゃんとなっていない. ∥돼먹지 않은 인간 ろくでなし.

돼지¹/twe:dʑi/[명] 《動物》ブタ(豚). ∥돼지를 치다 ブタを飼う. 환갑 잔치를 위해 돼지 한 마리를 잡다 還暦の祝宴のためブタ1頭[匹]をつぶす. ▶돼지 멱따는 소리 (豚をつぶす時の悲鳴の意で)ぬか味噌が腐る(声). ▶돼지에 진주 (목걸이) [속] 豚に真珠.

돼지-고기[명] 豚肉.

돼지-띠[명] 亥(い)年生まれ.

돼지-우리[명] 豚小屋. ㊣ 돈사(舎).

돼지-해[명] 亥年.

되¹[명] 枡(ます).
— [依名] …升. ∥쌀 한 되 米1升.

되게/twe:ge/[-/-훼-][부] すごく;ものすごく;とても. ∥그 사람은 영어를 되게 잘한다 あの人は英語がとても上手だ. 되게 시고럽다 ものすごくうるさい. ✤主に会話で用いられる.

되-넘기다[-/-훼-][자] 転売する.

되-놈[-/-훼-][명] 〔ののしる言い方で〕中国人.

되-뇌다[-/-훼][자] 繰り返し言う.

되는[-/-훼-][명] 되다(なる)の現在連体形.

되는-대로[-/-훼-][twenundelo][부] ❶いい加減に; 行き当たりばったりで. ∥그는 되는대로 일하는 スタイル이다 彼は行き当たりばったりで仕事をするタイプだ. ❷なるべく; できるだけ. ∥되는대로 빌려 주세요 あるだけ貸してください.

되다¹/tweda/[-/-훼-][자] ❶できあがる; うまくいく. ∥밥이 다 되었다 ご飯ができあがった. 일이 제대로 안 되고 있다 仕事がうまくいっていない. ❷十分だ; (もう)いい. ∥술은 이제 됐습니다 お酒はもう十分です. [몇수록의 形で]できれば; できるだけ;なるべく. [위험한 데는 몇수록 가지 말아라 危ないところはできるだけ行かない. 몇수록 빨리 돌아와라 なるべく早く帰ってきて. ❹[…이[가] 되다の形で] …に[と]なる. ∥봄이 되다 春になる. 상대방の 입장に 서서 생각하다 相手の立場になって考える. 두 아이의 어머니가 되다 2人の子どもの母親となる. 헛수고가 되다 無駄になる. ❺[…(으)로 되다の形で] …からなる; …からできる. ∥プラスチック으로 된 주걱 プラスチックでできたしゃもじ. ❻[…이[가] 되다の形で] …に当たる; …に該当する. ❼외삼촌 되는 사람입니다 母方のおじに当たる人です. ❼[…게

되다의 形で] …になる; …くなる. ‖사이가 나쁘게 되다 仲が悪くなる. 예쁘게 되다 きれいになる. 좋아하게 되다 好きになる. 행복하게 되다 幸せになる. ❽ […아도 되다[…어도 되다…여도 되다…해도 되다](の形で) 許可·放任を表わす: …(し)てもいい; …(し)ても構わない. ‖오늘은 늦게 들어가도 된다 今日は遅く帰ってもいい. 이거 마셔도 됩니까? これ, 飲んでもいいですか. 나중에 전화해도 되겠습니까? 後で電話してしても構いませんか. ❾ […어야 되다 […어야 되다…여야 되다…해야 되다]の形で] 当為を表わす: …(し)なければならない. ‖내일은 빨리 학교에 가야 된다 明日は, 早く学校へ行かなければならない. 내일 시험이라서 오늘은 도서관에서 공부해야 된다 明日は試験だから今日は図書館で勉強しなければならない. ❿ […(으)면 되다の形で] …(す)ればいい; …(す)れば十分だ. ‖시험에 합격했으니까 면접만 보면 된다 書類選考は通ったから面接だけ受ければいい. 초등학생은 1日 2時間だけ勉強すれば十分だ.

되다² /twɛda/【-/돼-】[形] ❶ (ご飯などが)水分が足りなくて硬い. ㋐질다. ‖물이 적었는지 밥이 되다 水が少なかったのかご飯が硬い. ❷ (仕事などが)きつい. ‖밭일이 생각보다 되다 畑仕事が思ったよりきつい.

-되다【-/돼-】[接尾] ❶ [一部の動作性名詞に付いて] 自動詞や受身動詞を造る: …される; …になる; …する. ‖시작되다 始まる. 전달되다 伝わる. 걱정되다 心配になる. 복원되다 復元される. 생각되다 思われる. 생략되다 省略される. 보급되다 普及する. 판명되다 判明する. ❷ [一部の名詞や副詞に付いて] 形容詞を作る. ‖헛되다 虚しい. 거짓되다 真実ではない. 못되다 性悪だ.

되-도록 /twedorok/【-/돼-】[副] なるべく; できるだけ; できれば. ‖되도록 빨리 오세요 なるべく早く来てください. 되도록이면 천천히 말해 주세요 できるだけゆっくり話してください.

되-돌아가다 【-/돼-】[自] 戻っていく; 引き返す. ‖오던 길을 되돌아가다 来た道を引き返す.

되-돌아보다 【-/돼-】[自他] 振り返る.
되-돌아서다 【-/돼-】[自] 引き返す.
되-돌아오다 【-/돼-】[自] 戻ってくる.
되-묻다【-따 /돼-따】[他][ㄷ変] 聞き返す; 問い返す; 反問する. ‖누가 그렇게 말했느냐고 되묻다 誰がそう言ったのかと, 聞き返す.

되-바라지다 【-/돼-】[形] 小さくて生ざとい; こましゃくれている. ‖되바라진 행동 こましゃくれるふるまい.

되-받다【-따 /돼-따】[他] 口答えする; 言い返す. ‖지지 않고 말을 되받다 負けずに言い返す.

되-살리다【-/돼-】[他] 生き返らせる; 蘇らせる; 取り戻す.

되-살아나다 /twesaranada/【-/돼-】[自] 生き返る; 蘇える; 意識が戻る. ‖혼수 상태에서 되살아나다 昏睡状態から意識が戻る.

되-새기다【-/돼-】[他] 反芻(芻)する; 繰り返し考える; (心に)刻む.
되새김-질【-/돼-】[名][自](反芻.
되-씹다【-따 /돼-따】[他] 反芻(芻)する; 繰り返し言う. ‖들은 말을 되씹다 聞いたことを繰り返し言う.

되어[돼]【-/-】[自] 되다(なる)の連用形.

되-찾다 /twetɕʰatɕʰta/【-찬따 /돼찬따】[他] 取り戻す. ‖건강을 되찾다 健康を取り戻す. 기억을 되찾다 記憶を取り戻す. 잃어 버린 지갑을 되찾다 なくした財布が戻ってくる.

되-풀이 /twepʰuri/【-/돼-】[名][하他] 繰り返し. ‖같은 실수를 되풀이해서는 안 된다 同じ失敗を繰り返してはいけない.

된-【-/됀-】[冠] 되다(なる)の過去連体形.
된-똥【-/됀-】[名] 固い便.
된-밥【-/됀-】[名] 水分が少ない硬めのご飯. ㋐진밥.
된-서리【-/됀-】[名] ❶ 晩秋に降りる大霜. ❷ [比喩的に] ひどい打撃. ▶된서리를 맞다 ひどい打撃を受ける; ひどい目にあう.

된-소리【-/됀-】[名][言語] 濃音. ㋐경음(硬音).
된소리-되기【-/됀-됀-】[名][言語] 濃音化. ㋐경음화 (硬音化).

된-장 (-醬) /twɛndʑaŋ/【-/됀-】[名] 味噌.
된장-국 (-醬-)【-꾹 /됀-꾹】[名][料理] 味噌汁.
된장-찌개 (-醬-)【-/됀-】[名][料理] 味噌鍋.

될【-/-】[自] 되다(なる)の未来連体形.

될-성부르다【-성/ -됄성-】[形][르変] 見込みがある. ▶될성부른 나무는 떡잎부터 알아본다 (諺) (〔見込みのある木は双葉から見分けがつく〕の意で) 栴檀(檀)は双葉より芳(かん)し.

됨됨-이 /twɛmdwemi/【-/됌돼미】[名] 人となり; (ものの)出来ばえ. ‖무엇보다도 사람 됨됨이를 보고 뽑기로 했다 何よりも人となりを見て採ることにした.

두¹ /tu/ [冠] 〔둘が助数詞の前に来た形で〕 2つの; 2…. ‖사과 두 개 リンゴ 2個. 두 명 2名; 2人. 커피 두 잔 주세요 コーヒー 2つください.

두² 린 (도의 口語形) …も. ‖나두 가고 싶어 私も行きたい.

두각 (頭角) [名] 頭角. ‖두각을 나타내다 頭角を現わす.

두개(頭蓋)[名]〖解剖〗頭蓋.
　두개-골(頭蓋骨)[名]〖解剖〗頭蓋骨. 廖머리뼈.
두건(頭巾)[名](喪中にかぶる)男子の頭巾.
두견(杜鵑)[名] = 두견새(杜鵑-).
　두견-새(杜鵑-)[名]〖鳥類〗ホトトギス(杜鵑).

두고-두고 /tugodugo/ [副] ❶くどくどと;返す返す;何度も何度も.‖내가 한 말을 두고두고 되씹었다 私の言ったことを何度も何度も繰り返して言った. ❷いつまでも;ずっと;長らく.‖그 일을 두고두고 후회하다 そのことをずっと後悔する.

두근-거리다[-대다][自](胸・心臓が)どきどきする;わくわくする.‖가슴이 두근거리다 胸がどきどきする.

두근-두근 /tugunduguin/ [副] 〖하변〗(胸・心臓が)どきどき;わくわく.‖두근두근하는 심장의 고동 소리 どきどきする胸の鼓動の音.

두꺼비[名]〖動物〗ヒキガエル(蟾蜍).
두꺼비-집[名]〔안전 개폐기(安全開閉器)の別称〕(電流の)安全器.ブレーカー.

두꺼운[形][ㅂ変] 두껍다(厚い)の現在連体形.
두꺼워[副][ㅂ変] 두껍다(厚い)の連用形.

두껍다 /tu⁷kə⁷ta/【-따】[形][ㅂ変] ❶厚い.‖몹시 두꺼운 책 非常に厚い本. 고기를 두껍게 썰다 肉を厚く切る. 낯짝이 두껍다 面の皮が厚い.

두께 /tu⁷ke/ [名] 厚さ;厚み.‖책 두께 本の厚さ. 두께가 삼 밀리미터의 철판 厚さ三ミリの鉄板.

두뇌(頭腦)【-/-뇌】[名]❶頭脳;頭.❷明晰な頭脳 頭脳明晰. 우수한 두뇌가 해외로 유출되다 優秀な頭脳が海外に流出する.‖두뇌 회전이 빠르다 頭の回転が速い.

두다¹ /ruda/ [他] ❶置く.‖지갑을 집에 두고 왔다 財布を家に置いてきた. 가족을 서울에 두고 단신 부임하다 家族をソウルに置いて単身赴任する. 도쿄에 지사를 두다 東京に支社を置く. 비서를 두다 秘書を置く. 지배하에 두다 支配下に置く. 목표를 어디에 두느냐에 따라 방법이 달라진다 目標をどこに置くかによって方法が違ってくる. 대학에 적을 두고 있다 大学に籍を置いている. 거리를 두다 距離を置く. 염두에 두다 念頭に置く. ❷設ける;儲ける.‖위원회를 두다 委員会を設ける. 삼남매를 두다 3人の子どもを儲ける. ❸(囲碁を)打つ;(将棋を)指す.‖바둑을 두다 囲碁を打つ. 장기를 두다 将棋を指す. ❹(ある感情を)いだく;寄せる.

‖혐의를 두다 疑いをいだく. 그 사람한테 마음을 두고 있다 彼に心を寄せている. ❺[…을]…について;…をめぐって.‖그 문제를 두고 거듭회의를 열다 その問題をめぐって重ねて会議を開く. ▶두고 보다〔두고 보자の形で〕覚えてろ;覚えていよ.

두다² /ruda/ [補動][動詞の連用形に付いて] 物事の状態がそのまま続いていることを表わす. ❶…(て)おく.‖문을 열어 두다 ドアを開けておく. 메모해 두다 メモしておく. ❷…てある.‖금고 안에 보관해 두다 金庫の中に保管してある.

두더지[名]〖動物〗モグラ(土竜).
두둑[名] 畝(うね);畦(あぜ).
두둑-하다[-뚜카-][形]〖하변〗豊富だ;十分だ.‖용돈을 많이 받아 주머니가 두둑하다 小遣いをいっぱいもらって懐が暖かい. 배짱이 두둑하다 度胸がある.
　두둑-이[副]十分に.
두둔-하다[他]〖하변〗かばう;肩を持つ;味方をする;ひいきする.‖어머니는 언제나 동생만 두둔하신다 母はいつも弟の味方をする.
두둥-둥실[副] 軽く浮き上がる様子;ふわりふわり.
두-둥실[副] 軽く緩やかに浮かび漂う様子;ぽっかりと;ふんわりと.‖두둥실 떠있는 흰 구름 ぽっかり(と)浮かんでいる白い雲.
두드러기[名]〖医学〗蕁(じん)麻疹.‖온몸에 두드러기가 나다 全身に蕁麻疹が出る.

두드러-지다 /tudɯrɛdʑida/ [自] ❶目立つ;際立つ;ずば抜けている;著しい.‖활약이 두드러지는 선수 活躍が著しい選手. 그 사람은 키가 커서 어디에 가도 두드러진다 彼は背が高いのでどこに行っても目立つ. 두드러지게 성적이 좋다 際立って成績がよい. ❷表立つ;表面化する.‖두드러진 움직임은 없다 表立った動きはない.

두드리다 /tudɯrida/ [他] 叩く;打つ.‖한밤중에 문을 두드리다 真夜中にドアを叩く. 어깨를 두드리다 肩を叩く. 비가 창을 두드리는 소리 雨が窓を打つ音.
두들겨-맞다[-맏따][自動] 殴られる;ぶん殴られる.
두들겨-패다[他] ぶん殴る;強く殴る.‖친구를 괴롭히는 녀석을 두들겨패 버렸다 友だちをいじめるやつをぶん殴ってやった.
두들기다[他] むやみに叩く.
두런-거리다[自](大勢の人が)ひそひそと話す.
두런-두런[副]〖하변〗ひそひそ(と).‖여기저기서 두런두런하는 소리가 들리다

あちこちからひそひそと話す声がする.
두렁 [圀] 畦(ぁ). ‖논두렁 田の畦.
두렁이 [圀] [魚介類] タウナギ(田鰻).
두레 [民俗] 農繁期に共同作業のために作った組織(韓国式の)結(ゅ).
두레-박 [圀] つるべ.
　두레박-줄 [~쭐] つるべの綱.
두려운 [ㅂ変] 두렵다(怖い)の現在連体形.
두려움 [圀] 恐怖; 不安. ‖두려움を무릅쓰고 恐怖を顧みず. ‖두려움을 느끼다 不安を感じる.
두려워 [ㅂ変] 두렵다(怖い)の連用形.
두려워-하다 /turjəwəhada/ [他] [하変] ❶怖がる; 恐れる; 怯える. ‖실패를 두려워하다 失敗を恐れる. ❷敬い畏れる. ‖스승을 두려워하다 師を敬い畏れる.

두렵다 /turjəp*ta*/ [~따] [ㅂ変] [두려워, 두려운] ❶怖い; 恐ろしい. ‖人間の存在 怖いもの存在, 가장 두려운 것은 합병증입니다 一番恐ろしいのは合併症です. ❷不安だ. ‖두려운 미래 不安な未来. ❸擡れ多い. ‖두려워서 고개를 못 들다 擡れ多くて頭を上げられない.

두령 [頭領] [圀] 頭; 頭領.
두루 /turu/ [副] あまねく; まんべんなく; 一つ残らず; 広く. ◈두루-두루.
두루-마기 [圀] 한복(韓服)の上に着るコートのような服.
두루-마리 /turumari/ [圀] 巻紙; 巻物. ‖두루마리 화장지 (ロール状の)トイレットペーパー.
두루뭉술-하다 [形] [하変] ❶丸みを帯びている. ❷(言動・性格などが)曖昧である. ‖두루뭉술하게 얼버무리다 曖昧にちゃかす.
두루미 [圀] [鳥類] タンチョウヅル(丹頂鶴).
두루-주머니 [圀] 巾着.
두루-치기 [料理] 豚肉・貝・イイダコなどを軽くゆでて味付けしたもの.

두르다 /turuda/ [他] [르変] [둘러, 두른] ❶(首・腕などに帯状のものを)巻く; ‖팔에 붕대를 두르다 腕に包帯を巻く. 목도리를 두르다 マフラーを巻く. 완장을 두르다 腕章を巻く. ❷(エプロンなどを)かける. ‖앞치마를 두르다 エプロンをかける. ❸めぐらす; 囲う. ‖울타리를 두르다 垣根をめぐらす. ❹(油などを)引く. ‖프라이팬에 기름을 두르다 フライパンに油を引く. ❺回る; 遠回りする; 回り道する. ‖멀리 돌아서 가자 遠回して行こう. ‖공장 안을 빙 둘러 보다 工場の中をぐるっと回ってみる. 차가 막히고 있다니까 다른 길로 둘러 갑시다 渋滞しているそうだから回り道で行きましょう. 하고 싶은 말을 둘러 말하다 言いたいことを遠回しに言う. ❻(お金を)工

面する; 融通する; 借りる. ‖돈을 두르다 お金を借りる.
두릅 [圀] タラの芽.
두릅-나무 [~름-] [圀] [植物] タラノキ(楤の木).
두리뭉실-하다 [形] [하変] 두루뭉슬하다の誤り.
두리번-거리다 [自] きょろきょろ(と)見回す. ‖여기저기를 두리번거리다 辺りをきょろきょろ(と)見回す.
두만-강 [豆滿江] [地名] 豆満江. 中朝鮮民主主義人民共和国と中国・ロシア連邦の沿海州との国境をなす川.

두-말 [하変] 二言; とやかく言うこと. ‖두말하지 하지 마 これ以上言わせるな. ‖두말하면 잔소리 当たり前だ. ◈두말할 나위가 없다 言うまでもない; 言を俟(ま)たない.

두말-없이 [~마럽씨] [副] 一言のもとに; つべこべ言わず. ‖두말없이 도장을 찍어 주다 つべこべ言わずにはんこを押してやる.
두메 [圀] 山奥.
두메-산골 [~山-] [~꼴] [圀] 山里.
두목 [頭目] [圀] 頭目; 頭.
두문불출 [杜門不出] [하変] 家に閉じこもって出かけない.
두-문자 [頭文字] [~짜] [圀] 頭文字.
두바이 (Dubai) [國名] ドバイ.
두발 [頭髮] [圀] 頭髪. ◈머리털・모발(毛髮).

두부¹ [豆腐] /tubu/ [圀] 豆腐. ‖두부 한 모 豆腐1丁.
　두부-김치 [豆腐-] [料理] 豆腐キムチ(豆腐に豚肉などと炒めたキムチを添えたもの).
　두부-장국 [豆腐醬-] [-꾹] [料理] 豆腐を入れた澄まし汁.
　두부-찌개 [豆腐-] [料理] 豆腐鍋; 豆腐チゲ(豆腐を野菜などと煮込んで辛く味付けした汁物).
　두부-콩 [豆腐-] [圀] 豆腐用の大豆.
두부² [頭部] [解剖] 頭部.
두상 [頭相] [圀] 頭の形; 頭. ‖두상이 크다 頭が大きい.
두서 [頭書] [圀] 前書き; 頭書.
두-서너 [頭書] [~짜] [圀] 2から4くらいの; いくつかの; 何個かの. ‖사과 두서너 개 주세요 リンゴを何個かください.
두서-없다 [頭緒-] [~업따] [形] つじつまが合わない; (話の)筋が通らない; 段取りがよくない. ‖두서없는 일의 진행 段取りの悪い仕事の進め方. 두서없-이 [副] 당惶해서 두서없이 말을 하다 慌ててつじつまの合わないことを言う.
두억시니 [~씨-] [民俗] 夜叉(ゃ).
두운 [頭韻] [圀] [文芸] 頭韻. ◈각운(脚韻).
두유 [豆乳] [圀] 豆乳.
두음 [頭音] [圀] [言語] 頭音. ◈머리소

리. ¶말음(末音).
두음-법칙(頭音法則) 图 [言語] 頭音法則. ①漢字語や外来語の頭音のㄹがㄴかㅇに変わること. ◆리성(理性)→이성. 로동(勞動)→노동. 韓国では発音も表記もこの通りになる. 北朝鮮では適用されない. ②語頭のㄴが母音「ㅑ·ㅕ·ㅛ·ㅠ·ㅣ」とともに現われる場合にㄴが脱落すること.

두절(杜絶) 图 回自 途絶. 途絶えること. ¶연락이 두절되다 連絡が途絶える.
두정-골(頭頂骨) 图 [解剖] 頭頂骨.
두족-류(頭足類) [-종뉴] 图 [動物] 頭足類.
두주(斗酒) 图 斗酒. ¶말술.
두주불사(斗酒不辭) [-싸] 图 하自 斗酒をも辞せず.
두창(痘瘡) 图 [漢方] 痘瘡(とう); 天然痘.
두충(杜冲) [植物] トチュウ(杜冲).
두텁다 /tutʰəpt̕a/ [-따] 形 ①人情深い; (情に)厚い. ¶두터운 신앙심 厚い信仰心. 정이 두텁다 情に厚い. ㉠도탑다. ㉡깊다; 분厚い; 厚い. ¶두터운 벽 厚い壁. 두터운 입술 分厚い唇. **두터-이** 副
두톨-박이 图 双子栗.
두통(頭痛) /tutʰoŋ/ 图 頭痛. ¶두통이 심하다 頭痛がひどい; ひどい頭痛がする.
두통-거리(頭痛-) [-꺼-] 图 頭痛の種.
두툴-두툴 副 形動 でこぼこ; ぼこぼこ. ㉢도돌도돌.
두툼-하다 形 하変 分厚い. ¶두툼한 월급 봉투 分厚い給料袋. **두툼-이** 副
두툽-상어 [-쌍-] 图 [魚介類] トラザメ(虎鮫).
두해살이-풀 图 [植物] 二年生草本.
두흉-부(頭胸部) 图 [解剖] 頭胸部.

둑 /tuk/ 图 ❶堤; 堤防; 土手. ¶둑을 쌓다 堤を築く. 둑이 무너지다 堤が切れる; 堤防が決壊する. ❷盛り土; 畦(あぜ).
둑-길 [-낄] 图 土手道.
둔각(鈍角) 图 [数学] 鈍角. ㉺예각(銳角).
둔감-하다(鈍感-) 形 하変 鈍感だ; 鈍い. ㉠민감하다(敏感-). ¶둔감한 반응 鈍い反応. 둔감한 녀석 鈍感なやつ.
둔갑(通甲) 图 하自 化けること; 変身. ¶여우가 미녀로 둔갑하다 キツネが美女に化ける.
둔기(鈍器) 图 鈍器.
둔부(臀部) 图 [解剖] 臀部(でんぶ).
둔재(鈍才) 图 鈍才. ㉺수재(秀才).
둔주-곡(遁走曲) 图 [音樂] フーガ. ㉺푸가.
둔중-하다(鈍重-) 形 하変 鈍重だ.

‖둔중한 느낌 鈍重な感じ.
둔치 图 ❶水辺. ❷(水嵩が増すと浸かる)河川敷.
둔탁-하다(鈍濁-) [-타카-] 形 하変 (音が)鈍い.
둔-하다(鈍-) /tu:nhada/ 形 하変 ❶鈍い. ¶머리 회전이 둔한 남자 頭のはたらきが鈍い男. ❷動作が遅い. 동작이 둔하다 動作がのろい. ❸(判断などが)鋭くない.
둔화-되다(鈍化-) 图 회自 鈍化する. ¶움직임이 둔화되다 動きが鈍化する.

둘 /tu:l/ 数 2つ; 2人; 2. ¶둘로 쪼개다 2つに割る. 우리 둘이 가자 私ら2人だけ[きり]で行こう. 둘이서 2人で. 하나 둘 셋 1, 2, 3. ✦後ろに助数詞が付く場合は年の形で用いられる. ¶두 명 2人. ▶둘도 없다 ①二つとない; またとない. ㉠그 이상의. 둘도 없는 즐거움. ②かけがえのない; 無二だ. 둘도 없는 무二の親友. ▶둘이 먹다 하나(가) 죽어도 모르겠다 [諺] (「2人が一緒に食べているうちに, 1人が死んでも気がつかない」の意で)頬っぺたが落ちる.

둘둘 副 (紙·布などを)巻く[丸める]様子: ぐるぐる(と); くるくる(と). ¶잘못 쓴 종이를 둘둘 말아서 버리다 書き損じた紙をくるくる丸めて捨てる.
둘러-놓다 [-노타] 他 ぐるっと丸く並べる.
둘러-대다 他 ❶やり繰りする; 工面する. ¶돈을 둘러대다 お金を工面する. ❷言い訳をする. ¶지각한 이유를 둘러대다 遅刻した言い訳をする.
둘러-말하다 [하変] 遠回しに言う.
둘러-매다 他 紐(ひも)をぐるっと巻き付けて結ぶ.
둘러-메다 他 (軽いものを)担ぐ; 肩に乗せる.
둘러-보다 /tullʌboda/ 他 見回す; 見回る. ¶가게를 둘러보며 売り場を見回す. 학교 안을 둘러보다 学校の中を見回る.
둘러-서다 自 取り巻く; 取り囲む.
둘러-싸다 /tullʌs͈ada/ 他 囲む; 取り囲む. ¶연예인을 둘러싼 사람들 芸能人を囲んだ人々. 성을 둘러싸다 城を取り囲む. ㉢둘러싸이다.
둘러싸-이다 自 〔둘러싸다の受身動詞〕取り囲まれる. ¶보도진에 둘러싸이다 報道陣に取り囲まれる.
둘러-쓰다 [하変] ❶物を引っかぶる; かぶる. ¶물을 둘러쓰다 水を引っかぶる. 이불을 둘러쓰고 자고 있다 布団をかぶって寝ている.
둘러-앉다 [-안따] 自 車座になる; 円くなって座る; 囲む. ¶식탁에 둘러앉다 食卓を囲む.
둘러-업다 [-따] 他 引っ担ぐ.

둘러-치다 🈪 (墻・幕などを)張りめぐらす. ‖철조망을 둘러치다 鉄条網を張りめぐらす.

둘레 /tulle/ 図 回り; 周り; 周辺. ‖가슴 둘레 胸囲. 목둘레 首回り. 운동장 둘레를 한 바퀴 돌다 運動場の周りを1周する.

둘-째 /tu:l°ʦ̑e/ 数図 2つ目; 2番目; 2番目の. ‖우승하기 위해서는 첫째도 둘째도 연습이다 優勝するためには一にも二にも練習だ. 둘째 아이가 섰다 2人目の子どもができた. 우리 둘째 언니누구의 2番目の姉. ▶둘째-집 ʦ̑e치다 [主に …은[는] 둘째 치고의 形で] さておいて; ともかく. ‖보너스는 둘째 치고 월급이라도 제대로 받았으면 좋겠다 ボーナスはともかく給料だけでももらいたい.

둘째-가다 🈐 二番手だ; 二番目だ. ‖학교에서 둘째가라면 서러울 정도로 노래를 잘하는 学校で指折りの歌がうまい.

둥[¹] ‖ …とか; …やら; …もそこそこにして. ‖밥을 먹는 둥 마는 둥 하고 나가 食事もそこそこにして出かける. 짜는 둥 맛이 없다는 둥 말이 많다 しょっぱいとかまずいとかやかましく言う.

둥[²] 図 太鼓・琴などの音: **둥-둥**圖 どんどん(と).

둥개-둥개 圖 赤ん坊をあやす言葉.

둥그렇-다 [ㄹ変] 🈐 [ㅎ変] (大きく)丸い. ‖눈을 둥그렇게 뜨다 目を丸く見開く. ⟨⟩둥그랗다.

둥그스름-하다 🈐 [하変] 丸みを帯びた. ⟨⟩둥그스름하다.

둥근 [ㄹ語幹] 둥글다(丸い)の現在連体形. ‖둥근 얼굴 丸い顔.

둥글넓적-하다 🈐 [럽쩍따] 丸くて平べったい. ⟨⟩둥글납작하다.

둥글다 /tuŋgulda/ [ㄹ語幹] 🈐 [둥글어, 둥근] ❶ 丸い; 真ん丸い. ‖지구는 둥글다 地球は丸い. 둥근 달 真ん丸い月. 종이를 둥글게 오려 나다 紙を丸く切り抜く. ❷ (性格が)円満だ. ‖성격이 둥글다 性格が円満だ.

둥글둥글-하다 🈐 [하変] ❶ 多くのものが一様に丸い. ‖무를 둥글둥글하게 썰다 大根を輪切りにする. ⟨⟩동글동글하다. ❷ (性格などが)円満だ; 無理がない.

둥글어 🈐 [어幹] 둥글다(丸い)の連用形.

둥둥[¹] 圖 大きいものが軽く浮いている様子: ふわふわ(と). ‖구름이 하늘에 둥둥 떠 가다 雲が空高くふわふわうかがっている.

둥둥[²] 圖 赤ん坊を抱っこしたりおんぶしたりあやす時の言葉.

둥실 圖 空中に何かが浮かんでいる様子: ふわり; ぷかり. **둥실-둥실** 圖 ふわふわ(と), ぷかりぷかり(と).

둥우리 図 帶(ᅙ)木や藁(ᅠ)などで編んだ容器.

둥지 図 巣. ‖새 둥지 鳥の巣. 둥지를 치다 巣をつくる.

뒈지다 🈐 (ののしる言い方で)死ぬ; くたばる.

뒤 /twi/ 図 ❶ (空間的に)後ろ; 後(ᅳ); 背後; 裏. ‖머리 뒤 頭の後ろ. 뒤를 돌아보다 後ろを振り返る. 엄마 뒤로 숨다 お母さんの後ろに隠れる. 범인의 뒤를 쫓다 犯人の後をおう. 누가 뒤에서 말아주고 있다 誰かが後ろで後押ししている. 뒤는 전부 너한테 맡기아 後は全部お前に任せる. 뒤에서 손을 쓰다 裏から手を回す. 뒤에서 조종하다 後ろで操る; 後ろで糸を引く. ❷ (時間的に)後; のち. ‖그 뒤에 다시 연락이 왔다 その後また連絡が来た. 저녁 식사 뒤에 夕食後に. 십 년 뒤의 한국 10年後の韓国. ❸ 跡; 結果. ‖뒤를 잇다 後を継ぐ. ❹ [동의 婉曲表現] 大便; 排泄物. ‖뒤가 마렵다 便意を催す. ▶뒤가 구리다 後ろ暗い. ▶뒤가 꿀리다 気が引ける; 気後れする. ▶뒤가 켕기다 後ろめたい. ▶뒤를 밟다 後をつける; 尾行する. ▶뒤로[뒤에서] 호박씨 깐다 [⟨⟩ [裏]でカボチャの種の皮をむく]の意)そうではないようにふるまいかが, 実際人のいないところでは想像もつかないことをする.

뒤-꽁무니 図 尻; 後ろ. ‖뒤꽁무니(를) 빼다 逃げる.

뒤-꿈치 図 [발뒤꿈치의略称] 踵(ᅟ).

뒤-끝 /twi:ʔkuɾ/ [-끝] 図 ❶ (物事の)終わり; 結び; 最後. ‖매사 뒤끝이 좋아야 한다 何事も終わりが肝心だ. ❷ (ある事の)後. ‖비가 온 뒤끝이라 춥고 雨が降った後ながらで寒い. ❸ (ある事が終わっても)残る感情. ‖뒤끝이 없는 성격 後腐れのない性格. 뒤끝이 영 찡찡하다 後味がすっきりしない. 뒤끝을 보다 成り行きを見守る; 推移を見守る.

뒤-늦다 /twi:nuɾʔta/ [-늗따] 🈐 遅すぎる. ‖뒤늦게 도착한 그는 미안해 했다 遅れて到着した彼はすまなかった. 그 사람이 결혼했다는 소식을 나는 뒤늦게서야 들었다 彼が結婚したという知らせを後になってから聞いた.

뒤-덮다 /twi:dop°ta/ [-덮따] 🈪 覆いかぶせる; かぶる; 覆う. ‖쇼크를 받아 이불을 뒤덮고 드러누워 있다 ショックを受けて布団をかぶって寝込んでいる. 사람들의 열기가 회場을 뒤덮었다 人々の熱気が会場を覆った. ⟨⟩뒤덮이다.

뒤덮-이다 🈐 [뒤덮다의受身動詞] 覆われる. ‖하늘이 먹구름으로 뒤덮이다 空が黒雲に覆われる.

뒤-돌아보다 🈐 顧みる; 振り返る.

뒤-따라가다 🈐 後を追う; 後について行く.

뒤-따라오다 🈐 後ろからついて来る.

뒤-따르다 [自他]〖으変〗 ❶伴う; 随伴する; 付随する. ‖사업에 어려움이 뒤따르다 事業に困難が伴う. ❷従う; 追従する.

뒤-떨어지다 /twiːˀtɔrɔʤida/ [自] (他が進むのに対して)後れる; 後れを取る; 劣る. ‖조금 뒤떨어져서 걷다 少し後れを取って歩く; 何歩か下がって歩く. 유행에 뒤떨어지다 流行に後れる. 성능면에서 다른 제품에 뒤떨어지지 않다 性能面で他の製品に劣らない.

뒤뚱-거리다 [自] よろける; ふらふらする; ぐらつく.

뒤뚱-뒤뚱 [副] (重心がとれなかったり重かったりして)不安定に歩く様子: よろよろ; ふらふら.

뒤-뜰 [名] 裏庭.

뒤로-돌아 [感] (号令の)回れ右.

뒤룩-거리다【-꺼-】[他] ❶ぎょろぎょろする; ぎょろつかせる. ❷太った体を重そうに動かす.

뒤룩-뒤룩【-뛰-】[副] [하自] ぶくぶく. ‖뒤룩뒤룩 살이 찌다 ぶくぶくと太る. 뒤룩뒤룩한 몸집 ぶくぶくと太った体つき.

뒤-미처 [副] すぐさま; すぐ後に. ‖뒤미처 달려갔지만 놓치고 말았다 すぐさま駆けつけたが逃してしまった.

뒤-바꾸다 [他] ひっくり返す; 取り替える. [受]뒤바뀌다.

뒤바뀌다 /twibaˀkwida/ [自] ❶〔뒤바꾸다の受身動詞〕換えられる; 取り替えられる; 取り違えられる. ‖아이가 뒤바뀌다 子どもが取り違えられる. ❷あべこべになる. ‖순서가 뒤바뀌다 順番があべこべになる.

뒤-범벅 [名] ごちゃまぜ. ‖뒤범벅이 되다 ごちゃまぜになる.

뒤-섞다【-석따】[他] 混ぜ合わせる; 混合する. [受]뒤섞이다.

뒤섞-이다 [自] 〔뒤섞다の受身動詞〕ごちゃ混ぜになる; 混合される.

뒤숭숭-하다 [形]〖하変〗 落ち着かない; 混乱している. ‖마음이 뒤숭숭하다 気持ちが落ち着かない.

뒤안-길【-낄】[名] 〔主に比喩として〕裏道; 裏街道. ‖인생의 뒤안길 人生の裏街道.

뒤-얽히다【-얼키-】[自] 絡み合う.

뒤-엉키다 [自] (糸などが)もつれる.

***뒤-엎다**【-업따】[他] ひっくり返す; 覆す.* ‖지고 있던 시합을 구 회 말에 뒤엎었다 負け試合を 9 回裏でひっくり返した. [受]뒤엎이다.

뒤엎-이다 [自] 〔뒤엎다の受身動詞〕ひっくり返される; 覆される. ‖고등 법원의 판결이 대법원에서 뒤엎였다 高裁の判決が最高裁でひっくり返された. 뒤엎인 정설 覆された定説.

뒤웅-박 [名] 穴をあけて中身をくり抜いたヒョウタン.

뒤적-거리다【-꺼-】[他] (新聞・雑誌などを)めくりながら読む. ‖신문을 뒤적거리다 新聞をめくりながら読む.

뒤적-뒤적【-뛰-】[副] [하他] 何かを探す様子: がさがさ(と).

뒤적-이다 /twiʤɔgida/ [他] かき回す; あちこちいじり回す. ‖가방 안을 뒤적이며 수첩을 꺼내다 かばんの中をかき回して手帳を取り出す.

뒤-좇다【-졷따】[他] 追いかける.

뒤주 [名] 米びつ. ✣最近は쌀통が一般的である.

뒤죽-박죽 /twiʤukˀpakˀʧuk/【-빡쭉】[名] ごちゃごちゃしていること; ごちゃまぜ[まぜこぜ]になっていること. ‖머릿속이 뒤죽박죽이 되다 頭の中がごちゃごちゃになる.

뒤-지다[1] /twiʤida/ [自] ❶遅れる; 後れる. ‖시대에 뒤진 발상 時代遅れの発想. ❷及ばない; 負ける; 引けを取る; 劣る. ‖공부에서는 뒤지고 있다 勉強では負けている. 누구에게도 뒤지지 않는 솜씨 誰にも引けを取らない腕前.

뒤지다[2] /twiʤida/ [他] くまなく探す[調べる]; あさる. ‖가방 안을 뒤지다 かばんの中をくまなく探す. 책상 안을 뒤져 보다 机の中を調べてみる.

뒤-집다

/twiʤipˀta/【-따】[他] ❶裏返す. ‖카드를 뒤집어 보다 カードを裏返して見る. 옷을 뒤집어 입다 服を裏返しに着る. ❷めくる. ‖가재가 있는지 돌을 뒤집어 보다 カニがいるか石をめくってみる. ❸ひっくり返す. ‖순서를 뒤집다 順番をひっくり返す. 당초의 계획을 뒤집다 当初の計画をひっくり返す. 구 회 말에 시합을 뒤집다 9 回裏に試合をひっくり返す. ❹覆す. ‖현 정권을 뒤집다 現在の政権を覆す. 지금까지의 정설을 뒤집다 今までの定説を覆す. 판세를 뒤집다 情勢を覆す. ❺(目を)むく. ‖눈알을 뒤집고 달려들다 目をむいて飛びかかる. ❻騒然とさせる. ‖학교를 발칵 뒤집은 사건 学校を騒然とさせた事件. [受]뒤집히다.

뒤집어-쓰다 /twiʤibɔˀsɯda/ [他]〖으変〗[뒤집어써, 뒤집어쓰는] かぶる; 引っかぶる; 浴びる; 包まる. ‖죄를 뒤집어쓰다 罪をかぶる. 물을 뒤집어쓰다 水を引っかぶる. 책임을 전부 뒤집어쓰다 責任をすべて引っかぶる. 이불을 푹 뒤집어쓰다 布団を引っかぶる. 먼지를 뒤집어쓰다 ほこりを浴びる. 트럭이 튀긴 흙탕물을 뒤집어쓰다 トラックがはねた泥水を浴びる. [使]뒤집어씌우다.

뒤집어씌우다【-씨-】[他] ❶〔뒤집어쓰다の使役動詞〕かぶせる. ❷〔比喩的に〕なすりつける. ‖죄를 다른 사람에게 뒤집어씌우다 罪を人になすりつける.

뒤집어-엎다【-업따】[他] 覆す; ひっく

り返す; 打倒する. ‖ 밥상을 뒤집어엎다 お膳をひっくり返す.
뒤집어-지다 [自] ひっくり返る; 覆る; 横転する. ‖ 열차가 뒤집어지는 사고가 발생하다 列車が横転する事故が発生する.
뒤집-히다 【-지피-】 [自] 〔뒤집다の受身動詞〕 覆される; ひっくり返る. ‖ 상황이 뒤집히다 状況がひっくり返る.
뒤-쪽 [名] 後ろの方; 後ろ側; 後方. [対]앞쪽.
뒤-쫓다 【-쫃따】 [他] 追いかける; 後を追う.
뒤-차 (一車) [名] ❶ 次に来る車; (電車・バスなどの)次の便. ‖ 뒤차로 가자 次の便で行こう. ❷ 後ろの車. [対]앞차(一車).
뒤-처리 (一處理) [名] [하他] 後始末; 事後処理.
뒤-처지다 /twiʧʰɔʤida/ [自] 後れる; 後れを取る. ‖ 유행에 뒤처지다 流行に後れる. 성적이 다른 사람보다 많이 뒤처지고 있다 成績が他の人よりずいぶん後れを取っている.
뒤척-거리다[-대다] 【-꺼[때]-】 [他] しきりに寝返りを打つ.
뒤척-뒤척 【-뛰-】 [副] [하他] 寝返りを打つ様子.
뒤척-이다 [他] =뒤척거리다.
뒤-축 [名] 踵(かかと).
뒤-치다꺼리 [名] [하自他] ❶ 世話すること. ❷ 後始末.
뒤치락-거리다[-대다] 【-꺼[때]-】 [他] しきりに寝返りを打つ.
뒤-탈 (一頉) [名] 後腐れ. ‖ 뒤탈이 없도록 일 처리를 잘 해야 한다 後腐れがないように事後処理をしっかりしなければならない.
뒤-통수 [名] 後頭部. ▸뒤통수를 맞다 不意打ちを食う; 不意をつかれる. ▸뒤통수를 치다 不意をつく.
뒤-틀다 [他] 〖ㄹ語幹〗 ねじる; ひねる. ‖ 온몸을 뒤틀다 全身をひねる. [受]뒤틀리다.
뒤틀-리다 [自] 〔뒤틀다の受身動詞〕 ねじくれる; ひねくれる; こじれる; もつれる.
뒤-편 (一便) [名] ❶ 後ろ側. ❷ 後の便.
뒤-풀이 [名] [하自] (行事などの終了後の)打ち上げ; 打ち上げパーティー.
뒤-흔들다 /twihɯndɯlda/ [他] 〖ㄹ語幹〗 [뒤흔들어, 뒤흔드는, 뒤흔든] 激しく揺さぶる; 揺るがす; 揺り動かす. ‖ 한국을 뒤흔든 사건 韓国を揺るがした事件. [受]뒤흔들리다.
뒤흔들-리다 [自] 〔뒤흔들다の受身動詞〕 揺さぶられる; 激しく揺れる.
뒷-갈이 【뒤까리 /뒫까리】 [名] [하自] 裏作.
뒷-감당 (一堪當) 【뒤깜-/뒫깜-】 [名] [하自] 後始末.
뒷-거래 (一去來) 【뒤꺼-/뒫꺼-】 [名] [하他] 闇取引.
뒷-걸음 /twiːˀkɔrɯm/ 【뒤꺼름 /뒫꺼름】 [名] [하自] 後ずさり.
뒷걸음-질 [名] [하自] 後ずさりすること; 退歩. ‖ 뒷걸음질(을) 하다 後ずさりする.
뒷걸음-치다 [自] 後ずさりする; 退歩する.
뒷-골 【뒤꼴 /뒫꼴】 [名] 後頭部.
뒷-골목 【뒤꼴-/뒫꼴-】 [名] 裏通り; 路地裏.
뒷-구멍 【뒤꾸-/뒫꾸-】 [名] ❶ 裏口. ❷ 後ろの穴.
뒷-길 【뒤낄 /뒫낄】 [名] 裏道; 裏通り.
뒷-날 【뒨-】 [名] ❶ 後日. ‖ 뒷날을 기약하다 後日を期する. ❷ 将来.
뒷-날개 【뒨-】 [名] ❶ (昆虫の)後翅(こう). ❷ (飛行機の)尾翼.
뒷-다리 【뒤따-/뒫따-】 [名] 後ろ足; 後脚. [対]앞다리.
뒷-덜미 【뒤떨-/뒫떨-】 [名] 襟首; 首筋; うなじ. [略]덜미. ▸뒷덜미(를) 잡히다 襟首を抑えられる.
뒷-돈 【뒤똔 /뒫똔】 [名] ❶ (商売・博打などで)元手以外の資金. ❷ 裏金.
뒷-동산 【뒤똥-/뒫똥-】 [名] (村の)裏山.
뒷-마당 【뒨-】 [名] 裏庭.
뒷-마무리 【뒨-】 [名] [하他] 最後の仕上げ.
뒷-말 【뒨-】 [名] [하自] ❶ (事が終わってからの)取り沙汰. ‖ 그 일을 둘러싸고 이러니저러니 뒷말을 하다 そのことをめぐってあれこれ取り沙汰する. ❷ 話の続き; 次の話. ‖ 흥분한 나머지 뒷말을 잇지 못하다 興奮のあまり言葉が続かない.
뒷-맛 【뒨맏】 [名] 後味; 後口. ‖ 뒷맛이 안 좋다 後味がよくない. ▸뒷맛이 쓰다 後味が悪い.
뒷-맵시 【뒨-씨】 [名] 後ろ姿.
뒷-머리 【뒨-】 [名] ❶ 後頭部. ❷ 後ろ髪.
뒷-면 (一面) 【뒨-】 [名] (紙などの)裏面; 裏. [対]앞면(一面).
뒷-모습 【뒨-】 [名] 後ろ姿.
뒷-모양 (一模樣) 【뒨-】 [名] ❶ 後ろ姿. [対]앞모양(一模樣). ❷ 終わった後の様子.
뒷-문 (一門) /twiːnmun/ 【뒨-】 [名] ❶ 裏門. [対]앞문(一門). ❷ (入学などの)裏口.
뒷-물 【뒨-】 [名] [하自] 腰湯.
뒷-바라지 【뒤빠-/뒫빠-】 [名] [하自他] 面倒をみること.
뒷-바퀴 【뒤빠-/뒫빠-】 [名] 後輪. [対]앞바퀴.
뒷-받침 /twiːˀpatʧʰim/ 【뒤빠-/뒫빠-】 [名] [하自他] ❶ 支え; 援助; 後ろ盾. ❷ 裏づけ.

뒷-발【뒫빨/뒫빨】ⓝ (動物の)後足. ㉑앞발.

뒷-발길【뒫빨낄/뒫빨낄】ⓝ 後ろ蹴りをする足.

뒷발-질【뒫빨-/뒫빨-】ⓝ ⓗⓐ 後足で蹴ること.

뒷-부분 (-部分)【뒫뿌-/뒫뿌-】ⓝ 後部. ㉑앞부분 (-部分).

뒷복-치다【뒫뽁-치다】ⓘ 一段落した後に騒ぎ立てる.

뒷-소문 (-所聞)【뒫쏘-/뒫쏘-】ⓝ 後の評判やうわさ; 後聞.

뒷-손【뒫쏜/뒫쏜】ⓝ 〔遠慮するふりをしながら〕密かに手を差し出して要求すること. ‖뒷손을 벌리다〔내밀다〕ひそかに要求する. ▶뒷손을 치다.

뒷-손【뒫쏜/뒫쏜】ⓝ 仕上げ; 締めくくり. ‖뒷손이 가다 仕上げに手数がかかる.

뒷손가락-질【뒫쏜까-/뒫쏜-찔】ⓝ ⓗⓐ 後ろ指. ‖뒷손가락질을 하다 後ろ指を指す.

뒷-손【뒫쏜/뒫쏜】ⓝ 最後の仕上げ.

뒷-수습 (-收拾)【뒫쑤-/뒫쑤-】ⓝ ⓗⓣⓐ 後始末.

뒷-심【뒫씸/뒫씸】ⓝ ❶最後まで耐えられる力; 底力. ‖막판에 뒷심을 발휘하다 土壇場で底力を発揮する. ❷後ろ楯.

뒷-이야기【뒫니-】ⓝ 後日談. ㉑후일담 (後日談).

뒷-일【twi:nni:l/뒫닐】ⓝ 後(の事). ‖뒷일을 부탁하다 後を頼む. 뒷일은 걱정을 마세요 後の事は心配しないでください.

뒷-자락【뒫짜-/뒫짜-】ⓝ 服の後ろの裾.

뒷-자리【뒫짜-/뒫짜-】ⓝ 後ろの席.

뒷-전【뒫쩐/뒫쩐】ⓝ ❶後ろ; 後部. ‖뒷전으로 물러나다 後ろ(の方)に引きずられる. ❷後回し; なおざり. ‖숙제는 뒷전이고 게임만 하고 있다 宿題は後回しにしてゲームばかりやっている. 복지 문제를 뒷전으로 돌리다 福祉問題をなおざりにする. ❸(人の目の届かないところの); 陰; 背後. ‖뒷전에서 쑥덕거리다 早そひそ陰口を言う.

뒷-정리 (-整理)【twi:tɕɔ:ŋni/뒫쩡니/뒫쩡니】ⓝ 後片付け.

뒷-조사 (-調査)【뒫쪼-/뒫쪼-】ⓝ ⓗⓣⓐ 内偵.

뒷-줄【뒫쭐/뒫쭐】ⓝ 後列. ㉑앞줄.

뒷-지느러미【뒫찌-/뒫찌-】ⓝ (魚類の)尻びれ.

뒷-짐【뒫찜/뒫찜】ⓝ 後ろ手. ▶뒷짐(을) 지다 手をこまぬく; 袖手傍観する.

뒷-집【뒫찝/뒫찝】ⓝ 後ろの家. ㉑앞집.

뒹굴다/twingulda/ ⓘ 〔ㄹ語幹〕〔뒹굴어, 뒹구는, 뒹군〕❶寝転ぶ; ごろごろする. ‖집에서 하루 종일 뒹굴다 家で一日中ごろごろする. ❷(空き缶などが)転がる. ‖빈 깡통이 여기저기 뒹굴고 있다 空き缶があちこちに転がっている.

듀스 (deuce) ⓝ (テニスなどで)ジュース.

듀엣 (duet) ⓝ《音楽》デュエット.

드나-들다 /tɯnadɯlda/ ⓘ 〔ㄹ語幹〕〔드나들어, 드나드는, 드나든〕❶出入りする; (頻繁に)通う. ‖오락실을 드나들다 ゲームセンターに出入りする.

드-넓다【-널따】ⓗ 広々としている. ‖드넓은 벌판 広々とした野原.

드-높다【-놉따】ⓗ 非常に高い. ‖드높은 가을 하늘 天高し秋の空. ㉒높이다.

드높-이다 ⓗⓣⓐ 〔드높다の使役動詞〕❶一層高める. ‖사기를 드높이다 士気を高める. ❷(名声などを)高める.

드는 ⓒⓞ 〔ㄹ語幹〕들다(持つ)の現在連体形.

드디어 /tɯdiə/ ⓐⓓ とうとう; ついに; ようやく; いよいよ. ‖드디어 허락을 받아 냈다 とうとう承諾を得た. 드디어 약속의 날이 왔다 ついに約束の日が来た. 드디어 시험이 끝났다 ようやく試験が終わった. 드디어 결승전이다 いよいよ決勝戦だ.

드라마 (drama) /turama/ ⓝ ドラマ. ‖멜로드라마 メロドラマ. 대하드라마 大河ドラマ.

드라마틱-하다 (dramatic-) ⓗ 〔하要〕ドラマチックだ. ‖드라마틱한 만남 ドラマチックな出会い.

드라이 (dry) ⓝ ⓗⓣⓐ ❶ドライクリーニングの略称. ❷ドライ.

드라이-기 (-機) ⓝ ドライヤー; ヘアドライヤー.

드라이버 (driver) ⓝ ❶ドライバー; ねじ回し. (ゴルフの)ドライバー. ❷(ねじ回し用の)ナサ돌리개(螺旋-). ❷(ゴルフの)ドライバー.

드라이브 (drive) ⓝ ⓗⓣⓐ ドライブ.

드라이-아이스 (dry ice) ⓝ ドライアイス.

드라이어 (drier) ⓝ ドライヤー; ヘアドライヤー.

드라이-클리닝 (dry cleaning) ⓝ ドライクリーニング. ㉑드라이.

드라이-플라워 (+dried flower) ⓝ ドライフラワー.

드래그 (drag) ⓝ (IT) (コンピューターで)ドラッグ.

드래프트 (draft) ⓝ ❶(プロ野球で)ドラフト. ❷(服飾で)ドラフト; (型紙の)下図.

드러-나다 /tɯrənada/ ⓘ ❶現われる; 見える. ‖진가가

드러나다 真価が現われる. 단적으로 드러나다 端的に現われる. 실망한 기색이 얼굴에 역력히 드러나다 がっかりした気配が顔にありありと見える. ❷ 나타나다; 알려지다; 드러나게 되다. ‖발각·발견·탄로·발휘·露見·露呈される; 知られる. ‖비리가 드러나다 不正が発覚する. 탈세한 것이 드러나다 脱税がばれる. 음모가 드러나다 陰謀が露見する. ❸ 明らかになる. ‖사건의 전모가 드러나기 시작하다 事件の全貌が明らかになり始める. ⑳드러내다.

드러-내다 /tɯrɛnɛːda/ 他 [드러나다의 使役動詞] 現わす; 出す; さらけ出す; むき出す; 見せる. ‖모습을 드러내다 姿を現わす. 정체를 드러내다 正体を現わす. 무지를 드러내다 無知をさらけ出す. 잇몸을 드러내 고 웃고 있다 歯茎を出して笑っている.

드러-눕다 /tɯrəupʰta/ 自[ㅂ変] [드러누워, 드러눕는, 드러누운] ❶ 横たわる; 横になる. =눕다. ‖겨실 바닥에 드러누워서 텔레비전을 보다 リビングの床に寝そべってテレビを見る. 벌렁 드러눕다 ごろっ [ごろりと] 横になる. ❷ 床(?)につく; 寝込む. ‖감기로 일주일이나 드러누웠다 風邪で1週間も寝込んだ.

드럼 (drum) 图《音楽》ドラム. ‖드럼 을 치다 ドラムを叩く.

드럼-통 (−桶) 图 ドラム缶.

드렁-거리다 -大다 自他 ぐうぐうといびきをかく. ‖드렁거리면서 자고 있다 ぐうぐうといびきをかきながら寝ている.

드렁-드렁 副 他 いびきをかく音; ぐうぐう.

드레스 (dress) /tɯresɯ/ 图 ドレス. ‖웨딩드레스 ウエディングドレス.

드레시-하다 (dressy−) 形 [하変] ドレッシーだ. ‖드레시한 옷 ドレッシーな服.

드레싱 (dressing) /tɯreʃiŋ/ 图 ❶ ドレッシング. ‖샐러드 드레싱 サラダドレッシング. 드레싱을 치다[뿌리다] ドレッシングをかける.

드르렁 副 いびきをかく音; ぐうぐう. **드르렁-드르렁** 副 ⇨ 드렁드렁.

드르렁-거리다 -大다 自他 ぐうぐうといびきをかく; (ドアなどが)がらがらと音を立てる.

드르르 副 他 ❶ 大きいものが転がる様子[音]: がらがら. ❷ 大きいものが震える様子[音]: がたがた. ❸ ミシンを踏む音.

드르륵 副 ❶ 引き戸を開ける音: がらり(と). ‖문을 드르륵 열다 戸をがらりと開ける. ❷ 機関銃を打ちまくる音: だだだっ. **드르륵-드르륵** 副 他

드르륵-거리다 -大다 [-끼[때]-] 自他 がらりと音がする; がらりと音を立てる. ‖드르륵거리며 문이 열렸다 がらり

と音を立てながら戸が開いた.

드리다[1] /tɯrida/ 他 ❶ [주다의 謙譲語] 差し上げる; お渡しする. ‖할머니께 선물을 드리다 お婆さんにプレゼントを差し上げる. ❷ [말씀 드리다의 形で] 申し上げる. ‖일전에 말씀 드린 대로 先日申し上げたように. ❸ (祈り・お供え物などを)捧げる. ‖불공을 드리다 仏供養を供養する.

드리다[2] /tɯrida/ 補動 [動詞の連用形に付いて] …て差し上げる; …いたす. ‖어머니를 도와 드리다 母を手伝う. 역까지 손님 짐을 들어 드리다 駅までお客様の荷物を持って差し上げます. 바로 보내 드리겠습니다 すぐお送りいたします.

드리블 (dribble) 图 他 (スポーツで)ドリブル.

드리우다 自他 ❶ 垂れる; 垂らす. ‖발을 드리우다 すだれを垂らす. ❷ (闇・影などが)差す. ‖그늘을 드리우다 陰が差す. 어둠이 드리우다 闇が立ち込める.

드릴 (drill) 图 ❶ (工具の)ドリル. ❷ (学習上の)ドリル. ‖영어 드릴 英語のドリル.

드림 图 ❶ 謹呈; 贈呈. ‖저자 드림 著者謹呈. ❷ [手紙文などで] 拝. ‖제자 이지수 드림 教え子の李知秀拝.

드링크 (drink) 图 ドリンク; 強壮剤.

드-맑다 [−막따] 形 澄みきっている; 澄みきっている. ‖드맑은 가을 하늘 澄みきった秋空.

드문-드문 副 形動 まばらに; ちらほら; 点々と. ‖드문드문 인가가 보이다 ちらほらと人家が見える.

드물다 /tɯmulda/ 形 ㄹ語幹 [드물어, 드문] ❶ 珍しい; めったにない; まれだ; 少ない. ‖극히 드물게 잡히는 생선 ごくまれに釣れる魚. ❷ まばらだ. ‖인가가 드물게 있다 人家がまばらだ.

드-세다 形 強情だ; 気が強い; きつい. ‖성질이 드세다 性格がきつい.

드시다 /tɯʃida/ 他 [들다의 尊敬語] 召し上がる. ‖커피 드시겠습니까? コーヒー, 召し上がりますか.

득[1] (得) 图 得; 利得. ‖아무런 득이 안 되다 何の得にもならない. 얼굴이 예쁘면 득을 볼 때가 많다 顔がきれいだと得をする時がある.

득[2] 副 ❶ 堅いものを力を込めて引っ張る音[音]: ぐっと; ぐいっと; ぎいっと. ‖득 소리를 내며 책상을 끌어당기다 ぎいっと音を立てながら机をひき寄せる. ❷ 堅いものを強くひっかく様子[音]: がり; がりっと. **득-득** 副.

득남 (得男) 图 −[하다] 自 男の子が生まれること.

득녀 (得女) 图 −[하다] 自 女の子が生まれること.

득세 (得勢) 图 −[세] 他 権力を得

득실 (得失) [-씰] 得失.

득실-거리다 [-대다] [-씰-] 自 ❶ こった返す. ❷ うようよする; うじゃうじゃする.

득실-득실 [-씰-씰] 副 形 ❶ ごった返している様子. ❷ うようよ; うじゃうじゃ.

득의 (得意) [-긔/-기] 图 得意.

득의-만면 (得意滿面) 图 形 得意満面.

득의-양양 (得意揚揚) 图 形 意気揚々.

득점 (得點) [-쩜] 图 自 得点. ⇔실점(失點).

득점-타 (得點打) 图 《野球で》タイムリーヒット; タイムリー.

득표 (得票) 图 自他 得票.

득표-수 (得票數) 图 得票数.

득표-율 (得票率) 图 得票率.

든[1] 助 〔든지의 縮約形〕…であれ; …であろと. ‖남자든 여자든 상관없다 男であれ女であれ関係ない.

든[2] 囲 [ㄷ語幹] 들다(持)의 過去連体形.

-든[3] 語尾 〔-든지의 縮約形〕…(し)ようと; …(し)ようが. ‖대학을 가든 말든 알아서 해라 大学に行こうが行くまいが好きにしろ.

든든-하다 /tɯndɯnhada/ 形 [하変] ❶ 丈夫だ; がっしりしている; 强い. ‖몸이 든든하다 体ががっしりだ. ❷ 堅い; 堅固だ. ❸ 頼もしい; 心强い. ‖네가 있는 것만으로도 마음이 든든하다 君がいるだけで心强い. 든든한 후원자 頼もしい後援者. ❹ 满腹だ; ひもじくない. ‖도중에 먹을 시간이 없으니까 지금 든든하게 먹어 두자 途中で食べる時間がないから今十分に食べておこう.

든지[1] 〔母音で終わる名詞に付いて; 子音の場合は이든지〕…であれ; …であろと. …でも. ⇒든. ‖콜라든지 주스든지 잔 걸로 콜라でもジュースでも(いいから), 冷たい物をください.

-든지[2] /tɯndʑi/ 語尾 …(し)ようと; …(し)ようが. ⇒-든. ‖먹든지 말든지 마음대로 해라 食べようが食べまいが勝手にしなさい.

듣기 [-끼] 图 聞き取り; リスニング; ヒアリング. 嚴 말하기·읽기·쓰기.

듣는 冠 [ㄷ変] 듣다(聞く)의 現在連体形.

듣다[1] [-따] 自 [ㄷ変] 效く. ‖이 약은 기침에 잘 듣는다 この薬は咳によく效く.

듣다[2] /tɯt'a/ [-따] 他 [ㄷ変] [듣어, 듣는, 들은] ❶ 聞く; 聽く. ‖음악을 듣다 音樂を聞く. 강의를 듣다 講義を聞く; 講義を受ける. 그 사람이 결혼했다는 얘기는 풍문으로 들었다 彼が結婚したという話は風の便りに聞いた. 들으려고 한 것은 아닌데 듣게 되었다 聞くともなし聞いてしまった. ❷ 《小言·称賛などを》言われる. ‖칭찬을 듣다 誉められる. 꾸라을 듣다 叱られる. 잔소리를 듣다 小言を言われる. ❸ 《人の言葉に》従う. ‖부모 말을 전혀 안 듣는 아이 親の言うことをちっとも聞かない. ▶듣도 보도 못하다 未曾有のことだ. 듣기 좋은 노래도 한두 번이지 慣 仏の顔も三度.

듣다-못해 [-따모채] 副 聞くに堪えて. ‖잔소리를 듣다못해 소리를 지르다 小言を聞くに堪えず声を荒げる.

들[1] 图 ❶ 野原; 野. ❷ 田畑.

들[2] 依名 …など; …ら. ‖소·돼지·닭 들을 가축이라고 한다 牛·豚·鶏などを家畜と言う.

들[3] 冠 [ㄹ語幹] 들다(持)의 未来連体形.

들-[4] 接頭 野…; 野良…. ‖들국화 野菊.

-들[5] /tɯl/ 接尾 …たち; …ら. ‖학생들 学生たち. 우리들 私たち; 我々.

들-개 [-깨] 图 野良犬.

들-것 [-껃] 图 担架. ‖들것에 실려 나가다 担架で運ばれる.

들고-뛰다 [-뛰다] 自 《俗》 逃げ出す.

들고-일어나다 自 立ち上がる; 決起する. ‖온 국민이 들고일어나다 全国民が立ち上がる.

들-국화 (-菊花) [-구콰] 图 《植物》 ノギク(野菊).

들-기름 图 エゴマ油.

들-길 [-낄] 图 野道.

들-깨 图 《植物》 エゴマ(荏胡麻).

들깻-잎 [-깬닙] 图 エゴマの葉.

들-꽃 [-꼳] 图 野花.

들-끓다 [-끌타] 自 ❶ 沸き返る; 熱狂する. ‖대접전으로 장내가 들끓고 있다 大接戦で場内が沸き返っている. ❷ 《多くの人が》ごった返す; 込み合う. ❸ 《虫などが》うようよする. ‖벌레가 들끓다 虫がうようよする.

들-녘 [-력] 图 広い野原.

들다[1] 自 [ㄹ語幹] 《年を》とる. ‖나이가 들다 年をとる.

들다[2] 自 [ㄹ語幹] 《刃物などが》切れる. ‖칼이 잘 안 든다 包丁がよく切れない.

들다[3] /tɯlda/ [-따] 他 [ㄹ変] [들어, 드는, 든] ❶ 入る. ‖집에 도둑이 들다 家に泥棒が入る. 그건 예정에 들어 있다 それは予定に入っている. 보험에 들다 保険に入る. 지갑에 들어 있던 돈이 없어졌다 財布に入っていたお金がなくなった. 비타민 C가 많이 들어 있는 과일 ビタミンCがたっぷり入っている果物. 알코올이 들어 있는 음료수 アルコールの入った飲み物. 잠자리에 들

다 寝床に入る[就く]. ❷ (日が)差す;(日が)当たる. ‖볕이 잘 들다 日当たりがいい. ❸ 染まる. ‖노을이 빨갛게 물이 들다 夕日が赤く染まる. ❹ 病気になる. ‖병이 들 것 같다 病気になりそうだ. 감기가 들다 風邪をひく. ❺ (among)つく. ‖이상한 버릇이 들었다 変な癖がついた. 철이 들다 物心がつく. ❻ [마음에 들다の形で] 気に入る. お気に入りだ. ‖마음에 드는 가방 気に入っているかばん. ‖[풍년[흉년]이 들다の形で] 作柄を表わす. ‖풍년이 들다 豊作になる. ❼ (費用などが)かかる. 必要だ. ‖힘이 들다 力が要る. 일돈이 많이 드는 장사 元手がかかる商売. ❽ (意識などが)戻る. ‖정신이 들다 正気づく. ❾ (味が)つく;(味が)出る. ‖김치가 맛이 들다 キムチがしっかり漬かる. ❿ なる. ‖그런 느낌[생각]이 들다 そんな気がする. 정이 들다 情が移る;親しくなる.

── 他 ❶ 道に入る. ‖길을 잘못 들다 道を間違える;間違った道に踏み入る. ❷ (男性が)結婚する. ‖장가를 들다 (男性が)結婚する. ▶드는 정은 몰라도 나는 정은 안다 諺 情が移ることには感づきにくいが, 冷めることは分かるものだ.

들다⁴ /tulda/ 接 [語幹] [들어, 드, 든] ❶ (具体的に何かを)持つ;持ち上げる;もたげる. ‖짐을 들다 荷物を持つ. 우산을 들고 나가다 傘を持って出かける. 크레인으로 들어올리다 クレーンで持ち上げる. 머리를 들다 頭をもたげる. 펜을 들다 ペンを持つ. 敬 드시다. 尊 들리다. ❷ 挙げる. ‖눈을 들어 상대방을 보다 目を挙げて相手を見つめる. 예를 들다 例を挙げる. ❸ 食べる;いただく. ‖많이 들어요 たくさん食べてください. ❹ 仰ぐ. ‖독배를 들다 毒杯を仰ぐ.

들들 ❶ (豆やゴマなどを)煎(い)ったり臼でひいたりする様子. ‖들들 볶다 こつこつひく様子. ❷ 빨리 만들라고 사람을 들들 볶다 早く作れと人をしつこくいびる. 敬 달달.

들-뜨다 自 [으変] ❶ (しっかり固定せず)浮く;浮き上がる. ‖습기로 벽지가 들뜨다 湿気で壁紙が浮き上がる. ❷ 浮つく. ‖들뜬 마음으로 나가다 浮ついた気分で出かける. ❸ (肌が)つやがなくなる.

들락-거리다[-대다] [-꺼[때]-] 自 頻繁に出入する;足しげく通う. ‖친구들이 자주 들락거리는 집 友だちが頻繁に出入りする家.

들락-날락[-랑-] 副 (한名他) 頻繁に出入りする様子. ‖속이 안 좋은지 화장실을 들락날락하고 있다 お腹の調子が悪いのか, 何度もトイレに出入りしている.

들러리 (花嫁・花婿の)付き添い. ‖대학 친구 결혼식에서 들러리를 섰다 大学時代の友人の結婚式で付き添い人になった.

들러-붙다[-붇따] 自 ❶ くっつく;粘りつく;付着する. ‖껌이 신발에 들러붙다 ガムが靴にくっつく. ❷ [比喩的に] しがみつく;食らいつく.

들려 들리다(聞こえる)の連用形.

들려-오다 自 聞こえる;聞こえてくる.

들려-주다 他 聞かせてやる;聞かせてくれる. ‖아이에게 모짜르트의 음악을 들려주다 子どもにモーツァルトの音楽を聴かせてやる.

들르다 /tullŭda/ 自 [으変] [들러, 들르는] 立ち寄る;寄る. ‖책방에 들르다 本屋に寄る. 지나가는 길에 들러 보다 通りがかりに寄ってみる.

들리는 들리다(聞こえる)の現在連体形.

들리다¹ /tullida/ 自 聞こえる;耳にする;伝わる. ‖아기 울음소리가 들리다 赤ん坊の泣き声が聞こえる. 비꼬는 듯이 들리다 皮肉に聞こえる. 귀가 안 들리다 耳が聞こえない. 나쁜 소문이 부모한테까지 들렸다 悪いうわさが親にまで伝わった. 그 사람에 대한 이상한 소문을 들었다 彼に関する変なうわさを耳にした.

들리다² 自 病気にかかる;(何かに)とりつかれる. ‖병이 들린 사람 같다 病気にかかった人みたいだ.

들-리다³ 自 ❶ (들다⁴の受身動詞) 持ち上げられる. ‖그 큰 몸이 번쩍 들리다 その大きい体が軽々と持ち上げられる. ❷ 手にする;手に持っている. ‖학생들 손에 들린 촛불 学生たちが手に持っているろうそく.

들-리다⁴ 自 (들다⁴の使役動詞) 持たせる. ‖애한테 가방을 들리다 子どもにかばんを持たせる.

들린 自 들리다(聞こえる)の過去連体形.

들릴 自 들리다(聞こえる)の未来連体形.

들먹-거리다[-대다] [-꺼[때]-] 自 ❶ ぐらぐらする;ぐらつく. ❷ (体の一部が)上下に動く. ❸ (物価などが絶えず)揺れ動く;不安定だ. ‖이번 홍수로 채소 값이 들먹거리고 있다 今回の洪水で野菜の値段が不安定になっている.

들먹-이다¹ 自他 = 들먹거리다.

들먹-이다² 他 取り沙汰する;あげつらう. ‖남의 사생활을 들먹이다 人の私生活を取り沙汰する. 과거의 잘못을 들먹이다 過去の失敗をあげつらう.

들-붙다[-붇따] しつこくいびる.

들-소[-쏘] 名 (動物) ヤギュウ(野牛).

들-손 名 取っ手.

들-숨[-쑴] 名 吸気;吸 吸気(吸気).

들썩-거리다[-대다] ⑪날숨.

들썩-거리다[-대다]【-끼[때]】 圓 ❶ 上下に動かす. ❷ そわそわする. ❸ (肩や尻を) 震わせる. ‖어깨를 들썩거리며 울다 肩を震わせながら泣く.

들썩-들썩 圓 ㉮㉯ ❶ (軽いものが) 上下に動く様子. ❷ そわそわする様子. ❸ (肩や尻を) 振り動かす様子.

들썩-이다 自他 = 들썩거리다.

들썩-하다[-써카-] 囮 [하よ] 騒々しい.

── 他 ❶にぎわす. ‖온 나라가 들썩한 사건 国中をにぎわした事件. ❷ (肩や尻を) 振り動かす. ❸ 엉덩이를 들썩하며 お尻を振り動かす.

들-쑤시다 他 ❶ そそのかす. ❷ つつく. ❸ ほじくる. ‖지나간 일을 들쑤시다 過ぎたことをほじくる.

들쑥-날쑥[-쑥/-쑹] 圓 ㉯形 ❶でこぼこしている様子. ❷ (収入や出入りなどが) 一定しない様子. ‖수입이 들쑥날쑥하다 収入が一定しない.

들어[1] 他【ㄷ 変】 듣다(聞く)の運用形.

들어[2] 他【ㄷ 語幹】 들다(持つ)の運用形.

들어-가다 /tɯrəgada/ 圓 ❶ 入る. ‖방으로 들어가다 部屋に入る. 대학에 들어가다 大学に入る. 야구부에 들어가다 野球部に入る. 겨울 방학에 들어가다 冬休みに入る. 지금부터 본론으로 들어가겠습니다 これから本題に入ります. ❷ (費用などが) かかる. ‖이번 조사에 비용이 많이 들어갔다 今回の調査に費用がかなりかかった. 고치는 데 얼마나 들어갈까? 直すのにいくらかかるだろう. ❸ へこむ; 落ちくぼむ. ‖손으로 누르면 들어간다 手で押すとへこむ. 눈이 쑥 들어간다 目が落ちくぼんでいる.

들어-내다 他 持ち出す; 運び出す. ‖책상을 밖으로 들어내다 机を外に運び出す.

들어-맞다[-맏따] 圓 ❶ ぴったり合う. ‖신발이 발에 꼭 들어맞다 靴が足にぴったり合う. ❷ (予想などが) 当たる; 命中する. ‖예상이 들어맞다 予想が当たる.

들어-먹다[-따] 他 ❶ 使い果たす; 食いつぶす. ❷ 理解する; 聞き入れる. ‖사람 말을 들어먹어야 말이지 人の話を全く聞き入れない.

들어-박히다[-바키-] 圓 ❶ (家などが) ぎっしり(と)立ち並ぶ; 建て込む. ‖집들이 빽빽이 들어박힌 언덕배기 家がぎっしり建て込んでいる丘. ❷ 閉じこもる. ‖하루 종일 집에 들어박혀 있다 一日中家に閉じこもっている.

들어-붓다[-붇따] 他【人変】 バケツをひっくり返したように降る.

── 他 底なしに飲む; 注ぎ込む. ‖술을 들어붓듯이 마시다 酒を底なしに飲む.

들어-서다 /tɯrəsəda/ 圓 ❶ (中へ) 入る; 踏み入れる. ‖집 안으로 들어서다 家の中に入る. ❷ (ある時期に) 入る. ‖이십일 세기에 들어서다 21 世紀に入る. ❸ (政権・施設などが) できる. ‖새 정권이 들어서다 新しい政権ができる. 대형 슈퍼가 들어서다 大型スーパーができる.

들어-앉다[-안따] 圓 ❶ (詰めて) 座る. ‖안쪽으로 들어앉다 内側に座る. ❷ (ある地位に) 就く; 座る. ❸ (職を辞めて) 家に入る. ㉯들어앉히다.

들어-오다 /tɯroːda/ 圓 ❶ 入る; 入ってくる. ‖열차가 홈으로 들어오다 列車がホームに入る. 도시 가스가 들어오다 都市ガスが入る. 매달 집세가 들어오다 毎月家賃が入る. 목돈이 들어오다 まとまったお金が入る. 신입 사원이 들어오다 新入社員が入ってくる. 시야에 들어오다 視野に入る. 친구가 얘기하는 소리가 전혀 귀에 들어오지 않았다 友だちが話す内容が全く耳に入らなかった. 오늘은 수업 내용이 머리에 잘 들어왔다 今日は授業の内容が頭によく入る. ❷ 帰る; 帰ってくる. ‖아버지는 오늘 몇 시에 들어오세요? お父さんは今日何時に帰ってきますか.

들어-주다 他 (話などを) 聞き入れる; 聞き届ける; 聞いてあげる. ‖부탁을 들어주다 頼みを聞いてあげる; 願いを聞き届ける.

들여 他 들이다 (入れる・入らせる) の連用形.

들여-가다 他 ❶ 外にあるものを中へ運び入れる. ❷ 買い入れる.

들여-놓다 /tɯrjənothᵃ/ 他 [-노타] ❶ 運び入れる; 運び込む; 入れておく. ‖화분을 거실로 들여놓다 植木鉢をリビングに運び入れる. ❷ 買い入れる. ‖새 가구를 들여놓다 新しい家具を買い入れる. ❸ [발을 들여놓다の形で] 足を踏み入れる; 進出する. ‖내 집에는 두 번 다시 발을 들여놓지 말아라 うちには二度と足を踏み入れないでちょうだい. 정계에 발을 들여놓다 政界に進出する.

들여다-보다 /tɯrjədaboda/ 他 ❶ 覗く; 覗き込む; 覗き見する. ‖열쇠 구멍으로 안을 들여다보다 鍵穴から中を覗く. 현미경을 들여다보다 顕微鏡を覗く. 다른 사람의 일기를 들여다보다 人の日記を覗く. ❷ じっと見る; 見つめる. ‖앞 사람 얼굴을 빤히 들여다보다 前の人の顔をじっと見つめる. ❸ 察知する; 見抜く.

들여다-보이다 圓 ❶ 透けて見える; 見え透く. ‖속살이 들여다보이는 블라우스 肌の透けて見えるブラウス. 속이 들여다보이는 인사 見え透いたお世辞.

들여-보내다 他 (人を中に) 入れる; 入らせる; 通す. ‖거래처 사람을 사장실

로 들여보내다 ∥거래처의 사람을 사장실로 통하다. 아무도 방에 들여보내지 마세요 誰も部屋に入れないでください.
들여앉-히다【-안치-】 ［들여앉다의 使役動詞］ ❶ (中へ)座らせる; 席に着かせる. ❷ (ある地位や職に)就かせる; 据える. ❸ (女の人を仕事などを辞めさせて)家庭に落ち着かせる. ∥며느리를 집에 들여앉히다 嫁を家庭に落ち着かせる.
들여-오다 ㉺ ❶ 持ち込む; 運び入れる; 運び込む. ❷ 導入する. ∥外資를 들여오다 外資を導入する.
들은 ㉴【ㄷ 變】 듣다(聞く)의 過去連体形.
들은-풍월(-風月) ㊀ 聞きかじり; 耳学問.
들을 ㉴【ㄷ 變】 듣다(聞く)의 未来連体形.
들이는 ㉴ 들이다(入れる・入らせる)의 現在連体形.
들이다 /turida/ ❶ 入れる; 入らせる; 通す. ∥집에 사람을 들이지 않다 家に人を入れない. 새 책상을 들이다 新しい机を入れる. 후임으로 젊은 사람을 들이다 後任として若い人を入れる. ❷ 投資する; 投じる; (費用を)費やす; (お金を)かける. ∥돈을 들여 가게 안을 고치다 お金をかけて店内を改装する. 거액을 들여 기념관을 짓다 巨額を投じて記念館を建てる. ❸ 染める. ∥머리를 노랗게 물을 들이다 髪の毛を黄色く染める. ❹ (癖を)つける. ∥이상한 버릇을 들이다 変な癖をつける. ❺ (眠りに)つかせる. ∥애들 잠을 들이다 子どもを寝かしつける. ❻ 慣らす. ❼ 추위에 길을 들이다 寒さに慣らす. ❼ 맛を覚える. ∥주식 투자에 맛을 들이다 株式投資の味を覚える.
들이-닥치다 ㉺ 押し寄せる; 押しかける; 襲う. ∥빚쟁이들이 들이닥치다 借金取りが押しかける.
들이-대다 ㉺ ❶ 突きつける; 突き出す. ∥목에 칼을 들이대다 首にナイフを突きつける. 증거 서류를 눈앞에 들이대다 証拠の書類を突き出す. ❷ (品物などを)続けて供給する.
들이-마시다 ㉺ 吸い込む; がぶ飲みする. ∥맥주를 마구 들이마시다 ビールをがぶ飲みする.
들이-몰다 ㉺【ㄹ語幹】 追い立てる; 追い込む; 駆り立てる.
들이-밀다 ㉺【ㄹ語幹】 ❶ 押し込む; 突っ込む. ∥머리를 들이밀다 頭を突っ込む. ❷ (金品などを)いきなり差し出す. ∥선물을 들이밀다 プレゼントをいきなり差し出す.
들이-받다【-따】 ㉺ ぶつける; 衝突する. ∥주차장에서 옆 차를 들이받다 駐車場で隣の車にぶつける.

들이-붓다【-붇−】㉺【ㅅ 變】 注ぎ込む; 降り注ぐ. ∥비가 들이붓다 雨が降り注ぐ.
들이-쉬다 ㉺ (息を)吸い込む. ∥신선한 공기를 한껏 들이쉬다 新鮮な空気を胸いっぱい吸い込む. 거친 숨을 들이쉬다 息づかいが荒い.
들이-치다 ㉘ (雨・風などが)降り込む; 吹き込む. ∥비바람이 들이치다 風雨が吹き込む.
들이-켜다 ㉺ あおる; 飲み干す; がぶ飲みする. ∥시원한 물 한 잔을 들이켜다 冷たい水を1杯あおる. 목이 말라서 보리차를 벌컥벌컥 들이켜다 のどが渇いて麦茶をぐいぐいあおる.
들이키다 ㉺ 들이켜다의 誤り.
들인 들이다(入れる・入らせる)의 過去連体形.
들-일(-[ㄹ]) ㊀ 野良仕事; 畑仕事.
들일 들이다(入れる・入らせる)의 未来連体形.
들-장미(-薔薇)【-짱-】㊀【植物】 野バラ.
들-쥐(-쥐)㊀【動物】野ネズミ.
들-짐승【-찜−】㊀ 野獣.
들쩍지근-하다【-찌-】㊋【하变】 甘ったるい. ☞달짝지근하다.
들창-코(-窓-)㊀ 鼻先が上を向いている鼻; しし鼻.
들척-거리다【-대다】㉺-끼(때)-] ㉺ (何かを探すために)手先で探る; かき回す. ❷ (書類などを)しきりにめくる; (新聞などを)読み返す. ∥하루 종일 신문만 들척거리고 있다 一日中新聞ばかり読み返している.
들척-이다 ㉺ ＝들척거리다.
들척지근-하다【-찌-】㊋【하变】 ＝들쩍지근하다. ☞달짝지근하다.
들추다 /tulč'uda/ ㉺ ❶ 探す; 捜す; かき回す. ∥옷장 안을 들추다 タンスの中を捜す. ❷ (書類などを)調べる; めくる. ❸ (秘密などを)暴く; あばく, あげつらう. ∥남의 잘못을 들추어 가며 비난하다 人の非をあげつらって責め立てる.
들추어-내다 ㉺ ❶ 探し出す; 暴く. ❷ 暴き出す; さらけ出す. ∥옛날의 잘못을 들추어내다 昔の過ちを暴く.
들키다 /tulk'i:da/ ㉘ 見つかる; ばれる. ∥다락에 숨어 있다가 들키고 말았다 屋根裏部屋に隠れていたが見つかってしまった. 가게에서 물건을 훔치다가 들켰다 万引きがばれた.
들-통(-桶)㊀ 手桶.
들통-나다 ばれる; 見つかる. ∥거짓말이 들통나다 うそがばれる.
들-판 ㊀ 野原.
듬뿍 /tum*puk/ ㉵ たっぷり; 十分に; どっさり; なみなみと; 山盛りに. ∥고춧가루를 듬뿍 넣어 국을 끓이다 唐辛子粉をたっぷり入れてスープを作る. 사랑을 듬

쑥 받고 자란 사람 愛情を十分に受けて育った人. 이 우유에는 뼈에 좋은 칼슘이 듬뿍 들어 있습니다 この牛乳には骨にカルシウムが十分に入っています. 용돈을 듬뿍 받다 小遣いをどっさりもらう. 술을 듬뿍 따르다 酒をなみなみと注ぐ. ⓢ담뿍.

듬성-듬성 圖 形動 まばらに; ちらほら; ぽつぽつと. ‖흰머리가 듬성듬성 보이다 白髮がちらほら見える.

듬직-하다 [-지카-] 形 [하요] 賴もしい; たくましい. ‖듬직한 젊은이 賴もしい若者.

듯 /tɯt/【듣】依存 ❶둣의 縮約形. ‖먹고 싶은 듯 바라보다 食べたそうに見つめる. ❷…듯 …듯 …하는 形で …ようでもある…ないようでもある. ‖잔 듯 만 듯 하다 寢たような寢ていないような感じだ.

듯-싶다 [듣씹따] 補形 …らしい; …(の)ようだ; …そうだ. ‖우는 듯싶다 泣いているようだ. 못 갈 듯싶다 行けそうにない感じだ.

듯이[1] /tɯsi/ 依存 …かのように; …そうに. ⓢ듯. ‖행복한 듯이 웃고 있다 幸せそうに笑っている. 잘난 듯이 뽐내다 偉そうに威張る.

-듯이[2] /tɯsi/ 語尾 …ように; …かのように. ‖사람마다 생김새가 다르듯이 생각도 다르다 人それぞれ顔かたちが違うように考えも違う.

듯-하다 /tɯtʰada/ [드타-] 補形 [하요] …らしい; …(の)ようだ; …そうだ. ‖당장 비가 올 듯하다 今にも雨が降りそうだ. 나한테는 안 어울릴 듯하다 私には似合わなさそうだ. 저 애가 김 선생님 말인 듯하다 あの子が金先生のお孃さんのようだ.

등[1] /tɯŋ/ 图 ❶背中; 背. ‖등을 펴다 背を伸ばす. 말 등에 타다 馬の背に乘る. 등이 가렵다 背中がかゆい. ❷後ろ; 背面. ▶등에 업다 =등을 대다. ▶등을 대다 (人の勢力などに)當てにする. ▶등을 돌리다 背を向ける; 背中を向ける.

등[2] (等) 图 等級.
— 依存 …等; …位. ‖전교 삼등 全校で3位.

등[3] (燈) 图 明かり; 灯火; ランプ.

등[4] (等) 依存 …など. ‖영국・프랑스・독일 등의 나라 イギリス・フランス・ドイツなどの國.

등-가 (等價) [-까] 图 等價.
등-가구 (籐家具) 图 籐家具.
등-가죽 [-까-] 图 背中の皮.
등각 (等角) 图 [數學] 等角.
등-거리 (等距離) 图 等距離.
등겨 图 稻のもみ殼と糠(ぬか).
등고-선 (等高線) 图 [地] 等高線.
등-골[1] /tɯŋ/kol/ [-꼴] 图 [解剖] 脊椎(せきつい); 脊椎骨. ▶등골을 빼먹다 すねをかじる. 자식들이 부모의 등골을 빼먹다 子どもたちが親のすねをかじる. ▶등골(이) 빠지다 身を粉(こ)にする. 애들을 위해 등골 빠지게 일하다 子どもたちのために身を粉にして働く.

등-골[2] [-꼴] 图 背筋. ▶등골이 오싹하다 背筋が寒くなる; (恐ろしさや氣味惡さで)ぞっとする.

등교 (登校) 图 [하요] 登校.
등교-하다 (登校-) 图 [하요] 登校する; 登校. ⑪하교(下校).

등굣-길 (登校-) [-교낄 /-굗낄] 图 登校する道; 登校の際; 登校時.

등근 (等根) 图 [數學] 等根.
등급 (等級) 图 等級. ‖등급을 매기다 等級をつける.

등기 (登記) /tɯŋki/ 图 ❶[法律] 登記. ‖부동산 등기 不動産登記. ❷[등기 우편 (登記郵便)의 略語] 書留. ‖등기로 보내다 書留で送る.

등기-료 (登記料) 图 登記料.
등기-부 (登記簿) 图 登記簿.
등기-소 (登記所) 图 登記所.
등기-우편 (登記郵便) 图 書留(郵便). ⓢ등기(登記).

등기필-증 (登記畢證) [-쯩] 图 [法律] 登記濟證. ⓢ권리증(權利證).

등-꽃 (藤-) [-꼳] 图 [植物] フジの花.
등-나무 (藤-) 图 [植物] フジ.
등단 (登壇) 图 [하요] 登壇.
등대 (燈臺) 图 灯台.
등대-지기 (燈臺-) 图 灯台守.
등댓-불 (燈臺-) [-대뿔 /-댇뿔] 图 灯台の火.

등등 (等等) 依存 …等々; …などなど; …等.

등등-하다 (騰騰-) 形 [하요] ものすごい; ものすごい勢いだ; (意気込みが)激しい; みなぎっている; 鼻息が荒い. ‖살기가 등등하다 殺気がみなぎっている.

등-딱지 [-찌] 图 (カニ・カメなどの)甲羅.

등락 (騰落) [-낙] 图 [하요] 騰落.
등록 (登錄) [-녹] 图 [하요] 登錄. ‖주민 등록 住民登錄. 특허 등록을 하다 特許登錄をする. **등록-되다** 自動.

등록-금 (登錄金) [-녹끔] 图 (大学や私などの)授業料.

등록-상표 (登錄商標) [-녹 쌍-] 图 登錄商標.

등록-세 (登錄稅) [-녹쎄] 图 [法律] 登錄稅.

등록-증 (登錄證) [-녹쯩] 图 登錄證. ‖사업자 등록증 事業者登錄證.

등롱 (燈籠) [-농] 图 灯籠.
등반 (登攀) 图 [하요] 登攀(はん). ‖지리산 등반 智異山登攀.

등반-대 (登攀隊) 图 登攀隊.
등-받이 [-바지] 图 (椅子などの)背もたれ.

등본 (謄本) 图 謄本. ‖호적 등본 戸籍謄本.

등분 (等分) 图 他 等分.
—依 ─ 图 …等分. ‖빵을 사 등분하다 パンを4等分する.

등-불 (燈─) 【─불】 图 明かり; 灯火.

등비 (等比) 图 《数学》等比.

등비-급수 (等比級数) 【─수】 图 《数学》等比級数.

등비-수열 (等比数列) 图 《数学》等比数列.

등-뼈 图 《解剖》脊椎(脊椎)骨.

등산 (登山) /tɯŋsan/ 图 他自 登山. ─하산 (下山). ‖등산을 가다 登山に行く. 등산을 시작하다 登山を始める.

등산-객 (登山客) 图 登山客.
등산-로 (登山路) 【─노】 图 登山道.
등산-복 (登山服) 图 登山服.
등산-철 (登山─) 图 登山シーズン.
등산-화 (登山靴) 图 登山靴.

등-살 【─쌀】 图 背筋.

등-세공 (藤細工) 图 籐細工.

등속 (等速) 图 等速. ‖등속 운동 等速運動.

등수 (等数) 【─쑤】 图 《成績などの》順番; 順位.

등식 (等式) 图 《数学》等式.

등신¹ (等身) 图 等身.
등신² (等神) 图 愚か者; ばか.

등신-불 (等身佛) 图 《仏教》等身仏; 等身大の仏像.

등심 (─心) 图 《牛肉の》ヒレ; ロース; サーロイン.

등심-머리 (─心─) 图 牛のロース.

등심-살 (─心─) 【─쌀】 图 牛の背骨周りの肉.

등심-선 (等深線) 图 地 等深線.

등쌀 图 うるさがらせること; 絶えず小言を言うこと. ‖아내의 등쌀에 못 이겨 담배를 끊었다 妻の小言に耐えられずタバコをやめた.

등압-선 (等圧線) 【─썬】 图 地 等圧線.

등어-선 (等語線) 图 《言語》等語線.

등에 (─エ) 图 《昆虫》アブ(虻).

등온-선 (等温線) 图 地 等温線.

등외 (等外) 【─/웨】 图 等外.

등용 (登用・登庸) 图 登用. ‖인재를 등용하다 人材を登用する. **등용-되다** 受動.

등-용문 (登龍門) 图 登竜門.

등위 (等位) 图 等級; 等位; 同位.
등위-각 (等位角) 图 《数学》同位角.

등유 (燈油) 图 灯油.

등자-나무 (橙子─) 图 《植物》ダイダイ(橙)の木.

등잔 (燈盞) 图 油皿; 油つぎ. ▶등잔 밑이 어둡다 〈諺〉灯台下暗し.

등잔-불 (燈盞─) 【─뿔】 图 灯火.

등장 (登場) /tɯŋdʑaŋ/ 图 自 登場. ‖주인공이 처음으로 등장하는 장면 主人公が初めて登場する場面. 신제품이 등장하다 新製品が登場する.

등장-인물 (登場人物) 图 登場人物.

등재 (登載) 图 他 登載.

등정 (登頂) 图 登頂.

등-줄기 【─쭐─】 图 背筋.

등지 (等地) 图 …などの地. ‖대전·부산·대구 등지를 돌다 大田·釜山·大邱などを回る.

등-지느러미 (─) 图 《魚介類》背びれ.

등-지다 /tɯŋdʑida/ 图 自他 ❶仲違いする; 不仲になる. ‖친구하고 등진 상대다 友だちと仲違いしている. ❷もたれる; 背をもたせかける. ‖벽을 등지고 앉다 壁にもたれて座る. ❸背を向ける; 背中を向ける. ‖세상을 등지다 世の中に背を向ける.

등질 (等質) 图 等質. 類 균질(均質).

등-짐 (─) 图 背負った荷物. ‖등짐을 지다 荷物を背負う.

등-짝 〔등─〕의 俗語〕背中.

등차 (等差) 图 等差.
등차-급수 (等差級数) 【─수】 图 《数学》等差級数.
등차-수열 (等差数列) 图 《数学》等差数列.

등치 (等値) 图 同値; 等価; 等値.
등치 개념 (等値概念) 图 等値概念. 類 등가 개념(等價概念).
등치법 (等値法) 【─뻽】 图 《数学》等値法.

등-치다 图 たかる; ゆする. ▶등치고 간내먹다 〈諺〉「背中をたたいて肝を取り出して食う」の意で) 見かけはいたわるようなふりをしながら実際は害を与える.

등판 (登板) 图 自 《野球で》登板. 団 강판(降板).

등하불명 (燈下不明) 图 灯台下暗し.

등한-시 (等閑視) 图 他 等閑視; おろそかにする. ‖공부를 등한시하다 勉強をおろそかにする.

등호 (等號) 图 《数学》等号 (=). 類 같은표 (─標). 反 부등호 (不等號).

등화 (燈火) 图 灯火.
등화-가친 (燈火可親) 图 灯火親しむべし.

등황-색 (橙黄色) 图 橙黄(─)色; だいだい色.

디 (D·d) 图 《アルファベットの》ディー.

디귿 图 ハングルの子音字母「ㄷ」の名称.

디기탈리스 (digitalis) 图 《植物》ジギタリス.

디디다 /tidida/ 他 踏む. 縮 딛다. ‖대지를 디디고 서다 大地を踏みしめて立つ. 발을 디딜 데가 없다 足の踏み場がない.

디딜-방아 【─빵─】 图 踏み臼; 唐臼.

디딤-대 (-臺) 圀 디딤틀.
디딤-돌 (-돌) 圀 디딤돌.
디렉터리 (directory) 圀 (コンピューターで)ディレクトリー.
디브이디 (DVD) 圀 =디지털 비디오 디스크.
디스카운트 (discount) 圀 也 ディスカウント.
디스크 (disk) 圀 ❶ ディスク; レコード; 音盤. ❷ (俗っぽい言い方で) 椎間板ヘルニア.
디스크-자키 (disk jockey) 圀 DJ; ディスクジョッキー.
디스토마 (distoma) 圀 (動物) ジストマ.
디스플레이 (display) 圀 ディスプレー.
디자이너 (designer) 圀 デザイナー.
디자인 (design) 圀 也 デザイン.
디저트 (dessert) 圀 デザート. 후식(後食).
디제이 (DJ) 圀 =디스크자키.
디지털 (digital) 圀 デジタル. 아날로그.
디지털˜비디오˜디스크 (digital video disk) 圀 デジタル多目的ディスク; DVD.
디지털-시계 (-時計) 【-/-게】 圀 デジタル時計.
디지털˜카메라 (digital camera) 圀 デジタルカメラ.
디지털˜컴퓨터 (digital computer) 圀 デジタルコンピューター.
디-카 (←digital camera) 圀 (디지털 카메라の略語) デジタルカメラ; デジカメ. ∥최신형 디카 最新型デジカメ.
디폴트 (default) 圀 (IT) デフォルト.
디프레션 (depression) 圀 (経) デプレッション.
디플레 (←deflation) 圀 (디플레이션의 略語) デフレ. 인플레.
디플레이션 (deflation) 圀 (経) デフレーション. 圀 인플레이션.
딛다 (-따) 圀 (디디다の縮約形) 踏む.
딜러 (dealer) 圀 ディーラー. ∥외제차 딜러 外車のディーラー.
딜레마 (dilemma) 圀 ジレンマ. ∥딜레마에 빠지다 ジレンマに陥る.
딩굴다 圀 (ㄹ語幹) ❶ ごろごろ転がる. ∥쓰레기 봉지가 여기저기 딩굴고 있다 ごみ袋があちこちに転がっている. ❷ ごろごろする. ∥노는 날은 하루 종일 집에서 딩굴고 있다 休みの日は一日中家でごろごろしている.

ㄸ

ㄸ 圀 ハングル子音字母の一つ. 名称は「쌍디귿」.
따가운 圀 [ㅂ変] 따갑다 (日差しが강い)의 현재 연체형.
따가워 [ㅂ変] 따갑다 (日差しが강い)의 활용형.

따갑다 /ˀtagapˀta/ (-따-) 圀 [ㅂ変]
[따가워, 따가운] ❶ (日差しが) 강い; 熱い. ∥햇살이 따갑다 日差しが강い. ❷ ひりひりする; ひりつく. ∥등이 따갑다 背中がひりひりする. ❸ (忠告や批判などの) 手厳しい; 厳しい. ∥사람들의 눈총이 따갑다 人々の目が厳しい.

따-개 圀 缶切り; 栓抜き. ∥병따개 栓抜き.
따귀 〔뺨따귀の略語〕 ほっぺた, 横っ面; びんた. ∥따귀를 때리다 ほっぺたを殴る; 横っ面を張る.

따끈-따끈 /ˀtaˀkunˀtaˀkun/ 圖 (形)도 ほかほかに; あつあつに; ぽかぽかに. ∥따뜻한 커피 한 잔이 추위를 녹여 준다 あつあつのコーヒー 1 杯が寒さを和らげてくれる. 圐 뜨끈뜨끈.

따끈-하다 圀 [하変] 温かい; 熱い. 圐 뜨끈하다. **따끈-히** 圖.
따끔-거리다 圉 ちくちくする; ひりひりする. ∥벌에 쏘인 데가 따끔거리다 ハチに刺されたところがちくちくする.
따끔-따끔 圖 (形)도 ひりひり(と); ちくぐ(と).

따-님 圀 〔딸の尊敬語〕お嬢さん; お嬢様.

따다 /ˀtada/ 他 ❶ 摘む; もぎ取る. ∥꽃잎을 따다 花びらを摘む. 토마토를 따서 그 자리에서 먹다 トマトをもぎ取ってその場で食べる. ❷ (資格・単位・점수などを) 取る. ∥운전 면허를 따다 運転免許を取る. 학점을 따다 単位を取る. 일 회에 이 점을 따다 初回に 2 点を取る. 계약을 따오다 契約を取ってくる. 적장의 목을 따다 敵将の首を取る. ❸ (博打・賭け・경주などで賞や賞金を) 受ける; 勝ち取る. ∥금메달을 따다 金メダルを取る. ❹ 開ける. ∥깡통을 따다 缶詰を開ける. ❺ (おきなどを) 切開して開く. ∥곪은 부위를 따 버리다 化膿した部位を切開する. ❻ 引用する. ∥성서에서 따온 말 聖書から引用した言葉.

따-돌리다 圉 のけ者 [仲間はずれ]にする; はじき出す; 締め出す. ∥친구를 따돌리다 友だちを仲間はずれにする. ❷ (尾行・追跡などを) 巻く. ∥미행을 감쪽같이 따돌리다 尾行をまんまと巻く.

따돌림 圀 のけ者 [仲間はずれ]にすること.

따뜻-하다 /ˀtaˀtutʰada/ (-뜻타-) 圀 [하変] ❶ (気温・温度が) 暖かい; 温かい. ∥오늘은 봄날씨같이 따뜻하다 今日は春の天気のように暖かい. 방바닥이 따뜻하다 部屋の床が温かい. ❷ (性格・気持ちなどが) 温かい; 優しい. ∥그 사람은 마음이 따뜻한 사

람이다. 아 사람은 마음 따뜻한 [優しい] 사람이다. 따뜻하게 맞아들이다 温かく迎え入れる.

따라[副] [時間を表わす名詞に付いて] …に限って. ‖그날따라 차도 엄청 밀렸다. 그날따라 車もひどく渋滞していた. 그날따라 몸도 안 좋았다 その日に限って調子もよくなかった.

따라-가다 [自他] [으変] 따르다(従う)의 連用形.

따라가다 /ttaragada/ [他] ❶ついて行く; 追って行く. ‖친구를 따라가다 友だちについて行く. ❷似ている. ‖하는 짓이 형을 따라가다 やることが兄に似ている.

따라-다니다 [他] ❶追い回す; 追いかける. ‖형 뒤를 따라다니다 お兄さんの後ろを追い回す. ❷付きまとう; 尾行する. ‖경찰이 따라다니고 있다 警察が尾行している.

따라-붙다 [-붇따] [他] 追いつく.

따라서 /ttarasŏ/ [副] 従って; それゆえに. ‖우리 쪽에 과실은 없다. 따라서 배상할 필요도 없다 当方に過失はない. 従って賠償する必要もない.

따라-오다 /ttaraoda/ [他] ついて来る.

따라-잡다 [-따] [他] 追いつく. ‖선진국을 따라잡다 先進国に追いつく.

따로 /taro/ [副] ❶別々に; 離して. ‖지금은 따로 따로 살고 있다 今は1人離れて暮らしている. 두 사람은 따로 갔다 2人は別々に行った. 따로 놀다 別々に遊ぶ. ❷別途に; 他に. ‖그 돈은 따로 받았다 その金は別途に受け取った. **따로-따로** 別々に. ‖우리는 따로따로 앉았다 私たちは別々に座った.

따로-국밥 [-빱] [名] [料理] スープとご飯を別々に出す料理.

따르는 따르다(従う)의 現在連体形.

따르다[1] /taruda/ [自他] [으変] [따라; 따르는] ❶従う; 服従する. ‖지시에 따르다 指示に従う. 아버지 말씀에 따르다 父の言いつけに従う. 화살표를 따라 왼쪽으로 돌다 矢印に従って左に曲がる. 시대의 흐름에 따르다 時代の流れに従う. ‖어머니를 따라 입학식에 가다 母について入学式に行く. 형을 따라 서울에 가다 兄を追ってソウルに行く. ❷(道·方角などに) 沿う. ‖길을 따라 가다 道に沿って行く. 정부의 방침에 따라 실시되다 政府の方針に沿って実施される. ❸[記事など参照·根拠とするものによる]. ‖신문 기사에 따르면 新聞記事によると, 학자에 따라서 견해가 다르다 学者によって見解が異なる. ❹做う; 慕う. ‖전례에 따르다 前例に倣う. ‖친형처럼 따르다 実の兄のように慕う.

따르다[2] [他] [으変] 注(さ)ぐ; 注(つ)ぐ; 差す; 入れる. ‖홍배에게 술을 따르다 後輩に酒を注いであげる. 홍차를 따르다 紅茶を注ぐ.

따르릉 (電話や自転車などの)ベルの音: ちりりん.

따르릉-시계 (一時計) [-/-게] [名] 目覚まし時計.

따른 따르다(従う)의 過去連体形.

따를 따르다(従う)의 未来連体形.

따름 [依名] …のみ; …ばかり; …だけ. ‖웃고만 있을 따름이다 笑っているだけだ. 시간 가는 것이 안타까울 따름이다 時間が経つのがもどかしいだけだ.

따-먹다 [-따] [他] ❶もいで食べる; 取って食べる. ‖포도를 따먹다 ブドウをもいで食べる. ❷(碁·将棋などで)相手の石[駒]などを取る.

따발-총 (一銃) [名] 軽機関銃.

따분-하다 [形] [하変] 退屈だ; 単調だ; つまらない; 味気ない. ‖하루 종일 집에 있자니 따분하다 一日中家にいるのは退屈だ. 수업 내용이 너무 따분하다 授業の内容があまりにもつまらない.

따스-하다 [形] [하変] 暖かい. ‖따스한 목도리 暖かいマフラー.

따오기 [名] [鳥類] トキ(鴇).

따옥-따옥 トキの鳴き声.

따옴-표 (一標) [名] 引用符(「」や" "). ⑩인용부(引用符).

따위 /tawi/ [依名] ❶…など; …の類. ‖…な程度の, ‖그따위 것으로 そんな程度のもので [見くびる言い方で] …みたいなやつ; …なんか. ‖너 따위가 나한테 도전하다니 お前なんかが私に挑むなんて.

따지다 /ttadjida/ [他] ❶問う; 問いただす; 問い詰める. ‖잘잘못을 따지다 是非を問う. 책임을 따지다 責任を問う. 이유를 따지다 理由を問い詰める. ❷勘定する; 計算する. ‖손익을 따지다 損得の勘定をする. 비용을 따져 보다 費用を計算してみる.

딱[1] [副] ❶固いものがぶつかる音: がん(と); ぱかっと; ぱちん(と). ‖손뼉을 딱 치다 手をぱちんとたたく. ❷堅くて細いものが折れる音: ぽきん. ‖연필심이 딱 부러진다 鉛筆の芯がぽきんと折れる.

딱-딱

딱[2] /tak/ [副] ❶ぴったり; きっかり; …きり. ‖발에 딱 맞는 구두 足にぴったりした靴. 예상이 딱 맞아떨어진다 予想がぴったり当たる. 두 사람의 눈이 딱 마주친다 2人の目がぴったり合う. 두 사람의 호흡이 딱 맞는다 2人の息がぴったり(と)合う. 딱 천 원입니다 千ウォンかっきりです. 딱 이번 한 번만

봐 주십시오 今일きり1度だけ見逃してください。 ❷ぴたっと; ぶっつりと。‖딸꾹질이 딱 멈추다 しゃっくりがぴたっととまる。 그 이후에 그 사람한테서 연락이 딱 끊어졌다 それ以降彼から連絡がぷっつりと途絶えた。 ❸ きっぱり。 ‖ 딱 잘라 거절하다 きっぱりと〕断わる。 ❹ ぽかり(と); あんぐり(と)。 ‖ 입을 딱 벌리다 口をあんぐりと開ける。 ❺ がしっと。 ‖ 딱 버티고 서 있다 がしっりと立ち塞がる。

딱따구리 图 〈鳥類〉 キツツキ(啄木鳥)。

딱딱-거리다 [-꺼-] 国〈堅い語調で〉がみがみ(と)言う。

딱딱-하다 /tak'tak'ʰada/ [→다카타] [→] [하변] ❶ 堅い; 固い; 硬い; こちこちである。 ‖ 연필심이 딱딱하다 鉛筆の芯が硬い。 빵이 딱딱해졌다 パンが固くなった。 점토가 말라서 딱딱하다 粘土が乾いてこちこちだ。 ❷ (表情・言い方などが)堅い; 固い; 硬い; 堅苦しい。 ‖ 딱딱한 인사말 堅苦しい挨拶。 그녀의 문장은 조금 딱딱하다 彼女の文章は少し硬い。 그 사람의 표정은 딱딱했다 彼の表情は硬かった。

딱정-벌레 [-쩡-] 图 〈昆虫〉 カブトムシ(甲虫)。

딱지¹ [-찌] 图 ❶ かさぶた。‖ 상처에 딱지가 앉았다 傷にかさぶたができた。 딱지가 떨어지다 かさぶたが取れる。 ❷ (カニ・カメなどの)甲羅。 ▶딱지가 덜 떨어지다 子どもっぽさが抜けていない。

딱지² /tak'tɕi/ [-찌] 图 ❶ 切手・証紙・札・レッテルなどの総称。 ‖ 빨간 딱지가 붙어 있다 赤い札が貼られている。 ❷ めんこ。 ❸ (人や物に対する)評価や認定までの付別。 ‖ 전과자라는 딱지 前科者というレッテル。 ❷ 교통 순경이 딱지를 떼다 交通巡査が科料をする。 ‖ 교통 순경이 딱지를 떼다 交通巡査が科料をする。 〔俗語〕 肘鉄砲。 ‖ 딱지를 맞다 肘鉄砲を食う。 딱지를 놓다 肘鉄砲を食わせる。

딱지-치기 國〈하변〉めんこ遊び。

딱-총 (一銃) 图 かんしゃく玉。

딱-하다 /takʰada/ [따카-] [→] [하변] ❶ かわいそうだ; 気の毒だ; 哀れだ; 不憫だ。 ‖ 사정이 딱하다 事情が気の毒だ。 ❷ 苦しい; 困る。 ‖ 지금 몹시 딱한 처지에 있다 今相当苦しい状況にある。

딱히 [따키](따키에) 副 はっきりと; 正確に; 特に。 ‖ 딱히 잘라 말할 수는 없다 はっきりとは言い切れない。 딱히 할 일이 있는 것은 아니다 特に言いたいことがあるわけではない。

딴¹ (依名) …なり。‖ 내 딴에는 한다고 했다 私なりには頑張ったつもりだ。

딴² /tan/ 冠 ❶ 別の。 ‖ 딴 데를 찾아 보자 別のところを探してみよう。

딴-것 [-껃] 图 別のこと; 他のもの。 ‖ 이

것 말고 딴것은 없어요? これ以外に他のものはありませんか。

딴딴-하다 國〈하변〉단단하다를 강조해서 말하는 말.

딴-마음 图 ❶ 他の考え; 他意。 ❷ 二心。 ‖ 딴마음을 먹다 二心をいだく。

딴-말 图 別の話; 関係のない話; とんでもない話。 ‖ 지금 와서 딴말을 하다니 今になってとんでもない話をするとは話する〕。

딴-맛 [-맏] 图 別の味; 違う味。 ‖ 딴맛이 나다 別の味がする; 違う味がする。

딴-사람 图 他人; 別人。 ‖ 딴사람이 되어 돌아왔다 別人になって帰ってきた。

딴-살림 图〈하변〉別世帯; 別の所帯。 ‖ 딴살림을 차리다 所帯を別にする。

딴-생각 图 ❶ 他のことを考えること。 ‖ 회의 중에 딴생각을 하고 있었다 会議中に他のことを考えていた。 ❷ 突拍子もない考え; 異心。 ‖ 딴생각을 품다 異心をいだく。

딴-소리 图 =딴말.

딴은 副 そういうなら; それも; 確かに。 ‖ 딴은 틀린 말은 아니다 確かに、間違った話ではない。

딴-전 (一廛) 图 とぼけること; しらばくれること。 ‖ 딴전(을) 피우다[부리다] とぼける; しらばくれる。

딴죽 图 足かけ技; 足払い。▶딴죽을 걸다 すでに約束したことをとぼけて守らない。

딴-판 图 ❶ 全く違う状況。 ‖ 가 보니 들었던 얘기와는 딴판이었다 行ってみたら聞いていたこととは全く違う状況だった。 ❷ 全く違う外見や態度。 ‖ 그녀는 어머니와는 전혀 딴판이다 彼女は母親とは全く似ていない。

딸 /tal/ 图 〈親子関係における〉娘。 ❶ 아들。 ‖ 큰딸 長女。 막내딸 末の娘。 대학교에 다니는 딸이 하나 있다 大学に通う娘が1人いる。 딸을 시집보내다 娘を嫁にやる。

딸가닥 副〈하변〉〔딸가닥을 강조해서 말하는 말〕 かたん; ことん。

딸기 /ta.lgi/ 图 〈植物〉 イチゴ(苺)。 ‖ 딸기로 잼을 만들다 イチゴでジャムを作る。

딸기-밭 [-받] 图 イチゴ畑。
딸기-잼 (-jam) 图 イチゴジャム。
딸기-주 (-酒) 图 イチゴで作ったお酒。◆主に野イチゴを用いる。
딸기-코 图 ざくろ鼻。
딸깍-발이 [-빠리] 图 貧しい儒生。
딸꾹-질 图 しゃっくり。‖ 딸꾹질이 나오다 しゃっくりが出る。

딸-년 [-련] 图 〔딸의 謙譲語〕〈うちの〉娘。 ‖ 우리 딸년이 사 주었어요 うちの娘が買ってくれました。

딸랑 副 딸랑을 강조해서 말하는 말.

딸랑-거리다 [-거-] 国 ❶ (鈴などが)ちりんちりんと鳴る。 ❷ ごまをする。 ❸ 落ち着きが

때깔

없는 경률로 ふるまう.

딸랑-딸랑[副] (自他動) ちりんちりん. ‖딸랑딸랑 방울 소리가 나다 ちりんちりんと鈴の音が鳴る.

딸랑-이[名] (おもちゃの)がらがら.

딸리다[自] /ttalli:da/ 付いている; 抱えている. ‖부록이 딸린 잡지 付録付きの雑誌. 비서가 딸려 있는 자리 秘書が付いているポスト. 애가 셋이나 딸려 있다 子どもを3人も抱えている.

딸리다[他] 달리다[6]의 訛り.

딸-년[名] (うちの)娘. 卑딸애.

딸-애[名] 딸아이의 縮約形.

딸-자식(-子息)[名] =딸아이.

땀[名] /t'am/ 汗. ❶ 땀(이) 나다 汗をかく; 汗が出る. 땀을 흘리다 汗を流す. 손에 땀을 쥐고 결과를 지켜보다 手に汗を握って結果を見守る. 땀에 젖어 일하다 汗まみれになって働く. 식은땀 冷や汗. ▶땀을 빼다가 大変な思いをする; 大変苦労する.

땀[名] (縫い目の) 一目; 一針.

땀-구멍(-구-)[名] 汗腺.

땀-내[名] 汗のにおい; 汗臭いにおい. ‖땀내가 나다 汗臭い.

땀-띠[名] あせも. ‖땀띠가 나다 あせもができる.

땀띠-약(-藥)[名] あせもの薬.

땀-방울【-빵-】[名] 汗の滴; 玉の汗.

땀-샘[名] 汗腺.

땅[名] /t'aŋ/ ❶ 地(ち). ‖하늘과 땅 天と地. 안주의 땅 安住の地. ❷ 土; 土地. 조국 땅 祖国の土. 땅을 일구다 土を耕す. 기름진 땅 肥沃な土地. 땅을 팔아서 자식을 공부시키다 土地を売って子どもたちに教育を受けさせる. ❸ 地方; (ある)ところ. ‖강원도 땅 江原道地方. 서울 땅 그 어딘가에 있을 터인데. ❹ 領土. ‖홍콩은 지금은 중국 땅이다 香港は今は中国の領土である. 남의 나라 땅 他国の領土. ▶땅에 떨어지다 地に落ちる;(名誉·信用などが)失墜する. 교사의 권위가 땅에 떨어진 시대 教師の権威が地に落ちた時代. ▶땅 짚고 헤엄치기[이] 朝飯前.

땅[副] ❶ 金属類を打ち鳴らす音: がん, ごん. ❷ 銃砲を発射する音: どん; ずどん. ‖땅값이 천정부지로 치솟다 地価が天井知らずに跳ね上がる.

땅-값【-갑】[名] 地価.

땅-강아지[-가-][名] 《昆虫》 ケラ (螻蛄).

땅-거미[名] 夕闇; 夕暮れ. ‖땅거미가 내리다 夕闇が迫る.

땅-거미[-꺼-][名] 《動物》 ジグモ (地蜘蛛).

땅-굴(-窟)【-꿀】[名] 土窟; 地下トンネル; 地下通路.

땅기다 (筋肉が)つる; (筋肉·皮膚が)突っ張る; 引きつる; 張る. ‖장딴지가

땅기다 ふくらはぎがつる. 옆구리가 땅기다 横腹が突っ張る.

땅-덩어리【-떵-】[名] =땅덩이.

땅-덩이[-떵-][名] 「土の大きい塊」の意で)大陸; 国土.

땅딸막-하다【-마카-】[形] 《하変》 (体格が)ずんぐりしている.

땅-땅[副] ❶ 金属類を打ち鳴らす音: がんがん; ごんごん. ❷ 銃砲を打つ音: どんどん; ずどんずどん.

땅땅-거리다[自] 金属類を打ち鳴らす.

땅-땅[副] ❶ 大口をたたく様子; 大言壮語する様子; 息巻く様子. ‖이번에는 이길 수 있다고 큰소리를 땅땅 치다 今度は勝てると息巻く.

땅땅-거리다[自] 大口をたたく; 大言壮語する.

땅-마지기[名] いくらかの田畑.

땅-문서(-文書)[名] 土地の権利書.

땅-바닥[-빠-][名] 地べた; 地面. ‖땅바닥에 주저앉다 地べたに座り込む.

땅-볼(-ball)[名] 《野球》 ゴロ.

땅-뺏기[-뺃-][名] 交互に駒を弾いて定められた地面を取り合う子どもの遊び.

땅-속(-속)【-쏙】[名] 地中; 地下.

땅속-줄기[-쏙 쭐-][名] 《植物》 地下茎.

땅-임자[-님-][名] 地主.

땅-줄기[-쭐-][名] 《植物》 地下茎.

땅-콩[名] 落花生; ピーナッツ. 낙화생 (落花生).

땅콩-버터 (-butter)[名] ピーナッツバター.

땋다[따타][他] (髪を)結ぶ.

때[名] /t'ɛ/ ❶ 時(とき); 時間; 時を知らせる 鐘の音. 때를 알리다 기다리다 時を待つ. 때로는 술을 마시다 時には酒を飲む. 일전에 그 사람을 만났을 때 この間彼女に会った時. 때와 장소에 따라 時と場所によって. ❷ 機会; 好機; タイミング; 頃合い. ‖때를 만나다 好機にめぐり合う; 時にあう. 때를 놓치다 機会を逃す. 三度의 ご飯時. ❸ 끼니; 식사時; 夕食の時. ❹ 時代; 年代; 時分; 그의 때; 頃. ‖어릴 때 幼少の頃.

때[名] /t'ɛ/ [名] ❶ 垢(あか); 汚れ. ‖때를 벗기다 垢を落とす. 때가 끼다 垢がつく. 때 묻어 때를 벗기도 한다. 일전에 그 사람을 만났을 ❷ 垢; 水垢. ❸ 田舎くさいこと; 垢じみた; 不名誉なこと. ❸ 田舎くさいこと. ▶때가 타다 汚れがつく.

때굴-때굴[副] 大きく転がる様を強めて言う語. ‖배가 아파서 방안을 때굴때굴 구르다 お腹が痛くて部屋の中をごろごろ転がる.

-때기[接尾] 〔身体部位を表わす一部の名詞に付いて〕その名詞を俗っぽく言う語. ‖볼때기 頬っぺた. 배때기 腹.

때-까치[名] 《動物》 モズ (百舌).

때깔[名] (果物や布地などの)色彩; 見栄え; 色合い.

때다 焚く；くべる。∥불을 때다 火を焚く. 장작을 때다 薪をくべる.

때때-로 /ttɛttɛro/ 圖 時々；たまに；時折；時たま. ∥저 사람은 때때로 역에서 본다 あの人は時折駅で見かける. 때때로 엉뚱한 짓을 하다 時々問抜けなことをする. 때때로 만나기도 하다 時たま会うこともある.

때때-옷 【-옫】 图 子どもの晴れ着.
때때-중 图 小坊主；小僧.
때려-누이다 他 =때려눕히다.
때려-눕히다 【-누피-】 他 殴り倒す.
때려-부수다 他 ぶち壊す；打ち壊す.
때려-잡다 【-따】 他 打ちのめす；打ち殺す.
때려-죽이다 他 殴り殺す；打ち殺す.
때려-치우다 他 〔俗っぽい言い方で〕辞める；(店などを)たたむ. ∥직장을 때려치우다 職場を辞める. 장사를 때려치우다 商売をたたむ.

때-로 圖 場合によって；時に；時として. ∥사람이니 때로 그럴 수도 있다 人間だから時にそうすることもある. 때로는 어머니가 보고 싶다 時には母に会いたい.

때리다 /ttɛrida/ 他 ❶ 殴る；たたく；打つ；張る. ∥주먹으로 머리를 때리다 げんこつで頭を殴る. 회초리로 엉덩이를 때리다 鞭(*むち*)でお尻をたたく. 손으로 뺨을 때리다 手で頬を打つ. 비가 창문을 때리는 소리 雨が窓を打つ音. 따귀를 때리다 横っ面を張る. ❷ (マスコミなどで)攻撃する；非難する. ∥공무원의 비리에 대해서 매스컴에서 마구 때리다 公務員の不正についてマスコミが激しく非難する〔たたく〕.

때-마침 ちょうど(その時)；都合よく；折しく；折しも. ∥때마침 걸려온 전화로 우리의 대화가 중단되었다 ちょうどその時かかってきた電話で我々の会話が中断された. 때마침 택시가 지나갔다 折よくタクシーが通りかかった.

때문 /ttɛmun/ 图 〔主に때문의 形で〕…のせいで；…のために；…であるために；…であるから. ∥헛소문 때문에 그녀는 괴로워 하고 있다 デマのうわさのせいで彼女は悩んでいる. 남동생 때문에 어머니한테 혼났다 弟のせいで母に叱られた. 당신이 행복하기 때문에 나도 행복합니다 あなたが幸せだから私も幸せです.

때-묻다 【-따】 他 汚れがつく；汚れる；垢じみる. ∥때묻은 옷 汚れた服.
때-수건 (-手巾) 图 垢すり.
때-아닌 時ならぬ；季節はずれの. ∥때아닌 한파 季節はずれの寒波.
때우다 /ttɛuda/ 他 ❶ 半田付けする；鋳(*い*)かけをする. 代用をする. ❷ 済ませる；間に合わせる. ∥라면으로 한 끼를 때우다 ラーメンで一食を済ませる. ❸ 償う；埋め合わせる. ❹

(時間を)つぶす. ∥뭘 하면서 세 시간을 때울까？ 何をしながら3時間つぶそうか.

땔-감 【-깜】 图 薪(*たきぎ*)；燃料.
땔-나무 图 薪(*まき*)；薪(*たきぎ*)；柴.
땜¹ 图 [땜질의 略語] 半田付け.
땜-장이 图 鋳(*い*)かけ屋.
땜-질 他 ❶ 半田付け. 略 땜. ❷ 修繕；直し；繕い. ❸ 一時的に取り繕うこと.
땜² 图 厄払い.
땟-국 【때꾹 /땐꾹】 图 ひどい垢の汚れ.
땟-물 图 ❶ 垢を洗い落とした汚い水. ❷ 땟물이 빠지다 垢抜けする.
땡 图 〔댕を強めて言う語〕ちん；かん.
땡-감 图 渋柿；生柿.
땡강 圖 〔댕강を強めて言う語〕ちん(と).
땡그랑 圖 〔댕그랑を強めて言う語〕ちん.
땡글-땡글 圖 〔形動〕引きしまって丸々とした様子.
땡땡 小さな鐘など金属製の硬いものが続けざまにぶつかる音：りんりん, ちんちん.
땡땡-이 图 〔俗っぽい言い方で〕サボること. ∥학교를 땡땡이치다 学校をサボる.
땡땡-하다 形 〔体〕張っている；引きしまっている. ∥근육이 땡땡하다 筋肉が引きしまっている.
땡-볕 【-볃】 图 照りつける熱い日差し.
땡-잡다 【-따】 自 思いがけない幸運にあう；棚からぼた餅である. ∥복권에 당첨되다니 땡잡았다 宝くじに当たるなんて棚からぼた餅である.
땡전 图 〔主に땡전 한 푼の 形で〕一銭の金；びた一文；一文半銭. ∥땡전 한 푼 없이 집을 나가다 一銭も持たずに家を出る.
땡추 图 땡중의 略語.
땡추-중 图 えせ坊主；生臭坊主. 略 땡추.
떠 【으예】 〔뜨다(浮く)의 現在連体形〕
떠나-가다 自 ❶ 立ち去る；出て行く. ∥아쉬움을 남겨두고 그는 떠나갔다 名残惜しさを残して彼は去って行った. ❷ 離れる. ∥사람들의 마음이 떠나다 人心が離れる.
떠나다 /tteonada/ 自他 ❶ 発つ；出発する；離れる. ∥먼 길을 떠나다 遠い道のりを出発する. 그 일이 언제나 머리에서 떠나지 않다 あのことがいつも頭から離れない. 속세를 떠나다 俗世を離れる. ❷ 向かう；行く. ∥중학교를 마치고 서울로 떠나다 中学校を卒業してソウルへ行く. ❸ 去る；(世を)去る；死ぬ. ∥이십 년 근무한 회사를 떠나다 20年勤めた会社を去る. 세상을 떠나다 世を去る.
떠-내다 他 ❶ すくう；汲み取る. ∥국에서 기름기를 떠내다 スープに浮かんだ油をすくう. ❷ 薄く切る.
떠-내려가다 /tteɛnaerjeogada/ 自 流される；浮かんだまま

흘러가다. ‖폭우로 많은 집들이 떠내려갔다 豪雨で多くの家が流された.

떠-넘기다 他 なすりつける; 押しつける. ‖책임을 떠넘기다 責任をなすりつける. 귀찮은 일은 전부 부하한테 떠넘기다 面倒な仕事は全部部下に押しつける.

떠-다니다 自他 漂う; さすらう; さまよう.

떠-돌다 /'tɔdo:lda/ 自他 [ㄹ語幹][떠돌아, 떠돌면, 떠돈] ❶〔感情·雰囲気などが〕現われる; 漂う. 〔うわさが〕広まる. ‖이상한 소문이 떠돌고 있다 変なうわさが広まっている. ❷さまよう; さすらう.

떠돌아-다니다 自他 放浪する; さすらう. ‖정해진 거처 없이 전국을 떠돌아다니다 定まったところもないまま全国を放浪する.

떠돌-이 流れ者; 放浪者.

떠들다 /'tɔdulda/ 自他 [ㄹ語幹][떠들어, 떠들면, 떠든] ❶うるさくしゃべる. ‖잘도 떠드는 남자 よくもしゃべる男. ❷騒ぐ; 騒ぎ立てる. ‖옆집 아이들이 밤늦게까지 떠들어서 잘 수가 없다 お隣の子どもたちが夜遅くまで騒いでいて眠れない. 매스컴에서 떠드는 바람에 문제가 더 커졌다 マスコミが騒ぎ立てたため, 問題がもっと大きくなった.

떠들썩-하다 [-써가-] 自 [하変] 騒がしい; 騒々しい. ‖쓰레기 처리 문제를 둘러싸고 온 동네가 떠들썩하다 ごみの処理問題をめぐって町全体が騒がしい. 신문 지상을 떠들썩하게 한 사건 紙上を騒がせた事件.

떠들어-대다 他 騒ぎ立てる.

떠듬-거리다 他 どもりどもり言う; つかえつかえ言う.

떠듬-떠듬 副 自他動 〔どもどもを強めて言う語〕どもりがちに; たどたどしく; 訥(とつ)と. ‖떠듬떠듬 말을 하다 訥々と話す.

떠맡-기다 [-맏끼-] 他 〔떠맡다の使役動詞〕引き受けさせる; 押しつける. ‖어머니한테 부엌일까지 떠맡기다 母親に台所仕事まで押しつける.

떠-맡다 /'tɔmat'ta/ [-맏 따] 他 〔仕事を〕引き受ける; 引き受ける; しょい込む. ‖아버지를 대신해서 현장 일을 떠맡다 父に代わって現場の仕事を引き受ける. 부엌일까지 떠맡다 台所仕事までしょい込む. 卿떠맡다.

떠-먹다 [-떡-] 他 〔スプーンなどで〕すくって食べる〔飲む〕. ‖국을 떠먹다 スープをすくって飲む.

떠-밀다 他 [ㄹ語幹] 押しのける; 強く押す.

떠-받들다 [-뜰-] 他 [ㄹ語幹] ❶持ち上げる. ❷崇める; 敬う.

떠-받치다 他 支える; つっかいをする.

떠버리 名 〔さげすむ言い方で〕口の軽い人; ほら吹き.

떠-벌리다 他 ❶大げさに言う; 言いふらす; まくし立てる; 大言を吐く; 騒ぎ立てる; ひけらかす. ‖아들이 이번 시험에서 일 등 했다고 떠벌리고 다니다 息子が今回の試験で1位になったとひけらかす. ❷ほらを吹く; 大風呂敷を広げる.

떠-보다 他 探りを入れる; 腹の中を探る; 〔意向を〕ただす. ‖속을 떠보다 心中を探る. 의향을 떠보다 意向をただす.

떠-안다 [-따] 他 抱える; 抱え込む. ‖어려운 문제를 떠안고 있다 難問を抱え込んでいる.

떠오르는 冠 [르変] 떠오르다(浮かぶ)の現在連体形.

떠-오르다 /'tɔoruda/ 自 [르変][떠올라, 떠오르는] ❶浮かぶ; 浮かび上がる; 浮き上がる. ‖죽은 생선이 물 위로 떠오르다 死んだ魚が水面に浮き上がる. 명안이 떠오르다 名案が浮かぶ. 수사 선상에 떠오른 용의자 捜査線上に浮かんだ容疑者. ❷思い浮かぶ; 思いつく. ‖아이 얼굴이 떠오르다 子どもの顔が思い浮かぶ. ❸〔太陽などが〕昇る. ‖해가 떠오르다 太陽が昇る. ▶떠오르는 별 期待の星.

떠오른 冠 [르変] 떠오르다(浮かぶ)の過去連体形.

떠올라 冠 [르変] 떠오르다(浮かぶ)の連用形.

떠올리다 他 思い出す; 思い起こす; 〔表情を〕浮かべる.

떡[1] /'tɔk/ 名 〔主にうるち米の〕餅. ‖쑥떡 蓬餅. ▶떡 먹듯 平気で. 거짓말을 떡 먹듯 하다 平気でうそをつく. ▶떡을 치다〔最なが〕十分だ. ▶떡 주무르듯 하다 思いのままにする. ▶떡 본 김에 제사 지낸다 【慣】〔餅を見たついでに祭祀を行なうの意で〕ものごとをついでに, やってしまうことのたとえ. ▶떡 줄 사람은 꿈도 안 꾸는데 김칫국부터 마신다 【慣】〔餅をやる人は夢にも思わないのに早くもキムチの汁を飲む〕の意で〕相手の気も知らず勝手に当て込むことのたとえ; 取らぬ狸の皮算用.

떡[2] 副 ❶あんぐりと; ぽっかり. ‖입을 떡 벌리고 자고 있다 口をあんぐり開けて寝ている. 象딱. ❷がっしり; がっちり. ‖가슴이 떡 벌어진 남자 胸ががっしり張った男. ❸がんとして; 堂々と.

떡-가래 [-깨-] 名 細長い棒状の白い餅の切れ.

떡-가루 [-까-] 名 떡[1]を作る原料になる穀物の粉.

떡갈-나무 [-깔라-] 名 〔植物〕カシワ(柏). 卿도토리나무.

떡-고물 [-꼬-] 名 ❶떡[1]の表面につけて味付けた粉. ❷〔俗っぽい言い方で〕不正を見逃してあげたことへの見返り.

떡-국 [-꾹] 名 〔料理〕朝鮮半島の伝統的なお雑煮.

떡-보【-뽀】[名] 〔からかう言い方で〕人一倍餅の好きな人.

떡-볶이【ˈtɔkˀpoʾki/】【-뽀끼】[名]《料理》トッポッキ(指くらいの大きさの餅を野菜や練り物などと一緒にコチュジャンで甘辛く炒めたもの).

떡-소【-쏘】[名] 餅の餡(あん).

떡-시루【-씨-】[名] 餅を蒸す時に使う道具.

떡-쌀[名] 餅用の米.

떡-잎【떵닙】[植物] 子葉;双葉.

떡-집[접][名] 餅屋.

떡-판(-板)[名] 餅つき用の板.

떨거덕[副語] 〔動きを強めて言う語〕がたん,ごとん. **떨거덕-떨거덕** [副自他]

떨거지[名] 〔さげすむ言い方で〕親類縁者;連中.

떨구다[他] 떨어뜨리다の誤り.

떨기[依名] 〔花などの〕…房;…株. ‖한 떨기 장미 1株のバラ.

떨다¹ [他] [語幹] [떨어,는,떤] ❶震える;揺れる. ‖비를 맞아 떨고 있다 雨にぬれて震えている. ❷おびえる. ‖무서워서 벌벌 떨고 있다 怖くてぶるぶるおびえている. 불안에 떨다 不安におびえる. ❸(お金などを)出し渋る;使い惜しむ;けちけちする. ‖단돈 백 원에 벌벌 떠는 사람 たった100ウォンのお金でけちけちする人.
— [他] ❶震わせる. ‖화가 난 나머지 몸을 떨고 있다 怒りのあまり体を震わせている. 손을 떨다 手を震わせる. ❷怖がる;恐れる. ❸(気性・態度などを)表わす. ‖애교를 떨다 愛嬌をふりまく. 허풍을 떨다 ほらを吹く. 방정을 떨다 そそっかしくふるまう. 주책을 떨다 粗忽(そこつ)にふるまう.

떨다² [他] [語幹] ❶(ほこりなどを)落とす;払う;はたく. ‖팔을 떨다 手をはたく. 먼지를 떨다 ほこりをはたく. ❷(一部を)差し引く. ❸(残りを)安価で売り払う.

떨떠름-하다[形] [하衣] 渋い. ‖떨떠름한 감 渋い柿. 떨떠름한 표정을 하고 있다 渋い顔をしている.

떨-리다¹ /ˈtɔlːida/ [自] (떨다¹の受身動詞)震える;(体が)ぶるぶるする. ‖감기로 전신이 떨리다 風邪で全身が震える. 긴장해서 손이 떨리다 緊張して手が震える. 손이 떨려서 글씨를 제대로 쓸 수가 없다 手がぶるぶるして字が思うように書けない.

떨-리다² [他] (떨다²の受身動詞)落とされる;払い落とされる.

떨어-뜨리다 /ˈtɔrɔˀturida/ [他] ❶落とす. ‖책을 바닥에 떨어뜨리다 本を床に落とす. 폭탄을 떨어뜨리다 爆弾を落とす. 컵을 떨어뜨려서 깨어 버렸다 コップを落として割ってしまった. 손수건을 떨어뜨리다 ハンカチを落とす. 속도를 떨어뜨리다 速度を落とす. 품질을 떨어뜨리다 品質を落とす. 학점을 떨어뜨리다 単位を落とす. ❷(値)を下げる. ‖가격[값]을 떨어뜨리다 値段を下げる. ❸(間)を離す. ‖사이를 떨어뜨려 놓다 間を離しておく. ❹使う. ‖관광객이 한국에 떨어뜨리고 가는 돈 観光客が韓国で使うお金. ❺(靴を)はきつぶす. ‖운동화를 한 켤레에 떨어뜨리다 運動靴を1か月で[に] 1足すり減らす.

떨어-지다 /ˈtɔrɔˀdʑida/ [自] ❶落ちる. ‖낙엽이 떨어지다 枯れ葉が落ちる. 계단에서 떨어지다 階段から落ちる. 물방울이 떨어지다 しずくが落ちる(垂れる). 지갑이 떨어져 있다 財布が落ちている. 벼락이 떨어지다 雷が落ちる. 속도가 떨어지다 速度が落ちる. 인기가 떨어지다 人気が落ちる. 품질이 떨어지다 品質が落ちる. 성적이 많이 떨어졌다 成績がだいぶ落ちた. 시험에 떨어지다 試験に落ちる. 선거에서 떨어지다 選挙に落ちる. 지옥에 떨어져라 地獄に落ちろ. ❷離れる;隔てる. ‖부모와 떨어져서 살고 있다 親と離れて暮らしている. 한참 떨어져서 따라오다 ずっと離れていって来る. ❸(価・値・気温などが)下がる. ‖주가가 연일 떨어지다 株価が連日下がる. 물가가 떨어지다 物価が下がる. 기온이 떨어지다 気温が下がる. 실적이 떨어지다 実績が落ち込む. ❹(命令などが)下る. ‖명령이 떨어지다 命令が下る. 판결이 떨어지다 判決が下る. ❺取れる. ‖단추가 떨어지다 ボタンが取れる. ❻尽きる;切れる. ‖생활비가 떨어지다 生活費が尽きる. 정나미가 떨어지다 愛想が尽きる. ❼(体力・視力などが)衰える. ‖나이가 들면 체력이 떨어진다 年をとると体力が衰える. ❽治る. ‖감기가 안 떨어지다 風邪が治らない. ❾すり切れる. ‖구두 밑창이 떨어지다 靴底がすり切れる. ❿散る. ‖나뭇잎이 떨어지다 木の葉が散る. ⓫(割り算が)割り切れる. ‖이십사를 팔로 나누면 떨어진다 24を8で割ると割り切れる. ⓬(やや小粒の雨・霙・雪などが)ぱらつく. ‖빗방울이 떨어지기 시작하다 雨がぽつぽつ降り始める. ⓭流離する. ‖애가 떨어지다 流離する.

떨어-트리다[他] =떨어뜨리다.

떨이[名他] 売れ残り;投げ物;在庫処分.

떨치다¹ [他] ❶(名声などを)鳴らす;轟(とどろ)かす;(名を)はせる. ‖명성을 떨치다 名声を轟かす. ❷(猛威などを)ふるう. ‖추위가 맹위를 떨치다 寒さが猛威をふるう.

떨치다² [他] 振るい落とす;振り放つ;振り切る;払う. ‖잡념을 떨치다 雑念を

払う. 유혹을 떨쳐 버리다 誘惑を振り切る.
떫다 【떨따】 㓝 渋い. ‖감이 아직은 떫다 柿はまだ渋い. 떫은 표정을 하다 苦い顔をする.
떫은-감 圀 渋柿.
떫은-맛 【―맏】 圀 渋み; 渋い味.
떳떳-하다 /t͈ɔt̚t͈ɔt̚ʰada/ 【떨떠타―】 【하얗】 後ろめたいことがない; 後ろ暗いことがない; やましいことがない; 堂々としている. ‖떳떳하지 못한 행위 後ろめたい行為. 이 점에 대해서 나는 떳떳하게 말할 수 있다 この点について私は堂々と言える. ❢ **떳떳-이** 튀
떵떵-거리다 冱 ❶ 大口をたたく; 大言する, 豪勢だ. ❷ 떵떵거리며 살다 豪勢に暮らす.
떼¹ 圀 群れ; 集団. ‖떼를 지어 날아가 군새를 なして飛んでいく.
떼² 圀 芝. ‖무덤에 떼를 입히다 墓に芝を植えつける.
떼³ /t͈e/ 圀 わがまま; 無理; だだ. ‖떼를 쓰다【부리다】だだをこねる; おねだりする.
떼-거리 圀 떼¹の俗語.
떼-거지 圀 ❶ 乞食の群れ. ❷ (災害などによる)避難民; 被災者.
떼다 /t͈eda/ 【他】 ❶ 取る; 取り除く; はがす. ‖옷에 붙은 머리카락을 떼다 服についた髪の毛をとる. 포스터를 떼다 ポスターをはがす. ❷ 離す. ‖성과 이름 사이는 한 칸 띄어서 쓰세요 姓と名の間は１ますあけて書いてください. 눈을 뗄 수가 없다 目が離せない. ❸ (関係などを)切る; 断つ; 引き離す; 切り離す. ‖젖을 떼다 乳離れする. 정을 떼다 情を断つ. 부모 자식 사이를 떼다 親子の間を引き離す. ❹ 差し引く; 引く; 割る. ‖월급에서 세금을 떼다 給料から税金を差し引く. 생활비에서 돈을 떼어 저금하다 生活費から１万ウォン割いて貯金する. ❺ (口を)切る; 開く. ‖먼저 입을 떼다 先に口を切る. ❻ (手を)引く. ‖이번 프로젝트에서 손을 떼다 今度のプロジェクトから手を引く. ❼ (子どもを)堕(ろ)す. ‖아이를 떼다 子どもを堕す. ❽ (영수증 등을)発行してもらう. ‖인감 증명을 떼다 印鑑証明書を発行してもらう. ❾ 歩き出す. ‖발걸음을 떼다 歩き出す; 踏み出す. ❿ [시치미의 형に] しらばくれる. ‖모르는 일이라고 시치미를 떼다 知らないことだとしらばくれる. ⓫ 勉強し終える. ‖영어 문법책을 한 권 떼다 英語の文法の本を１冊終わり終える. ▶ 떼어 놓은 당상 絶対間違いないこと.
떼-도둑 圀 群盗.
떼-돈 圀 にわかに儲けた大金. ‖떼돈을 벌다 にわかに大金を儲ける.
떼-먹다 【―따】 떼어먹다の縮約形.

떼-쓰다 【으쓰】 ねだる; だだをこねる; 言い張る. ‖장난감만 보면 사달라고 떼쓰는 아이 おもちゃを見れば買ってくれとだだをこねる子.
떼어-먹다 /t͈eəmək̚t̚a/ 【―따】 他 ❶ ちぎって食べる. ‖바게트를 조금씩 떼어먹다 バゲットを少しずつちぎって食べる. ❷ (借金・代金などを)踏み倒す. ‖빌린 돈을 떼어먹다 借金を踏み倒す. ❸ 横領する. 着服する. ❉ 떼먹다.
떼-이다 【他】 ❶ (貸し金などを)踏み倒される. ‖돈을 떼이다 貸し倒れになる. 술값을 떼이다 飲み倒される.
떼-쟁이 圀 駄々っ子.
떼-죽음 圀 皆死ぬこと; 集団死. ‖떼죽음을 당하다 皆殺しにされる.
뗏-목 (―木) 【뗀―】 圀 筏(いかだ).
또 /t͈o/ 튀 ❶ また; 再び. ‖그 사람한테서 또 전화가 걸려 왔다 彼からまた電話がかかってきた. 아버지는 술도 안 마시고 또 담배도 안 피운다 父は酒も飲まないし, またタバコも吸わない. 이번에는 떨어졌지만 또 도전할 생각입니다 今回は落ちましたが, 再び挑戦するつもりです. ❷ さらに; 加えて; その上. ‖밥을 얻어먹고 또 선물까지 받아 왔다 ごちそうになり, その上お土産までもらってきた.
또-다시 튀 再び; また; またもや; もう一度; 重ねて. ‖또다시 돌아온 절호의 찬스 再びめぐってきた絶好のチャンス. 작년에 이어 또다시 결승전에서 패하다 昨年についてまたもや負け決勝戦で負ける.
또닥-거리다 【―대다】 【――께[때]】 冱 (小さくて堅いもので)続けざまにとんとんと打って音を出す. ‖볼펜으로 책상을 또닥거리다 ボールペンで机をとんとんと打つ.
또닥-또닥 튀 【하얗】 (小さくて堅いもので)続けざまに打つ音.
또랑-또랑-하다 【하얗】 (声が)はきはきしている; 朗々としている. ‖또랑또랑한 목소리로 대답하다 朗々とした声で答える.
또래 /t͈ore/ 圀 同じ年頃; 同年代. ‖회사에는 내 또래의 사람은 없다 会社には私と同年代の人はいない. 같은 나이 또래의 아이들 同じ年頃の子どもたち.
또렷-하다 【―려타】 【하얗】 ❶ はっきりしている; くっきりしている. ‖또렷한 목소리로 대답하다 はっきりした声で答える. 또렷하게 보이다 くっきり(と)見える. ❉ 뚜렷하다. **또렷-이** 튀
또르르 튀 小さいものが転がる様子[音]; ころころ. ‖구슬이 또르르 굴러가다 ビー玉がころころ転がる. ❷ 紙などが丸まる様子: くるっと; くるくると. ‖종이가 또르르 말리다 紙がくるくると巻かれる.
또박-또박 튀 【하얗】 きちんと; はきはきと; 正確に. ‖또박또박 대답을 하다 は

또아리 图 똬리의 잘못.

또한 /'tohan/ 囲 ①同じく; 同様に. ‖나 또한 그런 생각을 한 적이 있다 私も同じくそういうことを考えたことがある. ❷その上; さらに. ‖공부도 잘하고 또한 성격도 좋다 勉強もでき, その上性格もいい.

똑¹ 囲 そっくり; ぴったり; まるで. ‖걸음걸이가 제 아버지를 똑 닮았다 歩き方が父親とそっくりだ.

똑² 囲 ❶小さいものが落ちた時の音. ❷細くて堅いものが折れる音: ぽきっと; ぽきり. ‖연필심이 똑 부러지다 鉛筆の芯がぽきっと折れる. ❸もぎ取ったり摘んだりする様子: ぽきっと. ‖오이를 똑 따다 キュウリをぽきっともぎ取る. ⇒뚝.

똑³ 囲 ❶続いていたものがにわかに止まる様子: ぴたっと. ‖울음을 똑 그치다 ぴたっと泣きやむ. ❷言い方などが厳しい様子: ぴしゃりと. ‖똑 잘라 말하다 ぴしゃりと言い切る. ❸すっかり; 全部; 全く. ‖생활비가 똑 떨어지다 生活費がすっかりなくなる. ⇒뚝.

똑-같다 /'tok'kat'ta/【-깥타】囲 そっくりだ; (全く)同じだ. ‖그는 얼굴이 그의 형과 똑같다 彼の顔は彼の兄とそっくりだ. 아버지하고 목소리가 똑같다 父と声が同じだ. **똑같-이** 囲 形하고 똑같이 행동하다 兄と同じようにふるまう.

똑딱 囲 自他 ❶硬いものを軽く叩く音: かちん; かん. ❷時計の振り子の音: こちこち; かちかち; ちくたく. ❸ぽんぽん 船などが出す音: ぽんぽん. **똑딱-똑딱** 囲 自他

똑딱-거리다 【-꺼-】自他 しきりにかちかちと音を出す; ちくたくと鳴る. ‖시계가 똑딱거리다 時計がちくたくと鳴る.

똑딱-단추 【-딴-】图 (服の)スナップ.

똑딱-선 (-船) 【-썬】图 ぽんぽん船; 발통배.

똑똑 囲 自他 ❶水などがしたたり落ちる様子: ぽたぽた; ぽたぽたぽたり. ‖처마끝에서 빗물이 똑똑 떨어지다 軒先から雨のしずくがぽたぽた(と)落ちる. ❷硬くて小さいものが折れたり切れたりする様子: ぽきぽき; ぶつぶつ. ‖나뭇가지를 똑똑 분질러다 小枝をぽきぽき(と)折る. ❸硬いものを軽く叩く様子: とん.

똑똑-하다 /'tok'tok'ada/【-또카-】囲 [하変] ❶賢い; 聡明だ. 매우 똑똑한 아이 とても賢い子ども. 똑똑해 보이다 賢く見える. ❷はっきりしている; 明確だ. ‖안경을 쓰니까 똑똑히 보인다 眼鏡をかけるとはっきり見える.

똑바로 【-빠-】囲 ❶まっすぐ(に); 一直線に; 直立して. ‖똑바로 서라 まっすぐ立ちなさい. 똑바로 나아가다 まっすぐに進む. ❷正直に; 正しく. ‖똑바로 말하면 용서해 줄게 正直に言うなら許してあげる.

똘똘 囲 ❶(ものを幾重にも)巻く様子: ぐるぐる; くるくる. ‖끈으로 똘똘 감아 매다 ひもでくるくると巻く. ❷一つの塊になっている様子. ‖똘똘 뭉쳐서 일을 해나가다 一丸となって事に当たる.

똘똘-이 图 利発な子; お利口さん.

똘똘-하다 囲 [하変] (子どもが)賢い; 利口だ. ‖똘똘한 아이 賢い子ども. 똘똘하게 생긴 아이 賢く見える子ども.

똘마니 〔さげすんだ言い方で〕子分; 部下; 下っ端.

똥 /'toŋ/ 图 大便; うんち; 糞 (ふん). ‖똥을 누다 大便をする; うんちをする. 똥이 마렵다 大便をしたい; 便意を催す. 개똥 犬の糞. ▶똥을 싸다 〔俗っぽい言い方で〕てこずる. ‖똥이 되다 〔俗っぽい言い方で〕台無しになる. ‖똥 누러 갈 적 마음 다르고 올 적 마음 다르다 〔諺〕喉元過ぎれば熱さを忘れる. ▶똥 묻은 개가 겨 묻은 개 나무란다 〔諺〕目くそ鼻くそを笑う.

똥-값 【-깝】图 捨て値; 二束三文. ‖멜론 때문에 수박값이 똥값이 되었다 メロンのせいでスイカの値段が二束三文になる.

똥-개 【-깨】图 駄犬; 雑犬; 雑種の犬.

똥-거름 图 人糞の肥料.

똥-구멍 图 〔肛門(항문)〕; 肛門. ▶똥구멍이 찢어지게 가난하다 〔諺〕赤貧洗うが如し.

똥글똥글-하다 囲 [하変] 〔동글동글을 강하게 말하는 말〕くりくりしている.

똥-독 (-毒) 图 大便の毒.

똥똥-하다 囲 [하変] ずんぐりしている. ⇒뚱뚱하다.

똥-물 图 ❶大便の混ざった水. ❷黄水.

똥-배 【-빼】图 〔俗っぽい言い方で〕太っ腹; ほてい腹; 太鼓腹. ‖똥배가 나오다 太鼓腹になる.

똥-싸개 图 くそ垂れ.

똥-오줌 图 大小便. ▶똥오줌을 못 가리다 〔俗っぽい言い方で〕分別がつかない; 弁(わきま)えない.

똥-줄 【-쭐】图 急に出てくる大便またはその勢い. ‖똥줄이 빠지게 非常に驚いて慌てて. 똥줄이 빠지도록 도망가다 非常に驚いて慌てて逃げる. ▶똥줄(이) 타다 こもむし; やきもきする.

똥-집 【-찝】图 ❶〔대장(大腸)의 俗談〕大腸. ❷〔위(胃)의 俗談〕胃袋.

똥-차 (-車) 图 ❶汲み取り車; 糞尿車. ❷〔고물 차(古物車)의 俗談〕ぽんこつ車; おんぼろ自動車. ❸똥차가 밀리다 (「ぽんこつ車がつかえる」の意で)未婚の兄や姉がいて結婚ができない状態である.

똥-칠(一漆)[名][하変] ❶糞をつけること. ❷泥を塗ること;恥をかかせること. ∥부모 얼굴에 똥칠하다 親の顔に泥を塗る.

똥-파리[名][昆虫] キンバエ(金蠅).

똬리[名] ❶ものを頭上に載せて運ぶ時にものの下に敷くもの. とぐろ. ∥똬리를 틀다 とぐろを巻く.

돼기¹[名](田畑の)一定の区画.
— [依名] 一定の区画で区切られている田畑を数える単位.

돼기²[名] 〔穀物類を表わす名詞に付いて〕(せめて)…の類. ∥작은 요 뙈기라도 있으면 좋겠다 (せめて)小さい畑田でもあったらいいのに.

뙤약별[-뺕/뙤-뼏][名] じりじりと照りつける日差し.

뚜[副] 汽笛·信号音などを鳴らす音: ぷう; ぼおっ. **뚜-뚜**.

뚜껑/°tu'kəŋ/[名] 蓋(ふた); キャップ.
∥냄새가 나서 뚜껑을 덮다 臭くて蓋をする. 만년필 뚜껑을 닫다 万年筆のキャップを閉める. ▶뚜껑을 열다 蓋を開ける;公開する. 당락은 뚜껑을 열어 보기 전에는 모른다 当落は蓋を開けて見るまで分からない.

뚜렷-하다/°turjət^hada/[-려 타-][形][하変] はっきりしている; 明確だ; 著しい; 顕著だ. ∥의식은 뚜렷하다 意識ははっきりしている. 뚜렷한 특색 顕著な特色. ⓒ또렷하다. **뚜렷-이**[副] 나날を뚜렷이 기억하고 있지 않다 日付を明確に覚えていない.

뚜벅-뚜벅[副名] 堂々と歩く靴音: のしのし. ∥뚜벅뚜벅 걸어오다 のしのし(と)歩いてくる.

뚜-쟁이[名] 〔俗っぽい言い方で〕ぽん引き.

뚝¹[副][하変] ❶やや大きいものが落ちる音: どすん; どしん. ❷大きくて硬いものが折れる音: ぽきり. ❸硬いものを叩く音: ごんと.

뚝² [副] ❶続いていたものがにわかに止まる様子: ぴたっと. ∥울음을 뚝 그치다 ぴたっと泣きやむ. ❷やや太くて丈夫なものが切れる様子: ぶっつり. ∥로프가 뚝 끊어지다 ロープがぶっつり切れる. ❸厳しい様子: びしっと; びしゃりと; ばっさりと. ⓒ똑.

뚝딱¹[副][하変] 硬いものを軽く叩く音: かちん; とん. **뚝딱 뚝딱**[副][하変]
뚝딱-거리다[-거-][自他] しきりに何かを叩く音を出す.

뚝딱²[副] 手際よく物事をやり遂げる様子: てきぱきと; さっと.

뚝-뚝[副] ❶水などがしたたり落ちる様子[音]: ぽたぽた(と); ぽろぽろ(と); ぽろぽろ(と). ∥천장에서 빗물이 뚝뚝 새다 天井からぽたぽた(と)雨漏りがする. 눈물을 뚝뚝 흘리다 ぽろぽろ(と)涙を流す. ❷ (小枝などが)もろよく折れる様子[音]: ぽきり; ぽっきり; ぽきんぽきん. ∥나뭇가지를 뚝뚝 분지르다 小枝をぽきんぽきんとへし折る. ⓒ똑똑.

뚝배기[-빼-][名] (小さめの)土鍋. ▶뚝배기 깨지는 소리[声] ぬか味噌が腐る(声); どら声. ▶뚝배기보다 장맛이 좋다[諺] 見かけよりも中身がよい.

뚝-심[-씸][名] ねばる力; くそ力; ばか力.

돌돌[副] 〔둘둘を強めて言う語〕くるくる (と). ∥코 푼 종이를 돌돌 말아서 버리다 鼻をかんだ紙をくるくる丸めて捨てる.

뚫다/°tult^ha/[뚤타][他] ❶(穴を)空ける; 穿(うが)つ. ∥판자에 구멍을 뚫다 板に穴を空ける. ⓒ똟리다. ❷貫く; 通す; 貫通させる. ∥터널을 뚫어 트ンネルを貫通させる. ❸切り抜ける; 突破する. ∥난관을 뚫고 나가다 難関を切り抜けていく.

뚫-리다/°tullida/[뚤-][自] ❶〔뚫다の受身動詞〕(穴が)空けられる; 空く. ∥구멍이 뚫리다 穴が空けられる; 穴が空く. ❷貫通する. ∥터널이 뚫리다 トンネルが貫通する. ❸(道などが)できる. ∥새길이 뚫리다 新しい道ができる.

뚫어-지다/°turədʑida/[뚤어-][自] ❶(穴が空く; (隙間が)できる. ∥구멍이 뚫어지다 穴が空く. ❷(トンネルなどが)通じる; 貫通する. ∥터널이 뚫어지다 トンネルが貫通する. ❸ 〔主に뚫어지게[뚫어지도록 (바라)보다の形で〕(穴が)空くほど見つめる.

뚱-딴지[名] ❶愚鈍で頑固な人. ❷とんでもないこと; 突拍子もないこと. ∥뚱딴지 같은 소리를 하다 突拍子もないことを言う.

뚱뚱-이[名] でぶ; 太っちょ.

뚱뚱-하다/°tuŋtuŋhada/[形][하変] 太っている; でぶだ. ∥좀 뚱뚱한 여자 小太りの女. ⓒ똥똥하다.

뚱-보[名] 〔뚱뚱な사람を말하는 言い方で〕でぶ.

뛰-놀다/°twino:lda/[自][ㄹ語幹] 〔뛰놀아, 뛰노는, 뛰논] 走り回って遊ぶ; 跳ね回る. ∥운동장에서 뛰노는 아이들 運動場で走り回る子どもたち.

뛰는 뛰다(走る)の現在連体形.

뛰다/°twida/[自] ❶走る; 駆ける. ∥전속력으로 뛰다 全速力で走る. 복도에서는 뛰면 안 된다 廊下を走ってはいけない. ❷跳ぶ; 跳ねる; 跳ね上がる. ∥메뚜기가 뛰 폴짝 バッタがぴょんと跳ぶ. 높이 뛰다 高く跳ぶ. 아들이 좋아서 깡충깡충 뛰다 子どもたちが喜んでぴょんぴょん跳ねる. 연못의 잉어가 뛰다 池の鯉が跳ねる. 물가가 뛰다 物価が跳ね上がる. ❸跳び上がる. ∥펄쩍 뛰면서 좋아하다 跳び上がって喜ぶ. ❹飛び回る; 跳び回る. ∥현장에서

뛰다 신문 기자들 現場を飛び回る新聞記者たち. ❺ 弾む. ‖가슴이 뛰다 胸が弾む. 마음이 뛰다 心が弾む. ❻ (飛び上がるほど)怒る. ‖그 사람은 그 이야기를 듣고 펄쩍 뛰었다 彼はその話を聞いて激怒した.
— 他 抜かす; 飛ばす; 飛び越す. ‖세 페이지를 뛰다 3ページを飛ばす. 이 계급 뛰어서 승진하다 2階級飛ばして昇進する.

뛰뛰-빵빵 車が続けざまにクラクションを鳴らす音.

뛰룩-뛰룩 副 形動 [눈을뒤룩を強めて言う語] ぶくぶくと; ぶくぶくに. ‖뛰룩뛰룩 살이 찌다 ぶくぶく太る.

뛰어 뛰다(走る)의 用例形.

뛰어-가다 [/-/-여-] 自 走っていく. ‖학교를 향해 뛰어가다 学校に向かって走っていく.

뛰어-나가다 [-/-여-] 自 飛び出す; 駆け出す. ‖급하게 뛰어나가다 急いで飛び出す.

뛰어-나다 /t͈wi̇nada/ [-/-여-] 形 優秀だ; 優れている; 秀でている; 卓越している; 抜きん出ている; ずば抜けている. ‖기획력이 뛰어나다 企画力が優れている. 뛰어난 암기력 ずば抜けた暗記力. 실력이 뛰어나다 実力がずば抜けている.

뛰어-나오다 /t͈wi̇naoda/ [-/-여-] 自 飛び出る; 飛び出す. ‖이상한 소리에 놀라 집에서 뛰어나오다 物音に驚いて家から飛び出る.

뛰어-내리다 /t͈wi̇nnerida/ [-/-여-] 自 飛び降りる. ‖높은 곳에서 뛰어내리다 高いところから飛び降りる.

뛰어-넘다 /t͈wi̇nɔmːta/ [-다/-여-내] 他 ❶ 飛び越える; 乗り越える. ‖한계를 뛰어넘다 限界を乗り越える. ❷ 飛ばす; 抜かす. ‖쉬운 문제는 뛰어넘다 易しい問題は飛ばす.

뛰어-놀다 /t͈wi̇nolda/ [-/-여-] 自 [ㄹ語幹] 飛び跳ねて遊ぶ; 跳び回って遊ぶ. ‖아이들과 뛰어놀다 子どもたちと跳び回って遊ぶ.

뛰어-다니다 /t͈wi̇danida/ [-/-여-] 自 走り回る; 飛び回る; 跳ね回る; 駆け回る. ‖해변가를 뛰어다니는 아이들 海辺を駆け回る子どもたち.

뛰어-들다 /t͈wi̇dulda/ [-/-여-] 自 [ㄹ語幹] 〔속어들다, 뛰어드는, 뛰어든〕 ❶ 飛び込む; 乗り込む; 駆け寄る. ‖강에 뛰어들다 川に飛び込む. 환경 보호 운동에 뛰어들다 環境保護運動に飛び込む. 적진에 뛰어들다 1人で敵陣に乗り込む. 허둥지둥 파출소로 뛰어들다 あたふたと交番に駆け込む. ❷ 加勢する; 首を突っ込む. ‖싸움에 뛰어들다 けんかに加勢する. ❸ (ある世界)に身を投じる; 飛びつ

く; 乗り出す. ‖정치판에 뛰어들다 政治の世界に身を投じる; 政界に乗り出す.

뛰어-오다 [-/-여-] 自 走って来る; 駆けて来る. ‖아이가 엄마한테로 뛰어오다 子どもが母親に向かって駆けて来る.

뛰어-오르다 [-/-여-] 自 [르変] 飛び上がる; 跳ね上がる; 駆け上がる. ‖물고기가 뛰어오르다 魚が跳ね上がる. 주가가 뛰어오르다 株価が跳ね上がる. 언덕길을 뛰어오르다 坂道を駆け上がる.

뛰쳐-나가다 [-쳐-] 自 飛び出す; 駆け出す.

뛰쳐-나오다 [-쳐-] 自 飛び出す; 駆け出す.

뛴 뛰다(走る)의 過去連体形.

뛸 뛰다(走る)의 未来連体形.

뜀 名 ❶ (両足をそろえて)跳びながら前に進むこと. ❷ 跳び上がること; (体を)跳び上がらせること.

뜀뛰기 운동 (-運動) 名 跳躍運動. 참 도약 운동 (跳躍運動).

뜀-뛰다 自 (両足をそろえて)跳び上がる; 跳ねる.

뜀박질 [-질] 名 하変 かけっこ; 駆け足. ‖뜀박질을 하다 かけっこをする.

뜀-틀 名 跳び箱.

뜨개-질 名 하変 編み物.

뜨거운 [ㅂ変] 뜨겁다(熱い)의 現在連体形.

뜨거워 [ㅂ変] 뜨겁다(熱い)의 用例形.

뜨겁다 /t͈ɯgɔpːta/ [-다] 形 [ㅂ変] 〔뜨거워, 뜨거운〕 ❶ 熱い. ‖뜨거운 모래 위를 맨발로 뛰어다니다 熱い砂の上を裸足で駆け回る. 열이 나서 몸이 뜨겁다 熱が出て体が熱い. 뜨거운 피가 흐르다 熱い血が流れる. 뜨거운 시선 熱い視線. ❷ (恥などで顔が)ほてる. ‖부끄러워서 얼굴이 뜨겁다 恥ずかしくて顔がほてる. ❸ 激しい. ‖뜨거운 논쟁 激しい論争.

뜨개-뜨끈 副 形動 ほかほか; あつあつ; ぽかぽか. ‖뜨끈뜨끈한 국물 あつあつのスープ. 뜨끈뜨끈한 밥 ほかほかのご飯. 참 따끈따끈.

뜨끈-하다 形 하変 熱い. 참 따끈하다.

뜨끔-거리다 自 ちくちくする; ひりひりする. 참 따끔거리다.

뜨끔-하다 /t͈ɯk͈ɯmhada/ 形 하変 ❶ ちくりとする; ちくりと痛む. ❷ ぎくりとする. ‖그 말에 가슴이 뜨끔했다 彼の言葉にぎくりとした.

뜨내기 名 ❶ 流れ者; 渡り者. ❷ 時たますること. ‖뜨내기 장사 時たまする商売.

뜨내기-손님 名 一見さん; 流れ客. 참 단골손님.

뜨는 [으變] 뜨다(浮く)의 現在連体形.

뜨다¹ 国 [으испр] (動作가) 鈍い; のろい. ∥동작이 뜨다 動作が鈍い.

뜨다² /ˀtuda/ 国 [떠, 뜨는] ❶ 浮く;浮かぶ. ∥몸이 물에 뜨다 体が水に浮く. 기름은 물에 뜨다 油は水に浮く. 흰 구름이 떠 있다 白い雲が浮かんでいる. ❷ (太陽·月などが) 昇る. ∥해가 뜨다 日が昇る. 달이 뜨다 月が昇る. 무지개가 뜨다 虹がかかる. ❸ (飛行機などが) 飛ぶ; 離陸する. ∥비행기가 뜨다 飛行機が飛ぶ[離陸する]. ❹ (空間的·時間的に) 空いている; 隔たりがある; (関係が) 疎遠になる. ∥사이가 너무 뜨다 間が空きすぎている. 働띄우다.

뜨다³ 国 [으변] ❶ (酵母가) 発酵する. 働띄우다. ❷ (顔에) 病状이 나타나다. ∥아픈지 얼굴이 누렇게 뜨다 病気なのか顔が黄色くなる.

뜨다⁴ 国/他 [으변] [떠, 뜨는] ❶ (席를) 비우다; 잠시 자리를 뜨다 しばらく席をはずす. ❷ (場所에서) 떠나다; 去る. ∥빚 때문에 고향을 뜨다 借金に追われ故郷を離れる. 세상을 뜨다 世を去る.

뜨다⁵ 国 [으변] 型をとる; 模する. ∥본을 뜨다 型をとる.

뜨다⁶ 他 [으변] (灸를) 据える. ∥침을 뜨다 灸を据える.

뜨다⁷ 他 [으변] ❶ (一部를) 切り出す; 切り取る. ❷ 汲む; すくう; すくい取る. ∥국자로 국을 뜨다 お玉でスープを汲む. 숟가락으로 떠 먹다 スプーンですくって食べる. ❸ (肉などを) 刺身にする.

뜨다⁸ 他 [으변] (눈을) 開ける; 開く; 見開く. ∥실눈을 뜨다 薄目を開ける. ❷ 目覚める; 目を覚ます. ∥이상한 소리에 눈을 뜨다 物音で目を覚ますのだ.

뜨다⁹ 他 [으변] 編む. ∥스웨터를 뜨다 セーターを編む.

뜻-하다 [-뜨타-] 形 [하변] (ほどよく) 暖かい[温かい]. ∥방바닥이 뜻하다 部屋の床が温かい.

뜻물 图 とぎ汁.

뜻악-하다 [-아카-] 形 [하변] ❶ 気가 進まない; 気乗りしない. ∥뜻악한 표정을 짓다 気乗りしない表情を浮かべる; 浮かない顔をする. ❷ ぎこちない; 気まずい.

뜻-이다 国 ❶ [뜻다⁸의 受身動詞] (目が) 覚める. 目覚める. 目が(ぱっと) 覚める. ❷ 고층 빌딩이 많이 눈에 뜻이다 高層ビルが目に付く. 働뜻다.

뜻 [으변] 뜻다의 過去連体形.

뜻-구름 图 浮雲; はかない中; 浮世.

뜻금-없다 [-그멉따] 形 突拍子もない; とんでもない. ∥뜻금없는 이야기 突拍子もない話. **뜻금-없이**

뜻-눈 图 [主に뜻눈으로의 形으로] 一睡もできないさま. ∥뜻눈으로 밤을 새우다 一睡もしないまま夜を明かす.

뜻-소문 [-所聞] /ˀtunso:mun/ 图 流言; 根拠もないうわさ. ∥뜻소문이 돌다 根拠もないうわさが流れる.

뜻-기다¹ /ˀtuˀt'kida/ 【-기-】 国 ❶ [뜻다의 受身動詞] 取られる; 奪い取られる; 巻き上げられる. ∥선배에게 돈을 뜻기다 先輩にお金を巻き上げられる. ❷ (ボタンなどが) 取れる. ∥단추가 뜻기다 ボタンが取れる. ❸ (蚊などに) 刺される. ∥모기한테 뜻기다 蚊に刺される. ❹ (博打などで) 負ける.

뜻-기다² [-기-] [뜻다의 使役動詞] (牛などが草を) 食べさせる. ∥소한테 풀을 뜻기다 牛に草を食べさせる.

뜻다 /ˀtuˀt'a/ 【-따】 他 ❶ 取る; 取りはずす. ∥책 표지를 뜻어 버리다 本のカバーを取ってしまう. ❷ ちぎる; むしる. ∥바게트빵을 조금씩 뜻어서 먹다 フランスパンを少しずつちぎって食べる. 닭털을 뜻다 鶏の毛をむしる. ❸ 奪い取る; 巻き上げる. ∥협박해서 돈을 뜻다 脅してお金をゆする. ❹ (楽器などを)つま弾く; 弾く; 奏でる. ∥하프를 뜻다 ハープを奏でる. ❺ 噛み取る; 噛みしめる; かじる. ∥갈비를 뜻다 カルビをかじる. 소가 풀을 뜻다 牛が草をはむ. ❻ 解体する; 分解する. ∥라디오를 뜻어 내부 구조를 살펴보다 ラジオを解体して内部の構造を調べる. 働뜻기다. 働뜻기다.

뜻어-고치다 他 改める; 直す. ∥나쁜 버릇을 뜻어고치다 悪い癖を直す.

뜻어-내다 他 ❶ はぎ取る; はがす. ∥오래된 벽지를 뜻어내다 古い壁紙をはがす. ❷ (機械などを) 取り外す. ❸ せびり取る; ゆすり取る. ∥거짓말을 해서 친구한테서 돈을 뜻어내다 うそをついて友だちからお金をせびり取る.

뜻어-말리다 他 (けんかなどを) やめさせる; 引き離す. ∥싸움을 뜻어말리다 けんかをやめさせる.

뜻어-먹다 [-따] 他 ❶ かじって食べる; ちぎって食べる. ∥(草を) 뜻어먹다. ∥풀을 뜻어먹다 牛が草をはむ. ❷ ゆすり取る; せびり取る.

뜻 图 ❶ 뒤뜰 裏庭. 안뜰 中庭.

뜻² [으변] 뜻다(浮く)의 未来連体形.

뜻¹ 图 (ご飯を) 蒸らすこと. ▶뜻(을) 들이다 もったいぶる. 뜻 들이지 말고 빨리 말해 주세요 もったいぶらないで早く話してください.

뜻² [漢方] 图 灸. ∥뜻을 뜻다 灸を据える.

뜻부기 图 [鳥類] クイナ科の鳥.

뜻뜻-뜻뜻 副 クイナの鳴き声.

뜸-하다 形 [하変] 途絶えている；まばらだ．∥사람을 발길이 뜸하다 人通りがまばらだ．요즘은 연락이 뜸하다 最近は連絡が途絶えている．

뜻 /ˀtɯt/【뜯】 名 ❶志；意；意志．∥감사의 뜻을 표하다 感謝の意を表わす．부모의 뜻에 따르다 親の意に従う．뜻을 세우다 志を立てる．뜻을 굽히다 志を曲げる．학문에 뜻을 두다 学問を志す．뜻을 같이 하는 친구 志を同じくする友．❷意味；訳．∥이 단어의 뜻 この単語の意味．뜻도 모르고 스펠을 무조건 외우다 意味も分からずスペルをとにかく覚える．▶뜻이 맞다 気が合う；意気投合する．

뜻-대로【뜯때-】副 意のままに；思い通りに．∥뜻대로 안되다 思い通りにいかない．

뜻-밖 /ˀtɯtˀpak/【뜯빡】名 意外；予想外．∥뜻밖의 결과 意外な結果．역에서 뜻밖의 사람을 만났다 駅で意外な人に会った．

뜻밖-에【뜯빠께】副 意外に(も)；予想外に；思いも寄らず；思わず．∥뜻밖에 길에서 그를 만났다 思いがけず道で彼に会った．뜻밖에 큰돈이 들어왔다 思いも寄らない大金が手に入った．

뜻-하다【ˀtɯtˀada】【뜯타-】動 [하変] ❶志す；(心に)いだく；思う．❷[뜻하지 않은…の形で]思いも寄らぬ…；予期せぬ…．∥뜻하지 않은 결과 予期せぬ結果．❸意味する．∥그 말이 뜻하는 바는 무엇일까？その言葉が意味するのは何だろう．

띄다【띠-】自 뜨이다の縮約形．

띄어-쓰기【띠어/띠어-】名 [하動] 分かち書き．

띄어-쓰다【띠어/띠어-】[으変] 分かち書きをする．

띄엄-띄엄【띠-띠-】副 ❶散在している様子：点々と；ぽつりぽつり；まばらに；ちらほら．∥집들이 띄엄띄엄 들어서 있다 家がぽつりぽつり(と)立っている．❷たどたどしい様子：とぎれとぎれ．∥말을 띄엄띄엄 하다 とぎれとぎれに話す．

띄우다 /ˀtiuda/【띄-】他 〔뜨다の使役動詞〕❶浮かべる；浮かす；浮かせる．∥조각배를 띄우다 小舟を浮かべる．물에 꽃을 띄우다 水に花を浮かす．얼굴에 웃음을 띄우다 顔に笑みを浮かべる．❷発酵させる；寝かす．∥메주를 띄우다 みそ麴を寝かす．❸（空間的・時間的に）間を置く；空ける．∥한 줄 띄워서 쓰다 1行空けて書く．❹（手紙などを）出す；送る．∥엽서를 띄우다 葉書を出す．

띠¹ /ˀti/ 名 帯；ベルト．∥띠를 두르다 帯を巻く．머리띠 鉢巻；ヘアバンド．허리띠 腰紐；ベルト．

띠² /ˀti/ 名 ❶干支．∥무슨 띠예요？干支は何ですか．❷-年．∥범띠의 해 寅年です．돼지띠 亥('\)年生まれ．용띠 辰年生まれ．

띠-그래프 (-graph) 名〔数学〕帯グラフ．

띠다 /ˀtida/ 他 ❶帯びる．∥중대한 임무를 띠고 파견되다 重大な任務を帯びて派遣される．사명을 띠다 使命を帯びる．얼굴에 홍조를 띠다 顔に赤みを帯びる．열기를 띠다 熱気を帯びる．❷呈する．∥시장이 활기를 띠다 市場が活気を呈する．흑갈색을 띠다 黒褐色を呈する．

띠-화이트 (-white) 名 修正液．

띨띨-이 名 のろま；ばか；とんまなやつ．

띨-하다 形 [하変] 愚鈍だ；間抜けだ．∥하는 짓이 띨하다 やることが間が抜けている．

띵 副 (하変) ❶頭痛がする様子：がんがん．❷(頭が)ぼうっとしている様子．

띵까-띵까 副 興に乗って楽器を奏でている様子．

띵띵 副 (하変) 張り裂けそうなほどふくらんでいる様子：ぱんぱん．∥얼굴이 띵띵 부었다 顔がぱんぱんに腫れた．

ㄹ

ㄹ[1] 图 ハングル子音字母の第4番目.名称は「리을」.

ㄹ[2] 匯 [를の縮約形] …を; …に; …へ. ‖누굴 기다리고 있니? 誰を待ってるの. 오랜만에 학교 갔다 久しぶりに学校へ行った.

-ㄹ[3]/l/ 語尾 〔母音および ㄹ で終わる用言の語幹に付いて; 子音の場合は -을〕 ❶ 推測・予定・意志・可能性・現状などの意を表わす: …する; …であろう. ‖오늘 부산에 갈 일이 있다 今日釜山に行く用事がある. 같이 일을 찾으며 일할 사람을 찾는다 一緒に仕事をする人を探す. 쓰레기를 버릴 데가 없다 ごみを捨てるところがない. ❷ 時間を表わす名詞の前に用いられる. ‖읽어 볼 시간이 없다 読んでみる時間がない. 아직은 만날 때가 아니다 今はまだ会う時ではない. ❸ 수・리・뿐などの依存名詞の前に用いられる. ‖지금은 갈 수가 없다 今は行けない. 만나 줄 리가 없을까? 会ってくれるはずがないでしょう.

-ㄹ걸[1] /-껄/【-걸】 語尾 〔母音で終わる体言に付いて; 子音の場合は일걸〕推量の意を表わす: …だろう; …のはずだ; …であるはずだ. ‖아버지가 한겨레신문 記者のはずだ.

-ㄹ걸[2] /l'kəl/【-걸】 語尾 〔母音及び ㄹ で終わる用言の語幹に付いて; 子音の場合は -을걸〕 ❶ 過去のことに対して後悔の意を表わす: …すればよかった(のに). ‖떠나지 말걸 会わなければよかった. ❷ 推量の意を表わす: …(する)だろう. ‖내일 아마 비가 올걸 明日は多分雨だろう.

-ㄹ게 /l'ke/【-게】 語尾 〔母音及び ㄹ で終わる動詞の語幹に付いて; 子音の場合は -을게〕相手にあるような約束をしたりあることに対して自分の意志を表わしたりする: …するからね; …するよ. ‖내가 사 줄게 私が買ってあげるよ.

-ㄹ까 /l'ka/ 語尾 〔母音及び ㄹ で終わる用言の語幹に付いて; 子音の場合は -을까〕 ❶ 疑問の意を表わす: …するだろうか. ‖그 사람도 알까? 彼も来るだろうか. ❷ 推量の意を表わす: …するだろう. ‖얼마나 마음이 아플까? どれほどつらいんだろう. ❸ 相手の意を尋ねる: …(し)ようか, 何しようか. ‖뭘 볼까? 何を見ようか.

-ㄹ는지 /-른-/ 語尾 〔實現可能性に対して疑問を表わす: …(する)だろうか. ‖내일은 학교에 올는지 明日は学校へ来るだろうか.

-ㄹ라 語尾 注意を喚起する意を表わす: …かも知れない; …するぞ. ‖빨리 먹어라, 지각할라 早く食べて, 遅刻するかも知れない.

-ㄹ라고 助 疑問の意を表わす: …かな. ‖설마 저 사람이 남편이라고? もしかしてあの人が旦那さんかな.

-ㄹ라고[2] 助 推量の意を表わす: …かな. ‖설마 나를 좋아할라고 まさか私のことが好きなのかな.

-ㄹ라치면 語尾 仮定の意を表わす: …ともなれば; …しようとすると. ‖내가 아르바이트라도 할라치면 어머니가 싫어해요 私がアルバイトなどしようとすると, 母が嫌がります.

-ㄹ락 語尾 〔-ㄹ락 말락の形で〕 …しそうな. ‖…するばかりに. ‖비가 올락 말락 하더니 雨が降りだした.

-ㄹ랑 助 ❶ [母音で終わる体言に付いて; 子音の場合は일랑] …なんかは; …は; …だけは. ‖낡은 가굴랑 이사할 때 버립시다 古い家具なんかは引っ越す時に捨てましょう. ❷ [助詞に・에서などに付いて] …는. ‖서울엘랑 정말 가지 말아요 ソウルには何しに行くの? 길에설랑 놀지 말아 道端では遊ばないでね.

-ㄹ래 語尾 ❶話し手の意志を表わす: …する(よ). ‖나 먼저 갈래 私, 先に帰る. ❷相手の意思を問う: …する(か). ‖너도 갈래? お前も行く?

-ㄹ망정[1] 語尾 〔母音で終わる体言に付いて; 子音の場合は일망정〕 …であろうとも; …と言えども. ‖부잘망정 돈을 너무 헤프게 쓴다 お金持ちと言えども無駄使いが多い.

-ㄹ망정[2] /lmaŋdʑəŋ/ 語尾 〔母音及び ㄹ で終わる用言の語幹に付いて; 子音の場合は -을망정〕 …と言えども, …としても. ‖불어는 못할망정 영어는 유창하게 할 수 있다 フランス語はできないとしても英語は流暢に話した.

-ㄹ뿐더러[1] /l'pundərə/ 助 〔母音で終わる体言に付いて; 子音の場合は일뿐더러〕 …ばかりでなく; …だけでなく; …のみならず. ‖신문 기잘뿐더러 대학교 강사이기도 하다 新聞記者だけでなく大学の講師でもある.

-ㄹ뿐더러[2] /l'pundərə/ 語尾 〔母音およびㄹで終わる用言の語幹に付いて; 子音の場合は -을뿐더러〕 …(する)だけでなく; …(する)のみならず. ‖공부도 잘할뿐더러 성격도 좋다 勉強ができるだけでなく性格もいい.

-ㄹ세 /-쎄/ 語尾 〔이다・아니다の語幹に付いて〕 断定を表わす: …だよ. ‖그건 아닐세 それは違うんだよ.

-ㄹ세라 /-쎄-/ 語尾 …ではないか(と); …してしまうと. ‖어머니한테 혼날세라 재빨리 게임기를 숨기다 お母さんに怒られるのではないかと, 素早くゲーム機を隠す.

-ㄹ수록 /l'surok/【-수-】 語尾 …(する)ほど; …(である)ほど. ‖보면 볼수록 미인이다 見れば見るほど美人だ. 운전은 하면 할수록 는다 運転はやればやるほどうまくなる.

- **-ㄹ쏘냐** 語尾 …의 하즈가 있는 것인가; …ㄹ까; 하겠느냐. ∥내가 너한테 질쏘냐? 私がお前に負けるものか.
- **-ㄹ지** [-찌] 語尾 …(する)か; …か(どうか). ∥그 사람이 뭐라고 말할지 彼が何と言うか, 다들 무사할지 皆無事かどうか.
- **-ㄹ지라도** [-찌-] 語尾 (たとえ)…しても; …しようとも; …であっても. ∥아무리 바쁠지라도 전화 한 통 할 여유는 있지 않니? どんなに忙しくても, 電話 1 本かける余裕はあるでしょう.
- **-ㄹ지언정** [-찌-] 語尾 (たとえ)…しても; …であっても. ∥어머니한테 혼날지언정 거짓말은 하고 싶지 않다 お母さんに怒られても, うそはつきたくない.
- **-ㄹ진대** [-찐-] 語尾 …(こと)であるに; …だから. ∥회사를 살리기 위한 일일진대 누가 반대를 하겠소? 会社を救うためのことなのに, 誰が反対するというのですか.
- **라¹** (la⁴) 名 《音楽》 《階名の》ラ.
- **라²** 라고¹の略語. ∥지금 뭐라 했니? 今何と言ったの.
- **라³** 〔母音で終わる体言に付いて; 子音の場合は이라〕 ❶ …も; ∥인생은 고해라 人生は苦海なり. ❷ 理由・原因を表わす: …なので; …だから. ∥집이 제주도라 자주 갈 수가 없다 実家が済州島なのでしょっちゅう帰れない.
- **-라** 語尾 …ではなく. ∥시험은 내일이 아니라 모레다 試験は明日ではなく明後日だ.
- **-라⁴** 語尾 ❶ 라고²の略語. ∥빨리 오라 해라 早く来いと言って. ❷〔文語的言い方で〕命令を表わす: …せよ; しろ. ∥저 새를 보라 あの鳥を見よ.
- **라고¹** /rago/ 助 引用の意を表わす: …と; …だと; …とか. ∥직업이 신문 기자라고 했다 職業が新聞記者だと言った. 내년에는 한국에 갈 거라고 했다 来年は韓国へ行くと言った.
- **-라고²** /rago/ 語尾 ❶ 命令・指示などの意を表わす: …(せよ)と; …(しろ)と. ∥빨리 오라고 해라 早く来いと言って. ❷ 引用の意を表わす: …と. ∥자기 잘못이 아니라고 우기다 自分の間違いではないと言い張る.
- **-라길래¹** 〔母音で終わる体言に付いて; 子音の場合は이라길래〕 …だと言うから; …だと言うので. ∥저 분이 담당자라길래 사정을 얘기했어요 あの方が担当者だと言うので, 事情を話しました.
- **-라길래²** …と言うから; …と言うので. ∥오늘 오라길래 왔어요 今日来てと言うから来ました.
- **라네¹** 〔母音で終わる体言に付いて; 子音の場合は이라네〕 …だそうね; …なんだよ. ∥차 부장은 고향이 대구라네 車部長は故郷が大邱なんだってさ. 저기가 삼성 본사라네 あそこが三星の本社なんだよ.
- **-라네²** 語尾 …しろと言っているよ. ∥사

장실로 빨리 오라네 社長室に早く来いと言ってるよ.
- **라느니** 助 …だと; …だとか. ∥ㄴ 학교 선배라느니 신문 기자라느니 한껏 자기 소개를 하더라 お前の学校の先輩だとか新聞記者だとか, 色々と自己紹介をしていたよ.
- **라는** /ranɯn/ 助 〔라고 하는の縮約形. 母音で終わる体言に付いて; 子音の場合は이라는〕 …という. ∥한국이라는 나라 韓国という国. 다나카라는 사람 田中という人.
- **라니¹** 〔라고 하니の縮約形. 母音で終わる体言の場合は이라니〕 疑問点を確かめたり反問したりすることを表わす. ∥그거라니 誰が言ってるの? 그게, 何のことを言ってるの.
- **-라니²** 語尾 〔라고 하니の縮約形〕 …というから. ∥빨리 오라니 빨리 갑시다 早く来てというから早く行きましょう.
- **라니까¹** /rani'ka/ 助 〔母音で終わる体言に付いて; 子音の場合は이라니까〕 …だと言うから; …だと言うので. ∥저 사람이 책임자라니까 얘기를 해 봅시다 あの人が責任者だと言うから話をしてみましょう.
- **-라니까²** 〔-(으)라고 하니까の縮約形〕 …(だ)と言うと. ∥공짜라니까 좋아하더라 ただだと言ったら喜んでた.
- **-라니까³** 〔…しろと言ったら; …しろと言えば; …しろと言っているのに. ∥빨리 가라니까 早く行かれたら. 조용히 하라니까 静かにしろと言っているのに.
- **라도¹** /rado/ 助 〔母音で終わる体言に付いて; 子音の場合は이라도〕 …でも; …であっても. ∥아무리 상사라도 그런 말을 해서는 안 된다 いくら上司でもそんなことを言ってはいけない.
- **-라도²** /rado/ 語尾 …(でなく)ても. ∥꼭 내가 아니라도 된다 必ずしも私でなくてもいい.
- **라돈** (radon) 名 《化学》 ラドン.
- **라듐** (radium) 名 《化学》 ラジウム.
- **라드** (lard) 名 ラード.
- **라든지¹** 助 〔母音で終わる体言に付いて; 子音の場合は이라든지〕 …とか. ∥고베라든지 삿포로라든지 들어 본 적은 있어도 神戸とか札幌とか聞いたことはあります.
- **-라든지²** 語尾 〔-(으)라고 하든지の縮約形〕 …とか. ∥오라든지 말라든지 분명히 말해 주세요. 来いとか来るなとか, はっきり言ってください.
- **라디에이터** (radiator) 名 ラジエーター.
- **라디오** (radio) /radio/ 名 ラジオ. ∥라디오 방송 ラジオ放送. 라디오를 듣다 ラジオを聴く.
- **라르고** (largo⁴) 名 《音楽》 ラルゴ.
- **라마¹** (lama) 名 《仏教》 ラマ.
- **라마-교** (lama 敎) 名 《仏教》 ラマ教; チベット仏教.

라마-승 (lama 僧) 图 《仏教》ラマ僧.
라마² (llama) 图 《動物》ラマ (羊駱).
라마즈-법 (Lamaze 法) 图 《医学》ラマーズ法.
라멘 (Rahmen ド) 图 《建築》ラーメン; ラーメン構造.
라며 語尾 〔母音で終わる体言に付いて; 子音の場合はい라며〕…だと言いながら. ‖ …だと言って. ‖ 중요한 서류라며 금고에 넣었다 重要な書類だと言いながら金庫に入れた.
-라며² 語尾 〔-(으)라고 하며의 縮約形〕…と言いながら. ‖ 나에서 오라며 문을 열어 주었다 나에게 오라고 말하면서ドアを開けてくれた.

라면¹ 〈ラーメン 日〉 /ramjən/ 图 ラーメン. ‖ 컵라면 カップラーメン. 인스턴트라면 インスタントラーメン. ✚韓国では普通ラーメンと言えばインスタントラーメンのことをいう.

라면² /ramjən/ 語尾 〔라고 하면의 縮約形. 母音で終わる体言に付いて; 子音の場合은いら면〕…であれば; …だったら. ‖ 내가 부모라면 그렇지 않았을 거야 私が親だったらそではおかなかったと思う.

-라면³ /ramjən/ 語尾 〔라고 하면의 縮約形. 母音で終わる動詞やいら다の語幹に付いて; 子音の場合은 -으라면〕…と言うなら. ‖ 가라면 가야지 行けと言うなら行くしかない.

라면서¹ /ramjənsʌ/ 語尾 〔母音で終わる体言に付いて; 子音の場合은いら면서〕…だと言いながら. ‖ 그 사람 친구라면서 말을 걸어왔다 彼の友だちだと言いながら話しかけてきた.

-라면서² 語尾 〔-(으)라고 하면서의 縮約形〕…と言いながら. ‖ 다시는 전화하지 말라면서 전화를 끊어버렸다 二度と電話するなと言って電話を切ってしまった.

라베카 (rabeca ポ) 图 《音楽》(楽器の)ラベルカ.
라벤더 (lavender) 图 《植物》ラベンダー.
라벨 (label) 图 ラベル. 卿레테르. ‖ 옷라벨 服のラベル. 도서에 라벨을 붙이다 図書にラベルを貼る.
라비 (rabbi) 图 (ユダヤ教指導者)ラビ.
라비올리 (ravioli ラ) 图 ラビオリ.
라서 /rasʌ/ 助 〔母音で終わる体言に付いて; 子音の場合은 이라서〕…なので; …だから. ‖ 변호사라서 말은 잘할 거야 弁護士だから話はうまいはずだ.
-라서 語尾 理由・根拠を表わす. ‖ 룸메이트가 시끄러운 사람이 아니라서 좋았다 ルームメートがうるさい人でなくてよかった.

라스트 (last) 图 ラスト; 最後.
　라스트-스퍼트 (− spurt) 图 ラストスパート.
　라스트-신 (− scene) 图 ラストシーン.

라식 (LASIK) 图 《医学》 レーシック; 近視レーザー手術. ✚ Laser Associated Stromal Insitu Keratomileusis の略語.

라야 語尾 〔母音で終わる体言に付いて; 子音の場合はいらいり〕…でなければ; …だけが. ‖ 꼭 이거라야 되니? 必ずこれでなければならないの?

-라야² 語尾 ‖ 를 強めて言う語. ‖ 입이 많은 사람이 아니라야 한다 口数の多い人は駄目なの.

라야만¹ 語尾 ‖ 라야를 強めて言う語. ‖ 너라야만 되는 일이다 君だけができる仕事なの.

-라야만² 語尾 -라야²를 強めて言う語.

라오¹ 語尾 〔母音で終わる体言に付いて; 子音の場合은이라오〕…です; …ですよ. ‖ 여기가 우리 회사라오 ここがうちの会社ですよ.

-라오² 語尾 …です; …ですよ. ‖ 그 사람도 나쁜 사람은 아니라오 彼も悪い人ではないのですよ.

라오스 (Laos) 图 《国名》ラオス.
라운드 (round) 图 (ボクシング・ゴルフで)ラウンド.
라운지 (lounge) 图 ラウンジ. ‖ 호텔 라운지 ホテルのラウンジ.
라유 (辣油 中) 图 ラー油.
라이거 (loger=lion + tiger) 图 《動物》ライガー. ✚雄のライオンと雌のトラの種間雑種.
라이너 (liner) 图 (野球で)ライナー.
라이벌 (rival) 图 ライバル.
라이베리아 (Liberia) 图 《国名》リベリア.
라이-보리 (rye−) 图 《植物》ライ麦. 卿호밀(胡−).
라이브 (live) 图 ライブ. ‖ 라이브 콘서트 ライブコンサート.
라이선스 (license) 图 ライセンス. ‖ 라이선스를 취득하다 ライセンスを取る.
라이온 (lion) 图 《動物》ライオン.
　라이온스-클럽 (Lions Club) 图 ライオンズクラブ.
라이카-판 (Leica 判) 图 (写真の)ライカ判.
라이터¹ (lighter) /raitʌ/ 图 (火をつける)ライター. ‖ 가스 라이터 ガスライター.
　라이터-돌 (lighter−) 图 ライターの火付け石; フリント.
　라이터-불 (lighter−) 图 ライターの火.
라이터² (writer) 图 ライター; 作家; 著述家. ‖ 르포라이터 ルポライター. 시나리오 라이터 シナリオライター.
라이트¹ (light) 图 ライト; 灯り; 照明.
　라이트-펜 (light pen) 图 ライトペン.
라이트² (right) 图 ❶ ライト; 右. ❷ (野球で)右翼; 右翼手.
라이트-급 (light 級) 图 (ボクシングで)ライト級.
라이프 (life) 图 ライフ; 生活. ‖ 라이프 사이클 ライフサイクル. 라이프 스타

라이플-총

일 ライフスタイル.
라이프-워크 (life-work) 图 ライフワーク.
라이플-총 (rifle 銃) 图 ライフル; ライフル銃.
라인 (line) 图 ライン; 線.
　라인 댄스 (line + dance 日) 图 ラインダンス.
　라인 아웃 (line-out) 图 (ラグビーで)ラインアウト.
　라인-업 (line-up) 图 ラインナップ.
라일락 (lilac) 图 《植物》 ライラック.
라-장조 長調) 图 《音楽》 二長調.
라지 助 〔母音で終わる体言に付いて; 子音の場合は이라지〕…だって(ね); …だと. ‖저 사람이 문제라지? あの人が問題だってね.
-라지² 語尾 ❶〔-(으)라고 하다の縮約形〕…すればいい; …(せよ)と言って. ‖약속이 있으면 먼저 가라지 約束があるのなら先に行けばいい. ❷ 自分とは関係ないから好きにしろとの意を表わす. ‖그만두고 싶으면 그만두라지 辞めたいのなら辞めろってば.
라커-룸 (locker room) 图 ロッカールーム.
라켓 (racket) 图 ラケット. ‖테니스 라켓 テニスラケット. 탁구 라켓 卓球ラケット.
라켓-볼 (racketball) 图 《スポーツ》 ラケットボール.
라크로스 (lacrosse) 图 《スポーツ》 ラクロス.
라텍스 (latex) 图 ラテックス.
라트비아 (Latvia) 图 《国名》 ラトビア.
라틴 (Latin) 图 ラテン. ‖라틴 문화 ラテン文化. 라틴 민족 ラテン民族. 라틴 음악 ラテン音楽.
라틴 아메리카 (Latin America) 图 《地名》 ラテンアメリカ; 中南米.
라틴-어 (-語) 图 《言語》 ラテン語.
-락 語尾 〔…(을)락 …(을)락の形で〕 意味が相反する二つの動作が交互に生ずる意を表わす. …たり…たり. ‖비가 오락 가락 한다 雨が降ったりやんだりしている.
-란⁵ /ran/ 語尾 〔-라고 하는 --라고 한の縮約形〕 命令したり確認したりする意を表わす. ‖지금 가란 말이야? 今, 行けと言うの.
란다¹ 助 ❶〔라고 한다の縮約形〕…だ

そうだ; …だって. ‖직업이 변호사란다 職業が弁護士なんだって. ❷〔란 말이다の縮約形〕…というのだ. ‖사람이 죽는 것은 자연의 섭리란다 人が死ぬのは自然の摂理というものだ.
-란다² 語尾 ❶〔-라고 한다の縮約形〕 人の命令を第三者に伝える意を表わす: …と言って. ‖빨리 오란다 早く来いと言っている. ❷〔아니다の語幹に付いて〕 ある事実を親しみを込めて調(子)を表わす: …だよ; …(で)라と言う. ‖사실은 그런 게 아니란 事実はそうではないんだよ.
란제리 (←lingerie 仏) 图 ランジェリー.
랄¹ 助 〔이라고 할の縮約形. 主に…(이)랄 수는[도] 없다の形で〕 …다는[ㅎ]는 말이다. ‖실력이 뛰어난 의사랄 수는 없다 腕のいい医者とは言えない.
-랄² 語尾 〔-(으)라고 할の縮約形〕 …しろと言う. ‖빨리 오랄 수가 없어 早く来いとは言えない.
람 助 〔母音で終わる体言に付いて; 子音の場合は이람〕 ❶ …というのか. ‖하필 비람 よりによって雨なら. ‖면접이 오후람 중겠다 面接が午後なんてのに.
-람² 語尾 ❶〔-(으)라고 하면の縮約形〕 …しろと言うなら. ‖하람 해야지 やれと言うならやるよね. ❷〔-(으)라고 한の縮約形〕 …しろと言ったの. ‖누가 가람? 誰が行けと言ったの?
람바다 (lambada 葡) 图 《音楽》 ランバダ.
랍니까¹ 〔-람-〕 助 〔이라고 합니까の縮約形〕 …だと言いますか. ‖지금 어디랍니까? 今どこだと言いますか.
-랍니까² 〔-람-〕 語尾 〔-(으)라고 합니까の縮約形〕 …しろと言いますか; …と言っていますか. ‖오늘 가랍니까? 今日, 行けと言っていますか.
랍니다¹ 〔-람-〕 助 〔이라고 합니다の縮約形〕 ❶ …だと言います; …だそうです. ‖지금 학교랍니다 今学校だそうです. ❷ …なんです(よ). ‖여기가 저희 학교랍니다 ここが私の学校なんです.
-랍니다² /ramnida/ 〔-람-〕 語尾 〔-(으)라고 합니다の縮約形〕 …しろと言います; …しろと言っています. ‖내일은 빨리 오랍니다 明日は早く来いと言っています.
랍디까¹ 〔-띠-〕 助 〔이라고 합디까の縮約形〕 伝え聞いた内容を確かめる意を表わす: …だと言っていましたか; …だと言っていましたか. ‖직업이 뭐랍디까? 職業は何だと言っていましたか.
-랍디까² 〔-띠-〕 語尾 〔-(으)라고 합디까の縮約形〕 …しろと言いましたか; …しろと言っていましたか. ‖어디에서 기다리랍디까? どこで待てと言っていましたか.
랍디다¹ 〔-띠-〕 助 〔이라고 합디다の縮約形〕 伝え聞いた内容を伝える: …だと

言いました; …だと言っていました; …だそうです. ‖アボジが유명한 변호사라더니 お父さんが有名な弁護士だそうです.

-**랍디다**² 【-따-】 [語尾] 〔-(으)라고 합디다の縮約形〕しろと言いました; しろと言っています. ‖호텔 라운지로 오랍디다 ホテルのラウンジに来てくれと言いました.

랍비 (rabbi) [名] 〈宗教〉ラビ.

랍시고【-씨-】[助] 〔母音で終わる体言に付いて; 子音の場合はい랍시고〕皮肉の意を表わす: …だからと; …だからとは言って. ‖선배랍시고 말을 함부로 하다 先輩だとと言ってぞんざいな口のきき方をする.

랑 /raŋ/ [助] 〔母音で終わる体言に付いて; 子音の場合はいい〕…とか); …や(ら). ‖포도랑 배랑 ブドウやら梨やら.

랑그 (langue^仏) [名] 〈言語〉ラング.

랑데부 (rendez-vous^仏) [名] 〈自〉ランデブー.

래[助] 〔(이)라고 해の縮約形〕…(なん)だって; …って. ‖저 사람이 오빠래 あの人がお兄さんだって.

-**래**² [語尾] 〔-라고 해の縮約形〕…(せよ)と言っている; …(せよ)と言う. ‖내일 아침에 빨리 오래 明日の朝, 早く来てと言ってる.

래서¹ [助] 〔(이)라고 하여서の縮約形〕…だと言うので; …だと言うから. ‖박사래서 그런 줄만 알았어 博士だだから そうてっきりそうだと思っていたのだ.

-**래서**² [語尾] 〔-라고 하여서の縮約形〕…と言うので; …と言うから. ‖오래서 오래서 아침도 안 먹고 왔어 早く来いと言うから朝ご飯も食べずに来たの.

래야¹ [助] 〔라고 하여야の縮約形〕…と言っても; …と言ったって. ‖식구래야 어머니하고 둘뿐이다 家族と言っても母と 2 人きりだ.

-**래야**² [語尾] 〔(으)라고 하여야の縮約形〕…と言ってくれないと; …と言ってやらないと. ‖가래야 가 行ってくれと言ってくれないと行けない; 行ってと言わないからも行けない.

래요¹ [助] …だそうです; …とのことです. ‖둘이 친구래요 2 人は友だちだそうです.

-**래요**² [語尾] 〔-라고 하여요の縮約形〕…(せよ)と言っています; …(せよ)と言っていました. ‖전화해 달라요 電話してくれと言っていました.

래즈베리 (raspberry) [名] 〈植物〉ラズベリー.

래커 (lacquer) [名] (塗料の)ラッカー.

래크 (rack) [名] ラック.

래프팅 (rafting) [名] 〈スポーツ〉ラフティング.

래핑 (wrapping) [名] 〈他自〉ラッピング.

랜 (LAN) [名] 〈IT〉LAN. ✛ local area network의 略語.

랜턴 (lantern) [名] ランタン.

랠리 (rally) [名] ラリー.

램 (RAM) [名] 〈IT〉RAM. ✛ random access memory의 略語.

램프 (lamp) [名] ランプ.

랩¹ (rap) [名] 〈音楽〉ラップ.

랩² (wrap) [名] ラップ; ラップフィルム. ‖랩으로 싸다 ラップで包む.

랩³ (lap) [名] 〈スポーツ〉ラップ.

랩소디 (rhapsody) [名] 〈音楽〉ラプソディー; 狂詩曲.

랭크 (rank) [名] ランク; 順位. ‖일 위를 랭크하다 第 1 位にランクされる. 랭크가 떨어지다 ランクを落とす.

랭킹 (ranking) [名] ランキング; 順位付け. ‖세계 랭킹 제 일위 世界ランキング第 1 位.

-**랴** [語尾] ❶ 反語的な疑問を表わす: …(し)ようか; …(する)ものか. ‖더 이상 무엇을 바라랴 これ以上何を望もうか. ❷ 自分の行為に対して相手の意向を尋ねる: …(して)あげようか. ‖빌려 주랴 貸してあげようか. 같이 가 주랴 一緒に行ってあげようか.

량¹ (量) [名] 量. ‖공급량 供給量. 생산량 生産量.

량² (輛) [依名] …両. ‖객차 세량 客車 3 両.

-**러** /rʌ/ [助] 〔母音で終わる動詞の語幹に付いて; 子音の場合は-으러〕動作の目的を表わす: …(し)に; …(する)ために. ‖영화를 보러 가다 映画を見に行く. 친구를 만나러 가다 友だちに会いに行く.

러그 (rug) [名] (敷物やひざ掛けの)ラグ.

러닝 (running) [名] ❶ ランニング. ❷ 러닝셔츠の略語.

러닝-머신 (running machine) [名] ランニングマシン.

러닝-메이트 (running mate) [名] ランニングメート.

러닝-셔츠 (running + shirts^日) [名] ランニングシャツ. 働러닝.

러변칙'용언 (-變則活用) 【-치규룡】 [名] 〈言語〉ㄹ 불규칙 활용の(-不規則活用).

러불규칙'용언 (不規則用言) 【-칙농-】 [名] 〈言語〉ㄹ変則用言の. ✛形容詞の누르다・푸르다と動詞のい르다のみ.

러불규칙'활용 (不規則活用) 【-치 규룡】 [名] 〈言語〉ㄹ変則活用の. ✛이르어→이르러・푸르어→푸르러など.

러브 (love) [名] ラブ.

러브-게임 (love game) [名] 〈テニスなどの〉ラブゲーム.

러브-레터 (love letter) [名] ラブレター.

러브-신 (love scene) [名] ラブシーン.

러브-콜 (love call) [名] ラブコール.

러브-호텔 (love + hotel^日) [名] ラブホテル.

러시 (rush) [名] ラッシュ. ‖귀성 러시 帰省ラッシュ.

러시아워 (rush hour) [名] ラッシュアワー.

러시아 (Russia) /rʌʃia/ [国名] ロシア.

러키 (lucky) 冠 ラッキー.
러키-세븐 (←lucky seventh) 名 ラッキーセブン.
러키-존 (lucky zone) 名 ラッキーゾーン.
럭비 (rugby) 名 (スポーツ) ラグビー.
럭스 (lux) 依名 照度の単位: …ルクス (lx).
런치 (lunch) 名 ランチ; 昼食.
  런치 타임 (lunch time) 名 ランチタイム; 昼食の時間.
럼-주 (rum 酒) 名 ラム酒.
레 (re⁴) 名 (音楽) (階名の)レ.
레게 (reggae) 名 (音楽) レゲエ.
레드-카드 (red card) 名 (サッカーで) レッドカード.
레모네이드 (lemonade) 名 レモネード.
레몬 (lemon) 名 (植物) レモン.
레미콘 (remicon←ready-mixed concrete) 名 生コンクリート; 生コン.
레바논 (Lebanon) 名 (国名) レバノン.
레버 (lever) 名 レバー; てこ.
레벨 (level) /rebel/ 名 レベル. ‖수험생의 레벨이 향상되다 受験生のレベルが向上する. 레벨이 낮다 レベルが低い. 레벨이 올라가다 レベルアップする.
레스토랑 (restaurant) /resutʰoraŋ/ 名 レストラン.
레슨 (lesson) 名 レッスン. ‖피아노 레슨을 받다 ピアノのレッスンを受ける.
레슬링 (wrestling) 名 (スポーツ) レスリング.
레시틴 (lecithin) 名 (化学) レシチン.
레이더 (radar) 名 レーダー.
  레이더-망 (radar 網) 名 レーダー網.
레이디 (lady) 名 レディー.
레이서 (racer) 名 レーサー.
레이스¹ (race) 名 レース; 競走. ‖페넌트 레이스 ペナントレース. 보트 레이스 ボートレース.
레이스² (lace) 名 (糸で作る)レース. ‖레이스 커튼 レースのカーテン.
레이아웃 (layout) 名 レイアウト.
레이온 (rayon) 名 レーヨン; 人絹.
레이저 (laser) 名 レーザー.
  레이저 광선 (laser 光線) 名 レーザー光線.
  레이저 디스크 (laser disk) 名 レーザーディスク.
  레이저 프린터 (laser printer) 名 レーザープリンター.
레인² (lane) 名 ❶ (ボーリングで)レーン. ❷ 陸上競技・水泳などの)レーン.
레인지 (range) /rendʒi/ 名 レンジ. ‖가스레인지 ガスレンジ. 전자레인지 電子レンジ.
레인코트 (raincoat) 名 レインコート.
레일 (rail) 名 レール.
레저 (leisure) 名 レジャー. ‖레저 산업 レジャー産業.
레즈비언 (lesbian) 名 レズビアン; レズ.

레지 (←register) 名 ウエートレス.
레지스탕스 (résistance ⁷) 名 レジスタンス.
레커-차 (wrecker 車) 名 レッカー車.
레코드 (record) /rekʰodɯ/ 名 レコード.
  레코드-판 (record 板) 名 レコード; 音盤.
  레코드 働(音楽) (音盤).
  레코드-플레이어 (record player) 名 レコードプレーヤー.
레코딩 (recording) 名 リコーディングの誤り.
레퀴엠 (Requiem ⁷) 名 (音楽) レクイエム; 鎮魂曲.
레크리에이션 (recreation) 名 レクリエーション.
레테르 (letter ⁷) 名 レッテル. 働ラベル.
레토르트 (retort) 名 レトルト.
  레토르트 식품 (retort 食品) 名 レトルト食品.
레퍼리 (referee) 名 レフェリー.
레퍼토리 (repertory) 名 レパートリー. ‖레퍼토리가 다양하다 レパートリーが広い.
레프트 (left) 名 ❶ レフト; 左. ❷ (野球で)左翼; 左翼手.
렌즈 (lens) /rendʒɯ/ 名 (物理) レンズ. ‖볼록[오목] 렌즈 凸[凹] レンズ.
렌치 (wrench) 名 レンチ; スパナ.
렌터-카 (rent-a-car) /rentʰokʰa/ 名 レンタカー.
-려 語尾 [-려고의 縮約形] (し)ようと. ‖지금 나가려 한다 今出ようとしている.
-려거든 語尾 [-려고 하거든의 縮約形] …(し)ようとするなら; …(する)んだったら. ‖가려거든 빨리 가거라 行くんだったら早く行きなさい.
-려고 /rjəɡo/ 語尾 ❶ […려고 한다の形で] 近い未来にしようとする意図を表わす: …(し)ようと思う. ‖회사를 그만두려고 한다 会社を辞めようと思う. 매일 일기를 쓰려고 한다 毎日日記を書こうと思う. ❷ […려고 한다の形で] 現在の様相を表わす: …(し)ようとしている; …(し)そうだ. ‖비가 오려고 한다 雨が降りそうだ. ❸ […려고 들다の形で] …(し)ようとする. ‖마구 먹으려고 들다 しきりに食べようとする.
-려기에 語尾 [-려고 하기에의 縮約形] …(し)ようとするので; …(し)ようとしたので. ‖회사를 그만두려기에 내가 말렸다 会社を辞めようとしたので私が引き止めた.
-려나 語尾 [-려고 하나의 縮約形] …(する)つもりか; …(し)ようとするのか. ‖결혼은 언제 하려나? 結婚はいつするつもりなのか.
-려네 語尾 [-려고 하네의 縮約形] …(する)つもりだよ; …(し)ようと思うよ. ‖내일 가려네 明日行こうと思うよ.
-려느냐 語尾 [-려고 하느냐의 縮約形] …(する)つもりなの(か); …(し)ようとするのか. ‖언제 가려느냐? いつ行くのも

-려 /rjənɯn/ 語尾 〔(으)려고 하는의 縮約形〕…(し)ようとする. ∥한국으로 유학 가려는 대학생이 늘고 있다 韓国に留学しようとする大学生が増えている. 내가 사려는 책이 안 보인다 私が買おうとする本が見当たらない.

-려는가 語尾 〔-려고 하는가의 縮約形〕…(する)のか;…(する)つもりなのか. ∥그걸 언제 다 끝내려 하는데 그것をいつ全部終えるつもりなのか.

-려는데 語尾 〔-려고 하는데의 縮約形〕…(し)ようとするところへ;…(し)ようとしているのに;…(し)ようと思っているのに. ∥나가려는데 전화가 걸려와 못 出かけようとするところへ電話がかかってきた.

-려는지 語尾 〔-려고 하는지의 縮約形〕…(し)ようとするのか;…(し)ようとしているのか;…(し)ようと思っているのか. ∥외출하려는지 옷을 갈아입고 있다 外出しようとするのか, 着替えている.

-려니와 語尾 〔(する)だろうが;…(だ)が. ∥공부도 잘하려니와 노래도 잘한다 勉強もできるが, 歌も上手だ.

-려다가 /rjəda͈ga/ 語尾 〔-려고 하다가의 縮約形〕…(し)ようとして;…(し)ようとしたが;…(し)ようと思ったが. ∥전화하려다가 그만두었다 電話しようとしたが, やめた.

-려도 語尾 〔-려고 하여도의 縮約形〕…(し)ようとしても;…(し)ていても;…(し)ようと思っても. ∥아무리 기다려도 그 사람은 안 올 것이다 いくら待っていても彼は来ないだろう.

-려면 /rjəmjən/ 語尾 〔-려고 하면의 縮約形〕…(し)ようとすれば;…(し)ようと思うなら;…(する)なら. ∥한국으로 유학 가려면 얼마나 들까? 韓国へ留学するならいくらかかるかな.

-려면야 語尾 〔-려고 하면야의 縮約形〕…(し)ようとすれば;…(し)ようとするなら;…(し)ようと思うなら. ∥미국으로 유학 가려면야 토플 육백 점은 넘어야 한다 アメリカへ留学しようとするならTOEFL600点以上でなければならない.

-려무나 語尾 ❶ 目下の者に対して自由にしてもいいことを表わす: …してもいい. ∥사고 싶으면 사려무나 買いたいなら買ってもいい. ❷ 要求の意を表わす: …してよ; …してね; …しなさいよ. ∥좀 빨리 오려무나 少し早く来てね.

-려오 語尾 〔男性の古風な言い方で, -려다 하오의 縮約形〕❶ …(し)ようと思います; …したいです; …するつもりです. ∥오늘은 집에 있으려오 今日は家にいるつもりです. ❷ …(し)ますか; …しませんか. ∥같이 안 나가려오? 一緒に出かけませんか.

-력 (力) 接尾 …力. ∥집중력 集中力. 이해력 理解力.

-련다 語尾 〔-려고 한다의 縮約形〕…(し)ようとする; (する)つもりだ. ∥내일은 집에서 쉬려간 明日は家で休むつもりだ.

련마는 助 …であろうに; …だろうに. ∥철이 들 나이련마는 아직도 애 같다 もう分別がつく年頃だろうに, まだ子どもみたいだ.

련만 助 련마는의 縮約形.

-렴 語尾 〔-려무나의 縮約形〕…(し)なさい; (し)て(いい). ∥내일 가렴 明日, 行きなさい. 가지고 가렴 持って行って(いい).

-렵니까 語尾 〔-려고 합니까의 縮約形〕…(し)ようとしますか; …なさいますか. ∥저하고 같이 가시렵니까? 私と一緒に行かれますか.

-렵니다 語尾 〔-려고 합니다의 縮約形〕…(し)ようと思います; …(する)つもりだ. ∥내일 가렵니다 明日行こうと思います.

-령[1] (令) 接尾 …令. ∥시행령 施行令.
-령[2] (領) 接尾 …の領. ∥영국령 イギリス領.
-례 (例) 接尾 …例. ∥사용례 使用例.

로[1] /ro/ 助 〔母音および으로 終わる体言に付いて; 子音の場合は으로〕 ❶ 目的地を方向を表わす: …に; …へ. ∥서울로 가다 ソウルへ行く. 경찰서로 가다 警察署へ行く. 바다로 뛰어들다 海へ飛び込む. ❷ 目的地への経路を表わす: …を. ∥저 길로 죽 가다가 보면 오른쪽에 병원이 보일 거예요 あの道をまっすぐ行くと右の方に病院が見えます. 산길로 가다 山道を行く. 큰길로 가고 있는데 大通りを歩いていたら. ❸ 通過する位置を表わす: …から. ∥구름 사이로 달이 보이다 雲の間から月が見える. ❹ 変化の結果を表わす: …に. ∥빵집이 카페로 바뀌었다 パン屋がカフェに変わった. 예쁜 아가씨로 자라다 きれいな娘に育つ. 일본어로 옮기다 日本語に訳す. 발표가 일주일 뒤로 연기되었다 発表が1週間後に延期された. 내일부터 조금 май이 일어나기로 하자 明日からもう少し早く起きることにしよう. 국가 대표 선수로 뽑히다 国家代表選手に選ばれる. ❺ 原因·理由·変化対象을 表わす: …で. ∥이것은 한국어로 뭐라고 해요? これは韓国語で何と言いますか. 감기로 삼 일이나 쉬다 風邪で3日も休む. ❻ 材料·方法などを表わす: …で; …から. ∥딸기로 잼을 만들다 イチゴでジャムを作る. 치즈는 우유로 만든다 チーズは牛乳から作る. ❼ 資格などを表わす: …として. ∥대구는 사과 산지로 유명하다 大邱はリンゴの産地として有名だ. 한국 대표로 참가하다 韓国代表として参加する. ❽ 一定의 時·時間을 表わす: …で. ∥그날 이후로 만날 적이 없다 その日以降彼に会ったことがない. 이 일도 오늘로 끝이다 この仕事も今日で

終わりだ.
로 하여금 관용 〔주로 …로 하여금 …하게 하다의 형태로〕 …을/를 …하게 하다; …시키다. ‖나로 하여금 많은 것을 생각하게 한 일 私に多くのことを考えさせた出来事.

-로² (路) 접미 …路. ‖우회로 迂回路. 활주로 滑走路.

-로³ 〔일부의 명사에 붙어〕 부사를 만든다: …(に). ‖최초로 最初に. 절대로 絶対(に). 별도로 別途.

로고 (logo) 명 ロゴ; ロゴタイプ.

로고스 (logos 희) 명 ロゴス.

-로구나¹ 어미 〔모음으로 끝나는 체언에 붙어; 자음인 경우는 이로구나〕 詠嘆を表す: だなあ; だねえ. ‖경사로구나 めでたいことだねえ.

-로구나² 어미 〔…아니다의 어간에 붙어〕 …ではないのだ. ‖전에 예상하지 아니한 것로구나 これはただ事ではないのだな.

로그 (log) 명 《수학》 ログ. ⓜ대수(對數).

로그-표 (log 表) 명 《수학》 ログ表. ⓜ대수표(對數表).

로그아웃 (logout) 명 《IT》 ログアウト.

로그인 (login) 명 《IT》 ログイン.

로는 조사 …では; …には. ⓜ⒠. ‖이걸로는 부족하다 これでは足りない. 자전거로는 못 간다 自転車では行けない.

로데오 (rodeo) 명 ロデオ.

로도 조사 …でも; …にも. ‖이걸로도 모자라다 これでも足りない.

로되¹ 〔-/-돼〕 연결 …だが; …ではあるが. ‖형제는 형제로되 전혀 안 닮았다 兄弟は兄弟ではあるが, 全く似ていない.

-로되² 〔-/-돼〕 어미 〔…아니다의 어간에 붙어〕 …ではなく. ‖친형제는 아니로되 친형제 이상으로 호흡이 맞다 実の兄弟ではないが, 実の兄弟以上に息が合う.

로드 (road) 명 ロード. ‖실크 로드 シルクロード.
로드^게임 (road game) 명 ロードゲーム; 遠征試合.
로드^레이스 (road race) 명 ロードレース.
로드^쇼 (road show) 명 ロードショー.

로딩 (loading) 명 《IT》 ローディング.

로마네스크 (Romanesque 프) 명 ロマネスク.

로마-법 (Roma 法) 명 ローマ法.

로마^숫자 (Roma 數ᄉ字) 명 -수짜 ローマ数字.

로마-자 (Roma 字) 명 ローマ字.

로망 (roman 프) 명 ロマン.

로맨스 (romance) 명 ロマンス.
로맨스-그레이 (romance + grey 일) 명 ロマンスグレー.
로맨스-어 (romance 語) 명 《언어》 ロマンス諸語.

로맨티시스트 (romanticist) 명 ロマ

ンチスト.
로맨티시즘 (romanticism) 명 ロマンチシズム; ロマン主義.
로맨틱-하다 (romantic-) 형 《하변》 ロマンチックだ. ‖로맨틱한 이야기 ロマンチックな物語.

로밖에 조사 〔下に打ち消しの表現を伴って〕 …としか; …にしか; …でしか. ‖아이로밖에 안 보이는 子どもにしか見えない.

로봇 (robot) 명 ロボット. ‖산업용 로봇 産業用ロボット.

로부터 /robutʰʌ/ 조사 〔모음 및 ㄹ로 끝나는 체언에 붙어; 자음인 경우는 으로부터〕 …から; …より. ‖친구로부터 받은 선물 友だちからもらったプレゼント. 선배로부터 들은 이야기 先輩から聞いた話.

로브스터 (lobster) 명 《어수류》 ロブスター.

로비 (lobby) 명 ❶ ロビー. ❷ 〔하다〕 ロビー活動.

로비스트 (lobbyist) 명 ロビイスト.

로서 /rosʌ/ 조사 〔모음 및 ㄹ로 끝나는 체언에 붙어; 자음인 경우는 으로서〕 …として. ‖대표로서 출석하다 代表として出席する. 인생의 선배로서 존경하고 있다 人生の先輩として尊敬している.

로션 (lotion) 명 ローション. ‖스킨 로션 スキンローション. 보디 로션 ボディーローション.

로스^타임 (←loss of time) 명 ロスタイム.

로스트^비프 (roast beef) 명 ローストビーフ.

로써 /rosʌ/ 조사 〔모음 및 ㄹ로 끝나는 체언에 붙어; 자음인 경우는 으로써〕 …で; …をもって. ‖쌀로 만든 술 米で作った酒. 이걸로 끝을 내자 これをもって終わりにしよう.

로열-박스 (royal box) 명 ロイヤルボックス.

로열^젤리 (royal jelly) 명 ロイヤルゼリー; ローヤルゼリー.

로열티 (royalty) 명 ロイヤリティー.

로즈메리 (rosemary) 명 《식물》 ローズマリー.

로컬^컬러 (local color) 명 ローカルカラー.

로케 (←location) 명 로케이션의 약칭.

로케이션 (location) 명 ロケーション. ⓜ로케.

로켓 (rocket) 명 ロケット.
로켓-탄 (rocket 彈) 명 ロケット弾.
로켓-포 (rocket 砲) 명 ロケット砲.

로큰롤 (rock'n roll) 명 《음악》 ロックンロール.

로터리 (rotary) 명 ロータリー.

로테이션 (rotation) 명 ローテーション.

로펌 (law firm) 명 ローファーム; 法律事務所.

로프 (rope) 图 로프.
로프웨이 (ropeway) 图 로프웨이.
론¹ (loan) 图 론; 貸付.
론² 剛 〔「이런」의 縮約形〕…에서는. ‖이걸 론 안 된다 これでは駄目だ.
-론³ (論) 接尾 …論. ‖경험론 経験論.
론도 (rondo^イ) 图 〔音楽〕 ロンド.
롤러-스케이트 (roller skate) 图 〔スポーツ〕 ローラースケート.
롤러-코스터 (roller coaster) 图 〔遊園地などの〕 ジェットコースター.
롤-빵 (roll-빵) 图 ロールパン.
롬 (ROM) 图 〔IT〕 ロム. ✦ read only memoryの略.
롱런 (long-run) 图 ロングラン.
뢴트겐 (Röntgen^ド) 图 〔物理〕 レントゲン.
뢴트겐-사진 (-寫眞) 图 レントゲン写真.
-료 (料) 接尾 …料. ‖수업료 授業料. 조미료 調味料.
루마니아 (Rumania) 图 〔国名〕 ルーマニア.
루머 (rumor) 图 うわさ; 風説.
루블 (rubl^ロ) 依名 ロシアの貨幣の単位; …ルーブル (Rub).
루비 (ruby) 图 〔鉱物〕 ルビー.
루어 (lure) 图 ルアー.
루어-낚시 (lure-낚시) 图 ルアーフィッシング.
루주 (rouge^フ) 图 ルージュ; 口紅.
루트¹ (root) 图 〔数学〕 ルート.
루트² (route) 图 ルート. ‖ 판매 루트 販売ルート. 입수 루트 入手ルート.
룩셈부르크 (Luxemburg) 图 〔国名〕 ルクセンブルク.
룰 (rule) 图 ルール. ‖ 룰을 어기다 ルールを守らない. 룰을 무시하다 ルールを無視する.
룰렛 (roulette^フ) 图 ルーレット.
룸메이트 (roommate) 图 ルームメート.
룸바 (rumba^ス) 图 〔音楽〕 ルンバ.
룸-살롱 (room+salon^フ) 图 キャバクラ.
룸-서비스 (room service) 图 〔ホテルで〕 ルームサービス.
-류¹ (流) 接尾 …流. ‖자기류 自己流.
-류² (類) 接尾 …類. ‖포유류 哺乳類. 갑각류 甲殻類.
류머티즘 (rheumatism) 图 〔医学〕 リューマチ.
룩색 (rucksack) 图 リュックサック.
-률¹ (律) 接尾 …律. ‖ 불문률 不文律. 황금률 黃金律.
-률² (率) 接尾 …率. ‖ 경쟁률 競争率. 합격률 合格率.
르~변칙~활용 (-變則活用) 【-치곽용】 图 〔言語〕 =르 불규칙 활용 (不規則活用).
르~불규칙~용언 (-不規則用言) 【-칭농-】 图 〔言語〕 르 불규칙 활용을 하다 ‖다르다·오르다·흐르다など.
르~불규칙~활용 (-不規則活用) 【-치

257   리라

곽용】 图 〔言語〕 르 변칙활용. ✦오르다→올라. 흐르다→흘러など.
르완다 (Rwanda) 图 〔国名〕 ルワンダ.
르포 (←reportage^フ) 图 ルポ; ルポルタージュ.
르포-라이터 (←reportage フ + writer) 图 ルポライター.
르포르타주 (reportage^フ) 图 ルポルタージュ.
를 /rul/ 剛 〔母音で終わる体言に付いて; 子音の場合は을; 縮約令〕 ❶…을. ‖커피를 마시다 コーヒーを飲む. 바다를 건너다 海を渡る. 횡단보도를 건너다 横断歩道を渡る. ❷…が. ‖나는 포도를 좋아한다 私はブドウが好きだ. 여동생이 왜 우는지 이유를 모르겠다 妹がなぜ泣くのか理由が分からない. 나는 피아노를 칠 수 있다 私はピアノが弾ける. ❸…に. ‖택시를 타다 タクシーに乗る. 친구를 만나다 友だちに会う. 나는 어머니를 닮았다 私は母に似ている. 형을 따라가다 兄について行く. ❹〔動作性名詞に付いて〕 …(に). ‖ 조사를 가다 調査に行く. 산보를 가다 散歩に行く. 아르바이트를 가다 アルバイトに行く. ❺〔…을 위하여…를 위해서の形で〕 …のために. ‖ 아이를 위하여 피아노를 사다 子どものためにピアノを買う.
리¹ (里) 依名 距離の単位; …里. ✦ 韓国の 10里は日本の 1里に当たる.
리² 依名 〔主に-리가 없다の形で〕 …わけがない. …はずがない. ‖거짓말을 할 리가 없다 うそをつくわけがない. 그 사람이 모임에 올 리가 없다 彼が集まりに来るはずがない.
-리³ (裏·裡) 接尾 …裏. ‖비밀리에 秘密裏に. 성공리에 끝나다 成功裏に終わる.
리그 (league) 图 リーグ. ‖아이비 리그 アイビーリーグ.
리놀륨 (linoleum) 图 リノリウム.
-리다 語尾 〔男性の古風な言い方で〕 積極的な意志を表わす; …(しましょう); (する)つもりです. ‖내가 가리다 私がやる.
리더 (leader) 图 リーダー.
리더-십 (leadership) 图 リーダーシップ. ‖리더십을 발휘하다 リーダーシップを発揮する.
리드¹ (lead) 图 リード.
리드² (reed) 图 〔楽器の〕リード.
리드미컬-하다 (rhythmical-) 形 〔하
리듬 (rhythm) /ridum/ 图 リズム. ‖리듬에 맞춰 춤을 추다 リズムに合わせて踊る.
리듬 체조 (rhythm 體操) 图 〔スポーツ〕 新体操. ⑩신체조 (新體操).
리라 (lira) 依名 イタリアの旧通貨単位; …リラ.

-리만치 語尾 =-리만큼.
-리만큼 語尾 …하도(리); …하리(에). ‖모범이 되리만큼 착실하다 模範になるほどまじめだ.
리메이크 (remake) 名 他 リメーク.
리모델링 (remodeling) 名 他 リフォーム.
리모컨 (←remote control) 名 リモコン.
리무진 (limousine 7) 名 リムジン.
리바운드 (rebound) 名 リバウンド.
리바이벌 (revival) 名 他 リバイバル.
리버럴-하다 (liberal-) 形 하여 リベラルだ. ‖리버럴한 사고방식 リベラルな考え方.
리베이트 (rebate) 名 リベート.
리본 (ribbon) 名 リボン.
리볼버 (revolver) 名 リボルバー.
리뷰 (review) 名 レビュー.
리비아 (Libya) 名 国名 リビア.
리사이틀 (recital) 名 リサイタル.
리셉션 (reception) 名 レセプション.
리셋 (reset) 名 하여 リセット.
리스¹ (lease) 名 リース. ‖리스 산업 (lease 産業) 名 リース業.
리스² (wreath) 名 リース. ‖크리스마스 리스 クリスマスリース.
리스크 (risk) /risukʰu/ 名 リスク. ‖리스크가 크다 リスクが大きい. 리스크가 따르다 リスクがつきまとう. 영업상의 리스크 営業上のリスク.
리스트 (list) 名 リスト. ‖블랙리스트 ブラックリスト.
리시버 (receiver) 名 レシーバー.
리시브 (receive) 名 他 (テニスなどで)レシーブ; (卓)サーブ.
리아스식~해안 (rias式海岸) [-시케~] 名 地 リアス式海岸.
리어-카 (rear + car 日) 名 リヤカー.
리얼리즘 (realism) 名 リアリズム; 現実主義; 写実主義.
리얼리티 (reality) 名 リアリティー.
리얼-하다 (real-) 形 /riəlhada/ 形 하여 リアルだ. ‖리얼한 묘사 リアルな描写. 리얼하게 그리다 リアルに描く.
리에종 (liaison 7) 名 言語 リエゾン. 連音 (連音).
리을 名 ハングル字音字母 'ㄹ'の名称.
리치 (reach) 名 リーチ.
리코더 (recorder) 名 音楽 リコーダー.
리코딩 (recording) 名 レコーディング.
리콜-제 (recall 制) 名 リコール.
리큐어 (liqueur) 名 リキュール.
리터 (liter) 依名 体積の単位; …リットル (lit).
루아니아 (Lithuania) 名 国名 リトアニア.
리트 (Lied ド) 名 文芸 リート.
리트머스~시험지 (litmus 試験紙) 名 リトマス試験紙.
리트미크 (rythmique 7) 名 音楽 リトミック.
리포터 (reporter) 名 リポーター.
리포트 (report) /ripʰoːtʰu/ 名 他 レポート; 報告書. ‖리포트를 쓰다 レポートを書く. 내일까지 리포트를 제출해 주십시오 明日までにレポートを提出してください.
리프트 (lift) 名 リフト.
리플 (←reply) 名 IT リプライ. (俗)レス.
리플레 (←reflation) 名 リフレーションの略語.
리플레이션 (reflation) 名 経 リフレーション. (略)リプレ.
리플릿 (leaflet) 名 音楽 リーフレット.
리피트 (repeat) 名 音楽 =도돌이표 (標).
리허빌리테이션 (rehabilitation) 名 リハビリテーション.
리허설 (rehearsal) 名 リハーサル.
리히텐슈타인 (Lichtenstein) 名 国名 リヒテンシュタイン公国.
린스 (rinse) 名 リンス.
린치 (lynch) 名 リンチ. ‖린치를 가하다 リンチを加える.
릴 (reel) 名 リール.
릴-낚시 [-낙씨] 名 リール釣り; リールフィッシング.
릴레이 (relay) 名 ❶ リレー. ❷ 릴레이 경주(~競走)の略語.
릴레이~경주 (relay 競走) 名 リレー; リレー競走. 略 릴레이.
릴리퍼 (reliefer) 名 (野球で)リリーフ.
릴리프 (relief) 名 美術 レリーフ.
림프 (lymph) 名 生理 リンパ.
림프-관 (-管) 名 解剖 リンパ管.
림프-구 (-球) 名 生理 リンパ球.
림프-샘 (-腺) 名 解剖 リンパ節.
림프-선 (-腺) 名 =림프샘.
립-서비스 (lip service) 名 自由 リップサービス.
립스틱 (lipstick) 名 リップスティック; 口紅.
립-크림 (lip cream) 名 リップクリーム.
링 (ring) 名 リング. ❶ (ボクシングやプロレスなどで)リング. ‖링에 오르다 リングに上る. ❷ 輪; 輪状のもの.
링거 (Ringer) 名 薬 リンゲル(~液)の略語.
링거-액 (Ringer 液) 名 薬 リンゲル液; 点滴.
링거~주사 (Ringer 注射) 名 薬 リンゲル注射.
링게르 (Ringer) 名 링거の誤り.
링크¹ (link) 名 他 リンク.
링크² (rink) 名 スケートリンク.

ㅁ

ㅁ 图 ハングル子音字母の第5番目. 名称は「미음」.

-ㅁ 接尾 母音や「ㄹ」で終わる用言の語幹に付く名詞形語尾.∥만남 出会い. 헤어짐 別れ. 기다림 待つこと.

-ㅁ에도 連体 《主に…·ㅁ에도 불구하고の形で》…にもかかわらず.∥비가 옴에도 불구하고 외출하다 雨が降っているにもかかわらず出かける.

-ㅁ직스럽다 -쓰- 形 《母音およびㄹで終わる用言に付いて; 子音の場合は -음직스럽다》そういう価値があることを表わす; …にふさわしい; …(し)そうだ.∥먹음직스럽다 おいしそう.

-ㅁ직하다 -지카- 形 [形変] 《母音およびㄹで終わる用言に付いて; 子音の場合は -음직하다》そういう価値や特性があることを表わす; …にふさわしい; …(し)そうだ.∥바람직하다 望ましい.

마가린 (margarine) 图 マーガリン.
마가목 [植物] 图 ナナカマド(七竈).
마각 (馬脚) 图 馬脚. ▸마각을 드러내다 馬脚を現わす.
마감 /magam/ [名他] 締め切り; 締め切ること.∥리포트는 오늘까지가 마감이다 レポートは今日までが締め切りだ. 접수를 마감하다 受付を締め切る.
  마감-날 图 締め切り日.∥마감날이 촉박하다 締め切り日が迫る.
마개 /magae/ 图 栓; 蓋.∥유리병 瓶の栓. 귀마개 耳栓, 마개를 열다 栓を開ける. 술병 마개를 따다 酒瓶の栓を抜く.
마고자 マゴジャ. ▸韓服ジョゴリの上に着る服.
마구[1] (魔球) 图 魔球.
마구[2] /magu/ 副 ❶やたらに; むやみに; めちゃに; やみくもに. ∥마구 화를 내다 むやみに怒る. 마구 사들이다 やたらに買い込む. ❷ひっきりなしに; しきりに. ∥마구 전화가 걸려 오다 しきりに電話がかかってくる. ❸さんざん; じゃんじゃん; …まくる. ∥지금 놀다가 지금 와서 후회하고 있다 さんざん遊んで,今になって後悔している. 마구 팔리다

じゃんじゃん売れる. 사진을 마구 찍어 대다 写真を撮りまくる.

마구-간 (馬廏間) -깐 图 馬屋; 馬小屋.
마구잡이-로 副 手当たり次第に; 手当たり放題に; むやみに.∥손잡이를 마구잡이로 담기면 안 됩니다 取っ手をむやみに引っ張ってはいけません.
마굴 (魔窟) 图 魔窟; 巣窟.
마권 (馬券) -꿘 图 (競馬の)馬券.
마귀 (魔鬼) 图 魔鬼; 魔王.
  마귀-할멈 (魔鬼-) 图 《昔話に出てくる》年老いた意地悪な魔女; 鬼婆.∥화를 내는 모습이 마귀할멈 같다 怒った姿が魔女のようだ.
마그네슘 (magnesium) 图 [化学] マグネシウム.
마그넷 (magnet) 图 マグネット.
마그마 (magma) 图 [地] マグマ.
마나-님 图 《古い言い方で》年老いた貴婦人を敬って言う語.
마냥 /manjaŋ/ 副 ❶ひたすら; ただ. ∥마냥 놀기만 하다 ひたすら遊んでばかりいる. ❷心ゆくまで; 思う存分. ∥마냥 걷고 싶은 길 心ゆくまで歩きたい道.
마네킹 (mannequin) 图 マネキン.
마녀 (魔女) 图 魔女.
마노 (瑪瑙) 图 [鉱物] 瑪瑙(ᵐ).
마누라 /ma:nura/ 图 家内; 女房; 妻. ∥여우 같은 마누라 狐のような女房. 친구 마누라 友だちの奥さん. ❖自分の妻や親しい人の奥さんを気兼ねせずに言う語.
마는 尾 [口語的] 말다(やめる)の現在連体形.
-마는 /manun/ 連体 逆接関係を表わす; …けれども. 縮 -만. ∥가격은 비싸지마는 맛은 있다 値段は高いけれども味はいい. 서류는 내 보지마는 합격은 어려울 거야 書類は出してみるが, 合格は難しいと思う.
마늘 /manul/ 图 [植物] ニンニク(大蒜).
  마늘-장아찌 图 [料理] ニンニクの漬け物.
  마늘-종 [-쫑] 图 ニンニクの芽.
마니아 (mania) 图 マニア.
마님 图 《昔の良い家柄の》奥様; 奥方. ❖現在は사모님が一般的である.
마다 /mada/ 助 …ごとに; …度に; 都度; それぞれに. ∥집에 올 때마다 선물을 가지고 오다 家に来る度に手土産を持ってくる. 마다 개성이 있다 子どもそれぞれに個性がある.
마다가스카르 (Madagascar) 图 [国名] マダガスカル.
마다-하다 [何変] 断る; 嫌がる; 拒絶する.∥그의 호의를 마다하다 彼の好意を断る.
마담 (madame) 图 (酒場や喫茶店な

走.

마당 /madaŋ/ 图 ❶ 庭. ‖마당에서 놀引 庭で遊ぶ. 앞마당 前庭. ❷ 〔主に…마당에 の形で〕あることが起きた場合または状況を表わす; …の場合に; …때에; …期に. ‖회사가 망한 이 마당에 어떻게 퇴직금 이야기를 하겠어요? 会社がつぶれたこの期に及んでどうして退職金の話などできますか.
—依窗 (韓国·朝鮮の伝統芸能の一つである)パンソリを数える語: …場面; …場; …幕. ‖판소리 다섯 마당 パンソリ5場.

마당-극 (—劇) 图 〈文芸〉 伝統芸能(탈춤·판소리·사물놀이など)を現代に解釈したもの.

마당-놀이 图 〈文芸〉 歳時記にマダンで行なわれる民俗遊戯の総称.

마당-발 图 ① 幅の広い足. ② 〔比喩的に〕顔が広い人; 交際範囲が広いこと. ‖그 사람은 마당발이다 彼は顔が広い.

마대 (麻袋) 图 麻袋.

마도로스 (matroos ᵈ) 图 マドロス; 船員.

마돈나 (madonna ᶦ) 图 マドンナ.

마디 /madi/ 图 ❶〔竹·葦などの〕節. ❷関節. ‖손 마디가 굵다 指の関節が太い. 무릎마디가 시리다 ひざの関節が冷える. ❸ 一言. ‖한마디만 하겠습니다 一言だけ言います. 너도 한마디 해라 お前も一言言ってくれ. ❹〈音楽〉小節. 소절(小節). ‖첫째 마디부터 틀렸다 第1小節から間違っている.

마디-마디 图 節々. ‖뼈 마디마디가 쑤시다 骨の節々がずきずき(と)痛む.

마디-풀 图〈植物〉ミチヤナギ(道柳).

마따나 圇〔말마따나の形で〕話した[言った]通り; 話した[言った]ように. ‖네 말마따나 그럴까까 있을 없다고 생각해 お前の言った通り, そこまでやる必要はないと思う.

마땅-찮다 〔—찬타〕 囷 ふさわしくない; 不適当だ.

마땅-하다 /maⁿtaŋhada/ 囷〔하요〕 ❶ ふさわしい; 適当だ. ‖결혼식에 입고 갈 마땅한 옷이 없다 結婚式に着ていく適当な服がない. ❷ 当然だ; 当り前だ. ‖천벌을 받아도 마땅하다 天罰を受けて当然だ. **마땅-히** 圇 当然に; すべからく.

마라 圇〔ㄹ語尾〕〔말다³の命令形〕…な. ‖가지 마라 行くな. 먹지 마라 食べるな.

마라카스 (maracas ˢ) 图〈音楽〉マラカス.

마라톤 (marathon) 图〈スポーツ〉マラソン.

마라톤-경주 (—競走) 图 マラソン競走.

마력¹ (魔力) 图 魔力.

마력² (馬力) 依图〈物理〉工業上用いられる馬力率の単位: …馬力.

마련 /marjən/ 图 (한) ❶ 準備; 用意; 支度; 〔金の〕工面. ‖수업료를 겨우 마련하다 辛うじて授業料を用意する. 돈이 마련되는 대로 연락 드리겠습니다 お金が工面できる次第ご連絡いたします. 선물을 마련하다 プレゼントを用意する. 제가 한번 술자리를 마련하겠습니다 私の方で一席設けます. ❷〔…마련이다の形で〕…することになっている; …なるものだ; …するのが落ちである; …なって当たり前だ. ‖공부 안 하면 성적이 나쁘기 마련이다 勉強しないと成績が悪くなるのは当たり前だ. 무슨 일이든 처음은 힘들기 마련이다 何事も最初は大変なものだ.

마렵다〔—따〕囷〔ㅂ変〕便意を催す. ‖오줌 마렵다 小便がしたい.

마로니에 (marronnier ᶠ) 图〈植物〉マロニエ.

마루¹ /maru/ 图 板の間; フローリング.

마루-방 (—房) 图 板の間.

마루-운동 (—運動) 图〈スポーツ〉床運動.

마룻-바닥〔—루빠—/—룯빠—〕图 ① 板床; フローリング. ② 板床の表面.

마루² 图 屋根や山の稜線. ‖고갯마루.

마루-청 (—廳) 图 床板.

마룻-장〔—루짱/—룯짱〕图 床板.

마르다¹ /maruda/ 匬〔르変〕〔말라, 마르는〕 ❶ 乾く. ❷ 〔빨래가 마르다 洗濯物が乾く. ❸ 말라요. ❸ (のどが口に) 渇く. ‖목이 마르다 のどが渇く. ❸ 枯れる. ‖마른 나뭇가지 枯れた枝. ❹ やせる; やせおとろえる. ‖일이 힘들지 많이 말았다 仕事が大変なのかだいぶやせている. 비쩍 마르다 がりがりにやせる. 비쩍 마른 사람 やせっぽち. ❺ 干上がる. ‖계속되는 가뭄으로 논이 말라 있다 日照り続きで田が干上がっている. ❻ 尽きる; 使い尽くす; なくなる.

마르다² 他〔르変〕〔布·紙等を〕裁つ.

마른-걸레 图 乾いた雑巾. ‖마른걸레로 닦다 乾いた雑巾で拭く; 乾拭きする.

마른-국수〔—쑤〕图 ❶ 乾麵. ❷ 料理していない生の麵.

마른-기침 图 空咳.

마른-나무 图 枯れ木.

마른-논 图 乾田. ▶마른 논에 물 대기 (関) 焼け石に水.

마른-미역 图 乾燥ワカメ.

마른-반찬 图 乾物などで作った水気の少ないおかず.

마른-버짐 图〈医学〉乾癬(癬). (癬)건선(乾癬).

마른-안주 (—按酒) 图 乾き物. ✢酒

つまみにするもののうち, するめ・ナッツ類など, 乾いた物の総称.
마른-오징어 [名] するめ.
마른-자리 [名] 湿気のない乾いたところ. [対]진자리.
마른-장마 [名] 空梅雨.
마른-침 [名] 固唾(かたず); 生唾. ▸마른침을 삼키다 固唾を呑(の)む.
마른-풀 [名] 干し草. [類]건초(乾草).
마른-하늘 [名] 晴天; 青天. ▸마른하늘에 날벼락 [諺]青天の霹靂(へきれき).
마른-행주 [名] 乾いた布巾.
마름-모 [名] 마름모꼴の略語.
마름모-꼴 [名] 《数学》 菱形. [略]마름모.
마름-질 [名] [하他] (布・材木等を)裁断[切断]すること.
마리 /mari/ [依名] 動物・魚などを数える語: …匹; …頭; …羽; …尾; …杯. ‖개 한 마리하고 고양이 두 마리를 키우고 있다 犬1匹と猫2匹を飼っている. 모기 한 마리 蚊1匹. 코끼리 두 마리 象2頭. 참새 세 마리가 날아가다 スズメが3羽飛んでいく. 오징어 다섯 마리를 사다 イカ5杯を買う.
마리화나 (marihuana) [名] マリファナ.
마마[1] (媽媽) [名] 《漢方》 天然痘.
마마-꽃 (媽媽–) 【-꼳】 [名] 天然痘による発疹.
마마[2] (媽媽) [名] 《歴史》 王や王族の称号に付けて尊敬の意を表わした語.
마마-보이 (←mama's boy) [名] マザーコンプレックス; マザコン.
마멀레이드 (marmalade) [名] マーマレード.
마멸 (磨滅) [名] [되自] 摩滅.
마모 (磨耗) [名] [되自] 摩耗. ‖베어링이 마모되다 軸受けが摩耗する.
마무르다 [他] 『르変』 ❶物の端をきれいに整える. ❷仕上げる.
마무리 /mamuri/ [名] [하他] 仕上げ; 締めくくり; 始末. ‖사건을 마무리 짓다 事件の始末をつける. 끝마무리가 중요하다 後始末が肝心だ. 잘 마무리하다 うまく仕上げる; うまく締めくくる.
마물 (魔物) [名] 魔物.
마법 (魔法) [名] 魔法.
마법-사 (魔法師) 【-싸】 [名] 魔法使い.
마부 (馬夫) [名] 馬子.
마분-지 (馬糞紙) [名] ボール紙; 馬糞紙.
마블 (marble) [名] マーブル.
마비 (痲痹・麻痺) /mabi/ [名] [되自] 麻痺. ‖소아마비 小児麻痺. 심장마비로 쓰러지다 心臓麻痺で倒れる. 손발이 마비되다 手足が麻痺する. 교통이 마비되다 交通が麻痺状態になる.
마빡 [名] 〔이마빡の略語〕額.
마사 (麻絲) [名] 麻糸.
마사지 (massage) [名] [하他] マッサージ.
마산 (馬山) [名] 《地名》 馬山(マサン).
마-소 [名] 牛と馬; 牛馬.
마손 (磨損) [名] [되自] すり減ること.
마수[1] [名] ❶(最初に売れる物から予想する)その日の商いの運. ‖오늘은 마수가 좋다 今日は商売のさい先がいい. ❷마수걸이の略語. ‖아직 마수도 못 하다 まだ口開けもしていない.
마수-걸이 [名] [하自] (商売の)口開け. [略]마수. ‖마수걸이를 하다 口開けをする; その日の売り出しをする.
마수[2] (魔手) [名] 魔手; 魔の手. ‖마수에 걸리다 魔手にかかる.
마술[1] (馬術) [名] 馬術.
마술[2] (魔術) [名] 魔術. ‖마술을 걸다 魔術を使う.
마술-사 (魔術師) 【-싸】 [名] 魔術師.
마스카라 (mascara) [名] (化粧品の)マスカラ.
마스코트 (mascot) [名] マスコット.
마스크 (mask) [名] マスク. ‖산소 마스크 酸素マスク. 방독 마스크 防毒マスク.
마스터 (master) [名] [하他] マスター. ‖영어를 마스터하다 英語をマスターする.
마스터베이션 (masturbation) [名] マスターベーション.
마스터플랜 (master plan) [名] マスタープラン.
마스트 (mast) [名] マスト; 帆柱. [類]돛대.
마시는 [他] 마시다(飲む)の現在連体形.
마시다 /maʃida/ [他] ❶飲む; 酒を飲む; 喫する. ‖물을 마시다 水を飲む. 오늘 술 마시러 가자 今日飲みに行こう. 찬 것을 너무 마셔서 배가 아프다 冷たい物を飲み過ぎてお腹が痛い. 마실 것 飲み物. ✣「薬を飲む」の場合は「약을 먹다」になる. ❷吸う. ‖신선한 공기를 마시다 新鮮な空気を吸う.
마시어[마셔] [他] 마시다(飲む)の連用形. ‖술을 너무 많이 마셔 酒を飲みすぎて.
마신 [他] 마시다(飲む)の過去連体形.
마실 [他] 마시다(飲む)の未来連体形.
마애-불 (磨崖佛) [名] 磨崖(まがい)仏.
마약 (痲藥) [名] 《薬》 麻薬. ‖마약 중독 麻薬中毒.
마왕 (魔王) [名] 《仏教》 魔王.
마요네즈 (mayonnaise フ) [名] マヨネーズ.
마우스 (mouse) [名] 《IT》 マウス.
마우스피스 (mouthpiece) [名] マウスピース.
마운드 (mound) [名] マウンド. ‖마운드에 서다 マウンドに立つ.
마을 /mauɯl/ [名] 村; 村落. ‖이웃 마을 隣の村.

마음 /maɯm/ 图 ❶心. ‖마음이 넓은 사람 心の広い人. 마음이 통하다 心が通じる;心が通う. 마음이 든든하다 心強い. 마음이 바뀌다. 그 말에 마음이 끌렸다 その言葉に惹(ひ)かれた. 마음에도 없는 말 心にもないお世辞. 부모 마음을 자식은 모른다 親心子知らず. 몸과 마음 体と心;心身. ❷気. ‖마음이 급하다 気がはやる. 그 사람한테 마음이 있다 彼に気がある. 마음을 편하게 먹다[가지다] 気を楽にする. 마음이 맞다 気が合う. 마음이 산란하다 気が散る. 마음이 켕기다 気がとがめる. ❸気持ち. ‖마음이 변하다 気持ちが変わる. 그 사람 마음을 이해할 수가 없다 彼の気持ちが理解できない. ▸마음에 걸리다 気にかかる;気になる. ▸마음에 두다 心に留める;心に寄せる. ▸마음에 들다 気に入る. ▸마음에 안 들다 気に入らない;気に食わない. ▸마음을 놓다 ① 安心する;気を緩める. ② 油断する;気を許す. ▸마음(을) 먹다 心に決める;決心する;思い立つ. ▸마음을 비우다 欲を捨てる. ▸마음을 사로잡다 心を捉える;惹(ひ)きつける. ▸마음을 열다 心を開く. ▸마음을 잡다 心を入れ替える;一念発起する. ▸마음을 졸이다 気をもむ. ▸마음이 내키다 気が進む;気が向く;気乗りがする;乗り気だ. 마음이 내키지 않는 것 같다 乗り気ではない様子だ. ▸마음이 놓이다 安心する;ほっとする. 그 사람을 보고 나니 겨우 마음이 놓였다 彼を見てやっと安心した. ▸마음이 무겁다 気が重い.

마음-가짐 图 心構え;決意;覚悟. ‖평소의 마음가짐 普段の心構え. 마음가짐을 새롭게 하다 決意を新たにする.

마음-결 [-껼] 图 気立て;心持ち.

마음-고생 (-苦生) [-쌩] 图 気苦労. ‖자식 때문에 마음고생이 심하다 子どものことで気苦労が多い.

마음-껏 /maɯmk'ʌt/ [-껀] 圖 思う存分(に);心ゆくまで. ‖마음껏 먹다 思う存分に食べる. 마음껏 놀다 心ゆくまで遊ぶ.

마음-대로 /maɯmdɛro/ 圖 勝手に;気の向くままに. ‖마음대로 남의 물건을 쓰다 勝手に人の物を使う. 마음대로 해 勝手にしろ.

마음-먹다 [-따] 自 決心する;心に決める.

마음-속 [-쏙] 图 心の中;内心;心中;意中. ‖마음속이 어떤지 알 수가 없다 心の中はどうなのか分からない.

마음-씨 /maɯmʃ'i/ 图 心根;気立て;心持ち. ‖마음씨가 곱다 心根がやさしい.

마의 (麻衣) [-/-이] 图 麻織りの服. ᅟ᭄᭄삼베옷.

마이너 (minor) 图 マイナー. ㉮メイジャー.

마이너스 (minus) /mainʌsɯ/ 佡他 マイナス. 5플러스 2는 3이다 5プラス2は3である. ‖5를 마이너스하다 5をマイナスする. 인생에 있어서 마이너스가 되다 人生にとってマイナスになる.

마이동풍 (馬耳東風) 图 馬耳東風.

마이신 (mycin) 图 (藥) ストレプトマイシン;抗生物質.

마이크 (mike) 图 マイク;マイクロホン. ‖마이크를 잡다 マイクを握る.

마이크로-버스 (microbus) 图 マイクロバス;小型バス.

마이크로-폰 (microphone) 图 マイクロホン;マイク.

마이크로-필름 (microfilm) 图 マイクロフィルム.

마인드 (mind) 图 マインド. ‖경영 마인드 経営マインド.

마인드-맵 (mind map) 图 マインドマップ.

마인드 컨트롤 (mind control) 图 マインドコントロール.

마일 (mile) 佡 長さの単位: …マイル.

마일리지 (mileage) 图 マイレージ.

마일리지 서비스 (mileage service) 图 マイレージサービス.

마임 (mime) 图 マイム;パントマイム.

마작 (麻雀) 图 麻雀.

마장 (馬場) 图 馬場.

마저[1] /madzʌ/ 圖 残さず全部;全て;最後まで. ‖일을 마저 마치다 仕事を全て終える. 식어 버린 커피를 마저 마시고 외출 준비를 하다 冷めたコーヒーを全部飲んでから外出の準備をする.

마저[2] 囲 …さえ;…すら;…まで. ‖너마저 나를 속이다니 君まで私をだますなんて. 생활비마저 떨어지다 生活費さえ尽きる.

마적 (魔笛) 图 魔笛.

마제 (馬蹄) 图 馬蹄;馬のひづめ.

마제-석 (馬蹄石) 图 馬蹄石.

마제-형 (馬蹄形) 图 馬蹄形;馬のづめの形.

마제[2] (磨製) 佡他 磨製.

마제 석기 (磨製石器) [-끼] 图 磨製石器.

마조히스트 (masochist) 图 マゾヒスト.

마조히즘 (masochism) 图 マゾヒズム.

마주 /madʒu/ 圖 向かい合って;向き合って;互いに. ‖마주 바라보다 互いの視線[目]が合う;見つめ合う. 마주 보고 앉다 向かい合って座る.

마주-앉다 [-안따] 自 向かい合って座る.

마주-잡다 [-따] 他 ❶(手を)取り合う. ‖손을 마주잡고 기뻐하다 手を取り合って喜ぶ. ❷(物を)向き合って持つ. ᅟ᭄᭄맞잡다.

마주-치다 囘 遭(ぁ)う; 遭遇する; 出くわす; かち合う; (目と目が)合う. ‖길에서 우연히 마주치다 道端で偶然出くわす. 두 사람의 눈길이 마주치다 2人の目と目が合う.

마주-하다 侚 [하対] 向かい合う; 向き合う.

마중 /madʑuŋ/ 图 [여也] 出迎え; 迎え. ‖손님을 마중을 나가다 お客さんのお迎えに行く. 역까지 마중 나와 주세요 駅まで迎えに来てください. 늦게 귀가하는 아이를 마중 가다 遅く帰宅する子どもを迎えに行く.
마중-물 图 呼び水, 迎え水.

마지기 低名 田畑の面積単位: …マジギ. ‖1 마지기 а程度の広さ. 田は約 200 坪, 畑は約 300 坪.

마지노-선 (Maginot線) 图 マジノ線.

마지막 /madʑimak/ 图 ① [여也] 最終, 終わり. ‖이번이 마지막이라고 생각하고 최선을 다할 생각이다 これが最後だと思って最善を尽くすつもりだ. 마지막으로 하고 싶은 말 最後に言いたいこと. 마지막 찬스 ラストチャンス. 영화의 마지막 부분 映画の終わりの部分. ▶ 마지막 숨을 거두다 (最期の)息を引き取る. 가족들이 지켜보는 가운데 그는 마지막 숨을 거두었다 家族が見守る中, 彼は息を引き取った.
마지막-판 图 ① [囲碁·ゲーム等の]最後の一局. ② 土壇場; 最後の場面.

마지-못하다 /ma:dʑimoːtʰada/ 侚 [- 모타] [하対] [主に마지못해の形で] しぶしぶ; やむを得ず; 仕方がない; 不承不承;心ならずも. ‖마지못해 대답を하다 やむを得ず答える. 마지못해 승낙하다 しぶしぶ承諾する.

마지-않다 【-안타】 補動 [動詞の連語尾に付いて] …してやまない; …に堪えない. ‖여러분들의 건강과 ご多幸을 願ってやみません. 존경해 마지않는 교장 선생님을 비롯하여 尊敬してやまない校長先生を始め.

마진[1] (痲疹) 图 [医学] 麻疹(はしか).
마진[2] (margin) 图 マージン. ‖이 할의 마진을 남기다 2 割のマージンを取る.

마차 (馬車) 图 馬車. ‖쌍두마차 2 頭立ての馬車.

마찬가지 /matɕʰaŋgadʑi/ 图 同様; 同じ. ‖몇 번 말해도 결과는 마찬가지다 何回言っても結果は同じだ. 부산도 요코하마와 같이 마찬가지로 항구 도시다 釜山も横浜と同様に港町だ.

마찰 (摩擦) /matɕʰal/ 图 摩擦. ‖마찰이 생기다 摩擦が生じる. 양국 간의 무역 마찰이 격화되고 있다 両国間の貿易摩擦が激化している.
마찰-계수 (摩擦係数) 【-/-계-】 图 摩擦係数.

마찰-열 (摩擦熱) 【-녈】 图 摩擦熱.
마찰-음 (摩擦音) 【-름】 图 [言語] 摩擦音.
마천-루 (摩天樓) 【-츨】 图 摩天楼.
마취 (痲醉) 图 [여也] 麻酔. ‖수술 전에 마취를 하다 手術の前に麻酔をかける.
마취-약 (痲醉藥) 图 麻酔薬.
마취-제 (痲醉劑) 图 麻酔剤.

마치[1] /matɕʰi/ 副 まるで; あたかも. ‖그는 마치 자기가 사장인 것처럼 말했다 彼はまるで自分が社長かのような言い方をした. 마치 자기것의 것처럼 말하다 あたかも自分のもののごとく言う.

마치다[2] /matɕʰida/ 侚 [여也] 終える. ‖수업을 마치다 授業を終える. 일 마치고 한 잔 할까요? 仕事を終えてから, 一杯やりましょうか.

마침 /matɕʰim/ 副 都合よく; 折しく; ちょうど; 都合悪く; 折あしく; たまたま. ‖마침 잘 왔다 ちょうどいいところへ来てくれた. 마침 그 자리에 있었다 ちょうどが居合わせた. 그때 마침 집에 없었다 たまたまその時留守だった.

마침-내 /matɕʰimne/ 副 遂に; とうとう; 結局. ‖마침내 어릴 때부터의 꿈이 실현되었다 ついに子どもの頃からの夢が実現した. 마침내 이심일 세기가 열렸다 とうとう 21 世紀が始まった.

마침-표 (-標) 图 終止符; ピリオド. ‖종지부 終止符.

마카로니 (macaroni イ) 图 マカロニ.
마카롱 (macaron フ) 图 マカロン; マカロン.
마케팅 (marketing) 图 マーケティング. ‖새로운 마케팅 전략 新しいマーケティング戦略.
마케팅 리서치 (- research) 图 マーケティングリサーチ.

마크 (mark) 图 マーク. ‖심벌 마크 シンボルマーク. 트레이드 마크 トレードマーク.
마크-하다 侚 マークする. ‖대회 신기록을 마크하다 大会新記録をマークする. 줄곧 상대편 선수에게 마크당하다 ずっと相手チームの選手にマークされる.

마키아벨리즘 (Machiavellism) 图 マキャベリズム.
마타리 (植物) オミナエシ(女郎花).
마태-복음 (-Matthew 福音) 图 [キリスト教] マタイ福音書.
마티니 (martini) 图 (カクテルの)マティーニ.
마-파람 南風. 图 [남풍](南風). ▶ 마파람에 게 눈 감추듯 俗 [南風にカニが目を閉じるかのように」の意で] 瞬く間に食べ物を平らげることのたとえ.
마패 (馬牌) 图 [歴史] 官史が地方出張時使えた駅馬の標識. ◆鋼製の標識に描かれている頭数の馬が借りられた.
마포 (麻布) 图 麻布. ‖삼베.

마피아 (Mafia) [名] マフィア.
마하 (Mach) [依名] 飛行機やミサイルなどの速度を表わす単位; …マッハ数(M).
마호가니 (mahogany) [名] [植物] マホガニー.
마호메트-교 (Mahomet 教) [名] [宗教] マホメット教; イスラム教; 回教. ≒이슬람교.

마흔 /mahun/ [数] 40歳. ▷사십(四十). ‖마흔에 회사를 그만두다 40歳に会社を辞める.
── [名] 40…. ‖마흔 살 40歳; 四十路. 마흔 번 40回.

막¹ (幕) [名] 幕. ❶막을 치다 幕を張りめぐらす. 무대의 막이 오르다 舞台の幕が上がる. 막을 내리다 幕を閉じる; 幕を引く; 幕を下ろす. 파란만장한 인생의 막을 내리다 波乱万丈の人生の幕を閉じる. 새 시대의 막이 오르다 新しい時代の幕開けた.
── [依名] …幕. ‖삼막 3幕.

막² (膜) [名] 膜. ‖물 위에 막이 생기다 水面に膜が張る.

막³ /mak/ [副] ❶ちょうどその時. ‖막 나가려고 하는데 전화가 걸려 왔다 ちょうど出かけようとしたところに電話がかかってきた. ❷今し方. ‖막 나갔다 今し方出て行った.

막⁴ /mak/ [副] [마구의 縮約形] やたらに; むやみに; 向こう見ずに. ‖막 사들이다 やたらに買い込む. 막 화를 내다 むやみに怒る.

막-가다 /-까-/ [自] 無作法にふるまう; 粗暴にふるまう.

막간 (幕間) /-깐/ [名] 幕あい; 合間. ‖막간을 이용하여 친구한테 전화를 하다 合間を縫って友だちに電話する.

막강-하다 (莫強-) /-깡-/ [形] [하変] 極めて強い; 強力だ. ‖막강한 파워 強力なパワー.

막걸리 /makk'ʌlli/ /-껄-/ [名] マッコリ; どぶろく; 濁り酒. ≒탁주 (濁酒).

막-국수 /-꾹쑤/ [料理] マックス. ╈강원도 (江原道) の名物でクウリ・キムチ等の具にキムチ汁をかけたそば.

막내 /maŋne/ /-내/ [名] 末っ子; 末子.
막내-둥이 [名] 末っ子をかわいく思って言う語.
막내-딸 [名] 末の娘.
막내-아들 [名] 末の息子.
막냇-동생 (-同生) /-낻똥-/ /망낻-/ [名] 末の弟や妹.
막냇-자식 (-子息) /-낻짜-/ /망낻-/ [名] 末っ子.

막-노동 (-勞動) /망-/ [名] [하自] 力仕事; 肉体労働.

막다 /mak'ta/ /-따/ [他] ❶塞ぐ. ‖시멘트로 구멍을 막다 セメントで穴を塞ぐ. 큰 트럭이 길을 막고 있다 大型トラックが道を塞いでいる. 너무 시끄러워서 귀를 막다 あまりにもうるさくて耳を塞ぐ. 손으로 입을 막다 手で口を塞ぐ. ⑤밀하다. ❷防ぐ. ‖찬바람을 막다 冷たい風を防ぐ. 병충해의 발생을 막다 病虫害の発生を防ぐ. 사고를 미연에 막다 事故を未然に防ぐ. 공격을 막다 攻撃を防ぐ. 사건이 더 이상 확대되는 것을 막다 事件がこれ以上拡大するのを防ぐ. 카드로 막다 カードの決済ができないとき. ❸食い止める; 遮断する; 遮る. ‖적의 침입을 막다 敵の侵入を食い止める. 상대方의 말이나 相手の言葉を遮る. ❹塞き止める. ‖강을 막아 댐을 만들어 川を塞き止めてダムを作る. ❺止める. ‖숨구멍을 막다 息の根を止める. 통행을 막다 通行止めをする.

막-다르다 【-따-】 [形] 突き当たる; 行き詰まる. ▶막다른 골목 ①袋小路; 行き止まり. 막다른 골목에 다다르다 袋小路に迷い込む. ②どん詰まり; 窮地; 行き詰まり.

막대 /-때/ [名] 棒; 棒切れ.
막대-그래프 (-graph) [名] [数学] 棒グラフ.
막대-자석 (-磁石) [名] 棒磁石.
막대기 /-때-/ [名] 棒; 棒切れ.
막대-하다 (莫大-) /-때-/ [形] [하変] 莫大だ. ‖막대한 재산 莫大な財産.
막-도장 (-圖章) /-또-/ [名] 三文判.
막도-먹다 /-뙈-먹-/ [動] 막되다の俗っぽい言い方.
막-되다 /-뙤-/ /-뛔-/ [形] 無作法だ; 乱暴だ; 礼儀作法を知らない. ‖막되게 굴다 無作法にふるまう.
막-둥이 /-뚱-/ [名] 末っ子; 末子.

막론 (莫論) /maŋnon/ 【막는-】 [名] [하他] [主に…을[를] 막론하고의 形で] …にかかわらず; …に関わらず; …と関係なく. ‖남녀노소를 막론하고 그 노래를 좋아한다 老若男女にかかわらず皆その歌が好きだ. 이유 여하를 막론하고 결과에 대한 책임을 묻겠습니다 理由の如何を問わず, 結果に対する責任を問います.

막막-하다 (漠漠-) /maŋmakʰada/ 【막마카-】 [形] [하変] ❶果てしない. ❷漠然としていて不安だ. ‖앞날이 막막하다 将来が不安だ.

막-말 /망-/ [名] [하他] 放言; 無責任な発言; 出任せ. ‖화가 나더라도 막말은 해서는 안 된다 腹が立っても無責任なことを言ってはいけない.

막무가내 (莫無可奈) /maŋmugane/ 【-내】 [名] 頑(強)な態度をとること; どうしようもないこと. ‖아무리 말려도 막무가내다 いくら止めても頑として応じない. 막무가내로 고집을 피우다 頑に意地を張る.

막-바지 [mak̚p'adʑi]【-빠-】图 ❶どん詰まり. ❷物事の終わり際；終盤；土壇場. ▶막바지로 접어들다 終盤戦に入る；大詰めに入る.

막-벌이 [-뻐-]图 ⓗⓙ 荒仕事；力仕事.
　막벌이-꾼 力仕事をする人.

막사 (幕舎)【-싸】图 幕舎.

막상 /mak̚s'ang/【-쌍】剛 いざ；実際に. ▶막상 하려니까 두렵다 いざやろうとしたら怖い. 막상 먹어 보니까 맛이 별로더라 実際に食べてみたら、さほどおいしくなかった.

막상막하 (莫上莫下)【-쌍마카】图 互角；五分五分. ▶두 사람の実力は막상막하다 2人の実力は五分五分だ.

막-술 (-쏠)图 ⑩ ご飯の最後の1さじ. ⑪첫술.

막심-하다 (莫甚-) /mak̚s'imhada/【-씸-】[하変] はなはだしい；甚大だ. ▶막심の피해를 입다 甚大な被害をこうむる. 후회가 막심하다 後悔極まる.

막아-내다 他 食い止める；防ぎ止める；受け止める. ▶공격을 막아내다 攻撃を食い止める.

막아-서다 他 (前に)立ちはだかる；塞ぐ. ▶길을 막아서다 道を塞ぐ.

막역지우 (莫逆之友)【-찌-】图 莫逆(ぎゃく)の友.

막역-하다 (莫逆-)【-마겨카-】[하変] 莫逆だ. ▶막역한 사이 莫逆の交わり；極めて親しい間柄.

막연-하다 (漠然-) /magjənhada/【하変】漠然としている；よくわからない. ▶미래에 대한 막연한 불안 未来に対する漠然とした不安. **막연-히** 剛 막연히そんな生각이 들었다 漠然とそんな気がした.

막-일 [망닐]图 力仕事；手当たり次第の単純労働.
　막일-꾼 [망닐-]图 土方.

막장¹ [-짱]图 坑道の突き当たり.

막-장² (-醬)【-짱】图 味噌の一種.

막중-하다 (莫重-)【-쭝-】[形] 極めて重大だ. ▶막중한 임무 막중하다 責任重大だ. 막중한 역할 重大な役割.

막-지르다 [-찌-]【르変】横切る；遮る. ▶길을 막질러 가다 道を横切っていく. 남의 말을 막지르다 人の話を遮る.

막-차 (-車)【mak̚ʨʰa-】图 終車；終発；終電. ⓒ첫차 (-車). ▶막차를 타다 終電に乗る；終電に乗り遅れる.

막-판 (makpʰan)图 ❶土壇場；終局；大詰め；どん詰まり；終盤. ❷막판에 와서 역전시키다 土壇場で逆転する. 선거전도 막판으로 접어들고 심의가 막판으로 접어들다 審議が大詰めを迎える.

막판-뒤집기 [-끼]图 土壇場での逆転劇.

막-후 (幕後)【마쿠】图 裏；舞台裏. ▶막후 교섭 裏交渉. 막후에서 조종하다 裏で操る.

막-히다 /makʰida/【마키-】自【막다の受け身動詞】閉鎖される；遮られる；塞がる；詰まる；つかえる. ▶배수관에 머리카락이 막혀서 配水管が塞がる. 코가 막혀 鼻が詰まる. 말이 막히다 あきれる；開いた口が塞がらない.

막힘-없다 [마키멉따] 形 物事が順調に進んでいる；進捗している；よどみがない. ▶공사가 막힘없이 진행되다 工事が順調に進んでいる. 막힘없는 언변 よどみない弁舌. 어려운 문章을 막힘없이 읽어 내려가다 難しい文をよどみなく読み進む.
　막힘없-이 剛

만¹ (灣)【-ㄴ】图 万；1万. ▶만에 세 살이에요 満で3歳です. 만 이틀을 굶다 まる2日何も食べていない.

만² (灣)图 湾；入り江.

만³ (灣)图 [姓] 萬 (マン).

만⁴ (萬)圖 万；万；1万. ▶만 1万ドル. 만개 1万個. 백만 원 100만 원. ▶만에 하나 万が一；万一. 만에 하나 살피하면 어떻게 해야 하나? 万が一失敗したらどうしよう.

만⁵ /man/图 ❶【時間を表わす語に付いて】…ぶり；…目；…足らずで. ▶오래간만에 久しぶりに. 한국에는 삼 년 만에 왔다 韓国には3年ぶりに来た. 삼 일 만에 깨어나다 3日目に意識が戻る. 여러 운제를 십 분 만에 풀다 難しい問題を10分足らずで解く.

만⁶ /man/依图 …くらい；…ほど；…程度. ▶화를 낼 만도 하다 怒るのも無理はない. 가 볼 만하다 行ってみるくらいの価値はある.

만⁷ /man/助 …だけ；…ばかり；…のみ；…さえ. ▶너한테만 얘기하는 거야 お前だけに話すんだよ. 잠만 자고 있다 寝てばかりいる. 결과만을 중시하는 결과의 중시한다. 너만 좋다면 그걸로 됐어 君さえよければそれでいい.

만⁸ (만) [ㄹ語幹] 말다(やめる)の過去連体形.

-만 (만) 依图 [-마는の縮約形] …だが；…けど. ▶같이 놀고 싶지만 시간이 없다 一緒に遊びたいが時間がない.

만가 (輓歌·挽歌)图 挽歌. ⓒ상엿소리(喪輿-).

만감 (萬感)【-깜】图 万感. ▶만감이 교차하다 万感極まる. 만감에 和るi 万感交(こう)到る.

만개 (滿開)图 満開.

만경-창파 (萬頃滄波)图 大海原.

만고 (萬古)图 万古. ▶만고불변의 진리 万古不易の真理.

만고-강산 (萬古江山)图 万古不易の山河.

만곡 (彎曲) 【하권】 图 湾曲.
만국 (萬國) 图 万国.
만국-기 (萬國旗) 【-기】 图 万国旗.
만국 박람회 (萬國博覽會) 【-남-/-빵남쾌】 图 万国博覧会. ⇒엑스포.
만금 (萬金) 图 万金.
만기 (滿期) 图 満期. ‖정기 예금이 만기가 되다 定期預金が満期になる. ~일 滿期日.
만끽 (滿喫) 【하권】 图 満喫. ‖산해진미를 만끽하다 山海の珍味を満喫する.
만나 国 만나다(会)う)の連用形.

만나다 /mannada/ 国 ❶ 会う; 落ち合う. ‖친구를 만나다 友だちに会う. 선배랑 책방에서 만나기로 했다 先輩と本屋で会うことにした. 내년에는 서울에서 만나자 来年はソウルで会いましょう. 역에서 만나기로 약속하다 駅で落ち合う約束をする. ❷ 出会う; めぐり合う. ‖두 사람이 처음 만난 곳 2人が初めて出会ったところ. 대학교에서 평생 친구를 만나다 大学で一生の親友にめぐり合う. ❸ 出くわす; 行き合う; 遭(あ)う; 遭遇する. ‖학교 앞에서 불량소년을 만나다 学校の前で不良少年に出くわす. 길에서 우연히 친구를 만나다 道で偶然友人と行き合う. ‖作別(「会ってすぐ別れる」の意で)会うのもつかの間.

만나-뵙다 【-따】【ㅂ変】〖만나다의 謙讓語〗お目にかかる. ‖만나뵙게 되어서 반갑습니다 お目にかかれてうれしいです.
만난[1] (萬難) 图 万難.
만난[2] 国 만나다(会)う)の過去連体形.
만날 (萬-) 国 いつも; 常に.
만날 国 만나다(会)う)の未来連体形.
만남 图 出会い. ‖인생의 광장 出会いの広場. 우리의 만남은 우연이 아니다 私たちの出会いは偶然ではない.
만년[1] (晩年) 图 晩年. ‖~ 노년(老年).
만년[2] (萬年) 图 万年. ‖만년 과장 万 課長. 만년 소녀 万年少女.
만년-설 (萬年雪) 图 万年雪.
만년지계 (萬年之計) 【-/-게】 图 万年の計; 百年の計.
만년-필 (萬年筆) 图 万年筆.
만능 (萬能) 图 万能. ‖과학 만능의 시대 科学万能の時代. 황금만능주의의 시대 黄金万能の世の中. 만능 선수 万能選手.
만다라 (曼陀羅·曼荼羅→mandala 梵) 图 〖仏教〗曼荼羅.
만담 (漫談) 图 漫談; 落語. ~개그.
만담-가 (漫談家) 图 漫才師; 落語家. ~개그맨.
만대 (萬代) 图 万代; 万世.

만돌린 (mandolin) 图 〖音楽〗マンドリン.
만두 (饅頭) /mandu/ 图 〖料理〗餃子. ‖만두 빛는 법 餃子をつくる. 군만두 焼き餃子. 물만두 水餃子.
만두-소 (饅頭-) 图 餃子の中身.
만두-피 (饅頭皮) 图 餃子の皮.
만둣-국 (饅頭~-) 【-두꾹/-둗꾹】 图 〖料理〗餃子を入れてつくったスープ.
만드는 【ㄹ語幹】 만들다(作)る)の現在連体形.
만득-자 (晩得子) 【-짜】 图 晩年に得た子.
만든 【ㄹ語幹】 만들다(作)る)の過去連体形.
만들 【ㄹ語幹】 만들다(作)る)の未来連体形.

만들다[1] /mandulda/ 国 【ㄹ語幹】〖만들어, 만든는, 만든〗 ❶ つくる. ‖요리를 만들다 料理をつくる. 한글을 만든 사람 ハングルをつくった人. 사전을 만들다 辞書をつくる. 고구마로 소주를 만들다 サツマイモで焼酎をつくる. 친구를 많이 만들다 多くの友だちをつくる. 혼자서 만들어 내다 1人でつくりあげる. ❷ 設ける. ‖구실을 만들다 口実を設ける. 준비 위원회를 만들다 準備委員会を設ける. ❸ 工面する; こしらえる. ‖자본을 만들다 元手をこしらえる. 집을 팔아서 자금을 만들다 家を売って資金をこしらえる. ❹ 引き起こす. ‖학교에서 문제를 만들지 마라 学校で問題を引き起こすな. ❺〖…을[를]…로 만들다の形で〗…を…にする. ‖아들을 의사로 만들다 息子を医者にする. 사람을 바보로 만들다 人をばかにする. 뭐든지 제 것으로 만들다 何でも自分のものにする.

만들다[2] 国補 〖…도록 만들다; …게 만들다の形で〗…ようにする; …ようにさせる; …ように仕向ける. ‖방을 청소하게 만들다 部屋を掃除するようにする. 끝내 울게 만들다 ついに泣かせる. 공부하게 만들다 勉強するように仕向ける.

만들어 【ㄹ語幹】 만들다(作)る)の連用形.
만듦-새 【-듬-】 图 出来ぐあい; 出来ばえ; つくり. ‖만듦새가 날림이다 つくりが粗雑だ.
만료 (滿了) 【말-】 图 〖법률〗満了. ‖임기가 만료되다 任期が満了する.
만루 (滿壘) 【말-】 图 〖野球で〗満塁. ‖만루 홈런을 치다 満塁ホームランを放つ.
만류 (挽留) 【말-】 图 引き止め; 慰留. ‖가족의 만류에도 불구하고 늙는 학교를 그만두다 家族の引き止めにもかかわらず勤めていた学校をやめる.
만리-장성 (萬里長城) 【말-】 图 〖中国〗の万里の長城.

만-만세 (萬萬歲) [名] 万々歳.

만만찮다 /manmantʃʰantʰa/ 【-찬 타】 [形] 手ごわい; 侮れない; なかなかのものだ. ‖만만찮은 상대 手ごわい相手. 그의 고집도 만만찮다 彼の頑固さもなかなかのものだ.

만만-하다 /manmanhada/ [形] 『하変』 くみしやすい; 扱いやすい. ‖만만한 상대 くみしやすい相手. 상대를 만만하게 보다 相手を甘く見る.

만면 (滿面) [名] [하形] 満面. ‖만면에 웃음을 띄우며 집으로 돌아오다 満面の笑みを浮かべながら帰宅する.

만무-하다 (萬無-) [形] 『하変』 〔…리 만무하다の形で〕 …はずがない. ‖그럴 리가 만무하다 そんな(ことがある)はずがない.

만물 (萬物) [名] 万物. ‖만물의 영장 万物の霊長.

만물-박사 (萬物博士) 【-싸】 [名] 物知り博士.

만물-상 (萬物商) 【-쌍】 [名] よろず屋; 何でも屋.

만민 (萬民) [名] 万民.

만반 (萬般) [名] 万端. ‖만반의 준비를 하다 準備万端だ.

만발 (滿發) [名] [하自] 満開. ‖벚꽃이 만발한 사월 桜満開の4月.

만방[1] (萬方) [名] 万方; あらゆる方面.

만방[2] (萬邦) [名] 万国; あらゆる国. ‖세계 만방에 알리다 世界各国に知らせる.

만병 (萬病) [名] 万病. ‖만병통치약 万病に効く薬; 万能薬.

만복 (萬福) [名] 万福. ‖소문만복래 笑う門には福来たる.

만분지일 (萬分之一) [名] 万分の一; 非常にわずかなこと.

만사 (萬事) [名] 万事; あらゆること; すべて. ‖세상 만사 世の中のあらゆること.

만사-태평 (萬事太平) [名] 何事にものん気なこと.

만사-형통 (萬事亨通) [名] 万事が思い通りになること.

만사-휴의 (萬事休矣) [名] 万事休す.

만삭 (滿朔) [名] 臨月; 産み月. ‖만삭의 몸으로 빨래를 하고 있다 臨月の身で洗濯をしている.

만상 (萬象) [名] 万象. ‖삼라만상 森羅万象.

만생-종 (晩生種) [名] 晩生種. [対]조생종(早生種).

만석 (萬石) [名] 1万石の米.

만석-꾼 (萬石-) [名] 1万石の米を収穫するほどの富農.

만선 (滿船) [名] [하自] 満船.

만성 (慢性) /mansɔŋ/ [名] 慢性. [対]급성(急性). ‖만성 맹장염 慢性の盲腸炎.

만성-병 (慢性病) 【-뼝】 [名] 慢性疾患. ‖만성병으로 고생하다 慢性疾患で苦労する.

만성-적 (慢性的) [名] 慢性的. ‖만성적인 적자에 허덕이다 慢性的な赤字に苦しむ.

만성-화 (慢性化) [名] [되自] 慢性化.

만세[1] (萬世) [名] 万世.

만세[2] (萬歲) /maːnse/ [名] 万歳. ‖축구 경기에서 이겨 만세를 부르다 サッカーに勝って万歳を叫ぶ. 만세 삼창을 하다 万歳を三唱する.

만수[1] (萬壽) [名] 万寿; 永寿; 長寿.

만수-무강 (萬壽無疆) [名] 寿命が限りなく長いこと. ‖만수무강을 기원하다 ご長寿を祈る.

만수[2] (滿水) [名] 満水.

만시지탄 (晩時之歎) [名] 時機を逸した嘆き.

만신 (滿身) [名] 満身; 全身. ‖만신이 다 아프다 全身が痛い.

만신-창이 (滿身瘡痍) [名] 満身創痍(そう). ‖만신창이가 되다 満身創痍になる.

만실 (滿室) [名] 満室.

만심 (慢心) [名] 慢心.

만안 (灣岸) [名] 湾岸.

만약 (萬若) /maːnjak/ [副] 万一; 万が一; もし(も); ひょっとして. [類]만일(萬一). ‖만약 내가 다시 태어난다면 もしも私が生まれ変わったら. 만약 실패하면 내가 책임을 질게 万が一失敗したら, 私が責任をとる.

만연 (蔓延·蔓衍) [名] [하自] 蔓延(まん). ‖안 좋은 풍조가 만연하고 있다 よくない風潮が蔓延している.

만연-체 (蔓衍體) [名] 《文芸》 多くの語句を用い纖細な感情を細やかに表現する文体.

만용 (蠻勇) [名] 蛮勇. ‖만용을 부리다 蛮勇をふるう.

만우-절 (萬愚節) [名] エープリルフール.

만원 (滿員) /maːnwɔn/ [名] 満員. ‖버스가 만원이어서 겨우 내렸다 バスが満員だったのでやっとのことで降りた. 만원 사례 満員御礼.

만월 (滿月) [名] 満月; 十五夜の月.

만유-인력 (萬有引力) 【-일-】 [名] 《物理》 万有引力.

-만이나마 [語尾] …だけでも.

-만이라도 [語尾] …だけでも. ‖너만이라도 와 주면 좋겠다 君だけでも来てほしい.

만인 (萬人) [名] 万人.

만일 (萬一) /maːnil/ [副] 万一; 万が一; もし(も); 仮に. [類]만약(萬若). ‖만일 하나라도 틀리면 큰일이다 もしも一つでも間違ったら大変だ. 만일 내가 내일 약속을 못 지키더라도 仮に私が明日の約束を守れなくても. 만일의 경우 万が一の場合.

만-자 (卍字) 【-짜】 [名] 卍.

만장(滿場) 图 満場.
　만장-일치(滿場一致) 图 満場一致; 全会一致. ∥만장일치로 새 의장이 결정되다 満場一致で新しい議長が決まる.
만재(滿載) 图 満載.
만전(萬全) 图 万全. ∥행사 준비에 만전을 기하다 イベントの準備に万全を期する.
　만전지책(萬全之策) 图 万全の策. ∥만전지책을 강구하다 万全の策を講ずる.
만점(滿點) 【-쩜】 图 満点. ∥만점을 받다 満点をとる. 서비스 만점이다 サービス満点だ.
만조(滿潮) 图 満潮.⇔간조(干潮).
　만조-선(滿潮線) 图 満潮線(干潮線).
만족 /manjok/ 图 [하다] 満足. ∥나는 현재의 조건에 만족하고 있다 私は現在の条件に満足している. 만족을 느끼다 満足を感じる. 만족할 결과는 아니다 満足のいく結果ではない. 자기만족 自己満足. 만족을 얻다 満足を得る.
　만족-감(滿足感) 图 満足感.
　만족-스럽다(滿足-) 【-쓰-따】 图 【ㅂ変】 満足そうだ; 満足げだ. ∥만족스러운 표정 満足そうな表情. 만족스럽지 못한 결과 不満足な結果. **만족스레** 副
만종(晚鐘) 图 晩鐘.
만지는 만지다(触)의 현재 연체형.
만지다 /manjida/ 他 ❶(手で)触る. ❷불을 만지다 火をつける. 손으로 만지다 手で触る. ❷いじる; 扱う. ∥컴퓨터는 조금 만질 수 있다 コンピューターは少しいじれる.
만지어[만저] 만지다(触)의 연용형.
만지작-거리다[-대다] 【-껴(때)-】 他 いじくり回す; まさぐる; なぶる.
만진 만지다(触)의 과거 연체형.
만질 만지다(触)의 미래 연체형.
만찬(晚餐) 图 晩餐. ∥만찬에 대우받다 晩餐に招かれる.
　만찬-회(晚餐會) 【-/-획】 图 晩餐会.
만천하(滿天下) 图 満天下; 世界中.
만추(晚秋) 图 晩秋.
만취(滿醉·漫醉) 图 [하다] 泥酔; 大酔. ∥만취 상태 泥酔状態.
만치¹ 依名 = 만큼¹. ∥네가 걱정할 만치 지금 상태가 힘든 것은 아니다 君が心配するほど状況が厳しいわけではない.
만치² 图 = 만큼².
만큼¹ /mankʰum/ 依名 [···을·[-ㄴ·은] 뒤에서]···ほど; ···くらい; ···만큼. ∥허리가 아플 만큼 잤다 腰が痛くなるほど寝た. 먹은 만큼 돈을 내면 된다 食べた分だけお金を払えばいい.

만큼² /mankʰum/ 助 ···ほど; ···くらい; ···ばかり. ∥이만큼은 먹을 수 있다 これくらいは食べられる. 화재만큼 무서운 것은 없다 火事ほど怖いものはない.
만파(萬波) 图 万波.
만판 存分に; 十分に; 思う存分に; 思いのままに. ∥만판 마셔 대다 思う存分に飲む.
만평(漫評) 图 [하다] 漫評. ∥시사 만평 時事漫評.
만-하다¹ /manhada/ 補形 [하変] ある状態に達していることを表わす語. ∥말을 알아들을 만한 나이 分別がつく年頃. 그의 행동은 욕먹을 만하다 彼の行動は非難されても当然だ. 존경할 만한 인물 尊敬できる人物. 믿을 만한 사람 信頼できる人. 가볼 만한 곳 行ってみる価値のあるところ.
-만하다² 補形 [하変] ···くらいだ; ···ようだ. ∥꼭 요만하다 ちょうどこれくらいだ. 집채만한 파도 山のような大波.
만학(晚學) 图 晩学.
만행(蠻行) 图 蛮行. ∥만행을 저지르다 野蛮な行為をする.
만혼(晚婚) 图 [하다] 晩婚.⇔조혼(早婚).
만화(漫畵) /ma:nhwa/ 图 漫画. ∥만화를 보다 漫画を読む. 만화 영화 アニメ(映画).
　만화-가(漫畵家) 图 漫画家.
　만화-책(漫畵冊) 图 漫画本. ∥만화책을 빌리다 漫画本を借りる.
만화-경(萬華鏡) 图 万華鏡.
만회(挽回) 【-/-획】 图 [하다] 挽回; 盛り返すこと. ∥실수를 만회하다 失敗を挽回する.

많다 /ma:ntʰa/ 【만타】 形 多い; たくさんだ; 大半だ; いっぱいだ; 大勢だ.⇔적다. ∥돈이 많다 お金が多い. 할 일이 많다 やることがいっぱいだ. 많은 사람들로 붐비다 たくさんの人でごった返す. 많은 사람들이 그렇게 생각하고 있다 多くの人がそう思っている. 경험을 통해 많은 것을 배우다 経験を通じて多くのことを学ぶ. 많은 노력을 하다 大変な努力をする. 말이 많은 남자 口数の多い「おしゃべりな」男. 호기심이 많은 아이 好奇心旺盛な子ども. 정도 많고 눈물도 많다 情け深くて涙もろい.
많아-지다 【마너-】 多くなる; 増える.
많-이 /ma:ni/ 【마니】 副 ❶多く; たくさん; 大勢; いっぱい; 十分に; たいぶ; 随分と; たんまり(と); 大半. ∥많이 먹고 많이 자다 たくさん食べたくさん寝る. 사람들이 많이 있는 자리에서 大勢の人がいるところで. 일은 많이 정리되어 있다 仕事は大半片付いた. 많이 쉬다 十分休む. 많이 컸구나 随分大きく

なったね. ❷とても; かなり; 非常に. ‖많이 후회하고 있다 とても後悔している. 그 말을 듣고 많이 울었다 それを聞いてかなり泣いた. 머리가 많이 아프다 頭がかなり痛い.

맏-동서 (-同壻)【-똥-】图 一番上の相嫂または相嫁.

맏-딸 图 長女. ⑨ 큰딸·장녀(長女).

맏-며느리 [맏-] 图 長男の嫁. ⑨ 큰며느리.

맏-물 [-물] 图 初物; 走りの物; はしり. ‖끝물. ‖맏물이어서 비싸다 はしりだから高価だ. 맏물 수박 初成りのスイカ.

맏-사위 [-싸-] 图 長女の婿.

맏-아들 图 長男. ⑨ 큰아들·장남(長男).

맏-이 [마지] 图 長男; 長女. ⑨ 첫째.

맏-형 (-兄) 图 [맏형] 長兄. ⑨ 큰형(-兄).

맏-형수 (-兄嫂)【마형-】图 (弟から見て)長兄の妻.

말¹ /mal/ 图 ❶〔動物〕ウマ(馬). ‖말을 타다 馬に乗る. 말에서 떨어지다 落馬する. 장기·윷놀이(ユンノリ)의 駒. ❸〔十二支〕の午(うま).

말² 图 藻; 藻草.

말³ 图 (1斗の)枡. ── 접미 …되. ‖쌀 한 말 米1斗.

말 /mal/ 图 ❶言葉; 言語; 語. ‖그 의미를 알 수 없는 말 意味の分からない言葉. 추상적인 말 抽象的な言葉. 그 사람 말에는 가시가 있다 彼の言葉にはとげがある. 알아듣기 쉬운 말 聞き取りやすい言葉. 말에 힘을 주다 言葉に力を込める. 그 사람 말을 빌리면 彼の言葉を借りれば. 말이 지나치다 言葉が過ぎる. 다른 나라 말을 배우다 他の国の言語を習う. 한국말 韓国語. ❷話. ‖말을 하다 話をする; 話す. 바둑만 하면 좋아하는 사람이 입에서 말이 끊어지다 話がとぎれる. 말을 잘하다 話が上手だ. ❸声. 말을 걸다 声をかける. ❹口. ‖말의 口数が減る. 말이 많다 口数が多い. ❺うわさ. 말이 퍼지다 うわさが広まる. 들리는 말에 의하면 うわさによると; 聞くところによると. ❻[(…말인데의 形で)] …のことだが. ‖그 사람 말인데의 그것이 話をかける. 말을 내다 口外する. 言伝する. ▶말(을)【말】① 言うことに従う; 言うことを聞く. 요즘 부모 말 잘 듣는 아이는 별로 없다 近頃親の言うことをよく聞く子はそんなにいない. ② 叱られる; 言葉を言われる. 청소 시간에 선생님한테 말들을 했다 掃除の時間に先生に小言を言われた. ③ (機械などが)思い通りに作動する. 마우스가 말을 안 듣다 マウスが言うこと聞かない. ▶말을 못하다 言い表わせない; 言えない. ▶말을 비치다 話をほ のめかす. ▶말을 옮기다 口外する; 他言する. ▶말이 나다 話が出る; 話題に上る. ❷(秘密などが)漏れる. ▶말이 떨어지다 (命令などが)下る. ▶말이 아니다 非常に惨めだ; ひどい状況だ. ▶말이 안 되다 話にならない. ▶말이 통하다 言葉が通じる; 話が通じる. ▶말 한마디에 천냥 빚도 갚는다 [俗]「言葉一つで千両の借金を返す」の意で) 言い方次第で困難もと切り抜ける.

말⁵ /mal/ 图 /依存 ❶ …末; …暮れ. ‖학기 말 学期末. 이달 말까지 제출하겠습니다 今月の末までに提出します. ❷(野球)の裏. ‖구회 말 9回裏. ⑨ 초(初).

말⁶ 图 [ㄹ語幹] 말다(やめる)の未来連体形.

말-갈기 图 馬のたてがみ.

말갛다 [-가타] 图 [ㅎ変] ❶澄んでいる; 透き通って見える. ‖말간 국 澄まし汁. ❷(意識などが)はっきりしている. ‖정신은 말갛다 意識ははっきりしている.

말-개미 图 〔昆虫〕クロオオアリ (黒大蟻). ⑨ 왕개미(王-).

말-거머리 图 〔動物〕ウマビル(馬蛭).

말-거미 图 〔昆虫〕オニグモ(鬼蜘蛛). ⑨ 왕거미(王-).

말-결 [-껼] 图 (主に말결에의 形で) 話のついでに; 話のはずみに. ‖지나가는 말결에 한 말이다 話のついでに言ったことだ.

말경 (末境) 图 ❶老境; 年老いた境遇. ❷最後; 土壇場.

말-고기 图 馬肉; 桜肉.

말-고삐 图 手綱(たずな). ‖말고삐를 죄다 手綱を締める. 말고삐를 당기다 手綱を引く.

말괄량이 图 おてんば; おきゃん.

말-구유 图 飼い葉桶(おけ).

말-굽 图 馬のひずめ; 馬蹄. ‖말굽 소리 馬の駆ける音.

말굽-자석 (-磁石)【-짜-】图 蹄形磁石.

말굽-버섯【-뻐섯】图 〔植物〕サルタケ (猿茸).

말권 (末卷) 图 [書物の] 末卷; 最終巻.

말-귀 /ma:lkwi/ 图 ❶[言うことを] 理解すること; 話の呑み込み. ‖내 말귀 못 알아듣는 것 같다 私の言うことが理解できないようだ. ▶말귀가 밝다 話の呑み込みが早い. ▶말귀가 어둡다 話の呑み込みが遅い[悪い].

말기¹ 图 韓服のチマやパジの腰の部分を折り返して, 帯状にしてある所.

말기² (末期) 图 末期. ⑨ 초기(初期). ‖이조 말기 李朝末期.

말기-적 (末期的) 图 末期的. ‖말기적인 증세를 보이다 末期的な症状を呈する.

말-꼬리 圀 言葉尻. ⑩말끝. ▶말꼬리를 잡다 言葉尻を捕らえる; 揚げ足を取る.

말-꼬투리 圀 言いがかり. ‖말꼬투리를 잡다 言いがかりをつける.

말끔-하다 豳 [여변] こざっぱりしている; きれいに片付いている. ‖방 안을 말끔하게 치워 놓다 部屋の中をきれいに片付けておく. ㉮ 얼끔하다. **말끔-히** 圂 きれいに; すっかり; きれいさっぱり. ‖말끔히 먹어 치우다 きれいに[すっかり]食べてしまう.

말-끝 【-끝】圀 言葉尻. ⑩말꼬리. ⑪말머리. ‖말끝을 흐리다 言葉尻を濁す.

말-나다 【-나-】 즤 ❶ 話題になる. ❷ うわさが立つ.

말-내다 【-내-】 囘 ❶ 口に出す. ❷ うわさをする.

말년 (末年)【-련】圀 末年; 晚年. ‖이조 말년 李朝の末年. 다들 평화로운 말년을 꿈꾼다 皆が平和な晩年を夢見る.

말-놀음 【-로름】圀 馬乗り遊び; 竹馬.

말-놓다 【-로타】 囘 (敬語を用いず)ぞんざいな口をきく; ため口をきく.

말다[1] /ma:lda/ 囘 [ㄹ語幹] [말아, 마는, 만] 巻く. ‖김밥을 말다 のり巻きを巻く. 졸업장을 말다 통에 넣다 卒業証書を巻いて筒に入れる. **말리다** 受動

말다[2] 囘 [ㄹ語幹] (ご飯や麵などを)汁物に入れて混ぜる. ‖밥을 국에 말아서 먹다 ご飯をスープに入れて混ぜて食べる.

말다[3] /ma:lda/ 囘 [ㄹ語幹][말아, 마는, 만] ❶ やめる; 中止する; 中断する. ‖말을 하다 말다 話を中断する. ❷ […마나의 形으로]…してもしなくても; …であってもなくても. ‖읽어 보나 마나 뻔한 이야기 読んでも読まなくてもあきらかな話. ❸ […다(가) 말다의 形으로]…の途中でやめる; …かけだ; …さしだ. ‖먹다가 만 빵 食べかけのパン, 읽다가 만 책 読みさしの本. ❹ […든 말든 말든]…してもしなくても; …であってもなくても; (ように)…まいが. ‖가든 말든 나는 상관없다 行こうが行くまいが私は関係ない. ❺ […말고의 形으로]…ではなく. ‖그것 말고 이것로 하자 それではなくこれにしよう. ❻ […말고의 形으로]…他にも; …以外にも. ‖이것 말고도 필요한 것이 많다 これ以外にも必要なものが多い. ❼ […(으)려다(가) 말다의 形으로]…(し)ようとしてやめる. ‖나가려다가 말다 出かけようとしてやめる. 마시려다가 말았다 飲もうとしてやめた. ❽ […(이)거나 말거나의 形으로]…ようがしまいが; …あろうがなかろうが. ‖비가 오거나 말거나 雨が降ろうが降るまいが, 돈이 있거나 말거나 お金があろうがなかろうが. ❾ […ㄹ지 말지의 形으로]…するかしないか. ‖갈지 말지 아직 못 정했다 行くか行かないかまだ決めていない. ❿ [一部의 名詞에 붙어]…마라의 形으로]…しないで(くれ). ‖걱정 마라 心配しないで.

말다[4] 襋動 [❶ […지 마의 形으로] その動作の禁止를 表わす. …な. ‖먹지 마 食べるな. 움직이지 마 動くな. ❷ […지 말아라의 形으로] …しないで. ‖덥다고 찬 것을 너무 마시지 말아라 暑いからといって冷たいものを飲みすぎないでね. ❸ […지 말고의 形으로]…ないで; …せず. ‖오늘은 나가지 말고 집에 있어라 今日は出かけないで家にいなさい. ❹ […고 말다의 形으로]…てしまう. ‖울고 말았다 泣いてしまった. 넘어지고 말았다 転んでしまった. ❺ […고 말고의 形으로] もちろん…とも. ‖가고 말고 もちろん行くとも. ❻ […나 마자의 形으로] …や否や. ‖여동생은 나를 보자마자 울기 시작했다 妹は私を見るや否や泣き出した.

말-다툼 (-) 圀 口論; 口げんか. ‖사소한 일로 친구와 말다툼을 하다 些細なことで友だちと口論になる.

말단 (末端) 【-딴】 圀 末端; 下っ端. ‖신경의 말단 神経の末端. 말단 사원 下っ端の社員.

말-대꾸 (-對-) 圀 口答え; 言い返すこと. ⑩-하다. ‖선배한테 말대꾸하다 先輩に口答えする.

말-대답 (-對答) 圀하다 (目上の人에 대한)口答え.

말더듬-이 圀 吃音(訛); 吃音者. ⑩더듬이.

말동무 【-똥-】 圀 話し相手. ⑩말벗. ‖말동무가 되다 話し相手になる.

말-듣다 【-따】 囘 [ㄷ変] ❶ 言うことを聞く. ❷ 道具などがうまく作動する. ❸ 小言を言われる.

말-똥 圀 馬糞; 馬のふん.

말똥-말똥 圂 하다 ❶ まじまじ; じろじろ. ‖사람을 말똥말똥 쳐다보다 人をまじまじと見る. ❷ 頭がすっきりしている様子; 意識がはっきりしている様子. ‖정신은 말똥말똥하다 気は確かだ.

말뚝 圀 杭; 棒杭. ‖말뚝을 박다 杭を打つ.

말-뜻 【-뜯】 圀 言葉の意味.

말-띠 圀 午(き)年生まれ.

말라-깽이 圀 (あざける言い方で) やせている人.

말라리아 (malaria) 圀 (医学) マラリア.

말라-붙다 【-붇따】 囘 ❶ 干上がる; すっかり乾く. ‖가뭄으로 말라붙은 시내 日照りで干上がった小川. ❷ 水気がなくなってこびりつく. ‖밥그릇에 밥풀이 말라붙어 있다 お茶碗にご飯粒がこびりついている.

말라-비틀어지다 自 ❶干からびてしわしわになる. ‖오이가 오래되어 말라비틀어졌다 キュウリが古くなって干からびている. ❷年をとってやせ細る. ‖말라비틀어진 모습 やせ細った姿.

말라-빠지다 自 やせこける; やせ細る.

말라위 (Malawi) 国国名 マラウイ.

말랑말랑-하다 形 [하変] やわらかくふかふかしている. ‖말랑말랑한 홍시 やわらかい熟柿.

말랑-하다 形 [하変] ❶やわらかい. ‖말랑한 찰떡 やわらかいお餅. ❷(人が)扱いやすい;(人を)甘く見ている. ‖사람을 말랑하게 보는 것 같다 人を甘く見ているようだ.

말레이시아 (Malaysia) 国国名 マレーシア.

말려-들다 自 □語幹 巻き込まれる; 巻き添えを食う. ‖관계없는 일에 말려들다 関係のない事に巻き込まれる.

말로 (末路) 名 末路. ‖비참한 말로 悲惨な末路.

말리 (Mali) 国国名 マリ.

말리다[1] /mallida/ 他 やめさせる; 中止させる; 引き止める; 制止する. ‖싸움을 말리다 けんかをやめさせる. 회사를 그만두겠다는 것을 겨우 말렸다 会社を辞めるというのを何とか引き止めた.

말리다[2] /mallida/ 他 [마르다の使役動詞] 乾かす; 干す. ‖드라이기로 머리를 말리다 ドライヤーで髪の毛を乾かす. 볕에 말리다 日に干す.

말-리다[3] /mallida/ 自 [말다の受身動詞] 巻かれる; 巻き上がる; めくれる; まくれる. ‖치마가 자꾸 위로 올라가다 スカートがしきりにめくれ上がる.

말-많다 [-만타] 形 口数が多い; 口うるさい. ‖말많은 사람 口数の多い人.

말-매미 名 [昆虫] クマゼミ(熊蝉).

말-머리[1] 名 馬首; 馬の向かう方向.

말-머리[2] 名 ❶話の出端(ざっ); 話の端緒. ㉘말끝. ❷話題; 話の方向. ‖말머리를 돌리다 話の方向を変える.

말-먹이 名 馬のえさ; 馬の飼料; 飼い葉.

말-못하다 [-모타-] 自 [하変] 言えない; 口に出せない. ‖남에게 말못할 사연이 있다 人に言えない事情がある.

말-문 (-門) 名 (何かを言うための)口; 言葉. ‖말문을 막다 話の出端(ざっ)をくじく; 口を封じる. ▶말문을 열다 口を開く; 口を切る.

말문[2] (末文) 名 末文. ㉘결문 (結文).

말-뭉치 名 [言語] コーパス.

말미[1] 名 (定められた期限以外の)時間的余裕; 猶予. ‖삼 일간의 말미를 주다 3日間の猶予 [時間的余裕]を与える.

말미[2] (末尾) 名 末尾. ‖편지 말미 手紙の末尾.

말미암다 /malmiam[2]ta/【-다】 自 [主に…(으)로 말미암아の形で]…により. ‖지나친 음주로 말미암아 그는 일찍 죽었다 飲み過ぎで彼は早死にした. 누전으로 말미암아 대형 화재가 발생하다 漏電により大火災が発生する.

말미잘 名 [動物] イソギンチャク(磯巾着).

말바꿈-표 (-標) 名 (言い換えを表す)ダッシュ(-). ㉘줄표(-標).

말-발 名 話の内容が相手に伝わる具合; 発する言葉が持つ影響力. ‖말발이 세다 話に影響力がある. ▶말발이 서다 話がうまく通じる.

말-발굽 [-꿈] 名 馬のひづめ.

말-버릇 /ma:lp[?]orut/ [-뻐른] 名 口癖; 話し癖. ‖그게 그 사람의 말버릇이다 それが彼の口癖である.

말-벌 名 [昆虫] スズメバチ(雀蜂). ‖말벌에 쏘이다 スズメバチに刺される.

말-벗 [-뻗] 名 話し相手. ㉘말동무. ‖노인들에게는 말벗이 필요하다 お年寄りには話し相手が必要だ.

말복 (末伏) 名 末伏. ㉘초복(初伏)·중복(中伏).

말-붙이다 [-부치-] 自 話しかける.

말살 (抹殺·抹撒) [-쌀] 名 [하変] 抹殺. ‖말살-당하다 組織から抹殺を当される 組織から抹殺される.

말-상 (-相) 名 馬面.

말-상대 (-相對) 名 =말벗.

말석 (末席) [-썩] 名 末席; 下座; 末座. ㉘상석(上席).

말세 (末世) [-쎄] 名 末世; 末代.

말소 (抹消) [-쏘] 名 [하変] 抹消. **말소-되다** 受動 호적이 말소되다 戸籍が抹消される.

말-소리 [-쏘-] 名 話し声; 人の声. ‖안쪽에서 말소리가 들린다 奥の方で話し声がする.

말-솜씨 [-쏨-] 名 話術; 話の仕方. ㉘화술(話術). ‖말솜씨가 뛰어나다 話術に長けている.

말-수 (-數) [-쑤] 名 口数; 言葉数. ‖말수가 적은 사람 口数の少ない人.

말-술 名 斗酒; 多量の酒. ㉘두주(斗酒).

말-시비 (-是非) 名 言いがかり; 言い合い. ‖말시비를 걸다 言いがかりをつける.

말-실수 (-失手) [-쑤] 名 [하変] 失言. ㉘실언(失言). ‖말실수를 하다 失言が滑る.

말-싸움 名 [하変] 口げんか; 言い争い; 口論.

말썽 /ma:ls[?]oŋ/ 名 いざこざ; ごたごた; もめ事; トラブル; 悶着. ‖말썽을 일으키다 [피우다] いざこざ[トラブル]を起こす. 말썽이 끊이지 않다 もめ事が絶えない.

말썽-거리 [-꺼-] 名 もめ事の原因; 頭

말쑥-하다 [-쑤카-] 〖형〗〖하變〗 こざっぱりしている; こぎれいだ. ‖말쑥한 차림 こざっぱりした身なり. ⇒멀쑥하다. **말쑥-이**

말씀 /ma:l²sum/ 〖图〗〖하自他〗 ❶〖말의 尊敬語〗 お話; お言葉; おっしゃること. ‖다음은 교장 선생님 말씀이 있겠습니다 次は校長先生のお話があります. 하시는 말씀이 무슨 뜻인지 잘 알겠습니다 おっしゃっていることがどういう意味なのかよく分かります. ❷〖말의 謙譲語〗 話; 言葉; 一言. ‖선생님께 드릴 말씀이 있습니다 先生に申し上げたいことがあります. 저도 한 말씀 드리고 싶습니다 私も一言申し上げたいです.

말-씨 〖图〗 語調; …;アクセント. ‖경상도 말씨 関西なまり. ❷ 言葉遣い. ‖고운 말씨 きれいな言葉遣い.
말-씨름 〖图〗 口論; 口げんか.
말아 〖語幹〗 말다(やめる)の連用形.
말아-먹다 [-따] 〖他〗 (事業などに失敗して)財産を)使い尽くす.
말없음-표 (-標) 〖마침씨〗 〖图〗 省略記号(…). ⑩줄임표(-標).
말없-이 /ma:rɔpɕi/ 〖마침씨〗 〖副〗 黙って; 無言で; 何も言わずに; 黙々と. ‖말없이 일만 하고 있다 黙々と仕事を続けている. 말없이 가 버리다 何も言わずに去っていく.
말엽 (末葉) 〖图〗 末葉. ⑩초엽(初葉)·중엽(中葉). ‖십구 세기 말엽 19 世紀末葉.
말음 (末音) 〖图〗 〖言語〗 末音. ⑩끝소리·종성(終聲). ⑳받음·⑳두음(頭音).
말음법칙 (末音法則) 〖图〗 〖言語〗 末音法則. ✥한글로 종성자가 본래의 음가가 아닌 별도의 음만을 가지도록 하는 현상. (例) 부엌[부억]·값만[감만]. ⑩받침 규칙(-規則).
말일 (末日) 〖图〗 末日.
말-재간 (-才幹) 〖-째-〗 〖图〗 弁舌の才能. ‖말재간이 있다 弁舌の才能がある.
말-재주 (-째-) 〖图〗 話術; 弁舌の才.
말-조심 (-操心) 〖图〗 言葉遣いに気をつけること; 言葉を慎むこと. ‖말조심을 하다 言葉を慎む; 言葉遣いに気をつける.
말-주변 (-주-) 〖图〗 口弁. ‖말주변이 없다 口下手だ.
말짱-하다 〖형〗 〖하變〗 ❶ 特に問題もない; まだ大丈夫だ. ‖말짱한 신발 まだ履ける靴. ❷ (意識などが)はっきりしている. ‖정신은 말짱한 것 같다 意識ははっきりしているようだ. ⇒멀쩡하다. ❸ まぎ

れのない; 完全だ. ‖말짱한 낫다 完全に治る. **말짱-히** 〖副〗
말-참견 (-參見) 〖하自〗 口出し; おせっかい.
말-체 (-體) 〖图〗 〖言語〗 話し言葉. ⑳글체(-體).
말초 (末梢) 〖图〗 末梢.
말초-신경 (末梢神經) 〖图〗 〖解剖〗 末梢神経. ‖말초 신경을 자극하다 末梢神経を刺激する.
말초-적 (末梢-的) 〖图〗 末梢的な. ‖말초적인 문제 末梢的な問題.
말-총 〖图〗 馬のたてがみと尾の毛.
말총-머리 〖图〗 ポニーテール.
말-치레 〖하變〗 お世辞; リップサービス.
말캉-하다 〖형〗 〖하變〗 (柿などが熟して)やわらかい.
말-투 (-套) /ma:ltʰu/ 〖图〗 言葉遣い; 言い方; 口振り; 口調; 口のきき方. ‖거친 말투 ぞんざいな言葉遣い. 뭔가 알고 있는 듯한 말투 何か知っているかのような口振り. 설교조의 말투 説教じみた言い方.
말-파리 〖昆虫〗 ウマバエ(馬蠅).
말-편자 〖图〗 蹄鉄(ていてつ).
말하-기 〖图〗 話すこと; 〖듣기·읽기·쓰기. ‖외국어 학습에서는 말하기가 중요하다 外国語の学習では話すことが重要だ.

말-하다 /ma:lhada/ 〖自他〗 〖하變〗 ❶ 言う; 話す; しゃべる; 述べる. ‖일본어를 유창하게 말하다 日本語を流暢に話す. 내가 말한 대로였다 私が言った通りだった. 말할 것도 없다 言うまでもない. 아무한테도 말하지 마 誰にもしゃべるなよ. 어떻게 받아들여는지 각자 의견을 말해 봅시다 どう受け止めたのか, それぞれ意見を述べてみましょう. ❷ 〖말해 보다의 形으〗 頼む. ‖조금 꾸어 달라고 말해 보게 少し貸してくれと頼んでみるよ. ❸ 〖말해 주다의 形으〗 物語る. ‖이번 사건은 돈이 전부가 아니라는 것을 말해 주고 있다 今回の事件はお金がすべてではないことを物語っている. ▶말할 수 없이 이 上なく; できないほど.

말-하자면 /ma:lhadʑamjən/ 〖副〗 いわば; 言ってみれば; 言うならば; 例えば. ‖경주는 말하자면 일본의 교토라고 할 수 있는 곳이다 慶州はいわば日本の京都のような所だ.
말-해 (-年) 〖图〗 오년(午年).
말-허리 〖图〗 話の腰. ‖말허리를 자르다 話の腰を折る.

맑다 /mak̚ta/ 〖막따〗 〖형〗 ❶ 清い; 澄んでいる; 清らかだ. ‖물이 맑다 水が澄んでいる. 소녀의 맑고 아름다운 눈동자 少女の清くきれいな瞳. ❷ 晴れている; 晴れ渡っている. ‖맑은 가을

하늘 晴れ渡った秋空. ❸ 〔頭が〕 冴えて
いる. ‖大体は 朝から 精神は 맑다
大概朝は頭が冴えている.
맑다-맑다 【막따막따】 [形] 非常に清い;
澄み切っている. ‖맑디맑은 가을 하늘
澄み切った秋空.
맑아 맑다(清い)の連用形.
맑아-지다 [自] 清らかになる; きれいにな
る. ‖ 冴えてくる. ‖ 머리가 맑아지다 頭が
冴えてくる.
맑은 맑다(清い)の現在連体形. ‖ 물
이 물 清い水.
맑은-소리 [名] 〔言語〕無声音. ⓐ 무성
음(無聲音)·안울림소리.
맑은-장국 [名] 〔—醬—〕【—국】 澄ました汁.
맘 [名] 〔마음의縮約形〕心; 気持ち.
맘-껏 [副] 〔마음껏의縮約形〕心ゆくまで;
思う存分(に). ‖ 맘껏 네 꿈을 펼치거라
思う存分, 君の夢を広げなさい.
맘-대로 [副] 〔마음대로의縮約形〕勝手
に; 気の向くままに; (自分の)意のままに;
自由自在に. ‖ 언제나 자기 맘대로 하
려고 하다 いつも自分の意のままにしよう
とする.
맘마 〔幼児または幼児が用いて〕 まん
ま; 食べ物. ‖ 자, 맘마 먹자 さあ, まん
ま食べよう.
맘모스 (mammoth) [名] 매머드의 誤り.
맘-보¹ 【—뽀】 [名] 〔마음보의縮約形〕 性
根; 根性. ‖ 그런 맘보는 고쳐 억야
한다 そういう性根はたたき直さなければな
らない.
맘보² (mambo ㋚) [名] 〔音楽〕マンボ.
맘-짱 [名] 〔俗っぽい言い方で〕 性格がや
さしい人.
맙소사 【—쏘—】 [感] あきれた時やとんでも
ないことが起きた時に発する語: なんてこっ
と; しまった. ‖ 맙소사 벌써 일곱 시야.
오늘도 지각하겠다 しまった. もう 7 時
だ. 今日も遅刻しそう.
맛 /mat/ 【맏】 [名] ❶ 〔食べ物などの〕 味;
味覚. ‖ 맛이 싱겁다 味が薄い. 단맛
감기가 들어서 맛이 없겠다 風邪を引いて味が分からな
い. 술 맛이 좋다 酒の味がいい. ❷ 〔物
事の〕持ち味; 楽しさ; 醍醐味. ‖演劇の
真の味を楽しむ 芝居の醍醐味を
楽しむ. ❸ 経験によって覚えた感じ; 感
覚. ▶맛(을) 들이다 興味を覚える. 노
는 것에 맛을 들이다 遊びに興味を覚え
る. ▶맛(을) 붙이다 興味を覚える. ▶맛
(이) 들다 持ち味が出る; おいしくなる.
맛-김 【맏낌】 [名] 味付け海苔.
맛-깔 【맏—】 [名] 〔食べ物の〕持ち味; 味加
減.
맛깔-스럽다 【맏—따】 [ㅂ変] 味加
減がいい; (見た目が)おいしそうだ. **맛깔**
스레 [副]
맛-나다 【맏—】 [自] おいしい; うまい; いい
味が出ている.

맛-내다 【맏—】 [他] 味付けする; うまみを
出す. ‖ 조미료로 맛내다 調味料で味付
けける.
맛-대가리 【맏때—】 [名] 〔맛の俗語〕 非
常にまずい味. ‖ 맛대가리가 하나도 없
는 우동 本当にまずいうどん.
맛-보기 【맏뽀—】 [名] 味見; 試食品.
맛-보다 /matpoda/ 【맏뽀—】 [他] ❶ 味
見をする. ‖ 국을 맛보다 スープの味見を
する. ❷ 味わう; 体験する. ‖ 뜨거운 맛
보다 ひどい目にあう. 실연의 아픔을
맛보다 失恋の苦しみを味わう.
맛-살 【맏쌀】 [名] ❶ カニ風味のかまぼこ.
❷ マテガイの身.
맛-소금 【맏쏘—】 [名] 化学調味料などを
加味した塩.
맛-없다 /madɔ:pʰt͈a/ 【마덥따】 [形] おい
しくない; まずい. ‖ 맛없는 음식 おいしく
ない料理. 맛없어서 못 먹겠다 まずくて
食べられない.
맛-있다 /maʃit͈ta/ 【마딛따 /마싣따】 [形]
おいしい; うまい. ‖ 음식이 맛있다 料理
がおいしい. 맛있는 요리 うまい料理. 뭐
든지 맛있게 먹다 何でもおいしく食べる.
맛있게 드세요 おいしく召し上がって下
さい.
맛-탕 【맏—】 [名] 大学芋.
망¹ (望) [名] 見張り. ‖ 망을 보다 見張り
に立つ. 망(을) 보는 사람 見張り(人).
-망² (網) 【腹尾】 …網; 情報網; 連絡網
연락망 連絡網.
망가-뜨리다 [他] 壊す; 駄目にする.
망가-지다 [自] 壊れる; 駄目になる. ‖ 애
써서 만든 모형이 망가졌다 苦労して作っ
た模型が壊れた.
망가-트리다 [他] = 망가뜨리다.
망각 (忘却) [名] 忘却.
망간 (Mangan ㋫) [名] 〔化学〕マンガン.
망건 (網巾) [名] 昔, まげをした人の髪が
乱れるのを防ぐために額に巻きつけた網状
の頭巾.
망고 (mango) [名] 〔植物〕マンゴー.
망국 (亡國) [名] 亡国.
망국지탄 (亡國之歎) [—찌—] [名] 亡国
の嘆き.
망극 (罔極) [名·形] 親や王からの恩や
悲しみが極まること.
망나니 [名] ❶ (昔の) 太刀取り; 首切り.
❷ ならず者; 与太者; ごろつき.
망년-회 (忘年會) [—회] [名] 忘年会.
망념 (妄念) [名] [=—대] =망상 (妄想).
망대 (望臺) [名] 望楼; 見張り台.
망동 (妄動) [名·する] 妄動. ‖ 경거망동
하다 軽挙妄動する.
망두-석 (望頭石) [名] = 망주석 (望柱
石).
망둥이 [名] 〔魚介類〕 ハゼ (鯊). ▶망둥이
가 뛰니까 꼴뚜기도 뛴다 (諺)〔「ハゼ
が飛び上がったらイイダコも飛び上がる」の
意で〕身のほどを弁(ガ)えないで人のまね

をすることのたとえ.
망라 (網羅) 【-나】 [名] [하他] 網羅. ‖필요한 자료를 망라하다 必要な資料を網羅する.
망령[1] (亡靈) 【-녕】 [名] 亡霊.
망령[2] (妄靈) 【-녕】 [名] [되形] もうろく; ぼけ. ‖망령이 들다 もうろくする; ぼける.
망령-스럽다 (妄靈-) 【-녕따】 [形] 『ㅂ変』 もうろくしたようだ; ぼけかかっている.
망령스레 [副]
망루 (望樓) 【-누】 [名] 望楼.
망막 (網膜) [名] 《解剖》 網膜.
망막-염 (網膜炎) 【-망념】 [名] 《医学》 網膜炎.
망막-하다 (茫漠-) /maŋmakʰada/ 【-마카-】 [形] 『하変』 ❶茫漠(ぼうばく)としている. ‖망막한 벌판 茫漠たる原野. ❷不確かで不安だ. ‖앞날이 망막하다 将来が不安だ.
망망-대해 (茫茫大海) [名] 茫々(ぼうぼう)たる大海.
망망-하다 (茫茫-) [形] 『하変』 茫々としている.
망명 (亡命) [名] [하自] 亡命. ‖미국으로 망명하다 アメリカへ亡命する.
망명-자 (亡命者) [名] 亡命者.
망명-지 (亡命地) [名] 亡命地.
망발 (妄發) [名] [하自] 妄言.
망-보다 (望-) [自他] 見張る.
망부[1] (亡父) [名] 亡父; 先考.
망부[2] (亡夫) [名] 亡夫.
망부-석 (望夫石) [名] 遠方に行った夫を待ちわびていた妻がそのまま石に化したとされるもの.
망사 (網紗) [名] 網状の目の粗い生地.
망상[1] (妄想) [名] [하他] 妄想. [類]망념(妄念). ‖망상에 빠지다 妄想にふける. 과대망상 誇大妄想. 피해망상 被害妄想.
망상[2] (網狀) [名] 網状.
망상-맥 (網狀脈) [名] 《植物》 網状脈. [類]그물맥(-脈).
망설 (妄說) [名] 妄説. [類]망언(妄言).
망설-이다 /maŋsɔrida/ [他] 躊躇する; ためらう; 戸惑う. ‖살까 말까 망설이다 買おうか買うまいかためらっている. 무엇을 해야 할지 망설이고 있다 何をすればいいのか, 戸惑っている.
망쇄-하다 (忙殺-) [形] 『하変』 忙殺する; 非常に忙しい.
망신 (亡身) /maŋʃin/ [名] 恥さらし; 恥をかくこと. ‖많은 사람 앞에서 망신을 당하다 大勢の前で恥をかく. 집안 망신을 시키다 家族に恥をかかせる.
망신-거리 (亡身-) 【-꺼-】 [名] 恥さらし. ‖집안의 망신거리 一家の恥さらし. 망신거리가 되다 恥さらしなことをする.
망신-살 (亡身煞) 【-쌀】 [名] 恥をさらすようになる悪運. ▸망신살이 뻗치다 大恥をかく.
망아 (忘我) [名] [하自] 忘我. ‖망아의 경지 忘我の境.
망아지 [名] 子馬.
망언 (妄言) [名] [하自] 妄言. [類]망설(妄說).
망연-자실 (茫然自失) [名] [하自] 茫然自失. ‖그 광경을 보고 어머니는 망연자실했다 その光景を見て母は茫然自失した.
망연-하다 (茫然-) [形] 『하変』 茫然としている; 呆然としている. **망연-히** [副] 茫然と; 呆然と.
망외 (望外) 【-/-웨】 [名] 望外. ‖망외의 성과를 거두다 望外の成果を得る.
망울 [名] ❶球状または大豆状の塊; しこり. ‖망울이 지다 しこりができる; つぼみが膨らむ. ❷눈망울・꽃망울の略語.
망울-망울 [副] 粒ごと(に); つぼみごと(に).
망원-경 (望遠鏡) /maːŋwɔngjɔŋ/ [名] 望遠鏡.
망원-렌즈 (望遠 lens) [名] 望遠レンズ.
망자 (亡者) [名] 亡者; 死者; 故人.
망정 [依名] 〔…기에[니] 망정이지の形で〕 …して幸いだが; …から[だけ]よかったものの. ‖늦어도 왔기에 망정이지 안 왔으면 큰일날 뻔했다 遅れてでも来たからよかったものの, 来なかったら大変なことになりそうだった. 그 뇌물을 안 받았으니 망정이지 받았으면 큰 문제가 될 뻔했다 その賄賂を受け取らなかっただけよかったものの, 受け取っていたら大問題になるところだった.
망조 (亡兆) 【-조】 [名] 滅びる兆し. ‖망조가 들다 滅びる兆しが見える.
망종 (芒種) [名] (二十四節気の)芒種(ぼうしゅ).
망주-석 (望柱石) [名] 墓の前に立てる1対の石柱. [類]망두석(望頭石).
망중 (忙中) [名] 忙中.
망중-한 (忙中閑・忙中閒) [名] 忙中閑有り.
망집 (妄執) [名] 妄執(もうしゅう). ‖망집에 사로잡히다 妄執にとらわれる.
망측-하다 (罔測-) 【-츠카-】 [形] 『하変』 非常識だ; 見苦しい; 見かねる; みっともない. ‖망측한 짓거리 みっともないまね. 망측한 차림 見苦しい身なり. **망측-히** [副]
망치 /maŋtʃʰi/ [名] 槌(つち); ハンマー.
망치-질 [名] [하自他] 槌で打つこと.
망-치다 (亡-) /maŋtʃʰida/ [他] ❶滅ぼす; つぶす. ‖나라를 망치다 国を滅ぼす. 술로 신세를 망치다 酒で身を滅ぼす. ❷台無しにする; 駄目にする. ‖일을 망치다 物事を台無しにする.
망태 (網-) [名] 網袋.
망태기 (網-) [名] ＝망태(網-).
망토 (manteau フ) [名] マント. ‖망토를 걸치다 マントをまとう.

망-하다 (ㅁ-) /maŋhada/ 图 [하변]
❶つぶれる; 滅びる; 倒産する。∥나라가 망하다 国が滅びる。회사가 망하다 会社が倒産する。❷【망할…の形で】気に入らない意を表わす。∥저 망할 놈 あの人でなし。

망향 (望鄕) 图 하변 望鄕。
망향-가 (望鄕歌) 图 望鄕の歌。

맞-걸다 [맏껄-] 他 [ㄹ語尾變] (紐などを)両側から互いにかける; 絡める。맞걸리다 受身

맞-걸리다 [맏껄-] 自 〔맞걸다의 受身動詞〕(両側から互いに)かけられる; 絡み合う; 絡まる。∥소송이 맞걸려 있다 互いに訴訟を起こしている。

맞-고소 (-告訴) [맏꼬-] 图 自他 (法律) 反訴。

맞-교대 (-交代) [맏꾜-] 图 하변 2組で交互に作業のかわる事。

맞다[1] /mat̚ta/ [맏따] 自 当たる; 的中する。∥화살이 과녁에 맞다 矢が的に当たる。비가 안 맞도록 시트로 덮다 雨が当たらないようにシートで覆う。내 예상이 맞았다 私の予想が的中した。㊥맞히다.

맞다[2] /mat̚ta/ [맏따] 自 ❶合う; 合わさる。∥발에 맞는 구두 足に合う靴。계산이 맞다 計算が合う。의견이 안 맞다 意見が合わない。답이 안 맞다 答えが合わない。안경 도수가 안 맞다 眼鏡の度が合わない。핀트가 안 맞다 ピントが合わない。취향에 맞는 음악 好みに合う音楽。시계가 안 맞다 時計が合っていない。체질에 안 맞다 体質に合わない。채본이 안 맞다 採算が合わない。뚜껑이 안 맞다 ふたが合わさらない。❷相応する。∥실력에 맞는 학교를 선택하다 実力に相応する学校を選ぶ。분수에 맞지 않는 생활 身分不相応な生活。㊥맞히다.

맞다[3] /mat̚ta/ [맏따] 他 ❶〔雨に〕降られる。∥비를 맞다 雨に降られる。❷当たる; 打[撃]たれる、殴られる; 食らう。∥주사를 맞다 注射を打たれる[打ってもらう]。날아온 돌에 머리를 맞다 飛んできた石が頭に当たる。총을 맞고 쓰러졌다 銃で撃たれて倒れた。따귀를 맞다 びんたを食らう。주먹으로 머리를 맞다 げんこつで頭を殴られる。❸〔評価を〕受ける;〔点数を〕とる。∥퇴짜를 맞다 拒否される; 返される。만점을 맞다 満点をとる。❹〔바람을 맞다の形で〕(約束などを)すっぽかされる; 待ちぼうけを食う。❺〔야단을 맞다の形で〕叱られる; 大目玉を食う。㊥맞히다.

맞다[4] /mat̚ta/ [맏따] 他 迎える。∥손님을 집으로 맞다 客を家に迎える。웃는 얼굴로 맞다 笑顔で迎える。며느리를 맞을 준비를 하다 嫁を迎える準備をする。새로운 마음으로 새해를 맞다 新しい気持ちで新年を迎える。새봄을 맞다 新春を迎える。

-맞다 [맏따] 接尾 〔一部の体言や語幹に付いて〕形容詞を作る。방정맞다 そそかしい。쌀쌀맞다 (態度などが)冷たい。

맞-닥뜨리다 [맏딱-] 自 出くわす; かち合う; ぶつかる。∥어려운 문제에 맞닥뜨리다 難しい問題にぶつかる。

맞-닥트리다 [맏딱-] 自 ぶつかり合う; 直面する; 出会う。

맞-닥트리다 [맏딱-] 自 =맞닥뜨리다.

맞-담배 [맏땀-] 图 相手の年齢を問わず、その前で、または一緒に吸うタバコ。✤韓国では、普通目上の人の前ではタバコを吸わない。

맞-당기다 [맏땅-] 他 引っ張り合う。
맞-닿다 [맏따타] 自 触れ合う; 接する。
맞-대다 [맏때-] 他 ❶(同類の何かを)突き合わせる。∥무릎을 맞대고 이야기하다 膝を突き合わせて話す。❷〔맞놓은 形で〕面と向かって; 向かい合って。∥맞대 놓고 이야기하다 面と向かって話す。

맞-대들다 [맏때-] 自 [ㄹ語幹] とっくみ合って, 組み合って争う。

맞-대면 (-對面) [맏때-] 图 하변 当事者同士の対面; 互いに向かい合う事。

맞-대하다 (-對-) [맏때-] 图 하변 向かい合う。

맞-돈 [맏똔] 图 即金; 現金。
맞-두다 [맏뚜-] 他 (将棋や囲碁などを)互角に打つ; 平手で打つ。∥바둑을 맞두다 囲碁を平手で打つ。

맞-들다 [맏뜰-] 他 [ㄹ語幹] 持ち合う; 力を合わせて持つ; 協力する。

맞-먹다 [맏먹-] 自 匹敵する; 相当する; ほぼ同じだ。∥프로와 맞먹는 실력 プロに匹敵する実力。

맞-물다 [맏물-] 他 [ㄹ語幹] かみ合う。㊥맞물리다.

맞-물리다 [맏-] 自 〔맞물다의 受身動詞〕かみ合わさる; かみ合っている。∥몇 가지 조건이 맞물려 있는 상황 いくつかの条件がかみ合っている状況。

맞-바꾸다 [맏빠-] 他 等価交換する。
맞-바둑 [맏빠-] 图 相碁。
맞-바람 [맏빠-] 图 向かい風; 逆風。
맞-받다 [맏빧-] 他 ❶(まともに受けて)返す; やり返す。∥공을 맞받아 치다 ボールを打ち返す。말을 맞받다 言い返す。❷正面からぶつかる; 衝突する。

맞-벌이 /mat̚p͈ɔːri/ [맏뻐리] 图 하변 共働き; 共稼ぎ。

맞벌이-부부 (-夫婦) 图 共稼ぎの夫婦。

맞-부딪치다 [맏뿌딛치-] 自他 ぶつかり合う; 衝突する。㊥맞부딪히다.

맞-부딪히다 [맏뿌딛-] 自 맞부딪치다

を強めて言う語.

맞부딪-히다【맏뿌디치-】 他 맞부딪다の受身動詞.

맞-불【맏뿔】 图 向かい火.∥맞불을 놓다 向かい火を放つ.

맞-붙다【맏뿓따】 自 とっくみ合う; 対戦する.

맞-붙들다【맏뿓뜰-】 他[ㄹ語幹] 持ち合う.

맞-붙잡다【맏뿓짭따】 他 つかみ合う.

맞-상대(-相對)【-때】 他也 ❶ 互角の相手. ❷ 相手になること.

맞-서다/mat̚sʌda/【맏써-】 自 ❶〔마주 서다の縮約形〕向き合う. ❷ 対立する; 張り合う. ❸ 立ち向かう.∥고난에 맞서다 逆境に立ち向かう.

맞-선 图 見合い.∥맞선을 보다 見合いをする.

맞-소송(-訴訟)【-쏘-】 图〔法律〕反訴. 粵반소(反訴).

맞-수(-手)【맏쑤】 图〔맞적수(-敵手)の略語〕好敵手.

맞아-들어가다 自 予想通りだ; 当たる; 的中する.

맞아-들이다 他 迎え入れる; 受け入れる.

맞아-떨어지다 自 ❶(予想などが)当たる. ❷(計算などが)一致する.∥계산이 딱 맞아떨어지다 計算がぴったり一致する.

맞은-쪽 图 向かい側; 反対側.

맞은-편(-便) 图 ❶ 向かい側; 反対側.∥편의점 맞은편에 파출소가 있다 コンビニの向かい側に交番がある.

맞이-하다【하ʝ】 他 迎える; 迎え入れる.∥손님을 반갑게 맞이하다 うれしそうに客を迎え入れる. 새해를 맞이하다 新年を迎える. 개업 십 주년을 맞이하다 開業10周年を迎える.

맞-잡다【맏짭따】 他 〔마주잡다の縮約形〕❶(手を)取り合う. ❷(ものを)向き合って持つ.

맞-장구(←-長鼓)【맏짱-】 图 相づち. **맞장구-치다**(←-長鼓-) 自 相づちを打つ; 同調する.∥그는 내 말에 맞장구쳤다 彼は私の言葉に相づちを打った.

맞-적수(-敵手)【맏쩍쑤】 图 好敵手.

맞-절【맏쩔】 图他也 互いにお辞儀をすること.∥신랑신부가 맞절을 하다 新郎新婦が互いにお辞儀をする.

맞추다 /mat̚ʈʰuda/【맏-】 他 ❶ 合わせる; そろえる.∥카메라 핀트를 사람에게 맞추다 カメラのピントを人物に合わせる. 보조를 맞추다 歩調を合わせる. 시계를 정확한 시각에 맞추다 時計を正確な時刻に合わせる. 악보를 맞추다 楽譜を合わせる. 눈을 맞추다 目を合わせる. 말을 맞추다 口裏を合わせる. 각도를 맞추다 角度をそろえる. ❷ 当てる.∥답을 맞추다 答えを当てる. ❸ あつらえる; 注文する; オーダーする; 仕立てる.∥양복을 맞추다 背広をあつらえる. ❹(程度を)調節する.∥비위를 맞추다 機嫌をとる. 간을 맞추다 塩加減を見る.

맞춤【맏-】 图 あつらえ; 仕立て. **맞춤-법**(-法)【맏-뻡】 图〔言語〕正書法. 粵철자법(綴字法).∥한글 맞춤법 ハングル正書法.

맞-히다[1] /mat̚t͡ɕʰida/【마치-】 他〔맞다[1]の使役動詞〕当たらせる; 当てる.∥과녁을 맞히다 的を当てる.

맞-히다[2] /mat̚t͡ɕʰida/【마치-】 他 ❶〔맞다[2]の使役動詞〕当てる; 合わせる.∥답을 맞히다 答えを合わせる. ❷〔맞다[1]の使役動詞〕(ある状況に)あわせる.∥비를 맞히다 雨にさらす. 바람을 맞히다 待ちぼうけを食わせる.

맡기는 他 맡기다(任せる・預ける)の現在連体形.

맡-기다 /matkida/【맏끼-】 他〔맡다の使役動詞〕❶ 任せる; 委ねる; 一任する; 担当させる.∥이번 프로젝트는 이 부장에게 맡깁시다 今回のプロジェクトをＩ部長に任せましょう. 본인의 판단에 맡기다 本人の判断に任せる. 상상에 맡기다 想像に任せる. 운을 하늘에 맡기다 運を天に任せる. ❷ 預ける.∥짐을 맡기다 荷物を預ける. 돈을 은행에 맡기다 お金を銀行に預ける. 애를 어린이집에 맡기다 子どもを保育園に預ける.

맡긴 他 맡기다(任せる・預ける)の過去連体形.

맡길 他 맡기다(任せる・預ける)の未来連体形.

맡는 他 맡다(引き受ける・嗅ぐ)の現在連体形.

맡다[1] /matta/【맏따】 他 ❶ 引き受ける.∥일을 맡다 仕事を引き受ける. ❷ 受け持つ; 担当する.∥올해는 삼 학년을 맡다 今年は3年生を受け持つ. 회계를 맡다 会計を担当する. ❸ 預かる.∥귀중품을 맡아 두다 貴重品を預かっておく. ❹(許可等を)得る[取る].∥허락을 맡다 許可を得る[取る]. ❺(役割などを)務める; 担う; 演じる.∥주역을 맡다 主役を演じる. 粵맡기다.

맡다[2] /mat̚t͈a/【맏따】 他 ❶ 嗅ぐ.∥냄새를 맡다 においを嗅ぐ. ❷(比喩的に)気づく; 感じる.∥이번 일에 대해 냄새를 맡은 것 같다 今回のことに気づいたようだ.

맡아[1] 他 맡기다(任せる・預ける)の運用形.

맡아[2] 他 맡다(引き受ける・嗅ぐ)の運用形.

맡은 ㉠ 맡다(引き受ける・嗅ぐ)の過去 連体形.

맡을 ㉠ 맡다(引き受ける・嗅ぐ)の未来 連体形.

매¹ /mɛ/ 图 ❶(主に子どもを叱ったり戒めたりする時に用いる)細長い棒、またはそれで打つこと; 鞭; 鞭打ち. ∥매를 맞은 鞭で打たれる. ▶매도 먼저 맞는 놈이 낫다 [諺][鞭も先に打たれるのが得だ] [諺]どうせ免れないことなら早く済ました方がましだ. ▶매에는 장사 없다 [諺][鞭に勝てる力士はいない」の意で]鞭打ちには耐えられない.

매² /mɛ/ 图 〔鳥類〕 ❶ タカ(鷹). ∥매사냥 鷹狩り. ❷ ハヤブサ(隼).

매³ ヒツジ・ヤギなどの鳴き声; メェ. **매-매**

매⁴ 图 念入りに; 丹念に. ∥마루를 매닦다 床を丹念に拭く. **매-매**

매⁵ 〔枚〕图 …枚. ∥원고지 다섯 매 原稿用紙 5 枚.

매-⁶ 〔每〕/mɛ/ 接頭 每…. ∥매년 毎年.

매가리 图〔脈〕の俗語. ∥매가리가 없다 元気がない.

매각〔賣却〕/mɛːgak/ 图 하変 売却. ∥회사 지분을 매각하다 会社の持分を売却する. 부동산을 매각하다 不動産を売却する. **매각-되다** 하変

매개〔媒介〕/mɛːgɛ/ 图 하変 媒介.

매개 모음〔母音〕图〔言語〕媒介母音.

매개-물〔媒介物〕图 媒介物.

매개 변수〔媒介變數〕图〔数学〕媒介変数.

매개-자〔媒介者〕图 媒介者.

매개 자음〔媒介子音〕图〔言語〕媒介子音.

매개-체〔媒介體〕图 媒体. 媒介(體).

매거진〔magazine〕图 マガジン.

매관-매직〔賣官賣職〕图 하変 売官.
돈으로 官職を売ること.

매국〔賣國〕图 하変 売国. ∥매국 행위 売国行為.

매국-노〔賣國奴〕〔-룽-〕图 売国奴.

매그니튜드〔magnitude〕图 マグニチュード.

매기¹ 〔每期〕图 毎期.

매기² 〔買氣〕图 買気, 買い気.

매기³ 〔煤氣〕图 煤気.

매기다 /mɛgida/ 他 〔値段・等級・成績などを〕つける. ∥값을 비싸게 매기다 値を高くつける. 점수를 매기다 点数をつける. 출하하는 과일에 등급을 매기다 出荷する果物に等級をつける.

매김-씨〔言語〕= 관형사(冠形詞).

매끄럽다 /mɛkːɯrʌpːt͈a/ 〔-따〕形 p変 [매끄러워, 매끄러운] ❶ 滑らかである; すべすべだ. ∥매끄러운 피부 すべす
べな肌. ❷ 物事がはかどる; スムーズだ.
∥일 진행이 매끄럽다 仕事がはかどる.

매끈매끈-하다 形 하変 すべすべだ; つるつるだ.

매끈-하다 形 하変 ❶ もの의 表面이 滑らかだ; すべすべだ. ❷ すんなりしている. ∥매끈하게 생긴 다리 すんなりとした足.

매-끼 〔每一〕图 图 每食; 食事(ごと)に.

매너 (manner) 图 マナー. ∥운전 매너 運転のマナー.

매너리즘 (mannerism) 图 マンネリズム; マンネリ. ∥매너리즘에 빠지다 マンネリに陥る.

매년〔每年〕/mɛːnjʌn/ 图 副 毎年; 年々. 이제부터 매년 이맘 때 毎年 이 頃. 그 회의는 매년 개최된다 その会議는 毎年開催される.

매뉴얼 (manual) 图 マニュアル. ∥매뉴얼대로 하다 マニュアル通りにやる.

매는 他 매다(結ぶ)の現在連体形.

매니아 (マニア) 图 마니아의 誤記.

매니저 (manager) 图 マネージャー; 支配人.

매니큐어 (manicure) 图 マニキュア. ∥페디큐어.

매다¹ /mɛːda/ 他 ❶ 〔紐(등)을〕結ぶ. ∥넥타이를 매다 ネクタイを結ぶ. 구두끈을 매다 靴の紐を結ぶ. ❷ 縛る; 束縛する. ∥시간에 매다 時間に縛られる. ❸ 〔柱などに〕つなぐ. ∥강아지를 기둥에 매다 子犬を柱につなぐ. 빨래줄을 매다 柱に物干し綱をつなぐ. ❹〔主に…에 목을 매고 있다の形で〕…에 필사적になっている. ∥매이다.

매다² 草取りをする. ∥김을 매다 草取りをする. 밭을 매다 畑の草取りをする.

매-달 〔每一〕图 副 每月; 月々. 每매월(每月)·다달이. ∥매달 나가는 돈 月々の出費.

매-달다 /mɛːdalda/ 他〔-ㄹ語幹〕 [매달아, 매달다] つるす; つり下げる. ∥기둥에 풍경을 매달아 놓다 柱に風鈴をつるしておく. 등을 매달다 ちょうちんをぶら下げる. 매달리다.

매달-리다 /mɛːdallida/ 自 ❶ [매달다の受身動詞] つるされる; ぶら下がる. ∥나무에 매달려 있다 木にぶら下されている. 철봉에 매달리다 鉄棒にぶら下がる. ❷ しがみつく; すがりつく. ∥무서워서 아버지한테 매달리다 怖くて父にしがみつく. ❸ 依存する; 頼る. ∥매달릴 사람은 너밖에 없다 頼れる人はお前しかない. ∥つく; つきっきりだ. ∥아버지 병간호에 세 사람이 매달려 있다 父の看病에 3 人이 つきっきりだ.

매도¹ 〔罵倒〕图 하変 罵倒. **매도-당하다** 하変

매도² 〔賣渡〕图 하変 売り渡し; 売却.

매독(梅毒) /㊂(医学) 梅毒.
매듭 /mɛdup/ ㊂ ❶〈实나 끈 등의〉結び; 結び目. ‖매듭을 풀다 結び目をほどく. ❷〈物事의〉区切り; けじめ; けり.
매듭-짓다 [-찓따] ㊀ [人变] ❶ 結び目をつくる. ❷ 決着をつける; けりをつける; けじめをつける; 区切りをつける. ‖오랫동안 끌어오던 일을 오늘 매듭지었다 長引いていた仕事を今日けりをつけた.
매력(魅力) /mɛrjək/ ㊂ 魅力. ‖매력을 느끼다 魅力を感じる. 그 사람의 매력에 끌리다 彼の魅力に惹(ひ)かれる. 재즈의 매력 ジャズの魅力.
매력-적(魅力的) /-㊀/ 魅力的. ‖매력적인 목소리 魅力的な声.
매료(魅了) ㊂ 魅了;〈心을〉引きつけること. ‖청중을 매료하는 연주 聴衆を魅了する演奏. **매료-되다** ㊂
매립(埋立) ㊂ ㊀ 埋め立て. ‖매립 공사 埋め立て工事.
매립-지(埋立地) /-찌/ ㊂ 埋め立て地.
매-만지다 ㊀ ❶ 手入れをする. ‖머리를 매만지다 髪の手入れをする. ❷ なでる; いじる; さする.
매-맛 [-맏] ㊂ 鞭で打たれた痛み.
매-맞다 [-맏따] ㊀ 鞭で打たれる; 叩かれる. ‖거짓말을 해서 어머니께 매맞았다 うそをついて母に叱られた.
매매¹(賣買) /mɛmɛ/ ㊂ ㊀ 売買; 売り買い. ‖부동산을 매매하다 不動産を売買する. 얼마에 매매되고 있으며 가 얼마에 매매되고 있습니까. 매매 가격 売買価格. 매매 계약서 売買契約書. **매매-되다** ㊂
매-매² ㊁ 念入りに; しっかり. ‖손을 매매 씻다 手をきれいに洗う.
매머드(mammoth) ㊂ ❶ マンモス. ‖매머드는 현재 여섯 종류가 알려져 있다 マンモスは現在 6 種類が知られている. ❷〈比喩的으로〉形や規模が巨大なもの. ‖매머드 단지 マンモス団地.
매명(賣名) ㊂ 売名.
매몰(埋沒) /mɛmol/ ㊂ ㊁ 埋没; 埋まること. ‖토사에 매몰되다 土砂に埋没される. 사고로 두 명의 광부가 매몰되다 事故で 3 名の鉱夫が埋められる. 일상생활에 매몰되어 있다 日々の生活に埋没している.
매몰-차다 ㊀〈性格·言動などが〉非常に冷たい. ‖매몰차게 대하다 冷たく接する.
매무새 ㊂ 身なり. ‖옷 매무새를 가다듬다 身なりを整える.
매물(賣物) ㊂ 売り物; 物件.
매미 /mɛːmi/ ㊂ [昆虫] セミ(蝉).
  매미-채 ㊂ 蝉を取るための網.
매-번(每番) ㊂ ㊁ 毎回; その都度. ‖매번 같은 실수를 하다 毎回同じ間違いをする.

매복(埋伏) ㊂ ㊀ 埋伏; 待ち伏せ.
매부(妹夫) ㊂〈弟から見て〉姉の夫; 義兄.
매부리-코 ㊂ 鷲(わし)鼻; 高(かぎ)鼻.
매-사(每事) ㊂ ㊀ 事ごと; 何事. ‖매사에 신중을 기하다 何事にも慎重を期する.
매-사냥 ㊂ ㊀ 鷹狩り.
매상²(賣上) /mɛːsaŋ/ ㊂ ❶ 売り上げ. ‖매상을 올리다 売り上げを上げる. ❷ 売れ行き.
  매상-고(賣上高) ㊂ 売上高.
  매상-금(賣上金) ㊂ 売上金.
매설(埋設) ㊂ ㊀ 埋設.
매섭다 /mɛsəpˀta/ 【-따】㊀ [ㅂ変] ❶〈얼굴つきなどが〉冷たくて怖い; 険しい; きつい.〈目つきが〉鋭い. ‖매섭게 생긴 얼굴 きつい顔つき. 눈매가 매섭다 目つきが鋭い. ❷〈天候が〉厳しい; 激しい. ‖매서운 바람 厳しい風.
매수¹(枚數) /-쑤/ ㊂ 枚数.
매수²(買收) /mɛːsu/ ㊂ ㊀ 買収. ‖용지를 매수하다 用地を買収する. 유권자를 매수하다 有権者を買収する. **매수-되다** ㊂
매수³(買受) /mɛːsu/ ㊂ ㊀ 買い受け; 買い取り. ‖골동품을 고가로 매수하다 骨董品を高値で買い受ける.
매스^게임(mass game) ㊂ マスゲーム.
매스껍다 /mɛsɯkˀəpˀta/ 【-따】㊀ [ㅂ変] [매스꺼워, 매스꺼운] 吐き気がする; むかむかする. ‖속이 매스껍다 胸がむかむかする. ≒메스껍다.
매스^미디어(mass media) ㊂ マスメディア.
매스^컴(←mass communication) ㊂ マスコミ; マスコミュニケーション.
매슥-거리다 /-끼-/ ㊀ 吐き気がする; むかむかする.
매시(每時) ㊂ ㊁ 毎時.
매-시간(每時間) ㊂ 毎時; 時間ごとに. ‖매시간의 변동 상황 毎時の変動状況. 온도가 매시간 변하고 있다 温度が時間ごとに変化している.
매식(買食) ㊂ ㊀ 食べ物を買って食べること.
매실(梅實) ㊂ 梅の実.
  매실-주(梅實酒) /-쭈/ ㊂ 梅酒.
매-양(-每常) ㊁ 常に; いつも.
매어 ㊀ 매다(結ぶ)の連用形.
매연(煤煙) ㊂ 煤煙. ‖대도시는 매연이 심하다 大都市は煤煙がひどい.
매우 /mɛːu/ ㊁ とても; 非常に; 随分; 大変. ‖오늘 매우 중요한 회의가 있습니다 今日とても重要な会議があります. 오늘 매우 덥다 今日とても暑い. 매우 추운 곳이다 随分寒い所だ. 저출산은 매우 심각한 문제다 少子化

매운 [ㅂ変] 맵다(辛い)の現在連体形. ‖매운 음식 辛い食べ物.
매운-맛 [-맏] 图 ❶ 辛い味; 辛味. ❷ 辛酸. ‖매운맛을 보다 辛酸をなめる.
매운-탕 (-湯) 图 [料理] メウンタン. ♣魚・野菜などを入れ、唐辛子・コチュジャンで辛味をきかせた鍋物.
매워 [ㅂ変] 맵다(辛い)の連用形.
매월 (每月) 图 毎月; 月々. 類매달(每-)-다달이.
매위 (賣位) 图 売淫; 売春.
매-이다 /meida/ 囼 〔매다¹의 受動助詞〕縛られる; 束縛される; つながれる. ‖집안일에 매여 조금도 나갈 수가 없다 家事に縛られていて出かけられない. ▶매인 목숨 (人・組織などに)縛られている身の上.

매일 (每日) /meːil/ 图圖 毎日. ‖매일 운동을 하다 毎日運動をする. 나는 매일 신문을 보고 있다 私は毎日新聞を読んでいる. 매일 담배를 한 갑 피우다 毎日タバコを1箱吸う. 매일 밤 毎晩.

매일-같이 (每日-) [-가치] 圖 毎日のように. ‖매일같이 택시를 타다 毎日のようにタクシーに乗る.
매-일반 (一一般) 图 同じ; 等しいこと.
매입 (買入) 图 ⦅하타⦆ 買い入れ. 対매출(賣出).
매장¹ (賣場) /meːdʑaŋ/ 图 売り場. ‖아동복 매장 子供服売り場. 할인 매장 ディスカウントショップ.
매장² (埋葬) /medʑaŋ/ 图 ⦅하타⦆ ❶ 埋葬. ‖선산에 매장하다 先塋(선영)に埋葬する. ❷ [比喩的に] 社会から排除すること; 葬り去ること. ‖사회적으로 매장당하다 社会的に葬り去られる.
매장³ (埋藏) 图 ⦅하타⦆ 埋蔵. **매장-되다** 囼
‖원유 매장량 原油の埋蔵量.
매장-량 (埋藏量) [-냥] 图 埋蔵量.
매장-물 (埋藏物) 图 埋蔵物.
매점¹ (買占) 图 ⦅하타⦆ 買い占め.
매점 매석 (買占賣惜) 图 買い占め売り惜しみ.
매점² (賣店) 图 売店. ‖학교 매점 学校の売店.
매정-하다 厖 ⦅하변⦆ 薄情だ; 無情だ; つれない.
매제 (妹弟) 图 (兄から見て)妹の夫; 義弟.
매주 (每週) /meːdʑu/ 图圖 毎週. ‖매주 일요일 毎週日曜日.
매직 (magic) 图 〔매직펜의 略語〕マーカーペン.
매직-넘버 (magic number) 图 マジックナンバー.
매직-미러 (magic + mirror 日) 图 マジックミラー.
매직-펜 (magic + pen) 图 マーカーペン.
매진¹ (邁進) 图 ⦅하자⦆ 邁進(하다).
매진² (賣盡) 图 ⦅하자⦆ 売り切れ. ‖매진 사례 売り切れ御礼. **매진-되다** 囼 売り切れる. ‖반응이 좋아 표가 금방 매진되었다 大好評でチケットがすぐ売り切れた.
매-질 图 ⦅하자⦆ 鞭で打つこと. ‖심한 매질을 하다 ひどく鞭打つ.
매체 (媒體) 图 媒体. 類매개체(媒介體). ‖광고 매체 広告媒体.
매춘 (賣春) 图 売春.
매춘-부 (賣春婦) 图 売春婦.
매출 (賣出) /meːtɕʰul/ 图 ⦅하타⦆ 売り出し; 売り上げ. 対매입(買入). ‖매출이 늘어나다 売り上げが伸びる.
매출-액 (賣出額) 图 売上高; 売れ高.
매치 (match) 图 ❶ タイも勝ちもタイトルマッチ. **매치-되다** 囼 マッチする; つりあう; ぴったりと合っている.
매치 포인트 (match point) 图 マッチポイント.
매캐-하다 厖 ⦅하변⦆ 煙い. ‖매캐한 냄새 煙いにおい. 類메케하다.
매콤-하다 厖 ⦅하변⦆ やや辛い; ややぴりっとする. ‖매콤한 치킨 ぴりっと辛いチキン.
매큼-하다 厖 ⦅하변⦆ かなり辛い.
매트 (mat) 图 マット; 敷物.
매트리스 (mattress) 图 マットレス.
매-파¹ (-派) 图 タカ派; 強硬派. 対비둘기파(-派).
매파² (媒婆) 图 結婚の仲立ちを務める老婆.
매판 자본 (買辦資本) 图 [經] 買弁資本. 類민족 자본 (民族資本).
매표¹ (買票) 图 ⦅하타⦆ 切符やチケットを買うこと.
매표² (賣票) /meːpʰjo/ 图 ⦅하타⦆ 切符を売ること.
매표-구 (賣票口) 图 切符売り場.
매표-소 (賣票所) 图 切符売り場.
매표-원 (賣票員) 图 切符売り場で切符やチケットを売る人.
매-한가지 图 同じこと.
매형 (妹兄) 图 (弟から見て)姉の夫; 義兄.
매호 (每戶) 图 毎戶.
매혹 (魅惑) 图 ⦅하타⦆ 魅惑. ‖사람을 매혹하는 아름다움 人を魅惑する美しさ. 類매료.
매혹-적 (魅惑的) [-쩍] 魅惑的. ‖매혹적인 포즈를 취하다 魅惑的なポーズを取る.
매화 (梅花) 图 [植物] ウメ(梅).
매화-꽃 (梅花-) [-꼳] 图 梅の花.
매화-나무 (梅花-) 图 [植物] ウメ(梅).
매회 (每回) [-/-훼] 图圖 毎回. ‖매회

회 참가하다 毎回参加する.

맥(脈) /mɛk/ ❶ 脈; 脈拍. ‖맥을 재다 脈をはかる. 맥을 짚어 보다 脈を取ってみる. ❷ 〔맥락(脈絡)·문맥(文脈)の略部〕脈絡; 文脈. ‖글의 맥이 통하지 않다 文脈がつながらない. ❸ 元気. ‖맥이 없다 元気がない. ❹ 系統; 伝統. ‖맥을 이어가다 系統を継いでいく. ▶맥(을) 놓다 ぼうっとする; あっけにとられる; 放心状態だ. 그 무 슨에 두 손 맥을 놓고 앉아 있다 それを聞いてぼうっと座っている. ▶맥을 못 추다 (어느 사람·어느 일·어느 물건 따위에 대하여) 약해지다; (사람이) 小さくなる; たじたじとなる. 그 사람 앞에서는 맥을 못 추다 彼の前では小さくなる. ▶맥이 빠지다〔풀리다〕がっかりする; 気落ちする; 拍子抜けする; 張り合いが抜ける; 気力がなくなる. 그 말을 들으니 맥이 빠진다 それを聞いたら気力がなくなる. 맥이 빠져서 할 마음이 없어졌다 拍子抜けしてやる気がなくなった.

맥고-모자(麥藁帽子)【-꼬-】名 麦わら帽子.

맥관(脈管)【-꽌】名〔解剖〕脈管.

맥락(脈絡)【-냑】名 ❶脈絡. ❷前後脈絡が合わない話 이야기 前後の脈絡がない話.

맥락-막(脈絡膜)【-냥-】名〔解剖〕脈絡膜.

맥류[1](脈流)【-뉴】名 脈流.

맥류[2](麥類)【-뉴】名 大麦·小麦·鳩麦などの総称.

맥립-종(麥粒腫)【-닙쫑】名 麦粒腫; 物もらい. 俚 ものもらい.

맥맥-이(脈脈-)【-맹-】副 脈々と. ‖맥맥이 이어지는 역사와 전통 脈々と引き継がれる歴史と伝統.

맥-모르다(脈-)【-몽-】自 エ⊙(르変) わけ·事情·いきさつなどを) 知らない; 何も知らない. ‖맥모르고 덤벼들다 何も知らずに飛びかかる.

맥박(脈搏)【-빡】名 脈拍. ‖맥박을 재다 脈を取る; 脈をはかる.

맥박-치다(脈搏-) 自 脈を打つ.

맥반-석(麥飯石)【-빤-】名 麦飯(ばんばん)石. ✝浄水効果があると言われる.

맥-빠지다(脈-) /mɛk²pˀadʑida/ 気が抜ける; 拍子抜けする; がっかりする. ‖시합에 져서 맥빠진 모습으로 돌아오다 試合に負けてがっかりした様子で帰ってくる.

맥시멈(maximum) 名 マキシマム; マクシマム. 俚 ミニマム.

맥아(麥芽) 名 麦芽. 俚 엿기름.

맥아-당(麥芽糖)【化学】麦芽糖. 俚 엿당(-糖).

맥압(脈壓) 名 脈圧.

맥-없다(脈-) /mɛgəpˀtˀa/ 【매겁때】形 元気がない; しょんぼりしている. 맥없-

이 副 すごぎに(と); しょんぼりと. ‖맥없이 돌아가다 しょんぼり帰る.

맥주(麥酒)【-쭈】名 ビール. ‖시원한 맥주 한 잔 冷たいビール一杯. 생맥주 生ビール.

맥주-병(麥酒瓶)【-쭈뼝】名 ❶ビール瓶. ❷〔からかい言い方で〕泳げない人; 金づち.

맥주-잔(麥酒盞)【-쭈짠】名 ビールグラス; ビールジョッキ.

맥주-집(麥酒-)【-쭈찝】名 ビヤホール. 俚 호프(집).

맥주-홀(麥酒hall) 名 ビヤホール.

맥-줄(脈-) 名 脈所(ところ).

맥진(脈盡)【-찐】名 する 力が尽きること; くたびれること. ‖기진맥진하다 疲労困憊(する).

맥-풀리다(脈-) 自 気が抜ける; 緊張がほぐれる; 拍子抜けする. ‖맥풀리는 결과 拍子抜けする結果.

맨[1]/mɛn/ 冠 ❶ 一番. ‖처음에 만났을 때 (一番)最初に会った時に. 맨 앞줄에 앉다 一番前列[最前列]に座る. 맨 먼저 알리다 真っ先に知らせる. 맨끝부터 一番最後に; びりっけつ. ❷ …ばかり; すべて. ‖회장에는 맨 여자들뿐이었다 会場は女性ばかりだった.

맨[2] 冠 매다(結ぶ)の過去連体形.

맨- 接頭〔「それだけ」「ありのまま」の意を表わす接〕 素…. ‖맨冬 素手. 맨 얼굴 素顔; 素っぴん. 맨 먼저 いの一番.

맨[3] 名 육만(肉饅).

맨둥맨둥-하다 形〔하変〕(頭や山が)はげている. 俚 민둥민둥하다.

맨드라미 名〔植物〕ケイトウ(鶏頭).

맨-땅 名 地べた; 地面. ‖맨땅에 주저앉아 있다 地べたに座り込んでいる.

맨-몸 名 ❶裸; すっ裸. ❷手に何も持っていないこと.

맨-발 名 裸足. ‖맨발로 달려 나가다 裸足で駆け出す.

맨-밥 名 おかずのないご飯.

맨션(mansion) 名 マンション. ‖고층맨션 高層マンション.

맨-손/mɛnson/ 名 ❶素手; 徒手; 手ぶら. ‖맨손으로 대항하다 素手で立ち向かう. 맨손 체조 徒手体操.

맨송맨송-하다 形〔하変〕❶酒を飲んでも酔いが回らない. ‖아무리 마셔도 맨송맨송하다 いくら飲んでも酔いが回らない. ❷所在ない; 手持ち無沙汰だ. ‖맨송맨송해서 신문만 들척이다 所在ないままに新聞を読み返す.

맨-입[-닙] 名 ❶何も食べてない口. ❷見返りがないこと; ただ. ‖맨입으로는 안 된다 ただではできない.

맨-주먹 名 ❶素手; 徒手; 手ぶら. ‖맨주먹으로 맞서다 素手で立ち向かう. 맨손 조조 徒手体操. ❷赤手; 無一文. ‖맨주먹으로 상경하다 無一文で上京する.

맨투맨 (man-to-man) 图 マンツーマン; 1対1.

맨홀 (manhole) 图 マンホール. ‖맨홀에 빠지다 マンホールに落ちる.

맬 관 매다(結ぶ)の未来連体形.

맴[1] 图 人や物がぐるぐる回ること. ‖맴을 돌다 ぐるぐる回る.

맴[2] 囝 蝉の鳴き声: ジーン; ミーン. **맴맴**.

맴-돌다 國 [ㄹ語幹] ❶ ぐるぐる回る. 주변을 맴돌다 周辺をぐるぐる回る. ❷ (一定の場所で)同じ行動を繰り返す. ❸ (円を描きながら)回る.

맵다 /mep'ta/ [-따] 톙 [ㅂ変] 매워; 매운 ❶ 辛い. ‖풋고추가 너무 맵다 青唐辛子が辛すぎる. 매워서 못 먹겠다 辛くて食べられない. ❷ 煙っぽい. ‖매운 담배 연기 煙っぽいタバコの煙. ❸ (性格が)きつい; とげとげしい. ❹ [손끝이 맵다の形で] 叩かれると痛い.

맵시 图 着こなし. ‖맵시가 좋다 着こなしが上手だ.

맵싸-하다 톙 [하変] ぴりっと辛い. ‖맵싸한 풋고추 ぴりっと辛い青唐辛子.

맵쌀 图 蒸して乾かしてから殻をむいたそば.

맷-돌【매돌/맫똘】 图 石臼.

맷집 【매찝/맫찝】 图 いくら打たれても大丈夫そうな体つき.

맹[1] (孟) 图 (姓) 孟 (メン).

맹-[2] (猛) 접투 猛…. ‖맹연습 猛練習.

맹견 (猛犬) 图 猛犬.

맹공 (猛攻) 图 하타 猛攻.

맹-공격 (猛攻擊) 图 하타 猛攻撃.

맹금 (猛禽) 图 猛禽(きん).

맹꽁-맹꽁 囝 ジムグリガエルの鳴き声.

맹꽁이 图 ❶ ジムグリガエル (地潛蛙). ❷ [からかう言い方で] 分からず屋; とんま.

맹도-견 (盲導犬) 图 盲導犬.

맹독 (猛毒) 图 猛毒.

맹랑-하다 (孟浪-) [-낭-] 톙 [하変] 生意気だ; 無作法だ; こざかしい. ‖어른한테 꼬박꼬박 말대꾸를 하다니 참 맹랑한 녀석이다 大人に一々口答えをするとは, 本当に生意気なやつだ.

맹렬-하다 (猛烈-) [-녈-] 톙 [하変] 猛烈だ. ‖맹렬한 추격 猛烈な追撃.

맹모삼천지교 (孟母三遷之敎) 图 孟母三遷の敎え.

맹목 (盲目) 图 盲目.

맹목-적 (盲目的) [-쩍] 톙 하타 盲目的. ‖맹목적인 사랑 盲目的な愛. 맹목적으로 믿다 やみくもに信じ込む.

맹-물 /mɐŋmul/ 图 ❶ 真水; 水. ❷ [比喩的に] 世事に疎い人.

맹방 (盟邦) 图 盟邦; 同盟国.

맹성 (猛省) 图 하타 猛省; 深く反省すること. ‖맹성을 촉구하다 猛省を促す.

맹세 접투 (盟誓) /mɐŋse/ 图 하타 誓い.
굳은 맹세 固い誓い. 맹세를 저버리다 誓いを破る. 두 번 다시 하지 않겠다 고 마음속으로 맹세하다 二度とやるまいと心に誓う.

맹세-코 (+盟誓) 囝 決して; 断じて; 断固として; 必ず. ‖맹세코 약속은 지키겠습니다 必ず約束は守ります.

맹수 (猛獸) 图 猛獸.

맹신 (盲信) 图 하타 盲信. ‖약에 대한 맹신 薬に対する盲信. 다른 사람 말을 맹신하다 人の言を盲信する.

맹아[1] (盲兒) 图 目の見えない子ども.

맹아[2] (盲啞) 图 盲啞. ‖맹아 학교 盲啞学校.

맹아[3] (萌芽) 图 萌芽(ほうが); 芽生え. ‖문명의 맹아 文明の萌芽.

맹아-기 (萌芽期) 图 萌芽期.

맹약 (盟約) 图 하타 盟約.

맹-연습 (猛練習) 图 -년 하타 猛練習.

맹양 (盟友) 图 盟友.

맹위 (猛威) 图 猛威. ‖더위가 맹위를 떨치다 暑さが猛威をふるう.

맹인 (盲人) 图 盲人. 㝰소경.

맹자[1] (盲者) 图 盲者; 盲人.

맹자[2] (孟子) 图 (四書の一つの)孟子.

맹장[1] (猛將) 图 猛将.

맹장[2] (盲腸) 图 (解剖) 盲腸.

맹장-염 (盲腸炎) 图 (医学) 盲腸炎. 㝰충수염 (蟲垂炎).

맹점 (盲點) 图 -쩜 盲点. ‖맹점을 찌르다 盲点をつく.

맹종 (盲從) 图 하타 盲従.

맹주 (盟主) 图 盟主.

맹추 图 間抜け; ぼんくら.

맹타 (猛打) 图 猛打. ‖맹타를 맞다 猛打を浴びる.

맹-탕 (-湯) 图 ❶ 味が付いていない汁; 水っぽい汁. ❷ [比喩的に] 味気のない人.

맹-하다 톙 [하変] ぼうっとしている; 間抜けみたい. ‖맹해 보이는 아이 ぼうっとしている子.

맹호 (猛虎) 图 猛虎(こ).

맹-활약 (猛活躍) 图 하타 大活躍.

맹-훈련 (猛訓練) 图 -훌 하타 猛訓練.

맺다 /met'ta/ 【맏따】 㘙 ❶ 結ぶ. ‖열매를 맺다 実を結ぶ. 계약을 맺다 契約を結ぶ. 국교를 맺다 国交を結ぶ. 동맹을 맺다 同盟を結ぶ. 인연을 맺다 縁[契]を結ぶ. ❷ 締めくくる. ‖말을 맺다 話を締めくくる.

맺음-말 图 結論; 結び(の言葉). 㝰머리말.

맺히-다[1] 【매치-】 函 (しこりなどが)残っている. ‖한이 맺히다 恨みが残る.

맺히-다[2] 【매치-】 函 〔맺다の受身動

머 282

머¹ [무엇의 縮約形] 何. ∥머 먹을래? 何, 食べる? ✧会話でしか用いない.

머² [文の終わりに付いて] 主に女性や子どもの甘える気持ちを表わす: …だれも; …だってば. ∥남들도 다 사는데, 머 他の人も皆잘사んだもん.

머그-잔 (mug 盞) 图 マグカップ.

머금다 /mŏgum²ta/ 【-따】 ⑨ ❶(口の中に) 含む. ∥입에 물을 머금다 口に水を含む. ❷ (笑みなどを) 浮かべる. ∥미소를 머금다 笑みを浮かべる. ❸ 宿す. ∥이슬을 머금은 나뭇잎 露を宿した葉.

머루 (植物) ヤマブドウ (山葡萄).

머리 /mŏri/ 图 ❶ 頭. ∥머리가 아프다 頭が痛い. 머리를 쓰다듬다 頭をなでる. 머리를 긁다 頭をかく. 머리가 나쁘다 頭が悪い. 머리를 깎다 頭を剃る. ❷ 髪の毛. ∥머리를 감다 髪の毛を洗う. 머리가 나다 髪の毛が生える. 머리가 많이 길었다 髪の毛がだいぶ伸びた. 머리가 많이 빠지다 髪の毛が相当抜ける. 머리가 굳다 頭が固い. ▶머리를 깎다 ① 頭を丸める. ② 僧侶になる. ▶머리(를) 숙이다 ① 頭を下げる. 머리 숙여 절하다 頭を下げてお辞儀する. ② 感服する. ③ 謝る. 미안하다고 몇 번이나 머리를 숙였다 すまないと何回も謝った. ▶머리(를) 식히다 頭を冷やす. ▶머리(를) 싸매다 頭を抱える. ▶머리(를) 쓰다 頭を使う. ▶머리(를) 쥐어짜다 知恵をしぼる. ▶머리(를) 쳐들다 頭をもたげる. ▶머리를 풀다 喪服する. ▶머리(를) 흔들다 首を (横に) 振る. ▶머리에 피도 안 마르다 まだ青二才だ.

머리-글자 (-字) 图 頭文字.
머리-기사 (-記事) 图 [新聞・雑誌などの] トップ記事.
머리-꼭지 (-제) 图 頭のてっぺん.
머리-끄덩이 图 束ねた髪の根元. ∥머리끄덩이를 잡다 束ねた髪をつかむ.
머리-끝 【-끋】 图 髪の毛の先端. ∥화가 머리끝까지 치밀다 怒髪天を衝く; 髪の毛を逆立てる. ▶머리끝에서 발끝까지 체のてっぺんから足のつま先まで.
머리-띠 图 鉢巻き; ヘアバンド. ∥머리띠를 두르다 鉢巻きをする.
머리-말 (-말) 图 序文; 序論; 前書き; 巻頭言. 圈권두언(卷頭言). 圈맞음말.
머리-맡 【-맏】 图 枕元.
머리-뼈 【解剖】 图 頭蓋骨. 圈두개골 (頭蓋骨).
머리-소리 (言語) 图 頭音. 圈두음 (頭音).
머리-숱 【-숟】 图 髪の量.
머리-채 图 垂らしている長い髪.
머리-카락 图 髪の毛. 圈머리칼. ∥머리카락을 자르다 髪の毛を切る.

머리-칼 图 [머리카락의 縮約形] 髪の毛.
머리-털 图 髪の毛; 頭髪; 毛髪. 圈두발 (頭髪)・모발 (毛髪).
머리-통 图 ❶ 頭の周り. ❷ [頭の俗語] 頭. ∥머리통이 크다 頭がでかい.
머리-핀 (-pin) 图 ヘアピン. 圈헤어핀.
머릿-결 【-리껼/-릳껼】 图 髪の毛の質や状態.
머릿-골 【-리꼴/-릳꼴】 图 脳髄; 頭. 圈뇌.
머릿-기름 【-리끼-/-릳끼-】 图 ヘアオイル.
머릿-돌 【-리똘/-릳똘】 图 礎石; いしずえ.
머릿-밑 【-린밑】 图 髪の毛の生え際.
머릿-속 【-리쏙/-릳쏙】 图 頭の中; 念頭. ∥머릿속이 복잡하다 頭の中が混乱している.
머릿-수 (-數) 【-리쑤/-릳쑤】 图 頭数; 人数. ∥머릿수를 세다 頭数を数える.
머릿-수건 (-手巾) 【-리쑤-/-릳쑤-】 图 頭にかぶる手ぬぐい.

머무르다 /mŏmurŭda/ 【머물러, 머무르는】 ⑨ ❶ 留まる (停まる). ∥시선이 머무르다 視線が留まる. ❷ とどまる. ∥결과는 준우승에 머무르고 말았다 結果は準優勝にとどまってしまった. ❸ 泊まる; 滞在する. ∥지금 친척 집에 머무르고 있습니다 今親戚の家に泊まっています. 한 달 동안 파리에 머무르다 1か月間パリに滞在する. 圈머물다.

머무적-거리다 【-대다】 【-꺼/-께】 ⑩ ためらう; もじもじする. 圈머뭇거리다.
머무적-머무적 【-정-】 剾 ⑨ もじもじ (と). 圈머뭇머뭇.

머물다 /mŏmulda/ ⑨ 〔ㄹ語幹〕 [머물러, 머무는, 머물] 머무르다の縮約形. ∥외국에 장기간 머물다 外国に長期間滞在する.

머물러 뎁 〔르变〕 머무르다 (留まる) の連用形.

머뭇-거리다 【-대다】 【-묻-꺼/-께】 ⑩ [머무적거리다の縮約形] ためらう; もじもじする. ∥머뭇거리지 말고 확실하게 말을 해라 もじもじしないではっきり言いなさい.

머뭇-머뭇 【-문-묻】 剾 ⑨ 〔머무적머무적의 縮約形〕 もじもじ (と). ∥그는 머뭇머뭇 얘기를 시작했다 彼はもじもじと話を始めた.

머스터드 (mustard) 图 マスタード.
머슴 作男 (賃料).
머슴-살이 ⑩ 作男暮らし. ∥머슴살이하며 산다 作男暮らしをする.
머신 (machine) 图 マシン. ∥머신 건 マシンガン.

머쓱-하다【-쓰카-】[形]『하変』 ❶背ばかりひょろりとしている. ❷しょげている; 気後れする. ‖사람들이 많이 있는 곳은 정말 머쓱하다 人が大勢いる所は本当に気後れする. **머쓱-히** [副]

머위 [名]《植物》 フキ(蕗).

머저리 [名] 間抜け; あほう; ばか.

머지-않다【-안타】[形] 〔主に머지않아の形で〕 間もなく; そのうちに; 近いうちに; 遠からず. ‖머지않아 봄이 올 거다 間もなく春が来る.

머플러 (muffler) [名] マフラー. ❶襟巻; 首巻. ‖목에 머플러를 두르다 首にマフラーを巻く. ❷(車の)消音器.

먹 [名] 墨. ‖먹을 갈다 墨をする.

먹고-살다【-꼬-】[自]『ㄹ語幹』 生活する; 生計を立てる; 食っていける. ‖날품팔이를 해서 먹고산다 日雇いで生計を立てている.

먹-구름【-꾸-】[名] ❶黒雲; 雨雲. [類]먹장구름. ‖먹구름이 잔뜩 낀 걸 보니 비가 오겠다 雨雲が垂れこめているのを見ると雨が降りそうだ. ❷〔比喩的に〕暗雲. [類]암운(暗雲).

먹-그림【-끄-】[名]《美術》 墨絵.

먹-나비【멍-】[名]《昆虫》 コノマチョウ(木の間蝶).

먹-놓다【멍노타】[自] 墨糸で木材などに線を引くこと.

먹는【멍-】[他] 먹다(食べる)の現在連体形.

먹다[1]【-따】[自] (耳が)遠くなる; (耳が)聞こえなくなる. ‖귀가 먹다 耳が遠くなる; 耳が聞こえなくなる.

먹다[2] /mɔkˀta/【-따】[自他] ❶(虫が)食う. ‖벌레 먹은 사과 虫が食ったリンゴ. ❷(道具などが)よく機能する. ❸染まる; (化粧などの)のりがいい. ‖오늘은 분이 잘 먹는다 今日は白粉(おしろい)ののりがいい. ❹(費用が)かかる; 食う. ‖기름을 많이 먹는 차 ガソリンをかなり食う車.

먹다[3] /mɔkˀta/【-따】[他] ❶食べる; 食う; 食する. ‖밥을 먹다 ご飯を食べる. 아무것도 안 먹고 싶다 何も食べたくない. 점심 먹으러 가다 お昼を食べに行く. ❷飲む; 吸う. ‖약을 먹다 薬を飲む. 아기가 젖을 먹다 赤ちゃんが乳を吸う. ❸とる. ‖나이를 먹다 年をとる. ❹(考えなどを)いだく; 持つ; 感じる. ‖마음을 먹다 決心する. 겁을 먹다 恐がる; 恐ろしがる. ❺言われる; 取られる. ‖두 골이나 먹다 2ゴールも取られる. 욕을 먹다 悪口を言われる. [受]먹히다. [使]먹이다.

먹다[4] /mɔkˀta/【-따】[補動] …てしまう. ‖숙제를 또 잊어 먹다 宿題をまた忘れてしまう. 냄비를 태워 먹었다 鍋を焦がしてしまった.

먹-도미【-또-】[名]《魚介類》 クロダイ(黒鯛). [縮]먹돔.

먹-돔【-똠】[名]《魚介類》 먹도미の縮約形.

먹먹-하다【멍머카-】[形]『하変』 (耳が)詰まった感じで一時的に聞こえない.

먹-물【멍-】[名] ❶墨汁. ❷(タコ・イカなどの)墨. ‖문어가 먹물을 내뿜다 タコが墨を吐く.

먹-보【-뽀】[名] 〔からかう言い方で〕食いしん坊.

먹-빛【-삗】[名] 墨色.

먹-성 (-性)【-썽】[名] 食べっぷり; 食いっぷり. ‖먹성이 좋다 よく食べる.

먹-실【-씰】[名] 墨糸; 墨縄.

먹어 [他] 먹다(食べる)の連用形.

먹어-나다 [自] 食べ慣れる.

먹여-살리다 [他] 養う; 食わす. ‖가족을 먹여살리다 家族を養う.

먹은 [他] 먹다(食べる)の過去連体形.

먹을 [他] 먹다(食べる)の未来連体形.

먹음-새 [名] 食べっぷり; 食いっぷり.

먹음직-스럽다【-쓰-따】[形]『ㅂ変』 おいしそうだ; うまそうだ. ‖먹음직스러운 빵 おいしそうなパン. **먹음직스레** [副]

먹이 [名] 餌; 飼料. ‖먹이를 주다 餌を与える[やる].

먹이-통 (-桶) [名] 飼い葉桶.

먹이는 [他] 먹이다(食べさせる)の現在連体形.

먹-이다 /mɔgida/ [他] ❶〔먹다[3]の使役動詞〕 食べさせる; 食わす; 飲ませる. ‖애들에게 밥을 먹이다 子どもたちにご飯を食べさせる. 애한테 감기약을 먹이다 子どもに風邪薬を飲ませる. ❷(家畜を)飼う. ‖소를 먹이다 牛を飼う. ❸(糊を)きかせる. ‖시트에 풀을 먹이다 シーツに糊をきかせる; シーツを糊づけする. ❹〔돈을 먹이다の形で〕賄賂を贈る. ‖관계자에게 돈을 먹이다 関係者に賄賂を贈る. ❺食らわす. ‖주먹을 한 방 먹이다 げんこつを一発食らわす. ❻(恥を)かかせる. ‖부모 욕을 먹이다 親に恥をかかせる. ❼おびえさせる. ‖아이에게 겁을 먹이다 子どもをおびえさせる.

먹이^사슬 [名] =먹이 연쇄(-連鎖).

먹이어[먹여] [他] 먹이다(食べさせる)の連用形.

먹이^연쇄 (-連鎖) [名]《生物》 食物連鎖.

먹인 [他] 먹이다(食べさせる)の過去連体形.

먹일 [他] 먹이다(食べさせる)の未来連体形.

먹-자【-짜】[名] 曲尺(かねじゃく).

먹자-판【-짜-】[名] 飲めや歌えの大騒ぎ.

먹장-구름【-짱-】[名] 黒雲; 雨雲. [類]먹구름.

먹-장어 (-長魚)【-짱-】[名]《魚介類》 ヌタウナギ(沼田鰻).

먹-줄【-쭐】[名] 墨糸; 墨縄.

먹-지 (-紙)【-찌】[名] カーボン紙.

먹-칠 (-漆) 图自 ❶墨을 塗하는 것. ❷名譽나 名聲에 진흙을 바르는 것; 恥를 끼얹게 하다 先輩의 얼굴에 먹칠을 하다.

먹-통 (-桶) 图 ❶墨壺. ❷〔比喩的으로〕 먹통인간; 間抜け.

먹-황새 [머쾅-] 图 〘鳥類〙 ナベコウ(鍋鸛).

먹히는 图 먹히다(食べられる)의 現在連体形.

먹-히다 /mʌkhida/ [머키-] 图 ❶〖먹다의 受身動詞〗食べられる; 食われる; 飲まれる; 食い込まれる; 吸収される. ‖大企業에 먹히다 大企業に食われる. ❷かかる. ‖設置 費用이 많이 먹히다 設置コストがかなりかかる. ❸〖話의 内容などが〗通じる. ‖저 사람한테는 도무지 말이 안 먹힌다 あの人には話が全く通じない.

먹히어[머켜] 图 먹히다(食べられる)의 連用形.

먹힌 图 먹히다(食べられる)의 過去連体形.

먹힐 图 먹히다(食べられる)의 未來連体形.

먼 厖 〖ㄹ語幹〗 멀다(遠い)의 現在連体形. ‖먼 곳 遠いところ.

먼-곳 [-꼳] 图 遠い所; 遠方.

먼길 图 遠い道のり; 遠路. ‖먼길을 찾아오다 遠路はるばる訪れる.

먼-눈 图 ❶遠目; 멀리 보는 눈. ❷よそ 눈. ‖먼눈을 팔다 よそ見する.

먼-동 图 曉; 夜明け. ‖먼동이 트다 夜が明ける.

먼-옛날 图 遠い遠い; ‖먼 옛날에 遠い遠い昔.

먼-발치 图 조금 떨어져 있지만 시선이 닿을 곳.

먼저 /mʌndʒʌ/ 图 先に; まず; 最初에; 先がけて. ‖먼저 나가 버리고 밖에 나가 버리다. ‖먼저 저부터 말씀 드리겠습니다 まず, 私の方から申し上げます. 다른 회사보다 먼저 신제품을 출시하다 他社에 先駆けて新製品을 売り出す.

먼젓-번 (-番) [-저뻔~-젇뻔] 图 先 日; 前回; この間. ‖먼젓번에 만났을 때 이야기를 별로 못 했다 この間회 만났을 때 話를 잘 못 했다.

먼지 /mʌndʒi/ 图 ほこり; ちり. ‖먼지 가 있다 ほこりが立つ. 책장의 먼지를 털다 本棚のちりを払う.

먼지-떨이 图 はたき. ‖먼지떨이로 털 을 털다 ぱたぱた(と)はたきをかける.

멀거니 图 気抜かれたようにぼんやりして いる様子; きょとんと; 呆然と. ‖멀거니 보고만 있다 呆然と見ているだけだ.

멀겋다 [-거타] 厖 〖ㅎ変〗 〖汁の具가〗 少ない; 水っぽい. ‖국이 멀겋다 汁に具가 少ない.

멀게-지다 图 〖液体의 濃度가〗 薄くな る.

멀끔-하다 厖 〖하変〗 さっぱりしている; こぎれいだ. ⓢ말끔하다. **멀끔-히** 图

멀다¹ /mʌːlda/ 图 〖ㄹ語幹〗 〖멀어, 먼〗 ❶遠い; 사이가 멀다. ❷가깝다. ‖목적지까지는 아직 멀었다 目的地までは まだ遠い. 집은 역에서 그렇게 멀지 않 다 家는 駅에서 그리 멀지 않다. 먼 친척 아저씨 遠い親戚のおじさん. 이 실력으 로는 합격까지는 거리가 멀다 この実力で は合格에는 아직 遠い. 問題의 해결까지 는 아직 멀었다 問題の解決までにはまだほど遠い. ▶먼 이웃보다 가까운 이웃이 낫다 〔諺〕遠い一家より近い隣. ⓛ가까운 듯 먼 일가보다 낫다.

멀다² /mʌːlda/ 图自 〖ㄹ語幹〗 〖멀어, 머는〗 ❶〔目이〕見えなくなる; 〔視力을〕失う. ‖눈이 멀다 目が見えなくなる. ❷〔比喩的으로〕目がくらむ; 正しい判断がきかなくなる. ‖돈에 눈이 멀다 金に目がくらむ.

멀뚱-멀뚱 图 〖하変〗 きょとんと; まじまじと; ぽかんと. ‖사람 얼굴을 멀뚱멀뚱 쳐다보다 人の顔をまじまじと見る. 图 멀뚱멀뚱.

멀리 /mʌlli/ 图 遠く. ‖멀리 나가다 遠くへ出かける. 멀리서 오다 遠くから来 る. 그 탑은 멀리서도 보인다 その塔は 遠くからも見える. **멀리-멀리** 图

멀리-뛰기 图 〘スポーツ〙 幅跳び.

멀리-하다 图 〖하変〗 避ける; 遠ざける. ‖나쁜 친구를 멀리하다 悪友を遠ざける.

멀미 /mʌlmi/ 图自 (車・船など乗り物의) 酔い. ‖차멀미가 심하다 車酔いがひどい. 뱃멀미를 하다 船酔いをする.

멀미-약 (-薬) 图 酔い止め(薬).

멀쑥-하다 [-쑤카-] 厖 〖하変〗 さっぱり している; すらりとしている. ‖수염을 깎은 멀쑥한 얼굴 ひげを剃ったさっぱりとした 顔. 멀쑥하게 생긴 젊은이 すらりとした 青年. ⓢ말쑥하다. **멀쑥-이** 图

멀어 图 〖ㄹ語幹〗 멀다(遠い)의 連用形.

멀어-지다 图 遠のく; 遠ざかる. ‖발소리 가 멀어지다 足音が遠のく. 그 후 그 사람 과는 멀어졌다 その後彼とは疎遠になった.

멀쩡-하다 /mʌlʨʌŋhada/ 厖 〖하変〗 異常ない; 欠けた所がない; 無傷だ; 丈夫だ. ‖높은 데서 떨어졌는데도 아이는 멀쩡했다 高い所から落ちたのに子どもは 無傷だった. ⓢ말짱하다. **멀쩡-히** 图

멀찌감치 图 遠くに; かけ離れて. ‖멀찌 감치 떨어져 서 있다 遠くに離れて立って いる.

멀찌막-하다 [-마카-] 厖 〖하変〗 かけ 離れている. **멀찌막-이** 图

멀쩍-멀쩍【-쩡-】團 야や遠くに;かけ離れて.
멀쩍-하다【-쩌카-】形【하変】かけ離れている. **멀쩍-이**團
멀티-미디어 (multimedia) 名 マルチメディア.
멀티-스크린 (multiscreen) 名 マルチスクリーン.
멈추다 /mʌmtʃʰuda/ 自 とまる. ‖시계가 멈추다 時計がとまる. 심장이 멈추다 店先で立ちどまる.
── とめる;…やむ. ‖발길을 멈추다 足をとめる. 차를 멈추다 車をとめる. 울음을 멈추다 泣きやむ. 일손을 멈추고 담배를 한 대 피우다 仕事の手を休めて一服する.
멈칫【-칟】團 驚いて動揺する様子: はっと;びくっと;ぎょっと. **멈칫-멈칫** 團 もじもじ(と).
멈칫-거리다【-칟꺼-】自他 もじもじする;ためらう.
멋 /mʌt/ 【먿】名 ❶ 粋(いき); しゃれ. ‖멋을 아는 사람 粋な人. 멋을 부리다 [내다] おしゃれをする; おめかしをする. ❷ 風流;風情;趣(おもむき). ❸ 物事の味;妙味.
멋-대가리【먿때-】名 멋の俗っぽい言い方.
멋-대로 /mʌtˀtɛro/【먿때-】團 勝手に;意のままに;思うがままに. ‖멋대로 행동하다 勝手にふるまう. 멋대로 해라 勝手にしろ.
멋들어-지다【먿뜨러-】形 すてきだ;すばらしい;見事だ.
멋-모르다【먿-】自【르変】何も分かっていない;無謀だ. ‖그는 멋모르고 선배한테 덤볐다 彼は無謀にも先輩に食ってかかった.
멋-부리다【먿뿌-】自 おしゃれをする;おめかしをする;めかし込む. ‖그는 오늘 한껏 멋부리고 나타났다 彼は今日思いっきりおしゃれをして現われた.
멋-없다【머덥따】形 格好悪い;ださい;無粋だ. ‖멋없는 남자 無粋な男.
멋-있다 /mʌdit̚ta/ 【머딛따 / 머싣따】形 格好いい;すてきだ. ‖옷차림이 멋있다 身なりがすてきだ. 멋있는 인생 すてきな人生.
멋-쟁이【먿쨍-】名 おしゃれな人.
멋-지다【먿찌-】形 すてきだ; すばらしい; 見事だ. ‖멋진 연기 見事な演技.
멋-쩍다【먿-짝-】形 照れくさい;気恥ずかしい.
멍 /mʌŋ/ 名 ❶ あざ. ‖무릎에 멍이 들다 ひざにあざができる. 푸른 멍 青あざ. ❷ 心の傷. ‖그 일로 가슴에 멍이 들다 そのことで心が傷ついた.
멍게 名【動物】ホヤ(海鞘). 闡 우렁쉥이.

명군 名【将棋】장군(王手)をかけられた時に言い渡す言葉.
멍-들다【-ㄹ語幹】自 あざができる.(心)が深く傷つく. ‖그 일로 마음에 멍들었다 そのことで心が傷ついた.
명명-거리다 自 ワンワンと吠える.
명명-하다 形【하変】❶ ぼかんとしている; ぼんやりしている. ❷ しばらく周りの音がよく聞こえない. ‖열차가 지나가는 소리에 귀가 명명하다 列車が通る音でしばらく耳が聞こえない.
멍석 わらむしろ. ‖멍석을 깔다 わらむしろを敷く.
멍석-자리【-짜-】名 むしろを敷いた席.
멍에 ❶ (牛馬にかける)くびき. ❷ 「屈辱的な」首かせ.
멍울 ❶ 凝り; しこり. ‖그 일로 가슴에 멍울이 지다 そのことで心にしこりが残る. ❷ ぐりぐり. ▶멍울이 서다[생기다] しこりができる. ぐりぐりができる.
멍청-이団 [멍청이]; あほう; ばか. ‖멍청이처럼 굴다 間抜けのようにふるまう.
멍청-하다形【하変】間抜けだ; あほうだ; ばかだ. 間抜けな 짓을 하다 ばかなことをする; どじを踏む.
멍청-히 副 間抜けに; ぼかっと.
멍텅구리 = 멍청이.
명-하다 /mʌŋhada/ 形【하変】あっけにとられてぼうっとしている; 呆然としている; きょとんとしている. ‖멍하니 보고만 있다 呆然と見ているだけ. 멍한 얼굴 きょとんとした顔.
명해-지다 自 気が抜ける; ぼうっとなる. ‖그 소식을 듣고 갑자기 멍해졌다 その知らせを聞いて急に気が抜けてしまった.
멎다 /mʌtˀta/【먿따】自 ❶ (雨が)やむ. ‖밤새 내리던 비가 새벽녘에 멎었다 一晩中降っていた雨が夜明け頃やんだ. ❷ (動きが)止まる. ‖심장이 멎다 心臓がとまる. 시계가 멎어 버렸다 時計がとまってしまった. 출렬이 겨우 멎었다 出血がやっととまった.
메¹ 名 산(山)の古風な言い方.
메² 名 大槌(椹).
메³ 名 祭祀(祭礼)の時に供えるご飯.
메가 (mega) 依名 メガバイトの略語.
메가-바이트 (megabyte) 依名 …メガバイト.
메가-비트 (megabit) 依名 …メガビット.
메가톤 (megaton) 依名 …メガトン.
메가폰 (megaphone) 名 メガホン. ▶메가폰을 잡다 メガホンを握る.
메가-헤르츠 (megahertz) 依名【物理】周波数の単位: …メガヘルツ(MHz).
메기 名【魚介類】ナマズ(鯰).
메기-입 〔あざける言い方で〕ナマズの

메-기장 【植物】 ウルキビ(穄黍).
메김-소리 图 輪唱のような民謠を歌う時、最初に歌い出す輪の歌.
메-까치 【鳥類】 サンジャク(山鵲).
메-꽃 【꼳】 【植物】 ヒルガオ(旋花).
메뉴 (menu) /menju/ 图 メニュー；獻立; 品書き.
메다¹ /me:da/ 匣 ❶ (のどなどが)ふさがる; 詰まる. ‖목이 메다 のどが詰まる. ❷ むせる.
메다² /me:da/ 匣 担ぐ; 背負う. ‖배낭을 메다 リュックを担ぐ. 어깨에 메다 肩に~. ⑳메이다.
메달 (medal) 图 メダル. ‖메달을 따다 メダルを取る. 금메달 金メダル.
메달리스트 (medalist) 图 メダリスト.
메들리 (medley) 图 メドレー.
메뚜기 【昆虫】 バッタ(飛蝗).
메롱 感 あかんべい.
메리노 (merino) 图 (ヒツジの一品種の)メリノ.
메리야스 (←medias ス) 图 メリヤス.
메리트 (merit) 图 メリット; 利点.
메-마르다 形 【르變】 ❶ 干からびている. ‖메말라 딱딱한 빵 干からびて固いパン. 메마른 감정 干からびた感情. ❷ 乾燥している; かさかさしている. ‖메마른 입술 乾いた唇.
메모 (memo) /memo/ 图 (하他) メモ. ‖간단히 메모를 하다 簡単にメモをとる.
메모-지 (-紙) 图 メモ用紙.
메모-판 (-板) 图 伝言板.
메모리 (memory) 图 (IT) メモリー.
메모리-스틱 (-Stick) 图 (IT) メモリースティック. ✚商標名から.
메모리-카드 (- card) 图 (IT) メモリーカード.
메밀 /memil/ 图 【植物】 ソバ(蕎麥).
메밀-가루 【-까-】 图 そば粉.
메밀-국수 【-쑤】 图 【料理】 そば.
메밀-꽃 图 そばの花.
메밀-떡 图 そば粉で作った餅.
메밀-묵 图 【料理】 そば粉をゼリー状に煮固めた食べ物.
메-벼 【植物】 ウルチマイ(粳米).
메스 (mes ネ) 图 メス. ▶메스를 가하다 メスを入れる.
메스껍다 /mesɯʰkoʰta/ 形 【-따】 形 【ㅂ變】 [메스꺼워, 메스꺼운] 吐き気がする; むかむかする; むかつく. ‖그걸 보니까 속이 메스껍다 それを見たら、胸がむかむかする. ⑳매스껍다.
메스-실린더 (← measuring cylinder) 图 メスシリンダー.
메슥-거리다 【-꺼-】 自 吐き気がする; むかむかする.

메슥-메슥 【-슥-】 副 (하自) むかむか. ‖속이 메슥메슥한 것이 토할 것 같다 胃がむかむかして吐きそうだ.
메시아 (Messiah) 图 メシア. ✚ヘブライ語で「油を注がれて聖別された者」の意.
메시지 (messenger) 图 メッセージ.
메신저 (messenger) 图 メッセンジャー.
메아리 图 こだま; 山びこ.
메아리-치다 匣 こだまする.
메어-치다 匣 (肩に担いで)地面にたたきつける. ⑳메이치다.
메우다 /meuda/ 匣 ❶ (穴・空白などを)埋(う)める; 埋(ふ)める. ‖구멍을 메우다 穴を埋める. 빈칸을 메우다 空欄を埋める. ❷ 補う; 補塡する. ‖갭을 메우다 ~を埋める.
메-이다 【메다²の受身動詞】 担がれる.
메이-데이 (May Day) 图 メーデー. ✚5月1日.
메이저 (major) 图 メジャー. ⑳마이너.
메이커 (maker) /meikʰə/ 图 メーカー; メーカー品; ブランド; ブランド品. ‖세계 최대의 철강 메이커 世界最大の鉄鋼メーカー. 트러블 메이커 トラブルメーカー.
메이크업 (makeup) 图 (하自) メークアップ; メーキャップ.
메인-스탠드 (main+stand 日) 图 メーンスタンド.
메인-이벤트 (main event) 图 メーンイベント.
메인-타이틀 (main title) 图 メーンタイトル.
메일 (mail) /meil/ 图 (IT) メール. ‖메일 어드레스 メールアドレス. 메일을 주고받다 メールのやりとりをする.
메-조¹ 【植物】 ウルアワ(粳粟).
메조² (mezzo ィ) 【音樂】 メッツォ; メゾ.
메조-소프라노 (mezzo-soprano ィ) 【音樂】 メゾソプラノ.
메조-포르테 (mezzo forte ィ) 图 【音樂】 メゾフォルテ.
메조-피아노 (mezzo piano ィ) 图 【音樂】 メゾピアノ.
메주 图 ❶ 煮た大豆をつぶして一定の形にして乾燥させたもので、醬油や味噌の原料. ❷ (比喩的に)ぶす.
㊀㊀-콩 图 메주를 作る大豆.
메추라기 图 【鳥類】 ウズラ(鶉). ⑳메추리.
메추리 图 메추라기의 縮約形.
메-치다 匣 메어치다의 縮約形.
메카 (Mecca) 图 メッカ. ‖영화 산업의 메카 映画産業のメッカ.
메커니즘 (mechanism) 图 メカニズム.
메케-하다 形 【ㅂ變】 煙い. ⑳매캐하다.

메타-세쿼이아 (Metasequoia) 图 《植物》 메타코이아.

메타포 (metaphor) 图 《文芸》 メタファー; 隠喩.

메탄 (methane) 图 《化学》 メタン.

메탄-가스 (methane gas) 图 《化学》 メタンガス.

메트로폴리스 (metropolis) 图 メトロポリス.

메트로폴리탄 (metropolitan) 图 メトロポリタン.

메트로놈 (metronome) 图 《音楽》 メトロノーム.

메틸-알코올 (methyl alcohol) 图 《化学》 メチルアルコール.

멕시코 (Mexico) 图 《国名》 メキシコ.

멘스 (←menstruation) 图 月経; 生理.

멘톨 (Menthol ド) 图 メンソール.

멜-대 [-때] 图 天秤棒.

멜라닌 (melanin) 图 メラニン.

멜라민-수지 (melamine 樹脂) 图 メラミン樹脂.

멜로-드라마 (melodrama) 图 メロドラマ.

멜로디 (melody) 图 《音楽》 メロディー. ∥귀에 익은 멜로디 聞き慣れたメロディー.

멜로디언 (melodion) 图 《楽器》 ピアニカ. ◆商標名.

멜론 (melon) 图 《植物》 メロン.

멜빵 图 サスペンダー. ∥멜빵 치마 サスペンダースカート.

멤버 (member) 图 メンバー. ∥멤버 교체 メンバーチェンジ.

멤버십 (membership) 图 メンバーシップ.

멥-새 [-쌔] 图 =멧새.

멥쌀 梗(??)米. ↔찹쌀.

멧-돼지 [메뙈-/멛뙈-] 图 《動物》 イノシシ (猪).

멧-부리 [메뿌-/멛뿌-] 图 山巓; 頂上.

멧-새 [메쌔/멛쌔] 图 《鳥類》 ホオジロ (頬白).

며¹ /mjʌ/ 图 〔母音で終わる体言に付いて; 子音の場合は …이며〕 …や; …やら; で; …も. ∥바다며 유원지며 사람들로 만원이다 海も遊園地も人でいっぱいだ. 과자며 과일이며 엄청 사왔다 お菓子やら果物やらいっぱい買ってきた. 그 사람은 정치가며 예술가다 彼は政治家で芸術家である.

-며² /mjʌ/ 語尾 〔母音で終わる用言の語幹に付いて; 子音の場合は -으며〕 ❶ 2つ以上の動作や状態を並べる時に用いる連結語尾: …(し)て、…(し)たり、…であって. ∥양전하며 공부도 잘 한다 おとなしくて勉強もできる. ❷ …しながら. ∥음악을 들으며 커피를 마시며 音楽を聴きながらコーヒーを飲む. 사정을 말하며 울다 事情を話しながら泣く.

며느님 〔며느리の尊敬語〕 お嫁さん.

며느리 /mjʌnuri/ 图 嫁. ∥자부(子婦). ∥며느리를 보다 嫁を迎える [もらう].

며느릿-감 [-릳깜/-릳깜] 图 嫁候補. 嫁にしたい人.

며칠-날 [-친-] 图 (その月の) 何日. 何日.

며칠 /mjʌtɕʰil/ 图 〔며칠날の縮約形〕 何日. ∥오늘이 오월 며칠이야? 今日は 5 月何日だ? 며칠 있다가 옵니까? 何日後に来ますか. ❷ 数日. ∥며칠 지나서 다시 갔다 数日経ってからまた行った.

멱¹ 图 미역の縮約形.

멱² 图 のど首.

멱-따다 圓 のど首を締める; のど首を刺す.

멱-살 [-쌀] 图 胸ぐら. ∥멱살을 잡나 胸ぐらをつかむ.

면¹ (面) /mjʌn/ 图 ❶ 表面; 前面; 表. ∥동전의 앞면 コインの表面. ❷ 領域; ある方面. ∥모든 면에서 뛰어나다 あらゆる面で優れている. 자금 면에서는 문제가 없다 資金の面では問題がない. ❸ (数学) 面. ∥선과 면 線と面. ❹ (新聞の) 紙面. ❺ 政治면 政治面. ❺ ところ. ∥사회의 어두운 면 社会の暗いところ. 좋은 면도 있다 いいところもある.

면² (面) 图 《行政》 地方行政区域の一つ. ↔군(郡)の下, 이(里)の上.

면³ (綿) 图 木綿.

면⁴ (麵) 图 麵. 麵類の総称.

면⁵ 助 〔母音で終わる体言に付いて; 子音の場合は이면〕 …なら; …であれば. ∥저런 사람이 오빠면 좋겠다 ああいう人がお兄さんならいいのになあ.

-면⁶ /mjʌn/ 語尾 仮定の意味を表わす連結語尾. …と; …(れ) ば; …たら; …なら. ∥비가 오면 그만두자 雨が降ったらやめよう. 돈이 있으면 차를 사고 싶다 お金があれば、車を買いたい. 바다를 보면 마음이 차분해진다 海を見ると、心が落ち着く.

면구-스럽다 (面灸-) [-따] 图 ㅂ変 決まりが悪い; 気恥ずかしい. ∥그 일이 있어서 선생님을 뵙기가 면구스럽다 あんなことがあって先生にお目にかかるのが気恥ずかしい.

면담 (面談) 한자 面談. ∥담임 선생님과 면담하다 担任の先生と面談する. 면담을 요청하다 面談を求める.

면-대칭 (面對稱) 图 《数学》 面対称.

면도 (面刀) /mjʌndo/ 图 ひげ剃り. ∥면도를 하다 ひげを剃る.

면도-기 (面刀器) 图 ひげ剃り; シェーバー.

면도-날 (面刀-) 图 剃刀(??)の刃.

면도-칼 (面刀-) 图 剃刀.

연류 (麵類) [멸-] 图 麵類.

연류-관 (冕旒冠)【멸-】 图 正裝した時の王の冠.

면면 (面面) 图 ❶ (人・物の)あらゆる側面. ¶그 사람의 면면을 살펴보다 彼のあらゆる面を調べる. ❷ 顔ぶれ; 面々. ¶그 날 참석한 면면들 その日出席した面々.

면면-하다 (綿綿-) 囲【하옄】 綿々としている. **면면-히** 副 면면히 이어져 온 전통 綿々たる伝統.

면모¹ (面貌) 图 面貌; 面目. ¶면모를 일신하다 面目を一新する.

면모² (綿毛) 图 綿毛. 働솜털.

면목 (面目) /mjʌnmok/ 图 面目; 面貌; 様子. ¶면목이 안 서다 面目が立たない. 면목을 잃다 面目を失う〔つぶす〕. ▶면목(이) 없다 面目ない. 이렇게 져 버려서 면목이 없다 こんな負け方をして面目ない.

면밀-하다 (綿密-) 囲【하옄】 綿密だ. ¶면밀한 검토 綿密な検討. **면밀-히** 副

면-바지 (綿-) 图 コットンパンツ.

면박 (面駁) 图 (하他) 面と向かって非難すること. ¶면박을 주다 面と向かって非難する. 면박을 당하다 面と向かって非難される.

면-발 (麵-)【-빨】 图 麵類の腰.

면-방적 (綿紡績) 图 綿紡績.

면-방직 (綿紡織) 图 綿紡織.

면벽 (面壁) 图 (하自)【仏教】 面壁.

면봉 (綿棒) 图 綿棒.

면사 (綿絲) 图 綿糸; 木綿糸.

면-사무소 (面事務所) 图 〔地方行政区域の一つである〕면²(面)の役場.

면사-포 (面紗布) 图 花嫁のベール. ¶면사포를 쓰다 花嫁がベールをかぶる; 結婚式を挙げる.

면상¹ (面上) 图 面上; 顔面.

면상² (面相・面像) 图 面相; 顔立ち.

면서¹ 助 〔母音で終わる体言に付いて; 子音の場合は이면서〕 …であり; …でありながら. ¶한 남자의 아내면서 두 딸의 어머니 1人の男の妻であり2人の娘の母親.

-면서² /mjʌnsʌ/ 連尾 〔母音で終わる用言の語幹に付いて; 子音の場合は-으면서〕 ❶ …(し)ながら. ¶신문을 보면서 식사를 하다 新聞を読みながら食事をする. ❷ …のくせに. ¶잘 모르면서 아는 척하다 よく知らないのに知っているふりをする.

면-서기 (面書記) 图 면사무소(面事務所)に勤める公務員.

면세 (免稅) 图 (하他)【法律】 免稅.
  면세-점¹ (免稅店) 图 免稅店.
  면세-점² (免稅點)【-쩜】 图 免稅点.
  면세-품 (免稅品) 图 免稅品.

면소 (免訴) 图 (하他) 免訴.

면수 (面數)【-쑤】 图 ページ数.

면식 (面識) 图 面識. ¶면식이 있는 사람 面識のある人.

면식-범 (面識犯)【-뻠】图【法律】被害者と面識のある犯人. ¶이번 절도 사건은 면식범의 소행으로 추정되어 今回의 窃盗事件은 顔見知りの犯行と推定される.

면실-유 (綿實油)【-류】图 綿実油.

면-싸대기 (面-)【-싸-】图 낮の俗語.

면양 (綿羊・緬羊) 图【動物】ヒツジ(羊). 働양(羊).

면역 (免疫) /mjʌnjʌk/ 图 (하自)【医学】免疫. ¶면역이 생기다 免疫ができる. 면역 반응 免疫反応. 그의 이런 행동에는 어느 정도 면역이 되어 있다 彼のこのような行動にはある程度免疫ができている.

면역-성 (免疫性)【-썽】 图 免疫性; 免疫力.

면역-원 (免疫原)【生理】抗原. 働항원(抗原).

면역-체 (免疫體) 图 免疫体; 抗体. 働항체(抗體).

면역-학 (免疫學)【며녀칵】 图 免疫学.

면역-혈청 (免疫血淸)【며녀켤-】 图 【生理】免疫血淸.

면장¹ (免狀)【-짱】图 ❶ 〔면허장(免許狀)の略語〕免状. ¶수출 면장 輸出免状. ❷ 〔사면장(赦免狀)の略語〕赦状.

면장² (面長) 图 면²(面)の長.

면-장갑 (綿掌匣) 图 軍手. 働목장갑(木掌匣).

면적 (面積) 图 面積. ¶넓이. ¶삼각형의 면적 三角形の面積. 경작 면적이 넓다 耕作面積が広い.

면적-그래프 (面積 graph) 图【数学】面積グラフ.

면적-속도 (面積速度) 图【物理】面積速度.

면전 (面前) 图 面前.

면접 (面接) /mjʌntɕʌp/ 图 (하他) ❶ 面接. ¶사장이 직접 면접하다 社長が直接面接する. ❷ 〔면접시험(面接試驗)の略語〕. ¶면접을 보다 面接試験を受ける. 오늘 회사 면접이 있다 今日会社の面接試験がある.

면접-시험 (面接試驗) 图 面接試験. 働면접(面接). ¶면접시험을 보러 가다 ⇨ 面接試験을 受けに行く.

면제 (免除) 图 (하他) 免除. ¶병역 면제 兵役の免除. 수업료를 면제하다 授業料를 免除する. **면제-되다**【-뙤-】 (受身)

면-제품 (綿製品) 图 綿製品.

면조 (免租) 图 免租.
  면조-지 (免租地) 图 免租地.

면종-복배 (面從腹背)【-뻬】 图 (하自) 面從腹背.

면죄 (免罪) 【-/-해】 图 自他 免罪.
면죄-부 (免罪符) 【-/-해부】 图 免罪符.
면직¹ (免職) 图 他他 免職. 卿 해직(解職).
면직² (綿織) 图 〔면직물(綿織物)의 略語〕綿織物.
면직-물 (綿織物) 【-징-】 图 綿織物.
면책¹ (免責) 图 他他 免責.
면책 특권 (免責特權) 【-꿘】 图 免責特權. ‖국회의원에는 면책 특권이 있다 国会議員には免責特権がある.
면책² (面責) 图 他他 面と向かって責めること.
면포 (綿布) 图 綿布. 卿무명.
면피 (面皮) 图 面皮. 卿낯가죽.

면-하다¹ (面-) /mjəːnhada/ 自他 【하変】 面する; 臨む. ‖바닷가에 면하여 있는 별장 海辺に面している別荘.
면-하다² (免-) /mjəːnhada/ 他他 【하変】 免れる; 逃れる. ‖책임을 면하다 責任を逃れる. 위험을 면하다 危険から逃れる. 비난을 면할 수 없다 そしりを免れない.
면학 (勉學) 图 勉学. ‖면학에 힘쓰다 勉学にいそしむ[励む].
면허 (免許) /mjəːnhə/ 图 免許. ‖운전 면허 運転免許. 운전 면허를 따다 運転免許を取る. 운전 면허 학원에 다니다 自動車教習所に通う.
  면허-장 (免許狀) 【-짱】 图 免許状. 卿면장(免狀).
  면허-증 (免許證) 【-쯩】 图 免許証.
  면허-세 (免許稅) 【-쎄】 图 【法律】 免許税.
면화 (綿花) 图 〔植物〕 ワタ(綿).
  면화-씨 (綿花-) 图 綿の種.
면회 (面會) /mjəːnhwe/ 【-/-헤】 图 自他 面会. ‖면회하러 가다 面会に行く. 면회를 요청하다 面会を求める.
  면회-사절 (面會謝絶) 图 面会謝絶.
  면회-실 (面會室) 图 面会室.
  면회-인 (面會人) 图 面会人.
  면회-일 (面會日) 图 面会日.
멸공 (滅共) 图 共産主義を滅ごすこと.
멸구 (蛀虫) 图 ウンカ(横這い).
멸균 (滅菌) 图 他他 滅菌. 卿 殺菌. ‖멸균 소독 滅菌消毒.
멸망 (滅亡) 图 自他 滅亡. ‖잉카 제국의 멸망 インカ帝国の滅亡.
멸사-봉공 (滅私奉公) 【-싸-】 图 自他 滅私奉公.
멸시 (蔑視) 【-씨】 图 他他 蔑視. ‖가난하다고 해서 사람을 멸시해서는 안 된다 貧しいからといって人を蔑視してはいけない. **멸시-받다** [-닫따] 受動
멸종 (滅種) 【-쫑】 图 自他 種の絶滅. ‖멸종 위기에 처하다 絶滅の危機に瀕する.

멸치 /mjəltɕʰi/ 图 〔魚介類〕カタクチイワシ(片口鰯). ‖멸치는 칼슘의 보고이다 カタクチイワシはカルシウムの宝庫だ.
  멸치-젓 [-쩓] 图 片口鰯の塩辛.
  멸치-조림 图 〔料理〕片口鰯の稚魚を醤油またはコチュジャンで煮つけたもの.
멸-하다 (滅-) 图 他 【하変】 滅ぼす.
명¹ (明) 图 〔姓〕 (ミョン).
명² (明) 图 〔歷史〕 〈中国王朝の〉明(ミン) (1368～1644).
명³ (命) /mjəŋ/ 图 ❶ 命; 寿命. ‖명이 길다 寿命が長い. ❷ 명령(命令)의 略語. ‖명을 내리다 命を下す.
명⁴ (名) 依名 人数の単位; …名; …人. ‖모인 사람은 전부 다섯 명이었다 集まった人は全部で５名だった.
명-⁵ (名) 接頭 名…. ‖명연설 名演説. 명선수 名選手.
명⁶ (名) 接尾 …名. ‖잡지명 雑誌名.
명가 (名家) 图 名家.
명검 (名劍) 图 名劍; 名刀.
명견 (名犬) 图 名犬.
명경-지수 (明鏡止水) 图 明鏡止水.
명곡 (名曲) 图 名曲.
명과 (銘菓) 图 銘菓.
명관 (名官) 图 優れた官吏.
명구 (名句) 【-꾸】 图 名句.
명군 (名君) 图 優れた君主.
명궁 (名弓) 图 명궁수(名弓手)의 略語.
  명-궁수 (名弓手) 图 名射手; 弓の名人. 卿명궁(名弓).
명기¹ (名妓) 图 名高い芸者.
명기² (名器) 图 名器.
명기³ (明記) 图 他他 明記.
명단 (名單) 图 名簿; リスト. ‖회원 명단 会員名簿. 합격자 명단 合格者リスト.
명답 (名答) 图 名答.
명당 (明堂) 图 ❶ (風水で)地勢や水勢がいいと言われる墓地や敷地. ❷ 〔比喩的に〕ちょうどいい場所.
  명당-자리 (明堂-) 【-짜-】 图 もってこいの場所.
명도¹ (明度) 图 〔美術〕 明度. 卿채도(彩度)·색상(色相).
명도² (冥途) 图 〔仏教〕 冥土; 黄泉.
명동 (明洞) 图 明洞(ミョンドン). ✚ソウルの繁華街.
명란 (明卵) 【-난】 图 명란(明卵)의 略語.
  명란-젓 (明卵-) 【-난쩓】 图 〔料理〕タラコの塩辛.
명랑-하다 (明朗-) /mjəŋnaŋhada/ 【-낭-】 图 【하変】 朗らかだ; 陽気だ; 明朗だ. ‖명랑한 성격 明るい性格. 명랑한 사람 陽気な人.
명령 (命令) /mjəŋɲjəŋ/ 【-녕】 图 自他 命令. 卿 명(命). ‖공격을 명령하다 攻撃を命令する. 명령을

거역하다 命令에 背く. 명령에 따르िだ 命令に従う. 명령을 내리다 命令を下す. 명령대로 해! 命令通りやれ! 행정 명령 行政命令.
명령-문(命令文)图《言語》命令文.
명령-조(命令調)【-녕조】图 命令口調. ‖언제나 명령조로 말하다 いつも命令口調で言う. 말투가 명령조다 言い方が命令的だ.
명령-형(命令形)图《言語》命令形.
명료-하다(明瞭-)【-뇨-】圈【하変】明瞭だ. ‖간단명료하다 簡単明瞭だ.
명리(名利)【-니】图 名利. ‖명리를 추구하다 名利を追う.
명마(名馬)图 名馬.
명망(名望)图 名望. ‖명망 있는 사람 名望ある人.
명망-가(名望家)图 名望家.
명맥(命脈)图 命脈. ‖명맥을 유지하다 命脈を保つ. 명맥을 이어가다 命脈をつないでいく.
명멸(明滅)图【하変】明滅.
명명(命名)图【하変】命名.
명명-식(命名式)图 命名式.
명명백백-하다(明明白白-)【-삐ㄱ카-】圈【하変】 明々白々だ. ‖명명백백한 사실 明々白々たる事実. 누구의 잘못인지 명명백백해지다 誰の過ちか明々白々になる.
명목(名目)/mjəŋmok/图 名目. ‖명목뿐인 사장 名目だけの社長. 연구비 명목으로 지급하다 研究費の名目で支給する.
명목-론(名目論)【-몽논】图 名目論.
명목-임금(名目賃金)图 名目賃金. 四실질 임금(實質賃金).
명문[1](名文)图 名文.
명문[2](名門)图 名門; 名家.
명문-가(名門家)图 名門の家柄.
명문-거족(名門巨族)图 名高い家柄と繁栄している一族.
명문-교(名門校)图 名門校.
명문-화(名文化)图【하変】明文化.
명물(名物)图 名物.
명민-하다(明敏-)圈【하変】明敏だ.
명반-석(明礬石)图《鉱物》明礬石.
명-배우(名俳優)图 名優.
명백-하다(明白-) /mjəŋbɛkʰada/【-배ㄱ카-】圈【하変】 明白だ; 明らかだ. ‖엄연한 사실 明白な事実. **명백-히** 副
명복(冥福)图 冥福. ‖명복을 빕니다 ご冥福をお祈りします.
명부[1](名簿)图 名簿.
명부[2](冥府)图《仏教》冥府; 冥土.
명부-전(冥府殿)图《仏教》冥府殿.
명분(名分) /mjəŋbun/图 名分. ‖명분이 안 서다 名分が立たない. 전쟁에는 명분이 필요하다 戦争には名分が必要. 대의명분 大義名分.
명사[1](名士)图 名士.
명사[2](名詞)图《言語》名詞.
명사-구(名詞句)图《言語》名詞句.
명사-절(名詞節)图《言語》名詞節.
명사-형(名詞形)图《言語》名詞形.
명산[1](名山)图 名山.
명산[2](名産)图 ❶ 名産. ❷ 명산물(名産物)の略称.
명-산물(名産物)图 名産物. ⊕명산(名産).
명-산지(名産地)图 名産地.
명상(瞑想·冥想)图【하変】瞑想. ‖명상에 잠기다 瞑想にふける.
명상-곡(瞑想曲)图《音楽》瞑想曲.
명상-록(瞑想錄)【-녹】图 瞑想錄; パンセ.
명상-적(瞑想的)图 瞑想的.
명색(名色)图 (ある部類としての)名; 名目; 肩書き; 肩書き上. ‖명색이 영어 선생인데 그 정도 영어는 알아듣는다 一応(肩書きが)英語の教師なのでその程度の英語は聞き取れる.
명석-하다(明晳-)【-서카-】圈【하変】 明晳だ. ‖명석한 두뇌 明晳な頭脳.
명성(名聲)图 名声. ‖명성이 자자하다 名高い.
명성[2](明星)图《天文》明星; 金星.
명세(明細)图 明細. ⊕내역(內譯). ‖급여 명세 給与の明細.
명세-서(明細書)图 明細書. ‖지출 명세서 支出明細書.
명소(名所)图 名所. ‖관광 명소 観光名所.
명수[1](名手)图 名手; 名人. ‖활의 명수 弓の名手.
명수[2](名數)【-쑤】图 人数.
명승[1](名僧)图 名僧.
명승[2](名勝)图 名勝.
명승-지(名勝地)图 名勝地; 景勝地.
명시[1](明示)图【하変】明示. ⊕암시(暗示). ‖이유를 명시하다 理由を明示する.
명시[2](名詩)图 名詩.
명실(名實)图 名実. ▶명실 공히 名実共に. 명실 공히 한국을 대표하는 작가 名実共に韓国を代表する作家.
명실상부-하다(名實相符-)圈【하変】名実相符する.
명심-하다(銘心-)他【하変】肝に銘じる.
명안(名案)图 名案.
명암(明暗) /mjəŋam/ 图 明暗. ‖명암이 엇갈리다 明暗が分かれる.
명암-법(明暗法)【-뻡】图《美術》明暗法; 陰影画法; キアロスクーロ.
명약관화-하다(明若観火-)【-콴-】圈【하変】火を見るよりも明らかだ. ‖명

약관화한 사실. 火を見るよりも明らかな事実.
명언(名言)图 名言.
명예(名譽)/mjŋnje/图 名譽.∥집안의 명예 家門의 名譽. 명예로 생각하다 名譽に思う. 명예를 지키다 名譽を保つ∥명예가 걸려 있는 문제 名譽にかかわる問題.
명예¹**교수** (名譽敎授)图 名譽敎授.
명예-**롭다** (名譽-)【-따】[ㅂ變]名譽だ.∥명예로운 상 名譽ある賞. **명예로이** 图
명예박사 (名譽博士)【-씨】图 名譽博士.
명예심 (名譽心)图 名譽心.
명예욕 (名譽慾)图 名譽慾.
명예직 (名譽職)图 名譽職.
명예-**퇴직** (名譽退職)【-/-꿰-】图 早期退職;希望退職.
명예훼손 (名譽毀損)图 名譽毀損.
명예훼손죄 (名譽毀損罪)【-죄/-꿰】[法律]名譽毀損罪.
명왕성 (冥王星)图[天文]冥王星.
명월 (明月)图 明月.
명의¹ (名義)【-/-이】图 名義.∥개인 명의의 재산 個人名義の財産. 명의 변경 名義變更. 명의를 빌리다 名義を借りる.
명의² (名醫)【-/-이】图 名醫.
명인 (名人)图 名人;達人.
명일 (命日)图 命日.∥기일(忌日).
명작 (名作)图 名作.
명장 (名將)图 名將.
명저 (名著)图 名著.
명절 (名節)/mjŋndʒŏl/图 民俗的祝祭日(長い慣習によって定められた祝日).
✢1月の설날・2月の한식(寒食)・5月の단오(端午)・8月の추석(秋夕)等, 季節ごとに意味のある日. 現在は, 旧曆の1月の설날と8月の추석がメーンになっている.
명정 (酩酊)图 酩酊.
명제 (命題)图 命題.
명조-**체** (明朝體)图 明朝体.
명주¹ (明紬)图 絹織物.
명주-**실** (明紬-)图 絹糸.
명주-**옷** (明紬-)【-온】图 明紬で作った衣服.
명주² (銘酒)图 銘酒.
명주-**잠자리** (明紬-)图[昆蟲]ウスバカゲロウ(薄羽蜻蛉).
명-**줄** (命-)【-쭐】图〔수명(壽命)の俗語〕寿命.∥명줄이 길다 寿命が長い.
명중 (命中)图[自動]命中.∥과녁에 명중하다 的に命中する.
명찰 (名札)图 名札.働 이름표 (一標).∥명찰을 달다 名札をつける.
명창 (名唱)图 歌の名人.

명치 (解剖)图 みぞおち.
명칭 (名稱)图 名称.∥정식 명칭 正式の名称.
명-**콤비** (←名combination)图 名コンビ.
명쾌-**하다** (明快-)[刑][하変]明快だ.∥명쾌한 논리 明快な論理. 단순 명쾌하다 単純明快だ. **명쾌히** 图
명태 (明太)/mjŋntʰe/图[魚介類]スケトウダラ(介党鱈).
명태-**국** (明太-)【-태꾹/-땓꾹】图[料理]スケトウダラのスープ.
명퇴 (名退)〔명예퇴직(名譽退職)の略語〕早期退職;希望退職.
명패 (名牌)图 名前や職名が記されている三角錐の札.
명품 (名品)图 名品;ブランド品;ブランド商品.
명필 (名筆)图 名筆.
명-**하다** (命-)[他][하変]命じる;命令する.
명함 (名銜・名啣)/mjŋnham/图 名刺.∥명함을 주고받다 名刺を交換する. 명함을 내놓다 名刺を差し出す. ▶ 명함도 못 들이다 比べものにならないほど, 程度の差がはなはだしい. ▶ 명함을 내밀다 存在をアピールする.
명함-**판** (名銜判)图 名刺判;名刺サイズ.∥명함판 사진 名刺判の写真.
명화 (名畵)图 ❶名画;名高い絵. ❷有名な映画.
명확-**하다** (明確-) /mjŋnhwakʰada/【-확카-】[刑][하変]明確だ;明らかだ.∥명확한 날짜가 생각이 나지 않다 明確な日付が思い出せない. **명확히** 图 内容을 명확히 하다 内容을 明確にする.

몇 /mjŏt/ [冠] [數] いくつ;何人.∥올해 나이가 몇 살이에요? 今年おいくつですか. 운동장에는 아이들 몇이 놀고 있었다 校庭には何人かの子どもが遊んでいる.
── 图 何… ∥아이는 몇 살이에요? お子さんは何歲ですか. 몇 개 필요해요? 何個必要ですか. 한국에는 몇 번이나 가셨어요? 韓国は何回行かれましたか. 몇 월 며칠 何月何日.
몇-**몇** (번밀)[冠]若干;何人.∥몇몇이 모여 대책을 세우다 何人かが集まって対策を立てる.
── 图 いくらかの;若干の;何人か.∥몇몇 사람은 안 자고 있었다 何人か起きていた.
모¹ 图 苗;苗木.∥모를 심다 田植えをする.
모² 图 윷놀이에서 4 本의 윷이 全部表向きになること.
모³ /mo/ 图 ❶角.∥모가 나다 角が立つ. 성격이 모가 나다 性格がとげとげしい. 모가 나는 말투 角のある言い方. ❷角度.∥여러 모로 생각하다 色々な角度から考える.

모⁴ 〈牟〉【姓】牟(モ).
모⁵ 〈毛〉【姓】毛(モ).
모⁶ 〈某〉冠 某(だれ).∥김 모 씨 金某.
— 名 某….∥모 대학 某大学.
모⁷〈模〉…丁.∥두부 한 모 豆腐一丁.
모가지 名 〔목의 俗語〕首.∥모가지가 날아가다 首になる;解雇される. ▶모가지를 자르다 首にする;解雇する.
모감주(模感珠)名 モクゲンジの実.
  모감주-나무 〔植物〕モクゲンジ(木欒子).
모계(母系)【-/-계】名 母系.∥부계(父系).∥모계사회 母系社会.
모골(毛骨)名 毛と骨. ▶모골이 송연하다 身の毛がよだつ.
모공(毛孔)名 毛穴.∥털구멍.
모과 /mo:gwa/ 名 カリンの実.
  모과-나무 〔植物〕カリン(花梨).
  모과-차 (-茶)名 薄切りにし砂糖や蜂蜜につけたカリンの実の茶.
모관(毛管)名 毛管.
모교(母校)名 母校;出身校.
모국(母國)名 母国.
  모국-어(母國語)名 母国語.
모굴(mogul)名 〔スポーツ〕モーグルスキー.
모권(母權)【-꿘】名 母権. ⑦부권(父權).
  모권-제(母權制)【-꿘-】名 母権制.
모근(毛根)【解剖】名 毛根.
모금¹(募金)名他動 募金.∥모금 운동 募金活動;カンパ.
모금²依名 ❶ …口.∥물 한 모금 水一口. ❷ …服.∥담배 한 모금 タバコ一服.
모기 /mo:gi/ 名 〔昆虫〕カ(蚊).∥모기에 물리다 蚊に刺される.
  모기-장(-帳)名 蚊帳.
  모기-향(-香)名 蚊取り線香.∥모기향을 피우다 蚊取り線香をたく.
  모깃-불 [-기뿔/-긷뿔] 名 蚊遣り火.
  모깃-소리 [-기쏘-/-긷쏘-] 名 ① 蚊が出す音. ② 非常に小さい声.∥모깃소리만한 목소리 蚊の鳴くような小さい声.
모기지(mortgage)名〔経〕モーゲージ;担保;抵当.
모-나다 形 角立つ;角張る.∥모난 얼굴 角張った顔. ▶모난 돌이 정 맞는다【出る杭は打たれる】.
모나코(Monaco)名〔国名〕モナコ.
모낭(毛囊)名 毛嚢(﹅﹅).
모-내기 名他動 田植え.
모-내다 自動 田植えをする.
모녀(母女)名 母と娘.∥모녀 간에 母と娘の間に.
모년(某年)名 ある年;某年.∥모년 모월 某年某月.
모노그램(monogram)名 モノグラム.
모노-드라마(monodrama)名 モノドラマ.
모노-레일(monorail)名 モノレール.
모놀로그(monologue)名 モノローグ. ⑭다이얼로그.
모눈-종이 名 方眼紙.
모니터(monitor)名 モニター.
모니터링(monitoring)名 モニタリング.
모닐리아-증(Monilia症)【-쯩】名〔医学〕モニリア症.
모닝-커피(+morning+coffee)名 モーニングコーヒー.
모닝-코트(morning coat)名 モーニングコート.
모닝-콜(morning call)名 モーニングコール.
모닥-불 [-뿔] 名 たき火.∥모닥불을 피우다 たき火をする.
모당(母堂)名〔他人의어머니의尊敬語〕母上;母堂.
모더니스트(modernist)名 モダニスト.
모더니즘(modernism)名 モダニズム.
모던(modern)名 モダン.
  모던 발레(modern ballet)名 モダンバレエ.
  모던 재즈(modern jazz)名〔音楽〕モダンジャズ.
모데라토(moderato ⁱ)名〔音楽〕モデラート.
모델(model)/모델/ 名 モデル.
  모델-케이스(model case)名 モデルケース.
  모델 하우스(model house)名 モデルハウス. ⑭견본 주택(見本住宅).
모뎀(modem)〔IT〕モデム.
모독(冒瀆)名他動 冒瀆(﹅﹅).∥신을 모독하다 神を冒瀆する.
모두¹/modu/ 名 皆;全員.∥가족 모두가 좋아하는 음식 家族皆が好きな料理.
— 副 全部(で);皆(で).∥모두 가 버렸다 皆行ってしまった. 모두 얼마예요? 全部でいくらですか. 모두 이 난관을 극복합시다 皆で力を合わせてこの困難を乗り切りましょう.
모두²(冒頭)名 冒頭.
  모두-진술(冒頭陳述)名〔法律〕冒頭陳述.
모둠-발 名 両足を揃えること.
모듈(module)名 モジュール.
모드(mode) /mo:du/ 名 モード.∥모드 잡지 モード雑誌. 한글 입력 모드 ハングル入力モード.
모든 /mo:dɯn/ 冠 すべての…;あらゆる…∥내가 가진 모든 것 私が持っているすべて. 모든 사람들 あらゆる人々;すべての人々.
모라토리엄(moratorium)名 モラトリアム. ⑭지급 유예(支給猶豫).
모락-모락【-랑-】副〔湯気·煙などが〕

もくもくと立ち込める様子. ∥김이 모락 모락 나다 湯気がもくもくと立ち込める.
모란 (牡丹)〔名〕〔植物〕 ボタン(牡丹).
모란-꽃 (牡丹-)〔名〕 ボタンの花.

모래
/more/〔名〕 ❶놀이터에서 모래 장난을 하다 公園で砂遊びをする.
모래-땅〔名〕 砂地.
모래-밭 [-받]〔名〕 =모래톱.
모래-사장 (-沙場)〔名〕 砂浜; 砂場. ∥모래사장을 거닐다 砂浜を散歩する.
모래-성 (-城)〔名〕 砂でつくった城; 砂上の楼閣. ∥모래성을 쌓다 砂の城をつくる.
모래-시계 (-時計)〔-/-게〕〔名〕 砂時計.
모래-주머니〔名〕 砂袋.
모래-찜질〔名〕 砂風呂.
모래-톱〔名〕 砂浜.
모래-흙 [-흑]〔名〕 砂土.
모랫-바닥 [-래빠-/-랟빠-]〔名〕 砂だらけの地面.
모래-무지〔名〕〔魚分類〕 スナモグリ(砂潜).
모략 (謀略)〔名他〕 謀略. ∥중상 모략 中傷謀略.
모럴 (moral)〔名〕 モラル.

모레
/more/〔名〕 あさって; 明後日. ∥모레는 비가 오겠습니다 あさっては雨でしょう. 모레 아침에 출발합니다 あさっての朝, 出発します.
모로〔副〕 斜めに; 横に; 横向きに. ∥모로 눕다 横向きに寝る. ▶모로 가도 서울만 가면 된다〔諺〕(どう行こうが都が行き着けばいい)の意で)どういう手を打とうが目的さえ達すればよい.
모로코 (Morocco)〔名国名〕 モロッコ.
모롱이〔名〕 山の曲がりの角.
모르는〔冠〕〔르変〕 모르다(知らない·分からない)の現在連体形.

모르다
/moruda/〔他〕〔르変〕[몰라, 모르는] ❶ 知らない; 分からない. ∥알다. 문제의 답을 모르다 問題の答えを知らない. 부끄러운 줄을 모르다 恥を知らない. 길을 모르다 道を知らない. 그 말을 듣고 얼마나 놀랐는지 모른다 それを聞いてどれほど驚いたか分からない. 모르는 사람 知らない人. 모르는 체하다 知らんぷりをする; 白を切る. ❷ 覚えがない; 関知しない. ∥그 때 무슨 일을 했는지 전혀 모르겠다 あの時何と言ったか全く覚えていない. ∥나로서는 모르는 일이다 私の関知するところではない. ❸ 気づかない; 悟らない. ∥틀린 것을 모르고 있다 ミスに気づいていない. ❹[…-ㄹ지(도) 모른다の形で] ~かも知れない. ∥내일 못 올지 모르겠다 明日来られないかも知れない. 그럴지 모르지 そうかも知れない. ▶모르면 몰라도 はっきりとは言えないが; 恐らく; 多分. ▶ 모르면 약이요 아는 게 병〔諺〕 知らぬが仏.
모르모트 (←marmotte [7])〔名〕〔動物〕 モルモット.
모르몬-교 (Mormon 教)〔名〕〔宗教〕 モルモン教.
모르타르 (mortar)〔名〕〔化学〕 モルタル.
모르핀 (morphine)〔名〕〔薬〕 モルヒネ.
모른〔冠〕〔르変〕 모르다(知らない·分からない)の過去連体形.
모를〔冠〕〔르変〕 모르다(知らない·分からない)の未来連体形.
모름지기〔副〕 当然に; すべからく. ∥학생은 모름지기 공부를 해야 한다 学生はすべからく勉強すべし.
모리-배 (謀利輩)〔名〕 自分の利益だけを企む輩.
모리셔스 (Mauritius)〔名国名〕 モーリシャス.
모리타니 (Mauritanie)〔名国名〕 モーリタニア.
모면 (謀免)〔名他自〕 (困難な状況·責任·罪などから)免れること. ∥위기를 모면하다 危機を免れる.
모멸 (侮蔑)〔名他〕 侮蔑; さげすむこと.
모모 (某某)〔代〕 某々. ∥모모가 주선한 모임 某々が取り持った集まり. ── 某. ∥모모 大学 某大学.
모밀 메밀の誤り.
모바일 (mobile)〔名〕 モバイル.
모반[1] (母斑)〔名〕 母斑.
모반[2] (謀反)〔名自他〕 謀反. ∥모반을 일으키다 謀反を起こす.
모발 (毛髪)〔名〕 毛髪. ⑦두발(頭髪)·머리털.
모방 (模倣·摸倣)〔名他〕 模倣. ⑦창조. ∥模倣. ∥다른 사람의 작품을 모방하다 人の作品を模倣する. 서양 예술의 단순한 모방에 불과한 西洋芸術の単なる模倣にすぎない.
모범 (模範)〔名〕/mobəm/〔名〕 模範; 手本. ∥모범을 보이다 模範を示す. 모범 답안 模範解答. 후배들의 모범이 되다 後輩たちの手本となる.
모범-생 (模範生)〔名〕 模範生.
모범-수 (模範囚)〔名〕 模範囚.
모범-적 (模範的)〔名〕 模範的. ∥모범적인 학생 模範的な学生.
모범-택시 (模範 taxi)〔名〕 模範タクシー. ✚一般タクシーよりよい車種でよいサービスを提供するタクシー. 料金も一般タクシーより高く, 車体が黒であるのが特徴.
모병 (募兵)〔名自他〕 募兵.
모빌 (mobile)〔名〕 モビール.
모사[1] (謀事)〔名自他〕 謀り事.
모사[2] (模写)〔名他〕 模写.
모사-본 (模写本)〔名〕 模写本.

모색 (摸索·模索) /mosek/ 하타 摸索. ‖ 문제의 해결 방안을 모색하다 問題の解決案を摸索する. 암중모색 暗中摸索.

모서리 图 角; ふち; 端; コーナー. ‖ 책상 모서리 机の角.

모선[1] (母船) 图 母船.

모선[2] (母線) 图 〖数学〗 母線.

모성 (母性) 图 母性. ㉮부성(父性). ‖ 모성 본능을 자극하는 母性本能をすぐる.

모성-애 (母性愛) 图 母性愛.

모세-관 (毛細管) 〔모세 혈관(毛細血管)의 略語〕毛細管.

모세관-현상 (毛細管現象) 图 〖物理〗毛細管現象; 毛管現象.

모-세포 (母細胞) 图 〖生物〗 母細胞; 幹細胞. ㉮낭세포(嬢細胞).

모세-혈관 (毛細血管) 图 〖解剖〗 毛細血管. ㉯실핏줄. ㉫모세관(毛細管).

모션 (motion) 图 モーション. ‖슬로 모션 スローモーション.

모수 (母数) 图 〖数学〗 母数.

모순 (矛盾) /mosun/ 图 되 矛盾. ‖ 모순되는 말을 하고 있다 矛盾する話をしている. 앞뒤가 모순되는 의견 前後矛盾する意見. 모순투성이 矛盾だらけ. 자기모순 自己矛盾.

모스^부호 (Morse 符號) 图 モールス符号.

모스크 (mosque) 图 モスク; イスラム教のお社.

모스키토-급 (mosquito 級) 图 〔アマチュアボクシングで〕モスキート級.

모슬렘 (Moslem) 图 〖宗教〗 モスレム; ムスリム.

모습 /mosup/ 图 ❶姿; 面影. ‖양복을 입은 모습 スーツ姿. 모습을 감추다 姿をくらます. 어릴 때의 모습 幼時の面影. ❷様子; 格好. ‖서울의 발전된 모습 ソウルの発展した様子. 초라한 모습으로 돌아왔다 みすぼらしい格好で帰ってきた. 어떤 모습으로 나타날까? どう格好で現われるだろう.

모시 苧麻(㿉)の皮で織った布.

모시-나비 图 〖昆虫〗 アゲハチョウ(揚羽蝶).

모시다 /mo:ʃida/ 他 ❶ 仕える; かしずく. ‖부모님을 모시다 親に仕える. ❷ 案内する; お供する. ‖ 제가 모시고 가겠습니다 私がお供します. ❸ 推戴(㿉)する. ‖총재로 모시다 総裁に推戴する. ❹ 〔祭祀などを〕執り行なう; 祭る. ‖제사를 모시다 祭祀を執り行なう. ❺ 極めて大切に扱う.

모시-조개 (魚之類) アサリ(浅蜊).

모시-풀 图 〖植物〗 カラムシ(苧麻).

모식 (模式) 图 模式.

모식-도 (模式圖) 【-또】 图 模式図.

모-심기 [-끼] 图 되 田植え. ‖ 농촌은 모심기가 한창이다 農村は田植えの真っ只中だ.

모-심다 [-따] 国 田植えをする.

모씨 (某氏) 图 某氏; なにがし.

모아-들이다 他 かき集める; 寄せ集める.

모양 (模樣·貌樣) /mojaŋ/ 图 ❶形; 色々な形. 비슷한 모양 似たような形. 머리 모양 髪型; ヘアスタイル. ❷ 格好; 様子; 成り行き. ‖이상한 모양의 모자 変な格好の帽子. ❸ 状況; 状態. ‖사는 모양이 말이 아니다 暮らし向きが見るに忍びない. ❹ 方法; やり方. ‖이 모양으로 해서는 안 된다 こういうやり方では駄目だ. ❺ 〔…모양이다の形で〕…のようだ; …みたいだ; …様子だ. ‖비가 오는 모양이다 雨が降っているようだ. 회사를 그만둔 모양이다 会社を辞めたみたいだ.

모양-내다 (模樣-) 国 めかす; しゃれる.

모양-새 (模樣-) 图 外見; 格好; 体裁. ‖모양새를 갖추다 体裁を整える.

모어 (母語) 图 〖言語〗 母語; 祖語.

모어-화자 (母語話者) 图 〖言語〗 母語話者; ネーティブスピーカー. ㉯원어민(原語民).

모여-들다 国 [ㄹ語幹] 集まってくる. ‖이상한 소리에 사람들이 모여들었다 おかしな物音に人々が集まってきた.

모욕 (侮辱) 图 하타 侮辱. ‖많은 사람들 앞에서 모욕을 당하다 大勢の前で侮辱を受ける. 모욕을 주다 侮辱を加える.

모욕-적 (侮辱的) 【-쩍】 图 侮辱的. ‖모욕적인 언사 侮辱的な言葉.

모월 (某月) 图 ある月; 某月.

모유 (母乳) 图 母乳.

모으다 /mouda/ 他 [으変] 모아, 모으는 ❶ 集める; 集合させる. ‖ 전원을 회의실로 모으다 全員を会議室に集める. 낙엽을 한군데로 모으다 落ち葉を一か所に集める. 중지를 모으다 衆知を集める. 눈길을 모으다 視線を集める. ❷ 募る; 募集する. ‖희망자를 모으다 希望者を募る. ❸ 貯める; 蓄える. ‖돈을 좀 모았다 お金を少し貯めた. ❹ 合わせる. ‖두 손을 모으다 両手を合わせる. ㉫모이다.

모음 (母音) /mo:um/ 图 〖言語〗 母音.

모음-동화 (母音同化) 图 〖言語〗 母音同化.

모음-곡 (-曲) 图 〖音楽〗 組曲. ㉮조곡(組曲).

모음^삼각형 (母音三角形) 【-가켱】 图 〖言語〗 母音三角形.

모음-조화 (母音調和) 图 〖言語〗 母音

調和.
모의 (模擬) [모/-이] 图 他 模擬.
　모의-고사 (模擬考查) 图 = 모의시험(模擬試驗).
　모의-국회 (模擬國會) [-구괴/-이구퀘] 图 模擬國會.
　모의-시험 (模擬試驗) 图 模擬試驗; 模試.
　모의-재판 (模擬裁判) 图 模擬裁判.
　모의-전 (模擬戰) 图 (軍事) 模擬戰.
모이 图 (鳥의) 餌. ‖닭 모이를 주다 鷄に餌を与える.

모이다 /moida/ [모으다의 受身動詞] 图 ❶ 集まる; 集合する. ‖강당으로 모이다 講堂に集まる. 기부금이 꽤 모였다 寄付金がかなり集まった. ❷ 貯まる. ‖돈이 좀체 안 모이다 お金がなかなか貯まらない.
모이-주머니 图 (鳥類) 嗉嚢(そう).
모일 (某日) 图 ある日; 某日.
모임 (某日) 图 集まり; 會合; 寄り合い. ‖모임에 나가다 집まりに出る. 성대한 모임 盛大な集まり.
모자¹ (母子) 图 母と息子.
　모자-간 (母子間) 图 母と息子の間.
모자² (帽子) /modʒa/ 图 帽子. ‖모자를 쓰다[벗다] 帽子をかぶる[取る]. 모자를 쓴 채로 앉아 있다 帽子をかぶったまま座っている. 밀짚모자 麦わら帽子.
　모자-챙 (帽子-) 图 帽子の庇(ひさし).

모자라다 /modʒarada/ [刑] ❶ 足りない; 不足している. ‖돈이 좀 모자라다 お金が少し足りない. 실력이 모자라다 実力が足りない. ❷ 頭が低い. ‖좀 모자라는 사람 知能がや弱い人.

모자이크 (mosaic) 图 モザイク. ‖모자이크 무늬 モザイク柄.
모잠비크 (Mozambique) 图 (国名) モザンビーク.
모정¹ (母情) 图 (子に対する) 母の愛情.
모정² (慕情) 图 慕情.
모조 (模造) 图 他 模造. ‖모조 진주 模造真珠.
　모조-석 (模造石) 图 人造石.
　모조-지 (模造紙) 图 模造紙.
　모조-품 (模造品) 图 模造品; イミテーション. ‖진품을 능가하는 모조품들이 판친다 本物をしのぐ模造品がのさばっている.
모조리 /modʒori/ 圖 全部; すべて; 残らず; かたっぱしから; あらいざらい. ‖그 일과 관련된 자료는 모조리 버리다 その仕事と関係のある資料は残らず捨てる. 모조리 집어던지다 かたっぱしから投げつける.
모종 ¹ 图 苗; 苗木. ‖모종을 심다 苗木を植える.

모종² (某種) 图 ある種.
모-지다 [刑] ❶ 角張っている; 角が立っている. ❷ (性格が) 円満でなくとげとげしい; 冷たい. ‖모진 말투 角のある言い方.
모직 (毛織) 图 毛織.
　모직-물 (毛織物) 图 [-징-] 毛織物.
모질다 /moːdʒilda/ [刑] [語幹] [모질어, 모지니] ❶ 残忍だ; 酷だ; 惨い; きつい. ‖모진 말을 하다 きついことを言う. 모진 성격 残忍な性格. ❷ 気を強く持つ. ‖마음을 모질게 먹다 心を鬼にする. ❸ 激しい; 厳しい. ‖모진 추위 厳しい寒さ. 모진 바람 激しい風. ▶모진 놈 옆에 있다가 벼락 맞는다 [諺] 「悪人のそばにいて落雷にあう」の意で) 悪人のそばにいてそばづえを食う.
모집 (募集) /modʒip/ 图 他 募集. 會員을 모집하는 會員を募集する. 모집 광고 募集広告. 모집 인원 募集人員. 입학생 모집 요강 入学生の募集要項.
　모-집단 (母集團) 图 [-딴] 母集團.
모쪼록 圖 どうか; くれぐれも. ‖모쪼록 건강에 유의하시기를 바랍니다 くれぐれもお体にはお気をつけください.
모책 (謀策) 图 謀策.
모처 (某處) 图 某所.
모-처럼 ❶ せっかく; わざわざ. ‖모처럼 찾아갔는데 집에 없었다 せっかく訪ねていったのに, 不在だった. ❷ [名詞的に] 久しぶり. ‖모처럼의 음악회 久しぶりの音楽会.
모천 (母川) 图 母川.
모체 (母體) 图 母体.
모충 (毛蟲) 图 毛虫.
모친 (母親) 图 母親; お母様. (和) 부친(父親).
　모친-상 (母親喪) 图 母親の喪. ‖모친상을 당하다 母親に死なれる; 母親の喪に服する.
모태 (母胎) 图 母胎.
모터 (motor) 图 モーター.
　모터-보트 (motor-boat) 图 モーターボート.
　모터-쇼 (-show) 图 モーターショー.
　모터-바이시클 (motor bicycle) 图 オートバイ.
　모터사이클 (motorcycle) 图 = 모터바이시클.
모텔 (motel) 图 モーテル.
모토 (motto) 图 モットー.
모퉁이 /motʰuŋi/ 图 曲がり角; 隅. ‖길 모퉁이 街角; 曲がり角. 모퉁이를 돌다 角を曲がる. 길 한모퉁이에서 ある街角で.
모티프 (motif) 图 モチーフ.
모-판 (-板) 图 苗床.
모포 (毛布) 图 毛布. (和) 담요(毯-).
모표 (帽標) 图 帽章.

모피 (毛皮) 图 毛皮. ⑩털가죽. ▶모Ⅲ 코트 毛皮のコート.

모필 (毛筆) 图 毛筆.
　모필-화 (毛筆畵) 【美術】 毛筆畵.

모함¹ (母艦) 图 【軍事】 母艦. ▶항공모함 航空母艦.

모함² (謀陷) 图 하他 はかりごとを巡らし陷れること; 謀略.

모험 (冒險) /moːhʌm/ 图 하他 冒險. ‖모험을 즐기다 冒險を樂しむ. 그런 모험은 하고 싶지 않다 そんな冒險はしたくない.
　모험-가 (冒險家) 图 冒險家.
　모험-담 (冒險談) 图 冒險談.
　모험-심 (冒險心) 图 冒險心.
　모험-적 (冒險的) 图 冒險的.

모헤어 (mohair) 图 モヘア; アンゴラヤギの毛.

모형¹ (母型) 图 母型.

모형² (模型・模形) 图 模型. ‖모형 비행기 模型飛行機.
　모형-도 (模型圖) 图 模型圖.

모호-하다 (模糊-) 圈 하여 模糊（も）としている. ‖애매모호하다 曖昧模糊としている.

모-회사 (母會社) 【-/-웨-】 图 親會社, ⑨자회사 (子會社).

목¹ /mok/ 图 ❶ 首. ‖목이 길다 首が長い. 창문으로 목을 내밀지 마세요 窓から首を出さないで下さい. 나는 목을 빼고 그것을 보았다 私は首を伸ばしてそれを見た. ❷［목구멍의 略語］のど. ‖목이 마르다 のどが渇く. ❸ 物の細くくびれた部分. ‖손목 手首. ❹ 重要な地点. ‖장사는 목이 좋아야 한다 商売は立地が大事だ. ❺［목소리의 略語］声. ▶목이 달아나다 首が飛ぶ; 解雇される.

목² (睦) 图 (姓) 睦 (モク).

목³ (木) 图 ❶ 木. ❷［목요일 (木曜日)의 略語］ 木曜日.

목⁴ (目) 图 【生物】 (生物分類上の一段階の) 目.

목가 (牧歌) 【-까】 图 牧歌.
　목가-적 (牧歌的) 图 牧歌的. ‖목가적인 풍경 牧歌的な風景.

목각 (木刻) 【-깍】 图 木彫り. ‖목각인형 木彫りの人形.

목-건초 (牧乾草) 【-껀-】 图 干し草.

목-걸이 /mokʰkʌri/ 【-꺼리】 图 ネックレス; 首飾り. ‖진주 목걸이를 한 소녀 真珠のネックレスをした少女.

목검 (木劍) 【-껌】 图 ＝목도 (木刀).

목격 (目擊) 【-껵】 图 目擊. ‖범행을 목격하다 犯行を目擊する.
　목격-담 (目擊談) 【-격땀】 图 目擊談.
　목격-자 (目擊者) 【-격짜】 图 目擊者. ‖그 사건의 목격자를 찾고 있다 その事件の目擊者を探している.

목공 (木工) 【-꽁】 图 木工.
　목공-소 (木工所) 图 木工所.
　목공-품 (木工品) 图 木で作られた工芸品.

목-공단 (木貢緞) 【-꽁-】 图 綿糸で織ったサテン.

목과 (木瓜) 【-꽈】 图 【漢方】 カリンの実.

목관 (木棺) 【-꽌】 图 木製の棺.
　목관 악기 (木管樂器) 【-꽈낙끼】 图 【音樂】 木管樂器.

목-구멍 (木-) 【-꾸-】 图 のど; 咽喉. ⑩ 목. ‖목구멍에 염증이 생기다 のどに炎症が起こる. ▶목구멍에 풀칠하다 辛うじて食べていく. ▶목구멍이 포도청 (諺) (「のどが葡萄청 (捕盜廳)」の意で) 食べていくためには不正なこともせざるを得ないことのたとえ.

목근 (木根) 【-끈】 图 木の根. ⑩나무뿌리.

목금 (木琴) 【-끔】 图 【音樂】 木琴; シロホン.

목기 (木器) 【-끼】 图 木製の器.

목-기러기 (木-) 【-끼-】 图 木製の雁 (がん). 중を象徵するものとして, 伝統婚礼に使っていた生きた雁が木製に変わったもの.

목-놓다 [몽노타] 图 〔主に목놓아 울다の形で〕号泣する.

목-덜미 【-떨-】 图 襟首; 首筋; うなじ, 中. ‖목덜미를 잡히다 襟首を押さえられる.

목도¹ (木刀) 【-또】 图 木刀. ⑩목검 (木劍).

목도² (目睹) 【-또】 图 하他 目擊.

목-도리 /moktʰori/ 【-또-】 图 首巻; 襟巻; マフラー. ⑩ マフラー. ‖목도리를 두르다 マフラーを巻く.

목-도장 (木圖章) 【-또-】 图 木印; 木製の印鑑.

목-돈 /mokʰtoːn/ 【-똔】 图 まとまった金; 大金. ‖목돈을 쥐다 大金をつかむ.

목동 (牧童) 【-똥】 图 牧童.

목-뒤 [-뛰] 图 うなじ; 首の後ろ (側). ‖목뒤가 뻐근하다 首の後ろが凝っている.

목련 (木蓮) /moŋnjʌn/ 【-년】 图 【植物】 モクレン (木蓮).
　목련-꽃 (木蓮-) 【-년꼳】 图 モクレンの花. ‖목련꽃 그늘 아래서 モクレンの花の木陰で.

목례 (目禮) 【-녜】 图 하自 目礼. ⑩ モクレン (木蓮).

목로-주점 (木爐酒店) 【-노-】 图 一杯飲み屋; 居酒屋.

목록 (目錄) /moŋnok/ 【-녹】 图 目錄; カタログ; リスト. ‖도서 목록 圖書目錄. 장서 목록 藏書目錄.

목마 (木馬) 图 木馬. ‖회전목마 回転木馬; メリーゴーラウンド.

목-마르다【몽】─ 围 [르변] ❶ 목이 渇く; 渇する; 渇望する; 切望する. ‖목말라 물을 마셨다 のどが渇いて水を飲んだ. 통일의 그날을 목마르게 기다리고 있다 統一の日を切実に待っている. ❷ 목마른 놈이 우물 판다【俗】(「渇したる者が井戸を掘る」の意で)必要とする人が急いで先に始める.

목-말【몽】─ 图 肩車. ‖아들 목말 태우다 子どもを肩車する.

목-매다【몽】─ 国 ❶ 首をつる. ❷ 首っ丈になる. ‖그 사람은 그녀에게 목매고 있다 彼は彼女に首っ丈.

목-매달다【몽】─ 国面[ㄹ語変] 首をつる.

목-메다【몽】─ 国 のどが詰まる; むせぶ. ‖목메어 울다 むせび泣く.

목면(木綿)【몽】─ 图 木綿; 綿.
목면-사(木綿絲) 图 木綿糸.
목면-직(木綿織) 图 木綿織り.
목면-포(木綿布) 图 綿布.

목-물(木─)【몽】─ 国面 上半身を冷たい水で洗い流すこと.

목밀-샘【몽밑쌤】 图《解剖》甲状腺. ㊥갑상샘(甲狀腺).

목-발(木─)【ㅡ빨】 图 松葉杖. ‖목발을 짚고 다니다 松葉杖をついて歩く.

목본(木本)【ㅡ뽄】 图 木本. ㊥초본(草本).

목불식정(目不識丁)【ㅡ뿔ㅡ쩡】 图 無学文盲.

목불인견(目不忍見)【ㅡ뿌린ㅡ】 图 哀れで見るに忍びないこと.

목-뼈 图 首の骨. ㊥경골(頸骨). ‖뼈가 부러지다 首の骨が折れる.

목사(牧師)【ㅡ싸】 图《キリスト教》牧師.

목서(木犀)【ㅡ쎄】 图《植物》モクセイ(木犀).

목석(木石)【ㅡ썩】 图 ❶ 木石. ❷〔比喩的に〕心の動きが鈍く, 無愛想な人.
목석-한(木石漢)【ㅡ써칸】 图 木石漢.

목선(木船)(ㅡ썬】 图 木の船.
목선²(─線)【ㅡ썬】 图 うなじ.
목성(木星)【ㅡ썽】 图《天文》木星.

목-소리 /mokˢsori/【ㅡ쏘ㅡ】 图 ❶ 声. ㊥소리·목. ‖목소리가 크다 声が大きい. 목소리가 굵다 声が太い. 낮은 목소리로 말하다 低い声で話す. 새된 목소리 甲高い声. 목소리를 낮게 하여 표현한 생각이나 기분. ‖비난의 목소리 非難の声. ❸〈言〉喉音(ㅡ).

목수(木手)【ㅡ쑤】 图 大工.

목숨 /mokˢsum/【ㅡ쑴】 图 命; 生命; 寿命. ㊥목숨을 건지다 命を救う; 命拾いする. 목숨이 길다 生命が長い. 목숨도 모르는 자. 목숨을 빼앗다 命を奪う. 목숨을 걸다 命をかける. ▸목숨(을) 끊다 命を絶つ. ▸목숨(을) 바치다 命を捧げる. ▸목숨(을) 버리다 命を捨てる. ▸목숨(을) 잃다 命を落とす; 命を失う.

목-양말(木洋襪)【몽냥ㅡ】 图 木綿の靴下.

목어¹(木魚) 图《仏教》木魚. ✚経を読む時に叩く木製の仏具.

목어²(木魚) 图《魚介類》ハタハタ(鰰).

목-요일(ㅡ曜日) /mogjoil/ 图 木曜日. ㊥목(木). ‖매주 목요일 오후 每週木曜日の午後. 목요일 밤에 약속이 있다 木曜日の夜, 約束がある.

목욕(沐浴) /mogjok/ 图直 沐浴; 入浴. 목욕하다. 입욕하다. ‖お風呂に入っている; 入浴中だ.

목욕-재계(沐浴齋戒)【ㅡ제ㅡ/제게】 图直 斎戒沐浴.

목욕-탕(沐浴湯) 图 ❶ 銭湯. ❷ 風呂.

목욕-통(沐浴桶) 图 風呂桶; 湯船; 浴槽; バスタブ.

목ˇ운동(─運動) 图直 首の運動.

목이-버섯(木耳─)【ㅡ섣】 图《植物》キクラゲ(木耳).

목자(牧者)【ㅡ짜】 图 ❶ 羊飼い. ❷《キリスト教》牧師; 司教; 聖職者.

목장(牧場)【ㅡ짱】 图 牧場.

목-장갑(木掌匣)【ㅡ짱ㅡ】 图 軍手. ㊥면장갑(綿掌匣). ‖목장갑을 끼고 삽질을 하다 軍手をはめてシャベルですくう.

목재(木材)【ㅡ째】 图 木材. ‖목재 펄프 木材パルプ; ウッドパルプ.

목적(目的) /mokˢtɕʌk/【ㅡ쩍】 图 目的. ‖공부하는 목적 勉強の目的. 목적을 이루다 目的を果たす. 목적을 위해서는 수단을 가리지 않다 目的のためには手段を選ばぬ.
목적-격(目的格)【ㅡ쩍껵】 图《言語》目的格. ‖목적격 조사 目的格助詞.
목적-론(目的論)【ㅡ쩡논】 图 目的論.
목적-물(目的物)【ㅡ쩡ㅡ】 图 目的物.
목적-세(目的税)【ㅡ쩍쎄】 图《法律》目的税. ㊥보통세(普通税).
목적-어(目的語)【ㅡ쩌거】 图《言語》目的語.
목적-의식(目的意識)【ㅡ쩌긔ㅡ/ㅡ쩌기ㅡ】 图 目的意識. ‖뚜렷한 목적의식 明確な目的意識.
목적-지(目的地)【ㅡ쩍찌】 图 目的地.

목전(目前)【ㅡ쩐】 图 目前; 目の前. ‖목표 달성을 목전에 두고 쓰러지다 目標達成を目前に(して)倒れる.

목-젖【ㅡ쩓】 图《解剖》口蓋垂. ✚のどちんこ・のどびこは俗称.

목제(木製)【ㅡ쩨】 图 木製.

목-제기(木祭器)【-쩨-】图 木製の祭器.

목조¹(木造)【-쪼】图 木造. ∥木造 가옥 木造家屋.

목조²(木彫)【-쪼】图【美術】木彫り.

목질(木質)【-찔】图 木質.

목차(目次) /moktㅊʰa/ 图 目次. 예차례(次例).

목책(木柵) 图 木柵.

목청 ❶ 图 声帯. ❷ 图 声.

  목청-껏【-껃】囝 声の限り. ∥목청껏 소리를 지르다 声の限り叫ぶ.

목초¹(木草) 图 草木.

목초²(木醋) 图 〔목초산(木醋酸)의 略語〕木酢(す).

목초³(牧草) 图 牧草.

  목초-지(牧草地) 图 牧草地.

목초산(木醋酸) 图 木酢. 예목초(木草)².

목축(牧畜) 图自 牧畜.

  목축-업(牧畜業) 图 牧畜業.

목침(木枕) 图 木枕.

목-캔디(-candy) 图 のど飴.

목-타다自 のどが渇く; 渇望する; 切望する.

목-타르(木 tar) 图【化學】木タール.

목탁(木鐸) 图 ❶ 木鐸. ❷【仏教】木魚. ❸〔比喩的に〕世人に警告を発し教え導く人.

목탄(木炭) 图 木炭.

  목탄-지(木炭紙)【美術】 图 木炭紙.

  목탄-화(木炭畫)【美術】 图 木炭画.

목판(木版·木板)【美術】 图 木版.

  목판-본(木版本) 图 木版本; 木版刷りのもの.

  목판-화(木版畫)【美術】 图 木版画.

목표(目標) /mokpʰjo/ 图自 目標. ∥인생의 목표 人生の目標. 목표를 내걸다 目標を掲げる. 목표를 세우다 目標を立てる. 연내 完成을 목표로 하다 年内完成を目標にする 目指す.

  목표-물(目標物) 图 目標物; 目印.

목피(木皮) 图 木皮. 예나무껍질.

목하(目下) 【모카】 囝 目下; 現在; 只今.

목향(木香) 图【植物】モッコウ(木香).

목혼-식(木婚式)【모콘-】图 木婚式.

목화(木花)【모콰】图【植物】ワタ(綿).

  목화-송이(木花-) 图 ワタの実が熟してはじけたもの.

  목화-씨(木花-) 图 ワタの種.

목회(牧會)【모뫼/모쾨】图自【キリスト教】牧会; 教会で牧師が信徒を導くこと.

몫 /mok/【목】图 ❶ 分け前; 割り当て; 取り前; 取り分. ∥몫을 할당하다 取り前を割り当てる. ❷ 任務; 課せられた役割. ∥자기 몫을 다하다 自分の任務を果たす. ❸【数学】(割り算での)商.

몬순(monsoon) 图【地】モンスーン.

몰¹(殁) 图 没; 死ぬこと.

몰²(mole) 图【化学】物質量を表わす単位. ···モル(mol).

몰-³ 图핒 没···; 非···; 無···. ∥몰 상식 没[非]常識. 몰이해 無理解.

몰가치-성(没價値性)【-쎙】图 没価値性.

몰각(没却) 图他自 没却.

몰-개성(没個性) 图 没個性.

몰골 图 みすぼらしい格好; 不格好. ∥초라한 몰골 みすぼらしい格好. 몰골이 말이 아니다 無様だ.

몰년(没年)【-련】图 没年.

몰-농도(mole 濃度) 图【化学】モル濃度.

몰닉(没溺)【-릭】图他自 没溺.

몰다/mol:da/ 国【 ㄹ語幹】[몰아, 모는, 몬] ❶ 追う; 追い込む; 追いやる; 追い詰める. ∥핀치로 몰다 ピンチに追い込む. 한쪽 구석으로 몰다 片隅に追いやる. ❷ (乗り物を)運転する; 走らせる. ∥전속력으로 차를 몰다 全速力で車を走らせる. ❸ (ボールを)ドリブルする. ❹ (一か所に)集める. 예몰리다.

몰도바(Moldova) 图【国名】モルドバ.

몰두(没頭) /moltʰu/【-뚜】图自 没頭; 夢中になること; 打ち込むこと. ∥실험에 몰두하다 実験に没頭する. 창작에 몰두하다 創作に打ち込む. 침식을 잊고 연구에 몰두하다 寝食を忘れて研究に打ち込む.

몰디브(Maldives) 图【国名】モルジブ.

몰라 国ㄹ変 모르다(知らない)·分からない)の連用形.

몰라-보다 /mo:llaboda/ 他 見間違える; 見忘れる. ∥너무 많이 달라진 그 사람을 한순간 몰라봤다 あまりにも変わった後一瞬見間違えた. 학교 앞이 몇 년 사이에 몰라보게 변했다 学校の前が数年の間に見違えるほど変わった. 친구를 오랜만에 만나서 몰라보다 友だちに久しぶりに会ったので見間違える.

몰라-주다 他 (事情や心情などを)分かってくれない; 理解してくれない. ∥내 마음을 몰라주다 私の気持ちを理解してくれない.

몰락(没落) 图自 没落. ∥귀족 계급이 몰락하다 貴族階級が没落する.

몰랑-몰랑 副【하変】❶ (果物や餅などが)柔らかい様子. ❷ (性格などが)軟弱な様子. 예물렁물렁.

몰랑-하다 形【하変】❶ (果物や餅などが)柔らかい. ❷ (性格などが)軟弱だ; 柔弱だ. ∥부장은 사람이 몰랑해서 걱정이다 部長は人が柔弱だから心配だ. 예물렁하다.

몰래 /mo:llɛ/ 副 こっそり; そっと; ひそか

に. ∥몰래 들여다보다 こっそり覗く. 몰래 가지고 가다 こっそり持っていく. 몰래 눈물을 닦다 そっと涙を拭く. 몰래 웃다 ひそかに忍び等る.

몰래-카메라 (-camera) 图 隠しカメラ; テレビ番組のドッキリカメラ. ㉹몰카.

몰려-가다 国 群れを成して行く; くり出す.

몰려-나오다 国 群れを成して出てくる; どっと出てくる. ∥영화가 끝나자 사람들이 모두 몰려 나왔다 映画が終わると, 人々がどっと出てきた.

몰려-다니다 国 群れを成して歩き回る.

몰려-들다 国 [=国語的] 押し寄せる; 詰めかける; 殺到する. ∥광장으로 사람들이 몰려들다 広場に人々が押し寄せる.

몰려-오다 国 群れを成して押しかけてくる.

몰리다 /mollida/ 国 ❶ [몰다의 수동] 追われる; 追い込まれる. ∥핀치에 몰리다 ピンチに追い込まれる. ❷ 一か所に集まる. ∥사람들이 한 곳에 몰려 있다 人々が一か所に集まっている.

몰-매 图 袋叩き. ∥몰매를 맞다 袋叩きにあう.

몰-비판 (沒批判) 图 無批判.

몰사 (沒死) [-싸] 图 하自 その場にいた全員が死ぬこと.

몰살 (沒殺) [-쌀] 图 他 皆殺し. ∥전원 몰살당하다 全員皆殺しにされる.

몰-상식 (沒常識) 图 (하形) 非常識; 無常識. ∥몰상식한 행동 非常識な行動. 너무나도 몰상식하다 非常識極まる.

몰수 (沒收) [-쑤] 图 (하他) 沒收. **몰수-당하다** 受動 재산을 몰수당하다 財産を没収される.

몰수 경기 (沒收競技) 图 〈野球〉没収試合.

몰아 (沒我) 图 没我. ∥몰아의 경지에 빠지다 沒我の境に入る.

몰아-내다 他 追い出す; 追い払う. ∥나쁜 무리를 몰아내다 悪い連中を追い払う.

몰아-넣다 [-너타] 他 押し入れる; 追い込む; 追い詰める. ∥소를 울타리 안으로 몰아넣다 牛を囲いの中に追い込む.

몰아-닥치다 国 (風雨・寒波などが) 押し寄せる.

몰아-대다 他 駆り立てる; せき立てる; (車を) 走らせる. ∥차를 전속력으로 몰아대다 車を全速力で走らせる.

몰아-붙이다 [-부치-] 他 ものを一か所に寄せる; 責め立てる; 駆り立てる.

몰아-세우다 他 責め立てる. ∥부하를 심하게 몰아세우다 部下を激しく責め立てる.

몰아-쉬다 他 (息などを) 一気に吸い込む. ∥가쁜 숨을 몰아쉬며 교실에 들어서다 息を切らしながら教室に入る.

몰아-주다 他 分けずにまとめて 一か所に 与える. ∥선거에서 한 사람에게 표를 몰아주다 選挙で1人に票を集中して入れる.

몰아-치다 国 吹きつける. ∥비바람이 몰아치는 밤 風雨が吹きつける夜.

몰-염치 (沒廉恥) 图 (하形) 恥知らず; 破廉恥. ∥몰염치한 짓을 하다 恥知らずなことをする.

몰이-꾼 图 勢子(き).

몰-이해 (沒理解) [-리-] 图 (하形) 無理解.

몰-인격 (沒人格) [-껵] 图 (하形) 人格が備わっていないこと.

몰-인정 (沒人情) [-쩡] 图 (하形) 不人情; 薄情; 非情; 無情. ∥몰인정한 처사 非情な仕打ち.

몰입 (沒入) [-립] 图 (하自) 沒入. ∥연구에 몰입해 있다 研究に沒入している.

몰-지각 (沒知覺) [-짝] 图 (하形) 無分別. ∥몰지각한 행동 無分別な行動.

몰-취미 (沒趣味) 图 没趣味.

몰-카 图 「몰래 카메라의 略語」隠しカメラ.

몰캉-몰캉 副 (하形) (果物や餅などが) 柔らかい様子: ぐにゃぐにゃ(と). ㉹물컹물컹.

몰캉-하다 形 (하变) (果物や餅などが) 柔らかい. ㉹물컹하다.

몰타 (Malta) 图国名 マルタ.

몰패 (沒敗) [-패] 图 完敗.

몰-표 (-票) 图 選挙で1人の候補者に集中的に入れられた票.

몰후 (歿後) 图 没後; 死後.

몸 /mom/ 图 身; 体. ∥몸이 약하다 体が弱い. 몸이 튼튼한 사람 体の丈夫な人. 이 옷은 몸에 안 맞다 この服は体に合わない. 몸을 비틀며 웃다 身をよじって笑う. 몸을 아끼지 않다 骨身を惜しまない. ▶몸 둘 바를 모르다 身の置き場がない. ▶몸에 배다 [익다] 身につく.
▸몸을 바치다 命を捧げる; 身を投げ出す. 몸을 버리다 体をこわす; 身をあやぶる. ▸몸을 팔다 体を売る; 売春をする. ▸몸(을) 풀다 ① ウオーミングアップをする; 軽く準備運動をする; 体をほぐす. 시합 전에 몸을 풀다 試合の前に軽く体をほぐす. ② 出産する. 한여름에 몸을 풀었다 真夏に子どもを産んだ. ▶몸이 달다 躍起になる.

몸-가짐 [-까짐] 图 身ごなし; 身だしなみ. ∥몸가짐을 바로 하다 身だしなみを整える.

몸-값 [-깝] 图 身の代金.

몸-놀림 图 身のこなし; 動作. ∥몸놀림이 날렵하다 動作がすばしこい.

몸-단속 (-團束) 图 (하自) 身の用心.

몸-단장 (-丹粧) 图 (하自) 身支度.

몸-닫다 300

‖몸단속을 하다 身支度をする.

몸-담다〔-따〕 直 ある組織や分野に所属する. ‖현재 몸담고 있는 대학 現在在職している大学.

몸-뚱어리 名 몸뚱이의 俗語.

몸-뚱이 名 体; 体軀(く).

몸-매 /momme/ 名 体つき; 身なり; 体形; スタイル. ‖몸매가 늘씬하다 スタイルがいい.

몸-맵시〔-씨〕 名 体つき; 着こなし.

몸-무게 /mommuge/ 名 体重. 圏 체중(體重). ‖몸무게가 늘다 体重が増える. 몸무게를 재다 体重をはかる.

몸-부림 名 身もだえ; もがき; あがき; 寝返り. ‖너무 몸부림을 쳐서 같이 잘 수가 없다 寝返りがひどくて一緒に寝られない.

몸부림-치다 自 身もだえする; もがく; あがく. ‖몸부림치며 괴로워하다 身もだえして苦しむ.

몸살 /momsal/ 名 疲労によって体調を崩すこと. ‖몸살이 나다 ①(疲労によって)病気になる. ②あることがしたくてたまらない.

몸살-감기〔-〕 (極度の疲労による)風邪.

몸살-끼 名 (極度の疲労による)風邪気味.

몸-서리 名 身震い. ‖몸서리를 치다 身震いする; うんざりする.

몸-소 副 ❶自ら; じきじきに; 直接. ‖몸소 실천하다 自ら実践する. ❷(目上の人が)自ら; 手ずから; ご自分で. ‖선생님께서 몸소 만드시다 先生が直接お作りになる.

몸-수색〔-搜索〕 名 (하他) ボディーチェック.

몸-싸움 名 (하自) 体をぶつけて押し合うこと.

몸져-눕다〔-저-따〕 自 (ㅂ變) (過労などで)寝込む; 寝付く; 倒れる.

몸-조리〔-調理〕 名 (하他) 養生; 摂生. ‖산후 몸조리 産後の養生.

몸-조심〔-操心〕 名 (하自) ❶体や健康に気をつけること. ❷言動を慎むこと.

몸-집〔-찝〕 名 体格. 圏 체구(體軀). ‖몸집이 작다 小柄だ.

몸-짓〔-찓〕 名 身振り.

몸-짱 名 (俗っぽい言い方で)スタイルのいい人.

몸-체〔-體〕 名 本体.

몸-치장〔-治粧〕 名 (하他) 身支度; 身なり; おめかし.

몸-통 名 胴体.

몹시 /moːpˀʃi/【-씨】 副 とても; 非常に; 大変; やけに; 随分. ‖몹시 바쁜 하루 とても忙しい1日. 선생님께서 몹시 화가 나신 것 같다 先生が大変怒っていらっしゃるようだ. 숙제가 많아서 몹시 힘들어요 宿題が多くて大変です.

오늘은 몹시 피곤하다 今日はやけに疲れた.

몹쓸 冠 悪い; よくない; (病気などが)悪性の. ‖몹쓸 병 悪性の病気. 몹쓸 사람 悪い人.

못¹ /mot/【몯】 名 釘. ‖못을 치다〔박다〕 釘を打つ. ▶못을 박다 ① 釘を打つ. ② 人の心を傷つける. ③ 念を押す. 내일 지각하지 않도록 못을 박아 두다 明日遅刻しないように念を押しておく.

못² 名 (皮膚の表面にできる)たこ. ‖손 바닥에 못이 박이다 手のひらにたこができる. 귀에 못이 박히도록 耳にたこができるほど.

못³ 名 池. ‖못가 池の端.

못⁴ /mot/ 副 ❶不可能の意を表わす: …できない; …られない. ‖매운 것은 못 먹는다 辛いものは食べられない. 내일은 학교에 못 간다 明日は学校へ行けない. 운전을 못하다 運転ができない. 다리를 다쳐 자전거를 못 타게 되다 足をけがして自転車に乗れなくなる. ❷ 禁止の意を表わす: …はならない; …てはいけない. ‖여기서부터는 못 들어간다 ここからは入ってはいけない. ▶못 먹는 감 찔러나 본다《諺》(「食えない柿, つついてみる」の意で)意地悪をすることのたとえ. ▶못 오를 나무는 쳐다보지도 마라《諺》(「登れない木は仰ぎ見るな」の意で)可能性がない場合は最初から諦めよ.

못-나다〔몬-〕 形 ❶愚かだ. ❷醜い; 不細工だ.

못난-이〔몬-〕 名 出来そこない; 不細工な人; ぶす.

못내〔몬-〕 副 ❶忘れられなくていつも; ずっと. ‖못내 아쉬운 듯이 그는 그 자리를 떠나지 못했다 いつまでも名残を惜しむかのように彼はその場を離れられなかった. ❷この上なく; 非常に.

못다〔몯따〕 副 まだ終わっていない様子. ‖못다 한 이야기 語り尽くせない話.

못-되다 /moːtˀtweda/【몯뙤/-뛔】 形 ❶たちが悪い; 意地悪い; 不届きだ; あくどい. ‖못된 애 たちの悪い子, 못된 놈이다 不届きなやつだ. 못된 소리를 하다 意地悪なことを言う. 못되게 굴다 意地悪くふるまう. 못된 수법으로 악どい手口で. ❷ (物事が)うまくいかない. ‖일이 제대로 못되더라도 다른 사람을 원망하지 마세요 仕事がうまくいかなくても人を恨まないでください. ▶못되면 조상 탓(잘되면 제 탓) 《諺》(「うまくいかないと祖先のせい, うまく行くと自分のお陰」の意で)うまくいかない時の責任転嫁のたとえ. ▶못된 송아지 엉덩이에 뿔 난다 《諺》(「できそこないの子牛のお尻に角が生える」の意で)一人前になっていない者がかえって傲慢にふるまう.

못땅-하다 /moːnma'taŋhada/【몯-】 (하彼) 気に食わない; 不満だ. ‖그

의 행동이 못마땅하다 彼の行動が気に食わない. ‖못마땅하다는 표정을 짓다 憮然とした面持ちになる.
못마땅-하다 [몯—] 匝 [하变] 不満に思う.
못-뽑이 [몯—] 图 釘抜き.
못-살다 /mo:tʰsalda/ 【못 살】 自 【ㄹ语幹】 [못살ואֹ, 못사니, 못산] ❶暮らしが貧しい. ㉮잘살다. ‖못사는 집 아이 貧しい家の子ども. ❷堪えがたい;しょうがない. ‖화가 나서 못 살겠다 腹が立ってしようがない. ‖못 살게 굴다 いじめる;苦しめる.
못-생기다 [몯 쌩—] 形 醜い;不細工だ. ㉮잘생기다. ‖못생긴 사람 不細工な人.
못-쓰다 [몯—] 自 [으变] いけない;駄目だ. ‖그러면 못써 そうしてはいけない.
못-자리 [모짜—/몯짜—] 图 苗代;苗床.
못-질 [몯쩔] 图他自 釘を打つこと. ‖못질을 하다 釘を打つ.
못-하다[1] /mo:tʰada/ [모타—] 匝 [하变] 〔主に…보다の形で〕…より劣る;…よりよくない;…に及ばない. ‖이것보다 못하다 これよりよくない. 안 만난 것만 못하다 会わない方がよかった.
못-하다[2] /mo:tʰada/ [모타—] 匝 [하变] できない. ㉮잘하다. ‖공부를 못하다 勉強ができない;よくできない女. 料理를 못하다. 이번에도 일 등은 못 했다 今回も1位にはなれなかった.

못-하다[3] [mo:tʰada] [모타—] 補動 [하变]

❶〔…지 못하다の形で〕…できない;…しない. ‖다리가 아파서 제대로 앉지 못하다 腰が痛くてちゃんと座れない. 비가 와서 나가지 못했다 雨が降って出られなかった. 내 말을 제대로 이해하지 못한 것 같다 私が言ったことを十分理解していないようだ. ❷〔…지 못해[못하여]の形で〕…しきれずに;…かねて. ‖보다 못해 도와주다 見かねて手伝ってあげる.
못-하다[4] [모타—] 補動 ❶〔形容詞の語幹に付いて〕…지 못하다の形で〕…ではない. ‖성실하지 못하다 誠実ではない. 화질이 선명하지 못하다 画質が鮮明ではない. ❷〔…지 못하여[못해]の形で〕…のあまり;…すぎて;…兼ねて. ‖보다 못해 도와주다 見かねて手伝ってあげる.

몽고(蒙古) 图 モンゴル;蒙古.
몽고-반(蒙古斑) 图 【医学】蒙古斑.
몽고-반점(—斑點) 图 몽고반(蒙古斑).
몽고-풍(蒙古風) 图 モンゴル風.
몽골(Mongol) 图 【国名】モンゴル.
몽골-어(—語) 图 【言語】モンゴル語.
몽골-족(—族) 图 モンゴル族.
몽달-귀신(—鬼神) 图 【民俗】独身で死んだ男性鬼神.

몽당-붓 [—붇] 图 禿筆(ひっ);ちびた筆.
몽당-연필(—鉛筆) [—년—] 图 非常に短くなった鉛筆.
몽둥이 /moŋduni/ 图 〔主に人を叩く時に用いる〕棒. ‖큰 몽둥이로 때리다 太い棒で打つ.
몽둥이-맛 [—맏] 图 棒でたたかれた経験.
몽둥이-찜 图 他他 棒で容赦なく叩くこと.
몽둥이-찜질 图 他他 =몽둥이찜.
몽땅 /moŋˀtaŋ/ 副 ❶全部;根こそぎ;ごっそり. ‖몽땅 도둑맞다 根こそぎ持っていかれる. ❷ばっさり;ぱっと;思い切って一度に. ‖몽땅 잘라 버리다 ばっさり切ってしまう.
몽땅-하다 形 [하变] ずんぐり(と)している. ‖키가 몽땅한 남자 ずんぐり(と)した男. ㉮몽땅하다.
몽롱-하다(朦朧—)【—농—】形 [하变] 朦朧(ろう)としている. ‖의식이 몽롱해지다 意識が朦朧となる.
몽매-하다(蒙昧—) 形 [하变] 蒙昧だ.
몽상(夢想) 图 他自 夢想. ‖몽상가 夢想家. 몽상에 잠기다 夢想にふける.
몽실-몽실 副 ふっくらと肉づきがよくて柔らかい感じがする様子:まるまると(). ‖몽실몽실한 몸매 まるまるとした体つき.
몽유-병(夢遊病) [—뼝] 图 【医学】夢遊病.
몽정(夢精) 图 自他 夢精.
몽중(夢中) 图 夢の中. ㉮꿈속.
몽총-하다 形 (長さが)短めだ;(大きさが)小さめだ. ‖몽총한 바지 短めのズボン.
몽치다 自 固まる;固まりなる;一つになる;一丸となる. ‖학생들이 돌돌 몽치다 学生たちが一丸となる. ㉮뭉치다.
— 他 固める;固まりにする. ㉮뭉치다.
몽타주(montage[7]) 图 モンタージュ.
몽타주-사진(—寫眞) 图 モンタージュ写真.
몽톡-하다 [—토카—] 形 [하变] 細くて先端が丸い. ㉮뭉툭하다.
몽환-곡(夢幻曲) 图 【音楽】ノクターン;夜想曲.
뫼 [—/뫠] 图 墓. ㉮(墓)·무덤.
뫼비우스의 띠(Möbius—) [—/—에—] 图 メビウスの帯.
묏-자리 [뫼짜—/묃짜—] 图 墓の予定地;墓の候補地.
묘[1](墓) 图 墓. ㉮묘·무덤.
묘[2](卯) 图 (十二支の)卯(う).
묘계(妙計) [—/—게] 图 妙計;妙策.
묘기(妙技) 图 妙技.
묘년(妙年) 图 妙年. ㉮묘령.
묘령(妙齡) 图 妙齡. ‖묘령의 아가씨 妙齢の娘.

묘목(苗木) 图 苗木.
묘미(妙味) 图 妙味;醍醐味. ∥이 게임의 묘미는 스피드다 このゲームの醍醐味はスピードだ.
묘비(墓碑) 图 墓碑.
　묘비-명(墓碑銘) 图 墓碑銘.
묘사(描寫) /myo:sa/ 图 他 描寫. ∥심리 묘사 心理描寫, 성격 묘사 性格描寫. 생생하게 묘사하다 生々しく描写する.
묘성(昴星) 图 天文 昴(すぼる).
묘소(墓所) 图 墓所.
묘수(妙手) 图 妙手.
묘시(卯時) 图 民俗 卯の刻(午前5時から午前7時まで).
묘안(妙案) 图 妙案. ∥묘안이 떠오르다 妙案が浮かぶ.
묘안-석(猫眼石) 图 鉱物 猫眼石;キャッツアイ.
묘약(妙藥) 图 妙藥. ∥젊어지는 묘약 若返りの妙藥.
묘연-하다(杳然-) 囮 ㅎ変 (行方が)分からない. ∥행방이 묘연하다 行方が分からない.
묘지(墓地) 图 墓地. ∥공동묘지 共同墓地.
묘책(妙策) 图 妙策.
묘포(苗圃) 图 苗床.
묘-하다(妙-) /myo:hada/ 囮 ㅎ変 妙だ;不思議だ;変だ;おかしい. ∥묘한 이야기 妙な話. 상황이 묘하게 돌아가다 状況が変になっていく.
묘혈(墓穴) 图 墓穴. ▶묘혈을 파다 墓穴を掘る.
무[1] /mu:/ 图 植物 ダイコン(大根). ∥무를 채썰다 大根を千切りにする. 바람이 든 무 すの入った大根.
무[2] (武) 图 武. ⇨문무(文).
무[3] (無) 图 無. ∥무가 有 有. 무로 돌아가다 無に帰する.
무[4] (無) 接頭 無…. ∥무신경 無神経. 무관심 無關心.
무가당(無加糖) 图 無糖.
무가지(無價紙) 图 [-까-] フリーペーパー.
무가치-하다(無價値-) 囮 ㅎ変 無價値だ;価値がない.
무감각-하다(無感覺-) 【-가까-】囮 ㅎ変 無感覺だ;感覺がない.
무개-차(無蓋車) 图 オープンカー;屋根のない車.
무거운 囮 ㅂ変 무겁다(重い)의 現在連体形.
무거워 囮 ㅂ変 무겁다(重い)의 連用形.
무겁다 /mugəp̚t'a/ 【-따】囮 ㅂ変 [무거워, 무거운] ❶ 重量が重い. ∥가방이 무겁다 かばんが重い. ❷ 重苦しく感じる. ∥마음이 무겁다 気が重い. 무거운 발걸음 重い足取り. ❸ (病·罪などが)はなはだしい. ∥무거운 죄를 짓다 重い罪を犯す. ❹ 慎重だ. ∥입이 무거운 사람 口が重い人. ⇨가볍다.

무게 /muge/ 图 ❶ 重さ;重量;目方. 働 중량(重量). ∥무게를 달다 目方を計る. 엄청난 무게다 とんでもない重さだ. 무게가 많이 나가는 짐 かなりの目方のある荷物. ❷ 価値;重要性. ❸ 人の威嚴;重み. ∥무게 있는 말 重みのある言葉. ▶무게가 천 근이 있다(「重さが千斤もある」の意で)人に重みがある. ▶무게를 잡다(取り澄ました態度で)改まった雰囲気をつくる.
무결(無缺) 图 他 無欠. ∥완전무결 完全無欠.
무-계획(無計劃) 【-/-게획】图 無計劃.
　무계획-적(無計劃的) 【-쩍/-게획쩍】图 無計劃的. ∥무계획적인 개발 無計劃な開発.
무고[1] (無辜) 图 他形 無辜(こ);罪のないこと. ∥경찰이 무고한 사람을 연행해 가다 警察が罪のない人を連行していく.
무고[2] (誣告) 图 他 誣告(ぶこく);故意に偽りを訴えること.
　무고-죄(誣告罪) 【-죄/-줴】图 法律 誣告罪.
무고-하다(無故-) 囮 ㅎ変 無事だ;平穩だ.
무곡(舞曲) 图 音楽 舞曲.
무골-호인(無骨好人) 图 底抜けのお人好し.
무공(武功) 图 武功. 働 무훈(武勳).
무과(武科) 图 歷史 朝鮮時代の武官を登用するための試験. ⇨문과(文科).
무관[1] (武官) 图 武官. ⇨문관(文官).
무관[2] (無官) 图 他形 無官.
무관[3] (無冠) 图 無冠;無位. ∥무관의 제왕 無冠の帝王.
무-관심(無關心) /mugwanʃim/ 图 他形 無關心. ∥그는 만사에 무관심하다 彼は何事にも無関心だ. 정치에 무관심한 젊은이 政治に無關心な若者. 무관심한 척하다 無關心を装う.
무관-하다(無關-) 囮 ㅎ変 無關係だ;関係がない. ∥이 일과 나는 무관한 사람이다 この事と私は無關係だ.
무구(武具) 图 武具.
무-국적(無國籍) 【-쩍】图 無国籍.
무궁(無窮) 图 他形 無窮;無限.
무궁-무진(無窮無盡) 图 他形 無窮無盡.
무궁-화(無窮花) /mugunhwa/ 图 植物 ムクゲ(木槿). ∥무궁화는 한국의 국화이다 ムクゲは韓国の国花である.
　무궁화-동산(無窮花-) 图 (「ムクゲの園」の意で)「ムクゲの美称.
무궤도(無軌道) 图 無軌道.
　무궤도-전철(無軌道電鐵) 图 無軌

条電車; トロリーバス.

무균(無菌) 图 無菌. ∥무균실 無菌室.

무근(無根) 图 (하변) 無根. ∥사실 무근 事実無根.

무급(無給) 图 無給. ⑬유급(有給). ∥무급으로 일하다 無給で働く.

무기[1](武器) /muːgi/ 图 武器. ∥무기고 武器庫. 핵무기 核兵器. 눈물은 여자의 무기 涙は女の武器. 무기를 들다 武器をとる.《무기여 잘 있거라》《武器よさらば》(ヘミングウェーの小説).

무기[2](無期) 图 無期. ⑬유기(有期).
무기-수(無期囚) 图 無期刑の囚人.
무기-정학(無期停学) 图 無期停学.
무기-징역(無期懲役) 图 (法律) 無期懲役.
무기-형(無期刑) 图 (法律) 無期刑.

무기[3](無機) 图 無機. ⑬유기(有機). ∥무기물(無機物) 图 無機物. ⑬유기물(有機物).
무기-질(無機質) 图 無機質. ⑬유기질(有機質).
무기-산(無機酸) 图 (化学) 無機酸. ⑬유기산(有機酸).
무기-화학(無機化学) 图 《化学》 無機化学. ⑬유기화학(有機化学).
무기-화합물(無機化合物) 〖-함〗 图 《化学》 無機化合物. ⑬유기 화합물.

무기력-하다(無気力-) 〖-려카-〗 肜 (하변) 無気力だ.

무기-명(無記名) 图 無記名.
무기명 투표(無記名投票) 图 無記名投票. ⑬기명 투표(記名投票).

무기-음(無氣音) 图 《言語》 無気音. ⑬유기음(有氣音).

무기한(無期限) 图 無期限.

무기 호흡(無氣呼吸) 图 無気呼吸. ⑬유기 호흡(有氣呼吸).

무김치(-) 图 《料理》 大根キムチ.

무-꺼풀(-) 图 一重まぶた.

무난-하다(無難-) 〖-난-〗 肜 (하변) 無難だ; 当たり障りがない. ∥무난한 선택 無難な選択. 무난한 연기 無難な演技. **무난-히** 剾 難なく; 無難に. ∥무난히 새 생활에 적응하다 難なく新生活に慣れる.

무남-독녀(無男獨女) 〖-동-〗 图 息子がいない家の一人娘.

무너-뜨리다(-) 他 崩す; 倒す; やっつける. ∥산을 무너뜨리다 山をくずす. 상대방을 무너뜨리다 相手を倒す.

무너-지다 /munədʑida/ 自 崩れる; 倒れる; 壊れる; 倒壊する; 決壊する; つぶれる. ∥태풍으로 담이 무너지다 台風で壁が崩れる. 독재정권이 무너지다 独裁政権が倒れる. 지진으로 빌딩이 무너지다 地震でビルが壊れる. 둑이 무너지다 堤防が決壊する. 불황으로 무너지는 회사가 많다 不況でつぶれる会社が多い.

무너-트리다(-) 他 =무너뜨리다.

무녀(巫女) 图 巫女(2).

무념-무상(無念無想) 图 《仏教》 無念無想. ∥무념무상의 경지 無念無想の境地.

무-논(-) 图 水田; 田. ⑬수답(水畓).

무-는 [ㄹ語幹] 물다(くわえる・嚙む) の連体形.

무-능력(無能力) 〖-녁〗 图(하변) 無能力.
무능력-자(無能力者) 〖-녁짜〗 图 無能力者.

무능-하다(無能-) 肜 (하변) 無能だ. ∥무능하다(有能-). ∥무능한 상사 無能な上司.

무늬 /muni/ 〖-니〗 图 模様; 柄. ∥문양(文様). ∥물방울 무늬 水玉模様. 줄무늬 縞模様; 縞柄. 꽃무늬 花柄.
무늬-뜨기 (하변) 模様編み.

무단[1](武斷) 图 無斷. ∥무단으로 남의 물건을 가지고 가다 無斷で人の物を持ち出す.
무단-결근(無斷缺勤) 图 無斷欠勤.
무단-결석(無斷缺席) 〖-썩〗 图 無斷欠席.
무단-출입(無斷出入) 图(하변) 無斷立ち入り. ∥무단출입을 금하다 無斷立入りを禁ず.

무단[2](武斷) 图 武斷.
무단 정치(武斷政治) 图 武斷政治.

무담보(無擔保) 图 無担保; 無抵当. ∥무담보로 돈을 빌리다 無担保でお金を借りる.

무당 巫女(2); かんなぎ.

무당-벌레(-) 图 《昆虫》 テントウムシ(天道虫).

무대(舞臺) /muːdɛ/ 图 舞台. ∥무대에 오르다 舞台に上がる. 무대에 서다 舞台に立つ. 세계를 무대로 활약하다 世界を舞台に活躍する. 독무대 独り舞台. 무대 장치 舞台装置. 무대 효과 舞台効果.

무더기(-) /mudəgi/ 图 (うずたかく積み上げたもの)山; 堆積(さん). ∥製品を倉庫にあんさと積み上げておく. 무더기 石の山.
 — 依存 …山; …盛り. ∥사과 한 무더기 リンゴ1山.

무-더위(-) 图 蒸し暑さ.

무던-하다(-) 肜 (하변) (性格が)寬容である; 無理がない; 無難だ. ∥무던한 성격 無理のない性格.

무덤 /mudəm/ 图 墓. ⑬외·묘(墓).

무덤덤-하다(-) 肜 平然として何も感じていない様子だ. ∥표정이 무덤덤하다 平然とした顔をしている. 무덤

한 어조 平然とした口調.

무덥다 /mudəp²ta/ 【-따】 形 【ㅂ変】 〔무더워, 무더든〕 蒸し暑い. ∥무더워서 잘 수가 없다 蒸し暑くて寝られない. 무더운 날이 계속되고 있다 蒸し暑い日が続いている.

무도¹ (武道) 名 武道.
무도² (無道) 名 形動 無道; 非道.
무도³ (舞蹈) 名 舞踏.
　무도-곡 (舞蹈曲) 名 舞踏曲.
　무도-회 (舞蹈會) [-/-훼] 名 舞踏会.
무독 (無毒) 名 形動 無毒. ↔유독 (有毒).
무두-질 (-) 名 他 なめし; なめすこと. ∥가죽을 무두질한다 皮をなめす.
무드 (mood) 名 ムード.
　무드-음악 (-音樂) 名 ムードミュージック.
무-득점 (無得點) [-쩜] 名 無得点.
무디다 /mudida/ 形 ① 鈍い. ② 날카롭다. ∥무딘 칼날 鈍い刃先. 감각이 무디다 感覚が鈍い. 반응이 무디다 反応が鈍い.

무뚝뚝-하다 /mu²tuk²tuk²ada/ 【-뚜카-】 形 【하変】 無愛想だ; ぶっきらぼうだ; つっけんどんだ. ∥무뚝뚝한 점원 無愛想な店員. 무뚝뚝한 말투 ぶっきらぼうな口のきき方.

무럭-무럭 /murəŋmurək/ 【-렁-】 副 ① のびのびと, ∥아이가 무럭무럭 자라다 子どもがすくすく(と)育つ. ② もくもく; むくむく. ∥연기가 무럭무럭 피어오르다 煙がもくもく(と)立ち上る.

무려 (無慮) 副 〔数量を表わす語の前で〕予想以上に多い時に使う言葉: なんと. ∥한꺼번에 만두를 무려 스무 개나 먹었다 一度に餃子をなんと 20 個も食べた.

무력¹ (武力) /mu:rjək/ 名 武力. ∥무력으로 점령하다 武力で占領する. 무력 충돌이 일어나다 武力衝突が起こる. 무력 행사 武力行使.

무력² (無力) 名 形動 無力. ∥무력한 수뇌부 無力な首脳部.
　무력-감 (無力感) [-깜] 名 無力感.
　무력-화 (無力化) [-려콰] 名 無力化.

무렵 (-) 名 …頃; …方. ∥동틀 무렵 夜明け頃. 해가 질 무렵 日暮れ方. 서울에 살고 있을 무렵 ソウルに住んでいた頃.

무례-하다 (無禮-) 形 【하変】 無礼だ; 無作法だ. ∥무례한 놈이다 無礼なやつだ. 무례한 짓을 하다 無礼をはたらく. 예의를 모르는 무례한 행동 礼儀を弁えぬ無作法な行動.

무론 (母論·無論) 副 = 물론 (勿論).

무뢰-한 (無賴漢) [-/-훼-] 名 無頼漢.

무료 (無料) /murjo/ 名 無料. ↔유료

(有料). ∥입장 무료 入場無料. 무료 서비스 無料サービス.

무료-하다 (無聊-) 形 【하変】 無聊 (りょう) だ; 退屈だ. ∥무료함을 달래다 退屈をまぎらす. 無聊を慰める. 무료한 나날 退屈な日々. 무료함을 달래려고 잡지를 읽다 退屈しのぎに雑誌を読む.

무르다¹ 形 【르変】 ① 〔地盤などが〕緩い; 脆れやすい. ② 〔性格などが〕弱い; もろい. ∥정에 무르다 情にもろい.

무르다² /muruda/ 自 【르変】 〔물러, 무르는〕 〔硬いものが熟したり煮えたりして〕柔らかくなる. ∥감이 무르다 柿が柔らかくなる.

무르다³ /muruda/ 他 【르変】 〔물러, 무르는〕 ① 返品する; 返金してもらう. ∥사이즈가 안 맞아 옷을 무르다 サイズが合わなくて服を返品する. ② 取り戻す. ③ 〔碁などで〕打ち直す.

무르-익다 [-따] 自 熟れる; 爛熟する; 頃合いだ; (時期的に)潮時だ.

무르팍 (-) 【무릎의 俗語訛】.

무릅쓰다 他 【으変】 〔困難や苦しさなどを〕顧みない; 押し切る. ∥위험을 무릅쓰고 도전하다 危険を顧みず挑戦する.

무릇¹ [-른] 名 〔植物〕ツルボ (蔓穗).
무릇² [-른] 副 およそ; おおよそ; 大抵; 大体. 대저 (大抵).

무릉-도원 (武陵桃源) 名 武陵 (ちょう) 桃源; 桃源郷.

무릎 /murup/ 【-릅】 名 膝 (ひざ). ∥눈이 무릎까지 쌓이다 雪が膝まで積もる. 넘어져서 무릎이 까지다 転んで膝をすりむく. 무릎을 세우고 앉다 膝を立てて座る. 무릎을 맞대고 이야기하다 膝を交えて話し合う. ►무릎(을) 꿇다 屈服する; 降参する. ►무릎(을) 치다 (思い当たって) 膝を打つ.

무릎-걸음 [-릅꺼름] 名 擦り膝.
무릎-깍지 [-릅-찌] 名 (両手で)膝を抱えること. ∥무릎깍지를 끼다 膝を抱く.

무릎-꿇다 [-릅꿀타] 自 跪 (ひざまず) く. ∥무릎꿇고 빌다 跪いて祈る. 敬 무릎꿇리다.

무릎꿇-리다 [-릅꿀-] 他 〔무릎꿇다의 使役動詞〕跪かせる.

무릎-마디 [-름-] 名 膝の関節. 膝関節 (膝關節).

무릎-베개 [-름뻬-] 名 形動 膝枕.

무릎-장단 (-長短) [-릅짱-] 名 膝拍子.

무리¹ /muri/ 名 群れ; 連中; やから; 仲間. ∥무리를 짓다 群れをなす.

무리² (無理) /muri/ 名 形動 無理. ∥무리해서는 안 된다 無理をしてはいけない. 무리하게 밀어붙이다 無理を通す. 무리 없는 진행 無理のない進行. 문제를 무리 없이 처리하다 問題を難なく処理する.

무리-수(無理數)【名】〔数学〕無理数. ⟨⟩유리수(有理數).

무리-식(無理式)【名】〔数学〕無理式. ⟨⟩유리식(有理式).

무리-수(無理手)【名】無理な手;無理なやり方. ‖무리수를 두다 無理をする;無理な手を打つ.

무리-하다(無理−)【形】〔하変〕無理だ. ‖무리한 주문을 하다 無理な注文を出す. 애한테는 무리한 일 子どもには無理な仕事.

무마(撫摩)【名】〔하変〕❶なだめること. ‖험악한 분위기를 무마시키려고 하다 険悪な雰囲気をなだめようとする. ❷もみ消すこと. ‖뇌물 사건을 간신히 무마하다 収賄事件を辛うしく消す.

무-말랭이【名】切り干し大根.

무-맛(無−)【−맛】【名】何の味もないこと.

무-면허(無免許)【名】無免許. ‖무면허 운전 無免許運転.

무명[1](綿−)【名】綿布. ⟨⟩면포(綿布).
　무명-베(綿−)【名】=무명.
　무명-실(綿−)【名】綿糸.
　무명-옷【−옫】【名】木綿の服.

무명[2](無名)【名】無名. ‖무명 용사의 무덤 無名勇士の墓.
　무명-씨(無名氏)【名】無名氏; 失名氏.
　무명-작가(無名作家)【−까】【名】無名の作家.
　무명-지(無名指)【名】無名指; 薬指.
　무명-초(無名草)【名】名もない草.

무명[3](武名)【名】武名.

무명[4](仏名)【名】仏名.

무모-증(無毛症)【−쯩】【名】〔医学〕無毛症.

무모-하다(無謀−)【形】〔하変〕無謀だ; 無鉄砲だ. ‖무모한 계획 無謀な計画. 무모한 짓을 하다 無謀なことをする.

무미(無味)【名】無味.
　무미건조-하다(無味乾燥−)【形】〔하変〕無味乾燥だ. ‖무미건조한 이야기 無味乾燥な話.

무반(武班)【名】〔歷史〕武官の身分. ⟨⟩문반(文班).

무-방비(無防備)【名】無防備. ‖무방비 상태 無防備状態.

무방-하다(無妨−)【形】〔하変〕差し支えない; 差し障りがない; 構わない.

무-배당(無配當)【名】無配当.

무법(無法)【名】〔하変〕無法.
　무법-자(無法者)【−짜】【名】無法者.
　무법-지대(無法地帶)【名】無法地帯.
　무법-천지(無法天地)【名】無法天地.

무병-장수(無病長壽)【名】〔하変〕無病長寿.

무-보수(無報酬)【名】無報酬. ‖무보수로 일하다 無報酬で働く.

무분별-하다(無分別−)【形】〔하変〕無分別だ. ‖무분별한 행동 無分別な行動.

무-비판(無批判)【名】〔하変〕無批判.
　무비판-적(無批判的)【名】無批判的. ‖무비판적으로 받아들이다 無批判的に受け入れる.

무사[1](武士)【名】武士. ⟨⟩문사(文士).

무사[2](無死)【名】〔野球〕ノーアウト;無死.

무사[3](無私)【名】無私. ‖공평무사 公平無私.

무사[4](無事)/musa/【名】〔하変〕無事. ‖다행히 그 사고에서 그는 무사했다 幸いその事故で彼は無事だった. 무사하기를 빌다 無事を祈る. **무사-히**【副】無事(に). ‖무사히 끝나다 無事終了する. 짐이 무사히 도착하다 荷物が無事に着く.
　무사-태평(無事太平)【名】〔하変〕平穏無事.
　무-사고(無事故)【名】無事故. ‖무사고 운전 無事故運転.
　무사-분열(無絲分裂)【名】〔生物〕無糸分裂.
　무사-안일(無事安逸)【名】当然すべきことをせず, 安逸をむさぼること.
　무사안일-주의(無事安逸主義)【−/−이】【名】事なかれ主義.

무산[1](無産)【名】無産. ⟨⟩유산(有産).
　무산 계급(無産階級)【名】無産階級. ⟨⟩유산 계급(有産階級).
　무산-자(無産者)【名】無産者;プロレタリア.

무산[2](霧散)【名】〔自変〕霧散. ‖계획이 무산되다 計画が霧散する.

무상[1](無常)【名】無常. ‖인생무상 人生無常.

무상[2](無償)【名】無償. ⟨⟩유상(有償). ‖무상 원조 無償援助.
　무상 계약(無償契約)【−/−게−】【名】無償契約.
　무상 증자(無償増資)【名】無償増資.
　무상 행위(無償行爲)【名】無償行為.

무상-관(無常觀)【名】無常観.

무색(無色)【名】〔하変〕無色. ⟨⟩유색(有色). ‖무색 투명 無色透明.
　무색-하다(無色−)【−새카−】【形】〔하変〕気兼ずかしい; 決まりが悪い; 顔色無しだ. ‖프로가 무색할 정도의 실력 プロ顔負けの実力.

무생-대(無生代)【名】〔地〕先カンブリア期.

무생-물(無生物)【名】無生物. ⟨⟩생물(生物).

무-생채(−生菜)【名】〔料理〕大根を千切りにして味付けをしたもの.

무-서리【名】その年の秋に初めて降りる薄い霜.

무서움/musǔum/【名】怖さ; 恐れ; 怖気(かけ). ‖무서움을 느끼다 恐れをいだく.

마
매
먀
매
머
메
며
예
모
와
왜
외
묘
무
뭐
뭬
위
뮤
므
의
미

무선을 타다 怖がる.
무선(無線) [명] 無線. 반유선(有線).
무선 전화(無線電話) [명] 無線電話.
무선 조종(無線操縱) [명] ラジコン.
무선 통신(無線通信) [명] 無線通信.

무섭다 /musəpʰta/【-따】[형] [ㅂ変] [무서워, 무서运] ❶ 怖い; 恐ろしい. ‖도깨비가 무섭다 お化けが怖い. 무서운 얼굴 怖い顔. 무서워서 말이 안 나오다 怖いもんで声も出ない. ❷ 心配である; 気がかりである. ‖지진이 날까 봐 무섭다 地震が起こるのではないかと心配だ. ❸ […기가 무섭게의 形で] …や否や. ‖만나기가 무섭게 화를 내기 시작하다 会うや否や怒り出す.

무성¹(無性) [명] 《生物》 無性. 반유성(有性).
무성 생식(無性生殖) [명] 無性生殖. 반유성 생식(有性生殖).
무성²(無聲) [명] 無聲.
무성 영화(無聲映畵)【-녕-】[명] 無声映画.
무성-음(無聲音) [명] 《言語》 無声音. 반울림소리. 반유성음(有聲音).
무성음-화(無聲音化) [하변] 《言語》 無声化.
무성-하다(無誠-) [-/-이-] [형] [ㅂ変] 誠意がない.
무성-하다(茂盛-) [형] [하변] ❶ 茂っている; 生い茂っている. ‖잡초가 무성한 뜰 雜草の生い茂った庭. ❷ [比喩的に] (うわさなどが) 広まっている. ‖소문만이 무성하다 うわさだけが広まっている.
무세(無稅) [명] 無稅.
무소(動物) サイ(犀). 코뿔소.
무-소득(無所得) [명] 無所得.
무-소속(無所屬) [명] 無所属. ‖무소속 의원 無所属議員. 무소속으로 입후보하다 無所属で立候補する.

무-소식(無消息) /musosik/ [명] 便りや連絡などがないこと. ‖떠난 후로 감감 무소식이다 去ってから全く連絡がない. ◇무소식이 희소식이다 便りのないのはいい便り.

무속(巫俗) [명] 巫女の風習や習慣. ‖무속 신앙 シャーマニズム.
무쇠[-/-쉐] [명] 《鑛物》 鑄鐵; 銑鐵.
무수-하다(無數-) [형] [하변] 無数だ. ‖밤하늘에 반짝이는 무수한 별들 夜空に輝く無数の星. **무수-히**.
무술¹(巫術) [명] 巫術; シャーマニズム.
무술²(武術) [명] 武術.
무스(mousse フ) [명] ムース. ‖무스를 바르다 ムースをつける.

무슨 /musun/ [관] ❶ どんな; 何の; どういう. ‖무슨 색을 좋아하세요? どんな色がお好きですか. 무슨 이유로 どういう理由で. 올 봄 무슨 나무를 심을까? 庭に何の木を植えようか. 오늘이 무슨 요일이에요? 今日は何曜日ですか. ❷ 何か. ‖무슨 좋은 방법이 없을까? 何かいい方法がないかな. 무슨 안 좋은 일이 있는 것 같다 何かよくないことがあるみたいだ. ❸ 何という; どうして. ‖무슨 비가 이렇게 오지? どうして雨がこんなに降るんだろう. ◇무슨 바람이 불어서 どういう風の吹き回しで.

무-승부(無勝負) [명] 勝負無し; 引き分け. ‖드로-. 무승부로 끝나다 引き分けに終わる.

무시(無視) /muʃi/ [하타] 無視. ‖반대 의견을 무시하다 反対意見を無視する. 무시할 수 없는 문제 無視できない問題. 처음부터 무시하다 頭から無視する. **무시-당하다** 受身.
무시-로(無時-) [부] 無時に; 随時に; いつでも. ‖무시로 찾아오다 随時訪ねてくる.
무시무시-하다 [형] [하변] 非常に恐ろしい; 鳥肌が立つほど怖い; ぞっとする. ‖무시무시한 이야기 ぞっとするような話.
무-시험(無試驗) [명] 無試驗. ‖무시험 전형 無試驗選考.
무식-꾼(無識-) [명] 無知な人; 無学な人.
무식-하다(無識-) /muʃikʰada/【-시카-】[형] [하변] 無学だ; 無知だ. 반유식하다(有識-). ‖무식한 사람 無学な人. 무식한 소리를 하다 無知なことを言う. 무식함을 드러내다 無知をさらけ出す.
무신(武臣) [명] 武臣; 臣下としての武人. 반문신(文臣).
무-신경(無神經) [명] 無神経. ‖무신경한 발언 無神経な発言.
무신-론(無神論)【-논】[명] 無神論. 반유신론(有神論).
무신론-자(無神論者) [명] 無神論者.
무실-역행(務實力行)【-려캥】[명] [하타] 実質が得られるように努めて行なうこと.
무심(無心) [명] 《仏教》 無心. ‖무심의 경지 無心の境地.
무심결-에(無心-)【-껼-】[부] 思わず; 意識せずに; うっかり. ‖무심결에 한숨을 쉬다 思わずため息をつく.
무심-코(無心-) /muʃimkʰo/ [부] 思わず; 意識せずに; うっかり; 何気なく. ‖무심코 지껄이다 思わず口走る. 무심코 던진 그의 한마디에 나는 울고 말았다 何気ない彼の一言に私は泣いてしまった.
무심-하다(無心-) /muʃimhada/ [형] [하변] ❶ 無心だ. ❷ 思いやりがない; 薄情だ. ‖무심한 사람 薄情な人. **무심-히**.
무쌍-하다(無雙-) [형] [하변] 比べるものがない; 比類を見ない.
무-씨 [명] 大根の種.
무아(無我) [명] 無我.

무아-경 (無我境) 图 無我の境.
무아지경 (無我之境) 图 =무아경(無我境).
무안 (無顔) 图 形動 恥ずかしいこと; 面目がないこと. ‖무안을 당하다 恥をかく. 무안을 주다 恥をかかせる.
무안-스럽다 (無顔−) 【−따】 形 【ㅂ変】 恥ずかしい; 決まりが悪い. **무안스레** 副
무애 (無涯) 图 無涯(ふぃ).
무어 /muə/ 代 〔무엇의 縮約形〕何. ‖무어가 먹고 싶니? 何が食べたい？
— 感 ❶ 話を聞き返したり驚いたりした時に発する語: 何(っ); 何だって. ‖무어, 그게 정말이야？ 何っ, それって本当？ ❷ 言う必要がないことを表わす時に用いる語: まあ; なあに. ‖다 그렇지 무어 まあ, 皆そうさ; 皆そうに決まってるさ.
무언 (無言) 图 無言. ‖무언의 반항 無言の反抗.
무언-극 (無言劇) 图 パントマイム; ミーム.
무언중-에 (無言中−) 副 無言のうちに.
무엄-하다 (無嚴−) 形 【하変】 無作法だ; 無礼だ.

무엇 /muət/ 【−얻】代 何; 何の. ‖이름이 무엇입니까？ 名前は何ですか. 인생이란 무엇인가？ 人生とは何か. 그게 무엇인 나는 알고 있으며 何であるか私は知っている. 무엇 하나 마음에 드는 게 없다 何一つ, 気に入るのがない. ✧下に打ち消しの語を伴う場合は아무것도 없다. ‖아무것도 없다 何もない.
무엇-하다 【−어다−】 形 【하変】 何だ. ‖무엇하면 이번에는 포기할까요？ 何なら今回は諦めましょうか.
무역 (貿易) /muːjək/ 图 自 貿易. ‖무역 자유화 貿易自由化. 무역 마찰 貿易摩擦. 무역 역조 貿易の不均衡. 대외 무역이 저조하다 対外貿易が落ちむ.
무역-상 (貿易商) 【−쌍】 图 貿易商.
무역-수지 (貿易收支) 【−쑤−】 图 經 貿易収支.
무역-외 수지 (貿易外收支) 【−/−여쿼−】 图 經 貿易外収支.
무역-항 (貿易港) 【−여캉】 图 貿易港.
무역-풍 (貿易風) 图 天文 貿易風.
무연¹ (無煙) 图 無煙.
무연-탄 (無煙炭) 图 無煙炭.
무연² (無緣) 图 無縁.
무염 (無鹽) 图 無塩. ‖무염 버터 無塩バター. 무염 식사 無塩食.
무예 (武藝) 图 武芸.
무욕 (無慾) 图 名 無欲.
무용-담 (武勇談) 图 武勇伝.
무용² (舞踊) 图 舞踊.

무용-수 (舞踊手) 图 舞踊家; 踊り手.
무용³ (無用) 图 無用. ⇔유용 (有用).
무용지물 (無用之物) 图 無用の長物.
무원 (無援) 图 自 無援. ‖고립무원 孤立無援.
무-월경 (無月經) 图 医学 無月経.
무위 (無爲) 图 形動 無為.
무위-도식 (無爲徒食) 图 自 無為徒食.

무-의미 (無意味) /muːimi/ 【−/−이−】 图 形動 無意味. ‖무의미한 논의 無意味な議論. 더 이상 이야기해도 무의미하다 これ以上話し合っても無意味だ.
무-의식 (無意識) /muːiʃik/ 【−/−이−】 图 無意識. ‖무의식 상태 無意識状態.
무의식-적 (無意識的) 【−쩍/−이−적】 图 形動 無意識の. ‖무의식적으로 머리를 긁다 無意識的に頭をかく. 무의식적으로 손을 움직이다 無意識的に手を動かす.
무의-촌 (無醫村) 【−/−이−】 图 無医村.
무-이자 (無利子) 图 無利子.
무익-하다 (無益−) 【−이카−】 形 【하変】 無益だ. ㉑無益な戦い(有益−). ‖무익한 싸움 無益な争い. 백해무익하다 百害あって一利なし.
무인¹ (武人) 图 武人.
무인² (無人) 图 無人. ㉑유인 (有人).
무인-도 (無人島) 图 無人島.
무일-문 (無一−) 图 無一文; 一文無し. ‖무일푼으로 상경하다 無一文で上京する.
무임 (無賃) 图 無賃. ‖무임승차 無賃乗車.
무-자격 (無資格) 图 無資格.
무자비-하다 (無慈悲−) 形 【하変】 無慈悲だ; 惨い. ‖무자비한 짓 惨い仕打ち.
무-자식 (無子息) 图 子どもがいないこと. ▶무자식 상팔자 ⟨諺⟩「子どもがいないのが大変幸運」の意で; 子どもがいないと心配することもないこと.
무자치 (動物) ジムグリ(地潜).
무-작위 (無作爲) 图 無作爲; ランダム. ‖무작위로 고르다 無作為に選ぶ.
무-작정 (無酌定) /muʤak̚ʧɒŋ/ 【−쩡】副 何も考えず; 無計画に; むやみに; なりゆき構わず(に); とにかく. ‖무작정 집을 나가다 何も考えず家出する. 모르는 문제는 무작정 외우다 分からない問題はとにかく覚える.
무장 (武裝) 图 自 武裝.
무장-봉기 (武裝蜂起) 图 自 武裝蜂起.
무장-해제 (武裝解除) 图 他 武装解除.
무-저항 (無抵抗) 图 自 無抵抗.

무저항-주의(無抵抗主義)【-/-이】 图 無抵抗主義.
무적¹(無敵) 图 無敵. ‖천하무적 天下無敵. 무적함대 無敵艦隊.
무적²(無籍) 图 無籍.
무전¹(無電) 图 ❶[무선 전신(無線電信)의 略語] 無線電信. ❷[무선 전화(無線電話)의 略語] 無線電話.
무전-기(無電機) 图 無線機.
무전²(無錢) 图 無錢.
무전-여행(無錢旅行)【-녀-】 图 無錢旅行.
무전-취식(無錢取食) 图 自 無錢飲食.
무절제-하다(無節制-)【-쩨-】 形 하変] 節度がない. ‖무절제한 행동 節度のない行動.
무정(無情) 图 하変] 無情. ‖유정(有情). ‖무정한 처사 無情な仕打ち. **무정-히** 副.
무정-물(無情物) 图 無情物; 非情物.
무정-세월(無情歲月) 图 はかない歲月.
무-정견(無定見) 图 하変] 無定見.
무-정란(無精卵)【-난】 图 〔生物〕 無精卵. ⑦수정란(受精卵).
무-정부(無政府) 图 無政府. ‖무정부 상태 無政府狀態.
무정부-주의(無政府主義)【-/-이】 图 無政府主義; アナーキズム.
무정부주의자(無政府主義者)【-/-이-】 图 無政府主義者; アナーキスト.
무정자-증(無精子症)【-쯩】 图 〔醫學〕 無精子症.
무-정형(無定形) 图 無定形.
무제(無題) 图 無題.
무-제한(無制限) 图 無制限. ‖아우토반은 속도가 무제한인 도로이다 アウトバーンは速度が無制限の道路である. 무제한으로 지원하다 無制限に支援する.
무좀 /mudʑom/ 图 〔醫學〕 水虫. ‖무좀이 생기다 水虫ができる.
무죄(無罪)【-/-쥐】 图 形 無罪. ⑦유죄(有罪).

무-중력(無重力)【-녁】 图 無重力. ‖무중력 상태 無重力狀態.
무-즙(-汁) 图 大根おろし.
무지¹(拇指) 图 親指.
무지²(無地) 图 無地.
무지³(無知) 图 하変] 無知.
무지개 /mudʑige/ 图 虹. ‖무지개가 뜨다 虹がかかる. 무지갯빛 虹色. 쌍무지개 二重虹.
무지막지-하다(無知莫知-)【-지-】 形 하変] 無知で言動がはなはだしく粗暴だ.
무지-몽매(無知蒙昧) 图 하変] 無知蒙昧.
무지무지-하다 形 하変] とてつもない. 大きく.
무직(無職) 图 無職.
무진(無盡) 图 하変] ❶ 無尽; 尽きないこと. ‖종횡무진 縱橫無尽. ❷[副詞的に]非常に; 随分. ‖무진 노력하다 非常に努力する.
무진-장(無盡藏) 图 하変] 無尽藏. ‖아이디어가 무진장하다 アイデアが無尽藏にある. 무진장한 자원 無尽藏の資源.
무-질서(無秩序) 图 形 無秩序. ‖무질서한 사회 無秩序な社会. 책이 무질서하게 놓여 있다 本が無秩序に置いてある.
무찌르다 他 [르変] 打ち破る. ‖적군을 무찌르다 敵軍を打ち破る.
무-차별(無差別) 图 形 無差別. ‖무차별 공격 無差別攻擊.
무참-하다(無慘-) 形 하変] 無慘だ. ‖꿈은 무참하게도 깨졌다 夢は無慘にもついえた. **무참-히** 副.
무채 图 大根の千切り.
무채-색(無彩色) 图 無彩色. ⑦유채색(有彩色).
무-책임(無責任) 图 無責任. ‖무책임한 발언 無責任な發言.
무책임 행위(無責任行爲) 图 無責任行為.

무척 /mutɕʰʌk/ 副 大変; たいそう; とても; やたらに; 非常に. ‖무척 재미있는 이야기 非常に面白い話. 무척 놀라다 大変驚く. 사람들이 무척 꺼리는 일 人々がとても嫌がる仕事. 무척 덥다 やけに暑い. 무척 무거워 보이는 짐을 한 아름이나 들고 とても重そうな荷物を持ったかばんだ.
무척추-동물(無脊椎動物) 图 〔動物〕 無脊椎動物.
무-청 图 大根の茎と葉.
무취(無臭) 图 하変] 無臭.
무-취미(無趣味) 图 하変] 無趣味.
무치다 他 和える. ‖나물을 무치다 ナムルを和える.

무치-하다(無恥-) [형] [하爻] 無恥다.
무침 和え物. ‖콩나물 무침 豆もやしの和え物.
무크(mook) [명] ムック. ✢ magazine と book の合成語.
무턱-대고(mu?ɔk?tɛːgo) [-때-] [부] 向こう見ず(に); やみくもに; 無鉄砲に. ‖무턱대고 믿다 やみくもに信じ込む. 무턱대고 向こう見ずに突っ走る.
무테-안경(無-眼鏡) [명] 緣なし眼鏡.
무통(無痛) [명] 無痛.
　무통-분만(無痛分娩) [명] 無痛分娩.
무-투표(無投票) [명] 無投票. ‖무투표 당선 無投票當選.
무패(無敗) [명] 無敗.
무-표정(無表情) [명] [하形] 無表情. ‖무표정한 얼굴 無表情な顔.
무풍-지대(無風地帶) [명] 無風地帶.
무학(無學) [명] 無學.
무한(無限) /muhan/ [명] [하形] 無限; 限りないこと. [하유연](有限). ‖아이들의 가능성은 무한하다 子どもたちの可能性は無限だ. 무한한 기쁨 限りない喜び.
　무한-궤도(無限軌道) [명] 無限軌道.
　무한-급수(無限級數) [-쑤-] [명] [數学] 無限級數.
　무한-대(無限大) [명] 無限大.
　무한-소수(無限小數) [-쑤-] [명] [數学] 無限小數.
　무한-책임(無限責任) [명] [法律] 無限責任.
　무한-화서(無限花序) [명] [植物] 無限花序.
무-한정(無限定) [하形] 無限; 無期限; 限りないこと; きりがないこと. ‖무한정 연기하다 無期限延期する.
무해(無害) [명] 無害. [하유해](有害).
무-허가(無許可) [명] 無認可. ‖무허가 영업 無認可営業. 무허가 건물 無認可の建物.
무혈(無血) [명] 無血. ‖무혈 혁명 無血革命.
무-혐의(無嫌疑) [-/-허미] [명] 嫌疑がないこと; 嫌疑が不十分なこと. ‖무혐의로 풀려나다 嫌疑不十分で釈放される.
무협(武俠) [명] 武術にすぐれた俠客.
무형(無形) [명] 無形. [하유형](有形). ‖무형 문화재 無形文化財.
　무-형식(無形式) [명] 無形式.
무화-과(無花果) [명] [植物] イチジクの実.
　무화과-나무(無花果-) [명] [植物] イチジク(無花果).
무효(無效) [명] 無效. [하유효](有效). ‖티켓이 무효가 되다 チケットが無効になる. 무효 투표 無效投票.

무효-화(無效化) [명] [하他] 無效にすること.
무훈(武勳) [명] 武勳. [비]무공(武功).
무휴(無休) [명] 無休. ‖연중무휴 年中無休.
무희(舞姫) [명] 舞姫; 踊り子.
묵[1] ムク(皮をむいたそば・どんぐりなどをひき臼でひいて煮固めたゼリー状の食品). ‖도토리묵 ドングリムク.
묵[2] (墨) [명] [姓] 墨(ムク).
묵계(默契) [명] [-꼐-] [명] [하自] 默契.
묵고(默考) [-꼬-] [명] [하他] 默考.
묵과(默過) [-꽈-] [명] [하他] 默過(だ). ‖부정은 결코 묵과할 수 없다 不正は断じて默過しがたい.
묵념(默念) [-념-] [명] [하自] 默念; 默禱.
묵다 /muk?ta/ [-따-] [自] ❶ 泊まる; 宿泊する. ‖아는 사람 집에 묵다 知人の家に泊まる. ❷ (畑などが) 放置される. ❸ (米などが) 古くなる. ‖묵은쌀 古米. [파]묵히다.
묵도(默禱) [-또-] [명] [하自] 默禱(だ).
묵독(默讀) [-똑-] [명] [하他] 默讀; 音讀(音讀).
묵례(默禮) [뭉녜] [명] [하自] 默禮.
묵묵-부답(默默不答) [명 -뿌-] [하自] 默り込んで答えないこと.
묵묵-히(默默-) /munmukhi/ [부므키] [부]. ‖묵묵히 할 일만 하다 黙々とやることだけをやる.
묵비(默秘) [-삐] [명] 默秘.
　묵비-권(默秘權) [-삐꿘] [명] [法律] 默秘權. ‖묵비권을 행사하다 默秘權を行使する.
묵-사발(-沙鉢) [-싸-] [명] ❶ 묵[1]을 盛る鉢. ❷ 打撃を受けてつぶれたり駄目になったりした狀態. ‖묵사발을 만들다 てんてこてんに殴る. 맞아서 얼굴이 묵사발이 되다 ぼこぼこに顔を殴られた.
묵살(默殺) [-쌀] [명] [하他] 默殺. ‖요구를 묵살하다 要求を默殺する. **묵살-하다** [하他]
묵상(默想) [-쌍] [명] [하自] 默想.
묵시[1](默示) [-씨] [명] 默視.
묵시[2](默示) [-씨] [명] [하他] 默示.
　묵시-록(默示錄) [명] (キリスト敎) 默示錄.
묵약(默約) [명] [하自] 默約.
묵은-쌀 [명] 古米.
묵은-해 [명] 旧年; 昨年. [하]새해.
묵음(默音) [명] [言語] 発音しない音; サイレント; 無音.
묵인(默認) [명] [하他] 默認. ‖지각을 묵인하다 遲刻を默認する. 묵인하에 默認の下に.
묵정-밭 [-쩡빧] [명] 長い間放置され荒れた土地の畑.
묵종(默從) [-쫑-] [명] [하自] 默從.
묵주(默珠) [-쭈-] [명] (カトリック) ロザリ

묵직-하다 /mukʔt͡ɕikʰada/ 【-찌키-】 【形容】 ❶ 꽤나 무겁다; 무겁다; 重量感がある。 ‖지갑이 묵직하다 財布がずっしりと重い。 ❷ (声などが)重みがある; 重々しくどっしりしている。

묵향 (墨香) 【무캉】 图 墨の香り。

묵허 (黙許) 【무커】 图 黙認。

묵화 (墨畫) 【무콰】 图 墨画。水墨画; 墨絵。‖묵화를 치다 水墨画を描く。

묵-히다 【무키-】 他 [묵다의 사동사] 活用しないでそのままにしておく。‖땅을 묵히다 土を休める。

묶다 /mukʔta/ 【묵따】 他 ❶ 束ねる。くくる。結ぶ。‖끈으로 묶다 紐(ひも)で束ねる。머리를 묶다 髪をくくる 〔結ぶ〕。인용한 부분을 괄호로 묶다 引用の部分をかぎ括弧でくくる。❷ 縛る。‖소포를 끈으로 묶다 小包を紐で縛る。❸ (1つに)まとめる。‖짐을 묶다 荷物をまとめる。 ⇨묶이다。

묶-음 图 束ねたもの; 束。

— 依名 束ねたものを数える語: …束。‖시금치 한 묶음 ホウレンソウ 1束。

묶음-표 (—標) 图 括弧。 ⇨괄호(括弧)。

묶-이다 【무끼-】 自 [묶다の受身動詞] 縛られる; がんじがらめになる。‖시간에 묶이다 時間に縛られる。규칙에 묶여 있다 規則にがんじがらめになっている。❷ [발이 묶이다の形で]足止めを食う; 足止めされる。‖비가 많이 와서 발이 묶여 있다 大雨で足止めされている。

문[1] (文) 图 文。 ⇨무(文)。

문[2] (文) 【文】 图 [姓] 文(ムン)。

문[3] (門) /mun/ 图 ❶ 門; 扉; 戸; ドア。‖문을 열다 戸を開ける。문을 닫다 門を閉める。문이 열리다 扉が開く。자동문 自動ドア。❷ [比喩的に] 物事が出入りまたは通行する所。‖입시의 좁은 문을 뚫고 들어가다 入試の狭き門を突破する。등용문 登竜門。❸ (生物) 生物分類上の一段階。‖문을 닫다 廃業する; 閉店する。▶문을 열다 開業する; 開く。

문[4] (門) 依名 大砲などを数える語: …門。

문[5] (文) 依名 靴など履き物の大きさの単位。…文。

문[6] 冠 [ㄹ語幹] 물다(くわえる·噛む)の過去連体形。

문간 (門間) 【-깐】 图 家の入り口の所。
문간-방 (門間房) 【-깐빵】 图 家の入り口わきの部屋。

문갑 (文匣) 图 文箱(ふばこ)。

문경지교 (刎頸之交) 图 刎頸(ふんけい)の交わり。

문고 (文庫) 图 文庫。
문고-본 (文庫本) 图 文庫本。
문고-판 (文庫判) 图 文庫判。

문-고리 (門-) 【-꼬-】 图 (門や戸などに取り付けた)取っ手。

문과[1] (文科) 图 (歴史) 朝鮮時代の文官を登用するための試験。 ⇨무과(武科)。

문과[2] (文科) 【-꽈】 图 文系。 ⇨이과(理科)。

문관 (文官) 图 文官。 ⇨무관(武官)。

문교 (文教) 图 文教。

문구[1] (文句) 【-꾸】 图 文句; 語句。‖성서 속의 문구를 인용하다 聖書の中の文句を引用する。

문구[2] (文具) 图 文具; 文房具。

문단[1] (文段) 图 文章の段落。‖문단을 나누다 文の段落を分ける。

문단[2] (文壇) 图 文壇。

문-단속 (門團束) 图 戸締り。‖문단속을 하고 나가다 戸締りして出かける。

문답 (問答) 图 問答。
문답-법 (問答法) 【-뻡】 图 問答法。
문답-식 (問答式) 【-씩】 图 問答式。

문덕 (文德) 图 文徳; 学徳。

문둥-병 (-病) 【-뼝】 图 (医学) ハンセン病。 ⇨한센병(-病)。

문둥-이 图 ハンセン病患者。

문드러-지다 图 (主に野菜類が腐って)原形をとどめない。‖호박이 썩어 문드러지다 カボチャが腐って形が崩れている。

문득 /munʔtuk/ 副 ふと。‖문득 어머니가 그리워졌다 ふと母が恋しくなった。문득 생각이 나다 ふと思い出す。문득 오른족을 보니까 그 사람이 있었다 ふと右を見ると彼がいた。

문란 (紊亂) 【물-】 图 [形動] 紊乱(びん)。乱れること。‖문란한 생활 乱れた生活。
문란-히 副

문례 (文例) 【물-】 图 文例。

문리 (文理) 【물-】 图 文理。

문맥 (文脈) /munmɛk/ 图 文脈。‖전후의 문맥으로 의미를 판단하다 前後の文脈から意味を判断する。▶문맥이 닿다 文脈が通じる。

문맹 (文盲) 图 文盲。
문맹-자 (文盲者) 图 読み書きができない人。

문면 (文面) 图 文面。

문명[1] (文名) 图 文名。‖작가로서의 문명을 떨치다 作家としての文名をはせる。

문명[2] (文明) /munmjɔŋ/ 图 文明。 ⇔미개(未開)·야만(野蛮)。‖문명의 이기 文明の利器。물질문명 物質文明。현대 문명 現代文明。문명비판 文明批判。
문명-개화 (文明開化) 图 文明開化。
문명-국 (文明國) 图 文明国。
문명-병 (文明病) 【-뼝】 图 文明病。
문명-사회 (文明社會) 【-/-훼】 图 文明社会。

문묘(文廟) 图 文廟(ぶぅ); 孔子廟.
문무(文武) 图 文武.
문물(文物) 图 文物. ‖서구 문물을 받아들이다 西欧の文物を受け入れる.
문민(文民) 图 文民.
문민-정부(文民政府) 图 (軍人ではない)文民が樹立した政府.
문민-정치(文民政治) 图 (軍人ではない)文民が行なう政治.
문-밖(門-)【-빡】图 戸外.
문반(文班) 图 [歷史] 文官の身分. ㉚무반(武班).
문방-구(文房具) /munbangu/ 图 文房具. ‖학교 매점에서 문방구를 사다 学校の売店で文房具を買う. 문방구점 文房具屋.
문방-사우(文房四友) 图 文房四宝(学識のある人の書斎にあるべき 4 つの文具の筆・紙・墨・硯).
문-배 ヤマナシの実.
문배-나무 图【植物】ヤマナシ(山梨).
문벌(門閥) 图 門閥.
문법(文法) /mun²pop/【-뻡】图 文法. ‖문법적인 의미 文法的な意味. 법상의 역할 文法上の役割. 국문 법 国文法. 영문법 英文法. 학교 문법 学校文法.
문법-책(文法冊) 图 文法書.
문병(問病) /mu:nbjəŋ/图 他 病気見舞い. ‖입원하고 있는 친구의 문병을 가다 入院中の友だちの見舞いに行く.
문-빗장(門-)【-빋짱】图 門(かんぬき). ‖문빗장을 걸다 門をかける.
문사(文士) 图 文士. ㉚무사(武士).
문상(問喪) 图 自 弔問. ㉚조상(弔喪). ‖문상객 弔問客. 문상을 가다 弔問に行く. 문상객 弔問客.
문서(文書) 图 文書. ‖외교 문서 外交文書. 괴문서 怪文書. 공문서 公文書.
문서-파쇄기(文書破碎機) 图 シュレッダー.
문서-화(文書化) 图 他 文書化.
문-설주(門-柱)【-쭈】图 門柱.
문-소리(門-)【-쏘-】图 門や戸を開けたり閉めたりする際の音.
문-손잡이(門-)【-잡-】图 門や戸などに取り付けられた取っ手.
문수-보살(文殊菩薩) 图【仏教】文殊菩薩.
문신[1](文臣) 图 文臣.
문신[2](文身) 图 他 入れ墨.
문안[1](文案) 图 文案. ‖문안을 짜다 文案を練る.
문안[2](問安) /mu:nan/ 图 ❶目上の人の安否や近況を尋ねること; ご機嫌伺い. ‖문안 편지 見舞い状. 문안 인사를 드리다 ご機嫌を伺う. ❷お見舞い. ‖병문안을 가다 病気見舞いに行く.

문약-하다(文弱-)【무냐카-】圈【하変】文弱だ.
문양(文樣) 图 模様. ㉚무늬.
문어[1](文魚) 图【動物】ミズダコ(水蛸).
문어[2](文語) 图【言語】文語. ㉚구어(口語).
문어-문(文語文) 图【言語】文語文.
문어-체(文語體) 图【言語】文語体; 文章体.
문예(文藝) 图 文芸. ‖문예 부흥 文芸復興; ルネサンス. 문예 비평 文芸批評. 문예 평론 文芸評論.
문예-란(文藝欄) 图 文芸欄.
문예-지(文藝誌) 图 文芸雑誌.
문외-한(門外漢)【-/무-/-】图 門外漢.
문의[1](文義·文意)【-/무니/】图 文意.
문의[2](問議) /mu:ni/【-/무니/】图他 問い合わせ; 問い合わせること. ‖발표 날짜를 전화로 문의하다 発表の日時を電話で問い合わせる.
문의-처(問議處) 图 問い合わせ先.
문인[1](文人) 图 文人.
문인-화(文人畫) 图【美術】文人画.
문자[1](文字) /mun²tɕa/【-짜】图 文字. ‖문자 그대로 文字通り. 문자 다중 방송 文字(多重)放送. 문자 메시지를 보내다[문자를 날리다] 携帯電話でメールを送る.
문자-반(文字盤) 图 文字盤.
문자-언어(文字言語) 图【言語】文字言語. ㉚음성 언어(音聲言語).
문자[2](文字)【-짜】图 古くから伝わる難しい漢文の熟語や成句. ‖문자를 쓰다 難しい表現を用いる. ✚皮肉って言う場合が多い.
문장[1](文章) /mundʑaŋ/ 图 文章. ‖간결한 문장 簡潔な文章. 알기 쉬운 문장 分かりやすい文章. 난해한 문장 難解な文章.
문장-가(文章家) 图 文章家.
문장-론(文章論)【-논】图【言語】文章論.
문장-법(文章法)【-뻡】图【言語】文章法.
문장-부사(文章副詞) 图【言語】陳述副詞.
문장-부호(文章符號) 图 句読点.
문장-체(文章體) 图【言語】文章体; 文語体.
문장[2](紋章) 图 紋章.
문재(文才) 图 文才.
문전(門前) 图 門前. ‖문전 박대 門前払い.
문전-걸식(門前乞食)【-씩】图 自 もらい食いをすること.
문전-성시(門前成市) 图 門前市を成すこと.
문전-옥답(門前沃畓)【-땁】图 家近

문-정맥(文靜脈) 【解剖】 門脈.

문제(問題) /mundʑe/ 図 問題. ‖시험 문제를 내다 試験問題を出す. 시험에 모르는 문제가 나왔다 試験に分からない問題が出された. 문제를 해결하다 問題を解決する. 장관의 실언을 문제로 삼다 大臣の失言を問題にする. 취직 문제로 고민하고 있다 就職の問題で悩んでいる. 그것과 이것은 별개의 문제다 それとこれとは別問題だ. 문제가 생기다 問題が起こる. 문제를 일으키다 問題を起こす. 문제 의식 問題意識. 연습문제 練習問題.

문제-극(問題劇) 図 問題劇.
문제-시(問題視) 【하예】 図 問題視.
문제-아(問題兒) 図 問題兒.
문제-아동(問題兒童) 図 =문제아 (問題兒).
문제-없다(問題-) 【-엄따】 囮 問題ない; 大丈夫だ. ‖이 정도 일이라면 문제없다 この程度の仕事[こと]なら問題ない. 문제없이 文.
문제-의식(問題意識) 【-/-이-】 図 問題意識.
문제-작(問題作) 図 問題作.
문제-점(問題點) 【-쩜】 図 問題点.
문제-화(問題化) 【하예】 図 問題化.
문젯-거리(問題~) 【-제꺼-/-젠꺼-】 図 問題の種.

문주-란(文珠蘭) 図 【植物】 ハマユウ(浜木綿).
문중(門中) 図 門中.
문-지기(門-) 図 門番; 門衛.

문지르다 /mundʑiruda/ 囮 【르変】 [문질러, 문지르는] こする; する. ‖스펀지로 문지르다 スポンジでこする. 옷을 문질러서 빨다 服をこすり洗いする.

문-지방(門地枋) 【-찌-】 図 敷居. ‖문지방을 넘다 敷居をまたぐ.
문진[1](文鎭) 図 文鎭(仗).
문진[2](問診) 【하예】 図 問診.
문집(文集) 図 文集. ‖학급 문집 学級文集.
문-짝(門-) 図 門.
문책(問責) 【하예】 図 問責; 問い責めること.
문체(文體) 図 文体.
 문체-론(文體論) 図 《文芸》文体論.
문초(問招) 【하예】 図 (昔の)尋問や取り調べ.
문-턱(門-) 図 敷居. ▶문턱이 높다 敷居が高い. ▶문턱이 닳도록 드나들다 足しげく出入りする.
문-틈(門-) 図 閉じられた戸の隙間. ‖문틈으로 엿보다 戸の隙間から覗き込む.
문패(門牌) 図 表札; 門札. ‖문패를 달다 表札をかける.
문-풍지(門風紙) 図 (扉などの)目張

り.
문필(文筆) 図 文筆.
 문필-가(文筆家) 図 文筆家.
문하(門下) 図 門下.
 문하-생(門下生) 図 門下生.

문학(文學) /munhak/ 図 文学. ‖문학 작품 文学作品. 문학 개론 文学概論. 문학 박사 文学博士. 영문학 英文学. 현대 문학 現代文学. 아동 문학 児童文学.

문학-가(文學家) 【-까】 図 文学家.
문학-계(文學界) 【-계/-께】 図 文学界.
문학-도(文學徒) 【-또】 図 文学を志す人; 文学を専門的に研究している若者.
문학-론(文學論) 【-녕논】 図 文学論.
문학-부(文學部) 【-뿌】 図 文学部.
문학-사(文學史) 【-싸】 図 文学史.
문학-소녀(文學少女) 【-쏘-】 図 文学が好きな感傷的な少女.
문학-자(文學者) 【-짜】 図 =문학가(文學家).
문학-적(文學的) 【-쩍】 図 文学的. ‖문학적인 표현 文学的な表現.
문학-청년(文學靑年) 図 文学青年.
문합-술(吻合術) 【-쑬】 図 《医学》 吻合(ふんごう)術.
문헌(文獻) 図 文献. ‖참고 문헌 参考文献. 문헌 검색 文献検索.
문형(文型) 図 文型. ‖기본 문형 基本文型.

문호[1](文豪) 図 文豪. ‖러시아의 문호 톨스토이 ロシアの文豪トルストイ.
문호[2](門戶) 図 門戶. 문호 개방 門戶開放.

문화(文化) /munhwa/ 図 文化. ‖전통 문화 伝統文化. 문화 활동 文化活動. 문화 시설 文化施設. 지역 문화 地域文化. 문화 교류 文化交流. 문화 인류학 文化人類学.

문화-권(文化圈) 【-꿘】 図 文化圈. ‖한자 문화권 漢字文化圈.
문화-論(文化論) 図 文化論.
문화-사(文化史) 図 文化史.
문화-생활(文化生活) 図 文化価値を実現し, 享受する生活.
문화-유산(文化遺産) 図 文化遺産.
문화-인(文化人) 図 文化人.
문화-재(文化財) 図 文化財.
문화-관광부(文化觀光部) 《行政》文化観光庁.

묻는[1] 囮 묻다(埋める)の現在連体形.
묻는[2] 囮 [ㄷ変] 묻다(聞く)の現在連体形.

묻다 /muˀta/ 【-따】 回 (垢·水·油などが)つく, くっつく; 付着する. ‖옷에 잉크가 묻다 服にインクがつく. 바지에 흙탕이 묻어 있다 ズボンに泥がついている.

손때가 묻은 책 手垢のついた本.

묻다² /mut̚t'a/【-따】㉠ ❶ (ものを) 埋める; うずめる; 埋葬する. ‖타 임캡슐을 마당에 묻다 タイムカプセルを 庭に埋める. 베개에 얼굴을 묻고 울다 枕に顔をうずめて泣く. 할아니를 양지바 른 곳에 묻어 드렸다 祖母を日当たりの いいところに埋葬した. ❷ 隠す; 秘めてしま う. ‖마음에 묻어 두다 心にしまっておく.

묻다³ /mut̚t'a/【-따】㉠【ㄷ变】[물 어, 묻는, 물은] ❶ 聞く; 質問 する; 尋ねる; うかがう. ‖이름을 묻다 名 前を聞く. 길을 묻다 道を尋ねる. 모르 는 것이 있으면 언제든지 물어 보세요 分からないことがあったらいつでも聞いて ください. 말씀 좀 물겠습니다 ちょっと おうかがいします. ❷ (責任などを) 問う. ‖책임을 묻다 責任を問う.

묻어 묻다(埋める)の連用形.
묻은 묻다(埋める)の過去連体形.
묻을 묻다(埋める)の未来連体形.

묻-히다¹ /mut̚çida/【-치-】㉘ 〔묻다² の受身動詞〕埋められる; 埋葬される; 埋 まる; うずまる. ‖선산에 묻히다 先祖代 々の墓地に埋葬される. 눈에 묻히다 雪 に埋まる[うずまる].

묻-히다² /mut̚çida/【-치-】㉘ 〔묻다¹ の使役動詞〕(粉·水などを)つける; まぶ す; 濡らす. ‖얼굴에 먹물을 묻히다 顔 に墨をつける. 빵가루를 묻혀서 튀기다 パン粉をまぶして揚げる.

물¹ /mul/ ㉭ ❶ 水. ‖물을 마시다 水 を飲む. 물을 뿌리다 水をまく; 水 を 冷たい水; 冷水. 나무에 물을 주다 植木に水をやる. ❷ 湯. ‖물을 끓이다 湯を沸かす. 물이 끓고 있다 湯がたぎっ ている. 더운물 湯. ❸ 水分. ‖물이 많 은 배 水分の多い梨. 물을 많이 드세요 水分をよくとってください. ❹ 川·海· などの総称. ‖산 넘고 물 건너 山を越 え, 川を渡って. 물을 건너온 물건 海を 渡ってきた物. ❺ 潮. ‖물이 들어오다 潮が満ちる. 물이 빠지다 潮が引く. ❻ 洪水. ‖동네에 물이 들다 村が洪水に 見舞われる. ❼ 〔一部の名詞に付いて물 을 먹다などの形で〕影響を受ける; 経験 する. ‖외국 물을 먹다 外国の影響を受 ける. 대학 물을 먹다 大学教育を受け る. ▶물 쓰듯 하다 湯水のように使う. ▶물에 빠진 생쥐 ぬれねずみ. ▶물 위의 기름 (「水の上の油」の意で) 環境や状況にうま く溶け込めないことのたとえ. ▶물에 빠지 면 지푸라기라도 움켜쥔다 (諺) 溺れる 者は藁(わら)をもつかむ.

물² ㉭ ❶ (染まったり染みついたりする時 の)色; 染み. ‖물이 빠지다 色があせる. ❷ よくないものの影響.

물³ ㉭ 魚の鮮度; 生き. ‖물이 좋은 생

선 生きのいい魚.

물⁴ ㉭ ❶ 洗濯の回数を表わす語: …度. ❷ (野菜·果物などの)出盛りの時期 を表わす語. ‖첫물이라서 비싸다 初物 だから高い.

물-⁵ ㉭【=語幹】 물다(くわえる·嚙む)の 未来連体形.

물-가¹【-까】㉭ 水辺; 水際.

물가²(物価) /mul̚k'a/【-까】㉭ 物 価. ‖물가가 비싸다 物価が高 い. 물가가 오르다 物価が上がる. 물가 를 안정시키다 物価を安定させる. 소비 자 물가 지수 消費者物価指数. 물가 수준 物価水準.

물-가고(物價高) ㉭ 物価高. ‖물가 고에 시달리다 物価高にあえぐ.

물-같이(-) ㉠ ❶ 田に水を入れ栽培 すること. ❷ プールや水族館などの水槽 の水を入れ替えること. ❸ メンバーを入れ 替えること. ‖대폭적인 물갈이 大幅なメン バーの入れ替え.

물-갈퀴 ㉭ (水鳥や蛙などの)水かき.

물-감【-깜】㉭ 絵の具; 染料.

물-개【-깨】㉭《動物》 オットセイ. ⓗ해 구(海狗).

물-거품 ㉭ 水の泡; 水泡. ▶물거품으 로 돌아가다 水泡に帰する. 지금까지 의 노력이 물거품으로 돌아가는 今ま での努力が水の泡になる.

물건(物件) /mulgʌn/ ㉭ 物; 品物; 物 品. ‖값은 싸지만 물건은 괜찮다 値段 は安いが, 物は確かだ. 비싼 물건 高価な 品物.

물-걸레 ㉭ 水雑巾.

물결 /mulk'jʌl/【-껼】㉭ 波. ‖잔잔한 물결 穏やかな波. 자유화의 물결 自由 化の波.

물결-치다 ㉛ 波打つ. ‖물결치는 바 닷가 波打つ海辺.

물-고기 /mulk'ogi/【-꼬-】㉭ 魚類の 総称.

물고기-자리【-】㉭《天文》魚座.

물구나무-서기 ㉭ 逆立ち.

물구나무-서다 ㉛ 逆立ちする.

물-구덩이【-구-】㉭ 水たまり.

물-권(物權)【-꿘】㉭《法律》 物権.

물권 증권(物權證券)【-꿘-꿘】㉭ (經) 物権証券.

물권 행위(物權行爲)【-꿘-】㉭ (經) 物権行為.

물-귀신(-鬼神)【-뀌-】㉭ ❶ 水鬼. ❷ 窮地に追い込まれた時, 他人まで引き 込もうとする人. ▶물귀신이 되다 溺れ 死にする; 溺死する; 水死する.

물-금(-金)《鉱物》 アマルガム. ⓗ아 말감.

물-기(-氣)【-끼】㉭ 水気. ‖물기를 닦다 水気を切る.

물-기둥【-끼-】㉭ 水柱. ‖물기둥이 치솟다 水柱が立ち上がる.

물-길 【-낄】[名] 水路; 航路.
물-김치 [名] (料理) 水キムチ(大根・白菜などを一口大に切って, 汁を多めにして漬けたキムチ).
물-꼬 [名] ❶ 水田の余分な水が流れるように作ったところ. ❷〔比喩的に〕事の始まり; きっかけ. ‖ 물꼬를 트다 きっかけをつくる.
물끄러미 [副] まじまじと; ぼんやり. ‖ 상대방 얼굴을 물끄러미 쳐다보다 相手の顔をまじまじと見る.
물-난리 (-亂離) 【-랄-】[名] ❶ 洪水による災難. ‖ 물난리가 나다 洪水騒ぎになる; 洪水に見舞われる. ❷ 水不足.
물납 (物納) 【-랍】[名] [하他] 物納. [対] 금납(金納).
물납-세 (物納税) 【-랍쎄】[名] 物納税.
물납-제 (物納制) 【-랍쩨】[名] 物納の制度.
물-놀이 【-로리】[名] [하自] 水遊び.
물다¹ [自] 『ㄹ語幹』 (暑さ・湿気などによって)傷む; 蒸れる; 腐る. [類] 물쿠다.
물다² /mu:lda/ [他] 『ㄹ語幹』 [물어, 무는, 문] 払う; 支払う; 納める; 弁償する. ‖ 벌금을 물다 罰金を払う. 깨진 유리값을 물다 割れたガラス代を弁償する. [使] 물리다.
물다³ /mulda/ [他] 『ㄹ語幹』 [물어, 무는] ❶ くわえる; 含む. ‖ 담배를 입에 물다 タバコを(口に)くわえる. 고양이가 생선을 물고 달아나다 猫が魚をくわえて逃げ出す. ❷ 嚙む; 嚙みつく; 食いつく. ‖ 강아지가 내 손을 물었다 子犬が私の手を嚙んだ. 의문이 꼬리에 꼬리를 물다 疑問が相次いで生じる. ❸ (虫などが)刺す. ‖ 모기가 물다 蚊が刺す. ❹ (利用しようと思って)つかむ; つかまえる. ‖ 부자를 하나 물다 金持ちを1人つかまえる. [受] 물리다. [使] 물리다. ▸ 물고 늘어지다 食い下がる; 食いついて放さない.
물동-량 (物動量) 【-똥냥】[名] 物資の流動量.
물-들다 /muldɯlda/ [自] 『ㄹ語幹』 [물들어, 물드는, 물든] ❶ 染まる; 色づく. ‖ 단풍이 물든 가을 산 もみじの色づいた秋の山. ❷ かぶれる; 影響を受けてその傾向を持つ. ‖ 급진사상에 물들다 急進的な思想に染まる[かぶれる]. 서양 문화에 물들다 西洋文化にかぶれる.
물-들이다 [他] 染める; 彩る; 彩色する. ‖ 머리를 물들이다 髪の毛を染める. 단풍이 들과 산을 빨갛게 물들이다 もみじが野山を赤く彩る.
물-딱총 (-銃) [名] 水鉄砲. [縮] 물총(-銃).
물-때¹ [名] 水垢; 湯垢. ‖ 물때가 끼다 水垢がつく.
물-때² [名] 潮時.
물-떼새 [名] (鳥類) チドリ(千鳥).
물-똥 [名] 下痢便.
물량 (物量) [名] 物量. ‖ 물량 작전 物量作戦.
물러-가다 /mullɔgada/ [自] ❶ 後退する; 去る. ‖ 적군이 물러가다 敵軍が後退する. 한파가 물러가다 寒波が去る. ❷ 引き下がる; お暇する. ‖ 거절당하자 힘없이 물러가다 断わられて, すごすご(と)引き下がる. 저는 그만 물러가겠습니다 私はこれでお暇いたします.
물러-나다 /mullɔnada/ [自] ❶ 下がる. ‖ 뒤로 조금씩 물러나세요 後ろに少しずつ下がってください. ❷ 退く; 引退する; 辞める; 去る. ‖ 현역에서 물러나다 現役を退く. 사장 자리에서 물러나다 社長の職を去る. 책임을 지고 회장에서 물러나다 責任を取って会長を辞める.
물러-서다 /mullɔsɔda/ [自] ❶ 後ろに下がる; 退く. ‖ 두세 발 물러서다 2,3歩下がる. 한 발 물러서서 생각하다 1歩退いて考える. ❷ ある事から手をひく; 引っ込む. ❸ 譲歩する.
물러-앉다 【-안따】[自] ❶ 後ろに下がって座る. ❷ 引退する.
물렁물렁 [副] [하形] ぶよぶよ; ふにゃふにゃ. [작] 몰랑몰랑.
물렁-뼈 [名] (解剖) 軟骨. [類] 연골(軟骨).
물렁-살 [名] ❶ 人の太ってしまりのない肉. ❷ 魚のひれをなしている柔らかい筋.
물렁-하다 [形] 『하変』 ❶ 柔らかい; 柔らかだ. ❷ 優柔不断だ. [작] 몰랑하다.
물레 [名] ❶ 糸車; 糸繰り車. ❷ 轆轤(ろくろ).
물레-방아 [名] 水車. ‖ 물레방앗간 水車小屋.
물레-질 [名] [하自] 糸車で糸を紡ぐこと.
물려-받다 /mulljɔbat͈a/ 【-따】[他] 受け継ぐ; 引き継ぐ; 譲り受ける. ‖ 부모로부터 물려받은 기질 親から受け継いだ気質. 지반을 물려받아 입후보하다 地盤を譲り受けて立候補する.
물려-주다 [他] 譲る; 譲り渡す; 伝授する. ‖ 엄청난 재산을 자식에게 물려주다 莫大な財産を子どもに譲り渡す.
물론 (勿論) /mullon/ [名] ❶ もちろん(のこと); 無論; 言うまでもないこと. ‖ 영어는 물론이고 불어도 할 수 있다 英語はもちろんのことフランス語もできる. 그 사람이 기뻐한 것은 물론이다 彼が喜んだのは言うまでもない. ❷〔副詞的に〕もちろん. ‖ 물론 가고 말고 もちろん, 行くとも.
물류 (物流) [名] 〔물적 유통(物的流通)の略語〕物流.
물리 (物理) [名] 物理.
물리⌒요법 (物理療法) 【-뻡】[名] 物理療法.
물리-적 (物理的) [名] 物理的. ‖ 이 차

에 일곱 명이 타는 것은 물리적으로 불가능하다 この車に７人乗るのは物理的に不可能だ.

물리적 변화 (物理的變化) 【-뻔-】 [名] 物理的変化; 物理変化. ‖전기 분해는 물리적인 변화가 아니라 화학적인 변화이다 電気分解は物理的な変化ではなく化学的な変化である.

물리^치료 (物理治療) [名] ＝물리 요법(物理療法).

물리-학 (物理學) [名] 物理学.

물리^화학 (物理化學) [名] 物理化学.

물리다[1] /mullida/ [自] 飽きる; 飽き飽きする; いやになる. ‖매일 같은 반찬에 물리다 毎日同じおかずに飽き飽きする. 딸기를 물릴 정도로 먹고 싶다 イチゴを飽きるほど食べたい. 물리도록 들은 이야기 飽きるほど聞いた話.

물-리다[2] /mullida/ [自] 〔물다[3]の受身動詞〕 嚙まれる; 嚙みつかれる; 刺される. ‖모기에게 물리다 蚊に刺される. 개한테 물리다 犬に嚙みつかれる.

물리다[3] /mullida/ [他] ❶(場所を)移す; 移動させる. ‖책상을 벽 쪽으로 물리다 机を壁ぎわに移す. ❷返金してもらう. ‖새로 산 옷이 사이즈가 안 맞아서 물렸다 新しく買った服がサイズが合わなかったので返金してもらった. ❸(期限や約束の日などを)遅らせる. ❹(碁などで)打ち直す.

물-리다[4] /mullida/ [他] 〔물다[3]の使役動詞〕 嚙ませる; (歯や口に)くわえさせる. ‖아기에게 젖꼭지를 물리다 赤ちゃんに乳首をくわえさせる.

물-리다[5] [他] 〔물다[2]の使役動詞〕 払わせる; 弁償させる. ‖가해자에게 치료비를 물리다 加害者に治療費を払わせる.

물리^변화 (物理變化) [名] 物理変化. [対]화학 변화(化學變化).

물리-치다 [他] ❶はね返す; 拒絶する; 振り切る. ❷退ける; 撃退する. ‖적을 물리치다 敵を撃退する. ❸打ち勝つ. ‖유혹을 물리치다 誘惑に打ち勝つ.

물-만두 (-饅頭) [名] 水餃子.

물-맛 【-맏】 [名] 水の味.

물망 (物望) [名] 人望. ▸물망에 오르다 有力な候補に上る. 총리 물망에 오르다 総理の有力な候補に上る.

물망-초 (勿忘草) [名] 《植物》 ワスレナグサ(勿忘草).

물-먹다 【-따】 [自] ❶水を飲む. ❷(紙や布などに)水がにじむ. ❸しくじる; (試験などに)落ちる. ‖이번 시험에서 물먹었다 今回の試験に落ちた.

물물^교환 (物物交換) [名] [하他] 物々交換.

물밀듯-이 【-뜨시】 [副] 波が押し寄せるような勢いで; どっと. ‖신제품에 대한 주문이 물밀듯이 쏟아지다 新製品の注文がどっと入ってくる.

물-밑 【-믿】 [名] 水面下; 水底.

물-바다 [名] 一面が水浸しになること. ‖홍수로 일대가 물바다가 되었다 洪水で辺りが水浸しになった.

물-방개 [名] 《昆虫》 ゲンゴロウ(源五郎).

물-방아 [名] 水車.

물방앗-간 (-間) 【-아깐/-앋깐】 [名] 水車小屋.

물-방울 【-빵-】 [名] 水玉; 水滴; しずく. ‖물방울 무늬 水玉模様.

물-배 [名] 水腹.

물-뱀 [名] 《動物》 ❶水中に生息するヘビの総称. ❷ウミヘビ(海蛇).

물-벼락 [名] (「水の雷」の意で)いきなり水をぶっかけられること. ‖물벼락을 맞다 いきなり水をぶっかけられる.

물-벼룩 [名] 《動物》 ミジンコ(微塵子).

물-병 (-瓶) 【-뼝】 [名] 水差し.

물병-자리 (-瓶-) [名] 《天文》 水瓶座.

물-보라 [名] 水しぶき; 水煙. ‖물보라가 일다[치다] 水しぶきが立つ. 물보라를 일으키다 水しぶきをあげる.

물-불 [名] 水火; 水と火. ▸물불을 가리지[헤아리지] 않다 水火も辞せず.

물-비누 [名] 水石けん; 液体石けん.

물-비린내 [名] やや生臭い水のにおい.

물-빛 【-삗】 [名] 水の色; 水色.

물-빨래 [名] [하他] 手洗い; 水洗い.

물-뿌리개 [名] じょうろ.

물산 (物産) 【-싼】 [名] 物産.

물-살 【-쌀】 [名] 水勢; 水の流れの勢い. ‖물살이 세다 水勢が強い.

물상[1] (物象) 【-쌍】 [名] 物象.

물상[2] (物像) 【-쌍】 [名] 物の姿.

물-새 【-쌔】 [名] 水鳥; 水禽.

물-색[1] (-色) 【-쌕】 [名] 水の色.

물색[2] (物色) /mul'sɛk/ 【-쌕】 [名] [하他] 物色. ‖후보자를 물색하다 候補者を物色する. 가게 안을 물색하다 店内を物色する.

물샐틈-없다 【-트멉따】 [形] 水も漏らさない. ‖물샐틈없는 경비 水も漏らさないほどの厳重な警備. **물샐틈없-이** [副]

물성 (物性) 【-썽】 [名] 物性.

물-세[1] (-稅) 【-쎄】 [名] (灌漑用水や水道料金など)水関係の公共料金.

물세[2] (物稅) 【-쎄】 [名] 《法律》 物税.

물-세탁 (-洗濯) [名] [하他] 水洗い.

물-소 【-쏘】 [名] 《動物》 水牛.

물-소리 【-쏘-】 [名] 水音; 小川などのせせらぎ. ‖부엌에서 물소리가 나다 台所から水音がする.

물-수건 (-手巾) 【-쑤-】 [名] おしぼり; 水に濡らした手ぬぐい.

물수제비-뜨다 [自] 『으変』 (水面に平らな石を投げて)水切りをする; 石投げ水面バウンドをする.

물-시계 (-時計) 【-씨-/-씨게】 [名] 水時計.

물신^숭배 (物神崇拜) 【-씬-】 [名] 物

물심-양면 〔物心兩面〕【-씸냥-】 图 物心兩面. ‖물심양면으로 도움을 받다 物心兩面にわたって援助してもらう.

물씬 〔形〕 냄새나 煙따위가 鼻을 찌르는 樣子. ぷんと; むっと. ‖香수 냄새를 물씬 풍기다 香水のにおいをぷんと漂わせる. **물씬-물씬** 图 ぷんぷん.

물아 〔物我〕 图 物我.
물-안개 图 雨霧.
물-안경 〔-眼鏡〕 图 水中眼鏡.
물-약 〔-藥〕【-략】 图 水薬; 薬液.
물어¹ 他 〔ㄷ変〕 묻다(聞く)의 運用形. ‖물어보다 聞いてみる.
물어² 他 〔-語幹〕 물다(くわえる·噛む)의 運用形.
물어-내다 他 弁償する.
물어-뜯다 〔-따〕 他 噛みちぎる.
물어-주다 他 弁償する; 弁償してあげる.
물-억새 〔-〕〔植物〕 オギ(荻).
물-엿 〔-렫〕 图 水飴.
물-오르다 国 〔르変〕 ❶ 〔春先, 草木이 水를 吸い上げ〕みずみずしくなる. ‖물오른 나뭇가지 みずみずしくなった枝. ❷ 〔技術·能力などが〕最も盛んな時期にある.
물-오리 图 〔鳥類〕 ❶ 野生カモ(鴨)의 總称. ❷ マガモ(真鴨).
물-오징어 图 生イカ.
물욕 〔物慾〕 图 物慾. ‖물욕에 빠지다 物欲にとらわれる.
물-웅덩이 图 水たまり; 淀.
물-위 〔-〕 图 水面.
물은 他 〔ㄷ変〕 묻다(聞く)의 過去連体形.
물을 他 〔ㄷ変〕 묻다(聞く)의 未來連体形.
물음 图 問い; 質問. ‖다음 물음에 답하시오 次の問いに答えなさい.
물음-표 〔-標〕 图 疑問符; クエスチョンマーク(?).
물의 〔物議〕【-/무리】 图 物議. ‖물의를 빚다 物議を醸す.
물-이끼 〔-리-〕 图 〔植物〕 ミズゴケ(水蘚). ‖물이끼가 끼다 ミズゴケが生える.
물자 〔物資〕 〔-짜〕 图 物資. ‖물자를 보급하다 物資を補給する. 원조 물자 救援物資.
물-장구 ❶ ばた足. ‖물장구 치다 ばた足をする. ❷ 水가 면의 水面에 엎드려 ひざ을 叩くこと.
물-장군 〔-將軍〕 图 〔昆虫〕 タガメ(田亀).
물-장난 〔有動〕 水遊び.
물-장사 〔有動〕 〔俗っぽい言い方で〕 水商売.
물-재배 〔-栽培〕 图 水栽培; 水耕.
물적 〔物的〕 〔-쩍〕 图 物的; 物質的. ㉠심리的(心的)·人的(人的).
물적 담보 〔物的擔保〕 【-쩍 땀-】 图 〔経〕 物의 担保.

물적 증거 〔物的證據〕【-쩍쯩-】 图 物的証拠. ㉠물증(物證). ㉠인적 증거(人的證據).
물적-유통 〔物的流通〕【-쩡뉴-】 图 物流. ㉠물류(物流).
물정 〔物情〕 〔-쩡〕 图 世情; 世事; 世故. ‖世상 물정에 어둡다 世情에 疎い. 세상 물정에 밝다 世故에 長ける.
물주 〔物主〕 【-쭈】 图 資金出資者.
물주-구문 〔物主構文〕 图 〔言語〕 非情物主語構文.
물-줄기 〔-쭐-〕 图 水의 流れ.
물증 〔物證〕 〔-쯩〕 图 〔法律〕 〔物的証拠(物的證據)의略語〕 物証. ‖심증은 있는데 물증이 없다 心証はあるが物証がない.

물질 〔物質〕 /mulˀʨil/ 【-찔】 图 物質. ㉠정신(精神). ‖항생 물질 抗生物質. 발암 물질 発癌物質.
물질 명사 〔物質名詞〕 图 〔言語〕 物質名詞.
물질-문명 〔物質文明〕 图 物質文明.
물질-문화 〔物質文化〕 图 物質文化.
물질-적 〔物質的〕 图 物質的. ‖물질적인 도움을 받다 物質的な援助を受ける.
물질-주의 〔物質主義〕 【-찔-/-찔-이】 图 物質主義.
물-집 〔-찝〕 图 水膨れ. ‖물집이 생기다 水膨れができる.

물체 〔物體〕 /multʰe/ 图 物體. ‖어둠 속에서 이상한 물체가 움직이다 暗闇の中で奇妙な物体が動く. 미확인 비행 물체 未確認飛行物体; UFO.
물-총 〔-銃〕 图 水鉄砲.
물총-새 〔-銃-〕 图 〔鳥類〕 カワセミ(川蟬).
물-침대 〔-寢臺〕 图 ウォーターベッド.
물컹-물컹 图 〔形〕 ぐにゃぐにゃ(と). ㉠물컹物컹.
물컹-하다 〔形〕 〔하여〕 (熟れすぎたり腐ったりして)すぐにでもつぶれそうだ. ㉠물컹하다.
물-켜다 しきりに水が飲みたくなる. ‖짜게 먹어서 자꾸 물켜다 しょっぱいものを食べたのでしきりに水が飲みたくなる.
물-쿠다 国 蒸し暑くなる.
물크러-지다 国 (熟れすぎたり腐ったりして)形が崩れる.
물-통 〔-桶〕 图 ❶ 水を入れる容器の総称. ❷ 水汲み用の桶. ❸ 水筒.
물-파스 〔←Pasta〕 图 液体の湿布薬.
물표 〔物標〕 图 荷札; 預かり札.
물푸레-나무 图 〔植物〕 トネリコ(梣); モクセイ(木犀).
물-품 图 水草. ㉠수초(水草).
물품 〔物品〕 图 物品, 品物. ‖물품 보관소 荷物預かり所.
묽다 /mukˀta/【묵따】 厖 水気が多い; 水っぽい; ゆるい; (濃度·色·味などが)薄

뭇-매 [묻—] 圏 袋だたき. ‖뭇매를 맞다 袋だたきにあう.

뭇매-질 圏(하変) 袋だたき.

뭇-사람 [묻씨—] 圏 大勢の人.

뭇-시선 (—視線)[묻씨—] 圏 大勢の視線; 衆目.

뭇-입 [묻닙] 圏 衆口.

뭉개다 他 つぶす; 押しつぶす; すりつぶす.

뭉게-구름 圏 むくむく雲; 積雲.

뭉게-뭉게 副 むくむく(と). ‖구름이 뭉게뭉게 피어오르다 雲がむくむく(と)わき上がる.

뭉그뜨리다 他 崩す; つぶす.

뭉근-하다 厖[하変] 火力が弱い; とろとろ燃えている. ‖뭉근한 불로 졸이다 とろ火で煮詰める. 転 뭉근-히.

뭉기적-거리다 [—대다] 圓[—끼[때]—] 自 もじもじする; ぐずぐずする.

뭉떵 副 一度に大きめに切る様子; ざっくりと; ばっさり; ざっくり.

뭉떵-하다 厖[하変] ずぱっと切られたように太くて短い; ずんぐり(と)している. 転 뭉때하다.

뭉뚱-그리다 他 大ざっぱにまとめる; ざっとまとめる. ‖그가 말한 것을 뭉뚱그려 보면 彼が言ったことをざっとまとめると.

뭉실-뭉실 副 むくむくと.

뭉치 圏 塊; 束; 包み. ‖돈 뭉치 札束. 원고 뭉치 原稿束.

뭉치다 /mungʧʰida/ 自 一つにまとまる; 一丸となる; 団結する; 固まる. ‖전원이 뭉치면 해낼 수 있다 全員が一丸となればやり遂げられる. 굳게 뭉치다 固く団結する. 근육이 뭉치다 筋肉が固まる. 転 뭉치다.
— 他 一つに固める. ‖눈을 뭉쳐 눈사람을 만들다 雪を固めて雪だるまを作る. 転 뭉치다.

뭉칫-돈 [—친돈~친똔] 圏 多額の金; まとまった金. ‖자선 사업에 뭉칫돈을 내놓다 慈善事業に多額のお金を出す.

뭉크러-뜨리다 他 壊す; 崩す.

뭉크러-지다 自 (熟れすぎたりして原形が)崩れる; つぶれる.

뭉클뭉클-하다 厖[하変] ぐにゃぐにゃしている.

뭉클-하다 厖[하変] 〔胸が〕つまる; じいんとする. ‖가슴이 뭉클해지는 이야기 胸がじいんとなる話.

뭉텅 ざっくと; ばっさりと.

뭉텅-이 圏 塊; 束; 包み.

뭉툭-하다 [—투카—] 厖[하変] (太いものの先端が)鈍くなっている. 転 몽톡하다.

뭍 [묻] 圏 陸; 陸地. ‖뭍사람 (島人に対して)陸地の人. 뭍에 오르다 陸に上がる.

뭍-짐승 [묻찜—] 圏 陸生動物.

뭐 /mwə/ 代 〔무어·무엇の縮約形〕何; 何か. ‖뭐가 가지고 싶어? 何がほしい？ ▶뭐니 뭐니 해도 何だかんだ言っても; ああだこうだ言っても. 뭐니 뭐니 해도 자기 집이 최고야 何だかんだ言っても自分の家が一番さ.
— 感 ❶話を聞き返したり驚いたりした時に発する語: 何(っ); 何だって; ‖뭐, 오늘 못 온다고？ 何っ, 今日来られないって？ ❷言う必要もないことを表わす時に用いる語: まあ; なあに. ‖다 그럴지 뭐 みんなそうだってさ; 皆そうに決まってる.

뭐-하다 厖[하変]〔무엇하다の縮約形〕. ‖말하기가 좀 뭐하다 ちょっと言いにくい.

뭔가 〔무엇인가の縮約形〕何か.

뭘 /mwəl/ 〔무엇을の縮約形〕何を. ‖뭘 먹을까？ 何を食べる？ 뭘 샀어？ 何を買ったの？

뭣-하다 [뭐타—] 厖[하変] 무엇하다の縮約形.

뮤즈 (Muse) 圏 ミューズ.

뮤지컬 (musical) 圏 〈音楽〉ミュージカル.

뮤지컬-쇼 (musical show) 圏 ミュージカルショー.

뮤지컬-코미디 (musical comedy) 圏 ミュージカルコメディー.

-으로 /muro/ 語尾 〔母音で終わる用言の語幹に付いて; 子音の場合は -으므로〕 理由·原因·根拠を表わす: …ので; …ため. ‖집중 호우가 예상되므로 지역 주민들께서는 각별히 이용해 주시기 바랍니다 集中豪雨が予想されるので, 地域住民の皆様は一段とご注意ください.

미¹ (美) 圏 ❶美. 진선미 真善美. ❷5段階の成績評価(秀·優·美·良·可)の中で3番目の成績: 美.

미² (美) 圏 〔미국(美國)の略語〕米. 대미 정책 対米政策. 미일 무역.

미³ (mi′) 圏 〈音楽〉〔階名の〕ミ.

미⁴ (未) 圏 〔十二支の〕未(ひつじ).

미⁵ (美) 圏 5段階の成績評価(秀·優·美·良·可)の中で3番目の成績: 美.

미-⁶ (未) 接頭 未-. ‖미완성 未完成.

미각 (味覺) 圏 味覺.

미각-기관 (味覺器官) [—끼—] 圏 味覚器.

미각-신경 (味覺神經) [—씬—] 圏 〈解剖〉味覚神経.

미간¹ (未刊) 圏 未刊.

미간² (眉間) 圏 〔양미간(兩眉間)の略語〕眉間. ‖미간을 찌푸리다 眉間にしわを寄せる.

미개 (未開) 圏 厖変 未開. 転 문명(文明).

미개-인 (未開人) 圏 未開人.

미개-지 (未開地) 圏 未開地.

미개간-지 (未開墾地) 图 未開墾地.
미-개발 (未開發) 图 (하타) 未開發.
미-개척 (未開拓) 图 未開拓.
　미개척-지 (未開拓地)【-찍】图 未開拓地; 未開拓の地.
미결 (未決) 图 (하타) 未決. ㉠기결 (既決). ‖미결 서류 未決書類.
　미결-수 (未決囚)【-쑤】图 (法律) 未決囚. ㉠기결수 (既決囚).
　미결-안 (未決案) 图 未決案.
미-경험 (未經驗) 图 未經驗.
　미경험-자 (未經驗者) 图 未經驗者.
미곡 (米穀) 图 米穀; 穀類.
　미곡-상 (米穀商) 图 米穀屋; 米屋.
미골 (尾骨) 图 (解剖) 尾骨. ㉮꼬리뼈.
미관¹ (美觀) 图 美観. ‖미관을 해치다 美観を害する. 미관상의 문제 美観上の問題.
미관² (微官) 图 微官.
미구-에 (未久-) 图 遠からず; もうすぐ.
미국 (美國)【国名】アメリカ合衆国; 米国.
미군 (美軍) 图 米軍; アメリカ軍. ‖미군 기지 米軍基地.
미궁 (迷宮) 图 迷宮. ‖미궁에 빠지다 迷宮入りする.
미꾸라지 (魚介類) 图 ドジョウ (泥鰌). ㉮鰍魚. ‖미꾸라지 한 마리가 온 웅덩이를 흐려 놓는다 (諺) 「(ドジョウ 1匹が水たまりを全部濁してしまう」の意で) 1人の悪者が集団や社会に大害を与えることのたとえ.
미끄러-지다 /miʰkurɯdʑida/ 自 滑る. ‖눈길에서 미끄러지다 雪道で滑る. 입학 시험에서 미끄러지다 入学試験に滑る.
미끄럼 图 滑ること; 滑りながら遊ぶこと. ‖미끄럼(틀)을 타고 놀다 滑り台で遊ぶ. 滑り台を滑る.
　미끄럼-대 (-臺) 图 滑り台.
　미끄럼-틀 图 =미끄럼대(-臺).
미끄럽다 /miʰkurʌpʰta/ 【-따】 形 [ㅂ変] [미끄러워, 미끄러운] 滑りやすい; つるつるしている; 滑らかだ. ‖길이 미끄럽다 道が滑りやすい.
미끈-거리다 自 ぬるぬるする; つるつるする.
미끈-미끈 副 (하形) ぬるぬる; つるつる.
미끈-하다 【-하여】 (하形) すらりとしている; ずらっとしている. ‖미끈한 다리 すらりとした脚.
미끌-미끌 副 (하形) なめらかな様子; すべすべ; つるつる. ‖길이 얼어서 미끌미끌하다 道が凍ってつるつるする.
미끼 /miʰki/ 图 ❶ (釣りの)えさ. ‖물고기가 미끼를 물었다 魚がえさに食いついた. 돈을 미끼로 편의를 봐달라 えさに便宜をはかってもらう. ❷ (比喩的に) 人を誘惑するために用いる手段.

미나리 /minari/ (植物) セリ (芹).
　미나리-꽝 图 セリ畑.
미나마타-병 (みなまた病) 图 (医学) 水俣病.
미남 (美男) 图 美男. ㉮추남 (醜男).
미-남자 (美男子) 图 美男子.
미납 (未納) 图 (하타) 未納; 納めないこと; 未払い. ‖수업료를 미납하다 授業料を納めない.
미네랄 (mineral) /mineral/ 图 ミネラル.
　미네랄-워터 (mineral water) 图 ミネラルウォーター.
미녀 (美女) 图 美女. ㉮추녀 (醜女).
미년 (未年) 图 未年. ㉮양해 (羊-).
미뉴에트 (minuet) 图 《音楽》メヌエット; メヌエット.
미는 他 [語幹] 밀다 (押す)の現在連体形.
미니 (mini) 图 ミニ.
　미니스커트 (mini-skirt) 图 ミニスカート.
　미니-홈피 (←mini+homepage) 图 ミニホームページ. ✚ネット上で簡単に作られる個人ホームページのこと. ブログのような個人メディアの特性を持つ.
미니멈 (minimum) 图 ミニマム. ㉮맥시멈.
미니어처 (miniature) 图 ミニチュア; ミニアチュア.
미닫-이 【-다지】 图 引き戸; 障子.
미달 (未達) /midal/ 图 (하타) (一定の目標・基準に)達していないこと. ‖정원 미달 定員割れ. 체중 미달 体重が足りないこと.
미담 (美談) 图 美談. ‖미담의 주인공 美談の主人公.
미답 (未踏) 图 (하타) 未踏. ‖전인미답의 땅 前人未踏の地.
미더덕 (動物) エボヤ (柄海鞘).
미덕 (美德) 图 美徳. ‖양보의 미덕 譲歩の美徳.
미덥다 【-따】 形 [ㅂ変] 頼もしい. ‖그 사람이 하는 일이라면 미덥다 彼のやることならば頼もしい. 미더운 사람 頼もしい人.
미동 (微動) 图 (하타) 微動. ‖미동도 하지 않고 있다 微動だにしない.
미들-급 (middle 級) 图 (ボクシングの) ミドル級.
미등 (尾燈) 图 〈車の〉尾灯.
미-등기 (未登記) 图 (하타) 未登記.
미디어 (media) 图 メディア.
미라 (mirra*) 图 ミイラ.
미래 (未來) /mi:rɛ/ 图 未来. ‖한국의 미래를 짊어질 청년 韓国の未来を担う青年. 미래를 개척하다 未来を切り開く. 미래를 앞서 가다 未来を先取りする.
　미래-사 (未來事) 图 未来のこと.

미래-상 (未來像) 图 未来像. ‖미래상을 제시하다 未来像を提示する.

미량 (微量) 图 微量.

미러 (mirror) 图 ミラー. ‖백미러 バックミラー.

미력 (微力) 图 微力. ‖미력이나마 도움이 되고 싶다 微力ながら役に立ちたい.

미련 (未練) /mirjən/ 图 未練. ‖아무런 미련도 없다 何の未練もない. 미련이 남다 未練が残る. 미련을 버리지 못하다 未練がましい.

미련-하다 /mirjənhada/ 厖 [하变] 愚かだ; 愚かしい; 愚鈍だ. ‖미련한 짓 愚かしい所業. 저 미련한 녀석 あの愚か者.

미로 (迷路) 图 迷路. ‖미로에 빠지다 迷路に入り込む.

미뢰 (味蕾) 【-/-뤠】 图 [解剖] 味蕾 (らい).

미루-나무 (←美柳-) 图 [植物] ポプラ.

미루다 /miruda/ 他 ❶ (期日・期限などを)延ばす; 延期する; (仕事・宿題などを)延ばす; 持ち越す; 先延ばしにする. ‖마감일을 미루다 締め切り日を延ばす. 결론을 다음으로 미루다 結論を次回に持ち越す. ❷ (人に責任を)転嫁する; (人に仕事を)押しつける. ‖당번을 친구에게 미루다 当番を友だちに押しつける. ❸ 推し量る; 推測する; 推量する. ‖상황을 미루어 짐작하다 状況を推し量る.

미륵 (彌勒) 图 [仏教] 미륵보살 (彌勒菩薩) の略語.

미륵-보살 (彌勒菩薩) 【-뽀-】 图 [仏教] 弥勒 (みろく) 菩薩. ⑬미륵 (彌勒).

미륵-불 (彌勒佛) 【-뿔】 图 [仏教] 弥勒仏.

미리 /miri/ 剾 あらかじめ; 予め; かねて. ‖할 일을 미리 해치우다 やるべきことを前もって片付ける. 미리 말해 두지 못 나는 안 갈 거야 前もって断わっておくが, 私は行かない. 미리 준비해 두다 予め準備しておく. ⑬미리-미리 剾.

미림 (味淋·味醂) 图 味醂.

미-립자 (微粒子) 【-짜】 图 [物理] 微粒子.

미만 (未滿) 图 未満. ‖스무 살 미만 20歳未満.

미망-인 (未亡人) 图 未亡人.

미명[1] (未明) 图 未明; 夜明け; 明け方. ⑬새벽. ‖내일 미명에 출발하자 明日の未明に出発しよう.

미명[2] (美名) 图 美名. ‖기부라는 미명에서 寄付という美名の下に.

미모 (美貌) 图 美貌. ‖미모를 자랑하다 美貌を誇る.

미모사 (mimosa) 图 [植物] ミモザ.

미몽 (迷夢) 图 迷夢. ‖미몽에서 깨어나다 迷夢から覚める.

미묘-하다 (微妙-) 厖 [하变] 微妙だ. ‖관계가 미묘하다 関係が微妙だ. 미묘한 차이 微妙な差. ⑭미묘-히 剾.

미물 (微物) 图 ❶ 微々たるもの. ❷ 虫; 虫けら.

미미-하다 (微微-) 厖 [하变] 微々たるものだ; 取るに足りない. ‖미미한 존재 取るに足りない存在.

미백 (美白) 图 美白.

미-백색 (微白色) 【-쌕】 图 淡い白色.

미봉-책 (彌縫策) 图 弥縫 (ほう) 策; 一時の間に合わせの策.

미분 (微分) 图 [数学] 微分.

미분-방정식 (微分方程式) 图 [数学] 微分方程式.

미-분화 (未分化) 图 自 未分化.

미불 (未拂) 图 [하变] 未払い.

미비 (未備) 图 [하变] 不備; 不完全. ‖서류에 미비한 점이 많다 書類に不備な点が多い.

미비-점 (未備點) 【-쩜】 图 不備な点.

미쁘다 [으变] = 미덥다.

미사 (missa²⁾) 图 [カトリック] ミサ.

미사-여구 (美辭麗句) 图 美辞麗句.

미사일 (missile) 图 [軍事] ミサイル.

미상 (未詳) 图 未詳; 不詳; 不明. ‖작자 미상의 작품 作者未詳の作品.

미상-불 (未嘗不) 剾 やはり; さすがに.

미-상환 (未償還) 图 [하变] 未償還.

미색 (米色) 图 米の色; 薄い黄色.

미색 (美色) 图 美色.

미-생물 (微生物) 图 微生物.

미성 (美聲) 图 美声.

미-성년 (未成年) 图 未成年.

미성년-자 (未成年者) 图 未成年者. ‖미성년자 입장 불가 未成年者入場禁止.

미-성숙 (未成熟) 图 [하变] 未熟; まだ熟していないこと.

미세스 (Mrs.) 图 ミセス.

미세-하다 (微細-) 厖 [하变] 微細だ; ごく細かい. ‖미세한 부분 微細な部分. 미세한 입자 ごく細かい粒子.

미션 (mission) 图 ミッション.

미션-스쿨 (mission school) 图 ミッションスクール.

미소 (微笑) /miso/ 图 微笑; 笑み. ‖미소를 띠다 笑みを浮かべる [たたえる]. 미소 (를) 짓다 微笑む.

미-소년 (美少年) 图 美少年.

미소-하다[1] (微小-) 厖 [하变] 微小だ.

미소-하다[2] (微少-) 厖 [하变] 微少だ. ‖미소한 차이 微々たる差.

미수[1] (米壽) 图 米寿; 88歳.

미수[2] (未遂) 图 [하变] 未遂. ‖자살 미수 自殺未遂.

미수-죄 (未遂罪) 【-죄/-쮀】 图 [法律] 未遂罪.

미수-금 (未收金) 图 未収金.

미숙 (未熟) 图 (形) 未熟. ⓛ성숙(成熟). ‖미숙한 솜씨 未熟な腕前.
미숙-아 (未熟兒) 图 未熟兒.
미-숙련 (未熟練) 【-숙년】 图 未熟練.
미술 (美術) /miːsul/ 图 美術. ‖조형 미술 造形美術. 상업 미술 商業美術. 미술 시간 美術の時間.
미술-관 (美術館) 图 美術館.
미술-품 (美術品) 图 美術品.
미숫-가루 【-수까-/-숟까-】 图 麦焦がし; はったい粉.
미스¹ (miss) 图 ミス; 間違い; やり損なう.
미스² (Miss) 图 ミス. ‖미스 코리아 ミスコリア.
미스터 (mister·Mr.) 图 ミスター.
미스터리 (mystery) 图 ミステリー.
미시 (未時) 图 〔民俗〕未(ひつじ)の刻(午後1時から午後3時まで).
미시^경제학 (微視經濟學) (經) ミクロ経済学.
미시-적 (微視的) 图 微視的; ミクロ的; ⓛ거시적(巨視的).
미시즈 (Mrs.) 图 ミセス.
미식-가 (美食家) 【-까】 图 美食家; グルメ.
미식-축구 (美式蹴球) 【-꾹】 图 〔スポーツ〕アメリカンフットボール.
미신 (迷信) 图 迷信.
미-신경 (味神經) 图 〔解剖〕味覚神経.
미심-쩍다 (未審-) 【-따】 形 疑わしい; 不審だ. ‖그의 행동이 미심쩍다 彼の行動が疑わしい.
미싱 (←sewing machine) 图 ミシン.
미아 (迷兒) 图 迷子.
미안 (未安) 感 ごめんなさい; すまん.

미안-하다 (未安-) /miːanhada/ 〔形〕【하变】すまない; 申し訳ない; 恐れ入る. ‖늦어서 미안합니다 遅れてすみません. 고생시켜서 미안해 苦労をかけてすまない. 미안하지만 좀 더 잔만 주세요 すみませんが, お水一杯ください. 미안하게 생각하고 있습니다 申し訳なく思っております.

미약-하다 (微弱-) 【-야카-】 〔形〕【하变】微弱だ; 弱い.
미얀마 (Myanmar) 图 〔國名〕ミャンマー.
미어-지다 【-/-어-】 自 ぎっしり詰まって裂けそうだ. ‖볼이 미어질 정도로 밥을 퍼 넣다 口いっぱいにご飯をほおばる. 가슴이 미어지다 心が張り裂ける; 胸がつかえる.
미어-터지다 【-/-어-】 自 張り裂けそうだ; 溢れんばかりだ.

미역¹ 图 (川などで)水遊びをすること. ‖강에서 미역을 감다 川で水遊びをする. ⓛ멱.
미역² /miːjɔk/ 图 〔植物〕ワカメ(若布).

미역-국 【-꾹】 图 〔料理〕ワカメスープ. ✚具として, カタクチイワシ・牛肉・カキ・貝・鮎肝などを使った多様な種類のワカメスープがある. 韓國では誕生日や産後に飲む. ▶미역국을 먹다 〔俗っぽい言い方で〕試験に落ちる.
미연 (未然) 图 〔主に미연에の形で〕未然に. ‖사고를 미연에 방지하다 事故を未然に防ぐ.
미열 (微熱) 图 微熱.
미온-적 (微溫的) 图 微温的; 煮え切らない. ‖미온적인 태도 微温的な態度.
미완 (未完) 图 (形) 未完.
미-완성 (未完成) 图 未完成.
미용 (美容) /miːjoŋ/ 图 美容. ‖미용 체조 美容体操.
미용-사 (美容師) 图 美容師.
미용-술 (美容術) 图 美容術.
미용-식 (美容食) 图 美容食.
미용-실 (美容室) 图 美容室.
미욱-스럽다 【-쓰-따】 〔形〕【ㅂ变】愚か[愚鈍]なところがある. **미욱스레** 副
미욱-하다 【-우카-】 〔形〕【하变】愚かだ; 愚鈍だ.
미운-털 目の敵. ‖미운털이 박히다 目の敵にされる.
미움 /mium/ 图 憎しみ; 憎さ. ‖주위から미움을 사고 있다 周りから憎まれている. 미움받을 소리를 하다 憎まれ口をたたく. 미움받을 짓을 사서 하다 憎まれ役を買って出る.
미워-하다 /miwɔhada/ 他 【하变】憎む; 嫌う. ‖그 사람을 미워하다 彼を憎む[嫌う]. 서로 미워하다 憎み合う. 미워할 수 없는 녀석 憎めない奴. 죄는 미워해도 사람을 미워해서는 안 된다 罪を憎んで, 人を憎まず.
미음¹ 图 ハングル子音字母「ㅁ」の名称.
미음² (米飮) 图 重湯(おもゆ).
미-의식 (美意識) 【-/-이-】 图 美意識.
미이다 自 미어지다의 誤り.
미이라 (mirra ポ) /miːin/ 图 미라의 誤り.
미인 (美人) /miːin/ 图 美人.
미인-계 (美人計) 【-/-게】 图 色仕掛け. ‖미인계를 써서 정보를 빼내다 色仕掛けで情報を盗む.
미인-도 (美人圖) 图 美人画.
미인-박명 (美人薄命) 【-빵-】 图 美人薄命.
미인-화 (美人畫) 图 美人画.
미일 (美日) 图 日米; アメリカと日本.
미작 (米作) 图 米作; 稻作. 同벼농사(-農事).
미장-공 (-工) 图 左官.
미장-원 (美粧院) /miːdʒaŋwɔn/ 图 美容院; 女性の理髪店.
미장-이 (-工) 图 =미장공(-工).
미-적 (美的) 【-쩍】 图 美的. ‖미적 감

각 美的な感覚[センス].

미적-거리다[-대다]【-꺼[때]-】[他] もじもじする; ずるずる(と)延ばす. ‖일을 미적거리다 仕事の期日をずるずる(と)延ばす.

미적-미적【-정-】[副] [하他] もじもじ.

미-적분(微積分)【-뿐】[名]《数学》 微積分.

미적지근-하다【-찌-】[形]『하変』 ❶ぬるい; 生ぬるい. ‖수프가 미적지근하다 スープが生ぬるい. ❷消極的で徹底しない; 煮え切らない. ‖미적지근한 태도 煮え切らない態度.

미전(美展)[名]〔미술 전람회(美術展覧會)の略語〕美術展.

미정(未定)[名] 未定. [対]기정(既定). ‖일정은 미정이다 日程は未定だ.

미정-고(未定稿)[名] 未定稿.

미제[1](美帝)[名] アメリカ帝国主義.

미제[2](美製)[名] アメリカ製.

미제[3](未濟)[名] 未済.

미주[1](美洲)[名]《地名》 アメリカ.

미주[2](美酒)[名] 美酒; うまざけ.

미주알-고주알[副] 根掘り葉掘り; 何から何まで. [類]고주알미주알. ‖미주알고주알 다 일러바치다 何から何まで言いつける.

미즈(Ms.)[名] ミズ.

미-증유(未曾有)[名] 未曾有(みぞう). ‖미증유의 사건 未曾有の事件. ✣梵語 adbhuta の訳.「いまだかつてあらず」の意.

미지(未知)[名] 未知. ‖미지의 세계 未知の世界.

미지근-하다 /midʑigɯnhada/ [形]『하変』 ❶生ぬるい; ぬるい; 生あたたかい. ‖미지근한 물 生ぬるい水. ❷(態度や反応などが)はっきりしない; どっちつかずだ.

미지-수(未知數)[名] 未知数. ‖그가 어떻게 나올지는 미지수다 彼がどう出るかは未知数だ.

미진(微塵)[名] 微塵(みじん).

미진-하다(未盡-)[形]『하変』 まだ終わっていない; 尽きない; 不十分だ. ‖성과가 미진하다 成果が不十分だ.

미착(未着)[名] [하自] 未着.

미처 /mitɕʰɔ/ [副]〔下に못하다·모르다などの打ち消しの表現を伴って〕かつて; まだ. ‖미처 생각지 못한 일 考えもしなかったこと. 이렇게 끝날 줄은 미처 몰랐다 こういうふうに終わるとは思いも寄らなかった. 미처 끝내지 못하다 まだ仕上がっていない.

미천-하다(微賤-)[形]『하変』 卑しい; 卑賤だ; (身分や地位が)低い. ‖미천한 집안 卑しい家柄.

미추(美醜)[名] 美醜.

미-취학(未就學)[名] 未就学. ‖미취학 아동 未就学児童.

미치-광이[名] 狂人; 物狂い.

미치다[1] /mitɕʰida/ [自] (気が)狂う. ‖너무 놀란 나머지 미쳐 버리다 恐怖のあまり気が狂う. 머리가 너무 아파 미치겠다 頭が痛くて, 気が狂いそう. 도박에 미치다 賭博に狂う. 여자한테 미치다 女に狂う.

미치다[2] /mitɕʰida/ [自] ❶達する; 至る; 届く. ‖손이 천장에까지 미치다 手が天井にまで届く. ❷(影響が)及ぶ; 押し寄せる. ‖생각이 거기까지는 못 미쳤다 思いがそこまでは及ばなかった. 회사 도산의 여파가 계열사에도 미쳤다 会社の倒産の余波が系列会社にも押し寄せた. 약물이 인체에 미치는 영향 薬物が人体に及ぼす影響.
— [他] (影響を)及ぼす. ‖한국 경제에 큰 영향을 미친 사건 韓国経済に大きな影響を及ぼした事件.

미친-개[名] ❶狂犬. ❷〔比喩的に〕分別を失った人.

미크로네시아(Micronesia)[名]《国名》 ミクロネシア.

미크론(micron)[依名] 長さの単位: …ミクロン.

미터[1](meter) /miːtʰɔ/ [名] メーター. ‖택시 미터 タクシーのメーター. 미터제 メーター制.

미터[2](meter)[依名] 長さの基本単位: …メートル(m). ‖백 미터 달리기 100 メートル走.

미터-법(-法)[名] メートル法.

미터-자[名] メートル尺.

미토콘드리아(mitochondria)[名]《生物》 ミトコンドリア.

미트(mitt)[名] (野球で)ミット.

미트볼(meatball)[名] ミートボール; 肉団子.

미팅(meeting)[名] [하自] ❶(主に学生の)合コン. ❷ミーティング.

미풍(微風)[名] 微風; そよ風.

미풍-양속(美風良俗)【-냥-】[名] 美風良俗.

미필(未畢)[名] 未了; まだ終わっていないこと.

미필적 고의(未必的故意)【-쩍 꼬-/-쩍꼬이】[名]《法律》 未必の故意.

미학(美學)[名] 美学.

미-합중국(美合衆國)【-쭝-】[名]《国名》 アメリカ合衆国.

미-해결(未解決)[名] [하他] 未解決. ‖미해결 사건 未解決の事件.

미행(尾行)[名] [하他] 尾行. ‖몰래 미행하다 ひそかに尾行する. **미행-당하다** [受身]

미혼(未婚)[名] 未婚. ‖미혼 여성 未婚の女性.

미혼-모(未婚母)[名] 未婚の母; シングルマザー.

미화[1](美化)[名] [하他] 美化. ‖현실을

마 매 먀 매 머 메 며 몌 모 와 왜 외 묘 무 뭐 웨 위 뮤 므 의 미

미화해서 말하다 現實을 美化해서 말하다.
미화-되다 受動
미화²(美貨) 图 アメリカの貨幣.
미-확인(未確認) 图接尾 未確認.
　미확인'비행'물체(未確認飛行物體) 图 未確認飛行物体; UFO.
미흡-하다(未洽-) /mi:huupʰada/ 形 [흐]形 [하]変 不十分だ; 足りない. ‖성과가 미흡하다 成果が不十分だ. 여러 면에서 아직 미흡하지만 열심히 하겠습니다 色々な面でまだ至らない者ですが, 頑張ります.
믹서(mixer) 图 ミキサー.
민¹(民) 图 〔민간(民間)の略語〕民. ‖관민 官民.
민²(閔) 图(姓) 閔(ミン).
민³(閔) [ㄹ語幹] 밀다(押す)の過去連体形.
-민⁴(民) 被尾 …(の)民. ‖유목민 遊牧民. 유랑민 流浪の民.
민가(民家) 图 民家.
민간(民間) /mingan/ 图 民間. ‖민간 기업 民間企業.
　민간'방송(民間放送) 图 民間放送. 略 민방(民放).
　민간'신앙(民間信仰) 图 民間信仰.
　민간'외교(民間外交) 图 民間外交.
　민간-요법(民間療法) [-뇨뻡] 图 民間療法.
　민간-인(民間人) 图 民間人.
민감-하다(敏感-) /mingamhada/ 形 [하]変 敏感だ. ⑦辛ら抱强い(鈍感-). ‖유행에 민감하다 流行に敏感だ. 기온 변화에 민감한 피부 気温の変化に敏感な肌.
민권(民權) [-꿘] 图 民權.
　민권-주의(民權主義) [-꿘-/-꿘-이] 图 民權主義.
민-꽃게(-꼳께) 图〈動物〉イシガニ(石蟹).
민담(民譚) 图 民譚.
민도(民度) 图 民度.
민둥민둥-하다 形 [하]変 (頭や山が)はげている. 同맨둥맨둥하다.
민둥-산(-山) 图 はげ山. 同벌거숭이산(-山).
민들레 图〈植物〉タンポポ(蒲公英).
민망-하다(憫惘-) /minmaŋhada/ 形 [하]変 気まずい. 心苦しい; 決まりが悪い. 気恥ずかしい; ばつが悪い. ‖회의에 혼자 지각을 해서 상당히 민망했다 会議に 1 人だけ遅れて何とも ばつが悪い思いをした. 많은 사람들 앞에서 넘어져서 정말 민망했다 大勢の前で転んで, 本当に気恥ずかしかった. 민망할 정도로 칭찬을 받다 気恥ずかしいほど ほめられた.
민-물 图 真水. 同담수(淡水).
　민물-게 图〈動物〉サワガニ(沢ガニ).
　민물-고기 [-꼬-] 图 淡水魚; 川魚. 同담수어(淡水魚).

민물-낚시 【-락씨】 图 (川・湖など)淡水での釣り.
민박(民泊) 图 民泊; 民宿.
민방(民放) 图 〔민간 방송(民間放送)の略語〕民放.
민-방위(民防衛) 图 軍事的侵略や天災地変による被害を防ぐため, 民間で行なう防衛行為.
　민방위-대(民防衛隊) 图 民間防衛隊.
민법(民法) [-뻡] 图〈法律〉民法.
　민법-학(民法學) [-빠카] 图〈法律〉民法学.
민병(民兵) 图 民兵.
　민병-제(民兵制) 图 民兵制.
민본-주의(民本主義) [-/-이] 图 民本主義.
민사(民事) 图〈法律〉民事. ⑦刑事(刑事).
　민사-법(民事法) [-뻡] 图〈法律〉民事法.
　민사'사건(民事事件) 【-껀】图〈法律〉民事事件.
　민사'소송(民事訴訟) 图〈法律〉民事訴訟.
　민사'재판(民事裁判) 图〈法律〉民事裁判.
민생(民生) 图 民生; 国民の生活. ‖민생을 안정시키다 国民生活を安定させる.
　민생-고(民生苦) 图 一般国民の生活苦.
민선(民選) 图 民選. ⑦관선(官選)・국선(國選). ‖민선 의원 民選議員.
민-소매 图 袖なし.

민속(民俗) /minsok/ 图 民俗.
　민속-극(民俗劇) 【-끅】 图 民俗劇.
　민속-놀이(民俗-) [-송-] 图〈民俗〉各地方の風習や生活様式などが反映された民俗遊戱; 民俗芸能. ✚차전놀이・윷놀이・널뛰기など.
　민속-무용(民俗舞踊) 图 民俗舞踊.
　민속-촌(民俗村) 图 昔の生活様式を保存, 伝統美を継承している村.
　민속-학(民俗學) [-소카] 图 民俗学.
민수(民需) 图 民需. ⑦관수(官需).
민심(民心) 图 民心. ‖민심을 묻다 民心を問う. 민심은 천심 天に口無しと 云うて 言わない.
민어(民魚) 图〈魚介類〉ニベ(鮸).
민영(民營) 图 民営. ⑦국영(國營).
　민영-화(民營化) 图接尾 民営化. ‖국영 사업의 민영화 国営事業の民営化.
민예(民藝) 图 民芸. ‖민예품 民芸品.
민완(敏腕) 图 敏腕. ‖민완 형사 敏腕刑事.

민요(民謠) /minjo/ 图 〔音樂〕 民謠.
민요-곡(民謠曲) 图 〔音樂〕 民謠風に作曲した編曲した曲.
민요-조(民謠調) 图 民謠調.
민원(民願) 图 住民の要望や請願. ‖민원 창구 (役所などの)受付窓口.
민의(民意) 图 [/-니/] 民意.
민정(民政) 图 民政. ⇔군정(軍政).

민족(民族) /minǰok/ 图 ❶단일 민족 単一民族. 소수 민족 少数民族.
 민족-국가(民族國家) 【-꾹까】 图 民族国家.
 민족-사(民族史)【-싸】 图 民族史.
 민족-성(民族性) 【-썽】 图 民族性.
 민족-의식(民族意識) 【-/-조기-/】 图 民族意識.
 민족-적(民族的) 【-쩍】 图 民族的.
 민족-주의(民族主義)【-쭈-/-이】 图 民族主義.
 민족-혼(民族魂) 【-조콘】 图 民族の魂.
민족ˇ자결(民族自決) 【-짜-】 图 民族自決.
민족ˇ자본(民族資本)【-짜-】 图 〔經〕 民族資本. ⇔매판 자본(買辦資本).

민주(民主) /minǰu/ 图 民主.
 민주-적(民主的) 图 民主的な. ‖민주적인 방법 民主的な方法.
 민주-주의(民主主義) 【-/-이】 图 民主主義.
 민주-화(民主化) 图 (하타) 民主化. ‖민주화 운동 民主化運動.
민중(民衆) 图 民衆. ‖민중의 지지를 얻다 民衆の支持を得る. 민중 예술 民衆芸術.

민첩-하다(敏捷-) 图 (여변) /minčhʌpʰada/ 【-처하-】形 (하여) 敏捷だ; 素早い; すばしこい. ‖움직임이 민첩하다 動きが素早い. 몸집이 작고 민첩한 남자 体柄ですばしこい男.
민초(民草) 图 民草, 草の根.
민-촌충(-寸蟲) 图 〔動物〕 ムコウジョウチュウ(無鉤条虫).
민통-선(民統線) 图 「민간인 출입통제선(民間人出入統制線)の略」民間人入統制線. ↔朝鮮半島非武装地帯(DMZ)の周辺に設けられた民間人立入禁止区域.
민트(mint) 图 ミント. ⑩박하(薄荷).
민폐(民弊) 图 [/-페/] (하타) 人に及ぼす弊害; 迷惑. ‖민폐를 끼치다 迷惑をかける.
민화[1] (民話) 图 民話.
민화[2] (民畵) 图 民衆の生活ぶりが描かれた絵.
믿는 冠 믿다(信じる)の現在連体形.

믿다 /mit²ta/ 【-따】 他 ❶믿을 뿐이다; 信頼する. ‖나는 말이 말한 것을 믿고 있다 私は娘が言ったことを信じている. 더 이상 그 말을 믿을 수가 없다 もう彼が信じられない. 믿어 의심치 않다 信じて疑わない. 믿을 수 없는 이야기 信じられない話. 너만 믿고 오고 있다 お前を頼りにして生きている. ❷信仰する. ‖신을 믿다 神を信仰する. ❸믿고 있다; 思い込む. ‖정말이라고 믿고 있다 本当だと思い込んでいる.
믿어-는 冠 믿다(信じる)の運用形.
믿은 冠 믿다(信じる)の過去連体形.
믿을 冠 믿다(信じる)の未来連体形.
믿음 图 信じること; 頼れること; 信頼すること. ‖믿음이 가는 행동 信頼できる行動. 믿음을 주는 사람 信頼できる人.
믿음직-하다 【-지카-】 形 (하변) 頼もしい; 信頼できそうだ. ‖믿음직한 사람 頼もしい人.
믿음직-스럽다 【-쓰-따】 形 〔ㅂ変〕 頼もしい; 頼もしいところがある.

밀[1] 〔植物〕 コムギ(小麦). ⑩소맥(小麦).
밀[2] 【ㄹ語幹】 밀다(押す)の未来連体形.
밀-가루 /mil²karu/ 【-까-】 图 小麦粉. ⑩소맥분(小麥粉). ‖밀가루 반죽이 너무 물러서 이대로는 옷 쓰겠다 練り粉があまりにもやわらかくて、このままでは使えない.
밀감(蜜柑) 〔植物〕 ミカン(蜜柑).
밀고(密告) 图 (하타) 密告.
밀고-자(密告者) 图 (하타) 密告者.
밀고(密-) 图 〔料理〕 유밀과(油蜜菓)の略語. ↔小麦粉や米の粉を練って形を作り, 油で揚げて水飴をつけたお菓子.
밀교(密敎) 图 〔仏敎〕 密敎.

밀다 /mi:lda/ 【ㄹ語幹】 【밀어, 미는, 민】他 ❶밀고 가다 車椅子を押す. 등을 확 밀다 背中をぐいと押す. 강하게 밀다 強く[強気で]押す. ⇔밀리다. ❷推す. ‖부장으로 밀다 委員長に推す. 수상 후보작으로 밀다 受賞候補者として推す. ❸(表面を)なめらかにする. ‖수염을 밀다 ひげを剃る. 대패로 밀다 鉋(かんな)をかける. ❹ 머리를 밀다 丸坊主にする. ❹(平らに)伸ばす. ‖밀반죽을 밀다 小麦粉練り粉を伸ばす. ❺(垢を)落とす. ‖때를 밀다 垢を落とす.
밀담(密談) 【-땀】 图 (하타) 密談. ‖밀담을 나누다 密談を交わす.
밀도(密度) /mildo/ 【-또】 图 ❶密度. ‖밀도가 높다 密度が高い[大きい]. 인구 밀도 人口密度. ❷内容の充実度. ‖밀도 높은 수업 内容が充実した授業.
밀-도살(密屠殺) 【-또-】 图 (하타) (家畜の)密殺.
밀랍(蜜蠟) 图 蜜蠟. ‖밀랍 인형 蠟人形.
밀레니엄 (millennium) 图 ミレニアム.

밀려-가다 国 (波などが)打ち返す;(大勢の人が)押し流される;(大勢の人が)押しかける.

밀려-나다 国 押し出される;追い出される. ‖요직에서 밀려나다 要職から追い出される.

밀려-나오다 国 押し出される;(大勢の人が)どっと出てくる. ‖건물에서 사람이 밀려나오다 建物から人々がどっと出てくる.

밀려-들다 国 [ㄹ語幹] 打ち寄せる;なだれ込む.

밀려-오다 国 押し寄せる. ‖높은 파도가 밀려오다 高波が押し寄せる. 피곤이 밀려오다 疲労が押し寄せる.

밀렵(密獵) 图 하他 密猟.
밀렵-꾼(密獵-) 图 密猟者.
밀리(←millimeter) 依名 〔ミリメートルの〕…ミリ.
밀리-그램(milligramme) 依名 質量の単位: …ミリグラム(mg).

밀리다 /millida/ 国 ❶ [밀다の受身動詞] 押される;圧倒される. ‖인파에 밀리다 人波に押される. 경쟁자에게 밀리고 있다 競争相手に圧倒されている. ❷ 渋滞する. ‖차가 밀리다 渋滞する. ❸ (仕事などが)たまる. ‖일이 태산같이 밀려 있다 仕事が山積まっている.

밀리-리터(milliliter) 依名 体積の単位: …ミリリットル(ml).
밀리-미크론(millimicron) 依名 長さの単位: …ミリミクロン(m μ).
밀리-미터(millimeter) 依名 …ミリメートル. 略 밀리.
밀리-바(millibar) 依名 圧力の単位: …ミリバール(mb; mbar).
밀리-볼트(millivolt) 依名 電圧差の単位: …ミリボルト(mV).
밀리-암페어(milliampere) 依名 電流の単位: …ミリアンペア(mA).
밀림(密林) 图 密林.
밀매(密賣) 图 하他 密売.
밀-매매(密賣買) 图 하他 密売買.
밀-무역(密貿易) 图 하他 密貿易.
밀물 图 満ち潮;上げ潮. 반썰물.
밀-반죽(-) 图 小麦の練り粉.
밀-방망이 图 練った小麦粉などを伸ばすのに用いる棒.
밀봉¹(密封) 图 하他 密封.
밀봉²(蜜蜂) 图 〖昆虫〗ミツバチ(蜜蜂).
밀사(密使) 【-싸】 图 密使.
밀살(密殺) 【-쌀】 图 ❶ 密殺. ❷ 밀도살(密屠殺)の略名.
밀서(密書) 【-써】 图 密書.
밀수(密輸) 【-쑤】 图 하他 密輸. ‖마약 밀수 麻薬の密輸.
밀수-품(密輸品) 图 密輸品.
밀-수입(密輸入) 【-쑤-】 图 하他 密輸入.

밀-수출(密輸出) 【-쑤-】 图 하他 密輸出.
밀실(密室) 【-씰】 图 密室.
밀약(密約) 图 密約.
밀어¹(密語) 图 密語.
밀어²(蜜語) 图 蜜語;甘い言葉. ‖밀어를 주고받다 蜜語を取り交わす.
밀어³ 形 [ㄹ語幹] 밀다(押す)の連用形.

밀어-내다 /mirɔnɛːda/ 他 押し出す;追い出す;押し退ける. ‖방에서 밀어내다 部屋から追い出す. 동료를 밀어내고 출세가도를 달리다 同僚を押し退けて出世街道を走る.

밀어-넣다 【-너타】 他 押し込む.
밀어-닥치다 他 押し寄せる;詰めかける.

밀어-붙이다 【-부치-】 他 (隅に)押しやる;押し切る;推し進める. ‖복지에 중점を둔 정책을 밀어붙이다 福祉に重点をおいた政策を推し進める.

밀어-젖히다 【-저치-】 他 (窓などを)押し開く.

밀어-제끼다 밀어젖히다の誤り.
밀어-제치다 他 押しのける. ‖사람들을 밀어제치고 맨 앞으로 나아가다 人を押しのけて一番前へ出る.
밀어-주다 他 ❶ 積極的に援助する. ❷ 支持する;後押しする;後援する.
밀월(蜜月) 图 蜜月.
밀월-여행(蜜月旅行) 【-려-】 图 蜜月旅行;新婚旅行.
말-입국(密入國) 【-꾹】 图 하自 密入国.
밀장(密葬) 【-짱】 图 密葬.
밀-전병(-煎餅) 图 小麦粉で作った煎餅.

밀접-하다(密接-) /miltɕɔpɦada/【-쩌파-】 形 하麗 密接だ. ‖밀접한 관계 密接な関係. 밀접하게 결부되다 密接に結びつく. 밀접-히

밀정(密偵) 【-쩡】 图 密偵;スパイ.
밀조(密造) 【-쪼】 图 하他 密造.
밀주(密酒) 【-쭈】 图 하他 密造酒.
밀지(密旨) 【-찌】 图 密旨.
밀집(密集) 【-찝】 图 하自 密集. ‖인가가 밀집해 있다 人家が密集している. 상가 밀집 지역 商店街密集地域.
밀짚-모자(-帽子) 【-찜-】 图 麦わら帽子. ‖밀짚모자를 쓰다 麦わら帽子をかぶる.
밀착(密着) 图 하他 密着. ‖일상생활과 밀착된 문제 日常生活に密着した問題. 밀착 취재 密着取材.

밀치다 /miltɕʰida/ 他 押し退ける;強く押す. ‖사람들을 밀치고 맨 앞으로 나아가다 人々を押し退けて一番前へ出る. 문을 밀치며 들어서다 ドアを強く押しながら入ってくる.

밀치락-달치락 【-딸-】 副 하自 押し

合いへし合い.
밀크-세이크(milk shake) [名] ミルクセーキ.
밀탐(密探) [名] [하他] ひそかに探ること.
밀통(密通) [名] [自] 密通; 内通.
밀파(密派) [名] [하他] (スパイなどを)ひそかに派遣すること.
밀폐(密閉) [/-/-퍠] [名] [하他] 密閉. ‖밀폐 용기 密閉容器. **밀폐-되다** [受動]
밀항(密航) [名] [自] 密航.
밀회(密會) [/-\|] [名] [自] 密会.

밉다 /mip²ta/[-따] [形] [ㅂ変] [미워, 미운] ❶ 憎い; 憎らしい; かわいくない. ‖하는 짓이 너무 밉다 하는 ことがあまりにも憎たらしい. 미운 소리를 하다 憎まれ口をたたく. ❷ (顔などが) 醜い. ‖미운 오리 새끼 醜いアヒルの子(童話のタイトル). ▶미운 정 고운 정 愛憎相半ばする. ▶미운 아이 떡 하나 더 준다 [諺] 「憎い子に餅をもう1つやる」の意で 憎い子にまでかわいがらなければならないのたとえ.
입살-맞다 [-쌀맏따] [自] 입살스럽な 俗っぽい言い方.
입살-스럽다 [-쌀-따] [形] [ㅂ変] 憎らしい; 憎たらしい. ‖입살스럽게 말하다 憎らしい口のきき方をする. **입살스레** [副]
입-상(-相) [-쌍] [名] 憎らしく顔つきやふるまい. ‖하는 짓이 정말 입상이다 やっていることが本当に憎たらしい.
밋밋-하다 [미미타-] [形] [하要] ❶ ほっそりしている; のっぺりしている; のっぺらぼうだ.
밍밍-하다 [形] [하要] ❶ (味が) 薄い; 水っぽい. ❷ (酒・タバコなどの味が) 軽すぎる; 水くさい. ‖밍밍한 술 水くさい酒.
밍크(mink) [名] [動物] ミンク. ‖밍크코트 ミンクのコート.
및 /mit/ [및] [副] および; 並びに. ‖회관의 운영 및 관리 会館の運営および管理. 한국 및 일본 韓国および日本. 신분증명서 및 인감을 지참할 것 身分証明書並びに印鑑を持参のこと.

밑 /mit/ [밑] [名] ❶ 下; 下方. ‖밑에서 올려다보다 下から見上げる. 서울의 하늘 밑 ソウルの空の下. 선배 밑에서 일하다 先輩の下で働く. 본문 밑에 각주를 달다 本文の下に脚注をつける. 나보다 세 살 밑이다 私より3 歳下だ. ❷ 底. ‖바다 밑으로 가라앉다 海の底に沈む. ❸ もと; ふもと. ‖밑일을 조심하네요 足もとに気をつけてください. 귀밑 耳もと. 산 밑에 모여 있는 집들 山のふもとに集まっている家々. ❹ 밑동・밑구멍の略語. ▶밑도 끝도 없다 わけの分からないことを出し抜けに言い出す. ▶

밑 빠진 독에 물 붓기 [諺] 焼け石に水.
밑-간 [믿깐] [名] [하他] 下味. ‖밑간을 하다 下味をつける.
밑-거름 [믿꺼-] [名] ❶ 原肥; 基肥(き). ‖밑거름을 주다 基肥を施す. ❷ 元. ‖경험을 밑거름으로 経験を元に.
밑-구멍 [믿꾸-] [名] ❶ 底穴; 底に開いた穴. ❷ 항문(肛門)・여자(女子)の 음부(陰部)のぞんざいな言い方. ‖밑구멍으로 호박씨 깐다 [諺] 「(肛門でカボチャの種の皮をむく」の意で) そうではないようにふるまいがら, 実際人のいないところでは想像もつかないようなことをする.
밑-그림 [믿끄-] [名] 下絵; 下図.
밑-넓이 [민-] [名] [数学] 底面積.
밑-돌다 [믿똘-] [他] [ㄹ語幹] 下回る. ㉠웃돌다. ‖예상을 밑도는 수입 予想を下回る収入. 성적이 평균を 밑돌る 成績が平均を下回る.
밑-동 [믿똥] [名] 根元. ‖소나무 밑동이 부러지다 松の根元が折れる.
밑-둥치 [믿뚱-] [名] 木の根元.
밑-면 (-面) [민-] [名] 底面.
밑-면적 (-面積) [민-] [名] =밑넓이.
밑-바닥 /mit²padak/ [믿빠-] [名] ❶ 底. ‖냄비 밑바닥 鍋の底. ❷ 社会の底辺; どん底. ‖밑바닥 인생 どん底の人生.
밑-바탕 [믿빠-] [名] ❶ (物事の) 本質. ❷ (人間の) 天性.
밑-반찬 (-飯饌) [믿빤-] [名] 常備菜.
밑-받침 [믿빤-] [名] [하他] 物理的な支え; 支柱.
밑-변 (-邊) [믿뺀] [名] [数学] 底辺. ‖밑변의 길이를 구하다 底辺の長さを求める.
밑-줄 [믿쭐] [名] アンダーライン; 下線. ‖밑줄을 긋다 アンダーラインを引く. ‖밑줄 그은 부분 下線部.
밑-지다 /mit²ʦida/ [믿찌-] [自他] 損をする. ‖백만 원을 밑지다 100万ウォンを損する. ▶밑져야 본전 [諺] 駄目で元々.
밑-창 [믿-] [名] 靴の底. ‖신발 밑창을 갈다 靴の底を取り替える.
밑-천 /mitʦʰon/ [믿-] [名] ❶ 資金; 資本; 元手; 元. ‖장사 밑천 商売の元手. 밑천이 들다 元手がかかる. 몸에 밑천이 밑천이다 体が元手だ. ❷ 物事の根幹になる要素. ‖공부도 건강이 밑천이다 勉強も健康があってこそのものだ. ▶밑천도 못 찾다 [건지다] [諺] 元も取れない; 元を割る. 밑천이 드러나다 ① 正体が現われる. ② 元手が足りなくなる. ▶밑천이 짧다 元(手)が足りない.
밑-층 (-層) [믿-] [名] 下の階. ㉠ 아래층 (-層). ㉡위층 (-層).

ㅂ

ㅂ 图 ハングル子音字母の第6番目. 名称は「비읍」.

-ㅂ니까 /mniʔka/ 【ㄹ-】 語尾 〔母音語幹に付いて; 子音の場合は-습니까〕疑問を表わす: …ですか; …ますか. ‖학생입니까? 学生ですか. 학교에 갑니까? 学校へ行きますか.

-ㅂ니다 /mnida/ 【ㄹ-】 語尾 〔母音語幹に付いて; 子音の場合は-습니다〕叙述を表わす: …です. ‖한국 사람입니다 韓国人です. 학교에 갑니다 学校へ行きます.

ㅂ디까[1] 【-띠-】 助 〔母音で終わる体言に付いて; 子音の場合は입디까〕過去の出来事を振り返って丁寧に疑問の意を表わす: …でしたか. ‖누굽디까? 誰でしたか.

-ㅂ디까[2] 【-띠-】 語尾 〔母音および ㄹ で終わる用言の語幹に付いて; 子音の場合は-습디까〕過去の出来事を振り返って丁寧に疑問の意を表わす: …でしたか; …(し)ましたか. ‖일은 편합디까? 仕事は楽でしたか. 좋아합디까? 喜んでいましたか.

ㅂ디다[1] 【-띠-】 助 〔母音で終わる体言に付いて; 子音の場合は입디다〕過去の出来事を振り返って丁寧に述べる: …でした. ‖그 두 사람은 형젭디다 あの2人は兄弟でした.

-ㅂ디다[2] 【-띠-】 語尾 〔母音および ㄹ で終わる用言の語幹に付いて; 子音の場合は-습디다〕過去の出来事を振り返って丁寧に述べる: …でした; …(し)ました. ‖그 말을 하니까 싫어합디다 それを言ったら嫌がっていました.

ㅂ변칙활용 (-變則活用) 【비읍뼌치콰룡】 图 (言語) =ㅂ불규칙활용 (不規則活用).

ㅂ불규칙용언 (不規則用言) 【비읍뿔규칙용언】 图 (言語) ㅂ変則用言. 十돕다·눕다·덥다など.

ㅂ불규칙활용 (不規則活用) 【비읍뿔치콰룡】 图 (言語) ㅂ変則活用.

-ㅂ시다 【-씨-】 語尾 〔母音語幹に付いて; 子音の場合は-읍시다〕勧誘を表わす: …(し)ましょう. ‖빨리 갑시다 早く行きましょう.

바[1] (bar) 图 ❶ バー. ❷ カウンターのある洋風の酒場.

바[2] (bar) 依名 圧力の単位: …バール.

바[3] /pa/ 依名 …方法; …すべ; …こと. ‖모르는 바 아니다 知らないことではない. 어찌할 바를 모르다 なすすべがない; どうすればいいのか分からない.

바가지 /pagadʑi/ 图 ❶ ひょうたん; ひさご. ‖바가지탈 ひさごで作った仮面. ❷ (妻が夫にこぼす) 愚痴や不満. ▶바가지를 긁다 妻が夫に愚痴をこぼす. ▶바가지를 쓰다 ぼられる; ぶったくられる. ▶바가지를 씌우다 ぼる; ぶったくる. 관광객에게 바가지를 씌우다 観光客からぶったくる.

바가지-요금 (-料金) 图 法外な料金.
바게트 (baguette フ) 图 バゲット.
바겐세일 (bargain-sale) 图 バーゲンセール.
바구니 /paguni/ 图 かご. ‖과일 바구니 果物かご.
바글-거리다[-대다] 自 (生き物が一か所でうようよする; うじゃうじゃする; ごった返す. 働버글거리다.
바글-바글 圖 (生き物が一か所で) ごった返す様子: うようよ; うじゃうじゃ. ‖가게 안은 관광객들로 바글바글한다 店の中は観光客でごった返している. 働버글버글.
바깥 /paʔkat/ 【-깐-】 图 (家の) 外; 外側; 表; 戸外; 屋外. ‖집 바깥에서 놀다 家の外で遊ぶ. 바깥이 더 시원하다 外の方がもっと涼しい. 바깥에서 놀다 表で遊ぶ.
바깥-바람 【깐빠-】 图 外気. ‖바깥바람이 차서 춥다 外気が冷たい.
바깥-사돈 (-査頓) 【-깐싸-】 图 結婚した男女の互いの親類がそれぞれの父親を呼ぶ語. 働안사돈 (-査頓).
바깥-소문 (-所聞) 【-깐쏘-】 图 世間のうわさ.
바깥-소식 (-消息) 【-깐쏘-】 图 世間のニュース.
바깥-양반 (-兩班) 【-깐냥-】 图 ご主人; 主人; 夫.
바깥-일 【-깐닐】 图 屋外の仕事; (家事以外の) 外での用事.
바깥-쪽 【-깐-】 图 外側. 働안쪽.
바깥-출입 (-出入) 【-깐-】 图 外出. ‖바깥출입이 잦다 外出が多い.
바깥-치수 (-數) 【-깐-】 图 外法 (法). 働안치수 (-數).

바꾸다 /paʔkuda/ 他 ❶ 替える·換える·代える; 両替する; 取り替える. ‖엔을 달러로 바꾸다 円をドルに両替する. 투수를 바꾸다 投手を替える. 건강은 그 무엇과도 바꿀 수 없다 健康は何物にも換え難い. 바꿔 말하면 言い換えれば; 換言すれば. 담당자분 좀 바꿔 주세요 (電話で) 担当者に替わってください. 부품을 바꾸다 部品を取り替える. ❷ 変える. ‖헤어스타일을 바꾸다 髪形を変える. 안색을 바꾸다 顔色を変える. 갑자기 태도를 바꾸다 急に態度を変える. 주소를 바꾸다 住所を変える. 화제를 바꾸다 話題を変える. 분위기를 바꾸다 雰囲気を変える. 슬쩍 바꾸다 すり替える. 전철을 바꿔 타다 電車を乗り換える. 働바뀌다.

바뀌다 /pa?kwida/ 囘 ❶〔바꾸다의受身動詞〕変えられる; 取り替えられる; 取り違えられる. ‖놓아 둔 책 순서가 바뀌어 있었다 置いてあった本の順番が変えられていた. 병원에서 아기가 바뀌었다 病院で子どもが取り違えられた. ❷ 変わる; 入れ替わる; 移り変わる. ‖전화번호가 바뀌다 電話番号が変わる. 해가 바뀌다 年が変わる. 순서가 바뀌다 順序が入れ替わる. 계절이 바뀌다 季節が移り変わる.

바나나 (banana) 图〔植物〕バナナ.
바누아투 (Vanuatu) 图〔国名〕バヌアツ.
바느-질 /panudʑil/ 图(하능) 針仕事; 裁縫.
바느질-고리 [-꼬-] 图 針箱; ソーイングキット. (한)반짇고리.
바느질-삯 [-싹] 图 針仕事の報酬.
바늘 /panul/ 图 針. ‖시계 바늘 時計針. 낚싯바늘 釣り針. 주사 바늘 注射針. 바늘과 실 針と糸. 바늘에 꿰다 針で縫う. ▶바늘 가는 데 실 간다 [俗]影の形に添う如し; 形影相伴う. ▶바늘 도둑이 소도둑 된다 [俗]うそつきは泥棒の始まり.
바늘-구멍 [-꾸-] 图 針が辛うじて入るほどの小さな穴.
바늘-귀 [-뀌] 图 針の穴; 針の耳.
바늘-땀 图 針目; 縫い目.
바늘-방석 (-方席) 图 針刺し; 針山; 針のむしろ. ‖바늘방석에 앉은 것 같다 針のむしろに座らされた思いだ.
바늘-두더지 图〔動物〕ハリモグラ(針土竜).
바닐라 (vanilla) 图〔植物〕バニラ.
바닐린 (vanillin) 图〔化学〕バニリン.

바다 /pada/ 图 海. ‖푸른 바다 흰 물결 青い海, 白い波. 바다에 놀러 가다 海に遊びに行く. ❷ 広い様子. ‖바다와 같이 넓은 마음 海のように広い心. 일대가 불바다가 되다 一帯が火の海になる.
바다-거북 图〔動物〕アオウミガメ(青海亀).
바다-낚시 [-낙씨] 图 海釣り.
바다-코끼리 图〔動物〕セイウチ.
바다-표범 (-豹-) 图〔動物〕アザラシ(海豹).
바닥 /padak/ 图 ❶ (物体の)表面; 平面; (下の)地面. ‖방바닥 (部屋の)床. 책이 바닥에 떨어지다 本が床に落ちる. ❷ (川·鍋·靴などの)底; (金銭·景気などの)底. ‖냄비 바닥 鍋底. 강바닥 川底. 경기가 바닥을 기고 있다 景気が低迷している. ❸ 〔一部の語幹を表わす名詞に付いて〕地域. ‖시장 바닥 市場. ▶바닥을 보다 使い果たす. ▶바닥을 치다 底を打つ; (取引で)底値になる. ▶바닥이 드러나다 正体が現われる.

바닥-나다 [-닥-] 囘 尽きる; 底をつく. ‖생활비가 바닥나다 生活費が底をつく.
바닥-내다 [-닥-] 囘 使い果たす.
바닥-세 (-勢) [-쎄] 图 相場や人気などが一番低い状態. ‖주가가 바닥세를 보이고 있다 株価が低価の状態にある.
바-단조 (-短調) [-쪼] 图〔音楽〕ヘ短調.
바닷-가 [padat'ka/ [-다까/-닫까] 图 海辺; 海岸; 浜. (한)해변(海邊). ‖넓고 넓은 바닷가 広々とした海辺.
바닷-가재 [-다까-/-닫까-] 图〔魚介類〕海老.
바닷-말 [-단-] 图 藻類; 海草. (한)해초(海草).
바닷-물 [-단-] 图 海水; 潮. (한)해수(海水).
바닷-물고기 [-단-꼬-] 图 海水魚; 海魚. (한)짠(鹹)(?)水魚.
바닷-바람 [-다빠-/-닫빠-] 图 潮風; 海風.
바닷-속 [-다쏙/-닫쏙] 图 海中; 海の中.
바동-거리다 [-대다] 囘 もがく; ばたつく; じたばたする. ‖살려고 바동거리며 생きようともがく. (준)버둥거리다.

바둑 /paduk/ 图 碁; 囲碁. ‖바둑을 두다 碁を打つ.
바둑-돌 [-똘] 图 碁石.
바둑-무늬 [-등-니] 图 まだら模様; ぶち模様.
바둑-알 图 碁石.
바둑-이 图 ぶち犬.
바둑-점 (-點) [-쩜] 图 碁石のような丸い点.
바둑-판 (-板) 图 碁盤.
바둥-거리다 囘 바동거리다의 誤り.
바드득 (하능) 固くて堅いものを強くこすり合わせる時の音; ぎりぎり. ‖이를 바드득 갈다 ぎりぎり(と)歯ぎしりする.
바드득-바드득 囘 (하능)
바득-바득 [-빡-] 囘 強情を張る様子. ‖자기가 옳다고 바득바득 우기다 自分が正しいとしつこく我を張る.
바들-거리다 [-대다] 囘 (寒さなどで)しきりに震える; ぶるぶる震わせる.
바들-바들 囘 (自他)(寒さ·恐怖などで)体が震える様子; ぶるぶる(と); わなわな(と). ‖무서워서 바들바들 떨다 怖くてぶるぶると震える. (준)부들부들.
바라-건대 願わくは; どうか.

바라다 /parada/ 囘 願う; 望む; 欲する; 欲しがる; 求める; 請う; 乞う; 仰ぐ. ‖잘 봐 주시길 바랍니다 またお目にかかることを願っております. 바라마지않다 願ってやまない. 친구가 행복하기를 바라다 友の幸せを願う. 더 이상 뭘 바랍니까? これ以上, 何がお望みですか. 부나 명예를 바라지 않는 사람은 그다지 없다 富や名誉を欲しない人はそんなにいない. 평화를 바라다 平和を

求める. 용서를 바라다 許しを請う.

바라다-보다 他 =바라보다.

바라문【婆羅門】图《仏教》❶婆羅門. ❷婆羅門教.

바라문-교【婆羅門教】图《仏教》婆羅門教.

바라밀(-波羅蜜)图《仏教》바라밀다의 略語.

바라밀다(-波羅蜜多)图《仏教》波羅蜜多(迷いの世界から悟りの世界へ至ること). ㉥바라밀.

바라-보다 /paraboda/ ❶眺める; 見える; 見晴らす; 見渡す. ‖상대방 얼굴을 가만히 바라보다 相手の顔をじっと眺める. 먼 곳을 바라보다 遠くを見渡す. ㉥바라보다. ❷傍観する. ‖애가 넘어지는데도 바라보고만 있다 子どもが転んだのに, ただ傍観しているだけだ. ❸(ひそかに)期待する; 望む. ‖아들의 성공만 바라보고 살아가다 息子の成功だけを望みながら生きていく. ❹(ある年齢に)近づく. ‖환갑을 바라보는 나이 還暦に近い年.

바라보-이다 自〔바라보다의 受身動詞〕眺められる; 目に入る. ‖바다가 바라보이는 자리 海の眺められる場所.

바라-지다 形 ❶ずんぐりしている; がっしりしている. ‖어깨가 딱 바라지다 肩ががっしりしている. ❷悪がしこい; こましゃくれている. ‖바라진 아이 こましゃくれた子ども.

바라크(baraque 7) 图 バラック; 仮小屋; 営舎.

바락-바락【-빡-】 副 急に大きい声で怒り出す樣子: かっと. ‖바락바락 대들다 かっとなって食ってかかる.

바람[1] /param/ 图 ❶風; 空気. ‖바람이 불다 風が吹く. 찬 바람 冷たい風. 바람 소리 風の音. 축구공 바람이 빠져 있다 サッカーボールの空気が抜けている. ❷浮ついた行動; 浮気. ‖바람둥이 浮気者. ❸社会的なブーム; 社会的な傾向. ‖민주화 바람이 불다 民主化の波が押し寄せる. ▶바람을 넣다 そそのかす. ▶바람을 쐬다 風に当たる; (気晴らしに)出かける; 散歩する. ▶바람을 피우다 浮気をする. ▶바람이 나다 浮気をする. ▶바람이 들다 ①(大根などに)すが立つ; すが入る. 바람이 든 무 すが入った大根. ②浮気する. ▶바람 앞의 등불 ㉗風前の灯.

바람[2] 图 望み; 希望. ‖바람이 이루어지다 願いがかなう. 새해의 내 바람은 키가 오 센티 크는 것이다 新年の私の望みは背が 5cm 伸びることである.

바람[3] /param/ 图2 〔主に…바람에의 形で〕❶勢いで; 弾みに; …拍子に. ‖술 바람에 난동을 부리다 酔った勢いで猖蹶(ㄱㅑ)をはたらく. 넘어지는 바람에 다리를 삐다 倒れた弾みに足をくじく.

❷身なりをつくろわないまま: …がけ. ‖불이야라는 소리에 잠옷 바람으로 뛰어나가다 火事だという声に寝巻きがけで飛び出す.

바람-개비 图 ❶風向計. ❷(おもちゃの)風車.

바람-결【-꼍】 图 風の便り.

바람-기【-氣】【-끼】 图 浮気心.

바람-둥이 图 浮気者.

바람-막이 图 風よけ.

바람-맞다【-맏따】 ❶中風にかかる. ❷待ちぼうけを食う. ㉥바람맞히다. ‖약속을 바람맞다 待ちぼうけを食う.

바람맞-히다【-마치-】 他〔바람맞다의 使役動詞〕待ちぼうけを食わせる: 無駄骨を折らせる.

바람직-스럽다【-쓰-】 形〔ㅂ變〕望ましい. 바람직스레 副

바람직-하다 /paramdʑikʰada/ 〔-지카-〕【허캐】 形 望ましい; 好ましい. ‖바람직한 사회 望ましい社会. 바람직한 태도 好ましい態度. 학생으로서 바람직하지 못한 행동 学生として好ましくない行動.

바래다[1] 他 (色などが)あせる; 退色する. ‖빛이 바랜 사진 色あせた写真.

바래다[2] 他 送る; 見送る.

바래다-드리다 他〔바래다주다의 謙讓語〕정중히 送って差し上げる. ‖역까지 바래다드리겠습니다 駅までお送りして差し上げます.

바래다-주다 /paredadʑuda/ 他 送ってあげる〔くれる·もらう〕; 見送ってあげる〔くれる·もらう〕. ‖여자 친구를 집앞까지 바래다주다 彼女を家の前まで送ってあげる. 선배가 역까지 바래다주었다 先輩が駅まで送ってくれた.

바레인(Bahrain) 图《国名》バーレーン.

바로[1] /paro/ 副 ❶まっすぐ(に). ‖선을 바로 긋다 線をまっすぐに引く. 학교에서 바로 집으로 돌아가다 学校からまっすぐ(に)家に帰る. ❷きちんと; ちゃんと. ‖바로 앉다 きちんと座る. ❸正しく. ‖마음을 바로 가지다 心を正しく持つ. ❹まさに. ‖저번에 내가 말한 바로 그 사람이야 この間私が話した(まさに)その人なの. ❺すぐ(そこ). ❻바로 거기에 있잖아 すぐそこにあるじゃない. 바로 저기입니다 すぐそこです.

바로[2] 图 直材の号令.
— 感 (号令の)直れ.

바로미터(barometer) 图 バロメーター. ‖체중은 건강의 바로미터이다 体重は健康のバロメーターである.

바로-잡다 /parodʑapt'a/【-따】他 ❶直す; 矯(ㄱ)める. ❶나쁜 버릇을 바로잡다 悪い癖を直す. ❷(誤りを)正す. ‖신문의 오보를 바로잡다 新聞の誤報を正す. ㉥바로잡히다.

바로잡-히다【-자피-】 自〔바로잡다

の受身動詞] 直される; 矯正される; 訂正される. ∥나쁜 습관이 바로잡히다 悪い習慣が直される.

바로크 (baroque^フ) 图 バロック. ∥바로크 음악 バロック音楽.

바륨 (barium) 图《化学》バリウム.

바르는 图 [르変] 바르다(張る)の現在連体形.

바르다¹ /parŭda/ 形 [르変] [발라, 바른] ❶ 正しい. ∥바른 행동하다 正しくふるまう; 예의 바른 사람 礼儀正しい人. ❷ まっすぐだ. ∥선을 바르게 긋다 線をまっすぐに引く. ❸ 正直だ. ∥천성이 바른 사람 根が正直な人. ❹ (日当たりが)いい. ∥양지바른 집 日当たりのよいところ.

바르다² /parŭda/ 他 [르変] [발라, 바르는] ❶ 張る. ∥벽지를 바르다 壁紙を張る. ❷ 塗る; 塗りつける; つける. ∥상처에 약을 바르다 傷口に薬を塗る. 립스틱을 바르다 口紅をつける. ❸ 塗りたくる.

바르다³ 他 [르変] (皮·殼などを) むく; はぐ; こそげ取る. ∥생선 살을 바르다 魚の身をこそげ取る.

바르르 副 ❶ 小さなものが寒さなどに震える様子: ぶるぶる(と). ❷ (怒りなどで) 震える様子: ぶるぶる(と). ∥바르르 떨면서 그녀는 얘기를 이어나갔다 ぶるぶると震えながら彼女は話を続けた.

바른¹ 冠 右の…; 右側の….

바른² 他 [르変] 바르다(張る)の過去連体形.

바른-길 图 まっすぐな道; 正道.

바른-대로 副 隠さずに; ありのままに. ∥바른대로 말하다 ありのままに話す.

바른-말 /parŭnmal/ 图《하自》❶ 理にかなった話. ❷ 正直な話. ∥바른말하면 용서해 주지 내게 다시는 이렇게 허락해 주랴. ❸ 正しい言葉遣い.

바른-손 图 右手. ❖오른손.

바른-쪽 图 右側. ❖오른쪽.

바를 图 [르変] 바르다(張る)の未来連体形.

바리 图 ❶ 女性用の真鍮(しんちゅう)製の食器. ❷《仏教》木製の僧侶の食器.

바리-공주 (─公主) 图《民俗》死霊を極楽に導く巫女(ふじょ) 踊りの時, 巫女の唱える女神の名.

바리케이드 (barricade) 图 バリケード.

바리톤 (bariton^ド) 图《音楽》 バリトン.

바바루아 (bavarois^フ) 图 ババロア.

바바리 (←Burberry) 图 バーバリーコート. ❖商標名から.

바베이도스 (Barbados) 图《国名》 バルバドス.

바벨 (barbell) 图 バーベル. ∥바벨을 들어올리다 バーベルを持ち上げる.

바보 /pa:bo/ 图 ばか; あほう; こけ. ∥바보 같은 짓을 하다 ばかなことをす る. 바보 취급당하다 ばかにされる. 바보 같은 소리를 하다 ばかなことを言う. 사람을 바보로 만들다 人をばかにする.

바보-상자 (─箱子) 图 テレビを否定的に言う語.

바보-짓 [─짇] 图《하自》ばかなまね.

바비큐 (barbecue) 图 バーベキュー.

바빠 [으変] 바쁘다(忙しい)の連用形. ∥바빠서 못 갈 것 같다 忙しくて行きそうにない.

바쁘다 /pa^ppuda/ 形 [으変] [바빠, 바쁜] ❶ 忙しい; せわしい. ∥눈코 돌 새 없이 바쁘다 目が回るほど忙しい. 바쁘신 데도 불구하고 참석해 주셔서 감사합니다 お忙しい中, お越しいただきありがとうございます. 바쁜 짝이 없다 多忙きわめる. ❷ 急いでいる; 急だ; 差し迫っている. ∥좀 바쁜 일이 있어서 먼저 가겠습니다 急用があるので, お先に失礼します. 집에 들어오기가 바빠 냉장고 문을 열었다 家に帰ってくるや否や冷蔵庫のドアを開けた.

바쁜 形 [으変] 바쁘다(忙しい)の現在連体形.

바삐 副 ❶ 忙しく; せわしく. ∥바삐 가고 있던 그는 나를 불러 세우다 急いで歩いていた彼を呼び止める. ❷ 早く; 素早く.

바삭 副《하自》枯れ葉や乾いたものが触れ合って発する音: かさかさ; ぱさぱさ.

바삭-바삭 副《하自》

바삭-거리다 [-꺼-] 自《여》 ① (枯れ葉などが触れ合って) かさかさする. ∥낙엽을 밟으니까 바삭거린다 枯れ葉を踏むとかさかさと音がする. ② (固いものをかじったり噛んだりして) ぱりぱりと音がする.

바셀린 (vaseline) 图 ワセリン. ❖商標名から.

바순 (bassoon) 图《音楽》バスーン; ファゴット.

바스락-거리다 [-대다] 【-꺼 [때]-】 自《여》 かさかさする; かさかさ(と)音を立てる. ∥쥐가 부엌에서 바스락거리다 ネズミが台所でかさかさ(と)音を立てる.

바스킷 (basket) 图 バスケット.

바싹¹ 副《하自》바삭을 強めて言う語.

바싹² /pa^ʔsak/ 副 ❶ 乾いて潤いのない, または干上がった様子: かさかさ; がさがさ; からから. ∥논바닥이 바싹 마르다 田んぼが干上がる. 긴장하자 입이 바싹 말랐다 緊張したら口がからからに乾いた. ❷ 今までの状態とかなり変わる様子: ぐっと. ∥시합날이 바싹 다가왔다 試合日がぐっと近づいた. 바싹 다가앉다 ぐっと近づいて座る. ❸ 急にやせる様子: げっそり; がりがり. ∥바싹 마르다 がりがりにやせる. **바싹-바싹** からから; かりかり. ∥바싹바싹 하게 구운 빵 かりかりに焼けたパン. 입이 바싹바싹 마르다 口がか

바야흐로 🔊 今や; 今こそ; まさに. ∥바야흐로 꽃이 피는 계절이다 今や花咲く季節だ.

바위 /pawi/ 图 ❶ 岩; 岩石. ∥바위산 岩山. 바위를 뚫다 岩をうがつ. 커다란 바위 巨大な岩. ❷ (じゃんけんの) グー. ∥가위바위보 グー·チョキ·パー; じゃんけんぽん. 바위를 내다 グーを出す.
바위-틈 图 岩の裂け目; 岩間.
바윗-돌 [-위돌/-윋똘] 图 岩; 岩石.

바이러스 (virus) 图 ウイルス. ∥감기는 바이러스에 의한 질병이다 風邪はウイルスによる疾病である.

바이-메탈 (bimetal) 图 バイメタル.
바이브레이션 (vibration) 图 バイブレーション.
바이블 (Bible) 图 《キリスト教》 バイブル; 聖書.
바이애슬론 (biathlon) 图 《スポーツ》 バイアスロン.
바이어 (buyer) 图 バイヤー.
바이어스 (bias) 图 バイアス.
바이어스-테이프 (bias tape) 图 バイアステープ.
바이오닉스 (bionics) 图 バイオニクス; 生物工学.
바이오리듬 (biorhythm) 图 バイオリズム.
바이오세라믹스 (bioceramics) 图 バイオセラミックス.
바이오테크놀로지 (biotechnology) 图 バイオテクノロジー.
바이올렛 (violet) 图 《植物》 バイオレット; スミレ(菫).
바이올리니스트 (violinist) 图 バイオリニスト.
바이올린 (violin) 图 《音楽》 バイオリン.
바이트 (byte) 依区 情報量を示す単位: …バイト.
바인더 (binder) 图 バインダー.
바자 (bazaar) 图 バザー.
바작-바작 [-짝-] 🔊 (정도자) ❶ よく乾いたものが燃える音: ぱちぱち(と). ❷ 気をもむ様子: じりじり(と). ∥속이 바작바작 타다 じりじりと胸を焦がす.
바-장조 (-長調) [-쪼] 图 《音楽》 ヘ長調.
바주카-포 (bazooka 砲) 图 《軍事》 バズーカ砲.

바지 /patɕi/ 图 ズボンの総称. ∥바지를 입다 ズボンをはく. 청바지 ジーパン. 바지 길이를 줄이다 ズボンの丈をつめる.
바지-저고리 图 パジとチョゴリ.
바지-춤 图 ズボンの胴回りの部分.
바지-통 图 =바지가랑이.
바짓-가랑이 [-지까-/-짇깡-] 图 ズボンの股下.
바지라기 图 =바지락조개.
바지락 图 바지락조개の略称.

바지락-조개 [-조-] 图 《魚介類》 アサリ(浅蜊). 魯바지락.
바지런-하다 🔊 (형용) まめだ; 勤勉だ; かいがいしい. **바지런-히** 🔊
바지직 🔊 (정도자) ❶ 熱くなった鍋などで食べ物が煮詰まる音: じゅっ(と). ❷ 生地などを引き裂く音: びりびり(と).
바지직-거리다 [-꺼-] 图 じゅうじゅうする.
바질 (basil) 图 《植物》 バジル.
바싹 /pa²t͈ɕak/ 🔊 ❶ 乾いて潤いのない様子: かさかさ; がさがさ; からっと. ∥빨래가 바싹 마르다 洗濯物がからっと乾く. ❷ 今までの状態からよく変わる様子: ぐっと. ∥정신을 바싹 차리다 気をぐっと引き締める. ❸ すっかり. 많아서 숙아서 졸았다가 크게 줄어든 모양: からからに; すっかり. ∥찌개가 바싹 졸았다가 煮詰まった. **바싹-바싹** 🔊

바치다 /patɕʰida/ 他 ❶ (神仏や目上の人に)捧げる; 供える; 差し上げる. ∥이 꽃을 돌아가신 어머니께 바칩니다 この花を亡き母に捧げます. ❷ (身を)ささげる; 捧げる. ∥전 재산을 바치다 全財産をなげうつ. ❸ (税金などを)納める. ∥세금을 바치다 税金を納める.
바캉스 (vacance ᄫ) 图 バカンス. ∥바캉스를 가다 バカンスに出かける.
바-코드 (bar code) 图 バーコード.
바퀴¹ /pakʰwi/ 图 輪; 車輪. ∥차 바퀴 車輪. ∥수레바퀴 車輪.
──图 …周. ∥운동장을 한 바퀴 돌다 グラウンドを1周する.
바퀴² 图 바퀴벌레の略称.
바퀴-벌레 图 《昆虫》 ゴキブリ. 魯바퀴.

바탕 /patʰaŋ/ 图 ❶ 質(たち); 根; 性質; 素質. ∥바탕은 좋은 사람이다 根はいい人だ. ❷ ものの材料; 生地; 布地. ∥흰 바탕에 빨간 줄무늬 白地に赤いストライプ. ❸ 本; 基調. ∥작품의 바탕을 이루는 부분 作品の基調をなす部分.
바탕-색 (-色) 图 地色.
바터 (barter) 图 物々交換.
바터-무역 (-貿易) 图 《経》 =바터제 (-制).
바터-제 (-制) 图 《経》 バーター貿易.
바텐더 (bartender) 图 バーテン(ダー).
바통 (bâton ᄫ) 图 バトン. ∥바통을 이어받다 バトンを受け継ぐ.
바티칸-시국 (Vatican 市國) 图 《国名》 バチカン市国.
바하마 (Bahama) 图 《国名》 バハマ.
박¹ 图 《植物》 ヒョウタン; ふくべ; ひさご.
박² (拍) 图 《音楽》 拍子.
박³ (柏) 图 《植物》 朴(バク).
박⁴ (泊) 依区 宿泊の日数を表わす語: …泊. ∥삼 박 사 일 3泊4日.
박격-포 (迫撃砲) [-껵-] 图 《軍事》 迫撃砲.
박-고지 [-꼬-] 图 干瓢(ぴょう).
박-꽃 [-꼳] 图 《植物》 ユウガオ(夕顔)の花.

박다 /pakˀta/【-따】[他] ❶打つ; 打ち込む; (釘を)刺す. [受]박히다. ‖못을 박다 釘を打つ; 釘を刺す. ❷はめ込む; ちりばめる. ‖온통 보석을 박은 장식품 宝石をちりばめた装飾品. ❸印刷する; 刷る. ‖명함을 박다 名刺を刷る. ❹(ミシンで)縫う. ‖미싱으로 박다 ミシンで縫う.
박달-나무【-딸라-】[名]《植物》オノオレ(斧折).
박대 (薄待)【-때】[名][하他] 冷遇. **박대-받다[-당하다]** [受身]
박덕-하다 (薄德-)【-떠카-】[形]『하変』薄徳だ.
박동 (搏動)【-똥】[名] 拍動; 鼓動. ‖심장의 박동 소리 心臓の鼓動.
박두 (迫頭)【-뚜】[名][하自] 差し迫ること; (期日・刻限などが)近づくこと.
박람 (博覽)【방남】[名][하他] 博覧.
박람-강기 (博覽强記)[名] 博覧強記.
박람-회 (博覽會)【방남-/방남훼】[名] 博覧会. [類]엑스포. ‖만국 박람회 万国博覧会.
박력 (迫力)【방녁】[名] 迫力. ‖박력이 있다 迫力がある.
박력-분 (薄力粉)【방녁뿐】[名] 薄力粉. [対]강력분(强力粉).
박리 (剝離)【방니】[名][되自] 剝離. ‖망막이 박리되다 網膜が剝離する.
박리-다매 (薄利多賣)【방니-】[名][하他] 薄利多売.
박막 (薄膜)【방-】[名] 薄膜.
박멸 (撲滅)【방-】[名][하他] 撲滅. ‖해충을 박멸하다 害虫を撲滅する. **박멸-되다** [受身]
박명 (薄命)【방-】[名][하形] 薄命; 不幸せ. ‖미인박명 美人薄命.
박물-관 (博物館) /paŋmulgwan/【방-】[名] 博物館. ‖국립 박물관 国立博物館. 대영 박물관 大英博物館.
박물-학 (博物學)【방-】[名] 博物学.
박박¹【-빡】[副] ❶つめで皮膚などを小刻みに引っかく様子[音]: ぼりぼり(と); ばりばり(と). ‖머리를 박박 긁다 頭をぼりぼり(と)かく. ❷髪を短く刈った様子. ❸強く我を張る様子. ‖박박 우기다 強く我を張る. [큰]벅벅.
박박²【-빡】[副] 顔がひどく痘痕(あばた)になっている様子.
박복-하다 (薄福-)【-뽀카-】[形]『하変』幸薄い; 不幸せだ. ‖박복한 인생 幸薄い人生; 不幸せな人生.
박봉 (薄俸)【-뽕】[名] 安月給; 薄給. ‖박봉에 시달리다 安月給にあえぐ.
박빙 (薄氷)【-삥】[名] ❶薄氷. [類]살얼음. ❷〔主に박빙의の形で〕わずかな; 僅少の. ‖박빙의 차로 이기다 僅少の差で勝つ.
박사 (博士) /pakˀsa/【-싸】[名] ❶博士. ‖문학 박사 文学博士. ❷物知り. ‖만물박사 物知り博士.
박사^과정 (博士課程)[名] 博士課程.
박사^학위 (博士學位)[名] 博士号. ‖박사 학위를 따다 博士号を取る.
박살¹ (撲殺)【-쌀】[名][하他] 撲殺; 打ち殺すこと.
박살²【-쌀】[名] 粉みじんに砕けること. ‖박살을 내다 粉々にする; めちゃくちゃにする. 박살이 나다 粉々になる; めちゃくちゃになる.
박색 (薄色)【-쌕】[名] 醜女; 醜い顔.
박수¹【-쑤】[名]《民俗》男の무당(ムダン).
박수² (拍手) /pakˀsu/【-쑤】[名][하自] 拍手. ‖박수를 치다 拍手する. 박수를 보내다 拍手を送る. 박수로 맞이하다 拍手して迎える.
박수-갈채 (拍手喝采)[名][하自] 拍手喝采. ‖박수갈채를 보내다 拍手喝采する.
박스 (box)[名] ダンボール; ケース; 箱. ‖짐이 들어 있는 박스 荷物が入っているダンボール.
— [依名] …ケース; …箱. ‖맥주 한 박스 ビール1ケース. 밀감 한 박스 ミカン1箱.
박식-하다 (博識-)【-씨카-】[形]『하変』博識だ; 多識だ; 物知りだ.
박애 (博愛)[名][하他] 博愛. ‖박애 정신 博愛の精神.
박약-하다 (薄弱-)【바갸카-】[形]『하変』薄弱だ; 弱い. ‖의지가 박약하다 意志が弱い.
박음-질[名][하他] 返し縫い; 返し針.
박이다[自] ❶はまり込む; こびりつく; しみ込む. ‖고루한 생각이 머리에 박여 있다 古い考え方が頭にこびりついている. 손에 못이 박이다 手にたこができる. ❷(とげが)刺さる. ‖손가락에 가시가 박이다 指にとげが刺さる.
박자 (拍子) /pakˀtʃa/【-짜】[名]《音楽》拍子. ‖박자를 맞추다 拍子を合わせる; 拍子を取る. 왈츠는 삼박자의 춤곡이다 ワルツは3拍子の舞曲である.
박장-대소 (拍掌大笑)【-짱-】[名][하自] 手を叩きながら大笑いすること.
박절-하다 (迫切-)【-쩔-】[形]『하変』薄情だ; 不人情だ. ‖박절한 처사 薄情な仕打ち. **박절-히**[副]
박정-하다 (薄情-)【-쩡-】[形]『하変』薄情だ. ‖박정한 사람 薄情な人. **박정-히**[副]
박제 (剝製)【-쩨】[名][하他] 剝製.
박-쥐【-쮜】[名]《動物》コウモリ(蝙蝠).
박진-감 (迫眞感)【-찐-】[名] 迫真. ‖박진감 있는 연기 迫真の演技. ▸박진감이 넘치다 迫真に満ちている. 박진감 넘치는 연기 迫真の演技.
박차 (拍車)[名] 拍車. ‖박차를 가해 목표량을 달성하다 拍車をかけ, 目標量を達成する.

박-차다 蹴飛ばす; 蹴立てる. ‖문을 박차고 뛰어나가다 ドアを蹴飛ばして飛び出す.

박-치기 〖名自他〗頭突き.

박탈(剝奪)〖名他他〗剝奪(ホクダツ). ‖지위를 박탈하다 地位を剝奪する. **박탈-당하다** 〖受動〗資格を剝奪される. ‖자격을 박탈당하다 資格を剝奪される.

박테리아 (bacteria) 〖名〗〘生物〙バクテリア.

박토(薄土)〖名〗やせ地. ⑫옥토(沃土).

박편[1](薄片)〖名〗かけら.

박편[2](薄片)〖名〗薄片.

박피(剝皮)〖名他他〗皮をむくこと.

박피(薄皮)〖名〗薄皮.

박하(薄荷)【바카】〖名〗〘植物〙ハッカ(薄荷).

박하-뇌(薄荷腦)[바카-뇌/바카-눼]〖名〗薄荷腦; メントール.

박하-사탕(薄荷砂糖)〖名〗薄荷飴.

박-하다(薄-)/pak⁺ada/【바카-】〖形〗〖하変〗 ❶ 薄情だ; 出し惜しみする; (点数などが)辛い. ⑫ 후하다(厚-). ‖인심이 박하다 世知辛い. 점수를 박하게 주다 点数を辛くつける. ❷ (利益・儲けなどが)少ない. ‖이 장사는 이문이 박하다 この商売は儲けが少ない.

박학(博學)〖名〗〖하形〗博学. ‖박학한 사람 博学な人.

박학-다재(博學多才)[바칵따-]〖名〗〖하形〗博学多才.

박해(迫害)【바캐】〖名〗迫害. **박해-받다**[-빧따-]〖受動〗

박-히다/pakⁱida/【바키-】〖自〗 ❶ [박다의 受動] 打ち込まれる; さし込まれる; 刺さる. ‖ 옆구리에 총알이 박히다 脇腹に弾丸が打ち込まれる. ❷ 閉じこもる. ‖방에만 박혀 있다 部屋に閉じこもってばかりいる. ❸ [틀에 박히다の形で] 型にはまる. ‖틀에 박힌 문장 型にはまったような文章.

밖 /pak/ 【박】〖名〗 ❶ 外; 外側; 外部. ⑫ 안. ‖밖으로 나가다 外に出る. 밖을 내다보다 外を眺める; 外を見る. 이선 밖으로 나가면 지는 거다 この線から外側に出たら負けだ. ❷ 表; 表面. ‖감정을 밖으로 표출하다 感情を表に出す. ❸ 外(부); 以外. ‖그 밖에 방법이 없다 その外に方法がない. 예상 밖의 일이 일어나다 予想外のことが起きる.

밖에 /pak⁺e/ 【바께】〖助〗[主に-(수)밖에 없다の形で]〜しかない; 〜ざるをえない. ‖너 밖에 일을 사람이 없다 君しか頼れる人がいない. 가진 것이 이것밖에 없다 持っているのはこれしかない. 받아들일 수밖에 없다 受け入れるほかない. 할 수밖에 없다 やるしかない; やらざるをえない.

반[1] (半)/pan/ 〖名〗 ❶ (空間の)半分; (時間の)半分. ‖방의 반을 차지하다 たんすが部屋の半分を占める. 두 시 반이다 2時半だ. 한 달의 반은 지방 출장이다 月の半分は地方出張だ. 반쯤 포기하고 있다 半ば諦めている. ❷ (量などの)半分. ‖반으로 자르다 半分に切る. 반만 주세요 半分だけください.

반[2] (班)〖名〗 ❶ 班; 組; クラス. ‖삼 학년 삼 반 3年3組. 한 학년을 세 반으로 나누다 1学年を3つのクラスに分ける. 반 대표 クラス代表. ❷ (部活などの)部. ‖사진부 写真部. ❸ (韓国の末端行政単位)の班. ‖반별로 (村の)班ごとに.

반- (反-)〖接頭〗反... ‖반정부 운동 反政府運動.

반-가부좌 (半跏趺坐)〖名〗〘仏教〙半跏趺坐.

반가운 〖形〗[ㅂ変] 반갑다(懐かしい・うれしい)の現在連体形.

반가움 〖名〗うれしさ; 喜び. ‖반가움에 목이 메다 うれしさのあまりに涙が詰まる.

반가워 〖形〗반갑다(懐かしい・うれしい)の連用形.

반가워-하다 [ㅂ変] 懐かしむ; うれしがる; 喜ぶ. ‖반가워하면서 손을 잡다 懐かしがって手をとる.

반각(半角)〖名〗半角.

반감[1] (反感)〖名〗反感. ‖반감을 가지다 反感をいだく. 반감을 사다 反感を買う.

반감[2] (半減)〖名〗〖하自〗半減. ‖생산량이 반감되다 生産量が半減する.

반갑다 /pangap⁺ta/ 【-따】〖形〗[ㅂ変] [반가워, 반가운] 懐かしい; うれしい. ‖오랜만에 보니까 반갑다 久しぶりに会えてうれしい. 만나서 반갑습니다 会えてうれしいです. 반가운 소식 うれしい知らせ. **반가이** 〖副〗

반-값(半-)〖名〗半値. ⑫반액(半額).

반개(半開)〖名〗〖하自他〗半開き.

반격(反擊)〖名〗〖하他〗反撃; 反攻; 巻き返し. ‖반격을 꾀하다 巻き返しを図る. **반격-당하다** 〖受動〗

반경(半徑)〖名〗半径. ‖행동반경 行動半径.

반골(叛骨)〖名〗反骨; 硬骨漢. ‖반골 정신 反骨精神.

반공(反共)〖名〗〖하自〗反共.

반공-법(反共法)[-뻡]〖名〗〘法律〙反共法.

반구[1] (半句)〖名〗半句. ‖일언반구 一言半句.

반구[2] (半球)〖名〗半球. ‖북반구 北半球. 남반구 南半球.

반군(反軍)〖名〗〖하自〗反軍; 叛軍; 反乱軍.

반기[1] (反旗)〖名〗反旗. ‖반기를 들다 反旗をあげる.

반기[2] (半期)〖名〗半期. ‖상반기 上半期.

반기[3] (半旗)〖名〗半旗; 弔旗. ‖반기를 게양하다 半旗を掲げる.

반기다 〖他〗喜ぶ; うれしがる; 懐かしがる. ‖찾아온 친구를 반겨 맞아들이다 訪ね

반-기생 (半寄生) 图《植物》 半寄生.
반-나절 (半-) 图 半日의 半分; 午前이나 午後의 半分.
반-날 (半-) 图 半日.
반납 (返納) 图 《하他》 返納; 返却. ‖도서관에 빌린 책을 반납하다 図書館に借りた本を返却する.
반년 (半年) 图 半年.
반-농 (半農) 图 半農.
반-달 (半-) 图 ❶ 半月 (반); 弓張りの月. ❷ 半月 (반).
반대 (反對) /pa:nde/ 图《하自他》 反対. ⒜찬성 (賛成). ‖반대 방향으로 가다 反対の方向に行く. 위아래가 반대로 되어 있다 上下が反対になっている. 반대하는 이유 反対する理由. 반대 세력 反対勢力. 반대 의견 反対意見. 반대 개념 反対概念. **반대-하다** 《受動》
반대-급부 (反對給付) 【-뿌】图 反対給付.
반대-말 (反對-) 图 =반의어(反意語).
반대-색 (反對色) 图 反対色.
반대-어 (反對語) 图 =반의어(反意語).
반대-쪽 (反對-) 图 反対側; 向こう側.
반도 (半島) 图 半島. ‖한반도 朝鮮半島. 플로리다 반도 フロリダ半島.
반-도체 (半導體) 图《電導》 半導体.
반-독립 (半獨立) 图《하自》 半独立.
반동 (反動) 图《하自》 反動. ‖급정차로 인한 반동으로 쓰러지다 急停車の反動でよろめく. 반동 세력 反動勢力.
반동-적 (反動的) 图 反動的. ‖반동적인 사상 反動的な思想.

반드시 /pandɯʃi/ 副 必ず; 必ずしも; きっと; 決まって; 例外なく; 決して; あながち. ‖이번에야말로 반드시 합격하겠습니다 今度こそ必ず合格します. 너라면 반드시 성공할 거야 君ならきっと成功するよ. 최근 일요일에는 반드시 비가 온다 最近日曜日は決まって雨が降る. 반드시 그렇다고만은 할 수 없다 必ずしもそうとは言えない. 반드시 찬성하는 것만은 아니다 必ずしも賛成ではない. 반드시 네 잘못만은 아니다 あながち君だけが悪いわけではない. 가난하다고 해서 반드시 불행한 것은 아니다 貧乏だからといって必ずしも不幸ではない.
반들-거리다 つるつるする; ぴかぴかする; つやつやする. 倒반들거리다.
반들-반들 副《하形》 つやつや(と); つるつる(と); ぴかぴか(と). ‖반들반들 윤이 나도록 마루를 닦다 ぴかぴかになるまで床を磨く. 倒번들번들.
반듯-반듯 【-듣빧듣】 副《하形》 まっすぐできちんとした様子. ‖반듯반듯 정돈된 책장 きちんと整理された本棚.
반듯-하다 /pandɯtʰada/ 【-드타-】 形

【하變】 ❶ まっすぐだ. ❷ きちんとしている; 整備されている; 整っている. ‖반듯하게 차려 입은 청년 きちんとした身なりの青年. **반듯-이** 副 등을 반듯이 펴고 앉다 背中をまっすぐに伸ばして座る.
반디 图《昆虫》 ホタル(蛍).
반딧-불 【-디뿔/-딛뿔】 图 蛍の光.
반딧불-나방 【-디뿔-/-딛뿔-】 图 《昆虫》 ホタルガ(蛍蛾).
반라 (半裸) 【발-】 图 半裸.
반란 (叛亂·反亂) 【발-】 图《하自》 反乱. ‖반란을 일으키다 反乱を起こす.
반란-군 (叛亂軍) 【발-】 图 反乱軍.
반란-죄 (叛亂罪) 【발-죄/-쮀】 图 《法律》 反乱罪.
반려[1] (伴侶) 【발-】 图 伴侶.
반려-자 (伴侶者) 伴侶; 伴侶となる人.
반-려[2] (返戾) 【발-】 图《하他》 返戾 (려); 返却; 差し戻すこと. ‖신청 서류를 반려하다 申請書類を差し戻す. **반려-되다** 《受動》
반론 (反論) 【발-】 图《하他》 反論. ‖정책 비판에 대해 반론하다 政策批判に反論する. 반론을 제기하다 反論を申し立てる. 반론의 여지가 없다 反論の余地がない.
반룡 (蟠龍·盤龍) 【발-】 图 昇天していない竜.
반만년 (半萬年) 图 五千年.
반-말 (半-) /pa:nmal/ 图《하自》 パンマル. ❖対等または目下に対する言葉遣い; ぞんざいな口のきき方. ‖그는 처음 보는 내게 대뜸 반말을 했다 彼は初対面の私にいきなりぞんざいな口をきいた.
반면[1] (反面) /pa:nmjʌn/ 图《主に…反面の形で》反面. ‖월급이 많은 반면에 일이 힘들다 給料が多い反面, 仕事がきつい.
반면-교사 (反面教師) 图 反面教師.
반면[2] (半面) 图 半面.
반면[3] (盤面) 图 盤面.
반-모음 (半母音) 图《言語》 半母音.
반목 (反目) 图《하自》 反目. ‖유산을 둘러싸고 형제 간에 반목하다 遺産をめぐり兄弟が反目する.
반문 (反問) 图《하他》 反問; 聞き返すこと.
반미 (反美) 图 反米.
반-민족 (反民族) 图 反民族.
반-민주 (反民主) 图 反民主.
반-바지 (半-) 图 半ズボン.
반박[1] (反駁) 图《하他》 反駁 (박). ‖강한 비난에 대해 반박하다 強い非難に反駁する. **반박-하다** 《受動》
반박[2] (半拍) 图《音楽》 半拍.
반반 (半半) 图 半々. ‖수입을 반반으로 나누다 収入を半々に分ける.
반반-하다 形《하變》 ❶ 平らだ; なだらかだ; 平坦だ. ‖반반하게 정비された道. ❷ 〈顔立ちが〉整っている. ‖얼굴이 반반하다 顔立ちが整ってい

る. ❸(家柄など)立派だ. ∥반반한 집안의 아가씨 立派な家柄のお嬢さん.

반발(反撥)[名][自他] 反発; 反抗. ∥상사의 의견에 반발하다 上司の意見に反発する. 반발이 심하다 反発が強い.
반발-심(反撥心)[名] 反発心.
반백(半白)[名] 半白; 白髪交じりの頭髪. ∥반백의 신사 白髪交じりの紳士.
반-벙어리(半-)[名] 舌足らず.
반-병신(半病身)[名] 体が不自由な人; 体に障害がある人.
반복(反復)/paːnbok/[名][他] 反復; 繰り返すこと. ∥테이프를 반복해서 듣다 テープを反復して聴く. 같은 말을 반복하다 同じ言葉を繰り返す. 반복 연습 反復練習. 반복-되다 [受身]
반복-법(反復法)[名]《文芸》反復法.
반-봉건(半封建)[名] 半封建.
반-비례(反比例)[名][自]反比例. ⑪정비례(正比例).
반사(反射)[名][自他] 反射. ∥거울에 빛이 반사되다 鏡に光が反射する. 조건 반사 条件反射.
반사-경(反射鏡)[名]《物理》反射鏡.
반사-적(反射的)[冠][副形] 反射的. ∥반사적으로 몸을 피하다 反射的に身を交わす.
반-사회적(反社會的)[-헤-][名] 反社会的. ∥반사회적인 행동 反社会的な行動.
반상(盤上)[名] 盤上.
반상회(班常會)[-/-쌍-][名] 韓国の末端行政単位である반(班)で毎月開かれる定例会.
반색[名][自] 非常に喜ぶこと. ∥반색을 하며 맞아들이다 非常に喜びながら迎え入れる.
반생(半生)[名] 半生. ∥반생을 돌아보다 半生を振り返ってみる.
반석(盤石)[名] 磐石.
반성[1](反省)/paːnsʌŋ/[名][他] 反省. ∥자신의 행위를 반성하다 自らの行為を反省する. 반성하는 기색이 안 보이다 反省の色が見えない. 반성을 촉구하다 反省を促す.
반성[2](伴星)[名]《天文》伴星. ⑪주성(主星).
반-세기(半世紀)[名] 半世紀; 50 年.
반소(反訴)[名][他]《法律》 反訴. ⑪맞소송(-訴訟).
반-소매(半-)[名] 半袖. ⑪반팔(半-).
반송[1](返送)[名][他] 返送; 送り返すこと. ∥짐을 반송하다 荷物を返送する. 반송-되다 [受身]
반송[2](搬送)[名][他] 搬送(運搬).
반송[3](盤松)[名]《植物》枝が横に伸びた丈の低い松.
반-송장(半-)[名] 瀕死の状態にある人.
반수(半數)[名] 半数. ∥주민의 반수 이상이 찬성하다 住民の半数以上が賛成する.

반숙(半熟)[名][他] 半熟.
반숙-란(半熟卵)[-숭난][名] 半熟卵.
반-승낙(半承諾)[名][他] 半ば承諾すること. ∥끈질긴 구혼으로 그는 반승낙을 얻어 냈다 粘り強い求婚の末, 彼は半ば承諾を得た.
반시-뱀(飯匙-)[名]《動物》ハブ(波布).
반-시옷(半-)[-옫][名] ハングルの古字「ㅿ」の名称.
반-식민지(半植民地)[-싱-][名] 半植民地.
반신(半身)[名] 半身. ∥상반신 上半身. 하반신 下半身.
반신불수(半身不隨)[-쑤][名] 半身不隨. ∥교통사고로 반신불수가 되다 交通事故で半身不隨になる.
반신-욕(半身浴)[-뇩][名] 半身浴.
반신-반의(半信半疑)[-/-바늬][名][他] 半信半疑. ∥반신반의하면서 그 사람의 얘기를 듣다 半信半疑で彼の話を聞く.
반액(半額)[名] 半額. ⑪반값(半-).
반야(般若)[名]《仏教》般若.
반야-심경(般若心經)[名]《仏教》般若心経.
반어(反語)[名] 反語.
반어-법(反語法)[-뻡][名]《文芸》反語法.
반역(反逆·叛逆)[名][自他] 反逆. ∥반역을 꾀하다 反逆を企てる.
반역-자(反逆者)[-짜][名] 反逆者.
반역-죄(反逆罪)[-쬐/-뛔][名]《法律》反逆罪.
반영(反映)/paːnjʌŋ/[名][他] 反映; 映し出すこと. ∥민의를 반영하는 민을 반영하다 民意を反映する. 실력이 저하되었음을 여실히 반영하는 결과다 実力の低下を如実に映し出す結果が出る. **반영-되다** [受身] 이번 인사에는 그동안의 성과가 반영되었다 今回の人事では今までの成果が反映された.
반-영구(半永久)[-녕-][名] 半永久. ∥반영구적으로 사용할 수 있는 제품 半永久的に使える製品.
반-올림[名][他]《数学》四捨五入. ⑪사사오입(四捨五入).
반원(半圓)[名]《数学》半円.
반원-형(半圓形)[名] 半円形.
반-원흑(半黯黑)[名][形] 薄ぐらい.
반월(半月)[名] 半月. ∥반월형 半月形.
반음(半音)[名] 半音.
반음계(半音階)[-/-게-][名]《音楽》半音階.
반응(反應)/paːnɯŋ/[名][自他] 反応; 反響. ∥반응이 없다 反応がない. 반응이 좋다 反響がある. 반응을 보이다 反応を示す; 反応を見せる. 상대방의 반응을 보다 相手の反応を見る. 약물 반응

薬物反応.

반의-반 (半-半)【-/바네-】[名] 半分の半分; 4分の1.

반의-어 (反意語)【-/바니-】[名]《言語》反意語; 対義語. [類]반대어(反對語).

반일 (反日) [名][하自] 反日.

반입 (搬入) [名][하他] 搬入. [対]반출(搬出). ‖전람 회장에 그림을 반입하다 展覧会場に絵画を搬入する. **반입-되다** [受身]

반작 (半作) [名][하他] 半作.

반-작용 (反作用) [名][하自]《物理》反作用.

반장 (班長) [名] ❶学級委員; 級長. ❷(韓国の末端行政単位である)반(班)の長. ❸班を統率する人; 班長.

반전[1] (反戰) [名][하自] 反戦. ‖반전 운동 反戦運動. 반전 분위기가 확산되고 있다 反戦ムードが広がっている.

반전[2] (反轉) [名][되自] 反転. ‖상황이 반전되다 状況が反転する.

반전^도형 (反轉圖形) [名]《数学》反転図形.

반절[1] (反切) [名]《言語》反切(はんせつ). ❶漢字の読み方を他の2字の漢字を用いて表わす方法. ❷ハングルの字母の別称. ❸반절본문(反切本文)の略語.

반절-본문 (反切本文) [名] ハングルの子音字と母音字を組み合わせた一覧表. [略]반절(反切).

반-절[2] (半-) [名] 軽いお辞儀. ‖반절을 하며 물러나오다 軽くお辞儀をして引き下がる.

반절[3] (半切·半截) [名] 半切; 半切れ. ‖반절로 자른 종이 半切にした紙.

반점[1] (半點) [名] 1点の半分; 0.5点.

반점[2] (斑點) [名] 斑点; まだら. ‖목에 빨간 반점이 생기다 首に赤い斑点ができる.

반점[3] (飯店) [名] (主に中華の)料理屋.

반-정부 (反政府) [名] 反政府. ‖반정부 운동 反政府運動.

반제-품 (半製品) [名] 半製品.

반주[1] (伴走) [名][하自] 伴走.

반주[2] (伴奏) [名][하自]《音楽》伴奏. ‖피아노로 반주하다 ピアノで伴奏する.

반주[3] (飯酒) [名] 食事の時軽く酒を飲むこと, またはその酒.

반죽 /pandʒuk/ [名][하他] 練り粉; 生地; 練ること. ‖밀가루를 반죽하다 小麦粉を練る. 빵 반죽이 무르다 パン生地が柔らかすぎる.

반-죽음 (半-) [名][하自] 半死.

반증 (反證) [名][하他] 反証. ‖반증을 들며 논박하다 反証を挙げて反論する.

반지 (半指·斑指) /pandʒi/ [名] 指輪; リング. ‖결혼 반지 結婚指輪. 반지를 끼다 指輪をはめる. 반지를 안 하고 있다 指輪をしていない.

반지르르 [副][하形] ❶つるつる(と); つやつや(と). ❷うわべだけ取りつくろう様子. ‖그 사람은 늘 말만 반지르르하게 한다 彼はいつもうわべだけいいことを言う.

반-지름 (半-) [名]《数学》半径.

반짇-고리【-꼬-】[名] 바느질고리の縮約形.

반질-거리다 [自] つやがあってつるつるする; てかてかする; ぴかぴかする. ‖금방 닦았는지 구두가 반질거린다 磨いたばかりなのか靴がぴかぴかしている.

반질-반질 [副][하形] つるつる(と); つやつや(と); ぴかぴか(と). ‖반질반질 윤이 나는 마룻바닥 ぴかぴかに磨き上げた床.

반짝 /panˀtʃak/ [副][하自] 輝く[きらめく]様子: きらっと; ぴかっと. [큰]번쩍. ‖반짝 빛나다 きらっと輝く. **반짝-반짝** [副]

반짝-거리다【-꺼-】[自他] きらきらする; きらめく; またたく; きらめかす. ‖밤하늘에 별이 반짝거리다 夜空に星がきらきらする.

반짝-이다 [自他] ＝반짝거리다.

반-쪽 (半-) [名] ❶半分; 片方. ‖사과 반쪽 リンゴ半分. ❷〔比喩的に〕顔が非常にやせていること. ‖일이 힘든지 얼굴이 반쪽이다 仕事が大変なのか, 頬の肉がげっそりと落ちている.

반찬 (飯饌) /pantʃʰan/ [名] おかず; 惣菜. ‖반찬 수가 많다 おかずの数が多い. 오늘 저녁 반찬은 뭘로 하지? 今日の夕ご飯のおかずは何にしようかな. 밑반찬 常備菜.

반찬^가게 (飯饌-)【-까-】[名] 惣菜屋.

반찬-거리 (飯饌-)【-꺼-】[名] おかずの材料.

반창-고 (絆瘡膏) /pantʃʰaŋgo/ [名] 絆創膏. ‖반창고를 붙이다 絆創膏を貼る.

반-체제 (反體制) [名] 反体制.

반추 (反芻) [名][하他] 反芻(はんすう). ‖옛일을 반추하다 昔のことを反芻する.

반출 (搬出) [名][하他] 搬出. [対]반입(搬入). ‖전람 회장에서 작품들을 반출하다 展覧会場から作品を搬出する. **반출-되다** [受身]

반취 (半醉) [名][하自] 半酔; 生酔い. ‖반취 상태로 집에 돌아오다 半酔状態で帰宅する.

반-치음 (半齒音) [名] ハングルの古字「△」の名称.

반칙 (反則) [名][하自] 反則. ‖반칙을 범하다 反則を犯す.

반-코트 (半 coat) [名] 半コート. [類]하프코트.

반-타작 (半打作) [名][하他] 予想の半分くらいしか結果が得られないこと.

반-투명 (半透明) [名][하形] 半透明.

반-팔 (半-) [名] 半袖. [類]반소매(半-).

반-평생 (半平生) [名] 人生の半分; 半生.

반포[1] (反哺) [名][하自] 親の恩に報いること.

반포-조(反哺鳥) 图 까마귀(カラス)の別称.
반포²(頒布) 图 핸刨 頒布. ‖훈민정음 반포 訓民正音の頒布.
반품(返品) 图 핸刨 返品. ‖불량품을 반품하다 不良品を返品する. **반품-되다**[-당하다] 受身
반-풍수(半風水) 图 下手な地相見. ▶반풍수 집안 망친다 [諺] 生兵法は大怪我のもと.
반-하다¹ /pa:nhada/ 自 惚れる; 惹(ひ)かれる. ‖잘생긴 외모에 반하다 ハンサムな外見に惚れる. 첫눈에 반하다 一目惚れする.
반-하다²(反-) /pa:nhada/ 自 핸刨 〔主に…에 반하여 …에 반해서 …에 반하는の形で〕…に反して; …に反する. ‖수입이 준 데 반해 지출은 늘어나 수입이 줄어든 のに反して 支出は増えた. 기대에 반하는 결과 期待に反する結果.

반항(反抗) /pa:nhan/ 图 핸刨 反抗. ‖부모님께 반항하다 親に反抗する. 권력에 반항하다 権力に反抗する.
반항-기(反抗期) 图 反抗期.
반항-심(反抗心) 图 反抗心.
반항-아(反抗兒) 图 反抗児.
반항-적(反抗的) 图 反抗的. ‖반항적인 태도를 취하다 反抗的な態度をとる.
반향(反響) 图 反響. ‖사회적인 반향 社会的な反響. 반향을 불러일으키다 反響を呼び起こす.
반-허락(半許諾) 图 핸刨 半ば承諾すること.
반-혁명(反革命) 图 -형- 图 反革命. ‖반혁명 세력 反革命勢力.
반환(返還) 图 핸刨 返却; 返還; 返すこと; 折り返すこと. ‖우승기를 반환하다 優勝旗を返還する. 빌린 책을 반환하다 借りた本を返す. **반환-되다** 受身
반-회장(半回裝) 图 /-훼-/ 图 女性のチョゴリの袖口·衿·結び紐を紫色または藍色の切れで当てた飾り付け.
반회장-저고리(半回裝-) 图 反回装を付けたチョゴリ.

받는[-는] 冠 받다(受ける·もらう)の現在連体形.
받다¹ /patʰta/【-따】 自 ❶ (受け·のりなどのくじの具合が)いい. ‖화장이 잘 받다 化粧ののりがいい. 술이 잘 받는 날 酒が進む日. ❷(服装·装飾品などが)似合う. ‖까만색 옷이 잘 받다 黒い服が似合う.
받다² /patʰta/【-따】他 ❶ 受ける; 受け取る. ‖공을 손으로 받다 ボールを手で受ける. 질문을 받다 質問を受ける. 건강 진단을 받다 健康診断を受ける. 영향을 받다 影響を受ける. 제약을 받다 制約を受ける. 주문을 받다 注文を受ける. 벌을 받다 罰を受ける. 여권을 받으러 영사관에 가다 パスポートを(受け)取りに領事館へ行く. 한 손으로 받다 片手で受け取る. 받는 사람 受取人. 별것 아니지만 받아 주세요 つまらないものですが、受け取ってください. 강렬한 인상을 받다 強烈な印象を受ける. ❷ もらう. ‖편지를 받다 手紙をもらう. 선물을 받다 プレゼントをもらう. 상을 받다 賞をもらう. 장학금을 받다 奨学金をもらう. 주는 것은 워드지 받고 싶은 것 もらうものは何でもらう. 허가를 받다 許可をもらう. ❸ 取る. ‖박사 학위를 받다 博士号を取る. 월급을 많이 받다 高給を取る. 휴가를 받다 休暇を取る. 신문을 받아 보다 新聞を取る. ❹ 受け入れる. ‖유학생을 받다 留学生を受け入れる. ❺ (傘を)差す; (日が)差す. ‖우산을 받고 걸어가다 傘を差して歩く. 아침 햇살을 받다 朝日が差す. ❻ (電話に)出る. ‖전화를 받다 電話に出る. ❼ (出産の介助をして)赤ん坊を取り上げる. ‖애를 받다 赤ん坊を取り上げる.
받다³【-따】他 (頭·角などで)突く; ぶつける; はねる. ‖머리로 받다 頭で突く. ③받히다.
-받다⁴ /patʰta/【-따】接尾 〔一部の動作性名詞に付いて〕受身動詞を作る: …される. ‖존경받다 尊敬される. 신뢰받다 信頼される. 인정받다 認められる. 미움 받다 憎まれる.
받-들다 /patʰtulda/【-들-】【=語幹】[받들어,받든다,받드는,받든] ❶ 敬う; 崇める; 仰ぐ. ‖어른을 받들다 目上の人を敬う. 스승으로 받들다 師と崇める. ❷ (命令·意向などを)仰ぐ; 従う. ‖명령을 받들다 命令に従う.
받들어-총(-銃) 图【-뜨러-】图 捧げ銃(つつ)の号令.
— 感 (号令の)捧げ銃.
받아 連 받다(受ける·もらう)の連用形.
받아-넘기다 他 受け流す; (質問·攻撃などに)うまく受け答えする. ‖농담을 가볍게 받아넘기다 冗談を軽く受け流す.
받아-들이다 /padadurida/ 他 ❶ 受け入れる; 取り入れる; 聞き入れる; 受けつける; 交わす. ‖유학생을 받아들이기로 하다 留学生を受け入れることにする. 충고를 받아들였다 忠告を受け入れた. 새 기술을 받아들이다 新技術を取り入れる. ❷ (条件などを)呑(の)む. ‖불리한 조건을 받아들이다 不利な条件を呑む. 임금 인상 요구를 받아들이다 賃上げ要求を呑む.
받아-쓰기 图 書き取り.
받아-쓰다 他 [으変] 書き取る. ‖불러 주는 대로 받아쓰다 読み上げる通りに書き取る.
받은 冠 받다(受ける·もらう)の過去連体形.
받을 冠 받다(受ける·もらう)の未来連体形.

받을-어음 图《經》受取手形. 図지급어음(支給─).

받치다 /patt͈ʃida/ 他 ❶〈傘を〉差す. ‖우산을 받치다 傘をさす. ❷支えてあげる;〈近くで〉助ける. ‖넘어지지 않게 받쳐 주다 倒れないように支える. ❸〈布・紙などに〉裏打ちする;重ね着する. ❹〔받쳐 입다の形で〕〈上に合わせて〉下に着る. ‖흰 블라우스에 까만 치마를 받쳐 입다 白いブラウスに黒いスカートを合わせて着る.
── 自 ❶胃がもたれる. ❷〈感情が〉込み上げる. ❸열이 받치다 腹が立つ;頭に来る.

받침 图 ❶支え;下敷き. ‖꽃병 받침 花瓶の下敷き. 책받침 下敷き. ❷ハングルの終声字;パッチム. ╋꽃·물において, ㅊ·ㄹの字.

받침-규칙 ─(規則) 图《言》ハングルで終声字が本来の音価ではなく別の音価を持つようになる現象. ╋값만[감만]·늦다[늗따]. 図 끝말 법칙(末音法則).

받침-대 ─(臺) 图 支柱.
받침-돌 图 礎石;礎.
받침-점 ─(點) 图 ─점 《物理》支点.

받-히다 [바치다] 自 〔받다³의 受動詞〕突かれる;はねられる. ‖차에 받히다 車にはねられる.

발¹ /pal/ 图 ❶足. ‖발로 차다 足で蹴る. 발을 삐다 足をくじく. 발에 딱 맞는 구두 足にぴったりの靴. 발바닥 足の裏. ❷足並み. ‖발을 맞추다 足並みを揃える. ▸발 벗고 나서다 一肌脱ぐ. ▸발을 구르다 地団太を踏む. ▸발을 끊다 絶交する. ▸발을 들여놓다[디디다]; 寄りかかる. ▸발을 빼다[씻다]; 手を引く;足を洗う. ▸발이 넓다 顔が広い. ▸발이 묶이다 足止めを食う;足止めされる. ▸발이 손이 되도록 빌다 必死に謝る. ▸발 없는 말이 천리 간다《ᇯ諺》 足に千里.

발² 图 すだれ. ‖발을 치다 すだれを垂らす.
발³ 图 ❶ 生地の織り目. ‖국수·うどんなどの太さ. 면발이 굵다 麺が太い.

발⁴ (發) ─尋(尋) 图 ノポロ 두 팔 紐(2)尋.

발⁵ (發) 依名 ─発. ‖한 발의 총성 1発の銃声.

-발⁶ (發) 接尾 ─発. ❶汽車などの出発を表わす. ‖부 시 10분 釜山発. ‖부 시 10 분 부산발 열차 2時10分発釜山行き列車. ❷発信. ‖워싱턴발 ワシントン発.

발-가락 /palkarak/ [─까락] 图 足の指. ‖엄지발가락 足の親指.

발가벗-기다 [─벋끼─] 他 ‖발가벗다の使役動詞‖ 真っ裸にする.

발가벗-다 [─벋따] 自 裸になる. ‖친구들과 발가벗고 헤엄치던 시절 友だちと裸になって泳いでいた時. ❷벌거벗다. ⓥ 발가벗기다.

발가-숭이 图 裸;丸裸;素っ裸. ⓥ 벌거숭이.

발각 (發覺) 图 自他 発覚;ばれること;見つかること. ‖조그마한 부주의로 비리가 발각되다 些細な不注意で不正が発覚する. 여기 있으면 발각되기 쉽다 ここにいると見つかる.

발간 (發刊) 图 他 発刊. ‖전집을 발간하다 全集を発刊する. **발간-되다** 受動

발갛다 [─가타] 形 ⟨ㅎ変⟩ 鮮やかに赤い;多少赤みを帯びている. ‖불이 발갛다 火が赤い. 뺨에 붉みがさす. ⓥ 벌갛다.

발-걸음 /palk͈ɨrɨm/ [─꺼름] 图 足取り. ‖발걸음도 가볍게 집을 나서다 足取りも軽やかに出かける. ▸발걸음을 재촉하다 足を速める;急ぐ.

발견 (發見) 图 他 発見;見つけること;見いだすこと. ‖법칙을 발견하다 法則を発見する. 분실물을 발견하다 落し物を見つける. 재능을 発見하다 才能을 발견하다. **발견-되다** 受動

발광¹ (發光) 图 自他 発光.
발광-기 (發光器) 图 発光器.
발광-도료 (發光塗料) 图 発光塗料.
발광-동물 (發光動物) 图《動物》発光動物.
발광-식물 (發光植物) 【─씽─】 图《植物》発光植物.
발광-체 (發光體) 图 発光体.
발광-충 (發光蟲) 图 発光虫.

발광² (發狂) 图 自 発狂;乱心;荒れ狂うこと.

발군 (拔群) 图 形 抜群. ‖발군의 실력 抜群の実力.

발굴 (發掘) 图 他 発掘. ‖인재를 발굴하다 人材を発掘する. 발굴 조사 発掘調査. **발굴-되다** 受動

발-굽 [─꿉] 图 ひづめ.

발권 (發券) 图 他 発券. ‖비행기 표를 발권하다 航空券を発券する. 발권 은행 発券銀行.

발그레-하다 形 ほんのりと赤い. ‖부끄러워서 얼굴이 발그레하다 恥ずかしいので顔がほんのりと赤い.

발그스레-하다 形 ⟨ㅎ変⟩ =발그스름하다.

발그스름-하다 形 ⟨ㅎ変⟩ 赤みがかっている;赤みを帯びている;うっすらと赤い. ‖얼굴이 발그스름하다 顔がうっすらと赤い. ⓥ 벌그스름하다. **발그스름-히** 副

발그족족-하다 [─쪼쪽─] 形 ⟨ㅎ変⟩ ややくすんだ感じで赤い. ⓥ 벌그죽죽하다.

발급 (發給) 图 他 発給. ‖비자를 발급하다 ビザを発給する. **-받다** 受動

발긋발긋-하다 [─귿빨귿─] 形 ⟨ㅎ変⟩ 点々と赤い;まだらに赤い. ⓥ 벌긋벌긋하다.

발기¹ (勃起) 图 (하자) 勃起.

발기² (發起) 图 (하자) 発起. ‖발기인 発起人.

발기다 他 切り裂く.

발기발기 副 (紙などを)細かく破る様子: びりびりに; ずたずたに. ‖서류를 발기발기 찢어 버리다 書類をびりびりと破る.

발-길 [-낄] 图 (人の)足の動き; 足取り. ‖발길을 멈추다 足を止める. 발길이 뜸하다 足取りが途絶える. 발길을 돌리다 きびすを返す.

발길-질 [-낄-] 图 (하자他) 足蹴. ‖발길질하다 足蹴にする.

발-꿈 [-꿈] 图 踵(꿈).

발끈 (하자) 激怒する様子: かっと. ‖발끈 화를 내다 かっとなる.

발-끝 图 足先; 足先. ‖발끝으로 서다 つま先で立つ. 머리 꼭대기에서 발끝까지 頭のてっぺんから足のつま先まで.

발단 (發端) [-딴] 图 (하자) 発端; 始まり; 起こり; 糸口. ‖사건의 발단 事件의 발단. 일의 발단은 이렇습니다 事の始まりはこうなんです.

발달 (發達) /pal͈tʰal/ [-딸-] 图 (하자) 発達. ‖문명의 발달 文明의 발달. 고도로 발달한 과학 기술 高度に発達した科学技術. 저기압이 발달하다 低気圧が発達する.

발-돋움 图 (하자) ❶背伸び. ‖발돋움해서 보다 背伸びして見る. ❷目標に向かっての努力.

발동 (發動) [-똥] 图 (하자他) 発動; 騒ぐこと. ‖사법권의 발동 司法権의 発動. 장난기가 발동하다 いたずら心が騒ぐ.

발동-기 (發動機) [-똥-] 图 発動機; エンジン.

발-뒤꿈치 [-뛰-] 图 踵(꿈); きびす. ‖새 신을 신었더니 발뒤꿈치가 아프다 新しい靴を履いたら踵が痛い. 발뒤꿈치를 들고 걷다 踵を上げて歩く.

발-뒤축 [-뛰-] 图 踵(꿈).

발등 /pal͈tʰuŋ/ [-뜽] 图 足の甲. ▶발등에 불이 떨어지다 尻に火がつく. ‖발등의 불을 끄다 緊急事態를 乗り越える. ▶발등을 찍히다 裏切られる; 背かれる.

발딱 副 急に起き上がったり倒れ伏したりする様子: がばっと; ぱっと. ‖발딱 일어나다 がばっと起き上がる. **발딱-발딱** 副 (하자) どきんどきん(と); どきどき.

발딱-거리다 [-거-] 自 (心臓이)どきんどきんと脈打つ; どきどきする. ‖그녀를 본 순간 심장이 발딱거렸다 彼女를 본 瞬間, 心臓がどきんと打った.

발라 他 [르変] 바르다(張る)의 連用形.

발라-내다 他 より出す; 選び出す; ほぐす. ‖생선 살을 발라내다 魚の身をほぐす.

발라드 (ballade⁷) 图 (音楽) バラード.

발라-먹다 [-따] 他 だます; だまし取る; 詐欺をはたらく. ‖노인을 발라먹는 심

산이다 お年寄りをだます腹積もりだ.

발랄-하다 (潑剌-) 形 (하자) きびきびしている; 潑剌としている. ‖생기 발랄한 여대생 潑剌とした女子大生.

발랑 副 仰向けに倒れる様子: ばったり(と). ‖발랑 넘어지다 ばったり(と)倒れる. 발랑.

발레 (ballet⁷) 图 バレエ.

발레리나 (ballerina⁷) 图 バレリーナ.

발렌타인-데이 (Valentine Day) 图 밸런타인데이의 잘못.

발령 (發令) 图 (하자他) 発令; 辞令などを出すこと. ‖태풍 경보 발령 台風警報의 発令. 언제 발령이 날지 모르겠다 いつ辞令が出るか分からない. **발령-받다** (受身).

발로 (發露) 图 (하자) 発露; 表われ. ‖선의의 발로 善意の発露 [表われ].

발름-거리다 [-대다] 自 弾力のあるものが開いたり閉まったりする. ‖코를 발름거리다 鼻をひくひく(と)させる.

발름-발름 副 弾力のあるものが開いたり閉まったりする様子: ひくひく.

발리다 自 [바르다의受身動詞] 塗られる; 貼り付けられる. ‖벽지가 제대로 안 발렸다 壁紙がうまく貼り付けられていない.

발림-소리 图 お世辞; 外交辞令. ‖발림소리를 하다 お世辞を言う.

발림-수작 (-酬酌) 图 おべっか; おべんちゃら.

발-맞추다 [-맏-] 自 歩調を合わせる; 足並みを揃える. ‖시대の流れに発맞추다 時代の流れに(歩調)を合わせる.

발매 (發賣) 图 (하자他) 発売. ‖일제히 발매하다 一斉に発売する. 발매처 発売元. **발매-되다** (受身).

발명 (發明) /palmjʌŋ/ 图 (하자他) 発明. ‖백열전구를 발명한 사람은 에디슨이다 白熱電球を発明した人はエジソンである. 획기적인 발명 画期的な発明. **발명-되다** (受身).

발명-가 (發明家) 图 発明家.

발명-품 (發明品) 图 発明品.

발모 (發毛) 图 育毛.

발모-제 (發毛劑) 图 育毛剤.

발-모가지 图 [발목의俗語] 足首.

발-목 /palmok/ 图 足首. ‖발목을 삐다 足首をくじく. ▶발목을 잡히다 弱みを握られる.

발목-뼈 图 足首の骨.

발문 (跋文) 图 跋文(꿈). ▶서문(序文).

발-밑 [-믿] 图 足元. ‖어두우니까 발밑을 조심해라 暗いから足元に気をつけて.

발-바닥 [-빠-] 图 足の裏.

발바리 图 ❶動物의 チン(狆). ❷[比喩的に] 軽率で落ち着きのない若い男.

발발¹ (勃發) 图 (하자) 勃発. ‖전쟁の勃発 戦争が勃発する.

발발² 副 ❶恐怖·寒さなどに震える様

子: おどおど(と); ぶるぶる(と). ‖무서워서 발발 떨다 怖くてぶるぶる(と)震える. ❷金を惜しむ様子: けちけち. ‖단돈 천 원에도 발발 떠는 사람 たかが千ウォンにもけちけちする人. [큰]벌벌.

발-버둥 [名] 발버둥이の略語.

발버둥-이 [名] ①もがくこと; 地団太. [略]발버둥. ‖발버둥이를 치다 地団太を踏む. ②じたばたすること; あがくこと.

발-병[1] (一病) 【-뼝】 [名] 〔主に발병이 나다の形で〕足が痛くなる; 足が痛み出す.

발병[2] (發病) [名] [하自] 発病.

발본 (拔本) [名] [하他] 抜本.

발본-색원 (拔本塞源) [名] [하他] 抜本塞源.

발부 (發付) [名] [하他] 発給. ‖영장을 발부하다 令状を発給する. **발부-되다** [受身]

발-부리 【-뿌-】 [名] つま先; 足先.

발-붙이다 【-부치-】 [自] 取り付く; 足がかりとする.

발-뺌 [名] [하自] 言い逃れ; 逃げ口上; 弁解. ‖그는 자기 잘못이 아니라며 발뺌했다 彼は自分の間違いではないと言い逃れをした.

발사 (發射) 【-싸】 [名] [하他] 発射; 打ち上げ. ‖미사일을 발사하다 ミサイルを発射する. 로켓 발사 ロケットの打ち上げ. **발사-되다** [受身]

발사믹^식초 (balsamico 食酢) [名] バルサミコ酢.

발산 (發散) 【-싼】 [名] [하他] 発散. ‖열을 발산하다 熱を発散する. 스트레스를 먹는 것으로 발산시키다 ストレスを食べることで発散させる. **발산-되다** [受身]

발상[1] (發喪) 【-쌍】 [名] [하自] 発喪.

발상[2] (發想) 【-쌍】 [名] [하他] 発想. ‖애다운 발상 子どもらしい発想. 기발한 발상 奇抜な発想. 발상이 비슷한 소설 発想が似た小説.

발상-지 (發祥地) 【-쌍-】 [名] 発祥地; 発祥の地. ‖세계 사대 문명의 발상지 世界 4 大文明発祥の地.

발생 (發生) /palˀsɛŋ/ 【-쌩】 [名] [하自] 発生. ‖살인 사건이 발생하다 殺人事件が発生する. 콜레라의 발생을 막다 コレラの発生を防ぐ.

발설 (發說) 【-썰】 [名] [하他] 口に出すこと; 口外すること; 公表すること. ‖이 일을 절대 발설하지 마시오 このことは絶対に口外しないでください.

발성 (發聲) 【-썽】 [名] [하他] 発声. ‖발성 연습 発声練習.

발성-기 (發聲器) [名] 発声器官.

발성-법 (發聲法) 【-썽뻡】 [名] 発声法.

발-소리 /palˀsori/ 【-쏘-】 [名] 足音. ‖발소리를 죽이다 足音を忍ばせる. 다급한 발소리 慌ただしい足音.

발송 (發送) 【-쏭】 [名] [하他] 発送. ‖성적표를 발송하다 成績表を発送する.

발송-되다 [受身]

발신 (發信) 【-씬】 [名] [하他] 発信. [対]수신(受信). ‖전파를 발신하다 電波を発信する. 발신 장치 発信装置.

발신-인 (發信人) 【-씨닌】 [名] 発信人; 差出人.

발신-일 (發信日) 【-씨닐】 [名] 発信した日付け.

발신-지 (發信地) [名] 発信地.

발-씨름 [名] 足相撲.

발아 (發芽) [名] [하自] 発芽; 芽生え. ‖씨가 발아하다 種が発芽する.

발아-기 (發芽期) [名] 発芽する時期.

발악 (發惡) [名] [하自] 悪い状態から抜け出そうとしてもがくこと; あがき.

발안 (發案) [名] [하他] 発案.

발암 (發癌) [名] [하自] 発癌. ‖발암 물질 発癌性物質. 발암 성분 発癌成分.

발언 (發言) [名] [하自他] 発言. ‖자유롭게 발언하다 自由に発言する.

발언-권 (發言權) 【-꿘】 [名] 発言権.

발염 (拔染) [名] [하他] 抜き染め; 抜染.

발염-제 (拔染劑) [名] 抜染剤.

발원[1] (發源) [名] [하自] 起源; みなもと.

발원-지 (發源地) [名] 発源地.

발원[2] (發願) [名] [하他] 願いを立てること; 願かけ.

발육 (發育) [名] [하自] 発育. ‖발육 상태가 좋지 않다 発育状態がよくない. 발육 부전 発育不全.

발음 (發音) /parɯm/ [名] [하他] 発音. ‖정확하게 발음하다 正しく発音する. 발음이 좋다 発音がいい. 그 사람 발음은 알아듣기 어렵다 彼の発音は聞き取りにくい.

발음^기관 (發音器官) [名] 発音器官.

발음^기호 (發音記號) [名] 発音記号.

발의[1] (發意) 【-/바리】 [名] [하他] 意見や計画などを考え出すこと.

발의[2] (發議) 【-/바리】 [名] [하他] 発議. ‖수정안을 발의하다 修正案を発議する.

발인 (發靷) [名] [하自] 出棺.

발인-제 (發靷祭) [名] 出棺時の儀式.

발-자국 /palˀtʃaguk/ 【-짜-】 [名] 足跡. ‖사람의 발자국 人の足跡. 발자국 소리 足音.

— [依名] …歩. ‖두 발자국 2 歩.

발-자취 【-짜-】 [名] 足跡(あしあと). ‖인류 역사에 발자취를 남긴 사람들 人類の歴史に足跡を残した人々.

발작 (發作) 【-짝】 [名] [하自] 発作. ‖발작을 일으키다 発作を起こす. 심장 발작 心臓発作.

발-장구 [名] 足をばたばたさせること. ‖발장구를 치다 足をばたつかせる.

발-장단 (一長短) 【-짱-】 [名] 足拍子. ‖발장단을 맞추다 足拍子をとる.

발전[1] (發展) /palˀtʃɔn/ 【-쩐】 [名] [하自] 発展. ‖일이 생각하지도 않은

바 배 뱌 뱨 버 베 벼 볘 보 봐 봬 뵈 뵤 부 붜 붸 뷔 뷰 브 븨 비

방향으로 발전했다 事態が思わぬ方向へ発展した. 경제적 발전 経済的発展. 급속한 발전 急速な発展.

발전-도상국 (發展途上國) [名] 発展途上国.

발전-상 (發展相) [名] 発展の様子.

발전-적 (發展的) [名] 発展的.

발전[2] (發電) 【-쩐】 [名] [하自] 発電. ‖자가 발전 自家発電.

발전-기 (發電機) [名] 発電機.

발전-량 (發電量) 【-쩐냥】 [名] 発電量.

발전-소 (發電所) [名] 発電所.

발정 (發情) 【-쩡】 [名] [하自] 発情.

발정-기 (發情期) [名] 発情期.

발족 (發足) 【-쪽】 [名] [하他] 発足. ‖새로운 위원회를 발족하다 新しい委員会を発足させる. **발족-되다** [受身]

ㅂ

발주 (發注) 【-쭈】 [名] [하他] 発注. [対]수주(受注).

발진[1] (發疹) 【-찐】 [名] [하自] 発疹.

발진[2] (發進) 【-찐】 [名] [하自他] 発進.

발-짝 [依名] …歩. ‖한 발짝 1 歩.

발차 (發車) [名] [하自] 発車. ‖두 시 정각에 발차하다 2 時定刻に発車する. 발차 시간 発車時間.

발착 (發着) [名] [하自] 発着.

발췌 (拔萃) [名] [하他] 抜粋. ‖논문에서 발췌하다 論文から抜粋する.

발-치 [名] ❶足の向かう方. ❷寝る時の足下の方.

발칙-하다 【-치카-】 [形] 『하変』 無作法だ; けしからぬ. ‖발칙한 짓 けしからぬふるまい. 발칙한 녀석 けしからんやつ.

발칵 /palkʰak/ [副] 状態などが急に[いきなり]変わる様子. ‖이상한 소문 때문에 학교 안이 발칵 뒤집히다 変なうわさで学校中が大騒ぎになる. 방문을 발칵 열다 部屋のドアをいきなり開ける. 화를 발칵 내다 急に怒り出す. [큰]벌컥. **발칵-발칵** [副]

발코니 (balcony) [名] バルコニー.

발탁 (拔擢) [名] [하他] 抜擢. ‖신인을 발탁하다 新人を抜擢する. **발탁-되다** [受身]

발-톱 [名] 足の爪. ‖발톱이 길다 足の爪がのびる. 발톱을 깎다 足の爪を切る.

발파 (發破) [名] [하他] 発破. ‖발파 작업 発破作業.

발-판 (-板) /palpʰan/ [名] ❶足場. ❷踏み台. ‖발판으로 삼다 踏み台にする; 足がかりとする.

발포[1] (發泡) [名] [하自] 発泡. ‖발포 스티렌 수지 発泡スチロール.

발포[2] (發砲) [名] [하自] 発砲. ‖발포 명령 発砲命令.

발포[3] (發布) [名] [하他] 発布. ‖비상 계엄령 발포 非常戒厳令の発布. **발포-되다** [受身]

발포^스티렌^수지 (發泡 styrene 樹脂) [名] 発泡スチロール.

발표 (發表) /palpʰjo/ [名] [하他] 発表. ‖잡지에 논문을 발표하다 雑誌に論文を発表する. 합격자 발표 合格者発表. 결과를 발표하다 結果を発表する. **발표-되다** [受身]

발표-자 (發表者) [名] 発表者.

발표-회 (發表會) 【-/-훼】 [名] 発表会.

발-하다 (發-) [他] 『하変』 (光などを)発する; 放つ. ‖빛을 발하다 光を発する. 광채를 발하다 光彩を放つ.

발한 (發汗) [名] [하自] 発汗.

발해 (渤海) [名] 《歴史》 渤海(ぼっかい)(698～926).

발행 (發行) /palhɛŋ/ [名] [하他] 発行. ‖잡지를 발행하다 雑誌を発行する. 발행 부수 発行部数. 재발행 再発行. **발행-되다** [受身]

발행-인 (發行人) [名] 発行者. [類]펴낸이.

발행-처 (發行處) [名] 発行所.

발-헤엄 [名] 立ち泳ぎ. ‖발헤엄을 치다 立ち泳ぎする.

발현 (發現・發顯) [名] [하自] 発現.

발화 (發火) [名] [되自] 発火; 点火. ‖발화 원인을 조사하다 発火の原因を調べる. 자연 발화 自然発火.

발화-점 (發火點) 【-쩜】 [名] 発火点.

발효[1] (發效) [名] [되自] 発効. ‖천구백칠십이 년에 발효된 오키나와 반환 협정 1972 年に発効した沖縄返還協定.

발효[2] (醱酵) [名] [되自] 発酵. ‖발효 식품 発酵食品.

발휘 (發揮) /palhwi/ [名] [하他] 発揮. ‖실력을 유감없이 발휘하다 実力を遺憾なく発揮する. 위력을 발휘하다 威力を発揮する. 진가를 발휘하다 真価を発揮する. **발휘-되다** [受身]

밝-기 【발끼】 [名] 明るさ; 明るさの程度; 照度.

밝다[1] /pakˀta/ 【박따】 [形] ❶明るい. [対]어둡다. ‖밝은 조명 明るい照明. 밝을 때 돌아가자 明るいうちに帰ろう. 밝은 색 明るい色. 밝은 분위기 明るい雰囲気. 전망이 밝은 사업 見通しの明るい事業. 법률에 밝은 사람 法律に明るい人. ❷(目や耳などが)いい. ‖눈이 밝다 目[視力]がいい.

밝다[2] 【박따】 [自] (夜・年が)明ける. ‖날이 밝다 夜が明ける.

밝아-지다 [自] 明るくなる. ‖표정이 밝아지다 表情が明るくなる.

밝혀-내다 【발커-】 [他] 明らかにする; (不明な点を)突き止める. ‖사고 원인을 밝혀내다 事故の原因を突き止める.

밝혀-지다 【발커-】 [自] (真相などが)明らかになる; (実態などが)明るみに出る. ‖사실이 밝혀지다 事実が明らかになる. 사건의 진상이 밝혀지다 事件の真相が明るみに出る.

밝-히다 /palkʰida/【밝키-】㊀ ❶ 明るくする；灯す；照らす．∥어둠을 밝히는 등대 闇を照らす灯台. ❷ 明らかにする；はっきりさせる；述べる；表明する；語る．∥입장을 밝히다 立場をはっきりする．∥속셈 などを明かす．∥신분을 밝히다 身分を明かす．❸ 明らかにする．∥기괴한 사건의 내막을 밝히다 怪奇な事件の種明かしをする．❺ ⟨金などに⟩執着する；こだわりを見せる．∥돈을 밝히는 경향이 있다 金に執着する傾向がある．

밝는 [방-]㊀ 밝다(踏む)の現在連体形.

밟다 /paːpʰta/【밥 따】㊀ ❶ 踏む．∥조국 땅을 밟다 祖国の土を踏む．자전거 페달을 열심히 밟다 自転車のペダルを一生懸命踏む．옆사람의 발을 밟다 隣の人の足を踏む．스텝을 밟다 ステップを踏む．수속을 밟다 手続きを踏む．❷ ⟨跡などを⟩つける；尾行する．∥범인의 뒤를 밟다 犯人の跡をつける．❸ ⟨一定의 과정을⟩履修する；修了する．∥석사 과정을 밟다 修士課程を履修する．

밟아 [발바] 밟다(踏む)の連用形.
밟은 [발븐] 밟다(踏む)の過去連体形.
밟을 [발블] 밟다(踏む)の未来連体形.

밟-히다 [발피-]㊀ ❶ ⟨밟다の受身動詞⟩踏まれる．∥전철 안에서 발을 밟히다 電車の中で足を踏まれる．❷ ⟨主に映画などの形で⟩目に浮かぶ．∥스낱을 밟힌 아이 눈에 밟히다 子どもの顔が目に浮かぶ．

밤¹ /pam/【밤】㊀ 夜；夜分．∥오늘 밤 今夜；今晩．밤 늦게까지 자지 않고 깨어 있다 夜遅くまで起きている．밤 늦게까지 일하다 夜遅くまで働く．밤을 새우다 夜を明かす．밤늦게 죄송합니다만 夜遅く申し訳ありませんが．▶밤 말은 쥐가 듣고 낮 말은 새가 듣는다 ⟨諺⟩ 壁に耳あり障子に目あり．

밤² /paːm/【밤】㊀ 栗．∥밤을 따다 栗をとる．밤 주우러 가다 栗拾いに行く．군밤 焼き栗．

밤-거리 [-꺼-]㊁ 夜の街．∥밤거리를 헤매다 夜の街をさまよう．
밤-길 [-낄]㊁ 夜道．
밤-꽃 [-꼳]㊁ 栗の花．
밤-나무 ㊁ 〖植〗 クリ(栗)の木．
밤-나방 ㊁〖昆虫〗 ヤトウガ(夜盗蛾)．
밤-낚시 [-낙씨]㊁ 夜釣り．

밤낮 /pamnat/【-낟】㊁ 昼夜；日夜．∥밤낮을 가리지 않고 연습하다 日夜を分かたず練習する．
━ ㊂ いつも；常に．∥밤낮 실험에 몰두하고 있다 いつも実験に打ち込んでいる．

밤낮-없이 [-낟업씨]㊂ 昼夜なく；いつも；常に．

밤-눈 ㊁ 夜目．▶밤눈이 어둡다 夜目がきかない．

밤-늦다 [-늗따]㊊ 夜が遅い．
밤-도둑 [-또-]㊁ 夜盗．

밤-무대 (-舞臺) ㊁ キャバレーなどでの夜の舞台．∥밤무대에서 노래하고 있다 夜のキャバレーで歌っている．

밤-바람 [-빠-]㊁ 夜風．∥밤바람이 차다 夜風が冷たい．
밤-밥¹ ㊁ 栗ご飯．
밤-밥² [-빱]㊁ 夜食．
밤-배 [-빼]㊁ 夜船．
밤-버섯 [-섣]㊁〖植物〗クリタケ(栗茸)．

밤-비 [-삐]㊁ 夜雨；夜の雨．∥밤비가 처량하게 내리다 夜雨がわびしく降る．

밤-사이 [-싸-] ㊁ 夜のうち；夜中(중).∥夜間. ㉻밤새.

밤-새 [-쌔] ㊁ 밤사이の縮約形．∥밤새 코인 ちふユロ 一晚中徹夜.

밤새-껏 [-껃] ㊂ 夜通し；一晩中．

밤새-도록 ㊂ 夜が明けるまで；一晩中；夜もすがら．∥밤새도록 얘기하다 夜もすがら語る．

밤-새우다 ㊁ 夜明かしする；徹夜する．
밤-색 (-色) ㊁ 栗色；焦げ茶色．

밤-샘 ㊇ 夜明かしすること；徹夜すること．∥밤샘을 해서 리포트를 다 쓰다 夜明かしでレポートを書き上げる．

밤-손님 [-쏜-] ㊁ ❶ 夜のお客． ❷ [比喩的に] 泥棒．

밤-송이 ㊁ 栗のいが．∥밤송이가 벌어지다 栗のいがはじける．

밤-안개 ㊁ 夜霧．∥밤안개가 자욱하다 夜霧が立ち込める．

밤-알 ㊁ 栗の実．∥밤알이 여물다 栗が実る．

밤업소 (-業所) [-쏘] ㊁ キャバレーやバーなど深夜営業をする店．

밤-이슬 [-니-] ㊁ 夜露．∥밤이슬에 젖다 夜露にぬれる．

밤-일 [-닐] ㊇ ❶ 夜なべ；夜勤． ❷ 房事．

밤-잠 [-짬] ㊁ 夜の眠り．∥밤잠을 설치다 寝そびれる．

밤중-에 (-中-) [-쭝-] ㊂ 夜中に；深夜に．

밤-차 (-車) ㊁ 夜汽車；夜行バス．
밤-참 (-站) ㊁ 夜食．
밤-톨 ㊁ 栗の実．

밤-하늘 ㊁ 夜空．∥밤하늘을 울려다 보다 夜空を見上げる．

밥 /pap/【밥】㊁ ❶ ご飯；飯．∥밥을 먹다 ご飯を食べる．밥을 짓다 ご飯を炊く．❷ 食事．∥밥 먹으러 가자 食事に行こう．❸ ⟨動物の⟩えさ．∥개밥 犬のえさ．❹ 分け前；取り前；取り分．∥네 밥은 네가 찾아 먹어라 自分の取り分は自分で取りなさい．❺ ⟨言いなり；ばしり．∥저 애는 내 밥이야 あの子は私の言いなりなの．▶밥 먹듯 하다 日常茶飯事だ．

밥-값 [-깝] ㊁ 食費；食事代；食い扶持．∥밥값도 못하다 稼ぎが悪い．

밥-걱정 [-꺽쩡] 图 飯の心配; 暮らしの心配. ∥밥걱정 없이 살다 暮らしに心配はない.

밥-공기 (-空器) [-꽁-] 图 飯茶碗.

밥-그릇 [-끄륻] 图 飯茶碗; 食器. 食器(しょっき). ∥밥그릇에 밥을 담다 飯茶碗にご飯を盛る. ▶밥그릇 싸움 利害をめぐる争い.

밥-도둑 [-또-] 图 ❶穀(こく)つぶし. ❷[比喩的に] 食が進むおかず.

밥-맛 /pammat/ 图 [밥맏] ❶ご飯自体の味. ❷食欲. ∥밥맛이 없다 食欲がない.

밥-물 [밤-] 图 ご飯を炊くための水; おねば; 吹きこぼれの水.

밥-벌레 [-뻘-] 图 穀(ごく)つぶし.

밥-벌이 [-뻐리] 图 生活のための稼ぎ.

밥-보 [-뽀] 图 [あざける言い方で] 大食漢.

밥-보자기 (-褓子-) [-뽀-] 图 お膳かけ.

밥-상 (-床) /pap⁵saŋ/ [-쌍] 图 食膳. ∥밥상을 차리다 食膳の支度をする.

밥상-머리 (-床-) [-쌍-] 图 [主に밥상머리에서の形で] 食事の際に; 食事の時に. ∥밥상머리에서 무슨 소리를 하고 있니? 食事の時になんてことを言うの.

밥-솥 [-쏟] 图 飯釜; 飯炊き釜.

밥-숟가락 [-쑫까-] 图 ご飯を食べるスプーン. 📎밥숟갈. ∥밥숟가락을 들다 食事を始める.

밥-숟갈 [-쑫깔] 图 밥숟가락의 縮約形.

밥-술 [-쑬] 图 ❶少量のご飯. ❷食べていくこと.

밥-알 图 ご飯粒.

밥-장사 [-짱-] 图 [하也] 食堂での商売をすること. ∥밥장사를 하다 食堂を営む.

밥-주걱 [-쭈-] 图 しゃもじ. ∥밥주걱으로 밥을 푸다 しゃもじでご飯をよそう.

밥-줄 [-쭐] 图 生計のための糧; 生計. ∥밥줄이 달린 문제 生計がかかっている問題. 밥줄이 끊기다 職を失う.

밥:집 [-찝] 图 食堂; 飯屋.

밥-통 (-桶) [-통] 图 ❶飯びつ; おひつ. ❷胃袋. ❸[比喩的에 穀(ごく)つぶし.

밥-투정 [-투-] 图 [하也] 食事のことでだだをこねること.

밥-풀 [-풀] 图 ❶糊の代わりに使うご飯粒. ❷ご飯粒.

밥풀-감정 图 おこし.

밧-줄 [바쭐/받쭐] 图 綱; ロープ; 縄. ∥밧줄로 묶다 縄で縛る.

방¹ (方) [方] 图 方(パン).

방² (房) [姓] 图 房(パン).

방³ (房) /paŋ/ 图 部屋. ∥빈방 空き방. 같은 방을 쓰다 同じ部屋を使う; 相部屋する. 방이 네 개 있는 집 部屋が4つある家. 방 청소를 하다 部屋の掃除をする.

방⁴ (傍·旁) 图 漢字の旁(ぼう). ㉑변.

방⁵ (放) 依名 弾丸などの発射数を数える語: …発. ∥대포 한 방 大砲 1発.

방갈로 (bungalow) 图 バンガロー.

방계 (傍系) [-/-계] 图 傍系. ∥방계 혈족 傍系血族. 방계 회사 傍系会社.

방-고래 (房-) [-꼬-] 图 温突(オンドル)の煙道.

방공 (防空) 图 [하也] 防空.

방공-호 (防空壕) 图 防空壕.

방과 (放課) 图 [하也] 放課. ∥방과 후에 만나다 放課後に会う.

방관 (傍觀) 图 [하他] 傍観. ∥사태를 방관하다 事態を傍観する. 수수방관 (袖手(しゅうしゅ)傍観.

방관-자 (傍觀者) 图 傍観者.

방관-적 (傍觀的) 图 傍観的. ∥방관적인 태도 傍観的な態度.

방광 (膀胱) 图 [解剖] 膀胱.

방광-염 (膀胱炎) [-념] 图 [의학] 膀胱炎.

방-구들 (房-) [-꾸-] 图 オンドル.

방-구석 (房-) [-꾸-] 图 ❶部屋の隅. ❷部屋の中. ∥하루 종일 방구석에 틀어박혀 있다 一日中部屋に閉じこもっている.

방귀 /paːŋgwi/ 图 屁; おなら. ∥방귀를 뀌다 おならをする; 屁をひる.

방귀-벌레 图 [昆虫] ヘヒリムシ(放屁虫).

방글-거리다 国 にこにこ笑う.

방글라데시 (Bangladesh) 图 [国名] バングラデシュ.

방글-방글 副 [하也] にこにこ(と).

방금 (方今) /paŋgum/ 副 たった今; 今し方. ∥방금 나갔어 今し方出て行った.

방긋 [-귿] 副 [하也] にっこり(と). ∥방긋 웃다 にっこり(と)笑う; にっこりする. **방긋-방긋** 副 [하也] にっこりにっこり(と).

방긋-거리다 [-귿꺼-] 国 にこにこ微笑む.

방긋-하다 [-그타-] 形 [하変] いくらか開いている. ∥꽃망울이 방긋이 열려 있다 花びらが少し開いている. **방긋-이** 副

방기 (放棄) 图 [하他] 放棄. ∥책임을 방기하다 責任を放棄する.

방년 (芳年) 图 芳年; 芳年. ∥방년 십팔 세 芳紀18歳.

방뇨 (放尿) 图 [하也] 放尿.

방대-하다 (厖大-) 图 [하変] 膨大だ. ∥방대한 자료 膨大な資料. **방대-히** 副

방도 (方道·方途) 图 方途; 方法; 仕方. ∥방도를 찾아내다 方途を見いだす.

방독 (防毒) 图 [하也] 防毒.

방독 마스크 (防毒 mask) 图 =방독면(防毒面).

방독-면 (防毒面)【-동-】[名] 防毒面.
방랑 (放浪)【-낭】[名] [하自他] 放浪; 流浪; さすらい.
방랑-기 (放浪記) [名] 放浪記.
방략 (方略)【-냑】[名] 方略.
방류 (放流)【-뉴】[名] [하他] 放流. ‖폐수 방류 廃水放流.
방만-하다 (放漫—) [形]『하変』 放漫だ. ‖방만한 운영 放漫な運営. **방만-히** [副]
방망이 [名] ❶砧(きぬた)を打つ棒. ❷棍棒(こんぼう).
방망이-질 [名] [하自他] 砧を打つこと; 胸騒ぎがすること. ‖가슴이 방망이질하는 것 같다 胸が早鐘を打つ[つく]ようだ.
방매 (放賣) [名] [하他] 売り出し; 安値で売りさばくこと.
방면[1] (方面) /paŋmjɔn/ [名] 方面. ‖서울 방면 ソウル方面. 각 방면의 의견을 들어 보다 各方面の意見を聞いてみる. 장래에 어떤 방면으로 나가고 싶니? 将来どの方面に進みたいの.
방면[2] (放免) [名] [하他] 放免. ‖죄수들을 방면하다 囚人を放免する. **방면-되다** [受身]
방명 (芳名) [名] 芳名.
방명-록 (芳名錄)【-녹】[名] 芳名録.
방모 (紡毛) [名] 紡毛.
방모-사 (紡毛絲) [名] 紡毛糸.
방목 (放牧) [名] [하他] 放牧.
방목-지 (放牧地)【-찌】[名] 放牧地.
방문[1] (房門) [名] 部屋のドア.
방문[2] (訪問) /paːŋmun/ [名] [하他] 訪問; 訪ねること; 訪れること. ‖아는 사람 집을 방문하다 知人の家を訪ねる. 낯선 사람의 방문을 받다 見知らぬ人の訪問を受ける.
방문-객 (訪問客) [名] 訪問客.
방문^판매 (訪問販賣) [名] 訪問販売.
방물 [名] 女性の化粧品・日用品などの小間物.
방물-장사 [名] [하自] 小間物売り.
방미 (訪美) [名] [하自] 訪米.
방-바닥 (房—)【-빠-】[名] 部屋の床.
방방곡곡 (坊坊曲曲)【-꼭】[名] 津々浦々. [略]곡곡(曲曲).
방백 (傍白) [名] (演劇で)傍白(ぼうはく). ✣観客だけに聞こえ相手役には聞こえない想定になっているせりふ.
방범 (防犯) [名] [하自] 防犯.

방법 (方法) /paŋbɔp/ [名] 方法; 仕方. ‖좋은 방법이 없을까요? いい方法はないでしょうか. 그 사람은 문제를 잘못된 방법으로 해결하려고 하고 있다 彼は問題を間違った方法で解決しようとしている. 최선의 방법 最善の方法. 대응 방법 対応の仕方. 조작 방법 操作の仕方.
방법-론 (方法論)【-범논】[名] 方法論.
방벽 (防壁) [名] 防壁.
방부 (防腐) [名] [하他] 防腐.
방부-제 (防腐劑) [名] 防腐剤.
방불[1] (彷彿・髣髴) [名] [하形] 彷彿. ‖전쟁터를 방불케 하다 戦場を彷彿させる.
방불[2] (訪佛) [名] [하自] 訪仏.
방비 (防備) [名] [하他] 防備.
방사[1] (放射) [名] [하他] 放射.
방사-능 (放射能) [名] 放射能.
방사-상 (放射狀) [名] 放射状.
방사-선 (放射線) [名] 放射線. ‖방사선 치료 放射線治療.
방사선-과 (放射線科)【-꽈】[名] 放射線科.
방사-성 (放射性)【-썽】[名] 放射性. ‖방사성 원소 放射性元素.
방사[2] (紡絲) [名] [하自] 紡糸.
방사[3] (房事) [名] [하自] 房事.
방사-림 (防沙林) [名] 防砂林.
방사-하다 (倣似—) [形]『하変』 酷似している. ‖내용이 다른 책하고 방사하다 内容が他の本に酷似している.
방생 (放生) [名] [하他] 放生(ほうじょう).
방생-회 (放生會)【-/-훼】[名] 放生会(え).
방석 (方席) [名] 座布団.
방선 (傍線) [名] 傍線; サイドライン.
방설 (防雪) [名] [하自] 防雪.
방설-림 (防雪林) [名] 防雪林.
방성-대곡 (放聲大哭) [名] [하自] =방성통곡(放聲痛哭).
방성-통곡 (放聲痛哭) [名] [하自] 慟哭(どうこく); 大声で泣き悲しむこと.
방-세 (房貰)【-쎄】[名] 部屋代; 家賃. ‖방세가 밀리다 家賃の支払いが滞っている. 방세를 내다 家賃を払う.
방송 (放送) /paːŋsoŋ/ [名] [하他] 放送. ‖녹화된 것을 방송하다 録画したものを放送する. 생방송 生放送. 텔레비전 방송 テレビ放送. 유선 방송 有線放送.
방송-국 (放送局) [名] 放送局.
방송-망 (放送網) [名] 放送網; ネットワーク.
방수[1] (防水) [名] [하自] 防水. ‖방수 처리 防水加工.
방수-복 (防水服) [名] 防水着; 防水服.
방수-제 (防水劑) [名] 防水剤.
방수[2] (防守) [名] [하他] 防ぎ守ること; 防御.
방수[3] (放水) [名] [하他] 放水.
방수-로 (放水路) [名] 放水路.
방수[4] (傍受) [名] [하他] 傍受.
방술 (方術) [名] 方術.
방습 (防濕) [名] [하自] 防湿.
방습-제 (防濕劑)【-쩨】[名] 防湿剤.
방식 (方式) /paŋʃik/ [名] 方式; 様式; やり方. ‖정해진 방식에 따르다 決められた方式に従う. 사고방식 考え方. 생활방식 生活の様式. 그는 그의 방식대로 일을 추진했다 彼は彼のやり方で仕事を進めた.

방실-거리다 にこにこ(と)笑う.
방실-방실 副 自サ にこにこ(と).
방심¹ (放心) /paŋʃim/ 名 自サ 油断; 呆然とすること. ∥방심은 금물 油断は禁物. 방심하는 사이에 차를 놓치다 呆然としている間に車に乗り遅れる.
방심² (傍心) 名 〖数学〗 傍心(ぼう).
방아 臼や杵(きね)などで穀物を搗(つ)く用具. ∥방아를 찧다 臼を搗く. 둘레방아 水車.
방아-깨비 〖昆虫〗 ショウリョウバッタ (精霊飛蝗).
방아-살 牛のヒレ肉.
방아-쇠 [-/-쉐] (銃の)引き金. ∥방아쇠를 당기다 引き金を引く.
방안 (方案) 名 方案; 方針. ∥대처 방안 対処方針.
방앗-간 (-間) [-아깐/-안깐] 名 精米所.
방앗-공이 [-아꽁-/-안꽁-] 名 杵(きね).
방약무인 (傍若無人) [-약-] 名 自形 傍若無人.
방어¹ (防禦) 名 他サ 防御. ⟺공격(攻擊).
　방어-망 (防禦網) 名 防御網.
　방어-율 (防禦率) 名 〔野球で〕防御率.
　방어-전 (防禦戰) 名 〔プロボクシングで〕防衛戦.
방어² (魴魚) 名 〖魚介類〗 ブリ(鰤).
방언 (方言) 名 方言.
　방언-학 (方言學) 名 〖言語〗 方言学.
방역 (防疫) 名 他サ 防疫.
방열 (放熱) 名 他サ 放熱.
　방열-기 (放熱器) 名 放熱器; ラジエーター.
방영 (放映) 名 他サ 放映. **방영-되다** 受身.
방울 /paŋul/ 名 ❶ 鈴. ∥방울 소리 鈴の音. 고양이는 목에 방울을 달고 있다 猫は首に鈴をつけている. ❷ 玉. ∥땀방울 玉の汗. ❸ しずく. ∥눈물 방울 涙の──.
　── 依名 ⋯滴. ∥물 한 방울 水 1 滴.
　방울-눈 [-룬] 名 どんぐり眼(まなこ).
　방울-뱀 〖動物〗 ガラガラヘビ.
　방울-벌레 名 〖昆虫〗 スズムシ(鈴虫).
　방울-새 [-쎄] 名 〖鳥類〗 カワラヒワ(河原鶸).
방위¹ (方位) 名 方位; 方角.
방위² (防衛) 名 他サ 防衛. ∥정당방위 正当防衛. 방위력을 증강하다 防衛力を増強する. 방위 산업 軍需産業.
　방위-비 (防衛費) 名 防衛費.
방음 (防音) 名 防音. ∥방음이 잘되어 있는 방 防音に優れている部屋.
　방음-벽 (防音壁) 名 防音壁.
　방음-장치 (防音裝置) 名 防音装置.
　방음-재 (防音材) 名 防音材.
방일 (訪日) 名 自サ 訪日.

방임 (放任) 名 他サ 放任. ∥자유방임 自由放任.
　방임-주의 (放任主義) 【-/-이】 名 放任主義.
방자-하다 (放恣-) 形 〖하変〗 放恣(ほうし)だ; 勝手気ままだ; 横柄だ. ∥방자한 태도 気ままな態度.
방적 (紡績) 名 他サ 紡績.
　방적-사 (紡績絲) [-싸] 名 紡績糸.
방전 (放電) 名 自サ 放電.
　방전-관 (放電管) 名 放電管.
　방전-등 (放電燈) 名 放電灯.
방점 (傍點) 【-쩜】 名 傍点. ∥방점을 찍다 傍点をつける.
방정 /paŋdʒəŋ/ 名 軽はずみな言動. ∥방정을 떨면서 얘기하다 軽々しくふるまいで話す.
　방정-꾼 軽率な人; お調子者.
　방정-맞다 [-딴마-] 浮かれて騒ぎ回る. ∥하는 짓이 방정맞다 そそっかしい. 방정맞은 소리를 하다 縁起でもないことを言う.
방정-식 (方程式) /paŋdʒəŋʃik/ 名 〖数学〗 方程式. ∥방정식을 풀다 方程式を解く. 이차 방정식 二次方程式.
방정-하다 (方正-) 形 〖하変〗 方正だ. ∥품행이 방정한 학생 品行方正な学生.
방조 (幇助·幫助) 名 他サ 〖法律〗 幇助(ほうじょ).
　방조-범 (幇助犯) 名 〖法律〗 幇助犯.
　방조-죄 (幇助罪) [-죄/-쮀] 名 〖法律〗 幇助罪.
방종 (放縱) 名 自サ 放縱. ∥방종한 생활 放縱な生活.
방주¹ (方舟) 名 箱舟. ∥노아의 방주 ノアの方舟.
방주² (旁註·傍註) 名 傍注. ∥방주를 달다 傍注をつける.
방죽 (堤防) 名 土手.
방중 (訪中) 名 自サ 訪中.
방중-술 (房中術) 名 房事の方法や技巧.
방증 (傍證) 名 他サ 傍証(ほうしょう).
방지 (防止) /paŋdʒi/ 名 他サ 防止; 防ぐこと. ∥사고를 미연에 방지하다 事故を未然に防ぐ. 위험 방지 危険防止.
　방지-되다 受身.
　방지-책 (防止策) 名 防止策.
방직 (紡織) 名 他サ 紡績. ∥방직공업 紡績工業.
방진 (防塵) 名 防塵.
방책¹ (方策) 名 方策. ∥방책을 강구하다 方策を講じる.
방책² (防柵) 名 敵の侵入を防ぐための柵.
방첩 (防諜) 名 他サ 防諜(ぼうちょう). ∥방공방첩 防共防諜.
방청 (傍聽) /paŋtʃʰəŋ/ 名 他サ 傍聴. ∥국회 본회의를 방청하다 国会の本会議を傍聴する.

방청-객(傍聽客) 图 傍聽人.
방청-권(傍聽券) 【-꿘】 图 傍聽券.
방청-석(傍聽席) 图 傍聽席.
방청-인(傍聽人) 图 傍聽人.
방초(芳草) 图 芳草.
방추(方錐) 图 方錐.
방출(放出) 图 他 放出. ‖에너지를 방출하다 エネルギーを放出する. **방출-되다** 受動

방충(防蟲) 图 防虫.
방충-망(防蟲網) 图 防虫網; 網戸.
방충-제(防蟲劑) 图 防虫剤. ‖방충제를 뿌리다 防虫剤をかける.

방치(放置) /paŋtɕʰi/ 图 他 放置; 置き去りにすること. ‖역 앞에 자전거를 방치하다 駅前に自転車を放置する. **방치-되다** 受動

방침(方針) 图 ❶ 方針. ‖방침을 세우다 方針を立てる. ❷ 磁石の針.
방탄(防彈) 图 防彈.
방탄-유리(防彈琉璃)【-유-】图 防彈ガラス.
방탄-조끼(防彈-) 图 防彈チョッキ.
방탄-차(防彈車) 图 防彈車.
방탕(放蕩) 图 形動 放蕩(な). ‖방탕한 생활 放蕩な生活.
방탕-아(放蕩兒) 图 蕩児.
방파-제(防波堤) 图 防波堤.
방패(防牌) 图 盾. ‖방패 槍と盾.
방패-막이(防牌-) 图 他 口実を設け, 自分の立場を守ること; ごまかすこと; 予防線を張ること.
방패-연(防牌鳶) 图 とんび凧.
방편(方便) 图 方便.
방풍(防風) 图 防風.
방풍-림(防風林)【-님】图 防風林.

방학(放學) /paːŋhak/ 图 (夏休み・冬休みなど)学校の長期休暇. ‖즐거운 여름 방학 楽しい夏休み. 긴긴 겨울 방학 長い冬休み.

방한(防寒) 图 防寒.
방한-구(防寒具) 图 防寒具.
방한-복(防寒服) 图 防寒服.
방한[2](訪韓) 图 訪韓. ‖미국 대통령의 방한 アメリカ大統領の韓国訪問.

방해(妨害) /paŋɦe/ 图 他 妨害; 邪魔. ‖통행을 방해하다 通行を妨害する. 영업 방해 営業妨害. 방해 전파 妨害電波.
방해-꾼(妨害-) 图 邪魔者.
방해-물(妨害物) 图 妨害物; 邪魔物.
방해-죄(妨害罪) 【-쬐/-쮀】 图 (法律) 妨害罪. ‖공무 집행 방해죄 公務執行妨害罪.

방향[1](方向) /paŋɦjaŋ/ 图 ❶ 方向. ‖방향 감각 方向感覚. 진행 방향 進行方向. 나아가야 할 방향 進むべき方向. 연구 방향이 정해지다 研究の方向が決まる. 화해의 방향으로 이야기가 모아지다 和解の方向で話がまと

まる. 소리가 나는 방향 音のする方向. ❷ 向き. ‖바람의 방향이 바뀌다 風の向きが変わる. 화살이 날아가는 방향 矢が飛んでいく向き. 회전 방향 回転の向き.

방향[2](芳香) 图 芳香.
방향-제(芳香劑) 图 芳香剤.
방화[1](邦畫) 图 邦画. ↔외화(外畫).
방화[2](防火) 图 防火.
방화-사(防火砂) 图 防火用の砂.
방화-수(防火水) 图 防火用水.
방화[3](放火) 图 放火.
방화-범(放火犯) 图 (法律) 放火犯.
방화-죄(放火罪) 【-쬐/-쮀】 图 (法律) 放火罪.

방황(彷徨) 图 自 彷徨(う); さまようこと. ‖서울 시내를 방황하고 다니다 ソウル市内をさまよい歩く.
방휼지쟁(蚌鷸之爭) 图 鷸蚌の争い; 漁夫の利.

밭 /pat/ 图 ❶ 畑. ‖밭을 갈다 畑を耕す. 보리밭 麦畑. 꽃밭 花畑. ❷ あるものが全面に広がっている所. ‖풀밭 草原. 자갈밭 砂利の多い所.

밭-갈이【받까리】图 畑を耕すこと.
밭-고랑【받꼬-】图 畝(২)と畝の間; 畝間(২). ‖밭고랑을 일구다 畝を掘り起こす.
밭-농사(-農事)【받-】图 他 畑作.
밭-둑【받뚝】图 畦(২).
밭-뙈기【받-】图 わずかばかりの畑.
밭-매기【받-】图 畑の草取り.
밭-문서(-文書)【받-】图 畑の所有権を証明する文書.
밭-보리【받뽀-】图 畑に植える麦.
밭은-기침 图 軽い空咳.
밭-이랑(나니-)【받-】图 畝(২).
밭-일【반닐】图 他 畑仕事.
밭-치다【받-】他 濾(২)す; ふるいにかける. ‖체에 밭쳐 내리다 ふるいにかける.

배[1] /pe/ 图 ❶ (人·動物の)腹; 腹部. ‖배가 나오다 お腹が出る. 배가 고프다 お腹がすく; お腹が減る. 아랫배 下っ腹. 배다른 형제 腹違いの兄弟. ❷ (長いものの)中央の膨らんだ部分. ‖배가 불룩한 항아리 中央部が膨らんだ甕(২). ‖배가 아프다 (人の成功などが)妬ましい. ▶배(를) 곯다 飢える; お腹をすかす. ▶배를 퉁기다 傲慢によるまう. ▶배가 남산만 하다 (Ⅰ배가 남산만 하다 (Ⅰ대が南山のようだ」の意で)妊娠してお腹がかなり出ている. ▶배보다 배꼽이 더 크다 (腹) (Ⅰ腹より臍(২)の方が大きい」の意で)本末転倒だ.

배[2] /pe/ 图 船; 舟. ‖배를 타고 가다 船に乗っていく.
배[3] /pe/ 图 梨の実.
배[4](倍) /pe/ 图 倍. ‖이익이 배가 되다 利益が倍になる. 배로 늘리다 倍増する.

배— 依קוד」…倍. ‖두 배 2倍.

배⁵ 〖肧〗 图 〖生物〗 胚.

배⁶ 〖裵〗 图 裵; 裵.

-배⁷ 〖杯・盃〗接尾 …杯. …カップ. ‖우승배 優勝杯.

-배⁸ 〖輩〗接尾 〔一部の名詞に付いて〕やから・連中を表わす語: …輩. ‖동년배 同年輩.

배가 (倍加) 图 (되困) 倍; 倍になること. ‖새 부서에서는 업무가 배가되었다 新しい部署では業務が倍になった. 어려움이 배가되다 困難が倍加する.

배갈 图 コーリャン(高粱)酒.

배겨-나다 图 耐える; 辛抱する; こらえる.

배겨-내다 图 堪え抜く; 耐え忍ぶ. ‖지독한 훈련에도 배겨내다 辛い訓練も耐え抜く.

배격 (排擊) 图 他動 排擊. 배격-당하다 受動

배견 (拜見) 图 他動 拜見.

배경 (拜見) /pe:gjɔŋ/ 图 背景. ‖배경으로 산을 그리다 背景に山を描く. 사건의 배경 事件の背景. 경제력을 배경으로 한 정치적 압력 経済力を背景とした政治的圧力.

배경-음악 (背景音樂) 图 背景音楽; BGM.

배계 (拜啓) 【-/-게】 图 拜啓; 謹啓.

배-고프다 /begopudɑ/ 图 〖으変〗〖배고파, 배고픈〗 お腹がへる; お腹がすいている; 空腹だ; ひもじい. ‖배고파서 아무것도 할 수가 없다 お腹がすいて何もできない. 지금 너무 배고프니까 뭐든지 주세요 あまりにもお腹がへったので、何でもください. 배고팠던 기억 ひもじい思い.

배고픔 图 飢え.

배관 (配管) 图 他動 配管. ‖배관 공사 配管工事.

배광-성 (背光性) 【-썽】 图 〖植物〗 背光性.

배교 (背敎) 图 他動 背敎; 宗敎の敎えに背くこと.

배구 (排球) 图 〖スポーツ〗バレーボール. ‖배구공 バレーボールのボール.

배근 (背筋) 图 背筋. 背筋.

배금 (拜金) 图 他動 拜金.
배금-주의 (拜金主義) 【-/-이】 图 拜金主義.

배급 (配給) 图 他動 配給. ‖식량 배급 食料配給. 배급-되다 受動

예급-제 (配給制) 【-쩨】 图 配給制.

배기 (排氣) 图 排氣.

배기-가스 (排氣 gas) 图 排氣ガス; 排ガス.

배기-관 (排氣管) 图 排氣管.

배기-량 (排氣量) 图 排氣量.

배기다¹ 图 〔ものの固さが身にこたえている〕当たる; 痛い. ‖포켓이 바닥에 있는 청바지를 입고는 잘 수 없다 ポケットが当たるからジーパンを履いては寝られない.

배기다² /pegida/ 图 ❶ねばる. ‖끝까지 배기다 最後までねばる. ❷〔못 배기다の形で〕耐えられない; 我慢できない; いられない; たまれない. ‖배가 고파서 안 먹고는 못 배기겠다 お腹がすいて食べずにいられない.

배-꼽 /pe²kop/ 图 ❶臍(へそ). ❷スイカ・カボチャなどのついていた跡. ‖배꼽을 빼다 おかしくてたまらない. ▶배꼽을 잡다[쥐다] おかしくて大笑いする.

배꼽-시계 (-時計) 【-씨-/-씨:게】 图 腹時計.

배꼽-참외 【-/-챠뀌】 图 〖植物〗 へたがついていたところが突き出たマクワウリ.

배꼽-춤 图 ベリーダンス.

배-나무 图 〖植物〗 ナシ(梨)の木.

배낭¹ (背囊) 图 背囊(はいのう); リュックサック.

배낭-여행 (背囊旅行) 【-녀-】 图 バックパッキング旅行.

배낭² (胚囊) 图 〖植物〗 胚囊(はいのう).

배내-동 图 ❶胎便. ❷死ぬ時に出す大便.

배내-옷 【-옫】 图 産着.

배냇-니 【-낸-】 图 乳歯.

배냇-머리 【-낸-】 图 産毛.

배냇-저고리 【-내쩌-/-낻쩌-】 图 産着.

배냇-짓 【-내찓/-낻찓】 图 自動 赤ん坊が眠りながらするしぐさ.

배다¹ /pe:da/ 图 ❶しみ込む; しみつく. ‖땀 냄새가 옷에 배다 汗のにおいが服にしみつく. ❷ 習慣になれる; なじむ. ‖일이 손에 배었다 仕事が手になじんできた.

배다² /pe:da/ 图 身ごもる; 妊娠する; (子を)はらむ. ‖아이를 배다 子どもを身ごもる.

배-다르다 图 〖르変〗 腹違いだ. ‖배다른 형제 腹違いの兄弟; 異母兄弟.

배달¹ (配達) 图 他動 /pe:dal/ 配達; 出前. ‖신문 배달 新聞配達. 배달시켜 먹다 出前を取る.

배달² (倍達) 图 ❶배달나라(倍達-)の略.

배달-겨레 (倍達-) 图 韓民族.

배달-나라 (倍達-) 【-라-】 图 古代朝鮮の名称. 图배달(倍達).

배달-민족 (倍達民族) 图 〔古風な言い方〕韓民族.

배당 (配當) 图 他動 配当; 割り当て. ‖이익을 배당하다 利益を配当する. 일을 배당하다 仕事を割り当てる. 배당-되다 [-받다] 受動

배당-금 (配当金) 图 配当金.

배당-률 (配当率) 【-뉼】 图 配当率.

배드민턴 (badminton) 图 〖スポーツ〗 バドミントン.

배-때기 〔배の俗語〕腹.

배란 (排卵) 图 他動 排卵.

배란-기 (排卵期) 图 排卵期.

배럴(barrel) 依名 體積의 단위; …바 렐. ∥석유 일 배럴은 약 백오십구 리터이다 石油 1 バーレルは約 159 リットルである.

배려(配慮) /pe:rjʌ/ 名 他動 配慮; 心遣い. ∥상대방 입장을 배려하다 相手の立場を配慮する. 세심한 배려 細やかな心遣い.

배롱-나무 名 [植物] サルスベリ(猿滑).

배-문자(背文字) 【-짜】 名 背文字.

배-밀이 名 他動 赤ん坊が這(は)うこと; はいはいすること.

배반(背反・背叛) /peban/ 名 他動 背反; 裏切り; 裏切ること; 背くこと. ∥조직을 배반하다 組織を裏切る. 배반 행위 裏切り行為. 이율배반 二律背反. **배반-당하다** 受動

배반-자(背反者) 名 裏切り者.

배배 副 (紐)などが幾重にもよじれたねじれた様子. ∥배배 꼬이다 幾重にも縒(よ)れる. 배배 꼬이다 幾重にもよじれる[ねじれる].

배변(排便) 名 他動 排便.

배복(拜復・拜復) 名 他動 拜復.

배본(配本) 名 他動 配本.

배부(配付) 名 他動 配付. ∥자료를 배부하다 資料を配付する. **배부-되다** 受動

배-부르다 /peburuda/ 形 [르変] [배불러, 배부른] ❶ お腹がいっぱいだ. ∥배불러서 더 이상 못 먹겠다 お腹がいっぱいでこれ以上は食べられない. ❷ (妊娠して)お腹が出ている. ❸ 満ち足りて困っていない.

배분(配分) 名 他動 配分. ∥이익을 배분하다 利益を配分する. **배분-되다** 受動

배불(排佛) 名 他動 排仏; 仏教を排斥すること. ∥이씨 조선의 배불 정책 李朝の排仏政策.

배-북뚝이 名 腹の出ている人.

배불리 副 腹いっぱい(に); 満腹に. ∥저녁을 배불리 먹다 夕食をお腹いっぱい食べる.

배불"숭유"**정책**(排佛崇儒政策) 排仏崇儒政策を李朝鮮時代の仏教を排斥し, 儒教を尊んだ政策.

배상¹(拜上) 名 他動 〔手紙の最後に用いて〕拜上; 敬具.

배상²(賠償) 名 他動 賠償. ∥손해 배상 청구 損害賠償請求.
배상-금(賠償金) 名 賠償金.

배색(配色) 名 配色.

배서(背書) 名 他動 裏書き.
배서-인(背書人) 名 裏書人.

배석(陪席) 名 他動 陪席.

배선(配線) 名 他動 配線. ∥배선 공사 配線工事.
배선-도(配線圖) 名 配線圖.

배선-반(配線盤) 名 配線盤.

배설(排泄) 名 他動 排泄.
배설-기(排泄器) 名 排泄器.
배설-물(排泄物) 名 排泄物.

배속(配屬) 名 自動 配屬. ∥총무부에 배속되다 総務部に配属される.

배송(配送) 名 他動 配送.

배수¹(倍數) 名 〔數學〕倍数. ㉓약수(約數).

배수²(排水) 名 他動 排水.
배수-구(排水口) 名 排水孔.
배수-구²(排水溝) 名 =배수로(排水路).
배수-관(排水管) 名 排水管.
배수-량(排水量) 名 排水量.
배수-로(排水路) 名 排水溝.
배수-펌프(排水 pump) 名 排水ポンプ.

배수³(配水) 名 他動 配水.
배수-관(配水管) 名 配水管.

배수-진(背水の陣) 名 背水の陣. ▶배수진을 치다 背水の陣を敷く.

배-숙(-熟) 名 皮をむいて丸ごと煮た梨に胡椒を實をとろどころはめ込んでから, 煮立てた蜂蜜に漬けたもの.

배시시 副 にっこりと; にこっと. ∥배시시 웃다 にっこり笑う.

배식(配食) 名 他動 配食.

배신(背信) /pe:ʃin/ 名 他動 裏切り; 背信. ∥친구를 배신하다 友だちを裏切る. 배신 행위 背信行為. **배신-당하다** 受動

배신-자(背信者) 名 裏切り者; 背信の徒.

배심(陪審) 名 他動 陪審.
배심-원(陪審員) 名 〔法律〕陪審員.
배심 제도(陪審制度) 名 〔法律〕陪審制.

배아(胚芽) 名 [植物] 胚芽.

배알 名 ❶ はらわた. ❷ 心; 気持ち. ❸ 癇癪(しゃく); 立腹. ▶배알이 꼴리다[뒤틀리다] 腹の虫がおさまらない.

배알(拜謁) 名 他動 拜謁.

배-앓이 【-알-】 名 腹痛. ∥배알이를 하다 腹痛を起こす.

배양(培養) /pe:jaŋ/ 名 他動 培養. ∥세균을 배양하다 細菌を培養する. 국력을 배양하다 国力を培養する.
배양-기(培養基) 名 培養基.
배양-액(培養液) 名 培養液.
배양-토(培養土) 名 培養土.

배어-나다 自動 にじみ出る. ∥이마에 땀이 배어나다 額に汗がにじみ出る.

배어-들다 自動 〔=語幹〕しみ込む. ∥맛이 배어들다 味がしみ込む.

배역(配役) 名 他動 配役; キャスト.

배열(配列・排列) /pe:jʌl/ 名 他動 配列. ∥연대순으로 배열하다 年代順に配列する. 원자 배열 原子配列. **배열-**

배엽 되다 受身

배엽(胚葉) 图《動物》胚葉.

배영(背泳) 图 背泳; 背泳ぎ.

배우(俳優) /pɛ:u/ 图 俳優; 役者. ‖映画배우 映画俳優. 성격 배우 性格俳優.

배우다 /pɛuda/ 他 習う; 教わる; 教えてもらう. ‖大学에서 한국어를 배우고 있다 大学で韓国語を習っている. 어머니한테서 김치 담그는 법을 배웠다 母からキムチの漬け方を教わった. 영어 기초는 오빠한테서 배운다 英語の基礎は兄に教えてもらう. 오늘 그로부터 많은 것을 배웠다 今日彼から多くのことを学んだ.

배우-자(配偶者) /pɛ:udʒa/ 图 配偶者.

배우-체(配偶體) 图《植物》配偶体.

배움-터 图 学び舎.

배웅(peuŋ) 图 (하他) 見送り. ‖친구를 배웅하러 친구를 역까지 배웅하러 나가다 駅まで見送りに行く.

배율(倍率) 图 倍率.

배은-망덕(背恩忘德) 图 (하아) 恩知らず; 忘恩. ‖저 배은망덕한 인간! 저 恩知らずめ.

배일(排日) 图 (하자) 排日. ‖배일 감정 排日感情.

배일-성(背日性)【-성】 图《植物》背日性; 背光性.

배임(背任) 图 (하他) 背任.
배임-죄(背任罪)【-죄 /-쮀】 图《法律》背任罪.

배전(配電) 图 (하他) 配電.
배전-반(配電盤) 图 配電盤.
배전-선(配電線) 图 配電線.

배점(配點)【-쩜】 图 (하他) 配点.

배정(配定) 图 (하他) 割り当てを決めること. ‖추첨으로 학교를 배정하다 抽選で学校を決める. **배정-되다**[-받다] 受身

배제(排除) 图 (하他) 排除. ‖반대 세력을 배제하다 反対勢力を排除する. **배제-되다**[-당하다] 受身

배증(倍增) 图 (하자) 倍増. ‖소득이 배증하다 所得が倍増する.

배지(badge) 图 バッジ; 徽章(徽章). ‖배지를 달다 バッジをつける.

배-지기 图《シルムの技で》腰投げ.

배-지느러미(-) 图《魚介類》腹びれ.

배지-성(背地性)【-성】图《植物》背地性.

배-짱 /pɛ:t͈ɕaŋ/ 图 ❶ 腹の中; 心積もり. ❷ 度胸; 肝っ玉. ‖배짱이 두둑하다 度胸がある; 肝が据わっている. ▸배짱을 내밀다 ずぶとくふるまう. ▸배짱을 통기다 ごり押しする.

배차(配車) 图 (하他) 配車.

배척(排斥) 图 (하他) 排斥. ‖外国製品을 배척하다 外国製品を排斥する. **배척-당하다** 受身

배추 /pɛ:tɕʰu/ 图《植物》ハクサイ(白菜). ‖배추를 소금에 절이다 白菜を塩漬けする. 배추 세 포기 白菜 3 株.
배추-김치(-) 图《料理》白菜キムチ.
배추-흰나비(-)【-한-】图《昆虫》モンシロチョウ(紋白蝶).
배추-속[-쑥/-쏙] 图 白菜の芯.
배추-벌레 图《昆虫》アオムシ(青虫).

배출[^1](排出) 图 (하他) 排出.
배출-구(排出口) 图 排出口; はけ口.

배출[^2](輩出) 图 (하他) 輩出. ‖이 고등학교는 지금까지 많은 인재를 배출했다 この高校は今まで多くの人を輩出した. **배출-되다** 受身

배치[^1](背馳) 图 (하자) 背馳(はい); 反対になること. ‖인륜에 배치되다 人倫に背馳する.

배치[^2](配置) /pɛ:tɕʰi/ 图 (하他) 配置. ‖현장에 경비원을 배치하다 現場に警備員を配置する. 책상 배치를 바꾸다 机の配置を変える. **배치-되다** 受身
배치-도(配置圖) 图 配置図.

배타(排他) 图 排他.
배타-적(排他的) 图 排他的. ‖배타적인 경향 排他的な傾向.
배타적 경제 수역(排他的経済水域) 图 排他的経済水域.
배타-주의(排他主義)【-/-이】图 排他主義.

배-탈(-頉) /pɛ:tʰaːl/ 图 腹痛; 食あたり. ‖찬 것을 많이 마셔 배탈이 났다 冷たいものを飲み過ぎてお腹をこわした.

배태(胚胎) 图 (하他) 胚胎.

배터리(battery) 图 ❶ 乾電池; バッテリー. ⑰ 건전지(乾電池)・축전지(蓄電池). ‖배터리를 교환하다 バッテリーを交換する. ❷《野球で》バッテリー.

배턴(baton) 图 バトン. ‖다음 선수에게 배턴을 넘겨주다 次の選手にバトンを渡す.

배턴 터치(baton + touch 日) 图 (하자) バトンタッチ.

배트(bat) 图《野球・ソフトボールで》バット.

배팅(batting) 图《野球で》バッティング. ‖배팅 연습을 하다 バッティングの練習をする. 배팅 오더 バッティングオーダー; 打順.

배-편(-便) 图 船便(ふなびん)(船便). ‖배편으로 보내다 船便で送る.

배포[^1](配布) 图 (하他) 配布. ‖서류를 배포하다 書類を配布する. **배포-되다** 受身

배포[^2](排布・排鋪) 图 肝っ玉; 度胸. ‖배포가 큰 사람 太っ腹な人.

배필(配匹) 图 配偶者; 連れ合い.

배합(配合) 图 (하他) 配合. ‖향료를 배합하다 香料を配合する. 색 배합이 안 좋다 色の配合がよくない.

배화-교(拜火敎)【宗敎】拜火敎; ゾロアスター敎.
배회(徘徊)【-/-회】【名】自他】徘徊.
‖ 밤거리를 배회하다 夜の巷(ちまた)を徘徊する.
배후(背後)【名】背後. ‖사건의 배후관계 事件の背後關係. 배후에서 조종하다 背後から操る.
백¹(白)【名】❶〔백색(白色)의 略稱〕白. ‖흑과 백 白と黑. ❷碁の白石. ❸白組. ❹白ები.
백²(白)【名】〔姓〕白(ペク).
백³(百)/pek/【數】100歲;100;百. ‖백까지 세다 100まで數える.
── 冠 100…. ‖백 점 百点. 백 퍼센트 100パーセント.
백⁴(back)【名】バック. ‖강력한 백이 있다 强力なバックがある.
백⁵(bag)【名】バッグ;かばん. ‖핸드백 ハンドバッグ. 쇼핑백 ショッピングバッグ.
-백(白)【接尾】…敬白. ‖주인백 主人敬白.
백가(百家)【-까】【名】百家(ひゃっか).
백가-쟁명(百家爭鳴)【名】百家爭鳴.
백계(百計)【-계/-게】【名】あらゆる謀(はかりごと)や方法.
백곡(百穀)【-꼭】【名】百穀;様々な穀物.
백골(白骨)【-꼴】【名】白骨.
백골-난망(白骨難忘)【-꼴 란-】【名】死んでも忘れられないこと.
백-곰(白-)【-꼼】【名】《動物》シロクマ(白熊);ホッキョクグマ(北極熊).
백과(百果)【-꽈】【名】様々な果實. ‖백곡백과가 풍성한 가을 実り豊かな秋.
백과-주(百果酒)【-꽈-】【名】色々な果物で作った果実酒.
백과-사전(百科事典)【-꽈-】【名】百科事典.
백관(百官)【-꽌】【名】百官. ‖문무백관 文武百官.
백광(白光)【-꽝】【名】白光.
백구¹(白球)【-꾸】【名】〔野球・ゴルフなどの〕白球.
백구²(白鷗)【-꾸】【名】《鳥類》カモメ(鷗). ㉖갈매기.
백군(白軍)【-꾼】【名】〔競技で〕白組. ㉖청군(靑軍).
백그라운드(background)【名】バックグラウンド.
백금(白金)【-끔】【名】《化學》白金;プラチナ.
백기(白旗)【-끼】【名】白旗. ▶백기를 들다 白旗を揚げる; 降伏する.
백-날(百-)【-ㄹ】【名】子どもが生まれてから百日目の日.
── 副 いつも. ‖백날 같은 소리만 하고 있다 いつも同じことばかり言っている. 백날 그래 봤자 소용없는 일이다 いくらねばっても無駄なことだ.

백-내장(白內障)【-쨩】【名】《医学》白內障.
백-넘버(back number)【名】❶〔新聞・雜誌の〕バックナンバー. ❷背番号.
백년(百年)【-넌】【名】百年;100年.
백년-가약(百年佳約)【-넌-】【名】夫婦としての一生のちぎり. ‖백년가약을 맺다 夫婦のちぎりを結ぶ.
백년-대계(百年大計)【-넌-/-년-께】【名】百年の計.
백년-해청(百年河淸)【-녀-】【名】百年河淸を俟(ま)つこと.
백년-해로(百年偕老)【-년-】【名】【自】偕老.
백도¹(白桃)【-또】【名】《植物》白桃.
백도²(白道)【-또】【名】《天文》白道(月の軌道).
백동(白銅)【-똥】【名】《鑛物》白銅.
백두-산(白頭山)【-뚜-】【名】《地名》白頭山. ╋北朝鮮と中国との国境にある朝鮮半島最高峰の山. 海拔 2744m.
백랍-충(白蠟蟲)【뱅납-】【名】《昆蟲》イボタロウムシ(水蠟樹蠟蟲).
백로¹(白露)【뱅노】【名】〔二十四節氣の一つ〕.
백로²(白鷺)【뱅노】【名】《鳥類》シラサギ(白鷺). ㉖해오라기.
백마(白馬)【뱅-】【名】白馬.
백만-금(百萬金)【뱅-】【名】非常に多いお金や財物.
백만-언(百萬言)【뱅-】【名】百万言;たくさんの言葉.
백만-장자(百萬長者)【뱅-】【名】百万長者.
백모(伯母)【뱅-】【名】父の長兄の妻;伯母.
백-목련(白木蓮)【뱅몽년】【名】《植物》ハクモクレン(白木蓮).
백묵(白墨)【뱅-】【名】白墨;チョーク. ㉖분필(粉筆).
백문(百聞)【뱅-】【名】【自他】百聞. ▶백문이 불여일견【諺】百聞は一見に如かず.
백미¹(白米)【뱅-】【名】白米. ㉖쌀쌀.
백미²(白眉)【뱅-】【名】白眉(はくび);〔同類の中で特に優れているもの〕.
백-미러(back + mirror 日)【名】バックミラー.
백반¹(白斑)【-빤】【名】白斑.
백반²(白飯)/pck²pan/【-빤】【名】❶白米のご飯. ❷韓國の定食. ‖불고기 백반 プルコギ定食.
백발(白髮)【-빨】【名】白髮. ‖백발이 성성한 노신사 白髮交じりの老紳士.
백발-백중(百發百中)【-빨-쭝】【名】【自他】百發百中.
백방(百方)【-빵】【名】〔主に백방으로の形で〕あらゆる方法で;あらゆる方面に. ‖백방으로 수소문하다 あらゆる方法で探す.
백배¹(百拜)【-빼】【名】【自他】百拜. ‖

배 사죄하다 過ちを幾度も謝罪する.

백배² (百倍)【-배】图 比べものにならないほど; はるかに. ‖형이 동생보다 백배 낫다 兄の方が弟よりはるかにいい.

백병-전 (白兵戦)【-뼝-】图 [하自] 白兵戦.

백부 (伯父)【-뿌】图 父の長兄; 伯父.

백분¹ (白粉)【-뿐】图 おしろい; 白粉.

백분-비 (百分比)【-뿐-】图 =백분율 (百分率).

백분-율 (百分率)【-뿔늌】图 百分率; パーセンテージ.

백비-탕 (白沸湯)【-삐-】图 白湯.

백사¹ (白沙)【-싸】图 白い砂. **백사장** (白沙場) 白い砂原.

백사² (白蛇)【-싸】图《動物》シロヘビ (白蛇).

백-사기 (白沙器)【-싸-】图 白い瀬戸物.

백-산호 (白珊瑚)【-싼-】图《動物》シロサンゴ (白珊瑚).

백색 (白色)【-쌕】图 ①백색 (白色). ②《物理》白色.

백색-광 (白色光)【-쌕꽝】图 白色光.

백색-인종 (白色人種)【-쌔긴-】图 白色人種; 白人種.

백색-테러 (白色 terror)【-쌕-】图 白色テロ (反体制運動を体制側が弾圧する行為). ⑳ 적색 테러 (赤色-).

백서 (白書)【-쌔】图 白書. ‖경제 백서 経済白書. 외교 백서 外交白書.

백-석영 (白石英)【-써경】图《鉱物》白石英.

백설 (白雪)【-쐘】图 白雪. ‖백설공주 白雪姫.

백-설기 (白-)【-썰-】图 米の粉を蒸して作った餠.

백-설탕 (白雪糖)【-썰-】图 白砂糖; 白糖.

백성 (百姓)【-썽】图 国民; 人民; 民衆; 庶民; 民.

백세 (百世)【-쎄】图 百世; 長い世代.

백세 (百歳)【-쎄】图 百年; 長い年月.

백송 (白松)【-쏭】图《植物》シロマツ (白松).

백-송골 (白松鶻)【-쏭-】图《鳥類》シロハヤブサ (白隼).

백수¹ (白壽)【-쑤】图 白寿; 99歳.

백수² (白獣)【-쑤】图 百獣. ‖백수의 왕 사자 百獣の王ライオン.

백수³ (白手)【-쑤】图 無職の若者.

백수-건달 (白手乾達)【-쑤-】图 一文無しのごろつき.

백숙 (白熟)【-쑥】图 (主に肉類を)水炊きしたもの. ‖닭백숙 (鶏肉の)水炊き.

백-스크린 (back + screen 日) 图 (野球で)バックスクリーン.

백신 (vaccine)【医学】ワクチン.

백악-계 (白堊系)【-께 /-꼐】图《地》白堊系.

백악-관 (白堊館)【-꽌】图 ホワイトハウス.

백악-기 (白堊紀)【-끼】图《地》白亜紀.

백안-시 (白眼視)【-씨】[하他] 白眼視.

백야 (白夜) 图 白夜. ✚北極と南極に近い地方で夏に真夜中でも薄明のまま, または日が沈まない現象.

백약 (百薬) 图 百薬. ‖백약지장 (百薬之長) ✚酒の異名.

백양² (白羊) 图《動物》白い羊.

백양³ (白楊) 图《植物》ドロヤナギ (泥柳).

백엽 (back-up) /peɡəp/ [하他] (IT) バックアップ.

백-여우 (白-)【-녀우】图 ①《動物》シロギツネ (白狐). ②《比喩的に》妖婦.

백열 (白熱)【-녈】图 白熱.

백열-등 (白熱燈)【-녈-】图 白熱灯.

백열-전구 (白熱電球)【-녈-】图 白熱電球.

백엽-상 (百葉箱)【-녑】图《天文》百葉箱.

백옥 (白玉) 图 白玉; 白色の宝玉. ‖백옥같은 피부 もち肌.

백운 (白雲) 图 白雲.

백의¹ (白衣)【-의/-이/-에/-베기】图 ①白衣. ②=포의(布衣). ▶백의의 천사 白衣の天使.

백의-민족 (白衣民族) 图 白衣民族. ✚韓民族の異名. 古くから白い服を愛用したことから.

백의-종군 (白衣従軍) 图 [하自] 官位のない身分で従軍すること.

백인¹ (白人) 图 百人; それぞれ異なる多くの人.

백인-백색 (百人百色)【-쌕】图 十人十色.

백인² (白人) 图 白人.

백인-종 (白人種) 图 白人種; 白色人種.

백일¹ (白日) 图 白日.

백일-몽 (白日夢) 图 白日夢; 白昼夢.

백일² (百日) 图 ①百日. ‖백일 사진 生後百日目に撮る記念写真. ②生後百日目.

백일-기도 (百日祈禱) 图 [하自] 百日参り; 百日詣で.

백일-재 (百日齋)【-째】图《仏教》死後百日目に行なう供養; 百箇日.

백일-장 (白日場)【-짱】图 (主に学生を対象に屋外で行なわれる)詩文の公開コンテスト.

백일-초 (百日草) 图《植物》ヒャクニチソウ (百日草).

백일-해 (百日咳) 图《医学》百日咳.

백일-홍 (百日紅) 图《植物》サルスベリ (百日紅).

백자(白瓷·白磁)【-짜】 图 白磁.
백작(伯爵)【-짝】 图 伯爵.
백장(←白丁)【-짱】 图 昔, 畜殺を生業としていた人々.
백전-노장(百戰老將)【-전-】 图 百戰鍊磨の勇士; 古つわもの.
백전-백승(百戰百勝)【-전-씅】 图 ④ 百戰百勝.
백절불굴(百折不屈)【-쩔-】 图 ④ 百折不撓($_{とう}$); 不撓不屈. ‖백절불굴의 의지 不撓不屈の精神.
백정(白丁)【-쩡】 图 =백장.
백제(百濟)【-쩨】 图〘歴史〙 百済($_{くだら}$) (4世紀半ば~ 660).
백조(白鳥)/pekʰdʑo/【-쪼】 图〘鳥類〙 ハクチョウ(白鳥). ◉こひ.
백조-자리(白鳥−)【-쪼-】 图〘天文〙 白鳥座.
백주(白晝)【-쭈】 图 白晝. ◉ 대낮.
백주-에(白晝−)【-쭈-】 圖 白晝; 真昼に; 公然と.
백중[1](百中·百衆)【-쯍】 图 =백중날.
백중-날(百中−·百衆−)【-쯍−】 图〘仏教〙 盂蘭盆; お盆. ✤陰暦 7 月 15 日.
백중-맞이(百中−·百衆−)【-쯍−】 图〘仏教〙 盂蘭盆会.
백중[2](伯仲)【-쭝】 图 ❶長兄と次兄. ❷[形動] 優劣のつけにくいこと.
백중지세(伯仲之勢) 優劣のつけにくい形勢.
백지(白紙)/pekʰdʑi/【-찌】 图 白紙.
백지(白痴)/pekʰdʑi/【-찌】 图 白痴.
백지-상태(白紙狀態)【-찌−】 图 白紙状態.
백지-장(白紙張)【-찌짱】 图 一枚の白い紙. ◆백지장도 맞들면 낫다 (諺) (「紙一枚も一人が持ち上げるより軽い」の意で)何事も協力すればやりやすくなることのたとえ.
백지-화(白紙化)【-찌−】 图 ④ 白紙化.
백차(白車) 图 パトロールカー.
백척-간두(白尺竿頭)【-칸-】 图 白尺竿頭.
백치(白痴) 图 白痴.
백치-미(白痴美) 图 白痴美〈感情の動きや知能のはたらきなどの認められない美貌〉.
백탕(白湯) 图 白湯.
백태[1](白苔) 图 ❶舌苔. ❷眼球にできる白い膜.
백태[2](百態) 图 百態.
백-파이프(bag pipe) 图〘音楽〙 バグパイプ.
백팔⁺번뇌(百八煩惱)【-/-ㅔ】 图〘仏教〙 百八煩惱.
백팔⁺염주(百八念珠)【-렴-】 图〘仏教〙 百八の数珠.
백-포도주(白葡萄酒) 图 白ワイン.
백표(白票) 图 白票.
백-하다(back−) 囮〖自変〗車を後にバックさせる.
백학(白鶴)【-햑】 图〘鳥類〙 タンチョウ(丹頂鶴).
백합(百合)/pekʰapʰ/【-캅】 图〘植物〙 ユリ(百合). ‖골짜기의 백합 谷間の百合.
백해(百害) 图 百害; 多くの弊害.
백해-무익(百害無益) 图 百害あって一利なし.
백핸드(backhand) 图〈テニス・卓球などで〉バックハンド. ⦿포핸드.
백-혈구(白血球)【-켤-】 图〘生理〙 白血球.
백혈-병(白血病)【-켤뼝】 图〘医学〙 白血病.
백호(白虎)【배코】 图〘民俗〙 白虎. ✤四方をつかさどる天の四神の一つ. 虎で表わされ, 西に配する. ⦿靑龍(青龍) (東)・朱雀(朱雀) (南)・玄武(玄武) (北).
백호-주의(白濠主義)〖배코/배코-이〗 图 白豪主義. ✤かつてオーストラリアがとった白人第一主義.
백화[1](白花)【배콰】 图 白い花.
백화[2](白話)【배콰】 图 白話. ✤現代中国の書き言葉.
백화[3](百花)【배콰】 图 百花.
백화-요란(百花燎亂)【배콰-】 图 ④ 百花繚乱.
백화-점(百貨店)/pekʰwadʑɔm/【배콰-】 图 デパート; 百貨店.
밴(van) 图〈トラックの〉バン.
밴드[1](band) 图 バンド; ベルト.
밴드[2](band) 图 バンド; 楽団; 楽隊; 合奏団.
밴조(banjo) 图〘音楽〙 バンジョー.
밴텀-급(bantam class) 图〈ボクシングの〉バンタム級.
밸 [배알의 縮約形] 心; 感情.
밸런스(balance) 图 バランス. ㊀언밸런스. ‖밸런스를 맞추다 バランスをとる.
밸런타인-데이(Valentine Day) 图 バレンタインデー.
밸브(valve) 图 バルブ. ‖밸브를 잠그다 バルブを締める.
뱀/pɛːm/ 图〘動物〙 ヘビ(蛇).
뱀-딸기(−) 图〘植物〙 ヘビイチゴ(蛇苺).
뱀-띠 图 巳年生まれ.
뱀-장어(−長魚) /pɛːmdʑaŋɔ/ 图〘魚介類〙 ウナギ. ⦿장어(長魚).
뱀-해(−) 图 巳年. 巳年生まれ.
뱁-새(−) 图〘鳥類〙 ダルマエナガ(達磨柄長). ▶뱁새가 황새를 따라가면 다리가 찢어진다 (諺) 鵜のまねをする烏.
뱁새-눈(−) 图 切れ長の小さい目.
뱁티스트(Baptist) 图〘宗教〙 バプテスト.
뱃-가죽(−) 【배까−/뱉까−】 图 腹の皮.

語. ‖뱃가죽이 땅기다 腹の皮が引きつる.
뱃-고동【배꼬-/뱉꼬-】[名] 船の汽笛. ‖뱃고동을 울리다 汽笛を鳴らす.
뱃-길【배낄/뱉낄】[名] 航路; 海路; 船路. [類]해로(海路).
뱃-노래【밴-】[名] 舟歌; 舟唄; 船歌.
뱃-놀이【밴-】[名] [하自] 舟遊び; 船遊び.
뱃-머리【밴-】[名] 船首; へさき.
뱃-멀미【밴-】[名] [하自] 船酔い.
뱃-병(-病)【배뼝/뱉뼝】[名] 腹痛.
뱃-사공(-沙工)【배싸-/뱉싸-】[名] 船頭(せんどう). [略]사공(沙工).
뱃-사람【배싸-/뱉싸-】[名] 船乗り; 船員.

ㅂ

뱃-살 /pɛˀsal/【배쌀/뱉쌀】[名] 腹の肉. ‖뱃살이 찌다 お腹に肉がつく.
뱃-속【배쏙/뱉쏙】[名] 腹の中; 心中. ‖뱃속이 좀 안 좋다 お腹の具合がよくない. 뱃속이 시꺼멓다 腹黒い.
뱃-심【배씸/뱉씸】[名] 度胸; 胆力; ずぶとさ. ‖뱃심이 좋다 度胸がある; 腹が据わっている.
뱃-전【배쩐/뱉쩐】[名] 船べり; 船端; 舷側. ‖뱃전에 서다 船べりに立つ.
뱅그르르 [副] [하自] 軽く一回転する様子: くるり; くるっと.
뱅글-뱅글 [副] くるくる(と); ぐるぐる(と). ‖뱅글뱅글 돌아가다 くるくる回る.
뱅-뱅 [副] くるくる; ぐるぐる. [큰]빙빙.
뱅어(-魚) [名] 《魚介類》 シラウオ(白魚).
뱅어-포(-魚脯) [名] シラウオの干物.
-뱅이 [接尾] 〔一部の名詞に付いて〕その言葉をさげすんで言う語. ‖가난뱅이 貧乏人. 게으름뱅이 怠け者.
뱉다 /pɛːtˀta/【뱉따】[他] ❶吐く. ‖침을 뱉다 つばを吐く. ❷むやみに言う. ‖말을 함부로 뱉다 むやみなことを言う.
버걱-거리다[-대다]【-꺼[때]-】[自] きしむ.
버겁다 /pɔgɔpˀta/【-따】[形] [ㅂ変] [버거워, 버거운] 手に余る; 手に負えない. ‖일이 버겁다 仕事が手に余る. 버거운 상대 手に負えない相手.
버글-거리다[-대다] [自] (生き物が一か所で)うようよする; うじゃうじゃする; ごった返す. [작]바글거리다.
버글-버글 [副] [하自] (生き物が一か所で)ごった返す様子: うようよ; うじゃうじゃ. [작]바글바글.
버금-가다 /pɔgɯmgada/ [自] 〔主に…에 버금가는の形で〕…に次ぐ. ‖그 사람에 버금가는 실력의 소유자 彼に次ぐ実力の持ち主. 오사카는 도쿄에 버금가는 대도시이다 大阪は東京に次ぐ大都市である.
버너 (burner) [名] バーナー.
버는 [他] [ㄹ語幹] 벌다(儲ける・稼ぐ)の現在連体形.
버둥-거리다[-대다] [自他] 手足をばたつかせる; あがく; もがく. [작]바동거리다.
버드-나무 [名] 《植物》 ヤナギ(柳).
버드렁-니 [名] 出っ歯.
버들 [名] 《植物》 =버드나무.
버들-가지 [名] 柳の枝.
버들-강아지 [名] =버들개지.
버들-개지 [名] 柳の花.
버들-고리 [名] 柳行李.
버들-눈【-룬】[名] 柳の芽.
버들-피리 [名] 柳の枝で作った笛.
버디 (birdie) [名] (ゴルフで)バーディー.
버라이어티^쇼 (variety show) [名] バラエティーショー.
버럭 [副] いきなり大声を出したり怒鳴りつけたりする様子: かっと. ‖버럭 화를 내다 いきなり怒り出す. **버럭-버럭** [副] [하自] 버럭버럭 소리를 지르다 大声で叫ぶ.
버려-두다 [他] 放っておく; 置き去りにする. ‖우는 아이를 버려두다 泣いている子どもを放っておく.
버르장-머리 [名] 〔버릇の俗語〕行儀; しつけ; 癖. ‖버르장머리가 없다 行儀が悪い.
버릇 /pɔrɯt/【-름】[名] ❶癖. ‖이상한 버릇이 생기다 変な癖がつく. 나쁜 버릇을 고치다 悪い癖を直す. 버릇이 되다 癖になる. ❷習慣; 習癖. ‖일찍 일어나는 버릇을 들이다 早起きの習慣をつける. ❸行儀; しつけ; 作法. ‖잠버릇이 안 좋다 寝癖がよくない.
버릇-없다【-르덥따】[形] 行儀が悪い; 無作法だ. **버릇없-이** [副]
버릇-하다【-르타-】[補動] [하変] 〔動詞の連用形に付いて〕…(することに)慣れている; …(することが)癖になっている. ‖늦게 자 버릇해서 아직 잘 시간이 아니다 遅く寝ることが癖になっていてまだ寝る時間ではない.
버리다[1] /pɔrida/ [他] ❶捨てる. ‖쓰레기 버리는 곳 ごみ捨て場. 무기를 버리다 武器を捨てる. 욕심을 버리면 마음이 편해진다 欲を捨てると気が楽になる. ❷見捨てる. ‖가족을 버리고 집을 나가다 家族を見捨てて家を出る. ❸〔버리게 되다の形で〕駄目になる. ‖어리광을 받아 주면 애를 버리게 된다 甘やかすと子どもが駄目になる. ❹離れる. ‖직장을 버리다 職を離れる. ❺(体を)壊す. ‖과로로 몸을 버렸다 過労で体を壊した.
버리다[2] /pɔrida/ [補動] 〔動詞の連用形に付いて〕…てしまう. ‖남동생이 내 몫까지 다 먹어 버렸다 弟が私の分まで全部食べてしまった. 약속이 있다는 걸 깜빡 잊어 버렸다 約束があることをうっかり忘れてしまった.

버림 图《数学》切り捨て. 図 ული.
버림-받다 [-따] 回 捨てられる. ‖부모에게 버림받다 親に捨てられる.
버마재비 图《昆虫》カマキリ(蟷螂). 図 사마귀.
버무리다 图 和える;混ぜ合わせる. ‖나물을 버무리다 ナムルを和える.
버번-위스키 (bourbon whiskey) 图 バーボン.
버블 현상 (bubble 現象) 图 バブル現象.
버석-거리다 [-대다] [-꺼[때]-] 直 がさつく;かさかさする;さがさがする;ばさばさする.
버선 图 ポソン(韓国固有の足袋).
 버선-발 图 버선을 신은 발. ‖버선발로 달려 나오다 靴も履かず出迎える.
 버선-코 图 버선의 끝부분.
버섯 [-섣] 图《植物》キノコ(茸).
버스 (bus) /pasɯ/ 图 バス. ‖버스를 타다 バスに乗る. 버스 정류장 バス停. 노선 버스 路線バス. 관광버스 観光バス. 고속 버스 高速バス.
버스러-지다 图 ほろぼろになる;崩れて粉々になる. ‖눌러서 비스킷이 버스러지다 押つぶされてビスケットが粉々になる.
버스럭 劃《하自他》枯れ葉や紙などを踏んだ時の音:がさっと. **버스럭-버스럭** 劃《하自他》
 버스럭-거리다 直自他 がさがさと音がする;さがさと音を立てる.
버저 (buzzer) 图 ブザー.
버전 (version) 图 《IT》バージョン.
버젓-하다 [-저다-] 厩《여不》堂々としている;立派だ. ‖행동이 버젓하다 堂々としている. **버젓-이** 劃 堂々と.
버짐 图 疥(ひゼん). 얼굴에 버짐이 나다 顔に疥ができる.
버쩍 劃 ❶ 煮物などが焦げつくほど煮詰まった様子. ❷ 強く我を張る様子. ‖그렇게 아니라고 버쩍 우기다 そうではないと我を張る. ❸ 폭우가 와서 강물이 어쩔 늘었다 豪雨で川の水温が急に増した様子. ❹ 기운을 긴장시키고 긴장시켜주는 様子. **버쩍-버쩍** 劃
버찌 图《植物》サクランボ(桜桃).
버클 (buckle) 图 バックル.
버터 (butter) /pʌt̚ʰʌ/ 图 バター. ‖빵에 버터를 바르다 パンにバターを塗る.
버튼 (button) /pʌt̚ʰɯn/ 图 ボタン. ‖버튼을 누르다 ボタンを押す.
버티다 /pʌtʰida/ 直 ❶ 持ちこたえる;辛抱する;耐える. ‖이걸로 며칠을 버틸 수 있을까? これで何日持ちこたえるか. 끝까지 버티다 最後まで粘る. ❷ 対抗する.
버팀-목 (-木) 图 支柱;つっかい棒.
버퍼 (buffer) 图《IT》バッファー記憶装置.

벅벅 [-뻑] 劃 ❶ つめでしきりにかく様子:ぼりぼり(と). ‖머리를 벅벅 긁다 頭をぼりぼり(と)かく. ❷ 髪を短く刈った様子. ❸ 強く我を張る様子. ‖벅벅 우기다 強く我を張る. 劃 박박.
벅적-거리다 [-대다] [-적꺼[적때]-] 直 (一か所で人が)がやがやする;ざわざわする;ひしめく;ごった返す. ‖식당 안은 사람들로 벅적거렸다 食堂の中は人でごった返した.
벅적-벅적 [-쩍벅쩍-] 劃《하自》がやがや(と);ざわざわ(と).
벅차다 /pʌkt̚ʰada/ 厩 ❶ 手に余る;手に負えない. ‖나한테는 벅찬 일이다 私には手に余る仕事だ. ❷ いっぱいだ. ‖가슴이 벅차다 胸がいっぱいだ.
번¹ (藩) 图《姓》藩(ハン).
번² (番) /pan/ 依 ❶ 順序・回数を表わす語:…番;…回;…度. ‖전화번호가 몇 번이에요? 電話番号が何番ですか. 한국에는 두 번 갔다 韓国には 2回行った. 한 번 해 보세요 一度やってみてください.
번³ (番) [ㄹ語幹] 벌다(儲ける・稼ぐ)の過去連体形. ‖주식으로 번 돈 株で儲けたお金.
번-갈아 (番-) /pɔngara/ 劃 交互に;代わり番こに. ‖둘이서 번갈아 망을 서다 2人で交互に見張りに立つ. **번갈아 가면서** 各国代表が代わる代わる(に)演説する.
번개 /pʌnge/ 图 ❶ 稲妻;稲光. ‖번개가 치다 稲妻が光る[走る]. ❷ [比喩的に] 動作などが素早い人. ‖번개처럼 사라지다 素早く逃げる. 행동이 번개같다 行動が非常に機敏だ.
번갯-불 [-개불/-갣뿔] 图 稲光;電光. ‖번갯불에 콩 볶아 먹겠다 (翩 「稲光に豆を炒って食べる」の意で)行動が極めて敏捷である.
번거-롭다 [pʌngorop̚ʰta] [ㅂ変] [번거로워, 번거로운] 煩わしい;面倒だ;複雑だ. ‖절차가 번거롭다 複雑きが煩わしい. 번거로운 인간관계 複雑な人間関係. **번거로이** 劃
번뇌 (煩惱) [-/-네] 图《하自》《仏教》煩悩.
번데기 图 ❶《昆虫》サナギ(蛹). ❷ 煮付けた蛹.
번드레-하다 厩《하変》つややかだ.
번드르르 劃《하変》つるつる(したさま).
번득 劃《하自他》ひらめく様子;ぴかっと;ぴかりと. **번득-번득** 劃《하自他》
 번득-거리다 [-꺼-] 直他 ぴかぴかする[させる];ぱちぱちさせる;光らせる. ‖눈을 번득거리다 目を光らせる.
 번득-이다 直他 ❶ 光る;光らせる. ❷ (眼光が)光る;(眼光を)光らせる. ‖눈을

번들-거리다
번들이다 目を光らせる. ③ (アイデアなどが)ひらめく.
번들-거리다 国 つるつるする;てかてかする. ‖번들거리는 이마 つるつるした額. 雹반들거리다.
번들-번들 囲(하也) つるつる; ぴかぴか. ‖번들번들 윤이 나다 ぴかぴかとつやが出ている. 雹반들반들.
번듯-번듯 [-듣뻗-] 囲 きちんきちんと; (道などが)まっすぐにのびている様子. ‖번듯번듯하게 닦인 길 まっすぐに整備された道.
번듯-하다 [-드타-] 围[하也] きちんとしている; まっすぐだ. ‖번듯한 옷차림 きちんとした服装.
번때 囹(하也) 번득을 強めて言う語.
 번때-거리다 [-꺼-] 国 번득거리다를 強めて言う語.
 번때-이다 国 번득이다를 強めて言う語.
번민 (煩悶) 囹(하也) 煩悶; もだえ苦しむこと. ‖번민에 가득 찬 모습 煩悶に満ちている姿.
번번-이 (番番-) 囲 そのたびに; そのつど. ‖번번이 실수를 하다 やるたびにミスをする. 말해 놓고 번번이 후회하다 言ってからそのつど後悔する.
번복 (翻覆) 囹(하也) 翻すこと. ‖발언을 번복하다 発言を翻す.
번성-하다 (繁盛-) 围[하也] 繁盛している.
번식 (繁殖·蕃殖) 囹(하也) 繁殖.
 번식-기 (繁殖期) [-끼] 囹 繁殖期.
 번식-력 (繁殖力) [-싱녁] 囹 繁殖力.
번안 (翻案) 囹(하也) 翻案.
번역 (翻譯·翻譯) 囹(하也) 翻訳. ‖톨스토이의 소설을 번역하다 トルストイの小説を翻訳する. **번역-되다** 受動
 번역-가 (翻譯家) 囹 翻訳家.
 번역-시 (翻譯詩) [-씨] 囹[文芸] 翻訳詩.
 번역-자 (翻譯者) [-짜] 囹 翻訳者.
번영 (繁榮) /pənjəŋ/ 囹(하也) 繁栄; 栄えること. ‖크게 번영하다 大いに栄える. 번영을 가져오다 繁栄をもたらす. 국가의 번영 国家の繁栄.
번잡-하다 (煩雜-) [-짜파-] 围[하也] 煩雜だ. ‖번잡한 절차 煩雑な手続き.
번지 (番地) 囹 番地.
번지다 /pəndʑida/ 国 ❶ (液体などが)にじむ; 染みる. ‖옷에 잉크가 번지다 服にインクが染みる. ❷ 広まる; 広がる. ‖불이 옆집으로 번지다 火が隣家に広がる. ❸ (事が)拡大する; 大きくなる. ‖일이 크게 번지기 전에 해결책을 찾다 事が大きくなる前に解決策を模索する.
번지레-하다 围[하也] 見た目が華やかだ.

번지르르 囲(하也) 脂ぎった様子; てかてか; つるつる. ‖기름기가 번지르르한 얼굴 脂ぎった顔.
번지-수 (番地數) [-쑤] 囹 番地. ‖번지수를 잘못 알다 番地を間違える. ▶번지수가 틀리다[다르다] 見当違いをする. ▶번지수를 잘못 찾다[짚다] 見当違いな方向に向かう.
번지"점프 (bungee jump) 囹 バンジージャンプ.
번질-거리다 国 てかてかする; つるつるする; 脂ぎる.
번질-번질 囲(하也) てかてか; つるつる.
번-째 (番-) /pən*dʑɛ/ 依尾 順番を表わす語. ‖…番目; …回目; …人目. ‖첫 번째 문제 一番目の問題. 세 번째 도전해서 성공하다 三度目の挑戦で成功する.
번쩍¹ /pən*dʑək/ 囲 軽々と; さっと; ぱっと. ‖무거운 짐을 번쩍 들어올리다 重い荷物を軽々と持ち上げる. 갑자기 얼굴을 번쩍 들다 いきなり顔をさっと上げる. 눈이 번쩍 뜨이다 目がぱっと覚める. 귀가 번쩍 뜨이는 이야기 耳寄りな話.
번쩍² 囲(하也) ひらめく様子; ぴかっと; ぴかりと. ‖번갯불이 번쩍하다 稲妻がぴかっと光る. 雹반짝.
 번쩍-거리다 [-꺼-] 国 ぴかぴかする; (きらりと)光る; きらめく. ‖번갯불이 번쩍거리다 稲妻がぴかぴかと光る. 雹반짝거리다.
 번쩍-이다 国 ぴかぴかする; 光る; 閃く. ‖멀리서 무엇인가 번쩍였다 遠くで何かが光った.
번쩍-번쩍 [-뻔-] 囲 ぴかぴか; きらきら. ‖훈장이 번쩍번쩍 빛나다 勲章がきらきらと光る.
번창-하다 (繁昌-) 围[하也] 繁盛している.
번트 (bunt) 囹 [野球で]バント. ‖번트를 대다 バントする.
번호 (番號) /pənho/ 囹 番号. ‖여권 번호 旅券番号. 수험 번호 受験番号. 우편 번호 郵便番号. 비밀 번호 暗証番号.
 번호-기 (番號器) 囹 ナンバリング.
 번호-판 (番號板) 囹 (車の)ナンバープレート.
 번호-표 (番號票) 囹 番号票; 整理番号. ‖번호표를 뽑다 整理番号を引く.
번화-가 (繁華街) 囹 繁華街.
번화-하다 (繁華-) 围[하也] にぎやかだ. ‖번화한 도심 にぎやかな都心.
벋-니 [번-] 囹 反っ歯; 出っ歯.
벋다¹ [-따] 囲 (先が)出っ張っている.
벋다² [-따] 国 ❶ (枝や蔓(つる)などが)伸びる; 根が張る. ❷ (影響が)及ぶ.
벋-대다 [-때-] 国 意地を張る; 突っ張る.
벋정-다리 [-쩡-] 囹 屈伸がしにくい足.

벌처-오르다 [-처-] 㦢 [르變] ❶ (불길 따위가) 위로 솟아오르다; 勢いよく上がる; 込み上げる. ‖화가 벌처오르다 怒りが込み上げる. ❷ (火の手が)上がる. ‖불길이 벌처오르다 火の手が上がる.

벌[1] 图 野原. ‖끝없이 넓은 벌 果てしなく広い野原.

벌[2] /pǝːl/ 图 [昆虫] ハチ(蜂). ‖벌에 쏘이다 ハチに刺される. ‖벌떼 ハチの群れ. ‖벌통 ミツバチの巣箱.

벌[3] [罰] /pǝl/ 图 罰. ‖벌을 받다 罰を受ける. ‖게으름을 피운 벌이다 怠けた罰だ. ‖지각한 벌로 화장실 청소를 했다 遅刻した罰にトイレの掃除をさせられた.

벌-서다 [罰-] 㦢 罰で立たされる; 罰を受ける.

벌-주다 [罰-] 㥮 罰する; 罰を与える.

벌[4] 图 〈衣服·食器などの〉…揃い;…式;…着,…セット. ‖양복 한 벌 洋服 1 着. 식기 한 벌 食器 1 セット.

벌[5] 㥭 [르語幹] 벌다(儲ける·稼ぐ)의 미래連體形.

벌거-벗기다 [-벋기-] 〔벌거벗다 의 使役動詞〕裸にする; はぎ取る.

벌거-벗다 [-벋따] 㦢 裸になる. ‖벌거벗고 헤엄치는 아이들 真っ裸になって泳ぐ子供たち. 㧕발가벗다. 㨪껄거벗다.

벌거-숭이 图 裸. ‖벌거숭이 発가숭이.
벌거숭이-산 [-山] 图 はげ山. 㨪민둥산(-山).

벌건 [ㅎ變] 벌겋다(赤い)의 현재連體形.

벌겋다 [-러타] 㭗 [ㅎ變] 赤い. ‖울었는지 눈이 벌겋다 泣いたのか,目が벌겋다. 㧕발갛다.

벌게 㭗 [ㅎ變] 벌겋다(赤い)의 連用形.

벌게-지다 㥡 赤くなる. ‖화가 나서 얼굴이 벌게지다 怒って顔が赤くなる.

벌그스레-하다 [하變] =벌그스름하다.

벌그스름-하다 㭗 [하變] ほんのり赤い; 少し赤い. ‖한 잔 했는지 얼굴이 벌그스름하다 1杯飲んだのか,顔が少し赤い. 㧕발그스름하다. **벌그스름-히** 㥞

벌그죽죽-하다 [-주카-] 㭗 [하變] くすんだ感じで赤い. 㧕발그죽죽하다.

벌금 [罰金] /pǝlgum/ 图 罰金. ‖벌금을 물다 罰金を払う.
벌금-형 [罰金刑] 图 [法律] 罰金刑.

벌긋벌긋-하다 [-근벋그타-] 㭗 [하變] 点々と赤い; まだらに赤い. 㧕발긋발긋하다.

벌꺽 ❶ 状態などがすっかり変わる様子. ‖회사 안이 벌꺽 뒤집히다가 大騒ぎになる. ❷ 動作や状態の変化が突然的である様子. ‖방문을 벌꺽 열다 部屋のドアをぱっと開ける. ❸ 急に興奮したり憤慨したりする様子. かっと. ‖벌꺽 화를 벌꺽 내다 かっとなる.

벌다[1] 㦢 [르語幹] 隙間ができる.

벌다[2] /pǝːlda/ 㥮 [語幹] [벌어,버는,번] ❶ 稼ぐ. ‖돈을 벌다 お金を稼ぐ. 아르바이트로 학비를 벌다 アルバイトで学費を稼ぐ. 시간을 벌다 時間を稼ぐ. ❷ 儲ける; 儲かる. ‖주식으로 꽤 벌다 株でけっこう儲ける.

벌떡 ❶ 急に立ち上がる様子: がばっと; むくり; むっくり. ‖벌떡 일어나다 がばっと起き上がる. ❷ 急に倒れる様子: ばたりと. ‖벌떡 드러눕다 ばたりと横たわる. 㨪벌떡이다.

벌떡-벌떡 [-뻭-] 㥞 〈하自他〉どきどき.

벌떡-거리다 [-꺼-] 㦢 (1) (胸や心臓が)どきどきする. ‖심장이 벌떡거리다 心臓がどきどきする. (2) (手足を)ばたつかせる.

벌렁 急に倒れたり仰向けになる様子: ごろっと; ごろり; ごろん. ‖벌렁 드러눕다 벌랑. 㨪발랑.

벌렁-거리다 㦢 せかせかと動く. ‖벌렁거리며 돌아다니다 せかせかと動き回る. 심장이 벌렁거리다 心臓がどきどきする.

벌렁-벌렁 㥞 〈하自他〉せかせか; ひくひく. ‖코를 벌렁벌렁하다 鼻をひくひく(と)させる.

벌레 /pǝlle/ 图 ❶ 虫; 虫けら; 昆虫. ‖벌레 먹은 사과 虫食いのリンゴ. ❷ 〈何かに熱中する人〉. ‖공부벌레 勉強の虫. 책벌레 本の虫.

벌름-거리다 [-대다] 㦢 (鼻を)ひくひくさせる; うごめかす. ‖벌름거리며 냄새를 맡다 鼻をひくひくさせながらにおいをかぐ.

벌름-벌름 㥞 〈하自他〉ひくひく; ぱたぱた.

벌리다[1] /pǝːllida/ 㥮 ❶ (口などを)開ける. ‖입을 헤 하고 벌리다 口をぽかんと開ける. ❷ (間隔などを)広げる. ‖책상 간격을 벌리다 机の間を広くする. ❸ (手足などを)広げる. ‖두 팔을 벌리다 両手を広げる. ❹ (物事を)広げる. ‖일을 여기저기 벌리다 仕事をあちこちに広げる.

벌리다[2] 㦢 〔벌다의 受身動詞〕儲かる. ‖돈이 잘 벌리다 お金がよく儲かる.

벌목 [伐木] 图 〈하自他〉伐採する.

벌벌 /pǝlbǝl/ 㥞 ❶ 恐怖·寒さなどに震える様子: おどおど(と); ぶるぶる(と). ‖추위에 벌벌 떨다 寒くてぶるぶる震える. 사장 앞에서는 언제나 벌벌 긴다 社長の前ではいつもびくびくする. ❷ 金を惜しむ様子: けちけち. ‖단돈 천 원에 벌벌 떨다 たかが千ウォンにけちけちする. 㨪발발.

벌써 /pǝlsǝ/ 㥞 ❶ もう; 早く; もはや; すでに. ‖그 사람은 벌써 돌아가고

벌어 356

없었다 彼はすでに帰ってしまっていた。雨降っても**벌써** 유월이다 今年ももう6月だ。요코하마로 이사한 지 **벌써** 오 년이 되었다 横浜に引っ越してから5年だ。애가 **벌써**부터 음식을 가려서 큰일이다 子どもがもう好き嫌いが始まって大変だ。❷とっくに;いつの間に。**벌써** 티켓이 다 팔리고 없었다 とっくにチケットは売り切れになっていた。

벌어 働 [ㄹ語幹] 벌다〈儲ける·稼ぐ〉の連用形。

벌어-들이다 他 稼ぐ;稼いでくる。‖관광산업으로 외화를 **벌어들이다** 観光産業で外貨を稼ぐ。

벌어-먹다 自[-따] 働 生計を立てる。

벌어-지다 自 ❶ 隙間ができる。‖창문 틈새가 **벌어지다** 窓に隙間ができる。❷(関係などに)ひびが入る;(仲が)疎くなる;(差が)広がる。‖사이가 **벌어지다** 関係にひびが入る;仲違いする、格差が **벌어지다** 格差が広がる。❸(口などが)開く。‖**벌어진** 입을 다물지 못하다 開いた口がふさがらない。❹(植物の実が熟して)弾ける。‖콩깍지가 **벌어지다** 豆のさやが弾ける。❺(肩幅などが)広い。‖어깨가 딱 **벌어지다** 肩ががっしりしている。❻起こる;繰り広げられる;展開される。‖한일 친선 경기가 **벌어지고** 있다 日韓親善試合が開かれている、생각하지도 못한 일이 **벌어졌다** 思いもよらないことが起こった。

벌-이 働 稼ぎ;儲け。‖요즘은 **벌이**가 시원찮다 最近は稼ぎが乏しくない。

벌이다 /pɔːɾida/ 他 ❶(商品などを)並べる。‖잡화들을 **벌여** 놓다 雑貨を並べておく。❷(店などを)開く。‖꽃집을 **벌이다** 花屋を開く。❸(事などを)始める;着手する。‖새로운 일을 **벌이다** 新しい仕事を始める。❹(宴会などを)設ける。‖환갑 잔치를 **벌이다** 還暦祝いの席を設ける。❺(戦いなどを)交える;繰り広げる。‖논쟁을 **벌이다** 論争を繰り広げる。

벌이-줄 働 (凧の)糸目。

벌점 [罰點]【-쩜】 图 罰点;減点。‖**벌점**을 매기다 罰点をつける。

벌주 [罰酒]【-쭈】 图 罰として飲む酒。

벌-집 [-찝] 图 蜂の巣。‖**벌집**을 건드리다 [쑤시다] 蜂の巣をつつく。

벌쭘-하다 形 하형 決まりが悪い;体裁悪い;照れくさい。

벌채 [伐採] 图 他動 伐採。

벌초 [伐草] 图 自動 墓の周りの雑草を刈ること。

벌충 图 他動 埋め合わせ。

벌칙 [罰則] 图 罰則。

벌컥 /pɔlkʰɔk/ 副 ❶状態などがすっかり変わる様子。‖집안이 **벌컥** 뒤집히다 家中が大騒ぎになる。❷動作や状態の変化が突然または瞬間的である様子: ぱっと、‖문을 **벌컥** 열다 ドアをぱっと開ける。❸急に興奮したり憤慨したりする様子: かっと。‖화를 **벌컥** 내다 かっとなる。❹発作。

벌컥-벌컥【-벌-】 副 飲み物を勢いよく飲む様子 [音]: ごくごく;がぶがぶ;ぐいぐい(と)。‖물을 **벌컥벌컥** 마시다 水をごくごく[がぶがぶ]飲む、맥주를 **벌컥벌컥** 들이키다 ぐいぐい(と)ビールをあおる。

벌-판 图 広い原野;平野。

범¹ [動物] 图 トラ(虎)。働 호랑이。➕**범** 띠[および 범 이외は 호랑이를 用いるが、諺も 호랑이 に変わりつつある。▸**범**도 제 말하면 온다 [諺] うわさをすれば影がさす。▸**범** 없는 골에 토끼가 스승이라 [諺] 鳥無き里のこうもり。▸**범**에게 날개 [諺] 虎に翼;鬼に金棒。▸**범**에게 물려 가도 정신만 차리면 산다 [諺] 虎に噛みつかれても気をしっかり持てば助かる。

범² [汎] 接頭 広く行き渡る意を表す: 汎…。‖**범**국민적 汎国民的。

-범³ [犯] 接尾 …犯。‖살인**범** 殺人犯。

범-고래 [動物] 图 シャチ(鯱)。

범-나비 [昆虫] 图 アゲハチョウ(揚羽蝶)。働 호랑나비。

범-띠 图 寅年生まれ。

범람 [氾濫·汎濫]【-남】 图 自動 氾濫。‖홍수로 강물이 **범람하다** 洪水で川の水が氾濫する、외래어의 **범람** 外来語の氾濫。

범례¹ [凡例]【-녜】 图 凡例。働 일러두기。

범례² [範例]【-녜】 图 範例。

범벅 图 ❶穀物の粉にカボチャなどを入れて作ったおかゆ;煮。‖호박 **범벅** カボチャのごった煮。❷ごちゃまぜ;ごちゃ混ぜ。‖**범벅**이 되다 ごちゃ混ぜになる;ごちゃごちゃになる。

범법 [犯法]【-뻡】 图 自動 法を犯すこと;違法。‖**범법** 행위 違法行為。

범법-자 [犯法者]【-뻡짜】 图 法を犯した者。

범사 [凡事] 图 ❶あらゆること。❷平凡なこと。

범상-하다 [凡常-] 形 하형 平凡だ;凡庸だ。

범선 [帆船] 图 帆船。働 돛단배。

범신-교 [汎神教] 图 [宗教] 汎神教。

범신-론 [汎神論]【-논】 图 汎神論。➕神と世界は同一であるという思想。

범실 [凡失] 图 (野球などで)凡失;凡ミス。

범어 [梵語] 图 [言語] 梵語;サンスクリット。

범용 [汎用] 图 汎用。‖**범용** 컴퓨터 汎用コンピューター。

범위 [範圍] /pɔ:mwi/ 图 範囲。‖세력 **범위** 勢力範囲、시험 **범위** 試験範囲、아는 **범위** 내에서 대답하다

知っている範囲で答える. 범위를 넓히다[좁히다] 範囲を広げる[狭める].

범인[1] (凡人) [名] 凡人; 普通の人.

범인[2] (犯人) /pɔːmin/ [名] 犯人. ‖범인을 밝혀내다 犯人を突き止める. 연속 살인 사건의 범인이 잡혔다 連続殺人事件の犯人が捕まった.

범재 (凡才) [名] 凡才.

범절 (凡節) [名] 作法. ‖예의범절 礼儀作法.

범접 (犯接) [名] [하自] 必要以上に近づくこと. ‖범접하기 어려운 인물 近よりがたい人物.

범종 (梵鐘) [名] 《仏教》 梵鐘; 釣り鐘.

범죄 (犯罪) 【-/-줴】 [名] 犯罪. ‖범죄를 저지르다 犯罪を犯す. 범죄를 거듭하다 犯罪を重ねる. 완전 범죄 完全犯罪.

범죄ˆ심리학 (犯罪心理學) 【-니-/-줴-니-】 [名] 犯罪心理学.

범죄-인 (犯罪人) [名] 《法律》 犯罪人.

범죄-자 (犯罪者) [名] 犯罪者.

범죄-학 (犯罪學) [名] 犯罪学.

범주 (範疇) [名] 範疇(はんちゅう). ‖동일 범주에 속하는 요소 同一の範疇に属する要素. 미적 범주 美的範疇.

범타 (凡打) [名] [하自] (野球で)凡打.

범-태평양 (汎太平洋) 【-냥】 [名] 環太平洋.

범퇴 (凡退) 【-/-퉤】 [名] [하自] 凡退.

범퍼 (bumper) [名] (自動車の)バンパー; 緩衝装置.

범-하다 (犯-) /pɔːmhada/ [他] 『하変』 犯す; 襲う; 暴行する. ‖우를 범하다 過ちを犯す. 오류를 범하다 誤謬(ごびゅう)を犯す. 유부녀를 범하다 婦女を暴行する.

범행 (犯行) [名] [하自] 犯行. ‖범행 동기 犯行の動機. 범행을 저지르다 犯行を犯す; 犯行に及ぶ.

법 (法) /pɔp/ [名] ❶法; 法律. ‖법을 어기다 法を犯す. 법에 호소하다 法に訴える. 법에 저촉되다 法律に抵触する. ❷やり方; 仕方; 方法. ‖김치 담그는 법 キムチの漬け方. 논문 쓰는 법 論文の書き方. 만드는 법 作り方. ❸〔…는 법이다の形で〕…ものだ. ‖먹고 자면 눈이 붓는 법이다 食べてから寝ると目が腫れるものだ. ❹〔…는 법이 없다の形で〕…することはない. ‖약속을 어기는 법이 없다 約束を守らないことはない. 그는 내가 아무리 약속 시간에 늦어도 화내는 법이 없다 彼は私がいくら約束の時間に遅れても怒るようなことはしない. ❺〔…법이 어디 있어?の形で〕…ありうることなの?; …あっていいことなの? ‖내 옷까지 가지고 도망가다니, 이런 법이 어디 있어? 私の服まで持ち逃げするなんて, ありうる(ことなの)?

법과 (法科) 【-꽈】 [名] 法科.

법과ˆ대학 (法科大學) [名] 法学部. [略] 법대(法大).

법과ˆ대학원 (法科大學院) [名] 法科大学院; ロースクール.

법관 (法官) 【-꽌】 [名] 裁判官.

법규 (法規) 【-뀨】 [名] 法規. ‖교통 법규 交通法規.

법-규범 (法規範) 【-뀨-】 [名] 法規範.

법당 (法堂) 【-땅】 [名] 《仏教》 法堂(はっとう); 講堂.

법대 (法大) 【-때】 [名] 〔법과 대학(法科大學)の略語〕法学部.

법도 (法度) 【-또】 [名] ❶法度(はっと). ❷礼儀作法.

법랑 (琺瑯) 【범낭】 [名] 琺瑯(ほうろう).

법령 (法令) 【범녕】 [名] 《法律》 法令.

법률 (法律) /pɔmnjul/ 【범뉼】 [名] 法律. ‖법률 위반 法律違反. 법률로 정하다 法律で定める. 법률 사무소 法律事務所. 법률 상담 法律相談.

법률-가 (法律家) [名] 法律家.

법률-관계 (法律關係) 【범-/범-게】 [名] 《法律》 法律関係.

법률-심 (法律審) [名] 《法律》 法律審. [対]사실심(事實審).

법률-안 (法律案) 【범뉴란】 [名] 法律案.

법률ˆ요건 (法律要件) 【범뉼료껀】 [名] 《法律》 法律要件.

법률-문제 (法律問題) [名] 法律問題.

법률-적 (法律的) 【범뉼쩍】 [名] 法律的.

법률-학 (法律學) [名] 法律学.

법률ˆ행위 (法律行爲) [名] 《法律》 法律行為.

법률-혼 (法律婚) [名] 《法律》 法律婚. [対]사실혼(事實婚).

법률ˆ효과 (法律效果) [名] 《法律》 法律効果.

법망 (法網) 【범-】 [名] 法網; 法の網. ‖법망을 뚫다 法の網をくぐる.

법명 (法名) 【범-】 [名] 《仏教》 法名(ほうみょう).

법무 (法務) 【범-】 [名] 法務.

법무-관 (法務官) [名] 法務官.

법무-부 (法務部) [名] 《行政》 法務省.

법무-사 (法務士) [名] 軍法会議において裁判官を務める法務官.

법문 (法文) 【범-】 [名] ❶法文(ほうぶん). ❷《仏教》法文(ほうもん).

법문-화 (法文化) 【범-】 [名] [하他] 法文化.

법복 (法服) 【-뽁】 [名] 法服.

법-사상 (法思想) 【-싸-】 [名] 法思想.

법-사학 (法史學) 【-싸-】 [名] 法史学.

법-사회학 (法社會學) 【-싸-/-싸훼-】 [名] 法社会学.

법서 (法書) 【-써】 [名] 法書.

법석[1] /pupˀsɔk/ 【-썩】 [名] [하自] 大騒ぎ; 騒ぎ立てること. ‖법석을 떨다 騒ぎ立て

법석: 大騒ぎする.

법석-거리다 [-대다] [-썩끼~썩때-] 自 わいわい騒ぎ立てる; がやがやと騒ぐ. ‖법석거리는 교실 がやがやする教室.

법석² (法席) [-썩] 图 (仏教) 法席.

법안 (法案) 图 法案.

법열 (法悅) 图 法悅.

법원 (法院) /pɔbwɔn/ 图 裁判所. ‖가정법원 家庭裁判所. 고등법원 高等裁判所. 대법원 最高裁判所.

법의 (法衣) [-/-비] 图 (仏教) 法衣(ぽう); 僧の衣服.

법-의학 (法醫學) [-/-비과-] 图 (医学) 法医学.

법인 (法人) /pɔbin/ 图 (法律) 法人. ‖학교 법인 学校法人. 재단 법인 財団法人.

법인-세 (法人稅) [-쎄] 图 法人稅.

법-인격 (法人格) [-껵] 图 法人格.

법-적 (法的) [-쩍] 图 法的. ‖법적 근거 法的根拠. 법적으로 규제하다 法的に規制する.

법전 (法典) [-쩐] 图 法典.

법정¹ (法廷) /pɔpt͈ɕʌŋ/ [-쩡] 图 法廷. ‖법정에 서다 法廷に立つ. 법정에서 싸우다 法廷で争う.

법정 경찰 (法廷警察) 图 (法律) 法廷警察.

법정 투쟁 (法廷鬪爭) 图 (法律) 法廷鬪争.

법정² (法定) [-쩡] 图 法定. ‖법정 최고형 法定最高刑.

법정-기간 (法定期間) 图 法定期間.

법정 대리인 (法定代理人) 图 (法律) 法定代理人.

법정-범 (法定犯) 图 (法律) 法定犯.

법정-이자 (法定利子) 图 法定利息.

법정 전염병 (法定傳染病) [-뼝] 图 (法律) 法定伝染病.

법정 준비금 (法定準備金) 图 法定準備金.

법정-형 (法定刑) 图 (法律) 法定刑.

법정 화폐 (法定貨幣) [-쩡-/-쩨] 图 法定貨幣; 法貨.

법제 (法制) [-쩨] 图 法制.

법제-사 (法制史) 图 法制史.

법제-처 (法制處) 图 (行政) 法制局.

법조¹ (法條) [-쪼] 图 法条.

법-조문 (法條文) 图 =법조 (法條).

법조² (法曹) [-쪼] 图 法曹.

법조-계 (法曹界) [-쪼-/-쪼께] 图 法曹界.

법조-인 (法曹人) 图 法曹.

법주 (法酒) [-쭈] 图 決まった法式に従って醸する酒.

법-주권 (法主權) [-쭈꿘] 图 法主権.

법-질서 (法秩序) [-찔써] 图 法秩序.

법-철학 (法哲學) 图 法哲学.

법치 (法治) 图 (하他) 法治.

법치-국가 (法治國家) [-까] 图 法治国家.

법치-주의 (法治主義) [-/-이] 图 法治主義.

법칙 (法則) 图 法則. ‖법칙에 따르다 法則に従う. 자연법칙 自然法則. 질량 불변의 법칙 質量不変の法則. 멘델의 법칙 メンデルの法則.

법통 (法統) 图 (仏教) 法統.

법-하다 [버 파-] [補動] [하변] […ㄹ [을] 법하다の形で] 推量を表わす: …らしい; …(し)そうだ. ‖이 이야기를 들으면 화낼 법하다 この話を聞いたら怒り出しそうだ. 자초지종을 들어 보니 그럴 법하다 一部始終を聞いてみたらもっともらしい.

법학 (法學) [버팍] 图 法学.

법학-자 (法學者) [버팍짜] 图 法学者.

법화-경 (法華經) [버 퐈-] 图 (仏教) 法華経.

법회 (法會) [버풔/버풰] 图 (仏教) 法会(ぼう).

벗 [벋] 图 友; 友人; 友だち. ‖좋은 벗을 만나다 よき友に出会う. 책은 마음의 벗 本は心の友. 자연을 벗 삼다 自然を友とする.

벗겨-지다 /pɔtk͈jʌdʑida/ [벋껴-] 自 ❶ 脱げる; はげる; はがれる. ‖구두가 커지 모두 벗겨진다 靴が大きいのかしょっちゅう脱げる. 페인트 칠한 곳이 많이 벗겨졌다 ペンキを塗ったところがかなりはげている. 표면의 코팅이 벗겨지다 表面のコーティングがはがれる. ❷ [頭が]はげる. ‖머리가 벗겨져서 걱정이다 頭がはげてきて心配だ. ❸ [冤罪などが] そそがれる. ‖누명이 벗겨지다 冤罪がそそがれる; 冤罪を晴らす.

벗-기다 /pɔtk͈ida/ [벋끼-] 他 ❶ [벗다の使役動詞] (服などを) 脱がせる. ‖양말을 벗기다 靴下を脱がせる. ❷ (皮などを)むく. ‖귤 껍질을 벗기다 ミカンの皮をむく. ❸ (覆っているものを)はがす. ‖이불 호청을 벗기다 布団カバーをはがす. ❹ (表面を)こすり落す. ‖몸의 때를 벗기다 (体の)垢を落す.

벗-나가다 [번-] 自 (一定の範囲から)はずれる; はがれる.

벗는 [번-] [번] 벗다(脱ぐ)の現在連体形.

벗다 /pɔt͈a/ [벋따] 他 ❶ (服·眼鏡など身につけたものを)脱ぐ; 取る; 外す; はぐ. ‖옷을 벗다 服を脱ぐ. 양말을 벗다 靴下を脱ぐ. 모자를 벗고 인사를 하다 帽子を取って挨拶をする. 안경을 벗고 眼鏡を外す. 단추를 벗기다 ボタンを外す. 가면을 벗다 仮面をはぐ. ⑳ 벗기다. ❷ (背負っていたものを) 下す. ‖무거운 짐을 벗다 重荷を下ろす. ❸ 脱皮する. ❹ (汚名などを) すすぐ; (疑

い などを)晴らす. ‖汚名を 벗다 汚名を すすぐ. 嫌의을 벗다 疑いを晴らす.
벗어 벗다(脱ぐ)の連用形.
벗어-나다 /pʌsənada/ 〔自〕 ❶ ある状態から脱する; 逃れる. ‖봄비는 도심을 복잡하게 混雑している都心から脱する. 가난에서 벗어나다 貧しさから逃れる. ❷ 〔範囲・標的などから)それる; はずれる. ‖열차가 궤도를 벗어나다 列車が軌道をはずれる. ❸ 〔道理・礼儀などから)はずれる; 反する. ❹ 기대에 벗어나는 행동을 하다 期待にはずれることをする. 학생 신분에서 벗어나는 짓을 하다 学生の身分に反することをする. ❹ (人から)見放される; 疎まれる. ‖선생님 눈에서 벗어나다 先生に疎まれる.
벗어-던지다 脱ぎ捨てる.
벗은 벗다(脱ぐ)の過去連体形.
벗을 벗다(脱ぐ)の未来連体形.
벙글-벙글 〔副〕〔하自〕 にこにこ.
벙긋 〔-귿〕〔副〕〔하自〕 にっこり(と); にっこと. **벙긋벙긋**
벙긋-거리다 〔-귿꺼-〕〔自〕 にこにことする; にっこと笑う.
벙긋-하다 〔-그타-〕〔形〕〔하変〕 いくらか[少し]開いている. **벙긋-이** 〔副〕
벙벙-하다 〔形〕〔하変〕 呆然としている; あきれ返る. ‖어안이 벙벙하다 あきれてものが言えない. **벙벙-히** 〔副〕
벙싯-거리다 〔-싣때-〕〔自〕 (うれしいことがあって)にやにやする.
벙어리 口のきけない人. ▶벙어리 냉가슴 앓듯 〔諺〕 人に訴えることもできず, 一人でくよくよしている.
벙어리-장갑 〔-掌匣〕 ミトン.
벗-꽃〔-꼳〕/pʌtkoʔ/〔벋꼳〕〔名〕 桜. 桜の花.
벗-나무 【벋-】〔名〕〔植物〕 サクラ(桜)の木.
베 〔名〕 ❶ 布地. ❷ 〔삼베의略語〕麻布.
베개 /pege/ 〔名〕 枕. ‖베개를 베다 枕をする. 팔베개 腕枕. 돌베개 石枕.
베갯-머리 〔-갠-〕〔名〕 枕元.
베갯머리-송사 〔-訟事〕【-갠-】〔名〕 = 베갯밑공사(-公事).
베갯밑-공사 〔-믿-〕〔-밑꽁-〕〔名〕 枕元で妻が夫に囁(ささや)いて願いを叶えさせようとすること.
베갯-속 〔-개쏙 /-갣쏙〕〔名〕 枕の詰め物.
베갯-잇 〔-갠닏〕〔名〕 枕カバー.
베고니아 (begonia) 〔名〕〔植物〕 ベゴニア.
베끼다 /peʔkida/ 〔他〕 ❶ 書き写す; 書き取る. ‖친구가 한 숙제를 그대로 베끼다 友だちの宿題をそのまま書き写す. ❷ ぽくる. ‖다른 사람의 논문을 베끼다 人の論文をぼくる.
베냉 (Benin) 〔名〕〔国名〕 ベナン.
베네수엘라 (Venezuela) 〔名〕〔国名〕 ベネズエラ.

베니어 (veneer) 〔名〕 ベニヤ.
베니어-합판 (veneer 合板) 〔名〕 ベニヤ板.
베다[1] 〔他〕 枕をする. ‖팔베개를 베고 모로 누워 텔레비전을 보다 腕枕をして寝そべってテレビを見る.
베다[2] /pe:da/ 〔他〕 〔刃物で)切る; 刈る. ‖손가락을 베다 指を切る. 풀을 베다 草を刈る. 벼를 베어 내다 稲を刈り取る. 풀베기 草刈. 사과를 한 입 베어 먹다 リンゴを一切れかじる. ⑳베이다.
베드-신 (bed+scene日) 〔名〕 ベッドシーン.
베드-타운 (bed+town日) 〔名〕 ベッドタウン.
베란다 (veranda) 〔名〕 ベランダ.
베레 (béret 〔フ〕) 〔名〕 ベレー. ‖베레모 ベレー帽.
베스트[1] (vest) 〔名〕 ベスト; チョッキ.
베스트[2] (best) 〔名〕 ベスト.
베스트-셀러 (best-seller) 〔名〕 ベストセラー.
베어링 (bearing) 〔名〕 ベアリング.
베-이다 /peida/ 〔自〕 〔베다[2]の受身動詞〕 切られる; 切れる. ‖목을 베이다 首を切られる. 칼에 베이다 刃物で切られる.
베이스[1] (bass) 〔名〕〔音楽〕 バス; ベース.
베이스[2] (base) 〔名〕〔野球で)ベース.
베이스-캠프 (base camp) 〔名〕 ベースキャンプ.
베이지 (beige) 〔名〕 ベージュ.
베이컨 (bacon) 〔名〕 ベーコン.
베이킹-파우더 (baking powder) 〔名〕 ベーキングパウダー.
베일 (veil) 〔名〕 ベール. ‖신비의 베일을 벗다 神秘のベールをはぐ. 베일에 싸인 여자 ベールに包まれた女性.
베짱이 〔名〕〔昆虫〕 ウマオイムシ(馬追虫); キリギリス. ‖개미와 베짱이 アリとキリギリス.
베타 (beta・β 〔ギ〕) 〔ギリシャ文字の第2字の)ベータ.
베타-선 (-線) 〔名〕〔物理〕 ベータ線.
베타-성 (-星) 〔名〕〔天文〕 ベータ星.
베테랑 (vétéran 〔フ〕) 〔名〕 ベテラン.
베트남 (Vietnam) 〔名〕〔国名〕 ベトナム.
베-틀 〔名〕 機(はた).
베풀다 /peːpʰulda/ 〔他〕 〔語幹〕〔베풀어, 베푸는, 베푼〕 ❶ 〔宴会などを)催す; 開く. ‖잔치를 베풀다 宴会を催す. 〔人に恵みなどを)施す. ‖자비를 베풀다 慈悲を施す. 벼를 베어 내며 은혜를 베풀다 人に恩恵を施す. 온정을 베풀다 情けを施す.
벡터 (vector) 〔名〕〔物理〕 ベクトル.
벤자민 (Benjamin) 〔名〕〔植物〕 ベンジャミン.
벤젠 (benzene) 〔名〕〔化学〕 ベンゼン.
벤졸 (benzol) 〔名〕〔化学〕 = 벤젠.

벤처~기업

벤처^기업 (venture 企業) 图 ベンチャー企業.

벤처^캐피털 (venture capital) 图 ベンチャーキャピタル.

벤치 (bench) 图 ベンチ.

벤치마킹 (bench marking) 图 他 ベンチマーキング.

벨 (bell) 图 ベル. ‖벨을 누르다 ベルを押す. 전화벨이 울리다 電話のベルが鳴る.

벨기에 (België) 图 国名 ベルギー.

벨로루시 (Belarus) 图 国名 ベラルーシ.

벨리즈 (Belize) 图 国名 ベリーズ.

벨벳 (velvet) 图 ベルベット. 俗 ビロード.

벨-보이 (bellboy) 图 ドアボーイ.

벨트 (belt) 图 ベルト. ❶ バンド. ‖쳅피언 벨트 チャンピオンベルト. ❷ (機械의)ベルト. ‖벨트 켄베이어 ベルトコンベヤー. ❸ 地帶. ‖그린벨트 グリーンベルト.

벼 /pjʌ/ 图 植物 イネ(稲). ‖벼가 익어가다 稲が実る. 낫으로 벼를 베다 鎌で稲を刈る. 벼베기 稲刈り.

벼-농사 (-農事) 图 稲作. 俗 미작(米作).

벼락 /pjʌrak/ ❶ 雷. ❷ (目上の人からの)お叱り; 大目玉. ▶벼락이 떨어지다[내리다] 大目玉を食う[食らう・頂戴する].

벼락-감투 【-깜-】 にわかに得た官職.

벼락-공부 (-工夫) 【-꽁-】 图 自 にわか勉強; 一夜漬けの勉強.

벼락-부자 (-富者) 【-뿌-】 图 成金; 成り上がり.

벼락-출세 (-出世) 【-쎄-】 图 自 にわか出世; 成り上がり.

벼락-치기 图 泥縄. ‖벼락치기 수험 공부 泥縄式の受験勉強.

벼랑 ❶ 崖; 崖っぷち; 断崖. ‖벼랑 끝에 선 심정 崖っぷちに立たされた心境. ❷ 瀬戸際. ‖벼랑 끝 외교 瀬戸際外交.

벼루 硯 图 硯(すずり).

벼룩 图 昆虫 ノミ(蚤). ‖벼룩에 물리다 ノミに食われる. ▶벼룩도 낯짝이 있다 (諺) 「ノミにも面子がある」の意でひどく図々しい. ▶벼룩의 간을 내먹다 (諺) 「ノミの肝を取り出して食う」の意で浅ましく貪欲である.

벼룩-시장 (-市場) 【-씨-】 图 蚤の市; フリーマーケット.

벼르다 /pjʌruda/ 自他 【르変】 벌려, 벼르는 機会をうかがう; 心に決めよう. ▶벼르고 있다 コらしめようと機会をうかがっている.

벼리다 他 (切れ味が鈍くなった刃物などを)鍛える; (鋭く)研ぐ. ‖낫을 벼리다

鎌を鍛える.

벼-메뚜기 图 昆虫 ハネナガイナゴ(翅長稲子).

벼슬 图 官職. ‖벼슬을 하다 官職に就く.

벼슬-아치 图 [古い言い方で] 役人.

벼-쭉정이 图 しいな.

벽¹ (壁) /pjʌk/ 图 ❶ 壁. ‖벽에 그림을 걸다 壁に絵をかける. 벽에 금이 가다 壁にひびが入る. ❷ 大きな困難; 障害. ‖수사가 벽에 부딪치다 捜査が壁に突きあたる. 두 사람 사이에 벽이 생기다 二人の間に壁ができる. ▶벽을 쌓다 不仲になる; 交わりを絶つ.

벽² (癖) 图 癖. ‖음주벽 酒癖. 낭비벽 浪費癖. 방랑벽 放浪の癖.

벽-걸이 (壁-) 【-꺼리】 图 壁掛け.

벽계-수 (碧溪水) 【-계-/-게-】 图 青く澄んだ渓流の水.

벽-난로 (壁煖爐) 【병날-】 图 壁に作りつけた暖炉; ペチカ(ロシア風の炉).

벽돌 (壁-) /pjʌkt͈ol/ 图 【-똘】 煉瓦. ‖벽돌을 쌓다 煉瓦を積む. 붉은 벽돌 赤煉瓦.

벽돌-공 (甓-工) 图 煉瓦工.

벽돌-담 (甓-) 图 煉瓦塀.

벽돌-집 (甓-) 图 煉瓦造りの家.

벽두 (劈頭) 【-뚜】 图 劈頭(へきとう); 冒頭. ‖회의 벽두부터 의견이 갈라지다 会議の劈頭から意見が分かれる.

벽력 (霹靂) 【병녁】 图 霹靂(へきれき). ‖청천벽력 青天の霹靂. 벽력같은 고함 소리 雷のような大声.

벽로 (碧鷺) 【병노】 图 鳥類 ゴイサギ(五位鷺).

벽면 (壁面) 【병-】 图 壁面.

벽보 (壁報) 【-뽀】 图 張り紙; 貼り紙; 壁新聞. ‖벽보가 나붙다 張り紙が張られる.

벽보-판 (壁報板) 图 掲示板.

벽-시계 (壁時計) 【-씨-/-씨게】 图 掛け時計; 柱時計.

벽-신문 (壁新聞) 【-씬-】 图 壁新聞.

벽안 (碧眼) 图 碧眼(へきがん).

벽-오동 (碧梧桐) 图 植物 アオギリ(青桐).

벽장 (壁欌) 【-짱】 图 作りつけの戸棚.

벽지¹ (僻地) 【-찌】 图 僻地. ‖산간벽지 山間の僻地.

벽지² (壁紙) 【-찌】 图 壁紙. ‖벽지를 바르다 壁紙を張り替える.

벽창-호 (-碧昌牛) 图 頑固者; 分からず屋; 強情っ張り.

벽촌 (僻村) 图 僻村.

벽화 (壁畵) 【벼콰】 图 壁画.

변¹ (邊) 图 姓 邊(ビョン); 辺(ビョン).

변² (卞) 图 姓 卞(ビョン).

변³ (便) 图 大小便; 大便. ‖변을 보다 用便を足す.

변⁴ (邊) 图 数学 辺. ❶ 多角形を作り

上げている部分. ‖삼각형의 세 변 三角形の三辺. ❷ (等式・不等式で)等号または不等号の両側にある式や数.

변⁵ (變) 图 ❶変, 変化. ❷災難; 不幸な出来事; 異常な事件. ‖변을 당하다 災難にあう.

변⁶ (邊) 图 漢字の偏(へん). ⑦방 (傍). ‖말슴 언 변 言偏. 두인 변 行人偏.

변격 (變格) [-격] 图 [言語] 変格; 変則.

변경¹ (邊境) 图 辺境; 辺地.

변경² (變更) /pjʌ:ngjʌŋ/ 图 他サ 変更. ‖출발 시각을 변경하다 出発時刻を変更する. 변경 사항 変更事項. 날짜 변경선 日付変更線. 변경-되다 受動

변고 (變故) 图 災難; 異変; 不慮の事故. ‖변고를 당하다 不慮の事故にあう.

변괴 (變怪) [-/-퀘] 图 異変; 変わった出来事.

변기 (便器) 图 便器.

변덕 (變德) /pjʌ:ndʌk/ 图 気まぐれ; 移り気; むら気. ‖그녀는 변덕을 잘 부린다 彼女は気まぐれな人だ. 한때의 변덕 一時の気まぐれ. 변덕이 심한 성격 移り気な性格.

변덕-스럽다 (變德-) [-쓰-따] 形 [ㅂ変] 気まぐれだ; むら気だ. ‖날씨가 변덕스럽다 気まぐれな天気だ. 변덕스레 副

변덕-쟁이 (變德-) [-쨍-] 图 気まぐれ者; 気分屋; 気分家.

변동 (變動) 图 自サ 変動. ‖변동하는 국제 정세 変動する国際情勢. 주가 변동 株価の変動. 지각 변동 地殻変動. 변동폭 変動幅.

변-두리 (邊-) /pjʌ:nduri/ 图 町外れ; 場末. ‖서울 변두리에 살고 있다 ソウルの町外れに住んでいる.

변란 (變亂) [별-] 图 変乱; 事変.

변론 (辯論) [별-] 图 他サ 弁論.

변리¹ (辨理) [별-] 图

변리-사 (辨理士) 图 弁理士.

변리² (邊利) [별-] 图 利子; 利息; 金利.

변명 (辨明) /pjʌ:nmjʌŋ/ 图 他サ 弁明; 弁解; 言い訳; 申し開き. ‖궁색한 변명 苦しい言い訳. 변명의 여지가 없다 弁解の余地がない. 지금 와서 변명해도 소용없다 今更弁解しても始まらない.

변모 (變貌) 图 自サ 変貌; すっかり変わった姿; 様変わりすること. ‖현저히 변모된 모습 著しく変貌した姿.

변방 (邊方) 图 辺境.

변변찮다 /pjʌ:nbjʌn tɕʰanta/ [-찬타] 形 ❶ [변변하지 아니하다の縮約形] 物足りない; 冴えない. ‖사는 게 변변찮다 暮らし向きに余裕がない. 변변찮은 성적 冴えない成績. ❷ 粗末だ; つまらない.

‖변변찮은 대접 粗末なもてなし.

변변-하다 (-) [변-] 形 ❶ まあまあだ; 引けを取らない. 얼굴은 변변하게 생긴다 顔立ちは人並みである. ❷ 立派だ; 十分だ. ‖변변한 대접 十分なもてなし. 변변-히 副 連絡도 변변히 못 드려서 죄송합니다 連絡もろくにできず申し訳ございません.

변별 (辨別) 图 他サ 弁別; 識別; 判断.

변별-력 (辨別力) 图 判断力.

변복 (變服) 图 他サ 変装.

변비 (便秘) 图 便秘. ‖변비에 걸리다 便秘になる.

변사¹ (辯士) 图 弁士.

변사² (變死) 图 変死.

변사-체 (變死體) 图 変死体.

변상 (辨償) 图 他サ 弁償. ‖잃어 버린 책을 변상하다 無くした本を弁償する.

변색 (變色) 图 自サ 変色. ‖암갈색으로 변색된 사진 セピア色に変色した写真.

변설 (辯舌) 图 弁舌.

변성¹ (變聲) 图 自サ 変声; 声変わり.

변성-기 (變聲期) 图 変声期.

변성-암 (變成岩) 图 [鉱物] 変成岩.

변소 (便所) 图 便所; トイレ. ✚現在は 화장실 (化粧室) が普通. 水세식 변소 水洗便所. 공중변소 公衆便所; 公衆トイレ.

변속 (變速) 图 他サ 変速. ‖변속 장치 変速装置.

변수 (變數) 图 ❶ [数学] 変数. ❷ ある状況における可変要素.

변-시체 (變屍體) 图 変死体.

변신 (變身) 图 自サ 変身. ‖그의 변신은 놀라울 정도였다 彼の変身振りは驚くほどだった.

변심 (變心) 图 自サ 変心; 心変わり.

변압 (變壓) 图 他サ 変圧.

변압-기 (變壓器) [-끼] 图 変圧器; トランス.

변온·동물 (變溫動物) 图 [動物] 変温動物. ✚정온 동물 (定溫動物).

변용 (變容) 图 自サ 変容.

변위·전류 (變位電流) [-전-] 图 [物理] 変位電流.

변음 (變音) 图 [音楽] 変音.

변이¹ (變移) 图 自サ 変移.

변이² (變異) 图 [生物] 変異. ‖돌연변이 突然変異.

변장 (變裝) 图 自サ 変装.

변장-술 (變裝術) 图 変装術.

변전 (變轉) 图 自サ 変転.

변전-소 (變電所) 图 変電所.

변절 (變節) 图 自サ 変節.

변절-자 (變節者) 图 変節者; 変節

漢.
변제(辨濟) 图 하타 변제; 반제.
변조¹(變造) 图 하타 변조; 위조. ‖수표를 변조하다 手形を変造する.
변조²(變調) 图 하타 변조.
　변조-기(變調器) 图 変調器.
변종(變種) 图 변종. ❶ 图 종류가 변하는 것. ❷ 動植物の形質が原種と違う種. ❸ 性質や言動が変わっている人; 変わり者; 変人.
변주-곡(變奏曲) 图[音楽] 変奏曲.
변-죽(邊-) 图 器物の緣(ふち); へり. ▶ 변죽을 울리다 遠回しに言う.
변증-법(辨證法) 图[哲] 图 弁証法.
　변증법-적(辨證法的) 图[-쩍] 图 弁証的.
　　변증법적˽유물론(辨證法的唯物論) [-쩍-] 图 弁証法的唯物論.
변질(變質) 图 자타 변질.
　변질-자(變質者) 图[-짜] 图 変質者.
변천(變遷) 图 자 변천. ‖언어는 시대와 함께 변천한다 言葉は時代とともに変遷する.
변칙(變則) 图 하타 변칙. ㉠ 정칙(正칙).
　변칙-적(變則的) 图[-쩍] 图 変則的. ‖변칙적인 방법 変則的なやり方.
변태(變態) 图 자 ❶ 変態. ❷ 動 変態.
변통(變通) 图 하타 ❶ 変通; 融通. ❷ 工面; やりくり. ‖돈을 변통하다 お金を工面する.

변-하다(變-) /pjə:nhada/ 国 하다 変 ❶ 変わる; 変化する. ‖세상은 하루하루 변하고 있다 世の中は日々変化している. 맛이 변하다 味が変わる. 마음이 변하다 気が変わる. 사람이 변하다 人柄が変わる. ❷ 腐る. ‖날씨가 더워서 음식이 변하기 쉽다 暑いから食べ物が腐りやすい.

변함-없다(變-) /pjə:nɦam:əpʼta/ [-하멉따] 图 변함이 없다. 変わりなく だ. ‖변함없는 성원 変わらぬ声援. **변함-없이** 图 변함없이 잘 지내고 있다 相変わらず元気でやっています.
변혁(變革) 图 하타 변혁. ‖교육 제도를 변혁하다 教育制度を変革する. 사회 변혁 社会変革.
변형(變形) 图 자타 変形. ‖온도에 따라 변형되다 温度によって変形する.
변호(辯護) 图 하타 변호. ‖피고인을 법정에서 변호하다 被告人を法廷で弁護する. 변호를 맡다 弁護を引き受ける.
　변호-사(辯護士) 图 弁護士.
　변호-인(辯護人) 图 弁護人. ‖국선 변호인 国選弁護人.

변화(變化) /pjə:nhwa/ 图 자타 変化; 移り変わり. ‖변화하는 국제 정세 変化する国際情勢. 변화무쌍하다 変化に富む. 표정의 변화를 읽어 내다 表情の変化を読み取る. 변화가 없는 생활 変化のない生活. 계절의 변화 季節の移り変わり.
　변화-구(變化球) 图[野球で] 変化球.
　변화무-하다(變化無窮-) [-形] [하변] 変化が限りない.
변환(變換) 图 하타 変換. ‖한글을 로마자로 변환하다 ハングルをローマ字に変換する. **변환-되다** 国자변

별¹/pjəl/ 图 ❶ 星. ‖밤하늘에 별이 빛나다 夜空に星が輝く. 별이 떠 있다 星が出ている. 별빛 星明かり. ❷ 星型. ‖별사탕 こんぺいとう. ❸ 将官の階級章; 将星. ‖별을 달다 将官になる. ❹ [俗語で] 前科.
별² (別) 图 변화하는; 様々な; 色々な. ‖별 문제가 다 생기다 様々な問題が生じる. 별 사람이 다 있다 色々な人がいる.
-**별**³(別) [接尾] …別; …ごとの). ‖직업 별 職業別. 종류별로 나누다 種類別に分ける. 종목별 특점 種目ごとの得点.
별개(別個) 图 別個. ‖그건 이것과는 별개의 문제다 それとこれとは別の問題だ.
별거(別居) 图 하타 別居.
별-걱정(別-) 图[-쩡] 图 余計な心配; 取り越し苦労.
별-것(別-) 图[-껃] 图 大したもの[こと]. ‖별것도 아니다 大したことでもない.
별격(別格) 图[-껵] 图 別格.
별고(別故) 图 別条; 変わったこと. ‖별고 없으십니까? お変わりありませんか.
별관(別館) 图 別館.
별-궁리(別窮理) 图[-니] 图 色々な思案. ‖별궁리를 다 하다 色々と思案をめぐらす.
별기(別記) 图 하타 別記.
별-꼴(別-) 图 ぶざまな様子; みっともないこと.
별-꽃(-꼳) 图[植物] ハコベ(繁縷).
별-나다(別-) [pjə:llada] [-라-] 图 変わっている; 変だ. ‖하는 짓이 별난 사람 やることが変わった人.
별-놈(別-) 图[-롬] 图 変わったやつ. ‖세상에 별놈이 다 있다 世の中には変わったやつもいるもんだ.
별-다르다(別-) [-따-] 图[르変] 変わっている; 特に目立つ; 特別だ. ‖별다른 문제는 없다 特に目立つ問題はない. 별다른 방법이 없다 得策がない.
별-달리(別-) 图 他に; 別に. ‖별달리 할 말은 없습니다 特に言いたいことはありません.
별당(別堂) 图[-땅] 图 母屋の近くに別に建てた家; 離れ(家).
별도(別途) 图[-또] 图 別途. ‖별도 회계 別途会計. 교통비는 별도로 지급된다 交通費は別途支給する. 그 점은 별

도로 고려하겠습니다 その点は別途考慮します.
별-도리 (別道理) [名] 〔主に打ち消しの表現を伴って〕別の方法; 得策. ‖별도리가 없다 別の方法がない. 별도리가 있는 건 아니다 得策があるわけではない.
별동-대 (別動隊) 【-똥-】[名] (軍事) 別働隊.
별-똥 [名] 流星; 流れ星. [類] 유성(流星).
별똥-별 [名] 流星; 流れ星. [類] 유성(流星).
별-로 (別—) /pjɔllo/ [副] 〔下に打ち消しの表現を伴って〕別に; 特に; さほど; それほど. ‖별로 할 말이 있는 건 아니다 特に言いたいことがあるわけではない. 그 사람 말에 별로 신경 쓸 것 없다 彼の言葉に特に気を使う必要はない. 건강이 별로 좋아 보이지 않다 健康の方がそれほど良好には見えない.
별-말 (別—) [名] ❶意外な言葉. ❷取り立てた話. ❸色々な話.
별-말씀 (別—) [名] 별말の尊敬語. ‖별말씀을 다하십니다 とんでもございません.
별-맛 (別—) 【-맏】[名] 特別な味; 優れた味.
별명 (別名) /pjɔlmjɔŋ/ [名] 別名; あだ名; ニックネーム. ‖별명을 붙이다 あだ名をつける.
별-문제 (別問題) [名] ❶別問題. ❷特に変わったこと. ‖지금까지 별문제는 없습니다 今のところ特に変わったことはありません.
별미 (別味) [名] 優れた味; 独特の味; 珍味.
별반 (別般) [副] 〔多く下に打ち消しの表現を伴って〕特別; 特に; 別段; さして; それほど. ‖별반 차이가 없는 가격 さして差のない価格. 별반 다를 바 없다 特に違いはない.
별별 (別別) [冠] 色々な; 様々な; ありとあらゆる. ‖별별 수단을 다 써 보다 ありとあらゆる方策を講じてみる.
별-사람 (別—) [名] ❶変わった人; 風変わりな人. ❷色々な人.
별-사탕 (—沙糖) [名] こんぺいとう.
별세 (別世) 【-쎄】[名] [하自] 〔죽음の尊敬語〕逝去.
별-세계 (別世界) 【-/-게】[名] 別世界.
별-소리 (別—) [名] とんでもない話[こと]; 心外な話. ‖별소리를 다하다 とんでもない話だ; とんでもないことを言う.
별-수[1] (別—) 【-쑤】[名] 特別な方法; 得策. ‖별수 없이 요구를 받아들이다 仕方なく要求を受け入れる.
별수[2] (別數) 【-쑤】[名] 特にいい運勢.
별-수단 (別手段) [名] 特別な手段; 色々な手段.
별-스럽다 (別—) 【-따】[形] 『ㅂ変』 おかしい; 風変わりだ. ‖행동거지가 별스러운 사람 挙動がおかしい人. 별스러운 복장 風変わりな服装. **별스레** [副]
별식 (別食) 【-씩】[名] 特別おいしい食べ物.
별실 (別室) 【-씰】[名] 別室.
별안-간 (瞥眼間) /pjɔrangan/ [副] 突然; いきなり; 急に; にわかに; ふと. ‖별안간 들이닥친 손님 突然訪れた客. 별안간 떠오른 생각 急に思いついたこと.
별의-별 (別—別) 【-/벼레-】[冠] ありとあらゆる; 諸々の; 色々な; 様々な. ‖서가에는 별의별 책이 다 꽂혀 있다 書棚には様々な本が並んでいる.
별-일 (別—) /pjɔlli:l/ 【-릴】[名] ❶普通と変わったこと. ‖별일 없으십니까? お変わりありませんか. ❷珍しいこと; 色々なこと; 様々なこと. ❸〔下に打ち消しの表現を伴って〕大したことではない. ‖별일 아니다 大したことではない.
별-자리 [名] (天文) 星座. [類] 성좌(星座).
별장 (別莊) 【-짱】[名] 別荘.
별정-직 (別定職) 【-쩡-】[名] 特別職. ✣国家公務員法適用外公務員.
별종 (別種) 【-쫑】[名] ❶別種. ❷変人. ‖저 별종! あの変人!
별지 (別紙) 【-찌】[名] 別紙.
별-지장 (別支障) [名] 支障; 差し支え; 差し障り; さまたげ. ‖별지장이 없으면 대답해 주세요 差し支えがなければ答えてください.
별-채 (別—) [名] 離れ(家).
별책 (別冊) [名] 別冊. ‖별책 부록 別冊付録.
별-천지 (別天地) [名] 別天地; 別世界.
별칭 (別稱) [名] 別称.
별-표[1] (—標) [名] 星印; アステリスク(*).
별표[2] (別表) [名] 別表.
별항 (別項) [名] 別項.
볍-씨 [名] 種籾(たねもみ).
볏[1] 【볃】[名] とさか.
볏[2] 【볃】[名] すきの刃.
볏-가리 【벼까-/볃까-】[名] 稲むら.
볏-단 【벼딴/볃딴】[名] 稲の束. ‖볏단을 쌓아 올리다 稲の束を積み上げる.
볏-섬 【벼썸/볃썸】[名] 米俵.
볏-짚 【벼찝/볃찝】[名] 稲わら; わら. [略] 짚.
병[1] (丙) [名] (十干の)丙(ひのえ).
병[2] (兵) [名] 将棋の駒の一つ.
병[3] (病) /pjɔ:ŋ/ [名] ❶病気; 病(やまい); 病(びょう). ‖병이 나다[들다] 病気になる. 병에 걸리다 病気にかかる; 病に冒される. 중병 重病; 大病. 불치의 병 不治の病. 전염병 伝染病. 심장병 心臓病. ❷悪い癖; 欠点; 弱点; 問題. ‖술을 너무 좋아하는 게 병이다 酒好きなのが問題だ.

병-문안 (病問安) 图 하他 病気見舞い.

병⁴ (甁) /pjɔŋ/ 图 瓶. ‖병이 깨지다 瓶が割れる. 맥주 세 병 ビール3本.
—依名 …本. ‖맥주 세 병 ビール3本.

병가 (病暇) 图 病欠；療養休暇.

병-간호 (病看護) 图 하他 看病.

병결 (病缺) 图 하自 病欠.

병고 (病苦) 图 病苦. ‖병고에 시달리다 病苦に苦しむ. 병고를 이겨내다 病苦に打ち克つ.

병골 (病骨) 图 病弱な人.

병-구완 (病-) 图 하他 看病；介護.

병균 (病菌) 图 病菌；ばい菌.

병기¹ (兵器) 图 (軍事) 兵器.
 병기-고 (兵器庫) 图 (軍事) 兵器庫.
 병기-창 (兵器廠) 图 (軍事) 兵器廠.

병기² (併記) 图 하他 併記.

병-나다 (病-) 图 ❶病気になる. ❷不具合だ.

병-나발 (←甁喇叭) 图 らっぱ飲み. ▶병나발을 불다 らっぱ飲みする.

병동 (病棟) 图 病棟.

병-들다 (病-) /pjɔːŋdɯlda/ 图 [ㄹ語幹] [병들어, 병든다] 病気にかかる；病む；患う. ‖마음이 병들다 心を病む.

병-따개 (瓶-) 图 栓抜き.

병력¹ (兵力) [-녁] 图 兵力.

병력² (病歷) [-녁] 图 病歷.

병렬 (並列) [-녈] 图 하他 並列. 반 직렬 (直列). ‖병렬 회로 並列回路.

병리 (病理) [-니] 图 病理.
 병리-적 (病理的) 图 病理的な. ‖병리적인 요인 病理的な要因.
 병리-학 (病理學) 图 病理学.

병립 (竝立) [-닙] 图 하自 並立.

병마¹ (兵馬) 图 兵馬.

병마² (病魔) 图 病魔. ‖병마에 시달리다 病魔に苦しめられる.

병-마개 (瓶-) 图 瓶の栓. ‖병마개를 따다 瓶の栓を抜く.

병명 (病名) 图 病名.

병목 (瓶-) 图 瓶の首.
 병목-현상 (瓶-現象) 【-모컨-】图 ボトルネック (現象).

병무 (兵務) 图 兵務；軍務.
 병무-청 (兵務廳) 图 (行政) 防衛省に当たる韓国政府の傘下機関の一つ.

병발 (竝發・併發) 图 하自 併発.

병법 (兵法) [-뻡] 图 兵法.
 병법-서 (兵法書) 【-뻡씨】图 兵法書.

병사¹ (兵士) 图 (軍事) 兵士.

병사² (兵舍) 图 (軍事) 兵舎；兵営.

병사³ (病死) 图 하自 病死.

병살 (併殺) 图 (野球で) 併殺；ダブルプレー；ゲッツー.
 병살-타 (併殺打) 图 (野球で) 併殺打.

병상 (病床) 图 病床. ‖병상에 누워 있다 病床に伏している. 병상 일지 病状日誌.

병색 (病色) 图 病人のような顔色.

병서 (兵書) 图 兵書.

병석 (病席) 图 病席.

병설 (竝設・倂設) 图 하他 併設. ‖초등학교 병설 유치원 小学校併設幼稚園.

병세 (病勢) 图 病勢；病状. ‖병세가 조금씩 호전되다 病状が少しずつ好転する. 병세가 점점 악화되다 病状がだんだん悪化する.

병소 (病巢) 图 病巣.

병-술 (甁-) [-쑬] 图 瓶入りの酒.

병-시중 (病-) 图 하他 看病；病人の世話. ‖병시중을 들다 病人の世話をする.

병신 (病身) 图 ❶(さげすむ言い方で) 身体障害者. ‖다리 병신 足が不自由な人. ❷ばか.

병실 (病室) 图 病室.

병아리 /pjəŋari/ 图 ひよこ；ひな.

병약-하다 (病弱-) [-야카-] 图[하変] 病弱だ. ‖병약한 아이 病弱な子ども.

병어 (魚名) 图 (魚介類) マナガツオ (真魚鰹).

병역 (兵役) 图 兵役. ‖병역 제도 兵役制度. 병역의 의무 兵役の義務. 병역을 마치다 兵役を終える.

병영 (兵營) 图 (軍事) 兵営；兵舎.

병용 (竝用・倂用) 图 하他 併用.

병원 (病院) /pjəŋwon/ 图 病院. ‖병원에 가다 病院に行く. 병원에 입원하다 病院に入院している. 대학 부속 병원 大学付属病院. 종합 병원 総合病院. 정신 병원 精神病院.

병원² (病原) 图 病原.
 병원-균 (病原菌) 图 病原菌.
 병원-체 (病原體) 图 病原体.

병자 (病者) 图 病人；患者. ‖병자를 돌보다 病人の世話をする.

병자-호란 (丙子胡亂) 图 (歷史) 丙子 (ᄑ゛゛) の乱. ✚ 1636年, 丙子の年に起きた中国の清による朝鮮侵入.

병적¹ (兵籍) 图 兵籍.

병-적² (病的) [-쩍] 图 病的.

병정 (兵丁) 图 兵丁.
 병정-놀이 (兵丁-) 图 兵隊ごっこ.

병-조림 (甁-) 图 하他 瓶詰め.

병졸 (竝卒) 图 兵卒.

병졸 (兵卒) 图 (軍事) 兵卒.

병종 (丙種) 图 (甲・乙・丙・丁に分類した時の) 丙種.

병충-해 (病蟲害) 图 病虫害.

병치-돔 (魚介類) 图 ヒシダイ (菱鯛).

병-치레 (病-) 图 病を患うこと. ‖병치레가 잦다 病気がちだ.

병폐 (病弊) 图 [-/-폐] 病弊；弊害.

병풍 (屛風) 图 屛風 (びょうぶ).

병합(併合) [명] [하타] 併合.

병행(竝行) [명] [하타] 並行. ‖공부와 운동을 병행해서 하다 勉強と運動を並行してする. 두 종류의 조사를 병행해서 실시하다 二種の調査を並行して行なう.

병환(病患) [명] [병(病)の尊敬語] ご病気. ‖할아버지께서는 병환으로 입원해 계십니다 祖父は病気で入院しています.

별 /pjət/ [명] [햇별の略語] 日差し. ‖봄별 春の日差し. 별이 들다 日が差す; 日が当たる.

보[1](洑) [명] 灌漑用の堰[せき].

보[2](褓) [명] ❶ふろしき. ❷(じゃんけんの)パー.

보[3](步) [依] 歩数を数える語: …歩.

-보[4](補) [接尾] [官職名の後に付いて] 補佐であることを表わす: …補佐. ‖차관보 次官補佐.

보강[1](補強) [명] [하타] 補強. ‖전력을 보강하다 戦力を補強する. **보강-되다** [受身]

보강[2](補講) [명] [하타] 補講.

보건(保健) [명] 保健. ‖보건 위생 保健衛生. 세계 보건 기구 世界保健機関(WHO).

보건-복지부(保健福祉部) [-찌-] [명] [行政] 厚生労働省.

보건-소(保健所) [명] 保健所.

보결(補缺) [명] 補欠. ‖보결로 합격되다 補欠で合格する.

보결-생(補缺生) [-쌩] [명] 補欠で決まった学生.

보결-선거(補缺選擧) [명] ⇒보궐선거(補闕選擧).

보고[1](寶庫) [명] 宝庫. ‖수산 자원의 보고 水産資源の宝庫.

보고[2](報告) /po:go/ [명] [하타] 報告. ‖일본 경제의 현황에 대하여 보고하다 日本経済の現況について報告する. 상사에게 결과를 보고하다 上司に結果を報告する. **보고-되다**[-돠다] [受身] ‖부하로부터 결과를 보고받다 部下から結果の報告を受ける.

보고-서(報告書) [명] 報告書.

보고[3](報告) [人称代名詞·人名に付いて] …に; …に向かって. ‖너보고 하는 소리가 아니야 お前に(向かって)言ったんではない. 나보고 어떻게 하라는 거니? 私にどうしろと言うの.

보관(保管) [명] [하타] 保管. ‖금고에 보관하다 金庫に保管する. **보관-되다** [受身]

보관-료(保管料) [-뇨] [명] 保管料.
보관-증(保管證) [-쯩] [명] 保管証.
보관-함(保管函) [명] 保管箱.

보국-훈장(保國勳章) [-꾼-] [명] 国の安保に寄与した人に与える勲章. ‡통일장(統一章)·국선장(國仙章)·천수장(天授章)·삼일장(三一章)·광복장(光復章)の5種類がある.

보궐(補闕) [명] [하타] 補闕.
보궐-선거(補闕選擧) [명] 補欠選擧. ⊗보선(補選).

보균(保菌) [명] [하타] 保菌.
보균-자(保菌者) [명] 保菌者; キャリア.

보글-거리다 [자] (液体などが)ぐらぐら沸く; ぶくぶく(と)泡が立つ; ぐつぐつ(と)煮える. ‖찌개가 보글거리며 끓고 있다 チゲがぐつぐつと煮ている. ⊕부글거리다.

보글-보글 [부] [하타] ぐらぐら(と); ぶくぶく(と); ぐつぐつ(と). ⊕부글부글.

보금-자리 /pogumdʑari/ [명] 巣; ねぐら; スイートホーム. ‖사랑의 보금자리 愛の巣. 보금자리로 돌아가다 ねぐらに帰る.

보급[1](普及) /po:gɯp/ [명] [하타] 普及. ‖당시 컴퓨터는 지금만큼 보급되지 않았다 当時コンピューターは今ほど普及していなかった.

보급-판(普及版) [명] 普及版.

보급[2](補給) /po:gɯp/ [명] [하타] 補給. ‖비행기에 연료를 보급하다 飛行機に燃料を補給する. 보급 기지 補給基地. 영양 보급 栄養の補給. **보급-되다** [受身]

보급-로(補給路) [-금노] [명] 補給路. ‖보급로를 차단당하다 補給路が絶たれる.
보급-망(補給網) [-금-] [명] 補給網.
보급-선(補給線) [-썬] [명] ⇒보급로(補給路).
보급-품(補給品) [명] 補給品.

보기[1] 〔본보기の略語〕例; 見本. ‖보기를 들어 주세요 例を挙げてください.

보기[2] (bogey) [명] (ゴルフで)ボギー.

보깨다 [자] ❶胃がもたれる. ❷うまくいかなくて憂鬱だ.

보내 보내다(送る)の連用形.

보내기-번트 (−bunt) [명] (野球で)送りバント.

보내는 [冠] 보내다(送る)の現在連体形.

보내다 /pone:da/ [타] ❶(人や物を)送る;(信号·視線などを送る;(歳月を)送る. ‖아들에게 생활비를 보내다 息子に生活費を送る. 신호를 보내다 信号を送る. 메일을 보내다 メールを送る. 번트로 이루로 보내다 バントで二塁へ送る. 성원을 보내다 声援を送る. 추파를 보내다 秋波を送る. 심심한 나날을 보내다 退屈な日々を送る. ❷贈る. ‖생일 선물을 보내다 誕生日プレゼントを贈る. 찬사를 보내다 賛辞を呈する. ❸(手紙などを)出

す。‖편지를 보내다 手紙を出す。❹ 見送る。‖친구를 보내러 역까지 가다 友だちを見送りに駅まで行く。❺ (時を)過ごす。‖활기찬 나날을 보내다 活気溢れる日々を過ごす。❻ (人を行かせる; 人をどこかに)出す; 結婚させる。‖심부름을 보내다 お使いに行かせる。아들을 장가보내다 息子を結婚させる。딸을 시집보내다 娘を結婚させる。❼ 供給する。‖전기를 보내다 電気を供給する。

보낸 冠 보내다(送る)の過去連体形。

보낼 冠 보내다(送る)の未来連体形。

보너스 (bonus) /po:nɔsɯ/ 名 ボーナス; 賞与。‖보너스를 타다[받다] ボーナスをもらう。

보는 冠 보다(見る)の現在連体形。

보닛 (bonnet) 名 ❶ 婦人・子どもの帽子。❷ (自動車の前部の)エンジン部分のカバー。

보다¹ /poda/ 他 ❶ 見る; 目にする。‖건물을 정면에서 보다 建物を正面から見る。보기에도 강해 보이는 남자 見るからに強そうな男。불꽃놀이를 보러 가다 花火を見に行く。텔레비전에서 야구를 보다 テレビで野球を見る。맛을 보다 味を見る。손금을 보다 手相を見る。보면 볼수록 귀여운 아이 見れば見るほどかわいい子。말을 끄집어낼 기회를 보다 言い出す機会を見る。사람을 보는 눈이 없다 人を見る目がない。아이 공부를 좀 봐 주시면 좋겠어요 うちの子の勉強を見てもらいたいです。의견의 일치를 보다 意見の一致を見る。해결을 보다 解決を見る。전례를 볼 수 없는 前例を見ない。회사 경리를 보다 会社の経理をする。사태를 심각하게 보다 事態を重く見る。우습게 보다 甘く見る。보다 못해 도와 주다 見かねて手伝ってあげる。가끔 보는 광경 たまに目にする光景。피카소의 게르니카를 처음 본 것은 고등학교 때였다 ピカソのゲルニカを初めて目にしたのは高校の時だった。֍ 보이다。֍ 보이다。❷ 会う。‖가끔은 어머니가 보고 싶다 たまには母に会いたい。내일 도서관에서 보자 明日図書館で会おう。❸ 見かける。‖역에서 자주 보는 사람 駅でよく見かける人。지금까지 몇 번인가 본 적이 있는 여자였다 今まで何度か見かけたことのある女性だった。❹ 受ける。‖시험을 보다 試験を受ける。면접을 보다 面接を受ける。❺ (結果を) 得る; 迎える。‖득을 보다 得をする。손해를 보다 損する。피해를 보다 被害をこうむる。손자를 보다 孫を得る。며느리를 보다 嫁を迎える。❻ 大小便をする。‖대변[소변]을 보다 大便[小便]をする。❼ 買い物をする。‖장을 보러 가다 買い物に行く。❽ お見合いをする。‖선을 보다 お見合いをする。‖보란 듯이 これ見よがしに。▶볼 낯이 없다 合わせる顔がない。▶볼 장을 다 보다 万事休す; おしまいだ。▶보기 좋은 떡이 먹기도 좋다 (諺) (「見かけのよい餅が食べやすい」の意で) 見かけのよいものは内容もよいものだ。

보다² /poda/ 補動 ❶ 試しにするという意味を表わす: …てみる。‖먹어 보다 食べてみる。만나 보다 会ってみる。한국에 가 본 적이 없다 韓国に行ったことがない。한 번도 먹어 본 적이 없다 一度も食べたことがない。❷ [… (으)니 보니の形で] … (して)いたら; … (している)うちに。‖놀다 보니 열 시있다 遊んでいたら, 10時だった。

보다³ 補動 推測や漠然とした気持ちを表わす: …ようだ; …らしい; …ようかな。‖워낙 바쁜가 보다 相当たいそう忙しいようだ。비가 오나 보다 雨が降っているようだ。회사를 그만둘까 보다 会社を辞めようかな。저 두 사람은 사이가 안 좋은가 보다 あの 2 人は仲がよくないようだ。

보다⁴ 副 より。‖보다 바람직한 미래가 望ましい未来 より 建設的な意見が 建設的な意見。

보다⁵ /poda/ 助 …より。‖여동생보다 키가 작다 妹より背が低い。예전보다 좋아졌다 昔よりよくなった。영화가 생각했던 것보다 재미있었다 映画が思ったより面白かった。

보답 (報答) /po:dap/ 名ハ他 恩返し; 報い。‖은혜에 보답하다 恩返しをする。恩に報いる。어떤 보답도 바라지 않습니다 何の報いも求めません。

보도¹ (歩道) 名 歩道。‖횡단보도 横断歩道。보도 쪽으로 걷다 歩道の方を歩く。

보도² (報道) /po:do/ 名ハ自他 報道。‖사건을 보도하다 事件を報道する。신문보도 新聞報道。**보도-되다** 自。

보도-관제 (報道管制) 名 報道管制。

보도-기관 (報道機関) 名 報道機関。

보도-진 (報道陣) 名 報道陣。

보도³ (補導) 名ハ他 補導。

보도⁴ (宝刀) 名 宝刀。‖전가의 보도 伝家の宝刀。

보드득 副ハ自他 歯など堅いものを強くこすり合わせる時の音: ぎしぎし(と); ぎりぎり(と)。‖이를 보드득 갈다 ぎしぎしと歯ぎしりする。֍ 부득。 **보드득-보드득** 副ハ自他。

보드득-거리다[-대다] [ー껴[때] ー] 自他 ぎりぎりと音がする[音を立てる]。

보드랍다 [-따] 形 [ㅂ変] ❶ やわらかくて手触りがいい。‖아기의 보드라운 살결 赤ちゃんのやわらかい肌。❷ (粉など)の目が細かい。‖보드라운 흙 目の細かい土。ֈ 푸드럽다。

보들보들-하다 形[하変] なめらかだ; やわらかだ; しなやかだ。‖피부가 보들보

보디 (body) 图 ボディー. ❶身体. ❷(自動車などの)車体. ❸(ボクシングで)腹部.
보디가드 (bodyguard) 图 ボディーガード.
보디-랭귀지 (body language) 图 ボディーランゲージ.
보디-로션 (body lotion) 图 ボディーローション.
보디-블로 (body blow) 图 (ボクシングで)ボディーブロー.
보디빌딩 (body-building) 图 ボディービル.
보디-페인팅 (body painting) 图 ボディーペインティング.
보-따리 (褓-) 图 ふろしき包み. ‖옷보따리 服の包み. ▶보따리를 싸다 「(荷づくりをする」の意で)今までの関係を断つ; 職場を辞める.
― 依之 ―,
보따리-장수 (褓-) 图 行商人; 小商い.
보라 紫.
보라-색 (-色) 图 紫色.
보락-빛 [-락삔/-랃삔] 图 紫; 紫色.
보라-매 孵化して1年足らずの狩猟用の鷹.
보람 /poram/ 图 甲斐; 効果; きき目. ‖삶의 보람을 느끼다 生き甲斐を感じる. 충고한 보람이 없다 忠告してもきき目がない.
보람-되다 [-/-돼-] 形 やり甲斐がある. ‖보람된 일을 하고 싶다 やり甲斐のある仕事をしたい.
보람-차다 形 張り合いがある. ‖보람찬 하루를 시작하다 張り合いのある一日をスタートさせる.
보로통-하다 [하요] 形 ❶脹れている; 膨らんでいる. ❷不機嫌そうだ; 脹れっ面をしている; むっとしている. ‖보로통한 얼굴 むっとした顔. 보로통해서 한 척도 없이 脹れっ面をしてそっぽを向く. 图 부루퉁하다.
보료 图 貴人の部屋に敷いてある分厚い敷物.
보루 (堡壘) 图 堡壘.
보류 (保留) /po:rju/ 图 他 保留; 留保. ‖발표를 보류하다 発表を保留する. 채용을 보류하다 採用を留保する.
보류-되다 受動.
보름 (-) 图 ❶15日間. ❷ 보름날の略語.
보름-날 图 陰曆の15日. 图 보름.
보름-달 [-딸] 图 満月; 十五夜の月. ‖보름달이 또 満月が昇る.
보름-치 图 給料の半月分.
보리 /pori/ 图 ムギ(麦); オオムギ(大麦). 图 대맥(大麥).
보리-누룩 图 麦麴(麴).

보리-등겨 图 麦ぬか.
보리-밟기 [-밥끼] 图 自 麦踏み.
보리-밥 图 麦飯.
보리-밭 [-받] 图 麦畑.
보리-쌀 图 精白した麦.
보리-차 (-茶) 图 麦茶.
보리-타작 (-打作) 图 自他 麦落とし; 麦打ち.
보리-피리 图 麦笛.
보릿-고개 [-리꼬-/-릳꼬-] 图 食糧事情が厳しい春の端境(はざかい)期.
보릿-자루 [-리짜-/-릳짜-] 图 麦俵.
보릿-짚 [-리찝/-릳찝] 图 麦わら.
 ▶보릿짚모자 麦わら帽子.
보리-새우 (魚介類) クルマエビ(車海老).
보리-수 [1] (菩提樹) 秋葉黄(ぐみ)の実.
보리-수 [2] (菩提樹) 图 (植物) ボダイジュ(菩提樹).
보모 (保姆) 图 保母.
보무 (步武) 图 足どり; 歩み. ‖보무도 당당히 足どりも堂々と.
보물 (寶物) /po:mul/ 图 宝物; 宝; 財宝.
보물-섬 (寶物-) 【-섬】 图 宝島.
보물-찾기 (寶物-)【-찯끼】 图 他 宝探し.
보배 (-寶貝) 图 宝; 財宝. ‖어린이는 나라의 보배 子どもは国の宝.
보병 (步兵) (軍事) 步兵.
보병-대 (步兵隊) (軍事) 步兵隊.
보복 (報復) /po:bok/ 图 他動 報復.
 ‖보복 관세 報復関税. 보복 조치 報復措置. 보복 행위 報復行為.
보복-당하다 受動.
보부-상 (褓負商) (歷史) 行商人.
보빈 (bobbin) 图 ボビン.
보살 (菩薩) (佛教) 菩薩.
보살피다 /posalpʰida/ 他 面倒を見る; 人の世話をする. ‖병든 노모를 보살피다 病気の老母の世話をする.
보상 [1] (報償) 图 他動 報償; 償い. **보상-받다** 受動.
보상-금 (報償金) 图 報償金.
보상 [2] (補償) 图 他動 補償. ‖보상을 요구하다 補償を要求する. 형사 보상 刑事補償. **보상-받다** 受動.
보색 (補色) (色) 補色; 反対色.
보석 [1] (保釋) (法律) 保釈.
보석-금 (保釋金)【-끔】 图 保釈金. ‖보석금을 내고 출소하다 保釈金を払って出所する.
보석-원 (保釋願) 图 保釈願い.
보석 [2] (寶石) /po:sək/ 图 宝石; 宝玉.
 ‖많은 보석을 박은 왕관 多くの宝石をちりばめた王冠.
보석-상 (寶石商) 【-쌍】 图 宝石商.
보석-함 (寶石函) 【-서캄】 图 宝石箱.
보선 [1] (保線) 图 他動 保線(鉄道線路

보선의 안전을 보전(保全)하는 것).

보선² (普選) 〔「보통 선거(普通選擧)」의 略稱〕 普選.

보선³ (補選) 〔「보궐 선거(補闕選擧)」의 略稱〕 補欠選擧.

보세 (保稅) 图 保稅(관세의 부과가 보류되는 것).
- **보세-공장** (保稅工場) 图 保稅工場.
- **보세-구역** (保稅區域) 图 保稅地域.
- **보세-창고** (保稅倉庫) 图 保稅倉庫.
- **보세-품** (保稅品) 图 保稅狀態에 있는 物品.

보송-보송 圄 形動 ❶ (洗濯物 등이) 잘 말라 있는 모양. ‖빨래가 보송보송하게 마르다 洗濯物がからからに乾く. ❷ 살이 부드럽게 매끄러운 모양: すべすべ. ‖아기 피부가 보송보송하다 赤ちゃんの肌がすべすべだ.

보수¹ (保守) /po:su/ 图 하也 保守. ‖보수 세력 保守勢力.
- **보수-당** (保守黨) 图 保守黨.
- **보수-적** (保守的) 图 保守的. ‖보수적인 사고방식 保守的な考え方.
- **보수-파** (保守派) 图 保守派.

보수² (補修) 图 하也 補修. ‖보수 공사를 하다 補修工事をする.

보수³ (報酬) /po:su/ 图 報酬; 御礼. ‖아르바이트의 보수 アルバイトの報酬. 보수를 지불하다 報酬を支払う.

보스 (boss) 图 ボス.

보스니아-헤르체고비나 (Bosnia-Herzegovina) 图 (國名) ボスニアーヘルツェゴビナ.

보스락 圄 하也動 枯れ葉など乾いたものが触れ合って発する音: かさかさ. ⓒ부스럭. **보스락-보스락** 圄 하也動

보스락-거리다[-대다] 〔-ㄹ거렸;-ㅆ-〕自他 がさっく; かさかさ音がする; がさつかせる. ‖낙엽이 보스락거리다 枯れ葉がかさかさ(と)音を立てる. ⓒ부스럭거리다.

보슬 圄 (雨が)しとしと(と)降る.

보슬-보슬¹ 雨・雪が静かに降る様子: しとしと. ‖보슬보슬 내리는 봄비 しとしと(と)降る春雨. ⓒ부슬부슬.

보슬-보슬² 圄 하也動 水分や粘り気がなく, もろく砕ける様子: ぽろぽろ; ぽろぽろ; ばらばら.

보슬-비 /posulbi/ 图 小雨; 霧雨; 細雨. ‖보슬비가 내리다 小雨が降る. ⓒ부슬비.

보습 (補濕) 图 保濕. ‖보습 효과가 뛰어난 화장품 保濕效果の高い化粧品.

보시 (-布施) 图 하也 布施. ‖보싯돈 布施の金.

보시기 图 陶器の小鉢.

보신¹ (保身) 图 하也 保身.
- **보신-술** (保身術) 图 保身の術.
- **보신-용** (保身用) 图 保身用; 護身用.
- **보신-책** (保身策) 图 保身のための策.

보신² (補身) 图 하也 强壯剤や栄養食品などで身体の健康を保つこと.

보신-탕 (補身湯) 图 〔料理〕 ポシンタン(犬肉のスープ).

보-쌈 (褓-) 图 〔料理〕 牛肉や豚肉を煮込んで布で包んで圧縮したもの.

보쌈-김치 (褓-) 图 〔料理〕 ポサムキムチ(塩漬けした白菜に様々な薬味を入れ, 白菜の葉で包んで漬けたキムチ).

보아 國 보다(見る)の連用形.

보아-주다 恫 見逃す; 大目に見る. ‖이번 한 번만 보아주세요 今回だけ大目に見てください. ⓒ봐주다.

보아-하니 國 見たところ; 察するに; 察するに. ‖보아하니 돈이 없는 것 같다 見たところ, お金がなさそうだ. 보아하니 누가 시킨 것 같다 察するに, 誰かの差し金のようだ.

보아-한들 圄 どう見ても; どう考えても. ‖보아한들 이번 시험은 어려울 것 같다 どう見ても 今回の試験は難関そうだ.

보안 (保安) 图 하也 保安. ‖보안을 유지하다 保安を保つ.
- **보안-관** (保安官) 图 保安官.
- **보안-등** (保安燈) 图 保安灯.
- **보안-법** (保安法) 图 〔略〕 〔法律〕 〔「국가 보안법(國家保安法)」の略稱〕 國家保安法.

보약 (補藥) 图 補薬.

보양 (保養) 图 하也 保養. ‖보양지 保養地.

보얗다 【-야타】 圈 ㅎ變 かすんでいる; 白っぽい. ‖안개가 보얗게 끼어 있다 もやが白く立ち込めている. ⓒ부옇다.

보얘-지다 恫 曇る; かすむ; ぼやける. ⓒ부예지다.

보어 (補語) 图 〔言語〕 補語.

보여¹ 国 보이다(見える)の連用形.

보여² 恫 보이다(見せる)의 連用形.

보온 (保溫) 图 하也 保溫. ‖보온 장치 保溫裝置.
- **보온-밥통** (保溫-桶) 图 (ご飯を入れる)ジャー.
- **보온-병** (保溫甁) 图 魔法瓶.

보완 (補完) 图 하也 補う; 補うこと. ‖결점을 보완하다 欠点を補完する[う].
- **보완-책** (補完策) 图 補完策.

보우 (保佑) 图 하也 加護.

보위 (寶位) 图 宝位; 皇位; 宝座.

보유 (保有) 图 保有. ‖외화 보유고 外貨保有高. 핵 보유국 核保有國.

보육 (保育) 图 保育.
- **보육-기** (保育器) 【-끼】 图 保育器. ⓒ인큐베이터.
- **보육-원** (保育院) 图 孤兒院.

보은(報恩) 图 (하면) 報恩; 恩返し.
보이 (boy) 图 ウエーター. ⇒웨이터.
보이는¹ 固 보이다(見える)의 현재 연체형.
보이는² 他 보이다(見せる)의 현재 연체형.
보-이다¹ /poida/ 固 〔보다의 수동동사〕❶ 보이다. ‖저기 보이는 게 일본에서 가장 높은 건물이다 あそこに見えるのが日本で一番高い建物だ. 눈물이 많은 사람처럼 보이다 涙もろい人に見える. 칠판의 글씨가 잘 안 보이다 黑板の字がよく見えない. 조금도 반성의 기색이 안 보이다 少しも反省の色が見えない. ❷ 見つかる. ‖안경이 안 보인다 眼鏡が見つからない. ❸ 映る. ‖텔레비전이 잘 보이는 안테나 テレビがよく映るアンテナ. 그 사람의 태도가 어른들한테는 건방지게 보였다 彼の態度が大人たちには生意気に映った.

보-이다² /poida/ 他 ❶〔보다의 사역동사〕보이다; 見せる. ‖눈물을 보이다 涙を見せる. 애를 의사한테 한번 보이는 게 좋겠다 子どもを一度医者に見せた方がいいと思う. 저 빨간 구두 좀 보여 주세요 あの赤い靴をちょっと見せてください. ❷ 示す; 呈する. ‖아이가 산수에 흥미를 보이기 시작했다 子どもが算数に興味を示し始めた. 후배들에게 모범을 보이다 後輩たちに模範を示す. 말기 증세를 보이다 末期症状を呈する.

보이다³ 補動 〔主に形容詞語幹+아[어・여]の後ろで〕…く見える; …そうに見える. ‖낡아 보이다 古く見える. 매우 힘들어 보이다 辛そうに見える. 행복해 보이는 두 사람 幸せそうに見える2人.
보이스카우트 (Boy Scouts) 图 ボーイスカウト.
보이콧 (boycott) 图 (하면) ボイコット.
보인¹ 固 보이다(見える)의 과거 연체형.
보인² 他 보이다(見せる)의 과거 연체형.
보일¹ 固 보이다(見える)의 미래 연체형.
보일² 他 보이다(見せる)의 미래 연체형.
보일락말락-하다 [-랑-카라-] 固 [하변] 見え隠れする. ‖해가 구름 사이로 보일락말락했다 太陽が雲の間に見え隠れした.
보일러 (boiler) 图 ボイラー.
보임 (補任) 图 補任.
보자기 (褓-) 图 ふろしき.
보잘것-없다 /podʑal ˈkʌdɯpˈtʰa/ 〔-꺼딥따〕 형 ❶ 見る価値がない; 見るに足りない; 取るに足らない; つまらない. ‖보잘것없는 선물 つまらないプレゼント. ❷ みすぼらしい; しがない. **보잘것없-이** 副

보장 (保障) /poˈdʑaŋ/ 图 (하면) 保障. ‖노후를 보장하다 老後を保障する. 안전 보장 安全保障. 사회 보장 社会保障. **보장-되다**[-받다]
보전¹ (保全) 图 (하면) 保全. ‖영토를 보전하다 領土を保全する.
보전² (補塡) 图 (하면) 補塡.
보정 (補正) 图 (하면) 補正. ‖보정 예산 補正予算.
보정² (補整) 图 (하면) 補整.
보조¹ (步調) 图 步調; 足並み. ‖보조를 맞추다 步調を合わせる; 足並みをそろえる.
보조² (補助) /poˈdʑo/ 图 (하면) 補助. ‖학자금을 보조하다 学資金を補助する.
보조-금 (補助金) 图 補助金. ‖정부 보조금의 補助金.
보조-동사 (補助動詞) 图 《言語》補助動詞(ほじょどうし).
보조-비 (補助費) 图 補助費.
보조-원 (補助員) 图 補佐.
보조-적 (補助的) 形動 補助的. ‖보조적인 역할 補助的な役割. 보조적 수단 補助的手段.
보조 형용사 (補助形容詞) 图 《言語》補助形容詞(ほじょけいようし). 動詞・形容詞の活用語尾に付いて補助的役割を担う形容詞. ←먹고 싶다・예쁘지 않다での싶다・않다など.
보조-화폐 (補助貨幣) 图 [-/-폐] 補助貨幣.
보조견 (-犬) 图 えくぼ. ‖보조개가 팬 얼굴 えくぼができる顔.
보-조사 (補助詞) 图 《言語》副助詞.
보족 (補足) 图 (하면) 補足.
보존 (保存) /poˈdʑon/ 图 (하면) 保存. ‖사적을 보존하다 史蹟を保存する. 소금에 절여서 보존하다 塩に漬けて保存する. 보존 식품 保存食. 종족 보존 種族保存. **보존-되다**
보좌 (補佐·輔佐) 图 (하면) 補佐. ‖대통령을 보좌하다 大統領を補佐する.
보좌-관 (補佐官) 图 補佐官.
보증 (保證) /poˈdʑɯŋ/ 图 (하면) 保証; 保証人. ‖신원을 보증하다 身元を保証する. 빚 보증을 서다 借金の保証人になる.
보증-금 (保證金) 图 保證金. ‖보증금을 걸다 保証金をかける.
보증-서 (保證書) 图 保證書.
보증 수표 (保證手票) 图 《経》保證小切手.
보증-인 (保證人) 图 保證人. ‖보증인을 세우다 保証人を立てる.
보증-주 (保證株) 图 《経》保證株.
보증-준비 (保證準備) 图 《経》保證準備.
보증 채무 (保證債務) 图 《経》保證債務.
보지 图 女陰; 女性の陰部.

보지²(保持)【图】⑩他 保持. ∥선수권 보지자 選手権保持者.

보직(補職)【图】 補職.

보-집합(補集合)【-지팝】【图】《数学》 補集合; ⑩여집합(餘集合).

보채다 /potʰeda/ 圓 ❶ 무릎가다. 아기가 보채다 赤ん坊がむずかる. ❷ 떼쓰; 세가. ∥용돈을 달라고 보채다 小遣いをせがむ.

보청-기(補聴器)【图】 補聴器.

보초(歩哨)【图】 歩哨. ∥보초를 서다 歩哨に立つ.

보초-병(歩哨兵)【图】 歩哨兵.
보초-선(歩哨線)【图】 歩哨線.

보충(補充)【图】⑩他 補充; 補足; 補うこと. ∥결원을 보충하다 欠員を補充する. 설명을 보충하다 説明を補足する. 보충 수업 補習.
보충-병(補充兵)《軍事》補充兵.

보츠와나(Botswana)【国名】ボツワナ.

보칙(補則)【图】《法律》 補則; 付則.

보컬(vocal)【图】《音楽》 ボーカル.
보크(balk)【图】《野球で》ボーク.
보-타이(bow tie)【图】 ボータイ; 蝶ネクタイ.

보태다 /potʰeda/ 圓 ❶ 加える; 足して増やす. ∥이 돈까지 보태면 오만 원입니다 このお金を足すと 5 万ウォンになります. 학비에 보태려고 아르바이트를 하고 있다 学費の足しにするため、アルバイトをしている. ❷ 付け加える. ∥두 문장을 두 줄 더 보태다 文章を 2 行付け加える.

보통(普通) /po:tʰoŋ/【图】 普通; 並. ∥보통 명사 普通名詞. 보통 일이 아니다 並たいていのことではない. 보통 사람으로는 생각할 수 없는 並の人間には考えられないこと.
―퇴 普通; たいてい; 一般に. ∥우편물은 보통 삼 일 걸린다 郵便は普通 3 日かかる. 보통 사전에 통기를 한다 普通, 事前に連絡する.

보통-교육(普通教育)【图】 普通教育.
보통-명사(普通名詞)【图】《言語》 普通名詞.
보통-선거(普通選挙)【图】 普通選挙.
보통-세(普通税)【-쎄】【图】《法律》 普通税. ⑦목적세(目的税).
보통-예금(普通預金)【-녜-】【图】 普通預金.
보통-우편(普通郵便)【图】 普通郵便.
보통-주(普通株)【图】 =통상주(通常株).
보통-내기(普通-)【图】 ただ者; 普通の人; 尋常な者. ∥눈을 보니 보통내기가 아니다 目を見る限りただ者ではない.

보-퉁이(褓-)【图】 包み; ふろしき包み. ∥선물 보퉁이를 풀다 おみやげの包みを開ける.

보트(boat)【图】ボート. ∥구명보트 救命ボート.

보편(普遍)【图】 普遍.
보편-개념(普遍概念)【图】 =일반개념(一般概念).
보편-되다(普遍-)【-늰】⑩自 普遍論.
보편-성(普遍性)【-썽】【图】 普遍性.
보편-주의(普遍主義)【-/-이】【图】 普遍主義. ⑦개체주의(個体主義).
보편-적(普遍的)【图】 普遍的. ∥보편적인 진리 普遍的な真理.
보편타당-성(普遍妥当性)【-썽】【图】 普遍妥当性.
보편-화(普遍化)【图】⑩自 普遍化.

보폭(歩幅)【图】 歩幅.
보푸라기【图】 毛羽(の一つ一つ). ∥보푸라기가 일다 毛羽が立つ.
보풀【图】 毛羽; 毛玉.
보필(輔弼)【图】⑩他 輔弼(ほひつ).

보-하다(補-)【他】[하변]〈栄養・気などを〉補う.

보합¹(保合)【图】《経》持ち合い; 横ばい.
보합-세(保合勢)【-쎄】【图】《経》持ち合い相場.
보합²(歩合)【图】 歩合.
보합-산(歩合算)【-싼】【图】 歩合算.

보행(歩行)【图】⑩自 歩行.
보행-기(歩行器)【图】 歩行器. ∥보행기에 태우다 歩行器に乗せる.
보행-자(歩行者)【图】 歩行者.

보험(保険) /po:hom/【图】 保険. ∥보험을 들다 保険に入る; 保険をかける. 의료 보험 医療保険. 화재 보험 火災保険. 생명 보험 生命保険.
보험-계약(保険契約)【-/-게-】【图】 保険契約.
보험-금(保険金)【图】 保険金. ∥보험금을 타다 保険金が下りる.
보험-료(保険料)【-뇨】【图】 保険料.
보험-약관(保険約款)【-냐꽌】【图】 保険約款.
보험-자(保険者)【图】 保険者(被保険者).
보험-증권(保険証券)【-꿘】【图】 保険証券.
보험-증서(保険証書)【图】 =보험 증권(保険証券).

보헤미안(Bohemian)【图】 ボヘミアン.

보호(保護) /po:ho/【图】⑩他 保護. ∥자국민을 보호하다 自国民を保護する. 자연 보호 自然保護. 문화재 보호 文化財の保護. 보호 무역주의 保護貿易主義. 보호 대상 保護対象. ⑤身
보호-관세(保護関税)【图】 保護関税.
보호-관찰(保護観察)【图】《法律》 保護観察.
보호-색(保護色)【图】《生物》 保護色.
보호-자(保護者)【图】 保護者.
보호-조(保護鳥)【图】 保護鳥.
보호-주의(保護主義)【-/-이】【图】 保

護主義.
보화 (寶貨) [名] 財宝. ‖금은 보화 金銀財宝.
복[1] (福) /pok/ [名] 福; 幸せ; 幸福; 幸運. ‖웃으면 복이 와요 笑う門には福来たる. 복이 많다 幸運に恵まれている. 자식 복이 많다 子宝に恵まれる. 옷복이 있다 衣装持ちだ. 먹을 복을 타고나다 一生食べ物には困らない.
복[2] (伏) [名] 복날(伏–)の略語.
복[3] (卜) [名] 《姓》 卜(ボク).
-복[4] (服) [接尾] …服. ‖학생복 学生服. 작업복 作業服.
복간 (復刊) 【-깐】 [名] [하他] 復刊.
복강 (腹腔) 【-깡】 [名] 《解剖》 腹腔.
복개 (覆蓋) 【-깨】 [名] [하他] かぶせること.
복고 (復古) 【-꼬】 [名] [하自] 復古. ‖복고 사상 復古思想.
복고-적 (復古的) [名] 復古的.
복고-풍 (復古風) [名] 復古調.
복구 (復舊) 【-꾸】 [名] [하他] 復旧. ‖복구 작업 復旧作業. 끊어진 다리를 복구하다 壊れた[流された]橋を復旧する.
복구-되다 [受身]
복권[1] (復權) 【-꿘】 [名] [되自] 《法律》 復権.
복권[2] (福券) /pokˀkwɔn/ 【-꿘】 [名] 宝くじ. ‖복권에[이] 당첨되다 宝くじが当たる.
복귀 (復歸) 【-뀌】 [名] [하自] 復帰. ‖정계로 복귀하다 政界に復帰する.
복근 (腹筋) 【-끈】 [名] 《解剖》 腹筋. ‖복근 운동 腹筋運動.
복-날 (伏-) 【봉-】 [名] 三伏; (夏の)土用. [略]복(伏).
복닥-거리다[-대다] 【-딱꺼[때]-】 [自] ごった返す; 混雑する. ‖좁은 집에 사람들이 복닥거리다 狭い家が人でごった返す.
복닥-복닥 【-딱뽁딱】 [副] ごたごた(と).
복당 (復黨) 【-땅】 [名] [하自] 復党.
복대 (腹帶) 【-때】 [名] 腹帯.
복덕-방 (福德房) /pokˀtɔkˀpaŋ/ 【-떡빵】 [名] 不動産屋. ‖복덕방에서 집을 알아보다 不動産屋で家を探す. ✣부동산 중개소(不動産仲介所)に変わりつつある.
복도 (複道) 【-또】 [名] 廊下; 渡り廊下.
복리[1] (福利) 【봉니】 [名] 福利. ‖복리 후생 福利厚生.
복리[2] (複利) 【봉니】 [名] 複利. [対]단리(單利).
복리-법 (複利法) 【봉니뻡】 [名] 複利法.
복마-전 (伏魔殿) 【봉-】 [名] 伏魔殿.
복막 (腹膜) 【봉-】 [名] 《解剖》 腹膜.
복막-염 (腹膜炎) 【봉망념】 [名] 《医学》 腹膜炎.
복면 (覆面) 【봉-】 [名] 覆面. ‖복면을 쓰다 覆面をかぶる.
복명^어음 (複名-) 【봉-】 [名] 《経》 複名手形. [対]단명 어음(單名-).
복-모음 (複母音) 【봉-】 [名] 《言語》 二重母音.
복무 (服務) 【봉-】 [名] [하自] 服務. ‖복무 규정 服務規程.
복문 (複文) 【봉-】 [名] 《言語》 複文. [対]단문(單文).
복-받치다 【-빧-】 [自] (悲しみなどが)込み上げる. ‖설움이 복받치다 悲しみが込み上げる.
복병 (伏兵) 【-뼝】 [名] 伏兵. ‖예기치 못한 복병한테 발목을 잡히다 思わぬ伏兵に足もとをすくわれる.
복부 (腹部) 【-뿌】 [名] 腹部.
복-부인 (福夫人) 【-뿌-】 [名] 〔俗っぽい言い方で〕不動産の投機に携わっている主婦.
복-비례 (複比例) 【-삐-】 [名] 《数学》 複比例.
복사[1] (複寫) /pokˀsa/ 【-싸】 [名] [하他] コピー; 複写. ‖서류를 복사하다 書類をコピーする. 양면 복사 両面コピー.
복사-기 (複寫器) [名] コピー機; 複写機.
복사-지 (複寫紙) [名] 複写紙.
복사-판 (複寫版) [名] 複写版.
복사[2] (輻射) 【-싸】 [名] [하他] 《物理》 輻射; 放射.
복사-열 (輻射熱) [名] 輻射熱; 放射熱.
복사-꽃 【-싸꼳】 [名] 〔복숭아꽃の縮約形〕桃の花.
복사-뼈 【-싸-】 [名] 《解剖》 踝(くるぶし).
복상[1] (福相) 【-쌍】 [名] 福相. [対]빈상(貧相).
복상[2] (服喪) 【-쌍】 [名] [하自] 服喪.
복상-사 (腹上死) 【-쌍-】 [名] [하自] 腹上死.
복색 (複色) 【-쌕】 [名] 複色.
복색-광 (複色光) 【-쌕꽝】 [名] 複色光. [対]단색광(單色光).
복선[1] (伏線) 【-썬】 [名] 伏線. ‖복선을 깔다 伏線を敷く.
복선[2] (複線) 【-썬】 [名] 複線. [対]단선(單線).
복선^궤도 (複線軌道) [名] 複線軌道.
복-소수 (複素數) 【-쏘쑤】 [名] 《数学》 複素数.
복속 (服屬) 【-쏙】 [名] [하自] 服属.
복수[1] (復讐) 【-쑤】 [名] [하自] 復讐; 仇討ち; 仕返し.
복수-심 (復讐心) [名] 復讐心; 復讐の念.
복수-전 (復讐戰) [名] 復讐戦.
복수[2] (腹水) 【-쑤】 [名] 《医学》 腹水.
복수[3] (複數) 【-쑤】 [名] 複数. [対]단수(單數).
복수-초 (福壽草) 【-쑤-】 [名] 《植物》 フ

복숭아

クジュソウ(福寿草).
복숭아【pok⁷suŋa】【-쓩-】图 桃;桃の実.∥복숭아 통조림 桃の缶詰.
복숭아-꽃【-쏭-꼳】图 桃の花.⑩복사꽃.
복숭아-나무【植物】桃の木.⑩복스모モの木.
복숭앗-빛【쏭아삗/-쏭아삗】图 桃色;ピンク色.
복-스럽다(福-)【-쓰-따】形【ㅂ変】福々しい.ふくよかだ.∥복스럽게 생긴 얼굴 ふくよかな顔つき.⑩복스레
복슬복슬-하다【-쓸-쓸-】形【하여】(主に犬が)太っていて毛深い.∥털이 복슬복슬한 개 太っていて毛深い犬.
복습(復習)【-씁】图【하他】復習.⑩예습(豫習).
복식(服飾)【-씩】图 服飾.∥복식 디자이너 服飾デザイナー.
복식(複式)【-씩】图 複式.①단식(單式).∥복식 경기 複式試合;ダブルス.
복식-호흡(腹式呼吸)【-씨코-】图 腹式呼吸.
복싱(boxing)/pok⁷ʃiŋ/图《スポーツ》ボクシング.⑩권투(拳闘).∥프로 복싱 プロボクシング.
복안¹(腹案)图 腹案.∥복안을 갖고 있다 腹案がある.
복안²(複眼)图 複眼.①단안(單眼).
복어(-魚)图【魚介類】フグ(鰒).
복역(服役)图【하他】服役.
복역-수(服役囚)【-쑤】图 服役囚.
복용(服用)图【하他】服用.∥약을 복용 薬物服用.
복원(復元·復原)图【하他】復元.복원-되다 困
복원-력(復元力)【-녁】图 復元力.
복위(復位)图【困自】復位.
복음(福音)图《キリスト教》福音.∥복음을 전파하다 福音を伝播する.마태복음 マタイ福音書[伝].요한복음 ヨハネ福音書[伝].
복자엽 식물(複子葉植物)【-짜-씽-】图【植物】双子葉植物.⑩쌍떡잎 식물(雙-植物).
복-자음(複子音)【-짜-】图 《ハングルで》ㅆ·ㅌ·ㄹ·ㄹ のように2つの単子音で成り立つ子音.⑩단자음(單子音).
복작-거리다【-대다】【-짝꺼/짝때】自 《一か所で人が》がやがやする;ざわざわする;ひしめく;ごった返す.⑩북적거리다.
복작-복작副 人でごった返す様子;がやがや(と);ざわざわ(と).⑩북적북적.
복잡다단-하다(複雜多端-)【-짭따-】形【하여】色々なことが複雜に入り乱れている.

복잡-하다(複雜-)/pok⁷tʃapʰada/【-짜파-】形【하여】❶複雜だ.∥복잡한 도시 생활 複雜な都市生活.복잡한 표정을 짓다 複雜な表情をする.마음이 복잡하다 気持ちが複雜だ.인과 관계가 복잡하다 因果関係が複雜になる.문제를 복잡하게 할 뿐이다 問題を複雜にするだけだ.❷分かりにくい.∥길이 복잡하다 道が分かりにくい.❸混雑している.∥복잡한 시장 통 混雑している市場.혼잡하다.❹混乱している.∥머릿속이 너무너무 복잡하다 頭の中がひどく混乱している.❺乱れている.∥사생활이 복잡한 사람 私生活が乱れている人.
복장¹(腹臟)【-짱】图 ❶胸の底.복장이 타다 胸が焦がれる.복장이 터지다 胸がはち切れそうだ.❷腹の中.∥복장이 검다 腹黒い.
복장²(服裝)【-짱】图 服裝.∥야한 복장 派手な服裝.
복제(複製)【-쩨】图【하他】複製.∥진짜하고 똑같이 복제하다 本物そっくりに複製する.복제 불허 複製不許[不許複製].복제-되다 因
복제-품(複製品)图 複製(品);コピー商品.
복족-류(腹足類)【-쪽뉴】图【動物】腹足類.
복종(服從)【-쫑】图【하自】服從.∥명령에 복종하다 命令に服従する.
복지¹(服地)图 服地.
복지²(福祉)/pok⁷tʃi/【-찌】图 福祉.∥복지 정책 福祉政策.복지 시설 福祉施設.복지 국가 福祉国家.사회 복지 社会福祉.
복지부동(伏地不動)【-찌-】图 ❶身動きをしないこと.❷力を出し惜しむこと.
복직(復職)【-찍】图 復職.
복창(復唱)图【하他】復唱.∥명령을 복창하다 命令を復唱する.
복채(卜債)图 見料.
복층(複層)图 メゾネット.
복통(腹痛)图【하自】❶腹痛.∥복통을 일으키다 腹痛を起こす.❷〔主に복통할 노릇이다の形で〕腹立たしい.∥보고 있자니 복통할 노릇이다 見ていると,実に腹立ちたい.
복학(復學)图【하自】復學.
복합(複合)/pokʰap/【보캅】图 複合.
복합-동사(複合動詞)【보캅똥-】图【言語】複合動詞.
복합-명사(複合名詞)【보캅-】图【言語】複合名詞.
복합-어(複合語)【보카버】图【言語】複合語;合成語.
복합-적(複合的)【보캅쩍】图 複合的.∥복합적인 문제 複合的な問題.
복화-술(腹話術)【보콰-】图 腹話術.

볶다 /pok?ta/【복따】[他] ❶ 炒(い)る. ‖깨를 볶다 ゴマを炒る. ❷ 炒める. ‖밥을 참기름으로 볶다 ご飯をごま油で炒める. ❸ せがむ; ねだる; せき立てる. ‖실적이 안 좋다고 부장은 부하들을 들들 볶고 있다 業績がよくないと, 部長は部下たちをせき立てている. 월급이 적다고 남편을 볶아 대다 給料が少ないと, 夫をしつこく責め立てる. [受]볶이다.

볶음 /po?kɯm/ [名]《料理》 味付けして炒めたもの. ‖감자 볶음 ジャガイモの炒め物. 멸치 고추 볶음 カタクチイワシと青唐辛子の炒め物.

볶음-밥 [名]《料理》 炒めご飯; チャーハン.

볶-이다 /po?kida/ [自]〔볶다の受身動詞〕 ❶ (ゴマ・豆などが)炒られる. ‖깨가 제대로 볶이지 않았다 ゴマがしっかり炒られていない. ❷ せがまれる; 責められる; いじめられる. ‖일이 느리다고 작업 반장한테 볶이고 있다 仕事が遅いと, 作業班長に責められている.

본[1] (本) [名] ❶ 手本; 規範; 先例. ‖형의 본을 받아 동생도 예의가 바르다 兄に見習って弟も礼儀正しい. ❷ 型. ‖옷 본을 뜨다 服の型を取る.

본[2] [他] 보다(見る)の過去連体形.

본가 (本家) [名] 本家; 実家; 里.

본거-지 (本據地) [名] 本拠地.

본격-적 (本格的) /pon?kjɔk?ʧɔk/【-껵쩍】[名] 本格的. ‖본격적인 조사 本格的な調査. 본격적으로 시작하다 本格的に始める.

본격-화 (本格化)【-껵콰】[名] [하他] 本格化. ‖조사를 본격화하다 調査を本格化する. **본격화-되다** [受身]

본견 (本絹) [名] 本絹; 純絹. [対] 인견(人絹).

본-고장 (本-) [名] 本場.

본과 (本科)【-꽈】[名] 本科.

본관[1] (本貫) [名] 本貫(ほんかん); 始祖が生まれた地. [類]관향(貫鄕).

본관[2] (本館) [名] 本館.

본교 (本校) [名] 本校. ‖그 사람은 본교 졸업생입니다 その人は本校の卒業生です.

본국 (本國) [名] 本国.

본-궤도 (本軌道) [名] 本格的に軌道に乗ること. ‖사업이 본궤도에 오르다 事業が軌道に乗る.

본능 (本能) /ponnɯŋ/ [名] 本能. ‖모성 본능 母性本能. 귀소 본능 帰巣本能. 종족 보존 본능 種族保存の本能.

본능-적 (本能的) [名] 本能的. ‖죽음에 대한 본능적인 공포 死に対する本能的な恐怖. 본능적으로 방어 태세를 취하다 本能的に防御の姿勢を取る.

본대 (本隊) [名]《軍事》 本隊.

본데-없다【-업따】[形] ぶしつけだ; 不作法だ. ‖본데없는 아이 しつけの悪い子.

본데없-이 [副]

본-동사 (本動詞) [名]《言語》 本動詞.

본드 (Bond) [名] ボンド. ✣商標名から.

본-등기 (本登記) [名] 本登記. [対]가등기(假登記).

본디 (本-) [名] ❶ 根; 根本; 根源. ‖본디는 착한 사람이다 根はいい人だ. ❷〔副詞的に〕もともと; 本来; 元来. ‖본디 내 것이었다 もともと私のものだった.

본때 [名] 手本になるようなこと; 見せしめ; 見栄え. ▸본때가 있다 見習うべきところがある; 手本になるところがある. 본때 있는 사람 見習うところがある人. ▸본때를 보이다 (見るに見かねて)範を垂れる; 見せしめに懲(こ)らしめる. 본때를 보여 주기 위해 사람들 앞에서 꾸짖다 見せしめのために人前で叱る.

본-뜨다 (本-) [他]〖으変〗 型を取る; 形を取る. ‖옷을 만들려고 본뜨다 服を作るため型を取る.

본-뜻 (本-)【-뜯】[名] ❶ 真意. ‖내 본뜻은 그게 아니었다 私の本意はそれではなかった. ❷ 原義.

본래 (本來) /pollɛ/【볼-】[名] ❶ 本来. ‖저게 저 사람의 본래의 모습이야 あれがあの人の本来の姿なの. 본래대로 하면 本来ならば. ❷〔副詞的に〕本来; もともと. ‖저 땅은 본래 우리 땅이었다 あそこはもともとうちの土地だったの.

본령 (本領)【볼-】[名] 本領.

본론 (本論)【볼-】[名] 本論. ‖본론으로 들어가다 本論に入る.

본류 (本流)【볼-】[名] 本流. [対]지류(支流).

본-마누라 (本-) [名] 本妻.

본-마음 (本-) [名] 本心. [縮]본맘. ‖그 사람의 본마음은 안 그럴 거야 彼の本心はそうではないと思う.

본말 (本末) [名] 本末. ‖본말이 전도되다 本末転倒だ.

본-맘 (本-) [名]〔본마음の縮約形〕本心.

본명 (本名) [名] 本名.

본문 (本文) [名] 本文.

본-바탕 (本-) [名] 物事の本質; 生まれつきの性質.

본-받다 (本-)【-따】[他] 手本にする; 見習う. ‖형을 본받다 兄を見習う.

본-보기 (本-) [名] 手本; 見本; 模範. [略]보기. ‖본보기를 보이다 手本を見せる. 본보기로 삼다 手本にする. 본보기가 되다 模範となる.

본-보다 (本-) [他] 手本とする. ‖아이들은 어른을 본보면서 자란다 子どもは大人を手本にしながら大きくなる.

본봉 (本俸) [名] 本俸; 本給.

본부 (本部) [名] 本部. ‖선거 운동 본부 選挙運動の本部. 수사 본부 捜査本部.

본부-석 (本部席) [名] 本部席.

본부-장(本部長)〖名〗本部長.

본분(本分)〖名〗本分. ‖학생으로서의 본분 学生としての本分. 본분에 어긋나는 짓을 하다 本分にはずれることをする.

본사(本社)/ponsa/〖名〗本社. ㋐지사(支社).

본산(本山)〖名〗本山. ‖화엄종의 본산 華厳宗の本山.

본색(本色)〖名〗本色. ‖본색을 드러내다 本色を現わす.

본서(本署)〖名〗本署.

본선[1](本線)〖名〗本線. ㋐지선(支線).

본선[2](本選)〖名〗本選. ‖본선에 진출하다 本選に進出する[進む].

본성(本性)〖名〗本性. ‖본성을 드러내다 本性を現わす.

본승만승-하다〖自〗〖하変〗 うわの空だ;知らぬ顔をする. ‖내가 인사를 해도 본승만승했다 私が挨拶をしてもうわの空だった.

본-시험(本試驗)〖名〗本試験.

본심(本心)/ponʃim/〖名〗本心;本音. ‖본심을 털어놓다 本心を打ち明ける. 본심을 드러내다 本音を漏らす.

본업(本業)〖名〗本業.

본연(本然)〖名〗本然. ‖본연의 자세로 돌아가다 本然の姿に立ち返る.

본-예산(本豫算)〖-네-〗〖名〗本予算.

본원[1](本源)〖名〗本源;根源.
 본원-적(本源的)〖名〗本源的;根源的.

본원[2](本院)〖名〗本院.

본위(本位)〖名〗本位. ‖품질 본위 品質本位. 자기 본위로 생각하다 自分本位に考える. 금본위제 金本位制.

본의[1](本意)〖-노이-〗〖名〗本意;本心. ‖그것은 내 본의가 아니다 それは私の本意ではない. 본의 아니게 실수를 하다 不本意ながら過ちを犯す.

본의[2](本義)〖-노이-〗〖名〗本義.

본인(本人)〖名〗本人;当人;当事者. ‖먼저 본인의 이야기를 들어 봅시다 まず, 本人の話を聞いてみましょう.

본적(本籍)〖法律〗本籍.
 본적-지(本籍地)〖名〗本籍地.

본전(本錢)/pondʒən/〖名〗❶元金;元金. ❷元手;元. ㋐밑천. ‖본전은 건지고 싶다 元手は取り戻したい. 彭値;原価. ‖본전에 팔다 元値で売る. ▶본전도 못 찾다 元も取れない;元も子もなくなる.

본점(本店)〖名〗本店. ㋐분점(分店)・지점(支店). ‖한국 은행 본점 韓国銀行本店.

본질(本質)/pondʒil/〖名〗本質. ‖문제의 본질을 잘못 보다 問題の本質を見誤る. 일본 문화의 본질 日本文化の本質.

본질-적(本質的)〖-쩍〗〖名〗本質的. ‖본질적인 문제 本質的な問題. 본질

적으로 착한 사람 本質的に善良な人.

본-채(本-)〖名〗母屋.

본처(本妻)〖名〗本妻.

본청(本廳)〖名〗本庁.

본체(本體)〖名〗本体.

본체만체-하다〖他〗〖하変〗見て見ぬふりをする;知らん顔をする.

본초-학(本草學)〖漢方〗本草学.

본토(本土)〖名〗❶本土. ‖중국 본토 中国本土. ❷その地方;その土地;当地. ‖본토 사람들 その地方の人々.

본토-박이(本土-)〖名〗土地っ子;生え抜き;生粋.

본-회의(本會議)〖-/-웨이〗〖名〗本会議.

볼[1]/pol/〖名〗頰;頰った. ‖볼이 통통하다 頰がふっくらしている. 볼이 발그레해지다 ほんのり(と)頰を染める.

볼[2](-)〖名〗(足の前の部分の)幅. ‖볼이 넓은 구두 前の部分の幅がひろい靴.

볼[3]〖보다(見る)の未来連体形.

볼-거리[1]〖名〗おたふく風邪.

볼-거리[2]/polkʌri/〖-꺼-〗〖名〗見物.

볼그레-하다〖形〗〖하変〗(顔色が)ほどよく赤い.

볼그스름-하다〖形〗〖하変〗(顔色が)ほんのり(と)赤い. ‖긴장했는지 얼굴이 볼그스름하다 緊張したのか顔がほんのり赤い. ㋐볼그스름하다.

볼그족족-하다〖-쪼카-〗〖形〗〖하変〗(顔色が)赤らんでいる. ‖술을 마신 사람처럼 얼굴이 볼그족족하다 お酒を飲んだかのように顔が赤らんでいる. ㋐불그죽죽하다.

볼기(-)〖名〗尻. ‖볼기를 때리다 尻を叩く.
볼기-짝〖-짝〗〖名〗尻ぺた. ‖볼기짝을 맞다 尻ぺたを叩かれる.

볼-때기〖볼[1]의 俗語〗頰った. ‖볼때기를 때려 주다 頰っぺたを叩く.

볼레로(bolero [ス])〖音楽〗ボレロ.

볼록〖하自〗表面が多少膨らんでいる様子. ‖ふっくらと;ふくれて. ‖배가 볼록 나오다 お腹がぽっこり出ている. ㋐불룩.

볼록-거리다〖-꺼-〗〖自〗(弾力があるものが)しきりに動く. ㋐불룩거리다.

볼록-거울〖-꺼-〗〖名〗凸面鏡. ㋐오목거울.

볼록 렌즈(-lens)〖名〗凸レンズ. ㋐오목 렌즈.

볼록-판(-版)〖名〗凸版. ㋐오목판(-版).

볼륨(volume)〖名〗ボリューム. ‖볼륨을 낮추다 ボリュームを下げる[小さくする].

볼리비아(Bolivia)〖国名〗ボリビア.

볼링(bowling)/po:lliŋ/〖名〗《スポーツ》ボウリング. ‖볼링 치러 가자 ボウリングに行こう.

볼만-하다 /polmanhada/ 形 [하쾀] 見ごたえがある; (花などが)見頃だ。∥볼만한 책 見ごたえのある本. 학교 앞의 아가리가 꽤 볼만하다 学校の前のレンギョウが今が見頃だ.

볼멘-소리 名 [하쾀] 不満げな口ぶり; つっけんどんな口ぶり。∥볼멘소리를 하다 つっけんどんな言い方をする.

볼모 名 (交渉などのための)人質。∥볼모로 잡히다 人質に取られる.

볼-살 名 頬の肉.

볼썽-사납다 [-따] 形 [ㅂ쾀] 見苦しい; みっともない; ぶざまだ; 不格好だ。∥볼썽사나운 장면 見苦しい場面.

볼-우물 名 =보조개.

볼-일 /po:llil/ [-릴] 名 用事; 用件; 用件の用; 用。∥볼일이 있어 외출하다 用事で外出する. 볼일을 마치다 用事を済ます.

볼카운트 (ball+count日) 名 ボールカウント.

볼타-전지 (Volta電池) 名 ボルタ電池.

볼트¹ (bolt) 名 ボルト. ∥볼트로 죄다 ボルトで締める.

볼트² (volt) 依名 電圧の単位: …ボルト(V).

볼-펜 (ball pen) 名 ボールペン.

볼품-없다 [-따] 形 みすぼらしい; ぶざまだ。∥볼품없는 몰골로 나타나다 ぶざまな恰好で現れる. **볼품없-이** 副

봄 /pom/ 名 春. 겨울이 가고 봄이 오다 冬が過ぎて春が来る. 내 인생의 봄 わが世の春. 이른 봄 初春. 화창한 봄 うららかな春. 봄 소식 春のことだより. ▶봄(을)타다 ① 春に食欲がなく体がけだるい. ② 春めいてきて心がうきうきする.

봄-기운 (-氣運) [-끼-] 名 春の気配; 春の兆し. ∥봄기운이 완연하다 春の気配がはっきりする.

봄-날 名 春の日.

봄-눈 名 春雪; 春の雪. ▶봄눈 녹듯 春の雪が解けるように, あることが長く続かないですぐ消え失せることのたとえ.

봄-맞이 名 [하自] 春を迎えること.

봄-바람 [-빠-] 名 春風; 春の風.

봄-밤 [-빰] 名 春宵.

봄베 (Bombeド) 名 ボンベ.

봄-볕 [-볕] 名 春の日差し; 春陽.

봄-비 [-삐] 名 春雨.

봄-빛 [-삗] 名 春色.

봄-잠 [-짬] 名 春眠(春の夜や明け方の心地よい眠り).

봄-철 名 春季.

봅슬레이 (bobsleigh) 名 《スポーツ》 ボブスレー.

봇-물 (洑ㅅ-) [본-] 名 井堰(ゐぜき)。 ∥봇물이 터진 듯이 堰を切ったように.

봇-짐 (褓ㅅ-) [보찜/볻찜] 名 ふろしき包み.

봇짐-장수 (褓ㅅ-) 名 行商; 行商人.

봉¹ (鳳) 名 ❶鳳; 鳳凰の雄. ❷だまされやすい人; かも. ∥봉으로 삼다 かもにする.

봉² (峯) 名 峰.

봉건 (封建) 名 [歴史] 封建.

봉건-사상 (封建思想) 名 封建思想.

봉건-사회 (封建社會) 名 封建社会.

봉건-시대 (封建時代) 名 封建時代.

봉건-적 (封建的) 名 封建的。∥봉건적 사고방식 封建的な考え方.

봉건-제도 (封建制度) 名 封建制.

봉건-주의 (封建主義) [-/-의] 名 封建主義.

봉고 (Bongo) 名 ワゴン(車). ✤商品名から.

봉급 (俸給) /po:ŋgup/ 名 給料. 例給(月給)。∥봉급을 받다 給料をもらう. 봉급 = 給料.

봉급생활-자 (俸給生活者) 【-쌩-짜】 名 サラリーマン. 働サラリーマン.

봉급-쟁이 (俸給-) 【-쨍-】 名 〔さげすむ言い方で〕給料取り.

봉굿-하다 [-그타-] 形 [ㅅ쾀] 小高い; 膨らんでいる; 膨らみがある。∥가슴이 봉긋하다 胸に膨らみがある. **봉긋-이** 副

봉기 (蜂起) 名 [하自] 蜂起。∥농민 봉기 農民蜂起.

봉납 (捧納) 名 [하他] 奉納.

봉두-난발 (蓬頭亂髮) 名 [하쾀] ぼうぼう頭.

봉변 (逢變) /poŋbjʌn/ 名 不意打ちを食うこと; ひどい目にあうこと。∥봉변을 당하다 ひどい目にあう.

봉봉 (bonbonフ) 名 ボンボン(キャンディーの一種で果物片やブランデー, ウイスキーなどを包み込んだもの).

봉분 (封墳) 名 土を盛り上げて作った墓.

봉사¹ (奉仕) /po:ŋsa/ 名 [하自] 奉仕; サービス; ボランティア. ∥봉사 활동을 하다 奉仕(ボランティア)活動をする. 봉사 정신 奉仕精神; サービス精神. 무료 봉사 無料奉仕.

봉사-료 (奉仕料) 名 サービス料.

봉사² 名 盲人; 盲者.

봉선-화 (鳳仙花) 名 《植物》 ホウセンカ(鳳仙花).

봉쇄 (封鎖) 名 [하他] 封鎖。∥出入りを봉쇄하다 出入りを封鎖する. 경제 봉쇄 経済封鎖. **봉쇄-당하다** [하自]

봉양 (奉養) 名 [하他] 親や目上の人を養うこと。∥부모님을 봉양하다 両親を養う.

봉오리 名 〔꽃봉오리의 略語〕つぼみ。∥자그마한 장미꽃 봉오리 小さなバラのつぼみ.

봉우리 名 〔산봉우리(山-)의 略語〕峰。∥높은 봉우리 高い峰.

봉인 (封印) 名 [하他] 封印。∥유연장을

봉인하다 遺言状に封印をする.
봉제(縫製) 图 하他 縫製.
봉제-선(縫製線) 图 縫い目.
봉제˝인형(縫製人形) 图 縫いぐるみ.
봉지(封紙) 图 袋. ‖비닐 봉지 ビニール袋.
— 依존 …袋. ‖새우깡 한 봉지 かっぱ海老せん 1 袋.
봉직(奉職) 图 하自 奉職.
봉착(逢着) 图 하自 逢着; 直面すること. ‖난관에 봉착하다 難関に直面する.
봉축(奉祝) 图 하他 奉祝.
봉투(封套) /pontʰu/ 图 封筒. ‖편지 봉투를 뜯다 手紙の封筒を開ける〔切る〕. 월급 봉투 給料袋. 봉투 한 장 封筒 1 枚.
봉-하다(封-) /poŋhada/ 他 하変 封をする. ‖편지를 넣고 봉하다 手紙を入れて封をする. 입을 봉하다 口を封じる.
봉함(封緘) 图 하他 封緘(ふう).
봉합(縫合) 图 하他 縫い合わせること; 縫合. ‖상처를 봉합하다 傷口を縫い合わせる.
봉화(烽火) 图 烽火(ろ). ‖봉화를 올리다 烽火を上げる.
봉홧-불(烽火 ~) 【— 화 뿔 ~ 환 뿔】 图 烽火.
봉황(鳳凰) 图《鳥類》鳳凰(ろ).
봐-주다 他 보아주다의 縮約形.
뵈다 /-/-께/ 他 お目にかかる. ‖선생님을 뵈다 先生にお目にかかる.
뵙다 /pwe:pʰta/ 【-따 /뻽따/】 他《보다の謙譲語》お目にかかる; うかがう. ‖나중에 뵙겠습니다 後ほどお目にかかります. 한 번 뵙고 싶습니다 一度お目にかかりたいです. 처음 뵙겠습니다 はじめまして.
부¹(否) 图 否. ‖가부를 가리다 可否を探る.
부²(部) 图 部. ‖각 부에서 한 명씩 뽑혔다 各部から 1 名ずつ選ばれた. — 依존 書物·出版物などの数を表わす語: …部. ‖초판 만 부 初版 1 万部.
부³(部) 图 汽笛などの音: ぼおっと.
부⁴(不) 接頭〔ㄷ·ㅈで始まる漢語に付いて〕不…. ‖부도덕 不道徳. 부자연스럽다 不自然だ.
부⁵(副) 接頭〔漢語名詞に付いて〕副…. ‖부사장 副社長. 부수입 副収入. 부작용 副作用.
-부⁶(部) /pu/ 接尾. ‖중심부 中心部. 집행부 執行部.
부⁷(附) 接尾 …付け. ‖삼월 삼십일일부로 퇴직하다 3 月 31 日付けで退職する.
부가(附加) 图 하他 付加.
부가˝가치(附加價値) 图 付加価値.
부가˝가치세(附加價値稅)【-쎄】 图 付加価値税.

부가˝원가(附加原價)【-까】 图 付加原価.
부가-형(附加刑) 图《法律》付加刑. ㋺주형(主刑).
부각(浮刻) 图 하他 ❶《美術》レリーフ. ㋺돋을새김. ❷ 浮き彫り. ‖쟁점을 부각시킬 필요가 있다 争点を浮き彫りにする必要がある. 문제의 심각성이 부각되다 問題の深刻さが浮き彫りになる.
부감(俯瞰) 图 하他 俯瞰(^); 鳥瞰.
부감-도(俯瞰圖) 图 俯瞰図; 鳥瞰図.
부강-하다(富強-) 图 하要 富強だ. ‖부강한 나라 富強な国.
부걱-부걱 〔-뻑〕 副 하自 泡立つ様子: ぶくぶく.
부검(剖檢) 图 하他 剖検; 解剖. ‖시체 부검 死体の解剖.
부결(否決) 图 하他 否決. ㋺가결(可決). ‖안건이 부결되다 案件が否決される. **부결-되다** 하自
부계(父系)【-/-게】 图 父系. ㋺모계(母系). ‖부계 사회 父系社会.
부고(訃告) 图 하他 訃報; 訃告.
부과(賦課) 图 하他 賦課; 課すこと. ‖엄청난 세금을 부과하다 多額の税金を課す.
부과-금(賦課金) 图 賦課金.
부관(副官) 图 副官.
부교(浮橋) 图 浮き橋; 船橋.
부교감˝신경(副交感神經) 图《解剖》副交感神経.
부-교수(副敎授) 图《大学で》教授と准教授の間の地位.
부국¹(部局) 图 部局.
부국²(富國) 图 富国.
부국-강병(富國強兵)【-강-】 图 富国強兵.
부군(夫君) 图〔男便(男便)の尊敬語〕夫君; ご主人.
부권(父權)【-꿘】 图 父権. ㋺모권(母權).
부귀(富貴) 图 하形 富貴. ㋺빈천(貧賤).
부귀-영화(富貴榮華) 图 富貴栄華. ‖부귀영화를 누리다 富貴栄華を極める.
부근(附近) /pu:gɯn/ 图 付近; 辺り. ‖학교 부근 学校付近. 역 부근을 어슬렁거리다 駅の付近をうろつく. 부근의 도서관 特設の感동관.
부글-거리다 自 ❶ ぐらぐら; ぐつぐつ. ❷〔感情などが〕込み上げる. ‖노가 부글거리다 怒りが込み上げる. ㋺보글거리다.
부글-부글 图 하自 ❶〔液体などが〕ぐらぐら沸く様子: ぶくぶく(と)泡が立つ様子: ぐつぐつ(と)煮える様子. ‖냄비가 부글부글 끓다 鍋がぐらぐら煮え立つ. ❷〔腹わたが〕煮えくり返る様子. ‖속이

부글부글 끓다 腹わたが煮えくり返る. ㉟보글보글.

부금(賦金)[名] 掛け金. ∥주당 부금 住宅ローン.

부기¹(附記)[名][하タ] 付記.

부기²(浮氣)[名] 腫れ. ∥부기가 가라앉다[빠지다] 腫れが引く.

부기³(簿記)[名] 簿記.

부기우기(boogie-woogie)[名][音楽] ブギウギ.

부꾸미[料理] もち米・小麦・きびなどの粉をこねてフライパンで焼いたもの. ㉟전병(煎餠).

부끄러운[ㅂ変] 부끄럽다(恥ずかしい)の現在連体形.

부끄러움[名] 恥ずかしさ; はにかみ. ㉟부끄럼. ∥부끄러움이 많다 恥ずかしがり屋だ. 부끄러움을 타다 恥ずかしがる.

부끄러워[ㅂ変] 부끄럽다(恥ずかしい)の連用形.

부끄러워-하다[하形] 恥じ入る; 恥じらう; 恥ずかしがる. ∥자신의 어른답지 못한 행동을 부끄러워하다 自分の大人げないふるまいに恥じ入る. 얼굴을 붉히며 부끄러워하다 頰を染めて恥じらう.

부끄럼[名] 부끄러움의 縮約形.

부끄럽다 /pu͈kɯrə̀pʼta/[-다][形][ㅂ変] [부끄러워, 부끄러우니, 부끄러운] 恥ずかしい; 恥じ入る; 決まりが悪い; 面映い; 照れくさい. ∥부끄러운 일이다 恥ずかしいことだ. 부끄럽다고 생각하다 恥ずかしく思う. 부끄럽게 짝이 없다 恥ずかしい限りだ. 부끄러워서 친구들을 만날 수가 없다 恥ずかしくて友だちに会えない. 많은 사람이 있는 데서의 칭찬은 부끄럽다 大勢の前でほめられるのは照れくさい. **부끄러이** 副

부낭(浮囊)[名] ❶ 浮き袋. ❷[魚介類] 浮き袋; 鰾(ふえ).

부녀¹(父女)[名] 父と娘.

부녀²(婦女)[名] 婦女.

부녀-자(婦女子)[名] 婦女子.

부농(富農)[名] 富農. ㊦빈농(貧農).

부닥-뜨리다[自] 鉢合わせする.

부닥-치다 /puda̤k͈ida̤/[自] ❶ 突き当たる; ぶち当たる; ぶつかる; 逢着する; 直面する. ∥어려운 문제에 부닥치다 難しい問題にぶち当たる.

부단(不斷)[名][하形] 不断. ∥부단한 노력 不斷の努力. **부단-히** 副

부담(負擔) /pu:dam/[名][하他] 負担; 重荷. ∥비용은 전부 회사에서 부담한다 費用は全部会社が負担する. 부담을 덜어 주다 負担を軽くする. 일이 상당한 부담이 되고 있다 仕事が相当な負担となっている. 부담을 안다 負荷を背負う. 무거운 허리에 부담을 주다 持ち上げる時に腰に負担がかかる.

부담-금(負擔金)[名] 負担金.

부담-스럽다(負擔-)[-다][形][ㅂ変] いかにも負担に思える; 重荷に思われる. ∥그의 친절이 부담스럽다 彼の親切が負担に思われる. **부담스레** 副

부당(不當)[名][하形] 不当. ∥부당한 요구 不当な要求. 부당하게 해고당하다 不当に解雇される. 부당 요금 不当な料金. **부당-히** 副

부당-이득(不當利得)[名] 不当利益.

부대¹(附帶)[名] 付帯. ∥부대 상황 付帶状況. 부대 조건 付帶条件.

부대²(負袋)[名] 袋. ㊦포대(包袋).

부대³(部隊)[名] ❶[軍事] 部隊. ∥낙하산 부대 落下傘部隊. 특수 부대 特殊部隊. ❷(共通する目的を持つ人々の)部隊. ∥응원 부대 応援部隊.

부대끼다 /pṳdɛ̀k͈ida/[自] ❶ もまれる; 悩まされる. ∥많은 사람들 사이에서 부대끼면서 사회 생활을 배우다 多くの人にもまれながら, 社会生活を学ぶ. ❷(胃が)もたれる. ∥속이 부대끼다 胃がもたれる.

부대-찌개(部隊-)[料理] プデチゲ(ハム・ソーセージなどを主材料にして作ったチゲ). ✜米軍部隊から出た食材を使ったことに由来.

부덕¹(不德)[名] 不德. ∥다 제 부덕의 소치입니다 すべて私の不徳の致すところです.

부덕²(婦德)[名] 婦徳.

부도²(不渡) /pudo/[名] 不渡り.
　부도-나다(不渡-)[自] 不渡りになる. ∥회사가 부도나다 会社が不渡りになる.
　부도-내다(不渡-)[他] 不渡りを出す.
　부도-수표(不渡手票)[名] 不渡り小切手.
　부도-어음(不渡-)[名] 不渡り手形.

부도²(附圖)[名] 付図. ∥지리 부도 地理付図; 地理図表.

부-도덕(不道德)[名][하形] 不道徳. ∥부도덕한 행위 不道徳な行為.

부-도심(副都心)[名] 副都心.

부도-체(不導體)[名][物理] 不導体. ㉟절연체(絶緣體).

부-독본(副讀本)[?][名] 副読本.

부동¹(不同)[名][하形] 不同. ∥표리부동 表裏不同.

부동²(不動)[名][하形] 不動. ∥부동의 지위 不動の地位. 부동 자세를 취하다 不動の姿勢を取る.

부동³(浮動)[名][하自] 浮動.
　부동-주(浮動株)[經] 浮動株. ㊦고정주(固定株).
　부동-표(浮動票)[名] 浮動票. ㊦고정표(固定票).

부동-산(不動産) /pudo:nsan/[名] 不動産. ∥부동산 등기 不動産登記. 부동산 취득세 不動産取得税. 부동산

부동-액 (不凍液) 명 부凍液.
부동-항 (不凍港) 명 부凍港.
부두 (埠頭) 명 波止場.
  부둣-가 (埠頭 ㅅ-) 【-두까/-뚜까】 명 埠頭の周辺.
부둥켜-안다 [-따] 타 抱きしめる; 抱える. ‖부둥켜안고 울다 抱きしめて泣く.
부득 부 (하自他) 固いもの 堅いものをこすり合わせる時の音; ぎしぎし. ‖이를 부득득 갈다 ぎしぎしと歯ぎしりする. ⑩보드득. **부드득-부드득** 부 (하自他)
부드득-거리다[-대다] 【-거|때-】 自他 きりきりと音を立てる.
부드러운 형 [ㅂ변] 부드럽다(やわらかい)の現在連体形.
부드러워 형 [ㅂ변] 부드럽다(やわらかい)の連用形.
부드럽다 /puduɾəpʰta/ 【-따】형 [ㅂ변] [부드러워, 부드러운] ❶ やわらかい; (感触が)なめらかだ. ‖실크의 부드러운 감촉 シルクのやわらかい感触. 피부가 너무너무 부드럽다 肌がとてもやわらかい. ⑬보드랍다. ❷ (態度などが)やわらかい; やさしい; 穏やかだ; しなやかだ. ‖부드러운 눈길 穏やかな目線. 부드러운 목소리 やさしい声.
부득-부득 【-뿌-】 부 ❶ 意地を張る様子; しつこく; 頑として. ‖부득부득 우기다 意地を張る. ❷ しきりにせがむ様子; いやいや. ‖용돈을 더 달라고 부득부득 조르다 小遣いをもっとくれとやいやいせがむ.
부득불 (不得不) 【-뿔】 부 やむを得ず; やむなく. ‖부득불 승낙을 하다 やむなく承諾する.
부득이 (不得已) 부 仕方なく; 余儀なく; やむなく. ‖부득이한 선택 やむを得ない選択.
부들-부들 부 (하自他) (寒さ·恐怖などで)体が震える様子; ぶるぶる(と); わなわな(と); がくがく(と). ‖다리가 부들부들 떨리다 足がぶるぶる震える. ⑬바들바들.
부들부들-하다 형 [하변] 肌触りが非常にやわらかい. ‖털이 부들부들한 개 毛が非常にやわらかい犬. ⑬보들보들.
부등 (不等) (하변) 명 不等.
  부등-식 (不等式) 명 〔数学〕 不等式.
  부등-호 (不等號) 명 〔数学〕 不等号.
부디 /pu:di/ 부 どうか; ぜひとも. ‖부디 건강하시기를! どうかご健康でありますように. 부디 합격하기를 바란다 ぜひとも合格してほしい.
부딪다 [-딛따] 自他 ❶ぶつかる; 突き当たる. ❷ ぶつける. ⑳ 부딪히다.
부딪-치다 /puditt͈ɕʰida/ 【-딛-】 自他 [부딪다를 強めて言う語]; 突き当たる. ‖트럭하고 승용차가 부딪치다 トラックと乗用車がぶつかる. 난관에 부딪치다 難関にぶつかる. 모퉁이에서 다른 사람과 부딪치다 曲がり角で人に突き当たる. ❷ ぶつける. ‖문에 머리를 부딪치다 ドアに頭をぶつける.
부딪-히다 [-디치-] 自 [부딪다の受身動詞] ぶつけられる; ぶつかる. ‖자전거에 부딪히다 自転車にぶつかる.
부두막 명 かまど.
부라리다 (目を)怒らす; ぎょろぎょろさせる; ぎょろつかせる. ‖눈을 부라리며 상대방을 째려보다 目を怒らして相手をにらみつける.
부락 (部落) 명 部落.
부랑 (浮浪) 명 (하自他) 浮浪.
  부랑-배 (浮浪輩) 명 浮浪者の群れ.
  부랑-아 (浮浪兒) 명 浮浪兒.
  부랑-자 (浮浪者) 명 浮浪者.
부랴-부랴 부 急いで; あたふた; 慌てて. ‖전화를 받고 부랴부랴 달려가다 電話をもらって急いで駆けつける.
부리 부 わざわざ; わざと.
부러-뜨리다 타 折る. ‖나뭇가지를 부러뜨리다 木の枝を折る.
부러워-하다 /puɾəwəhada/ 타 [하변] うらやむ; うらやましがる. ‖일류 대학에 합격한 친구를 부러워하다 一流大学に合格したたちをうらやむ. 우아한 생활을 부러워하다 優雅な生活をうらやましがる.
부러-지다 /puɾədʑida/ 自 折れる. ‖연필심이 부러지다 鉛筆の芯が折れる. 다리뼈가 부러지다 足の骨が折れる.
부러-트리다 = 부러뜨리다.
부럼 (民俗) (できもの予防のおまじないとして) 陰暦正月 15 日に食べる栗·クルミ·南京豆などの総称.
부럽다 /puɾəpʰta/ 【-따】형 [ㅂ변] [부러워, 부러운] うらやましい. ‖그 사람의 여유가 부럽다 彼の余裕がうらやましい. 부럽기 짝이 없다 うらやましい限りである.
부레 명 〔魚介類〕 浮き袋; 鰾(ひょう).
부력 (浮力) 명 〔物理〕 浮力.
부록 (附錄) /pu:rok/ 명 付録. ‖권말 부록 巻末付録.
부루-퉁-하다 형 [하변] 膨れっ面をしている; 不機嫌だ. ‖부루퉁한 얼굴로 대답하다 膨れっ面で返事する. 하루 종일 부루퉁해 있다 一日中不機嫌そうにしている. ⑬보로통하다.
부룬디 (Burundi) 명 〔国名〕 ブルンジ.
부락 (部族) 명 部族.
부르는 [ㄹ변] 부르다(呼ぶ)の現在連体形.
부르다¹ /puɾuda/ 형 [ㄹ변] [불러, 부른] ❶ (お腹が)いっぱいだ. ‖많이 먹어서 배가 꽤 부르다 たくさん食べて, お腹がいっぱいだ. ❷ (身ごもってお腹が)大きい. ‖애를 가졌는지 배가 많이 불러 있

다 身ごもったのか、お腹がだいぶ大きい。

부르다² /puruda/ 他 [르変] [불러, 부르는] ❶ 呼ぶ; 称する. ‖이름을 부르다 名前を呼ぶ. 의사를 부르다 医者を呼ぶ. 부모님을 불러 같이 살다 両親を呼んで一緒に暮らす. ❷ 招く. ‖생일 파티에 친구들을 부르다 誕生パーティーへ友だちを呼ぶ. ❸ 歌う. ‖노래를 부르다 歌を歌う. 동요를 부르다 童謡を歌う. ❹ (値段を) 言う. ‖가격을 부르다 値段を言う. ❺ 叫ぶ. ‖만세를 부르다 万歳を叫ぶ.

부르르 副 (体の一部が) 震える様子: ぶるぶる(と); わなわなと. ‖무서워서 몸이 부르르 떨리다 怖くて体がぶるぶると震える.

부르릉 副 車などのエンジンがかかる音: ぶるん; ぶるるん. **부르릉-부르릉** 副 (と副).

부르릉-거리다 自他 (車が) ぶるんぶるんと音を立てる.

부르주아 (bourgeois⁷) 名 ブルジョア. ㊉プロレタリア.

부르주아지 (bourgeoisie⁷) 名 ブルジョアジー. ㊉プロレタリアート.

부르-짖다 /puruʤit'ta/ [-짇따] 自他 ❶ 叫ぶ. ‖주민들은 미군 철수를 부르짖었다 住民たちは米軍の撤退を叫んだ. ❷ 主張する. ‖권리를 부르짖다 権利を主張する.

부르키나파소 (Burkina Faso) 名 (国名) ブルキナファソ.

부르트다 自 [으変] 腫れ上がる; ひびができる. ‖입술이 부르트다 唇が腫れ上がる.

부른 他 [르変] 부르다 (呼ぶ) の過去連体形.

부릅뜨다 他 [으変] (目を)むく. ‖눈을 부릅뜨며 화를 내다 目をむいて怒る.

부리 名 ❶ (鳥などの)くちばし. ❷ ものの とがった先端. ‖돌부리 石の地上に突き出ている部分. 촌부리 鉱口. ❸ (瓶などの)口の先. ‖소맷부리 そで口.

부리나케 /purinak'e/ 副 大急ぎで; 一目散に; あわてて. ‖전화를 받고 부리나케 달려가다 電話をもらって大急ぎで出て行く. 경찰을 보고 부리나케 도망치다 警察を見て一目散に逃げ出した.

부리다¹ /purida/ 他 ❶ (人や家畜などを)働かせる; 使う. ‖세 사람을 부리다 3人を使う. 종업원을 마구 부리며 従業員を酷く使う. 소를 마구 부리다 牛をこき使う. 사람 부리는 법을 모르다 人の使い方を知らない. ❷ ふるまう. ‖욕심을 부리다 欲張る. 허세를 부리다 見栄を張る. 행패를 부리다 乱暴をはたらく. ❸ 弄する. ‖응석을 부리다 甘える. 꾀병을 부리다 仮病を使う. 꾀를 부리다 策を弄する.

부리다² 他 (荷を) 下ろす. ‖짐을 부리다 荷を下ろす; 荷下ろしをする.

부리부리-하다 形 [하変] (目が) 大きくて強い輝きを放っている.

부메랑 (boomerang) 名 ブーメラン. **부메랑 효과** 名 (-効果) ブーメラン効果. ◈先進国による発展途上国への援助や投資が、やがて先進国への輸出増加となってはね返ること.

부모 (父母) /pumo/ 名 父母; 両親; 親. ‖부모가 없이 親のいない子. 부모 자식 간에 親子の間に.

부모-님 (父母-) 名 父母の尊敬語 ‖저희 부모님께서는 미국에 계십니다 両親はアメリカにいます. 부모님께 효도하다 親孝行する. 부모님 은혜는 하늘보다 높고 바다보다 깊다 父母の恩は山より高く海よりも深し.

부모-덕 (父母-) 名 (-德) 親の七光り; 親の恩徳. ‖부모덕을 보다 親の七光りだ.

부모-상 (父母喪) 名 (-喪) 父母の喪. ‖부모상을 당하다 父母の喪に服する.

부목 (副木) 名 添え木; 副木. ‖다리에 부목을 대다 足に添え木を当てる.

부문 (部門) 名 部門. ‖생산 부문 生産部門. 부문별로 部門別に.

부부 (夫婦) /pubu/ 名 夫婦. ‖신혼부부 新婚夫婦. 잉꼬부부 おしどり夫婦.

부부-싸움 (夫婦-) 名 (-) 夫婦げんか. ▶부부싸움은 칼로 물 베기 (諺) 夫婦げんかは犬も食わない.

부부-유별 (夫婦有別) 名 (儒教の五倫の一つとして) 夫婦の間でも守るべき道の違いがあるという教え.

부분 (部分) /pubun/ 名 部分. ㉮전체 (全體). ‖영화의 마지막 부분 映画の最後の部分. 밑줄 친 부분을 영어로 옮기시오 下線の部分を英訳しなさい.

부분-식 (部分蝕) 名 (天文) 部分食.

부분-적 (部分的) 名 部分的. ‖부분적인 훼손 部分的な毀損.

부분 집합 (部分集合) 【-지팝】名 (数学) 部分集合.

부분-품 (部分品) 名 部分品.

부-비강 (副鼻腔) 名 (解剖) 副鼻腔.

부사 (副詞) 名 (言語) 副詞.

부산¹ (釜山) 名 (地名) 釜山 (プサン).

부산² 하다 形 せわしく騒ぐこと. ‖부산을 떨며 일을 하다 せわしく仕事をする. 부산한 나날 せわしい日々.

부-산물 (副産物) 名 副産物.

부산-스럽다 (-) 形 [ㅂ変] 慌しい; せわしい. ‖부산스러운 시장통 慌しい市場. **부산스레** 副.

부상¹ (負傷) /pusaŋ/ 名 (-) 負傷; けがをすること. ‖부상병 負傷兵. 부상자 負傷者. 부상을 입다 負傷する. 다리에 부상을 입다 足にけがをする.

부상² (浮上) 名 (-) 浮上. ‖3 위로 부상하다 3位に浮上する. 경쟁 상대가

부상하다 競争相手が浮上する.

부상³ (副賞) 名 副賞.

부서 (部署) 名 部署.

부서-지다 /pusəɡjida/ 自 壊れる; 割れる; 砕ける. ‖애를 장난으로 장난감이 부서지고 말았다 子どもたちのいたずらでおもちゃが壊れてしまった. 떨어뜨린 시계가 부서져 버렸다 落とした時計が壊れてしまった. 파도가 부서지다 波頭が砕ける.

부석 (浮石) 名 軽石; 浮き石.

부석-거리다 [-꺼-] 自 (顔が)むくむ.

부석부석-하다 [-뿌석카-] 形 [하変] 顔に潤いがなくむくんでいる.

부석-하다 [-서카-] 形 [하変] (顔が)むくんでいる.

부설¹ (附設) 名 [하変] 付設. ‖부설 연구소 付設研究所.

부설² (敷設) 名 [하変] 敷設.

부-성분 (副成分) 名 副成分. ⇒주성분 (主成分).

부속 (附屬) 名 [하変] 付属. ‖부속 병원 付属病院.

부속-물 (附屬物) [-쏭-] 名 付属物.

부속-품 (附屬品) 名 付属品.

부수¹ (附隨) 名 [하変] 付随; 付くこと. ‖부수적인 업무 付随する業務. 일에는 책임이 부수된다 仕事には責任がつく.

부수² (部首) 名 (漢字の)部首.

부수³ (部數) [-쑤] 名 部数. ‖신문 매 新聞の販売部数. 발행 부수 発行部数.

부수다 /pusuda/ 他 壊す; 砕く. ‖무너져 가던 담장을 부수다 崩れかかっていた塀を壊す. 문을 부수고 안으로 들어가다 ドアを壊して中に入る.

부-수입 (副收入) 名 副収入.

부스 (booth) 名 ブース.

부스러기 名 切れ端; 残りかす; くず. ‖과자 부스러기 お菓子の残りかす. 빵 부스러기 パンくず.

부스럭 副 かさかさ; がさがさ. ⇒보스럭. **부스럭-부스럭** 副 [自他]

부스럭-거리다 [-대다] [-꺼-] 自 他 がさつく; がさがさする; がさつかせる. ‖부엌에서 부스럭거리는 소리가 나다 台所でがさがさと音がする. ⇒보스락거리다.

부스럼 名 できもの; おでき; 吹き出物. ‖머리에 부스럼이 생기다 頭におできができる.

부스스 副 形 ❶ (おもむろに)起き上がる様子. ‖부스스 일어나다 おもむろに起き上がる. ❷ (髪の毛などが)乱れた様子. ‖부스스한 머리 ぼさぼさした髪.

부슬-거리다 自 (雨が)ぱらつく.

부슬-부슬 副 雨がまばらに降る様子. ‖-ㄴ도(と). ‖아침부터 비가 부슬부슬 내리고 있다 朝から雨がしとしとと降っている. ⇒보슬보슬.

부슬-비 名 小雨; 細雨; 小糠雨. ‖부슬비가 내리는 밤 小雨が降る夜. ⇒보슬비.

부시다¹ 形 まぶしい; まばゆい. ‖조명이 부시다 照明がまぶしい.

부시다² 他 (食器などを)ゆすぐ. ‖그릇을 부시다 食器をゆすぐ.

부식¹ (副食) 名 おかず; 副食. ⇒주식 (主食).

부식-비 (副食費) [-삐] 名 副食費.

부식² (腐植) 名 腐植.

부식-질 (腐植質) [-찔] 名 腐植質.

부식-토 (腐植土) 名 腐植土.

부식³ (腐蝕) 名 自 腐食. ‖산은 금속을 부식시킨다 酸は金属を腐食する. 수도관이 많이 부식되었다 水道管がかなり腐食した.

부식-동판화 (腐蝕銅版畫) [-똥-] 名 腐食銅版画; エッチング.

부신 (副腎) (解剖) 副腎. ⇒결공팥.

부신-피질 (副腎皮質) 名 《解剖》 副腎皮質.

부-신경 (副神經) 名 《解剖》 副神経.

부실 (不實) /puʃil/ 名 [하変] しっかりしていないこと. ‖영양 섭취가 부실하다 栄養の摂取が足りない. 부실 공사 手抜き工事.

부실-기업 (不實企業) 名 不良企業.

부실-하다 (不實-) 名 [하変] 腐心; 苦心. ‖자금 조달 문제로 부심하고 있다 資金調達の問題で腐心している.

부싯-돌 [-시똘 / -싣똘] 名 火打ち石.

부아 名 ❶ 肺臓. ❷ 怒り; 立腹; 癇癪 (かんしゃく). ‖부아가 치밀다 怒りが込み上げる.

부아-통 名 癇癪; 立腹. ‖부아통이 터지다 癇癪を起こす; 腹が立つ.

부양¹ (扶養) /pujaŋ/ 名 [하変] 扶養; 養うこと. ‖부모를 부양하다 両親を扶養する.

부양-가족 (扶養家族) 名 扶養家族.

부양-비 (扶養費) 名 扶養費.

부양 수당 (扶養手當) 名 扶養手当.

부양² (浮揚) 名 自他 浮揚. ‖경기를 부양하다 景気を浮揚させる.

부어-오르다 [-르変] 腫れ上がる. ‖상처가 부어오르다 傷口が腫れ上がる.

부언 (附言) 名 [하変] 付言; 付け加えて言うこと. ‖부언하자면 다음과 같습니다 付言すれば次の通りです.

부업 (副業) 名 副業; 内職; サイドビジネス.

부엉-새 名 =부엉이.

부엉-이 (鳥類) コノハズク(木の葉木菟).

부엌 /puək/ [-억] 名 台所; キッチン. ‖부엌 용품 台所用品.

부엌-일【-영닐】图 台所仕事; 水仕事.

부엌-칼图 包丁. ⑩식칼(食-).

부여(附與) 图他 付与. ‖권능을 부여하여 權限を付与する. **부여-받다** 受身

부여(賦與) 图他 賦与(-). ‖하늘이 부여한 재능 天の賦与したオ.

부여³(扶餘) 图地名 扶余(プヨ).

부여-안다【-따】他 抱きしめる.

부여-잡다【-따】他 (相手の身体のどこかを)握りしめる. ‖떠나는 사람 손을 부여잡다 去る人の手を握りしめる.

부역(賦役) 图自 賦役(-). ÷人身に課役すること.

부연(敷衍·敷演) 图他 敷衍(ふ-).

부엽-토(腐葉土) 图 腐葉土.

부-영사(副領事) 图 副領事.

부옇다【-여타】形【ㅎ変】 ぼやけている; 不透明だ. ‖안개로 눈앞이 부옇다 霧のせいで目の前がぼやけている. ⑬보얗다.

부예-지다 自 曇る; かすむ; ぼやける. ⑬보얘지다.

부용(芙蓉) 图植物 フヨウ(芙蓉).

부원(部員) 图 部員.

부위(部位) 图 部位. ‖신체 각 부위의 명칭 身体各部位の名称. 수술 부위 手術部位.

부유(富裕) 图形 富裕; 裕福. ‖부유한 가정 裕福な家庭.

부유-층(富裕層) 图 富裕層.

부유(浮遊·浮游) 图自 浮遊. ‖물속에서 부유하다 水中で浮遊する.

부유-생물(浮遊生物) 图 浮遊生物. ⑭플랑크톤.

부음(訃音) 图 計音; 計報. ‖부음을 듣다 訃報に接する.

부응(副應) 图自 (期待などに)応えること. ‖기대에 부응하다 期待に応える. 시대의 요구에 부응하기 위해 時代のニーズに応えるべく.

부의¹(附議)【-/-이】图 付議.

부의²(賻儀)【-/-이】图 香典.

부의-금(賻儀金) 图 香典.

부익부(富益富)【-뿌】图 金持ちは益々金持ちになること. ⑰빈익빈(貧益貧).

부인¹(夫人) /puin/ 图 夫人; 奥様; 奥さん. ‖부장님 부인 部長の奥様. 친구 부인 友人の奥さん. 귀부인 貴夫人.

부인²(婦人) /puin/ 图 婦人.
부인-과(婦人科)【-꽈】图 婦人科.
부인-병(婦人病)【-뼝】图 婦人病.
부인-복(婦人服) 图 婦人服.
부인-회(婦人会)【-/-훼】图 婦人会.

부인³(否認) 图他自 否認. ⑰시인(是認). ‖실수를 부인하다 過ちを否認する. **부인-당하다** 受身

부인⁴(富因) 图 副因. ⑰주인(主因).

부임(赴任) 图他 赴任.

부자¹(父子) 图 父子; 父と息子. ‖부자간에 父子の間で.

부자²(富者) /pu:dʒa/ 图 金持ち. ⑰빈자(貧者). ‖벼락부자 にわか成り金.
부잣-집(富者-)【-짜집/-찓집】图 金持ちの家. ‖부잣집 도련님처럼 보이다 お金持ちの坊ちゃんに見える.

부-자연(不自然) 图形 不自然.
부자연-스럽다(不自然-)【-따】形【ㅂ変】不自然だ. ‖부자연스러운 자세 不自然な姿勢. 부자연스럽게 느끼다 不自然に感じる. **부자연스레** 副

부-자유(不自由) 图形 不自由.
부자유-스럽다(不自由-)【-따】形【ㅂ変】不自由だ.

부자-유친(父子有親) 图 (儒教の五倫の一つとして)父子の間の道理は親愛であるという教え.

부-작용(副作用) /pu:dʒagjoŋ/ 图 副作用. ‖약의 부작용 薬の副作用. 부작용을 일으키다 副作用を起こす.

부장(部長) /pudʒaŋ/ 图 部長.

부장(副葬) 图 副葬.
부장-품(副葬品) 图 副葬品.

부재(不在) 图自 不在. ‖아버지는 지금 부재 중이십니다 父は今不在です.
부재-자(不在者) 图 不在者.
부재자-투표(不在者投票) 图 不在者投票. ‖한국에서 군인들은 선거 때 부재자 투표를 한다 韓国で軍人は選挙の時不在者投票をする.
부재-증명(不在証明) 图 不在証明. ⑭알리바이.
부재-지주(不在地主) 图 不在地主.

부저(buzzer) 图 버저の誤り.

부적(符籍) 图民俗 おまり; 呪符.

부적당-하다(不適当-)【-땅-】形【ㅎ変】不適当だ. ‖부적당한 예 不適当な例.

부적절-하다(不適切-)【-쩔-】形【ㅎ変】不適切だ. ‖부적절한 방법 不適切な方法.

부전(不全) 图 不全. ‖발육 부전 発育不全. 심부전 心不全.

부전-승(不戦勝) 图 不戦勝. ⑰부전패(不戦敗).

부전-자전(父傳子傳) 图自 父子相伝.

부전-패(不戦敗) 图 不戦敗. ⑰부전승(不戦勝). ‖부전패를 당하다 不戦敗を喫する.

부절제-하다(不節制-)【-쩨-】形【ㅎ変】不節制だ.

부정¹(不正) /pudʒəŋ/ 图形 不正; 汚職. ‖부정한 짓을 하다 不正をはたらく.
부정-선거(不正選擧) 图 不正選挙.
부정-행위(不正行爲) 图 不正行為.

부정² (不定) [하형] 不定. ‖주거 부정 住居不定.
부정 관사 (不定冠詞) [言語] 不定冠詞. ㉗형관사(定冠詞).
　부정-형(不定形) [言語] 不定形.
부정³ (不貞) [하형] 不貞.
부정⁴ (不淨) [하형] 不淨. ▶부정(을) 타다 不淨에 觸れてたたられる.
　부정-부패 (不淨腐敗) [하自] 不淨腐敗.
부정⁵ (否定) /pudʑʌŋ/ [하他] 否定. ⑳긍정(肯定). ‖현금 사실을 부정하다 獻金の事実を否定する. 부정 할 수 없는 사실 否定できない事実. 이중 부정 二重否定.
　부정-문 (否定文) [言語] 否定文.
　부정-적 (否定的) [名] 否定的. ‖부정적인 견해 否定的な見解.
부정⁶ (父情) [名] 父情.
부-정기 (不定期) [名] 不定期. ㉗정기(定期).
　부정기-물 (不定期物) [名] 不定期物.
　부정기-적 (不定期的) [名] 非定期的.
부정-맥 (不整脈) [醫] 不整脈.
부-정합 (不整合) [名] 不整合.
부정확-하다 (不正確-) [-화카-] [하형] 不正確だ; 不確かだ. ‖부정확한 기억 不正確な記憶.
부제 (副題) [名] 副題.
부조¹ (扶助) [하他] ❶ 扶助. ‖상호 부조 相互扶助. ❷ (慶弔時の)祝儀; 香料; 香典. ‖친척 결혼에 부조하다 親戚の結婚に祝儀を出す.
　부조-금 (扶助金) [名] ご祝儀; ご香料; お香典.
부조² (浮彫) [하他] レリーフ; 浮き彫り. ‖돌을새김.
부-조리 (不條理) [名] 不条理. ‖사회의 부조리 社会の不条理.
부-조화 (不調和) [名] 不調和.
부족¹ (不足) /pudʑok/ [名] 不足; 足りないこと; 至らないこと. ‖끈기가 부족하다 ねばりが足りない. 천 원이 부족하다 千ウォン不足する. 수면 부족 睡眠不足. 부족한 점은 널리 양해해 주십시오 至らない点はお許しください.
　부족-분 (不足分) [名] 不足分.
부족² (部族) [名] 部族. ‖부족 국가 部族国家.
부종 (浮腫) [名] =부증(浮症).
부-주의 (不注意) /puʑuːi/ [/-이] [하형] 不注意. ‖부주의한 한 마디 不注意な一言.
부증 (浮症) [名] 浮腫; むくみ.
부지¹ (不知) [名] 不知.
부지² (扶持·扶支) [하他] 辛うじて持ちこたえること. ‖근근이 목숨을 부지하다 辛うじて命をつなぐ.
부지³ (敷地) [名] 敷地. ‖하천 부지 河川敷.

부지기수 (不知其數) [名] 数え切れないほど多いこと; いくらでもあること.
부지깽이 [名] 火掻き棒.
부지런-하다 /pudʑirʌnhada/ [하형] 勤勉だ; まめだ; 働き者だ; 熱心だ. ‖부지런한 사람 働き者. **부지런-히** [副] 부지런히 청소를 하다 まめに掃除をする. 부지런히 돈을 모으다 せっせとお金をためる.
부지불식-간 (不知不識間) [-씩깐] [名] 知らないうち; 知らず知らずの間に; 無意識の間. ‖부지불식간에 사투리가 튀어나오다 知らない間に訛が出てしまう.
부-지사 (副知事) [名] 副知事.
부지직 [하副] ❶ 水気のあるものが熱したものに触れた時に出る音. ❷ 紙や布が乱暴に破られる時の音. ‖바지가 부지직 찢어지다 ズボンがびりびりと破れる. ❸ やややややい腹を出す時の音. **부지-직직** [하副]
　부지직-거리다 [-꺼-] [自] ばりばりと音がする.
부-직포 (不織布) [名] 不織布.
부진 (不振) [名] 不振. ‖성적이 부진하다 成績が不振だ. 식욕 부진 食欲不振.
부질-없다 /pudʑirʌːpta/ [-지럽따] [形] 無意味だ; 取るに足りない; つまらない; 下らない. ‖부질없는 노력 無意味な努力. 부질없는 생각을 하고 있다 つまらないことを考えている. **부질없-이** [副]
부-집게 [名] 火箸.
부쩍 /puʔʨʌk/ [副] (体重·身長·水かさなどが)にわかに増えたり減ったりする様子; ぐんと; しょっちゅう. ‖키가 한 달 사이에 부쩍 컸다 身長が1か月の間にぐんと伸びた. 찌증이 부쩍 늘다 しょっちゅう癇癪(癪)を起こす.
부차-적 (副次的) [名] 副次的; 二次的. ‖부차적인 문제 二次的な問題.
부착 (附着) [名][自] 付着.
　부착-력 (附着力) [-창녁] [名] 付着力. ‖부착력이 강한 본드 付着力の強いボンド.
　부착-물 (附着物) [-창-] [名] 付着物.
부창-부수 (夫唱婦隨) [名][自] 夫唱婦随.
부채¹ /puʨʰɛ/ [名] 扇; うちわ; 扇子. ‖부채로 부치다 扇であおぐ.
　부채-꼴 [名] 扇形; 扇状.
　부채-질 [하他] ❶ 扇であおること. ‖부채질하다 扇であおぐ. ❷ 煽動すること; あおること; そそのかすこと; けしかけること.
　부채-살 [-채쌀·-쌀] [名] 扇骨; 扇の骨. ‖부챗살처럼 퍼지는 아침 햇살 扇骨のように広がる朝の日差し.
부채² (負債) [名] 負債; 借金. ‖엄청난 부채를 안고 있다 莫大な負債を抱えている.

부처¹ 《佛教》 图 仏;釋迦.

부처² (夫妻) 图 夫妻. ‖대통령 부처 大統領夫妻.

부처³ (部處) 图 政府機関の各部と処.

부촌 (富村) 图 金持ちが大勢住んでいる町. ⑬빈촌(貧村). ‖압구정동은 서울에서 부촌으로 알려진 곳이다 狎鷗亭洞はソウルの中でも金持ちが多く住んでいる町として知られている所だ.

부-총리 (副總理) 【-니】 图 副総理.

부-총장 (副總長) 图 副総長.

부-총재 (副總裁) 图 副総裁.

부추 (植物) 图 ニラ(韮).

부추기다 他 そそのかす;あおる;けしかける.

부축-하다 [-추카-] 他《하요》 (患者やお年寄りの)わきを抱えて,移動などを手助けする.

부츠 (boots) 图 ブーツ.

부치다¹ 他 〔힘에 부치다の形で〕手に負えない;手に余る. ‖힘에 부치는 상대 手に負えない相手.

부치다² 他 あおぐ. ‖부채로 부치다 扇であおぐ.

부치다³ /puchida/ 他 (手紙・小包などを)送る;出す;届けさせる. ‖편지를 부치다 手紙を出す. 집에서 일주일 전에 부쳐 주었다 実家からミカンが送られてきた. 남동생에게 매달 십만 원을 부친다 弟に毎月10万ウォンを送る.

부치다⁴ 他 付する;付す. ‖심의에 부치다 審議に付する. 문문에 부치다 不問に付す. 비밀에 부치다 秘密にする.

부치다⁵ 他 (フライパンで平べったく)焼く. ‖파전을 부치다 ネギチヂミを焼く.

부치다⁶ 他 耕す;耕作する. ‖밭 삼천 평을 부치고 있다 畑3千坪を耕作している.

부칙 (附則) 图 付則.

부친 (父親) 图 父親;お父様. ⑬모친(母親).

부친-상 (父親喪) 图 父親の喪. ‖부친상을 당하다 父親に死なれる;父親の喪に服する.

부침 (浮沈) 图 浮き沈み. ‖부침이 심하다 浮き沈みが激しい.

부침-개 《料理》 图 チヂミ. ⑬지짐이.

부케 (bouquet 프) 图 ブーケ.

부킹 (booking) 图 ブッキング;予約.

부탁 (付託) /puːtʰak/, 图 《하요》 頼み;依頼;願い. ‖아는 사람한테 아들 취직을 부탁하다 知り合いに息子の就職を頼む. 친구에게 결혼식 축사를 부탁하다 友だちに結婚式の祝辞を依頼する. 잘 부탁 드리겠습니다 宜しくお願い申し上げます. 부탁을 들어주다 願いを聞いてあげる. **부탁-받다** 受動

부탄¹ (butane) 图 《化学》 ブタン. ‖부탄가스 ブタンガス.

부탄² (Bhutan) 图 《国名》 ブータン.

부터 /putʰəj/ 助 ❶ …から. ‖아침부터 비가 오고 있다 朝から雨が降っている. 처음부터 마음에 들었다 最初から気に入った. 나부터 잘해야지 私から頑張らないと. 중학교 들어가면서부터 공부를 열심히 하기 시작했다 中学校に入ってから勉強を出し始めた. ❷ …까지 …まで. ‖많은 사람들로부터 지지를 받고 있다 多くの人より支持を集めている.

부-통령 (副統領) 【-녕】 图 副大統領.

부-티 (富-) 图 裕福そうな感じ. ⑬부티(-)가 나는 사람 裕福そうに見える人.

부패 (腐敗) /puːpʰɛ/ 图《하요》 腐敗;腐ること. ‖부정부패 不浄腐敗. 정치적 부패를 한탄하다 政治の腐敗を嘆く. 음식이 부패하다 食べ物が腐る.

부패-물 (腐敗物) 图 腐敗物.

부평-초 (浮萍草) 图 《植物》 ウキクサ(浮草). ⑬개구리밥.

부표¹ (浮標) 图 浮標;浮き.

부표² (否票) 图 (票決で)反対票. ⑬가표(可票).

부표³ (附表) 图 付表(附表).

부풀다 /puːpʰulda/ 他 【言語幹】 [부풀어, 부푼, 부풉] ❶ 膨らむ;膨れる;膨れ上がる;大きくなる. ‖빵 반죽이 부풀다 パン生地が膨れる. 고무풍선이 부풀다 ゴム風船が膨れる. 꿈에 부풀다 夢が膨らむ. 기대로 가슴이 부풀다 期待に胸が膨らむ. ❷ 誇張される. ‖소문이 부풀게 마련이다 うわさは誇張されるものだ. ⑭부풀리다.

부풀리다 他 〔부풀다の使役動詞〕 膨らませる;膨らす. ‖풍선을 부풀리다 風船を膨らませる. 얘기를 부풀리다 話を膨らます.

부풀어-오르다 自《르요》 腫れ上がる;膨れ上がる;膨らむ. ‖벌레한테 물린 자리가 많이 부풀어올랐다 虫に刺されたところがかなり腫れ上がった.

부품 (部品) 图 部品. ‖자동차 부품 自動車部品. 라디오 부품 ラジオの部品.

부피 /puːpʰi/ 图 ❶ かさ;物の大きさや分量. ‖부피가 크다 かさが大きい;かさばる. ❷ 《数学》 体積. ‖부피를 구하는 문제 体積を求める問題.

부하¹ (負荷) 图《하요》 負荷.

부하² (部下) /puːha/ 图 部下;手下. ‖부하를 거느리다 部下を従える. 부하를 신뢰하다 部下を信頼する.

부합 (符合) 图《하요》 符合. ‖기대에 부합하는 결과 期待に符合する結果.

부항 (附缸) 图 (体の膿(うみ)や悪血(あっち)を吸い取るために小さい灸の壺を当てること. ‖부항을 붙이다 (体に)灸の壺を当

てる.
부형 (父兄) [名] 父兄.
부호[1] (符號) [名] 符号.
부호[2] (富豪) [名] 富豪; 大金持ち.
부화 (孵化) [名][하自他] 孵化. ‖ 알이 부화하다 卵が孵化する. 인공 부화 人工孵化.
　부화-기 (孵化器) [名] 孵化器.
부화-뇌동 (附和雷同) 【-/-눼-】 [名][하自] 付和雷同.
부활 (復活) [名][하自] 復活. ‖ 예수의 부활 イエスの復活. 패자 부활전 敗者復活戦. 정기 대항전을 부활시키다 定期対抗試合を復活させる.
　부활-절 (復活節) 【-쩔】 [名] ＝부활제(復活祭).
　부활-제 (復活祭) 【-제】 [名] 《キリスト教》 復活祭.
부회 (部會) 【-/-훼】 [名] 部会.
부-회장 (副會長) 【-/-훼-】 [名] 副会長.
부흥 (復興) [名][하自] 復興. ‖ 문예 부흥 文芸復興.
　부흥-기 (復興期) [名] 復興期.
북[1] /puk/ [名] 《音楽》 太鼓. ‖ 북 치는 소리 太鼓を打つ音. 큰북과 작은북 大太鼓と小太鼓.
북[2] [名] (ミシンの)ボビン.
북[3] [名] 木や草の根元の土.
북[4] (北) /puk/ [名] ❶北. ‖ 남북 南北. 북미 北アメリカ. ❷北朝鮮.
북[5] [副] ❶やわらかいものの表面をこすったりひっかいたりする音: がりっと. ❷紙などが勢いよく裂ける音: びりっと. ‖ 잡지 표지를 북 찢다 雑誌の表紙をびりっと破る. **북-북** [副] ごしごし; びりびり. ‖ 북북 문지르다 ごしごしこする. 답지를 북북 찢다 答案をびりびり(と)破る.
북구 (北歐) 【-꾸】 [名] 《地名》 北欧; 北ヨーロッパ. [類]북유럽(北-).
북극 (北極) 【-끅】 [名] 北極.
　북극-곰 (北極-) 【-끅꼼】 [名] 《動物》 ホッキョクグマ(北極熊).
　북극-권 (北極圈) 【-끅꿘】 [名] 北極圏.
　북극-성 (北極星) 【-끅썽】 [名] 北極星; ポラリス.
　북극-해 (北極海) 【-끄캐】 [名] 《地名》 北極海.
북-녘 (北-) 【붕녁】 [名] 北方; 北の方. [対]남녘(南-). ‖ 북녘 하늘 北の空.
북단 (北端) 【-딴】 [名] 北端. [対]남단(南端).
북대서양^조약^기구 (北大西洋條約機構) 【-때-끼-】 [名] 北大西洋条約機構(NATO).
북-돋우다 【-또두-】 [他] 励ます; 鼓舞する; 奮い立たす; そそる. ‖ 입맛을 북돋우다 食欲をそそる. 사기를 북돋우다 士気を鼓舞する.
북동 (北東) 【-똥】 [名] 北東.
　북동-풍 (北東風) [名] 北東の風.
북두-성 (北斗星) 【-뚜-】 [名] 《天文》 北斗星.
북두-칠성 (北斗七星) 【-뚜-썽】 [名] 《天文》 北斗七星. [略]칠성(七星).
북망-산 (北邙山) 【붕-】 [名] 北邙(ぼう)山; 墓地. ✣中国の洛陽東北にある北邙山が王侯の墓地として有名だったことから.
북망-산천 (北邙山川) 【붕-】 [名] ＝북망산(北邙山).
북미 (北美) 【붕-】 [名] 《地名》 北米; 北アメリカ.
북-반구 (北半球) 【-빤-】 [名] 《地》 北半球.
북-받치다 【-빧-】 [自] (ある感情が)込み上げる. ‖ 설움이 북받치다 悲しみが込み上げる.
북방 (北方) 【-빵】 [名] 北方. ‖ 북방 민족 北方民族. 북방 불교 北方仏教.
북부 (北部) 【-뿌】 [名] 北部.
북-북동 (北北東) 【-뿍똥】 [名] 北北東.
북-북서 (北北西) 【-뿍써】 [名] 北北西.
북빙-양 (北氷洋) 【-삥냥】 [名] 《地名》 ＝북극해(北極海).
북상 (北上) 【-쌍】 [名][하自] 北上. ‖ 태풍이 북상 중이다 台風が北上している.
북새-통 【-쌔-】 [名] 大騒ぎ; どさくさの最中. ‖ 북새통을 이루다 混雑する; ごった返す.
북서 (北西) 【-써】 [名] 北西.
　북서-풍 (北西風) [名] 北西の風.
북양 (北洋) [名] 北洋.
북어 (北魚) /pugɔ/ [名] スケトウダラの干物.
　북어-찜 (北魚-) [名] 《料理》 頭と尾を取り除いた북어の腹を裂いて蒸したもの.
　북엇-국 (北魚ㅅ-) 【부거꾹/부걷꾹】 [名] 《料理》 북어スープ.
북위 (北緯) [名] 《地》 北緯.
북-유럽 (北 Europe) [名] 《地名》 北欧; 北ヨーロッパ. [類]북구(北歐).
북적-거리다[-대다] /puk²ʧɔk²kɔrida [²tɛda]/ 【-쩍꺼[쩍때]-】 [自] 人でごった返す. ‖ 가게 안은 관광객들로 북적거리고 있었다 店の中は観光客でごった返していた. [작]복작거리다.
북적-북적 [副][하自] がやがや; ざわざわ. [작]복작복작.
북-조선 (北朝鮮) 【-쪼-】 [名] 《地名》 北朝鮮.
북진 (北進) 【-찐】 [名][하自] 北進.
북-쪽 (北-) /puk²ʧok/ [名] 北; 北の方; 北側.
북-채 [名] 太鼓のばち.
북측 (北側) [名] ❶北側. ❷北朝鮮側.
북풍 (北風) [名] 北風.
북한 (北韓) 【부칸】 [名] 《地名》 北朝鮮の韓国での呼び名.

북향(北向)【-향】图 北向き.
　북향-집(北向-)【-향찝】图 北向きの家. ⑰남향집(南向-).
북-회귀선(北回歸線)【-뷔-/-붸-】图【地】北回帰線. ⑰남회귀선(南回歸線).
분¹(分)图〔분수(分數)の略語〕分.
∥분에 맞는 생활 分相応の生活. 분에 넘치는 칭찬 分に過ぎるお褒め.
분²(忿・憤)图 鬱憤(ウツ);憤り;怒り. ∥분을 풀다 鬱憤を晴らす. 분을 못 이겨서 큰 소리를 지르다 腹立ちまぎれに大声を出す. 분을 삭이다 怒りを鎮める.
분³(粉)图 おしろい. ∥분을 바르다 おしろいをつける. 분가루 おしろいの粉.
분⁴ 依名〔人の尊敬語〕方;…様;…人. ∥이 분이 오 선생님이십니다 こちらの方が呉先生でいらっしゃいます. 여자 분 女の方. 여러분 皆様. 형제분은 몇 분 계세요? ご兄弟は何人いらっしゃいますか.
분⁵(分)/pun/依名 …分. ∥두 시 오 분 2時5分.
-분⁶(分)图 …分. ∥삼분의 일 三分の1. 비빔밥 삼 인분 ビビンバ3人分. 지방분 脂肪分.
분가(分家)图自 分家.
분간(分揀)图他 見分け. ∥형인지 동생인지 분간이 안 된다 兄か弟か見分けがつかない.
분개(憤慨)图自 憤慨.
분계-선(分界線)【-/-게-】图 境界線.
분골-쇄신(粉骨碎身)图自 粉骨砕身.
분과(分科)【-꽈】图他 分科.
분광-계(分光計)【-/-게-】图 分光計.
　분광-기(分光器)图 分光器.
분교(分校)图 分校.
분권(分權)【-꿘】图 分権. ∥집권(集權). ∥지방분권 地方分権.
분규(紛糾)图 紛糾;もめ事. ∥노사 분규 労使間の紛糾.
분기¹(分岐)图自 分岐.
　분기-점(分岐點)【-쩜】图 分岐点;分かれ目.
분기²(分期)图 四半期. ∥일사분기 第一四半期.
분기³(憤氣)图 怒り. ∥분기탱천하다 怒り心頭に発する.
분-꽃(粉-)【-꼳】图【植物】オシロイバナ(白粉花).
분납(分納)图他 分納.
분-내(粉-)图 おしろいの匂い.
분노(憤怒)图自 憤怒.
분뇨(糞尿)图 糞尿.
분단¹(分段)图他 ❶分段. ❷(文章の)段落.
분단²(分團)图 分団.
분단³(分斷)图他 分断. **분단-되다** 受自 ∥남북으로 분단된 국가 南北に分断された国家.
분담(分擔)图他 分担. ∥역할을 분담하다 役割を分担する.
분대(分隊)图【軍事】分隊.
분도-기(分度器)图 分度器.
분란(紛亂)【불-】图 紛乱;もめ事;ごたごた. ∥회사에 분란이 일다 会社の中がごたごたする.
분량(分量)/pu:lljaŋ/【불-】图 分量. ∥상당한 분량의 일 相当な分量の仕事. 약 분량을 조절하다 薬の分量を調節する.
분류(分類)/pullju:/【불-】图 分類. ∥장르별로 분류하다 ジャンル別に分類する. 도서 분류 작업 図書の分類作業. 모양에 따른 분류 形による分類. **분류-되다** 受自
분리(分離)【불-】图他 分離. ∥소유와 경영을 분리하다 所有と経営を分離する. 중앙 분리대 中央分離帯. **분리-되다** 受自
　분리-기(分離器)【불-】图 分離機. ∥원심 분리기 遠心分離機.
분립(分立)【불-】图 分立. ∥삼권 분립 三権分立.
분만(分娩)图他 分娩. ∥분만실 分娩室.
분말(粉末)图 粉末. ∥분말 주스 粉末ジュース.
분명-하다(分明-)/punmjəŋhada/图【하変】明らかだ;定かだ. 확かだ. ∥승산이 없다는 것은 분명하다 勝ち目のないことは明らかだ. 그 사람이 거짓말을 했다는 것이 분명해졌다 彼がうそをついていたことが明らかになった. 그 일 이후의 그 사람의 행방은 분명하지 않다 その後の彼の行方は定かではない. 기억이 분명하지 않다 記憶が定かでない. 분명한 사실 確かな事実. **분명-히** 副 はっきり;明らかに;確かに. ∥그 때 일은 분명히 기억하고 있다 その時のことはっきり覚えている. 문제점을 분명하게 하다 問題点を明らかにする.
분모(分母)图【数学】分母. ⑦분자(分子).
분묘(墳墓)图 墳墓;墓.
분무-기(噴霧器)图 噴霧器;霧吹き.
분반(分班)图他 いくつかの班に分けること.
분발(奮發)图自 奮発;頑張ること.
분방-하다(奔放-)图【하変】奔放だ. ∥자유분방한 행동 自由奔放な行動.
분배(分配)/punbe/图他 分配. ∥이익을 공평하게 분배하다 利益を等しく分配する. **분배-되다** 受自
분별(分別)图他 分別;弁(ベン)えること. ∥분별 수집 分別収集. 선악을 분

분부 별다른 善惡を分別する.
　별별-없다(分別-)【-벌따】 形 分別がない; 弁ずることができない. ∥분별없는 짓 分別のないふるまい. **분별없이** 副

분부(分付·吩咐) 名他 命令; (目上の人や上司の)言い付け.
분부-하다(紛紛-) 形 하변 ❶(意見などが)まちまちだ. ❷(花びらなどが)乱れ散る. ∥분분한 낙화 乱れ散る花びら. **분분-히** 副
분비(分泌) 名自他 分泌.
　분비-물(分泌物) 名 分泌物.
　분비-샘(分泌-) 名[解剖] 分泌腺.
분사(分詞) 名[言語] 分詞. ∥과거 분사 過去分詞. 분사 구문 分詞構文.
분산(分散) 名自他 分散. ∥데모대를 분산시키다 デモ隊を分散させる. 힘이 분산되다 力が分散する.
분서-갱유(焚書坑儒) 名[歷史] 焚書((坑))坑儒.
분석(分析) 名他 ㉮[論] 分析; 綜合). ❶성분을 분석하다 成分を分析する. 실패의 원인을 분석하다 失敗の原因を分析する. 상황 분석 状況分析. 성격 분석 性格分析. 정신 분석 精神分析.
　분석-적(分析的)【-쩍】 名 分析的. ∥분석적인 방법 分析的な方法.
분속(分速) 名 分速.
분쇄(粉碎) 名他 粉碎.
　분쇄-기(粉碎機) 名 粉碎機; クラッシャー.
분수[1](分數) /puːnsu/ ❶身のほど; 分. ∥분수를 알다 分をわきまえる. 분수에 넘치는 생활 身に過ぎた生活. ❷弁((わきま))え; 見境. ∥분수도 모르고 이것저것 일을 벌이다 見境もなくあれこれ手を出す.
분수[2](分數) /punˀsu/【-쑤】 名[数学] 分数.
　분수-식(分數式) 名[数学] 分数式.
분수[3](噴水) /puːnsu/ 名 噴水.
　분수-기(噴水器) 名 噴水器.
　분수-대(噴水臺) 名 噴水台.
　분수-탑(噴水塔) 名 噴水塔.
분수-령(分水嶺) 名 ❶分水嶺. ❷分かれ目. ∥이번 선거가 정국 전환의 분수령이 될 것이다 今回の選挙が政局転換の分かれ目になるだろう.
분승(分乘) 名自 分乗.
분식[1](粉食) /punˀʃik/ 名他 粉食.
　분식-집(粉食-)【-찝】 名 ラーメン·餃子などの軽い料理を出す店.
분식[2](粉飾) 名他 粉飾. ∥분식 회계 粉飾決算.
분신[1](分身) 名自 分身.
분신[2](焚身) 名自 焼身. ∥분신자살 焼身自殺.
분실[1](分室) 名 分室.

분실[2](紛失) /punˀʃil/ 名他 紛失; なくすこと. 〔↔拾得〕. ∥신분증명서를 분실하다 身分証明書を紛失する. 지갑을 분실하다 財布をなくす.
　분실-물(紛失物) 名 紛失物.
　분실물~센터(紛失物 center) 名 お忘れ物取扱所.
분액-깔때기(分液-) 名 分液漏斗.
분야(分野) /punˀja/ 名 分野. ∥새로운 분야의 개척 新しい分野の開拓. 전문 분야 専門の分野. 음성학은 언어학의 한 분야이다 音声学は言語学の一分野である.
분양(分讓) 名他 分讓. ∥분양 아파트 分讓マンション.
　분양-지(分讓地) 名 分讓地.
분업(分業) 名自他 ㉮協業). ∥의약 분업 医薬分業.
　분업-화(分業化)【-부놔】 名自他 分業化.
분여(分與) 名他 分与. ∥재산을 분여하다 財産を分与する.
분열(分裂) /punˀjəl/ 名自 分裂. ∥세포 분열 細胞分裂. 핵분열 核分裂. 그 문제로 당이 분열되다 その問題で党が分裂する.
분원(分院) 名 分院.

분위기(雰圍氣) /punwigi/ 名 雰囲気. ∥분위기가 심상치 않다 雰囲気が尋常ではない. 독특한 분위기 独特な雰囲気. 가정적인 분위기 家庭的な雰囲気. 저런 분위기에는 익숙하지 않다 ああいう雰囲気にはなじめない. 이상한 분위기에 휩싸이다 異様な雰囲気に包まれる.

분유(粉乳) 名 粉ミルク.
분자(分子) 名 ❶[物理] 分子. ∥분자 운동 分子運動. ❷[数学] 分子. ㉮分母). ❸集団の中で異を立てる一部の者. ∥불평분자 不平分子.
　분자-량(分子量) 名[化学] 分子量.
　분자-력(分子力) 名[物理] 分子間力.
분장(扮裝) 名自他 扮装.
분장-실(扮裝室) 名 楽屋.
분재(盆栽) 名 盆栽.
분쟁(紛爭) /punʤɛŋ/ 名自他 紛争. ∥양국 간에 분쟁이 일어나다 両国の間に紛争が起きる. 분쟁을 일으키다 紛争を巻き起こす. 분쟁이 끊이지 않다 紛争が絶えない. 분쟁에 휩싸이다 紛争に巻き込まれる.
분점[1](分店) 名 分店. ㉮本店(本店). ∥분점을 내다 分店を出す.
분점[2](分點)【-쩜】 名 分点.
분주-하다(奔走-) 形 하변 奔走している; 忙しくしている. ∥분주한 오후 忙しい午後. **분주-히** 副
분지(盆地) 名 盆地.

분지르다 [?][르変] (力を加えて両手で)へし折る. ‖소나무 가지를 분지르다 松の枝をへし折る.

분진(粉塵) [名] 粉塵.

분철-하다(分綴-) [他][하変] 分けて綴じる.

분출(噴出) [名][하自] 噴出. ‖용암이 분출하다 溶岩が噴出する.

분칠(粉漆) [名][하自他] おしろいをつけること. ‖얼굴에 분칠을 하다 顔におしろいをつける.

분침(分針) [名] (時計の)分針.

분통(憤痛) [名] /pu:nt^hoŋ/ [하形] 怒り. ‖분통이 치밀다 怒りが込み上げる. 분통을 터뜨리다 怒りを爆発させる. 분통이 터져 벽을 치다 怒り紛れに壁を叩く. 분통이 터지다 怒り心頭に発する.

분투(奮鬪) [名][하自] 奮鬪. ‖고군분투하다 孤軍奮鬪する.

분포(分布) [名][하自他] 分布. ‖인구 분포 人口の分布. 아시아 각지에 분포하고 있는 식물 アジア各地に分布している植物.
  분포-도 (分布圖) [名] 分布図.

분-풀이(憤-) [名][하自] 腹いせ; 当たり散らすこと. ‖엉뚱한 사람에게 분풀이하다 関係のない人に当たり散らす.

분필(粉筆) [名] 白墨; チョーク. 倒백묵(白墨).

분-하다¹(憤-・忿-) [?] /pu:nhada/ [形][하変] 悔しい. ‖일 점 차이로 져서 너무 분하다 1点の差で負けて非常に悔しい. 분해서 눈물이 쏟아지다 悔し涙を流す. 분해서 잠이 안 오다 悔しくて眠れない.

분-하다²(扮-) [自][하変] 扮する; 扮装する.

분할¹(分割) [名][하他] 分割. ‖분할 상환 分割償還. 황금 분할 黄金分割.

분할²(分轄) [名][하他] 分轄.

분해(分解) [名] /punhɛ/ [하他] 分解. ‖라디오를 분해하다 ラジオを分解する. 전기 분해 電気分解.
  분해-되다 [受動]

분향(焚香) [名][하自] 焼香. ‖고인의 영전에 분향하다 故人の霊前に焼香する.

분홍(粉紅) [名] /pu:nhoŋ/ [名] [粉紅色(粉紅色)の略語]ピンク.
  분홍-색 (粉紅色) [名] ピンク色; 薄紅色. 倒분홍색(粉紅色).

분화¹(分化) [名][하自] 分化. ‖학문의 세계는 점점 더 분화되고 있다 学問の世界は益々分化している.

분화²(噴火) [名][하自] 噴火. ‖분화 활동 噴火活動.
  분화-구 (噴火口) [名] 噴火口.

붇다 [-따] [自] [ㄷ変] ふやける; (水嵩などが)増す; (重量などが)増える. ‖라면이 붇다 ラーメンがふやける. 재산이 붇었다 財産が増えた. 倒불리다.

불¹ /pul/ [名] ❶ 火. ‖담배에 불을 붙이다 タバコに火をつける. 불을 지르다 火を放つ. 불을 지피다 火をおこす. 냄비를 불에 올리다 鍋を火にかける. 담뱃불 タバコの火. 센 불로 끓이다 強火で煮る. 불을 때다 火を炊く. 불을 불에 당기다 火に当たる. ❷ 灯り; 電灯; 電気; 光. ‖방에 불을 켜다 部屋に灯り[電気]をつける. 불을 끄고 나가다 灯りを消して出て行く. 반딧불 蛍の光. ❸ 火事. ‖불이 나다 火事になる. 불이야! 火事だ! ▶불을 놓다 導火線に火をつける. 불 안 땐 굴뚝에 연기 날까 [속] 火のない所に煙は立たない.

불² (弗) [依名] …ドル. ‖미화 천 불 米ドル千ドル.

불³ (不) [接頭] 不…. ‖불친절 不親切. 불합격 不合格.

불¹ (不) [하形] 不可.

불² (佛家) [名] 仏家; 仏門. ‖불가에 입문하다 仏門に入る.

불가-결-하다 (不可缺-) [形] [하変] 不可缺だ. ‖성공에 불가결한 조건 成功に不可欠の条件.

불-가능 (不可能) /pulga:nuŋ/ [名][하形] 不可能. ‖불가능한 계획 不可能な計画. 이 계획의 실현は現段階では不可能だ この計画の実現は現段階では不可能だ. 불가능에 도전하다 不可能に挑戦する.

불가리아 (Bulgaria) [名][国名] ブルガリア.

불-가분 (不可分) [名] 不可分. ‖불가분의 관계 不可分な関係.

불가사리¹ (不可殺-) [名] ❶ (伝説上の動物の)プルガサリ. ❷ [比喩的に]得体の知れない恐ろしい存在.

불가사리² [名][動物] ヒトデ(海星).

불가사의 (不可思議) [-/-이] [名][하形] 不可思議; 不思議. ‖불가사의한 현상 不思議な現象.

불가지-론 (不可知論) [名] 不可知論.

불가침 (不可侵) [名] 不可侵.
  불가침 조약 (不可侵條約) [名] 不可侵条約; 不可侵協定.

불가피-하다 (不可避-) [形][하変] 不可避だ; 避けられない; のっ引きならない.

불가항-력 (不可抗力) [-녁] [名][하形] 不可抗力.

불가해-하다 (不可解-) [形][하変] 不可解だ; 理解できない. ‖불가해한 현상 不可解な現象. 불가해한 행動 理解できない行動.

불-간섭 (不干涉) [名][하自他] 不干渉.

불감-증 (不感症) [名][중] [名] 不感症.

불-개미 (-) [名][昆虫] アカヤマアリ(赤山蟻).

불거-지다 [自] ❶ 突き破って出る; 腫れ上がる. ❷ (問題などが)表沙汰になる; 表面化する. ‖여러 가지 문제가 한꺼

번에 표시하다가 色々な問題が一気に表面化する.
불건성-유 (不乾性油)【-뉴】图 不乾性油.
불건전-하다 (不健全-)图【하變】不健全だ.
불결-하다 (不潔-)图【하變】不潔だ. ㉠청결하다(淸潔-). ‖불결한 컵 不潔なコップ.
불경 (佛經)图 お経. ㉺경(經).
불-경기 (不景氣)图 不景氣.
불경-하다 (不敬-)图【하變】不敬だ; 無礼だ.
불계-승 (不計勝)【-/-게-】图 (囲碁で)中押しで勝つこと.
불고 (不告)图【하變】不告.
불고-불리 (不告不理)图【法律】不告不理の原則.
불-고기 /pulgogi/图【料理】プルコギ.
불-곰 (動物) ヒグマ(羆).
불공 (佛供)图【自】供養. ‖불공을 드리다 仏様を供養する.
불공대천 (不共戴天)图【하變】不俱戴天.
불-공정 (不公正)图【形動】不公正.
불공평-하다 (不公平-)图【하變】不公平だ. ‖불공평한 조치 不公平な処置.
불과 (不過)图 わずか; ほんの. ‖불과 세 사람밖에 안 모였다 わずか3人しか集まっていない. 불과서 불과 사 분밖에 안 걸리는 곳 歩いて4分しかかからない所.
불과-하다 (不過-)图【하變】[…에 불과하다の形で] …に過ぎない. ‖그건 괜한 소문에 불과하다 それは単なるうわさに過ぎない. 그건 변명에 불과하다 それは言い訳に過ぎない.
불교 (佛教) /pulgjo/图【宗教】仏教.
불구 (不具)图 不具; 身体の一部に障害があること. ‖불구자 障害者.
불구대천 (不俱戴天)图 不俱戴天.
불-구속 (不拘束)图【하變】【法律】不拘束.
불구-하다 (不拘-) /pulguhada/图【하變】[主に…에/에게도 불구하고の形で] …にもかかわらず. ‖나의 설득에도 불구하고 그는 회사를 그만두었다 私の説得にもかかわらず彼は会社を辞めた. 꽤 많이 먹는데도 불구하고 살이 안 찐다 かなり食べるにもかかわらず太らない. 영문과 학생임에도 불구하고 영어를 잘 못한다 英文科の学生であるにもかかわらず, 英語が得意ではない.
불굴 (不屈)图【하變】不屈. ‖불굴의 의지 不屈の意志.
불귀 (不歸)图【自】不帰. ‖불귀의 객이 되다 不帰の客となる.
불-귀신 (-鬼神)【-뀌-】图【民俗】火の神.
불-규칙 (不規則)图【形動】不規則. ‖불규칙한 생활 不規則な生活. 불규칙하게 늘어놓다 不規則に並べる.
불규칙-동사 (不規則動詞)【-동-】图【言語】不規則動詞. ◆낫다→나아·자르다→잘라など.
불규칙-형용사 (不規則形容詞)【-치경-】图【言語】不規則形容詞. ◆맵다→매워·춥다→추위など.
불규칙 활용 (不規則活用)【-치콰룡】图【言語】変則活用.
불-균형 (不均衡)图【形動】不均衡; アンバランス. ‖수입과 지출의 불균형 収支のアンバランス.
불고스름-하다 (-구-)图【하變】やや赤みがかっている. ㉺불고스름하다.
불그죽죽-하다 (-쭈구-)图【하變】やぐんだ赤みを帯びている. ㉺불그죽죽하다.
불긋-불긋 (-근뿓-)圖【形動】あちこちやや赤い様子.
불긋-하다 (-그타-)图【하變】やや赤い.
불-기 (-氣)【-끼】图 火の気; 火氣.
불-기둥【-끼-】图 火柱.
불-기소 (不起訴)图【法律】不起訴.
불-기운 图 火の気; 火の勢い.
불-길 /pulk'il/【-낄】图 火; 炎. ‖불길이 치솟다 炎が燃え立つ. 불길이 번지다 火が広がる.
불길-하다 (不吉-) /pulgilhada/图【하變】不吉だ; 縁起が悪い. ‖불길한 예감이 들다 不吉な予感がする. 불길한 소리는 하지 마세요 縁起の悪いことは言わないでください.
불-꽃【-꼳】图 ❶ 炎; 火花. ‖불꽃이 타오르다 炎が燃え上がる. ❷ 花火. ‖불꽃이 튀다 火花を散らす.
불꽃-놀이 /pul'konnori/【-꼰-】图 花火; 花火遊び; 打ち上げ花火. ‖불꽃놀이를 보러 가다 (打ち上げ)花火を見に行く.
불끈 圖 ❶ 强く力を入れて, 握りしめたりする様子: ぎゅっと. ‖두 주먹을 불끈 쥐다 両こぶしをぎゅっと握りしめる. ❷ 急に怒る様子: かっと. ‖불끈 화를 내다 急に怒り出す.
불끈-거리다 图 癇癪(かんしゃく)を起こす.
불-나다 /pullada/【-라-】图 火が出る; 出火する; 火事が起きる; 火事になる. ‖불난 데 부채질[풀무질]한다[諺] 火に油を注ぐ.
불-놀이【-로리】图【하變】田畑のほとりを焼いたり炸薬を炸裂させたりする遊び.
불능 (不能)图【하變】不能; 不可能. ‖재기 불능 再起不能.
불다 /pu:lda/图【自】❶ 시원한 바람이 불다 涼しい風が吹く.
━图 ❶ 吹く; ふうふう吹く. ‖촛불을

불어서 끄다 ろうそくの火を吹いて消す. 뜨거운 수프를 불어서 식히다 熱いスープをふうふう吹いて冷ます. 피리를 불다 笛を吹く. 취파람을 불다 口笛を吹く. 트럼펫으로 행진곡을 불다 トランペットでマーチを吹く. ③白状する; 吐く; ばらす. ‖동료의 아지트를 불다 仲間のアジトを吐く.

불단(佛壇)【-딴】图〔仏教〕仏壇.
불당(佛堂)【-땅】图〔仏教〕仏堂; 仏殿.
불-더위 图 炎天; 酷暑.
불-덩어리【-떵-】图(炭や石炭などの)火の塊.
불-덩이【-떵-】图 火の玉.
불도그(bulldog) 图(犬の)ブルドッグ.
불도저(bulldozer) 图 ブルドーザー.
불-똥/pul't'oŋ/ 图 ①火の粉; 火花; 飛び火; とばっちり. ▶불똥(이) 튀다 火花が散る; とばっちりを食う. 그 일이 나한테까지 불똥이 튀었다 そのことが私にまで飛び火した.
불뚝(하自) かっと. ‖불뚝 화를 내다 かっとなる.
불뚝-성(-性)【-썽】图 すぐかっとなる性格.
불량(不良) /pulljaŋ/(하形) 不良. ‖불량 소년 不良少年. 불량 채권 不良債権. 성적 불량 成績不良.
불량-배(不良輩) 图 与太者; ごろつき; やくざ.
불량-아(不良兒) 图 不良.
불량-자(不良者) 图 不良者.
불량-품(不良品) 图 不良品.
불러 图 부르다(呼ぶ)の連用形.
불러-내다 他 呼び出す. ‖친구를 불러내다 友達を呼び出す.
불러-들이다 他 呼び入れる; 呼び込む; 呼び寄せる. ‖집으로 불러들이다 家に呼び入れる.
불러-오다 他 呼んでくる.
불러-일으키다 他 呼び起こす; 呼び覚ます; 喚起する; かき立てる. ‖반향을 불러일으키다 反響を呼び起こす. 오래된 기억을 불러일으키다 古い記憶を呼び起す; 呼び覚ます. 호기심을 불러일으키다 好奇心をかき立てる.
불로불사(不老不死)【-싸】图 不老不死.
불로 소득(不勞所得) 图 不労所得. ⓔ근로 소득(勤勞所得).
불로장생(不老長生) 图 (하自) 不老長寿.
불로-초(不老草) 图 不老のための薬草.
불룩 副 (하自) 表面が多少膨らんでいる様子: ふっくらと; ふっくり. ‖배가 불룩하다 お腹が불룩とふっくらしている. ⓔ볼록.
불룩-거리다【-꺼-】自 (お腹など弾力があるものが)しきりに動く. ⓔ볼록거리다.

불륜(不倫) 图 (하形) 不倫.
불리다[1]〔불다の使役動詞〕ふやかす; 増やす. ‖쌀을 물에 불리다 米を水に浸してふやかす. 착실하게 재산을 불려 나가고 있다 着実に財産を増やしつつある.
불리다[2] /pullida/ 自〔부르다の受身動詞〕呼ばれる. ‖이름이 불리다 名前が呼ばれる. 서울은 조선 시대에 한양이라고 불렸다 ソウルは朝鮮時代には漢陽と呼ばれていた. 히다 산맥은 기타일프스라고 불린다 飛驒山脈は北アルプスと呼ばれている.
불리-하다(不利-) /pullihada/ 形 (하変) 不利だ. ⓐ 유리하다(有利-). ‖불리한 입장 不利な立場. 불리함을 극복하다 不利を克服する. 그걸 말하면 그 사람이 불리해진다 それを言うと彼が不利になる.
불립문자(不立文字)【-립-짜】图〔仏教〕不立(ぶう)文字.
불만(不滿) /pulman/ 图(하形) 不満; 憤懣(払). ‖불만을 말하다 不満を言う. 아무런 불만도 없다 何の不満もない. 불만이 폭발하다 不満が爆発する. 불만이 쌓이다 不満がたまる. 평소의 불만을 쏟아 놓다 日頃の憤懣をぶちまける. 욕구 불만 欲求不満. **불만-히** 副.
불만-스럽다(不滿-)【-따】形[ㅂ変]不満そうだ; 不満げだ. ‖불만스러운 표정 不満げな表情. **불만스레** 副.
불만족(不滿足)【-쪽】图 不満足.
불만족-스럽다(不滿足-)【-쓰-따】形[ㅂ変]不満足だ; 満足していない.
불매(不買) 图 (하他) 不買. ‖불매 운동 不買運動.
불면(不眠) 图 (하自) 不眠; 眠れないこと. ‖불면에 시달리다 不眠に悩まされる. 불면의 밤 眠れぬ夜.
불면-증(不眠症)【-쯩】图〔医学〕不眠症.
불멸(不滅) 图 (하自) 不滅. ‖불멸의 영웅 不滅の英雄.
불명(不明) 图 (하形) 不明. ‖행방불명 行方不明. 신원 불명 身元不明. 원인 불명의 병에 걸리다 原因不明の病におかされる.
불명료-하다(不明瞭-)【-뇨-】形[하変]不明瞭だ.
불명예(不名譽) 图 (하形) 不名誉.
불명예-스럽다(不名譽-)【-따】形 不名誉である.
불명확-하다(不明確-)【-콰카-】形[하変]不明瞭だ; 不確かだ. ‖불명확한 발음 不明瞭な発音.
불모(不毛) 图 不毛.
불모-지(不毛地) 图 不毛の地.

불문

불문¹(不問) 하他 不問. ‖그것은 동서양을 불문하고 진리라고 할 수 있는 것이다 それは洋の東西を問わず, 真理と言えることである. 불문에 부치다 不問に付す.

불문²(佛門) 图(仏門) 仏門. ‖불문에 귀의하다 仏門に帰依する.

불문-법(不文法) 【-뻡】 图 不文法. ㉠성문법(成文法).

불문-율(不文律) 【-뉼】 图 不文律. ㉠성문률(成文律).

불-문학(佛文學) 图 仏文学; フランス文学. ‖불문학자 フランス文学者.

불미-스럽다(不美-) 【-따】 形 【ㅂ変】 芳しくない. ‖불미스러운 일이 발생하다 芳しくないことが起こる. **불미스레** 副

불민-하다(不憫-·不憫-) 【하変】 不憫だ; 気の毒な.

불-바다(不) 图 火の海. ‖일대는 불바다가 되었다 あたり一面が火の海と化した.

불발(不發) 图 不発. ‖계획은 불발로 그쳤다 計画は不発に終わった.

불발-탄(不發彈) 图 不発弾.

불법¹(不法) /pulbŏp/ 图 하形 不法; 違法. ㉠합법(合法). ‖불법 주차 違法駐車.

불법-적(不法的) 【-쩍】 图 不法.

불법 행위(不法行爲) 【-버뺑】 图 不法行為.

불법²(佛法) 图(仏教) 仏法.

불-벼락(不-) 图 激しい怒り; お目玉. ‖그 때문에 부장한테서 불벼락이 떨어졌다 そのとで部長から大目玉を食らった.

불변(不變) 图 하形 不変. ㉠가변(可變). ‖불변 자본 不変資本. 불변의 진리 不変の真理. 영구불변 永久不変.

불볕(不-) 图 かんかんに照りつける夏の日.

불볕-더위(-더위) 图 猛暑; 酷暑.

불복(不服) 图 하他 不服; 服従しない; 従わないこと. ‖상관의 명령에 불복하다 上官の命令に従わない.

불복 신청(不服申請) 【-센-】 图(法律) 不服申し立て.

불분명-하다(不分明-) 形 하変 不分明だ; 不明瞭だ. ‖불분명한 태도 不明瞭な態度. 발음이 불분명하다 発音が不分明だ.

불-붙다(-붇다) 自 火がつく. ‖경쟁에 불붙다 競争に火がつく.

불-빛(-빋) 图 ❶炎. ❷(灯などの)明かり; 光; 灯火.

불사¹(-寺) 【-싸】 图 仏寺; 寺院.

불사²(不死) 【-싸】 图 하自 不死.

불사-신(不死身) 图 不死身.

불사-조(不死鳥) 图 不死鳥; フェニックス.

불사³(不辭) 【-싸】 图 하他 辞さないこと. ‖죽음을 불사하다 死を辞さない.

불-사르다(-) 【르変】 他 ❶燃やす; 火にくべる. ‖종이를 불사르다 紙を燃やす. ❷(過去などを)消す.

불사이군(不事二君) 【-싸-】 图 二君に仕えないこと.

불상(佛像) 【-쌍】 图 仏像. ‖불상에 절하다 仏像を拝む.

불상-사(不祥事) 【-쌍-】 图 不祥事. ‖불상사가 발생하다 不祥事が起こる.

불생불멸(不生不滅) 【-쌩-】 图(仏教) 不生不滅.

불성실-하다(不誠實-) /pulsŏŋʃilhada/ 【-썽-】 形 하変 不誠実だ. ㉠성실하다(誠實-). ‖불성실한 태도 不誠実な態度.

불-세출(不世出) 【-쎄-】 图 하形 不世出. ‖불세출의 영웅 不世出の英雄.

불소(弗素) 【-쏘】 图(化学) フッ素.

불-소급(不遡及) 【-쏘-】 图 不遡及.

불손-하다(不遜-) 【-쏜-】 形 하変 不遜だ. ‖불손한 태도 不遜な態度.

불수(不隨) 【-쑤】 图 不隨. ‖반신불수 半身不隨.

불수-근(不隨筋) 图 불수의근(不隨의筋)の縮約形.

불수-강(不銹鋼) 【-쑤-】 图 ステンレス鋼.

불-수의(不隨意) 【-쑤-/-쑤이】 图 不隨意.

불수의-근(不隨意筋) 图(解剖) 不隨意筋. ㉠수의근(隨意筋). 불수근(不隨筋).

불-순물(不純物) 【-쑨-】 图 不純物.

불순-하다(不純-) 【-쑨-】 形 하変 不純だ. ‖불순한 동기 不純な動機.

불시(不時) 【-씨】 图 不時; 急なこと; 思いがけないこと. ‖불시에 찾아오다 急に訪ねてくる. 불시에 습격당하다 不意に襲われる.

불시-착(不時着) 【-씨-】 图 하自 不時着.

불식(拂拭) 【-씩】 图 하他 払拭. ‖불신감을 불식하다 不信感を払拭する.

불신(不信) /pulʃin/ 【-씬】 图 하他 不信; 信じないこと. ‖불신 행위 不信行為. 정치 불신 政治不信. 서로를 불신하다 互いに不信する. 불신의 눈으로 바라보다 不信の目で見る.

불신-감(不信感) 【-씬-】 图 不信感; 不信の念. ‖불신감을 갖다 不信感を持つ.

불-신임(不信任) 【-씨님】 图 不信任. ‖불신임안 不信任案. 불신임 투표 不信任投票.

불심(佛心) 【-씸】 图(仏教) 仏心.

불심 검문(不審検問) 【-씸-】 图 하他 戦時教問.

불쌍-하다 /pulsʼaŋhada/ 形 하変 かわいそうだ; 気の毒だ; 哀れだ; 不憫だ.

‖불쌍한 신세 かわいそうな身の上. 불쌍하게 생각하다 気の毒に思う. 너무너무 불쌍하다 不憫でならない.

불쑥 /pulʔsuk/ 〖副〗 突然目の前に現われる様子: ぬっと; にゅっと; 出し抜けに: いきなり. ‖不意に. ‖불쑥 나타나다 にゅっと姿を現わす. 불쑥 결혼 이야기를 끄집어내다 いきなり結婚話を切り出す. **불쑥불쑥** 〖副〗

불-씨 /pulʔʃi/ 〖名〗 火種; 種火. ‖불화의 불씨를 안고 있다 不和の火種を抱えている. 분쟁의 불씨 紛争の火種.

불안정-하다 (不安定-) 〖形〗〖하変〗 不安定だ. ‖불안정한 생활 不安定な生活.

불안-하다 (不安-) /puranhada/ 〖形〗〖하変〗 不安だ. ‖불안한 경기 전망 不安な景気の見通し. 불안한 지위 不安な地位. 불안해서 잠을 잘 수가 없다 不安で眠れない. 불안해지다 不安になる. 不安にかられる.

불-알 〖名〗 睾丸.

불야-성 (不夜城) 〖名〗 不夜城. ‖불야성을 이루다 不夜城をなす.

불어 (佛語) 〖名〗 フランス語.

불어-나다 /puɾʌnada/ 〖自〗 増える; 増す. ‖재산이 불어나다 財産が増える. 강물이 불어나다 川の水かさが増す.

불어-넣다 〖-너타〗 〖他〗 吹き込む; 与える. ‖영감을 불어넣다 霊感を吹き込む. 활력을 불어넣다 活力を与える.

불어-오다 〖-오-〗 〖自〗 吹いてくる. ‖산들바람이 불어오다 そよ風が吹いてくる.

불-여우 〖-려-〗 〖名〗 ❶〖動物〗 アカキツネ(赤狐). ❷〖比喩的に〗ずる賢く意地悪い女.

불연-성 (不燃性) 〖-씽〗 〖名〗 不燃性.
불-연속 (不連続) 〖名〗 不連続.
불온-하다 (不穩-) 〖形〗〖하変〗 不穏だ. ‖불온한 사상 不穏な思想.
불-완전 (不完全) 〖名〗 不完全. ㉠완전 (完全).
　불완전＾연소 (不完全燃燒) 〖-년-〗 〖名〗 不完全燃焼. ㉠완전 연소 (完全燃燒).
불요불굴 (不撓不屈) 〖名〗〖形〗 不撓不屈.
불용-성 (不溶性) 〖-씽〗 〖名〗〖化学〗 不溶性.
불우-하다 (不遇-) 〖形〗〖하変〗 不遇だ.
불운 (不運) 〖名〗〖하動〗 不運. ‖불운의 연속 不運の連続.
불원-간 (不遠間) 〖副〗 近いうち.
불응 (不應) 〖名〗〖하自〗 応じないこと. ‖불심 검문에 불응하다 職務質問に応じない.
불의[1] (不意) 〖-/부리〗 〖名〗 不意. ‖불의에 습격을 당하다 不意に襲われる; 不意打ちを食う.
불의[2] (不義) 〖-/부리〗 〖名〗〖形〗 不義.

불-이익 (不利益) 〖-리-〗 〖名〗 不利益; 不利. ‖불이익을 당하다 不利益をこうむる.
불-이행 (不履行) 〖-리-〗 〖名〗〖하変〗 不履行. ‖약속의 불이행 約束の不履行.
불-일치 (不一致) 〖名〗 不一致. ‖의견의 불일치 意見の不一致.
불임 (不妊) 〖名〗〖하動〗 不妊. ‖불임 치료 不妊治療.
　불임-증 (不妊症) 〖-쯩〗 〖名〗〖医学〗 不妊症.
불입 (拂入) 〖名〗〖하他〗 払い込み; 納入. ‖회비를 불입하다 会費を払い込む.
　불입-금 (-金) 〖-끔〗 〖名〗 払込金.
불-장난 〖하自〗 火遊び. ‖불장난을 치다 火遊びをする.
불전[1] (佛典) 〖-쩐〗 〖名〗 仏典.
불전[2] (佛前) 〖-쩐〗 〖名〗 仏前. ‖불전에 엎드리다 仏前にぬかずく.
불전[3] (佛殿) 〖-쩐〗 〖名〗 仏殿.
불-조심 (-操心) 〖名〗〖하動〗 火の用心.
불착 (不着) 〖名〗〖하自〗 不着. ‖불착 우편물 不着郵便物.
불참 (不參) 〖名〗〖하自〗 不参; 参加しないこと; 出席しないこと. ‖행사에 불참하다 行事に出席しない.
불철저-하다 (不徹底-) 〖-쩌-〗 〖形〗〖하変〗 不徹底だ. ‖불철저한 지도 不徹底な指導.
불철-주야 (不撤晝夜) 〖名〗〖하自〗 昼夜を分けないこと. ‖불철주야로 연구에 몰두하다 昼夜を分かたず研究打ち込む.
불청-객 (不請客) /pulʔtɕhʌŋgek/ 〖名〗 招かれざる客.
불초 (不肖) 〖名〗〖하動〗 不肖. ‖불초한 자식 不肖の子.
불출마 (不出馬) 〖名〗〖하自〗 不出馬.
불충분-하다 (不充分) 〖形〗〖하変〗 不十分だ. ‖불충분한 증거 不十分な証拠.
불치 (不治) 〖名〗〖하自〗 不治.
　불치-병 (不治病) 〖-뼝〗 〖名〗 不治の病.
불친절-하다 (不親切-) 〖形〗〖하変〗 不親切だ.
불-침 (-鍼) 〖名〗 ❶焼けた鉄の串. ❷マッチの軸木のおきを眠っている人の腕などに据えるいたずら. ‖불침을 놓다 マッチの軸木のおきで眠っている人の腕などにいたずらをする.
불침-번 (不寢番) 〖名〗 不寢番. ‖불침번을 서다 不寢番に立つ.
불쾌 (不快) /pulʔkʰwe/ 〖名〗〖形〗 不快; 不愉快. ㉠유쾌 (愉快). ‖불쾌한 듯한 얼굴을 하다 不快そうな顔をする. 불쾌한 냄새 不快におい.
　불쾌-감 (不快感) 〖名〗 不快感. ‖불쾌감을 주다 不快感を与える.

불타 (佛陀) 图 仏教 仏陀・仏.

불-타다 圓 ❶ 燃える. ❷ [比喩的に] (気持ちなどが)高揚する. ∥의욕에 불타 다 意欲に燃える.

불-태우다 囮 ❶ 燃やす. ❷ [比喩的に] (気持ちなどを)高揚させる. ∥집념을 불태우다 執念を燃やす.

불통 (不通) /pulthoŋ/ 图 되自 不通. ❶ (交通・通信などが)通じないこと. ∥전 화가 불통되다 電話が不通になる. ❷ (話などが)通じないこと. ∥고집불통의 頑固一徹だ.

불-퇴전 (不退轉) [-/-괘-] 图 하自 不退転. ∥불퇴전의 각오로 경기에 임 하다 不退転の覚悟で競技に臨む.

불-투명 (不透明) [-/-]-] 图 하变 不透明. ∥불투명한 액체 不透明な液体. 다음 일정이 불투명하다 次の日程が不透明だ.

불투명-체 (不透明體) 图 不透明体.

불통-거리다 圓 ぶっきらぼうな口のきき 方をする.

불통-불통 副 言い方や態度がぶ っきらぼうな様子.

불통불통-하다 圈 [하变] (ものの表面 が)平らでない. でこぼこしている. ∥길이 불통불통하다 道がでこぼこしている.

불통-하다 圈 [하变] (態度が)ぶっきら ぼうだ. 機嫌悪そうだ. **불통-히** 副

불-특정 (不特定) [-쩡] 图 不特定. ∥불특정 다수 不特定多数.

불티-나다 /pulthinada/ 圓 [主に불티 나게の形で] 飛ぶような勢いで. ∥불티나 게 팔리다 飛ぶように売れる.

불-판 焼き網.

불패 (不敗) 图 不敗.

불펜 (bull pen) 图 [野球場の]ブルペ ン.

불편 (不便) /pulphjən/ 图 하形 ❶ 不便. ঌ편리(便利). ∥교통이 불편한 곳 交通の不便な場所. 불편을 감 수하다 不便を甘んじて受け入れる. ❷ 窮屈. ∥집이 좁아서 불편하다 家の中 が狭くて窮屈だ. ❸ 体調不良. ∥몸이 불편해서 오늘은 쉬겠습니다 体調不 良で今日は休みます. ❹ 気が楽ではない こと. ∥그 사람이랑 같이 있으면 마음 이 불편하다 あの人と一緒にいると, 落ち 着かない.

불편부당 (不偏不黨) 图 하形 不偏不 党.

불평 (不平) /pulphjəŋ/ 图 하他自 不平. ∥불평을 늘어놓다 不平を並べる. 용돈 이 모자란다고 어머니한테 불평을 한 다 小遣いが足りないと母親に不平を言 う. 불평분자 不平分子.

불평-불만 (不平不滿) 图 不平不満.

불평등 (不平等) 图 하形 不平等. 制 限. ঌ평등(平等). ∥불평등 조약 不 平等条約. 불평등 선거 不平等選挙.

불-포화 (不飽和) 图 하自 不飽和. ∥불포화 지방산 不飽和脂肪酸.

불필요-하다 (不必要-) [-쑈-] 圈 [하变] 不 要だ; 必要がない. ∥불필요한 물건을 처분하다 不要な品を処分する.

불하 (拂下) 图 하他 払い下げ. ∥국유 지를 불하하다 国有地を払い下げる.

불하-받다 하他

불한-당 (不汗黨) 图 群盗.

불-합격 (不合格) [-껵] 图 하自 不合 格.

불합리-하다 (不合理-) [-한니-] 圈 [하变] 不合理だ. ∥불합리한 방식 不 合理なやり方.

불행 (不幸) /purhɛŋ/ 图 하自 不幸; 不幸せ; 不運. ∥불행한 일 不幸なこと. 불행이 겹치다 不幸が重なる. ▶불행 중 다행이 不幸中の幸い. 일이 이 정도로 끝난 것은 불행 중 다행이다 この程度 で済んだのは不幸中の幸いだ.

불허 (不許) 图 하他 不許; 許さないこ と. ∥불허복제 不許複製. 타의 추종을 불허하다 他の追従を許さない.

불현-듯 [-듣] 副 ふと; 出し抜けに; にわ かに. ∥길을 가다가 불현듯 그때 일을 떠올렸다 道を歩いていて, ふとあの時の ことを思い出した.

불협화-음 (不協和音) [-혀롸-] 图 [音 楽] 不協和音.

불-호령 (-號令) 图 ❶ 突然下される 厳しい号令. ❷ 厳しい叱責; 雷が落ちる こと. ∥아버지의 불호령이 떨어지다 お やじの雷が落ちる.

불혹 (不惑) 图 하自 不惑.

불화[1] (不和) 图 하自 不和. ∥가정 불 화 家庭不和.

불화[2] (佛畵) 图 仏画.

불확실-하다 (不確實-) [-씰-] 圈 [하 变] 不確実だ; 不確かだ. ∥불확실한 정 보 不確かな情報. 그가 올지 안 올지 불확실하다 彼が来るか来ないかは不確 実だ.

불환-지폐 (不換紙幣) [-/-폐] 图 [経] 不換紙幣. ঌ태환 지폐 (兌換紙幣).

불활성-기체 (不活性氣體) [-쩡-] 图 不活性気体.

불황 (不況) 图 不況. ঌ호황 (好況). ∥불황이 오래가다 不況が長引く.

불효 (不孝) 图 하自 親不孝.

불효-자 (不孝子) 图 不孝者.

불후 (不朽) 图 하形 不朽. ∥불후의 명작을 남기다 不朽の名作を残す.

붉다 /puk̚ta/ [북따] 圈 赤い. ∥노을 이 붉다 夕焼け[夕日]が赤い. 붉은 피 赤い血. ঌ붉히다.

붉디-붉다 [북띠북따] 圈 真っ赤だ. ∥붉디붉은 동백꽃 真っ赤な椿の花.

붉으락-푸르락 副 하自 (怒って)顔色 が赤くなったり青くなったりする様子.

붉은-빛 [-삔] 图 赤み. ‖붉은빛을 띠다 赤みを帯びる.

붉-히다 【붉키-】他 〔붉다の使役動詞〕赤める; 赤らめる. ‖얼굴을 붉히다 顔を赤らめる.

붐 (boom) 图 boo:m 图 ブーム. ‖붐을 타다 ブームに乗る.

붐비다 /pumbida/ 自 込む; 込み合う; 混雑する; ごった返す; 立て込む; 立て込む. ‖사람들로 회장이 붐비다 人で会場が込み合う. 러시아워라서 전철이 꽤 붐빈다 ラッシュアワーで電車がかなり込んでいる.

붓[붇] 图 ❶ 筆. ‖붓을 들다 筆をとる. ❷ 筆記具の総称. ▶붓을 꺾다 筆を折る; 筆を断つ; 文筆活動をやめる. ▶붓을 놓다 筆を置く; 筆を置く; 書くことを終える.

붓-꽃[붇꼳] 图《植物》アヤメ(菖蒲).

붓다[붇따] 【붓키-】 自〔ㅅ変〕[부어, 부으니, 부은] ❶ 腫れる; むくむ. ‖울어서 눈이 붓다 泣いて目が腫れる. ❷ 膨れる; むくれる. ❸ 아침부터 잔뜩 부어 있다 朝から相当腫れている.

붓다[붇따] 【붓키-】 他〔ㅅ変〕[부어, 부으니, 부은] ❶ 注(そそ)ぐ; 注(つ)ぐ; 差す; かける. ‖기름을 붓다 油を注ぐ. 물을 붓다 水をかける. ❷〈掛け金などを毎月〉 払い込む. ❸ 적금을 붓다 積立金を払い込む.

붓-두껍[붇-] 图 筆のさや.

붓-질[붇찔] 名他 筆さばき.

붕 (崩壞) 图 ❶ おならなどの音. ❷ 〈蜂などの〉 飛ぶ音: ぶうんと. ❸〈飛行機・車などの機械から出る音〉ぶうん.

붕괴 (崩壞) [-/-궤] 图自他 崩壊; 決壊. ‖붕괴 일보 직전이다 崩壊寸前だ. 홍수로 제방이 붕괴되다 洪水で堤防が決壊する.

붕대 (繃帯) 图 包帯. ‖붕대를 감다 包帯を巻く.

붕산 (硼酸) 图《化学》硼酸(ほう-).

붕산-수 (硼酸水) 图《化学》硼酸水.

붕어[-] 图《魚介類》フナ(鮒).

붕어[崩御] 名自他 崩御.

붕어-빵 /puːŋɔ̀p͈aŋ/ 图 たい焼き.

붕우-유신 (朋友有信) 图 〔儒教の五倫の一つとして〕朋友信あり.

붕-장어 (一長魚) 图《魚介類》アナゴ(穴子).

붙다[붇따] 【붇키-】 自〔ㅂ〕❶ 〈付くべき所に〉付く; 付着する. ‖부러진 뼈가 제대로 붙다 折れた骨がうまくつく. 불이 붙다 火がつく. 얼굴에 살이 붙다 顔に肉がつく. 선배 쪽에 붙다 先輩の方につく. 실력이 안 붙어서 걱정이다 実力がつかなくて心配だ. 수당은 안 붙어 있다 手当てはついていない. 이자가 붙다 利息がつく. 조건이 붙어 있다 条件がついている. ☞ 붙이다. ❷ くっつく. ‖껌이 신발에 붙다 ガムが靴にくっつく. 아이가 엄마에게 떨어지지

않다 子どもがお母さんにくっついて離れない. ❸〈試験などに〉受かる; 合格する. ‖시험에 붙다 試験に受かる. ❹ 〈ある場所に〉 居着く; 居続ける. ‖집에 붙이 있지 않다 少しも家に居着かない. 한 직장에 붙어 있지 못하다 一つの職場で長続きできない. ❺ 対戦する. ‖이번에는 강한 팀과 붙게 되었다 今度は強いチームと対戦することになった.

붙-들다 /putʼtulda/【붙뜰-】他〔ㄹ語幹〕[붙들어, 붙드는, 붙든] ❶ つかむ. ‖토끼를 붙드는 것은 쉽지 않다 ウサギをつかむのは容易ではない. ❷ 捕まえる; 捕らえる; 逮捕する. ‖역에서 범인을 붙들었다 駅前で犯人を捕まえた. 길가에서 친구를 붙들고 이야기를 하다 道端で友だちを捕まえて立ち話する. ☞ 붙들리다.

붙들-리다 [붇뜰-] 自〔붙들다の受動詞〕捕まえられる; 捕まる. ‖수배자가 붙들리다 手配者が捕まる.

붙박이-장 (-欌) [붇빠기-] 图 作り付けのたんす; クローゼット.

붙-이다 /puʧʰida/ 他〔붙다の使役動詞〕❶ 付着させる; 〈離れないように付着させる〉離れないように付着させる. ❷ つけさせる; つける. ‖담배에 불을 붙이다 タバコに火をつける. 조건을 붙이다 条件をつける. 별명을 붙이다 あだ名をつける. ❸ 貼る. ‖우표를 붙이다 切手を貼る. 벽에 그림을 붙이다 壁に絵を貼る. ❹〈あることに〉気持ちを寄せる. ‖공부에 재미를 붙이다 勉強に興味を覚える.

붙임-성 (-性) [붇침썽] 图 社交性; 付き合い上手の性質. ‖붙임성 있는 성격 社交的な性格.

붙임-표 (-標) [붇침-] 图 ハイフン(-). ☞ 하이픈.

붙-잡다 /putʼtɕapʼta/【붇짭따】他 ❶ つかむ. ‖떠나는 사람의 팔을 붙잡고 去る人の腕をつかむ. ❷ 捕らえる; 取り押さえる. ‖도망치는 犯人을 붙잡다. 날뛰는 말을 꽉 붙잡다 暴れる馬をしっかり取り押さえる. ☞ 붙잡히다.

붙잡-히다 [붇짜피-] 自〔붙잡다の受身動詞〕捕まる; 捕まえられる. ‖범인이 경찰에 붙잡히다 犯人が警察に捕まる.

뷔페 (buffet フ) 图 ビュッフェ; バイキング料理.

브라보 (bravo イ) 感 ブラボー.

브라우저 (browser) 图《IT》ブラウザ.

브라운-관 (Braun管) 图 ブラウン管.

브라질 (Brazil) 图《国名》ブラジル.

브래지어 (brassiere) 图 ブラジャー.

브랜드 (brand) 图 ブランド; 銘柄; 商標. ‖유명 브랜드 有名ブランド.

브랜디 (brandy) 图 ブランデー.

브러시 (brush) 图 ブラシ.

브레이크 (brake) 图 ブレーキ. ‖브레

브로치 이크를 밟다 ブレーキを踏む.
브로치 (brooch) 图 ブローチ. ‖브로치를 달다 ブローチをつける.
브로커 (broker) 图 ブローカー. ‖전문 브로커 専門ブローカー.
브론즈 (bronze) 图 ブロンズ.
브루나이 (Brunei) 图《国名》ブルネイ.
브리지 (bridge) 图 ブリッジ; 加工歯.
브리핑 (briefing) 图 (他) ブリーフィング.
브이 (V·v) 图 (アルファベットの)ブイ.
브이-넥 (V neck) 图 Vネック.
브이아이피 (VIP) 图 ピップ. ✤ very important person の略計.
블라우스 (blouse) 图 ブラウス. ‖봄에 어울리는 블라우스 春に似合うブラウス. 흰 블라우스 白いブラウス.
블라인드 (blind) 图 ブラインド. ‖블라인드를 치다 ブラインドをおろす.
블랙-리스트 (blacklist) 图 ブラックリスト.
블랙-커피 (black coffee) 图 ブラック; ブラックコーヒー.
블랙-홀 (black hole) 图 ブラックホール.
블랭크 (blank) 图 ブランク. ‖삼 년 동안의 블랭크 3年間のブランク.
블로그 (blog) 图 (IT) ブログ.
블로킹 (blocking) 图 (他) ブロッキング.
블록¹ (bloc) 图 ブロック. ‖블록 경제 ブロック経済.
블록² (block) 图 ブロック. ‖블록 담 ブロック塀. 두 블록을 걸어가다 2ブロックを歩く.
블루칼라 (blue-collar) 图 ブルーカラー.
비¹ /pi/ 图 雨. ‖비가 내리다[오다] 雨が降る. 비를 맞으며 걷다 雨に打たれながら歩く. 비가 억수같이 쏟아지다 どしゃぶりだ. 비가 새다 雨漏りがする. 비가 그치다 雨があがる. 비에 젖은 벤치 雨にぬれたベンチ. 비가 갠 오후 雨上がりの午後. 비가 한 차례 올 것 같다 一雨来そうだ. 단비 恵みの雨. ▶비 온 뒤에 땅이 굳어진다 (諺) 雨降って地固まる.
비³ 图 ほうき. ‖비로 쓸다 ほうきで掃く.
비³ (碑) 图 碑.
비⁴ (比) 图《数学》比.
비⁵ (妃) 图 妃.
비⁶ (非) 图 非; 道理に合わないこと. ㊧ 시(是).
비⁷ (B·b) 图 (アルファベットの)ビー.
비-⁸ (非) 接頭 非…. ‖비생산적 非生産的. 비복력 非暴力.
-비⁹ (費) /pi/ 接尾 …費. ‖생활비 生活費. 관리비 管理費.
비가 (悲歌) 图《音楽》悲歌: エレジー.

비감 (悲感) 图 (形) 悲感.
비강 (鼻腔) 图《解剖》鼻腔.
비-거리 (飛距離) 图《野球·ゴルフなど》飛距離.
비겁-하다 (卑怯-) /pi:gpʰada/【-거파】图 (하변) 卑怯だ. ‖비겁한 변명 卑怯な言い訳. 비겁한 짓을 하다 卑怯なまねをする.
비견 (比肩) 图 (되自) 比肩; 匹敵すること. ‖비견될 사람이 없다 比肩する人はない.
비결 (秘訣) 图 秘訣; こつ. ‖장수의 비결 長寿の秘訣. 성공의 비결 成功の秘訣.
비경 (秘境) 图 秘境.
비-경제적 (非経済的) 图 不経済だ.
비계 [-/-게] 图 (豚などの)脂身.
비고 (備考) 图 備考. ‖비고란 備考欄.
비공 (鼻孔) 图《解剖》鼻孔. ㊧ コツメ.
비-공개 (非公開) 图 (하他) 非公開. ‖비공개 자료 非公開資料.
비-공식 (非公式) 图 非公式. ‖비공식적인 만남 非公式の会合.
비과세-소득 (非課税所得) 图 非課税所得.
비관 (悲観) 图 (하他) 悲観. ㊩ 낙관(楽観). ‖장래를 비관하다 将来を悲観する.
　비관-론 (悲観論) 【-논】 图 悲観論.
　비관-적 (悲観的) 图 悲観的. ‖비관적인 예상 悲観的な予想. 매사를 비관적으로 보다 物事を悲観的に見る.
비관세-장벽 (非関税障壁) 图 非関税障壁.
비교 (比較) 图 pi:gjo/ 图 (하他) 比較; 類比; 比べもの; 見比べること. ‖두 나라의 경제력을 비교하다 両国の経済力を比較する. 성적은 비교가 안 된다 成績は比べものにならない. 십 년 전과는 비교가 안 될 정도로 격차가 벌어졌다 10年前とは比較にならないほど格差が開いた. 평균 수명을 국제적으로 비교해 보면 平均寿命を国際的に見比べてみると.
　비교-급 (比較級) 【-급】图《言語》比較級. ㊩ 최상급(最上級).
　비교-문학 (比較文学) 图《文芸》比較文学.
　비교-언어학 (比較言語学) 图《言語》比較言語学.
　비교-연구 (比較研究) 图 比較研究.
　비교-적 (比較的) 副 比較的; 割合(と); わりに. ‖여기는 비교적 조용하다 ここは比較的静かだ. 비교적 건강하다 割合と元気だ.
비구 (比丘) 图《仏教》比丘(ぐ).
비구-니 (比丘尼) 图《仏教》比丘尼; 尼.
비구-승 (比丘僧) 图 =비구(比丘).

비-구름 雨と雲; 雨雲. ‖비구름이 몰려오다 雨雲が押し寄せてくる.
비굴-하다 (卑屈-) 形 [하얗] 卑屈だ. ‖비굴한 태도 卑屈な態度.
비극 (悲劇) /pigɨk/ 名 悲劇. ㉠희극 (喜劇).
비극-적 (悲劇的) [-쩍] 名 悲劇的. ‖비극적인 결말 悲劇的な結末.
비근-하다 (卑近-) 形 [하얗] 卑近だ. ‖비근한 예를 들다 卑近な例を挙げる.
비-금속[1] (卑金屬) 名 卑金属.
비-금속[2] (非金屬) 名 非金属.
비기다[1] /pigida/ 自 引き分ける; 引き分けになる. ‖시합에서 비기다 試合で引き分けになる.
비기다[2] 他 ❶比肩する; 肩を並べる; 匹敵する. ‖비길 사람이 없다 匹敵する人はいない. ❷ 例える.
비-꼬다 /pi˺k͈oda/ 他 ❶ 縒(よ)る; ねじる; ひねる; よじる. ‖몸을 비꼬다 体をよじる. ❷ 皮肉る; 皮肉を言う. ‖비꼬는 듯한 말투 皮肉るような言い方. ㉠비꼬이다.
비꼬-이다 [비꼬다의 수동動詞] ❶ ねじられる; 縒(よ)られる; よじれる; ねじれる. ❷ ひねくれる. ‖비꼬인 생각 ひねくれた考え方.
비난 (非難) /pinan/ 名 [하얗] 非難; そしり; とがめ; 責め立てること. ‖비난을 퍼붓다 非難を浴びせる. 비난을 당하다 非難を浴びる. 세상 사람들의 비난을 받다 世間のそしりを受ける. **비난-받다** [-당하다] 受動.
비난-조 (非難調) [-쪼] 名 非難するような口調.
비너스 (Venus) 名 ビーナス.
비녀 名 かんざし. ‖비녀를 꽂다 かんざしを差す.
비녀-장 名 (戶締りをする仕掛けの) 猿.
비-논리적 (非論理的) [-늘-] 名 非論理的.
비뇨-기 (泌尿器) 名 [解剖] 泌尿器.
비뇨기-과 (泌尿器-과) 名 泌尿器科.
비누 /pinu/ 名 石けん. ‖빨랫비누 洗濯石けん. 세숫비누 洗石けん. 아이 얼굴을 비누로 씻기다 子どもの顔を石けんで洗う. 양말을 비누로 빨다 靴下を石けんで洗う.
비눗-기 [-누끼/-눋끼] 名 石けん気. ‖비눗기가 남아 있어서 다시 헹구다 石けん気が残っていたので再びゆすぐ.
비눗-물 [-눈-/-눋-] 名 石けん水.
비눗-방울 [-누빵-/-눋빵-] 名 シャボン玉. ‖비눗방울 만들기를 하다 シャボン玉遊びをする.
비늘 名 鱗(うろこ). ‖생선의 비늘을 벗기다 魚の鱗を取る.
비늘-구름 名 [天文] うろこ雲; 巻積雲.

비능률-적 (非能率的) [-뉼-] 名 非能率的.
비닐 (vinyl) 名 [化學] ビニール.
‖비닐 우산 ビニール傘.
비닐-봉지 (-封紙) 名 ビニール袋.
비닐-하우스 (vinyl+house 日) 名 ビニールハウス. ㉠하우스.
비다 /pi:da/ 自 ❶ 空く. ‖집이 비어 있다 家が空いている. 두 시까지는 비어 있습니다. 2시까지는 비어 있다; 足りなく; 欠ける. ‖총액에서 천 원이 빈다 総額で千ウォンが足りない.
— 形 ❶ 空っぽだ; 空だ; 空いている. ‖머릿속이 텅 비다 頭の中が空っぽだ. 빈손으로 가다 手ぶらで行く. 빈자리를 찾다 空席を探す. ❷ 空虚だ.
비단[1] (非但) 副 単に. ‖비단 우리만의 문제는 아니다 単に私たちだけの問題ではない.
비단[2] (緋緞) 名 絹; シルク.
비단결 (緋緞-) 名 (絹のように) 滑らかなこと. ‖비단결 같은 머릿결 絹のような滑らかな髪の毛. 마음씨가 비단결 같이 곱다 心が美しい.
비단-구렁이 (緋緞-) 名 [動物] ニシキヘビ (錦蛇).
비단-뱀 (緋緞-) 名 [動物] ニシキヘビ (錦蛇).
비단-벌레 (緋緞-) 名 [昆虫] タマムシ (玉虫).
비단-옷 (緋緞-) [-다놋] 名 絹物.
비단-잉어 (緋緞-) 名 [魚介類] ニシキゴイ (錦鯉).
비대 (肥大) 名 形 肥大. ‖비대해진 기업 肥大化した企業.
비데 (bidet) 名 ビデ.
비도덕-적 (非道德的) [-쩍] 名 非道德的. ‖비도덕적인 행위 非道德的行為.
비둘기 /pidulgi/ 名 [鳥類] ハト (鳩). ‖비둘기는 평화의 상징이다 鳩は平和の象徴だ.
비둘기-파 (-派) 名 ハト派; 穩健派. ㉠매파.
비듬 名 ふけ.
비등 (沸騰) 名 [하얗] 沸騰. ‖여론이 비등하다 世論が沸騰する.
비등-점 (沸騰點) [-쩜] 名 沸騰点.
비등비등-하다 (比等比等-) 形 [하얗] (實力などが) 同じくらいだ; ほぼ等しい.
비등-하다 (比等-) 形 [하얗] (實力などが) 同じくらいだ; ほぼ等しい. ‖실력이 비등하다 実力が同じくらいだ.
비디오 (video) /pidio/ 名 ビデオ. ‖비디오 카메라 ビデオカメラ. 비디오로 찍다 ビデオで撮る.
비디오-테이프 (video tape) 名 ビデオテープ.

비딱-하다 [-따카-] 〖形〗〖下變〗 ❶ 傾いている; 斜めになっている. ❷〈態度などが〉ひねくれている; 素直ではない. ‖말투가 비딱하다 ひねくれた口のきき方をする. 비딱하게 나오다 へそを曲げている.

비뚜름-하다 [-따–] 〖形〗〖下變〗 少し曲がっている; まっすぐではない. ‖글씨가 비뚜름하다 字をまっすぐに書いていない. **비뚜름-히** 〖副〗

비뚤-거리다 〖自他〗 ふらつく; よろよろする

비뚤다 /piˀtulda/ 〖形〗〖ㄹ語變〗 やや傾いている; 〈列などが〉そろっていない; 〈性格などが〉歪んでいる. ‖책상 줄이 비뚤다 机の列がそろっていない. 성격이 비뚤다 性格が歪んでいる.

비뚤-비뚤 〖副〗〖下變〗 くねくね. よろよろ. ‖술에 취해서 비뚤비뚤 걷다 酔っ払ってよろよろと)歩く.

비뚤어-지다 〖自〗 曲がっている; 歪んでいる. ‖성격이 비뚤어지다 性格が曲がっている.

비력-질 〖名〗〖下他〗 物ごい. 🟦 구걸(求乞).

비련(悲戀) 〖名〗 悲恋.

비례(比例) /pi:rje/ 〖名〗〖自他〗 比例. ‖월급은 성과에 비례합니다 給料は成果に比例する.

비례`대표제` (比例代表制) 〖名〗 比例代表制.

비례-식 (比例式) 〖名〗〖数学〗 比例式.

비로드 (←veludo ᵖ) 〖名〗 ビロード. 🟦 벨벳.

비로소 /piroso/ 〖副〗 ようやく; やっと; はじめて. ‖비로소 시험이 끝났다 ようやく試験が終わった. 비로소 그 문제를 풀 수 있게 되었다 やっとその問題を解けるようになる. 비로소 자신의 처지를 깨닫다 やっと自分の立場が分かる.

비록 /pirok/ 〖副〗 たとえ; 仮に. ‖비록 그렇다 하더라도 포기하기에는 이르다 たとえそうだとしても, 諦めるには早い. 비록 네 주장이 옳다 하더라도 그렇게 행동해서는 안 된다 仮にお前の主張が正しいとしても, そういうふうにふるまってはいけない.

비롯-되다 [-론뙤/-론뛔-] 〖自〗 始まる; 由来する. ‖문제는 그 사람의 무신경한 발언에서 비롯되었다 問題は彼の心ない発言から始まった.

비롯-하다 /pirotˀada/ (←-로타–) 〖他〗〖下變〗 ❶ […을[를] 비롯한 形で] …を始めとする. ‖한국을 비롯한 동아시아 諸国 〈을〉 韓国を始めとする東アジア諸国. ❷ […을 비롯하여 形で] …を始めとして. ‖선생님을 비롯하여 반 전원이 先生を始めとしてクラスの全員が.

비료 (肥料) 〖名〗 肥料. 🟦 거름. ‖화학 비료 化学肥料. 비료를 주다 肥料を施す[与える].

비리 (非理) 〖名〗 不正; 汚職. ‖공무원 비리 사건 公務員の汚職事件. 비리를 저지르다 不正をはたらく.

비리다 〖形〗 〈魚などが〉 生臭い.

비린-내 〖名〗 生臭いにおい. ‖부엌에서 비린내가 나다 台所から生臭いにおいがする.

비만 (肥満) 〖名〗〖하形〗 肥満.
비만-아 (肥満兒) 〖名〗 肥満児.
비만-증 (肥満症) [-쯩] 〖名〗 肥満症.
비만-형 (肥満型) 〖名〗 肥満型.

비말 (飛沫) 〖名〗 飛沫.
비말-감염 (飛沫感染) 〖名〗 飛沫感染.

비망-록 (備忘錄) [-녹] 〖名〗 備忘録.

비매-품 (非賣品) 〖名〗 非売品.

비명¹ (悲命) 〖名〗 非命; 横死. ‖비명에 가다 横死を遂げる.

비명² (悲鳴) /pimjɔŋ/ 〖名〗 悲鳴. ‖비명을 지르다 悲鳴を上げる. 즐거운 비명 うれしい悲鳴.

비몽사몽 (非夢似夢) 〖名〗 夢うつつ. ‖비몽사몽 간에 전화를 받다 夢うつつの間に電話に出る.

비-무장 (非武裝) 〖名〗 非武装. ‖비무장 지대 非武装地帯.

비밀 (秘密) /pi:mil/ 〖名〗 秘密; 内緒. ‖비밀에 부치다 秘密にする. 가족들한테는 비밀로 해 주세요 家族には内緒にしてください. 비밀이 새다 秘密が漏れる. 비밀을 폭로하다 秘密をあばく. 기업 비밀 企業秘密. 통장의 비밀 번호 通帳の暗証番号.

비밀¯결사 (秘密結社) [-싸] 〖名〗 秘密結社.
비밀-경찰 (秘密警察) 〖名〗 秘密警察.
비밀¯번호 (秘密番號) 〖名〗 暗証番号.
비밀-선거 (秘密選擧) 〖名〗 秘密選挙. 🟥 공개 선거 (公開選挙).
비밀-스럽다 (秘密–) [-따] 〖形〗 [ㅂ變則] 秘密めいている. **비밀스레** 〖副〗 秘密めかに.
비밀¯외교 (秘密外交) [-/-미꾀–] 〖名〗 秘密外交.
비밀¯투표 (秘密投票) 〖名〗 秘密投票. 🟥 공개 투표 (公開投票).
비밀-리 (秘密裡) 〖名〗 秘密裏に; 内密に. ‖비밀리에 일을 추진하다 秘密裏に事を進める.

비-바람 /pibaram/ 〖名〗 風雨; 嵐. ‖비바람이 치다 嵐が吹き荒れる.

비바리 〖名〗 〈娘의〉 海女.

비방 (誹謗) 〖名〗〖自他〗 誹謗(**); けなすこと. ‖남을 비방하다 人をけなす.

비버 (beaver) 〖名〗〖動物〗 ビーバー. 🟦 해리 (海狸).

비번 (非番) 〖名〗 非番. 🟥 당번 (當番).

비범-하다 (非凡–) 〖形〗〖下變〗 非凡だ. ‖평범하다 (平凡–). ‖비범한 재주 非凡な才能.

비법(祕法)【-뻡】图 秘法; 裏技.

비보(悲報)图 悲報. ㉠남보(朗報). ‖비보를 전하다 悲報を伝える. 비보가 날아들다 悲報に接する.

비분-강개(悲憤慷慨)图(하变) 悲憤慷慨.

비브라토(vibrato)图《音樂》ビブラート.

비비(悲悲) ❶ 身もだえする様子; (体を)よじる様子. ‖온몸을 비비 꼬다 全身をよじる. 온몸을 비비 틀다 体をねじる. ❷ 〔말을 비비 꼬다の形で〕(言葉遣いなど)素直でない.

비비다 /pibida/㉡ ❶ こする; もむ. ㉠추워서 손바닥을 비비다 寒くて手をこする. 양말을 비벼 빨다 靴下をもみ洗いする. 담뱃불을 비벼 끄다 タバコの火をもみ消す. ❷ (食べ物をコチュジャン・ゴマ油など)混ぜ合わせる. ‖나물이랑 고추장을 넣어서 밥을 비비다 ナムルとコチュジャンを入れてご飯を混ぜる.

비빔-국수(-¬)图《料理》コチュジャンをベースにした薬味で混ぜた麵.

비빔-냉면(¬冷麵)图《料理》混ぜ冷麵.

비빔-면(¬麵)图《料理》コチュジャンをベースにした薬味で混ぜた麵類. ✚비빔라면・풀면など있다.

비빔-밥 /pibim³pap/【-빱】图《料理》ビビンパ; (韓国風)混ぜご飯.

비사(祕史)图 秘史.

비상¹ (非常) /pisaŋ/图 非常.

비상-계단(非常階段)【-/-계-】图 非常階段.

비상-구(非常口)图 非常口.

비상-금(非常金)图 非常時のお金.

비상-사태(非常事態)图 非常事態.

비상-상고(非常上告)图《法律》非常上告.

비상-선(非常線)图 非常線.

비상-소집(非常召集)图 非常召集.

비상-수단(非常手段)图 非常手段. ‖비상수단을 취하다 非常手段を取る.

비상-시(非常時)图 非常時.

비상-식(非常食)图 非常食.

비상² (飛翔)图(하变) 飛翔.

비상-근(非常勤)图 非常勤.

비상식-적(非常識的)【-쩍】图 非常識的.

비상임 이사국(非常任理事國)图(国連の)非常任理事国.

비상-하다(非常-)图(하变)(知能・才能などが)普通ではない; ずば抜けている. ‖머리가 비상하다 頭がずば抜けていい.

비색(翡色)图 (高麗青磁のような)青色.

비-생산적(非生産的)图 非生産的. ‖비생산적인 논의 非生産的な議論.

비서(祕書) /piːsə/图 秘書. ‖사장 비서 社長秘書. 정책 비서 政策秘書. 비서실 秘書室.

비석(碑石)图 碑石.

비소(砒素)图《化學》砒素.

비속(卑屬)图《法律》卑屬. ㉘존속(尊屬). ‖직계 비속 直系卑屬.

비수(匕首)图 匕首(あいくち).

비수-기(非需期)图 製品・商品に対する需要が少ない時期; オフシーズン. ㉘성수기(盛需期).

비스듬-하다[하变] やや傾いている. ‖비스듬한 언덕길 やや傾いている坂道. **비스듬-히**㉠

비스킷(biscuit)图 ビスケット.

비슷비슷-하다[-쓰쓰-][㉡][하变] 似たり寄ったりだ; 大同小異だ. ‖이거나 저거나 비슷비슷하다 どれもこれも似たり寄ったりだ.

비슷-하다¹ /pisut̚ʰada/ [-쓰-][㉡][하变] ❶ 似ている; 似通っている. ‖내 생각과 그 사람 생각은 비슷하다 私の考えとその人の考えは似ている. 두 사람은 서로 비슷한 점이 있다 2人には似通った点がある. 비슷한 모양 似たような形. ❷ …の비슷한の形で〕…のようだ; …みたいな. ‖막대기가 비슷한 것 棒みたいなもの.

비슷-하다² [-쓰-][㉡][하变] 少し傾いている. ‖그림이 조금 비슷하게 걸려 있다 絵が少し傾いてかけられている.

비슷한-말[-쓴-]图《言語》類義語. ㉙유의어(類義語).

비시(BC) B.C.; 西暦紀元前. ㉘이다. ✚Before Christの略語.

비시지(BCG)图 BCG; 結核予防ワクチン. ✚Bacillus Calmette Guérinの略語.

비실-거리다[㉢] よろつく; ひょろつく; ふらつく.

비실-비실图(하变) よろよろ(と); ふらふら(と).

비-실용적(非實用的)图 非実用的.

비싸다 /piːsada/ ㉡ (値段が)高い; 高価だ. ㉠싸다. ‖값이 비싸다 値段が高い. 비싼 차를 타고 다닌다 高い車[高級車]に乗っている. 비싼 시계 高価な時計. 비싸게 팔다 高値で売る.

비싼 비싸다(値段が高い)の現在連体形.

비아냥-거리다[-대다] ㉢ 皮肉を言う.

비애(悲哀)图 悲哀. ‖삶의 비애를 느끼다 人生の悲哀を感じる.

비약(飛躍)图(하变) 飛躍. ‖논리의 비약 論理の飛躍. 얘기가 너무 비약되다 話が飛躍し過ぎる.

비약-적(飛躍的)【-쩍】图 飛躍的. ‖비약적인 발전 飛躍的発展. 생산이 비약적으로 늘다 生産が飛躍的に伸び

비-양심적 (非良心的) 非良心的.
비어¹ (卑語·鄙語) [言語] 卑語.
비어² (秘語) 秘話.
비어-지다 [-/-여-] 国 ❶主に비어서 나오다の形ではみ出る; はみ出す. ❷속이 비어서 나온 방석 綿のはみ出た座布団.
비열-하다 (卑劣-·鄙劣-) [-列-] 形 [하変] 卑劣だ. ❚비열한 행위 卑劣な行為. 비열한 방법 卑劣なやり方.
비염 (鼻炎) [医学] 鼻炎, 鼻カタル.
비영리-단체 (非營利團體) 【-니-】 名 非營利団体.
비오-판 (B 五版) 名 B5判.
비옥-하다 (肥沃-) [-오카-] 形 [하変] 肥沃だ. ❚비옥한 농지 肥沃な農地.
비올라 (viola⁴) [音樂] ビオラ.
비-옷 [-옫] 名 レインコート. ⑳우의(雨衣).
비용 (費用) /pi:joŋ/ 名 費用. ❚생산 비용 生産費用. 입원 비용 入院費用. 유럽 여행은 비용이 꽤 든다 ヨーロッパ旅行は随分費用がかかる. 막대한 비용을 들이다 莫大な費用をかける.
비-우다 /piuda/ 他 [비다の使役動詞] ❶(中身を)空にする; 空ける; 飲み干す. ❚쓰레기통을 비우다 ごみ箱を空にする. 이번 토요일 오후는 비워 두세요 今度の土曜日の午後は空けておいてください. 술잔을 비우다 杯を飲み干す. 마음을 비우다 心を無にする. ❷留守にする; (席を)はずす. ❚자리를 비우다 席をはずす. ❸明け渡す. ❚집을 비워 주다 家を明け渡す.
비운 (悲運) 悲運. ❚비운의 주인공 悲運の主人公.
비웃다 /piut̚ta/ [-욷따] 他 あざ笑う; あざける, 鼻先で笑う; 鼻で笑う. ❚남의 잘못을 비웃다 人の失敗をあざ笑う.
비웃-음 嘲笑. ❚비웃음을 사다 嘲笑を買う.
비원 (悲願) 悲願. ❚비원을 달성하다 悲願を達成する.
비위 (脾胃) /pi:wi/ 名 ❶[解剖] 脾臟(ひぞう)と胃. ❚비위가 약하다 胃腸が弱い. ❷食べ物·物事に対する好みや反応. ❚비위에 안 맞는 음식 口に合わない食べ物. ❸도よ量; 度胸. ▶비위가 상하다 癪に障る. ▶비위가 좋다 ① 食べ物に好き嫌いがない. ② 図太い. ▶비위가 틀리다 気に食わない. ▶비위를 건드리다 機嫌を損なう. ▶비위를 맞추다 機嫌をとる.
비-위생적 (非衛生的) 名 非衛生的.
비유 (比喩·譬喩) /pi:ju/ 名 他 比喩; 例えること. ❚비유적인 표현 比喩的な表現. 비유해서 말하면 例えて言う. 비유-되다 受動
비유-법 (比喩法) [-뻡] 名 [文芸] 比喩法.

비율 (比率) 比率; 割合. ❚교환 비율 交換比率. 일 대 이의 비율로 섞다 1対2の割合で混ぜる.
비음 (鼻音) [言語] 鼻音.
비읍 (鼻邑) ハングル子音字母「ㅂ」の名称.
비-이성적 (非理性的) 名 非理性的.
비-인도적 (非人道的) 名 非人道的. ❚비인도적인 처사 非人道的なやり方.
비일비재-하다 (非一非再-) 名 [하変] 一度や二度ではない.
비자 (visa) 名 ビザ; 査証. ❚사증(査證). ❚관광 비자 観光ビザ. 비자가 나오다 ビザが下りる.
비장¹ (悲壯) [解剖] 脾臟(ひぞう).
비장² (脾臟) [解剖] 脾臟(ひぞう), 지라.
비장³ (悲壯) [하形] 悲壮. ❚비장한 각오 悲壮な覚悟.
비장-감 (悲壯感) 名 悲壮感.
비장-미 (悲壯美) 名 悲壮美.
비장⁴ (秘藏) [하形] 秘藏. ❚비장의 무기 秘藏の武器.
비전¹ (秘傳) 名 自他 秘伝.
비전² (vision) 名 ビジョン. ❚복지 국가의 비전을 제시하다 福祉国家のビジョンを示す.
비-전해질 (非電解質) [化學] 非電解質.
비-정상 (非正常) 正常ではないこと; 異常.
비정-하다 (非情-) 形 [하変] 非情だ. ❚비정한 부모 非情な親. 비정한 처사 非情な仕打ち.
비조 (鼻祖) 名 鼻祖.
비-조직적 (非組織的) 【-쩍】 名 非組織的.
비-좁다 /pi:dʑopt̚a/ [-따] 形 狭苦しい; 手狭だ; 窮屈だ. ❚애들이 크니까 집이 비좁다 子どもたちが大きくなって家が手狭だ.
비-주류 (非主流) 名 非主流. ⑳주류 (主流).
비죽-거리다 [-대다] 【-꺼[때]-】 国 (口を)尖らせる. ❚내 얘기가 못마땅한지 그 사람은 입을 비죽거렸다 私の話が気に食わないのか, 彼は口を尖らせた.
비준 (批准) 名 他 批准(ひじゅん). ❚강화조약을 비준하다 講和条約を批准する.
비준-서 (批准書) 名 批准書.
비중 (比重) 比重. ❚높은 비중을 차지하다 高い比重を占める. 외국어 교육에 비중을 두다 外国語教育に比重を置く.
비즈 (beads) 名 ビーズ.
비즈니스 (business) 名 ビジネス.
비즈니스맨 (businessman) 名 ビジネスマン.
비지 名 おから.
비지-떡 名 ① おからで作ったお焼き.

②[比喩的に]安物, 買った物がすぐ駄目になって安物買いの銭失い.

비지-땀 [名] (大変な力仕事の時に出る)脂汗. ‖비지땀을 흘리다 脂汗を流す.

비-질 [名自他] ほうきで掃くこと.

비집다 [他] [─다] 閉 (狭い所·人ごみの中などを)かき分けて入る. ‖입추의 여지가 없는 회장 안을 비집고 들어가다 立錐の余地のない会場内をかき分けて入る.

비쩍 [副] 体が非常にやせ細っている様子: がりがりと. ‖비쩍 마르다 がりがりとやせる.

비쭈기-나무 [名] 〔植物〕サカキ(榊).

비참-하다 (悲惨─) /piʦʰamhada/ [形] [하변] 悲惨だ; 惨めだ. ‖비참한 광경 悲惨な光景. 비참한 생각이 들다 惨めな思いをする. 비참하기 짝이 없다 悲惨きわまる.

비창 (悲愴) [名] [形] 悲愴.

비책 (秘策) [名] 秘策.

비천-하다 (卑賤─) [形] [하변] 卑賤だ. ‖비천한 신분 卑賤な身分.

비철-금속 (非鐵金屬) [名] 〔鉱物〕非鉄金属.

비추다 /piʦʰuda/ [他] [自他] ❶ 照らす; 光を当てる; 照らし合わせる. ‖플래시로 발밑을 비추다 懐中電灯で足もとを照らす. 내 경험에 비추어 볼 때 私の経験に照らしてみた場合. ❷ 映す. ‖거울에 비추어 보다 鏡に映してみる.

비축 (備蓄) [名] [하타] 備蓄.

비축-미 (備蓄米) [名] 備蓄米.

비취 (翡翠) [名] 〔鉱物〕翡翠(ひすい).

비치 (備置) [名] [하타] 備えておくこと. ‖잡지도 및 출판물 비치하여 雑誌も何種類も備えておく. **비치-되다** 受動

비치다 /piʦʰida/ [自] ❶ (日や光などが)差す; 差し込む. ‖햇빛이 비치다 日が差す. 창문으로 달빛이 비치다 窓から月の光が差し込む. ❷ 映る; 映す. ‖그림자가 비치다 影が映る. 건물이 수면에 비치다 建物が水面に映る. 외국인의 눈에 비친 한국 外国人の目に映った韓国. 그 사람의 태도가 다른 사람에게는 건방지게 비쳤을지도 모른다 彼の態度が他の人には生意気に映ったかも知れない. ❸ 透ける. ‖속살이 비치다 素肌が透ける.

── [他] ❶ ほのめかす. ‖그만두겠다는 말을 비치다 辞めることをほのめかす. ❷ [코빼기도 안 비치다の形で]顔を見せない; 顔を出さない. ‖최근에는 코빼기도 안 비친다 最近は全く顔を出さない.

비치-파라솔 (beach parasol) [名] ビーチパラソル.

비칠-거리다[-대다] [自] よぼよぼする. ‖비칠대며 걷다 よぼよぼ(と)歩く.

비칠-비칠 [副] よぼよぼ(と).

비칭 (卑稱) [名] 〔言語〕卑称. ⑦ 경칭(敬稱).

비커 (beaker) [名] (ガラス製容器の)ビーカー.

비켜-나다 [自他] 避ける. ‖차를 비켜나다 車を避ける.

비켜-서다 [自] よける; 退(ど)く. ‖차가 지나가도록 옆으로 비켜섰다 車が通れるようわきによけた.

비키니 (bikini) [名] ビキニ.

비키다 /pi:kʰida/ [名] ❶ のく; 退(ど)く. ‖옆으로 비키다 わきへのく. 비켜 주세요 退いてください. ❷位置を変える; 移動する; はずす. ‖두 사람이 할 얘기가 있는 것 같아서 자리를 비켜 주었다 2人が話があるようだったので, 席をはずした.

비타민 (vitamin) [名] 〔化学〕ビタミン.

비탄 (悲歎·悲嘆) [名] [하타] 悲嘆. ‖비탄에 빠지다 [잠기다] 悲嘆にくれる.

비탈 [名] 斜面; 傾斜.

비탈-길 [-낄] [名] 坂; 坂道. ‖비탈길을 오르다 坂道を上る.

비탈-지다 [形] 傾斜する; 勾配がある; 斜面になっている. ‖비탈진 언덕 勾配のある丘.

비토 (veto) [名] 拒否.

비통-하다 (悲痛─) [名] [形] [하변] 悲痛だ. ‖비통한 심정 悲痛な心境.

비트[1] (beat) [名] ビート.

비트[2] (bit) [依名] 〔IT〕情報量を示す単位: ···ビット.

비틀-거리다 /piʦʰulgərida/ [自] ふらつく; ひょろつく. ‖술집에서 비틀거리면서 나오다 飲み屋からふらつきながら出てくる.

비틀-걸음 [名] ひょろひょろした足どり.

비틀다 /piʦʰulda/ [他] [ㄹ語幹] [비틀어, 비트는, 비튼] ねじる; 体(の一部分)をねじり回す; ひねる. ‖친구 팔을 비틀다 友だちの腕をひねる. 몸을 비틀다 体をひねる. ® 틀다.

비틀-리다 [自] [비틀다の受身動詞] ねじられる; ねじれる; ひねくれる. ‖비틀린 관계 ねじれた関係. 비틀린 성격 ひねくれた性格.

비틀-비틀 [副] [하타] よろよろ(と); ふらふら(と).

비파[1] (枇杷) [名] 〔植物〕ビワ(枇杷).

비파[2] (琵琶) [名] 〔音楽〕琵琶.

비판 (批判) /pi:pʰan/ [名] [하타] 批判. ‖정부의 외교 방침을 비판하다 政府の外交方針を批判する. 이 점은 비판의 여지가 없다 この点は批判の余地がない. 비판의 대상 批判の的. **비판-받다[-당하다]** 受動

비판-적 (批判的) [名] 批判的. ‖아버지는 이번 정권에 대해서 극히 비판적이다 父は今度の政権に極めて批判的だ. 비판적인 태도를 취하다 批判的な態度を取る.

비평 (批評) [名] [하타] 批評. ‖문예 비

평 文芸批評.
비평-가 (批評家) 图 批評家.
비품 (備品) 图 備品. ⑦소모품(消耗品). ‖학교의 비품 学校の備品.
비프-스테이크 (beef-steak) 图 ビーフステーキ.
비하 (卑下) 하예 图 卑下. ‖필요 이상으로 자신을 비하하다 必要以上に自分を卑下する.
비-하다 (比-) /piːhada/ 国 하예 〔主に…に比하여…에 비하는 形で〕…に比べると;…에 비해;…のわりには. ‖형에 비하면 공부를 잘하는 편이다 兄さんに比べると, 勉強ができる方だ. 월급에 비해 일이 힘들다 給料のわりには仕事がきつい. 삼 개월밖에 안 배운 것에 비하면 일본어를 잘하는 편이다 3か月しか習っていないわりには日本語が上手な方だ.
비-합리 (非合理) 하니 하형 图 非合理.
비합법 (非合法) 하-법 图 非合法. ‖비합법적인 활동 非合法な活動.
비핵지대 (非核地帯) 하지- 图 非核地帯.
비행[1] (非行) 图 非行. ‖비행 청소년 非行少年. 비행을 저지르다 非行に走る.
비행[2] (飛行) 图 飛行. ‖비행 거리 飛行距離. 비행 시간 飛行時間. 저공 비행 低空飛行.
비행-사 (飛行士) 图 飛行士.
비행-선 (飛行船) 图 飛行船.
비행-장 (飛行場) 图 飛行場;空港.
비행-접시 (飛行-) 하-씨 图 空飛ぶ円盤.
비행-기 (飛行機) /piːhɛŋɡi/ 图 飛行機. ‖비행기를 타다 飛行機に乗る. 비행기 표 航空券;航空チケット. ▶비행기를 태우다 おだてる. 낯간지럽게 비행기 태우지 마 恥ずかしいからおだてないで.
비-현실적 (非現實的) 하-쩍 图 非現実的. ‖비현실적인 요구 非現実的な要求.
비-형 (B型) 图 B型.
비형 간염 (B型肝炎) 图 B型肝炎.
비호[1] (庇護) 하예 图 庇護;かばって守ること.
비호[2] (飛虎) 图 飛ぶように速い虎.
비호-같다 (飛虎-) 하-깐따 톙 非常に勇ましくて速い. **비호같이** 円 非虎のように走って行く 飛ぶように速く走っていく.
비-호감 (非好感) 图 好感が持てないこと. ⑦호감(好感).
비화[1] (飛火) 재동 飛び火. ‖그 사건은 정치 문제로 비화되었다 その事件は政治問題に飛び火した.
비화[2] (秘話) 图 秘話.

비황식물 (備荒植物) 하ː-씽 图 備荒作物. ⑦구황 식물 (救荒植物).
비효-적 (非効率的) 하-쩍 图 非効率的. ‖비효율적인 방법 非効率的な方法.
빅-뉴스 (big news) 图 ビッグニュース.
빅뱅-설 (big bang 說) 图 ビッグバン.
빈곤-하다 (貧困-) /pingonhada/ 图 [하예] 貧困だ; 貧しい. ‖빈곤한 생활 貧困な生活. 빈곤한 가정 貧しい家庭. 빈곤한 상상력 貧しい想像力.
빈농 (貧農) 图 貧農. ⑦부농(富農).
빈뇨-증 (頻尿症) 하-쯩 图 [医学] 頻尿症.
빈대[虫] 图 ナンキンムシ(南京虫). ▶빈대 붙다 ただで分け前にあずかる;たかる. 돈이 없어 친구에게 빈대 붙다 お金がなくて友だちにたかる.
빈대-떡 /pindeʔtok/ 图 [料理] ビンデットック(緑豆の粉をベースに作ったチヂミ).
빈도 (頻度) 图 頻度. ‖출제 빈도가 높은 문제 出題頻度が高い問題.
빈둥-거리다 [-대다] /pindungɡərida/ [dɛda] 재 ぶらぶらする; ごろつく. ‖하루 종일 빈둥거리고 있다 一日中ぶらぶらしている.
빈둥-빈둥 円 하예 재동 ぶらぶら(と); ごろごろ(と); のらくら(と). ‖빈둥빈둥 놀고 먹다 のらくら(と)遊び暮らす.
빈들-빈들 円 ぶらぶら(と); のらくら(と).
빈-말 하예 재동 空世辞;お世辞. ‖빈말을 하다 空世辞を言う.
빈민 (貧民) 图 貧民.
빈민-가 (貧民街) 图 貧民街.
빈민-굴 (貧民窟) 图 貧民窟.
빈발 (頻發) 하예 图 頻發. ‖교통사고가 빈발하고 있다 交通事故が頻發している.
빈-방 (-房) 图 空き部屋;空室.
빈번-하다 (頻繁-) /pinbɔnhada/ 图 [하예] 頻繁だ. ‖빈번한 사고 頻繁な事故. 빈번하게 들락거리다 頻繁に出入りする. **빈번-히** 円
빈부 (貧富) 图 貧富. ‖빈부 격차 貧富の差.
빈사[1] (瀕死) 图 瀕死. ‖빈사 상태 瀕死の状態.
빈사[2] (賓辭) 图 [言語] 賓辭. ⑦주사(主辭).
빈상 (貧相) 图 貧相. ⑦복상(福相).
빈소 (殯所) 图 殯(もがり);あきみ.
빈소 图 [空軍] 空腹).
빈-손 图 手ぶら;素手. ‖선생님 댁에 빈손으로 갈 수는 없다 先生のお宅に手ぶらで行くわけにはいかない.
빈약-하다 (貧弱-) /pinjakʰada/ 图 [니야카-] [하예] 貧弱だ. ‖빈약한 몸 貧弱な体つき. 내용이 빈약한 책 貧弱な内容の本. 빈약한 지식 貧弱な知識.

빈익빈 (貧益貧) 【-삔】 图 가난한 사람은 더욱 가난하게 되는 것. 逊 부익부(富益富).

빈자 (貧者) 图 가난한 사람. 逊 부자(富者).

빈-자리 图 空席; 空き. 逊 공석(空席).

빈정-거리다[-대다] /pindʑɔŋɡəridɑ [deda]/ 图 皮肉る; 皮肉を言う; 当てこする. ‖그 사람은 내 행동을 빈정거려 彼は私の行動を皮肉った.

빈-주먹 图 素手; 裸一貫. ‖빈주먹으로 시작하다 裸一貫から始める.

빈-집 (貧-) 图 留守宅; 空き家.

빈-차 (-車) 图 空車.

빈천 (貧賤) 图 【하形】 貧賤. 逊 부귀(富貴).

빈촌 (貧村) 图 貧しい村が大勢住んでいる町. 逊 부촌(富村).

빈축 (嚬蹙) 图 顰蹙(ひん). ‖빈축을 사다 顰蹙を買う.

빈-칸 (貧欄) 图 空欄. 逊 공란(空欄).

빈-터 图 空き地.

빈-털터리 /pintʰəltʰəri/ 图 一文無し; 無一文. ‖주가 폭락으로 빈털터리가 되다 株価の暴落で一文無しになる.

빈틈 /pintʰɯm/ 图 隙; 隙間. ‖빈틈을 보이지 않다 隙を見せない.

빈틈-없다 [-트믑/-업따] 图 ① 隙間がない; 抜け目がない. 手抜かりがない. 手落ちがない. ‖빈틈없는 계획을 세우다 手抜かりのない計画を立てる. ‖빈틈없는 일 처리 抜け目のない仕事ぶり. **빈틈없-이** 副

빈-티 (貧-) 图 貧乏そうな感じ. 逊 부티(富-). ‖빈티가 나다 貧乏そうだ. 빈티를 내다 貧乏くさくふるまう.

빈혈 (貧血) 图 貧血. ‖빈혈이 일다 貧血が起こる.

빈혈-기 (貧血氣) 图 -끼 图 貧血気味.

빈혈-성 (貧血性) 图 -쎙 图 貧血性.

빌다 /pilda/ 【-ㄴ語幹】 [빌어, 비는, 빈] 图 ❶ 祈る. ‖합격하기를 빌다 合格を祈る. ❷ 謝る; 詫びる. ‖잘못을 빌다 過ちを詫びる. 빌고 또 빌다 [손이 발이 되게 빌다] 平謝りに謝る.

빌딩 (bulding) 图 ビルディング; ビル.

빌라 (villa) 图 テラスハウス.

빌리는 빌리다(借りる)の現在連体形.

빌리다
/pillida/ 他 借りる. ‖도서관에서 책을 빌리다 図書館で本を借りる. 친구한테서 자전거를 빌리다 友だちに自転車を借りる. 빌린 돈 借りたお金[借金].

빌리어[빌려] 他 빌리다(借りる)의 연용형.

빌린 他 빌리다(借りる)의 과거연체형.

빌릴 他 빌리다(借りる)의 미래연체형.

빌미 图 不幸の原因; 言いがかり.

빌미-잡다【-따】他 言いがかりをつける; 弱みを握る.

빌-붙다【-붇따】 图 こびる; へつらう. ‖친구에게 빌붙다 友だちにこびる.

빌빌-거리다[-대다] 图 もたもたする; ぐずぐずする.

빌어-먹다【-따】自他 乞食をする.

빌어-먹을 젠 こん畜生; くそ食らえ.

빗 /pit/ 【빋】图 櫛(し). ‖빗으로 빗다 櫛でとかす.

빗-기다 [빋끼-] 他 〔빗다의 使役動詞〕 (相手の髪を)とかす. ‖아이 머리를 빗기다 子どもの髪をとかす.

빗-나가다 /pinnagada/ 图 それる; はずれる. ‖예상이 빗나가다 予想がはずれる. 빗나간 화살 流れ矢.

빗다 [빋따] 他 (自分の髪を)とかす. ‖머리를 빗다 髪をとかす. 逊 빗기다.

빗-대다 [빋때-] 他 遠回しに言う; 当てこする.

빗-물 [빈-] 图 雨水.

빗-발 [비빨/빋빨] 图 雨脚(雨足). 逊 빗줄기.

빗발-치다 图 ① 雨が激しく降る. ② (非難・抗議などが)殺到する. ‖비난이 빗발치다 非難が殺到する. 빗발치는 격의 전화 殺到する抗議電話.

빗-방울 [비빵-/빋빵-] 图 雨粒; 雨のしずく.

빗-변 (-邊) 【빋뼌】 图 【数学】 斜辺.

빗-살 [빋쌀] 图 櫛の歯.

빗살-무늬 [빋쌀-/빋쌀-무니] 图 櫛目文. **빗살무늬 토기** 櫛目文土器.

빗-소리 【비쏘-/빋쏘-】 图 雨音.

빗-속 [비쏙/빋쏙] 图 雨の中. ‖빗속을 우산도 없이 걷다 雨の中を傘もなく歩く.

빗-자루 [비짜-/빋짜-] 图 ほうき.

빗장 [빋짱] 图 閂(かんぬき). ‖빗장을 걸어 잠그다 閂(かんぬき)をかける.

빗-줄기 [비쭐-/빋쭐-] 图 雨脚. 逊 빗발. ‖빗줄기가 거세지다 雨足が強くなる.

빙
/piːŋ/ 副 ❶ 一回りする様子: ぐるり. ‖회장을 한 바퀴 빙 둘러보자 会場をぐる(っと)回ってみる. ❷ 周りを取り囲む様子: ぐるり. ‖빙 둘러앉다 ぐるりと輪になって座る. ❸ 目眩いがする様子. ❹ 急に涙がにじむ様子.

빙아 (氷-) 图 水氷子; 水氷.

빙그레
/piŋɡure/ 副 【하自】 にっこり(と). ‖빙그레 웃다 にっこり(と)笑う.

빙그르르 副【하自】 軽く一回転する様子: くるり; くるっと.

빙글-빙글[¹] 副 にこにこ. ‖빙글빙글 웃다 にこにこと笑う.

빙글-빙글[²] 副 くるくる. ‖회전문이 빙글빙글 돌아가다 回転扉がくるくる回る.

빙긋 [-귿] 副【하自】 にこっと; にっこり

(と). **빙긋-빙긋** 副 하다

빙모(聘母) 图 妻の母; 義母. 卿장모(丈母).

빙벽(氷壁) 图 氷壁.

빙-빙 副 ❶しきりに回る様子; ぐるぐる. ∥회전목마가 빙빙 돌다 回転木馬がぐるぐる(と)回る. ❷ 뱅뱅. ❷ 頭がくらくらする様子. ∥한 잔 했더니 머리가 빙빙 돈다 一杯飲んだら頭がくらくらする.

빙산(氷山) 图 氷山. ▶빙산의 일각 氷山の一角. 이번에 적발된 공무원 비리는 빙산의 일각에 불과하다 今回摘発された公務員の不正は氷山の一角にすぎない.

빙상(氷上) 图 氷上.

빙수(氷水) 图 かき氷; 氷水. ∥팥빙수 氷あずき.

빙어(氷魚介類) 图 ワカサギ(公魚).

빙자-하다(憑藉-) 图 하다 口実にする; かこつける. ∥그 사람은 병을 빙자하고 만나 주지 않았다 彼は病気にかこつけて会ってくれなかった.

빙장(聘丈) 图 妻の父; 義父. 卿장인(丈人).

빙점(氷點) [-쩜] 图 物理 氷点. 어는점(-點).

빙-초산(氷醋酸) [-초-] 图 化学 氷酢酸.

빙판(氷板) 图 凍りついた路面. ∥빙판에서 넘어지다 凍りついた路面で転ぶ.

빙하(氷河) 图 氷河. ∥빙하기 氷河期.

빛 /pit/ [빋] 图 借金; 借り. ∥친구한테 빛이 조금 있다 友だちに借金が少しある. 빛을 갚다 借金を返済する. 빛을 내다 借金する; 金を借りる.

빛다 [빋따] 他 ❶ 醸(かも)す; 醸造する. ∥술을 빛다 酒を醸す. 물의를 빛다 物議を醸す. ❷ (粉・土などを)こねて作る. ∥만두를 빛다 餃子を作る.

빛어-내다 他 醸し出す; もたらす. ∥가난이 빛어낸 비극 貧困がもたらした悲劇.

빛-쟁이 [빋쨍-] 图 [さげすむ言い方で] 借金取り. ∥빛쟁이한테 쫓기다 借金取りに追われる.

빛-지다 [빋찌-] 自 ❶借金をする. ❷ 世話になる.

빛 /pit/ [빋] 图 ❶光. ∥빛을 발하다 光を放つ. 날카로운 눈빛 鋭い眼光. 달 및 月の光. 별빛 星の光. ❷色. ∥장밋빛 인생 ばら色の人生. 얼굴에 불안한 빛이 역력하다 顔に不安の色が漂っている. ▶빛을 보다 人に知られる; 日の目を見る. 노력하면 볕 날이 있겠지 努力すれば, 日の目を見る日もあるだろう. ▶빛 좋은 개살구 諺 見かけ倒し.

빛-깔 [빋-] 图 色; 色合い; 色彩. ∥빛깔이 고운 천 色合いのきれいな布.

빛-나다 /pinnada/ [빋-] 自 輝く; 光

る. ∥빛나는 아침 햇살 輝く朝の日差し. 별이 빛나는 밤 星が光る夜.

빛-내다 [빈-] 他 輝かせる; 名誉を高める. ∥모교를 빛낸 인물 母校の名誉を高めた人物.

빛-바래다 [빋빼-] 自 色あせる. ∥빛바랜 사진 色あせた写真.

ㅃ

ㅃ 图 ハングル子音字母の一つ. 名称は「쌍비읍」.

빠개다 他 割る; 裂く; 壊す. ∥저금통을 빠개다 貯金箱を割る.

빠개-지다 自 割れる; 裂ける. ∥머리가 빠개질 것 같이 아프다 頭が割れそうに痛い.

빠끔-거리다 自 ❶ 盛んにタバコをふかす. ❷ (口を)何度も開けたり閉めたりする. ❷ 뻐끔거리다.

빠끔-빠끔 副 하形 盛んにタバコを吸う様子; すぱすぱ; ぷかぷか. ∥담배를 빠끔빠끔 피우다 タバコをすぱすぱ(と)吸う.

빠끔-하다 하形 ❶ (大きな割れ目や穴が)開いている. ❷ (病気などで)目がくぼんでいる. ∥아파서 눈이 빠끔하다 病気で目がくぼんでいる. **빠끔-히** 副 빠끔히 벌리다 口をぽかんと開ける.

빠드득 하自在 [바드득を強めて言う語] ぎりぎり. ∥이를 빠드득 갈다 ぎしぎし(と)歯を食いしばる. **빠드득-빠드득** 副 ぎりぎり; ぎしぎし. 卿빠득빠득.

빠득-빠득[1] [바득바득を強めて言う語] ∥자기가 옳다고 빠득빠득 우기다 自分が正しいとねちねちと言い張る.

빠득-빠득[2] 빠드득빠드득の縮約形.

빠듯-하다 /paduttʰada/ [-드특-] 形 하形 ぎりぎりだ. ∥빠듯한 살림살이 ぎりぎりの生活. **빠듯-이** 副

빠-뜨리다 /'paːturida/ 他 ❶ (持ち物を)落とす; どこかに置いてくる. ∥지갑을 빠뜨린 것 같다 財布を落としたみたい. ❷ 見落とす; 抜かす; 看過する. ∥중요한 내용을 빠뜨리다 重要な内容を見落とす. ❸ 陥れる. ∥친구를 함정에 빠뜨리다 友だちを罠(わな)に陥れる.

빠롤 (parole 프) 图 言語 パロール.

빠르다 /paruda/ 形 르変 [빨라, 빠른] ❶ 速い. ∥두뇌 회전이 빠르다 頭の回転が速い. 물살이 빠르다 流れが速い. ❷ 早い. ∥아직 얘기하기에는 빠르다 まだ話すのには早い. 직接 만나서 얘기하는 게 빠를 것 같다 直接会って話した方が早いと思う. ❸ (勘が)鋭い. ∥눈치가 빠르다 勘が鋭い. ❹ (時計의 시각이) 進んでいる. ∥내 시계

빠른 [形] [르変] 빠르다(速い·早い)의 현재連体形.

빠져-나가다 [-저-] [自他] 抜け出す; 切り抜ける. ‖교묘히 빠져나가다 巧妙に抜け出す.

빠져-나오다 [-저-] [自他] 抜け出る. ‖터널을 빠져나오다 トンネルを抜け出る. 근무 중에 빠져나오다 勤務中に抜け出る.

빠져-들다 [-저-] [自] [ㄹ語幹] のめり込む; 陥る. ‖재미있는 얘기에 빠져들다 面白い話にのめり込む.

빠지다[1] /ˀpa:dʑida/ [自] ❶ 陥る; はまる; 落っこちる. ‖함정에 빠지다 罠(わな)に陥る. 딜레마에 빠지다 ジレンマに陥る. 도랑에 빠지다 溝に落っこちる. ❷ おぼれる. ‖강에서 빠져 죽다 川でおぼれ死にする. ❸ 抜ける; 欠ける. ‖밑이 빠지다 底が抜ける. 이가 빠지다 歯が抜ける. 접시의 이가 빠지다 皿の縁(ふち)が欠ける. 머리가 빠지다 髪の毛が抜ける. 타이어의 공기가 빠지다 タイヤの空気が抜ける. 명부에 이름이 빠져 있다 名簿から名前が抜けている. 전신의 힘이 빠지다 全身の力が抜ける. 김이 빠진 맥주 気の抜けたビール. 페인트 냄새가 안 빠지다 ペンキのにおいが抜けない. ❹ 落ちる; 色落ちする; とれる. ‖잘못해서 연못에 빠지다 誤って池に落ちる. 사랑에 빠지다 恋に落ちる. 때가 매우 빠지다 汚れがよく落ちる[とれる]. ‖빨았더니 물이 빠졌다 洗濯したら色落ちした. ❺ はける. ‖물이 잘 안 빠진다 なかなか水がはけない. ❻ 下がる. ‖뒤로 빠지다 後ろに下がる. ❼ それる. ‖얘기가 샛길로 빠지다 話が横道にそれる. ❽ 劣る; 引けをとる. ‖인물도 빠지지 않다 容貌も劣らない. 살이 빠지다 やせる. 体重が減る. ❿ […에 빠져 있다の形で] …に夢中になっている; …にはまっている. ‖게임에 빠져 있다 ゲームにはまっている.

빠지다[2] [補動] 〔連用形に付いて〕 好ましくない状態に十分…するなどの意を表わす; …しきる. ‖썩어 빠지다 腐りきる; 腐りはてる. ‖낡아 빠진 가방을 들고 있다 古ぼけたかばんを持っている.

빠짐-없다 [-짐업따] [形] 手抜かりない; 漏れていない. **빠짐없-이** [副] 残らず 漏れなく記録する.

빠-트리다 = 빠뜨리다.

빡빡[1] [副] ❶ ぼりぼり; びりびり. ‖머리를 빡빡 긁다 頭をぼりぼり掻く. ❷ すぱすぱ. ‖담배를 빡빡 피워 대다 やたらタバコをすぱすぱ吸う.

빡빡[2] 頭髪を剃るなどして,頭が丸くなめらかになった様子·: くりくり. ‖머리를 빡빡 깎다 頭をくりくりに剃る.

빡빡-하다 /ˀpakˀpakhada/ [-까-] [形] ❶ (水気が少なくて)ぼそぼそしている. ❷ 隙間がなくいっぱい詰まっている; ぎっしりだ. ‖일정이 빡빡하다 日程がぎっしり詰まっている. ❸ ぎちぎちだ. ❹ (経済的に)余裕がなくかつかつだ. ‖빡빡한 생활 かつかつの生活.

빤들-거리다 [自] 〔반들거리다를 강하게 말함〕つるつるする; ぴかぴかする; つやつやする.

빤들-빤들 [副] [하形] 〔반들반들을 강하게 말함〕つやつや(と); つるつる(と); ぴかぴか(と).

빤빤-스럽다 [-다] [形] [ㅂ変] 図々しい; 厚かましい. ⓐ빤뻔스럽다.

빤빤-하다 [形] [하形] 図々しい; 厚かましい. ⓐ빤뻔하다.

빤지르르 [하形] 〔반지르르를 강하게 말함〕つるつる(と); つやつや(と).

빤짝 [副] [하合成] 〔반짝을 강하게 말하는 말〕きらっと; ぴかっと. **빤짝-빤짝** [副] [하合成].

빤짝-이다 [自他] きらめく; 輝く. ‖눈이 빤짝이다 目が輝く.

빤-하다 /ˀpanhada/ [形] [하形] 見え透いている; 分かっている; 明らかだ. ‖빤한 결론 分かりきった結論. 이번 시험에 떨어질 것은 빤하다 今度の試験に落ちるのは明らかだ. ⓐ뻔하다. **빤-히** [副].

빤-히 /ˀpa:nhi/ [副] じろじろ(と); じっと. ‖사람 얼굴을 빤히 쳐다보다 人の顔をじろじろ(と)見る.

빨가-벗다 [-벋따] [自他] 素っ裸になる; 真っ裸になる. ‖아이들이 냇가에서 빨가 벗고 수영을 하고 있다 子どもたちが小川で真っ裸で泳いでいる.

빨간 [形] [ㅎ変] 빨갛다(赤い)의 現在連体形. ‖빨간 신호등 赤信号.

빨강 [名] 赤; 赤色.

빨갛다 /ˀpalgatʰa/ [-가타] [形] [ㅎ変] 〔빨개, 빨간〕 赤い; 真っ赤だ. ‖술을 마셔서인지 얼굴이 빨갛다 お酒を飲んだのか顔が赤い. 빨간 꼬리 赤いバラ. 빨갛게 물든 저녁놀 真っ赤に染まった夕焼け.

빨개 [形] [ㅎ変] 빨갛다(赤い)의 連用形.

빨개-지다 [自] 赤くなる.

빨갱이 [名] 〔俗っぽい言い方で〕共産主義者; 赤.

빨다[1] /ˀpalda/ [他] [ㄹ語幹] 〔빨아, 빠는, 빤〕 (衣類を) 洗う; 洗濯する. ‖양말을 빨다 靴下を洗う. 소매끝을 비벼 빨다 袖口をもみ洗いする. 손수건을 깨끗이 빨아서 다림질을 하다 ハンカチをきれいに洗ってアイロンをかける.

빨다[2] /ˀpalda/ [他] [ㄹ語幹] 〔빨아, 빠는, 빤〕 ❶ 吸う; 吸収する. ‖아기가 젖을 빨다 赤ちゃんが乳を吸う. 모기가 피를 빨다 蚊が血を吸う. ❷ しゃぶる; なめる. ‖사탕을 빨고 있다 飴をなめている. ⓐ

빨리다. ⑩빨리다.

빨-대【-때】图 ストロー. ⑩스트로.

발딱 急に起き上がったり倒れ伏したりする様子: がばと; かっぱと. ∥빨딱 일어나다 がばっと起き上がる.

빨딱-거리다【-꺼-】圓 (心臓や脈が)どきどきとする脈打つ; どきどきする.

발라【르変】빠르다(速い·早い)の連用形.

빨라-지다 圓 早まる; 早くなる; 速まる. ∥개시 시간이 얼마 남지 않아 조바심이 빨라지다 開始時刻が迫りじりじりする. 스피드가 빨라지다 スピードが速まる.

빨래 /ppallɛ/【함】图 ❶洗濯(洗濯). ∥지금 빨래하고 있다 今洗濯をしている. 애벌빨래 下洗い. ❷洗濯物; 洗い物. ∥빨래를 널다 洗濯物を干す. 빨래를 개다 洗濯物をたたむ. 빨래가 말려 있다 洗濯物が干してある.

빨래-집게【-께】图 洗濯ばさみ.

빨래-판(-板) 图 洗濯板.

빨래-감【-래깜·-랟깜】图 洗濯物.

빨랫-방망이【-래빵-·-랟빵-】图 洗濯棒.

빨랫-비누【-래삐-·-랟삐-】图 洗濯石けん.

빨랫-줄【-래쭐·-랟쭐】图 洗濯物の干し紐(ひも); 洗濯ロープ.

빨려-들다 慣用語句 吸い込まれる.

빨리 /ppalli/副 早く; 速く. ∥빨리 가자 早く行こう. 내일은 빨리 일어나야 한다 明日は早く起きなければならない. 밀릴 때는 택시보다 전철이 빨리 간다 渋滞している時はタクシーより電車が速く着く.

빨-리다[^1] 圓〔빨다の受身動詞〕吸われる. ∥거머리에게 피를 빨리다 ヒルに血を吸われる.

빨-리다[^2] 他〔빨다の使役動詞〕洗わせる. ∥아이에게 양말을 빨리다 子どもに靴下を洗わせる.

빨-리다[^3] 他〔빨다の使役動詞〕(乳を)吸わせる[飲ませる]. ∥젖먹이에게 젖을 빨리다 乳飲み子に乳を吸わせる[飲ませる].

빨아-내다 他 吸い出す. ∥고름을 빨아내다 膿(う)を吸い出す.

빨아-들이다 他 吸い込む. ∥빨아들이는 힘이 강한 청소기 吸い込む力の強い掃除機.

빨아-먹다 (←-따) 【他】 (人のものを)自分のものにする.

빨아-올리다 他 吸い上げる; くみ上げる. ∥펌프로 물을 빨아올리다 ポンプで水を吸い上げる.

빨치산(←partizan ㅁ) 图 パルチザン; 遊撃隊.

빨-판(-板)〔動物〕吸盤. ⑩흡반(吸盤).

빳빳-하다〔빧빧타-〕〔ㅎ変〕❶硬直している; こちこちだ; ぱりっとしている.

새 돈이어서 전부 빳빳하다 新札なので全部ぱりっとしている. ❷糊が強(こわ)い. ∥빳빳하게 풀을 먹인 와이셔츠 ぴんと強く糊付けをしたワイシャツ.

빵[^1] (←pāo ㅂ) /pan/ 图 パン. ∥빵에 잼을 바르다 パンにジャムをぬる. 빵을 굽다 パンを焼く. 식빵 한 쪽 食パン1 枚. 팥빵 하나 あんパン1 個.

빵[^2] 副 ❶ものが破裂する音: ぱん. ❷もの勢いよく打つ音: ぱん. ❸割れ目や穴が空いている様子: ぽっかり. **빵-빵** ⑩自他.

빵빵-거리다 自他 続けて音を鳴らす.

빵긋〔-귿〕副〔ㅎ変〕にっこり; にこっと.

빵끗〔-끋〕副〔ㅎ変〕にっこり; にこっと.

빵-점(-點)〔-쩜〕图〔영점(零點)の俗語〕零点. ∥빵점을 받다 零点を取る.

빵-집〔-찝〕图 パン屋.

빻-다〔빠타〕他 挽(ひ)く. ∥가루를 빻다 粉を挽く.

빼곡-하다〔-고카-〕〔ㅎ変〕ぎっしり(と)詰まっている. **빼곡-히** 副 一定の빼곡히 찬 해日程がぎっしりだ.

빼-기 〔ㅎ変〕〔数学〕減法; 引き算. ⑩더하기·곱하기·나누기.

빼-내다 /ppenɛda/ 他 ❶抜き取る; 抜き出す; 抜く. ∥기밀을 빼내다 機密を抜き取る. 조건에 合う 사람만 빼내다 条件に合う者だけ抜き出す. ❷(人を)引き抜く. ∥우수한 기술자를 빼내다 優秀な技術者を引き抜く. ❸身請けする; 請け出す. ❹(引き抜いて)盗む. ∥금고에서 돈을 빼내다 金庫から金を盗む.

빼-놓다〔-노타〕他 ❶漏らす; 抜かす; 落とす; 省く. ∥빼놓지 말고 다 보고하세요 漏れ大漏らさず報告してください. ❷置き忘れる. ∥필요한 서류를 집에 빼놓고 왔습니다 必要な書類を家に置き忘れてきました. ❸抜いておく; 除外する; 抜き取る. ∥마음에 드는 사진만 빼놓고 있는 이에 든 것만 빼놓고 있는 気に入った写真だけ抜き取る.

빼는 빼다(抜く)の現在連体形.

빼다 /ppe͈da/ 他 ❶抜く. ∥타이어 공기를 빼다 タイヤの空気を抜く. 칼을 빼다 刀を抜く. 목욕탕 물을 빼다 風呂の水を抜く. 어깨의 힘을 빼다 肩の力を抜く. 얼룩을 빼다 染みを抜く. ❷引く; 除外する; 除く; 省く; 外す. ∥십에서 삼을 빼면 7 10から3を引くと7. 저 두 사람은 빼자 あの2 人は除外しよう. 시간이 없어서 연습 문제는 빼고 싶다 時間がないから練習問題は省きたい. 반지를 빼다 指輪を外す. ❸落とす; 洗う. ∥때를 빼다 垢を落とす. 군살을 빼다 ぜい肉を落とす. 발을 빼다 足を洗う. ❹(お金を)下ろす. ∥은행에서 카드로 돈을 빼다 銀行でカードでお金を下ろす. ❺長くする; 引っ張る. ∥목을 길게 빼고 기다리다 首を長くして待つ. ❻(気取っ

た態度を)取る. ‖점잖을 빼다 取り澄ます. 気取った態度を取る. ❼ (部屋を明ける. ‖방을 빼다 部屋を明ける. ❽ 逃げる. ‖미국으로 뺀 것 같다 アメリカに逃げたみたい. ▶빼도 박도 못하이 にっちもさっちも行かない; 抜き差しならない.

빼-닮다 [-땀따] 他 そっくりだ. ‖어머니를 빼닮은 딸 母親にそっくりな娘.

빼-돌리다 他 横流しする. ‖공금을 빼돌리다 公金を横流しする.

빼-먹다 他 ❶ 抜かす. ‖한 줄 빼먹고 읽다 1行抜かして読む. ❷ (授業などを)サボる. ‖수업을 빼먹다 授業をサボる.

빼-물다 自他 [=語幹] ❶ (舌を)突き出して歯の間に挟んでぎゅっと力を入れる. ❷ (口を)尖らす.

빼빼 副 (하形) 体が非常にやせ細っている様子: がりがり. ‖빼빼 마른 사람 がりがりにやせた人.

빼앗-기다 /p'eat'kida/【-앋끼-】自 [빼앗다の受身動詞] 奪われる; 取られる. ‖자유를 빼앗기다 自由を奪われる. 가진 돈을 전부 빼앗기고 말았다 持ちのお金を全部取られてしまった. 나는 그녀의 미모에 마음을 빼앗겼다 彼女は彼女の美貌に心を奪われた.

빼-앗다 /p'eat'ta/【-앋따】他 奪う; 取る. ‖남의 재산을 빼앗다 人の財産を奪う. 생명을 빼앗다 命を奪う. 학생이 보고 있던 만화책을 빼앗다 学生が読んでいた漫画本を取り上げる. 마음을 빼앗다 心を奪う. ⑩빼앗기다.

빼어 빼다(抜く)の連用形.

빼어-나다 自 秀でる; ぬきん出る; ずば抜けている; 優れている. ‖빼어난 미모 秀でた美貌.

빽[1] 副 いきなり出す甲高い声. **빽-빽**[1]

빽[2] 副 隙間なくいっぱいに詰まっている様子: ぎっしり.

빽빽-거리다[-대다] 副 [-껟때-] 自 ❶ いきなり甲高い声を出す. ❷ ぎゃあぎゃあ(と)泣く; ぎゃあぎゃあ(と)言う.

빽빽-하다 /p'ɛk²p'ɛk²hada/【-빼카-】形 [하変] 稠密(ちょうみつ)だ; ぎっしりだ. ‖빽빽하게 쓴 편지 びっしり書いた手紙. 책장에 책들을 빽빽하게 꽂으다 書棚に本をびっしり(と)詰める. **빽빽-이** 副 びっしり(と); ぎっしり; こんもり.

뺀 빼다(抜く)の過去連体形.

뺀들-거리다[-대다] 副 (하自) のらりくらりする. ‖일도 안 하고 뺀들뺀들 놀고 있다 仕事もせずにのらりくらり(と)遊んでいる.

뺀질-거리다[-대다] 副 不真面目で要領よく立ち回る.

뺀질-뺀질 副 不真面目で要領よく立ち回る様子.

뺄 빼다(抜く)の未来連体形.

뺄-셈 [-쎔] 图 (하自) (数学) 引き算; 減法. ⑩덧셈・곱셈・나눗셈.

뺄셈 부호 (一符號) 图 引き算の符号 (−).

뺄셈-표 (一標) 图 = 뺄셈 부호 (一符號).

뺏-기다 [뺃끼-] 自 [뺏다の受身動詞] 奪われる; 取られる: 取り上げられる. ‖권리를 뺏기다 権利を奪われる. 선생님께 만화를 뺏기다 先生に漫画を取り上げられる.

뺏다 /p'ɛ:t'ta/【뺃따】他 奪う; 取り上げる. ‖지갑을 뺏다 財布を奪う. 아이의 태서 위험해 보이는 장난감을 뺏다 子どもから危険そうに見えるおもちゃを取り上げる. ⑩뺏기다.

뺑그르르 副 (하自) 뺑그르르를 強めて言う語.

뺑글-뺑글 副 [뺑글뺑글를 強めて言う語] くるくる(と); ぐるぐる(と).

뺑-뺑 副 [뺑뺑을 強めて言う語] くるくる. ‖뺑뺑 돌리다 くるくる回す.

뺑소니 /p'ɛŋsoni/ 图 素早く逃げ去ること; ずらかること; (車の)ひき逃げ; 当て逃げ. ‖뺑소니를 치다 逃げ去る.

뺑소니-차 (一車) 图 ひき逃げした車.

뺨 /p'jam/ 图 頰; 頰べた. ‖뺨을 갈기다 頰っぺたを引っぱたく. 뺨을 때리다 頰を平手で打つ; びんたを食わす. 뺨을 맞다 びんたを食らう; 頰をたれる.

뺨-따귀 图 뺨の俗語. ⑩따귀.

뺨-치다 图 ❶ びんたを食わす. ❷ 劣らない; しのぐ; 勝る; …顔負けだ. ‖프로 뺨칠 정도의 스케이트 실력 プロ顔まけのスケートの実力.

뻐근-하다 形 (하変) (体が)重い; 張っている; 凝っている; きつい. ‖등이 뻐근하다 背中が凝っている.

뻐기다 自 威張る. ‖괜히 뻐기며 얘기하다 やたらに威張って話す.

뻐꾸기 图 (鳥類) カッコウ(郭公).

뻐꾸기-시계 (一時計) 【-/-께】 图 鳩時計.

뻐꾹 カッコウの鳴き声: カッコー.

뻐꾹-새 [-쌔] 图 =뻐꾸기.

뻐끔-거리다[-대다] 副 ❶ 盛んにタバコをふかす. ❷ (口を)何度も開けたり閉めたりする. 뻐끔거리다 金魚が口をぱくぱく(と)させる.

뻐끔-뻐끔[1] 副 (하自) (大きな割れ目や穴が)空いている様子: ぽかん.

뻐끔-뻐끔[2] 副 (하自) ❶ 盛んにタバコを吸う様子: ぷかぷか. ❷ (口を)何度も開けたり閉めたりする様子: ぱくぱく(と).

뻐드렁-니 图 出っ歯; 反っ歯.

뻐벅 副 [벅벅을 強めて言う語] ぼりぼり.

뻐벅-하다 [-뻐카-] 形 (하変) ❶ (水気が足りなくて)かさかさしている. ‖반죽

뻑적지근-하다 이 뻑적지근하다 生地がかさかさしている。 ❷ (具が多くて)液体のものがどろどろしている。

뻑적지근-하다 【─쩍찌─】 形 [하変] (全身が)けだるい; (筋肉が)凝っているような感じがする。‖어깨가 뻑적지근하다 肩が凝っている。

뻔뻔-스럽다 /p͈ənˀp͈ənsɯrəpˀta/ 【─따】 形 [ㅂ変] 図々しい; 厚かましい。‖뻔뻔스러운 대답을 하다 厚かましい返事をする。 🅟 뻔뻔스럽다. **뻔뻔스레** 副

뻔뻔-하다 /p͈ənˀp͈ənhada/ 形 [하変] 図々しい; 厚かましい。‖뻔뻔한 남자 厚かましい男。 🅟 빤빤하다. **뻔뻔-히** 副

뻔지르르 번지르르를 強めて言う語。‖말만 뻔지르르하다 口先だけだ。

뻔질나-게 【─라─】 副 頻繁に; 足しげく。‖뻔질나게 들락거리다 足しげく通う。 뻔질나게 전화를 걸다 頻繁に電話をかける。

뻔-하다¹ /p͈ənhada/ 形 [하変] 分かりきっている; とっくに知っている; 明らかだ; 白々しい。‖뻔한 결론 明白な結論。 뻔한 소리를 하다 分かりきったことを言う。 🅟 빤하다. **뻔-히** 副 知っていておきながら 거짓말을 하다 とっくに知っているのに うそをつく。

뻔-하다² /p͈ənhada/ 補助 〔主に過去形で用いられて〕(ひょっとしたら・すんでのことで)…ところだった。‖하마터면 계단에서 굴러 떨어질 뻔했다 すんでのところで階段から転げ落ちるところだった。 까딱하면 지각할 뻔했다 危うく遅刻するところだった。

뻗다 /p͈ətˀta/ 【─따】 自他 ❶ 伸びる; 伸ばす。‖남북으로 길게 뻗어 있는 길 南北に長く伸びている道。 뿌리가 밖으로 뻗어 있다 根がからっこう張っている。 ❷ 〔죽다의 俗語〕ひどく疲れる; 死ぬ。‖어제는 너무 피곤해서 완전히 뻗어버렸다 昨日はあまりにも疲れて、くたばってしまった。 ❸ 〔勢力などが〕及ぶ。‖그들의 영향력은 어느 뉘 이웃 나라에까지 뻗어 있었다 彼らの勢力はもはや隣国にまで伸びていた。
— 動 ❶ 伸ばす。‖두 다리를 뻗다 両足を伸ばす。 ❷ 差し出す; 差し伸べる。‖구원의 손을 뻗다 救いの手を差し伸べる。 ❸ 活動の範囲を広げる。‖부동산 산업에까지 손을 뻗다 不動産業にまで手を伸ばす。

뻗-대다 【─때─】 自 意地を張る; 強く言い張る; 突っ張る。‖자기는 추가 비용은 못 낸다고 뻗대고 있다 自分は追加費用は払えないと、突っ張っている。

뻗쳐-오르다 【─처─】 自 噴出する; みなぎる。‖기운이 뻗쳐오르다 元気がみなぎる。

뻗-치다 自他 伸びる; 伸ばす。‖힘이 뻗치다 力がみなぎる。 세력을 뻗치다 勢力を伸ばす。

-뻘 接尾 親戚などの間柄や続き柄を表わすすご; …分(に)。‖형뻘 되는 사람 兄貴分に当たる人。

뻘-겋다 【─거타】 形 [ㅎ変] 〔벌겋다를 強めて言う語〕赤い; 真っ赤だ。

뻘-게지다 自変 벌게지다를 強めて言う語。

뻘떡 副 벌떡을 強めて言う語。‖뻘떡 일어나다 がばっと起き上がる[立ち上がる]。 **뻘떡-뻘떡** 副 自変 どきどき; ばたばた。

뻘떡-거리다 【─꺼─】 自他 〔心臓が〕激しく打つ。

뻘뻘¹ 副 忙しく歩き回る様子: せかせか。 **뻘뻘-거리다-대다** 副 忙しく歩き回る。‖뻘뻘거리며 돌아다니다 せかせかと歩き回る。

뻘뻘² 副 汗が流れ出る様子: たらたら。‖땀을 뻘뻘 흘리다 汗をたらたらと流す。

뻘쭘-하다 形 [하変] 〔벌쭘하다를 強めて言う語〕決まりが悪い。

뻣뻣-하다 【뻗뻐타】 形 [하変] ❶ こちこちだ; ごわごわしている。‖풀을 먹여 옷이 뻣뻣하다 糊付けして服がごわごわしている。 ❷ (表情・態度などが)こわばっている。‖긴장했는지 태도가 뻣뻣하다 緊張したのか態度がこわばっている。

뻥¹ 感 〔俗っぽい言い方で〕ほら; うそ。‖뻥이 센 사람 ほら吹き。

뻥² 副 ❶ものが破裂する音: ぱん; ぱあん。 ❷ものを勢いよく打ったり蹴ったりする時の音: ぱん; ぱあん。‖공을 뻥 차다 ボールをぱんと蹴る。 ❸ 大きな穴が空く様子[音]: ぽっかり; ぽかんと。‖큰 구멍이 뻥 뚫리다 大きな穴がぱっかり空く。 **뻥-뻥** 副

뻥긋-하다 【─그타】 自 [하変] 벙긋하다를 強めて言う語。

뻥-까다 〔俗っぽい言い方で〕うそをつく。

뻥-쟁이 〔俗っぽい言い方で〕うそつき。

뻥-치다 自 = 뻥까다。

뻥-튀기 名 (화)他 爆弾あられ。

빼빠 (ペーパー日) 名 = 사포(沙布)。

뺀치 (ベンチ日) 名 = ペンキ。

뺀끼 (ベンキ日) 名 = ペイント。

뼈 /p͈jə/ 名 ❶ 骨。‖뼈가 굵다 骨太い; 骨太だ。 뼈가 부러지다 骨が折れる。 뼈 있는 남자 骨のある男。 목뼈 首の骨。 ❷ 底意。▸뼈(를) 빠지게 骨身を削るように: 骨身を惜しがず。 ▸뼈도 못 추리다 (「拾える骨もない」の意で)跡形もなくなる。▸뼈를 깎다[갈다] 骨身を削る。▸뼈에 사무치다 骨身にしみる; 骨身にこたえる。

뼈-다귀 名 (個々の)骨。

뼈-대 名 ❶ (体の)骨格; 骨組み。 ❷ 構

造;仕組み;筋. ▶뼈대가 있다 ①家柄がいい; 由緒のある家柄だ. 뼈대 있는 집안의 由緒のある家柄の人. ②気骨がある. 뼈대가 있는 사람 気骨のある人.

뼈-마디 명 関節; 骨ノ節.

뼈-아프다 형 [으変] 身にしみる; 手痛い; 痛恨だ. ‖뼈아픈 실수 手痛い失敗; 痛恨のミス.

뼈-오징어 명 〔魚介類〕モンゴウイカ(紋甲烏賊).

뼈-저리다 형 痛切だ. ‖뼈저리게 실감하다 痛切に実感する.

뼘 명 指尺(広げた2本の指の間隔を基準にしてものの長さをはかること).

뼛-가루 [뼈까-/뼏까-] 명 骨粉. ⓗ골분(骨粉).

뼛-골 [뼈꼴/뼏꼴] 명 骨髄; 骨身. ▶뼛골에 사무치다 骨身にしみる; 骨身にこたえる. ▶뼛골 빠지다 骨身を惜しまず働く. ▶뼛골(이) 빠지다 身を粉(こ)にする. 뼛골 빠지게 일하다 身を粉にして働く; 骨身を惜しまず働く.

뽀글-거리다 재 しきりに煮え立つ; 煮えてぐつぐつ沸き上がる.

뽀글-뽀글 凰 재재 ものがよく煮え立つ音; "ぐつぐつ(と)". ‖찌개가 뽀글뽀글 끓다 チゲがぐつぐつ(と)煮える.

뽀드득 凰 재自他 ①窓ガラスなどをこする時の音. ②積もった雪を踏む時の音.

뽀드득-뽀드득 凰 재自他 눈길을 뽀드득뽀드득 밟으면서 걸어가다 雪道をきゅっきゅっと踏みならしながら歩いていく.

뽀로통-하다 형 [하変] 不機嫌そうだ; 膨れっ面をしている; むっとしている.

뽀뽀 /'po²po/ 명 재自 〔幼児語で〕ちゅう; キス.

뽀얗다 [-야타] 형 [ㅎ変] 白っぽい. ‖뽀얀 얼굴 白っぽい顔.

뽐-내다 /'pomne:da/ 자自 威張る; ほこる; 自慢する; ひけらかす; 見せびらかす. ‖재능을 뽐내다 才能をほこる. 일등 했다고 뽐내고 있다 1位になったと威張っている.

뽑는 관 뽑다(抜く·抜き取る)の現在連体形.

뽑다 /'pop²ta/[-따] 태他 ①抜く. ‖잡초를 뽑다 雑草を抜く. 칼을 뽑다 刀を抜く. 이를 뽑다 歯を抜く; 抜歯する. 피를 뽑다 採血する. ②抜き取る; 抜き出す. ‖실을 뽑다 糸を抜き取る; 抜糸する. ③選び出す; 選び取る. ‖대표를 뽑다 代表を選び出す. ⓟ뽑히다. ④引く; 取る. ‖제비를 뽑다 くじを引く. ⑤ 본전을 뽑다 元を取る. ⑤ (声などを)長々と出す. ‖노래를 한 곡 뽑다 歌を1曲歌う. ⑥現像する; 焼き増しする. ‖사진을 뽑다 写真を現像する. ⑦ (自動販売機で)コーヒーなどを買う. ‖자판기에서 커피를 뽑다 自動販売機でコー

ヒーを買う.

뽑아 뽑다(抜く·抜き取る)の連用形.

뽑아-내다 태他 引き抜く; 選び抜く. ‖무를 뽑아내다 大根を引き抜く.

뽑은 관 뽑다(抜く·抜き取る)の過去連体形.

뽑을 관 뽑다(抜く·抜き取る)の未来連体形.

뽑-히다 /'po²pʰida/[뽀피-] 재自 〔뽑다の受身動詞〕①選ばれる. ‖의장으로 뽑히다 議長に選ばれる. ②抜ける. ‖배추가 너무 커서 잘 안 뽑힌다 白菜が大きすぎてなかなか抜けない.

뽕[1] 명 =뽕잎. ‖뽕을 따러 가다 桑を摘みに行く.

뽕-나무 명 〔植物〕クワ(桑).

뽕-밭 [-빹] 명 桑畑.

뽕-잎 [-닙] 명 桑の葉.

뽕[2] 凰 おならの音; ぶう.

뽕짝 명 トロットの俗語.

뾰로통-하다 형 [하変] 膨れっ面をしている; つんとしている; つんつんしている. ‖내 말에 그녀는 뾰로통해졌다 私の言葉に彼女は膨れっ面になった.

뾰루지 명 吹き出物; ふきでもの.

뾰족-하다 /'pjodʒokʰada/【-조캐-】 형 [하変] ①(先端が)尖っている. ‖뾰족한 연필 尖った鉛筆. ② 尖らせる. ‖나무 막대기 끝을 뾰족하게 다듬다 木の棒の端を尖らすように整える. ③〔뾰족한 수の形で〕いい方法; いい案. ‖뾰족한 수가 없다 いい方法がない. ⓟ뾰족-이 凰.

뿌듯-하다 /'puduthada/【-드타-】 형 [하変] 胸がいっぱいだ; 気分が満ち足りている. ‖논문 평가가 좋아 마음이 뿌듯하다 論文評価がよくて胸がいっぱいだ.

뿌리 /'puri/ 명 〔植物〕①根; 根っこ. ‖뿌리를 내리다 根を下ろす. 뿌리를 잘라 버리다 根を絶つ. 뿌리를 뽑아 버리다 根っこを引っこ抜く. ②根元; 根本. ▶뿌리가 깊다 根深い. ▶기둥뿌리가 썩다 柱の根元が腐る. ▶뿌리를 박다 根付く; 定着する. ▶뿌리를 뽑아 버리다 根絶する; 根絶やしにする.

뿌리다 재 〔(やや小粒の)雨·霰·雪などが〕ばらつく. ‖아침부터 비가 뿌리고 있다 朝から雨がばらついている.

─ 태 ①撒く; 蒔く. ‖씨를 뿌리다 種を蒔く. 자기가 뿌린 씨 自分で蒔いた種. 마당에 물을 뿌리다 庭に水を撒く. ②振りかける. ‖고기에 소금을 뿌리다 肉に塩を振りかける. ③(金などを)ばらまく; やたらに使う. ‖돈을 뿌리고 다니다 金をやたらに使っている. ④(涙を)散らす〔流す〕. ‖눈물을 뿌리다 涙を流す.

뿌리-줄기 명 〔植物〕根茎. ⓗ근경(根茎).

뿌리-채소 (-菜蔬) 图 〔植物〕 根菜. ⑩근채(根菜).

뿌리-치다 /'puritɕʰida/ 他 ❶ 振り切る; 振り払う;（頼みなどを）断わる. ‖내민 손을 뿌리치다 差し出した手を振り払う. ‖내 부탁을 뿌리쳤다 私の頼みを断わった.

뿌옇다 [-여타] 形 (蒸気などで)曇っている; 白っぽく濁っている.

뿌예-지다 自 薄明るくなる.

뿐 /p͈un/ 依存 ❶ …だけ; …のみ; …ばかり; …きり. ‖바라보기만 할 뿐 말이 없다 見つめるだけで何も言わない. 그 사람이 돌아오기만을 기다릴 뿐이다 あの人が戻ってくるのを待つのみである. ❷〔…뿐만 아니라의 形で〕…だけでなく; …ばかりでなく; …のみならず. ‖노래뿐만 아니라 그림에도 재주가 있다 歌だけでなく絵画にも才能がある. 최근에는 배우로서뿐만 아니라 연출가로서도 주목을 받고 있다 最近は俳優としてだけでなく演出家としても注目されている. 키가 크거나 많이 먹을 뿐만 아니라 잠도 많이 잔다 背が伸びようとしているのか, たくさん食べるだけでなくよく寝る.
— 图 …だけ; …のみ; …ばかり; …きり. ‖내가 바라는 것은 이것뿐이다 私が望むのはこれだけだ. 이름뿐이지 볼 만한 것은 없다 名ばかりで見ごたえのあるものはなかった. 식구래야 어머니하고 둘뿐이다 家族と言っても母と 2 人きりだ.

뿔 图 (牛・ヤギ・シカなどの)角.

뿔뿔-이 副 散り散りに; 離れ離れに; ばらばらに. ‖가족이 뿔뿔이 흩어지다 家族がばらばらになる.

뿜다 /p͈umt͈a/ 【-따】 他 ❶ 吹く; 噴く; 吹き出す. ‖불을 뿜다 火を吹く. ❷ 吹き出る. ‖물을 뿜다 水を吹き出す.

뿜어-내다 他 吹き出す. ‖연기를 뿜어내다 煙を吹き出す.

뻥 副自 ❶ 穴を強めて言う語. ❷ 急に穴が空く様子: ぽかん. ‖갑자기 구멍이 뻥 뚫리다 いきなり穴がぽかんと空く.

삐 副 呼子笛などを鳴らす音.

삐거덕 副自他 固いものがこすれ合ってきしむ様子〔音〕.

삐거덕-거리다 【-꺼-】 自他 きいきいときしむ.

삐걱-거리다 /p͈igək̚k̚ɔrida/ 【-꺼-】 自他 きいきいときしむ. ‖문이 바람에 삐걱거리다 ドアが風できしむ.

삐걱-이다 【-거기-】 自 = 삐걱거리다.

삐끗-하다 【-끄타-】 自他 [하変] ぎくっとする; ぎくっとくる. ‖물건을 들다가 허리를 삐끗했다 ものを持ち上げようとしたら腰がぎくっとなった.

삐다 /p͈i:da/ 他 くじく; 捻挫する. ‖넘어져서 발목을 삐다 転んで足首をくじく.

삐-대다 自 一か所に長居をして迷惑をかける.

삐딱-하다 【-따카-】 形 [하変] ❶ 傾いている. ❷ (態度などが)ひねくれている. ‖삐딱한 태도 ひねくれた態度.

삐뚤다 【ㄹ語幹】 形 傾いている; まっすぐではない; 偏っている; 整列されていない. ‖학생들이 선 줄이 삐뚤다 学生たちの列が曲がっている.

삐뚤-삐뚤 副自他 くねくね; よろよろ.

삐뚤어-지다 形 ❶ 曲がっている; 偏っている. ‖벽의 그림이 삐뚤어져 있다 壁の絵が曲がっている. ❷ ひねくれている. ‖삐뚤어진 성격 ひねくれた性格.

삐삐[1] 图 ポケベル.

삐삐[2] 副 体が非常にやせている様子: がりがりに. ‖삐삐 마르다 がりがりにやせている.

삐죽 副自他 ❶ 口を尖らせた様子: つんと. ❷ ものの先が細く鋭くなっている様子.

삐죽-거리다 【-꺼【-때】-】 自他 ❶ (口を)尖らせる. ❷ 口を삐죽거리다 口を尖らせる.

삐쩍 副 비쩍を強めて言う語.

삐쪽-하다 【-쭈카-】 形 [하変] ものの先が細く鋭くなっている.

삐치다[1] /p͈itɕʰida/ 自 すねる. ‖그녀는 내 말에 삐쳤다 彼女は私の言葉にすねた. 삐쳐서 울다 すねて泣く.

삐치다[2] 他 (字を)はねて書く.

삑 副 呼子笛などの甲高い音.

삥 副 빙を強めて言う語.

삥그르르 副自他 빙그르르を強めて言う語. ‖삥그르르 돌다 ぐるりと回る.

삥긋 【-귿】 副自 빙긋を強めて言う語. ‖삥긋 웃다 にっこりと笑う.

삥땅 【-】 图自他 ねこばば; ピンはね. ‖수수료 일부를 삥땅을 치다 手数料の一部をピンはねする.

삥-삥 副 ぐるぐる. ‖친구집을 못 찾아 일대를 삥삥 돌았다 友だちの家を探せずその辺をぐるぐる回った.

ㅅ

ㅅ【시옫】 명 ハングル子音字母の第7番目. 名称は「시옫」.

ㅅ-변칙 활용 (-變則活用)【시옫뻔치콰룡】명【言語】= ㅅ 불규칙 활용 (-不規則活用).

ㅅ-불규칙 용언 (-不規則用言)【시온뿔-】명 ㅅ 変則用言. ❖긋다·붓다·잇다等.

ㅅ-불규칙 활용 (-不規則活用)【시온뿔-】명 ㅅ 変則活用.

사¹(士) 명 士.
사²(死) 명 死. ‖생과 사 生と死.
사³(私) 명 私. ‖공과 사를 혼동하다 公私を混同する.
사⁴(社) 명 社.
사⁵(師) 명 師匠; 先生.
사⁶(巳)【十二支의 巳(뱀)】.
사⁷(四) /sa:/ 數 4; 四. ‖일, 이, 삼, 사 1, 2, 3, 4. 오에 사를 곱하면 5가 되니라.
— 관 4…. ‖사 년 동안 4年間. 사학년 4年生.
사⁸ 어【語幹】 사다(買う)의 連用形.
-사⁹(士) 접미 …士. ‖변호사 弁護士.
-사¹⁰(史) 접미 …史. ‖한국사 韓国史.
-사¹¹(寺) 접미 …寺. ‖법륭사 法隆寺.
-사¹²(事) 접미 …事. ‖중대사 重大事.
-사¹³(舍) 접미 …舍. ‖기숙사 寄宿舎.
-사¹⁴(社) 접미 …社. ‖신문사 新聞社.
-사¹⁵(師) 접미 …師. ‖선교사 宣教師.
-사¹⁶(詞) 접미【言語】…詞. ‖형용사 形容詞.
-사¹⁷(辭) 접미 …辭. ‖취임사 就任辭; 就任の挨拶.
사가(史家) 명 역사가(歷史家)의 略語.
사각¹(四角) 명〔사각형(四角形)의 略語〕四角.
사각²(死角) 명 死角. ‖교통사고의 사각지대 交通事故の死角地帯.
사각-거리다[-대다]〔-거[께]-〕자타 さらさらする; さくさくする; ざくざくする.
사각-모(四角帽)〔-강-〕명 사각모자(四角帽子)의 略語.
사각-모자(四角帽子) 명 四角い帽子, 사각모(四角帽).
사각-사각(四角四角)〔-싸-〕부 さらさらさくさくざくざく. ‖사과를 사각사각 깎아먹다 リンゴをさくさくとかじる.
사각-형(四角形) /sa:gak⁼jɔŋ/ 〔-가정〕명【数学】四角形. 사변형(四邊形). ‖정사각형 正方形. 직사각형 長方形.
사감¹(私感) 명 私感.
사감²(私憾) 명 個人的な恨み.
사감³(舍監) 명 舍監.

사거(死去) 명〔하자〕死去.
사-거리(四—) /sa:gori/ 명 十字路; 四つ角; 交差点. ❖네거리.
사건(事件) /sa:kʌn/ 〔-껀〕명 事件; 出来事; 事故. ‖사건이 발생하다 事件が発生する〔起こる〕. 사건에 말려들다 事件に巻き込まれる. 사건의 전모를 밝히다 事件の全貌を明らかにする. 살인 사건 殺人事件.
사격(射擊) 명 자타 射擊. ‖원거리 사격 遠距離射擊. 일제히 사격하다 一齊に射擊する.
사격-수(射擊手) 명 射手.
사견(私見) 명 私見; 個人としての意見. ‖사견을 표명하다 私見を表明する.
사경¹(四景) 명 詩経·書経·易経·春秋의 4つの書物.
사경²(死境) 명 生死の境. ‖사경을 헤매다 生死の境をさまよう.
사-경제(私經濟) 명【経】私経済. ⟷공경제(公經濟).
사계(四季)〔-/-게〕명 四季.
사-계절(四季節)〔-/-게-〕명 四季.
사고¹(思考) /sa:go/ 명 자타 思考. ‖사고가 나다 事故が起きる. 사고를 내다 事故を起こす. 사고를 치다 事故にあう. 사고를 미연에 막다 事故を未然に防ぐ. 교통사고 交通事故. 충돌 사고 衝突事故. 무사고 無事故. 사고 현장 事故現場.
사고-결(事故缺) 명 事故による欠席や欠勤.
사고²(思考)〔하자〕명 思考. ‖심오한 사고 奥深い思考. 잘못된 사고 誤った思考.
사고-력(思考力) 명 思考力.
사고-방식(思考方式) 명 考え方.
사고-무친(四顧無親) 명 頼る人や所が全くないこと.
사골(四骨) 명 牛の四本脚の骨.
사공¹(司空) 명 (姓) 司空(サゴン).
사공²(沙工) 명〔뱃사공(-沙工)의 略語〕船頭. ▶사공이 많으면 배가 산으로 간다 船頭多くして舟山に上る.
사과(沙果) /sagwa/ 명 リンゴ. ‖사과 깎다 リンゴの皮をむく. 사과를 베어 먹다 リンゴをかじる. 사과즙 リンゴの汁.
사과-산(沙果酸)【化学】リンゴ酸.
사과-주(沙果酒) 명 リンゴ酒.
사과²(謝過) 명 자타 謝罪; 詫びること. ‖진심으로 사과 드립니다 心よりお詫び申し上げます. 사과하고 싶은 마음은 없다 謝罪する気はない.
사과-문(謝過文) 명 謝罪文; 詫び状.
사관¹(士官) 명 士官; 将校. ‖사관학교 士官学校.
사관²(史觀) 명〔역사관(歷史觀)의 略語〕史觀. ‖유물 사관 唯物史觀.

사교¹(邪敎) 图 (宗) 邪敎. ⑭정교(正敎).

사교²(社交) 图 (학교) 社交. ‖사교에 능한 사람 社交なれした人.
　사교-계(社交界) 图 [-/-계] 社交界.
　사교-댄스(社交 dance) 图 社交ダンス.
　사교-성(社交性) 图 [-썽] 图 社交性.
　사교-적(社交的) 图 社交的. ‖사교적인 성격 社交的な性格.
　사교-춤(社交-) 图 =사교댄스(社交-).

사-교육(私敎育) 图 私敎育. ⑭공교육(公敎育).

사구¹(四球) 图 (野球で)四球;フォアボール.

사구²(死球) 图 (野球で)死球;デッドボール.

사구³(砂丘) 图 [名] 砂丘. ‖돗토리 사구 鳥取砂丘.

사-군자(四君子) 图 (美術) 四君子 (梅・菊・蘭・竹).

사귀다 /sagwida/ 囲 付き合う;交際する. ‖사귀는 사람이 있다 付き合っている人がいる. 오래 사귄 사이 長年付き合った仲.

사귐-성(-性) 图 [-썽] 社交性;人付き合い. ‖사귐성이 좋다 人付き合いがいい.

사규(社規) 图 社規.

사극(史劇) 图 [역사극(歷史劇)の略語] 史劇;歷史劇. ⑭時代劇.

사근사근-하다 [하예] 気さくだ;愛想がいい;人当たりがいい. ‖사근사근한 사람 サクサクした人. **사근사근-히** 團.

사글사글-하다 [하예] (顔つきや性格が)穩やかでやさしい.

사글-세(←朔月貰) 图 [-쎄] ❶部屋や家を月ぎめで借りること;間借りすること. ❷사글셋방の略語.
　사글셋-방(←朔月貰ㅅ房) 图 [-쎈빵/-쎋빵] 图 月ぎめで借りた部屋;借間. ⑭사글세.

사금(砂金) 图 砂金.

사기¹(士氣) 图 士氣;意氣;やる気. ‖사기가 오르다 士氣が上がる. 사기를 고무하다 士氣を鼓舞する.

사기²(史記) 图 史記.

사기³(沙器) 图 사기그릇の略語.
　사기-그릇(沙器-) 图 [-른] 图 陶磁器;焼き物;瀨戸物. ⑭사기(沙器). ‖사기그릇은 깨지기 쉽다 瀨戶物は壞れやすい.

사기⁴(詐欺) 图 [명] 詐欺. ‖금융 사기 金融詐欺. 사기를 치다 詐欺をはたらく. 사기를 당하다 詐欺にひっかかる.
　사기-꾼(詐欺-) 图 詐欺師;ペテン師.
　사기-죄(詐欺罪) 图 [-쬐/-쒜] 图 (法律) 詐欺罪.

사-기업(私企業) 图 私企業. ⑭공기업(公企業).

사나이 图 男. ⑭사내. ‖경상도 사나이 慶尙道の男.

사-나흘 图 3,4日.

사납다 /sa:nap̚ta/ [-따] 阁 [ㅂ變] ❶(性質・行動などが)荒い;亂暴だ. ‖성질이 사납다 氣性が荒い. ❷(雨・風・波などが)激しい;荒い. ‖파도가 사납다 波が荒い. ❸(앞つきなどが)険しい. ‖얼굴이 사납다 目つきが険しい. ❹(人情などが)せちがらい;薄情だ. ‖인심이 사납다 薄情だ. ❺(運・緣起などが)悪い;不運だ. ‖운수가 사납다 運が悪い. ❻みっともない. ‖눈꼴사납다 目障りだ. 볼썽사납다 みっともない.

사내 图 [사나이の縮約形] 男.
　사내-답다 [-따] [ㅂ變] 男らしい.
　사내-대장부(-大丈夫) 图 大丈夫 (大丈夫)を強めて言う語.
　사내-자식(-子息) 图 ① [사나이の 俗語] 男. ② [아들の俗語] 息子.

사내²(社內) 图 社內. ‖사내 결혼 社內結婚.

사냥 图 他 狩り;狩獵. ‖사냥을 가다 狩りにでる.
　사냥-감 [-깜] 图 獲物.
　사냥-개 [-깨] 图 獵犬.
　사냥-꾼 图 獵師;狩人.
　사냥-철 图 獵期;狩獵期.
　사냥-총(-銃) 图 獵銃. ⑭엽총(獵銃).
　사냥-터 图 狩り場;獵場.

사년(巳年) 图 巳年. ⑭뱀해.

사념(思念) 图 他 思念.

사농공상(士農工商) 图 士農工商.

사는¹ [冠] [語幹] 살다(生きる・住む)の現在連体形.

사는² [冠] [語幹] 사다(買う)の現在連体形.

사다 /sada/ 他 ❶買う. ‖책을 사다 本を買う. 권리를 사다 權利を買う. 재능을 높이 사다 才能を高く買う. ❷(人を)雇う. ‖사람을 사서 집을 수리하다 人を雇って家を修理する. ❸進んで引き受ける;買って出る. ‖고생을 사서 하다 苦労を買って出る. ❹他人に惡感情をもたれる. ‖반감을 사다 反感を買う. 빈축을 사다 恨みを買う. 빈축을 사다 顰蹙(ᄒᆞᆫ)を買う. 환심을 사다 歡心を買う. 선생님의 분노를 사다 先生の怒りを買う. 미움을 사다 憎まれる. 의심을 사다 疑われる.

사다리 图 사다리다리の縮約形.
　사다리-꼴(-數學) 图 梯形(ᄒᆡ);台形.
　사다리-차(-車) 图 梯子車.

사닥-다리 [-따-] 图 ⑭사다리.

사단¹(事端) 图 事件の端緒;事柄の糸口.

사단²(社團) 图 사단법인(社團法人) の略語.
　사단-법인(社團法人) 图 (法律) 社

団法人. ⑬사단(社團).

사단³ (師團) 图 〔軍事〕 軍隊の師団. ‖제팔 사단 第8師團.

사담 (私談) 图 私談. ‖사담 금지 私語禁止.

사당¹ (寺黨・社黨) 图 〔民俗〕 朝鮮時代に、各地を流浪しながら歌や舞で生計を立てた女芸人、またその一団.

사당² (私黨) 图 私党.

사당³ (祠堂) 图 祠堂; 位牌堂.

사-대 (事大) 图 ⑭自動 事大.

사대-사상 (事大思想) 图 事大思想.

사대-주의 (事大主義) [-/-이] 图 事大主義.

사대² (師大) 图 〔사범 대학(師範大学)の略語〕 教育大学.

사-대문 (四大門) 图 〔歷史〕 朝鮮時代、ソウルにあった4つの城門. ◆흥인문(興仁門: 現在の東大門)・돈의문(敦義門)・숭례문(崇禮門: 現在の南大門)・숙청문(肅淸門).

사도¹ (使徒) 图 使徒. ‖정의의 사도 正義の使徒.

사도² (邪道) 图 邪道. ⑭정도(正道).

사도³ (私道) 图 私道. ⑭공도(公道).

사돈 (查頓) 图 結婚によって結ばれた両家の姻戚関係. ▶사돈 남(의) 말 한다 [諺] 自分のことは棚上げして人のことに口を出す. ▶사돈의 팔촌 (「遠い親戚」の意で)他人.

사돈-댁 (查頓宅) [-땍] 图 사돈집(查頓집)の尊敬語.

사돈-집 (查頓집) [-찝] 图 相(あい)やけの家.

사-동사 (使動詞) 图 〔言語〕 使役動詞.

사-들이다 쎈 買い入れる; 買い込む. ‖협동조합에서 일괄해서 사들이다 生協で一括して買い入れる.

사-등분 (四等分) 图 ⑭自動 4等分.

사디스트 (sadist) 图 サディスト.

사디즘 (sadism) 图 サディズム. ⑭마조히즘.

사또 (歷史) 图 昔、地方官に対して部下や一般の人が呼称として用いた尊敬語.

사라지다

/saradʒida/ 图 〔形・姿・感情・考えなど〕消える; なくなる; 去る. ‖눈앞에서 사라지다 目の前から消える. 미워하는 마음이 사라지다 憎こみが消える. 형장の이슬로 사라지다 刑場の露と消える.

사람

/saram/ 图 ❶人; 人間. ‖사람은 만물의 영장이다 人は万物の霊長である. 유복한 사람 裕福な人. 서울 사람 ソウルの人. 사람을 마구 다루다 人使いが荒い. 사람을 찾고 있다 人を探している. 다른 사람 물건에 손을 대다 人の物に手をつける. 집사람 家内. ❷ 話す時、相手の話と相手としての自分自身を指す相手以外の人間. ‖사람을 귀찮게 하지 마라 私を煩わすな. ❸ 人柄;

411

사로잡-히다

性質. ‖사람이야 그만이지 人柄は申し分ない. ▶사람(을) 버리다 人が悪くなる; 人を駄目にする. ▶사람(을) 잡다 人を窮地に追い込む. ▶사람(이) 되다 人格的に立派な人間になる. ▶사람 죽이다 ① 人をひどく困らせる. ② 笑い話やあだなどで人を転げさせる. 人をうっとりさせるほどよい. ▶사람은 죽으면 이름을 남기고 범은 죽으면 가죽을 남긴다 [諺] 人は死して名を留め虎は死して皮を留む.

── 依名 …人; …名. ‖한 사람 1人.

사람²살려 感 救助を求めて発する語: 助けて！

사랑

/saraŋ/ 图 ⑭他 愛; 恋. ‖어머니의 자식에 대한 사랑 母の子どもへの愛. 사랑에 빠지다 恋に落ちる. 난민의 손에 사랑의 손길을 뻗치다 難民に愛の手をさしのべる. 사랑의 보금자리 愛の巣. 사랑의 매 愛のむち. 첫사랑 初恋.

사랑-니 親知らず; 知歯. ‖사랑니가 나다 親知らずが生える.

사랑-스럽다 [-따] 厖 [ㅂ變] 愛らしい; 愛しい. **사랑스레** 厠

사랑-싸움 痴話げんか; 愛のいさかい.

사랑² (舍廊・斜廊) 图 〔사랑방(舍廊房)の略語〕客間.

사랑-방 (舍廊房) 图 客間(昔、主人が寝起きする部屋を接客用にしても使った. ⑭사랑(舍廊).

사레-들리다 厖 むせる; むせぶ. ‖사레들려 기침을 심하게 하다 むせて激しく咳き込む.

사려 (思慮) 图 ⑭他 思慮. ‖사려 깊은 행동 思慮深い行動.

사령¹ (辭令) 图 ❶ 辭令. ‖사령을 받다 辭令を受ける. ❷ 사령장(辭令狀)の略語.

사령-장 (辭令狀) [-짱] 图 辭令. 사령(辭令).

사령² (司令) 图 ⑭他 司令.
사령-관 (司令官) 图 司令官.
사령-탑 (司令塔) 图 司令塔.
사령-부 (司令部) 图 司令部. ‖군사령부 軍司令部.

사례¹ (事例) 图 事例. ‖상담 사례 相談事例. 비슷한 사례 似たような事例.

사례² (謝禮) 图 ⑭自動 謝礼; お礼.
사례-금 (謝禮金) 图 謝礼金; 謝金.

사로-잡다 /sarodʒap̚ta/ 쎈 ❶ 生け捕る. ‖곰을 사로잡다 熊を生け捕る. ❷ (心などが)引きつける; 捕らえる. ‖마음을 사로잡다 心を捕らえる. ⑫사로잡히다.

사로잡-히다 /sarodʒap̚hida/ 图 〔사로잡다(の受身動詞)〕 ❶ [사로잡다の受身動詞] 生け捕られる. ‖사로잡힌 포로 生け捕られた捕虜. ❷ (心などが)とらわれる; 駆られる;

사론[1] (史論) 명 史論.
사론[2] (私論) 명 私論. ⟷공론(公論).
사료[1] (史料) 명 史料.
사료[2] (思料) 명 思慮.
사료[3] (飼料) 명 飼料; えさ. ∥돼지 사료 豚のえさ.
사륜 (四輪) 명 四輪. ∥사륜 구동 四輪駆動.
사르다 /saruda/ 他 [르変] [살라, 사르는] ❶ (あるものを)燃やす, 焼却する. ∥종이를 사르다 紙を燃やす. ❷ (かまど·촛불などに)火をつける. ∥화덕에 불을 사르다 焚口に火を起こす.
사르르 副 ❶ (ものが)静かに動いたり結び目ひとつかに解けたりする様子: するり, 固まりが사르르 풀리다 結び目がするりと解ける. ❷ (雪·氷などが)徐々に溶ける様子: とろり. ∥아이스크림이 입안에서 사르르 녹다 アイスクリームが口の中でとろりと溶ける. ❸ 眠気がさして自然と目を閉じる様子: すうっと. ∥잠이 사르르 오다 眠気がすうっとさす. ❹ (感情などが)ひとりでにほぐれる様子. ∥노여움이 사르르 풀리다 怒りがすっとほぐれる. ❺ (体やその一部が)少しずつ痛くなる様子. ∥배가 사르르 아파 오다 お腹が少しずつ痛くなる.
사리[1] 명 麺やうどんなどを丸めたかたまり; 玉. ∥우동 사리 うどん玉.
사리[2] (私利) 명 私利.
사리[3] (事理) 명 事理; 物事の道理.
사리-사욕 (私利私慾) 명 私利私欲.
사리[4] (舍利) 명 (仏教) 舎利や; 高僧の遺骨.
사리-탑 (舍利塔) 명 (仏教) 舎利塔.
사리다 /sarida/ 他 ❶ (動物が怖がって)しっぽを股の間に巻いて入れる. ❷ ことに積極的に取りかからず骨惜しみする. ∥몸을 사리다 骨惜しみする.
사립 (私立) 명 私立. ⟷국립(國立)·공립(公立).
사립-대학 (私立大學) [-때-] 명 私立大学.
사립-문 (-門) [-림-] 명 柴の戸; 柴の門. 柴扉.
사마귀[1] 명 疣.
사마귀[2] (昆虫) 명 カマキリ (蟷螂). 버마재비.
사막 (沙漠·砂漠) 명 砂漠. ∥사하라 사막 サハラ砂漠. 고비 사막 ゴビ砂漠.
사망 (死亡) /sa:maŋ/ 명 死亡. ∥교통사고로 사망하다 交通事故で死亡する.
사망-률 (死亡率) [-뉼] 명 死亡率.
사망-신고 (死亡申告) 명 死亡届け.
사망-자 (死亡者) 명 死亡者.
사망-진단서 (死亡診斷書) 명 死亡診断書.
사면[1] (四面) 명 四面; 四方.
사면[2] (斜面) 명 斜面.
사면[3] (赦免) 명 他 赦免(めん).
사면-장 (赦免狀) [-짱] 명 赦免状.
사면-체 (四面體) 명 四面体.
사면-초가 (四面楚歌) 명 四面楚歌.
사멸 (死滅) 명 他 死滅. ∥몇 만 년 전에 사멸한 동물 何万年も前に死滅した動物.
사명 (使命) 명 使命. ∥사명을 띠다 使命を帯びる.
사명-감 (使命感) 명 使命感.
사명[2] (社名) 명 社名.
사명[3] (社命) 명 社命.
사모 (思慕) 명 他 思慕; 恋慕; 恋い慕うこと. ∥사모하는 마음 思慕の심; 恋慕の情.
사모-관대 (紗帽冠帶) 명 旧式の婚礼の時花婿がかぶる帽子と礼装.
사모-님 (師母-) [-님] 명 ❶ [師匠の夫人に対する尊敬語] 奥様. ❷ [目上の人や他人の夫人に対する尊敬語] 奥様.
사무 (事務) /sa:mu/ 명 事務. ∥사무를 보다 事務を執る. 사무 용품 事務用品. 사무 능력 事務能力.
사무-관 (事務官) 명 事務官.
사무-소 (事務所) 명 事務所.
사무-실 (事務室) 명 事務室; オフィス.
사무-원 (事務員) 명 事務員.
사무-적 (事務的) 명 事務的.
사무-직 (事務職) 명 事務職.
사무치다 自 身にしみる; (思いが)募る. ∥사무치는 그리움 募る思い.
사-문서 (私文書) 명 私文書. ⟷공문서(公文書).
사문서 위조죄 (私文書僞造罪) [-쬐/-쮀] (法律) 私文書偽造罪.
사물 (事物) /sa:mul/ 명 事物; 物事. ∥사물을 관찰하다 物事を観察する.
사물-놀이 (四物-) [-로리] 명 (民俗) 4つの伝統打楽器(꽹과리[鉦]·징[どら]·북[太鼓]·장구[つづみ])による演奏.
사물-함 (私物函) 명 学校や職場などに設けられた個人専用の箱; ロッカー.
사뭇 [-묻] 副 ❶ しみじみ感じられる様子: いかにも; 本当に; かなり. ∥사뭇 놀라다 かなり驚く. ❷ 続けて; ずっと; ひたすら. ∥두 시간 동안 사뭇 술을 마셨다 2時間ずっと酒を飲んだ. ❸ 非常に異なる様子: すっかり; 全く; 全然. ∥평소와는 사뭇 다른 분위기 普段とは全く違う雰囲気.
사미-승 (沙彌僧) 명 (仏教) 沙弥(しゃみ).
사바 (娑婆) 명 (仏教) 娑婆.
사바-사바 (さばさば日) 명 他 闇取引や不正行為などをこっそり行なう様子. ∥사바사바해서 일을 매듭짓다 買収して事の結末をつける.
사-박자 (四拍子) [-짜] 명 (音楽) 四

拍子.
사발 (沙鉢) [名] 酒・汁物を入れたり飯を盛ったりする陶器製の碗; どんぶり.
사발-통문 (沙鉢通文) [名] 傘(からかさ)連判.
사방 (四方) /sa:baŋ/ [名] ❶四方; 四つの方角; 東西南北の方角. ‖사방으로 뻗어 나간 교통망 四方に張り巡らされた交通網. ❷周囲.
사방-팔방 (四方八方) [名] 四方八方; あらゆる方面. ‖사방팔방으로 수소문하다 四方八方探し回る.
사방-치기 (四方一) [名] 石蹴り.
사범[1] (事犯) [名] 《法律》 事犯. ‖폭력사범 暴力事犯.
사범[2] (師範) [名] 師範. ‖태권도 사범 テコンドーの師範.
사범^대학 (師範大學) [名] 教育学部. [略]사대(師大).
사법[1] (司法) /sabɔp/ [名] 司法. [関]입법(立法)・행정(行政).
사법-권 (司法權) 【-꿘】 [名] 《法律》 司法權.
사법^기관 (司法機關) 【-끼-】 [名] 司法機関.
사법-부 (司法府) 【-뿌】 [名] 司法府.
사법^서사 (司法書士) 【-써-】 [名] 司法書士.
사법^시험 (司法試驗) 【-씨-】 [名] 司法試驗. [略]사시(司試).
사법^연수생 (司法研修生) 【-범년-】 [名] 司法修習生.
사법^재판 (司法裁判) 【-째-】 [名] 司法裁判.
사법[2] (私法) 【-뻡】 [名] 《法律》 私法. [対]공법(公法).
사벨 (sabel オ) [名] サーベル(西洋風の長い刀).
사변[1] (四邊) [名] 四辺; 《数学》 四辺.
사변-형 (四邊形) [名] 四辺形. [類]사각형(四角形). ‖평행 사변형 平行四辺形.
사변[2] (事變) [名] 事変. ‖만주 사변 満州事変.
사변[3] (思辨) [名] [하自] 思弁.
사변-적 (思辨的) [名] 思弁的.
사별 (死別) [名] [하自] 死別; 死に別れること. ‖남편과 사별하다 夫と死別する.
사병[1] (士兵) [名] 兵士; 兵卒.
사병[2] (私兵) [名] 私兵.
사보 (社報) [名] 社内報.
사보타주 (sabotage フ) [名] [하自] サボタージュ; 怠業.
사복 (私服) [名] 私服. ‖사복 경찰 私服警官.
사본 (寫本) [名] 写本.
사부 (師父) [名] 師父.
사-부인 (査夫人) [名] 相(あい)やけの夫人の尊敬語.
사부작-사부작 【-싸-】 [副] [하自] こそこそ; ひそひそ.
사부^합창 (四部合唱) [名] 《音楽》 四部合唱.
사북 [名] (扇の)要.
사분 (四分) [名] [하他] 四分.
사분-기 (四分期) [名] 四半期.
사분-쉼표 (四分-標) [名] 《音楽》 四分休符.
사분-오열 (四分五裂) [名] [하自] 四分五裂.
사분-음표 (四分音標) [名] 《音楽》 四分音符.
사분사분-하다 [形] 『하変』 気立てや心がけが優しい. **사분사분-히** [副]
사비 (私費) [名] 私費. ‖사비 유학 私費留学.
사뿐-사뿐 [副] [하自] 足音を立てずに軽く踏み出す様子: そっと. ‖사뿐사뿐 걷다 そっと歩く.
사뿐-하다 [形] 『하変』 ❶足音が立たないほど足どりが軽い; (足取りが)軽やかだ. ‖사뿐한 걸음걸이 軽やかな足取り. ❷心身がともに軽くすがすがしい. ‖일을 끝내고 사뿐한 마음으로 퇴근하다 仕事を終えてすがすがしい気持ちで退社する. **사뿐-히** [副]
사사 (師事) [名] [하他] 師事.
사사-건건 (事事件件) 【-껀껀】 [名] すべてのこと; あらゆること.
— [副] 事ごとに. ‖사사건건 시비를 걸다 事ごとに[ことあるごとに]言いがかりをつける.
사사-롭다 (私私一) 【-따】 [形] 『ㅂ変』 私的だ; 個人的だ; 重要ではない. ‖사사로운 일 個人的な事. **사사로이** [副]
사-사분기 (四四分期) [名] 第四四半期.
사사-오입 (四捨五入) [名] [하他] 四捨五入. [類]반올림(半-).
사산 (死産) [名] [하他] 死産.
사살 (射殺) [名] [하他] 射殺. **사살-당하다** [受身]
사상[1] (史上) [名] 史上. ‖사상 최고의 기록 史上最高の記録.
사상[2] (事象) [名] 事象.
사상[3] (思想) /sasaŋ/ [名] 思想. ‖불온한 사상 不穏な思想. 사상의 자유 思想の自由. 동양 사상 東洋思想.
사상-계 (思想界) 【-/-게】 [名] 思想界.
사상-범 (思想犯) [名] 《法律》 思想犯.
사상-적 (思想的) [名] 思想的.
사상[4] (死傷) [名] [하自] 死傷.
사상-자 (死傷者) [名] 死傷者.
사상-누각 (砂上樓閣) [名] 砂上の楼閣.
사색[1] (死色) [名] ❶死色. ❷(顔色が)真っ青になる. ‖놀라 얼굴이 사색이 되다 驚いて顔色が真っ青になる.
사색[2] (思索) [名] [하他] 思索. ‖가을은 사색의 계절이다 秋は思索の季節だ.
사생[1] (死生) [名] 死生; 生死.
사생-결단 (死生決斷) 【-딴】 [名] [하自] 今日死んでもいい覚悟での決断, またはそ

사 새 샤 섀 서 세 셔 셰 소 솨 쇄 쇠 쇼 수 숴 쉐 쉬 슈 스 싀 시

사생 넣어야 이제 사생결단을 내고 말거야 今日死ぬ覚悟で決着をつけるつもりだ.

사생¹ (寫生) 图 [하他] 写生. ‖사생 대회 写生大会.

사생-아 (私生兒) 图 私生兒.

사생-자 (私生子) 图 = 사생아(私生兒).

사생-화 (寫生畵) 图 [美術] 写生画.

사-생활 (私生活) 图 私生活; プライバシー. ‖사생활은 보장되어야 한다 私生活は保障されなければならない.

사서¹ (司書) 图 (図書館の)司書.

사서² (史書) 图 史書; 歴史書.

사서-삼경 (四書三經) 图 儒教の基本経典とされる四書(大学・中庸・論語・孟子)と三經(詩経・書経・易経).

사서-오경 (四書五經) 图 儒教の基本経典とされる四書(易経・書経・詩経・春秋・礼記).

사서-함 (私書函) 图 私書箱.

사석 (私席) 图 私的な席; 個人的な話し場. ⇔공석(公席).

사선¹ (死線) 图 死線. ‖사선을 넘다 死線を越える.

사선² (斜線) 图 斜線.

사설¹ (私設) 图 [하他] 私設. ⇔공설(公設). ‖사설 비서 私設秘書.

사설² (社說) /sasŏl/ 图 社説. ‖신문 사설 新聞の社説.

사설³ (辭說) 图 [하自] くどくどしい文句; 愚痴. ‖사설을 늘어놓다 くどくどと愚痴[小言]を並べ立てる.

사설-시조 (辭說時調) 图 [文藝] 原型の평시조(平時調)より長くなった時調. ⑩평시조(平時調)・엇시조(旕時調).

사성 (四聲) 图 [言語] 四声(漢字の韻による平声(평성)・上声(상성)・去声(거성)・入声(입성)).

사-소설 (私小說) 图 [文藝] 私小説.

사소-하다 (些少-) 阍 [하要] 些少だ; わずかだ; 細かい; つまらない. ‖사소한 일 些細なこと. 사소-히图.

사수¹ (死守) 图 [하他] 死守. ‖진지를 사수하다 陣地を死守する.

사수² (射手) 图 射手.

사수-자리 (射手-) 图 [天文] 射手座. ⑩궁수자리(弓手-).

사숙 (私淑) 图 [하他] 私淑.

사슬 图 鎖. ‖사슬을 풀다 鎖を解く.

사슴 图 [動物] シカ(鹿).

사슴-벌레 图 [昆蟲] クワガタムシ(鍬形虫).

사시¹ (司試) 图 사법 시험(司法試驗)の略称.

사시² (斜視) 图 斜視; やぶにらみ; 寄り目.

사시³ (社是) 图 社是.

사시⁴ (巳時) 图 [民俗] 巳(み)の刻(午前9時から午前11時まで).

사시-나무 图 [植物] ヤマナラシ(山鳴). ▶사시나무 떨듯 非常に恐れおののいて.

사시미 (刺身) 图 刺身. ⑩생선회(生鮮膾).

사식 (私食) 图 (囚人への)差し入れの食べ物.

사신 (使臣) 图 使臣; 使節. ‖사신을 보내다 使臣を遣わす.

사실¹ (史實) 图 史実.

사실² (事實) /sa:ʃil/ 图 事実. ‖사실을 폭로하다 事実を暴露する. 사실이 드러나다 事実が明るみに出る.
— 图 実際; 実は. ‖사실 나는 그녀를 안 좋아한다 実は私は彼女が好きではない.

사실-무근 (事實無根) 图 事実無根.

사실-상 (事實上) [-썅] 图 事実上.

사실-심 (事實審) [-씸] 图 [法律] 事実審.

사실-혼 (事實婚) 图 [法律] 事実婚. ⇔법률혼(法律婚).

사실³ (寫實) 图 [하他] 写実.

사실-적 (寫實的) [-쩍] 图 写実的. ‖사실적인 묘사 写実的な描写.

사실-주의 (寫實主義) [-/-이] 图 写実主義.

사심 (私心) 图 私心. ‖사심을 버리다 私心を捨てる[去る].

사심² (邪心) 图 邪心.

사십 (四十) /sa:ʃip/ 数 40; 歳; 40; 四十. ⑩마흔. ‖내년이면 나이가 사십이다 来年で40歳だ. 사십을 불혹이라고도 한다 40歳を不惑とも言う.
— 图 40….‖사실 연 40年. 사십 개 40個.

사십구일-재 (四十九日齋) [-꾸-] 图 49日; 死後49日目の法事.

사악-하다 (邪惡-) [-아카-] 阍 [하要] 邪悪だ. ‖사악한 음모 邪悪な陰謀.

사안 (事案) 图 事案. ‖중요한 사안 重要な事案.

사암 (沙岩·砂岩) 图 砂岩.

사약¹ (死藥) 图 飲むと死ぬ毒薬.

사약² (賜藥) 图 昔, 罪を犯した臣下などに王が毒薬を与えたこと, またはその毒薬.

사양¹ (斜陽) 图 斜陽.

사양-길 (斜陽-) [-낄] 图 時代の移り変わりによって繁栄したものが滅びていく過程のたとえ. ‖사양길에 접어들다[들어서다] 斜陽化の道をたどる.

사양-산업 (斜陽産業) 图 斜陽産業.

사양² (仕樣) 图 仕様.

사양³ (辭讓) 图 [하他] 辞譲; 遠慮; 辞退; 丁重に断ること. ‖호의를 사양하다 好意を辞退する.

사어 (死語) 图 [言語] 死語.

사업 (事業) /sa:ɔp/ 图 [하他] 事業.

∥새로운 사업을 구상하다 新しい事業を構想する. 사업에 성공[실패]하다 事業に成功[失敗]する. 복지 사업 福祉事業.

사업-가(事業家)【-까】图 事業家.
사업-장(事業場)【-짱】图 事業所.
사업-주(事業主)【-쭈】图 事業主.
사업-채(事業債)图 事業債.
사업-체(事業體)图 事業体.
사역(使役)图《言語》使役.
사역-동사(使役動詞)【-똥-】图《言語》使役動詞.
사역-형(使役形)【-여형】图《言語》使役形.
사연(事緣)图 物事の前後の事情;理由;いわれ;わけ. ∥깊은 사연이 있다 深いわけがある. 무슨 사연이 있는 모양이다 何か事情があるようだ.
사열(查閱)图 ⦶也 《軍事》査閲.
사열-식(查閱式)图《軍事》查閲式.
사옥(社屋)图 社屋.
사욕(私慾)图 私欲. ∥사리사욕 私利私欲. 사욕을 버리다 私欲を捨てる.
사욕(邪慾)图 邪欲.
사용¹(私用)图 私用. ⦶也공용(公用).
사용²(使用)/sa:joŋ/图 ⦶也 使用. ∥사용 금지 使用禁止. 사용 중입니다 使用中です.
사용~가치(使用價値)图《經》使用価値.
사용-권(使用權)【-꿘】图《法律》使用権.
사용-료(使用料)【-뇨】图 使用料.
사용-법(使用法)【-뻡】图 使用法.
사용-인(使用人)图 使用人.
사용-자(使用者)图 使用者.
사우(社友)图 社友.
사우나(sauna フィンランド)图 サウナ.
사우나-탕(-湯)图 =사우나.
사우디아라비아(Saudi Arabia 国名)图 サウジアラビア.
사운(社運)图 社運. ∥사운이 걸린 프로젝트 社運のかかったプロジェクト.
사운드(sound)图 サウンド;音.
사운드~트랙(sound track)图《音楽》サウンドトラック.
사원¹(寺院)图 寺院.
사원²(社員)图 社員. ∥신입 사원 新入社員. 평사원 平社員.
사월(四月)/sa:wʌl/图 4月. ∥꽃피는 사월 花咲く4月. 사월 말에 4月の末に.
사위(壻)图 婿.
사윗-감【-위깜/-읻깜】图 婿候補. 婿にしたい人. ∥사윗감을 고르다 婿候補を選ぶ. ▶사위는 백 년 손이라 ⦾⦿ (「婿は百年の客」の意で)婿はいつまでも気を使い、もてなさなければならない存在である. 사위 사랑은 장모⦾⦿婿をかわいがるのは舅と姑.

사유¹(私有)图 ⦶也 私有. ⦸공유(公有).
사유-권(私有權)【-꿘】图《法律》私有権.
사유-물(私有物)图 私有物.
사유~재산(私有財産)图 私有財産.
사유~재산제(私有財産制)图 私有財産制.
사유-지(私有地)图 私有地.
사유~철도(私有鐵道)【-또】图 私有鉄道;私鉄.
사유²(事由)图 事由;理由.
사유(思惟)图 ⦶也 思惟;思考.
사육(飼育)图 ⦶也 飼育. ∥동물 사육 動物の飼育.
사육-제(謝肉祭)【-쩨】图《カトリック》謝肉祭.
사은(師恩)图 師恩.
사은²(謝恩)图 ⦶也 謝恩.
사은-회(謝恩會)【-/-ㅚ】图 謝恩会.
사의¹(謝意)图【-/-이】图 謝意. ∥사의를 표하다 謝意を表わす.
사의²(辭意)图 辞意. ∥사의를 표명하다 辞意を表明する.

사이 /sai/ 图 ❶(空間的・時間的)間. ⦹⦾. ∥구름 사이로 달이 보이다 雲の間から月が見える. 내가 없는 사이에 私がいない間に. 여섯 시에서 일곱 시 사이에 저녁을 먹는다 6時から7時の間に夕飯を食べる. ❷(抽象的な)範囲. ∥친구들 사이에는 인기가 있다 友だちの間では人気がある. 학생들 사이에 유행하고 있는 놀이 学生の間で流行している遊び. ❸(人間関係の)仲;間柄;間.∥친구 사이 親友の間柄. ▶사이가 뜨다〔親しい間柄が〕疎遠である.

사이다(cider)图 サイダー.
사이드(side)图 サイド.
사이드라인(sideline)图 サイドライン.
사이드~브레이크(side+brake 日)图 サイドブレーキ.
사이드-카(sidecar)图 サイドカー.
사이렌(siren)图 サイレン. ∥사이렌을 울리다 サイレンを鳴らす.
사이버네틱스(cybernetics)图 サイバネティックス.
사이버-스페이스(cyberspace)图 サイバースペース.
사이보그(cyborg←cybernetic+organism)图 サイボーグ.
사이비(似而非)图 似非(⦾). ∥사이비 의사 えせ医者;にせ医者. 사이비 학자 えせ学者.
사이-사이 图 ❶(空間的な)間々. ∥이사이에 끼우다 間々に挟む. ❷ (副詞的に) 暇があるごとに;合間合間に. ∥일하는 사이사이 수다를 떨다 仕事の合間合間におしゃべりをする.
사이-시옷【-욷】图《言語》 複合名詞

사이-좋다 [-조타] 形 仲がいい; 親しい; 睦まじい. ‖사이좋아 보이다 仲がよさそうに見える.

사이즈 (size) 名 サイズ. ‖사이즈에 맞는 옷을 고르다 サイズの合う服を選ぶ.

사이클 (cycle) 名 サイクル.

사이클링 (cycling) 名 サイクリング.

사이클-히트 (cycle hit) 名 〔野球で〕サイクルヒット.

사이트 (site) 名 (IT) サイト.

사이펀 (siphon) 名 サイフォン.

사익 (私益) 名 私益; 個人的利益. ⇔공익(公益).

사인 (死因) 名 死因.

사인-방 (四人幇) 名 〔ある分野において〕4人の核心人物; 四天王; 四天皇.

사인-펜 (sign+pen 日) 名 サインペン.

사임 (辭任) 名 〔他〕 辞任; 辞職. ‖공직을 사임하다 公職を辞任する.

사잇소리-현상 (-現象) 名 〔이-쏘-/-인쏘-〕 〔言語〕 複合名詞を形成する際, 先行の名詞が有声音で終わり, 後続の名詞が平音で始まると, その平音が濃音に変わる現象. 特に先行の名詞が母音である場合は「ㅅ」が添加される現象. 냇가・뱃사공・산골・종소리など.

사자 (獅子) 名 /sadʑa/ 名 〔動物〕 シシ(獅子); ライオン.

사자-놀이 (獅子-) 名 〔民俗〕 陰暦の正月15日に獅子模様の仮面や服を着て踊ったりする遊び.

사자-자리 (獅子-) 名 〔天文〕 しし座.

사자-춤 (獅子-) 名 =사자놀이(獅子-).

사자-후 (獅子吼) 名 獅子吼(く).

사장¹ (死藏) 名 〔他〕 死蔵.

사장² (社長) 名 /saːdʑaŋ/ 名 ‖사장에 취임하다 社長に就任する. 건설회사 사장 建設会社の社長.

사-장조 (-長調) 〔-쪼〕 名 〔音楽〕 ト長調.

사재 (私財) 名 私財. ‖사재를 사회에 환원하다 私財を社会に還元する.

사재-기 名 〔他〕 買占め; 買い溜め.

사저 (私邸) 名 私邸; 私宅. ⇔공저(公邸).

사-적¹ (史的) [-쩍] 名 史的.

사적 유물론 (史的唯物論) [-쩍뉴-] 名 史的唯物論.

사적² (史蹟) 名 史跡. ‖사적을 돌아보다 史跡を巡る.

사적-지 (史蹟地) [-찌] 名 史跡地.

사-적³ (私的) [-쩍] 名 私的の; 〔公的(公的)の〕. ‖사적인 관심 私的の関心.

사전¹ (事典) 名 事典.

사전² (事前) 名 事前. ‖사후(事後). ‖사전에 점검을 하다 事前に点検をする. 음모가 사전에 발각되다 陰謀が事前に発覚する.

사전³ (辭典) /sadʑɔn/ 名 辞典; 辞書. ‖사전을 찾다 辞書を引く. 한국어 사전 韓国語の辞典. 일본어 사전 日本語の辞典. 국어 사전 国語辞典. 한일 사전 韓日辞典.

사전⁴ (私田) 名 私田. ⇔공전(公田).

사절¹ (使節) 名 使節. ‖외교 사절 外交使節.

사절² (謝絶) 名 〔他〕 謝絶. ‖면회 사절 面会謝絶.

사절-지 (四折紙) [-찌] 名 全紙を4つに折った大きさの紙.

사정¹ (事情) /sadʑɔŋ/ 名 〔自他〕 ❶事情. ‖식량 사정 食糧事情. 사정을 들어 보다 事情を聞いてみる. ❷理由; わけ. ‖사정을 밝히다 理由を明かす. ❸〔사정하다の形で〕〔物事の理由や都合を話して〕配慮を求める; 頼み込む. ‖도와달라고 사정하다 助けてくれと頼み込む. ‖사정(을)두다 相手の都合や事情を配慮する.

사정-사정 (事情事情) 名 〔自他〕 人に何度も頼んだり依頼したりすること. ‖사정사정해서 겨우 들여갈 수 있었 口 何度も頼んでやっと入ることができた.

사정-없다 (事情-) [-업따] 形 容赦ない; 無慈悲な; 冷酷な. **사정없-이** 副 사정없이 두들겨 패다 容赦なく殴る.

사정² (査定) 名 〔他〕 査定.

사정³ (射精) 名 〔自〕 射精.

사정⁴ (私情) 名 私情.

사정-거리 (射程距離) 名 射程距離.

사제¹ (司祭) 名 〔カトリック〕 司祭.

사제² (師弟) 名 師弟.

사제지간 (師弟之間) 名 師匠と弟子の間柄〔関係〕.

사조 (思潮) 名 思潮. ‖문예 사조 文芸思潮.

사족¹ (四足) 名 四足; 獣の4つの足. ▸사족을 못 쓰다 ❶身動きが取れない. ❷夢中になる; 目がない. 단것이라면 사족을 못 쓰다 甘い物には目がない.

사족² (蛇足) 名 蛇足. ‖사족을 달다 蛇足をつける.

사죄 (謝罪) [-/-체] 名 〔自他〕 謝罪; 詫びること. ‖깊이 사죄 드립니다 深くお詫び申し上げます.

사주¹ (四柱) 名 ❶人の運命において4つの柱になるもの. 生まれた年月日時の4つの干支. ❷生まれた年月日時によって占った運勢や運命. ▸사주를 보다 運勢が悪い. ▸사주를 보다 運勢を占う.

사주-팔자 (四柱八字) [-짜] 名 =사주(四柱).

사주² (社主) 名 社主.

사주³ (使嗾) 名 〔他〕 指嗾(しそう); けしかけること; 指図してそそのかすこと.

사중-주 (四重奏) 名 〔音楽〕 四重奏.

사중-창(四重唱)〖音樂〗四重唱.
사증(査證)〖-증〗査証:ビザ.⑩비자.
사지¹(四肢)〖名〗四肢;両手と両足. ‖사지를 결박하다 両手と両足を縛り上げる.
사지²(死地)〖名〗死地.
사직¹(社稷)〖名〗社稷(しょく).
사직²(辭職)〖名〗〖自他〗辞職;辞退;辞任. ‖회사를 사직하다 会社を辞職する.
사직-서(辭職書)〖-써〗= 사직원
사직-원(辭職願)〖名〗辞職願.

사진¹(寫眞)〖名〗/sadʑin/〖名〗写真. ‖사진을 찍다 写真を撮る. 잘 찍은 사진 よく撮れた写真. 사진이 잘 받는 얼굴 写真映りのいい顔. 컬러 사진 カラー写真. 기념사진 記念写真.
사진-관(寫眞館)〖名〗写真館.
사진-기(寫眞機)〖名〗写真機;カメラ.
사진-사(寫眞師)〖名〗写真師;カメラマン.
사진-첩(寫眞帖)〖名〗写真帖;アルバム.
사진-틀(寫眞-)〖名〗額縁.
사진판정(寫眞判定)〖名〗写真判定.
사진²(沙塵・砂塵)〖名〗砂塵;砂煙.
사-차원(四次元)〖名〗四次元.
사찰¹(寺刹)〖名〗〖佛敎〗寺;寺院.
사찰²(査察)〖名〗〖自他〗査察.
사창(私娼)〖名〗私娼.
사채¹(私債)〖名〗私債;借金.
사채²(社債)〖名〗社債. ‖사채를 발행하다 社債を発行する.
사천-왕(四天王)〖名〗❶〖仏教〗四天王. ❷[比喻的に]ある分野で最もすぐれた4人.

사-철(四-)〖名〗/saːtɕʰʌl/〖名〗四季. ─〖副〗一年中;いつも;常に. ‖사철 푸른 나무 一年中青々とした木.
사철²(私鐵)〖名〗〔私鉄 鉄道(私有鐵道)の略語〕私鉄.
사철-나무〖-라-〗〖名〗〖植物〗マサキ(柾).
사체(死體)〖名〗死体;遺体.
사체-검안(死體檢案)〖名〗死体検案.
사체-유기죄(死體遺棄罪)〖-죄 /-쮀〗〖法律〗死体遺棄罪.
사촌(四寸)/saːtɕʰon/〖名〗いとこ,またはその関係. ‖사촌 동생 年下のいとこ. 외사촌 母方のいとこ. ◆사촌이 땅을 사면 배가 아프다(俚)〔いとこが土地を買うとお腹が痛い の意で〕人が自分より境遇がよくなるとやきもちを焼くことのたとえ.
사촌 형제(四寸兄弟)〖名〗いとこ.
사춘-기(思春期)〖名〗思春期.
사취(詐取)〖名〗〖自他〗詐取.
사치(奢侈)〖名〗〖自他〗奢侈(しゃ);贅沢; 豪華. ‖사치에 빠지다 奢侈にふける.
사치-세(奢侈税)〖-쎄〗〖名〗奢侈税.
사치-품(奢侈品)〖名〗奢侈品;贅沢品.

사치-스럽다(奢侈-)〖satɕʰisurʌpʰta/〗〖따〗〖形〗〖ㅂ変〗[사치스러워, 사치스러운] 贅沢だ;豪華だ. ‖사치스러운 생활 贅沢な生活. 사치스레 贅沢に.
사칙(四則)〖名〗四則. ✚足し算・引き算・掛け算・割り算の4つの算法.
사칭(詐稱)〖名〗〖自他〗詐称. ‖변호사를 사칭하다 弁護士であると詐称する.
사카린(saccharin)〖名〗〖化学〗サッカリン.
사타구니〔「샅」の俗語〕またぐら;両もも間.
사탄(Satan)〖名〗サタン;悪魔.
사탕(沙糖・砂糖)/satʰaŋ/〖名〗飴玉;キャンディー.
사탕-발림(沙糖-)〖名〗〖自他〗甘言;おだて;お世辞. ‖사탕발림에 넘어가서는 안 된다 おだてに乗ってはいけない.
사탕-수수(沙糖-)〖名〗〖植物〗サトウキビ(砂糖黍).
사태¹ 牛の腰の後ろのひかがみについている肉.
사태²(沙汰・砂汰)〖名〗雪崩(なだ);山崩れ. ‖눈사태를 만나다 雪崩に見舞われる. 산사태가 나다 山崩れが起きる.
사태³(事態)/saːtʰɛ/〖名〗事態. ‖사태가 호전되다 事態が好転する. 최악의 사태를 피하다 最悪の事態を避ける. 사태를 심각하게 받아들이다 事態を深刻に受け止める. 비상사태 非常事態. 긴급 사태 緊急事態.
사택(社宅)〖名〗社宅.
사통-팔달(四通八達)〖-딸〗〖名〗四通八達(交通網・通信網が広く四方八方に通じていること).
사퇴(辭退)〖名〗〖-돼〗〖自他〗辞退;辞任;辞職. ‖수상을 사퇴하다 受賞を辞退する. 사퇴 압력 辞職への圧力.
사투(死鬪)〖名〗死闘.
사투리〖名〗訛;方言.
사파리(safari)〖名〗サファリ;狩猟旅行.
사파이어(sapphire)〖名〗〖鉱物〗サファイア.
사팔-뜨기〖名〗〔さげすむ言い方で〕斜視の人.
사포(砂布)〖名〗紙やすり;サンドペーパー.
사표(辭表)/sapʰjo/〖名〗辞表. ‖사표를 쓰다 辞表を書く. 사표를 내다 辞表を出す. 사표를 내던지다 辞表をつきつける. 사표를 수리하다 辞表を受理する.
사프란(saffraan*)〖名〗〖植物〗サフラン.
사필귀정(事必歸正)〖名〗全てのことは必ず正しい道理に帰するということ.
사-하다(赦-)〖他変〗〔過ち・罪などを〕許す. ‖죄를 사하다 免罪する.
사학¹(史学)〖名〗〔역사학(歷史学)の略語〕歴史学.
사학²(私学)〖名〗私学.
사항(事項)/saːhaŋ/〖名〗事項. ‖주의 사항 注意事項. 협의 사항 協議事項. 보고 사항 報告事項.

사해(四海)[명] 四海.
  사해-동포(四海同胞)[명] 四海同胞.
  사해-형제(四海兄弟)[명] 四海兄弟.
사행(蛇行)[명]자] 蛇行.
사행(射幸)[명] 射倖. ‖사행심을 조장하다 射倖心をあおる.
  사행-심(射倖心)[명] 射倖心. ‖사행심을 조장하다 射倖心をあおる.
사향(麝香)[명] 麝香(ジ̇ャコウジカの分泌物を乾燥させたもの).
  사향-노루(麝香―)[명][動物] ジャコウジカ(麝香鹿).
사형(死刑)[명][한] 死刑. ‖사형에 처하다 死刑に処する. 사형을 언도하다 死刑を言い渡す.
사형-수(死刑囚)[명] 死刑囚.
사-화산(死火山)[명][地] 死火山. ↔활화산(活火山).
사활(死活)[명] 死活. ‖사활이 걸린 문제 死活にかかわる問題.
사회[1](司會) /sahwe/ [―/―웨] [명] 〔사회자(司會者)의 略稱〕 司會. ‖사회를 보다 司會をする. 사회를 맡다 司會をつとめる.
  사회-자(司會者)[명] 司會者. ↔사회(司會).
사회[2](社會) /sa.hwe/ [―/―웨] [명] 社會. ‖봉건 사회 封建社會. 상류 사회 上流社會. 지역 사회 地域社會. 사회에 진출하다 社會に進出する. 사회를 형성하다 社會を形成する.
  사회-계약설(社會契約說)[―셸/―쎨게―셸] [명] 社會契約說.
  사회-계층(社會階層)[―/―계층―] [명] 社會階層.
  사회-구조(社會構造)[명] 社會構造.
  사회-규범(社會規範)[명] 社會規範.
  사회-과학(社會科學)[명] 社會科學.
  사회-문제(社會問題)[명] 社會問題.
  사회-면(社會面)[명] 〔新聞의〕 社會面.
  사회-법(社會法)[―뻡][명] 〔法律〕 社會法.
  사회-보장(社會保障)[명] 社會保障.
  사회-보험(社會保險)[명] 社會保險.
  사회-복지(社會福祉)[―찌/―웨―찌] [명] 社會福祉.
  사회-봉사(社會奉仕)[명] 社會奉仕.
  사회-부(社會部)[명] 〔新聞社의〕社會部.
  사회-사업(社會事業)[명] 社會事業.
  사회-상(社會相)[명] 世相; 世態. ‖사회상을 반영하다 世相を反映する.
  사회-생활(社會生活)[명] 社會生活.
  사회-성(社會性)[―셩/―웨셩] [명] 社會性.
  사회-악(社會惡)[명] 社會惡.
  사회-운동(社會運動)[명] 社會運動.
  사회-의식(社會意識)[―/―웨이―] [명] 社會意識.
  사회-인(社會人)[명] 社會人.
  사회-적(社會的)[명] 社會的. ‖사회적인 영향 社會的な影響.
  사회-정책(社會政策)[명] 社會政策.
  사회-제도(社會制度)[명] 社會制度.
  사회-조직(社會組織)[명] 社會組織.
  사회-주의(社會主義)[―/―웨―이] [명] 社會主義.
  사회-진화론(社會進化論)[명] 社會進化論.
  사회-질서(社會秩序)[―써/―쎄―써] [명] 社會秩序.
  사회-집단(社會集團)[―딴/―웨―딴] [명] 社會集團.
  사회-체제(社會體制)[명] 社會體制.
  사회-통념(社會通念)[명] 社會通念.
  사회-현상(社會現象)[명] 社會現象.
사후[1](死後)[명] 死後; 沒後. ⑨생전(生前). ‖사후 세계 死後の世界. ▶사후 약방문(死後藥方文)[圀] 後の祭り.
사후[2](事後)[명] 事後. ↔사전(事前). ‖사후 승낙 事後承諾.
사훈(社訓)[명] 社訓.
사흘 /sahul/[명] 3日; 3日間. ‖사흘이나 굶다 3日も食べていない. 사흘지 약 3日分の薬. 사흘이 멀다 하고 3日と置かずに; 毎日のように.
삭[1] [부] ❶ 紙・布・木などをはさみや刀で一気に切る音[様子]: ばさっと. ‖신문지를 칼로 삭 자르다 新聞紙をカッターでばさっと切る. ❷ 動作が素早く行われる様子; 物事が急に変化する様子. ‖얼굴을 삭 돌리다 顔をさっとそむける. ❸ 一気に押すか掃く様子. ‖먼지를 삭 쓸어 모아 한곳에 쌓다 ほこりをさっとかき集める. ❹ 余すところなく; きれいに. ‖남은 술을 삭 마셔 버리다 残りの酒をきれいに飲んでしまう.
삭-삭 [―싹] [부] ❶ 삭[1]을 強めて言う語. ❷ 祈ったり謝ったりする時, 両手をすり合わせる音[様子]. ‖삭삭 빌다 手をすり合わせて謝る. ❸ うまく通り抜けたり抜け出したりする様子. ‖범인은 포위망을 삭삭 빠져나갔다 犯人は包囲網からうまく逃れた.
삭[2](朔)[명] 朔(さく); ついたち.
삭감(削減)[―깜][명][한] 削減. ‖예산을 삭감하다 予算を削減する. **삭감-되다**[당하다] 受動.
삭다 /sak̚ta/ [―따] [자] ❶ 古びて腐る; ぼろぼろになる. ‖못이 삭다 釘が腐る. ❷ (食べ物が)消化される. ‖먹은 것이 잘 삭지 않는다 食べ物の消化が悪い. ❸ (興奮・緊張・怒りなどが)静まる. ‖분이 삭다 怒りが静まる. ❹ 顔や体の生気がなくなりふけて見える. ‖오래간만에 만났더니 친구는 많이 삭아 있었다 久しぶりに会ったら友人は相当ふけていた. ⑥삭이다. 삭히다.
삭독 [부] 小さくて柔らかいものを一気に断ち切る音[様子]: すばっと; ばさっ(と). ‖머리를 삭독 자르다 髪の毛をばさり(と)切る. ⑥싹둑. **삭독-삭독** [부] すばすばっと; ちょきちょき.
삭독-거리다 [―뚝꺼―] [타] 小さくて柔

らかいものを続けざまに軽く切る.
삭막-하다(索莫-·索寞-·索漠-) [상마カ̚-] 形 [하변] 索漠としている. ‖삭막한 도시 索漠とした都市.
삭발(削髮) [-빨] 名 [하변] 剃髮. ‖삭발한 스님 剃髮したお坊さん.
삭신(-身) 名 体の筋肉と関節; 全身. ‖삭신이 쑤시다 体の節々がぎすぎすと痛む.
삭-이다 他 ❶ [삭다の使役動詞] (食べ物を)消化させる. ❷ (怒り·興奮などを)静める. ‖화를 삭이다 怒りを静める.
삭제(削除) /sak͈ʨe/ [-께] 名 [하변] 削除. 삭제-되다 [-뙤다] 受動
삭-히다 [사키-] 他 [삭다の使役動詞] (キムチ·塩辛·漬物などを)發酵させる.
삯 名 ❶ 勞賃; 賃金. ❷ 料金; 代金.
삯-바느질 [삭빠-] 名 [하변] 賃銭をもらってする針仕事.
삯-일 [상닐] 名 [하변] 賃仕事; 賃金を取ってする手内職.
산[1] (山) /san/ 名 山. ‖산에 오르다 山に登る. 산에서 내려오다 山から下りる. 민둥산 はげ山. ▶산 넘어 산 一難去ってまた一難. ▶산에 가야 범을 잡는다 (諺) 虎穴に入らずんば虎子を得ず. ▶산이 높아야 골이 깊다 (諺) 山が高くてこそ谷が深い.
산[2] (酸) 名 [化学] 酸.
산[3] 冠 [語幹] 살다(生きる·住む)の過去連体形.
산[4] 冠 [語幹] 사다(買う)の過去連体形. ‖언제 산 옷이에요? いつ買った服ですか.
-산[5] 接尾 …産. ‖한국산 고추 韓国産唐辛子.
산간(山間) 名 山間.
　　산간-벽지(山間僻地) [-찌] 名 山間の僻地.
산고(産苦) 名 産みの苦しみ.
산-골(山-) [-꼴] 名 山奥; 山里; 山間. ‖산골 마을 山間の村.
산-골짜기(山-) [-꼴-] 名 谷; 谷間; 谷あい. ‖깊은 산골짜기 深い谷間.
산과(産科) [-꽈] 名 産科.
산규(山葵) 名 [植物] ワサビ(山葵). ㉠고추냉이.
산기(産氣) [-끼] 名 産気. ‖산기를 느끼다 産気づく.
산-기슭(山-) [-끼슥] 名 山麓; 山のふもと; 山すそ. ㉠산자락(山-).
산-길(山-) [-낄] 名 山道.
산-꼭대기(山-) [-때-] 名 山頂; 山の頂上.
산-나물(山-) 名 山菜. ‖산나물을 캐다 山菜を採る.
산-달(産-) [-딸] 名 産み月; 臨月; 出産の予定の月.

산-더미(山-) 【-띠】 名 (山のように積み重なっていることから)たくさんあること. ‖산더미 같은 일 山積みの仕事.
산도[1] (産道) 名 産道.
산도[2] (酸度) 名 [化学] 酸度.
산들-거리다 自 (風が)そよそよと吹く; そよぐ.
산들-바람 名 そよ風; 軟風. ‖산들바람이 불다 そよ風が吹く.
산들-산들 副 [하변] そよそよ. ‖봄바람이 산들산들 불어오다 春風がそよそよと吹く.
산-등(山-) 【-뜽】 名 = 산등성이.
산-등성이(山-) 【-뜽-】 名 尾根; 稜線; 山の端; ㉠능선(稜線). ‖산등성이를 타고 걷다 尾根伝いに歩く.
산-딸기(山-) 名 [植物] クマイチゴ(熊苺).
산뜻-하다 /san͈t͈ɯt͈ʰada/ 【-뜨타-】 形 [하변] ❶ さわやかだ; 斬新だ. ‖산뜻한 디자인 斬新なデザイン. ❷ さっぱりしている; こざっぱり(と)している; あっさりしている. ‖옷차림이 산뜻하다 身なりがこざっぱりとしている. 산뜻한 기분으로 새 학기를 시작하다 さっぱりとした気持ちで新学期を始める. 산뜻-이 副
산란[1] (産卵) 【-난】 名 産卵.
　　산란-기(産卵期) 名 産卵期.
산란[2] (散亂) 【-난】 名 [하변] 散亂.
산록(山麓) 【-녹】 名 山麓; 山のふもと. ‖한라산 산록 漢拏山のふもと.
산림(山林) 【-님】 名 山林. ‖우거진 산림 生い茂る山林.
산-마루(山-) 名 山の稜線において最も高いところ; 尾根. ‖산마루에 오르다 山の尾根に登る.
산만-하다(散漫-) 形 [하변] 散漫だ; 気が散る. ‖주의력이 산만한 아이 注意力散漫な子.
산맥(山脈) 名 山脈. ‖알프스 산맥 アルプス山脈.
산모(産母) 名 産婦.
산-모롱이(山-) 名 山すその曲がり角.
산-모퉁이(山-) 名 山すその突き出た角.
산-목숨(-숨) 名 生きている命; 生命.
산문[1] (散文) 名 [文芸] 散文. ㉮운문(韻文).
　　산문-시(散文詩) 名 散文詩.
　　산문-적(散文的) 名 散文的.
　　산문-체(散文體) 名 散文体.
산문[2] (山門) 名 [仏教] 山門.
산물(産物) 名 産物.
산미(酸味) 名 酸味.
산-바람(山-) 【-빠-】 名 山風.
산발(散髮) 名 [하변] 乱れ髪.
산발-적(散發的) 【-쩍】 名 散發的. ‖산발적으로 폭음이 들리다 散発的に爆音が聞こえる.

산보(散步)【-뽀】(하)(自他) 散歩. ¶산책(散策). ‖산보 나가다 散歩に出かける.

산복(山腹) 图 山腹.

산-봉우리(山-)【-뿡-】图 峰; 山嶺.

산부인-과(産婦人科)【-꽈】图 産婦人科.

산-불(山-)【-뿔】图 山火事. ‖산불이 나다 山火事が発生する.

산-비둘기(山-)【-삐-】图 〔鳥類〕ヤマバト(山鳩).

산-비탈(山-)【-삐-】图 山すその急斜面.

산사-나무(山査-)图 〔植物〕サンザシ(山査子).

산사태(山沙汰)〔地〕山崩れ. ‖산사태가 나다 山崩れが起きる.

산산-이(散散-)副 粉々に; ばらばらに; 散り散りに. ‖산산이 부서지다 粉々に壊れる.

산산-조각(散散-)图 こっぱみじん; 散り散りばらばら; 細かく粉々に砕け散ること. ‖산산조각을 내다 粉々にする. 산산조각이 나다 粉々になる.

산삼(山蔘)图 山に野生する朝鮮人参.

산성[1](山城)图 山城.

산성[2](酸性)图 酸性. ㉠ 알칼리성(-性).

산성-도(酸性度)图 酸性度.

산성-비(酸性-)图 酸性雨.

산성-비료(酸性肥料)图 酸性肥料.

산성-식물(酸性植物)【-씽-】图 〔植物〕酸性植物.

산성-식품(酸性食品)图 酸性食品.

산성-토양(酸性土壤)图 酸性土壌.

산성-화(酸性化)图 自他 酸性化.

산소[1] 〔무덤의 尊敬語〕お墓. ‖할아버지 산소 祖父のお墓.

산소[2](酸素) /sanso/ 图 〔化学〕酸素.

산소-마스크(酸素 mask) 图 酸素マスク.

산소-호흡(酸素呼吸) 图 酸素呼吸. ㉠유기 호흡(有氣呼吸).

산-송장 生ける屍(싹).

산수[1](山水)图

산수-도(山水圖)图 〔美術〕山水画.

산수-화(山水畫)图 〔美術〕山水画.

산수[2](算數) /sa:nsu/ 图

산수[3](傘壽)图 傘寿; 80 歳.

산수유-나무(山茱萸-)图〔植物〕サンシュユ(山茱萸).

산술(算術)图 算術.

산술-급수(算術級數)【-쑤】图 〔数学〕算術級数.

산술-적(算術的)【-쩍】图 算術的.

산술˘평균(算術平均)图〔数学〕算術平均.

산스크리트-어(Sanskrit 語)图 〔言語〕サンスクリット; 梵語.

산-신령(山神靈)【-실-】图 山の神; 山霊.

산실(産室)图 産室.

산아(産兒)图 産児. ‖산아 제한 産児制限.

산악(山岳·山嶽)图 山岳.

산악-국(山岳國)【-꾹】图 山岳国.

산야(山野)图 山野.

산양(山羊)图 〔動物〕ヤギ(山羊).

산양-자리(山羊-)图 〔天文〕山羊座.

산-언덕(山-)图 丘; 丘陵.

산업(産業) /saːnɔp/ 图 産業. ‖주요 산업 主要産業. 자동차 산업 自動車産業.

산업˘구조(産業構造)【-꾸-】图 産業構造.

산업˘사회(産業社會)【-싸-/-싸훼】图 産業社会.

산업˘스파이(産業 spy) 图 産業スパイ.

산업˘예비군(産業豫備軍)【사녑녜-】图 産業予備軍.

산업˘자본(産業資本)【-짜-】图 産業資本.

산업-체(産業體)图 産業体.

산업˘폐기물(産業廢棄物)【-/-폐-】图 産業廃棄物.

산업˘혁명(産業革命)【사녑평-】图 産業革命.

산업˘합리화(産業合理化)【사녑팜-】图 産業合理化.

산업-화(産業化)【사녑퐈】图 自他 産業化.

산욕(産褥)图 産褥.

산욕-기(産褥期)【-끼】图 産褥期.

산욕-열(産褥熱)【사농녈】图 〔医学〕産褥熱.

산용˘숫자(算用數字)【-수짜/-숟짜】图〔数学〕算用数字.

산-울림(山-)图 山びこ; こだま; 山鳴り. ㉠메아리.

산유-국(産油國)图 産油国.

산-자락(山-)图 山すそ; 山のふもと. ㉠산기슭(山-).

산장(山莊)图 ❶山荘. ❷山中にある旅館などの名に添えて用いる語.

산재(散在)图 自 散在. ‖산재한 문제 散在する問題.

산적[1](山賊)图 山賊.

산적[2](山積)图 山積. ‖과제가 산적해 있다 課題が山積している.

산적[3](散炙)图 〔料理〕牛肉などを刻んで味付けした串焼き.

산전(産前)图 産前. ㉠산후(産後).

산전-수전(山戰水戰)图 海千山千. ‖산전수전을 다 겪다 海千山千を経験する.

산정[1](山頂)图 山頂.

산정[2](算定)图 他 算定. ‖산정 기준 算定基準.

산-줄기 (山-)【-쭐-】 图 山並み; 山脈. ‖험준한 산줄기 険しい山並み.

산중-호걸 (山中豪傑)【-】 图 「山中の豪傑」の虎.

산지 (産地) 图 産地. ‖쌀 산지 米産地. 대구는 대표적인 사과 산지이다 大邱はリンゴの代表的な産地である.

산-지식 (-知識) 图 生きた知識; 現実生活に活用する知識.

산-짐승 (山-)【-찜-】 图 山中に棲む獣.

산책 (散策) /sa:nʧʰɛk/ 图 하타 散歩; 散策. ㉠산보(散步). ‖산책을 나가다 散歩に出かける.

산천 (山川) 图 山川; 山河. ‖고향 산천 故郷の山河.

산천초목 (山川草木) 图 山川草木.

산초 (山椒)【植物】 サンショウ(山椒).

산촌 (山村) 图 山村.

산출¹ (産出) 图 하타 産出. ‖양질의 석탄을 산출하다 良質の石炭を産出する. **산출-되다** 受動

산출-물 (産出物) 图 産出物.

산출-액 (産出額) 图 産出額.

산출² (算出) 图 하타 算出. ‖단가를 산출하다 単価を算出する. **산출-되다** 受動

산타 (Santa) 图 산타클로스の略語.

산타클로스 (Santa Claus) 图 サンタクロース. ㉠산타.

산-토끼 (山-)【動物】 野ウサギ.

산통¹ (産痛) 图 産痛; 陣痛.

산통² (算筒) 图 ❶盲人が占う時に使う筒. ❷何かの試みや期待できるもの. ▸산통(을) 깨다 おじゃんにする.

산파 (産婆) 图 産婆; 助産婦.

산파-술 (産婆術) 图 産婆術.

산포 (散布) 图 하타 散布.

산하¹ (山河) 图 山河.

산하² (傘下) 图 傘下.

산학 (産學) 图 産学.

산학 협동 (産學協同)【-하컵똥】 图 産学連携.

산해 (山海) 图 山海.

산해진미 (山海珍味) 图 山海の珍味.

산행 (山行) 图 山行; 山歩き.

산-허리 (山-) 图 山腹.

산호 (珊瑚)【動物】 サンゴ(珊瑚).

산호-섬 (珊瑚-) 图 サンゴ島.

산호-초 (珊瑚礁) 图 サンゴ礁.

산홋-빛 (珊瑚-)【-호삗/-혼삗】 图 サンゴ色.

산화¹ (散化·散華) 图 자동 散華(ʤ). ‖花と散ること.

산화² (酸化) 图 자동【化学】 酸化.

산화-마그네슘 (酸化magnesium) 图【化学】 酸化マグネシウム.

산화-물 (酸化物) 图【化学】 酸化物.

산화-제 (酸化劑) 图【化学】 酸化劤.

산후 (産後) 图 産後. ㉠산전(産前).

산후-조리원 (産後調理院) 图 産後の養生のための専門的な施設が整っている私設の療養所.

살¹ /sal/ 图 ❶(人間や動物などの体の)肉. ‖살이 찌다 肉がつく; 太る. 살이 빠지다 肉が落ちる; やせる. 살을 빼고 싶다 やせたい. ❷(カニ·貝·果実などの)中身. ‖조갯살 貝のむき身. ❸〔살갗の略語〕. ‖살이 트다 肌が荒れる. ▸살로 가다 (食べたものが)身になる; 栄養分になる. ▸살을 깎다 骨身を削る; 身を削る. ▸살을 에다 身を切る. ▸살을 붙이다 (言葉や文章などに)肉付けする. ▸살(을) 섞다 (男女が)関係をもつ. ▸살을 에다 身を切る. 살을 에는 듯한 추위 身を切るような寒さ.

살² (-)【窓·障子など】 图 桟; 格子. ‖창살 窓格子. ❷(うちわ·たこ·傘などの)骨. ‖부챗살 うちわの骨. ❸(櫛(くし))の歯. ❹(光·矢·水·矢などの)勢い. ‖볕살 火の勢い 日差し. ❺〔服·顔·肌〕. ‖얼굴의 주름살 顔のしわ.

살³ (煞) 图 〔占いの用語として〕人や物を害する悪鬼; たたり. ▸살을 맞다 たたりを受ける. ▸살이 끼다 ある不吉な力がはたらく; 星回りが悪い.

살⁴ /sal/ 依名 〔固有数詞に付いて〕…歳. ‖세 살 3歳, 열 살 10歳, 스무 살 20歳, 서른 두 살 32歳. ✚漢数詞には세(歳)が付く.

살⁵ 【語幹】 사다(買う)の未来連体形.

살⁶ 【語幹】 살다(生きる·住む)の未来連体形.

살-갑다 【-따】 形【ㅂ変】 気立てが優しい.

살-갗 【-깓】 图 肌; 皮膚. ㉠살.

살-결 【-껼】 图 肌のきめ. ‖살결이 곱다 肌がきめ細かい.

살구【植物】 アンズの実.

살구-꽃 【-꼳】 图 アンズの花.

살구-나무 【植物】 アンズ(杏子).

살균 (殺菌) 图 하타 殺菌. ‖살균 소독 殺菌消毒.

살균-력 (殺菌力)【-녁】 图 殺菌力.

살균-제 (殺菌劑) 图 殺菌剤.

살그머니 剾 ひそかに; こっそり; そっと. ‖살그머니 다가가다 そっと近寄る.

살금-살금 剾 こそこそ; ひそかに; そっと. ‖살금살금 걷다 そっと歩く.

살기 (殺氣) 图 殺気. ‖살기를 띠다 殺気立つ; 殺気を帯びる.

살기등등-하다 (殺氣騰騰-)【-】 形 【하変】 殺気がみなぎっている.

살-길 【-낄】 图 生きるための手段や方法. ‖살길을 찾다 生きる手段を探す.

살-날 【-랄】 图 余命; 残りの命. ‖살날이 얼마 남지 않았다 余命いくばくもない.

살다¹ /sa:lda/ 動【살아, 사는, 산】❶生きる. ‖팔십 이월 살까지 살다 88歳まで生きる. 사느냐

살다

죽느냐의 갈림길에 서 있다. 生きるか死ぬかの瀬戸際に立っている. ∥선생님의 말씀은 아직도 제 기슴속에 살아 있습니다 先生のお言葉は今も私の心の中に生きている. ❷住む;棲む. ∥지금 어디에 살고 있습니까? 今どこに住んでいますか. ∥숲 속에 사는 동물 森に棲む動物. ❸暮らす. ∥여동생은 서울에서 살고 있습니다 妹はソウルで暮らしています. 검소하게 살다 質素に暮らす. ㉿살리다.

살다[2] 囹[어간]⦅職責や身分を持って⦆務める;従事する. ❷⦅刑務所などに⦆服役する. 징역을 살다 服役する.

살-대(-대)图 支柱;支え柱. ❷矢柄.

살뜰-하다 囮[하여]❶つましい;質素だ. ❷愛情深く細やかだ.

살랑-거리다 [-대다] 囼 ❶⦅風が軽くしきりに⦆そよそよと吹く. ∥살랑거리는 봄바람 そよそよと吹く春風. ❷手を軽く振りながら歩く.

살랑-살랑 圖 ❶風がそよそよと吹く様子. ❷手を軽く振りながら歩く様子. ❸しっぽなどを軽く振る様子. ∥살랑살랑 꼬리를 치는 개 軽くしっぽを振る犬.

살롱(salon 7) 图 サロン.

살-리다 /sallida/ ⦅살다の使役動詞⦆生かす;生きていさせる. ❶전공을 살리다 専攻を生かす. 경험을 충분히 살리다 経験を十分に生かす. 죽어가는 사람을 살려 내다 死にかけた人を救い出す. 목숨은 살려 두다 生かしておく.

살림 /sallim/ 图 ❶所帯;暮らし;所帯. ∥신혼 살림 新婚生活. 살림(을) 나다 ⦅分家して⦆新たに所帯を構える.

살림-꾼 图 家計の切り回しが上手な人.

살림-살이 图 ①生計; 暮らし向き; 家計の状態. ②所帯道具.

살림-집[-찝] 图 生活や住居用の家.

살-맛[-맏] 图 暮らしの楽しさ; 生き甲斐. ∥살맛이 나다 生き甲斐がある; 生き甲斐を感じる.

살며시 /salmjʌ́ʃi/ 圖 それとなく; さりげなく; そっと. ∥살며시 다가가다 そっと近寄る.

살모네라-균(salmonella 菌) 图 サルモネラ菌.

살무사(→殺母蛇)图 ⦅動物⦆マムシ⦅蝮⦆.

살벌-하다(殺伐-) 囮[하여] 殺伐としている. ∥살벌한 분위기 殺伐とした雰囲気.

살-붙이[-부치]图 肉親.

살사(salsa)图 ⦅音楽⦆サルサ.

살살[1] /salsal/ 圖 ❶人知れずこっそり行動する様子: ひそかに; こそこそと; そっと. ∥살살 뒤를 밟다 そっと後をつける. ❷⦅砂糖·飴·アイスクリームなどが⦆知らないうちに溶ける様子: とろり(と). ∥아이스크림이 입 안에서 살살 녹다 アイスクリームが口の中でとろりと溶ける. ❸眠気がさして自然と目を閉じる様子: すうっと. ∥잠이 살살 오다 眠気がすうっとする. ❹甘い言葉で人をだましたり怒らをおこったりする様子. ∥사람을 살살 꾀다 言いくるめる.

살살[2] 圖 ❶風が軽く吹く様子: そよそよ(と). ❷바람이 살살 불다 風がそよそよと吹く. ❷器の水が徐々に沸く様子: オンドルが少しずつ温まってくる様子. ❸おじけて後ずさりする様子: おどおど. ∥살살 기다 おどおどする.

살살[3] 圖 ⦅腹痛などが⦆絶えず痛い様子: しくしく. ∥배가 살살 아프다 腹がしくしく痛む.

살-색(-色)[-쌕]图 肌色.

살생(殺生)[-쌩] 图 ⦅하자⦆殺生. ∥살생을 금하다 殺生を禁じる.

살생-죄(殺生罪)[-쌩쬐/-쌩쮀] 图 ⦅仏教⦆殺生罪.

살신성인(殺身成仁)[-씬-] 图 ⦅하자⦆自分の身を殺して仁義を成すこと; 自身を犠牲にして正道を守ること.

살아 囼[어간] 살다(生きる·住む)の連用形.

살아-가다 /saragada/ 囼 ❶生きていく; 生き抜く; 暮らしていく. ∥소설가로 살아가다 小説家として生きていく.

살아-나다 /saranada/ 囼 ❶生き返る; よみがえる; 命をとりとめる. ∥다 죽어가던 사람이 살아나다 死にかけていた人が生き返る. 기적적으로 살아나다 奇跡的に命をとりとめる. 어릴 적 기억이 살아나다 子どもの頃の思い出がよみがえった. ❷⦅衰えた勢力などが⦆再び戻る;⦅消えかけた火などが⦆再び燃え上がる. ∥불길이 살아나다 炎が再び燃え上がる. ❸⦅困難·苦境などから⦆切り抜ける; 助かる. ∥간신히 살아나 辛うじて助かる.

살아-남다[-따] 囼 生き残る. ∥기업 간 경쟁에서 살아남다 企業間競争に生き残る.

살아-생전(-生前) 图 生前; 生きているうちに; 命あるうちに; 死ぬ前に. ∥살아생전에 이루고 싶은 꿈 命あるうちに成し遂げたい夢.

살아-오다 囼 生きてくる; 過ごしてくる. ∥지금까지 살아오면서 느낀 점 今まで生きてきて感じたこと. 삼십 년을 중학교 교사로 살아왔다 30年を中学の教師として過ごしてきた. ❷死なずに生きて帰る; 生還する.

살-얼음 图 薄氷. ▶살얼음 밟듯이 薄氷を履むように.

살얼음-판(-板) 图 薄氷の張ったところの上. ∥살얼음판을 걷는 듯하다 薄氷を履むようだ.

살육(殺戮)图 ⦅하자⦆殺戮(ろく).

살의(殺意)[-/사리]图 殺意. ∥살의

살인 (殺人) 图 (自) 殺人. ‖살인 사건 殺人事件.
살인-극 (殺人劇) 图 殺人劇.
살인-마 (殺人魔) 图 殺人鬼.
살인-미수 (殺人未遂) 图 (法律) 殺人未遂.
살인-범 (殺人犯) 图 (法律) 殺人犯.
살인-자 (殺人者) 图 人殺し.
살인-적 (殺人的) 图 殺人的. ‖살인적인 더위 殺人的な暑さ.
살인-죄 (殺人罪) 图 -罪/-께] 图 (法律) 殺人罪.
살-점 (-點) 图 -쩜] 图 肉片; 肉の切れ端.
살-지다 圈 ❶肉付きがいい; 太っている. ❷살찐다.
살-집 (-집) 图 肉付き. ‖살집이 좋은 사람 肉付きのよい人.
살짝 /saľ/t͡ɕak/ 凰 ❶素早く; そっと; こっそり. ‖살짝 들여다보다 そっと覗いてみる. ❷巧みに; 軽く; そっと; 手早く. ‖살짝 들어올리다 軽く持ち上げる. ❸うっすら; かすかに; ちょっと. ‖얼굴을 살짝 붉히다 かすかに顔を赤らめる.
살-찌다 /saľt͡ɕida/ 图 太る; 肥える; 肉がつく. ‖단것을 많이 먹으면 살찐다 甘いものをたくさん食べると太る. ‖살찌우다.
살찌-우다 他 〔살찌다의 사역동사〕 太らせる; 肥やす. ‖돼지를 살찌우다 豚を太らせる.
살충-제 (殺蟲劑) 图 殺虫剤.
살코기 图 精肉.
살쾡이 图 (動物) ヤマネコ(山猫).
살판-나다 圈 ❶(よいことがあったり金などが入ったりして)暮らし向きがよくなる. ❷気兼ねする必要がない. ‖간섭할 사람이 없으니 살판났다 干渉する人がいないので気兼ねしない.
살펴-보다 /salpʰjʌboda/ 他 (注意深く)見る; 調べる; 探ってみる; 見回す. ‖차 안을 살펴보다 車の中を調べる. 주위를 살펴보다 周囲を見回す. 일본어의 기원을 살펴보다 日本語の起源を探ってみる.
살포 (撒布) 图 他 撒布; 撒き散らすこと. ‖유인물 살포 ちらしの撒布.
살포-제 (撒布劑) 图 撒布剤.
살포시 凰 そっと; 静かに.
살풍경-하다 (殺風景-) 圈 [하겯] 殺風景だ. ‖살풍경한 분위기 殺風景な雰囲気.
살피다 /salpʰida/ 他 調べる; 探る; うかがう; 観察する; 見渡す. ‖주변을 살피다 周辺を見渡す. 어른들 눈치를 살피다 大人の顔色をうかがう. 적의 동정을 살피다 敵情を探る.
살해 (殺害) 图 他 殺害. ‖동료를 살해하다 同僚を殺害する. **살해-되다** [-당하다] 受動.
살해-범 (殺害犯) 图 (法律) 殺害犯.
삶 /sa:m/ 图 ❶生きること; 人生; 命; 暮らし. ‖인간다운 삶 人間らしい暮らし. 보람찬 삶 生き甲斐のある暮らし.
삶-기다 [삼-] 图 〔삶다의 피동사〕ゆでられる; ゆだる. ‖감자가 제대로 삶기지 않았다 ジャガイモがしっかりとゆであがっていない.
삶다 /sa:mt͈a/ [삼따] 他 ❶ゆでる; 煮る; 蒸す. ‖계란을 삶다 卵をゆでる. ❷言いくるめる; 口車に乗せる. ❸삶기다.
삼[1] (參) 图 〔인삼(人參)의 略称〕朝鮮人参.
삼[2] (三・參) /sam/ 数 3; 三. ‖일, 이, 삼 1,2,3. 삼 더하기 사는 칠이다 3足す4は7である. 칠백삼 호실 703号室.
—冠 3…. ‖삼년 3年. 삼학년 3年生.
삼[3] 图 (植物) アサ(麻).
삼가 凰 謹んで. ‖삼가 아뢰다 謹んで申し上げる. 삼가 드림 謹呈.
삼가-다 他 慎む; 控える; 自制する; 差し控える. ‖말을 삼가다 言葉を慎む. 술을 삼가다 酒を控える.
삼가-하다 삼가다의 誤り.
삼각[1] (三角) samgak/ 图 三角.
삼각-관계 (三角關係) -꽌-/-꽌게] 图 三角関係.
삼각-근 (三角筋) -끈] 图 (解剖) 三角筋.
삼각-법 (三角法) -뻡] 图 (数学) 三角法.
삼각-자 (三角-) -짜] 图 三角定規.
삼각-주 (三角洲) -쭈] 图 (地) 三角州; デルタ.
삼각-함수 (三角函数) -가캄쑤] 图 (数学) 三角関数.
삼각-형 (三角形) -가켱] 图 (数学) 三角形. 세모꼴. ‖정삼각형 正三角形.
삼각[2] (三脚) 图 三脚.
삼강 (三綱) 图 (儒教の)三綱.
삼강-오륜 (三綱五倫) 图 (儒教の)三綱五倫.
삼-거리 (三-) 图 三叉路; 丁字路.
삼겹-살 (三-) /samgjʌp͈sʰal/ 【-쌀】图 (豚の)三枚肉; ばら肉.
삼경[1] (三更) 图 三更; 夜(夜11時から翌日午前1時まで); 真夜中; 深夜.
삼경[2] (三經) 图 (詩経・書経・易経の)三経.
삼계-탕 (蔘鷄湯) samget͡ɕʰaŋ/ 【-/-게-】图 (料理) サムゲタン(若鶏の内臓を取り出した後, 朝鮮人蔘・もち米・ナツメなどを詰めて煮込んだ伝統料理).
삼고-초려 (三顧草廬) 图 他 三顧の礼.
삼-관왕 (三冠王) 图 三冠王.

삼권^분립 (三權分立)【-꿘 불-】[名] 三権分立.
삼-귀의 (三歸依)【-/-이】[名]《仏教》三帰依(さんきえ)(仏・法・僧の三宝に帰依すること).
삼-나무 (杉-) [名]《植物》スギ(杉).
삼년-상 (三年喪) [名] 3年の喪. ‖삼년상을 치르다 3年の喪に服する.
삼다[1] (三多) [名] 三多.
삼다[2] /saːmˀta/【-따】[他] ❶(人をある関係者として)迎える. ‖제자로 삼다 弟子に迎える. ❷〔…(으)로 삼다の形で〕…にする; …と見なす. ‖문제로 삼다 問題にする. 새 출발의 계기로 삼다 新しい出発のきっかけにする.
삼다[3]【-따】[他] (わらじ・ぞうりを)編む; つくる. ‖짚신을 삼다 わらじを編む.
삼단^논법 (三段論法)【-뻡】[名] 三段論法.
삼단-뛰기 (三段-) [名] 三段跳び. [類] 세단뛰기(-段-).
삼대 (三代) [名] 三代. ‖삼대를 이어온 기업 三代続いた企業.
삼대-독자 (三代獨子)【-짜】[名] 三代続いている1人息子.
삼도-내 (三途-) [名] 三途の川.
삼도-천 (三途川) [名] =삼도내(三途-).
삼라-만상 (森羅萬象)【-나-】[名] 森羅万象.
삼루 (三壘) [名] (野球で)3塁.
삼루-수 (三壘手) [名] (野球で)3塁手; サード.
삼루-타 (三壘打) [名] (野球で)3塁打.
삼류 (三流)【-뉴】[名] 三流. ‖삼류 소설 三流小説.
삼륜-차 (三輪車)【-눈-】[名] 三輪自動車.
삼림 (森林)【-님】[名] 森林.
삼림-욕 (森林浴)【-님녹】[名] 森林浴.
삼매-경 (三昧境) [名] 三昧. ‖독서 삼매경 読書三昧.
삼면 (三面) [名] 三面. ‖삼면이 바다로 둘러싸이다 三面が海に囲まれる.
삼면-경 (三面鏡) [名] 三面鏡.
삼바 (samba) [名]《音楽》サンバ.
삼-박자 (三拍子)【-짜】[名]《音楽》三拍子.
삼발-이 [名] 三脚; 三脚架.
삼백예순-날 (三百-)【-뺑네-】[名] 一年中; 年がら年中.
삼-베 [名] 麻布; 麻. [類]마포(麻布).
삼베-옷【-옫】[名] 麻織りの服. [類]마의(麻衣).
삼복 (三伏) [名] ❶초복(初伏)・중복(中伏)・말복(末伏)の三伏. ❷夏の最も暑い期間.
삼복-더위 (三伏-)【-떠-】[名] 삼복(三伏)期間の酷暑.
삼분 (三分) [名] [하他] 三分.
삼분-법 (三分法)【-뻡】[名] 三分法.
삼-사분기 (三四分期) [名] 第三四半期.
삼사-월 (三四月) [名] 3月と4月.
삼삼-오오 (三三五五) [名] 三々五々. ‖삼삼오오 모여들다 三々五々集まってくる.
삼삼-하다 [形]『하変』❶(食べ物の味が濃くなく)おいしい. ‖음식 간이 삼삼하다 食べ物の味が薄味でおいしい. ❷(目の前に見えるように)ちらつく; 浮かぶ. ‖그 모습이 눈앞에 삼삼하다 その姿が目の前に浮かぶ. ❸(顔つきや性格などが)気を引くほど立派だ.
삼색 (三色) [名] 三色.
삼색-기 (三色旗)【-끼】[名] 三色旗; フランスの国旗.
삼선 (三選) [名] [하自] 三選. ‖삼선 의원 三選議員.
삼-세번 (三-番) [名] ちょうど三回; かっきり3回.
삼수 (三修) [名] [하自] 二浪.
삼식 (三食) [名] 三食.
삼신 (三神) [名] 産神.
삼신-할머니 (三神-) [名] =삼신(三神).
삼심^제도 (三審制度) [名]《法律》三審制度.
삼십 (三十) /samʃip/ [数] 30歳; 30; 三十. [類]서른. ‖내년이면 삼십이다 来年で30歳だ. 삼십에서 오를 빼다 30から5を引く.
— [冠] 30…. ‖삼십 년 30年. 삼십 개월 30か月.
삼십육-계 (三十六計)【-심뉵께/-심뉵께】[名] ❶三十六計. ❷形勢が不利な時逃げること. ▸삼십육계(를) 놓다 急いで逃げる.
삼엄-하다 (森嚴-) [形]『하変』物々しい; いかめしい; 森厳だ. ‖삼엄한 경비 物々しい警備.
삼엽-충 (三葉蟲) [名]《動物》サンヨウチュウ(三葉虫).
삼-원색 (三原色) [名]《美術》三原色.
삼월 (三月) /samwɔl/ [名] 3月. ‖한국에서는 신학기가 삼월에 시작된다 韓国では新学期が3月に始まる. 입학식은 삼월 오일입니다 入学式は3月5日です.
삼위-일체 (三位一體) [名] ❶《キリスト教》三位一体. ❷三つのものが一つになること.
삼인-칭 (三人稱) [名]《言語》三人称.
삼일^운동 (三一運動) [名]《歴史》=기미독립운동(己未獨立運動).
삼일-장 (三日葬) [名] 死後3日目に行なう葬儀.
삼일-천하 (三日天下) [名] 三日天下.
삼자-대면 (三者對面) [名] 三者対面.

삼자-범퇴 (三者凡退) 图 〔野球で〕三者凡退.
삼재 (三災) 图 〔仏教〕(火災・水災・風災の)三災.
삼종지의 (三從之義) 【-/-이】 图 朝鮮時代の女性が従うべきだった三つのこと. ✤結婚前は父母に従い, 結婚後は夫に従い, 夫の死後は息子に従うこと.
삼중-주 (三重奏) 图 〔音楽〕三重奏.
삼중-창 (三重唱) 图 〔音楽〕三重唱.
삼지-례 (三枝禮) 图 三枝の礼.
삼지-창 (三枝槍) 图 先が三つに分かれた槍.
삼진 (三振) 图 〔野球で〕三振.
삼짇-날 (三-) 【-진-】 图 陰暦の3月3日.
삼차^산업 (三次産業) 图 = 제삼차산업(第三次産業).
삼-차원 (三次元) 图 三次元.
삼척-동자 (三尺童子) 【ー똥ー】 图 (「三尺の童子」の意で)世の中のことに詳しくない子ども. ∥삼척동자도 아는 이야기 誰もが知っている話.
삼천-리 (三千里) 【-철-】 图 ❶ (日本の単位でいうと)300 里. ❷ 朝鮮半島全土.
삼천리-강산 (三千里江山) 图 朝鮮半島.
삼촌 (三寸) 图 おじ;父の男兄弟.
삼추 (三秋) 图 ❶ 三回の秋;3年の年月. ❷ 長い年月.
삼치 (魚介類) 图 サワラ(鰆).
삼칠-일 (三七日) 图 三七日;生後21日目.
삼키다 /samkhida/ 图 ❶ 飲み込む;呑み込む;飲み下す. ∥침을 삼키다 つばを呑み込む. 가루약을 오블라트에 싸서 삼키다 粉薬をオブラートに包んで飲み込む. ❷ 横取りする;横領する. ∥공금을 삼키다 公金を横領する. ❸ (涙・怒り・笑いなどを)こらえる. ∥눈물을 삼키다 涙をこらえる.
삼태기 图 土やごみなどを運ぶため竹・わら・革などを編んで作ったかごやざるの類.
삼투 (滲透) 图 自他 浸透.
 삼투-압 (滲透壓) 【物理】浸透圧. ∥삼투압 현상 浸透圧現象.
삼파-전 (三巴戰) 图 三つ巴の乱戦.
삼판-양승 (三―兩勝) 【-냥-】 图 三番勝負で二回勝つこと.
삼팔-선 (三八線) 【-썬】 〔地名〕北緯 38 度線. ✤朝鮮戦争の休戦の時, 朝鮮半島が南北に分かれるようにした境界線.
삼한-사온 (三寒四溫) 图 三寒四温.
삽 图 シャベル;スコップ.
삽-괭이 [-쾡-] 图 幅が狭く柄の長い金ぐわ.
삽사리 [-싸-] 图 朝鮮半島固有の犬の品種.

삽살-개 [-쌀-] 图 =삽사리.
삽시-간 (霎時間) [-씨-] 图 〔삽시간の形で〕瞬く間に;あっという間に;束の間に;瞬く間にたちまち. ∥삽시간에 소문이 퍼지다 瞬く間にうわさが広がる.
삽입 (挿入) 图 他 挿入.
 삽입-구 (挿入句) 【-꾸】 〔言語〕挿入句.
 삽입-부 (挿入部) 【-뿌】 挿入部.
삽-질 [-찔] 图 自他 シャベルで掘ったり,すくうたりする仕事.
삽화 (挿話) 图 〔사회〕挿話.
삽화 (挿畫) 图 〔사회〕挿画;挿絵.
삿갓 [삳깓] 图 かぶりがさ.
삿대 [삳때] 图 さお.
삿대-질 [삳때―] 图 自他 ❶ さおで船を漕ぐこと. ❷ けんかする時, 指やこぶしを相手の顔に突きつけるしぐさ.
상[1] (上) 图 上. ∥상중하 上中下.
상[2] (床) 图 食膳・縁台などの総称. ∥상을 보다 食膳にお膳を片付ける. ▸상을 보다[차리다] お膳立てする.
상[3] (相) 图 相;顔つき;表情. ∥상을 보다 人相を見る.
상[4] (喪) 图 喪. ∥상을 치르다 喪に服する.
상[5] (想) 图 作品を制作する作家の構想. ∥상이 떠오르다 (作品の)構想やイメージが思い浮かぶ.
상[6] (像) 图 像. ❶物の形;人の姿. ❷ 神仏・人・鳥獣などの形をまねて描いたりつくったりしたもの.
상[7] (賞) 图 賞;美賞.
-상[8] (上) 接尾 ∥역사상 歴史上.
-상[9] (狀) 接尾 -状. ∥방사상 放射状.
-상[10] (商) 接尾 その関係の商売の意を表わす語;-商;…屋. ∥미곡상 米屋.
상가[1] (商街) 图 商店街. ∥즐비한 상가 立ち並びた商店街.
상가[2] (喪家) 图 喪家;喪中の家.
 상갓-집 (喪家ㅅ―) [―가찝/―갇찝] 图 =상가(喪家).
상각 (償却) 图 他 償却. ∥감가상각 減価償却.
상감[1] (上監) 图 王(王)の尊敬語.
 상감-마마 (上監媽媽) 图 상감(上監)の尊敬語.
상감[2] (象嵌) 图 象嵌(嵌). ✤金属・陶磁・木材などの表面に模様を彫り, そのくぼみに金・銀・貝など他の材料をはめ込む工芸技法.
상강 (霜降) 图 〔二十四節気の〕霜降.
상-거래 (商去來) 图 他 商取引.
상견-례 (相見禮) 【-녜】 图 相見の礼. ∥양가의 상견례 両家の相見見の礼.
상경 (上京) 图 上京.
상고[1] (上告) 图 他 〔法律〕上告.
 상고-심 (上告審) 图 〔法律〕上告審.
상고[2] (商高) 图 〔商業 高等学校(商業高等学校)の略語〕商高.

상고-머리 图 角刈り.
상고¹ (上古時代) [-꼬시때] 图 上古時代.
상공¹ (上空) 图 上空. ∥서울 상공 ソウルの上空.
상공² (商工) 图 〔상공업(商工業)의 略語〕商工.
　상공-업 (商工業) 图 商工業. 粵상공 (商工).
　상공 회의소 (商工會議所) 【-/-훼이-】图 商工會議所.
상과 대학 (商科大學) 【-꽈-】图 商學部. 粵상대 (商大).
상관¹ (上官) 图 上官.
상관² (相關) 图 相關.
　상관 관계 (相關關係) 【-/-게】图 相關關係.
상관-없다 (相關-) /saŋgwanːpʰta/ 【-과넙따】動 ❶ 関係 (かんけい) がない. ∥서로 상관없다 互いに関係ない. ❷ […어도 [어도·해도] 상관없다の形で] …ても構わない; …ても差しつかえない. **상관없-이** 副
상권¹ (上卷) 图 (書物の) 上卷. ▶중권 (中卷)·하권 (下卷).
상권² (商圈) [-꿘] 图 商圈; 商業圈. ∥상권을 형성하다 商圈を形成する. 상권을 넓히다 商圈を広げる.
상궤 (常軌) 图 常軌. ∥상궤를 벗어나다 常軌を逸する; 無軌道を走る.
상극 (相剋) 图 相克 (こく); 相容れないこと. 相生 (相生). ∥상극 관계 相容れない関係.
상금 (賞金) 图 賞金. ∥상금을 타다 賞金をもらう.
상급 (上級) 图 上級. 粵하급 (下級). ∥상급 기관 上級機関.
　상급-반 (上級班) 【-빤】图 上の学年のクラス; 上級クラス. 粵하급반 (下級班).
　상급-생 (上級生) 【-쌩】图 上級生. 粵하급생 (下級生).
　상급-심 (上級審) 【-씸】图 (法律) 上級審.
상기¹ (上記) 图 他サ 上記.
상기² (上氣) 图 自サ 上気. ∥얼굴이 상기되다 顔が上気する.
상기³ (想起) 图 想起.
상납 (上納) 图 他サ 上納.
상냥-하다 /sannjaŋhada/ 動 하오動 愛想がよく優しい; 柔和だに にこやかだ. ∥상냥하게 말하다 にこやかに話す. **상냥-히** 副
상념 (想念) 图 想念.
상-놈 (常-) 图 ❶ 〔さげすむ言い方で〕(昔の) 平民 (쌍). ❷ 〔さげすむ言い方で〕ならずもの; 野郎.
상-다리 (床-) 【-따-】图 食膳の脚. ▶상다리가 부러지다[휘어지다] 食膳の脚が折れる [曲がる] ほど食卓の上に食べ物が多い; 素晴らしいお膳立てを調える.

상단 (上段) 图 上段.
상달 (上達) 图 他サ 上達. 粵하달 (下達).
상담¹ (相談) /saŋdam/ 图 他サ 相談. ∥인생 상담 人生相談. 선생님께 진로를 상담하다 先生に進路を相談する.
　상담-소 (相談所) 图 相談所.
　상담-실 (相談室) 图 相談室.
　상담-역 (相談役) [-녁] 图 相談役.
상담² (商談) 图 他サ 商談.
상당-수 (相當數) 图 相当の数; かなりの数. ∥상당수의 사람들 かなりの人.
상당-액 (相當額) 图 相当の金額.
상당-하다 (相當-) /saŋdaŋhada/ 動 하오動 ❶ (一定の金額·數値·量·資格などに) 相当する; 値する; 該当する. ∥실적에 상당하는 대우 実績に相当する待遇. ❷ 相当なことだ; なかなかだ. ∥회사를 상대로 소송을 걸다 会社を相手取り訴訟を起こす. **상당-히** 副 相当. ∥상당히 마시다 相当飲む.
상대¹ (上代) 图 ❶ (時代の) 上代. ❷ 祖先.
상대² (相對) /saŋde/ 图 他サ ❶ 相対すること; 向かい合うこと; 競い合うこと. ∥너무 약해서 상대가 안 되다 弱すぎて相手にならない. ❷ 相手. ∥회사를 상대로 소송을 걸다 会社を相手取り訴訟を起こす.
　상대-방 (相對方) 图 相手; 先方. ∥상대방의 입장도 고려하다 相手の立場も考慮する.
　상대성 원리 (相對性原理) 【-썽월-】图 (物理) 相対性原理.
　상대-역 (相對役) 图 相手役.
　상대-적 (相對的) 图 相対的. 㟁절대적 (絶對的). ∥상대적인 문제 相対的な問題.
　상대-편 (相對便) 图 相手方; 相手側.
상대³ (商大) 图 〔상과 대학 (商科大學) 의 略語〕商学部; 経営学部.
상-도덕 (商道德) 图 商道德.
상동 (上同) 图 同上.
상두-꾼 (喪-) 图 =상여군 (喪輿-).
상등 (上等) 图 上等.
　상등-병 (上等兵) 图 (軍事) 上等兵. 粵상병 (上兵).
　상등-품 (上等品) 图 上等品.
상량¹ (上樑) [-냥] 图 他サ 棟上げ; 上棟; 建て前.
　상량-식 (上樑式) 图 棟上げ式; 上棟式.
상량² (商量) [-냥] 图 他サ 商量.
상록-수 (常綠樹) 【-녹쑤】图 (植物) 常綠樹.
상류 (上流) /saːŋnju/ 【-뉴】图 上流. 粵하류 (下流). ∥한강 상류 漢江の上流.
　상류 계급 (上流階級) 【-ㅠ-/-ㅠ게-】图 上流階級.
　상류 사회 (上流社會) 【-ㅠ-/-ㅠ훼】

상류-층(上流層) 图 上流階級.
상륙(上陸) 【-뉵】图自他 上陸. ‖상륙 작전 上陸作戰. 태풍이 상륙하다 台風が上陸する.
상-말(常-) 图 下品な言葉; 俗な表現; 悪口.
상면(相面) 图自他 対面.
상모(象毛) 图(民俗) 農樂舞でかぶる帽子のてっぺんにつける長い髮や鳥の毛.
상모-돌리기(象毛-) 图 農樂舞で象毛をぐるぐる回しながら踊ること.
상무(尙武) 图 尙武.
상무(常務) 图 [상무 이사(常務理事)의 略語] 常務.
 상무 이사(常務理事) 常務理事. ⑪상무.
상무(商務) 图 商務.
 상무-관(商務官) 图 商務官.
상미(賞味) 图他 賞味.
상박(上膊) 图(解剖) 上膊; 上腕.
 상박-골(上膊骨) 【-꼴】图(解剖) 上膊骨; 上腕骨.
 상박-부(上膊部) 【-뿌】图 二の腕.
상-반부(上半部) 图 上半部. ⑫하반부(下半部).
상반(上半期) 图 上半; 上半期(下半期). ‖상반기 결산 上半期決算.
상반-되다(相反-) 【-/-웨-】自 相反する. ‖상반되는 견해 相反する見解.
상-반부(上半部) 图 上半部. ⑫하반부(下半部).
상-반신(上半身) 图 上半身. ⑫하반신(下半身).
상방(上方) 图 上方. ⑫하방(下方).
상벌(賞罰) 图 賞罰.
상법(商法) 【-뻡】图 商法.
상병(上兵) 图 上等兵(上等兵)の略語.
상보(床褓) 图 卓布; お膳かけ.
상보[1](相補) 图自他 相補. ‖상보 관계 相補関係.
 상보-성(相補性) 【-썽】图 相補性.
상복(喪服) 图 喪服.
상봉(相逢) 图自 めぐり合い; 出会い; 再会. ‖극적인 상봉 劇的な出会い.
상부(上部) 图 ❶ 上部. ❷ 上層部.
상부(相扶) 图自他 相扶(ᆞ).
 상부-상조(相扶相助) 图自他 相扶相助. ‖상부상조하는 사회 相互扶助の社会.
상비(常備) 图他 常備.
 상비-군(常備軍) 图(軍) 常備軍.
 상비-약(常備藥) 图 常備薬.
상사[1](上司) 图 上司; 上役. ‖직속 상사 直属の上司.
상사[2](商社) 图 商社.
상사[3](上士) 图(軍事) 上士. ⑪중사·하사(下士).
상사[4](商事) 图 商事.
상사[5](相似) 图 相似.

상사[6](相思) 图自 相思.
 상사-병(相思病) 【-뼝】图 恋煩い.
상사디아(相思-) 图(音楽) 民謡のはやし言葉の一つ.
상상(想像) /sa:ŋsaŋ/ 图他 想像. ‖미래를 상상하다 未来を想像する. 상상했던 것보다 훨씬 낫다 想像していたよりずっと立派だ. 상상이 가다 想像がつく. 상상 속에서 想像の中で.
 상상-도(想像圖) 图 想像図.
 상상-력(想像力) 【-녁】图 想像力. ‖상상력이 풍부하다 想像力が豊かだ. 상상력을 발휘하다 想像力をはたらかせる.
 상상-외(想像外) 【-/-웨】图 予想外. ‖상상외로 予想外に.
 상상-임신(想像妊娠) 图 想像妊娠.
 상상-화(想像畵) 图(美術) 想像画.
상생(相生) 图自 相生. ⑫상극(相剋).
상서-롭다(祥瑞-) 【-따】形 [ㅂ変] 祥瑞(ᆞ)だ; 吉兆だ; めでたい兆しだ. ‖상서로운 징조 めでたい兆し.
상석(上席) 图 上席; 上座. ⑫말석(末席).
상선(商船) 图 商船.
상설(常設) 图他 常設. ‖상설 위원회 常設委員会. 상설 영화관 常設映画館.
 상설-관(常設館) 图 常設館.
상성(上聲) 图(言語) 上声(ᆞ).
상세-하다(詳細-) 【-세-】形 [ㅂ変] 詳細だ; 詳しい. ‖상세한 기록 詳細な記録. 상세한 설명 詳しい説明.
 상세-히 詳細に.
상소[1](上疏) 图自 (歴史) 上疏; 上書.
상소[2](上訴) 图自他 (法律) 上訴.
 상소-권(上訴権) 【-꿘】图(法律) 上訴権.
 상소-심(上訴審) 图(法律) 上訴審.
상-소리(常-) 【-쏘-】图 下品な言葉; 低俗な言葉; 卑俗な言葉.
상속(相續) /saŋsok/ 图他 相続. ‖막대한 재산을 상속받다 莫大な財産を相続する. 유산 상속 遺産相続.
 상속-법(相續法) 【-뻡】图(法律) 相続法.
 상속-세(相續税) 【-쎄】图 相続税.
 상속-인(相續人) 图 相続人.
 상속-자(相續者) 【-짜】图 相続人.
상쇄(相殺) 图他 相殺. **상쇄-되다** 受身
상수-도(上水道) 图 上水道. ⑫하수도(下水道). ‖상수도 시설 上水道施設.
상수리 图 クヌギの実; どんぐり.
 상수리-나무 图(植物) クヌギ(櫟).
상순(上旬) 图 上旬. ⑪중순(中旬)·하순(下旬).

상술¹ (上述) 하(他) 上述.
상술² (詳述) 하(他) 詳述. ¶취지를 상술하다 趣旨を詳述する.
상-스럽다 (常-) [-쓰-따] [ㅂ변] 下品だ; 卑しい; はしたない. ∥상스러운 말 はしたない言葉. **상스레** 투.
상습 (常習) 명 常習.
상습-범 (常習犯) [-뻠] 명 (法律) 常習犯.
상습-자 (常習者) [-짜] 명 常習者.
상습-적 (常習的) [-쩍] 관 常習的. ∥상습적인 음주 常習的な飲酒.
상승¹ (上昇) 명자 上昇.
상승-기류 (上昇氣流) 명 (天文) 上昇氣流.
상승-세 (上昇勢) 명 上り調子; 右肩上がり. ↔하락세(下落勢).
상승² (相乘) 명자 相乘.
상승-작용 (相乘作用) 명 相乘作用.
상승-효과 (相乘效果) 명 相乘效果.
상시 (常時) 명 常時; いつも; 普段; 常に.
상식 (常識) /sanɰik/ 명 常識. ∥상식이 부족하다 常識に欠ける. 상식선에서 常識の線で. 일반 상식 一般常識.
상식-적 (常識的) [-쩍] 관 常識(的). ∥상식적인 판단 常識的な判断. 상식의 범위 내에서의 常識の範囲内で.
상신 (上申) 명타 上申.
상실 (喪失) 명자 喪失; 失うこと. ∥기억을 상실하다 記憶を喪失する. 의원 자격을 상실하다 議員の資格を失う. 의식을 상실하다 意識喪失.
상실-감 (喪失感) 명 喪失感.
상심 (傷心) 명자 傷心; 痛み; 気を落とすこと. ∥검사 결과를 보고 상심에 빠지다 検査の結果を見て気を落とす.
상아 (象牙) 명 象牙.
상아-질 (象牙質) 명 象牙質.
상아-탑 (象牙塔) 명 象牙の塔. ∥대학을 상아탑이라고도 한다 大学のことを象牙の塔とも言う.
상악 (上顎) 명 (解剖) 上顎. ㉺위턱.
상악-골 (上顎骨) [-꼴] 명 (解剖) 上顎骨. ㉺위턱뼈.
상어 (魚·鮫) 명 サメ(鮫).
상업 (商業) /saŋɔp/ 명 商業. ∥상업에 종사하다 商業に従事する. 상업의 중심지 商業の中心地. 상업 도시 商都市.
상업^고등학교 (商業高等學校) [-꾜-] 명 商業高等學校. ㉺상고(商高).
상업^디자인 (商業 design) 명 商業デザイン.
상업^미술 (商業美術) [-엄-] 명 商業美術.
상업^방송 (商業放送) [-빵-] 명 商業放送.
상업^부기 (商業簿記) [-뿌-] 명 商業簿記.
상업^은행 (商業銀行) 명 商業銀行.

상업^자본 (商業資本) [-짜-] 명 商業資本.
상여¹ (喪輿) 명 棺を墓地まで運ぶ輿.
상여-꾼 (喪輿-) 명 상여(喪輿)を担ぐ人.
상여-소리 (喪輿ㅅ-) [-여쏘-/-엳쏘-] 명 挽歌. ㉺만가(輓歌).
상여² (賞與) 명 賞与; ボーナス.
상여-금 (賞與金) 명 賞与金; ボーナス.
상연 (上演) 명타 上演. **상연-되** 다 동자.
상영 (上映) 명타 上映. **상영-되** 다 동자.
상온 (常溫) 명 常溫.
상완 (上腕) 명 (解剖) 上腕; 上膊.
상완-골 (上腕骨) 명 (解剖) 上腕骨.
상완^삼두근 (上腕三頭筋) 명 (解剖) 上腕三頭筋.
상완^이두근 (上腕二頭筋) 명 (解剖) 上腕二頭筋; 二頭膊筋.
상용¹ (常用) 명타 常用. ∥수면제를 상용하다 睡眠薬を常用する.
상용-어 (常用語) 명 常用語.
상용-한자 (常用漢字) [-짜] 명 常用漢字.
상용² (商用) 명 商用.
상용-문 (商用文) 명 商用文.
상원 (上院) 명 上院. ↔하원(下院).
상위 (上位) 명 上位. ↔하위(下位). ∥상위 개념 上位概念.
상응 (相應) 명자 相応; 呼応; (何かに)応えること. ∥실력에 상응하는 학교 実力に相応する学校. 기대에 상응하는 결과 期待に相応する結果.
상의¹ (上衣) [-/-이] 명 上着. ㉺하의(下衣).
상의² (相議) [-/-이] 명하타 相談. ∥부모님께 진로 문제를 상의하다 両親に進路について相談する.
상의-하달 (上意下達) [-/-이-] 명 上意下達(たつ).
상이¹ (相異) 명 (何形) 相違; 異なること; 違うこと. ∥사실과 상이하다 事実と異なる.
상이-점 (相異點) [-쩜] 명 相違点.
상이² (傷痍) 명 傷痍(ショウイ).
상이-군인 (傷痍軍人) 명 傷痍軍人.
상이-용사 (傷痍勇士) 명 軍の服務の時負傷を負って除隊した兵士.
상인 (商人) 명 商人.
상임 (常任) 명 常任.
상임^위원 (常任委員) 명 常任委員.
상임^위원회 (常任委員會) [-/-훼] 명 常任委員會.
상임^이사국 (常任理事國) 명 常任理事国.
상자 (箱子) /saŋdʑa/ 명 箱. ∥나무 상자 木箱. 종이 상자 紙箱.
—의존 …箱. ∥사과 한 상자 リンゴ1箱.

상장¹ (上場) 图 他 (經) 上場.
　상장기업 (上場企業) (經) 上場企業.
　상장-주 (上場株) (經) 上場株.
상장² (賞狀) 【-짱】图 賞状.
상재 (上梓) 图 他 上梓(書物を出版すること).
상전-벽해 (桑田碧海) 【-벼캐】图 桑田(ㄉ)変じて滄海となること; 世の中の移り変わりが激しいこと.
상점 (商店) 图 商店;店.
상정¹ (上程) 图 他 上程. ‖예산안을 상정하다 予算案を上程する.
상정² (想定) 图 他 想定. ‖지진이 일어났다고 상정하고 방재 훈련을 하다 地震発生を想定して防災訓練を行う.
상제 (喪制) 图 父母や祖父母の喪中にある人.
상조¹ (相助) 图 自 互助. ‖상부상조 相互扶助.
상조² (尙早) 图 自 尚早. ‖시기상조 時期尚早.
상종 (相從) 图 自 交わること; かかわること; 親しく付き合うこと. ‖그 사람과는 두 번 다시 상종하고 싶지 않다 彼とは二度とかかわりたくない.
상-종가 (上終價) 【-까】图 (經) ストップ高; (その日の)高値. ⑦하종가 (下終價).
상좌 (上座) 图 上座;上席.
상주¹ (常駐) 图 自 常駐. ‖경비원이 상주하고 있다 警備員が常駐している.
상주² (常住) 图 自 常住.
　상주-인구 (常住人口) 图 常住人口.
상주³ (喪主) 图 喪主.
상중 (喪中) 图 喪中;忌中.
상중하 (上中下) 图 上中下.
상질 (上質) 图 上質.
상징 (象徵) 图 他 【-징】图 象徵. ‖비둘기는 평화의 상징이다 ハトは平和の象徵である. 자유의 여신상은 뉴욕의 상징이다 自由の女神像はニューヨークの象徵である.
　상징-시 (象徵詩) 图 (文藝) 象徵詩.
　상징-적 (象徵的) 图 象徵的. ‖상징적인 존재 象徵的な存在.
　상징-주의 (象徵主義) 【-이】图 象徵主義.
　상징-화 (象徵化) 图 他 象徵化.
상책 (上策) 图 上策.
상처 (喪妻) 图 自 妻に死なれること.
상처 (傷處) 【-처】图 傷; 傷口. ‖이마에 상처가 나다 おでこに傷ができる. 마음의 상처 心の傷. 상처가 욱신거리다 傷がうずく. 상처가 아물다 傷口がふさがる. 다리에 상처를 입다 足にけがをする.
상체 (上體) 图 上体;上半身. ⑦하체 (下體).

상추 /sa:ŋtɕʰu/ 图 (植物) サンチュ; サニーレタス.
상-춘객 (賞春客) 图 花見客;春を愛でる行楽の人.
상충-되다 (相衝-) 【-/-뙈-】图 相容れない. ‖상충되는 견해 相容れない見解.
상층 (上層) 图 上層. ⑦하층 (下層).
　상층-부 (上層部) 图 上層部.
상쾌-하다 (爽快-) /saːŋkʰwɛhada/ 图 【-쾌-】 爽快だ; さわやかだ; すがすがしい. ‖아침 공기가 상쾌하다 朝の空気がすがすがしい. 상쾌함을 느끼다 爽快感を感じる. **상쾌-히** 副
상큼-하다 图 【-큼-】新鮮だ;さわやかだ. ‖상큼한 인상 さわやかな印象.

상태 (狀態) /saŋtʰɛ/ 图 状態. ‖건강 상태 健康狀態. 정신 상태 精神狀態. 흥분 상태 興奮狀態. 정지된 상태 静止された狀態. 상태가 좋아지다 狀態がよくなる.

상통 (相通) 图 自 相通ずること. ‖일맥상통하는 데가 있다 一脈相通ずるところがある.
상투 (昔の韓国風の)まげ. ▶상투를 틀다 (結婚してまげを結い上げることで)一人前の大人になる.
상투-적 (常套的) 图 常套的. ‖상투적인 표현 常套的な[決まり切った]表現.
상-팔자 (上八字) 【-짜】图 非常にいい運勢のこと; 恵まれていること; 楽な環境や生活ぶり.
상패 (賞牌) 图 賞牌.
상편 (上篇) 图 上篇.
상표 (商標) /saŋpʰjo/ 图 商標. ‖등록 상표 登録商標.
　상표-권 (商標權) 【-꿘】图 (法律) 商標権.
　상표-법 (商標法) 【-뻡】图 (法律) 商標法.
상품 (商品) /saŋpʰum/ 图 商品. ‖상품 가치 商品価値. 다양한 종류의 상품 色々な種類の商品. 잘 팔리는 상품 よく売れる商品; 売れ行きのいい商品.
　상품-권 (商品券) 【-꿘】图 商品券.
　상품-명 (商品名) 图 商品名.
　상품-화 (商品化) 图 他 商品化.
상품² (賞品) 图 賞品.
상품³ (上品) 图 上品; 上等な物.
상하 (上下) 图 上下. ‖상하 좌우로 흔들다 上下左右に振る.
　상하-권 (上下卷) 图 (書物の)上巻と下巻.
상-하다 (傷-) /saŋhada/ 自 【하변】❶ 傷つく;けがする. ❷ (心配・悲しみなどで)心・気持ちが)痛む. ‖마음이 상하다 心が痛む. ❸ (食物・食材なども)が)腐る. ‖음식이 상하다 食べ物が腐る. ❹ (体や顔が)やせ細る;やつれる. ‖일이

힘든지 얼굴이 많이 상했다 仕事が大変なのか顔がだいぶやつれている.
— 5 (気持ちを)傷つける. ‖친구 말에 마음을 상하다 友だちの言葉に傷つく.

상-하수도 (上下水道) 图 上下水道.
상한 (上限) 图 上限.
   상한가 (上限價) [-까] 图 [經] 高値; 最高値.
   상한-선 (上限線) 图 上の方の限度.
상해 (傷害) 下他 傷害. ‖상해를 입다 傷害を負う. 상해를 입히다 傷害を負わせる.
   상해-죄 (傷害罪) [-죄 /-쮀] 图 [法律] 傷害罪.
   상해 치사 (傷害致死) 图 傷害致死.
   상해 치사죄 (傷害致死罪) [-죄 /-쮀] 图 [法律] 傷害致死罪.
상행 (上行) 图 上に行くこと; 地方から都に行くこと. 四하행 (下行). ‖상행 열차 上り列車.
   상행-선 (上行線) 图 上り線. 四하행선 (下行線).
상-행위 (商行爲) 图 商行爲.
상향 (上向) 下他 上向き. 四하향 (下向). ‖매출액을 상향 조정하다 売上高を上向きに調整する.
상현 (上弦) 图 [天文] 上弦. 四하현 (下弦).
   상현-달 (上弦-) [-딸] 图 [天文] 上弦の月. 四하현달 (下弦-).
상형 문자 (象形文字) [-짜] 图 [言語] 象形文字.
상호[1] (相互) 图 ❶相互. ‖상호 작용 相互作用. 상호 의존 관계 相互依存関係. ❷ [副詞的に] 互いに. ‖상호 책임이 있다 互いに責任がある.
   상호 관계 (相互關係) [-/-게] 图 相互関係.
   상호-부조 (相互扶助) 图 相互扶助.
상호[2] (商號) 图 商号.
상혼 (商魂) 图 商魂.
상환[1] (償還) 下他 償還; 返済. ‖주택 부금을 상환하다 住宅ローンを返済する.
상환[2] (相換) 下他 引き換えること; 交換すること. ‖현금과 상환하다 現金と引き換える.

상황 (狀況) /saŋhwaŋ/ 图 状況; 様子. ◇심각한 상황 深刻な状況. 절망적인 상황에 놓이다 絶望的な状況に立たされる. 상황은 나빠지고 있다 状況は悪化してきている. 낙관할 수 없는 상황 楽観を許さない状況.
   상황 판단 (狀況判斷) 图 状況判断. ‖상황 판단을 잘못하다 状況判断を誤る.
상회[1] (上廻) [-/-ㅔ] 图 上回ること. 四하회 (下廻). ‖예상을 상회하다 予想を上回る.
상회[2] (商會) [-/-ㅔ] 图 商会.
상흔 (傷痕) 图 傷痕; 傷あと.
샅 图 またぐら; 両ももの間.
샅-바 [산빠] 图 씨름 (韓国式の相撲) 競技の時, つかみ所とする回し.
   샅바-씨름 图 샅바を使ってする씨름.

샅샅-이 /sat͈ɕʰi/ [산싸치] 副 隅々まで; くまなく; まんべんなく; あまねく; あらいざらい. ‖책상 안을 샅샅이 뒤지다 机の中をくまなく探す. 선생님 샅샅이 일러바치다 先生にあらいざらい告げ口する.

새[1] /sɛ/ 图 鳥; 小鳥. ‖무리를 지어 날아오르는 새 群がって舞い上る鳥. 새가 지저귀는 소리 鳥のさえずり. 새가 나뭇가지에 앉아 있다 鳥が木の枝にとまっている. 철새 渡り鳥. ▶새 발의 피 ⇒ごく少ない量.
새[2] (사이의縮約形) 間. ‖쉴 새 없이 休む間もなく.

새[3] /sɛ/ 图 新しい; 新たな; 新. 囲 헌. ‖새해 新年. 새색시 新婦. 새 옷 新しい服. 새 차 新しい車. 새출발 新たな出発.
새-[1] 接頭 (一部の色彩形容詞の前に付いて) その色が非常に鮮やかで濃いことを表わす: 真っ…. ‖새빨갛다 真っ赤だ. 새까맣다 真っ黒だ.
-새 接尾 (一部の名詞や転成名詞に付す) 様子・状態・程度などの意を表わす. ‖생김새 顔つき. 쓰임새 用途.
새-가슴 图 ❶鳩胸. ❷臆病な人; 小心者.
새-것 [-껃] 图 新しい物; 新品. 四헌것. ‖타이어를 새것으로 갈다 タイヤを新品に取り替える.
새겨-듣다 [-따] 下他 [ㄷ変] かみしめる; 聞き分ける; 心に刻みつける. ‖선생님 말씀을 새겨듣다 先生の言葉を心に刻みつける.
새근-거리다 下自 ❶しきりに息をはずませる; あえぐ. ❷すやすやと寝息を立てる. ‖아기가 새근거리면서 자고 있다 赤ちゃんがすやすやと眠っている.
새근-새근 副 下他 ❶苦しそうに呼吸する様子; はあはあ. ❷幼児が静かに深く眠っている様子 [音]: すやすや.
새기다[1] /sɛgida/ 下他 ❶彫る; 彫りつける; 刻む. ‖문신을 새기다 入れ墨を彫る. 기둥에 새기다 柱に刻む. ❷ (心に) 刻みつける. ‖교훈을 마음에 새기다 教訓を心に刻む.
새기다[2] (言葉や文の意味を) 分かりやすく解く. ‖뜻을 새기다 意味を分かりやすく解く.
새기다[3] 反芻する. ‖소가 여물을 새기다 牛が飼い葉を反芻する. 교훈을 새기다 教訓を反芻する.
새김-위 (-胃) 图 反芻胃.

새김-질 【하(他)】 (牛などが) 反芻すること.

새-까맣다 /sɛ*k͈amatʰa/ 【-마타】 【ㅎ変】 【새까매, 새까만】 ① 真っ黒だ. ‖손톱 밑이 새까맣다 手の爪が真っ黒だ. ② 全く知らない; 全然覚えていない. ‖일요일에 약속이 있다는 걸 새까맣게 잊고 있었다 日曜日に約束があることをすっかり忘れていた. ③ 数え切れないほど多い.

새끼[1] 图 縄. ‖새끼를 꼬다 縄をなう [よる].
  새끼-줄 图 縄;縄紐. ‖새끼줄로 묶다 縄紐でくくる.

새끼[2] /sɛ*k͈i/ 图 ① (動物の)子. ‖새끼 고양이 子猫. ② (자식を 示す 俗語다) 子ども. ‖내 새끼가 私の子どもだ. ③ 野郎; やつ. ‖저 새끼 あの野郎; あいつ. ④ (元金に対する) 利子. ▶새끼 (를) 치다 何かを元にしてその数量を増やす.
  새끼-발가락 【-까-】 图 足の小指.
  새끼-발톱 图 足の小指の爪.
  새끼-손가락 【-까-】 图 手の小指.

새다[1] /sɛ*da/ 国 ① (隙間や穴から水·光·ガスなどが) 漏れる. ‖가스가 새다 ガスが漏れる. 빗물이 새는 천장 雨漏りの天井. 정보가 새다 情報が漏れる. ② (会合などで)そっと抜け出る. ‖본래가다 벼야 할 곳에서 다른 데로 새다 本来行くべき所に行かず他の所に行く. ‖얘가 학원에 안 가고 어디로 샜는지 모르겠다 子どもが塾に行かずどこに行ったのか分からない. ③ (対話·談話などが) 話題からそれる. ‖얘기가 옆길로 새다 話がそれる.

새다[2] /sɛ*da/ 国 (夜が明ける). ‖날이 새다 夜が明ける.

새-달 图 来月;翌月.

새-대가리 图 ①鳥の頭. ②(俗っぽい言い方で) ばか; あほう.

새-댁 〈-宅〉 图 新妻.

새-되다 /-/ 国 (声の調子が)高く鋭い; 甲高い. ‖새된 목소리 甲高い声.

새-로 /sero/ 副 新たに; 新しく. ‖새로 산 차 新しく買った車. 새로 난 길 新たにできた道. 몇 사람이 새로 들어오다 何人かが新たに[新しく]入る.

새로운 圏 【ㅂ変】 새롭다 (新しい) の現在連体形.

새로워 圏 【ㅂ変】 새롭다 (新しい) の連用形.

새록-새록 【-쎄-】 副 ① 新しいものやことがしきりに起こる様子. ② 繰り返して新しさを感じる様子. ‖새록새록 생각이 나다 しみじみ思い出す.

새-롭다 /sɛ*roptʰa/ 【-따】 【ㅂ変】 【새로워, 새로운】 图 ① 新しい; 初めてだ; 以前になかったことだ. ‖새로운 기술이 개발된다 新しい技術が開発される. 새로운 맛 初めての味. ② 今更のようだ; 事新しい. ③ 〔一部の時間や数量を表わす表現を伴って〕切実に要る. ‖단돈 만원이 새롭다 たったの1万ウォンでも貴い. **새로이** 副 결의를 새로이 하다 決意を新たにする.

새마을-운동 〈-運動〉 图 セマウル運動. ✥ (「新しい村の意」で) 1970年代の韓国の政府主導の農村改革運動.

새마을-정신 〈-精神〉 图 (勤勉·自助·協同の)セマウル運動の精神.

새벽 /sebjʌk/ 图 ① 明け方; 夜明け. 働 미명 (未明). ‖새벽에 집을 나가다 明け方に家を出る. 새벽 12시부터 명일 아침 5時. ‖새벽 세 시 午前3時.
  새벽-녘 【-뼉】 图 明け方; 夜明け頃. ‖새벽녘에 눈을 뜨다 夜明け頃目を覚ます.
  새벽-바람 【-빠-】 图 明け方の冷たい風.

새-봄 图 新春; 初春.

새-빨갛다 【-가타】 圏 【ㅎ変】 真っ赤だ. ‖새빨간 장미 真っ赤なバラ. 새빨간 거짓말 真っ赤なうそ.
  새빨개-지다 国 (顔が) 真っ赤になる. ‖부끄러워서 얼굴이 새빨개지다 恥ずかしくて顔が真っ赤になる.

새-사람 ① 新人; 新参. ② 花嫁; 新妻. ③ 以前の悪い生活を捨てて新しいスタートを切った人.

새-살 图 肉芽.

새-살림 【하(他)】 新所帯. ‖봄에 결혼해서 새살림을 차리다 春に結婚して新所帯を持つ.

새삼 /sesam/ 副 今更; 今になって改めて. ‖실력 부족을 새삼 절감하다 実力不足を今更のように痛感する.

새삼-스럽다 【-따】 圏 【ㅂ変】 今更のようだ; 事新しい. ‖그런 것은 새삼스레 말할 필요도 없다 そんなことは今更言うまでもない. **새삼스레** 副

새-색시 【-씨】 图 花嫁; 新婦. 働 색시.

새-순 〈-筍〉 图 新芽; 若芽. ‖새순이 돋아나다 新芽が伸びる.

새시 (sash) 图 サッシ. ‖알루미늄 새시 アルミサッシ.

새-신랑 〈-新郎〉 图 花婿; 新郎.

새-싹 图 =새순 (-筍).

새-아기 图 舅や姑が花嫁を親しみを込めて呼んだり称したりする語.

새앙-쥐 图 【動物】 ハツカネズミ (二十日鼠).

새-어머니 图 継母.

새-언니 图 妹が兄嫁を呼ぶ語.

새-엄마 图 새어머니を親しみを込めて称する語.

새옹지마 〈塞翁之馬〉 图 塞翁が馬.

새우 /sɛ*u/ 图 〔動物〕 エビ (海老). ‖새우 튀김 エビフライ. ▶새우로 잉어를 낚는다 〈諺〉 海老で鯛を釣る.

새우-등 (-) 图 猫背.

새우-잠 (-) 图 (海老のように)背中を丸めて寝ること. ∥새우잠을 자다 背中を丸めて寝る.

새우-젓 [-젇] 图 小海老の塩辛.

새우다 /sɛuda/ 佢 (夜を)明かす; 徹夜する. ∥밤을 새우다 徹夜する.

새-잎 [-입] 图 若葉.

새-장 (-欌) 图 鳥かご.

새-장가 图 男性が再婚すること. ∥새장가를 들다 (男性が)再婚する.

새-집 图 鳥の巣.

새-집² 图 ❶ 新築の家. ❷ 新居.

새-참 (-站) 图 仕事の合間に食べる間食.

새-총 (-銃) 图 ❶ 鳥打ち用の空気銃. ❷ ぱちんこ.

새치 图 若白髪.

새-치기 图 值他 割り込み; 横入り; 無理に押し割って入ること.

새침-데기 [-떼-] 图 澄まし屋; 気取り屋.

새침-하다 圈 [하얗] つんと澄ましている; 取り澄まして無愛想だ. ∥새침한 표정을 하고 있다 つんと澄ました表情だ.

새-카맣다 [-마타] 圈 [ㅎ変] 真っ黒だ. ∥얼굴이 새카맣게 타다 顔が真っ黒に日焼けする.

새콤달콤-하다 [하얗] 甘酸っぱい. ∥새콤달콤한 맛 甘酸っぱい味.

새콤-하다 圈 [하얗] やや酸っぱい.

새콤-하다 圈 [하얗] 酸っぱい. ∥새콤한 맛이 나다 酸っぱい味がする.

새-털 图 鳥の羽毛.

새털-구름 (-) 图 (天文) 巻雲.

새-파랗다 [-라타] 圈 [ㅎ変] ❶ 真っ青だ. ∥놀라서 얼굴이 새파랗게 질리다 驚いて顔が真っ青になる. ❷ 非常に若い. ∥새파랗게 젊은 녀석 若僧; 青二才.

새-파래지다 围 真っ青になる; 青ざめる. ∥너무 추워서 입술이 새파래지다 あまりの寒さに唇が真っ青になる.

새-하얗다 [-야타] 圈 [ㅎ変] 真っ白だ. ∥새하얀 눈 真っ白な雪.

새-해 /sɛhɛ/ 图 新年. ∥새해를 맞이하다 新年を迎える. 새해 복 많이 받으세요 新年明けましておめでとうございます.

새해 차례 (-茶禮) [-] (民俗) 元旦の祭祀.

색¹ (色) 接尾 …色 (이). ∥빨간색 赤色 (이). 노란색 黄色.

색² (sack) 图 サック.

-색³ (色) 接尾 …色 (이). ∥빨간색 赤色 (이). 노란색 黄色.

색각 (色覺) [-깍] 图 色覚.

색감 (色感) [-깜] 图 色感.

색골 (色骨) [-꼴] 图 すけべえ; 好色漢.

색광 (色狂) [-꽝] 图 色情狂; 色きちがい.

색깔 (色-) [-] 图 色; 色合い; 色彩. ∥색깔이 촌스럽다 色がださい. 정치적 색깔 政治的色合い.

색-다르다 (色-) /sɛk'taruda/ [-따-] 圈 [르変] [색달라, 색다른] 普通とは異なる; 特色がある; 変わっている; 目新しい. ∥색다른 방법 目新しい方法.

색-동 (色-) [-똥] 图 五色の布を継ぎ合わせた子ども用の韓服(韓服)の袖の布地.

색동-옷 (色-) [-똥옫] 图 五色袖の子ども用の韓服(韓服).

색동-저고리 (色-) [-똥-] 图 五色袖のチョゴリ.

색마 (色魔) [-] 图 色魔.

색맹 (色盲) [-] 图 色盲.

색상 (色相) [-] 图 色相; 色合い. ∥다양한 색상 多様な色相.

색색¹ (色色) [-쌕] 图 色々; 様々. とりどり. ∥지금까지 못 보던 색색의 물건 今まで見たことのない色々な物. 색색으로 칠하다 色とりどりに塗る. **색색-이** (色) 色々に; 色とりどりに.

색색² [-쌕] 副 [하얗] ❶ 息を切らす様子[音]: はあはあ. ❷ 静かに深く眠っている様子[音]: すやすや; すうすう.

색색-거리다 [-쌕꺼-] 圑 息を切らす: はあはあする. ∥숨을 색색거리다 はあはあと息を切らす. ②すうすう(と)寝息を立てる.

색소 (色素) [-쏘] 图 色素. ∥천연 색소 天然色素.

색소-체 (色素體) [-쏘-] 图 (植物) 色素体.

색소폰 (saxophone) [-쏘-] 图 (音楽) サクソフォーン; サキソホーン; サックス.

색소혼 (saxhorn) [-쏘-] 图 (音楽) サクスホルン.

색시 [-씨] 图 ❶ 年頃の若い女性; 乙女; 娘. ❷ (若い)ホステス. ❸ [색시의 略語] 花嫁; 新婦; 新妻. ❸ 갓 시집온 색시 嫁になったばかりの新妻.

색싯-감 [-씨깜/-씯깜] 图 新婦候補; 新婦にしたい人.

색싯-집 [-씨찝/-씯찝] 图 遊郭; 売春宿.

색-안경 (色眼鏡) [-] 图 色眼鏡. ∥사람을 색안경을 쓰고 보다 人を色眼鏡で見る.

색약 (色弱) [-] 图 色弱.

색-연필 (色鉛筆) [생년-] 图 色鉛筆.

색-유리 (色琉璃) [생뉴-] 图 色ガラス.

색인 (索引) [-] 图 索引.

색정 (色情) [-쩡] 图 色情.

색조 (色調) [-쪼] 图 色調; 色合い. ∥부드러운 색조의 조명 柔らかい色調の照明.

색-종이 (色-) [-쫑-] 图 色紙. 翻 색

지(色紙).

색즉시공(色即是空)-쪽씨- 图 (仏教) 色即是空.

색지(色紙)[-찌] 图 色紙. 囫 색종이(色-).

색채(色彩) 图 色彩. 色채 감각 色彩感覚. 정치적인 색채를 띤 발언 政治的色彩を帯びた発言.

색출(索出) 图 他サ 探し出すこと; 捜索すること. ‖범인을 색출하다 犯人を探し出す.

색칠(色漆) 图 他自サ 色を塗ること; 色塗り. ‖물감으로 색칠하다 絵の具で色を塗る.

샌님 图 おとなしく融通のきかない人.

샌드-백 (sandbag) 图 サンドバッグ.

샌드위치 (sandwich) /sǽnduwitʃi/ 图 ❶サンドイッチ. ❷サンドイッチのように, 間に挟まれた状態; 板挟み.

샌드위치-맨 (sandwich man) 图 サンドイッチマン.

샌드페이퍼 (sandpaper) 图 サンドペーパー; 紙やすり.

샌들 (sandals) 图 サンダル.

샐러드 (salad) /sǽlǝdɯ/ 图 サラダ. ‖샐러드 드레싱 サラダドレッシング. 감자 샐러드 ポテトサラダ.

샐러드-유 (-油) 图 サラダ油; サラダオイル.

샐러리-맨 (←salaried man) 图 サラリーマン.

샐룩 副 他自サ 瞬間的に筋肉の一部が小さく動く様子; ぴくっと. **샐룩-샐룩** 副 他自サ

샐룩-거리다[-대다] [-꺼[때]-] 自他 ぴくぴく[ぴくっ]する[させる].

샐비어 (salvia) 图 サルビア.

샐쭉 副 他自サ (不愉快そうに)口や目を軽くゆがめる様子.

샐쭉-거리다[-대다] [-꺼[때]-] 自他 (不愉快そうに)口や目を軽くゆがめたりする. ‖입을 샐쭉거리다 口をとがらす.

샐쭉-하다 [-쭈카-] 彫 他自サ (不愉快そうに)口や目を軽くゆがめている. ‖샐쭉한 표정을 짓다 すねた[ふくれた]表情をする.

샘¹ 图 ❶ 泉. ‖샘이 솟다 泉がわく. ❷ (解剖) 腺. 눈물샘 涙腺. 땀샘 汗腺.

샘-솟다[-솓따] 自 泉がわく(力・感情・涙などが)わき上がる. ‖의욕이 샘솟다 意欲がわき上がる.

샘² /sem/ 图 嫉妬; 妬み. ‖샘이 많은 성격 嫉妬深い性格.

샘-내다 他 妬む; 嫉妬する; うらやむ; やきもちを焼く. ‖다른 아이의 장난감을 샘내다 他の子のおもちゃをうらやむ.

샘-물 图 泉の水; わき水.

샘-터 图 ❶ 泉のわき出る所. ❷ 昔の井戸端の洗濯場.

샘플 (sample) 图 サンプル.

샛-길 [새낄/샏낄] 图 横道; わき道; 枝道. ‖샛길로 빠지다 [세다] 横道[わき道]にそれる.

샛-노랗다 [샌-라타] 彫 ㅎ変 真っ黄色だ.

샛노래-지다 [샌-] 自 真っ黄色になる.

샛-눈 [샌-] 图 薄目; 細目. ‖샛눈을 뜨다 薄目を開ける.

샛-돔 [샏똠] 图 (魚介類) イボダイ(疣鯛).

샛-문 (-門) [샌-] 图 脇戸; 脇門.

샛-별 [새별/샏뼐] 图 ❶ (天文) 明けの明星. ❷ (ある分野においての)期待の星.

생¹ (生) 图 ❶ 生; 人生; 生きること. ‖생과 사 生と死.

생² (生) 接頭 …生の. ❶ 생맥주 生ビール. 생방송 生放送. 생쌀 生米. ❷ 生きながらの…. ‖생지옥 生き地獄. 생매장 生き埋め. ❸ (何の理由もなく)無理矢理な, または不必要な意を表わす. ‖생트집 無理な言いがかり. ❹ 実際生んだことを表わす. ‖생모 生みの母.

-생³ (生) 接尾 …生. ‖연구생 研究生. 일 기생 1期生.

-생⁴ (生) 接尾 …生まれ. ‖사월생 4月生まれ. 천구백팔십년생 1980年生まれ.

생가 (生家) 图 生家.

생-가슴 (生-) 图 余計な心配; 取り越し苦労. ▶생가슴을 뜯다 [닳다] 必要もないことに気をもむ; 取り越し苦労をする.

생-가지 (生-) 图 ❶ (生きている)木の枝. ❷ 乾燥していない木の枝.

생각¹ (生-) 图 自然に抜ける前に切り取った鹿の角.

생각² /sɛŋgak/ 图 他サ ❶ 考え; 思い; 思慮. ‖좋은 생각이 있다 いい考えがある. 안이한 생각 甘い考え. 생각대로 되다 思惑通りになる. 그 사람한테 뭔가 생각이 있는 것 같다 彼に何か思惑があるようだ. 생각 밖의 결과 予想外の結果. 생각지도 못한 일 思いも寄らないこと. 생각에 잠기다 思いにふける. 이것저것 곰곰히 생각하다 あれこれ思いめぐる. 무슨 말을 했는지 전혀 생각이 안 나다 何を言ったのか全く思い浮かばない. 생각이 들다 わいそうに思う. 새로운 방법을 생각해 내다 新しい方法を考え出す. 생각을 말로 표현하다 考えを言葉で表わす. ❷ つもり; くらみ; 意図; 意向. ‖오늘 안으로 끝낼 생각이다 今日中に終えるつもりだ. 속일 생각은 없었다 だますつもりはなかった. ❸ 意欲; 欲しいこと. ‖먹고 싶은 생각이 없다 食べたくない. ▶생각나다 못하여 [못해] 思いあまって; 思案にくれて. ▶생각이 꿀떡 같다 思い [欲望・願い]が抑えられないほどだ.

생강 (生薑) 图 (植物) ショウガ (生姜).

생-것 (生-) [-걷] 图 生もの. 囫 날것.

생겨-나다 434

생겨-나다 自 生じる;発生する. ‖의문이 생겨나다 疑問が生じる.
생경-하다 (生硬-) 形 [하変] 生硬(せい)だ. ‖生硬の表現 生硬な表現.
생계 (生計) [/-게] 名 生計. ‖어렵게 생계를 유지하다 辛うじて生計を維持する. 생계를 꾸리다 生計を立てる.
　생계-비 (生計費) 名 生計費;生活費.
　생계비지수 (生計費指數) 名 生計費指数.
생-고기 (生-) 名 生肉,生の肉.
생-고무 (生 gomme) 名 生ゴム.
생-고생 (生苦生) 名 [하自] 余計な苦労;無駄な苦労.
생-고집 (生固執) 名 片意地;えごじ;横車. ‖생고집을 피우다 片意地を張る;横車を押す.
생-과부 (生寡婦) 名 ❶ 夫と別居中の女性. ❷ 婚約中や結婚して間もなくして相手に死なれた女性.
생-굴 (生-) 名 [魚介類] 生牡蠣.
생굴-거리다 自 にこにこする.
생글-생글 副 [하自] にこにこ. ‖생글생글 웃다 にこにこと笑う.
생긋 [-귿] 副 [하自] 声を出さずに軽く笑う様子: にこっと;にこりと.　**생긋-생긋** 副 [하自] にこにこ.
생기[1] (生氣) 名 生気;活気. ‖생기가 넘치는 얼굴 生気にあふれる顔. 생기를 띠다 生気を帯びる.
생기[2] (生起) 名 [하自] 生起.
생기다 /sɛŋgida/ 自 ❶ できる;生じる;起きる. ‖급한 볼일이 생겨서 회의에 불참하다 急用ができて会議に欠席する. 돈을 많이 먹으면 여드름이 생긴다 落花生をたくさん食べるとにきびができる. 아이가 생겼다 子どもができた. 고민이 생기다 悩み事ができる. 문제가 생겼다 問題が起きた. ❷ (お金・時間などが)確保できる. ‖돈이 조금 생겼다 お金が少し手に入った. ❸ (癖などが)つく. ‖이상한 버릇이 생기다 変な癖がつく. ❹ [顔つき・容貌・形を表わす副詞(形)の後に付いて] …のように見える. ‖예쁘게 생긴 아이 きれいな顔の子. ❺ […게 생긴다の形で] …するはめになる;…ざるを得ない. ‖이번 일은 내가 책임을 지게 생겼다 今度のことは私が責任をとるように見え なった.
생기(발랄)-하다 (生氣潑刺-) 形 [하変] 元気はつらつだ. ‖생기발랄한 여대생 元気はつらつたる女子大生.
생김-새 顔つき;顔立ち;顔かたち;格好;見かけ. ‖눈에 띄는 생김새 目立つ顔立ち.
생-김치 (生-) 漬けたてのキムチ.
생-나무 (生-) 名 生木.
생-난리 (生亂離) [-날-] 名 空騒ぎ;大騒ぎ. ‖생난리를 치다 大騒ぎする.

생년월일 (生年月日) 名 生年月日.
생-돈 (生-) 名 無駄金;無駄金. ‖생돈이 들다 無駄金がかかる. 생돈을 쓰다 無駄金を使う.
생동 (生動) 名 [하自] 生動;いきいきと動くこと. ‖생동하는 봄 生動する春.
　생동-감 (生動感) 名 生動感;生きをとした感じ.
생득 (生得) 名 生得.
　생득관념 (生得觀念) 【-꽌-】 名 生得観念. ㋐生得 관념 (習得観念).
생때-같다 (生-) [-갇따] 形 (体が)丈夫で病気をしない. ‖생때같은 자식 丈夫な子ども.
생-떼 (生-) 名 片意地;ごり押し;横車. ‖생떼를 쓰다[부리다] 片意地を張る;横車を押す.
생략 (省略) /sɛŋnjak/ [-냑] 名 [하他] 省略;省くこと. ‖인사는 생략하고 挨拶は省略する. 자세한 설명은 생략하겠습니다 詳しい説明は省きます.　**생략-되다** 名
　생략-법 (省略法) 【-냅】 名 省略法.
　생략-표 (省略標) 名 省略記号(…).　㋐출입표 (-標).
생력-화 (省力化) 【-녀콰】 名 [하自他] 省力化.
생로병사 (生老病死) 【-노-】 名 [仏教] (生・老・病・死の)四苦.
생리 (生理) 【-니】 名 [하自] 生理.
　생리-대 (生理帶) 名 ナプキン;生理用品.
　생리-일 (生理日) 名 生理日.
　생리-적 (生理的) 名 生理的. ‖생리적인 현상 生理的な現象.
　생리-통 (生理痛) 名 生理痛;月経痛.
　생리-학 (生理學) 名 生理学.
　생리-휴가 (生理休暇) 名 生理休暇.
생-매장 (生埋葬) 名 [하他] ❶ 生き埋め. ❷ 社会的に葬ること.　**생매장-되다** [-뙤-] 名
생-맥주 (生麥酒) 【-쭈】 名 生ビール.
생-머리 (生-) 名 ❶ パーマなどをかけていない自然のままの髪. ❷ 特別な理由もなくきなり痛くってくる頭痛.
생면부지 (生面不知) 名 それまで会ったことのない人. ‖생면부지의 사람 全く見知らぬ人.
생명 (生命) /sɛŋmjɔn/ 名 生命;命. ‖고귀한 생명 尊い命. 생명을 잃다 命を失う. 정치 생명 政治生命. 선수 생명 選手生命.
　생명-력 (生命力) 【-녁】 名 生命力.
　생명 보험 (生命保險) 名 生命保険.
　생명-선 (生命線) 名 ① 生命線;ライフライン. ② (手相の)生命線.
　생명-수 (生命水) 名 (キリスト教) (「霊的生命を維持するのに必要な水」の意で)

神의 福音.
생모 (生母) 圏 生母; 실母; 生어 주신 母.
생-목숨 (生-) 【-쑴】 圏 ❶ 살아 있는 목숨. ❷ 罪없는 無辜한 사람의 목숨.
생몰 (生没) 圏 生没. ‖생몰 연대 미상.
생물 (生物) /sɛŋmul/ 圏 生物; 生き物. ㉠ 無생물 (無生物). ‖ 지구상의 생물 地球上の生き物. 진귀한 생물 珍しい生き物.
생-밤 (生-) 圏 生栗.
생-방송 (生放送) 圏 한자 生放送.
생-백신 (生 vaccine) 圏 《医学》 生ワクチン.
생-벼락 (生-) 圏 ❶ 青天의 霹靂(벽력). ❷ 뜻밖에 당하는 災難; 뜻하지 않던 災禍. ㉠ 날벼락.
생사[1] (生死) 圏 生死. ‖ 생사 불명 生死不明. 생사를 건 싸움 生死をかけた戦い. 생사를 같이하다 生死を共にする.
생사[2] (生絲) 圏 生糸.
생-사람 (生-) 圏 何の罪も関係もない人. ►생사람을 잡다 濡れ衣を着せる; 無実の人を陥れる.
생산 (生産) /sɛŋsan/ 圏 한자 生産. ‖ 칼라 텔레비전을 생산하다 カラーテレビを生産する. 대량 생산 大量生産. 생산 코스트 生産コスト. 생산을 늘이다 生産を増やす. **생산-되다** 수동
생산-가 (生産價) 【-까】 【'생산 가격 (生産價格) 의 略】 圏 生産価.
생산-가격 (生産價格) 【-까】 圏 生産価格. ㉠ 생산가 (生産價).
생산-고 (生産高) 圏 生産高.
생산-관리 (生産管理) 【-괄-】 圏 生産管理.
생산-량 (生産量) 【-냥】 圏 生産量.
생산-력 (生産力) 【-녁】 圏 生産力. ‖ 생산력의 증대 生産力の増大.
생산-물 (生産物) 圏 生産物.
생산-비 (生産費) 圏 生産費.
생산-성 (生産性) 【-썽】 圏 生産性. ‖ 생산성을 높이다 生産性を高める.
생산-수단 (生産手段) 圏 生産手段.
생산-액 (生産額) 圏 =생산고 (生産高).
생산-양식 (生産樣式) 圏 生産樣式.
생산-연령 (生産年齢) 圏 生産年齢.
생산-요소 (生産要素) 圏 生産要素.
생산-자 (生産者) 圏 生産者. ㉠ 소비자 (消費者).
생산-재 (生産財) 圏 (経) 生産財. ㉠ 소비재 (消費財).
생산-적 (生産的) 圏 生産的. ‖ 생산적인 의견 生産的の意見.
생산-조합 (生産組合) 圏 生産組合.
생-살[1] (生-) 圏 ❶ 肉芽. ❷ 生身; 健康な皮膚.
생살[2] (生殺) 圏 한자 生殺.
생살-권 (生殺權) 【-꿘】 圏 生殺權.

생살-여탈 (生殺与奪) 【-려-】 圏 生殺与奪. ‖ 생살여탈권을 쥐다 生殺与奪の権を握る.
생색-내다 (生色-) 【-쌩-】 囡 恩に着せる [かける].
생생-하다 /sɛŋsɛŋhada/ 圏 【하変】 ❶ 生き生きしている; 新鮮だ. ❷ (目に見えるように) 生々しい; まざまざ(と)している; はっきりしている; 明白である. ‖ 생생하게 기억하고 있다 まざまざと覚えている. **생-히**
생-석회 (生石灰) 【-서쾨/-서훼】 圏 生石灰.
생선 (生鮮) /sɛŋsɔn/ 圏 生魚(なま); 魚; 魚. ‖ 싱싱한 생선 活きのいい魚. 생선구이 焼き魚. 생선 초밥 すし.
생선-국 (生鮮-) 【-꾹】 圏 生魚汁.
생선-찌개 (生鮮-) 圏 魚鍋.
생선-회 (生鮮膾) 【-홰】 圏 刺身. ㉠ 사시미.
생성 (生成) 自動 生成. ‖ 새로운 물질이 생성되다 新しい物質が生成する.
생소-하다 (生疎-) 圏 【하変】 ❶ 見慣れない. ‖ 생소한 외국 문화 見慣れない外国文化. ❷ 詳しくない; 不慣れだ.
생수 (生水) 圏 ミネラルウォーター.
생시 (生時) 圏 ❶ 生まれた時. ❷ 寝ないでいる間; うつつ. ‖ 꿈인지 생시인지 모르겠다 夢かうつつか分からない. ❸ 生存時.
생식[1] (生食) 圏 한자 生食.
생식[2] (生殖) 圏 한자 生殖. ‖ 유성[무성] 생식 有性[無性]生殖.
생식-기 (生殖器) 【-끼】 圏 《解剖》 生殖器.
생식-세포 (生殖細胞) 圏 《生物》 生殖細胞. ㉠ 성세포 (性細胞).
생신 (生辰) 圏 【생일(生日)의 尊敬語】 お誕生日.
쌀 (生-) 圏 生米.
생애 (生涯) 圏 生涯.
생-야단 (生惹端) 【-냐-】 圏 한자 ❶ 理由のない余計な騒ぎ. ‖ 생야단을 부리다 やたらに騒ぎ立てる. ❷ 理由もなくやたらに叱りつけること. ‖ 생야단을 맞다 理由もなく叱られる. 생야단을 치다 理由もなくやたらに叱りつける.
생약 (生藥) 圏 生薬; なりわい.
생-억지 (生-) 【-찌】 圏 片意地; 横車. ‖ 생억지를 부리다 [쓰다] 片意地を張る; 横車を押す.
생업 (生業) 圏 生業; なりわい.
생-으로 (生-) 圏 ❶ 生で; 生のままで. ❷ 強引에 物事을 押し進める 様子로; 無理押しして.
생-음악 (生音樂) 圏 生演奏.
생-이별 (生離別) 【-니-】 圏 (父母兄弟との) 生き別れ.
생인-손 《医学》 ひょう疽(そ).
생일 (生日) /sɛŋil/ 圏 誕生日. ‖ 생일

생자 436

선물 誕生日プレゼント. 생일 축하해 誕生日, おめでとう. 스물다섯 번째 생일을 맞이하다 25歳の誕生日を迎える.
생일-날 (生日-) [-랄] 图 =생일(生日).
생일-잔치 (生日-) 图 誕生日パーティー.
생자 (生者) 图 生者.
생자-필멸 (生者必滅) 图 生者必滅.
생장 (生長) 图 自 生長.
생장-점 (生長點) [-쩜] 图 〔植物〕 生長点;成長点.
생전 (生前) 图 生前. 對사후(死後).
── 图 今までずっと; 全く. ∥생전 오더니 오늘은 무슨 일이야? 全く来なかったのに今日はどうしたの.
생존 (生存) 图 自 生存. ∥생존이 확인되다 生存が確認される. 생존을 위협하다 生存を脅かす.
생존-경쟁 (生存競爭) 图 生存競争.
생존-권 (生存權) [-꿘] 图 〔法律〕 生存権.
생-죽음 (生-) 图 自 非命の死; 横死.
생-중계 (生中繼) [-/-게] 图 他 生中継.
생쥐 图 〔動物〕 ハツカネズミ(二十日鼠).
생-지옥 (生地獄) 图 生き地獄.
생질 (甥姪) 图 甥.
생질-녀 (甥姪女) [-려] 图 姪.
생-짜 (生-) 图 ❶生のもの. ❷手をつけていないもの.
생채 (生菜) 图 ゆでたりしないで生のまま調理した和え物.
생-채기 图 かき傷; すり傷. ∥생채기를 내다 爪などですり傷を残す.
생체 (生體) 图 生体. ∥생체 실험 生体実験.
생-크림 (生cream) 图 生クリーム.
생태 (生態) 图 生態. ∥야생 동물의 생태 野生生物の生態.
생태-계 (生態系) [-/-게] 图 生態系.
생태-학 (生態學) 图 生態学.
생-트집 (生-) 图 雖癖をつけること; 言いがかり; 無理難題. ∥생트집을 잡다 言いがかりをつける; いちゃもんをつける.
생-판 (生-) 图 全く知らない. ∥그런 일에 대해서는 완전히 생판이야 そういうことについては全く知らない.
── 副 全然; 全く. ∥생판 모르는 사람 全く知らない人. 생판 남 赤の他人.
생포 (生捕) 图 他 生け捕り. **생포-되다** 受動
생-피 (生-) 图 生血(なま); 生き血.
생필-품 (生必品) 图 생활필수품(生活必需品)の略称.
생혈 (生血) 图 生血(なま); 生き血.
생-피 (生-).
생화 (生花) 图 生花. 對조화(造花).

생-화학 (生化學) 图 〔化學〕 生化学.
생환 (生還) 图 自 生還.
생활 (生活) /seŋhwal/ 图 自 生活. ∥생활을 영위하다 生活を営む. 비참한 생활을 하다 悲惨な生活をする. 월 백만 원으로 생활하다 月100万ウォンで生活する. 사회생활 社会生活. 일상생활 日常生活. 학교 생활 学校生活. 결혼 생활 結婚生活. 검소한 생활 質素な暮らし.
생활-고 (生活苦) 图 生活苦.
생활-권 (生活圈) [-꿘] 图 生活圏.
생활-기록부 (生活記錄簿) 【-뿌】 图 指導要録.
생활-난 (生活難) [-란] 图 生活難.
생활-력 (生活力) 图 生活力. ∥생활력이 강하다 生活力が強い.
생활-비 (生活費) 图 生活費.
생활-상 (生活相) 图 生活ぶり; 暮らしぶり. ∥농촌 사람들의 생활상 農村の人々の暮らしぶり.
생활-설계사 (生活設計士) [-/-게-] 图 保険外交員.
생활-수준 (生活水準) 图 生活水準; 生活レベル. ∥생활수준이 향상되다 生活水準が向上する.
생활-용수 (生活用水) 【-룡-】 图 生活用水.
생활-필수품 (生活必需品) 【-쑤-】 图 生活必需品. 略생필품(生必品).
생활-화 (生活化) 图 他 生活化.
생후 (生後) 图 生後. ∥생후 사 개월 生後4か月.
샤머니즘 (shamanism) 图 シャーマニズム.
샤먼 (shaman) 图 シャーマン.
샤워 (shower) /ʃjawɔ/ 图 自 シャワー. ∥샤워를 하다 シャワーする; シャワーを浴びる.
샤프 (sharp) 图 ❶〔샤프펜슬의略語〕シャープ. ❷〔音樂〕シャープ(#). 對플랫(b).
샤프-펜슬 (sharp+pencil 日) 图 シャープペンシル. 略샤프.
샬레 (Schale ド) 图 シャーレ.
샴페인 (champagne) 图 シャンパン.
샴푸 (shampoo) 图 シャンプー.
샹들리에 (chandelier フ) 图 シャンデリア.
샹송 (chanson フ) 图 〔音樂〕 シャンソン.
서 (西) /sɔ/ 图 西. ∥동서남북 東西南北.
서² (序) 图 序.
서³ (署) 图 署.
서⁴ (序) 쥔 3…; 3つの…. ∥서 되 3斗.
서⁵ (序) 쥔 〔에서의縮約形〕 ❶…で. ∥여기서 기다려라 ここで待ってて. ❷…から. ∥어디서 왔니? どこから来たの.
서⁶ (序) 쥔 ❶〔人数を示す名詞やıが付く数詞に付いて〕その語が主語であることを

表わす. ‖한자 1人で, 둘이서 2人で, 일곱이서 7人で. ❷ […고］［…아］［…어］などの語尾に付いて] 完了・樣態・理由などの意をより明確に表わす. ‖빨리 일어나서 나빨 것은 없다 早起きして損することはない.

서[⁷] 名 서다(立)·건다(建)の連用形.

-서[⁷] 署 接尾 …署. ‖경찰서 警察署. 세무서 稅務署.

서가 (書架) 名 書架; 書棚; 本棚.

서간 (書簡) 名 書簡; 手紙.

　서간-문 (書簡文) 名 書簡文.
　서간-체 (書簡體) 名 書簡體.

서거 (逝去) 名 自 ［사거(死去)의 尊敬語] 逝去.

서걱-거리다 [-꺼-] 自 さくさくと音を立てる; しゃきしゃきと音を立てる.

서걱-서걱 [-써-] 副 自他 ❶ リンゴや豆などを嚼む音. ❷雪や砂利を踏む音: さくさく; ざくざく.

서경 (書經) 名 《五經》の書經.

서경-시 (敍景詩) 名 《文》敍景詩.

서고 (書庫) 名 書庫.

서곡 (序曲) 名 《音》序曲.

서광¹ (瑞光) 名 瑞光; 吉兆.

서광² (曙光) 名 曙光. ‖서광이 비치다 曙光が差す.

서구 (西歐) 名 地名 西歐; 西ヨーロッパ. ❷동구(東歐).

서글서글-하다 形 ハ變 顏つきや性格が穩やかで優しい.

서글퍼 形 ㅂ變 서글프다(もの悲しい)の連用形.

서글프다 /sʌgɯlpʰɯda/ 形 ㅂ變 [서글퍼, 서글픈] もの悲しい; 切ない; やるせない. ‖서글픈 계절 もの悲しい季節.
　서글픈 形 ㅂ變 서글프다(もの悲しい)の現在連体形.

서기¹ [-끼] 名 西紀; 西曆.

서기² (書記) 名 書記.

　서기-관 (書記官) 名 書記官.
　서기-장 (書記長) 名 書記長.

서까래 名 垂木(たるき); 屋根を支えるため棟から軒先に渡す長い木材.

서남 (西南) 名 西南.

서낭 (←城隍) 名 村の守護神, またはその守護神として祭る木. ⑨성황(城隍).
　서낭-단 (←城隍壇) 名 村の守護神を祭る壇. ⑨성황단(城隍壇).
　서낭-당 (←城隍堂) 名 村の守護神を祭る建物. ⑨성황당(城隍堂).

서너 /sʌnʌ/ 冠 3つか4つの…. ‖서너 개 3,4 個.

서넛 [-넏] 名 3人か4人. ‖서넛이 올거야 3,4 人は来ると思う.

서-녘 (西-) [-녁] 名 西方; 西の方.

서는 名 서다(立)·건다(建)の現在連体形.

서늘-하다 /sʌnɯlhada/ 形 ハ變 ❶ 涼しい; やや冷たい. ‖저녁 공기가 서늘하다 夕方の空気が涼しい. ❷ひやりとする; ぞっとする. ❸ (雰圍氣などが) 冷える.

서다 /sʌda/ 自 ❶ 立つ; 直立する; 立ち上がる; 突っ立つ. ‖전철에 앉을 자리가 없어서 줄곧 서서 갔다 電車で座れなくて立ったまま行った. 상대방의 입장에 서서 생각하다 相手の立場に立って考えている. 오 일마다 장이 서다 5日ごとに市が立つ. 대책이 서다 對策が立つ. 핏대가 서다 青筋が立つ. 우위에 서다 優位に立つ. 교단에 서다 教壇に立つ. 입구에 서 있지 말고 안으로 들어와 入り口で突っ立っていないで中へ入って. ❷ 建つ. ‖빌딩이 서다 ビルが建つ. 기념비가 서다 記念碑が建つ. ❸ 聳(そび)える. 聳え立つ. ‖우리 눈앞에 한라산이 우뚝 서 있었다 私たちの目の前に漢拏山が高く聳えていた. ❹樹立する. ‖임시 정부가 서다 臨時政府が樹立する. ❺(決心·體面·計畵·威嚴などが) つく; 保たれる; 守られる. ‖결심이 서다 決心がつく. 체면이 서다 体面が保たれる. 위신[威信]이 서다 威信[威嚴]が保たれる. ❻(動いていたものが) 止まる. ‖도중에 전철이 섰다 途中で電車がとまった. 시계가 섰다 時計がとまった. ❼[刃物の刃などが] 尖っている. ‖칼날이 서다 刃物の刃が尖っている. 무지개가 서다 虹がかかる. ❽ 妊娠する. ‖아이가 서다 身ごもる.
— 他 ❶ ある役割や任務を果たす. ‖보초를 서다 步哨に立つ. 보증을 서다 保證人になる. 중매를 서다 結婚の仲立ちをする. ❷〖列を〗つくる. ‖줄을 서다 列をつくる: 並ぶ. ❸세우다.

서단 (西端) 名 西端.

서당 (書堂) 名 寺小屋; 私塾. ▶서당 개 삼 년에 풍월 을 하다[읊는다]〖諺〗門前の小僧習わぬ経を読む.

서도 (書道) 名 書道.

서두¹ (序頭) 名 冒頭; 嚆矢き.

서두² (書頭) 名 文章の始め.

서두르다 /sʌduruda/ 他 르變 [서둘러, 서두른다] 急ぐ; 慌てる; 焦る. ‖착공을 서두르다 着工を急ぐ. 서둘러 주십시오 急いでください.

서랍 /sʌrap/ 名 引き出し. ‖책상 서랍 机の引き出し.

서러워 形 ㅂ變 서럽다(悲しい)の現在連体形.

서러워하 形 ㅂ變 서럽다(悲しい)の連用形.

서럽다 /sʌːrʌpta/ 形 ㅂ變 [서러워, 서러운] 悲しい; 恨めしい. ‖객지에서 아프면 서럽다 旅先で病気になると悲しい.

서로 /sʌro/ 名 相互; 兩方; 双方. ‖서로 자기 의견만 주장하다

서론 (論論·緖論) 图 序論; 序說; 前置き.

서류 (書類) /sɔrju/ 图 書類. ¶중요 서류 重要書類. 비밀 서류 秘密書類. 서류 심사 書類審査.

서류-철 (書類綴) 图 書類綴じ.
서류-함 (書類函) 图 書類入れ.

서른 (sɔrɯn) 閷 30歲. ¶서른에 결혼하다 30歲で結婚する.
── 圀 30….¶서른 명 30人.

서리¹ 图 ❶霜. ¶서리가 내리다 霜が降る. ❷ひどい打擊や被害. ❸[比喩的に] 白髮.

서리² 图 群れをなしてスイカや鶏などの人のものを盜み取って食べることや、その行爲. ¶서리를 맞다[당하다] スイカや鶏の類を盜み取られる.

서리³ (署理) 图 代理. ¶국무총리 서리 國務總理代理.

서리다 图 ❶ (水蒸氣などで)曇る; 立ちこめる. ¶안개 김이 서리다 眼鏡が水蒸氣で曇る. ❷ (考えや感情などが)秘められる; 潛む; こもる. ¶슬픔이 가득 서린 눈빛 悲しみがこもった眼差し.

서릿-발 [-리빨/-릳빨] 图 ❶霜柱. ❷霜の降る勢い. ¶서릿발 같은 명령 非常に嚴しい命令. ◆서릿발이 서다 非常に嚴格である.

서막 (序幕) 图 序幕. ¶서막이 오르다 序幕が上がる.

서머-스쿨 (summer school) 图 サマースクール.

서머타임 (summer time) 图 サマータイム.

서먹서먹-하다 [-써먹카-] 圀 [하变] 隔たりがましく冷淡である; 親しみがない; 他人行儀である; よそよそしい; 氣まずい. ¶분위기가 서먹서먹하다 雰圍氣がよそよそしい.

서먹-하다 [-머카-] 圀 [하变] よそよそしい; 照れくさい; 氣恥ずかしい.

서면 (書面) 图 書面. ¶서면으로 통지하다 書面をもって通知する.

서명¹ (署名) 图 書名.
서명² (署名) 图 [하他] 署名; サイン. 《서명 운동 著名運動. 서명 날인하다 署名捺印する.

서무 (庶務) 图 庶務.
서문 (序文) 图 序文; 前書き; はしがき.

서민 (庶民) /sɔ:min/ 图 庶民. ¶서민들의 일상 庶民の日常.
서민-적 (庶民的) 圀 庶民的. ¶서민적인 감각 庶民的な感覺.
서민-층 (庶民層) 图 庶民階級.

서-반구 (西半球) 图 西半球. ⑰동반구 (東半球).

서방¹ (西方) 图 西方. ❶西の方向. ❷서방 국가(西方國家)의略語 西歐諸國.
서방¹**-국가** (西方國家) [-까] 图 西歐諸國. ⑭서방 (西方).
서방¹**-세계** (西方世界) [-/-게] 图 = 서방 국가 (西方國家).

서방² (書房) 图 ❶ [남편(男便)の俗っぽい言い方で] 夫. ❷ [姓に付けて] 婿や男性から見て妹の夫を示す呼稱.
서방-님 (書房-) 图 ① [昔の言い方で] 旦那様. ② 旣婚の夫の弟を呼ぶ呼稱.

서방¹**-극락** (西方極樂) [-극낙] 图 [佛敎] 極樂淨土.
서방¹**-정토** (西方淨土) 图 [佛敎] 極樂淨土.

서버 (server) 图 ❶ (テニスなどの)サーバー. ❷ (IT) サーバー.

서부 (西部) 图 西部.
서부-극 (西部劇) 图 西部劇; ウエスタン.
서부-활극 (西部活劇) 图 =서부극 (西部劇).

서북 (西北) 图 西北.
서-북서 (西北西) [-써] 图 西北西.

서브 (serve) 图 [하自] サーブ. ⑰리시브.

서비스 (service) /sɔ:bisɯ/ 图 [하自] サービス. ¶서비스 정신 サービス精神. 셀프서비스 セルフサービス.
서비스-업 (-業) 图 サービス業.

서사¹ (序事) 图 序詞; 序文.
서사² (敍事) 图 [하他] 敍事.
서사-시 (敍事詩) 图 [文藝] 敍事詩.

서산-낙일 (西山落日) 图 ❶西の山に沈む日. ❷ [比喩的に] 權力などが衰え沒落すること.

서상 (瑞相) 图 瑞相.
서생 (書生) 图 書生.
서-생원 (鼠生員) 图 鼠(鼠)を擬人化して言う語.

서서-히 (徐徐-) /sɔ:sɔhi/ 圖 徐々に; 徐(じょ)に; ゆっくりと; じわじわと; そろそろ. ¶경기가 서서히 회복되다 景氣が徐々に回復する. 서서히 출발합시다 そろそろ出發しましょう.

서설¹ (序說) 图 序說; 序論.
서설² (瑞雪) 图 瑞雪(めでたいしるしとされる雪).

서성-거리다 [-대다] 圙 うろつく; うろうろする. ¶문 앞에서 서성거리다 門の前でうろうろする.

서수 (序數) 图 [數學] 序數(物の順序を表わす數).
서-수사 (序數詞) 图 [言語] 序數詞 (順序を表わす數詞). ✦1番·第4など.

서술 (敍述) 图 [하他] 敍述(事物につい

て順を追って述べること).
서술-어 (敍述語) 图 《言語》 敍述語; 述語. ⑨주어 (主語).
서술-형 (敍述形) 图 《言語》 敍述形.
서스펜스 (suspense) 图 サスペンス.
서슬 图 ❶ 刃物の尖った部分. ❷《言葉や行動などの》鋭く厳しい勢い. ▶서슬이 퍼렇다《行動などの》勢いが鋭く厳しい; 쉌剣幕だ.
서슴다 [-따] 自他 《主に下に打ち消しの表現を伴って》ためらわない; 躊躇(ちゅうちょ)しない. ¶조금도 서슴지 않고 안으로 들어오다 何のためらいもなく中へ入っていく.
서슴-없다 [-쓰멉따] 形 ためらわない; 躊躇(ちゅうちょ)しない. 서슴없-이 副 ためらわずに; 躊躇せずに.
서시 (序詩) 图 序詩(序として添えられた詩).
서식[1] (書式) 图 書式.
서식[2] (棲息) 图 自 生息; 棲息.
서식-지 (棲息地) [-찌] 图 生息地; 棲息地.
서신 (書信) 图 書信; 手紙; 便り.
서안 (書案) 图 書案.
서약 (誓約) 图 他 誓約. ¶서약을 주고받다 誓約を交わす.
서약-서 (誓約書) [-써] 图 誓約書.
서양 (西洋) /sojaŋ/ 图 西洋. ⑦동양 (東洋). ¶서양의 여러 나라 西洋諸国.
서양-과자 (西洋菓子) 图 洋菓子.
서양-사 (西洋史) 图 西洋史.
서양-식 (西洋式) 图 西洋式.
서양-인 (西洋人) 图 西洋人.
서양-풍 (西洋風) 图 西洋風.
서양-화[1] (西洋化) 图 自 西洋化. ⑨양화 (洋化).
서양-화[2] (西洋畵) 图 《美術》 西洋画. ⑨양화 (洋畵).
서언[1] (序言) 图 序言; 前書き; 序文.
서언[2] (誓言) 图 誓言.
서역 (西域) 图 西域.
서열 (序列) 图 序列. ¶서열을 정하다 序列をつける. 연공서열 年功序列.
서예 (書藝) 图 書芸; 書道.
서운-하다 /sɔunhada/ 形 [하變] ❶ 心細い; さびしい; 物足りない. ¶친구에게서 연락이 없어 서운하다 友だちから連絡がなくてさびしい. ❷ 残念だ; 恨めしい. ¶시합에서 남동생이 져서 서운했다 試合で弟が負けて残念だった.
서울 /soul/ 图 《地名》 ソウル(韓国の首都). ¶서울내기 ソウル生まれ. 서울 토박이 生っ粋のソウルっ子; 都. ▶서울 가서 김 서방 찾기 [諺] 《「ソウルへ行って金さんを探す」の意でいたずらに無鉄砲なことを試みる愚昧のたとえ.
서-유럽 (西 Europe) 图 《地名》 西ヨーロッパ; 西欧. ⑨동유럽 (東-).
서자 (庶子) 图 庶子.
서장 (署長) 图 署長.
서재 (書齋) 图 書斎.
서적 (書籍) 图 書籍.
서전 (緖戰) 图 緒戦. ¶서전을 승리로 장식하다 緒戦を勝利で飾る.
서점 (書店) /sɔdʑɔm/ 图 書店; 本屋. ¶대형 서점 大型書店.
서정 (抒情) 图 叙情
서정-시 (抒情詩) 图 《文芸》 叙情詩.
서정-적 (抒情的) 图 叙情的. ¶서정적인 음악 叙情的な音楽.
서지[1] (書誌) 图 書誌; 書籍.
서지-학 (書誌學) 图 書誌学.
서지[2] (serge) 图 《服地の》サージ.
서-쪽 (西-) /sɔtɕ͈ok/ 图 西; 西の方; 西側. ¶해가 서쪽으로 지다 日が西に沈む. ▶서쪽에서 해가 뜨다 《「西の方から日が昇る」の意で》絶対あり得ないことや珍しいことのたとえ.
서찰 (書札) 图 《편지(便紙)の古い言い方》書札.
서체 (書體) 图 書体.
서출 (庶出) 图 庶出; 非嫡出.
서치라이트 (search-light) 图 サーチライト; 探照灯.
서커스 (circus) 图 サーカス.
서클 (circle) 图 サークル; 部活. ⑨ 동아리. ¶서클에 가입하다 サークルに加入する. 연극 서클 演劇サークル.
서킷 (circuit) 图 サーキット.
서투르다 /sɔːtʰuruda/ 形 [르變] 《서툴러, 서투른》 ❶ 《下手だ; 不慣れだ; 未熟だ; 不器用だ; 手際がよくない. ⑨ 서툴다. ¶서투른 일 처리 不慣れな仕事ぶり. ❷ 《面識がなくて》よそよそしい; ぎこちない.
서투른 冠 [르變] 서투르다(下手だ)の現在連体形.
서툴 形 [르語幹] 서투르다の縮約形. ¶솜씨가 서툴다 手際がよくない.
서툴러 [르變] 서투르다(下手だ)の連用形.
서평 (書評) 图 書評.
서포터 (supporter) 图 サポーター.
서표 (書標) 图 《本にはさむ》栞(しおり).
서-품 图 三文; 値打ちの無いこと.
서핑 (surfing) 图 ❶ サーフィン; 波乗り. ❷ インターネット上で情報を検索すること.
서한 (書翰) 图 書翰; 手紙.
서해 (西海) 图 《地名》 朝鮮半島の西側の海; 黄海.
서-해안 (西海岸) 图 西海岸(朝鮮半島の西側の海岸).
서행 (徐行) 图 自 徐行. ¶서행 구간 徐行区間.
서향[1] (西向) 图 西向き. ¶서향 집 西向きの家.
서향[2] (瑞香) 图 《植物》 ジンチョウゲ(沈丁花).
서화 (書畵) 图 《美術》 書画.

서화-가 (書畵家) 图 書畵家.
서화-전 (書畵展) 图 書畵の展覧会.
서훈 (敍勳) 图 敍勳.
석¹ (石) [姓] 图 (ソク).
석² (石) 依размер …石. ‖천 석 千石.
석³ (石) 3…; 3つの…. ‖석 달 3か月.
석⁴ 图 ❶ ずばっと; ばっさり; ざくりと. ‖수박을 석 자르다 スイカをざくりと切る. ❷ さっと; すっと. ‖석 지나가다 すっと横切る.
-석⁵ (席) 顾尾 …席. ‖지정석 指定席. 관람석 觀覽席.
석가 (釋迦) 图 (仏教) 釈迦.
석가모니 (釋迦牟尼) 图 (仏教) 釈迦牟尼.
석가-여래 (釋迦如來) 图 (仏教) 釈迦如来.
석간 (夕刊) [-깐] 〔석간신문(夕刊新聞)の略語〕图 夕刊; 夕刊新聞.
석간-신문 (夕刊新聞) 图 夕刊新聞. ⦿ 석간(夕刊). ↔조간신문(朝刊新聞).
석간-지 (夕刊紙) 图 夕刊紙.
석고 (石膏) [-꼬] 图 (鑛物) 石膏.
석고-붕대 (石膏繃帶) 图 ギプス.
석고-상 (石膏像) 图 石膏像.
석고-대죄 (席藁待罪) [-꼬-/-꼬-꽤] 한国 わらむしろの上に伏して処罰を待つこと.
석굴 (石窟) [-꿀] 图 石窟; 岩窟.
석권 (席卷) [-꿘] 한自他 席巻する. ‖전 종목을 석권하다 全種目を席巻する.
석기 (石器) [-끼] 图 石器.
석기-시대 (石器時代) 图 石器時代.
석둑 [-뚝] 圖 刃物などで勢いよく切る様子(音); ずばっと. 中삭둑. ‖무를 석둑 자르다 大根をばっさりと切る.
석류 (石榴) [성뉴] 图 (植物) ザクロの実.
석류-나무 (石榴-) 图 (植物) ザクロ (石榴).
석류-석 (石榴石) 图 (鑛物) 石榴石.
석면 (石綿) [성-] 图 石綿; アスベスト.
석방 (釋放) [-빵] 图他 釈放. **석방-되다** (釋放-) 图自 釈放される.
석벽 (石壁) [-뼉] 图 石壁.
석별 (惜別) [-뼐] 한自 惜別. ‖석별의 정 惜別の情.
석불 (石佛) [-뿔] 图 石仏.
석사 (碩士) [-싸] 图 (大学院の) 修士. 석사 과정 修士課程. 문학 석사 文学修士. 석사 논문 修士論文.
석상¹ (碩像) [-쌍] 图 石像.
석상² (席上) [-쌍] 图 席上; 席. ‖회의 석상에서 会議の席で.
석쇠 [-쐬/-쒜] 图 焼き網. ‖석쇠에 고기를 굽다 焼き網で肉を焼く.
석수¹ (石手) [-쑤] 图 石工; 石屋. **석수-장이** (石手-) 图 石手(石工)をさげすむ言い方.
석수² (汐水) [-쑤] 图 夕潮.
석순 (石筍) [-쑨] 图 石筍.
석실 (石室) [-씰] 图 石室.
석실-분 (石室墳) 图 石室墳.
석양 (夕陽) 图 ❶夕陽; 夕日; 入り日; 斜陽. ‖아름다운 석양 美しい夕日. ❷夕暮れ; 夕方. ❸〔比喩的に〕老年; 黃昏(訟).
석양-빛 (夕陽-) [-삗] 图 夕暮れの日の光; 夕焼けの色.
석연-하다 (釋然-) 한変 〔主に下に打ち消しの表現を伴って〕釈然としない; すっきりしない. ‖진술에 석연치 않은 점이 있다 陳述に釈然としない点がある.
석영 (石英) 图 (鑛物) 石英.
석유 (石油) /ssgju/ 图 石油. ‖석유난로 石油ストーブ. 석유 파동 オイルショック. 석유 수출국 기구 石油輸出国機構(OPEC).
석이-버섯 (石栮-) [-섣] 图 (植物) キクラゲ(木耳).
석재 (石材) [-째] 图 石材.
석조¹ (石彫) [-쪼] 图 石彫り.
석조² (石造) [-쪼] 图 石造.
석주 (石柱) [-쭈] 图 石柱.
석질 (石質) [-찔] 图 石質.
석차 (席次) 图 席次; 席順.
석탄 (石炭) 图 (鑛物) 石炭.
석탑 (石塔) 图 石塔.
석판-화 (石版畵) 图 (美術) 石版画.
석학 (碩學) 图 [석칵] 碩学.
석회 (石灰) /서퀴/서쾨/ 图 (化学) 石灰.
석회-석 (石灰石) 图 石灰石.
석회-수 (石灰水) 图 石灰水.
석회-암 (石灰岩) 图 石灰岩.
석회-토 (石灰土) 图 石灰土.
섞다 /sək͈ta/ [석따] 他 ❶混ぜる; 混合する. ‖쌀에 잡곡을 조금 섞다 米に雑穀を少し混ぜる. ⦿ 섞이다. ❷つけ加える; 加え入れる; 交える. ‖농담을 섞어가면서 이야기를 하다 冗談を交えながら話をする.
섞어-바뀌다 [서께-] 自 交互に順序が替わる.
섞어-찌개 (料理) 肉と様々な野菜を混ぜて作ったチゲ.
섞이다 /sə'kida/ 自 〔섞다の受身動詞〕混じる; 混ざる; 混合される. ‖물과 기름은 섞이지 않는다 水と油は混ざらない. 몇 종류의 약품이 섞이다 数種の薬品が混合される.
선¹ 图 ❶ 顔見せ; 見合い. ‖선을 보다 見合いをする. ❷ものの出来ぐあいを判断すること. 선을 보이다 (ものの出来ぐあいのよしあしを判断してもらうために) 見せる; 公開する.
선² (先) 图 ❶(囲碁・将棋などで) 先手. ❷(花札やトランプなどで) 親.

선³ (宜) 图 (姓) 宜(ソン).
선⁴ (善) /sɔːn/ 图 善. ⑪악(惡). ‖진 선미 真善美.
선⁵ (線) 图 ❶線. ‖점과 선 点と 線. 재래선 在来線. 교사로서 넘어서는 안 되는 선 教師として超えてはいけない線. 선이 가는 사람 線の細い人. 선이 굵은 정치가 線の太い政治家. 협력하는 선에서 이야기를 추진하다 協力する線で話を進める. ❷ コネ. ‖선이 닿을 コネがつく. 선을 대다 コネをつける. ▶선을 긋다 線引きする.
선⁶ (禪) 图 (仏教) 禅.
선⁷ 回 서다(立)·건(建)다의 과거연체형.
-선⁻⁸ (鮮) 不慣れな…; 不似合いな…; 未熟な…; 生…. ‖선하품 生あくび. 선장 うたた寝.
선⁻⁹ (先) ❶前の…; 先の…. ‖선불 前金払い. ❷亡き…. ‖선왕 亡き王.
-선¹⁰ (船) 接尾 …船. ‖연락선 連絡船.
-선¹¹ (線) 接尾 …線. ‖국내선 国内線.
-선¹² (選) 接尾 …選. ‖단편선 短編選.
선각 (先覚) 图 先覚.
선각-자 (先覚者) [-짜] 图 先覚者.
선객 (船客) 图 船客.
선거 (選舉) /sɔːngʌ/ 图 他 選挙. ‖대통령 선거 大統領選挙. 선거 공약 マニフェスト.
선거 관리 위원회 (選擧管理委員會) 【-괄-/-괄-쾌-】 图 選挙管理委員会. (略)選管委.
선거-구 (選擧區) 图 選挙区.
선거-권 (選擧權) [-꿘] 图 選挙権.
선거-법 (選擧法) [-뻡] 图 (法律) 選挙法.
선거-인 (選擧人) 图 選挙人.
선거-전 (選擧戰) 图 選挙戦. ‖치열한 선거전 熾烈な選挙戦.
선견 (先見) 图 先見.
선견지명 (先見之明) 图 先見の明.
선결 (先決) 图 他 先決. ‖선결 문제 先決問題.
선경 (仙境) 图 仙境.
선고 (宣告) 图 他 宣告. ‖파산 선고 破産宣告. 암 선고를 받다 癌の宣告を受ける.
선고-유예 (宣告猶豫) 图 (法律) 宣告猶予.
선고-형 (宣告刑) 图 (法律) 宣告刑.
선고² (先考) 图 先考; 亡父.
선곡 (選曲) 图 他 選曲.
선공 (先攻) 图 他 先攻.
선공-후사 (先公後私) 图 公的なことを先にし私的なことは後に回すこと.
선관위 (選管委) 图 選挙管理委員会 (選擧管理委員會) の略語.
선교 (宣教) 图 他 宣教. ‖선교에 힘쓰다 宣教に努める.
선교-사 (宣教師) 图 宣教師.

선교-회 (宣教會) [/-/-훼] 图 宣教会.
선구 (船具) 图 船具.
선구² (選球) 图 他 選球.
선구-안 (選球眼) 图 選球眼.
선구³ (先驅) 图 先駆.
선구-자 (先驅者) 图 先駆者.
선글라스 (←sunglasses) 图 サングラス.
선금 (先金) 图 先金; 前金; 手付け金. ‖선금을 걸다[치르다] 手付け金を払う.
선남-선녀 (善男善女) 图 善男善女.
선납 (先納) 图 他 先納; 前納.
선납-금 (先納金) 【-끔】 图 前もって納めたお金.
선녀 (仙女) 图 仙女.
선다-형 (選多型) 图 多肢選択法; マルチョイス.
선대 (先代) 图 先代.
선대-금 (先貸金) 图 先貸しの金.
선-대칭 (線對稱) 图 〔数学〕 線対称.
선도 (鮮度) 图 鮮度.
선도² (善導) 图 他 善導.
선도³ (先導) 图 他 先導; リード.
선동 (煽動) 图 他 扇動; 煽動.
  선동-적 (煽動的) 图 扇動的な. ‖선동적인 표현 扇動的な表現.
선두 (先頭) 图 先頭. ‖선두에 서다 先頭に立つ. 선두 주자 トップランナー.
선뜻 [-뜯] 圖 さっさと; 気軽に快く; あっさりと; 躇躇(ちゅうちょ)(躊躇)なく. ‖선뜻 빌려주다 快く貸してくれる.
선량 (選良) [설-] 图 選良.
선량-하다 (善良-) [설-] 图 [하변] 善良だ. ‖선량한 시민 善良な市民.
선로 (線路) [설-] 图 線路. ‖기차 선로 鉄道線路.
선린 (善隣) [설-] 图 善隣.
  선린-정책 (善隣政策) 图 善隣政策.
선망 (羨望) 图 他 羨望; 憧れ. ‖선망의 대상 羨望の的.
선매 (先買) 图 他 先買い.
  선매-권 (先買權) 【-꿘】 图 先買権; 先買い権.
선매² (先賣) 图 他 先売り.
선-머슴 いたずら小僧; いたずら坊主; 腕白坊主. ‖선머슴처럼 굴다 腕白坊主のようにふるまう.
선명-하다 (鮮明-) 图 [하변] 鮮明だ; 鮮やかだ. ‖색깔이 선명하다 色彩が鮮やかだ. 기억에 선명하게 남아있다 記憶に鮮明に覚えている. **선명-히** 圖.
선-무당 (-巫堂) 图 未熟な巫女; 不慣れな巫女. ▶선무당이 사람 잡는다[죽인다] 〔諺〕「未熟な巫女の言うことに従って人が死ぬ」の意で)生兵法は大怪我の基.
선-문답 (禪問答) 图 禅問答(話のみか分かる珍妙な問答).
선물¹ (先物) 〔経〕 先物.

선물~거래 (先物去來) 图 (経) 先物取引.

선물² (膳物) /sɔːlmul/ 图 他他 贈り物．プレゼント；お土産；お祝い．‖선물을 준비하다 プレゼントを用意する．생일 선물 誕生日プレゼント．입학 선물 入学のお祝い．

선미 (船尾) 图 船尾．凡고물．凡선수(船首).

선-바이저 (sun visor) 图 サンバイザー.

선박 (船舶) 图 船舶.

선반 (旋盤) 图 旋盤.
　선반-공 (旋盤工) 图 旋盤工.

선발¹ (先發) 图 먼저 先発. 凡후발(後發). ‖선발 투수 先発投手.
　선발-대 (先發隊) [―때] 图 先発隊.

선발² (選拔) 图 他他 選抜. ‖대표를 선발하다 代表を選抜する．선발 시험 選抜試験. **선발-되다** 自他.

선배 (先輩) /sɔnbe/ 图 先輩. 凡후배(後輩). ‖대학 선배 大学の先輩．직장 선배 職場[会社]の先輩.

선별 (選別) 图 他他 選別.

선-보다 他 見合いをする. 凡선보이다.

선보-이다 他 ❶[선보다의 사동형] 見合いをさせる. ❷(初めて)見せる；公開する. ‖새 상품을 선보이다 新しい商品を初公開する.

선봉 (先鋒) 图 先鋒；先頭. ‖반대 운동의 선봉에 서다 反対運動の先鋒に立つ.
　선봉-대 (先鋒隊) 图 先鋒に立つ部隊.
　선봉-장 (先鋒將) 图 先頭に立つ大将.

선불 (先拂) 图 他他 先払い；前金払い.

선비 ❶ 昔, 学識はあるが官職につかなかった人；在野の学者. ❷ 学識が高い人, または人柄が優しく温厚な人.

선사¹ (先史) 图 先史.
　선사-시대 (先史時代) 图 先史時代.

선사² (膳賜) 图 他他 贈り物をすること；進物を贈ること. ‖생일에 만년필을 선사하다 誕生日に万年筆を贈る.

선사³ (禪師) 图 (仏教) 禅宗の法理に通達している僧侶.

선산 (先山) 图 先塋. 凡선영(先塋).
　선산-밑치 (先山一) 图 先塋のふもと.

선상¹ (先上) 图 先上.

선상² (線上) 图 線上. ‖수사 선상에 떠오르다 捜査線上に浮かぶ．기아 선상에 있는 사람들 飢餓線上の人々.

선상³ (線狀) 图 線状.

선상-지 (扇形地) 图 (地) 扇状地.

선생 (先生) /sɔnseŋ/ 图 先生. ‖젊은 국어 선생 若い国語の先生. ╋上目上の人に使う場合は必ず선생님にしなければならない.

선생-님 (先生—) /sɔnseŋnim/ 图 (선생(先生)의 尊敬語) 先生；様；さん. ‖교장 선생님 校長先生．피아노 선생님 ピアノの先生．오 선생님 呉先生．의사 선생님 お医者さん.

선서 (宣誓) 图 自他 宣誓.
　선서-문 (宣誓文) 图 宣誓文.
　선서-식 (宣誓式) 图 宣誓式.

선선-하다¹ /sɔnsənhada/ [하変] (空気などが)ほどよく涼しい. ‖저녁에는 바람이 선선하다 夕方には風が涼しい.

선선-하다² [하変] (性格が)さっぱりして快活である；あっさりしている. **선선-히** 剛 躊躇(ちゅうちょ)なく；気持ちよく；快く. ‖선선히 응하다 快く応じる.

선수¹ (先手) 图 先手. 凡후수(後手). ▶선수를 치다[쓰다] 先手を取る[つ].

선수² (船首) 图 船首；へさき. 凡이물. 凡선미(船尾).

선수³ (選手) /sɔːsu/ 图 選手. ‖프로 야구 선수 プロ野球の選手．대표 선수 代表選手．선수 교체 選手交替．선수 생명 選手生命．운동회의 릴레이 선수 運動会のリレーの選手.
　선수-권 (選手權) [—꿘] 图 選手権.
　선수-촌 (選手村) 图 選手村.

선술-집 [—찝] 图 居酒屋；飲み屋.

선실 (船室) 图 船室.

선심¹ (善心) 图 善心；善良な心；他人を助けようとする心. ▶선심(을) 쓰다 気前よく与える.

선심² (線審) 图 線審判(線審判)の略語.

선-심판 (線審判) 图 線審. 凡선심(線審).

선악 (善惡) 图 善悪.
　선악-과 (善惡果) 图 〔キリスト教〕禁断の木の実.

선약 (仙藥) 图 仙薬.

선약 (先約) 图 他他 先約.

선양 (宣揚) 图 他他 宣揚. ‖국위를 선양하다 国威を宣揚する.

선언 (宣言) 图 自他 宣言. ‖독립 선언 独立宣言．개회를 선언하다 開会を宣言する.
　선언-문 (宣言文) 图 =선언서(宣言書).
　선언-서 (宣言書) 图 宣言文. ‖선언서를 낭독하다 宣言文を朗読する.

선열 (先烈) 图 義のために命を捧げた烈士.

선영 (先塋) 图 先塋(せん). 凡선산(先山).

선왕 (先王) 图 先王.

선우 (鮮于) 图 〔姓〕鮮于(ソンウ).

선-웃음 图 作り笑い；そら笑い；お世辞笑い. ‖선웃음을 짓다 作り笑いする.

선원 (船員) 图 船員；船乗り.

선율 (旋律) 图 旋律. ‖아름다운 선율

美しい旋律.
선의 (善意)【-/서니】[名] 善意. [対]악의(惡意). ‖선의로 한 행위 善意でした行為.
선인[1] (善人) [名] 善人. [対]악인(惡人).
선인[2] (仙人) [名] 仙人.
선인-장 (仙人掌) /sɔnindʒaŋ/ [名] 《植物》サボテン.
선임[1] (選任) [名] [하他] 選任. **선임-되다** [受身]
선임[2] (先任) [名] [하他] 先任. ‖선임 연구원 先任研究員.
선입-감 (先入感)【-깜】[名] =선입관(先入觀).
선입-견 (先入見)【-껸】[名] =선입관(先入觀).
선입-관 (先入觀)【-꽌】[名] 先入観. ‖선입관에 사로잡히다 先入観にとらわれる.
선-잠 [名] 仮寝; うたた寝.
선장 (船長) [名] 船長.
선적[1] (船積) [名] [하他] 船積み. **선적-되다** [受身]
선적-물 (船積物)【-정-】[名] 船荷.
선적-항 (船積港)【-저캉】[名] 船積みをする港.
선적[2] (船籍) [名] 船籍.
선적-항 (船籍港)【-저캉】[名] 船籍港.
선전[1] (宣傳) /sɔndʒɔn/ [名] [하他] 宣伝. ‖텔레비전을 통해 선전하다 テレビを通じて宣伝する. 요란하게 선전하다 鳴り物入りで宣伝する. 거창한 선전 大げさな宣伝.
선전[2] (宣戰) [名] [하自] 宣戦.
선전^포고 (宣戰布告) [名] 宣戦布告.
선전[3] (善戰) [名] [하自] 善戦. ‖선전하였지만 지고 말았다 善戦むなしく敗れた.
선점 (先占) [名] [하他] 先占.
선정[1] (善政) [名] [하自] 善政. [対]악정(惡政). ‖선정을 베풀다 善政を施す.
선정[2] (選定) [名] [하他] 選定. ‖후보자를 선정하다 候補者を選定する. **선정-되다** [受身]
선정-적 (煽情的) [名] 扇情的. ‖선정적인 포스터 扇情的なポスター.
선제 (先制) [名] [하他] 先制. ‖선제 공격 先制攻撃. **선제-당하다** [受身]
선조 (先祖) [名] 先祖; 祖先.
선종 (禪宗) [名] 《仏教》 禅宗.
선주 (船主) [名] 船主.
선-주민 (先住民) [名] 先住民.
선지 [名] (獣の)生き血.
선짓-국【-지꾹/-짇꾹】[名] 《料理》 선지を牛の骨や白菜などと一緒に煮込んだ汁物.
선지-자 (先知者) [名] 預言者.
선진-국 (先進國) [名] 先進国. [対]후진국(後進國).
선집 (選集) [名] 選集.
선착 (先着) [名] [하自] 先着.
선착-순 (先着順)【-쑨】[名] 先着順.
선착-장 (船着場)【-짱】[名] 船着き場.
선창[1] (先唱) [名] [하他] ❶先に主張したり唱えたりすること. ❷音頭を取ること. ‖선창을 하다 (歌や掛け声の)音頭を取る.
선창[2] (船艙) [名] 埠(ふ)頭; 桟橋; 船着き場; 波止場.
선처 (善處) [名] [하他] 善処. ‖선처를 바라다 善処を求める.
선천-설 (先天說) [名] 先天説.
선천-성 (先天性)【-썽】[名] 先天性.
선천-적 (先天的) [名] 先天的. [対]후천적(後天的). ‖선천적인 재능 先天的な才能.
선철[1] (先哲) [名] 先哲.
선철[2] (銑鐵) [名] 銑鉄.
선출 (選出) [名] [하他] 選出. ‖의장으로 선출하다 議長に選出する. **선출-되다** [受身]
선취 (先取) [名] [하他] 先取(せんしゅ); 先取り.
선취-권 (先取權)【-꿘】[名] 《法律》 先取特権.
선취-점 (先取點)【-쩜】[名] 先取点.
선태 (蘚苔) [名] 《植物》 蘚苔.
선태^식물 (蘚苔植物)【-싱-】[名] 《植物》 蘚苔植物.
선택 (選擇) /sɔːntʰɛk/ [名] [하他] 選択. ‖외국어 과목으로 한국어를 선택하다 外国語科目に韓国語を選択する. 선택을 잘못하다 選択を誤る. 취사선택하다 取捨選択する. 선택의 여지가 없다 選択の余地がない. 직업 선택의 자유 職業選択の自由. 선택 과목 選択科目. **선택-되다** [受身]
선택-권 (選擇權)【-꿘】[名] 選択権.
선택-지 (選擇肢)【-찌】[名] 選択肢.
선택-형 (選擇型)【-태켱】[名] 選択型.
선탠 (suntan) [名] 日焼け.
선탠^크림 (←suntan + cream) [名] 日焼け止め.
선편 (船便) [名] 船便. [類]배편(-便).
선포 (宣布) [名] [하他] 宣布. **선포-되다** [受身]
선풍 (旋風) [名] 旋風. ‖선풍을 불러일으키다 旋風を巻き起こす.
선풍-기 (扇風機) [名] 扇風機.
선-하다[1] (善-) [形] 『하変』 善良だ; 優しい. [対]악하다(惡-). ‖눈매가 선한 사람 目元が優しそうな人.
선-하다[2] [形] 『하変』 ありありと目に浮かぶようである; 目に見えるようである. ‖그 날 일이 눈에 선하다 あの日のことが目に浮かぶ.
선-하품 [名] [하自] 生あくび.
선학 (先學) [名] 先学. [対]후학(後學).
선행 (善行) [名] 善行. [対]악행(惡行). ‖선행을 베풀다 善行を施す. 선행을

선험-론 (先驗論) 【-논】 图 先驗論.
선험-적 (先驗的) 图 先驗的.
선현 (先賢) 图 先賢.
선혈 (鮮血) 图 鮮血. ‖선혈이 낭자하다 鮮血がほとばしる.
선형[1] (船型・船形) 图 船形.
선형[2] (線形) 图 線形. **선형 "동물** (線形動物) 图 (動物) 線形動物.
선호 (選好) 图 好むこと. **선호-되다** 受身
선호-도 (選好度) 图 選好度.
선홍-색 (鮮紅色) 图 鮮紅色.
선회 (旋回) 图 [-/-되] 图 他自 旋回. ‖비행기가 공중을 선회하다 飛行機が空中を旋回する.
선후 (先後) 图 先後.
선후-책 (善後策) 图 善後策. ‖선후책을 강구하다 善後策を講じる.
선후-평 (選後評) 图 選評.
섣달 【-딸】 图 陰暦の12月; 師走.
 섣달-그믐 图 陰暦の大晦日; 大つごもり.
섣-부르다 【-뿌-】 【르変】 厖 中途半端だ; いい加減だ; 生半可だ; 軽率だ. ‖섣부른 행동은 금물 生半可な行動は禁物.
섣-불리 /sɔːtʼpulli/ 【-뿔-】 副 軽率に; 下手に. ‖섣불리 사람을 판단해서는 안 된다 軽率に人を判断してはいけない.
설[1] /sɔːl/ 图 正月; 元旦. ‖설을 쇠다 元旦[お正月]を過ごす[祝う].
설[2] (説) 图 説; 自説. ‖새로운 설 新しい説.
설[3] (薛) 图 (姓) 薛 (ソル).
설[4] (説) 서다(立つ・建つ)の未来連体形.
설-[5] 接頭 生半可な…; 生煮えの…. ‖설익은 감자 生煮えのジャガイモ.
-설[6] (説) 接尾 …説. ‖성선설 性善説.
설거지 /sɔlgədʑi/ 图 他 皿洗い; 食後の後片付け.
 설거지-통 (-桶) 图 皿洗い用の桶.
설경 (雪景) 图 雪景; 雪景色.
설계 (設計) /sɔlge/ 【-/-게】 图 他 設計. ‖생활을 설계하다 生活設計. 설계 사무소 設計事務所. **설계-되다** 受身
 설계-도 (設計圖) 图 設計図.
 설계-사 (設計士) 图 設計士.
 설계-자 (設計者) 图 設計者.
설교 (説教) 图 他 説教.
살-구이 图 素焼き. ⇒ 초벌구이 (初-).
설국 (雪國) 图 雪国.
설근 (舌根) 【解剖】 图 舌根.
설-날 /sɔːllal/ 【-랄】 图 元旦; 元日.
설다[1] 【ㄹ語幹】 厖 (仕事や環境などに) 慣れていない. ‖낯이 선 얼굴 見慣れない顔.
설다[2] 自 【ㄹ語幹】 ❶(食べ物などが)生煮えだ. ‖밥이 설다 ご飯が生煮えだ. ❷(果実などが)十分熟していない. ❸寝不足だ; 眠りが浅い.
설단 (舌端) 【-딴】 图 舌端. 慣 혀끝.
설득 (説得) /sɔlʼtuk/ 【-득】 图 他 説得. ‖친구를 설득하다 友だちを説得する. 설득に当たる. **설득-되다** 【-당하다】 受身
 설득-력 (説得力) 【-뜽녁】 图 説得力. ‖설득력이 있는 이야기 説得力のある話. 설득력이 부족하다 説得力に欠ける.
설렁 副 他自 風が軽く吹く様子: そよそよ(と). **설렁-설렁** 副 他自
 설렁-거리다 (風が)軽く吹く.
설렁-탕 (-湯) 图 (料理) 牛の骨・ひざ肉・内臓などを入れて煮込んだ汁物.
설렁-하다 厖 【하欧】 ❶ひんやりする; やや寒い. ❷がらんとしていてややさびしい. ❸興が冷めて気ばずい雰囲気になる; しらける.
설레다 自 (喜びや期待などで)胸がどきどきする; ときめく. ‖마음이 설레다 心がときめく.
설레-설레 副 首を軽く横に振る様子.
설령 (設令) 副 たとえ; 仮に. ‖설령 간다 하더라도 만나지 못할 것이다 たとえ行ったとしても、会えないだろう.
설립 (設立) 图 他 設立. ‖학교 법인을 설립하다 学校法人を設立する. 설립 등기 設立登記. **설립-되다** 受身
 설립-자 (設立者) 【-짜】 图 設立者.
설마 /sɔlma/ 副 まさか; よもや. ‖설마 거짓말은 아니겠지 まさかうそではないだろう. 설마 그 사람한테 지리라고는 생각 못했다 よもや彼に負けるとは思わなかった. ●설마가 사람 잡는다[죽인다] (諺)「まさかが人を殺す」の意でまさかなことは起こらないだろうという油断から大きな失敗をする.
설맹 (雪盲) 【医学】 图 雪目.
설명 (説明) /sɔlmjɔn/ 图 他 説明. ‖사용법을 설명하다 使用法を説明する. 설명을 덧붙이다 説明を加える. 구체적인 설명 具体的な説明. **설명-되다** 受身
 설명-문 (説明文) 图 説明文.
 설명-서 (説明書) 图 説明書.
설문 (設問) 图 他 設問. ‖설문 조사 設問調査.
 설문-지 (設問紙) 图 設問の調査票.
설법 (説法) 【-뻡】 图 他 【仏教】 説法.
설비 (設備) 图 他 設備. ‖최신 설비를 갖추다 最新の設備を備える.
설-빔 图 お正月の晴れ着や物.
설사[1] (泄瀉) /sɔlʼsa/ 【-싸】 图 自 下痢.
 설사-약 (泄瀉藥) 图 下痢止め; 下剤.
설사[2] (設使) 【-싸】 副 =설령(設令).

설산(雪山)【-싼】 ⓝ ❶雪山。❷ヒマラヤ山地の別称。

설상-가상(雪上加霜)【-쌍-】 ⓝ 泣き面に蜂; 弱り目に祟り目。

설설[1] ⓐ ❶湯などが煮え立つ様子: ぐらぐら(と)。∥물이 설설 끓기 시작하다 湯がぐらぐらと煮え立ち始める。❷オンドルの床がまんべんなく気持ちよく温かい様子。

설설[2] ⓐ ❶首を横に振る様子。❷虫などがゆっくりはう様子。▶설설 기다 相手の勢いに圧倒されてひるむ; しりごみする; たじろぐ。

설악산(雪嶽山)【-싼】 ⓝ〔地名〕雪岳山。

설영(設營) ⓝ ⓗ他 設営。

설왕설래(說往說來) ⓝ ⓐ自 ❶何のの是非を論じるための言葉のやり取り。❷言い争い。

설욕(雪辱) ⓝ ⓗ他 雪辱。∥패배를 설욕하다 敗北の雪辱を果たす。 **설욕-전**(雪辱戰)【-쩐】 ⓝ 雪辱戦。

설원(雪冤) ⓝ ⓗ他 雪冤。

설음[−음] ⓝ〔言語〕舌音。⑩혓소리。 ▶ㄴ·ㄷ·ㄹ·ㅌ·ㄸ따위。

설-익다[-릭따] ⓐ自 生煮れだ; 半煮えだ;(果物などが)熟していない。∥설익은 감자 生煮えのジャガイモ。설익은 감은 떫口 味がしぶい。

설-자리[-짜-] ⓝ 矢を射る時に立つ場所。

설전(舌戰)【-쩐】 ⓝ 舌戰; 口論; 論戰。∥설전이 벌어지다 舌戦が繰り広げられる。

설정(設定)【-쩡】 ⓝ ⓗ他 設定。∥일어 날 수 있는 상황을 설정하다 起こりうる状況を設定する。**설정-되다** 受動

설-죽다[-따] ⓐ自 完全には死なない; 勢いが完全になくなっていない。∥배추 숨이 설죽다(塩漬けの)白菜がまだしんなりしていない。

설중-매(雪中梅)【-쭝-】 ⓝ 雪の中に咲く梅。

설첨(舌尖) ⓝ〔言語〕舌尖。

설측-음(舌側音)【-쯕-】 ⓝ〔言語〕舌の先を上あごの中央部の高い所に軽く当てて、息が舌の両側から流れるように発音する音。▶날·달·물などの「ㄹ」の音。

설치(設置) /sʌltɕʰi/ ⓝ ⓗ他 設置。∥비상구를 설치하다 非常口を設置する。위원회를 설치하다 委員会を設置する。가로등을 설치하다 街灯を設置する。 **설치-되다** 受動

설-치다[1] ⓐ自 横行する; のさばる。∥폭력단이 설치다 暴力団がのさばる。

설-치다[2] ⓐ他 やり損ねる; し損じる; しそびれる。∥잠을 설치다 寝そびれる。

설탕(雪糖/屑糖) /sʌltʰaŋ/ ⓝ 砂糖。∥커피에 설탕을 넣다 コーヒーに砂糖を入れる。설탕 물 砂糖水。흑설탕 黒砂糖、백설탕 白砂糖、각설탕 角砂糖。

설태(舌苔) ⓝ 舌苔。

설파(說破) ⓝ ⓗ他 説破。

설핏[-핃] ⓐ ⓗ形 ❶一瞬現れたり浮かんだりする様子: ちらっと。❷うたた寝のようにしばらく眠りに入る様子。 **설핏-설핏** 強調形

설형-문자(楔形文字)【-짜】 ⓝ〔言語〕楔形(さっけい)文字。

설화(設話) ⓐ =설령(設令)。

설화(說話) ⓝ 説話。 **설화-집**(說話集) ⓝ 説話集。

섧다[설따] ⓐ形 辛く悲しい; 恨めしい。⑩서럽다。

섬[1] /sʌːm/ ⓝ 島。∥섬사람 島民。

섬[2] ⓓ名 …石。∥쌀 한 섬 米 1石。

섬광(閃光) ⓝ 閃光。∥섬광이 번쩍이다 閃光が走る。

섬기다 ⓐ他 仕える。∥어른을 섬기다 目上の人に仕える。

섬-나라 ⓝ 島国。

섬-돌[-똘] ⓝ 踏み石。

섬뜩-하다(纖-)【-뜨카-】 ⓗ形 ⓗ変 (恐怖や驚きで)ぞっとする; ひやりとする; ぎょっとする。∥공포 영화라는 말만 들어도 섬뜩하다 ホラー映画という言葉を聞いただけでもぞっとする。

섬멸(殲滅) ⓝ ⓗ他 殲滅(炎*)。∥적부대를 섬멸하다 敵の部隊を殲滅する。**섬멸-되다**[-당하다] 受動

섬모(纖毛) ⓝ 纖毛。

섬모~운동(纖毛運動) ⓝ〔生物〕繊毛運動。

섬모-충(纖毛蟲) ⓝ〔動物〕繊毛虫類。

섬벅 ⓐ 力を込めて一気に切ったり割ったりする様子: ざっくり; すぱっと。 **섬벅-섬벅** ⓐ 強調形

섬벅 ⓐ 섬벅を強めて言う語。

섬섬-옥수(纖纖玉手)【-쑤】 ⓝ 玉手(ば*)。

섬세-하다(纖細-) /sʌmseɦada/ ⓗ形 〔ⓗ変〕纖細だ。∥섬세한 손놀림 纖細な手さばき。

섬유(纖維) /sʌmju/ ⓝ 繊維。∥섬유 공업 繊維工業。합성섬유 合成繊維。 **섬유-소**(纖維素) ⓝ 纖維素。 **섬유-질**(纖維質) ⓝ〔化学〕纖維質。

섭렵(涉獵) ⓝ ⓗ他 渉獵。∥문학 전반을 섭렵하다 文学全般を渉獵する。

섭리(攝理)【섬니】 ⓝ 摂理。∥자연의 섭리 自然の摂理。

섭산-적(-散炙)【-싼-】 ⓝ〔料理〕牛肉を刻んで味付けした串焼き。

섭생(攝生)【-쌩】 ⓝ ⓗ他 摂生; 養生。

섭섭-하다 /sʌpsʌpʰada/【-써파-】 ⓗ形 〔ⓗ変〕❶名残惜し

섭섭하여[섭섭해] 통 ∥'섭하다'의 활용형.

섭섭한[-썬판] 관 [하변] 섭섭하(惜)의 현재 연체형.

섭씨(攝氏) 명 摂氏. ∥섭씨 온도 摂氏温度.

섭외(涉外) 【-/-쎄】 명 他 涉外.

섭정(攝政) 【-쩡】 명 自他 摂政.

섭취(攝取) 명 他 摂取. ∥영양이 있는 것을 섭취하다 栄養のあるものを摂取する. 섭취량 摂取量. **섭취-되다** 自

성[sɔːŋ] 명 怒り; 怒ること; 腹立ち. ∥성(을) 내다 腹を立てる; 怒る. 그 말을 듣고서 정말 성(이) 났다 その話を聞いたら本当に腹が立った. ∥성이 머리끝까지 나다 怒り心頭に発する.

성² (姓) 명 姓(ソン).

성³ (姓) 명 姓; 名字. ▶성을 갈겠다 (「名を変える」の意で) 間違いないと断言できる. 사실이 아니라면 성을 갈겠다 間違いなく事実である; 絶対事実である.

성⁴ (性) 명 性(보). ▶성에 차다 満足する.

성⁵ (城) 명 城.

성⁶ (聖) 명 聖. ∥성 요한 聖ヨハネ.

-성 (性) 접미 …性. ∥민족성 民族性. 알칼리성 アルカリ性.

성가 (聖歌) 명 (キリスト教) 聖歌.
  성가대 (聖歌隊) 명 (キリスト教) 聖歌隊.

성가시다 형 煩わしい; やっかいだ; 面倒でできれば避けたい; 込み入っていて複雑である. ∥성가신 절차 煩わしい手続き.

성감-대 (性感帯) 명 性感帯.

성계 (魚介類) 명 ウニ(海胆).

성격 (性格) /sɔːŋ'kjɔk/ 【-껵】 명 性格. ∥밝은 성격 明るい性格. 비뚤어진 성격 曲がった性格. 그 사람하고는 성격이 안 맞다 彼とは性格が合わない. 성격이 변하다 性格が変わる.

성경 (聖經) 명 (キリスト教) 聖書.

성공 (成功) /sɔŋgoŋ/ 명 自 成功. 반실패 (失敗). ∥실험이 성공하였다 実験が成功した. 성공을 거두다 成功を収める. 성공을 가져오다 成功をもたらす.
  성공-적 (成功的) 명 成功. ∥성공적인 삶 成功した人生.

성-공회 (聖公會) 【-/-쾨】 명 (キリスト教) 聖公会.

성과 (成果) /sɔŋ'kwa/ 【-꽈】 명 成果. ∥성과가 오르다 成果が上がる. 성과를 올리다 成果を上げる. 성과를 거두다 成果を収める.

성과-급 (成果給) 명 出来高払い; 能率給.

성과-주의 (成果主義) 【-쭈-/-쭤-이】 명 成果主義.

성곽 (城郭) 명 城郭.

성교 (性交) 명 他 性交.

성-교육 (性教育) 명 性教育.

성구 (聖句) 명 成句; 慣用句.

성군 (聖君) 명 聖君.

성-균관 (成均館) 명 (歷史) 朝鮮時代に儒教の教育を担当していた最高の国立教育機関.

성금 (誠金) 명 献金; 寄付金. ∥성금을 내다 献金をする.

성급-하다 (性急-) 【-그파-】 형 [하변] ∥성급한 판단 性急な判断. 성급하게 일을 추진하다 性急に事を進める. **성급-히** 튀

성기 (性器) 명 性器.

성기다 형 ❶まばらだ. ❷きめが粗い. ∥올이 성기다 きめが粗い; 目が粗い.

성-깔 (性-) 명 持って生まれた気質; 質(たち). ∥성깔이 있다 一癖ある.
  성깔-머리 (性-) 명 성깔(性-)の俗語.

성-나다 통 ❶腹が立つ; 怒る. ∥선생님의 성난 목소리 先生の怒った声.

성-내다 自 腹を立てる; 怒る.

성냥 명 マッチ.
  성냥-갑 (-匣) 【-깝】 명 マッチ箱.
  성냥-개비 (-깨-) 명 マッチ棒.
  성냥-불 【-뿔】 명 マッチの火.

성년 (成年) 명 成年.

성능 (性能) 명 性能. ∥성능이 좋은 기계 性能のいい機械. 고성능 高性能.

성당 (聖堂) 명 (カトリック) 聖堂.

성대 (聲帶) 명 (解剖) 声帯.

성대-하다 (盛大-) 【하변】 盛大だ. ∥성대한 환영회 盛大な歓迎会. 결혼식을 성대하게 올리다 結婚式を盛大に挙げる. **성대-히** 튀

성-도덕 (性道德) 명 性道徳.

성-도착 (性倒錯) 명 性倒錯.

성량 (聲量) 【-냥】 명 声量. ∥풍부한 성량 豊かな声量.

성령 (聖靈) 【-녕】 명 (キリスト教) 聖霊.

성리-학 (性理學) 【-니-】 명 性理学.

성립 (成立) 【-닙】 명 自 成立. ∥계약이 성립되다 契約が成立する.

성-마르다 (性-) 【-르-】 형 短気だ; 気が短い; 気むずかしい.

성명¹ (姓名) 명 姓名; 氏名. ∥서류에 성명을 기입하다 書類に氏名を記入する.

성명² (聲明) 명 声明. ∥성명을 발표하다 声明を発表する. 성명을 내다 声明を出す. 공동 성명 共同声明.
  성명-문 (聲明文) 명 声明文.
  성명-서 (聲明書) 명 声明書.

성명~철학 (姓名哲學) 명 姓名判断.

성모(聖母) 图《カトリック》聖母. ‖성모 마리아 聖母マリア.
성묘(省墓) 图(自) 墓参り. ‖성묘가다 墓参りに行く.
성문¹(成文) 图(他) 成文.
  성문-법(成文法)【-뻡】图《法律》成文法. ⑪불문법(不文法).
  성문-율(成文律)【-뉼】图《法律》成文律.
  성문-화(成文化) 图(他) 成文化.
성문²(城門) 图 城門.
성문³(聲門) 图《解剖》声門.
  성문-음(聲門音)【-】图《言語》声門音. ⇨ㅎ놓다.
성문⁴(聲紋) 图 声紋(音声を周波数分析によって縞模様の図表に表わしたもの).
성미(性味) 图 持って生まれた気質; 質(た). ‖성미를 부리다 да言す. ▶성미가 가시다 怒りや腹立ちが収まる.
성-범죄(性犯罪)【-/-뻬】图《法律》性犯罪.
성벽¹(性癖) 图 性癖.
성벽²(城壁) 图 城壁.
성별(性別) 图 性別.
성병(性病)【-뼝】图《医学》性病.
성부(聖父) 图《キリスト教》父なる神.
성분(成分) 图 成分. ‖유효 성분 有効成分.
  성분-비(成分比) 图《化学》成分比.
성불(成佛) 图(自) 《仏教》成仏.
성비(性比) 图 性比.
성사(成事) 图(自)(他) 成事; 成立. 成り立つこと. ‖계약이 성사하다 契約が成り立つ.
성상¹(星霜) 图 星霜; 年月; 歲月.
성상²(聖上) 图 聖上.
성상³(性狀) 图 性狀.
성서(聖書) 图《キリスト教》聖書.
성선-설(性善說) 图 性善說. ⑪악설(性惡說).
성성-하다(星星-) 圈【하여】白髮交じりである. ごま塩頭である. ‖백발이 성성한 노인 白髪交じりの老人.
성-세포(性細胞) 图《生物》性細胞. ⑪생식 세포(生殖細胞).
성쇠(盛衰)【-/-쉐】图 盛衰. ‖영고성쇠 榮枯盛衰.
성수(聖水) 图《キリスト教》聖水.
  성수-기(盛需期) 图《経》需要が最も多い時期. ⑪비수기(非需期).
성숙(成熟) /sɔŋsuk/ 图(自) 成熟. ‖성숙한 사회 成熟した社会.
  성숙-기(成熟期)【-끼】图 成熟期.
  성숙-란(成熟卵)【-눈】图《生物》成熟卵.
  성숙-아(成熟兒) 图 成熟児.
성-스럽다(聖-)【-따】【ㅂ変】神聖で尊い; 神々しい. ‖성스러운 제전

神聖な祭典. 성스러운 땅 聖なる地.
성시(城市) 图 市場が立つほど人々がたくさん集まってにぎわっている様子. ‖문전 성시를 이루다 門前市をなす.
성신(聖神) 图《キリスト教》聖霊.
성실-하다(誠實-) /sɔŋjilhada/【하여】图實だ. ⑪불성실하다(不誠實-). ‖성실한 태도 誠實な態度. 성실하게 대응하다 誠實に対応する.
  성실-히(誠實-) 图 誠實に.
성심¹(聖心) 图《キリスト教》聖なる心; 聖心.
성심²(誠心) 图【-】圓 誠心誠意; 真心を込めて, 誠意を尽くして. ‖성심껏 誠意を尽くして 誠意を有するて.
성-싶다【-십따】圃鬪 推測・予想などの意を表わす: …ようだ; …(し)そうだ; …ようながする. ‖비가 올 성싶다 雨が降りそうだ.
성씨(姓氏) 图〔姓(姓)の尊敬語〕姓氏; 姓.
성악(聲樂) 图《音樂》声楽. ㉠기악(器樂).
  성악-가(聲樂家)【-까】图 声樂家.
성악-설(性惡說)【-쎌】图 性惡說. ㉠성선설(性善說).
성애(性愛) 图 性愛.
성어(成語) 图 成語; 成句; 熟語. ‖고사 성어 故事成語. 사자 성어 四字熟語.
성업(盛業) 图 盛業; 繁盛. ‖성업 중인 가게 大繁盛の店.
성에 冬の窓ガラスや冷藏庫などにつく霜. ‖냉장고에 성에가 끼다 冷藏庫に霜がつく.
  성에-장【-에짱 /-엔짱】图 流氷.
성역(聖域) 图 聖域.
성-염색체(性染色體)【-념-】图《生物》性染色体.
성욕(性慾) 图 性慾.
성운(聖雲) 图《天文》星雲.
성원¹(成員) 图 成員; メンバー.
성원²(聲援) 图 声援. ‖성원에 힘입어 声援のおかげで. 성원을 보내다 声援を送る.
성은(聖恩) 图 ❶ 聖恩. ❷《キリスト教》神様の恩惠.
성의(誠意)【-/-이】图 誠意. ‖성의 있는 태도 誠意ある態度. 성의를 다하다 誠意を尽くす. 성의를 보이다 誠意を有する.
  성의-껏(誠意-)【-껃 /-이껃】圓 誠意を尽くして; 誠意の限り.
성인¹(成人) /sɔŋin/ 图 成人; 大人. ‖성인이 되다 大人になる.
  성인-교육(成人教育) 图 成人教育.
  성인-병(成人病)【-뼝】图 成人病; 生活習慣病.

성인¯영화 (成人映畵) 图 成人映画.
성인² (聖人) 图 聖人. ‖성인군자 聖人君子.
성자¹ (聖子) 图 《キリスト敎》 イエスキリスト.
성자² (聖者) 图 聖人; 聖者.
성장¹ (成長) /sɔŋdʒaŋ/ 图 (하자) 成長. ‖벼의 성장을 관찰하다 稲の成長を観察する. 천구백육십 년대에 급속히 성장했다 日本経済は 1960 年代に急速に成長した. 고도 성장 을 이루다 高度成長を遂げる. 경제 성장 経済成長.
성장-기 (成長期) 图 成長期.
성장-률 (成長率) [-뉼] 图 成長率.
성장-세 (成長勢) 图 成長の勢い.
성장-주 (成長株) 图 〔経〕成長株.
성장-점 (成長點) [-쩜] 图 〔植物〕生長点.
성장 호르몬 (成長 hormone) 图 〔生理〕成長ホルモン.
성장² (盛裝) 图 (하자) 盛装.
성적¹ (成績) /sɔŋdʒək/ 图 成績. ‖성적이 오르다[올라가다] 成績が上がる. 성적이 떨어지다[내려가다] 成績が下がる. 좋은 성적을 거두다 いい成績を収める. 예상 밖의 성적 予想外の成績. 성적 불량 成績不良.
성적-표 (成績表) 图 成績表.
성-적² (性的) [-쩍] 图 性的. ‖성적인 매력 性的な魅力.
성전¹ (聖殿) 图 聖殿.
성전² (聖典) 图 聖典.
성-전환 (性轉換) 图 (하자) 性転換.
성정 (聲情) [-쩡] 图 〔言語〕声点.
성정 (性情) 图 性情.
성조 (聲調) 图 〔言語〕声調.
성조-기 (星條旗) 图 星条旗.
성좌 (星座) 图 〔天文〕星座. ⑩ 별자리.
성주¹ (民俗) 图 家の守護神.
　성주-굿 [-굳] 图 家を新築したり引っ越したりした後、新たに家の守り神を迎え入れる巫女(?)の仕事.
성주² (城主) 图 城主.
성주³ (聖主) 图 聖主.
성-주간 (聖週間) 图 《カトリック》聖週間.
성-주기 (性週期) 图 性周期.
성지 (聖地) 图 聖地. ‖성지 순례 聖地巡礼.
성직 (聖職) 图 聖職.
　성직-자 (聖職者) [-짝] 图 聖職者.
성질 (性質) /sɔŋdʒil/ 图 性質, 気質; 気性. ‖온화한 성질 温和な性質. 타고 난 성질 生まれつきの気質. 성질을 부리 다 癇癪を起こす. 성질이 다르다 性格が違う. 성질이 다른 문제 性質の違う問題.

성질-나다 (性質-) 【-라-】 固 腹が立つ.
성질-내다 (性質-) 【-래-】 固 腹を立てる.
성징 (性徵) 图 性徴. ‖제이 차 성징 第 2 次性徴.
성찬¹ (盛饌) 图 素晴らしいごちそう.
성찬² (聖餐) 图 《キリスト敎》聖餐.
　성찬-식 (聖餐式) 图 《キリスト敎》聖餐式; 聖体拝領.
성찰 (省察) 图 省察.
성채 (城砦) 图 城砦; とりで.
성책 (城柵) 图 城柵.
성철 (聖哲) 图 聖哲.
성체 (聖體) 图 《キリスト敎》聖体.
성충 (成蟲) 图 成虫.
성취 (成就) 图 (하자) 成就. ‖소원을 성취하다 悲願を成就する. **성취-되다** 受動
성층 (成層) 图 成層.
　성층-권 (成層圈) [-꿘] 图 〔天文〕成層圈.
성큼 副 大きくて重いものがゆっくりと大またに歩く様子: のっし のっし; つかつか.
성큼-성큼 副 のっしのっし. ‖성큼성큼 걸어오다 のっしのっし[大またに]歩いてくる.
성탄 (聖誕) 图 ❶ 聖誕(天子や聖人の誕生日). ❷ 성탄절 (聖誕節) の略語.
　성탄-일 (聖誕日) 图 ① 聖誕. ② = 성탄절 (聖誕節).
　성탄-절 (聖誕節) 图 聖誕祭; クリスマス. ⑩ 성탄 (聖誕).
성-터 (城-) 图 城址; 城の跡.
성토 (聲討) 图 (하자) 大勢の人が集まってある過ちを糾弾すること.
성패 (成敗) 图 成敗; 成否. ‖성패를 좌우하다 成否を左右する.
성품¹ (性品) 图 気性; 気立て; 人となり; 性分. ‖온화한 성품 温和な性分.
성품² (聖品) 图 生まれつきの気性.
성-하다¹ (性-) 圈 (하여) ❶ ものが傷んでいるところがなくもとのままである. ❷ 体に傷などがなく健康である; 丈夫である. ‖성한 사람 丈夫な人. 성한 데가 한 군데도 없다 傷だらけだ. **성-히** 副
성-하다² (盛-) 圈 (하여) ❶ (勢いや勢力などが)盛んだ; 繁栄している. ❷ (木や草などが)生い茂っている.
성함 (姓銜) 图 〔姓名 (姓名) ‧ 이름の尊敬語〕ご芳名; お名前.
성행 (盛行) 图 (하자) 盛行.
성-행위 (性行爲) 图 性行為.
성향 (性向) 图 性向. ‖소비 성향 消費性向. 명품을 좋아하는 젊은이たちの성향 ブランドを好む若者の性向.
성현 (聖賢) 图 聖賢. ‖성현의 가르침 聖賢の教え.
성형 (成形) 图 (하자) 成形.
　성형-수술 (成形手術) 图 整形手術.

성형-외과 (成形外科) [-꽈/-웨꽈] [명] 形成外科.

성호¹ (城壕) [명] ❶陵·園·墓などの境界. ❷(城外に巡らした)堀.

성호² (聖號) [명] 《カトリック》胸元で手で切る十字のしるし. ‖성호를 긋다 十字を切る.

성-호르몬 (性 hormone) [명] 《生理》性ホルモン.

성혼 (成婚) [명][自] 成婚.

성홍-열 (猩紅熱) [-녈] [명] 《医学》猩紅(しょう)熱.

성화¹ (成火) [명][하自] 〔思うようにならずいらいらすること; むしゃくしゃすること〕気をもむこと. ‖성화를 부리다 いらいらする; むしゃくしゃする.

성화² (星火) [명] ❶流星. ❷〔比喩的に〕急なこと, 取り急ぐこと; 急がせること.

성화-같다 (星火-) [-갇따] [形] 非常に急だ; 非常に取り急ぐ. 성화같이-이 [副]

성화³ (聖火) [명] 聖火. ‖올림픽 성화 릴레이 オリンピック聖火リレー.

성화-대 (聖火臺) [명] 聖火台.

성화⁴ (聖畵) [명] 聖画; 聖画像.

성황¹ (城隍) [명] 村の守護神, またはその守護神として祭る木. ⇒서낭.

성황-단 (城隍壇) [명] 村の守護神を祭る壇 (-단). ⇒서낭-단.

성황-당 (城隍堂) [명] 村の守護神を祭る建物. ⇒서낭당-(堂).

성황² (盛況) [명] 盛況. ‖성황을 이루다 盛況を呈する(程する).

성황-리 (盛況裡) [-니] [명] 盛況裡; 盛況のうち.

성회 (成會) [-/-웨] [명][하自] 会議が定足数に達して成り立つこと.

성-희롱 (性戱弄) [-히-] [명][하他] セクシャルハラスメント; セクハラ.

섶¹ [섭] [명] 添え木; 支え木.

섶² [섭] [명] (チョゴリなどの)おくみ.

세¹ (貰) /se/ [명] ❶(家や部屋の)借り賃; 貸し賃. ‖세를 내다[들다] 賃借りする. ❷(家や部屋の賃借り賃); 賃借り. ‖세를 주다[놓다] 賃貸しする. 세로 살다 (家や部屋の)賃借りで暮らす.

세² (勢) [명] ❶勢い. ❷勢力. ❸形勢.

세³ /se/ [冠] 3···. ‖세 개 3個; 3つ. 세 명 3名. 세 달 3か月. ✤세 살 난 아이(이) 여든까지 간다 〔諺〕三つ子の魂百まで.

세⁴ (歲) [依名] 〔漢数詞に付いて〕…歲. ‖칠십 세 70 歲. ✤固有数詞には살が付く.

세⁵ (世) [依名] …世. ‖엘리자베스 2 世. 재일 교포 이 세 (韓国人) 2 世.

-세⁶ [語尾] 〔同年輩同士や目下の人に対して勧誘の意を表わす; …(し)ようぜ). ‖같이 가세 一緒に行こうぜ. ✤壮年の男性がよく用いる.

세간¹ [명] 所帯道具.
세간-살이 [명] 세간¹の誤り.
세간² (世間) [명] 世間; 世の中; 巷 (ちまた).

세계 (世界) /se:ge/ [-/-게] [명] 世界. ‖세계 일주 世界一周. 세계 신기록 世界新記録. 세계에서 가장 높은 산 世界一高い山. 동물의 세계 動物の世界. 혹독한 승부의 세계 厳しい勝負の世界.

세계-공황 (世界恐慌) [명] 《経》世界恐慌.
세계-관 (世界觀) [명] 世界観.
세계-대전 (世界大戰) [명] 世界大戦.
세계-사 (世界史) [명] 世界史.
세계-상 (世界像) [명] 世界像.
세계-적 (世界的) [명] 世界的. ‖세계적인 피아니스트 世界的なピアニスト.
세계-주의 (世界主義) [-/-게-이] [명] 世界主義; コスモポリタニズム.
세계-지도 (世界地圖) [명] 世界地図.
세계-화 (世界化) [명][하自] 世界化.

세공 (細工) [명] 〔주로細工〕竹細工. 세공품 細工物.

세관 (稅關) [명] 稅関. ‖세관을 통과하다 稅関を通る. 세관 검사 稅関検査.

세균 (細菌) [명] 細菌.
세균-성 (細菌性) [명] 細菌性.
세균-학 (細菌學) [명] 細菌学.

세금 (稅金) /se:gum/ [명] 税金. ‖세금을 내다 税金を納める. 국민이 낸 세금으로 충당하다 国民の税金でまかなう.

세기 (世紀) /segi/ [명] 世紀. ‖이십일 세기 21 世紀. 몇 세기에 걸쳐서 数世紀にわたって. 세기의 대발견 世紀の大発見.

세기-말 (世紀末) [명] 世紀末. ‖세기말적인 현상 世紀末的な現象.

세-나다 (貰-) [自] 賃借りする. ‖가게를 세내어 店舗を賃借りする.

세네갈 (Senegal) [国名] セネガル.
세-놓다 (貰-) [-노타] [他] 賃貸しする.
세뇌 (洗腦) [명][하他] 洗脳.
세뇌-당하다 受動

세다¹ /se:da/ [自] ❶強い; 力が強い. ‖힘이 세다 力が強い. 완력이 세다 腕力が強い. 고집이 세다 我が強い. 기가 세다 気が強い. 콧대가 세다 鼻っ柱が強い. 술이 세다 酒が強い. 장기가 세다 将棋が強い. ❷はなはだしい; 激しい. ‖바람이 세다 風が激しい. 불길이 세다 炎が激しい. ❸高い. ‖경쟁률이 세다 競争率が高い. 말의 毛·布などが粗い(仕事がきつい. 물고가 세다 糊気がきつい. 일이 세다 仕事がきつい. ❸(肌などが)かさかさしている; 荒い. ‖살결이 세다 肌が荒い. ❻(運命が)不運である; (星回りが)悪い. ‖집터가 세다 家相が悪い. 팔자가 세다 星回りが悪い. 家回りが不運だ.

세다² 自 《髪の毛が》白くなる;白髪になる. ‖머리가 세다 髪が白くなる.

세다³ /se:da/ 他 数える;計算する. ‖짐 개수를 세다 荷物の個数を数える. 돈을 세다 お金を数える. 셀 수 없을 정도로 많다 数え切れないほど多い. 일에서 백까지 세다 1から100まで数える.

세단-뛰기 (-段-) 名 三段跳び. 卽삼단뛰기(三段-).

세대¹ (世代) 名 世代. ‖삼 세대 3世代. 젊은 세대 若い世代. 세대 차 世代の差.

세대-교체 (世代交替) 名 世代交代.

세대² (世帯) 名 世帯. 卽가구(家口). ‖이 주택에는 여러 세대가 산다 この住宅には数世帯が住んでいる.

세대-주 (世帯主) 名 世帯主.

세도 (勢道) /se:do/ 名 権勢;権力. ‖세도를 부리다 権勢を振り回す. 권력을 휘두르다 権力を振るう.

세도-가 (勢道家) 名 権力を握っている人.

세라믹 (←ceramics) 名 セラミックス.

세라피스트 (therapist) 名 セラピスト.

세레나데 (serenade) 名 《音楽》セレナーデ;小夜曲.

세력 (勢力) /se:rjək/ 名 勢力. ‖세력을 넓히다 勢力を伸ばす. 세력이 강해지다 勢力が強まる. 세력하에 두다 勢力下に置く. 반대 세력 反対勢力. 막강한 세력 強大な勢力.

세력-가 (勢力家) [-까] 名 勢力家.

세력-권 (勢力圏) [-꿘] 名 勢力圏;勢力範囲;縄張り.

세련 (洗練) 名 他サ 洗練. ‖세련된 몸가짐 洗練された物腰.

세련-미 (洗練味) 名 洗練された魅力. ‖세련미가 넘치다 洗練された魅力があふれる.

세례 (洗禮) 名 《キリスト教》洗礼. ‖세례를 받다 洗礼を受ける.

세례-명 (洗禮名) 名 《キリスト教》洗礼名.

세로 /se:ro/ 名 縦. ㉠가로. ‖세로로 선을 긋다 縦線を引く. 세로로 줄을 서다 縦に並ぶ.

세로-금 名 縦線.

세로쓰-기 名 他サ 縦書き. 卽종서(縱書).

세로-줄 名 縦の線. ㉠가로줄.

세로-축 (-軸) 名 《数学》縦軸;y軸. 卽가로축(-軸).

세론 (世論) 名 世論. 卽여론(輿論).

세류 (細流) 名 細流.

세리 (稅吏) 名 税吏.

세립 (細粒) 名 細粒.

세마치-장단 (-長短) 名 《音楽》民俗音楽で8分の9拍子.

세말 (歲末) 名 歲末.

세면 (洗面) 名 洗面.

세면-기 (洗面器) 名 洗面器.

세면-대 (洗面臺) 名 洗面台.

세면-도구 (洗面道具) 名 洗面道具.

세면-장 (洗面場) 名 洗面所.

세-모 /se:mo/ 名 三角.

세모-꼴 (-) 名 三角形. 卽삼각형(三角形).

세모-지다 形 三角形の形をしている.

세모² (歲暮) 名 歲暮. 卽세밑(歲-).

세목¹ (細目) 名 細目.

세목² (稅目) 名 税目.

세무 (稅務) 名 税務.

세무-사 (稅務士) 名 税理士.

세무-서 (稅務署) 名 税務署.

세무-조사 (稅務調查) 名 税務調査.

세미나 (seminar) 名 セミナー.

세미콜론 (semicolon) 名 セミコロン(;).

세밀 (細密) 名 形動 (하다) 細密. ‖세밀한 묘사 細密な描写.

세밀-하다 (細密-) 形動 《美術》細密画.

세-밑 (歲-) [-믿] 名 年末;歲末. 卽연말;年の瀬. 卽세모(歲暮).

세발-자전거 (-自轉車) 名 《子どもが乗る》三輪車.

세배 (歲拜) 名 他サ 年始回り;新年の挨拶. ‖세배를 드리다 新年の挨拶をする.

세배-꾼 (歲拜-) 名 新年の挨拶に来た人.

세배-상 (歲拜床) 【-쌍】 名 新年の挨拶に来た人をもてなすお膳.

세뱃-돈 (歲拜ㅅ-) 【-뗀 /-뻰돈】 名 お年玉.

세법 (稅法) [-뻡] 名 税法.

세부 (細部) 名 細部.

세분 (細分) 名 他サ 細分. ‖토지를 세분하다 土地を細分する. **세분-되다** 受身

세분-화 (細分化) 名 他サ 細分化. ‖조직을 세분화하다 組織を細分化する.

세비 (歲費) 名 歲費.

세-살 名 骨の細い扇.

세상¹ (世上) /se:saŋ/ 名 ❶ 世の中;世間;世. ‖세상에 널리 알리다 世の中に広く知らせる. 세상 물정을 모르다 世間知らずだ. 세상 물정에 어둡다 世情に疎い. 뒤숭숭한 세상 物騒な世の中. 저 세상으로 가다 あの世に逝く. ❷ 一生;生涯. ‖한 세상을 즐겁게 살다 一生を楽しく暮らす. ❸ 時代;時世. ‖지금은 인터넷 세상이다 今はインターネットの時代だ. ❹ 독り舞台;天下. ‖선생님이 없는 교실은 학생들 천하다 先生のいない教室は学生たちの天下だ. ❺ (刑務所・修道院・寺から見た)外の社会;しゃば. ‖세상에 나가다 しゃばに出る. ▶세상을 떠나다[뜨다] 世を去る;死ぬ;亡くなる. ▶세상을 만나다 好時機にめぐりあって栄える;時めく;我が世の春を謳歌する. ▶세상을 버리다 世を捨

てる. ▸세상이 바뀌다 時代が変わる; 世の中が変わる.

세상-만사 (世上萬事) [名] 世の中のすべてのこと.

세상-모르다 (世上―) [自]『르変』① 世故に疎い. ②ぐっすり寝込んでいる. ‖ 세상모르고 자고 있다 泥のように眠っている.

세상-사 (世上事) [名] 世事; 世の中の事柄.

세상-살이 (世上―) [名] 世渡り. ‖ 고달픈 세상살이 辛い世渡り.

세상-없어도 (世上―)【-업써-】[副] 何事があっても; 必ず.

세상-없이 (世上―)【-업씨】[副] 世にまたとないほど; 比類なく.

세상-일 (世上―)【-닐】[名] ＝세상사(世上事).

세상-천지 (世上天地) [名] ① 세상(世上)を強めて言う語. ②〔세상천지에の形で〕全く; なんとまあ. ‖ 세상천지에 어째 이런 일이 なんとまあ, 世にこんなことが.

세상[2] (世相) [名] 世相.

세설 (細雪) [名] 粉雪.

세세-하다 (細細―) [形]『하変』❶ きわめて詳しい. ‖ 세세한 설명이 쓰여져 있다 細かな説明が書かれている. ❷ (細かくて)取り上げる価値がない. **세세-히** [副]

세속 (世俗) [名] 世俗; 俗世間. ‖ 세속에 물들다 世俗に染まる. 세속을 떠나다 俗世間を離れる.

세속-적 (世俗的)【-쩍】[名] 世俗的.

세속-화 (世俗化)【-소콰】[名] [되自] 世俗化.

세손 (世孫) [名] 왕세손(王世孫)の略語.

세수[1] (洗手) /se:su/ [名] [하自] 洗顔; 洗面.

세숫-대야 (洗手ㅅ―)【-수때-/-숟때-】[名] 洗面器.

세숫-물 (洗手ㅅ―)【-순-】[名] 洗面用の水.

세숫-비누 (洗手ㅅ―)【-수삐-/-숟삐-】[名] 洗顔用の石けん; 化粧石けん.

세수[2] (稅收) [名] 세수입(稅收入)の略語.

세-수입 (稅收入) [名] 税収. [略] 세수(稅收).

세슘 (cesium) [名]《化学》セシウム.

세습[1] (世習) [名] 世の風習; 世の習い.

세습[2] (世襲) [名] [하他] 世襲. **세습-되다** [受身]

세시 (歲時) [名] 歳時.

세시-기 (歲時記) [名] 歳時記.

세심-하다 (細心―) [形]『하変』細心だ. ‖ 세심한 주의를 기울이다 細心の注意を払う. **세심-히** [副]

세-쌍둥이 (―雙―) [名] 三つ子.

세안[1] (洗眼) [名] [하自] 洗眼.

세안[2] (洗顔) [名] [하自] 洗顔.

세액 (稅額) [名] 税額.

세어 [形] 세다(強い)の連用形.

-세요 /sejo/ [語尾]〔시＋어요の縮約形〕平叙・疑問・命令などの意を表わす: …なさいます(か); …でいらっしゃいます(か); お[ご]…(して)ください. ‖ 지금 안 계세요 今いらっしゃいません. 어디에 가세요? どこへいらっしゃいますか. 여기서 기다리세요 ここで待っていてください. ✣-셔요と同じ意味ではあるが, -세요の方が一般的に使われる.

세우 (細雨) [名] 細雨.

세우는 [他] 세우다(立てる・建てる)の現在連体形.

세우다 /seuda/ [他] ❶〔서다の使役動詞〕立たせる. ‖ 학생들을 일렬로 세우다 学生たちを一列に立たせる. ❷ 立てる. ‖ 기둥을 세우다 柱を立てる. 청운의 뜻을 세우다 青雲の志を立てる. 대책을 세우다 対策を立てる. 내년 예산을 세우다 来年の予算を立てる. 칼날을 세우다 刀の刃を立てる. 핏줄을 세우다 青筋を立てる. 보증인을 세우다 保証人を立てる. 그를 왕으로 세우다 彼を王に立てる. 체면을 세우다 体面を立てる. 두 귀를 쫑긋 세우고 듣다 聞き耳を立てる. ❸ 建てる; 建設する. ‖ 마을에 교회를 세우다 町に教会を建てる. 나라를 세우다 国を建てる. ❹ (記録などを)樹立する. ‖ 신기록을 세우다 新記録を樹立する. ❺ (乗り物などを)止める. ‖ 버스를 세우다 バスを止める. 기계를 세우다 機械を止める. ❻ 我を張る. ‖ 고집을 세우다 我を張る.

세운 [他] 세우다(立てる・建てる)の過去連体形.

세울 [他] 세우다(立てる・建てる)の未来連体形.

세워 [他] 세우다(立てる・建てる)の連用形.

세원 (稅源) [名] 税源.

세월 (歲月) /sewɔl/ [名] ❶ 歳月; 年月. ‖ 세월이 가다 歳月[年月]が経つ. 세월이 흐르다 歳月が流れる. 세월을 허비하다 歳月を費やす. 세월이 유수 같다 光陰矢の如し. ❷ 時世; 世の中. ‖ 세월이 좋아졌다 世の中がよくなった. ▸세월이 좀먹다 (「歳月がシミに食われる」の意で)年月が経たない. ▸세월이 약〔諺〕(「歳月が薬」の意で)辛いことや悲しい思いも時間が経てば自然に忘れるようになる.

세율 (稅率) [名] 税率.

세-이레 [名] 三七日; 生後 21 日目.

세이브 (save) [名] [하他] セーブ.

세이셸 (Seychelles) [名]《国名》セーシェル.

사 새 샤 섀 서 세 셔 셰 소 솨 쇄 쇠 쇼 수 숴 쉐 쉬 슈 스 싀 시

세이프 (safe) 图 (野球・テニス・卓球 などで)セーフ.

세이프티-번트 (safety + bunt 日) 图 (野球でセーフティバント.

세인¹ (世人) 图 世人; 世の中の人.

세인² (稅印) 图 税印.

세인트루시아 (Saint Lucia) 图 (国名) セントルシア.

세인트빈센트그레나딘 (←Saint Vincent and the Grenadines) 图 (国名) セントビンセントおよびグレナディーン諸島.

세인트크리스토퍼네비스 (←Saint Christopher and Nevis) 图 (国名) セントクリストファーネービス.

세일 (sale) /seil/ 图 (하自) セール; 売り出し. ∥바겐세일 バーゲンセール.

세일러-복 (sailor 服) 图 セーラー服.

세일즈-맨 (salesman) 图 セールスマン.

세입¹ (稅入) 图 税収.

세입² (歲入) 图 (経) 歲入. ⑩ 세출(歲出).

세입-자 (貰入者) [-짜] 图 借家人.

세자 (世子) 图 〔왕세자(王世子)의 略語〕皇太子; 東宮.

세정¹ (世情) 图 世情. ∥세정에 어둡다 世情に疎い.

세정² (洗淨) 图 (하他) 洗淨.
　세정-제 (洗淨劑) 图 洗淨剤.

세정³ (稅政) 图 税政.

세제¹ (洗劑) 图 せざ (洗劑). ∥합성 세제 合成洗剤. 중성 세제 中性洗剤.

세제² (稅制) 图 (法律) 税制.

세-제곱 (數學) 三乗.

세차 (洗車) 图 (하他) 洗車.
　세차-장 (洗車場) 图 洗車場.

세-차다 圈 (気勢などが)力強く激しい; 強烈だ. ∥세찬 물줄기 激しい水流. 바람이 세차다 風雨が強まる.

세척 (洗滌) 图 (하他) 洗淨.
　세척-기 (洗滌器) [-끼] 图 洗浄器.
　세척-제 (洗滌劑) 图 洗浄剤.

세출 (歲出) 图 (経) 歲出. ⑩ 세입(歲入).

세-출입 (歲出入) 图 (経) 歲入と歲出.

세칙 (細則) 图 細則.

세컨드 (second) 图 ❶ セカンド. ❷ 妾 (妾)の俗っぽい言い方.

세쿼이아 (sequoia) 图 (植物) セコイア.

세탁 (洗濯) /se:tʰak/ 图 (하他) 洗濯. ⑩ 빨래.
　세탁-기 (洗濯機) [-끼] 图 洗濯機. ∥세탁기를 돌리다 洗濯機を回す.
　세탁-물 (洗濯物) [-땅-] 图 洗濯物.
　세탁-소 (洗濯所) [-쏘] 图 クリーニング店.

세태 (世態) 图 世態; 世相. ∥세태를 반영하다 世相を反映する.

세트 (set) 图 セット. ∥커피 세트 コーヒーセット. 풀 세트 フルセット.

세트-하다 (set-) 他 (하変) セットする. ∥머리를 세트하다 髪をセットする.

세팅 (setting) 图 (하他) セッティング.

세파 (世波) 图 世の荒波. ∥세파에 시달리다 世の荒波にもまれる. 세파에 찌든 얼굴 世の荒波にもまれたような顔.

세평 (世評) 图 世評.

세포 (細胞) [-p'o/ 图 (生物) 細胞. ∥체세포 体細胞. 단세포 単細胞.
　세포-막 (細胞膜) 图 (生物) 細胞膜.
　세포-분열 (細胞分裂) 图 (生物) 細胞分裂.

세피아 (sepia) 图 セピア; 黒茶色.

세필 (細筆) 图 細筆.

섹스 (sex) 图 (하自) セックス.
　섹스-어필 (sex-appeal) 图 (하自) セックスアピール.

섹시-하다 (sexy-) 圈 (하変) セクシーだ. ∥섹시한 포즈 セクシーなポーズ.

섹터 (sector) 图 セクター.

센 세다(強い)の現在連体形.

센-말 (言語) 意味は同じだが語感を強めて言う語.

센-물 硬水. ⑩ 경수(硬水). ⑩ 단물.

센서 (sensor) 图 センサー. ⑩ 감지기 (感知器).

센서스 (census) 图 センサス. ∥인구 센서스 人口センサス.

센스 (sense) 图 センス. ∥센스 있는 답변 センスのある答弁. 유머의 센스 ユーモアのセンス.

센터 (center) 图 センター. ∥서비스 센터 サービスセンター.
　센터-라인 (center line) 图 センターライン.

센터링 (centering) 图 センタリング.

센터-서클 (center circle) 图 センターサークル.

센터-포워드 (center forward) 图 (サッカーで)センターフォワード.

센터-플라이 (center fly) 图 (野球で)センターフライ.

센터-필드 (center field) 图 (野球で)中堅手.

센트 (cent) 图 アメリカ・カナダ・オーストラリアなどの補助通貨単位; …セント.

센티 (centi) 低定 〔센티미터의 略語〕…センチ.

센티-미터 (centimeter) 低定 長さの単位; …センチメートル(cm).

센티멘털리즘 (sentimentalism) 图 センチメンタリズム.

센티멘털-하다 (sentimental-) 圈 (하変) センチメンタルだ. ⑩ 센티하다.

센티-하다 (하変) 센티멘털하다の略語.

셀 (cell) 图 셀.

셀러리 (celery) 图《植物》셀러리.

셀로판 (cellophane) 图《化学》セロハン.

셀로판-지 (—紙) 图 =셀로판.

셀로판-테이프 (cellophane tape) 图《化学》セロハンテープ.

셀룰로이드 (celluloid) 图《化学》セルロイド.

셀-카 셀프카메라의略語.

셀프-서비스 셀프サービス.

셀프-카메라 (←self+camera) 图 自分で自分の写真や映像を撮影.

셀프-타이머 (self-timer) 图 セルフタイマー.

셈 /se:m/ 图他 ❶ 計算.∥셈이 맞다[틀리다] 計算が合う[合わない]. 덧셈 足し算. 뺄셈 引き算. 곱셈 かけ算. 나눗셈 割り算. ❷ 勘定;支払い. ∥셈을 치르다 勘定する;支払う. ❸ 理由;訳.∥어찌된 셈이나？ どういうことなの. ❹ つもり;意図.∥이제 어찔 셈인지 모르겠다 これからどうするつもりなのか分からない. ❺ [...셈인 形で] ...の方だ.∥그 정도면 아주 잘한 셈이다 それくらいやればたいへんよくできた方だ. ❻ [...셈 치르다 形で] ...と仮定して;...と見なす;...つもりである;...ことにする.∥없는 셈치다 ないことにする. 버린 셈 치고 사다 捨てたつもりで買う.

셈-속 (—屬) 图 ❶ 心づもり;意図;魂胆; 下心;胸算用.

셈-어족 (Sem語族) 图《言語》セム諸語.

셋 /se:t/ [셋] 数 3つ;3人.∥셋으로 나누어 3つに割る. 셋방에 안 올 3人しか来ていない. 하나 둘 셋 1, 2, 3. ✜後로 助数詞が付く場合は세の形で用いられる.∥세명 3人.

셋-방 (貰ㅅ房) [세빵/셋빵] 图 貸し間;間借り.

셋방-살이 (貰ㅅ房—) 图 貸し間暮らし;間借り暮らし.

셋-잇단음표 (—音標) [셋닏따음표] 图《音楽》三連音符.

셋-집 (貰ㅅ—) [세찝/셋찝] 图 貸し家;借家.

셋-째 [셛—] 数 3つ目;3番目.∥셋째 아들 3番目の息子.

셔벗 (sherbet) 图 シャーベット.

-셔요 /ʃjojo/ 語尾 [시+어요의 縮約形] 平叙・疑問・命令などの意を表わす: ...なさいます(か); ...でいらっしゃいます(か); お[ご]...(して)ください.∥많이 드셔요 たくさん召し上がってください. 저희 어머니는 감기로 이번에 못 가셔요 うちの母は風邪で今回行けません. ✜-셔요は-세요と同じ意味ではあるが,-세요の方が一般的である.

셔츠 (shirts) /ʃjɔ:tsɯ/ 图 シャツ.∥와이셔츠 ワイシャツ. 티셔츠 Tシャツ.

셔터 (shutter) 图 シャッター. ❶ よろい戸.∥가게 셔터를 내리다 店のシャッターを降ろす. ❷ (カメラの)シャッター.∥셔터를 누르다 シャッターを切る.

셔틀-버스 (shuttle bus) 图 シャトルバス.

셔틀-콕 (shuttlecock) 图 (バドミントンの)シャトル(コック);羽.

셰이크핸드˘그립 (shake-hand grip) 图 (卓球で)シェークハンドグリップ.

셰퍼드 (shepherd) 图 (犬の)シェパード.

셰프 (chef프) 图 シェフ.

소¹ /so/ 图《動物》ウシ(牛).∥수소 雄牛. 암소 雌牛. 소를 키우다[기르다] 牛を飼う. 소 한 마리를 잡다 牛1頭をほふる. ✜닭 보듯 닭 소 보듯 [(諺)「牛が鶏を見るように, 鶏が牛を見るように」の意で]互いに全く関心がない様子のたとえ. ✜소도 언덕이 있어야 비빈다 [(諺)「牛も丘がなければすりつけることができない」の意で]頼れるところがあってこそ何かができる. ✜소 뒷걸음질 치다가 쥐 잡기 (諺) 怪我の功名. ✜소 잃고 외양간 고친다 (諺) 泥棒を捕らえて縄をなう;証文の出し後れ.

소² (餡) 图 あんこ.

소³ (小) 图 小.∥대중소 大中小.

소⁴ (沼) 图 淵;沼.

소⁵ (素) 图 食べ物を作る際, 肉や魚を使わないこと.

소⁶ (疎) 图《歷史》王に申し上げる文書.

소⁷ (蘇) 图 (姓) 蘇(ソ).

소⁸ (蘇) 图 소련(蘇聯)의 略稱.

소-⁹ (小) 接頭 小—.∥소규모 小規模.

-소¹⁰ (所) /so/ 接尾 ...所.∥연구소 研究所.

-소¹¹ 語尾 ❶ [子音で終わる語幹や-았[었]-겠-などの後に付いて;母音及び子音で終わる語幹な드の場合は-오]自下の人や同等な關係の相手に對して平叙・疑問などの意を表わす: ...です; ...ます; ...ますか; ...ますか.∥음식이 참 맛있소 料理が非常においしいです. 이 책을 읽겠소? この本を読みますか. 어제 선배를 만났소? 昨日先輩に会いましたか. ❷ [母音で終わる動詞の語幹に付いて]自下の人や同等な關係の相手に對して命令の意を表わす: ...なさい; ...てください. 눈이 와도 보고 가시오 雪が降っても見てお行きなさい.

소가지 [마음속의俗談] 気立て;心立て;心柄;心性. ✜소가지가 없는 사람 心配りがない人.

소각¹ (消却・銷却) 图他 消却. ❶ 消してなくすこと. ❷ 借金などを返すこと. **소각-되다** 受動

소각² (燒却) 图他 燒却.∥쓰레기

를 소각하다 ごみを焼却する. **소각-되다** 受動

소각-로(燒却爐)【-강노】图 焼却炉.

소각-장(燒却場)【-짱】图 焼却場.

소갈(消渇)图 소갈증(消渇症)の略語.

소갈-증(消渇症)【-쯩】图〔漢方〕消渇(しょうかち).圏소갈(消渇).

소갈-머리(所感) = 소가지.

소감(所感)图 感じ;感想.∥소감을 밝히다 所感を述べる.

소강(小康)图 小康.∥소강상태 小康状態.

소개[1](紹介)/soge/ 他動 紹介하다.∥자기소개 自己紹介.한국 문화의 소개 韓国文化の紹介.가정교사를 소개하는 家庭教師を紹介する.한편네도 소개해 주세요 私にも紹介してください. **소개-되다**[-됃다] 受動 친구 가게가 잡지에 소개되었다 友だちの店が雑誌に紹介された.

소개-비(紹介費)图 紹介費.
소개-업(紹介業)图 仲介業.
소개-장(紹介状)【-짱】图 紹介状.

소개[2](疏開)他動 疎開. **소개-되다** 受動

소거(消去)图 他動 消去. **소거-되다** 受動

소거-법(消去法)【-뻡】图〔数学〕消去法.

소견(所見)图 所見.∥의사의 소견 医師の所見.
소견-머리(所見-)图 소견(所見)을 낮추는 말.

소경 图 盲人.圏맹인(盲人).
소계(小計)【-/-께】图 小計.
소고[1](小考)图 小考.
소고[2](小鼓)图 小鼓.
소-고기 图 = 쇠고기.
소곤-거리다[-대다] 自動 ひそひそと話す;ささやく.∥소곤거리며 말하다 ひそひそとして話す.
소곤-소곤 副 他動 ひそひそ;こそこそ.
소관[1](所管)图 所管.∥구청 소관 区役所の所管.
소관[2](所關)图 関係すること[ところ].∥다 팔자 소관이다 すべて運命の致すところだ.
소-괄호(小括弧)图 小括弧(( )).
소구-분(小區分)图 小区分.
소국(小国)图 小国.圏대국(大國).
소굴(巣窟)图 巣窟.
소귀-나무(-)【植物】ヤマモモ(山桃).
소규모(小規模)图 小規模.圏대규모(大規模).∥소규모 자본 小規模資本.
소극(笑劇)图 笑劇.
소극-성(消極性)【-씽】图 消極性.

소극-적(消極的)/sogɯk⁽ʰ⁾ɔk/【-쩍】图 消極的.∥적극적(積極的).∥소극적인 성격 消極的な性格.소극적인 태도 消極的な態度.

소극-책(消極策)图 消極策.

소금 图 塩;食塩.∥소금에 절이다 塩漬けする.소금을 뿌리다 塩を振る.감자를 소금에 찍어 먹다 ジャガイモを塩につけて食べる.천연 소금 天然塩.굵은소금 粗塩.

소금-구이(-)图 塩焼き.
소금-기(-氣)【-끼】图 塩気;塩分.
소금-물 图 塩水.圏염수(塩水).
소금-밭[-받] 图 塩田.圏염전(塩田).
소금-쟁이 图〔昆虫〕アメンボ(水黽).
소급(遡及)图 自動 遡及.
소급-효(遡及效)【-끄효】图〔法律〕遡及効.
소기(所期)图 所期.∥소기의 목적을 달성하다 所期の目的を達成する.
소-기업(小企業)图 小企業.
소꿉 图 ままごとのおもちゃ.
소꿉-놀이[-꿉-] 图 ままごと;ままごと遊び.
소꿉-동무[-똥-] 图 = 소꿉친구 (-親舊).
소꿉-친구(-親舊)图 幼友だち;幼なじみ;竹馬の友.
소나기/sonagi/ 图 夕立;にわか雨.∥한바탕 소나기가 지나가다 ひとしきり夕立が通り過ぎる.
소나기-구름 图〔天文〕入道雲;積乱雲.
소-나무/sonamu/ 图〔植物〕マツ(松).
소나타(sonata⁴)图〔音楽〕ソナタ.
소녀(少女)/so:njɔ/ 图 少女.∥영리한 소녀 怜悧な少女.알프스의 소녀 하이디 アルプスの少女ハイジ.성냥팔이 소녀 マッチ売りの少女.소녀 취미 少女趣味.
소년(少年)/so:njɔn/ 图 少年.圏소녀(少女).∥소년 범죄 少年犯罪.
소년-기(少年期)图 少年期.
소년-단(少年團)图 少年団;ボーイスカウト.
소년-법(少年法)【-뻡】图〔法律〕少年法.
소년-원(少年院)图〔法律〕少年院.
소농(小農)图 小農.
소뇌(小腦)【-놰】图〔解剖〕小脳.
소다(soda)图〔化学〕ソーダ;重曹.
소다-수(-水)图 ソーダ水.
소-달구지 图 牛車.
소담-스럽다[-따] 形【ㅂ変】ふっくらとしている. **소담스레** 副
소대(小隊)图〔軍事〕小隊.
소대-장(小隊長)图〔軍事〕小隊長.
소도(小島)图 小島.
소-도구(小道具)图 小道具.

소-도둑 图 ❶牛泥棒. ❷〔ののしる言い方で〕陰険で欲深い人.
소독 (消毒) 图他 消毒. ‖상처를 알코올로 소독하다 傷口をアルコールで消毒する. 일광 소독 日光消毒.
소독-수 (消毒水) 【-쑤】图 消毒水.
소독-약 (消毒藥) 【-냑】图 消毒薬.
소독-저 (消毒箸) 【-쩌】图 割り箸.
소동 (騷動) 图他自 騒動. ‖소동을 부리다 騒ぎ立てる. 소동을 일으키다 騒動を起こす.
소-동맥 (小動脈) 图〔解剖〕細動脈.
소득 (所得) 图 所得. ‖소득을 올리다 所得を上げる. 소득이 늘다 所得が増える. 가처분 소득 可処分所得. 불로 소득 不労所得.
소득-공제 (所得控除)【-꽁-】图 所得控除.
소득-세 (所得稅)【-쎄】图 所得稅.
소등 (消燈) 图自 消灯. ‖이 기숙사는 열 시면 소등한다 この寄宿舎は10時には消灯だ.
소-띠 图 丑年生まれ.
소만 (小滿) 图〔二十四節気の〕小滿.
소라 图〔魚介類〕サザエ.
소라-게〔魚介類〕图 ヤドカリ(宿借り).
소란 (騷亂) 图他自 騒乱; 騒ぎ. ‖소란을 피우다 騒ぎ立てる.
소란-스럽다【-따】形〔ㅂ変則〕騒がしい; 騒々しい; 物騒だ. ‖바깥이 소란스럽다 外が騒々しい. **소란스레** 副.
소량 (少量) 图 少量. ‖소량의 독극물 少量の毒劇物.
소련 (蘇聯) 图〔国名〕ソ連. ⓣ소(蘇).
소령 (少領) 图〔軍事〕少佐. ⓣ대령(大領)・중령(中領).
소록-소록【-쏘-】副他自 静かによく眠っている様子; すやすや.
소론[1] (小論) 图 小論.
소론[2] (所論) 图 所論.
소르르 副 ❶ 0 もつれたものがうまく解ける様子. ‖화가 소르르 풀리다 怒りがすっと消える. ❷ 水や粉などが静かに漏れたり崩れたりする様子. ❸ 瞬間的に軽くなく寝入る様子. ‖소르르 잠이 들다 すうっと寝入る.
소름 图 鳥肌が立つこと; 粟立つこと; 身の毛がよだつこと. ‖소름이 끼치다[돋다] 鳥肌が立つ; 粟立つ; 身の毛がよだつ.

소리 /sori/ 图 ❶ (ものの)音. ‖바람 소리 風の音. 천둥소리 雷の音. 소리를 죽이다 声を殺す音を落とす. 라디오 소리가 시끄럽다 ラジオの音がうるさい. ❷ (人や動物の)声. ‖벌레 우는 소리 虫の鳴く声. 벌레 소리 虫の音. 소리를 내어 책을 읽다 声を出して本を読む. 소리를 치다 叫ぶ; 大声を発する. ❸ 話; 言葉. ‖말도 안 되는 소리 とんでもない話. 그

책이 발간된다는 소리를 들었다 その本が発刊されるという話を聞いた. ❹ うわさ; 評判. ‖떠도는 소리에 의하면 うわさによると. ▶ 판소리(パンソリ). ▶소리 소문도 없이 何の知らせもなく; こっそり; ひそかに. 소리 소문 없이 사라지다 こっそり消える.
소리-글 图 소리글자(-字)の略記.
소리글자 (-字)【-짜】图〔言語〕表音文字. ⓣ소리글.
소리-꾼 图 판소리(パンソリ)などの歌が上手な人.
소리-소리 副 大声で; 声を張り上げて.
소리-없이 = 소리끈.
소-립자 (素粒子)【-짜】图〔物理〕素粒子.
소릿-값【-리깝→-릳깝】图〔言語〕音価. ⓣ음가(音價).
소말리아 (Somalia) 图〔国名〕ソマリア.
소망 (所望) 图他 所望; 願い; 望み; 抱負. ‖새해의 소망 新年の抱負.
소매[1] 图 袖. ‖소매가 너무 길다 袖が長すぎる. 소매를 접다 袖を折り返す. 반소매 半袖. ▶소매를 걷다 本腰を取りかかる.
소매-끝【-끋】图 袖口. ‖소매끝이 해(어)지다 袖口がすり減る.
소매-통 (-筒) 图 袖幅. ‖소매통을 줄이다 袖幅をつめる.
소맷-부리【-매뿌-→-맫뿌-】图 袖口.
소맷-자락【-매짜-→-맫짜-】图 袖, 袂(たもと).
소매[2] (小賣) 图他自 小売り. ⓣ도매(都賣).
소매-가 (小賣價)【-까】图 = 소매가격(小賣價格).
소매-가격 (小賣價格)【-까-】图 小売価格.
소매-상 (小賣商) 图 小売商.
소매-업 (小賣業) 图 小売業.
소매-점 (小賣店) 图 小売店.
소매-치기 图他 すり. ‖소매치기를 당하다 すりにあう. 전철 안에서 지갑을 소매치기 당하다 電車の中で財布をすられる.
소맥 (小麥) 图〔植物〕コムギ(小麥). ⓣ밀.
소맥-분 (小麥粉)【-뿐】图 小麥粉. ⓣ밀가루.
소멸 (消滅) 图自 消滅. ‖권리가 소멸되다 権利が消滅する.
소명 (召命) 图 召命.
소모 (消耗) 图他 消耗. ‖체력 소모 체력의 소모. 체력을 소모하는 일 体力の消耗が激しい仕事. **소모-되다** 受動.
소모-전 (消耗戰) 图 消耗戰.
소모-품 (消耗品) 图 ⓣ비품(備品).

소-몰이 (하다) 牛追い.
소묘 (素描) 图 (하다) (美術) 素描.
소문 (所聞) /so:mun/ 图 うわさ; 風説; 世評; 評判. ‖소문에 의하면 うわさによれば. 소문이 돌다 うわさが立つ. 소문을 퍼뜨리다 うわさを広める. 소문이 사납다 評判が非常に悪い. 소문이 파다하다 うわさがあまねく広まっている.
소문-나다 (所聞−) [하다재] うわさが立つ; うわさが広まる[広める]. ▶소문난 잔치에 먹을 것 없다 (俚) 名物に旨い物なし; 名所に見所なし.
소문-내다 (所聞−) [하다타] うわさを広める.
소문-만복래 (笑門萬福來) [−봉내] 图 笑う門には福来たる.
소-문자 (小文字) [−짜] 图 小文字. ↔대문자 (大文字).
소밀 (疏密) 图 [하다형] 疎密.
소박 (疏薄) 图 [하다타] 妻を冷遇したり追い出したりすること. ‖소박을 맞다 夫に追い出される.
소-박이 (料理) [오이 소박이 김치의 略語] キュウリキムチ.
소박-하다 (素朴−) [−바카−] [형] [하변] 素朴だ. ‖소박한 옷차림 素朴な身なり. 소박한 생각 素朴な考え.
소반 (小盤) 图 小さい膳.
소방 (消防) 图 消防.
　소방-관 (消防官) 图 消防官.
　소방-대 (消防隊) 图 消防隊.
　소방대-원 (消防隊員) 图 =소방원(消防員).
　소방-서 (消防署) 图 消防署.
　소방-수 (消防手) 图 =소방원(消防員).
　소방-원 (消防員) 图 消防員.
　소방-차 (消防車) 图 消防車.
소백 산맥 (小白山脈) [−싼−] (地名) 小白山脈.
소변 (小便) /so:bjʌn/ 图 小便; 小用; おしっこ. (俗)おさん.
　소변-기 (小便器) 图 小便器.
　소변-보다 (小便−) [자] 小便をする.
소복 (素服) 图 喪服. ‖소복을 한 여자 喪服姿の女性.
소복-소복 [−쏘−] 图 [하다형] うずたかく; こんもり(と). ‖눈이 소복소복 쌓인 아침 雪がこんもり降り積もった朝.
소복-하다 [−보카−] [형] [하변] うずたかい; 山盛りだ. ‖밥이 소복하게 담긴 그릇 ご飯がいっぱい盛られた器. **소복-이** 图

소비 (消費) /sobi/ 图 [하다타] 消費. ‖쓸데없이 시간을 소비하다 いたずらに時間を消費する. 대량으로 소비하다 大量に消費する. 소비가 늘어나다 消費が伸びる. 개인 소비를 자극하다 個人消費を刺激する. 소비 수준 消費水準. **소비-되다** [자동]
　소비-량 (消費量) 图 消費量.

　소비-성향 (消費性向) 图 消費性向. (↔)저축 성향 (貯蓄性向).
　소비-세 (消費稅) [−쎄] 图 消費稅.
　소비-자 (消費者) 图 消費者. ‖소비자 가격 消費者価格.
　소비-재 (消費財) 图 消費財. ↔생산재 (生産財).
　소비-조합 (消費組合) 图 消費組合.
소비에트 (Soviet) 图 ソビエト.
소사[1] (小史) 图 小史.
소사[2] (小事) 图 小事.
소산 (所産) 图 所産. ‖근대 과학 기술의 소산 近代科学技術の所産.
　소산-물 (所産物) 图 産物. ‖노력의 소산물 努力の産物.
소상-하다 (昭詳−) [형] [하변] 明らかで詳しい. ‖소상한 정보 詳しい情報. **소상-히** 图
소생[1] (所生) 图 産みの子; 実子.
소생[2] (蘇生・甦生) 图 [하다자] 蘇生; よみがえること.
소생[3] (小生) 대 小生.
소서[1] (小暑) 图 (二十四節気の)小暑.
−소서[2] 접미 [文語的言い方で]…なさい; …ませ; …たまえ. ‖저희를을 구해 주소서 我らをお助けたまえ.
소-선거구 (小選擧區) 图 小選挙区.
소설[1] (小雪) 图 (二十四節気の)小雪.
소설[2] (小說) /so:sʌl/ 图 小説. ‖역사 소설 歷史小説. 추리 소설 推理小説. 대하소설 大河小説. 장편 소설 長編小説.
　소설-가 (小說家) 图 小説家.
　소설-책 (小說冊) 图 小説本.
　소설-화 (小說化) 图 [하다타] 小説化.
소성 (素性) 图 素性.
소소리-바람 图 早春の冷え冷えとした風.
소소-하다[1] (小小−) [형] [하변] 細かく雑多である; 細々しい. **소소-히** 图
소소-하다[2] (昭昭−) [형] [하변] 明らかだ; 明白だ.
소소-하다[3] (蕭蕭−) [형] [하변] もの寂しく感じられる; 雨や風の音などがもの寂しい.
소속 (所屬) 图 [하다자] 所属. ‖축구부에 소속되다 サッカー部に所属する. 대학에 소속된 건물 大学所属の建物.
소송 (訴訟) 图 [하다자] (法律) 訴訟. ‖소송을 걸다 訴訟を起こす. 민사 소송 民事訴訟.
　소송-당사자 (訴訟當事者) 图 (法律) 訴訟当事者.
　소송-대리인 (訴訟代理人) 图 (法律) 訴訟代理人.
　소송-법 (訴訟法) [−뻡] 图 (法律) 訴訟法.
　소송-사건 (訴訟事件) [−껀] 图 (法

소송律) 訴訟事件.

소송^요건 (訴訟要件) 【-뇨껀】 图 (法律) 訴訟要件.

소송 절차 (訴訟節次) 图 (法律) 訴訟手續.

소송 행위 (訴訟行爲) 图 (法律) 訴訟行爲.

소수¹ (小數) 图 (數學) 小數.

소수-점 (小數點) 图 (數學) 小數点. ∥소수점을 찍다 小数点を打つ.

소수² (素數) 图 (數學) 素数.

소수³ (少數) 图 少數. ∥소수 의견 少数意見.

소수-당 (少數黨) 图 少數党.

소수 민족 (少數民族) 图 少數民族.

소수-파 (少數派) 图 少數派. 凤다수파 (多數派).

소스¹ (sauce) 图 ソース. ∥소스를 치다 ソースをかける.

소스² (source) 图 ソース;出所.

소스라-치다 囲 驚いて瞬間的に身を震わせる;びっくりする. ∥소스라치게 놀라다 びっくりする.

소슬-바람 (蕭瑟-) 图 秋に吹く寂しくても寂しい感じの風.

소슬-하다 (蕭瑟-) 圏 [하変] 肌寒くても寂しくある.

소승 (小乘) 图 (佛教) 小乘. 凤대승 (大乘). ∥소승 불교 小乘佛教.

소-시민 (小市民) 图 小市民;プチブル.

소시민-적 (小市民的) 图 小市民的.

소시-적 (少時-) 【-쩍】图 幼い時分;幼少の頃.

소시지 (sausage) 图 ソーセージ;ウインナ;腸詰め.

소식¹ (小食) 图 囲団 小食.

소식² (消息) 图/sosik/ 图 消息;知らせ;便り;連絡. ∥소식이 끊기다 消息が途絶える. 그 사람한테서 아무런 소식이 없다 彼らから何の連絡もない. 소식을 전하다 消息を伝える. 소식을 끊다 消息を絶つ. ∥소식 春の便り.

소식-란 (消息欄) 【-싱난】图 新聞や雑誌などに個人や団体の最近の動静などの記事を載せる欄.

소식-불통 (消息不通) 【-뽕-】图 音信不通;消息不通.

소식-통 (消息通) 图 消息通;消息筋.

소신 (所信) 图 所信. ∥소신을 피력하다 所信を披瀝(ピレキ)する. 소신을 표명하다 所信を表明する. 소신을 굽히다 所信を曲げる.

소실¹ (消失) 图 囲団 消失. ∥권리가 소실되다 権利が消失する.

소실² (燒失) 图 囲団 燒失. ∥文化財が소실되다 文化財が燒失する.

소심^공포증 (小心恐怖症) 【-쯩】图 臆病風. ∥소심 공포증에 걸리다 臆病風에吹かれる.

소심-하다 (小心-) 圏 [하変] 小心だ;臆病だ;気が小さい.

소아 (小兒) 图 小兒.

소아-과 (小兒科) 【-콰】图 小兒科.

소아-마비 (小兒麻痺) 图 (医学) 小兒麻痺.

소아-병 (小兒病) 【-뼝】图 小兒病.

소액 (少額) 图 少額. 凤거액 (巨額).

소야-곡 (小夜曲) 图 (音樂) 小夜曲;セレナーデ.

소양 (素養) 图 素養;たしなみ. ∥음악에 소양이 있다 音楽の素養がある.

소연-하다 (騷然-) 圏 [하変] 騷然としている;騷がしい.

소염-제 (消炎劑) 图 消炎劑.

소엽 (蘇葉) (漢方) 紫蘇의 葉.

소외 (疏外) 【-/-웨】图 囲団 疏外.

소외-하다.

소외-감 (疏外感) 图 疏外感.

소요¹ (所要) 图 囲団 所要;必要とすること;要すること;かかること. ∥학교까지는 왕복 두 시간이 소요된다 学校までは往復 2 時間がかかる.

소요-량 (所要量) 图 所要量.

소요-하다.

소요² (逍遙) 图 囲団 逍遙.

소요³ (騷擾) 图 囲団 騷擾 (ソウジョウ).

소요-죄 (騷擾罪) 【-쬐/-궤】图 (法律) 騷擾罪.

소용 (所用) /so:jon/ 图 所用;必要;役に立つこと;使い道. ∥이건 어디에 소용이 있을까? この使い道はどこにあるだろう.

소용-없다 (所用-) 【-업따】 圏 必要ない. **소용-없이** 囲

소용-돌이 (所用-) 图 渦;渦卷き.

소용돌이-치다 (所用-) 囲 渦卷く. ∥물살이 소용돌이치다 流れが渦卷く.

소용돌이-무늬 [-니] 图 (水の渦卷く ような) 模様の巴.

소원¹ (所願) 图 囲団 願い;念願. ∥소원이 이루어지다 願いがかなう. 소원을 들어주다 願いを聞き入れる.

소원² (訴願) 图 囲団 訴願. ∥소원하다 訴願する.

소원-하다 (疎遠-) 圏 [하変] 疎遠だ. ∥소원한 사이 疎遠な間柄.

소위¹ (少尉) 图 (軍事) 少尉.

소위² (所爲) 图 所爲;しわざ.

소위³ (所謂) 圖 いわゆる. ∥소위 학자라는 사람들이 いわゆる学者という人たち.

소유 (所有) /soju/ 图 囲団 所有. ∥광대한 토지를 소유하고 있다 広大な土地を所有している. 그 집은 그 사람 소유가 되었다 その家は彼の所有となった.

소유-격 (所有格) 【-껵】图 (言語) 所有格.

소유-권 (所有權) 【-꿘】图 (法律) 所有權.

소유-물 (所有物) 图 所有物.

소유-욕 (所有慾) 〔명〕 所有欲.
소유-자 (所有者) 〔명〕 所有者; 持ち主.
소유-주 (所有主) 〔명〕 所有主.
소유-지 (所有地) 〔명〕 所有地.

소음[1] (騷音) 〔명〕 騷音.
소음-계 (騷音計) 〔-/-게〕 〔명〕 騷音計.
소음[2] (消音) 〔하접〕 消音. ‖소음 장치 消音裝置.
소-음순 (小陰脣) 〔解剖〕 小陰脣.
소이 (所以) 〔명〕 所以; 理由; わけ.
소이-탄 (燒夷彈) 〔軍事〕 燒夷彈.
소인[1] (小人) 〔명〕 ❶小人(たち). ❷小人(たち).
소인-배 (小人輩) 〔명〕 小人物.
소인[2] (消印) 〔명〕 消印.
소-인수 (素因數) 〔數學〕 素因數.
소일 (消日) 〔하접〕 消日; 消光; 日々を過ごすこと. ‖바둑으로 소일하고 있다 圍碁で日々を過ごしている.
소일-거리 (消日-) 〔-꺼-〕 暇つぶしの種.
소임 (所任) 〔명〕 任務; 役目. ‖막중한 소임을 맡다 重大な任務を任される. 소임을 다하다 任務を全うする.
소자 (小子) 〔명〕〔古い言い方で、息子の父親に対する自称〕小子.
소-자본 (小資本) 〔명〕 小資本.
소작 (小作) 〔명〕 〔하접〕 小作. ⊕자작(自作).
소작-권 (小作權) 〔-꿘〕 〔명〕 〔法律〕 小作權.
소작-농 (小作農) 〔-농-〕 〔명〕 小作農. ⊕자작농(自作農).
소작-료 (小作料) 〔-량뇨〕 〔명〕 小作料.
소작-인 (小作人) 〔명〕 小作人.
소장[1] (小腸) 〔명〕 〔解剖〕 小腸.
소장[2] (少壯) 〔명〕 〔形〕 少壯. ‖소장 학자 少壯學者.
소장[3] (少將) 〔명〕 〔軍事〕 少將.
소장[4] (所長) 〔명〕 所長.
소장[5] (所藏) 〔명〕 所藏.
소장-품 (所藏品) 〔명〕 所藏品.
소장[6] (訴狀) 〔-짱〕 〔명〕 〔法律〕 訴狀.
소재[1] (所在) 〔명〕 所在. ‖소재를 알아내다 所在をつきとめる. 책임의 소재 責任の所在.
소재-지 (所在地) 〔명〕 所在地. ‖도청 소재지 道廳所在地.
소재[2] (素材) 〔명〕 素材. ‖소설의 소재 小說の素材.
소-전제 (小前提) 〔명〕 小前提.
소절 (小節) 〔명〕 小節.
소정 (所定) 〔명〕 所定. ‖소정의 절차 所定の手續き. 소정의 양식 所定の樣式.
소-제목 (小題目) 〔명〕 小題目.
소주 (燒酒) /sod͡ʑu/ 〔명〕 燒酎.
소중-하다 (所重-) /so:d͡ʑuŋhada/ 〔形〕

[하접] 貴重だ; 大事だ; 大切だ. ‖소중한 경험 貴重な經驗. 목숨 다음으로 소중한 것 命の次に大事な物. **소중-히** 소중히 여기다 大切に思う.

소지[1] (所持) /sod͡ʑi/ 〔하접〕 所持. ‖총기를 불법으로 소지하다 銃器を不法に所持する.
소지-인 (所持人) 〔명〕 所持者.
소지-자 (所持者) 〔명〕 所持者.
소지-품 (所持品) 〔명〕 所持品; 持ち物.
소지[2] (素地) 〔명〕 素地.
소진 (消盡) 〔하접〕 消盡. ‖체력을 소진하다 體力を消盡する.
소질 (素質) 〔명〕 素質. ‖예술가적인 소질 芸術家的な素質. 음악에 소질이 있다 音樂に素質がある.
소집 (召集) 〔명〕 〔하접〕 召集. ‖국회를 소집하다 國會を召集する. **소집-되다**
소-집단 (小集團) 〔-딴〕 〔명〕 小集團.
소쩍-새 [-쎄] 〔명〕 《鳥類》 コノハズク(木の葉木菟).
소-책자 (小冊子) 〔-짜〕 〔명〕 小冊子.
소철 (蘇鐵) 〔명〕 《植物》 ソテツ(蘇鐵).
소청 (訴請) 〔명〕 〔하접〕 賴み; 願い. ‖소청을 들어주다 賴みを聞き入れる.
소총 (小銃) 〔명〕 《軍事》 小銃.
소추 (訴追) 〔명〕 〔法律〕 訴追. ‖탄핵 소추 彈劾訴追. **소추-당하다** 〔受動〕
소출 (所出) 〔명〕 收穫量. ‖소출이 많은 논 收穫の多い田んぼ.
소치 (所致) 〔명〕 致すところ; ため; せい. ‖부덕의 소치 不德の致すところ.
소켓 (socket) 〔명〕 ソケット.
소쿠리 〔명〕 ざる; かご.
소탈-하다 (疏脫-) 〔形〕 〔하접〕 氣取らず氣さくである; 見榮を張らない. ‖소탈한 성격 氣さくな性格.
소탐대실 (小貪大失) 〔명〕 小を貪して大を失うこと.
소탕 (掃蕩) 〔명〕 〔하접〕 掃蕩(тоて); 掃討; 殘らず拂い除くこと. **소탕-당하다** 〔受動〕
소태 〔植物〕 소태나무의 열매.
소태-나무 〔植物〕 ニガキ(苦木). 소태.
소통 (疏通) 〔명〕 〔되自〕 疏通. ‖원활한 의사소통 円滑な意思の疎通.
소파 (sofa) 〔명〕 ソファー. ‖가죽 소파 革製のソファー.
소포 (小包) /so:pʰo/ 〔명〕 小包. ‖소포를 부치다 小包を出す. 소포로 부치다 小包で出す.
소품 (小品) 〔명〕 小道具.
소풍 (逍風·消風) 〔명〕 遠足; ピクニック; ハイキング. ‖소풍을 가다 遠足に行く. 봄 소풍 春の遠足.
소프라노 (soprano[1]) 〔명〕 《音樂》 ソプラノ.
소프트-드링크 (soft drink) 〔명〕 ソフト

ドリンク.
소프트볼 (softball) 图 《スポーツ》 ソフトボール.
소프트웨어 (software) 图 (IT) ソフトウェア. ⓟハードウェア.
소프트-크림 (soft + cream 日) 图 ソフトクリーム.
소-하물 (小荷物) 图 小荷物.
소한 (小寒) 图 〈二十四節気の〉小寒.
소-해 (小-) 图 丑年. ⓟ회년(回年).
소행 (所行) /so:hɛŋ/ 图 仕業; 所業. ‖누구의 소행인지 모르겠다 誰の仕業か分からない. 그 녀석 소행임이 틀림없어 あいつの仕業に違いない.
소-행성 (小行星) 图 〈天文〉 小惑星.
소형¹ (小形) 图 小形. ‖소형 가방 小形バッグ.
소형² (小型) 图 小型. ‖소형 카메라 小型カメラ.
소호 (SOHO) 图 (IT) ソーホー; SOHO. ✤ small office home office の略記.
소홀-하다 (疎忽-) 图 [하변] 疎かだ; なおざりだ; いい加減だ. ‖대접이 소홀하다 もてなしが疎かだ. **소홀-히** 副 公부를 소홀히 하다 勉強を疎かにする.
소화¹ (消火) 图 他動 消火. **소화-되다** 受動
소화-기 (消火器) 图 消火器.
소화-전 (消火栓) 图 消火栓.
소화² (消化) /sowha/ 图 他動 消化. ‖소화가 잘 안 되는 음식 消化の悪い食べ物. 하루에 다 소화할 수 없는 작업량 1日では消化し切れない作業量
소화-되다 受動
소화-기 (消化器) 图 〈解剖〉消化器.
소화-불량 (消化不良) 图 消化不良.
소화-샘 (消化-) 图 〈解剖〉消化腺.
소화-액 (消化液) 图 〈生理〉消化液.
소화-제 (消化劑) 图 消化剤; 消化薬.
소화 효소 (消化酵素) 图 消化酵素.
소환¹ (召喚) 图 他動 〈法律〉召喚. ‖증인을 소환하다 証人を召喚する.
소환-되다 受動
소환-장 (召喚狀) /-짱/ 图 〈法律〉召喚状.
소환² (召還) 图 他動 召還. ‖대사를 본국으로 소환하다 大使を本国に召還する. **소환-되다** 受動
속¹ /so:k/ 图 ❶ 内; 内部; 中; 奥. ‖주머니 속에 넣다 ポケットの内に入れる. 산속으로 길을 잃다 山の中で道に迷う. 물속에 알을 낳다 水の中に卵を産む. 마음속으로는 心の中では. 가난속에서도 웃음을 잃지 않다 貧しさの中でも笑顔を忘れない. 차가 빠른 속도로 빗속을 달려간다 車が速いスピードで雨の中を走っていく. ❷ 中身; 内容; 内容の無い話. ❸ 芯. ❹ 배
춧속 白菜の芯. ❹ 腹の具合. ‖속이 편지 않다 腹の具合がよくない. 속이 거북하다 腹焼けがする. 속이 메스껍다 胸がむかむかする; 吐き気を催す. ❺ 内心; 心の内; 心中; 機嫌. ‖남의 속도 모르고 자기 자랑만 하다 人の心中も察せず自慢話ばかりする. 속을 털어놓다 腹を割る; 打ち明ける. 남의 속을 긁다 人の機嫌を損ねる; 人の気分を害する. ❻ 分別; 物心. ‖아직도 속을 못 차리다 未だに分別[태우다] あれこれと心配する; 気をもむ; 案を煮やす. ▶속(을) 떠보다 それとなく言葉巧みに問いかける; 鎌をかける. ▶속(을) 썩이다 気をもませる; 心配をかけて苦しめる. ▶속(을) 차리다 分別のある行動をとるようになる. ▶속이 검다[시커멓다] 腹黒い. ▶속이 넓다[깊다] 度量が広い. ▶속이 달다 속이 타다[태우다]. ▶속이 달다 속이 달아[태우다]. ▶속이 들어[갚어] ① 辛い物や脂っこい物などを食べてむかむかした吐き気を催したりする; 胸につく. ▶속이 들다 物心がつく; 分別ができるようになる. ▶속이 들여다보이다 内心が見え透く; 魂胆が見え見え. ▶속이 시원하다[후련하다] 気分がすっきりして晴れる; すがすがしい; せいせいする. ▶속이 풀리다 〈怒りや心配などからの〉胸のつかえが下りる.
속² (屬) 图 〈生物〉 〈生物分類上の一段階の〉属.
속³ (束) 依名 …束.
속-⁴ (續) 接頭 統…. ‖속편 続編.
속-가죽 (-) 图 内皮.
속간 (續刊) /-깐/ 图 他動 続刊.
속개 (續開) /-깨/ 图 他動 続開; 再開. ‖회의를 속개하다 会議を再開する. **속개-되다** 受動
속-겨 /-껴/ 图 小糠(ぬか).
속-곳 /-꼳/ 图 〈女性の〉肌袴.
속공 (速攻) /-꽁/ 图 他動 速攻.
속구 (速球) /-꾸/ 图 速球.
속국 (屬國) /-꾹/ 图 属国.
속-귀 /-뀌/ 图 〈解剖〉内耳.
속기 (速記) /-끼/ 图 他動 速記.
속기-록 (速記錄) /-끼-/ 图 速記録.
속기-사 (速記士) /-끼-/ 图 速記者.
속-꺼풀 /-까/ 图 内皮.
속-껍데기 /-데기/ 图 内殻.
속-껍질 /-찔/ 图 内皮. 渋皮.
속-내 /-쌔/ 图 内心; 内情; 胸の中. ‖속내를 비치다 胸の内をほのめかす.
속-내복 (-內服) /속-/ 图 = 속내의 (-內衣).
속-내의 (-內衣) /속-/속-이/ 图 肌着.
속-눈 /속-/ 图 薄貝.
속-눈썹 /속-/ 图 睫(まつげ).
속다 /sok̚ta/ 【-따】 自動 だまされる; 欺かれる.

속닥-거리다

れる; 担がれる; 一杯食わされる. (話に)乗せられる. ‖사기꾼한테 속다 詐欺師にだまされる. 감쪽같이 속다 まんまとまんまとだまされる. 감언에 속다 口車に乗せられる. 속아 넘어가다 うまく担がれる. 속이다 ‖속다.

속닥-거리다 【-따꺼-】 [自他] ひそひそと話をする.

속닥-속닥 【-딱쏙-】 [副] [하自他] 他人に聞こえないように小声で話す様子: ひそひそ; こそこそ.

속닥-이다 【-다기-】 [自他] ＝속닥거리다.

속단 (速斷) 【-딴】 [名] [하他] 速断.

속달 (速達) 【-딸】 [名] 速達. ‖편지를 속달로 부치다 手紙を速達で出す.

속담 (俗談) 【-땀】 [名] 諺.

속도 (速度) /sokʼto/ 【-또】 [名] 速度. ‖속도를 내다 速度を上げる[早める]. 속도를 늦추다 速度を落とす. 속도가 느리다 速度が遅い. 최고 속도 最高速度. 순간 속도 瞬間速度.

속도-계 (速度計) 【-또-/-또꼐】 [名] 速度計.

속-되다 (俗-) 【-뙤-/-뛔-】 [形] 俗っぽい; 通俗的に; 品位に欠ける.

속-뜻 【-뜯】 [名] 底意; 内心; 本心.

속력 (速力) /soŋnjək/ 【-쏭녁】 [名] 速力; スピード. ‖속력을 내다 速力を出す. 속력을 올리다 速力を上げる. 속력을 줄이다 速力を落とす.

속-마음 【속-】 [名] 内心; 本心. ‖속맘.

속말 【-】 [名] 本音.

속맘 【속-】 [名] 속마음의 縮約形.

속명 (俗名) 【속-】 [名] 俗名.

속명 (屬名) 【-】 [名] [生物] 属名.

속물 (俗物) 【속-】 [名] ‖속물 근성 俗物根性.

속-바지 【-빠-】 [名] 肌袴.

속박 (束縛) 【-빡】 [名] 束縛. ‖속박에서 벗어나다 束縛から逃れる. **속박-당하다** [受動]

속발 (續發) 【-빨】 [名] [自] 続発.

속-버선 【-뻐-】 [名] 버선 (韓国式の足袋) の中に重ねて履く足袋.

속-병 (-病) 【-뼝】 [名] ❶ 体の中の病気の総称. ❷ 胃腸病.

속보 (速報) 【-뽀】 [名] 速報.

속보 (續報) 【-뽀】 [名] 続報.

속서 (俗事) 【-】 [名] 俗事.

속사-포 (速射砲) 【-싸-】 [名] [軍事] 速射砲.

속삭-이다 【-싸기-】 [自他] ささやく; ひそひそと話す.

속삭임 【-싸김】 [名] ささやき.

속-살 【-쌀】 [名] ❶ (服に) 隠されている肌. ‖속살이 보이다 肌が透けて見える. ❷ (肉や魚などの) 詰まった身. ▶속살 (이) 찌다 見かけとは違って中身が充実している.

속살-거리다 【-대다】 【-쌀-】 [自他] しきりにひそひそと話す.

속-상하다 (-傷-) 【-쌍-】 [形] [하変] ❶ 心が痛む; 気に病む; 気をもむ. ‖아이가 말을 듣지 않아 속상하다 子どもが言うことを聞かないで気をもんでいる. ❷ 気に障る; 苛立つ; 腹立つ. ‖속상한 일 腹の立つこと.

속-생각 【-쌩-】 [名] 心中; 思案.

속설 (俗說) 【-썰】 [名] 俗説.

속성¹ (速成) 【-썽】 [名] [하自他] 速成; 促成. ‖속성 코스 速成コース. 속성 재배 促成栽培.

속성² (屬性) 【-썽】 [名] 属性.

속세 (俗世) 【-쎄】 [名] 俗世. ‖속세를 떠나다 俗世を離れる.

속-셈 /sokʼsem/ 【-쎔】 [名] ❶ 胸算用; 下心; 心算; 胸勘定; 胸算也; 懐勘定; 手の内. ‖속셈을 알 수가 없다 手の内が分からない. ❷ 暗算.

속속 (續續) 【-】 [副] 続々(と); 次々に.

속속-들이 【-쏙뜨리】 [副] 隅々まで; 余すところなく; 隅から隅まで; くまなく; 徹底的に. ‖속속들이 알아보다 徹底的に調べる.

속수-무책 (束手無策) 【-쑤-】 [名] なす術がないこと; お手上げ.

속-시원하다 【-씨-】 [形] [하変] 〈気分が〉すっきりしている; せいせいする; すがすがしい; 胸部が解消되어 속시원하다 問題が解決してすっきりしている.

속씨-식물 (-植物) 【-씽-】 [名] [植物] 被子植物. ㉗겉씨식물.

속어 (俗語) 【-】 [名] [言語] 俗語.

속없다 【소걷따】 [形] 分別 (力) がない; 定見がない; 悪意がない. ‖속없는 소리를 하다 分別のないことを言う. **속없-이** [副]

속-옷 【소곧】 [名] 下着; 肌着. ㉗겉옷.

속-이다 /sogida/ [他] [속다의使役動詞] だます; たぶらかす; ごまかす. ‖남의 눈을 속이다 人の目を欺く. 사람을 속이다 人をだます. 나이를 속이다 年をごまかす.

속인-주의 (屬人主義) 【-/-이】 [名] [法律] 属人主義. ㉗속지주의(屬地主義).

속임-수 (-數) 【-쑤】 [名] 詭計; ごまかし; ペテン; トリック; いんちき. ‖속임수를 쓰다 トリックを使う; 詭計にかける. 속임수에 걸리다 トリックにかかる; 詭計にかかる.

속잎 【소닢】 [名] ❶ (白菜などの) 内側の葉. ❷ (草や木の) 若葉.

속전 (速戰) 【-쩐】 [名] [하自他] 速戦.

속전-속결 (速戰速決) 【-쩐-결】 [名] [하自他] 速戦速決.

속절-없다 【-쩔업따】 [形] 諦めるほかな

い; どうしようもない; やるせない; はかない. ‖속절없는 인생 はかない人生. **속절없-이** 副
속죄 (贖罪) 【-쬐/-쮀】 名 하他 贖罪; 罪滅ぼし.
속지-주의 (屬地主義) 【-찌-/-찌-이】 名 《法律》 属地主義. ㉠속인주의(屬人主義).
속-창 名 靴の敷き革; 中敷.
속출 (續出) 名 하自 続出. ‖피해자가 속출하다 被害者が続出する.
속-치마 名 スカートの下に履く薄い布地でできたスカート.
속칭 (俗稱) 名 하他 俗称.
속-탈 (-頉) 名 胃のもたれ. ‖속탈이 나다 胃がもたれる.
속편 (續篇) 名 続編.
속-표지 (-表紙) 名 (本の)とびら.
속-풀이 名 분풀이(憤-)の誤り.
속-하다 (屬-) /sokʰada/ 【소카-】 自 『하変』 属する. ‖야구부에 속해 있다 野球部に属している. 고래는 포유류에 속하는 동물이다 クジラは哺乳類に属する動物である. 벚꽃은 장미과에 속한다 サクラはバラ科に属する.
속행 (續行) 【소캥】 名 하他 続行.
속효 (速效) 【소쿄】 名 速効. ‖속효성 비료 速効性肥料.
속-히 (速-) 【소키】 副 早く; 速く; 急いで. ‖속히 돌아오다 急いで帰ってくる.
솎다 【속따】 他 間引く; 間引きする; うろぬく. ‖푸성귀를 솎다 野菜を間引く.
솎음-질 名 하他 間引き.
손[1] /son/ 名 ❶ (人の)手. ‖손을 들다 手を上げる. 손을 흔들다 手を振る. 손을 잡다 手を握る. 일이 손에 잡히지 않다 仕事が手につかない. 손에 넣다 手に入れる; 入手する. 손에 들어오다 手に入る. 손을 쓰다 手を打つ. 손을 빌리다 手を借りる. ❷ 人手. ‖손이 모자라다 人手が足りない. ❸ 指. ‖손꼽아 기다리다 指折り数えて待つ. 한국에서 손꼽히는 대기업 韓国で指折り[屈指]の大手企業. ❹ 手間; 手数. ‖손이 많이 가는 일 非常に手間のかかる仕事. ▸손에 걸리다 手にかかる. ▸손에 달리다 (人の意思・力などに)左右される. ▸손에 땀을 쥐다 手に汗を握る. ▸손에 익다 手馴れる; 使い慣れる; 熟練する. ▸손(을) 끊다 関係を絶つ; 縁を切る. ▸손(을) 내밀다[벌리다] 手を差し出す; 要求する. ▸손을 놓다[떼다] 手を引く; 手を切る; 打ち切る. ▸손을 멈추다 手を休める. ▸손을 뻗치다 手を伸ばす. ▸손을 쓰다 手を回す; 手を打つ. 어떻게 손을 쓸 수가 없다 手の施しようが無い. ▸손을 씻다 足を洗う. ▸손(을) 타다 ① 人々の扱いによって悪い影響を受ける. ② (知らないうちに品物の一部が)なくなる; 減る. ▸손이 가다 手間がかかる. ▸손이 거칠다 手癖が悪い. ▸손이 놀다 手がすく; 手が空く. ▸손이 닿다[미치다] 手が届く; 手が及ぶ. ▸손이 맵다 ① 叩かれると痛い. ② 仕事ぶりがしっかりして抜け目がない. ▸손이 비다 手が空く. ▸손이 작다 けちくさい; みみっちい. ▸손(이) 크다[걸다] 気前がよい. ▸손 안 대고 코 풀기 《諺》 (「手を当てずに鼻をかむ」の意で)物事を簡単にやってのける様子のたとえ.
손[2] (孫) 名 《姓》 孫(ソン).
손[3] (孫) 名 ❶ 孫. ❷ 자손(子孫)の略語. ❸ 후손(後孫)の略語.
손[4] (損) 名 損; 損害.
손[5] 名 客; お客.
손[6] 依名 魚 2 尾を表わす語. ‖고등어 한 손 サバ 2 尾.
손-가락 /sonˀkarak/ 【-까-】 名 指. ‖손가락으로 가리키다 指を差す. 손가락을 빨다 指をしゃぶる. 열 손가락 안에 들다 十本の指に入る. 손가락을 걸다 指切りする; 約束する. ▸손가락으로 헤아릴 정도 指で数えられるほど数が少ない. ▸손가락 하나 까딱 않다 何もせずに図々しく遊んでばかりいる.
손가락-질 【-까-찔】 名 하自他 指差すこと; 後ろ指. **손가락질-당하다** 受身
손-가마 名 手車.
손-가방 【-까-】 名 手提げかばん.
손-거스러미 【-꺼-】 名 さかむけ; ささくれ.
손-거울 【-꺼-】 名 手鏡.
손-결 【-껼】 名 手の肌触り.
손괴 (損壞) 【-/-궤】 名 하他 損壊.
손괴-죄 (損壞罪) 【-쬐/-궤쮀】 名 《法律》 損壊罪.
손-글씨 名 手書き.
손-금 【-끔】 名 手筋; 手相. ㊒수상(手相). ▸손금을 보다 手相を見る. ▸손금(을) 보듯 하다[환하다] (手相を見ているように)ことごとくよく知っている.
손금-쟁이 【-끔-】 名 手相見.
손-길 【-낄】 名 (差し伸べる)手. ‖부드러운 손길 やさしい手の動き. 구원의 손길 救いの手. ▸손길을 뻗치다 手を差し伸べる; 触手を伸ばす.
손-꼽다 【-따】 自他 ❶ 指折り数える. ‖손꼽아 기다리다 指折り数えて待つ. ❷ 待ち遠しい. ❸ 指折りだ; 屈指だ. 受 손꼽히다. ‖한국에서 손꼽는 대기업 韓国屈指の大企業.
손꼽-히다 【-꼬피-】 自 손꼽다の受身動詞. ‖세계적으로 손꼽히는 지휘자 世界的に指折りの指揮者.
손-끝 【-끋】 名 手先; 指先. ‖손끝이 맵다 叩かれると痛い; 仕事ぶりがしっかりして抜け目がない.
손녀 (孫女) 名 孫娘.
손녀-딸 (孫女-) 名 孫娘をかわいがって言う語.
손-놀림 名 手のしぐさ; 手つき; 手振り.

∥위태로운 손놀림 危なっかしい手つき.

손-님 /sonnim/ 图 お客さん; お客様. ∥손님이 오셨습니다 お客様が見えました.

손-대다 ❶ 触る. ∥전시물에 손대지 마시오 展示物に触れないでください. ❷ 手を付ける; 手を出す; 着手する. ∥주식에 손대다 株に手を出す. 공급에 손대다 公金に手をつける. ❸ 修正する; 手を入れる; 手を加える. ∥초고에 손대다 草稿に手を加える. ❹ 殴る. ∥남의 아이에 손대다 人の子どもを殴る.

손-대중 [—때] 图 (한他) 手加減; 手心.
손-도끼 [—또—] 图 手斧.
손-도장 (—圖章) [—또—] 图 拇印. 图 지장 (指章).
손-독 (—毒) [—똑] 图 腫れものやできものなどのかゆい所をいじったり触ったりしてて手についた毒気.
손득 (損得) 图 損得.
손-들다 [ㄹ語幹] ❶ 手を上げる. ❷ 手上げだ; 降参する; 参る.
손-등 [—뜽] 图 手の甲. 图손바닥.
손-때 [—때] 图 手垢. ∥손때가 묻은 책 手垢のついた本.
손-맛 [—맏] 图 ❶ 心を込めて直接料理をすることによってしみ込む味. ❷ 낚시で魚が釣えに食いつく瞬間に釣り人が受ける触感; 当たり; 魚信.
손-모가지 图 〔손목의 俗語〕手首.
손-목 图 手首. ∥손목이 가늘다 手首が細い. 손목을 쥐다 手首をくじく.
손목-시계 (—時計) 【—씨—/—씨계】 图 腕時計.
손바느질 [—빠—] 图 (한他) 手縫い.
손-바닥 /son²padak/【—빠—】 图 手のひら. 图손등. ∥손바닥을 들여다보듯 하다 手のひらを見ているように隅々までよく知っている. 손바닥만하다 手のひらの広さほど狭い; 狭い額だ. ▶손바닥(을) 뒤집듯 手のひらを返すように.
손-발 图 手足. ∥손발이 차다 手足が冷たい. 손발을 자유롭게 움직일 수가 없다 手足を自由に動かせない. 사장의 손발이 되어 일하다 社長の手足となって働く. ▶손발이 맞다 息が合う; 気が合う.
손-발톱 图 手足の爪.
손-버릇 [—뻐릳] 图 手癖. ∥손버릇이 나쁘다 手癖が悪い.
손-보다 ❶ 手入れする; 整備・修理などをする. ∥고장 난 물건을 손보다 壊れた物を修理する. ❷ 〔皮っぽい言い方で〕人をひどい目にあわせる.
손부 (孫婦) 图 孫の嫁. 图손자며느리 (孫子—).
손-빨래 图 (한他) (衣料などの) 手洗い.
손뼉 /son²pjək/ 图 拍手. ∥손뼉을 치다 手を叩く; 拍手する; 手拍子する. ∥손뼉을 치다 手を叩く; 拍手する; 手拍子する. 손뼉을 치며 좋아하다 手を打ちながら喜ぶ.

손-사래 [—쌔—] 图 (否認・否定・拒絶などの時に) 手のひらを何回も振ること. ∥내 말에 여동생은 손사래를 쳤다 私の言ったことを妹は手を振って否定した.

손상 (損傷) 图 損傷. ∥손상을 입다 損傷を負う. **손상-되다** [—當하다] 图受動

손색 (遜色) 图 遜色. ∥명품과 비교해도 조금도 손색이 없다 ブランド品と比べても少しも遜色がない.

손수 副 手ずから; 自ら; 直接. ∥손수 장만한 음식 自ら準備した料理.

손-수건 (—手巾) /son²sugən/ 图 〔—쑤—〕 ハンカチ; 手ぬぐい. ∥손수건으로 손을 닦다 ハンカチで手をぬぐう. 손수건으로 이마의 땀을 닦다 ハンカチで額の汗を拭く.

손-수레 图 手車; 手押し車; 台車.
손-쉽다 [—따] 厖 [ㅂ変] たやすい; 簡単だ; 容易だ. ∥손쉬운 일 たやすい仕事. 손쉬운 요리법 簡単な料理法.
손-시늉 [—씨—] 图 手まね.
손실 (損失) 图 損失. 图이익(利益). ∥손실을 입다 損失をこうむる. 손실이 크다 損失が大きい. 두뇌 유출은 국가적 손실이다 頭脳流出は国家の損失である.

손-아귀 图 手中; 掌中; 手の内. 图수중(手中). ∥손아귀에 들어오다 手中に落ちる; 手中に帰する. 손아귀에서 벗어나다 手中から抜け出す. ▶손아귀에 넣다 掌中に収める.

손-아래 图 目下. 图손위.
손아래-뻘 图 目下の関係.
손아랫-사람 [—래싸—/—랟싸—] 图 目下の人. 图손윗사람.
손-안 图 手中. ∥손안에 넣다 手に入れる.
손어림 图 (한他) 手加減; 手心.
손-위 图 目上. 图손아래.
손윗-사람 [소뉘싸—/소뉜싸—] 图 目上の人. 图손아랫사람.
손익 (損益) 图 損益.
손익-계산서 (損益計算書) 【—계—/—게—】 图 損益計算書.
손익-계정 (損益計定) 【—계—/—게—】 图 損益勘定.
손익-분기점 (損益分岐點) 【—뿐—쩜】 图 損益分岐点.
손자 (孫子) 图 孫.
손자-며느리 (孫子—) 图 孫の嫁. 图손부 (孫婦).
손-자국 [—짜—] 图 手の跡.
손-잡다 [—따] 固 手を取り合う; 力を合わせる.
손-잡이 取っ手; 握り; つまみ; 柄; つり革; 手すり; ノブ. ∥문의 손잡이 ドアの取っ手. 냄비 뚜껑의 손잡이 鍋のふたのつまみ. 버스의 손잡이를 꼭 잡다 バス

손-장난【-장-】 图 (하동) 手遊び.

손-장단(-長短)【-장-】 图 手拍子. ‖손장단을 치다 手拍子を取る.

손재(損財)【-째】 图 (하동) 財物を失うこと; 失った財物.

손재-수(-數)【-쑤】 图 財物を失う運.

손-재간(-才幹)【-깐】 图 ＝손재주(-才-).

손-재주(-才-)【-째-】 图 手先の器用さ. ‖손재주가 뛰어나다 手先が器用だ.

손-저울【-쩌-】 图 手秤(tehakari).

손-전등(-電燈) 图 懷中電燈.

손-질 (하타) ❶ 手入れ. ‖정원을 손질하다 庭園を手入れする. ❷ 手で殴ること.

손-짐작(←斟酌)【-찜-】 图 (하타) 手加減すること.

손-짓【-찓】 图 (하동) 手振り; 手招き. ‖손짓을 해 가며 이야기하다 手振りを交えて話す. 손짓을 하여 부르다 手招きして呼ぶ.

손-찌검 图 (하타) 手で人を殴ること.

손-톱 /sontʰop/ 图 ❶ 手の爪. ‖손톱을 깎다 手の爪を切る. 손톱이 자라다 爪が伸びる. 손톱으로 할퀴다 爪でひっかく. ❷ 손톱만큼도の形で) 少しも, ちっとも. ‖손톱만큼도 안 아깝다 ちっとも惜しくない. ▶손톱도 안 들어가다 (「爪も入らない」の意で)非常に頑固なたとえ. ▶손톱을 튀다 「爪ではじく」の意で)働かずに遊んで過ごす.

손톱-깎이 图 爪切り.

손톱-독(-毒)【-똑】 图 爪の毒気.

손톱-자국【-짜-】 图 爪の痕; 爪の跡. ‖손톱자국이 남다 爪の痕が残る. 손톱자국을 내다 爪の痕をつける.

손해(損害) /so:nhɛ/ 图 損害. ㈜이익(利益). ‖손해 가다 損する. 막대한 손해를 입다 [보다] 莫大な損害をこうむる; 莫大な損をする. 손해를 입히다 [끼치다] 損害を与える.

손해 배상(-賠償) 图 損害賠償. ‖손해 배상을 청구하다 損害賠償を請求する.

손해 보험(-保險) 图 損害保険. ‖손해 보험에 들다 損害保険に入る.

솔[1] (植物) 图 松.

솔[2] 图 ブラシ; 刷毛. ‖솔로 털다 ブラシをかける. 칫솔 歯ブラシ.

솔[3] (sol [4]) (音樂) 图 (階名の)ソ.

솔-가지【-까-】 图 (乾燥した薪用の)松の枝.

솔개 (鳥類) 图 トビ(鳶).

솔기 (衣服の縫い目; 合わせ目. ‖솔기가 터지다 縫い目がほころびる.

솔깃-하다【-기타-】 ⟨여변⟩ (主にの가 솔깃해지다の形で) 耳よりである;

気が向く; 興味がわく. ‖귀가 솔깃해지는 이야기 耳よりな話.

솔다 (여) (語幹) (幅が)狹い. ‖바지통이 솔다 ズボンの幅が狹い.

솔로 (solo [7]) 图 ❶ (音樂) ソロ. ❷ 恋人のいない人; 独身の人. ‖솔로 생활을 청산하다 独身生活を終える.

솔로몬 (←Solomon Islands) 图 (国名) ソロモン諸島.

솔리스트 (soliste [7]) 图 (音樂) ソリスト.

솔-방울【-빵-】 图 松かさ; 松ぼっくり.

솔-밭【-받】 图 松林; 松原.

솔-부엉이 (鳥類) 图 メンフクロウ(仮面梟).

솔-뿌리【-뿌-】 图 松の根.

솔선(率先)【-썬】 图 (하타) 率先. ‖솔선해서 청소를 하다 率先して掃除をする.

솔선-수범(率先垂範) 图 (하타) 率先垂範.

솔솔 ❶ 風が靜かに心地よく吹く樣子; そよそよ. ‖봄바람이 솔솔 불다 春風がそよそよと吹く. ❷ においや煙が少しずつ漂う樣子. ‖고소한 냄새가 솔솔 나다 香ばしいにおいがかすかに漂う. ❸ 話がよどみなく進む樣子; すらすら; ぺらぺら. ❹ もつれた糸などが解ける樣子. 生活などの樂しさがなかなかである樣子. ❺ 水や粉などが少しずつ流れ出たり漏れたりする樣子.

솔솔-바람 图 そよ風.

솔-숲【-숨】 图 松林.

솔-잎【-립】 图 松葉.

솔직-하다(率直-) /solcikʰada/【-찌카-】 ⟨여변⟩ 率直だ; 素直だ. ‖솔직한 고백 率直な告白. 솔직-히 ⨪ 솔직히 말하다 率直に言う.

솔-질 图 (하타) ブラシをかけること.

솜 图 綿. ‖솜을 타다 綿打ちをする.

솜-바지 图 (防寒用の)綿入れのズボン.

솜-방망이 图 綿を金串の先に丸めてつけたもの.

솜-버선 图 綿入れのべそん(韓国式の足袋).

솜-사탕 图 綿飴; 綿菓子.

솜씨 图 手際; 腕前; 手並み; 技量. ‖솜씨를 발揮하다 腕前を発揮する; 腕をふるう. 솜씨가 없다 不手際だ; 手際が悪い. 멋진 솜씨 鮮やかなお手並み.

솜-옷【소몯】 图 綿入れの服.

솜-이불【-니-】 图 綿入れの布団.

솜-털 图 綿毛; 綿ぼこり.

솜-틀 图 綿打ち; 綿打ち弓.

솟-구다【솓꾸-】 ⟨여변⟩ 솟다の使役動詞.

솟구-치다【솓꾸-】 ⟨자동⟩ ❶ 솟다を強めて言う語. ❷ 솟구리を強めて言う語.

솟다 /sot̚ʰta/ ⟨여변⟩ ❶ (液体などが)出る; わき出る; 噴き出る. ‖샘물이 솟다 泉がわく. 땀이 솟다 汗が出る. ❷ (日や

솟아-나다 〔自〕 ❶ (液体などが)わき出る; 噴き出る. ‖샘물이 솟아나다 泉がわき出る. ❷ (感情や力などが)わき出る; 込み上げる; みなぎる. ‖용기가 솟아나다 勇気がわき出る. 투지가 솟아나다 闘志がみなぎる.

솟아-오르다 〔自〕〔르変〕 ❶ (下から上へ)わき上がる; 噴き上がる; 昇る. ‖해가 산 위로 솟아오르다 日が山の上に昇る. ❷ (感情や力などが)出る; 込み上げる. ‖기쁨이 솟아오르다 喜びが込み上げる.

송¹ 〔宋〕〔姓〕宋(ソン).
송² 〔宋〕〔歴史〕(中国王朝の)宋(960～1279).
송골-매 〔松鶻-〕〔鳥類〕ハヤブサ(隼).
송골-송골 〔副〕〔状〕汗が細かくわき出したり滴や鳥肌などが表面に粒状に多くできたりする様子: ‖이마에 땀이 송골송골 맺히다 額にじっとり(と)汗をかく.
송곳 〔-곧〕〔名〕錐(きり). ‖송곳으로 구멍을 내다 錐で穴を空ける.
송곳-눈 〔-곧-〕〔名〕鋭い目; 鋭い目つき.
송곳-니 〔-곧-〕〔名〕糸切り歯; 犬歯. ⇒견치(犬歯).
송구 〔送球〕〔名〕〔自他〕❶ 送球. ‖일루로 송구하다 1塁に送球する. ❷ 《スポーツ》ハンドボール.
송구-스럽다 〔悚懼-〕〔-따〕〔形〕〔ㅂ変〕恐れ多い; 恐縮だ. ⇒송구스레.
송구-영신 〔送舊迎新〕旧年を送り新年を迎えること. ←年賀状などで新年の挨拶の言葉として使われる.
송구-하다 〔悚懼-〕〔하変〕恐れ多い; 恐縮だ. **송구-히** 〔副〕
송금 〔送金〕〔名〕〔自他〕送金; 仕送りすること.
송년 〔送年〕〔名〕〔自他〕年を送ること.
　송년-사 〔送年辭〕〔名〕年越しに当たっての挨拶.
　송년-호 〔送年號〕〔名〕年末号.
송덕 〔頌德〕〔名〕〔自他〕頌徳.
　송덕-비 〔頌徳碑〕〔名〕頌徳碑.
송두리-째 〔副〕根こそぎ; ことごとく; 丸ごと; 全部. ‖송두리째 털리다 根こそぎ持っていかれる.
송료 〔送料〕〔-뇨〕〔名〕送料.
송림 〔松林〕〔-님〕〔名〕松林.
송별 〔送別〕〔名〕〔自他〕送別.
　송별-사 〔送別辭〕〔-싸〕〔名〕送別の辞. ⇒송별-연(送別宴).
　송별-연 〔送別宴〕〔-별련〕〔名〕送別の宴; 別れの宴; 別宴.

송별-회 〔送別會〕〔-/-훼〕〔名〕送別会.
송부 〔送付〕〔名〕〔自他〕送付.
송사¹ 〔送辭〕〔名〕〔송별사(送別辭)の略語〕送辞.
송사² 〔訟事〕〔名〕〔自他〕訴訟を起こすこと; 裁判沙汰.
송사³ 〔頌辭〕〔名〕頌辞(しょうじ).
송사리 〔名〕❶ 〔魚介類〕メダカ(目高). ❷ 〔比喩的に〕ちんぴら; 雑魚.
송상 〔送像〕〔名〕送像. ↔수상(受像).
　송상-기 〔送像機〕〔名〕送像機. ↔수상기(受像機).
송송 〔副〕❶ 野菜などをやや細かく速めに刻む時の軽快な音(様子): さくさく; ざくざく. ‖파를 송송 썰다 ネギをざくざく刻む. ❷ 汗が細かくわき出たり滴などが表面に粒状に多くできたりする様子: ぶつぶつ(と).
송수 〔送水〕〔名〕〔自他〕送水.
　송수-관 〔送水管〕〔名〕送水管.
송-수신 〔送受信〕〔名〕送受信.
송신 〔送信〕〔名〕〔自他〕送信. ↔수신(受信).
송아지 〔名〕子牛.
송알-송알 〔副〕❶ 酒・味噌などが発酵して泡立つ様子: ぶくぶく(と). ❷ 水滴や汗がにじみ出て玉になる様子: ぽつぽつ(と).
송어 〔松魚〕〔魚介類〕マス(鱒).
송연-하다 〔悚然-悚然-〕〔하変〕悚然(しょうぜん)としている; (身の毛が)よだつ. ▶모골이 송연하다 身の毛がよだつ.
송엽 〔松葉〕〔名〕松葉.
　송엽-주 〔松葉酒〕〔-쭈〕〔名〕松葉を入れて醸した酒.
송영 〔送迎〕〔名〕〔自他〕送迎.
송유-관 〔送油管〕〔名〕送油管.
송이¹ 〔名〕(花・雪・ブドウ・クリなどの)房; いが. ‖포도 송이 ブドウの房.
　― 依存〔名〕…輪; …房; …本. ‖장미 다섯 송이 バラ5本. 포도 한 송이 ブドウ 1房.
　송이-밤 〔名〕いがぐり.
　송이-송이 房ごとに; 房ふさに(と).
송이² 〔松栮〕〔植物〕マツタケ(松茸).
　송이-밥 〔松栮-〕〔名〕松茸ご飯.
　송이-버섯 〔松栮-〕〔-섣〕〔名〕=송이²(松栮).
송장¹ 〔名〕しかばね; 死体; 死骸. ▶송장(을) 치다 〔俗っぽい言い方で〕葬儀を行うことなど.
송장² 〔送狀〕〔經〕送り状; 仕切り状; インボイス. ⇒인보이스.
송전 〔送電〕〔名〕〔自他〕送電.
　송전-선 〔送電線〕〔名〕送電線.
　송전-소 〔送電所〕〔名〕送電所.
송죽 〔松竹〕〔名〕松竹.

송죽매(松竹梅)【-중-】 松竹梅.
송진(松津)【名】 松やに.
송청(送廳)【하他】 送検. **송청-되다**【受動】
송축(頌祝)【하他】 慶事を祝うこと.
송출(送出)【하他】 送出. **송출-되다**【受動】
송충-이(松蟲-)【名】《昆虫》マツケムシ(松毛虫). ▶송충이가 갈잎을 먹으면 떨어진다[죽는다]【諺】(「マツケムシが落ち葉を食べると落ちて[死んでしまう]」の意)自分の身のほどを知らずに行動すると憂き目にあうことのたとえ.
송치(送致)【하他】 送致. **송치-되다**【受動】
송편(松-)【名】 うるち米の粉を練り、ゴマ・豆・栗などのあんを入れて半月形または貝形に作る餅.
송품(送品)【하他】 送品.
송풍(送風)【하他】 送風.
송화(松花)【名】 松の花粉.
송환(送還)【하他】 送還. ‖포로 송환 捕虜の送還. **송환-되다**【受動】
솥(釜)【名】 釜;電기밥솥 電気釜;電気炊飯器. 한솥밥을 먹다 同じ釜の飯を食う.
솥-뚜껑【名】 釜のふた.
솨【副】 ❶風が勢いよく通る音: ひゅうびゅう. ❷雨が激しく降ったり水が勢いよく流れ落ちたりする時の音: ざあ. ‖비가 솨 하고 내리다 雨がざあざあと降る.
솨-솨【副】
쇄[刷]【依名】 刷り数を表わす語: …刷り.
쇄골(鎖骨)【名】《解剖》鎖骨.
쇄국(鎖國)【하自】 鎖国. ‖쇄국 정책 鎖国政策.
쇄도(殺到)【名】【하自】 殺到. ‖주문이 쇄도하다 注文が殺到する.
쇄신(刷新)【名】【하他】 刷新. ‖선거 제도를 쇄신하다 選挙制度を刷新する. **쇄신-되다**
쇠[1](鐵)【名】《鉱物》鉄; 金属.
쇠[2]【-/쇄-】【接頭】〔牛と関わる一部の名詞に付いて〕牛の…. ‖쇠고기 牛肉.
쇠-가죽【-/쇄-】【名】 牛皮.
쇠-간(-肝)【-/쇄-】【名】 牛の肝.
쇠-갈고리【-/쇄-】【名】 牛の手かぎ.
쇠-갈퀴【-/쇄-】【名】 鉄の熊手.
쇠-고기【swe:gogi】【-/쇄-】【名】 牛肉. ‖수입 쇠고기 輸入牛肉.
쇠-고랑【-/쇄-】【名】〔수갑(手匣)の俗語〕手錠. 卽쇠고랑. 쇠고랑을 차다 手錠をかけられる.
쇠-고리【-/쇄-】【名】 金輪.
쇠-고집(-固執)【-/쇄-】【名】 頑固さ.
쇠-귀(-耳)【-/쇄-】【名】 牛の耳. ▶쇠귀에 경 읽기【諺】牛に経文; 馬の耳に念仏.
쇠-꼬리【-/쇄-】【名】 牛の尾; 牛テール.

쇠-꼬챙이【-/쇄-】【名】 金串.
쇠다[1]【-/쇄-】【自】〔野菜などの〕とうが立つ. ‖쑥이 쇠다 ヨモギが伸びてとうが立つ.
쇠다[2]【-/쇄-】【他】〔祝日などを迎えて〕祝って過ごす. ‖설을 쇠다 お正月を祝う[過ごす].
쇠-다리【-/쇄-】【名】 牛の足.
쇠-등【-/쇄-】【名】 牛の背中.
쇠-등에【-/쇄-】【名】《昆虫》ウシアブ(牛虻).
쇠-똥【-/쇄-】【名】 牛の糞; 牛糞. ▶쇠똥도 약에 쓰려면 없다【諺】普段周囲にあった物が必要になって探すとないことのたとえ.
쇠똥-구리【-/쇄-】【名】《昆虫》タマオシコガネ(王押金亀子).
쇠락(衰落)【名】【하自】 衰えて枯れ落ちること.
쇠-막대기【-때-/쇄-때-】【名】 金棒; 鉄の棒.
쇠-망치【-/쇄-】【名】 金槌(づち); ハンマー.
쇠-머리【-/쇄-】【名】 牛の頭.
쇠-문(-門)【-/쇄-】【名】=철문(鐵門).
쇠-뭉치【-/쇄-】【名】 鉄の塊.
쇠-불알【-/쇄-】【名】 牛の睾丸.
쇠-붙이【-부치/쇄부치】【名】 金物; 金属.
쇠-뿔【-/쇄-】【名】 牛の角. ▶쇠뿔도 단김에 빼뗐다[빼라]【諺】(「牛の角も一息に抜け」の意で)善は急げ.
쇠-사슬【-/쇄-】【名】 金鎖.
쇠살-문(-門)【-/쇄-】【名】 鉄格子の門.
쇠살창(-窓)【-/쇄-】【名】 鉄格子の窓.
쇠-숟가락【-까-/쇄-까-】【名】 金属製のさじ; スプーン.
쇠약(衰弱)【-/쇄-】【名】【하形】 衰弱. ‖힘든 일로 몸이 쇠약해지다 きつい仕事で体が衰弱する. 신경 쇠약 神経衰弱.
쇠-죽(-粥)【-/쇄-】【名】 刻んだ藁や大豆などを混ぜて煮込んだ牛の飼料.
쇠-줄【-/쇄-】【名】 綠線; 針金.
쇠진(衰盡)【名】【하自】〔力などが〕衰えなくなること. ‖기력이 쇠진하다 気力が衰える.
쇠-창살(-窓-)【-쌀/쇄-쌀】【名】 鉄格子.
쇠-코뚜레【-/쇄-】【名】 鼻木; 鼻輪.
쇠퇴(衰退/衰頽)【-/쇄퇴】【名】【하自】 衰退.
쇠-파리【-/쇄-】【名】《昆虫》ウシバエ(牛蠅).
쇠-하다(衰-)【-/쇄-】【自】【하変】 衰える; 廃れる. ‖기력이 쇠하다 気力が衰える.
쇳-가루【쇠까-/쇈까-】【名】 鉄粉.
쇳-내【쇤-/쇈-】【名】 金臭いにおい.
쇳-덩이【쇠떵-/쇈떵-】【名】 鉄の塊.
쇳-독(-毒)【쇠똑/쇈똑】【名】 鉄の毒気.

쇳-물 【쇧-/셷-】 图 金汁が混じった金臭い水.

쇳-소리 【쇠쏘-/셷쏘-】 图 ❶ 金属音. ❷ 金切り声; 甲高い声. ‖쇳소리를 내다 金切り声を上げる.

쇳-조각 【쇠쪼-/셷쪼-】 图 鉄片.

쇼 (show) 图 ❶ ショー. ‖원맨쇼 ワンマンショー. 패션쇼 ファッションショー. ❷ 〔比喩的に〕茶番.

쇼맨십 (showmanship) 图 ショーマンシップ.

쇼비니즘 (Chauvinism) 图 ショービニズム; 狂信的な愛国主義.

쇼-윈도 (show window) 图 ショーウインドー.

쇼크 (shock) 图 ショック. ‖쇼크를 받다 ショックを受ける. 쇼크로 쓰러지다 ショックで倒れる. ▶쇼크를 먹다〔俗に述べ言い方で〕ショックを受ける.

쇼크-사 (-死) 图[하다] ショック死.

쇼킹-하다 (shocking-) 形[하얗]ショッキングだ. ‖쇼킹한 일 ショッキングな出来事.

쇼트-커트 (short cut) 图 ショートカット.

쇼트^트랙 (short track) 图 〔スケートで〕ショートトラック.

쇼핑 (shopping) /jopʰiŋ/ 图[하다] ショッピング; 買い物. ‖쇼핑(하러) 가다 買い物に行く.

쇼핑-몰 (- mall) 图 ショッピングモール.

쇼핑-백 (- bag) 图 ショッピングバッグ; 買い物袋.

쇼핑-센터 (- center) 图 ショッピングセンター.

숄 (shawl) 图 ショール; (女性用の)肩掛け.

숄더-백 (shoulder bag) 图 ショルダーバッグ.

숍 (shop) 图 ショップ.

수¹ (雄) 图 雄; 牡. ⇔암.

수² /su/ 图 〔なすべき〕方法; 手段; 仕方; すべ. ‖달리 수가 없다 他に方法がない. 뾰족한 수가 없다 いい方法がない.

── [依名] ❶ 〔…수가 있다の形で〕…できる; …することができる; …する場合がある. ‖열심히 공부하면 시험에 합격할 수 있다 一生懸命勉強すれば試験に合格できる. 피아노를 칠 수 있다 ピアノを弾くことができる; ピアノが弾ける. 잘못하면 죽는 수가 있다 間違えると死ぬ場合がある. ❷ 〔…수가 없다の形で〕…方法がない; …仕方がない; …すべがない; …することができる. ‖나는 너의 말을 믿을 수가 없다 私は君の言葉が信じられない. 막을 수가 없다 防ぐすべがない. ❸ 〔될 수 있는 대로の形で〕できるだけ; できる限り; なるべく. ‖될 수 있는 대로 빨리 올게요 なるべく早く来る. ❹ 〔…지 않을 수 없다の形で〕…せざるを得ない. ‖가지 않을 수 없다 行かざるを得ない. 웃지 않을 수가 없다 笑わずにはいられない.

수³ (手) /su/ 图 〔囲碁・将棋などでの〕手; 技. ‖한 수 늦다 一手遅れる. 수를 겨루다 技を競う. 수를 읽다 相手の手や計略などを見抜く. 한 수 위다 一枚上手(うわて)だ. 한 수 두다 囲碁を打つ; 将棋をさす. ▶수(가) 세다 人を扱っての支配したりする力が強い.

── [依名] …手. ‖마지막 한 수 最後の1手.

수⁴ (水) 图 수요일(水曜日)の略語.

수⁵ (秀) 图 5段階の成績評価(秀・優・美・良・可)の中で1番目の成績; 秀.

수⁶ (繡) 图 縫い取り; 刺繡. ‖손수건에 수를 놓다 ハンカチに刺繡する.

수⁷ (隋) 图 《歷史》 〔中国王朝の〕隋 (581〜619).

수⁸ (數) 图 〔운수(運數)の略語〕運; 運勢; 好運. ‖수가 나다 運が向いてくる; つきが回ってくる. 수를 만나다 好運にめぐり合う. 수가 사납다 運が悪い; ついていない.

수⁹ (數) 图 数. ‖올 신입생 수 今年の新入生の数. 참가자 수 参加者数.

── [依名] いくつかの…; 数…. ‖수 차례에 걸쳐 数次にわたって.

수¹⁰ (首) 图 詩歌を数える語; 首.

-수¹¹ (手) [接尾] …手. ‖운전수 運転手.

수¹² (囚) [接尾] …囚. ‖미결수 未決囚.

수-간호사 (首看護士) 图 看護師長.

수감 (收監) 图[하다] 収監. **수감-되다** 图

수갑 (手匣) 图 手錠. ‖수갑을 차다 手錠をかけられる. 수갑을 채우다 手錠をかける.

수강 (受講) 图[하다] 受講; 履修. ‖수강 신청 履修登録.

수강-생 (受講生) 图 受講生; 履修生.

수-개월 (數個月) 图 数か月; 何か月.

수거 (收去) 图[하다] 収去; 回収; 収集. ‖쓰레기 수거 ごみ収集.

수건 (手巾) /su:gɔn/ 图 手ぬぐい; タオル. ‖수건으로 땀을 닦다 タオルで汗を拭く.

수경 (水耕) 图[하다] 水耕. ‖수경 재배 水耕栽培.

수경-법 (水耕法) 【-뻡】 图 水耕法.

수고 /su:go/ 图 苦労; 手間; 手数; 面倒; 尽力. ‖수고하셨습니다 お疲れ様でした. 수고를 덜다 手間を省く. 수고를 마다하지 않다 労をいとわない. 수고를 아끼지 않다 手間を惜しまない. 수고비 手間賃.

수고-스럽다 [- 따] 形[ㅂ变] 手間が

かかる; 煩わしい; 面倒だ; おっくうだ; 大儀だ. **수고스레** 🟦

수공-업 (手工業) 图 手工業.
수공-품 (手工品) 图 手工芸品.
수교 (修交) 图 (하자) 修交; 修好.
수교 포장 (修交褒章) 图 国の威信・外交・親善などに貢献した人に与える褒章賞.
수교 훈장 (修交勳章) 图 国の威信・外交・親善などに貢献した人に与える勲章.
수구¹ (水球) 图 〔スポーツ〕 水球.
수구² (守舊) 图 (하자) 守旧. ‖수구파 守旧派.
수구-초심 (首丘初心) 图 故郷を懐かしむ心. *キツネは死ぬ時に首を自分の住んでいた洞窟に向けることから.
수국 (水菊) 图 〔植物〕 アジサイ(紫陽花).
수군 (水軍) 图 〔歴史〕 水軍.
수군-거리다 自他 ひそひそと話す; あれこれ陰でうわさする. ‖수군거리는 소리 ひそひそ声.
수군덕-거리다 [-대다] [-꺼[때]-] 自他 ひそひそと話す; あれこれ陰でうわさする.
수군덕-수군덕 [-꾸-] 🟦 (하자) ひそひそ(と); こそこそ(と).
수군-수군 🟦 (하자) ひそひそ(と); こそこそ(と).
수그러-들다 自 [ㄹ語幹] 下の方へ下がる; 垂れ下がる; (勢いが) 弱まる; 和らぐ; 静まる. ‖더위가 수그러들다 暑さが和らぐ.
수그리다 他 ❶ 下げる; 垂れる. ‖고개를 수그리다 頭を垂れる. ❷ (勢いを) 抑える; 弱める.
수금 (收金) 图 (하자) 集金. ‖월말이라 수금을 하러 가다 月末なので集金に行く.
수급¹ (受給) 图 (하자) 受給.
수급² (需給) 图 需給. ‖수급 계획 需給の計画. 수급 균형 需給のバランス.
수긍 (首肯) 图 (하자) 首肯; うなずくこと; 納得. ‖수긍이 가다 納得がいく.
수기 (手記) 图 手記.
수-꽃 [-꼳] 图 〔植物〕 雄花 ↔암꽃.
수-꿩 [-꿩] 图 〔鳥類〕 雄キジ. ⑪장끼.
수-나사 (-螺絲) 图 雄ねじ. ↔암나사.
수난¹ (水難) 图 水難.
수난² (受難) 图 受難. ‖민족의 수난 民族の受難.
수납 (收納) 图 (하자) 収納. ‖수납 창구 会計窓口. 수납 공간 収納スペース.
수납-부 (收納簿) 图 [-뿌] 収納簿.
수납 (受納) 图 (하자) 受納.
수녀 (修女) 图 〔カトリック〕 修道女; シスター.
수녀-원 (修女院) 图 〔カトリック〕 修道院.

수년 (數年) 图 数年.
수-놈 图 (動物の) 雄. ⑪암놈.
수-놓다 (繡-) [-노타] 自 縫い取る; 刺繍する.
수뇌¹ (首腦) 图 [-/-뒈] 首脳. ‖수뇌 회담 首脳会談.
수뇌-부 (首腦部) 图 首脳部.
수뇌² (髓腦) 图 [-/-뒈] 〔解剖〕 髄脳.
수다-떨다 自 おしゃべりする; ぺちゃくちゃしゃべる; おしゃべりをする.
수다-스럽다 [-따-] 图 [ㅂ変] おしゃべりだ; 口数が多い. **수다스레** 🟦
수다-쟁이 图 おしゃべり屋.
수다 (數多) 图 (하形) 数多; 数の多いこと.
수단¹ (手段) /sudan/ 图 手段; 方策. ‖수단과 방법을 가리지 않다 手段と方法を選ばない. 수단을 강구하다 手段を講じる. 최후의 수단 最後の手段. 생산 수단 生産手段.
수단² (Sudan) 图 〔国名〕 スーダン.
수달 (水獺) 图 〔動物〕 カワウソ(川獺).
수달-피 (水獺皮) 图 カワウソの皮.
수답 (水畓) 图 水田; 田. ⑪무논.
수당 (手當) 图 手当. ‖잔업 수당 残業手当. 가족 수당 家族手当.
수더분-하다 图 (하자) 飾り気がなく素直だ; 素朴でおとなしい. ‖수더분한 시골 총각 素朴な田舎の独身男性.
수도¹ (水道) /sudo/ 图 水道. ‖수도를 놓다 水道を引く.
수도-관 (水道管) 图 水道管.
수도-꼭지 (水道-) [-찌] 图 (水道の) 蛇口. ‖수도꼭지를 틀다 蛇口をひねる.
수도-료 (水道料) 图 水道料金.
수도-세 (水道稅) 图 [-쎄] 图 =수도료(水道料).
수도-물 (水道-) [-돈-] 图 水道の水; 水道水.
수도² (首都) 图 首都; 都. ‖서울은 한국의 수도이다 ソウルは韓国の首都である.
수도-권 (首都圈) [-꿘] 图 首都圏.
수도³ (修道) 图 (하자) 修道.
수도-사 (修道士) 图 〔カトリック〕 修道士.
수도-승 (修道僧) 图 〔仏教〕 修道僧.
수도-원 (修道院) 图 〔カトリック〕 修道院.
수동¹ (手動) 图 手動; 手回し. ↔자동(自動). ‖수동식 펌프 手動式ポンプ.
수동² (受動) 图 受動. ↔능동(能動).
수동-적 (受動的) 图 受動的. ‖수동적인 태도 受動的な態度.
수동-태 (受動態) 图 〔言語〕 受動態; 受身. ⑪능동태(能動態).
수두 (水痘) 图 〔医学〕 水痘; 水ぼうそう.

수두룩-하다 [-투카-] 형 [하야] ざらにある; ありふれている; おびただしい; 多い. ∥일거리가 수두룩하다 仕事が多い. **수두룩-이** 튀

수득¹ (收得) 명 타 収得.
수득² (修得) 명 타 修得.
수라 (←水剌) 명 [歷史] 王の食事.
수라-간 (←水剌間) [-깐] 王の食事を作る所; 御厨.
수라-상 (←水剌床) [-쌍] 王の食膳.
수라 (修羅) 명 [仏教] 修羅.
수라-장 (修羅場) 명 修羅場.
수락 (受諾) 명 타 受諾. ∥요구를 수락하다 要求を受諾する.
수란-관 (輸卵管) 명 [解剖] 輸卵管. ⑪난관(卵管).
수량¹ (水量) 명 水量.
수량-계 (水量計) [-계] 명 水量計.
수량² (數量) 명 數量. ∥엄청난 수량 おびただしい数量.
수런-거리다 자 ざわめく; 騒ぎ立つ.
수런-수런 튀 하자 がやがや; ざわざわ.
수렁 (秀麗) 명 泥沼. ∥깊은 수렁 深い泥沼. 수렁에 빠지다 泥沼にはまる.
수레 명 (人力車や牛車などの)車. ∥짐 수레 荷車.
수레-바퀴 명 (人力車や牛車の)車輪. ∥수레바퀴 밑에서『車輪の下』(ヘッセの小説).
수려-하다 (秀麗−) 형 [하야] 秀麗だ. ∥이목구비가 수려한 젊은이 眉目秀麗な青年.
수력 (水力) 명 水力.
수력-발전 (水力發電) [-쩐] 명 水力発電.
수련 (修練・修鍊) 명 타 修練.
수련-의 (修練醫・修鍊醫) [-니의] 명 研修医.
수련 (睡蓮) 명 [植物] スイレン(睡蓮).
수렴¹ (收斂) 명 타 ❶ [數學] 収斂(ポポ). ❷ 取りまとめること. ∥의견을 수렴하다 意見を取りまとめる. **수렴-되다** 자

수렴 (垂簾) 명 ❶ 垂簾(ギン). ❷ 수렴청정(垂簾聽政)の略称.
수렴-청정 (垂簾聽政) 명 [歷史] 垂簾の政(ヲ). ⑪수렴(垂簾).
수렵 (狩獵) 명 狩猟. ⑪사냥. ∥수렵 생활 狩獵生活.
수렵-기 (狩獵期) [-끼] 명 狩猟期.
수령¹ (受領) 명 타 受領. ∥우편물을 수령하다 郵便物を受領する. **수령-받다** 타
수령-인 (受領人) 명 受領人.
수령-증 (受領證) [-쯩] 명 受領証.
수령² (首領) 명 首領; 頭; 頭目; 親分.
수령³ (樹齡) 명 樹齢. ∥나무의 수령은 나이테로 알 수 있다 木の樹齢は年

輪で分かる.
수로 (水路) 명 水路.
수록 (收錄) 명 타 収録. **수록-되다** 자
-수록² 어미 ⇨-ㄹ수록.
수뢰¹ (水雷) [-뢰/-뤠] 명 [軍事] 水雷.
수뢰-정 (水雷艇) [-뤠-] 명 [軍事] 水雷艇.
수뢰² (受賂) [-/-뤠] 명 자 収賄.
수뢰-죄 (受賂罪) [-/-뤠] [-쬐/-쮀] 명 [法律] 収賄罪.
수료 (修了) 명 타 修了. ∥석사 과정을 수료하다 修士課程を修了する.
수료-증 (修了證) [-쯩] 명 修了証書.
수류 (水流) 명 水流.
수류-탄 (手榴彈) 명 [軍事] 手榴弾.
수륙 (水陸) 명 水陸.
수륙-만리 (水陸萬里) [-릉 말-] 명 海と陸地を隔てて遠く離れていること.
수륙 양용 (水陸兩用) [-릉 냥-] 명 水陸両用.
수리¹ (鳥類) 명 ワシタカ科の猛禽の総称.
수리-부엉이 명 [鳥類] ワシミミズク(鷲木菟).
수리² (數理) 명 数理. ∥수리에 밝다 数理に明るい. 수리 물리학 数理物理学. 수리 언어학 数理言語学.
수리³ (水利) 명 水利.
수리-권 (水利權) [-꿘] 명 水利権.
수리⁴ (受理) 명 타 受理. ∥사표를 수리하다 辞表を受理する. **수리-되다** 자
수리 (修理) /suri/ 명 타 修理; 修繕. ∥고장 난 냉장고를 수리하다 壊れた冷蔵庫を修理する. 수리하면 아직 쓸 수 있다 修理すればまだ使える. 자동차 수리 공장 自動車の修理工場. **수리-되다** 자
수립 (樹立) 명 타 樹立. ∥신기록을 수립하다 新記録を樹立する. 새 정권을 수립하다 新政権を樹立する. **수립-되다** 자
수마 (水魔) 명 水魔. ∥수마가 할퀴고 간 자국 水魔が襲った爪跡.
수마 (睡魔) 명 睡魔. ∥수마가 밀려오다 睡魔に襲われる.
수막-염 (髓膜炎) [-망 념] 명 [医学] 髄膜炎.
수만 (數萬) 명 数万. ∥수만의 군중 数万の群衆.
수-많다 (數−) /suːmanta/ [-만타] 形 数多い; おびただしい. ∥수많은 관객이 몰려들다 おびただしい観客が詰めかける. **수많-이** 튀
수-말 명 雄馬. ⑪암말.
수매 (收買) 명 타 (主に政府が農民の穀物を)買い取ること; 買い入れること.
수맥 (水脈) 명 水脈.
수면¹ (水面) 명 水面.
수면² (睡眠) /sumjʌn/ 명 하자 睡眠.

수면-제 (睡眠劑) 图《藥》睡眠藥; 眠り薬.
수명 (壽命) 图 寿命. ‖길어진 수명 延びた寿命. 수명이 줄어들다 寿命が縮まる. 수명이 다하다 寿命が尽きる.
수모 (受侮) 图 (하他) 侮辱を受けること; 侮辱されること; 侮られること. ‖참을 수 없는 수모를 겪다 堪えられない侮辱を受ける.
수목 (樹木) 图 樹木.
수몰 (水沒) 图 (되自) 水没.
수몰-지 (水沒地) 图 水没地.
수묵 (水墨) 图 水墨.
　수묵-화 (水墨畵)【-무카】图《美術》水墨画.
수문[1] (水門) 图 水門.
수문[2] (守門) 图 門を守ること.
　수문-장 (守門將) 图《歷史》宮殿や城門を守った武官.
수미 (首尾) 图 首尾.
　수미-상응 (首尾相應) 图 (하他) 始めと終りが相応すること; 互いに助け合うこと.
수밀-도 (水蜜桃)【-또】图《植物》スイミツトウ(水蜜桃).
수박 /subak/ 图《植物》スイカ(西瓜).
　▶수박 겉 핥기 (諺)(「スイカの皮をなめる」の意で)生かじり; 胡椒の丸呑み.
수반[1] (首班) 图 首班. ‖대통령은 국가의 수반이다 大統領は国家の首班である.
수반[2] (隨伴) 图 (하他) 随伴.
수-반구 (水半球) 图 (地) 水半球. ⊕육반구(陸半球).
수발 图 付き添って世話をすること. ‖병든 노모의 수발을 들다 病の老母の世話をする.
수배[1] (手配) 图 (하他) 手配. ‖지명 수배 指名手配. **수배-당하다** (受動)
수배[2] (受配) 图 (하自) 受配.
수-백 (數百) 冠 数百.
　수-백만 (數百萬)【-뱅-】冠 数百万.
수법 (手法)【-뻡】图 手法; やり方; 技法. ‖간교한 수법 ずる賢いやり方.
수병 (水兵) 图《歷史》水兵.
수복[1] (收復) 图 (하他) 失われた土地を回復すること. **수복-되다** (受動)
수복[2] (修復) 图 (하他) 修復. ‖수복 공사 修復工事. 우호 관계를 수복하다 友好関係を修復する. **수복-되다** (受動)
수복 (壽福) 图 寿福.
　수복-강녕 (壽福康寧)【-깡-】图 (하形) 長寿・幸福・健康・安寧であること.
수부 (水夫) 图 水夫.
수북-하다【-부카-】形 (하變) 積み重なって高く盛り上がっている; うずたかい; 山盛りだ. ‖밥을 수북하게 퍼주다 ご飯をうず高くよそう. **수북-이** 副 うず高く; 山盛りに; 山積みに. ‖수북이 쌓인 서류 山積みになっている書類.
수분[1] (水分) 图 水分. ‖수분을 취하다 水分を取る. 수분이 많다 水分が多い.
수분[2] (受粉) 图 (하自)《植物》受粉.
수분[3] (授粉) 图 (하自)《植物》授粉.
수비 (守備) 图 (하他) 守備. ‖철통같은 수비 鉄壁のような守備. 수비 위치 守備位置.
　수비-대 (守備隊) 图《軍事》守備隊.
　수비-병 (守備兵) 图《軍事》守備兵.
수사[1] (修士) 图《カトリック》修道士.
수사[2] (修辭) 图 修辞.
　수사-법 (修辭法)【-뻡】图 修辞法.
　수사-학 (修辭學) 图 修辞学; レトリック.
수사[3] (搜査) /susa/ 图 (하他) 捜査. ‖강도 사건을 수사하다 強盗事件を捜査する. 수사 선상에 떠오르다 捜査線上に浮かぶ. 공개 수사 公開捜査.
　수사-관 (搜査官) 图 捜査官.
　수사-망 (搜査網) 图 捜査網.
　수사-진 (搜査陣) 图 捜査陣.
수사[4] (數詞) 图《言語》数詞.
수-사돈 (-査頓) 图 男の相(あい)やけ. ⊕암사돈(-査頓).
수산 (水産) 图 水産. ‖수산 자원 水産資源. 수산 가공업 水産加工業.
　수산-물 (水産物) 图 水産物.
　수산-업 (水産業) 图 水産業.
　수산-업자 (水産業者) 图 水産業者.
수산화-나트륨 (水酸化 Natrium) 图《化学》水酸化ナトリウム.
수산화-칼륨 (水酸化 Kalium) 图《化学》水酸化カリウム.
수산화-칼슘 (水酸化 calcium) 图《化学》水酸化カルシウム.
수삼 (水蔘) 图 乾燥させていない朝鮮人参. ⊕건삼(乾蔘).
수-삼차 (數三次) 副 再三; 二度三度.
수상[1] (手相) 图 手相. ⊕손금. ‖수상을 보다 手相を見る.
수상[2] (水上) 图 水上. ‖수상 가옥 水上家屋.
　수상-생활 (水上生活) 图 水上生活.
　수상-스키 (水上 ski) 图 水上スキー.
수상[3] (受像) 图 (하他) 受像. ⊕송상(送像).
　수상-기 (受像機) 图 受像機. ⊕송상기(送像機).
수상[4] (受賞) 图 (하他) 受賞. ‖대상을 수상하다 グランプリを受賞する. **수상-받다** (受動)
수상[5] (首相) 图 首相.
수상[6] (授賞) 图 (하自) 授賞.
수상[7] (隨想) 图 随想.

수상-록(随想録)【-녹】图 随想録.

수상-쩍다(殊常-)【-따】 厖 怪しい; 疑わしい; いかがわしい; うさんくさい. ‖수상쩍은 행동 怪しい行動.

수상-하다(殊常-)/susanhada/ 厖 [하变] 怪しい; 疑わしい; いかがわしい; うさんくさい. ‖거동이 수상한 남자 挙動不審な男. 수상하게 여기다 怪しく思う; 不審に思う. **수상-히** 圖

수색(捜索) 하他 捜索. ‖실종자를 수색하다 失踪者を捜索する. 가택 수색 家宅捜索. **수색-당하다** 受

수색-대(捜索隊)【-때】图 捜索隊.

수색'영장(捜索令状)【-녕짱】-생녕짱】图 捜索令状.

수색-원(捜索願)图 捜索願い.

수석¹(水石)图 水石.

수석²(首席)图 首席, 首位; 一番.

수석³(壽石)图 盆石.

수선¹(水仙)图【天文】水星.

수선²(騒-)图 騒がしいこと; 騒ぎ立てること, 気ぜわしいこと. ‖수선을 떨다[부리다] 騒ぎ立てる.

수선-스럽다【-따】 厖 [ㅂ变] 騒がしい; 気ぜわしい; 騒々しい. **수선스레** 圖

수선³(水仙)图 水の仙人.

수선⁴(修繕) 하他 修繕; 修理. ‖구두를 수선하다 靴を修繕する.

수선-비(修繕費)图 修繕費.

수선-화(水仙花)图【植物】スイセン(水仙).

수성¹(水性)图 水性. 卿油性. ‖수성 페인트 水性ペイント.

수성²(水星)图【天文】水星.

수세(守勢)图 守勢. 卿攻勢(攻勢). ‖수세에 몰리다 守勢に転じる.

수세미 たわし.

수세미-외【-/-웨】图【植物】ヘチマ(糸瓜).

수세-식(水洗式)图 水洗(式). ‖수세식 화장실 水洗トイレ.

수-소¹(-素)图 雄牛; 牡牛. 卿암소.

수소²(水素)/suso/图【化学】水素. ‖수소는 가장 가벼운 원소이다 水素は最も軽い元素である. 수소는 산소와 化合해서 물이 된다 水素は酸素と化合して水となる.

수소-폭탄(水素爆弾)图 水素爆弾. 卿(略)수폭.

수-소문(捜所聞) 하他 風説やうわさを頼りに調べたり探したりすること. 卿ぐちこむ. ‖그 사람의 연락처를 수소문하다 彼の連絡先をうわさをたどって探す.

수속(手續)/susok/图 手続き. ‖입학 수속 入学手続き. 출국 수속을 밟다 出国手続きをする. 비자 신청 수속을 끝내다 ビザ申請の手続きを済ませる.

수송(輸送) 하他 輸送. ‖물자를 수송하다 物資を輸送する. **수송-되다** 受身

수송-기(輸送機)图 輸送機.

수송-량(輸送量)【-냥】图 輸送量.

수송-선(輸送船)图 輸送船.

수수图【植物】モロコシ(蜀黍); トウキビ(唐黍).

수수-경단(-瓊団)图 キビ団子.

수수-깡图 キビの茎.

수수-쌀图 殻をむいたキビの実.

수수-엿【-엳】图 キビ飴.

수수²(收受) 하他 収受.

수수³(授受) 하他 授受. ‖금품 수수 金品の授受.

수수께끼图 ❶なぞなぞ. ‖수수께끼를 내다 なぞなぞを出す. 수수께끼를 풀다 なぞなぞを解く. ❷ 謎. ‖영원한 수수께끼 永遠の謎.

수수-료(手数料)图 手数料.

수수-방관(袖手傍観)图 하他 袖手(しゅうしゅ)傍観; 拱手(きょうしゅ)傍観.

수수-하다【하여】 ❶(形や模様などに)華やかさがなく)目立たない; 地味だ; 渋い. ‖수수한 옷차림 地味な身なり. ❷(品質などが)特によくも悪くもない; まあまあだ.

수술图【植物】雄しべ. 卿암술.

수술-대【-때】图 雄しべの茎.

수술²(手術)/susul/图 하他 手術. ‖수술을 받다 手術を受ける. 성형 수술 整形手術.

수습¹(收拾) 하他 収拾. ‖사태를 수습하다 事態を収拾する. 수습이 안 되다 収拾がつかない.

수습-책(收拾策)图 収拾策.

수습²(修習) 하他 修習; 見習い.

수습-공(修習工)【-꽁】图 見習い工.

수습-기자(修習記者)【-끼-】图 研修記者.

수습-사원(修習社員)【-싸-】图 研修社員.

수습-생(修習生)【-쌩】图 修習生; 実習生.

수시(随時)图 随時; その時々. ‖수시로 이용할 수 있는 시설 随時利用できる施設.

수식¹(修飾) 하他 修飾.

수식-어(修飾語)图【言語】修飾語. 卿피수식어(被修飾語).

수식²(數式)图【数学】数式. 卿(略)식(式).

수신¹(水神)图 水神.

수신²(受信)图 受信. 卿송신(送信)·발신(發信). ‖전파를 수신하다 電波を受信する.

수신-기(受信機)图 受信機.

수신-료(受信料)【-뇨】图 受信料.

수신-인(受信人)图 受信人.

수신³(受信)图【経】受信(金融機関が顧客から信用を受けること). 卿여신(與信).

수신⁴(修身) 하自 修身.

수신-제가(修身齊家) 하(自) 修身齊家.

수신제가치국-평천하(修身齊家治國平天下) ✤儒教의 基本的 政治観. 修身齊家治国平天下.

수신-사(修信使) 图(歷史) 修信使(朝鮮時代末期, 日本に派遣された使節).

수-신호(手信號) 图 手信号.

수심¹(水深) 图 水深.

수심²(愁心) 图 心配; 憂愁; うれい悲しむ心. ∥수심이 가득찬 얼굴 憂愁に満ちた顔.

수심³(獸心) 图 獣心. ∥인면수심 人面獣心.

수십(數十) 阌 数十.

수십만(數十萬) [-심-] 数十万.

수압(水壓) 图 水圧.

수액¹(水厄) 图 水厄; 水難.

수액²(樹液) 图 樹液.

수양¹(收養) 图(하他) 捨て子や他人の子を引き取って自分の養子にすること.

수양-딸(收養-) 图 養女.

수양-아들(收養-) 图 養子.

수양²(修養) 图(하他) 修養. ∥수양을 쌓다 修養を積む. 정신 수양 精神修養.

수양-버들(垂楊-) 图(植物) シダレヤナギ(垂柳).

수어지교(水魚之交) 水魚の交わり(離れ難い非常に親密な交際).

수억(數億) 阌 数億.

수업(授業) 图(하他) 授業. ∥한국어 수업을 듣다 韓国語の授業を取る. 수업을 받다 授業を受ける. 수업을 못 따라가다 授業についていけない. 정규 수업 正規授業.

수업-료(授業料) [-엄뇨] 图 授業料.

수-없다(數-) [-업따] 囫 数えきれないほど多い. **수없이** 图 数多く.

수여(授與) 图(하他) 授与. ∥상장을 수여하다 賞状を授与する. **수여-되다** [-받다/-]

수역(水域) 图 水域.

수열(數列) 图(數學) 数列.

수염(鬚髥) /sujəm/ 图 ひげ. ∥수염을 기르다 ひげを生やす. 수염이 나다 ひげが生える. 수염을 깎다 ひげを剃る. 턱수염 あごひげ.

수염-뿌리(鬚髥-) 图 (稲・麦などの)ひげ根.

수엽(樹葉) 图 樹葉.

수영(水泳) 图(自) 水泳. ∥수영 대회 水泳大会.

수영-모(水泳帽) 图 水泳帽.

수영-복(水泳服) 图 水着.

수영-장(水泳場) 图 水泳場; プール.

수예(手藝) 图 手芸. ∥수예품 手芸品.

수온(水溫) 图 水温.

수완(手腕) 图 手腕. ∥수완을 발휘하다 手腕を発揮する.

수완-가(手腕家) 图 手腕家; やり手.

수요(需要) /sujo/ 图 需要. ⑦供給(供給). ∥수요가 늘다 需要が増える[高まる]. 수요가 줄다 需要が減る. 수요 공급의 법칙 需要供給の法則.

수-요일(水曜日) /sujoil/ 图 水曜日. ⑦수(水). ∥매주 수요일 每週水曜日. 다음 주 수요일에 약속하다 来週の水曜日に約束がある.

수용¹(收容) 图(하他) ∥천 명을 수용할 수 있는 홀 千人を収容できるホール. **수용-되다** [受到]

수용-소(收容所) 图 収容所. ∥난민 수용소 難民収容所.

수용²(受容) 图(하他) 受容.

수용-성(水溶性) [-썽] 图(化學) 水溶性.

수용-액(水溶液) 图 水溶液.

수운(水運) 图 水運.

수원¹(水原) 图(地名) 水原(スウォン). 경기도(京畿道)の道庁所在地.

수원²(水源) 图 水源. ∥수원 보호 水源保護.

수원-지(水源地) 图 水源地.

수원-수구(誰怨誰咎) 图(하自) (「誰を恨み誰をとがめようか」の意で)誰も恨みだりとがめたりしないこと.

수월찮다[-찬타] 囫 〔수월하지 아니하다の縮約形〕容易ではない; 馬鹿にならない; 難しい. ∥생각보다 수월찮다 思ったより難しい. **수월찮-이** 图

수월-하다 /suwərhada/ 囫変 容易だ; 簡単だ; たやすい; 楽だ; 易しい. ∥수월한 일すい仕事 수월하게 끝나다 簡単に終わる. 예상했던 것보다 문제가 수월하다 予想より問題が易しい. **수월-히** 图

수위¹(水位) 图 水位.

수위²(首位) 图 首位. ∥수위 타자 首位打者.

수위³(守衛) 图(하他) 守衛.

수유¹(茱萸) 图 山茱萸の実.

수유-나무(茱萸-) 图(植物) サンシュユ(山茱萸).

수유²(授乳) 图(하自) 授乳.

수유-기(授乳期) 图 授乳期.

수육(-肉) 图 煮た牛肉.

수은(水銀) 图(化學) 水銀.

수은-등(水銀燈) 图 水銀灯.

수은-주(水銀柱) 图 水銀柱.

수음(手淫) 图(하自) 手淫.

수응(酬應) 图(하他) 他人の要求に応じること.

수의¹(囚衣) [-/-이] 图 囚人服; 獄衣.

수의²(壽衣) [-/-이] 图 寿衣(死者に着せる着物); 経帷子(きょうかたびら).

수의³ (隨意)【-/-이】 随意. ‖수의 계약 随意契約.
수의-근 (隨意筋)【名】【解剖】 随意筋. ⑳불수의근 (不隨意筋).
수의⁴ (獸醫)【-/-이】【名】 獣医.
수-의사 (獸醫師)【名】 獣医師.
수익 (收益)【名】【自他】 収益. ‖수익을 올리다 収益を上げる.
수익-성 (收益性)【-성】【名】 収益性.
수익-세 (收益稅)【-쎼】【名】 収益税.
수익자 (受益者)【名】 受益者.
수익자 부담 受益者負担.
수인 (囚人)【名】 囚人.
수인 (數日)【名】 数日; 何日か.
수임 (受任)【名】【自他】 受任.
수입¹ (收入)/suip/【名】 収入. ⑳지출 (支出). ‖수입이 늘다 収入が増える. 연간 수입 年間収入. 임시 수입 臨時収入. 수입원 収入源.
수입-인지 (收入印紙)【名】 収入印紙.
수입² (輸入)/suip/【名】【他】 輸入. ⑳수출 (輸出). ‖농산물을 수입하다 農産物を輸入する. 수입이 급격히 늘다 輸入が急激に伸びる. 수입 관세 輸入関税.
수입-세 (輸入稅)【-쎼】【名】 輸入税.
수입 의존도 (輸入依存度)【-/-이비-】【名】 輸入依存度.
수입-초과 (輸入超過)【名】 輸入超過.
수입-품 (輸入品)【名】 輸入品.
수-자원 (水資源)【名】 水資源.
수작¹ (秀作)【名】 秀作.
수작² (酬酌)【名】【「杯を交わす」の意で】 ❶ 言葉を言い交わすこと、またはその言葉. ‖수작을 걸다 言葉を交わす. ❷ ばかげた言動やまね. ‖허튼 수작 하지 마라 ばかなまねはよしなさい.
수장¹ (水葬)【名】【自他】 水葬.
수장² (收藏)【名】【他】 収蔵.
수장³ (首長)【名】 首長.
수재¹ (水災)【名】 水災; 水害. ‖수재민 水害の被災者.
수재² (秀才)【名】 秀才.
수저 ❶ さじと箸. ❷ 숟가락の尊敬語.
수저-통 (-筒)【名】 箸入れ; 箸筒.
수-적 (數的)【-쩍】【名】 数的の. ‖수적으로 우세하다 数的に優位に立つ.
수전-노 (守錢奴)【名】 守銭奴; けち.
수절 (守節)【名】【自】 貞操を守ること.
수정¹ (水晶)【名】【鑛物】 水晶; クリスタル.
수정-체 (水晶體)【名】【解剖】 水晶体.
수정² (受精)【名】【自】 受精. ‖인공 수정 人工授精.
수정-낭 (受精囊)【名】 受精囊.
수정-란 (受精卵)【-난】【名】【生物】 有精卵.
수정³ (修正)/sudʑoŋ/【名】【他】 修正. ‖궤도를 수정하다 軌道を修正する. 원고를 몇 번이나 수정하다 原稿に何度も修正を加える. **수정-되다**【自】
수정-안 (修正案)【名】 修正案.
수정⁴ (修訂)【名】【他】 修訂.
수정-판 (修訂版)【名】 修訂版.
수정과 (水正果)【名】【料理】 煎じた生姜汁に砂糖やはちみつを入れ、干し柿や桂皮を加えて松の実を浮かべた飲み物.
수정-관 (輸精管)【名】【解剖】 輸精管.
수제 (手製)【名】 手製; 手作り.
수제-품 (手製品)【名】 手製品.
수제-화 (手製靴)【名】 手製の靴.
수제비 (料理)【名】 韓国風のすいとん. ‖수제비를 뜨다 すいとんを作る.
수-제자 (首弟子)【名】 一番弟子; 愛弟子.
수조 (水槽)【名】 水槽.
수족 (手足)【名】 ❶ 手足. ❷【比喻的に】手足のように働く者. ‖수족 같은 부하 手足のような部下.
수족-관 (水族館)【-꽌】【名】 水族館.
수종 (水腫)【名】【医学】 水腫.
수주 (受注)【名】【自他】 受注. ⑳발주 (發注).
수준 (水準)/suʥun/【名】 水準. ‖최고 수준에 달하다 最高の水準に達する. 수준을 올리다 水準を上げる. 생활수준 生活水準. 지적 수준 知的水準. 수준 이상 水準以上. ⑳レベル.
수준-급 (水準級)【-끕】【名】 水準がかなり高いレベル.
수줍다【때】 気恥ずかしい; 恥ずかしい; 照れくさい. ‖수줍어서 말도 제대로 못하다 恥ずかしくて話もろくにできない.
수줍어-하다【自【때】】 はにかむ; 恥ずかしがる; 照れる.
수줍음 はにかみ; 恥じらい; 内気. ‖수줍음을 타다 はにかむ; 恥ずかしがる.
수중¹ (手中)【名】 手中; 掌中. ⑳손의 귀. ‖수중에 넣다 手に入れる. 수중에 들어가다 手に入る. 수중에 떨어지다 手に落ちる. 수중에 들어오다 手に入る.
수중² (水中)【名】 水中.
수중-식물 (水中植物)【-씽-】【名】【植物】 水中植物.
수중-안경 (水中眼鏡)【名】 水中眼鏡.
수중익-선 (水中翼船)【-썬】【名】 水中翼船.
수중 카메라 (水中 camera)【名】 水中カメラ.
수-증기 (水蒸氣)【名】 水蒸気.
수지¹ (收支)【名】 収支.
수지-맞다 (收支-)【-맏따】【自】 収支がつりあう; 儲けがある; 割がいい. ‖수지 맞는 장사 割のいい商売.
수지² (樹脂)【名】 樹脂. ‖천연수지 天然樹脂. 합성수지 合成樹脂.
수지-침 (手指鍼)【名】【漢方】 鍼術.
수직 (垂直)【名】 垂直. ‖수직으로 선을

굿다 垂直に線を引く. 기둥을 수직으로 세우다 柱を垂直に立てる.

수직-선 (垂直線)【-썬】 명 垂直線.

수질[1] (水質) 명 水質. ‖수질 검사 水質検査. 수질 오염 水質汚染.

수질[2] (髓質) 명〖生理〗髄質.

수집[1] (收集)【sudʒip】 명 하타 収集. ‖폐품 수집 廃品の収集. **수집-되다**

수집[2] (蒐集) 명 하타 収集. ‖우표 수집 切手の収集. 자료를 수집하다 資料を収集する. **수집-되다** 자동

수집-광 (蒐集狂)【-광】 명 収集マニア.

수집-벽 (蒐集癖)【-뻭】 명 収集癖.

수차[1] (水車) 명 水車.

수차[2] (数次) 명 数次; 数回; 数度. ‖매년 수차 외국에 나가다 毎年数回外国へ行く. 수차에 걸친 설득 数度にわたる説得.

수채 명 どぶ; 下水道.

수채-통 (-筒) 명 下水管.

수채-구멍 (-채구-〜-챈구-) 명 下水口; 溝口.

수채-화 (水彩畫) 명〖美術〗水彩画.

수척-하다 (瘦瘠-)【-처카-】 형 하여 やせ細る; やせこける; やせ衰える; やつれる. ‖수척한 얼굴 やつれた顔.

수천 (數千) 명 数千.

수-천만 (數千萬) 명 数千万.

수첩 (手帖)【suthʃəp】 명 手帳. ‖수첩에 적어 두다 手帳に書き込む. 학생 수첩 生徒手帳. 경찰 수첩 警察手帳.

수청 (守廳) 명〖歴史〗御similar기.

수초 (水草) 명 水草. 中물草.

수축 (收縮) 명 하자 収縮. ⑦膨張(膨脹). ‖근육이 수축되다 筋肉が収縮する.

수출 (輸出)【suthul】 명 하타 輸出. ⑦수입(輸入). ‖자동차를 수출하다 自動車を輸出する.

수출-세 (輸出税)【-쎄】 명 輸出税.

수출-초과 (輸出超過) 명 輸出超過.

수출-품 (輸出品) 명 輸出品.

수-출입 (輸出入) 명 輸出入.

수출입-은행 (輸出入銀行) 명 輸出入銀行.

수취 (收取) 명 하타 受け取り.

수취-인 (收取人) 명 受取人. ‖수취인 불명의 편지 受取人不明の手紙.

수치[1] (羞恥) 명 羞恥; 恥; 恥じらい. ‖수치를 당하다 恥をかく.

수치-스럽다 (羞恥-)【-따】【ㅂ変】 형 恥ずかしい. ‖수치스러운 과거 恥ずかしい過去.

수치-심 (羞恥心) 명 羞恥心.

수치[2] (數値) 명 数値.

수칙 (守則) 명 守るべき規則; 心得.

수-강아지 명 雄の子犬.

수-캐 명 雄の犬. ⑦암캐.

수-컷【-컫】 명〖動物〗雄. ⑦암컷.

수탁 (受託) 명 하타 受託.

수탈 (收奪) 명 하타 収奪. ‖농민을 수탈하다 農民を収奪する. **수탈-당하다** 자동

수-탉【-탁】 명 雄鶏. ⑦암탉.

수태 (受胎) 명 하자 受胎.

수-틀 (繡-) 명 刺繍枠; 刺繍台.

수판 (數板) 명 そろばん. ⑦주판(珠板). ▶수판을 놓다 損得の計算をする.

수판-셈 (數板-) 명 そろばんの計算; 珠算; 玉算.

수평 (水平) 명 水平.

수평-각 (水平角) 명 水平角.

수평-거리 (水平距離) 명 水平距離.

수평-면 (水平面) 명 水平面.

수평-선 (水平線) 명 水平線.

수포[1] (水泡) 명 水泡; 水の泡. ‖수포로 돌아가다 水泡に帰する; 水の泡となる.

수포[2] (水疱) 명〖医学〗水疱.

수폭 (水爆) 명 水素 爆弾(水素爆弾)の略語.

수표 (手票)【suphjo】 명〖經〗小切手. ‖수표를 끊다[발행하다] 小切手を切る[発行する]. 위조 수표 偽造小切手. 부도 수표 不渡り小切手.

수풀 (手-) 명 ❶森; 林. ❷茂み; 藪; 草むら.

수프 (soup)【suːpʰu】 명 スープ. ‖야채 수프 野菜スープ.

수필 (隨筆) 명 随筆; エッセー.

수필-가 (隨筆家) 명 随筆家.

수필-집 (隨筆集) 명 随筆集.

수하 (手下) 명 ❶目下(の人). ❷手下.

수-하물 (手荷物) 명 手荷物.

수학[1] (修學) 명 하자 修学.

수학-여행 (修學旅行)【-항녀-】 명 修学旅行. ‖교토로 수학여행을 가다 京都へ修学旅行に行く.

수학[2] (數學)【suːhak】 명 数学. ‖수학 문제를 풀다 数学の問題を解く. 수학을 잘하다 数学に強い; 数学が得意だ. 수학적 엄밀성 数学的厳密さ. 고등 수학 高等数学.

수해[1] (水害) 명 水害. ‖수해를 입다 水害に見舞われる.

수해[2] (樹海) 명 樹海.

수행[1] (修行) 명 하자 修行. ‖수행을 쌓다 修行を積む.

수행[2] (遂行) 명 하타 遂行. ‖임무를 수행하다 任務を遂行する.

수행[3] (隨行) 명 하타 随行. ‖수행 기자 随行記者.

수행-원 (隨行員) 명 随行員.

수험 (受驗) 명 하타 受験. ‖수험 준비로 바쁘다 受験の準備で忙しい.

수험-생 (受驗生) 명 受験生.

수험-표 (受驗票) 명 受験票.

수혈 (輸血) [하田] 輪血.
수혜 (受惠) [/-혜/] 图 恵みを受けること.
수호¹ (守護) [하田] 守護.
 수호-신 (守護神) 图 守護神.
수호² (修好) 图 修好.
 수호-조약 (修好條約) 图 修好条約.
수화 (手話) 图 手話.
 수화-법 (手話法) [-뻡] 图 手話法.
수화-기 (受話器) 图 受話器.
수확 (收穫) /suhwak/ [-] 图 [하田] 收穫. ‖농작물을 수확하다 農作物を収穫する. 최대의 수확을 올리다 最大の収穫を上げる.
 수확-고 (收穫高) [-꼬] 图 收穫高.
 수확-기 (收穫期) [-끼] 图 收穫期.
 수확-량 (收穫量) [-냥] 图 收穫量.
 수확-물 (收穫物) [-뭉] 图 收穫物.
수회¹ (收賄) [/-회/] 图 [하田] 收賄.
 수회-죄 (收賄罪) [-쬐/-꿰] 图 [法律] 收賄罪.
수회² (數回) [/-회/] 图 数回; 数度; 数次. ‖수회에 걸친 시험 数回にわたる試験.
수효 (數爻) 图 (物事の個々の) 数. ‖수효를 세다 数をかぞえる.
수훈 (殊勳) 图 殊勳. ‖수훈을 세우다 殊勳を立てる.

숙고 (熟考) [-꼬] 图 [하田] 熟考. ‖숙고를 거듭하다 熟考を重ねる. 숙고한 뒤에 결정하다 熟考の上で決める.
숙근-초 (宿根草) [-끈-] 图 [植物] シュクコンソウ (宿根草).
숙녀 (淑女) [-녀] 图 淑女.
숙다 [-따] 国 (前に) 垂れる; 傾く.
숙달 (熟達) [-딸] 图 [하田] 熟達; 上達. ‖숙달된 기술 熟達した技能.
숙덕-거리다 [-떡거-] [하田] ひそひそと話す; あれこれ陰でうわさする. ‖귓속말로 뭐라고 숙덕거리다 耳打ちして何かを話す.
숙덕-숙덕 [-떡쑥떡] 圈 [하田] ひそひそ(と); こそこそ(と).
숙덕-이다 [-떡기-] 自他 = 숙덕거리다.
숙독 (熟讀) [-똑] 图 [하田] 熟讀.
숙련 (熟練) [숭년] 图 [되田] 熟練. ‖숙련된 기능공 熟練した技能工.
 숙련-공 (熟練工) [숭년-] 图 熟練工.
숙면 (熟眠) [숭-] 图 [하田] 熟眠; 熟睡. ‖숙면을 취하다 ぐっすり眠る; 熟睡する.
숙명 (宿命) [숭-] 图 宿命.
 숙명-론 (宿命論) [숭-논] 图 宿命論.
 숙명-적 (宿命的) 图 宿命的. ‖숙명적인 만남 宿命的な出会い.
숙모 (叔母) [숭-] 图 叔母; おば.

숙박 (宿泊) [-빡] 图 [하田] 宿泊. 숙박료.
 숙박-계 (宿泊届) [-빡꼐/-께] 图 宿泊届.
 숙박-료 (宿泊料) [-빵뇨] 图 宿泊料.
 숙박-업 (宿泊業) 图 宿泊業.
숙변 (宿便) [-뼌] 图 宿便.
숙부 (叔父) [-뿌] 图 叔父; おじ.
숙사 (宿舍) [-싸] 图 宿舎.
숙성 (熟成) [-썽] 图 [하田] 熟成. ‖고기를 숙성시키다 肉を熟成させる.
숙소 (宿所) [-쏘] 图 宿所; 宿. ‖숙소를 정하다 宿を定める.
숙식 (宿食) [-씩] 图 [하田] 寝食.
숙어 (熟語) 图 [言語] 熟語.
숙연-하다 (肅然-) 厖 [하요] 廉然としている. ‖분위기가 숙연하다 雰囲気が廉然としている. **숙연-히** 圈
숙영 (宿營) [수경] 图 [軍事] 宿營.
 숙영-지 (宿營地) [수경-] 图 宿營地.
숙원¹ (宿怨) 图 宿怨; 宿恨. ‖숙원을 풀다 宿怨を晴らす.
숙원² (宿願) 图 宿願; 宿望. ‖숙원을 이루다 宿願を果たす.
숙의 (熟議) [수긔/수기] 图 [하田] 熟議.
숙이다 [수기-] 他 (前に) 垂らす; (頭を) 下げる; 伏せる; うつむく. ‖고개를 숙이며 인사를 하다 頭を下げて挨拶をする. 고개를 숙인 채 울고 있었다 うつむいたまま, 泣いていた.
숙적 (宿敵) [-쩍] 图 宿敵. ‖숙적을 만나다 宿敵にあう.
숙정 (肅正) [-쩡] 图 肅正.

숙제 (宿題) /suk˘tɕe/ [-쩨] 图 宿題. ‖숙제를 내다 宿題を出す. 숙제를 끝내다 宿題を済ませる. 여름 방학 숙제 夏休みの宿題. 영어 숙제 英語の宿題.

숙주¹ [-쭈] 图 숙주나물의 略語.
 숙주-나물 [-쭈-] 图 ①もやし. =숙주. ②もやしの和え物; もやしのおひたし.
숙주² (宿主) [-쭈] 图 [生物] 宿主.
숙지 (熟知) [-찌] 图 [하田] 熟知.
숙직 (宿直) [-찍] 图 [하田] 宿直.
 숙직-실 (宿直室) [-찍씰] 图 宿直室.
숙청 (肅淸) 图 [하田] 肅淸. ‖반대파를 숙청하다 反対派を肅淸する. **숙청-되다** [-당하다] 受動
숙취 (宿醉) 图 宿醉; 二日酔い. ‖숙취 해소에 좋은 음식 二日酔いにいい食べ物.
숙환 (宿患) [수콴] 图 宿病; 持病.
순¹ (筍) 图 [植物]の芽.
순² (旬) 图 1か月を3つに分けた10日間. ‖초순 初旬. 하순 下旬.
순³ (純) 图 純…. ‖순소득 純所得.
순⁴ 圈 全く; 非常に. ‖순 거짓말이다 全くのうそだ. 순 엉터리다 全くでたらめだ.
-순⁵ (順) 接尾 順番の意を表わす: …順.

‖선착순 先着順. 연령순 年齡順. 가나다순 いろは順.

-**순**⁶ (句) 접미 [漢數詞에 붙어서] 該当の数に 60をかけた年を表わす. ‖육순 60歳. 칠순 70歳.

순간 (瞬間) 图 瞬間. ‖결정적인 순간 決定的瞬間.

순간-적 (瞬間的) 图 瞬間的. ‖순간적으로 판단하다 瞬間的に判断する.

순결 (純潔) 图 (形動) 純潔.

순결-무구 (純潔無垢) 图 (形動) 純潔無垢.

순경 (巡警) 图 巡查. ‖순경 아저씨 お巡りさん.

순교 (殉教) 图 (하自) 殉教.

순교-자 (殉教者) 图 殉教者.

순국 (殉国) 图 殉国.

순국-선열 (殉国先烈) [~써녈] 图 殉国した先烈の烈士.

순금 (純金) 图 純金. ‖순금 반지 純金の指輪.

순당-하다 (順当-) 图 (하変) 順当だ.

순대 (料理) 豚の腸詰め.

순댓-국 (-대ㅅ/-댇꾹) 图 (料理) 豚肉を煮込んだ汁に豚肉や순대などを入れたスープ.

순도 (純度) 图 純度. ‖순도 백 퍼센트 純度100パーセント.

순-두부 (-豆腐) 图 おぼろ豆腐.

순두부-찌개 (-豆腐-) 图 (料理) 純豆腐を主材料として卵·豚肉·ネギなどを入れて煮込んだ鍋料理.

순례 (巡禮) [술-] 图 (하他) 巡礼.

순례-자 (巡禮者) [술-] 图 巡礼者.

순록 (馴鹿) [술-] 图 (動物) トナカイ.

순리 (順理) [술-] 图 理致. 道理.

순망치한 (脣亡齒寒) 图 唇亡びて歯寒し(互いに助け合う関係にあるものの一方が滅びると他の一方も危うくなることのたとえ).

순면 (純綿) 图 純綿.

순모 (純毛) 图 純毛.

순박 (淳朴·醇朴) 图 (形動) 純朴. ‖순박한 사람 純朴な人.

순발-력 (瞬発力) 图 瞬発力. ‖순발력이 있다 瞬発力がある.

순방 (巡訪) 图 (하他) 歴訪. ‖대통령의 동남아 순방 大統領の東南アジア歴訪.

순배 (巡杯·巡盃) 图 (하自) 順杯.

순백 (純白) 图 ❶ 純白. ❷ 순백색 (純白色)の略語.

순-백색 (純白色) [-쌕] 图 純白. ⑳ 순백 (純白). ‖순백색의 드레스 純白色のドレス.

순번 (順番) 图 順番. ‖순번이 돌아오다 順番が回ってくる.

순보 (旬報) 图 旬報.

순사 (殉死) 图 殉死.

순산 (順産) 图 (하他) 安産. ㉑난산 (難産).

순상_화산 (楯状火山) 图 (地) 楯状火山.

순서 (順序) /suːnsʌ/ 图 順序. ‖순서를 정하다 順序立てる. 순서를 밟다 順序を踏む. 순서대로 順番通りに. 順繰りに.

순-소득 (純所得) 图 (経) 純所得.

순수 (純粋) 图 (形動) 純粋. ‖순수한 마음 純粋な気持ち.

순수-성 (純粹性) [-썽] 图 純粋性.

순순-하다 (順順-) 图 (形動) ❶ (性質や態度が)穏やかでおとなしい; 素直だ. ❷ (食べ物の味が)淡白であっさりしている. **순순-히** 圓

순시 (巡視) 图 (하他) 巡視.

순시-선 (巡視船) 图 巡視船.

순식-간 (瞬息間) [-깐] 图 瞬く間; あっという間; たちまちのうち; 見る見るうち. ‖순식간에 일어난 우리들 사이의 出来事. 순식간에 다 팔리다 たちまち売り切れる.

순애 (純愛) 图 純愛.

순양 (巡洋) 图 巡洋.

순양-함 (巡洋艦) 图 (歴史) 巡洋艦.

순연 (順延) 图 順延.

순연-하다 (純然-) 图 (形動) 純然だ. **순연-히** 圓

순열¹ (殉烈) 图 (하自) 忠烈のために命を捧げること, またはそのような人.

순열² (順列) 图 (数学) 順列.

순위 (順位) 图 順位. ‖순위를 매기다 順位をつける. 성적 순위 成績の順位.

순음 (脣音) 图 (言語) 唇音. ᄆ·ᄇ·ᄈ·ᄑ など.

순응 (順応) 图 (하自) 順応. ‖환경에 순응하다 環境に順応する.

순-이익 (純益金) [-니-] 图 純利益.

순익 (純益) 图 純益.

순익-금 (純益金) [-끔] 图 純益金.

순장 (殉葬) 图 (하他) (歴史) 古代国家において, 王や貴族が死んだ時に臣下や奴婢を一緒に埋めたこと.

순전-하다 (純全-) 图 (形動) 純全だ. **순전-히** 圓

순접 (順接) 图 (言語) 順接. ㉑역접 (逆接).

순정¹ (純正) 图 (形動) 純正.

순정² (純情) 图 純情. ‖순정 만화 純情漫画.

순정-적 (純情的) 图 純情的.

순조 (順調) 图 順調; 好調.

순조-롭다 (順調-) [-따] 图 (ㅂ変) 順調だ; 好調だ. ‖경과는 순조롭다 経過は順調だ. 순조로운 출발 順調な滑り出し. 순조롭게 진행되다 順調に進む. **순조로이** 圓

순종 (純種) 图 純血.

순종-하다 (順従-) 图 (하自) 順従す る; 素直に従う.

순직 (殉職) 图 (하自) 殉職.

순진-하다(純眞-) 〖形〗〖하変〗 純真だ; 素直だ; 無邪気だ. ‖순진한 아이 純真な子ども.

순차(順次) 〖名〗 順次.
　순차-적(順次的) 〖名〗〔순차적으로의 形で〕順次に. ‖순차로 順に.

순찰(巡察) 〖名〗〖하変〗 巡察.
　순찰-대(巡察隊) [-때] 〖名〗 巡察隊.
　순찰-차(巡察車) 〖名〗 パトカー.
　순찰-함(巡察函) 〖名〗 要所に設置して巡察した結果を書いて入れる箱.

순치-음(脣齒音) 〖言語〗 唇歯音. ➭英語の f·v など.

순탄-하다(順坦-) 〖形〗〖하変〗 ❶(道が)平坦だ. ‖길이 순탄하다 道が平坦である. ❷(物事が)順調だ; 無理がない. ‖삶이 순탄하다 人生が順調である.

순풍(順風) 〖名〗 順風; 追い風. ⟷역풍.
　순풍-에 돛을 달다 順風に帆を揚げる; 順風に乗る.

순-하다(順-) /suːnhada/ 〖形〗〖하変〗 ❶(性質や態度が)おとなしい; 穏やかだ; 素直だ. ‖순한 아기 おとなしい赤ちゃん. 마음이 순하고 착한 아이 素直でよい子. ❷(タバコや酒などの味が)軽い; 薄い. ‖맛이 순하다 マイルドだ. ‖순한 맛 マイルドな味.

순항(巡航) 〖名〗〖하変〗 巡航.
　순항=미사일(巡航 missile) 〖名〗〖軍事〗 巡航ミサイル; クルーズミサイル. ⓔクルーズミサイル.
　순항-선(巡航船) 〖名〗 巡航船.

순행(順行) 〖名〗〖하変〗 順行. ⟷역행(逆行).
순행-동화(順行同化) 〖名〗〖言語〗 後続する音素が先行する音素の影響を受けて同じ音素か近い音素に変わる現象. 갈나[칼랄]·종로[종노]のような現象.

순혈(純血) 〖名〗 純血.

순화(純化·醇化) 〖名〗〖하変〗 純化. 순화되다.

순환(循環) 〖名〗〖하変〗 循環. ‖시내를 순환하는 버스 市内を循環するバス. 혈액 순환 血液の循環. 악순환 悪循環.
　순환-계(循環系) [-/-게] 〖名〗 循環系.
　순환=계통(循環系統) [-/-게-] 〖名〗 循環系統.
　순환-기[¹](循環期) 〖名〗 循環期.
　순환-기[²](循環器) 〖名〗〖解剖〗 循環器.
　순환-도로(循環道路) 〖名〗 循環道路.
　순환-선(循環線) 〖名〗 循環線.

순회(巡廻·巡回) [-/-훼] 〖名〗〖하変〗 巡回. ‖관내를 순회하는 管内を巡回する.
　순회-도서관(巡廻圖書館) 〖名〗 移動図書館; ➭이동도서관(移動圖書館).

숟-가락 /sutk͈arak/ [-까-] 〖名〗 さじ; スプーン. ⓔ술갈. ‖숟가락으로 떠먹다 さじですくって食べる. 숟가락 젓가락 スプーンとはし.
── 〖助数〗 …さじ; …スプーン. ‖설탕 두 숟가락 砂糖 2さじ.
　숟가락-질[-까-찔] 〖名〗〖하自〗 スプーンを使うこと.

숟-갈 [-깔] 〖名〗 숟가락の縮約形.

술[¹] /sul/ 〖名〗 酒. ‖술을 마시다 酒を飲む. 술을 따르다 酒を注ぐ. 술을 끊다 酒を断つ[やめる]. 술에 취하다 酒に酔う. 술에 약하다 酒に弱い; 술이 깨다 酔いから覚める. 독한 술 強い酒. ▶ 술에 술 탄 듯 물에 물 탄 듯〔慣〕「酒を酒で割ったよう, 水を水で割ったよう」の意)態度や行動などが優柔不断でしっかりしていない様子.

술[²](戌) 〖名〗〔十二支の〕戌(いぬ).

술[³](術) 〖名〗〔糸を染めた〕総; 房.

술[⁴] 〖助数〗 1さじの分量を表わす; …さじ. ‖밥 한 술 ご飯 1さじ.

술[⁵](術) 〖接尾〗 …術. ‖최면술 催眠術. 변장술 変装術.

술-값[-깝] 〖名〗 飲み代; 酒代. ‖술값을 내다[치르다] 飲み代を払う.

술계(術計) [-/-계] 〖名〗 術計.

술-고래 〖あざけた言い方で〗 大酒飲み; 大酒家; 底抜け上戸; のんべえ.

술-국[-꾹] 〖名〗 飲み屋で肴として出す汁物.

술기(-氣) [-끼] 〖名〗 =술기운.

술-기운(-氣-) [-끼-] 〖名〗 (酒の)酔い; 酒気. 酒の勢い. ‖술기운을 빌리다 酒の勢いを借りる. 술기운이 돌다 酔いが回る.

술-김[-낌] 〖名〗 酔った勢い; 酒の上; 酔いまぎれ.

술-꾼 〖名〗 酒飲み; 酒好き; 上戸; 飲み助.

술-내 〖名〗 酒のにおい; 酒気. ‖술내가 나다 酒のにおいがする. 술내를 풍기다 酒気を帯びる.

술년(戌年) [-년] 〖名〗 戌年. ⓔ개해.

술-대접(-待接) 〖名〗〖하他〗 酒のもてなし; 酒をふるまうこと.

술-도가(-都家) 〖名〗 酒の醸造家.

술독[¹](-毒) [-똑] 〖名〗 ❶酒甕(かめ). ❷〔からかう言い方で〕酒豪; 大酒飲み.

술독[²](-毒) [-똑] 〖名〗 酒焼け. ‖술독이 오른 얼굴 酒焼けした顔.

술래 (鬼ごっこやかくれんぼうで)鬼.
　술래-잡기[-끼] 〖名〗 鬼ごっこ; かくれんぼう.

술렁-거리다[-대다] 〖自〗 ざわめく; ざわつく; どよめく; 色めき立つ. ‖유괴 사건으로 온 동네가 술렁거리다 誘拐事件で町中がざわつく. 술렁대는 교실 분위기 そわそわする教室の雰囲気.

술렁-술렁 〖하自〗 大勢集まった人々の話し声などが騒がしい音[様子]; ざわざわ(と); そわそわ(と).

술렁-이다 〖自〗 =술렁거리다.

술-망나니 〖あざけた言い方で〗 酒癖が悪い人; 酔いどれ; 酔っ払い; のんだくれ.

술-버릇【-뻐륻】图 酒癖.
술법(術法)【-뻡】图 術法.
술-병¹(-病)【-뼝】图 酒の飲み過ぎで生じた病気.
술-병²(-甁)【-뼝】图 德利;ちょうし.
술부(述部)【言語】述部. ⑨주부(主部).
술-상(-床)【-쌍】图 酒肴膳.
술수(術數)【-쑤】图 術数;手口. ¶권모술수 權謀術数. 교활한 술수 狡猾な手口.
술술 剛 ❶ 話がよどみなく進む様子;すらすら;ぺらぺら. ¶범행을 술술 불다 犯行をぺらぺらと白状する. ❷ もつれた糸などがほぐれる様子;複雑に絡み合った問題などが容易に解ける様子. ❸ 水や粉などが少しずつ流れ出たりもれたりする様子;ちょろちょろと.
술시(戌時)【-씨】图〖民俗〗戌($_{술}$)の刻(午後 7 時から午後 9 時まで).
술-안주(-按酒)【-쭈】图 肴;酒のつまみ.
술어¹(述語)【言語】述語.
술어²(術語)【-어】图 術語.
술-자리【-짜-】图 酒席. ⑩주석(酒席). ¶술자리를 마련하다 酒席を設ける.
술-잔(-盞)【-짠】图 杯;酒盃. ¶술잔을 기울이다 杯を傾ける. 술잔을 비우다 杯を干す[あける].
술-잔치 图 酒宴;酒盛り.
술-장사 图(하自) 酒を売る商売.
술-좌석(-座席)【-좌-】图 酒席;宴席;宴会;酒盛りの席.
술-주정(-酒酊)【-쭈-】图(하自) 酒癖;酒乱.
술-집【-찝】图 酒屋;居酒屋;飲み屋.
술-찌끼 图 酒粕(酒糟).
술책(術策)图 術策.
술-친구(-親舊)图 飲み友だち;飲み仲間.
술-타령(-打令)图(하自) 酒ばかり飲んだり歌ったりすること;酒浸り.
술-통(-桶)图 酒樽.
술-판 图 酒盛り;宴会;酒席;酒宴. ¶술판을 벌이다 酒宴を催す;酒宴を張る.
술회(述懷)图(-/-하他) 述懐. ¶현재の 심경을 술회하다 現在の心境を述懐する.

숨 /su:m/ 图 ❶ 息;呼吸. ¶숨을 돌려 쉬다 激しい息づかいを静め、息を楽に つく. 숨을 헐떡거리다 息を弾ませる. 숨이 가쁘다 息苦しい. 숨이 가쁘다 息苦しい. 숨이 차다 息が切れる. ❷(野菜などの)新鮮な様子. ¶숨이 죽다 しおれる;しんなりする. ▸숨 쉴 사이 없다 息(を)つく暇もない. ▸숨(을) 거두다 息を引き取る;死ぬ. ▸숨(을) 끊다 命を絶つ;殺す. ▸숨(을) 돌리다 息を入れる;一息入れる;途中で一休みする. ▸숨(을) 쉬다 息をする;

呼吸する. ▸숨(을) 죽이다 息を殺す;息を凝らす;(野菜などに)しんなりさせる. ▸숨(이) 끊어지다[끊기다] 息が絶える. ▸숨(이) 넘어가는 소리(「息が途絶える時の激しい息づかい」の意で)何かが差し迫っている時や興奮した時に出す声. ▸숨(이) 막히다 息が詰まる;息苦しい;むせ返る. 가게 안은 열기로 숨이 막힐 정도였다 店の中は熱気で息苦しいほどだった. ▸숨(이) 붙어 있다 生きている. ▸숨(이) 죽다 (野菜などが)しおれる;萎びる. 배추 숨이 죽다 白菜がしおれる. ▸숨이 턱에 닿다(「息があごにつかえる」の意で)息が切れる. 呼吸が激しくなって苦しい.
숨-결【-껼】图 息づかい.
숨-골【-꼴】图〖解剖〗延髓. ⑩연수(延髓).
숨-구멍【-꾸-】图 気孔.

숨-기다 /sumgida/ 他 〔숨다の使役動詞〕隠す;包み隠す;潜ませる;かくまう. ¶몸を숨기다 身を隠す[潜める]. 범인을 숨겨 주다 犯人をかくまう. 숨겨진 의미를 찾다 隠された意味を探る. 그 사람은 나한테 중대한 사실을 숨기고 있다 彼は私に重大な事実を隠している.
숨-길【-낄】图 気道.
숨김-없다【-기멉따】圈 隠し事がない;隠し立てがない;秘密がない;ありのままだ. **숨김없-이** 剛 숨김없이 털어놓다 隠し立てずすに打ち明ける.
숨-넘어가다 国 息が絶える;死ぬ.
숨는 囮 숨다(隠れる)の現在連体形.

숨다 /su:m^{n}da/ 国(하自) 隠れる;潜む. ¶나무 뒤에 숨다 木の後ろに隠れる. 숨은 재능 隠れた才能. 숨어 있는 인재를 찾아내다 隠れた人材を探し出す. 범인은 시내에 숨어 있을 것이다 犯人は市内に潜んでいるはずだ. ⑩숨기다.
숨바꼭-질 图(하自) ❶ かくれんぼ. ❷ 見え隠れすること.
숨-소리【-쏘-】图 息をする音;息づかい;息. ¶숨소리가 거칠다 息づかいが荒い. 숨소리를 죽이다 지켜보다 息を殺して見守る. 새근새근 숨소리를 내며 자고 있다 すやすやと寝息を立てている.
숨어 囮 숨다(隠れる)の連用形.
숨은 囮 숨다(隠れる)の過去連体形.
숨을 囮 숨다(隠れる)の未来連体形.
숨-죽이다 国 息を殺す;息を凝らす;呼吸を抑えて静かにしている. ¶숨죽이고 지켜보다 息を殺して見守る.
숨-지다 国 息を引き取る;息が絶える;死ぬ.
숨-차다 国 息切れがする;息苦しい. ¶달렸더니 숨차다 走ったら息切れしてしまう.
숨-통(-筒)图 息の根. ¶숨통을 끊다 息の根を止める.

숨-표 (-標)【音楽】ブレス.

숫【슏】接頭 [一部の名詞に付いて] 純粋でまじりけがない;生….∥숫처녀 生娘.

숫-기(-氣)【숟끼】图 快活ではにかまないこと;∥숫기가 없다 内気だ;恥かしがり屋だ.

숫-돌【숟똘】图 砥石.

숫-되다(-되-)【숟뙤-】形 うぶだ;世慣れていない.

숫자(數ㅅ字)/su:ʔdʒa/【숟짜/숟자】图 数字.∥숫자에 밝다[강하다] 数字に明るい[強い]. 천문학적인 숫자 天文学的な数字. 아라비아 숫자 アラビア数字. 로마 숫자 ローマ数字.

숫제【숟쩨】副 ❶かえって;むしろ.∥하다 할 것이면 숫제 처음부터 하는 것이 낫다 途中でやめるならかえって初めらしない方がいい. ❷(うそではなく)本当に;全く,∥그 사람은 노래방이라면 숫제 싫어한다 彼はカラオケというと本当に嫌がる.

숫-처녀 (-處女)【숟-】图 生娘;おぼこ娘;処女.

숫-총각 (-總角)【숟-】图 童貞の男.

숫-티【숟-】图 うぶで純朴な姿や態度.

숫-하다(숟타-)【숟타-】形[하変] うぶだ;純朴だ.

숭고 (崇高)【-】形[하変] 崇高.∥숭고한 희생 崇高な犠牲.

숭늉 图 おこげに湯を加えてお茶のようにしたもの.

숭덩-숭덩 副[하変] ❶切り方や切り口が粗い様子:ざくざく.∥파를 숭덩숭덩 썰다 ネギをざくざくと切る. ❷縫い目を粗く縫う様子.

숭모 (崇慕)【-】图[하他] あがめ慕うこと.

숭배 (崇拜)【-】图[하他] 崇拜.

  숭배-자 (崇拜者)【-】图 崇拜者.

숭불 (崇佛)【-】图[하他] 崇佛.

숭상 (崇尙)【-】图[하他] あがめ尊ぶこと.

숭숭 副 ❶切り方や切り口が粗い様子:ざくざく. ❷くぼみや穴がたくさんある様子:ぼこぼこ.∥구멍이 숭숭 난 옷 穴がぼこぼこ空いた服. ❸大粒の汗が吹き出る様子.

숭앙 (崇仰)【-】图[하他] あがめ敬うこと.

숭어 (魚介類)【-】图 ボラ(鯔).◆숭어가 뛰니까 망둥이도 뛴다【諺】「ボラが跳ねるトビハゼも跳ねる」の意で)自分の分際も立場も考えずに何かに立派な人をまねることのたとえ.

숭엄-하다 (崇嚴-)【-】形[하変] 崇高で尊厳だ.

숭유 (崇儒)【-】图[하自] 儒教を崇拜すること.

숯 /sut/【숟】图 炭.∥숯을 굽다 炭を焼く.

숯-가마【숟까-】图 炭窯;炭焼き釜.

숯-검정【숟껌-】图〈炭の〉煤(す).

숯-불【숟뿔】图 炭火.∥숯불구이 炭火焼き. 숯불을 피우다 炭火を起こす.

숯-판매 (-販賣)【숟-】图 炭売り;炭屋.

숯-쟁이【숟쨍-】图 炭を焼く人.

숱【숟】图 髪の毛などの量.∥머리 숱이 많다 髪の毛が多い.

숱-하다(숟타-)【숟타-】形[하変] 数多い;たくさんだ;ありふれている.∥숱한 사건들 数多い事件. 그 이야기는 숱하게 들었다 その話はたくさん聞いた.

숲 /sup/【숩】图 林,森.∥숲이 우거져 있다 林が茂っている.

숲-길【숩낄】图 森の中の道;林道;森路.

쉬[1]【-】图 ハエの卵.

쉬[2]【-】图 [오줌の幼児語] おしっこ. ── 感 子どもに小便をさせる時に発する語:シーシー.

쉬[3]【-】感 人を静かにさせようとする時に発する語:しい;しっ.

쉬다[1]【-】自 食べ物が腐って酸っぱくなる;すえる.∥밥이 쉬었다 ご飯がすえた.

쉬다[2]【-】自 〈声が〉かすれる;かれる;しわがれる;しゃがれる.∥목이 쉬다 声がかれる.

쉬다[3]/ʃwi:da/【-】 ❶休む;休憩する;休息する.∥주말에 푹 쉬다 週末にゆっくり休む. 감기 걸려서 회사를 삼 일을 쉬었다 風邪をひいて会社を3日も休んだ. 쉬는 시간 休み時間. ❷眠る;床につく.∥늦었으니 이제 쉬세요 遅くなったのでもうお休みください.

쉬다[4]他 呼吸をする;息をする;息をつく.∥숨을 쉬다 息を吸う. 한숨을 쉬다 ため息をつく.

쉬쉬-하다他[하変] (人に知られないように)隠す;内緒にする;もみ消す;口止めする.∥비밀が새지 않도록 쉬쉬하다 秘密が漏れないように口止めする.

쉬어 (号令として)休め.

쉬엄-쉬엄 副[하自他] 時々休みながら続ける様子:休み休み.∥쉬엄쉬엄 일을 하다 休み休み仕事をする.

쉬이 副 ❶容易に;簡単に;たやすく. ❷そのうち;間もなく.

쉬-파리 (昆虫)【-】图 アオバエ(青蠅).

쉰 /ʃwin/ 数 50歳.∥올해로 쉰이 되다 今年で50歳になる. ── 数 50….∥구슬이 쉰 개가 있다 玉が50個ある. 쉰 명 50人.

쉰-내【-】图 すえたにおい.

쉰-밥【-】图 すえたご飯.

쉼-표 (-標)【-】图【音楽】休止符.

쉽다 /ʃwiːpʔta/【-따】形 [ㅂ変] 쉬워, 쉬웁】 ❶易しい;容易だ;たやすい;簡単だ.∥계산 문제는 쉽다 計算問題は易しい. 쉬운 일 たやすい仕事. 문제를 쉽게 해결하다 問題を簡単に解決する. ❷ […기 쉽다の形で] …しやすい.∥틀리기 쉬운 문제 間違えやすい問題.

감기 걸리기 쉽다 風邪を引きやすい.
쉽-사리【-싸-】[副] たやすく; 難なく; 簡単に; 楽々と. ‖쉽사리 포기하다 簡単に諦める.
슈미즈 (chemise フ) [名] シュミーズ; スリップ.
슈-크림 (←chou フ + cream) [名] シュークリーム.
슈퍼 (←supermarket) /ʃuːpʰɔ/ [名] 슈퍼마켓の略語. ‖슈퍼에서 물건을 사다 スーパーで買い物をする.
슈퍼마켓 (supermarket) /ʃuːpʰɔmaːkʰet/ [名] スーパーマーケット. [略]슈퍼.
슈퍼맨 (superman) [名] スーパーマン.
슈퍼스타 (superstar) [名] スーパースター.
슈퍼에고 (superego) [名] (精神分析学で)スーパーエゴ. [類]초자아(超自我). [関]자아(自我)・이드.
슛 (shoot) [名] シュート. ‖슛을 날리다 シュートを放つ.
스낵-바 (snack bar) [名] スナックバー.
스냅 (snap) [名] スナップ.
스냅-숏 (snapshot) [名] スナップショット.
스노보드 (snowboard) [名] スノーボード.
스노-체인 (snow chain) [名] スノーチェーン.
스노-타이어 (snow tire) [名] スノータイヤ.
스니커즈 (sneakers) [名] スニーカー.
스님 [名] 〔중¹の尊敬語〕お坊さん; 和尚さん.
스라소니 [名] 《動物》 オオヤマネコ(大山猫).
스러지다 [自] 消える; 消え失せる; 消えてなくなる.
-스럽다【-따】[接尾]『ㅂ変』 …らしい; …げだ. ‖사랑스럽다 愛らしい. 밉상스럽다 憎たらしい. 복스럽다 福々しい. 만족스럽다 満足げだ.
-스레 [接尾] …らしく; …げに; …そうに. ‖자랑스레 誇らしげに.
스루^패스 (through pass) [名] (サッカーで)スルーパス.
스르르 [副] ❶ 結んだり絡んだりしていたものがひとりでに解ける様子: するりと; するする(と). ‖매듭이 스르르 풀리다 結び目がするすると解ける. ❷ 氷や雪が自然に溶ける様子: すうっと. ‖얼음이 스르르 녹아내리다 氷がすうっと溶け込む. ❸ 眠気がさして自然に目が閉ざされる様子. ‖스르르 잠이 들다 すっと寝入る. ❹ ひそかに動く様子. ❺ わだかまりやつかえがなくなって気持ちが平静になっていく様子: すっと. ‖화가 스르르 풀리다 怒りがすっと消える.
스리랑카 (Sri Lanka) [名] 《国名》 スリランカ.
스리피스 (three-piece) [名] スリーピース.
스릴 (thrill) [名] スリル. ‖스릴 넘치는 스포츠 スリルあふれるスポーツ. 스릴을 맛보다 スリルを味わう. 스릴 만점 スリル満点.
스릴러 (thriller) [名] スリラー.
스마일 (smile) [名] スマイル.
스마트-하다 (smart-) [形]『하変』 スマートだ. ‖스마트한 복장 スマートな服装.
스매시 (smash) [名] [하他] スマッシュ.
스매싱 (smashing) [名] =스매시.
스멀-거리다 [自] もぞもぞする; むずむずする. ‖발등 위에 벌레가 스멀거리는 느낌 足の甲に虫がもぞもぞする感じ.
스멀-스멀 [副] [하自] 虫などがうごめく様子: もぞもぞ; むずむず.
스며-나오다 [自] にじみ出る. ‖붕대 위로 피가 스며나왔다 包帯の上に血がにじみ出た.
스며-들다 [自]『ㄹ語幹』 染み入る; 染み込む; 染みる. ‖이 화장수는 피부에 부드럽게 스며든다 この化粧水は肌に滑らかに染みこむ. 추위가 살 속까지 스며들다 寒さが身に染みる.
스모그 (smog) [名] スモッグ.
스무 /sumu/ [冠] 20…. ‖스무 개 20 個. 스무 명 20 人. 스무 살 20 歳.
스무-고개 [名] 20 回の質問をしてその問題の答えが何かを言い当てるゲーム; 二十の扉.
스무드 (smooth) [名] [하形] スムーズ.
스물 /sumul/ [数] 20 歳; 20. ‖올해 스물이다 今年 20 歳だ. ✣後ろに助数詞が付く場合は스무の形で用いられる. ‖스무 명 20 名.
스미다 [自] ❶ 染みる; 次第に深く広がる; にじむ. ‖잉크가 옷에 스미다 インクが服に染みる. ❷ 心にしみじみと感じる. ‖고독이 뼛속까지 스미다 孤独が骨身に染みる.
스산-하다 [形]『하変』 ❶ 荒れて何となく寂しい; もの寂しい; うら寂しい; 心寂しい; やるせない; 切ない; 落ち着かない. ‖마음이 스산하다 心が落ち着かない. ❷ (天気や風が)冷たくて荒々しい.
스스럼-없다【-러멉따】[形] 遠慮が要らない; 気安い; 心安い; 気兼ねしない. **스스럼없-이** [副] 스스럼없이 행동하다 気兼ねなくふるまう.
스스로 /sɯsɯro/ [副] ❶ おのずから; ひとりでに; 自然に. ❷ 進んで; 自ら; 自分で. ‖스스로 판단하다 自ら判断する.
스승 [名] 師; 師匠; 先生. ‖스승의 은혜 師の恩.
스시 (すし日) [名] 寿司. [類]초밥(醋-).
스와질란드 (Swaziland) [名] 《国名》 スワジランド.
스웨덴 (Sweden) [名] 《国名》 スウェーデン.
스웨이드 (suede) [名] スエード.
스웨터 (sweater) [名] セーター. ‖짠 스

스위스 480

웨터를 선물하다 手編みのセーターをプレゼントする.
스위스 (Swiss) 圀《国名》 スイス.
스위치 (switch) /suwitʰi/ 圀 スイッチ. ‖스위치를 넣다 スイッチを入れる. 스위치를 끄다 スイッチを切る. 스위치를 누르다 スイッチを押す.
스위트-룸 (suite room) 圀 スイートルーム.
스위트-피 (sweet pea) 圀《植物》スイートピー.
스윙 (swing) 圀(하自) スイング.
스치다 /sutʰida/ 国 ❶かする;すれる;かすめる;触れ合う. ‖옷깃이 스치다 襟が触れ合う. 나뭇잎이 스치는 소리 木の葉がすれる音. ❷よぎる;かすめる;すれ違う. ‖열차가 스쳐 지나가다 列車がすれ違う. 스쳐 지나간 인연 行きずりの縁[逆]. 뇌리에 일말의 불안이 스쳐 지나갔다 脳裏に一抹の不安がよぎった.
스카우트 (scout) 圀(하他) スカウト.
스카이다이버 (skydiver) 圀 スカイダイバー.
스카이다이빙 (skydiving) 圀《スポーツ》 スカイダイビング.
스카이-라운지 (sky + lounge 日) 圀 スカイラウンジ.
스카이라인 (skyline) 圀 スカイライン.
스카치 (Scotch) 圀 スカッチウイスキーの略語.
스카치-위스키 (Scotch whisky) 圀 スコッチウイスキー. ≒스카치.
스카치-테이프 (Scotch tape) 圀 セロハンテープ. ✤商品名から.
스카프 (scarf) 圀 スカーフ. ‖스카프를 목에 감다 スカーフを首に巻く.
스캐너 (scanner) 圀 スキャナー.
스캔들 (scandal) 圀 スキャンダル.
스커트 (skirt) 圀 スカート. ‖스커트를 입다 スカートを履く. 타이트스커트 タイトスカート.
스컹크 (skunk) 圀《動物》 スカンク.
스케이트 (skate) 圀 スケート. ‖스케이트를 타다 スケートをする. 피겨 스케이팅 フィギュアスケート.
스케이트-장 (skate場) 圀 スケート場;スケートリンク;アイスリンク.
스케이트-보드 (skateboard) 圀 スケートボード.
스케이팅 (skating) 圀(하自)《スポーツ》 スケーティング.
스케일 (scale) 圀 スケール. ‖스케일이 큰 영화 スケールの大きい映画. 스케일이 큰 사람 スケールの大きい人.
스케일링 (scaling) 圀 スケーリング;歯石などを除去すること.
스케줄 (schedule) /suukʰedʒuːl/ 圀 スケジュール. ‖스케줄을 짜다 スケジュールを組む. 스케줄을 세우다 スケジュールを立てる. 스케줄에 쫓기다 スケジュールに追われる. 여행 스케줄 旅行のスケジュール.
스케치 (sketch) 圀(하他) スケッチ. ‖눈 내린 풍경을 스케치하다 雪の降った景色をスケッチする.
스케치북 (sketchbook) 圀 スケッチブック.
스코어 (score) 圀 スコア.
스코어보드 (scoreboard) 圀 スコアボード.
스코틀랜드 (Scotland) 圀《国名》 スコットランド.
스콜 (squall) 圀《地》 スコール.
스콜라-철학 (schola 哲學) 圀 スコラ哲学.
스콥 (schop*)) 圀 スコップ.
스쿠버-다이빙 (scuba diving) 圀《スポーツ》 スキューバダイビング.
스쿠터 (scooter) 圀 スクーター.
스쿠프 (scoop) 圀(하他) スクープ;特種. ‖공무원 비리 사건을 스쿠프하다 公務員の汚職事件をスクープする.
스쿨-버스 (school bus) 圀 スクールバス.
스쿼시 (squash) 圀 ❶《スポーツ》 スカッシュ. ❷《飲み物の》スカッシュ. ‖레몬 스쿼시 レモンスカッシュ.
스크랩 (scrap) 圀(하他) スクラップ.
스크랩북 (scrapbook) 圀 スクラップブック.
스크럼 (scrum) 圀 スクラム. ‖데모대가 스크럼을 짜다 デモ隊がスクラムを組む.
스크롤-바 (scroll bar) 圀《IT》《コンピューターの》スクロールバー.
스크루 (screw) 圀 スクリュー.
스크린 (screen) 圀 スクリーン.
스크린-쿼터 (screen quota) 圀 映画上映時間割当の制度. ✤政府が邦画を保護・育成するため,上映館に一定期間は邦画を上映するようにさせる制度.
스크립터 (scripter) 圀 スクリプター.
스키 (ski) /suukʰi/ 圀《スポーツ》 スキー. ‖수상 스키 水上スキー.
스키-장 (-場) 圀 スキー場.
스킨 (skin) 圀 スキン;肌.
스킨-다이빙 (skin diving) 圀 スキンダイビング.
스킨-로션 (skin lotion) 圀 スキンローション.
스킨십 (skin + ship 日) 圀 スキンシップ.
스킨-케어 (skin care) 圀 スキンケア.
스타 (star) 圀 スター. ‖세계的な축구 스타 世界的なサッカースター.
스타덤 (stardom) 圀 スターダム. ‖스타덤에 오르다 スターダムにのし上がる.
스타디움 (stadium *)) 圀 スタジアム.
스타일 (style) /suutʰail/ 圀 スタイル. ‖스타일이 좋은 사람 スタイルのいい人.

낡은 스타일의 양복 古いスタイルの洋服. 참신한 스타일 斬新なスタイル. 개성적인 스타일 個性的なスタイル.

스타일리스트 (stylist) 图 スタイリスト.

스타카토 (staccato イ) 图 (音樂) スタッカート.

스타킹 (stocking) 图 ストッキング.

스타트-라인 (start + line 日) 图 スタートライン. ‖스타트라인에 서다 スタートラインに立つ.

스타팅-멤버 (starting member) 图 スターティングメンバー.

스태그플레이션 (stagflation) 图 (經) スタグフレーション.

스태미나 (stamina) 图 スタミナ. ‖스태미나가 떨어지다 スタミナが切れる. 스태미나를 기르다 スタミナをつける.

스태프 (staff) 图 スタッフ.

스탠더드 (standard) 图 スタンダード.

스탠드 (stand) 图 ❶スタンド. ‖외야 스탠드 外野スタンド. 잉크 스탠드 インクスタンド. ❷전기스탠드(電氣-)の略語.

스탠드-바 (stand + bar 日) 图 スタンドバー.

스탠딩-스타트 (standing start) 图 (陸上競技で)スタンディングスタート.

스탠바이 (standby) 图 スタンバイ.

스탬프 (stamp) 图 スタンプ. ‖기념 스탬프 記念スタンプ.

스탬프-잉크 (stamp + ink 日) 图 スタンプインク.

스턴트-맨 (stunt man) 图 スタントマン.

스테레오 (stereo) 图 ステレオ.

스테레오-타입 (stereo type) 图 ステレオタイプ; 紋切り型.

스테로이드 (steroid) 图 (藥) ステロイド.

스테이션 (station) 图 ステーション.

스테이션-왜건 (station wagon) 图 ステーションワゴン.

스테이지 (stage) 图 ステージ.

스테이크 (steak) 图 ステーキ.

스테인드-글라스 (stained glass) 图 ステンドグラス.

스테인리스 (stainless) 图 ステンレス. 스테인리스-강 (stainless 鋼) 图 ステンレス鋼.

스텝[1] (step) 图 ステップ. ‖스텝을 밟다 ステップを踏む.

스텝[2] (steppe) 图 (地) ステップ(半乾燥氣候下の樹木のない草原地帶).

스텝-기후 (steppe 氣候) 图 (地) ステップ氣候.

스토리 (story) 图 ストーリー. ‖러브 스토리 ラブストーリー.

스토브 (stove) 图 ストーブ. ‖전기스토브 電氣ストーブ.

스토아-철학 (Stoa 哲學) 图 ストア哲學.

스토어 (store) 图 ストア.

스토커 (stalker) 图 ストーカー.

스톡-옵션 (stock option) 图 (經) ストックオプション(あらかじめ決めた価格で自社株式を購入する権利).

스톱 (stop) /suth̊op/ (하自動) ストップ. ‖눈으로 전철이 스톱하다 雪で電車がストップする.

스톱워치 (stopwatch) 图 ストップウォッチ.

스툴 (stool) 图 スツール.

스튜디오 (studio) 图 スタジオ.

스튜어드 (steward) 图 スチュワード.

스튜어디스 (stewardess) 图 スチュワーデス.

스트라이커 (striker) 图 (サッカーで)ストライカー.

스트라이크 (strike) 图 ❶(野球やボウリングで)ストライク. ❷ストライキ; 同盟罷業.

스트레스 (stress) /suth̊uresɯ/ 图 ストレス. ‖스트레스가 쌓이다 ストレスがたまる. 스트레스를 풀다[해소하다] ストレスを解消する.

스트레이트 (straight) 图 ストレート. ‖스트레이트로 이기다 ストレートで勝つ. 위스키를 스트레이트로 마시다 ウイスキーをストレートで飲む. 스트레이트 코스 ストレートコース.

스트레치 (stretch) 图 ストレッチ.

스트로 (straw) 图 ストロー. 粵빨대.

스트로크 (stroke) 图 (ボートで)ストローク.

스트립-쇼 (strip show) 图 ストリップショー.

스티렌-수지 (styrene 樹脂) 图 スチロール樹脂; スチレン樹脂.

스티로폴 (Styropor ド) 图 スチロポール의 誤り.

스티로폼 (styrofoam) 图 スチロール. ✚商品名から.

스티롤-수지 (styrol 樹脂) 图 =스티렌 수지(-樹脂).

스티치 (stitch) 图 ステッチ.

스티커 (sticker) 图 ❶ステッカー. ❷交通違反のチケット.

스티커-사진 (-寫眞) 图 プリクラ.

스틱 (stick) 图 ステッキ.

스틸 (steel) 图 スチール. ❶鋼鐵. ❷(野球で)盗塁.

스팀 (steam) 图 スチーム. ‖스팀 해머 スチームハンマー.

스파게티 (spaghetti イ) /supʰagetʰi/ 图 (料理) スパゲッティー.

스파르타-교육 (Sparta 敎育) 图 スパルタ敎育.

스파링 (sparring) 图 (ボクシングで)スパーリング.

스파이 (spy) 图 スパイ.
스파이스 (spice) 图 スパイス.
스파이크-슈즈 (spike shoes) 图 スパイクシューズ.
스파크 (spark) 图 スパーク. ‖스파크가 일다 スパークする.
스패너 (spanner) 图 スパナ.
스팸-메일 (spam mail) 图 (IT) スパムメール. ✚迷惑な電子メールの総称.
스펀지 (sponge) 图 スポンジ.
스펀지-케이크 (sponge cake) 图 スポンジケーキ.
스페어 (spare) 图 スペア.
스페이스 (space) 图 スペース.
스페이스-셔틀 (space shuttle) 图 スペースシャトル.
스페인 (Spain) 图 (国名) スペイン.
스펙터클 (spectacle) 图 スペクタクル.
스펙트럼 (spectrum) 图 (物理) スペクトラム.
스펠링 (spelling) 图 スペリング; つづり.
스포이트 (spuitオ) 图 スポイト.
스포츠 (sports) 图 スポーツ. ‖겨울 스포츠 ウインタースポーツ. 스포츠 용품 スポーツ用品.
스포츠-맨 (sportsman) 图 スポーツマン.
스포츠맨-십 (sportsmanship) 图 スポーツマンシップ.
스포츠-센터 (sports center) 图 スポーツセンター.
스포츠-카 (sports car) 图 スポーツカー.
스포트라이트 (spotlight) 图 スポットライト.
스폰서 (sponsor) 图 スポンサー.
스푼 (spoon) /suupʰu:n/ 图 スプーン. ‖계량 스푼 計量スプーン.
스프레이 (spray) 图 スプレー.
스프린터 (sprinter) 图 スプリンター.
스프린트 (sprint) 图 スプリント.
스프링 (spring) 图 スプリング; ばね.
스프링-보드 (spring board) 图 スプリングボード.
스프링-코트 (spring+coatオ) 图 スプリングコート.
스프링클러 (sprinkler) 图 スプリンクラー.
스피드 (speed) /suupʰidu/ 图 スピード. ‖스피드를 내다 スピードを出す.
스피드건 (speed gun) 图 スピードガン.
스피드-스케이팅 (speed skating) 图 (スポーツ) スピードスケート.
스피츠 (spitz) 图 (犬の)スピッツ.
스피치 (speech) 图 (自他) スピーチ. ‖스피치 콘테스트 スピーチコンテスト.
스피커 (speaker) 图 スピーカー.
스핀 (spin) 图 スピン. ‖스핀을 넣은 공 スピンをかけたボール.

슬개-골 (膝蓋骨) 图 (解剖) 膝蓋骨.
슬-관절 (膝關節) 图 (解剖) 膝関節. ✚무릎마디.
슬그머니 副 そっと; ひそかに; こっそりと; それとなく. ‖슬그머니 사라지다 そっと消える. 슬그머니 빠져나가다 こっそり抜け出す.
슬금-슬금 副 ひそひそ; こそこそ.
슬기 图 知恵; 才知. ‖슬기를 모으다 知恵を集める.
슬기-롭다 【-따】 [ㅂ变] 賢い; 賢明だ; 知恵がある. ‖슬기로운 대응 賢明な対応. 슬기로운 사람 賢い人. **슬기로이** 副.
슬다¹ 自 [ㄹ語幹] ❶ (かびが)生える. ‖곰팡이가 슬다 かびが生える. ❷ (さびが)つく; さびる. ‖녹이 슬다 さびる.
슬다² 他 [ㄹ語幹] (虫や魚などが)卵を産みつける.
슬라이더 (slider) 图 (野球で)スライダー.
슬라이드 (slide) 图 スライド.
슬라이드-글라스 (slide+glassオ) 图 =깔유리 〔琉璃〕.
슬라이딩 (sliding) 图 (自) スライディング. ‖헤드 슬라이딩 ヘッドスライディング.
슬랙스 (slacks) 图 スラックス.
슬랭 (slang) 图 (言語) スラング.
슬러거 (slugger) 图 (野球で)スラッガー.
슬럼 (slum) 图 スラム.
슬럼프 (slump) 图 スランプ. ‖슬럼프에 빠지다 スランプに陥る.
슬렁-슬렁 副 (自) ❶ ゆっくりと歩く様子. ❷ 動作が鈍くきびきびしない様子: のそのそ(と).
슬레이트 (slate) 图 スレート.
슬로건 (slogan) 图 スローガン. ‖슬로건을 내걸다 スローガンを掲げる.
슬로-모션 (slow motion) 图 スローモーション.
슬로바키아 (Slovakia) 图 (国名) スロバキア.
슬로프 (slope) 图 スロープ.
슬롯-머신 (slot machine) 图 スロットマシン.
슬리퍼 (slipper) 图 スリッパ. ‖슬리퍼를 질질 끌며 걷다 スリッパをずるずると引きずって歩く.
슬리핑-백 (sleeping bag) 图 スリーピングバッグ; 寝袋.
슬립 (slip) 图 (女性の下着の)スリップ.
슬릿 (slit) 图 スリット.
슬며시 副 こっそり; ひそかに; そっと; それとなく. ‖슬며시 다가가다 そっと近寄る. 슬며시 물어보다 それとなく聞いてみる.
슬슬¹ /su:lsul/ 副 ❶ なにげなく; それと

なく;こっそり;そっと. ‖슬슬 눈치를 보다 それとなく顔色を伺う. ❷軽く;どんと;ぽっぽっ;ぽっぽっ. ‖슬슬 걸어가다 ぽつぽつ歩く. ❹それとなく;うまく;巧みに. ‖달콤한 말로 슬슬 꾀다 甘い言葉で巧みに誘い出す. ❺雪·氷·砂糖などが溶ける様子:すっと. ‖아이스크림이 입 안에서 슬슬 녹다 アイスクリームが口の中ですっと溶ける. ❻風が静かに吹く様子:そよそよ. ‖슬슬 부는 봄바람 そよそよと吹く春風.

슬쩍 /sul^ltɕ͈ʌk/【副】❶ こっそり;ひそかに;そっと;ひそっと. ‖슬쩍 건드리다 そっと触る. ❷さっと;軽く. ‖날아오는 공을 슬쩍 피하다 飛んでくるボールを軽く交わす. **슬쩍-슬쩍**.

슬쩍-하다 [-쩌카-]【他】【하変】こっそりと盗む. ‖남의 지갑을 슬쩍하다 人の財布をこっそりぬすむ.

슬퍼 【으変】슬프다(悲しい)の連用形.

슬퍼-하다 【他】【하変】悲しむ. ‖이별을 슬퍼하다 別れを悲しむ.

슬프다 /sulp^huda/【形】【으変】【슬퍼, 슬픈】悲しい;切ない. ㉟ 기쁘다. ‖슬픈 영화 悲しい映画. 할머니가 돌아가셔서 너무 슬프다 祖母が亡くなって非常に悲しい. **슬피**【副】.

슬픈 【形】슬프다(悲しい)の現在連体形. ‖슬픈 이야기 悲しい話.

슬픔【名】悲しみ;切なさ;哀れ. ㉟ 기쁨. ‖망국의 슬픔 亡国の悲しみ.

슬하(膝下)【名】膝元. ‖부모 슬하에서 親の膝元で.

슴벅-거리다[-대다][-꺼][때]-]【自他】しきりにぱちぱちさせる;(目を)ぱちぱちさせる. ‖눈을 슴벅거리다 目をぱちぱちさせる.

습격(襲擊)[-껵]【名】【하他】襲擊. ‖적진을 습격하다 敵陣を襲擊する. **습격-당하다**【受動】.

습곡(褶曲)[-꼭]【名】【地】褶曲(ᓄᡪ)(地殼に働く力によって地殼が波状に押し曲げられること).

습관(習慣)/sup^hkwan/【名】習慣. ‖일찍 일어나는 습관 早起きする習慣. 습관을 들이다 習慣をつける. 나쁜 습관 悪い習慣. 생활 습관 生活習慣.

습관-성(習慣性)[-꽌썽]【名】習慣性.

습관-적(習慣的)[-꽌쩍]【冠】習慣的. ‖습관적인 흡연 習慣的な喫煙.

습관-화(習慣化)[-꽌-]【名】【하他】習慣化.

습기(濕氣)[-끼]【名】濕気;湿り気. ‖습기 찬다 湿気が多い. ‖습기 많은 방 湿気の多い部屋.

-습니까 /-sumnik͈a/【語尾】『子音語幹に付いて;母音語幹の場合は-ㅂ니까』疑問を表わす:…ですか;…ますか. ‖학교는 역에서 가깝습니까? 学校は駅から近いですか. 저녁은 몇 시에 먹습니까? 夕飯は何時に食べますか.

-습니다 /sumnida/【語尾】『子音語幹に付いて;母音語幹の場合は-ㅂ니다』平叙を表わす:…です;…ます. ‖여름에는 덥습니다 夏は暑いです. 아침에는 빵을 먹습니다 朝はパンを食べます.

습도(濕度)[-또]【名】湿度. ‖높은 습도 高い湿度.

습도-계(濕度計)[-또-/-또계]【名】湿度計.

습득¹(拾得)[-뜩]【名】【하他】拾得. ‖분실(紛失)【지갑을 습득하다 財布を拾得する.

습득-물(拾得物)[-뜽-]【名】拾得物.

습득²(習得)[-뜩]【名】【하他】習得. ‖언어를 습득하다 言語を習得する.

습득 관념(習得觀念)[-뜩 꽌-]【名】習得觀念. ㉟ 생득 관념.

-습디다[-띠-]【語尾】 ⇨ -ㅂ디까².

습생(濕生)[-쌩]【名】湿生.

습생 식물(濕生植物)[-쌩 싱-]【名】【植】湿生植物.

습성¹(習性)[-썽]【名】習性. ‖동물의 습성 動物の習性.

습성²(濕性)[-썽]【名】湿性.

습자(習字)[-짜]【名】【하他】習字.

습자-지(習字紙)[-짜-]【名】習字紙.

습작(習作)[-짝]【名】【하他】習作.

습지(濕地)[-찌]【名】湿地.

습지 식물(濕地植物)[-찌 싱-]【名】【植】湿地植物;湿生植物.

습진(濕疹)[-찐]【名】湿疹. ‖습진에 걸리다 湿疹が出る.

습토(濕土)【名】湿土.

습-하다(濕-)[-파-]【形】【하変】湿っている;じめじめする;湿り気がある. ‖일본의 여름은 덥고 습하다 日本の夏は暑くてじめじめする.

승¹(乘)【名】❶かけ算. ❷同じ数をかけ合わせる回数;乗. ‖삼의 이 승 3の2乗.

승²(僧)【名】【佛敎】僧.

승³(勝)【名】試合などで勝った回数を表わす語…勝. ‖오 승 이 패 5勝2敗.

승강(乘降)【名】【하他】乗降.

승강-장(乘降場)【名】乗降場;乗り場. ‖버스 승강장 バス乗り場.

승강²(昇降)【名】【하他】昇降.

승강-구(昇降口)【名】昇降口.

승강-기(昇降機)【名】昇降機;エレベーター. ‖고속 승강기 高速エレベーター.

승강-이(昇降-)【名】【하自】いざこざ;もめ事;いさかい;押し問答. ‖승강이를 벌이다 押し問答をする.

승객(乘客)【名】乗客. ‖버스 승객 バス

승격 (昇格) 【-껵】 图自 昇格. ∥군에서 시로 승격되다 郡から市に昇格する.

승객 (乘客) 图 乘客. ∥무임승객 無賃乗客.

승경 (勝景) 图 景勝.
　승경-지 (勝景地) 图 景勝地.

승계 (承繼) 【-/-게】 图他 承繼; 繼承. ∥왕위를 승계하다 王位を継承する.

승급[1] (昇級·陞級) 图自 昇級. ∥승급 심사 昇級審査.

승급[2] (昇給) 图自 昇給.

승낙 (承諾) 图他 承諾. ∥부모님의 승낙을 받다 両親の承諾を得る.
　승낙-서 (承諾書) 【-써】 图 承諾書.

승냥이 (動物) ヤマイヌ(山犬).

승려 (僧侶) 【-녀】 图 (仏教) 僧侶.

승률 (勝率) 【-뉼】 图 勝率. ∥승률이 높다 勝率が高い.

승리 (勝利) /sɯːŋni/ 【-니】 图 勝利. ⤴패배(敗北). ∥승리를 거두다 勝利を収める. 상대의 승리로 끝나다 相手チームの勝利に終わる.
　승리-자 (勝利者) 图 勝利者.

승마 (乘馬) 图自 乘馬.

승무-원 (乘務員) 图 乘務員.

승방 (僧房) 图 尼僧だけが住む寺; 比丘尼寺; 尼寺.

승법 (乘法) 【-뻡】 图 (数学) 乘法; かけ算.

승복[1] (承服) 图自 承服.

승복[2] (僧服) 图 (仏教) 僧服; 法衣.

승부 (勝負) 图 勝負. ∥승부가 나다 勝負がつく. 승부를 가리다 勝負をつける. 승부를 다투다 勝負を争う.
　승부-차기 (勝負-) 图 (サッカーで) PK戦.

승산 (勝算) 图 勝算; 勝ち目; 分(ぶ). ∥승산이 있다 勝算がある; 分がある.

승선 (乘船) 图自 乘船. ⤴하선(下船).

승세 (勝勢) 图 勝勢. ∥승세를 타다 勝勢に乗じる.

승소 (勝訴) 图自 勝訴. ⤴패소(敗訴).

승수 (乘數) 图 (数学) 乘數.

승승-장구 (乘勝長驅) 图自 勝った勢いで続けて攻めること.

승용 (乘用) 图 乘用.
　승용-차 (乘用車) 图 乘用車.

승인 (承認) 图他 承認. ∥이사회의 승인을 받아 내다 理事会の承認を取り付ける. **승인-받다** 图他
　승인-서 (承認書) 图 承認書.

승자 (勝者) 图 勝者. ⤴패자(敗者).

승전 (勝戰) 图自 勝ち戰; 戰勝. ⤴패전(敗戰).
　승전-고 (勝戰鼓) 图 戰勝を告げる太鼓(たいこ). ∥승전고를 울리다 戰勝鼓を鳴らす.

승진 (昇進·陞進) 图自 昇進. ∥부장으로 승진하다 部長に昇進する.

승차 (乘車) 图自 乘車. ∥무임승차 無賃乘車.
　승차-권 (乘車券) 【-꿘】 图 乘車券.

승천 (昇天) 图自 昇天.

승패 (勝敗) 图 勝敗.

승화 (昇華) 图自 ❶ (物理) 昇華. ❷ [比喩的に] 情念などがより高度な状態に高められること. ∥고전적인 미로 승화되다 古典的な美に昇華される.
　승화-열 (昇華熱) 图 (物理) 昇華熱.

시[1] (市) /ʃiː/ 图 ❶ 都市; 市街. ❷ 地方行政区域の1つ. ∥군에서 시로 승격되다 郡から市に昇格する. ❸〔시청(市廳)の略語〕市役所. ∥시에 가서 확인하다 市役所に行って確認する.

시[2] (是) 图 是; 正しいこと. ⤴비(非). ∥시비를 가리다 是非を裁く.

시[a] (時) /ʃi/ 图 時間; 時; 時刻. ∥태어나서 生まれた時刻.
　— 依存 時間を表わす: …時. ∥지금 몇 시입니까? 今何時ですか. 매일 열두 시에 잔다 毎日 12時に寝る.

시[4] (詩) /ʃi/ 图 ∥시를 짓다 詩を作る. 서정시 叙情詩.

시[5] (si[1]) 图 (音楽) (階名の) シ.

시[6] (C·c) 图 ❶ (アルファベットの) シー. ❷ 摂氏の温度であることを表わす記号.

시[7] 感 不満や無視の意を表わす際に発する語.

시-[1] 接頭 〔一部の色彩語の前に付いて〕その色が濃いことを表わす: 真っ…. ∥시퍼렇다 真っ青だ. 시빨갛다 真っ赤だ.

시-[9] (媤) 接頭 (結婚した女性側から見て) 婚家を表わす. ∥시집 婚家. 姑.

-시[10] (視) ∥문제시 問題視. 적대시 敵対視.

-시-[11] 語尾 ❶〔母音で終わる動詞の語幹に付いて; 子音語幹は -으시-〕尊敬の意を表わす: …られる; お[ご]…になる. ∥선생님은 어떤 책을 읽으십니까? 先生はどんな本をお読みになりますか. ❷ 〔[이다]の前に付いて〕尊敬の意を表わす: …でいらっしゃる. ∥담임 선생님이십니다 担任の先生でいらっしゃる. ✚母音語幹の後では語幹이が省略されることがある.

시가[1] (市街) 图 市街.
　시가-전 (市街戰) 图 市街戰.
　시가-지 (市街地) 图 市街地.

시가[2] (市價) 【-까】 图 市価.

시가[3] (時價) 【-까】 图 時価.

시가[4] (媤家) 图 (結婚した女性側から見て) 婚家; 嫁ぎ先.

시가[5] (詩歌) 图 (文芸) 詩歌.

시가[6] (cigar) 图 シガー; 葉巻.

시각[1] (時刻) 图 時刻. ∥열차의 출발 시각 列車の出発時刻.

시각[2] (視覺) 图 視覺. ∥시각 예술 視覚芸術. 시각 장애 視覚障害.

시각-적 (視覺的)【-쩍】図 視覚的. ‖시각적 효과 視覚的効果.

시간¹ (時間) /sigan/ 図 ❶ 時間. ‖오늘은 시간이 없다 今日は時間が無い. 한정된 시간 限られた時間. 삼 교시는 수학 시간이다 3時限目は数学の時間だ. 시간을 내다 時間を割く. 그의 성공은 시간문제다 彼の成功は時間の問題だ. 집합 시간 集合時間. 시간 때우기 時間つぶし. 시간 외 근무 超過勤務. ❷時. ‖시간이 지나면 알게 될 거야 時が経つと分かることだよ. 시간은 금이다 時間は金なり. ▶시간 가는 줄 모르고 時間が経つのを忘れる. ▶시간을 벌다 時間を稼ぐ.
─의 依如 …의 限り 만난 시간만 기다려 주세요 1時間ほどお待ちください.
시간강사 (時間講師) 図 非常勤講師.
시간-급 (時間給) 図 時間給.
시간-대 (時間帶) 図 時間帯.
시간-적 (時間的) 図 時間的.
시간차-공격 (時間差攻擊) 図 時間差攻撃.
시간-표 (時間表) 図 時間割; 時刻表.
시간² (屍姦) 図 (自) 屍姦.
시-건방지다 图 生意気だ; にしゃくだ; こしゃくだ. ‖시건방진 말투 生意気な言い方.
시경¹ (市警) 図 [시 지방 경찰청 (市地方警察廳) の略語] 市警.
시경² (詩經) 図 (五經の) 詩経.

시계¹ (時計) /sige/【-/-개】図 時計. ‖시계가 삼 분 빠르다[느리다] 時計が3分進んでいる[遅れている]. 시계 밥을 주다 時計のねじを巻く. 시계 방향 時計回り. 벽시계 柱時計.
시계-추 (時計錘)【-/-/】図 時計の振り子.
시계-탑 (時計塔) 図 時計台; 時計塔.
시계² (視界) /-/-게】図 視界. ‖시계가 흐려지다 視界がきかない.
시-고모 (媤姑母) 図 夫の父の姉妹.
시-고모부 (媤姑母夫) 図 夫の父の姉妹の夫.
시골 /sigol/ 図 ❶田舎. ‖시골에서 자라다 田舎で育つ. 시골 사람 田舎の人; 田舎者. ❷生まれ故郷; 郷里. ‖설에 시골에 다녀왔다 正月に故郷に行ってきた.
시골-구석【-꾸-】図 辺鄙(ぴ)な田舎; 片田舎; 辺地.
시골-내기【-래-】図 田舎者; 田舎育ちの人.
시골-뜨기〔시골 사람을 낮잡아 이르는 말〕図 田舎っぺえ; かっぺ.
시골-집【-찝】図 ①田舎の家; 村家; ②田舎にある実家.
시골-티 図 田舎くさい身なり; 田舎風. ‖시골티가 나다 田舎くさい.
시공¹ (時空) 図 時空. ‖시공을 초월한 진리 時空を超えた真理.
시공² (施工) 図 (他) 施工.
시공-도 (施工圖) 図 施工図.
시공-법 (施工法)【-뻡】図 施工法.
시공-자 (施工者) 図 施工者.
시구 (詩句)【-꾸】図 詩句.
시구-식 (始球式) 図 (野球などで) 始球式.
시국 (時局) 図 時局. ‖중대한 시국 重大な時局. 시국 문제 時局問題.
시굴 (試掘) 図 (他) 試掘. ‖온천을 시굴하다 温泉を試掘する.
시굴-권 (試掘權)【-꿘】図 (法律) 試掘権.
시금시금-하다 图 (与変) かなり酸っぱい.
시금-하다 图 (与変) やや酸っぱい. ‖시금한 김치 酸っぱくなったキムチ.
시궁 (─) 図 汚水のたまり; どぶ.
시궁-쥐 (─) (動物) 図 ドブネズミ (溝鼠).
시궁-창 (─) 図 下水のたまり; どぶ.
시그널 (signal) 図 シグナル. ‖시그널을 보내다 シグナルを送る. 시그널 유직 シグナルミュージック.
시그마 (sigma) 図 (数学) シグマ (Σ).
시극 (詩劇) 図 (文芸) 詩劇.
시근-거리다¹ 图 息を弾ませる; あえぐ.
시근-거리다² 图 傷口などが脈打つように痛む; ずきずき痛む; うずく.
시근-시근¹ 圖 苦しそうに激しく息をする様子は: はあはあ; ふうふう.
시근-시근² 圖 傷口や関節などが脈打つように絶えず痛む様子: ずきずき; ずきんずきん.
시근-하다 图 (与変) (関節や傷口などが)うずく.
시금떨떨-하다 图 (与変) (味が)酸っぱくて渋い.
시금-석 (試金石) 図 試金石.
시금치 (─) (植物) 図 ホウレンソウ. ‖시금치를 데치다 ホウレンソウをゆでる.
시금털털-하다 图 (与変) 酸っぱくて渋い.
시-하다 图 (与変) やや酸っぱい.
시급 (時給) 図 時給.
시급-하다 (時急─) /sigɯpʰada/【-빠─】图 (与変) 非常に急ぐ; 至急だ; 緊急だ; 急を要する. ‖시급한 현안 緊急な懸案. **시급-히** 圖 時급히 対策を세우다 至急対策を立てる.
시기¹ (時期) 図 時期. ‖매년 이 시기에 제비가 날아온다 毎年この時期にツバメがやってくる. 아직 말할 시기가 아니다 まだ言い出す時期ではない.
시기² (時機) 図 時機. ‖적절한 시기 適切な時機. 시기를 놓치다 時機を失

시기-상조 (時機尙早) 名 時期尙早.
시기[2] (猜忌) 名 他 猜忌(さ); 妬み嫌うこと.
시기-심 (猜忌心) 名 嫉妬心. ‖시기심이 많다 嫉妬深い.
시-꺼멓다 [-머타] 形 ㅎ変 真っ黒い. ‖얼굴이 시꺼멓게 타다 顔が真っ黒に日焼けする. 속이 시꺼먼 사람 腹黒い人.
시끄러운 形 [ㅂ変] 시끄럽다(うるさい)の現在連体形.
시끄러워 形 [ㅂ変] 시끄럽다(うるさい)の連用形.

시끄럽다 /siˈkɯrəpt̚a/ [-따-] 形 [ㅂ変] [시끄러워, 시끄러운] ❶うるさい; やかましい; 騒がしい. ‖차 소리가 시끄럽다 車の音がうるさい. ❷口うるさい; 口やかましい. ‖일마다 시끄럽게 참견하다 ことごとに口うるさくおせっかいをやく. ❸込み入って煩わしい; ややこしい; 面倒だ. ‖問題가 시끄러워졌다 問題がややこしくなった.

시끌시끌-하다 [市変] 形変 騒々しい; 騒がしい; やかましい; ごたごたしている. ‖언제나 시끌시끌한 시장 いつも騒々しい市場. 비리 문제로 회사가 시끌시끌하다 不正問題で会社がごたごたしている.

시나리오 (scenario) 名 シナリオ.
시나브로 副 知らぬ間に少しずつ. ‖시나브로 어둠이 내리고 있었다 知らぬ間に少しずつ夜の帳が下りていた.
시내[1] 名 小川.
시냇-가 [-내ㅅ-/-낻까-] 名 小川のほとり.
시냇-물 [-낸-] 名 小川の水.
시내[2] (市內) /ʃiːnɛ/ 名 市内. ‖시외(市外). ‖시내 구경 市内見物.
시내-버스 (市内 bus) 名 市内バス.
시냅스 (synapse) 名 [解剖] シナプス.
시너 (thinner) 名 シンナー.
시너지 (synergy) 名 シナジー. ‖시너지 효과 シナジー効果.
시네마 (cinema) 名 シネマ.
시네마-스코프 (Cinema Scope) 名 シネマスコープ. ✚商標名から.
시-누이 (媤-) 名 夫の女兄弟; 小姑.
시늉 /ʃinjuŋ/ 名 まね; まねること; 形だけ似た動作をする; 振り; 見せかけの態度や動作. ‖우는 시늉을 하다 泣くまねをする. 일을 했더니 시늉만 하다 仕事をしろと言ったらするまねばかりをする. 웃는 시늉을 하다 笑う振りをする.
시니컬-하다 (cynical-) 形변화 シニカルだ. ‖시니컬하다 シニカルな笑いを浮かべる.

시다 /ʃida/ 形 ❶(味が)酸っぱい; 酸っぱくなる. ‖신 김치 酸っぱいキムチ. ❷(関節などが)うずく; ずきずきする.

‖무릎이 시다 膝がずきずきする. ❸[눈꼴이 시다の形で] 気に障る; 目に余る; 気に食わない. ‖눈꼴이 시어서 도저히 볼 수가 없다 目に余って到底見ていられない.

시달 (示達) 名 他 示達(じだつ). **시달-되다** 受身
시달리다 /ʃidallida/ 自 苦しむ; 苦しめられる; 悩まされる; いじめられる; うなされる. ‖가난에 시달리다 貧困に苦しむ. 죄책감에 시달리다 罪悪感に苦しむ. 학교에서 친구들에게 시달리다 学校で級友にいじめられる. 악몽에 시달리다 悪夢にうなされる.

시답잖다 [-짠타] 形 気に入らない; くだらない; 取るに足りない. ‖시답잖은 농담 くだらない冗談.

시대 (時代) /ʃidɛ/ 名 時代. ‖시대가 바뀌었다 時代が変わった. 시대를 거슬러 올라가다 時代をさかのぼる. 시대에 역행하다 時代に逆行する. 시대에 뒤떨어지다 時代に後れる. 시대를 앞서는 생각 時代の先を行く考え. 조선 시대 朝鮮時代. 에도 시대 江戸時代.
시대-극 (時代劇) 名 時代劇.
시대-상 (時代相) 名 時代相. ‖시대상을 반영한 소설 時代相を映し出した小説.
시대-적 (時代的) 名 時代的.
시대-착오 (時代錯誤) 名 時代錯誤. ‖시대착오적인 발상 時代錯誤的な発想.
시댁 (媤宅) 名 시집(媤-)の尊敬語.
시도 (試圖) 名 他 試図; 試み. ‖우주 탐사를 시도하다 宇宙探査を試みる. 새로운 시도 新しい試み. **시도-되다** 受身
시동 (始動) 名 他 始動. ‖엔진; 차 시동을 걸다 車のエンジンをかける.
시-동생 (媤同生) 名 夫の弟; 義弟.
시드 (seed) 名 シード.
시들다 /ʃidɯlda/ 自 [ㄹ語幹] [시들어, 시드는, 시든] ❶(草花などが)しぼむ; しおれる; 枯れる. ‖꽃이 시들다 花が枯れる. 꽃병의 장미가 시들다 花びんのバラがしおれる. ❷(体力が)弱る; (元気が)なくなる. ‖기력이 시들어 가다 元気がなくなる. ❸(気勢や熱意などが)衰える. ‖연구에 대한 열의가 시들다 研究に対する熱意が衰える.
시들-시들 副 ❶しぼんで生気がない様子. ‖꽃이 시들시들하게 피어 있다. ❷元気がない様子. ❸(気勢や熱意が)衰えている様子.
시들-하다 [市変] ❶しぼんで生気がない; 衰えている; 下火になっている. ‖와인 선물이 시들하다 ワイン旋風が下火になっている. ❷気が進まない; 気乗りしない; 興味を感じない. ‖시들한 얼굴을 하고 있다 気乗りしない顔をしている.
시디 (CD) /ʃidi/ 名 CD; コンパクトディ

시디를 틀다 CD를 かける.

시디-롬 (CD-ROM) 图 (IT) CD-ROM.

시디-플레이어 (CD Player) 图 CDプレーヤー.

시래기 图 大根の茎や葉を干したもの; 干葉(ひば).

시래깃-국【-기꾹 / -긷꾹】图【料理】시래기를 넣고 끓인 된장국.

시럽 (syrup) 图 シロップ.

시력 (視力) /ʃi:rjok/ 图 視力. ‖시력이 떨어지다 視力が衰える. 시력이 회복되다 視力が回復する. 시력 검사 視力検査. 시력 검사표 視力検査表.

시련 (試鍊·試練) /ʃi:rjən/ 图 試練. ‖온갖 시련을 극복하며 様々な試練を乗り越える. 혹독한 시련을 겪다 厳しい試練を受ける. 시련을 견뎌 내다 試練に耐え抜く.

시련-기 (試鍊期·試練期) 图 試練期.

시론[1] (時論) 图 時論.

시론[2] (詩論) 图【文芸】詩論.

시루 こしき; せいろう; 蒸し器.

시루-떡 图 蒸し器で蒸して作った餅.

시류 (時流) 图 時流. ‖시류를 타다 時流に乗る. 시류에 영합하다 時流に迎合する.

시름 图 憂い; 心配; 悩み. ‖시름이 많다 悩みが多い.

시름-겹다【-따】㘙【ㅂ变】悩み[憂い]が多そうだ. ‖시름겨운 얼굴 憂いを帯びた顔.

시름-시름 匾 病気が治り切らないで長びく様子. ‖시름시름 앓다 長く患う.

시리다 /ʃirida/ ㈠ ❶しびれるほど冷たく感じる. ‖추워서 손이 시리다 寒くて手がしびれる. ❷まぶしい; まばゆい. ‖하늘이 너무 푸르러서 눈이 시리다 空があまりにも青くてまぶしい.

시리아 (Syria) 图 (国名) シリア.

시리즈 (series) 图 シリーズ. ‖영화 시리즈 映画シリーズ. 세계 명작 시리즈 世界名作シリーズ.

시립 (市立) 图 市立. ‖시립 도서관 市立図書館.

시말 (始末) 图 始末.

시말-서 (始末書)【-써】图 始末書.

시멘트 (cement) 图 セメント.

시무 (始務) 图 ㈤ 御用始め. ㉙ 종무 (終務식).

시무-식 (始務式) 图 御用始めの儀式. ㉙ 종무식 (終務式).

시무룩-하다【-루카-】㋩【ㅎ变】ふくれっ面をしている; 不機嫌そうだ; 不満そうに無口である; ぶすっとしている. ‖시무룩한 표정 ぶすっとした表情.

시문 (詩文) 图 詩文.

시뮬레이션 (simulation) 图 シミュレーション.

시민 (市民) /ʃi:min/ 图 市民. ‖서울 시민 ソウル市民. 시민 회관 市民会館.

시민-계급 (市民階級)【-/-게-】图 市民階級.

시민-권 (市民権)【-꿘】图【法律】市民権. ‖미국에서 시민권을 따다 アメリカで市民権を取る.

시민-혁명 (市民革命)【-형-】图 市民革命.

시민-사회 (市民社会)【-/-훼】图 市民社会.

시발 (始発) 图 ㈣ 始発. ‖시발 버스 始発バス.

시발-역 (始発駅)【-력】图 始発駅. ㉙ 종착역 (終着駅).

시방 (時方) 图 今; 現在.

시범 (示範) 图 ㈣ 模範; 模範を示すこと. ‖시범을 보이다 模範を示す.

시보 (時報) 图 時報.

시부렁-거리다 ㈤ ひっきりなしにくだらないことをしゃべる; ぺちゃくちゃしゃべる.

시부렁-시부렁 匾 ㈣ ぺちゃくちゃ.

시-부모 (媤父母) 图 舅姑; 夫と舅姑.

시부적-시부적 【-씨-】匾 ㈣ さりげなく行動する様子. ‖시부적시부적 일어나다 さりげなく立ち上がる.

시비[1] (是非) /ʃi:bi/ 图 ❶ 是非; 是非; 正しいことと正しくないこと. ‖시비를 가리다[따지다] 是非を裁く[正す]. 시비를 논하다 是非を論じる. ❷言い争うこと; 口論. ‖시비가 나다 言い争いをし; 口論となる. 시비를 걸다 因縁をつける; 言いがかりをつける.

시비-조 (是非調)【-쪼】图 けんか腰. ‖시비조로 말을 하다 けんか腰で話す.

시비[2] (詩碑) 图 詩碑.

시뻐-하다 ㈮ 不満に思う.

시-뻘겋다【-거타】㘙【ㅎ变】真っ赤だ. ‖시뻘건 피 真っ赤な血.

시뻘게-지다 ㊀ 真っ赤になる. ‖화가 나서 얼굴이 시뻘게지다 怒って顔が真っ赤になる.

시-뿌옇다【-여타】㘙【ㅎ变】白く濁っている; かすんでいる. ‖하늘이 시뿌옇다 空がかすんでいる.

시쁘다 㘙【으变】気に食わない; 不満だ.

시사[1] (示唆) 图 ㈣ 示唆. ‖시사하는 바가 많다 示唆に富む.

시사[2] (時事) 图 時事. ‖시사 문제 時事問題. 시사 평론 時事評論.

시사-적 (時事的)【-쩍】图 時事的.

시사-성 (時事性)【-썽】图 時事性.

시사[3] (試寫) 图 ㈣ 試写.

시사-회 (試寫会)【-훼】图 試写会.

시산 (試算) 图 ㈣ 試算. ‖공사비를 시산하다 工事費を試算する.

시산-표(試算表)〖名〗試算表.
시상¹(施賞)〖名〗〖他〗授賞.
　시상-식(施賞式)〖名〗授賞式.
시상²(詩想)〖名〗詩想.
시상-하부(視床下部)〖名〗〖解剖〗視床下部.
시새우다〖他〗ねたむ;そねむ;やく;やきもちを焼く.
시샘〖名〗〖他〗ねたみ;ねたむこと;そねみ;嫉妬.‖시샘하다 ねたむ. 시샘이 많다 妬忌深い.
시생-대(始生代)〖名〗〖地〗始生代.
시서(詩書)〖名〗詩書.
시선¹(視線)/ʃi:sʌn/〖名〗視線.‖시선이 마주치다 視線が合う. 시선이 집중되다 視線が集中する. 시선을 돌리다 視線をそらす. 시선을 끌다 視線を集める. 시선을 피하다 視線を避ける. 차가운 시선을 느끼다 冷たい視線を感じる.
시선²(詩選)〖名〗詩選.
시설(施設)〖名〗〖他〗施設.‖공공 시설 公共施設. 복지 시설 福祉施設.
시세(時勢)〖名〗❶時勢.❷相場;市価.
시-세포(視細胞)〖名〗〖解剖〗視細胞.
시소(seesaw)/ʃi:so:/〖名〗シーソー.
　시소-게임(seesaw game)〖名〗シーソーゲーム.‖시소게임을 벌이다 シーソーゲームを展開する.
시소러스(thesaurus)〖名〗シソーラス(語句を意味によって分類・配列した語彙集).
시속(時速)〖名〗時速.
시숙(媤叔)〖名〗夫の兄.
시술(施術)〖名〗〖他〗施術.
시스템(system)/ʃistʰem/〖名〗システム.‖사회 시스템 社会のシステム. 인사 관리 시스템 人事管理システム. 온라인 시스템 オンラインシステム. 시스템을 개발하다 システムを開発する.
시승(試乘)〖名〗〖他〗試乘.
시시(cc)〖名〗体積の単位;…cc.‖배기량 이천 cc 이상의 차량 排気量 2000cc 以上の車両. ✤cubic centimeter(s)の略語.
시시각각(時時刻刻)【-깍】〖名〗時々刻々;刻一刻;刻々.‖시시각각으로 변하다 時々刻々と変わる.
시시껄렁-하다〖形〗〖하変〗取るに足りない;くだらない.‖시시껄렁한 이야기 くだらない話.
시시덕-거리다〖-꺼-〗〖自〗むやみに笑いながらしゃべりたてる.
시시비비(是是非非)〖名〗是々非々;是非.‖시시비비를 가리다 是非を裁く.
시시-콜콜〖副〗細かい点まで調べ上げたり干渉したりする様子;根掘り葉掘り;何から何まで.‖시시콜콜 일러바치다 何から何まで言いつける.
시시콜콜-하다〖形〗〖하変〗ありふれてくだらない;取るに足りない.‖시시콜콜한 이야기 くだらない話. **시시콜콜-히**〖副〗.
시시-하다/ʃiʃihada/〖形〗〖하変〗取るに足りない;くだらない;つまらない.‖그 영화는 시시했다 あの映画はつまらなかった.
시식(試食)〖名〗〖他〗試食.‖시식 코너 試食コーナー.
시신(屍身)〖名〗死体;死骸;屍(법).
시-신경(視神經)〖名〗〖解剖〗視神経.
시-아버지(媤-)〖名〗夫の父;舅.
시-아주버니(媤-)〖名〗夫の兄.
시안(試案)〖名〗試案.
시야(視野)〖名〗넓은 시야 広い視野. 시야가 좁다 視野が狭い. 눈물로 시야가 흐려지다 涙で視野がぼやける.
시약(試藥)〖名〗〖化学〗試薬.
시어(詩語)〖名〗詩語.
시-어머니(媤-)〖名〗夫の母;姑.
시업(始業)〖名〗〖他〗始業.⑦終業(卒業).
　시업-식(始業式)【-씩】〖名〗始業式.⑦終業式(卒業式).
시엠(CM)/ʃiem/〖名〗CM;コマーシャル. ✤commercial message の略語.
시여〖助〗「母音で終わる体言に付いて;子音の場合は이시여」尊敬の呼格助詞:…よ.
시연(試演)〖名〗〖他〗試演.
시영(市營)〖名〗市営.
-시오〖語〗…(し)なさい;…てください.‖다음 물음에 답하시오 次の問いに答えなさい. 미시오 押してください.
시옷〖-온〗〖名〗ハングル子音字母「ㅅ」の名称.
시외(市外)【-/-외】〖名〗市外.⑦시내(市內).‖시외 버스 市外バス.
시용(試用)〖名〗〖他〗試用.
시운(時運)〖名〗時運;時の運.
시-운전(試運轉)〖名〗〖他〗試運転.
시원섭섭-하다【-씨ㅂ-】〖形〗〖하変〗せいせいしている一方でさびしくもある;ほっとしながらも名残惜しい.‖시원섭섭한 이별 名残惜しい別れ.
시원-스럽다〖-따〗〖形〗〖ㅂ変〗さっぱりしている;さばさばしている.‖시원스러운 성격 さっぱりした性格. **시원스레**〖副〗.
시원시원-하다〖形〗〖하変〗시원하다を強めて言う語.
시원찮다〖-찬타〗〖形〗(시원하지 아니하다の縮約形)はっきりしない;芳(꽃)しくない;思わしくない;さえない.‖시원찮은 결과 芳しくない結果.
시원-하다/ʃiwʌnhada/〖形〗〖하変〗❶涼しい;さわやかだ;すがすがしい.‖시원한 나무 그늘 涼しい木陰. 아침 저녁으로 많이 시원해졌다 朝晩はだいぶ涼しくなった. ❷(苦痛や煩わしさがなくなって)気持ちが晴れる;せい

세하다; 깨끗하다. ‖어려운 수학 문제가 풀려 속이 시원하다 難しい数学の問題が解けてすっきりした. ❸〖言行や性格などが〗さっぱりしている; はきはきしている. ‖시원한 성격 さっぱりした性格. ❹気持ちがいい. ‖마사지를 받아서 기분이 시원하다 マッサージをしてもらって気持ちがいい. ❺〖遮るものがなくて〗見晴らしがいい; 展望がいい. ❻〖味が〗さっぱりしている; あっさりしている. ‖시원한 김치국 さっぱりしたキムチ汁. **시원-히**圖

시월 (←十月) /ɕiwɔl/ 10月. ‖시월 삼십일은 국경일이라서 학교에 안 간다 10月3日は祝日なので学校へ行かない. 시월 십일에 10月10日に.

시위¹ (『活시위의略語』) 弓の弦( ).

시위² (示威) 名 示威; デモ; デモンストレーション. ‖시위에 가담하다 デモに加担する. 시위 행진 示威行進.

　시위-대 (示威隊) 名 デモ隊.

시음 (試飮) 名他サ 試飮.

시의 (時宜) [/-의/-이/] 名 時宜. ‖시의 적절한 조치 時宜にかなった処置.

시-의원 (市議員) [/-/-이-/] 名 市議員.

시-의회 (市議會) [/-/-이훼/] 名 市議会.

시인¹ (是認) 名他サ 是認. ㋐否認( ). ‖잘못을 시인하다 過ちを認める.

시인² (詩人) 名 詩人. ‖윤동주는 일본에서도 알려진 시인이다 尹東柱は日本でも知られている詩人である.

시일 (時日) 名 ❶日数; 期限. ❷何かをするのに要する日にちの数; 日数. ‖시일이 걸리는 문제 日にちのかかる問題.

시작¹ (始作) 名 始め; 始まり; 開始. ‖새로운 하루의 시작 新たな1日の始まり. ▶시작이 반이다 ( )(「始まりが半分だ」の意で)物事は始めさえすれば半分成就したも同様だ.

　시작-되다 (始作-) 自[-뛔/-꿰-] 始まる. ‖공연이 시작되다 公演が始まる. 여름 방학이 시작되다 夏休みが始まる.

　시작-하다 (始作-) [-자카-] 他 始める. ‖수업을 시작하다 授業を始める. 건강을 위해 운동을 시작하다 健康のために運動を始める.

시작² (詩作) 名他サ 詩作.

시장¹ /ɕidʑaŋ/ 名[形] ひもじいこと; お腹がすいていること; 空腹. ‖몹시 시장하다 あまりにもお腹がすいている. ▶시장이 반찬이다 ( )(「空腹がおかずだ」の意で)ひもじい時の味わいはいい.

　시장-기 (-氣) [-끼] 名 空腹感; ひもじさ. ‖시장기를 느끼다 空腹感を感じる.

시장² (市長) 名 市長. ‖서울 시장 ソウル市長.

시장³ (市場) /ɕiːdʑaŋ/ 名 市場( ); 市場( ); マーケット. ㋐登場( ). ‖재래 시장 在来市場. 어시장 魚市場. 청과물 시장 青果物市場. 벼룩시장 フリーマーケット. 새로운 시장을 개척하다 新しいマーケットを開拓する.

　시장-조사 (市場調査) 名 市場調査.

시절 (時節) 名 ❶季節; 時節. ‖진달래가 피는 시절 ツツジが咲く季節. ❷時; 時機; 機会. ❸時期; 時代. ‖학창시절의 즐거운 추억 学生時代の楽しい思い出.

시점¹ (時點) [-쩜] 名 時点. ‖현 시점에서 생각할 수 있는 최선의 방책 現時点で考えられる最善の方策. 그 시점에서는 아무것도 밝혀지지 않았다 その時点では何も明らかにされていなかった.

시점² (視點) [-쩜] 名 視点. ‖시점을 달리한 문제 해석 視点を異にする問題解釈. 시점을 바꾸다 視点を変える.

시접 縫い代; 縫い込み.

시정¹ (市政) 名 市政.

시정² (是正) 名他サ 是正. ‖격차를 시정하다 格差を是正する. **시정-되다**自[受動]

시정³ (施政) 名 施政. ‖시정 방침 施政方針.

시정-배 (市井輩) = 시정아치(市井-).

시정-아치 (市井-) 市井の商人.

시제¹ (時制) 名[言語] 時制.

시제² (時祭) 名[民俗] 季節ごとに行なう宗廟( )の祭礼.

시조¹ (始祖) 名 始祖; 元祖.

시조² (時調) 名[文学] シジョ(高麗末から発達した韓国・朝鮮固有の定型詩. 初章・中章・終章の3章からなる).

시종¹ (始終) 名 始終; 始まりと終わり.
── 副 終始. ‖시종 고개를 숙이고 있었다 終始うつむいたままだった.

　시종-일관 (始終一貫) 名他サ 終始一貫; 首尾一貫. ‖시종일관 반대하다 終始一貫(して)反対する.

시종² (侍從) 名 侍従. ‖시종장 侍従長.

시주 (施主) 名他サ[仏教] 施主; 檀那( ); 布施. ‖절에 시주하다 寺にお布施をする.

시중 そばにいて色々かしずくこと; 付き添うこと; 世話をすること. ‖할머니 시중을 들다 祖母に付き添う; 祖母の世話をする.

시중²금리 (市中金利) [-니] 名[経] 市中金利.

시중²은행 (市中銀行) 名 市中銀行.

시즌 (season) 名 シーズン. ‖졸업 시즌 卒業シーズン.

시- (媤-) 名 夫の実家; 嫁入り先; 嫁ぎ先.

　시집-가다 (媤-) [-까-] 自 嫁ぐ; 嫁

시집 에 가다. ㉗장가가다.
시집-살이 (媤—) [–싸리] 명 하자 │ 媤家에 얹혀 살며 겪는 苦生. ❷ [比喩的 에] 他人의 元에서 엄한 監督이나 干涉을 받는 生活.

시집² (詩集) 명 詩集.
시차 (時差) 명 時差.
 시차-병 (–病) [–뼝] 명 時差병.
시찰 (視察) 명 하타 │ 視察. ‖水害 地域을 시찰하다 水害地域을 視察하다.
 시찰-단 (視察團) [–딴] 명 視察團.
시책 (施策) 명 施策. ‖政府 施策 施策의 政府 施策.
시척지근-하다 [–찌–] 형 하변 │ 食べ物이 상해서 시큼하다. ‖시척지근한 냄새가 나다 すえて酸っぱいにおいがする.
시청¹ (市廳) 명 市廳; 市役所. ㈜ 시(市). ‖서울 市廳 ソウル市役所.
시청² (視聽) 명 하타 │ 視聽.
 시청-각 (視聽覺) 명 視聽覺. ‖시청 각 敎育 視聽覺敎育.
 시청-료 (視聽料) [–뇨] 명 放送受信料.
 시청-률 (視聽率) [–뉼] 명 視聽率.
 시청-자 (視聽者) 명 視聽者.
시체 (屍體) 명 死體; 屍骸.
시쳇-말 (時體ㅅ–) [–첸–] 명 その時 代に流行する言葉.
시초 (始初) 명 始め; 始まり; 最初. ‖시초부터 잘못된 일 始めから間違った こと.
시치다 티 │ 假縫いする; 下縫いする.
시치미 /ʃiʧimi/ 명 ❶ 鷹の尾に持ち主 を書いて結んでおいた名札. ❷ 知らんふり したりしらを切ったりする態度. ▶시치미 (를) 떼다 しらを切る; しらばくれる; (空) とぼける.
시침 (時針) 명 (時計の)時針.
시침-질 (–) 명 하타 │ 假縫い; 下縫い.
시-커멓다 [–머타] 형 하 │ 真っ黒 い; 真っ黒だ. ‖얼굴이 시커멓게 타다 顔が真っ黒に日焼けする.
시쿠무레-하다 형 하변 │ 少し酸っぱ い. ‖터진 홍시에서 시쿠무레한 냄새 가 나다 つぶれた熟柿から酸っぱいにおい がする.
시큰-거리다 재 │ (関節や傷跡などが)ず きずきする. ‖무릎이 시큰거리다 ひざ がずきずきする.
시큰둥-하다 형 하변 │ 気に食わず すねたようだ; 冷淡だ. ‖반응이 시 큰둥하다 気のない反応だ.
시큰-하다 형 하변 │ (関節や傷跡など が)ずきずきと痛い.
시클라멘 (cyclamen) 명 (植物) シクラ メン.
시큼-하다 형 하변 │ 非常に酸っぱい. ‖김치가 시큼하다 キムチが酸っぱい.
시키다 /ʃikʰida/ 티 │ ❶ させる; やらせ る; さす. ‖일을 시키다 仕事

をさせる; 働かせる. 노래를 시키다 歌を 歌わせる. ❷ 命じる; 言う. ‖내가 시키 는 대로 하면 된다 私の言う通りにすれ ばいい. ❸ (食べ物・飲み物などを)注文 する; 頼む. ‖맥주를 시키다 ビールを注 文する. ❹ (시(서) 먹다의 뜻) 出前 を注文する; 出前を取る. ‖피자를 시키 먹다 ピザの出前を取る.
— **접미** │ [動作性名詞に付いて] …さ せる; …す. ‖안심시키다 安心させる. 설득시키다 説得させる.
시트¹ (seat) 명 (座席の)シート.
시트² (sheet) 명 │ シーツ. ‖침대 시트 ベッドシーツ.
시트콤 (sitcom) 명 │ シットコム.
시판 (市販) 명 市販. **시판-되 다** 자변 │ 市販되고 있는 製品 市販され ている製品.
시퍼러다 [ㅎ変] │ 시퍼렇다(真っ青い)의 現在連体形.
시-퍼렇다 /ʃipʰɔrɔtʰa/ [–러타] 형 [ㅎ 変] [시퍼래, 시퍼런] ❶ 真っ青だ. ‖멍이 들어 눈 주위가 시퍼렇다 あざが できて目の周りが真っ青だ. ❷ (非常に驚 いたり寒かったりして)血の気がなくなる. ‖깜짝 놀라 얼굴이 시퍼렇다 びっくりし て顔が真っ青だ. ❸ (威勢や権威などが) ものすごい. ‖서슬이 시퍼렇다 ものすごい 剣幕だ. ❹ まだ元気もよく活動している. ‖시퍼렇게 살아 있다 ぴんぴんしている.
시퍼레 [ㅎ変] │ 시퍼렇다(真っ青い) の連用形.
시퍼레-지다 자 │ 真っ青になる.
시평¹ (時評) 명 時評.
시평² (詩評) 명 詩評.
시풍 (詩風) 명 詩風.
시학 (詩学) 명 詩学; 詩論.
시한 (時限) 명 時限; 期限.
 시한-부 (時限付) 명 │ 期限付き. ‖시 한부 인생 期限付きの人生.
 시한-폭탄 (時限爆弾) 명 │ 時限爆弾.
시합 (試合) /ʃihap/ 명 하타 │ 試合. ‖강한 팀과 시합하다 強いチームと試合 する. 일 대 영으로 시합에서 이기다 1 対0で試合に勝つ. 축구 시합에 출전 하다 サッカーの試合に出る.
시해 (弑害) 명 하타 │ 弑逆(しぎゃく).
시행¹ (施行) 명 하타 │ 施行. ‖시행 규 칙 施行規則. **시행-되다** 자변
 시행-령 (施行令) [–녕] 명 │ (法律) 施 行令.
시행² (試行) 명 하타 │ 試行.
 시행-착오 (試行錯誤) 명 │ 試行錯誤.
시험 (試験) /ʃihɔm/ 명 하타 │ ❶ 試験. ‖성능을 시험하다 性能を試験する. 시 험을 치다[보다] 試験を受ける. 시험에 붙다 試験に受かる[通る]. 입학 시험. 사법 시험 司法試験. 자격 시험 資格試験. 시험 問題 試験問題.

시험 삼아 한 번 보다 試しに1度やってみる.

시험-관¹ (試験官) 图 試験官.
시험-관² (試験管) 图 《化学》試験管.
시험관-아기 (試験管-) 图 《医学》試験管ベビー.
시험-대 (試験臺) 图 試験台. ‖시험대가 되다 試験台にされる.
시험-장 (試験場) 图 試験場.
시험-지 (試験紙) 图 ①(試験の)問題用紙. ②《化学》試験紙.
시험-지옥 (試験地獄) 图 受験地獄.
시호 (諡號) 图 諡号(とう); 贈り名.
시화 (詩畫) 图 詩と絵.
  시화-전 (詩畫展) 图 詩と絵の展覧会.
시황 (市況) 图 市況.
시효 (時效) 图 《法律》時効.
  시효-기간 (時效期間) 图 《法律》時効期間.

식² (式) /jik/ 图 ❶ 方式; やり方. ‖그런 식으로 해서는 안 된다 そういうやり方では駄目だ. ❷ 의식(儀式)의 略語. ‖식을 올리다 式を挙げる. 식이 거행되다 式が執り行なわる. ❸ 수식(數式)의 略語. ‖식을 세우다 式を立てる. 구한 값을 식에 대입해 보다 求めた値を式に代入してみる.
-식² (式) 쮀미 《名》…式. ‖한국식 韓国式. 결혼식 結婚式.
식간 (食間) 【-깐】图 食間.
식객 (食客) 【-깩】图 居候; やっかい者.
식견 (識見) 【-껸】图 識見. ‖넓은 식견 広い識見.
식곤-증 (食困症) 【-꼰쯩】图 食後にけだるくなって眠くなる症状.
식구 (食口) /jikk'u/ 【-꾸】图 家族. ‖식구가 늘다 家族が増える. 식구가 많다 家族が多い.
식권 (食券) 【-꿘】图 食券.
식기 (食器) 【-끼】图 食器. ‖밥그릇.
  식기-장 (食器欌) 【-끼짱】图 食器棚.
식다 /jikt'a/ 【-따】 ❶ 冷める; 冷える. ‖커피가 식다 コーヒーが冷める. 정열이 식다 情熱が冷める. 식은 밥 冷や飯. ⓐ 식히다. ❷ 薄れる; 薄らぐ; 衰える. ‖애정이 식다 愛情が薄れる. ▶식은 죽 먹기 ⓦ 朝飯前.
식단 (食單) 【-딴】图 献立て; メニュー.
  식단-표 (食單表) 图 献立表.
식당 (食堂) /jikt'aŋ/ 【-땅】图 食堂. ‖학생 식당 学生食堂. 사원 식당 社員食堂.
  식당-차 (食堂車) 图 食堂車.
식도 (食道) 【-또】图 《解剖》食道.
  식도-암 (食道癌) 图 《医学》食道癌.
  식도-락 (食道樂) 【-또-】图 食道楽.
식량 (食糧) 【싱냥】图 食糧; 糧食.
  식량-난 (食糧難) 图 食糧難.
식료 (食料) 【싱뇨】图 食料.
  식료-품 (食料品) 图 食料品.
식림 (植林) 【싱님】图 植林.
식모 (食母) 【싱-】图 お手伝いさん; 家政婦.
식목 (植木) 【싱-】他 植樹; 植林.
  식목-일 (植木日) 图 (4月5日の)植樹の日; 緑の日.
식물¹ (植物) /jiŋmul/ 【싱-】图 植物. ‖식물 도감 植物図鑑. 관엽 식물 観葉植物. 고산 식물 高山植物. 식물 채집 植物採集.
  식물-계 (植物界) 【싱-/싱-게】图 植物界.
  식물-대 (植物帶) 图 植物帯.
  식물-성 (植物性) 【싱-썽】图 植物性. ‖식물성 지방 植物性脂肪. 식물성 섬유 植物性繊維.
  식물-원 (植物園) 图 植物園.
  식물-인간 (植物人間) 图 植物人間.
  식물-표본 (植物標本) 图 植物標本.
  식물-학 (植物學) 图 植物学.
식물² (食物) 【싱-】图 食物.
  식물-연쇄 (食物連鎖) 【싱-련-】图 食物連鎖. ‖먹이 연쇄 (一連鎖).
식민 (植民·殖民) 【싱-】他 植民.
  식민-정책 (植民政策) 图 植民政策.
  식민-지 (植民地) 图 植民地.
식별 (識別) 【-뼐】图 識別. ‖사진으로는 누구인지 식별하기 어렵다 写真では誰なのか識別が難しい.
식복 (食福) 【-뽁】图 食べ物に困らない運; 食べ物に恵まれる運. ‖식복을 타고나다 生まれつき食べ物に恵まれている.
식비 (食費) 【-삐】图 食費.
식-빵 (食-) 图 食パン. ‖식빵으로 아침을 때우다 食パンで朝食を済ます.
식사¹ (食事) /jikʰsa/ 【-싸】他 食事. ‖아침에 빨리 식사하다 朝早く食事する. 식사를 거르다 食事を抜かすと. 불규칙한 식사 不規則な食事. 오십 인분의 식사 50人分の食事.
식사² (式辭) 【-싸】图 式辞.
식상 (食傷) 【-쌍】自 食傷. ‖매일 같은 곡을 듣어으로 식상하지만 毎日同じ曲を聴いたら食傷気味だ.
식생 (植生) 【-쌩】图 《植物》植生.
  식생-도 (植生圖) 图 植生図.
식-생활 (食生活) 【-쌩-】图 食生活. ‖식생활 개선 食生活の改善.
식성 (食性) 【-썽】图 ❶ (食べ物に対する)好み; 嗜好(こう). ‖식성이 좋다 好き嫌いがない. ❷《動物》食性.
식솔 (食率) 【-쏠】图 〔やや古い言い方で〕家族.

식수¹〖食水〗【-쑤】图 飲み水;飲用水.

식수-난〖食水難〗图 飲用水不足.

식수²〖植樹〗【-쑤】图 植樹. ‖기념 식수 記念植樹.

식순〖式順〗【-쑨〗图 式順. ‖식순에 따라 진행하다 式順に從って進行する.

식식-거리다[-대다]【-씨께[때]-】目息づかいが荒い;苦しげに呼吸する;はあはあする;ぜいぜいする. ‖화가 나서 식식거리다 怒って荒い息を立てる.

식언〖食言〗【-썬〗图他 食言.

식염〖食鹽〗【-썸〗图 食鹽.

식염-수〖食鹽水〗图 食鹽水.

식욕〖食慾〗/∫iɡjok/图 食慾. ‖날씨가 너무 더워서 식욕이 없다 あまりにも暑くて食欲がない. 식욕을 돋우다 食欲をそそる. 식욕이 왕성하다 食欲旺盛な.

식욕-부진〖食慾不振〗【-뿌-】图 食欲不振.

식용〖食用〗图他 食用. ‖식용 버섯 食用茸. 식용 개구리 食用蛙.

식용-유〖食用油〗【-뇨-〗图 食用油;食油.

식은-땀【시큰-】❶寢汗. ❷冷や汗. ‖식은 땀을 흘리다 冷や汗をかく.

식음〖食飲〗【-씀〗图 飲み食いすること;飲食. ‖식음을 전폐하다 飲食を一切しない;飲食が一切できなくなる.

식이〖食餌〗图 食餌.

식이-요법〖食餌療法〗【-뺍〗图 食餌療法.

식인〖食人〗图 食人.

식인-종〖食人種〗图 食人種.

식자¹〖識字〗【-짜〗图 識字.

식자-우환〖識字憂患〗图 知識があることが愛いをもたらすということ.

식자²〖識者〗【-짜〗图 識者.

식자³〖植字〗【-짜〗图 植字.

식장〖式場〗【-짱〗图 式場.

식전¹〖式典〗【-쩐〗图 式典.

식전²〖食前〗【-쩐〗图 食前. ㉑식후〖食後〗.

식-중독〖食中毒〗【-쭝-〗图〔医学〕食中毒;食あたり.

식지〖食指〗【-찌〗图 人差し指. ⓢ집게손가락.

식초〖食醋〗/∫ikt͡sʰo/图 食酢;酢. ‖식초를 치다 お酢をかける. 식초에 절이다 酢に漬ける.

식충-이〖食蟲-〗图〔ののしる言い方で〕ごくつぶし.

식-칼〖食-〗图 包丁. ⓢ부엌칼.

식탁〖食卓〗/∫iktʰak/图 食卓. ‖식탁에 둘러앉다 食卓を囲む.

식탁-보〖食卓褓〗【-뽀〗图 テーブルかけ;テーブルクロス.

식탐〖食貪〗图 食い意地. ‖식탐이 많다 食い意地を張る.

식품〖食品〗图 食品. ‖냉동 식품 冷凍食品. 불량 식품 不良食品. 가공 식품 加工食品. 식품 첨가물 食品添加物.

식혜〖食醯〗/∫ik͡je/∫ikhe/图 韓国風の甘酒.

식후〖食後〗/∫iku/图 食後. ㉑식전〖食前〗.

식후-경〖食後景〗图 いくらいい景色でもお腹いっぱいにならなければ目に入らないということ. ‖금강산도 식후경 花より団子.

식-히다/∫ikʰida/【시키-】目〔식다の使役動詞〕冷やす. ‖열을 식히다 熱を冷ます. 머리를 식히다 頭を冷やす.

신

신¹/∫in/图 履き物の総称;靴. ⑩ⓢ신발. ‖신을 신다 靴を履く. 신을 벗다 靴を脱ぐ. 발에 맞는 신 足に合う靴. 신 두 켤레 靴 2足.

신²〖-〗图 調子に乗ること;得意になること;浮かれること. ‖신이 나서 떠들다 調子に乗ってしゃべりまくる. 동물원에 가서 신이 나게 놀았다 動物園に行って楽しく遊んだ.

신³〖神〗/∫in/图 神;神様;神霊;霊. ‖신에게 빌다 神様に祈る. 신의 계시 神の啓示. ▶신(이) 내리다 神霊が巫女に乗り移る.

신⁴〖辛〗〖姓〗辛(シン).

신⁵〖申〗〖姓〗申(シン).

신⁶〖申〗图〔十二支の〕申(さる).

신⁷〖新〗/∫in/接頭 新…. ‖신기록 新記録. 신상품 新製品.

신간〖新刊〗图 新刊. ㉑구간〖舊刊〗. ‖신간 서적 新刊書籍.

신격-화〖神格化〗【-껵-〗图他 神格化. 신격화-되다 受動

신경

〖神經〗/∫inɡjəŋ/图 神経. ‖신 경이 발달해 있다 運動神経が発達している. 신경을 건드리다 神経に障る;触る. 신경이 예민한 사람 繊細な神経の持ち主. ▶신경을 쓰다 神経を使う;気を使う;気にする. ▶신경이 날카롭다 神経を尖らす.

신경-계〖神經系〗【-/-게〗图 神経系.

신경-과민〖神經過敏〗图〔医学〕神経過敏.

신경-마비〖神經痲痺〗图〔医学〕神経麻痺.

신경-섬유〖神經纖維〗图〔解剖〕神経繊維.

신경-성〖神經性〗【-쌩〗图 神経性.

신경-세포〖神經細胞〗图〔解剖〕神経細胞;ニューロン.

신경-쇠약〖神經衰弱〗【-/-쉐-〗图〔医学〕神経衰弱.

신경-전〖神經戰〗图 神経戦.

신경-중추〖神經中樞〗图〔解剖〕神経中枢.

신경-증 (神經症) 【-쯩】 图 (의학) 神経症.

신경-질 (神經質) 图 ① 神経質. ② 癇癪. ‖신경질을 내다 癇癪を起こす.

신경질-적 (神經質的) 【-쩍】 图 神経質. ‖신경질적인 반응을 보이다 神経質な反応を見せる.

신경-통 (神經痛) 图 (의학) 神経痛.

신고 (申告) /ʃingo/ 图 (하다) 申告; 届け出ること; 通報. ‖소득을 신고하다 所得を申告する. 출생을 신고하다 出生届け, 혼인 신고 婚姻届け. 사망 신고 死亡届け. 전입 신고 転入届. **신고-되다** 受身

신고-서 (申告書) 图 申告書.

신고-자 (申告者) 图 申告者.

신고 (辛苦) 图 (하다) 辛苦.

신곡 (新曲) 图 新曲.

신관 (新館) 图 新館. ⇔구관 (舊館).

신교¹ (信教) 图 信教.

신교² (新教) 图 (종교) 新教; プロテスタント. ⇔구교 (舊教). ‖신교도 新教徒.

신구 (新舊) 图 新旧. ‖신구 교체 新旧交替.

신-국면 (新局面) 【-꿍-】 图 新しい局面.

신규 (新規) 图 新規. ‖신규 등록 新規登録. 신규 채용 新規採用.

신기다 他〔신다의 사동사〕 履かせる. ‖아이에게 양말을 신기다 子どもに靴下を履かせる.

신-기록 (新記錄) 图 新記錄. ‖신기록을 세우다 新記録を立てる.

신기루 (蜃氣樓) 图 蜃気楼.

신-기원 (新紀元) 图 新紀元. ‖신기원을 이루다 新紀元を画する.

신-기축 (新機軸) 图 新機軸.

신기-하다¹ (神奇-) /ʃingihada/ 图 (하변) 不思議だ. ‖신기한 현상 不思議な現象.

신기-하다² (新奇-) 图 (하변) 新奇だ; 目新しい. ‖아이들 눈에는 모든 것이 신기한 법이다 子どもの目には何もかもが目新しいはずだ.

신나 (thinner) 图 シンナーの誤り.

신년¹ (新年) 图 新年.

신년-사 (新年辭) 图 新年の祝辞.

신년² (新年) 图 申年. ⑪원숭이해.

신념 (信念) /ʃinnjʌm/ 图 信念. ‖신념에 가득 차다 信念に満ち溢れる. 신념을 굽히지 않다 信念を曲げない. 신념이 있는 사람 信念を持つ人.

신다 /ʃin³ta/ 【-따】 他 履く. ‖신을 신다 靴を履く. 양말을 신다 靴下を履く. ⑪신기다.

신당 (新黨) 图 新党. ‖신당을 결성하다 新党を結成する.

신-대륙 (新大陸) 图 新大陸. ⇔구대륙 (舊大陸).

신도¹ (信徒) 图 信徒.

신도² (神道) 图 (종교) 神道.

신동 (神童) 图 神童.

신드롬 (syndrome) 图 シンドローム; 症候群.

신-들리다 (神-) 自 神がかりになる; (何かに)取りつかれる. ‖신들린 듯이 먹어대다 何かに取りつかれたように食い尽くす.

신디케이트 (syndicate) 图 (경) シンジケート.

신라 (新羅) 【실-】 图 (역사) 新羅 (356〜935).

신랄-하다 (辛辣-) 【실-】 图 (하변) 辛辣だ. ‖신랄한 비판 辛辣な批判. **신랄-히** 副

신랑 (新郎) 【실-】 图 新郎. ⑪신부 (新婦).

신랑-감 (新郎-) 【실-깜】 图 花婿候補.

신력 (新曆) 【실-】 图 新暦. ⇔구력 (舊曆).

신령 (神靈) 【실-】 图 神霊.

신록 (新綠) 【실-】 图 新緑. ‖신록의 오월 新緑の5月.

신뢰 (信賴) /ʃi:llwe/ 【실-/실-꿰】 图 (하다) 信頼. ‖부하를 신뢰하다 部下を信頼する. 신뢰를 저버리다 信頼を裏切る. 신뢰할 만한 사람 信頼の置ける人. **신뢰-받다** 受身

신뢰-성 (信賴性) 【실-썽/실꿰썽】 图 信頼性.

신-맛 【-맏】 图 酸味.

신망 (信望) 图 (하다) 信望. ‖신망이 두텁다 信望が厚い.

신명¹ 图 わき起こる興. ‖신명이 나다 興がわき起こる; 興に乗じる.

신명² (身命) 图 身命. ‖신명을 다하다 身命を尽くす.

신명³ (神明) 图 神明. ‖천지신명에게 맹세하다 天地神明に誓う.

신문¹ (訊問) 图 (하다) 訊問. ‖신문 조서 尋問調書. **신문-받다[-당하다]** 受身

신문² (新聞) /ʃinmun/ 图 新聞. ‖신문에 나다 新聞に出る. 신문에 실리다 新聞に載る. 어디 신문을 구독하고 있습니까? どこの新聞を購読していますか. 신문을 안 받아 보다 新聞を取っていない. 신문을 돌리는 아르바이트를 하고 있다 新聞配達のアルバイトをしている. 신문 기사 新聞記事. 신문 기자 新聞記者. 신문 광고 新聞広告. 일간 신문 日刊新聞.

신문-사 (新聞社) 图 新聞社.

신문-지 (新聞紙) 图 新聞紙.

신문-철 (新聞綴) 图 新聞綴じ.

신문-학 (新聞學) 图 新聞学.

신-문학 (新文學) 图 新文学.

신-물 图 むずがゆ; 胃液. ▶신물(이) 나다

むしずが走る. 嫌気が差す; こりごりする.
신민 (臣民) 图 臣民.
신-바람 (-빠-) 图 得意になること; 調子に乗ること; 興がわき起こること. ‖신바람 나게 일을 하다 得意になって仕事をする.
신발 /ʃinbal/ 图 履物の総称. ⑩신. ‖신발을 사서 사다 靴を新しく買う.
신발-장 (-欌)【-짱】 图 げた箱; シューズボックス.
신방 (新房) 图 新婚夫婦の部屋.
신법 (新法)【-뻡】 图〖法律〗新法. ⑪구법(舊法).
신변 (身邊) 图 身辺. ‖신변 정리 身辺整理.
신변-잡기 (身邊雜記)【-끼】 图 身辺雜記.
신병[1] (身柄) 图 身柄. ‖신병을 확보하다 身柄を確保する.
신병[2] (新兵) 图 新兵.
신보 (新報) 图 新報.
신봉 (信奉) 图 하타 信奉.
신부[1] (新婦) 图 新婦. ⑪신랑(新郞). **신부-감** (新婦-)【-부깜/-붇깜】图 花嫁候補.
신부[2] (神父) 图 〖カトリック〗神父.
신-부전 (腎不全) 图 〖医学〗腎不全.
신분 (身分) /ʃinbun/ 图 身分. ‖신분을 보장받다 身分が保障される. 신분을 증명할 수 있는 물건 身分を証明できる物.
신분-권 (身分權)【-꿘】 图 〖法律〗身分権.
신분-법 (身分法)【-뻡】 图 〖法律〗身分法.
신분-증 (身分證)【-쯩】 图 〔신분증명서(身分證明書)の略語〕身分証. ‖신분증을 제시하다 身分証を提示する.
신분-증명서 (身分證明書) 图 身分証明書. ⑩신분증(身分證).
신불 (神佛) 图 神仏.
신비 (神祕) /ʃinbi/ 图 하形 神秘. ‖자연의 신비 自然の神秘. 생명의 신비 生命の神秘. 신비한 모습 神秘な姿.
신비-롭다 (神祕-)【-따】[ㅂ変] 神秘的だ. ‖생명의 탄생은 신비롭다 生命の誕生は神秘的だ. **신비로이** 囲.
신비-스럽다 (神祕-)【-따】[ㅂ変] 神秘的だ. **신비스레** 囲.
신빙-성 (信憑性)【-씽】 图 信憑性. ‖신빙성이 있는 주장 信憑性のある主張.
신사 (紳士) 图 紳士. ‖신사용 양말 紳士用靴下.
신사-도 (紳士道) 图 紳士道.
신사-복 (紳士服) 图 紳士服.
신사-적 (紳士的) 图 紳士的. ‖신사적인 태도 紳士的な態度.
신사-협정 (紳士協定)【-쩡】 图 紳士協定.

신산 (辛酸) 图 하形 辛酸. ‖온갖 신산을 다 겪다 あらゆる辛酸をなめる.
신상[1] (身上) 图 身上. ‖신상 상담 身の上相談.
신상-명세서 (身上明細書) 图 身上明細書.
신상-필벌 (信賞必罰) 图 信賞必罰.
신생 (新生) 图 하타 新生.
신생-대 (新生代) 图 〖地〗新生代.
신생-아 (新生兒) 图 新生児.
신서 (新書) 图 新書.
신석기시대 (新石器時代)【-끼-】 图 新石器時代.
신선[1] (神仙) 图 神仙.
신선-도 (神仙圖) 图 〖美術〗神仙図.
신선[2] (新鮮) /ʃinson/ 图 하形 新鮮. ‖신선한 우유 新鮮な牛乳. 신선한 감각 新鮮な感覚.
신선-도 (新鮮度) 图 鮮度. ‖신선도가 떨어지는 생선 鮮度が落ちる魚.
신선-미 (新鮮味) 图 新鮮味.
신선-로 (神仙爐)【-셜-】图 ❶中央に炭火を入れるように筒がある鍋. ❷宮廷鍋料理.
신설 (新設) 图 하타 新設. ‖중학교를 신설하다 中学校を新設する. 신설 학교 新設校. **신설-되다** 囬.
신성[1] (神聖) 图 하形 神聖. ‖신성한 교권 神聖な教権.
신성-불가침 (神聖不可侵) 图 神聖不可侵.
신성-시 (神聖視) 图 하타 神聖視.
신성[2] (新星) 图 新星.
신세 (身世) /ʃinse/ 图 ❶身の上; その人の境遇. ‖처량한 신세 哀れな身の上. 신세를 망치다 身を滅ぼす. ❷面倒; 世話. ‖신세를 끼치다 面倒をかける. 신세를 많이 지다 大変お世話になる.
신세-타령 (身世-) 图 身の上話; 嘆き話.
신-세계 (新世界)【-/-게】 图 新世界. ⑪구세계(舊世界).
신-세기 (新世紀) 图 新世紀.
신-세대 (新世代) 图 新世代.
신-소재 (新素材) 图 新素材.
신속-하다 (迅速-)【-쏘카-】[여変] 迅速だ. ‖신속한 대응 迅速な対応. 신속하게 행동하다 迅速に行動する. **신속-히** 囲.
신수[1] (身手) (生活のよさをうかがわせる)容貌や風采. ‖신수가 훤하다 風采がよい.
신수[2] (身數) 图 運勢; 運; 星回り. ‖신수가 사납다 星回りが悪い.
신수[3] (神授) 图 하타 神授.
신승 (辛勝) 图 하自 辛勝. ⑪낙승(樂勝).
신시 (申時) 图 〖民俗〗申(⁹)の刻(午後3時から午後5時まで).

신-시가지(新市街地) 图 新市街地.
신시사이저(synthesizer) 图 シンセサイザー.
신식(新式) 图 新式. ⑪구식(舊式).
신신-당부(申申當付) 图 [하変] =신신부탁(申申付託).
신신-부탁(申申付託) 图 [하変] 何度も繰り返し頼むこと. ‖곰꼼하게 만들어 달라고 신신부탁하다 きちんと作って欲しいと何度も頼む.
신실-하다(信實-) 图 [하変] 信実だ.
신심(信心) 图 信心.
신안(新案) 图 新案. ‖신안 특허 新案特許.
신앙(信仰) 图 信仰. ‖신앙 생활 信仰生活. 고유 신앙 固有の信仰. 민속 신앙 民俗信仰.
신앙-심(信仰心) 图 信仰心. ‖두터운 신앙심 厚い信仰心.
신약(新約) 图 ❶《キリスト教》新約. ❷신약 성서(新約聖書)の略語.
신약^성서(新約聖書) [-쎵-] 图 新約聖書. ⓐ신약(新約). ⑪구약 성서(舊約聖書).
신어(新語) 图《言語》新語.
신열(身熱) 图 (病気などによる)体の熱. ‖신열이 있다 体温が高い.
신예(新銳) 图 新鋭. ‖신예 선수 新鋭選手.
신용(信用) /ʃiːnjoŋ/ 图 [하変] 信用. ‖그 사람 말을 신용하다 彼の言葉を信用する. 신용이 중요한 상거래 信用が重要な商取引. 신용을 떨어뜨리다 信用を落とす. 신용을 잃다 信用が損なわれる. **신용-받다** 受動
신용^거래(信用去來) 图《經》信用取引.
신용^경제(信用經濟) 图《經》信用経済.
신용^기관(信用機關) 图《經》信用機関.
신용^보험(信用保險) 图《經》信用保険.
신용^어음(信用-) 图《經》信用手形.
신용^장(信用狀) 【-짱】 图《經》信用状.
신용^조사(信用調査) 图《經》信用調査.
신용^카드(信用 card) 图《經》クレジットカード.
신용^판매(信用販賣) 图《經》信用販売.
신용^협동조합(信用協同組合) 【-똥-】 图 信用協同組合.
신용^화폐(信用貨幣) 【-/-폐】 图《經》信用貨幣.
신우(腎盂) 图《解剖》腎盂.
신우-염(腎盂炎) 图《医学》腎盂炎.
신원(身元) 图 身元. ‖신원이 확실한 사람 身元の確かな人.

신원^보증(身元保證) 图 身元保証.
신음(呻吟) 图 [自変] 呻吟(しん); うめくこと. ‖신음 소리 うめき声.
신의(信義) 图 [-/시니] 信義. ‖신의를 저버리다 信義にもとる.
신인(新人) 图 新人. ‖신인 가수 新人歌手.
신임(信任) 图 [하変] 信任. ‖신임이 두텁다 信任が厚い. **신임-받다** 受動
신임^장(信任狀) 【-짱】 图 信任状.
신임^투표(信任投票) 图 信任投票.
신임(新任) 图 自変 新任. ‖신임 교사 新任教師.
신입(新入) 图 自変 新入. ‖신입 사원 新入社員. 신입 회원 新入会員.
신입-생(新入生) 【-쌩】 图 新入生.
신자(信者) 图 信者.
신작(新作) 图 新作.
신작-로(新作路) 【-짱노】 图 新道; 新路.
신-장¹(-欌) 【-짱】 图 げた箱. シューズボックス.
신장²(身長) 图 身長; 背丈.
신장³(伸長) 图 [自変] 伸長.
신장⁴(伸張) 图 [自他] 伸張. ‖상권이 크게 신장되다 商業圏が大きく伸張する.
신장⁵(新裝) 图 新装.
신장-개업(新裝開業) 图 [自他変] 新装開店.
신장⁶(腎臟) 图《解剖》腎臓.
신장^결석(腎臟結石) 【-썩】 图《医学》腎臓結石.
신장-염(腎臟炎) 【-념】 图《医学》腎臓炎.
신전¹(神前) 图 神前.
신전²(神殿) 图 神殿.
신접(新接) 图 [自変] 結婚などによって新たに所帯を持つこと.
신접-살림(新接-) 【-쌀-】 图 =신접살이(新接-). ‖신접살림을 차리다 所帯を構える.
신접-살이(新接-) 【-싸리】 图 結婚などにより新たに構えた所帯.
신정¹(新正) 图 元旦; 正月. ⑪구정(舊正).
신정²(新政) 图 新政.
신정³(新訂) 图 新訂.
신-제품(新製品) 图 新製品.
신조¹(信條) 图 信条. ‖생활상의 신조 生活上の信条.
신조²(新調) 图 [하変] 新調.
신조-어(新造語) 图《言語》新造語.
신종(新種) 图 新種. ‖신종 질병 新種疾病.
신주(神主) 图 神主; 位牌; 霊牌. ▶신주 모시듯 位牌を扱うようにとても大事に扱う様子.
신중-하다(慎重-) /ʃiːndʑuŋhada/ [하変] 慎重だ. ‖신중한 태도 慎重な

신진 態度. 慎重を期する 愼重を期する. 慎重に行動する 愼重に行動する. **신중-히** 副

신진¹(新陳) 图 新陳; 新しいことと古いこと.
  신진-대사(新陳代謝) 图 新陳代謝. ⑨物質代謝(物質代謝). ‖신진대사가 잘 안 되다 新陳代謝がうまくいかない.
신진²(新進) 图 新進. ‖신진 작가 新進作家.
신-짝 ❶ 履き物の片方. ❷ 신¹の俗稱.
신착(新着) 图 하동 新着.
신참(新參) 图 新參; 新米. ⑨고참(古參).
신-천지(新天地) 图 新天地.
신청(申請) /ʃintʃʰəŋ/ 图 하타 申請; 申し込み. ‖장학금을 신청하다 奨学金を申請する. 참가 신청을 하다 参加を申し込む. 申請書類 申請書類.
  신청-서(申請書) 图 申請書.
  신청-인(申請人) 图 申請人.
신체(身體) /ʃintʃʰe/ 图 身體. ‖신체를 단련하다 身体を鍛える. 건전한 정신은 건전한 신체에 깃든다 健全な精神は健全なる身體に宿る.
  신체-검사(身體檢査) 图 하타 身体検査.
  신체-권(身體權) [-꿘] 图 法律 身体権.
  신체발부(身體髮膚) 图 身体髪膚; 体の全体.
  신체-형(身體刑) 图 法律 身体刑.
신-체제(新體制) 图 新体制.
신-체조(新體操) 图 新体操. ⑨리듬체조(一體操).
신축¹(伸縮) 图 伸縮.
  신축-성(伸縮性) [-씽] 图 伸縮性. ‖신축성이 뛰어나다 伸縮性に優れている.
신축²(新築) 图 하타 新築. ‖신축 가옥 新築家屋.
신춘(新春) 图 新春.
신출(新出) 图 하타 新出.
  신출-귀몰(神出鬼沒) 图 하타 神出鬼没.
  신출-내기(新出-) [-래-] 图 駆け出し; 新米. ‖신출내기 기자 駆け出しの記者.
신탁¹(信託) 图 信託.
  신탁-은행(信託銀行) 图 信託銀行.
  신탁-통치(信託統治) 图 信託統治.
신탁²(神託) 图 神託.
신토불이(身土不二) 图 (体と土は二つではなく一つである」の意で)自分が暮らしている土地から産出した農作物が体に最も合うこと.
신통-하다(神通-) 囷 하요 ❶ 不思議にも占いが当たったり薬が効いたりする. ‖점이 신통하게 맞다 占いが不思議に当たる.

❷ 才能などが並外れている.
❸ (相手の言動などが)感心だ; 満足いくほど立派だ. ‖배운 적도 없는 어려운 문제를 신통하게 푸는 것도 신통하기도 없이 어려운 문제를 解くなんて, 本当に不思議だ.
신-트림 图 하자 酸っぱいげっぷ.
신파(新派) 图 新派. ⑦구파(舊派).
  신파-극(新派劇) 图 文芸 新派劇.
신판(新版) 图 新版.
신표(信標) 图 後日の証として互いが交わす物.
신품(新品) 图 新品.
신하(臣下) 图 臣下.
신학(神學) 图 神学.
  신학-자(神學者) [-짜] 图 神学者.
신-학기(新學期) [-끼] 图 新学期.
신형(新型) 图 新型. ⑦구형(舊型). ‖신형 자동차 新型自動車.
신호(信號) /ʃinho/ 图 信号. ‖신호를 보내다 信号を送る. 교통 신호 交通信号. 정지 신호 停止信号. 적색 신호 赤信号.
  신호-기¹(信號旗) 图 信号旗.
  신호-기²(信號機) 图 信号機.
  신호-등(信號燈) 图 信号; 交通信号機.
  신호-탄(信號彈) 图 信号弾; 曳光弾.
신혼(新婚) 图 하자 新婚.
  신혼-부부(新婚夫婦) 图 新婚夫婦.
  신혼-여행(新婚旅行) [-녀-] 图 新婚旅行.
신화(神話) 图 神話. ‖건국 신화 建国神話. 로마 신화 ローマ神話.
신흥(新興) 图 하자 新興. ‖신흥 세력 新興勢力.
  신흥-계급(新興階級) [-/-계-] 图 新興階級.
  신흥-재벌(新興財閥) 图 新興財閥.
  신흥-종교(新興宗教) 图 新興宗教.
싣는 싣다(乗せる・載せる)の現在連体形.
싣다¹/ʃit̚ta/ [-따] 囲 ㄷ変 [실어, 실는] 乗せる; 載せる; 積む. 차에 짐을 싣다 車に荷物を乗せる. 자갈을 실은 트럭 砂利を積んだトラック. ⑨실리다.
싣다²[-따] 囲 ㄷ変 載せる; 掲載する. ‖광고를 싣다 広告を載せる. 잡지에 사진을 실었다 雑誌に写真を載せた. ⑨실리다.
실¹/ʃil/ 图 糸. ‖바늘에 실을 꿰다 針に糸を通す. 실을 풀다 糸をほぐす. 실을 잇다 糸をつなぐ. 무명실 木綿糸. 실을 毛糸.
실²(失) 图 失; 失うこと; 損失. ‖득보다 실이 크다 得より損失が大きい.
실³(實) 图 実; 実際; 実.
실⁴(室) 图 …室. ‖삼백 실 규모의 호텔 300室規模のホテル.

-실⁵ (室) [接尾] …室. ‖자료실 資料室. 연구실 研究室. 회의실 会議室.
실가 (實價) [-까] [名] 実価.
실각 (失脚) [名自] 失脚. ‖비리가 탄로 나 실각되다 汚職が明るみに出て失脚する.
실감 (實感) [名他] 実感. ‖현실의 어려움을 실감하다 現実(の厳しさ)を実感する. 실감이 나다 実感がわく.
실-개천 [名] 小川. 細流.
실격 (失格) [-껵] [名自] 失格. ‖선을 밟아서 실격되다 線を踏んで失格になる.
실격-자 (失格者) [-껵짜] [名] 失格者.
실-고추 [名] 糸のように細く切った唐辛子.
실-구름 [名] 糸のように細く長い雲.
실권¹ (失權) [-꿘] [名自] 失権.
실권² (實權) [-꿘] [名] 実権. ‖실권을 쥐다[잡다] 実権を握る.
실권-자 (實權者) [名] 執権者.
실근 (實根) [名] 《数学》実根. 〔허근 (虛根)〕
실금¹ [名] ❶器などの細かいひび. ‖실금이 가다 細かいひびが入る. ❷細い線.
실금² (失禁) [名他] 失禁. ‖요실금 尿失禁.
실기¹ (實技) [名] 実技.
실기² (實記) [名] 実記.
실-날 [-랄] [名] 糸筋.
실날-같다 [-란딷따] [形] 糸のように細くて切れやすい; 非常に危ない. 실낱같은 희망 糸のように細い希望. **실낱같-이** [副]
실내 (室內) [-래] [名] 室内. ㊡실외 (室外). ‖실내 수영장 室内プール. 실내 장식 室内装飾.
실내-복 (室內服) [名] 室内着; 部屋着.
실내-악 (室內樂) [名] 《音楽》室内楽.
실내-화 (室內靴) [名] 上履き.
실-눈 [-룬] [名] 細目; 薄目. ‖실눈을 뜨고 보다 細目を開けて見る.
실-뜨기 [名他] あや取り; 糸取り.
실랑이 [名] いざこざ; もめ事; 言い争い; ごたごた. ‖사소한 일로 길에서 실랑이를 벌이다 些細(ちさい)なことで道端で言い争う.
실례¹ (失禮) /fille/ [名他] 失礼. ‖실례를 범하다 失礼を犯す. 실례합니다 失礼します. 일전에는 실례가 많았습니다 先日は失礼いたしました. 실례지만 나이가 어떻게 되세요? 失礼ですが, おいくつですか.
실례² (實例) [名] 実例. ‖실례를 들어 보이다 実例を引いて示す.
실-로 (實-) [副] 実に. ‖취직은 누구에게나 실로 중요한 문제다 就職は誰にとっても実に重要な問題である.
실로폰 (xylophone) [名] 《音楽》シロホン.
실록 (實錄) [名] 実録.
실루엣 (silhouette) [名] シルエット.
실룩 (實錄) [名他] 身体の一部が引きつるように少し動く様子: ぴくぴく. **실룩-실룩** [副][名他]
실룩-거리다 [-꺼-] [自他] ぴくぴくする. ‖볼이 실룩거리다 頬がぴくぴく(と)引きつる.
실리 (實利) [名] 実利. ‖실리를 추구하다 実利を求める.
실리-적 (實利的) [名] 実利的.
실리-주의 (實利主義) [/-이/] [名] 実利主義.
실리다¹ [自] 〈싣다¹の受身動詞〉積まれる. ‖짐이 트럭에 실리다 荷物がトラックに積まれる.
실리다² [自] 〈싣다²の受身動詞〉載せられる; 掲載される. ‖신문에 살인 사건 기사가 실리다 新聞に殺人事件の記事が掲載される[載る].
실리카-겔 (silica gel) [名] シリカゲル.
실리콘 (silicone) [名] シリコン.
실린더 (cylinder) [名] シリンダー. ㊁気筒 (氣筒).
실-마리 [名] 糸口; 手がかり; きっかけ. ‖문제 해결의 실마리 問題解決の糸口.
실망 (失望) /filmaŋ/ [名自他] 失望; がっかりすること. ‖시험에 떨어져서 실망하다 試験に落ちてがっかりする. 성과가 오르지 않아 실망하다 成果が上がらずがっかりする. 그 사람 태도에 실망했다 彼の態度に失望した. 실망한 나머지 失望のあまり.
실명¹ (失名) [名自他] 失名.
실명-씨 (失名氏) [名] 失名氏; なにがし; 無名氏.
실명² (失明) [名自] 失明.
실명-하다 (失明-) [自] 失明する.
실명³ (實名) [名] 実名; 本名. ㊡가명 (假名).
실명⁴ (實命) [名自] 失命.
실무 (實務) [名] 実務. ‖실무를 담당하다 実務に携わる.
실무-자 (實務者) [名] 実務者.
실무-적 (實務的) [名] 実務的.
실물¹ (實物) [名] 実物. ‖견본만 보았지 실물은 본 적이 없다 見本だけで実物は見たことがない. ❷現物.

실-밥 (-빱) 图 ❶〈衣服の〉縫い目. ❷ 糸くず.

실-버들 〖植物〗 イトヤナギ(糸柳); シダレヤナギ(枝垂れ柳).

실버-산업 (silver 産業) 图 シルバー産業.

실버-타운 (silver town) 图 シルバータウン.

실비 (實費) 图 実費.

실사-구시 (實事求是) 【-싸-】 图 事実に基づいて真理を探究すること.

실-사회 (實社會) 【-싸-/-싸회】 图 実社会.

실상¹ (實相) 【-쌍】 图 実状. ‖실상을 보고하다 実状を報告する.
—圖 実際(に). ‖그들에게는 실상 쉬운 문제가 아니었다 彼らには実際簡単な問題ではなかった.

실상² (實相) 【-쌍】 图 実相. ‖사회의 실상 社会の実相.

실상³ (實像) 【-쌍】 图 実像. ㉠虚像(虚像).

실-생활 (實生活) 【-쌩-】 图 実生活.

실선 (實線) 【-썬】 图 実線.

실성 (失性) 【-썽】 图 正気を失うこと; 気がおかしくなること.

실세¹ (實勢) 【-쎄】 图 実勢.

실세² (失勢) 【-쎄】 图 失勢.

실소 (失笑) 【-쏘】 图 自 失笑. ‖실소를 금할 수 없다 失笑を禁じ得ない.

실-속² (實-) 【-쏙】 图 中身; 物事の内容; 実利. ‖실속을 차리다 実利を取る.

실속² (失速) 【-쏙】 图 自 失速.

실수¹ (失手) /ʃilˀsu/ 图 自 ❶ 失敗する; 誤り; 間違いをし、しくじり、へま; 失策; エラー; ミス. ‖어이없는 실수를 하다 とんでもない間違いをしでかす. 그 사람한테 맡긴 것은 실수였다 彼に任せたのは失策だった. ❷ 失礼. ‖선생님께 큰 실수를 했다 先生に大変失礼なことをした.

실수² (實需) 【-쑤】 图 経 実수요 (實需要)の略称.

실수³ (實數) 【-쑤】 图〖数学〗実数.

실-수요 (實需要) 【-쑤-】 图 経 実需. 反가수요 (假需要).

실습 (實習) 【-씁】 图 他 実習. ‖공장에 실습하다 工場で実習する. 실습을 나가다 実習に行く.

실습-생 (實習生) 【-씁쌩】 图 実習生.

실습-실 (實習室) 【-씁씰】 图 実習室.

실시 (實施) /ʃilˀʃi/ 【-씨】 图 他 実施. ‖계획을 실시하다 計画を実施する. 내년부터 실시하게 되다 来年から実施の運びとなる. **실시-되다** 受身

실-시간 (實時間) 图 リアルタイム; 実時間.

실신 (失神) 【-씬】 图 自 失神する. ‖너무 놀라 실신하다 あまりにも驚いて失神する.

실실 圖 だらしなく曖昧に笑ったり無駄話をしたりする様子. へらへら(と). ‖실실 웃다 へらへらと笑う.

실액 (實額) 图 実額.

실어 他 [ㄷ変] 싣다 (乗せる・載せる) の活用形.

실어-증 (失語症) 【-쯩】 图〖医学〗失語症.

실언 (失言) 图 自 失言.

실업¹ (失業) /ʃirʰpp/ 图 自 失業. ‖실업 대책 失業対策.

실업-률 (失業率) 【시럼뉼】 图 失業率.

실업¹**보험** (失業保險) 【-뽀-】 图 失業保険.

실업¹수당 (失業手當) 【-쑤-】 图 失業手当.

실업¹인구 (失業人口) 图 失業人口.

실업-자 (失業者) 【-짜】 图 失業者.

실업² (實業) 图 実業.

실업-가 (實業家) 【-까】 图 実業家.

실-없다 (實-) 【시럽따】 圈 不実だ; 中身がない; 不真面目だ. ‖사람이 실없다 不実な人だ. 실없는 소리를 하다 ふざけたことを言う. **실없-이** 圖

실연 (失戀) 【-련】 图 自 失恋. ‖실연의 아픔 失恋の痛み.

실-오라기 = 실오리.

실-오리 (實-) 图 一絲. ‖실오리 하나 걸치지 않다 一絲もまとわない.

실온 (室溫) 图 室温.

실외 (室外) 【-/시궤】 图 室外. ㉠실내(室內).

실용 (實用) 图 他 実用.

실용-성 (實用性) 【-썽】 图 実用性.

실용-신안 (實用新案) 图 実用新案.

실용-적 (實用的) 图 実用的. ‖실용적인 디자인 実用的なデザイン.

실용-주의 (實用主義) 【-/-이】 图 実用主義; プラグマティズム.

실용-품 (實用品) 图 実用品.

실용-화 (實用化) 图 実用化. ‖실용화를 꾀하다 実用化を図る.

실-은 (實-) /ʃirɯn/ 圖 実は. ‖그 빵은 실은 내가 먹었다 そのパンは実は私が食べた. 실은 드릴 말씀이 있습니다 実はお話ししたいことがあります.

실은 他 [ㄷ変] 싣다 (乗せる・載せる) の過去連体形.

실을 他 [ㄷ変] 싣다 (乗せる・載せる) の未来連体形.

실의 (失意) 【-/시리】 图 失意. ‖실의

에 빠지다 失意のどん底に落ちる.
실익(實益) 图 実益.
실재(實在) 【-째】 图 実在. ‖実在する人物 実在の人物.
실재-론(實在論) 图 実在論.
실재-적(實在的) 图 実在的.
실적(實積) 【-쩍】 图 実績. ‖실적을 쌓다 実績を積む. 실적을 올리다 実績を上げる.
실전(實戰) 【-쩐】 图 実戦. ‖실전에 임하다 実戦に臨む.
실점(失點) 【-쩜】 图 圓直 失点. 웹得点(得點).
실정(實情) 【-쩡】 图 実情. ‖실정에 맞는 계획 実情に合う計画.
실정-법(實定法) 【-쩡 뻡】 图 (法律) 実定法.
실제(實際) /ʃilʧe/ 【-쩨】 图 実際. ‖그 이야기는 실제와 다르다 その話は実際と違う. 이론과 실제 理論と実際.
실존(實存) 【-쫀】 图 実存. ‖실존하는 인물 実存する人物.
실존-주의(實存主義) 【-쫀-/-쫀-이】 图 実存主義.
실종(失踪) 【-쫑】 图 圓自 失踪. ‖배우가 실종되다 女優が失踪する.
실종 선고(失踪宣告) 图 (法律) 失踪宣告.
실종-자(失踪者) 图 失踪者.
실증(實證) 【-쯩】 图 圓他 実証. ‖실증을 중시하는 연구 태도 実証を重んじる研究態度.
실증-론(實證論) 【-쯩논】 图 実証論.
실증-적(實證的) 图 実証的.
실증-주의(實證主義) 【-쯩-/-쯩-이】 图 実証主義.
실지[1](失地) 【-찌】 图 失地. ‖실지 회복 失地回復.
실지[2](實地) 【-찌】 图 実地.
— 副 実際に;実地に.
실직(失職) 【-찍】 图 圓自 失職.
실직-자(失職者) 【-찍짜】 图 失職者.
실질(實質) 【-찔】 图 実質.
실질-범(實質犯) 【-찔범】 图 (法律) 実質犯.
실질-법(實質法) 【-찔뻡】 图 (法律) 実質法.
실질-임금(實質賃金) 图 実質賃金. 웹 名目 賃金(名目賃金).
실질-적(實質的) 【-찔쩍】 图 実質的. 웹 形式的(形式的). ‖실질적인 소유자 実質的な人.
실쭉-거리다[-대다] 【-끼[때]-】 圓他 (怒ったりすねたりして)目もとを動かしたり口をゆがめたりする. ‖마음에 들지 않아 입을 실쭉거리다 気に入らなくて口をゆがめる.
실책(失策) 图 失策. ‖아픈 실책 手痛い失策. 상대방의 실책으로 점수를 내다 相手の失策で点を拾う.

실천(實踐) /ʃilʧʰon/ 图 圓他 実践. ‖계획을 즉시 실천하다 計画を直ちに実践する. 실천을 통해서 実践を通じて. 이론을 실천으로 옮기다 理論を実践に移す. **실천-되다** 圓自
실천-가(實踐家) 图 実践家.
실천-력(實踐力) 【-녁】 图 実践力.
실천-적(實踐的) 图 実践的.
실체(實體) 图 実体. ‖실체를 파악하다 実体を把握する.
실추(失墜) 图 圓他 失墜. ‖권위를 실추하다 権威を失墜する. **실추-되다** 圓自
실컷 【-컫】 副 思う存分に;嫌というほど;飽きるほど;さんざん;たっぷり;思い切り. ‖실컷 울다 思い切り泣く. 실컷 먹다 思う存分(に)食べる.
실크(silk) 图 シルク.
실크-로드(Silk Road) 图 シルクロード.
실탄(實彈) 图 実弾. ‖실탄을 장전하다 実弾を装填する.
실태[1](失態) 图 失態. ‖실태를 보이다 失態を演じる.
실태[2](實態) 图 実態. ‖실태 조사 実態調査. 실태 파악에 나서다 実態把握に乗り出す.
실토(實吐) 图 圓他 事実をありのままに話すこと;白状すること. ‖잘못을 실토하다 過ちを白状する.
실-톱(-) 图 糸鋸(のこ).
실-파(-) 图 (植物) 万能ネギ;ワケギ(分葱).
실-패[1] 图 糸巻(き).
실패[2](失敗) /ʃilpʰe/ 图 圓他 失敗. 웹 成功(成功). ‖시험에 실패하다 試験に失敗する. 실패의 원인 失敗の原因. 실패는 성공의 어머니 失敗は成功のもと.
실패-담(失敗談) 图 失敗談.
실패-작(失敗作) 图 失敗作.
실-핏줄[-피쭐/-핃쭐] 图 (解剖) 毛細血管(毛細血管).
실-하다(實-) 阳容動 ❶がっしりして丈夫だ. ‖몸이 실하다 体が丈夫だ. ❷(中身が)しっかりしている. ❸まじめで頼もしい.
실학(實學) 图 ❶実学. ‖실학 사상 実学思想. ❷朝鮮時代の観念的な儒学に対して実生活に役立つことを求めた学問.
실행(實行) /ʃilhɛŋ/ 图 圓他 実行. ‖선거 공약을 실행하다 選挙公約を実行する. 계획을 실행에 옮기다 計画を実行に移す. 실행 불가능한 계획 実行不可能な計画. **실행-되다** 圓自
실향(失鄕) 图 故郷を失うこと.
실향-민(失鄕民) 图 故郷を失って他郷で暮らす人々.

실험(實驗) /ʃilhʌm/ 하타 실험. ∥수업에서 화학 실험을 하다 授業で化学の実験をする. 실험 단계 実験段階. 실험 소설 実験小説.

실험-식(實驗式) 图〖化学〗実験式.
실험-실(實驗室) 图 実験室.
실험-적(實驗的) 图 実験的. ∥새로운 기술을 실험적으로 도입하다 新技術を実験的に導入する.
실험-학교(實驗學校) 【-꾜】 图 実験学校.

실현(實現) /ʃilhjʌn/ 하타 実現. ∥오랜 꿈을 실현하다 長年の夢を実現する. 희망이 실현되다 希望が実現する.
실형(實刑) 图 実刑. ∥실형을 언도하다 実刑を言い渡す.
실화[1](失火) 하자 失火.
  실화-죄(失火罪) 【-쬐/-꿰】 图〖法律〗失火罪.
실화[2](實話) 图 実話.
실황(實況) 图 実況. ∥피해지의 실황을 보도하다 被災地の実況を報道する. 실황 중계 実況中継.
실효(實效) 图 実効. ∥실효를 거두다 実効を生ずる.
  실효-성(實效性) 【-썽】 图 実効性.
실-히(實-) 十分に.

싫다 /ʃiltʰa/ 【실타】 形 ❶ 嫌だ; 嫌いだ; 好かない. 다好きだ. ∥얼굴을 보는 것도 싫다 顔を見るのも嫌だ. 싫으면 안 가도 된다 嫌なら行かなくてもいい. 나는 그 사람이 싫다 私は彼が嫌いだ. ❷ 〖…기 싫다の形で〗…たくない. ∥학교에 가기 싫다 学校に行きたくない. 오늘은 연습하기 싫다 今日は練習したくない. 보기도 싫다 見たくもない.
싫어【시러】 形 싫다의 활용형.
싫어-지다【시러-】 自 嫌いになる; 嫌うようになる. 다好きになる.
싫어하는【시러-】 形〖하변〗싫어하다(嫌える · 嫌う)의 현재 연체형.

싫어-하다 /ʃirəhada/ 【시러-】 타〖하변〗 ❶ 嫌がる; 嫌いとう; 嫌いだ. 다好きがる. ∥고등어를 싫어하다 サバを嫌う. 약 먹는 것을 싫어하다 薬を飲むのを嫌がる. 나는 우유를 싫어한다 私は牛乳が嫌いだ. 내가 싫어하는 타입 私の嫌いなタイプ. ❷ 〖…기 싫어하다の形で〗…したがらない; …たくない. ∥그는 많은 사람들 앞에서는 노래 부르기를 싫어한다 彼は大勢の前では歌いたがらない.
싫어하여【시러해】 形〖하변〗싫어하다(嫌어다 · 嫌うの연용형).
싫어한【시러-】 形 싫어하다(嫌이다 · 嫌うの과거연체형.
싫어할【시러-】 形 싫어하다(嫌이다 · 嫌う)의 미래연체형.
싫은【시른】 形 싫다(嫌다)의 현재 연체형.

실증(-症)【실쯩】 图 嫌気; 飽き. ∥실증이 나다 嫌気がさす; 嫌になる. 실증을 내다 嫌気を起こす.
심[1] 图 牛の肋.
심[2](心) 图 ❶ 心; 精神. ❷ ろうそくや鉛筆の芯. ❸ 洋服などの芯.
심[3](沈) 图〖姓〗沈(シム).
-심[4](心) 접미 心. ∥애국심 愛国心.

심각-하다(深刻-) /ʃimgakʰada/ 【-가카-】 形〖하변〗 深刻だ. ∥대기 오염이 심각하다 大気汚染が深刻である. 심각한 문제 深刻な問題. 사태를 심각하게 받아들이다 事態を深刻に受け止める.
심각-히(深刻-) 深刻に.
심경(心境) 图 心境. ∥심경의 변화 心境の変化.
심곡(深谷) 图 深谷.
심근(心筋) 图 心筋.
  심근 경색증(心筋梗塞症)【-쯩】〖医学〗心筋梗塞症.
심금(心琴) 图 心の琴線. ▶심금을 울리다 心の琴線に触れる; 心を打つ.
심급(審級) 图〖法律〗審級.
심기[1](心氣) 图 心気; 気持ち; 気分. ∥심기가 불편하다 心が穏やかでない; ご機嫌斜めだ.
심기[2](心機) 图 心機.
  심기-일전(心機一轉)【-쩐】 图 自 心機一転.
심-기다 自〖심다의 수동動詞〗植えられる.

심다 /ʃi:mta/ 【-따】 타 ❶ 植える; 植え込む; 根付かせる. ∥나무를 심다 木を植える. 뜰에 장미를 두 그루 심다 庭にバラを 2 本植える. 어린 마음에 불신감을 심다 幼い心に不信感を植える. ❷ 〖ある意図を持って味方を相手側に潜入させる. ∥정보를 얻기 위해 경쟁사에 우리 편을 심었다 情報を得るためにライバル社に味方を潜入させた.
심덕(心德) 图 心性と德性; 気立て.
심도(深度) 图 深度.
심드렁-하다 形〖하변〗気乗りがしない; 気が進まない; 興味がわかない. ∥(反応이) 心드렁하다 反応が今一つだ. ∥재미있는 이야기를 해도 반응이 심드렁하다 面白い話をしても反応が今一つだ.
심란-하다(心亂-) 【-난-】 形〖하변〗落ち着かない; 気が散る; そわそわする. ∥마음이 심란하다 気持ちが落ち着かない.
심려(心慮)【-너】 图 하타 心配; 気がかり. ∥심려를 끼쳐 드려 죄송합니다 ご心配をおかけして申し訳ありません.
심령(心靈)【-녕】 图 心霊.
  심령-술(心靈術) 图 心霊術.
심리[1](心理)/ʃimni/ 【-니】 图 心理. ∥여성 심리 女性心理. 이상 심리 異常心理. 사춘기 특유의 심리 思春期特

심리-묘사 (心理描寫) 圕 心理描寫.
심리-적 (心理的) 冠 心理的. ‖심리적인 문제 心理的な問題.
심리-전 (心理戰) 圕 心理戰.
심리-학 (心理學) 圕 心理學.
심리² (審理) 【-니】 圕冊 (法律) 審理.
심마니 圕 深山に自生する朝鮮人参の採取を業とする人.
심문 (審問) 圕冊 審問. ‖심문 조서 審問調書.
심미-안 (審美眼) 圕 審美眼.
심-박동 (心搏動) 圕動 心拍;心臓の鼓動.
심방 (心房) 圕解 心房.
심벌 (symbol) 圕 シンボル.
심벌리즘 (symbolism) 圕 シンボリズム;象徴主義.
심벌즈 (cymbals) 圕音樂 シンバル.
심-보 (心-) 【-뽀】 圕 心立て;心がけ;気立て;底意地. ‖심보가 고약하다 底意地が悪い.
심복 (心腹) 圕 心腹;腹心.
심부름 /ɕi:mburum/ 圕冊 お使い. ‖심부름을 가다 お使いに行く. 심부름을 보내다 お使いに出す.
심부름-꾼 圕 使い;使いの者.
심부름-센터 (-center) 圕 便利屋.
심-부전 (心不全) 圕醫 心不全.
심사¹ (心思) 圕 心;心ばえ;心立て;意地悪な根性. ‖심사를 부리다 意地悪をする. 심사가 틀리다 意地悪になる.
심사² (審査) 圕冊 審査. ‖자격 심사 資格審査. 심사 위원 審査委員.
심사-숙고 (深思熟考) 【-꼬】 圕 熟慮. ‖심사숙고해서 결정하다 熟慮して決定する.
심산¹ (心算) 圕 心算;心積もり;つもり. ‖어떻게 할 심산인지 알 수가 없다 どうするつもりか分からない.
심산² (深山) 圕 深山.
심산-유곡 (深山幽谷) 【-뉴-】 圕 深山幽谷.
심상¹ (心狀) 圕 心狀.
심상² (心象·心像) 圕 心象.
심상-하다 (尋常-) 冠[하變] 尋常だ. ‖지각 변동이 심상치 않다 地殻変動が尋常ではない. **심상-히** 圕
심성 (心性) 圕 心性;気立て;気ばえ. ‖심성이 고운 아이 気立ての優しい子.
심술 (心術) 圕 意地悪;わざと人を困らせたりうるく当たったりすること.
심술-굿다 (心術-) 【-굳따】 冠 意地悪い. ‖심술궂은 소리를 하다 意地悪なことを言う.
심술-꾸러기 (心術-) 圕 意地悪.
심술-쟁이 (心術-) 圕 =심술꾸러기 (心術-).
심신¹ (心身) 圕 心身. ‖심신을 단련

하다 心身を鍛える.
심신²**-장애자** (心身障礙者) 圕 心身障害者.
심신² (心神) 圕 心神.
심신-박약 (心神薄弱) 【-짝】 圕 心神薄弱者.
심실 (心室) 圕解 心室.
심심-파적 (-破寂) 圕 =심심풀이.
심심-풀이 圕 退屈しのぎ;暇つぶし. ‖심심풀이로 바둑을 배우기 시작하다 暇つぶしに囲碁を習い始める.
심심-하다¹ 冠[하變] 〈味が〉薄い. ‖국이 심심하다 スープの味が薄い.
심심-하다² /ɕim,ɕimhada/ 冠[하變] 退屈だ;つまらない;所在ない;手持ちぶただ. ‖할 일이 없어 심심하다 やることがなくて退屈だ. 말 상대가 없어 심심하다 話し相手がいなくてつまらない.
심심-하다³ (甚深-) 冠[하變] 深甚だ. ‖심심한 사의를 표하다 深甚なる謝意を述べる.
심야 (深夜) 圕 深夜. ‖심야 방송 深夜番組.
심약-하다 (心弱-) 【시먀카-】 冠[하變] 心弱い;気が弱い. ‖심약한 사람 気の弱い人.
심연 (深淵) 圕 深淵.
심오-하다 (深奧-) 冠[하變] 奧深い. ‖심오한 진리 奧深い真理.
심원 (心願) 圕 心願.
심원-하다 (深遠-) 冠[하變] [比喻的に] 深遠だ. ‖심원한 사상 深遠な思想.
심음 (心音) 圕 心音.
심의 (審議) 【-의/-이】 圕冊 審議. ‖법안을 심의하다 法案を審議する.
심의-회 (審議會) 【-의/-이훼】 圕 審議会.

심장 (心臟) /ɕimdʑaŋ/ 圕 ❶解 心臓. 粈 염통. ‖인공 심장 人工心臟. 심장마비 心臟麻痺. ❷ [比喻的に] 物事の中心. ‖기획실은 우리 회사의 심장이라고 할 수 있다 企画室はわが社の心臓と言える. ❸ 度胸. ‖심장이 강하다 度胸がある.
심장-병 (心臟病) 【-뼝】 圕醫 心臟病.
심장-부 (心臟部) 圕 心臟部. ‖도시의 심장부를 관통하는 전철망 都市の心臟部を貫通する鉄道網.
심-적 (心的) 冠 心の;心的. ‖심적 물질 物的. ‖심적인 부담 心的な負担.
심전-계 (心電計) 【-/-게】 圕 心電計.
심전-도 (心電圖) 圕醫 心電圖. ‖심전도 검사 心電圖検査.
심정 (心情) 圕 心情. ‖억울한 심정을 헤아리다 無念な心を察する.
심정-적 (心情的) 冠 心情的. ‖심정적으로 이해가 가다 心情的には理解できる.
심-줄 【-쭐】 圕解 〔힘줄이 변화한

심증 (心證) 【图】 (法律) 心証.
심지¹ (心-) 【图】 ❶ ろうそくやランプなどの灯心. ❷ (爆発物などの)導火線. ❸ (傷口などに詰められた)綿球; 止血栓.
심지² (心地) 【图】 心根; 気立て; 気質; 性質. ∥심지가 곱다 気立てがいい.
심지³ (心志) 【图】 心志; 意志. ∥심지가 굳은 사람 意志の固い人.
심지어 (甚至於) /ʃimdʑiɔ/ 【副】 さらに; その上に加えて; それだけでなく. ∥훔치고 심지어 불까지 지르다 盗み、その上に火まで放つ. 심지어 비까지 내리기 시작했다 さらに雨まで降り始めた.
심취¹ (心醉) 【图】【自变】 心酔.
심취² (深醉) 【图】【自变】 (酒などに)ひどく酔うこと.
심층 (深層) 【图】 深層. ∥심층 보도 深層報道. 심층 심리 深層心理.
심통 (心-) 【图】 意地悪; 意固地になること. 심통을 부리다 意地悪になる; 意固地を張る.
심판 (審判) /ʃimpʰan/ 【图】【他变】 審判. ∥심판을 내리다 審判を下す. 여론의 심판 世論の審判. 역사의 심판 歴史の審判, 최후의 심판 最後の審判. **심판-받다** [-당하다]
심판-관 (審判官) 【图】 審判官.
심판-석 (審判席) 【图】 審判席.
심판-원 (審判員) 【图】 審判員; アンパイア.
심폐 (心肺) 【图】 [/-폐] 心肺. ∥심폐 기능 心肺機能.
심포니 (symphony) 【图】 (音楽) シンフォニー; 交響楽.
심포지엄 (symposium) 【图】 シンポジウム.
심-하다 (甚-) /ʃi:mhada/ 【形】 【하变】 はなはだしい; 激しい; 厳しい; ひどい. ∥잠꼬대가 심하다 寝言がひどい. 말을 너무 심하게 하다 言い方がきつい. **심-히** 【副】 はなはだ; ひどく. ∥심히 걱정이 된다 심히 心配だ.
심해 (深海) 【图】 深海. ⓣ천해 (淺海).
심해-어 (深海魚) 【图】 深海魚.
심혈 (心血) 【图】 心血. ∥심혈을 기울이다 心血を注ぐ.
심-호흡 (深呼吸) 【图】【自变】 深呼吸.
심혼 (心魂) 【图】 心魂; 精神.
심화 (深化) 【自变】 深化. ∥분쟁이 나날이 심화되다 紛争が日増しに深化する.
심황 (-黃) 【图】 (植物) ウコン(鬱金).
심회 (心懷) 【图】 [/-훼] 心懷; 心中; 心に思うこと.
십 (十) /ʃip/ 【图】 10; 十(台). ∥십에서 10에서 3을 引く. 팔, 구, 십 8, 9, 10; 八, 九, 十.
━ 【冠】 10…. ∥십 주년 10周年. 십

번 손님 10番のお客さん.
십계 (十戒) 【-계/-꼐】 【图】 (仏教) 十戒.
십-계명 (十誡命) 【-계-/-꼐-】 【图】 (キリスト教) 十誡.
십년-감수 (十年減壽) 【심-】 【图】【自变】 ひどく怖かったり、驚いたり危険にさらされたりすること.
십년-공부 (十年工夫) 【심-】 【图】 10年の勉強; 長年の努力や苦労. ▶십년공부 도로 아미타불 (副) 長年の努力や苦労が水泡に帰す.
십년-지기 (十年知己) 【심-】 【图】 長い付き合いの知人.
십대 (十代) 【-때】 【图】 10代.
십만 (十萬) 【심-】 【數】 【图】 10万. ∥십만에 이르는 관객 10万に達する観客. 장서 십만 권 蔵書十万巻.
십분 (十分) 【-뿐】 【副】 十分; 充分. ∥능력을 십분 발휘하다 能力を十分発揮する.
십상¹ (←十成) 【-쌍】 【图】 好都合; もってこい; ぴったり. ∥놀기에 십상인 곳 遊びにもってこいの場所.
십상² (十常) 【-쌍】 【图】 […기 십상이다の形で] …になりやすい; …になりがちだ. ∥그렇게 하면 오해받기 십상이다 そういうふうにすると、誤解されやすい.
-십시다 【-씨-】 【語尾】 ましょう. ∥같이 가십시다 一緒に行きましょう. 들어가십시다 入りましょう. 드십시다 食べましょう.
-십시오 【-씨-】 【語尾】 おᆞ)…ください. …(し)てください. ∥들어오십시오 お入りください. 여기서 잠깐만 기다려 주십시오 こちらで少々お待ちください. 놀라지 마십시오 驚かないでください.
십시일반 (十匙一飯) 【- 씨 -】 【图】 (「10人が1さじずつ出し合えば1人分の飯になる」の意で) 多くの人が力を合わせれば1人くらい助けるのは容易であること.
십오-야 (十五夜) 【图】 十五夜; 陰暦の15日の夜.
십이-월 (十二月) /ʃibiwʌl/ 【图】 12月. ∥올해는 십이월 이십일일부터 겨울 방학이다 今年は12月24日から冬休みである.
십이지-장 (十二指腸) 【图】 (解剖) 十二指腸.
십인-십색 (十人十色) 【-색】 【图】 十人十色.
십일 (十日) 【图】 10日.
십일-월 (十一月) /ʃibirwʌl/ 【图】 11月. ∥십일월이 되면 해가 짧아진다 11月になると日が短くなってくる.
십자 (十字) 【-짜】 【图】 十字.
십자-가 (十字架) 【图】 (キリスト教) 十字架. ∥십자가에 매달다 十字架にかける. 십자가를 지다 十字架を背負う.

십자-군 【十字軍】 图 《歷史》 十字軍.
십자-로 【十字路】 图 十字路.
십자-성 【十字星】 图 《天文》 南十字星.
십자-수 【十字繡】 图 クロスステッチ.
십-장생 【十長生】 图 [-쌩-] 長寿を象徴する太陽·山·水·石·雲·松·不老草·亀·鶴·鹿の 10 種のもの.
십중-팔구 【十中八九】 图 [-쭝-] 十中八九.
십진-법 【十進法】 图 [-찐뻡] 《数学》十進法.
십진분류-법 【十進分類法】 图 [-찐불-뻡] 图 十進分類法.
십팔-금 【十八金】 图 18 金.
십팔-번 【十八番】 图 十八番; おはこ.
싱가포르 (Singapore) 图 《国名》 シンガポール.
싱거운 [ㅂ変] 싱겁다(味が薄い)の現在連体形.
싱거워 [ㅂ変] 싱겁다(味が薄い)の連用形.
싱겁다 /ʃiŋgəp̚t͈a/ [-따] 囧 [ㅂ変] [싱거워, 싱거운] ❶ 水っぽい; (味が)薄い. ∥국이 싱겁다 スープの味が薄い. ❷ (話などが)つまらない; 面白くない; くだらない. ∥여자들 앞에서 싱거운 소리만 하다 女の人の前でつまらないことばかり言う.
싱그럽다 [-따] 囧 [ㅂ変] すがすがしい; さわやかだ; フレッシュだ. ∥싱그러운 레몬 향기 さわやかなレモンの香り.
싱글-거리다 貝 にこにこと笑う; にこにこしている. ∥아기 사진을 보면서 싱글거리다 赤ん坊の写真を見ながらにこにこする.
싱글-맘 (+single mama) 图 シングルマザー; シングルママ.
싱글-벙글 圓[하変] にこにこ.
싱글-베드 (single bed) 图 シングルベッド.
싱글-싱글 圓[하変] にこにこ.
싱긋 [-끋] 圓 にこっと; にっこりと.
싱긋-이 [-그시]
싱긋-벙긋 [-끋뻥끋] 圓[하変] にこにこ.
싱숭생숭-하다 囧[하変] (心配などで心が浮かされて)落ち着かない様子; そわそわ. ∥마음이 싱숭생숭하다 心がそわそわする.
싱싱-하다 /ʃiŋʃiŋhada/ 囧[하変] (魚や野菜などが)活きがいい; 生き生きとしている; みずみずしい; 新鮮だ. ∥오이가 싱싱하다 キュウリがみずみずしい. 싱싱한 생선 活きがいい魚.
싱커 (sinker) 图 (野球で)シンカー.
싱크-대 (sink 臺) 图 (台所の)流し; シンク.
싱크로나이즈드^스위밍 (synchronized swimming) 图 《スポーツ》 シンクロナイ

ズドスイミング.
싱크-탱크 (think tank) 图 シンクタンク.

싶다 /ʃip̚t͈a/ [싶따] 補形 ❶ [···고 싶다の形で] ···たい. ∥한국에 놀러 가고 싶다 韓国に遊びに行きたい. ❷ [···[은·는]가·-ㄹ·-을까]의 형식으로] 推測·意志·様態を表わす: ···と思う; ···ような気がする; ···ようだ. ∥나도 내일은 외출할까 싶다 私も明日は外出しようと思う. 안에는 사람들이 많이 있는가 싶다 中には多くの人がいるようだ. ❸ […(으)면 싶다の形で] そのようになることを願望する意を表わす: ···してほしい; ···してもらいたい; ···したらと思う. ∥내일은 맑았으면 싶다 明日は晴れたらいいなと思う.

싶어-지다 補 ···たくなる. ∥친구가 보고 싶어지다 友だちに会いたくなる. 울고 싶어지다 泣きたくなる.
싶어-하다 補[하変] ···たがる. ∥놀러 가고 싶어하다 遊びに行きたがる. 유학 가고 싶어하다 留学したがる.

ㅆ

ㅆ 【쌍시읃】 图 ハングルの子音字母の一つ. 名称は「쌍시옷」.
싸고-돌다 他 [ㄹ語幹] ❶ (何かを囲んで)その周りを動き回る. ❷ かばう; 庇護(호)する; ひいきする. ∥자기 아이만 싸고 도는 젊은 어머니 自分の子どもばかりかばう若い母親たち. ☞싸돌다.
싸구려 图 安売り品; 投売り品; 安物; 三文. ∥싸구려 옷 安物服.
싸느랗다 [-라타] 囧[ㅎ変] = 싸늘하다.
싸늘-하다 囧[하変] ❶ (天候または物体の温度などが)少し冷たい; ひやっとしている; ひんやり(と)している. ∥바람이 싸늘하다 風が冷たい. ❷ (態度などが)冷たい; 冷淡だ; よそよそしい; 冷ややかだ. ∥싸늘한 태도 冷たい態度. 싸늘한 시선 冷ややかな視線. ❸ (驚きや怖さで)ぞっとする; どきっとする. ❹ 心霊 사진을 보고 등골이 싸늘해지다 心霊写真を見てぞっとする.

싸다¹ 囧 ❶ (口が)軽い. ∥입이 싸다 口が軽い. ❷ (行動などが)素早い; 速い. ∥싸게 달려라 速く走れ.
싸다² /'sada/ 囧 (値段が)安い. ☞비싸다. ∥물건 값이 싸다 物価が安い. 싼 값 安値. ❷ […에[아도] 싸다の意で] (罰や過ちの罰に)値する; ···て当たり前だ; ···て当然だ. ∥너는 맞아도 싸다 お前は殴られて当然だ. ▶싼 것이 비지떡 (諺) 安物買いの銭失い.

싸다³ /'sada/ 囮 ❶ 包む; 包装する. ∥상자를 보자기로 싸다 箱を風呂敷

싸다 @ (大小便などを)もらす; 垂らす; 排泄する. ‖오줌을 싸다 小便をする[漏らす].

싸-다니다 @ ほっつき回る;ほっつき歩く. ‖하루 종일 싸다니다 一日中あちこちほっつき歩く.

싸-돌다 [ㄹ語変] 싸고돌다의 縮約形.

싸라기 图 砕け米; 砕米.

싸라기-눈 [天文] 霰(あられ).

싸락-눈 [-랑-] 图 =싸라기눈.

싸리 图 =싸리나무.

싸리-나무 图 [植物] ハギ(萩).

싸리-문 (-門) 图 萩で編んだ扉.

싸-매다 @ 巻きつける; しっかり結ぶ.

싸우다 /sauda/ @ けんかする; 戦う; 争う; 競う. ‖친구와 싸우다 友だちとけんかする. 가난과 싸우다 貧困と戦う. 법정에서 싸우다 法廷で争う.

싸움 /saum/ 图 けんか; いさかい; 戦い; 争い. ‖부부싸움 夫婦げんか. 권력 싸움 権力争い. 싸움을 걸다 けんかを売る. 연구는 자기와의 싸움이다 研究は自分との戦いだ.

싸움-닭 [-딱] 图 闘鶏; 鶏合わせ.

싸움-터 图 戦場; 戦地.

싸-이다 @ [싸다]의 受身動詞) 包まれる; 囲まれる; 取り巻かれる. ‖신비에 싸인 사람 神秘のベールに包まれた人.

싸-잡다 [-따] @ ひっくるめる; 一つにくくる; 含める. ‖싸잡아 바보 취급하다 一くくりにばか扱いする.

싸-하다 [自] [하変] (舌・のど・鼻などが)刺激を受けて)ひりひりする. ぴりっとする.

싹¹ [-싹] /sak/ 图 ❶ 芽. ‖봄이 되자 싹이 돋아난다 春になって芽が出た. ❷ [比喩的]にある現象の根源が始まり. ‖분쟁의 싹을 없애다 紛争の芽を摘み取る. ▶싹이 노랗다 (「芽が黄色い」の意で)将来性[見込み]がない.

싹² 图 삭을 強めて言う語. **싹-싹** 图

싹둑 [-뚝] 副 삭둑을 強めて言う語. **싹둑-싹둑** 副

싹-수 [-쑤] 图 兆し; 将来性; 見込み. ▶싹수가 노랗다 将来性[見込み]がない.

싹-쓸이 [하変] すっかり掃き出すこと; 何かを独り占めすること; 総なめにすること.

싹트-다 [自] [으変] 芽生える; 芽が出る. ‖씨앗이 싹트다 種から芽が出る. 애정이 싹트다 愛情が芽生える.

싼-값 [-깝] 图 安値; 安価; 廉価.

쌀 /sal/ 图 ‖쌀을 씻다 米をとぐ. 쌀을 찧다 米をつく; 精米する. 한국 사람의 주식은 쌀이다 韓国人の主食は米である.

쌀-가루 [-까-] 图 米粉; 米の粉.

쌀-겨 [-껴] 图 米ぬか; ぬか.

쌀-뜨물 图 米のとぎ汁.

쌀랑-하다 [하変] ❶ (天候や空気などが)少し冷たい; ひんやり(と)している. ❷ (態度などが)冷たい; 冷淡だ.

쌀-밥 图 米のご飯; 米飯.

쌀-벌레 图 [昆虫] コクゾウムシ(穀象虫); 米食い虫.

쌀-보리 图 [植物] ハダカムギ(裸麦).

쌀쌀-맞다 [-맏따] 厖 (態度が)冷たい; よそよそしい. ‖제안을 쌀쌀맞게 거절하다 提案を冷たく[けんもほろろに]断る.

쌀쌀-하다 [-싸-] 厖 [하変] ❶ (天候などが)少し冷たい; 肌寒い. ‖아침에는 꽤 쌀쌀하다 朝はかなり肌寒い. ❷ (態度が)冷たい; よそよそしい. ‖쌀쌀한 태도 冷たい態度. **쌀쌀-히** 副

쌀-알 图 米粒.

쌀-집 [-찝] 图 米屋.

쌀-통 (-桶) 图 米びつ.

쌈 图 [料理] 海苔・白菜・サンチュなどでご飯や牛肉などを包んで食べること, またはその食べ物.

쌈박-하다 [-바카-] 厖 [하変] (物事の進み具合や出来上がりが)すっきりしている. ‖쌈박한 논리 すっきり整理された論理.

쌈지 图 刻みタバコを入れる携帯用の袋; タバコ入れ.

쌈짓-돈 [-지똔~-짇똔] 图 (「タバコ入れのお金」の意で)小銭; 非常用のお金; ポケットマネー. ‖쌈짓돈이 주머니 돈 [주머니 돈이 쌈짓돈] (諺) (「タバコ入れのお金が巾着のお金」の意で)夫婦や家族においてお金は誰が持とうが, 結局同じものであることのたとえ.

쌈쌀-하다 [하変] 厖 ほろ苦い.

쌍 (雙) 图 対; ペア; カップル. ‖그들은 어디를 가도 쌍으로 다녔다 彼らはどこに行くにもペアで行っていた.

── 依 一対になっているものを数える語. ‖한 쌍의 신혼부부 1組の新婚夫婦.

쌍-가마 (雙-) 图 つむじが2つあること.

쌍-곡선 (雙曲線) [-썬] 图 [数学] 双曲線.

쌍-권총 (雙拳銃) 图 二丁拳銃. ▶쌍권총을 차다 ① 二丁拳銃をぶら下げる. ② (俗っぽい言い方で) 大学生単位としてF(不可)を2つもらうこと.

쌍-기역 (雙-) 图 ハングルの子音字母「ㄲ」の名称.

쌍-꺼풀 (雙-) 图 二重まぶた. ‖외꺼풀. ‖쌍꺼풀이 지다 二重まぶたになる.

쌍두-마차 (雙頭馬車) 图 二頭立ての馬車.

쌍-둥이(雙-) 图 双子; 双生児.
　쌍둥이-자리(雙-) 图【天文】 双子座.
쌍-디귿(雙-) 图 ハングルの子音字母「ㄸ」の名称.
쌍-떡잎(雙-)【-닙】图【植物】 双子葉.
　쌍떡잎-식물(雙-植物)【-닙넙-】图【植物】 双子葉植物.
쌍무(雙務) 图 双務.
　쌍무˚계약(雙務契約)【-/-게-】图【法律】 双務契約.
쌍-무지개(雙-) 图 二重虹.
쌍-받침(雙-) 图 同じ子音が重なってできた終声. ㄱㅅ·ㅆなど.
쌍방(雙方) 图 双方. ‖쌍방의 의견을 들어보다 双方の意見を聞いてみる.
　쌍방˚대리(雙方代理) 图【法律】 双方代理.
쌍벽(雙璧) 图 双璧. ‖쌍벽을 이루다 双璧をなす.
쌍봉-낙타(雙峯駱駝) 图【動物】 フタコブラクダ(二瘤駱駝). 働 단봉낙타(單峯駱駝).
쌍-비읍(雙-) 图 ハングルの子音字母「ㅃ」の名称.
쌍생-아(雙生兒) 图 双生児. ‖일란성 쌍생아 一卵性双生児.
쌍수(雙手) 图 双手; 諸手; 諸手. ‖쌍수를 들고 환영하다 諸手を挙げて歓迎する.
쌍-시옷(雙-)【-옫】图 ハングルの子音字母「ㅆ」の名称.
쌍-심지(雙-) 图 2本の灯心. ▶쌍심지를 켜다[돋우다] 激怒して両目を血走らせること. 눈에 쌍심지를 켜고 덤비다 両目を血走らせて飛びかかる.
쌍쌍(雙雙) 图 2つ[2人]ずつの対.
쌍쌍-이(雙雙-) 囘 2人ずつ;(男女)ペアで. ‖공원 벤치에 쌍쌍이 앉아 있다 公園のベンチに(男女が)2人ずつ座っている.
쌍-안경(雙眼鏡) 图 双眼鏡.
쌍자엽˚식물(雙子葉植物)【-녑-】图【植物】 双子葉植物.
쌍점(雙點) 图 ❶2つの点. ❷コロン(:).
쌍-지읒(雙-)【-읃】图 ハングルの子音字母「ㅉ」の名称.
쌍-칼(雙-) 图 両刀; 二刀流.
쌍화-탕(雙和湯) 图【漢方】 疲労回復や風邪を治すために飲む煎じ薬.
쌓다 /sat'a/【싸타】他 ❶(ものや経験などを)積む;積み上げる;積み重ねる. ‖물건을 쌓다 品物を積む. 경험을 쌓다 経験を積む. 벽돌을 쌓아 올리다 ブロックを積み上げる. ❷(建物などを)築く. ‖성을 쌓다 城を築く. 탑을 쌓아 올리다 塔を築き上げる. 働쌓이다.
쌓-이다(싸-)【-】 闾 ❶〖쌓다の受動

詞〗積まれる; 築かれる. ❷(ものが)積もる;(仕事やストレスなどが)たまる;(心配やある感情などが)募る. ‖눈이 쌓이다 雪が積もる. 피로가 쌓이다 疲れがたまる.
쌔다 囘 ありふれている; 有り余る; どこにでもある. ‖그런 내용의 추리 소설은 쌨다 そのような内容の推理小説はありふれている.
쌕쌕 囘变 ❶静かによく眠っている様子[音]; すやすや. ‖쌕쌕 자고 있다 すやすや(と)眠っている. ❷苦しそうに呼吸する様子や息を切らす様子; はあはあ.
　쌕쌕-거리다(-거-) 直闾 ①すやすやと眠る. ②はあはあと息を切らす.
쌜룩 囘变 샐룩を強めて言う語.
　쌜룩-거리다(-거-) 直闾 샐룩거리다を強めて言う語.
쌤-통 图 人の失敗・不運に対して内心愉快だと思いながら発する言葉. ‖그거 정말 쌤통이다 それ見たことか; ざまあみろ; いい気味だ.
쌩 囘 ❶風が強く吹く音: ひゅう. ❷ものが風を切る音[様子]: ひゅう. **쌩-쌩** 囘 ひゅうひゅう; びゅんびゅん. ‖자가 쌩쌩 달리다 車がびゅんびゅん走る.
쌩긋【-글】囘变 目で軽く一度微笑む様子.
쌩쌩-하다【히变】 ぴんぴんしている; 生き生きしている; 元気旺盛だ.
써[1] 厢 〖으呂〗 쓰다(苦い)の連用形.
써[2] 他 〖으呂〗 쓰다(書く・使う・かぶる)の連用形.
써-내다 他 書いて出す. ‖이력서를 써내다 履歴書を書いて出す.
써-넣다(-너터) 他 書き込む; 書き入れる; 記入する. ‖성명란에 이름을 써넣다 氏名欄に名前を書き込む.
써레 图 馬鍬(も).
써-먹다(-따)【〖쓰다[3]の俗語〗】使う; 利用する; 活用する. ‖배운 표현을 써먹다 習った表現を活用する.
썩 囘 ❶力を込めて一気に切ったり割ったりする様子: ざっくり. ‖무를 썩 자르다 大根をざっくり切る. ❷素早く滞りずに動作をする様子: さっと; すっと; ぱっと. ❸とても; 非常に; それほど. ‖썩 반갑지 않은 손님 好まれざる客.
썩다 /sᴧk'ta/【-따】 闾 ❶食べ物が腐る. ❷なまる; 鈍る. ‖기술이 썩다 技術が鈍る. ❸(精神などが)堕落する. ‖그런 썩은 정신으로는 아무것도 할 수 없다 そんな腐った精神では何もできない. ❹〖俗っぽい言い方で〗自分の意思とは関係なく,ある場所や分野に縛りつけられる.(年月を)無駄にする. ‖교도소에서 십 년을 썩다 刑務所で10年服役する. ❺〖속이 썩다の形で〗 心を痛める; 気が腐る. ‖아이 때문에 속이 썩다 子供のことで気が腐る. 働썩이다·썩히다.

썩-이다① 匝 〔썩다의 사동사〕 썩히다; 썩게 하다. ∥부모님 속을 많이 썩이다 両親の心を痛めさせる.

썩-이다② 匝 〔씌기-〕 〔썩다의 사동사〕 부패시키다; 썩히다. ∥시금치를 썩히다 ホウレンソウを腐らせる.

썰다 匝 〔語幹〕 切る; 刻む. ∥무를 썰다 大根を切る. 파를 잘게 썰다 ネギを細かく刻む. ㉺썰리다. ㉻썰리다.

썰렁-하다 圈 〔하変〕 ひんやり(と)している. ∥썰렁한 방안 ひんやり(と)している部屋の中.

썰-리다① 匣 〔썰다의 수동사〕 切られる; 切れる. ∥잘 썰리는 칼 よく切れる包丁.

썰-리다② 〔썰다의 사동사〕 썰게 하다.

썰매 图 そり.

썰-물 图 引き潮; 下げ潮. ㉺밀물.

쏘다 /soda/ 他 ❶ 射る; 撃つ; 放つ. ∥활을 쏘다 弓を射る. 총을 쏘다 銃を撃つ. 화살을 쏘다 矢を放つ〔射る〕. ❷ (虫などが)刺す. ∥벌이 쏘다 ハチが刺す. ㉺쏘이다. ❸ (辛い味が)舌を刺す; (においが)鼻をつく. ∥겨자가 혀를 쏘다 辛子が舌を刺す. ❹ (俗っぽい言い方で)おごる; ごちそうする. ∥오늘 저녁은 내가 쏠게 今日の夕食は私がおごる.

쏘-다니다 匣 歩き回る; うろつき回る. ∥거리를 쏘다니다 街をうろつき回る.

쏘삭-쏘삭-대다[-꺼|때]- ❶ しきりに突っつき回す. ❷ しきりにそそのかす.

쏘삭-쏘삭 〔하変〕 ❶ しきりに突っつき回す様子. ❷ しきりにそそのかす様子.

쏘아-보다 他 にらみつける; (目をいからせて)にらむ. ∥경쟁자를 쏘아보다 競争相手をにらみつける.

쏘아-붙이다[-부치-] 他 鋭く言い放つ. ∥홧김에 한마디 쏘아붙이다 腹立ちまぎれに一言鋭く言い放つ.

쏘-이다 〔쏘다의 수동사〕 刺される. ㉺쐬다. ∥벌에 쏘이다 ハチに刺される.

쏙 副 ❶ 突き出たりへこんだりしている様子: ぱっくり. ❷ 突然現れる様子: ぬっと. ∥창문으로 목을 쏙 내밀다 窓からぬっと首を出す. ❸ ものがたやすくはずれたり抜けたり, またはまったりする様子: すぽり. 《ㅇㅈㄴ 밑의 속에서 쏙 나오는 방울이 밑바닥에서すぽり(と)抜ける. 인형 목이 쏙 빠지다 人形の首がすぽり(と)取れる. ❹ 人の話に唐突に入り込む様子. 쏙-쏙.

쏙닥-거리다[-대다] [-딱꺼|때]-] 匣 ひそひそと話す; こそこそと話す.

쏙닥-쏙닥 [-딱-딱] 〔하自他〕 他人に聞こえないように小声で話す様子: ひそひそと; こそこそと.

쏜-살 图 (「射た矢」の意から)非常に速いこと; 非常に速く過ぎ去ること. ∥쏜살같이 달려가다 矢のごとく走っていく.

쏟다 /sot'ta/ [-따] 他 ❶ (液体·粉末などを)こぼす. ㉺엎지르다. ∥우유를 쏟다 牛乳をこぼす. 서류에 커피를 쏟아 버렸다 書類にコーヒーをこぼしてしまった. 눈물을 펑펑 쏟다 大粒の涙をこぼす. ❷ (血などを)流す. ∥코피를 쏟다 鼻血を流す. ❸ (心を)込める. ∥정성을 쏟다 心を込める. ❹ ぶちまける; (気持ちなどを)口に出す. ∥평소의 불만을 쏟아 놓다 日頃の憤懣(분)をぶちまける.

쏟아-지다 /sodadʑida/ 匣 ❶ こぼれる; (血などが)流れる. ∥잉크가 쏟아지다 インクがこぼれる. 슬픈 영화를 보자 눈물이 쏟아졌다 悲しい映画を観たら涙がこぼれた. ❷ (雨や雪などが)降りしきる; 降り注ぐ. ∥함박눈이 쏟아지다 牡丹雪が降りしきる. 갈채 あふれる [降り注ぐ]喝采.

쏠리다 匣 ❶ (ものが) 斜めになる; 傾く; かしぐ. ∥지진으로 낡은 집이 옆으로 쏠리다 地震で古い家が横に傾く. ❷ (考えや気持ちが)次第にその方へ偏る; 集まる; (視線などが)注がれる. ∥관심이 쏠리다 関心が集まる. 시선이 쏠리다 視線が注がれる.

쏠쏠-하다 圈 〔하変〕 ❶ (品質などが)かなりいい. ❷ (商売や取引で)利益がかなり上がる. ∥주식 투자로 쏠쏠한 재미를 보다 株の投資でかなりの利益を得る.

쐐 图 糸を装わす言う語.

쐐기 图 くさび. ▶쐐기를 박다 くさびを刺す; 念を押す.

쐐기-풀 图 〔植物〕 イラクサ(刺草).

쐬다 [/-/ㅚ-] 他 ❶ (風や日差しなどに)当てる; さらす. ∥바람을 쐬다 風に当たる. 햇볕을 쐬다 日に当たる.

쐬다² [-/ㅚ-] 他 〔쏘이다의 縮約形〕 刺される.

쑤군-거리다 匣 수군거리다を強めて言う語.

쑤군덕-거리다[-대다] [-꺼|때]-] 匣 수군덕거리다を強めて言う語.

쑤군덕-쑤군덕 〔하自他〕 수군덕수군덕を強めて言う語: ひそひそ(と); こそこそ(と).

쑤군-쑤군 〔하自他〕 수군수군を強めて言う語.

쑤다 (粥(죽))を炊く; 糊(풀)を作る.

쑤시다¹ 匣 (傷口·筋肉·頭などが)脈打つように痛む; ずきずき(と)痛む; うずく. ∥다리가 쑤시다 足がうずく.

쑤시다² /sus̕ida/ 他 ❶ 何度も軽く突く; こうして小刻みに突く; (歯を)ほじる. ∥손끝으로 쑤셔 보다 指先で突いてみる. 이를 쑤시다 歯をほじる. 회장이 벌집을 쑤셔 놓은 것처럼 어수선하다 会場が蜂の巣をつついたように大騒ぎになる. ❷ そそのかす; おだてる. ∥아무것도

모르는 사람을 쑤시지 마라 何も知らない人をそそのかすな。❸ 調べる。‖기자들은 특종을 얻기 위해 여기저기 쑤시고 다닌다 記者は特種をつかむためあちらこちらを聞いて回る。

쑥¹ 图《植物》ヨモギ。‖쑥을 캐다 ヨモギを摘む。

쑥² 圖 ❶ 突き出たりへこんだりしている様子: ぼっこり。❷ 突然現われる様子: ぬっと。❸ ものがたやすくはずれたり抜けたり、またはほきされたりする様子: すっぽり。❹ 人の話に唐突に入り込む様子。 쑥쑥 圖

쑥-갓 [-깟] 图《植物》シュンギク(春菊)。

쑥-대 [-때] 图 ヨモギの茎。

쑥대-머리 [-때-] 图 蓬頭(ヨモギのようにひどく乱れた頭髪)。

쑥대-밭 [-때-] 图 ヨモギの生い茂った荒れ地; 廃墟。

쑥덕-거리다 [-떡꺼-] 自他 숙덕거리다を強めていう語。‖그 일을 두고 사람들이 쑥덕거리고 있다 そのことについて人々はひそひそと話している。

쑥덕-공론 (-公論)【-떡꽁논】图 ひそひそ話。

쑥덕-쑥덕 [-떡-떡] 圖 숙덕숙덕を強めて言う語。

쑥덕-이다 [-떠기-] 自他 숙덕이다を強めて言う語。

쑥-떡 图 ヨモギ餅; 草餅。

쑥-부쟁이 [-뿌-] 图《植物》ヨメナ(嫁菜)。

쑥-색 (-色) [-쌕] 图 ヨモギ色。

쑥-스럽다 /ˈsukˈsɯrəpˈta/ [-쓰-따] 圈 [ㅂ変]〔쑥스러워, 쑥스러운〕照れくさい; 気恥ずかしい; 決まり悪い。‖칭찬을 들으니 쑥스럽다 ほめられると照れくさい。 쑥스러워서 고개를 들 수가 없다 照れくさくて顔が上げられない。 쑥스레 圖

쑥-쑥 圖 ❶ 勢いよく成長する様子。‖아이가 쑥쑥 자라다 子どもがすくすく育つ。❷ 樹木などがまっすぐにのびている様子。❸ 勢いよく突っ込んだり抜き出したりする様子。

쑤-개 图 かぶりもの。

쑤는 图 [으変] 쑤다(書く・使う・かぶる)の現在連体形。

쓰다¹ /suda/ 圈 [으変] 〔써, 쓴〕❶ (味が)苦い。‖약이 쓰다 薬が苦い。쓴맛이 쓴 입맛이 苦い味がする。❷ 食欲がない。‖입이 써서 아무것도 못 먹겠다 食欲がなくて何も食べられない。

쓰다² /suda/ 囮 [으変]〔써, 쓰는〕❶ 書く。❷ 創る。‖일기를 쓰다 日記を書く。소설을 쓰다 小説を書く。친구에게 편지를 썼다 友だちに手紙を書いた。 ⓟ쓰이다。 ⓟ씌다。

쓰다³ /suda/ 囮 [으変]〔써, 쓰는〕❶ 使う。‖도구를 쓰다 道具を使う。머리를 쓰는 일 頭を使う仕事。대인 관계에 신경을 쓰다 対人関係に気をつかう。종이를 쓰다 紙をむやみに使う。사람을 쓰다 人を使う。 ⓟ쓰이다。❷ おごる; ごちそうする。‖한턱 쓰다 一杯おごる。❸ (我を)張る; (だだを)こねる。‖생떼를 쓰다 我を張る。❹ (力を)入れる。‖힘을 쓰다 力を入れる。

쓰다⁴ /suda/ 囮 [으変]〔써, 쓰는〕❶ (帽子·仮面などを)かぶる。‖모자를 쓰다 帽子をかぶる。복면을 쓰다 覆面をかぶる。 ⓟ쓰이다。❷ (眼鏡を)かける。‖안경을 쓰다 眼鏡をかける。❸ (傘などを)差す。‖우산을 쓰다 傘を差す。❹ (ほこりなどを)浴びる。‖먼지를 쓰다 ほこりを浴びる。[かぶる]。❺ (濡れ衣を)着せられる。‖강도 누명을 쓰다 強盗の濡れ衣を着せられる。

쓰다⁵ /suda/ 囮 [으変]〔묘를 쓰다の形で〕埋葬する。

쓰다듬다 [-따-] 囮 ❶ なでる; さする。‖아이의 머리를 쓰다듬다 子どもの頭をなでる。❷ なだめる。

쓰디-쓰다 [쓰-] 圈 [으変] ❶ (味が)ひどく苦い。‖쓰디쓴 맛 ひどく苦い味。❷ 非常に苦しい; 辛い。‖쓰디쓴 경험 非常に辛い経験。

쓰라리다 圈 ❶ (傷口が)ひりひりする; 皮膚や粘膜に軽くしびれるような痛みを感じる。‖긁힌 상처가 쓰라리다 ひっかかれた傷がひりひりする。❷ 辛い; 苦しい; (心が)痛む。‖시험에 떨어진 쓰라린 경험 試験に落ちた辛い経験。

쓰러-뜨리다 囮 倒す; 覆す。‖나무를 베어 쓰러뜨리다 木を切って倒す。現体制를 쓰러뜨리다 現体制を覆す。

쓰러-지다 /ˈsurədʑida/ 自 ❶ 倒れる。‖폭풍으로 나무가 쓰러지다 暴風で木が倒れる。어지러워 쓰러지다 目眩いがして倒れる。과로로 쓰러지다 過労で倒れる。독재 정권이 쓰러지다 独裁政権が倒れる。흉탄에 쓰러지다 凶弾に倒れる。❷ 倒産する。‖회사가 부도나서 쓰러지다 会社が不渡りを出して倒産する。

쓰러-트리다 ⓟ =쓰러뜨리다。

쓰레기 /surəgi/ 图 ごみ; くず。‖아무데나 쓰레기를 버리다 所かまわずごみを捨てる。쓰레기 버리는 곳 ごみ捨て場; ごみ置き場。쓰레기투성이 ごみだらけ。쓰레기 봉투 ごみ袋。

쓰레기-차 (-車) 图 ごみ収集車。

쓰레기-통 (-桶) 图 ごみ箱; ちり箱; くずかご。

쓰레-받기 [-끼] 图 ちり取り; ちり取り。

쓰르라미 图《昆虫》ヒグラシ(蜩); カナカナ。

쓰리다 圉 ❶ (傷口が)ひりひりする。‖불에 덴 데가 쓰리다 やけどの痕がひ

쓰-이다 ❷ (心が) 痛む. ∥마음이 쓰리다 心が痛む. ❸ [속이 쓰리다の形で] 胃がちくちく痛む; 胸焼けする. ∥배가 고프다 못해 속이 쓰리다 空腹のあまり, 胃がちくちく痛む; お腹がちくちくする.

쓰-이다¹ 自 [쓰다³の受身動詞] 書かれる. ∥수첩에는 올해의 포부가 쓰여 있다 手帳には今年の抱負が書かれている.

쓰-이다² 自 [쓰다³の受身動詞] 使われる. ∥이 도구는 여러 방면에 유효하게 쓰이고 있다 この道具は色々な面で有効に使われている.

쓰-이다³ 他 [쓰다³の使役動詞] 書かせる.

쓱 副 ❶ なにげなく行動する様子: こっそり; そっと. ❷ 素早く動作を行なう様子; 瞬時に物事が起こる様子: さっと; ぱっと. ❸ 軽くこする様子. **쓱-쓱** 副

쓱싹 副 自他 鋸 ^{ノコ} ややすりなどのもの を強くこする音[様子]: ごしごし. **쓱싹-쓱싹** 副 自他

쓱싹-거리다 自他 〜거리- ごしごしする.

쓱싹-하다 〜싹카- 他 하여 悪いことを隠して素知らぬ顔をする; 拾得物などをこっそり自分のものにする; ねこばばする. ∥남의 것을 쓱싹하다 人のものをねこばばする.

쓱-쓱 副 軽く 2,3 回こする様子. ∥입가를 손등으로 쓱쓱 문지르다 口元を手の甲で軽くこする.

쓴¹ [으変] 쓰다 (苦い) の現在連体形.

쓴² [으変] 쓰다 (書く・使う・かぶる) の過去連体形.

쓴-맛 [-맏] 图 ❶ 苦み; 苦い味. ∥쓴맛이 나다 苦い味がする. ❷ 苦い経験. ∥인생의 쓴맛을 보다 人生の苦い経験をする. ▶ 쓴맛 단맛 다 보았다 [諺] 海千山千.

쓴-웃음 图 苦笑い; 苦笑. 卽 고소 (苦笑). ∥쓴웃음을 짓다 苦笑いする.

쓸 副 [으変] 쓰다 (書く・使う・かぶる) の未来連体形.

쓸개 图 [解剖] 胆嚢. 卽 담낭 (膽囊). ▶쓸개가 빠지다 主見がない.

쓸개-즙 〜汁 图 [生理] 胆汁; 胆液.

쓸다 /sulda/ 他 [으語幹] 쓸어, 쓰는, 쓴] ❶ (ほうきで) 掃く. ∥마당을 쓸다 庭を掃く. ❷ 〈手で軽く〉なでる. ∥아이의 아픈 배를 쓸어 주다 子どもの痛いお腹をなでてやる. ❸ 一定の範囲内のものに影響を及ぼす; 広がる; 覆いつくす; 吹き荒れる. ∥태풍이 마을을 쓸고 지나갔다 台風が町を吹き荒した. ❹ 〈金やものなどを〉独り占めする; 席巻する; 総なめにする. ∥모든 상을 혼자 쓸어 가다 すべての賞を 1 人で総なめにする.

쓸데-없다 /ˈsulteɔpˈta/ [-때업따] 形 ❶ 使い道がない; 無用だ; 無駄だ. ∥쓸데없는 짓을 하다 無駄なことをする. ❷ 役に立たない; たわいない; つまらない; くだらない. ∥쓸데없는 소리를 하다 くだらないことを言う; 無駄口をたたく. ∥쓸데없는 얘기로 시간을 때우다 たわいない話で時間をつぶす. **쓸데없-이** 副 쓸데없이 돈을 쓰다 むやみにお金を使う.

쓸리다¹ 自 すりむくようにこすって皮がむける. ∥넘어져서 무릎이 쓸렸다 倒れて膝をすりむいた.

쓸리다² 自 傾く; なびく. ∥벼가 바람에 쓸리다 稲が風になびく.

쓸-모 图 使い道; 用途; 使い所. ∥쓸모가 있을지 모르니까 버리지 마라 使い道があるかも知れないから捨てるな.

쓸모-없다 [-업따] 形 役に立たない; 無用だ; 無駄だ. ∥쓸모없는 노력 無駄な努力. **쓸모없-이** 副

쓸쓸-하다 形 하여 もの寂しい; わびしい. ∥쓸쓸한 노년을 보내다 寂しい晩年を過ごす.

쓸어-내리다 ❶ なで下ろす. ∥머리를 쓸어내리다 髪をなで下ろす. ❷ [가슴을 쓸어내리다の形で] 胸をなで下ろす; ほっとする. ∥무사한 모습을 보고 가슴을 쓸어내리다 無事な姿を見て胸をなで下ろす.

쓸어-버리다 ❶ 掃き捨てる. ❷ 席巻する; 独り占めする; 総なめにする.

씀씀-이 图 金遣い; 金銭の使い方.

씀쓰레-하다 形 하여 苦い; 悲しい.

씁쓸-하다 形 하여 ほろ苦い. ∥씁쓸한 맛 ほろ苦い味. **씁쓸-히** 副

씌다¹ [씨-] 自 (心霊や魔物が) 乗り移る; とりつかれる. ∥귀신에 씌다 心霊にとりつかれる.

씌다² [씨-] 쓰이다³の縮約形.

씌다³ [씨-] 쓰우다の縮約形. ∥모자를 씌다 帽子をかぶせる.

씌-개 [씨-] 图 覆い物; カバー.

씌우다 [씨-] [쓰다の使役動詞] ❶ かぶせる; かける. ∥모자를 씌우다 帽子をかぶせる. ❷〈人に罪や責任などを〉負わせる; 着せる. ∥그에게 누명을 씌우다 彼に濡れ衣を着せる.

씨¹ /ʃi/ 图 ❶ 種; 種子. 卽 종자 (種子). ∥씨를 뿌리다 種を蒔く. ❷ 血統; 血筋. ∥씨가 다른 형제 種違いの兄弟. ∥씨가 좋은 말 血統のいい馬. ❸〈物事の起こる〉原因となるもの. ∥분쟁의 씨가 되다 紛争の原因となる. ▶씨가 마르다 1つも残らずなくなる. ▶씨를 말리다 1つも残さずなくす.

씨² (織物の) 緯糸. 卽 날.

씨³ (氏) 图 姓; 氏.
— 代 その方.
— 依名 …氏; …さん. ✤姓だけに씨をつけると相当失礼な言い方になる. フル

-씨⁴ 〖氏〗 接尾 〔姓の後に付いて〕氏族を表わす。∥이씨 가문 李家.

씨-닭 [-닥] 名 種付け用の雄鶏.

씨-돼지 名 種豚.

씨르래기 名 〔昆虫〕キリギリス(螽斯).

씨름 (하)(自他) ❶ シルム(韓国相撲). ❷ あることに真剣に取り込むこと; 努力すること. ∥책과 씨름하다 一生懸命勉強する.

씨름-꾼 씨름を取る人; 力士.

씨름-판 韓国式の相撲場.

씨명 〖氏名〗 名 氏名.

씨받-이 [-바지] 名 (하)(自他) ❶ 採種. ❷ 昔、子どもを産めない本妻の代わりに子どもを産んだ女性.

씨-방 〖-房〗 名 〔植物〕子房. 同 자방(子房).

씨-실 〖織物の〗緯糸. 反 날실.

씨-알 ❶ 種卵. ❷ 穀物の種としての粒. ∥씨알이 먹히다[의 형で] 言い合って通じ合う; 手を打った効き目がある. ∥씨알도 안 먹히는 소리 全く通じない話.

씨-암탉 [-탁] 名 種卵を産出するために飼う雌鶏.

씨앗 [-앋] 名 種. ∥씨앗을 뿌리다 種を蒔く.

씨족 〖氏族〗 名 氏族.

씨족-사회 〖氏族社会〗 [--싸/--쎄] 名 氏族社会.

씨-주머니 名 〔植物〕子嚢(のう). 同 자낭(子囊).

씨-줄 〖織物の〗横糸. 反 날줄.

씩¹ 副 にっこりと; にやりと. ∥그녀는 나를 보고 씩 웃었다 彼女は私を見てにこりと笑った.

-씩² /ʃik/ ❶ …ずつ. ∥이 약은 식후에 두 알씩 복용하세요 この薬は食後に 2錠ずつ服用してください. 봉지에 두 개씩 넣다 袋に 2個ずつ入れる. ❷ 〔…씩이나の形で〕数量が多いことを表わす. ∥이름을 몇 번씩이나 불렀다 名前を何度も呼んだ.

씩씩 副 (하)(自他) 息づかいが荒い様子: はあはあ; ふうふう.

씩씩-거리다 [-대다] [-꺼-] [-때-] 自他 はあはあ言う; 〔怒って〕息巻く. ∥화가 나서 씩씩거리다 怒って息巻く.

씩씩-하다 /ʃikʃikʰada/ [-씨 카-] 形 〔하変〕雄々しい; 男らしい; 勇ましいたくましい; りりしい. ∥씩씩한 모습 男らしい姿. 씩씩하게 돌진하다 勇ましく突進する.

씰룩 副 (하)(自他) 실룩を強めて言う語.

씰룩-거리다 [-꺼-] 自他 실룩거리다を強めて言う語. ∥입을 씰룩거리다 口をひくくさせる.

씹 ❶ 女性の陰部. ❷ 성교(性交)の俗語.

씹는 [씸-] 他 씹다(噛む)の現在連体形.

씹다 /ʃipʔta/ [-따] 他 ❶ 噛(か)む. ∥꼭꼭 씹어 먹다 よく噛んで食べる. 껌을 씹다 ガムを噛む. ❷ 陰口をきく; 悪口を言う. ∥친구를 씹다 友だちの悪口を言う. 同 씹히다.

씹어 씹다(噛む)の連用形.

씹은 씹다(噛む)の過去連体形.

씹을 씹다(噛む)の未来連体形.

씹-히다 [씨피-] 自 〔씹다の受身動詞〕❶ 噛まれる. ❷ 悪口を言われる.

씻-기다¹ [씯끼-] 他 〔씻다の受身動詞〕洗われる.

씻-기다² [씯끼-] 他 〔씻다の使役動詞〕아기の顔を씻기다 赤ちゃんの顔を洗う [洗ってあげる].

씻는 [씬-] 他 씻다(洗う)の現在連体形.

씻다 /ʃit ʔta/ [씯따] 他 ❶ 洗う;(米を)研ぐ. ∥손발을 씻다 手足を洗う. 비누로 씻다 石けんで洗う. 얼룩을 씻어 내다 よごれを洗い流す. ❷ (汗などを)拭う. ∥땀을 씻다 汗を拭く. ❸ (汚名や恥辱を)そそぐ; 晴らす. ∥누명을 씻다 濡れ衣を晴らす. 同 씻기다. 同 씻기다. ▶ 씻은 듯이 何事もなかったようにけろりと; きれいに: さっぱりと; すっかり. 병이 씻은 듯이 낫다 病気がすっかり治る.

씻어 씻다(洗う)의 連用形.

씻은 他 씻다(洗う)の過去連体形.

씻을 他 씻다(洗う)の未来連体形.

씽 (하)(自) ❶ 風が強く吹く音: ひゅう. ❷ ものが風を切る音[様子]: ひゅう. ∥차가 씽 하고 달려가다 車がひゅうと疾走する. 씽-씽 副

씽긋 [-귿] 副 (하)(自) 〔싱긋を強めて言う語〕にこっと; にっこりと. 씽긋-이 副

ㅇ

ㅇ [名] ハングル子音字母の第 8 番目. 名称は「이응」.

아[1] [名] ハングル母音字母「ㅏ」の名称.

아[2] /a/ [感] ❶ 驚いたり慌てたりした時に発する語: あ; あっ; そうか. ‖ 아, 어떡하지? 잊고 있었다 あ, どうしよう. 忘れていた. ❷ 感動や喜怒哀楽の感情を表わす時に発する語: あ; あっ; そうか. ‖ 아, 맛있다 あ, おいしい. 아, 짜증 나 あ, 腹立つ. ❸ 話の際に相手の注意を引くために軽く発する語: あ; ちょっと. ‖ 아, 여러분 あ, 皆さん. ❹ 知らなかったことに気付いた時に発する語: ああ; そうか. ‖ 아, 그래서 그때 그런 말을 했구나 そうか, だからあの時そんなことを言ったんだ.

아[3] [助] 〔子音で終わる名詞に付いて; 母音の場合は야〕 親しい人を呼ぶ時や動物・物を擬人化して呼ぶ時に用いる語: …や. ‖ 희영아! ヒヨン(熙瑛)!

-아[4] (兒) [接尾] …児. ‖ 문제아 問題児. 풍운아 風雲児.

-아[5] /a/ [語尾] 〔陽母音の語幹に付いて; 陰母音の場合は-어〕 ❶ 叙述の意を表わす: …て. ‖ 한 바퀴 돌아보다 一回りしてみる. 이번만은 눈감아 주다 今回だけは目をつぶってやる. 빨리 일어나 숙제를 하다 早く起きて宿題をやる. ❷ 理由・原因などの意を表わす: …て; …して; …くて; …ので. ‖ 입구에 사람이 많아 못 들어가다 入り口に人が多くて入れない. ❸ 疑問・命令・感嘆などの意を表わす. ‖ 빨리 받아 早く受け取って. 그 사람이 그렇게 좋아? 彼がそんなに好きなの.

아가 [名] ❶ 赤ちゃん. ❷ 舅や姑が嫁を呼ぶ語.

아가리 [名] 〔입の俗語〕 口. ▸아가리를 놀리다 口をはさむ; 無駄口をたたく. ▸아가리를 닥치다 黙る. ▸아가리를 벌리다 しゃべる; 泣く.

아가미 [名] 《魚介類》 えら.

아가씨 /agaˀsi/ [名] ❶ お嬢さん; 娘さん. ❷ (お店などでの)お姉さん. ❸ 夫の結婚していない妹を呼ぶ語.

아가페 (agape [ギ]) [名] アガペー.

아교 (阿膠) [名] 膠(にかわ).

아교-질 (阿膠質) [名] 膠質(こうしつ); コロイド.

아구-창 (鵝口瘡) [名] 《医学》 鵞口(がこう)瘡.

아군 (我軍) [名] 我が軍; 友軍; 味方.

아궁이 [名] 竈(かまど); 焚き口.

아귀[1] [名] ❶ ものの分かれ目. ❷ (話の)つじつま. ▸아귀가 맞다 つじつまが合う. ▸아귀를 맞추다 つじつまを合わせる.

아귀[2] [名] 《魚介類》 アンコウ(鮟鱇).

아귀-찜 [名] 《料理》 鮟鱇料理(アンコウをモヤシ・セリなどの野菜と一緒に調理したピリ辛のもの).

아귀[3] (餓鬼) [名] 餓鬼.

아귀-다툼 (餓鬼―) [名] [하自] 自分の利益のために激しく誹謗(ひぼう)したりけんかしたりすること; 口論すること.

아그레망 (agrément [フ]) [名] アグレマン.

아기 /agi/ [名] ❶ 赤ん坊; 赤ちゃん. ‖ 귀여운 아기 かわいい赤ちゃん. ❷ 嫁の愛称. ❸ (動物や植物の前に付けて)小さいことをかわいさを込めて言う語. ‖ 아기 곰 子熊.

아기자기-하다 [形] 『하変』 こまやかな愛情にあふれている; かわいらしい感じだ. ‖ 아기자기한 물건들 かわいらしい品々.

아기-집 [名] 《解剖》 子宮; 子袋; 子つぼ. [類]자궁(子宮).

아까 /aˀka/ [副] さっき; 先ほど; ちょっと前に. ‖ 아까 했던 얘기를 또 하다 さっき話したことをまた話す. 아까부터 기다리고 있습니다 先ほどから待っています.

아까워-하다 [他] 『하変』 惜しむ; 惜しがる; もったいぶる. ‖ 십 분도 아까워하며 공부하다 10 分[寸暇]も惜しんで勉強する.

아깝다

/aˀkapˀta/ 【-따】 [形] 『ㅂ変』 [아까워, 아까운] 惜しい; もったいない; 残念だ. ‖ 시간이 아깝다 時間が惜しい. 목숨이 아깝거든 命が惜しいなら. 아깝게도 져 버렸다 惜しくも敗れてしまった. 아직 쓸 만한데 버리는 건 아깝다 まだ使えそうなのに捨てるのはもったいない.

아끼다 /aˀkida/ [他] ❶ (もの・金・時間などを)むやみに使わない; 無駄にしない; 節約する. ‖ 시간을 아끼다 時間を無駄にしない. ❷ (人・ものを)大事にする; 大切にする. ‖ 가장 아끼는 물건 最も大切にしているもの.

아낌-없다 【-끼멉따】 [形] 惜しみない; 惜しまない. ‖ 아낌없는 사랑 惜しみない愛. 아낌없는 박수를 보내다 惜しみない拍手を送る. **아낌없-이** [副] 아낌없이 쓰다 惜しまずに使う.

아나운서 (announcer) [名] アナウンサー.

아낙-네 【-낭-】 [名] 他人の奥さん.

아날로그 (analogue) [名] アナログ. [対]디지털.

아내 /anɛ/ [名] 妻; 家内; 女房. [対]남편(男便). ‖ 제 아내가 私の妻が; 家内が.

아냐 [感] 아니야の縮約形.

아네모네 (anemone) [名] 《植物》 アネモネ.

아녀-자 (兒女子) [名] 〔여자(女子)を見くびる言い方で〕 女.

아노미 (anomie [フ]) [名] アノミー.

아뇨 /anjo/ [感] 〔아니요の縮約形〕 いいえ. ‖ 학생입니까? 아뇨, 학생이 아닙니다 学生ですか. いいえ, 学生ではありません.

아늑-하다 【-느카-】 [形] 『하変』 (空間

が)静かで居心地がいい; こぢんまりしている. **아늑-히** 副

아는 冠 [ㄹ語尾] 알다(知る)の現在連体形.

아니[1] /ani/ 副 ❶[動詞などの前に付いて]否定の意味を表わす; …ない. ⑳안. ∥선생님께서 말씀을 아니 하시나 나도 잘 모르겠다 先生がおっしゃらないから私もよく分からない. ❷[名詞と名詞の間に使われている文と文の間にも使われていてある事実をより強調する. ⑳백만 원, 아니 천만 원을 준다고 해도 하고 싶지 않습니다 百万ウォン, いや1千万ウォンをくれると言ってもやりたくありません. ▶아니 땐 굴뚝에 연기 날까 諺 火の無い所に煙は立たぬ.

아니[2] /ani/ 感 ❶目下の人や同僚に対しての否定の答え: いいえ; 違う; ううん. ∥이번 모임에 갈 거니? 아니, 안 갈 거야 今度の集まりに行くかい? いや, 行かないつもりなの. ❷驚いたり感嘆したり疑ったりする時に用いる語: ええ; そう. ∥아니, 왜 그랬어요? ええ, 何でそんなことをしたんですか.

아니꼽다 [-따] 形 [ㅂ変] 癪に障る; 気に食わない; 目障りだ; むかつく; 鼻につく. ∥잘난 척하는 꼴이 정말 아니꼽다 えらそうにふるまうのが本当にむかつく.

아니다 /anida/ 形 ❶[事実を否定して]…で(は)ない. ∥암은 불치의 병이 아니다 癌は不治の病ではない. 그 사람이 한 말은 사실이 아니다 彼が言ったことは事実ではない. ❷違う. ∥학생입니까? 아닙니다 学生ですか. 違います. ▶아니나 다를까 案の定. 아니나 다를까 그 녀석의 소행이었어 案の定あいつの仕業だった. 그 말에 그녀는 아니나 다를까 울기 시작했다 その言葉に彼女は案の定泣き出した. ▶아닌 밤중에 突然; 突拍子に. 아닌 밤중에 홍두깨 諺 寝耳に水; 藪(ヤブ)から棒.

아니-야 感 目下の人や同僚に対しての否定の答え: いや; 違う; そうではない. ⑳아니예. ∥아니야, 그런 뜻이 아니야 いや, そういう意味じゃない.

아니어 冠 아니다(ではない)の連用形.

아니-하다[1] 補助 [하変] [動詞の後で…지 아니하다の形で]…(し)ない. ⑳않다. ∥먹지 아니하다 食べない. 만나 아니하다 会ってくれない.

아니-하다[2] 補助 [하変] [形容詞の後で…지 아니하다の形で]…ではない; …でない. ⑳않다. ∥아름답지 아니하다 美しくない.

아닌 冠 아니다(ではない)の現在連体形.

아닐 冠 아니다(ではない)の未来連体形.

아다지오 (adagio イ) 名 《音楽》アダージョ.

아담-하다 (雅淡=雅澹=) /a:damhada/ 形 [하変] ❶아담하고 양옥집 こぢんまりとした洋風の家. ❷(女性の外見が)品があってバランスがとれている. ∥아담한 체구 品があってバランスのとれた体つき.

-아도 /ado/ 語尾 [陽母音の語幹に付いて; 陰母音の場合は -어도] 譲歩の意を表わす: …ても; …(だ)が. ∥택시를 타도 지각하겠다 タクシーに乗っても遅刻しそうだ. 몸집은 작아도 힘은 세다 体は小さくても力は強い. 머리는 좋아도 성실하지 못하다 頭はいいが, 不真面目だ.

아동 (兒童) /adoŋ/ 名 児童; 子ども. ∥아동 문학 児童文学. 취학 아동 就学児童.

아동-복 (兒童服) 名 子供服. ∥아동복 가게 子供服売り場.

아둔-하다 形 [하変] 愚鈍だ; 頭のはたらきが悪い.

아드-님 [아들의 尊敬語] ご子息; 息子さん.

아드레날린 (adrenaline) 名 《生物》アドレナリン.

아득-바득 [-빠-] 副 (하自) 執拗に我を張ったり必要以上に頑張ったりする様子. ∥아득바득 우기다 しつこく言い張る.

아득-하다 /adukhada/ [-드카-] 形 [하変] ❶遥か遠い. ∥대학생 시절이 아득하게 느껴진다 大学生だった頃が遥か遠いことのように感じられる. 정신이 아득해지다 気が遠くなる. ❷はるか昔. **아득-히** 아득히 먼 옛날 遥か昔.

아들 /adul/ 名 息子; せがれ. 反 딸. ∥외아들[외동아들] 1人息子. 아들이 둘 있다 息子が2人いる.

아들-딸 名 息子と娘.

-아라 /ara/ 語尾 ❶[陽母音で終わる動詞の語幹に付いて; 陰母音の場合は -어라] 命令の意を表わす: …して; …しろ; …しなさい. ∥문을 닫아라 ドアを閉めて. 빨리 가라 早く行きなさい. ❷[陽母音で終わる形容詞の語幹に付いて; 陰母音の場合は -어라] 感嘆の意を表わす. ∥좋아라 うれしい. 비좁아라 狭いな.

아라베스크 (arabesque フ) 名 アラベスク.

아라비아 (Arabia) 名 《地名》アラビア. **아라비아-숫자** (- 數字) [-짜/-쑨짜] 名 アラビア数字; 算用数字.

아랍 (Arab) 名 《地名》アラブ. **아랍-에미리트** (- United Arab Emirates) 名 《国名》アラブ首長国連邦.

아랑곳-없다 [-고덥따] 形 知ったことではない. **아랑곳없이-이** 副

아랑곳-하다 [-고타-] 自他 [하変] [主に아랑곳하지 않다の形で] 気にする. ∥주위 시선을 아랑곳하지 않는 태도 周りの視線を気にしない態度.

아래

아래 /arɛ/ ❶ ある基準より低い位置; 下. ‖산 아래 마을 山の下の村. 아래쪽 下の方. ❷ 身分·年齢·地位などが低い方; 年下; 以下; 下. ‖남동생은 나보다 세 살 아래인 弟は私より3歳下だ. ❸ 条件や影響が及ぶ範囲; 下. ‖아래와 같이 신입 사원을 모집합니다 下記のように新入社員を募集します. ❹ 後に続く内容のこと; 以下; 下; 次. ‖이 것에 대해서는 아래에서 다시 언급하 겠습니다 これについては以下で再び言及します. ⑪ 위.

아래-옷 [-옫] 图 ズボン·スカートなどの履くもの.
아래-위 图 ❶ 上と下; 上下. ‖아래위 모두 붉은 유니폼을 입은 선수 上下ともに赤いユニフォームを着た選手. ❷ 目上の人と目下の人.
아래-쪽 图 下の方; 下側. ⑪ 위쪽.
아래-채 图 棟が2つ以上ある場合, 下の方にある棟. ⑪ 위채.
아래-층 (-層) 图 下の階. ⑪ 밑층 (-層). ⑪ 위층 (-層).
아래-턱 (解) 图 下あご. ⑪ 위턱.
아랫-길 [-랟낄 /-랟낄] 图 下の方の道. ⑪ 윗길.
아랫-니 [-랜-] 图 下歯. ⑪ 윗니.
아랫-도리 [-래또-/-랟또-] 图 ❶ 下半身. ⑪ 윗도리. ❷ 아랫도리옷의 略語.
　아랫도리-옷 [-래또-옫 /-랟또-옫] 图 =아랫도리. ⑪아랫도리.
아랫-돌 [-래똘 /-랟똘] 图 下の方に積まれた石. ⑪ 윗돌.
아랫-면 (-面) [-랜-] 图 下の面. ⑪ 윗면 (-面).
아랫-목 [-랜-] 图 オンドル部屋の焚き口に近い一番暖かいところ; (オンドル部屋で) 上座. ⑪ 윗목.
아랫-물 [-랜-] 图 ❶ 川の下流の水. ❷ 〔比喩的に〕組織の中で下の方. ⑪ 윗물.
아랫-배 [-래빼/-랟빼] 图 下腹. ⑪ 윗배.
아랫-부분 (-部分) [-래뿌-/-랟뿌-] 图 下の部分. ⑪윗부분(-部分).
아랫-사람 [-래싸-/-랟싸-] 图 ❶ 目下. ❷ 部下. ‖아랫사람의 잘못은 윗사람의 책임이다 部下の過失は上司の責任だ. ⑪ 윗사람.
아랫-입술 [-랜닙쑬] 图 下唇. ⑪ 윗입술.
아랫-자리 [-래짜-/-랟짜-] 图 下座. ⑪ 윗자리.
아량 (雅量) 图 雅量; 度量が大きいこと. ‖아량을 베풀다 雅量を示す.
아련-하다 囮 (記憶などが) はっきりしない; かすかだ; おぼろげだ. ‖아련한 기억 かすかな記憶. 아련-히 副.
아령 (啞鈴) 图 亜鈴; ダンベル.
아로-새기다 囮 (心に) 刻む; 刻みつけ

る; (心に) 銘じる. ‖교훈을 마음에 아로 새기다 教訓を心に刻む.
아롱-거리다 囸 見え隠れする; 目に浮かぶ; ちらつく.
아롱-사태 图 牛のもも肉.
아롱-아롱 副 (하다) 見え隠れする様子; ちらちら.
아롱-지다 囸 まだら模様だ.
아뢰다 [/-꿰-] 囮 〔말하다の尊敬語〕申し上げる.
아류 (亜流) 图 亜流.
아르¹ (R·r) 图 〔アルファベットの〕アール.
아르² (are ⁷) 依名 面積の単位; …アール (a).
아르곤 (argon) 图 〔化学〕 アルゴン.
아르 누보 (art nouveau ⁷) 图 アールヌーボー.
아르메니아 (Armenia) 图 〔国名〕 アルメニア.

아르바이트 (Arbeit ⁰) /arɯbaitʰɯ/

图 (하다) アルバイト; バイト. ⑩알바. ‖빵집에서 아르바이트를 하고 있다 パン屋でアルバイトをしている. 아르바이트 (를) 가는 날 アルバイトに行く日. 아르바이트로 학비를 벌다 アルバイトで学費を稼ぐ. 아르바이트 하는 곳 バイト先.
아르오티시 (ROTC) 图 大学生に一定期間軍事教育や軍事訓練をさせ, 卒業と同時に少尉に任官する学生軍事教育団. ✛ Reserve Officer's Training Corps の略.
아르헨티나 (Argentina) 图 〔国名〕アルゼンチン.
아른-거리다 [-대다] 囸 ちらつく; (水面や鏡に映った影が) 揺れ動く; 目に浮かぶ. ‖애 얼굴이 눈앞에 아른거리다 子どもの顔が目に浮かぶ. ⑪어른거리다.
아른-아른 副 見え隠れする様子; ちらちら; ゆらゆら. ⑪어른어른.
아름 图 両腕で抱えるくらいの大きさや太さ; …抱え. ‖장작 한 아름 一抱えの薪.
아름다운 囮 아름답다(美しい)の現在連体形.
아름다워 囮ㅂ変 아름답다(美しい)の連用形.

아름-답다 /arumdapt'a/ [-따]

囮 ㅂ変 〔아름다워, 아름다운〕 美しい; きれいだ. ‖아름다운 여자 美しい女の人. 아름다운 이야기 美しい話. 경치の 아름답기로 有名な 곳 夜景がきれいなことで有名なところ.
아름-드리 图 一抱えに余るくらいの太さ; 両手で抱え切れないほどの太さ. ‖아름드리 나무 両手で抱え切れない木.
아리다 /arida/ 囮 ❶ ひりひりする. ‖눈이 아리다 目がひりひりする. ❷ (傷口などが) ちくちくと痛い. ‖넘어져서 긁힌 데가

자꾸 아린다 転んでけがしたところがしきりにちくちく(と)する。❸〈心が〉非常に痛い。∥그 일을 떠올릴 때마다 아직도 아리다 そのことを思い出すたびに心が痛む。
아리랑[名]〔民俗〕韓国の代表的な民謡。地方によってその地方色を表わすリズムや歌詞のものがいくつもある。
아리송-하다[形][ㅎ変]はっきりしない;曖昧だ;不明瞭だ。∥아리송한 대답 はっきりしない返事。
아리아(aria)[名]〔音楽〕アリア。
아리아리-하다[形][ㅎ変]すべてが混ざり合ってはっきりしない。
아리알알-하다[形][ㅎ変]ひりひりする。
아마[亞麻][名]亜麻。
아마[/a:ma/][副]多分;恐らく;きっと。∥아마 못 올 거야 恐らく来られないだろう。아마 갈 수 있을 거야 多分行けると思う。내일은 아마 개일 거야 明日はきっと晴れる。너라면 아마 합격할 거야 君ならきっと合格するよ。
아마-도[副]アマを強めて言う語。
아마[(+amateur)][名]〔アマチュアの略語〕アマ。프로。
아마겟돈(+Harmagedon)[名]《キリスト教》ハルマゲドン。
아마추어(amateur)[名]アマチュア。⇔아마。∥아마추어 프로페셔널。
아마포(亞麻布)[名]リネン;リンネル。
아말감(amalgam)[名]アマルガム。⇔물금(-金)。
아메리카합중국(America 合衆國)[-쭝-][国名]アメリカ合衆国;米国。
아메바(amoeba)[名]《動物》アメーバ。
아멘(amen^)[名]《キリスト教》アーメン。
아명(兒名)[名]幼名。
아몬드(almond)[名]《植物》アーモンド。
아무[/a:mu/][代]❶誰。∥아무라도 좋으니까 소개해 주세요 誰でもいいから紹介してください。❷〔아무도の形で下に打ち消しの表現を伴って〕誰も。∥아무도 기뻐하지 않다 誰も喜ばない。방안에 아무도 없다 部屋の中に誰もいない。아무도 모르는 일 誰も知らないこと。
아무[冠]❶どの…;何の…;何…;どんな…。∥아무 일이라도 주세요 どんな仕事でもください。❷〔아무 の形で下に打ち消しの表現を伴って〕何の;何も。∥아무 데라도 좋으니까 데려가 주세요 どこにでもいいから連れて行ってください。아무 데도 없다 どこにも(い)ない。❸〔下に打ち消しの表現を伴って〕何の;少しも。∥아무 문제도 없다 何の問題もない。아무 일도 아니다 何でもない。아무 말도 하지 않다 何も言わない。
아무-개[代]誰それ;なにがし;某(某)。∥김 아무개라는 사람 金なにがし。
아무-것[/a:muɡɔt/][-껃][名]〔아무것도 の形で下に打ち消しの表現を伴って〕何でも;何も。∥이 정도의 상처는 아무것도 아니다

この程度のけがは何でもない。아무것도 없다 何もない。그 사람은 아무것도 모르고 있다 彼は何も知らない。
아무래도[/a:murdo/][副]〔아무리 하여도 の縮約形〕❶どうも;どうやら。∥아무래도 그 사람이 의심스럽다 どうやら彼が怪しい。❷どうしても;どうやっても。∥아무래도 안 될 것 같다 どうしても駄目みたい。
아무런[/a:muɾɔn/]冠 何の…;何らの…。∥아무런 미련도 없다 何の未練もない。아무런 문제가 없다 何らの問題もない。
아무렇다[-러타][形][ㅎ変]〔主に아무렇지(도) 않다の形で〕どうともない;何でもない;平気だ。**아무렇-게**[副]どのように;適当に。∥아무렇게 놓아두다 適当に置いておく。
아무려면〔主に疑問文に使われて〕あり得ない状況や仮定の意を表わす語;いくら何でも;まさか。∥아무려면 이보다 더 심하겠어? まさかこれよりひどはないでしょう?
아무렴[副]相手の話に強い肯定の意を表わす語;もちろん;当然。∥아무렴 그렇고 말고 もちろんそうともさ。
아무리[/a:muri/][副]〔下に主に-는 데-어도 を伴って〕いくら;どんなに;どれほど。∥아무리 해봐도 이번 주 안으로 완성하는 것은 무리다 どんなに頑張っても今週中に仕上げるのは無理だ。아무리 먹어도 살이 안 찐다 いくら食べても太らない。▶아무리 바빠도 바늘허리 매어 쓰지는 못한다《諺》(「いくら忙しくても糸を針の腰に結んでは使えない」の意で)何事も定められた形式や順序を踏まなければならない。
아무-짝[名]〔아무짝에도 の形で下に打ち消しの表現を伴って〕何の役にも;どうにもこうにも。∥아무짝에도 쓸모없는 물건 何の役にも立たないもの。
아무-쪼록[副]何卒;ぜひとも;どうにか;くれぐれも。∥아무쪼록 잘 부탁 드립니다 くれぐれも宜しくお願い申し上げます。
아무-튼[副]とにかく;ともかく;いずれにせよ。∥아무튼 나는 안 간다 とにかく私は行かない。
아물다[/amulda/][自][ㄹ語幹]〔아무어, 아무니, 아문〕〈傷などが〉癒(い)える;治る;塞がる。∥상처가 아물다 傷が治る。수술한 자리가 아물다 手術の傷が塞がる。
아물-아물[副][하다]❶小さいものやはっきりしないものが見え隠れしながらしきりに動く様子。❷記憶などが遠くなっていく様子。∥기억이 아물아물하다 記憶がおぼろげだ。
아미노-산(amino 酸)[名]《化学》アミノ酸。
아미타(阿彌陀)[名]《仏教》阿弥陀。

아미타-경 (阿彌陀經) 图 《仏教》阿弥陀経.

아미타-불 (阿彌陀佛) 图 《仏教》阿弥陀仏.

아방가르드 (avant-garde 프) 图 アバンギャルド; 前衛.

아버님 图 ❶ [아버지의 존칭어] 父上; お父様. ❷ 嫁が舅を呼ぶ語.

아버지 /abʌdʑi/ 图 ❶ お父さん; 父; 父親. ‖친정 아버지 (結婚した女性の)実家の父. 친구 아버지 友だちのお父さん. ❷ [比喩的に] 草分けの存在. ‖자연 과학의 아버지 自然科学の父. ❸ 《キリスト教》神を親しく呼ぶ語. ‖하늘에 계시는 하느님 아버지 天に坐す我らの父.

아베^마리아 (Ave Maria 라) 图 《カトリック》 アベマリア.

아베크-족 (avec 族) 图 アベック.

아부 (阿附) 图하돈 媚(こ)びへつらうこと; ごますり; こまかす. ‖아부를 하다 おべっかを使う; ごまをする.

아비 图 아버지をさげすむ言い方.

아비-규환 (阿鼻叫喚) 图 阿鼻叫喚(ぁびきょうかん).

아빠 /a²pa/ 图 [아버지의 幼児語] パパ; お父さん; お父ちゃん.

아뿔싸 國 物事がうまくいかなかったり思い至らなかったことに気付いたりした時に発する語. しまった. ‖아뿔싸, 막차를 놓쳤다 しまった, 終電に乗りそこねた.

아사¹ (餓死) 图하돈 餓死.

아사-지경 (餓死之境) 图 餓死状態.

아삭-거리다 〔-끼어-〕 匤動 (野菜や果物を)さくさくする.

아삭-아삭 圖 하돈음 野菜や果物を噛んだ時の音; さくさくと. ‖오이를 아삭아삭 씹어 먹다 キュウリをさくさくとかじる.

-아서 /aso/ 屬尾 [陽母音の語幹に付いて; 陰母音の場合は-어서] ❶ 理由・原因の意を表わす; …て; …くて; …から; …ので. ‖값이 너무 비싸서 안 샀다 値段が高すぎて買わなかった. 너무 달아서 먹기 싫다 甘すぎて食べたくない. ❷ 時間の前後関係を表わす; …て. ‖직접 만나서 얘기를 하다 直接会って話をする.

아성¹ (牙城) 图 牙城. ‖적의 아성 敵の牙城.

아성² (亞聖) 图 亜聖.

아세톤 (acetone) 图《化学》アセトン.

아세틸렌 (acetylene) 图《化学》アセチレン.

아수라 (阿修羅←asura 범) 图 《仏教》阿修羅.

아수라-장 (阿修羅場) 图 修羅場.

아쉬운 圈 [ㅂ変] 아쉽다(欲しい)の現在連体形.

아쉬워 圈 [ㅂ変] 아쉽다(欲しい)の連用形.

아쉬워-하다 匠動 [하돈] 惜しむ.

아쉽다 /aswip²ta/ 〔-따〕 圈 [ㅂ変] [아쉬워, 아쉬운] ❶ [足りなくて] 欲しい; 足りない; 不便だ. ‖돈이 조금 아쉽다 お金が少し欲しい. ❷ 名残惜しい; 残念だ; 惜しい. ‖아쉽지만 여기서 헤어집시다 名残惜しいですが, ここでお別れしましょう. 아쉽게도 저 버렸다 惜しくも負けてしまった. ▶아쉬운 대로 足りないが; 十分ではないが. ▶아쉬운 소리 無心すること. 부모님께 아쉬운 소리를 하다 親に金を無心する.

아스라-하다 圈 [하돈] ❶ 非常に高い; 遥か遠い. ❷ (記憶などが)かすかだ. ‖아스라한 추억 かすかな思い出. **아스라-이** 아스라이 멀어지다 遥か遠くなる.

아스베스토스 (asbestos) 图 《鉱物》アスベスト.

아스파라거스 (asparagus) 图《植物》アスパラガス.

아스팔트 (asphalt) 图 アスファルト. ‖아스팔트 도로 アスファルトの道路.

아스피린 (aspirin) 图《薬》アスピリン.

아슬-아슬 圖 [하돈음] いかにも危なげな感じがする様子; はらはら; ひやひや; ぎりぎり; 辛うじて. ‖아슬아슬하게 합격하다 辛うじて合格する. 아슬아슬하게 막차를 탔다 ぎりぎりで最終電車に間に合った.

아시아 (Asia) /aʃia/ 图《地名》アジア. ‖동남 아시아 東南アジア.

아시아^경기 대회 (Asia 競技大会)〔-/-체〕図 アジア競技大会.

아시안^게임 (Asian game) 图 = 아시아 경기 대회(-競技大會).

아씨 图 昔, 召使いなどが上流階級の若奥さんを呼んだ語.

아아 國 感動したり驚いたりした時に発する語: おお; ああ. ‖아아, 가버렸다 ああ, 行ってしまった.

아악 (雅樂) 图《音楽》雅楽.

아야 國 痛い時に発する語: 痛っ; 痛い.

-아야² /aja/ 屬尾 [陽母音の語幹に付いて; 陰母音の場合は-어야] ❶ 後続する文の前提条件であることを表わす; …ければ; …と; …なければ. ‖품질이 좋아야 사지 品質がよくなければ買う. 알아야 대답하지 分からなければ答えられない. ❷ 文の内容が後続する文に影響を及ぼさないことを表わす; …ても; …でも. ‖비싸야 만 원 정도다 高くても1万ウォンくらい.

-아야만 屬尾 -아야²を強めて言う語. ‖가야만 받을 수 있다 行かなくてはもらえない; 行かなければもらえない.

-아야지 屬尾 〔-아야 하지의 縮約形〕 …し; なければならない; …し; ないと. ‖친구 결혼식인데 가야지 友だちの結婚式だから行かないと. 빌린 돈은 갚아

야양 (愛嬌) 图 愛嬌(きょう)び. ‖야양을 떨다 愛嬌をふりまく; 媚びる.

야역 (兒役) 图 子役. ‖야역 배우 子役俳優.

야연[1] (啞然) 图形 啞然(あぜん). ‖야연한 표정 啞然とした表情.

야연-실색 (啞然失色) [-쌕] 图한 とても驚いて顔色が変わること; 予期せぬことにあきれ返ること. ‖뜻밖의 사태에 야연실색하다 予期せぬ事態に非常に驚く.

야연[2] (冶鉛) 图鉱物 鉛鉱.

야-열대 (亞熱帶)【-때】图地 亜熱帯.

아예 /aje/ 剾 ❶ 初めから; 最初から; てんで. ‖아예 단념하다 最初から諦める. 아예 도움이 안 된다 てんで役に立たない. ❷ 絶対に(に); 決して. ‖아예 얼씬도 말아라 ここには絶対近づくな.

아옹-거리다 自 (ささいなことで)いがみ合う; 言い争う.

아옹-다옹 图한 いがみ合う様子.

-아요 /ajo/ 圍尾 [陽母音の語幹に付いて; 陰母音の場合は-어요] ❶ 叙述·勧誘·指示などの意を表わす: …です; …ましょう; …なさい; …てよ. ‖좋아요 いいですよ. 내일 만나요 明日, 会いましょう. ❷ 疑問の意を表わす: …ますか; …ですか. ‖뭐가 좋아요? 何がいいですか.

아우 图 弟; 妹.

아우르다 他[르変] 一つにまとめる; 一緒にする; 合わせる.

아우성 (一聲) 图 大勢のわめき.

아우성-치다 (一聲-) 自 (大勢が)わめき立てる.

아우트라인 (outline) 图 アウトライン.

아욱 图植物 フユアオイ(冬葵).

아울러 /aullə/ 剾 一緒に; 付け加えて; ともに; 合わせて. ‖아울러 당부하신 일까지 있어 付け加えてお願いする. 여러 가지 장점을 아울러 가지고 있다 色々な長所を持ち合わせている. 산책은 기분 전환에도 도움이 될 뿐만 아니라 아울러 건강에도 좋다 散歩は気分転換に役立つと同時に健康にも良い.

아웃 (out) 图 (スポーツで)アウト.

아웃렛 (outlet) 图 アウトレット.

아웃사이더 (outsider) 图 アウトサイダー.

아웃사이드 (outside) 图 アウトサイド. 反인사이드.

아웃소싱 (outsourcing) 图한 アウトソーシング.

아웃-코너 (out + corner 日) 图 (野球)アウトコーナー. 反인코너.

아웃-코스 (out + course 日) 图 アウトコース. 反인코스.

아웃풋 (output) 图한 アウトプット. 反인풋.

아워 (hour) 图 アワー. ‖러시아워 ラッシュアワー. 골든아워 ゴールデンアワー.

아유 國 ❶ 意外なことへの驚きを表わす語: ああ; まあ. ‖아유, 웬 이런 걸 다 주세요 まあ, こんなものまでくださって. ❷ 疲れたのあきれたりする時に発する語: やれやれ; ふう; もう. ‖아유, 힘들어 ああ, 疲れた.

아이[1] /ai/ 图 子ども; 子. 敬애. ‖아이를 낳다 子供を産む. 아이를 가지다 妊娠する. 아이가 둘 있어요 우리 집 아이 うちの子. ▶아이가 서다 妊娠する. ▶아이를 배다 妊娠する.

아이[2] (I·i) 图 (アルファベットの)アイ.

아이[3] 國 ❶ 何かが不満な時やはっきり答えたくない時に発する語: えい; やい; よう. ‖아이, 또 왜 그러세요? えい, また何うしたんですか. ❷ 女性が恥ずかしい時に発する語: あら; いやだ. ‖아이, 부끄러워 いやだ, 恥ずかしい. ❸ 相手にせがむ時に発する語: ねえ. ❹ 아이그の略語.

아이고 /aigo/ 國 ❶ 驚いたやうれしい時に発する語: ああ; あら; まあ; ひゃあ. 敬아이고. ‖아이고 이럴 어째, どうしよう! ❷ 非常に苦しかったり疲れたり痛かったりする時に発する語: ああ; あれ; はあ. ‖아이고 나 죽는다 ああ, 死にそうだよ. ❸ あきれた時や不憫に思った時に発する語: やれやれ; まあ. ‖아이고 이 녀석아 やれやれ, こいつらは. ❹ 喪主に哭する声.

아이디 (ID) 图 アイディー; ID.

아이디-카드 (ID card) 图 ID カード.

아이디어 (idea) 图 アイディア. ‖기발한 아이디어 奇抜なアイディア.

아이-라인 (eye line) 图 アイライン.

아이러니 (irony) 图 アイロニー.

아이로니컬-하다 (ironical-) 形 한変 アイロニカルだ; 皮肉だ; 反語的だ.

아이보리 (ivory) 图 アイボリー.

아이섀도 (eye shadow) 图 アイシャドー.

아이-쇼핑 (eye + shopping) 图 ウインドーショッピング.

아이스댄싱 (ice dancing) 图 アイスダンス.

아이스박스 (icebox) 图 アイスボックス.

아이스-커피 (←iced coffee) 图 アイスコーヒー.

아이스-크림 (ice-cream) 图 アイスクリーム.

아이스-하키 (ice hockey) 图 《スポーツ》アイスホッケー.

아이슬란드 (Iceland) 图国名 アイスランド.

아이오시 (IOC) 图 国際オリンピッ

아이-참 〖感〗 がっかりした時や期待に反した反応に対して発する語: ええっ; 本当に; まあ. ‖아이참, 또 왜 그러세요? ええっ, またどうしたんですか.

아이콘 (icon) 〖IT〗 アイコン.

아이큐 (IQ) 〖IT〗 アイキュー; 知能指数. ✤ intelligence quotient の略語.

아이템 (item) 〖IT〗 アイテム.

아이피 (IP) 〖IT〗 IP. ✤ information provider の略語.

아일랜드 (Ireland) 〖国名〗 アイルランド.

아작-아작 〖副〗〖하自動〗 固いものを嚙むだく時の音: ぱりぱり. ‖아작아작 씹어 먹다 ぱりぱりと嚙んで食べる.

아장-아장 〖副〗〖하自動〗 よちよち. ‖한 살짜리 아기가 아장아장 걷다 1才の子どもがよちよち(と)歩く.

아쟁 (牙箏) 〖音樂〗 韓国の伝統楽器で,7本の弦を弓で弾く琴に似た弦楽器.

아저씨 /adʒʌtʃi/ 〖名〗 ❶ おじさん. ‖친척 아저씨 親戚のおじさん. ❷ 血縁関係のない年上の男性. ‖옆집 아저씨 隣のおじさん.

아전인수 (我田引水) 〖名〗 我田引水.

아제르바이잔 (Azerbaidzhan) 〖国名〗 アゼルバイジャン.

아주[1] /adʒu/ 〖副〗 ❶ とても; 非常に; 大変. ‖아주 슬픈 영화 とても悲しい映画. 아주 심각한 상황 非常に深刻な状況. ❷ 全く; 全然. ‖아주 안 돌아올 모양이다 全く帰ってこないつもりのようだ. ❸ 永遠に; 完全に. ‖아주 가버렸다 完全に行ってしまった.

아주[2] 〖感〗 驚いたり感嘆したりした時に発する語: これはこれは; おやおや; ふん; 大したもんだ. ‖아주, 제법인데 ふん, なかなかだね.

아주까리 〖名〗 〖植物〗 ヒマ(蓖麻).

아주머니 /adʒumɔni/ 〖名〗 おばさん.

아주버님 〖名〗 夫の兄.

아주버니 〖名〗 아주버니의 尊敬語.

아줌마 /adʒumma/ 〖名〗 〖아주머니を親しく言う語〗 おばさん.

아지랑이 〖名〗 かげろう. ‖아지랑이가 피어오르다 かげろうが立ち上る.

아지트 (agitpunktʳ) 〖名〗 アジト.

아직 /adʒik/ 〖副〗 まだ; いまだ. ‖아직 일이 끝나지 않았다 まだ仕事が終わっていない. 아직 시간이 조금 있으니까 천천히 드세요 まだ時間が少しあるからゆっくり召し上がってください. 원인은 아직 밝혀지지 않고 있다 原因はいまだ明らかになっていない.

아직-까지 〖副〗 いまだに; 今になっても. ‖아직까지 답이 없다 いまだに返事がない.

아직-도 〖-또〗 いまだに; まだ; まだまだ. ‖아직도 잊을 수가 없다 いまだに忘れられない.

아집 (我執) 〖名〗 我執; 我. ‖아집이 강하다 我が強い.

아찔-아찔 〖副〗〖하自動〗 くらくら; ふらふら.

아찔-하다 〖形〗〖하変〗 くらくらする; くらっとする; ふらふらする. ‖아찔한 순간 くらっとする瞬間.

아차 /atʃʰa/ 〖感〗 ふと失敗などに気づいて発する語: あっ; しまった. ‖아차 우산을 두고 왔다 しまった, 傘を置いてきた.

아첨 (阿諂) 〖名〗〖하自動〗 お世辞; 媚(こ)びること; ごますること.

아첨-꾼 (阿諂-) 〖名〗 媚びる人; ごますり.

아치 (arch) 〖名〗 アーチ.

아침 /atʃʰim/ 〖名〗 ❶ 朝. ‖아침 일찍부터 朝早くから. 아침부터 밤까지 朝から晩まで. 아침에 아무것도 안 먹었다 朝, 何も食べていない. ❷ 朝ご飯; 朝食. ‖아침을 먹다 朝食を取る; 朝ご飯を食べる.

아침-나절 〖名〗 午前中.

아침-밥 〖-빱〗 〖名〗 朝ご飯; 朝食.

아침-잠 〖-짬〗 〖名〗 朝寝.

아침-저녁 〖名〗 〖아침저녁으로の形で〗 朝夕; 朝に夕に. ‖아침저녁으로 많이 선선해졌다 朝晩にだいぶ涼しくなった.

아카데미 (academy) 〖名〗 アカデミー.

아카데미-상 (academy 賞) 〖名〗 アカデミー賞.

아카데미즘 (academism) 〖名〗 アカデミズム.

아카데믹-하다 (academic-) 〖形〗 〖하変〗 アカデミックだ. ‖아카데믹한 분위기 アカデミックな雰囲気.

아카시아 (acacia) 〖植物〗 アカシア.

아카펠라 (a cappellaᵢ) 〖名〗 〖音樂〗 アカペラ.

아케이드 (arcade) 〖名〗 アーケード.

아코디언 (accordion) 〖名〗 〖音樂〗 アコーディオン.

아크릴 (acrylic) 〖名〗 アクリル.

아킬레스-건 (Achilles 腱) 〖名〗 ❶ アキレス腱. ❷ 一番の弱点; 一番弱いところ. ‖아킬레스건을 건드리다 一番弱いところを つく.

아킬레스~힘줄 (Achilles-) 〖-쭐〗 〖解剖〗 アキレス腱.

아토피성-피부염 (atopy 性皮膚炎) 〖名〗 アトピー性皮膚炎.

아톰 (atom) 〖名〗 アトム.

아틀리에 (atelierᵢ) 〖名〗 アトリエ.

아티스트 (artist) 〖名〗 アーティスト.

아파 〖形〗 〖으変〗 아프다(痛い)の連用形. ‖머리가 아파서 못 갈 것 같다 頭が痛いから行けなさそうだ.

아파트 (←apartment) /apʰatʰɯ/ 〖名〗 マンション.

아편(阿片·鴉片)【名】アヘン.‖아편 중독 阿片中毒.

아포스트로피(apostrophe)【名】アポストロフィ(').

아프가니스탄(Afghanistan)【名】(国名)アフガニスタン.

아프다 /apʰuda/【으変】[아파, 아픈]❶痛い.‖목이 아프다 のどが痛い. 아픈 데를 건드리다 痛いところをつく. ❷(心が)痛む.‖마음이 아프다 心が痛む. 당신의 일을 생각하면 지금도 가슴이 아프다 当時のことを思い出すと, 今でも胸が痛む.

아프리카(Africa)【地名】アフリカ.

아픈【形】[으変] 아프다(痛い)の現在連体形.

아플리케(appliqué⁷)【名】アプリケ. アップリケ.

아픔【名】痛み;悲しみ;辛さ.‖아픔이 가시지 않다 痛みが引かない.

아하【感】やっと気づいた時に発する語:あぁ;そうか.

아하하【感】大きい声で愉快に笑う声:あははは.

아-한대(亞寒帯)【地】亜寒帯;冷帯.

아호(雅號)【名】雅号.

아홉 /ahop/【数】9人;9つ;9.‖손자가 아홉이나 된다 孫が9人もいる.
— 【冠】9….‖아홉 명 9名. 아홉 가지 9種.

아홉-째【冠】【数】9つ目;9番目;9番目の.

아-황산(亞黃酸)【名】(化学)亜硫酸.

아흐레【名】9日間.
아흐렛-날【名】9日目の日.

아흔 /ahun/【数】90歳;90.【冠】구십(九十).‖아흔 살 90歳.

악¹【名】ありったけの力;必死のあがき.‖악을 쓰다 ありったけの力で怒鳴り散らす; 必死にあがく. ▶악써 쓰다 ヤケとなる.

악²(惡) /ak/【名】悪.【形】(善). ‖악에 물들다 悪に染まる. 사회악 社会悪. 필요악 必要悪.

악³【感】❶人を驚かせようと思っていきなり出す大きい声.❷無意識的にいきなり出す声:あっ;ぎゃっ.

악감(惡感)【名】 악감정(惡感情)の略語. 【反】호감(好感).

악-감정(惡感情)【名】悪感情. ▶악감(惡感).

악곡(樂曲)【名】【音楽】楽曲.

악귀(惡鬼)【名】悪鬼.

악극(樂劇)【名】【音楽】楽劇.

악기¹(惡氣)【ㄲ기】【名】人に害悪を与える毒気.

악기²(樂器) /aʰki/【ㄲ기】【名】楽器.‖악기를 연주하다 楽器を奏でる. 타악기 打楽器.

악녀(惡女)【양-】【名】悪女.

악다구니【-따-】【名】激しく大声でのののしること.‖악다구니를 쓰다 悪口をつく. 悪口の限りを尽くす.

악단(樂團)【-딴】【名】【音楽】楽団. ‖교향악단 交響楽団.

악담(惡談)【-땀】【名】悪口;悪たれ. 悪口を浴びせる.

악당(惡黨)【-땅】【名】悪党.

악대(樂隊)【-때】【名】【音楽】楽隊.

악덕(惡德)【-떡】【名】【形】悪徳.‖악상업적 悪徳商業的.

악독-하다(惡毒—)【-또카-】【하変】あくどい.

악동(惡童)【-똥】【名】悪童;悪餓鬼.

악랄-하다(惡辣—)【앙날-】【하変】悪辣だ;あくどい.‖악랄한 수법 悪辣な手口.

악력(握力)【앙녁】【名】握力.

악마(惡魔) /aŋma/【名】悪魔.

악명(惡名)【앙-】【名】悪名.‖악명을 떨치다 悪名をはせる. 악명이 높다 悪名が高い.

악몽(惡夢)【앙-】【名】悪夢.‖악몽을 꾸다 悪夢を見る. 악몽に시달리다 悪夢にうなされる.

악-물다【앙-】【ㄹ語幹】(歯を)食いしばる.‖이를 악물고 참다 歯を食いしばって我慢する.

악-바리【-빠-】【名】我が強くて負けず嫌いで粘り強い人.

악법(惡法)【-뻡】【名】悪法.

악보(樂譜)【-뽀】【名】【音楽】楽譜.

악사(樂士)【-싸】【名】楽士.

악사-천리(惡事千里)【-싸철-】【名】悪事千里(悪事はたちまち知れ渡るということ).

악상(樂想)【-쌍】【名】楽想.

악-선전(惡宣傳)【-썬-】【名】【他】悪宣伝.

악성¹(惡性)【-썽】【名】悪性.【反】양성(良性).‖악성 종양 悪性腫瘍.

악성²(樂聖)【-썽】【名】楽聖.‖악성 베토벤 楽聖ベートベン.

악센트(accent)【名】❶【言語】アクセント.‖고저 악센트 高低アクセント.❷強調する点;重点.‖빨간색으로 악센트를 주다 赤でアクセントをつける.

악수¹(握手) /akʰsu/【-쑤】【自他】握手.‖악수를 주고받다 握手を交わす.

악수²(惡手)【-쑤】【名】(囲碁や将棋で)悪手.‖악수를 두다 悪手を指す.

악-순환(惡循環)【-쑨-】【名】悪循環.‖악순환을 거듭하다 悪循環を繰り返す.

악습(惡習)【-씁】【名】悪習.

악어(鰐魚) /agʌ/【名】【動物】ワニ(鰐).‖악어 가죽 鰐皮.

악역(惡役)【아격】【名】悪役.

악역-무도(惡逆無道)【아경-】【名】【形】 悪逆無道.

악연(惡緣) 悪縁; 腐れ縁.

악영향(惡影響) 悪影響. ‖악영향을 미치다 悪影響を及ぼす.

악용(惡用) 〖하어〗 悪用. ‖지위를 악용하다 地位を悪用する. **악용-되다** 〖수동〗

악운(惡運) 悪運.

악의(惡意)/-ɯ/i/ 悪意. ↔선의(善意). ‖악의를 품다 悪意をいだく.

악인(惡人) 悪人. ↔선인(善人).

악장(樂章) 〖音〗〖音樂〗 楽章.

악재(惡材) 悪材料. ↔호재(好材).

악전-고투(惡戰苦鬪) 【-쩐-】 〖하어〗 悪戦苦闘.

악정(惡政) 【-쩡】 悪政. ↔선정(善政).

악-조건(惡條件) 【-쪼껀】 悪条件. ↔호조건(好條件).

악질(惡質) 悪質. **악질-적**(惡質的) 【-쩔쩍】 悪質. ‖악질적인 범죄 悪質な犯罪. 악질적인 상법 悪質な商法.

악착-같다(齷齪-) 【-깓따】 しつこい; 粘り強い; がむしゃらだ. ‖악착같은 데가 있다 粘り強いところがある. **악착-같이** 〖부〗 악착같이 돈을 벌다 がむしゃらに稼ぐ.

악착-스럽다(齷齪-) 【-쓰-】 〖ㅂ변〗 しつこい; 粘り強い; がむしゃらだ. **악착 스레** 〖부〗

악처(惡妻) 悪妻. ↔양처(良妻).

악천후(惡天候) 悪天候.

악취(惡臭) 悪臭. ‖악취를 풍기다 悪臭を放つ.

악취미(惡趣味) 悪趣味.

악평(惡評) 〖하어〗 悪評. ↔호평(好評). ‖악평을 듣다 悪評を買う.

악플(惡-) 〖名〗 (インターネット上の書き込みに対して)誹謗·中傷など悪意のある書き込み. ‖악플을 달다 悪意のあるレスをつける.

악플-러(惡-) 〖名〗 (インターネット上の書き込みに対して)誹謗·中傷など悪意のある書き込みをする人.

악필(惡筆) 悪筆. ↔능필(能筆)·달필(達筆).

악-하다(惡-) /ak^hada/ 【아카-】 〖하〗 悪い; 邪悪だ. ↔선하다(善-). ‖악한 짓을 하다 悪いことをする. 악한 생각 邪悪な考え.

악한(惡漢) 【아칸】 悪漢; 悪者.

악행(惡行) 【아캥】 悪行. ↔선행(善行).

악화(惡化) /ak^hwa/ 【아콰】 〖名〗〖되自〗 悪化. ‖병세가 악화되다 病状が悪化する. 환경의 악화 環境の悪化.

악화(惡貨) 【아콰】 悪貨. ‖악화가 양화를 구축하다 悪貨は良貨を駆逐する(グレシャムの法則).

안[1] /an/ 〖名〗 ❶ (空間の)中; 奥. ↔밖. ‖집안이 덥다 家の中が暑い. ❷ (時間の)内; 内部; 以内. 1時間 안에 도착합니다 1時間以内に到着します. ❸ (服などの生地の)裏; 裏地.

안[2] (安) 〖名〗(姓) 安(アン).

안[3] (案) 〖名〗 案. ‖좋은 안이 있다 いい考えがある.

안[4] /an/ 〖부〗 〔아니[1]の縮約形〕用言の前に来る否定形; …しない; …くない. ‖아르바이트를 안 가는 날 アルバイトに行かない日. 안 먹고 싶다 食べたくない. 안 맵다 辛くない. 오늘은 연습을 안 한다 今日は練習をしない.

안[5] 〖語尾〗 알다(知る)の過去連体形.

안-간힘 〖-깐-〗 〖名〗 必死のもがき. ‖안간힘을 쓰다 必死でもがく.

안-감(-) (衣服の) 裏地. ↔겉감.

안개 /a:nge/ 〖名〗 霧; 靄. ‖안개가 끼어 있다 霧がかかっている.

안개-꽃 〖-꼳〗 〖名〗〖植物〗 カスミソウ(霞草).

안개-비 〖名〗 霧雨.

안건(案件) 【-껀】 〖名〗 案件. ‖중요 안건 重要案件.

안경(眼鏡) /a:ngjʌŋ/ 〖名〗 眼鏡. ‖안경을 끼다 眼鏡をかける. 도수가 낮은 안경 度の弱い眼鏡.

안경-다리(眼鏡-) 【-따-】 〖名〗 眼鏡のつる.

안경-알(眼鏡-) 〖名〗 眼鏡のレンズ.

안경-집(眼鏡-) 【-찝】 〖名〗 眼鏡ケース.

안경-테(眼鏡-) 〖名〗 眼鏡の縁; フレーム.

안과(眼科) /a:n^kwa/ 【-꽈】 〖名〗 眼科.

안광(眼光) 〖名〗 眼光.

안구(眼球) 〖名〗 眼球.

안-기다[1] 〖自〗 〔안다の受身動詞〕抱かれる. ‖아기가 엄마 품에 안겨 있다 赤ちゃんがお母さんに抱かれている.

안-기다[2] /angida/ 〖他〗 〔안다の使役動詞〕❶ 抱かせる. ‖아이를 할머니 품에 안기다 子どもをおばあさんに抱かせる. ❷ いだかせる. ‖상대방에게 불신감을 안겨 주다 相手に不信感をいだかせる. ❸ 負わせる. ‖담당자에게 책임을 안기다 担当者に責任を負わせる.

안내(案內) /a:nne/ 〖名〗〖하어〗 案內. ‖학교 안을 안내하다 校内を案内する. 길 안내를 부탁하다 道案内を頼む. 관광 안내 観光案内. 안내 방송 案内放送. **안내-되다** 〖수동〗

안내-서(案內書) 〖名〗 案内書.

안내-소(案內所) 〖名〗 案内所.

안내-원(案內員) 〖名〗 案内員.

안내-인(案內人) 〖名〗 案内人.

안내-장(案內狀) 【-짱】 〖名〗 案内状.

안녕(安寧) /annjʌŋ/ 〖名〗 安寧; 安泰.

‖국가의 안녕과 질서 国家の安寧と秩序.

— 國 主に子ども同士または子どもと親しい大人との間の挨拶: こんにちは; さようなら.

안녕-하다 (安寧—) /annjʌŋhada/ 匭 [하矣] 元気だ. ‖부모님께서는 안녕하세요? ご両親はお元気ですか. **안녕-히** 副 안녕히 가세요 さようなら. 안녕히 주무세요 お休みなさい.

안다 /a:nⁿta/ 【-따】 ⑩ ❶ 抱く. ‖아이를 안다 子どもを抱く. ❷いだく. ‖희망을 안고 살아가다 希望をいだいて生きていく. ❸ 抱える. ‖어려운 문제를 안고 있다 難問を抱えている. ❹ (責任などを)受け持つ; 負う. ‖그 사람의 문제까지 안을 필요는 없다 彼の問題まで責任を負う必要はない. 마음에 상처를 안다 心に痛手を負う. 砂안기다. 砂안기다.

안단테 (andante⁴) 图《音楽》アンダンテ.

안달 图 [하矣] いらいらすること; やきもきすること. ‖갑자기 안달하다 だしぬけにやきもきする. 答을 몰라 안달하다 結果が分からなくてやきもきする.

안달-복달 【-딸】 图 [하矣] ひどくいらいらすること; ひどくやきもきすること.

안대 (眼帯) 图 眼帯.

안도 (安堵) 【돌】 图 安堵(ᆦ). ‖안도의 한숨을 쉬다 安堵の胸をなでおろす.

안도-감 (安堵感) 图 安堵感; 安心感.

안-되다 /andøda/ 【-/-뒈-】 ⑩ ❶ 気の毒だ; 残念だ; 哀れだ;かわいそうだ. ‖시험에 떨어지다니 안됐다 試験に落ちるとは、気の毒だ. ❷うまくいかない. ‖장사가 잘 안된다 商売がうまくいかない. ❸【안되어도의 形で】少なくとも. ‖비용은 안되어도 일억 원은 든다 費用は少なくとも1億ウォンかかる. ▶안되는 사람은 자빠져도[뒤로 넘어져도] 코가 깨진다 《諺》運の悪い人は何をやってもうまくいかない. ▶안되면 조상 탓 《諺》「うまくいかなかったら祖先のせいの意で」自分の失敗を人のせいにすることのたとえ.

안-뜨기 图 [하矣] 裏編み.

안-뜰 图 中庭.

안락 (安樂) 【-낙】 图 [하形] 安楽. ‖안락한 생활 安楽な暮らし. 안락하게 지내다 安楽に過ごす.

안락-사 (安樂死) 【-낙싸】 图 安楽死.

안락-의자 (安樂椅子) 【-낙-/-알라기-】 图 安楽椅子.

안료 (顔料) 【알-】 图 顔料.

안마 ¹ (鞍馬) 图 鞍馬.

안마 ² (按摩) 图 按摩; マッサージ.

안마-사 (按摩師) 图 按摩する人; マッサージ師.

안마-술 (按摩術) 图 按摩術.

안면 ¹ (安眠) 图 [하矣] 安眠. ‖안면방

해 安眠妨害.

안면 ² (顔面) 图 ❶ 顔面; 顔. ❷ 顔見知り. ‖안면이 있다 顔見知りだ.

안면-부지 (顔面不知) 图 見知らぬこと, またその人. ‖안면부지의 사람 見知らぬ人.

안면-신경 (顔面神經) 图《解剖》顔面神経.

안면-치레 (顔面-) 图 顔見知りの人に対する形式上の世間体.

안목 (眼目) 图 眼識; 目利き. ‖안목이 있다 見る目がある.

안무 (按舞) 图 振り付け.

안무-가 (按舞家) 图 振付師.

안-방 (-房) /anⁿpaŋ/ 【-빵】 图 奥の間(主に主婦の部屋).

안방-극장 (-房劇場) 【-빵-짱】 图 主婦向けのテレビドラマ.

안배 (按排) 图 [하矣] 案配.

안보 (安保) 图 「안전 보장(安全保障)」の略語. ‖국가 안보 国家安保.

안보-리 (安保理) 图 「국제 연합 안전 보장 이사회(國際聯合安全保障理事會)」の略語 安保理.

안부 (安否) /anbu/ 图 [하矣] 安否. ‖안부를 묻다 安否を尋ねる. 안부 전해 주세요 よろしくお伝えください.

안-사돈 (-査頓) 【-싸-】 图 結婚した男女の互いの親族が各々の母親を呼ぶ語. ⇔바깥사돈(-査頓).

안-사람 【-싸-】 图 女房; 家内; 妻.

안색 (顔色) 图 顔色. ‖안색을 살피다 顔色を伺う. 안색이 안 좋다 顔色が悪い.

안성-맞춤 (安城-) 【-맏-】 图 あつらえ物のようにぴったり合うこと: あつらえ向き; 打ってつけ; ぴったり. ‖수익성을 원하는 사람에게 안성맞춤인 상품 収益性を求める人にぴったりの商品.

안수 (按手) 图 [하矣]《キリスト教》按手.

안습 (眼濕) 图 《俗にいう言い方で》涙が出ること; 涙くなこと.

안식 (安息) 图 安息.

안식-년 (安息年) 【-녕】 图 サバティカルイヤー; サバティカル.

안식-일 (安息日) 【-싱닐】 图《宗教》安息日.

안식-처 (安息處) 图 安息の場; 安らぎの場. 마음의 안식처 心が安らぐところ.

안심 ¹ 图 牛のばら肉; ロース肉. ‖안심구이 ロース焼き肉.

안심-살 图 = 안심¹.

안심 ² (安心) /anʃim/ 图 [하矣] 安心. ‖어린이가 안심하고 놀 수 있는 환경 子どもが安心して遊べる環境. 어머니를 안심시키다 母を安心させる. 안심하고 잠들다 安心して眠る.

안쓰럽다 【-따】 [ㅂ변ː격] 気の毒だ; かわいそうだ; 痛ましい. ‖심하게 기침을 하는 애가 안쓰럽다 ひどく咳き込む子

안압(眼壓) 图《의학》眼壓.
안약(眼藥) 图 目薬. ∥눈에 안약을 넣다 目薬を差す.
안온-하다(安穩-) 厖〖하변〗 安穩(んおん)だ; 穩やかだ.
안울림-소리(-) 图《언어》無声音. 匣무성음(無聲音). 匣울림소리.
안이-하다(安易-) 厖〖하변〗 安易だ; いい加減だ. ∥안이한 소리만 하다 安易なことばかり言う. 안이하게 생각하다 安易に考える.
안일-하다(安逸-) 厖〖하변〗 安逸だ. ∥안일하게 지내다 安逸をむさぼる.
안장(鞍裝) 图 鞍; サドル.
안전[1](安全) /anʤʌn/ 图〖하변〗 安全. ∥안전한 장소 安全な場所. 국가의 안전을 위협하다 国家の安全を脅かす. 안전 운전 安全運転.
안전-띠(安全-) 图 シートベルト.
안전벨트(安全 belt) 图 シートベルト. ∥안전벨트를 매다 シートベルトを締める.
안전 보장(安全保障) 图 安全保障. 匣안보(安保).
안전-성(安全性) 图 安全性.
안전-장치(安全裝置) 图 安全装置.
안전-지대(安全地帶) 图 安全地帯.
안전-판(安全瓣) 图 安全弁.
안전-핀(安全 pin) 图 安全ピン.
안절부절-못하다(-모타-) 厖〖하변〗 そわそわする; 落ち着きない; いても立ってもいられない.
안정[1](安定) /anʤʌŋ/ 图〖되변〗 安定. ∥생활이 안정되다 生活が安定する. 안정을 유지하다 安定を保つ. 안정을 되찾다 安定を取り戻す.
안정-감(安定感) 图 安定感.
안정-기(安定期) 图 安定期. ∥안정기로 접어들다 安定期に入る.
안정-성(安定性) 图 安定性.
안정-세(安定勢) 图 安定状態; 安定した時勢.
안정-제(安定劑) 图《薬》安定剤.
안정-책(安定策) 图 安定策. ∥안정책을 강구하다 安定策を講じる.
안정[2](安靜) 图〖하변〗 安静. ∥절대 안정 絶対安静.
안주[1](安住) 图〖하변〗 安住. ∥안주의 땅 安住の地.
안주[2](按酒) 图 肴; おつまみ.
안줏-감(按酒-)【-주깜/-주깜】 图 肴の材料.
안주머니(-) 图 内ポケット.
안주인(-主人)【-주-】 图 奥さん.
안중(眼中) 图 眼中; 念頭. ∥국민은 안중에도 없는 정치 国民は眼中にもない政治. 다른 사람 일은 안중에 없다 他人のことなど念頭にない.
안질(眼疾) 图《의학》眼疾; 眼病.

안-집【-찝】 图 ❶ 母屋. ❷ 同じ敷地にある大家の家.
안짱-걸음 图 内股(歩き).
안짱-다리 图 内股.
안-쪽 图 内; 内側; 奥. 匣바깥쪽.
안-창 图 (靴の)中敷き.
안치(安置) 图〖하변〗 安置. **안치-되다** 图
안치-소(安置所) 图 安置所.
안치다 匣 (煮たり炊いたりすべきものを)釜や蒸し器などに入れる. ∥밥을 안치다 ご飯を仕掛ける.
안-치수(-數) 图 内法(うちのり). 匣바깥치수(-數).
안타(安打) 图《野球》で安打; ヒット. ∥안타를 치다 安打を打つ.
안타까운【ㅂ변】 안타깝다(気の毒だ)の連体形.
안타까워【ㅂ변】 안타깝다(気の毒だ)の連用形.
안타깝다 /antʰa²kap²ta/【-따】 厖〖ㅂ변〗〖안타까워, 안타까운〗 ❶ (境遇などが)気の毒だ; かわいそうだ. ∥처지가 정말 안타깝다 本当に気の毒な身の上だ. ❷ (思い通りにいかなくて)もどかしい; 歯がゆい; 残念だ. ∥내 마음을 몰라 주니 안타깝다 私の気持ちを分かってもらえなくて残念だ. 안타깝게도 이번 시험에서도 떨어졌다 残念ながら今回の試験にも落ちた. 시간 가는 것이 안타까움 따름이다 時間が経つのがもどかしいだけだ.
안테나(antenna) 图 アンテナ.
안티(anti) 图 アンチ.
안티테제(Antithese独) 图 アンチテーゼ.
안-팎【-팍】 图 ❶ 中と外; 裏表; 内外. ∥나라 안팎 国内外. ❷ 前後. 圧 시간 안팎 2時間前後. ❸ 夫と妻; 夫婦. 匣내외(內外).
안하무인(眼下無人) 图 眼中人無し.

앉다 /anʔta/【안따】 匣 ❶ 座る; 腰掛ける; 腰を下ろす; 着く. ∥의자에 앉다 椅子に座る. 자리에 앉다 席に着く. ❷ (鳥などが一定のところに)とまる. ∥전깃줄에 앉은 참새 電線にとまったスズメ. ❸ (建物などが)…向きに建っている. ∥남향으로 앉은 집 南向きに建っている家. ❹ (ほこりなど)空気中の軽いものが他のものの上に)たまる; のる. ∥먼지가 앉은 책꽂이 ほこりがたまった本棚. ❺ (地位や職に)就く. ∥사장 자리에 앉다 社長の職に就く. 匣앉히다. ▶앉으나 서나 いつも; 常に. ▶앉아 주고 서서 받는다 (諺) 借りる時の地蔵顔, 済(さ)す時の閻魔(えんま)顔.
앉은-걸음 图 膝行(しっこう); 膝送り.
앉은-뱅이 图 足の不自由な人[もの].
앉은뱅이-걸음 图 いざるような歩き方.
앉은뱅이-책상(-冊床)【-쌍】 图 座り机.

앉은-키 图 座高.
앉을-자리 [-짜-] 图 (ものを)置く場所.
앉-히다 /anc̣hida/ [앉히는] (앉다の使役動詞) ❶ 座らせる; 着かせる. ‖자리에 앉히다 席に着かせる[座らせる]. ❷ (職に)就かせる. ‖사장 자리에 앉히다 社長の職に就かせる.

않다¹ /ant̓ha/ [안타] (아니하다の縮約形) しない. ‖일을 않다 仕事をしない. 공부를 전혀 않다 勉強を全然しない.

않다² /ant̓ha/ [안타] 補動 [動詞の語幹+지 않다の形で] …しない. ‖한잠도 자지 않다 一睡もしない.

않다³ /ant̓ha/ [안타] 補動 [形容詞の語幹+지 않다の形で] …くない; …でない. ‖바쁘지 않다 忙しくない. 성실하지 않다 誠実でない.

알¹ /al/ 图 ❶ 卵. ‖알을 까다 卵を孵(エ)す. 알을 낳다 卵を産む. ❷ 小さな実. ‖쌀알 米粒. ❸ 玉; 弾; レンズ. ‖안경알 眼鏡のレンズ. 주판알 そろばんの玉.

알² 依名 丸くて小さいものを数える語: …粒; …個; …粒. ‖알약 두 알 錠剤2粒.

알³ 語 [ㄹ語幹] 알다(知る)の未来連体形.

알-⁴ 接頭 ❶ [一部の名詞に付いて] かぶさっているものがない状態を表わす: 裸の. ‖알몸 裸. ❷ [一部の名詞に付いて] 丸くて小さいものを表わす: 粒状の. ‖알약 錠剤. 알사탕 飴玉.

알갱이 图 ❶ 粒子; 粒状. ❷ 잔잔한 모래 알갱이 細かな砂の粒子.

알-거지 图 一文無し.

알다 /a:lda/ 他 [ㄹ語幹] [알아, 알아] ❶ 知る; 分かる; 理解する. ⇔모르다. ‖창피를 알다 恥を知る. 술맛을 알다 酒の味を知る. 답을 알다 答えが分かる. 우연히 그 사실을 알게 되다 偶然その事実を知ることになる. 아시다시피 ご存知のように; ご存知の通り. 내 말의 뜻을 알아 들었는지 모르겠다 私の言ったことを理解したかどうか分からない. 모르면서 아는 체하다 知ったかぶりをする. 내가 아는 바로는 私の知っている限りでは. ⇒알리다. ❷ 知識がある. ‖중국어라면 조금 알고 있습니다 中国語なら少し知っています. 한국 경제에 대해 잘 알고 있는 사람 韓国経済に詳しい人. 아는 게 많은 사람 物知り. ❸ 分別する; 自分で判断する. ‖알아서 하다 自分で判断してやる. ‖알아서 하다 自分で判断してやる. 알아서 해 勝手にしろ. ❹ 知り合う. ‖아는 사이 知り合い. ❺ 関わりがある. ‖나는 아는 바가 없다 私は知らない. ❻ 承知する. ‖알겠습니다 分かりました; 承知しました. ▶모르게 知らず知らず. ▶알다가도 모를 일 分かりそうで分からないこと. ‖(「아는 것이 병(病)」の意で) 生半可な知識などはかえって災いのもととなることのたとえ. ▶아는 길도 물어 가랬다 ‖念には念を入れる.

알딸딸-하다 /allt̓alt̓alhada/ 形 ほろ酔い気分で頭が少しぼうっとする. ‖술을 한 잔마셨더니 알딸딸하다 酒を1杯飲んだらほろ酔い気分だ.

알뜰 图 生活費を節約して上手に切り盛りすること. ‖알뜰 정보 節約上手のための情報.

알뜰-살뜰 副 形動 家事の切り盛りが上手な様子. ‖알뜰살뜰 아껴서 내 집 마련을 하다 こつこつと節約して自分の家を構える.

알뜰-하다 /alt̓ɨlhada/ 形 하要 ❶ 節約上手だ; 切り盛りが上手だ. ‖알뜰하게 살림을 잘 살다 上手に家計を切り盛りする. ❷ 相手を非常に大切にする.

알라 (Allah) 图 宗教 アラー.

알랑-거리다 [-대다] 自 媚(こ)びへつらう.

알랑-방귀 图 (俗っぽい言い方で) 媚びへつらい; おべっか. ▶알랑방귀(를) 뀌다 おべっかを使う.

알량-하다 形 하要 取るに足らない; 大したもの[こと]でもない; つまらない. ‖알량한 자존심 取るに足らない[ちっぽけな] プライド.

알레르기 (Allergieᴰ) 图 アレルギー. ‖꽃가루 알레르기 花粉症. 알레르기 체질 アレルギー体質.

알려-지다 /alljʌdɟida/ 自 知られる; 判明する. ‖대구는 사과 산지로 알려져 있다 大邱はリンゴの産地として知られている. 지금까지 알려진 바에 의하면 今までに知られていることによると.

알력 (軋轢) 图 ‖노사 간의 알력 労使間の軋轢. 알력이 생기다 軋轢が生じる.

알로에 (aloe) 图 植物 アロエ.

알로하-셔츠 (aloha shirts) 图 アロハシャツ.

알록-달록 [-딸-] 副 形動 色や模様がまばらに鮮やかな様子. ‖알록달록한 무늬 色とりどりの模様.

알루미늄 (aluminium) 图 化学 アルミニウム.

알루미늄-박 (aluminium 箔) 图 アルミ箔; アルミホイル.

알-리다 他 (알다の使役動詞) 知らせる; 通知する; 教える. ‖이사 간 곳을 전화로 알리다 引っ越し先を電話で知らせる. 시계가 열두 시를 알리다 時計が12時を知らせる. 사전에 알리다 前もって通知する.

알리바이 (alibi) 图 法律 アリバイ; 現場不在証明. ‖알리바이가 성립되다 アリバイが成立する.

알림-판 (-板) 图 掲示板; BBS; お知らせを書いた板.

알-맞다 /almatʰta/【-따】形 ちょうどいい; 適する; ふさわしい; 合う. ∥생선 요리에는 백포도주가 알맞다 魚料理には白ワインが合う. 알맞은 가격 ちょうどいい値段.

알맹이 名 ❶ 中身. ∥껍질과 알맹이 殼と中身. 알맹이가 없는 정책 中身のない政策. ❷ 中心; 要点.

알-몸 名 ❶ 裸; 真っ裸; 裸身. ❷ 無一文; 一文無し.

알바 名 アルバイトの縮約形.

알바니아 (Albania) 名 〔国名〕アルバニア.

알-밤 名 ❶ 栗の実. ❷ 拳骨. ∥알밤을 먹이다 拳骨を食わせる.

알-부자 (-富者) 名 うわべではない本当のお金持ち.

알-사탕 (-沙糖) 名 飴玉.

알선 (斡旋) -【-썬】名 斡旋. ∥일자리를 알선하다 仕事を斡旋する. **알선-받다** 受動

알싸-하다 形 【하여】辛い味や煙などで舌や鼻が刺激される;ひりひりする.

알쏭달쏭-하다 形 【하여】〔記憶や意味などが〕はっきりしていない; 曖昧だ.

알아 旧語幹 알다(知る)の連用形.

알아-내다 他 ❶ 探し出す; 見つけ出す; つきとめる. ∥방법을 알아내다 方法を見つけ出す. ❷ 解き明かす. ❸ 〔ある根拠をもとにして〕割り出す. ∥범인을 알아내다 犯人を割り出す.

알아-듣다 /aradutʰta/【-따】他【ㄷ変】〔알아듣는, 알아들은, 알아들으면〕❶ 聞き取る; 聞き分ける. ❷ 理解する; 納得する. ∥알귀를 알아듣다 話の内容を理解する.

알아-맞히다 /aramatʰida/【-마치-】他 当てる; 言い当てる. ∥답을 알아맞히다 答えを言い当てる.

알아-보다 /araboda/ 他 ❶ 調べる; 探る; 探す. ∥전화번호부에서 회사 대표 번호를 알아보다 電話帳で会社の代表番号を調べる. 일자리를 알아보다 職を探す. ❷ 見分ける; 気づく; 気がつく. ∥십 년만에 만났지만 나는 금세 그 사람을 알아보았다 10年ぶりに会ったが, 私はすぐ彼に気がついた. ❸ 〔能力や実力などを〕認める; 人を見る目がある.

알아-주다 他 ❶〔能力・腕などが〕知られている. ∥이 분야에서 알아주는 사람 この分野で知られている人. ❷〔人の状況を〕理解する; 察してやる.

알아-차리다 他 気づく; 見抜く; 見破る. ∥사태를 알아차리다 事態を見抜く.

알아-채다 他 気づく; 見抜く; 感じ取る. ∥상대방의 공꽁이속을 알아채다 相手の魂胆に気づく. 그 사람의 진의를 재빨리 알아채다 彼の真意を素早く見抜く.

알알-이 副 一粒一粒; 粒々に.

알알-하다 形 【하여】〔辛さや痛みなどで〕ひりひりする; ずきずきする.

알-약 (-藥) -【-략】名 錠剤.

알은-체 名 同動 ❶ 人のことに関わりがあるような態度をとること. ❷〔相手に〕気づいたようなしぐさをすること. ∥그 사람은 멀리서 나를 보더니 손을 흔들며 알은체를 했다 彼は遠くから私を見て手を振った.

알음알음-으로 副 よしみで; 知り合いを通じて.

알-젓 -【-젇】名 魚の卵の塩辛.

알제리 (Algeria) 名 〔国名〕アルジェリア.

알짜 名 ❶ いくつかのものの中で最も重要なもの, または優れているもの; 粒選り; 選り抜き. ❷ 実利や中身のあるもの. **알짜-배기** 名 알짜の俗語.

알-차다 /alt͡sʰada/ 他 ❶ 実りが多い; 中身や内容が充実している. ∥알찬 결실 実り豊かな結果.

알츠하이머-병 (Alzheimer病) 名 〔医学〕アルツハイマー病; 認知症.

알칼리 (alkali) 名 アルカリ.
알칼리-성 (alkali性) 名 アルカリ性. ⇌산성(酸性).
알칼리성-비료 (alkali性肥料) 名 〔化学〕アルカリ性肥料.
알칼리성-식품 (alkali性食品) 名 アルカリ性食品.

알코올 (alcohol) 名 アルコール.
알코올-램프 (alcohol lamp) 名 アルコールランプ.
알코올'의존증 (alcohol 依存症) -【-쯩】名 〔医学〕アルコール依存症.
알코올 중독 (alcohol 中毒) 名 アルコール中毒.

알타리-무 名 총각무(總角-)の誤り.
알타이-어족 (Altai 語族) 名 〔言語〕アルタイ語族.
알-탕 (-湯) 名 〔料理〕アルタン(タラコや明太子など魚の卵にネギ・玉ネギなどの野菜を入れて作ったチゲ鍋).
알토 (alto) 名 〔音楽〕アルト.
알-토란 (-土卵) 名 皮をむいてきれいに処理したサトイモ.
알토란-같다 (-土卵-)【-갇따】形 中身がしっかりしている. ∥알토란같은 자식 しっかり育った子ども. **알토란같-이**
알-통 名 力こぶ. ∥알통이 생기다 力こぶができる.
알파 (alpha·αギ) 〔ギリシャ文字の第1字〕アルファ.
알파-선 (α線) 〔物理〕アルファ線.
알파벳 (alphabet) 名 〔言語〕アルファベット.
알파벳-순 (alphabet 順) 名 アルファベット順; ABC順.

알피니스트 (alpinist) 图 アルピニスト; 登山家.

알현 (謁見) 图 하타 謁見(かっけん).

앓다 /alt'a/【알타】他 患う; 病む. ‖병을 앓다 病を患う. 폐를 앓다 肺を病む. ▶앓는 소리 大げさに心配すること. 앓느니 죽지 【俗】(「病むよりは死んだ方がまし」の意で)人に頼るより大变でも自分でやった方がましだ. 앓던 이가 빠진 것 같다 【俗】痛んでいた歯が抜けたようにすっきりしたこと; 胸のつかえが下りたようだ.

앓아-눕다 【아라-따】 【ㄷ變】(病気で)長く床につく; 寝込む. ‖심한 감기로 앓아눕다 ひどい風邪で寝込む.

-앓이 [아리] 接尾 …病; …痛. ‖배앓이 腹痛.

암[1] 图 雌, 叀 수컷. ‖암수 雌雄.

암[2] (癌) /a:m/ 图 ❶癌(がん). ‖암 선고를 받다 癌の宣告を受ける. ❷〔比喩的に〕大きい障害; 直し難い弊害.

암-[3] 〔接頭〕雌…; 雌…. ‖암사자 ライオン.

-암[4] (岩) 接尾 …岩. ‖현무암 玄武岩. 화강암 花崗岩.

암-갈색 (暗褐色)【-색】 图 暗褐色.

암-거래 (暗去來) 图 하타 闇取引. ‖암거래가 이루어지다 闇取引が行なわれる.

암기 (暗記) 图 하타 暗記. ‖수학 공식을 암기하다 数学公式を暗記する.

암기-력 (暗記力) 图 暗記力. ‖암기력이 뛰어나다 暗記力がずば抜けている.

암-꽃 【-꼳】 (植物) 雌花.
암-꿩 (鳥類) 雌キジ. ⼟ 수꿩.
암-나사 图 雌ねじ. 叀 수나사.
암-내[1] 图 発情期の雌の体臭.
암-내[2] 图 腋臭(わきが). ‖암내가 나다 腋臭がする.
암-녹색 (暗綠色)【-색】 图 暗緑色.
암-놈 图 (動物の)雌. 叀 수놈.
암-달러 (暗 dollar) 图 闇市で取引するドル.
암담-하다 (暗澹-) 圈 하여 暗澹(たん)としている. ‖암담한 현실 暗澹とした現実.
암만 副 いくら. ‖암만 졸라도 그건 못 사 준다 いくらおねだりをしてもそれは買ってあげられない.
암만-해도 副 どうしても; どうやっても. ‖암만해도 저 녀석이 수상하다 どう考えてもあやつが怪しい.
암-말[1] 图 雌馬. 叀 수말.
암-말[2] 图 「아무 말」の縮約形.
암-매장 (暗埋葬) 图 密葬.
암모나이트 (ammonite) 图 (動物) アンモナイト.
암모니아 (ammonia) 图 (化学) アンモニア.
암모니아-수 (ammonia 水) 图 (化学) アンモニア水.
암묵 (暗默) 图 暗默.

암묵-적 (暗默的)【-적】 图 暗默. ‖암묵적으로 인정하다 暗默のうちに認める.
암문 (暗門) 图 岩壁.
암벽 (岩壁) 图 岩壁.
암-사돈 (-査頓) 图 女の相(あい)やけ. 叀 수사돈 (-査頓).
암산 (暗算) 图 暗算.
암살 (暗殺) 图 하타 暗殺. **암살-당하다** 受動.
암석 (岩石) 图 岩石.
암석-층 (岩石層) 图 岩石層.
암-세포 (癌細胞) 图 癌細胞.
암-소 图 雌牛; 牝牛. 叀 수소.
암송 (暗誦) 图 하타 暗誦. ‖시를 암송하다 詩を暗誦する.
암-수 图 雌と雄; 雌雄.
암수-딴몸 (動物) 雌雄異体.
암수-한몸 (動物) 雌雄同体.
암시 (暗示) 图 하타 暗示. ‖죽음을 암시하는 장면 死を暗示する場面. 자기암시 自己暗示. **암시-되다** 受動.
암-시세 (暗時勢) 图 闇相場.
암-시장 (暗市場) 图 闇市(場).
암실 (暗室) 图 暗室.
암암-리 (暗暗-)【-니】 图 〔主に암암리에の形で〕暗々裏に; 内々に. ‖암암리에 유통되고 있는 불법 소프트 暗々裏に流通している不法ソフト.
암약 (暗躍) 图 하타 暗躍.
암염 (岩鹽) 图 岩鹽.
암운 (暗雲) 图 暗雲. ‖암운이 감돌다 暗雲が垂れ込める.
암울-하다 (暗鬱-) 圈 하여 暗鬱(うつ)だ; 憂鬱だ. ‖암울한 표情 暗鬱な表情.
암자 (庵子) (佛教) ❶ 大きい寺に付属している小さい寺. ❷ 庵(いおり).
암-적색 (暗赤色)【-색】 图 暗赤色.
암중-모색 (暗中摸索) 图 하타 暗中模索.
암초 (暗礁) 图 暗礁. ‖교섭이 암초에 부딪치다 交涉が暗礁に乗り上げる.
암-캐 图 雌の犬. 叀 수캐.
암-컷 图 (動物の)雌. 叀 수컷.
암-탉 【-탁】 图 雌鳥. 叀 수탉. ▶암탉이 울면 집안이 망한다 【俗】雌鳥歌えば家滅ぶ.
암투 (暗鬪) 图 하자 暗鬪.
암팡-지다 圈 (小柄だが)負けん気が強い.
암페어 (ampere) 依名 (物理) …アンペア.
암표 (暗票) 图 (闇で取引される)チケット.
암표-상 (暗票商) 图 だふ屋.
암행 (暗行) 图 하자 密行; 微行.
암행-어사 (暗行御史) 图 (歷史) 朝鮮時代に, 王の特命で地方官吏や民情を探るため微行をしていた勅使. 畧어사

암호 (暗號) 【-] 图 暗号. ∥암호를 풀다 暗号を解く. 암호 해독 暗号解読.

암-회색 (暗灰色) 【-/-회-】图 暗い灰色.

암흑 (暗黑) 图 暗黒. ∥암흑 지대 暗黒地帯.

암흑-가 (暗黑街) 【-까】图 暗黒街.

암흑-기 (暗黑期) 【-끼】图 暗黒期.

암흑-상 (暗黑相) 【-쌍】图 暗黒の状態.

암흑-세계 (暗黑世界) 【-쎄-/-세게】图 暗黒の世界.

압권 (壓卷) 【-꿘】图 圧巻. ∥마지막 장면이 압권이었다 ラストシーンが圧巻だった.

압도 (壓倒) 【-또】图 他 圧倒. ∥좌중을 압도하다 座中を圧倒する. **압도-되다** [-하다] 受身

압도-적 (壓倒的) 图 圧倒的. ∥압도적인 승리 圧倒的な勝利.

압력 (壓力) /amnjpk/ 【암녁】图 圧力. ∥압력을 가하다 圧力をかける; 圧力を加える. 정부는 여론의 압력에 굴했다 政府は世論の圧力に屈した. 무언의 압력 無言の圧力.

압력-계 (壓力計) 【암녁께/암녁께】图 圧力計.

압력 단체 (壓力團體) 【암녁딴-】图 圧力団体.

압력-솥 (壓力-) 【암녁쏟】图 圧力鍋.

압류 (押留) 【암뉴】图 他 (法律) 差し押さえ; 差し押さえること. ∥재산을 압류하다 財産を差し押さえる. **압류-되다** [-하다] 受身

압박 (壓迫) 【-빡】图 他 圧迫. ∥아들의 학비가 가계를 압박하다 息子の学費が家計を圧迫する. 압박을 가하다 圧迫を加える. **압박-당하다** 受身 **압박-감** (壓迫感) 【-빡깜】图 圧迫感.

압사 (壓死) 【-싸】图 自 圧死.

압송 (押送) 【-쏭】图 他 (法律) 押送. **압송-되다** 受身

압수 (押收) 【-쑤】图 他 (法律) 押収. ∥증거물을 압수하다 証拠物件を押収する. **압수-되다** [-하다] 受身

압수-물 (押收物) 【-쑤-】图 押収物.

압수-품 (押收品) 【-쑤-】图 押収品.

압승 (壓勝) 【-씅】图 自 圧勝; 大勝. ∥압승을 거두다 圧勝する.

압연 (壓延) 图 他 圧延.

압연-자 (壓延機) 【-끼】图 圧延機.

압정[1] (押釘) 【-쩡】图 画鋲.

압정[2] (壓政) 【-쩡】图 〔압제 정치 (壓制政治)의略語〕 圧政.

압제 (壓制) 【-쩨】图 他 圧制.

압제-자 (壓制者) 图 圧制者.

압제 정치 (壓制政治) 【-쩨-】图 圧制政治. (뷘압정(壓政).

압지 (押紙·壓紙) 【-찌】图 吸い取り紙.

압축 (壓縮) 图 他 圧縮. ∥데이터를 압축해서 보내다 データを圧縮して送る. **압축-되다** 受身

압축-기 (壓縮機) 【-끼】图 圧縮機.

압-핀 (押 pin) 图 画鋲; 押しピン.

앗 【앋】感 危ない時やびっくりした時に発する語. ∥앗! 뜨거워! 熱いっ!

앗-기다 [앋끼-] 自 〔앗다의受身動詞〕取られる; 奪われる.

앗다 [앋따] 他 奪う; 取る; 奪い取る. ∥우격다짐으로 앗아 버리다 力ずくで奪い取る. 어린 생명을 앗아간 사고 幼い命を奪った事故. ᄿ)빼앗기다.

-았- /a/t̚/ 【앋】 語尾 〔陽母音の語幹に付いて; 陰母音の場合は -었-〕 ❶ 過去を表わす; …した; …かった. ∥친구한테서 편지를 받았다 友だちから手紙をもらった. 아까 먹은 케이크는 조금 달았다 先ほど食べたケーキは少し甘かった. ❷ 〔下に打ち消しの表現を伴って〕未完了を表わす; …(して)いない. ∥아직 안 돌아왔습니다 まだ帰ってきていません. 사전을 아직 안 샀니? 辞書をまだ買っていないの?

-았던- /a/t̚/ 〔陽母音で終わる用言の語幹に付いて; 陰母音の場合は -었던-〕過去の出来事を表わす; …だった; …していた; …かった. ∥저번 주는 그 사람을 안 만났었다 先週は彼に会わなかった. 어제 연주회는 꽤 괜찮았었다 昨日のコンサートはなかなかよかったんだよ.

앙 感 子どもの泣き声; あん; わあ. ∥아이가 앙 울음을 터뜨리다 子どもがわあと泣き出す.

앙-가슴 图 胸と胸の間の部分.

앙-갚음 图 自 復讐; 報復; 仕返し. ∥앙갚음을 하다 仕返しをする.

앙고라-모 (angora 毛) 图 アンゴラ.

앙고라-염소 (angora-) 图 (動物) アンゴラ山羊.

앙고라-토끼 (angora-) 图 (動物) アンゴラ兎.

앙골라 (Angola) 图 (国名) アンゴラ.

앙금 图 ❶ でんぷんなどの沈澱物. ∥앙금이 가라앉다 沈澱物が沈む. ❷ しこり; 感情的な앙금이 남다 感情的なしこりが残る.

앙-다물다 【ㄹ語幹】 他 (口を固くつぐむ) ∥입을 앙다물고 한마디도 하지 않다 口を固くつぐんだまま一言も言わない.

앙등 (昻騰) 图 自 高騰.

앙살 图 大げさに反抗すること. ∥앙살을 부리다 [피우다] 大げさに反抗する.

앙살-스럽다 【-따】 [ㅂ変] 軀癩を起こしやすい; すぐいらいらする. **앙살스레** 副

앙상블 (ensemble 프) 图 アンサンブル.

앙상-하다 [하연] ❶ 木の葉が枯れ

앙상한 나뭇가지 葉が落ちた木の枝. ❷やられている;げっそりする. ‖말라서 앙상하다 やせこけばえている. **앙상-히** 圖

앙숙 (怏宿) 名 仇同士.

앙심 (怏心) 名 恨み; 復讐心. ‖앙심을 품다 恨みをいだく.

앙알-거리다[-대다] 自 不満そうにぶつぶつ言う.

앙알-앙알 (하自) 〔目上の人に対して〕不平や不満の気持ちを口の中でつぶやく様子.

앙양 (昂揚) 名(되自) 高揚. ‖사기가 앙양되다 士気が高揚する.

앙증-맞다〔-받따〕形 小ささが顔立ちがしっくりしていてかわいらしい. ‖앙증맞게 생긴 아이 (小柄らしいくらい)かわいらしい子.

앙천 (仰天) 名 仰天.

앙천-하다 (하自) 仰天.

앙칼-지다 形 〔声などが〕とげとげしい; 荒々しい. ‖앙칼진 목소리 とげとげしい声.

앙케트 (enquête⁷) 名 アンケート.

앙코르 (encore⁷) 名 アンコール.

앙큼-하다 〔하-〕 悪賢い; 狡猾(교활)だ. ‖앙큼한 여자 悪賢い女.

앙탈 名 ❶おとなしく応じないで激しく断わること. ❷言い付けを聞かず駄々をこねること. ‖앙탈을 부리다 わがままを言う; 駄々をこねる.

앞 /ap/ 〔앞〕 名 ❶前;前面;前方. 反 뒤. ❷先;前方を見て歩く. 列車の前部分 列車の前の部分. ‖사람부터 들어가세요 前の人から入ってください. ❸先. ‖앞이 안 보이다 先が読めない; 先を争うて 先を争う. 新聞社들이 앞다투어 소개하다 新聞社社が先を争って紹介する. ❹以前. ‖앞서 말한 대로 先ほど話したように. ❹〔主に앞에の形で〕取り分; 分け前. ‖한 사람 앞에 하나씩 1人1個ずつ. ❺〔手紙で〕…宛. ‖오빠 앞으로 온 편지 兄宛ての手紙. ‖앞이 깜깜하다〔캄캄하다〕先は真っ暗だ.

앞-가르마 〔앞까-〕 名 髪の真ん中の分け目.

앞-가림 〔앞까-〕 名 (하自) 自分のことは自分でやっていくこと. ‖아직 제앞가림도 제대로 못하고 있다 まだ自分のこともろくにできない.

앞-가슴 〔앞까-〕 名 ❶胸. ❷女性の胸. ❸(上着の)前身頃.

앞-길¹ 〔앞낄〕 名 家や村の前の表の道; 通り.

앞-길² 〔앞낄〕 名 ❶行く道; 進む道. ‖누가 우리의 앞길을 막아서랴 誰かが私たちの前に立ちはだかろう. ❷前途; 将来. ‖앞길이 훤하다 前途が明るく見えとしている. ‖앞길이 구만 리 같다〔諺〕若いからまだまだ先がある.

앞-날 /amnal/〔앞-〕名 将来; 未来; 余生; 先のこと. ‖앞날이 걱정이다 将来が心配だ. 앞날이 얼마 안 남았다 余生がいくばくもない. 앞날이 창창하다 まだまだ先がある.

앞-날개 〔앞-〕 名 〔昆虫〕 前翅.

앞-니 〔앞-〕 名 前歯; 門歯.

앞-다리 〔앞따-〕 名 〔動物の〕前脚. 反 뒷다리.

앞-당기다 〔앞땅-〕 他 〔予定を〕早める; 繰り上げる. ‖계획을 앞당기다 計画を早める. 일정이 삼 일 앞당겨진다 日程が3日早まる. 예정을 일주일 앞당겨서 귀국하다 予定を1週間繰り上げて帰国する.

앞-두다 〔앞뚜-〕 他 ❶目の前にする; 目前にする. ❷目前に控える. ‖시험을 앞두고 놀러 나가다 試験を目前にして遊びに出かける.

앞-뒤 /ap'twi/ 〔앞뛰〕 名 前と後; 前後. ❶〔행렬의 앞뒤 行列の前後. 앞뒤를 생각할 여유가 없다 前後を考える余裕がない. ❷앞뒤가 막히다 融通がきかなくなるようだ. ❸앞뒤가 맞다 つじつまが合う. ‖앞뒤를 가리지 않다 前後を弁えない. ❹앞뒤를 재다 利害関係を考える.

앞-뜰 〔앞-〕 名 前庭.

앞-마당 〔앞-〕 名 前庭.

앞-머리 〔앞-〕 名 ❶前髪. ❷前頭. ❸ものや行列の前の方. ❹物事や文の前の部分.

앞-면 (-面) 〔앞-〕 名 前面; 表. 反 뒷면 (-面).

앞-모양 (-模樣) 〔앞-〕 名 前から見た模様 〔様子〕. 反 뒷모양 (-模樣).

앞-문 (-門) 〔앞-〕 名 表の門; 表口. 反 뒷문 (-門).

앞-바다 〔앞빠-〕 名 沖.

앞-바퀴 〔앞빠-〕 名 前輪. 反 뒷바퀴.

앞-발 〔앞빨〕 名 前足. 反 뒷발.

앞-부분 (-部分) 〔앞뿌-〕 名 前部; 前の部分.

앞-서다 /ap'sǒda/ 〔앞써-〕 自 ❶人より立つ; 先立つ. ‖시합에 앞서 개회식이 열린다 試合に先立って開会式が行われる. 反 앞세우다. ❷進んでいる; 先進的だ. ‖경제적으로 앞선 나라 経済的に進んだ国. ❸追い越す. ‖実力の面では 先輩を追い越している.

앞-세우다 〔앞쎄-〕 他 〔앞서다の使役動詞〕❶前に立たせる; 先に出す; 前に出す. ‖애들을 앞세우고 걷다 子どもたちを前にして歩く. ❷〔感情などを〕露にする. ‖감정을 앞세우다 感情を露にする.

앞-으로 /apuro/ 名 これから; 今後; 将来. 앞장서 (將次). ‖앞으로가 문제이다 これからが問題だ. 앞으로는 주의하세요 今後気をつけてください. 앞으로 잘

부탁 드립니다 これからよろしくお願いいたします.
앞-일【압닐】 图 今後のこと; これからのこと; 未来のこと. ‖앞일이 걱정이다 これからのことが心配だ.
앞-잡이[압짜비] 图 走狗;(人の)手先.
앞장-서다【압짱-】 📵 先頭に立つ. ☞ 앞장세우다.
앞장세우다【압짱-】 쪤 〔앞장서다의 使役動詞〕先頭に立たせる.
앞-줄【압쭐】图 前列. ㉮뒷줄. ‖앞줄에 앉다 前列に座る.
앞-집[압찝] 图 前の家. ㉮뒷집.
앞-쪽【압-】 图 前の方; 前面; 前方. ㉮뒤쪽.
앞-차(-車)【압-】 图 ❶先に出発した 車; 電車・バスなどの)前の便. ❷前を 走っている車. ㉮뒷차.
앞-치마【압-】 图 エプロン; 前かけ. ‖앞 치마를 두르다 エプロンをかける.
애[1] /ɛ/ 图 ハングル母音字母「ㅐ」の名称.
애[2] /ɛ/ 图 ❶やきもき; 焦燥. ❷気苦労; 心配. ▶애가 끓다[닳다] 気がきでたまらなくなる. ▶애가 타다 気をもむ; やきもきする. 걱정이 되어서 애가 타다 心配で気をもむ. ▶애를 먹다 大変苦労する; 手を焼く; 手こずる. 컴퓨터가 자주 고장 나서 애를 먹고 있다 パソコンがしょっちゅう故障して大変苦労している. ▶애를 먹이다 苦労させる; 手を焼かせる. 애들이 자꾸 애를 먹인다 子供たちがしょっちゅう手を焼かせる. ▶애를 쓰다 非常に努力する; 非常に気を使う. 대기업에 들어가기 위해서 애를 쓰다 大手企業に入るために大変な努力をする. ▶애를 태우다 気をもむ;(人の)気をもませる.
애[3] /ɛ/ 图 아이의 縮約形. ‖애를 돌보 다 子どもの面倒を見る.
-애(-愛) 腰尾 …愛. ‖민족애 民族愛. 인류애 人類愛.
애가(哀歌) 图 哀歌; エレジー.
애-간장(-肝臟) 图 애[2]를 強めて言う語. ▶애간장을 태우다 気をもませる; やきもきさせる. ▶애간장이 타다 気をもむ; やきもきする.
애개 國 大したことではない時に発する語. あれ; なんだ. ‖애개, 이것뿐이야? なんだ, これだけのか.
애개개 國 애개를 強めて言う語.
애걸(哀乞) 图 自也 哀願. ‖목숨만 살려 달라고 애걸하다 助命を哀願する.
애걸-복걸(哀乞伏乞)〔 - 껄 〕 图 自也 必死に乞い願うこと.
애견(愛犬) 图 愛犬.
애교[1](愛嬌) 图 愛嬌; 愛想. ‖애교를 떨다[부리다] 愛嬌を振りまく. 애교가 있는 딸 愛嬌のある娘.
애교[2](愛校) 图 愛校.
애교-심(愛校心) 图 愛校心.

애국(愛國) 图 自 愛國.
애국-가(愛國歌)【-까】图〔韓国の国歌〕愛國歌. ‖애국가 제창 国歌斉唱.
애국-심(愛國心)【-씸】图 愛国心.
애국-자(愛國者)【-짜】图 愛国者.
애기 图 아기의 誤り.
애꾸 图 ❶ 애꾸눈의 略語. ❷ 애꾸눈이 の略語.
애꾸-눈 图 独眼; 片目. ㉠애꾸.
애꾸눈-이 图 独眼; 片目. ㉠애꾸.
애-꽂다[-꼳따] 刨 巻き添えを食う. ‖애꽃게 사고를 당하다 事故の巻き添 えを食う.
애-끓다[-끌타] 刨 気がかりでやきもき する.
애-늙은이 图 年寄りじみた子ども.
애니메이션(animation) 图 アニメーション; アニメ; 動画.
애니미즘(animism) 图《宗教》アニミズム.
애달프다[-으페] 刨 切ない; 辛い. ‖애 달픈 마음 切ない気持ち. **애달피** 圓
애닲다[-달타] 刨 애달프다の誤り.
애-당초(-當初) 图 〔당초 当初を強めて言う語〕当初; 最初. ‖애당초부터 잘못됐다 最初から間違っていた.
애도(哀悼) 图 他也 哀悼. ‖애도의 뜻을 표하다 哀悼の意を表する.
애독(愛讀) 图 他也 愛読. ‖추리 소설을 애독하다 推理小説を愛読する.
애독-자(愛讀者) [-짜] 图 愛読者.
애드리브(ad lib) 图 アドリブ.
애드벌룬(ad+balloon 日) 图 アドバルーン.
애로(隘路) 图 隘路; 障害; 難関; ネック.
애매(曖昧) /ɛːmɛ/ 图 鑝 曖昧. ‖단 정짓기에는 애매한 구석이 있다 断定 するには曖昧な点がある. 태도가 애매 하다 態度が曖昧だ. 애매한 말을 하다 曖昧なことを言う.
애매-모호(曖昧模糊) 图 鑝 曖昧 模糊. ‖애매모호한 표현 曖昧模糊とした表現.
애매-하다 刨 [하변] いわれのない; 無実だ; 罪がない. ‖애매한 사람을 괴롭히다 罪のない人を苦しめる.
애모(愛慕) 图 他也 愛慕.
애무(愛撫) 图 他也 愛撫.
애-물(-物) 图 非常に手を焼かせる人. **애물-단지**(-物-)〔-딴-〕 图 애물을 見くびる言い方.
애-벌레(昆蟲) 幼虫. ㉮유충(幼 蟲).
애별-빨래(愛社) 图 下洗い.
애사(愛社) 图 自 愛社. ‖애사 정신 愛社精神.
애사-심(愛社心) 图 愛社心.
애석-하다(哀惜-)〔-서카-〕 刨 [하변] 哀惜だ; 実に残念だ. ‖애석한 마음을

금할 수 없다 哀情の念を禁じ得ない. 애석하게 여기다 実に残念に思う. **애석-히** 團

애-솔 (植物) 图 ヒメマツ(姫松).

애송[^1] (-松) 图 =애솔.

애송[^2] (愛誦) 图 他 愛誦.

애송-이 图 青二才.

애수 (哀愁) 图 哀愁. ‖애수를 띤 멜로디 哀愁を帯びたメロディー.

애-쓰다 /e'suda/ 国 [으렁] [애써, 애쓰는] 非常に努力する; 努める; 骨折る; 尽力する. ‖애써 만든 보람이 있다 骨折って作ったかいがある. 제자를 취직시키려고 애쓰다 教え子の就職に骨折る.

애연 (愛煙) 图 愛煙.

애연-가 (愛煙家) 图 愛煙家.

애완 (愛玩) 图 愛玩.

애완-견 (愛玩犬) 图 愛犬.

애완-동물 (愛玩動物) 图 ペット.

애완-용 (愛玩用) 图 愛玩用; ペット用.

애욕 (愛慾) 图 愛欲.

애용 (愛用) 图 他 愛用.

애원 (哀願) 图 他 哀願. ‖도와달라고 애원하다 助けて欲しいと哀願する.

애인 (愛人) /ε:in/ 图 ❶恋人; 好きな人. ‖오빠는 애인이 있어? お兄さんは恋人[好きな人]がいるの? ✧日本語の「愛人」のような意味はない. ❷人を大切なものと考えること. ‖경천애인 敬天愛人.

애잔-하다 [하변] もの悲しい; か弱い. ‖애잔한 곡 もの悲しい曲. 애잔한 목소리가 약하다 弱い声. **애잔-히** 團

애절-하다 /- 찔-/ [하변] 哀切だ; 悲しい; もの悲しい. ‖애절한 사연 哀切な事柄. **애절-히** 團

애정 (愛情) /ε:dʒɔŋ/ 图 愛情. ‖애정을 쏟다 愛情を注ぐ. 자식에 대한 깊은 애정 子どもに対する深い愛情. 애정 어린 눈길 愛情に満ちた眼差し.

애-제자 (愛弟子) 图 愛弟子.

애조 (哀調) 图 哀調. ‖애조를 띠다 哀調を帯びる.

애족 (愛族) 图 他 民族を愛すること.

애주 (愛酒) 图 愛飲.

애주-가 (愛酒家) 图 愛飲家.

애증 (愛憎) 图 愛憎. ‖애증이 교차하다 愛憎相半ばする.

애지중지 (愛之重之) 图 他 非常に愛して大切にすること. ‖외동딸을 애지중지 키우다 一人娘を非常に大切に育てる.

애차 (愛車) 图 愛車.

애착 (愛着) 图 愛着. ‖강한 애착을 가지다 強い愛着をいだく. 애착이 가는 물건 愛着のある品.

애착-심 (愛着心) [-씸] 图 愛着心.

애창 (愛唱) 图 他 愛唱. ‖슈베르트의 가곡을 애창하다 シューベルトの歌曲

를 애창하다. **애창-되다** 受動

애창-곡 (愛唱曲) 图 愛唱曲.

애처 (愛妻) 图 愛妻.

애처-가 (愛妻家) 图 愛妻家.

애처-롭다 /etʃʰɔroptʰa/ [-따] [ㅂ変] [애처로워, 애처로운] 不憫だ; 気の毒だ; 痛々しい. ‖애처로운 생각이 들다 不憫に思われる. 애처롭기 짝이 없다 不憫でならない. **애처로이** 團

애청 (愛聽) 图 他 愛聽; 好んで聴くこと.

애청-자 (愛聽者) 图 愛聽者.

애초 (-初) 图 初め; 当初; 最初. ‖애초의 계획을 변경하다 当初の計画を変更する.

애칭 (愛稱) 图 愛称.

애-타다 国 気をもむ.

애타-심 (愛他心) 图 他人を愛する心.

애-태우다 /e:tʰεuda/ 国 気をもむ; (人)の気をもませる. ‖시험 결과를 몰라 애태우다 試験の結果が分からなくて気をもむ.

애통-하다 (哀痛-) [하변] 哀痛だ; 心から悲しい. **애통-히** 團

애틋-하다 [-트타] [하변] 切ない. ‖애틋한 이야기 切ない話. **애틋-이** 團

애-티 子どもっぽさ; 子どもらしさ. ‖애티가 나는 얼굴 子どもっぽさのある顔; 童顔.

애프터 (after) 图 ❶アフター. ❷コンや人の紹介で会って次回また会う約束をすること. ‖애프터를 신청하다 (合コンなどで)次のデートを申し込む.

애프터-서비스 (after+service日) 图 アフターサービス. ‖애프터서비스를 받다 アフターサービスを受ける.

애프터케어 (aftercare) 图 アフターケア.

애플-파이 (apple pie) 图 アップルパイ.

애피타이저 (appetizer) 图 アピタイザー.

애햄 國 (主に男性が)威厳を表わしたり存在を知らせるために出す声: えへん; おほん. ‖애햄, 거기 아무도 없느냐? えへん, 誰もいないかね.

애향 (愛郷) 图 愛郷.

애향-심 (愛鄉心) 图 愛郷心.

애호 (愛好) 图 他 愛好. ‖클래식을 애호하다 クラシックを愛好する.

애호-가 (愛好家) 图 愛好家. ‖스포츠카 애호가 スポーツカー愛好家.

애-호박 (植物) 图 ズッキーニ.

애환 (哀歡) 图 哀歓.

액[^1] (厄) 图 厄; 不運; 災難.

액[^2] (液) 图 液; 汁.

-액[^3] (額) 接尾 …液. ‖현상액 現像液.

-액[^4] (額) 接尾 …額. ‖수출액 輸出額.

액년 (厄年) [-녠] 图 厄年.

액-땜 (厄−) 图 他 厄払い; 厄除い

액-막이

厄落とし. ‖액땜을 하다 厄払いをする.
액-막이(厄-)[앵-]圏(하다) 厄払い.
액면(額面)[앵-]圏 ❶額面. ❷〔比喩的に〕表面に出ているそのままの内容. ‖그 사람 말을 액면 그대로 받아 들이다 彼の言うことをそのまま信じる.
액면-가(額面價)[앵-까]圏 =액면 가격(額面價格).
액면-가격(額面價格)[앵-까-]圏 額面價格.
액상(液狀)[-쌍]圏 液狀.
액세서리(accessory)圏 アクセサリー.
액세스(access)圏(하다)(IT) アクセス.
액셀(←accelerator)圏 액셀러레이터의 略칭. ‖액셀을 밟다 アクセルを踏む.
액셀러레이터(accelerator)圏 アクセルラレーター. ⑳액셀.
액션(action)圏 アクション.
액수(額數)[-쑤]圏 金額.
액운(厄運)[-]圏 厄運.
액자(額子)[-짜]圏 額縁.
액정(液晶)[-쩡]圏 液晶. ‖액정 텔레비전 液晶テレビ. 액정 화면 液晶画面.
액체(液體)[액체/액테]圏 液體. ⑳기체(氣體)·고체(固體).
액체-산소(液體酸素)圏 液體酸素.
액체-암모니아(液體 ammonia)圏 液體アンモニア.
액체-연료(液體燃料)[-열-]圏 液體燃料.
액체-온도계(液體溫度計)[-/-게]圏 液體溫度計.
액체-화(液體化)圏(하다)(自他) =액체(液化).
액화(液化)[애콰]圏(하다)(自他) 液化.

앨범(album)/ælbəm/圏 アルバム. ‖졸업 앨범 卒業アルバム.
앰뷸런스(ambulance)圏 救急車. 救急車.
앰풀(ampoule ⁷)圏 アンプル.
앰프(←amplifier)圏 アンプ; 增幅器.
앳-되다[앧뙤-/앧뛔-]圈 あどけない. ‖앳된 얼굴 あどけない顔.
앵¹圏 ❶蚊や蜂などが飛ぶ音. ❷サイレンの音.
앵²圏 腹立ちや不満の気持ちを表わす 語.
앵글(angle)圏 アングル.
앵두(←櫻桃)圏 ユスラウメの實; 桜ん坊.
앵두-나무(←櫻桃-)圏(植物) ユスラウメ(山桜桃); 桜ん坊の木.
앵무-새(鸚鵡-)圏(鳥類) オウム(鸚鵡).
앵-벌이圏(하다) 子どもが不良ややくざなどに物ごいや盗みなどをさせられて金稼ぎをすること, またはその子ども.
앵앵-거리다 ぶんぶんと音をたてる.
앵초(櫻草)圏(植物) サクラソウ(桜草).
앵커(anchor)圏 ❶〔スポーツなどの〕ア

ンカー. ❷ キャスター; ニュース番組の総合司会者; アンカーパーソン.
앵커-맨(anchorman)圏 アンカーマン; アンカーパーソン.
앵커-우먼(anchorwoman)圏 アンカーウーマン.
야¹圏 ハングル母音字母の「ㅑ」の名称.
야²(野)圏〔野黨의略語〕野黨. ㉗여(與).
야³感 ❶驚いたりうれしかったりする時に出す語: やあ; わあ; わ. ‖야, 정말 재미있다 わ, 本当に面白い. ❷友だちや同士や年下の人を呼ぶ時に用いる語: おい. ‖야, 선배님께 인사 드려야지 おい, 先輩に挨拶して. ❸見くびるような態度で相手を呼ぶ語: おい. ‖야, 너 이리 와 봐! おい, お前こっちに来い.
야⁴助〔母音で終わる名詞に付いて; 子音の場合は이야〕親しい人を呼ぶ時や動物·ものを擬人化して呼ぶ時に用いる語. ‖세리야 セリちゃん. 누나야 姉ちゃん! 나비야 蝶よ!
야⁵助〔母音で終わる名詞·代名詞などに付いて; 子音の場合は이야〕その語の意味を強調する: …は; …こそ. ‖나야 이해를 하지만 私は理解できるけど, 이번에야 합격하겠다 今度こそ合格するだろう. 비가 온다야 雨が降っているよ. 생각했던 것보다 괜찮다야 思ったよりいい.
야⁶助〔母音で終わる体言に付いて; 子音の場合は이야〕❶斷定の意を表わす. ‖저 사람이 우리 오빠야 あの人がうちの兄なの. ❷對象を指定して疑問を表わす. ‖저 애가 전학 온 애야? あの子が転校してきた子なの? ❸〔…야…야の形で〕あれやこれやと並べあげる. ‖사과야 배야 과일을 많이 샀다 リンゴやら梨やら果物をたくさん買った.
야간(夜間)圏 夜間. ‖야간 진료 夜間診療.
야간-도주(夜間逃走)圏(하다) 夜逃げ; 夜間逃走.
야간-부(夜間部)圏 夜間部.
야간-열차(夜間列車)[-녈-]圏 夜行列車.
야경¹(夜景)圏 夜景.
야경²(夜警)圏 夜警.
야경-국가(夜警國家)[-까]圏 夜警國家.
야광(夜光)圏 夜光.
야광-도료(夜光塗料)圏 發光塗料; 夜光塗料.
야광-시계(夜光時計)[-/-게]圏 夜光時計.
야광-충(夜光蟲)圏(昆蟲) ヤコウチュウ(夜光虫).
야구(野球)/ja:gu/圏(スポーツ) 野球. ‖프로 야구 プロ野球. 텔레비전에서 야구 시합을 보다 テレビで野球の試合を見る. 야구 선수를 꿈꾸는

소년 野球選手를 꿈꾸는 少年.
야구-방망이 (野球-) 图 野球のバット.
야구-부 (野球部) 图 野球部.
야구-장 (野球場) 图 野球場.
야권 (野圈) 〖-꿘〗图 野黨圈(野黨圈)の略語. ⑫여권(與圈).
야근 (夜勤) 하자 夜勤.
야금¹ (冶金) 하타 冶金.
야금-술 (冶金術) 图 冶金術.
야금² (冶金) 副
야금-야금 副 하타 ❶ 食べ物を口の中に入れて少しずつ食べる樣子; ちびちび; もぐもぐ. ∥야금야금 먹어 치우다 ちびちびと食べてしまう. ❷ 少しずつ使う樣子.
야기 (惹起) 图 하타 惹起(ちゃっき)こと; 引き起こすこと. ∥問題を惹起する 問題を引き起こす.
야뇨-증 (夜尿症) 〖-쯩〗图 [醫學] 夜尿症.
야단 (惹端) 图 하자 /ja:dan/ ❶ やかましく騷ぐこと; 騷がしいこと. 騷ぎ立てること. ∥배고파 죽겠다고 야단이다 お腹がすいて死にそうだと騷いでいる. ❷ 大聲で叱ること.
야단-나다 (惹端-) 固 大變なことが起こる.
야단-맞다 (惹端-) 〖-맏따〗固 叱られる. ∥선생님한테 야단맞다 先生に叱られる.
야단-법석 (惹端-) 〖-썩〗图 大騷ぎ; 大騷動. ∥야단법석을 떨다 てんやわんやの大騷動だ.
야단-치다 (惹端-) 囲 叱りつける. ∥아이를 야단치다 子どもを叱りつける.
야담 (野談) 图 野史を元に面白く作り上げた話.
야당 (野黨) 图 野黨. ⑫여(與). ⑫여당(與黨).
야당-권 (野黨圈) 〖-꿘〗图 野黨および野黨を味方する人や團體. ⑫여권(與圈).
야드 (yard) 의재 ...ヤード.
야들야들-하다 囲 하타 (觸感が) 柔らかい. ∥야들야들한 피부 감촉 柔らかい肌ざわり.
야릇-하다 /ja:rutʰada/ 〖-르타-〗囲 하타 不思議で妙な感じだ; 變だ; 風變わりだ; 乙だ. ∥모나리자의 야릇한 미소 モナリザの不思議な微笑み. 야릇한 복장 風變わりな服裝. 야릇한 기분 乙な氣分. **야릇-이** 副
야만 (野蠻) 图 野蠻. ⑫문명(文明). ∥야만적인 행동 野蠻な行動.
야만-인 (野蠻人) 图 野蠻人.
야만-적 (野蠻的) 图 野蠻的. ∥야만적인 풍습 野蠻な風習.
야만-족 (野蠻族) 图 蠻族.
말로 /jamallo/ 副 〖母音で終わる體言に付いて; 子音の場合はの야말로〗

こそ. ∥그거야말로 내가 하고 싶은 말이다 それこそ私が言いたいことだ; それこそ私のせりふだ. 너야말로 가야 한다 君こそ行かなければならない.
야망 (野望) 图 野望; 野心. ∥야망을 가지다 野望をいだく.
야맹-증 (夜盲症) 〖-쯩〗图 [醫學] 夜盲症.
야멸-차다 囲 態度が冷たい; 冷淡だ.
야무-지다 /jamudʑida/ 囲 (性格や態度などが) しっかりしている. ∥야무진 성격 しっかりした性格. 야무지게 생기다 しっかり者に見える.
야물다¹ 囲 〖語幹幹〗 (性格や態度などが) しっかりしている.
야물다² 囲 〖語幹幹〗 (果物・穀物などの實が) しっかり實っている.
야박-하다 (野薄-) 〖-바카-〗囲 하타 薄情だ; 不人情だ. ∥야박한 사람 薄情な人.
야반-도주 (夜半逃走) 图 하자 = 야간도주(夜間逃走).
야-밤 (夜-) 图 夜中; 深夜.
야비-하다 (野卑-/野鄙-) /ja:bihada/ 囲 하타 下品で狡猾(こうかつ)だ; えげつない. ∥야비한 수법 えげつない手口.
야사 (野史) 图 野史; 外史.
야산 (野山) 图 野原の近くの低い山.
야상-곡 (夜想曲) 图 [音樂] 夜想曲; ノクターン.
야생 (野生) 图 하자 野生.
야생-동물 (野生動物) 图 野生動物.
야생-식물 (野生植物) 〖-씽-〗图 野生植物.
야생-적 (野生的) 图 野生的.
야생-종 (野生種) 图 野生種.
야생-화 (野生花) 图 野生花.
야성 (野性) 图 野性.
야성-미 (野性美) 图 野性美.
야성-적 (野性的) 图 野性的. ∥야성적인 매력 野性的な魅力.
야속-하다 (野俗-) /ja:sokʰada/ 囲 하타 〖-소카-〗 薄情だ; (態度が) 冷たい; 恨めしい. ∥야속한 사람 薄情な人. 약속을 저버린 그 사람이 야속하다 約束を破ったあの人が恨めしい. **야속-히** 副
야수¹ (野手) 图 (野球で)野手; フィールダー.
야수² (野獸) 图 野獸.
야습 (夜襲) 图 하자 夜襲; 夜討ち.
야-시장 (夜市場) 图 夜市; 夜店.
야식 (夜食) 图 夜食.
야심 (野心) 图 野心. ∥야심을 품다 야심을 가지다.
야심-가 (野心家) 图 野心家.
야심만만-하다 (野心滿滿-) 囲 하타 野心滿滿だ. ∥야심만만한 젊은이 野心滿滿な若者.
야심-작 (野心作) 图 野心作.

야심-적(野心的)【名】野心的.∥야심적인 작품 野心的な作品.

야심-하다(夜深−)【形】[하変] 夜が深まっている; 夜遅い.

야영(野營)【名】[하自] 野営.
 야영-장(野營場)【名】野営場.
 야영-지(野營地)【名】野営地.

야옹猫の鳴き声: ニャー. **야옹-야옹**同上.

야외(野外) /ja:we/ 【−에】【名】野外.∥야외 수업 野外授業. 야외 촬영 野外撮影. 야외 콘서트 野外コンサート.

야위다 /jawida/ 【自】やせ細る; やせ衰える; やつれる.∥야위 몸 やせ衰えた体, 야위었을 때는 몹시 아위었다 병약했던 것인가 하고 생각하고 있다. ☞여위다.

야유(揶揄)【名】[하変] 揶揄(る); 野次.∥야유를 퍼붓다 野次を飛ばす.

야유-회(野遊會)【−에】【名】 ピクニック; 仲間内で行うような野外の集い.

야음(夜陰)【名】夜陰.∥야음을 틈타 침입하다 夜陰に乗じて侵入する.

야자(椰子)【植物】ヤシ(椰子).
 야자-수(椰子樹)【名】ヤシの木.

야전[1](夜戰)【名】夜戦.

야전[2](野戰)【名】野戦.
 야전-군(野戰軍)【名】野戦軍.
 야전 병원(野戰病院)【名】野戦病院.
 야전 침대(野戰寢臺)【名】折り畳んで野外に持ち運びやすい簡易ベッド.

야조(野鳥)【名】= 야금(夜禽).

야차(夜叉)【仏教】夜叉(ﾔｼｬ).

야채(野菜) /ja:tʃʰe/ 【名】野菜.∥야채 수프 野菜スープ. 야채 주스 野菜ジュース. 야채 샐러드 野菜サラダ. 야채 가게 八百屋; 青物屋.

야코-죽다【−따】【自】《俗っぽい言い方で》圧倒される; 気がくじける.
 야코-죽이다【他】《俗っぽい言い方で》圧倒する; へこます.

야트막-하다【−마카−】【形】[하変] 少し低いような感じに; 低めだ.∥야트막한 산 低めの山.

야-하다(冶−) /ja:hada/ 【形】[하変] ❶《服装や化粧などが》けばけばしく派手だ; 露出度が高い.∥야한 옷차림 派手な身なり. ❷ 煽情的だ.∥야한 장면 煽情的なシーン.

야학(夜學)【名】夜学.

야합(野合)【名】[하自] ❶ 野合. ❷ よからぬ目的のため徒同士でつるむこと.

야행(夜行)【名】[하自] 夜行. ㋺주행(晝行).
 야행-성(夜行性)【−생】【名】夜行性.∥야행성 동물 夜行性動物.

야호[感] ❶ 山に登った人が叫ぶ声: ヤッホー. ❷ 浮かれて叫ぶ声.

야화[1](夜話)【名】夜話.

야화[2](野火)【名】野火.

약[1] /jak/ ❶ 植物などが持っている独特な刺激成分. ❷ 腹が立つ時に起こる不愉快な感情. ▶ 약을 올리다 怒らせる. ▶ 약이 오르다 ① (生長したタバコや唐辛子などが) 刺激成分を放つようになる. ② 腹が立つ.

약[2](略)【名】略; 省略.

약[3](藥) /jak/ 【名】❶ 薬.∥약을 바르다 薬をつける; 薬を塗る. 약을 먹다 薬を飲む. 잘 듣는 약 よく効く薬. 가루 약 粉薬. ❷ 農薬; 殺虫剤. ❸ 艶出しクリーム.∥구두에 약을 칠하다 靴に艶出しクリームを塗る. ❹ 麻薬. ❺ バッテリー; 電池.∥시계 약이 다 됐나 보다 時計の電池が切れたみたいだ. ❻《比喩的に》役に立つよいもの.∥들어 두면 약이 되는 이야기 聞いておくと役に立つ話. ▶ 약을 팔다 油を売る.

약[4](約) /jak/ 【副】約…; およそ…; おおよそ…; ほぼ….∥약 한 달 約1ヶ月. 역에서 약 오백 미터 떨어진 곳 駅からおよそ500メートル離れたところ.

약간(若干) /jaʔkan/ 【−깐】【名】若干.∥약간의 여유 若干の余裕. 약간의 수정 若干の修正.
 ── 【副】若干; 少し; やや; いくらか; いささか.∥이 문제는 약간 어렵다 この問題は若干難しい. 이것보다 약간 작다 これよりやや小さい. 돈이 약간 모자라다 お金がいくらか足りない.

약-값(藥−)【−깝】【名】薬価.

약골(弱骨)【−꼴】【名】❶ 病弱な人. ❷ 弱い体. ㋺강골(強骨).

약과(藥菓·藥果)【−꽈】【名】❶《料理》蜂蜜と小麦粉を練って菊などの色々な模様の木の枠に入れて形を作って揚げた伝統菓子. ❷《他のものに比べて》その程度のこと; 何でもないこと; 大したことではないこと.∥이 정도는 약과예요 そのくらいは大したことではありません.

약관[1](約款)【−꽌】【名】《法律》約款(ﾔｯｶﾝ).

약관[2](弱冠)【−꽌】【名】弱冠. ✤男子20歳のこと.

약국(藥局) /jaʔkuk/ 【−꾹】【名】薬局.∥약국에서 약을 짓다 薬局で薬を調合してもらう.

약국[2](弱國)【−꾹】【名】弱国. ㋺강국(強國).

약기(略記)【−끼】【名】[하変] 略記.

약다 /jakʔta/ 【−따】【形】小ざかしい; ずる賢い; ずるい.∥약은 사람 ずるい人. 약게 굴다 小ざかしく立ち回る.

약-단지(藥−)【−딴−】【名】漢方薬を煎じ; 薬を入れておく壺.

약대(藥大)〈略〉【名】《薬学大学(藥學大學)の略語》薬学部.

약도(略圖)【−또】【名】略図.

약동(躍動)【−똥】【名】[하自] 躍動.
 약동-감(躍動感)【−똥−】【名】躍動感.∥약동감 넘치는 연기 躍動感あふれる演技.

약력(略歷)【549】⟨名⟩ 略歷.

약령-시(藥令市)【549시】⟨名⟩ 漢方薬の材料の売買が行われた都市. ✢京城(京城)・대구(大邱)・대전(大田)・전주(全州)・청주(淸州) など.

약리(藥理)【549】⟨名⟩ 薬理. ‖약리 작용 藥理作用.

약리-학(藥理學)【549니】⟨名⟩ 薬理学.

약물(藥物)【양-】⟨名⟩ 薬物.

약물-요법(藥物療法)【양-뇨뻡】⟨名⟩ 薬物療法.

약물-중독(藥物中毒)【양-】⟨名⟩ 薬物中毒.

약물-학(藥物學)【양-】⟨名⟩ ⟹약리학(藥理學).

약-발(藥-)【-빨】⟨名⟩ 薬の効果; 薬効; 効き目.

약-밥(藥-)【-빱】⟨名⟩ ⟹약식(藥食).

약방(藥房)【-빵】⟨名⟩ /jakʔpaŋ/ ❶ 漢方薬を調合したり売ったりする所. ❷ 薬局. ‖약방에 감초 ⟪諷⟫ (「薬屋に必ずある甘草」の意で) ① 欠かせない存在. ② どんなことにも首を突っ込む人.

약-방문(藥方文)【-빵-】⟨名⟩ ⟪漢方⟫ 処方箋.

약병(藥甁)【-뼝】⟨名⟩ 薬瓶.

약-봉지(藥封紙)【-뽕-】⟨名⟩ 薬を入れる袋; 薬包.

약사[1](略史)【-싸】⟨名⟩ 略史.

약사[2](藥師)【-싸】⟨名⟩ 薬剤師.

약-사발(藥沙鉢・藥砂鉢)【-싸-】⟨名⟩ ❶ 煎じた漢方薬を入れる器. ❷ 昔, 罪を犯した王族や臣下に与えるために毒薬を入れた器.

약사-여래(藥師如來)【名】⟪仏教⟫ 薬師如来.

약삭-빠르다【-싹-】⟨形⟩[르変] すばしこい. ‖약삭빠르게 행동하다 すばしこく行動する.

약세(弱勢)【-쎄】⟨名⟩ ❶ 勢力が弱いこと. ❷ 物価や株価が下落する相場. ⟺강세(強勢).

약소(弱小)【-쏘】⟨名下形⟩ 弱小; 弱小勢力.

약소-국(弱小國)【-쏘-】⟨名⟩ 弱小国. ⟺강대국(強大國).

약소-국가(弱小國家)【-쏘-까】⟨名⟩ 弱小国家.

약소-민족(弱小民族)【-쏘-】⟨名⟩ 弱小民族.

약소-하다(弱少-)【-쏘-】⟨形⟩[여変] 少なくて粗末だ; つまらない; ささやかだ. ‖약소한 것이지만 받ってお受け取り下さい. つまらないものですが, 受け取って下さい. 약소한 선물 ささやかな贈り物.

약속(約束)【-쏙】⟨名下他⟩ /jakʔsok/ 約束. ‖약속을 지키다 約束を守る. 약속을 어기다 約束を破る. 간다고 약속한 이상은 무슨 일이 있더라도 가야 한다 行くと約束した以上は何がなんでも行かなければならない. 그 점은 양보하기로 약속했다 その点は譲ることを約束した. 약속한 날짜 約束した日にち. 약속 장소 約束場所.

약속-어음(約束-)【-쏘거-】⟨名⟩ ⟪経⟫ 約束手形.

약-손(藥-)【-쏜】⟨名⟩ 痛いところをさすりでやると症状が治ったように感じられる手.

약-손가락(藥-)【-쏜까-】⟨名⟩ 薬指; 無名指. ⟹약지(藥指).

약-솜(藥-)【-쏨】⟨名⟩ 脱脂綿.

약수[1](約數)【-쑤】⟨名⟩ ⟪数学⟫ 約数. ⟺배수(倍數).

약수[2](藥水)【jakʔsu】【-쑤】⟨名⟩ 薬効があるとされる水; 天然水.

약수-터(藥水-)【-쑤-】⟨名⟩ 薬効があるとされる水の出るところ.

약술(略述)【-쑬】⟨名下他⟩ 略述. ‖경과를 약술하다 経過を略述する.

약술[2](藥-)【-쑬】⟨名⟩ 薬酒.

약시(弱視)【-씨】⟨名⟩ 弱視.

약식[1](略式)【-씩】⟨名⟩ 略式. ⟺정식(正式). ‖약식 재판 略式裁判. 약식 소송 略式訴訟.

약식-기소(略式起訴)【-씩-】⟨名⟩ ⟪法律⟫ 略式起訴.

약식-명령(略式命令)【-씩-녕】⟨名⟩ ⟪法律⟫ 略式命令.

약식[2](藥食)【-씩】⟨名⟩ ⟪料理⟫ もち米に黒糖・ゴマ油・醤油・ナツメ・栗・松の実などを入れて蒸した伝統料理.

약아-빠지다【形】ずる賢い; 悪賢い; 小ざかしい; ずる賢い小わが者. ‖약아빠진 장사꾼 ずる賢い商売人.

약어(略語)【名】⟪言語⟫ 略語.

약-오르다/jagoruda/【르変】[약을라, 약오르니] 煽る; 腹が立つ.

약-올리다【他】怒らせる; からかう. ‖약 올리지 마세요 からかわないでください.

약용(藥用)【名下他⟩ 薬用. ‖약용 알코올 薬用アルコール.

약육-강식(肉肉強食)【-장-】⟨名下自⟩ 弱肉強食.

약자(弱者)【-짜】⟨名⟩ 弱者. ⟺강자(強者).

약-장수(藥-)【-짱-】⟨名⟩ ❶ 薬売り. ❷[からかい言い方で] おしゃべりが興に乗ってきた人.

약전(略傳)【名】略伝.

약점(弱點)/jakʔtʃɔm/【-쩜】⟨名⟩ 弱点; 弱み. ⟺강점(強點). ‖약점을 찔리다 弱点をつかれる. 약점을 찌르다 弱点[泣き所]をつく. 약점을 보이다 弱点を見せる. 약점을 드러내다 弱点をさらけ出す. 약점을 잡다 弱点を握る. 약점을 잡히다 弱点を握られる.

약정(約定)【名下自他⟩ 約定.

약정-가(約定價)【-쩡까】⟨名⟩ 約定価.

약정-서(約定書)【名】約定書.

약제-사(藥劑師)【-졔-】⟨名⟩ 薬剤師.

약주(藥酒) /jak͈ʨu/【-쭈】名 ❶ 薬酒. ❷ 酒の尊敬語. ❸ 濁り酒を寝かせて上の部分の澄んだ酒で作った伝統酒.

약지(藥指) /-ʨi/【-찌】名 薬指; 無名指. (類)약손가락(藥-).

약진¹(弱震) /-ʨin/【-찐】名 弱震.

약진²(躍進) /-ʨin/【-찐】名 (하자) 躍進. ‖눈부신 약진상 めざましい躍進ぶり.

약체(弱體) /-ʨhe/ 名 弱體.
　　약체-화(弱體化) /-hwa/ 名 (되자) 弱体化.

약체²(略體) /-ʨhe/ 名 略字.

약초(藥草) /-ʨho/ 名 薬草.

약칭(略稱) /-ʨhiŋ/ 名 (하자) 略称.

약탈(掠奪) /-thal/ 名 (하자) 略奪. ‖재물을 약탈하다 財宝を略奪する. **약탈-당하다**

약탕-기(藥湯器) /-ki/【-끼】名 漢方薬を煎じるための専用の器.

약품(藥品) /-pnum/ 名 薬品. ‖화학 약품 化学薬品.

약-하다(弱-) /jakhada/【야카-】形(여변) ❶ 弱い. (類)강하다(強-). ‖몸이 약하다 体が弱い. 의지가 약하다 意志が弱い. 시력이 약하다 視力が弱い. 수학이 약하다 数学が弱い. 약한 팀 弱いチーム. ❷ (…に)弱い. ‖술에 약하다 酒に弱い. 열에 약하다 熱に弱い. ❸ (アルコール度数が)弱い. ‖약한 술 アルコール度数が弱い酒.

약학(藥學) /jakhak/【야칵】名 薬学.

약해¹(略解) /-he/【야캐】名 (하자) 略解.

약해²(藥害) /-he/【야캐】名 薬害.

약해-지다 /jakhe-/【야캐-】自 弱まる; 弱まる; 弱くなる; 衰える. ‖기력이 약해지다 気力が弱る. 체력이 약해지다 体力が衰える.

약혼(約婚) /jakhon/【야콘】名 (하자) 婚約. (類)정혼(定婚).
　　약혼-녀(約婚女) /-njə/ フィアンセの女性.
　　약혼-식(約婚式) /-ɕik/ 婚約式.
　　약혼-자(約婚者) /-ʥa/ 婚約者.

약화(弱化) /jakhwa/【야콰】名 (하자) 弱化; 弱まること. (反)강화(強化). ‖세력이 약화되다 勢力が弱化する.

약효(藥效) /jakhjo/【야쿄】名 薬効; 薬の効き目.

얄-궂다 /jalgutʨ͈a/【-굳따】形 (여변) ❶ (性格などが)変わっている; 意地悪だ. ‖얄궂은 소리를 하다 意地悪なことを言う. ❷ 奇妙だ; 数奇だ. ‖얄궂은 운명 数奇な運命.

얄-밉다 /jalmipʨ͈a/【-따】形 (ㅂ변) [얄미워, 얄미운] 憎らしい; 憎たらしい; 小憎らしい. ‖하는 짓이 얄밉다 やることが小憎らしい. 얄미운 소리만 하다 憎まれることばかりを言う.

얄팍-하다 /-pʰakhada/【-파카-】形 (여변) ❶ (厚さが)薄く, かなり薄い. ❷ 浅はかで思っていることが見え見えだ. ‖얄팍한 상술 見え見えの商魂.

얇다 /jalta/【얄따】形 (厚さや内容が)薄い. (反)두껍다. ‖옷이 얇다 服が薄い. 얇은 판자 薄い板. 얇은 입술 薄い唇.

얌전-떨다[-빼다] 自(ㄹ語幹) 猫をかぶる.

얌전-하다 /jamʥənhada/ 形 (여변) おとなしい; 淑やかだ; 慎ましやかだ. ‖얌전한 처녀 淑やかな娘さん. 얌전하게 먹고 있다 おとなしく食べている. **얌전-히** 副 ▶얌전한 고양이 부뚜막에 먼저 올라간다(鬱)(「おとなしい猫がかまどに先に上る」の意で)一見おとなしく控え目のように見える人が実はちゃっかり実利をとることのたとえ.

얌체 /jamʨʰe/【-】名(さげすむ言い方で)賢い人; 自己中心的で実利をとる人.

얏 /jat/ 感 気合を入れる時に出す声; やっ; えっ. ‖얏! 하고 기합을 넣다 やあっと気合を入れる.

양¹(羊) /jaŋ/ 名 ❶【動物】ヒツジ(羊). ‖양을 치다 ヒツジを飼う. ❷【キリスト教】信者.

양²(良) 名 5段階の成績評価(秀·優·美·良·可)の中で 4 番目の成績: 良.

양³(梁) /jaŋ/(姓) 梁(ヤン).

양⁴(楊) /jaŋ/(姓) 楊(ヤン).

양⁵(陽) /jaŋ/ 名 ❶【物理】陽極. ❷(易学で)陰に対して積極的で能動的な面. ❸(漢方)成分や体質などを陰陽論で捉えた時に積極的で熱いこと. (反)음(陰).

양⁶(量) /jaŋ/ 名 量; 分量; 数量. ‖양이 많다 量が多い. 소금 양을 줄이다 塩の量を減らす. 양보다 질を優先하다 量より質を優先する.

양⁷(兩) /jaŋ/ 冠 両方の; 両. ‖양손 両手.

양⁸ /jaŋ/ 依名 ❶ …のように; …みたいに. ‖마치 자기 것인 양 쓰다 まるで自分のものように使う. ❷ …つもりで. ‖많이 알고 있는 양 떠벌리다 たくさん知っているつもりで大げさに言う. 친구 집에 갈 양으로 버스를 탔다 友だちの家に行くつもりでバスに乗った.

양⁹(孃) 依名 年下の未婚の女性に対して姓や名前の後に付ける語. ‖姓だけに付ける場合は見下すような感じを与える.

양-¹⁰(養) 接頭 [関係を表わす一部の名詞の前に付けて] 養…. ‖양부모 養父母.

양-¹¹(洋) 接頭 洋…; 西洋の…; 外国製の…. ‖양담배 外国製のタバコ. 양상추 レタス.

-양¹²(孃) 接尾 …嬢.

양가¹(良家) 名 良家.
　　양갓-집(良家 ㅅ-)【-가찝/-간찝】名 良家.

양가²(兩家) 名 両家.

양각(陽刻) 名 (하자) 【美術】陽刻; 浮き彫り(陰刻).

양감(量感) 名 【美術】量感.

양갱 (羊羹) [名] 羊羹.
양건^예금 (兩建預金) [名]《経》 両建預金. [類]꺾기.
양계 (養鷄)【-/-게】[名] [하自] 養鶏.
양계-장 (養鷄場) [名] 養鶏場.
양-고기 (羊-) [名] 羊肉.
양-공주 (洋公主) [名] 〔皮肉る言い方で〕西洋人に売春する女性.
양-과자 (洋菓子) [名] 洋菓子.
양궁 (洋弓) [名]《スポーツ》 洋弓; アーチェリー.
양귀비 (楊貴妃) [名]《植物》 ケシ(芥子).
양귀비-꽃 (楊貴妃-)【-꼳】[名]《植物》ケシの花.
양극[1] (兩極) [名]《地》 両極.
양극[2] (陽極) [名]《物理》 陽極. [対]음극(陰極).
양기 (陽氣) [名] ❶陽気. ❷《漢方》体内の陽の気; 男性の精気. [対]음기(陰氣).
양-껏 (量-)【-껃】[副] 目いっぱい; いっぱい; 量の限界まで. ‖양껏 먹다 お腹いっぱい食べる.
양-끝 (兩-)【-끋】[名] 両端.
양녀 (養女) [名] 養女.
양념 /jaŋnjɔm/ [名] ❶ヤンニョム(醤油・ニンニク・ネギ・唐辛子・砂糖・ゴマなどを入れたタレ); 薬味. ‖양념을 하다 味付けをする. ❷〔比喩的に〕興を添えるために加えるもの.
양념-장 (-醬) [名] ニンニク・ネギ・唐辛子などを入れた醤油ベースのタレ.
양-다리 (兩-) [名] 二股. ▸양다리를 걸치다 二股をかける.
양단[1] (兩端) [名] ❶両端. ❷相反.
양단[2] (洋緞) [名] 厚く織って金糸や銀糸などで刺繍を入れた高級絹.
양단[3] (兩斷) [名] [하他] 両断.
양달 (陽-) [名] 日の当たる所; 日向. [対]음달(陰-)・응달.
양-담배 (洋-) [名] 外国製のタバコ.
양당 (兩黨) [名] 二大政党. ‖양당 제도 二大政党制.
양대 (兩大) [冠] 二つの大きい; 二大の. ‖양대 세력 二大勢力.
양도 (讓渡) [名] [하他] 譲渡. ‖건물을 양도하다 建物を譲渡する. 양도 계약 譲渡契約. **양도-되다[-받다]** [受身]
양도^소득 (讓渡所得) [名] 譲渡所得.
양도-인 (讓渡人) [名] 譲渡人.
양-도체 (良導體) [名] 良導体. [対]부도체(不導體).
양돈 (養豚) [名] [하自] 養豚.
양-동이 (洋-) [名] バケツ.
양동^작전 (陽動作戰)【-쩐】[名]《軍事》陽動作戦.
양두-구육 (羊頭狗肉) [名] 羊頭狗肉.
양떼-구름 (羊-) [名]《天文》 高積雲.
양-띠 (羊-) [名] 未年生まれ.
양력 (陽曆)【-녁】[名] 陽暦; 西暦. [対]음력(陰曆).
양로 (養老)【-노】[名] [하自] 養老.
양로^보험 (養老保險) [名] 養老保険.
양로^연금 (養老年金) [名] 養老年金.
양로-원 (養老院) [名] 老人ホーム; 養老院.
양론 (兩論)【-논】[名] 両論. ‖찬반 양론 賛否両論.
양립 (兩立)【-닙】[名] [하他] 両立. ‖일과 육아를 양립시키다 仕事と育児を両立させる.
양막 (羊膜) [名]《解剖》 羊膜.
양말 (洋襪) /jaŋmal/ [名] 靴下. ‖양말을 신다 靴下を履く. 양말을 세 켤레 사다 靴下を3足買う. 짝짝이 양말 左右不ぞろいの靴下.
양면 (兩面) [名] 両面. ‖양면 테이프 両面テープ. 양면 복사 両面コピー. 물심양면 物心両面.
양명-학 (陽明學) [名] 陽明学.
양모 (羊毛) [名] 羊毛.
양미-간 (兩眉間) [名] 眉間. [略]미간(眉間). ‖양미간을 찌푸리다 眉間にしわを寄せる.
양민 (良民) [名] 良民.
양반 (兩班) /ja:ŋban/ [名] ❶《歴史》ヤンバン(李朝時代の支配階級). ❷教養があって礼儀正しい人. ❸中年の女性が自分の夫を指して言う語. ‖우리 집 양반은 지금 출장 가고 없어요 うちの主人は今出張に行って, いません. ❹成人男性を親しくまたは見くびって言う語. ‖이 양반이 지금 무슨 소리를 하는 거야? このおじさん, 何を言っているの.
양방 (兩方) [名] 両方.
양-배추 (洋-) /jaŋbɛ:ʧʰu/ [名]《植物》キャベツ.
양-변기 (洋便器) [名] 洋式の便器.
양보 (讓步) [名] [하他] 譲歩; 譲ること. ‖자리를 양보하다 席を譲る. **양보-받다** [受身]
양복 (洋服) /jaŋbok/ [名] スーツ; 洋服; 背広. ‖양복 한 벌을 사다 背広を1着買う. ✣主に紳士服を指す. 婦人服は양장(洋裝).
양복-바지 (洋服-)【-빠-】[名] スーツのズボン.
양복-점 (洋服店)【-쩜】[名] 洋服店; 仕立屋; テーラー.
양봉 (養蜂) [名] [하自] 養蜂.
양-부모 (養父母) [名] 養父母.
양분[1] (兩分) [名] [하他] 両分. ‖이익을 양분하다 利益を両分する. **양분-되다** [受身]
양분[2] (養分) [名] 養分; 栄養分.
양산[1] (陽傘) [名] 日傘; パラソル. ‖양산을 쓰다 日傘を差す.
양산[2] (量産) [名] [하他] 量産. ‖양산 체제를 갖추다 量産体制を整える.
양상 (樣相) [名] 様相. ‖복잡한 양상을

양상-군자 (梁上君子) 圀 梁上의 君子. ❶ 泥棒. ❷ ネズミ.
양-상추 (洋-) 圀〔植物〕レタス.
양서¹ (良書) 圀 良書.
양서² (洋書) 圀 洋書.
양서-류 (兩棲類) 圀〔動物〕両生類.
양성¹ (兩性) 圀 両性.
  양성 생식 (兩性生殖) 圀〔生物〕両性生殖. ↔단성 생식 (單性生殖).
  양성-화 (兩性花) 圀〔植物〕両性花. ↔단성화 (單性花).
양성² (陽性) 圀 陽性. ↔음성 (陰性).
  양성 모음 (陽性母音) 韓国語の母音の中で〔ㅏ・ㅑ・ㅗ・ㅛ・ㅐ・ㅚ〕などの母音. ↔음성 모음 (陰性母音).
  양성-반응 (陽性反應) 圀〔医学〕陽性反応.
  양성-자 (陽性子) 圀〔物理〕陽子; プロトン.
  양성-화 (陽性化) 圀他 陽性化.
양성³ (養成) 圀他 養成; 育成. ‖인재를 양성하다 人材を養成する. **양성-되다** 受動
  양성-소 (養成所) 圀 養成所.
양-손 (兩-) 圀 両手.
양-송이 (洋松相) 圀〔植物〕マッシュルーム.
양수¹ (羊水) 圀〔生理〕羊水.
양수² (陽数) 圀〔数学〕正数. ↔음수 (陰数).
양수-계 (量水計)〔-/-계〕圀 =양수기 (量水器).
양수-기¹ (揚水機) 圀 揚水機.
양수-기² (量水器) 圀 量水器.
양-수사 (量數詞) 圀〔言語〕基数詞.
양순-음 (兩唇音) 圀 両唇音.
양순-하다 (良順-) 邢〔하요〕 善良でおとなしい.
양식¹ (良識) 圀 良識. ‖양식이 있는 사람 良識のある人.
양식² (洋式) 圀 洋式.
양식³ (洋食) 圀 洋食.
양식⁴ (様式) /janɕik/ 圀 様式; スタイル. ‖생활 양식 生活様式. 건축 양식 建築様式. 로코코 양식 ロココ様式[スタイル]. 서류의 양식이 바뀌다 書類の様式が変わる.
양식⁵ (養殖) /jaːɕik/ 圀他 養殖. 《양식하다 養殖する.
  양식-업 (養殖業) 圀 養殖業.
  양식-장 (養殖場) 圀 養殖場.
양식⁶ (糧食) /janɕik/ 圀 ❶ 食糧; 食料. ❷ 圀 독서는 마음의 양식 読書は心の糧.
양실 (洋室) 圀 洋室; 洋間.
양심 (良心) /janɕim/ 圀 良心. ‖양심의 자유 良心の自由. 양심의 가책을 느끼다 良心の呵責を感じる. 양심에 찔리다 良心がとがめる.
  양심-범 (良心犯) 圀 良心の囚人.
  양심-적 (良心的) 圀 良心的. ‖양심적인 가게 良心的な店.
양-아들 (養-) 圀 養子. ⇒ 양자 (養子).
양-아치 (養-) 圀 ❶〔거지·넘마주이의 俗語〕乞食; くず拾い. ❷ やくざ; ギャング; チンピラ.
양악 (洋樂) 圀〔音楽〕洋楽.
양안 (兩岸) 圀 両岸.
양약¹ (良薬) 圀 良薬.
  양약-고구 (良薬苦口)【-꼬-】圀 良薬口に苦し.
양약² (洋薬) 圀 西洋の薬.
양양¹ (洋洋) 圀邢 洋々. ‖전도양양 前途洋々.
양양² (揚揚) 圀邢 揚々. ‖의기양양 意気揚々.
양어 (養魚) 圀自 養魚.
  양어-장 (養魚場) 圀 養魚場.
양-옆 (兩-)【-녑】圀 左右両側の横.
양옥 (洋屋) 圀 洋館; 洋風住宅.
  양옥-집 (洋屋-)【-찝】圀 =양옥 (洋屋).
양용 (兩用) 圀他 両用. ‖수륙 양용 水陸両用.
양원 (兩院) 圀 両院.
  양원-제 (兩院制) 圀 両院制. ↔단원제 (單院制).
양육 (養育) 圀他 養育.
  양육-비 (養育費)【-삐】圀 養育費; 養育料.
  양육-원 (養育院) 圀 児童養護施設.
양-이온 (陽 ion) 圀〔物理〕陽イオン; プラスイオン. ↔음이온 (陰-).
양익 (兩翼) 圀 両翼.
양일 (兩日) 圀 両日.
양자¹ (兩者) 圀 両者; 両方.
양자² (陽子) 圀〔物理〕陽子.
양자³ (量子) 圀〔物理〕量子.
  양자-론 (量子論) 圀〔量子論〕量子論.
양자⁴ (養子) 圀 養子; 貰い子. ‖양자로 가다 養子になる.
양-자리 (羊-) 圀〔天文〕羊座.
양자-택일 (兩者擇一) 圀自 二者択一.
양잠 (養蠶) 圀自 養蚕.
양장 (洋装) 圀 洋装.
  양장-점 (洋装店) 圀 婦人服の仕立屋.
양재 (洋裁) 圀 洋裁.
양-잿물 (洋-)【-짿-】圀 洗濯用の苛性ソーダ; 水酸化ナトリウム.
양-적 (量的)【-쩍】圀 量的の(質的). ‖양적 증가 量的な増加.
양전 (陽轉) 圀自 陽転.
양-전극 (陽電極) 圀 陽極. ↔음전극 (陰電極).
양-전기 (陽電氣) 圀 陽電気. ↔음전

기(陰電氣).
양-전자 (陽電子) 图 《物理》 陽電子. ⑳음양전자(陰電子).
양조 (釀造) 图 <u>하다</u> 釀造.
　양조-장 (釀造場) 图 釀造所.
　양조-주 (釀造酒) 图 釀造酒.
양주¹ (良酒) 图 良酒.
양주² (洋酒) 图 洋酒.
양지 (陽地) /janʤi/ 图 日向. ⑳음지 (陰地).
　양지-바르다 (陽地-) 形 [르變] 日当たりがいい. ‖양지바른 곳에 심다 日当たりのいい所に植える.
　양지=식물 (陽地植物) 【-싱-】 图 《植物》陽生植物.
양지-머리 图 牛肉の胸の部分の骨と肉.
양질 (良質) 图 良質. ‖양질의 석탄 良質の石炭.
양-쪽 (兩-) 图 両方; 双方.
양책 (良策) 图 良策.
양처 (良妻) 图 良妻. ‖현모양처 良妻賢母.
양철 (洋鐵) 图 ブリキ.
양-초 (洋-) 图 蠟燭(ﾛｳｿｸ).
양측 (兩側) 图 両側; 両方.
양-치기 (羊-) 图 <u>하다</u> 羊飼い.
양치=식물 (羊齒植物) 【-싱-】 图 《植物》羊歯植物.
양치-질 (+楊枝-) /ja:ŋtɕhiʤil/ 图 <u>하다</u> 歯磨き. ‖양치질을 하다 歯磨きをする.
양친 (兩親) 图 両親.
양키 (Yankee) 图 ヤンキー.
양-탄자 (洋-) 图 絨緞(ｼﾞｭｳﾀﾝ).
양태 (樣態) 图 樣態; 樣子.
양-털 (羊-) 图 羊毛; ウール.
양-파 (洋-) /janpʰa/ 图 《植物》タマネギ(玉葱). ‖양파 껍질을 벗기다 玉ネギの皮をむく.
양판-점 (量販店) 图 量販店.
양품 (良品) 图 良品.
　양품-점 (洋品店) 图 洋品店.
양풍 (良風) 图 良風.
양피-지 (羊皮紙) 图 羊皮紙.
양-하 (蘘荷) 图 《植物》 ミョウガ (茗荷).
양항 (良港) 图 良港.
양해¹ (諒解) 图 <u>하다</u> 了解; 了承. ‖양해를 구하다 了解を求める. 양해를 바랍니다 宜しくご了承ください. **양해-받다** 图
양-해² (羊-) 图 未年. ⑳미년 (未年).
양호 (養護) 图 <u>하다</u> 養護.
　양호-실 (養護室) 图 (学校や会社などの)保健室.
양호-하다 (良好-) 形 [하變] 良好だ. ‖건강 상태가 양호하다 健康状態が良好だ.
양화 (洋畵) 图 ❶ 西洋畵(西洋畫)の略語. ❷ 西洋映画.
얕다 /jatʔta/ 图 [얕따] 形 ❶ 浅い. ‖얕은

개울 浅い小川. 얕은 잠이 들다 浅い眠りにつく. ❷ 浅はかだ. ‖생각이 얕다 浅はかな考え.
얕-보다 /jatʔpoda/【얕뽀-】 他 見くびる; 侮る; 見下す; 軽んじる. ‖상대를 얕보다 相手を見下す. 상대 팀을 얕보다가 참패하다 相手チームを見くびって惨敗する.
얕은-꾀 [-/-꿰] 图 浅知恵. ‖얕은꾀를 부리다 浅知恵をはたらかせる.
얕-잡다 /jatʔtɕapʔta/ 他 さげすむ; なめる; 見くびる; 甘く見る. ‖얕잡아 보고 말을 함부로 하다 見くびってぞんざいな言い方をする.
얘¹ 图 ハングル母音字母「ㅒ」の名称.
얘² 感 ❶ 子どもほぼまたは大人が子どもを呼ぶ語: おい; やあ. ❷ 〈文の最後に付けて〉 同年輩の親しい間で驚いたりあきれたりした時に出す言.
얘³ 〔이 아이의 縮約形〕この子.
얘기 /je:gi/ 图 <u>하다</u> 〔이야기의 縮約形〕話. ‖재미있는 얘기 面白い話.
　얘깃-거리 [-기꺼-/-긴꺼-] 〔이야깃거리의 縮約形〕話題; 話のたね.
어¹ 图 ハングル母音字母「ㅓ」の名称.
어² 感 ❶ 軽い驚きなどを representing하여 表わす語: あっ; あら. ❷ 感動や喜怒哀楽の感情을 표하는 語: ああ; おお.
-어¹ /ʌ/ 語尾 〔陰母音의 어간에 붙어서; 陽母音の場合は -아〕 ❶ 叙述の意を表す: …て. ‖먹어 보다 食べてみる. 울어 버렸다 泣いてしまった. ❷ 理由・原因などの意を表わす: …て; …して; …くて; …ので. ‖너무 매워 못 먹겠다 辛すぎて食べられない. 많이 울어서 눈이 부었다 泣きすぎて目が腫れた. ❸ 疑問・命令・感嘆などの意を表わす: ‖빨리 먹어 早く食べて. 그렇게 싫어? そんなに嫌なの?
어간¹ (語幹) 图 《言語》 語幹.
어간² (魚肝) 图 魚の肝.
　어간-유 (魚肝油) 【-뉴】 图 肝油.
어감 (語感) 图 語感; ニュアンス. ‖어감의 미묘한 차이 語感の微妙な違い.
어구 (語句) 【-꾸】 图 《言語》 語句.
어군 (魚群) 图 魚群.
어귀 图 村や川などの入り口. ‖마을 어귀 村の入り口.
어근 (語根) 图 《言語》 語根.
어금-니 (語根) 图 奧歯(ｵｸﾊﾞ); 臼歯.
어긋-나다 /ʌgɯnnada/ 【-근-】 自 ❶ ずれる. ‖논점이 어긋나다 論点がずれる. ❷ 〈期待や一定の基準に〉反する: 食い違う. ‖이음매가 어긋나 있다 継ぎ目が食い違っている. ❸ 〈道や方向が〉行き違う. ‖도중에 길이 어긋나다 途中で行き違う. ❹ はずれる; 反く; もとる. ‖도리에 어긋나는 행동 道理にはずれる行動. 기대에 어긋나다 期待に背く.
어기 (漁期) 图 漁期.

어기다 /ɔgida/ ㉠ (약속・규칙 등을) 破る; 守らない. ‖약속을 어기다 約束を破る. 제한 속도를 어기다 制限速度を守らない. 부모님 말씀을 어기다 親の言い付けを守らない.

어기적-거리다[-대다]【-끼[때]-】㉠ 手足を不自然に大きく動かす.

어기적-어기적 副 ❶ 手足を不自然に大きく動かす様子. ❷ 食べ物を口いっぱいに入れてゆっくり噛む様子; もぐもぐ. ‖어기적어기적 씹어 먹다 もぐもぐ(と)噛む.

어김-없다【-기멉따】㉠ 間違いがない; 確かだ. ‖계절의 변화는 어김없다 季節の変化は確かだ. **어김없이-이** 副

어깨 /ɔ́k'æ/ 名 ❶ 肩. ‖어깨가 걸리다 肩が凝る. 오른쪽 어깨가 아프다 右肩が痛い. 어깨를 툭 치다 肩をぽんとたたく. 어깨를 주무르다 肩をもむ. 어깨에 짊어지다 肩に担ぐ. ❷〔깡패の俗語〕やくざ; 不良. ▶어깨가 무겁다 荷重を下ろす. ▶어깨가 무겁다 重荷を背負う. ▶어깨가 움츠러들다 肩をすくめる[すぼめる]. ▶어깨가 처지다 肩を落とす; 落胆する. ▶어깨를 겨루다 肩を並べる. ▶어깨를 나란히 하다 肩を並べる. ▶어깨를 으쓱거리다 肩を張る. ▶어깨에 힘을 주다 肩を張る.

어깨-동무 ㉠❶ 互いに肩を組んで並ぶこと. ‖친구와 어깨동무를 하고 찍은 사진 友だちと肩を組んで撮った写真.

어깨-띠 名 襷(たすき).

어깨-번호〔-番號〕名 表題語あるいは本文の右上に付ける小さい番号.

어깨-뼈〔解剖〕名 肩甲骨.

어깨-춤 名 うれしかったり興に乗ったりして肩を動かすこと; 肩を動かす踊り.

어깨-통 名 肩幅.

어쩍-죽지【-째쪽지→-쩬쪽지】名 肩先; 肩口.

어눌-하다〔語訥-〕/ɔnúlgat/ 形〔하変〕訥弁(とつべん)だ.

어느 /ɔnɯ/ 冠 ❶〔疑問文で特定の対象について聞く時の〕どの…. ‖어느 길로 갈까? どの道に行こうか. 어느 쪽, 어느쪽이 どちら. 어느 누가 一体誰が. ❷ 〔不特定のある…〕とある…. ‖비가 오는 어느 날 雨が降るある日. 어느 마을에서 있었던 일 ある村であったこと. ▶어느 겨를에 いつの間にか. ▶어느 세월에 いつになったら. ▶어느 장단에 춤추랴 〔諺〕(どちらのリズムに合わせて踊ればいいのやら)の意で方々からの指図で迷うことのたとえ.

어느-것/ʌnugɔt/【-건】代 どれ; どちらのもの. ‖어느것으로 할까요? どれにしましょうか. 어느것이 마음에 드니? どれが気に入る가.

어느-덧【-덛】副 いつの間にか; すでに. ‖어느덧 봄이 왔다 いつの間にか春が来た.

어느-새 副 いつの間にか; はや; すでに. ‖일본에 온지 어느새 십 년이 되다 日本に来てからはや 10 年になる. 어느새 여름이다 いつの間にか夏だ.

어는〔語語幹〕얼다(凍る)の現在連体形.

어는-점〔-點〕名〔物理〕氷点. ⑫氷点(氷點).

어댑터〔adapter〕名 アダプター.

-어도 /ʌdo/〔語尾〕〔陰母音の語幹に付いて; 陽母音の場合は -아도〕譲歩の意を表わす: …ても; …(だ)が. ‖많이 먹어도 살이 안 찌는 사람 たくさん食べても太らない人. 이 문장은 몇 번 읽어도 이해가 안 간다 この文章は何度読んでも理解できない. 아무리 더워도 어컨은 켜고 싶지 않다 いくら暑くてもクーラーはつけたくない.

어두〔語頭〕〔言語〕語頭.

어두운 形 어둡다(暗い)の現在連体形. ‖어두운 밤길 暗い夜道.

어두워 形〔ㅂ変〕어둡다(暗い)の連用形. ‖어두워 잘 안 보이다 暗くてよく見えない.

어두육미〔魚頭肉尾〕〔慣用〕名 魚は頭が肉、肉体はしっぽの方がおいしいということ.

어두컴컴-하다 形〔하変〕薄暗い. ‖어두컴컴한 방안 薄暗い部屋の中.

어둑-하다【-두카-】〔-ㅌ카-〕形〔하変〕(日が暮れて)かなり暗い. ‖어둑어둑해진 바깥 かなり暗くなった外.

어둑-하다【-두카-】形〔하変〕だいぶ暗い.

어둠 名 闇; 暗闇; 暗がり. ‖어둠이 깔리다 暗くなる. 어둠 속으로 사라지다 暗闇にまぎれる.

어둡다 /ʌdúp'ta/【-따】形〔ㅂ変〕〔어두워, 어두운〕❶ 暗い. ⓐ 밝다. ‖밖은 어둡다 外は暗い. 해가 져서 어두워지다 日が暮れて暗くなる. 어두운 성격 暗い性格. 어두운 과거 暗い過去. ❷ 事情をよく知らない; 疎い. ‖세상 물정에 어둡다 世事に疎い. ❸〈視力・聽力などが〉弱い; 遠い. ‖귀가 어둡다 耳が遠い.

어드레스〔address〕名 アドレス. ‖이메일 어드레스 E-メールアドレス.

어드밴티지〔advantage〕名 アドバンテージ.

어디[1] /ʌdi/ 名 ❶ どこ; どちら; どこらの辺. ‖어디 가세요? どちらへお出かけですか. 집이 어디에요? お住まいはどちらですか. 어디에 勤めですか. どちらにお勤めですか. 어디까지 갔어요? どこまで行ったんですか. 어디가 좋을까? どこがいいかな. ❷〔어딘가・어딘지の形で〕どこか. ‖그 사람은 어딘가에 외출하고 없었다 彼はどこか

가에 출어가고, 없었다. 그 사람한테는 어딘지 어두운 구석이 있다. 彼にはどこか暗いところがある. ✚下に打ち消しの表現を伴った場合はあくまで. ▶어디개가 짖느냐 한다 俗(「どこの犬が吠えるやらと言う」の意で)てんでん人の話を問うとしない.

어디² 圈 ❶ 決意・決断などがついた時に発する語: よし. ∥어디 한 번 해 보자 よし, 一度やってみよう. ∥어디 두고 보자 今に見ろ, 覚えてむれ. ❷ やさしく声をかけたりなだめたりする時に発する語: さあ. ∥열이 나니? 어디 보자 熱が出るっ? さあ, 見せてごらん. ❸ 反問などで強調して言う語: そもそも, 一体. ∥그게 어디 가능한 일이니? それが一体可能なことなの.

어때 〔어떠해의 縮約形〕 ❶ 〔疑問文の文頭で〕どう; どうだい. ∥어때, 좋지? どう, いいでしょう? ❷ 〔疑問文の文末で〕どう. ∥이거 어때? これどう?

어때-하다 〔하変〕どうである; どういうようだ; どんなふうだ. 圍어떻다. ∥어떠한 수단과 방법을 써서라도 どんな[いかなる]手段と方法を使っても.

어떠-하다 〔ㅎ変〕どうする; どういうふうにする. ∥이럴 때는 어떡하면 좋지? こんな時はどうすればいいんだろう.

어떤 /ɔtɔn/ 冠 ❶ どんな…; どのような…. ∥어떤 영화를 좋아하세요? どんな映画がお好きですか ❷ ある…, とある…. ∥어떤 사람이 이 편지를 주었어요 ある人がこの手紙をくれた.

어떻-게 〔ㅎ変〕 副 どんなに; どういうふうに; いかに; どう. ∥어떻게 하면 좋을까? どうすればいいんだろう.

어떻다 〔ㅎ変〕 形 어떠하다의 縮約形. ∥기분이 어떻습니까? ご気分はいかがですか.

-어라 語尾 ⇨ -아라.

어란 (魚卵) 图 魚卵.

어려 (於禮) 图 어리다(幼い)의 連用形.

어려운 〔ㄹ変〕 어렵다(難しい)의 現在連体形.

어려움 /ɔrjʌum/ 图 難しさ; 困苦; 不自由. ∥사회 생활의 어려움 社会人としての苦労. 어려움을 이겨 내다 困難を克服する. 아무런 어려움 없이 자라다 何の不自由なく育つ.

어려워 形 〔ㅂ変〕 어렵다(難しい)의 連用形.

어련-하다 形 〔ㅎ変〕 間違いない; 違うはずがない. ∥그 사람이 하는 일인데 어련하겠어요? 彼がやっていることだから間違いないでしょう. **어련-히** 副

어렴풋-이 〔-푸티-〕 副 〔ㅎ変〕 ❶ (記憶などが)はっきりしない; かすかだ; ぼんやりしている. ∥어렴풋한 기억 かすかな記憶. ❷ うつらうつらしている. ∥어렴

풋하게 잠이 들다 うつらうつらと眠りにつく. **어렴풋-이** 副 かすかに; ぼんやり(と).

어렵다 /ɔrjpp'ta/ 〔-따〕 形 〔ㅂ変〕〔어려워, 어려운〕 ❶ 難しい; 難解だ. ∥어려운 문제 難しい問題. 내용이 어려운 내용이 難しい. ❷ 困難だ. ∥지금 와서 계획을 변경하는 것은 어렵다 今さら計画の変更は困難だ. ❸ (生活이) 苦しい; 貧しい; 事欠かない. ∥생활이 어렵다 生活に苦しい. 어렵게 생활하고 있다 生活に事欠かない. 어렵게 합격하다 辛うじて合格する. ❹ (相手에게) 気兼ねする. ∥왠지 그 사람이 어렵다 何だかあの人には気兼ねする. ❺ 〔主に -기 어려운 の形で〕…しがたい; …するのが難しい. 理解하기 어렵다 理解しがたい; 理解に苦しむ. ▶어려운 걸음 하다 忙しいなかわざわざ遠かなる所に足を運ぶ. 바쁘신 와중에 어려운 걸음을 해 주신 선생님께 감사 드립니다 お忙しいところわざわざ足を運んでくださった先生に感謝申し上げます.

어로 (漁撈) 图 〔하変〕 漁労. ❶ 불법으로 不法漁장.

어로-권 (漁撈権) 〔-권〕 图 〔法律〕 漁労権.

어로-수역 (漁撈水域) 图 漁労水域.

어록 (語録) 图 語録.

어뢰 (魚雷) 〔-뤠〕 图 〔軍事〕 魚雷.

어뢰-정 (魚雷艇) 图 〔軍事〕 魚雷艇.

어루러기 图 〔医学〕 癜(でん).

어루-만지다 他 ❶ 撫でる; さする; 摩でする. ∥불을 어루만진다 頬を撫でる. 수염을 어루만지다 ひげを撫でる. ❷ 労る; 慰める.

어류 (魚類) 图 魚類.

어르다 他 (子どもなどを)あやす; すかす. ∥아이를 어르다 子どもをあやす.

어르신 图 어르신네의 略語.

어르신-네 图 〔남의 아버지や나이 많은 사람의 尊敬語〕相手の父; 父の友人や年寄り. 圍어르신.

어른 /ɔːrɯn/ 图 ❶ 大人; 成人. ∥어른이 되다 大人になる. 어른도 애도 즐길 수 있는 映画 大人も子どもも楽しめる映画. 어른 빰 치다 大人顔負けだ. ❷ 〔両親・祖父母などの〕目上の人. ∥지금 집에 어른들이 계시니? 今家にご両親がおられるかいらっしゃるか? ❸ 地位や親等などが上で尊敬を受ける人.

어른-스럽다 〔-따〕 形 〔ㅂ変〕 大人っぽい; 大人びている. ∥나이에 비해 어른스러운 데가 있다 年の割には大人びたところがある. 어른스럽지 못하다 大人気ない. **어른스레** 副

어른-거리다 自 ❶ ちらちらする. ∥사람 그림자가 어른거린다 人影がちらちらする. ❷ ゆらゆらする. 圍 어른거리

다.
어른-어른 튀 (하自) ❶ 見え隠れする様子; ちらちら. ‖아이 얼굴이 자꾸만 눈에 어른어른하다 子どもの顔がちらちら(と)浮かんでは消える. ❷ 水面などに影が映って揺らぐ様子; ゆらゆら. 郞아른아른.

어리광 /origwan/ 图 甘えること. ‖어리광을 부리다 甘える.
　어리광-쟁이 图 甘えん坊.
어리-굴젓 [-쩓] 图 粉唐辛子にニンニク·ショウガなどを入れて漬けた生ガキの塩辛.

어리다¹ /ərida/ 圈 ❶ 幼い. ‖어린 아이 幼い子ども. 나이에 비해 생각하는 것이 어리다 年のわりに考え方が幼い. ❷ 若い; 年下だ. ‖나이보다 어려 보이다 年より若く見える. 나보다 세 살 어리다 私より3歳[三つ]年下だ.

어리다² /ərida/ 圈 ❶ 涙ぐむ; 涙がにじむ; 目がうるむ. ‖눈물 어린 눈 涙ぐんだ目. ❷ (感情や思いなどが)こもる; 漂う. ‖애정 어린 눈길 愛情に満ちた眼差し. ❸ (目に)映る; 浮かぶ. ‖아이의 웃는 얼굴이 눈에 어리다 子どもの笑顔が目に浮かぶ.

어리둥절-하다 圈 (하変) 戸惑う; まごつく; わけが分からない. ‖갑자기 질문을 받아 어리둥절하다 急な質問に戸惑う.
어리벙벙-하다 圈 (하変) 呆然とする; 事情が分かっていない.
어리석다 /ərisɔkˀta/ 圈 【ㅅ따】 愚かだ; 頭が悪い; ばかだ. ‖어리석은 판단 愚かな判断. 어리석은 소리 하지 마라 ばかなことを言うな.
어리숙하다 어수룩하다の誤り.
어린 图 어리다(幼い)の現在連体形.
어린-것 [-껃] 图 어린아이를 낮추어 말함; 自分の幼い子供.
어린-아이 图 子ども; 幼児. 郞어린애.
어린-애 /ərine/ 图 어린 아이의 縮約形.

어린-이 /ərini/ 图 子ども; 児童. ‖어린이 헌장 児童憲章.
　어린이-날 图 子どもの日. 5月5日.
어림 图 見当; 概算; 見当量.
　어림-수 [-數] 【-쑤】 图 概数.
　어림-짐작 [←斟酌] 图 おおよその見当. ‖어림짐작을 하다 おおよその見当をつける.
어림-없다 /ərimɔpˀta/ 圈 【-리업따】 ❖到底可能性がない; 到底無理だ. ‖어림없는 일 到底無理だ. ❷ 見当がつかない. ❸ とんでもない; 話にならない. ‖어림없는 소리를 하다 とんでもないことを言う. 어림없-이 튀
어림-잡다 [-따] 他 概算してみる; 見積もる; 見当をつける.
어릿-광대 [-뙈] 图 ❶ ピエロ. ❷ 人の笑いを誘う人.
어마어마-하다 圈 (하変) ものすごい; ものものしい; とてつもない. ‖어마어마한 재산 ものすごい財産. 어마어마하게 큰 수박 とてつもなく大きいスイカ.
어말 (語末) 图 (言語) 語末.
　어말^어미 (語末語尾) 图 (言語) 語末語尾.
어망 (漁網·魚網) 图 魚網.
어머 /əmə/ 國 女性が驚いた時に発する語: あら; まあ; あらまあ. ‖어머, 웬일이야? あら, どうしたの.
　어머나 어머를 強めて言う語. ‖어머나, 고마워라 あらまあ, ありがとうね.

어머니 /əməni/ 图 ❶ お母さん; 母親. ❷ 親しい 어머니 (結婚した女性の実家の母. 친구 어머니 友だちのお母さん. 어머니들の 모임 母親たちの集まり. 두 아이의 어머니로서 2人の子どもの母として. ❷ 物事を生み出すもととなるもの. ‖필요는 발명の 어머니 必要は発明の母.

어머-님 图 ❶ [어머니の尊敬語] 母上; お母様. ❷ 嫁が姑を呼ぶ語.
어명 (御命) 图 王の命令.
어묵 (魚-) 图 さつま揚げ·かまぼこ·おでんなど, 魚のすり身を揚げたものの総称.
어문 (語文) 图 言文.
어물 (魚物) 图 魚や乾物.
어물-거리다 [-대다] 自 ぐずぐずする; まごつく; もたもたする.
어물-어물 튀 (하自) のろのろしている様子: ぐずぐず; まごまご; もたもた.
어물-전 (魚物應) [魚屋; 乾物屋. ▶어물전 망신은 꼴뚜기가 시킨다 【魚屋の恥さらしはイイダコがする】(魚屋に並べられた中で愚かな者が仲間に迷惑をかけることのたとえ.
어물쩍 튀 (하自) 言動が曖昧な様子; 適当な様子. ‖어물쩍 넘어가다 適当にごまかす. 어물쩍-어물쩍
어물쩍-거리다 [-꺼-] 自 曖昧にする; ぼかす.
어미¹ 图 ❶ 어머니をさげすむ言い方. ❷ 子や卵を産んだ動物の雌. ‖어미 새 母鳥.
어미² (語尾) 图 (言語) 語尾.
어민 (漁民) 图 漁民.
어버이 图 両親; 親.
　어버이-날 图 父母の日. 5月8日. ❖父と母にカーネーションをつけてあげて感謝する日. 母の日と父の日together.
어법 (語法) 图 (벱) 語法.
어부 (漁夫·漁父) 图 漁夫; 漁師.
　어부지리 (漁夫之利) 图 漁夫の利.
어부바 國 おんぶ.
어부바 國 おんぶする時に赤ん坊にかける言葉.
어불성설 (語不成説) 图 話が全く理屈に合っていないこと.
어사 (御史) 图 (歷史) 암행어사(暗行御史)の略語.

어살(魚-) 图 網代.
어색-하다(語塞-) /ɔːsɛkʰada/ 【-새카-】 形 【하変】 ❶ 言葉が詰まる; 言葉に窮する; 言訳のしようがない. ‖어색한 변명 苦しい言い訳. ❷ 不自然だ; ぎこちない. ‖어색한 웃음 不自然な笑顔. 어색한 분위기 ぎこちない雰囲気だ.
어서¹ /ɔsɔ/ 副 早く; さあ; どうぞ. ‖어서 감시다 早く行きましょう. **어서-어서** 副 ▶어서 오십시오 どうぞ, いらっしゃいませ.
-어서² /ɔsɔ/ 語尾 〔陰母音の語幹に付いて; 陽母音の場合は-아서〕 ❶ 理由・原因を表わす: …で; …くて; …から; …ので. ‖추워서 나가고 싶지 않다 寒くて出かけたくない. 많이 먹어서 일어설 수가 없다 食べ過ぎで立ち上がれない. ❷ 時間の前後関係を表わす: …て. ‖일찍 일어나서 나가다 早く起きて出かける. 누워서 책을 읽다 横になって本を読む.
어선(漁船) 图 漁船. ⦿고깃배.
어설프다 /ɔsɔlpʰuda/ 形【으変】【어설퍼, 어설폰】不手際だ; 中途半端だ; 生半可だ; 不十分だ. ‖어설픈 태도 中途半端な態度. 어설피 副 中途半端に; 生半可に; 不十分に.
어수룩-하다【-루카-】 形【하変】 ❶ (言動などが)うぶだ. ‖어수룩한 외모와 말투 うぶな外見と口調. ❷ (制度や規則などが)ゆるい.
어수선-하다 /ɔsusɔnhada/ 形【하変】 ❶ 散らかっている; ごちゃごちゃしている. ‖방안이 어수선하다 部屋の中が散らかっている. ❷ 騒がしい; 落ち着かない; 気が散る. ‖세상이 어수선하다 世の中が騒がしい.
어순(語順) 图【言語】語順.
어스름 图 (明け方や夕方の)薄暗い状態.
어스름-하다 形【하変】薄暗い. ‖어스름한 저녁 무렵 薄暗い夕方.
어슬렁-거리다 自 うろうろする; うろつく; ぶらぶらする.
어슬렁-어슬렁 副【하変】動作が鈍っくりしている様子: のっそり; のそりのそり. ‖어슬렁어슬렁 걷다 のそりのそりと歩く.
어슴푸레 副【하変】 ❶ 薄暗く; ほの暗く; ほのぼの(と). ‖어슴푸레한 달빛 薄暗い月の光. ❷ おぼろに; かすかに; ぼんやりと. ‖어슴푸레 기억이 떠오르다 かすかに思い出す.
어슷비슷-하다【-슴삐스타-】 形【하変】似たり寄ったりだ; 似通っている.
어슷-썰기【-슨-】 图 ⦿(野菜などの)斜め切り.
어시스트(assist) 图 アシスト.
어-시장(魚市場) 图 魚市場.
어안¹ 图 唖然とする状況. ▶어안이 벙벙하다 唖然とする: あっけにとられる. 어안이 벙벙한 순간 あっけにとられた瞬間.
어안²(魚眼) 图 魚眼.
어안-렌즈(魚眼 lens) 图 魚眼レンズ.
-어야 /ɔja/ 語尾 〔陰母音の語幹に付いて; 陽母音の場合は-아야〕 ❶ 後続する文の前提条件であることを表わす: …ければ; …せば; …なければ. ‖돈이 있어야 사지 お金があれば買う. ❷ 文の内容が後続する文に影響を及ぼさないことを表わす: …ても; …でも. ‖돈이 들어야만 원 정도다 お金がかかっても 1 万ウォンくらいだ.
-어야만 語尾 ⇨ -아야만.
-어야지 語尾 ⇨ -아야지.
어언(於焉) 副 いつの間にか; かれこれ. ‖일본에 와서 어언 십 년이 지났다 日本に来てはや 10 年が過ぎた.
어업(漁業) 图 漁業.
어업-권(漁業權) 【-꿘】 图【法律】漁業権.
어여쁘다【으変】 예쁘다の古風な言い方. ⦿여쁘다.
어엿-하다【-여타-】 形【하変】堂々とし ている; 立派で威厳がある. **어엿-이** 副.
-어요 /ɔjo/ 語尾 〔陰母音の語幹に付いて; 陽母音の場合は-아요〕 ❶ 叙述・勧誘・指示などの意を表わす: …ます; …ましょう; …なさい; …てよ. ‖여기 있어요 ここにいます. 같이 만들어요 一緒に作りましょう. 빨리 먹어요 早く食べなさい. ❷ 疑問形を表わす: …ますか; …ですか. ‖지금 어디에 있어요? 今どこにいますか.
어용(御用) 图 御用. ‖어용 신문 御用新聞.
어우러-지다 自 (大勢の人が)一丸となる; 一団となる. ‖남녀노소가 한데 어우러져 놀다 老若男女が一緒に遊ぶ.
어우르다 他【르変】(一つに)まとめる; 一つにする.
어울리다 /ɔullida/ 自 ❶ 似合う; ふさわしい. ‖어울리는 한 쌍 お似合いのカップル. ❷ 交わる; 親しく付き合う. ‖친구들하고 잘 어울리다 友だちと親しくする.
어울림 图 調和.
어원(語源・語原) 图【言語】語源.
어유(感) 意外なことへの驚きを表わす語: ああ; まあ; わあ; 驚; きゃー, ああ, びっくり. ❷ 疲れたりあきれたりする時に発する語: やれやれ; もう.
어육(魚肉) 图 魚肉.
어음(經) 手形. ‖약속 어음 約束手形.
어의(語義)【-/-이】 图 語義.
어이(感) 友だちや目下の人に呼びかける時に用いる語: おい. ‖어이, 거기 학생! おい, その学生!

어이구 감 驚いた時や嘆く時に発する語: おう; ああ; あら.
어이구-머니 감 어이구를 강하게 말하는 말.
어이-없다 /ɔiːpʰta/ [-업따] 형 あきれる; 開いた口が塞がらない; あっけない. ‖어이없는 표정 あきれたような表情. **어이없이** 부 어이없이 일 회전에서 탈락하다 1回戦で脱落する.
어이쿠 감 어이구를 강하게 말하는 말.
어장(漁場) 명 漁場.
어제끔 준 =어제.
어전(漁田) 명 =어살(魚-).
어절(語節) 명 [言語] (日本語における)文節.
어정-거리다[-대다] 자타 のそのそする.
어정-어정 부 자동 図体が大きい人や動物がゆっくり歩く様子: のそのそ.
어정쩡-하다 형동 どっちつかずだ; はっきりしない; 中途半端だ; 曖昧だ. ‖어정쩡한 태도 中途半端な態度. **어정쩡-히** 부

어제 /ʌdʑe/ 명 昨日. ‖ 어제가 내 생일이었어 昨日が私の誕生日だったの. 어제 만난 사람 昨日会った人. **어제 신문** 昨日の新聞.
어제-오늘 명 昨日と今日; 昨日今日; 最近; 近ごろ. ‖ 환경 문제는 어제오늘 지적된 것이 아니라 環境問題は最近指摘されたことではない.
어제-저녁 명 昨日の夕方; 夕べ. ④엊저녁.
어젯-밤 /-제빰/-젣빰/ 명 昨夜; 昨晩; 夕べ. ‖ 어젯밤에 출장에서 돌아왔다 昨夜出張から帰ってきた.
어조(語調) 명 口調; 語調.
어조-사(語助辭) 명 [言語] (於·矣·焉·也などの)漢文の助詞.
어족(語族) 명 [言語] 語族.
어중(語中) 명 [言語] 語中.
어중간-하다(於中間-) 형 형동 中途半端だ; 中途半端だ; 比較的中途半端な成績. 어중간한 상태 宙ぶらりんな状態.
어중이-떠중이 명 烏合の衆. ‖ 어중이떠중이가 다 모이다 烏合の衆が揃いも揃う.
어지간-하다 /ʌdʑiganhada/ 형 형동 普通だ; 並大抵だ; 適当だ; そこそこだ; まあまあだ. ‖ 어지간한 일로는 놀라지 않는 사람이다 並大抵のことでは驚かない人. **어지간-히** 부 어지간히 공부하여서는 못 들어가는 대학 適当に勉強していては入れない大学. 어지간해서는 택시를 안 탄다 よほどのことがない限りタクシーに乗らない.
어지러운 형 [ㅂ변] 어지럽다(目眩がする)의 現在連体形.
어지러워 형 [ㅂ변] 어지럽다(目眩

がする)의 連用形.
어지럽다 /ʌdʑirʌpʰta/ [-따] 형 [ㅂ변] [어지러워, 어지러운] ❶ 目眩がする; (頭が)くらくらする; 目まぐるしい; ‖ 머리가 어지럽다 頭がくらくらする. ❷ 複雑に混じっている; 乱れている; 散らかっている. ‖ 방이 어지럽다 部屋の中が散らかっている. ❸ (社会や政局などが) 混乱している. ④**어지럽다.**
어지럽-히다[-러피-] 타 [어지럽다의 使役動詞] ❶ 散らかす; 汚くする. ‖ 방을 어지럽히다 部屋を散らかす. ❷ 混乱させる; 乱す.
어지르다 타 [르변] 散らかす; ごちゃごちゃにする.
어질다 형 [ㄹ語幹] 善良だ; (性格が)いい; 寛大だ. ‖ 어질 사람 善良な人.
어질-어질 부 하동 くらくら; ぐらぐら; ふらふら. ‖ 하루 종일 굶었더니 어질어질하다 1日中何も食べていないのでふらふらする.
어쩌 부 ❶ どうして; 何で. ‖ 어쩌 이렇게 말을 안 듣니? どうしてこんなに言うことを聞かないの. ❷ 何だか. ‖ 어쩌 좀 수상합니다 何だかちょっと怪しいです.
어쩌서 /ʌtʑʌsʌ/ 부 どうして; なぜ. ‖ 어쩌서 답이 그렇게 됩니까? どうして答えがそうなるのですか.
어쨌든 /ʌtʑɛttɯn/ 부 [어찌하였든·어찌 되었든의 縮約形] とにかく; ともかく; いずれにしても; どっちみち; どうなろうとも. ‖ 어쨌든 결과를 기다려 보자 とにかく結果を待とう. 어쨌든 그 사람을 한 번 만나지 않으면 안 된다 どっちみち彼に一度会わなければならない.
어쨌든지 부 어쨌든을 강하게 말하는 말.
어쩌고-저쩌고 자타 なんだかんだ; あれだこうだ; ああやこうや; つべこべ. ‖ 이유가 어쩌고저쩌고 하면서 결국은 안 하고 말았다 なんだかんだと言いながら結局はしなかった.
어쩌다[1] /ʌtʑʌda/ 부 [어찌하다의 縮約形] どうなるだ. ‖ 어쩌다 이렇게 되었을까? どうしてこうなったのかな.
어쩌다[2] 부 ❶ 偶然に; 思いがけず. ‖ 어쩌다 만난 사람 偶然会った人. ❷ 時折; たまに. ‖ 어쩌다 들리는 가게 たまに寄る店.
어쩌다가 부 =어쩌다[2].
어쩌면 부 [어찌하면의 縮約形] ❶ どうすれば; どのようにすれば. ④어쩜. ‖ 어쩌면 좋아? どうすればいいの. ❷ もしかすると; ひょっとしたら; あるいは. ‖ 어쩌면 사실일지도 몰라 もしかすると事実かも知れない.
— 감 あらまあ; ああら. ④어쩜. ‖ 어쩌면, 그 사람이 그럴 줄은 정말 몰랐어. 그가 그러리라는 꿈에도 생각하지 않았다.

어쩐지 /ʌ͡tɕʌndʑi/ 副 何となく; どうやら; 何だか; どことなく; どうしたのか. ‖이 어찌 이번에는 불길 것 같았다 何となく 今回は合格付けられる気がした.

어쩜 副感 어쩌면의 縮約形.

어쭙잖다 [-짣따] 形 身のほどを弁(きま)えない; ばかばかしい; くだらない; 大したことない; 差し出がましい. ‖어쭙잖은 말투 差し出がましい言い方.

어찌 /ʌ͡tɕi/ 副 ❶ どうして; なぜ. ‖그걸 모릅니까? 왜 그런지 알 수 없습니다. どうして; どういう方法で. ‖그걸 어찌 다 처리할 겁니까? それをどうやって全部片付ける気ですか. ❷ [찌 …-ㄴ[는]지의 形으로] どんなにあまりにも. ‖어찌 기쁜지 눈물이 나더라 あまりにもうれしくて涙が出てきた.

어찌나 어찌를 강조해서 말하는 말.

어찌-하다 自他 [하여] どうする. 感 どうする.

어차피 (於此彼) /ʌ͡tɕʰapʰi/ 副 どうせ; いずれにせよ; 結局は; いずれにしても. ‖어차피 만들다면 좋은 걸 만들자 どうせ作るなら良いものを作ろう. 어차피 오게 되어있다 どうせ来ることに決まっている.

어처구니-없다 /ʌ͡tɕʰʌgunɨʌpʰta/ [-업따] 形 とんでもない; あきれる. ‖어처구니없는 대답 とんでもない返事. 어처구니없어서 말이 안 나오다 あきれてものが言えない. **어처구니없-이** 副

어초 (漁礁) 名 魚礁.

어촌 (漁村) 名 漁村.

-어치 (語彙) [金額を表わす語に付いて] その値段に値する分. ‖사과 오천 원어치 リンゴ 5千ウォン分.

어탁 (魚拓) 名他 魚拓. ‖어탁을 뜨다 魚拓をとる.

어투 (語套) 名 語気; 言い方. ‖어투가 사납다 語気が荒い.

어트랙션 (attraction) 名 アトラクション.

어파 (語派) 名《言語》語派.

어패-류 (魚貝類) 名 魚介類.

어퍼컷 (uppercut) 名 (ボクシングで)アッパーカット.

어폐 (語弊) [-/-폐] 名 語弊.

어포 (魚脯) 名 魚を薄く切って味付けして干したもの.

어푸-어푸 副自 水におぼれかけて, もがいている様子: あっぷあっぷ.

어프로치 (approach) 名他 アプローチ. ‖역사적인 관점에서 어프로치하다 歴史的な観点からアプローチする.

어필 (appeal) 名 名他 アピール. ‖이 책에는 독자에게 강하게 어필하는 것이 있다 この本には読者に強くアピールするものがある.

어학 (語學) 名 語学. ‖어학에 약하다 語学に弱い. 어학적 재능 語学的才能.

어학-연수 (語學研修) [-항년-] 名 語学研修.

어항[1] (魚缸) /ʌɦaŋ/ 名 金魚鉢. ‖어항에 금붕어가 다섯 마리 헤엄치고 있다 魚鉢に金魚が5匹泳いでいる.

어항[2] (漁港) 名 漁港.

어허 感 ❶ 考えもなかったことにふっと気づいたり発する語: ほう; なるほど. ❷ 多少心に入らなかったり不安になったりする時に発する語. ‖어허, 그만 하라니까 おい, やめってば.

어험 感 威厳を示そうとする咳払い: えへん; おほん.

어혈 (瘀血) 名《漢方》瘀血(おけつ).

어황 (漁況) 名 漁況.

어획 (漁獲) [-/-퀙] 名他 漁獲.

어획-량 (漁獲量) [-횡냥/-퀭냥] 名 漁獲量.

어휘 (語彙) /ʌːhwi/ 名 語彙; ボキャブラリー. ‖어휘가 풍부한 사람 ボキャブラリーが豊富な人. 어휘를 늘리다 語彙を増やす. 기본 어휘 基本語彙.

어휘-력 (語彙力) 名 語彙力. ‖어휘력이 풍부하다 語彙(力)が豊富だ.

억[1] (億) 数 名 億. ‖십억 10億, 육십육억 이는 세계 인구 66억을 넘는 세계 人口.

억[2] 感 不意に襲われたり倒れたりする時に発する語.

억-누르다 /ʌŋnuruda/ [엉-] [르変] [억눌러, 억누르는] 動他 抑圧する; 制圧する. ‖감정을 억누르다 感情を抑える. 抑圧する.

억눌리다 [엉-] 自 [억누르다의 受身動詞] 抑えられる; 抑圧される; 制圧される. ‖억눌린 상태 抑圧された状態.

억대 (億臺) [-때] 名 億単位の金額. ‖억대 부자 億万長者.

억류 (抑留) [엉뉴] 名他 抑留. **억류-되다** [-뙤다-뛔-] 受身

억만-금 (億萬金) [엉-] 名 莫大な財産.

억만-장자 (億萬長者) [엉-] 名 億万長者.

억새 [-쌔] 名《植物》ススキ(薄).

억설 (臆說) [-썰] 名他 臆説.

억-세다 /ʌkˀseda/ [-쎄-] 形 ❶ (体が)頑丈だ. ‖억센 손 頑丈な手. ❷ (気性が)荒い; 押しが強い. ❸ (茎などが)固い. ‖껍질이 억세다 皮が固い.

억수 [-쑤] 名 ❶ [主に억수같이의 形で]바가지로 水をかけたように激しく降る雨. ‖비가 억수같이 쏟아지다 雨がバケツをひっくり返したように降る. ❷ [主に억수로의 形で] 非常に多く. ‖오늘은 가게 손님이 억수로 많다 今日は店の客が非常に多い. 돈을 억수로 많이 벌었다 お金をたくさん稼いだ.

억압 (抑壓) 名他 抑圧. 表現の自由を抑圧する 표현의 자유를 억압하다. **억압-당하다** 受身

억양 (抑揚) 图 抑揚; イントネーション.

억울-하다 (抑鬱-) /ʌɡurhada/ 形 [하変] (不公平な仕打ちなどを受けて)無念に; 悔しい; やるせない; とんでもない. ‖억울한 누명을 쓰다 とんでもない濡れ衣を着せられる. 억울함을 호소하다 無念を訴える.

억장 (億丈) 图 ▶억장이 무너지다 (怒り・悲しみなどで)胸がつぶれる. 억장이 무너지는 이야기 胸がつぶれるような話.

억제 (抑制) 图 -剤 抑制; 抑える こと. ‖ 감정을 억제하다 感情を抑制する. **억제-되다**[-돼다] 自

억지 /ʌk͈t͡ɕi/ 图 ごり押し; 無理矢理; 横車. ‖억지를 부리다[쓰다] 我を張る; 意地を張る; 強情を張る; 横車を押す.
억지-로 副 無理に; 無理して; 無理矢理. ‖하기 싫어だった일을 억지로 시키다 やりたがらないことを無理矢理やらせる.
억지-웃음 图 作り笑い. ‖억지웃음을 짓다 作り笑いをする.

억척 图 非常に粘り強くてどんな困難な状況にも屈しないこと, またはそういう人.
억척-같다[-깓따] 形 がむしゃらだ. **억척같이** 副
억척-스럽다 /ʌk͈tɕʰʌk͈s͈urʌp̚t͈a/ [- 쓰-따] 形 [ㅂ変] [억척스러워, 억척스러운] がむしゃらだ; 根気強い; 粘り強い. ‖억척스럽게 일을 하다 がむしゃらに働く. **억척스레** 副

억측 (臆測) 图 -他 憶測. ‖억측에 지나지 않다 憶測にすぎない. 그 문제에 대해서 억측이 난무하다 そのことについて様々に憶測されている.

억하-심정 (抑何心情) 图【어カ-】 (「一体どんな心境か」の意で)相手が何でそうするのかが分からなくて.

언 冠 [ㄹ語幹] 얼다(凍る)の過去連体形.

언감생심 (焉敢生心) そのようなことを考える自体がとんでもないこと.

언급 (言及) 图 -他 言及. ‖거취 문제에 대해서 언급하다 進退問題に言及する. 언급을 회피하다 言及を避ける.

언니 /ʌnni/ 图 ❶ (妹たちの)お姉さん; 姉. ❷ 血緣関係のない年下の女性が年上の女性を親しく呼ぶ語.

언더그라운드 (underground) 图 アンダーグラウンド; アングラ.
언더라인 (underline) 图 アンダーライン.
언더웨어 (underwear) 图 アンダーウェア; 肌着; 下着.

언덕 /ʌndʌk/ 图 丘; 坂.
언덕-길[-낄] 图 坂道.
언덕-배기[-빼-] 图 丘の頂上; 勾配の激しい坂.

언도 (言渡) 图 -他 (法律) 言い渡し; 言い渡すこと.

언동 (言動) 图 言動. ‖조심성이 없는 언동 不用意な言動. 언동을 삼가다 言動を慎む.

언뜻 /ʌn͈t͈ɯt̚/ [-뜯] 副 ❶ (瞬間的に)ちらっと; ちらりと. ‖언뜻 보다 ちらっと見る. 언뜻 묘한 표정을 짓다 ちらっと妙な表情を見せる. ❷ (考えや記憶などが)ふと; ふっと. ‖언뜻 스쳐간 생각 ふと頭をかすめた考え. **언뜻-언뜻** 副 ちらほら; ちらちら.

언론 (言論) 图 /ʌllon/ [얼-] 图 言論; マスコミ; マスメディア. ‖언론의 자유 言論の自由. 언론을 통제하다 言論を統制する.
언론-계 (言論界) [얼-/얼-게] 图 言論界; マスコミ界.
언론-사 (言論社) 图 マスコミ会社.
언론-인 (言論人) 图 言論人; マスコミ関係者.

언명 (言明) 图 -自他 言明.
언문-일치 (言文一致) 图 言文一致.
언밸런스 (unbalance) 图 -自形 アンバランス. ▷밸런스.

언변 (言辯) 图 話術; 口弁. ‖언변이 뛰어나다 話術に長ける.
언사 (言辭) 图 言葉; 話; 言辞.
언성 (言聲) 图 話し声. ‖언성을 높이다 声を荒げる.

언약 (言約) 图 -自他 口約束.
언어 (言語) /ʌnʌ/ 图 言語; 言葉. ‖음성 언어 音声言語. 문자 언어 文字言語. 오개 국 언어 5か国の言語[言葉].
언어-도단 (言語道斷) 图 言語道斷.
언어-생활 (言語生活) 图 言語生活.
언어-장애 (言語障礙) 图 (言語) 言語障害.
언어-정책 (言語政策) 图 (言語) 言語政策.
언어-학 (言語學) 图 言語学. ‖사회언어학 社会言語学.

언쟁 (言爭) 图 -自他 言い争い. ‖언니와 언쟁을 벌이다 姉と言い争う.
언저리 图 辺や; 周囲; 周り. ‖입 언저리 口元. 눈 언저리 目元.
언정 副 (母音で終わる体言に付いて; 子音の場合は이언정) …であっても; …たりとも.

언제 /ʌn͈d͡ʑe/ 代 ❶ いつ. ‖언제 한국에 가세요? いつ韓国に行かれるんですか? 생일이 언제입니까? 誕生日はいつですか. 언제쯤이 좋을까? いつ頃がいいかな. 필요할 때는 언제든지 전화 주세요. 必要な時はいつでも電話してください. ❷ (主に언제는の形で)(過去の)いつかは. ‖언제는 맛있다고 하더니 前はおいしいと言っていたのに. ❸ いつか. ‖언제 시간이 날 때 식사라도 같이 합시다. いつか時間がある時も一緒に食事でもしましょう. ❹ (언제가の

얼굴-걸

形で〕(未来の)いつか;(過去の)いつだか. ‖언젠가는 해야 될 일이다 いつかはしなければならないことだ. ‖언젠가 들은 적이 있는 이야기다 いつだか聞いたことのある話だ.

언제-나 /ʌndʒena/ 副 ❶いつも; 常に. ‖그는 언제나 웃는 얼굴을 하고 있다 彼はいつも笑顔だ. ❷いつになったら. ‖언제나 경기가 좋아질까? いつになったら景気がよくなるんだろう.

언중-유골(言中有骨)【-뉴-】 名 (「言葉の中に骨がある」の意で)何気ない言葉に真意があること.

언질(言質) 名 言質. ▶언질을 주다 言質を与える.

언짢다 /ʌnt͈ɕant͈a/【-짠타】 形 気に入らない; 不愉快だ. ‖언짢은 표정 不愉快な表情. 그 사람 일로 언짢아지다 彼のことで不愉快になる.

언청이 名 口唇裂の人.

언해(諺解) 名【言語】諺解(漢文をハングルで分かりやすく解釈すること).

언행(言行) 名 言行.

언행-일치(言行一致) 名 하動 言行一致.

얹다 /ʌnt͈a/【언따】 他 ❶載せる; 置く; 当てる. ‖가슴에 손을 얹다 胸に手を当てる. ❷上乗せする. ❸영덤하다.

얹혀-살다【언처-】【ㄹ語幹】 居候する. ‖오빠 집에 얹혀살다 兄のところに居候する.

얹-히다【언치-】 自 〔얹다の受身動詞〕 載せられる; 置かれる. ❷ 居候する. ❸ (食べ物で)胃もたれする.

얻다 /ʌːt͈a/【어따】 他 ❶もらう. ‖니한테서 얻은 가방 妹からもらったバッグ. 휴가를 얻다 休暇をもらう. ❷ (許諾・信用などを)得る. ‖동의를 얻다 同意を得る. ❸ (職や情報などを)得る. ‖일자리를 얻다 職を得る. ❹ (部屋・家を)借りる. ‖방을 얻다 部屋を借りる. ❺ (嫁・子どもなどを)迎える; 授かる. ‖아들을 얻다 息子を授かる. ❻ (病気に)なる. ‖병을 얻다 病気になる. 학교에서 감기를 얻어 오다 学校で風邪をもらってくる.

얻어-맞다【-맏따】 自他 殴られる; 叩かれる. ‖형한테 뺨을 얻어맞다 兄に頬を叩かれる.

얻어-먹다 【-머따】 他 ❶おごってもらう. ‖선배한테 점심을 얻어먹다 先輩にお昼をおごってもらう. ❷もらって食べる. ❸ (悪口などを)言われる.

얻어-터지다 自他 얻어맞다の俗語.

얼¹ 名 魂; 精神; 気. ‖얼이 빠지다 気が抜ける.

얼² 冠【ㄹ語幹】 얼다(凍る)の未来連体形.

얼³ 接頭 ❶〔一部の名詞に付いて〕知恵や熟成が足りないの意を表わす. ‖얼치기 中途半端な人. ❷〔一部の動詞に付いて〕明瞭ではないまた適当の意を表わす. ‖얼버무리다 はぐらかす.

얼간-이 名 間抜け; とんま.

얼개 名 仕組み; 構造.

얼굴 /ʌlgul/ 名 ❶顔. 面(눗). ‖얼굴을 씻다 顔を洗う. 예쁜 얼굴 きれいな顔. 낯선 얼굴 見なれない顔. 얼굴을 돌리다 顔をそむける. ❷ 面目; 対面. ‖저번 일로 선생님께 얼굴을 들 수가 없다 この間のことで先生に合わせる顔がない. ❸ 表情. ‖기뻐하는 얼굴이 보고 싶다 喜ぶ顔が見たい. 슬픈 얼굴을 하다 悲しい顔をする. ❹ (ある分野で活動する)人物. ‖어느 정도 얼굴이 알려진 정치가 ある程度顔が知られている政治家. 대표적な象徴. ‖업계의 얼굴 業界の顔. ▶얼굴에 똥칠[먹칠]을 하다 顔に泥を塗る; 面目をつぶす. ▶얼굴에 철판을 깔다 (「顔に鉄板を敷く」の意で)恥知らずだ; 図々しい; 厚かましい. ▶얼굴을 내밀다[비치다] 顔を出す. ▶얼굴을 들다 顔を向ける. 부끄러워서 얼굴을 들 수가 없다 恥ずかしくて顔を向けられない. ▶얼굴이 두껍다 (「面の皮が厚い」の意で)図々しい; 厚かましい. ▶얼굴이 뜨겁다 恥ずかしい. ▶얼굴에서 불이 나다 顔から火が出る. ▶얼굴이 반쪽이 되다 (「顔が半分になる」の意で)悩みや病気などで顔がやつれる. ▶얼굴이 팔리다 顔が売れる. ▶얼굴이 피다 (やつれた顔が)明るくつき, 顔色がよくなる.

얼굴-값【-깝】 名 顔立ちにふさわしい行ない. ‖얼굴값을 하다 顔立ちにふさわしいことをする. 얼굴값도 못하다 ぶざまなことをする. ✢皮肉な意味合いがある.

얼굴~마담 (-madame) 名 (店や集まりなどの)看板娘.

얼굴-빛 【-삗】 名 顔色; 血色. ‖얼굴빛이 달라지다 顔色[血相]が変わる.

얼굴-색 (-色)【-쌕】 =얼굴빛. ‖얼굴색이 좋다 顔色がいい.

얼기-설기 副 ❶まとまりがなく混じり合っている様子: ごちゃごちゃ. ❷粗く編み上げた様子.

얼다 /ʌːlda/【얼어, 어는, 언】 自 ❶ 凍る; 凍りつく. ‖ 강물이 얼다 川の水が凍る. 얼음이 얼다 氷が凍る. ❷ 冷える; かじかむ. ‖ 손이 얼어서 글씨를 제대로 쓸 수가 없다 手がかじかんで字がうまく書けない. ❸ 緊張して固くなる. ‖많은 사람들 앞에서 얼어서 아무 말도 못했다 大勢の前で固くなって何も言えなかった. ¶ 발에 오줌 누기 ⟨諺⟩ (「凍った足に小便をかける」の意で)焼け石に水.

얼떨-결 【-껼】 名 〔主に얼떨결에の形で〕 つい うっかり. ‖얼떨결에 거짓말을

아 애 야 얘 어 에 여 예 오 와 왜 외 요 우 워 웨 위 유 으 의 이

얼떨떨-하다 [形] [하变] 面食らう. ‖얼떨떨한 기분 面食らった気分.

얼렁-뚱땅 /əlləŋ²tuŋ²taŋ/ [副] でたらめに; 適当に; いい加減に. ‖얼렁뚱땅 넘어가다 適当にごまかす.

얼레지 [名] [植物] カタクリ(片栗).

얼룩 /əlluk/ [名] 染み; 斑点. ‖얼룩이 지다 染みになる. 커피 얼룩 コーヒーの染み.

얼룩-덜룩 [-를-] [副] [하变] まだらに.

얼룩-말 [-룽-] [名] [動物] シマウマ(縞馬).

얼룩-무늬 [-룽-니] [名] まだら, まだら模様.

얼룩-소 [-쏘] [名] [動物] マダラ牛.

얼룩-얼룩 [副] [하变] まだらに.

얼룩-지다 [-찌-] [自] ❶ 染みがつく; 跡が残る. ❷ (苦痛や辛い経験などの)汚点が残る.

얼른 /əllɯn/ [副] 早く; 急いで; 素早く. ‖얼른 숨다 急いで隠れる. 얼른 일어나세요 早く起きてください.

얼리다 [動詞の使役動詞] 凍らせる; 冷凍する. ‖고기를 얼리다 肉を冷凍する.

얼마 /əlma/ [名] ❶ [疑問文で] いくら; どのくらい. ‖이것은 얼마입니까? これはいくらですか. 돈은 얼마가 들어도 좋다 お金はいくらかかってもいい. ❷ [副詞的に] いくばく; そんなに; あまり. ‖역까지 얼마 안 걸어 駅までそんなに遠くない.

얼마-간 (-間) [名] ① いくらか; 多少. ② しばらくの間. ‖얼마간의 휴가 しばらくの休暇.

얼마든지 [副] いくらでも. ‖시간은 얼마든지 있다 時間はいくらでもある.

얼마큼 [副] どのくらい; どれくらい.

얼마쯤 [副] いくらくらい; どのくらい. ‖대학교 학비는 얼마쯤 하나요? 大学の学費はいくらくらいですか.

얼마-나 /əlmana/ [副] どのくらい; いくらくらい. ‖돈이 얼마나 들어요? お金はいくらくらいかかりますか. ❷ どんなに; どれくらい. ‖얼마나 기다렸어요? どれくらい待ちましたか.

얼-버무리다 [他] はぐらかす; ごまかす; ちゃかす; お茶を濁す; ぼやかす. ‖적당히 둘러대며 얼버무리다 適当な返事をしてごまかす. 질문에 말을 얼버무리다 問いにお茶を濁す.

얼-빠지다 [自] 気が抜ける; 間が抜ける. ‖얼빠진 인간 間抜けな人.

얼씨 [副] 興に乗って出す声.

얼씨-안다 [他] 抱きしめる; 抱き合う.

얼씨구 [感] ❶ 興に乗って軽く拍子を合わせながら出す声; よいや. ❷ 目に余る言動を皮肉って言う語.

얼씨구-절씨구 [感] 興に乗って拍子の変化に合わせながら出す囃子(はやし)言葉.

얼씬 [副] [하变] 目の前にちらっと現われては消える様子. ‖그날 이후로 얼씬도 않더니 その日以来, 姿を見せない.

얼씬-거리다 [自] 目の前に現われたり消えたりする; 出没する. ‖내 앞에 얼씬거리지 마라 私の目の前から消え失せろ.

얼어 [[語幹] 얼다(凍る)の連用形.

얼어-붙다 [-붇따] [自] 凍りつく; (水が)張り詰めされる. ‖강물이 얼어붙다 川の水が凍りつく. 얼어붙은 길 凍りついた道.

얼얼-하다 [形] [하变] ❶ ひりひりする. ‖입안이 얼얼할 정도로 매운 고추 口の中がひりひりするほど辛い唐辛子. ❷ しびれる. ‖맞은 자리가 얼얼하다 殴られたところがしびれる.

얼음 [名] [≡氷] 氷. ‖연못에 얼음이 얼다 池に氷が張る.

얼음-과자 (-菓子) [名] 氷菓子; アイス.

얼음-덩이 [-떵-] [名] 氷の塊.

얼음-물 [名] 氷水.

얼음-장 [-짱] [名] ① 板のように平たい氷のかけら. ② [比喩的に] 手足や部位などが非常に冷たいこと.

얼음-주머니 [名] 氷囊; 氷袋.

얼음-찜 [名] = 얼음찜질.

얼음-찜질 [名] [하变] 氷で湿布すること.

얼음-판 [名] 氷が広く張った所.

얼쩡-거리다 [-대다] [自他] うろうろする; ぶらぶらする; ぶらつく.

얼쩡-얼쩡 [副] [하变] 特別な目的がなく歩き回る様子; ぶらぶら.

얼추 [副] ほとんど; 大方; 大体; おおよそ; あらかた.

얼추-잡다 [-따] [他] 大体に見積もる. ‖얼추잡아 육십 명쯤 왔다 大まかに見積もって 60 人ぐらい来た.

얼-치기 [名] どちらともつかぬもの; 中途半端なもの[人]. ‖얼치기 의사 でも医者.

얼큰-하다 [形] [하变] ❶ スープなどに唐辛子が効いている様子: ぴり辛だ, ぴりっと辛い. ‖국물이 얼큰하다 スープがぴりっと辛い. ❷ 酒の酔いがかなり回ってきている. ‖술이 얼큰하게 오르다 かなり酔ってきている.
얼큰-히 [副]

얼토당토-않다 [-안타] [形] めっそうもない; とんでもない. ‖얼토당토않은 말 とんでもない話.

얼핏 [副] = 언뜻.

읽다[억따] [他] ❶ 아배다가 된다. ‖얼굴이 얽어 아배다面をしている. ❷ 表面が傷だらけででこぼこだ.

읽다[억따] [他] ❶ (紐・縄などで)縛る; 結ぶ; くくる; 編む. ❷ でっち上げる. ‖얽히다.

읽매다 [엉-] [他] ❶ 縛る; くくる; ほだす. ❷ 束縛する. ‖얽매이다.

얽매-이다 /ʌŋmeida/ [영] 国 〔얽매다의 受身動詞〕❶ 縛られる. ‖시간에 얽매이다 時間に縛られる; とらわれる. ❷束縛される; とらわれる. ‖과거에 얽매이다 보면 발전이 없다 過去にとらわれると発展がない.

얽어-매다 縛りつける; がんじがらめにする. ‖규칙으로 얽어매다 規則で縛りつける.

얽-히다 [얼키-] 国 ❶〔얽다²의 受身動詞〕絡まる; 絡む. ‖낚싯줄이 얽히다 釣り糸が絡まる. 돈 문제가 얽히다 金銭問題が絡む. ❷ 関わる; まつわる. ‖이 연못에 얽힌 전설 この沼にまつわる伝説.

엄격-하다 (嚴格-) /ʌmkjʌkhada/ [수카-] [形][하여型] 厳しい. ‖엄격한 규율 厳格な規律. 엄격한 선생님 厳しい先生. 엄격히 심사하다 厳格に審査する. **엄격-히** 副

엄금 (嚴禁) [하他] 厳禁.

엄단 (嚴斷) [하他] 厳重に処断すること.

엄동 (嚴冬) 图 厳冬. 飘난동(暖冬). **엄동-설한** (嚴冬雪寒) 图 雪の降る厳しい寒さ.

엄두 图 〔下に打ち消しの表現を伴って〕押し切って何かをしようとする意欲. ‖엄두가 안 나다 意欲がわかない; その気にならない.

엄마 /ʌmma/ 图 ❶〔어머니의 幼児語〕ママ. ❷〔어머니를 親しく言う語〕母ちゃん; お母さん; ママ.

엄명 (嚴命) [하自他] 厳命.

엄밀-하다 (嚴密-) [形][하여型] 厳密だ. ‖엄밀한 심사 厳密な審査. 엄밀하게 말하면 厳密に言うと. **엄밀-히** 副

엄벌 (嚴罰) 图 [하他] 厳罰. ‖엄벌에 처하다 厳罰に処する.

엄벙-덤벙 副 無計画で不注意に行動する様子.

엄부 (嚴父) 图 厳父.

엄살 /ʌmsal/ 图 痛みや苦しみなどを大げさに言う態度. ‖아프다고 엄살을 부리다 痛いと大げさに騒ぐ. 엄살이 심하면 大げさだ.

엄살-꾸리기 物事を大げさに言って大変そうに言う人.

엄살-스럽다 [따] 痛みや苦しみなどを大げさに言う. **엄살-스레** 副

엄선 (嚴選) [하他] 厳選. ‖응모자 중에서 엄선하다 応募者から厳選する. **엄선-되다** 受動

엄수 (嚴守) 图 [하他] 厳守. ‖시간을 엄수하다 時間を厳守する. **엄수-되다** 受動

엄숙-하다 (嚴肅-) /-수카-/ [形][하여型] 厳粛だ; 厳かだ. ‖엄숙한 분위기 厳粛な雰囲気. 식을 엄숙하게 거행하다 式を厳かに執り行なう. **엄숙-히** 副

엄습 (掩襲) 图 [하他] 闇討ち; (不意に)襲うこと; 急にやってくること. ‖추위가 엄습하다 急に寒くなる.

엄연-하다 (儼然-) [形][하여型] 厳然としている. **엄연-히** 副

엄정-하다 (嚴正-) [形][하여型] 厳正だ. ‖엄정한 재판 厳正な裁判. **엄정-히** 副

엄중-하다 (嚴重-) [形][하여型] 厳重だ; 厳しい. ‖엄중한 처벌 厳重な処罰. **엄중-히** 副

엄지 /ʌmdʑi/ 图 親指. **엄지-발가락** [-까-] 图 足の親指. **엄지-손가락** [-까-] 图 手の親指.

엄처-시하 (嚴妻侍下) 图 かかあ天下.

엄청 /ʌmʨʰʌŋ/ 副 〔量・程度などが〕非常に; とてつもなく. ‖엄청 크다 とてつもなく大きい. 엄청 화가 나다 非常に腹が立つ.

엄청-나다 /ʌmʨʰʌŋnada/ [形] 度外れだ; とてつもない; 莫大だ; おびただしい; どえらい. ‖엄청난 피해 おびただしい被害. 엄청난 재산 莫大な財産.

엄폐 (掩蔽) [-/-폐] 图 [하他] 掩蔽(ᆹ).

엄폐-물 (掩蔽物) 图〔軍事〕掩蔽物.

엄포 图 見え透いたりして脅し; 虚仮威し. ▶엄포를 놓다 いたずらに脅す.

엄-하다 (嚴-) /ʌmhada/ [形][하여型] ❶厳しい; 厳重だ. ‖엄한 집안 家風が厳しい. 엄한 선생님 厳しい先生. ❷厳かだ. ‖엄하게 키우다 厳格に育てる. **엄-히** 副

엄호 (掩護) 图 [하他] 掩護(᠀). ‖엄호사격 掩護射撃.

업¹ (民俗) 图 一家に福をもたらすとされる動物や人.

업² (業) 图 ❶ 직업(職業)의 略語. ❷〔仏教〕業.

-업³ (業) 接尾 ‥‥業. ‖제조업 製造業.

업계 (業界) 图 -계/-게/ 業界. ‖출판 업계 出版業界.

업그레이드 (upgrade) 图 [하他] (IT) アップグレード. **업그레이드-되다** 受動

업다 /ʌpt͈a/ [-따] 他 ❶おんぶする; おぶう. ‖아이를 업다 子どもをおぶう. ❷〔등에 업고의 形으로〕担いで. ‖장관을 등에 업고 행세하다 大臣を担いで権力をふるう. ⓜ업히다. ⓟ업히다. ▶업어 가도 모른다 深く眠り込んでいて背負って連れて行っても分からない.

업-둥이 [-둥-] 图 拾い子.

업무 (業務) 图 業務.

업무 방해죄 (業務妨害罪) 图〔法律〕業務妨害罪.

업무상 과실 (業務上過失) 图〔法律〕業務上過失.

업보 (業報) 图〔仏教〕業報.

업소 (業所) 图 -쏘/ 営業する店.

업신-여기다 /ʌːp͈ɕinnjʌgida/ [-썬녀-]

업자

(他) 見下す; 見くびる; 侮る. ‖가난하다고 업신여기다 貧しいと見下す. 사람을 업신여기는 듯한 태도를 취하다 人を見下すような態度をとる.

업자(業者) [-짜] 图 業者.
업적(業績) [-쩍] 图 業績; 実績. ‖業績을 남기다 業績を残す.
업종(業種) [-쫑] 图 業種.
업주(業主) [-쭈] 图 業主.
업체(業體) 图 企業; 業者; メーカー. ‖부품 업체 部品メーカー.

업-히다 [어피-] 통 〔업다의 受身動詞〕おんぶされる; おぶわれる; おぶさる. ‖엄마 등에 업혀서 자고 있는 아기 母(の背中)におぶわれて寝ている赤ん坊.

업-히다 [어피-] 통 〔업다의 使役動詞〕おんぶさせる; おぶわせる. ‖아이를 아빠 등에 업히다 子どもを父(の背中)におぶわせる.

없는 [엄-] 톙 없다(ない・いない)의 現在 連体形.

없다 [업ː따] 톙 ❶ ない; いない. ‖필통 안에 연필이 한 자루도 없다 筆箱の中に鉛筆が1本もない. 칭찬받고 기뻐하지 않는 사람은 없다 ほめられて喜ばない人はない. 집에 아무도 없다 家に誰もいない. 오늘은 수업이 없다 今日は授業がない. 오늘은 시간이 없습니다 今日は時間がありません. 경험이 없다 経験がない. 기억에 없다 記憶にない. 없는 게 없다 ないものがない. 없는 돈을 털어서 산 자전거 なけなしの金をはたいて買った自転車. 서두를 필요는 없다 急ぐ必要はない. 없는 것과 마찬가지다 ないに等しい. ❷ 〔…이/가 없는 形으로〕…(する)はずがない; …(する)わけがない. ‖그 사람이 올 리가 없다 彼が来るはずがない. ❸ 〔…수(가) 없다의 形으로〕不可能を表わす: …(することが)できない; …(する)ことが行けない. 먹을 수 없다 食べられない. 지금은 만날 수가 없다 今は会うことができない[会えない]. ❹ 〔…적이 없다의 形으로〕…(した)ことがない. ‖미국에 가 본 적이 없다 アメリカへ行ったことがない. ▶없는 꼬리를 흔든다 (諺)(袖は振れない). ▶없는 놈이 찬밥 더운밥 가리랴 (諺) (「何もない者が冷たい飯や熱い飯だと選べるものか」の意で) 選り好みできない状況という.

없-애다 /ɔːpsˈsɛda/ [업ː쌔-] 통 ❶ なくす; 処分する. ‖흔적을 없애다 痕跡をなくす. 책장을 없애고 소파를 들여놓다 本棚をなくしソファを入れる. ❷ 取り除く; 殺す. ‖해충을 없애다 害虫を殺す. ❸ 〔俗っぽい言い方で〕消す; 殺す. ‖저 녀석을 없애 버려 あいつを消してしまえ.

없어 [업쎄] 톙 없다(ない・いない)의 連用形.

없어-지다 /ɔːpsˈsɔdʑida/ [업ː써-] 통 な

くなる; いなくなる. ‖지갑이 없어지다 財布がなくなる. 자신이 없어지다 自信がなくなる.

없음 [업ː씀] 톙 없다(ない・いない)의 未来連体形.

엇-갈리다 /ɔtˈkallida/ [얻깔-] 통 ❶ 行き違う; 行き交う; すれ違う. ‖도중에 엇갈리다 途中で行き違う. ❷ 食い違う. ‖쌍방의 주장이 엇갈리다 双方の言い分が食い違う.

엇-나가다 [언-] 통 ❶ 横にそれる. ❷ 常軌を逸する; 逸脱する.

엇-물다 [언-] 통 〔ㄹ語幹〕 互い違いにかみ合わせる.

엇물-리다 [언-] 통 うまくかみ合わない.

엇비슴-하다 [얻삐슴-] 톙 [하変] やや似ている. 엇비스름-히 튀

엇비슷-하다 [얻삐스타-] 톙 [하変] ❶ ほぼ同じだ. ❷ 何となく似ている. ‖얼굴 모습이 엇비슷하다 顔の面影が何となく似ている. 엇비슷-이 튀

-었- /ɔt/ [얻] 尾 〔陰母音의 語幹에 付いて; 陽母音의 경우는 -았-〕 ❶ 過去를 表わす: …(し)た; …かった. ‖점심을 두 시에 먹었다 お昼を2時に食べた. 어제 친구하고 술을 마셨다 昨日友だちと酒を飲んだ. 오늘은 학교를 쉬었다 今日は学校を休んだ. ❷ 〔下に打ち消しの表現을 伴って〕未完了를 表わす: …(し)ていない. ‖점심을 안 먹었다 お昼を食べていない. 아직 안 치렀습니다 まだ片付けていません.

-었었- 尾→았었-.

엉거주춤 튀 《하る》 ❶ 完全に腰もかけず立てずの様子: 中腰で. ‖엉거주춤하게 서 있다 中腰で立っている. ❷ どっちつかずに迷う様子.

엉겁결-에 [-껄께] 튀 とっさに. ‖엉겁결에 그 자리에 주저앉았다 とっさにへなへなとその場にすわりこんだ.

엉겅퀴 图 〔植物〕 ノアザミ(野薊).

엉금-엉금 튀 《하る》 のろのろ(と); のそのそ(と). ‖거북이가 엉금엉금 기어가다 カメがのそのそと這(は)っていく.

엉기다 통 ❶ 〔液体や粉などが〕 固まる; 凝固する. ❷ 〔細かい物が〕 絡む. ‖탈실이 엉겨 버렸다 毛糸が絡んでしまった. ❸ 群がって絡みつく.

엉덩-방아 图 尻餅. ‖엉덩방아를 찧다 尻餅をつく.

엉덩이 /ɔːŋdɔŋi/ 图 尻. ‖엉덩이를 흔들다 尻を振る. 마루에 오래 앉아 있었더니 엉덩이가 아프다 床に長く座っていたら尻が痛い. ▶엉덩이가 무겁다 一か所で長居する.

엉뚱-하다 /ɔtˈtuŋhada/ 톙 [하変] ❶ とんでもない; 突拍子もない; すっとんきょうだ; 多少おかしい. ‖엉뚱한 구석이 있다 多少おかしなところがある. 엉뚱한 대답 とんちんかんな返事. 엉뚱한 짓을 하다

547 에

엉망 /ɔŋmaŋ/ 图 めちゃくちゃ; ぐちゃぐちゃ; 台無し. ‖방안이 엉망이다 部屋の中がぐちゃぐちゃだ. 계획이 엉망이 되다 計画が台無しになる.

엉망-진창 图 엉망을 강하게 이르는 말. ‖엉망진창으로 부숴지다 めちゃめちゃに壊れる.

엉성-하다 /ɔŋsɔŋhada/ 彫 [ㅎ変] ❶ 粗い; 粗末だ; まばらだ; 締りがない. ‖입은 옷이 엉성하다 着ている服が粗末だ. ❷ (内容などが)不十分だ; 雜だ. ‖준비가 엉성하다 準備が不十分だ. 엉성하게 만들어 쓴다 雜にできている.

엉엉 副 图変 大声で泣く声: わんわん(と). ‖엉엉 소리 내어 울다 わんわん(と)声を上げて泣く.

엉치-등뼈 [解剖] 仙骨(薦骨).

엉클다 他 [己語幹] ❶ (糸や紐などを)ほどけないようにからませる. ❷ 散らかす; 乱す. ‖옷장 안을 엉클어 놓다 たんすの中を散らかしておく.

엉클어-뜨리다 他 もつれさせる; 絡ませる; 混乱させる; 乱す. ‖머리카락을 엉클어뜨리다 髪の毛を乱す.

엉클어-지다 自 ❶ もつれる; 乱れる. ‖머리카락이 엉클어지다 髪の毛が乱れる.

엉클어-트리다 他 =엉클어뜨리다.

엉큼-하다 彫 [ㅎ変] 腹黒い; 心がねじけている. ‖엉큼한 생각 腹黒い考え.

엉키다 自 ❶ もつれる; 絡み合う. ‖낚싯줄이 엉키다 釣り糸がもつれる. ❷ (血などが)固まる; 凝固する. ‖피가 엉키다 血が固まる.

엉터리 /ɔŋthɔri/ 图 でたらめ; とんでもないこと; いい加減; 手抜き. ‖일을 엉터리로 하다 仕事をでたらめにする. 엉터리 같은 녀석 でたらめなやつ. 엉터리 의사 やぶ医者.

엊-그저께 [엇끄ㅡ] 图 数日前; 2,3日前. ▶엊그제.

엊-그제 [얻끄ㅡ] 图 엊그저께의 略語.

엊-저녁 [얻쩌ㅡ] 图 어제저녁의 約約形.

엎다 /ɔpʰta/ [엎따] 他 ❶ ひっくり返す; 伏せる. ‖테이블을 엎다 テーブルをひっくり返す. 접시를 엎어 놓다 皿を伏せておく. ❷ 転覆する; 滅ぼす; 倒す. ‖독재 정권을 엎다 獨裁政権を倒す.

엎드려-뻗쳐 [업드ㅡ벋ㅡ] 图 腕立て伏せの体勢でお尻を持ち上げた格好にさせる号令.

엎드리다 /ɔpʰtɯrida/ [업뜨ㅡ] 自 四つんばいになる; 腹ばいになる; 伏せる; うつむせる; ひれ伏す; ぬかずく. ‖땅에 엎드리다 地面にうつむせる. 바닥에 엎드려서 총알을 피하다 地面に伏せて弾をよける.

엎어-지다 ❶ 転ぶ; 倒れる; (前に)のめる. ❷ 빙판에서 엎어지다 凍りついた

路面でのめる. ❷ ひっくり返る. ▶엎어지면 코 닿을 데 [慣] 目と鼻の先 [間].

엎지르다 /ɔpʰtʃirɯda/【엎질-】[르変] [엎질러, 엎지르는]他 (容器内の液体や粉末などを)こぼす. ❶ 溢す. ‖물을 엎질러 옷을 적시다 水をこぼして服を濡らす. 바지에 커피를 엎질렀다 ズボンにコーヒーをこぼした. ▶엎지른 물 覆水盆に返らず.

엎치락-뒤치락 [업-위-] 副 图変 ❶ 寝つけず何度も寝返りを打つ様子. ❷ 追いつ追われつ; 伯仲の間である様子. ‖시합이 엎치락뒤치락하고 있다 試合がシーソーゲームを展開している.

에[1] 图 ハングル母音字母「ㅔ」の名称.

에[2] /e/ 励 …に. (i)場所を表わす. ‖오빠는 지금 미국에 있다 兄はアメリカにいる. 병원은 공원 옆에 있다 病院は公園の横にある. (ii)方向を表わす. ‖학교에 가다 学校に行く. 친구가 우리 집에 오다 友だちがうちに来る. 거울에 얼굴을 비춰 보다 鏡に顔を映してみる. (iii)時間を表わす. ‖열 시에 만나서 보자 10時にあそこで会おう. 밤에 많이 먹는 것은 좋지 않다 夜たくさん食べるのはよくない. 아침에 일찍 일어나서 운동을 하다 朝早く起きて運動をする. 추운 날씨에 수고하십니다 寒さの中ご苦労様です. ❖아침・낮・저녁・밤など時間帯を表わす名詞にもそれぞれ「에」, 「에」が付く. (iv)原因を表わす. ‖공포에 떨다 恐怖におびえる. 동생이 사법 시험에 합격했다는 소식에 가족들이 기뻐했다 弟が司法試験に合格したという知らせに家族が喜んだ. (v)受身文で動作主を表わす. ‖사람들에 둘러싸이다 人々に囲まれる. (vi)行為などの対象を表わす. ‖독서에 열중하다 読書に熱中する. 학업에 전념하다 学業に専念する. 그 사람의 의견에 동의하다 彼の意見に同意する. 오에 칠을 더하면 십이다 5に7を足すと12である. 친구 결혼식에 참석하다 友人の結婚式に出席する. (vii)比較・割合の基準を表わす. ‖작년 겨울에 비해 올해는 따뜻하다 去年の冬に比べ今年は暖かい. 일 년에 한 번 가족여행을 가다 1年に1回家族旅行する. (viii)並列を表わす. ‖저녁은 스파게티에 피자를 배불리 먹었다 夕食はスパゲティにピザをお腹いっぱい食べた. ❸ …へ. ‖산 정상에 도달하다 山頂へたどり着く. ❸ …で. (i)期限・限度を表わす. ‖한 시간에 십 킬로미터 달릴 수 있어요? 1時間で10キロ走れますか. (ii)原因・道具を表わす. ‖대풍에 지붕이 날아가다 台風で屋根が吹き飛ぶ. 요리를 하다가 칼에 손을 베이다 料理をしていて包丁で手を切った. (iii)価値を表わす. ‖천 원에 세 개 살 수 있다 千ウォンで3個買える. ❹ …을. ‖친구 집에서 피자에 떡에 잔뜩 먹었다 友だちの家でピザやら餅やらいっぱい食べた.

에게 /ege/ 〔人・動物에 付いて〕 ❶ …に. (i)行為やものを受ける人・対象を表わす. ‖후배에게 아르바이트를 소개하다 後輩にアルバイトを紹介する. 남자 친구에게 전화를 하다 彼氏に電話をする. 친구에게 편지를 보내다 友だちに手紙を送る. 그 사람에게는 말하지 말아 줘 彼には言わないでほしい. 닭에게 모이를 주다 鶏にえさをやる. 내게 그런 말 하지 마 私にそんなこと言わないで. ✦會話体では一般に …에게·저에게·너에게の縮約形내게·제게·네게も用いられる. (ii)受身文で動作主を表わす. ‖사람들에게 떠밀려 밖으로 나오다 人に押されて外に出る. 깡패에게 가방을 빼앗기다 ちんぴらにかばんを奪われる. (例)物事の適用対象を表わす. ‖그 일은 내게 책임이 있다 そのことは私に責任がある. ❷ 居場所を表わす: …のところに. ‖그 책은 철수에게 있다 その本はチョルスのところにある. 선생님에게 가다 先生のところに行く. ❸ …から. ‖선생님에게 칭찬을 받았다 先生からほめられた. ❹ …にとって. ‖그에게 그 일은 매우 심각한 문제였다 彼にとってそのことは非常に深刻な問題であった. 한국 사람에게 통일은 지상 과제이다 韓国人にとって統一は至上課題である. ❺ 〔手紙やメールの記名で〕同等あるいは目下の人を表わす: …へ. ‖사랑하는 친구 세나에게 愛する友セナへ.

에게-로 助 …に; …へ. ‖그 사람에게로 관심이 집중되다 彼に関心が集中する.

에게-만 助 …だけに. ‖남동생에게만 주다 弟だけにやる.

에게-서 /egesʌ/ 助 〔人・動物에 付いて〕 …から. ‖문선생님에게서 한국어를 배우고 있다 文先生から韓国語を習っている. 친구에게서 편지를 받다 友だちから手紙をもらう. ✦會話などではむしろ한테서が多く用いられる.

에고 (ego) 名 エゴ.
에고이스트 (egoist) 名 エゴイスト.
에고이즘 (egoism) 名 エゴイズム.
에구머니 感 驚いたりふっと思い出したりした時に発する語. ‖에구머니, 이 일을 어쩌나 あら, どうしよう.
에구 感 哀れに思った時や憎い時に発する語: なんと. ‖에구, 한심한 녀석 なんと, 情けないやつ.
에기 感 気に入らなかったり嫌気がさしたりする時に発する語: えいっ.
에나멜 (enamel) 名 エナメル. ‖에나멜 가죽 エナメル革.
에너지 (energy) /enʌdʑi/ 名 エネルギー. ‖에너지를 소모하다 エネルギーを消耗する. 에너지 절약 エネルギーの節約. 운동 에너지 運動エネルギー.
에누리 /enuri/ 名 (하他) 掛け値; 値引き. ‖에누리는 안 됩니다 値引きはできません. 에누리 없는 가격 掛け値なしの値段. 그 사람 얘기는 에누리해서 들어야 한다 彼の話は割り引いて聞かないといけない.

에는 助 …には.
에다 他 えぐる; 心身に激しい苦痛や動揺などを与える. ‖살을 에는 듯한 추위 身を切るような寒さ. 가슴을 에는 듯한 슬픔 胸が張り裂けるような悲しみ.
에다- 助 ❶ 에다가の略語. ‖빵에다 딸기잼을 듬뿍 바르다 パンにイチゴジャムをたっぷりつける. ❷ 羅列を表わす: …に; …やら. ‖치킨에다 피자에다 많이 먹었다 チキンやらピザやらたくさん食べた.
에-다가 助 ❶ 何かが加わることを表わす: …に; …にさらに. ‖월급은 본봉에다가 가족 수당, 주택 수당이 붙는다 給料は本俸に家族手当, 住宅手当がつく. ❷ 場所・位置などを表わす: …に. ‖아까 그 편지 어디에다가 두었니? さっきのあの手紙, どこに置いたの. 他の터.
에델바이스 (Edelweiss ド) 名 (植物) エーデルワイス.
에-돌다 自 (ㄹ語幹) 遠回りする; くねくねする. ‖에돌아 흘러가다 くねくねと流れる.
에-두르다 (르変) ❶ 取り囲む. ❷ 遠回しに言う. ‖에둘러서 말하다 遠回しに言う.
에라 感 がっかりして諦める時などに発する語. ‖에라, 모르겠다 えい, 知るもんか.
에러 (error) 名 エラー.
에로 (ero) 名 エロ; エロチック.
에로스 (eros) 名 エロス.
에로티시즘 (eroticism) 名 エロチシズム.
에로틱-하다 (erotic-) 形 (하変) エロチックだ.
에메랄드 (emerald) 名 (鉱物) エメラルド.
에비 子どもに恐ろしいものの意味で用いる言葉: 鬼. お化け.
― 子どもが危ないものや汚いものを触ったり口に入れようとしたりする時に, それをとめるために発する言: 駄目. ‖에비, 만지면 안 돼 駄目, 触っちゃ駄目なの.

에서 /esʌ/ 助 ❶ 動作・作用が行われる場所を表わす: …で. ‖도서관에서 늦게까지 공부하다 図書館で遅くまで勉強する. 백화점에서 선물을 사다 デパートでプレゼントを買う. 집에서의 생활 태도 家での生活態度. ❷ 動作・状態の主体を表わす: …で; …が. ‖야당 측에서는 반대 의사를 표했다 野党側では反対の意思を示した. 노조에서 제시한 조건 組合が提示した条件. ❸ 出発する位置を表わす: …から; …を.

∥밤 열 시에 나리타에서 뜨는 비행기를 탔다 夜10時に成田から発つ飛行機に乗った. 두 시에 집에서 나왔다 2時に家を出た. ❹ 동작의 출발점을 나타냄: …から. ∥그런 관점에서 보면 그러한 관점에서도 그렇게 말할 수밖에 없다 私の立場からはそのようにしか言えない. ❺ 〈…에서…까지의 形으로〉 공간·시간의 범위를 나타냄: …から…まで. ∥근무 시간은 아침 아홉 시에서 오후 다섯 시까지입니다 勤務時間は朝9時から午後5時までです. 집에서 회사까지 한 시간 걸린다 家から会社まで1時間かかる. 서울에서 부산까지 ソウルから釜山まで.

에서-부터 图 …から. ∥학교에서부터 걸어왔다 学校から歩いてきた.

에세이 (essay) 图 エッセイ.

에센스 (essence) 图 エッセンス.

에스 (S·s) 图 〔アルファベットの〕エス.

에스-사이즈 (S-size) 图 〔服などの〕Sサイズ. ⑩ラージサイズ・엘사이즈.

에스-에프 (SF) 图 エスエフ; サイエンスフィクション. ✜ science fiction の略語.

에스카르고 (escargot ㆍ) 图 エスカルゴ.

에스컬레이터 (escalator) 图 エスカレーター.

에스코트 (escort) 图 (하)他 エスコート.

에스키모 (Eskimo) 图 エスキモー; イヌイット.

에스페란토 (Esperanto) 图 〔言語〕エスペラント.

에스프리 (esprit ㆍ) 图 エスプリ.

에어로빅 (aerobic) 图 = 에어로빅댄스.

에어로빅-댄스 (aerobic dance) 图 エアロビクスダンス.

에어로빅스 (aerobics) 图 エアロビクス.

에어-백 (air bag) 图 エアバッグ.

에어컨 (←air conditioner) 图 〔에어컨디셔너의略語〕エアコン.

에어컨디셔너 (air conditioner) 图 エアコンディショナー; エアコン.

에에 慨 ❶ 긍정·승낙을 나타내는 말: ええ. ❷ 말의 처음이나 도중에 말문에 찾을 때 내는 말: えー.

에요 /ejo/ 〔이다·아니다의 語幹에 붙어〕…です; …です. ∥얘가 제 남동생이에요 この子が私の弟です. 저 사람은 한국 사람이 아니에요 あの人は韓国人ではありませんよ. 학생이 아니에요? 学生ではありませんか.

에우다 他 〔主にに에워싸다의 形으로〕囲む; 取り囲む; 包囲する. ∥성을 에워싸다 城を取り囲む.

에의 조사 …への. ∥승리에의 길 勝利への道.

에이[1] (A·a) 图 〔アルファベットの〕エー.

에이[2] 慨 怒りや不満を表わす時に発する語: えい. ∥에이, 짜증나 えい, いらいら.

에이그 慨 哀れに思った時やひどく憎い時に発する語: まあ; なんと. ∥에이그, 불쌍한 것 まあ, かわいそうに.

에이끼 慨 〔主に中年男性が目下の人に〕非難の気持ちを込めて呼びかける時に発する語: やい. ∥에이끼, 이 사람아 왜 그런 짓을 했는가? やい, お前さん, なんでそんなことをしたんだ.

에이레 (Eire) 图 〔国名〕〔アイルランドの旧称〕エール.

에이비-형 (AB型) 图 〔血液型の〕AB型.

에이스 (ace) 图 エース.

에이엠[1] (AM·a·m) 图 A.M.; a.m.; 피엠. ✜ ante meridiem の略語.

에이엠[2] (AM) 图 AM; 振幅変調. ✜ amplitude modulation の略語.

에이엠 방송 -放送 图 AM放送.

에이전시 (agency) 图 エージェンシー.

에이전트 (agent) 图 エージェント.

에이즈 (AIDS) 图 〔医学〕エイズ. ✜ Acquired Immune Deficiency Syndrome の略語.

에이치 (H·h) 图 ❶ 〔アルファベットの〕エイチ. ❷ 鉛筆の芯の硬さを表わす記号.

에이치비 (HB) 图 〔鉛筆の芯の〕HB. ✜ hard and black の略語.

에이커 (acre) 依名 面積の単位: …エーカー.

에이프런 (apron) 图 エプロン.

에이-형 (A型) 图 〔血液型の〕A型.

에잇 [-읻] 慨 思うようにならなくていらだちを時やくやのしる時などに発する語: えい; くそ. ∥에잇, 재수 없어 くそ, ついてないな.

에취 慨 くしゃみの声: はくしょん.

에칭 (etching) 图 〔美術〕エッチング.

에콰도르 (Ecuador) 图 〔国名〕エクアドル.

에탄 (ethane) 图 〔化学〕エタン.

에탄올 (ethanol) 图 〔化学〕エタノール.

에테르 (ether) 图 〔化学〕エーテル.

에토스 (ethos ㆍ) 图 エトス. ⑨パトス.

에티켓 (étiquette ㆍ) 图 エチケット.

에틸렌 (ethylene) 图 〔化学〕エチレン.

에틸-알코올 (ethyl alcohol) 图 〔化学〕エチルアルコール.

에프 (F·f) 图 〔アルファベットの〕エフ.

에프엠 (FM) 图 FM; 周波数変調. ✜ frequency modulation の略語.

에프엠 방송 -放送 图 FM放送.

에피소드 (episode) 图 エピソード.

에필로그 (epilogue) 图 エピローグ. ⑨プロローグ.

에헤 慨 あきたりた気に入らなかったりした

에헴 時に発する語:へえ.

에헴 感 (主に中年男性が)自分の出現を知らせるためにわざとする咳払い:えへん;おほん.

엑스 (X·x) [名] (アルファベットの)エックス.

엑스-레이 (X-ray) [名] [物理] エックス線;レントゲン.

엑스-선 (X線) [名] X線.

엑스^세대 (X世代) [名] 自己主張の強い世代. ✢アメリカの作家ダグラス・クープランドの小説『ジェネレーションX』に由来.

엑스^염색체 (X染色體) [名] [動物] X染色体. ✢와이 염색채(-染色體).

엑스-축 (x軸) [名] [数学] x軸. ✢와이축(-軸).

엑스트라 (extra) [名] エキストラ.

엑스포 (Expo) [名] 万国博覧会. 覘万국 박람회(萬國博覽會).

엔 (N·n) [名] (アルファベットの)エヌ.

엔 (えん·円日) 依名 日本の貨幣の単位:…円.

엔 [助] [에는の縮約形]…には.

엔간-하다 [形] [하ево] (程度が)普通に;並大抵に;ほどほどに. ∥엔간한 성격이 아니다 普通の性格ではない. **엔간-히** [副] ∥엔간히 해라 ほどほどにしな.

엔지니어 (engineer) [名] エンジニア.

엔지오 (NGO) [名] NGO;非政府組織. ✢nongovernmental organization の略語.

엔진 (engine) /endʒin/ [名] エンジン. ∥엔진을 걸다 エンジンをかける. 엔진이 꺼지다 エンジンが止まる.

엔진^오일 (engineoil) [名] エンジンオイル.

엔트리 (entry) [名] エントリー.

엔-화 (円貨) [名] 円貨.

엘 (L·l) [名] (アルファベットの)エル.

엘-사이즈 (L-size) [名] (服などの)Lサイズ. ✢에스사이즈·엠사이즈.

엘니뇨 (el Niño ᄉ) [名] [地] エルニーニョ.

엘레지 (élégie ᄑ) [名] [音楽] エレジー;哀歌.

엘리베이터 (elevator) [名] エレベーター.

엘리트 (élite ᄑ) [名] エリート. ∥엘리트 의식 エリート意識.

엘살바도르 (El Salvador ᄉ) [名] [国名] エルサルバドル.

엠 (M·m) [名] (アルファベットの)エム.

엠-사이즈 (M-size) [名] (服などの)Mサイズ. ✢에스사이즈·엘사이즈.

엠티 (MT) [名] (主に大学生の)合宿. ✢membership + training の略語.

엥 感 怒ったりいらいらしたりする時に発する語:えい.

엥겔^계수 (Engel 係數) 【-/-게-】[名]

(經) エンゲル係数.

엥겔^법칙 (Engel 法則) [名] (經) エンゲルの法則.

여 [名] ハングル母音字母「ㅕ」の名称.

여² (呂) [姓] 呂(ヨ).

여³ (余) [姓] 余(ヨ).

여⁴ (與) [名] [여당(與黨)の略語] 与党. 覘야(野).

여⁵ (予·子) [代] 余(ヨ).

여⁶ -(女) [接尾] 女…;女の…;女性…. ∥여동생 妹. 여배우 女優. 여선생(님) 女の先生. 여직원 女性職員.

여⁷ [助] [母音で終わる体言に付いて;子音の場合は이여] 対象を詠嘆調で呼ぶ呼格助詞:…よ. ∥친구여 友よ.

-**여⁸** (餘) [接尾] …余;…余り. ∥한 달여 동안 ひと月余りの間.

-**여⁹** [語尾] 動詞하다および接尾辞-하다が付く用言の語幹に用いられる連結語尾. ∥설명하여 주다 説明してあげる. 성공하여 돌아오다 成功して戻ってくる. ✢普通하-と続いた해の形で用いられることが多い. 覘-아-·어-.

여가 (餘暇) [名] 余暇;暇. 覘여가.

여각 (餘角) [名] [数学] 余角.

여간 (如干) /jəgan/ [副] [主に下に打ち消しの表現を伴って] 並大抵の;普通では;非常に;かなり. ∥여간 힘든 게 아니다 並大抵の苦労ではない. 돈이 여간 드는 게 아니다 かなりお金がかかる.

여간-내기 (如干-) [名] ただ者;普通の人. ∥하는 걸 보니 여간내기가 아니다 話しているのを見ると並大抵ではない.

여간-하다 (如干-) [形] [하여] [主に下に打ち消しの表現を伴って] ちょっとやそっとのこと. ∥여간해서는 화를 안 내는 사람이다 ちょっとやそっとのことでは怒らない人だ.

여객 (旅客) [名] 旅客.

여객-기 (旅客機) 【-끼】[名] 旅客機.

여객-선 (旅客船) 【-썬】[名] 旅客船.

여건 (與件) 【-껀】[名] 与えられた条件;所与. ∥여건이 좋지 않다 与えられた条件がよくない.

여걸 (女傑) [名] 女傑;女丈夫.

여격 (與格) 【-껵】[名] [言語] 与格.

여격^조사 (與格助詞) 【-껵쪼-】[名] [言語] 与格助詞. ✢에·께·한테など.

여경 (女警) [名] [여자 경찰관(女子警察官の略語)] 婦人警官.

여계 (女系) 【-/-게】[名] 女系. 覘남계 (男系).

여고 (女高) [名] [여자 고등학교(女子高等學校)の略語] 女子高.

여고-생 (女高生) [名] [여자 고등학교 학생(女子高等學校の學生)の略語] 女子高生.

여공 (女工) [名] 女子工員.

여과 (濾過) [하여] 濾過(る).

여과기 (濾過器) 图 濾過器.
여과-지 (濾過紙) 图 濾過紙. ⑩ 여름종이.
여관 (旅館) 图 旅館.
여광 (餘光) 图 余光.
여권¹ (女權) [-꿘] 图 女權. ∥여권 신장 女權の拡張.
여권² (旅券) [-꿘] 图 パスポート; 旅券. ⑩ パスポート. ∥여권 발급 パスポートの発給. 여권이 나오다 パスポートがおりる.
여권³ (與圈) [-꿘] 图 여당(與黨圈)の略語. ⑪ 야권(野圈).

여기 /jəgi/ 代 ❶ここ; こちら. ∥여기에 앉자 ここに座ろう. 여기로 오세요 こちらへどうぞ. ❷これ; この点. ∥여기에 대해서는 반대 의견이 없었다 この点については反対の意見がなかった.
여기다 /jəgida/ 動 (そうだと)思う; 見なす. ∥친딸처럼 여기던 그 애의 모습이 지금도 고맙게 여기고 있습니다 今もありがたく思っています.
여기-자 (女記者) 图 女性記者.
여기-저기 /jəgidʒəgi/ 代 あちらこちら; あちこち. ∥여기저기를 기웃거리다 あちらこちらを覗き込む. 여기저기 돌아다니다 あちこちに歩き回る.
여남은 (餘-) 剾 10余り; 10 くらい. ∥개가 남았다 10個余り残った.
여념 (餘念) 图 余念. ∥마지막 정리에 여념이 없다 最後の整理に余念がない.
여느 冠 普通の…; 普段の…; 並みの…. ∥여느 때 같으면 벌써 왔을 텐데 普段だったらもう来ているはずなのに.
여는 冠 [ㄹ語幹] 열다(開ける)の現在連体形.
여단 (旅團) 图 (軍事) 旅団.
여-닫다 [-따] 開閉する; 開け閉めする. ∥문을 여닫다 ドアを開け閉めする.
여닫-이 [-다지] 图 引き戸.
여담 (餘談) 图 余談; こぼれ話.
여당 (與黨) 图 与党. ⑩ 与(與). ⑪ 야당(野黨).
여당-권 (與黨圈) [-꿘] 图 与党および与党を味方する人や団体. ⑩ 여권(與圈).
여대 (女大) 图 (여자 대학(女子大學)の略語) 女子大.
여대-생 (女大生) 图 (여자 대학생(女子大學生)の略語) 女子大生.

여덟 /jədəl/ 數 [-덜] ❶ 8つ; 8っ; 8. ∥넷에 넷을 더하면 여덟이다 4 に 4 を足すと 8 だ.
— 冠 8···. ∥여덟 명 8人. 여덟 살 8歳.
여덟-째 數 8つ目; 8番目; 8つ目の.
여독 (旅毒) 图 旅の疲れ. ∥아직 여독이 안 풀린 것 같다 まだ旅の疲れが取れていないようだ.
여-동생 (女同生) /jədoŋsɛŋ/ 图 妹. ⑪ 남동생(男同生). ∥여동생이 둘 있다 妹が 2 人いる. 막내 여동생 末の妹.
여드레 图 8日; 8日間.
여드렛-날 [-렌-] 图 8日目の日.
여드름 图 にきび. ∥여드름을 짜다가 곪히다.
여든 /jədɯn/ 數 80歳; 80. ⑩ 팔십(八十). ∥세 살 적 버릇이 여든까지 간다 三つ子の魂百まで. 올해 여든 살 되시는 할머니 今年 80 歳になられるおばあさん.
-여라 語尾 〔하대용言語幹に付いて〕 ❶命令の意を表わす: …せよ; …てね. ∥열심히 하여라 一所懸命やってね. 頑張ってね. ❷感嘆の意を表わす: …だな; …だね. ∥예쁘기도 하여라 きれいだな.
여래 (如來) 图 (佛教) 如来.
여러 /jərə/ 冠 色々な…; 様々な…; 数々の…. ∥여러 By국의 유학생 様々な国からきた留学生. 여러 가지 이유로 様々な理由で.
여러모-로 剾 色々な面で; 色々と; 多方面で; 多角的に. ∥여러모로 감사합니다 色々とありがとうございます.
여러-분 代 (その場にいる複数の聞き手を敬って) 皆さん; 皆様. ∥학생 여러분 学生の皆さん.
여러해-살이 (植物) 多年生.
여러해살이-풀 (植物) 多年草; 多年生植物.
여럿 [-럳] 图 多数; 大勢. ∥여럿이 하면 일이 빨리 끝난다 大勢集まってやれば仕事が早く終わる.
여력 (餘力) 图 余力.
여로 (旅路) 图 旅路.
여론 (輿論) /jə:ron/ 图 世論. ⑩ 세론(世論). ∥여론에 호소하다 世論に訴える. 여론을 환기시키다 世論を喚起する. 여론이 공분하다 世論が鼎沸する.
여론-조사 (輿論調査) 图 世論調査.
여론-화 (輿論化) 图 他動 世論化.
여류 (女流) 图 女流. ∥여류 작가 女流作家.

여름 /jərɯm/ 图 夏; この夏. ∥초여름 初夏. 더운 여름 暑い夏. 여름을 타다 夏負けする; 夏ばてする.
여름-내 夏中; 夏ずっと. ∥여름내 놀러 다니다 夏中遊び回る.
여름-방학 (-放學) [-빵-] 图 (学校の)夏休み.
여름-옷 [-로돋] 图 夏服; 夏物.
여름-철 图 夏季.
여름-휴가 (-休暇) 图 (学校以外のところでの)夏休み. ⑩ 하기휴가(夏期休暇).

여리다 /jərida/ 厖 (気が)弱い; ナイーブ

だ; もろい. ‖여린 성격 ナイーブな性格. 마음이 여리다 気が弱い.

여명¹ (餘命) 图 余命. ‖여명이 얼마 남지 않다 余命いくばくもない.

여명² (黎明) 图 黎明(恍).

여명-기 (黎明期) 图 黎明期.

여물 秣(ぎ) 图 飼い葉. ‖소 여물 牛の秣.

여물다¹ /jəmulda/ 厖 [語幹이 「여물어, 여무는, 여문」] ❶ (仕事や言動などが) しっかりしている. ‖일을 여물게 하다 仕事をしっかりする. ❷ (人となりや生活態度が) しっかりしている; 無駄がない. ‖여물게 살다 無駄のない生活をしている.

여물다² 厖 [「ㄹ」語幹] 実る; 熟する. ‖곡식이 여물다 穀物が実る.

여미다 匝 (服装などを) 正す; 整える. ‖옷깃을 여미다 襟を正す.

여-배우 (女俳優) 图 女優. 囷 여우 (女優).

여백 (餘白) 图 余白; 空白. ‖이하 여백 以下余白.

여-별 (餘-) 图 予備の服. ‖여별의 옷을 준비하다 予備の服を準備する.

여보¹ (餘-) 匝 ‖夫婦間の呼称. ‖여보 당신 あなた, ねえ.

여-보세요 /jəbosejo/ 匝 ‖電話で もしもし.

여봐란-듯이 副 これ見よがしに.

여부 (與否) 图 ❶ 可否; …するか否か; …かどうか. ‖사실 여부를 확인하다 事実かどうかを確かめる. ❷ 〔主に있다·없다を伴って〕 間違いない; もちろんである. ‖물론입니다. 여부가 있겠습니까? もちろんです. 間違いありません.

여북 副 〔主に疑問形を伴って〕 どれほど; よほど; どんなに; どうして. ‖여북 바빴으면 수염도 못 깎았을까? ひげも剃れないとは, よほど忙しかったのだろう.

여북-이나 副 여북を強めて言う語.

여분 (餘分) 图 余分; 余り; スペア.

여"**불규칙"활용언** (-不規則活用言)【-칭-】图 (言語) 하変則用言.

여"**불규칙"활용** (-不規則活用)【-치-】图 (言語) 하変則活用.

여비 (旅費) 图 旅費.

여사 (女史) 图 女史.

여삼추 (如三秋) 图 (「3年のように長く感じる」の意で) 非常に待ち遠しい心を表わす語. ‖일각이 여삼추 一日千秋.

여상 (女商) 图 〔女子 상업 고등학교 (女子商業高等学校)の略語〕女子商業高等学校.

여색 (女色) 图 女色. ‖여색을 밝히다 女色を好む.

여생 (餘生) 图 余生. ‖여생을 즐기다 余生を楽しむ.

-여서 匝尾 〔하다用言の語幹に付いて〕 原因·理由の意味を表わす: …して; …したので. ‖남동생이 취직하여서 기쁘다 弟が就職してうれしい. 운동을 많이 하여서 피곤하다 運動をしすぎて疲れた. ❖普通하-と結合した形で用いられることが多い.

여-선생 (女先生) 图 女の先生; 女性教師.

여섯 /jəsət/ [-섣] 数 6人; 6つ; 6. ‖이 차에 여섯은 못 탄다 この車に 6人は乗れない.
─團 6…. ‖여섯 명 6名. 여섯 시 6時.

여섯-째 数 図 6つ目; 6番目; 6番目の.

여성¹ (女性) /jəsəŋ/ 图 女性. ↔남성 (男性). ‖여성복 婦人服. 여성 잡지 女性雑誌. 여성의 지위가 향상되다 女性の地位が向上する.

여성-계 (女性界)【-/-게】图 女性の社会や分野.

여성-미 (女性美) 图 女性美.

여성-적 (女性的) 图 女性的.

여성-학 (女性学) 图 女性学.

여성-호르몬 (女性 hormone) 图 女性ホルモン.

여세 (餘勢) 图 余勢. ‖예선전에서의 우승의 여세를 몰아 결승전까지 진출하다 予選で優勝した余勢を駆って決勝戦まで勝ち進む.

여송-연 (呂宋煙) 图 (フィリピンのルソン島産の) 葉巻 (タバコ).

여수 (旅愁) 图 旅愁.

여승 (女僧) 图 (仏教) 尼僧; 比丘尼.

여식 (女息) 图 〔娘の謙譲語〕娘.

여신¹ (女神) 图 女神. ‖자유의 여신 自由の女神.

여신² (與信) 图 (経) 与信 (金融機関が取引先に融資を行なうこと). 囷수신 (受信).

여실-하다 (如實-) 厖 (如実だ) 如実に. ‖문제점이 여실히 드러나다 問題点が如実に現われる.

여심 (女心) 图 女心.

여아 (女兒) 图 女の子; 女児.

여야¹ (與野) 图 与党と野党.

-여야² /jəja/ 匝尾 〔하다用言の語幹に付いて〕 当為·義務の意を表わす: …しないと; …しなければ; …てこそ; …でこそ. ‖학생은 공부를 열심히 하여야 한다 学生は一所懸命勉強しなければならない. 숙제를 하여야 한다 宿題をしないといけない. ❖普通하여야より해아の形で用いられることが多い.

여열 (餘熱) 图 余熱.

여염-집 (閻閻-)【-찝】图 一般庶民の家.

여왕 (女王) /jəwaŋ/ 图 女王. ‖신라의 선덕 여왕 新羅の善德女王. 엘리자베스 여왕 エリザベス女王.

여왕-벌 (女王-) 图 (昆虫) ジョオウバチ (女王蜂).

여요 略 =예요.

여우¹ /jou/ 名 ❶[動物] キツネ(狐). ❷[比喩的に]ずるく賢い人; ちゃっかり者.
여우-비 名 日照り雨; 狐の嫁入り.
여우² (女優) 名 女優(女優優의 略語. ▷남우(男優). ‖여우 주연상 主演女優賞.
여운 (餘韻) 名 余韻. ‖여운을 남기다 余韻を残す.
여울 名 早瀬; 浅瀬.
여울-목 名 川の幅の狭くなった所.
여위다 /jəwida/ 自 やせる; やせ細る; やつれる. ‖요사이 좀 여위다 病気で少しやせる. ⑤야위다.
여유 (餘裕) /jəju/ 名 余裕; ゆとり. ‖여유 있는 태도 余裕のある態度. 경제적으로 여유가 없다 経済的に余裕がない.
여유-롭다 (餘裕-) 【-따】 形 [ㅂ変] 余裕がある; ゆとりがある. ‖여유로운 생활 ゆとりのある生活.
여유-만만 (餘裕滿滿) 名 하形 =여유작작(餘裕綽綽).
여유-작작 (餘裕綽綽) 【-짝】 名 하形 余裕綽綽(たく).
여의¹ (如意) /-/-이/ 名 하形 思うようになること.
여의-봉 (如意棒) 名 如意棒.
여의-주 (如意珠) 名 如意宝珠.
여의찮다 (如意-) 【-찬타/-이찬타】 形 [여의하지 아니하다의 縮約形] 思い通りにならない; ままならない. ‖형편이 여의찮다 生活がままならない.
여의² (女醫) /-/-이/ 名 女医.
여의다 /jəida/ 【-이-이-】 他 ❶死に別れる. ‖어려서 부모님을 여의다 幼くして両親と死に別れる. ❷[娘を]嫁がせる.
여-의사 (女醫師) /-/-이-/ 名 女医.
여의-하다 (如意-) /-/-이-/ 形 하変 思い通りになる.
여인 (女人) 名 女の人; 女性.
여인-숙 (旅人宿) 名 旅館より規模が小さく安い宿屋.
여일 (餘日) 名 余日.

여자 (女子) /jədʑa/ 名 女子; 女性. 女の人; 女. ⑦남자(男子). ‖여자 친구 女ともだち; ガールフレンド; 彼女. 여자 화장실 女子トイレ. 여자 아이 女の子. 여자 아이 女子の子. 여자 형제 女子形체 女きょうだい. 女1人가 셋이면 나무 접시가 논든다 [諺] 女三人寄れば姦(かしま)しい.
여장¹ (女裝) 名 女装.
여장² (旅裝) 名 旅装. ‖여장을 풀다 旅装を解く.
여-장부 (女丈夫) 名 女丈夫.
여전-하다 (如前-) /jədʑənhada/ 形 하変 相変わらずだ; 変わりがない; 変わっていない. ‖술버릇은 여전하다 酒癖は変わっていない. **여전-히** 副 あいかわらず. ‖나이가 들어도 여전히 예쁘다 年をとっても相変わらずきれいだ.
여정¹ (旅情) 名 旅情.
여정² (旅程) 名 旅程.
여죄 (餘罪) /-/-쵀/ 名 余罪. ‖여죄를 추궁하다 余罪を追及する.
여주 (植物) 名 ニガウリ(苦瓜).
여-주인공 (女主人公) 名 女主人公.
여중 (女中) 名 여자 중학교(女子中學校)의 略語.
여지 (餘地) /jədʑi/ 依名 …余地; …余裕. ‖의심할 여지가 없다 疑いをさしはさむ余地がない. 입추의 여지도 없다 立錐の余地もない. 변명의 여지가 없다 弁解の余地がない.
여지-없다 (餘地-) /jədʑip:t'a/ 【-업따】 形 どうしようもない; なすすべもない.
여지없이 あっさり. ‖여지없이 깨지다 あっさり負ける.
여직 副 여태의 誤り.
여진 (餘震) 名 余震.
여-집합 (餘集合) 【-지팝】 名 [数学] 余集合; 補集合.
여쭈다 他 [말씀의 謙讓語] 申し上げる; 伺いする. ‖말씀을 여쭈다 お伺いする.
여쭙다 【-따】 他 [ㅂ変] [여쭈다의 謙讓語] 申し上げる; お伺いする.
여차여차-하다 (如此如此-) 形 하変 かくかくしかじかだ. ‖여차여차한 사정으로 이러한 사연이에 事情でこの事情です.
여차-하다 (如此-) 形 하変 [主に여차하면의 形で] いざとなったら. ‖여차하면 도망치자 いざとなったら逃げよう.
여체 (女體) 名 女体.
여치 名 [昆虫] キリギリス(螽斯).
여친 名 여자 친구(女子親舊)의 略語: 女ともだち; ガールフレンド; 彼女.
여타 (餘他) 名 その他のもの[こと]. ‖여타의 문제 その他の問題.
여탈 (與奪) 名他 与奪. ‖생살여탈권 生殺与奪の権.
여탕 (女湯) 名 女湯. ⑦남탕(男湯).

여태 /jət'e/ 副 今までに; ずっと; いまだに. ‖여태 기다리고 있었니? 今まで[ずっと]待っていたの? 여태 결혼을 못 했다 いまだに結婚できない.
여태-껏 【-껃】 副 여태를 強めて言う語.
여파 (餘波) 名 余波; あおり. ‖원유가 인상의 여파로 물가가 급등하다 原油値上げの余波で物価が急騰する.
여편-네 (女便-) 名 [俗っぽい言い方で] 女房; おかみ.
여하 (如何) 名 如何. ‖모든 것은 그 사람 태도 여하에 달려 있다 全ては彼の態度如何にかかっている.
여하-간 (如何間) 副 とにかく; ともかく. ‖여하간 만나서 얘기하자 とにかく会って話そう.

여하튼 (如何-) 🔲 =여간하다(如何間).

여학생 (女學生) /jəhakʔsɛŋ/【-쌩】 🔳 女子学生. 〔⇔남학생(男學生).

여한 (餘恨) 遺恨; 思い残すこと. ‖이제는 죽어도 여한이 없다 もう死んでも思い残すことはない.

여행 (旅行) /jəhɛŋ/ 🔳 🔳 旅行. ‖여행을 떠나다 旅行に出る. 교토로 여행을 가다 京都に旅行する. 유럽을 여행하면서 느낀 것 ヨーロッパを旅行しながら感じたこと. 관광 여행 観光旅行. 수학여행 修学旅行.

여행-사 (旅行社) 🔳 旅行代理店.

여행자^수표 (旅行者手票) 🔳 旅行小切手; トラベラーズチェック.

여흥 (餘興) 🔳 余興.

역[1] (役) 🔳 役. ‖이번 연극에서 맡은 역 今回の劇で任された役.

역[2] (逆) 🔳 逆; 裏返し, 反対. ‖역으로 해석하다 逆に解釈する. 역으로 말하면 裏返して言えば.

역[3] (譯) 🔳 訳.

역[4] (驛) /jək/ 🔳 駅. ‖집에서 역까지 십 분 걸립니다 家から駅まで10分かかります. 다음 역에서 갈아타세요 次の駅で乗り換えてください. 종착역 終着駅.

역-[5] (逆) 接頭 逆…. ‖역효과 逆効果. 역선전 逆宣伝.

역-겹다 (逆-) /jəkʔkjəpʔta/【-껍따】〔ㅂ変〕〔역겨워, 역겨운〕 むかつく; むかむかする; 非常に気に障る. ‖역겨운 냄새 むかむかするようなにおい. 말투가 역겹다 言い方が気に障る.

역경[1] (易經) 🔳 〔五経の一つの〕易経.

역경[2] (逆境) 【-꼉】 🔳 逆境. ‖역경에 처하다 逆境に置かれる.

역공 (逆攻)【-꽁】 🔳 反撃; 反攻. ‖역공에 나서다 反撃に出る.

역광 (逆光) 🔳 逆光.

역-광선 (逆光線) 【-꽝-】 🔳 =역광(逆光).

역귀 (疫鬼)【-뀌】 🔳 疫病神.

역-기능 (逆機能)【-끼-】 🔳 本来の目的とは違う好ましくない機能.

역내[1] (驛內) 【-때】 🔳 駅内.

역내[2] (域內) 【영-】 🔳 域内.

역대 (歷代) 【-때】 🔳 歴代. ‖역대 한국 대통령 歷代韓国の大統領.

역도 (力道) 【-또】 🔳 〔スポーツ〕重量挙げ.

역동 (力動)【-똥】 🔳 🔳 力動.

역동-적 (力動的)【-똥-】 🔳 力動的.

역량 (力量)【영냥】 🔳 力量. ‖역량을 발휘하다 力量を発揮する. 역량이 부족하다 力量に欠ける.

역력-하다 (歷歷-) /jəŋnjəkʔada/【영녀카-】 🔳 〔하変〕歴々としている; ありありだ. ‖싫어하는 기색이 역력하다 嫌がる様子がありありだ. **역력-히** (歷歷-) 歷々と; ありありと. ‖실망한 기색이 얼굴에 역력히 드러나다 がっかりした様子が顔にありありと見える.

역류 (逆流)【영뉴】 🔳 🔳 逆流. ‖바닷물이 강으로 역류하다 海水が川に逆流する.

역마-살 (驛馬煞) 【영-쌀】 🔳 流浪の星回り.

역-마차 (驛馬車) 【영-】 🔳 駅馬車.

역모 (逆謀) 【영-】 🔳 🔳 謀議.

역무-원 (驛務員)【영-】 🔳 駅員.

역병 (疫病) 【-뼁】 🔳 疫病.

역-부족 (力不足) 【-뿌-】 🔳 〔形動〕力不足.

역사[1] (歷史) /jəkʔsa/【-싸】 🔳 歷史. ‖역사가 오래되다 歷史が古い. 역사가 짧다 歷史が浅い. 역사를 되돌아보다 歷史を振り返る. 역사에 남을 대사건 歷史に残る大事件. 복식의 역사 服飾の歷史.

역사-가 (歷史家)【-싸-】 🔳 歷史家. 劉사가(史家).

역사-관 (歷史觀) 【-싸-】 🔳 歷史観. 劉사관(史觀).

역사-극 (歷史劇)【-싸-】 🔳 歷史劇. 劉사극(史劇).

역사-상 (歷史上) 【-싸-】 🔳 歷史上. ‖역사상의 인물 歷史上の人物.

역사^소설 (歷史小說) 🔳 〔文芸〕歷史小説.

역사^시대 (歷史時代) 🔳 歷史時代.

역사-적 (歷史的)【-싸-】 🔳 歷史的. ‖역사적인 순간 歷史的な瞬間. 역사적으로 검토하다 歷史的に検討する.

역사-학 (歷史學)【-싸-】 🔳 歷史学. 劉사학(史學).

역사[2] (驛舍)【-싸】 🔳 駅舎.

역사[3] (力士)【-싸】 🔳 力士.

역산 (逆算) 【-싼】 🔳 🔳 逆算.

역서 (譯書) 🔳 訳書.

역-선전 (逆宣傳)【-썬-】 🔳 🔳 逆伝.

역설[1] (力說)【-썰】 🔳 🔳 力説. ‖복지 제도의 중요성을 역설하다 福祉制度の重要性を力説する.

역설[2] (逆說) 【-썰】 🔳 逆説; パラドックス.

역설-적 (逆說的)【-썰적】 🔳 逆説的.

역성 (易姓)【-썽】 🔳 易姓. ‖역성혁명 易姓革命.

역성-들다【-썽-】 🔲 〔ㄹ語幹〕えこひいきする.

역세-권 (驛勢圈)【-쎄꿘】 🔳 日常的に駅を利用する人が分布する範囲.

역-수입 (逆輸入)【-쑤-】 🔳 🔳 逆輸入. **역수입-되다** 受動.

역-수출 (逆輸出)【-쑤-】 🔳 🔳 逆

輸出. 역수출-되다 受動

역순(逆順)〖-쑨〗图 逆順.∥역순 사전 逆引き辞典.

역습(逆襲)〖-씁〗图他 逆襲.∥역습을 하다 逆襲に転じる. **역습-당하다** 受動

역시¹(譯詩)图 訳詩.

역시²(亦是)/jɔkʰʃi/〖-씨〗副 やはり;やっぱり;相変わらず.∥역시 그 사람이었다 やはり彼だった. 역시 프로 선수는 달랐다 やはりプロの選手は違っていた. 그는 지금도 역시 회사원이다 彼は今も相変わらず会社員である.

역연-하다(歷然-)〖하変〗 歴然としている.∥차이가 역연하다 差は歴然としている. 두 사람이 싸운 흔적이 역연하였다 2人がけんかした跡が歴然としていた. **역연-히**

역원(驛員)图 駅員.

역-이용(逆利用)图他 逆利用. **역이용-되다[-당하다]** 受動

역임(歷任)图他 歴任.∥요직을 역임하다 要職を歴任する.

역자(譯者)〖-짜〗图 訳者.

역작(力作)〖-짝〗图 力作.

역장(驛長)〖-짱〗图 駅長.

역적(逆賊)〖-쩍〗图 逆賊.

역전(力戰)〖-쩐〗图他 力戦.∥강적을 상대로 역전하다 強敵を相手に力戦する.

역전²(逆轉)〖-쩐〗图自 逆転.∥형세가 역전되다 形勢が逆転する. **역전-되다** 受動 이 대 삼으로 역전당하다 2対3で逆転される.

역전-승(逆轉勝)图他 逆転勝ち.∥역전승을 거두다 逆転勝ちを収める.

역전-패(逆轉敗)图他 逆転負け.∥역전패를 당하다 逆転負けを喫する.

역전³(驛前)图 駅前.

역점(力點)〖-쩜〗图 力点.∥역점을 두다 力点を置く.

역접(逆接)〖-쩝〗图〖言語〗 逆接.⇔순접(順接).

역정(逆情)〖-쩡〗图〖성¹の尊敬語〗 お怒り;ご立腹.

역조¹(逆潮)〖-쪼〗图 逆潮.

역조²(逆調)〖-쪼〗图 逆調.

역주¹(力走)〖-쭈〗图 力走.

역주²(譯註)〖-쭈〗图他 訳注.

역지사지(易地思之)〖-찌〗图 相手の立場になって考えること.

역치(閾値)图〖生物〗 閾値.

역-탐지(逆探知)图他 逆探知.

역투(力鬪)图 力闘.

역풍(逆風)图 逆風.⇔순풍(順風).

역-하다(逆-)〖여카-〗图〖하変〗 吐き気がする;むかむかする.∥속이 역하다 胃がむかむかする.

역학¹(力學)〖여칵〗图 力学.

역학²(易學)〖여칵〗图 易学.

역할(役割)/jɔkʰal/〖여칼〗图 役割.∥역할을 분담하다 役割を分担する. 중요한 역할을 맡다 重要な役割を担う[負う]. 장남으로서의 역할을 다하다 長男としての役割を果たす.

역-함수(逆函數)〖여캄쑤〗图〖数学〗 逆関数.

역행(逆行)〖여캥〗图自 逆行.⇔순행(順行).∥시대에 역행하다 時代に逆行する.

역행°**동화**(逆行同化)〖여캥-〗图〖言語〗 ある音素が続く音素に同化する音韻現象.

역-효과(逆效果)〖여쿄-〗图 逆効果.∥역효과를 가져오다 逆効果をもたらす.

엮다/jɔkʰta/〖역따〗他 ❶〖紐・縄・竹などで〗 編む.∥대나무로 바구니를 엮다 竹でかごを編む. ❷ 編纂する;編集する.∥논집을 엮어 내다 論集を編纂する. 囲역이다.

엮은-이 图 編者.⑳편자(編者).

엮-이다 自 ❶〖엮다の受身動詞〗 編まれる;編集される. ❷〖事件などに〗 巻き込まれる;連累する.∥이번 사건에 엮여 들어가다 今回の事件に巻き込まれる.

연¹(年)图 年;1年.∥연이율 年利率.

연²(鳶)图 凧.∥연을 날리다 凧を揚げる.

연³(蓮)图〖植物〗 ハス(蓮).

연⁴(緣)图 縁.∥부모 자식 간의 연 親子の縁.

연⁵(聯)图〖文芸〗 聯.

연⁶(延)图 延べ….∥연 구십 일간 延べ90日間.

연⁷他 ㄹ語幹 열다(開ける)の過去連体形.

연-⁸(延)接頭 延べ….∥연인원 延べ人数.

연-⁹(軟)接頭〖色彩語の前に付いて〗薄…;淡い….∥연보라색 薄紫色.

연-¹⁰(連)接頭〖日数・月数などを表わす語に付いて〗続けて…;連続して….∥연삼일비가 내리었다 3日も続いて雨が降る.

연가(戀歌)图 恋歌.

연간¹(年刊)图 年刊.

연간²(年間)图 年間.∥연간 소득 年間所得. 연간 강우량 年間降雨量.

연갈색(軟褐色)图 薄い茶色.

연감(年鑑)图 年鑑.∥통계 연감 統計年鑑.

연-거푸(連-)副 続けざまに.∥물을 연거푸 마시다 水を続けざまに飲む.

연-건평(延建坪)图 延べ坪.

연결(連結)/jɔngjɔl/图他 連結;つなぐこと;結び付けること.∥차량을 연결시키다 車両を連結させる. 두 개를 연결시키다 2つを結び付ける. 노력이 결과로 연결되다 努力が結果に結び付く.

연결-어미 (連結語尾) 图 [言語] 連結語尾.
연계 (連繫·聯繫) /-/-게/ 图 [자] 連係. つながること. ∥외부 조직과 연계되어 있다 外部の組織とつながっている.
연고[1] (軟膏) 图 軟膏.
연고[2] (緣故) 图 ❶わけ; 事由. ❷緣故.
연고-자 (緣故者) 图 緣故者.
연고-지 (緣故地) 图 緣故地.
연골 (軟骨) 图 [解剖] 軟骨. 粵물렁뼈. ↔경골(硬骨).
연공 (年功) 图 年功.
 연공-서열 (年功序列) 图 年功序列.
연관 (聯關) 图 [자] 関連; 関係. ∥화산 활동과 지진은 연관이 있다 火山活動と地震は関連ある.
연교-차 (年較差) 图 年較差.
연구[1] (研究) /jəːngu/ 图 [하타] 研究. ∥일본 문학을 연구하다 日本文学を研究する. 연구에 몰두하다 研究に打ち込む. 연구 성과 研究成果. 연구상의 가설 研究上の仮説. **연구-되다** [수동]
 연구-비 (研究費) 图 研究費.
 연구-생 (研究生) 图 研究生.
 연구-소 (研究所) 图 研究所.
 연구-실 (研究室) 图 研究室.
 연구-원 (研究員) 图 研究員.
연구[2] (軟球) 图 軟球. ↔경구(硬球).
연-구개 (軟口蓋) 图 [解剖] 軟口蓋.
 연구개-음 (軟口蓋音) 图 [言語] 軟口蓋音. ㆁ·ㄱ·ㅋ·ㄲ·ㅎなど.
연극 (演劇) /jəːngɨk/ 图 [하타] ❶演劇. ∥연극을 보러 가다 芝居を見に行く. ❷一芝居. ∥인정받으려고 연극하고 있어 認めてもらうために一芝居打っているよ.
 연극-계 (演劇界) [-꼐/-게/] 图 演劇界.
 연극-인 (演劇人) 图 演劇人.
연근 (蓮根) 图 [植物] 蓮根.
연금[1] (年金) 图 年金.
연금[2] (鍊金) 图 [하타] 鍊金.
 연금-술 (鍊金術) 图 鍊金術.
연금[3] (軟禁) 图 [하타] 軟禁. ∥호텔에 연금하다 ホテルに軟禁する. **연금-되다** [-카하다/] [수동]
연기[1] (煙氣) /jəːngi/ 图 煙. ∥담배 연기 タバコの煙. 연기가 자욱하다 煙が立ち込める.
연기[2] (延期) /jəːngi/ 图 [하타] 延期. ∥출발을 연기하다 出発を延期する. 일정을 연기하고 싶다 日程を延期したい. 무기 연기 無期延期. **연기-되다** [수동]
연기[3] (演技) 图 [하타] 演技. ∥훌륭한 연기 すばらしい演技. 연기를 잘 못하다 芝居が下手だ. 임금님 역을 연기하다 王様の役を演じる.
 연기-력 (演技力) 图 演技力.
 연기-자 (演技者) 图 演技者.

연기[4] (連記) 图 [하타] 連記.
연-꽃 (蓮-) [-꼳] 图 蓮の花.
연-날리기 (鳶-) 图 凧揚げ.
연내 (年內) 图 年內.
연년 (年年) 图 圄 年々; 每年.
 연년-생 (年年生) 图 年子.
 연년-이 (年年-) 圄 年々; 每年.
연단 (演壇) 图 演壇.
연-달다 (連-) 图 [主に연달아の形で]相次いで; 次々と; 立て続けに. ∥신제품이 연달아 나오다 新製品が次々と発売される. 연달아 다섯 잔이나 마시다 立て続けに 5 杯も飲む.
연대[1] (年代) /jəndɛ/ 图 年代. ∥화석으로 연대를 알 수 있다 化石で年代が分かる. 천구백팔십 년대의 패션 1980 年代のファッション.
 연대-기 (年代記) 图 年代記.
 연대-순 (年代順) 图 年代順.
 연대-표 (年代表) 图 年表.
연대[2] (聯隊) 图 [軍事] 連隊 [聯隊].
 연대-장 (聯隊長) 图 [軍事] 連隊長.
연대[3] (連帶) 图 [하타] 連帶. ∥연대의식 連帶意識.
 연대-감 (連帶感) 图 連帶感.
 연대 보증 (連帶保證) 图 [法律] 連帶保証. ∥연대 보증을 서다 連帯保証人になる.
 연대 채무 (連帶債務) 图 [法律] 連帶債務.
 연대 책임 (連帶責任) 图 [法律] 連帶責任. ∥연대 책임을 지다 連帯責任をとる.
연대[4] (蓮臺) 图 [佛教] 蓮台.
연도[1] (年度) /jəndo/ 图 年度. ∥연도가 바뀌다 年度が変わる. 회계 연도 会計年度. 연도 알 年度末.
연도[2] (沿道) 图 沿道. ∥연도를 메운 시민들 沿道を埋めた市民.
연동 (連動) 图 [하타] 連動. ∥연동 장치 連動装置.
연두[1] (年頭) 图 年頭; 年始. ∥연두 기자회견 年頭記者会見.
연두[2] (軟豆) 图 黃みを帯びた薄綠.
 연두-색 (軟豆色) 图 黃みを帯びた薄綠色.
 연둣-빛 (軟豆-) [-뜓/-뜓] =연두(軟豆).
연등 (燃燈) 图 [佛教] 燃燈.
 연등-절 (燃燈節) 图 [佛教] =연등 (燃燈). 陰曆 4 月 8 日のこと.
 연등-회 (燃燈會) 图 [-/-훼] [佛教] 燃灯会.
연락 (連絡) /jəllak/ 图 [하타] 連絡. ∥경찰에 연락하다 警察に連絡する. 연락을 취하다 連絡を取る. 연락이 끊어지다 連絡が途絶える. 연락 사항 連絡事項.
 연락-망 (連絡網) [열랑-] 图 連絡網.

연락-선 (連絡船) 【열-썬】 [名] 連絡船.

연락-처 (連絡處) [名] 連絡先. ‖연락처를 남기다 連絡先を残す.

연래 (年來) 【열-】 [名] 年来.

연령 (年齡) /jɔlljɔŋ/ 【열-】 [名] 年齢; 年. ‖정신 연령 精神年齢. 연령 제한 年齢制限.

연령-별 (年齡別) [名] 年齢別.

연령-층 (年齡層) [名] 年齢層.

연례 (年例) 【열-】 [名] 恒例. ‖연례행사 恒例行事.

연로-하다 (年老―) 【열-】 [形] 『하変』 年老いている. ‖연로하신 부모님 年老いた両親.

연료 (燃料) /jɔllјo/ 【열-】 [名] 燃料. ‖연료가 끊어지다 燃料が切れる. 연료를 보급하다 燃料を補給する. 액체 연료 液体燃料. 연료 탱크 燃料タンク.

연료-비 (燃料費) [名] 燃料費.

연루 (連累·緣累) 【열-】 [名] [되自] 連累; 巻き込まれること. ‖사건에 연루되다 事件に巻き込まれる.

연륜 (年輪) 【열-】 [名] ❶ (樹木の)年輪. [類]나이테. ❷ (人の成長の)年輪. ‖연륜과 경험에 의한 연기 年輪と経験からの演技. 연륜을 쌓다 年輪を重ねる.

연리 (年利) 【열-】 [名] 年利.

연립 (聯立) 【열-】 [名] [하自] 連立.

연립^내각 (聯立內閣) 【열림-】 [名] 連立内閣.

연립^방정식 (聯立方程式) 【열-빵-】 [名] (数学) 連立方程式.

연립^주택 (聯立住宅) 【열-쭈-】 [名] テラスハウス.

연마 (研磨·練磨·鍊磨) [名] [하他] 研磨; 磨くこと. ‖기술을 연마하다 技術を磨く.

연막 (煙幕) [名] 煙幕. ▸연막을 치다 煙幕を張る.

연말 (年末) /jɔnmal/ [名] 年末; 年の暮れ. [対]연초(年初).

연말-연시 (年末年始) 【-련-】 [名] 年末年始.

연맹 (聯盟) [名] [하自] 連盟. ‖국제 연맹 国際連盟.

연-면적 (延面積) [名] 延べ面積.

연명¹ (延命) [名] [하自] 延命. ‖연명 치료 延命治療.

연명² (連名·聯名) [名] [하自] 連名. ‖연명으로 탄원서를 제출하다 連名で嘆願書を出す.

연모 (戀慕) [名] [하他] 恋慕. ‖연모의 정 恋慕の情.

연목구어 (緣木求魚) 【-꾸-】 [名] 木に縁(よ)りて魚を求むこと.

연-못 (蓮―) /jɔnmot/ 【-몯】 [名] 小さい池; 小池.

연미-복 (燕尾服) [名] 燕尾服.

연민 (憐憫·憐愍) [名] [하他] 憐憫; 憐れみ. ‖연민의 정 憐憫の情. 연민을 느끼다 憐れみを感じる.

연발 (連發) [名] [하他] 連発. ‖맛있다는 말을 연발하다 おいしいを連発する.

연발-총 (連發銃) [名] 連発銃.

연-밥 (蓮―) 【-빱】 [名] 蓮の実.

연방¹ (連方) [副] ひっきりなしに; しきりに. ‖연방 전화가 걸려 오다 ひっきりなしに電話がかかってくる.

연방² (聯邦) [名] 連邦.

연방-제 (聯邦制) [名] 連邦制.

연배 (年輩) [名] 年輩. ‖동년배 同年輩.

연번 (連番) [名] 〔일련 번호(一連番號)の略語〕連番.

연변 (沿邊) [名] 沿い. ‖철로 연변에 살다 線路沿いに住む.

연병 (練兵·鍊兵) [名] [하自] 練兵.

연병-장 (練兵場) [名] 練兵場.

연보¹ (年報) [名] 年報.

연보² (年譜) [名] 年譜. ‖작가 연보 作家年譜.

연-보라 (軟―) [名] 薄紫.

연봉¹ (年俸) [名] 年俸.

연봉² (連峯) [名] 連峰.

연분 (緣分) [名] ❶縁. ❷夫婦となれる縁. ‖천생연분 天が定めた縁.

연-분홍 (軟粉紅) [名] 薄いピンク色; 薄桃色.

연불 (延拂) [名] [하他] 延べ払い.

연-붉다 (軟―) 【-북따】 [形] 薄赤い.

연비 (燃費) [名] 燃費. ‖연비가 좋은 차 燃費のいい車. 고연비 高燃費.

연-뿌리 (蓮―) [名] 蓮根.

연사 (演士) [名] 弁士.

연산¹ (年産) [名] 年産.

연산² (演算) [名] [하他] 演算. ‖연산 장치 演算装置.

연상¹ (年上) [名] 年上. [対]연하(年下). ‖연상의 부인 年上の奥さん.

연상² (聯想) /jɔːnsaŋ/ [名] [하他] 連想. ‖연상 게임 連想ゲーム. 철학자라고 하면 칸트를 연상한다 哲学者というと, カントを連想する. 사라는 숫자는 죽음을 연상시킨다 四という数字は死を連想させる. **연상-되다** [受身]

연서 (連署) [名] [하他] (法律) 連署.

연석 (連席) [名] [하自] 数人が一か所に席を連ねること.

연선 (沿線) [名] 沿線.

연설 (演說) /jɔːnsɔl/ [名] [하自] 演説. ‖가두에서 연설하다 街頭で演説する. 장황한 연설 長々とした演説. 연설조 演説口調.

연설-문 (演說文) [名] 演説文.

연성 (軟性) [名] 軟性. [対]경성(硬性).

연세 (年歲) /jɔnse/ [名] 〔나이の尊敬語〕お年. ‖할머니는 연세가 어떻게 되세요? おばあさまは(お年が)おいくつです

연소¹ (年少) [하건] 年少.
연소-자 (年少者) [하건] 年少者.
연소² (燃燒) [하자] 燃燒. ‖완전 연소 完全燃燒.
연속 (連續) /jɔnsok/ [하자] 連續. ‖삼 년 연속해서 우승하다 3年連続して優勝する. 연속되는 질문 連続する質問.
연속-극 (連續劇) [-끅] [명] 連続ドラマ.
연속-성 (連續性) [-썽] [명] 連続性.
연속-적 (連續的) [-쩍] [명] 連続的.
연쇄 (連鎖) [하자] 連鎖. ‖연쇄 살인 사건 連鎖殺人事件.
연쇄-구균 (連鎖球菌) [명] 連鎖球菌.
연쇄-반응 (連鎖反應) [명] 連鎖反応. ‖연쇄 반응을 일으키다 連鎖反応を起こす.
연쇄-점 (連鎖店) [명] チェーンストア.
연수¹ (年收) [명] 年収.
연수² (年數) [-쑤] [명] 年数. ‖근속 연수 勤続年数.
연수³ (軟水) [명] 軟水. 圀단물. 圀경수(硬水).
연수-자 (軟水) [명] 延髄. 圀골.
연수⁵ (研修) [명] 研修. ‖어학 연수 語学研修. 신입 사원 연수 新入社員研修. 연수 기간 研修期間.
연습¹ (演習) [하타] 演習. ‖예행 연습 予行演習. 합동 연습 合同演習.
연습² (練習·鍊習) /jɔːnsɯp/ [하타] 練習; 稽古. ‖피아노를 연습하다 ピアノを練習する. 연습을 거듭하다 練習を重ねる. 연습을 게을리 하다 練習を怠る.
연습-장 (練習帳) [-짱] [명] 練習帳.
연승 (連勝) [명][하자] 連勝. 圀연패(連敗).
연승 (連乘) [하타] 《數學》連乘.
연시¹ (年始) [명] 年始. ‖연말연시 年末年始.
연시² (軟柿) [명] 熟柿.
연식¹ (軟式) [명] 軟式. ‖연식 야구 軟式野球.
연식² (年式) [명] 年式. ‖자동차 연식 自動車の年式.
연-실 (鳶-) [명] 凧糸.
연안 (沿岸) [명] 沿岸.
연안 무역 (沿岸貿易) [명] 沿岸貿易.
연안-해 (沿岸海) [명] 沿岸(の海).
연애 (戀愛) [명][하자] 恋愛. ‖연애 감정 恋愛感情.
연애-결혼 (戀愛結婚) [명][하자] 恋愛結婚.
연애-소설 (戀愛小說) [명] 《文芸》恋愛小說.
연애-편지 (戀愛便紙) [명] 恋文; ラブレター.

연약-하다 (軟弱-) 여냐카다 [형] 〖하변〗軟弱だ; か弱い. ‖연약한 몸 軟弱な体.
연어¹ (連語) [명]《言語》連語; コロケーション.
연어² (鰱魚) [명]《魚介類》サケ(鮭); サーモン.
연역 (演繹) [명][하타] 演繹. 圀귀납(歸納).
연역-법 (演繹法) [-뻡] [명] 演繹法. 圀귀납법(歸納法).
연역-적 (演繹的) [-쩍] [명] 演繹的. 圀귀납적(歸納的).
연연-하다 (戀戀-) [형] 〖하변〗未練がましい; 執着している. ‖과거에 연연해 하다 過去に執着する.
연예 (演藝) /jɔnːje/ [명] 演芸; 芸能.
연예-계 (演藝界) [/-계] [명] 芸能界.
연예-인 (演藝人) [명] 芸能人.
연옥 (煉獄) [명] 《カトリック》煉獄.
연월일 (年月日) [명] 年月日.
연유¹ (煉乳) [명] 練乳.
연유² (緣由) [명][하자] 縁由(なり); 理由; わけ; 由て; 由来.
연음-법칙 (連音法則) [명]《言語》リエゾン.
연-이율 (年利率) [-니-] [명] 年利.
연인 (戀人) [명] 恋人.
연-인원 (延人員) [명] 延べ人員.
연일 (連日) [명][되자] 連日. ‖연일되는 더워 連日の暑さ.
―[부] 連日. ‖주가가 연일 최고치를 갱신하고 있다 株価が連日最高値を更新している.
연임 (連任) [명][되자] 再任; 重任.
연-잇다 (連-) [-닏따]〖人変〗相次ぐ. ‖사건이 연이어 발생하다 事件が相次いで起きる.
연작¹ (連作) [명][하타] 連作. 圀이어짓기. 圀윤작(輪作).
연작² (聯作) [명][하타] 連作.
연작-소설 (聯作小說) [명] 《文芸》連作小說.
연장¹ [명] 道具.
연장² (年長) [명][하자] 年長; 年上.
연장-자 (年長者) [명] 年長者.
연장³ (延長) /jɔndʑan/ [명][하타] 延長; 延ばすこと. 圀단축(短縮). ‖모집 기간을 연장하다 募集期間を延長する. 畠업 여행도 수업의 연장이다 卒業旅行も授業の延長である. **연장-되다** 〖受動〗.
연장-선 (延長線) [명] 延長線.
연장-전 (延長戰) [명] 延長戰.
연재 (連載) [명][하타] 連載. ‖신문에 소설을 연재하다 新聞に小說を連載する. **연재-되다** 〖受動〗.
연재-물 (連載物) [명] 連載するもの; 連載される物.
연재-소설 (連載小說) [명] 《文芸》連

載小説.
연적[1] (硯滴) [名] 硯の水差し.
연적[2] (戀敵) [名] 恋敵.
연전 (連戰) [名] [하自] 連戦.
연전-연승 (連戰連勝) 【-년-】 [名] [하自] 連戦連勝.
연전-연패 (連戰連敗) 【-년-】 [名] [하自] 連勝連敗.
연접 (連接) [名] [되自] 連接.
연정 (戀情) [名] 恋情.
연좌[1] (連坐) [名] [되自] 連座. ‖사건에 연좌되다 事件に連座する.
연좌-제 (連坐制) [名] 連座制.
연좌[2] (緣坐) [名] [되自] 連座.
연주 (演奏) /jɔːndʒu/ [名] [하他] 演奏; (楽器を)奏でる[調べる]こと. ‖피아노를 연주하다 ピアノを演奏する. 기타를 연주하다 ギターを演奏する.
연주-권 (演奏權) 【-꿘】 [名] (法律) 演奏権.
연주-법 (演奏法) 【-뻡】 [名] 演奏法. [略]주법(奏法).
연주-회 (演奏會) 【-/-훼】 [名] 演奏会.
연-줄[1] (鳶-) 【-쭐】 [名] 凧糸.
연-줄[2] (緣-) [名] 縁; 縁故; コネ; つて; 手蔓(てづる).
연중 (年中) [名] 年中.
연중-무휴 (年中無休) [名] 年中無休.
연중-행사 (年中行事) [名] 年中行事.
연질 (軟質) [名] 軟質. [対]경질(硬質).
연차 (年次) [名] ❶年次; 年間. ❷年の順番.
연차^휴가 (年次休暇) [名] 年次有給休暇.
연착 (延着) [名] [되自] 延着. ‖기차가 두 시간이나 연착되었다 汽車が2時間も延着した.
연-착륙 (軟着陸) 【-창뉵】 [名] [하自] 軟着陸.
연체 (延滯) [名] [되自] 延滞; 滞納. ‖전기세가 연체되어 전기가 끊겼다 電気料金を滞納して電気をとめられた.
연체-금 (延滯金) [名] 延滞金.
연체-료 (延滯料) [名] =연체금(延滯金).
연체^이자 (延滯利子) [名] 延滞利息.
연체^동물 (軟體動物) [名] (動物) 軟体動物.
연초[1] (年初) [名] 年初; 年始; 年頭. [対]연말(年末).
연초[2] (煙草) [名] タバコ.
연-초록 (軟草綠) [名] 薄緑.
연출 (演出) [名] [하他] 演出. ‖창작극을 연출하다 創作劇を演出する. 상황에 맞게 자신을 연출하다 状況に合わせて自分を演出する.
연출-가 (演出家) [名] 演出家.
연타 (連打) [名] [하他] 連打. ‖연타를 날리다 連打を打つ. 연타를 맞다 連打を浴びる.
연탄 (煉炭) [名] 練炭. ‖연탄을 갈다 練炭を替える.
연탄-가스 (煉炭 gas) [名] 練炭ガス; 練炭による一酸化炭素. ‖연탄가스 중독 練炭ガス中毒.
연탄-불 (煉炭-) 【-뿔】 [名] 練炭の火; 練炭の炎.
연파[1] (連破) [名] [하他] 連破.
연파[2] (軟派) [名] 軟派. [対]경파(硬派).
연판 (連判) [名] [하他] 連判.
연판-장 (連判狀) 【-짱】 [名] 連判状. ‖연판장을 돌리다 連判状を回す.
연패[1] (連敗) [名] [하自] 連敗. [対]연승(連勝). ‖삼 연패 3連敗. 연패를 당하다 連敗を喫する.
연패[2] (連覇) [名] [하他] 連覇. ‖전국 대회에서 연패를 달성하다 全国大会で連覇を達成する.
연-평균 (年平均) [名] 年平均. ‖연평균 강수량 年平均降水量.
연-평수 (延坪數) 【-쑤】 [名] 延べ坪.
연표 (年表) [名] 年表. ‖과학사 연표 科学史年表.
연필 (鉛筆) /jɔnpʰil/ [名] 鉛筆. ‖연필을 깎다 鉛筆を削る. 연필을 쥐다 鉛筆を握る. 색연필 色鉛筆.
연필-깎이 (鉛筆-) [名] 鉛筆削り.
연필-꽂이 (鉛筆-) [名] ペン立て.
연필-심 (鉛筆心) [名] 鉛筆の芯.
연하[1] (年下) [名] 年下. [対]연상(年上).
연하[2] (年賀) [名] 年賀.
연하-우편 (年賀郵便) [名] 年賀郵便.
연하-장 (年賀狀) 【-짱】 [名] 年賀状.
연-하다[1] (軟-) /jɔːnhada/ [形] 『하変』 ❶(肉などが)軟らかい. ‖고기가 연하다 肉が軟らかい. 고기가 연해지다 肉が軟らかくなる. ❷(濃度などが)薄い; (色などが)淡い. [対]진하다(津-). ‖커피를 좀 연하게 타 주세요 コーヒーを少し薄めに入れてください. 연한 색깔 淡い色.
-연하다[2] (然-) [接尾] 『하変』 …然としている; …を気取る; …気取りだ; …ぶる. ‖학자연하다 学者然としている. 선배연하다 先輩ぶる.
연한 (年限) [名] 年限. ‖수업 연한 修業年限.
연합 (聯合) [名] [하自他] 連合.
연합-국 (聯合國) 【-꾹】 [名] 連合国.
연합-군 (聯合軍) 【-꾼】 [名] 連合軍.
연해 (沿海) [名] 沿海.
연해-안 (沿海岸) [名] 沿岸.
연해^어업 (沿海漁業) [名] 沿岸漁業.
연행 (連行) [名] [하他] 連行. ‖용의자를 경찰에 연행하다 容疑者を警察へ連行する. 강제 연행 強制連行. **연행-되다** [受身]
연혁 (沿革) [名] 沿革. ‖학교 연혁 学校の沿革.
연호[1] (年號) [名] 年号.
연호[2] (連呼) [名] [하他] 連呼.

연화(軟化) 图 되日 軟化. ㉮경화(硬化).

연화-대(蓮花臺) 图 《仏教》 蓮台.

연회(宴會) 图 宴会.
　연회-석(宴會席) 图 宴会席.
　연회-장(宴會場) 图 宴会場.

연-회비(年會費) 图 [-/-훼-] 图 年会費.

연후(然後) 图 〔主に…연후에の形で〕…後で; …後に. ‖결혼은 취직을 한 연후에 생각하고 싶다 結婚は就職後に考えたい.

연휴(連休) 图 連休. ‖연휴를 맞이하다 連休を迎える.

열¹ /pl/ 题 10人; 10. ‖오늘 참가한 사람은 나까지 열이었다 今日参加したのは、私を入れて10人だった.
　─ 函 10…. ‖열개 10 個. 열시 10時. ▶열에 아홉 十に八九; 十中八九. ▶열 길 물속은 알아도 한 길 사람의 속은 모른다 《俗》 測り難きは人の心. ▶열 번 찍어 안 넘어가는 나무 없다 《俗》〔十回も切りかかられて倒れない木はない〕の意で〕たゆまず努力すればついには成功する.

열-째 函日 10 番目; 10 番目の.

열² (列) 图 列. ‖열을 지어 날아가다 列をなして飛んでいく.
　─ 佑日 …列. ‖이 열로 세우다 2 列に並べる.

열³ (熱) /pl/ 图 ❶ 熱. ‖열이 나다 熱が出る. 태양열 太陽熱. ❷ 怒ったり興奮したりする状態. ‖열을 올리며 이야기하다 熱っぽく語る. ▶열(을) 받다 頭に来る; むかっく; 腹が立つ.
　열-기관(熱機關) 图 熱機関.

열⁴ 腔 [ㄹ語幹] 열다(開ける)の未来連体形.

열강(列強) 图 列強. ‖세계의 열강 世界の列強.

열거(列擧) 图 하타 列挙. ‖죄상을 열거하다 罪状を列挙する. **열거-되다**
受動

　열거-법(列擧法) 图【-뻡】 图《文芸》 列挙法.

열광(熱狂) 图 하자 熱狂. ‖열광하는 관중 熱狂する観衆.
　열광-적(熱狂的) 图 熱狂的. ‖열광적인 팬 熱狂的なファン.

열국(列國) 图 列国.

열기(熱氣) 图 熱気. ‖회장은 열기로 가득 차 있었다 会場は熱気に包まれていた. 열기(를) 띤 토론 熱気を帯びた討論.

열-나다(熱-) /jollada/【-나-】 团 ❶ 熱が出る; 熱がある. ❷ 腹が立つ. 怒る. ‖친구가 쓸데없는 소리를 해대고 있다 友だちが無駄口をたたくため怒っている. ❸〔열나게の形で〕激しく; 勢い

よく; 非常に; とても. ‖열나게 바쁜 하루 とても忙しい1日. 열나게 토론하다 激しく討論する.

열녀(烈女) [-려] 图 烈女; 烈婦.
　열녀-문(烈女門) 图 烈女のことを称える門.
　열녀-비(烈女碑) 图 烈女のことを称える碑.
　열녀-전(烈女傳) 图 烈女伝.

열다¹ 国【ㄹ語幹】 実る; (実が)なる. ‖포도 열매가 열다 ブドウの実がなる.

열다² /jəːlda/ 国【ㄹ語幹】[열어, 여니, 연] ❶ 開ける; 開け放つ. ㉮何かの上に乗っているふたや覆いを除いて中を見えるようにする. ‖문을 열다 ドアを開ける. 서랍을 열다 引き出しを開ける. ㉯入口を開けて出入りできるようにする. ‖입을 열다 口を開ける. 가게는 열 시에 엽니다 店は10時に開店します. ❷ 開く. ‖창문을 열다 窓を開く. 회의를 열다 会議を開く. ❸ オープンする. ‖새 가게를 하나 열었다 新しい店を1つオープンする. ❹《道などを》空ける. ‖길을 열어 주다 道を空けてあげる. 열리다.

열대(熱帶) 图【-때】 图《地》 熱帯.
　열대-성(熱帶性) 图【-때썽】 图 熱帯性.
　열대-야(熱帶夜) 图 熱帯夜.
　열대-어(熱帶魚) 图 熱帯魚.

열도(列島) 图【-또】 图 列島. ‖일본 열도 日本列島.

열등(劣等) 图【-뜽】 图 形动 劣る; 劣っていること. ㉮우등(優等).
　열등-감(劣等感) 图 劣等感. ㉮우월감(優越感). ‖열등감을 가지고 있다 劣等感を持つ.
　열등-생(劣等生) 图 劣等生. ㉮우등생(優等生).

열-띠다(熱-) 国 熱っぽくなる; 激しい. ‖열띤 어조로 연설하다 熱っぽい口調で演説する. 열띤 논쟁을 벌이다 激しい論争を繰り広げる.

열락(悅樂) 图 悦楽.

열람(閱覽) 图 하타 閱覽.
　열람-실(閱覽室) 图 閱覧室.

열량(熱量) 图 熱量; カロリー. ‖열량이 높은 음식 カロリーの高い食べ物.
　열량-계(熱量計) 图【-/-계】 图 熱量計; カロリーメーター.

열렬-하다(熱烈-·烈烈-) 圈【하렬】 熱烈だ. ‖열렬한 성원 熱烈な声援.
　열렬-히 圖

열리는 열리다(開かれる)の現在連体形.

열-리다¹ 国 実る; (実が)なる. ‖감이 열리다 柿が実る.

열-리다² /jəllida/ 国〔열다の受身動詞〕❶ 開く. ❶바람에 문이 열리다 風で戸が開く. 창문이 열리면서 애가 얼굴을 내밀었다 窓が開いて子どもが顔を出した. 문정이 좀처 안 열리다 蓋がなかなか開か

ない. ❷開(ఢ)く;開かれる. ‖오늘 회의는 두 시부터 열립니다 今日の会議は2時から開かれます. 문이 열리다 ドアが開く.

열리어[열려] 国 열리다(開かれる)의 연용형.

열린 国 열리다(開かれる)의 과거 연체형.

열릴 国 열리다(開かれる)의 미래 연체형.

열망 (熱望) 图 하他 熱望.

열매 /jɔlme/ 图 果実;実. ‖열매를 맺다 実をつける(結ぶ). 열매가 열리다 実がなる.

열-무 图 大根の若菜.

열무-김치 图 大根の若菜のキムチ.

열반 (涅槃) 图 (仏教) 涅槃(悠). ‖열반에 들다 涅槃に入る.

열변 (熱辯) 图 熱弁. ‖열변을 토하다 熱弁をふるう.

열병 (熱病) 图 熱病.

열병 (閲兵) 图 하他 閲兵.

열병-식 (閲兵式) 图 閲兵式.

열사 (烈士) [-싸] 图 烈士.

열사 (熱沙) [-싸] 图 熱砂. ‖열사의 사막 熱砂の砂漠.

열사-병 (熱射病) [-싸뼝] 图 (医学) 熱射病;熱中症.

열석 (列席) [-썩] 图 하自 列席.

열섬 (列-) [-썸] 图 ヒートアイランド. ‖열섬 현상 ヒートアイランド現象.

열성 [1] (劣性) [-씽] 图 ⑰우성(優性). ‖열성 유전 劣性遺伝.

열성-인자 (劣性因子) 图 (生物) 劣性因子.

열성 [2] (熱誠) [-씽] 图 熱誠;熱い真心.

열세 (劣勢) [-쎄] 图 肠形 劣勢. ⑰우세(優勢).

열-소독 (熱消毒) [-쏘-] 图 하他 熱消毒.

열쇠 /jɔːlsʷe/ [-쐬/-쒜] 图 ❶鍵;キー. ‖열쇠를 잃어 버리다 鍵をなくす. 열쇠고리 キーホルダー. 열쇠 구멍 鍵穴. ❷〔比喩的に〕手がかり. ‖사건을 해결하는 열쇠 事件を解決する鍵.

열심 (熱心) /jɔlʃim/ [-씸] 图 熱心. ‖피아노 연습에 열심이다 ピアノの練習に熱心だ.

열심-히 (熱心-) [-씨미] 副 熱心に;一生懸命(に). ‖열심히 공부하다 一生懸命勉強する.

열악-하다 (劣惡-) [여라카-] 形 肠変] 劣悪だ. ‖열악한 작업 환경 劣悪な作業環境.

열애 (熱愛) 图 하他 熱愛.

열어 国 [ㄹ語幹] 열다(開ける)의 연용형.

열어-젖히다 [-저치-] 他 〔窓やドアなどを〕開けっ放しにする.

열-없다 [여럽따] 形 決まりが悪い;気恥ずかしい. 열없이 副

열-에너지 (熱 energy) 图 〔物理〕 熱エネルギー.

열-역학 (熱力學) [-려칵] 图 〔物理〕 熱力学.

열연 (熱演) 图 하他 熱演.

열외 (列外) [-/여웨] 图 ❶列の外. ❷例外;除外.

열의 (熱意) [-/여리] 图 熱意. ‖열의를 가지고 임하다 熱意を持って臨む. 열의를 보이다 熱意を示す.

열전 [1] (列傳) [-쩐] 图 列伝.

열전 [2] (熱戰) [-쩐] 图 熱戦. ‖열전을 벌이다 熱戦を繰り広げる.

열-전도 (熱傳導) 图 〔物理〕 熱伝導.

열정 (熱情) [-쩡] 图 熱情;情熱. ‖열정에 넘치는 연기 熱情あふれる演技.

열정-적 (熱情的) [-쩡-] 图 熱情的;情熱的.

열중-쉬어 (列中-) [-쭝-/-쯩-여] 感 〔号令の〕休め.

열중-하다 (熱中-) /jɔlʤuŋhada/ [-쭝-] 自他 夢中になる. ‖공부에 열중하다 勉強に熱中する. 게임에 열중하다 ゲームに夢中になる.

열차 (列車) 图 列車. ‖야간열차 夜行列車.

열창 (熱唱) 图 하他 熱唱.

열-처리 (熱處理) 图 하他 熱処理.

열탕 (熱湯) 图 熱湯.

열파 (熱波) 图 熱波.

열-팽창 (熱膨脹) 图 〔物理〕 熱膨張.

열풍 [1] (熱風) 图 熱風;ブーム.

열풍 [2] (烈風) 图 烈風.

열혈 (熱血) 图 熱血. ‖열혈 청년 熱血青年.

열화 [1] (熱火) 图 烈火. ‖열화 같이 화를 내다 烈火のごとく怒る.

열화 [2] (熱烈) 图 熱烈. ‖열화와 같은 성원 熱烈な声援.

열-화학 (熱化學) 图 〔化学〕 熱化学.

열-효율 (熱效率) 图 熱効率. ‖열효율이 높은 자재 熱効率が高い資材.

열흘 /jɔlhuɾ/ [열—] 图 ❶ 10日; 旬日. ❷ 〔여름 방학이 열흘밖에 안 남았다 夏休みが10日しか残っていない. 이걸 만드는 데는 열흘이면 충분하다 これを作るには10日あれば十分だ.

얇다 /jɔːlt'a/ [얄따] 形 ❶〔色や濃度が〕薄い. ‖색깔이 얇다 色が薄い. 얇은 화장 薄化粧. 얇은 미소를 띠우다 薄い笑みを浮かべる. ❷淡い. ‖얇은 구름 淡い雲. 얇은 색 淡い色.

염 [1] (炎) 图 〔염증(炎症)의 略記〕炎;炎症.

염 [2] (殮) 图 하他 염습(殮襲)의 略記.

-염 (鹽) 接尾 …塩. ‖초산염 硝酸塩.

-염 (炎) 接尾 …炎. ‖위염 胃炎.

염가 (廉價) [-까] 图 廉価;安値;安

염기 (鹽基) 【化学】 塩基.
염기-성 (鹽基性) 【-썽】 图 【化学】 塩基性. ∥염기성 산화물 塩基性酸化物.
염두 (念頭) 图 念頭. ∥염두에 두다 念頭に置く.
염라-대왕 (閻羅大王) 【-나-】 图 【仏教】 閻魔大王.
염려 (念慮) /jɔːmnjə/【-녀】 图 하他 心配; 懸念; 気がかり. ∥앞날을 염려하다 先のことを心配する. 염려하지 마세요 心配しないでください. **염려-되다** 受身

염려-스럽다 (念慮-) 【-녀-따】 图 ㅂ変 気がかりだ; 心配になる. ∥염려스러운 일이 생기다 気がかりがおこる. **염려스레** 副 心配そうに.
염료 (染料) 【-뇨】 图 染料.
염문 (艶聞) 图 艶聞(ぶん); 浮き名. ∥염문을 뿌리다 浮き名を流す.
염병-할 (染病-) 冠 (人や状況に対して)不満を吐き出す時に発する語. ∥저 염병할 위인! あん畜生!
— 图 畜生. ∥염병할, 시험에 또 떨어졌어 畜生, 試験にまた落ちちゃった.
염분 (鹽分) /jɔːmbun/ 图 塩分. ∥염분 함량이 높다 塩分の含有量が高い. 염분을 약간 줄이다 塩分を控え目にする.
염불 (念佛) 图 하自 念仏. ∥염불을 외다 念仏を唱える.
염산 (鹽酸) 图 【化学】 塩酸.
염색 (染色) /jɔːmsɛk/ 图 하他 染色; (髪の)カラーリング. ∥머리를 염색하다 カラーリングする; 髪を染める.
염색-액 (染色液) 图 染色液.
염색-체 (染色體) 图 【生物】 染色体.
염색반응 (焰色反應) 【-빠능】 图 【化学】 炎色反応.
염세 (厭世) 图 厭世.
염세-관 (厭世觀) 图 厭世観.
염세-적 (厭世的) 图 厭世的. ∥염세적인 세계관 厭世的な世界観.
염세-주의 (厭世主義) 【-/-이】 图 厭世主義.
염소[1] /jɔːmso/ 图 【動物】 ヤギ(山羊). ∥염소 젖 ヤギの乳. 흑염소 黒ヤギ.
염소-자리 图 【天文】 山羊座.
염소[2] (鹽素) 图 【化学】 塩素.
염소-산 (鹽素酸) 图 【化学】 塩素酸.
염소-수 (鹽素水) 图 【化学】 塩素水.
염수 (鹽水) 图 塩水; 塩の混ざった水.
염습 (殮襲) 图 하他 遺体を清めて経帷子(かたびら)を着せること; 殮(れん).
염원 (念願) 图 하他 ∥한반도의 통일을 염원하다 朝鮮半島の統一を念願する. 염원이 이루어지다 念願がかなう.
염장[1] (鹽藏) 图 하他 塩漬け.

염장-법 (鹽藏法) 【-뻡】 图 塩漬けにする方法.
염장[2] (殮葬) 图 하他 遺体を殮襲(殮)して葬ること.
염전 (鹽田) 图 塩田; 塩田.
염주 (念珠) 图 【仏教】 念珠; 数珠.
염증[1] (炎症) 【-쯩】 图 【医】 炎(症). ∥염증을 일으키다 炎症をおこす.
염증[2] (厭症) /jɔːmʨɯŋ/【-쯩】 图 嫌気, 嫌悪感. ∥염증을 느끼다 嫌気がさす.
염천 (炎天) 图 炎天; 炎天下.
염출 (捻出) 图 하他 捻出. ∥비용을 염출하다 費用を捻出する.
염치 (廉恥) 图 廉恥. ∥염치를 모르는 인간 破廉恥な人間.
염치-없다 (廉恥-) /jɔːmʨʰiɔːpʰta/ 【업따】 图 恥知らずだ; 破廉恥だ; 図々しい; 厚かましい. ∥염치없는 짓을 하다 恥知らずなことをする. 염치 없는 부탁입니다만 厚かましいお願いですが. **염치 없-이** 副
염탐 (廉探) 图 하他 密に探ること.
염탐-꾼 (廉探-) 图 回し者; スパイ.
염통 (解剖) 图 心臓. ∥심장(心臟).
염화 (鹽化) 图 【化学】 塩化.
염화-나트륨 (鹽化natrium) 图 【化学】 塩化ナトリウム.
염화-비닐 (鹽化vinyl) 图 【化学】 塩ビニール.
염화미소 (拈華微笑) 图 【仏教】 拈華(か)微笑(ぶ).
엽-궐련 (-葉卷煙) 【-꿜-】 图 シガー.
엽기[1] (獵奇) 【-끼】 图 하自 猟奇.
엽기-소설 (獵奇小說) 图 【文芸】 猟奇小説.
엽기-적 (獵奇的) 图 猟奇的. ∥엽기적인 행동 猟奇的な行動.
엽기[2] (獵期) 图 猟期.
엽록-소 (葉綠素) 【엽녹쏘】 图 【植物】 葉緑素.
엽록-체 (葉綠體) 【엽 녹-】 图 【植物】 葉緑体.
엽맥 (葉脈) 【엽-】 图 【植物】 葉脈; 잎맥(-脈).
엽산 (葉酸) 【-싼】 图 葉酸.
엽상 (葉狀) 图 【植物】 葉状.
엽상식물 (葉狀植物) 【-쌍-】 图 【植物】 葉状植物.
엽상-체 (葉狀體) 图 【植物】 葉状体.
엽서 (葉書) 【-써】 图 葉書. ∥관제엽서 官製葉書. 우편엽서 郵便葉書.
엽액 (葉腋) 图 【植物】 葉腋; 잎겨드랑이.
엽전 (葉錢) 【-쩐】 图 真鍮でつくった昔の貨幣.
엽차 (葉茶) 图 葉茶; お茶.
엽총 (獵銃) 图 猟銃. ⓗ 사냥총(-銃).

엿 /jət/【엽】图 飴. ‖물엿 水飴. ▶엿 먹어라〔俗っぽい言い方で〕糞食らえ. ▶엿 먹이다〔俗っぽい言い方で〕だましてひ どい目にあわせる.

엿-가래【엳까-】图 棒状の飴.

엿-기름【엳끼-】图 麦芽. 🔟맥아(麦 芽).

엿-당(-糖)【엳땅】图【化学】麦芽糖. 🔟엿아당.

엿-듣다【엳듣따】個【ㄷ変】盗み聞きす る. ‖남의 말을 엿듣다 人の話を盗み聞き する.

엿-보다 /jət:t²poda/【엳뽀-】個 ❶盗 み見る; 覗く. ‖남의 집을 엿보다 人の家を覗き見る. 열쇠 구멍으로 안을 엿보다 鍵穴から中を覗く. ❷窺 う; 窺う. ‖기회를 엿보다 機会を窺う.

엿새 /jət:s͈ɛ/【엳쌔】图 6日; 6日間.

엿-장수【엳짱-】图 飴売り. ‖엿장수 마음대로 (飴売りが飴を自分勝手に 伸ばすように)物事を自分の思い通りに. 엿장수 마음대로는 안 된다 自分の思 い通りにはならない.

-였- /jət/【접尾】過去を表わす; …し た. ‖도서관에서 공부하였다 図書館で 勉強した. 노력하였지만 결과는 좋지 않았다 努力したが、結果はよくなかった. ✛普通하였다 했の形で用いられること が多い. ❷接尾辞-이-の過去を表わす接 尾-었-の縮約形. ‖오늘은 아기한테 이유식을 조금만 먹였다 今日は赤ちゃ んに離乳食を少しだけ食べさせた.

영[1] (零) /jəŋ/【열】图 零; ゼロ; 0. ‖이 대 영으로 이기다 2対0で勝つ. 시력은 일 점 영이다 視力は1.0だ. 영시 0時.

영[2] (英) 图 영국(英國)・영어(英語)の 略語.

영[3] (嶺) 图 嶺.

영[4] (靈) 图 魂; 霊.

영[5] 圓〔下に打ち消しの表現を伴って〕全 く; 全然. ‖영 밥 생각이 없이 全く食 欲がない.

영[6] (永) 圓〔영영(永永)の略語〕永遠 に; 永久に.

영가 (靈歌) 图【音楽】ソウルミュージッ ク.

영감[1] (令監) 图 ❶年をとった夫または 老人を呼ぶ語. ❷昔、高級官僚を呼ん だ語.

영감[2] (靈感) 图 霊感; インスピレーショ ン. 🔟인스피레이션. ‖영감이 떠오르 다 インスピレーションがわく.

영검 (靈劍) 图 霊剣.

영겁 (永劫) 图【仏教】永劫.

영결 (永訣) 图 하他 永訣; 告別.

영결-사 (永訣辭) 图 告別式で故人に 送る追悼の辞.

영결-식 (永訣式) 图 告別式. 🔟고별 식(告別式).

영계[1] (-鷄) 【-/-계】图 ❶若鷄. ❷ 〔俗っぽい言い方で〕年の若い異性.

영계-백숙 (-鷄-) 【-쑥 /-게-쑥】 图【料理】若鷄の水炊き.

영계[2] (靈界) 【-/-계】图 霊界.

영고 (榮枯) 图 栄枯.

영고-성쇠 (榮枯盛衰) 【-/-쉐】图 栄 枯盛衰.

영공 (領空) 图 領空. ‖영공 침범 領 空侵犯.

영공-권 (領空權) 【-꿘】图【法律】領 空権.

영관 (領官) 图 소령(少領)・중령(中 領)・대령(大領)の通称.

영광 (榮光) /jəŋgwaŋ/ 图 栄光; 光栄. ‖분에 넘치는 영광 身に余る光栄. 우 승의 영광을 차지하다 優勝の栄光に輝 く.

영광-스럽다 (榮光-)【-따】圈【ㅂ変】 光栄だ; 栄光だ. ‖영광스러운 상 光栄 な賞. **영광스레**.

영구 (永久) 图 肜動 永久; 永遠. 영 구-히 (永久-) 图 永久に変わらぬ愛 久に変わらぬ愛.

영구-기관 (永久機關) 图 永久機関.

영구-불변 (永久不變) 图 영구불 변. ‖영구불변의 진리 永久不変の 真理.

영구-적 (永久的) 图 永久的. ‖영구 적인 평화 永久的な平和.

영구-치 (永久齒) 图 永久歯.

영구-차 (靈柩車) 图 霊柩車.

영국 (英國) 图 国名 英国; イギリス. 🔟영(英).

영남 (嶺南) 图 地名 慶尚道.

영내[1] (領內) 图 領内.

영내[2] (營內) 图 営内; 兵営内.

영농 (營農) 图 営農. ‖영농 자 금 営農資金.

영단 (英斷) 图 하他 英断. ‖영단을 내리다 英断を下す.

영달 (榮達) 图 栄達. ‖영달을 꾀하다 栄達を求める.

영도[1] (零度) 图 零度.

영도[2] (領導) 图 하他 領導.

영도-자 (領導者) 图 領導者; リー ダー.

영동 (嶺東) 图 地名 강원도(江原道) の태백산맥(太白山脈)の東の地域.

영락[1] (榮落) 【-낙】图 栄枯.

영락[2] (零落) 【-낙】图 零落.

영락-없다 (零落-) 【-나겁따】圈 間 違いない; 確かだ. ‖목소리만 들으면 영 락없는 남자다 声だけ聞くと間違いなく 男だ. **영락없-이** 圖.

영령 (英靈) 图 英霊.

영롱-하다 (玲瓏-) 【-농-】圈 하変 玲瓏だ; 美しく輝いている. ‖영롱한

아침 이슬 美しく輝く朝露.
영리(營利)【-니】〖하自〗營利. ‖영리를 目的으로 하다 営利を目的とする.
영리 법인(營利法人) 〖名〗営利法人.
영리-사업(營利事業) 〖名〗営利事業.
영리-주의(營利主義)【-니-/-이】〖名〗営利主義.
영리-하다(怜悧·伶悧) /jəŋnihada/【-니-】〖形〗〖ㄷ变〗賢い; 利口だ. ‖영리한 動物 利口な動物. 영리하게 생긴 아이 賢そうな子.
영매(靈媒) 〖名〗靈媒.
영면(永眠)〖名〗〖하自〗永眠.
영묘-하다(靈妙-)【하여】〖形〗靈妙だ.
영문(英文) 〖名〗わけ; 理由. ‖영문도 모르고 따라가다 わけも分からずついて行く.
영문(英文) 〖名〗❶英文 ❷ローマ字.
영-문법(英文法) 〖名〗英文法.
영-문학(英文學) 〖名〗英文学.
영물(靈物) 〖名〗❶霊物. ❷ずる賢い動物のこと.
영미(英美) 〖名〗英美; イギリスとアメリカ.
영민-하다(英敏-)【하여】〖形〗明敏だ.
영-부인(令夫人) 〖名〗‖대통령 영부인 ファーストレディー.
영빈(迎賓) 〖名〗迎賓.
영빈-관(迎賓館) 〖名〗迎賓館.
영사¹(映寫) 〖名〗〖하他〗映写.
영사-기(映寫機) 〖名〗映写機.
영사-실(映寫室) 〖名〗映写室.
영사²(領事) 〖名〗領事.
영사-관(領事館) 〖名〗領事館.
영산-홍(映山紅) 〖名〗〖植物〗サツキツツジ(五月躑躅).
영상¹(映像) 〖名〗映像. ‖영상이 선명하다 映像が鮮明だ. 영상 文化 映像文化. 동영상 動映像.
영상²(零上) 〖名〗零度以上の気温. ⟺ 영하(零下).
영생(永生) 〖名〗〖하自〗永生.
영서(嶺西) 〖地名〗江原道(江原道)の太白山脈(太白山脈)の西の地域.
영성(營繕) 〖名〗営繕.
영선-비(營繕費) 〖名〗営繕費.
영-성체(領聖體) 〖名〗〖カトリック〗聖体拝領.
영세¹(永世) 〖名〗〖하自〗永世.
영세 중립국(永世中立國)【-닙꾹】〖名〗永世中立国.
영세²(零細) 〖名〗〖하形〗零細.
영세 기업(零細企業) 〖名〗零細企業.
영세-농(零細農) 〖名〗零細農.
영세-민(零細民) 〖名〗零細民.
영세³(領洗) 〖名〗〖하自〗〖カトリック〗洗礼.
영속(永續) 〖名〗〖자自〗永続.
영속-성(永續性)【-썽】〖名〗永続性.
영속-적(永續的)【-쩍】〖名〗永続的.
영수¹(英數) 〖名〗英語と数学.

영수²(領袖) 〖名〗領袖(りょうしゅう). ‖파벌의 영수 派閥の領袖.
영수³(領收·領受)/jəːŋsu/〖名〗〖하他〗領収; 受領.
영수-서(領收書) 〖名〗領収書.
영수-증(領收證)/jəŋsuɯŋ/〖名〗領収証; レシート.
영-순위(零順位) 〖名〗当該などで最優先権を持つ順位.
영시(英詩) 〖名〗〖文芸〗英詩.
영시¹(零時) 〖名〗零時; 夜12時; 0時.
영식(令息) 〖名〗令息.
영아(嬰兒) 〖名〗嬰児.
영악-스럽다(靈惡-)【-쓰-따】〖形〗〖ㅂ变〗ずる賢いところがある; がめついところがある. 영악스레 圖.
영악-하다(靈惡-)【-아카-】〖形〗〖하여〗ずる賢いところがある; がめつい. ‖영악한 아이 がめつい子ども.
영안-실(靈安室) 〖名〗靈安室.
영애(令愛) 〖名〗令愛.
영약(靈藥) 〖名〗靈藥.
영양(羚羊) 〖名〗〖動物〗レイヨウ(羚羊).
영양(營養)/jəŋjaŋ/〖名〗栄養. ‖영양을 취하다 栄養を取る. 충분한 休息과 영양 十分な休みと栄養. 영양 状態가 좋다 栄養状態がいい.
영양-가(營養價)【-까】〖名〗栄養価. ‖영양가가 높은 음식 栄養価の高い食べ物.
영양-분(營養分) 〖名〗栄養分.
영양-사(營養士) 〖名〗栄養士.
영양-소(營養素) 〖名〗栄養素.
영양-식(營養食) 〖名〗栄養食.
영양-실조(營養失調)【-쪼】〖名〗栄養失調.
영양-제(營養劑) 〖名〗栄養剤.
영양-학(營養學) 〖名〗栄養学.
영양(令孃) 〖名〗令孃.
영어(英語)/jəŋə/〖名〗英語. ⓔ영(英). ‖영어 会話 英会話. 영어로 말하다 英語で話す. 영어 실력이 뛰어나다 英語の実力がずば抜けている.
영업(營業)/jəŋəp/〖名〗〖하自〗営業. ‖영업 시간 営業時間. 아홉 시부터 영업하다 9時から営業する. 영업 안내 営業案内. 영업 中 営業中.
영업-소(營業所)【-쏘】〖名〗営業所.
영업-용(營業用)【-염농】〖名〗営業用.
영업-자(營業者)【-짜】〖名〗営業者.
영업-정지(營業停止)【-쩡-】〖名〗営業停止.
영역(英譯) 〖名〗英訳.
영역(領域)/jəŋjək/〖名〗領域; 分分. ‖다른 사람의 영역을 침범하다 他人の領分[領域]を侵す. 넓은 영역을 차지하다 広い領域を占める. 연구 영역 研

영영 (永永) 閉 영원히; 永久히. 働영(永). ‖영영 돌아오지 않다 永遠に帰ってこない.
영예 (榮譽) 图 榮譽. ‖영예로운 역할 栄誉ある役目
영예-롭다 (榮譽-) [-따] 形 [ㅂ変] 栄誉である; 栄誉に輝く. **영예로이** 閉
영욕 (榮辱) 图 栄辱.
영웅 (英雄) /jʌŋwuŋ/ 图 英雄; ヒーロー. ‖불세출의 영웅 不世出の英雄. 국민적인 영웅 国民的英雄. 민족의 영웅으로서 추앙받다 民族の英雄として仰がれる.
영웅-담 (英雄譚) 图 英雄譚.
영웅-시 (英雄詩) 图《文芸》英雄詩.
영웅-신화 (英雄神話) 图 英雄神話.
영웅-심 (英雄心) 图 英雄心.
영웅-적 (英雄的) 图 英雄的.
영웅-전 (英雄傳) 图《文芸》英雄伝.
영웅-주의 (英雄主義) 【-의/-이】 图 英雄主義; ヒロイズム.
영웅-호걸 (英雄豪傑) 图 英雄豪傑.
영원[1] (永遠) /jʌŋwon/ 图—ㅎ다 永遠. ‖영원한 진리 永遠の真理. 영원한 이별 永遠の別れ. **영원-히** 영원히 변치 않을 우정 永遠に変わらぬ友情.
영원-무궁 (永遠無窮) 【-이】 形 永遠無窮.
영원-불멸 (永遠不滅) 图形 永遠不滅.
영원[2] (蠑蚖·蠑螈) 图《動物》イモリ(井守).
영위 (營爲) 图—ㅎ他 営む; 営み. ‖다달의 생활을 영위하기 위해 月々の営みのため.
영유 (領有) 图—ㅎ他 領有.
영인 (影印) 图 影印.
영인-본 (影印本) 图 影印本.
영입 (迎入) 图—ㅎ他 (人を)迎え入れること.
영자 (英字) [-짜] 图 英字. ‖영자 신문 英字新聞.
영작 (英作) 图 영작문(英作文)의 略称.
영-작문 (英作文) 【-장-】 图 英作文. 영작문(英作文).
영장[1] (令狀) [-짱] 图 令状. ‖영장을 발부하면 令状を取る. 소집 영장 召集令状.
영장[2] (靈長) 图 霊長. ‖인간은 만물의 영장이다 人間は万物の霊長である.
영장-류 (靈長類) 【-뉴】 图《動物》霊長類.
영재 (英才) 图 英才. ‖영재 교육 英才教育.
영-적 (靈的) [-쩍] 图 霊的.
영전[1] (榮轉) 图—ㅎ自 栄転. ‖지점장으로 영전하다 支店長に栄転する.
영전[2] (靈前) 图 霊前.
영접 (迎接) 图—ㅎ他 迎え入れて応接すること.

영정 (影幀) 图 遺影.
영주[1] (永住) 图—ㅎ自 永住.
영주-권 (永住權) [-꿘] 图《法律》永住権.
영주[2] (領主) 图 領主.
영지[1] (領地) 图 領地.
영지[2] (靈芝) 图《植物》レイシ(霊芝); マンネンタケ(万年茸).
영지-버섯 (靈芝-) [-섣] 图 =영지[2].
영지[3] (靈地) 图 霊地.
영차 國 重いものを動かしたり引っ張ったりする時のかけ声: よいしょ; どっこいしょ; えんやら.
영창 (營倉) 图《軍事》営倉.
영춘 (迎春) 图—ㅎ自 迎春.
영치 (領置) 图 領置.
영치-금 (領置金) 图 領置金.
영탄 (詠嘆·詠歎) 图—ㅎ他 詠嘆.
영탄-법 (詠歎法) 【-뻡】 图《文芸》詠嘆法.
영토 (領土) /jʌŋtʰo/ 图 領土.
영특-하다 (英特-) /jʌŋtʰukʰada/ [-트카-] 形変 賢い; 奇特だ. ‖영특한 아이 賢い子ども.
영패 (零敗) 图—ㅎ自 零敗; ゼロ敗.
영하 (零下) 图 零下; 氷点下. ⑪영상(零上).
영합 (迎合) 图—ㅎ自 迎合. ‖시류에 영합하다 時流に迎合する.
영해 (領海) 图 領海.
영향 (影響) /jʌŋhjaŋ/ 图 影響. ‖영향을 미치다 影響を及ぼす. 좋은 영향을 주다 いい影響を与える. 친구의 영향을 받다 友達の影響を受ける.
영향-력 (影響力) 【-녁】 图 影響力.
영험 (靈驗) 图—ㅎ変 霊験(れいげん)だ. ‖영험한 신통력 霊験あらたかな神通力.
영혼 (靈魂) 图 霊魂; 魂.

영화[1] (映畵) /jʌŋhwa/ 图 映画. ‖영화를 보러 가다 映画を見に行く. 유럽에 개봉되는 한국 영화 6月에 封切りされる韓国映画. 셰익스피어의 로미오와 줄리엣을 영화로 보다 シェークスピアの『ロミオとジュリエット』を映画で見る.
영화-관 (映畵館) 图 映画館.
영화-배우 (映畵俳優) 图 映画俳優.
영화-음악 (映畵音樂) 图 映画音楽.
영화-제 (映畵祭) 图 映画祭.
영화-화 (映畵化) 图—ㅎ他 映画化.
영화[2] (榮華) 图 栄華. ‖영화를 누리다 栄華を極める.
영화-롭다 (榮華-) [-따] 形 [ㅂ変] 栄華を極める. **영화로이** 閉
옅다 /jʌtʰa/ [옅따] 形 ①浅い. ‖옅은 잠 浅い眠り. ②(色や濃度などが)薄い. ⑪짙다. ‖옅은 화장 薄化粧. 커피를

옅게 타다 コーヒーを薄目に入れる.

옆 /jəp/【옆】 图 そば; 横; 隣; わき. ∥집 옆에 공원이 있다 家のそばに公園がある. 옆으로 늘어서다 横に並ぶ. 옆에서 참견하다 横から出しゃばる. 옆 사람 隣の人. 선생님 옆에 앉다 先生のわきに座る. 얘기가 옆으로 새다 話がわきにそれる.

옆-구리 /jəpʰkuri/【옆구-】 图 わき腹; わき腹. ∥옆구리가 결리다 横腹が突っ張る.

옆-길【옆낄】 图 わき道; 横丁. ∥옆길로 새다 わき道にそれる.

옆-얼굴 【여벌-】 图 横顔.

옆-줄 【옆쭐】 图 ❶横の列; 横線. ❷ (魚などの)側線.

옆-집 【옆찝】 图 隣の家; 隣家.

옆-차기 【옆-】 图 (テコンドーの)横蹴り.

예[1] (例) ハングル母音字母「ㅖ」の名称.

예[2] (禮) 图 礼儀.

예[3] (乂) 姓 乂(イェ).

예[4] (例) /je:/ 图 ❶例; 例え. ∥例を挙げる. ❷たとえ; 前例. ∥지금까지 그런 예는 없어요 今までそういう前例はありません. ❸[예の…の形で] いつもの…; 例の.

예[5] (禮) 图 礼; マナー; エチケット; 礼節.

예[6] 代 〔여기の縮約形〕ここ; ここに. ∥예서 나가거라 ここから出て行ってちょうだい.

예 /je:/ 感 ❶はい; ええ. ∥예, 알겠습니다 はい, 分かりました. ❷予想外のことを聞いて驚いた時に発する語: えっ. ∥예? 그럴 리가 있어요, 그런 일이 있을리가 はあ? そんなはずはありません. ❸頼まれ事があり時に文末で使って確認や催促の意を表わす: 같이 가요, 예? 一緒に行きましょうよ, ね.

예각 (銳角)【數學】銳角. ⑰둔각 (鈍角).

예감 (豫感) /je:gam/ 图 予感. ∥예감이 맞아떨어지다 予感が的中する. 불길한 예감 不吉な予感. 질 것 같은 예감이 들다 負けるような予感がする.

예견 (豫見) 图 予見; 予測; 見通し. ∥결과를 예견하다 結果を予見する.
예견-되다 受動.

예고[1] (豫告) 图 予告; 前触れ. ∥공개 날짜를 예고하다 公開の期日を予告する.

예고-편 (豫告篇) 图 予告編.

예고[2] (藝高) 芸術 高等学校(藝術高等學校)の略称.

예과 (豫科)【-꽈】图 予科.

예금 (豫金) 图 預金. ∥은행에 예금하다 銀行に預金する. 예금을 찾다 預金を下ろす.

예금-계좌 (預金計座)【-/-게-】图 預金口座.

예금-액 (預金額) 图 預金額.

예금-증서 (預金證書) 图 預金証書.

예금-통장 (預金通帳) 图 預金通帳.

예기[1] (豫期) 图 予期; 予想. ∥예기치 못한 일 予期せぬ出来事.

예기[2] (禮記) 图 (五経の)礼記.

예끼 感 年配の人がひどく叱る時に発する語: こらっ. ∥예끼, 이 녀석아 こらっ, こいつ.

예년 (例年) 图 例年.

예능 (藝能) 图 芸能; 芸術; 芸. ∥예능적인 소질 芸術的な才能.

예-닐곱 數冠 6歳か7歳; 6か7. ∥예닐곱은 되어 보이는 남자 아이 6歳か7歳くらいの男の子. 예닐곱 개 6つか7つ.

예단[1] (禮緞) 图 結婚の際, 新婦が新郎の家族に贈る進物.

예단[2] (豫斷) 图 予断. ∥예단을 수 없는 상황 予断を許さない状況.

예리-하다 (銳利-) /je:rihada/ 形【하変】銳い; 銳利だ. ∥예리한 지적 銳い指摘. 예리한 눈빛 銳い目つき. 예리한 칼 銳利な刃物.

예매[1] (豫買) 图【하他】前もって買うこと. ∥입장권을 예매하다 入場券を前もって買う.

예매[2] (豫賣) 图【하他】前売り. ∥공연 티켓을 예매하다 コンサートのチケットを前売りする.

예매-권 (豫賣券)【-꿘】图 前売り券.

예매-처 (豫賣處) 图 前売りする所.

예명 (藝名) 图 芸名.

예문[1] (例文) 图 例文.

예문[2] (例問) 图 例として挙げた問題.

예물 (禮物) 图 結婚の時, 新郎新婦が交換するもの.

예민-하다 (銳敏-) /je:minhada/ 形【하変】銳敏だ; 敏感だ; [神経などが]尖っている. ∥예민한 반응 敏感な反応. 신경이 예민하다 神経が尖っている.

예방[1] (豫防) /je:baŋ/ 图【하他】予防. ∥화재를 예방하다 火災を予防する. 감기 예방 風邪の予防. 예방-되다 受動.

예방[2] (禮訪) 图【하他】表敬訪問.

예방-접종 (豫防接種)【-쫑】图 予防接種.

예방-주사 (豫防注射) 图 予防注射. ∥예방 주사를 맞다 予防注射を打ってもらう.

예방-책 (豫防策) 图 予防策. ∥예방책을 강구하다 予防策を講じる.

예배 (禮拜) 图【하自他】〔キリスト教〕礼拜.

예배-당 (禮拜堂) 图〔キリスト教〕礼拜堂.

예법 (禮法)【-뻡】图 礼法.

예보 (豫報) 图【하他】予報. ∥일기 예보 天気予報.

예복 (禮服) 图 礼服.

예불(禮佛) 图 勤行(ごん); 仏前で読経すること; お勤め. ‖새벽 예불 早朝の勤行.

예비(豫備) /je:bi/ 图 하변 予備. ‖예비 지식 予備知識. 예비로 가지고 있다 予備として持っている.

예비-군(豫備軍) 图 [軍事] 予備軍.
예비-금(豫備金) 图 予備金.
예비-비(豫備費) 图 予備費.
예비-역(豫備役) 图 [軍事] 予備役. 반현역(現役).

예뻐 [으변] 예쁘다(きれいだ)の連用形.

예뻐-하다 [하변] かわいがる. ‖특히 막내딸을 예뻐하다 特に末の娘をかわいがる.

예쁘다 /je:'puda/ 形 [으변] [예뻐, 예쁜] きれいだ, かわいい. ‖얼굴이 예쁘다 顔がきれいだ. 예쁜 구두 かわいい靴. 예쁘게 포장를 해주세요 かわいくラッピングしてください.

예쁘장-하다 形 かわいらしい. ‖예쁘장한 얼굴 かわいらしい顔.
예쁜 形 [으변] 예쁘다(きれいだ)の現在連体形.

예사(例事) 图 日常茶飯事; 平気なこと; ありふれたこと. ‖밤샘은 예사다 徹夜は日常茶飯事だ.

예사-내기(例事-) 图 =여간내기(如干-).
예사-로(例事-) 副 平気で; 気軽に. ‖예사로 드나들다 気軽に出入りする.

예사-롭다(例事-) 形 [ㅂ변] [예사로워, 예사로운] 当たり前だ; ありふれたことだ; 普通と変わっていない; 尋常だ. ‖눈빛이 예사롭지 않다 目つきが普通ではない. 그 정도는 예사롭게 생각하다 それくらいは何とも思わない. **예사로이** 副
예사-말(例事-) 图 ❶普通の言葉; ありふれた話. ❷〔言語〕〔尊敬語でも謙譲語でもない〕常体.
예사-일(例事-) [-ㅅ닐] 图 ただ事; 並みの事.

예산(豫算) /je:san/ 图 予算. ‖예산을 책정하다 予算を策定する. 예산을 세우다 予算を立てる. 국가 예산 国家予算.

예산-안(豫算案) 图 予算案.

예상(豫想) /je:saŋ/ 图 하변 予想; 見込むこと. ‖결과를 예상하다 結果を予想する. 예상이 적중하다 予想が的中する. 삼 할의 이익을 예상하다 3割の利益を見込む. **예상-되다** 受動

예상-외(豫想外) [-/-웨] 图 予想外; 想定外; 思いの外. ‖예상 외의 선전 予想外の善戦. 예상외로 회의가 길어져 思いの外会議が長引いた.

예선(豫選) /je:son/ 图 予選. ‖예선을 통과하다 予選を通過する. 예선에서 떨어지다 予選落ちする.

예속(隷屬) 图 되변 隷属. ‖예속 관계 隷属関係.

예속-적(隷屬的)【-쩍】 图 隷属的.

예수-금(豫受金) 图 予め受け取る金.

예순 /jesun/ 图 [数] 60歳; 60. 육십(六十). ‖예순에 정년退職을 하다 60歳に定年退職する. 예순은 한 갑이라고 한다 数え年で61歳を還暦と言う.

예술(藝術) /je:sul/ 图 芸術. ‖예술 활동 芸術活動. 조형 예술 造形芸術. 전위 예술 前衛芸術. ▶예술은 길고 인생은 짧다 芸術は長く人生は短し.

예술-가(藝術家) 图 芸術家.
예술-계(藝術界)【-/-계】 图 芸術界.
예술-성(藝術性)【-썽】 图 芸術性. ‖예술성이 돋보이는 작품 芸術性が際立つ作品.
예술-적(藝術的)【-쩍】 图 芸術的. ‖예술적인 재능 芸術的な才能.
예술-제(藝術祭)【-쩨】 图 芸術祭.
예술-품(藝術品) 图 芸術品.

예스맨 (yes-man) 图 イエスマン.

예습(豫習) /je:sup/ 图 하변 予習. 반복습(復習). ‖여기까지 예습하고 오세요 ここまで予習しておいてください.

예시(例示) 图 하변 例示. ‖해답을 예시하다 解答を例示する. **예시-되다** 受動

예식¹(例式) 图 例式; しきたり.
예식²(禮式) 图 礼式.
예식-장(禮式場)【-짱】 图 結婚式場.

예심(豫審) 图 ❶事前審査. ❷〔法律〕予審.

예약(豫約) /je:jak/ 图 하변 予約. ‖자리를 예약하다 席を予約する. 한 달 전부터 예약을 받고 있다 1か月前から予約を受け付けている.

예약-금(豫約金)【-끔】 图 予約金; 手付金.
예약-석(豫約席)【-썩】 图 予約席.
예약-제(豫約制)【-쩨】 图 予約制.
예약-처(豫約處) 图 予約を受け付ける所.
예약 판매(豫約販賣) 图 予約販売.

예언(豫言) /je:ʌn/ 图 하변 予言. ‖미래를 예언하다 未来を予言する. 예언이 맞아떨어지다 予言が的中する.

예언-자(豫言者) 图 ❶予言者. ❷預言者.

예외(例外) /je:we/【-/-웨】 图 例外. ‖예외 없는 법칙은 없다 例外のない規則はない. 예외로서 인정하다 例外として認める. 예외 없이 例外なく.

예외-적(例外的) 图 例外的. ‖예외적인 일 例外的な事.

예요 /jejo/ 助 〔母音で終わる体言に付いて; 子音の場合は이에요〕…です; で

すか. ║저 사람은 누구예요? あの人は誰ですか. 여동생 친구예요 妹の友だちです.

예우(禮遇)【-/-이】图 他 礼遇. ║**예우-받다** 受身

예의¹(銳意)【-/-이】图 鋭意. ║사태를 예의 주시하다 事態を鋭意注視する.

예의²(禮儀)【-/-이】图 礼義; 義理.

예의³(禮儀)/jei/【-/-이】图 礼儀; 礼節. ║그렇게 하는 것은 예의에 어긋난다 そういうふうにするのは礼儀に反する.

예의-바르다(禮儀-)厖 礼儀正しい. ║예의바른 학생 礼儀正しい学生. 예의바르게 행동하다 礼儀正しく行動する.

예의-범절(禮儀凡節) 图 礼儀作法, エチケット. ║예의범절을 익히다 礼儀作法を身につける.

예이 感 ある事実を否定したり気に入らなかったりする時に発する語.

예입-금(預入金)【-금】图 預金.

예전 ❶ 以前; 一昔. ║경기가 예전 같지 않다 景気が以前とは違う. ║**(예전에의 형으로)** かつて, ║예전에 읽은 책 かつて読んだ本.

예절(禮節) 图 礼節; 礼儀. ║예절이 바르다 礼儀正しい.

예정(豫定)/je:dʒɔŋ/图 他自 予定. ║내년 봄에 결혼할 예정이다 来春, 結婚する予定だ. 비행기는 오후 두 시에 인천공항에 도착할 예정이다 飛行機は午後２時に仁川空港に到着する予定である. 예정대로 추진하다 予定通り進める. 예정을 앞당기다 予定を繰り上げる.

예정-일(豫定日) 图 予定日.
예정-표(豫定表) 图 予定表.
예제(例題) 图 例題.
예증(例證) 图 他 例証.
예지¹(叡智) 图 英知.
예지²(豫知) 图 他 予知. ║예지력 予知能力.
예찬(禮讚) 图 他 礼賛.
예측(豫測) 图 他 ║한 치 앞을 예측할 수 없다 一寸先は闇だ. **예측-되다** 受身
예치(預置) 图 他 預けておくこと. ║일정한 돈을 예치하다 一定のお金を預けておく. **예치-되다** 受身
예치-금(預置金) 图 預け金; 預かり金.
예컨-대(例-) 圖 例えば. ║채소류 예컨대 배추, 시금치 등 野菜類, 例えば白菜, ホウレン草など.
예탁(預託) 图 他 預託.
예탁-금(豫託金)【-금】图 預託金.
예포(禮砲) 图 礼砲.
예해(例解) 图 他 例解.

예행(豫行) 图 他 予行.
예행-연습(豫行演習)【-년-】图 他 予行演習.
예후(豫後) 图 病後の経過; 病み上がり.

옐로-카드(yellow card) 图 (サッカーで) イエローカード.

옛【옏】冠 昔の…. ║옛 추억 昔の思い出.

옛-것【옏껃】图 昔のもの.

옛-날/jen:nal/【옌-】图 昔. ║옛날을 그리워하다 昔を懐かしむ. 옛날에 가던 곳 昔よく行っていたところ. 옛 모습을 간직하다 昔の面影を保っている.

옛날-이야기【옌-리-】图 昔話. ║옛날이야기를 들려주다 昔話を聞かせる.
▶ **옛날-옛적** 昔々; 大昔. 옛날옛적에 昔々.

옛-말【옌-】图 昔の話; 昔の言葉; 古語.

옛-모습【옌-】图 昔の姿; 昔の面影.

옛-사람【옏싸-】图 ❶ 昔の人. ❷ 故人.

옛-사랑【옏싸-】图 昔の恋; 昔の恋人.

옛-이야기【옌니-】图 昔話.

옛-일【옌닐】图 昔の事; 過去の事.

옛-정(-情)【옏쩡】图 旧情; 旧交.

옛-집【옏찝】图 ❶ 古い家; 古家; 古屋. ❷ 昔の住み処; 旧家; 古巣.

옛-친구(-親舊)【옏-】图 旧友.

옜다 感 【여기 있다의 縮約形】目上の人が目下の人にものをあげる時に発する語: ほら.

오¹ (五) 图 ハングル母音字母「ㅗ」の名称.

오² (吳) 图 (姓) 呉(オ).

오³ (午) 图 (十二支の)午(うま).

오⁴ (O·o) 图 (アルファベットの) オー.

오⁵ (五)/o:/图 五; 5; 五. ║오 빼기 이는 삼이다 5引く2は3である.
━ 冠 五…. ║오 분 5分. 오 년 5年.

오⁶ 感 感動したり驚いたりする時に発する語: おお; ああ; そうか.

-오⁷ 語尾 予定及び子で終わる用言の語幹あとに付いて; 子音の場合は -소 ❶ 平叙·疑問などの意を表わす: …です; …ます; …ですか; …ますか. ║따님이 참 예쁘오 お嬢さんがとてもきれいですね. ❷ 命令の意を表わす: …なさい; …ってください. ║어서 가시오 早く行ってください.
✤ 主に壮年の男性が用いる表現である.

오-가다/ogada/動 行き来する; 往来で; 行き交う. ║거리에는 오가는 사람들이 하나도 없었다 街には行き来する人が１人もいなかった. 전에는 가끔 오가기도 했다 以前はたまに往来(すること)もあった.

오각-형(五角形)【-카켱】图 〈数学〉五角形.

오가피(-五加皮) 图 〈漢方〉五加皮.

오갈피-나무(-五加皮-) 图 〈植物〉

ウコギ(五加木).
오갈피-술(←五加皮-) 명 五加皮酒.
오감(五感) 명 五感.
오경¹(五經) 명 五經(易経·書経·詩経·春秋·礼記).
오경²(五更) 명 五更(午前3時から5時まで).
오곡(五穀) 명 五穀(米·麦·粟(あわ)·黍(きび)·豆).
오곡-밥(五穀-) 명 五穀ご飯.
오골-계(烏骨鷄) 명 [-/-게](鳥類) ウコッケイ(烏骨鷄).
오그라-들다[-지다] 자(그語幹) 縮む; 縮こまる; へこむ; 収縮する. ‖너무 추워서 몸이 오그라든다 あまりにも寒くて体が縮む. 모직은 물에 빨면 오그라든다 ウールは水で洗うと縮む.
오그리다 /oguridal/ 타 (内側に) 曲げる; 丸める; すくめる; 縮める; しゃがむ. ‖몸을 오그리다 体を丸める.
오금 명 ひかがみ; 膝の後ろのところ. ▶오금을 못 쓰다(「ひかがみを動かせない」の意で)身動きに何もできない.
오기¹(傲気) 명 負けず嫌い; 負けじ魂; 意地. ‖오기를 부리다 負けじ魂を張る.
오기²(誤記) 명 (하俗) 誤記.
오나-가나 副 いつも; どこへ行っても; どこでも.
오냐 감 ❶[目下の人の依頼などに対して] 承諾や同意を表わす語: よし; いいよ. ❷独り言で決意を表わす語: よし. ‖오냐, 두고 보자 よし, 覚えておけ; 今に見ろ.
오냐오냐-하다 자타 (하俗) 甘やかす.
오년(午年) 명 午年. 馬年.
오-누이 명 兄と妹; 弟と姉.
오뉴-월(←五六月) 명 (陰暦の)5, 6月. ▶오뉴월 염천 真夏の炎天.
오늘 /onul/ 명 今日. ‖오늘의 일기 예보 今日の天気予報. 오늘은 휴관일입니다 本日は休館日です.
— 副 今日. ‖오늘 만나는 사람 今日会う人.
오늘-날【-랄】 명 今日(こんにち); 現今. ‖오늘날까지 널리 읽히는 명작 今日まで広く読まれている名作.
오늘내일-하다(-来日-)【-래-】 자 (하変) 間近に迫る; 旦夕に迫る; 先が長くない; 今日か明日かの命だ. ‖입院中も 오늘내일한다 入院している今日か明日かの命だ.
오늘-따라 副 今日に限って; よりによって今日. ‖오늘따라 비가 오고 있다 よりによって今日雨が降っている.
오늬[-니] 명 矢筈(はず).
오다¹ /oda/ 자 ❶来る. ‖집에 손님이 오다 家にお客さまが来る. 아직 안 왔습니다 まだ来ていません. 십 년

전에 한 번 온 적이 있다 10 年前に一度来たことがある. 일로 와라 ここに来なさい. 이쪽으로 오세요 こちらへいらしてください. 내일 또 올게 明日また来るよ. 겨울이 가고 봄이 왔다 冬が去り, 春が来た. 태풍이 온다 台風が来るそうよ. 무릎까지 오는 양말 膝までくる靴下. 오랜만에 그 사람한테서 전화가 왔다 久しぶりに彼から電話が来た. 담당자로부터 연락이 안 온다 担当者から連絡が来ない. ❷(手紙·荷物などが)届く. ‖집에서 소포가 왔다 実家から小包が来た. ❸(雨·雪などが)降る. ‖아침부터 비가 오고 있다 朝から雨が降っている. 눈이 와서 조금 늦었다 雪が降って少し遅れた. ❹(眠気など生理的な現象が)起こる. ‖잠이 오다 眠い; 眠くなる. 졸음이 오다 眠気がさす. ❺(時期·季節などに)なる. ‖봄이 오다 春になる. 지금 와서 못 간다고 하면 어떡하니? 今になって行けないと言ったらどうするの. ❻[…에/에게+오다の形で] —として赴任する. ‖이번에 교감으로 오신 선생님이십니다 今回副校長として赴任された先生です. ❼[오는…の形で] 来る…. ‖오는 시월 십일에 선거가 있습니다 来る10月10日に選挙があります.
— 타 ❶来る. ‖밤길을 혼자 오다 夜道を1人で来る. ❷[一部の名詞+을]을 오다の形で. ‖한국으로 수학여행을 온 학생을 한국에 修学旅行に来た学生たち. ❸[動作性名詞+을]을 오다の形で] 動作の目的を表わす: …に[へ]来る. ‖서울로 출장을 오다 ソウルへ出張に来る. 이번에 중국으로 조사를 오니? いつ中国へ調査に来るの. ❹[…(으)러 오다の形で] 動作の目的を表わす: …に来る. ‖서류를 제출하러 왔습니다 書類の提出に来ました. 친구를 만나러 오는 길에 友だちに会いに来る途中. ▶오도 가도 못하다(「来ることも行くこともできない」の意で)立ち往生する. ⑳ 가다 오는 말이 고와야 가는 말이 곱다 ⓜ(「来る言葉がきれいだってこそ行く言葉がきれいだ」の意で)言葉は買い言葉. ▶오는 정이 있어야 가는 정이 있다 ⓜ(「来る情があってこそ行く情がある」の意で)魚心あれば水心.
오다² 보조동 [動詞語幹+아/어·해] 오다の形で] …てくる. ‖선물을 사 오다 プレゼントを買ってくる. 물고기를 잡아 오다 魚を釣ってくる. 돈을 벌어 오다 お金を稼いでくる. 지금까지 기대해 왔지만 今まで期待してきたが.
오다-가다 副 ❶行き来しているうちに; 通りすがりに. ❷たまたま; 偶然. ‖오다 가다 만난 사람 偶然出会った人.
오달-지다 形 抜け目がない; 手落ちがない; 手抜かりがない. ⓓ 오지다.
오답(誤答) 명 (하俗) 誤答. ⓓ 정답(正

오답

오-대양 (五大洋) 〖名〗 五大洋(太平洋・大西洋・インド洋・南氷洋・北氷洋).

오더 (order) 〖名〗 オーダー.

오도 (誤導) 〖名〗〖他動〗 誤った方向に導くこと.

오도독 〖副〗〖自他〗 少しかたいものを噛み砕く音: こりこり; かりかり; ぼりぼり; ぽりぽり. **오도독-오도독**

오도독-거리다 〖-꺼-〗〖自他〗 こりこり[かりかり・ぽりぽり]と音を立てる.

오도카니 〖副〗 ぼんやりして; 呆然と; ぼさっと; つくねんと. ∥오도카니 앉아 있다 ぼんやり座っている.

오돌-오돌 〖副〗〖形〗 歯ごたえがある様子: こりこり.

오돌-토돌 〖副〗〖形〗 所々でこぼこしている様子.

오동-나무 (梧桐) 〖名〗〖植物〗 キリ(桐).

오동통 〖副〗〖形〗 ふくよかでかわいらしい様子: ぽっちゃり. ∥오동통한 얼굴 ぽっちゃちゃった顔.

오동-포동 〖副〗〖形〗 ふくよかでぽっちゃりした様子. ∥오동포동하게 살이 찌다 ふくよかでぽっちゃりしている.

오두막-집 (-幕-) 〖名〗 小屋.

오두-방정 〖名〗 軽くてそそっかしい言動. ∥오두방정을 떨다 そそっかしい.

오들-오들 〖副〗〖自他〗 寒さや怖さなどで体が震える様子: ぶるぶる(と); わなわな(と). ∥추위에 오들오들 떨다 寒さでぶるぶる(と)震える.

오디 〖植物〗 桑の実.

오디션 (audition) 〖名〗 オーディション. ∥오디션을 받다 オーディションを受ける.

오디오 (audio) 〖名〗 オーディオ.

오똑 〖副〗〖形〗 ❶高くそびえ立っている様子; 突き出ている様子. ∥코가 오똑하다 鼻が高い. ❷倒れてもすぐ起き上がる様子. ∥오똑 일어서다 すっと起き上がる.

오똑-이 〖名〗 起き上がり小法師. ∥오똑이 인생 起き上がり小法師のような人生.

오라 (歷史) 罪人を縛った太くて赤い縄(を).

오라버니 〖名〗 〔古い言い方で, 오빠の尊敬語〕お兄様.

오라버님 〖名〗 〔오라버니の尊敬語〕お兄様.

오라-질 〖名〗 人をののしる時に発する語: 畜生; くそったれ.

오락 (娛樂) 〖名〗〖自動〗 娯楽; ゲーム.

오락-실 (娛樂室) /orakʹsil/ 〖-씰〗 〖名〗 ゲームセンター.

오랑우탄 (orangutan) 〖名〗〖動物〗 オランウータン.

오랑캐 〖名〗 夷(えびす); 野蛮人.

오랑캐-꽃 〖-꼳〗 〖名〗〖植物〗 スミレ(菫). 〖俗〗제비꽃.

오래 /ore/ 〖副〗 長く; 長らく; 長い間. ∥외국에서 오래 살다 外国で長く暮らす. 오래 살다 長生きする. 시간이 오래 걸리다 長時間かかる.

오래-가다 /orɛɡada/ 〖自〗 長持ちする; 持ちつがいく; 長続きする; 長引く. ∥관계가 오래가다 関係が長続きする. 뭘 해도 오래 못 간다 何をやっても長続きしない. 오래가는 건전지 長持ちする乾電池. 이번 감기는 꽤 오래갔다 今回の風邪はかなり長引いた.

오래간-만 〖名〗 久しぶり; 久々. ∥오래간만입니다 お久しぶりです. 오래간만에 만나다 久々に会う. 오래간만의 외출 久々の外出.

오래-도록 〖副〗 長らく; 長く; 長い間; 久しく. ∥오래도록 연락이 없다 長らく連絡がない.

오래-되다 /orɛdweda/ 〖-뒈-〗 〖形〗 古い; 長い時間が経っている. ∥오래된 집 古い家. 역사가 오래된 학교 歴史の古い学校. 연락이 없는 지 오래되었다 連絡が途絶えてから長い時間が経っている.

오래-오래 〖副〗 末永く; いつまでも. ∥오래오래 행복하세요 末永くお幸せに.

오래-전 (-前) 〖名〗 ずっと前. ∥오래전의 일 ずっと前のこと.

오랜-만 = 오래간만.

오랜-동안 /orɛnʹtoŋan/ 〖-래똥-/-떵-〗 〖副〗 長い間; 久しい間; 長年. ∥오랫동안 못 보았다 長い間会っていない. 오랫동안 외국에 있었다 長い間, 外国にいた.

오렌지 (orange) /orendʑi/ 〖名〗〖植物〗 オレンジ. ∥오렌지 주스 オレンジジュース.

오렌지-색 (orange 色) 〖名〗 オレンジ色.

오렌지에이드 (orangeade) 〖名〗 オレンジエード.

오로라 (aurora) 〖名〗 オーロラ.

오로지 /orodʑi/ 〖副〗 ひたすら; もっぱら; 一途に; ひとえに. ∥오로지 먹기만 하다 ひたすら食べてばかりいる. 자식이라고 오로지 하나 있는 게 속を 써이고 있다 たった1人しかいない子どもが心配ばかりかけている. 오로지 연구만 하는 사람 研究一途の人.

오룡-차 (烏龍茶) 〖名〗 ウーロン茶.

오류 (誤謬) 〖名〗 間違い; 過ち. ∥오류를 범하다 過ちを犯す.

오륜[1] (五倫) (儒教の)五倫. ✚군신

유의(君臣有義)·부자유친(父子有親)·부부유별(夫婦有別)·장유유서(長幼有序)·붕우유신(朋友有信).

오륜² (五輪) 圀 오륜.

오륜-기 (五輪旗) 圀 올림픽의 旗; 五輪旗.

오르가슴 (orgasme 프) 圀 オーガズム.

오르간 (organ) 圀 [音楽] オルガン.

오르골 (orgel) 圀 [音楽] オルゴール.

오르-내리다 /orunerida/ 自動 ❶ 昇り下りする; 上がったり下がったりする; 上下する. ‖ 계단을 오르내리다 階段を昇り下りする. ❷ うわさの種になる; 口の端に上る. ‖ 사람들 입에 오르내리다 人々のうわさの種になる.

오르다 /oruda/ 自動 [르変] ❶ 上がる. 階段을 오르다 階段を上がる. 막이 오르다 幕が上がる. 불길이 오르다 火の手が上がる. 기온이 오르다 気温が上がる. 성적이 오르다 成績が上がる. 월급이 오르다 給料が上がる. ❷ 올라타다; 搭乗(とうじょう)する. ‖ (~에) 오르다; (~에) 登る (昇る·上る). ‖ 밤하늘에 불꽃이 오르다 夜空に花火が上がる. 산에 오르다 山に登る. 뭍에 오르다 陸(おか)に上がる. 하마를에 이름이 오르다 馬券に上る. 명단에 이름이 오르다 名簿に名前が上がる. 하늘에라도 오를 것 같은 기분 天にも昇ったような心地だ. ❸ 乗る. 天에 오르다 車に乗る. 사업이 궤도에 오르다 事業が軌道に乗る. ❹ (地位などに) 就く;つく. ‖사장 자리에 오르다 社長の職に就く. 귀로에 오르다 帰途につく. ❺ 肉が付く. ‖얼굴에 살이 오르다 顔に肉が付く. ❻ 酒가 回る. ‖술이 오르다 酒が回る. ❼ 話題に上る. ‖화제에 오르다 話題に上る. 사람들 입에 오르다 人の口の端に上る. ❽ (湯気が) 立つ. ‖ 김이 오르다 湯気が立つ.

오르되브르 (hors d'oeuvre 프) 圀 オードブル; 前菜.

오르락-내리락 [-랑-] 副 하다自 上がったり下がったりする様子. ‖주가가 연일 오르락내리락하다 株価が連日上がったり下がったりする.

오르-막 圀 上り坂.

오르막-길 [-낄] 圀 上り坂; 上り坂の道. ‖내리막길.

오른 圀 右の; 右側の…. ‖왼.

오른-발 圀 右足. ‖왼발.

오른-뺨 圀 右の頬. ‖왼뺨.

오른-손 圀 右手; 右ほうの手. ‖왼손.

오른손-잡이 圀 右利き. ‖왼손잡이.

오른-쪽 /orun tok/ 圀 右; 右側. ‖바른쪽. ‖왼쪽. ‖오른쪽으로 돌다 右側の方に曲がる. 오른쪽 右側.

오른-팔 圀 右腕. ‖왼팔.

오른-편 (-便) 圀 右便. ‖왼편 (-便).

오름-세 (-勢) 圀 (物価などの) 上がり調子; 上昇傾向; 勝勢. ‖내림세 (-勢). ‖물가가 전반적으로 오름세를 보이다 物価が全般的に上がり調子である.

오름-차 (-次) 圀 [数学] 昇冪(しょうべき). ‖내림차 (-次).

오름차-순 (-次順) 圀 [数学] 昇順. ‖내림차순 (-次順).

오리 /o:ri/ 圀 [鳥類] カモ(鴨); アヒル (家鴨).

오리-걸음 圀 アヒルのような歩き方; アヒル歩き.

오리-나무 圀 [植物] ハンノキ(榛の木).

오리-너구리 圀 [動物] カモノハシ(鴨の嘴).

오리다 /orida/ 他動 切り取る; 切り抜く. ‖색종이를 오리다 色紙を切り取る. 신문 기사를 오리다 新聞記事を切り抜く.

오리무중 (五里霧中) 圀 五里霧中.

오리-발 圀 ❶ 水かき. ❷ [比喩的に] とぼけること. ‖오리발을 내밀다 とぼける; しらを切る.

오리엔탈리즘 (orientalism) 圀 オリエンタリズム.

오리엔테이션 (orientation) 圀 オリエンテーション.

오리온-자리 (Orion-) 圀 [天文] オリオン座.

오리지널 (original) 圀 オリジナル.

오막-살이 [-싸리] 圀 小屋; あばら屋暮らし.

오만 (傲慢) 圀 하다形 傲慢.

오만-불손 (傲慢不遜) [-쏜] 하다形 傲慢不遜. ‖오만불손한 태도 傲慢不遜な態度.

오만-상 (五萬相) 圀 しかめっ面. ‖오만상을 하다 しかめっ面をする.

오매-불망 (寤寐不忘) 圀 寝ても覚めても忘れられないこと. ‖오매불망 그리워하다 寝ても覚めても恋しく思う.

오메가 (omega 그) 圀 オメガ.

오명 (汚名) 圀 汚名. ‖오명을 쓰다 汚名を着せられる.

오목 (五目) 圀 五目並べ. ‖오목을 두다 五目並べをする.

오목-거울 [-꺼-] 圀 凹面鏡. ‖볼록거울.

오목-렌즈 (-lens) 圀 凹レンズ. ‖볼록렌즈.

오목조목-하다 [-모카-] 形 하다変 小さいものがかわいく集まっている.

오목-판 (-版) 圀 凹版. ‖볼록판 (-版).

오목-하다 [-모카-] 形 하다変 真ん中の方が丸くへこんでいる.

오묘-하다 (奥妙-) 形 [하変] 奥妙だ; 玄妙だ. ∥오묘한 진리 玄妙な真理.
오물 (汚物) 名 汚物.
오물-거리다 自 ❶もぐもぐする. ❷ ぼそぼそ言う.
오물-오물 副 自他動 ❶口を十分に開かないでものを噛む様子: もぐもぐ. ∥오물오물 쉽다 もぐもぐと噛む. ❷ 낮く小さな声で話す様子: ぼそぼそ.
오므라들다 自 [ㄹ語変] 縮む; つぼむ; 収縮する. ∥물은 물에 빨면 오므라든다 ウールは水で洗うと縮む.
오므라이스 (omelet + rice 日) 名 [料理] オムライス.
오므리다 他 つぼめる; すぼめる; すくめる. ∥입을 오므리다 口をつぼめる[すぼめる].
오믈렛 (omelet) 名 [料理] オムレツ.
오미-자 (五味子) 名 [漢方] チョウセンゴミシ(朝鮮五味子).
　오미자-차 (五味子茶) 名 朝鮮五味子と朝鮮人参のひげを煎じた茶.
오밀조밀-하다 (奥密稠密-) 形 [하変] 繊細でこわらしく飾っている.
오바이트 (←over + eat) 名 自他 吐くこと; もどすこと.
오발 (誤發) 名 自他 誤って発射すること.
　오발-탄 (誤發彈) 名 誤って発射した弾.
오-밤중 (午-中) 名 [~중] 真夜中; 深夜.
오버 (over) 名 オーバー.
　오버랩 (overlap) 名 オーバーラップ.
　오버액션 (overaction) 名 オーバーアクション.
　오버코트 (overcoat) 名 オーバーコート.
　오버타임 (overtime) 名 オーバータイム.
오벨리스크 (obelisk) 名 オベリスク.
오보 (誤報) 名 自他 誤報. ∥오보를 정정하다 誤報を訂正する.
오보에 (oboe イ) 名 [音楽] オーボエ.
오불관언 (吾不關焉) 名 自他 我関せず.
오붓-하다 [-부터-] 形 [하変] 水入らずで暖かい. ∥오붓한 저녁 식사 暖かい雰囲気の夕食. **오붓-이** 副
오브제 (objet 仏) 名 [美術] オブジェ.
오픈 (oven 日) 名 オーブン.
오블라토 (oblato 独) 名 オブラート.
오블리가토 (obbligato イ) 名 [音楽] オブリガート.
오비 (OB) 名 OB; 卒業生; 先輩. ÷old boy の略語.
오비이락 (烏飛梨落) 名 ([「烏が飛んで梨が落ちる」の意で] 偶然の出来事で疑われること; 李下に冠を整さず.

오빠 /oʰp͈a/ 名 ❶(妹から) お兄さん; 兄. ❷ 血緣関係のない年下の女性が年上の男性を親しく呼ぶ語.
오산 (誤算) 名 自他 誤算; 計算違い.
오색 (五色) 名 五色(赤・青・黃・白・黑).
　오색-나비 (五色-) [-상-] 名 [昆虫] コムラサキ(小紫).
　오색-실 (五色-) [-씰] 名 五色の糸.
오선 (五線) 名 五線.
　오선-지 (五線紙) 名 [音楽] 五線紙.
오성 (悟性) 名 悟性.
오세아니아 (Oceania) 名 [地名] オセアニア.
오소리 名 [動物] アナグマ(穴熊).
오솔-길 [-낄] 名 小道.
오수¹ (午睡) 名 午睡; 昼寝. ∥낮잠. 오수를 즐기다 午睡をむさぼる.
오수² (汚水) 名 汚水.
오순-도순 副 仲睦まじく. ∥오순도순 살아가다 仲むつまじく暮らしている.
오스트레일리아 (Australia) 名 [国名] オーストラリア.
오스트리아 (Austria) 名 [国名] オーストリア.
오시 (午時) 名 [民俗] 午(うま)の刻(午前11時から午後1時まで).
오심 (誤審) 名 自他 誤審.
오십 (五十) /oːɕip/ 観 50 歲; 50.
　오십. ∥오십에 회사를 그만두고 사업을 시작하였다 50歳で会社を辞めて事業を起こす.
　― 回 (5回…. ∥오십 명 50名. 오십 번 50回.
오십-견 (五十肩) [-견] 名 五十肩.
오십보-백보 (五十步百步) [-뽀-뽀] 名 五十步百步.
오싹 /oʰs͈ak/ 副 [하変] 冷たさや恐怖を感じる様子: ひやっと; ひやりと; ぞっと. ∥등골이 오싹하다 背筋がぞっとする.
오아시스 (oasis) 名 オアシス.
오언-시 (五言詩) 名 [文芸] 五言詩.
오언-절구 (五言絶句) 名 [文芸] 五言絶句.
오언-율시 (五言律詩) [-씨] 名 [文芸] 五言律詩.
오엑스-문제 (OX問題) 名 ○×式のテスト.
오역 (誤譯) 名 自他 誤訳.
오열 (嗚咽) 名 自他 嗚咽(おえつ); むせび泣き.
오염 (汚染) 名 自他 汚染. ∥강이 방사能으로 오염되다 川が放射能に汚染される.
오용 (誤用) 名 自他 誤用. **오용-되다** 自
오월 (五月) /oːwʌl/ 名 5月. ∥어린이날은 오월 오일이다 子どもの日は5月5日である. 오월 말에 5月の末に.

오월-동주 (吳越同舟) 名 呉越同舟.
오이 /oi/ 名 【植物】 キュウリ(胡瓜).
오이-김치 【料理】 オイキムチ；キュウリのキムチ.
오이-냉국 (-冷-)【-꾹】【料理】 キュウリとワカメを入れたお酢のきいた冷製スープ.
오이-지 名【料理】 キュウリの塩漬け.
오인 (誤認) 名 (하타) 誤認. ‖사실을 오인하다 事実を誤認する.
오일-장 (五日場)【-짱】 名 5 日ごとに開く市場.
오입 (誤入) 名 (하자) 妻以外の女性と関係を持つこと.
오자 (誤字)【-짜】 名 誤字. ‖오자를 바로잡다 誤字を直す.
오자미 名 お手玉.
오작 (烏鵲) 名 カラスとカササギ.
오작-교 (烏鵲橋)【-꾜】 名 【民俗】 烏鵲橋(七夕の夜,牽牛と織女を会わせるためにカラスとカササギが体を並べて作った橋).
오장 (五臟) 名 【漢方】 五臟.
오장-육부 (五臟六腑)【-뉵뿌】 名 【漢方】 五臟六腑.
오전 (午前) /oːdʒʌn/ 名 午前. 反 오후 (午後). ‖작업을 오전 중으로 끝내다 作業を午前中に終える. 일요일 오전에는 교회에 간다 日曜日の午前は教会に行く.
오점 (汚點)【-쩜】 名 汚点. ‖오점을 남기다 汚点を残す.
오존 (ozone)【化学】 オゾン.
오존-층 (ozone 層) 名 オゾン層.
오죽 副 いかに未来形や疑問形を伴っていかに；さぞかし；どんなに. ‖오죽 더웠을까？ さぞかし暑かっただろう. 오죽 괴로웠으면 저럴까 よほど辛いのだろう. 안 하던 술을 마셨을까？ 아니 술을 飲むなんて, さぞかし辛かったからだろう.
오죽-하다 /oːdʒukʰada/【-주카-】 (하ラ変) 主に疑問形を伴って程度が普通ではない；大抵ではない. ‖오죽했으면 회사를 쉬었을까？ 会社を休むとは, よほどの大事なのだろう.
오줌 /oːdʒum/ 名 おしっこ；尿, 小便. 同소변(小便). ‖오줌이 마렵다 おしっこがしたい.
오줌-싸개 名 (からかう言い方で)寝小便れた.
오중-주 (五重奏) 名【音楽】 五重奏.
오지 (奧地) 名 奧地.
오지다 形 오달지다の縮約形.
오지랖 【-랖】 名 上着の前すそ. ▶오지랖이 넓다 差し出がましい；余計なお世話をする.
오직¹ /oːdʒik/ 副 ただ；もっぱら；ひたすら；ひとえに. ‖목표는 오직 하나 우승뿐이다 目標はただ一つ優勝あるのみ. 오직 너만 믿는다 ただ君だけが頼りだ.

오직² (汚職) 名 (하자) 汚職.
오진 (誤診) 名 (하타) 誤診.
오징어 /oːdʒiŋʌ/ 名【魚介類】 イカ(烏賊)；スルメ(鯣).
오징어-포 (-脯) 名 スルメを細く裂いたもの；アタリメ；裂きイカ.
오차 (誤差)【-짜】 名 誤差. ‖한 치의 오차도 없다 一寸の誤差もない.
오찬 (午餐) 名 午餐；昼食.
오찬-회 (午餐會)【-/-훼】 名 午餐会；昼食会.
오첩-반상 (五-飯床)【-빤-】 名 ご飯・スープ・キムチ・醬油・鍋を基本に 5 つのおかずを揃えた膳.
오체 (五體) 名 五体；全身.
오카리나 (ocarina) 名 【音楽】 オカリナ.
오케스트라 (orchestra) 名 【音楽】 オーケストラ.
오케이 (OK) 感 (하타) オーケー；了解；よしいいよ.
오타 (誤打) 名 パソコンなどで打った誤字；打ち間違い. ‖오타를 내다 打ち間違いをする.
오토리버스 (auto-reverse) 名 オートリバース.
오토매틱 (automatic) 名 オートマチック.
오토메이션 (automation) 名 オートメーション.
오토바이 (auto + bicycle 日) 名 オートバイ；原付き.
오톨-도톨 副 (하形) 所々でこぼこしている様子.
오트밀 (oatmeal) 名 オートミール.
오판 (誤判) 名 (하타) 誤判.
오팔 (opal) 名 【鉱物】 オパール.
오퍼레이터 (operator) 名 オペレーター.
오퍼레이팅˘시스템 (operating system) 名【IT】 オペレーティングシステム.
오퍼-상 (offer 商) 名 【経】 貿易などの仲介業者.
오페라 (opera) 名 【音楽】 オペラ. 同가극(歌劇).
오프 (off) 名 オフ.
오프너 (opener) 名 栓抜き；オープナー.
오프˘더˘레코드 (off the record) 名 オフレコ.
오프라인 (off-line) 名 オフライン.
오프사이드 (offside) 名 (サッカーなどで)オフサイド；オープンサイド.
오픈˘게임 (open game) 名 オープン戦；オープンゲーム.
오픈-카 (open car) 名 オープンカー.
오피스 (office) 名 オフィス.
오피스텔 (+office+hotel) 名 簡単な住居機能を備えたオフィス.
오한 (惡寒) 名 悪寒；寒気. ‖오한이

오합지졸 들ี 悪寒がする.
오합지졸(烏合之卒) 【-찌-】 图 烏合の衆.
오해(誤解) /o:hɛ/ 图 [하自他] 誤解. ‖ 진심을 오해하다가 真意を誤解する. 오해를 풀다 誤解を解く. 오해를 사다 誤解を招く. 그건 오해야 それは誤解だよ. ‖**오해-받다** 受動
오행(五行) 图 五行. ‖음양오행설 陰陽五行説.
오호(嗚呼) 國 強く感動したり驚いたりした時に発する語: ああ.
오호호 國 女性の笑い声: おほほ.
오후(午後) /o:hu/ 图 午後. ↔오전(午前). ‖오후 늦게 출근하다 午後遅く(に)出社する. 금요일 오후에 약속이 있다 金曜日の午後(に)約束がある.
오히려 /ohirjʌ/ 国 むしろ; かえって; 逆に. ‖학자라기보다 정치가다 学者というよりむしろ政治家だ. 오히려 화를 내다 かえって怒る.
옥[1](玉) 图 [鉱物] 玉(ぎょく); 玉(たま). ▶옥에 티 图 玉に瑕(きず).
옥[2](獄) 图 牢屋. ‖옥에 가두다 牢屋に閉じ込める.
옥-가락지(玉-) 【-까-찌】 图 玉の指輪.
옥고(獄苦) 【-꼬】 图 獄中暮らしの苦しみ.
옥내(屋内) 【옹-】 图 屋内. ↔옥외(屋外).
옥니【옹-】 图 內側に生えた歯. ‖**옥니-박이** 图 歯が内側に生えた人.
옥답(沃畓) 【-땁】 图 沃田.
옥돔(玉-) 【-똠】 图 [魚介類] アカアマダイ(赤甘鯛).
옥-동자(玉童子) 【-똥-】 图 玉のような男の子.
옥-바라지(獄-) 【-빠-】 图 [하他] 囚人に差し入れをするなどの世話をすること.
옥사[1](獄死) 【-싸】 图 [하自] 獄死.
옥사[2](獄舎) 【-싸】 图 獄舎.
옥상(屋上) /ok²saŋ/ 【-쌍】 图 屋上. ‖옥상에서 밤하늘을 올려다보다 屋上で夜空を見上げる. ‖**옥상-가옥**(屋上架屋) 【-쌍-】 图 屋上を架すること.
옥새(玉璽) 【-쌔】 图 [歴史] 玉璽(ぎょくじ); 御璽(ぎょじ). ⑨국새(國璽).
옥색(玉色) 【-쌕】 图 玉(ぎょく)のように薄いグリーンがかかった色.
옥석(玉石) 【-썩】 图 玉石. ‖**옥석-구분**(玉石倶焚) 【-썩꾸-】 图 玉石倶(とも)に焚くこと.
옥석-혼효(玉石混淆) 【-썩콘-】 图 玉石混淆.
옥션(auction) 图 オークション. ‖인터넷 옥션 インターネットオークション.
옥-수수 /ok²susu/ 【-쑤-】 图 [植物] トウモロコシ(玉蜀黍). ⑨강냉이. ‖**구운 옥수수** 焼きトウモロコシ. **옥수수차** トウモロコシ茶.
옥시돌(oxydol) 图 [化学] オキシドール.
옥신-각신 【-씬-씬】 圖 [하自] ごたごた(と).
옥신-거리다 【-씬-】 圄 ごたごたする.
옥양-목(玉洋木) 图 白木綿.
옥외(屋外) 【-/오궤】 图 屋外. ↔옥내(屋内). ‖**옥외-등**(屋外燈) 图 外灯.
옥잠(玉簪) 【-짬】 图 玉のかんざし.
옥잠-화(玉簪花) 【-짬-】 图 [植物] ギボウシ(擬宝珠).
옥-쟁반(玉錚盤) 【-쨍-】 图 玉で作ったお盆.
옥좌(玉座) 【-쫘】 图 玉座; 御座.
옥-죄다(-) 【-쬐-/-쮀-】 他 締め付ける. ‖목을 옥죄다 首を締め付ける. ⑨옥죄이다.
옥죄-이다【-쬐-/-쮀-】 自 [옥죄다의 수동動詞] 締め付けられる.
옥중(獄中) 【-쭝-】 图 獄中; 刑務所の中.
옥체(玉體) ❶ 玉体. ❷ [몸의 尊敬語] お体.
옥타브(octave) 图 [音楽] オクターブ.
옥탄-가(octane 價) 图 オクタン価.
옥탑-방(屋塔-) 图 屋上に建てた小さな建築物; 屋上屋(屋上部屋).
옥토(沃土) 图 沃土. ⑨박토(薄土).
옥편(玉篇) 图 漢字の字引; 字典; 玉篇.
옥황-상제(玉皇上帝) 【오황-】 图 [道家での]神様.
온[1] /o:n/ 冠 全…; …中. ‖온 세상 世界中. 온 힘을 기울이다 全力を傾ける.
온[2] /o:n/ 오다(来る)의 過去連体形.
온갖 /o:ngat/ 【-갇】 冠 ありとあらゆる…; 全ての…; 様々な…. ‖온갖 노력을 기울이다 ありとあらゆる努力をする.
온건(穩健) 图 穩健. ‖온건한 사상 穩健な思想.
온건-파(穩健派) 图 穩健派. ⑨강경파(強硬派).
온고-지신(溫故知新) 图 溫故知新.
온기(溫氣) 图 溫もり; 温かみ; 暖気.
온난(溫暖) 图 [하形] 溫暖. ‖온난한 기후 温暖な気候.
온난 전선(溫暖前線) 图 [地] 温暖前線. ⑨한랭 전선(寒冷前線).
온당-하다(穩當-) 图 [하変] 穩当な. ‖온당한 처사 穩当な処置.
온대(溫帶) 图 [地] 温帯. ‖온대 지방 温帯地方.
온대 기후(溫帶氣候) 图 [地] 温帯気候.
온대-림(溫帶林) 图 温帯林.
온데간데-없다 【-업따】 形 影も形もな

올려-놓다

い; 跡形もない; 行方が分からない. 온데 간데없-이

온도 (溫度) /ondo/ 图 温度. ‖온도를 재다 温度を測る. 온도가 높다 温度가 高い. 실내 온도 室内温度. 절대 온도 絶対温度. 체감 온도 体感温度.
  온도-계 (溫度計) 【-/-게】图 温度計.
온돌 (溫堗) /ondol/ 图 オンドル(韓国の伝統的な床暖房).
  온돌-방 (溫堗房) 【-빵】图 オンドル部屋.
온두라스 (Honduras) 图 《国名》ホンジュラス.
온라인 (on-line) 图 《IT》オンライン. ‖온라인으로 송금하다 オンラインで送金する.
온면 (溫麵) 图 温かいスープの素麵.
온몸 /o:nmom/ 图 全身; 満身; 体中; 総身. ‖온몸에 멍이 들다 全身があざができる. 온몸이 아프다 体中が痛い.
온사이드 (onside) 图 《サッカーなどで》オンサイド. 《对》오프사이드.
온상 (溫床) 图 温床. ‖범죄의 온상 犯罪の温床.
온수 (溫水) 图 温水; お湯. 《对》냉수 (冷水).
온순-하다 (溫順一) 【하形】温順だ; おとなしい. ‖온순한 성격 温順な性格.
온스 (ounce) 依空 重さ·体積の単位; …オンス(oz.).
온실 (溫室) 图 温室. ‖온실 효과 温室効果. ▶온실 속의 화초 温室育ち.
온^에어 (←on the air) 图 オンエア; 放送中.
온-음 (-音) 图 《音楽》全音.
  온-음계 (-音階) 【-/-게】图 《音楽》全音階.
  온-음정 (-音程) 图 《音楽》全音程.
  온-음표 (-音標) 图 《音楽》全音符.
온전-하다 (穩全一) 【하形】完全に; まともだ; 無事だ; 傷がない. ‖온전한 상태 完全な状態. 온전-히 副
온정 (溫情) 图 温情. ‖온정을 베풀다 温情をかける.
  온정-주의 (溫情主義) 【-/-이】图 温情主義.
온천 (溫泉) /ontʰɔn/ 图 温泉. ‖온천에 들어가다 温泉に入る. 온천으로 유명한 곳 温泉で有名な所.
  온천-물 (溫泉-) 图 温泉水.
  온천-수 (溫泉水) 图 温泉水.
온탕 (溫湯) 图 《風呂の》温湯. 《对》냉탕 (冷湯).
온-통 /o:ntʰoŋ/ 副 全部; 一面; すべて. ‖온통 눈으로 뒤덮인 겨울 산 一面雪で覆われた冬の山. 추운 데 창문을 온통 열어 놓다 寒いのに窓を全部開け放しにする.
온^퍼레이드 (on parade) 图 オンパ

레이드.
온풍 (溫風) 图 温風. ‖온풍 난방 温風暖房.
온혈 (溫血) 图 温血. 《对》냉혈 (冷血).
  온혈-동물 (溫血動物) 图 《動物》温血動物; 恒温動物.
온화-하다[1] (溫和-) /onhwahada/ 【하形】温和だ; 温厚だ; 穏やかだ. ‖온화한 날씨 穏やかな天気. 온화한 성격 温和な性格.
온화-하다[2] (穩和-) 【하形】穏やかだ. ‖온화한 분위기 穏やかな雰囲気.
올[1] 图 布目; 糸筋. ‖올이 촘촘한 옷감 布目が細かい生地.
올[2] 图 今年の…. ‖올 여름 今年の夏.
올[3] 图 오다(来る)의 미래 来連体形.
올-[4] 接頭 早生の…. ‖올벼 早稲.
올가미 图 罠; 計略. ▶올가미(를) 쓰다 罠にかかる; 罠に落ちる. ▶올가미(를) 씌우다 罠にかける.
올-가을【-까-】图 今年の秋; この秋; 今秋.
올-겨울【-껴-】图 今年の冬; この冬; 今冬.
올드-미스 (old+miss 日) 图 オールドミス. 《对》노처녀 (老處女).
올라-가다 /ollagada/ 自 ❶ 上がる; 登る. 《对》내려가다. ‖매주 일요일 산에 올라가다 毎週日曜日山に登る. 계단으로 올라가다 階段で上がる. 단상에 올라가서 이야기를 하다 演壇に上がって話をする. 삼학년으로 올라가다 3年生に上がる. 화가 나서 손이 올라가다 腹が立って手が上がる. 인기가 올라가다 人気が上がる. 낮에는 기온이 삼십 도가지 올라가다 昼間は気温が30度まで上がる. 택시 미터가 올라가다 タクシーのメーターが上がる. ❷ 乗る. ‖책상 위에 올라가서는 안 됩니다 机の上に乗ってはいけません. ❸ 上京する. ‖서울에 올라가다 上京する. ❹ 進出する. ‖결승전까지 올라가다 決勝戦まで進出する. ❺ 昇進する. ‖부장으로 올라가다 部長に昇進する.
올라-서다【드】 ❶ (高い所に) 上がって立つ; 登る. ‖언덕에 올라서다 丘に登る. ❷ 達する. ‖연봉이 일억 원대로 올라서다 年俸が1億ウォン台に達する.
올라-앉다【-안따】 ❶ ❶ 上がって座る. ❷ 高い地位に就く.
올라-오다 自 上がってくる; 登ってくる; 上京してくる. ‖졸업식에 전 가족이 (서울에) 올라오다 卒業式に家族全員が上京してくる.
올라운드 플레이어 (all-round player) 图 オールラウンドプレーヤー.
올라-타다 自 ❶ 乗る; 乗り込む. ‖차에 올라타다 車に乗り込む. ❷ 乗りかかる; 馬乗りになる.
올려-놓다【-노타】他 上に上げておく;

올려다-보다 載せておく; 置いておく. ⑳ 내려놓다. ‖서류를 책상 위에 올려놓다 書類を机の上に置いておく.

올려-다보다 他 見上げる. ㉘ 내려다보다. ‖밤하늘을 올려다보다 夜空を見上げる.

올려-붙이다 [-부치-] 他 〔頰を〕引っぱたく; 頰を食わす.

올록-볼록 [-뽈-] 副 (하形) でこぼこのある様子.

올리-고당 (←Oligosaccharide 糖) 名 オリゴ糖.

올리다 /ollida/ 〔오르다의 사역동사〕動詞 他 ❶ 손을 머리 위로 올리다 手を頭の上に上げる. 막을 올리다 幕を開ける. 무대에 올리다 舞台に上げる. 가격을 올리다 価格を上げる. 성적[실적]을 올리다 成績[実績]を上げる. 피치를 올리다 ピッチを上げる. 방안 온도를 올리다 部屋の温度を上げる. 월급을 올리다 給料を上げる. 환성을 올리다 歓声を上げる. ❷ 乗せる. ‖매상고를 십억 원대로 올리다 売り上げを10億ウォン台に乗せる. ❸ 載せる. ‖책상 위에 스탠드를 올리다 机の上にスタンドを載せる. 명단에 이름을 올리다 名簿に名前を載せる. ❹ 〔籍に〕入れる. ‖호적에 올리다 戸籍に入れる. ❺ 〔式を〕挙げる. ‖결혼식을 올리다 結婚式を挙げる. ❻ 差し上げる; 申し上げる. ‖한 말씀만 올리겠습니다 一言だけ申し上げます. ❼ 殴りつける. ‖뺨을 한 대 올리다 びんたを一発食わす. ❽ 話題にする. ‖듣고 싶지 않은 이야기를 입에 올리다 聞きたくない話を口にする.

올리브 (olive) 名 〔植物〕 オリーブ.
올리브-색 (-色) 名 鶯色; オリーブ色.
올리브-유 (-油) 名 オリーブオイル.

올림¹ 名 〔手紙などで〕…拝.
올림² 〔数字〕 名 切り上げ. ㉘ 버림.
올림-말 名 見出し語; 標題語.
올림-표 (-標) 名 〔音楽〕 シャープ(♯). ㉘ 내림표 (-標).

올림픽 (Olympics) 名 オリンピック.

올망-졸망 副 小さくてかわいらしいものが多数ある様子.

올-바르다 /o:lbarɯda/ [르変] 形 올발라, 올바르니 正しい; 正しく行い. ‖올바른 행동 正しい行い. [올바로 副]

올-백 (all + back 日) 名 オールバック.

🔑 **-어** 약어.

올-봄 [-뽐] 名 今年の春; この春; 今春.

올빼미 名 〔鳥類〕 フクロウ(梟).

올-여름 [-려-] 名 今年の夏; この夏; 今夏.

올챙이 名 おたまじゃくし.
올챙이-배 名 〔からかい言い方で〕お腹が出ていること; またはそういう人; ビール腹.

올케 名 〔女性から見て〕兄嫁; 弟嫁. ‖올케 언니 兄嫁.

올-해 /olhe/ 名 今年; 本年. ㉘ 금년 (今年). ‖올해의 십대 뉴스 今年の10大ニュース. 올해도 풍년이다 今年も豊作である.

옭-히다 [옥끼-] 自 ❶ くくる; からげる. ❷ 罠(덫)に陥れる.

옭아-매다 [옭-] 他 ❶ 結び目を固くする; 小間結びにする. ❷ 濡れ衣を着せる. ㉘ 옭매이다.

옭매-이다 [옭-] 自 〔옭매다의 受身動詞〕❶ 結び目が固く結ばれる. ❷ 濡れ衣を着せられる.

옭아-매다 他 ❶ 罠にかけて縛りつける. ❷ 濡れ衣を着せる.

옮겨-심기 [-끼] 名 (하形) 〔植物の〕 移植. 묘목을 옮겨심기하다 苗木を移植する.

옮기는 [옮-] 他 옮기다(移す)의 現在連体形.

옮기다 /omgida/ [옮-] 他 ❶〔옮다의 使役動詞〕移す; 運ぶ; 変える. ‖책상을 서재로 옮기다 机を書斎に移す. 영업부로 옮기다 営業部に移る. 짐을 옮기다 荷物を運ぶ. 자리를 옮겨서 다시 마시다 席を変えてまた飲む. 회사를 옮기다 会社を変える. 주소를 옮기다 住所を変える. ❷ 事を次の段階に推し進める. ‖실행에 옮기다 実行に移す. 행동으로 옮기다 行動に移す. 발걸음을 옮기다 歩を進める. ❸ 他言する. ‖다른 사람에게 말을 옮기다 他の人に話す. ❹ 病気を移す. ‖말라리아를 옮기다 モ기 マラリアを移す 모기. 감기를 옮기다 風邪を移す. ❺ 訳きりて; 訳す. ‖영어를 한국어로 옮기다 英語を韓国語に訳す. 깨끗하게 옮겨 적다 きれいに書き写す. ❻〔植物などを〕植え替える. ‖모종을 옮겨 심다 苗を植え替える. ❼ 燃え移る. ‖불길이 나뭇더미에 옮겨 붙다 火の手が積み重ねた薪に燃え移る.

옮기어 [옮겨] [옮-] 他 옮기다(移す)의 連用形.

옮긴 [옮-] 他 옮기다(移す)의 過去連体形.

옮길 [옮-] 他 옮기다(移す)의 未来連体形.

옮다 /o:mʔta/ [옮따] 自 ❶ 移る; 伝染する. ‖감기가 옮았다 風邪が移った. ㉘ 옮기다. ❷〔言い方などが〕似てくる. ‖같이 다니더니 말투가 옮았다 よく一緒にいたら話し方が移った.

옮아-가다 自 ❶ 移っていく. ❷ 他の所に移る; 広がる. ‖불길이 옆집으로 옮아가다 火が隣家に広がる.

옳다 /o:lhta/ [올타] 形 正しい; 誤りがない; 間違っていない. ‖스스로 옳다고 생각하는 일을 해라 自らが正しい

と思うことをしなさい。네 말이 옳다 君の言うことが正しい。옳은 말을 하다 正しいことを言う。

옳다¹【올타】感 その通りだ; もっともだ; そうだ; 全くだ。‖옳다 옳다 そうだそうだ。

옳소【올쏘】感 (集会などで発言者の意見に対して)その通りだ; もっともだ。

옴¹【漢方】疥癬(かいせん)。

옴²(ohm)【呪】【物理】…オーム(Ω)。

옴니버스(omnibus)名 オムニバス。‖옴니버스 형식 オムニバス形式。옴니버스 영화 オムニバス映画。

옴부즈맨 제도(ombudsman 制度)名 オンブズマン制度。

옴짝-달싹副 (主に下に打ち消しの表現を伴って)身動きがとれない様子。翻꼼짝달싹。‖옴짝달싹도 못하다 全く身動きがとれずにいる。

옴팍副(하形)❶表面の一部がへこむ(くぼむ)様子。‖옴팍 들어간 눈 くぼんだ目。❷(主に뒤집어쓰다・씌우다の後に伴って)全部に; すべて。‖밥값을 옴팍 뒤집어쓰다 食事代をすべて持たされる。

옴폭副(하形)真ん中がへこんでいる様子: ぺこんと。⑪움푹。**옴폭-옴폭**副(하形)

옵서버(observer)名 オブザーバー。

옵션(option)名 オプション。

옷 /ot/【옫】名 衣装; 洋服; 着る物; 服。‖옷을 입다 服を着る。옷을 많이 가지고 있다 服をたくさん持っている; 衣装持ちである。까만 옷을 입고 있다 黒い服を着ている。추워서 옷을 몇 개나 껴입다 寒くて服を何枚も重ね着する。여름옷 夏物。겨울옷 冬物。▶옷이 날개라 関馬子にも衣装。

옷-가지【옫까-】名 衣類; 衣類。‖옷가지를 정리하다 衣類を整理する。

옷-감【옫깜】名 生地; 服地。‖옷감을 고르다 生地を選ぶ。

옷-값【옫깝】名 服の値段; 衣料費。

옷-걸이【옫꺼리】名 ❶ハンガー。‖옷걸이에 걸다 ハンガーにかける。❷[比喩的に]体つき。

옷-고름【옫꼬-】名 伝統衣装のチョゴリ(チョゴリ)などの結び紐。 ⑩고름。

옷-깃【옫낃】名 襟(えり)。‖옷깃을 여미다 襟を正す。

옷-맵시【온-】名 身なり; 着こなし。‖옷맵시가 좋다 着こなしがよい。

옷-자락【옫짜-】名 服の裾。

옷-장【옫짱】名 衣装だんす。

옷-차림【옫-】名 服装; 装い; 身なり。‖옷차림에 신경을 쓰다 身なりに気を使う; 装いをこらす。

옷-핀(-pin)【옫-】名 安全ピン。

옹¹(翁)【代】翁。

-옹²(翁)接尾 …翁。

옹-고집(壅固執)名 片意地; 非常に頑固、またはそういう人。

옹고집-쟁이(壅固執-)【-쨍-】名 意地っ張りの人; 意固地な人。

옹골-차다【-차-】形 (内容が)充実している; ぎっしり詰まっている。

옹기(甕器)名 素焼きの器や赤粘土製の陶器の総称。

옹기-그릇(甕器-)【-른】名 素焼きの器; 陶器の器。

옹기-종기副(하形)大きさが不揃いの小さいものが集まっている様子。

옹달-샘【名】小さな泉。

옹립(擁立)【-닙】名(하他)擁立。‖시장 후보로 옹립하다 市長候補に擁立する。**옹립-되다**受

옹색-하다(壅塞-)【-새카-】形(하変)❶(生活や経済状況が)苦しい; 困窮している; 貧しい。‖옹색한 살림 貧しい暮らし。❷(話などが)窮屈でゆとりがない; 苦しい。‖옹색한 변명 苦しい言い訳。

옹알-거리다【-대다】自 赤ちゃんが意味の分からない声をしきりに出す。

옹알-옹알副(하自)❶まだしゃべれない赤ちゃんが出す声。❷小さい声でつぶやく声。

옹알-이名(하自)喃語(なんご)。

옹이名 木の節目; 節目。

옹졸-하다(壅拙-)形(하変)度量が狭い; 気位の狭い男友が度量が狭い男。

옹주(翁主)名【歴史】庶出(妾腹)の王女。

옹호(擁護)名(하他)擁護。‖인권을 옹호하다 人権を擁護する。**옹호-되다**【-받다】受

옻【옫】名 漆。‖옻이 오르다 漆にかぶれる。

옻-나무【옫-】名【植物】ウルシ(漆)。

옻-칠(-漆)【옫-】名(하他)漆塗り。

와¹ 名 ハングル母音字母「ㅘ」の名称。

와² 副 ❶大勢の人が一気に動く様子: どっと。‖사람들이 와 하고 몰려들다 人々がどっと押し寄せる。❷大勢の人が同時に笑ったり騒いだりする様子[声]: わあ。

와³ /wa/ 助 (母音で終わる体言に付いて; 子音の場合は과) ❶…と。‖어머니와 말 母と娘。친구와 만나다 友だちと会う。친구와 한국어를 공부하다 友だちと韓国語を勉強する。❷…に。‖나는 언니와 닮았다 私は姉に似ている。❸…と共に; …と一緒に。‖친구와 같이 놀러 갔다 友だちと一緒に遊びに行った。◆同じ意味を持つ고・랑は主に会話に用いる。

와⁴名 오다(来る)の連用形。

와그르르副 ものが崩れ落ちる様子: がらがら(と)。‖돌담이 와그르르 무너지다 石垣ががらがらと崩れる。

와그작-거리다【-대다】【-께 때】-】自 ❶大勢の人が犇(ひし)めく。❷堅いも

와그작-와그작 🔊 (하自) ❶ 좁은 곳에서 거찬거찬하는 音[樣子]. ❷ 굳은 것을 씹어 부수거나 할퀴거나 깎거나 할 때의 音: 가리가리.

와글-거리다[-대다] 自 雜踏해서 도끼다.

와글-와글 🔊 (하自) 많은 사람이 騷擾하게 소리를 내는 樣子: 갸야갸야; 저와글, 와이와이. ‖와글와글 시끄럽다 와이와이っとうるさい.

와당탕 🔊 (하自) 마루 따위에 物件이 떨어지거나 부딪치거나 할 때의 音[樣子]: がたん(と). ‖와당탕 소리가 나다 がたんと音がする.

와당탕-거리다[-대다] 自 마루 따위에 떨어지거나 부딪치거나 해서 계속해서 소리를 내다.

와드득 🔊 굳은 것이나 마른 것을 씹어 부술 때 나는 音: かりかり; がりがり. **와드득-와드득** 🔊

와들-와들 🔊 (하自他) 恐怖나 추위로 인해 심하게 몸이 떨리는 樣子: がたがた(と); ぶるぶる(と). ‖와들와들 떨다 がたがた(と)震える.

와락 ❶ 갑자기 달려들어 끌어 잡아당기는 樣子: ぐいと. ‖애를 와락 끌어안다 子どもをぐいと抱きしめる. ❷ 갑자기 感情이 쏟아져 나오는 樣子 ‖와락 울음을 터뜨리다 いきなり泣き出す. ❸ 와락.

와르르 🔊 (하自) ❶ 쌓여 있던 것이 갑자기 무너져 떨어지는 樣子[音]: どさっと. ‖쌓아 놓은 짐들이 와르르 무너지다 積んであった荷物がどさっと崩れ落ちる. ❷ 많은 사람이 한꺼번에 몰려가는 樣子.

와삭-거리다[-대다] [-꺼-][때]-] 自 ざわざわ.

와삭-와삭 🔊 (하自他) ざわざわ.

와신-상담 (臥薪嘗膽) 🔊 (하他) 臥薪嘗膽.

와이(Y·y) 🔊 (アルファベットの)ワイ.

와이드-스크린 (wide screen) 🔊 ワイドスクリーン.

와이드-텔레비전 (wide television) 🔊 ワイドテレビ.

와이-셔츠(↔white+shirts) 🔊 ワイシャツ.

와이어 (wire) 🔊 ワイヤ. **와이어-로프** (-rope) 🔊 ワイヤロープ.

와이염색체 (Y染色體) 🔊 [動物] Y染色體. ⑪エックス染色体(-染色體).

와이-축 (y軸) 🔊 [數學] y軸. ⑪エックス軸(-軸).

와이퍼 (wiper) 🔊 (自動車の)ワイパー.

와이프 (wife) 🔊 ワイフ.

와인 (wine) 🔊 ワイン.
와인글라스 (wineglass) 🔊 ワイングラス.

와일드-카드 (wild card) 🔊 (IT) ワイルドカード.

와일드-하다 (wild-) [하変] ワイルドだ.

와작-와작 🔊 (하他) やや硬いものを噛み砕く軽快な樣子[音]: がりがり(と); ぽりぽり(と). ‖와작와작 씹어 먹다 ぽりぽり噛んで食べる.

와장창 🔊 굳은 것이 부딪힐 때 나는 音: がちゃん(と). ‖窓이 와장창하고 깨지다 窓ガラスががちゃんと割れる.

와전-되다 (訛傳-) [-/-꿰-] 自 訛伝する; 誤伝する; 誤って伝わる. ‖所聞이 와전되다 うわさが誤って伝わる.

와중 (渦中) 🔊 ❷[主に와중에の形で](仕事などが)忙しい中. ‖바쁜 와중에 시간을 내어 운동하다 忙しい中で時間を作って運動する.

와지끈 🔊 (하自他) 굳은 物件이 깨지거나 부서지거나 할 때의 音: どかん. **와지끈-와지끈** 🔊

와트 (watt) 依名 仕事率·電力의 單位: …ワット(W).

와하하 豪快히 웃는 音.

와해 (瓦解) 🔊 (하自) 瓦解. ‖內部에서 組織이 瓦解되다 內紛で組織が瓦解する.

왁스 (wax) 🔊 ワックス.

왁자지껄-하다 [-찌-] 形 [하変] 많은 사람이 騷擾하게 소리를 내고 있다.

완강-하다 (頑強-) 形 [하変] 頑強だ; 頑丈だ. ‖완강한 態度 頑なな態度. **완강-히** 🔊

완결 (完結) 🔊 (하他) 完結. ‖連載小説을 완결하다 連載小説を完結する. 완결편 完結編. **완결-되다** 受身

완고-하다 (頑固-) 形 [하変] 頑固だ. ‖완고한 할아버지 頑固なおじいさん. **완고-히** 🔊

완곡-하다 (婉曲-) [-고콕-] 形 [하変] 婉曲だ. ‖완곡한 表現 婉曲な言い回し. 완곡하게 거절하다 婉曲に断る. **완곡-히** 🔊

완공 (完工) 🔊 (하自) 完工; 竣工. ⑪着工(着工). ‖작년에 완공한 건물 昨年完工した建物. **완공-되다** 受身 **완공-식** (完工式) 🔊 完工式.

완구 (玩具) 🔊 玩具; おもちゃ. ‖완구점 おもちゃ屋.

완급 (緩急) 🔊 緩急.

완납 (完納) 🔊 (하他) 完納.

완두 (豌豆) 🔊 [植物] エンドウ(豌豆). ‖완두콩 グリーンピース; エンドウ豆.

완력 (腕力) [완-] 🔊 腕力. ‖완력을 휘두르다 腕力を振るう.

완료 (完了) /walljo/[완-] 🔊 (하他) 完了; 作業を完了する. ‖준비 완료 準備完了. **완료-되다** 受身

완만-하다 (緩慢-) [형][하변] 緩慢だ; 緩い; 緩やかだ; なだらかだ. ∥완만한 속도 緩い速度. 완만한 경사 緩やかな勾配. **완만-히** 團

완벽-하다 (完璧-) /wanbjʌkʰada/ [─벽카─] [형][하변] 完璧だ. ∥완벽한 수비 完璧な守備. 완벽을 기하다 完璧を期する. 완벽하게 만들어 내다 完璧に作り上げる. **완벽-히** 團

완봉 (完封) [图][하타] (野球で)完封.
완봉-승 (完封勝) [图][하자] 完封勝ち. ∥완봉승을 거두다 完封勝ちを収める.
완비 (完備) [图][하타] 完備. ∥조건을 완비하다 条件を完備する. **완비-되다** 受動

완성 (完成) /wansʌŋ/ [图][하타] 完成. ∥그림을 완성하다 絵を完成する. 완성된 작품 完成した作品. **완성-되다** 受動

완성-도 (完成度) [图] 完成度. ∥완성도가 높은 작품 完成度の高い作品.
완성-품 (完成品) [图] 完成品.
완수 (完遂) [图][하타] 完遂. ∥임무를 완수하다 任務を完遂する. **완수-되다** 受動

완숙 (完熟) [图][하형] 完熟; 熟練. ∥완숙한 솜씨 熟練の技. 달걀 완숙 固ゆでの卵.
완승 (完勝) [图][하자] 完勝. ∥완승을 거두다 完勝を収める.
완역 (完譯) [图][하타] 完訳. ∥그림 동화를 완역하다 グリム童話を完訳する.
완연-하다 (宛然-) [형][하변] (目に見えるように)はっきりしている. ∥봄빛이 완연하다 春の気配がはっきりしている. **완연-히** 團

완자 [图] [料理] 挽き肉に卵や豆腐などを混ぜて丸め小麦粉と溶き卵をつけて揚げたもの.
완장 (腕章) [图] 腕章. ∥완장을 두르다 腕章を巻く.

완전 (完全) /wandʒʌn/ [图][하형] 完全. ∥완전한 형태로 보존하다 完全な形で保存する. **완전-히** 團 完全に. ∥완전히 실패했다 完全に失敗した.
완전-무결 (完全無缺) [图][하형] 完全無欠. ∥완전무결한 증명 完全無欠な証明.
완전 범죄 (完全犯罪) 【-/-죄】 [图] 完全犯罪.
완전 시합 (完全試合) [图] (野球で)完全試合. ⑤퍼펙트게임.
완전 연소 (完全燃燒) 【-년-】 [图] 完全燃燒. ⑪ 불완전 연소(不完全燃燒).

완제¹ (完濟) [图][하타] 完済. **완제-되다** 受動
완제² (完製) [图][하타] 完成.
완제-품 (完製品) [图] 完成品.
완주 (完走) [图][하타] 完走.

완충 (緩衝) [图] 緩衝.
완충 장치 (緩衝裝置) 緩衝装置.
완충-지대 (緩衝地帶) [图] 緩衝地帯.
완치 (完治) [图][하타] 完治. ∥병을 완치하다 病気を完治する. **완치-되다** 受動
완쾌 (完快) [图][하자] 全快; 完治.
완패 (完敗) [图][하자] 完敗.
완행 (緩行) [图][하자] 鈍行; 緩行. ⑪급행(急行).
완행-열차 (緩行列車) [图] 普通列車; 鈍行列車.
완화 (緩和) [图][하타] 緩和. ∥긴장을 완화하다 緊張を緩和する. **완화-되다** 受動

왈 (曰) [图] 曰く. ∥공자 왈 孔子曰く.
왈가닥 [图] おてんば.
왈가왈부 (曰可曰否) [图][하타] つべこべ. ∥결과를 놓고 왈가왈부하다 結果についてつべこべ言う.
왈츠 (waltz) [图] [音楽] ワルツ.
왈칵 /walkʰak/ [圖] ❶急に吐き出す様子: げえ. ❷急に押したり引っ張り出したりする様子: ぐっと. ∥왈칵 끌어안다 ぐっと抱きしめる. ❸急に激しい感情が込み上げる様子: どっと. ∥눈물이 왈칵 쏟아지다 涙がどっと溢れ出す.
왈패 (-牌) [图] 言動に慎みがなく騒がしい人.

왕¹ (王) /waŋ/ [图] ❶王; 王様. ❷[比喩的に]ある分野や範囲の中で頭的な存在. ∥백수의 왕 사자 百獣の王ライオン.
왕-² (王) [接頭] 巨大な…; ジャンボ; 鬼. ∥왕거미 鬼ぐも.
-왕³ (王) [接尾] 同類の中で最も優れたもの: …王. ∥홈런왕 ホームランキング.
왕가 (王家) [图] 王家; 王室.
왕-감 (王-) [图] 巨大な柿.
왕-개미 (王-) [图] [動物] オオアリ(大蟻).
왕-고집 (王固執) [图] 非常に意地っ張りな人.
왕관 (王冠) [图] ❶王冠. ❷スポーツや美人コンテストなどでグランプリに与えられる名誉하나.
왕국 (王國) [图] 王国.
왕궁 (王宮) [图] 王宮.
왕권 (王權) [图][편] 王權. ∥왕권신수설 王權神授説.
왕년 (往年) [图] 往年; 昔. ∥왕년의 유명 선수 往年の有名選手.
왕도 (王道) [图] 王道.
왕-따 (王-) [图] {俗っぽい言い方で}のけ者; 仲間はずれ. ∥왕따를 당하다 仲間はずれにされる; のけ者にされる.
왕래 (往來) 【-내】 [图][하자] 往来; 行き来. ∥왕래가 잦다 頻繁な行き来.
왕릉 (王陵) 【-능】 [图] 王陵.
왕림 (枉臨) 【-님】 [图][하자] 枉駕

왕명 580

(ば³); 来臨; 光臨. ¶바쁘신 와중에 왕림해 주셔서 감사합니다 お忙しい中ご来臨いただきありがとうございます.
왕명 (王命) 图 王命.
왕-방울 (王-) 图 大きい鈴; 大きい玉. ¶왕방울만한 눈 ドングリまなこ.
왕복 (往復) /wa:ŋbok/ 图(他) 往復. ¶학교까지 왕복 한 시간 걸리다 学校まで往復1時間かかる. 차표를 왕복으로 끊다 往復で切符を買う.
왕비 (王妃) 图 王妃.
왕-새우 (王-) 图(動物) クルマエビ(車海老); 大きいエビ.
왕성-하다 (旺盛-) 形(하変) 旺盛だ; 盛んだ. ¶식욕이 왕성한 아이 食欲旺盛な子ども.
왕-세손 (王世孫) 图(歷史) 王世子の長子. ⇒세손(世孫).
왕-세자 (王世子) 图(歷史) 皇太子; 東宮. ⇒세자(世子).
왕손 (王孫) 图 王孫.
왕실 (王室) 图 王室.
왕왕 (往往) 副 往々に; しばしば. ¶그런 사례가 왕왕 있다 そのような事例が往々にしてある.
왕-왕 圖(하自) 何人かが大声で騒ぎ立てる声.
왕왕-거리다 自 騒ぎ立てる.
왕위 (王位) 图 王位. ¶왕위를 계승하다 王位を継承する.
왕자¹ (王子) 图 王子.
왕자² (王者) 图 王者.
왕정 (王政) 图 王政.
왕조 (王朝) 图 王朝.
왕족 (王族) 图 王族.
왕진 (往診) 图(하他) 往診. ¶왕진을 가다 往診に行く.
왕창 圖〔엄청나게의俗語〕全部; 完全に; すっかり. ¶돈을 왕창 벌다 大もうけする.
왕초 (王-) 图 〔俗っぽい言い方で〕乞食などの頭; 親分.
왕후¹ (王后) 图 王后.
왕후² (王侯) 图 王侯.
　왕후-장상 (王侯将相) 图 王侯将相.
왜¹ ハングル母音字母 「ᅫ」の名称.
왜² (倭) 图(歷史) 倭.
왜³ /we:/ 圖 なぜ; どうして; 何で. ¶왜 약속 시간에 안 왔니? どうして約束の時間に来なかったの. 왜 안 올까? 何で来ないかな. 왜 흠을 나갔을까? 何で家出をしたんだろう. 왜요? なぜですか; どうしてですか.
왜가리 图(鳥類) アオサギ(青鷺).
왜-간장 (倭-醬) 图 日本式の醬油.
왜건 (wagon) 图 ワゴン.
왜곡 (歪曲) 图(하他) 歪曲. ¶사실을 왜곡하다 事実を歪曲する. **왜곡-되다** 자동.
왜구 (倭寇) 图(歷史) 倭寇(ぼう).

왜군 (倭軍) 图(歷史) 日本軍.
왜냐-하면 圖 なぜなら; なぜならば; なぜかというと. ¶왜냐하면 좋으니까 なぜなら好きだから.
왜소-하다 (矮小-) 形(하変) 矮小(ばい)だ. ¶왜소한 체구 矮小体躯.
왜장 (倭將) 图(歷史) 日本軍の大将.
왜적¹ (倭敵) 图 昔, 日本を敵として表わした語.
왜적² (倭賊) 图(歷史) 倭寇(ぼう).
왜정 (倭政) 图(歷史) 日本統治下の政治.
왝 圖 吐く時の様子[声]; げえ; おえ. **왝-왝** 圖.
왝왝-거리다 自 吐き気がしてしきりにその声を出す.
왠지 圖 〔왜 그런지의縮約形〕何となく; なぜか. ¶왠지 안 가고 싶어 何となく行きたくない.
욍 圖 ハエのような小さい虫が速く飛び交う音; ぶん; びゅん. **욍-욍** 圖(하自) ぶんぶん; びゅんびゅん.
욍욍-거리다 自 小さい虫などが音を立てながらしきりに飛び交う. ¶벌이 욍욍거리다 蜂がぶんぶん(と)飛ぶ.
외¹ /-웨/ 图 ハングル母音字母「ㅚ」の名称.
외² (外) /we:/ 【-웨】依名 …外; …の他; 以外. ¶그 외 여러 가지 その他色々. 관계자 외 출입 금지 関係者以外立入禁止. 생각 외로 회의가 길어졌다 思いの外, 会議が長引いた. 당분에는 설탕 외에 과당이나 포도당도 있다 糖分には砂糖の他に果糖やブドウ糖もある.
외-³ (外) /-웨-/ 【-웨-】接頭 母方の親戚を表わす語. ¶외할아버지 外祖父.
외-⁴ /-웨-/ 【-웨-】接頭 〔名詞に付いて〕片方の; たった1つ[1人]の. ¶외아들 一人息子.
외가 (外家) /we:ga/ 【-웨-】图 母の実家. ⇒외가(外家).
외갓-집 (外家-) 【-가찝/-웨갇찝】 图 →외가(外家).
외각 (外角) /-웨-/ 图 ❶(数学) 外角. ❷(野球で)外角; アウトコーナー. ⇔내각(内角).
외간 (外間) /-웨-/ 图 親族以外の人. ¶외간 남자 (女性にとって)親族以外の男性.
외-갈래 (-) /-웨-/ 冠 一筋. ¶외갈래 길 一筋道; 一本道.
외강내유 (外剛内柔) /-웨-/ 图 内柔外剛.
외견 (外見) /-웨-/ 图 外見; 見かけ.
　외계 (外界) 【-웨게】 图 外界.
　　외계-인 (外界人) 图 宇宙人; エイリアン.
외-고집 (-固執) /-웨-/ 图 片意地; 意地っ張り; 頑固.
외-골수 (-骨髄) 【-쑤/-웨-】 图 直

외-곬 [골/웰]곬] 圀 ❶ 一筋; 一途; 一本気. ‖외곬스러운 남자 一本気な男. ❷直向き. 直向きに考える.

외곽 (外廓) [-꽈/-꽈] 圀 外廓.

외곽 (外廓) [-꽉/-꽉] 圀 外郭; 郊外. ‖도시 외곽 都市の郊外.

외곽-단체 (外廓團體) [-딴-/-꽉-] 圀 外郭団体.

외관 (外觀) [-/-웰] 圀 外観; 外見; 見かけ. ‖건물 외관 建物の外観.

외교 (外交) [外交] /we:gjo/ [-/-웰] 圀 外交. ‖외교 정책 外交政策, 외교 관계 外交関係.

외교-관 (外交官) [-/-웰] 圀 外交官.

외교-권 (外交權) [-꿘/-꿘] 圀 (法律) 外交権.

외교-사절 (外交使節) [-/-웰] 圀 外交使節.

외교-술 (外交術) [-/-웰] 圀 外交術.

외교-적 (外交的) [-/-웰] 圀 外交的.

외교 통상부 (外交通商部) [-/-웰] 圀 (行政) 外務省.

외교-특권 (外交特權) [-꿘/-웰-꿘] 圀 外交特権.

외국 (外國) [外國] /we:guk/ [-/-웰] 圀 外国. ‖외국 상품 外国の商品, 외국에 간 적이 없다 外国へ行ったことがない.

외국-산 (外國産) [-싼/-쌀] 圀 外国産.

외국-인 (外國人) [-/-웰] 圀 外国人.

외국-환 (外國換) [-/-웰] [-구환/-꿘/왜구꽌] 圀 外国為替. ⑨外換(外換).

외국-어 (外國語) [外國語] /we:gugɔ/ [-/-웰] 圀 外国語. ‖외국어 교육 外国語教育.

외근 (外勤) [-/-웰] 圀 外勤. ⑨내근(內勤).

외-길 [-/-웰] 圀 一本道; 一筋. ‖기술 개발의 외길을 걸어온 전문가 技術開発一本の道を歩んできた専門家.

외-꺼풀 [-/-웰] 圀 一重まぶた. ⑨쌍꺼풀.

외나무-다리 [-/-웰] 圀 一本橋; 丸木橋.

외-눈 [-/-웰] 圀 片目; 独眼.

외눈-박이 [-/-웰] 圀 独眼の人.

외다 /we:da/ [-/-웰] 囮 〔외우다의 縮約型〕覚える; 暗記する; 暗唱する. ‖구구단을 외다 九九を覚える. 수학 공식을 외다 数学の公式を暗記する.

외대 (外大) [-/-웰] 圀 〔외국어 대학(外國語大學)의 略語型〕外語大; 外大.

외도 (外道) [-/-웰] 圀自 ❶正道ではない事. ❷浮気.

외동-딸 [-/-웰] 圀 一人娘.

외동-아들 [-/-웰] 圀 一人息子.

외딴-길 [-/-웰] 圀 人里離れた....

외딴-섬 [-/-웰] 圀 離れ島.

외딴-집 [-/-웰] 圀 人里離れた家.

외-떡잎 [-떵닙/웰떵닙] 圀 (植物) 単子葉. ⑨단자엽(單子葉).

외떡잎-식물 (-植物) [-떵닙씽-/웰떵닙씽-] 圀 单子葉植物. ⑨단자엽 식물(單子葉植物).

외람-되다 (猥濫-) [-/-웰-] 圀 僭越(참월)하다; おこがましい; 差し出がましい. ‖외람된 말씀입니다만 僭越ですが.

외래 (外來) [-/-웰] 圀 外来. ‖외래 문화 外来の文化. 외래 한자 外来漢字.

외래-어 (外來語) [-/-웰] 圀 外来語.

외래-종 (外來種) [-/-웰] 圀 外来種. ⑨재래종(在來種).

외로운 [-/-웰] 㐌 ㅂ変 외롭다 (寂しい)의 現在連体形.

외로움 [-/-웰] 圀 ㅂ変 寂しさ; 孤独. ‖외로움을 느끼다 寂しさを感じる.

외로워 [-/-웰] 㐌 ㅂ変 외롭다 (寂しい)의 運用形.

외롭다 /werop²ta/ [-/-웰 -따/-웰 -따] 㐌 ㅂ変 〔외로워, 외로운〕 寂しい; 孤独다; 心細い. ‖외로운 노후 寂しい老後, 혼자 하는 여행은 외롭다 一人旅は心細い. 객지에서 혼자 외롭게 죽다 客地で独り寂しく死ぬ. **외로이** 剛.

외-마디 [-/-웰] 圀 一言; 片言. ‖악하고 외마디 비명을 지르다 わっと悲鳴を上げる.

외면 (外面) [-/-웰] 圀 外面; 外見; 見た目; 表. ⑨내면(內面). ‖사람을 외면만 보고 판단하다 人を外見だけで判断する.

외-면적 (外面積) [-/-웰] 圀 外面積.

외면-하다 (外面-) [-/-웰] 剦 他型 目をそらす; そっぽを向く; 無視する. ‖외면한 채 말을 하다 目をそらしたまま話す. **외면-당하다** 受動.

외모 (外貌) [-/-웰] 圀 外貌; 外見; 顔かたち.

외무 (外務) [-/-웰] 圀 外務. ‖외무 공무원 外務公務員.

외박 (外泊) [-/-웰] 圀 自型 外泊.

외-배엽 (外胚葉) [-/-웰-] 圀 (動物) 外胚葉.

외벽 (外壁) [-/-웰] 圀 外壁. ⑨내벽(內壁).

외-변 (外邊) [-/-웰] 圀 外辺; 外側; 外周.

외부 (外部) [外部] /we:bu/ [-/-웰] 圀 外部; 外側. ⑨내부(內部). ‖외부에 알려지다 外部に知られる. 외부 사람 外部の人.

외분 (外分) [-/-웰] 圀 他型 (数学) 外分. ⑨내분(內分).

외분-비 (外分比) [-/-웰] 圀 (数学) 外分比. ⑨내분비(內分比).

외-분비 (外分泌) [-/-웰] 圀 (生理) 外分泌.

외분비-샘 (外分泌-) [-/-웰] 圀 (生理) 外分

외빈 泌腺.

외빈(外賓)【-/웨-】图 外賓.∥외빈을 모시다 外賓をもてなす.

외-사촌(外四寸)【-/웨-】图 母方のいとこ.

외-삼촌(外三寸)【-/웨-】图 母方のおじ;おじさん.

외상¹/we:saŋ/【-/웨-】图 つけ;掛け;掛け買い;掛け売り.∥물건을 외상으로 사다 品物をつけで買う.

외상-값(-匣)【-깝/웨-깝】图 つけの代金.

외상²(外相)【-/웨-】图 外相;外務大臣.

외상³(外傷)【-/웨-】图 外傷.∥외상을 입다 外傷を負う.

외선(外線)【-/웨-】图 ⓐ内線(內線).∥외선 전화 外線電話.

외설(猥褻)【-/웨-】图 ⓗ形 猥褻(褻).

외설-물(猥褻物)【-/웨-】图 猥褻物.

외설-적(猥褻的)【-적/웨-적】图 猥褻的.

외설-죄(猥褻罪)【-죄/웨-죄】图 [法律] 猥褻罪.

외세(外勢)【-/웨-】图 ❶外部や外国の勢力.∥외세에 시달리다 外国の勢力に苦しめられる. ❷外部の情勢.

외-손녀(外孫女)【-/웨-】图 娘の娘;女の外孫.

외-손자(外孫子)【-/웨-】图 娘の息子;男の外孫.

외수(外需)【-/웨-】图 外需.ⓐ内需(內需).

외-숙모(外叔母)【-숭-/웨숭-】图 母方のおじの妻.

외식(外食)【-/웨-】图 ⓗ自 外食.

외식业 산업(外食產業)【-싸넙/웨-싸넙】图 外食業者.

외식-업(外食業)【-/웨-】图 =외식 산업(外食產業).

외신(外信)【-/웨-】图 外信.∥외신에 따르면 外信によると.

외심(外心)【-/웨-】图 [數學] 外心.ⓐ内心(內心).

외-아들【-/웨-】图 一人息子.

외압(外壓)【-/웨-】图 外圧.∥외압에 시달리다 外圧に苦しむ.

외야(外野)【-/웨-】图 外野.ⓐ内野(內野).

외야-수(外野手)【-/웨-】图 (野球で)外野手.ⓐ내야수(內野手).

외양(外樣)【-/웨-】图 見かけ;外見.

외양-간(-間)【-깐/웨-깐】图 牛馬の小屋;牛舍.

외연(外延)【-/웨-】图 外延.ⓐ내포(內包).

외연'기관(外燃機關)【-/웨-】图 [物理] 外燃機関(外燃機關).ⓐ内燃 기관(內燃機關).

외용(外用)【-/웨-】图 外用.

외용-약(外用藥)【-/웨-】图 外用薬.ⓐ내복약(內服藥).

외우다 /weuda/【-/웨-】他 ❶覚える;暗記する.ⓐ외다.∥영어 단어를 외우다 英単語を覚える. ❷唱える;暗誦する.∥주문을 외우다 呪文を唱える.

외유(外遊)【-/웨-】图 ⓗ自 外遊.

외유내강(外柔內剛)【-/웨-】图 外柔内剛.

외-음부(外陰部)【-/웨-】图 [解剖] 外陰部;外性器.

외인(外因)【-/웨-】图 外因.ⓐ내인(內因).

외인(外人)【-/웨-】图 ❶他人;外部の人;部外者.∥생면부지의 외인 赤の他人. ❷外人;外国人.∥외인 주택 外国人住宅.

외자¹(-字)【-/웨-】图 一字.∥외자 이름 一字での名前.

외자²(外資)【-/웨-】图 外資.∥외자 도입 外資の導入.

외자³(外字)【-/웨-】图 外字;欧米の文字.

외재(外在)【-/웨-】图 ⓗ自 外在.

외-적(外的)【-쩍/웨-쩍】图 外的.ⓐ내적(內的).

외접(外接)【-/웨-】图 ⓗ自 [數學] 外接.ⓐ내접(內接).

외접-원(外接圓)【-/웨-】图 [數學] 外接円.ⓐ내접원(內接圓).

외제(外製)【-/웨-】图 外国製.∥외제 차 外車.

외-조모(外祖母)【-/웨-】图 外祖母.

외-조부(外祖父)【-/웨-】图 外祖父.

외주(外注)【-/웨-】图 外注.∥외주를 주다 外注に出す.

외-줄기【-/웨-】图 ❶一筋;一本筋. ❷枝のない幹.

외지¹(外地)【-/웨-】图 外地;よその地.ⓐ내지(內地).

외지²(外紙)【-/웨-】图 外紙.

외-지다【-/웨-】形 人里離れて奥まっている;辺ぴだ.∥외진 곳 辺ぴな所.

외채(外債)【-/웨-】图 外債;外国債.

외척(外戚)【-/웨-】图 母方の親戚.

외출(外出)/we:tɕʰul/【-/웨-】图 ⓗ自 外出;出かけること.∥세 시부터 외출한다 3時から外出する. 김 과장님은 지금 외출 중이십니다 金課長は只今外出しております.

외출-복(外出服)【-/웨-】图 外出着.ⓐ나들이옷.

외출-증(外出證)【-증/웨-쯩】图 外出許可証;外出証.

외-출혈(外出血)【-/웨-】图 [醫学] 外出血.

외치다 /we:tɕʰida/【-/웨-】自他 叫ぶ;わめく;主張する.∥구호를 외치다 スローガンを叫ぶ. 큰소리로 외치다 大きい声で叫ぶ.

외탁 (外-) [/웨-] 图 하动 容貌や性質などが母方に似ること.

외톨-박이 [/웨-] 图 ❶実が一つだけ実っている栗やニンニク. ❷独りぼっち. ‖외톨박이 신세 独りぼっちの身.

외톨-이 [/웨-] 图 独りぼっち. ‖주위 사람들과 어울리지 못해 외톨이가 되 周りに馴染めなくて独りぼっちになる.

외투 (外套) [/웨-] 图 外套; コート. ‖외투를 걸치다 コートを羽織る.

외판 (外販) [/웨-] 图 外販.
외판-원 (外販員) [/웨-] 图 外販員.

외풍 (外風) [/웨-] 图 ❶隙間風. ‖외풍이 심하다 隙間風がひどい. ❷外部からの圧力.

외피 (外皮) [/웨-] 图《生物》外皮. ↔내피(内皮).

외-할머니 (外-) [/we:halmɔni/] [/웨-] 图 外祖母.

외-할아버지 (外-) [/we:harabɔdʑi/] [/웨-] 图 外祖父.

외항[1] (外航) [/웨-] 图 外航. ‖외항 선원 外航船員.
외항-선 (外航船) [/웨-] 图 外航船.

외항[2] (外項) [/웨-] 图《数学》外項. ↔내항(内項).

외-행성 (外行星) [/웨-] 图《天文》外惑星. ↔내행성(内行星).

외향 (外向) [/웨-] 图 外向.
외향-성 (外向性) [-썽/-쎙] 图 外向性. ↔내향성(内向性).
외향-적 (外向的) [-쩍/-쩍] 图 外向的. ‖외향적인 성격 外向的な性格.

외형 (外形) [/웨-] 图 外形; 見かけ.
외형-률 (外形律) [-뉼/-뉼] 图《文芸》定型詩で音の高低·音数などの規則的繰り返しによって生じる韻律.

외호 (外濠) [/웨-] 图 外堀.
외화[1] (外貨) [/웨-] 图 外貨. ‖외화 획득 外貨獲得.
외화[2] (外画) [/웨-] 图 洋画. ↔방화(邦画).

외환 (外換) [/웨-] 图(外国換(外国換)の略語)外国為替.
외환-은행 (外換銀行) [/웨-] 图 外国為替銀行.

왼 [/웬] 冠 左の…; 左側の…. ↔오른.
왼-발 [/웬-] 图 左足. ↔오른발.
왼-뺨 [/웬-] 图 左の頬. ↔오른뺨.
왼-손 [/웬-] 图 左手. ↔오른손.
왼손-잡이 [/웬-] 图 左利き. ↔오른손잡이.
왼-쪽 /we:n͈tɕok/ [/웬-] 图 左; 左側. ‖왼쪽으로 돌다 左側に曲がる. ↔오른쪽.
왼-팔 [/웬-] 图 左腕. ↔오른팔.
왼-편 (-便) [/웬-] 图 左の方. ↔오른편(-便).

왕 [/웽] 擬 ハエのような小さい虫が飛び交う音: ぶん; ぴゅん. **왕-왕** 副
왕왕-거리다 匡 小さい虫が音を立てながらしきりに飛び交う. ‖벌이 윙윙거리다 蜂がぶんぶんと飛ぶ.

요[1] ハングル母音字母「ㅛ」の名称.
요[2] (-褥) 图 敷布団. ‖요를 깔다 敷き布団を敷く.
요[3] 图 要; 要点. ‖結局要は時間だ.
요[4] 이[1] をかわいげを込めて, または見くびって言う語: この…; ここの…; この…. ‖요 녀석 こいつ.
요[5] /jo/ 助 ❶断定を表わす: …です. ‖언니는 지금 어디에 있니? 미국요. お姉さんは今どこにいるの. アメリカです. ❷疑問を表わす: …ですか. ‖누구요? 誰ですか. ❸断定した念を押して確かめたりする意を表わす: …よ. ‖서두르지 않으면 늦어요 急がないと遅れますよ.

요가 (yoga 梵) 图 ヨガ.
요강[1] (尿-) 图 尿瓶; 小便壺.
요강[2] (要綱) 图 要綱; 要項. ‖모집 요강 募集要項.
요건 (要件) [-껀] 图 要件. ‖자격 요건 資格要件.
요-것 [-껏] 代 これをかわいくまたは見くびって言う語. ‖요것뿐이니? これだけなの?
요격 (邀撃) 图 하他 迎え撃つこと; 邀撃(ようげき).
요괴 (妖怪) [/-꿰] 图 하形 妖怪; 奇怪なこと.
요구 (要求) /jogu/ 图 하他 要求. ‖임금 인상을 요구하다 賃上げを要求する. 요구에 응하다 要求に応じる. 요구를 일축하다 要求をける. 상대方の要求를 받아들이다 相手の要求を呑(の)む. 시대의 요구 時代の要求. **요구-되다** [-됃다-됃다] 受動
요구-서 (要求書) 图 要求書.
요구르트 (yogurt) 图 ヨーグルト.
요금 (料金) /jo:gɯm/ 图 料金. ‖버스 요금 バスの料金. 수도 요금 水道料金. 공공요금 公共料金.
요기[1] (妖氣) 图 妖気.
요기[2] (療飢) 图 하自 腹の足し; 腹ごしらえ.
요긴-하다 (要緊-) [形] 하変 緊要だ; 大事だ. ‖요긴한 물건 緊要な品; 緊要하게 쓰이다 重宝される. **요긴-히** 副
요-까짓 [-찟] 冠 たったこれくらいの…; これしきの…. ‖요까짓 일은 문제가 아니다 これしきのことは問題ではない.
요-나마 副 これだけでも; これさえ.
요-다음 图 今度; この次. ‖요다음에 만나자 今度会おう.
요도 (尿道) 图《解剖》尿道.
요도-염 (尿道炎) 图《医学》尿道炎.
요독-증 (尿毒症) [-쯩] 图《医学》尿

毒症.

요동(搖動) 自 振動; 揺るがすこと.

요동-치다(搖動-) 自 揺れ動く; ひどく揺れる. ∥파도 때문에 배가 심하게 요동치다 波で船が激しく揺れ動く.

요들(yodel) 图 (音楽) ヨーデル.

요들-송(+yodel+song) 图 (音楽) ヨーデル.

요란-스럽다(擾亂-/搖亂-) 【-따】 ㅂ変 ❶ やかましい; 騷がしい; にぎやかだ. ∥교실이 요란스럽다 教室が騒がしい. ❷ けばけばしい. **요란스레** 副

요란-하다(搖亂—擾亂—) /joranhada/ 形 하変 ❶ 騷がしい; にぎやかだ; うるさい. ∥요란한 총소리 騒がしい銃声. ❷ けばけばしい. ∥옷차림이 요란하다 身なりがけばけばしい.

요람¹(要覽) 图 要覧.

요람²(搖籃) 图 搖籃; 揺り籠. ▶요람에서 무덤까지 揺り籠から墓場まで

요람-기(搖籃期) 图 揺籃期.

요람-지(搖籃地) 图 揺籃の地. ∥황하 문명의 요람지 黃河文明の揺籃の地.

요래도 〔요리하여도·요리하여도의縮約形〕 これでも; こうしても.

요래라-조래라 〔요리하여라 조리하여라의縮約形〕 ああしろこうしろ.

요량(料量) 图 つもり; 見当; 考え. ∥끝까지 전화로 따져 물을 요량으로 전화했다 最後まで電話で問い詰めるつもりで電話した.

요러조러-하다 形 하変 かくかくしかじかである. ∥요러조러한 이유 かくかくしかじかの理由.

요러쿵-조러쿵 副 なんだかんだと; ああだこうだと. ∥요러쿵조러쿵 이유도 많다 ああだこうだと理由も多い.

요러-하다 形 하変 こうだ; このようだ; 以下の通りだ. 勁요렇다.

요런 冠 こんな…; このような…. ∥요런 귀여운 것도 있네 こんなかわいいもあるのね.

요렇다 〔-러타〕 形 하変 요러하다의縮約形.

요령(要領) /jorjon/ 图 要領; 要点; こつ. ∥요령이 좋다 要領がいい. ∥일 요령을 터득하다 仕事のこつを呑(の)み込む.

요령-부득(要領不得) 图 不得要領.

요로(要路) 图 要路.

요르단(Jordan) 图 (国名) ヨルダン.

요리¹(料理) /jori/ 图 요리하다 他 ❶ 料理. ∥한국 요리 韓国料理. 중화요리 中華料理. 요리책 料理の本; 料理本. ❷ 物事をうまく処理すること. ∥부하들을 마음대로 요리하다 部下たちを思い通りに動かす.

요리-법(料理法) 【-뻡】 图 調理法; 料理法.

요리-사(料理師) 图 料理人; 調理師.

요리-집(料理-) 【-리찝/-릳찝】 图 料理屋; 料理店.

요리 副 ここに; こちらへ; このように.

요리-조리 副 あちらこちら; あれこれ. ∥요리조리 피하다 あちらこちらに逃げ回る. 요리조리 따져 보다 あれこれと損得を計算する.

요-만큼 图 このくらい; これくらい; これっぽっち; ほんの少し. ∥요만큼의 기대도 하지 않는다 これっぽっちの期待もしていない.

── 副 このくらい; これくらい; これっぽっち; ほんの少し. ∥요만큼 주세요 これくらいください.

요만-하다 形 하変 このくらいだ; この程度だ.

요맘-때 图 今頃. ∥작년 요맘때 去年の今頃.

요망(妖妄) 图 하変 邪悪でばかげていること.

요망(要望) 图 하他 要望. ∥공항 건설을 요망하다 空港の建設を要望する. 요망에 부응하다 要望に応える. **요망-되다** 受動

요면(凹面) 图 凹面. ⇔철면(凸面).

요모-조모 图 色々な面; あれこれ. ∥요모조모 따져 보다 あれこれ計算してみる.

요물(妖物) 图 妖怪; 魔物.

요물-단지(妖物-) 【-딴-】 图 手を焼く人; 妖怪(きょう)で妖しい存在; 魔物.

요-번(-番) 图 今度; 今回.

요법(療法) 【-뻡】 图 療法; 治療法. ∥식이 요법 食餌療法.

요부(妖婦) 图 妖婦.

요-사이 图 近頃; 最近; この頃. 勁요새. ∥요사이 살이 좀 쪘다 この頃少し太った.

요사-하다(妖邪-) 形 하変 邪(よこしま)で狡猾である.

요-새¹ 图 요사이의縮約形.

요새²(要塞) 图 (軍事) 要塞. ∥요새를 구축하다 要塞を築く.

요샛-말 【-샌-】 图 最近の言葉; 最近のはやりの言葉.

요석(尿石) 图 (医学) 尿石.

요설(饒舌) 图 하自 饒舌(じょうぜつ).

요소¹(尿素) 图 (化学) 尿素.

요소²(要所) 图 要所. ∥요소를 확보하다 要所を押さえる.

요소³(要素) /joso/ 图 ∥중요한 요소가 빠져 있다 重要な要素が抜けている. 구성 요소 構成要素. 유동적인 요소 流動的な要素.

요술(妖術) 图 魔法; 手品. ∥요술을 부리다 魔法を使う.

요술-쟁이(妖術-) 图 魔法使い.

요식(要式) 图 要式.

요식-행위(要式行爲) 【-시캥-】 图

요식행위.

요식-업【料食業】图 飲食業.

요-실금【尿失禁】〖医学〗图 尿失禁.

요약【要約】〖jojak/〗〖하변〗 要約; まとめ. ∥강연 취지를 요약하다 講演の趣旨を要約する. 한마디로 요약해서 말하자면 一言で要約して言えば. **요약-되다**

요양【療養】〖하自〗 療養.
  요양-소【療養所】图 ＝요양원(療養院).
  요양-원【療養院】图 療養所.

요염-하다【妖艷-】〖하変〗 妖艶で艶やかだ; セクシーだ.

요오드【Jod ド】〖化学〗 ヨード; よう素.
  요오드-팅크【←Jodtinktur ド】图 ヨードチンキ.

요요【yoyo】图〖おもちゃの〗ヨーヨー.

요원【要員】图 要員.

요원-하다【遙遠-: 遼遠-】〖하変〗 遼遠だ; 遙か遠い. ∥앞날이 요원하다 前途が遼遠だ.

요의【尿意】【-/-이】图 尿意. ∥요의를 느끼다 尿意を催す.

요인[1]【要人】图 要人. ∥정부 요인 政府の要人.

요인[2]【要因】图 要因. ∥성공 요인 成功の要因.

요일【曜日】〖joil/〗图 曜日. ∥병원에 가는 날은 무슨 요일입니까? 病院に行く日は何曜日ですか. 요일에 따라서 학생 식당 메뉴가 달라지다 曜日によって学食のメニューが変わる. 월요일 月曜日. 화요일 火曜日.

요-전【-前】图 以前; この間. ∥요전에 말했던 것 この間話したこと.

요절[1]【夭折】〖하自〗 夭折.

요절[2]【腰絶・腰折】图 おかしくてたまらないこと; 笑いころげること. ∥요절 복통할 노릇이다 あまりにもおかしくて腹が折れ腹が痛くなりもする.

요절-나다【撓折-】【-라-】自〖物が〗台無しになる; おじゃんになる.

요절-내다【撓折-】【-내-】他 台無しにする; 駄目にする.

요점【要點】〖joʦ̚om/〗【-점】图 要点. ∥이야기의 요점을 정리하다 話の要点を整理する. 요점을 간추리다 要点をまとめる.

요정[1]【妖精】图 妖精.

요정[2]【料亭】图 料亭.

요조-숙녀【窈窕淑女】【-숭-】图 言動に気品があって淑やかな女性.

요-주의【要注意】图 要注意. ∥요주의 인물 要注意人物.

요-즈음【-】〖joʣɯum/〗图 最近; 近頃; この頃. ∥요즈음은 영화를 보러 갈 시간이 없다 最近忙しくて映画を見に行く時間がない. 요즈음 인기 있는 노래 最近, 人気のある歌. 요즈음의 젊은이들 近頃の若い者.

요즘【-】〖joʣɯm/〗图 요즈음の縮約形.

요지[1]【要地】图 要地. ∥교통의 요지 交通の要地.

요지[2]【要旨】图 要旨. ∥발표 요지 発表の要旨.

요지-경【瑤池鏡】图 ❶覗き眼鏡. ❷〖比喩的に〗分かるようで分からないおかしな事柄. ∥세상은 요지경이다 世の中は分からないものだ.

요지부동【搖之不動】图 〖하自〗 揺るぎないこと.

요직【要職】图 要職. ∥요직에서 물러나다 要職を退く.

요철【凹凸】图 〖하形〗 凹凸(おうとつ); でこぼこ.

요청【要請】图 〖하他〗 要請. ∥원조를 요청하다 援助を要請する. **요청-받다** 受身

요체【要諦】图 要諦.

요충【要衝】图 ＝요충지(要衝地).

요충-지【要衝地】图 要衝; 重要な場所. ∥교통의 요충지 交通の要衝地.

요-컨대【要-】副 要するに; 要は; つまり. ∥요컨대 많은 이의 노력에 달려 있다 要는本人の努力次第だ. 이렇게 팔리는 것도 요컨대 품질이 좋기 때문이다 こんなに売れるのも, つまり品質がいいからである.

요통【腰痛】图 腰痛.

요트【yacht】图 ヨット.

요판【凹版】图 凹版. ⟨凸⟩철판(凸版). ∥요판 인쇄 凹版印刷.

요-하다【要-】〖johada/〗〖하変〗 要する; 必要とする. ∥주의를 요하는 작업 注意を要する作業.

요항【要項】图 要項.

요행【僥倖・饒倖】图 〖하形〗 僥倖(ぎょうこう). ∥요행을 바라다 僥倖を当てにする.

요행-수【僥倖數】【-쑤】图 紛(まぐ)れ幸い; まぐれあたり.

욕[1]【辱】〖jok/〗图 ❶〖욕설(辱説)の略語〗悪口; ののしり. ∥뒤에서 욕을 하다 陰で悪口を言う. ❷恥辱; 恥. ∥욕이 되다 不面目だ; 恥とする不名誉だ.

욕-먹다【辱-】【-ㅇ-먹-】自 悪口を言われる; 非難される; 悪口を聞く.

욕-보다【辱-】【-뽀-】自 ①苦労する. 恥をかく. ③〖女性が〗犯される. ⑭욕보이다.

욕보-이다【辱-】【-뽀-】〖욕보다の使役動詞〗①苦労させる. ②恥をかかせる. ③〖女性を〗犯す.

-욕【欲・慾】接尾 …欲. ∥명예욕 名誉欲.

욕계【欲界・慾界】【-계/-게】图 〖仏教〗欲界.

욕구【欲求・慾求】【-꾸】图 〖하他〗 欲求. ∥지적 욕구 知的欲求. 욕구를 충

욕망

족시키다 欲求を満たす.
욕구-불만(欲求不滿) 图 欲求不満; フラストレーション.
욕망(欲望·慾望)【-음-】图 (하他) 欲望. ‖욕망을 채우다 欲望を満たす.
욕설(辱說)【-썰】图 (-を) 悪口; ののしり; 罵詈雑言. (略名) 욕. ‖욕설을 퍼붓다 悪口を浴びせる.
욕실(浴室)【-씰】图 浴室.
욕심(欲心·慾心) /jokʰ²ʃim/【-씸】图 欲. 욕심이 많다 欲深い. 욕심을 부리다 欲張る. ▶욕심에 눈이 어두워지다 欲に目が眩む.
  욕심-꾸러기(欲心-) 图 欲張りの子ども.
  욕심-나다(欲心-) 圓 欲が出る.
  욕심-내다(欲心-) 他 欲を出す.
  욕심-쟁이(欲心-) 图 欲張り.
욕-쟁이(辱-) 图 〔見くびる言い方で〕ののしりの言葉ばかり発する人.
욕정(欲情·慾情)【-쩡】图 欲情; 情欲.
욕조(浴槽)【-쪼】图 浴槽.
욕-지거리(辱-)【-찌-】图〔욕설の俗語〕悪口; 罵詈雑言.
욕지기【-찌-】图 吐き気. 욕지기가 나다 吐き気がする.
욕창(褥瘡) 图 《医学》褥瘡(じょく); 床ずれ.
욕탕(浴湯) 图 風呂; 風呂場.
욕-하다(辱-)【요카-】他 (하変) 悪口を言う; ののしる. 貶(けな)す. ‖남을 욕하다 人の悪口を言う.
용[1] (龍) 图 竜; 辰.
용[2] (茸) 图〔녹용(鹿茸)の略語〕シカの角; 鹿茸(るくじょう).
용[3] (龍) 图 《姓》龍(ヨン).
-용[4] (用) 图 …用. ‖선물용 プレゼント用. 전시용 展示用.
용감무쌍-하다(勇敢無雙-) 圈 (하変) きわめて勇敢だ.
용감-하다(勇敢-) /joːŋgamhada/ 圈 (하変) 勇敢だ; 勇ましい. 용감한 행동 勇敢な行動. 용감하게 돌진하다 勇ましく突進する. **용감-히** 副 勇敢に戦う.
용건(用件) /joːŋkʰ²on/【-껀】图 用件; 用向き. ‖용건을 말하다 用件を話す. 용건을 마치다 用件を済ます.
용공(容共) 图 容共.
용공-로(鎔鑛爐)【-노】图 溶鉱炉.
용구(用具) 图 用具. ‖청소 용구 掃除道具.
용궁(龍宮) 图 竜宮.
용기[1] (勇氣) 图 勇気. ‖용기를 잃다 勇気を失う. 용기 있는 사람 勇気のある人.
용기[2] (容器) /joːŋgi/ 图 容器; 入れ物. ‖용기에 담다 容器に入れる. 전자레인지에도 쓸 수 있는 용기 電子レ

586

ンジにも使える容器.
용기-화(用器畵) 图《美術》用器画. (자재화(自在畵).
용-꿈(龍-) 图 竜の夢; 縁起のいい夢.
용납(容納) 图 (하他) 寛大な心で人の言動を受け入れること; 許すこと; 容認すること. ‖용납할 수 없다 許せない; 許しがたい.
용단(勇斷) 图 (하他) 勇断. ‖용단을 내리다 勇断をふるう.
용달-차(用達車) 图 小型の貨物トラック.
용담(龍膽)《植物》リンドウ(竜胆).
용도(用途) /joːŋdo/ 图 用途. 用途를 변경 用途変更. 모금 용도를 명확히 하다 募金の用途を明確にする.
용-돈(用-) /joːŋt²on/【-똔】图 小遣い. ‖용돈을 받다 小遣いをもらう.
용두-사미(龍頭蛇尾) 图 竜頭蛇尾.
용-띠(龍-) 图 辰年生まれ.
용량[1] (用量)【-냥】图 用量; 使用量.
용량[2] (容量)【-냥】图 容量; キャパシティー. ‖용량 초과 容量オーバー.
용례(用例)【-녜】图 用例. ‖용례를 들다 用例を挙げる.
용매(溶媒) 图《化學》溶媒.
용맹(勇猛) 图 (하他) 勇猛.
  용맹-스럽다(勇猛-)【-따】圈 〔ㅂ変〕いかにも勇猛だ. **용맹-스레** 副
용-머리(龍-) 图《植物》ムシャリンドウ(武尓竜胆).
용모(容貌) 图 容貌.
용무(用務) 图 用務; 用事; 用件.
용법(用法)【-뻡】图 用法. ‖부사적 용법 副詞的用法.
용변(用便) 图 用便. ‖용변을 보다 用便をたす.
용병[1] (用兵) 图 (하他) 用兵.
용병-법(用兵法)【-뻡】图 用兵法.
용병-술(用兵術) 图 用兵術.
용병[2] (傭兵) 图《軍事》傭兵.
용불용-설(用不用說) 图《生物》用不用説.
용사(勇士) 图 勇士; 勇者.
용상(龍床) 图 玉座.
용서(容恕) /joːnsɔ/ 图 (하他) 容赦; 承知; 許すこと. ‖용서를 빌다 許しを請う. 용서해 주십시오 許してください. 그런 짓을 하면 용서하지 않겠다 そんなことをしたら承知しないぞ. **용서-받다** (受身)
용설-란(龍舌蘭) 图《植物》リュウゼツラン(竜舌蘭).
용솟음-치다(湧-) 圓 わき上がる; ほとばしる; たぎる. ‖투지가 용솟음치다 闘志がわき上がる.
용수(用水) 图 用水. ‖농업 용수 農業用水.
용수-로(用水路) 图 用水路.
용수-철(龍鬚鐵) 图 ばね; スプリング.

용-쓰다 〖으変〗 ふんばる；必死である；必死になる.

용안¹(龍眼)图〔植物〕リュウガン(竜眼).

용안²(龍顔)图〔임금의 얼굴의 尊敬語〕王の顔.

용암(鎔岩)图〔地〕溶岩.

용암-층(鎔岩層)图〔地〕溶岩層.

용액(溶液)图〔化学〕溶液.

용어(用語)图 用語.

용언(用言)图〔言語〕用言.

용역(用役)图 用役.

용역=수출(用役輸出)【-쑤-】图〔経〕保険・銀行・運送などのサービスを外国に提供したり人力を送ったりして外貨を得ること.

용왕(龍王)图 竜神；竜王.

용융(鎔融) 〖하自〗〔化学〕溶融；融解.

용의¹(用意)【-/-이】图 意思；意図；気持ち.‖양보할 용의도 있다 譲る気持ちもある.

용의²(容疑)【-/-이】图 容疑；疑い.‖용의자 풀리다 容疑が晴れる.

용의-자(容疑者)图〔法律〕容疑者.

용의주도-하다(用意周到-)【-一】〖形〗〖하変〗用意周到だ；抜かりがない.‖용의주도한 범죄 用意周到な犯罪.

용이-하다(容易-)〖하変〗容易だ；簡単だ；たやすい.‖차량 진입이 용이하다 車両進入がしやすい.

용인(容認)图〖하他〗容認. **용인-되다** 受動.

용장(勇將)图 勇将.

용적(容積)图 容積.

용적-량(容積量)【-냥】图 容積量.

용적-률(容積率)【-률】图 容積率.

용접(溶接)图〖하他〗溶接.

용지¹(用地)图 用地.‖빌딩 건설 용지 ビル建設用地.

용지²(用紙)图 用紙.

용질(溶質)图〔化学〕溶質.

용출(湧出)图〖하自〗湧出.

용퇴(勇退)【-/-이】图〖하自〗勇退.

용-트림(龍-)图〖하自〗もったいぶって大げさにするげっぷ.

용-틀임(龍-)图〖하自〗❶全身をひねったりねじったりすること. ❷勢いなどが満ち溢れていること.‖용틀임하는 중국 경제 天に昇る勢いの中国経済.

용품(用品)图 用品.‖사무 용품 事務用品.

용-하다 /joŋhada/〖形〗〖하変〗❶〔腕・技量などが〕卓越している；優れている.‖용하다는 점쟁이 よく当たるという占い上手.❷ 용하게도 잘 참다 感心するほど辛抱強い. 위기를 용하게 넘기다 危機をうまく乗り越える.

용해¹(溶解)图〖하自他〗溶解.

용해²(熔解)图〖하自他〗熔解.

용-해³(龍-)图 辰年. 屋 진년(辰年).

용호-상박(龍虎相搏)图〖하自〗竜虎相搏つこと.

우¹图 ハングル母音字母「ㅜ」の名称.

우²(禹)图〔姓〕禹(ウ).

우³(右)图 右；右側. 反 좌(左). ‖우로 우회전 右折. 反 좌.

우⁴(愚)图 愚：おろかなこと. ‖우를 범하다 愚を犯す.

우⁵(優)图 5段階の成績評価(秀・優・美・良・可)の中で2番目の成績：優.

우⁶(優)图 大勢の人が一か所に押し寄せる様子：どっと. ‖사람들이 우 몰려가다 人がどっと押し寄せる.

-우-〖一〗古語の動詞の語幹に付いて使役動詞を作る. ‖짐을 지우다 荷物を担がせる.

우간다(Uganda)图〔国名〕ウガンダ.

우거지图 白菜などの野菜のしおれている外側の葉.

우거지-국【-지꾹～지꿀】图〔料理〕うがじを入れて作ったスープ.

우거지다〖自〗茂る；茂る.‖숲이 우거지다 森が生い茂る.

우거지-상(-相)图〔俗っぽい言い方で〕しかめっ面；渋面.

우격-다짐【-따-】图〖하自他〗無理矢理；無理強い；力ずく. ‖우격다짐으로 力ずく.

우경(右傾)图 右傾；右翼. 反 좌경(左傾).

우경-화(右傾化)图〖하自〗右傾化. 反 좌경화(左傾化).

우국(憂國)图 憂国. ‖우국지사 憂国の士.

우군(友軍)图 友軍；味方.

우그르르圓〖하自〗生き物が群がっている様子：うようよ(と)；うじゃうじゃ(と).

우글-거리다圓〖하自〗うようよする；うじゃうじゃうごめく.

우글-우글圓〖하自〗うようよ；うじゃうじゃ.

우글-쭈글圓〖하自〗くちゃくちゃ；しわしわ.

우기(雨期)图 雨期. 反 건기(乾期).

우기다〖他〗言い張る；我を張る；意地を張る. ‖자기 생각이 맞다고 우기다 自分の考えが正しいと言い張る.

우뇌【-/-이】图〔解剖〕右脳. 反 좌뇌(左脳).

우는〖一〗〖言語〗울다(泣く)の現在連体形.

우는-소리图 泣き言. ‖우는 소리를 하다 泣き言を言う.

우단(羽緞)图 ベルベット；ビード.

우당탕圓〖하自〗堅くて重いものがぶつか

우대 (優待) [하형] 優待.∥경험자 우대 経験者優遇. **우대-받다** 受로. **우대-권** (優待券) [-꿘] 優待券.

우동 (うどん・饂飩?) 图 うどん.

우두 (牛痘) [医学] 牛痘.

우두둑 [하형] ❶ 固いものを噛み砕く音: がりがり(と); ぼりぼり(と). ∥얼음을 우두둑 씹어 먹다 氷をがりがりかじる. ❷ 大粒の雨や電(우박)などが激しく降る音: ざあざあ. **우두둑-우두둑** [하형]

우두둑-거리다 [-꺼-] 目 ① しきりにがりがり(と)かじる. ② ざあざあ降る.

우두머리 图 集団の頭; 親分.

우두커니 /uduk°oni/ [하형] ぼんやりと; 呆れとぼうっと; つくねんと. ∥우두커니 앉아 있다 ぼんやりと座っている.

우둔-하다 (愚鈍) [하형] 愚鈍だ.

우둘-투둘 [하형] 所々ででこぼこしている様子.

우등 (優等) [하형] 優等. ゼ열등(劣等).

우등-상 (優等賞) 图 優等賞.

우등-생 (優等生) 图 優等生. ゼ열등생(劣等生).

우뚝 /u°ruk/ [하형] それだけが抜きんでて高い様子: にょっきり. ∥고층 빌딩에 우뚝 서 있다 高層ビルがにょっきり(と)建っている.

우라늄 (uranium) [化学] ウラニウム; ウラン.

우라-질 人をののしったり自分の失敗を悔やんだりする時に発する語.

우락-부락 [-빡-] 图 人相が険しく言動が荒々しい様子.

우랄알타이-어족 (Ural-Altaic 語族) 图 [言語] ウラルアルタイ語族.

우랄-어족 (Ural 語族) 图 [言語] ウラル語族.

우람-하다 [하형] たくましく; 堂々としている. ∥우람한 체격 たくましい体格.

우량[1] (雨量) 图 雨量.
우량-계 (雨量計) [-게] 图 雨量計.
우량[2] (優良) 图 優良.
우량-주 (優良株) 图 優良株.
우량-품 (優良品) 图 優良品.

우러-나다 /urənada/ 目 しみ出る; にじみ出る. ∥맛이 제대로 우러나다 味がしっかりしみ出る.

우러-나오다 目 (感情などが心から)にじみ出る, 表れる. ∥감사하는 마음이 절로 우러나오다 感謝の気持ちが自然ににじみ出る.

우러러-보다 目 見上げる; 仰ぐ. ∥하늘을 우러러보다 空を見上げる. 스승으로 우러러보다 師として仰ぐ.

우러르다 目 [으로] 頭を重々しくもたげる; 仰ぐ.

우렁쉥이 图 [動物] マボヤ(真海鞘). [하형] 멍게.

우렁이 图 [動物] タニシ(田螺).

우렁-차다 [하형] 強く響く; 力強い. ∥우렁찬 목소리 力強い声.

우레 图 雷; 万雷. ∥우레와 같은 박수 万雷の拍手.

우레탄 (urethane) 图 ウレタン.

우려 (憂慮) [하형] 憂慮; 恐れ. ∥우려할 만한 사태 憂慮すべき事態. 이 병은 재발할 우려가 있습니다 この病気は再発する恐れがあります.

우려-내다 [하형] ❶ 液体に浸して成分・味・色などを出す. ❷ 巻き上げる; しぼり取る. ∥금품을 우려내다 金品を巻き上げる.

우려-먹다 [-먹] [하형] ❶ 液体に浸しただしして旨味を出して食べる[飲む]. ∥사골을 우려먹다 牛の脚の骨を煮込んでそのスープを飲む. ❷ 巻き上げる; しぼり取る; せびり取る. ❸ (作品などを)焼直す. ∥같은 내용을 몇 번이나 우려먹다 同じ内容を何度も焼直す.

우롱-하다 (愚弄) [하형] 愚弄(ぐろう)する; ばかにしてからかう.

우루과이 (Uruguay) 图 [国名] ウルグアイ.

우르르 [하형] 目 ❶ 大勢の人や動物などが一気に動いたり押し寄せたりする様子: どっと; わあっと. ❷ 積んであったものが急に崩れ落ちる様子 [音]: がらがら; どさどさ. ∥책장에서 책들이 우르르 쏟아지다 本棚から本がどさどさと崩れ落ちる.

우르릉 [하형] 目 雷鳴や重いものが動いて立てる音: ごろごろ.

우르릉-거리다 目 しきりに雷が鳴る.

우리[1] /uri/ 代 ❶ 私たち; 我々. ❷ 몰. 우리가 할 수 있는 것은 최선을 다하는 것이다 私たちにできることは最善を尽くすことだ. ❸ 我が; うちの. ∥우리 강아지가 새끼를 낳았다 うちの犬が子どもを産んだ. 우리 학교 我が校; うちの学校.

우리-나라 图 わが国.

우리[2] 图 檻(おり). ∥우리에 갇히다 檻に閉じ込められる.

우리다 他 液体に浸して成分・旨味・色などを出す; 煎じる.

우리-말 /urimal:/ 图 (「私たちの言葉」の意で)韓国語; 朝鮮語.

우리-집 图 わが家; 私達の家.

우매-하다 (愚昧) [하형] 愚昧だ. ∥우매한 백성 愚昧な民.

우모 (羽毛) 图 羽毛. ∥우모 이불 羽毛布団.

우묵 ところどころ.

우묵-하다 [-무카-] [하형] 真ん中の方が丸くへこんでいる.

우문(愚問) 명 愚問.
우물 /umul/ 명 井戸; 井. ‖우물을 파다 井戸を掘る. ▶우물 안 개구리 井の中の蛙; 井の中の蛙大海を知らず. ▶우물에 가 숭늉 찾는다 (諺)(「井戸でおこげの茶をねだる」の意で)物事の順序を無視してせっかちなことをすることのたとえ. ▶우물을 파도 한 우물을 파라 (諺)(「井戸を掘るにしても一つの井戸を掘れ」の意で)転石苔を生ぜず.
우물-가 [-까] 명 井戸端.
우물-거리다 自他 ❶ もぐもぐする. ‖입 안에서 무엇을 우물거리다 口でもぐもぐする. ❷ 口ごもる; ぐずぐずする. ‖우물거리며 말을 제대로 하지 않다 口ごもってはっきり言わない.
우물-우물 副 한合他 もぐもぐ; ぐずぐず. ‖뭔가를 우물우물 씹고 있다 何かをもぐもぐ(と)噛んでいる.
우물-쭈물 副 한合他 ぐずぐず; もじもじ; もたもた. ‖우물쭈물하다가는 지각한다 ぐずぐずしていると遅刻するよ.
우뭇-가사리 [-묻까-] 명 (植物) テングサ(天草).
우민 (愚民) 명 愚民.
우민 정책 (愚民政策) 愚民政策.
우박 (雨雹) 명 雹(ひょう); 霰(あられ). ‖우박이 쏟아지다 雹が降りそそぐ.
우발 (偶發) 명 偶發.
우발-범 (偶發犯) 【法律】 偶發犯.
우발-적 (偶發的) 【-쩍】 偶發的. ‖우발적인 사고 偶發的な事故.
우방¹ (右方) 명 右方; ㉑좌방(左方).
우방² (友邦) 명 友邦.
우범 (虞犯) 명 犯罪を犯す恐れがあること.
우범-자 (虞犯者) 명 犯罪を犯す恐れがある人.
우범-지대 (虞犯地帶) 명 【法律】 犯罪がよく起こるまたは起こる恐れのある地域.
우변 (右邊) 명 右辺. ㉑좌변(左邊).
우 변칙 활용 (-變則活用) 명 【言語】 =우 불규칙 활용 (不規則活用).
우 불규칙 용언 (不規則用言) 【-치】 【言語】 ㉑變則用言. ✛푸다의 예.
우 불규칙 활용 (不規則活用) 명 【言語】 不變則活用.
우비 (雨備) 명 雨具; レインコート.
우산 (雨傘) 명 /usan/ 名 傘; 雨傘. ‖우산을 쓰다 傘をさす. 핵우산 核の傘. 접는 우산 折り畳み傘. 우산을 받다.
우상 (偶像) 명 偶像.
우상 숭배 (偶像崇拜) 偶像崇拜.
우상-화 (偶像化) 명 한合他 偶像化.
우상-엽 (羽狀脈) 명 【植物】 羽狀脈.
우생-학 (優生學) 명 【生物】 優生學.
우선¹ (優先) 명 /usʌn/ 名 優先. ‖동점일 경우에는 국어 성적을 우선으로

기로 하다 同点の場合, 国語の成績を優先することにする. 최우선 最優先.
우선-권 (優先權) [-꿘] 優先權.
우선-순위 (優先順位) 명 優先順位.
우선-적 (優先的) 명 優先的.
우선² 副 まず; 取りあえず; 差し当たり; 先に; とりあえず; 差し当たり. ‖우선 스위치를 누르다 まずスイッチを押す. 우선 밥부터 먹고 이야기하자 とりあえずご飯を食べてから話そう. ▶우선 먹기는 곶감이 달다 (「まず食べて食べやすいのは干し柿が甘い」の意で)後はどうなろうと当座によい方を選ぶことのたとえ.
우설 (牛舌) 명 牛タン.
우성 (優性) 명 【生物】 優性. ㉑열성 (劣性).
우성 인자 (優性因子) 명 【生物】 優性因子.
우세¹ 명 한合自 恥さらし. ‖사람들 앞에서 우세를 당하다 人の前で恥をさらす.
우세-스럽다 [-따] 形 [ㅂ変] 恥ずかしい.
우세² (優勢) 명 형形 優勢. ㉑열세 (劣勢). ‖시합을 우세하게 끌고 가다 試合を優勢に進める.
우송 (郵送) 명 한合他 郵送. ‖신청서를 우송하다 申込書を郵送する. 우송-되다 [-받다] 受身.
우송-료 (郵送料) [-뇨] 명 郵送料.
우수¹ (憂愁) 명 憂愁. ‖우수에 잠기다 憂愁に閉ざされる.
우수² (優秀) 명 /usu/ 名 한合形 優秀; 優れていること. ‖우수한 성적으로 졸업하다 優秀な成績で卒業する. ‖우수한 제품 耐久性が優れた製品.
우수-성 (優秀性) [-쎙] 명 優秀さ.
우수³ (雨水) 명 〈二十四節気の〉雨水.
우수⁴ (偶數) 명 偶数. ㉑짝수(-數). ㉑기수(奇數).
우수리 명 端数.
우수마발 (牛溲馬勃) 명 牛溲(うそう)馬勃(ばふつ)(値打ちのないもの).
우수수 副 한合自 ばらばら; はらはら. ‖남자 서너 명이 우수수 뛰어나왔다 数人の男がばらばら(と)飛び出してきた. 낙엽이 우수수 떨어지다 枯れ葉がはらはら(と)落ちる.
우스개 명 笑わせるための行為または話. ‖우스개로 해 본 소리 うけをねらって言ってみたこと.
우스갯-소리 [-개쏘-/-갠쏘-] 명 笑い話.
우스갯-짓 [-개찓/-갠찓] 명 おどけたしぐさ.
우스꽝-스럽다 [-따] 形 [ㅂ変] おどけている; 滑稽だ; おかしい. ‖우스꽝스러운 짓으로 사람들을 웃기다 おどけたしぐさで人を笑わせる. 우스꽝스레 副.
우스운 形 [ㅂ変] 우습다(面白い)の連体形.

우스워 【ㅂ변】 우습다(面白い)의 연용형.

우스터-소스 (Worcester sauce) 图 ウスターソース.

우습게-보다【-께-】形 見くびる;見くだす;あなどる. ‖상대 팀을 우습게보다가 참패하다 相手チームを見くびって惨敗する.

우습다 /usuɯp̚ta/【-따】形 【ㅂ변】[우스워, 우스운] 面白い;おかしい;滑稽だ. ‖우스운 이야기 面白い話. 우스워 죽겠다 おかしくてたまらない. 내 얘기가 그렇게 우스워? 私の話がそんなにおかしいの.

우승 (優勝) /usuɯŋ/ 图 【하급】 優勝. ‖시합에서 우승하다 試合で優勝する.
우승-기 (優勝旗) 图 優勝旗.
우승-배 (優勝盃) 图 優勝杯.
우승-자 (優勝者) 图 優勝者.
우승-열패 (優勝劣敗) 【-녈-】 图 【하급】 優勝劣敗.

우-심방 (右心房) 图 【解剖】 右心房.
우-심실 (右心室) 图 【解剖】 右心室.

우아 (優雅) 感 思いがけない嬉しいことがある時に出す声: わあ. ‖우아, 맛있겠다! わあ, おいしそう!
우아-하다 (優雅-) 形 【하급】 優雅だ. ‖우아한 몸짓 優雅な身のこなし. 우아한 생활 優雅な生活.

우악-하다 (愚惡-) 【-아카-】 形 【ㅂ변】 粗野で乱暴だ.

우애 (友愛) 图 友愛. ‖우애가 두텁다 友愛が(に)厚い.

우엉 图 【植物】 ゴボウ(牛蒡).

우여-곡절 (迂餘曲折) 【-쩔】 图 紆余曲折. ‖우여곡절을 겪다 紆余曲折を経る.

우연 (偶然) /u:jʌn/ 图 【하급】 偶然. ㉠ 필연(必然). ‖우연의 일치 偶然の一致. 우연한 일 偶然の出来事. **우연-히** (偶然-) 副 偶然に;偶然と;たまたま. ‖길에서 우연히 만나다 道で偶然会う.

우열 (優劣) 图 優劣. ‖우열을 가리다 優劣をつける.
우완 (右腕) 图 右腕. ㉠좌완(左腕). ‖우완 투수 右腕投手.

우왕좌왕 (右往左往) /u:waŋdʑwa:waŋ/ 图 右往左往. ‖우왕좌왕 갈피를 못 잡다 右往左往してどうすればいいのか分からない.

우-우 感 ❶部隊などする時に大勢が(出)す声. ❷動物などを追い出したりする時に出す声.

우울 (憂鬱) /u:ul/ 图 【하급】 憂鬱;落ち込むこと;心が晴れ晴れしないこと. ‖우울한 하루 憂鬱な一日. 우울한 얼굴을 하다 憂鬱そうな顔をする. 기분이 우울하다 気分が憂鬱だ.
우울-증 (憂鬱症) 【-쯩】 图 【의학】 憂鬱症;鬱病.

우월 (優越) 图 【하급】 優越;優れていること. ‖여러 가지 면에서 우월하다 色々な面で優れている.
우월-감 (優越感) 图 優越感. ㉠열등감(劣等感). ‖우월감을 느끼다 優越感を感じる.
우월-성 (優越性) 【-썽】 图 優越性.

우위 (優位) 图 優位. ‖우위에 서다 優位に立つ.

우유 (牛乳) /ujju/ 图 牛乳;ミルク. ‖아침에 우유를 한 잔 마시다 朝, 牛乳を1杯飲む. 매일 아침 우유를 배달하다 毎朝, 牛乳を配達する. 우유병 牛乳瓶. 딸기 우유 イチゴミルク.
우유부단 (優柔不斷) 图 【하급】 優柔不断.
우유-체 (優柔體) 图 【文芸】 文章を優雅に美しく表現する文体.
우윳-빛 (牛乳~) 【-뷛/-쁕】 图 乳白色.

우의[1] (友誼) 图 【-/-이/】 图 友誼;友情. ‖우의가 돈독하다 友情が厚い.
우의[2] (雨衣) 【-/-이/】 图 雨具;レインコート. ⓜ비옷.

우이-독경 (牛耳讀經) 【-꼉】 图 馬の耳に念仏.

우익 (右翼) 图 ❶右翼. ㉠좌익(左翼). ‖우익 단체 右翼団体. ❷우익수(右翼手)의 略称.
우익-수 (右翼手) 【-쑤】 图 【野球で】右翼手;ライト. ⓜ우익(右翼).

우정[1] (友情) /u:dʑʌŋ/ 图 友情. ‖우정을 나누다 友情を分かち合う. 우정 어린 충고 友情のこもった忠告.
우정[2] (郵政) 图 郵政.

우주 (宇宙) /u:dʑu/ 图 宇宙. ‖우주 탐험 宇宙探検. 우주여행 宇宙旅行.
우주-공학 (宇宙工學) 图 宇宙工学.
우주-선 (宇宙船) 图 宇宙船;スペースシャトル.
우주-인 (宇宙人) 图 宇宙人.

우중충-하다 (~~-) 形 【하급】 ❶【天気や雰囲気などが】暗くじめじめしている. ❷(色などが)色あせている.

우즈베키스탄 (Uzbekistan) 图 【国名】ウズベキスタン.

우지끈 副 【하급】 大きくて硬いものが破れたり折れたりする音: めりめり. ‖문이 강풍에 우지끈 하고 부서지다 ドアが強風でめりめりと壊れる.
우지끈-거리다 自他 めりめりと折れる.

우지직 副 【하급】 ❶大きくて堅いものが壊れる時の音: めりめり. ❷乾いたわらや木の枝などが(火で)燃える時の音[様子]: ぱちぱち. ❸新鮮な棒状の野菜を噛み砕く時の音.
우지직-거리다 【-꺼-】 自他 続けざまにぱちぱちとめりめりという音がする.

우직-하다 (愚直-) 【-지카-】 形 【하급】 愚直だ;馬鹿正直だ.

우-짖다 [-진따] 자 ❶ (鳥)がさえずる. ❷ 泣き叫ぶ.

우쭐-거리다 [-대다] 자他 うぬぼれて 俳をてらにふるまう. ‖성적이 좀 올랐다고 우쭐거린다 成績が少し上がったからといってうぬぼれる.

우천 (雨天) 명 雨天.

우천-순연 (雨天順延) 명 雨天順延.

우체-국 (郵遞局) /u:tʰeguk/ 명 郵便局. ‖우체국에서 엽서와 우표를 사다 郵便局で葉書きと切手を買う.

우체-부 (郵遞夫) 명 郵便配達人.

우체-통 (郵遞筒) 명 郵便ポスト.

우측 (右側) /uʧʰuk/ 명 右側; 右. ↔좌측 (左側).

우쿨렐레 (ukulele) 명 (音樂) ウクレレ.

우크라이나 (Ukraina) 명 (国名) ウクライナ.

우파 (右派) 명 右派. ↔좌파 (左派).

우편 (郵便) /upʰjon/ 명 郵便. ‖우편으로 보내다 郵便で送る. 우편 요금 郵便料金.

우편-낭 (郵便囊) 명 郵袋(たい).

우편-물 (郵便物) 명 郵便物. ‖오늘은 우편물이 많이 와 있다 今日は郵便がたくさん来ている.

우편 번호 (郵便番號) 명 郵便番号.

우편-사서함 (郵便私書函) 명 郵便私書箱.

우편-엽서 (郵便葉書) [-녑써] 명 郵便葉書.

우편-함 (郵便函) 명 郵便箱; 郵便ポスト.

우편-환 (郵便換) 명 郵便為替.

우표 (郵票) /upʰjo/ 명 切手. ‖우표를 붙이다 切手を貼る. 우표를 모으다 切手を集める. 오백 원짜리 우표 두 장 주세요 5百ウォン切手を2枚ください. 기념우표 記念切手.

우피 (牛皮) 명 牛皮.

우향우 (右向右) 명 (号令で)右向け右. ↔좌향좌 (左向左).

우호 (友好) 명 友好. ‖우호 관계 友好関係.

우호-적 (友好的) 명 友好的. ‖우호적인 반응 友好的な反応.

우호 조약 (友好條約) 명 友好条約.

우화 (寓話) 명 寓話. ‖이솝 우화 イソップ物語.

우화-집 (寓話集) 명 寓話集.

우환 (憂患) 명 憂患.

우황 (牛黃) 명 (漢方) 牛黄(おう) (牛の胆嚢の中にできる結石. ÷熱病などに効くとして珍重されている.

우회 (迂廻) /-/-회/ 명 自 迂回; 遠回り. ‖우회적으로 말하다 遠回しに言う.

우-회전 (右廻轉) /u:hweʤɔn/ [-/-

회-] 명 自他 右折. ↔좌회전 (左廻轉).

우후죽순 (雨後竹筍) [-쑨] 명 雨後の筍.

욱신-거리다 [-씬-] 자 (体が)ずきずきずきする. ‖온몸이 욱신거리다 全身がずきずきする.

욱일-승천 (旭日昇天) 명 自他 旭日昇天.

욱-하다 /우카-/ 자 [하否] かっとなる. ‖욱하는 성질 かっとなる性質.

운¹ (運) /u:n/ 명 運; つき. ‖운이 좋다 運がいい. 운이 다하면 운도 尽きる. 운을 하늘에 맡기다 運を天に任せる. 운이 좋으면 합격할 수 있다 あわよくば合格できる.

운² (韻) 명 韻. ▶운을 달다 ① 韻を踏む. ② (話の最後に)付け加えて言う. ▶운을 떼다 話し始める; 話を切り出す.

운³ 語幹 울다(泣く)の過去連体形.

운동 (運動) /u:ndoŋ/ 명 自他 運動; スポーツ. ‖운동 부족 運動不足. 운동 선수 運動選手. 학생 운동 学生運動. 선거 운동 選挙運動.

운동-가 (運動家) 명 運動家.

운동 감각 (運動感覺) 명 運動感覚.

운동-권 (運動圈) [-꿘] 명 社会的・政治的改革や改善のために積極的に活動する人やその団体.

운동-량 (運動量) [-냥] 명 運動量.

운동-복 (運動服) 명 運動服.

운동 신경 (運動神經) 명 運動神経. ‖운동 신경이 둔하다 運動神経が鈍い.

운동 에너지 (運動 energy) 명 (物理) 運動エネルギー.

운동-원 (運動員) 명 運動員.

운동-장 (運動場) 명 運動場.

운동-화 (運動靴) 명 運動靴; スニーカー.

운동-회 (運動會) /-/-회/ 명 運動会.

운명¹ (運命) /u:nmjəŋ/ 명 運命; 運. ‖운명을 점치다 運命を占う. 운명이라고 생각하고 포기하다 運命だと諦める. 운명의 장난 運命のいたずら.

운명-론 (運命論) [-논] 명 運命論.

운명-적 (運命的) 명 運命的. ‖운명적인 만남 運命的な出会い.

운명² (殞命) 명 自 死ぬこと.

운무 (雲霧) 명 雲と霧.

운문 (韻文) 명 (文藝) 韻文. ↔산문 (散文).

운반 (運搬) /u:nban/ 명 他 運搬; 運ぶこと. ‖자재를 운반하다 資材を運搬する. 운반-되다 자 運搬される.

운반-비 (運搬費) 명 運搬費.

운석 (隕石) 명 (天文) 隕石.

운세 (運勢) /u:nse/ 명 運勢. ‖운세를 점치다 運勢を占う.

운송 (運送) [명][타] 運送. ∥화물을 운송하다 貨物を運送する. **운송-되다** [자]

운송-료 (運送料) 【-뇨】 [명] 運送料.
운송-비 (運送費) [명] 運送代; 運送料.
운송-선 (運送船) [명] 運送船.
운송-업 (運送業) [명] 運送業.
운송-장 (運送狀) [명] 運送狀.
운수¹ (運數) [명] 運; 運勢. ⑳수(數). ∥올해 운수를 알아보다 今年の運勢を占ってもらう.
운수² (運輸) [명][타] 運輸.
운수-업 (運輸業) [명] 運輸業.
운신 (運身) [명][자] 身動き. ∥운신이 어렵다 身動きがとれない.
운영 (運營) [명][타] /u:ndʒɔŋ/ 運營. ∥대회를 운영하다 大會を運營する. 운영을 잘못하다 運營を誤る. 운영 방침 運營方針. **운영-되다** [자]
운용 (運用) [명][타] 運用. ∥재산을 운용하다 財産を運用する. **운용-되다** [자]
운운 (云云) [명][타] 云々. ∥결과에 대해서는 더 이상 운운하지 맙시다 結果を云々するのはよしましょう.
운율 (韻律) [명] (文藝) 韻律.
운율-적 (韻律的) [명] 韻律的.
운임 (運賃) [명] 運賃.
운임-표 (運賃表) [명] 運賃表.
운전 (運轉) [명][타] /u:ndʒɔn/ 運轉. ∥운전할 수 있다 運轉ができる. 안전 운전 安全運轉.
운전-대 (運轉-) 【-때】 [명] (車の)ハンドル. ∥운전대를 잡다 ハンドルを握る.
운전면허 (運轉免許) [명] 運轉免許. ∥운전면허를 따다 運轉免許を取る.
운전-사 (運轉士) [명] 運轉手. ∥택시 운전사 タクシードライバー.
운전-자금 (運轉資金) [명] (經) 運轉資金.
운집 (雲集) [명][자] 雲集; 群がること. ∥군중이 운집하다 群衆が群がる.
운치 (韻致) [명] 趣; 風情; 趣(おもむ)き. ∥운치가 있는 풍경 趣のある風景.
운하 (運河) [명] 運河. ∥파나마 운하 パナマ運河.
운항 (運航) [명][타] 運航. **운항-되다** [자]
운해 (雲海) [명] 雲海.
운행 (運行) [명][자] 運行. ∥천체의 운행 天体の運行. 운행 시간 運行時間. **운행-되다** [자]
울¹ [명] 울타리의 略語.
울² (wool) [명] ウール. ∥울 마크 ウールマーク.
울³ [관] 우리의 縮約形. ∥울 언니 うちの姉.
울⁴ [니] [어語幹] 울다(泣く)의 미래 連体形.
울고-불고 [부][자] (悔しさなどで)泣き叫ぶ樣子. ∥울고불고 난리를 치다 泣き叫びながら騷ぎ立てる.

울금 (鬱金) [명] (植物) ウコン(鬱金).
울긋-불긋 [부] /ulgut'pulgut/ [-끋불귿] 色とりどり. ∥울긋불긋한 단풍 色とりどりの紅葉.

울다 /u:lda/ [자] [어語幹] [어루, 우는, 운] ❶ 泣く. ∥사람들 앞에서 큰소리로 울다 人前で大声で泣く. 아기 우는 소리가 들리다 赤ん坊の泣き声が聞こえる. 하염없이 울다 さめざめと泣く. 훌쩍훌쩍 울고 있다 しくしく(と)泣いている. 울어서 눈이 붓다 まぶたを泣きはらす. ⑳울리다. ❷ 鳴く; 吠える. ∥벌레가 울다 虫が鳴く. ❸ 鳴る. ∥자명종이 울다 目覚まし時計が鳴る. 뱃고동이 울다 汽笛が鳴る. ❹ 風などがふいて音を立てる. ❺ 縫い合わせや張りつけた物にしわがよる. ▸우는 아이 젖 준다 [속] (「泣く子に乳を與える」の意で)求めよさらば與えられん. ▸울고 싶자 때린다 [속] (「泣きたい時に殴られる」の意で)何かをしたい時に折よくいい口実ができたことのたとえ. ▸울며 겨자 먹기 [속] (「泣きながら芥子を食べる」の意で)嫌なことをやむを得ざるをえざること.

울-대 [-때] [명] (解剖) 喝管.
울대-뼈 [-때-] [명] (解剖) のどぼとけ. ⑳결후(結喉).

울렁-거리다 [-대다] [자] ❶ (胸が)わくわくする; どきどきする. ❷ むかむかする. ∥속이 울렁거리다 胃がむかむか(と)する.

울렁-울렁 [부][자] ❶ 心がはずんで落ち着かない樣子: わくわく; どきどき. ∥가슴이 울렁울렁하다 胸がわくわくする. ❷ 吐き気がする樣子: むかむか. ∥속이 울렁울렁하다 胃がむかむか(と)する.

울리다¹ /ullida/ [자] ❶ 鳴る. ∥초인종이 울리다 呼び鈴が鳴る. 전화벨이 울리다 電話のベルが鳴る. ❷ 響く; 響き渡る. ∥종소리가 울리다 鐘の音が響く. 북이 울리다 太鼓が響き渡る. 울려 퍼지다 鳴り響く.

울-리다² [연] 〔울다의 사동사형〕 ❶ 泣かせる. ∥아이를 울리다 子供を泣かせる. ❷ 鳴らす; 響かせる; 轟かす. ∥북을 울리다 太鼓を響かせる. ❸ 感動させる. ∥심금을 울리는 이야기 琴線に触れる話.

울림 [명] 物体に反射された響き; 鳴り.
울림-소리 [명] (言語) 有聲音. ⑳탁음(濁音). ⑳안울림소리.

울먹-거리다 [-꺼-] [자] 泣き出しそうだ; 泣きべそをかく. ∥울먹거리는 소리 泣き出しそうな声. 울먹거리면서 말하다 泣きべそをかきながら話す.

울먹-이다 [자] =울먹거리다.
울며-불며 [부] 泣き泣き; 泣く泣く. ∥울며불며 소리를 지르다 泣き叫びきわめる.

울-보 图 泣き虫.

울부짖다 [-짇따] 国 泣き叫ぶ;泣きわめく.

울분 (鬱憤) 图 鬱憤(記).‖울분을 터뜨리다 鬱憤を爆発させる.울분을 풀다 鬱憤を晴らす.

울-상 (-相)【-쌍】图 泣き顔;泣きべそ.‖울상을 짓다 泣きべそをかく.

울쑥-불쑥 [-쑥] 副 形動 不揃いにでこぼこしている様子.

울어 国 口語幹 울다 (泣く) の連用形.

울울-하다 (鬱鬱-) 形 하변 鬱々としている.

울음 图 泣き;鳴き.‖울음을 그치다 泣きやむ.

울음-바다 [-빠-] 图 大勢の人が同時に泣き出している状態.

울음-소리 [-쏘-] 图 泣き声;鳴き声.‖아기 울음소리 赤ん坊の泣き声.

울적-하다 (鬱寂-)【-쩌카-】形 하변 憂鬱で寂しい.‖울적한 마음 憂鬱で寂しい気持ち.

울증 (鬱症)【-쯩】图 鬱(ﾂ)病.

울컥 副 하변 ❶感情が激しく込み上げる様子.‖울컥 화가 치밀다 かっとなる.❷吐き気を催す様子.

울컥-거리다 [-꺼-] 国 むかむかする;へどが出そうだ.

울타리 /ulthari/ 图 垣;垣根;囲い. 圈 울. ‖울타리를 치다 垣根をめぐらす. 울타리가 있는 길 でこぼこした道.

울혈 (鬱血) 图【医学】鬱血(ﾂ).

울화 (鬱火) 图 鬱憤(ﾂ);憤り.‖울화가 치밀다 怒りが込み上げる.

울화-병 (鬱火病)【-뼝】(漢方)怒りやストレスなどで胸が苦しくてよく眠れない病気.

울화통 (鬱火-) 图【울화(鬱火)을 強めて言う語】積もりに積もった怒り.

움¹ 图 芽;若芽.‖움이 돋다 芽が出る.

움² 图 穴蔵にわらなどで屋根を作った食品貯蔵所.

움라우트 (Umlaut ﾄ)图(言語)ウムラウト.

움-막 (-幕) 图 穴蔵.

움막-집 (-幕-)【-찝】图 = 움막 (-幕-).

움직이다 /umdʑigida/ 国 動く. ‖전지로 움직이는 시계 電池で動く時計. 차가 움직이기 시작하다 車が動き出す. 경찰이 움직이기 시작했다고 한다 警察が動き始めたそうだ. 부하가 마음대로 움직여 주지 않다 部下が思うように動いてくれない. 월급을 배로 준다는 소리에 마음이 움직이다 給料を倍に出すと言われて心が動く. 세계 정세가 크게 움직이고 있다 世界情勢が大きく動いている.

— 他 動かす.‖손발을 움직이다 手足を動かす. 몸을 움직일 수가 없다 身動きがとれない. 책상을 창쪽으로 움직이다 机を窓際に動かす. 한국을 움직이고 있는 사람들 韓国を動かしている人々. 돈으로 사람 마음을 움직이다 金で人の心を動かす. 움직일 수 없는 사실 動かしがたい事実.

움직임 /umdʑigim/ ❶動き;動向. ‖몸직임이 있다 動きがある. 공의 움직임이 둔하다 動きが鈍い. 공의 움직임을 눈으로 따라가다 球の動きを目で追う. 세상의 움직임 世の中の動き. 마음의 움직임을 읽어 내다 心の動きを読み取る. ❷向き.‖반대의 움직임도 있다 反対の向きもある.

움찔 하변他 驚いて急に身をすくめる様子;ぎくりと;びっくり.

움찔-거리다 国自変 驚いてびくびくする.

움츠러-들다 [-딸] 国 口語形 縮こまる;すくむ.‖추워서 몸이 움츠러들다 寒くて体が縮こまる.

움츠리다 他 縮める;縮める;すくめる. ‖자신도 모르게 목을 움츠리다 思わず首を縮める.

움칠 副自変 驚いて急に体を動かす様子:ぴくっと. **움칠-움칠** 副自変

움칫 [-칟] 副 驚いて一瞬身震いする様子:びくっと. ‖인기척에 움칫하다 人の気配にびくっとする.

움켜-잡다 [-따] 他 つかむ;(お腹など)を抱える.‖팔을 움켜잡다 腕をつかむ. 배를 움켜잡고 웃다 腹を抱えて笑う.

움켜-쥐다 他 握りしめる.‖지갑을 움켜쥐다 財布を握りしめる.

움큼 依 一握り;一つかみ.‖쌀 한 움큼 一摑みの米.

움-트다 [으쁘] 芽生える;萌え出る. ‖싹이 움트다 芽が出る.

움푹 副 하변 真ん中がへこんでいる様子:ぺこんと. 하변 움푹. **움푹-움푹** 副 하변

웃-거름 {운-꺼-} 图 自変 追い肥;追肥.

웃-기다 /utˀkida/ {운-끼-} 他 ❶〔웃다の使役動詞〕笑わせる. ‖이상한 소리를 해서 사람들을 웃기다 おかしなことを言って人を笑わせる. 웃기는 소리 하지 마 笑わせるな. 저 정도로 프로라니 웃긴다 あれでプロだとは、笑わせる. ❷面白い;おかしい;滑稽だ. ‖웃기는 짓을 하다 おかしいことをする.

웃는 {운-} 웃다 (笑う) の現在連体形.

웃다 /uːtˀta/ {운따} 国 笑う.‖아기가 방긋방긋 웃다 赤ちゃんがにこにこと笑う. 큰 소리로 웃다 大声で笑う. 무안해서 웃다 照れ隠しに笑う. 자지러지게 웃다 笑いこける;笑い転げる. 배를 잡고 웃다 腹を抱えて笑う. 기가

웃-돈

막혀 웃다. あきれて笑う. 웃고 넘길 일이 아니다 笑い事では済まされない. 웃는 얼굴로 이야기하다 笑顔で話す. 잘 웃는 사람 笑い上戸. ▶웃기다. 웃는 낯에 침 뱉으랴 [諺] 怒れるこぶしに, 笑顔に当たらず.

웃-돈 [운똔] 图 追い銭.
웃-돌다 [운똘-] 圄 [ㄹ語幹] 上回る. 웃밀돌다. 공급이 수요를 웃돌다 供給が需要を上回る.
웃어 웃다(笑う)의 連用形.
웃어-넘기다 圄 笑い流す; 笑い飛ばす. 가볍게 웃어넘기다 軽く笑い流す.
웃-옷 [우돋] 图 上衣. 웃옷을 걸치다 上衣を羽織る.
웃은 웃다(笑う)의 過去連体形.
웃을 웃다(笑う)의 未来連体形.
웃음 /usum/ 图 笑い; 笑み. 나오는 웃음을 참을 수가 없었다 笑いをこらえきれなかった. 웃음을 자아내다 笑いを誘う. 웃음을 머금다 笑みを浮かべる. 쓴웃음을 짓다 苦笑いする.
웃음-거리 [-까-] 图 笑い物; 物笑い; 笑いぐさ. 세상의 웃음거리가 되다 世間の笑い物になる.
웃음-꽃 [-꼳] 图 笑いの花. 웃음꽃이 피다 笑いの花が咲く.
웃음-소리 [-쏘-] 图 笑い声. 웃음소리가 끊이지 않는 집 笑い声が絶えない家.
웃-통 [운-] 图 ❶ 上体. ❷ 上衣. 웃통을 벗어던지고 일을 거들다 上衣を脱ぎ捨てて仕事を手伝う.
웅담 (熊膽) 图 [漢方] 熊の胆嚢.
웅대-하다 (雄大-) 形 [하여불] 雄大だ. 웅대한 경관 雄大な眺め.
웅덩이 图 水溜まり; よどみ. 웅덩이가 생기다 水溜まりができる.
웅변 (雄辯) 图 有功 雄弁; 弁論. 웅변 대회 弁論大会.
웅변-가 (雄辯家) 图 雄弁家.
웅변-술 (雄辯術) 图 雄弁術.
웅성-거리다 [-대다] 圄 ざわめく; ざわつく; ざわざわする; 騒(さわ)めく. 웅성거리는 소리 ざわざわ(とした)声.
웅성-웅성 圖 宥功 ざわざわ. 웅성웅성 시끄럽다 ざわざわ(と)うるさい.
웅얼-거리다 [-대다] 圄 ぶつぶつ言う; もぐもぐ言う. 뭔가 불만스러운 듯이 웅얼거리다 何か不満げにつぶやく.
웅얼-웅얼 圖 宥功 ぶつぶつ; もぐもぐ.
웅자 (雄姿) 图 雄姿.
웅장-하다 (雄壯-) 形 [하여불] 雄壮だ; 壮大だ. 웅장한 건물 壮大な建物.
웅지 (雄志) 图 雄志.
웅크리다 圄 しゃがむ; しゃがみ込む; うずくまる. 길가에 웅크리고 앉아 있다 道端にしゃがんで座っている.

웅음-돈

웅음 依否 웅큼의 誤り.
워¹ (圓) ハングル母音字母「ㅝ」の名称.
워² (國) 牛馬を制する時のかけ声; どう.

워-워

워낙 /wonak/ 圖 ❶ もともと. 워낙 말이 없는 사람이라 같이 있으면 답답하다 もともと口数の少ない人だから一緒にいるともどかしい. ❷ 何しろ; とにかく. 공부하러 오는데 워낙 더워서 할 마음이 안 생긴다 勉強しないといけないのに, 何しろ暑くてその気にならない. ❸ あまりにも. 워낙 인기가 있어서 금방 매진되다 あまりにも人気があってすぐ売り切れる.
워드~프로세서 (word processor) 图 ワードプロセッサー; ワープロ.
워력 (圓) ❶ いきなり飛びかかったり抱き寄せたりする様子: ぐいと. ❷ 突然ある感情が込み上げる様子. 宥功 わらっと.
워밍업 (warming-up) 图 ウォーミングアップ.
워크숍 (workshop) 图 ワークショップ.
워키토키 (walkie-talkie) 图 ウォーキートーキー; トランシーバー.
원¹ (圓) 丸いもの; 円. 원을 그리다 円を描く.
원² (元) (姓) (歷史) (ウォン).
원³ (元) (歷史) (中国王朝の)元 (1271〜1368).
원⁴ (怨) (怨恨)·원한(怨恨)의 略語) 恨み.
원⁵ (願) 图 [소원(所願)의 略語] 願い. 원을 풀다 願いがかなう.
원⁶ (國) 予想外のことで驚きや不満を表わす時に発する語: あら; まあ; 何と. 원, 기가 막혀서 말이 안 나온다 まあ, あきれてものが言えない.
원⁷ /won/ 依否 韓国の貨幣の単位: …ウォン. 한 개 만 원입니다 1個1万ウォンです.
원⁸ (元) 依否 中国の貨幣の単位: …元.
원-⁹ (元·原) 接頭 元の…. 원위치 元の位置.
원¹⁰ (願) 接尾 …願. 휴직원을 내다 休職願いを出す.
원¹¹ (元) 接尾 (數學) 方程式で未知数の個数を表わす語: …元. 일원 이차 방정식 一元二次方程式.
원¹² (員) 接尾 その仕事に携わっている人を表わす語: …員. 공무원 公務員.
-원¹³ (院) 接尾 …院. 대학원 大学院.
-원¹⁴ (園) 接尾 …園. 동물원 動物園.
원가 (原價) [-까] 图 原価. 원가에 판매하다 原価で販売する.
원-거리 (遠距離) 图 遠距離. ⓐ근거리 (近距離).
원격 (遠隔) 图 宥形 遠隔. 원격 제어 장치 遠隔制御装置. 원격 조종 遠

원경(遠景) 图 遠景. ㉠근경(近景).
원고¹(原告) 图【法律】原告. ㉠피고(被告).
원고²(原稿) /wongo/ 图 原稿. ‖원고 마감 原稿의 締切り. 강연 원고 講演の原稿.
원고-료(原稿料) 图 原稿料.
원고-지(原稿紙) 图 原稿用紙. ‖사백 자 원고지 400字詰め原稿用紙.
원군(援軍) 图 援軍. ‖원군을 요청하다 援軍を要請する.
원귀(寃鬼) 图 怨霊.
원건(遠近) 图 遠近. ‖원근 조절 遠近調節.
원근-감(遠近感) 图 遠近感.
원근-법(遠近法)【-뻡】图 遠近法.
원금(元金) 图 元金. ㉠이자(利子).
원기(元氣) 图 元氣; 精氣. ‖원기를 회복하다 元氣を回復する.
원-기둥(圓-) 图【数学】円柱.
원내(院内) 图 院内. ❶ 병원 등 院과 名の付く機関의 内部. ❷ 国会의 内部. ‖원내 교섭 단체 院内交渉団体.
원년(元年) 图 元年.
원단(原緞) 图 生地;反物.
원대-하다(遠大-)【-하에】形 遠大だ. ‖원대한 계획을 세우다 遠大な計画を立てる.
원동-기(原動機) 图 原動機;エンジン モーター.
원동-력(原動力)【-녁】图 原動力. ‖자신감이 성공의 원동력이다 自信感が成功の原動力である.
원두-막(園頭幕) 图 畑を守るための番小屋.
원두-커피(原豆 coffee) 图 炒(い)った コーヒー;豆を挽いて入れたコーヒー.
원래(元來·原來) /wollæ/【월-】图 当初;本来. ‖원래의 모습 本来の姿. 원래의 계획 当初の計画.
——图 元来;そもそも;土台. ‖원래 말이 없는 사람이다 もともと口数の少ない人だ. 원래 있던 자리 もともとあった場所.
원로(元老)【월-】图 元老. ‖법조계의 원로 法界の元老.
원로-원(元老院)【-원】图【歷史】元老院.
원론(原論)【월-】图 原論. ‖경제학 원론 経済学原論.
원료(原料) /wolljo/【월-】图 原料. ‖원료를 해외에서 조달하다 原料を海外から調達する. 원료의 주원료는 무엇입니까? 焼餅の主な原料は何ですか.
원룸(one-room) 图 원룸 아파트의 略語.
원룸~아파트 (←one-room apartment) 图 ワンルームマンション.
원류(源流) 图 源流.
원리¹(元利)【월-】图 元利;元金と利

息.
원리-금(元利金) 图 元利金.
원리²(原理)【월-】图 原理. ‖상대성 원리 相対性原理. 원리 원칙대로 하다 原則通りにする.
원만-하다(圓滿-) /wonmanhada/ 形【하에】圓滿だ. ‖원만한 성격 円満な性格. 두 사람 사이는 원만하다 2人の仲は円満だ. 원만하게 해결하다 円満に解決する. **원만-히** 副.
원망¹(怨望) 图·他サ 恨み;恨むこと. 〖®(怨) 怨〗. ‖자신을 원망하다 自分を恨む.
원망-스럽다(怨望-)【-따】形【ㅂ変】恨めしい. ‖원망스러운 마음 恨めしい気持ち. **원망스레** 副.
원망²(願望) 图·他サ 願望.
원맨-쇼 (one-man show) 图 ワンマンショー.
원목(原木) 图 原木.
원무(圓舞) 图 円舞;輪舞.
원무-곡(圓舞曲) 图【音樂】円舞曲;ワルツ.
원문(原文) 图 原文.
원반(圓盤) 图 円盤.
원반-던지기(圓盤-) 图·自サ【スポーツ】円盤投げ.
원병(援兵) 图 援兵;援軍.
원본(原本) 图 原本.
원-불교(圓佛教)【-뿔-】图【仏教】韓国で創始された仏教の一派.
원-뿔(圓-) 图【数学】円錐.
원사(原絲) 图 原糸.
원사이드~게임 (←one-sided game) 图 ワンサイドゲーム.
원산(原産) 图 原産.
원산-지(原産地) 图 原産地.
원상(原狀) 图 原状. ‖원상으로 돌리다 原状に戻す. 원상 복구 原状復旧.
원상-회복(原狀回復)【-쾌-】图·他サ 原状回復. **원상회복-되다** 受動.
원색(原色) 图 原色.
원색-적(原色的)【-쩍】图 原色;露骨. ‖원색적인 비난 露骨な非難.
원색~동물(原索動物)【-똥-】图【動物】原索(げんさく)動物.
원생¹(院生) 图 大学院・少年院など院に所属している人.
원생²(原生) 图 原生.
원생-대(原生代)【-때】图【地】原生代.
원생-림(原生林)【-님】图 原生林.
원생-지(原生地) 图 原生地.
원생~동물(原生動物)【-똥-】图【動物】原生動物.
원서¹(原書) 图 原書. ‖논문을 원서로 읽다 論文を原書で読む. 원서 강독 原書講読.
원서²(願書) 图 願書. ‖원서를 내다 願書を出す. 입학 원서 入学願書.
원석(原石) 图 原石.

원성 (怨聲) 图 怨声(ﾜﾂ); 恨みの声. ‖원성을 사다 恨みを買う. 원성이 자자하다 不満や恨みの声が高い.

원소 (元素) 图《化学》元素. ‖원소 기호 元素記号.

원수¹ (元首) 图 元首.

원수² (元帥) 图《軍事》元帥.

원수³ (怨讐) /wɔːnsu/ 图 怨讐(ﾂﾞｩ); 仇, 仇(ｶﾀｷ). ‖恩を仇で返す. 원수를 갚다 仇を討つ. ▶원수는 외나무다리에서 만난다 [諺] (「仇は一本橋の上で出くわす」の意で) 嫌な相手に限って会ってしまうものだ.

원수-지다 (怨讐-) 图 敵同士となる.

원숙 (圓熟) 图[하다] 円熟. ‖원숙한 연기 円熟した演技.

원숙-기 (圓熟期) [-끼] 图 円熟期.

원순-모음 (圓脣母音) 图《言語》円唇母音.

원숭이 /wɔːnsuŋi/ 图《動物》サル(猿).
▶원숭이도 나무에서 떨어진다 [諺] 猿も木から落ちる.

원숭이-띠 图 申年生まれ.

원숭이-해 图 申年. 图 신년(申年).

원시¹ (原始・元始) 图 原始. ‖원시생활 原始生活.

원시 공동체 (原始共同體) 图 = 원시 공산체(原始共産體).

원시 공산체 (原始共産體) 图 原始共産制.

원시-림 (原始林) 图 原始林.

원시 시대 (原始時代) 图 原始時代.

원시-인 (原始人) 图 原始人.

원시-적 (原始的) 图 原始的. ‖원시적인 방법 原始的な方法.

원시² (遠視) 图[하다] 图근시(近視).

원시-안 (遠視眼) 图《医学》遠視眼.

원심¹ (原審) 图《法律》原裁判; 原審.

원심² (圓心) 图《数学》円心.

원심³ (遠心) 图. 图구심(求心). ‖원심 분리기 遠心分離機.

원심-력 (遠心力) [-녁] 图 遠心力. 图구심력(求心力). ‖원심력이 작용하다 遠心力がはたらく.

원아¹ (院兒) 图 孤児院など保護施設の児童.

원아² (園兒) 图 園児. ‖유치원 원아 모집 幼稚園園児募集.

원안 (原案) 图 原案. ‖원안대로 처리 原案通りに処理.

원앙 (鴛鴦) 图 ❶《鳥類》オシドリ(鴛鴦). ❷[比喩的に] 仲睦まじい夫婦. ‖원앙 같은 부부 おしどり夫婦.

원앙-새 (鴛鴦-) 图 = 원앙(鴛鴦).

원앙-침 (鴛鴦-) 图 鴛鴦が刺繍してある枕.

원액 (原液) 图 原液.

원양 (遠洋) 图 遠洋. ‖원양 어선 遠洋漁船.

원어 (原語) 图 原語.

원어-민 (原語民) 图 ネーティブスピーカー.

원예 (園藝) 图 園芸.

원예-사 (園藝師) 图 園芸師; 庭師.

원예 작물 (園藝作物) [-장-] 图 園芸作物.

원외 (院外) [-/-웨] 图 院外.

원-위치 (原位置) 图 元の位置.

원유 (原油) 图 原油. ‖원유 생산국 原油生産国.

원음 (原音) 图 原音.

원인¹ (原人) 图 原始人. ‖자바 원인 ジャワ原人.

원인² (原因) /wɔnin/ 图 原因. 图결과(結果). ‖원인을 밝히다 原因を明らかにする. 사고의 원인을 찾아내다 事故の原因を突き止める.

원인³ (猿人) 图 猿人.

원인⁴ (遠因) 图 遠因. 图근인(近因).

원자 (原子) /wɔndʒa/ 图《物理》原子.

원자-가 (原子價) [-까] 图《化学》原子価.

원자-량 (原子量) 图《化学》原子量.

원자-력 (原子力) 图 原子力. ‖원자력 발전소 原子力発電所.

원자-로 (原子爐) 图《物理》原子炉.

원자 번호 (原子番號) 图 原子番号.

원자 폭탄 (原子爆彈) 图 原子爆弾. 图원폭(原爆).

원자-핵 (原子核) 图《物理》原子核.

원-자재 (原資材) 图 原資材.

원작 (原作) 图 原作. ‖동명 소설을 원작으로 한 영화 同名小説を原作にした映画.

원장¹ (院長) 图 院長.

원장² (園長) 图 園長. ‖유치원 원장 幼稚園園長.

원장³ (元帳) [-짱] 图 元帳; 原帳.

원-장부 (元帳簿) 图 元帳; 原帳.

원-재료 (原材料) 图 原材料.

원저 (原著) 图 原著; 原作.

원적 (原籍) 图 原籍.

원-적외선 (遠赤外線) [-/-저꿰-] 图 遠赤外線.

원전 (原典) 图 原典. ‖원전을 찾아보다 原典に当たる.

원점 (原點) [-쩜] 图 原点. ‖원점으로 돌아가다 原点に立ち戻る.

원정 (遠征) 图[하다] 遠征. ‖원정을 가다 遠征に行く. 원정 경기 遠征試合; アウェーゲーム.

원제 (原題) 图 原題.

원조¹ (元祖) 图 元祖.

원조² (援助) /wɔːndʒo/ 图[하다] 援助. ‖경제적 원조를 받다 経済的援助を受ける. 기술 원조 技術援助, 원조 교제 援助交際.

원죄¹ (原罪) 【-/-퀘】 图《キリスト教》原罪.

원죄² (冤罪) 【-/-퀘】 图[하다] 冤罪.

원주¹(圓周) 〖명〗〖수학〗 円周.

원주-율(圓周率) 〖명〗〖수학〗 円周率.

원주²(圓柱) 〖명〗 円柱.

원주-민(原住民) 〖명〗 原住民.

원-지름(圓-) 〖명〗〖수학〗 円の直径.

원천(源泉) 〖명〗 源泉;源. ‖지식의 원천 知識の源泉. 활력의 원천 活力の源.

원천 과세(源泉課稅) 〖법률〗 源泉課稅.

원천 징수(源泉徵收) 〖법률〗 源泉徵收.

원체(元體) 〖명〗 ❶もともと; 本来; もとから. ‖원체 몸이 약하다 もともと体が弱い. ❷とても; あまりにも. ‖원체 비싸서 못 샀다 あまりにも高くて買えなかった.

원초(原初) 〖명〗 原初.

　원초-적(原初的) 〖명〗 原初的本来. ‖원초적 본능 原初的本能.

원추(圓錐) 〖명〗〖수학〗 円錐.

　원추-형(圓錐形) 〖명〗〖수학〗 円錐形.

원추리(圓錐-) 〖명〗〖식물〗 ワスレグサ(忘れ草).

원칙(原則) /wɔnʧik/ 〖명〗 原則. ‖원칙을 내달다 原則を掲げる. 원칙을 고수하다 原則を守る[貫く]. 원칙에 어긋나다 原則に反する.

　원칙-적(原則的) 【-쩍】 〖명〗 原則的.

원-컨대(願-) 〖부〗 願わくは; どうか.

원탁(圓卓) 〖명〗 円卓.

원통(圓筒) 〖명〗 円筒.

　원통-형(圓筒形) 〖명〗 円筒形.

원통-하다(寃痛-) 〖형〗〖하여〗 恨めしい; 非常に悔しい; 無念だ; 非常に残念だ.

원판(原版) 〖명〗 原版.

원폭(原爆) 〖명〗〈原子爆彈(원자 폭탄)〉の略語.

원-풀이¹(怨-) 〖명〗〖하다〗 恨みを晴らすこと.

원-풀이²(願-) 〖명〗〖하다〗 願いがかなうこと.

원피스(one-piece) 〖명〗 ワンピース.

원-하다(願-) /wɔːnhada/ 〖타〗〖하여〗 願う; 望む; 求める; 希望する. ‖자유를 원하다 自由を願う. 원하는 일이 이루어지다 願いがかなう. 일을 도와줄 사람을 원하다 仕事を手伝ってくれる人を求める. 원하는 대학에 들어가다 希望する大学に入る.

원한(怨恨) 〖명〗 恨み; 怨恨. 働〈怨(원)〉. ‖원한을 품다 怨恨をいだく.

원해(遠海) 〖명〗 遠海. ⑪〈근해(近海)〉.

원형¹(原形) 〖명〗 原形. ‖원형을 보존하다 原形を保つ.

원형²(原型) 〖명〗 原型. ‖원형을 뜨다 原型を取る.

원형³(圓形) 〖명〗 円形. ‖원형 극장 円形劇場. 원형 탈모증 円形脱毛症.

　원형-질(原形質) 〖명〗〖생물〗 原形質.

원호(圓弧) 〖명〗〖수학〗 円弧; 弧.

원호²(援護) 〖명〗〖하다〗 援護.

원혼(寃魂) 〖명〗 恨みを抱えたまま死んだ人の魂.

원화(原畫) 〖명〗 原画.

원활-하다(圓滑-) /wɔnhwalhada/ 〖형〗〖하여〗 円滑だ; 〈物事の進み具合が〉順調だ. ‖원활한 경기 운영 円滑な競技運営. 교섭이 원활하게 이루어지다 交渉が円滑に運ぶ. 공사가 원활하게 진행되고 있다 工事が順調に進んでいる.

　원활-히〖부〗

원흉(元兇) 〖명〗 元凶.

월¹(月) 〖명〗 文; 文章.

월²(月) /wɔl/ 〖명〗 ❶月. ‖월 삼십만 원의 아르바이트 月 30 万ウォンのアルバイト. 월 평균 수입 平均月収. ❷〈월요일(月曜日)〉の略語. ‖수업은 월, 수, 금입니다 授業は月, 水, 金です. ─〈依〉 …月. ‖삼월 3 月. 유월 6 月. 시월 10 月.

월간¹(月刊) 〖명〗 月刊.

　월간-지(月刊紙) 〖명〗 月刊誌.

월간²(月間) 〖명〗 月間. ‖월간 계획 月間計画.

월경¹(月經) 〖명〗〖하다〗 月経; 生理.

월경²(越境) 〖명〗〖하다〗 越境.

월계-관(月桂冠) 【-/-게-】 〖명〗 月桂冠.

월계-수(月桂樹) 【-/-게-】 〖명〗〖식물〗 ゲッケイジュ(月桂樹).

월광(月光) 〖명〗 月光.

월권(越權) 〖명〗〖하다〗 越権. ‖월권 행위 越権行為.

월급(月給) /wɔlgup/ 〖명〗 月給; 給料. ‖월급을 받다 月給をもらう. 월급이 오르다 給料が上がる. 월급날 給料日.

　월급-쟁이(月給-) 【-쨍-】 〖명〗〈やや軽くびる言い方で〉月給取り.

　월급-제(月給制) 【-쩨】 〖명〗 月給制.

월남(越南) 【-람】 〖명〗 ❶〖하다〗 北朝鮮から軍事境界線を越えて韓国に行くこと. ❷〈国名〉ベトナム.

월동(越冬) 〖명〗〖하다〗 越冬. ‖월동 준비 冬籠え.

월드 와이드 웹(World Wide Web) 〖명〗〖IT〗 ワールドワイドウェブ. 働〈웹〉.

월드-컵(World Cup) 〖명〗 ワールドカップ.

월등-하다(越等-) 【-등-】 〖형〗〖하여〗 ずば抜けている; 非常に優れている. **월등-히** 〖부〗 월등히 키가 크다 ずば抜けて背が高い.

월례(月例) 〖명〗 月例.

월말(月末) 〖명〗 月末. ⑪〈월초(月初)〉.

월반(越班) 〖명〗〖하다〗 飛び級.

월별(月別) 〖명〗 月別; 月ごと. ‖월별로 계산하다 月別に計算する.

월병(月餠) 〖명〗 月餠.

월보(月報) 〖명〗 月報.

월부(月賦) 〖명〗 月賦; 分割払い; ローン.

월부 ‖월부로 구입하다 分割払いで購入する.
월북(越北) [하접] 韓国から軍事境界線を越えて北朝鮮に行くこと.
월색(月色) 【-쌕】 图 月光.
월석(月石) 【-썩】 图 月の表面にある石.
월세(月貰) 【-쎄】 图 月払いの家賃をたばそのような賃貸タイプ. ‖월셋방(月極)賃貸アパート.
월수(月收) 【-쑤】 图 月収.
월수입(月收入) 【-쑤-】 图 月収.
월식(月蝕·月食) 【-씩】 图(自)《天文》月食.
월액(月額) 图 月額.
월-요일(月曜日) /wɔrjoil/ 图 月曜日. 例(月). ‖월요일 아침부터 지각하다 月曜日の朝から遅刻する. 월요일에는 수업이 없다 月曜日は授業がない. 월요일 밤 月曜日の夜.
월일(月日) 图 ❶月と太陽. ❷月日.
월장(越墻) 【-짱】 图(自) 塀を越える こと.
월중(月中) 【-쭝】 图 月中.
월차(月次) 图 ❶月次. ❷その月の有給休暇. ‖월차를 내다 有給休暇を取る.
월척(越尺) 图 釣り上げた魚が一尺を超えること, またはその魚. ‖월척을 낚다 一尺を超える魚を釣る.
월초(月初) 图 月初め·月の初め. 砌월말(月末).
월출(月出) 图(自) 月の出.
웨 图 ハングルの母音字母「ㅞ」の名称.
웨딩-드레스(wedding dress) 图 ウェディングドレス.
웨이스트(waist) 图 腰; ウエスト.
웨이터(waiter) 图 ウエーター. 砌보이.
웨이트리스(waitress) 图 ウエートレス.
웨이트˜트레이닝(weight training) 图 ウエイトトレーニング.
웩 图 急に吐き出す様子[音] げえっと.
왝-왝 图
왝왝-거리다 【-끄-】 图 げえっと音を立てながら吐き出している.
웬 /weːn/ 冠 ❶どんなわけの…; どうした…; 何の…. ‖웬 선물이에요? 何でプレゼントですか. ⇒웬 떡이냐 (「どういうお似かご」の意で)思いがけない幸運に巡り合った時に発する語.
웬-만큼 /weːnmankʰum/ 副 ❶ほどほどに; そこそこ(に). ‖게임은 웬만큼 하고 자거라 ゲームはほどほどにして寝なさい. ❷かなり; 相当. ‖공부도 웬만큼 하고 놀아라 勉強も相当やって遊びなさい.
웬만-하다 /weːnmanhada/ 形 [하変] ❶まあまあだ; まずまずだ; 普通だ; 並大抵だ.

‖웬만한 사람이라면 안 참는다 普通の人なら我慢しない. 웬만한 일로는 안 운다 並大抵のことでは泣かない.
웬-일 【-닐】 图 (意味で)何のこと; どういうこと. ‖웬일이세요? どうしたんですか.
웰빙(well-being) 图 肉体的·精神的バランスを保ち, 健康な心身を維持することによって幸せな暮らしを追求する生活様式.
웰터-급(welter 級) 图 〔ボクシングで〕ウェルター級.
웹(web) 图 (IT) 〔월드 와이드 웹의 略語〕 ウェブ.
웹-마스터(web master) 图 (IT) ウェブマスター.
웹˜사이트(web site) 图 (IT) ウェブサイト.
웹˜서핑(web surfing) 图 (IT) ネットサーフィン.
윙 图 ❶虫が飛ぶ音: ぶん. ❷ものが風を切って飛び去る音: ぴゅん. ❸強い風がものにぶつかって出す金属音: ひゅう.
윙-윙 图(自) ぶんぶん; ひゅうひゅう.
윙윙-거리다 图 しきりにぶんぶんと音を立てる.
위¹ 图 ハングル母音字母「ㅟ」の名称.
위²(上) 图 ❶上; 上の方. ‖서류는 책상 위에 있습니다 書類は机の上にあります. 세 살 위의 누나가 있어요 3歳上の姉がいます. 추위서 위에 하나 더 입었어요 寒いので上にもう一枚着ました. ❷〔時間的に〕前; 上述. ‖위의 내용과 같다 上記の内容と同様である.
위³(位) 图 地位; 職位.
— 依존 順位や等級を表わす語: …位. ‖대회에서 위 하다 大会で2位になる.
위⁴(胃) /wi/ 图《解剖》胃; 胃腸. ‖위가 약하다 胃が弱い. 위에 부담을 주다 胃に負担をかける.
위⁵(魏) 图 (姓) 魏(ウィ).
위⁶(緯) 图 위선(緯線)の略語. 砌 경 (經).
위-경련(胃痙攣) /wigjɔŋnjɔn/ 【-년】 图《医学》胃痙攣. ‖위경련을 일으키다 胃痙攣を起こす.
위계(位階) 【-/-/게】 图 位階.
위관(尉官) 图 《軍》尉官.
위광(威光) 图 威光.
위구(危懼) 图(自) 危懼.
위구-심(危懼心) 图 危惧の念. ‖위구심을 갖다 危惧の念をいだく.
위-궤양(胃潰瘍) 图《医学》胃潰瘍.
위급-하다(危急-) 【-그바-】 形 [하変] 危急だ; 緊急を要する. ‖위급한 상황 緊急を要する.
위기(危機) /wigi/ 图 危機. ‖위기를 모면하다 危機を免れる. 위기가 닥쳐

오다 危機가 迫다.
위기-감 (危機感) 图 危機感.
위기-관리 (危機管理) 【-끌-】 图 危機管理.
위기-의식 (危機意識) 【-/-이-】 图 危機意識.
위기-일발 (危機一髮) 图 危機一髮. ‖위기일발의 상황 危機一髮의 狀況.
위대-하다 (偉大-) /widehada/ 【-하여】 形 偉大다; 偉い. ‖위대한 지도자 偉大한 指導者.
위도 (緯度) 图【地】 緯度. ㉗경도 (經度).
위도-선 (緯度線) 图【地】 緯線.
위독-하다 (危篤-) 【-도카-】 形【하여】 危篤다. ‖위독한 상태 危篤狀態.
위력 (威力) 图 威力. ‖위력을 발휘다 威力을 發揮하다.
위령 (慰靈) 图 慰靈.
위령-제 (慰靈祭) 图 慰靈祭.
위로 (慰勞) /wiro/ 他 慰勞; 労わって慰める다. ‖병상의 친구를 위로하다 病床의 친구를 慰勞다. **위로-받다** 受動.
위로-금 (慰勞金) 图 慰勞金.
위로-연 (慰勞宴) 图 慰勞会.
위문 (慰問) 图 他 慰問. ‖위문 공연 慰問公演. **위문-받다** 受動.
위문-금 (慰問金) 图 慰問金.
위문-품 (慰問品) 图 慰問袋; 慰問品.
위반 (違反) /wiban/ 图 自 違反. ‖교통 법규를 위반하다 交通法規를 違反하다. 선거법 위반 選擧法違反.
위배 (違背) 图【되-】 違背; もとること. ‖규약에 위배되다 規約에 違背되다.
위법 (違法) 图 違法. ‖위법 행위 違法行為.
위법-성 (違法性) 【-썽】 图 違法性.
위벽 (胃壁) 图【解剖】 胃壁. ‖위벽이 헐다 胃壁이 ただれる.
위병 (衛兵) 图【軍事】 衛兵.
위병-소 (衛兵所) 图【軍事】 衛兵所.
위산 (胃酸) 图 胃酸.
위산-과다증 (胃酸過多症)【-쯩】图【医学】胃酸過多症.
위상 (位相) 图 位相.
위생 (衛生) /wisʌŋ/ 图 衛生. ‖위생상 좋지 않다 衛生上 よくない. 공중위생 公衆衛生. 정신 위생 精神衛生. 비위생적인 가게 不衛生な店.
위생-법 (衛生法) 【-뻡】 图【法律】 衛生法.
위생-적 (衛生的) 图 衛生的.
위생-학 (衛生學) 图 衛生學.
위선[1] (僞善) 图 自 偽善.
위선-자 (僞善者) 图 偽善者.
위선-적 (僞善的) 图 偽善的.
위선[2] (緯線) 图【地】 緯線. ㉗경선 (經線).

위성 (衛星) /wisʌŋ/ 图【天文】 衛星. ‖인공위성 人工衛星. 통신 위성 通信衛星.
위성-국 (衛星國) 图 衛星國.
위성-도시 (衛星都市) 图 衛星都市.
위성-방송 (衛星放送) 图 衛星放送.
위성 중계 (衛星中繼) 【-/-게】 图 衛星中繼.
위성-통신 (衛星通信) 图 衛星通信.
위세 (威勢) 图 威勢. ‖위세를 떨치다 威勢를とどろかす.
위스키 (whiskey) 图 ウイスキー.
위시-하다 (爲始-)【하여】 〔主に위시하여・위시하여서의 形で〕 …を始めとする; …を始めとして. ‖미국을 위시한 선진 국들 アメリカを始めとする先進国.
위신 (威信) 图 威信. ‖국가의 위신이 걸린 문제 國家의 威信がかかった問題.
위-아래 /wiarɛ/ 图 ❶ 上下; 上と下. ❷ 目上の人と目下の人.
위안[1] (慰安) 图 他【하여】 慰め; 慰安. ‖위 안이 되는 말 慰めになる言葉. **위안-받다** 受動.
위안-부 (慰安婦) 图 慰安婦. ‖종군 위안부 従軍慰安婦.
위안[2] (元) 依名 中國의 貨幣의 單位; …元.
위암 (胃癌) 图【医学】 胃癌.
위압 (威壓) 图 他 威壓.
위압-감 (威壓感) 【-깜】 图 威壓感.
위압-적 (威壓的) 【-쩍】 图 威壓的. ‖위압적인 태도 威壓的態度.
위액 (胃液) 图【生理】 胃液.
위약 (違約) 图 自 違約.
위약-금 (違約金) 【-끔】 图【法律】 違約金.
위양 (委讓) 图 他 委讓. **위양-되다**[-받다] 受動.
위엄 (威嚴) 图 威嚴.
위엄-스럽다 (威嚴-) 【-따】 形 威嚴がある. **위엄스레** 副.
위엄-차다 (威嚴-) 形 威嚴がある; 威めしい; 威嚴に満ちている. ‖위엄찬 태도 威嚴に満ちた態度.
위업 (偉業) 图 偉業. ‖위업을 달성하다 偉業을 成し遂げる.
위염 (胃炎) 图【医学】 胃炎; 胃カタル.
위용 (威容) 图 威容. ‖위용을 과시하다 威容을 誇る.
위원 (委員) /wiwʌn/ 图 委員. ‖상임 위원 常任委員. 논설위원 論說委員.
위원-장 (委員長) 图 委員長.
위원-회 (委員會) 【-/-훼】 图 委員會.
위인[1] (偉人) /wiin/ 图 偉人. ‖존경하 는 위인 尊敬する偉人. 위업을 달성한 위인들 偉業을 成し遂げた偉人たち. **위인-전** (偉人傳) 图 偉人傳.
위인[2] (爲人) 图 〔主に…위인의 形で〕 人; 人柄; 人となり. ‖형편없는 위인 取

위임 (委任) 【하다】 ② 委任. ∥전권을 위임하다 全權を委任する. **위임-되다** 受動

위임-장 (委任狀) 【-짱】 ② 委任狀.

위자-료 (慰藉料) ② 慰藉料.

위장[1] (胃腸) ② 胃と腸;胃腸.
  위장-병 (胃腸病) 【-뼝】 ② (胃炎など)胃腸の病気.
  위장-약 (胃腸藥) 【-냑】 ② 胃腸藥.
  위장-염 (胃腸炎) 【-념】 ② 〖医学〗 胃腸炎.

위장[2] (胃臟) ② 胃.

위장[3] (偽裝) ② そうであるかのように装うこと. ∥위장 결혼 偽裝結婚.

위정 (爲政) 【하다】 ② 爲政(い).
  위정-자 (爲政者) ② 爲政者.

위조 (偽造) 【하다】 ② ∥사문서를 위조하다 私文書を偽造する. 위조 지폐 偽造紙幣; 偽札. **위조-되다** 受動
  위조-죄 (偽造罪) 【-죄/-쮀】 ② 〖法律〗偽造罪.

위종 (偽證) 【하다】 ② 偽證.
  위종-죄 (偽證罪) 【-죄/-쮀】 ② 〖法律〗偽證罪.

위-쪽 ② 上;上の方;上 側. 반 아래쪽.

위-채 ② 棟が2つ以上ある場合,上の方にある棟. 반 아래채.

위촉 (委囑) 【하다】 ② ∥자문위원을 위촉하다 諮問委員を委囑する. **위촉-되다** [-받따] 受動
  위촉-장 (委囑狀) 【-짱】 ② 委囑狀.

위축 (萎縮) 【되다】 ② 萎縮. ∥위축된 듯한 표정 萎縮したような表情.

위-층 (-層) ② 上の階. 반 밑층(-層). 반 아래층(-層).

위치 (位置) /wit̬ʰi/ ② 自 位置;立場. ∥책상 위치를 바꾸다 机の位置を変える. 중요한 위치를 차지하고 있다 重要な位置を占めている.

위 카메라 (胃 camera) ② 胃カメラ.

위-카타르 (胃 catarrh) ② 〖医学〗胃カタル;胃炎.

위탁 (委託) 【하다】 ② ∥업무를 위탁하다 業務を委託する. **위탁-받다**
  위탁-금 (委託金) 【-끔】 ② 委託金.
  위탁-인 (委託人) 【-긴】 ② 委託人.
  위탁 판매 (委託販賣) ② 委託販賣.

위태-롭다 (危殆-) /wit̬ʰɛropʼta/ 【-따】

【ㅂ変】 【하다】 ② 危うい;危險だ;危ない. ∥생명이 위태롭다 命が危ない. 위태로운 국면 危ういき局面.

위태위태-하다 (危殆危殆-) 【하다】 ② 非常に危ない;見てひやひやする. ∥위태위태한 상황 ひやひやする状況.

위태-하다 (危殆-) 【하다】 ② 危うい;危ない;危険だ.

위-턱 〖解剖〗 上あご. 반 상악(上顎). 반 아래턱.

위턱-뼈 〖解剖〗 上あごの骨. 반 상악골(上顎骨).

위통 (胃痛) ② 胃痛.

위트 (wit) ② ウイット;機知.

위-팔 ② 上膊;上腕.

위패 (位牌) ② 位牌.

위편 (韋編) ② 韋編(い)(書物を綴じる革の紐).
  위편-삼절 (韋編三絶) ② 韋編(い)三絶;韋編三たび絶つ.

위풍 (威風) ② 威風.
  위풍-당당 (威風堂堂) 【하다】 ②形 威風堂々. ∥위풍당당한 모습 威風堂々とした姿.

위-하다 (爲-) /wi:hada/ 【하다】 ② 【하变】 ① (人を)大事にする. 大切にする. ∥어머니를 위하는 마음 母を大切に思う気持ち. ② […하기 위하여[위해]…するために). 원하는 대학에 들어가기 위해 열심히 공부하고 희望する大学に入るため一生懸命勉強する. ③ […을[를] 위하여[위해]の形で) …のために. ∥건강을 위해 매일 걷고 있다 健康のため毎日歩いている. ④ […을[를] 위한[위하는]の形で) …のための. ∥미래를 위한 투자 未来のための投資. 사회인들을 위한 강좌 社会人のための講座.

위-하수 (胃下垂) ② 〖医学〗胃下垂.

위해 (危害) ② 危害. ∥위해를 가하다 危害を加える.

위헌 (違憲) ② 違憲.
  위헌-성 (違憲性) 【-씽】 ② 違憲性.

위험 (危險) /wihəm/ ② 【하다】 ② 危険;恐れ. ∥위험한 일 危険な仕事. 다른 문제를 일으킬 위험이 있다 他の問題を起こす恐れがある.
  위험-성 (危險性) 【-씽】 ② 危険性.

위협 (威脅) /wihjəp̚/ ② 【하다】 ② 威嚇;脅すこと;脅かすこと. ∥칼을 들이대며 위협하다 鼻先に刀をつきつけて脅す.
  위협-적 (威脅的) 【-쩍】 ② 威嚇的. ∥위협적인 말 威嚇的な言葉.

위화-감 (違和感) ② 違和感. ∥위화감을 느끼다 違和感を覚える.

윈도 (window) 〖IT〗 ウインドー.
  윈도쇼핑 (window-shopping) ② ウインドーショッピング.

윈드서핑(windsurfing) 图 《スポーツ》ウインドサーフィン.

윗-길[윈낄/윋낄] 图 上の方の道. ⑪아랫길.

윗-니[윈-] 图 上歯. ⑪아랫니.

윗-도리[윋또리] 图 ❶上半身. ⑪아랫도리. ❷윗도리옷の略語.
　윗도리-옷[위또-옫/윋또-옫] 图 上着. ⑪아랫도리옷.

윗-돌[위똘/윋똘] 图 上の方に積まれた石. ⑪아랫돌.

윗-면(-面)[윈-] 图 上の面. ⑪아랫면(-面).

윗-목[원-] 图 (オンドル部屋で)下座. ⑪아랫목.

윗-몸[윈-] 图 上体.
　윗몸-일으키기[윈몸-] 图 上体起こし; 腹筋運動.

윗-물[윈-] 图 ❶川の上流の水. ❷〔比喩的に〕組織の中で上の方. ⑪아랫물. ▶윗물이 맑아야 아랫물이 맑다[⑩](上流の水がきれいでこそ下流の水もきれいだ」の意で)上に立つ者の行ないが正しければ下の者の行ないも正しい.

윗-배[위뻬/윋빼] 图 お腹の臍の上の部分.

윗-변(-邊)[위뼌/윋뼌] 图 《数学》多角形の上辺.

윗-부분(-部分)[-원뿌-/-윋뿌-] 图 上の部分. ⑪아랫부분(-部分).

윗-사람[위싸-/윋싸-] 图 ❶目上の人. ❷自分より身分や地位が上の人. ⑪아랫사람.

윗-옷[위돋] 图 上着.

윗-입술[원닙쑬] 图 上唇. ⑪아랫입술.

윗-자리[위짜리/윋짜리] 图 上座. ⑪아랫자리.

윙¹ (wing) 图 ウイング.

윙² 图 ❶蜂などが勢いよく飛ぶ音: ぶん. ❷機械のモータなどが回る音: びゅん. ❸風が木の枝や電線などにぶつかって鳴る音: ひゅう; びゅう. **윙-윙** 囯(副) ぶんぶん; ひゅうひゅう; びゅんびゅん.
　윙윙-거리다 囯 しきりにぶんぶんと音を立てる.

윙크(wink) 囯(하동) ウインク.

유¹ 图 ハングル母音字母「ㅠ」の名称.

유²(有) 图 有.

유³(酉) 图 《十二支の》酉(ஃ).

유⁴(兪) 图(姓) 兪(ユ).

유⁵(柳) 图(姓) 柳(ユ).

유⁶(劉) 图(姓) 劉(ユ).

유⁷(類) 图 類.

유(U·u) 图 《アルファベットの》ユー.

유가(油價) 图 油価; 原油価格.

유가-족(遺家族) 图 遺家族; 遺族.

유가-증권(有價證券)[-까-꿘] 图 《経》有価証券.

유감(遺憾) /jugam/ 图 遺憾; 残念な

不満なところ. ‖유감의 뜻을 표하다 遺憾の意を表する. 나한테 유감 있어요? 私に不満でもあるんですか.

유감-스럽다(遺憾-)[-따] 형 [ㅂ変] 遺憾だ; 残念だ. ‖유감스럽게 생각하다 遺憾に思う. **유감-스레** 분

유감없-이(遺憾-)[-가법씨] 분 遺憾なく; 十分に. ‖실력을 유감없이 발휘하다 実力を遺憾なく発揮する.

유감-천만(遺憾千萬) 图 遺憾千万.

유-개념(類概念) 图 類概念.

유객(遊客) 图 遊客.

유격-대(遊擊隊)[-때] 图《軍事》遊撃隊.

유격-수(遊擊手)[-쑤] 图 《野球で》遊撃手; ショート.

유격-전(遊擊戰)[-쩐] 图 遊撃戦.

유고(遺稿) 图 遺稿.

유고슬라비아(Yugoslavia) 图《国名》ユーゴスラビア.

유골(遺骨) 图 遺骨.

유공(有功) 뒨형 有功; 功労があること. ‖국가 유공자 国家功労者.

유과¹(油菓·油果) 图 小麦粉やもち米の粉で生地を作り, 適当な大きさに切り油で揚げて蜂蜜か水飴を塗った後, もち米を炒ってつぶした粉やゴマをまぶした韓国の伝統菓子.

유과²(有果) 图 乳菓.

유곽(遊廓) 图 遊廓.

유괴(誘拐) 图 《하동》 誘拐. ‖초등학생을 유괴하다 小学生を誘拐する. **유괴-되다**[-되다/-뒈다] 昏围

유괴-범(誘拐犯)[-뻠] 图 誘拐犯.

유교(儒敎) /jugyo/ 图 儒教. ‖유교의 실천 도덕은 인의이다 儒教の実践道徳は仁義にある.

유구무언(有口無言) (「口はあるが発する言葉がない」の意で)弁明の余地がないこと.

유구-하다(悠久-) 형동 悠久だ. ‖유구한 역사 悠久な歴史. **유구-히** 뷘

유권(有權)[-꿘] 图 有権.
　유권-자(有權者) 图 有権者.

유권해석(有權解釋) 图 有権解釈.

유급¹(有給)[-끕] 图 有給; 無給(無給). ‖유급 휴가 有給休暇.

유급²(留級) 图(하동) 留年. ‖학점이 모자라서 유급되다 単位が足りなくて留年する.

유기¹(有期) 图 有期. ⑪무기(無期).
　유기-형(有期刑) 图 《法律》有期刑.

유기²(有機) 图 有機. ⑪무기(無機). ‖유기 비료 有機肥料.
　유기-물(有機物) 图 有機物. ⑪무기물(無機物).
　유기-산(有機酸) 图 《化学》有機酸.
　유기-적(有機的) 图 有機的. ‖유기

유기-적인 관계 有機的인 관계.
유기-질 (有機質) 图 有機質. ⑪무기질(無機質).
유기-체 (有機體) 图 有機體.
유기-화학 (有機化學) 图 〖化學〗 有機化學. ⑪무기화학(無機化學).
유기 화합물 (有機化合物) 图 〖化學〗 有機化合物. ⑪무기 화합물(無機化合物).
유기 (鍮器) 图 真鍮製의 그릇.
유기 (遺棄) 图 ⑧타 遺棄. ‖아이를 유기하다 子를 遺棄하다. 시체 유기 死體遺棄. 유기-되다 ⑧피
유기-음 (有氣音) 图 〖言語〗 激音; 有氣音. ⑪무기음(無氣音).
유기 호흡 (有氣呼吸) 图 酸素呼吸. ⑪산소 호흡(酸素呼吸).

<u>유난</u> /ju:nan/ 图 (-하다) 图 言動などが突飛なこと; 普通でないこと; ひときわ目立つこと. ‖유난을 떨다 大げさだ. 돈에 대한 집착이 유난하다 金への執着が普通でない. 유난-히 ひときわ; とりわけ. ‖손이 유난히 흰 사람 手がひときわ白い人. 오늘은 유난히 덥다 今日は格別暑い.
유난-스럽다 (-따) 刑 [ㅂ変] 格別だ; はなはだしい; 尋常ではない. ‖막내에 대한 애정이 유난스럽다 末っ子に対する愛情が格別だ. 유난스레 副

유네스코 (UNESCO) 图 ユネスコ.
유년 (幼年) 图 幼年.
유년-기 (幼年期) 图 幼年期.
유년 (有年) 图 有年. ⑪豊年.
유념 (留念) 图 ⑧타 留意.
유능-하다 (有能-) 刑 有能だ. ⑪무능하다(無能-). ‖유능한 인재 有能な人材.
유니버시아드 (Universiade) 图 ユニバーシアード; 国際学生競技大会.
유니세프 (UNICEF) 图 ユニセフ.
유니섹스 (unisex) 图 ユニセックス.
유니언-잭 (Union Jack) 图 ユニオンジャック. ✦イギリスの国旗.
유니폼 (uniform) 图 ユニホーム.
유단-자 (有段者) 图 有段者.

<u>유-달리</u> (類-) /ju:dalli/ 副 ひときわ; 特に; 格別に. ‖유달리 뛰는 행동 ひときわ目立つ行動. 수학을 유달리 못하다 数学が特に苦手だ. 올해는 유달리 덥다 今年は格別暑い.

유당 (乳糖) 图 〖化學〗 乳糖. ⑪젖당(-糖).
유대 (紐帶) 图 紐帯; つながり; 絆. ‖가족 간의 유대 家族の絆.
유대² (←Judea) 图 ユダヤ. ‖유대인 ユダヤ人.
유대-교 (-敎) 图 〖宗教〗 ユダヤ敎.
유도 (柔道) 图 〖スポーツ〗 柔道.
유도 (誘導) 图 ⑧타 誘導. ‖学生을 안전한 場所로 유도하다 生徒を安全な場所に誘導する. 유도-되다 ⑧피
유도 신문 (誘導訊問) 图 〖法律〗 誘導訊問.
유도-체 (誘導體) 图 誘導体.
유도-탄 (誘導彈) 图 〖軍事〗 誘導彈; ミサイル.
유독¹ (有毒) 图 (-하다) 刑 有毒. ⑪무독(無毒). ‖유독 성분 有毒な成分. 유독 가스 有毒ガス.

<u>유독</u>² (唯獨・惟獨) /judok/ 副 ❶ ただ独りで; ただ一つ. ‖유독 단것만 좋아한다 ただ甘い物が好きだ. ❷ ひときわ. ‖올 겨울은 유독 눈이 많다 今年の冬はひときわ雪が多い.

유동¹ (油桐) 图 〖植物〗 アブラギリ(油桐).
유동² (流動) 图 ⑧자 流動.
유동-물 (流動物) 图 流動物.
유동-성 (流動性) 图 [-썽] 流動性.
유동-식 (流動食) 图 流動食.
유동 자본 (流動資本) 图 〖經〗 流動資本. ⑪고정 자본(固定資本).
유동 자산 (流動資産) 图 流動資産. ⑪고정 자산(固定資産).
유동-적 (流動的) 图 流動的. ‖유동적인 상황 流動的な状況.
유동³ (遊動) 图 ⑧자 遊動.
유두 (乳頭) 图 乳頭. ⑪젖꼭지.
유들-유들 [휴-/-뜌-] 圐 (-하다) しゃあしゃあ. ‖유들유들하게 생긴 얼굴 しゃあしゃあ(と)した顔.

유라시아 (Eurasia) 图 〖地名〗 ユーラシア.
유락 (遊樂) 图 ⑧자 遊楽; 行楽. ‖유락 시설 行楽施設.
유람 (遊覽) 图 ⑧타 遊覽.
유람-객 (遊覽客) 图 遊覽客.
유람-선 (遊覽船) 图 遊覽船.
유랑 (流浪) 图 ⑧자 流浪(る). ‖유랑 생활 流浪生活[放浪]生活.
유랑-민 (流浪民) 图 流浪の民.
유래 (由来) 图 ⑧자 由来. ‖서울이라는 지명의 유래 ソウルという地名の由来.
유량 (流量) 图 流量.
유러달러 (Eurodollar) 图 〖經〗 ユーロダラー.
유럽 (Europe) 图 〖地名〗 ヨーロッパ.
유려-하다 (流麗-) 刑 (-하게) 流麗だ. ‖유려한 문장 流麗な文章.

<u>유력</u> (有力) /ju:rjək/ 图 (-하다) 刑 有力. ‖유력한 후보 有力な候補. 유력한 근거 有力な根拠. 이번 선거에서는 그 사람이 이길 것이라는 견해가 유력하다 今回の選挙では彼が勝つとの見方が有力である.
유력-시 (有力視) 【-씨】 图 ⑧타 有力視.
유력-자 (有力者) 图 [-짜] 有力者.
유령 (幽靈) 图 幽靈; お化け. ‖유령 회

사 幽靈会社. 유령의 집 お化け屋敷.
유례(類例) 图 類例. ‖그런 유례를 찾아볼 수 없다 他に類例を見ない.
유료(有料) 图 有料. ⊕무료(無料). ‖유료 화장실 有料トイレ. 유료 주차장 有料駐車場.
유류[1](油類) 图 油類.
유류[2](遺留) 图 遺留.
유류-분(遺留分)【法律】遺留分.
유류-품(遺留品) 图 遺留品.
유륜(乳輪) 图 乳輪.
유리(流離) 图 图 流離.
유리[2](遊離) 图 图 遊離. ‖현실과 유리된 발상 現実と遊離した発想. 유리 현상 遊離現象.
유리[3](瑠璃)/juri/ 图 ガラス. ‖유리를 깨다 ガラスを割る. 유리가 깨지다 ガラスが割れる. 유리 조각 ガラスの破片.
유리-관(琉璃管) 图 ガラス管.
유리-면(琉璃綿) 图 ガラス綿; ガラスウール.
유리-병(琉璃瓶) 图 ガラス瓶.
유리-섬유(琉璃纖維) 图 ガラス繊維.
유리-알(琉璃-) 图 ガラスの玉.
유리-창(琉璃窓) 图 ガラス窓.
유리-컵(琉璃cup) 图 ガラスのコップ.
유리[4](瑠璃)【鉱物】瑠璃.
유리-수(有理数)【数学】有理数. ⊕무리수(無理数).
유리-식(有理式)【数学】有理式. ⊕무리식(無理式).
유리-하다(有利-)/ju:rihada/ 圈 图 有利だ. ⊕불리하다(不利-). ‖유리한 조건 有利な条件. 상황이 유리하게 전개되다 状況が有利に展開する.
유린(蹂躪·蹂躙) 图 他 蹂躙(ラン). ‖인권 유린 人権蹂躙. **유린-되다**[-당하다].
유림(儒林) 图 儒林(リン).
유만부동(類萬不同) ① 類似しているところは多いが同じではないこと. ② 度を越すこと; 分際に合わないこと; とんでもないこと; ほどを分からないこと. ‖적반하장도 유만부동 盗人猛々しいにもほどがある.
유망(有望) 图 图 有望. ‖장래가 유망한 젊은이 将来有望な若者.
유망-주(有望株) 图 ㉠有望株. ㉡ホープ. ‖수영계의 유망주 水泳界のホープ.
유머(humor) 图 ユーモア. ‖유머 감각 ユーモア感覚.
유머러스-하다(humorous-) 圈 图 ユーモラスだ. ‖일상을 유머러스하게 그린 소설 日常をユーモラスに描いた小説.
유머레스크(humoresque) 图【音楽】ユーモレスク.
유명[1](有名)/jumjŋ/ 圈 图 有名.

‖유명한 사람 有名人. 사과 산지로 유명한 곳 リンゴの産地として有名なところ. 그 산은 산세가 험하기로 유명하다 あの山は山勢が険しいことで有名である. 친구는 작가로서 유명해졌다 友だちは作家として有名になった.
유명-무실(有名無實)【图圈】有名無実. ‖유명무실한 법률 有名無実な法律.
유명-세(有名税)【-쎄】图 有名税. ‖유명세를 치루다 有名税を払う.
유명[2](幽明) 图 幽明. ▶유명을 달리하다 幽明界を異にする.
유모(乳母) 图 乳母.
유모-차(乳母車) 图 乳母車; ベビーカー; バギー.
유목(遊牧) 图 图 遊牧.
유목-민(遊牧民)【-민】图 遊牧民.
유목[2](流木) 图 流木.
유무(有無) 图 有無. ‖경험의 유무 経験の有無.
유문(幽門)【解剖】幽門(ラン).
유물[1](遺物) 图 遺物.
유물[2](唯物) 图 唯物. ⊕유심(唯心).
유물-론(唯物論) 图 唯物論. ⊕유심론(唯心論). ‖변증법적 유물론 弁証法的唯物論.
유미-주의(唯美主義)【-/-이】图 唯美主義; 耽美主義.
유민(流民) 图 流民.
유밀-과(油蜜菓) 图 ⇒유과(油菓).
유발(誘發) 图 他 誘発; 引き起こすこと. ‖사고를 유발하다 事故を誘発する. **유발-되다**.
유방(乳房)【解剖】乳房.
유방-암(乳房癌)【医学】乳癌.
유배(流配) 图 图 流罪; 島流し.
유배-지(流配地) 图 配所.
유-백색(乳白色)【-쌕】图 乳白色.
유별[1](有別) 图 (特別な基準において)区別があること.
유별-나다(有別-)【-라-】圈 格別だ; 普通ではない; 変わっている; 風変わりだ. ‖하는 짓이 유별나다 やっていることが変わっている. 유별나게 잘해 주다 格別に扱う.
유별[2](類別) 图 他 類別.
유보(留保) 图 他 保留; 保留. ‖결정을 유보하다 決定を保留する. **유보-되다**.
유복-자(遺腹子)【-짜】图 父の死後に生まれた子.
유복-하다(裕福-)【-보카-】圈 图 裕福だ. ‖유복한 어린 시절 裕福な幼少時代.
유부(油腐) 图 油揚げ.
유부-국수(油腐-)【-쑤】图【料理】油揚げのせた麺; きつねうどん.
유부-초밥(油腐醋-) 图【料理】いな

유부-남(有婦男) 图 既婚の男性; 妻帯者.

유부-녀(有夫女) 图 既婚の女性.

유-분수(有分數) 图 〔主に…도 유분수의 形で〕…(する) にもほどがある. ‖착각도 유분수지 勘違いにもほどがある.

유불(儒佛) 图 儒仏.

유불선(儒佛仙) 图 儒教と仏教と仙道.

유비(類比) 图 自他 類比.

유비-무환(有備無患) 图 備えあれば患(ぶれい)なし.

유빙(流氷) 图 流氷.

유사[1](有史) 图 有史. ‖유사 이래 有史以来.

유사[2](類似) /ju:sa/ 图 形動 類似; 似通うこと. ‖유사한 작품은 類似はたありうる作品. 범행 수법이 유사하다 犯行の手口が似通っている.

유사-성(類似性) [-썽] 图 類似性.

유사-점(類似點) [-쩜] 图 類似点.

유사-품(類似品) 图 類似品.

유사-시(有事時) 图 有事の際; 非常時. ‖유사시에 대비하다 有事に備える.

유산[1](有産) 图 有産. ⟺무산(無産).

유산-계급(有産階級) [-/-게-] 图 有産階級. ⟺무산 계급(無産階級).

유산[2](乳酸) 图 (化学) 乳酸.

유산-균(乳酸菌) 图 乳酸菌. ‖유산균 음료 乳酸菌飲料.

유산-발효(乳酸醱酵) 图 乳酸発酵.

유산[3](遺産) /jusan/ 图 遺産. ‖위대한 유산을 남기다 偉大な遺産を残す. 세계 문화 유산 世界文化遺産.

유산[4](流産) 图 自他 流産. ‖자연 유산 自然流産. 아이가 유산되다 子どもが流産する.

유산소-운동(有酸素運動) 图 有酸素運動.

유상[1](有償) 图 有償. ⟺무상(無償). ‖유상 원조 有償援助.

유상-계약(有償契約) [-/-게-] 图 (経) 有償契約.

유상-증자(有償增資) 图 (経) 有償増資.

유상-행위(有償行爲) 图 有償行為.

유상[2](油狀) 图 油状.

유상[3](乳狀) 图 乳状.

유상-무상(有象無象) 图 有象無象.

유색(有色) 图 形動 有色. ‖유색 인종 有色人種.

유색-체(有色體) 图 (植物) 有色体.

유생[1](幼生) 图 (動物) 幼生.

유생[2](有生) 图 有生(ぅ); 生き物.

유서[1](由緒) 图 由緒. ‖유서 깊은 곳 由緒ある場所.

유서[2](遺書) 图 遺書. ‖유서를 남기다 遺書を残す. 유서가 발견되다 遺書が見つかる.

유선[1](有線) 图 有線. ⟺무선(無線). ‖유선 방송 有線放送.

유선[2](乳腺) 图 (解剖) 乳腺.

유선-염(乳腺炎) [-념] 图 (医学) 乳腺炎.

유선[3](流線) 图 流線.

유선-형(流線型) 图 流線型.

유성[1](有性) 图 (生物) 有性. ⟺무성(無性).

유성-생식(有性生殖) 图 有性生殖. ⟺무성 생식(無性生殖).

유성[2](油性) 图 油性. ⟺수성(水性). ‖유성 볼펜 油性ボールペン.

유성[3](流星) 图 (天文) 流星; 流れ星.

유성-군(流星群) 图 (天文) 流星群.

유성[4](遊星) 图 (天文) 遊星; 惑星.

유성-음(有聲音) 图 (言語) 有声音. ⟺무성음(無聲音).

유세[1](有勢) 图 有勢. ‖아들이 일류 대학에 들어갔다고 유세하다 息子が一流大学に入ったと言って威張る. 유세를 떨다 自慢をしている.

유세[2](遊說) 图 自他 遊説. ‖선거 유세를 하다 選挙の遊説をする.

유-소년(幼少年) 图 幼年と少年.

유속(流速) 图 流速.

유송-관(油送管) 图 =송유관(送油管).

유수[1](流水) 图 流水. ‖세월은 유수와 같이 歳月は流れる水の如し.

유수[2](有數) 图 形動 有数. ‖부여는 한국 유수의 관광지이다 扶余は韓国有数の観光地である.

유수-지(遊水池) 图 遊水池.

유숙(留宿) 图 自他 止宿.

유순-하다(柔順-) 图 형용 (하변) 柔順だ. ‖유순한 태도 柔順な態度.

유스-호스텔(youth hostel) 图 ユースホステル.

유시(酉時) 图 (民俗) 酉の刻(午後5時から午後7時まで).

유식-하다(有識-) [-시카-] 图 형용 (하변) 知識や学問があること; 有識である(無識). ‖유식한 사람 物知りな人.

유신(維新) 图 自他 維新. ‖메이지 유신 明治維新.

유신-론(有神論) [-논] 图 有神論. ⟺무신론(無神論).

유실[1](流失) 图 自他 流失. ‖홍수로 다리가 유실되다 洪水で橋が流失する.

유실[2](遺失) 图 自他 遺失. ‖유실물 보관 遺失物保管.

유실-수(有實樹) [-쑤] 图 (植物) (柿・栗・ナツメなど) 実がなる木.

유심(唯心) 图 唯心.

유심-론 (唯心論)【-논】 图 唯心論. ↔유물론(唯物論).
유심-히 (有心-) 图 注意深く. ∥유심히 살펴보다 注意深く調べる.
유아¹ (乳兒) 图 乳兒.
  유아-기 (乳兒期) 图 乳兒期.
유아² (幼兒) 图 幼兒. ∥유아 교육 めき교육 幼兒 教育.
  유아-기 (幼兒期) 图 幼兒期.
유아-독존 (唯我獨尊)【-존】 图 唯我獨尊.
유암 (乳癌)【医学】 图 乳癌.
유액 (乳液) 图 乳液.
유야-무야 (有耶無耶) 图 自動 うやむや; 曖昧. ∥계획이 유야무야되다 計画がうやむやになる.
유약 (釉藥·泑藥) 图 釉藥(うわぐすり); 上薬.
유약-하다¹ (幼弱-)【-야카-】 形【야変】 幼弱だ.
유약-하다² (柔弱-)【-야카-】 形【야変】 柔弱だ. ∥유약한 정신 柔弱な精神.
유언 (遺言) 图 自他 遺言.
  유언-장 (遺言状) 图 遺言状.
유언-비어 (流言蜚語) 图 流言飛語; デマ. ∥유언비어를 퍼뜨리다 デマを広める.
유업 (遺業) 图 遺業.
유에프오 (UFO) 图 ユーフォー. ↔unidentified flying object의 略語.
유엔 (UN) /ju:en/ 图 国連; 国際連合.
  유엔-군 (UN軍) 图 国連軍; 国際連合軍.
유여 (遺與) 图 他 残してやること.
유역 (流域) 图 流域. ∥낙동강 유역 洛東江流域.
유연 (柔軟) /jujəN/ 图 形 柔軟なこと; 柔らかいこと. ∥유연한 사고방식 柔軟な考え方. 유연한 몸놀림 柔らかい身のこなし.
  유연-성 (柔軟性)【-성】 图 柔軟性.
  유연-체조 (柔軟體操) 图 柔軟体操.
유연² (油煙) 图 油煙.
유연-하다 (悠然-) 形【야変】 悠然としている.
유영 (游泳) 图 自 遊泳.
유예 (猶豫) 图 他 猶予. ∥판결을 유예하다 判決を猶予する. **유예-되다** 受動
유용¹ (有用) 图 形 有用; 役に立つこと. ↔무용(無用). ∥유용한 물건 有用な品物.
  유용-성 (有用性)【-성】 图 有用性.
유용² (流用) 图 他 流用. ∥공금을 유용하다 公金を流用する.
  유용-금 (流用金) 图 流用金.
유원-지 (遊園地) 图 遊園地.
유원-하다 (悠遠-) 形【야変】 悠遠だ.

유월 (←六月) /juwəl/ 图 6月. ∥유월부터 팔월까지를 여름이라고 한다 6月から8月までを夏と言う. 유월은 가정의 수호신 주노의 달이다 6月は家庭の守護神ジュノーの月である.
유유-상종 (類類相從) 图 類は友を呼ぶこと; 同気相求めること.
유유-자적 (悠悠自適) 图 悠々自適. ∥유유자적한 시골 생활 悠々自適な田舎の生活.
유유-하다 (悠悠-) 形【야変】 悠々としている. **유유-히** 副
유음 (流音)【言語】 图 流音. ↔韓国語の「ㄹ」など.
유의¹ (有意)【-/-이】 图 形 有意; 有意義.
유의² (留意) /jui/【-/-이】 图 他 留意; 心がけること. ∥건강에 유의하다 健康に留意する. 유의 사항 留意事項.
  유의-어 (類義語)【-/-이-】 图【言語】 類義語.
유익-하다 (有益-) /juikʰada/【-이카-】 形【야変】 有益だ. ↔무익하다(無益-). ∥유익한 이야기 有益な話. 여름 방학을 유익하게 보내다 夏休みを有益に過ごす.
유인¹ (誘引) 图 他 誘引; 誘き寄せること. **유인-되다** 受動
유인² (有人) 图 有人. ↔무인(無人). ∥유인 위성 有人衛星.
  유인-물 (油印物) 图 印刷物; プリント.
  유인-원 (類人猿) 图 類人猿.
유일 (唯一) /juil/ 图 形 唯一. ∥유일한 바람 唯一の望み. 유일한 즐거움 唯一の楽しみ. 내가 유일하게 만들 수 있는 요리 私が唯一作れる料理.
  유일-무이 (唯一無二) 图 形 唯一無二. ∥유일무이한 존재 唯一無二の存在.
  유일-신 (唯一神)【-신】 图【宗教】 唯一神.
유입 (流入) 图 自 流入. ∥인구가 도시로 유입되다 人口が都市に流入する.
유자¹ (柚子) /judʒa/【植物】 ユズ(柚子).
  유자-나무 (柚子-) 图【植物】 柚子の木.
  유자-차 (柚子茶) 图 柚子茶.
  유자-청 (柚子清) 图 柚子の蜂蜜漬け.
유자² (遺子) 图 遺児; 遺子.
  유자-관 (U字管)【-짜-】 图 U字管.
유작 (遺作) 图 遺作.
유장-하다 (悠長-) 形【야変】 悠長だ.
유저 (遺著) 图 遺著.
유적 (遺跡) 图 /judʒɔk/ 遺跡; 古跡. ∥신라 시대의 유적 新羅時代の遺跡. 고대 로마의 유적 古代ローマの

遺跡.
유전¹(油田) 图 油田.
유전²(流轉) 图 流転.
유전³(遺傳) /judʒən/ 图 自 遺伝. ‖격세 유전 隔世遺伝. 유전 인자 遺伝因子.
유전-병(遺傳病) [-뼝] 图《医学》遺伝病.
유전-성(遺傳性) [-썽] 图 遺伝性.
유전-자(遺傳子) 图《生物》遺伝子.
유전자-돌연변이(遺傳子突然變異) 图《生物》遺伝子突然変異.
유전자-형(遺傳子型) 图《生物》遺伝子型.
유전-학(遺傳學) 图 遺伝学.
유전-체(誘電體) 图《物理》誘電体.
유정(有情) 厖 有情. 앤무정(無情).
유정-관(油井管) 图 油井管.
유제¹(乳劑) 图《化学》エマルジョン; 乳剤.
유제²(油劑) 图 油剤.
유-제품(乳製品) 图 乳製品.
유조-선(油槽船) 图 油槽船; タンカー.
유조-차(油槽車) 图 タンクローリー.
유족(遺族) 图 遺族.
유종(有終) 厖 有終. ▶유종의 미 有終の美. 유종의 미를 거두다 有終の美を飾る.
유종의-미(有終之美) 图 有終の美.
유죄(有罪) [-/-께] 厖 有罪. 앤무죄(無罪).
유지¹(有志) 图 ❶地域の有力者; 影響力のある人. ‖지방 유지 地方の有力者. ❷有志.
유지²(乳脂) 图 乳脂肪の略語.
유지³(油脂) 图《化学》油脂.
유지⁴(油紙) 图 油紙. 앤기름종이.
유지⁵(遺志) 图 遺志. ‖유지를 받들 다 遺志を継ぐ.
유지⁶(維持) /judʒi/ 图他 維持; 保つこと. ‖정권을 유지하다 政権を維持する. 중립적인 입장을 유지하다 中立的な立場を保つ. 건강을 유지하다 健康を保つ. 현상 유지 現状維持. **유지-되다** 受動
유지-비(維持費) 图 維持費.
유지-매미(油脂-) 图《昆虫》アブラゼミ(油蟬).
유-지방(乳脂肪) 图 乳脂肪. 왠유지(乳脂).
유착(癒着) 图 自 癒着. ‖정경 유착 政治と経済の癒着.
유창-하다(流暢-) /jutʃʰaŋhada/ 厖[하変] 流暢だ. ‖유창한 영어 실력 流暢な英語力. 한국어를 유창하게 말하다 韓国語を流暢に話す. **유창-히** 副
유채(油菜) 图《植物》アブラナ(油菜).

菜の花.
유채-꽃(油菜-) [-꼳] 图《植物》アブラナの花. 菜の花.
유채-색(有彩色) 图 有彩色. 왠무채색(無彩色).
유쾌(愉快) 图 厖 有貴.
유쾌-행위(有貴行爲) [-채 행-] 图《法律》菜の花.
유체¹(流體) 图《物理》流体.
유체²(遺體) 图 遺体.
유추(類推) 图他 類推.
유추 해석(類推解釋) 图 類推解釈.
유출(流出) 图 自 流出. ‖귀중한 문화재가 국외로 유출되다 貴重な文化財が国外へ流出する. 두뇌 유출 頭脳流出.
유충(幼蟲) 图《昆虫》幼虫. 왠애벌레.
유충-제(誘蟲劑) 图 誘引剤.
유취(乳臭) 图 乳臭.
유층(油層) 图《地》油層.
유치¹(乳齒) 图《医歯》乳歯.
유치²(留置) 图他《法律》留置.
유치-장(留置場) 图 留置場.
유치³(誘致) 图他 誘致. ‖공장을 유치하다 工場を誘致する. **유치-되다** 受動
유치-원(幼稚園) /jutʃʰiwən/ 图 幼稚園. ‖유치원 원아 幼稚園園児.
유치-하다(幼稚-) /jutʃʰihada/ 厖[하変] 幼稚だ. ‖유치한 사람 幼稚な人. 유치한 논의 幼稚な議論. 유치하게 굴다 幼稚にふるまう.
유쾌-하다(愉快-) /jukʰwehada/ 厖[하変] 愉快だ. 앤불쾌하다(不快-). ‖유쾌한 모임 愉快な会. 유쾌하게 하루를 보내다 愉快に1日を過ごす.
유탁-액(乳濁液) 图《化学》乳濁液; エマルジョン.
유탄¹(柳炭) 图《美術》主にデッサンに使われる柳の炭.
유탄²(流彈) 图 流弾; 流れ弾.
유탄³(榴彈) 图《軍事》榴弾.
유태(猶太) 图 ユダヤ(← Judea)の漢字表記.
유태-교(猶太敎) 图《宗教》= ユダヤ教(-敎).
유택(幽宅) 图 墓.
유-턴(U turn) 图 自 Uターン.
유토피아(Utopia) 图 ユートピア.
유통(流通) /jutʰoŋ/ 图 自 流通. ‖현재 유통되고 있는 화폐 現在流通している貨幣. 유통 경로 流通経路.
유통-량(流通量) [-냥] 图 流通量.
유통-업(流通業) 图 流通業.
유파(流派) 图 流派.
유폐(幽閉) [-폐/-폐] 图他 幽閉.
유포(流布) 图他 流布. ‖유언비어를 유포하다 デマを流布する. **유포-되다** 受動

유품(遺品) 图 遺品.
유-하다(柔-) 图 [하変] ❶柔らかい. ❷(性格が)穏やかでのんびりしている. ㊅強がである(剛-).
유학¹(儒學) 图 儒学.
유학²(留學) /juhak/ 图 自(自) 留学. ∥미국으로 유학을 가다 アメリカへ留学する.
유학-생(留學生)【-生】图 留学生. ∥국비 유학생 国費留学生.
유한²(遺恨) 图 遺恨.
유한²(有限・有閑) 图 [하変] 有限. 有閑.
유한-계급(有閑階級)【-/-게-】图 有閑階級.
유한-마담(有閑 madame) 图 有閑マダム.
유한-부인(有閑夫人) 图 有閑夫人.
유한³(有限) 图 有限. ↔무한(無限). ∥유한한 자원 有限な資源.
유한-급수(有限級數)【-쑤】图 《数学》有限級数. ↔무한급수(無限級數).
유한-소수(有限小數) 图 《数学》有限小数.
유한-책임(有限責任) 图 《法律》有限責任.
유한-화서(有限花序) 图 《植物》有限花序.
유한-회사(有限會社)【-/-훼-】图 有限会社.
유합(癒合) 图 自(自) 癒合.
유해¹(遺骸) 图 遺骸; 遺体; 亡き骸.
유해²(有害) 图 有害. ↔무해(無害). ∥유해 물질 有害物質. 아이들에게 유해한 책 子どもに有害な本.
유해-성(有害性)【-썽】图 有害性.
유행(流行) /juhɛng/ 图 自(自) 流行. ∥미니스커트가 유행하다 ミニスカートが流行する. 유행을 따르다 流行を追う. 유행의 첨단을 걷다 流行の先を行く.
유행-가(流行歌) 图 流行歌.
유행-병(流行病)【-뼝】图 流行病.
유행-성(流行性) 图 流行性. ∥유행성 독감 インフルエンザ.
유행성-이하선염(流行性耳下腺炎) 图 《医学》おたふく風邪.
유행-어(流行語) 图 流行語.
유혈(流血) 图 流血. ∥유혈 참사 流血の惨事.
유혈-극(流血劇) 图 血まみれの争い; 流血の事態.
유형¹(類型) 图 類型. ∥옛날이야기를 몇 가지 유형으로 분류하다 昔話をいくつかの類型に分類する.
유형-적(類型的) 图 類型的.
유형-학(類型學) 图 類型学.
유형²(有形) 图 有形. ↔무형(無形). ∥유형 문화재 有形文化財.

유형-무형(有形無形)【하変】有形無形. ∥유형무형의 은혜를 입다 有形無形の恩恵をこうむる.

유혹(誘惑) /juhok/ 图 [하変] 誘惑. ∥청소년을 유혹하는 잡지 青少年を誘惑する雑誌. 유혹을 이겨 내다 誘惑に打ち勝つ. 유혹에 빠지다 誘惑に陥る.

유혹-받다[-당하다] 受身.

유혹-적(誘惑的)【-쩍】图 誘惑的.

유화¹(乳化) 图 《物理》乳化.

유화-제(乳化劑) 图 《化学》乳化剤.

유화²(油畫) 图 《美術》油絵.

유화³(宥和) 图 [하変] 宥和. ∥유화 정책 宥和政策.

유화⁴(硫化) 图 自(自) 硫化.

유황(硫黃) 图 《化学》硫黄.

유황-불(硫黃-)【-뿔】图 硫黄が燃える時の青い炎.

유황-색(硫黃-)【-쌕】图 硫黄の色; 薄い黄色.

유황-천(硫黃泉) 图 《地》硫黄泉.

유효(有效) /juhjo/ 图 有効. ↔무효(無效). ∥유효한 수단 有効な手段. 시간을 유효하게 쓰다 時間を有効に使う. 유효 기간 有効期間.

유효-성(有效性)【-썽】图 有効性.

유효-수요(有效需要) 图 《経》有効需要.

유휴(遊休) 图 遊休. ∥유휴 시설 遊休施設.

유흥(遊興) 图 自(自) 遊興.

유흥-비(遊興費) 图 遊興費.

유흥-업(遊興業) 图 風俗営業.

유흥업-소(遊興業所)【-쏘】图 風俗の店.

유흥-장(遊興場) 图 遊興の場所.

유흥-지(遊興地) 图 遊興施設のある所.

유희(遊戱) 图 自(自) 遊戯.

유희-적(遊戱的) 图 遊戯的.

육¹(陸) 图 《姓》陸(ユク).

육²(六) /juk/ 图 ❶六. ❷이십사 내누기 사는 육이다 24 割る 4 は 6 である.
— 圉 6···. ∥육 개월 6か月. 육 분 6分.

육각(六角)【-깍】图 ❶六角. ❷太鼓・鉦・笛などの1組みの楽器.

육각-형(六角形)【-까졍】图 《数学》六角形.

육감¹(六感)【-깜】图 第六感.

육감²(肉感)【-깜】图 肉感.

육감-적(肉感的)【-쩍】图 肉感的.

육갑(六甲)【-깝】图 ❶육십갑자(六十甲子)の略語. ❷〔見くびる言い方で〕人の言動.

육-개장(肉-醬)【-깨-】图 《料理》ユッケジャン(牛肉を煮込んで細かくちぎり, ネギや水に戻した干しゼンマイなどを一緒に入れて煮込んだ辛味のあるスープ).

육교(陸橋) /juk̚k͈jo/ 【-교】 图 步道橋. ∥육교를 건너다 歩道橋を渡る.

육군(陸軍) 【-꾼】 图(軍事). ⑳ 陸軍. ∥육군(空軍)·해군(海軍).

육군[~]사관학교(陸軍士官學校) 【-꾸-꾜】 图 陸軍士官学校. ⑳ 육사(陸士).

육-대주(六大州) 【-때-】 图 六大州. ∥오대양 육대주 五大洋六大州.

육도(陸島) 【-또】 图 陸島.

육로(陸路) 【융노】 图 陸路.

육류(肉類) 【융뉴】 图 肉類.

육면-체(六面體) 【-면-】 图 六面体.

육박(肉薄·肉迫) 【-빡】 图(自他) 肉薄.

육박-전(肉薄戰) 【-빡쩐】 图 肉薄戦.

육-반구(陸半球) 【-빤-】 图(地) 陸半球. ⑳ 수반구(水半球).

육법(六法) 【-뻡】 图(法律) 六法.

육법-전서(六法全書) 【-뻡쩐-】 图(法律) 六法全書.

육부(六腑) 【-뿌】 图(解剖) 六腑. ∥오장 육부 五臟六腑.

육사(陸士) 【-싸】 图 陸軍 士官学校 (陸軍士官学校)の略語.

육상(陸上) /juk̚s͈aŋ/ 【-쌍】 图 ❶陸上; 陸地. ❷육상 경기(陸上競技)の略語. ∥육상 선수 陸上選手.

육상[~]경기(陸上競技) 图 陸上競技.

육성¹(肉聲) 【-썽】 图 肉声.

육성²(育成) 【-썽】 图(自他) 育成. ∥인재를 육성하다 人材を育成する. **육성-되다**(受動)

육수(肉水) 【-쑤】 图 ❶肉でだしをとったもの. ❷肉汁.

육순(六旬) 【-쑨】 图 60歳.

육식(肉食) 【-씩】 图(自他) 肉食. ⑳ 채식(菜食)·초식(草食).

육식-동물(肉食動物) 【-씩똥-】 图 肉食動物.

육식-성(肉食性) 【-씩썽】 图 肉食性.

육식-조(肉食鳥) 【-씩쪼】 图 (鳥類) 肉食鳥.

육식-충(肉食蟲) 【-씩충】 图 (動物) 肉食虫.

육신(肉身) 【-씬】 图 肉身; 体; 肉体.

육십(六十) /juk̚s͈ip̚/ 【-씹】 图 60歳; 60; 六十. ━ 图 60…. ∥육십 명 60人. 육십 분 수업 60分の授業.

육십-갑자(六十甲子) 【-씹깝짜】 图 干支; 十干と十二支の組み合わせ. ⑳ 육갑(六甲).

육십진-법(六進法) 【-씹쩐-】 图(数学) 六十進法.

육아(育兒) 【-가】 图(自他) 育児. ∥육아 일기 育児日記.

육아-법(育兒法) 【-뻡】 图 育児法.

육안(肉眼) 【-간】 图 肉眼. ㉑ 맨눈. ∥육안으로 보다 肉眼で見る.

육영(育英) 【-꼉】 图(自他) 育英. ∥육영 사업 育英事業.

육욕(肉慾) 【-꾝】 图 肉欲; 色欲.

육이오(六二五) 图 = 육이오 사변(六二五事變).

육이오[~]사변(六二五事變) 图 (歴史) 1950年 6月 25日に起きた朝鮮戦争の韓国での呼び方. 한국 전쟁(韓國戰爭)とも言う.

육이오[~]전쟁(六二五戰爭) = 육이오 사변(六二五事變).

육정(六情) 【-쩡】 图 六情(喜·怒·哀·樂·愛·惡).

육종(肉腫) 【-쫑】 图 (医学) 肉腫.

육종²(育種) 【-쫑】 图(自他) 育種.

육중-하다(肉重-) 【-쭝-】 刑 하겠 大きくて重い; どっしりしている. ∥육중한 철문 どっしりとした鉄門.

육지(陸地) /juk̚t͈ɕi/ 【-찌】 图 陸地.

육질(肉質) 【-찔】 图 肉質.

육체(肉體) /juk̚tɕ͈e/ 【-체】 图 肉体; 体. ∥육체와 정신 肉体と精神. 육체적 고통 肉体的苦痛.

육체-노동(肉體勞動) 图 肉体労働. ㉑ 정신노동(精神勞動).

육체-미(肉體美) 图 肉体美.

육체-적(肉體的) 图 肉体的. ∥육체적인 피로 肉体的な疲労.

육체-파(肉體派) 图 肉体派.

육촌(六寸) 图 ふたいとこ; またいとこ.

육친(肉親) 图 肉親.

육탄-전(肉彈戰) 图 肉弾戦.

육포(肉脯) 图 干し肉; 乾燥肉; ジャーキー.

육풍(陸風) 图(地) 陸風. ㉑ 해풍(海風).

육하-원칙(六何原則) 【유카-】 图 記事を書く時守るべき基本的な原則: 5w1h. ╋누가·언제·어디서·무엇을·어떻게·왜·なぜのこと.

육해공-군(陸海空軍) 【유캐-】 图 (軍事) 陸海空軍.

육회(肉膾) 【유쾨/유퀘】 图 (料理) ユッケ.

윤¹(尹) 图(姓) 尹(ユン).

윤²(潤) 图 艶.

윤-나다(潤-) 图 艶が出る.

윤-내다(潤-) 他 艶を出す.

윤간(輪姦) 图(他) 輪姦.

윤곽(輪廓) /junɡwak̚/ 图 輪郭. ∥사건의 윤곽 事件の輪郭. 윤곽이 잡히다 輪郭をつかむ.

윤기(潤氣) 【-끼】 图 艶. ∥얼굴에 윤기가 있다 顔に艶がある.

윤년(閏年) 图(天文) 閏(うるう)年. ㉑ 평년(平年).

윤달(閏-) 图(天文) 閏(うるう)月.

윤락(淪落)【윤-】图 ⓗ자 売春. ∥윤락 행위 売春行為.
윤락-가(淪落街)【윤-까】图 売春街.
윤락-녀(淪落女)【윤-】图 売春婦.
윤리(倫理)【윤-】图 倫理. ∥사회 윤리 社会倫理.
윤리-관(倫理觀) 图 倫理觀.
윤리-적(倫理的) 图 倫理的.
윤리-학(倫理學) 图 倫理學.
윤번(輪番) 图 輪番; 回り番.
윤번-제(輪番制) 图 輪番制.
윤색(潤色) 图 ⓗ자 潤色.
윤작(輪作) 图 ⓗ자 輪作.
윤작-제(輪作制)【-쩨】图 輪作制.
윤전(輪轉) 图 ⓗ자 輪転.
윤전-기(輪轉機)【-끼】图 輪転機.
윤택-하다(潤澤-)/junːtʰɛkʰada/【-태카-】图 ⓗ여】 潤沢だ; 富裕だ; 裕福だ; 生活にゆとりがある. ∥윤택한 살림 ゆとりのある暮らし.
윤허(允許) 图 ⓗ자 允許(ᇂᇂ)(王の御許し).
윤활(潤滑) 图 ⓗ여】 潤滑.
윤활-유(潤滑油)【-류】 图 潤滑油.
윤활-제(潤滑劑) 图 潤滑剤.
윤회(輪廻)【-/-훼】图 ⓗ자 《仏教》 輪廻.
-율(率) 접미 〔母音および 2 で終わる子音に付いて〕… 회전율 回転率.
율격(律格)【-쩍】图 《文芸》 律格.
율동(律動)【-똥】图 律動; リズム.
율동-적(律動的) 图 律動的.
율령(律令)【-쩡】图 律令(ᇂᇂ).
율모기【動物】 ヤマカガシ(赤楝蛇).
율무【植物】 ハトムギ(鳩麥).
율법(律法)【-뻡】 图 律法.
율사(律師)【-싸】 图 律師.
율시(律詩)【-씨】图 《文芸》 律詩.
융(絨) 图 フランネル.
융기(隆起) 图 ⓗ자 隆起. ㉠침강(沈降).
융기-해안(隆起海岸) 图 《地》 隆起海岸.
융단(絨緞) 图 絨毯(ﾋ); カーペット.
융모(絨毛) 图 《生物》 絨毛.
융비-술(隆鼻術) 图 《医学》 隆鼻術.
융성(隆盛) 图 ⓗ여】 隆盛.
융성-기(隆盛期) 图 隆盛期.
융숭-하다(隆崇-) 图 ⓗ여】 もてなしなどが非常に丁寧で手厚い. ∥융숭한 대접 手厚いもてなし.
융자(融資) 图 ⓗ자 融資を受ける.
융점(融點)【-쩜】图 《化学》 融点. ≒녹는점.
융-털(絨-) 图 ❶絨毛(ᇂᇂ). ❷体の柔らかい毛.
융털-돌기(絨-突起) 图 《生物》 柔突

起; 絨毛.
융통(融通) 图 ⓗ자 融通. ∥돈을 융통하다 金を融通する.
융통-성(融通性)【-썽】图 融通性; 融通. ∥융통성이 있다 融通がきく.
융합(融合) 图 ⓗ자 融合. ∥핵융합 核融合. **융합-되다** ⓗ자
융해(融解) 图 ⓗ자 《物理》 融解.
융해-열(融解熱) 图 《物理》 融解熱.
융해-점(融解點)【-쩜】图 《物理》 融解点. ≒녹는점(-點).
융화¹(融化) 图 ⓗ자 融化; 混じり合うこと. ∥기쁨과 슬픔이 융화되다 喜びと悲しみが混じり合う.
융화²(融和) 图 ⓗ자 融和. ∥서로 융화되다 互いに融和する.
융화-책(融和策) 图 融和策.
윷【윧】〖民俗〗 ❶ ユッ. ㉠15 センチくらいの丸い木を半分に割って 4 本にした遊び道具. 遊び方は双六に似ている. ❷윷놀이(ユンノリ)で, 4 本の윷が全部裏側が出ること.
윷-점(-占)【윧쩜】〖民俗〗 お正月に윷を投げて出た結果でその年の吉凶を見る占い.
윷-짝【윧-】 윷놀이の윷.
윷-판(-板) 图 ① 윷놀이の駒を動かすゲーム盤. ② 윷놀이をする場所.
윷-놀이/junnori/【윧-】图 ⓗ자 〖民俗〗 ユンノリ. 윷で遊ぶゲーム. お正月にする代表的な民俗ゲームで, 4 つの윷の裏側と 1 つの表側で도・개・걸・윷・모 として 1・2・3・4・5 の進み方をして先に駒を出したチームが勝つ.
으 ハングル母音字母「ㅡ」の名称.
으깨다/wʔkeda/ ⓟ 〔立体物に力を加えて〕押しつぶす; こわす; すりつぶす. ∥감자를 으깨다 ジャガイモをつぶす.
-으나 연미 ⇨ -나⁶. ∥월급은 적으나 일은 편하다 給料は少ないが仕事は楽だ.
-으나마 연미 ⇨ -나마².
-으나마나 연미 ⇨ -나마나.
-으냐고 연미 ⇨ -냐고. ∥이사간 집은 으냐고 물어보았다 引っ越した家は広いのかと聞いてみた.
-으냐는 〔-으냐고 하는의 約音形〕 ⇨ -냐는. ∥그 사람의 어떤 점이 좋으냐는 질문을 받았다 彼のどういうところがいいのかという質問を受けた.
-으니 연미 ⇨ -니³.
-으니까 연미 -으니를 強めて言う語.
으드득 떠 ❶非常に硬いものを力強く噛み砕く音; がりっと; ぱりっと. ❷歯ぎしりする音; ぎりりと. ∥이를 으드득 갈며 분해하다 ぎりりと歯ぎしりをして悔しがる. **으드득-으드득** 떠 ⓗ자 がりがりと; ぎりぎりと.
으드득-거리다【-꺼-】ⓟ ① がりがり［ぱりぱり］と音を立てながら噛み砕く. ② ぎりぎりと歯噛みをする.

으뜸 /ɯ²t͈ɯm/ 명 ❶ 多くのものの中で一番優れているもの, または一番のもの: 一番; 最高; 頭. ∥설비면에서는 으뜸이다 設備の面では最高だ. ❷ 基本や根本になるもの.

으뜸-가다 자 一番だ; 最高だ; 最上だ. ∥마을의 으뜸가는 부자 村一番の金持ち.

으뜸-꼴 명 《言語》基本形.

-으라고 어미 ⇨ -라고². ∥애한테 빨리 먹으라고 재촉하다 子どもに早く食べるようせかす.

-으라니 어미 ⇨ -라니.

-으라니까 어미 ⇨ -라니까³. ∥전부 먹으라니까 싫대 全部食べてと言ったら嫌だって.

-으라면 어미 ⇨ -라면³. ∥지금 당장 갚으라면 갚아야지 今すぐ返済してと言うなら返済しないと.

-으라면서 어미 ⇨ -라면서².
-으라지 어미 ⇨ -라지².
-으란 어미 ⇨ -란⁵.
-으란다 어미 ⇨ -란다².
-으래 어미 ⇨ -래².
-으래서 어미 ⇨ -래서².
-으래야 어미 ⇨ -래야².
-으래요 어미 ⇨ -래요².
-으랴 어미 ⇨ -랴.

으레 부 ❶ 決まって; 必ず; いつも; 間違いなく, 다 冒険にはつきものだ. 일요일에는 으레 늦게 일어난다 日曜日は決まって遅く起きる. ❷ 言うまでもなく; 当然.

-으려 어미 ⇨ -려.
-으려거든 어미 ⇨ -려거든.
-으려고 어미 ⇨ -려고.
-으려기에 어미 ⇨ -려기에.
-으려나 어미 ⇨ -려나.
-으려네 어미 ⇨ -려네.
-으려니까 어미 ⇨ -려니까.
-으려는가 어미 ⇨ -려는가.
-으려는데 어미 ⇨ -려는데.
-으려는지 어미 ⇨ -려는지.
-으려니와 어미 ⇨ -려니와.
-으려다가 어미 ⇨ -려다가.
-으려도 어미 ⇨ -려도.
-으려면 어미 ⇨ -려면.
-으려면야 어미 ⇨ -려면야.
-으려무나 어미 ⇨ -려무나.
-으려오 어미 ⇨ -려오.
-으련다 어미 ⇨ -련다.
-으렴 어미 ⇨ -렴.
-으렵니까 [-렴-] 어미 ⇨ -렵니까.
-으렵니다 [-렴-] 어미 ⇨ -렵니다.

으로 /ɯro/ 조 〔子音で終わる体言に付いて; 母音さとㄹで終わる子音の場合は로〕 ❶ 目的地や方向を表わす: …に; …へ. ∥집으로 돌아가다 家に帰る. 산으로 놀러 가다 山に遊びに行く. ❷ 目的地への経路を表わす: …を. ❸ 通過する位置を表わす: …から; …を. ∥문틈으로 불빛이 새어 나오다 戸の隙間から明かりが漏れる. ❹ 変化の結果を表わす: …に. ∥카페가 꽃집으로 바뀌었다 カフェが花屋に変わった. 사장으로 취임하다 社長に就任する. ❺ 理由·原因·変化の対象を表わす: …で. ∥맹장염으로 입원하다 盲腸炎で入院する. 빈 깡통으로 저금통을 만들다 空き缶で貯金筒を作る. ❻ 材料·方法などを表わす: …から; …で. ∥크레용으로 색칠하다 クレヨンで色を塗る. ❼ 資格などを表わす: …として. ∥학생으로 참가하다 学生として参加する. ❽ 一定の時間や時期を表わす. ∥이 프로젝트는 올 여름으로 끝난다 このプロジェクトも今年の夏で終わる.

으로 하여금 관 로 하여금.
으로-부터 조 ⇨ 로부터.
으로-서 조 ⇨ 로서.
으로-써 조 ⇨ 로써.

으르다 타 〔르變〕 脅かす; 脅す; 怖がらせる; 威嚇する. ∥위협적인 말투로 으르다 威圧的な言い方で脅す.

으르렁 부 하자 ❶ 獣のうなる様子[うなり声]. ❷ いがみ合う様子; がみがみ言い合う様子. **으르렁-으르렁** 부 하자

으르렁-거리다 자 ❶ (獣が)うなる. ∥사자가 으르렁거리다 ライオンがうなる. ❷ いがみ合う; 対立する.

으름 명 アケビの実.
으름-덩굴 명 《植物》アケビ(木通).

으름장 [-짱] 명 言葉と行動で脅かすこと; 脅し; 威嚇; 脅迫. ▶으름장을 놓다 脅す; 威嚇する.

-으므로 어미 ⇨ -므로.

으ᅟᅳ變則活用 (ㅡ變則活用)【-치과뇽】 명 《言語》 = ㅡ 불규칙 활용(ㅡ不規則活用).

으ᅟᅳ不規則用言 (ㅡ不規則用言)【-칭눙】 명 [言語] ㅡ 變則用言. ✚크다·쓰다·모으다など, 韓国の学校文法では認めていない.

으ᅟᅳ不規則活用 (ㅡ不規則活用)【-치과뇽】명 《言語》ㅡ 變則活用. ✚用言の語幹のㅡが母音の前で脱落する活用. 바쁘다→바빠·쓰다→써など, 韓国の学校文法では認めていない.

-으세요 어미 ⇨ -세요.

으스대다 자 威張る. ∥일 등 했다고 으스대다 1位になったと威張る.

으스러-뜨리다 타 砕きつぶす.

으스러-지다 자 ❶ (硬いものが)砕ける; つぶれる. ❷ (骨が)砕ける; (皮膚·肉が)つぶれる. ∥뼈가 어스러지다 骨が砕ける.

으스러-트리다 타 = 으스러뜨리다.

으슴 명 하자 光などがおぼろげなこと.

으슴-달 [-딸] 명 おぼろ月.

으스름-달밤 【-밤】 おぼろ月夜.
으스스 副 寒さや恐ろしさに, 身の毛がよだつように感じる様子; ぞっと; ぞくぞく(と). ‖으스스 한기가 느껴지다 ぞくぞく(と)寒気を覚える.
으슥-하다 【-スカ-】 形 하変 不気味なほど奥まっている; ひっそり(と)している; ひっそり(と)静まり返っている.
으슬-으슬 副 寒気を感じる様子; ぞくぞく. ‖열이 있는 몸이 으슬으슬하다 熱があるのか体がぞくぞくする.
으슴푸레 副 光·明かりなどが薄明るい様子. ‖으슴푸레 밝아 오는 아침 하늘 うっすらと明るくなってくる朝の空.
으시대다 自 으스대다の誤り.
으쓱 副 急に寒気や恐怖を感じて体がすくむ様子.
으쓱[2] 副 気取ったりして肩をそびやかす様子. ‖어깨를 으쓱하다 肩をそびやかす. **으쓱-으쓱** 副 하他
으쓱-거리다[-대다] 【-ッ키-】 【-때-】 自他 (肩を)そびやかす; 気取る; 威張る.
으아 副 ❶ 幼児の泣き声; わん. ❷ 感嘆して出す声; ああ; やあ; わあ.
으악 副 驚いた時や人を驚かす時に出す声; わっ. ‖으악 하고 비명을 지르다 わっと悲鳴を上げる.
으앙 副 幼い子の泣く声; わん; おぎゃあ; あ. **으앙-으앙** 副
으응 副 ❶ (友人や目下の者に対して)了解や承諾の意を表わす語; うん; え. ‖으응, 그래 うん, そう. ❷ 曖昧に答える時や反問する時に発する語; うう ん; ああ; え. ‖으응, 그래? うう ん, そう？ ❸ 気に入らない時やじれったい時に発する語; えい; ううん; ち. ‖으응, 아니라니까, 違うってば.
으흐흐 副 わざと陰険に笑う声; うふふ. ‖으흐흐 웃다 으흐흐하고 웃う ふふと陰険そうに笑う.
윽박-지르다 【-박찌-】 他 르変 頭ごなしにやり込める; 押さえつける. ‖이유도 없이 학생들을 윽박지르다 理由もなく学生たちをどやしつける.
은[1] (銀) 名【鉱物】銀; シルバー.
은[2] (殷) 名【姓】 殷(ウン).
은[3] 【子音で終わる体言に付けて; 母音の場合は는】 …は. ‖오늘은 날씨가 좋다 今日はいい天気だ. 남동생은 대학생이다 弟は大学生だ. 이 사전은 어휘가 빈약하다 この辞書は語彙が不十分だ. 너랑은 말하고 싶지 않다 君とは話したくない. 지금은 서울에 있다 今はソウルにいる. 아직은 아이 마다便だ子どもだ. 돈은 없지만 시간은 있다 お金はないが, 時間はある. 그 사람이 그런 말을 할 줄은 몰랐다 あの人がそんなことを言うとは思わなかった. ❷ [···은 아니다の形で] …ではない. ‖그럴

게 유능한 사람은 아니다 さほど有能な人ではない. 유명한 곳은 아니다 有名なところではない. ❸ […은 못 되다の形で] …にはなれない. ‖대기업 사장은 못 되겠지만 중소기업 사장 정도는 되겠지요 大企業の社長にはなれないだろうが, 中小企業の社長ぐらいはなれるでしょう. 회사원은 되고 싶지 않다 会社員にはなりたくない.

-은[4] 語尾 ❶ [ㄹ以外の子音で終わる動詞の語幹に付いて; 母音およびㄹ語幹の場合は-ㄴ] 過去連体形を作る. ‖어제 먹은 피자는 맛있었다 昨日食べたピザはおいしかった. ❷ [ㄹ以外の子音で終わる形容詞の語幹に付いて; 母音およびㄹ語幹の場合は-ㄴ] 現在連体形を作る. ‖높은 산 高い山. 좁은 방 狭い部屋.

-은가 語尾 ⇨-ㄴ가.
은거 (隱居) 名 自 隠居. ‖은거 생활 隠居生活.
은공 (恩功) 名 恩恵と功労; 恩. ‖은공을 잊지 말다 恩を忘れない.
은광[1] (恩光) 名 ❶ 天からの雨と露の恵み. ❷ 目上の人や王の恩恵.
은광[2] (銀鑛) 名 銀鉱.
은근-하다 (慇懃-) 【-キン-】 形 하変 ❶ 慇懃だ. ‖은근한 태도 慇懃な態度. ‖이뿌릴 銀だ ❷ 은근한 매력 いぶし銀の魅力. ❸ 密かだ. **은근-히** 副 은근히 기대하다 密かに期待する.
은닉 (隱匿) 名 他 隠匿. ‖은닉 행위 隠匿行為.
은닉-죄 (隱匿罪) 【-죄 /-쮀-】 名【法律】隠匿罪.
은덕 (恩德) 名 恩徳.
-은데 語尾 ⇨-ㄴ데[2].
은-도금 (銀鍍金) 名 他 銀めっき.
은둔 (隱遁·隱逐) 名 自 隠遁(浨). ‖은둔 생활 隠遁生活.
은막 (銀幕) 名 銀幕. ‖은막의 여왕 銀幕の女王.
은-메달 (銀 medal) /unmedal/ 名 銀メダル.
은-물결 (銀-) 【-껼】 名 月光が映って銀色に見える波.
은밀-하다 (隱密-) 形 하変 隠密(榙)だ; 内密だ. **은밀-히** 副
은박 (銀箔) 名 銀箔.
은박-지 (銀箔紙) 【-찌】 名 アルミホイル; アルミ箔; 銀紙.
은반 (銀盤) 名 銀盤.
은-반지 (銀半指) 名 銀の指輪.
은발 (銀髮) 名 銀髪. ‖은발의 노신사 銀髪の老紳士.
은방울-꽃 (銀-) 【-꼳】 名【植物】 スズラン(鈴蘭).
은-백색 (銀白色) 【-쌕】 名 銀白色.
은^본위제 (銀本位制) 名【経】銀本位制.
은-비녀 (銀-) 名 銀製のかんざし.

은-빛 (銀-) 【-뼏】 图 銀色.
은사[1] (恩師) 图 恩師.
은사[2] (銀絲) 图 銀糸.
은사[3] (恩賜) 图 [歷史] 恩賜.
은사[4] (恩赦) 하타 [歷史] 恩赦.
은상 (銀賞) 图 銀賞.
은색 (銀色) 图 銀色.
은-세계 (銀世界) 【-/-게】 图 銀世界; 雪景色.
은-수저 (銀-) 图 銀製のさじと箸.
은신 (隱身) 하타 身を隠すこと.
은신-처 (隱身處) 图 隠れ場所.
은어[1] (銀魚) 图 [魚介類] アユ(鮎).
은어[2] (隱語) 图 [言語] 隠語.
은연-중 (隱然中) 图 〔主に은연중에의 形で〕知られぬうちに; 隠れたる中に; それとなく. ‖은연중에 속뜻을 내비치다 それとなく本心をほのめかす.
은유 (隱喩) 하타 = 은유법(隱喩法).
　은유-법 (隱喩法) 【-뻡】 图 [文芸] 隠喩法; メタファー.
은은-하다 (隱隱-) /ununhada/ 形 [ㅎ変] 濃くなく奥深くて品がある; 奥ゆかしい. ‖은은한 멋 奥ゆかしい趣. 은은한 향기 かすかな香. **은은-히** 副
은인 (恩人) 图 恩人. ‖생명의 은인 命の恩人.
은-장도 (銀粧刀) 图 銀装飾を施した女性用の小刀.
은제 (銀製) 图 銀製. ‖은제 식기 銀製食器.
은-종이 (銀-) 图 銀紙.
-은지 語尾 ➡ -ㄴ지[2].
은총 (恩寵) 图 恩寵.
은-커녕 助 -はおろか. ‖반성은커녕 도리어 큰 소리를 치다 反省はおろかえって大声を上げる.
은-테 (銀-) 图 銀縁. ‖은테 안경 銀縁眼鏡.
은퇴 (隱退) 【-/-퉤】 图 하타 引退.
은폐 (隱蔽) 【-/-폐】 图 하타 隠蔽(ﾍｲ). ‖사실을 은폐하다 事実を隠蔽する. **은폐-되다** 自타
은하 (銀河) 图 [天文] 銀河.
은하-계 (銀河系) 【-/-계】 图 [天文] 銀河系.
은하-수 (銀河水) /unhasu/ 图 天の川.
은행[1] (銀行) /unhεŋ/ 图 銀行; バンク. ‖은행에 돈을 찾으러 가다 銀行にお金を下ろしに行く. 한국의 중앙은행은 한국 은행이다 韓国の中央銀行は韓国銀行である. 골수 은행 骨髄バンク. 은행장 銀行の頭取.
　은행-권 (銀行券) 【-꿘】 图 銀行券.
　은행-원 (銀行員) 图 銀行員.
은행[2] (銀杏) /unhεŋ/ 图 銀杏.
　은행-나무 (銀杏-) 图 [植物] イチョウ (銀杏)の木.

은혜 (恩惠) /unhe/【-혜】 图 恩惠; 恩. ‖은혜를 입다 恩恵をこうむる. 은혜를 베풀다 恩恵を施す. 부모님 은혜 両親の恩.
은혼-식 (銀婚式) 图 銀婚式. ✥結婚 25周年を祝って行なう式.
은화 (銀貨) 图 銀貨.
은-회색 (銀灰色) 【-/-쉐-】 图 銀色を帯びた灰色.
을[1] (乙) 图 (十干の)乙(ｷﾉﾄ); 乙(ｵﾂ). ‖갑을 甲乙.
을[2] /ul/ 助詞 〔子音で終わる体言に付いて; 母音の場合は를〕❶ -を. ‖술을 마시다 酒を飲む. 대학을 졸업하다 大学を卒業する. 산을 넘어서 가다 山を越えていく. ❷ -が. ‖나는 가을을 좋아한다 私は秋が好きだ. 시간을 모르겠니 時間が分からない. 운전할 수 있어요? 運転ができますか. ❸ -に. ‖전철을 타다 電車に乗る. 선생님을 만나다 先生に会う. 서울에 있는 대학을 가다 ソウルにある大学に行く. 너는 형을 많이 닮았다 お前は兄にかなり似ている. 사람을 따라서 가다 人について行く. ❹〔動作性名詞に付いて〕‥(し)に. ‖여행을 가다 旅行に行く. 병문안을 가다 お見舞いに行く. 출장을 가다 出張する. ❺〔… を 위하여 ‥ 을 위해서의 形で〕-のために. ‖가족을 위하여 일하다 家族のために働く.
을[3] /ul/ 語尾 ❶ 推測·予定·意志·可能性·現状などの意を表わす; -する; -であろう. ‖돈은 아마 안 받을 것이다 お金はたぶん受け取らないだろう. 앉을 자리가 없다 座るところがない. ❷時間を表わす名詞の前に用いられる. ‖웃을 때가 좋을 때다 笑う時がいい時だ. 밥을 먹을 시간이 없다 ご飯を食べる時間がない. ❸ 수·리·분などの依存名詞の前に用いられる. ‖그 사람은 내 얘기를 듣고만 있을 뿐이었다 彼は私の話を聞いているだけであった. 웃을 수밖에 없다 笑うしかない.
-을걸 【-껄】 語尾 ➡ -ㄹ걸.
-을게 【-께】 語尾 ➡ -ㄹ게.
-을까 語尾 ➡ -ㄹ까.
-을래 語尾 ➡ -ㄹ래.
-을망정 語尾 ➡ -ㄹ망정.
을미-사변 (乙未事變) 图 [歷史] 1895年に日本の刺客が景福宮を襲撃して王妃の明成皇后を殺害した事件.
-을뿐더러 語尾 -だけでなく; -のみならず. ‖몸에도 좋을뿐더러 가격도 싸다 体にいいだけでなく値段も安い.
을사-조약 (乙巳條約) 【-싸-】 图 [歷史] 乙巳保護条約(1905年).
-을수록 【-쑤-】 語尾 ➡ -ㄹ수록.
을씨년-스럽다 【-따】 形 [ㅂ変] (天気が)曇って寒々寒い;(雰囲気などが)荒涼としてもの寂しい.

을종(乙種)[−종] 圏 (甲·乙·丙·丁に分類した時の)乙種.

읊다[음따] 国 詠む. ∥시를 읊다 詩を読む.

읊-조리다[음쪼−] 国 吟じる;吟詠する. ∥시를 한 수 읊조리다 詩を1首吟じる.

음¹(音) 圏 ❶音. ❷漢字音. ❸(音樂)音.

음²(陰) 圏 ❶(物理)陰極. ❷(易學で)陽に対して受動的な面. ❸(漢方)成分や体質などを陰陽説で捉えた時に消極的で冷たいこと. 囝양(陽).
▶음으로 양으로 陰に陽に. 선생님께서 음으로 양으로 도와주셨다 先生は陰になり日向になり助けてくださった.

음³(−) 囲 相手が言ったことに肯いたり,悩む時に口にする声; うううん,んー. ∥음, 글쎄, んー, そうだなあ.

-음⁴ 被尾 ㄹ以外の子音で終わる用言の語幹に付く名詞形語尾. ∥믿음 信じること. 밝음 明るみ.

음가(音價)[−까] 圏 (言語) 音価.

음-값[−깝] 圏 (言語) 音の値.

음각(陰刻) 圏 砂麽 (美術) 陰刻. 囝양각(陽刻).

음감(音感) 圏 音感. ∥절대 음감 絶対音感.

음경(陰莖) 圏 解剖 陰茎.

음계(音階)[−/−에] 圏 音階.

음극(陰極)[−끅] 圏 (物理) 陰極. 囝양극(陽極).

음기(陰氣) 圏 ❶陰気. ❷(漢方)体内の陰の気. 囝양기(陽氣).

음-달(陰−) 圏 日蔭. 囝양달(−).

음담-패설(淫談悖說) 圏 猥談;卑猥で下品な話.

음덕¹(陰德) 圏 陰徳.

음덕²(蔭德) 圏 祖先の徳;余徳.

음독¹(音讀)[−똑] 圏 砂麽 音読. 囝묵독(默讀)·훈독(訓讀).

음독²(飮毒)[−똑] 圏 砂自 音毒. ∥음독 자살 服毒自殺.

음란(淫亂)[−난] 圏 砂麽 淫乱. ∥음란 비디오 アダルトビデオ.

음량(音量)[−냥] 圏 音量.

음력(陰曆)[−녁] /uːmnjək/ 圏 陰暦;旧暦. 囝양력(陽曆).

음료(飮料)[−뇨] 圏 飲料;飲み物.

음료-수(飮料水)/uːmnjosu/[−뇨−] 圏 飲料水;飲み水. ∥찬 음료수 冷たい飲み物.

음률(音律)[−뉼] 圏 (音樂) 音律.

음매 囲 牛や子牛の鳴き声: モウモウ.

음모¹(陰毛) 圏 陰毛.

음모²(陰謀) 圏 砂麽 陰謀. ∥음모를 꾸미다 陰謀を企む.

음미(吟味) 圏 砂麽 吟味;味わうこと.

음반(音盤) 圏 音盤;レコード盤. 囝레코드판.

음복(飮福) 圏 砂自 法事や祭祀の後, お酒や料理などの供え物を分けて食べること;直会(なおらい).

음부(陰部) 圏 陰部.

음산-하다(陰散−) 厖 砂變 ❶(天気が)曇って薄ら寒い. ❷(雰囲気などが)暗くものさびしい;うら寂しい. ∥음산한 늦가을 풍경 うら寂しい裏道の風景.

음색(音色) 圏 音色. ∥음색이 곱다 音色がきれい.

음성¹(聲)/uːmsəŋ/ 圏 音声;声. ∥귀에 익은 음성 耳慣れた声. 음성이 줄다 声が大きい.

음성 다중-방송(音聲多重放送) 圏 音声多重放送.

음성-언어(音聲言語) 圏 (言語) 音声言語. 囝문자 언어(文字言語).

음성-학(音聲學) 圏 (言語) 音声学.

음성²(陽性) 圏 陽性. ∥양성 반응 陽性反応.

음성-모음(陰性母音) 圏 (言語) 韓国語の母音の中で「ㅓ·ㅕ·ㅜ·ㅠ·ㅟ·ㅞ·ㅝ·ㅡ」などの母音. 囝양성 모음(陽性母音).

음소(音素) 圏 (言語) 音素.

음속(音速) 圏 (物理) 音速.

음수(陰數) 圏 (數學) 負数. 囝양수(陽數).

음순(陰脣) 圏 解剖 陰脣.

음습-하다(陰濕−)[−스파−] 厖 砂變 陰湿だ.

음식(飮食)/uːmʃik/ 圏 食べ物;料理. ∥음식을 많이 만들다 料理をたくさん作る. 음식이 입에 안 맞다 料理が口に合わない. 매운 음식 辛い食べ物.

음식-물(飮食物)[−씽−] 圏 飲食物;食べ物.

음식-점(飮食店)[−씸−] 圏 飲食店;食堂.

음악(音樂)/uːmak/ 圏 音楽. ∥좋아하는 음악 好きな音楽. 클래식 음악 クラシック音楽. 영화 음악 映画音楽.

음악-회(音樂會)[−으마쾨/−으마퀘] 圏 音楽会.

음양(陰陽) 圏 ❶陰陽. ∥음양의 조화 陰陽の調和. ❷{主に음양으로の形で} 色々な面で.

음양-도(陰陽道) 圏 陰陽道.

음양-오행설(陰陽五行說) 圏 陰陽五行説.

-음에도 囲麼 ⇨ −ㅁ에도.

음역(音域) 圏 音域. ∥음역이 넓은 가수 音域の広い歌手.

음역²(音譯) 圏 砂麽 音訳.

음영(陰影) 圏 陰影.

음욕(淫慾) 圏 淫欲.

음운(音韻) 圏 (言語) 音韻.

음운-론(音韻論)[−논] 圏 (言語) 音

韻論.

음울-하다 (陰鬱-) [形] [하여] 陰鬱다.
음유^시인 (吟遊詩人) [名] [文芸] 吟遊詩人.
음-이온 (陰 ion) [名] [物理] 陰イオン; マイナスイオン. ㊁양이온 (陽イオン-).
음자리-표 (音-標) [名] [音楽] 音部記号. ‖높은 음자리표 ト音記号.
음-전극 (陰電極) [名] [物理] 陰極. ㊁양전극 (陽電極).
음-전기 (陰電氣) [名] [物理] 陰電気. ㊁양전기 (陽電氣).
음-전자 (陰電子) [名] [物理] 陰電子. ㊁양전자 (陽電子).
음절 (音節) [名] [言語] 音節.
 음절^문자 (音節文字) [-짜] [名] [言語] 音節文字.
음정 (音程) [名] [音楽] 音程. ‖음정을 맞추다 音程を合わせる.
음조 (音調) [名] 音調.
음주 (飮酒) /uːmdʑu/ [하自] 飮酒. ‖음주 운전 飮酒運轉.
음지 (陰地) [名] ❶日陰. ㊁양지 (陽地). ❷[比喩的に] 恵まれない環境.
 음지^식물 (陰地植物) [-싱-] [名] 陰地植物; 陰生植物.
-음직스럽다 [-쓰-따] [接尾] [ㅂ変] ⇨ -ㅁ직스럽다.
-음직하다 [-지카-] [接尾] [하여] ⇨ -ㅁ직하다.
음질 (音質) [名] 音質. ‖음질이 깨끗하다 音質がクリアだ.
음치 (音痴) [名] 音痴.
음침-하다 (陰沈-) [形] [하여] 陰気だ. ‖음침한 목소리 陰気な声.
음탕-하다 (淫蕩-) [形] [하여] 淫らだ; ふしだらだ.
음파 (音波) [名] [物理] 音波.
음표^문자 (音標文字) [-짜] [名] [言語] =表音文字 (表音文字).
음풍-농월 (吟風弄月) [名] [하自] 風と明るい月を相手に詩歌を作り楽しむこと.
음핵 (陰核) [名] [解剖] 陰核.
음향 (音響) [名] 音響. ‖음향 효과 音響効果.
음험-하다 (陰險-) [形] [하여] 陰険だ. ‖음험한 수법 陰險な手口.
음훈 (音訓) [名] 音訓.
음흉-스럽다 (陰凶-) [形] [ㅂ変] 陰険そうだ. 음흉스레 [副]
음흉-하다 (陰凶-) [形] [하여] 陰険だ; 陰気で企みが多い. ‖음흉한 웃음 陰険な笑み.
읍¹ (邑) [名] [行政] 地方行政単位の一つ.
읍² (揖) [名] [하自] 挨拶の一つ (胸の前で両手を組んで顔の前に上げ腰を前に丁寧に屈めて伸ばしながら下げる).
-읍니까 [語尾] →-습니까の誤り.
-읍니다 [語尾] →-습니다の誤り.

-읍시다 [-씨-] [語尾] ⇨-ㅂ시다. ‖같이 먹읍시다 一緒に食べましょう. 같이 찾읍시다 一緒に探しましょう.
응 /uŋ/ [感] ❶同年輩や目下の者に答えたり, 答えを促す時に出す声: うん; ああ; そう. ‖응, 알았어 うん, 分かった. ❷同年輩や目下の者の言動が気に入らない時に不服の意を表わす: うううん; ふん. ‖응, 그게 아니라 うううん, そうじゃなくて.
응가 [名] [幼児語で] うんち, または排便すること.
 ─ [感] 子どもに排便をさせる時の声: うんうん.
응결 (凝結) [名] [되自] 凝結.
응고 (凝固) [名] [되自] 凝固. ‖피가 응고되다 血が凝固する.
응급 (應急) [名] 応急; 救急. ‖응급 조치 応急措置.
 응급-실 (應急室) [-씰] [名] 病院の救急処置をする部屋.
 응급^치료 (應急治療) [名] 応急手当. ㊁구급 치료 (救急治療).
응낙 (應諾) [名] 応諾; 承諾. ‖흔쾌히 응낙하다 快く承諾する.
응달 日陰. ㊁양달 (陽-).
응답 (應答) [名] 応答; 返答. ‖질의응답 質疑応答.
응당 (應當) 当然. ‖응당 해야 할 일 当然すべきこと.
응대¹ (應對) [名] 応対.
응대² (應待) [名] [하여] 応接; 接待. ‖따뜻한 응대를 받다 暖かい接待を受ける.
응모 (應募) /uːŋmo/ [名] [하여] 応募. ‖현상에 응모하다 懸賞に応募する. 응모 지원 応募資格.
응분 (應分) [名] 応分; 相応; 分相応. ‖응분의 대가 分相応なる代価.
응석 [名] (子どもが) 甘えること. ‖응석을 부리다 (子どもが) 甘える; 甘ったれる.
 응석-꾸러기 [名] 甘えん坊.
 응석-받이 [-빠지] [名] 甘ったれな子.
응소 (應訴) [名] [하自] [法律] 応訴.
응수¹ (應酬) [名] 応酬.
응수² (應手) [名] [하他] 応手.
응시¹ (應試) [名] [하自] 受験. ‖대입 응시생 大学受験生.
응시² (凝視) [名] [하여] 凝視; 見据えること. ‖상대방을 응시하다 相手を凝視する.
응애-응애 赤ん坊の泣き声: おぎゃあ, おぎゃあ.
응어리 [名] しこり; (心の中の) わだかまり. ‖마음의 응어리가 풀리다 わだかまりが解ける.
 응어리-지다 [自] しこりができる; わだかまりができる.
응얼-거리다 [-대다] [自他] 人が聞き取れないことばを口の中でぶつぶつ言う.
응용 (應用) /uːŋnjoŋ/ [名] [하여] 応用.

║지례의 원리를 응용하다 てこの原理を応用する. 응용 문제 応用問題. 응용언어학 応用言語学. **응용-되다** 受動

응원 (應援) 图 하他 応援. ║모교 팀을 응원하다 母校のチームを応援する. 응원하러 가다 応援に行く.
응원-단 (應援團) 图 応援団.
응원-가 (應援歌) 图 応援歌.
응전 (應戰) 图 하自 応戦.
응접 (應接) 图 하他 応接; もてなし.
응접-실 (應接室) [-씰] 图 応接室; 客間.
응집 (凝集) 图 하自 凝集. ║모두의 힘을 응집하다 全員の力を凝集する.
응집-되다 受動
응징 (膺懲) 图 하他 膺懲(ちょう); 懲らしめること.
응찰 (應札) 图 하自 応札. ║응찰 가격 応札価格.
응축 (凝縮) 图 하他 凝縮. ║현재의 심정을 응축한 한마디 今の心境を凝縮した一言. **응축-되다** 受動
응축-기 (凝縮器) [-끼] 图 [物理] 凝縮器.
응축-열 (凝縮熱) [-녈] 图 [物理] 凝縮熱.
응-하다 (應-) 自 하変 応じる. ║요구에 응하다 要求に応じる. 도전에 응하다 挑戦に応じる.
응혈 (凝血) 图 하自 凝血.
의 图 ハングル母音字母の「ㅢ」の名称.
의[2] (義) 图 義. ║의를 지키다 義を守る.
의[3] (誼) 图 情誼; よしみ; 仲.
의[4] (의) 助 …の. ║어머니의 반지 母の指輪. 한국의 경제 문제 韓国の経済問題. 할아버지의 한국 방문 祖父の韓国訪問. 상부로부터의 명령 上層部からの命令. 우리의 소원 我らの願い. 아이들의 꿈 子どもたちの夢. 마음의 친구 心の友. 언론의 자유 言論の自由.
의거-하다 (依據-) 自 하変 依拠する; よる; 基づく; 根拠とする. ║규정에 의거하여 처벌하다 規定に依拠して処罰する. 원칙에 의거하다 原則に依拠する.
의견 (意見) 图 意見; 見解. ║의견을 듣다 意見を聞く. 의견을 말하다 意見を述べる. 다수의 의견에 따르다 多数の意見に従う.
의결 (議決) 图 하他 議決. ║만장일치로 의결하다 満場一致で議決する. **의결-되다** 受動
의결-권 (議決權) [-꿘] 图 [法律] 議決権.
의결-기관 (議決機關) 图 議決機関.
의과 대학 (醫科大學) [-꽈-] 图 医科大学; 医学部.
의관 (衣冠) 图 衣冠.
의구[1] (依舊) 图 형動 (自然が)昔と変

わらないこと.
의구[2] (疑懼) 图 하他 疑懼(ぐ).
║의구심을 갖다 疑念をいだく.
의국 (醫局) 图 医局.
의기 (義氣) 图 義気.
의기-소침 (意氣銷沈) 图 형動 意気消沈.
의기-양양 (意氣揚揚) 图 형動 意気揚々. ║의기양양하게 意気揚々と.
의기-충천 (意氣衝天) 图 하自 意気衝天.
의기-투합 (意氣投合) 图 하自 意気投合.
의-남매 (義男妹) 图 他人同士だが、兄弟の契りを結んだ兄妹または姉弟.
의논 (議論) 图 하他 相談; 話し合い.
의당 (宜當) 副 当然に. ║의당 해야 할 일 当然すべきこと.
의대 (醫大) 图 〔의과 대학(醫科大學) の略語〕医科大学; 医学部.
의도 (意図) /ui:do/ 图 하他 意図. ║의도한 것의 반도 못 하다 意図したことの半分もできていない. 적의 의도를 알아채다 敵の意図を見抜く.
의도-적 (意圖的) 图 意図的. ║의도적인 접근 意図的な接近.
의례 (儀禮) 图 ❶ 儀礼. ❷ 形式や格式による礼儀. ║의례적인 인사 儀礼的な挨拶.
의-롭다 (義-) 形 [ㅂ変] 正義感がある; 義気が強い. ║의로운 사람 正義感のある人. **의로이** 副
의뢰 (依賴) /uirwe/ [-/-뤠] 图 하他 依頼. ║강연을 의뢰하다 講演を依頼する. **의뢰-받다** 受動
의뢰-서 (依賴書) 图 依頼書.
의뢰-심 (依賴心) 图 依頼心.
의뢰-인 (依賴人) 图 依頼人.
의료 (醫療) /uirjo/ 图 医療. ║의료 기관 医療機関. 의료 사고 医療事故.
의료 보험 (醫療保險) 图 医療保険.
의료-비 (醫療費) 图 医療費.
의류 (衣類) /uirju/ 图 衣類; 衣料.
의리 (義理) 图 義理. ║의리를 지키다 義理を立てる. 의리가 없다 義理を欠く.
의무[1] (義務) /ui:mu/ 图 義務. ⓗ 권리(權利). ║의무를 다하다 義務を果たす. 납세의 의무 納税の義務.
의무-감 (義務感) 图 義務感.
의무 교육 (義務敎育) 图 義務教育.
의무[2] (醫務) 图 医務.
의문 (疑問) /uimun/ 图 疑問. ║의문을 갖다 疑問をいだく. 의문에 답하다 疑問に答える. 의문을 떨쳐 버릴 수 없다 疑問をぬぐいきれない. 이번 시험에 합격할 수 있을지 의문이다 今度の試験に合格するかどうか疑問だ.

의문-대명사(疑問代名詞) 图(言語) 疑問詞.
의문-문(疑問文) 图(言語) 疑問文.
의문-부(疑問符) 图 疑問符; クエスチョンマーク(?).
의문-시(疑問視) 图(他) 疑問視.
의문-점(疑問點)【-쩜】图 疑問点.
의뭉-스럽다 〔-따〕形〔ㅂ変〕 見かけによらず腹黒いところがある. **의뭉-스레**
의뭉-하다 形〔하変〕 見かけによらず腹黒い.

의미(意味)/uimi/ 图(他) 意味. ‖이 단어는 무슨 의미입니까? この単語はどういう意味ですか. 의미 없이 웃다 意味もなく笑う. 역사적 의미를 갖던 歴史的意味を持つ. 저 미소는 뭘 의미할까? あの微笑みは何を意味するのだろう. 좋은 의미든 나쁜 의미든 いい意味でも. 어떤 의미에서는 그 사람 말도 틀린 것은 아니다 ある意味では, 彼の言っていることは間違いではない. 의미가 없는 일 意味のないこと.
의미-론(意味論) 图(言語) 意味論.
의미심장-하다(意味深長-) 〔하変〕 意味深長だ; 意味深だ. ‖의미심장한 한마디 意味深長な一言. 의미심장한 발언 意味深長な発言.
의병(義兵) 图 義兵.
의병 제대(依病除隊) 图(他)(軍事) 現役の軍人が病気などによって予定より早く除隊すること.
의복(衣服) 图 衣服; 服.
의붓-딸〔-뿓-〕图 継娘.
의붓-아들〔-부다-〕图 継息子.
의붓-아버지〔-부다-〕图 継父.
의붓-어머니〔-부다-〕图 継母.
의붓-자식(-子息)【-붇짜-】图 継子.
의사¹(義士) 图 義士.
의사²(意思)/uisa/ 图 意思. ‖의사 통일을 꾀하다 意思統一を図る. 의사를 밝히다 意思を述べる.
의사-소통(意思疏通) 图(自) 意思の疎通.
의사³(擬死) 图(動物) 擬死.
의사⁴(議事) 图 議事.
 의사-당(議事堂) 图 議事堂. ‖국회의사당 国会議事堂.
 의사-록(議事錄) 图 議事録.
 의사-봉(議事棒) 图 国会などで議長が開会・議案の上程・可決・否決・閉会などを宣言する時にテーブルを叩くもの.
의사⁵(醫師)/uisa/ 图 医師; 医者. ‖안과 의사 眼科医. 돌팔이 의사 やぶ医者. 의사 면허 医師免許.
의사⁶(擬似) 图 擬似.
의상(衣裳) 图 衣裳. ‖민족 고유의 의상 民族固有の衣裳.
 의상-실(衣裳室) 图 女性服の仕立屋.
의서(醫書) 图 医書.
의석(議席) 图 議席.
의성-어(擬聲語) 图(言語) 擬声語. 硬의태어(擬態語).
의수(義手) 图 義手. 硬의족(義足).
의술(醫術) 图 医術.
의식¹(衣食) 图 衣食.
의식²(意識)/ui∫ik/ 图(他) 意識. ‖남의 눈을 의식하다 人の目を意識する. 의식을 의식하면서 만든 제품 女性を意識して作った製品. 의식을 잃다 意識を失う. 의식을 회복하다 意識を取り戻す. 연대 의식이 희박하다 連帯意識が薄い. 죄의식 罪の意識.
 의식 불명(意識不明)【-불-】图 意識不明.
 의식-적(意識的)【-쩍】图 意識的. ‖무의식적 無意識的. ‖의식적인 행동 意識的な行動.
 의식-화(意識化)【-시콰】图(他自) 意識化.
의식³(儀式) 图 儀式; 式典; セレモニー. 硬식(式).
의식주(衣食住)【-쭈】图 衣食住.
의심(疑心)/ui∫im/ 图(他) 疑心; 疑い. ‖의심을 품다 疑いをいだく. 다들 그 사람이 범인이라고 의심하고 있다 皆が彼を犯人だと疑っている. 나는 내 눈을 의심했다 私は自分の目を疑った. 의심을 살 만한 행동을 하다 疑いを買うような行動をする. 의심이 풀리다 疑いが晴れる. 의심의 여지가 없다 疑いなさしさる余地がない. **의심-받다**〔-당하다〕
 의심-스럽다(疑心-)〔-따〕形〔ㅂ変〕 いぶかしい; 疑わしい; 怪しい; 怪しいところがある. ‖그 사람 말에는 몇 가지 의심스러운 점이 있다 彼の話にはいくつかいぶかしい点がある. **의심스레**
 의심-쩍다(疑心-)〔-따〕形 疑わしい; 怪しい. ‖의심쩍은 말투 怪しい言い方.
의아-하다(疑訝-) 形〔하変〕 いぶかしい; 疑わしい; 何かがおかしい; 変なところがあって納得がいかない.
의안¹(義眼) 图 義眼.
의안²(議案) 图 議案.
의약(醫藥) 图 医薬. ‖의약 분업 医薬分業.
 의약-품(醫藥品) 图 医薬品.
의역(意譯) 图(他) 意訳. 硬직역(直訳).
의연(義捐) 图(自) 義捐.
 의연-금(義捐金) 图 義捐金.
의연-하다¹(依然-) 〔하変〕 依然としている; 前と変わらない. ‖구태의연하다 旧態依然としている.
의연-하다²(毅然-) 形〔하変〕 毅然としている. ‖의연한 태도 毅然たる態度.

의외 (意外) /ɯi:we/ 【-/-웨】[名] 意外. ‖의외의 성과 意外な成果. 이야기 내용은 의외로 심각했다 話の内容は意外に深刻なものだった.

의욕 (意欲) /ɯi:jok/ [名] 意欲; やる気. ‖의욕이 넘쳐흐르다 意欲が溢れ出る. 의욕에 불타다 意欲に燃える. 의욕을 잃다 意欲を失う. 창작 의욕 創作意欲. 의욕이 안 생기다 やる気がわかない.

의욕-적 (意欲的) 【-쩍】[名] 意欲的. ‖의욕적인 태도 意欲的な態度.

의용 (義勇) [名] 義勇.

의용-군 (義勇軍) [名] 義勇軍.

의원[1] (醫院) [名] 医院.

의원[2] (議院) [名] 議院.

의원^내각제 (議院內閣制) 【-쩨】[名] 議院内閣制. [類] 내각 책임제(内閣責任制).

의원[3] (議員) /ɯiwɔn/ [名] 議員. ‖국회의원 国会議員. 대의원 代議員.

의원-면직 (依願免職) [名] [하他] 依願免職.

의의 (意義) /ɯi:i/ 【-/-이】[名] 意義. ‖의의 있는 일 意義のある仕事. 역사적인 의의 歴史的な意義.

의인 (義人) [名] 義人.

의인-법 (擬人法) 【-뻡】[名] 《文芸》 擬人法.

의인-화 (擬人化) [名] [하他] 擬人化.

의자 (椅子) /ɯidʒa/ [名] 椅子. ‖의자에 앉다 椅子に座る. 의자가 두 개 모자란다 椅子が2つ足りない. 안락의자 安楽椅子. 흔들의자 ロッキングチェア.

의장[1] (意匠) [名] 意匠; デザイン.

의장-권 (意匠權) 【-꿘】[名] 《法律》 意匠権.

의장^등록 (意匠登錄) 【-녹】[名] 意匠登録.

의장[2] (議長) [名] 議長. ‖국회 의장 国会議長.

의장-단 (議長團) [名] 議長団.

의장-대 (儀仗隊) [名] 儀仗隊.

의장-병 (儀仗兵) [名] 儀仗兵.

의적 (義賊) [名] 義賊.

의전 (儀典) [名] 儀典.

의절 (義絶) [名] [하自] 義絶; 勘当.

의젓-하다 【-저타-】[形] 『하変』 落ち着いている; 鷹揚(おうよう)だ. ‖의젓한 태도 鷹揚な態度. **의젓-이** [副]

의정 (議定) [名] [하他] 議定.

의정-서 (議定書) [名] 議定書. ‖의정서를 체결하다 議定書を締結する.

의정-안 (議定案) [名] 議定案.

의제 (議題) [名] 議題. ‖의제로 올리다 議題に上げる.

의족 (義足) [名] 義足. [関] 의수(義手).

의존 (依存) /ɯidʒon/ [名] [하自] 依存. ‖원료의 대부분을 외국에 의존하고 있다 原料の大半を外国に依存している. 의존심이 강하다 依存心が強い.

의-좋다 (誼-) 【-조타】[形] 仲がいい; 仲睦まじい. ‖의좋은 형제 仲のいい兄弟.

의중 (意中) [名] 意中. ‖의중을 떠보다 意中を探る.

의지 (意志) /ɯi:dʒi/ [名] 意志. ‖의지가 강한 사람 意志の強い人. 의지력으로 끝까지 밀고 나가다 意志の力で最後まで押し進める. 자유 의지 自由意志.

의지-박약 (意志薄弱) [名] [하形] 意志薄弱.

의지-하다 (依支-) /ɯidʒihada/ [自他] 『하変』 ❶もたれる. ❷頼る. ‖부모에게 의지하다 両親に頼る.

의처-증 (疑妻症) 【-쯩】[名] 《医学》 妻の行動を異常に疑う変態的な性格や病的な症状.

의탁 (依託·依托) [名] [하他] 依託.

의태-어 (擬態語) [名] 《言語》 擬態語. [関] 의성어(擬聲語).

의표 (意表) [名] 意表. ‖의표를 찌르다 意表をつく.

의-하다 (依-) /ɯihada/ [自] 『하変』 ❶よる. ‖과다 복용에 의한 부작용 服用過多による副作用. ❷基づく. ‖법에 의해 처벌을 받다 法に基づいて処罰を受ける.

의학 (醫學) /ɯihak/ [名] 医学. ‖동양 의학 東洋医学. 임상 의학 臨床医学. 의학 박사 医学博士.

의학-적 (醫學的) 【-쩍】[名] 医学的.

의향 (意向) [名] 意向. ‖의향을 묻다 意向を尋ねる.

의협 (義俠) [名] 義俠.

의협-심 (義俠心) 【-씸】[名] 義俠心; 男気(ぎ).

의-형제 (義兄弟) [名] 義兄弟.

의혹 (疑惑) [名] [하他] 疑惑. ‖의혹이 생기다 疑惑が生じる. 의혹을 사다 疑惑を招く. 의혹에 싸여 있다 疑惑に包まれている.

의회 (議會) /ɯihwe/ 【-/-훼】[名] 議会.

의회^정치 (議會政治) [名] 議会政治.

의회-주의 (議會主義) 【-/-훼-이】[名] 議会主義.

이[1] [名] ハングル母音字母「ㅣ」の名称.

이[2] /i/ [名] ❶(人や脊椎動物などの)歯. ‖이를 닦다 歯を磨く. 이가 나다 歯が生える. 이가 빠지다 歯が抜ける. ❷(皿や道具などの)歯; 縁(ふち); 刃. ‖이가 나가다 刃がこぼれる. ▸이(가) 갈리다 (悔しさで)歯ぎしりする. ▸이를 갈다 歯ぎしりする. 이를 갈며 분해하다 歯ぎしりして悔しがる. ▸이를 악물다 歯を食いしばる. ▸이 없으면 잇몸으로 산다 [살지] 〔諺〕(「歯がなければ歯茎で生きる」の意で)必要なものがなくても何とかな

る.
이³ 图《昆虫》シラミ(虱). ▶이 잡듯이 しらみつぶしに.
이⁴《利》图 利益: 利得.
이⁵《李》图《姓》李(イ).
이⁶《里》图《行政》最も小さい行政区域.
이⁷《理》图 理.
이⁸ (E·e) 图 (アルファベットの)イー.
이⁹ 代 (이것の略語)これ. ‖이와 같다 これと同じ.
이¹⁰《二·貳》/i/ 数 2: 二. ‖일, 이, 삼 1,2,3. 이 더하기 삼은 오다 2足す3は5である.
— 冠 2…. ‖이월 2月. 이 학년 2年生. 이 개월 2か月.
이¹¹ /i/ 冠 この…. ‖이 책 この本. 이 점에 대해서 この点について.
— 代 (이것の縮約形)これ. ‖이도 저도 아니다 あれでもこれでもない. 이와 같은 모양 これと同じ

이¹² /i/ 助〔子音で終わる体言に付いて; 母音の場合は가〕❶…が. ‖여동생이 전화를 하고 있다 妹が電話をしている. 선생님이 화를 내다 先生が怒る. 고향이 그립다 故郷が懐かしい. 물이 마시고 싶다 水が飲みたい. ❷〔疑問文などで新しい話題として〕…は. ‖이름이 무엇입니까? お名前は何ですか. 생일이 언제입니까? 誕生日はいつですか. ❸〔…이 되다の形で〕…になる. ‖봄이 되다 春になる. 내년에 딸이 중학생이 된다 来年娘が中学生になる. ❹〔…이 아니다の形で〕…で(は)ない. ‖내가 꿈꾸던 생활이 아니다 私が夢見ていた生活ではない. 우리 사정을 이해해 줄 사람이 아니다 私たちの事情を理解してくれる人ではない. ❺〔넘다・모자라다などの動詞文で〕数量名詞に付く. ‖학생수가 삼만 명이 넘는 대학교 学生数が3万人を超える大学. 돈이 오만 원이 모자라다 お金が5万ウォン足りない.

이¹³ 依名 …人. ‖저기 서 있는 이 あそこに立っている人.

-이¹⁴ 接尾 ❶〔一部の名詞に付いて〕その特徴をもつ人であることを表わす. ‖덜렁이 慌て者. 멍청이 間抜け: あほう. ❷〔子音で終わる固有名詞に付いて〕語調を整える. ‖희영이가 왔다갔다 熙瑛がきたついでに[寄っていった].

-이¹⁵/N接尾 ❶〔一部の動詞の語幹に付いて〕使役動詞を作る. ‖먹이다 食べさせる. 죽이다 殺す. ❷〔一部の動詞の語幹に付いて〕受身動詞を作る. ‖놓이다 置かれる. 덮이다 覆われる. ❸〔一部の動詞に付いて〕名詞を作る. ‖놀이 遊び. 먹이 えさ. ❹〔一部の形容詞に付いて〕名詞を作る. ‖길이 深さ. 넓이 広さ. ❺〔一部の形容詞に付いて〕副詞を作る. ‖높이 高く. 많이 たくさん:

多く. ❻〔一部の名詞に付いて〕副詞を作る. ‖나날이 毎日. 점점이 点々と.

이간《離間》图 離間.
이간-질《離間-》图他 仲違いさせること. ‖지역 주민들을 이간질하다 地域住民を仲違いさせる.
이-갈이 图 歯が生え変わること.
이감《移監》图他 移監. **이감-되다**
이-거/igo/ 代〔이것の縮約形〕これ: これは. ‖이거 얼마예요? これはいくらですか. 이거보다 저게 더 좋아 보인다 これよりあれがよさそうだ.
이거나¹ 助 ⇨거나¹. ‖말이거나 아들이거나 상관없다 女の子でも男の子でもかまわない.
-이거나² 語尾 ⇨-거나².
이거니와 助 ⇨거나와².
-이거니와 語尾 ⇨-거나와².
이거든 …であるなら: …なら.
이건¹ /igən/ 代〔이것은の縮約形〕これは. ‖이건 누구 책이야? これは誰の本なの. 이건 너무하다 これはひどい.
이건²〔이거나の縮約形〕… 건⁶.
이건마는 …であるが: …だが. ‖꽤 부자이건마는 구두쇠다 かなりお金持ちだが, けちだ.
이건만 이건마는の縮約形.
이걸/igəl/ 代〔이것을の縮約形〕これ, これを. ‖이걸 사고 싶어 これを買いたい. 이걸로 하겠습니다 これにします.
이-것/igət/ [-껃] 代 ❶これ. 卑 이거 ‖이것이 제 최신작입니다 これが私の最新作です. 제 것은 이것입니다 私のはこれです. 이것만은 안 됩니다 これだけは駄目だ. ❷こいつ: この子. ‖이것이 너무 말을 안 듣는다 こいつがあまりにも言うことを聞かない. 내가 이것 때문에 살고 있어요 私はこの子がいるから生きていけます: この子は私の生き甲斐です.
이것-저것〔-건쩌건〕图 あれこれ. ‖이것저것 필요한 것을 샀습니다 あれこれ必要なものを買いました.
이게/ige/ 代〔이것이の縮約形〕これが. ‖이게 뭐예요? これは何ですか. 이게 누구야. こいつったら. ‖이게 꽤 건방지네 こいつったらなかなか生意気だね.
이견《異見》图 異見.
이경《二更》图 二更(夜9時から11時まで).
이고/igo/ 助 ❶2つ以上の事柄を対等に並べあげる: …や. ‖여기가 내 방이고 저기가 남동생 방이다 ここが私の部屋であそこが弟の部屋だ. ❷2つ以上の事柄を並べ立てる: …でも. ‖밥이고 빵이고 먹을 게 아무것도 없다 ご飯もパンも, 食べ物が何もない.
이고-말고 …であるとも: …だとも. ‖좋은 사람이고말고 いい人だとも.

이골 [名] ある方面やことに慣れ切っていること. ▸이골이 나다 あることに完全に慣れている; あることをうんざりするほど長く続けている.

이-곳 /igot/【-곧】[代] ここ. ‖이곳에 사는 사람들 ここに住んでいる人々.

이공-계 (理工系)【-/-게】[名] 理系と工学系.

이과 (理科)【-꽈】[名] 理科. [対]문과(文科).

이관[1] (耳管) [名]《解剖》 耳管; エウスタキオ管.

이관[2] (移管) [名] [하他] 移管. **이관-되다** [受身]

이교 (異教) [名] 異教.

이교-도 (異教徒) [名] 異教徒.

-이구나 [語尾] ⇨-구나[2].

이구-동성 (異口同聲) [名] 異口同音. ‖이구동성으로 답하다 異口同音に答える.

이국 (異國) [名] 異国.

이국-적 (異國的)【-쩍】[名] 異国. ‖이국적인 정서 異国情緒.

이권 (利權)【-꿘】[名] 利権.

이그러-지다 [自] 일그러지다の誤り.

이글 (eagle) [名] (ゴルフで)イーグル.

이글-거리다 [自] ❶(火が)かっかと燃え上がる. ❷(怒りなどに)燃える. ‖분노로 이글거리는 눈빛 怒りに燃えている目.

이글-이글【-/-리-】[副] [하自] ❶(火が)かっかと燃え上がる様子. ‖숯불이 이글이글 타오르다 炭火がかっかとおこっている. ❷(情熱・怒りなどが)燃え上がる様子.

이기[1] (利己) [名] 利己. [対]이타(利他).

이기-심 (利己心) [名] 利己心.

이기-적 (利己的) [名] 利己的; 自己中心的. ‖이기적인 사람 自己中心的な人.

이기-주의 (利己主義)【-/-이】[名] 利己主義. [対]이타주의(利他主義).

이기[2] (利器) [名] 利器. ‖문명의 이기 文明の利器.

이기[3] [助] 助詞이다の名詞形. ‖사윗감은 의사이기를 바라다 婿候補は医者(であること)を望む.

이기는 [自他] 이기다(勝つ)の現在連体形.

이기다[1] /igida/ [自他] ❶勝つ; 打ち勝つ; 負かす; 勝利する. [対]지다. ‖시합에서 이기다 試合で勝つ. 말레이시아를 일 점차로 이겼다 マレーシアに1点差で勝った. ❷(感情や欲望などを)抑える; 堪える. ‖유혹을 이기지 못하고 먹어 버리다 誘惑に勝てずに食べてしまう. ❸(苦痛や病気などに)耐える. ‖병을 이기다 病気に耐える. 어려움을 이겨 내다 困難を克服する.

이기다[2] [他] ❶(土や粉などを)こねる; 練る. ‖밀가루를 이기다 小麦粉をこねる. ❷みじん切りにしてたたく.

이기로 [助] ⇨기로[2]. ‖아무리 사장이기로 그런 말을 해서는 안 된다 社長だとはいえ, そういうことを言ってはいけない.

이기로서니 [助] ⇨기로서니.

이기어[이겨] [自他] 이기다(勝つ)の連用形.

이기에 [助] ⇨기에. ‖지금은 학생이기에 학업에 전념하고 싶습니다 今は学生なので学業に専念したいです.

이기-작 (二期作) [名] 二期作.

이긴 [自他] 이기다(勝つ)の過去連体形.

이길 [自他] 이기다(勝つ)の未来連体形.

이-까짓【-짇】[冠] これしきの…; このくらいの…. [縮]이깟・까짓. ‖이까짓 일로 고민하다니 これくらいのことで悩むなんて.

이-깟【-깓】[冠] 이까짓の縮約形.

이끌다 /iʔkwlda/ [他]〖ㄹ語幹〗[이끌어, 이끄는, 이끈] ❶引く; 引っ張る; 連れる. ‖두 아이를 이끌고 일자리를 찾아 나서다 2人の子どもを連れて職探しに出かける. [受]이끌리다. ❷導く; 率いる. ‖성공으로 이끌다 成功に導く.

이끌-리다 [自]〔이끌다の受身動詞〕❶引かれる; 引っ張られる. ‖아버지 손에 이끌려 가다 父に手を引かれて行く. ❷(心が)惹(ひ)かれる. ‖열심히 하는 모습에 마음이 이끌리다 一生懸命な姿に心惹かれる.

이끼 [名]《植物》 コケ(苔). ‖이끼가 끼다 苔が生える. 이끼가 낀 바위 苔むした岩.

이나 /ina/ [助]〔子音で終わる体言に付いて; 母音の場合は나〕❶…でも. ‖시간도 있으니까 쇼핑이나 해야겠다 時間もあるから買い物でもする. ❷…くらい; …なら. ‖아이들이나 좋아할 과자 子どもなら喜びそうなお菓子. 열 명이나 모일까? 10人くらい集まるかな. ❸…も. ‖한 달에 책을 열 권이나 읽는다 1か月に本を10冊も読む. ❹…であるが. ‖직함은 전문 연구원이나 월급은 없다 肩書きは専門研究員であるが, 給料はない.

이-나마[1] [副] (それほどよくはないが)これ(だけ)でも; これすら(も).

이나마[2] [助] ⇨나마[1]. ‖이것이나마 가지고 갈래? これでも持っていく?

이남 (以南) [名] ❶以南. ❷韓国.

이내[1] (以內) [名] 以内; 内. ‖십 일 이내에 제출할 것 10日以内に提出すること.

이내[2] [副] ❶(時間的に)すぐ; たちまち; 直ちに. ‖자리에 눕자 이내 잠이 들었다 横になってすぐ寝入った. ❷(空間的に)近くに; すぐ.

이내[3] [冠]〔文語として〕나의を強めて言う語.

이냐 [助] ⇨냐[1].

이냐고 [助] ⇨냐고[1]. ‖한국 사람이냐

고 물어보았더니 아니라고 했다. 韓国人なのかと聞いてみたら違うと言った.

이냐는 匬 〔이냐고 하는 縮約形〕⇨냐는¹. ∥이냐는 질문을 받았던 韓国文化の特徴は何なのかという質問を受けた.

이-냥 副 このまま; この状態で. **이냥-저냥** 副 どうにかこうにか.

이-네 代 この人たち.

이-년 代 〔이 여자(女子)をののしる言い方で〕このあま.

이념(理念) 图 理念. ∥교육 이념 教育の理念. 전인 교육의 이념을 내걸다 全人教育の理念を掲げる.

이-놈 代 〔이 남자(男子)をののしる言い方で〕この野郎.

이농(離農) 图 自自 離農.

이뇨(利尿) 图 自自 利尿. ∥이뇨 작용 利尿作用.

이뇨-제(利尿剤) 图 〈薬〉利尿剤.

이는 〔二語幹〕 일다(起こる)の現在連体形.

이니¹ 助 ⇨니¹. ∥일요일이니 놀러 가자 日曜日だから遊びに行こう.

이니까 助 이니¹ を強めて言う語.

이니² 助 ⇨니². ∥무슨 일이니? どうしたの.

이니셔티브(initiative) 图 イニシアチブ; 主導権.

이니셜(initial) 图 イニシャル; 頭文字.

이닝(inning) 图 〈野球〉イニング. 回.

이다¹ 他 ❶〔頭上に〕載せる. ∥머리에 짐을 이다 頭に荷物を載せる. ❷〔比喩的に〕いただく. ∥일년 내내 눈을 이고 있는 산 一年中雪をいただいている山. 흰 구름을 이고 있는 산들 白雲をいただいている山々.

이다² 他 葺(ふ)く. ∥초가지붕을 이다 藁屋根を葺く.

이다³ /ida/ 助 〔子音で終わる体言に付いて;母音の場合はㄷ〕…だ;…である. ∥한국의 수도는 서울이다 韓国の首都はソウルである. 한국의 제이의 도시는 부산이다 韓国の第2の都市は釜山である. 을 대답하기 쉬는 날이다 明日は休みの日だ. 언니는 중학교 영어 선생님이다 姉は中学校の英語の先生である. 한국의 어린이날은 오월 오일이다 韓国の子供の日は5月5日である.

이다가 助 (…이다가→이다가の形で) …やら…やら. ∥떡이다 과일이다 엄청 먹었다 餅やら果物やらいっぱい食べた.

이-다음 图 この次; 今度. 酷 이담. ∥이다음은 뭐 この次は何だっけ.

이-다지 副 こんなにまで; これほど.

이단(異端) 图 異端.
 이단-자(異端者) 图 異端者.

이단˚**평행봉**(二段平行棒) 图 〈体操の〉段違い平行棒.

이-달 /idal/ 图 今月. ∥이달 중에 신제품이 나온다 今月中に新製品が出る. 이달에는 출장이 두 번이나 있다 今月は出張が2回もある. 이달로 책방에서의 아르바이트가 끝난다 今月末でアルバイトが終わる. 이달 초에 今月の初めに. 이달 말에 今月の末に.

이-담 图 이다음の縮約形.

이당-류(二糖類)【→뉴】图 〈化学〉二糖類.

이-대로 副 このまま; このように.

이더구나 助 ⇨더구나². 酷 이더군. ∥알아보니까 거짓말이더구나 調べてみたらそうだったの.

이더군 助 이더구나の縮約形.

이더냐 助 ⇨더냐¹. ∥어떤 사람이더냐? どういう人だったの.

이더니 助 ⇨더니¹. ∥얌전한 사람이더니 많이 변했다 おとなしい人だったが, ずいぶん変わった.

이더니마는 助 이더니を強めて言う語.

이더라 助 ⇨더라¹. ∥만나 보니까 괜찮은 사람이더라 会ってみたらいい人だったよ.

이더라도 助 ⇨더라도¹.

이던데 助 ⇨던데¹.

이던지 助 ⇨던지¹. ∥얼마나 끔찍한 상황이던지 지금 생각해도 소름이 끼친다 どれほどすまじい状況だったのか, 今思い出しても鳥肌が立つ.

이데올로기(Ideologie ド) 图 イデオロギー.

이동¹(異動) 图 異動. ∥인사 이동 人事異動.

이동²(移動) /idon/ 图 自自 移動. 移すこと; 移ること. ∥앞쪽으로 이동해 주십시오 前の方に移動してください. 병력을 이동시키다 兵力を移動させる.

이동-되다 受動

이동-도서관(移動図書館) 图 移動図書館. ∥순회도서관(巡廻図書館)

이동-성(移動性)【-썽】图 移動性. ∥이동성 고기압 移動性高気圧.

이동-식(移動式)【-씩】图 移動式.

이동-통신(移動通信) 图 移動体通信.

이두(吏讀·吏頭) 图 〈言語〉吏読(2); 吏吐.

이두-박근(二頭膊筋)【-끈】图 〈解剖〉二頭膊筋; 上腕二頭筋.

이득(利得) 图 利得. ∥부당 이득 不当利得.

-이든 助 ⇨든¹.

-이든² 助 ⇨든³.

-이든지 助 ⇨든지¹.

-이든지² 助 ⇨든지².

이듬-해 /idumhɛ/ 图 翌年.

이등(二等) 图 2等; 2番; 2位.

이등-병(二等兵) 圀(軍事) 二等兵.
이등변~삼각형(二等邊三角形) 【-가켱】 圀(数学) 二等辺三角形.
이등분(二等分) 圀(自他) 二等分.
이따 이따가의 略語.
이따가/i'taga/ 副 後ほど; 後で. ⑳이따. ‖이따가 또 전화할게 後でまた電話する.
이따금/i'tagum/ 副 時たま; 時折; 時々; ちょくちょく. ‖이따금 어깨에 통증을 느낀다 時折肩に痛みを感じる.
이-따위 代 こんなもの; こんな. ‖이따위는 필요 없다 こんなのは要らない.
이때~껏【-껃】 副 今まで; 今に至るまで.
이라¹ ⇨ 라¹. ‖너무 느린 사람이라 답답하다. あまりにものろい人だから, いらいらする.
이라² 이라고의 略語.
이라고 助 ⇨ 라고¹. ⑳이라. ‖고향이 부산이라고 했다 故郷が釜山だと言った. 눈에 좋은 약이라고 해서 사왔다 目にいい薬だと言うから買ってきた.
이라느니 助 ⇨ 라느니.
이라는 助 ⇨ 라는.
이라니 助 ⇨ 라니¹.
-이라니² 語尾 ⇨ -라니².
이라니까 助〔이라고 하니까의 縮約形〕⇨ 라니까.
이라도 助 ⇨ 라도¹.
-이라도 語尾 ⇨ -라도².
이라든지 助 ⇨ 라든지.
이라며 副 이라면서의 縮約形.
이라면 助 ⇨ 라면².
이라면서 助 ⇨ 라면서.
이라서 助 ⇨ 라서¹. ‖사정을 아는 사람이라서 의논을 했다 事情を知っている人だから相談をした.
이라손 〔…이라손 치더라도의 形으로〕…であっても.
이라야 助 ⇨ 라야¹. ‖꼼꼼한 사람이라야 이 일을 할 수 있다 几帳面な人でなければこの仕事はできない.
이라야만 이라야를 強めて言う語.
이라지 助 ⇨ 라지¹.
이라크(Iraq) 圀(国名) イラク.
이란¹(Iran) 圀(国名) イラン.
이란² 助 ⇨ 란¹.
이란다 助〔이라고 한다의 縮約形〕⇨ 란다¹. ‖한국 사람이란다 韓国人だってよ. 가장 중요한 건 돈이 아니라 건강이란다 最も重要なのはお金ではなく健康なの.
이란성~쌍생아(二卵性雙生兒) 圀 二卵性双生児.
이랄 助 ⇨ 랄¹.
이랍니까 助〔-랍-〕助 ⇨ 랍니까¹.
이랍니다 助〔-랍-〕助 ⇨ 랍니다¹.
이랍시고 助〔-씨-〕助 ⇨ 랍시고.
이랑¹ 助 ⇨ 랑¹. ‖빵이랑 과자랑 사탕이랑 お菓子やら 야랑

이랑² 圀 畝(よ). ‖밭이랑 畑の畝.
이래 助〔以來〕助 ⇨ 래. ‖(…그) 以来. ‖유사 이래 有史以来.
이래² 〔이리하여·이리하여의 縮約形〕こうして; このようにして.
이래³ 助〔이라고 해의 縮約形〕⇨ 래¹. ‖대학생이래 大学生だって.
이래도 ❶〔이리하여도의 縮約形〕こういうふうにしても. ❷〔이라고 하여도의 縮約形〕こういうふうにしても.
이래라-저래라라 〔이리하여라 저리하여라의 縮約形〕ああしろこうしろ.
이래서¹ 副 ⇨ 래서¹.
이래서² ❶〔이리하여서의 縮約形〕こうして; こんなにして. ❷〔이라하여서의 縮約形〕こうだから; こんなだから.
이래야¹ 副 こういうふうにしたら; こういうふうにすれば. ‖이래야 이긴다 こういうふうにすれば勝つ.
이래야² 助 ⇨ 래야¹. ‖재산이래야 낡은 집이 한 채 있을 뿐이다 財産といっても古い家が 1 軒あるだけだ.
이래요 助 ⇨ 래요¹. ‖대학생이래요 大学生だそうです.
이래-저래 副 どうやらこうやら; あれこれの理由で; 銀行에서 돈을 찾아서 이래저래 다 써 버렸다 銀行からお金を下ろしてあれこれ全部使ってしまった.
이랬다-저랬다〔-랜따-랟따〕〔이리하였다가 저리하였다가의 縮約形〕あしたりこうしたり; 気むずかしい. ‖하루에도 몇 번 마음이 이랬다저랬다 한다 一日に何度も気持ちが揺れる.
이러고〔이리하고의 縮約形〕こういうにして.
이러고-저러고〔이리하고 저러하고의 縮約形〕どうのこうの; 何と言っても.
이러나-저러나 副 とにかく; ともかくにも合格なければいけないんだが.
이러니-저러니〔이러하다느니 저러하다느니의 縮約形〕なんだかんだ; どうのこうの. ‖이러니저러니 해도 제 집이 최고다 なんだかんだ言っても自分の家が一番だ.
이러다¹ 副 이러다가의 略語.
이러다² /ircida/ 圓〔이리하다의 縮約形〕こうする. ‖이러지도 저러지도 못하다 にっちもさっちも行かない.
이러다가 副 こうしていては; こんな有り様では. ⑳이러다. ‖이러다가 큰일나겠다 こうしていては大変なことになる.
이러면 副 이러하면の縮約形.
이러므로 副 こうなので; こういうわけで.
이러이러-하다 形[하変] これこれだ; しかじかだ. ‖이야기의 내용은 이러이러하다 話の内容はしかじかだ.
이러저러-하다 形[하変] そんなこんな

이러쿵-저러쿵 /irɔkʰuŋdʑɔrɔkʰuŋ/ [副] 이제 와서 이러쿵저러쿵 말하는 건 좋지 않다 今更あれやこれや言うのはよくない.

이러-하다 [形] [하変] こうだ; このようだ; この通りだ; こんな具合だ. 働이렇다.

이러하-면 [副] こうしたら; こうすれば. 働이러면.

이럭-저럭 [-쩍-] [副] ❶ そうこうしているうちに; いつの間にか. ❷ なるがままに; 何とか. ‖이럭저럭 지낼 만하다 何とかやっていけそうだ.

이런[1] /irʌn/ [冠] このような…; こんな…. ‖기업은 이런 사원을 원한다 企業はこのような社員を望む. 이런 일로 울면 안 돼 こんなことで泣いては駄目だよ.

이런[2] [感] 思いがけないことや気の毒なことを聞いたり見たりした時に発する語: あら; まあ; おやおや. ‖이런, 우산을 갖고 오는 걸 잊어 버렸네 あら, 傘を持ってくるのを忘れちゃったわ.

이런-대로 [副] 〔満足ではないが〕まあまあ; それなりに.

이런-즉 〔이러한즉의 縮約形〕こういうわけで; こうなので.

이렇다 /irɔtʰa/ [-라타] [形] [ㅎ変] 〔이래, 이런〕이러하다의 縮約形. 이야기의 결말은 이렇다 話の結末はこうだ. 이렇게 늦을 리가 없다 こんなに遅れるはずがない.

이렇-듯 [-러튼] 〔이러하듯의 縮約形〕 こうであるように; このように; この通りに.

이렇듯-이 [-러트시] 〔이러하듯이의 縮約形〕こうであるように; このように; この通りに.

이레 7日; 7日間.

이렛-날 [-렌-] [名] 7日の日.

이력 (履歴) /iːrjʌk/ [名] ❶ 履歴; 経歴. ‖이력을 쌓다 経歴を積む. ❷ たくさんの経験から得たこと.

이력-서 (履歴書) [-써] [名] 履歴書.

이련마는 ⇨ 련마는.

이련만 ⇨ 련만.

이례 (異例) [名] 異例. ‖이례의 사태 異例の事態.

이례-적 (異例的) [名] 異例的. ‖이례적인 시청률을 기록한 드라마 異例的な視聴率を記録したドラマ. 이례적인 조치 異例的な措置. 이(之례)적인 일 異例的なこと.

이로구나 〔子音で終わる体言に付いて; 母音の場合は로구나〕詠嘆を表わす: だなあ; だねえ. ‖벌써 삼월이로구나 もう3月だねえ.

이로되 [-/-뒈] ⇨ 로되[1].

이론[1] (異論) [名] 異論.

이론[2] (理論) /iːrɔn/ [名] 理論. ‖이론과 실천 理論と実践. 경제 이론 経済理論. 상대성 이론 相対性理論.

이론-가 (理論家) [名] 理論家.

이론-적 (理論的) [名] 理論的.

이론-화 (理論化) [名] [하他] 理論化.

이-롭다 (利-) /iːropʰta/ [-따] [形] [ㅂ変] [이로워, 이로운] 有利だ; ためになる; 利益になる; いい. ‖적당한 운동은 건강에 이롭다 適当な運動は健康にいい.

이루[1] (二壘) [名] 〔野球で〕2壘.

이루-수 (二壘手) [名] 〔野球で〕2壘手; セカンド.

이루-타 (二壘打) [名] 〔野球で〕2壘打.

이루[2] (耳漏) [名] [医学] 耳漏(じろう); 耳垂れ.

이루[3] [副] 〔下に打ち消しの表現を伴って〕すべて; 全部にいたる; 到底. ‖이루 말할 수 없는 고통 到底言葉にできない苦痛.

이루는 [冠] 이루다(成す·成し遂げる)の現在連体形.

이루다 /iruda/ [他] ❶ 成す; 作る; 作り上げる; 築く. ‖문전성시를 이루다 門前市を成す. 가정을 이루다 家庭を持つ. 성황을 이루다 盛況を呈する. 조화를 이루다 調和がとれる; 調和する. ❷ 遂げる; 成し遂げる; 実現する; 果たす. ‖목적을 이루다 目的を成し遂げる[達成する]. 오랜 꿈을 이루다 長年の望みを果たす. 잠을 이루지 못하다 眠れない.

이루어[이뤄] [他] 이루다(成す·成し遂げる)の連用形.

이루어-지다 /iruʌdʑida/ [自] ❶ 成る; かなう; 成立する. ‖꿈이 이루어지다 夢がかなう. 협상이 이루어지다 話し合いが成立する. ❷ 結ばれる. ‖이루어질 수 없는 사랑 結ばれぬ恋; かなわぬ恋.

이룩-하다 /irukʰada/ [-루카-] [하変] 成し遂げる; 達成する; 作り上げる. ‖한반도의 통일을 이룩하는 길 朝鮮半島の統一を成し遂げる道.

이룬 [冠] 이루다(成す·成し遂げる)の過去連体形. ‖꿈을 이룬 사람들 夢を成し遂げた人々.

이룸 [冠] 이루다(成す·成し遂げる)の未来連体形.

이류[1] (二流) [名] 二流.

이류[2] (異類) [名] 異類.

이륙 (離陸) [名] [하他] 離陸. ⟷ 착륙(着陸).

이륜-차 (二輪車) [名] 二輪車.

이르는 [自] [러変] 이르다(着く·到達する)の現在連体形.

이르다[1] /iruda/ [形] [르変] [일러, 이른] 早い; 早過ぎる. ‖포기하기에는 이르다 諦めるには早い. 이른 아침부터 早朝から; 朝早くから. 이른 봄 早春.

이르다[2] /iruda/ [이르러, 이르는] ❶ 着く; 到達する; 達する. ‖목적지에 이르다 到達

목적지에 착. 무사히 정상에 이르르다 無事頂上に到達した. ❷至る; 及ぶ; 達する. ‖위급한 상황에 이르다 危急な状況に至る. 나이 오십에 이르다 齢(よわい)50に至る. 신의 경지에 이르다 神の境地に達する. 인구가 백만 가까이에 이르다 人口が100万近くに達する.

이르다[3] /iruda/ 他[르変] 〈「일러, 이르는」として〉 말을 안 듣는다 여러 번 일러도 말을 안 듣는다 何回話してもかかわらず言うことを聞かない. 옛 사람이 이르되 古人が言うには.

이르다[4] 他 [르変] 告げ口する; 言いつける. ‖선생님께 이르다 先生に言いつける. 선배한테 이르다 先輩に告げ口する.

이르러 自 [러変] 이르다(着く·到達する)の連用形.

이른 冠 이르다(着く·到達する)の過去連体形.

이른-바 冠 いわゆる. ‖이른바 수재라는 사람들이 다니단는 학교 いわゆる秀才と言われる人たちが通っている学校.

이를 冠 [러変] 이르다(着く·到達する)の未来連体形.

이를-테면 冠 例えば言えば; 言うなば; 言うならば. ‖이를테면 한국의 미소라 히바리 같은 가수 例えば言うなら韓国の美空ひばりのような歌手.

이름 /irum°/ 名 名前; 名; 名称. ‖이름이 뭐예요? お名前は何ですか. 여기에 이름을 써 주세요 ここに名前を書いてください. 역 이름을 잊어 버리다 駅の名前を忘れる. 이름이 알려지다 名が知られる. 이름을 대다 名乗る. 이름을 짓다 名前をつける. 정의라는 이름 하에 正義という名の元に. 신제품의 이름 新製品の名称. ▶이름을 남기다 名を残す. ▶이름을 팔다 名前や名声を利用する. 名を売る. ▶이름(이) 없다 無名だ; 知られていない. 이름 없는 가수 ▶이름(이) 있다 有名だ. 이름 있는 가게 有名店.

이름-씨 名 《言語》 名詞.
이름-자 [-字] [-짜] 名 名前を表わす字.
이름-표 [-標] 名 名札. ‖이름표를 달다 名札をつける.

이리[1] 名 白子(しらこ).
이리[2] 名 《動物》 オオカミ(狼).
이리[3] /iri/ 副 こちらに; こっちへ. ‖이리 와라 こちらにおいで. ‖이리 뒤척 저리 뒤척 眠れず寝返りばかり打っている様子.

이리-저리 副 ❶あちこち; あちらこちら. ‖이리저리 뛰어다니다 あちこち走り回る. ❷あれこれと; あれやこれやと. ‖이리저리 핑계를 대다 あれやこれやと逃げ口上を並べる.

이리[4] 副 このように; こんなに. ‖이리 바쁠까? なんでこんなに忙しいんだろう.

이립 (而立) 名 而立; 30歳.

이마 /ima/ 名 おでこ. ‖이마가 넓다 額が広い. 이마에 땀이 배이다 額が汗ばむ.
이마-빡 名 이마の俗語.
이마-빼기 名 이마の俗語.

이만 冠 名 このくらいに; この辺で. ‖이만 해 두자 このくらいにしておこう. 그럼 이만 물러가겠습니다 ではこの辺でお暇します.

이만-저만 (限形)〈下に打ち消しの表現を伴って〉ちょっとやそっとのことではない様子; かなり; 相当. ‖손해가 이만저만 아니다 ちょっとやそっとの損害ではない. 이만저만 바쁜게 아니라 相当忙しい.

이-만큼 /imank°um/ 名 これくらい; これほど. ‖이만큼만 먹을래요 これだけ食べます. 강아지가 벌써 이만큼 컸다 子犬がすでにこのくらいになった.

이만-하다 形 [하変] このくらいの程度だ; これくらいだ; これほどだ. ‖이만 하면 되었어요 このくらいでいいです.

이맘-때 名 今時分; 今頃. ‖내년 이맘때 来年の今頃.

이맛-살 [-마쌀/-맏쌀] 名 額のしわ. ‖이맛살을 찌푸리다 眉間[額]にしわを寄せる.

이메일 (email) 名 《IT》 Eメール; 電子メール.

이며 助 ⇨ 며[1]. ‖빵이며 과자며 パンやらお菓子やら.

이면[1] (裏面) 名 裏面; 裏側. ㉠表面(表面). ‖이면에 쓰세요 裏面に書いてください. 이 말의 이면에 있는 것 この言葉の裏側にあるもの.
이면-사 (裏面史) 名 裏面史.
이면-지 (裏面紙) 名 (コピーや印刷の)裏紙.

이면[2] 助 ⇨ 면[5].

이면서 助 ⇨ 면서[1]. ‖주부이면서 학생이다 主婦でありながら学生だ.

이명[1] (耳鳴) 名 《医学》 耳鳴り.
이명[2] (異名) 名 異名.

이모 (姨母) /imo/ 名 おば(母の姉妹).
이모-부 (姨母夫) 名 이모の夫.
이모-작 (二毛作) 名 二毛作.

이모-저모 名 色々な面; あれこれ. ‖이모저모 살펴보고 사다 あれこれ調べてから買う.

이모티콘 (emoticon) 名 《IT》 絵文字.

이목 (耳目) 名 耳目. ▶이목을 끌다 人目を引く.

이목구비 (耳目口鼻) /i:mok°kubi/ [-꾸-] 名 目鼻立ち; 顔立ち. ‖이목구비가 뚜렷하다 目鼻立ちがはっきりしている.

이무기 伝説上の動物(呪いによって龍になれなかった大蛇).

이문 (利文) 图 利鞘(ｻﾔ); マージン. ‖이문을 남기다 利鞘を稼ぐ.

이물¹ (船首) 图 船首; 舳先(ﾍｻｷ)선수(船首). ❷ 고물.

이물² (異物) 图 異物.

이므로 助 理由などを表わす: …だから; …なので. ‖학생이므로 学業に専念해야 한다 学生だから学業に専念すべきだ.

이미 /imi/ 圖 もう; すでに. ‖지금 시작해서는 이미 늦었다 今からではもう遅い, 그 일은 이미 알고 있다 そのことはすでに知っている. 이미 엎질러진 물이다 覆水盆に返らずだね.

이미지 (image) 图 イメージ.

이미테이션 (imitation) 图 イミテーション.

이민 (移民) /imin/ 图自他 移民. ‖오빠는 작년에 미국으로 이민 갔다 兄は去年アメリカに移民した.

이-민족 (異民族) 图 異民族.

이바지 图自他 貢献; 寄与. ‖나라에 이바지하다 国に貢献する.

이발 (理髪) 图自他 理髪; 散髪. ‖이발하러 가다 散髪に行く.

이발-관 (理髪館) 图 理髪店; 床屋.

이발-사 (理髪師) 图[-싸] 图 理髪師; 理容師.

이발-소 (理髪所) 图[-쏘] 图 理髪店; 理容店; 床屋.

이-방인 (異邦人) 图 異邦人.

이-번 (-番) /ibɔn/ 图 今回, 今度. ‖이번 연휴에 해외여행을 간다 今度の連休に海外旅行に行く. 이번 달 今月. 이번 주 今週.

이벤트 (event) 图 イベント.

이변 (異變) 图 異変. ‖이변이 생기다 異変が起こる.

이별 (離別) /ibjəl/ 图自他 別れ; 離別. ‖작년에 그 사람하고 이별했다 去年彼と別れた. 생이별 生き別れ. 이별을 알리다 別れを告げる.

이별-가 (離別歌) 图 別れの歌; 離別の歌.

이별-주 (離別酒) 图[-쭈] 图 別れの酒; 離別の酒.

이복 (異腹) 图 異腹; 腹違い. ‖이복형제 異腹兄弟.

이-봐 感 [이 보아의 約約形] おい. ‖이봐, 어디 가는가? おい, どこへ行くんだ.

이부¹ (二部) 图 二部. ‖이부 합창 二部合唱.

이부² (異父) 图 異父.

이부-자리 图 掛け布団と敷き布団の総称. ‖이부자리를 깔다 布団を敷く.

이부-작 (二部作) 图 二部作. ‖이부작 드라마 二部作のドラマ.

이부-제 (二部制) 图 (学校や工場などで)授業や操業などを午前・午後または昼間・夜間の二部に分けて行なう制度.

이북 (以北) 图 ❶ 以北. ❷ 北朝鮮.

이분¹ (二分) 图他 二分.
　이분-법 (二分法)【-법】图 二分法.

이-분 代 この方.

이-분자 (異分子) 图 異分子.

이불 /ibul/ 图 布団; 掛け布団. ‖이불을 개다 布団を畳む. 이불을 깔다 布団を敷く, 여름 이불 夏布団.
　이불-보 (-褓)【-뽀】图 布団を包む大きなふろしき.

이비인후-과 (耳鼻咽喉科)【-꽈】图 耳鼻咽喉科.

이빨 /ip͈al/ 图 ❶ [이²の俗語] 歯. ❷ 動物の歯.

이사¹ (理事) 图 理事.
　이사-국 (理事國) 图 理事国. ‖상임이사국 常任理事国.
　이사-회 (理事会) 图[-/-훼] 图 理事会.

이사² (移徙) /isa/ 图自他 引っ越し; 転居. ‖서울로 이사 가다 ソウルに引っ越しする. 새로 이사한 곳을 알리다 新しい引っ越し先を知らせる.

이-사분기 (二四分期) 图 第二四半期.

이삭 图 穂; 落ち穂.
　이삭-줍기 (-줍기) 图自他 落ち穂拾い.

이산 (離散) 图自他 離散.
　이산-가족 (離散家族) 图 離散家族.

이-산화 (二酸化) 图 (化学) 二酸化.

이삿-짐 (移徙-) 图[-사찜 / -산찜] 引っ越し荷物. ‖이삿짐 센터 引っ越しセンター.

이상¹ (以上) /i:saŋ/ 图 以上. ㋐이하(以下). ‖칠십 점 이상이면 합격이다 70点以上なら合格だ. 더 이상 연기할 수 없다 これ以上延期できない. 이상에서 말한 바 以上で[ここまでで]述べたこと.

이상² (異狀) /i:saŋ/ 图 異状. ‖전원 이상 없음 全員異状なし.

이상³ (理想) /i:saŋ/ 图 理想. ‖이상과 현실의 갭 理想と現実のギャップ. 이상을 추구하다 理想を追求する. 이상을 실현하다 理想を実現する.
　이상-적 (理想的) 图 理想的.
　이상-주의 (理想主義) 图[-/-이] 理想主義.
　이상주의-자 (理想主義者) 图[-/-이-] 图 理想主義者.
　이상-향 (理想郷) 图 理想郷.
　이상-형 (理想型) 图 理想のタイプ.
　이상-화 (理想化) 图他 理想化.

이상⁴ (異常) /i:saŋ/ 图他 異常; 異様; 変; 奇妙; 不思議; おかしいこと. ‖기계에 이상이 있는 것 같다 機械に異常があるようだ. 이상한 꿈을 꾸다 変な夢を見る. 기계에서 이상한 소리가 나다 機械から変な音がする.

맛이 이상하다 味がおかしい. 이상 기온 異常気温. **이상-히** 🔺

이상야릇-하다 【異常-】 [-냐르타-] 形 [하변] (表現できないほど)妙だ; 不思議だ. ‖기분이 이상야릇하다 妙な気分だ.

이색 (異色) 名 異色. **이색-적** (異色的) 【-쩍】 [관] 異色的.

이-생 (一生) 名 この世; 現世.

이서 (裏書) 名 [하변] 裏書き.

이설 (異說) 名 異說.

이성[1] (異性) 名 異性. ⑦동성(同性).

이성[2] (異姓) 名 異姓; 他姓.

이성[3] (理性) /i:sʌŋ/ 名 理性. ‖이성에 따르다 理性に従う. 이성을 잃다 理性を失う.

이성-론 (理性論) 【-논】 名 理性論; 合理主義.

이성-적 (理性的) 【-쩍】 [관] 理性的. ‖이성적인 판단 理性的な判断.

이세 (二世) 名 ❶次の世代. ❷世代を継ぐ子ども. ‖이세가 태어나다 2世が生まれる. ❸移民などで生まれた子ども. ‖재일 교포 이세 在日同胞 2 世. ❹(王や教皇など)同じ名前の 2 代다.

이송 (移送) 名 [하변] 移送. **이송-되다** 受動

이수 (履修) 名 [하변] 履修. ‖전공 과목을 이수하다 専攻科目を履修する. 이수 학점 履修単位.

이순 (耳順) 名 耳順; 60歳.

이슈 (issue) /iːʃuː/ 名 イシュー; 争点.

이스라엘 (Israel) 名 [국명] イスラエル.

이슥-하다 【-스카다】 形 [하변] (夜が)更けている. **이슥-히** 🔺

이슬 /isul/ 名 ❶ 露. ‖이슬에 젖다 ま ぬれる. 형장의 이슬로 사라지다 刑場の露と消える. 밤이슬 夜露. ❷(比喩的に)淚. ‖눈시울에 이슬이 맺히다 淚ぐむ. ❸(女性の)下り物.

이슬-방울 【-빵-】 名 露のしずく.

이슬-비 /isɯlbi/ 名 霧雨; 小糠雨.

이슬람-교 (Islam 敎) 【종교】 イスラム教.

이슬-점 (-點) 【-쩜】 名 露点.

이승[1] この世; 現世. ⑦저승. ▶이승을 떠나다 この世を去る. 死ぬ.

이승[2] (二乘) 名 [수학] 二乘.

이시여 ⇨ 시여.

이식 (移植) 名 [하변] 移植. ‖심장 이식 수술 心臟移植手術. **이식-되다** 受動

이심 (二審) 名 [법률] 二審.

이심전심 (以心傳心) 名 以心伝心.

이십 (二十) /iˈʃip/ 數 20歳; 20; 二十. **—일** 20…. ‖이십 년 20年. 이십일 20日.

이십사-절기 (二十四節氣) 【-쌰-】 名 二十四節気.

이-쑤시개 /iˈsuʃigɛ/ 名 爪楊枝.

이씨-조선 (李氏朝鮮) 名 [역사] 李氏朝鮮. **이-조** (李朝).

이-앓이 【-아리】 名 [하변] 齒痛.

이앙 (移秧) 名 田植え.

이앙-가 (移秧歌) 名 田植え唄.

이앙-기[1] (移秧期) 名 田植えの時期.

이앙-기[2] (移秧機) 名 田植え機.

이야[1] ⇨ 야[1].

이야[2] ⇨ 야[2].

이야기 /ijagi/ 名 [하변] ❶話; 話し合い; 얘기. ‖귀가 솔깃해지는 이야기 耳寄りな話. 이야기가 끊어지다 話が途切れる. 따분한 이야기 つまらない話. 뒷이야기 裏話. 남 이야기가 아니다 他人事ではない. ❷話題. ‖이야기를 바꿔서 미안하지만 話題を変えて恐れいります. ❸物語; 昔話. ‖옛날이야기 昔話. ❹事情; 言い分. ‖저 쪽 이야기도 들어보자 向こうの言い分も聞いてみよう.

이야기-꾼 語り手.

이야기-책 (-冊) 名 ①昔話の本. ②小説本.

이야깃-거리 【-기꺼-/-긷꺼-】 名 話題; 話のたね. 이야깃거리.

이야-말로[1] 圖 これぞ; これこそ.

이야-말로[2] ⇨ 야말로.

이양 (移讓) 名 [하변] 讓. ‖권리 이양 權利移讓. **이양-되다** 受動

이어[1] 圖 引き続き; 続いて; 相次いで. ‖언니에 이어 여동생도 서울 대학교에 들어갔다 姉に続いて妹もソウル大学に入った.

이어-서 =이어.

이어[2] 이다(である)의 連用形.

이어-달리기 名 [하변] 継走; リレー競走.

이어-받다 名 [하변] 継承; 受け継ぐ; 継承する. ‖가업을 이어받다 家業を継ぐ.

이어-지다 自 繋がる; 続く. ‖관계가 계속 이어지다 関係がずっと続く.

이어-짓기 【-짇기】 名 [하변] 連作; 連作(連作).

이어폰 (earphone) 名 イヤホン.

이언정 助 〔子音で終わる体言に付いて; 母音の場合は언정〕…であっても; …ったとも. ‖화나는 일이언정 그렇게 말을 하면 안 된다 腹立たしいことであってもそういうふうに言ってはいけない.

이엉 屋根や塀などを葺(ふ)くわら.

이에요 ⇨ 예요. ‖학생이에요 学生です. 여기는 살기 좋은 곳이에요 ここは住みやすいところです.

이여 ⇨ 여[1]. ‖소년이여, 야망を가져라 少年よ, 大志を抱け.

이역[1] (二役) 名 二役. ‖일인 이역 一人二役.

이역[2] (異域) 名 異域; 異国; 外国.

이역만리(-萬里) 遠い異国.

이열치열(以熱治熱) (「熱は熱で治める」の意で) 暑い時に熱いものを食べて夏を乗り越えること; 力には力で制すること.

이영차 大勢の人が力を合わせるために一緒に出す声.

이온(ion)【化学】イオン.

이완(弛緩)【도国】弛緩. ‖ 근육이 이완되다 筋肉が弛緩する.

이왕(已往) 圖 ❶ すでに. ❷ そうなると決まったら; どうせ; さらば. ‖할 거면 즐겁게 해라 どうせやるなら楽しくやって.

이왕지사(已往之事) 圕 すでに過ぎたこと; 過去のこと.

이외(以外)【i:we/】【-/-웨】圕 以外; その他. ‖관계자 이외 출입 금지 関係者以外立入禁止. 버스 이외에는 교통 수단이 없다 バス以外の交通手段がない.

이용¹(利用) /iːjoŋ/ 【하타】 利用. ‖통근 버스를 이용하다 通勤バスを利用する. 지위를 이용하다 地位を利用する. 화력을 이용하다 火力を利用する.
이용-되다 [-당하다] 受身
이용-도 (利用度) 圕 利用度.
이용-률 (利用率)【-뉼】 圕 利用率.

이용²(理容) 圕 理容.
이용-사(理容師) 圕 理容師.
이용-원(理容院) 圕 理容店; 理髪店.

이웃 /iut/【-웃】圕 【하자】 ❶ 隣. ‖이웃 나라 隣国. 이웃끼리 싸우다 隣同士でけんかする. 이웃으로 이사 온 사람 隣に引っ越してきた人. ❷ 隣人; 隣家; 近所人. ‖이웃에 사는 사람 近所に住む人.
이웃-사촌 (-四寸)【-싸-】圕 隣人のよしみ; 遠くの親戚より近くの他人.
이웃-집 [-욷찝] 圕 隣の家; 隣家.

이원(二元) 圕 二元. ‖이원 삼차 방정식 二元三次方程式.
이원-론 (二元論)【-논】圕 二元論.
이원-제 (二院制) 圕 二院制.

이월 (二月) /iˈwol/ 圕 2月. ‖이월 십사일은 밸런타인데이이다 2月 14日はバレンタインデーである.

이월² (移越) 圕 【하타】 繰り越し; 繰り越すこと.
이월-금 (移越金) 圕 繰越金.

이유¹ (理由) /iːju/ 圕 理由; わけ; 言い訳. ‖이유를 밝히다 理由を明かす. 이유를 대다 言い訳をする. 일신상의 이유 一身上の理由. 건강상의 이유로 健康上の理由で. 그런 건 이유가 안 된다 そんなことは理由にならない.

이유² (離乳) 圕 【하자】 離乳.
이유-기 (離乳期) 圕 離乳期.
이유-식 (離乳食) 圕 離乳食.

이윤 (利潤) 圕 利潤; 儲け. ‖막대한 이윤을 내다 莫大な利潤を上げる.
이윤-율 (利潤率)【-뉼】圕 【経】 利潤率.

이율 (利率) 圕 利率. ‖연이율 年利率.

이율-배반 (二律背反) 圕 二律背反. ‖이율배반적인 논리 二律背反的な論理.

이윽고 圖 やがて; ほどなく. ‖이윽고 봄이 되다 やがて春になる.
이음-새 圕 継ぎ目.
이음-매 圕 つなぎ目.
이음-줄 [-쭐] 圕 ❶ つなぎ糸. ❷ (音楽) スラー.
이음-표 (-標) 圕 物結号(~)・붙임표(-)・줄표(-)の総称.

이응 (異應) ハングル子音字母「ㅇ」の名称.

이의¹(異意)【-/-이】圕 異なる意見; 異論; 異論. ‖이의 없음 異議[異論]なし.

이의²(異意)【-/-이】圕 異義. ㉐同意(同義).

이의³(異議)【-/-이】圕 【하자】 異議. ‖이의를 제기하다 異議を唱える.

이-이 代 この人.

이익 (利益) /iːik/ 圕 利益; 得. ㉑손실(損失)・손해(損害). ‖이익을 배반하다 利益を背負する. 이익을 추구하다 利益を求める. 공공의 이익 公共の利益.
이익-금(利益金)【-끔】圕 利益金.
이익-사회 (利益社会) 圕 〘싸—〙 社会 【社】 共同社会 (共同社会).

이인 (異人) 圕 異人. ‖동명이인 同名異人.
이인-삼각 (二人三脚) 圕 二人三脚.
이인-승 (二人乗) 圕 二人乗り.
이-인칭 (二人稱) 圕【言語】=제이인칭(第二人称).

이임¹ (移任) 圕 【하자】 転任.
이임² (離任) 圕 【하자】 離任.

이입 (移入) 圕 【하자】 移入. ‖감정 이입 感情移入. **이입-되다** 受身

이자¹ /iːdʑa/ (利子) 圕 利息. ㉐원금(元金). ‖비싼 이자로 高い利子で. 이자를 붙여서 갚다 利子をつけて返す.

이자² 圓 ➯자². ‖교육은 국민의 권리이자 의무이다 教育は国民の権利であり義務である.

이장¹ (里長) 圕 (行政区画で一番小さい単位である)「리」の長.
이장² (移葬) 圕 【하자】 改葬. **이장-되다** 受身

이재¹ (異才) 圕 異才.
이재² (理財) 圕 【하자】 理財. ‖이재에 밝다 理財にたける.
이재³ (羅災) 圕 【하자】 羅災(らさい); 被災.
이재-민 (罹災民) 圕 罹災者; 被災

者.
이-적¹ (二的) 图 今; 現在.
이적² (異蹟) 图 ❶ 奇異な行ない. ❷ (キリスト教) 奇蹟.
이적³ (移籍) 图 [하자] 移籍.
이적⁴ (利敵) 图 利敵. ‖이적 행위 利敵行爲.
이적⁵ (離籍) 图 [하타] [法律] 離籍.
  이적-되다 [자형]
이전 (以前) 图 以前;前;かつて. ⊕이후 (以後). ‖이전의 생활 以前の生活.
이전 (移轉) 图 [하자] 移轉. ‖사무실을 이전하다 事務所を移轉する. 등기 移轉登記.
  이전-되다 [자형]
이전-투구 (泥田鬪狗) 图 泥仕合.
이점 (利點) 图 [-쩜-] 利点; メリット.
이정 (里程) 图 里程.
  이정-표 (里程標) 图 里程標.
이제 /idʑe/ 图 今. ‖항상 쓰던 것이지만 이제는 필요 없다 いつも 使っていたのだが今はもう要らない. 이제부터는 공부를 열심히 하겠습니다 これからも勉强を頑張ります.
—— 圖 ただ今; もう; これから. ‖이제 장마는 끝났다 もう梅雨が明けた. 이제 집에 왔다 もうすぐ家に着く.
이제나-저제나 圖 今か今かと. ‖이제나저제나 기다리다 今か今かと待つ.
이제-야 圖 今になって; (今になって)やっと. ‖어머니의 마음을 이제야 알 것 같다 母の気持ちが今になってやっと分かるような気がする.
이젤 (easel) 图 [美術] イーゼル.
이조 (李朝) 图 [歴史] 「이씨 조선(李氏朝鮮)의略語」李朝.
이종¹ (姨從) 图 いとこ(母の姉妹の子).
  이종 사촌 (姨從四寸) 图 =이종(姨從).
이종² (異種) 图 異種. ‖이종 교배 異種交配.
이주 (移住) 图 [하자] 移住. ‖브라질로 이주하다 ブラジルに移住する.
  이주-민 (移住民) 图 移住民.
  이주-지 (移住地) 图 移住地.
이죽-거리다 [-꺼-] 자 皮肉ながら嫌らしく言う.
이중 (二重) 图 二重. ‖이중으로 싸다 二重に包む.
  이중-가격 (二重價格) 【-까-】 图 二重價格.
  이중-고 (二重苦) 图 二重の苦勞.
  이중 과세 (二重課稅) 图 二重課稅.
  이중 국적 (二重國籍) 【-쩍】 图 二重國籍.
  이중 모음 (二重母音) 图 [言語] 二重母音.
  이중-생활 (二重生活) 图 二重生活.
  이중-인격 (二重人格) 【-껵】 图 二重

人格.
  이중-주 (二重奏) 图 [音楽] 二重奏.
  이중-창 (二重唱) 图 [音楽] 二重唱.
이-즈음 图 この頃; 最近.
이즘 (ism) 图 イズム;主義.
이지 (理智) 图 理知.
  이지-적 (理智的) 图 理知的.
이집¹ (Egypt) 图 [国名] エジプト.
이지러-뜨리다 囙 (一部分を壊したりして)本来の形をなくす.
이지러-지다 囙 ❶ (一部分が欠けたりして)本来の形がなくなる. ❷ (殴られたりして)形が醜く変わる.
이지러-트리다 囙 =이지러뜨리다.
이직¹ (移職) 图 [하자] 轉職.
이직² (離職) 图 離職.
이진-법 (二進法) 图 【-뻡】 [数学] 二進法.
이질¹ (姪女) 图 ❶ 姉妹の子ども. ❷ 妻の姉妹の子ども.
이질² (異質) 图 異質. ⊕동질(同質).
  이질-적 (異質的) 【-쩍】 图 異質. ‖이質的な要素 異質な要素. 이질적인 문화 異質の文化.
이질³ (痢疾) 图 [医学] 赤痢.
이집트 (Egypt) 图 [国名] エジプト.
이-쪽 /iʨok/ 图 こちら; こっち;こちらの方;こちら側;当方. ⊕저쪽. ‖이쪽 방이 좀 더 넓다 こちらの部屋がもう少し広い.
  이쪽-저쪽 【-쩍-】 图 あちらこちら; あっちこっち. ‖이쪽저쪽을 번갈아 보다 あちらこちらを交互に見る.
이-쯤 /iʨ'um/ 图 このくらい; この辺; この辺り. ‖이쯤에서 그만두자 この辺でやめよう.
이차 (二次) 图 ❶ 2次. ‖이차 시험 2次試験. ❷ (食事会などの)二次会. ‖이차 갑시다 二次会に行きましょう.
  이차 곡선 (二次曲線) 【-썬】 图 [数学] 二次曲線.
  이차 방정식 (二次方程式) 图 [数学] 2次方程式.
  이차 산업 (二次産業) 图 =제이차 산업(第二次産業).
  이차-적 (二次的) 图 二次的. ‖이차적 피해 二次的被害.
이-차원 (二次元) 图 二次元.
이-착륙 (離着陸) 【-창뉵】 图 [하자] 離着陸.
이채 (異彩) 图 異彩. ‖이채를 띠다 異彩を放つ.
  이채-롭다 【-따】 圈 [ㅂ変] 異色だ.
  이채로이 圖
이체¹ (異體) 图 異体.
이체² (移替) 图 [하자] 振込み; 振替. ‖자동 이체 自動振替.
이치 (理致) 图 理致; 道理. ‖이치에 맞다 理にかなう.
이코노미 (economy) 图 エコノミー.

이코노미`클래스 (- class) 图 에코노미클래스. ‖이코노미 클래스 증후군 エコノミークラス症候群.

이퀄 (equal) 图 《数学》 イコール(=).

이큐 (EQ) 图 EQ; 感情指数. ✢ Emotional Quotient の略語.

이타 (利他) 图 利他. ↔이기(利己).
 이타-적 (利他的) 图 利他的.
 이타-주의 (利他主義)【-/-이】图 利他主義. ㉠이기주의(利己主義).

이탈 (離脫) 图 他自 離脫; 離れること; はずれること. ‖궤도를 이탈하다 軌道をはずれる.

이탈리아 (Italy) 图 《国名》イタリア.

이탓-저탓 【-탇저탇】 他自 ああだこうだとけちをつけること.

이태 图 2年;2年間. ‖이태 동안 2年間の青春.

이탤릭 (italic) 图《欧文書体の》イタリック.

이-토록 團 [이러하도록의 縮約形] こんなに; このように; このくらい. ‖이 일이 이토록 힘든 줄 몰랐다 この仕事がこんなに大変とは思わなかった.

이튿-날 【-튿-】 图 ❶ 翌日; 次の日. 다음날. ‖밤새 기침이 나더니 이튿날은 괜찮았다 一晩中咳が出たが、翌日は大丈夫だった. ❷ 2日の日.

이틀 /it^hul/ 图 2日; 2日間. ‖이틀이나 굶었다 2日間何も食べていない.

이파 (異派) 图 異派.

이파리 图 木や草の葉. ‖나무 이파리 木の葉.

이판-화 (離瓣花) 图 《植物》 離弁花. ↔합판화(合瓣花).

이팔-청춘 (二八靑春) 图 二八; 16歳頃の青春.

이-편 (-便) ㈽ ❶ こちら; こちらの方; こちら側. ❷ 自分の方.

이하 (以下) /i:ha/ 图 以下. ↔이상(以上). ‖기대 이하의 결과 期待以下の結果. 소수점 이하 小数点以下.

이하부정관 (李下不整冠) 图 李下に冠を整(ととの)さず.

이하-선 (耳下腺) 图《解剖》耳下腺. ㉠귀밑샘.
 이하선-염 (耳下腺炎) 【-념】 图 《医学》耳下腺炎.

이학 (理學) 图 理学.

이합 (離合) 图 離合.
 이합-집산 (離合集散) 【-찝싼】 图 離合集散.

이항 (移項) 图 他自 《数学》 移項.

이항-식 (二項式) 图 《数学》 二項式.

이항정리 (二項定理)【-니】 图《数学》二項定理.

이-해 (-年) 图 この年; 今年.

이해² (利害) /i:hɛ/ 图 利害. ‖이해가 상반되다 利害が相反する. 이해관계 利害関係. 이해득실 利害得失.

이해³ (理解) /i:hɛ/ 图 他 理解. ‖상대방의 입장을 이해하다 相手の立場を理解する. 내용을 제대로 이해하지 못하다 内容を正しく理解できない. 이해가 안 가다 理解できない; 理解に苦しむ.
 이해-되다 (-됩다) 受動
 이해-력 (理解力) 图 理解力.
 이해-심 (理解心) 图 理解する気持ち; 思いやり.

이행¹ (移行) 图 他自 移行.

이행² (履行) 图 他自 履行; 実行. ‖공약을 이행하다 公約を履行する. **이행-되다** (-됩다)

이형 (異形) 图 異形.

이-형질 (異形質) 图 《生物》 異形質.

이혼 (離婚) 图 他自 離婚. ‖합의 이혼 協議離婚. 황혼 이혼 熟年離婚.

이화¹ (梨花) 图 梨花.

이화² (異化) 图 他自 異化. ㉠동화(同化). 이화 작용 異化作用.

이-화학 (理化學) 图 理化学.

이후 (以後) /i:hu/ 图 以後; 以降; 今後. ㉠이전(以前). ‖밤 아홉 시 이후에는 아무것도 안 먹는다 夜 9時以降は何も食べない.

이히히 團 滑稽なまたは間抜けな笑い声.

익다¹【-따】 自 ❶ 慣れている. ‖손에 익은 일 手慣れた仕事. 귀에 익은 노래 聞きなれた曲. 눈에 익은 풍경 見なれた風景. ❷ なじんでいる. ‖얼굴이 익은 사람 顔なじみ. ㉮익히다.

익다² /ik^hta/ 【-따】 自 ❶ 実る; 熟する. ‖잘 익은 토마토 よく熟したトマト. 벼가 익어 가는 가을을 들판 稲が実る秋の野原. ❷ 煮える; しっかり火が通っている. ‖감자가 아직 덜 익었다 ジャガイモがまだ煮えていない. ❸ 漬かる; 発酵する. ‖김치가 맛있게 익었다 キムチがおいしそうに漬かった. ㉮익히다.

익명 (匿名) 图 匿名.

익모-초 (益母草) 【잉-】 图 《植物》 ヤクモソウ (益母草).

익-반죽 【-빤-】 图 他 小麦粉などに熱を加えながらこねること、またはこねたもの.

익사 (溺死) 【-싸】 图 自 溺死(でき); 水死.

익살 /ik^hsal/ 【-쌀】 图 滑稽(こっけ); おどけ. ‖익살을 부리다 おどける.
 익살-꾸러기 【-쌀-】 图 益者 ;ひょうきんな人.
 익살-꾼 【-쌀-】 图 おどけ者; ひょうきんな人.
 익살-스럽다 【-쌀-따】 囮 [ㅂ変] 滑稽だ; おどけていて面白い. ‖익살스러운 짓을 해서 사람을 웃기다 滑稽なことをして人を笑わせる. **익살스레** 團

익숙-하다 /ik^hsukhada/ 【-쑤카-】 【-하게】 囮 慣れている. ‖익숙한 손놀림 慣れた手つき. 혼자 있는 것에 익숙하

다 1人でいることに慣れている. 새 선생님한테는 왠지 익숙해지지 않는다 新しい先生に慣れがつかない.

익애(溺愛)【히】图 溺愛(溺).
익월(翌月)图 翌月.
익일(翌日)图 翌日. 働다음날·이튿날.
익조(益鳥)【-쪼】图 益鳥. 働해조(害鳥).
익히[이키] 圖 ❶(이미 보던가 듣던가 하여) 전부터; 예전부터; 뛰어나게; 특히. ∥소문을 들어서 익히 알고 있다 うわさを聞いてすでに知っている. ❷よく; 十分. ∥익히 알고 있는 사람 よく知っている人.
익-히다¹[이키-]【익다¹의使役動詞】❶ 身につける. ∥새로운 기술을 익히다 新しい技術を身につける. ❷なじませる.
익-히다²/ikhida/[이키-]【익다²의使役動詞】❶ 煮る; 火を通す. ∥고기를 익히다 肉に火を通す. ❷ 発酵させる.

인¹ 繰り返すうちに中毒になる癖. ▶인(이) 박이다 癖がつく; 中毒になる.
인²(仁) 图 仁.
인³(印) 图 印; 印章; 印影.
인⁴(印)【姓】图 印(イン).
인⁵(寅) 图〈十二支の〉寅(㊂).
인⁶(燐) 图(化学〉燐.
인⁷ 囮 …である; …の. ∥고등학교 선생님인 누이 高校の先生である姉. 회사원인 친구 会社員の友.
인⁸ 囮 いだ(である)の現在連体形.
인⁹ 囮[語幹] いだ(起きる)の過去連体形.
-인¹⁰(人)[接尾] …人. ∥동양인 東洋人. 사회인 社会人.
인가¹(人家)图 人家.
인가²(認可)图 働 認可. ∥인가가 나오다 認可が下りる. 인가를 받다 認可を取りつける.
인가-증(認可証)【-쯩】图(法律)認可証.
인각(印刻)图 働 印刻.
인간(人間)/ingan/图 ❶ 人間; 人間関係 人間関係. 인간 공학 人間工学. 인간 소외 人間疎外. ❷〔気に入らない人や人格の悪い人を見くびる言い方で〕やつ. ∥저 인간한테 뭘 기대하겠어요? あんなやつに何を期待するんですか. ▶인간 만사는 새옹지마라 (諺)人間万事塞翁が馬.
인간-고(人間苦)图 浮世の苦しみ.
인간-독(人間dock)图〔医学〕人間ドック.
인간-문화재(人間文化財)图 人間文化財.
인간-미(人間味)图 人間味. ∥인간미가 있는 사람 人間味のある人.
인간-사(人間事)图 世の中の出来事.
인간-상(人間像)图 人間像.
인간-성(人間性)【-썽】图 人間性; 人柄.
인간 소외(人間疎外)【-/-왜】图 人間疎外.
인간-적(人間的)图 人間的.
인감(印鑑)图 印鑑.
  인감-도장(印鑑圖章)【-또-】图 印鑑登録してある印鑑.
  인감 증명(印鑑證明)图 印鑑証明.
인건-비(人件費)【-껀-】图 人件費.
인걸(人傑)图 ⇒ㄴ걸.
인격(人格)/in⁷kjək/【-껵】图 人格; 人柄. ∥인격 형성 人格の形成. 이중인격 二重人格.
  인격-권(人格權)【-껵꿘】图〔法律〕人格権.
  인격-신(人格神)【-껵씬】图 人格神.
  인격-적(人格的)【-껵쩍】图 人格的.
  인격-주의(人格主義)【-껵쭈-/-껵쭈이】图 人格主義.
  인격-화(人格化)【-껵콰】图 働他 人格化. **인격화-되다**【-뙤-】受動.
인견(人絹)图 인조견(人造絹)の略語.
  인견-사(人絹絲)图 人造絹糸.
인계(引繼)【-/-게】图 働他 引き渡すこと; 引き継ぐこと. **인계-되다**【-뙤다】受動.
  인계-인수(引繼引受)图 働他 = 인수인계(引受引繼).
  인계-자(引繼者)图 引き渡す人.
인고(忍苦)图 働他 忍苦.
인공(人工)/ingoŋ/图 人工; 人造. ∥인공 호수 人工湖. 인공 잔디 人工芝.
  인공-림(人工林)【-님】图 人工林. ㊂자연림(自然林).
  인공-미(人工美)图 人工美. ㊂자연미(自然美).
  인공 ˇ 수정(人工受精)图〔医学〕人工授精.
  인공-위성(人工衛星)图 人工衛星.
  인공-적(人工的)图 人工的.
  인공-지능(人工知能)图 人工知能.
  인공-호흡(人工呼吸)图 人工呼吸.
인과(因果)图 因果.
  인과 관계(因果關係)图 因果関係.
  인과-율(因果律)图 因果律.
  인과-응보(因果應報)图 因果応報.
인광(燐光)图 燐光.
인구(人口)/inɡu/图 ❶ 人口. ∥상주인구 常住人口. 노동력 인구 労働力人口. ❷ 인구에 회자되다 人口に膾炙(㊂)する.
  인구-동태(人口動態)图 人口動態.
  인구-밀도(人口密度)【-또-】图 人口

밀도.
인구^정태 (人口靜態) 图 人口靜態.
인구^통계 (人口統計) [-/-게] 图 人口統計.
인구^피라미드 (人口 pyramid) 图 人口ピラミッド.
인구어족 (印歐語族) 图《言語》印歐語族; インドヨーロッパ語族.
인권 (人權) [-꿘] 图 人權. ‖인권 보장 人權保障. 인권 유린 人權蹂躪.
인근 (隣近) 图 近隣.
인기 (人氣) /in⁵kі/【-끼】图 人氣. ‖인기가 있다 人氣がある. 인기가 있는 텔레비전 프로 人氣のあるテレビ番組. 인기가 급상승하고 있는 가수 人氣急上昇中の歌手.
인-기척 (人-) [-끼-] 图 人の氣配; 人氣(ၵ). ‖인기척이 나서 돌아보다 人の氣配を感じて振り返る.
인내 (忍耐) /inne/ 图 ㉺㉸ 忍耐; 耐え忍ぶこと. ‖인내심이 강하다 忍耐強い.
인내-력 (忍耐力) 图 忍耐力.
인내천 (人乃天) 图《宗教》すべての人間は天のようだという천도교(天道敎)の基本敎義.
인년 (靭年) 图 實年. 壯年.
인대 (靭帶) 图《解剖》靭帶.
인덕 (人德) [-떡] 图 人德.
인덕² (仁德) 图 仁德.
인데 尾 ⇨ ㄴ데¹. ‖사람은 좋은 사람인데 人はいい人だが.
인덱스 (index) 图 インデックス.
인도¹ (人道) 图 人道.
  인도-적 (人道的) 图 人道的. ‖인도적인 지원 人道的な支援.
  인도-주의 (人道主義) [-/-이] 图 人道主義.
인도² (人道) 图 步道.
인도³ (引渡) 图 ㉺㉸ 引き渡すこと. ‖권리를 인도하다 權利を引き渡す.
인도⁴ (引導) 图 ㉺㉸ 引導; 導くこと.
인도⁵ (印度) 图〔國名〕 ⇨ 인디아.
인도게르만^어족 (Indo-German 語族) 图《言語》インドヨーロッパ語族.
인도네시아 (Indonesia) 图〔國名〕インドネシア.
인도-양 (印度洋) 图《地名》インド洋.
인도유럽^어족 (Indo-Europe 語族) 图《言語》=인도게르만 어족(-語族).
인동 (忍冬) 图《植物》スイカズラ(忍冬).
인두¹ 图 火熨斗(ᄋᆡ); 燒き鏝(ᄀᆞ).
인두² (咽頭) 图 咽頭.
인들 尾 ⇨ ㄴ들.
인디아 (India) 图〔國名〕インド.
인디언 (Indian) 图 アメリカインディアン.
인력¹ (人力) [-력] 图 ❶ 人力(ᄓᆢ). ‖인력으로는 어쩔 수 없다 人力ではどうしようもない. ❷ 勞働力. ‖인력 부족 勞働力不足.
  인력-거 (人力車) [일-꺼] 图 人力車.
인력² (引力) [일-] 图《物理》引力. ‖만유인력 萬有引力.
인류 (人類) /illju/ [일-] 图 人類. ‖인류의 역사 人類の歷史.
  인류-애 (人類愛) 图 人類愛.
  인류-학 (人類學) 图 人類學.
인륜 (人倫) [일-] 图 人倫.
인망 (人望) 图 人望. ‖인망이 두터운 사람 人望の厚い人.
인맥 (人脈) 图 人脈. ‖인맥을 형성하다 人脈を作る.
인면 (人面) 图 人面.
  인면-수심 (人面獸心) 图 人面獸心.
인멸 (湮滅·堙滅) 图 ㉺㉸ 隱滅. ‖증거 인멸 證據湮滅. 인멸-되다 (受動)
인명¹ (人名) 图 人名. ‖인명 사전 人名辭典.
  인명-록 (人名錄) [-녹] 图 人名錄.
인명² (人命) 图 人命. ‖인명을 중시하다 人命を重視する. 인명 구조 人命救助.
인문 (人文) 图 人文.
  인문-계 (人文系) [-/-게] 图 文系.
  인문-주의 (人文主義) [-/-이] 图 人文主義.
인물 (人物) /inmul/ ❶ 人物; 人. ‖등장인물 登場人物. 위험한 인물 危險な人物. ❷ 人材. ‖인물이 없다 推薦するほどの人材がいない. ❸ 됨됨이. ❸ 容姿. ‖인물이 뛰어나다 容姿が端麗である. ❹ 人柄.
  인물-평 (人物評) 图 人物評.
  인물-화 (人物畫) 图《美術》人物畫.
인민 (人民) 图 人民. ‖인민재판 人民裁判.
인보이스 (invoice) 图《經》インボイス; 送り狀. 明送狀(送狀).
인복 (人福) 图 人付き合いがよく, その人たちに助けてもらえる德.
인본-주의 (人本主義) [-/-이] 图 人本主義.
인부 (人夫) 图 人夫.
인분 (人糞) 图 人糞.
인사¹ (人士) 图 人士. ‖유명 인사 有名人士.
인사² (人事) /insa/ 图 ㉺㉸ ❶ 挨拶; 禮. ‖새해 인사 新年の挨拶. ❷ 人事. ‖인사 이동 人事異動.
  인사-권 (人事權) [-꿘] 图 人事權.
  인사-란 (人事欄) 图 《新聞や雜誌等》の 消息欄.
  인사-말 (人事-) 图 挨拶の言葉.
  인사-법 (人事法) [-뻡] 图 挨拶の仕方.
  인사불성 (人事不省) [-썽] 图 人事不省. ‖인사불성이 되다 人事不省に

陥る.

인사-성 (人事性) 【-썽】 [名] 礼儀正しく挨拶する性質. ‖인사성이 밝다 常に礼儀正しく挨拶をする.

인사-조 (人事調) 【-쪼】 [名] 紋切り型の挨拶.

인사-치레 (人事-) [名] [하自] 真心のこもっていないうわべだけの挨拶; 形式的な挨拶; 社交辞令.

인사이드 (inside) [名] インサイド. [対]아웃사이드.

인산[1] (人山) [名] 人山.

인산-인해 (人山人海) [名] 非常に多い人の群れ; 黒山の人だかり. ‖인산인해를 이루다 黒山の人だかりになる.

인산[2] (燐酸) [名] 《化学》 燐酸.

인삼 (人參) /insam/ [名] 《植物》 チョウセンニンジン(朝鮮人参); コウライニンジン(高麗人参). [略]삼(參).

인삼-근 (人參根) [名] 朝鮮人参の根.

인삼-주 (人參酒) [名] 朝鮮人参を漬けた酒.

인삼-즙 (人參汁) [名] 朝鮮人参の汁, またはそのジュース.

인삼-차 (人參茶) [名] 朝鮮人参茶.

인상[1] (人相) [名] 人相; 顔つき; 表情. ‖인상이 안 좋은 남자 人相の悪い男. 인상을 찌푸리다 顔をしかめる.

인상[2] (印象) [名] 印象. ‖인상이 별로 좋지 않다 印象があまりよくない. 첫인상 第一印象.

인상-적 (印象的) [名] 印象的. ‖인상적인 장면 印象的な場面.

인상-주의 (印象主義) 【-/-이】 [名] 印象主義.

인상-파 (印象派) [名] 《美術》 印象派.

인상[3] (引上) /i:nsaŋ/ [名] [하他] ❶引上げ. [対]인하(引下). ‖임금을 오 퍼센트 인상하다 賃金を5%引上げる. ❷値上げ. ‖운임을 인상하다 運賃を値上げする. **인상-되다** [受身]

인상-률 (引上率) 【-뉼】 [名] 引上げ率; 値上げ率.

인상-액 (引上額) [名] 引上げ額.

인상-착의 (人相着衣) 【-/-차기】 [名] 人相と身なり.

인색-하다 (吝嗇-) 【-새카-】 [形] 『하変』 吝嗇(りんしょく)だ; けちくさい; しみったれだ. ‖인색한 사람 けちな人; けちん坊. 인색하게 굴다 けちけちする.

인생 (人生) /insɛŋ/ [名] 人生; 生き方. ‖인생의 목표 人生の目標. 허무한 인생 むなしい人生. 인생 경험이 풍부하다 人生経験が豊富だ. 인생은 짧고 예술은 길다 人生は短く芸術は長し.

인생-관 (人生觀) [名] 人生観.

인생-무상 (人生無常) [名] 人生無常.

인선 (人選) [名] [하他] 人選.

인성[1] (人性) [名] 人性.

인성[2] (靭性) [名] 靭性.

인세 (印稅) 【-쎄】 [名] 印税.

인센티브 (incentive) [名] インセンティブ.

인솔 (引率) [名] [하他] 引率. ‖학생들을 인솔하다 学生[生徒]たちを引率する.

인솔-자 (引率者) 【-짜】 [名] 引率者.

인쇄 (印刷) /inswɛ/ [名] [하他] 印刷. ‖연하장을 인쇄하다 年賀状を印刷する. **인쇄-되다** [受身]

인쇄-물 (印刷物) [名] 印刷物.

인수[1] (人數) 【-쑤】 [名] 人数.

인수[2] (因數) [名] 《数学》 因数.

인수^분해 (因數分解) [名] 《数学》 因数分解.

인수[3] (引受) /insu/ [名] [하他] 引き受け; 引き継ぎ. ‖회사를 인수하다 会社を引き継ぐ.

인수-인계 (引受引繼) 【-/-게】 [名] [하他] 引き継ぎと引き受け; 引き渡し. ‖업무를 인수인계하다 業務を引き渡す.

인술 (仁術) [名] 仁術; 医術. ‖인술을 베풀다 仁術を施す.

인슐린 (insulin) [名] 《生理》 インシュリン.

인스턴트 (instant) [名] インスタント. ‖인스턴트 라면 インスタントラーメン. 인스턴트식품 インスタント食品.

인스톨 (install) [名] [하他] 《IT》 インストール.

인스피레이션 (inspiration) [名] インスピレーション. [類]영감(靈感).

인습 (因習) [名] 因習. ‖인습에 얽매이다 因習に縛られる.

인시 (寅時) [名] 寅(とら)の刻(午前3時から午前5時まで).

인식 (認識) [名] [하他] 認識. ‖현실 인식 現実認識. 인식 부족 認識不足.

인식-론 (認識論) 【-싱논】 [名] 認識論.

인신 (人身) [名] 人身.

인신-공격 (人身攻擊) [名] [하他] 人身攻撃.

인신-매매 (人身賣買) [名] [하自] 人身売買.

인심 (人心) [名] ❶人心; 民心. ❷人への思いやり; 人情. ‖인심이 후하다 人情に厚い. ▸인심(을) 쓰다 気前をよくする. ▸인심(을) 잃다 人心が離反する; 評判が落ちる. ▸인심이 사납다 不人情だ; 人心が荒れている.

인양 (引揚) [名] [하他] 引揚げ.

인어 (人魚) [名] 人魚. ‖인어 공주 人魚姫.

인연 (因緣) /injɔn/ [名] 縁; 因縁; ゆかり. ‖부모 자식 간의 인연 親子の縁. 인연을 끊다 縁を切る. 인연을 맺다 縁を結ぶ. 공부하고는 인연이 없다 学問には縁がない. 인연이 있으면 또 만나겠죠 ご縁があったらまた会うでしょう. ▸인

인영 연이 멀다 緣遠하다.
인영(印影) 图 印影.
인용(引用) [/injon/ 图 (한타) 引用. ∥성경의 한 구절을 인용하다 聖書の一節を引用する. 직접[간접] 인용 直接[間接]引用. **인용-되다** 受動
  인용-구(引用句) [-꾸] 图 引用句.
  인용-문(引用文) 图 引用文.
  인용-부(引用符) 图 引用符(「 」· " "). 倒따옴표(一標).
인원(人員) /inwon/ 图 人員; 人数. ∥참가 인원 参加人員. 인원이 부족하다 人数が足りない.
  인원-수(人員数) [-쑤] 图 人数. ∥인원수 제한 人数制限.
인위(人爲) 图 人為.
  인위-적(人爲的) [-쩍] 图 人為的.
인의(仁義) [/-/] 图 仁義.
인의예지(仁義禮智) 图 仁·義·禮·智の四遍.
인의예지신(仁義禮智信) 图 仁·義·禮·智·信の五常.
인자[1](仁者) 图 仁者.
  인자요산(仁者樂山) 图 仁者は山を楽しむこと. 倒지자요수(智者樂水).
인자[2](因子) 图 因子. ∥유전 인자 遺伝因子.
인자-하다(仁慈-) 圏 (하ロ) 慈愛に満ちている. ∥인자한 할머니 慈愛に満ちたおばあさん.
인장(印章) 图 印章.
인재[1](人材) /indʒɛ/ 图 人材. ∥인재를 발굴하다 人材を発掘する. 유능한 인재를 등용하다 有能な人材を登用する. 인재 육성 人材の育成.
인재[2](人災) 图 人災.
인적[1](人跡·人迹) 图 人跡; 人影. ∥인적이 없는 곳 人影のない所.
인-적[2](人的) [-쩍] 图 人的. 倒물적(物的).
  인적 자원(人的資源) [-쩍짜-] 图 人的資源. ∥풍부한 인적 자원 豊富な人的資源.
인절미 白い餅にきな粉をまぶしたもの.
인접(隣接) 图 (하自) 隣接. ∥인접한 나라들 隣接している国々.
인정[1](人情) /indʒoŋ/ 图 ❶人情; 情け. ∥인정을 베풀다 情けをかける. ❷世間の情理; 人間の義理. ∥그럴 수는 없다 義理上そうするわけにはいかない.
  인정-머리(人情-) 图 인정(人情)の俗っぽい言い方.
  인정사정-없다(人情事情-) [-업따] 圏 情け容赦ない. **인정사정없-이** 圃 인정사정없이 때리다 情け容赦なく殴る.
인정[2](認定) /indʒoŋ/ 图 (하他) 認定; 認めること. ∥패배를 인정하다 敗北を認める. **인정-받다** 受動

인정[3]**신문**(人定訊問) 图 (法律) 人定尋問.
인제 圃 今になって; 今. ∥일이 인제 끝났다 仕事が終わった.
인조(人造) 图 人造.
  인조-견(人造絹) 图 人絹; レーヨン. 倒인견(人絹).
  인조-물(人造物) 图 化学的に合成して作ったものの総称.
  인조-석(人造石) 图 人造石.
  인조-인간(人造人間) 图 人造人間.
인종(人種) 图 人種. ∥인종 차별 人種差別. 유색 인종 有色人種.
인종[2](忍從) 图 (하自他) 忍従.
인주(印朱) 图 朱肉.
인준(認准) 图 (하他) (法律) 公務員の任命などに際しての承認. ∥총리 인준 (国会)での総理の承認.
인중(人中) 图 (鼻と唇の間の)人中(ほくち).
인증[1](人證) 图 (法律) 人証.
인증[2](引證) 图 (하他) 引証.
인증[3](認證) 图 (하他) 認証.
인지[1](人指) 图 人差し指.
인지[2](印紙) 图 印紙. ∥수입 인지 収入印紙.
  인지-세(印紙稅) [-쎄] 图 印紙稅.
인지[3](認知) /indʒi/ 图 (하他) 認知. ∥자기 자식이라고 인지하다 自分の子どもであると認知する.
  인지-과학(認知科學) 图 認知科学.
  인지-도(認知度) 图 認知度.
인지[4] 圃 …なのか; …やら. ∥사람이 많아서 누가 누구인지 모르는지 人が多くて誰が誰なのか分からない.
인지상정(人之常情) 图 人情の常.
인질(人質) 图 人質. ∥인질로 삼다 人質にする. 인질을 잡다 人質をとる.
  인질-극(人質劇) 图 人質をとって起こす騒ぎ.
인책(引責) 图 (하自) 引責. ∥인책 사임 引責辞任.
  인책-사임(引責辭任) 图 引責辞任.
인척(姻戚) 图 姻戚. ∥인척 관계 姻戚関係.
인천(仁川) 图 (地名) 仁川(インチョン). 경기도(京畿道)の道内所在地.
인체(人體) /intɕhe/ 图 人体. ∥인체 해부 人体解剖. 인체 실험 人体実験. 간장은 인체 최대の 분비 기관이다 肝臓は人体最大の分泌器官である.
인출(引出) 图 (하他) (預金을)引き出すこと; 下ろすこと. ∥예금 인출 預金の引き出し.
인치(inch) 依名 …インチ. ✢1インチは約2.54cm.
인칭(人稱) 图 人称. ∥삼인칭 3人称.
  인칭-대명사(人稱代名詞) 图 (言語) 人称代名詞. 倒人(人)代名詞.

인코너 (in+corner 日) 图 〔野球で〕インコーナー. ⑳아웃코너.

인코스 (in+course 日) 图 〔野球で〕インコース. ⑳아웃코스.

인큐베이터 (incubator) 图 インキュベーター; 保育器.

인터내셔널 (international) 图 インターナショナル.

인터넷 (Internet) 图 インターネット.
인터넷 전화 (Internet 電話) 图 インターネット電話; IP 電話.
인터넷 카페 (Internet café) 图 インターネットカフェ.

인터럽트 (interrupt) 图 〔IT〕インターラプト; 割り込み.

인터뷰 (interview) 图 [하他] インタビュー.

인터체인지 (interchange) 图 インターチェンジ; インター; IC; ジャンクション.

인터페론 (interferon) 图 〔医学〕インターフェロン.

인터폰 (interphone) 图 インターホン.

인터폴 (Interpol) 图 インターポール; 国際刑事警察機構.

인턴 (intern) 图 インターン.

인테리어 (interior) 图 インテリア.

인텔리 (←intelligentsia^ロ) 图 インテリ. ‖인텔리풍의 남자 インテリ風の男.

인텔리겐치아 (intelligentsia^ロ) 图 インテリゲンチャ.

인텔리전트 빌딩 (intelligent building) 图 インテリジェントビル.

인파 (人波) 图 人の波; 人込み. ‖인파를 헤치고 나아가다 人波をかき分けて進む.

인편 (人便) 图 人づて. ‖인편으로 보내다 人づてに送る.

인품 (人品) 图 人柄; 人品.

인풋 (input) 图 [하他] インプット. ⑳아웃풋.

인프라 (←infrastructure) 图 〔インフラストラクチャの略〕インフラ.

인프라스트럭처 (infrastructure) 图 インフラストラクチャー.

인플레 (←inflation) 图 〔經〕〔インフレイションの略〕인플레이션. ⑳디플레.

인플레이션 (inflation) 图 〔經〕インフレーション. ⑳인플레; 인플레. ⑳디플레이션.

인플루엔자 (influenza) 图 インフルエンザ.

인하 (引下) /i:nha/ 图 ❶引き下げ. 引인상(引上). ‖금리를 인하하다 金利を引き下げる. ❷値下げ. ‖가격을 인하하는 값段を下げる; 値下げする.
인하-되다 자변

인-하다 (因-) inhada/ 固 [하変] よる. ‖ 買물로 인한 추돌 사고 大雪による追突事故. 부주의로 인해 발생한 사고 不注意によって起きた事故.

인해-전술 (人海戰術) 图 人海戰術.

인허 (認許) 图 [하他] 認許.

인형 (人形) /inhjɔŋ/ 图 ❶人形. ‖인형의 집「人形の家」(イプセンの戯曲). ❷ 〔比喩的に〕かわいい子.
인형-극 (人形劇) 图 〔文芸〕人形劇.

인화 (人和) 图 [하他] 人和(じん-).

인화² (引火) 图 国 引火. ‖인화 물질 引火性物質.

인화³ (印畫) 图 [하他] 印畫; 現像; 焼きつけ. ‖필름을 인화하다 フィルムを現像する.
인화-지 (印畫紙) 图 印畫紙.

인화-석 (燐火石) 图 [-/-훼-] 图 〔鉱物〕燐灰石.

인후 (咽喉) 图 〔解剖〕咽喉.
인후-염 (咽喉炎) 图 〔医学〕咽喉炎.

일¹ /il/ 图 ❶仕事. ‖컴퓨터 관련의 일을 하고 있다 コンピューター関連の仕事をしている. 무슨 일을 하세요? お仕事は何ですか. 일을 찾고 있다 仕事を探している. ❷こと. ‖사람 일이란 알 수 없다 人のことは分からない. ❸用事; 事情. ‖집에 일이 생겼다 家に用事ができた. ❹〔主にすさじを伴って〕事故; もめ事. ‖일을 저지르다 もめ事を起こす. ❺〔お金や労力のかかる〕行事.

일² (日) /il/ 图 ❶日; 1日. ‖일 평균 생산량 1日平均生産量. ❷일요일(日曜日)の略称. ‖일요는 쉬다 日曜は休む. ❸일본(日本)の略称. ‖한일 관계 日韓関係.
── 依名 …日. ‖삼 일 3日.

일³ (一) /il/ 數 1; 一. ‖일 더하기 이는 삼이다 1足す2は3である. 일, 이, 삼 1,2,3.
── 接頭 1…. ‖일 학년 1年生. 일 개월 1か月. 일월 1月.

일⁴ 動 이다(である)の未来連体形.

일⁵ 動 [=일어나다] 일다(起こる)の未来連体形.

-일⁶ (日) 接尾 …日. ‖근무일 勤務日. 기념일 記念日.

일가 (一家) 图 一家; 一族. ‖일가를 이루다 一家を構える.

일가견 (一家見) 图 一見識. ‖일가견이 있다 一見識ある.

일각¹ (一角) 图 一角. ‖빙산의 일각 氷山の一角.

일각² (一刻) 图 一刻. ‖일각을 다투다 一刻を争う.

일간¹ (日刊) 图 ❶日刊. ❷〔일간 신문(日刊新聞)の略〕日刊新聞.
일간-지 (日刊紙) 图 日刊紙.

일간² (日間) 图 ❶朝から夕方までの1日間. ❷近いうちに. ‖일간 찾아뵙겠습니다 近いうちに伺います.

일갈 (一喝) 图 [하他] 一喝.

일-감 (-감) 图 仕事; 仕事の材料. ‖일감을 집에 가지고 오다 仕事を家に持ち込む.

아
애
야
얘
어
에
여
예
오
와
왜
외
요
우
워
웨
위
유
으
의
이

일개 (一介) 图 一介. ∥일개 과장이 사장한테 맞대구를 하다니 一介の課長が社長に口答えをするなんて.

일-개미 (―蟻) 图 〖昆虫〗 ハタラキアリ(働き蟻).

일-개인 (一個人) 图 一個人. ∥이것은 일개인의 문제가 아니다 これは一個人の問題ではない.

일거 (一擧) 图 一擧.

일거-양득 (一擧兩得) 图 自団 一擧兩得.

일거에 (一擧―) 圓 一擧に; 一氣に. ∥홈런을 날려 일거에 삼 점을 내다 ホームランを放って, 一擧に3点を上げる.

일-거리 (―거리) 图 仕事. ∥일거리가 많다 仕事が多い.

일거수-일투족 (一擧手一投足) 图 一擧手一投足.

일걸 (―걸) 回 ➡걸¹.

일격 (一擊) 图 一擊. ∥일격을 가하다 一擊を加える.

일견 (一見) 图 自団 一見. ∥일견 강해 보이지만 사실은 그렇지 않다 一見(して)強そうに見えるが実はそうではない.

일계 (一系) [―/―리] 图 一系.

일고¹ (一考) 图 他団 一考. ∥일고의 가치도 없다 一考にも値しない.

일고² (一顧) 图 他団 一顧.

일곱 /ilgop/ 题 7人; 7つ; 7. ∥현재 부하가 일곱 있다 現在部下が7人いる.

― 题 7…; 7つの; 7つ(歳). ∥일곱 시 7時. 일곱 개 7個.

일곱-째 题 7つ目; 7番目; 7番目の.

일과 (日課) 图 日課.

일과² (一過) 图 自団 一過. ∥태풍이 일과한 후 台風一過の後.

일과-성 (一過性) [―생] 图 一過性.

일관 (一貫) 图 自団 一貫. ∥일관된 태도를 취하다 一貫した態度をとる. 시종일관 始終一貫.

일관-성 (一貫性) [―생] 图 一貫性.

일관-작업 (一貫作業) 图 一貫作業.

일괄 (一括) 图 他団 一括. ∥회비를 일괄해서 납부한다 会費を一括納付する.

일광 (日光) 图 日光.

일광-욕 (日光浴) [―뇩] 图 自団 日光浴.

일교-차 (日較差) 图 日中の気温差. ∥일교차가 크다 日中の気温差が激しい.

일구 (一口) 图 ❶一口. 異口同音. **일구-이언** (一口二言) 图 食言; 二枚舌.

일구다 他 田畑を作るために土を掘り起こす. ∥밭을 일구다 畑を掘り起こす.

일국 (一國) 图 一国.

일군¹ (一軍) 图 一軍.

일군² (一群) 图 一群.

일그러-뜨리다 他 歪める. ∥얼굴 표정을 일그러뜨리다 表情を歪める.

일그러-지다 自 歪む. ∥고통으로 얼굴이 일그러지다 痛みで顔が歪む.

일그러-트리다 他 =일그러뜨리다.

일근 (日勤) 图 自団 日勤.

일급¹ (一級) 图 1級. ∥일급 건축사 1級建築士.

일급² (日給) 图 日給.

일급-제 (日給制) [―쩨] 图 日給制.

일기¹ (一期) 图 ❶一期; 一生; 生きている間. ∥칠십 세를 일기로 세상을 떠나다 70歳で生涯を閉じる.

일기² (日記) /ilgi/ 图 日記. ∥일기를 쓰다 日記をつける. 그림일기 絵日記.

일기-장 (日記帳) [―짱] 图 日記帳.

일기-체 (日記體) 图〖文芸〗日記形式で書いた文体.

일기³ (日氣) 图 天気; 天候.

일기-예보 (日氣豫報) /ilgijebo/ 图 天気予報.

일까 回 …だろうか(か); …はずだろうか. ∥저 사람은 누구일까? あの人はだれか.

일깨우다 他 悟らせる; 教え悟らせる; 思い知らせる. ∥시간의 중요성을 일깨우다 時間の大切さを思い知らせる.

일-꾼 /il:k'un/ 图 ❶人手; 働き手; 労働者. ∥일하는 일꾼 工事現場の労働者. ❷人材. ∥함께 일할 일꾼을 모집합니다 一緒に働く人材を募集する.

일-내다 [―래―] 自 もめ事を起こす; 事故を起こす.

일년-근 (一年根) [―런―] 图〖植物〗一年生植物の根.

일년-생 (一年生) [―런―] 图 ❶1年生の学生. ❷一年生植物.

일년-초 (一年草) [―런―] 图〖植物〗一年草.

일념 (一念) [―념] 图 一念.

일다¹ /i:lda/ 自 [■語尾 (어, 이는, 인)] ∥(なかった現象が)起こる. 정전기가 일다 静電気が起こる. 블로그 붐이 일다 ブログブームが起こる. ❷(波・泡などが)立つ. ∥파도가 일다 波が立つ. 거품이 일다 泡が立つ. 보물이 일다 毛玉ができる. ❸盛んになる; おこる. ∥살림이 일다 暮らし向きがよくなる.

일다² 他 [■語尾] ∥(砂金・砂金などを)とぐ. ∥쌀을 일어 밥을 짓다 米をといでご飯を炊く.

일단 (一端) [―딴] 图 一端.

일단² (一段) [―딴] 图 1段.

일단³ (一團) [―딴] 图 一団.

일단⁴ (一旦) /iltan/ [―딴] 圓 とりあえず; 一旦. ∥일단 해 보자 とりあえずやってみよう.

일-단락 (一段落) [―딸―] 图 自団 一段落; 一区切り. ∥일이 오늘로 일단락되었다 仕事が今日で一段落した.

일당¹ (一黨) 【-땅】 图 一党. ∥택시 강도 일당 タクシー強盗団. 일당 독재 一党独裁.

일당² (日當) 【-땅】 图 日当.

일당백 (一當百) 【-땅-】 图 1人で百人を相手にすること; 一人当千; 一騎当千.

일대¹ (一大) 【-때】 图 一大. ∥일대 사건 一大事件.

일대² (一代) 【-때】 图 一代.

일대-기 (一代記) 图 一代記. ∥어느 예술가의 일대기 ある芸術家の一代記.

일대³ (一帶) /il^ttɛ/ 【-때】 图 一帶. ∥이 일대는 고급 주택지다 この辺一帯は高級住宅地だ.

일대-사 (一大事) 【-때-】 图 一大事.

일도-양단 (一刀兩斷) 【-또-】 图 刨 一刀両断.

일독 (一讀) 【-똑】 图 一読.

일동 (一同) 【-똥】 图 一同. ∥직원 일동 職員一同.

일란성쌍생아 (一卵性雙生兒) 【-썽-】 图 一卵性双生児.

일람 (一覽) 图 一覧.

일람-표 (一覽表) 图 一覧表.

일랑 圊 …は; …などは. ∥집안 일일랑 걱정하지 말아라 家のことなどは心配しないで.

일러두기 (凡例) 图 凡例(はんれい).

일러-두다 囤 言いつけておく; 申しつけておく.

일러-바치다 囤 告げ口する; 言いつける. ∥선생님께 일러바치다 先生に言いつける.

일러스트 (←illustration) 〔일러스트레이션의略記〕 イラスト.

일러스트레이션 (illustration) 图 イラストレーション.

일렁-거리다 [-대다] 囯 揺れる; ゆらゆらする; 揺れ動く; 揺らめく. ∥바람에 일렁거리는 불꽃 風になびいて揺らめく炎.

일렁-이다 囯 水面に浮いて波に揺れる.

일렁-일렁 圖 水面に浮いて波に揺れる様子: ゆらゆら.

일련 (一連) 图 一連. ∥일련의 사건들 一連の事件.

일련-번호 (一連番號) 图 一連番号.

일렬 (一列) 图 一列. ∥일렬로 서다 一列に並ぶ.

일례 (一例) 图 一例. ∥일례를 들다

일로 (一路) 图 一路.

일루¹ (一縷) 图 一縷. ∥일루의 희망

一縷の希望.

일루² (一壘) 图 (野球で)1塁.

일루-수 (一壘手) 图 (野球で)1塁手; ファースト.

일루-타 (一壘打) 图 (野球で)1塁打.

일류 (一流) 图 一流. ∥일류 디자이너 一流のデザイナー. 일류 대학 一流大学.

일류미네이션 (illumination) 图 イルミネーション.

일률 (一律) 图 一律.

일률-적 (一律的) 【-쩍】 图 一律. ∥일률적인 기준 一律の基準. 일률적으로 가격을 천 원씩 올리다 一律に千ウォンずつ値上げする.

일리 (一理) 图 一理. ∥그 말에도 일리가 있다 その話にも一理ある.

일말 (一抹) 图 一抹. ∥일말의 미련 一抹の未練.

일망-무제 (一望無際) 图 一望千里.

일망정 〓 ⇒ 르망정¹. ∥빈말일망정 칭찬을 들으면서 기분이 좋은 게 인간이다 お世辞でも, ほめられるとうれしいのが人間である.

일망-타진 (一網打盡) 图 刨 一網打尽. ∥절도단을 일망타진하다 窃盗団を一網打尽にする.

일맥-상통 (一脈相通) 图 刨 一脈相通じる; 一脈相通ずる. ∥일맥상통하는 데가 있다 一脈相通ずるところがある.

일면 (一面) 图 一面. ∥사물의 일면만을 봐서는 안 된다 物事の一面だけを見てはいけない. 의외의 일면 意外な一面.

일명 (一名) 图 一名; 別名.

일모-작 (一毛作) 图 一毛作.

일목-요연 (一目瞭然) 【-뇨-】 图 刨 一目瞭然. ∥두 사람의 차이는 일목요연하다 両者の違いは一目瞭然だ.

일몰 (日沒) 图 刨 日没. ↔日出(일출).

일문¹ (一門) 图 一門. ∥김씨 일문 金氏一門.

일문² (日文) 图 日本語で書かれた文.

일문-일답 (一問一答) 图 〔땁〕 刨 一問一答.

일미 (一味) 图 非常に美味しい味.

일박 (一泊) 图 刨 1泊.

일반 (一般) /ilban/ 图 一般. 图 (特別(特別)). ∥일반 상식 一般常識. 일반 가정 一般の家庭.

일반 개념 (一般概念) 图 一般概念.

일반-론 (一般論) 【-논】 图 一般論.

일반-석 (一般席) 图 一般席.

일반-성 (一般性) 【-썽】 图 一般性.

일반-인 (一般人) 图 一般人.

일반-적 (一般的) 图 一般的. ∥일반적인 경향 一般的な傾向.

일반-직 (一般職) 图 一般職.

일반-화 (一般化) 图 刨 一般化.

일반 회계 (一般會計) 【-/-회계】 图 一般会計. ↔特別 会計(특별회계).

일방 (一方) 图 一方.
　일방-적 (一方的) 图 一方的. ‖일방적으로 결정하다 一方的に決める.
　일방-통행 (一方通行) 图 一方通行.
일백 (一百) 数 图 百; 百の…. ‖일백 번 百回.
일-벌 《昆虫》 ハタラキバチ(働き蜂).
일벌-백계 (一罰百戒) 【-쩨 /-쎄】 图 一罰百戒.
일변 (一變) 图 下自 一變. ‖사태가 일변하다 事態が一變する.
일변-도 (一邊倒) 图 一邊倒.
일별 (一瞥) 图 下他 一瞥.
일보[1] (一步) 图 一步. ‖일보 전진 一步前進. 사고가 나기 일보 직전에 事故になる一步手前で.
일보[2] (日報) 图 日報.
일-복 (-福) 【-뽁】 图 [比喩的に] いつもやることが多いこと; 仕事が多いこと.
일본 (日本) /ilbon/ 【-뽄】 图 (国名) 日本. 働 일 (日). ‖일본 사람 日本人. 일본어 日本語.
일봉 (一封) 图 一封. ‖금일봉 金一封.
일부 (一部) 图 一部. ‖일부 지역에서 一部の地域で. 계획을 일부 변경하다 計画を一部変更する.
일부-다처 (一夫多妻) 图 一夫多妻.
일부러 /ilburʌ/ 圖 わざと; 故意に. ‖일부러 그런 게 아니다 わざとそうしたのではない. ❷わざわざ. ‖일부러 그럴 필요는 없다 わざわざそうする必要はない.
일부 변경선 (日附變更線) 【地】 = 날짜 변경선(-變更線).
일-부분 (一部分) 图 一部分; 一部.
일부-일처 (一夫一妻) 图 一夫一妻; 一夫一婦.
일부-종사 (一夫從事) 图 下自 1人の夫だけに仕えること.
일뿐더러 圖 ⇒ ㄹ뿐더러[1].
일사-병 (日射病) 【-싸뼝】 图 《医学》 日射病.
일사부재리 (一事不再理) 【-싸-】 图 《法律》 一事不再理.
일사부재의 (一事不再議) 【-싸-/-싸-이】 图 一事不再議.
일-사분기 (一四分期) 【-싸-】 图 第一四半期.
일사불란-하다 (一絲不亂-) 【-싸-】 圈 [하여] 一糸も乱れない. ‖일사불란하게 행동하다 一糸乱れずに行動する.
일사-천리 (一瀉千里) 【-싸-】 图 一瀉(しゃ)千里. ‖일사천리로 일을 처리하다 一瀉千里に事を運ぶ.
일산 (日産) 图 ❶日産. ❷日本産.
일산화-탄소 (一酸化炭素) 【-싼-】 图 《化学》 一酸化炭素.
일-삼다 (-따) 他 ❶従事する. ❷没頭する; ふける. ‖비행을 일삼다 非行に走る.

일상 (日常) /il'sɐŋ/ 【-쌍】 图 日常; 普段. ‖일상의 번거로움 日常の煩わしさ.
　일상-사 (日常事) 图 日常の事.
　일상-생활 (日常生活) 图 日常生活.
　일상-적 (日常的) 图 日常的.
일색 (一色) 【-쌕】 图 ❶一色. ❷ずば抜けた美人. ❸ [一部の名詞に付いて] …ばかり. ‖까만 구두 일색이다 黒い靴ばかりである.
일생 (一生) /il'sɐŋ/ 【-쌩】 图 一生; 生涯. ‖암 연구에 일생을 바치다 癌の研究に一生を捧げる. 구사일생으로 살아나다 九死に一生を得る. 일생을 마감하다 生涯を閉じる. 여자의 일생《女の一生》(モーパッサンの小説).
일석-이조 (一石二鳥) 【-쎄기-】 图 一石二鳥.
일선 (一線) 【-썬】 图 一線; 第一線. ‖일선에서 물러나다 第一線を退く.
일설 (一說) 【-썰】 图 一說. ‖일설에 의하면 一說によると.
일성 (一聲) 【-썽】 图 一声.
일세 (一世) 【-쎄】 图 一世; 当世. ‖일세를 풍미하다 一世を風靡(び)する. ❷1世. 재일 동포 일세 在日同胞1世.
일소[1] (一笑) 【-쏘】 图 一笑. ‖일소에 부치다 一笑に付す.
일소[2] (一掃) 【-쏘】 图 下他 一掃. ‖악습을 일소하다 悪習を一掃する. **일소-되다** 受身
일-손 【-쏜】 图 ❶人手. ❷일손이 모자라다 人手が足りない. ❸仕事の手. ‖일손을 멈추고 잠시 쉬다 仕事の手を休めてしばらく休息する. ▶일손을 놓다 仕事の手を休める; 仕事をやめる. ▶일손이 잡히다 仕事に意欲が出る.
일-솜씨 【-쏨-】 图 仕事の腕前; 手並み; 腕. ‖일솜씨가 뛰어난 사람 腕のある人.
일수[1] (日收) 【-쑤】 图 ❶日収. ❷日済(なし).
일수[2] (日數) 【-쑤】 图 日数. ‖근무 일수 勤務日数.
일수록 /il'surok/ 【-쑤-】 圖 …であればあるほど. ‖건조할 때일수록 감기가 유행한다 乾燥している時ほど風邪が流行する.
일순[1] (一瞬) 【-쑨】 图 一瞬.
　일순-간 (一瞬間) 【-쑨-】 图 一瞬間.
일순[2] (一巡) 【-쑨】 图 下他 一巡.
일시[1] (一時) 【-씨】 图 ❶一時(땡); しばらく. ‖일시 귀국 一時帰国. ❷ [主に副詞の形で] 同時に; 一気に. ‖일시에 일어난 일 同時に起きた出来事. ❸ [副詞的に] しばらくの間に(に).
　일시-금 (一時金) 图 一時金.
　일시-불 (一時拂) 图 一時払い.
　일시-적 (一時的) 图 一時的. ‖일시

적인 조치 一時的措置.
일시² (日時)【—씨】图 日時.
일식¹ (一式)【—씩】图 一式.∥서류 일식 書類一式.
일식² (日食)【—씩】图 日本料理;和食.∥일식집 日本料理店.
일식³ (日蝕·日食)【—씩】图 웹 (天文) 日食.
일신¹ (一身)【—씬】图 一身.
일신-상 (一身上)【—씬—】图 一身上.∥일신상의 이유로 회사를 그만두다 一身上の理由で会社を辞める.
일신² (日新) 图 日新.
일신³ (一新) 图 해타 一新.∥분위기를 일신하다 雰囲気を一新する.
일신-되다 受動
일신-교 (一神教)【—씬—】图 (宗教) 一神教. ⑳다신교(多神教).
일실 (一室)【—씰】图 一室.
일심 (一心)【—씸】图 一心.
일심-동체 (一心同體) 图 一心同体.
일심-불란 (一心不亂) 图 해타 一心不乱.
일심² (一審) 图 (法律) 一審.
일쑤 (一) [...기 일쑤(이)다의 形で] 하는 것이 常だ;...しがちだ.∥비만 오면 잠기기 일쑤다 雨が降るたびに水浸しになるのが常だ.
일약 (一躍) 图 一躍.∥일약 유명 인사가 되다 一躍名士となる.
일어 (日語) /iɾʌ/ 图 日本語.∥일어는 조금 할 수 있다 日本語は少しできる. 일어 책 日本語の本. 일어 학생 日本語学科学生.

일어-나다 /iɾʌnada/ 匣 ❶ 起きる; 起き上がる.∥아침 일찍 일어나다 朝早く起きる. ❷ 立ち上がる;立つ.∥벌떡 일어나서 인사를 하다 ぱっと立ち上がって挨拶をする. ❸ 生じる.∥지진이 일어나다 地震が起こる. 사건이 일어나다 事件が起こる. 건강 붐이 다시 일어나다 健康ブームが再び起こる.

일어-서다 /iɾʌsʌda/ 国 ❶ 立ち上がる;起立する;立つ.∥자리에서 일어서다 座席から立ち上がる. 폐허에서 일어서다 廃墟(畓)の中から立ち上がる. ❷ 立ち直る.∥실패하다가 다시 일어서다 挫折から立ち直る.
일언 (一言) 图 一言.
일언-반구 (一言半句) 图 一言半句;一言.∥일언반구도 하지 않다 一言も言わない.
일언지하 (一言之下) 图 一言の下.∥일언지하에 거절당하다 一言の下に断られる.
일-없다 [이럽따] 圈 ❶ 必要がない;要らない;用がない;関係ない.
일없-이 副 일없이 왔다 갔다 하다 用もなく行ったり来たりする.

일역 (日譯) 图 해타 日本語に翻訳すること,または翻訳したもの.
일엽-편주 (一葉片舟) 图 一艘(ます)の小舟.
일왕 (日王) 图 日本の天皇.
일요 (日曜) 图 日曜.∥일요 신문 日曜新聞.

일-요일 (日曜日) /irjoil/ 图 日曜日. ⑳ 일요(日). ∥일요일에는 늦게 일어난다 日曜日は遅く起きる. 일요일 오후에 친구를 만나러 나갔다 日曜日の午後に友だちに会いに出かけた.
일용¹ (日傭) 图 日雇い.
일용² (日用) 图 해타 日用.
일용-품 (日用品) 图 日用品.
일원¹ (一元) 图 一元.∥일원 이차 방정식 一元二次方程式.
일원-론 (一元論)【—논】图 一元論.
일원-화 (一元化) 图 해타 一元化.
일원화-되다 受動
일원² (一員) 图 一員.

일월¹ (一月) /irwʌl/ 图 1月.∥일월 은 삼십일일까지 있다 1月は31日まである. 작년 1월은 특히 추웠다 去年の1月は特に寒かった.
일월² (日月) 图 日月(͈ͤ).
일월-성신 (日月星辰) 图 日と星辰.

일으키다 /iɾɯkʰida/ 他 ❶ 起こす;立たせる.∥몸을 일으키다 体を起こす. 땅에 넘어진 아이를 일으켜 주다 転んだ子どもを起こしてやる. 소송을 일으키다 訴訟を起こす. 분쟁을 일으키다 紛争を起こす. 전기를 일으키다 電気を起こす. 경련을 일으키다 痙攣(ͤͥͥ)を起こす. 복통을 일으키다 腹痛を起こす. 식중독을 일으키다 食中毒を起こす. ❷ 引き起こす;巻き起こす;立てる.∥혼란을 일으키다 混乱を巻き起こす. 먼지를 일으키다 ほこりを立てる. ❸ 身を立てる.
일의대수 (一衣帶水)【—ㅢ/이—리—】图 一衣帯水(海や川によって隔てられているが、近いこと).
일익 (一翼) 图 一翼.∥일익을 담당하다 一翼を担う.
일인-이역 (一人二役) 图 一人二役.
일인-자 (一人者) 图 第一人者.
일-인칭 (一人稱) 图 (言語) =제일 인칭(第一人稱).
일일 (一日) /iɾil/ 图 1日;1日間.∥일 일 승차권 1日乗車券. 일일 생활권 1日生活圏.

일일-이 (一一) /iːlliri/ 副 いちいち;一つ一つ;ことごとに.∥일일이 설명을 하다 いちいち説明する. 일일이 찾아다니면서 부탁을 하다 いちいち訪ね回りながらお願いをする. 일일이 점검하다 一つ一つ点検する.

일일-천추(一日千秋) 一日千秋.
일임(一任) [名] [他サ] 一任. ‖권한을 대표 간사에게 일임하다 権限を代表幹事に一任する. **일임-되다**[-받다] 受動

일자¹(一字) [ㅉ-] [名] ❶一字. ❷'一'字の形. ‖입을 일자로 다물다 口を一文字に結ぶ.
일자²(日字) [ㅉ-] [名] 日付; にち; ⓐ날짜.
일-자리 /il'ʨari/ [-짜-] [名] 職; 仕事. ‖일자리를 찾다 職を探す. 일자리가 생기다 仕事が見つかる.
일자-무식(一字無識) [-짜-] [名] [形] 目に一丁字なし.
일장(一場) [ㅉ-] [名] 一場; しきり.
일장-기(日章旗) [ㅉ-] [名] 日章旗. 日の丸の旗.
일장일단(一長一短) [ㅉ-짱-딴] [名] 一長一短. ‖어느 쪽도 일장일단이 있다 いずれも一長一短がある.
일장-춘몽(一場春夢) [ㅉ-] [名] 一場の春夢.

일전¹(日前) [ㅉ-] [名] 先頃; 先日; この間. ‖일전의 일로 先日のことで. 일전에 산 옷 この間買った服.
일전²(一轉) [ㅉ-] [名] [他サ] 一転. ‖심기일전하다 心機一転する.
일전³(一戰) [ㅉ-] [名] [他サ] 一戦. ‖일전을 벌이다 一戦を交える.
일절(一切) [ㅉ절] [副] 〔下に打ち消しの表現を伴って〕全く; 絶対; 一切. ‖술은 일절 못 마십니다 お酒は一切飲めません.
일정¹(日程) /il'ʨoŋ/ [-쩡-] [名] 日程. ‖일정을 짜다 日程を組む. 일정을 마치다 日程を終える. 의사 일정 議事日程.
 일정-표(日程表) [名] 日程表.
일정²(一定) /il'ʨoŋ/ [-쩡-] [名] [他サ] 一定. ‖일정 기간 一定期間. 일정한 수준에 달하다 一定の水準に達する. 크기가 일정하다 大きさが一定している. 간격을 일정하게 하다 間隔を一定にする.
 일정-히 [副]
일제¹(一齊) /il'ʨe/ [-쩨-] [名] 一斉. ‖일제 단속 一斉取り締まり. 일제 사격 一斉射撃.
 일제-히(一齊) [副] 一斉に; 一気に. ‖일제히 출발하다 一斉に出発する.
일제²(日帝) [-쩨-] [名] [歷史] 〔일본 제국주의(日本帝國主義)의 略語〕日本帝国主義.
 일제-시대(日帝時代) [-쩨-] [名] [歷史] 日本が朝鮮半島を植民地化していた時代(1910~1945).
일제³(日製) [-쩨-] [名] 日本製. ‖일제차 日本製の車.
일조¹(日照) [-쪼-] [名] 日照.
 일조-권(日照權) [-쪼권] [名] [法律] 日照権.
 일조-율(日照率) [名] 日照率.
일조²(一朝) [-쪼-] [名] 〔일조일석(一朝一夕)의略語〕一朝.
 일조-일석(一朝一夕) [-쪼-썩] [名] 一朝一夕. ⓐ일조(一朝).
일조³(一助) [-쪼-] [名] [自サ] 一助.
일족(一族) [-쪽] [名] 一族.
일종(一種) [-쫑] [名] 一種. ‖고래는 포유류의 일종이다 クジラは哺乳類の一種である.
일주¹(一週) [-쭈-] [名] 1週; 1週間.
일주²(一周) [-쭈-] [名] [他サ] 一周. ‖세계 일주 世界一周.
일-주일(一週日) /il'ʨuil/ [-쭈-] [名] 1週間. ‖일주일에 한 번 1週間に1度. 회사를 일주일이나 쉬다 会社を一週間も休む. 일주일 동안 집에만 있었다 一週間の間ずっと家にいた.
일지(日誌) [-찌] [名] 日誌. ‖근무 일지 勤務日誌.
일지(日誌) [副] …だろうか; …なのか. ‖그 사람이 범인일지 모르겠다 あの人が犯人な(の)かも知れない.
일지라도 [-찌-] [副] …といえども; …であっても. ‖상대가 어린애일지라도 거짓말을 해서는 안 된다 相手が子どもといえども、うそをついてはいけない.
일지언정 [-찌-] [副] …ではあれど; …であっても. ‖자기 자식일지언정 함부로 해서는 안 된다 自分の子どもであっても乱暴な言行をしてはいけない.
일직(日直) [-찍] [名] 日直.
일-직선(一直線) [-찍썬] [名] 一直線. ‖일직선으로 나아가다 一直線に進む.
일진¹(一陣) [-찐] [名] 一陣.
일진²(日辰) [-찐] [名] その日の運勢; 日がら. ‖일진이 안 좋다 日が悪い.
일진-일퇴(一進一退) [-찐 닐-/-찐 튀] [名] 一進一退.
일찌감치 [副] 부세에. ‖일찌감치 집을 나서다 早めに家を出る.
일찍 /il'ʨik/ [副] 早く(に); 早めに. ‖아침 일찍 일어나다 朝早く起きる. 일찍 아버지를 여의다 早くに父を亡くす〔失う〕. 평소보다 조금 일찍 집을 나서다 普段より少し早めに家を出る.
일찍-이 [副] かつて; 以前; 今まで. ‖일찍이 본 적이 없는 대장관 かつて見たことのないパノラマ.
일차(一次) [-차] [名] ❶1次. ‖일차 시험 1次試験. ❷〔飲み会の〕一次会.
 일차 방정식(一次方程式) [名] [数学] 1次方程式.
 일차 산업(一次産業) [名] =제일차 산업(第一次産業).
 일차-적(一次的) [名] 一次的. ‖일차적인 책임 一次的の責任.
일처-다부(一妻多夫) [名] 一妻多夫.
일천-하다(日淺-) [形] [하変] 日が浅

い.‖역사가 일천하다 歴史が浅い.

일체¹ (一切) 図 全部; すべて. ‖재산 일체를 기부하다 すべての財産を寄付する.

일체² (一體) 図 一体. 同体.

일체-화 (一體化) 図自 一体化.

일촉-즉발 (一觸卽發) 【-쪽빨】図 一触即発. ‖일촉즉발의 위기 一触即発の危機.

일촌-광음 (一寸光陰) 図 寸時; 寸刻.

일축 (一蹴) 하변 一蹴; 頼み事や提案などをすげなくはねつけること; 蹴ること. ‖요구를 일축하다 要求を一蹴する.

일출 (日出) 하자 日の出. ⑦ 일몰 (日没).

일취-월장 (日就月將)【-짱】하자 日進月歩.

일층 (一層) 図 一層; ひときわ. ‖경계를 일층 강화하다 警戒を一層強める.

일치 (一致) /ilčʰi/ 하자 ❶ 一致; 意見が一致する. 言行일치 言行一致. 일치단결 一致団結.

일침 (一針) 図 ❶ 一針. ❷ [比喩的に] 厳しい忠告. ‖일침을 가하다 頂門の一針を加える.

일컫다 (一) 타변 [대 変] 称する; 名乗る; 呼ぶ; 言う. ‖신문은 사회의 공기라고 일컬어진다 新聞は社会の公器と言われている.

일탈 (逸脫) 図 하타 逸脫. ‖일탈 행위 逸脫行為.

일-터 図 仕事場; 職場.

일파 (一派) 図 一派.

일편 (一片) 図 一片.

일편-단심 (一片丹心) 図 ひたすら思い続ける変わらない心.

일품¹ (一品) 図 一品.

일품² (逸品) 図 逸品.

일-하다 /ilhada/ 하변 仕事する; 働く. ‖열심히 일하다 一生懸命働く. 밤낮없이 일하다 昼夜を分かたず働く. 일하러 가다 仕事に行く.

일한 (日韓) 図 日韓. ‖일한 사전 日韓辞典.

일행 (一行) 図 一行; 同勢.

일화 (逸話) 図 逸話; エピソード.

일확-천금 (一攫千金) 図 一攫千金. ‖일확천금을 노리다 一攫千金をねらう.

일환 (一環) 図 一環. ‖환경 정비의 일환으로 環境整備の一環として.

일회-성 (一回性) /-씽 /-쒜씽/ 図 一回性.

일회-용 (一回用) /-/-해-/ 図 使い捨て. ‖일회용품 使い捨て用品.

일흔 /ilhɯn/ 図 70 歳: 70. ⑦ 칠십 (七十). ‖일흔을 고희라고도 한다 70歳を古希とも言う.

읽기 (일끼) 図 読むこと; 読み. ⑦말하기 · 듣기 · 쓰기.

읽는 [잉-] 타 읽다(読む)의 現在連体形.

읽다 /ik̚t͈a/ 【익따】 타 ❶ 読む. ‖큰 소리로 책을 읽다 大きい声で本を読む. 소비자 동향을 읽다 消費者の動向を読む. ❷ 読み取る. ‖사람의 마음을 읽다 人の心を読み取る. 진의를 읽다 真意を読み取る. ⑦ 읽히다.

읽는-거리 [-꺼-] 図 読み物; 読み応えのある物.

읽는 타 읽다(読む)의 連用形.

읽은 타 읽다(読む)의 過去連体形.

읽을 타 읽다(読む)의 未来連体形.

읽-히다¹ [읽키-] [읽다의 受身動詞] 読まれる. ‖최근에 많이 읽히는 책 最近よく読まれる本.

읽-히다² [읽키-] [읽다의 使役動詞] 読ませる. ‖학생들에게 라쇼몽을 읽히다 学生たちに『羅生門』を読ませる.

잃는 [일른] 타 잃다(無くす · 亡くす)의 現在連体形.

잃다 /ilt͈a/【일타】타 ❶ なくす; 失う; 紛失する; 落とす. ‖자신을 잃다 自信をなくす. 신용을 잃다 信用をなくす. 사고로 목숨을 잃다 事故で命を落とす. ❷ 亡くす; 死なせる. ‖교통사고로 처자식을 잃다 交通事故で妻子を亡くす. 전쟁으로 아들을 잃다 戦争で息子を死なせる. ❸ (機会などを) 逃す. ‖기회를 잃다 機会を逃す. ❹ (道に) 迷う. ‖길을 잃다 道に迷う.

잃어 [이러] 타 잃다(無くす · 亡くす)의 連用形.

잃어-버리다 [이러-] 타 完全に失う; 完全になくす.

잃은 [이른] 타 잃다(無くす · 亡くす)의 過去連体形.

잃을 [이를] 타 잃다(無くす · 亡くす)의 未来連体形.

임¹ 図 恋い慕う人.

임² (任) 図 (姓) 任(イム).

임³ (林) 図 (姓) 林(イム).

임간 (林間) 図 林間.

임간 학교 (林間學校) 【-교】 図 林間学校.

임계 (臨界) /-/-게/ 図 臨界.

임관 (任官) 図 하타 任官. **임관-되다** 자

임금¹ (歷史) 図 王; 君主.

임금² (賃金) /-imgum/ 図 賃金. ‖임금 노동자 賃金労働者. 명목 임금 名目賃金. 임금 체불 賃金未払い.

임기 (任期) 図 任期. ‖임기가 만료되다 任期が満了する.

임기-응변 (臨機應變) 図 하자 臨機応変.

임대 (賃貸) 図 하타 賃貸.

임대-료 (賃貸料) 図 賃貸料.

임-대차 (賃貸借) 図 (法律) 賃

임면

貸借.
임면 (任免) [名] [ハタ] 任免.
임명 (任命) [名] [ハタ] 任命. ‖주일 대사로 임명하다 駐日大使に任命する.
임명-되다[-되다] 受身
임무 (任務) /immu/ [名] 任務. ‖임무를 완수하다 任務を全うする. 특수한 임무를 띠고 출발하다 特殊な任務を帯びて出発する.
임박 (臨迫) [名] [ハ自] 差し迫ること; 切迫すること.
임사 (臨死) [名] [ハ自] 臨死.
임-산부 (姙産婦) [名] 妊産婦.
임상 (臨床) [名] [ハ自] 臨床. ‖임상 실험 臨床試験.
임석 (臨席) [名] [ハ自] 臨席; 立場.
임시 (臨時) /imʃi/ [名] 臨時. ‖임시 뉴스 臨時ニュース. 임시로 고용하다 臨時に雇う.
임시 국회 (臨時國會) [-구퀘/-구꿰] [名] 臨時国会.
임시-변통 (臨時變通) [名] [ハ他] 一時逃れ; 一時のしのぎ.
임시-비 (臨時費) [名] 臨時費.
임시-적 (臨時的) [名] 臨時; 一時的. ‖임시적인 일 臨時の仕事.
임시 정부 (臨時政府) [名] 臨時政府.
임시-직 (臨時職) [名] 臨時職.
임신 (姙娠) /imʃin/ [名] [ハ自] 妊娠. ‖임신 삼 개월 妊娠3か月.
임신-부 (姙娠婦) [名] 妊婦.
임야 (林野) [名] 林野.
임업 (林業) [名] 林業.
임용 (任用) [名] [ハ他] 任用; 採用. **임용-되다** 受身
임원 (任員) [名] 役員.
임의 (任意) /i:mi/ [-/이미] [名] 任意. ‖임의의 두 점을 연결하는 직선 任意の2点を結ぶ直線. 임의적인 방법 任意の方法.
임의-동행 (任意同行) [名] [ハ他] 任意同行.
임의-수사 (任意搜査) [名] [ハ他] 任意搜査. 約強制 수사 (强制搜查).
임의-출두 (任意出頭) [-뚜/-이미-뚜] [名] 任意出頭.
임자[1] /imdʑa/ [名] 主; 持ち主; 主人. ‖땅 임자 土地の持ち主; 地主. 임자 있는 몸 înある土地. 임자를 만나다 ①持ち前の実力を発揮できる相手にめぐり合う. ②好敵手に出会う.
임자[2] [代] (中年以上の夫婦で)夫が妻を呼ぶ語.
임자-씨 (言語) [名] 体言. 倒 체언 (體言).
임전 (臨戰) [名] [ハ自] 臨戰. ‖임전 태세 臨戰態勢.
임종 (臨終) [名] [ハ他] 臨終. ‖임종을 지켜보다 臨終を見届ける.
임지 (任地) [名] 任地.
임-직원 (任職員) [名] 役員社員.

임진-강 (臨津江) [名] [地名] 臨津江.
임진-왜란 (壬辰倭亂) [名] [歷史] 文禄慶長の役 (1592～1598).
임질 (淋疾·痲疾) [名] [醫學] 淋疾; 淋病.
임차 (貸借) [名] [ハ他] 貸借.
임파 (淋巴) [名] [生理] リンパ. 倒 림프. 倒 림프 선.
임파-선 (淋巴腺) [名] [解剖] リンパ腺. 倒 림프腺.
임포텐츠 (Impotenz[D]) [名] [医学] インポテンツ.
임-하다[1] (臨-) [自] [하変] ❶ 臨む. ‖회의에 임하다 会議に臨む. ❷ 面する. ‖바다에 임한 공업 지대 海に面した工業地帯.
임-하다[2] (任-) [他] [하変] 任じる; 任命する.
임학 (林學) [名] 林學.
임해 (臨海) [名] [ハ自] 臨海. ‖임해 공업 지대 臨海工業地帯.

입 /ip/ [名] ❶ (身体部位の)口. ‖입을 벌리다 口を開ける. 입을 다물다 口を閉じる. 입을 열다(떼다) 話を始める. 입에 물다 口にくわえる. 음식이 입에 맞다 料理が口に合う. ❷ 口癖; 一時しのぎ. ‖입이 거칠다 口が悪い. ❸ (人の)口の端. ‖사람들 입에 오르내리다 人の口の端にのぼる. ❹ 食べる人の数; 家族. ‖입 하나가 늘다 家族が1人増える. ►입만 살다 行動はしないで口先だけだ. ►입만 아프다 言っても聞かないで無駄だ. ►입 밖에 내다 口に出す. ►입에 거미줄 치다 口が上がる; 口が干上がる. ►입에 대다 (食べ物などを)口にする. ►입에 발린 소리 お世辞. ►입에 오르다 うわさに上る. ►입에 침이 마르도록 その上なくほめたたえる. ►입에 풀칠하다 糊口(ここう)をしのぐ. ►입을 놀리다 口走る. ►입을 막다 口止めする. ►입을 맞추다 ①キスする; 口吻(こうふん)する. ②口裏を合わせる. ►입을 모으다 口を揃える. ►입을 씻다[닦다] 知らぬふりをする. ►입을 열다 口を開く; 話し始める. ►입이 가볍다[싸다] 口が軽い. ►입이 근질근질하다 しゃべりたくて口がむずむずする. ►입이 닳도록 口がすっぱくなるほど. ►입이 딱 벌어지다 (「口がぱかっと開く」の意で)驚いたり感心したりする. ►입이 무겁다 口が重い; 口が堅い. ►입이 심심하다 口淋しい. ►입이 열 개라도 할 말이 없다 弁解の余地がない. ►입이 짧다 食べ物の好き嫌いが激しい; 食が細い. ►입은 비뚤어져도 말은 바로 해라[하랬다] (諺) どんな状況であれ正直に話すべきだ.
── [依名] [数詞の後に付いて] …口. ‖사과를 한 입 베어 물다 リンゴを1口かじる.
입-가 [-까] [名] 口元; 口の辺り.
입-가심 [-까-] [名] [ハ他] 口直し.
입각[1] (入閣) [-각] [名] [ハ自] 入閣.

입각²(立脚)【-깍】图 的 立脚;基づくこと。‖平和維持に立脚した外交政策 平和維持に立脚した外交政策。지금까지의 경험에 입각해서 판단하다 これまでの経験に基づいて判断する。

입-간판(立看板)【-깐-】图 立て看板。

입건(立件)【-껀】图 图他(法律)立件。 **입건-되다** 国图

입관¹(入棺)【-꽌】图 图他 入棺。

입관²(入館)【-꽌】图 图他 入館。

입구(入口)/ip²ku/【-꾸】图 ❶入口。⑪출구(出口)。‖주차장 입구 駐車場の入口。(電車・バスなどの)乗車口,乗り口。❷港(な)・駅(な)・町(な)などの入口。‖입구가 넓은 항아리 口が広い甕。

입국¹(入國)【-꾹】图 图他 入國;出國(출국(出國))。‖입국 사증 入国査証;ビザ。입국 절차 入国手続き。

입국²(入国)【-꾹】图 立国。‖공업 입국 工業立国。

입금(入金)【-끔】图 图他 入金;預け入れ。 **입금-되다** 国图

입-김【-낌】图 ❶息づかい;息。❷ [比喩的に]影響力。‖고위층의 입김이 세다 上層部の影響力が強い。권력을 이용하여 입김을 가하다 権力を利用して圧力をかけたり影響力を行使したりする。

입-내【-내】图 口臭。

입니까/imnikʰa/【-임-】劻 …ですか。‖학생입니까? 学生ですか。이 아이는 몇 살입니까? この子はいくつ[何歳]ですか。입학식은 언제입니까? 入学式はいつですか。그게 사실입니까? それは事実ですか。

입니다/imnida/【-임-】劻 …であります。‖저는 한국 사람입니다 私は韓国人です。이런 일은 처음입니다 こんなことは初めてです。내일은 어린이날입니다 明日は子どもの日です。

입다/ip²ta/【-따】他 ❶着る;着用する。‖블라우스를 입다 ブラウスを着る。잠옷을 입고 寝巻きを着る。❷(スカート・ズボンなどを)はく。‖치마를 입어 보다 スカートをはいてみる。바지를 즐겨 입다 ズボンをよくはく。❸(損害・傷・被害などを)こうむる;負う。‖피해를 입다 被害をこうむる。부상을 입고 負傷する。❹(助けや恩恵などを)こうむる;浴する。‖은혜를 입다 恩恵をこうむる。⑪입히다。

입단(入團)【-딴】图 图他 入団。⑪탈단(脱団)。‖프로 구단에 입단하다 プロ野球団に入団する。

입-단속(一團束)【-딴-】图 口止め。

입-담【-땀】图 物言い;話しぶり。‖입담이 좋다 話術に長けている。

입당(入黨)【-땅】图 图他 入党。⑪탈당(脱党)。

입대(入隊)【-때】图 图他 入隊;除隊(제대(除隊))。

입-덧【-떧】图 图他 つわり。

입도-선매(立稻先賣)【-또-】图 图他 青田売り;青田買い。

입동(入冬)【-똥】图 (二十四節気の)立冬。

입디까【-띠-】劻 ⇨ ㅂ디까¹。

입디다【-띠-】劻 ⇨ ㅂ디다¹。

입력(入力)【임녁】图 图他 入力。‖입력 장치 入力装置。

입론(立論)【임논】图 图他 立論。

입-막음【임-】图 图他 口止め。

입-말【임-】(言語)图 口語体;話し言葉。⑪글말。

입-맛/immat/【임맏】图 ❶食欲;食い気;口当たり;口ざわり。‖더위서 입맛이 없다 暑くて食欲がない。내 입맛에는 안 맞다 私の口には合わない。입맛이 돌다 食欲が出る。입맛이 떨어지다 食欲がなくなる。입맛이 당기다 食欲をそそる。興味がわく。❷ [比喩的に]興味。▶입맛을 다시다 舌鼓を打つ;欲しいと思う。▶입맛이 쓰다 後味が悪い。

입-맞춤【임맏-】图 图他 口づけ;キス。

입-매【임-】图 口の形;口つき。

입멸(入滅)【임-】图 图他 (仏教)入滅。

입몰(入沒)【임-】图 图他 ❶没入すること。❷死ぬこと。

입문(入門)【임-】图 图他 入門。 **입문-서**(入門書)【임-】图 入門書。

입-바르다【-르変】 思ったことを正直に言う;歯に衣を着せぬ物言いをする。‖입바른 소리를 하다 歯に衣を着せぬ物言いをする。

입방(立方)【-빵】图 (数学)立方。

입방-근(立方根)【-빵-】图 (数学)立方根。

입방-체(立方體)【-빵-】图 (数学)立方体;正六面体。

입-버릇/ip²porut/【-뻐른】图 口癖。‖입버릇처럼 말하다 口癖のように言う。

입법(立法)/ip²pop/【-뻡】图 立法。‖사법(司法)・행정(行政)。

입법-권(立法權)【-뻡꿘】图 (法律)立法権。

입법-부(立法府)【-뻡뿌】图 立法府。

입법-화(立法化)【-뻐콰】图 图他 立法化。

입-빠르다【-르変】口が軽い。

입사(入社)【-싸】图 图他 入社。

입산(入山)【-싼】图 图他 入山。

입상(入賞)【-쌍】图 图他 入賞。

입석(立席)【-썩】图 (列車・バス・劇場などの)立ち席。

입선(入選)【-썬】图 图他 入選。

입성¹(入聲)【-썽】图 (言語)入声(にっしょう)。

입성²(入城)【-썽】图 图他 入城。

입소(入所)【-쏘】图 图他 入所。

입수 (入手) /ip²su/ [-쑤] 名 他サ 入手. 입수 경로 入手経路. **입수-되다** 受動

입술 /ip²sul/ [-쑬] 名 唇. ‖입술에 침을 바르다 唇をなめる. 입술이 두툼한 사람 唇が厚い人. 입술이 트다 唇が荒れる. 옛[아랫]입술 上[下]唇. ▶입술을 깨물다 唇を噛む.

입시 (入試) /ip²ʃi/ [-씨] 名 〈入学試験(入學試驗)の略語〉入試. ‖대학 입시 大学入試. 입시 제도 入試制度.

입신 (立身) [-씬] 名 立身.
입신-출세 (立身出世) [-씬-쎄] 名 立身出世.

입실 (入室) [-씰] 名 自サ 入室.
입-심 [-씸] 名 口達者.
입-씨름 名 自サ ❶押し問答. ❷言い争い.

입안 (立案) 名 他サ 立案.
입양 (入養) 名 養子縁組.
입양-아 (入養兒) 名 養子縁組した子; 養子.
입영 (入營) 名 自サ 《軍事》入営.
입원 (入院) /ibwon/ 名 自サ 入院. 퇴원(退院). ‖한 달 동안 입원하다 1か月間入院する. 입원 환자 入院患者. 입원 절차 入院の手続き.
입원-비 (入院費) 名 入院費.
입자 (粒子) [-짜] 名 粒子.
입장¹ (入場) [-짱] 名 入場. 反 퇴장(退場).
입장² (立場) /ip²tʃaŋ/ [-짱] 名 立場; 境遇. ‖상대방 입장이 되어 생각하다 相手の立場になって考える. 그렇게 되면 내 입장이 곤란해진다 それでは私の立場が困る.

입적¹ (入寂) [-쩍] 名 自サ 《仏教》入寂.
입적² (入籍) [-쩍] 名 入籍. **입적-되다** 受動

입주 (入住) [-쭈] 名 入居.
입주-금 (入住金) 名 入居時に必要な金.
입주-식 (入住式) 名 入居する時の儀式; 入居祝い.
입증 (立證) [-쯩] 名 他サ 立証. **입증-되다** 受動

입지 (立地) [-찌] 名 立地. ‖입지 조건 立地条件.
입지-전 (立志傳) [-찌-] 名 立志伝.
입-질 [-찔] 名 自サ 〈釣りの当たり〉; 魚信.
입찰 (入札) 名 他サ 入札. **입찰-되다** 受動

입-찰장 (入札場) 名 他サ 口座.
입체 (立體) 名 立体.
입체-감 (立體感) 名 立体感.
입체-경 (立體鏡) 名 立体鏡.
입체-미 (立體美) 名 立体美.

입체-적 (立體的) 名 立体的.
입체-파 (立體派) 名 《美術》立体派; キュービズム.
입추¹ (立秋) 名 《二十四節気の》立秋.
입추² (立錐) 名 立錐. ‖입추의 여지가 없다 立錐の余地もない.
입춘 (立春) 名 《二十四節気の》立春.
입춘-대길 (立春大吉) 名 立春大吉.
입출 (入出) 名 収入と支出. ‖입출 내역 収入と支出の内訳.
입출-금 (入出金) 名 入金と出金.
입하¹ (入荷) [이파] 名 入荷. 反 출하(出荷). ‖신상품을 입하하다 新商品を入荷する. **입하-되다** 受動
입하² (立夏) [이파] 名 《二十四節気の》立夏.

입학 (入學) /ipʰak/ [이팍] 名 入学. 反 졸업(卒業).
입학-금 (入學金) [이팍끔] 名 入学金.
입학`시험 (入學試驗) [이팍씨-] 名 入学試験. 略語 입시(入試).
입학-식 (入學式) [이팍씩] 名 入学式. 졸업식(卒業式).
입항 (入港) [이팡] 名 入港. 反 출항(出港).
입헌 (立憲) 名 立憲.
입헌`군주국 (立憲君主國) 名 立憲君主国.
입헌-주의 (立憲主義) [-/-이] 名 立憲主義.
입회¹ (入會) [이푀/이풰] 名 自サ 入会. 反 탈회(脫會).
입회-금 (入會金) 名 入会金.
입회² (入會) [이푀/이풰] 名 立ち会い.
입-후보 (立候補) [이푸-] 名 自サ 立候補.

입-히다 /ipʰida/ [이피-] 他 〔입다の使役動詞〕❶着せる; 着用させる. ❷着せる. ‖아이에게 새 옷을 입히다 子どもに新しい服を着せる. ❸〈傷・被害などを〉負わせる; こうむらせる. ‖상처를 입히다 傷を負わせる. ❹〈表面を〉かぶせる; 覆う; 施す. ‖단청을 입히다 丹青を施す.

잇 [읻] 名 〈寝具の〉カバー. ‖베갯잇 枕カバー.

잇다 /i:t²a/ [읻따] 他 [ㅅ変] 〔이어,는, 이은〕 ❶つなぐ; つなげる; 結ぶ. ‖둘을 이었다 継(は)ぎをつないだ. 서울과 부산 간을 잇는 경부 고속도로 ソウルと釜山の間を結ぶ京釜高速道路. ❷継ぐ; 受け継ぐ; 引き継ぐ; 継承する. ‖전통을 잇다 伝統を引き継ぐ. ❸〈生計を〉立てる. ‖생계를 잇다 生計を立てる.

잇단-음표 (-音標) [읻따늠-] 名 《音楽》連音符.
잇-달다 [읻딸-] 自 [ㄹ語幹] 相次ぐ. ‖문제가 잇달아 일어나다

問題が相次いで起こる. この次にひきつづいてショーがあります この後, 引き続いてショーがあります.

잇-대다 [읻때-] 囮 くっつける; 継ぎ合わせる. ‖책상을 잇대어 놓다 机をくっつけておく. 천 조각을 잇대다 布切れを継ぎ合わせる.

잇-따르다 [읻-] 囼 [으例] 引き続く; 相次ぐ. ‖사고가 잇따라 일어나다 事故が相次いで起こる.

잇-몸 [인-] 图 歯茎.
잇-바디 [이빠/읻빠-] 图 歯並び; 歯列.
잇-새 [읻쌔] 图 歯と歯の間.
잇-속 (利-) [이쏙/읻쏙] 图 利得; 実利.
잇-자국 [이짜/읻짜-] 图 歯形. ‖잇자국이 나다 歯形がつく.

있는 [인-] 图 있다(いる・ある)の現在連体形.

있다[1] /it̚t͈a/ [읻따] 囼 **①** ある; いる. ‖집 근처에 큰 공원이 있다 家の近くに大きい公園がある. 오빠는 미국에 있다 兄がアメリカにいる. 사고의 책임은 나한테 있다 事故の責任は私にある. 오사카에 친척이 있다 大阪に親戚がいる. 처자식이 있는 사람 妻子のある人. 얼굴에 점이 있는 남자 顔にほくろがある男. 능력이 있는 사람 能力のある人. 정계에 영향력이 있다 政界に影響力がある. 자신이 있다 自信がある. 볼일이 있어서 먼저 가겠습니다 用事があるのでお先に失礼します. 어제 좋은 일이 있었다 昨日いいことがあった. **②** [時間を表わす名詞に付いて] …後; …経って. ‖일주일 있으면 여름방학이다 1週間後は夏休みだ. 한 시간 있다가 다시 전화가 왔다 1時間後また電話がかかってきた. **③** [… 에 있어서〜 の形で] …において. ‖한국어 교육에 있어서 이 점은 중요한 의미를 갖는다 韓国語教育においてこの点は重要な意味を持つ. ‖…에게[한테] 있어서. …にとって. ‖부모한테 있어서 자식보다 소중한 것이 없다 親にとって子どもが大事なものはない. ‖…수 있다의 形で] …(する)ことができる. ‖내일은 학교에 갈 수 있다 明日は学校へ行ける. 일어로 편지를 쓸 수 있다 日本語で手紙が書ける.

있다[2] /it̚t͈a/ 補動 [… 고 있다의 形で] 動きが進行中であることを表わす. **①** …ている. ‖아이들이 공원에서 놀고 있다 子どもたちが公園で遊んでいる. 여동생은 중학교에 다니고 있다 妹は中学校に通っている. 바람이 강하게 불고 있다 風が強く吹いている. 감기가 유행하고 있다 風邪が流行っている. **②** …つつある. ‖태풍이 다가오고 있다 台風が近づきつつある. 사라지고 있는 미풍양속 消えつつある美風良俗.

있다[3] [읻따-] […어[여] 있다의 形で] 状態が続いていることを表わす… ている. ‖뜰에 꽃이 많이 피어 있다 庭に花がたくさん咲いている. 내 앞에 앉아 있는 사람 私の前に座っている人.

있어 있다(いる・ある)の運用形.
있은 있다(いる・ある)の過去連体形.
있을 있다(いる・ある)の未来連体形.

잉꼬 (いんこ・鸚哥日) 图 《鳥類》 インコ(鸚哥).

잉꼬-부부 (いんこ夫婦) 图 おしどり夫婦.

잉어 /iŋʌ/ 图 《魚介類》 コイ(鯉).
잉여 (剰餘) 图 剰余; 余り.
잉여-가치 (剰餘價値) (経) 剰余価値.
잉잉 副 子どもがしきりに泣く声; あんあん.
잉잉-거리다 囼 子どもが泣きやまない.
잉크 (ink) 图 インク.
잉태 (孕胎) 图 囼 **①** 妊娠. **②** ある事実や現象が内部からできて成長すること.

잊다 /it̚t͈a/ [읻따] 囼 忘れる. ‖약속을 잊었다 約束を忘れた. 숙제를 잊다 宿題を忘れる. 침식을 잊고 연구에 몰두하다 寝食を忘れて研究に没頭する. 시간 가는 것도 잊고 늦게까지 이야기를 하다 時間が経つのも忘れて遅くまで話をする. 은혜를 잊다 恩を忘れる. ⑩ 잊히다.

잊-히다 [이치-] 囼 [잊다의 受身動詞] 忘れられる. ➕ 一般的に잊혀지다の形で用いられる.

잎 /ip̚/ [입] 图 葉. ‖잎이 무성하다 葉が茂る. 나뭇잎이 바람에 날리다 木の葉が風に舞う.

잎-겨드랑이 [입껴-] 图 《植物》 葉腋. ⑩ 엽액(葉腋).

잎-담배 [입땀-] 图 葉タバコ.
잎-맥 (-脈) [임-] 图 《植物》 葉脈. ⑩ 엽맥(葉脈).

잎-몸 [임-] 图 《植物》 葉身.
잎-사귀 [입싸-] 图 葉っぱ; 葉.
잎-자루 [입짜-] 图 《植物》 葉柄.
잎-줄기 [입쭐-] 图 《植物》 葉軸.
잎-채소 (-菜蔬) [입채-] 图 (白菜・ホウレンソウなど)葉を食べる野菜.

ㅈ [지읒] ハングル子音字母の第9番目. 名称は「지읒」.

ㅈ¹ 物윤土; 定規. ‖삼각자 三角定規.
— 依名 長さの単位: …尺. ÷寸의 10倍. ‖한 자 두 치 정도의 길이 1尺2寸ほどの長さ.

자² (子) 图 子(ᄂ). ‖부자 관계 父子関係.

자³ (子) 图 〈십이지의〉 子 〈십이支의〉子.

자⁴ (字) 图 字(ᄂ).
— 依名 字の数を数える語: …字. ‖이백 자 원고지 100字의 原稿用紙.

자⁵ 依名 …者(ᄂ). ‖최후에 웃는 자가 승자다 最後に笑う者が勝者である.

자⁶ 感 人に行動を促したり, 自らの行動意思を与える時に発する語: さあ; さて.‖자, 시작합시다 さあ, 始めましょう.

자⁷ …であると同時に; …であり.‖대학 교수자 작가인 친구 大学教授であり作家でもある友だ.

자⁸ 目 자다(寝る)의 運用形.

-자⁹ (者) 接尾 …者(ᄂ). ‖노동자 労働者. 인격자 人格者.

-자¹⁰ (子) 接尾 …子. ‖유전자 遺伝子. 중성자 中性子.

-자¹¹ (子) 語尾 ❶【動詞の語幹に付いて】同年輩の友人や後輩への勧誘または婉曲な命令を表わす: …よう. ‖빨리 가자 早く行こう. 천천히 하자 ゆっくりやろう. ❷ある動作が終わり, 引き続き次の動作が行われる様子を表わす: …や否や; …(する)とすぐに: …て急に. ‖나를 보자 안색이 바뀌었다 私を見て急に顔色が変わった. 집을 나서자 비가 오기 시작했다 家を出るとすぐに雨が降り始めた. ❸ …(し)ようと. ‖내일 가자고 했다 明日, 行こうと言った. ❹ …て. ‖아무리 말해 보았자 소용없다 いくら言っても意味がない.

자가 (自家) 图 自家; 自分の家. ‖자가 발전 自家発電.

자가 수분 (自家受粉) 图 〔植物〕自家受粉. ◆타가 수분 (他家受粉).

자가 수정 (自家受精) 图 〔植物〕自家受精. ◆타가 수정 (他家受精).

자가-당착 (自家撞着) 图 自家撞着(ᄋᄂᄂ). ‖자가당착에 빠지다 自家撞着に陥る.

자가-용 (自家用) 图 自家用.

자가용-차 (自家用車) 图 自家用車; マイカー.

자각 (自覚) 图 自動 自覚. ‖현실을 자각하다 現実を自覚する. 국가 대표로서의 자각이 부족하다 国家代表としての自覚に欠けている. 자각 증상 自覚症状.

자간¹ (字間) 图 字間. ‖자간을 넓히다 字間をあける.

자간² (子癇) 图 〔医学〕子癇(ᄒᄂ).

자갈 图 砂利; 小石.

자개 螺鈿(ᄂᄂ); 細工に用いる貝殻.

자개-농 (-籠) 图 〔자개장롱 (-欌籠)의 略語〕螺鈿のたんす.

자개-장 (-欌) 图 자개장롱 (-欌籠)의 略語.

자개-장롱 (-欌籠) 图 螺鈿のたんす.

자객 (刺客) 图 刺客; 暗殺者. ‖자객을 보내다 刺客をさし向ける.

자격 (資格) /dʒagjʌk/ 图 資格. ‖수험 자격 受験資格. 의원 자격을 상실하다 議員の資格を失う. 개인 자격으로 발언하다 個人の資格で発言する.

자격-시험 (資格試験) [-씨-] 图 資格試験.

자격-증 (資格證) [-쯩] 图 資格証. ‖교원 자격증을 따다 教員の資格を取る.

자격지심 (自激之心) [-찌-] 图 自分がやったことに対して自分の至らなさを認める気持ち.

자결 (自決) 图 自動 ❶ 自殺; 自害. ❷ 自決. ‖민족 자결 民族自決.

자계 (自戒) [-/-께] 图 自動 自戒.

자고-로 (自古-) 副 昔から; 古来. ‖자고로 지피지기면 백전백승이라 했다 古来, 彼を知り己を知れば百戦殆(ᄒ)からずと言われた.

자괴 (自愧) [-/-꿰] 图 自動 自ら恥じること.

자구¹ (字句) [-꾸] 图 字句.

자구² (自救) 图 自ら自分を救うこと.

자구-책 (自救策) 图 自力救済.‖자구책을 강구하다 自力救済を講じる.

자국¹ /dʒaguk/ 图 跡; 痕跡. ‖여드름 자국이 남다 にきびの跡が残る. 수술 자국 手術の跡.

자국² (自國) 图 自国.

자국-민 (自國民) [-궁-] 图 自国民.

자궁 (子宮) 图 〔解剖〕子宮. ◆아기집.

자궁-암 (子宮癌) 图 〔医学〕子宮癌.

자궁 외 임신 (子宮外姙娠) [-/-웨-] 图 〔医学〕子宮外妊娠.

자귀-나무 图 ネムノキ (合歓木).

자그마치 副 少なくとも; …も. ‖몸무게가 자그마치 백 킬로나 된다 体重が少なくとも 100キロある. 강연회에 자그마치 오백 명이나 모였다 講演会に 500人も集まった.

자그마-하다 厖 〔하変〕小さめだ; やや小さい; 小柄だ. ◆자그맣다. ‖자그마한 여자 小柄な女性.

자그맣다 [-나타] 厖 〔ㅎ変〕자그마하다.

자극¹ (刺戟) /dʒa.gɯk/ 图 自動 刺激; くすぐること. ‖감정을 자극하다 感情を

刺激する。刺激を受ける。刺激が強いと刺激が強い。
자극-성 (刺戟性) [-썽] 图 刺激性.
자극-역 (刺戟閾) [-뼉] 图 刺激閾.
자극-적 (刺戟的) [-쩍] 图 刺激的.‖刺激強い場面。刺激的な音楽。刺激の強い食べ物.
자극-제 (刺戟劑) [-쩨] 图 刺激劑.
자극² (磁戟) 图 磁極.
자근-자근 (하타) ❶ 頭がずきずきする様子。‖頭が자근자근아프다 頭がずきずきする。❷ 人をしきりに苦しめたり、人にせがんだりする様子。❸ 軽く押さえたり噛んだりする様子。
자금 (資金) /tɕaɡɯm/ 图 資金.‖結婚 자금 結婚資金。자금 부족 資金不足。운전 자금을 조달하다 運転資金を調達する。자금 조달이 어렵다 資金繰りが苦しい。
자금-난 (資金難) 图 資金難.
자금-동결 (資金凍結) 图 資金凍結.
자금-줄 (資金-) [-쭐] 图 資金源;金づる。∞돈줄.
자금-통제 (資金統制) 图 (経) 資金統制.
자급 (自給) 하타 自給.
자급-자족 (自給自足) [-짜-] 图 하타 自給自足.
자긍-심 (自矜心) 图 誇りの気持ち.
자기¹ (自己) /tɕaɡi/ 图 ❶ 自己; 自分。‖ 냉정히 자기를 돌아보다 冷静に自己を振り返ってみる。자기 본위로 하다 自分勝手にする。❷ 〈恋人・夫婦間・または女性がそれほど親しくない同年代以下の女性に対して〉君; お前; あなた.
— 代 自分。‖그는 자기가 가고 싶다고 했다 彼は自分が行きたいと言った.
자기-과시 (自己誇示) 图 自己顕示.
자기-류 (自己流) 图 自己流.
자기-만족 (自己滿足) 图 自己満足.
자기-모순 (自己矛盾) 图 自己矛盾.‖자기모순에 빠지다 自己矛盾に陥る。
자기-비판 (自己批判) 图 하타 自己批判.
자기-소개 (自己紹介) 图 하타 自己紹介.
자기-실현 (自己實現) 图 自己実現。⊕자아실현 (自我實現).
자기-암시 (自己暗示) 图 自己暗示.
자기-애 (自己愛) 图 自己愛.
자기-자본 (自己資本) 图 (経) 自己資本.
자기-중심 (自己中心) 图 自己中心; 自己中。
자기-편 (自己便) 图 〈自分の〉味方で; 仲間.
자기-혐오 (自己嫌惡) 图 自己嫌悪.‖자기혐오에 빠지다 自己嫌悪に陥る.
자기-희생 (自己犧牲) [-히-] 图 自己犠牲.
자기² (瓷器・磁器) 图 磁器.

자기³ (磁氣) 图 磁気.
자기-력 (磁氣力) 图 磁力.
자기-장 (磁氣場) 图 磁場.
자기앞-수표 (自己-手票) [-압쑤-] 图 (経) 保証小切手.
자기앞-어음 (自己-) [-아퍼-] 图 (経) 自己宛為替手形.

자꾸 /tɕaʔku/ 🔴 しきりに; 何度も。‖자꾸 전화를 하다 何度も電話をかける。하품이 자꾸 나오다 あくびがしきりに出る。
자꾸-만 자꾸를 강めて言う語.

-자구나 語尾 [動詞の語幹について] 〜よりより強いを表わす: …ようよ;…ね。‖오늘은 맛있는 것 먹자꾸나 今日はおいしいものを食べようね。

자나-깨나 寝ても覚めても; 明けても暮れても; 常時。‖자나 깨나 불조심 寝ても覚めても火の用心.

자낭 (子囊) 图 [植物] 子嚢(⁵-)。⊕씨주머니.
자낭-균 (子囊菌) 图 [植物] 子嚢菌.
자네 代 〈主に男性が対等な関係または後輩・部下などに対して〉君; お前。
자녀 (子女) 图 子女; 子ども。‖자녀분은 몇 명이세요? お子さんは何人いらっしゃいますか.
자년 (子年) 图 子年.
자는 冠 자다 (寝る)의 연체형。‖는 아이 자는 子供.

자다 /tɕada/ 짜 ❶ 寝る; 眠る。‖빨리 자다 早く寝る。자기 전에 이를 닦다 寝る前に歯を磨く。잠을 자다 寝る。푹 자다 ぐっすり寝る。❷ 〈動いているものが〉止まる。‖시계가 자다 時計が止まっている。❸ 〈風や波が〉止む; なぐ。‖바람이 자다 風が止む。❹ 〈商品などが〉眠っている。‖물건들이 팔리지 않아 창고에서 자고 있다 商品が売れなくて倉庫で眠っている。해저에서 자고 있는 자원 海底で眠っている資源.
자당 (慈堂) 图 〔他人の母親の尊敬語〕母堂; 母上; 母様.

자동 (自動) /tɕadoŋ/ 图 自動。⊕수동 (手動)。‖문이 자동으로 열리다 ドアが自動で開く。자동 소총 自動小銃。자동 응답 전화 留守番電話。전자동 全自動.

자동-문 (自動門) 图 自動ドア.
자동-소총 (自動小銃) 图 [軍事] 自動小銃.
자동-식 (自動式) 图 自動式.
자동-인출기 (自動引出機) 图 自動預け入れ機 (ATM).
자동-적 (自動的) 图 自動的.
자동-제어 (自動制御) 图 自動制御.
자동-판매기 (自動販賣機) 图 自動販売機。⊕자판기 (自販機).
자동-화 (自動化) 图 하타 自動化.
자동-화기 (自動火器) 图 自動火器.

자-동사 (自動詞) 〖言語〗 自動詞.
자동-차 (自動車) /tɕadoŋtɕʰa/ 〖〗 自動車. ‖자동차 운전 학원 自動車教習所. 자동차세 自動車税.
자두 〖植物〗 スモモ(李).
자디-잘다 〖ㄹ語幹〗〚잘다를 강하게 말하는 말〛非常に小さい; 非常に細かい. ‖자디잔 글씨 非常に小さく書いた字.
자라 [1] 〖動物〗 スッポン(鼈). ▶자라보고 놀란 가슴 소댕[솥뚜껑] 보고 놀란다〚잘:〛(「スッポンを見て驚いた者は釜の蓋を見て驚く」の意で)何かに驚くとそれと似たようなものを見ても怖がる.
자라-목 〖比喩的に〗 短い首.
자라² 〖〗 자라다(育つ)の連用形.
자라-나다 〖〗 育つ; 成長する.
자라는 〖〗 자라다(育つ)の現在連体形.

자라다
/tɕarada/ 〖〗 **1** 育つ; 成長する. ‖훌륭한 청년으로 자라다 立派な青年に育つ. 머리가 많이 자랐구나 大きくなったね. **2** 伸びる. ‖머리가 많이 자랐다 髪の毛がだいぶ伸びた.

자락 [1] 〖옷자락의 略語〗 衣服の裾. **2** 〖比喩的に〗 裾野. ‖산자락 山の裾野.
자란 〖〗 자라다(育つ)の過去連体形.
자랄 〖〗 자라다(育つ)の未来連体形.

자랑
/tɕaraŋ/ 〖〗〖하動〗 誇る; 誇ること. ‖요리 솜씨를 자랑하다 料理の腕前を自慢する. 전국 최대의 규모를 자랑하다 全国最大の規模を誇る.

자랑-거리 [-꺼-] 〖〗 自慢の種; 自慢の人;(その人の)売り物.
자랑-삼다 [-따] 〖〗 自慢する; 誇りに思う. ‖형은 일 등한 사실을 자랑삼아 말했다 兄は1位になったことを自慢気に話した.
자랑-스럽다 [-따] 〖〗〖ㅂ變〗 誇らしい; 自慢だ. ‖자랑스러운 아들 自慢の息子. **자랑스레** 〖〗
자력¹ (自力) 〖〗 自力; 独力.
자력-갱생 (自力更生) [-쌩-] 〖〗〖하自〗 自力更生.
자력² (磁力) 〖〗 磁力; 磁気力.
자료 (資料) /tɕa:rjo/ 〖〗 資料. ‖자료를 갖추다 資料をそろえる. 자료로 쓰이다 資料に使う. 자료 수집 資料収集. 조사 자료 調査資料. 역사 자료 歴史資料.
자루¹ 〖〗 ‖곡식을 자루에 담다 穀物を袋に入れる.
자루² 〖〗 柄で; 取っ手. ‖칼자루 刀の柄.
── 〖依名〗 鉛筆や包丁などを数える語: ──本. ‖연필 한 자루 鉛筆1本.
자르는 〖〗 자르다(切る)の現在連体形.

자르다
/tɕaruda/ 〖〗〖르變〗 잘라, 자르는 **1** 切る; 切断する. ‖머리를 자르다 髪を切る. 칼로 무를 자르다 包丁で大根を切る. 반대파를 자르다 反対派を切る. 철판을 자르다 鉄板を切断する. 부장은 그 대목에서 말을 잘랐다 部長はそこで話を切った. **2** 〚목을 자르다の形で〛首にする; 解雇する. ‖문제를 일으킨 과장의 목을 자르다 問題を起こした課長を首にする. ⋙잘리다.

자르르 〖〗 つやのある様子: つやつや(と). ‖머리에 윤기가 자르르 흐르는 머리 つやつやしている髪.
자른 〖〗〖르變〗 자르다(切る)の過去連体形.
자를 〖〗〖르變〗 자르다(切る)の未来連体形.

자리¹
/tɕari/ 〖〗 **1** 席; 場所; 所. ‖자리에 앉은 席に着く. 자리를 잡다 席(場所)をとる. 술자리 酒席. 앉을 자리를 확보하다 座る場所を確保する. 자리를 비우다 場所を空ける. 빈 자리가 없다 空いている所がない. **2** 〚차가 지나간 자리 車の通った跡; 車輪の跡. 수술한 자리 手術の跡. **3** 地位; ポスト; 職. ‖중요한 자리에 앉다 重要なポストにつく. 사장 자리에서 물러나다 社長の職を去る. **4** 〖数学〗 桁(けた); 位(くらい). ‖세 자리 수 3桁の数. 천의 자리 千の位. **5** 〖天文〗 星座. ‖처녀자리 乙女座. ▶자리(가) 잡히다 ①生活が安定する. ②(制度·秩序などが)定着する. ▶자리를 뜨다 席をはずす[離れる]. ▶자리를 잡다 ①席(場所)をとる. ②(生活·職場などに)落ち着く.

자리-다툼 〖〗〖하自〗 座席や地位をめぐる争い.
자리-매김 〖〗〖하他〗 位置づけ; 位置づけること. ‖이 작품성을 문학사에서 새롭게 자리매김할 필요가 있다 その作品性を文学史において新たに位置づける必要がある.
자리-바꿈 〖〗〖하自〗 席替え.
자리-보전 (-保全) 〖〗〖하自〗 寝たきり.
자리² 〖〗 **1** 敷物; ござ; むしろ. **2** 寝具. ‖자리를 펴다 布団を敷く. **3** 잠자리の略語.

자리-잡다 /tɕaridʑap̚ta/ [-따] 〖〗 **1** 席(場所)をとる. ‖상석에 자리잡다 上座に席をとる; 上席につく. **2** 生活が落ち着く; 暮らしが安定する. ‖서울에 자리잡고 잘 살고 있다 ソウルに落ち着いて幸せに暮らしている. **3** 位置する; ある. ‖산 중턱에 자리잡은 고급 맨션 山の中腹にある高級マンション.

자리-잡히다 〖-자피-〗 〖〗 生活が落ち着く; 暮らしが安定する. ‖일을 가서 자리잡히는 대로 연락 드리겠습니다 ソウルに行って落ち着いたらすぐご連絡差し上げます.

자리-토씨 〖〗 〖言語〗 格助詞. ⇒격조사 (格助詞).

자립 (自立) /ʧarip/ [名] [하自] 自立. ‖경제적 자립 経済的な自立.
자립-성 (自立性)【-썽】[名] 自立性.
자립-심 (自立心)【-씸】[名] 自立心. ‖자립심이 강한 아이 自立心が強い子ども.
자립-적 (自立的)【-쩍】[名] 自立的.
자릿-수 (一數)【-리쑤/-릳쑤】[名]《数学》桁(けた); 位. ‖두 자릿수 성장을 지속하다 2桁の成長を続ける.
-자마자 /ʧamadʒa/ [語尾] …するや否や; …するとすぐに. ‖집에 들어오자마자 텔레비전을 켰다 家に戻るや否やテレビをつけた. 저녁을 먹자마자 졸음이 쏟아졌다 夕飯を食べるとすぐに眠気に襲われた.
자막 [名] 字幕. ‖자막 방송 字幕放送.
자-막대기【-때-】[名] 物差しとして用いる棒.
자만 (自慢) [名] [하自他] 自慢.
자만-심 (自慢心) [名] 慢心; おごり.
자매 (姉妹) [名] 姉妹. ‖세 자매 3人姉妹.
자매-결연 (姉妹結緣) [名] 姉妹縁組み.
자매-교 (姉妹校) [名] 姉妹校.
자매^도시 (姉妹都市) [名] 姉妹都市.
자매-지 (姉妹紙) [名] 姉妹紙.
자매-편 (姉妹篇) [名] 姉妹編.
자매-품 (姉妹品) [名] 姉妹品.
자매^회사 (姉妹會社)【-/-훼-】[名] 姉妹会社.
자맥-질【-찔】[名] [하自] 水に潜ったり出たりして遊ぶこと.
자메이카 (Jamaica) [名]《国名》ジャマイカ.
자멸 (自滅) [名] [하自] 自滅.
자명-종 (自鳴鐘) [名] 目覚まし時計.
자명-하다 (自明-) [形]『하変』自明だ. ‖자명한 일 自明なこと.
자모 (字母) [名]《言語》字母(ある言葉を表記するのに用いられるすべての表音文字).
자모-순 (字母順) [名] 字母の配列順. ✥ㄱ・ㄴ順・アルファベット順など.
자-목련 (紫木蓮)【-몽년】[名]《植物》シモクレン(紫木蓮).
자못【-몯】[副] 思ったよりずっと; かなり. ‖국가 대표 선수에 대한 기대가 자못 크다 国家代表選手に対する期待がかなり大きい. 그는 자못 심각한 표정으로 나를 쳐다보았다 彼はかなり深刻な表情で私を見つめた.
자문[1] (自問) [名] [하自他] 自問.
자문-자답 (自問自答) [名] [하自] 自問自答.
자문[2] (諮問) [名] [하他] 諮問.
자문^기관 (諮問機關) [名] 諮問機関.
자물-쇠【-쐬/-쒜】[名] 錠; 錠前. ‖자물쇠를 채우다 錠前をかける.
자바라 (←啫哱囉) [名]《音楽》鐃鈸(にょうはち).
자바^원인 (Java 猿人) [名] ジャワ原人.
자박-자박【-짜-】[副] [하自] さくさく; そろそろ; しずしず. ‖눈길을 자박자박 걸어오다 雪道をさくさくと歩いてくる.
자반 (佐飯) [名] 塩物.
자발 (自發) [名] [하自] 自発.
자발-성 (自發性)【-썽】[名] 自発性.
자발-적 (自發的)【-쩍】[名] 自発的. ‖자발적으로 참가하다 自発的に参加する.
자방 (子房) [名]《植物》子房. [類]씨방(-房).
자백 (自白) [名] [하他] 自白; 自供; 白状. ‖죄를 자백하다 罪を自白する.
자본 (資本) /ʧa:bon/ [名] 資本; 元手. ‖막대한 자본을 투자하다 莫大な資本を投資する. 그 사람은 일억 원의 자본으로 장사를 시작했다 彼は1億ウォンの資金で商売を始めた.
자본-가 (資本家) [名] 資本家.
자본^거래 (資本去來) [名]《経》資本取引.
자본-금 (資本金) [名] 資本金.
자본^도피 (資本逃避) [名]《経》資本逃避.
자본^시장 (資本市場) [名]《経》資本市場.
자본-재 (資本財) [名]《経》資本財.
자본-주의 (資本主義)【-/-이】[名] 資本主義.
자본^축적 (資本蓄積)【-쩍】[名]《経》資本蓄積.
자부[1] (子婦) [名] 嫁. [類]며느리.
자부[2] (自負) [名] [하自他] 自負. ‖한국 최고의 솜씨라고 자부하다 韓国一の腕前だと自負する.
자부-심 (自負心) [名] 自負心. ‖자부심을 가지다 自負(心)を持つ. 자부심이 강한 사람 自負心の強い人.
자비[1] (自費) [名] 自費; 私費. ‖자비로 충당하다 自費でまかなう.
자비[2] (慈悲) [名] [하形] 慈悲. ‖자비를 베풀다 慈悲を垂れる. 자비를 바라다 慈悲を乞う.
자비-롭다 (慈悲-)【-따】[形]『ㅂ変』慈悲深い. **자비로이** [副]
자비-심 (慈悲心) [名] 慈悲の心.
자빠-지다 /ʧa'padʒida/ [自] ❶倒れる; 転ぶ; ひっくり返る. ‖빙판 위에서 자빠지다 凍りついた路面で転ぶ. 바나나 껍질에 미끄러져 자빠지다 バナナの皮にすべってひっくり返る. ❷〔눕다の俗語〕横になる; 寝転ぶ; 寝転がる. ‖하루 종일 집에 자빠져 있다 一日中家で寝転んでいる.
자사 (自社) [名] 自社. [対]타사(他社).
자산 (資産) [名] 資産; 財産.
자산-가 (資産家) [名] 資産家.
자산^동결 (資産凍結) [名] 資産凍結.
자산-주 (資産株) [名]《経》資産株.
자산^평가 (資産評價)【-까】[名]《経》

資産評価.

자살 (自殺) [하] 自殺. ∥자살 미수 自殺未遂.
　자살-골 (自殺goal) オウンゴール; 自殺点.
　자살 관여죄 (自殺關與罪) 【-죄/-줴】 [法律] 自殺関与罪.
　자살 방조죄 (自殺幇助罪) 【-죄/-줴】 [法律] 自殺幇助罪.
자상 (刺傷) 刺し傷; 刺傷.
자상-하다 (仔詳-) /tʃasanhada/ [하变] ❶ 細かい; 丁寧だ. ∥자상하게 설명하다 丁寧に説明する. ❷ 優しい. ∥자상한 남편 優しい夫. **자상-히** 副
자생 (自生) [하] 自生.
　자생-식물 (自生植物) 【-승-】 自生植物.
　자생-적 (自生的) 自生的.
　자생-지 (自生地) 自生地.
자서 (自署) [하] 自署.
자서-전 (自敍傳) 自叙伝.
자석 (磁石) 磁石; マグネット.
　자석-강 (磁石鋼) 【-깡】 磁石鋼.
자-석영 (紫石英) [鑛物] 紫石英; 紫水晶.
자선 (慈善) [하] 慈善. ∥가난한 사람에게 자선을 베풀다 貧しい人に慈善を施す.
　자선-가 (慈善家) 慈善家.
　자선-냄비 (慈善-) 社会鍋; 慈善鍋.
　자선 단체 (慈善團體) 慈善団体.
　자선 사업 (慈善事業) 慈善事業.
자설 (自說) 自説. ∥자설을 굽히지 않다 自説を曲げない.
자성[1] (自省) [하] 自省. ∥자성을 촉구하다 自省を促す.
자성[2] (磁性) [物理] 磁性.
자세 (姿勢) /tɕase/ 姿勢; 態度; 心がけ. ∥자세가 줄다 姿勢がいい. 적극적인 자세 積極的な姿勢. 평소의 자세가 줄지 않다 普段の心がけがよくない.
　자-세포 (刺細胞) [動物] 刺細胞.
자세-하다 (仔細-·子細-) /tɕasehada/ [하变] 仔細だ; 詳しい; 細かい. ∥자세하게 검증하다 仔細に検証する. 상황을 자세하게 보고하다 状況を詳しく報告する. **자세-히** 副
자손 (子孫) 子孫. ⓢ손 (孫). ∥유명한 정치가의 자손 有名な政治家の子孫.
자수[1] (自首) [하] 自首. ∥범인이 자수하다 犯人が自首する.
자수[2] (字數) 【-쑤】 字数.
자수[3] (刺繡) 刺繍. ∥자수를 놓다 刺繍をする.
자수-성가 (自手成家) [하] 自分の力で財産を築くこと.
자-수정 (紫水晶) [鑛物] 紫水晶.
자숙 (自肅) [하] 自粛.
자습 (自習) [하] 自習. ∥자습 시

간 自習時間.
　자습-서 (自習書) 【-써】 自習書.
자승 (自乘) [하] [数学] 自乗; 二乗. ⓢ제곱.
자승-자박 (自繩自縛) [하] 自縄自縛.
자시 (子時) [民俗] 子の刻(午後 11時から午前 1時まで).
자시-다 ⑩ [먹다の尊敬語] 召し上がる.
자식 (子息) /tɕaɕik/ ❶ 子ども. ∥자식이 많다 子どもが多い. ❷[男の人をののしる言い方で] やつ; 野郎. 저 나쁜 자식 あの悪いやつ. ❸[男の子をかわいがって] こいつ. 자식, 참 귀엽게 생겼다 こいつ, かわいい顔をしているね.
자신[1] (自身) /tɕaɕin/ 自分; 自身. ∥이런 것도 모르는 자신이 한심하다 こんなことも知らない自分が情けない. 제 자신의 문제입니다 私自身の問題です.
자신[2] (自信) /tɕaɕin/ 自信. ∥자신이 없다 自信がない. 자신에 넘치는 태도 自信に満ちた態度. 자신을 얻다 自信を得る.
　자신-감 (自信感) 自信がわいてくる感じ.
　자신만만-하다 (自信滿滿-) [하变] 自信満々だ. ∥자신만만한 태도 自信満々の態度.
자아 (自我) 自我.
　자아-도취 (自我陶醉) 自己陶酔.
　자아-실현 (自我實現) 自我実現; 自己実現.
자아-내다 /tɕaːneda/ ⑩ ❶ [ある情感を]そそる; 抱かせる; 起こさせる. ∥의구심을 자아내다 疑念を抱かせる. ❷[笑いなどを]誘う. ∥웃음을 자아내다 笑いを誘う. ❸ 紡ぎ出す. ∥실을 자아내다 糸を紡ぎ出す.
자애 (慈愛) 慈愛.
　자애-롭다 (慈愛-) 【-따】 [ㅂ变] 慈しみ深い. **자애로이** 副
　자애-심 (慈愛心) 慈愛の心.
자양 (滋養) 滋養.
　자양-분 (滋養分) 滋養分.
자업-자득 (自業自得) 【-짜-】 [하] 自業自得.
자연 (自然) /tɕajʌn/ 自然. ∥자연을 파괴하다 自然を破壊する. 자연을 즐기다 自然に親しむ. 자연의 혜택 自然の恵み. 자연환경 自然環境.
　자연-경제 (自然經濟) 【-쩨】 自然経済.
　자연-계 (自然界) 【-/-게】 自然界.
　자연 과학 (自然科學) 自然科学.
　자연-광 (自然光) 自然光.
　자연-권 (自然權) 【-꿘】 [法律] 自然権.
　자연-도태 (自然淘汰) [生物] 自然淘汰.
　자연-력 (自然力) 【-녁】 自然力.

자연-림 (自然林) 【-님】 图 自然林.
자연-물 (自然物) 图 自然物.
자연-미 (自然美) 图 自然美.
자연-발화 (自然發火) 图 自然発火.
자연-범 (自然犯) 图 【法律】 自然犯.
자연-법 (自然法) 【-뻡】 图 【法律】 自然法.
자연-법칙 (自然法則) 图 自然法則.
자연-보호 (自然保護) 图 自然保護.
자연-사 (自然死) 图 하자 自然死.
자연-석 (自然石) 图 自然石.
자연-선택 (自然選擇) 图 自然選択.
자연-수 (自然數) 图 〖數学〗 自然数.
자연-숭배 (自然崇拜) 图 〖宗教〗 自然崇拝.
자연-언어 (自然言語) 图 〖言語〗 自然言語.
자연-재해 (自然災害) 图 自然災害.
자연-적 (自然的) 形 自然の. ‖자연적 경계 自然の国境.
자연-증가율 (自然增加率) 图 自然増加率.
자연-현상 (自然現象) 图 自然現象.
자연-스럽다 (自然-) /tɕajənsurəpʰta/ 【-따】 形 [ㅂ変] [자연스러워, 자연스러운] 自然だ; さりげない; 無理がない. ‖자연스러운 반응 自然な反応. 자연스럽게 말을 걸다 さりげない声をかける. 영어가 자연스럽게 나오다 英語が自然に出てくる. **자연스레** 副
자연-히 (自然) /tɕajənhi/ 副 自然に; ひとりでに; おのずと. ‖나이 젊으면 몸도 자연히 젊어진다 心が若ければ体も自然に若くなる. 매일 연습을 하면 자연히 실력이 붙는다 毎日練習をすればおのずと実力が付く.

자영 (自營) 图 하자 自営.
자영-업 (自營業) 图 自営業.
자오-선 (子午線) 图 〖天文〗 子午線.
자외-선 (紫外線) 图 /-/-웨-/ 图 〖物理〗 紫外線.
자욱-하다 【-우카-】 自 [하変] 〔霧·霞·煙などが〕立ち込める; もやもやする. ‖안개가 자욱한 호숫가 靄が立ち込めている湖のほとり. **자욱-히** 副
자운영 (紫雲英) 图 〖植物〗 シウンエイ (紫雲英); レンゲソウ.
자웅 (雌雄) 图 雌雄. ‖자웅을 겨루다 雌雄を争う.
자원[1] (自願) 图 하자 自ら志願すること. ‖자원봉사 활동 ボランティア活動.
자원[2] (資源) /tɕawən/ 图 資源. ‖풍부한 지하자원 豊富な地下資源. 자원 개발 資源開発. 인적자원 人的資源. 에너지 자원이 부족하다 エネルギー資源に乏しい.
자위[1] (-) 图 〔眼球や卵などの〕色により区分. ‖계란의 노른자위 卵の黄身. 눈의 흰자위 目の白い部分.
자위[2] (自慰) 图 하자 自慰.

자위[3] (自衛) 图 하他 自衛.
자위-권 (自衛權) 【-꿘】 图 〖法律〗 自衛権.
자위-대 (自衛隊) 图 自衛隊.
자유 (自由) /tɕaju/ 图 自由. ‖언론의 자유 言論の自由. 신앙の自由は憲法に保障되어 있다 信仰の自由は憲法で保障されている. 가거나 말거나 네 자유이 行こうが行くまいが君の自由だ.
자유-결혼 (自由結婚) 图 自由結婚.
자유-경쟁 (自由競爭) 图 自由競争.
자유-경제 (自由經濟) 图 〖經〗 自由経済.
자유-권 (自由權) 【-꿘】 图 〖法律〗 自由権.
자유-롭다 (自由-) 【-따】 形 [ㅂ変] 自由だ. ‖자유로운 분위기 自由な雰囲気. **자유로이** 副
자유-무역 (自由貿易) 图 〖經〗 自由貿易.
자유-민 (自由民) 图 自由民.
자유-방임 (自由放任) 图 自由放任.
자유방임-주의 (自由放任主義) 【-이】 图 自由放任主義.
자유-분방 (自由奔放) 图 自由奔放.
자유-시 (自由詩) 图 〖文芸〗 自由詩.
자유-업 (自由業) 图 自由業. ‖자유업에 종사하다 自由業に従事する.
자유-연상 (自由聯想) 图 自由連想.
자유-연애 (自由戀愛) 图 自由恋愛.
자유-의지 (自由意志) 图 自由意志.
자유-자재 (自由自在) 图 自由自在. ‖영어를 자유자재로 구사하다 英語を自由自在に操る.
자유-재 (自由財) 图 〖經〗 自由財.
자유-행동 (自由行動) 图 自由行動.
자유-형[1] (自由刑) 图 〖法律〗 自由刑.
자유-형[2] (自由型) 图 〔水泳の〕自由形.
자유-화[1] (自由化) 图 하他 自由化. ‖자유화の波 自由化の波.
자유-화[2] (自由畫) 图 〖美術〗 自由画.
자율 (自律) /tɕajul/ 图 自律. ⦿タイプ (他律).
자율-버스 (自律 bus) 图 ワンマンバス.
자율-성 (自律性) 【-썽】 图 自律性.
자율-신경 (自律神經) 图 〖解剖〗 自律神経.
자율-적 (自律的) 【-쩍】 图 自律的.
자음[1] (子音) 图 〖言語〗 子音. ⦿모음 (母音).
자음[2] (字音) 图 〖言語〗 字音; 漢字の音.
자의[1] (自意) /-/-이/ 图 自分の考えや意思.
자의[2] (恣意) /-/-이/ 图 恣意.
자의-성 (恣意性) 【-썽】 图 恣意性.
자의-적 (恣意的) 【-쩍】 图 恣意的な. ‖자의적인 해석 恣意的な解釈.
자의[3] (字義) 图 字義.
자-의식 (自意識) /-/-이-/ 图 自意識. ‖자의식이 강하다 自意識が強い.

자의식 과잉 自意識過剰.
자이르 (Zaire) 【名】 (国名) ザイール.
자인 (自認) 【名】 【하变】 自認; 認めること. ‖실패를 자인하다 失敗を認める.
자일 (Seil ド) 【名】 ザイル(登山用ザイル).
자임 (自任) 【名】 情報でもって自任している 情報通(をもって)自任している.
자자손손 (子子孫孫) 【名】 子孫代々.
자자-하다 (藉藉―) /tɕadʑahada/ 【形】【하变】 (うわさなどが)広まっている. ‖소문이 자자하다 うわさが広まっている. 칭찬이 자자하다 称賛の声がやまない.
자작[2] (子爵) 【名】 子爵.
자작 (自作) 【名】 ⑦ 自作. ⑭ 소작(小作).
자작-극 (自作劇) 【―극】 【名】 自作自演. ‖그 사건은 자작극으로 끝났다 その事件は自作自演に終わった.
자작-농 (自作農) 【―농】 【名】 自作農. ⑭ 소작농(小作農).
자작[3] (自酌) 【名】【하变】 手酌.
자작-나무 【―장―】 【名】 【植物】シラカバ (白樺).
자잘-하다 【形】 【하变】 おしなべて小さい; みな小粒だ; 細かい, こまごまとしている. ‖자잘한 일들 こまごました用事.
자장 (磁場) 【名】 磁場.
자장가 (―歌) 【名】 子守歌.
자장면 (炸醬麵ㄴ) /tɕadʑaŋmjən/ 【名】【料理】ジャージャー麵; 黒み そ麵.
자장자장 【感】 幼児を寝かしつける時の言葉: ねんね, ねんねん.
자재 (資材) 【名】 資材. ‖건축 자재 建築資材.
자재-화 (自在畫) 【美術】 自在画. ⑭ 용기화(用器畫).
자전[1] (字典) 【名】 字典.
자전[2] (自傳) 【名】 自伝.
자전 소설 (自傳小說) 【名】 自伝小説.
자전[3] (自轉) 【名】【天文】 自転. ⑦ 공전 (公轉). ‖지구의 자전 地球の自転. 자전 주기 自転周期.
자전-거 (自轉車) /tɕadʑʌŋɡʌ/ 【名】 自転車. ‖자전거를 타고 가다 自転車に乗 って行く. 낡은 자전거 古い自転車. 자 전거가 두 대 있다 自転車が2台ある.
자정 (子正) 【名】 夜中の12時; 午前0時.
자정 (自淨) 【名】 自浄.
자정 작용 (自淨作用) 【名】 自浄作用.
자제[1] (子弟) 【名】 子弟; 子息. ‖자제분 ご子息.
자제[2] (自制) 【名】【하变】 自制; 抑えること. ‖감정을 자제하다 感情を自制する. 애끓는 마음을 자제할 수가 없다 募る 思いを抑えることができない.
자제-력 (自制力) 【名】 自制力.
자제-심 (自制心) 【名】 自制心.
자조 (自嘲) 【名】【하变】 自嘲. ‖자조적 인 웃음을 띄우다 自嘲的な笑いを浮か べる.
자조[2] (自助) 【名】【하变】 自助. ‖자조 정신 自助の精神.
자조[3] (自照) 【名】 自照.
자족 (自足) 【名】【하变】 自足. ‖자급자족 自給自足.
자존-심 (自尊心) /tɕadʑonɕim/ 【名】 自 尊心. プライド. ‖자존심이 강하다 自尊 心が強い. 그런 일은 자존심이 허락하 지 않는다 そんなことはプライドが許さない.
자주[1] (自主) 【名】【하变】 自主.
자주-권 (自主權) 【―권】 【名】 自主権.
자주-성 (自主性) 【―성】 【名】 自主性.
자주-적 (自主的) 【名】 自主的な. ‖자주 적으로 활동하다 自主的に活動する.
자주[2] /tɕadʑu/ 【副】 しばしば; 頻繁に; 何度も; しょっちゅう; よく. ‖한국에는 자 주 가는 편이다 韓国にはしょっちゅう行 く方だ. 자주 화를 내다 よく腹を立てる.
자주-색 (紫朱色) 【名】 赤紫色.
자주-빛 (紫朱―) 【―뻗/―쭏빋】【名】 赤紫色.
자중 (自重) 【名】 自重. ‖각자의 자중을 바라다 各自の自重を望む.
자지 【名】 陰茎.
자지러-지다 【自】 ❶ (驚いて)身がすくむ. ‖뱀을 보고 자지러지다 ヘビを見て 身がすくむ. ❷ (笑い声や泣き声などが) わき起こる. ‖간지러움에 자지러지듯 웃다 くすぐったくて身をよじりながら笑う.
자진 (自進) 【名】【하变】 自ら進んですること; 自発的にすること. ‖자진 사퇴를 하 다 自ら辞退する.
자질 (資質) 【名】 資質. ‖의사로ての資質 医師としての資質.
자질구레-하다 【形】 【하变】 こまごまとし てつまらない. ‖자질구레한 일들 こまご ました用事.
자책 (自責) 【名】【하变】 自責.
자책-감 (自責感) 【―감】 【名】 自責の念. ‖자책감에 시달리다 自責の念にかられ る.
자처 (自處) 【名】【하变】 自任; 自負.
자청 (自請) 【名】【하变】 自ら請うこと. ‖내 가 자청해서 한 일이다 私が自ら望んで やったことだ.
자체 (自體) 【名】 自体; そのもの. ‖제도 자체가 나쁜 건 아니다 制度自体が悪 いのではない. 생각 그 자체에 문제가 있 다 考え方それ自体に問題がある.
자체-적 (自體的) 【名】 自主的. ‖문제를 자체적으로 해결하다 問題を自主的に解決する.
자초 (自招) 【名】【하变】 (主に悪いことを) 自ら招くこと. ‖화를 자초하다 災いを自 ら招く.
자초지종 (自初至終) 【名】 一部始終; 顛末. ‖자초지종을 들어 보다 一部始終を聞いてみる.

자축 (自祝) 图 他自 自ら祝うこと.
자취¹ /dʒap̚hwi/ 图 跡; 痕跡; 姿. ‖자취도 없이 사라지다 跡形もなく消え去る. 발자취 足跡. ▶자취를 감추다 姿をくらます.
자취² (自炊) 图 他自 自炊. ‖자취 생활 自炊生活.
자치 (自治) 图 自自 自治. ‖대학 자치 大学の自治.
자치-권 (自治權) 【-꿘】 图 〔法律〕 自治権.
자치-령 (自治領) 图 自治領.
자치-제 (自治制) 图 自治制.
자치-회 (自治會) 【-/-훼】 图 自治会.
자칫 /dʒap̚hit̚/【-칟】 剾 〔主に자칫 잘못하면の形で〕 まかり間違えば; うっかりすると. ‖자칫 잘못하면 불나겠다 まかり間違えば火事になる.
자칫-하면 /dʒap̚hit̚hamjʌn/【-치탄-】 剾 ややもすると; ともすれば; すんでのところで. ‖자칫하면 사고 나기 쉬운 지역이다 ともすると事故が起こりやすい地域だ. 자칫하면 막차를 놓칠 뻔했다 すんでのところで終電に乗り遅れるところだった.
자칭 (自稱) 图 他自 自称. ‖자칭 시인 自称詩人.
자켓 (jacket) 图 ジャケット.
자타 (自他) 图 他自 自他. ‖자타가 공인하다 自他ともに認める.
자택 (自宅) 图 〔집の尊敬語〕ご自宅.
자퇴 (自退) 【-/-퉤】 图 他自 自ら退くこと.
자투리 图 布切れ; 布の切れ端.
자판-기 (自販機) /dʒap̚hangi/ 图 〔자동판매기 (自動販賣機)の略語〕 自動販売機. ‖커피 자판기 コーヒーの自動販売機.
자폐-증 (自閉症) 【-쯩/-폐쯩】 图 〔医学〕 自閉症.
자포-자기 (自暴自棄) 图 他自 自暴自棄; 捨て鉢になること. ‖자포자기에 빠지다 自暴自棄に陥る.
자폭 (自爆) 图 自爆.
자필 (自筆) 图 他自 自筆; 自書. ⇔대필 (代筆). ‖자필로 서명하다 自筆で署名する.
자학 (自虐) 图 他自 自虐.
자학-적 (自虐的) 【-쩍】 图 自虐的.
자해 (自害) 图 自自 自害.
자행 (恣行) 图 他自 恣行(しこう); ほしいままに行なうこと. ‖나쁜 짓을 자행하다 悪事をはたらく.
자형¹ (字形) 图 字形. ‖T자형 T字型.
자형² (姉兄) 图 姉の夫; 義兄.
자화-상 (自畵像) 图 自画像.

자화-수분 (自花受粉) 图 自自 〔植物〕 自花受粉.
자화-수정 (自花受精) 图 自自 〔植物〕 自花受精.
자화-자찬 (自畵自讚) 图 他自 自画自讃; 手前味噌. ‖헤밍웨이가 작자화자찬 二毛作.

작가 (作家) /dʒak̚ka/【-까】 图 作家. ‖대중 작가 大衆作家. 여류 작가 女流作家. 사진 작가가 되다 写真家になる.
작고 (作故) 【-꼬】 图 他自 〔죽음의 尊敬語〕 逝去. ‖작고하신 아버님 亡父. 그분은 작년에 작고하셨다 彼のお父様は去年逝去された.
작곡 (作曲) 【-꼭】 图 他自 作曲. ‖뮤지컬을 작곡하다 ミュージカルを作曲する.
작곡-가 (作曲家)【-꼭까】 图 作曲家.
작금 (昨今) 【-끔】 图 昨今; この頃; 近頃. ‖작금의 세계 정세 昨今の世界情勢.

작년 (昨年) /dʒaŋɲʌn/【장-】 图 昨年; 去年. ‖작년에는 무척 바빴다 去年はとても忙しかった.
작년-도 (昨年度) 图 昨年度.

작다 /tʃak̚.t͈a/【-따】 图 ❶ 小さい. ‖작은 방에서 다섯 명이 생활한다 小さい部屋で5人が生活する. 목소리가 너무 작다 声が小さすぎる. 일은 이보다 작다 1は2より小さい. 이런 작은 일로 고민하지 마 こんな小さいことでくよくよするな. ❷〔背が〕低い. ‖키가 작다 背が低い. ❸〔작은-の形で〕次の; 二番目の; 下の. ‖작은형 96형. 작은아이는 몇 살이에요? 下の子は何歳ですか. ▶작은 고추가 더 맵다 (圏) 山椒は小粒でもぴりりと辛い.
작-다랗다【-따라타】 圏 〔ㅎ変〕 かなり小さい.
작달막-하다【-달 마 카-】 圏 〔하変〕 (体격のわりに) 背が低い; ずんぐりしている. ‖작달막한 남자 ずんぐりとした男.
작당 (作黨) 【-땅】 图 自自 ぐるになること; 群れをなすこと; 徒党を組むこと. ‖작당하여 사기를 치다 徒党を組んで詐欺をはたらく.
작대기 【-때-】 图 長い棒.
작도 (作圖) 【-또】 图 他自 作図.
작도-법 (作圖法) 【-또뻡】 图 作図法.
작동 (作動) 【-똥】 图 自自 作動. ‖엔진이 작동하다 エンジンが作動する.
작두¹ (∗斫刀) 【-뚜】 图 押切り; 飼い

작두²(-豆)【-두】【植物】 インゲンマメ(隠元豆).
작렬(炸裂)【장녈】[名](하자)炸裂.
작례(作例)【장녜】[名] 作例.
작명(作名)【-장-】[名](하자) 名付け; 命名.
작문(作文)【-장-】[名](하자) 作文. ∥영어 작문 英作文. 작문을 짓다 作文をする.
작물(作物)【-장-】[名] 作物. ∥식용 작물 食用作物. 원예 작물 園芸作物. 유전자 조작 작물 遺伝子組み換え作物.
작법(作法)【-뻡】[名] 作法. ∥(物の)作り方. ∥문장 작법 文章作法.
작별(作別)【-뼬】[名](하자) 別れ. ∥작별 인사를 하다 別れの挨拶をする.
작부(酌婦)【-뿌】[名] 酌婦.
작사(作詞)【-사】[名](하자) 作詞.
작사-자(作詞者)[名] 作詞者.
작살(-쌀)[名] (魚などを捕獲する) 銛(もり); 簎(やす).
작살-나다(-쌀라-)[自] めちゃくちゃになる.
작살-내다(-쌀래-)[他] めちゃくちゃにする.
작살-나무(-쌀라-)[名]【植物】 ムラサキシキブ(紫式部).
작설-차(雀舌茶)【-썰-】[名] 新芽でつくった茶.
작성(作成)【-썽】[名](하타) 作成. ∥계약서를 작성하다 契約書を作成する. 서류 작성을 의뢰하다 書類の作成を依頼する. **작성-되다** 受動
작시(作詩)【-씨】[名](하자) 作詩.
작심(作心)【-씸】[名](하자) 決心すること. ∥담배를 끊기로 작심하다 禁煙を決心する.
작심-삼일(作心三日)[名] 三日坊主.
작아(-小-)(작다の連用形.
작약(芍薬)【-약】[名]【植物】 シャクヤク(芍薬).
작업(作業)/dʒagɔp/[名](하자) 作業. ∥유적 발굴 작업 遺跡の発掘作業. 단순 작업 単純作業. 작업 효율 作業効率.
작업-대(作業台)【-때】[名] 作業台.
작업-량(作業量)【자검냥】[名] 作業量.
작업-반(作業班)【-빤】[名] 作業班.
작업-복(作業服)【-뽁】[名] 作業服; 作業衣.
작업-실(作業室)【-씰】[名] 作業部屋; 作業所.
작업-장(作業場)【-짱】[名] 作業場.
작열(灼熱)【장녈】[名](하자) 灼熱(しゃくねつ). ∥작열하는 태양 灼熱の太陽.
작용(作用)/dʒagjoŋ/[名](하자) 作用. ∥작용과 반작용 作用と反作用. 심리 작용 心理作用. 촉매로서 작용하다 触媒として作用する.
작위¹(作為)[名](하자) 作為.
작위-범(作為犯)【-法律】 作為犯.
작위-적(作為的)[名] 作為的. ∥작위적인 정치 공세 作為的な政治攻勢. 작위적인 느낌이 드는 기사 作為的な感じがある記事.
작위²(爵位)[名] 爵位.
작은[冠] 작다(小さい)の現在連体形.
작은곰-자리【天文】 小熊座.
작은-누나[名] (弟から見て) 2 番目の姉; 長女以下の姉.
작은-달[名] 小の月. ↔큰달.
따옴표(-標)【-標】[名] 内引用符('').
작은-딸[名] 次女; 長女以外の娘.
작은-북[名] 小鼓.
작은-아버지[名] (結婚した)父の弟; 叔父.
작은-어머니[名] 父の弟の妻; 叔母.
작은-언니[名] (妹から見て) 長女でない姉.
작은-오빠[名] (妹から見て)長男ではない兄.
작은-형(-兄)[名] 次兄; 長兄以外の兄.
작은-형수(-兄嫂)[名] 次兄の妻; 長兄の嫁以外の兄の嫁.
작의(作意)[-/자기/][名] 作意.
작자(作者)【-짜】[名] ❶ 作者. ∥작자 미상 作者不詳. ❷[相手をけなす言い方]やつ; 者. ∥이상한 작자 変なやつ.
작작¹【-짝】[副] 適度に; ほどよく. ∥웃기는 소리 좀 작작해라 ばかも休み休み言え.
작작²【-짝】[副] 紙などを破る音[様子]; びりびり. ∥종이를 작작 찢다 紙をびりびり(と)破る.
작전(作戦)【-쩐】[名](하자) 作戦. ∥작전을 짜다 作戦を練る. 작전을 세우는 作戦を立てる. 공수 작전 空輸作戦.
작정(作定)/dʒakt͈ɕɔŋ/【-쩡】[名](하자) ❶ 心の中で決めること; 決定すること; 決意すること. ∥나는 그 일을 그만두기로 작정했다 私はそれを止めることにした. 단단히 작정을 한 것 같다 固く決意したみたいだ. ❷ つもり; 予定; 意図. ∥앞으로 어떻게 할 작정입니까? これからどうするつもりですか. 내일 중에는 끝낼 작정이다 明日中には仕上げるつもりだ.
작중^인물(作中人物)【-쭝-】[名] 作中人物.
작태(作態)[名] ふるまい. ∥꼴사나운 작태 みっともないふるまい.
작품(作品)/dʒakpʰum/【-품】[名] 作品. ∥문학상 수상 작품 文学賞受賞作品. 예술 작품 芸術作品.
작품-성(作品性)【-썽】[名] 作品性.
작품-집(作品集)[名] 作品集.
작풍(作風)[名] 作風.
작화(作画)【자과】[名](하자) 作画.
작황(作況)【자황】[名] 作況; 作柄.

‖올해는 작황이 좋다 今年は作柄がいい.

잔[1] (盞) /tɕan/ 图 ❶ 杯; 盃. ‖잔을 주고받다 杯を交わす. 잔을 받다 杯をもらう. ❷ コップ. ‖잔이 하나도 없다 コップが一つもない. ▶잔을 기울이다 杯を傾ける. ▶잔을 비우다 杯を飲み干す.
— 조수 数える語: …杯. ‖한 잔의 술 一杯の酒.

잔[2] 冠 자다(寝る)の過去連体形.

잔-[3] 接頭 〔一部の名詞に付いて〕小さい; 細かい; 軽い. ‖잔글씨 細かい字.

잔-가시 图 魚の小骨. ‖생선의 잔가시를 발라내다 魚の小骨を取り除く.

잔-가지 图 小枝.

잔-걱정 图 こまごました悩み事.

잔고 (殘高) 图 残高. ⇒잔액(殘額).

잔광 (殘光) 图 残光; 残照.

잔-글씨 图 細かい字.

잔금[1] 图 細い線; (手のひらの)細かいしわ. ‖잔금이 많은 손 細かいしわが多い手.

잔금[2] (殘金) 图 残金. ‖잔금을 치르다 残金を支払う.

잔꾀 [-/-꿰] 图 猿知恵; 小細工. ‖잔꾀를 부리다 小細工を弄(ろう)する.

-잔다 語尾 〔-자고 한다の縮約形〕…しようと言う; …しようと言っている. ‖술 한잔하잔다 酒を一杯やろうと言っている.

잔당 (殘黨) 图 残党.

잔-돈 /tɕandon/ 图 ❶ 小銭. ‖잔돈 가지고 있는 게 없다 小銭の持ち合わせがない. 잔돈으로 바꾸다 小銭に両替する. ❷ つり銭; 釣り銭. ‖잔돈을 거슬러 받다 釣り銭をもらう[受け取る].

잔-돌 图 小石.

잔디 /tɕandi/ 图 (植物) シバ(芝). ‖천연 잔디 天然芝. 인공 잔디 人工芝.

잔디-밭 [-받] 图 芝生.

잔뜩 튀 ひどく; かなり; いっぱい; たくさん; たっぷり. ‖화가 잔뜩 나 있다 かなり怒っている. 선물을 잔뜩 가지고 오다 お土産をたっぷり持ってくる.

잔루 (殘壘) [잘-] 图 (野球で)残塁. ‖잔루 부대 残留部隊.

잔-말 图 無駄口; 余計な口出し. ‖잔말이 많다 無駄口が多い.

잔-물결 [-껼] 图 ❶ さざ波. ❷ 잔물결이 일다 さざ波が立つ.

잔반 (殘飯) 图 残飯.

잔-별 图 小さな星. ‖밤하늘에 잔별이 총총하다 夜空に小さな星がきらめく.

잔병 (-病) 图 軽い病気.

잔병-치레 (-病-) 图 病気がちであること. ‖아이가 잔병치레가 잦다 子どもが病気がちだ.

잔-뼈 图 ❶ 子どものまだ十分に成長していない骨. ❷ 小骨. ▶잔뼈가 굵어지다 [굵다] 小さい時からある仕事またはある

환경の中で育つ. 시장 바닥에서 잔뼈가 굵은 사람 市場で働きながら育った人.

잔-뿌리 图 ひげ根; 側根; 枝根.

잔상 (殘像) 图 残像. ‖머릿속에 강한 잔상이 남다 頭の中に強い残像が残る.

잔설 (殘雪) 图 残雪.

잔-소리 /tɕansori/ 图 自 小言. ‖엄마한테서 잔소리를 듣다 母親から小言を食う. 잔소리가 많다 小言が多い.

잔-손 图 こまごました手数. ▶잔손이 가다 こまごました手数がかかる.

잔-손질 图 하타 こまごました手入れ.

잔-솔 图 小松; 若松. ‖잔솔밭 小松の林.

잔-술 (盞-) [-쑬] 图 ❶ 杯についだ酒. ❷ 一杯単位で売っている酒; コップ酒.

잔-시중 图 身の回りの細かい世話. ‖잔시중을 들다 こまごまと面倒を見てあげる.

잔-심부름 图 하타 雑用; 雑多な使い. ‖잔심부름하는 아이 小間使い.

잔심부름-꾼 图 雑用係.

잔악-하다 (殘惡-) /tɕanakʰada/ 囿 [하変] 残忍で悪質だ.

잔액 (殘額) 图 残額. ⇒잔고(殘高).

잔업 (殘業) 图 残業. ‖늦게까지 잔업하다 遅くまで残業する. 잔업 수당 残業手当.

잔인-하다 (殘忍-) 囿 [하変] 残忍だ. ‖잔인한 성격 残忍な性格.

잔-일 [-닐] 图 こまごました仕事.

잔잔-하다 /tɕandʑanhada/ 囿 [하変] ❶ (물・파도가) 静かだ; 静まり返っている. ‖잔잔한 호수 静かな湖. ❷ (声・態度などが) 落ち着いている. **잔잔-히** 튀

잔재 (殘滓) 图 残滓(ざんし). ‖구체제의 잔재 旧体制の残滓.

잔-재주 (-才操) 图 小細工; 小才. ▶잔재주를 부리다 小細工を弄する; 小才をきかせる.

잔정 (-情) 图 細やかな情. ‖잔정이 많다 情が細やかだ.

잔존 (殘存) 图 残存. ‖잔존하고 있는 낡은 인습 残存している古い因襲.

잔-주름 图 小じわ. ‖얼굴에 잔주름이 늘다 顔に小じわが増える.

잔치 /tɕantɕʰi/ 图 (祝いの)宴会; 祝宴; パーティー. ‖칠순 잔치 祖母の古希の祝い. 생일 잔치 誕生パーティー.

잔치-날 [-친-] 图 お祝い日; 宴会の日.

잔치-집 [-치찝/-친찝] 图 宴を催す家.

잔-털 图 産毛.

잔품 (殘品) 图 残品.

잔학-하다 (殘虐-) 囿 [하変] 残虐だ. ‖잔학한 살인 사건 残虐な殺人事件.

잔해 (殘骸) 图 残骸(ざんがい).

잔혹-하다 (殘酷-) [-호카-] 囿 [하変] 残酷だ. ‖잔혹한 행위 残酷な行為. 잔

잘¹ /tʃal/ 【副】 ❶ よく。下手 食べる人。뜻을 모르는 단어가 많다 意味がよく分からない単語が多い。잘 잊어 버리다 よく忘れる。사고가 잘 나는 곳 事故がよく起きる場所。❷ 上手に。ㅣ피아노를 잘 치다 ピアノを上手に弾く。글씨를 잘 쓰다 字を上手に書く。일이 잘 되었다 仕事がよく運んだ。❸ 立派に。ㅣ애를 잘 키웠다 子どもたちを立派に育てた。❹ 十分に。くわしく。ぐっすり。ㅣ김치는 잘 익은 게 맛있다 キムチは十分にこなれたのがおいしい。잘 생각해 보세요 じっくり(と)考えてみてください。잘 잤니? ぐっすり眠れたの? ❺ 無事に。元気に。ㅣ잘 지내세요? お元気ですか。잘 도착하다 無事に着く。❻ いい時に。適時に。折よく。ㅣ마침 잘 오셨습니다 折よく折よくいらっしゃいました。❼ 正しく。ちゃんと。きちんと。ㅣ약은 잘 챙겨 먹고 있다 薬はきちんと飲んでいる。❽ 宜しく。ㅣ잘 부탁 드립니다 宜しくお願いします。▶ 잘 자랄 나무는 떡잎부터 안다[알아본다]【諺】梅檀(栴)は双葉より芳し。

잘² 【語】 자다(寝る)の未来体形。

잘가닥 【副】(하他) 堅いものが打ち当たった時に出る音:かちっと;かちんと;がちゃんと。ㅣ자물쇠를 잘가닥 걸다 錠前をがちゃんとかける。

잘가닥-거리다【-끼-】【自他】 がちゃがちゃする;がちゃがちゃさせる。ㅣ열쇠 꾸러미를 잘가닥거리다 鍵束をがちゃがちゃさせる。

잘각 【副】(하自他) 小さい金属片などがぶつかった時に出る音:かちんと;がちゃんと。ㅣ잘각 하고 현관문 잠기는 소리가 들리다 がちゃんと玄関のドアが閉まる音が聞こえる。

잘각-거리다【-끼-】【自他】 がちゃがちゃする;がちゃがちゃさせる。

잘강-잘강 【副】(하他) くちゃくちゃ。ㅣ껌을 잘강잘강 씹고 있다 ガムをくちゃくちゃかんでいる。

잘그락 【副】 金属性のものが軽くぶつかり合う時に出る音:かちゃんと;じゃらん。

잘그락-잘그락 【副】(하自他) かちゃかちゃ;じゃらじゃら。

잘그락-거리다【-끼-】【自他】 じゃらじゃらする。

잘그랑 【副】(하自他) 堅い小さいものが地面に落ちてぶつかり合ったりした時に出る音:ちゃりんと;ちゃらんと;じゃらんと。

잘그랑-잘그랑 【副】(하自他) ちゃらちゃら。

잘그랑-거리다【-끼-】【自他】 ちゃらちゃらする。ㅣ동전을 잘그랑거리다 小銭をじゃらじゃら言わせる。

잘근-잘근 【副】 固いものを噛む様子[音]:くちゃくちゃ。ㅣ오징어포를 잘근잘근 씹어 먹다 するめをくちゃくちゃ噛んで食べる。

잘깃-잘깃【-긷깓긷】【副】(하自) 堅くて噛みごたえがあるものを噛む様子。

잘-나다 /tʃallada/【-라-】【自】 ❶ 優れている;偉い。ㅣ이 동네에서 가장 잘난 사람 この村で一番偉い人。잘난 체하다 偉そうにふるまう。잘난 데가 있으니까 인정을 받고 있겠지 優れたところがあるから認められているのでしょう。❷ 見目好い;ハンサムだ;容姿端麗だ。ㅣ잘난 아들이 셋이나 있다 ハンサムな息子が3人もいる。❸[잘난…の形で反語的に]その程度の。ㅣ그 잘난 실력으로 일 등을 하겠다고? その程度の実力で1位になろうって? 잘난 척하기는 偉そうに。

잘다 /tʃalda/【形】【ㄹ語幹】【잘, 잔】❶ 小さい;小ぶりだ。ㅣ감자 알이 잘다 ジャガイモが小ぶりだ。깨 알 같이 잔글씨 ごま粒のように小さい字。❷ 細かい;みみっちい。ㅣ파를 잘게 썰다 ねぎを細かく刻む。오빠는 사람이 좀 잘다 兄はみみっちい人だ。

잘-되다 /tʃaldweda/【-/-돼-】【自】 ❶ うまくいく;順調だ。ㅣ장사가 잘되기를 바라다 商売がうまくいくこと[商売繁盛]を願う。하시는 일은 잘되십니까? お仕事は順調でいらっしゃいますか。❷ 成功する;立派になる。ㅣ아들 셋이 전부 잘되었다 息子3人が全部立派になった。

잘똑-거리다【-끼-】【自他】 足を引きずる。

잘라【他】【ㄹ変】 자르다(切る)の連用形。

잘라-먹다【-따】【他】 着服する。

잘래-잘래 【副】(하自) 頭を軽く横に振る様子。ㅣ고개를 잘래잘래 흔들다 首を左右に振る。

잘록-하다【-로카-】【形】(하영) くびれている。ㅣ허리가 잘록하다 腰がくびれている。꽃병의 잘록한 부분 花びんのくびれた所。

잘리다【自】〔자르다の受身動詞〕❶ 切られる;切断される。ㅣ선배한테 머리를 잘리다 先輩に髪を切られる。꼬리가 잘리다 しっぽが切られる。❷ 首になる;解雇される。ㅣ직장에서 잘리다 職場を解雇される。

잘못 /tʃalmot/ 【名】 間違い;過ち;誤り;落ち度;過失;非。ㅣ잘못을 저지르다 過ちを犯す。잘못을 인정하다 過ちを認める;非を認める。이번 사고에서 운전기사 쪽에 잘못은 없다 今回の事故で運転手に落ち度はない。과거의 잘못 前非。
── 【副】 誤って;間違えて。ㅣ잘못 읽기 쉬운 한자 読み間違えやすい漢字。사람을 잘못 본 것 같다 人を見間違えたようだ。내가 잘못 알았다 私が勘違いをした。

잘못-되다 /tʃalmot'tweda/【-몬되-

/-몬빼/ 名 ❶ 間違い。 잘못된 생각 間違った考え。 ❷ 失敗する。 ‖하던 사업 이 잘못되어 큰 손해를 보다 事業に失敗して大きな損害をこうむる。 ❸ 不良になる/くれる/駄目になる。 ‖環境에 따라 애들이 잘못될 수도 있다 環境によって子どもが駄目になる場合もある。

잘못-하다 /tʃalmotʰada/ 【-모타-】 他 [하変] 間違える; 誤る; 下手くそ。 ‖내가 계산을 잘못했다 私が計算を間違えた。 선택을 잘못하다 選択を誤る。 잘못하다간 큰코다친다 下手をすると、ひどい目にあう。 자칫 잘못했단 목숨이 위험하다 下手をすると、命が危ない。

잘-살다 /tʃalsa:lda/ 自 [ㄹ語幹] [잘살아, 잘사신, 잘산] ❶ 豊かに暮らす; 裕福だ。 ‖잘사는 집 아들 裕福な家の息子。 ❷ 平穏無事に過ごす。 ‖여동생은 결혼해서 행복하게 잘살고 있다 妹は結婚して幸せに暮らしている。

잘-생기다 形 ハンサムだ; 容姿端麗だ; 形が整っている。 反)못생기다。 ‖잘생긴 청년 ハンサムな青年。 잘생긴 코 形のいい鼻。

잘잘[1] 副 ❶ 湯が盛んに煮えたぎる様子。 ぐらぐら。 ❷ 温度が高く非常に熱い様子。 ‖온돌방 아랫목이 잘잘 끓다 オンドル房の焚き口付近がかなり熱い。

잘잘[2] 副 (髪や頭などが) つやがあって光っている様子。 つやつや。 てかてか。

잘잘-못 [-몯] 名 よしあし; 是非。 ‖잘잘못을 가리다 よしあしを見分ける。

잘-하다 /tʃalhada/ 他 [하変] ❶ 上手だ; うまい; できる。 ‖일을 잘하는 사람 仕事ができる人。 공부를 잘하다 勉強ができる。 노래를 잘하다 歌がうまい。 요리를 잘하다 料理が上手だ。 ❷ (人に) 優しい; 親切だ。 ‖이웃 사람들에게도 잘하다 近所の人にも優しい。 ❸ よく…する。 ‖울기도 잘하는 아이 よく泣く子。 ❹ [反語的に] 情けない。 ‖이번에도 꼴찌 했니? 정말 잘했다 今度もビリだったのか。本当に情けない。

잘-해야 副 せいぜい; たかだか; 多くとも。 ‖모인다 해도 잘해야 열 명 정도다 集まってもせいぜい10人くらいだ。

잠 /tʃam/ 名 眠り; 眠ること; 寝入ること と睡眠。 ‖깊은 잠을 자다 深い眠りに陥る。 금세 잠이 들다 すぐに寝入る。 좀체 잠이 들지 못하다 なかなか眠れない。 잠을 설치다 寝そびれる。 영원히 잠(이) 들다 永い眠りにつく。 잠에서 깨어나다 眠りから覚める。 잠이 깨다 目覚める。 잠이 오다 眠気がさす。 잠이 부족하면 얼굴 잠不足な顔。 ▶잠을 자야 꿈을 꾸지 諺〔「眠ってこそ夢を見る」の意である結果を得るには順序を踏まなければならないのたとえ。

잠-결 [-꼍] 名 〔잠결에の形で〕 夢うつつ。 ‖잠결에 우는 소리를 듣다 夢うつつに泣き声を聞く。

잠-귀 [-뀌] 名 寝耳。 ‖잠귀가 밝다 寝耳がさとい; 目ざとい。

잠그다[1] /tʃamgɯda/ 他 [으変] 〔잠가, 잠근〕 ❶ 〔門·戸などを〕 閉める; 閉じる; 閉ざす; 閉す。 ‖문을 잠그다 戸を閉める。 문을 꼭 잠그고 나가다 きちんと戸締りをして出かける。 금고를 잠그다 金庫のカギをかける。 수도꼭지를 잠그다 蛇口をしっかり閉める。 ⇒잠기다[1]。 ❷ (ボタンなどを) かける; とめる。 ‖단추를 잠그다 ボタンをかける。

잠그다[2] 他 [으変] (水など液体の中に) つける; 浸す。 ‖찬물에 손을 잠그다 冷たい水に手をつける。 ⇒잠기다[1]。

잠기다[1] 〔잠그다[1]の受身動詞として〕 閉ざされる; 閉まる。 ‖문이 잠겨 있다 門が閉まっている。

잠기다[2] /tʃamgida/ 〔잠그다[2]の受身動詞として〕 つかる; 浸る。 ❶ 洪水で家が水につかる。 ❷ ふける; 浸る。 ‖사색에 잠기다 思索にふける。 명상에 잠기다 瞑想にふける。

잠깐 (-暫間) /tʃamʔkan/ 名 少しの間; しばらくの間; しばしの間。 ‖잠깐이라도 눈을 붙이세요 少しでも眠ってください。 잠깐이면 끝납니다 すぐ終わります。
── 副 ちょっと; 少し; しばらく; 少々。 ‖수업 중에 잠깐 졸았다 授業中少し居眠りをした。 잠깐 기다려 주세요 少々お待ちください。

잠-꼬대 名 (漢自) 寝言; たわごと。 ‖잠꼬대를 하다 寝言を言う。

잠-꾸러기 名 朝寝坊; 寝坊助。

잠두 (蠶豆) 名 【植物】 ≒누에콩。

잠-들다 /tʃamdɯlda/ 自 [ㄹ語幹] 〔잠들어, 잠드는, 잠든〕 ❶ 寝つく; 寝入る。 ‖아기가 이제 막 잠들었다 赤ん坊がたった今寝入った。 ❷ 永眠する。 ‖음악의 거장 여기 잠들다 音楽の巨匠、ここに永眠する。

잠망-경 (潛望鏡) 名 潛望鏡。

잠바 (←jumper) 名 ジャンパー。 ≒점퍼。

잠-버릇 [-뻐륻] 名 寝癖。 ‖잠버릇이 고약하다 寝癖が悪い。

잠-보 [-뽀] 名 =잠꾸러기。

잠복 (潛伏) 名 (漢自) 潛伏。 ‖지하에 잠복하다 地下に潛伏する。 잠복 기간 潛伏期間。

잠복-기 (潛伏期) 【-끼】 名 【医学】 潛伏期。

잠비아 (Zambia) 名 〔国名〕 ザンビア。

잠수 (潛水) 名 (漢自) 潛水。

잠수-복 (潛水服) 名 潛水服。

잠수-부 (潛水夫) 名 潛水夫。

잠수-정 (潛水艇) 名 潛水艇。

잠수-함 (潛水艦) 名 潛水艦。

잠시 (暫時) /tʃa:mʃi/ 名 しばらく; 少しの間。 ‖잠시도 못 참는다 ちょっとの間

잠식

も我慢できない. 잠시 후에 봅시다 後ほど会いましょう.
― 團 しばらく;ちょっと. ∥잠시 기다리세요 しばらくお待ちください.

잠식(蠶食)【하에】图 蠶食(㿻). ∥영토를 잠식하다 領土を蠶食する. **잠식-당하다** 受動

잠실(蠶室)图 蠶室.

잠언(箴言)【거】图 箴言(썬);(戒めとなる短い句).

잠-옷[자몯]图 寝巻き;パジャマ. ∥잠옷으로 갈아입다 パジャマに着替える.

잠입(潛入)图 하자 潛入. ∥적지에 잠입하다 敵地に潛入する.

잠-자다 厎 ❶ 寝る. ∥잠자는 시간이 불규칙하다 寝る時間が不規則である. ❷ 眠る;(能力·価値などが)活用されずにいる.

잠-자리[-짜-]图 ❶ 寝床. ∥잠자리에 들다 寝床に入る. 잠자리를 깔다 寝床を敷く. 잠자리를 같이하다 同衾(씬)する.

잠자리[잠자리]图 [昆虫] トンボ.

잠자코- 團 黙って. ∥모르면 잠자코 있어라 知らないなら黙っていろ. 물어봐도 잠자코 있다 何を聞いても黙りこくっている.

잠잠-하다(潛潛-) /tʃamdʒamhada/ 圈 [하에] ❶ 静かだ;ひっそりとしている. ∥잠잠한 바다 静かな海. ❷ 黙っている. **잠잠-히**團 잠잠히 듣고만 있다 黙って聞いているだけだ.

잠재(潛在)图 하자 潛在. ㉮ 現在(顯在). ∥잠재 실업 潛在失業. 잠재 수요 潛在的需要. 잠재 세력 潛在する勢力.

잠재-력(潛在力)图 潛在力.

잠재-의식(潛在意識)【-/-이-】图 潛在意識.

잠재-적(潛在的)图 潛在的. ∥잠재적 실업 潛在的失業.

잠재우다 厎〔잠자다의 사동사〕寝かせる;眠らせる. ∥소파에 앉아서 아이를 잠자우다 ソファーに座って子どもを寝かせる.

잠적(潛跡)图 하자 姿をくらますこと. ∥인기 여배우가 갑자기 잠적했다 人気女優が急に姿をくらました.

잠정(暫定)图 暫定. ∥잠정 예산 暫定予算.

잠정-적(暫定的)图 暫定的. ∥잠정적 조치 暫定的な措置.

잠행(潛行)图 하자 潛行.

잡[job]图 ジョブ.

잡-²(雜)接顧 雜…. ∥잡수입 雜収入.

잡-것(雜-)【-껃】图 ❶ 様々な要素が混ざって純粹ではないもの. ❷ ふしだらなやつ;下品なやつ.

잡곡(雜穀)【-꼭】图 雜穀.

잡곡-밥(雜穀-)【-꼭빱】图 雜穀を混ぜて炊いたご飯.

잡귀(雜鬼)【-뀌】图 正体が分からない様々な鬼神(鬼神)の総称.

잡균(雜菌)【-뀬】图 雜菌.

잡기(雜技)【-끼】图 雜技;技芸.

잡념(雜念)【잠-】图 雜念. ∥잡념이 생기다 雜念が湧く. 잡념을 떨쳐 버리다 雜念を払う.

잡는[잠-] 團 잡다(つかむ)の現在連体形.

잡다¹ /tʃapʰta/[-따] 他 ❶ つかむ;握る;取る. ∥운전대를 잡다 ハンドルを握る. 증거를 잡다 証拠をつかむ. 구름 잡는 소리를 하다 雲をつかむようなことを言う. 실권을 잡다 實権を握る. 펜을 잡다 ペンを取る. 정권을 잡다 政権を取る. 자리를 잡다 場所を取る. ❷ 捕る;とらえる;つかまえる. ∥범인을 잡다 犯人をつかまえる[とらえる]. 애 손을 잡다 子どもの手をつかむ. 쥐를 잡다 ネズミを捕る. 레이더가 잡은 태풍의 눈 レーダーがとらえた台風の目. 전파를 잡다 電波をとらえる. 말꼬리를 잡다 言葉じりをとらえる. ❸ 担保をとる. ㉮ 質に.

잡다² /tʃapʰta/[-따] 他 ❶ (場所·計画·日程を)決める;立てる. ∥일정을 잡다 日程を立てる. 결혼 식장을 잡다 結婚式場を決める. 수술 날짜를 잡다 手術日を決める. ❷ (費用などを)見積もる. ∥결혼 비용을 대충 잡아 보다 結婚費用をおおよそ見積もってみる.

잡다³[-따] 他 ❶ (曲がったものを)まっすぐにする. ∥비뚤어진 책상 줄을 바로 잡다 曲がった机の列をまっすぐにする. ❷〔주름을 잡다の形で〕折り目をつける. ∥바지 주름을 잡다 ズボンに折り目をつける.

잡다⁴[-따] 他 ❶ (動物を)殺す;ほふる;つぶす. ∥돼지를 잡다 豚をつぶす. ❷ (を)陷れる. ∥생사람을 잡다 人を術中に陷れる. ❸ (火を)鎭める. ∥무사히 불길을 잡다 無事鎭める. ❹ (物価などを)安定させる. ∥물가를 잡다 物価を安定させる. ❺ (気持ちなどを)落ち着かせる;入れ替える. ∥마음을 잡다 気持ちを入れ替える.

잡다-하다(雜多-)【-따-】厘 [하에] 雜多だ. ∥잡다한 물건들을 처분하다 雜多な物を処分する.

잡담(雜談)【-땀】图 雜談;無駄話. ∥잡담을 주고받다 雜談を交わす. 잡담으로 시간을 보내다 雜談で時間を潰す.

잡동사니(雜-)【-똥-】图 がらくた.

잡-말(雜-)【잠-】图 ❶ つまらない話. ❷ つべこべ言うこと. ∥잡말 말고 썩 꺼져라 つべこべ言わずさっさと消え失せろ.

잡목(雜木)【잠-】图 雜木.

잡무(雜務)【잠-】图 雜務;雜用. ∥잡

무에 쫓기다 雑用に追われる.
잡비 (雑費)【-삐】 图 雑費.
잡세 (雑税)【-쎄】 图 雑税.
잡소득 (雑所得)【-쏘-】 图 雑所得.
잡-소리 (雑-)【-쏘-】 图 ① 雑말의 俗称. ❷ 雑音.
잡수다【-쑤-】 他 〔먹다의 尊敬語〕召し上がる; お年を召す. ∥뭘 잘 잡수세요? 何をよくお召し上がりますか.
잡수-시다【-쑤-】 他 〔잡수다의 尊敬語〕召し上がる.
잡-수입 (雑収入)【-쑤-】 图 雑収入.
잡식 (雑食)【-씩】 图 自他 雑食.
잡식-동물 (雑食動物)【-씩 똥-】 图〔動物〕雑食動物.
잡식-성 (雑食性)【-씩 썽】 图〔動物〕雑食性.
잡신 (雑神)【-씬】 图 正体が分からない様々な鬼; 中義雜鬼(雜鬼).
잡아 잡다(つかむ)の運用形.
잡아-가다 他 (犯人や容疑者などを)つかまえて連行する; つかまえていく. ∥ 범인을 잡아간다 犯人を連行する.
잡아-끌다 他〔ㄹ語尾〕引っ張る.
잡아-내다 他 ❶ (欠点や過ちなどをさがし出す. ∥오자를 잡아내다 誤字をさがし出す. ❷ (野球で)アウトにする. ∥ 삼진으로 잡아내다 三振でアウトにする.
잡아-넣다【-너타】他 つかまえて閉じ込める; 押し込める; 拘禁する. ∥감옥에 잡아넣다 投獄させる.
잡아-당기다 他 引っ張る; 引きよせる. ∥문 손잡이를 세게 잡아당기다 ドアのノブを強く引っ張る. 소매를 잡아당기다 袖を引っ張る.
잡아-들이다 他 ❶ (警察が犯人などを)逮捕する; 検挙する. ∥절도범을 잡아들이다 窃盗犯を逮捕する. ❷ 押し込める.
잡아-떼다 他 ❶ 引き離す; はがす. ❷ 白を切る; しらばくれる; 否認する. ∥모를 줄 알고 잡아떼다 人が知らないと思ってしらばくれる.
잡아-매다 他 ❶ 一つにくくる; 束ねる. ❷ (逃げないように)縛りつける; つないでおく.
잡아-먹다【-따】他 ❶ 捕って食べる. ∥두꺼비가 파리를 잡아먹다 ヒキガエルがハエを捕って食う. 中잡아먹히다. ❷ (人を)いじめる; 苦しめる. ❸ (費用·費用などを)食う; 費やす. ∥ 생각보다 시간을 많이 잡아먹는 일 思ったより時間を食う仕事. ❹ (空間などを)占める.
잡아먹-히다【-머키-】 回〔잡아먹다의 受身動詞〕食われる. ∥산속에서 호랑이한테 잡아먹히다 山中でトラに食われる. 신상품한테 잡아먹히다 新商品に食われる.
잡아-채다 他 引ったくる. ∥핸드백을 잡아채다 ハンドバッグを引ったくる.

잡아-타다 他 (タクシーなどを)拾って乗る. ∥택시를 잡아타고 가다 タクシーを拾って乗っていく.
잡역 (雑役)【자격】 图 雑役.
잡역-부 (雑役夫)【-뿌】 图 雑役に従事する人.
잡은 自 잡다(つかむ)の過去連体形.
잡을 自 잡다(つかむ)の未来連体形.
잡음 (雑音)【자금】 图 ラジオなど雑音がひどい ラジオの雑音がひどい.
잡-일 (雑-)【잠닐】 图 雑事; 雑事.
잡종 (雑種)【-쫑】 图 雑種.
잡지 (雑誌)【ʧapʧi/-찌】 图 雑誌; マガジン. ∥학술 잡지 学術雑誌. 잡지를 매월 받아 보고 있다 雑誌を毎月とっている.
잡지-사 (雑誌社) 图 雑誌社.
잡채 (雑菜)【ʧapʧʰɛ】 图〔料理〕チャプチェ(野菜と肉を炒め, 春雨と和えたもの); 韓国風雑煮.
잡초 (雑草) 图 雑草. ∥잡초가 많이 나다 雑草がたくさん生える. 잡초를 뽑다 雑草を抜く.
잡치다 他 ❶ しくじる; 駄目にする. ∥시험을 잡치다 試験でしくじる. ❷ (気分·機嫌)を損なう. ∥그 때문에 기분을 잡치다 そのことで機嫌を損なう.
잡탕 (雑湯) 图 ❶〔料理〕韓国風ごった煮. ❷〔比喩的に〕乱雑な様子.
잡화 (雑貨)【자콰】 图 雑貨.
잡화-상 (雑貨商) 图 雑貨商.
잡화-점 (雑貨店) 图 雑貨店.
잡-히다[ʧapʰida/자피-]【자피-】 回〔잡다[1]의 受身動詞〕握られる; つかまれる; 取られる; とらえられる. ∥범인이 잡히다 犯人がつかまる〔とらえられる〕. 약점을 잡히다 弱みを握られる. 멱살을 잡히다 胸ぐらをつかまれる.
잡-히다[2] [자피-] 回〔잡다[2]의 受身動詞〕決められる; 決まる. ∥결혼식 날짜가 잡히다 結婚式の日取りが決まる.
잡-히다[3] [자피-] 回 鎮まる; (しわなどが)寄る. ∥주름이 잡히다 鎮みする. 눈가에 주름이 잡히다 目じりにしわが寄る.
잡-히다[4] [자피-] 他〔잡다[4]의 使役動詞〕❶ 握らせる. ❷ 担保にする; 担保に入れる. ∥집을 잡히고 빚을 내다 家を担保にして借金する.

잣【잗】 图 朝鮮松の実.
잣-나무【잔-】 图〔植物〕チョウセンマツ(朝鮮松); ゴヨウマツ(五葉松).
잣-눈【잔-】 图 物差しの目盛り.
잣다【잗따】 他〔ㅅ変〕❶ 紡ぐ. ∥실을 잣다 糸を紡ぐ. ❷ (ポンプなどで水をくみ上げる. ∥펌프로 물을 잣다 ポンプで水をくみ上げる.
잣-대【자때/잗때】 图 ❶ =자막대기. ❷ (何かを評価する際の)基準; 物差し.
잣-죽 (-粥)【잗쭉】 图〔料理〕朝鮮松の実の粉を入れて作った粥(かゆ).

장¹(長) 图 (組織などの)長. ∥일가의 장 一家の長.

장²(章) 图 章.

장³(張) 图(姓) 張(ジャン).

장⁴(蔣) 图(姓) 蔣(ジャン).

장⁵ /ʧaŋ/ 图 ❶ 시장(市場)의 略語. ❷ 장날(場-)의 略語. ▶장(을) 보다 買い物をする. 장 보러 가다 買い物に行く. ∥장이 서다 市が立つ.

장⁶(場) 图 ❶ 만남의 장 出会いの場. 중력장 重力の場.
— 依名 …場. ∥이막 오장 2幕5場.

장⁷(腸) 图(解剖) 腸.

장⁸(醬) /ʧaːŋ/ 图 ❶ 간장(—醬)의 略語. ❷ 醬油·味噌類の総称.

장⁹(欌) 图 たんすなど寝具·衣類などを入れておく家具の総称.

장¹⁰(臟) 图(解剖) 内臓. ∥오장 육부 五臟六腑.

장¹¹(張) 图 (紙·ガラスなど)薄く平たいものを数える語: …枚. ∥종이 열 장 紙10枚.

장-¹² (長) 接頭 長…. ∥장시간 長時間. 장거리 長距離.

-장¹³(丈) 接尾 大人であることを表わす. ∥노인장 ご老人.

-장¹⁴(狀) 接尾 …状. ∥추천장 推薦状.

-장¹⁵(場) 接尾 運動場 運動場.

장가 /ʧaŋga/ 图 男が結婚すること.
장가가다 直 男が結婚する; 妻をめとる. ⇒시집가다(媤-).
장가들다 〖語幹〗=장가가다.
장가들이다 图 息子を結婚させる.
장가보내다 他 〖一〗=장가들이다.

장갑(掌匣) /ʧaŋgap/ 图 手袋. ∥장갑을 끼다 手袋をはめる. 목장갑 軍手. 벙어리장갑 ミトン.

장갑-차(裝甲車) 图(軍事) 装甲車.

장거리(長距離) 图 長距離. ∥장거리 전화 長距離電話. 장거리 수송 長距離輸送.

장거리경주(長距離競走) 图 =장거리 달리기(長距離—).

장거리 달리기(長距離—) 图 〖スポーツ〗長距離競走.

장검(長劍) 图 長剣.

장고(長考) 图 〔直〗 長考.

장골(壯骨) 图 丈夫でがっしりとした体つきの人.

장관¹(壯觀) 图 壯観. ∥장관을 이루다 壯観を極める.

장관²(長官) 图 大臣. ∥법무부 장관 法務大臣.

장광-설(長廣舌) 图 長広舌. ∥장광설을 늘어놓다 長広舌をふるう.

장교(將校) 图(軍事) 将校.

장구¹(−杖鼓·長鼓) 图 〖音楽〗鼓の一種: チャング. ∥장구채 チャングを打つばち.

장구²(長軀) 图 長軀. ⇒단구(短軀).

장구-벌레 图(昆虫) ボウフラ(孑子).

장구-하다(長久−) 圈 〖하없〗 長久だ. ∥장구한 세월 長久の歳月.

장국(醬−) 〖−꾹〗 ❶ 澄まし汁. ❷ みそ汁以外の汁物の総称. ❸ 醬油ベースの汁.

장군¹(將軍) 图 将軍.

장군²(將軍) 图 (将棋の)王手.

장기¹(長期) 图 長期. ⇒단기(短期). ∥장기 파업 長期ストライキ. 장기 결석 長期欠席.

장기-적(長期的) 图 長期的. ∥장기적인 관점 長期的な観点.

장기-전(長期戰) 图 長期戰.

장기-채(長期債) 图〖経〗長期債.

장기-화(長期化) 图 自変 長期化. ∥불황이 장기화되고 있다 不況が長期化している.

장기²(長技) 〖−끼〗 图 特技; 十八番. ∥장기 자랑 대회 特技自慢大会.

장기³ /ʧaŋgi/ 图 将棋. ∥장기를 두다 将棋をさす.

장기-판(將棋−) 图 棋局.

장기-판(將棋板) 图 将棋盤.

장기⁴(臟器) 图〖解剖〗臟器. ∥장기 이식 臟器移植.

장-기간(長期間) 图 長期間; 長期. ∥장기간에 걸쳐 長期間にわたって.

장끼(鳥類) 图 雄のキジ. ⇔까투리.

장난 /ʧannan/ 图〖自変〗 ❶ いたずら; 悪ふざけ; (子どもの)遊び. ∥장난 전화 いたずら電話. 애하고 장난하다 子どもと戯れる. ❷ 〖장난이 아니다の形で〗半端ではない; はなはだしい. ∥애 하나한테 들어가는 돈이 장난이 아니다 1人の子どもにかかるお金が半端ではない.

장난-기(−氣) 〖−끼〗 图 茶目っけ.

장난-꾸러기 图 いたずらっ子.

장난-꾼 图 いたずらが好きな人.

장난-조(−調) 〖−쪼〗 图 いたずらっぽい調子.

장난-치다 いたずらをする; ふざける. ∥수업 중에 친구하고 장난치다가 선생님께 혼났다 授業中友だちとふざけていて先生に叱られた.

장난-감(ʧannan'kaːm/ 〖−깜〗 图 玩具; おもちゃ.

장-날(場−) 图 市の立つ日. ⇔장(場).

장남(長男) 图 長男. ⇔큰아들.

장내(場内) 图 場内. ∥장내가 술렁이다 場内がざわつく.

장녀(長女) 图 長女. ⇔큰딸.

장년(壯年) 图 壯年. ∥청장년층 青壯年.

장년-기(壯年期) 图 壯年期.

장남 〔소경의尊敬語〕盲人.

장단(長短) 图 ❶ 長所と短所. ❸ (歌や踊りなどの)拍子·リズム; 調子. ▶장단(을) 맞추다 拍子[調子]を

取る；リズムを合わせる；調子を合わせる.
▶장단(이) 맞다 拍子[リズム]が合う；調子が合う.

장-단점 (長短點) 【-쩜】 図 長所と短所. ‖누구나 장단점을 가지고 있다 誰でも長所と短所を持っている.

장대 (長-) 【-때】 図 長竿. ‖장대 같이 길다 長竿のように長い.

장대-높이뛰기 (長-) 図《スポーツ》棒高跳び.

장대-하다¹ (長大-) 圄【하変】 長大だ；長くて大きい；がっしりしている. ‖키가 장대하다 体格ががっしりしている.

장대-하다² (壯大-) 圄【하変】 壮大だ. ‖장대한 계획 壮大な計画.

장도¹ (壯途) 図 壮途；門出. ‖장도에 오르다 壮途につく. 장도를 축하하다 門出を祝う.

장도² (長刀) 図 長刀. ⇔단도(短刀).

장도리 図 釘抜き兼用の金づち.

장독 (醬-) 【-똑】 図 醤油や味噌などが入っている甕(かめ).

장독-대 (醬-臺) 【-똑때】 図 醤油や味噌などが入っている甕などの置き場.

장돌-림 (場-) 【-똘-】 図 各地の市を回る行商.

장돌-뱅이 (場-) 【-똘-】 図 장돌림(場-)の俗称. ‖장바닥을 굴ろだにいる장돌뱅이 신세 市場を転々とする商人の身.

장딴지 図 ふくらはぎ；こむら.

장땡 図 ❶《博打などで》2枚ともに最高数字の10になること. ❷《俗っぽい言い方で》最高；一番. ‖공부만 잘하면 장땡이니? 勉強だけできればいいっと思うの？

장래 (將來) /tʃaŋnɛ/ 【-내】 図 将来. ‖장래에 대비하여 将来に備える. 장래의 꿈 将来の夢. 장래에 뭐가 되고 싶니？ 将来何になりたいの?

장래-성 (將來性) 【-내썽】 図 将来性. ‖장래성 있는 기업 将来性のある企業.

장려 (獎勵) 【-녀】 図 圄【하他】 奨励. ‖저축을 장려하여 貯蓄を奨励する.

장려-금 (奨勵金) 【-녀-】 図 奨励金.

장력 (張力) 【-녁】 図《物理》 張力. ‖표면 장력 表面張力.

장렬-하다 (壯烈-) 【-녈-】 圄【하変】 壮烈だ. ‖장렬한 최후 壮烈な最期.

장렬-히 圄

장례 (葬禮) 【-녜】 図 葬儀.

장례-식 (葬禮式) 【-녜-】 図 葬儀式.

장로 (長老) 【-노】 図 ❶ 長老. ❷《キリスト教》長老.

장로-교 (長老教) 【-노-】 図《キリスト教》長老教.

장로-파 (長老派) 図 長老派.

장롱 (欌籠) 【-농】 図 たんす.

장르 (genreフ) 図 ジャンル.

장마 /tʃaŋma/ 図 梅雨；長雨. ‖장마가

들다[지다] 梅雨入りする；長雨になる.

장마~전선 (-前線) 図《天文》 梅雨前線.

장마-철 図 梅雨時；梅雨の季節. ‖장마철이 되다 梅雨入りする. 장마철이 끝나다 梅雨明けする.

장막 (帳幕) 【-막】 図(帳)；カーテン. ‖밤의 장막이 내리다 夜の帳が下りる. 철의 장막 鉄のカーテン.

장만 /tʃaŋman/ 圄【하他】 こしらえ；用意；支度；準備；入手；購入. ‖집을 한 채 장만하다 家を一軒購入する. 저녁 반찬을 장만하다 夕食のおかずをこしらえる.

장면 (場面) /tʃaŋmjən/ 図 場面. 눈물겨운 장면 微笑ましい場面. 감동적인 장면 感動的な場面.

장모 (丈母) 図 妻の母；義母. 碙빙모(聘母). ⇔장인(丈人).

장-모음 (長母音) 図《言語》 長母音.

장문 (長文) 図 長文. ⇔단문(短文).
‖장문의 연애 편지 長文のラブレター.

장물 (贓物) 図《法律》 贓品.

장물-죄 (贓物罪) 【-쬐/-쮀】 図《法律》 贓物罪.

장미 (薔薇) /tʃaŋmi/ 図《植物》 バラ(薔薇). ‖장미는 봄과 가을 두 번 꽃이 핀다 バラは春と秋 2回花が咲く. 장미는 영국의 국화이다 バラはイギリスの国花だ. 장미 가시에 찔리다 バラのとげが刺さる.

장미-꽃 (薔薇-) 【-꼳】 図 バラの花.

장밋-빛 (薔薇-) 【-미삔·민삔】 図 バラ色. ‖장밋빛 인생을 꿈꾸다 バラ色の人生を夢見る.

장-바구니 (場-) 【-빠-】 図 買い物かご.

장발 (長髮) 図 長髮.

장방-형 (長方形) 図《数学》 長方形. ⇔직사각형(直四角形).

장벽¹ (腸壁) 図《解剖》 腸壁.

장벽² (障壁) 図 障壁. ‖관세 장벽 関税障壁.

장병 (將兵) 図 将兵.

장-보기 (場-) 図 買い物.

장본-인 (張本人) 図 張本人. ‖사고를 친 장본인 事故を起こした張本人. 소문을 퍼뜨린 장본인 うわさを広めた張本人.

장부¹ (丈夫) 図 ❶ 丈夫；一人前の男子. ❷ 대장부(大丈夫)の略語.

장부² (帳簿) 図 帳簿. ‖장부를 적다 帳簿をつける. 주문을 장부에 기입하는 注文を帳簿に記入する.

장비 (装備) 図 圄【하他】 装備. ‖중장비 重装備.

장사¹ /tʃaŋsa/ 図 圄【하自】 商売；商い. ‖술 장사 水商売. 장사 밑천 商売の元手. 장사해서 먹고 살다 商売して暮らしている. 장사가 잘되다 商売繁盛だ. 장사를 잘하다 商売がうまい；商売上手だ. 무슨 장사를 하세요? ご商売は何ですか.

장사-꾼 图 商売人.
장사-치 图 =장사꾼.
장사-판 图 商売の世界.
장사-속 [사속/산속] 图 商売の算段; 商売.
장사² (壯士) 图 ❶豪傑; 強く勇ましい人. ❷力士. ∥세월에 장사 없다 歳月に勝つ者はない.
장사³ (葬事) 图(自) 葬式; 葬儀. ∥장사 지내다 葬式を行なう; 葬る.
장사-진 (長蛇陣) 图 長蛇の列. ∥장사진을 이루다 長蛇の列を成す.
장삼-이사 (張三李四) 图 張三李四. ✦"張氏の三男と李氏の四男"という意で, 平凡な人.
장서 (藏書) [한În] 图 藏書.
장서-가 (藏書家) 图 藏書家.
장서-인 (藏書印) 图 藏書印.
장성¹ (長成) 图(自) 成長して大人になること. ∥장성한 아들 成人になった息子.
장성² (將星) 图(軍事) 将星; 将軍.
장소 (場所) /jaŋso/ 图 場所. ∥때와 장소를 가려서 행동하다 時と場所を弁(ガ)えて行動する. 집합 장소 集合場所.
장손 (長孫) 图 初孫.
장손-녀 (長孫女) 图 初孫娘.
장송 (葬送) [한În] 图 葬送.
장송-곡 (葬送曲) 图(音楽) 葬送曲.
장수¹ (-) 图 商人; あきんど. ∥두부 장수 豆腐屋さん.
장수² (長壽) /jaŋsu/ 图(自) 長寿; 長生き. ∥거북은 장수를 상징하는 동물이다 カメは長寿を象徴する動物だ. 장수의 비결 長寿の秘訣. 장수를 누리다 長寿を保つ.
장수³ (將帥) 图 將帥; 将軍.
장수⁴ (張數) [-쑤] 图 枚数.
장수-잠자리 (將帥-) 图(昆虫) オニヤンマ(鬼蜻蜓).
장수-풍뎅이 (將帥-) 图(昆虫) カブトムシ(兜虫).
장승 (-長柱) 图 ❶(民俗) チャンスン(道しるべや村の守護神として村の入り口に立てた男女一対の木像). ❷[比喩的に]背の高い人; ぼんやり立っている人; のっぽ. ∥장승처럼 서 있다 ぼんやり立っている.
장-시간 (長時間) 图 長時間. 反단시간(短時間). ∥장시간 노동 長時間の労働. 장시간에 걸친 토론 長時間にわたる討論.
장식 (裝飾) [한În] 图 裝飾; 飾ること. ∥크리스마스트리를 장식하다 クリスマスツリーを飾る.
장식-물 (裝飾物) [-싱-] 图 裝飾品, 飾り物.
장식-품 (裝飾品) 图 裝飾品.
장신 (長身) 图 長身. ∥장신을 이용한

효과적인 공격 長身を生かした効果的な攻撃.
장신-구 (裝身具) 图 身具具; アクセサリー.
장아찌 [料理] 漬物. ❶大根・キュウリ・ニンニクなどを切干しにして醬油と薬味に漬けたもの. ❷若い大根・白菜・セリなどの塩漬け.
장악 (掌握) 图(他) 掌握; 握ること. ∥실권을 장악하다 実権を握る.
장안 (長安) 图 首都. ✦長安が唐の首都だったことから.
장애 (障礙) 图(他) 障害. ∥기능 장애 機能障害.
장애-물 (障礙物) 图 障害物; ネック. 働걸림돌. ∥장애물을 제거하다 障害物を取り除く.
장애물-달리기 (障礙物-) 图(スポーツ) 障害物競走.
장애-인 (障礙人) 图 障害者.
장어 (長魚) 图(魚介類) [뱀장어(-長魚)の換音] ウナギ(鰻). ∥장어구이 ウナギの蒲焼.
장엄-하다 (莊嚴-) 圈(하여) 莊嚴だ. ∥장엄한 분위기 莊嚴な雰囲気. **장엄-히** 副
장염 (腸炎) [-념] 图(医学) 腸炎; 腸カタル. 働장카타르(腸-).
장외 (場外) [-/-웨] 图 場外. ∥장외 홈런을 날리다 場外ホームランを放つ.
장원¹ (壯元) 图(歷史) 科挙に首席で合格すること, またはその人. ∥장원 급제하다 科挙に首席で及第する.
장원² (莊園) 图(歷史) 莊園.
장유-유서 (長幼有序) 图 〈儒教の五倫の一つとして〉長幼の序.
장음 (長音) 图(言語) 長音.
장-음계 (葬儀階) [-/-게] 图(音楽) 長音階.
장의-사 (葬儀社) [-/-이-] 图 葬儀屋.
장-의자 (長椅子) [-/-이-] 图 長椅子; ベンチ.
-장이 [接尾] 職人を見くびって言う語: …屋. 대장장이 鍛冶屋. 땜장이 鑄(ぃ)掛屋. 미장이 左官(屋).
장인¹ (丈人) 图 妻の父, 義父. 働빙장(聘丈), 働장모(丈母).
장인-어른 (丈人-) 图 [妻の父に対する呼称] お父さん.
장인² (匠人) 图 匠人; 職人. ∥장인 정신 職人気質.
장자¹ (長子) 图 長子; 長男.
장자² (長者) 图 長者. ∥백만 장자 百万長者.
장작 (長斫) 图 薪; たきぎ. ∥장작을 패다 薪を割る.
장작-개비 (長斫-) [-깨-] 图 割った薪の一片.
장작-더미 (長斫-) [-떠-] 图 薪の山.
장작-불 (長斫-) [-뿔] 图 薪の火.

||장작불을 지피다 薪を焚きつける.
장장(長長)[부] 非常に長い; 延々. ||열차가 연착되어 장장 두 시간을 기다리다 列車が延着し長々と2時間も待つ.
장전(裝塡)[명][하타] 塡裝(틴). ||탄환을 장전하다 彈丸を裝塡する. **장전-되다**[자동]
장점(長點)/tʃaŋºʤom/【-쩜】[명] 長所; とりえ. ↔단점(短點). ||나에게는 장점과 단점이 있다 私にとって長所と短所がある. 장점을 살리다 長所を生かす.
장정(壯丁)[명] 壯年; 成年に達した男. ||장정 둘이 들어도 안 움직이는 돌 大の男2人が持ち上げても動かない石.
장정(裝幀·裝訂)[명][하타] 裝丁. ||장정이 화려한 책 裝丁が華やかな本.
장조(長調)[-쪼][명]【音樂】長調. ↔단조(短調).
장-조림(醬-)[명]【料理】牛肉の醬油煮.
장족(長足)[명] 長足. ||장족의 발전을 이루는 長足の發展を遂げる.
장중-보옥(掌中寶玉)[명] 掌中の珠.
장중-하다(莊重-)[형][여變] 莊重だ. ||장중한 음악 莊重な音樂. **장중-히**[부]
장지[壯紙][명] 厚くて丈夫な한지(韓紙).
장지[長指][명] 長指; 中指. 卽가운뎃손가락.
장지[葬地][명] 葬地; 埋葬地.
장지-문(障-門)[명] 障子; ふすま.
장차(將次)[부] 將來; 今後; これから. ||앞으로다. ||저 애는 장차 큰 인물이 될 것 같다 あの子は將來大物になりそうだ.
장착(裝着)[명][하타] 裝着. ||에어백을 장착하다 車にエアバッグを裝着する. **장착-되다**[자동]
장-출혈(腸出血)[명]【醫學】腸出血.
장치(裝置)[명][하타] 裝置. ||무대 장치 舞臺裝置. 방화 장치 防火裝置. 냉난방 장치 冷暖房裝置. **장치-되다**[자동]
장-카타르(腸catarrh)[명]【醫學】腸カタル. 卽장염(腸炎).
장쾌-하다(壯快-)[형][여變] 壯快だ.
장타(長打)[명]【野球で】長打. ↔단타(短打). ||장타를 치다 長打を打つ.
장-탄식(長歎息)[명] 長歎息. ||하늘을 올려다보며 장탄식하다 天を仰いで長歎息する.
장-터(場-)[명] 市場.
장-티푸스(腸typhus)[명]【醫學】腸チフス.
장판(壯版)[명] ❶ 厚い油紙を張ったオンドル部屋の床. ❷ 장판지(壯版紙)の略.
장판-지(壯版紙)[명] オンドル部屋の床に張る厚い油紙.
장편(長篇)[명] ❶ 長編. 卽중편(中篇)·단편(短篇). ❷【文藝】長篇小說(長編小說)の略語.
장편-소설(長篇小說)[명]【文藝】長篇小說. 卽장편(長篇).
장폐색-증(腸閉塞症)【-쯩/-페-쯩】[명]【醫學】腸閉塞.
장-하다(壯-)/tʃa:ŋhada/[형][여變] 見事だ. あっぱれだ; すばらしい; 立派だ; 奇特だ; 殊勝だ; けなげだ. ||금메달을 따다니 정말 장하다 金メダルを取るなんて本當にすばらしい. 정말 잘했다. 장하구나. あっぱれだ.
장학(奬學)[명][하타] 奬學.
장학-관(奬學官)【-관】[명] 敎育委員會の責任擔當公務員.
장학-금(奬學金)【-끔】[명] 奬學金.
장학-사(奬學士)【-싸】[명] 敎育委員會の實務擔當公務員.
장학-생(奬學生)【-쌩】[명] 奬學生. ||장학생을 뽑다 奬學生を選ぶ.
장해(障害)/tʃaŋhε/[명][하타] 障害.
장해-물(障害物)[명] 障害物.
장-협착(腸狹窄)[명]【醫學】腸狹窄(きょうさく).
장화(長靴)[명] 長靴. ||장화를 신다 長靴を履く.
장황-하다(張皇-)[형][여變] 長ったらしく; 冗長だ; 冗漫だ. 長ったらしい說明を並べ立てる.
잦다¹/tʃatʰa/【잔따】[형] 頻繁に起こる; たびたびある; しばしばある; (頻度が)激しい. ||작년 겨울에는 눈이 잦았다 昨年の冬は雪がよく降った. 요즘 술집 출입이 잦다 最近飮み屋通いが激しい.
잦다²【잔따】[자] (液體などが次第に減って)なくなっていく.
잦아-들다[자][ㄹ語幹] (液體などが)煮詰まっていく. ||쇠고기 장조림의 국물이 잦아든다 牛肉の醬油煮の煮汁が煮詰まっている.
잦아-지다 たびたび起こる; 多くなる. ||병원에 갈 일이 잦아지다 病院に行くことが多くなる.
재¹/dʒɛ/[명] 灰. ||불에 타고 재만 남은 燃えて灰だけが殘る. 담뱃재 タバコの灰. 불이 나서 전부 재가 되었다 火事で全べが灰になった.
재²[명] 峠. ||재를 넘어가다 峠を越えていく.
재³(財)[명] 財産(財産)·재물(財物)の略語. ||재테크 財テク.
재⁴(齋)[명] ❶ 法事. ||재를 올리다 法事を行なう. ❷ 재계(齋戒)の略語.
재-⁵(再)[접두] 再··. ||재생산 再生産. 재출발 再出發.
-재(財)[접미] ··財. ||생산재 生産財. 자본재 資本財.
재가¹(在家)[명][하타] ❶ 在家. ❷ (佛

教) 在家(ざい).
재가[2] (再嫁) [名] [하自] 再婚.
재가[3] (裁可) [名] [하他] 裁可. ‖재가를 받다 裁可を仰ぐ.
재간 (才幹) [名] ❶才能. ‖말재간이 뛰어나다 弁舌の才能が秀でている. ❷〔…재간이 없다の形で〕…すべがない. ‖여기에서 빠져나갈 재간이 없다 ここから逃げ出すすべがない.
재갈 [名] くつわ. ▸재갈(을) 먹이다 ① くつわをはめる. 입에 재갈을 물리다 口にくつわをはめる. ② 利益を与えて口をふさぐ.
재개 (再開) [名] [하他] 再開. ‖남북 회담을 재개하다 南北会談を再開する.
재개-되다 [受身]
재건 (再建) [名] [하他] 再建. ‖조직을 재건하다 組織を再建する. **재건-되다** [受身]
재-검토 (再検討) [名] [하他] 再検討. ‖입시 제도를 재검토하다 入試制度に再検討を加える.
재결 (裁決) [名] [하他] 裁決.
재-결합 (再結合) [名] [하自] 縒(よ)りを戻すこと. ‖헤어진 부부가 재결합하다 別れた夫婦が縒りを戻す.
재경[1] (在京) [名] [하自] 在京. ‖재경 동문회 在京同窓会. ✣韓国の場合はソウルにいること.
재경[2] (財經) [名] 財経.
재계[1] (財界) 【-/-게】 [名] 財界; 経済界.
재계[2] (齋戒) 【-/-게】 [名] [하自] 斎戒. [略]재(齋). ‖목욕재계 斎戒沐浴.
재고[1] (再考) [名] [하他] 再考. ‖재고의 여지가 없다 再考の余地がない. 재고를 촉구하다 再考を促す.
재고[2] (在庫) [名] 在庫.
재고-품 (在庫品) [名] 在庫品. ‖재고품을 처분하다 在庫品を処分する.
재교 (再校) [名] [하他] 再校; 二校.
재-교부 (再交付) [名] [하他] 再交付.
재-교육 (再教育) [名] [하他] 再教育.
재귀 (再歸) [名] [하自] 再帰.
재귀^대명사 (再歸代名詞) [名] 《言語》 再帰代名詞.
재귀^동사 (再歸動詞) [名] 《言語》 再帰動詞.
재규어 (jaguar) [名] 《動物》 ジャガー.
재기[1] (才氣) [名] 才気. ‖재기에 넘치는 여학생 才気あふれる女子学生. 재기 발랄하다 才気はつらつとしている.
재기[2] (再起) [名] [하自] 再起. ‖재기 불능 再起不能. 재기에 성공하다 再起に成功する.
재깍[1] [副] ❶堅い小さなものが触れ合って発する音: かちん; かちゃっ. ❷時計が動く時の音: ちくたく. **재깍-재깍** [副] 時計の進む音: かちかち.
재깍[2] [副] 物事を素早く片付ける様子: てきぱきと; さっさと; 手早く. **재깍-재깍** [副] てきぱきと; さっさと; 手早く.
재난 (災難) [名] 災難; 災い. ‖재난이 거듭되다 災難続きだ. 재난이 덮치다 災難が降りかかる.
재능 (才能) /ʧɛnɯŋ/ [名] 才能. ‖재능 있는 신인을 기용하다 才能のある新人を起用する. 재능을 살리다 才能を生かす. 음악에 재능이 있다 音楽の才能がある. 재능을 타고나다 才能に恵まれている.
재다[1] [形] ❶素早い; 速い; 敏捷だ. ‖잰 걸음으로 골목길을 빠져나가다 早足で小路を抜ける. ❷口が軽い. ‖입이 너무 재다 口が軽すぎる.
재다[2] [自] 気取って威張る; 偉ぶる. ‖일류 대학에 다닌다고 너무 잰다 一流大学に通っているからといってとても偉ぶっている.
재다[3] /ʧɛːda/ [他] ❶(長さ・大きさ・重さなどを)測る[量る]. ‖자로 치수를 재다 物差しで寸法を測る. 키를 재다 身長を測る. ❷(事の後先について)あれこれと考える. ‖이것저것 재다 보니 진전이 없다 あれこれと考えているから進展がない.
재다[4] [他] ❶(荷物などを)積み重ねる. ‖창고에 짐을 차곡차곡 재다 倉庫に荷物をきちんと積み重ねる. ❷(弾丸などを)詰め込む; 込める. ‖총알을 재다 弾丸を込める. ❸(エゴマの葉・牛肉などを)味付けして重ねる. ‖쇠고기를 재다 牛肉の味付けをする.
재단[1] (財團) [名] 《法律》 財団.
재단^법인 (財團法人) [名] 財団法人.
재단[2] (裁斷) [名] [하他] 裁断. ‖원피스를 재단하다 ワンピースを裁断する.
재단-기 (裁斷機) [名] 裁断機.
재단-사 (裁斷師) [名] 仕立屋.
재담 (才談) [名] ウイットに富んだ話.
재-두루미 [名] 《鳥類》 マナヅル(真鶴).
재떨-이 [名] 灰皿; 灰落とし.
재래 (在來) [名] 在来. ‖재래의 방식 在来のやり方.
재래-식 (在來式) [名] 在来式.
재래-종 (在來種) [名] 在来種. [対]외래종(外來種).
재량[1] (才量) [名] 才量.
재량[2] (裁量) [名] [하他] 裁量. ‖담당자의 재량에 맡기다 担当者の裁量に一任する.
재력[1] (才力) [名] 才能.
재력[2] (財力) [名] 財力.
재록 (再錄) [名] [하他] 再録.
재론 (再論) [名] [하他] 再論.
재롱 (才弄) [名] (小さい子どもの)かわいいしぐさ. ‖아기가 재롱을 피우다[떨다・부리다] 赤ん坊がかわいいしぐさをする.
재료 (材料) /ʧɛrjo/ [名] 材料. ‖건축 재료 建築材料. 공작 재료 工作の材料. 송사리를 연구 재료로 삼다 メダカを研

재류 (在留) 名·自 在留. ∥재류 자격 在留資格.
재림 (再臨) 名·自 再臨.
재목 (材木) 名 ❶材木; 木材. ∥재목상 材木商. ❷人材. ∥큰 재목감이든 大物になりそうだ.
재무 (財務) 名 財務.
재무-부 (財務部) 名·行政 〔財政経 済部(財政経済部)の旧称〕財務省.
재-무장 (再武裝) 名·自 再武裝.
재물 (財物) 名 財物; 財產 (財).
재미¹ (←滋味) /tɕɛmi/ 名 楽しさ; 楽し み; 面白み. ∥책을 읽는 재미 本を読む 楽しさ. 아이 키우는 재미로 살다 子育て を楽しみに生きる. ∥재미를 보다 成果を 上げる, よい結果が出る; 利益を得る. 주식으로 조금 재미를 보다 株で少し利 益を得る. ∥재미를 붙이다 興味を持つ; 興味を覚える. 최근에 요리에 재미를 붙였습니다 最近料理に興味を覚えまし た.
재미-나다 (←滋味) 自 興味がわく; 楽しくなる; 面白い; 楽しい. ∥재미나는 놀이 楽しい遊び.
재미² (在米) 名 在米. ∥재미 동포 在 米同胞.
재미-없다 (←滋味) /tɕɛmiəp̚t͈a/【-업 따】形 ❶面白くない; 楽しくない; つま らない. ∥드라마가 재미없다 ドラマが つまらない. 재미없는 사람 面白くない人. ❷ 承知しない; ひどい目にあう. ∥시키는 대로 하지 않으면 재미없을 겁니다 言う 通りにしないとひどい目にあうでしょう.
재미-있다 (←滋味) /tɕɛmiit̚t͈a/【-읻 따】形 面白い; 楽しい. ∥재미있는 나 날 楽しい日々. 어제 본 영화는 그런대 로 재미있었다 昨日見た映画はそれな りに面白かった. ∥재미있게 놀다 오세요 楽しく遊んできてください.
재발 (再發) 名·自 再発. ∥수술한 암이 재발하다 手術した癌が再発する.
재-방송 (再放送) 名·他 再放送.
재배¹ (再拜) 名·自 再拜. ∥돈수재 배 頓首再拜.
재배² (栽培) /tɕɛbɛ/ 名·他 栽培. ∥ 유기농 재배 有機農栽培菜. 온실 재배 温室栽培. 물재배 水栽培. 비 닐하우스에서 장미를 재배하다 ビニー ルハウスでバラを栽培する. 재배-되다 受身
재-배치 (再配置) 名·他 再配置.
재벌 (財閥) 名 財閥. ∥재벌 이세 財 閥 2 世.
재범 (再犯) 名·自·他 再犯. ∥재범의 우려가 있다 再犯の恐れがある.
재봉 (裁縫) 名·他 裁縫.
재봉-사 (裁縫師) 名 仕立屋.
재봉-틀 (裁縫-) 名 ミシン. 古 미싱.

재-빠르다 形 〔르変〕 素早い; 手早い; すばしこい. ∥동작이 재빠르다 動作が 素早い.
재빨리 /tɕɛp͈alli/ 副 素早く; 手早く; い ち早く. ∥사회 변동에 재빨리 대응하는 사회의 움직임에 재빨리 対応する. 그 사람 의 진의를 재빨리 알아차다 彼の真意 を早く見抜く.
재산 (財産) /tɕɛsan/ 名 財産. 財 (財). ∥사유 재산 私有財産. 재산 상 속 財産相続. 고객은 기업의 재산이다 顧客は企業の財産である. 경험을 재산 으로 삼다 経験を財産とする.
재산-가 (財産家) 名 財産家; 金持ち.
재산-권 (財産權) 【-꿘】名·法律 財 産権.
재산-세 (財産稅) 【-쎄】名 財産税.
재산-형 (財産刑) 名·法律 財産刑.
재삼 (再三) 副 再三; たびたび. ∥교육 의 중요성을 재삼 강조하다 教育の重 要性を再三強調する.
재삼-재사 (再三再四) 副 再三再四; たびたび; 何度も何度も.
재상 (宰相) 名 宰相.
재색 (才色) 名 才色. ∥재색을 겸비한 재원 才色兼備の才媛.
재생 (再生) 名·自·他 再生. ∥재생 타 이어 再生タイヤ. 재생 장치 再生装置. 재생의 길을 걷다 再生の道を歩む. 동 영상을 재생하는 프로그램 動画を再 生するプログラム. 재생 능력이 있는 세 포 再生能力のある細胞.
재생-지 (再生紙) 名 再生紙.
재생-품 (再生品) 名 再生品.
재-생산 (再生産) 名·他 再生産. ∥확대 재생산 拡大再生産. 축소 재생 산 縮小再生産. 재생산-되다 受身
재선 (再選) 名·自·他 再選. ∥회장에 재선되다 会長に再選される.
재-선거 (再選擧) 名 再選擧.
재소-자 (在所者) 名 ❶一定の所に収 容されている人. ❷在監者.
재수¹ (財數) 名 運; 縁起 〔勝負事な どの〕つき; 巡り合わせ. ∥그런 말을 하 면 재수 나빠다 そんなことを言うと縁起 が悪い. 재수 없는 소리 하지 마라 縁起 起でもないことを言うな. 오늘은 재수 가 좋은 날이다 今日はついてる日だ. ▶ 재수 없는 놈은 뒤로 자빠져도 코가 깨 진다 【諺】「運の悪い者は後ろに倒れても 鼻がつぶれる」の意で, 運の悪い者はなす ことすべてがついていない.
재수² (再修) 名·自 〔入学·入社など のため〕浪人すること. ∥좋은 대학에 가 려고 재수하다 いい大学を目指して浪人 する.
재수-생 (再修生) 名 〔入学·入社など のため〕浪人する人. ∥취업 재수생 就職 浪人.
재스민 (jasmine) 名·植物 ジャスミン.

재스민-차 (-茶) 图 ジャスミン茶.

재심 (再審) 图 하타 (法律) 再審.

재앙 (災殃) 图 災殃(┅); 災難.

재야 (在野) 图 在野. ‖재야 정치인 在野の政治家.

재연 (再演) 图 하타 再演.

재외 (在外) 图 [-/-웨] 在外. ‖재외 공관 在外公館.

재우다 /dʑuda/ 他 ❶ [자다의 사역동사] 寝かせる; 眠らせる. ‖아이를 재우는 子どもを寝かせる. ❷ 泊める. ‖모르는 사람을 집에 재우는 것은 곤란하다 知らない人を家に泊めるのは困る.

재운 (財運) 图 金運.

재원¹ (才媛) 图 才媛.

재원² (財源) 图 財源. ‖노인 복지를 위한 재원을 확보하다 老人福祉のための財源を確保する.

재위 (在位) 图 在位. ‖재위 기간 在位期間.

재의 (再議) [-/-이] 图 하타 再議.

재-인식 (再認識) 图 하타 再認識; 見直すこと. ‖가정 교육의 중요성을 재인식하다 家庭教育の重要性を再認識する.

재일 (在日) 图 在日. ‖재일 동포 在日同胞.

재임¹ (在任) 图 하타 在任. ‖장관 재임중에 大臣在任中に.

재임² (再任) 图 하타 再任. **재임-되다** 受動.

재-작년 (再昨年) /dʑaŋnjɔn/ [-장-] 图 一昨年; おととい. ‖재작년에 한국에 갔다 왔다 一昨年韓国に行って来た.

재잘-거리다 自 ぺちゃくちゃしゃべる.

재잘-재잘 副 하자 ❶ [女の子や子どもが小さい声でよくしゃべる様子]: ぺちゃぺちゃ(と). ❷ [小鳥などがさえずる声の様子]: ピーチクパーチク.

재적 (在籍) 图 在籍.
재적-생 (在籍生) [-쌩] 图 在籍学生.
재적-수 (在籍數) [-쑤] 图 在籍数.

재정 (財政) 图 財政.
재정-난 (財政難) 图 財政難.
재정-학 (財政學) 图 財政学.

재정경제-부 (財政經濟部) 图 (行政) 日本の財務省と経済産業省の一部に該当する韓国の省庁.

재-정비 (再整備) 图 하타 再整備.
재정비-되다 受動.

재주 (才-) /dʑuʑu/ 图 ❶ 才; 才能. ‖음악에 재주가 있다 音楽に才能がある. 재주를 타고나다 才能に恵まれる. 재주를 부리다(피우다) 妙技を披露する. ❷ 跳前; 技; 手腕. ‖재주를 발휘하다 手腕を発揮する.

재주-껏 (才-) [-껃] 副 才能のかぎり.
재주-꾼 (才-) 图 多才な人.

재중 (在中) 图 在中. ‖이력서 재중 履歷書在中.

재즈 (jazz) 图 (音楽) ジャズ.

재직 (在職) 图 하타 在職. ‖재직 증명서 在職証明書.

재질¹ (才質) 图 才能と気質.

재질² (材質) 图 材質. ‖재질이 딱딱하다 材質が堅い.

재차 (再次) 副 再度; 再び.

재채기 /dʑɛʨɛgi/ 图 하자 くしゃみ.

재천 (在天) 图 ❶ 天にあること. ❷ 天意によるもの. ‖인명은 재천이다 人命は天意によるものである.

재첩 图 (魚介類) シジミ(蜆).

재청 (再請) 图 하타 ❶ (演奏などの)アンコール. ❷ (会議で動議に賛成する意味で)再度同じ動議を請うこと.

재촉 /dʑɛʨok/ [-쪽] 图 하타 催促; 促すこと; せかすこと; 責め立てること; 早める[速める]こと. ‖돈을 돌려 달라고 재촉하다 お金の返済を催促する. 가을을 재촉하는 비 秋を促す雨. 발걸음을 재촉하다 足を速める. **재촉-받다** [-다하다] 受動.

재취 (再娶) 图 後妻.

재치 (才致) /dʑɛʨʰi/ 图 機知; とんち; 機転. ‖재치에 넘치는 답변 機知に富む答弁.

재침 (再侵) 图 하타 再侵略; 再侵攻.
재침-당하다 受動.

재킷 (jacket) 图 ジャケット.

재탕 (再湯) 图 하타 二番煎じ. ‖재탕한 약 二番煎じの薬.

재택근무 (在宅勤務) [-끈-] 图 하자 在宅勤務.

재-테크 (財 tech) 图 (經) 財テク.

재판¹ (再版) 图 하타 ❶ 再版. ❷ 過去にあったことを繰り返すこと.

재판² (裁判) 图 하타 裁判. ‖재판을 받다 裁判を受ける. 재판을 걸다 裁判にかける. 군사 재판 軍事裁判.
재판-관 (裁判官) 图 裁判官.
재판-소 (裁判所) 图 裁判所. 团法院(法院).

재편 (再編) 图 하타 再編. ‖정계 재편 政界再編. **재편-되다** 受動.

재-편성 (再編成) 图 하타 再編成. ‖업계의 재편성 業界の再編成. 팀을 재편성하다 チームを再編成する. **재편성-되다** 受動.

재학 (在學) 图 하자 在学. ‖재학 중 在学中. 재학 증명서 在学証明書.
재학-생 (在學生) [-쌩] 图 在学生.

재해 (災害) 图 災害. ‖재해를 입다 災害をこうむる. 재해 보험 災害保険.

재향 (在鄕) 图 在郷.

재현 (再現) 图 하자他 ❶ 再現. ❷ 再生.

재혼 (再婚) 图 하자 再婚. 团초혼(初婚).

재화 (財貨) 图 財貨.

재-확인 (再確認) 图 하타 再確認.

재활(再活) [名][하自] 再び活動すること; 再活動.

재-활용(再活用) [名][-용] リサイクル.

재회(再會) [名][/-회][하自] 再会. ‖십 년만의 재회 10年ぶりの再会.

잭나이프(jackknife) [名] ジャックナイフ.

잰-걸음 [名] 早足; 急ぎ足. ‖잰걸음으로 골목길을 나가다 早足で小路を抜ける.

잼(jam) [名] ジャム. ‖빵에 잼을 바르다 パンにジャムを塗る. 딸기 잼 イチゴジャム.

잽(jab) [名] [ボクシングで]ジャブ. ‖잽을 날리다 ジャブを入れる.

잽-싸다 [形] (動作が)素早い. 俗 날래다. ‖잽싸게 먹어 치우다 素早く平らげる.

잿-더미 [재떠-/잰떠-] [名] 灰の山.

잿-물[잰-] [名] ❶灰汁. ❷苛性ソーダ.

잿-밥(齋-∼)[재빱/잳빱] [名] [仏教] 供養のために供える飯.

잿-방어(-魴魚)[재빵-/잳빵-] [名] [魚介類] カンパチ(間八).

잿-빛[재삗/잳삗] [名] 灰色. ‖잿빛이 하늘 灰色の空.

쟁(錚) [名] [音楽] 爭(^{そう}).

쟁²(鉦) [名] [音楽] 鉦(^{しょう}). ‖쟁과리.

쟁기 [名] 犁(すき).

쟁반(錚盤) [名] 盆; 大きい皿.

쟁의(爭議) [/-이] [名] 争議. ‖노동 쟁의 労働争議. 소작 쟁의 小作争議.

쟁의-권(爭議權) [-꿘 /-이꿘] [名] [法律] 争議権.

-쟁이 [接尾] [人の性質·習慣·行動·様子などを表す語に付いて] その人を呼び称する意味を表わす. ‖점쟁이 占い師. 겁쟁이 怖がり. 심술쟁이 意地悪.

쟁쟁-하다¹(錚錚-) /tɕeŋtɕeŋhada/ [하変] 錚々(^{そうそう})としている. ‖쟁쟁한 인물들이 모이다 錚々たるメンバーが集まる.

쟁쟁-하다²(琤琤-) (琤琤-) [形] [하変] ❶ 玉を転がすような輝かしい響きだ. ‖목소리가 쟁쟁하다 声が高く冴えている. ❷ (かつて聞いた声や音が)今も耳に残っている. ‖그 목소리가 지금도 귀에 쟁쟁하다 あの声が今も聞こえてくるようだ. **쟁쟁-히**

쟁점(爭點) [-쩜] [名] 争点. ‖쟁점을 분명히 하다 争点を明らかにする.

쟁취(爭取) [名][하他] 勝ち取ること. ‖권력을 쟁취하다 権力を勝ち取る.

쟁탈(爭奪) [名][하他] 争奪.

쟁탈-전(爭奪戰) [-쩐] [名] 争奪戦. ‖우승배 쟁탈전 優勝杯争奪戦.

저¹(著) [名] [著述·著作(著述·著作)の 略語] 著.

저² /tɕʌ/ [代] ❶ [나³の謙譲語] 私; わたくし. ‖저는 학생입니다 私は学生です. 그건 제가 하겠습니다 それは私がやります. ✢主格助詞の前ではこになる. ❷自分. ‖누가 저더러 하라고 했나? 自分で勝手にやったくせに.

저³ /tɕʌ/ [代] あの…. ‖저 사람은 누구입니까? あの人は誰ですか. 저 배우가 출연한 영화는 재미있다 あの俳優が出演した映画は面白い.
— [代] [저것の縮約形] あれ; それ. ‖이도 저도 아니다 あれでもこれでもない.

저⁴ [感] ❶ 言葉がつかえたりする時に, つなぎ·呼びかけとして用いる語: あのう; ええと. ‖저, 확인하고 싶은 게 있는데요 あの, 確認したいことがありますが. ❷ 遠慮したりためらったりする時に, 話の始めに用いる語: あのう. ‖저 말씀 좀 묻겠는데요 あのう, ちょっとおたずねしたいのですが.

저⁵(低) [接頭] 低…. ‖저소득 低所得. 저학년 低学年.

저가(低價) [-까] [名] 廉価; 安価. ‖저가로 팔다 安価で売る.

저-개발국(低開發國) [名] 開発途上国.

저-것 /tɕʌgʌt/ [-껃] [代] ❶ あれ; あのもの; 彼 (かれ). ‖저것이 무엇입니까? あれは何ですか. 저것이 더 좋아 보인다 あれがもっとよさそうだ. ❷ あいつ. ‖저것이 누구한테 반말이야 あいつ誰に向かってたのまな.

저-게 [저것이의 縮約形] あれは; あいつは.

저격(狙擊) [名][하他] 狙撃. ‖테러리스트가 장관을 저격하다 テロリストが大臣を狙撃する. **저격-당하다** [受身]

저격-수(狙擊手) [-쑤] [名] 狙撃手.

저고리 /tɕʌgori/ [名] ❶ チョゴリ(民族衣装の上着). ❷ 양복저고리(洋服-)の略語.

저공(低空) [名] 低空. ‖저공고공(高空).

저공-비행(低空飛行) [名][하自] 低空飛行. ✢고공비행(高空飛行).

저금(貯金) [-끔/tɕʌgɯm/] [名][하自他] 貯金. ‖세뱃돈을 저금하다 お年玉を貯金する. 저금을 찾다 貯金を下ろす.

저금-통(貯金筒) [名] 貯金箱. ‖돼지 저금통 豚の形をした貯金箱. ✢貯金箱の代名詞.

저금-통장(貯金通帳) [名] 貯金通帳.

저금-리(低金利) [-니] [名] 低金利.

저급-하다(低級-) [-그파-] [形] [하変] 低級だ. ‖고급하다(高級-). ‖저급한 수준 低級な水準.

저기 /tɕʌgi/ [代] あそこ; あちら. ‖저기가 어디예요? あそこはどこですか. 저기 보이는 별이 북극성이다 あそこに見える星が北極星だ. 옛 조기.

저-기압 (低氣壓) 图 ❶ 〔天文〕 低気圧. ⑪고기압(高氣壓). ❷ 〔比喩的〕 不機嫌.

저-까짓 〔-찓〕 冠 あれくらいの; あれしきの; その程度の. ‖저까짓 놈한테 지다니 분하다 あんなやつに負けるなんて悔しい.

저-나마 刷 あんなでも.

저-냥 刷 あのまま; あの状態で.

저널 (journal) 图 ジャーナル.
　저널리스트 (journalist) 图 ジャーナリスト.
　저널리즘 (journalism) 图 ジャーナリズム.

저-네 代 あの人たち.

저녁 /tʃɘnjɔk/ 图 ❶ 夕; 夕方; 日暮れ; 夕暮れ. ‖내일 저녁에 만나자 明日の夕方に会おう. 아침저녁으로 朝に夕に. ❷ 저녁밥의 略称. ‖바빠서 저녁을 못 먹었다 忙しくて夕飯を食べそこねた. 저녁 준비를 하다 夕飯の支度をする.
　저녁-나절 〔-녕-〕 图 日暮れ時; たそがれ時.
　저녁-노을 【-녕-】 图 夕焼け. ⑪저녁놀. ‖타는 듯한 저녁노을 燃えるような夕焼け.
　저녁-놀 〔-녕-〕 图 저녁노을의 縮約形.
　저녁-때 图 夕方; 夕暮れ時.
　저녁-밥 〔-빱〕 图 夕飯; 夕食. ⑪저녁. ‖저녁밥을 지을 시간 夕食の支度をする時間.
　저녁-상 (-床) 〔-쌍〕 图 夕食の食膳.

저-년 〔さげすむ言い方〕 あの女; あのあま.

저-놈 代 〔さげすむ言い方〕 あいつ.

저능 (低能) 图形 低能.
　저능-아 (低能兒) 图 知能の低い子ども.

저-다지 刷 あんなにまで; あれほど. ‖라면을 저다지 좋아하는 사람도 없을 거다 ラーメンがあれほど好きな人もいないだろう.

저당 (抵當) 图 抵当; 担保. ‖토지를 저당 잡히고 은행에서 돈을 빌린다 土地を抵当に銀行から金を借りる. 저당을 잡다 抵当に入れる.
　저당-권 (抵當權) 〔-꿘〕 图 〔法律〕 抵当権.
　저당-물 (抵當物) 图 抵当物.

저-대로 /tʃɘdɛro/ 刷 あのまま; あのように. ‖애들 저대로 두어서는 안 된다 子どもをあのように放っておいてはいけない.

저돌 (猪突·豬突) 图 猪突.
　저돌-적 (猪突的) 图 向こう見ず; 無鉄砲. ‖저돌적으로 달려들다 向こう見ずに突進する.

저-따위 /-위/ 冠 〔さげすむ言い方〕 あんな(程度の)もの; あのよう; あんなやつ. ‖저 따위 녀석과는 앞으로 만나지 마라 あんなやつとはもう会うのはやめなさい.

저따위-로 刷 〔さげすむ言い方〕 あんなにいい加減に. ‖일을 저따위로 하다니 仕事をあんないい加減にするとは.

저래서 刷 あのようにしてあの縮約形? ようにして; あのようなので; あなるので. ‖성격이 저래서 친구가 없다 性格があんなので友だちがいない.

저러-하다 形 〔하変〕 あのようだ; あの通りだ; あんな具合だ. ‖실상이 저러하니 어떻게 해야 할까? 実情があのようだからどうしたらいいだろうか.

저런¹ /tʃɘrɘn/ 冠 あのような; ああいう; あんな. ‖나도 저런 게 갖고 싶어 私もあんなのがほしい.

저런² 感 驚いたり意外に思ったりした時などに発する語. ‖まあ; おや. ‖저런, 아프겠다 おや, 痛そう.

저렇다 /tʃɘrɘtʰa/ 〔ㅎ変〕 形 〔저러하다의 縮約形〕 저래, 저런. [저러하다의 縮約形] あのようだ; あんなふうだ. ‖술을 마시면 성격이 저 달다 お酒を飲むと性格があんなふうになるの. 저런 초라한 모습은 안 보이고 싶다 ああいうみすぼらしい姿を見せたくない.

저력 (底力) 图 底力. ‖저력을 발휘하다 底力を発揮する.

저렴-하다 (低廉-) 形 〔하変〕 低廉だ; 安価だ. ‖저렴한 가격 安い値段.

저리¹ (低利) 图 低利. ⑪고리(高利).

저리² 刷 ❶ あのように. ❷ あちらに. ⑪저리로; 저쪽으로.
　저리-로 刷 あちらに; あちらへ. ⑪절로. ⑪저리로.

저리다 形 しびれている. ‖오래 앉아 있었더니 다리가 저리다 長く座っていたら足がしびれている.

저-마다 图 各自; それぞれ; めいめい; おのおの. ‖저마다의 생각을 말해 봅시다 各自の意見を言ってみましょう.
　── 刷 各自; それぞれ; めいめい; おのおの. ‖사람은 저마다 생각이 있다 人はそれぞれ考えがある.

저-만치 图 少し離れたところ; あの辺; そこら辺. ‖저만치서 우리를 보고 있는 사람 少し離れた所から私たちを見ている人.
　── 刷 少し離れたところに. ‖저만치 떨어져서 앉으세요 少し離れて座ってください.

저-만큼 图 刷 あのくらい; あれくらい; あれほど.

저만-하다 形 〔하変〕 その程度だ; あのくらいだ; あの子くらいの年だ. ‖나도 키가 저만하면 좋겠다 私も背があのくらいだったらいいのに. 내가 저만했을 때는 私があの子の年の時は.

저맘-때 图 あの年頃; あれくらいの時(頃). ‖너도 저맘때는 잘 울었다 お前もあれくらいの時はよく泣いていたよ. ⑪조맘때.

저명 (著名) 图形 著名. ‖저명 인

사 著名의 士. 各界의 저명한 사람들 各界の著名な人たち.

저-모음(低母音) 图 《言語》低母音; 広母音. 颌개모음(開母音).

저물다(ㄹ語变) 阃 日や年が暮れる. ‖날이 저물다 日が暮れる. 해가 저물다 年が暮れる.

저미다 囲 ❶ 〈薄く〉切る. ‖쇠고기를 얇게 저미다 牛肉を薄く切る. ❷에는 가슴을 저미는 듯한 이야기 肺腑 をえぐる話.

저-버리다 囲 背く; 裏切る. ‖약속을 저버리다 約束に背く. 그를 저버리다 期待に背く. 신뢰를 저버리다 信頼を裏切る.

저벅-저벅 (─꺽) 圖 のっしのっし. ‖저벅저벅 걷는 소리 のっしのっしと歩く音.

저번(這番) 图 この前; この間; 先頃; 先だって; 先日. ‖저번 일요일에는 두 사람이 映画を見に行った. 저번에 만난 일 先だって約束したこと. 저번에 만난 사람 先日会った人.

저변(底辺) 图 底辺. ‖저변을 확대하다 底辺を広げる.

저-분 あの方.

저서(著書) 图 著書.

저-소득(低所得) 图 低所得.

저속(低俗) 图 低俗.

저-속도(低速度) (─또) 图 低速度.

저속-하다(低俗─) 【─소카─】 圈 〔하変〕 低俗だ. ‖저속한 취미 低俗な趣味.

저수(貯水) 图 图他 貯水.

저수-지(貯水池) 图 貯水池.

저술(著述) 图 著述. 图他 〈著〉. ‖저술 활동 著述活動. 저술이 著述家.

저습(低湿) 图 低湿. ‖저습지대 低湿地帯.

저승 あの世; 冥土; 黄泉. 颌이승.

저승-길(─낄) 图 黄泉路($^{\text{よみ}}_{\text{ぢ}}$). 颌황천길(黄泉─).

저승-사자(─使者) 冥土の使者.

저압-계(低圧計) 〔─께 /─게〕 图 《物理》低圧計.

저어(ㅅ変) 囲 젓다〈かき混ぜる〉の連用形.

저어-하다 囲 〔하変〕 恐れる; 不安に思う.

저열-하다(低劣─) 圈 〔하変〕 低劣だ.

저온(低温) 图 低温. 颌고온(高温). ‖저온 살균 低温殺菌.

저울 /tʃoul/ 图 秤(^{はかり}). ‖저울에 달다 秤にかける. 저울로 달아서 팔다 量り売りする.

저울-눈(─눈) 图 秤の目.

저울-대(─때) 图 秤竿.

저울-자리(─天文) = 천칭자리(天秤─).

저울-질 图 图他 ❶ 秤で重さをはかること. ❷ 天秤にかけること. ‖두 조건을 저울질하다 2人の条件を天秤にかける.

저울-추(─錘) 图 分銅; 重り.

저울-판(─板) 图 皿秤(はかり).

저-위도(低緯度) 图 低緯度.

저율(低率) 图 低率. 颌고율(高率).

저은(ㅅ変) 젓다〈かき混ぜる〉の過去連体形.

저을(ㅅ変) 젓다〈かき混ぜる〉の未来連体形.

저음(低音) 图 低音. 颌고음(高音).

저의(底意) 〔─이〕 图 底意($^{\text{そこ}}_{\text{い}}$); 下心. 本心. ‖저의를 알 수가 없다 底意をはかりかねる. 저의가 있는 것 같다 下心があるようだ.

저-이 あの人.

저인-망(底引網) 图 底引き網; トロール網.

저인망-어업(底引網漁業) 图 底引き漁; トロール漁業.

저-임금(低賃金) 图 低賃金.

저자[1] 〔古い言い方で〕市場.

저자[2] (著者) 图 著者; 作者. 颌지은이.

저-자[3] (─者) 代 〔저 사람をさげすむ言い方で〕あいつ.

저-자세(低姿勢) 图 低姿勢. ‖저자세로 나가는 게 상책이다 低姿勢で出るのが上策だ.

저작[1] (咀嚼) 图 咀嚼($^{\text{そ}}_{\text{しゃく}}$).

저작-근(咀嚼筋) 〔─끈〕 图 《解剖》咀嚼筋.

저작[2] (著作) 图 图他 著作. 颌〈著〉.

저작-권(著作権) 〔─꿘〕 图 著作権.

저작권-법(著作権法) 〔─꿘뻡〕 图 《法律》著作権法.

저작-물(著作物) 〔─물〕 图 著作物.

저작-자(著作者) 〔─짜〕 图 著作者.

저장(貯蔵) 图 貯蔵. ‖양분을 저장하다 養分を貯蔵する. **저장-되다** 图他

저-절로 /tʃotʃollo/ 圖 自然に; おのずと; ひとりでに. ‖상처가 저절로 낫다 傷が自然に治る. 문이 저절로 열리다 ドアがひとりでに開く.

저조-하다(低調─) 圈 〔하変〕 低調だ; 低い. ‖저조한 취업률 低い就業率.

저주(詛呪・咀呪) 图 图他 呪詛($^{\text{じゅ}}_{\text{そ}}$); 呪うこと.

저주-스럽다(詛呪─) (─따) 圈 〔ㅂ変〕 呪わしい.

저-주파(低周波) 图 《物理》低周波.

저지[1] (低地) 图 低地. 颌고지(高地).

저지[2] (沮止) 图 图他 阻止. ‖법안의 통과를 저지하다 法案の通過を阻止する. **저지-되다** 图他

저-지대(低地帯) 图 低地帯. 颌고지대(高地帯).

저지르다 /tʃədʒirɯda/ 囲 〔르変〕 [저질러, 저지르니] 〈過ちなどを〉犯す; 〈問題などを〉引き起こす; しでかす. ‖잘못을 저

저질 (低質) [名] 低質; 質が低いこと.

저-쪽 /dʒòk͈/ [代] ⓐ あちら; あちらの方; 向こう. ⓑ 先方. ⓒ 彼. ‖저쪽이 북쪽이다 あちらが北側だ. 저쪽에 서 있는 사람이 우리 오빠야 向こう側に立っているのがうちの兄なの.

저촉 (抵觸·牴觸·觝觸) [名自] 抵触. ‖법에 저촉되는 행위 法に抵触する行為.

저축 (貯蓄) [名他] 貯蓄. ‖노후에 대비해서 저축하다 老後に備えて貯蓄する.

저축 성향 (貯蓄性向) [名] 貯蓄性向. ⇔소비 성향 (消費性向).

저-출산 (低出産) [名] 少子化. ‖저출산 문제 少子化問題.

저택 (邸宅) [名] 邸宅.

저-토록 [副] [저러하도록의 縮約形] あんなに; あのように.

저-편 (-便) [代] ⓐ あちら; あちらの方; あちら側. ⓑ 相手方; 先方.

저하 (低下) [名自] 低下. ‖실력이 저하되다 実力が低下する. 품질이 저하되다 品質が低下する.

저-학년 (低學年) [名] 低学年. ⇔고학년 (高學年).

저항 (抵抗) [名自] 抵抗. ‖저항하면 쏘겠다 抵抗すると撃つぞ. 공기의 저항을 줄이다 空気の抵抗を少なくする. 저항 운동 抵抗運動. 저항 정신 抵抗精神. 무저항 無抵抗.

저항-력 (抵抗力) [名] 抵抗力. ‖저항력을 기르다 抵抗力をつける.

저항-심 (抵抗心) [名] 抵抗心.

저해 (沮害) [名他] 阻害. ‖발전을 저해하다 発展を阻害する.

저-혈압 (低血壓) [医学] 低血圧. ⇔고혈압 (高血壓).

저희 /tʃɔhi/ [代] ⓐ [우리의 謙譲語] 私ども; 私たち. ‖저희 얘기도 들어주세요 私たちの話も聞いて下さい. ⓑ 手前ども; 弊社. ‖저희 제품을 이용해 주셔서 감사합니다 弊社製品をご利用いただきありがとうございます.

적¹ (赤) [名] [적색 (赤色)의 略語] 赤.

적² (炙) [名] [料理] 魚·肉·野菜などの串焼き.

적³ /(ッ)/ [名] 的; 標的, 対象.

적⁴ (敵) [名] 敵. ‖적으로 돌리다 敵に回す.

적⁵ (籍) [名] 籍. ‖대학에 적을 두다 大学に籍をおく. 적을 올리다 籍を入れる.

적⁶ /tʃɔk/ [依名] ⓐ 時期などを表わす; 時; …頃; …折. ‖어릴 적 친구를 만나다 幼い頃の友だちに会う. ⓑ 経験を表わす; …(した)こと. ‖한국에 간 적이 있다 韓国に行ったことがある. 치마를 입어 본 적이 없다 スカートをはいたことがない.

-적⁷ (的) [接尾] …的. ‖예술적 芸術的. 의학적 医学的.

적-갈색 (赤褐色) [名] 赤褐色.

적개-심 (敵愾心) [名] 敵愾心(ᡵ̣̆). ‖적개심을 불태우다 敵愾心を燃やす.

적격 (適格) [名] ⓐ 適格. ⓑ 欠格 (缺格). ‖적격 심사 適格審査.

적격-자 (適格者) [名] 適格者.

적경 (赤經) [天文] 赤経. ⇔적위 (赤緯).

적국 (敵國) [名] 敵国.

적군 (敵軍) [名] 敵軍.

적극 (積極) [名] ❶ 積極. ❷ [副詞的に] 積極的に. ‖적극 지원하다 積極的に支援する.

적극-성 (積極性) [名] 積極性. ‖적극성이 부족하다 積極性に欠ける.

적극-적 (積極的) [名] 積極的. ⇔소극적 (消極的). ‖적극적인 태도 積極的な態度.

적금 (積金) [名] 積み金; 積立金. ‖월 부어 저금. ‖매월 적금을 붓고 있다 月掛け貯金をしている.

적기¹ (赤旗) [名] ❶ 赤い旗. ❷ 危険信号を表わす旗. ❸ 共産党の赤旗.

적기² (摘記) [名] 摘記.

적기³ (適期) [名] 適期; 好機; チャンス.

적기⁴ (敵機) [名] 敵機.

적나라-하다 (赤裸裸-) [形·副] 赤裸々. ‖적나라한 묘사 赤裸々な描写.

적다¹ /tʃɔk͈t͈a/ [他] 少ない. ‖생각 [했던 것]보다 월급이 적다 思ったより給料が少ない. 전력 소모가 적다 電力の消費が少ない. 말로 다른 사람에게 상처를 주는 경우도 적지 않다 言葉で人を傷つけることも少なくない.

적다² /tʃɔk͈t͈a/ [他] 記す; 書く; 書き記して. ⇔쓰다. ‖방명록에 이름을 적다 芳名録に名前を記す. 여기에 연락처를 적어 주세요 ここに連絡先を書いてください. 일의 경위를 적다 事の経緯を書き記す.

적당-하다 (適當-) /-tʃɔŋtaŋhada/ [形·動] [하여型] ❶ 適当だ; ちょうどよい; ふさわしい. ‖적당한 운동은 건강에 좋다 適当な運動は健康にいい. 적당한 결혼 상대 適当な結婚相手. ❷ いい加減だ. ‖적당히 加減だ.

적당-히 [副] 일을 적당히 하다 仕事がいい加減だ.

적대 (敵對) [名自] 敵対. ‖적대 행위 敵対行為. 적대 관계 敵対関係. 서로 적대하고 있다 互いに敵対している.

적대-감 (敵對感) [名] 敵対意識.

적대-국(敵對國)[명] 敵対国.

적대-시(敵對視)[명][하타] 敵視. ∥상대방을 적대시하다 相手を敵視する.

적도(赤道)[-또][명][天文] 赤道.

적도-의(赤道儀)[-또-/-또의][명][天文] 赤道儀.

적도-기니(赤道 Guinea)[명] (国名) 赤道ギニア.

적동(赤銅)[-똥][명][鉱物] 赤銅.

적동-색(赤銅色)[-똥-][명] 赤銅色. ⑳ 구릿빛.

적란-운(積亂雲)[정나눈][명][天文] 積乱雲; 雷雲; 入道雲.

적령-기(適齢期)[정녕-][명] 適齢期.

적록(赤綠)[정녹][명] 赤緑.

적록=색맹(赤綠色盲)[정녹쌕-][명] [医学] 赤緑色盲.

적리(赤痢)[정니][명][医学] 赤痢.

적립(積立)[정닙][명][하타] 積み立て. ∥ 수학여행 비용을 적립하다 修学旅行の費用を積み立てる.

적립-금(積立金)[정닙끔][명] 積立金.

적립=저금(積立貯金)[정닙쩌-][명] 積立定期預金.

적막(寂寞)[정-][명][하형] 寂寞(芸). ∥ 적막한 산사 寂寞たる山寺.

적막-감(寂寞感)[정-깜][명] 寂寞感.

적면=공포증(赤面恐怖症)[정-쯩][명] [医学] 赤面恐怖症.

적반하장(賊反荷杖)[-빤-][명] 盗人猛々しく.

적발(摘發)[-빨][명][하타] 摘発. ∥비리를 적발하다 不正を摘発する. **적발-되다**[수동]

적법(適法)[-뻡][명][하형] 適法.

적법-성(適法性)[-뻡-][명] 適法性.

적부(適否)[-뿌][명] 適否. ∥적부 심사 適否審査.

적분(積分)[-뿐][명][数学] 積分.

적빈(赤貧)[-삔][명] 赤貧.

적삼(-衫)[-쌈][명] 単衣のそでごり(チョゴリ).

적색(赤色)[-쌕][명] 赤色. ⑳赤(あか).

적색=테러(赤色 terror)[-쌕-][명] 赤色テロ(革命遂行のために、無政府主義者などが行なう反権力的な暴力行為).

적석-총(積石塚)[-썩-][명] 積石塚(づか).

적선(積善)[-썬][명] 積善.

적설(積雪)[-썰][명] 積雪.

적설-량(積雪量)[-썰-][명] 積雪量.

적성[1](適性)[-썽][명] 適性. ∥장사는 적성에 맞다 商売に適性がある.

적성=검사(適性檢査)[-썽-][명] 適性検査.

적성[2](敵性)[-썽][명] 敵性. ∥적성 국가 敵性国家.

적소(適所)[-쏘][명] 適所.

적송(赤松)[-쏭][명][植物] アカマツ(赤松).

적수(敵手)[-쑤][명] 敵手; ライバル; 相手. ∥그는 내 적수가 못 된다 彼は僕の相手にならない. 호적수 好敵手.

적시(適時)[-씨][명] 適時. ∥필요로 하는 것을 적시에 공급하다 必要とするものを適時に供給する.

적시-타(適時打)[-] (野球)タイムリーヒット.

적시다/tɕək?ɕida/[-씨-][타] ぬらす; 浸す. ∥물로 적신 수건 水でぬらしたタオル. 눈물이 베개를 적시다 涙で枕をぬらす.

적-신호(赤信號)[-씬-][명] 赤信号; 危険信号. ⑪ 青신호.∥건강의 적신호 健康の危険信号.∥적신호일 때는 건너면 안 된다 赤信号の時は渡ってはいけない. 식욕 부진은 건강의 적신호다 食欲不振は健康の危険信号だ.

적-십자(赤十字)[-씹짜][명] 赤十字.

적었다(少ない)の過去形.

적어-넣다[-너타][타] 書き込む; 記入する.

적어도 /tɕɔgɔdo/ ❶ 少なくとも; 少なくも. ∥준비 자금이 적어도 오백만 원은 필요하다 準備の費用が少なくとも5百万ウォンは必要だ. 적어도 서른 살은 되어 보인다 少なくとも30歳には見える. ❷ せめて. ∥적어도 이 문제만큼은 해결하여야겠다 せめてこの問題くらいは解けねばなるまい. 적어도 일상 정도는 하고 싶다 せめて入賞くらいはしたい. ❸ 仮にも; かりそめにも; いやしくも. ∥적어도 약속은 했으면 그것을 지켜야 한다 仮にも約束したからには、それを守るべきだ. 적어도 교육자라는 사람이 할 짓은 아니다 いやしくも教育者たる者がすべきことではない.

적온(適溫)[명] 適温.

적외-선(赤外線)[-/-제쎈][명][物理] 赤外線.

적요(摘要)[명] 摘要. ∥개정안의 적요 改正案の摘要.

적요-란(摘要欄)[명] 摘要欄.

적용(適用)[명][하타] 適用. ∥새로운 원칙의 적용 新しい原則の適用. 엄법을 적용하다 厳罰を適用する. **적용-되다**[수동]

적운(積雲)[명][天文] 積雲.

적위(赤緯)[명][天文] 赤緯. ㉟ 적경(赤經).

적은 적다(少ない)の現在連体形.

적응(適應)/tɕəkɯŋ/ [명][하자] 適応. ∥환경 변화에 적응하다 環境の変化に適応する. 외국 생활에 제대로 적응하지 못하다 外国生活にうまく適応できない.

적응-력(適應力)[-녁][명] 適応力. ∥적응력이 강한 식물 適応力の強い植物.

적의(敵意)[-/-쩌기][명] 敵意. ∥적의에 찬 눈빛 敵意に満ちた眼差し. 적의

를 품다 敵意をいだく.

적이 若干; 多少; いくらか.

적임 (適任) 图 適任.
적임-자 (適任者) 图 適任者.

적자¹ (赤字) /jʌk̚ɟ͈a/ [-짜] 图 赤字. ⑦흑자(黑字). ‖적자 재정 赤字財政. 적자가 나다 赤字になる. 올해도 적자를 내다 今年も赤字を出す. 적자를 메울 방도가 없다 赤字を埋める方法がない.

적자² (嫡子) [-짜] 图 嫡子.
적자-생존 (適者生存) [-짜-] 图 適者生存.

적잖-다 [-짠타] 톙 〔적지 아니하다의 縮約形〕 少なくない. ‖적잖은 돈 少なくないお金. **적잖-이** 튀 적잖이 놀라다 少なからず驚く.

적장 (敵將) [-짱] 图 敵將.
적재 (積載) [-째] 图 하타 積載. ‖화물을 적재한 차량 貨物を積載した車両.
 적재-량 (積載量) 图 積載量.
 적재-함 (積載函) 图 荷台.

적재-적소 (適材適所) [-째-쏘] 图 適材適所.

적적-하다 (寂寂-) [-쩌카-] 톙 하여 寂しい; もの寂しい. ‖적적한 노후 寂しい老後. **적적-히** 튀.

적절-하다 (適切-) /jʌk̚ɟ͈ʌlhada/ [-쩔-] 톙 하여 適切だ. ‖적절한 조치 適切な措置. 적절하게 표현하다 適切に表現する. **적절-히** 튀.

적정 (適正) [-쩡] 图 하톙 適正.
 적정-가 (適正價) [-쩡까] 图 ＝적정가격 (適正價格).
 적정가격 (適正價格) [-쩡까-] 图 適正価格.

적조 (赤潮) [-쪼] 图 潮潮.
적중 (的中) [-쭝] 图 하자 的中. ‖예상이 적중하다 予想が的中する.
 적중-률 (的中率) [-쭝뉼] 图 的中率. ‖적중률이 높다 的中率が高い.

적지¹ (適地) [-찌] 图 適地.
적지² (敵地) [-찌] 图 敵地.
적진 (敵陣) [-찐] 图 敵陣.
적출¹ (摘出) 图 하타 摘出. ‖종양을 적출하다 腫瘍を摘出する.
적출² (嫡出) 图 嫡出.
적토 (赤土) 图 赤土(ぼ̇く); 赤土(ฺ̇̇̇̇̇̇̇̇).
적-포도주 (赤葡萄酒) 图 赤ワイン.
적합 (適合) [-카] 图 하톙 適合.
적합-하다 (適合-) /적카파/ [-카파-] 톙 하여 適合している; ふさわしい. ‖조건에 적합한 사람 条件にふさわしい人.

적-혈구 (赤血球) [저켤-] 图 [生理] 赤血球.

적확-하다 (的確-) /저쾌카/ [저쾌카-] 톙 하여 的確だ. ‖적확한 판단 的確な判断. 적확하게 지시하다 的確に指示する. **적확-히** 튀.

적황 (赤黃) [저쾅] 图 赤黃.

적황-색 (赤黃色) 图 赤黃色.

적-히다 [저키-] 돈 〔적다²의 受身動詞〕 書かれる; 記される. ‖숙제를 안 하고 와서 칠판에 이름이 적혀다 宿題をしてこなかったので黒板に名前を書かれた.

전¹ (田) [姓] 田 (ジョン).
전² (全) [姓] 全 (ジョン).
전³ (前) /jʌn/ 图 ❶前; 以前. ‖전에 일하던 회사에서는, 전에 같이 놀러 간 곳 以前一緒に遊びに行った所. 조금 전에 친구한테서 전화가 왔다 少し前に友だちから電話があった. 이 부분은 전부터 좀 이상하다고 생각했다 この部分は前から少し変だと思っていた. ❷［…기 전에의 形で］…(の)前に. ‖말하기 전에 한번 더 생각해 보다 話す前にもう一度考えてみる. 식사하기 전에 손을 씻다 食事の前に手を洗う.
── 前. ‖전 국회의원 前国会議員.

전⁴ (全) 冠 全. ‖전 재산 全財産.
전⁵ (煎) 图 [料理] ジョン (肉・野菜などを薄く切った材料に小麦粉をまぶして鉄なべで焼いた料理の総称).
전⁶ 〔저는의 縮約形〕 私(ぬ)は. ‖전 못 갈 것 같습니다 私は行けなさそうです.
-전⁷ (展) 접미 -展. ‖서예전 書道展.
-전⁸ (傳) 접미 -伝. ‖위인전 偉人伝.
-전⁹ (戰) 접미 -戰. ‖결승전 決勝戦.

전가 (轉嫁) 图 하타 転嫁. ‖책임을 전가하다 責任を転嫁する.

전각 (全角) 图 全角 (活字やプリンター出力で, 漢字や普通の仮名の1字分の標準的な大きさ).

전갈¹ (全蠍) 图 [動物] サソリ(蠍).
 전갈-자리 (全蠍-) 图 [天文] 蠍座.
전갈² (傳喝) 图 하타 伝言(をん); 伝言. ‖고향에서 갑작스러운 전갈이 왔다 故郷から急な伝言が来た.

전개 (展開) 图 하타 展開. ‖새로운 사업을 전개하다 新しい事業を展開する. 캠페인을 전개하다 キャンペーンを展開する. **전개-되다** 자.
 전개-도 (展開圖) 图 展開図.
 전개-부 (展開部) 图 [音楽] 展開部.

전갱이 [魚介類] 图 アジ(鰺).

전거 (典據) 图 典據(文献上の確かな根拠). ‖전거를 보이다 典據を示す.

전격 (電擊) 图 電擊. ‖전격 사임 電擊辞任.
 전격-적 (電擊的) [-쩍] 톙 電擊的. ‖전격적인 금리 인하 단행 電擊的な金利引下げの断行.

전경¹ (全景) 图 全景.
전경² (戰警) 图 戦闘警察(戰鬪警察)の略語.

전골 图 [料理] すき焼きや寄せ鍋の一種.

전공 (專攻) 图 하타 專攻. ‖경제학을 전공하고 있다 経済学を専攻してい

る. 전공 과목 専攻科目.
전공[2] (電工) [名] 電工.
전공[3] (戰功) [名] 戦功. ‖전공을 세우다 戦功をたてる.
전과[1] (全科) 【-꽈】 [名] 全科; 全科目.
전과[2] (全課) 【-꽈】 [名] すべての課.
전과[3] (前科) 【-꽈】 [名] 前科. ‖전과자 前科者. 전과 이 범 前科二犯.
전과[4] (轉科) 【-꽈】 [名] [하自] 転科.
전과[5] (戰果) 【-꽈】 [名] 戦果.
전관 (專管) [名] [하他] 専管.
전관^수역 (專管水域) [名] 専管水域.
전광 (電光) [名] 電光.
전광-게시판 (電光揭示板) [名] 電光掲示板. [略]전광판(電光板).
전광^뉴스 (電光 news) [名] 電光ニュース.
전광-석화 (電光石火) 【-서콰】 [名] 電光石火.
전광-판 (電光板) [名] 전광게시판(電光揭示板)の略語.
전교 (全校) [名] 全校.
전교-생 (全校生) [名] 全校生.
전구 (電球) [名] 電球. ‖꼬마 전구 豆電球. 전구가 끊어지다 電球が切れる.
전국[1] (全國) /ʧɔnguk/ [名] 全国. ‖전국 체육 대회 全国体育大会. 전국 각지 全国各地. 전국에 걸쳐 全国にわたって.
전국-구 (全國區) 【-꾸】 [名] 全国区.
전국-적 (全國的) 【-쩍】 [名] 全国的. ‖전국적인 유행 全国的な流行.
전국[2] (戰局) [名] 戦局.
전군 (全軍) [名] 全軍.
전권[1] (全卷) [名] 全巻.
전권[2] (全權) 【-꿘】 [名] 全権. ‖전권 대사 全権大使. 전권 공사 全権公使. 전권을 위임하다 全権を委ねる. 전권을 장악하다 全権を握る.
전권[3] (專權) 【-꿘】 [名] [하自] 専権.
전극 (電極) [名] 《物理》 電極.
전근 (轉勤) [名] [하自] 転勤. ‖서울로 전근 가다 ソウルへ転勤する.
전근대-적 (前近代的) [名] 前近代的. ‖전근대적인 사고방식 前近代的な考え方.
전기[1] (全期) [名] 全期.
전기[2] (全機) [名] 全機.
전기[3] (前期) [名] 前期. ‖전기 시험 前期(の)試験.
전기[4] (傳奇) [名] 伝奇. ‖전기 소설 伝奇小説.
전기[5] (傳記) [名] 伝記.
전기[6] (轉機) [名] 転機. ‖전기를 맞이하다 転機を迎える.
전기[7] (前記) [名] [하他] 前記.
전기[8] (電氣) /ʧɔːngi/ [名] 電気; 電力. ‖전기가 들어오다 電気がつく. 전기를 켜다 電気をつける. 전기 제품 電化製品.
전기-가오리 (電氣-) [名] 《魚介類》 シビレエイ(痺鱝).
전기^공학 (電氣工學) [名] 電気工学.
전기^기관차 (電氣機關車) [名] 電気機関車.
전기^기구 (電氣器具) [名] 電気器具.
전기-냉장고 (電氣冷藏庫) [名] 電気冷蔵庫.
전기-다리미 (電氣-) [名] 電気アイロン.
전기^드릴 (電氣 drill) [名] 電気ドリル.
전기-료 (電氣料) [名] 電気料金. ✣主に전기세(電氣稅)が用いられている.
전기^메스 (電氣 mes) [名] 電気メス.
전기-면도기 (電氣面刀器) [名] 電気剃刀(かみそり).
전기-밥솥 (電氣-) 【-솓】 [名] 電気釜; 炊飯器.
전기^분해 (電氣分解) [名] [하自他] 電気分解. [略]전해(電解).
전기^불꽃 (電氣-) 【-꼳】 [名] スパーク.
전기-세 (電氣稅) 【-쎄】 [名] 電気代.
전기-세탁기 (電氣洗濯機) 【-끼】 [名] 電気洗濯機.
전기-스탠드 (電氣 stand) [名] 電気スタンド.
전기-스토브 (電氣 stove) [名] 電気ストーブ.
전기-장판 (電氣壯版) [名] 電気カーペット; ホットカーペット.
전기-축음기 (電氣蓄音機) [名] 電気蓄音機. [略]전축(電蓄).
전깃-불 (電氣ㅅ-) 【-기뿔/-긷뿔】 [名] 電気; 電灯; 明かり.
전깃-줄 (電氣ㅅ-) 【-기쭐/-긷쭐】 [名] 電線. [類]전선(電線).
전-기생 (全寄生) [名] 《植物》 全寄生.
전-나무 [名] 《植物》 モミ(樅).
전-날 (前-) [名] ❶前日. ‖시험 전날 試験の前日. ❷先日.
전-남편 (前男便) [名] 前の夫; 先夫; 前夫. [対]전처(前妻).
전납[1] (全納) [名] [하他] 全納.
전납[2] (前納) [名] [하他] 前納.
전년 (前年) [名] 前年.
전념 (專念) [名] [하自] 専念. ‖연구에 전념하다 研究に専念する.
전능 (全能) [名] [하形] 全能. ‖전지전능하신 하느님 全知全能の神様.
전단[1] (全段) [名] 全段. ‖전단 광고 全段広告.
전단[2] (專斷) [名] [하他] 専断. ‖국정을 전단하다 国政を専断する.
전단[3] (傳單) [名] びら; ちらし. ‖광고 전단을 뿌리다 広告のちらしを配る.
전단[4] (檀·旃檀) [名] 《植物》 センダン(栴檀).
전달 (傳達) [名] [하他] 伝達. ‖명령을 전달하다 命令を伝達する. 의사 전달 意思伝達. 전달 수단 伝達手段. **전달-되다** [受身]

전담¹(全擔)【名】【하他】全部担当すること.

전담²(專擔)【名】【하他】(あることを)専門に担当すること. ∥대출 업무를 전담하다 貸出業務を担当する.

전답(田畓)【名】田畑.

전당¹(全黨)【名】全党. ∥전당 대회 全党大会.

전당²(殿堂)【名】殿堂.

전당-포(典當鋪)【名】質屋.

전대-미문(前代未聞)【名】前代未聞. ∥전대미문의 사건 前代未聞の事件.

전도¹(全圖)【名】全図. ∥세계 전도 世界全図.

전도²(前途)【名】前途.

전도³(傳道)【名】【하自】伝道.

전도-사(傳道師)【名】〔キリスト教〕宣教師; 布教師.

전도⁴(傳導)【名】【하他】〔物理〕伝導. ∥열 전도 熱伝導. 전도하다 伝導する.

전도⁵(顚倒)【名】【하自】転倒. ∥주객이 전도되다 主客が転倒する; 主客転倒になる.

전도-양양(前途洋洋)【名】【하形】前途洋々. ∥전도양양한 청년 前途洋々な青年.

전도-요원(前途遼遠)【名】【하形】前途遼遠.

전동(電動)【名】【하他】電動.

전동-기(電動機)【名】電動機.

전동-발전기(電動發電機)【-젼-】【名】電動発電機.

전동-차(電動車)【名】電動車.

전두-골(前頭骨)【名】〔解剖〕前頭骨.

전등(電燈)【名】電灯; 電気.

전등-갓(電燈-)【-갇】【名】電灯の笠.

전등-알(電燈-)【名】電球.

전라(全裸)【名】全裸.

전라-남도(全羅南道)【절-】【名】〔地名〕全羅南道.

전라-도(全羅道)【절-】【名】〔地名〕〔全羅南道と全羅北道の併称〕全羅道.

전라-북도(全羅北道)【절-또】【名】〔地名〕全羅北道.

전락(轉落)【名】【하自】転落. ∥사업 실패로 노숙자로 전락하다 事業の失敗でホームレスに転落する.

전란(戰亂)【名】戦乱.

전람(展覽)【名】【하他】展覧.

전람-회(展覽會)【절-훼】【名】展覧会. ∥미술 전람회 美術展覧会.

전래(傳來)【名】【하自】伝来. ∥불교는 중국으로부터 전래되었다 仏教は中国から伝来した.

전략¹(前略)【名】前略. ⑩중략(中略)·후략(後略).

전략²(戰略)【名】【하他】戦略. ∥경영 전략 経営戦略. 전략 회의 戦略会議. 전략을 세우다 戦略をたてる. 전략적 제휴 戦略的提携.

전략-가(戰略家)【절-까】【名】戦略家.

전략-산업(戰略産業)【절-싸넙】【名】戦略産業.

전량(全量)【절-】【名】全量.

전량-계(電量計)【절-/절-게】【名】電量計.

전력¹(全力)【tɕʌ:lljʌk/절-】【名】全力. ∥전력 투구 全力投球. 전력을 기울이다 全力を傾ける. 전력을 다하다 全力をあげる. 전력을 투입하다 全力を投入する.

전력²(前歷)【절-】【名】前歷. ∥다양한 전력 多様な前歷.

전력³(電力)【절-】【名】電力.

전력-계(電力計)【절-게/절-게】【名】電力計.

전력⁴(戰力)【절-】【名】戦力. ∥전력을 자랑하다 戦力を誇る. 전력이 될 만한 인물 戦力となり得る人物. 전력 증강 戦力増強.

전력⁵(戰歷)【절-】【名】戦歷.

전령(傳令)【절-】【名】【하他】伝令. ∥전령을 보내다 伝令を出す.

전례¹(典例)【절-】【名】典例.

전례²(前例)【절-】【名】前例; 先例. ∥전례가 없는 교묘한 사기 前例のない巧妙な詐欺. 전례를 깨뜨리다 前例を破る. 전례에 따르다 先例にならう.

전류(電流)【절-】【名】電流.

전류-계(電流計)【절-/절-게】【名】電流計.

전리(電離)【절-】【名】【되自】電離.

전리-층(電離層)【절-】【名】電離層.

전리-품(戰利品)【절-】【名】戦利品.

전립-선(前立腺)【절-썬】【名】〔解剖〕前立腺.

전말(顚末)【名】顚末.

전말-서(顚末書)【-써】【名】始末書.

전망(展望)【tɕʌnmaŋ/절-】【名】**❶**展望; 見晴らし. ∥전망이 좋은 집 見晴らしのいい家. 전망이 불투명한 사업 展望が不透明な事業. 전망이 밝은 일 展望の明るい仕事. 정국을 전망하다 政局を展望する. **❷**見通し. ∥앞으로의 전망은 밝다 今後の見通しは明るい.

전망-대(展望臺)【名】展望台; 見晴し台.

전매¹(專賣)【名】【하他】専売.

전매-권(專賣權)【-꿘】【名】〔法律〕専売権.

전매-특허(專賣特許)【-트커】【名】専売特許.

전매-품(專賣品)【名】専売品.

전매²(轉賣)【名】【하他】転売.

전면¹(全面)【名】全面. ∥전면 해결을 꾀하다 全面解決を図る. 전면 지원 全面支援. 전면 광고 全面広告.

전면-적(全面的)【名】全面的. ∥전면적으로 개정하다 全面的に改訂する. 계획을 전면적으로 재검토하다 計画

전면²(前面)[명] 前面. ∥전면에 나서는 것을 거부하다 前面に出るのを拒む. 사회 복지를 전면에 내걸다 社会福祉を前面に掲げる.
전멸(全滅)[명][하자] 全滅. ∥아군이 전멸하다 味方が全滅する. 열 명이 도전했지만 전멸했다 10人が挑戦したが全滅した.
전모(全貌)[명] 全貌. ∥전모가 밝혀지다 全貌が明らかになる. 사건의 전모 事件の全貌.
전몰(戰歿)[명][하자] 戰没. ∥전몰 장병 戦没将兵.
전무¹(全無)[명][하형] 皆無.
전무²(專務)[명] 〔전무이사(專務理事)의略칭〕專務.
전무-이사(專務理事)[명] 專務理事; 專務取締役. ⑩專務(專務).
전무-후무(前無後無)[명][하형] 空前絶後.
전문¹(全文)[명] 全文.
전문²(前文)[명] 前文.
전문³(傳聞)[명][하타] 伝聞; また聞き.
전문⁴(專門)/tɕɔnmun/[명] 專門. ∥유학 업무를 전문으로 하는 회사 留学関係の仕事を専門にする会社. 전문 지식을 필요로 하다 専門知識を必要とする.
전문-가(專門家)[명] 專門家.
전문-대학(專門大學)[명] 專門大學. ✚2年制で日本の専門学校·短期大学に相当する.
전문-성(專門性)[-씽][명] 專門性.
전문-어(專門語)[명] 專門語; 術語.
전문-의(專門醫)[-늬/-니][명] 專門醫. ∥성형외과 전문의 整形外科の專門醫.
전문-적(專門的)[명] 專門的.
전문-점(專門店)[명] 專門店.
전문-직(專門職)[명] 專門職.
전문-화(專門化)[명][하자타] 專門化.
전문⁵(電文)[명] 전보문(電報文)의 약어.
전반¹(全般)[명] 全般. ∥업무 전반에 대한 보고 業務全般に関する報告. 전반에 걸쳐 全般にわたって.
전반-적(全般的)[명] 全般的. ∥물가가 전반적으로 오르고 있다 物価が全般的に上がっている. 이번 대회의 기록은 전반적으로 저조했다 今大会の記録は全般的にに低調だった.
전반²(前半)[명] 前半. ㉠후반(後半). ∥전반 십 분에 골을 넣다 前半10分にゴールを入れる.
전반-기(前半期)[명] 前半期.
전반-부(前半部)[명] 前半部.
전반-전(前半戰)[명] 前半戦.
전-반생(全半生)[명] 全半生.
전방(前方)[명] ❶ 前方. ❷ 前線.
전-방위(全方位)[명] 全方位.

전번(前番)[-뻔][명] この間; 前回; 지난번(-番). ∥전번에 만났을 때 この間会ったとき.
전범¹(典範)[명] 典範.
전범²(戰犯)[명] 戦犯.
전별(餞別)[명][하타] 錢別.
　전별-금(餞別金)[명] 錢別.
전보¹(電報)[명][하타] 電報. ∥전보를 치다 電報を打つ.
　전보-문(電報文)[명] 電文. ⑩전문(電文).
전보²(轉補)[명][하타] 転補.
전복¹(全鰒)〔魚介類〕アワビ(鮑).
　전복-죽(全鰒粥)[-쭉][명] 〔料理〕鮑粥.
전복²(顚覆)[명][하자타] 覆; 覆ること. ∥열차 전복 사고 列車の転覆事故.
전봇-대(電報 ∼)[-보때/-뽄때][명] ❶ 電柱. ❷〔からかう言い方で〕のっぽ.
전부¹(全部)/tɕɔnbu/[명] 全て; 全員; 皆. ∥전부 써 버리다 全部使ってしまう. 눈에 보이는 것이 전부는 아니다 目に見えること[もの]がすべてではない. 이거 전부 저 사람 작품이다 これ全部があの人の作品だ. 전부 모였다 全員集まった. 그 사람 작품은 전부 읽었다 彼の作品は皆読んだ.
전부²(前部)[명] 前部.
전분(澱粉)[명]〔化學〕でんぷん.
전사¹(前史)[명] 前史.
전사²(戰士)[명] 戰士.
전사³(戰史)[명] 戦史; 戦争の歴史.
전사⁴(戰死)[명][하자] 戰死.
전사⁵(寫)[명][하타] 転写.
전산-기(電算機)[명]〔電子計算기(電子計算機)의略칭〕電算機.
전생(前生)[명]〔仏教〕前世.
전-생애(全生涯)[명] 全生涯.
전서¹(全書)[명] 全書. ∥육법 전서 六法全書.
전서²(篆書)[명] 篆書(한).
전서-구(傳書鳩)〔鳥類〕デンショバト(伝書鳩).
전선¹(全線)[명] 全線.
전선²(前線)[명] 前線. ∥전선에서 싸우다 前線で戦う. 장마 전선 梅雨前線. 한랭 전선이 통과하다 寒冷前線が通過する.
전선³(電線)[명] 電線. ⑩전깃줄(電氣-).
전선⁴(戰線)[명] 戰線. ∥서부 전선 西部戰線. 산업 전선 産業戦線. 통일전선을 형성하다 統一戰線を形成する.
전설(傳說)[명] 伝説. ∥전설상의 인물 伝説上の人物. 이 마을에는 많은 전설이 전해지고 있다 この村には多くの伝説が伝わっている. 아더 왕 전설 アーサー王伝説.
전설-적(傳說的)[-쩍][명] 伝説的. ∥전설적인 인물 伝説的な人物.

전설-음 (前舌音) 명 (言語) 震え音.

전성 (轉成) 명 하타 転成.
　전성-어 (轉成語) 명 (言語) 転成語.
　전성-어미 (轉成語尾) 명 (言語) 転成語尾.

전성-기 (全盛期) 명 全盛期. ¶한국 영화의 전성기 韓国映画の全盛期.

전성-시대 (全盛時代) 명 全盛期.

전세[1] (前世) 명 (仏教) 前世.

전세[2] (專貰) 명 貸し切り. ¶대절(貸切). ¶버스를 전세 내서 놀러 가다 バスを貸し切って遊びに行く.

전세[3] (傳貰) /tɕɔnse/ 명 ジョンセ(不動産賃貸の一形態で, 一定の金額を家主に預けて期限つきで不動産を借りうる. 家賃を月々払う必要がないう. 解約時には預けた金の全額が戻る).
　전세-권 (傳貰權) [-꿘] 명 (法律) 伝貰(傳貰)によって発生する権利.
　전세-금 (傳貰金) 명 伝貰(傳貰)で不動産を借りる時家主に預ける金.
　전세-방 (傳貰房) [-빵] 명 伝貰(傳貰)で貸し借りされる部屋.
　전셋-집 (傳貰-) [-세찝/-셋찝] 명 伝貰(傳貰)で貸し借りされる家.

전세[4] (戰勢) 명 戦勢; 戦いの形勢.

전속 (專屬) 명 하타 専属. ¶전속 계약 専属契約. 전속 가수 専属歌手.

전-속력 (全速力) [-쏭녁] 명 全速力.

전송[1] (電送) 명 하타 電送.

전송[2] (餞送) 명 하타 見送り. ¶역까지 전송을 나가다 駅まで見送りに行く.

전송[3] (轉送) 명 하타 転送. ¶우편물을 새 주소로 전송하다 郵便物を新住所に転送する.

전수[1] (專修) 명 하타 専修.

전수[2] (傳授) 명 하타 伝授. ¶기술을 전수하다 技術を伝授する. **전수-되다**[-받다] 受動

전술[1] (前述) 명 하타 前述. ¶후술(後述). ¶전술한 바와 같이 前述したように.

전술[2] (戰術) 명 戦術.
　전술-가 (戰術家) 명 戦術家.

전승[1] (全勝) 명 하타 全勝. ¶전패(全敗).

전승[2] (傳承) 명 하타 伝承.
　전승-문학 (傳承文學) 명 (文芸) 伝承文学.

전시[1] (戰時) 명 戦時. ¶전시 체제 戦時体制.

전시[2] (展示) /tɕɔ.nɕi/ 명 하타 展示. ¶그림을 전시하다 絵を展示する. **전시-되다** 受動 신서가 쇼윈도에 전시되어 있었다 新書がショーウインドに展示してあった.
　전시-용 (展示用) 명 展示用.
　전시-장 (展示場) 명 展示場.
　전시-품 (展示品) 명 展示品.
　전시-회 (展示會) [-/-훼] 명 展示会.

전신[1] (全身) 명 全身;体全体. ¶전신 운동 全身運動. 전신 마취 全身麻酔. 전신의 힘 全身の力.

전신[2] (前身) 명 前身.

전신[3] (電信) 명 (物理) 電信.
　전신-기 (電信機) 명 電信機.
　전신-주 (電信柱) 명 電信柱.
　전신-환 (電信換) 명 前송; 先송. ¶전실 자식 前妻の子.

전심-전력 (全心全力) [-쩔-] 명 全身全霊. ¶전심전력을 기울인 작품 全身全霊を傾けた作品.

전압 (電壓) 명 電圧.
　전압-계 (電壓計) [-꼐/-꼐] 명 電圧計.
　전압-선 (電壓線) [-썬] 명 電圧線.

전액 (全額) 명 全額. ¶전액 배상 全額賠償. 퇴직금 전액 退職金全額. 전액을 돌려주다 全額を払い戻す.

전야 (前夜) 명 前夜. ¶혁명 전야 革命前夜. 폭풍 전야의 고요 嵐の前の静けさ.
　전야-제 (前夜祭) 명 前夜祭.

전어 (錢魚) 명 (魚介類) コノシロ(鮗).

전언 (傳言) 명 伝言;言付け.
　전언-판 (傳言板) 명 伝言板.

전언[2] (前言) 명 前言.

전업[1] (專業) 명 専業. ¶전업 주부 専業主婦.

전업[2] (轉業) 명 하타 転業;転職. ¶사원에서 배우로 전업한 사람 サラリーマンから俳優に転職した人.

전역[1] (全域) 명 全域. ¶서울 전역 ソウル全域.

전역[2] (轉役) 명 하타 転役.

전연 (全然) 圖 [下に打ち消しの表現を伴って] 全然, 全く. ◆日本語のように副詞単独で用いられることはない.

전열[1] (戰列) 명 戦列. ¶전열에서 벗어나다 戦列を離れる.

전열[2] (電熱) 명 電熱.
　전열-기 (電熱器) 명 電熱器.

전열[3] (前列) 명 前列. ¶후열(後列).

전염 (傳染) /tɕɔnjɔm/ 명 하타 伝染. ¶전염될 가능성이 높다 伝染しやすい. 풍진은 전염된다 風しんは伝染する. 공기 전염 空気伝染.
　전염-병 (傳染病) [-뼝] 명 伝染病.
　전염-성 (傳染性) [-썽] 명 伝染性.

전엽-체 (前葉體) 명 (植物) 前葉体.

전용[1] (轉用) 명 하타 転用. ¶여비를 교제비로 전용하다 旅費を交際費に転用する.

전용[2] (專用) 명 하타 専用. ¶사원 전용 식당 社員専用食堂. 자동차 전용 도로 自動車専用の道路. 사장님 전용차 社長の専用車.
　전용-권 (專用權) [-꿘] 명 専用権.
　전용-선 (專用線) 명 専用線.

전우 (戰友) 图 戰友.
전운 (戰雲) 图 戰雲. ‖전운이 감돌다 戰雲がたれ込める.
전원¹ (田園) 图 田園. ‖전원 생활 田園生活. 전원 풍경 田園風景.
전원² (全員) 图 全員. ‖전원 집합 全員集合. 수험생 전원 합격 受験生全員合格.
전원³ (電源) 图 電源. ‖전원을 켜다 電源を入れる. 전원을 끄다 電源を切る.
전위¹ (前衛) 图 前衛.
　전위-극 (前衛劇) 图 前衛劇.
　전위-부대 (前衛部隊) 图 前衛部隊.
　전위-예술 (前衛藝術) 图 前衛芸術.
　전위-적 (前衛的) 图 前衛の.
　전위-파 (前衛派) 图 前衛派;アバンギャルド.
전위² (電位) 图 電位.
　전위-계 (電位計) 图【-/-게】(物理) 電位計.
전유 (專有) 图 他動 專有. ⑪共有 (共有).
　전유-물 (專有物) 图 專有物. ⑪共有物 (共有物).
전율 (戰慄) 图 自動 戰慄. ‖전율을 느끼다 戰慄が走る.
전의¹ (戰意) 图【-/-저니】图 戰意.
전의² (轉義) 图【-/-저니】图 轉意; 轉義.
전이 (轉移) 图 自動 (医学) 轉移.
전인 (全人) 图 全人.
　전인-교육 (全人教育) 图 全人教育.
전인² (前人) 图 前人. ⑩後人 (後人).
　전인-미답 (前人未踏) 图 前人未踏.
전일-제 (全日制) 图【-쩨】图 全日制.
전임¹ (前任) 图 前任. ⑩後任 (後任).
　전임-자 (前任者) 图 前任者. ⑪後任者 (後任者).
전임² (專任) 图 他動 專任. ‖전임 강사 專任講師.
전입 (轉入) 图 自動 轉入. ⑩轉出 (轉出). ‖전입 신고 轉入手続き. 전입 인구 轉入人口.
전자¹ (前者) 图 前者. ⑩後者 (後者). ‖전자를 A, 후자를 B로 한다 前者をA, 後者をBとする.
전자² (電子) /tɕəndʑa/ 图 (物理) 電子.
　전자-게시판 (電子揭示板) 图 電子揭示板.
　전자-계산기 (電子計算機) 图【-/-게-】電子計算機. ⑯전산기 (電算機).
　전자-공학 (電子工學) 图 電子工学.
　전자-관 (電子管) 图 電子管.
　전자-레인지 (電子 range) 图 電子レンジ.
　전자-렌즈 (電子 lens) 图 電子レンズ.
　전자-론 (電子論) 图 (物理) 電子論.
　전자-빔 (電子 beam) 图 電子ビーム.
　전자-상거래 (電子商去來) 图 電子商取引.
　전자-선 (電子線) 图 電子線.
　전자-수첩 (電子手帖) 图 電子手帳.
　전자-오르간 (電子 organ) 图 電子オルガン.
　전자-우편 (電子郵便) 图 ① 電子郵便. ② E メール; 電子メール.
　전자-음 (電子音) 图 電子音.
　전자-음악 (電子音樂) 图 電子音楽.
　전자-총 (電子銃) 图 (物理) 電子銃.
　전자-파 (電子波) 图 電子波.
　전자-현미경 (電子顯微鏡) 图 電子顯微鏡.
　전자-화폐 (電子貨幣) 图【-/-페】图 電子貨幣; 電子マネー.
전자³ (電磁) 图 電磁.
　전자-장 (電磁場) 图 (物理) 電磁場.
　전자-파 (電磁波) 图 電磁波.
전-자기 (電磁氣) 图 電磁気.
전작 (前酌) 图 今の酒席に参加する前にすでに飲んだ酒.
전장¹ (全長) 图 全長.
전장² (戰場) 图 戰場.
전장³ (前場) 图 (取引所で)前場. ⑩後場 (後場).
전재¹ (戰災) 图 戰災.
전재² (轉載) 图 他動 轉載. ‖무단 전재를 금함 無断転載を禁ず.
전쟁 (戰爭) /tɕəndʑɛŋ/ 图 自動 戰争. ‖전쟁을 일으키다 戰争を引き起こす. 전쟁의 무서움을 모르는 세대 戰争の怖さを知らない世代. 핵전쟁 核戰争. 입시 전쟁 受験戰争. 전면 전쟁 全面戰争.
　전쟁-놀이 (戰爭-) 图 戰争ごっこ.
　전쟁-문학 (戰爭文學) 图 (文芸) 戰争文学.
　전쟁-범죄 (戰爭犯罪) 图【-/-쬐】图 戰争犯罪.
　전쟁-범죄자 (戰爭犯罪者) 图【-/-쩨-】图 戰争犯罪者.
　전쟁-터 (戰爭-) 图 戰場; 戰地.
전적¹ (全的) 图【-쩍】图 全的; 全面的; すべて. ‖전적인 동의를 얻다 全面的同意を得る. 전적으로 신뢰하다 全面的に信頼する. 책임은 전적으로 저에게 있습니다 責任はすべて私にあります.
전적² (戰績) 图 戰績.
전전¹ (戰前) 图 戰前. ⑩戰後 (戰後).
전전² (轉轉) 图 自動 轉轉と; 一ヵ所に落ち着かずあちこち移り回ること. ‖일자리를 찾아서 전전하다 職を求めて転々(と)する.
전전-긍긍 (戰戰兢兢) 图 自動 戰々恐々. ‖언제 해고당할지 몰라 전전긍긍하고 있다 いつ解雇されるか分からなくて戰々恐々としている.
전전-날 (前前-) 图 一昨日.
전전-반측 (輾轉反側) 图 自動 輾轉反側.
전전-불매 (輾轉不寐) 图 自動 輾轉反側.
전정 (剪定) 图 他動 剪定.

전정-가위 (剪定-) 名 剪定ばさみ.
전제¹ (前提) 名 前提. ‖前提として ある; 前提とする. 비밀을 전제로 이야기를 시작하다 秘密を前提に話を始める. 전제 조건 前提条件.
전제² (專制) 名 (ハ他) 専制.
전조 (前兆) 名 前兆; 予兆. ‖전조가 보이다 前兆が見える. 불길한 전조 不吉な前兆.
전조-등 (前照燈) 名 前照灯; ヘッドライト.
전족 (纏足) 名 (歷史) 纏足(てん).
전주¹ (前奏) 名 (音楽) 前奏.
  전주-곡 (前奏曲) 名 (音楽) 前奏曲; プレリュード.
전주² (前-週) 名 前週; 先週. 働 지난주 (-週).
전주³ (全州) 名 (地名) 全州(ジョンジュ). 전라북도(全羅北道)의 도청 소재지.
전지¹ (全紙) 名 全紙.
전지² (電池) 名 電池. ‖건전지 乾電池.
전지³ (戰地) 名 戦地.
전지⁴ (剪枝) 名 (ハ他) 剪枝.
  전지-가위 (剪枝-) 名 剪定ばさみ. 剪枝ばさみ. 나무ばさみ.
전지⁵ (轉地) 名 (ハ自) 転地. ‖전지 요양 転地療法.
전지-전능 (全知全能) 名 (ハ形) 全知全能. ‖전지전능하신 하느님 全知全能の神様.
전직¹ (前職) 名 前職.
전직² (轉職) 名 (ハ自) 転職.
전진¹ (前陣) 名 前陣. ⑪후진(後陣).
전진² (前進) 名 (ハ自) 前進; 前に進むこと. ⑪후진 (後進)・후퇴 (後退).
전진³ (戰陣) 名 戦陣.
전진⁴ (戰陣) 名 戦陣.
전진⁵ (戰塵) 名 戦塵.
전질 (全帙) 名 完本; 丸本.
전집 (全集) 名 全集. ‖세계 문학 전집 世界文学全集.
전차¹ (電車) 名 電車. ‖노면 전차 路面電車.
전차² (戰車) 名 (軍事) 戦車.
전채¹ (前菜) 名 前菜; オードブル.
전채² (戰債) 名 戦債.
전처 (前妻) 名 前妻; 先妻.
  전처-소생 (前妻所生) 名 前妻の産んだ子.
전-천후 (全天候) 名 全天候.
전철¹ (前轍) 名 前轍. ‖전철을 밟다 前轍を踏む.
전철² (電鐵) /t∫ʌ:ntʃʰʌl/ 名 電車. ‖매일 아침 만원전철을 타다 毎朝満員電車に乗る. 전철로 통학하고 있다 電車で通学している. 저는 전철로 가겠습니다 私は電車で行きます. 마지막 전철을 못 타다 最終電車に乗り遅れた. 전철이 안 다니는 지역 電車が通らない地域.
전체 (全體) 名 全体; 全部 (部分). ‖부서 전체의 의견 部署全体の意見. 전체상 全体像. 전체 회의 全体会議.
전체-적 (全體的) 名 全体的. ‖전체적으로 볼 필요가 있다 全体的に見る必要がある.
전체-집합 (全體集合) 【-지팝】 名 (数学) 全体集合. ⑪부분 집합(部分集合).
전초-전 (前哨戰) 名 前哨戦.
전축 (電蓄) 名 電蓄.
전출 (轉出) 名 (ハ自) 転出. ⑪전입(轉入).
전치 (全治) 名 全治. ‖전치 삼 개월의 부상 全治3か月の負傷.
전치-사 (前置詞) 名 (言語) 前置詞.
전칭 (全稱) 名 全称.
전토 (全土) 名 全土.
전통 (傳統) /tɕonthoŋ/ 名 伝統. ‖전통을 지키다 伝統を守る. 전통을 존중하다 伝統を重んじる. 민족의 전통 民族の伝統.
  전통-미 (傳統美) 名 伝統美.
  전통-적 (傳統的) 名 伝統的. ‖전통적인 생활양식 伝統的な生活様式.
  전통-주의 (傳統主義) 【-/-이】 名 伝統主義.
전투 (戰鬪) 名 (ハ自) 戦闘.
  전투-경찰 (戰鬪警察) 名 戦闘警察 (スパイ掃討や警備のために編成された警察組織). ⑳전경(戰警).
  전투-기 (戰鬪機) 名 戦闘機.
  전투-력 (戰鬪力) 名 戦闘力.
  전투-모 (戰鬪帽) 名 戦闘帽.
  전투-원 (戰鬪員) 名 戦闘員.
  전투-함 (戰鬪艦) 名 戦闘艦; 戦艦.
전파¹ (電波) 名 (物理) 電波.
  전파-계 (電波計) 【-/-게】 名 電波計.
  전파-망원경 (電波望遠鏡) 名 電波望遠鏡.
  전파-수신기 (電波受信機) 名 電波受信機.
  전파-탐지기 (電波探知機) 名 (物理) 電波探知機; レーダー.
  전파-항법 (電波航法) 【-/-뻡】 名 電波航法.
전파² (傳播) 名 (ハ他) 伝播.
전패 (全敗) 名 (ハ自) 全敗. ⑪전승(\全勝).
전편¹ (全篇) 名 全編.
전편² (前篇) 名 前編. ⑪후편 (後篇).
전폐¹ (全閉) 【-/-폐】 名 (ハ他) すべて閉じること.
전폐² (全廢) 【-/-폐】 名 全廃.
전폭 (全幅) 名 全幅.
  전폭-적 (全幅的) 【-쩍】 名 全幅的. ‖전폭적인 지지 全幅の支持. 전폭적인 신

전표 (傳票) 图 伝票. ∥입금 전표 入金伝票.
전하¹ (殿下) 图 殿下.
전하² (電荷)【物理】電荷.
전하는 (傳一) 전하다(伝える)の現在連体形.

전-하다 (傳一) /tʃʌnhada/ [하変] ❶ 伝える. ∥후세에 전하다 後世に伝える. 불교를 일본에 전한 사람 仏教を日本に伝えた人. 전할 말씀이 있습니까 おことづけがありますか. 부모님께 안부를 전해 주십시오 ご両親に宜しくお伝えください. 전해 듣다 伝え聞く. ❷ 伝授する. ∥비법을 전하다 秘法を伝授する. ∥〈品物などを〉渡す. ∥편지를 전하다 手紙を渡す.

전하여 [전해] (傳一) 他 [하変] 전하다(伝える)の連用形.
전학 (轉學) 图 自他 [하変] 転校; 転学. ∥서울로 전학 가다 ソウルに転校する. 전학 온 학생 転校生.
전한 他 [하変] 전하다(伝える)の過去連体形.
전할 (傳一) 图 [하変] 전하다(伝える)の未来連体形.
전함 (戰艦) 图 戦艦.
전항 (前項) 图 前項. ⇔ 후항(後項).
전해 (電解) 图 自他 [하変] 〔電氣分解〕の略語. 電解.
　전해-액 (電解液) 图【物理】電解液.
　전해-조 (電解槽) 图【物理】電解槽.
　전해-질 (電解質) 图【物理】電解質.
전향 (轉向) 图 自他 [하変] 転向.
전향적-으로 (前向的一) 副 前向きに.
전허 (全一) /tʃʌnhjʌ/ 副 [下に打ち消しの表現を伴って] 全く; 全然; 丸っきり; さっぱり. ∥눈은 전혀 안 남아 있다 雪は全然残っていない. 술은 전혀 못 마신다 お酒は全く飲めない. 전혀 모르겠다 丸っきり分からない. 전혀 진전이 없다 さっぱり進まない.
전형¹ (典型) 图 典型. ∥학자의 전형 学者の典型.
전형적-적 (典型的) 图 典型的. ∥전형적인 한국 사람 典型的な韓国人. 전형적인 예를 들다 典型的な例をあげる.
전형² (銓衡) 图 自他 [하変] 選考. ∥서류 전형 書類選考.
전호 (全戶) 图 全戶; 一家.
전호 (前號) 图 前号.

전화¹ (電話) /tʃʌ:nhwa/ 图 自他 [하変] 電話. ∥電話をかける 전화를 걸다. 電話を受ける 전화를 받다. 電話に出る 전화를 걷다. 電話を切る 전화를 끊다. 電話(를) 해서 물어 보다 電話で問い合わせる. 자동 응답 전화 留守番電話. 国際 전화 国際電話. 공중전화 公衆電話.
　전화-교환기 (電話交換機) 图 電話交換機.
　전화-교환원 (電話交換員) 图 電話交換手.
　전화-국 (電話局) 图 電話局.
　전화-기 (電話機) 图 電話機.
　전화-료 (電話料) 图 電話料金.
　전화-번호 (電話番號) 图 電話番号.
　전화-벨 (電話 bell) 图 電話のベル. ∥전화벨이 울리다 電話のベルが鳴る. 전화벨 소리 電話のベルの音.
　전화-선 (電話線) 图 電話線.
　전화-세 (電話稅)【-쎄】图 = 전화료(電話料).
　전화-통 (電話筒) 图 電話機(電話機)の俗語.
전화² (戰禍) 图 戦禍.
전화³ (轉化) 图 自他 [하変] 転化.
전화위복 (轉禍爲福) 图 災い転じて福となすこと.
전환 (轉換) 图 自他 [하変] ∥方向転換 方向転換. 성전환 性転換. 발상의 전환 発想の転換. 기분 전환을 위해 드라이브를 하다 気分転換のためドライブをする.
　전환-기 (轉換期) 图 転換期. ∥인생의 전환기 人生の転換期.
　전환-점 (轉換點)【-쩜】图 転換点; 変わり目; 節目; 転機. ∥역사의 전환점 歴史の転換点.
전황 (戰況) 图 戦況.
전횡 (專橫) [/-/-횡/] 图 自他 專橫.
전후¹ (前後) 图 自他 前後. ∥일급 시 전후 7時前後. 스무 살 전후의 젊은 이들 二十歳前後の若者たち. 이 사건을 전후해서 인생관의 변화가 일어난 것 같다 あの事件を前後として人生観に変化が起きたみたい.
　전후-좌우 (前後左右) 图 前後左右.
전후² (戰後) 图 戦後. ⇔ 전전(戰前). ∥전후 세대 戰後の世代.

절¹ /tʃʌl/【佛敎】寺; 寺院. ∥절에 가다 寺にお参りする.
절² 图 自他 お辞儀; 会釈; 挨拶. ∥공손하게 절을 하다 丁寧にお辞儀をする.
절³ (節) 图【文章などの】節. ∥제3장 제1 절 第3章第2節.
　── 歌などの順序を表わす語: 番. ∥애국가는 4 절까지 있다 愛国歌(韓国の国歌)は4番までの.
절⁴ 〔저의縮約形〕私を; 私に. ∥절 잊지 말아 주세요 私を忘れないでください. 그건 절 주세요 それは私にください.
절-간 (-間)【-깐】图 '절'의 俗語 寺.
절감¹ (切感) 图 自他 痛感. ∥연습의 필요성을 절감하다 練習の必要性を痛感する.
절감² (節減) 图 自他 節減. ∥비용을 절감하다 費用を節減する.
절개¹ (切開) 图 自他 切開. ∥제왕 절개 帝王切開.
절개² (節概) 图 志操; 節操.

절경(絶景) 图 絶景.
절교(絶交) 图 [하자] 絶交.
절구[^1] (-桶) 图 臼. ‖절구통 같은 허리 臼のような腰(くびれのない腰).
  절굿-공이 [-구꽁-/-굳꽁-] 图 杵.
절구[^2] (絶句) 图 [文芸] 絶句. ‖오언절구 五言絶句.
절규(絶叫) 图 [하자] 絶叫.
절기(節氣) 图 節気(ﾉ); 二十四節気.
절다[^1] 自 [語幹] ❶ (野菜などが塩に)漬かる. ‖배추가 제대로 안 절었다 白菜がまだ漬かっていない. ❷ 染みついている. ‖가난에 절어 있다 貧しさが染みついている.
절다[^2] 他 [語幹] (足を)引きずる. ‖다리를 절다 足を引きずる.
절단(切斷) [-딴] 图 [하타] 切斷.
 ‖혈관을 절단하다 鉄management を切斷する.
  절단-기(切斷機) 图 切斷機.
  절단-면(切斷面) 图 切斷面.
절대[^1] (絶大) [-때] 图 絶大.
절대[^2] (絶對) /tɕʌl̚t͈ɛ/ [-때] 图 ❶ 相對(相對). ❷ [副詞的に] 絶對(に). ‖절대 용서할 수 없다 絶對許せない.
  절대-가격(絶對價格) [-때-까-] 图 (經) 絶對價格; 貨幣價格.
  절대-개념(絶對槪念) 图 絶對槪念. ⇔상대 개념(相對槪念).
  절대-군주제(絶對君主制) 图 絶對君主制.
  절대-다수(絶對多數) 图 絶對多數.
  절대-등급(絶對等級) 图 絶對等級.
  절대-량(絶對量) 图 絶對量.
  절대-로(絶對-) 副 決して; 絶對. ‖절대로 지지 않겠다 絶對に負けない. 절대로 안 간다 絶對に行かない.
  절대 습도(絶對濕度) [-때-또] 图 絶對濕度.
  절대 온도(絶對温度) [-때-또] 图 絶對温度.
  절대 안정(絶對安靜) 图 絶對安靜.
  절대 음감(絶對音感) 图 絶對音感.
  절대-자(絶對者) 图 絶對者.
  절대-치(絶對値) 图 [数学] 絶對値.
  절대 평가(絶對評價) [-때-까-] 图 絶對評價.
  절댓-값(絶對ㅅ-) [-때깝/-땓깝] 图 [数学] 絶對値.
절대-적(絶對的) 图 絶對(的). ⇔상대적(相對的). ‖절대적인 권력 絶對的な權力. 절대적인 優위에 立つ. 상관의 명령은 절대적이다 上官の命令は絶對的だ.
절대적 빈곤(絶對的貧困) [-때-뻔-] 图 絶對貧困.
절도[^1] (節度) [-또] 图 節度. ‖절도 있는 몸가짐 節度あるふるまい.
절도[^2] (竊盜) [-또] 图 [하타] 竊盜.
절도-범(竊盜犯) 图 [法律] 窃盜犯.
절도-죄(竊盜罪) [-또죄/-또췌] 图 [法律] 窃盜罪.
절뚝-거리다 [-꺼-] 自 足を引きずる.
절뚝발-이 [-빠리] 图 足を引きずって歩く人; 足の悪い人.
절뚝-절뚝 [-쩔-] 副 [하自] 歩く時足を引きずる樣子.
절레-절레 [하타] 首を左右に振る樣子. ‖마음에 안 드는지 고개를 절레절레 흔들다 気に入らないのか首を左右に振る.
절로 副 ❶ [저절로の縮約形] 自然に; おのずと; ひとりでに. ‖너무 기뻐 웃음이 절로 나와서 嬉しさのあまりひとりでに鼻歌が出る. ❷ [저리로の縮約形] あっちに; あちらに. ‖위험하니까 아이들은 절로 가거라 危ないから子どもはあちらへ行け.
절룩-거리다 [-꺼-] 自他 足を引きずる. ‖절룩거리며 걷다 足を引きずりながら歩く.
절룩-절룩 [-쩔-] 副 [하自] 歩く時足を引きずる樣子.
절름발-이 [-빠리] 图 足を引きずって歩く人; 足の悪い人.
절망(絶望) /tɕʌlmaŋ/ 图 [하자] 絶望. ‖희망(希望) ᆞ 절망 끝에 찾아온 희망 絶望の末に訪れた希望. 절망한 나머지 絶望のあまり. 절망의 淵[どん底].
절망-적(絶望的) 图 絶望的. ‖절망적인 상황 絶望的な狀況.
절멸(絶滅) 图 [하自] 絶滅. ‖따오기가 절멸の危機에 처해 있다고 한다 トキが絶滅の危機に瀕しているそうだ.
절명(絶命) 图 [하自] 絶命.
절묘-하다(絶妙-) 厖 [하変] 絶妙だ. ‖절묘한 타이밍 絶妙なタイミング.
절박-하다(切迫-) [-바카-] 厖 [하変] 切迫している. ‖절박한 상황 切迫した狀況.
절반(折半) 图 半分; 折半. ‖보유 주식의 절반을 팔다 持ち株の半分を売る. 절반씩 나누어 가지다 半分ずつ分け合う. 이익을 절반으로 나누다 利益を折半する.
절벽(絶壁) 图 ❶ 絶壁. ❷ [比喩的に] 耳の遠い人や道理に疎い人.
절삭(切削) 图 [하타] 切削. ‖절삭 가공 切削加工.
절상(切上) [-쌍] 图 [하자] (經) 切り上げ. 切하(切下). ‖평가 절상 平価切り上げ.
절색(絶色) 图 絶世の美女.
절세(絶世) [-쎄] 图 [하形] 絶世. ‖절세의 미인 絶世の美女.
절수(節水) [-쑤] 图 [하자] 節水.
절식(節食) [-씩] 图 [하자] 節食.
절실-하다(切實-) [-씰-] 厖 [하変]

切実だ. ‖切実한 문제 切実な問題. 삶의 비애를 절실히 느끼다 人生の悲哀を切実に感じる. **절실-히** 副

절약 (節約) /tɕʰjak/ 图 節約;切りつめること. ‖경비를 절약하다 經費を節約する. 시간 절약 時間の節約.

절연 (絶緣) 图 絶縁. **절연-당하다** (絶緣−)

절연-장 (絶緣狀) 图 絶縁狀.

절연-체 (絶緣體) 图 〔物理〕 絶縁体.

절-이다 /tɕʰirida/ 他 漬ける;塩漬けにする. ‖砂糖漬けにする. ‖배추를 소금에 절이다 白菜を塩漬けにする. 유자를 꿀에 절여 두다 柚子をはちみつに漬けておく.

절전 (節電) 图 〔電〕 節電.

절절 (節節) 圖 ❶물이 왕성하게 끓여지는 모양: ぐらぐら. ❷温度가 높아 매우 뜨거운 모양. ‖아랫목이 절절 끓다 (オンドル部屋の)下座の付近が非常に熱い.

절절-이 (節節−) 圖 一言一言에;一句一句;一語一句. ‖구구 절절이 옳은 말을 한다 一語一句正しいことを言う.

절절-하다 (切切−) 形動 切々としている;切実だ. ‖절절한 사연 切実な事情. **절절-히** 圖

절정 (絶頂) 图 絶頂;山頂. ‖인기절정의 가수 人氣絶頂の歌手. 절정에 달하다 絶頂をきわめる.

절정-기 (絶頂期) 图 絶頂期.

절제[1] (切除) 图 他サ 切除.

절제[2] (節制) 图 他サ 節制. ‖술을 절제하다 酒を節制する.

절조 (節操) 图 節操.

절주 (節酒) 图 他サ 節酒.

절지-동물 (節肢動物) 【-찌-】 图 〔動物〕 節足動物.

절차 (節次) /pɕʰa/ 图 手続き;手順. ‖절차를 밟다 手続きを踏む. 입학 절차를 끝내다 入学の手続きを済ませる.

절차-탁마 (切磋琢磨) 【-탕-】 图 他サ 切磋琢磨.

절찬 (絶讚) 图 他サ 絶賛. ‖절찬을 받다 絶賛を博する.

절창 (絶唱) 图 絶唱.

절충 (折衷) 图 他サ 折衷. ‖두 안을 절충하다 両案を折衷する. 절충안 折衷案.

절취[1] (切取·裁取) 图 他サ 切り取ること.

절취[2] (竊取) 图 他サ 窃取;ひそかに盗み取ること.

절친-하다 (切親−) 形動 きわめて親しい. ‖절친한 사이 きわめて親しい間柄.

절-터 图 寺の跡地.

절판 (絶版) 图 自サ 絶版.

절편 图 〔料理〕 花紋이 찍혀진 둥글고 네모난 평평한 떡.

절필 (絶筆) 图 絶筆.

절하 (切下) 图 他サ 〔經〕 切り下げ.

절상 (切上). ‖원의 평가 절하 ウォンの評価切り下げ.

절호 (絶好) 图 他サ 絶好. ‖절호의 기회 絶好のチャンス.

젊다 /ɕʌmtʰa/ 【점-】 形 若い. ‖젊고 행동력이 있다 年の割りに若くて行動的. 그 사람은 나보다 젊어 보인다 彼は私より若く見える.

젊다-젊다 【점따점따】 形 〔젊다を強めて言う語〕 若々しい;若者らしい.

젊어 젊다 (若い)의 連用形.

젊은 젊다 (若い)의 連体形.

젊은-것 【-건】 图 〔젊은이를 見くびる言い方で〕 若造;若僧.

젊은-이 图 若者;若衆;若手. 古늙은이.

젊음 图 若さ. ‖젊음을 유지하는 비결 若さを保つ秘訣.

점[1] (占) 图 占い;易. ▶점(을) 보다 占ってもらう 점 보러 가다 占い(のところ)に行く. ▶점(을) 치다 (吉凶を)占う.

점[2] (點) /ɕʌm/ 图 ❶点. ‖점을 찍다 点を打つ. 멀리 있는 사람이 점처럼 보이다 遠くの人が点のように見える. 협조성이 있는 점을 들어 協調性がある点をあげて. 구두점 句読点. 문제점 問題点. ❷ほくろ. ‖입가의 점이 매력적이다 口元のほくろが魅力的だ. ❸特に強調した要素;ところ. ‖성능이 좋다는 점을 강조하다 性能の良さを強調する. 배울 점이 많다 勉強になるところが多い. 좋은 점 良いところ. ❹〔구름한 점의 形で〕 구름이 한 점도 없는 가을 하늘 雲一つない秋空. ❺星屋. ‖점 찍혀 둔 사람이 있다 目星をつけた人がいる.

— 依名 ❶…点. ‖백 점을 받다 100点を取る. ❷(肉などの)切れ. ‖고기 몇 점 집에서 먹었다 肉を何切れかつまんだ.

-점[3] (店) 依存 店を表わす語:…店. ‖음식점 飲食店.

점거 (占據) 图 他サ 占拠. **점거-되다**[-당하다] 受身

점검 (點檢) 图 他サ 点検. ‖엔진을 점검하다 エンジンを点検する. 총점검을 받다 総点検を受ける.

점괘 (占卦) 【-꽤】 图 吉凶を占う時に出たまり(¹¹).

점-그래프 (點graph) 图 点グラフ.

점도 (粘度) 图 粘度.

점-도미 (點−) 图 〔魚介類〕 マトウダイ(的).

점등 (點燈) 图 他サ 点燈.

점령 (占領) 【-녕】 图 他サ 占領. **점령-당하다** 受身

점령-군 (占領軍) 图 占領軍.

점막 (粘膜) 图 〔解剖〕 粘膜.

점멸 (點滅) 图 自他サ 点滅. ‖비상등

점묘 점멸하다 非常灯が点滅する.
점묘(點描) 图 他 (美術) 点描.
점-박이(點-) 图 顔や体にほくろが多い人;体に斑点が多い動物.
점병 하自 重いものが水中などに落ちる音(様子):どぶん;じゃぼん;ずぶん.
점병-거리다 自 しきりにじゃぶじゃぶする.
점보 (jumbo) 图 ジャンボ.
점보-제트기 (jumbo jet 機) 图 ジャンボジェット.
점복 (占卜) 图 占卜(ぼく);占い.
점선 (點線) 图 点線. ‖점선을 따라 접다 点線に沿って折る.
점성 (粘性) 图 (物理) 粘性.
점성-술 (占星術) 图 占星術.
점수 (點數) 图 [-쑤] 图 点数. ❶ 得点の数. ‖점수를 매기다 点数をつける. ❷ 品物の数. ‖ 出品 点数.
점술 (占術) 图 占術;卜占(ぼく).
점술가 (占術家) 图 占い師.
점심 (點心) /tɕʌmʃim/ 图 昼食;お昼. ‖ 점심 먹읍시다 お昼にしましょう. 점심 먹으러 가다 お昼を食べに行く.
점심-때 (點心-) 图 昼食時;昼頃.
점심-시간 (點心時間) 图[-씨-] 图 昼休み.
점액 (粘液) 图 粘液.
점액-질 (粘液質) 图 [-쩩] 图 粘液質.
점원 (店員) 图 店員.
점유 (占有) 图 他 占有.
점유-권 (占有權) 图 (法律) 占有権.
점유-물 (占有物) 图 [-찐] 图 占有物.
점입가경 (漸入佳境) 【-까-] 图 自 次第に佳境に入ること;段々興味深くなること.
점자 (點字) 【-짜] 图 点字.
점잖다 /tɕʌmdʑanta/ [-잔타] 形 ❶ おとなしい;温厚だ. ‖ 점잖은 사람이 술만 마시면 달라진다 おとなしい人が酒を飲むと違う人になる. ❷ 上品だ;品格がある. ‖ 점잖은 말투 品のある言い方.
점-쟁이 (占-) 图 易者;占い師.
점점 (漸漸) /tɕʌmdʑəm/ 图 だんだん(と);次第に;徐々に. ‖ 나이가 들면서 단것이 점점 싫어진다 年をとるにつれて甘い物がだんだん嫌になる. 학문의 세계는 점점 더 분화되고 있다 学問の世界は益々分化されている.
점점-이 (點點-) 图 ‖ 점점이 흩어져 있는 섬들 点々と散在している島々.
점증 (漸增) 图 他 漸増(ぞう).
점지 他 申し子を授けること. **점지-받다** 受動

점진 (漸進) 图 自 漸進(ぞう). ⑪ 급진(急進).
점진-적 (漸進的) 图 漸進的. ⑪ 급진적(急進的). ‖ 점진적인 개혁 漸進的な改革.
점-찍다 (點-)【-따] 他 目をつける;目星をつける;見当をつける.
점차[1] (點差) 图 点差. ‖ 이 점차로 이기다 2 点差で勝つ.
점차[2] (漸次) 图 次第に;徐々に;おいおい. ‖ 알력이 점차 심화되고 있다 軋轢が次第に深まっている. 점차 익숙해지겠지 おいおい慣れてくるでしょう.
점착 (粘着) 图 自 粘着. ‖ 점착 테이프 粘着テープ.
점착-력 (粘着力) 【-쌍녁] 图 粘着力.
점층-법 (漸層法) 【-뻡] 图 (文芸) 漸層法.
점토 (粘土) 图 粘土. ⑪ 찰흙.
점토-질 (粘土質) 图 粘土質.
점퍼 (jumper) 图 ジャンパー. ⑪ 잠바.
점퍼-스커트 (jumper+skirt 日) 图 ジャンパースカート.
점포 (店鋪) 图 店舗;店.
점프 (jump) 图 自 ジャンプ. ‖ 점프해서 공을 잡다 ジャンプしてボールを取る.
점핑 (jumping) 图 自 ジャンピング.
점-하다 (占-) 他 [하востав] 占める. ‖ 우위를 점하다 優位を占める. 反対 의견이 대세를 점하다 反対意見が大勢を占める.
점호 (點呼) 图 他 点呼.
점화 (點火) 图 自 点火.
점화-전 (點火栓) 图 = 점화 플러그 (點火-).
점화 플러그 (點火 plug) 图 (数学) 点火プラグ.
점획 (點畫) 图 [-/-쵝] 图 点画;点と画.
접[1] 图 接ぎ木. ‖ 나무 접을 붙이다 接ぎ木をする.
접[2] 图 (野菜·果物などの) 100 個単位で数えて買う. ‖ 마늘 한 접 ニンニク 100 個.
— 依 (野菜·果物などを) 100 個で数える語. ‖ 마늘 한 접 ニンニク 100 個.
접객 (接客) 图 他 接客. ‖ 접객 태도 接客の態度.
접객-업 (接客業) 【-깨겁] 图 接客業.
접견 (接見) 图 [-껸] 图 他 接見.
접경 (接境) 图 [-껑] 图 隣接する境界.
접골 (接骨) 图 [-꼴] 图 他 接骨;骨接ぎ.
접골-원 (接骨院) 图 接骨院.
접근 (接近) 图 [-끈] 图 自 接近. ‖ 접근 금지 구역 接近禁止区域. 태풍이 접근하고 있다 台風が接近している.
접는 [점-] 他 접다(折る)の現在連体形.

접다 /tɕəpˈta/ 【-따】 他 ❶折る; 折り畳む. ∥종이비행기를 접다 紙飛行機を折る. 우산을 접다 傘をたたむ. 접는 우산 折り畳み傘. ⓒ되다. ❷〈自分の意見などを〉撤回する; 諦める. ∥의사의 꿈을 접다 医者の夢を諦める.

접대¹(接戦)【-때】 名 応対.

접대²(接待)【-때】 名 他サ 接待; もてなし.

접대-부(接待婦) 名 ホステス.

접두-사(接頭・接辞)【-뚜-】 名 〖言語〗 接頭辞; 接頭語.

접목(椄木·接木)【정-】 名 他サ 接ぎ木. ∥사과 나무를 접목시키다 リンゴの接ぎ木をする.

접미-사(接尾辞)【정-】 名 〖言語〗 接尾辞; 接尾語.

접-바둑【-빠-】 名 置き碁.

접-붙이기(椄-)【-뿌치-】 名 〖農〗 接ぎ木.

접-붙이다(椄-)【-뿌치-】 他 接ぎ木をする.

접사(接辞) 名 〖言語〗 接辞.

접선(接線)【-썬】 名 ❶〚数学〛 接線. ❷ 接触.

접속(接續)【-쏙】 名 他サ 接続; 連結.

접속-곡(接續曲)【-쏙꼭】 名 〖音楽〗接続曲.

접속-부사(接續副詞)【-쏙뿌-】 名 〖言語〗接続詞.

접속-사(接續詞)【-쏙싸】 名 〖言語〗 接続詞.

접속-조사(接續助詞)【-쏙쪼-】 名 〖言語〗 接続助詞.

접수(接受) /tɕəpˈsu/ 【-쑤】 名 他サ 受付; 受け付けること. ∥원서 접수 願書の受付. 인터넷으로 접수하다 インターネットで受け付ける.

접수-처(接受處) 名 受付(場所).

접시 /tɕəpˈɕi/ 【-씨】 名 皿. ∥요리를 접시에 담아 내다 料理を皿に盛って出す.

접시-돌리기 名 皿回し.

접시-천칭(天秤) 名 上皿天秤.

접시-꽃【-씨꼳】 名 〖植物〗 タチアオイ(立葵).

접안-렌즈(接眼 lens) 名 接眼レンズ. ⇔대물렌즈(對物-).

접어(接語) 名 접다(折る)の連用形.

접어-놓다【-노타】 他 関わらない; さておく.

접어-들다【-ㄹ語幹】 自 さしかかる; 通りかかる; 入る. ∥장마로 접어들다 梅雨にさしかかる. 사춘기로 접어들다 思春期に入る. 샛길로 접어들다 わき道に入る.

접영(蝶泳) 名 〈水泳の〉バタフライ.

접은 他 접다(折る)の過去連体形.

접전(接戦) 名 他サ 接戦. ∥접전을 벌이다 接戦を繰り広げる.

접점(接點)【-쩜】 名 ❶接点. ∥접점을 찾다 接点を見いだす. ❷〚数学〛 接点.

접종(接種)【-쫑】 名 他サ 接種. ∥예방 접종 予防接種.

접지(接地)【-찌】 名 他サ 接地; アース.

접착(接着) 名 他サ 接着.

접착-제(接着劑)【-쩨】 名 接着剤.

접촉(接觸) 名 他サ 接触. ∥접촉 기회를 찾다 接触する機会を探す. 접촉 사고 接触事故. 접촉 감염 接触感染.

접치다¹ 自 접치이다의 縮約形.

접-치다² 他 접다を強めて言う語.

접치-이다 [접치다²의 受身動詞] 折り畳まれる.

접-칼 名 折り畳み式のナイフ.

접-하다¹(接-) /tɕəpˈhada/ 【저파-】 【하変】 ❶接する; 隣り合う. ∥도쿄는 바다와 접해 있다 東京は海に接している. 많은 사람들과 접하는 직업 多くの人と接する職業. ❷触れる. ∥공기와 접하면 산화된다 空気に触れると酸化する. 서양 문물에 직접 접할 기회 西洋の文物に直に触れる機会. ─ 他 接する. ∥기쁜 소식을 접하다 吉報に接する. 만화를 통해 일본 문화를 접하다 漫画を通して日本文化に接する.

접-하다²(椄-)【저파-】 自 【하変】 接ぎ木をする.

접합(接合)【저팝】 名 他サ 接合.

접히다【저피-】 自 〔접다의 受身動詞〕折り畳まれる.

젓【젇】 名 塩辛. ∥새우젓 エビの塩辛.

젓-가락(箸-) /tɕətˈkarak/ 【저까-·젇까-】 名 箸. ∥나무젓가락 木の箸.

젓-갈【저깔/전깔】 名 塩辛.

젓-국【전꾹】 名 塩辛の汁.

젓는【전-】 形【ㅅ変】 젓다(かき混ぜる)の現在連体形.

젓다/tɕətˈta/【젇따】 他【ㅅ変】 ❶かき混ぜる; かき回す. ∥설탕을 넣고 잘 젓다 砂糖を入れてよくかき混ぜる. ❷漕ぐ. ∥노를 젓다 櫓を漕ぐ. ❸〈首·手などを〉振る. ∥고개를 젓다 首をかしげる.

정¹ 名 鑿(のみ). ∥정으로 돌을 쪼다 鑿で石を切る.

정²(丁) 名〈姓〉 ❶丁(ジョン). ❷〈十干の〉丁(テイ).

정³(鄭) 名〈姓〉 鄭(ジョン).

정⁴(正) 名 正. ∥정사 正邪. 정반합 正反合.

정⁵(情) /tɕəŋ/ 名 ❶情; 情け; 愛想. ∥연민의 정 憐憫の情. 정이 들다 情が移る. 정이 떨어지다 愛想が尽きる; 嫌になる. 정이 많다 情け深い. 오는 정이 있어야 가는 정이 있다 魚心あれば水心. ❷〈男女間の〉愛情. ∥정을 주고받다 情を交わす. ▶정을 쏟다 愛情を注ぐ.

정⁶ 副 本当に. ∥정 가고 싶으면 가거

정¹ (梃·挺) 依名 銃·槍(^う)·鋤などを数える語:…丁. ‖총 세 정 銃 3 丁.
정⁻⁸ (正) 接頭 正…. ‖정사원 正社員.
-정⁹ (整) 接尾 〔金額に付いて〕…也. ‖삼십만 원정 3 万ウォン也.
정가(正價) 【-까】图 正価.
정가(定價) 【-까】图 定価.
정가표(定價表) 图 定価表.
정각(正角)[数学] 图 正角.
정각² (正刻) 图 ちょうどその時刻. ‖여덟 시 정각에 끝납니다 8 時ちょうどに終わります.
정각² (定刻) 图 定刻.
정간(停刊) 图 (하変) 停刊.
정갈하다 [하変] 〔姿や衣服などが〕こざっぱりしている;こぎれいだ;清潔感がある. ‖정갈한 옷차림 こざっぱりした身なり.
정감(情感) 图 情感. ‖정감 어린 눈빛 情感のこもった眼差し.
정강¹ (政綱) 图 政綱.
정강² (精鋼) 图 精鋼.
정강이[解剖] 脛(ネ);向こう脛.
 정강이뼈[解剖] 脛骨(^ホ).
정객(政客) 图 政客.
정거장(停車場) 图 停留所. ‖버스 정거장 バス停留所.
정견(定見) 图 定見.
정견(政見) 图 政見. ‖정견 방송 政見放送.
정결하다¹ (貞潔一) 形 [하変] 貞潔だ.
정결하다² (淨一) 形 [하変] 浄潔だ.
 정결히 圖
정-겹다(情一) /dʒəŋdʒəp̚ta/ [-따] [ㅂ変] [정겨워, 정겨운] 情愛があふれている; 微笑ましい. ‖모녀의 정겨운 모습 母と娘の情愛あふれる情景.
정경¹ (政經) 图 政経;政治と経済.
정경² (情景) 图 情景. ‖흐뭇한 정경 微笑ましい情景.
정계(政界) 【-/-게】图 政界.
정곡(正鵠) 图 正鵠(ネネ). ‖정곡을 찌르다 正鵠を射る.
정공(精工) 图 精工.
 정공-법(正攻法) 【-뻡】图 正攻法.
정관¹ (精管) [解剖] 图 精管;輸精管.
정관² (靜觀) 图 静観. ‖사태를 정관하다 事態を静観する.
정-관사(定冠詞) [言語] 图 定冠詞.
 ⑦부정 관사(不定冠詞).
정교¹ (正敎) 图 ❶ 正しい宗敎. ❷ ギリシャ正敎.
정교² (政敎) 图 政敎;政治と宗敎. ‖정교 분리 政敎分離.
정교-하다(精巧一) 形 [하変] 精巧だ. ‖정교한 기계 精巧な機械.   **정교-히** 圖

정구(庭球)《スポーツ》图 庭球;テニス.
정국(政局) 图 政局. ‖혼란스러운 정국 混乱とした政局.
정권(政權) /dʒəŋk͈wən/ 【-꿘】图 政權. ‖정권을 잡다 政權を握る. 군사 정권 軍事政權. 정권 교체 政權の交替.
정규(正規) 图 正規. ‖정규 교육 正規の敎育. 정규 분포 正規分布.
 정규-군(正規軍) 图 正規軍.
정근(精勤) 图 精勤. ‖정근 수당 精勤手当.
정글(jungle) 图 ジャングル;密林.
정글-짐(jungle gym) 图 ジャングルジム.
정기¹ (正氣) 图 正気.
정기² (定期) /dʒəŋgi/ 图 定期. ‖정기 구독 定期購読.
 정기-간행물(定期刊行物) 图 定期刊行物.
 정기-거래(定期去來) 图 定期取引.
 정기-국회(定期國會) 【-구꾀 /-구꿰】图 通常国会.
 정기-권(定期券) 【-꿘】图 定期券.
 정기-불(定期拂) 图 定期払い.
 정기-승차권(定期乘車券) 【-꿘】图 定期乗車券.
 정기-연금(定期年金) 图 定期年金.
 정기-예금(定期預金) 图 定期預金.
 정기-적(定期的) 图 定期的. ‖정기적인 행사 定期的な催し. 정기적으로 건강 진단을 받다 定期的に健康診断を受ける.
 정기-총회(定期總會) 【-/-훼】图 定期総会.
 정기-항공로(定期航空路) 【-노】图 定期航空路.
 정기-형(定期刑) [法律] 图 定期刑.
정기³ (精氣) 图 精気. ‖정기를 받다 精気がつく.
정-나미(情一) 图 愛着;愛想. ‖정나미가 떨어지다 愛想が尽きる.
정-남방(正南方) 图 真南.
정낭(精囊) [解剖] 图 精囊.
정년(停年) 图 定年;停年. ‖정년퇴직 定年退職.
정념(情念) 图 情念.
정녕(丁寧·叮嚀) 圖 きっと;必ず;確かに.
 정녕-코(丁寧·叮嚀一) 圖 정녕を強めて言う語.
정담¹ (政談) 图 [하変] 政談.
정담² (情談) 图 情話.
정담³ (鼎談) 图 鼎談(ネネ) (3人が話し合うこと).
정답(正答) 图 正答. ⑦오답(誤答).
정-답다(情一) 形 [-따] [ㅂ変] 仲が良い;優しく温かい;懐かしい. ‖정답게 이야기를 나누다 仲良く会話を交わす. 조용한 마을 풍경이 정답다 静かな村の風景

が懷かしい. 정다이 圖

정당¹ (政黨) 图 政党. ‖정당 정치 政党政治.

정당² (正當) /ʤɔːŋdaŋ/ 图 [形動] 正当. ‖정당한 주장 正当な主張. 정당한 이유도 없이 반대하다 正当な理由も無しに反対する.

정당-방위 (正當防衛) 图 [法律] 正当防衛.

정당-성 (正當性) 【-썽】 图 正当性.

정당 행위 (正當行為) 图 [法律] 正当行為.

정당-화 (正當化) 图 [한제] 正当化. ‖자기 행동을 정당화하다 自分の行動を正当化する.

정대-하다 (正大-) 彫 [하변] 正大だ.

정도¹ (正道) 图 正道. ㉗사도 (邪道). ‖정도를 걷다 正道を歩む. 정도에서 벗어나다 正道を踏みはずす.

정도² (程度) /ʤɔŋdo/ 图 程度; ほど; くらい. ‖중급 정도의 일본어 실력 中級程度の日本語能力. 타지 않을 정도로 굽다 焦げない程度に焼く. 한 시간 정도 기다리다 1時間ほど待つ. 밥 정도는 지을 수 있어요 ご飯くらいは炊けます. 정도껏 정도껏.

정도³ (精度) 图 [精密度 (精密度) 의 略語] 精度.

정독 (精讀) 图 [하타] 精読.

정돈 (整頓) 图 [하타] 整頓. ‖정리정돈 整理整頓.

정-들다 (情-) 〖ㄹ語幹〗 親しくなる; 情が移る.

정략 (政略) 【-냑】 图 政略.

정략-결혼 (政略結婚) 【-냑 껼-】 图 政略結婚.

정략-혼 (政略婚) 【-냐콘】 图 = 정략결혼.

정량 (定量) 【-냥】 图 定量.

정력 (精力) 【-녁】 图 精力. ‖정력이 넘치다 精力にあふれる.

정력-적 (精力的) 【-녁쩍】 图 精力的. ‖정력적으로 활동하다 精力的に活動する.

정련¹ (精練) 【-년】 图 [하타] 精練.

정련² (精鍊) 【-년】 图 [하타] 精錬.

정련-소 (精鍊所) 图 製錬所.

정렬 (整列) 【-녈】 图 [하자] 整列.

정령¹ (政令) 【-녕】 图 [法律] 政令.

정령² (精靈) 【-녕】 图 精霊. ‖정령 숭배 精霊崇拝.

정례 (定例) 图 定例. ‖정례 기자회견 定例記者会見.

정론¹ (正論) 【-논】 图 正論.

정론² (定論) 【-논】 图 定説.

정론³ (政論) 【-논】 图 政論.

정류¹ (精溜) 【-뉴】 图 [하타] [化学] 精溜.

정류² (停留) 【-뉴】 图 [하자] 停留.

정류-소 (停留所) 图 停留所.

정류-장 (停留場) /ʤɔŋnjudʒaŋ/ 【-뉴-】 图 停留場. ‖버스 정류장 バス停留所.

정률¹ (定率) 【-뉼】 图 定率.

정률² (定律) 【-뉼】 图 定律.

정률-세 (定率稅) 【-뉼쎄】 图 定率税.

정리¹ (定理) 【-니】 图 [数学] 定理. ‖피타고라스 정리 ピタゴラスの定理.

정리² (整理) /ʤɔːŋni/ 【-니】 图 [하타] 整理. ‖파일을 정리하다 ファイルを整理する. 서랍 안을 정리하다 引き出しの中を整理する.

정립¹ (定立) 【-닙】 图 [하타] 定立; テーゼ.

정립² (鼎立) 【-닙】 图 [하자] 鼎立(㏋).

정말 (正-) /ʤɔːŋmal/ 图 ❶ 本当; 本当の話. ㉗거짓말. ‖정말이에요? 本当ですか. ❷ [副詞的에] 本当に. ‖정말 있었던 이야기 本当にあった話.

정말-로 (正-) 圖 本当に. ‖정말로 한심하다 本当に情けない.

정맥 (靜脈) 图 [解剖] 静脈.

정맥-류 (靜脈瘤) 【-맹뉴】 图 [解剖] 静脈瘤.

정맥-혈 (靜脈血) 【-맥켤】 图 [解剖] 静脈血.

정면 (正面) /ʤɔːŋmjən/ 图 ❶ 正面. ‖정면 충돌 正面衝突. 정면을 응시하다 正面を見つめる. 정면으로 후지산이 보이다 正面に富士山が見える. ❷ 方向. ‖정면에서 반대하다 真っ向から反対する.

정면-도 (正面圖) 图 [美術] 正面図.

정명 (正明) 图 [하자] 公明正大なこと.

정무 (政務) 图 政務.

정무-관 (政務官) 图 政務官.

정문¹ (正門) 图 正門; 表門.

정문² (頂門) 图 [解剖] 脳天. ㊟정수리 (頂-).

정문-일침 (頂門一鍼) 图 頂門の一針.

정물 (靜物) 图 静物.

정물-화 (靜物畫) 图 [美術] 静物画.

정미 (精米) 图 [하타] 精米; 白米; 精米すること.

정미-소 (精米所) 图 精米所.

정밀 (精密) 图 [형] 精密. ‖정밀 검사 精密検査. 정밀 기계 精密機械.

정밀-도 (精密-) 【-또】 图 精密度.

정박 (碇泊·淀泊) 图 [하자] 停泊.

정박-아 (精薄兒) 图 精神薄弱兒 (精神薄弱兒) 의 略語.

정-반대 (正反對) 图 [하자] 正反対; 裏腹. ‖정반대로 말하다 正反対なことを言う. 정반대의 입장 正反対の立場.

정반합 (正反合) 图 正反合.

정방-형 (正方形) 图 [数学] 正方形. ㊟정사각형 (正四角形).

정백 (精白) 图 精白.

정백-미 (精白米) 【-뱅-】 图 精白米.

정벌 (征伐) 图 [하타] 征伐.

정법 (正法) 【-뻡】 图 正法.

정변(政變) 명 政變.

정보¹(情報) /tʃənbo/ 명 情報. ‖정보를 제공하다 情報を提供する. 정보 검색 情報検索. 정보 처리 情報処理. 정보 관리 情報管理. 정보 기관 情報機関.

정보-망(情報網) 명 情報網. ‖거미줄 같은 정보망 クモの巣のような情報網.

정보-원¹(情報員) 명 情報員.
정보-원²(情報源) 명 情報源.
정보-지(情報紙) 명 情報紙.
정보-통(情報通) 명 情報通.
정보화 사회(情報化社會) [/-붜-훼/] 情報化社会.

정보²(町步) 依名 山林·田畑の面積を町を単位として数える語: …町歩. ‖삼 정보의 논 3町歩の田.

정복¹(正服) 명 正服; 制服. ‖정복 차림의 경찰관 制服姿の警察官.
정복²(征服) 명 他 征服. ‖정상을 정복하다 頂上を征服する. 영어 완전 정복 英語完全征服. **정복-되다** [-당하다]

정부¹(正否) 명 正否; 正しいことと正しくないこと.
정부²(正負) 명 数学 正数と負数.
정부³(正副) 명 正と副. ‖정부 의장 正副議長.
정부⁴(政府) /tʃəŋbu/ 명 政府. ‖현 정부 現政府. 임시 정부 臨時政府. 정부 간행물 政府刊行物.
정부-미(政府米) 명 政府米.
정부⁵(情夫) 명 情夫.
정부⁶(情婦) 명 情婦.
정분(情分) 명 情合; 情誼(ぎ). ‖정분이 두터운 情分に厚い.

정비(整備) 명 他 整備. ‖자동차 정비 공장 自動車整備工場. 환경 정비 環境の整備. 도로망을 정비하다 道路網を整備する.
정비-공(整備工) 명 整備工.
정-비례(正比例) 명 他 数学 正比例. ⟺ 반비례(反比例).
정-비례(定比例) 명 定比例.

정사¹(正史) 명 正史.
정사²(正邪) 명 正邪.
정사³(政事) 명 政事.
정사⁴(情死) 명 自 情死; 心中.
정사⁵(情事) 명 情事.

정-사각형(正四角形) 【-가켱】 명 数学 正四角形; 正方形. ⦿ 정방형(正方形).
정-사면체(正四面體) 명 数学 正四面体.
정-사원(正社員) 명 正社員.
정산(精算) 명 他 精算. ‖차비를 정산하다 運賃を精算する.
정-삼각형(正三角形) 【-가켱】 명 数学 正三角形.

정상¹(正常) /tʃəŋsaŋ/ 명 正常; 通常. ⟺ 이상(異常). ‖정상 가격 正常価格. 정상 근무 通常勤務. 정상으로 돌아오다 正常に戻る.
정상-적(正常的) 명 正常. ‖정상적인 발육 正常な発育.
정상-치(正常値) 명 正常値.
정상-화(正常化) 명 他 正常化. ‖국교 정상화 国交正常化.
정상²(頂上) 명 頂上; トップ. ‖정상 회담 トップ会談.
정상-급(頂上級) 【-끕】 명 トップクラス.
정상³(情狀) 명 情状. ‖정상을 참작하다 情状を酌量する.
정상-작량(情狀酌量) [-장냥] 명 法律 情状酌量.
정상-참작(情狀參酌) 명 = 정상 작량(情狀酌量).
정색(正色) 명 自他 真顔; 改まった表情になること. ‖정색을 하고 따지다 真顔で問いただす.

정서¹(正書) 명 正書; 清書. ‖보고서를 정서하다 報告書を清書する.
정서-법(正書法) [-뻡] 正書法.
정서²(情緖) 명 情緒. ‖정서 불안 情緒不安定. 이국 정서 異国情緒.
정석(定石) 명 定石. ‖정석대로 번트로 주자를 내보내다 定石通りバントで走者を進める.
정선(精選) 명 他 精選.
정설(定說) 명 定説. ‖정설을 뒤엎다 定説をくつがえす.
정성¹(定性) 명 化学 定性.
정성²(精誠) /tʃəŋsəŋ/ 명 誠意; 真心; 丹念; 丹精. ‖정성을 다하다 誠意を尽くす. 정성 어린 태도 誠意ある態度. 정성을 다해 만들다 丹念に作る.
정성-껏(精誠-) [-껀] 副 誠意を込めて; 真心を込めて. ‖정성껏 음식을 장만하다 真心を込めて料理を準備する.

정세(情勢) /tʃəŋse/ 명 情勢. ‖정세 판단 情勢判断. 국제 정세 国際情勢. 한동안 정세를 지켜보다 しばらく情勢を見守る.

정소(精巢) 명 解剖 精巣.
정수¹(正數) 명 数学〔양수(陽數)의 旧用語〕正数.
정수²(整數) 명 数学 整数.
정수³(定數) 명 定数. ‖의원 정수 議員定数.
정수⁴(精髓) 명 精髄; 神髄.
정수⁵(淨水) 명 他 浄水.
정수-기(淨水器) 명 浄水器. ‖정수기를 달다 浄水器をつける.
정수리(頂-) 명 解剖 脳天. ⦿ 정문(頂門).

정숙-하다¹(整肅-) 【-수카-】 形 【하변】 整粛だ. **정숙-히** 副
정숙-하다²(貞淑-) 【-수카-】 形

변〕 貞淑도. **정숙-히** 甲

정숙-하다³ (靜肅-) 〔-수카-〕 〔形〕 〔하변〕 靜肅. **정숙-히** 甲

정승 (政丞) 〔图〕 〔歴史〕 丞相(じょう). 图 승상(丞相).

정시¹ (定時) 〔图〕 定時.

정시² (正視) 〔图〕 〔他〕 正視.

정식¹ (正式) 〔图〕 正式; 本式. 〖약식(略式). ‖정식 방문 正式의 訪問. 정식으로 인가를 받다 正式에 認可되다.

정식² (定式) 〔图〕 定式.

정식-화 (定式化) 〔-시콰〕 〔하타〕 定式化.

정식³ (定食) 〔图〕 定食. ‖불고기정식 プルゴギ定食.

정식⁴ (整式) 〔图〕 〔数学〕 整式.

정신 (精神) /tɕʌŋɕin/ 〔图〕 ❶ 精神. ‖정신을 집중하다 精神을 集中する. 헌법 정신 憲法 精神. 정신 상태 精神状態. ❷ 気. ‖정신을 잃다 気を失う; 失神する. 정신이 없다 気がない; 気がでない. 정신이 산란하다 (忙しすぎて)ぽんやりする. 정신이 해이해지다 気がゆるむ. ▶ 정신(을) 차리다 ①意識을 取り戻す; 気を確かに持つ. ②しっかりする. ▶ 정신을 팔다 よそ見をする. ▶ 정신이 나가다 気が抜ける. ▶ 정신이 나다 意識이 戻る. ▶ 정신이 들다 意識이 戻る; 我に返る. ▶ 정신이 빠지다 気が抜ける. ▶ 정신이 팔리다 気を取られる.

정신감정 (精神鑑定) 〔图〕 精神鑑定.
정신-과 (精神科) 〔-꽈〕 〔图〕 〔医学〕 精神科.
정신교육 (精神教育) 〔图〕 精神教育.
정신노동 (精神勞動) 〔图〕 精神勞動. 〖육체노동 (肉體勞動).
정신력 (精神力) 〔-녁〕 〔图〕 精神力. ‖강한 정신력 強い精神力.
정신-머리 (精神-) 〔图〕 精神(精神)의 俗語.
정신문화 (精神文化) 〔图〕 精神文化. 〖물질문화 (物質文化).
정신-박약아 (精神薄弱兒) 〔图〕 知的 障害児. 图정박아 (精神薄)).
정신병 (精神病) 〔-뼝〕 〔图〕 〔医学〕 精神病.
정신병리학 (精神病理學) 〔-나-〕 〔图〕 精神病理学.
정신병원 (精神病院) 〔-뼝-〕 〔图〕 精神病院. 精神の入れられる.
정신분석 (精神分析) 〔图〕 精神分析.
정신분열증 (精神分裂症) 〔-쯩〕 〔图〕 〔医学〕 精神分裂病; 統合失調症.
정신사 (精神史) 〔图〕 精神史.
정신생활 (精神生活) 〔图〕 精神生活.
정신안정제 (精神安定劑) 〔图〕 〔薬〕 精神安定剤.
정신-없다 (精神-) 〔-시넙따〕 〔形〕 気がせく; 無我夢中だ; 非常に忙しい. **정신없-이** 甲

정신~연령 (精神年齡) 〔-녕-〕 〔图〕 精神年齡. ‖정신 연령이 낮다 精神年齡이 낮다.
정신~위생 (精神衛生) 〔图〕 精神衛生.
정신~이상 (精神異狀) 〔图〕 〔医学〕 精神異常.
정신-적 (精神的) 〔-쩍〕 〔图〕 精神的(物質的)·육체적 (肉體的). ‖정신적 타격을 받다 精神的 打擊을 받는다. 정신적으로 힘들다 精神的にまいっている.

정실¹ (正室) 〔图〕 正室.
정실² (情實) 〔图〕 情実. ‖정실을 배제하다 情実を排する.
정액¹ (定額) 〔图〕 定額. ‖정액 보험 定額保険.
정액² (精液) 〔图〕 〔生理〕 精液.
정양 (靜養) 〔图〕 〔하자〕 静養.
정양-원 (靜養院) 〔图〕 静養所;療養所.

저어리 (魚介類) 〔图〕 イワシ (鰯).
정언-적 (定言的) 〔图〕 定言的. ‖정언적 판단 定言的 判断.
정연-하다 (整然-) 〔形〕 〔하변〕 整然としている. ‖논리정연한 연설 理路整然たる演説.

정열 (情熱) /tɕʌŋjʌl/ 〔-녈〕 〔图〕 情熱. ‖정열을 불태우다 情熱を燃やす. 정열을 쏟다 情熱を傾ける (注ぐ).
정열-적 (情熱的) 〔-녈쩍〕 〔图〕 情熱的. ‖정열적으로 일하다 情熱的に仕事に打ち込む.
정염 (情炎) 〔图〕 情炎.
정예 (精銳) 〔图〕 〔하형〕 精鋭. ‖정예 부대 精鋭部隊.
정오¹ (正午) 〔图〕 正午. ‖정오를 알리는 종소리 正午를 知らせる鐘の音.
정오² (正誤) 〔图〕 正誤.
정오-표 (正誤表) 〔图〕 正誤表.
정온 (定溫) 〔图〕 定温.
정온-동물 (定溫動物) 〔图〕 〔動物〕 定温動物; 恒温動物. 〖변온 동물 (變溫動物).
정욕 (情慾) 〔图〕 情欲.

정원¹ (定員) /tɕʌŋwʌn/ 〔图〕 定員. ‖정원을 초과하다 定員を超える. 정원 미달 定員割れ. 이 버스의 정원은 서른 명입니다 このバスの定員は 30 名です.
정원² (庭園) 〔图〕 庭園; 庭. ‖정원을 가꾸다 庭の手入れをする.
정원-사 (庭園師) 〔图〕 庭師.
정월 (正月) 〔图〕 正月; 1月. ‖정월 초하루 正月.
정유 (精油) 〔图〕 〔하타〕 精油; 精油すること.
정육 (精肉) 〔-뉵〕 〔图〕 精肉.
정육-점 (精肉店) 〔-뉵쩜〕 〔图〕 精肉店; 肉屋.
정-육면체 (正六面體) 〔-뉵-〕 〔图〕 〔数学〕 正六面体; 立方体.

정음¹ (正音) 图 正音.
정음² (正音) 훈민정음(訓民正音)의 略稱.
정의¹ (定義) [-/-이] 图 他 定義. ‖개념을 정의하다 槪念を定義する. 정의를 내리다 定義を下す;定義づけをする.
정의² (情誼) [-/-이] 图 情誼.
정의³ (正義) /tɕɔːŋi/ [-/-이] 图 正義. ‖정의로운 사회 正義に満ちた社会.
정의-감 (正義感) 图 正義感. ‖정의감이 강한 사람 正義感の強い人;正義感に溢れる人.
정의-롭다 (正義-) 【-따】 圈 [ㅂ変] 正義感があられる. **정의로이** 圖
정자¹ (丁字) [-짜] 图 丁字形(丁字形)の略称.
　정자-형 (丁字形) 丁字形. 魎정자(丁字).
정자² (正字) 图 正字.
정자³ (亭子) 图 亭子; 東屋.
　정자-나무 (亭子-) 图 村の中心や家の近くにある大樹.
정자⁴ (精子) [生理] 图 精子.
정작 /tɕɔːŋdʑak/ 圖 本当に; 実際に; いざ. ‖본인은 정작 모르고 있다 本人は実際知らない. 정작 자기가 해 보려고 하면 어려운 법이다 いざ自分でやるとなると難しいものだ.
정장 (正裝) 图 自 正装. ‖정장을 하고 나가다 正装して出かける.
정장-제 (整腸劑) 图 [薬] 整腸剤.
정재 (淨財) 图 淨財.
정쟁 (政爭) 图 政爭.
정적¹ (政敵) 图 政敵.
정-적² (靜的) [-쩍] 图 静的. ㉠動的(動的). ‖정적인 묘사 静的な描写.
정적³ (靜寂) 图 他 静寂. ‖새벽의 정적을 깨뜨리는 비명 소리 明け方の静寂を破る悲鳴.
정전¹ (停電) 图 自 停電. ‖태풍으로 하루 종일 정전되다 台風で一日中停電する.
정전² (停戰) 图 他 停戰. ‖정전 협정 停戰協定.
정-전기 (靜電氣) 图 [物理] 静電氣.
정절 (貞節) 图 貞節.
정점 (頂點) [-쩜] 图 頂点. ‖정점에 달하다 頂点に達する.
정정¹ (訂正正堂) 图 他 訂正. ‖정정 보도 訂正報道. 잘못을 정정하다 誤りを訂正する. **정정-되다** 自
정정² (政情) 图 政情.
정정-당당 (正正堂堂) 图 他 正々堂々. ‖정정당당한 대결 正々堂々とした対決. 정정당당하게 싸우다 正々堂々と戦う.
정정-하다 (亭亭-) 圈 하영 かくしゃくとしている. ‖할아버지는 여든이라고

는 믿어지지 않을 만큼 정정하시다 祖父は80歳とは信じられないほどかくしゃくとしている.
정제¹ (錠劑) 图 錠剤; タブレット.
정제² (精製) 图 他 精製. ‖원유의 정제 原油の精製.
정제-당 (精製糖) 图 精製した砂糖; 白糖.
정제-염 (精製鹽) 图 精製塩.
정제-품 (精製品) 图 精製品.
정조 (貞操) 图 貞操.
정족-수 (定足數) [-쑤] 图 定足数. ‖의결 정족수 議決定足数.
정종 (正宗) 图 日本酒.
정좌¹ (正坐) 图 自 正座.
정좌² (靜坐) 图 自 静座.
정주 (定住) 图 自 定住.
정중-하다 (鄭重-) 圈 하영 丁重に; 手厚い. ‖정중하게 사양하다 丁重に断る. 정중하게 대우하다 手厚くもてなす.
정중-히 圖
정지¹ (停止) /tɕɔːŋdʑi/ 图 他 停止. ‖대출을 정지하다 貸し出しを停止する. 심장이 정지되다 心臓が停止する. 출장 정지 처분을 받다 出場停止処分を受ける. 정지 신호 停止信号.
정지² (靜止) /tɕɔːŋdʑi/ 图 自 静止. ‖정지 상태 静止状態.
정지³ (整地) 图 他 整地.
정직¹ (定職) 图 定職.
정직² (停職) 图 他 停職. ‖삼 개월 정직 처분을 받다 3か月の停職処分を受ける.
정직-하다 (正直-) /tɕɔːŋdʑikʰada/ 【-카-】 圈 하영 正直だ. ‖정직한 아이 正直な子ども. 정직하게 말해라 正直に話しなさい.
정진 (精進) 图 他 精進. ‖학문에 정진하다 学問に精進する.
정차 (停車) 图 自他 停車.
정착 (定着) 图 自 定着. ‖일본에 정착하다 日本に定着する.
정찰¹ (正札) 图 正札. ‖정찰제 正札 販売制. 정찰 판매 正札販売.
정찰² (偵察) 图 他 偵察.
정찰-기 (偵察機) 图 偵察機.
정찰-병 (偵察兵) 图 偵察兵.
정책 (政策) /tɕɔːŋtɕʰɛk/ 图 政策. ‖금융 정책 金融政策. 정책의 일환으로 政策の一環として. 새로운 정책을 내놓다 新しい政策を打ち出す.
정책-적 (政策的) [-쩍] 图 政策の; 政策的な. ‖정책적인 차원에서 政策の次元で.
정처¹ (正妻) 图 =정실(正室).
정처² (定處) 图 定まった所. ‖정처 없이 떠나다 当てもなく旅立つ.
정체¹ (正體) 图 正体. ‖정체가 탄로 나다 正体がばれる. 정체를 드러내다 正体を現わす.
정체² (政體) 图 政体. ‖대한민국의

정체는 자유 민주주의이다 大韓民国の政休は自由民主主義である.
정체[3] (停滯) 圏回 停滯; 渋滯. ‖경기가 정체되어 있다 景気が停滯している. 심각한 교통 정체 深刻な交通渋滯.
정초[1] (正初) 圏 正月初旬; 年の初め; 年初; 年頭.
정초[2] (定礎) 圏 ② 定礎.
정초-식 (定礎式) 圏 定礎式.
정취 (情趣) 圏 情趣; 趣. ‖봄 정취에 매료되다 春の趣に魅了される.

정치 /tʃɔŋtʃʰi/ 圏 政治. ‖정치 경제 政治経済. 정치상의 대립 政治上の対立. 정치 불신을 가져오다 政治不信を招く. 의회 정치 議会政治. 관료 정치 官僚政治. 정치 체제 政治体制. 정치 활동 政治活動.
정치-가 (政治家) 圏 政治家.
정치-계 (政治界)【/-게】圏 政界.
정치-권 (政治圈)【-꿘】圏 政治圏.
정치-권력 (政治權力)【-궐-】圏 政治権力.
정치-꾼 (政治-) 圏 政治屋.
정치-단체 (政治團體) 圏 政治団体.
정치-력 (政治力) 圏 政治力.
정치-범 (政治犯)〖法律〗圏 政治犯.
정치-부 (政治部) 圏 政治部.
정치-자금 (政治資金) 圏 政治資金.
정치-적 (政治的) 圏 政治的. ‖정치적인 움직임 政治的な動き. 정치적인 문제 政治的な問題. 정치적 수완 政治的な手腕.
정치-철학 (政治哲學) 圏 政治哲学.
정치-투쟁 (政治鬪爭) 圏 政治鬪争.
정치-학 (政治學) 圏 政治学.
정치-헌금 (政治獻金) 圏 政治献金.
정치 혁명 (政治革命)【-혁-】圏 政治革命.
정치-하다 (精緻-) 圏 하변 精緻하다. ‖정치한 묘사 精緻な描写.
정칙 (正則) 圏 正則. 函 변칙 (變則).
정탐 (偵探) 圏 ② 探偵.
정태 (靜態) 圏 静態. 函 동태 (動態).
정토 (淨土)〖仏教〗圏 浄土. ‖극락 정토 極楽浄土.
정토-종 (淨土宗)〖仏教〗圏 浄土宗.
정통 (正統) 圏 ❶ 正統. ❷ 要点; 核心; 的. ‖정통을 찌르다 核心を突く; 的を射る.
정통-성 (正統性)【-썽】圏 正統性.
정통-적 (正統的) 圏 正統. ‖정통적인 작풍 正統な作風.
정통-파 (正統派) 圏 正統派.
정통-하다 (精通-) 圏 하변 精通する. ‖민법에 정통하다 民法に精通している.
정평 (定評) 圏 定評. ‖정평 있는 작품 定評のある作品.
정표 (情表) 圏 ② 誠意または愛情의

しるし.
정-하다 (定-) /tʃɔŋhada/ 圏 ② 하변 ❶ 定하다; 決하다. ❷ 規칙을 定하다. 法律로 定하다. ‖법률에 정해진 바에 따라 처벌하다 法の定めるところにより処罰する. 일정을 정하다 日程を決める. 활동 방침을 정하다 活動方針を決める.
정해진 노래 定番の歌.
정학 (停學) 圏 하변 停学. ‖무기정학 처분을 받다 無期停学処分を受ける.
정한[1] (情恨) 圏 恨; 怨恨.
정한[2] (靜閑) 圏 ② 하변 静閑; 閑静.
정한-하다 (精悍-) 圏 하변 精悍하다.
정한-히 圏
정합 (整合) 圏 ② 하변 整合.
정합-성 (整合性)【-썽】圏 整合性.
정해[1] (正解) 圏 ② 하변 正解.
정해[2] (精解) 圏 ② 하변 精解. ‖국문법 정해 国文法精解.
정형[1] (定形) 圏 定形.
정형[2] (定型) 圏 定型.
정형-시 (定型詩)〖文芸〗圏 定型詩.
정형[3] (整形) 圏 ② 하변 整形.
정형-외과 (整形外科)【-꽈/-웨꽈】圏 整形外科.
정화 (浄化) 圏 ② 하변 浄化. ‖사회 정화 社会浄化.
정화-조 (浄化槽) 圏 浄化槽.
정화[2] (精華・菁華) 圏 ② 精華. ‖석굴암은 신라 예술의 정화다 石窟庵は新羅の芸術の精華である.
정화-수 (井華水) 圏 早朝一番に汲んだ井戸水. ※祈る時や漢方薬を煎じる時に使う.
정확-하다 (正確-) 圏 하변 正確하다; 확실하다. ‖사람 보는 눈이 정확하다 人を見る目が確かだ. 치수대로 정확하게 만들다 寸法通り正確に作る. 정확을 기하다 正確を期す. **정확-히** 圏 ‖납기일을 정확히 지키다 納期日を正確に守る.
정황 (情況) 圏 情況; 状況.
정회 (停會)【/-훼】圏 ② 停会.
젖 /tʃɔt/ 【젇】圏 ❶ 乳; 乳汁. ‖아기에게 젖을 먹이다 赤ん坊に乳を飲ませる [吸わせる]. 젖을 빨다 乳を吸う. ❷ 乳房; 오빠이. ‖아기에게 젖을 물리다 赤ん坊に乳をふくませる. 젖이 불다 乳が張다. ▶젖을 떼다 乳離れする; 離乳する. ≒ 斷乳する.
젖-가슴【전까-】圏 乳房; 乳房의 辺り.
젖-꼭지【젇-찌】圏 ❶ 乳頭; 乳首. ❷ (哺乳瓶의) 乳首.
젖-꽃판【젇-판】圏 乳輪.
젖-내【전-】圏 ❶ 乳의 냄새. ▶젖내가 나다 子どもっぽい; 青臭い; 幼稚だ; 未熟だ.
젖-니【전-】圏 乳歯. ⇌ 유치 (乳歯).
젖다[1] /tʃɔtta/【젇따】自五 ❶ 濡れる. ‖비에 흠뻑 젖다 雨にびっしょり (と) 濡

젖다[전따]【저:-】 ❶ 물기가 배어 축축하게 되다. ‖비에 젖은 옷 雨に濡れた服; 이슬에 젖은 잔디 夜露に濡れた芝生. ❷ 《感情や思いに》浸る. ‖향수에 젖다 郷愁に浸る. ❸ 《悪習や癖に》染まる; とらわれる. ‖오래된 인습에 젖어 있다 古い因習にとらわれている.

젖다[전따]【전:-】 後ろに傾く. 反る. ☞ 젖히다.

젖-당(-糖)【전땅】图【化学】＝유당(乳糖).

젖먹-이[전-]图 乳飲み子; 乳児.

젖-멍울[전-]图 乳の腫れ; 乳房内のぐりぐり.

젖-몸살[전-]图 乳が腫れて起こる悪寒.

젖-병(-甁)【전뼝】图 哺乳瓶.

젖-비린내[전삐-]【전:-】图 子どもっぽい; 幼稚だ; 未熟だ. ▸젖비린내가 나다 子どもっぽい; 青臭い; 幼稚だ. 젖비린내가 나는 녀석 乳臭いやつ; 青二才.

젖-빛[전삗] 图 乳白色.

젖빛 유리(-琉璃)【전삗뉴-】图 曇りガラス; すりガラス.

젖-산(-酸)【전싼】图 ＝유산(乳酸).

젖산-균(-酸菌)【전싼-】图 ＝유산균(乳酸菌).

젖산 발효(-酸醱酵)【전싼-】图 乳酸発酵(乳酸酸酵).

젖-샘[전쌤]图【解剖】乳腺.

젖-소[전쏘]图【動物】乳牛.

젖-줄[전쭐]图 ❶ ＝젖샘. ❷〔比喩的に〕生命の源; 大動脈. ‖한국의 젖줄인 한강이다 韓国の大動脈である漢江だ.

젖-히다[저치-]【저ː-】〔「젖다²の使役動詞〕反らす; のけ反る. 反り返る. ❶몸을 뒤로 젖히다 体を後ろに反らす. ❷〔後ろに〕倒れる. ‖몸을 젖혀 날아오는 공을 피하다 身を倒して飛んでくるボールを避ける; 의자를 뒤로 젖히다 椅子を後ろに倒す. ❸이불을 젖히고 일어나다 布団をめくって起きる. ❹ 差し置く. ‖이 문제는 젖혀 놓고 다음 문제로 넘어갑시다 この問題は差し置いて次の問題に移りましょう. ❺〔어[어]젖히다の形で〕... 放しにする; まくる. ‖문을 열어 젖히다 ドアを開けっ放しにする.

제¹(祭)图〔제사(祭祀)の略語〕祭祀. ‖제를 지내다 祭祀を執り行う.

제²(諸)【제ː】图(姓) 諸(ジェ).

제³/ɟe/代【제ː】❶〔助詞의·가の前で用いられて〕私; わたくし. 1 내가 하겠습니다 私がやります; 제가 알고 있는 한 私の知っている限り. ❷〔저의の縮約形〕私の. 제 차로 가시지요 私の車で行きましょうか.

제⁴(劑)依名 漢方の煎じ薬 20服. ‖보약 한 제를 짓다 補薬 20服を調合してもらう.

제⁵(諸) 〔一部の漢語の前に付いて〕

諸; 色々の; 諸々の. ‖자본주의 제 문제 資本主義の諸問題.

제-⁶(第) 接頭 第.... ‖제일 장 제이 절 第1章第2節.

-제⁷(制) 接尾 ...制. ‖가부장제 家父長制. 군주제 君主制.

제-⁸(祭) 接頭 ...祭. ‖위령제 慰霊祭.

-제-⁹(製) 接尾【-쩨】图 ❶製を表わす. ‖금속제 金属製. ❷生産地を表わす. ‖일본제 日本製. 미제 アメリカ製.

-제¹⁰(劑) 接尾 -剤. ‖해열제 解熱剤.

제가(齊家) 하自 斉家(사이). ‖수신제가 修身斉家.

제가(諸家) 图 ❶ 諸家. ‖제가의 학설 諸家の学説. ❷ 제자백가(諸子百家)の略語.

제-각각(-各各)【-깍】图 各自; まちまち. ‖형제라 해도 성격은 제각각이다 兄弟といえども性格はまちまちだ.
— 副 各자; めいめい; おのおの; それぞれ.

제-각기(-各기)/ʤegak'ki/【-끼】副 めいめい; おのおの. ‖하는 일이 제각기 다르다 やっていることがそれぞれ違う.

제갈(諸葛)图(姓) 諸葛(ジェガル).

제강(製鋼) 하自 製鋼.

제거(除去) 하他 除去; 取り除くこと. ‖지뢰를 제거하다 地雷を除去する. 불순물을 제거하다 不純物を取り除く.

제거-되다 受動

제격(-格)图 うってつけ; あつらえ向き. ‖여름에는 냉면이 제격이다 夏場は冷麺がうってつけだ. 그런 역에 제격인 인물이 있다 そういう役にうってつけの人がいる.

제고(提高) 하他 《水準などを》高めること. ‖생산성을 제고하다 生産性を高める.

제곱 하他【数学】二乗; 自乗.

제곱-근(-根)【-끈】图【数学】自乗根; 平方根.

제곱-비(-比)【-삐】图【数学】自乗比.

제곱-수(-數)【-쑤】图【数学】自乗数.

제공(提供)/ʤegoŋ/ 하他 提供. ‖자료를 제공하다 資料を提供する. 그녀는 우리들에게 모든 정보를 제공해 주었다 彼女は我々にあらゆる情報を提供してくれた.

제공-권(制空權)【-꿘】图【法律】制空権.

제과(製菓) 하自 製菓.

제과-점(製菓店)图 パン屋; ケーキ屋; ベーカリー.

제관(製罐) 图 製缶.

제구¹(祭具)图 祭具.

제구²(制球)图〔野球で〕制球.

제구-력(制球力)图 制球力; コント

제-구실 图 图图 本来の役目; 義務; 勤め. ∥제구실을 못하는 노후화된 기계 本来の役割が果たせない老朽化した機械.

제국[1] (諸國) 图 諸國.

제국[2] (帝國) 图 帝國. ∥로마 제국 ローマ帝國.

제국-주의 (帝國主義)【-쭈-/-쮸-】 图 帝國主義.

제군 (諸君) 冏 諸君. ∥학생 제군 学生諸君.

제기[1] (民俗) 图 チェギ(紙や布で包んだ銅銭などを地面に落とさないよう蹴り上げる子どもの遊びの一種).

제기[2] (祭器) 图 祭器.

제기[3] (提起) 图 他 提起; 申し立てること. ∥이론을 제기하다 異論を提起する. 중요한 문제를 제기하다 重要な問題を提起する. **제기-되다** 图動

제기랄 图 思い通りにならなかったり悔しい時などに発する語: ちぇっ; えいくそ; くそ; くそっ; 畜生. ∥제기랄 또 놓쳤어 くそっ, また乗り遅れた.

제-까짓【-낃】冠 あの程度の; あのくらいの; あんな; あれしきの. ∥제까짓게 뭐 아무리 봐 봐야 다 소용없다 あんなやつがいくら頑張っても無駄だ.

제꺽 副 物事を手際よく片付ける様子: さっさと; 手早く; 素早く. ∥일을 제꺽 해치우다 仕事をさっさと片付ける. **제꺽-제꺽** 副

제꺽 副 時計の針などの音: ぱちん; はきはきと. ∥제꺽제꺽 대답하다 てきぱきと答える.

제끼다 他 ❶ (仕事などを)手早く処理する. ❷ (何かを)食べまくる. ∥먹어 제끼다 食べまくる.

제-날 图 제날짜의 略語.

제-날짜 图 決められた日; 所定の日. ∥제 날짜에 리포트를 제날짜에 제출하다 レポートを決められた日に提出する.

제단 (祭壇) 图 祭壇. ∥제단을 차리다 祭壇をしつらえる.

제-달 图 決められた月.

제당 (製糖) 图 图图 製糖.

제대[1] (除隊) 图 图图 (軍事) 除隊. 图 입대(入隊).

제대[2] (臍帶) 图 (解剖) 臍帶(さいたい); へその緒.

제대-혈 (臍帶血) 图 (医学) 臍帶血.

제-대로 /jedero/ 副【下に打ち消しの表現を伴って】 ❶ ちゃんと; きちんと; まともに; 十分に. ∥제대로 된 물건이 하나도 없어 まともなものが一つもない. 제대로 잠을 못 잤다 十分に寝られなかった. ❷ 思うように. ∥제대로 되는 일이 하나도 없다 思うようになることがない.

제도[1] (制度) /jedo/ 图 制度. ∥연금 제도 年金制度. 가족 제도 家族制度. 사회 제도 社会制度. 사회 보장 제도 社会保障制度.

제도[2] (諸島) 图 諸島. ∥서인도 제도 西インド諸島.

제도[3] (製圖) 图 图图 製圖.

제도-기 (製圖器) 图 製圖器.

제도-판 (製圖板) 图 製圖板.

제도[4] (濟度) 图 图图 (仏教) 濟度(さいど).

제독[1] (諸島) 图 除毒.

제독[2] (提督) 图 提督.

제동 (制動) 图 制動; ブレーキ. ∥제동을 걸다 ブレーキをかける.

제동-기 (制動機) 图 制動機; ブレーキ.

제등 (提燈) 图 提灯(ちょうちん). ∥제등 행렬 提灯行列.

제-때 图 所定の時; ちょうどよい時. ∥월급을 제때 못 받았다 給料を給料日にもらえなかった.

제라늄 (geranium) 图 (植物) ゼラニウム.

제련 (製鍊) 图 图图 製鍊.

제련-소 (製鍊所) 图 製鍊所.

제례 (祭禮) 图 祭礼.

제로 (zero) 图 ゼロ; 零.

제로섬 (zero-sum) 图 ゼロサムゲーム.

제막 (除幕) 图 图图 除幕.

제막-식 (除幕式) -씩】 图 除幕式.

제-멋【-먿】 图 思い通り; 自分なりの思うところ; 思い通り; 自分好み. ∥다들 제멋에 산다 皆思い思いに生きている.

제멋-대로【-먿때-】 副 勝手気まま; 好き勝手に; 自分勝手に; 思い通り; 思い通りに; 好きなように. ∥남의 것을 제멋대로 쓰다 人のものを勝手に使う. 제멋대로 행동하다[굴다] 好き勝手にふるまう.

제면[1] (製綿) 图 图图 製綿.

제면[2] (製麵) 图 图图 製麵.

제-명 (-命) 图 天寿. ∥제명대로 살다 天寿を全うする.

제명 (除名) 图 图图 除名. ∥규율 위반으로 제명하다 規律違反で除名する. **제명-당하다** 图動

제명[3] (題名) 图 題名.

제모 (制帽) 图 制帽.

제목 (題目) 图 題目; タイトル; 題名. ∥책 제목 本の題名. 노래 제목 歌のタイトル.

제문 (祭文) 图 祭文.

제물 (祭物) 图 供え物; 犠牲; いけにえ. ∥제물을 바치다 いけにえを捧げる.

제물-에 副 ひとりでに; 自ら; おのずと.

제반 (諸般) 图 諸般. ∥제반 사정 諸般の事情.

제발 /tɕeːbal/ 副 なにとぞ; どうか; なんとかお願いいたします. 제발 부탁 드립니다 なんとかお願いいたします. 제발 이번 시험은 통과하기를! 좀 どうか今度の試験は受かりますように. 제발 용서해 주세요 どうかお許しください.

제방(堤防) 圀 堤防; 土手. ∥제방이 무너지다 堤防が決壊する.
제법¹(製法) 圀 製法.
제법²(除法) 【-뻡】 圀 [數学] 除法; 引き算.
제법³ /ʧebɔp/ 副 なかなか; かなり; 結構; 相当. ∥날씨가 제법 춥다〈天気が〉結構寒い. 그는 춤을 제법 잘 춘다 彼はダンスをかなりうまく踊る. 그가 돌아온 지도 제법 되었다 彼が戻ってきてからかなり経っている. 바람이 제법 차다 風が相当冷たい.
제보(提報) 圀 [하다 他] 情報の提供. ∥시청자 제보 視聴者からの情報.
  제보-자(提報者) 圀 情報提供者.
제복(制服) 圀 制服; ユニホーム.
제본(製本) 圀 [하다 他] 製本.
제부(弟夫) 圀 妹の夫; 義弟.
제분(製粉) 圀 [하다 他] 製粉.
제비¹ 圀 くじ引き; 抽選. ∥제비를 뽑다 くじを引く.
  제비-뽑기 【-끼】 圀 [하다 自] くじ引き.
제비² /ʧe:bi/ 圀 [鳥類] ツバメ〈燕〉.
  제비-족(-族) 圀 〈俗っぽい言い方で〉若いつばめ.
  제비-꽃 【-꼳】 圀 [植物] スミレ〈菫〉.
  제비-오랑캐꽃
  제비-붓꽃 【-붇꼳】 圀 [植物] カキツバタ〈杜若〉.
제빙(製氷) 圀 [하다 他] 製氷.
  제빙-기(製氷機) 圀 製氷機.
제사¹(祭祀) 圀 祭祀⟨り⟩. ∥제사를 지내다 祭祀を執り行なう.
  제삿-날(祭祀-) 【-산-】 圀 命日; 忌日.
  제삿-밥(祭祀-) 【-사빱 /-살빱】 圀 祭祀が終わって食べる飯.
제사²(製糸) 圀 製糸.
제사-장(祭司長) 圀 [宗教] 祭司.
제삼-국(第三國) 圀 第三国.
제삼^세계(第三世界) 【-/-께】 圀 第三世界.
제삼^세력(第三勢力) 圀 第三勢力.
제삼^인칭(第三人稱) 圀 [言語] 第三人称; 三人称.
제삼-자(第三者) 圀 第三者.
제삼-차(第三次) 圀 第三次.
  제삼차^산업(第三次産業) 圀 第三次産業.
제상(祭床) 【-쌍】 圀 祭祀の時に供える膳.
제생(濟生) 圀 [하다 自] [仏教] 衆生を救うこと.
제석-천(帝釋天) 圀 [仏教] 帝釋天(たいしゃくてん).
제설(除雪) 圀 [하다 自] 除雪. ∥제설 작업 除雪作業.
  제설-차(除雪車) 圀 除雪車.
제설²(諸說) 圀 諸説.
제세(濟世) 圀 [하다 自] 済世; 世の人々を救うこと.
제소(提訴) 圀 [하다 他] [法律] 提訴.
제-소리¹ 圀 〈楽器などの〉正常な音.
제-소리² 圀 本音; 本心.
제수¹(弟嫂) 圀 弟の妻.
  제수-씨(弟嫂氏) 圀 弟の妻. ✣呼称としても用いられる.
제수²(祭需) 圀 ❶ 祭祀用の供え物. ❷祭祀に使う材料.
제수³(除數) 圀 [数学] 除数.
제스처(gesture) 圀 ジェスチャー.
제습(除濕) 圀 [하다 自] 除湿.
  제습-기(除濕器) 【-끼】 圀 除湿器.
제시(提示) /ʧeːɕi/ 圀 [하다 他] 提示; 呈示; 示すこと. ∥조건을 제시하다 条件を提示する. 증거를 제시하다 証拠を示す. 신분증을 제시하다 身分証明書を呈示する. 부하들에게 방향성을 제시하다 部下たちに方向性を示す. **제시-되다** [受動]
제-시간(-時間) 圀 定時; 定刻; 決まった時間. ∥비행기가 제시간에 도착하다 飛行機が定刻に到着する. 밥을 제시간에 먹다 決まった時間にご飯を食べる.
제씨(諸氏) 圀 諸氏.
제-아무리 副 〈見くびる言い方で〉いくら-(しようとも); どんなに-(しても). ∥제아무리 머리가 좋다 해도 이 문제는 못 풀 거다 どんなに頭がよくてもこの問題は解けないだろう.
제안(提案) /ʧeːan/ 圀 [하다 他] 提案. ∥새로운 계획을 제안하다 新しい計画を提案する. 제안을 받아들이다 提案を受け入れる.
제압(制壓) 圀 [하다 他] 制圧. ∥무력으로 제압하다 武力で制圧する. **제압-당하다** [受動]
제야(除夜) 圀 除夜. ∥제야의 종 除夜の鐘.
제약¹(制約) /ʧeːjak/ 圀 [하다 他] 制約. ∥법적 제약을 받다 法的制約を受ける. 시간의 제약이 있어서 자세히는 알아볼 수 없었다 時間に制約があって詳しく調べることができなかった. **제약-받다** [-빧하다] [受動]
제약²(製藥) 圀 [하다 他] 製薬. ∥제약 회사 製薬会社.
제어(制御) 圀 [하다 他] 制御. ∥제어 장치 制御装置.
제언(提言) 圀 [하다 他] 提言.
제염(製鹽) 圀 [하다 自] 製塩. ∥천일 제염 天日製塩.
제왕¹(帝王) 圀 帝王.
제왕²(諸王) 圀 諸王.
제왕^절개^수술(帝王切開手術) 圀 [医学] 帝王切開.
제외(除外) /ʧewe/ 【-/-웨】 圀 [하다 他] 除外; 除くこと. ∥이번에는 이것을 제외하자 今回はこれを除外しよう. 미성년자는 제외하다 未成年者は除外する.

출장 중인 한 사람을 제외하고 전부 모였다 出張中の一人を除いて全員集まった. **제외-되다**[-도]【되다】 受動

제위¹ (帝位) 图 帝位. ‖제위에 오르다 帝位につく.
제위² (諸位) 代 各位; 皆様方.
제육 (-肉) 图 豚肉.
제육-구이 (-肉-)【-꾸-】图《料理》薄く切った豚肉を味付けして焼いたもの.
제육-볶음 (-肉-)【-뽀끔】图《料理》豚肉をキネギなど野菜と一緒に味付けして炒めたもの.
제의 (提議)【-/-이】图他 提議. ‖법 개정을 제의하다 法の改正を提議する.
제이¹ (第二) 图 第二; 二番目.
제이-심 (第二審)【-】图《法律》第二審.
제이ˇ**인칭** (第二人稱) 图《言語》第二人称; 二人称.
제이ˇ(J·j)图 (アルファベットの)ジェイ.
제이-차 (第二次) 图 第二次.
제이차ˇ**산업** (第二次産業) 图 第二次産業.
제이차ˇ**성징** (第二次性徵) 图 第二次性徴.
제이차ˇ**세계**ˇ**대전** (第二次世界大戰)【-/-게-】图 第二次世界大戦.
제일 (第一)【ˇʃeil】❶ 一番; 第一. ‖감기には자는 게 제일이다 風邪には寝るのが一番だ. 고객 제일 주의 顧客第一主義. ❷ (副詞的に) 最も; 一番. ‖제일 좋아하는 노래 一番好きな歌. 세계에서 제일 긴 다리 世界で最も長い橋.
제일-보 (第一步) 图 第一歩. ㉿ 첫발.
제일-선 (第一線)【-썬】图 第一線. ‖제일선에서 물러나다 第一線から退く.
제일-심 (第一審)【-씸】图《法律》第一審.
제일인-자 (第一人者) 图 第一人者.
제일ˇ**인칭** (第一人稱) 图《言語》第一人称; 一人称.
제일-차 (第一次) 图 第一次.
제일차ˇ**산업** (第一次産業) 图 第一次産業.
제일차ˇ**세계**ˇ**대전** (第一次世界大戰)【-/-게-】图 第一次世界大戦.
제자 (弟子) 图 弟子; 教え子. ‖수제자 愛弟子.
제자² (題字) 图 題字.
제-자리 图 もとの場所; 決められた場所; 自分の場所. ‖쓰고 나면 제자리에 놓아 두세요 使い終わったらもとの場所に置いておいてください.
제자리-걸음 图 足踏み. ‖주가는 제자리걸음을 하고 있다 株価は足踏み状態だ.
제자리-높이뛰기 图《スポーツ》垂直跳び.
제자리-멀리뛰기 图《スポーツ》立ち幅跳び.
제자리-표 (-標) 图《音樂》本位記号; ナチュラル(ㅂ).
제자-백가 (諸子百家)【-까】图 諸子百家.
제작 (製作) 图他 製作; 制作. ‖드라마 제작 ドラマの制作. 제작자 製作者. 공동 제작 共同制作. **제작-되다** 受動
제재¹ (制裁) 图他 制裁. ‖법적 제재를 가하다 法的制裁を加える. **제재-받다**[-따]【되다】 受動
제재² (製材) 图自他 製材.
제재³ (題材) 图 題材.
제적 (除籍) 图他 除籍. ‖제적 처분 除籍処分. **제적-당하다** 受動
제전 (祭典) 图 祭典. ‖스포츠の제전 スポーツの祭典.
제정¹ (制定) 图他 制定. ‖헌법을 제정하다 憲法を制定する. **제정-되다** 受動
제정² (帝政) 图 帝政. ‖제정 러시아 帝政ロシア.
제정³ (祭政) 图 祭政.
제정-일치 (祭政一致) 图 祭政一致.
제-정신 (-精神) 图 正気; 本心. ‖제정신이 아니다 正気の沙汰ではない.
제조 (製造) 图他 製造. ‖자동차 부품을 제조하다 自動車の部品を製造する. **제조-되다** 受動
제조업 (製造業) 图 製造業.
제조-원 (製造元) 图 製造元.
제주¹ (祭主) 图 祭主.
제주² (祭酒) 图 祭祀用の酒; お神酒(ま).
제주-도¹ (濟州道)【地名】濟州道(ジェジュド).
제주-도² (濟州島)【地名】濟州島(チェジュド).
제지¹ (制止) 图他 制止. ‖관계자 이외의 사람들の출입을 제지하다 関係者以外の人の出入りを制止する. 제지를 뿌리치다 制止を振り切る. **제지-당하다** 受動
제지² (製紙) 图自 製紙. ‖제지 공장 製紙工場.
제-집 自分の家; 自宅.
제-쪽 图 対をなすものの片方; 片割れ.
제창¹ (提唱) 图他 提唱.
제창² (齊唱) 图他 齊唱. ‖지금부터 교가를 제창하겠습니다 これから校歌を齊唱します.
제-철¹ 图 旬; その時期. ‖제철 과일 旬の果物.
제철² (製鐵) 图自 製鐵. ‖제철 공업 製鐵業.
제철-소 (製鐵所)【-쏘】图 製鐵所.
제청 (提請) 图他 提案に対して同意を請うこと.
제초 (除草) 图自他 除草; 草取り.
제초-기 (除草器) 图 除草機.

제초-제 (除草劑) 图 除草剤.

제출 (提出) /ʃetʰuɭ/ (하타) 提出.
‖박사 논문을 제출합니다 博士論文を提出する. 사표를 제출하다 辞表を提出する. 다음 달 계획을 제출해 주십시오 来月の計画を提出してください. 원서를 이월 이십일까지 제출하지 않으면 안 된다 願書を2月20日までに提出しなければならない. **제출-되다** 受動

제충 (除蟲) 图 (하자) 除虫.

제취 (除臭) 图 (하자) 消臭.

제치다 /ʃetʃʰida/ 他 ❶ 邪魔にならないようによける; 退(の)ける. ‖걸리는 것들은 한쪽으로 제치다 邪魔になるものは片隅に退かす. ❷ 除外する; 抜きにする. ‖저 녀석은 제쳐 두고 갑시다 あいつは抜きにして行きましょう. ❸ 仕事などを後回しにする. ‖숙제를 제쳐 놓고 놀다 宿題を後回しにして遊ぶ. ❹ 追い越す. ‖선두를 제치다 先頭を追い越す.

제트[1] (Z·z) 图 (アルファベットの)ゼット.

제트[2] (jet) 图 ジェット.

제트-기 (―機) 图 ジェット機.

제트-기류 (―気流) 图 〔天文〕 ジェット気流.

제트-엔진 (jet engine) 图 ジェットエンジン.

제판 (製版) 图 (하자) 製版; 整版.

제패 (制覇) 图 (하자) 制覇. ‖전국 대회를 제패하다 全国大会を制覇する.

제풀-에 自然に; おのずと; ひとりでに; いつの間にか; そうしているうちに. ‖울다가 제풀에 지쳐 잠들었다 泣いていていつの間にか疲れて眠りこんだ.

제품 (製品) 图 製品. ‖유리 제품 ガラス製品. 반제품 半製品. 신제품 新製品.

제-하다 (除―) 他 〔하変〕 差し引く. ‖월급에서 세금을 제하다 給料から税金を差し引く.

제한 (制限) /ʃeːhan/ 图 (하자) 制限. ‖응모 자격을 제한하다 応募資格を制限する. 연령 제한이 있다 年齢制限がある. 담배를 하루에 다섯 개비로 제한하다 タバコを1日5本に制限する. 제한 속도 制限速度.

제한-선거 (制限選擧) 图 制限選挙.

제해-권 (制海權) [―꿘] 图 〔法律〕 制海権.

제헌 (制憲) 图 (하자) 制憲.

제헌-절 (制憲節) 图 憲法記念日. 7月17日.

제화 (製靴) 图 (하자) 製靴.

제후 (諸侯) 图 諸侯.

제휴 (提携) 图 (하자) 提携. ‖외국 회사와 제휴하다 外国の会社と提携する. 기술 제휴 技術提携.

제-힘 图 自分の力; 自力. ‖제 힘으로 문제를 해결하다 自力で問題を解決する.

젠더 (gender) 图 ジェンダー.

젠장 感 젠장맞을의 약칭.

젠장-맞을 感 気に食わなかったり忌々しかったりした時, 1人で吐き出す語: ちえっ; くそ; 畜生.

젠장-할 感 =젠장맞을.

젤라틴 (gelatin) 图 ゼラチン.

젤리 (jelly) 图 ゼリー.

젬-병 图 〔형편없는 俗語〕 全く駄目; 全くできないこと. ‖노래는 젬병이다 歌は全く駄目だ.

젯-밥 (祭ㅅ―) 【제빱/젣빱】 图 供えて下げたご飯.

져[1] 图 〔져〕 지다(落ちる)의 연용형.

져[2] 图 〔져〕 지다(負ける)의 연용형.

조[1] 图 〔植物〕 アワ(粟).

조[2] (曹) 图 (姓) 曺(ジョ).

조[3] (趙) 图 (姓) 趙(ジョ).

조[4] 图 租.

조[5] (趙) 图 〔歷史〕 (中国王朝の)趙(前403〜前222).

조[6] (調) 图 口調や態度の様子を表わす語: …調; …腰; …ふう. ‖애원 조로 부탁하다 哀願調で頼む. 시비조로 말대꾸하다 けんか腰に口答えする. 불만 조로 대답하다 不満そうに答える.

조[7] (條) 图 条. ‖민법 제백팔 조 民法第108条.

조[8] (條) 依名 〔…조로の形で〕 …として; …の名目で; …のつもりで. ‖사례 조로 드린 것입니다 謝礼のつもりで差し上げるものです.

조[9] (兆) 圖 兆.

조[10] 慂 あの. ‖조 녀석 あいつ.

조-[11] (助) 接頭 助―. ‖조감독 助監督.

조가비 图 貝殻 (貝殼).

조각[1] /ʃogak/ 图 切れ; 切れ端; かけら; 破片; 断片. ‖천 조각 布の切れ端. 유리 조각 ガラスのかけら. 조각을 내다 粉々にする. 조각이 나다 粉々になる(組織・体などが)分裂する. **조각-조각** 圖 粉々に.

―― 依名 …切れ. ‖치즈 한 조각 チーズ一切れ.

조각-달 [―딸] 图 片割月; 弦月; 片割月; 弓張月.

조각-배 [―빼] 图 小舟.

조각-보 [―뽀] 图 端切れを縫い合わせて作った風呂敷.

조각[2] (組織) 图 組織.

조각[3] (彫刻) 图 (하자) 彫刻.

조각-가 (彫刻家) [―까] 图 彫刻家.

조각-도 (彫刻刀) [―또] 图 彫刻刀.

조간 (朝刊) 图 〔조간신문 (朝刊新聞)의 약칭〕 朝刊. 反 석간 (夕刊).

조간-신문 (朝刊新聞) 图 朝刊新聞. 反 조간(朝刊). 反 석간신문 (夕刊新聞).

조갈 (燥渇) 图 (하형) のどが渇くこと.

조갈-증(燥渴症)【-쯩】图(漢方) 목 이 몹시 마른 증상.
조감(鳥瞰)图 俯瞰(ふかん).
　조감-도(鳥瞰圖)图 鳥瞰図.
조강지처(糟糠之妻)图 糟糠(そうこう)の妻.
조개 /ʧogɛ/图〈魚介類〉貝.
　조개-관자(-貫子)图 貝柱. 패주(貝柱).
　조개-더미图 貝塚. 패총(貝塚).
　조개-젓(-)图 貝類の塩辛.
　조개-탕(-湯)图〈料理〉貝汁;貝のスープ.
　조갯-국(-)图=조개탕(-湯).
　조갯-살(-)图 貝の身;貝の干物.
조개-탄(-炭)图 豆炭.
조객(弔客)图 弔客;弔問客.
조건(條件)/ʧo²gən/【-껀】图 条件. ‖결을 조건을 건다 結婚の条件. 조건을 단 조건을 つける. 상대방의 조건을 받아들이다 相手の条件をのむ.
　조건-반사(條件反射)图〈生物〉条件反射.
　조건-부(條件附)图 条件付き. ‖조건부로 승낙하다 条件付きで承諾する.
조계-종(曹溪宗)【-/-게-】图〈仏教〉曹渓宗.
조곡(組曲)图〈音楽〉組曲. ⑪모음곡(-曲).
조공(朝貢)图 [하자] 〈歷史〉朝貢.
조교[1](吊橋)图 吊橋.
조교[2](助敎)图 ❶〈大学の〉助手. ❷〈軍の教官を補佐する下士官.
조교[3](調敎)图 調敎. 말을 조교하다 馬を調敎する.
조-교수(助敎授)图 准敎授.
조국(祖國)图 祖国. ‖조국 땅 祖国の土. 나의 조국 わが祖国.
조그마-하다图[하자] やや小さい. ‖조그마한 용기 小さい入れ物. 조그마한 일로 고민하지 마라 小さいことにくよくよしないで.
조그맣다[-마타]图[ㅎ변]「조그마하다」の縮約形. ‖우주에서 보는 지구는 조그맣다 宇宙から見る地球は小さい.
조금 /ʧogum/图 ❶少し;多少;わずかに;いくらか. ⑪좀. ❷ 어제보다 조금 춥다 昨日よりが少し寒い. 시간이 조금 걸릴 것 같다 時間が少々かかりそうだ. 조금 더 왼쪽으로 붙이세요 もう少し左の方に寄せてください. 돈이 조금밖에 없다 お金がわずかしかない. 조금이라도 도움이 되고 싶다 いくらかでも役に立ちたい. ❷[名詞的に] 少し;いくらか. ‖너무 조금이다 あまりにも少ない. 그렇게 노력했는데 조금도 성과가 오르지 않았다 あんなに努力したのに少しも成果が上がらなかった. 체중이 조금씩 늘고 있다 体重が少しずつ増えている.

조급-하다[1](早急-)【-그파-】图[여변] 早急だ;急いでいる. ‖조급하게 달려나가다 急いで出かける. **조급-히** 조급히 해결해야 할 문제 早急に解決すべき問題.
조급-하다[2](躁急-)【-그파-】图[여변] せっかちだ. 焦っている. ‖조급한 성미 せっかちな性格. 조급하게 굴다가 실패하다 焦って失敗する. **조급-히**
조기[1]图〈魚介類〉イシモチ(石持).
　조기-젓(-)图 イシモチの塩辛.
조기[2](弔旗)图 弔旗. ‖조기를 걸다 弔旗を掲げる.
조기[3](早起)图 早起き. ‖조기 체조 早朝ラジオ体操.
조기[4](早期)图 早期. ‖조기로 발견하다 早期に発見する.
조-기[2]代 あそこ;あちら. ‖조기로 나가 세요 あそこから出てください. ❷저기.
조깅(jogging)图[하자] ジョギング.
조끼[1](チョッキ日)图 胴衣;チョッキ;ベスト.
조끼[2](ジョッキ日)图〈ビール用の〉ジョッキ. ✚jugから.
조난(遭難)图[하자] 遭難. ‖산에서 조난당하다 山で遭難する.
　조난-선(遭難船)图 遭難船.
　조난-자(遭難者)图 遭難者.
조는[관용語幹] 졸다(居眠りする)の現在連体形.
조달(調達)图[하자] 調達;まかなうこと. ‖자금을 조달하다 資金を調達する.
조도(照度)图 照度.
조-동사(助動詞)图〈言語〉助動詞.
조락(凋落)图[하자] 凋落(ちょうらく). ‖가을은 조락의 계절 秋は凋落の季節.
조랑-마차(-馬車)图 小馬が引く馬車.
조랑-말图〈動物〉小型種の馬.
조랑-조랑图 ❶〈果物や野菜などが〉たくさんぶら下がっている様子;鈴なり. ‖풋고추가 조랑조랑 달려 있다 青唐辛子が鈴なりについている. ❷ 主に人に似ている様子. ‖자식이 조랑조랑 달려 있다 子どもを何人も抱えている.
조러-하다图[여변] あのようだ;あんなふうだ.
조렇다[-러타]图[ㅎ변]「조러하다」의 縮約形. ‖하는 일이 모두 조렇다 やっていることがすべてあんなふうだ.
조력[1](潮力)图 潮力.
　조력-발전(潮力發電)【-빨쩐】图 潮力発電.
조력[2](助力)图[하자] 助力.
조련[1](調練)图[하자] 調練;調教.

조련-사(調練師) 〖名〗調教師.
조련²(操鍊·操練) 〖名〗操練.
조령모개(朝令暮改) 朝令暮改.
조례¹(弔禮) 〖名〗弔問の挨拶.
조례²(條例) 〖名〗条例.
조례³(朝禮) 〖한자〗朝礼; 朝会. ⊙ 종례(終禮).
조로(早老) 〖하자〗早老.
조롱(嘲弄) 〖名〗嘲弄(ちょう); ばかにしてなること. **조롱-당하다** 〖受動〗
조롱-박(--)〖植物〗 =ヒョウタン(瓢箪).
조롱-조롱 〖하形〗 =조랑조랑.
조루(早漏) 〖名〗早漏.
조류¹(鳥類) 〖名〗鳥類. ‖조류 도감 鳥類図鑑. 조류 독감 鳥インフルエンザ.
조류²(潮流) 〖名〗潮流. ‖시대의 조류 時代の潮流.
조류³(藻類) 〖植物〗藻類.
조륙-운동(造陸運動) 〖地〗造陸運動.
조르다 /tʃoruda/ 〖르変〗[졸라, 조르는] ❶ 締める; 絞める. ‖허리띠를 조르다 ベルトを締める. 목을 조르다 首を絞める. ❷ せがむ; ねだる; せびる. ‖아이가 놀자고 조르다 子どもが遊ぼうとせがむ. 할머니를 졸라서 용돈을 받아내다 おばあさんにねだって小遣いをもらう.

조르르 〖하자〗 ❶ わずかな水が流れる様子: ちょろちょろ. ❷ 小さいものが素早く動き回る様子: ちょこちょこ. ‖아이들이 선생님 뒤를 조르르 따라가다 子どもたちが先生の後ろをちょこちょこついて行く. ❸ 小さいものがなめらかに滑る様子: するする. ⊙ 주르르.

조르륵 〖하자〗 ごくわずかに流れていた水などが止まる音[様子]: ちょろり; ちょろっと. ⊙ 주르륵.

조르륵-거리다[-대다] 〖-끼-때-〗❷ ちょろちょろと流れる; ちょろちょろと流れ出る.

조리¹(笊籬) 〖名〗研(と)いだ米をよなげする時に使う取っ手のついた小さなざる.
조리-질(笊籬-) 〖名〗米をよなげる; 研いだ米をよなげする.
조리²(條理) 〖名〗条理; 条理:(話などの)筋道; 物事の道理. ‖말을 조리 있게 잘하다 筋道を立てて話す; 理路整然と話す.
조리³(調理) 〖하자〗❶ 調理. ‖생선을 조리하다 魚を調理する. ❷ 養生; 摂生. ‖산후의 조리 産後の養生.
조리-기(調理器) 〖名〗調理器.
조리-대(調理臺) 〖名〗調理台.
조리-법(調理法)[-뻡] 〖名〗調理法; レシピ.
조리-사(調理師) 〖名〗調理師.
조리⁴ 〖副〗❶ あのように. ❷ あちらに.
조리-로 〖副〗 あちらに; あちらへ. ‖아이는 조리로 가거라 子どもはあちらへ行きなさい. ⊙ 저리로.

조리-개 〖名〗カメラの絞り.
조리다 〖他〗煮詰める; 煮付ける. ‖생선을 조리다 魚を煮付ける.
조림¹(料理) 〖名〗煮付け; 煮物. ‖고등어 조림 サバの煮付け.
조림²(造林) 〖하자〗造林. ‖인공 조림 人工造林.
조립(組立) 〖하자〗組み立て; 組み立てること. 조립식 책장 組み立て式の本棚. 컴퓨터를 조립하다 コンピューターを組み立てる.
조립-건축(組立建築)【-껀-】〖名〗プレハブ.
조립-식(組立式)【-씩】〖名〗組み立て. ‖조립식 주택 組み立て住宅.
조마조마-하다 /tʃomadʒomahada/ 〖形〗[하変] はらはらする; 気をもむ; びくびくする. ‖마음이 조마조마하다 はらはらする. 언제 혼날지 조마조마하다 いつ叱られるかとびくびくしている.
조만-간(早晩間) 〖副〗遅かれ早かれ; 早晩; そのうちにいずれ. ‖조만간 대안을 제시하겠습니다 そのうち代案を提示します. 조만간 연락이 올 것이다 早晩連絡が来るはずだ.
조만-때 〖名〗 あの年頃; あれくらいの時. ‖조만때 아이들이 제일 귀엽다 あの年頃の子どもたちが一番かわいい. ⊙ 저맘때.
조망(眺望) 〖名〗眺望; 見晴らし.
조매-화(鳥媒花) 〖植物〗鳥媒花.
조명(照明) /tʃo:mjʌŋ/ 〖名〗照明. ‖무대 조명 舞台照明. 간접 조명 間接照明. 조명 기구 照明器具.
조명-등(照明燈) 〖名〗照明灯.
조명-탄(照明彈) 〖軍事〗照明弾.
조모(祖母) 〖名〗祖母; ⊙ 할머니.
조목(條目) 〖名〗条目.
조목-조목(條目條目)【-쪼-】〖副〗条目ごとに; 事細かく; 細部にわたって. ‖조목조목 따지다 条目ごとに問いただす.
조묘(粗描) 〖하자〗粗描.
조무래기 〖名〗❶ がらくた. ❷〘さげすむ言い方で〙子ども; がき; ちび; ちんぴら.
조문¹(弔文) 〖名〗弔文.
조문²(弔問客) 〖名〗弔問; 弔い. ‖조문객 弔問客.
조문³(條文) 〖名〗条文.
조-물주(造物主)【-쭈】〖名〗造物主.
조미(調味) 〖하자〗調味.
조미-료(調味料) /tʃomirjo/ 〖名〗調味料. ‖화학 조미료 化学調味料.
조밀-하다(稠密) 〖形〗[하変] 稠密(ちゅう-). ‖인구 조밀 지역 人口稠密地域. **조밀-히** 〖副〗.
조-바꿈(調-) 〖名〗〘音楽〗 変調.
조바심 〖하자〗焦燥感; 焦る気持ち. ‖조바심이 나다 いらいらする. いらだちを覚える. 조바심을 내다 いらいらする; 焦る.
조-밥 〖名〗粟飯.

조변석개(朝變夕改)【-깨】(한자) 朝令暮改.
조부(祖父) 图 祖父. 할아버지.
조-부모(祖父母) 图 祖父母.
조사¹(弔詞·弔辭) 图 弔詞; 弔辭.
조사²(助詞) 图 [言語] 助詞.
조사³(助辭) 图 [言語] 助詞.
조사⁴(照射) 하태 ‖적외선을 조사하다 赤外線を照射する.
조사⁵(調査) /tʃosa/ 图 하태 調査. ‖재해지 실정을 조사하다 災害地の実情を調査する. 조사 결과가 나오다 調査結果が出る. 여론 조사 世論調査. 국세 조사 国勢調査.
조사-단(調査團) 图 調査団.
조사-원(調査員) 图 調査員.
조사⁶(祖師) 图 祖師.
조산(早産) 하태 早産.
조산-아(早産兒) 图 早産児; 早生児.
조산(助産) 하태 助産.
조산-부(助産婦) 图 助産師; 産婆.
조산-소(助産所) 图 助産所.
조산-원¹(助産員) 图 助産師; 産婆.
조산-원²(助産院) 图 助産院.
조산³(造山) 하자 造山. ‖조산 운동 造山運動.
조산-대(造山帶) 图 [地] 造山帯.
조삼모사(朝三暮四) 图 朝三暮四.
조상¹(弔喪) 图 弔問; 悔やみ; 弔問(間喪).
조상²(祖上) 图 先祖; 祖先.
조상³(彫像) 图 [美術] 彫像.
조생-종(早生種) 图 早生の品種; 早稲. ‖⇔만생종(晩生種).
조서(調書) 图 ‖경찰이 조서를 작성하다 警察が調書を作成する.
조석¹(朝夕) 图 朝夕; 朝晩.
조석²(潮汐) 图 潮汐. ‖조석 간만의 차 潮汐干満の差.
조선¹(造船) 图 造船.
조선-소(造船所) 图 造船所.
조선²(朝鮮) 图 [歷史] 朝鮮.
조선-시대(朝鮮時代) 图 朝鮮時代.
조선-어(朝鮮語) 图 朝鮮語; 韓国語.
조성¹(造成) 图 하태 助成; (雰囲気などを)作り出すこと. ‖택지를 조성하다 宅地を造成する. 산림 조성 山林の造成. 면학 분위기를 조성하다 勉学の雰囲気を作り出す.
조성-되다(造成-) 자동
조성²(組成) 图 하태 組成.
조성-식(組成式) 图 [化学] 組成式.
조세(租稅) 图 租税.
조소¹(彫塑) 图 [美術] 彫塑.
조소²(嘲笑) 图 嘲笑; あざ笑うこと. **조소-당하다** 受動
조속-하다(早速-)【-카-】厦 하태 速やかである. ‖조속한 대응 速やかな対応.
조속-히 副 조속히 대책을 강구하다

速やかに対策を講じる.
조수¹(助手) 图 助手.
조수-석(助手席) 图 (自動車などの)助手席.
조수²(潮水) 图 潮水.
조숙-하다(早熟-)【-수카-】厦 하태 早熟だ; ませている. ‖조숙한 아이 早熟な子.
조식¹(朝食) 图 朝食.
조식²(粗食) 图 자동 粗食.
조신-하다(操身-) 图 자동 ふるまいが控え目で慎ましい.
조실-부모(早失父母) 图 자동 幼くして父母に死に別れること.
조심(操心) /tʃo:ʃim/ 图 하자태 気をつけること; 注意; 用心. ‖불조심 하세요 火の用心. 불나지 않도록 조심하다 火事を起こさないよう用心する. 몸조심하세요 体に気をつけてください. 횡단보도를 건널 때에는 차를 조심하거라 横断歩道を渡る時は車に気をつけなさい. **조심-조심** 副 細心の注意を払いながら; 気をつけながら.
조심-성(操心性)【-씽】图 慎み; たしなみ. ‖조심성이 없다 慎みがない; たしなみがない.
조심-스럽다(操心-)【-따】厦 [ㅂ変] 注意深い; 慎ましい; 控え目だ; 慎重だ. ‖조심스러운 태도 控え目な態度. **조심스레** 副
조아리다 하태 (頭を)深く下げる.
조악-하다(粗惡-)【-카-】厦 하태 粗悪だ. ‖조악한 상품 粗悪な商品.
조약(條約) 图 하태 ‖수호 조약 修好条約. 조약을 맺다 条約を結ぶ.
조약-돌【-똘】图 砂利; 小石.
조어¹(祖語) 图 [言語] 祖語.
조어²(造語) 图 하태 [言語] 造語. ‖조어 성분 造語成分.
조어-법(造語法)【-뻡】图 [言語] 造語法.
조언(助言) 图 하자태 助言; アドバイス.
조업(操業) 图 하자 操業. ‖조업 단축 操業短縮.
조여-들다 자 [ㄹ語幹] =죄어들다.
조연(助演) 图 하태 助演.
조영(造營) 图 하태 造營.
조예(造詣) 图 造詣(ぞうけい). ‖조예가 깊다 造詣が深い.
조용-하다 /tʃojo:ŋhada/ 厦 하태 ❶静かだ. ‖조용한 사람 静かな人. 조용하게 말하다 静かに話す. 애들이 자면 조용해진다 子どもたちが寝ると静かになる. ❷ひっそり(と)している. ‖방학이라 학 교가 조용하다 学校が休みだから ひっそり(と)している. **조용-히** 副 조용히 걷다 静かに歩く.
조우(遭遇) 图 하태 遭遇(そうぐう). ‖역에서 친구와 조우하다 駅で友人と遭遇する.

조울-병(躁鬱病) [-뼝] 명 《의학》 躁鬱(ˊ)病.

조위-금(弔慰金) 명 弔慰金.

조율(調律) 하타 調律. ‖피아노를 조율하다 ピアノの調律.
　조율-사(調律師) [-싸] 명 調律師.

조음(調音) 하타 調音. ‖조음 기관 調音器官.

조응(照應) 하자 照応.

조의(弔意) [-이] 명 弔意. ‖조의를 표하다 弔意を表する.

조이다 타 =죄다[1].

조인(調印) 하자 調印. ‖휴전 협정에 조인하다 休戦協定に調印する.
　조인-식(調印式) 명 調印式.

조인트(joint) 명 ジョイント.
　조인트 리사이틀(joint recital) 명 ジョイントコンサート.

조작[1](造作) 하타 捏造. ‖증거를 조작하다 証拠を捏造する. **조작-되다** 受動.

조작[2](操作) 하타 操作. ‖이 기계는 조작이 간단하다 この機械は操作が簡単だ. 여론을 조작하다 世論を操作する. **조작-되다** 受動.

조잘-거리다[-대다] 자 ぺちゃぺちゃしゃべる.

조잘-조잘 부 하자 ❶ 女の子や子どもが小さい声でよくしゃべるさま[様子]: ぺちゃぺちゃ(と). ❷ 小鳥などがさえずる声[様子]: ピーチクパーチク.

조잡-하다(粗雜-) [-자파-] 형 《하変》 粗雑だ; 粗悪だ. ‖디자인이 조잡하다 デザインが粗雑だ.

조장[1](助長) 하타 助長; あおる; あおり立てること. ‖사행심을 조장하다 射幸心をあおり立てる.

조장[2](組長) 명 組長.

조전(弔電) 명 弔電. ‖조전을 치다 弔電を打つ.

조절(調節) [ˊtɕodʑɔl] 하타 調節. ‖식사량을 조절하다 食事の量を調節する. 실내 온도를 조절하다 室内温度を調節する. **조절-되다** 受動.

조정[1](朝廷) 《歷史》 명 朝廷.

조정[2](漕艇) 명 《スポーツ》 漕艇.

조정[3](調停) 하타 調停. ‖조정 위원회 調停委員会.

조정[4](調整) 하타 調整. ‖일정을 조정하다 日程を調整する. 의견 조정이 필요하다 意見の調整が必要だ. **조정-되다** 受動.

조정[5](措定) 명 措定.

조제(調劑) 하타 調剤; 調合.
　조제-실(調劑室) 명 調剤室.
　조제-약(調劑藥) 명 調剤薬.

조조(早朝) 명 早朝. ‖조조할인 早朝割引.

조족지혈(鳥足之血) [-찌-] 명 《鳥の足の意で》非常に少ない量.

조종[1](弔鐘) 명 ❶ 弔鐘. ❷ 〔比喩的に〕事の終末を知らせる兆し.

조종[2](操縱) 하타 操縦; (人を)操ること. ‖제트기를 조종하다 ジェット機を操縦する. 사람을 교묘하게 조종하다 人を巧みに操縦する. **조종-되다** 受動.
　조종-사(操縱士) 명 操縦士.
　조종-석(操縱席) 명 操縦席.

조주(造酒) 명 造酒.

조준(照準) 하타 照準. ‖조준 거리 照準距離.

조지다 타 ❶ 打ちのめす; 懲らしめる. ‖야구 방망이로 조져 놓다 野球バットで打ちのめす. ❷ 台無しにする; 棒に振る. ‖별것 아닌 일로 신세를 조지다 つまらないことで一生を棒に振る.

조직(組織) [ˊtɕodʑik] 하타 組織. ‖산악회를 조직하다 山岳会を組織する. 조직을 개편하다 組織を改編する. 사회 조직 社会組織. 세포 조직 細胞組織. **조직-되다** 受動.
　조직-력(組織力) [-녁] 명 組織力.
　조직-망(組織網) [-망] 명 組織網.
　조직-적(組織的) [-쩍] 관 명 組織的. ‖조직적으로 대응하다 組織的に対応する.
　조직-체(組織體) 명 組織体.
　조직-화(組織化) [-지콰] 명 하타 組織化.

조직 배양(組織培養) [-빼-] 명 《生物》 組織培養.

조짐(兆朕) 명 兆候; 兆し; 前触れ; 予兆; 気配. ‖인플레가 장기화될 조짐을 보이고 있다 インフレが長期化する兆候が見られる. 호전될 조짐이 보이다 好転の気配がうかがわれる.

조차[1](租借) 명 하타 租借.
　조차-지(租借地) 명 租借地.

조차[2](潮差) 명 潮の干満の差.

조차[3] [ˊtɕotɕʰa] 보조사 …さえ; …すら; …で. ‖상상조차 할 수 없는 일이 일어났다 想像すらできないことが起こった. 전문가들조차 풀기 어려운 문제다 専門家でさえ解きにくい問題だ. 여자 친구조차도 내 계획에 반대했다 彼女までも私の計画に反対した.

조찬(朝餐) 명 朝餐; 朝食.

조처(措處) 하타 措置; 処置. ‖조처를 강구하다 措置を講じる.

조촐-하다 형 《하変》 こぢんまりとしている; 小さいながらも落ち着いている. ‖조촐한 모임 こぢんまりとした集まり.
　조촐-히 부

조촘-거리다[-대다] 자 ためらう; ぐずぐずする; もじもじする. 준 주춤거리다.

조촘-조촘 부 하타 ぐずぐず; もじもじ. 준 주춤주춤.

조총[1](鳥銃) 《軍事》 명 弔砲. 준 조포(弔砲).

조총² (鳥銃) 图 ❶ 鳥銃. ❷ 火縄銃.
조치 (措置) 图 [하타] 措置. ∥응급조치 応急措置, 긴급 조치 緊急措置. 법적 조치를 취하다 法的措置を取る.
조카 图 甥; 姪{ぃ}.
조카-딸 图 姪. ㉗ 질녀(姪女).
조카-며느리 图 甥の妻. ㉗ 질부(姪婦).
조카-뻘 图 甥や姪に当たる一族間の関係.
조커 (joker) 图 (トランプの)ジョーカー.
조타 (操舵) 图 [하타] 操舵; 舵を取ること.
조타-수 (操舵手) 图 操舵手.
조퇴 (早退) 图 [-/-퉤] [하자] 早退; 早引き.
조판 (組版) 图 [하타] 組み版; 製版.
조폐 (造幣) 图 [-/-폐] [하타] 造幣.
조포 (弔砲) 图 《軍事》弔砲.
조폭 (組暴) 图 〔조직 폭력배(組織暴力輩)의略語〕暴力団.
조합 (組合) 图 /tɕohap/ ❶組合. ∥노동조합 労働組合, 협동조합 協同組合. 조합원 組合員. ❷ 《数学》 組み合わせ.
조항 (條項) 图 条項. ∥금지 조항 禁止条項.
조혈 (造血) 图 [하자] 造血. ∥조혈 작용 造血作用.
조혈-제 (造血剤) 图 [-쩨] 造血剤; 造血薬.
조형 (造形) 图 造形.
조형-물 (造形物) 图 造形物.
조형-미 (造形美) 图 造形美.
조형 미술 (造形美術) 图 造形美術.
조형 예술 (造形藝術) 图 [-네-] 造形芸術.
조혼 (早婚) 图 [하자] 早婚. ㉗ 만혼(晩婚).
조화¹ (弔花) 图 弔花.
조화² (造化) 图 造化(ぞう). ∥조화의 묘 造化の妙.
조화³ (造花) 图 造花. ㉗ 생화(生花).
조화⁴ (調和) /tɕohwa/ 图 [하자] 調和. 주위와 조화를 이루는 건축물 周囲と調和をなす建築物. 심신의 조화 心身の調和.
조화-롭다 (調和-) [-따] [혱] [ㅂ変] 調和がとれている. ∥자연과 인간의 조화로운 공존 自然と人間の調和がとれた共存. 조화로이 图
조회¹ (朝會) 图 [-/-퉤] [하자] 朝会.
조회² (照會) 图 [-/-퉤] [하타] 照会. ∥신원 조회를 하다 身元の照会をする.
족 图 ❶ (식용에 쓰는) 牛·豚などの膝から下の部分.
-족 (族) [젭미] …族. ∥만주족 満州族.
족-관절 (足關節) 图 [-꽌-] 图 《解剖》足の関節.
족근-골 (足根骨) 图 [-끈-] 图 足根骨.
족-내혼 (族內婚) 图 [족-] 族內婚. ㉗ 족외혼(族外婚).
족두리 图 [-뚜-] 图 女性の礼装用の冠の一つ.
족-발 (足-) [-빨] 图 食用の豚の足首; 豚足.
족벌 (族閥) [-뻘] 图 大きな勢力を持つ門閥.
족보 (族譜) [-뽀] 图 族譜; 家譜; 一家の系譜.
족속 (族屬) [-쏙] 图 一門.
족쇄 (足鎖) [-쐐] 图 足枷(あしかせ). ∥죄인에게 족쇄를 채우다 罪人に足枷をはめる.
족-외혼 (族外婚) 图 [-/-쮀] 族外婚. ㉗ 족내혼(族內婚).
족자 (簇子) [-짜] 图 掛け軸; 掛け物. ∥벽에 족자를 걸다 壁に掛け軸をかける.
족장 (族長) [-짱] 图 族長.
족적 (足跡·足迹) [-쩍] 图 足跡. ∥한국사에 큰 족적을 남기다 韓国史に大きな足跡を残す.
족제비 [-쩨-] 图 《動物》 イタチ(鼬).
족족 [-쪽] 图 …するごとに; …するたびに; 残さず; ことごとく. ∥돈이 생기는 족족 써 버린다 お金が入るたびに使ってしまう. 보는 족족 사들이다 見つかるたびに買い込む.
족집게 [-찝께] 图 ❶ 毛抜き. ❷ 〔比喩的に〕 ずばりと当てること.
족치다 图 責め立てる; ひどく責める. ∥범인을 족쳐 자백하게 만들다 犯人を責め立てて自供させる.
족-하다 (足-) [조카-] [혱] [하変] 十分だ; 足りる. ∥다운로드는 삼 분이면 족하다 ダウンロードは3分あれば十分だ.
족히 (足-) 图 十分に; 優に. ∥너라면 족히 합격할 것이다 お前なら十分合格するだろう. 백 명은 족히 넘을 것 같다 100人は優に超えそうだ.
존 [ㄹ語幹] 줄다(居眠りする)の過去連体形.
존경 (尊敬) /tɕongjəŋ/ 图 [하타] 尊敬. ∥존경하는 인물 尊敬する人物. 나는 아버지를 존경한다 私は父を尊敬している. **존경-받다** 受動
존경-심 (尊敬心) 图 尊敬する心; 尊敬の念.
존경-어 (尊敬語) 图 《言語》 尊敬語.
존귀-하다 (尊貴-) [혱] [하変] 尊貴だ.
존대 (尊待) 图 [하타] 敬うこと.
존대-어 (尊待語) 图 《言語》 尊敬語; 敬語.
존댓-말 (尊待-) [-덴-] 图 《言語》 尊敬語; 敬語.
존득-거리다 [-끼-] 图 しこしこする; ねばねばする. ∥존득거릴 정도로 반죽하다 ねばねばするほど練る.

존득-존득 【-똑】 副 形動 しこしこ; ねばぱねばし. ‖존득존득한 인절미 しこしことした.

존립 (存立) 【-뤱】 名自サ 存立.

존망 (存亡) 名 存亡. ‖회사의 존망이 걸린 문제 会社の存亡がかかった問題.

존명[1] (存命) 名 存命.

존명[2] (尊名) 〔「이름の尊敬語」〕 尊名; 芳名; お名前.

존속[1] (存続) 名自サ 存続. ‖존속 기간 存続期間.

존속[2] (尊属) 名 〔法律〕 尊属 ↔ 비속 (卑属). ‖직계 존속 直系尊属. 방계 존속 傍系尊属.

존속·살해 (尊属殺害) 【-쌀-】 名 〔法律〕 尊属殺人.

존엄 (尊厳) 名形動 尊厳.

존엄-사 (尊厳死) 名 尊厳死.

존엄-성 (尊厳性) 【-썽】 名 尊厳(性). ‖인간의 존엄성 人間の尊厳.

존영 (尊影) 名 尊影.

존재 (存在) /tʃondʒɛ/ 名自サ 存在. ‖나는 생각한다 고로 존재한다 我思う, 故に我あり. 존재 이유 存在理由. 존재 의의 存在意義. 귀중한 존재 貴重な存在. 신의 존재를 믿다 神の存在を信じる.

존재-감 (存在感) 名 存在感.

존재-론 (存在論) 名 存在論.

존재-사 (存在詞) 〔言語〕 存在詞. ✧文法で, 「あり」「をり」「侍 (はべ) り」など, 存在に関して陳述する語を言う. 現代における韓国語教育では 「있다」「없다」「계시다」などを指して言う場合があるが, 韓国では用いない品詞である.

존중 (尊重) 名他サ 尊重. ‖다른 사람의 의견을 존중하다 他人の意見を尊重する. 존중-되다 [-뙤-/-뛔-] 自サ

존칭 (尊称) 名他サ 尊称; 敬称. ↔ 비칭 (卑称).

존폐 (存廃) 【-/-ㅃ】 名 存廃.

존함 (尊銜·尊衔) 名 〔「이름の尊敬語」〕 尊名; 芳名; お名前. ‖존함이 어떻게 되십니까? お名前は何とおっしゃいますか?

졸[1] (卒) 将棋の駒の一つ.

졸[2] (卒) 名 卒; 死去; 死亡. ‖1천0년에 졸하다 2005年に死亡する.

졸[3] 〔ㄹ語幹〕 졸다 (居眠りする) の未来連体形.

졸개 (卒-) 名 手下; 配下.

졸고 (拙稿) 名 拙稿.

졸깃-졸깃 【-긷졸긷】 副 形動 噛むと歯ごたえがある様子: しこしこ. ‖고기가 졸깃졸깃하다 肉がしこしこする.
졸깃-하다 【-긷따-】 形 しこしこする.

졸다[1] /tʃolda/ 自 〔ㄹ語幹〕 〔졸아, 조는, 졸리〕 居眠りする; うたた寝する; まどろむ. ‖책을 보면서 졸다 本を読みながらうたた寝する.

졸다[2] 自 〔ㄹ語幹〕 (水気などが) 減る; 少なくなる; 煮詰まる. 된장국이 졸아서 짜다 味噌汁が煮詰まってしょっぱい.

졸도 (卒倒) 【-또】 名自サ 卒倒.

졸라-매다 他 ❶ きつく締める. ❷ 〔比喩的に〕 生活を切りつめる.

졸래-졸래 副自サ 小さいものが動き回る様子: ちょろちょろ.

졸렬-하다 (拙劣-) 形 〔하変〕 拙劣である; 下手だ. ‖졸렬한 짝이 없는 방법 拙劣きわまるやり方.

졸리다[1] /tʃollida/ 自 眠い; 眠たい. ‖졸려 죽겠다 眠くてたまらない. 졸리는 것을 참고 공부하다 眠いのを我慢して勉強する.

졸리다[2] 自 〔조르다の受身動詞〕 絞められる. ‖목이 졸리다 首を絞められる.

졸병 (卒兵) 名 〔軍事〕 ❶ 兵卒. ❷ 〔比喩的に〕 部下; 下っ端.

졸부 (猝富) 名 成金.

졸속 (拙速) 【-쏙】 名形動 拙速.

졸아 〔ㄹ語幹〕 졸다 (居眠りする) の連用形.

졸아들다 自 〔ㄹ語幹〕 煮詰まる; 小さくなる. ‖국물이 졸아들다 汁が煮詰まる.

졸아-붙다 【-붙따】 自 煮詰まる.

졸업 (卒業) /tʃorəp/ 名他サ 卒業. ↔ 입학 (入学). ‖서울대 법대를 졸업하다 ソウル大学法学部を卒業する. 수석으로 졸업하다 首席で卒業する. 만화는 벌써 졸업했다 もう漫画は卒業した. 졸업 여행 卒業旅行.

졸업-생 (卒業生) 【-쌩】 名 卒業生.

졸업-식 (卒業式) 【-씩】 名 卒業式. ↔ 입학식 (入学式).

졸업-장 (卒業状) 【-짱】 名 卒業証書.

졸음 (졸음) 名 眠気. ‖졸음이 오다 眠気がさす. 눈이 졸음을 쫓다 眠気を覚ます. 졸음운전 居眠り運転.

졸-이다 他 ❶ 〔졸다[2]の使役動詞〕 煮詰める; 煮つける. ‖생선을 졸이다 魚を煮つける. ❷ (気を) もむ; やきもきさせる. ‖합격자 발표를 마음을 졸이며 기다리다 合格者発表を気をもみながら待つ.

졸작 (拙作) 【-짝】 名 拙作.

졸-장부 (拙丈夫) 【-짱-】 名 臆病者; 度量が小さい人.

졸저 (拙著) 【-쩌】 名 拙著.

졸졸 /tʃoldʒol/ 副 ❶ 小川や少量の水が流れる音: ちょろちょろ. ‖시냇물이 졸졸 흐르다 小川がちょろちょろと流れる. ❷ 子どもや子犬などが後ろからついて来る様子: ぞろぞろ(と). ‖애들이 뒤를 졸졸 따라오다 子どもたちが後ろをぞろぞろ(と)ついて来る.

졸졸-거리다 自 (小川などが) ちょろち

よろと流れる.
졸지-에(猝地-)【-찌-】團 突然히; 急히; 뜻밖에; 出し抜けに. ∥화재로 졸지에 고아가 되다 火事で突然孤児になる. 졸지에 당하다 不意にやられる.

졸-참나무图〈植物〉ナラ(楢).
졸책(拙策)图 拙策.
졸필(拙筆)图 拙筆.
좀¹图 ❶〈昆虫〉シミ(衣魚). ❷〔比喩的に〕目立たないが少しずつ損害を及ぼす物や人. ∥좀이 쑤시다 じっとしていられない; うずうずする.

좀² /tʃom/團 ❶ [조금의 縮約形] 少し; ちょっと; しばらく; 多少. ∥좀 싼 걸로 주세요 少し安いのをください. 좀 기다리면 올 거예요 しばらく待てば来るはずです. 좀 더 주세요 もっとください; もっとほしいです. 좀 더 힘내라 もっと頑張れ. 어제보다 좀 춥다 昨日よりや寒い. ❷〔依頼・要求などの時の〕ちょっと. ∥좀 보여 주세요 ちょっと見せてください.

좀³團 さぞ; さぞや. ∥저렇게 장시간 일하니 좀 힘들까? あんなに長時間働いたらさぞ大変だろう.

좀-도둑(-도)图 こそ泥. ∥집에 좀도둑이 들다 こそ泥に入られる.

좀-먹다[-따]自他 ❶ シミがつく; むしばむ. ∥좀먹은 스웨터 むしばんだセーター. ❷〔比喩的に〕少しずつ損害を及ぼす. ∥나라를 좀먹는 부정부패 国をむしばむ不正腐敗.

좀-생원(-生員)图 しみったれ; けちくさい人.
좀-생이图 ❶〈天文〉昴. ❷小さいもの.
좀-스럽다【-따】形【ㅂ変】みみっちい; けちくさい; こせこせしている. 좀스레団.
좀-약(-藥)【-냑】图 シミ防虫剤.
좀-처럼團〔下に打ち消しの表現を伴って〕めったに…しない; なかなか…しない. ∥좀처럼 늘지 않다 実力がなかなか伸びない.

좀-체團=좀처럼. ∥속마음을 좀체 알 수가 없다 本心がなかなか分からない.
좀-팽이图〔さげすむ言い方で〕こせつきい人.

좁다 /tʃopʰta/【-따】形 狭い. 閔널수가 없다 道が狭くて車が通れない. 선택의 폭이 좁다 選択の幅が狭い. 시야가 좁다 視野が狭い. 속이 좁은 사람 心が狭い人. 좁은 문 狭き門. 閔종하다.

좁-다랗다(-따라타)【ㅎ変】非常に狭い; 狭苦しい. ∥좁다란 골목길 非常に狭い路地.
좁디-좁다【-따-따】〔좁다를 강조하여 말하는 語〕きわめて狭い.

좁쌀 ❶ アワ(粟). ❷〔比喩的に〕きわめて小さいもの.
좁은(狭い)의 연用形.
좁은图 좁다(狭い)의 현재 連体形.
좁-히다【조피-】他〔좁다의 使動形動詞〕狭める; 縮める. ∥거리를 좁히다 距離を縮める. 시험 출제 범위를 좁히다 試験の出題範囲を狭める.

종¹图 (ニンニク・ネギなどの) 花茎.
종²图 ❶〈歴史〉下人; 奴婢; 僕. ❷〔比喩的に〕他人のために進んで動く人.
종³(鐘)图 鐘; ベル. ∥종을 치다 鐘を鳴らす. 제야의 종 除夜の鐘.
종⁴(種)图 ❶種子. ❷種類. ❸〈生物〉種(しゅ). ∥종의 기원 種の起原(ダーウィンの著).
　—依당…種. ∥잡지 십 종 雑誌10種.
종⁵(鍾)图〈姓〉鍾(ジョン).
종⁶(縦)图 縦. ❤️횡(横). ∥종으로 횡으로 縦に 横に 縦横.

-종⁷(種)(接尾)…種. ∥외래종 外来種.
종가¹(宗家)图 宗家; 本家.
종갓-집(宗家-)【-가쯤/-갇찜】图 宗家.
종가²(終価)【-까】图 終値.
종각(鐘閣)图 鐘楼.
종강(終講)图自 学期最後の講義. ❤️개강(開講).

종결¹(終結)图他 終結.
종결²(終結)图他 終決. ∥분쟁을 종결하다 争乱を終決する.
종결-어미(終結語尾)图〈言語〉終結語尾.

종교(宗教) /tʃoŋgjo/图 宗教. ∥종교의 자유 宗教の自由. 사이비 종교 えせ宗教. 신흥 종교 新興宗教. 종교 재판 宗教裁判. 민족 종교 民族宗教.
종교-극(宗教劇)图〈文芸〉宗教劇.
종교^개혁(宗教改革)图 宗教改革.
종교^사회학(宗教社会学)图〈-/-훼-〉图 宗教社会学.
종교-성(宗教性)【-성】图 宗教性.
종교-심(宗教心)图 宗教心.
종교^음악(宗教音楽)图 宗教音楽.
종교^전쟁(宗教戦争)图 宗教戦争.
종교^철학(宗教哲学)图 宗教哲学.
종교-학(宗教学)图 宗教学.
종교-화(宗教畵)图〈美術〉宗教画.
종국(終局)图 終局.
종군(従軍)图自 従軍.
종군^기자(従軍記者)图 従軍記者.
종군^위안부(従軍慰安婦)图 従軍慰安婦.
종기(腫氣)图 腫れ物; おでき. ∥종기가 생기다 腫れ物ができる.
종내(終乃)團 ついに; 結局; 最後まで. ∥종내 입을 열지 않았다가 最後までロを割らなかった.
종다리图〈鳥類〉ヒバリ(雲雀).

종단¹(縱斷) 명 하자 縱斷. ⑦횡단(橫斷). ‖국토 종단 国土縦断.

종단²(終端) 명 끝.

종-단면(縱斷面) 명 縦断面. ⑦횡단면(橫斷面).

종당-에(終當-) 튀 結局；最後に；最終的に. ‖종당에 해야 할 일 結局やるべきこと.

종대(縱隊) 명 縦隊. ⑦횡대(橫隊).

종두(種痘) 명 [의학] 種痘.

종래(從來) 튀 명 従来. ‖종래의 방식대로 하다 従来のやり方で通す.

종량-세(從量稅) [-냥세] 명 [법률] 従量税.

종량-제(從量制) [-냥-] 명 従量制.

종려-나무(棕櫚-) [-녀-] 명 [식물] シュロ(棕櫚).

종려-죽(棕櫚竹) [-녀-] 명 [식물] シュロチク(棕櫚竹).

종렬(縱列) [-녈] 명 하자 縱列. ⑦횡렬(橫列).

종례(終禮) [-녜] 명 (학교 등에서) 日課が終わった後の整理の時間；帰りの会. ⑦조례(朝禮).

종료(終了) [-뇨] 명 자타 終了. ‖경기가 종료되다 競技が終了する. 작업 종료 시간 作業の終了時間.

종루(鐘樓) [-누] 명 鐘楼.

종류(種類) /종:nnju/ 명 種類. ‖상품을 종류별로 진열하다 商品を種類別に陳列する. 다양한 종류의 책 様々な種類の本. 종류에 따라서는 種類によっては.

종말(終末) 명 終末. ‖종말을 맞이하다 終末を迎える.

종말-론(終末論) 명 終末論.

종목(種目) [-목] 명 ①올림픽 정식 종목 オリンピック正式種目. 경기 종목 競技種目. 종목별 득점 種目ごとの得点.

종묘¹(宗廟) 명 宗廟(びょう).

종묘²(種苗) 명 種苗. ‖딸기 종묘 イチゴの種苗.

종무(終務) 명 御用納め. ⑦시무(始務).

종무-식(終務式) 명 御用納めの儀式. ⑦시무식(始務式).

종무소식(終無消息) 명 全く連絡がないこと.

종물(從物) 명 [법률] 従物. ⑦주물(主物).

종반(終盤) /종:반/ 명 終盤. ⑦초반(初盤)·중반(中盤). ‖종반으로 접어들다 終盤にさしかかる.

종반-전(終盤戰) 명 終盤戦.

종-벌레(鐘-) 명 [동물] ツリガネムシ(釣鐘虫).

종별(種別) 명 하자 種別.

종사(從事) 명 자동 従事. ‖상업에 종사하다 商業に従事する.

종서(縱書) 명 하자 縱書き. ⑦세로쓰기. ⑦횡서(橫書).

종성(終聲) 명 [언어] 一音節末の子音. 終わり音.

종-소리(鐘-) [-쏘-] 명 鐘声；鐘の音.

종속(從屬) 명 자동 従属. ‖대국에 종속되다 大国に従属する. 종속 관계 従属関係.

종속˜변수(從屬變數) [-쑤] 명 [수학] 従属変数. ⑦독립 변수(獨立變數).

종속-적(從屬的) [-쪅] 명 従属的. ‖종속적인 관계 従属的な関係.

종속-절(從屬節) [-쩔] 명 [언어] 従属節. ⑦주절(主節).

종손(宗孫) 명 宗家の初孫.

종식(終熄) 명 자동 息. ‖전쟁이 종식되다 戦争が終息する.

종신(終身) 명 하자 ❶終身. ‖종신 고용 終身雇用. ❷臨終；最期. ‖종신 자식 親の臨終[最期]を見届けた子ども.

종신˜보험(終身保險) 명 終身保険.

종신˜연금(終身年金) [-년-] 명 終身年金.

종신-직(終身職) 명 終身官.

종신-형(終身刑) 명 [법률] 終身刑.

종심(終審) 명 [법률] 終審.

종아리 명 [해부] こむら；ふくらはぎ.

종알-거리다[-대-] 자타 ぺちゃぺちゃしゃべる.

종알-종알 튀 하자 小声でよくしゃべる様子：ぺちゃぺちゃ(と)；ぺちゃくちゃ(と).

종양(腫瘍) 명 [의학] 腫瘍. ‖뇌종양 脳腫瘍.

종언(終焉) 명 하자 終焉. ‖종언을 고하다 終焉を告げる.

종업¹(從業) 명 하자 従業.

종업-원(從業員) 명 従業員.

종업²(終業) 명 하자 終業. ⑦시업(始業).

종업-식(終業式) [-씩] 명 終業式. ⑦시업식(始業式).

종영(終映) 명 자타 その日の上映が終わること. ‖종영 시간 映画が終わる時間.

종용(慫慂) 명 하자 慫慂(しょうよう)；他の人に勧めてそうするように仕向けること. ‖종용을 받아 출마하다 慫慂されて出馬する.

종유-동(鍾乳洞) 명 [지] 鍾乳洞.

종유-석(鍾乳石) 명 [동물] 鍾乳石.

종이 /jʌŋi/ 명 紙. ‖두꺼운 종이 厚い紙. 가위로 종이를 자르다 はさみで紙を切る. 종이 한 장 紙1枚. ▶종이 한 장(의) 차이 紙一重の差.

종이-돈(-돈) 명 紙幣. ⑦지폐(紙幣).

종이-배(-) 명 折って作った紙の船.

종이-비행기(-飛行機) 명 紙飛行機. ‖종이비행기를 날리다 紙飛行機

종이-쪽 =종잇조각.
종이-컵 (-cup) 图 紙コップ.
종이-풍선 (-風船) 图 紙風船.
종이-학 (-鶴) 图 折り鶴.
종이-호랑이 (-虎狼-) 图 張り子のトラ.
종잇-장 (-張) 图 [이쨩/-인쨩] 图 紙の一枚一枚.
종잇-조각 [-이쪼-/-인쪼-] 图 紙切れ.
종일 (終日) 图 終日;一日中. ‖하루 종일 서서 일하다 一日中立って仕事をする.
종일-토록 (終日-) 朝から晩まで;一日中. ‖종일토록 돌아다니다 一日中歩き回る.
종자 (種子) 图 種子;種. ⑭씨.
종자-식물 (種子-) [-씽-] 图 [植物] 種子植物.
종-자음 (終子音) 图 =종성(終聲).
종-잡다 [-따] 图 推し量る;予想がつく. ‖의도를 도무지 종잡을 수가 없다 意図を全く推し量れない.
종장 (終章) 图 終章. ⑭초장(初章)・중장(中章).
종적[1] (蹤跡) 图 足跡;行方. ‖종적을 감추다 行方をくらます;姿を消す.
종-적[2] (縦的) 图 物事の縦の関わりやつながり. ⑭횡적(横的). ‖종적인 관계 縦の関係.
종전 (從前) 图 従前;これまで. ‖종전대로 従前の通り.
종점 (終點) [-쩜] 图 終点. ⑭기점(起點). ‖버스 종점 バスの終点.
종족[1] (宗族) 图 宗族(共通の先祖を持つ一族).
종족[2] (種族) 图 種族. ‖종족 보존의 본능 種族保存の本能.
종종 (種種) 副 時々;たびたび;しばしば. ‖친구가 종종 찾아오다 友だちが時々訪ねてくる.
종종-걸음 图 早足;小走り;急ぎ足. ‖종종걸음으로 사라지다 急ぎ足で去る. ‖종종걸음을 치다 小走りする;急ぎ足で歩く.
종주 (宗主) 图 宗主;首長.
종주-국 (宗主國) 图 宗主国. ‖한국은 태권도 종주국이다 韓国はテコンドーの宗主国である.
종주-권 (宗主權) [-꿘] 图 [法律] 宗主権.
종주[2] (縦走) 图 他動 縦走. ‖한반도를 종주하는 태백산맥 朝鮮半島を縦走する太白山脈. 지리산을 종주하다 智異山を縦走する.
종중 (宗中) 图 一族;一門.
종지 图 醤油やコチュジャン(コチュジャン)などを入れての小さな器.
종지-부 (終止符) 图 終止符;ピリオド.

⑭마침표(-標). ‖종지부(를) 찍다 終止符を打つ.
종지-뼈 (解剖) ひざの皿.
종착 (終着) 图 自動 終着.
종착-역 (終着驛) [-짱녁] 图 終着駅. ⑭시발역(始發驛).
종친-회 (宗親會) [-/-훼] 图 一族の親睦会.
종파[1] (宗派) 图 宗派.
종파[2] (縦波) 图 [物理] 縦波. ⑭횡파(横波).
종합 (綜合) /dʒoŋhap/ 图 他動 綜合. ⑭분석(分析). ‖모든 정보를 종합하다 すべての情報を綜合する. 전원의 이야기를 종합해서 판단하다 全員の話を綜合して判断する.
종합-개발 (綜合開發) [-깨-] 图 綜合開発.
종합-과세 (綜合課稅) [-꽈-] 图 綜合課税.
종합-대학 (綜合大學) [-때-] 图 綜合大学.
종합-병원 (綜合病院) [-뼁-] 图 綜合病院.
종합-상사 (綜合商社) [-쌍-] 图 綜合商社.
종합-예술 (綜合藝術) [-햄네-] 图 綜合芸術.
종합-잡지 (綜合雜誌) [-짭찌] 图 綜合雑誌.
종합-적 (綜合的) [-쩍] 图 綜合的. ‖종합적인 판단 綜合的な判断. 종합적으로 생각하다 綜合的に考える.
종합-학습 (綜合學習) [-하랍] 图 綜合学習.
종형제 (從兄弟) 图 従兄弟.
종횡 (縦横) [-/-훼] 图 縦横.
종횡-무진 (縦横無盡) 图 縦横無尽.
좆 [졷] 图 (大人の)男根.
좇다 /tʃot't͡ɕa/【좋다】图 [졷따] 图 (精神的に)従う;追求する;求める. ‖스승의 가르침을 좇다 師の教えに従う. 명예를 좇다 名誉を追求する.
좇아-가다 他動 (やり方・姿勢などについて)行く;追従する. ‖그 사람의 방식을 좇아가다 その人のやり方に従う.
좇아-오다 他動 (やり方・姿勢などについて)来る;従う. ‖선배들을 좇아오는 후배들 先輩たちについて来る後輩たち.

좋다[1] /tʃot'a/ 【조타】图 [조타] ❶よい;いい. ‖머리는 좋은데 공부는 안 한다 頭はいいが勉強はしない. 솜씨가 좋다 腕がいい. 날씨가 좋은 날은 일하기가 싫다 天気のいい日は仕事がしたくない. 좋은 술 よい酒. この 会社에서 안 좋은 일이 있었다 今日会社でよくないことがあった. 사이가 좋다 仲がいい. 집안이 좋다 家柄がいい. 자세가 좋다 姿勢がいい. 저 사람은 좋은 사람이다 あの人はいい人だ. 아, 기분 좋다 ああ,

いい気持ちだ. ❷好きだ. ‖나는 저 애가 정말 좋다 僕はあの子が本当に好きだ. 좋을 대로 하세요 好き(なよう)にしてください. ❸〔…에 좋다の形で〕…によい;…にいい. ‖감기에는 이 약이 좋다 風邪にはこの薬がいい. 과음은 건강에 안 좋다 飲み過ぎは健康によくない. ❹〔…아도[어도·해도]좋다の形で〕…てもよい. ‖오늘은 공부 안 해도 좋다 今日は勉強しなくてもいい. 비싸도 좋으니까 튼튼한 것으로 주세요 高くてもいいから丈夫なものをください. ❺〔…(이)라도 좋다の形で〕…でもよい. ‖아무거라도 좋으니까 먹을 것 좀 주세요 何でもいいから食べ物をください. ❻〔…기(에) 좋다の形で〕…しやすい;…するのに最適だ. ‖먹기에 좋다 食べやすい. 이런 날씨는 놀기에 딱 좋다 こういう天気は遊ぶには最適だ. ❼〔…이[가] 좋지 않다·…이[가] 안 좋다の形で〕…がよくない;…がすぐれない. ‖안색이 좋지 않다 顔色がよくない. 날씨가 안 좋다 天気がすぐれない.

좋다[2]【조타】感 ❶満足した気持ちを表わす: よし; いいぞ; いいね. ❷決意·反発などの感情を表わす: よし; 分かった. ❸판소리(パンソリ)などで鼓手が歌い手に興を添えるために言う掛け声の一つ: いいぞ; よーし; よっ.

좋아【조-】形 좋다(いい)の連用形.

좋아-지다 /ʧoadʒida/【조-】自 ❶よくなる. 対나빠지다. ‖경기가 좋아지다 景気がよくなる. 눈이 좋아지는 식품 目がよくなる食品. ❷好きになる; 好むようになる. 対싫어지다. ‖등산이 좋아지다 登山が好きになる.

좋아하는【조-】他『하変』 좋아하다(好きだ·好む)の現在連体形.

좋아-하다 /ʧo:ahada/【조-】他『하変』 ❶好きだ; 好む. ‖좋아하는 음악 好きな音楽. 밝은 색을 좋아하다 明るい色が好きだ. 싱거운 음식을 좋아하다 薄味を好む. ❷喜ぶ; うれしがる. ‖이 선물 분명히 좋아할 거다 このプレゼント, きっと喜ぶはずだ.

좋아하여[좋아해]【조-】他『하変』 좋아하다(好きだ·好む)の連用形.

좋아한【조-】他『하変』 좋아하다(好きだ·好む)の過去連体形.

좋아할【조-】他『하変』 좋아하다(好きだ·好む)の未来連体形.

좋은【조-】形 좋다(いい)の現在連体形.

좌 (左) 名 左; 左側. 対우(右). ‖좌우 左右.

좌경 (左傾) 名 하自 左傾; 左翼. 対우경(右傾).

좌경-화 (左傾化) 名 되自 左傾化. 対우경화(右傾化).

좌골 (坐骨) 名《解剖》 坐骨.

좌뇌 (左腦)【-/-눼】名《解剖》 左脳. 対우뇌(右腦).

좌담 (座談) 名 하自 座談.

좌담-회 (座談會)【-/-훼】名 座談会. ‖좌담회를 열다 座談会を開く.

좌르르 副 ❶勢いよく水が流れ出る音[様子]: しゃあしゃあ; じゃあじゃあ. ❷砂·砂利·豆など粒状のものが触れ合う音[様子]: じゃらじゃら. ‖통에 담긴 구슬이 좌르르 쏟아지다 箱に入っていたガラス玉がじゃらじゃらとこぼれる.

좌방 (左方) 名 左方. 対우방(右方).

좌변 (左邊) 名 左辺. 対우변(右邊).

좌-변기 (坐便器) 名 洋式便器.

좌불안석 (坐不安席) 名 하自 不安·心配などで座っていられないこと.

좌상[1] (坐像) 名 座像.

좌상[2] (挫傷) 名 挫傷; うちみ.

좌석 (座席) 名 座席; 席. 対입석(立席). ‖좌석을 배정하다 座席を割り当てる.

좌석-권 (座席券)【-꿘】名 座席券.

좌석^버스 (座席 bus) 名 座席バス. ✣確実に座れる上, 一般バスより停留所が少ないため速い.

좌선 (坐禪) 名 하自《仏教》 座禅.

좌시 (坐視) 名 하他 座視. ‖이번 일은 좌시할 수 없다 今回のことは座視できない.

좌-심방 (左心房) 名《解剖》 左心房. 対우심방(右心房).

좌-심실 (左心室) 名《解剖》 左心室. 対우심실(右心室).

좌약 (坐藥) 名《薬》 座薬.

좌완 (左腕) 名 左腕. 対우완(右腕). ‖좌완 투수 左腕投手.

좌우 (左右) /ʧwa:u/ 名 하他 ❶左右; 左と右. ‖전후좌우 前後左右. 생활 습관이 건강을 좌우한다 生活習慣が健康を左右する. 좌우 개폐형 냉장고 観音開き冷蔵庫. ❷そば; かたわら; 周囲; 周り; 辺り. ‖좌우를 살펴보다 辺りを見渡す.

좌우-간 (左右間) 副 とにかく; ともかく. ‖좌우간 설명을 들어 보자 とにかく説明を聞いてみよう.

좌-우익 (左右翼) 名 左右翼; 左翼と右翼.

좌우지간 (左右之間) 名 ＝좌우간(左右間).

좌우-명 (座右銘) 名 座右の銘.

좌익 (左翼) 名 ❶左翼. 対우익(右翼). ❷좌익수(左翼手)の略語.

좌익-수 (左翼手)【-쑤】名 (野球で)左翼手; レフト. 略좌익(左翼).

좌장 (座長) 名 座長.

좌절 (挫折) /ʧwa:dʒɔl/ 名 하自 挫折. ‖이번 실패로 좌절하다 今回の失敗で挫折する. 좌절의 아픔을 맛보다 挫折の苦しみを味わう.

좌절-감 (挫折感) 挫折感.

좌정관천 (坐井觀天) 图 井の中の蛙(かわず).

좌중 (座中) 图 座中.

좌지우지 (左之右之) 图他 意のままにすること; 左右すること.

좌천 (左遷) 图自他 左遷. **좌천-되다**-[当되다] 受身

좌초 (坐礁) 图自 座礁. ‖배가 좌초하다 船が座礁する.

좌충우돌 (左衝右突) 图自他 あちこちへ衝突すること; ぶつかること; 突き当たること.

좌측 (左側) 图 左側; 左. ⇔우측 (右側).

좌측-통행 (左側通行) 图自 左側通行.

좌파 (左派) 图 左派. ⇔우파 (右派).

좌판 (坐板) 图 ❶座るための敷いた板. ❷ (市場などで) 物を売るための板.

좌표 (座標) 图 (数学) 座標.

좌표-축 (座標軸) 图 (数学) 座標軸.

좌향-좌 (左向左) 图 (号令で) 左向け左. ⇔우향우 (右向右).

좌-회전 (左廻轉) 图하自 左折. ⇔우회전 (右廻轉).

확[확] ❶一挙に散らばったり広がったりする様子: ぱっと. ‖소문이 확 퍼지다 うわさがぱっと広まる. ❷液体が急に幾勝にもなって流れ出る様子: ざあっと.

확-확[확확] 图自 ❶雨が激しく降る様子 [音]: ざあざあ; じゃあじゃあ. ‖폭우가 확 쏟아지다 暴雨がざあざあ降りしきる. ❷文章などを流暢に読む様子: すらすら. ‖원서를 확확 읽어 내려가다 原書をすらすら読み進める.

찰-찰[찰찰] 图自 水などが勢いよく多量にほとばしり出たり水を注いだりする時の音: じゃあじゃあ. ‖호스로 물을 찰찰 뿌리다 ホースでじゃあじゃあ水をまく.

찰찰-거리다 自 じゃあじゃあと流れる.

죄 (罪) /tʃwe:/-[-/-제] 图 罪; 過ち. ‖죄 된 짓 悪いこと. 죄의식 罪の意識. 다른 사람의 죄를 뒤집어씌우다 他人に罪をかぶせる. 어쩐지 죄를 지은 것 같은 罪深い人間. 죄와 벌 『罪と罰』(ドストエフスキーの小説).

죄다 /tʃwedda/-[-/-제] 他 ❶ (緩んだのを) きつく締める. ‖나사를 죄다 ねじを締める. ❷ (巻きつけたものを) 絞める. たるみをなくす. ‖안전 벨트를 죄다 シートベルトを締める. ❸ (隙間をつめる. ❹ (気を) もむ. 心をを痛める. 心を焦がす. ‖마음을 죄다 気をもむ.

죄다²-[-/-제] 图 全部; すべて; すっかり; あらいざらい. ‖죄다 가져가다 全部持っていく. 죄다 잊어 버리다 すっかり忘れる.

죄명 (罪名)【-/-제】 图 罪名.

죄목 (罪目)【-/-제】 图 罪目.

죄-받다 (罪-)【-다/-제-따】 自 罰が当たる.

죄상 (罪狀)【-/-제】 图 (法律) 罪狀.

죄송-스럽다 (罪悚-)【-/-제-】 **-다/-제-따】 形 [ㅂ変] [죄송스러워, 죄송스러운] 申し訳ない. ‖죄송스럽게 생각합니다 申し訳なく思います. **죄송스레** 图

죄송-하다 (罪悚-)/tʃwesoŋhada/【-/-제-】 形 ㅎ変 申し訳ない. ‖늦어서 죄송합니다 遅れて申し訳ありません. **죄송-히** 图

죄수 (罪囚)【-/-제】 图 罪囚;囚人;罪人.

죄악 (罪惡)【-/-제】 图 罪惡.

죄악-감 (罪惡感)【-감/-제-깜】 图 罪悪感. ‖죄악감에 시달리다 罪悪感にさいなまれる.

죄악-시 (罪惡視)【-씨/-제-씨】 图하他 罪悪視.

죄어-들다【-/-제어-】 自他 [ㄹ語幹] 締まる; 引き締まる; 締めつけられる. ‖가슴이 죄어드는 느낌 胸を締めつけられるような思い.

죄-이다【-/-제-】 自 [죄다の受身動詞] 締めつけられる.

죄인 (罪人)【-/-제】 图 罪人. ❷親の喪中にある人が自分を指して言う語.

죄책 (罪責)【-/-제】 图 罪責.

죄책-감 (罪責感)【-감/-제-깜】 图 罪責感. ‖죄책감에 시달리다 罪責感にさいなまれる.

죗-값 (罪-~)【죄갑/-젠갑】 图 罪の代価. ‖죗값을 치르다 罪を償う.

-죠【-】 [-지요の縮約形] …でしょう. ‖학생이죠? 学生でしょう?

주¹ (主) 图 ❶ 主 (しゅ); 主 (主); 中心. ‖다음 글에서 주가 되는 문장을 찾아라 次の文で主となる部分を探しなさい. 주된 역할 主な役割. 주로 가는 곳 主に行くところ. ❷ (キリスト教) 神; キリスト. ‖주 기도문 主の祈り.

주² (朱) 图 (姓) 朱 (ジュ).

주³ (周) 图 (姓) 周 (ジュ).

주⁴ (州) 图 連邦国家などの行政区画: 州. ‖캘리포니아 주 カリフォルニア州.

주⁵ (洲) 图 洲. ‖아시아 주 アジア洲.

주⁶ (註) 图 注. ‖주를 달다 注をつける. ❷ 주석 (註釋)·주해 (註解)の略語.

주⁷ (株) 依名 株券の数を数える語: …株. ‖백화점 주식을 백 주 가지고 있다 デパートの株を100株持っている.

주⁸ (週) 依名 …週. ‖삼 주 어학 연수 3週間の語学研修.

주-⁹ (駐) 接頭 駐…. ‖주일 대사 駐日大使.

주가 (株價)【-까】 图 (経) 株価. ‖

주간 가가 하락하다 株価が下落する.

주간¹ (主幹) 图 他 主幹. ∥편집 주간 編集主幹.

주간² (週刊) 图 他 週刊. ∥주간 신문 週刊新聞.
주간-지 (週刊誌) 图 週刊誌.

주간³ (週間) 图 他 週間. ∥주간 일기 예보 週間天気予報.

주간⁴ (書間) 图 昼間.

주객 (主客) 图 主客.
주객-일치 (主客一致) 图 他自 主客一体.
주객-전도 (主客顚倒) [-쩐-] 图 自由 主客転倒.

주객² (酒客) 图 酒客;酒家;酒飲み.

주거 (住居) 图 他自 住居. ∥주거를 옮기다 住居を移す.
주거-지 (住居址) 图 住居址.
주거지 침입죄 [-죄/-쮀] 图 (法律) 住居侵入罪.

주걱 [밥주걱의 略語] しゃもじ. ∥주걱으로 밥을 푸다 しゃもじで飯をよそう.
주걱-상 (-相) [-쌍] 图 杓子面(づら).
주걱-턱 图 しゃくれたあご.

주검 (死體) 图 死体; 屍(しかばね).

주격 (主格) 图 (言語) 主格.
주격-조사 (主格助詞) [-껵쪼-] 图 (言語) 主格助詞.

주경-야독 (畫耕夜讀) [-녜-] 图 自由 「昼は働きまた勉強する」の意で)忙しい中で勉学に励むこと.

주고-받다 /tʃugobat̚t̚a/ [-따] 他 やり取りをする; 取り交わす; 交換する. ∥술잔을 주고받다 杯をやり取りする. 명함을 주고받다 名刺を交換する.

주관¹ (主管) 图 他 主管. ∥주관 단체 主管団体.

주관² (主觀) 图 主観. ↔客観(客觀). ∥주관이 뚜렷하다 主観がはっきりしている.

주관-성 (主觀性) [-씽] 图 主観性.
주관-적 (主觀的) [-쩍] 图 冠 主観的;客観的). ∥주관적인 판단 主観的な判断.

주광-성 (走光性) [-씽] 图 (植物) 走光性.

주교 (主教) 图 (カトリック) 主教;司教.

주구 (走狗) 图 走狗(そうく);人の手先.

주군 (主君) 图 主君.

주군² (駐軍) 图 他自 駐留軍. ∥주군하다 駐留する.

주권¹ (主權) 图 (法律) 主権. ∥주권자 主権者. 주권을 행사하다 主権を行使する.

주권² (株券) 图 (経) 株券.

주근-깨 图 そばかす.

주금-류 (走禽類) [-뉴] 图 (動物) 走禽類.

주급 (週給) 图 週給.

주기¹ (週期) 图 周期. ∥자전 주기 自転周期. 올림픽과 아시안 게임은 사 년 주기로 열린다 五輪とアジア競技大会は4年周期で開かれる.
주기-운동 (週期運動) 图 周期運動.
주기-율 (週期律) 图 (化学) 周期律.
주기-적 (週期的) 图 周期的. ∥주기적으로 만나다 周期的に会う.

주기² (周忌·週忌) 依图 …周忌. ∥10 주기를 맞이하다 10周忌を迎える.

주기³ (注記·註記) 图 注記.

주년 (周年·週年) 依图 …周年. ∥결혼 십 주년 結婚10周年.

주눅 图 委縮すること;いじけること. ▶주눅(이) 들다 委縮する;すっかりいじける; 気がひける;悪びれる. 줄곧 꾸중만 듣더니 주눅이 들었다 叱られてばかりすっかりいじけてしまった.

주는 图 주다(あげる)の現在連体形.

주니어 (junior) 图 ジュニア.

주다¹ /tʃuda/ 他 ❶やる;あげる;与える. ∥남동생에게 용돈을 주다 弟に小遣いをあげる. 화분에 물을 주다 植木鉢に水をやる. 먹이를 주다 えさをやる. 상을 주다 ごほうびをあげる. 피해를 주다 被害を与える. ストレスを주다 ストレスを与える. 주의를 주다 注意を与える. 변명할 기회를 주다 弁解の機会を与える. 주어진 시간 내에 처리하다 与えられた時間内に処理する. ❷くれる. ∥친구가 생일 선물을 주었다 友だちが誕生日プレゼントをくれた. 그가 나 줘 것이 이것이다 彼がくれたのはこれだ. 这が私にくれたのは僕にくれた. ❸〈お金を〉出す;払う. ∥이거 얼마 주고 샀니? これいくらで買ったの. ❹〈力を〉入れる;〈力を〉込める. ∥다리에 힘을 주다 足に力を入れる. ❺〈心を〉許す;∥마음을 허す;心を許す. ▶주거니 받거니 さしつされつ. 술잔을 주거니 받거니 하다 杯をさしつされつする; さしつされつ杯を交わす.

주다² 補動 ❶…てやる;…てあげる;…与える. ∥역까지 바래다 줄게 駅まで送ってやるよ. 애한테 책을 읽어 주다 子どもに本を読んであげる. ❷…てくれる;…てもらう. ∥누나가 취직 선물로 지갑을 사 주었다 姉が就職祝いとして財布を買ってくれた. 선배가 집에까지 바래다주었다 先輩が家まで送ってくれた;先輩に家まで送ってもらった.

주당 (酒黨) 图 酒徒.

주도 (主導) 图 他 主導. ∥행사를 주도하다 イベントを主導する.
주도-권 (主導權) [-꿘] 图 主導権.
주도-적 (主導的) 图 冠 主導的な立場にある 主導的な立場にある.

주동 (主動) 图 他 ❶ 시위를 주동하다 デモを主動する. ❷主動者(主動者)の略称.
주동-자 (主動者) 图 主動者;主導

주동-적(主動的)［名］主动的.
주-되다(主-)［/-┤돠/］［自］〔主に主動の形で〕主な; 中心たる. ‖주된 업무 主要業務. 주된 수입 主な収入.
주둔(駐屯)［名］［軍事］駐屯. ‖주둔 부대 駐屯部隊.
주둔-지(駐屯地)［名］駐屯地.
주둥아리［名］❶〔입·부리の俗語〕口; 口ばし. ‖주둥아리를 함부로 놀리다 むやみにしゃべる; むやみにでしゃばる.
주량(酒量)［名］酒量. ‖주량이 늘다 酒量が上がる.
주렁-주렁［副］［하形］❶〔果物や野菜などが〕たくさんぶら下がっている様子; たわわに. ‖사과子 주렁주렁 열려 있다 リンゴがたわわに実っている. ❷〔主たる人に何人かがついている様子〕ぞろぞろ. ‖자식이 주렁주렁 달려 있는 子를 何人も抱える.
주력[1] (主力)［名］主力. ‖회사의 주력 사업 会社の主力事業. 주력 부대 主力部隊.
주력[2] (注力)［名］［하他］力を注ぐこと. ‖수출에 주력하다 輸出に力を注ぐ.
주력[3] (呪力)［名］呪力.
주렴(珠簾)［名］珠簾(けん); 玉すだれ.
주례(主禮)［名］［하自］〔結婚式の媒酌〕; 媒酌人. ‖주례를 서다 媒酌の労をとる.
주례-사(主禮辭)［名］結婚式で媒酌人が述べる祝辞.
주로[1] (朱鷺)［名］［鳥類］トキ(鴇).
주로[2] (主-)／ʨuro／［副］主に; 主として. ‖휴일에는 주로 무엇을 하십니까? 休日は主に何をなさいますか. 회원들은 주로 학생들이다 会員は主として学生である.
주루(走壘)［名］［하自］〔野球で〕走塁.
주룩-주룩／ʨuruk̚ʨuruk̚／［副］［하自］雨が激しく降る音; ざあざあ; じゃあじゃあ; びしょびしょ. ‖비가 주룩주룩 내리다 雨がざあざあ降る.
주류[1] (主流)［名］主流. 反비주류(非主流).
주류[2] (酒類)［名］酒類.
주류[3] (駐留)［名］［하自］駐留. ‖외국 군대가 주류하다 外国の軍隊が駐留する.
주르르［副］❶〔ものがこぼれ落ちる様子〕ぽろぽろと; たらたら(と). ‖눈물이 주르르 흐르다 涙がぽろぽろこぼれる. 등에서 땀이 주르르 흐르다 背中から汗がたらたら(と)流れ落ちる. ❷〔滑り落ちる様子〕ずるっと; つるりと. ‖주르르 미끄러져서 엉덩방아를 찧다 つるりと滑って, しりもちをつく. ❸〔小さいものが素早く動き回る様子〕ちょこちょこ. ‖아이이 주르르 달려오다 子どもたちがちょこちょこ駆けつける. 副주르르.
주르륵［副］［하自］❶液体が一瞬流れて

705

주먹

止まる様子［音］; ざあっと; たらりと. ‖물을 주르륵 따르다 水をざあっと注ぐ. 땀이 주르륵 흐르다 汗がたらり(と)流れ落ちる. ❷〔坂道などで〕滑り落ちる様子; ずるっと; ずるずる(と). ‖언덕에서 주르륵 미끄러지다 坂道でずるっと滑る. 副주르륵. **주르륵-주르륵** 副 ［하自］
주르륵-거리다【-꺼-】［自］〔雨などが〕ざあざあ降る.
주름／ʨurum／［名］❶〔顔や首などの〕しわ. ‖얼굴에 주름이 많이 생기다 顔にしわがたくさんできる. 주름진 얼굴 しわの寄った顔. 잔주름 小(こ)じわ. ❷〔衣服の〕しわ; ひだ. ‖다림질로 와이셔츠 주름을 피다 アイロンをかけてワイシャツのしわを伸ばす. 바지 주름을 잡다 ズボンのひだをつける. 주름이 가다 しわになる. ❸〔紙や布などの〕のし.
주름-살【-쌀】［名］しわ. ‖주름살이 늘다 しわが増える.
주름-상자(-箱子)［名］〔カメラの暗箱·アコーディオン·提灯などの〕蛇腹.
주름-잡다【-따］［他］〔組織などを〕牛耳る. ‖정계를 주름잡던 사람 政界を牛耳っていた人.
주름-치마［名］ギャザースカート.
주름-위(-胃)［名］反芻胃の第4胃. 他추위(芻胃).
주리다［自］飢える; 腹を空かす; ひもじくなる. ‖주린 배를 움켜쥐다 空腹をかかえる. 애정에 주린 아이들 愛情に飢えている子どもたち.
주립(州立)［名］州立. ‖주립 대학 州立大学.
주마간산(走馬看山)［名］［하自］〔「走る馬の上から見る」の意で〕大ざっぱに見ていくこと.
주마-등(走馬燈)［名］走馬灯; 回り灯籠.
주막(酒幕)［名］〔昔の〕田舎の宿付きの居酒屋.
주말(週末)／ʨumal／［名］週末. ‖즐거운 주말을 보내다 楽しい週末を過ごす. 이번 주말에는 뭘 하니? 今度の週末は何をするの.

주머니／ʨumoni／［名］❶ポケット. ‖동전을 주머니에 넣다 小銭をポケットに入れる. 바지 주머니 ズボンのポケット. ❷懷. ‖요즘 주머니 사정이 좀 안 좋다 近頃, 懐具合がよくない. ▶**주머니를 털다** ① 有り金をはたく. ② 強盗をはたらく.
주머닛-돈【-니돈/-닏똔】［名］ポケットマネー; 小遣い銭.
주먹／ʨumok̚／［名］こぶし; げんこつ. ‖두 주먹을 불끈 쥐다 両こぶしをぐっと握る. 주먹을 휘두르다 こぶしを振り上げる. 주먹을 쥐어박다 げんこつを食らわす.
주먹-밥【-빱】［名］握り飯; おにぎり.

주먹-질【-질】[名][自他] こぶしを振り上げること.

주먹-코[名] だんご鼻.

주먹-구구(-九九)【-꾸-】[名] 大ざっぱに数えること; 大まかに計算すること; 放漫なこと; 其勘定. ∥회사를 주먹구구식으로 운영하다 会社を其勘定で運営する.

주모[1](酒母)[名] 酒幕(酒幕)の女将.
주모[2](主謀)[名他] 主謀.
 주모-자(主謀者)[名] 主謀者.

주목(注目)[名][自他] 注目. ∥주목을 받다 注目を浴びる. 주목할 만한 논문 注目に値する論文. 다시 주목을 받기 시작하다 再び注目を集め始める. 주목의 대상 注目の的. **주목-받다** 受身

주-목적(主目的)【-쩍-】[名] 主目的.

주무(主務)[名][他] 主務. ∥주무 장관 主務大臣.

주무르다 /tʃumurudɑ/【르変】[주물러, 주무른] ❶(手で)もむ; こねる; こする. ∥어깨를 주무르다 肩をもむ. ❷操る; 牛耳る; 意のままにする. ∥정계를 주무르다 政界を牛耳る.

주무시다 /tʃumuʃida/[自][자다の尊敬語] お休みになる. ∥안녕히 주무세요 お休みなさい. 주무시고 계시다 お眠りになっている.

주문[1](主文)[法律]【判決主文(判決主文)の略語】主文.

주문[2](呪文)[名] 呪文. ∥주문을 외우다 呪文を唱える.

주문[3](注文) /tʃuːmun/[名] 注文. ∥전화로 주문하다 電話で注文する. 서점에서 책을 몇 권 주문하다 書店で本を何冊か注文する. 뭘로 주문하시겠습니까? ご注文は何になさいますか. 무리한 주문을 하다 無理な注文を出す. **주문-받다** 受身

 주문"생산(注文生産)[名] 注文生産.
 주문-서(注文書)[名] 注文書.
 주문-품(注文品)[名] 注文品.

주물[1](物物)[名] 物物. ㉠물物(従物).

주물[2](呪物)[名] 呪物.
 주물"숭배(呪物崇拜)[名] 呪物崇拜.

주물[3](鑄物) 鋳物(いもの). ∥주물 공장 鋳物加工場.

주물럭-거리다[-대다]【 -꺼[때]-】[他] ❶もむ; こねる. ❷진흙을 주물럭거리다 粘土をこねる. ❷いじる.

주물럭-주물럭【-뚜-】[副][他] もむ[こねる]樣子.

주미(駐美)[名] 駐米. ∥주미 대사 駐米大使.

주민(住民)[名] 住民. ∥주민 운동 住民運動.

주민"등록(住民登錄)【-녹】[名] 住民登録.

주민"등록-증(住民登錄證)【-녹 쯩】[名] 住民登録証. ✦ 17歳以上の人に発行される.

주민"등록-표(住民登錄票)【-녹-】[名] 住民登録票.

주민-세(住民稅)【-쎄】[名] 住民稅.

주발(周鉢)[名] 真鍮製のご飯用の碗.

주방(廚房)[名] 厨房; 台所. ∥주방 용품 台所用品.
 주방-장(廚房長)[名] シェフ.

주번(週番)[名] 週番.
주범(主犯)[法律][名] 主犯.
주법(奏法)【-뻡】[名] 演奏法(演奏法)の略語.

주벽(酒癖)[名] 酒癖. ∥주벽이 고약하다 酒癖が悪い.

주변[1][名] 器量; 말주변 話す要領.
 주변-머리[名] 주변[1]の俗語. ∥주변머리가 없다 要領が悪い.

주변[2](周邊) /tʃubjən/[名] 周辺. ∥학교 주변 学校の周辺. 도시의 주변부 都市の周辺部. 주변 장치 周辺装置. 그 사람 주변에는 우수한 人材가 많다 彼の周辺には優秀な人材が多い.

주보(週報)[名] 週報.

주부[1](主部)[言語] 主部. ㉠술부(述部).

주부[2](主婦) /tʃubu/[名] 主婦. ∥가정주부 家庭の主婦. 전업 주부 專業主婦.

주불(駐佛)[名] 駐仏. ∥주불 대사 駐仏大使.

주빈(主賓)[名] 主賓.

주뼛-거리다[-대다]【-뺻 꺼[때]-】[自他] おずおずする; もじもじする.

주뼛-하다[-빼타-][形][하요] ❶(ものの尖端が)尖っている. ❷(ひどく驚いたり恐ろしくて)身の毛がよだつ.

주사[1](主事)[名] ❶主事. ❷一般職6級公務員の別称.

주사[2](走査)[名][他] 走査.

주사[3](注射) /tʃuːsa/[名][他] 注射. ∥주사를 놓다 注射を打つ. 예방 주사를 맞다 予防注射を打ってもらう.
 주사-기(注射器)[名] 注射器.
 주사-액(注射液)[名] 注射液.
 주사-침(注射針)[名] 注射針.
 주삿-바늘(注射~)【-사빠-/-삳빠-】=주사침(注射針).

주사[4](主辭)[言語] 主辭. ㉠빈사(實辭).

주사[5](酒邪)[名] 悪い酒癖; 酒乱. ∥주사가 심하다 酒癖がひどい.

주사위 さいころ; 賽(さい). ▶주사위는 던져졌다(명언) 賽は投げられた.

주산(珠算·籌算)[名] 珠算; そろばん. ㉑수판셈(數板-). ∥주산을 놓다 そろばんをはじく.

주-산물(主產物)[名] 主產物.
주-산지(主產地)[名] 主產地.

주상[1](主上)[歷史] 主上; 王.
주상[2](主喪)[名] 喪主.

주상³ (奏上) 图 (하他) 奏上; 上奏.
주상-복합건물 (住商複合建物)【-보캅껀-】图 住宅と店が一緒に入っている建物; 店舗兼用住宅; 複合型マンション.
주색¹ (主色) 图 主色. ❖빨강・노랑・파랑・초록(草綠)の4色のこと.
주색² (朱色) 图 朱色.
주색³ (酒色) 图 酒色; 飲酒と女遊び. ∥주색에 빠지다 酒色にふける.
주색-잡기 (酒色雜技)【-깝끼】图 酒と女と博打; 飲む打つ買う.
주서¹ (朱書) 图 (하他) 朱書; 朱書き.
주서² (juicer) 图 ジューサー.
주석¹ (主席) 图 主席.
주석² (朱錫) 图 (化) 真鍮; 錫.
주석³ (註釋・注釋) 图 (하他) 注釈・注釈. ∥주석을 달다 注釈をつける.
주석⁴ (酒席) 图 酒席. 國술자리.
주섬-주섬 副 散らかっているものを一つ一つ拾う様子. ∥널려 있는 옷들을 주섬주섬 주워 담다 散らかっている服を一枚一枚拾い入れる.
주성 (走性) 图 走性.
주성 (主星) 图 (天文) 主星. 國반성(伴星).
주-성분 (主成分) 图 主成分. 國부성분(副成分).
주세 (酒稅) 图 (法律) 酒稅.
주소 (住所) 图 /tʃuːso/ 图 住所; アドレス. ∥주소 좀 가르쳐 주세요 住所を教えてください. 주소가 바뀌다 住所が変わる. 주소를 언니 집으로 옮기다 住所を姉の家に移す. 이메일 주소 メールアドレス.
주소-록 (住所錄) 图 住所錄.
주술 (呪術) 图 呪術.
주스 (juice) /tʃuːsɯ/ 图 ジュース. ∥오렌지 주스 オレンジジュース.
주시 (注視) 图 (하他) 注視. ∥동향을 주시하다 動向を注視する.
주식¹ (主食) 图 主食. 國부식(副食).
주식² (株式) 图 /tʃuʃik/ 图 株式; 株. ∥주식을 공개하다 株式を公開する. 주식에 손을 대다 株に手を出す. 백화점 주식을 백 주 사다 デパートの株を100株買う.
주식-금융 (株式金融)【-금늉/-ɪ융】图 (經) 株式金融.
주식-배당 (株式配當)【-빼-】图 株式配當.
주식-시장 (株式市場)【-씨-】图 株式市場.
주식-회사 (株式會社)【-시회-/-시훼-】图 株式会社.
주신¹ (注神) 图 主神.
주신² (酒神) 图 酒神.
주심 (主審) 图 (競技で)主審.

주악 (奏樂) 图 (하自) 奏樂.
주안 (主眼) 图 主眼; 眼目. ∥복지에 주안을 두다 福祉に主眼を置く.
주안-점 (主眼點)【-쩜】图 主眼; 主眼点.
주안-상 (酒案床)【-쌍】图 酒肴(냥)膳.
주야 (晝夜) 图 晝夜. ∥주야로 엄중하게 감시하다 昼夜厳しく監視する.
주야불식 (晝夜不息)【-씩】图 晝夜兼行. ∥주야불식으로 공사를 서두르다 昼夜兼行で工事を急ぐ.
주야-장천 (晝夜長川) 副 昼夜を問わず; いつも; 常に. ∥주야장천 근심이 끊이지 않다 常に心配事が絶えない.
주어 (主語) 图 (言語) 主語. 國서술어(敍述語).
주어² 他 주다(あげる)の連用形.
주어-지다 他 与えられる; 与えられた. ∥주어진 조건 与えられた条件.
주역 (主役) 图 主役. 國단역(端役). ∥주역으로 발탁되다 主役に抜擢される. 통일의 주역 統一の主役.
주역² (周易) 图 (「四書五經의 하나」) 周易; 易; 易經.
주연¹ (主演) 图 (하自) 主演. ∥주연을 맡다 主演を任される. 주연 배우 主演俳優.
주연² (酒宴) 图 酒宴.
주영 (駐英) 图 駐英. ∥주영 대사 駐英大使.
주옥 (珠玉) 图 珠玉. ∥주옥 같은 명작 珠玉の名作.
주요 (主要) /tʃujo/ 图 (하他) 主要. ∥주요 등장인물 主要登場人物. 한국의 주요 산업은 철강・조선・석유화학 등이다 韓国の主要産業は鉄鋼・造船・石油化学などである.
주요-시 (主要視) 图 (하他) 重要視.
주운 他 [ㅂ變] 줍다(拾う)の過去連体形.
주워 他 줍다(拾う)の連用形.
주워-내다 他 拾い出す.
주워-담다【-따】他 拾い入れる.
주워-대다 他 並べ立てる; 並べあげて言う.
주워-듣다【-따】他 [ㄷ變] 聞きかじる; 小耳に挟む. ∥주워들은 이야기 小耳に挟んだ話.
주-원료 (主原料)【-월-】图 主な原料.
주-원인 (主原因) 图 主な要因.
주위 (周圍) /tʃuwi/ 图 周囲; 周り. ∥집 주위 家の周囲. 주위를 둘러보다 周囲を見回す. 주위의 눈을 의식하다 周りの目を意識する. 주위 사람들의 의견을 듣다 周りの人の意見を聞く.
주유¹ (注油) 图 (하他) 注油.
주유-소 (注油所) 图 ガソリンスタンド.
주유² (周遊) 图 (하他) 周遊.

주의¹ 【主義】 [-/-이] 图 主義. ‖실용주의 實用主義. 민주주의 民主主義.
주의-자 (主義者) 图 主義者.
주의² 【注意】 /ʤui/ [-/-이] 图 他サ 注意. ❶気をつけること. ‖주의를 기울이다 注意を払う. 주의하여 듣다 注意して聞く. 주의가 산만한 사람 注意が散漫な人. ❷気をつけるように働きかけること. ‖주의 사항 注意事項. 따끔하게 주의를 주다 厳しく注意する.
주의-력 (注意力) 图 注意力. ‖주의력이 부족하다 注意力が足りない.
주의-보 (注意報) 图 注意報. ‖호우주의보 大雨注意報.

주인¹ (主人) /ʤuin/ 图 ❶一家の主. ‖주인 양반 ご主人, 旦那さん. ❷所有者; 持ち主. ‖주운 지갑의 주인을 찾다 拾った財布の持ち主を探す. 집주인 家主. ❸夫. ‖우리 집 주인 うちの主人, うちの旦那.
주인-공 (主人公) 图 主人公; 主, 主役. ‖화제의 주인공 話題の主.
주인-장 (主人丈) 图 〔주인(主人)의 尊敬語〕.
주인-집 (主人-) 图 [-찝] 家主の家.
주인² (主因) 图 主因. (対)부인 (副因).
주일¹ (主日) 图 〈キリスト教〉 主日; 日曜日. ‖주일에는 교회에 간다 日曜日は教会に行く. 주일 학교 日曜学校.
주일² (駐日) 图 駐日. ‖주일 대사 駐日大使.
주일³ (週日) 依名 …週間. ‖한 주일 내내 비가 내리다 1週間ずっと雨が降る. 이번 삼 주일 동안 この3週間の間.
주임 (主任) 图 主任.
주입 (注入) 图 他サ 注入. ‖체내에 주사액을 주입하다 体内に注射液を注入する. **주입-되다** 受動
주입-교육 (注入教育) [-교-] 图 詰め込み教育.
주입-식 (注入式) [-씩] 图 注入式; 詰め込み方式.
주자¹ (走者) 图 走者; ランナー. ‖선두 주자 トップランナー. 릴레이의 최종 주자 リレーの最終走者.
주자-학 (朱子學) 图 朱子学.
주작 (朱雀) 图 〈民俗〉 朱雀(ţく). ◆四方をつかさどる天の四神の一つで, 南に配する. ⇔청룡(靑龍) (東)・백호(白虎) (西)・현무(玄武) (北).
주장¹ (主張) /ʤuʤaŋ/ 图 他サ 主張. ‖권리를 주장하다 権利を主張する. 강력히 주장하다 強く主張する. 자기주장이 강하다 自己主張が強い. 주장을 굽히지 않다 主張を曲げない.
주장² (主將) 图 主将.
주재¹ (主宰) 图 他サ 主宰. ‖모임을 주재하다 集まりを主宰する.
주재² (駐在) 图 自サ 駐在.
주재-국 (駐在國) 图 駐在国.

주재-원 (駐在員) 图 駐在員.
주저리-주저리 副 ❶小さいものがたくさん垂れ下がっている様子. ‖포도가 주저리주저리 열리다 ブドウがたくさんなる. ❷あれこれと並び立てる様子.
주저-앉다 /ʤuʤɔanta/ [-안따] 自 ❶座り込む. ‖다리가 아파 길바닥에 주저앉다 足が痛くて道端に座り込む. ❷諦める; 放棄する. ‖아직 반도 못 했는데 여기서 주저앉으면 어떡해요? まだ半分もできていないのにここで諦めてどうするんですか. ❸ある場所にそのまま住み着く; 定住する. ‖여동생은 일본에 갔다가 그대로 부저앉아 버렸다 妹は日本に行ってそのまま定住してしまった. ㊦주저앉히다.
주저앉-히다 [-안치-] 他 〔주저앉다의 使動動詞〕 ❶座り込ませる. ❷떠나려는 사람을 억지로 주저앉히다 発とうとする人無理矢理座らせる. ❷(計画などを)諦めさせる.
주저-하다 (躊躇-) /ʤuʤɔhada/ 自他 [하여] 躊躇(ҭҳ)する; ためらう. ‖주저하지 말고 들어오세요 躊躇せずお入りください. 주저하는 걸 보니 마음에 안 드나 보군요 ためらうところを見ると気に入らないようですね.
주전 (主戰) 图 主戰. ‖주전론 主戰論. 주전 투수 主戰投手; 主力投手.
주전-부리 图 自サ 絶えず無駄食いをする癖.
주전자 (酒煎子) /ʤuʤɔnʣa/ 图 やかん. ‖주전자를 불에 올려놓다 やかんを火にかける.
주절 (主節) 图 〈言語〉 主節. ㊦종속절 (從屬節).
주절-거리다 [-대다] 自他 しきりにつぶやく.
주절-주절 副 自他サ しきりにつぶやく様子. ぶつぶつ.
주점 (酒店) 图 飲み屋; 居酒屋.
주접-떨다 [ㄹ語幹] 食い意地を張る.
주정 (酒酊) 图 自サ 酒乱. ‖주정을 부리다 酒に酔ってくだを巻く.
주정-꾼 (酒酊-) 图 酒癖の悪い人.
주정-뱅이 (酒酊-) 图 酒乱; 酔っぱらい; 酔いどれ; 飲んだくれ.
주정² (主情) 图 〈主知〉.
주정-주의 (主情主義) [-/-이] 图 〈文芸〉 主情主義.

주제¹ 图 粗末な格好; 分際. ‖잘 모르는 주제에 나서다 よく分からないくせにでしゃばる. 주제를 모르다 身のほど知らずだ.
주제² (主題) 图 主題.
주제-넘다 【-따】 形 生意気だ; おこがましい; 出すぎだ; 差し出がましい. ‖주제넘게도 말참견하다 おこがましくも口出しする.

주제² (主題) 圏 主題;テーマ。∥회의의 주제로 올리다 会議の主題に取り上げる.
주제-가 (主題歌) 圏 主題歌;テーマ曲.
주조¹ (主調) 圏 〖音楽〗 主調.
주조² (主潮) 圏 主潮.
주조³ (酒造) 圏 他 酒造.
주조⁴ (鑄造) 圏 他 鋳造.∥활자를 주조하다 活字を鋳造する.
주종 (主從) 圏 主従.∥주종 관계 主従関係. 주종을 이루다 主従をなす.
주주 (株主) 圏 〖経〗 株主.
주주-권 (株主權) 圏 〖法律〗 株主権.
주주 총회 (株主總會) 【-/-훼】 圏 株主総会.
주지¹ (主旨) 圏 主旨.
주지² (住持) 圏 〖仏教〗 住持;住職.
주지³ (主知) 圏 他 圖 主知(的).
주지-주의 (主知主義) 【-/-이】 圏 主知主義.
주지⁴ (周知) 圏 他 周知.∥주지의 사실 周知の事実. 주지하는 바와 같이 周知の通り. 취지를 주지시키る 趣旨を周知する.
주지-육림 (酒池肉林) 【-융님】 圏 酒池肉林.
주차 (駐車) /ʧuːtɕha/ 圏 他 駐車.∥주차 위반 駐車違反. 주차 금지 구역 駐車禁止区域.
주차-장 (駐車場) 圏 駐車場.
주창 (主唱) 圏 他 主唱;唱えること.∥신학설을 주창하다 新学説を主唱する.
주책 (←主着) 圏 無定見でいい加減なこと.▶주책을 떨다 無分別にふるまう;粗忽(ずう)にふるまう;いやしい.
주책-바가지 【-빼-】 圏 分別のない人;見境がない人.
주책-없다 【-채겁따】 圏 見境がない.
주책없-이 圖 주책없이 굴다 見境(も)なくふるまう.
주체¹ (←主體) 圏 他 手に負えないこと;困ること.∥주체할 수 없는 눈물이 흐르다 涙が流れてどうすることもできない. 주체(를) 못하다 持て余す;てこずる;手を焼く;手に負えない. 애가 우니까 주체를 못하다 泣く子を持て余す.
주체² (主體) 圏 主体. 他 客체(客體).
주체-사상 (主體思想) 圏 主体思想.÷「人間中心の新しい哲学思想」と定義された北朝鮮における最高統治理念.
주체-성 (主體性) 【-썽】 圏 主体性.
주체-적 (主體的) 圏 主体的.∥주체적으로 판단하다 主体的に判断する.
주최 (主催) 【-/-췌】 圏 他 主催.∥부산이 주최하는 영화제 釜山市が主催する映画祭. 주최 측 主催者側.
주최-자 (主催者) 圏 主催者.
주축 (主軸) 圏 主軸.∥팀의 주축이 되는 선수 チームの主軸になる選手. 행정 개혁을 정책의 주축으로 하다 行政改革を政策の主軸とする.

주춤-거리다 [-대다] 自他 ためらう;もたもたする.∥주춤거리며 앞으로 나가다 もたもたしながら前に出る.
주춤-주춤 圖 自他 ぐずぐず;もじもじ. 他 주춤주춤.
주춤-하다 [하変] 立ちすくむ;立ち止まる.
주춧-돌 (←柱礎-) 【-뚤/-춛똘】 圏 礎石. 他 초석(礎石).
주치-의 (主治醫) 【-/-이】 圏 主治医.
주택 (住宅) /ʤuːtʰɛk/ 圏 住宅.∥무허가 주택 無認可住宅. 서울의 주택 사정 ソウルの住宅事情. 주택 수당 住宅手当.
주택-가 (住宅街) 【-까】 圏 住宅街.
주택-난 (住宅難) 【-냥-】 圏 住宅難.
주택-지 (住宅地) 【-찌】 圏 住宅地.
주-특기 (主特技) 【-끼】 圏 主な特技;十八番.
주파¹ (走破) 圏 他 走破;走り抜くこと.∥전 구간을 두 시간에 주파하다 全区間を2時間で走破する.
주파² (周波) 圏 〖物理〗 周波.
주파-수 (周波數) 圏 周波数.∥주파수가 맞지 않다 波長が合わない;呼吸が合わない.
주판 (籌板·珠板) 圏 そろばん. 他 수판(數板).∥주판(을) 놓다 そろばんをはじく;損得の計算をする.
주판-알 (籌板-) 圏 そろばん玉.
주포 (主砲) 圏 ❶ 主砲. ❷ 〔比喩的に〕強打者.
주필 (主筆) 圏 主筆.
주둔 (駐屯) 圏 他 駐屯;在駐.∥주둔 미군 在韓米軍.
주항 (周航) 圏 他 周航.∥동남아 일대를 주항하다 東南アジア一帯を周航する.
주해 (註解) 圏 他 注解.
주행 (走行) 圏 他 自 走行.
주행-거리 (走行距離) 圏 走行距離.
주행 차로 (走行車路) 圏 走行車線.
주행¹ (晝行) 圏 他 昼行. 他 야행(夜行).
주행-성 (晝行性) 【-썽】 圏 昼行性.
주형² (主刑) 圏 〖法律〗 主刑. 他 부가형(附加刑).
주형³ (鑄型) 圏 鋳型(いがた). 他 거푸집.
주호 (酒豪) 圏 酒豪.
주홍 (朱紅) 圏 朱色;緋色.
주홍-빛 (朱紅-) 【-삗-】 圏 = 주홍(朱紅).
주홍-색 (朱紅色) 圏 = 주홍(朱紅).
주화 (鑄貨) 圏 自 鋳貨.
주황 (朱黃) 圏 だいだい色.
주황-빛 (朱黃-) 【-삗-】 圏 = 주황(朱黃).

주황-색(朱黄色)[图]=주황(朱黄).
주효(奏效)[명][하자] 奏效;《금리 인하 정책이 주효하다》金利引下げ政策が奏効する.
주흥(酒興)[명] 酒興.
죽[1](粥)/dʒuk/[명] お粥;お粥. ▶전복 죽 鮑粥. ▶굶을 하다 非常に気まずれ. ▶죽도 밥도 안 되다(「粥にも飯にもならない」の意で)中途半端で何の役にも立たない. ▶죽을 쑤다 台無しになる. ▶죽이 되든 밥이 되든(「粥になろうが飯になろうが」の意で)結果がどうであれ. ▶쑤어 개 바라지한다[俗]「せっかく炊いた粥を犬に食わせる」の意で)犬骨折って鷹にとらる.

죽[2]/dʒuːk/[图] ❶多くの人やものが列になって並ぶ様子;ずらり,ずらっと. 《많은 사람들이 죽 늘어서 있다》多くの人がずらり(と)立ち並んでいる. ❷飲み物を一息に飲み干す様子;ぐいっと,ぐっと. 《맥주를 죽 들이켜다》ビールをぐいっと飲み干す. ❸紙や布などが勢いよく裂ける様子[音];びりっと. 《종이를 죽 찢다》紙をびりっと破る. ❹動作が素早く行われる様子;さっと. 《선을 죽 긋다》線をさっと引く. ❺ある状態が長く続く様子;ずっと. 《지금까지 죽 일등 했다》今までずっと１位だ. 《한 시간 동안 죽 기다리다》１時間の間ずっと待つ. ❻少しも曲がっていない様子;まっすぐ. 《긴 길이 죽 뻗어 있다》大通りがまっすぐに伸びている. 《다리를 죽 뻗고 앉다》足をまっすぐに伸ばして座る. ❼途中でつかえたり速度が鈍ったりしないで順調に進む様子;すらすら. 《영어 문장을 죽 읽어 내려가다》英文をすらすらと読み進める. ❽回りを見渡す様子;ぐるりと,ずらっと. 《장내를 죽 돌아보다》場内をぐるっと見渡す. 大まかに物事を行なう様子;ざっと. 《보고서를 죽 훑어보다》報告書をざっと目を通す. **죽-죽** [図] さっと;まっすぐに;ぐんぐん. 《남북으로 죽죽 뻗은 고속도로》南北にまっすぐに伸びている高速道路.

죽는 [중][관] 죽다(死ぬ)の現在連体形.
죽는-소리 [중][명자] 大げさに訴えること;泣き言. 《살기 힘들다고 죽는소리를 하다》生活が大変だと泣き言を並べる.

죽다[1]({{-죽다}}) [자][盛り上がっているはずのところが)へこんでいる;ひしゃげる. 《콧날이 죽다》鼻筋が低い.

죽다[2]/dʒukt'a/[-따] [자] ❶死ぬ. 《사람이 죽다》人が死ぬ. 병으로 죽다 病気で死ぬ. 객지에서 죽다 旅先で死ぬ. 굶어 죽다 飢え死にする. 죽느냐 사느냐 하는 절실한 문제 死ぬか生きるかの切実な問題. 죽으려 하고 죽다 死に物狂いで働く. 죽은 듯이 자고 死んだように眠り込んでいる. 눈이 죽어 있다 目が死んでいる. 동점 주자가 죽다 同点の走者が死ぬ. ❷죽이다. ❷(草木などが)枯れる. 《물을 안 주었더니 나무가 말라 죽었다》水をやらなかったら植木が枯れた. ❸(動きが)止まる;やむ. 《시계가 죽었다》時計が止まった. 《바람이 죽다》風がやむ. ❹(勢い・気力・持ち味などが)衰える;消える;(色などが)さえない. 《시험에 떨어져 기가 죽어 있다》試験に落ちて気を落としている. 개성이 죽다 個性がなくなる. 풀기가 죽다 糊気がなくなる. 죽은 색 さえない色. ▶죽고 못 살다 好きでたまらない. ▶죽기보다 싫다 死ぬ方がまだ. ▶죽기 아니면 놓기로 死に物狂いで;必死になって. ▶죽었다 깨어도[깨더라도·깨도] どういうふうにやっても. ▶죽은 목숨 死んだも同然の身;生きる道がない. ▶죽을 고생을 하다 死ぬほどの苦労をする. ▶죽을 둥 살 둥 死に物狂いで;必死になって. 죽을 둥 살 둥 일을 하다 必死になって仕事をする. ▶죽자 사자[살자] 하다 死にもの狂いでやる;必死になってやる. ▶죽지 못해 살다 いやおうなしに生きている. ▶죽은 자식 나이 세기 [속] 死んだ子の年を数える;死児の齢(よわい)を数える.

— 回 (一部の形容詞の活用形について)その状態の程度がはなはだしいことを表わす: …てたまらない;…て死にそうだ;…てしょうがない. 《좋아 죽겠다 うれしくてたまらない;超うれしい. 미워 죽겠다 憎らしくてしょうがない. 피곤해 죽겠다 疲れて死にそう.

죽도(竹刀)[—또][명] 竹刀.
죽도-화(—花)[—또—][명][植物] ヤマブキ(山吹).
죽마고우(竹馬故友)[중—] 竹馬の友;幼なじみ.
죽-물(粥—)[중—][명] ❶薄い粥. ❷汁.
죽비(竹篦)[—삐][명][仏教] 竹箆(しっぺい).
죽-사발(粥沙鉢)[—싸—][명] ❶粥をよそう容器. ❷(俗っぽい言い方で)こっぴどく殴られること;こっぴどく殴られる人. 《선배한테 대들다가 죽사발이 되다》先輩に食ってかかってこっぴどく殴られる.
죽-세공(竹細工)[—쎄—][명] 竹細工.
죽세공-품(竹細工品)[명] 竹細工物.
죽순(竹筍)[—쑨][명] 竹の子;大竹(—筍).
죽은 (竹—)[중—][관] 죽다(死ぬ)の連用形.
죽어-나다 (仕事などが)大変苦しい.
죽어-지내다 [자] 我慢して暮らす. 《아내가 무서워서 죽어지내고 있다》妻を怖くて尻に敷かれて暮らしている.

죽여-주다 📖 《俗っぽい言い方で》た まらない; すごい. ‖국물 맛이 죽여준다 スープの味がたまらない.
죽염(竹塩) 图 竹塩.
죽은 圕 죽다(死ぬ)の過去連体形.
죽을 圕 죽다(死ぬ)の未来連体形.
죽을-병(-病) 【-뼝】图 不治の病. ‖죽을병에 걸리다 不治の病にかかる.
죽을-상(-相) 【-쌍】图 死にそうな顔. ‖아침부터 죽을상을 하고 있다 朝から死にそうな顔をしている.
죽음 /tʃugɯm/ 图 死; 死ぬこと; 死亡. ‖죽음을 각오하고 싸우다 死を覚悟して戦う. 친구의 죽음 友の死. 죽음으로 몰다 死に追いやる. 죽음을 택하다 死を選ぶ.

죽-이다 /tʃugida/ 他 **①**〖죽다の使役動詞〗殺す; 亡くす; 死なせる. ‖사람을 죽이다 人を殺す. 모기를 죽이다 蚊を殺す. 때려 죽이다 殴り殺す. **②**(感情などを)押し殺す. ‖숨을 죽이고 상황을 지켜보다 息を殺して様子を見守る. 소리를 죽이고 울다 声を殺して泣く. 말소리를 죽이다 声を忍ばせる. **③**(火を)消す; (火が)消える. ‖연탄불을 죽이다 練炭の火を消す. **④**(野球で)アウトにする. **⑤**枯らす. ‖나무를 살릴 수 없어 말려 죽이다 水をやれなかった木を枯らす. **⑥**(勢い・速度などを)抑える; 弱める. ‖속도를 죽이다 スピードを抑える. **⑦**《俗っぽい言い方で》すごい; 最高だ. ‖이 찌개 맛이 죽인다 この鍋の味, 最高だ.

죽지 【-찌】图 **①**腕のつけ根. ‖어깻죽지 肩口. **②**鳥の翼のつけ根. 날갯죽지 翼のつけ根.
죽창(竹槍) 图 竹槍.
죽-치다 闺 引きこもる. ‖하루 종일 방 안에서 죽치다 一日中部屋に引きこもる.

준[^1] 圕 주다(あげる)の過去連体形.
준-[^2] (準) 接頭 準…; 準… ‖준우승 準優勝.
준거(準據) 图 他 準拠. ‖역사적 사실에 준거하다 歴史の事実に準拠する.
준걸(俊傑) 图 俊傑.
준-결승(準決勝) 【-씅】图 準決勝. ‖준결승에 진출하다 準決勝に進出する.
준공(竣工) 图 他 竣工. ‖건물을 삼 년만에 준공하다 建物を3年ぶりに竣工する. **준공-되다** 受動
준공-식(竣工式) 图 竣工式.
준-교사(準敎師) 图 準敎員.
준령(峻嶺) 【-녕】图 峻嶺.
준마(駿馬) 图 駿馬.
준-말(-말) 略語; 縮約語.
준법-하다(遵法-) 囲 形動 遵法な.
준법(遵法) 【-뻡】图 遵法. ‖준법 정신 遵法精神.

준별(峻別) 图 他 峻別.
준봉(峻峰) 图 峻峰.
준비(準備) /tʃunbi/ 图 他 準備; 支度; 用意. ‖발표 준비에 여념이 없다 発表の準備に余念がない. 저녁 식사 준비를 하다 夕食の支度をする. 여행 갈 준비 旅支度. 손님을 맞이할 준비가 되었다 会の客を迎える用意ができた. 준비 운동 準備運動.
준비-금(準備金) 图 ① 支度金. ②(經) 準備金.
준수(遵守) 图 他 遵守. ‖교통 법규를 준수하다 交通規則を遵守する.
준수-하다(俊秀-) 囲 形動 俊秀だ; 俊英だ.
준엄(峻嚴) 图 하変 厳しい; 非常に厳しい. ‖준엄한 태도 峻厳な態度. **준엄-히** 圖
준열(峻烈) 图 他 하変 峻烈だ.
준용(準用) 图 他 準用.
준-우승(準優勝) 图 準優勝.
준위(准尉)〖軍事〗准尉.
준장(准將)〖軍事〗准将.
준족(駿足) 图 駿足.
준치(魚介類) 图 ヒラ(曹白魚).
준칙(準則) 图 準則.
준칙-주의(準則主義) 【-/-이】图 準則主義.
준-하다 闺 하変 準じる. ‖규칙에 준하는 규정에 준じる. 급여는 사원에 준하는 給与は社員に準じる.

줄[^1] /tʃul/ 庶 图 《主に…줄 알다[모르다]の形で》…すべての…ことを知る[知らない]; …と思う[思わない]; …できる[できない]. ‖네가 거짓말할 줄은 몰랐다 お前がうそをつくとは思わなかった. 한글을 읽을 줄은 알아도 쓸 줄은 모른다 ハングルを読むことはできても書くことはできない. 그렇게 말할 줄 알았다 そういうふうに言うと思った. 결혼한 줄은 몰랐다 結婚したのを知らなかった. 헤엄칠 줄 안다 泳げる.

줄[^1] /tʃul/ 庶 图 ❶綱; 縄; 紐(ひも). ‖빨랫줄 洗濯ロープ. 새끼줄 縄. 줄다리기 綱引き. 생명줄 命綱. ❷〖楽器〗の弦. ‖기타 줄 ギターの弦. ❸線; ライン; ストラップ. ‖줄을 긋다 線を引く. 핸드폰 줄 携帯電話のストラップ. 줄무늬 셔츠 ストライプのシャツ. ❹列. ‖줄을 서다 並ぶ; 列を作る. ❺緣故; 手づる; コネ. ‖줄을 놓아 줄 사람을 찾다 手づるを求める. ❻行. ‖줄을 바꾸다 行を変える. ▸**줄**(을) 타다 ①綱渡りをする. ②有力な人との関係を利用する.
— 依る [名] ❶列. ‖두 줄로 쌓아 올리다 2列に積み上げる. ❷行. ‖위에서 세 번째 줄 上から3行目.

줄[^2] やすり. ‖줄로 쓸다 やすりをかける.

줄[^3] /tʃuːl/ 庶 《主に…줄 알다[모르다]の形で》…すべての…ことを知る[知らない]; …と思う[思わない]; …できる[できない]. ‖네가 거짓말할 줄은 몰랐다 お前がうそをつくとは思わなかった. 한글을 읽을 줄은 알아도 쓸 줄은 모른다 ハングルを読むことはできても書くことはできない. 그렇게 말할 줄 알았다 そういうふうに言うと思った. 결혼한 줄은 몰랐다 結婚したのを知らなかった. 헤엄칠 줄 안다 泳げる.

줄⁴ 〔年齢を表わす数詞に付いて〕…代; …の坂. ∥나이가 사십 줄에 접어들다 40代に入る.

줄⁵ (joule) 〘物〙 仕事・熱量・エネルギーの単位; …ジュール(J).

줄 〘依〙 주다(あげる)の未来連体形.

줄거리 〘名〙 ❶ 葉以外の茎などの部分. ∥고구마 줄거리 サツマイモの茎. ❷ あらすじ; あらまし; 要点. ∥소설의 줄거리 小説のあらすじ.

줄곧 〘副〙 絶えず; ずっと. ∥사흘째 줄곧 비가 내리고 있다 3日間ずっと雨が降っている. 남동생은 줄곧 일등을 하고 있고 동생은 줄곧 1位である.

줄기 〘名〙 ❶ (植物の)幹; 茎(くき). ∥고구마 줄기 サツマイモの茎. ❷ (ものの)筋. ∥등줄기 背筋. 산줄기 山並み.
— 〘依〙 ❶ (にわか雨などの)一降り; 一しきり. ∥소나기가 한 줄기 쏟아지다 にわか雨が一しきり降る. ❷ (光などの)…筋. ∥한 줄기의 빛 一筋の光.

줄기-채소 (-菜蔬) 〘名〙 〘植物〙 茎菜(けいさい). 廳경채류(莖菜類).

줄기-차다 〘形〙 (勢いが)激しい; たゆみない; 粘り強い; 根気強い. ∥비가 줄기차게 오다 雨が激しく降る.

줄-넘기 [-넘끼] 〘名〙 縄跳び.

줄다 /ʧuːlda/ 〘自〙 〔ㄹ語幹〕〔줄어, 주는, 준〕❶ 減る; 減少する. ∥수입이 줄다 収入が減る. 몸무게가 줄다 体重が減る. 廳줄이다. ❷ 小さくなる; 縮む. ∥바지를 빨았더니 줄었다 ズボンを洗ったら縮んだ. ❸ 低くなる; 下がる; 落ちる. ∥식욕이 줄다 食欲が落ちる.

줄-다리기 〘名〙 〘民俗〙 綱引き.

줄-달음 〘名〙 줄달음질의 略語.

줄달음-질 〘名〙 一息に走ること. 廳줄달음. ∥줄달음질을 놓다 一息に走る.

줄-담배 [-ː니] 〘名〙 続けざまに吸うタバコ. ∥줄담배를 피우다 続けざまにタバコを吸う.

줄-무늬 [-니] 〘名〙 縞模様; ストライプ.

줄-사다리 〘名〙 줄사닥다리의 縮約形.

줄-사닥다리 [-따-] 〘名〙 縄梯子(なわばしご).

줄-서다 〘自〙 並ぶ; 行列をなす. ∥가게가 문 열기 전부터 줄서서 기다리다 開店前から並んで待つ.

줄어-들다 〘自〙〔ㄹ語幹〕次第に減る; 少なくなる. ∥인구가 줄어들고 있다 人口が減っている(減りつつある).

줄-이다 /ʧuːrida/ 〘他〙 〔줄다の使役動詞〕減らす; 減少させる. ∥식사량을 줄이다 食事の量を減らす. 업무 시간을 줄이다 業務時間を減らす. ❷ 小さくする; つめる. ∥바지 길이를 줄이다 ズボンの丈をつめる. ❸ 切り詰める. ∥지출을 줄이다 支出を切り詰める.

줄임-표 (-標) 〘名〙 省略記号 (…). 廳생략표(省略標).

줄-자 〘名〙 巻尺.

줄-잡다 [-따] 〘他〙 少なく見積もる. ∥줄잡아 오백 명은 모인 것 같다 少なく見積もっても 500人は集まったようだ.

줄줄 /ʧulʤul/ 〘副〙 ❶ 液体が絶えず流れる様子; ざあざあ; じゃあじゃあ; どくどく (と); だくだく; だらだら. ∥땀을 줄줄 흘리다 汗をだらだら(と)流す. 이마에서 피가 줄줄 흐르다 額から血がどくどく(と)流れる. ❷ (多くの人々が)引き続いて動く様子; ぞろぞろ. ∥아이들이 줄 따라다니다 子どもたちがぞろぞろついて回る. ❸ (太い縄などを)引きずる様子; ずるずる. ❹ よどみなく順調に進む様子; すらすら(と). ∥영어책을 줄줄 읽다 英語の本をすらすら(と)読む.

줄-이 〘名〙 列ごとに; 各列に; 幾列にも.

줄-표 [-찔] 〘名〙 並ぶ列を作る; 連なる. ∥그러기가 줄지어 날아가다 雁が列を作って飛んでいく.

줄창 〘名〙 = 줄곧.

줄-타기 〘自〙 綱渡り.

줄-표 (-標) 〘名〙 〔言い換えを表わす〕ダッシュ(-).

줄-행랑 (-行廊) [-낭] 〘名〙 〘俗〙 〔도망(逃亡)の俗語〕 逃亡; 一目散. 廳 줄행랑(을) 치다[놓다] 逃亡する; 逃げる. ∥소매치기가 경찰을 보자 줄행랑을 쳤다 스リが警察を見るや逃げた.

줌 〘依〙 …握り. ∥한 줌의 쌀 一握りの米.

줌-렌즈 (zoom lens) 〘名〙 ズームレンズ.

줍는 [줌-] 〘他〙〔ㅂ変〕줍다(拾う)の現在連体形.

줍다 /ʧuːpʰta/ 〘他〙〔ㅂ変〕〔주워, 줍는, 주운〕❶ 拾う. ∥길바닥에 떨어진 담배꽁초를 줍다 道端に落ちたタバコの吸い殻を拾う. 낙엽을 줍다 落ち葉を拾う. 밤을 주우러 가다 栗拾いに行く.

줏-대 (主-) 〘名〙 /주때/준때/ 〘名〙 定見. ∥줏대가 없는 남자 定見のない男.

중¹ (中) 〘仏教〙 僧; 坊主.

중² (中) /ʧuŋ/ 〘名〙 ❶ (程度・度合などの)中間; 中. ∥성적은 중보다 조금 위다 成績は中の少し上だ. 상중하 上中下. 대중소 大中小. ❷ 内部; 中; 内. ∥옥중에서 보낸 편지 獄中からの手紙. 공기 중에 空気中に. ❸ (多くの)中; 間. ∥저 중의 녀자 男の中の男. 열 명 중의 두 명이 일본 사람이다 10人中2人が日本人だ.
— 〘名〙 …中; …最中. ∥일하고 있는 중입니다 仕事中です. 열심히 공부하고 있는 중입니다 勉強の真っ最中です.

중³ (中) 중국(中國)の略語.

중⁴ (中) 〘接頭〙 中の. ∥중거리 中距離.

중⁵ (重) 〘接頭〙 重…. ∥중노동 重労働.

중간 (中間) /ʧuŋgan/ 〘名〙 ❶ 中間; 真

ん中. ‖**중간** 점검 中間点検. ❷途中. ‖근무 시간 중간에 잠시 외출하다 勤務時間の途中でしばらく外出する.
중간-고사 (中間考査) 图 中間テスト; 中間試験.
중간-노선 (中間路線) 图 中間路線. ‖중간노선을 걷다 中間路線を歩む.
중간-자 (中間子) 图 [物理] 中間子.
중간-층 (中間層) 图 中間層.
중간-키 (中間-) 图 大きなどが中ぐらいのもの.
중개 (仲介) 图 하타 仲介. ‖매매를 중개하다 売買を仲介する.
중개-무역 (仲介貿易) 图 [経] 仲介貿易.
중개-업 (仲介業) 图 仲介業.
중개-인 (仲介人) 图 仲介業者; 仲介者.
중-거리 (中距離) 图 中距離. ‖중거리 슛 ミドルシュート.
중거리-경주 (中距離競走) 图 =중거리 달리기.
중거리 달리기 (中距離−) 图 [スポーツ] 中距離競走.
중건 (重建) 图 하타 (寺や宮殿などを)改築すること.
중견 (中堅) 图 中堅. ‖중견 간부 中堅幹部, 중견 작가 中堅作家, 중견 사원 中堅社員.
중견-수 (中堅手) 图 [野球]中堅手; センター.
중-경상 (重軽傷) 图 重軽傷. ‖중경상을 입다 重軽傷を負う.
중계 (中継) 图 [-게] 图 하타 中継. ‖생중계 生中継, 프로 야구를 중계하다 プロ野球を中継する. **중계-되다** 受身.
중계-국 (中継局) 图 中継局.
중계-망 (中継網) 图 中継網.
중계-무역 (中繼貿易) 图 [経] 中継貿易.
중계-방송 (中繼放送) 图 中継放送.
중계-차 (中継車) 图 中継車.
중고 (中古) /ʧuŋgo/ 图 中古. ❶時代区分の一つ. ‖중고사 中世史. ❷中古品. ‖중고차 中古車, 중고를 사다 中古品を買う.
중-공업 (重工業) 图 重工業. ㉙경공업(輕工業).
중과부적 (衆寡不敵) 图 하타 衆寡敵せず.
중-과실 (重過失) 图 [法律] 重過失.
중-괄호 (中括弧) 图 中括弧.
중구-난방 (衆口難防) 图 衆口塞ぎ難し.
중국 (中國) /ʧuŋguk/ 图 [国名] 中国. ㉙중(中).
중국-어 (中國語) 图 中国語.
중국-인 (中國人) 图 中国人.
중국-집 (中國-) [-찝] 图 中国料

店; 中華料理屋.
중권 (中卷) 图 (上中下 3 巻よりなる書籍の)中の巻. ㉙상권(上卷)・하권(下卷).
중-근동 (中近東) 图 [地名] 中近東.
중-금속 (重金屬) 图 [化学] 重金属. ㉙경금속(輕金屬).
중급 (中級) 图 中級. ㉙초급(初級)・상급(上級). ‖중급 일본어 中級日本語.
중기[1] (中期) 图 中期. ‖조선 중기 朝鮮中期.
중기[2] (重機) 图 重機.
중-남미 (中南美) 图 [地名] 中南米.
중년 (中年) 图 中年. ‖중년 부인 中年の婦人.
중-노동 (重勞動) 图 重労働.
중농 (中農) 图 中農.
중농-주의 (重農主義) [-/-이] 图 [経] 重農主義.
중뇌 (中腦) [-/-네] 图 [解剖] 中脳.
중-늙은이 (中-) 图 中老.
중단 (中斷) /ʧuŋdan/ 图 하타 中断. ‖학업을 중단하다 学業を中断する, 심의를 중단하다 審議を中断する. **중단-되다** 受身.
중대[1] (中隊) 图 [軍事] 中隊.
중대-장 (中隊長) 图 [軍事] 中隊長.
중대[2] (重大) 图 하형 重大. ‖중대한 실수를 하다 大きなミスを犯す, 한국 근대사에 있어서의 중대한 사건 韓国の近代史における重大な事件.
중대-사 (重大事) 图 重大事. ‖국가의 중대사 国家の重大なこと.
중-대가리 (中-) 图 (俗っぽい言い方で) 坊主頭; いがぐり頭.
중도 (中途) 图 中途; 途中; 半ば. ‖남의 말을 중도에서 자르다 人の話を途中でさえぎる, 일을 중도에서 포기하다 仕事を途中であきらめる.
중도-금 (中渡金) 图 (売買や請負などで)手付金と残金の間に支払う内金.
중독 (中毒) /ʧuŋdok/ 图 中毒. ‖연탄 가스 중독 一酸化炭素中毒, 식중독 食中毒, 마약 중독 麻薬中毒.
중독-성 (中毒性) [-썽] 图 中毒性. ‖중독성이 강하다 中毒性が強い.
중독-자 (中毒者) [-짜] 图 中毒者. ‖알코올 중독자 アルコール中毒者.
중동 (中東) 图 [地名] 中東.
중등 (中等) 图 中等.
중등-교육 (中等教育) 图 中等教育.
중-딩 (中-) [-띵] 图 中学生(중학생)の俗語.
중략 (中略) [-냑] 图 하타 中略. ㉙전략(前略)・후략(後略).
중량 (重量) [-냥] 图 重量; 重さ; 目方. ㉙경량(輕量). ‖중량이 모자라다 重量が足りない, 중량을 속이다 目方をごまかす.

중량-감(重量感) 图 重量感.
중량-급(重量級) 图 -낭급 图 重量級.
중량=분석(重量分析) 图 重量分析.
중력(重力) 【-녁】图 【物理】 重力.
 중력=가속도(重力加速度) 【-녁까-또】 重力加速度.
 중력-댐(重力dam) 图 重力ダム.
 중력-파(重力波) 图 重力波.
중령(中領) 【-녕】图 【軍事】 中佐. 粵 대령(大領)·소령(少領).
중론(衆論) 【-논】图 衆論.
중류(中流) 【-뉴】图 中流. ∥한강 중류 漢江の中流. 중류 가정 中流家庭. 중류 의식 中流意識.
 중류-계급(中流階級) 【-뉴-/-뉴게-】 图 中流階級.
중립(中立) 【-닙】图 하타 中立. ∥중립을 지키다 中立を守る. 중립적인 생각 中立的な考え方.
 중립-국(中立國) 【-닙꾹】 图 中立國.
 중립-주의(中立主義) 【-닙쭈-/-닙쭈이】 图 中立主義.
 중립 지대(中立地帶) 【-닙 찌-】 图 中立地帶.
중매(仲媒) 图 하타 (結婚の)仲立ち. ∥중매를 서다 (結婚を)仲立ちする.
 중매-결혼(仲媒結婚) 图 見合い結婚.
 중매-쟁이(仲媒-) 图 〔さげすむ言い方で〕仲人.
중-무장(重武裝) 图 하타 重武裝.
중미(中美) 图 【地名】 中米; 中央アメリカ.
중반(中盤) 图 ❶中盤. 粵 초반(初盤)·종반(終盤). ∥경기가 중반으로 접어들다 競技が中盤に入る. ❷半ば. ∥삼십 대 중반의 남자 30代半ばの男.
 중반-전(中盤戰) 图 中盤戰.
중벌(重罰) 图 重罰. ∥중벌에 처하다 重罰に処す.
중범(重犯) 图 重犯.
중병(重病) 图 重病. ∥중병에 걸리다 重病にかかる.
중복[1](中伏) 图 初伏(初伏)·말복(末伏)】
중복[2](重複) 图 되 重複; ダブること. ∥설명이 중복되다 説明が重複する. 저 논문은 중복되는 부분이 있다 前の論文とダブる部分がある.
중부(中部) 图 中部.
중사(中士) 图 【軍事】 中士. 粵상사(上士)·하사(下士).
중산=계급(中産階級) 【-/-게-】 图 中産階級.
중상[1](中傷) 图 하타 中傷. ∥중상모략 中傷謀略.
중상[2](重傷) 图 重傷. 對경상(輕傷). ∥교통사고로 중상을 입다 交通事故で重傷を負う.
 중상-주의(重商主義) 【-/-이】图 【經】 重商主義.
중생(衆生) 图 【仏教】 衆生.
중생-대(中生代) 图 【地】 中生代.
중성[1](中性) 图 中性.
 중성=비료(中性肥料) 图 中性肥料.
 중성=세제(中性洗劑) 图 中性洗劑.
 중성=토양(中性土壤) 图 中性土壤.
중성[2](中聲) 图 【言語】 中声; 母音.
중성-자(中性子) 图 【物理】 中性子; ニュートロン.
중세(中世) 图 中世.
중세(重稅) 图 重稅.
중소(中小) 图 中小.
 중소-기업(中小企業) 图 中小企業.
중수(重水) 图 重水.
 중수-로(重水爐) 图 重水爐.
중-수소(重水素) 图 【化学】 重水素.
중순(中旬) 图 中旬. 粵상순(上旬)·하순(下旬).
중시(重視) 图 하타 重視. 對경시(輕視). ∥가격보다 디자인을 중시하다 価格よりデザインを重視する.
중식(中食) 图 昼食; 昼飯.
중신(重臣) 图 重臣.
중신-아비(中-) 图 〔さげすむ言い方で〕男の仲人.
중신-어미(中-) 图 〔さげすむ言い方で〕女の仲人.
중심[1](中心) /ʤuɲʃim/ 图 ❶中心. ∥시내의 중심을 흐르는 강 市内の中心を流れる川. 선생님을 중심으로 사진을 찍다 先生を中心に写真を撮る. 정치 문화의 중심 政治文化の中心. ❷定見. ∥중심이 없는 남자 定見のない男.
 중심-가(中心街) 图 中心街.
 중심-각(中心角) 图 【数学】 中心角.
 중심-력(中心力) 【-녁】图 【物理】 中心力.
 중심-부(中心部) 图 中心部.
 중심-선(中心線) 图 中心線.
 중심-인물(中心人物) 图 中心人物.
 중심-적(中心的) 图 中心的. ∥금융계의 중심적인 인물 金融界の中心的な人物.
 중심-점(中心點) 【-쩜】图 中心点.
 중심-지(中心地) 图 中心地.
 중심-체(中心體) 图 中心體; 中心体.
중심[2](重心) 图 重心. ∥중심을 잡다 重心をとる.
중압(重壓) 图 하타 重圧.
 중압-감(重壓感) 【-깜】 图 重圧感. ∥학업의 중압감 学業の重圧感.
중앙(中央) /ʤuŋaŋ/ 图 中央. ∥역 중앙에 있는 안내소 駅の中央にある案内所. 한국의 중앙은행은 韓国銀行である. 중앙으로 진출하다 中央に進出する.

중앙-분리대 (中央分離帶)【-불-】 图 중앙분리대.

중앙-선 (中央線) 图 センターライン.

중앙-아메리카 (中央 America)《地名》중앙아메리카.

중앙-은행 (中央銀行) 图 中央銀行.

중앙-정부 (中央政府) 图 中央政府.

중앙-지 (中央紙) 图 지방지(地方紙).

중앙-집권 (中央集權)【-꿘】图 中央集権. ⇔지방 분권(地方分權).

중앙아프리카^공화국 (中央 Africa 共和國)《國名》中央アフリカ共和国.

중-양자 (重陽子)《物理》重陽子.

중양-절 (重陽節) 图《民俗》重陽(ちょう); 菊の節句.陰暦の９月９日.

중언 (重言) 图 (하他) 重言.

중언-부언 (重言復言) 图 (하他) 同じことを何度も繰り返して言うこと.

중얼-거리다 [-대다] /ʧuŋəlgərida [-dɛda]/ 自他 つぶやく.ぶつぶつ言う. ‖불만스럽다는 듯이 중얼거리다 不満げにつぶやく. 원가 중얼거리면서 걸어가다 何かぶつぶつ言いながら歩いて行く.

중얼-중얼 副 自他 小声でつぶやくようす: ぶつぶつ.

중역 (重役) 图 重役. ‖회사 중역 会社の重役.

중엽 (中葉) 图 中葉. ◉초엽(初葉)・말엽(末葉). ‖이십 세기 중엽 20世紀中葉.

중요 (重要) /ʧuŋnjo/ 图 形 重要. ‖중요한 약속 重要な約束. 중요한 지위를 차지하다 重要な地位を占める. 이번 시험은 나한테 있어서 매우 중요하다 今度の試験は私にとって非常に重要だ. **중요-히** 副

중요-성 (重要性)【-씽】图 重要性. ‖환경의 중요성 環境の重要性.

중요-시 (重要視) 图 (하他) 重要視. ‖무엇보다 경험을 중요시하다 何より経験を重要視する.

중용¹ (中庸) 图 ❶ 中庸. ‖중용의 도 中庸の道. ❷ 《四書の一つの》中庸.

중용² (重用) 图 (하他) 重用.

중우 (衆愚) 图 衆愚. ‖중우 정치 衆愚政治.

중위¹ (中位) 图 中位.

중위² (中尉)《軍事》中尉. ⓒ대위(大尉)・소위(少尉).

중유 (重油) 图 重油.

중의 (衆意)【-/-이】 图 衆意.

중이 (中耳)《解剖》中耳.

중이-염 (中耳炎)《医学》中耳炎.

중인-환시 (衆人環視) 图 (하他) 衆人環視.

중임 (重任) 图 ❶ 重任; 重要な役目. ‖중임을 맡다 重任を引き受ける. ❷ 再任. ‖한국 대통령은 중임이 인정되지 않는다 韓国の大統領は再任が認められていない.

중장¹ (中章) 图 ３章からなる文章や詩句の真ん中の章. ⓒ초장(初章)・종장(終章).

중장² (中將) 图《軍事》中将. ⓒ대장(大将)・소장(少将).

중-장비 (重裝備) 图 重装備.

중재 (仲裁) 图 (하他) 仲裁. ‖분쟁을 중재하다 紛争を仲裁する.

중전 (中殿) 图 王妃(王妃)の尊敬語.

중절 (中絶) 图 (하他) 中絶. ‖중절 수술 中絶手術.

중절-모자 (中折帽子) 图 中折れ帽子.

중점 (重點)【-쩜】图 重点. ‖말하는 능력에 중점을 두다 話す能力に重点を置く.

중점-적 (重點的) 图 重点的. ‖문법을 중점적으로 가르치다 文法を重点的に教える.

중졸 (中卒) 图 〔学校卒業〕中學校卒業)の略語「中卒」.

중죄 (重罪)【-/-쮀】图 重罪.

중증 (重症)【-쯩】图 重症. ⓒ경증(軽症).

중지¹ (中止) /ʧuŋʤi/ 图 (하他) 中止. ‖회의를 중지하다 会議を中止する. 공사를 중지하다 工事を中止する. 일시 중지 一時中止. **중지-되다** 受動

중지² (中指) 图 手の中指. ⓒ가운뎃 손가락.

중지³ (衆智) 图 衆知. ‖중지를 모으다 衆知を集める.

중진 (重鎭) 图 重鎭. ‖법조계의 중진 法律界の重鎭.

중진-국 (中進國) 图 中進国. ⓒ선진국(先進國)・개발도상국(開發途上國).

중차대-하다 (重且大-) 形 (하変) 非常に重大だ. ‖중차대한 문제 非常に重大な問題.

중창 (重唱) 图《音楽》重唱. ‖남성 이중창 男声 2重唱.

중책 (重責) 图 重責. ‖중책을 맡다 重責を担う.

중천 (中天) 图 中天; 中空. ‖해가 중천에 떠 있다 太陽が中天に出ている.

중첩 (重疊) 图 自他 重畳; 重なること. ‖물체가 중첩되어 보이다 物体が重なって見える.

중추 (中樞) 图 中枢. ‖중추적인 역할 中枢的な役割. 신경 중추 神経中枢.

중추-절 (仲秋節) 图《民俗》仲秋. ⧆陰暦の 8月15日.

중출 (重出) 图 自他 重出; 重なること.

중층 (重層) 图 重層.

중-키 (中-) 图 中背.

중탕 (重湯) 图 (하他) 湯煎.

중태 (重態) 图 重体.

중-턱 (中-) 图 (山などの)中腹.

중퇴 (中退)【-/-퉤】图 (하他) 中退.

중편 (中篇) ❶ 中編. ⓐ장편(長篇)·단편(短篇). ❷ 중편 소설(中篇小說)의 약칭.

중편^소설 (中篇小說) 图 〔文芸〕 中編小説. ⓐ중편(中篇).

중풍 (中風) 〔漢方〕 中風. ▪중풍에 걸리다 中風にかかる.

중하 (中蝦) 〔魚介類〕 クルマエビ科のエビの総称.

중-하다 (重─) 〖하요〗 ❶ 重い. ▪중한 죄 重い罪. ❷ 大事だ; 大切だ. ❸ 重大だ; 重要だ. ▪중한 임무 重大な任務. ▪중-히 義理を重んじ義理を大事に思う.

중학 (中學) 〔中學校(中学校)의 약어(略語)〕中学.

중학-교 (中學校) /ʧunhakˀkjo/ [-꾜] 图 中学校. ⓐ중학생(中學生).

중학-생 (中學生) /ʧunhakˀsɛŋ/ [-쌩] 图 中学生.

중핵 (中核) 图 中核. ▪조직의 중핵 組織の中核.

중형¹ (中型) 图 中型. ▪중형차 中型車.

중형² (重刑) 图 重刑. ▪중형을 선고하다 重刑を宣告する.

중혼 (重婚) 图 〖하요〗 重婚.

중화¹ (中和) 图 〖하요〗 中和. ▪중화 작용 中和作用. ▪산과 알칼리가 중화되다 酸とアルカリが中和する.

중화² (中華) 图 中華. ▪중화 요리 中華料理. ▪중화 사상 中華思想.

중화-민국 (中華民國) 〔国名〕中華民国; 台湾.

중화^인민^공화국 (中華人民共和國) 〔国名〕中華人民共和国.

중화학^공업 (重化學工業) [-꽁-] 图 重化学工業.

중-환자 (重患者) 图 重患; 重病人.

중후-하다 (重厚─) 〖하요〗 重厚だ. ▪중후한 남성 重厚な男性.

중흥 (中興) 图 〖하요〗 中興.

줴 ❶ 주다(あげる)의 연용형.

쥐¹ 痙攣(けい). こむら返り. ▪다리에 쥐가 나다 足がつる; こむら返りを起こす.

쥐² /ʧwi/ 图 〔動物〕 ネズミ(鼠). ▪쥐를 잡다 ネズミを捕る.

쥐-구멍 图 ネズミの穴. ▪쥐구멍(을) 찾다 穴があったら入りたい. ▪쥐구멍에도 볕 들 날 있다 待てば海路の日和あり.

쥐-꼬리 〔비유적으로〕 〔분량이〕 非常に少ないこと; スズメの涙ほど. ▪쥐꼬리만한 월급 スズメの涙ほどの給料.

쥐다 /ʧwida/ 握る; つかむ. ▪주먹을 쥐다 こぶしを握る. 손에 과자를 쥐다 手にお菓子を握る. 실권을 쥐다 実権を握る. 사건 해결의 열쇠를 쥐고 있는 사람 事件解決の鍵を握っている人. 큰돈을 쥐다 大金をつかむ. ⓑ쥐이다.

쥐-덫 [-덛] ネズミ捕り. ▪쥐덫을 놓다 ネズミ捕りを置く.

쥐-띠 图 子(ね)年生まれ.

쥐-불 图 陰暦の正月の最初の子の日にネズミを追い払うために田畑の畔(あぜ)道に放つ火.

쥐-뿔 〔「ネズミの角」의 意로〕取るに足りないこと〖もの〗. ▪쥐뿔도 모르다 何も知らない. ▪쥐뿔도 없다 何も持っていない.

쥐-새끼 图 〔ののしる言い方로〕 小さいことにも抜かりのないずる賢い年.

쥐-색 (─色) 图 鼠色; 灰色.

쥐-약 (─藥) 图 殺鼠剤; 猫いらず.

쥐어-뜯다 [─따 /─여─따] 他 かきむしる; むしり取る. ▪머리를 쥐어뜯다 髪の毛をかきむしる.

쥐어-박다 [─따 /─여─따] 他 小突く; 食らわす. ▪머리를 쥐어박다 頭を1発小突く. 주먹으로 쥐어박다 げんこつを食らわす.

쥐어-짜다 [─/─여─] 他 絞る; 絞り取る. ▪무리에 出させる.

쥐어-흔들다 [─/─여─] 〖語幹〗 ❶ 搖さぶる; 搖する. ▪멱살을 잡고 쥐어흔들다 胸ぐらをつかんで搖さぶる. ❷ 〔比喩的으로〕 牛耳る.

쥐여-살다 〖語幹〗 〔(人)に押さえつけられながら暮らす. ▪아내에게 쥐여살다 妻の尻に敷かれている.

쥐-이다¹ 他 〔쥐다의受身動詞〕 握られる; つかまれる. ▪형에 팔을 쥐이여 꼼짝할 수 없다 兄に腕をつかまれて身動きが取れない. 약점을 쥐이다 弱みを握られる.

쥐-이다² 他 〔쥐다의使役動詞〕 握らせる.

쥐치 图 〔魚介類〕 カワハギ(皮剝).

쥐-포 (─脯) 图 カワハギの干物.

즈음 依名 …頃. ⓐ즘. ▪끝날 즈음 終わり頃.

즈음-하다 自 〖하요〗〔主に…에 즈음하여의 形으로〕…に際して; …に臨んで. ▪비상 시국에 즈음하여 非常時局に際して.

즈크 (doek ᄱ) 图 〔布地의〕 ズック.

즉 (即) /ʧuuk/ 〖 すなわち; つまり. ▪일본 국회는 양원 즉 중의원과 참의원으로 이루어져 있다 日本の国会は二院、すなわち衆議院と参議院からなっている.

즉각 (即刻) 〖─깍〗 图 即刻. ▪명령을 즉각 실행하다 命令を即刻実行する.

즉결 (即決) 〖─껼〗 图 〖하요〗 即決. ▪즉결 처분 即決処分.

즉결^심판 (即決審判) 图 〔法律〕 即決裁判. ⓐ즉심(即審).

즉답 (即答) 〖─땁〗 图 〖하요〗 即答.

즉사 (即死) 〖─싸〗 图 〖하요〗 即死.

즉석(即席)【-썩】[명] 即席; インスタント. ‖즉석 복권 インスタント宝くじ. 즉석 라면 インスタントラーメン.

즉시(即時)/ʧukʔɕi/【-씨】[부] 即時; すぐに; 直ちに; 早速. ‖무슨 일이 생기면 즉시 알려 주세요 何かありましたすぐに知らせてください. 사건 발생 즉시 경찰에 통보하다 事件発生後すぐに警察に通報する. **즉시-즉시**[부]

즉심(即審)【-씸】[명] 즉결 심판(即決審判)の略称.

즉위(即位)【-귀】[명][하자] 即位.

즉자(即自)【-짜】[명] 即自. ⇔대자(對自).

즉효(即效)[명] 即效. ‖즉효를 보이다 即效をあらわす.

즉흥(即興)【-끙】[명] 即興.
즉흥-곡(即興曲)[명][音樂] 即興曲.
즉흥-극(即興劇)[명] 即興劇.
즉흥-시(即興詩)[명][文藝] 即興詩.
즉흥-적(即興的)[명] 即興的. ‖즉흥적으로 지은 시 即興的に作った詩.

즐거운[형][ㅂ変] 즐겁다(楽しい)の現在連体形.

즐거워[형][ㅂ変] 즐겁다(楽しい)の連用形.

즐겁다/ʧulgəpʔta/【-따】[ㅂ変]
[즐거워, 즐거운] 楽しい; 愉快だ; うれしい. ‖파티는 즐거웠다 パーティは楽しかった. 즐거운 한때 楽しい一時. 즐겁게 노래하다 楽しく歌う. 즐거운 비명을 지르다 うれしい悲鳴を上げる.

즐거이[부]

즐겨[부] 즐기다(楽しむ)の現在連体形.

즐기는[부] 즐기다(楽しむ)の現在連体形.

즐기다/ʧulgida/[타] 楽しむ; エンジョイする; 好む; 親しむ. ‖낚시를 즐기다 釣りを楽しむ. 제주도에서 여름 휴가를 즐기다 済州島で夏休みを楽しむ. 여생을 즐기다 余生を楽しむ. 자연을 즐기다 自然に親しむ. 즐겨 먹는 음식 好んで食べるもの.

즐긴[타] 즐기다(楽しむ)の過去連体形.
즐길[타] 즐기다(楽しむ)の未来連体形.

즐비-하다(櫛比-)[형][하変] 立ち並んでいる; 櫛比(しっぴ)する; 軒を並べて立ち並ぶ. ‖가게들이 즐비하게 늘어서 있다 店がぎっしりと立ち並んでいる.

즘[의존]【즈음의 縮約形】…頃. ‖떠날 즘에 비가 오다 発つ頃に雨が降る.

즙(汁)[명] 汁. ‖레몬 즙 レモン汁.

증[1](贈)[명] 贈呈.

-증[2](症)[접미] …症. ‖빈혈증 貧血症.

-증[3](證)[접미] …証. ‖학생증 学生証. 자격증 資格証.

증가(增加)/ʧɯŋga/[명][하자] 增加. ⇔감소(減少). ‖인구가 증가하다 人口が増加する.

증간(增刊)[명][하타] 增刊.
증감(增減)[명] 增減.
증강(增強)[명][하타] 增強. ‖군사력의 증강 軍事力の増強.

증거(證據)/ʧɯŋgə/[명] 証拠. ‖명백한 증거 明白な証拠. 증거 불충분 証拠不十分. 물적 증거 物的証拠. 증거를 인멸하다 証拠をいん滅する. 증거를 남기다 証拠を残す.

증거-능력(證據能力)【-녁】[명] [法律] 証拠能力.

증거-물(證據物)[명] [法律] 証拠物.

증거-방법(證據方法)[명] [法律] 証拠方法.

증거-보전(證據保全)[명] [法律] 証拠保全.

증거-인(證據人)[명] 証人.
증거-품(證據品)[명] 証拠品.
증권(證券)【-꿘】[명] 証券.
증권-거래소(證券去來所)[명] 証券取引所.

증권-시장(證券市場)[명] 証券市場. ㉤증시(證市).

증권-업(證券業)[명] 証券業.
증권-투자(證券投資)[명] 証券投資.

증권-회사(證券會社)【-꿘-꾀사】[명] 証券会社.

증기(蒸氣)[명] 蒸気.
증기-기관(蒸氣機關)[명] 蒸気機関.
증기-기관차(蒸氣機關車)[명] 蒸気機関車.

증기-선(蒸氣船)[명] 蒸気船; 汽船.
증기-압(蒸氣壓)[명] 蒸気圧.
증기-터빈(蒸氣 turbine)[명] 蒸気タービン.

증대(增大)[명][하자타] 增大. ‖수요의 증대 需要の増大. 소득이 증대하다 所得が増大する.

증량(增量)【-냥】[명][하타] 增量. ⇔감량(減量).

증류(蒸溜)【-뉴】[명][하타] 蒸留. ‖바닷물을 증류하다 海水を蒸留する.

증류-수(蒸溜水)[명] 蒸留水.
증류-주(蒸溜酒)[명] 蒸留酒. ↔醸造酒. 蒸留して得たアルコール度数の高い酒. 焼酎, ブランデー, ウイスキーなど.

증명(證明)/ʧɯŋmjəŋ/[명][하타] 証明. ‖무죄를 증명하다 無実を証明する. 알리바이를 증명하다 アリバイを証明する. 프랭클린은 벼락이 전기임을 증명했다 フランクリンは稲妻が電気であることを証明した. **증명-되다**[자수]

증명-사진(證明寫眞)[명] 証明写真.
증명-서(證明書)[명] 証明書. ‖재학증명서를 발급하다 在学証明書を発給する.

증발(蒸發)[명][하자] 蒸発. ‖물이 증발하다 水が蒸発する. 사장이 증발해서 난 사원이 증발했다.

증발-열(蒸發熱)【-렬】[명] =기화열

(氣化熱).
증발-접시 (蒸發-)【-씨】图 蒸發皿.
증병 (增兵) 图 他 增兵.
증보 (增補) 图 他 增補.‖개정 증보 改訂增補.
증보-판 (增補版) 图 增補版.
증빙 (證憑) 图 証拠(ﾋ ょう); 証拠.‖증빙 서류 証書類.
증산 (增産) 图 自他 增産. ↔감산 (減産).‖식량을 증산하다 食糧を増産する.
증상 (症狀) 图 病状; 症狀.‖금단 증상 禁斷症狀. 자각 증상 自覚症状.
증서 (證書) 图 証書.
증설 (增設) 图 他 增設; 增置. **증설-되다** 受身
증세 (症勢) 图 病状; 症狀.‖증세가 호전되다 病状が好転する.
증세 (增稅) 图 自他 增税. ↔감세 (減稅).
증손 (曾孫) 图 曾孫.
증-손녀 (曾孫女)【-】图 女のひ孫.
증-손자 (曾孫子) 图 ひ孫.
증쇄 (增刷) 图 他 增刷.
증시 (證市) 图 証券 市場(증권市場)の略語.
증식 (增殖) 图 自他 增殖.
증액 (增額) 图 他 增額. ↔감액(減額).
증언 (證言) 图 他 証言.‖법정에서 증언하다 法廷で証言する.
증언-대 (證言臺) 图 証言台.‖증언대에 서다 証言台に立つ.
증여 (贈與) 图 他 贈与.‖자식에게 재산을 증여하다 子どもに財産を贈与する.
증여-세 (贈與稅)【-세】图【法律】贈与税.
증오 (憎惡) 图 他 憎悪.
증오-스럽다 (憎惡-)【-따】形【ㅂ変】憎たらしい; 憎らしい.‖증오스러운 눈길을 보내다 憎たらしい目で見る.
증오-심 (憎惡心) 图 憎悪の念.
증원[1] (增員) 图 他 增員. ↔감원 (減員).
증원[2] (增援) 图 他 增援.‖증원 부대를 파견하다 増援部隊を派遣する.
증인 (證人) 图 証人.‖증인을 세우다 証人を立てる.
증인-석 (證人席) 图 証人席.‖증인석에 앉다 証人席に立つ.
증인-신문 (證人訊問) 图【法律】証人尋問.
증인[2] (證印) 图 証印.
증자 (增資) 图 他 增資. ↔감자(減資).
증정[1] (增訂) 图 他 增訂.
증정[2] (贈呈) 图 他 贈呈.‖기념품을 증정하다 記念品を贈呈する.
증조 (曾祖) 图 ❶ 曾祖. ❷ 증조부(曾祖父)의 略語.
증-조모 (曾祖母) 图 父方の曾祖母.
증-조부 (曾祖父) 图 父方の曾祖父. ㊀증조 (曾祖).
증조-할머니 (曾祖-) 图 =증조모 (曾祖母).
증조-할아버지 (曾祖-) 图 =증조부 (曾祖父).
증좌 (證左) 图 証左.
증지 (證紙) 图 証紙.‖수입 증지 収入証紙.
증진 (增進) 图 自他 增進.‖체력 증진 体力の増進. **증진-되다** 受身
증축 (增築) 图 他 增築; 建て増し.
증편 (增便) 图 他 增便; 增発.
증폭 (增幅) 图 他 增幅.‖불신의 증폭 不信の増幅. **증폭-되다** 受身
증폭-기 (增幅器)【-기】图【物理】増幅器.
증표 (證票) 图 証票; 証.‖사랑의 증표 愛の証.
증회 (贈賄)【-/-해】图 自他 贈賄.
증회-죄 (贈賄罪)【-죄/-쮀】图【法律】贈賄罪.
증후 (症候) 图 症候; 症状.
증후-군 (症候群) 图 症候群; シンドローム.
지[1] (池) [姓] 池(ぢ).
지[2] (G;g) 图 (アルファベットの)ジー.
-지[3]/ʤi/ 依名【…に[은] 지の形で】…てから; …して以来.‖일본에 온 지 10년이 되었다 日本へ来てから10年経った. 안 본 지도 오래되었다 ずいぶん会っていない.
-지[4]/ʤi/ 動尾 ❶ …であって.‖토마토는 채소지 과일이 아니다 トマトは野菜であって果物ではない. ❷ …よ; …から.‖그 사람 꽤 알려진 작가지 あの人, かなり知られている作家だよ. ❸【疑問文で】…だっけ; …なの.‖출발은 몇 시지? 出発は何時だっけ?
-지[5] (漬) 接尾 …漬け.‖오이지 キュウリの漬物. 단무지 たくあん.
-지[6] (紙) 接尾 …紙.‖포장지 包装紙.
-지[7] (誌) 接尾 …誌.‖월간지 月刊誌.
-지[8] (地) 接尾 …地.‖출생지 出生地.
-지[9]/ʤi/ 動尾 ❶【…지 아니하다·못하다·말다」などの形で】…ではない; …くない; …ない.‖오늘은 바쁘지 않다 今日は忙しくない. 유명하지 않다 有名ではない. 웃지 못할 일이다 笑えないことだ. 오늘은 가지 말자 今日は行かないことにしよう. ❷ …けど.‖바람만 불지 비는 안 온다 風は吹いているけど, 雨は降らない. 돈은 있지 교양은 없다 お金はあるが, 教養はない. ❸ …でしょう.‖보면 알겠지 見れば分かるでしょう. 모르면 물어 보겠지 分からなければ聞くでしょう. ❹ …たら.‖먼저 먹지 先に食べたら. 너도 하나 사지

(그래)? お前も一つ買ったら(どう). ❺ …ようか; でしょうか. ∥뭐 먹지? 何を食べようか. 배 고프지? お腹すいたでしょ.

지가(地價)【-까】图 地価. ∥지가가 앙등하다 地価が高騰する.

지각¹(地殼)图【地】地殻. ∥지각 변동 地殻変動.

지각²(知覺)图 他変 ❶ 知覚. ∥지각이 마비되다 知覚が麻痺する. ❷ 分別. ∥지각 없는 행동 無分別な行動.

지각³(遲刻)/tʃigak/图 自変 遲刻. ∥회의에 지각하다 会議に遅刻する.

지갑(紙匣)/tʃigap/图 財布. ∥지갑을 잃어 버리다 財布をなくす. ∥지갑에서 돈을 내다 財布からお金を出す.

지검(地檢)图【法律】「지방 검찰청(地方検察庁)」の略图 地検.

지게图 背負子(ｼｮｲｺ). ∥지게를 지다 背負子を背負う.

지게-꾼图 背負子で荷物を運ぶ仕事をする人.

지겨운形【ㅂ変】지겹다(うんざりする)の現在連体形.

지겨워形【ㅂ変】지겹다(うんざりする)の連用形.

지겹다/tʃigjəp'ta/【-따】形【ㅂ変】[지겨워, 지겨운] うんざりする; 飽き飽きしている; こりごりだ; 退屈だ. ∥엄마의 잔소리가 지겹다 母の小言にはうんざりだ. ∥수업 내용이 너무 지겹다 授業の内容があまりにも退屈だ.

지경(地境)图 土地の境.
—依名[主に…지경이다の形で]…するほどだ; …状況だ. ∥죽을 지경이다 死にそうだ. ∥이 지경이 되도록 こんな状況になるまで.

지고(至高)图 他変 至高. ∥지고의 가치 至高の価値. 지고선 至善善.

지관(支管·枝管)图 支管.

지관(地官)图 風水によって家の敷地や墓場(はかば)などを選ぶ人.

지괴(地塊)【-/-꽤】图【地】地塊.

지구¹(地球)/tʃigu/图 地球. ∥지구 온난화 地球温暖化. 달은 지구의 주위를 공전하고 지구는 태양의 주위를 공전한다 月は地球の回りを公転し, 地球は太陽の回りを公転する.

지구-본(地球本)图 =지구의(地球儀).

지구-의(地球儀)【-/-이】图 地球儀.

지구-촌(地球村)图 地球村.

지구²(地區)图 地区. ∥개발 지구 開発地区. 상업 지구 商業地区.

지구(持久)图 他変 持久. **지구-력**(持久力)图 持久力. **지구-전**(持久戦)图 持久戦.

지국(支局)图 支局.

지그시/tʃigusi/副 ❶そっと. ∥눈을 지그시 감다 目をそっと閉じる. ❷じっと. ∥지그시 바라보다 じっと見つめる. 아픔을 지그시 참다 痛みをじっとこらえる.

지그재그(zigzag)图 ジグザグ. ∥지그재그로 깁다 ジグザグに縫う. 술에 취해 지그재그로 걸어가다 酒に酔って千鳥足になる.

지극-하다(至極-)【-ㄱ카-】形【하変】この上ない; 至極だ. ∥지극한 정성 この上ない誠意.

지글-거리다[-때다]自 ❶じりじりとたぎる. ❷(体が)かっかとほてる. ❸いらいらする; やきもきする.

지글-지글副 他変 じゅうじゅう; じりじり; やきもき; かっかと. ∥지글지글 타는 듯한 한여름의 태양 じりじり(と)照りつける真夏の太陽. 속이 지글지글 타 들어가는(듯) 気をもむ.

지금(只今)/tʃigum/图 ❶ 今. ∥지금 집에 없습니다 今家にいません. ∥지금 이 순간이 중요하다 今の瞬間が大事だ. 지금까지의 경험에 입각해서 판단하다 今までの経験に基づいて判断する. 지금까지 연락이 없다 今だに連絡がない. ❷ 今日; 今日. ∥지금은 책방에서 아르바이트를 하고 있다 現在は本屋でアルバイトをしている. 지금의 젊은이들은 무엇을 생각하고 있는지 모르겠다 今の若者は何を考えているのか分からない. ❸[副詞的に] 今; 現在. ∥지금 어디에 있니? 今どこにいるの. 지금 살고 있는 동네 現在住んでいる町.

지금-까지(只今--)【-낏】副 今まで. ∥지금껏 한 번도 결석한 적이 없다 今まで一度も欠席したことがない.

지급¹(至急)图 他変 至急. ∥지급 전보를 치다 至急電報を打つ.

지급²(支給)/tʃigup/图 他変 支給; 支払い. ∥보너스를 지급하다 ボーナスを支給する. 지급을 늦추다 支払いを延ばす. **지급-되다** 自変.

지급 불능(支給不能)【-뿔릉】图【法律】支給不能.

지급-어음(支給--)图【経】支払手形. ㉮받을 어음.

지급 유예(支給猶予)【-금뉴-】图 支払猶予; モラトリアム. ㉮모라토리엄.

지급 정지(支給停止)【-정-】图 支払停止.

지급 준비금(支給準備金)【-쭌-】图 支払準備金; 銀行準備金.

지급 준비율(支給準備率)【-쭌-】图 支払準備率; 預金準備金.

지긋지긋-하다【-귿찌근타-】形【하変】嫌になる; うんざりする; 飽き飽きする; こりごりだ. ∥단순 작업은 지긋지긋하다 単純作業は飽き飽きする.

지긋-하다【-그타-】形【하変】❶ 年配である. ∥나이가 지긋한 사람 年配の人. ❷ 辛抱強い; じっとしている. ∥지긋하게 앉아 있다 じっと座っている. 지

굿-이 图

지기¹ 〈知己〉 图 知己; 親友.

-지기 接尾 「見張り」の意で)…守(もり); 番. ∥산지기 山守り、등대지기 灯台守り.

지껄-이다 自 しゃべりちらす; 口ぎたなくしゃべりちらす, 無駄口をたたく. ∥쓸데없는 말을 지껄이다 無駄口をたたく.

지끈 副 (頭が)がんがんする. ∥머리가 지끈거리다 頭ががんがんする.

지끈-거리다 自 (頭が)ひどく痛い様子; がんがん. ∥머리가 지끈지끈 아프다 頭ががんがんする.

지나-가다 /tʃinagada/ 自 ❶ 過ぎる; 過ぎていく; 通りかかる. ∥태풍이 지나간 것 같다 台風が通り過ぎたようだ, 내가 불렀는데 친구는 그냥 지나갔다 私が呼んだが友だちは素通りした. ❷ 過ぎる. ∥다 지난 일이야 すべて過ぎ去ったことだ, 지나간 날들을 過ぎ去った日々. ❸〔主にはよ지나가는…の形で〕大した意味もない…. ∥지나가는 말로 물어보니 何気なく聞いてみる, 지나가는 비 通り雨.
— 他 ❶ 通り過ぎる; 経由する; 通りかかる. ∥서울역을 지나가는 버스 ソウル駅を経由するバス, 마침 사건 현장을 지나갔다 たまたま事故現場を通りかかった. ❷(ある考え・思いが)浮かんでは消える, よぎる. ∥그 생각이 퍼뜩 머릿속을 지나갔다 その考えがはっと頭の中をよぎった.

지나다 /tʃinada/ 自 ❶(時間が)過ぎる; 経つ; 去る. ∥시간이 많이 지났다 時間がだいぶ経った, 일본에 와서 벌써 삼 년이 지났다 日本に来ては 3 年が過ぎた, 지난 이 년 동안은 논문 때문에 정말 힘들었다 去る 2 年間は論文のことで本当に大変だった. ❷(期限が)過ぎる. ∥리포트 제출 날짜가 지났다 レポートの提出日が過ぎた, 점심시간이 지나서 회사로 돌아왔다 昼休みが過ぎて会社に戻ってきた. ❸〔…에 지나지 않다の形で〕…に過ぎない. ∥그건 변명에 지나지 않아 それは言い訳に過ぎない.
— 他 通り過ぎる; 通過する. ∥학교 앞을 지나서 우회전 하세요 学校の前を通り過ぎて右折してください. ❷〔지나는 길에の形で〕通りかかったついでに; 通りかかったので. ∥이 근처를 지나는 길에 들었어요 この近くを通りかかったので寄りました.

지나치다 /tʃinatʃʰida/ 自 ❶ 通り過ぎる. ∥못 본 체하고 그냥 지나치다 見ていないふりをしてそのまま通り過ぎる. ❷ 度を超す; 度を超える; 過度だ; 過剰だ. ∥농담이라고 하기에는 지나치다 冗談にしては度が過ぎる, 지나치게 긴장하다 過度に緊張する, 칼로리를 지나치게 섭취하다 カロリーを過剰に摂取する.

지난-날 图 過ぎし日; 往時; 過去. ∥지난날을 돌이켜보다 往時を振り返ってみる.

지난-달 图 先月.

지난-번〈一番〉/tʃinanbən/ 图 この間; 前回. 日전번(前番). ∥저 사람은 지난번에도 결석했다 あの人は前回も欠席した, 지난번 회의 때 거론된 문제 前回の会議で取り上げられた問題.

지난-주〈一週〉/tʃinandʒu/ 图 先週. 日전주(前週). ∥지난주 일요일 先週の日曜日.

지난-하다〈至難一〉形〔하옆〕至難だ.

지난-해 /tʃinanhɛ/ 图 昨年; 去年.

지내-는 지내다(過ごす)의 現在連体形.

지내다 /tʃineda/ 他 ❶ 過ごす; 暮らす. ∥하루하루 무사히 지내 毎日無事に過ごす, 놀며 지내다 遊んで過ごす, 요즘 어떻게 지내십니까? 近頃いかがお過ごしでしょうか, 언니는 서울에서 잘 지내고 있다 姉はソウルで幸せに暮らしている. ❷ 付き合う; 交際する. ∥옆집 아줌마하고는 친하게 지내고 있다 隣の奥さんとは親しくしている.
— 他 ❶(月日・時を過ごす. ∥여름 휴가를 별장에서 지내다 夏休みを別荘で過ごす. ❷(儀式などを)執り行なう. ∥제사를 지내다 祭祀(ま)を執り行なう. ❸(ある職責を)務める; 経験する. ∥장관을 지낸 사람 長官を務めた人.

지내-보다 他 経験[体験]してみる; 付き合ってみる.

지낸 지내다(過ごす)의 過去連体形.

지낼 지내다(過ごす)의 未来連体形.

지네 图〈動物〉ムカデ(百足).

지느러미 图 鰭(ひれ). ∥등지느러미 背鰭.

지는¹ 지다(落ちる)의 現在連体形.

지는² 지다(負ける)의 現在連体形.

-지는 連尾 …では; …くは, -진. ∥많이 마시지는 않았다 たくさん飲んではいない, 결과가 나쁘지는 않았다 結果が悪くはなかった.

지능〈知能〉图 知能. ∥지능이 높다 知能が高い, 인공 지능 人工知能.

지능-검사〈知能検査〉图 知能検査.

지능-범〈知能犯〉图 知能犯.

지능-적〈知能的〉图 知能的の.

지능 지수〈知能指数〉图 知能指数(IQ).

지니다 /tʃinida/ 他 ❶ 持つ; 身につける; 所持する. ∥큰돈을 지니고 있다 大金を所持している. ❷ 保有する; 所有する. ∥비싼 보석을 많이 지니고 있다 高い宝石をたくさん所有している. ❸ 保つ; 保持する; 宿す. ∥옛 모습을 그대로 지니고 있다 昔の面影をそのまま宿している.

지루-하다

지다[1] /ɕida/ 自 ❶ 落ちる. ‖해가 지다 日が落ちる. 때가 지다 汚れが落ちる. ❷ (꽃이): (잎이) 枯れる. ‖꽃이 지다 花が散る. 꽃부터 지다 花と散る. ❸ 어느 상태가 되다. ‖장마가 지다 長雨になる. 그늘이 지다 日陰になる. 험이 생긴다. 얼룩이 지다 汚れがつく. ❹ 敵になる. ‖원수가 지다 敵になる.

지다[2] /ɕida/ 自 (競技や試合などで) 負ける; 破れる. 전 이기다. ‖싸움에서 지다 戦いに敗れる. 말싸움에는 누구한테도 지지 않는다 口げんかでは誰にも負けない. 결승전에서 지다 決勝戦で敗れる. 재판에서 지다 裁判で負ける. 지는 것이 이기는 것이다 負けるが勝ち.

지다[3] 他 ❶ 背負う; 担ぐ. ‖무거운 짐을 지다 重い荷物を背負う. 반 지우. ❷ (책임을) 負う [とる]. ‖이번 일에 책임을 지고 사임하다 今回のことで責任をとって辞任する. ❸ 恩恵を(을)こうむる. ‖많은 신세를 지다 大変お世話になる. 빚을 지다 借金をする.

-지다[4] 接尾 [形容詞等に付いて] 状態の変化を表わす動詞を作る. ‖얼굴이 빨개지다 顔が赤くなる. 더 바빠지다 もっと忙しくなる. 유명해지다 有名になる. 눈이 좋아지다 약 目がよくなる薬.

-지다[5] /ɕida/ 接尾 [名詞に付いて] ❶ 動詞を作る. ‖그늘지다 陰になる. 얼룩지다 汚れがつく. ❷ 形容詞を作る. ‖건방지다 生意気だ. 멋지다 すてきだ; 格好いい.

지단 名〔料理〕鶏卵の黄身と白身を分けて焼いた錦糸卵. ‖계란 지단을 부치다 錦糸卵を焼く.

지당-하다(至當−) 形動 至当だ; 当然だ. ‖그것은 매우 지당한 일이다 それはまったく当然なことだ. 지당하신 말씀입니다 おっしゃることはごもっとも.

지대[1] (地代) 名 地代.
지대[2] (地帯) 名 地帯. ‖평야 지대 평야지대. 고산 지대 高山地帯.
지-대공 (地対空) 名 地対空. ‖지대공 미사일 地対空ミサイル.
지-대지 (地対地) 名 地対地. ‖지대지 미사일 地対地ミサイル.
지대-하다 (至大−) 形動 至大だ; この上なく大きい. ‖지대한 공로 大きな功労.

지덕 (知徳) 名 知徳. ‖지덕을 겸비한 인재 知徳を兼ね備えた人材.
지도[1] (地図) /ɕido/ 名 地図. ‖세계 지도 世界地図. 시가 지도 市街地図. 도로 지도 道路地図. 지도에 나와 있지 않는 강 地図に出ていない川.
지도[2] (指導) /ɕido/ 名 他 指導. ‖학생 지도 学生指導. 지도를 받다 指導を受ける. 많은 지도 편달을 부탁드립니다 ご指導ご鞭撻のほど宜しくお願い申し上げます.
지도-력 (指導力) 名 指導力. ‖지도력을 발휘하다 指導力を発揮する.
지도-부 (指導部) 名 指導部.
지도-자 (指導者) 名 指導者.
지도-적 (指導的) 名 指導的な. ‖지도적인 역할 指導的な役割.
지도-층 (指導層) 名 指導部.

지독-스럽다 (至毒−) 【−따】形変 かなりひどい; 非常にきつい. ‖하는 짓이 지독스럽다 やってることがかなりひどい.
지독스레 副
지독-하다 (至毒−) /ɕidokʰada/ 【−토카−】 形変 とてもひどい; ものすごい. ‖지독한 냄새가 나다 ものすごいにおいがする. 지독한 추위 ものすごい寒さ.
지독-히 副

지동-설 (地動説) 名 地動説. 전 천동설 (天動説).
지디피 (GDP) 名 国内総生産. ⇒ Gross Domestic Product의 약자.
지라 名〔解剖〕脾臓(ひぞう). (動) 비장 (脾臓).
지랄 名 俗語 ❶ (ののしる言い方で) 気まぐれな言動; 気違い沙汰. ‖매일 저 지랄을 하고 있어 毎日あの気違い沙汰なのよ. ❷ 지랄병의 약칭.
지랄-병 (−病)【−뼝】 名 俗語 癲癇(てんかん). (動) 간질 (癇疾).
지략 (智略) 名 知略; 知謀.
지렁이 名〔動物〕ミミズ (蚯蚓). ▶지렁이도 밟으면 꿈틀한다 諺 一寸の虫にも五分の魂.
지레[1] 名 梃子(てこ).
지렛-대 (−−) 【−랟때−랜때】 名 =지레[1].
지레[2] 副 先立って; 前もって. ‖지레 겁먹고 도망가다 先に怯じ気づいて逃げる.
지레-짐작 (←斟酌) 名 自他 早合点; 早のみ込み. ‖빨리 끝날 거라고 지레짐작하고 다른 사람보다 먼저 교실을 나오다 早く終わるものと早合点して他の人より先に教室を出る.

지력[1] (地力) 名 地力.
지력[2] (知力) 名 知力.
지령[1] (指令) 名 他 指令. ‖지령을 내리다 指令を下す. 상부의 지령을 받고 행동하다 上部の指令を受けて行動する.
지령[2] (紙齢) 名 新聞の発行号数.
지령[3] (誌齢) 名 雑誌の発行号数.
지로 (giro) 名 銀行振替; 郵便振替.
지록위마 (指鹿爲馬) 名 鹿を指して馬となすこと.
지론 (持論) 名 持論.
지뢰 (地雷) 名〔軍事〕地雷.
지뢰-밭 (地雷−) 【−받−뱉】 名 地雷原.
지루-하다 (←支離−) /ɕiruhada/ 形変 退屈だ. ‖수업이 지루하다 授業

が退屈だ. 지루한 나날 退屈な日々.

지류(支流)[명] 支流. ⊕본류(本流).

지르다¹ /tʃiruda/ [를][르変] 질러, 지르는) ⑤ 소리를 지르다. ∥살려 달라고 소리를 지르다 助けてと叫ぶ. 누가 비명을 질러 달려가 보았다 誰かが悲鳴を上げたので駆けつけた. 화가 나서 고함을 지르다 怒って大声を張り上げる.

지르다² [를][르変] ❶ 挿す; かける. ∥빗장을 지르다 門(笠)をかける. ❷ 近道する; 横切る. ∥샛길로 질러 가다 わき道を近道して行く. ❸ ポケットに押し込む; 入れ込む. ∥주머니에 삼만 원을 질러 주다 ポケットに３万ウォンを入れてやる. ❹ (火を)つける. ∥불을 지르다 火をつける.

지르르 [부][하변] ❶ 油気やつやがある様子;てかてか. ∥개기름이 지르르 흐르는 얼굴 てかてか脂ぎった顔. ❷ しびれる感じがする様子; びりびり(と).

지르박 (←jitterbug) [명] ジルバ. ∥지르박을 추다 ジルバを踊る.

지름 [数] 直径.

지름-길 [一낄] [명] 近道; 捷徑(しょう-). ∥노력이 성공의 지름길이다 努力が成功への近道だ.

지리 (地理) /tʃiri/ [명] 地理. ∥인문 지리 人文地理. 자연 지리 自然地理. 지리 부도 地理図表. 이 일대의 지리에 밝은 사람 この辺の地理に明るい人.

지리다¹ [형] 小便臭い.

지리다² [타] (大小便を)ちびる; 少しもらす. ∥오줌을 지리다 小便をちびる.

지리-멸렬 (支離滅裂) [명][하자] 支離滅裂.

지리-산 (智異山) [지명] 智異山(チリサン).

지린-내 [명] 小便臭いにおい. ∥지린내가 나다 小便臭い(においがする).

지마는¹ [어] 〔体言に付いて〕…だが. ⊕-지만.∥형제지마는 사이가 안 좋다 兄弟だが, 仲がよくない.

-지마는² /tʃimanun/ [어미] …だが …けれども. ⊕-지만. ∥비싸기는 하지마는 맛은 좋다 高いけれど も味はいい. 그 사람은 아직 젊지마는 생각은 깊다 彼はまだ若いが思慮深い.

지만¹ [어] 지마는의 縮約形.

-지만² [어미] -지마는의 縮約形.

지망 (志望) [명][하타] 志望. ∥영문학과를 지망하다 英文学科を志望する.

지망-생 (志望生) [명] 志望者. ∥가수 지망생 歌手志望者.

지맥¹ (支脈) [명] 支脈.

지맥² (地脈) [명][地] 地脈.

지면¹ (地面) [명] 地面.

지면² (紙面) [명] 紙面. ∥신문 지면을 통해 알게 된 사실 紙面を通して知った事実.

지면³ (誌面) [명] 誌面.

지명¹ (地名) [명] 地名.

지명² (知名) [명] 知名.

지명-도 (知名度) [명] 知名度.

지명³ (指名) /tʃimjʌŋ/ [명][하타] 指名. ∥후계자를 지명하다 後継者を指名する. **지명-되다** [受動]

지명-수배 (指名手配) [명] 指名手配.

지명-전 (指名戰) [명] 指名戦.

지명-타자 (指名打者) [명] (野球で)指名打者.

지명-투표 (指名投票) [명] 指名投票.

지목¹ (地目) [명] 地目. ∥지목을 변경하다 地目を変更する.

지목² (指目) [명][하타] 指目; 目星をつけること. ∥그를 범인으로 지목하다 彼が犯人だと目星をつける. **지목-되다**[-당하다] [受動]

지문¹ (地文) [명] 地の文.

지문² (指紋) [명] 指紋. ∥지문을 채취하다 指紋を採る. 지문이 남다 指紋が残る.

지문-법 (指紋法) [-뻡] [명] [法律] 指紋法.

지문³ (誌文) [명] 墓誌.

지반¹ (地盤) [명] 地盤. ∥집중 호우로 지반이 약해지다 集中豪雨で地盤が緩む. 정치적 지반을 굳히다 政治の地盤を固める.

지반² (地番) [명] 地番.

지방¹ (地方) /tʃibaŋ/ [명] 地方. ∥남부 지방 南部地方. 지방으로 전학 오다 地方から転校してくる. 중국의 어떤 지방에서는 中国のある地方では. 지방 도시 地方都市.

지방-공무원 (地方公務員) [명] 地方公務員.

지방-도 (地方道) [명] 地方道. ⊕국도(國道).

지방-법원 (地方法院) [명] [法律] 地裁判所.

지방-분권 (地方分權) [-꿘] [명] 地方分権. ⊕중앙 집권(中央集權).

지방-색 (地方色) [명] 地方色; ローカルカラー.

지방-성 (地方性) [-썽] [명] 地方性. ∥사투리는 지방성을 가장 잘 나타낸다 方言は地方性を最もよく表わす.

지방-세 (地方稅) [-쎄] [명] 地方税. ⊕국세(國稅).

지방-은행 (地方銀行) [명] 地方銀行.

지방-의회 (地方議會) [-/-훼] [명] 地方議会.

지방-자치단체 (地方自治團體) [명] 地方自治体.

지방-지 (地方紙) [명] 地方紙. ⊕중앙지(中央紙).

지방-판 (地方版) [명] 地方版.

지방² /tʃibaŋ/ [명] 脂肪. ∥동물성 지방 動物性脂肪. 돼지고기에는 지

방분이 많다 豚肉には脂肪分が多い. 피하 지방 皮下脂肪.
지방-간 (脂肪肝) 图 〔医学〕 脂肪肝.
지방-산 (脂肪酸) 图 〔化学〕 脂肪酸.
지방-성 (脂肪性) 【-썽】 图 脂肪性.
지방-질 (脂肪質) 图 脂肪質.
지방-층 (脂肪層) 图 〔生理〕 脂肪層.
지방³ (紙榜) 图 紙でできている位牌.
지배 (支配) /tʃibe/ 图 他 支配. ‖계열사를 지배하다 系列会社を支配する.
지배-되다[-–-][**받다‥-당하다**] 受動 環境に支配される. 環境に支配される. 감정에 지배받기 쉬운 성격 感情に支配されやすい性格.
지배 계급 (支配階級) 【-/-게-】 图 支配階級.
지배-권 (支配權) 【-꿘】 图 〔法律〕 支配權.
지배-인 (支配人) 图 支配人.
지배-자 (支配者) 图 支配者.
지배-적 (支配的) 图 支配的. ‖지배적인 논리 支配的な論理. 당시는 이런 생각이 지배적이었다 当時はこのような考えが支配的だった.
지배-층 (支配層) 图 支配階層.
지배-하 (支配下) 图 支配下. ‖강대국의 지배하에 있다 強大国の支配下にある.
지법 (地法) 〔'지방 법원(地方法院)'의 약어(略語)〕 地裁.
지변 (地變) 图 地变.
지병 (持病) 图 持病.
지보 (至寶) 图 至宝.
지본 (紙本) 图 紙本.
지부 (支部) 图 支部. ‖지부를 두다 支部を置く.
지부티 (Djibouti) 图 〔国名〕 ジブチ.
지분 (持分) 图 〔法律〕 持ち分.
지분-권 (持分權) 【-꿘】 图 〔法律〕 持ち分権.
지불 (支拂) /tʃibul/ 图 他 支払い; 支払うこと. ‖현금으로 지불하다 現金で支払う. 월말에 지불하다 月末に支払う. 지불 능력 支払い能力. 지불 준비금 支払準備金. 지불을 늦추다 支払いを延ばす.
지붕 /tʃibuŋ/ 图 屋根. ‖따라 지붕 青い屋根. 지붕을 이다 屋根を葺(ふ)く. 한 지붕 밑에 살다 一つ屋根の下で暮す. 세계의 지붕 히말라야 산맥 世界の屋根ヒマラヤ山脈.
지빠귀 (鳥類) 图 ツグミ(鶫).
지사¹ (支社) 图 支社. ⑦본사(本社).
지사² (志士) 图 志士. ‖우국지사 憂国の士.
지사³ (知事) 图 '도지사(道知事)'の略語.
지사-제 (止瀉劑) 图 下痢止め.
지상¹ (地上) 图 地上. ‖지상 십 층 地上 10 階.

지상-권 (地上權) 【-꿘】 图 〔法律〕 地上権.
지상 낙원 (地上樂園) 图 =지상 천국(地上天國).
지상-전 (地上戰) 图 陸戦.
지상 천국 (地上天國) 图 地上の樂園.
지상² (至上) 图 至上. ‖지상 목표 至上の目標. 지상 명령 至上命令.
지상³ (誌上) 图 誌上. ‖지상 토론 紙上討論. 신문 지상을 떠들썩하게 하다 紙上を騷がせる.
지상-파 (地上波) 图 地上波.
지상파 방송 (地上波放送) 图 地上波放送.
지-새우다 他 徹夜する; 〈夜を〉明かす. ‖뜬눈으로 밤을 지새우다 まんじりともしないで夜を明かす.
지서 (支署) 图 支署; 派出所.
지석¹ (砥石) 图 = 숫돌.
지석² (誌石) 图 墓誌を記して墓の前に埋めた石.
지석-묘 (支石墓) 【-썽-】 图 =고인돌.
지선¹ (支線) 图 支線. ㉮간선(幹線) ‧ 본선(本線).
지선² (至善) 图 形 至善; この上ない善.
지성¹ (至誠) 图 至誠; まごころ. ‖지성이면 감천이다 まごころを尽せば天に通ずる; 思う念力岩をも通す.
지성-껏 (至誠-) 副 誠心誠意. ‖지성껏 간호하다 誠心誠意看病する.
지성² (知性) 图 知性. ‖풍부한 지성の 소유자 豊かな知性の持ち主. 현대를 대표하는 지성 現代を代表する知性.
지성-인 (知性人) 图 知性人.
지성-적 (知性的) 图 知性的. ‖지성적으로 생긴 얼굴 知性的な顔立ち.
지세¹ (地税) 图 〔法律〕 地税.
지세² (地勢) 图 地勢.
지소 (支所) 图 支所.
지속 (持續) /tʃisok/ 图 他 持続. ‖우호 관계를 지속하다 友好関係を持続する. 약효가 지속되다 薬効が持続する. 지속 시간 持続時間.
지속-력 (持續力) 【-송녁】 图 持続力.
지속-성 (持續性) 【-쌩】 图 持続性.
지속-적 (持續的) 【-쩍】 图 持続的.
지수 (指數) 图 指数. ‖지능 지수 知能指数. 불쾌지수 不快指数.
지순-하다 (至純-) 形 [하変] この上なく純潔なこと. ‖지순한 사랑 きわめて純潔な愛.
지시 (指示) /tʃiɕi/ 图 他 指示; 指図. ‖계획 중지를 지시하다 計画の中止を指示する. 지시에 따르다 指示に従う. 바로 일에 착수하라는 지시를 내리다 すぐ仕事にかかるよう指示を下す. 부하들을 지시해서 준비하다 部下を指図し

지식 (知識) /tʃiʃik/ 图 知識. ‖지식이 풍부하다 知識が豊富だ. 사전 지식이 필요하다 予備知識が必要だ. 그것에 관해서는 아무런 지식이 없다 それについては何の知識もない.
지식-인 (知識人) 图 知識人.
지식-층 (知識層) 图 識者層.
지신 (地神) 图 地神.
지신-밟기 (地神-) 【-밟끼】 图 《民俗》영남(嶺南)의 각地方で陰暦の正月 15日間に1年間の家内安全を祈って行う行事の一つ.
지아비 (-) 图 愚夫.
지압[1] (地壓) 图 《地》地圧.
지압[2] (指壓) 图 指圧.
지압-법 (指壓法) 【-뻡】 图 指圧法.
지압 요법 (指壓療法) 〔-암뇨뻡〕 指圧療法.
지양 (止揚) 하中 止揚. ‖모순을 지양하다 矛盾を止揚する.
지어 (-) 〔人名詞〕 짓다(建てる・つくる)の連用形.
지어-내다 (-/-여-) 他 作り出す. ‖지어낸 이야기 作り話.
지어-먹다 (-따/-ㅁ때) 他 決心する; 思い立つ. ❸ 그 게 지어먹은 마음이야 それが決心した気持か.
지어미 图 愚妻.
지엔피 (GNP) 图 国民総生産. ✢ Gross National Productの略語.
지역 (地域) /tʃiŋjək/ 图 地域. ‖지역 주민 地域住民. 공업 지역 工業地域. 상업 지역 商業地域.
지역-구 (地域區) 〔-꾸〕 图 〔選挙の〕地方区.
지역 대표제 (地域代表制) 〔-때-〕 图 地域代表制.
지역-사회 (地域社會) 〔-싸-/-쌔〕 图 地域社会.
지연[1] (地緣) 图 地縁.
지연[2] (遲延) 자中 遅延; 遅れること. ‖출발이 두 시간이나 지연되고 있다 出発が2時間も遅れている.
지열[1] (地熱) 图 地熱.
지열[2] (止熱) 图 解熱.
지엽 (枝葉) 图 枝葉. ‖지엽적인 문제 枝葉的問題.
지옥 (地獄) /tʃiok/ 图 地獄. ‖생지옥 生き地獄. 수험 지옥 受験地獄. 출근 지옥 通勤地獄. 지옥에 떨어지다 地獄に落ちる.
지옥-도 (地獄圖) 〔-또〕 图 《佛教》地獄絵.
-지요 語尾 ❶話し手の意思・意志を表わす: …ます; …ましょう. ‖저도 가지요 私が行きます. ❷〔疑問文で〕同意を求める: …ですよね. ‖너무 맛이 없지요?

あまりにもまずいですよね. ❸ 誘い・勧誘を表わす: …ましょう(か). ‖가시지요 行きますしょう.
지용 (智勇) 图 知勇.
지우 (知友) 图 知友.
지우-개 /tʃiuɡɛ/ 图 ❶書いた文字や絵を消すもの. ‖분필 지우개 黒板消し. ❷消しゴム. ‖지우개로 지우다 消しゴムで消す.
지우다[1] /tʃiuda/ 他 ❶消す. ‖옷의 얼룩을 지우다 服の染みを消す. 그 일은 기억에서 지우고 싶다 あのことは記憶から消したい. ❷ 落とす. ‖화장을 지우다 化粧を落とす. ❸ 中絶する.
지-우다[2] 他 〔지다[3]の使役動詞〕負わせる; 担がせる. ‖부하에게 책임을 지우다 部下に責任を負わせる.
지원[1] (支援) 하中 支援; 援助. ‖중소기업에 자금을 지원하다 中小企業に資金を援助する. 지원금 支援金. 지원단체 支援団体. 지원-받다 受身
지원[2] (志願) 하中 志願. ‖지원해서 입대하다 志願して入隊する.
지원-병 (志願兵) 图 志願兵.
지원-서 (志願書) 图 志願書.
지원-자 (志願者) 图 志願者.
지위 (地位) /tʃiwi/ 图 地位. ‖회사에서 지위가 높다 会社で地位が高い. 여성의 지위가 향상되다 女性の地位が向上する. 사회적 지위 社会的地位.
지육 (智育) 图 知育.
지은 (-은) 짓다(建てる・つくる)の過去連体形.
지은-이 /tʃiuni/ 图 作者; 著者. ‖저자(著者).
지을 (-을) 〔人名詞〕 짓다(建てる・つくる)の未来連体形.
지읒 (-읃) 图 ハングル子音字母「ㅈ」の名称.
지의-류 (地衣類) 〔-이-〕 图 《植物》地衣類.
지인 (知人) 图 知人; 知り合い.
지자-요수 (智者樂水) 图 知者は水を楽しむこと. ◉ 인자요산 (仁者樂山).
지자체 (地自體) 〔地方自治団体 (地方自治團體)の略語〕 地方自治体.
지장[1] (支障) /tʃidʒaŋ/ 图 支障; 差し障り; 別状. ‖지장이 생기다 支障が生じる. 지장을 초래하다 支障を来たす. 교통에 큰 지장을 주고 있다 交通に大きな支障を来たしている. 지장이 없으면 얘기를 해 주시지요 差し障りがなければ話してください. 생명에 지장은 없다 命に別状はない.
지장[2] (地藏) 图 《佛教》地蔵.
지장-보살 (地藏菩薩) 图 《佛教》地蔵菩薩.

지장³ (指章) 图 拇印. 㑲 손도장(一圖章). ∥지장을 찍다 拇印を捺(お)す.

지장⁴ (將將) 图 知将.

지저귀다 国 ❶ 〈小鳥などが〉しきりにさえずる. ∥참새들이 지저귀다 スズメがさえずる. ❷ ぺちゃくちゃしゃべる.

지저분-하다 /jidʒəbunhada/ 厖 [하変] ❶ 汚らしい; むさ苦しい; 汚れている. ∥방이 지저분하다 部屋が汚らしい. ❷ 雑然としている; 散らかっている. ∥지저분한 시장통 雑然としている市場. ❸ 下品だ; みだらだ. ∥지저분한 생활 みだらな生活. **지저분-히** 副

지적¹ (地籍) 图 地籍.
지적-도 (地籍圖) 【-또】 图 地籍図.

지-적 (知的) /jidʒək/ 冠 【-쩍】 图 知的. ∥지적인 자극 知的な刺激. 지적노동 知的な労働. 지적인 사람 知的な人. 지적인 분위기를 풍기다 知的な雰囲気を漂わせる.

지적 소유권 (知的所有權) 【-쩍쏘-꿘】 图 (法律) 知的所有権.

지적 재산권 (知的財産權) 【-쩍째-꿘】 图 (法律) 知的財産権.

지적³ (指摘) /jidʒək/ 图 [하他] 指摘. ∥잘못을 지적하다 間違いを指摘する. 그 사람은 많은 사람이 사실을 오해하고 있다고 지적했다 彼は多くの人が事実を誤認していると指摘した. **지적-되다** [-당하다] 受動

지절¹ (志節) 图 志節; 志操.
지절² (支節·肢節) 图 手足の関節.

지점¹ (支店) 图 支店. ㉠본점(本店). ∥부산에 지점을 내다 釜山に支店を出す.

지점² (支點) 图 支点.

지점³ (地點) /jidʒəm/ 图 ❶ 目標 地点 目標地点. 통과 지점 通過地点. 목적지는 여기서 4 킬로미터 떨어진 지점에 있다 目的地はここから4km 離れたところにある.

지정 (指定) 图 [하他] 指定. ∥문화재로 지정하다 文化財に指定する. 지정한 장소에 모이다 指定の場所に集まる. **지정-되다** 自

지정-사 (指定詞) 图 (言語) 指定詞. ✥日本における韓国語教育では、이다·아니다を指定詞として品詞分類しているが、韓国では、이다は助詞、아니다は形容詞に品詞分類されている.

지정-석 (指定席) 图 指定席.

지정-학 (地政學) 图 地政学.

지조 (志操) 图 志操. ∥지조가 굳다 志操が固い.

지족 (知足) 图 [하他] 知足.

지존 (至尊) 图 至尊.

지주¹ (支柱) 图 支柱. ∥한 집안의 一家の支柱. 정신적 지주 精神的支柱.

지주² (地主) 图 地主. ∥부재 지주 不在地主.

지주-근 (支柱根) 图 (植物) 支柱根.
지중 (地中) 图 地中.

지중식물 (地中植物) 【-씽-】 图 (植物) 地中植物.

지지¹ (支持) /jidʒi/ 图 [하他] 支持. ∥국민들에게 지지를 호소하다 国民に支持を訴える. 젊은이들의 열광적인 지지를 얻다 若者の熱狂的な支持を得る.

지지-받다 受動.

지지-율 (支持率) 图 支持率. ∥지지율이 떨어지다 支持率が下がる.

지지-자 (支持者) 图 支持者.

지지² (地誌) 图 地誌.
지지난-달 (-날) 图 先々月.
지지난-밤 图 おとといの晩.
지지난-주 (-週) 图 先々週.
지지난-해 图 一昨年; おととし.

지지다 /jidʒida/ 他 ❶ 煮つける. ∥생선을 지지다 魚を煮つける. ❷ 〈鉄板などで〉焼く. ∥돼지고기를 지져 먹다 豚肉を焼いて食べる. ❸ 体を温める. ∥끈끈한 온돌방에서 허리를 지지다 熱々のオンドル部屋で腰を温める. ▶지지고 볶다 人を苦しめる.

지지리 副 〔下に打ち消しの表現を伴って〕 ひどく; あまりにも. ∥지지리도 노래를 못하다 あまりにも歌が下手だ.

지지-배배 副 ツバメの鳴き声.

지지부진 (遲遲不振) 图 遅々として進まないこと. ∥경찰 수사가 지지부진하다 警察の捜査がはかばかしく進まない.

지지-학 (地誌學) 图 地誌学.

지진 (地震) /jidʒin/ 图 (地) 地震. ∥일본은 지진이 많은 나라다 日本は地震が多い国である. 어젯밤에 큰 지진이 있었다 ゆうべ大きな地震があった.

지진-계 (地震計) 【-/-께】 图 地震計.
지진 단층 (地震斷層) 图 地震断層.
지진-대 (地震帯) 图 地震帯.
지진-파 (地震波) 图 地震波.
지진-아 (運遲兒) 图 遅進児.
지진-제 (地鎮祭) 图 地鎮祭.

지질¹ (地質) 图 地質. ∥지질 조사 地質調査.

지질-학 (地質學) 图 地質学.

지질² (脂質) 图 脂質.

지질-맞다 (-맏따) 厖 くだらない. ∥지질맞은 소리를 하다 くだらないことを言う.

지질-하다 厖 [하変] 取るに足りない.

지짐-이 (料理) チヂミ. ✥韓国風お好み焼き. 㑲부침개.

지참 (持参) 图 [하他] 持参. ∥필기도구는 각자가 지참할 것 筆記用具は各自で持参すること.

지참-금 (持参金) 图 持参金.

지척 (咫尺) 图 至近距離.

지척-거리다 (-꺼-) 国 (疲れた足取りで) よろよろと歩く; よたよたと歩く.

지척-지척 [-찌-] 면 하자 よたよた; よろよろ.

지천 (至賤) 명 ありふれていること. ∥지천으로 늘려 있다 どこにでもありふれている.

지천명 (知天命) 명 天命を知ること; 知命. ➡오십세의 異称.

지청 (支廳) 명 支庁.

지청구 하자 (言われのない)非難; そしり.

지체¹ (肢體) 명 代々伝わる家柄や身分. ∥지체가 높은 집안 身分が高い家柄.

지체² (肢體) 명 肢体.

지체³ (遲滯) 명 자타 遅滞; 遅れること. ∥경기 진행이 지체되다 競技の進行が遅れる.

지축 (地軸) 명 地軸. ∥지축을 울리다 地軸を揺るがす.

지출 (支出) /tɕʰul/ 명 하자 支出. ↔수입(收入). ∥지출이 늘다 支出がかさむ. 지출을 줄이다 支出を切り詰める.

지층 (地層) 명 [地] 地層.

지치다¹ /tɕiːtɕʰida/ 자 疲れる; 疲れ果てる; 疲れ切る; 疲れる. ∥지친 몸을 이끌고 집으로 돌아가다 疲れきった体で家路をたどる. 기다리다 지치다 待ちくたびれる. 이사한다고 지쳤다 引越しでくたびれた.

지치다² 타 (氷の上を)滑る. ∥얼음을 지치다 氷の上を滑る.

지침 (指針) 명 指針. ∥교육 지침 教育の指針 활동 지침 活動指針.

지침-서 (指針書) 명 手引き書; 指南書.

지칭 (指稱) 명 하자 指して称すること.

지켜 타 지키다(守る)의 連用形.

지켜-보다 /tɕikʰjɔbodɐ/ 타 見守る; 見届ける. ∥추이를 지켜보다 成り行きを見守る. 임종을 지켜보다 最期を見届ける.

지키는 타 지키다(守る)의 現在連体形.

지키다 /tɕikʰida/ 타 ❶ 약속을 지키다 約束を守る. 침묵을 지키다 沈黙を守る. ❷ 見張る; 監視する. 정문을 지키다 正門を見張る. 아무도 못 들어가도록 수위가 지키고 있다 誰も入らないように守衛が見張っている. ❸ (ある状態を)維持する; 保つ. ∥건강을 지키다 健康を保つ. 아버지로서의 위신을 지키다 父親としての威信を保つ.

지킨 타 지키다(守る)의 過去連体形.

지킬 타 지키다(守る)의 未来連体形.

지탄 (指彈) 명 하자 指弾. ∥지탄을 받다 指弾を受ける.

지탱 (支撑) 명 하자 支えること; 維持すること. ∥척추는 몸을 지탱하는 기둥이다 脊椎は身体を支える柱だ. **지탱-되다** 피통

지파 (支派) 명 支派.

지팡이 명 杖. ∥지팡이를 짚다 杖をつく.

지퍼 (zipper) 명 ジッパー; ファスナー; チャック. ㊞パスナー. ✚商標名から. ∥원피스 지퍼를 올리다[내리다] ワンピースのファスナーを上げる[下ろす].

지퍼-백 (zipper bag) 명 ジッパーつきビニール袋.

지평 (地平) 명 地平. ∥문학의 새 지평을 열다 文学の新しい地平を開く.

지평-선 (地平線) 명 地平線.

지폐 (紙幣) 명 [-/-페] 紙幣. ㊞紙のお金.

지표¹ (地表) 명 地表.
지표-수 (地表水) 명 地表水. ↔지하수(地下水).

지표² (指標) 명 指標. ∥교육의 지표 教育の指標.

지푸라기 명 わらくず. ∥지푸라기라도 잡고 싶은 심정이다 わらにもすがりたい心境だ.

지프 (jeep) 명 ジープ. ✚四輪駆動の小型自動車. 商標名から.

지피다 타 焚きつける. ∥장작불을 지피다 薪をくべる.

지피지기 (知彼知己) 명 彼を知り己を知ること. ∥지피지기면 백전백승이다 彼を知り己を知れば百戦殆(あや)からずだ.

지하 (地下) /tɕiha/ 명 ❶地下. 지하 주차장 地下駐車場. 지하 삼 미터까지 파다 地下 3 メートルまで掘る. 지하로 잠복하다 地下にもぐる. ❷地下 活動 地下活動. 지하에 잠들어 있다 地下に眠っている.

지하-경 (地下莖) 명 [植物] 地下茎.

지하-경제 (地下經濟) 명 地下経済; アングラ経済.

지하-도 (地下道) 명 地下道.

지하-상가 (地下商街) 명 地下街.

지하-수 (地下水) 명 地下水. ↔지표수(地表水).

지하-실 (地下室) 명 地下室.

지하-운동 (地下運動) 명 地下運動.

지하-자원 (地下資源) 명 地下資源. ∥그 지역에는 많은 지하자원이 매장되어 있다 その地域には多くの地下資源が埋蔵されている.

지하-조직 (地下組織) 명 地下組織.

지하-층 (地下層) 명 地下層; 地階.

지하-철 (地下鐵) /tɕihaʦʰʌl/ 명 地下鉄. ∥지하철을 타다 地下鉄に乗る.
지하철-역 (地下鐵驛) 【-력】 명 地下鉄の駅.

지학 (地學) 명 地学.

지행 (知行) 명 知行.

지향¹ (志向) 명 하자 志向; 目指すこと. ∥우리 민족이 지향하는 바 わが民族が志向する所. 미래지향적인 관계 未来志向的な関係.

지향-성 (志向性) 명 [-썽] 志向性.

지향²(指向)【名】〖他〗 指向.
지향-성(指向性)【-셍】【名】 指向性.
지혈(止血)【名】〖自〗 止血.
지혈-법(止血法)【-뻡】【名】 止血法.
지혈-제(止血劑)【-제】【名】 止血剤.
지형¹(地形)【名】 地形;｜複雑な地形. 지형을 살펴보다 地形を調べる.
지형-도(地形圖)【名】 地形図.
지형-학(地形學)【名】 地形学.
지형²(紙型)【名】 紙型.
지혜(智慧)/tɟihe/【-/-헤】【名】 知恵.｜生활의 지혜 生活の知恵. 지혜가 생기다 知恵がつく. 지혜를 발휘하다 知恵をはたらかせる.
지혜-롭다(智慧-)【-따/-헤-따】【形】［ㅂ変］知恵がある. 賢い. **지혜로이**【副】
지화자【感】 歌や踊りに興を添えるために曲に合わせて唱える歌声.
지휘(指揮)【名】〖他〗 指揮.｜수사를 지휘하다 捜査を指揮する. 악단을 지휘하다 楽団を指揮する.
지휘-관(指揮官)【名】 指揮官.
지휘-자(指揮者)【名】 指揮者.
지휘-봉(指揮棒)【-뽕】【名】 指揮棒. タクト.
지휘-자(指揮者)【名】 指揮者.
직¹【副】 人や動物が排泄物を出す音: ちゅっ; びっ.
직²【副】 ❶ 線などを無作法に引く音［様子］: さっと. ❷ 紙や布などを裂く音［様子］: びりっと. **직-직**〖他〗
-직(職)【接尾】 …職.｜영업직 営業職. 관리직 管理職.
직각(直角)【名】〖数学〗 直角.｜직각 삼각형 直角三角形. 직각으로 교차하는 선 直角に交わる線.
직각-자(直角-)【-깍짜】【名】 直角の定規.
직-각기둥(直角-)【-깍끼-】【名】〖数学〗 直角柱.
직감(直感)/tɟikʼkam/【-깜】〖他〗 直感.｜여자의 직감 女の直感. 직감으로 대답하다 直感で答える. 그때 아버지한테 무슨 일이 일어났다는 것을 직감했다 その時父の身に何か起こったことを直感した.
직감-적(直感的)【-깜-】【名】 直感的.｜직감적으로 알아채다 直感的に感じ取る.
직-거래(直去來)【-꺼-】【名】〖他〗 直取引.
직격-탄(直擊彈)【-껵-】【名】 直撃弾.
직결(直結)【-껼】【名】〖自他〗 直結.｜생활에 직결되는 문제 生活に直結する問題.
직경(直徑)【-꼉】【名】〖数学〗 直径.
직계¹(直系)【-게/-게】【名】 直系.
직계-가족(直系家族)【-게-/-게-】【名】 直系家族.
직계-비속(直系卑屬)【-게-/-게-】【名】 直系卑属.
직계-존속(直系尊屬)【-게-/-게-】【名】 直系尊属.

727   직선

직계²(職階)【-게/-게】【名】 職階.
직계-제(職階制)【名】 職階制.
직공(職工)【名】 職工; 工員.
직관(直觀)【名】〖他〗 直観.
직관-력(直觀力)【-녁】【名】 直観力.
직관-적(直觀的)【-쩍】【名】 直観的.｜직관적인 판단 直観的な判断. 직관적으로 알아채다 直観的に感じ取る.
직구(直球)【-꾸】【名】〖野球〗 直球.
직권(職權)【-꿘】【名】 職権.
직권-남용(職權濫用)【-꿘-】【名】 職権濫用.
직권-명령(職權命令)【-꿘-녕】【名】 職権命令.
직급¹(職級)【-끕】【名】 職級.
직급²(職給)【-끕】【名】 職給.
직기(織機)【-끼】【名】 織機.
직녀(織女)【-쩡】【名】 織姫.
직녀-성(織女星)【-쩡】【名】〖天文〗 織女星.
직능(職能)【名】 職能.
직능-대표제(職能代表制)【名】 職能代表制.
직능-별(職能別)【名】 職能別.
직능-제(職能制)【名】 職能制.
직렬(直列)【-녈】【名】 ❶ 〖軍〗 병렬(竝列).｜직렬 회로 直列回路.
직로(直路)【-노】【名】 直路.
직류(直流)【-뉴】【名】 直流.
직립(直立)【-닙】【名】〖自他〗 直立.
직립-보행(直立步行)【-닙뽀-】【名】 直立歩行.
직립-원인(直立猿人)【-닙워닌】【名】 直立猿人.
직매(直賣)【-매】【名】〖他〗 直売.｜산지 직매 産地直売.
직매-장(直賣場)【-매-】【名】 直売所.
직면(直面)【-면】【名】 直面.｜위기에 직면하다 危機に直面する. 직면하고 있는 어려운 문제 直面している難問題.
직명(職名)【-명】【名】 職名.
직무(職務)【-무】【名】 職務.｜직무에 충실한 사람 職務に忠実な人. 직무 평가 職務評価. 직무 태만 職務怠慢.
직물(織物)【-물】【名】 織物.
직방(直放)【-빵】【名】 直面(じき).｜약이 직방으로 듣다 薬が覿面に効く.
직분(職分)【-뿐】【名】 職分.
직불-카드(直拂 card)【-뿔-】【名】 デビットカード.
직사(直射)【-싸】【名】〖自他〗 直射.
직사-광선(直射光線)【-싸-】【名】 直射日光.
직사-포(直射砲)【-싸-】【名】〖軍事〗 直射砲.
직-사각형(直四角形)【-싸각켱】【名】〖数学〗 長方形. ⇒방형(長方形).
직-삼각형(直三角形)【-쌈각켱】【名】〖数学〗 直角三角形.
직선¹(直線)/tɟiks'ən/【-썬】【名】 直線. ⇔곡선(曲線).｜직선을 긋다 直線を引く. 직선 코스 直線コース. 직선 운동 直線運動. 일직선 一直線.

직선-거리 (直線距離) 图 直線距離.
직선-미 (直線美) 图 直線美.
직선-적 (直線的) [-쩍] 图 直線的; ストレート. ∥직선적인 사고방식 直線的な考え方. 말투가 직선적이다 言い方がストレートだ.
직선² (直選) [-썬] 图 〔直接 選擧(直接選擧)の略한〕直接選擧.
직선-제 (直選制) [-썬-] 图 〔直接 選擧 制度(直接選擧制度)の略한〕直接選擧制度.
직설 (直說) [-썰] 图 他 直說.
직설-법 (直說法) [-썰 뻡] 图 《言語》 直說法.
직설-적 (直說的) [-썰쩍] 图 直接的; ストレートな. ∥직설적인 말투 ストレートな言い方.
직소 (直訴) [-쏘] 图 他サ 直訴.
직속 (直屬) [-쏙] 图 他サ 直屬. ∥직속 부하 直屬の部下.
직송 (直送) [-쏭] 图 他サ 直送. ∥산지에서 직송하다 農産物を産地から直送する.
직-수입 (直輸入) [-쑤-] 图 他サ 直輸入.
직-수출 (直輸出) [-쑤-] 图 他サ 直輸出.
직시 (直視) [-씨] 图 他サ 直視. ∥현실을 직시하다 現実を直視する.
직언 (直言) 图 他サ 直言.
직업 (職業) /dʒiɡʌp/ 图 職業. ㉤業(業). ∥직업 선택의 자유 職業選擇の自由. 직업 군인 職業軍人. 직업을 갖다 職業に就く.
직업-교육 (職業敎育) [-꾜-] 图 職業敎育.
직업-단체 (職業團體) [-딴-] 图 職業團體.
직업-병 (職業病) [-뼁] 图 職業病.
직업-상 (職業上) [-쌍] 图 職業柄.
직업-소개소 (職業紹介所) [-쏘-] 图 職業紹介所.
직업-의식 (職業意識) [-/지거비-] 图 職業意識.
직업-적성검사 (職業適性檢査) [-쩍쌍-] 图 職業適性檢査.
직원 (職員) 图 職員. ∥임시 직원 臨時職員. 구청 직원 區役所の職員.
직위 (職位) 图 職位.
직-유법 (直喩法) [-뼙] 图 《文芸》直喩法.
직-육면체 (直六面體) [징늉-] 图 《数学》直方体; 直六面体.
직인¹ (職人) 图 職人.
직인² (職印) 图 職印.
직장¹ (直腸) [-짱] 图 《解剖》直腸.

직장-암 (直腸癌) [-짱-] 图 《医学》直腸癌.
직장² (職長) [-짱] 图 職長.
직장³ (職場) /dʒikʰtʃʰaŋ/ [-짱] 图 職場. ∥같은 직장을 다니다 同じ職場で働く. 직장을 떠나다 職場を去る. 직장 동료 職場の同僚.
직장-인 (職場人) [-짱-] 图 サラリーマン.
직전 (直前) /dʒiktʃən/ [-쩐] 图 直前. ∥경기 종료 직전에 골을 넣다 試合終了直前にゴールを入れる. 나가기 직전에 전화가 걸려오다 出かける直前に電話がかかってくる.
직접 (直接) /dʒiktʃəp/ [-쩝] 图 副 直接. ㉠간접(間接). ∥직접 만나서 이야기를 하다 直接会って話をする.
직접-민주제 (直接民主制) [-쩝-] 图 直接民主制.
직접-비 (直接費) [-쩝삐] 图 《経》直接費.
직접-선거 (直接選擧) [-쩝썬-] 图 直接選擧. ㉥직선(直選).
직접-선거 제도 (直接選擧制度) [-쩝썬-] 图 直接選擧制度. ㉥직선제(直選制).
직접-세 (直接稅) [-쩝쎄] 图 《法律》直接稅.
직접-인용 (直接引用) [-쩌비농] 图 直接引用.
직접-적 (直接的) [-쩝쩍] 图 直接(的). ∥직접적인 효과 直接的な効果.
직접-조명 (直接照明) [-쩝쪼-] 图 直接照明.
직접-화법 (直接話法) [-쩌 콰뻡] 图 《言語》直接話法.
직제 (職制) [-쩨] 图 職制.
직종 (職種) [-쫑] 图 職種.
직-직 [-찍] 副 他サ ❶履き物を引きながらも걷는 걸음[모습]; ずるずる. ∥구두를 직직 끌면서 걷다 靴をずるずる引きずりながら歩く. ❷線などを何度も無造作に引く 様子. ∥볼펜으로 선을 직직 긋다 ボールペンで線を無造作に引く. ❸紙などをなかにやぶる音[様子]; びりびり.
직직-거리다 [-찍꺼-] 自 ❶無造作に書く. ∥볼펜으로 이름을 직직거리다 ボールペンで名前を無造作に書く. ❷(テレビ·ラジオなどから)余計な雑音が出る. ∥텔레비전 화면이 직직거리다 テレビ画面がざわざわと鳴る.
직진 (直進) [-찐] 图 自サ 直進.
직책 (職責) 图 職責.
직통 (直通) 图 自サ 直通. ∥직통 전화 直通電話.
직판 (直販) 图 他サ 直販; 直接販賣.
직판-장 (直販場) 图 直販場; 直接販賣所. ∥농산물 직판장 農産物直販場.
직-하다¹ /dʒikʰa-/ 補助 自変 〔「名詞形 …ㄹ에 付いて」〕…そうだ; …できそうだ. ∥믿음직하다 信賴できそうだ. 돈이

-직하다【지카-】접미 〔일부의 형용사에 붙어〕 かなり…だ; …そうだ. ∥크직하다 大きそうだ.

직할(直轄)【지칼】名 하動 直轄.

직할-시(直轄市)【지칼시】名 政府直轄の市. ✧ 1995年から広域市に変わる.

직함(職銜)【지캄】名 肩書き.

직항(直航)【지캉】名 하動 直航.

직항-로(直航路)【지캉노】名 直航便.

직행(直行)【지캥】名 하動 直行. ∥직행 버스 直行バス. 현장으로 직행하다 現場に直行する.

직후(直後)/ʧikʰu/【지후】名 直後. ∥국회 해산 직후 国会解散直後. 사고는 비행기가 이륙한 직후에 일어난 事故は飛行機が離陸した直後に起こった.

진[1](津)名 脂(ヤニ). ∥송진 松脂(ヤニ). ▶진이 빠지다 やる気がうせる.

진[2](陣)名 陣. ∥학익진 鶴翼の陣. 배수진 背水の陣. ▶진(을) 치다 陣を張る; 陣取る. 강을 사이에 두고 진을 치다 川を挟んで陣を張る.

진[3](眞)名 真. ∥진선미 真善美.

진[4](秦)名 [姓] 秦(ジン).

진[5](陳)名 [姓] 陳(ジン).

진[6](辰)名 辰(十二支の一).

진[7](gin)名 (蒸留酒の一つの)ジン.

진[8](jean)名 ジーンズ; ジーパン. ∥진을 한 벌 구입하다 ジーンズを1着購入する.

진[9] 지다(落ちる)の過去連体形.

진[10] 지다(負ける)の過去連体形.

진-[11](津)接頭 〔一部の名詞に付いて〕色が濃いことを表わす. ∥진보라 濃いめの紫.

진-[12](眞)接頭 真…. ∥진범을 잡다 真犯人をつかまえる.

-진[13](陣)接尾 …陣. ∥교수진 教授陣. 보도진 報道陣.

-진[14] 語尾 〈-지는の縮約形〉…では; …くは. ∥아직 만나진 않았다 まだ会ってはいない. 그렇게 바쁘진 않아 そんなに忙しくはない.

진가(眞價)【-까】名 真価. ∥진가를 발휘하다 真価を発揮する. 전통 예술의 진가를 보여 주다 伝統芸術の真価を見せてくれる.

진-간장(-醬)名 濃口醬油; 溜まり醬油.

진갑(進甲)名 還暦の翌年の誕生日.

진검(眞劍)名 真剣.

진검 승부(眞劍勝負)名 真剣勝負.

진격(進擊)名 하自動 進撃.

진공(眞空)名【物理】真空. ∥진공 청소기 真空掃除機. 진공 포장 真空包装.

진공-관(眞空管)名【物理】真空管.

진공̄**상태**(眞空狀態)名 真空状態.

진공̄**펌프**(眞空pump)名 真空ポンプ.

진군(進軍)名 하自動 進軍.

진귀-하다(珍貴-)【-하다】形 하變 珍しく貴重だ. ∥진귀한 물건들 珍しく貴重な品々.

진급(進級)名 하自動 進級. ∥육 학년으로 진급하는 6 年生に進級する.

진기-하다(珍奇-)【-하다】形 하變 珍奇だ.

진년(辰年)名 辰年. 閏竜年(龍-).

진-노랑(津-)名 濃い黄色.

진-눈깨비名 みぞれ. ∥진눈깨비가 오는 날 みぞれが降る日.

진단(診斷)/ʧi:ndan/名 하動 診断. ∥전치 일 개월의 진단을 받다 全治1か月の診断を受ける. 진단을 내리다 診断を下す. 건강 진단 健康診断. 기업 진단 企業診断.

진단-서(診斷書)名 診断書. ∥건강 진단서 健康診断書.

진달래 /ʧindallɛ/名【植物】カラムラサキツツジ(唐紫躑躅).

진담(眞談)名 本当の話. 閏농담(弄談).

진도[1](進度)名 進度. ∥학과 진도표 学科進度表. 국어 진도가 떨어지다 国語の進度が遅れる.

진도[2](震度)名 震度. ∥진도 팔의 강한 지진 震度8の大地震.

진돗-개(珍島-)【-도깨/-돋깨】名 珍島犬. ✧全羅南道珍島産の小型犬.

진동[1](振動)名 하動 振動. ∥유리가 진동하다 ガラスが振動する. 핸드폰을 진동으로 해 놓다 携帯をマナーモードにしておく.

진동-계(振動計)【-/-계】名 振動計.

진동-수(振動數)【-쑤】名【物理】振動数.

진동̄**전류**(振動電流)【-절-】名【物理】振動電流.

진동[2](震動)名 하自動 震動. ∥대지가 진동하다 大地が震動する.

진두(陣頭)名 陣頭.

진두-지휘(陣頭指揮)名 하動 陣頭指揮.

진드기【動物】ダニ(蜱).

진득-거리다[-끄-]自 ねばねばする; べとべとする.

진득-진득[-뜬-]副 形動 ❶ ねばねば; べたべた. ∥기름때가 손에 진득진득 달라붙다 油垢が手にべたべたついてる. ❷ ねちねち.

진득-하다[-드카-]形 하變 ❶ 粘り気がある. ❷〈態度などが〉落ち着いている; 我慢強い. **진득-이** 副

진딧-물[-딘-]名【昆虫】アブラムシ(油虫).

진-땀(津-)名 脂汗. ▶진땀을 빼다

진력[흘리다]脂汗を流す.
진력(盡力)[-녁] 图 彫自 尽力. ∥재건에 진력하다 再建に尽力する.
진력-나다(盡力-)[질력] 固 うんざりする;嫌気が差す.
진로(進路) /ǯiːllo/ [질-] 图 進路. ∥졸업 후의 진로를 정하다 卒業後の進路を決める.
진료(診療)[질-] 图 彫他 診療. ∥휴일도 급한 환자에 한해서 진료하다 休日も急患に限り診療する.
진료-소(診療所) 图 診療所.
진리(眞理) /ǯilli/ [질-] 图 真理. ∥불변의 진리 不変の真理. 진리를 깨닫다 真理を悟る. 진리를 추구하다 真理を追究する.
진맥(診脈) 图 彫他 診脈.
진-면목(眞面目) 图 真面目(ホんもく). ∥진면목을 발휘하다 真面目を発揮する.
진-물 傷口からにじみ出る粘液.
진미(珍味) 图 珍味. ∥산해진미 山海の珍味.
진-밥 图 水分が多く軟らかめのご飯. 된밥.
진배-없다[-업따] 彫 違いがない;同然だ. ∥이번 시합은 이긴 것이나 진배없이 今度の試合は勝ったも同然だ. **진배없이** 副
진범(眞犯) 图 真犯人.
진보(進步) /ǯiːnbo/ [-] 图 彫自 進步. 退步의 対義語. ∥과학 기술의 진보 科学技術の進步. 정보 과학은 전후에 크게 진보했다 情報科学は戦後大幅に進步した.
진보-적(進步的) 图 進步的な. ∥진보적인 생각 進步的な考え方.
진보-주의(進步主義)[-/-이] 图 進步主義.
진-보라(津-) 图 濃い紫色.
진부-하다(陳腐-) 彫 [하変] 陳腐だ. ∥진부한 내용 陳腐な内容.
진-분수(眞分數)[-쑤] 图〖数学〗真分数. 仮分数(假分數).
진분홍(津粉紅) 图 濃いピンク.
진사(陳謝) 图 彫他 陳謝.
진상(眞相) 图 真相. ∥진상을 규명하다 真相を究明する. 진상을 밝히다 真相を明かす.
진상-하다(進上-) 彫他 進呈;献上.
진선진미(盡善盡美) 图 真善美. ⇒認識な 真・道徳な善・芸術上の美.
진성(眞性) 图 真性.〖假性〗. ∥진성 콜레라 真性コレラ.
진술-하다(陳述-) 彫他 [하変] 陳述する. ∥진술한 태도 真摯な態度.
진수(眞數) 图〖数学〗真数.
진수[2](眞髓) 图 ∥한국 민족 문화의 진수 韓国民族文化の神髓.
진수[3](進水) 图 彫他 進水.

진수-식(進水式) 图 進水式.
진수-성찬(珍羞盛饌) 图 ごちそう.
진술(陳述) 图 陳述.
진술-서(陳述書)[-써] 图 陳述書.
진시(辰時) 图〖民俗〗辰(たつ)の刻(午前7時から午前9時まで).
진실(眞實) /ǯinʃil/ 图 彫 真実. ∥진실을 말하다 真実を語る. 진실한 사랑 真実の恋.
진실-로(眞實-) 副 真に;本当に. ∥우리가 진실로 바라는 것이 무엇인지 私たちが本当に望むことは昔の幸せだ.
진심(眞心) /ǯinʃim/ 图 まごころ;本心. ∥진심으로 축하 드립니다 心からお祝い申し上げます. 내 진심은 그런 것이 아닙니다 私の本心はそうではありません.
진압(鎭壓) 图 彫他 鎭圧. ∥시위를 진압하다 デモを鎭圧する. **진압-되다** 彫自
진언(進言) 图 彫他 進言(目上の人に意見を申し述べること).
진언-종(眞言宗) 图〖仏教〗真言宗.
진열(陳列) 图 彫他 陳列. ∥상품을 진열하다 商品を陳列する. **진열-되다** 彫自
진열-대(陳列臺)[-때] 图 陳列棚.
진열-장(陳列欌)[-짱] 图 ショーケース.
진영(陣營) 图 陣営. ∥야당 진영 野党陣営.
진용(陣容) 图 陣容. ∥대표 팀의 진용 代表チームの陣容.
진원(震源) 图 震源.
진원-지(震源地) 图 震源地.
진위(眞僞) 图 真偽. ∥소문의 진위를 확인하다 うわさの真偽を確かめる.
진의[1](眞意) [-/-지니] 图 真意. ∥상대방의 진의를 파악하다 相手の真意を把握する.
진의[2](眞義) [-/-지니] 图 真義.
진-일보(進一步) 图 彫他 一歩前進すること.
진입(進入) 图 彫自 進入. ∥대형차 진입 금지 大型車進入禁止.
진입-로(進入路)[지님노] 图 進入路.
진자(振子) 图 振り子.
진-자리 图(乳児の大小便で)湿ったところ.⇒마른자리.
진작[1](振作) 图 彫他 振作;奮い起こすこと. ∥사기를 진작하다 士気を奮い起こす.
진작[2] 副 ❶ ちょうど;すぐその時. ❷ 前もって;早くから;早く早く. ∥ 진작 연락해 두었다면 前もって連絡しておいた. 진작에 만났으면 좋았을걸 もっと早く会えたらよかったのに.
진재(震災) 图 震災.
진저리 图 ❶(放尿や冷気に触れた後

의)身震い.‖**진저리를 치다** 身震いする;ぞっとする. ❷ 鳥肌が立つほどの嫌悪感.‖그 사람 이야기는 진저리가 난다 彼のことはうんざりした.

진저-에일 (ginger ale) 图 ジンジャーエール.

진전 (進展) 图 囘自 進展.‖전혀 진전이 없다 全く進展がない.수사가 조금 진전되었다 捜査が少し進展した.

진절-머리 〔진저리의 俗語〕嫌気.‖시험이라면 진절머리가 난다 試験なら もうこりごりだ.

진정[1] (真情) 图 真情;まごころ.‖진정어린 충고 まごころのこもったアドバイス.

진정[2] (陳情) 图 囘他 陳情.‖국회에 진정하다 国会に陳情する.

진정-서 (陳情書) 图 陳情書.

진정[3] (鎮静) 图 囘他 鎮静;落ち着かせること.‖마음을 진정시키다 心を落ち着かせる. **진정-되다**

진정-제 (鎮静剤) 图〔薬〕鎮静剤.

진정[4] (進呈) 图 進呈.

진정[5] (真正) 圖 本当に;誠に.‖진정 옳은 길 誠に正しい道.

진정코 (真正─) 圖 本当に.‖나는 진정코 그런 말을 한 적이 없습니다 私は本当にそんなことを言ったのではありません.

진-종일 (盡終日) 图 一日中;終日.

진주[1] (真珠·珍珠) 图 真珠.

진주[2] (進駐) 图 囘自 進駐.

진주-군 (進駐軍) 图 進駐軍.

진즉 (趁卽) 圖 = 진작[2].

진지[1] /tʃin²dʒi/ 图〔밥의 尊敬語〕お食事.‖아버지,진지 드세요 お父さん,お食事です.

진짓-상 (─床) [─지쌍/─진쌍] 图 お膳.‖진짓상을 올리다 お膳を供える.

진지[2] (陣地) 图〔軍事〕陣地.‖진지를 구축하다 陣地を構築する.

진지-하다 (真摯─) /tʃi:ndʒihada/ 圏 [하変] 真摯だ;まじめでひたむきだ.‖진지한 태도 真摯な態度.진지한 얼굴をまじめな顔.

진짜 (真─) /tʃin²tʃa/ 图 ❶ 本物.‖이건 진짜야 これは本物だよ. ❷ 本気;本当の話.‖그 사람 말은 어디까지가 진짜인지 알 수가 없어 彼の言っていることはどこまでが本当なのか分からない. ❸ (副詞的에) 本当に.‖이건 진짜 맛없다 これは本当にまずい.

진짜-로 (真─) 圖 本当に;本気で.‖진짜로 좋아한다 本当に好きだ.

진찰 (診察) 图 /tʃintʃ nul/ 囘他 診察.‖환자를 진찰하다 患者を診察する.진찰을 받다 診察を受ける.

진찰-권 (診察券) 图 〔─권〕診察券.

진찰-실 (診察室) 图 診察室.

진창 图 ぬかるみ.‖진창에 빠지다 ぬかるみにはまる.

진척 (進陟) 图 囘自 進捗 (しんちょく);はかどること.‖진척 상황 進捗状況.일이 많이 진척되다 仕事がかなりはかどる.

진출 (進出) 图 /tʃi:ntʃ ul/ 囘他 進出;進出ること.‖결승에 진출하다 決勝に進出する.메이저 리그로 진출하다 メジャーリーグに進出する.

진취 (進取) 图 囘他 進取.

진취-적 (進取的) 图 進取(的).‖진취적인 사고방식 進取的な考え方.진취적 기상 進取の気性.

진탕 (─宕) 圖 思う存分;飽きるほど.‖술을 진탕 마시다 酒を思う存分飲む.

진탕-만탕 (─宕─宕) 圖 大騒ぎというほど.

진탕-으로 (─宕─) 圖 = 진탕(─宕).

진토 (塵土) 图 塵土;土ほこり;塵と土.

진통[1] (陣痛) 图 ❶ 陣痛.‖진통이 오다 陣痛が起こる. ❷〔比喩的に〕困難;苦しみ.‖민주화의 진통을 겪다 民主化の苦しみを経験する.

진통[2] (鎮痛) 图 鎮痛.

진통-제 (鎮痛剤) 图 鎮痛薬.‖진통제를 두 알 먹고 자다 鎮痛薬を2錠飲んで寝る.

진퇴 (進退) 图 /─/─퇘/ 囘他 進退.

진퇴-양난 (進退両難) 图 進退両難.‖진퇴양난에 빠지다 進退きわまる.

진퇴-유곡 (進退維谷) 图 = 진퇴양난(進退両難).

진폐 (塵肺) 图 /─/─폐/〔医学〕塵肺.

진폐-증 (塵肺症) 图〔종/─폐증〕〔医学〕塵肺症.

진폭 (振幅) 图 振幅.

진품[1] (珍品) 图 珍品.

진품[2] (真品) 图 本物.

진-풍경 (珍風景) 图 珍しい風景;珍しい見物.

진-피즈 (gin fizz) 图 (カクテルの)ジンフィズ.

진-하다 (津─) /tʃinhada/ 圏 [하変] 濃い;深い.‖커피맛이 진하다 コーヒーの味が濃い.화장이 진하다 化粧が濃い.진한 감동을 주다 深い感動を与える.피는 물보다 진하다 血は水よりも濃い.

진학 (進學) 图 囘自 進学.‖대학에 진학하다 大学に進学する.진학 지도 進学指導.대학 진학률 大学進学率.

진해 (鎮咳) 图 囘他 咳を鎮めること.

진해-제 (鎮咳剤) 图 鎮咳剤;咳止め.

진행 (進行) 图 /tʃi:nheŋ/ 囘他 進行;進めること.‖협의가 진행 중이다 協議が進行中だ.의사 진행이 늦다 議事の進行が遅い.공사는 순조롭게 진행되고 있다 工事は順調に進んでいる.

진행-성 (進行性) 图〔─쎙〕進行性.

진행-자 (進行者) 图 進行係;司会者.‖음악 프로그램의 진행자 音楽番組の司会者.

진행-형 (進行形) 图〔言語〕進行形.

진혼 (鎮魂) 图 囘他 鎮魂.

진흥-곡(鎭魂曲)【名】《キリスト教》鎭魂曲;レクイエム.

진흥-제(鎭魂祭)【名】鎭魂祭.

진홍-색(眞紅色)【名】真紅色.

진화¹(進化)【名·自サ】進化. 反退化(退化). ∥같은 조상에서 진화한 동물 同じ祖先から進化した動物.

진화-론(進化論)【名】《生物》進化論.

진화²(鎭火)【名·自他サ】鎭火. ∥불길을 완전히 진화하다 火を完全に鎭火する.
  진화-되다 受動

진-흙【흑】【名】❶粘土;赤土. ❷泥;泥土. ∥진흙 투성이 泥だらけ;泥まみれ.
  진흙-탕【名】ぬかるみ. ∥진흙탕길 ぬかるみ道.

진흥(振興)【名·自他サ】振興. ∥학술 진흥을 꾀하다 学術の振興を図る.
  진흥-책(振興策)【名】振興策.

질¹【名】陶土.

질²(質)【名】❶質(ら). ∥질이 좋은 상품 質の良い商品. ❷性質;質(ら). ∥질이 나쁜 사람 質の悪い人.

질³(膣)【名】《解剖》膣.

질⁴(帙)【名】(本)のセット. ∥文学전집 한 질을 구입하다 文学全集ワンセットを購入する.

질⁵ 回 지다(落ちる)の未来連体形.

질⁶ 回 지다(負ける)の未来連体形.

-질¹ 接尾 その道具を持って行なう動作を表わす. ∥바느질 針仕事. 다리미질 アイロンがけ.

-질⁸ 接尾 〔職業や役目に付けて〕やや蔑する意味を表わす. ∥선생질하다 先生をする. 도둑질하다 盗みをはたらく.

질감(質感)【名】質感. ∥나무의 질감을 살리다 木の質感を生かす.

질겁-하다【-거퍼-】【自サ】非常に驚く;仰天する;泡を食う. ∥경찰을 보자 질겁하여 도망을 치다 警察を見るや泡を食って逃げる.

질경-거리다 【自】 くちゃくちゃ(と)噛む. ∥껌을 질경거리며 씹다 ガムをくちゃくちゃ(と)噛む.

질경-질경【副】くちゃくちゃ(と)噛む様子. ∥껌을 질경질경 씹다 ガムをくちゃくちゃ(と)噛む.

질경이【植物】シャゼンソウ(車前草).

질곡(桎梏)【名】桎梏(だ). ∥질곡에서 벗어나다 桎梏を逃れる.

질권(質權)【名】《法律》質権. ∥질권을 설정하다 質権を設定する.

질-그릇【-른】【名】素焼き.

질근-질근【副】(多少固いものを)くちゃくちゃ噛む様子. ∥풀뿌리를 질근질근 씹다 草の根っこをくちゃくちゃ噛む.

질근-하다【-그파-】【自サ】《質急-》驚いて息が止まる;びっくり仰天する.

질기다 /jilgida/【形】❶(材質などが)丈夫だ. ∥이 가죽 가방은 정말 질기다 この革かばんは本当に丈夫だ. ❷(肉などが)固い. ∥이 쇠고기는 너무 질겨 이가 아프다 この牛肉は固くて歯が痛い. ❸粘り強い;しぶとい. ∥정말 질긴 녀석 本当にしぶといやつ.

질끈 【副】 きつく締める様子:ぎゅっと. ∥눈을 질끈 감다 目をぎゅっとつぶる. 허리끈을 질끈 동여매다 腰紐(を)をぎゅっと締める.

질녀(姪女)【-녀】【名】姪(は). ㊁조카딸.

질다 【形】【ㄹ語幹】❶(ご飯·パン生地などが)水気が多い;軟らかい. 反되다. ∥물을 많이 넣어서인지 밥이 질다 水を多く入れたのかご飯が軟らかい. ❷(地面が)ぬかるんでいる. ∥비가 와서 땅바닥이 질다 雨が降って地面がぬかるんでいる.

질량(質量)【名】《物理》質量.

질러-가다 【自】 近道で行く.

질러-오다 【自】 近道で来る.

질리다 /jillida/【自】❶飽きる;飽き飽きする;飽きがくる;嫌気がさす;飽きる. ∥맛있는 것도 매일 먹으면 질린다 おいしいものも毎日食べると飽きる. 그 사람한테는 질렸다 彼には嫌気がさした;彼にはあきれた. ❷怯える;たじろぐ;血の気が引く. ∥겁에 질리다 恐怖に怯える. 새파랗게 질리다 真っ青になる.

질문(質問)/jilmun/【名·自他サ】質問. ∥궁금한 점이 있으면 질문해 주세요 気になる点があれば質問してください. 질문을 받다 質問を受ける. 질문 공세를 받다 質問攻めにあう. 질문해도 되겠습니까? 質問してもよろしいでしょうか.

질병(疾病)【名】疾病;疾患;病気.

질부(姪婦)【名】甥の妻. ㊁조카며느리.

질산(窒酸)【-싼】【名】《化学》硝酸. ㊁초산(硝酸).
  질산-염(窒酸塩)【-싼념】【化学】硝酸塩.
  질산-은(窒酸銀)【名】《化学》硝酸銀.

질색(窒塞)【-쌕】【名·自サ】大嫌いなこと;うんざりすること;ぞっとすること;苦手なこと. ∥복잡한 것은 질색이다 複雑なのは大嫌いだ. 추운 것은 질색이다 寒いのは苦手だ.

질서(秩序)/dʒilʔso/【-써】【名】秩序. ∥질서 정연하게 움직이다 秩序正しく動く. 사회의 질서를 문란하게 하다 社会の秩序を乱す. 질서를 지키다 秩序を守る.

질소(窒素)【-쏘】【名】《化学》窒素.
  질소-하다(質素-)【-쏘-】【形·自サ】質素だ. ∥질소하게 살아가다 質素に暮らす.

질시(嫉視)【-씨】【名·自他サ】嫉視. ∥주위로부터 질시를 받다[당하다] 周りの

질식 (窒息) 【-식】 [名] [自自] 窒息.

질식-사 (窒息死) 【-씩 싸-】 窒息死.

질의[1] (質疑) 【-/지리】 [名] [他] 質疑.

질의-서 (質疑書) [名] 質疑書.

질의-응답 (質疑應答) [名] 質疑応答.

질의[2] (質義) [名] [他] 物事の是非を問い論議すること.

질-적 (質的) 【-쩍】 [名] [冠] 質的. ¶양적(量的). ‖質的 향상을 바라다 質的向上を望む. 질적으로 뛰어난 제품 質的に優れた製品.

질정 (叱正) 【-쩡】 [名] [他] 叱正. ¶질정을 바라다 叱正を請う.

질주 (疾走) 【-쭈】 [名] [自] 疾走. ¶전력 질주하다 全力疾走する.

질질 [副] ❶ものをあちこちにこぼす様子: ぽろぽろ. ¶빵 부스러기를 질질 흘리면서 먹다 パンぼろぼろ(と)こぼしながら食べる. ❷鼻水や汗などが流れ出る様子: だらだら(と). ¶콧물을 질질 흘리다 鼻水をだらだらと垂らす. 침을 질질 흘리다 よだれをだらだらと垂らす. ❸ (顔に) 油や汗やつやがある様子: てかてか. ¶기름이 질질 흐르는 얼굴 脂ぎった顔. ❹引きずる様子: ずるずる. ¶바지가 길어서 질질 끌고 다니다 ズボンが長くてずるずる引きずりながら歩く. ❺決まりがなく長々と続く様子: だらだら(と). ¶약속 날짜를 질질 끌다 約束の日にちをだらだらと延ばす.

질질-거리다 [自] [¶콧물을 질질거리다 鼻水をだらだらと垂らす.

질책[1] (叱責) [名] [他] 叱責. ¶질책을 당하다 叱責を受ける.

질책[2] (質責) [名] [他] 過ちを問いただして責めること.

질척-거리다 【-꺼-】 [自] べちゃべちゃする; どろどろする; べとべとする. ¶눈이 녹아서 길이 질척거리다 雪が解けて道がどろどろしている.

질척-질척 【-쩍-】 [副] [自] どろどろのぬかるみを踏む時の感じ: べちゃべちゃ; どろどろ.

질타 (叱咤) [名] [他] 叱咤.

질투 (嫉妬・嫉妒) 【/tʃiltʰu/】 [名] [他] 嫉妬; ねたみ; やきもち. ¶질투가 심하다 嫉妬深い. 친구의 재능에 질투를 느끼다 友だちの才能に嫉妬を覚える.

질투-심 (嫉妬心) [名] 嫉妬心. ¶질투심이 많다 嫉妬心が強い.

질퍽-거리다 【-꺼-】 [自] どろどろする.

질퍽-하다 【-퍼카-】 [形] [하変] (道などが) ぬかるんでいる; 水気が多い. ¶비가 온 뒤라 길이 질퍽하다 雨上がりで道はどろどろだ.

질펀-하다 [形] [하変] ゆったりしている; のんきだ. ¶질펀하게 누워 있다 のんきに寝そべっている. **질펀-히** [副]

질풍 (疾風) [名] 疾風; はやて. ¶질풍같이 달리다가 疾風のように走っていく.

질풍-노도 (疾風怒濤) [名] 疾風怒濤.

질환 (疾患) [名] 疾患. ¶호흡기 질환 呼吸器疾患.

질흙 (-) [名] 陶土; 陶磁器などを作る粘土.

짊어-지다 /tʃilmədʑida/ [他] ❶背負う; 担ぐ. ¶무거운 짐을 짊어지다 重い荷物を背負う. 나라의 미래를 짊어지고 나갈 청소년 国の未来を担っていく青少年. ❷짊어지우.

짊어지-우다 [他] [짊어지다の使役動詞] 背負わせる; 担がせる.

짐[1] /tʃim/ [名] ❶荷物; 荷. ¶짐이 많다 荷物が多い. 짐을 들어 주다 荷物を持ってあげる. 짐을 싸다 荷造りをする. 이삿짐 引越しの荷物. ❷負担; 重荷. ¶짐이 되다 負担になる.

짐-받이 【-바지】 [名] (トラック・自転車の) 荷台.

짐-스럽다 【-따】 [形] [ㅂ変] 荷厄介になる; 負担になる; 負担に思う.

짐[2] (朕) [代] 朕. ✦天皇や国王の自称.

짐바브웨 (Zimbabwe) [国名] ジンバブエ.

짐-수레 [名] 荷車.

짐승 /tʃimsɯŋ/ [名] 獣; 畜生. ¶집짐승 家畜. 날짐승 鳥類. 저 녀석은 인간의 탈을 쓴 짐승이다 あいつは人間の皮をかぶった獣だ.

짐작 (-斟酌) [名] [他] 推測; 見当; 予想. ¶내 짐작으로는 私の予想では, 대강 짐작은 간다 おおよその見当はつく.

짐짓 【-짇】 [副] わざと; 故意に. ¶그는 짐짓 못 들은 척했다 彼はわざと聞こえなかったふりをした.

짐-짝 (梱包された)荷物. ¶사람을 짐짝 취급하다 人を荷物扱いする.

집[1] /tʃip/ [名] ❶家; 家屋; 住まい. ¶새 집을 짓다 新しい家を建てる. 집이 어디세요 お住まいはどちらですか. ❷自宅; 自分の家; うち. ¶아마 집에 있을 거야, 다분 자宅にいるでしょう. ❸家庭. ¶잘 사는 집 裕福な家庭. ❹ (動物の) 巣. ¶벌집 蜂の巣. ❺入れ物; 容器. ¶칼집 刀のさや. ❻ (囲碁で) 目. ¶집이 나다 目ができる.

집[2] (輯) [依名] …輯(しゅう). ¶제삼 집 第3輯.

-집[3] (集) [接尾] …集. ¶논문집 論文集.

-집[4] (集) [接尾] …屋. ¶빵집 パン屋. 꽃집 花屋.

집-게 【-께】 [名] やっとこ; やっとこばさみ. ¶집게로 집다 洗濯ばさみ.

집게-발 (カニなどの) はさみ.

집게-벌레 [昆虫] ハサミムシ (鋏虫).

집게-손가락 【-까-까-】 [名] 手の人差し指; 食指 (食指).

집결 (集結) 【-껼】 [名] [自他] 集結.

집계(集計) 【-계 /-께】 图 他 集計. ∥득표를 집계하다 得票を集計する.
집광-경(集光鏡) 【-꽝-】 图 〔物理〕 集光鏡.
집광-기(集光器) 【-꽝-】 图 集光器.
집-구석(-) 【-꾸-】 图 〔집·家庭(家庭)の〕 俗称 家; 家庭. ∥하루 종일 집구석에 틀어박혀 있다 一日中家に閉じこもっている.
집권[1](執權) 【-꿘】 图 自 執權.
  집권-당(執權黨) 图 政權を握った政党.
  집권-자(執權者) 图 政權を握った人.
집권[2](集權) 【-꿘】 图 集權. 國 分權(分權). ∥중앙 집권 中央集權.
집기(什器) 【-끼】 图 什器.
집념(執念) 【짐-】 图 執念. ∥집념이 강하다 執念深い. 집념을 불태우다 執念を燃やす.

집다 /ʧip̚ta/ 【-따】 他 ❶ (指で)拾う; 持つ; つまむ; 拾い上げる. ∥손으로 집다 手でつまむ. 길바닥에 떨어진 손수건을 집어 올리다 道端に落ちているハンカチを拾い上げる. ❷ (箸·毛抜き·ピンセットなどで)はさむ; つまむ. ∥젓가락으로 집어서 먹다 箸でつまんで食べる. ❸ 指摘する; かいつまむ. ∥요점을 집어서 이야기하다 要点をかいつまんで話す. ⇒집히다.

집단(集團) /ʧipt͈an/ 【-딴】 图 集團; 集まり; グループ. ∥정치 집단 政治集團.
  집단-검진(集團檢診) 图 集團檢診.
  집단-농장(集團農場) 图 集團農場.
  집단-본능(集團本能) 图 集團本能.
  집단-생활(集團生活) 图 集團生活.
  집단 안전 보장(集團安全保障) 【-따-】 图 集團安全保障.
  집단-요법(集團療法) 【-딴뇨뻡】 图 集團療法.
  집단-적(集團的) 【-딱】 图 集團的.
  집단-지도(集團指導) 图 集團指導.
집-단속(-團束) 【-딴-】 图 家の管理; 戸締り.
집-대성(集大成) 【-때-】 图 他 集大成.
집도(執刀) 【-또】 图 自 執刀.
집-들이(-) 【-뜨리】 图 自 新居祝いに知り合いを招待すること.
집무(執務) 【-무】 图 自 執務. ∥집무 중입니다 執務中です.
  집무-실(執務室) 图 執務室. ∥대통령 집무실 大統領執務室.
집-문서(-文書) 【짐-】 图 家の權利書.
집배(集配) 【-빼】 图 他 集配.
  집배-원(集配員) 图 集配員.
집사(執事) 图 執事.
집-사람(-) 【-싸-】 图 〔아내の謙讓語〕 家内. ∥집사람은 초등학교 교사입니다 家内は小学校の教師です.
집산(集散) 【-싼】 图 自他 集散.
  집산-지(集散地) 图 集散地.
집성(集成) 【-썽】 图 他 集成.
집-세(-貰) 【-쎄】 图 家賃. ∥집세를 내다 家賃を払う.
집시(gypsy) 图 ジプシー.
집-안(-) 图 ❶ 家内; 身内. ∥잘사는 집안의 아이 裕福な家庭の子ども. 집안 살림 家事. ❷ 家柄; 家系; 門閥; 一族. 圓 가문(家門). ∥대단한 집안의 출신 すごい家柄の出身.
  집안-사람(-) 【-싸-】 图 身内; 親類; 近親者.
  집안-싸움(-) 图 お家騷動; 内輪もめ; 内輪げんか. ∥집안싸움을 벌이다 内輪もめを起こす.
  집안-일(-) 【-닐】 图 ❶ 家事. ∥애가 셋이나 되다 보니 장난이 아닙니다 子どもが3人もいると、家事だけでも半端ではない. ❷ 家のこと.
집약(集約) 【-갹】 图 他 集約. ∥전원의 의견을 집약하다 全員の意見を集約する.
  집약-적(集約的) 【-쩍】 集約的. ∥노동집약적 산업 勞動集約的産業.
집어-내다 他 つまみ出す; 取り出す; 拾い上げる. ∥쌀에서 돌을 집어내다 米から石をつまみ出す. 오자를 집어내다 誤字を拾い上げる.
집어-넣다 【-너타】 他 ❶ つまんで入れる. ∥국에 소금을 한 줌이나 집어넣다 スープに塩を1掴りも入れる. ❷ 放り込む. ∥가방에 물건을 마구 집어넣다 かばんに物を手當たり次第放り込む. ❸〔ある機關に〕無理矢理入れる. ∥병원에 집어넣다 病院に無理矢理入れる.
집어-던지다 他 放り投げる; 投げつける. ∥장난감을 집어던지다 おもちゃを放り投げる.
집어-들다 他 〔ㄹ語幹〕 つまみ上げる; 手に取る; 手にする. ∥돌을 하나 집어들더니 강 쪽으로 던졌다 石を1つ手に取って川の方に投げた.
집어-뜯다 他 かきむしる. ∥머리를 집어뜯다 髮の毛をかきむしる.
집어-먹다 【-따】 他 つまんで食べる; つまみ食いする. ∥손으로 달랑 집어먹다 手でひょいとつまんで食べる. 고구마 맛탕을 집어먹다 大學芋をつまみ食いする.
집어-치우다 /ʧibəʧʰiuda/ 他 〔計畵·事業など〕 途中でやめる; 投げ出す; 放り出す; 斷念する. ∥사업을 집어치우다 事業を途中で投げ出す. 공부를 집어치우고 놀러 나가다 勉強を放り出して遊びに行く.
집-오리(-) 图 〔鳥類〕 アヒル(家鴨).
집요-하다(執拗-) 图 〔中變〕 執拗だ; しつこい. ∥집요하게 따라다니다 執拗

につきまとう. 집요한 데가 있다 しつこいところがある.

집-일【-닐】 图 家事.

집적(集積)【-쩍】 图 他自 集積. ‖집적 회로 集積回路.

집적-거리다[-대다]【-쩍 꺼[쩍 때]-】 圁 ちょっかいを出す; ちょっかいをかける. ‖쓸데없이 집적거리다 余計なちょっかいを出す.

집정(執政)【-쩡】 图 自 執政.
집정-관(執政官) 图 執政官.

집-주인(-主人)【-쭈-】 图 家主.

집중(集中)/tʃipˈtʃuŋ/【-쭝】图 他自 集中. ‖인구가 집중하다 人口が集中する. 정신을 집중하다 精神を集中する. 올 일 년은 한국어 공부에 집중하기로 했다 今年1年は韓国語の勉強に集中することにした. 집중 강의 集中講義. 집중 포화 集中砲火.

집중˚**공격**(集中攻擊) 图 集中攻撃.

집중-력(集中力)【-쭝-】 图 集中力. ‖집중력이 떨어지다 集中力が落ちる.

집중-적(集中的) 图 集中的. ‖한 군데를 집중적으로 공격하다 一か所を集中的に攻める.

집중˚**호우**(集中豪雨) 图 集中豪雨.

집-짐승【-찜-】 图 家畜. 卽가축(家畜).

집집-마다【-찜-】 圓 家々に; 家ごとに.

집착(執着) 图 自他 執着. ‖돈에 집착하다 金に執着する.

집-채 图 家1軒ほどの大きさ. ‖집채 같은 파도 山のような大波.

집-터 图 ❶住居址. ❷宅地; 敷地.

집필(執筆) 图 他自 執筆. ‖논문을 집필하다 論文を執筆する.
집필-자(執筆者)【-짜】 图 執筆者.
집필-진(執筆陣)【-찐】 图 執筆陣.

집하(集荷) 图 他自 集荷.

집합(集合)【지팝】 图 自 集合. ‖학교 앞에 집합하다 学校の前に集合すること. 图 〔数学〕 集合.
집합˚**개념**(集合概念)【지팝깨-】 图 集合概念.
집합-론(集合論)【지팝논】 图 〔数学〕 集合論.
집합˚**명사**(集合名詞)【지팝-】 图 〔言語〕 集合名詞.
집합-체(集合體)【지파페】 图 集合体.

집행(執行)/tʃipˈeŋ/【지팽】 图 他自 執行. ‖정책을 집행하다 政策を執行する. 일을 집행하다 事を執行する. 집행 위원 執行委員. **집행-되다**【지팽-】自.
집행-권(執行權)【지팽꿘】 图 〔法律〕 執行権.
집행˚**기관**(執行機關)【지팽-】 图 執行機関.
집행-력(執行力)【지팽녁】 图 執行力.
집행˚**명령**(執行命令)【지팽-녕】 图

(法律)執行命令.
집행-부(執行部)【지팽-】 图 執行部.
집행˚**유예**(執行猶豫)【지팽뉴-】 图 〔法律〕 執行猶予.
집행˚**처분**(執行處分)【지팽-】 图 〔法律〕 執行処分.

집현-전(集賢殿)【지편-】 图 〔歴史〕 朝鮮時代初期, 宮中に置かれていた学問研究機関.

집회(集會)【지푀/지훼】 图 集会. ‖집회를 열다 集会を開く.
집회-장(集會場) 图 集会場.

집-히다[지피-] 자 〔집다の受身動詞〕 握られる; つままれる. ‖제대로 안 집힌다 うまく掴れない.

짓 /tʃit/【짇】 图 仕業; まね; こと; ふるまい; しぐさ; 挙動. ‖누가 한 짓이니? 誰の仕業なの. 이게 도대체 무슨 짓이니? これはいったい何のまねなの. 쓸데없는 짓을 하다 余計なことをする. 못된 짓을 하다 悪ふざけをする. 터무니없는 짓을 하다 むちゃをする. 짓궂은 짓을 하다 意地悪をする. 그런 짓을 하면 벼락 맞는다 そんなことをすると罰が当たるよ. 하는 짓이 형하고 똑같다 やっていることがお兄さんとまったく同じだ.

짓-거리【짇꺼-】 图 「짓」の俗語. ‖하는 짓거리가 정말 마음에 안 든다 やっていることが本当に気に入らない.

짓-궂다【짇꾿따】 圉 意地悪だ. ‖짓궂은 소리를 하다 意地悪なことを言う. 짓궂은 짓을 해서 여동생을 울리다 意地悪をして妹を泣かせる.

짓-누르다【진-】 他 押さえつける; 押しひしぐ. ‖반대파를 짓누르다 反対派を押さえつける. 卽짓눌리다.

짓눌리다【진-】 自 〔짓누르다の受身動詞〕 押さえつけられる; 押される; 押しひしがれる. ‖위압적인 분위기에 짓눌리다 威圧的な雰囲気に押される.

짓는 圉 〔ㅅ変〕 짓다(建てる・つくる)の現在連体形.

짓다 /tʃitˈta/【짇따】 他 〔ㅅ変〕 〔지어, 짓는, 지은〕 ❶(家などを)建てる. ‖새로 지은 집 新しく建てた家. ❷ (詩・文章・列・表情などを)作る. ‖줄을 짓다 列を作る. 지어낸 이야기 作り話. 시를 짓다 詩を作る. 미소를 짓다 微笑む. 울상을 짓다 泣き顔になる. ❸(農業を)営む. 농사를 짓다 農業をする. ❹(ご飯を)炊く. ‖밥을 짓다 ご飯を炊く. ❺(薬を)調合する. ‖약을 지어 먹다 薬を調合して飲む. ❻(名前をつける. ‖아이 이름을 짓다 子どもの名前をつける. ❼(結論を)出す. ‖결론을 짓다 結論を出す. ❽(罪を)犯す. ‖죄를 짓다 罪を犯す.

짓-무르다【진-】 自 〔르変〕 (熱気や湿気で)蒸れる. ‖발바닥이 짓무르다 足の裏が蒸れる.

짓-뭉개다 [진-] 囮 짐 밟아 뭉개뜨리다. ¶바나나를 짓뭉개다 バナナを踏みつぶす.

짓-밟다 /tʃitʼpaːpʼta/ 囮 짐 밟아 뭉개뜨리다; 짐 밟아 뭉개뜨리다(踏躙(ジユウリン))する. ¶자유를 짓밟다 自由を踏みにじる. ⓒ짓밟히다.

짓밟-히다 [짓밟피-] 囸 〔짓밟다의 수동動詞〕 밟히다; 踏躙される. ¶자유가 권력에 의해 짓밟히다 自由が公権力に踏躙される.

징¹ 囻 (靴底に打つ)鋲(ビヤウ). ¶징을 박다 鋲を打つ.

징² 囻 (音楽) 銅鑼(ドラ).

징건-하다 囸 [하変] (お腹が)張る; (胃が)もたれる.

징검-다리 囻 飛び石. ¶징검다리를 건너다 飛び石を渡る.

징계 (懲戒) 囻 [/-/-게] [하他] 懲戒.

징계-받다 [-당하다] 受動

징계 처분 (懲戒処分) 囻 懲戒処分. ¶징계 처분을 받다 懲戒処分を受ける.

징그러운 囸 [ㅂ変] 징그럽다(見苦しい)의 現在連体形.

징그러워 囸 [ㅂ変] 징그럽다(見苦しい)의 用言形.

징그럽다 /tʃiŋɡurɯpʼta/ {-따} 囸 [ㅂ変] 〔징그러워〕 見苦しい; 醜い; 気持ち悪い; 気味悪い; いやらしい. ¶웃음소리가 징그럽다 笑い声が気味悪い. 징그러운 소리를 하다 いやらしいことを言う.

징글-맞다 {-맏따} 囸 ぞっとするほど気味悪い; 非常にいやらしい. ¶징글 맞은 남자 気持ち悪らしい男.

징글징글-하다 囸 [하変] 非常に気味悪い.

징발 (徵發) 囻 [하他] 徵発. ¶토지를 징발하다 土地を徵発する. **징발-당하다** 受動

징벌 (懲罰) 囻 [하他] 懲罰.

징병 (徵兵) 囻 [하自] 徵兵.

징병-검사 (徵兵檢査) 囻 徵兵検査.

징병-제 (徵兵制) 囻 =징병 제도(徵兵制度).

징병-제도 (徵兵制度) 囻 徵兵制度.

징세 (徵稅) 囻 [하他] 徵税.

징수 (徵收) 囻 [하他] 徵収. ¶회비를 징수하다 会費を徵収する.

징악 (懲惡) 囻 懲悪. ¶권선징악 勸善懲悪.

징역 (懲役) 囻 [法律] 懲役. ¶무기 징역 無期懲役.

징역-살이 (懲役-) {-싸리} 囻 [하自] 服役. ¶일 년 동안 징역살이를 하다 1年間服役する.

징용 (徵用) 囻 [하他] 徵用. ¶강제 징용 強制徵用. **징용-당하다** 受動

징조 (徵兆) 囻 兆し; 兆候. ¶불길한 징조가 보이다 不吉な兆候が見られる.

징집 (徵集) 囻 [하他] 徵集. **징집-영장** (徵集令狀) {-짐녕짱} 囻 徵集令状.

징징-거리다 [-대다] 囸 ぐずる; ぐずぐず言う. ¶아기가 밤새 징징대다 赤ん坊が一晩中ぐずる.

징크스 (jinx) 囻 ジンクス. ¶징크스를 깨다 ジンクスを破る.

징표 (徵表) 囻 徵表.

징후 (徵候) 囻 兆候. ¶경기 회복의 징후가 보이다 景氣回復の兆候が見られる.

짖다 /tʃitʼta/ {짇따} 囸 ❶ (犬が)吠える. ¶개 짖는 소리가 들리다 犬が吠える声が聞こえる. 짖는 개는 물지 않는다 吠える犬は嚙まない. ❷ (ののしる言い方で)しゃべりまくる.

짙다 /tʃitʼta/ {짇따} 囸 ❶ (色合い·濃度·程度などが) 濃い. ❷厚い. ¶화장이 짙다 化粧が濃い. 패색이 짙다 敗色が濃い. 농도가 짙다 濃度が濃い. ❷ (霧·煙など가) 濃い; 深い. ¶짙은 안개로 앞이 안 보이다 濃い霧で前が見えない. ❸ (眉·ひげなど가) 濃い. ¶눈썹이 짙다 眉が濃い. ❹ (嫌疑などが) 濃い. ¶혐의가 짙다 嫌疑が濃い.

짙-푸르다 [짇-] 囸 [러変] 濃く青い. ¶깊은 바다 속은 짙푸르다 深い海の中は濃く青い.

짚 {집} 囻 ❶ 藁(ワラ). ❷ 볏짚의 略語.

짚다 /tʃipʼta/ {집따} 囸 ❶ 手や杖で体を支える. ¶목발을 짚다 松葉杖を支え, 바닥을 짚고 일어나다 床に手をつきながら立ち上がる. ❷ 見当をつける; 推し量る. ¶잘못 짚다 見当が外れる. ❸ (脈)を取る. ¶맥을 짚다 脈を取る.

짚-단 {집딴} 囻 わらの束.

짚-신 {집씬} 囻 草鞋; 草履. ▶짚신도 제짝이 있다 諺 割れ鍋に綴じ蓋.

짚신-벌레 {집씬-} 囻 [昆虫] ワラジムシ(草鞋虫).

짚이다 囸 思い当たる. ¶짚이는 데가 있다 思い当たるふしがある; 心当たりがある.

ㅉ

ㅉ 囻 [쌍지읒] ハングル子音字母의 하나. 名称은 '쌍지읒'.

짜 囸 짜다(塩辛い)의 連用形.

짜개다 囮 (板など固いものを二つに)割る. ¶나무 상자를 짜개다 木箱を割る.

짜개-지다 囸 (二つに)割れる.

짜깁-기 {-끼} 囻 [하他] かけはぎ; かけつぎ; 寄せ集め.

짜-내다 囮 絞り出す; 絞り上げる; 絞り取る. ¶온갖 지혜를 짜내다 あらゆる知恵を絞り出す.

짜다¹ /tʼada/ 囸 ❶ 塩辛い; しょっぱい. ¶국이 너무 짜다 スープがしょっぱすぎる. 짠맛 塩辛い味. ❷ [比喩的に] 辛い; けちだ. ¶점수가 짜다 点数が辛い.

부자치고는 너무 짜다 金持ちのくせにけち臭い.

짜다² /tʃada/ ❶ 組む; 組み立てる; 作る. ∥장롱을 짜다 たんすを組み立てる. 시간표를 짜다 時間表を組む. ❷ 編む; 織る. ∥털실로 장갑을 짜다 毛糸で手袋を編む. ❸ 絞る. ∥참기름을 짜다 ごま油を絞る. ❹〖옛다의 俗談〗짤짝. ∥하루 종일 질질 짜고 있다 一日中泣いている.
── 自 ぐるになる; 共謀する. ∥형제가 짜다 나쁜 짓을 하다 兄弟で組んで悪事をはたらく.

짜르르 副 つやつや(と); てかてか(と). ∥머리에서 윤기가 짜르르 흐르다 髪の毛がつやつやとしている.

-짜리 /tʃari/ 接尾〔金額·數量·年などに付いて〕それに相当することを表わす. ∥만 원짜리 지폐 1万ウォンの紙幣. 전권 전집 10권의 전집 全巻10巻の全集. 세 살짜리 여자 아이 3歳の女の子.

짜릿짜릿-하다 /-릳짜릳타-/〔-러티-〕形〖하변〗 ❶ (電気など強い刺激で)びりびりする. ∥온몸이 짜릿짜릿하다 全身がびりびりする. ❷〔深く感動して〕じんとする.

짜릿-하다 /tʃarithada/〔-러티-〕形〖하변〗❶ (強い刺激で)びりっとする. ∥짜릿한 쾌감 びりっとくる快感. ❷ (感動して)じんとする.

짜임 名 組織; 構成.

짜임-새 名 仕組み; 組み立て; 構造; 構成; 結構. ∥문장의 짜임새 文章の結構. 그럴듯한 짜임새 それなりの体裁.

짜증 /tʃadʒɯŋ/ 名 いらいらすること; 癇癪(ˇ); 嫌気. ∥짜증이 나는 하루 寄立つ1日. 사소한 일로도 짜증 내다 些細なことでも癇癪を起こす.

짝¹ /tʃak/ ❶ 対の片方; 相方; ペア. ∥내 짝 私の相方. 짝을 짓다 ペアを組む. ❷ 〔…기 짝이 없다の形で〕…きわまる. ∥무례하기 짝이 없다 無礼きわまる.

짝² 依名 対をなすものの片方. ∥양말 한 짝 靴下の片方.

짝³ 依名 ❶ (牛や豚の)肋骨を数える語. ∥쇠갈비 한 짝 牛のカルビ1本. ❷ (リンゴなどの果物を詰めた箱)を数える単位. ∥사과 한 짝 リンゴ1箱.

짝⁴ 依名 〔主に이무 짝(어느 짝)에도の形で〕 どこにも; どうにも. ∥아무 짝에도 못 쓰다 どちらにも使えない; どうにもならない.

짝⁵ 副 ❶ 硬いものが割れたりひびが入ったりする様子. ∥가뭄으로 논이 쫙 갈라지다 日照りで田にひびが割れる. ❷ 紙などが破れる音: びりっと. ∥편지를 짝 찢어 버리다 手紙をびりっと破ってしまう. ❸ ぴったりくっつく様子: ぺたっと. ∥신발 밑창에 껌이 짝 달라붙다 靴底にガムがべたっとくっつく.

-짝⁶ 接尾 軽んじる意を表わす語. ∥낯짝面.

짝-¹ 〖접두〗❶ 大きさが違う非.

짝-사랑 【-싸-】 名 他 片思い; 片恋.

짝-수 〔-數〕 /tʃak'su/ 【-쑤】 名 偶数. ⇔홀수(-數).

짝-짓기 【-짇끼-】 名 自他 ペアを組むこと; 番(⫯)になること.

짝짜꿍 他 ❶ 乳飲み子が大人の掛け声に合わせて両手を打つこと. ❷ 呼吸が合うこと. ∥둘은 짝짜꿍이 잘 맞는다 2人は呼吸が合う.

짝짝 副 ❶ 手をたたく音: ぱちぱち. ❷ 紙や布を乱暴に破る音: びりびり. ∥답지를 짝짝 찢다 答案をびりびりと破る. ❸ 履物を引きずる音(様子): ずるずる. ∥슬리퍼 소리를 짝짝 내며 지나가다 スリッパを音を立てて引きずりながら通っていく. ❹ 舌を鳴らす音や舌鼓を打つ音: ちゅっちゅっ. ∥입맛을 짝짝 다시다 舌鼓を打つ.

짝짝-거리다 【-꺼-】 他 ① (ガムなど)をくちゃくちゃに噛む. ∥껌을 짝짝거리며 씹다 ガムをくちゃくちゃと噛むゆ. ② (履物を)引きずる. ∥슬리퍼를 짝짝거리며 돌아다니다 スリッパをずるずると引きずりながら歩き回る.

짝짝-이 名 ちぐはぐ; 不ぞろい; 片ちんば. ∥짝짝이 양말을 신다 左右不ぞろいの靴下を履く.

짝퉁 名 (ブランドなどの)にせ物; (有名人などの)そっくりさん.

짝-하다 〖하변〗自他 仲間になる; ペアになる.

짠 짜다(塩辛い)の現在連体形.

짠-돌이 名 〔比喩的に〕けち臭い男.

짠-물 名 ❶ 海水. ❷ 塩辛い水; 鹹水. **짠물-고기** 名 鹹水魚.

짠-순이 名 〔比喩的に〕けち臭い女.

짠-지 名 大根·キュウリなどの塩漬け.

짠-하다 〖하변〗 (胸が)痛い. ∥일 년 동안 정든 학생들과 헤어지려니 마음이 짠하다 1年間親しんできた学生たちと別れようとしたら, 胸が痛い.

짤가닥 副 堅い金属などがぶつかった時に出る音: がちゃん.

짤그랑 副 小銭などの軽い金属がぶつかり合った時に出る音: ちゃりん; ちゃらん.

짤그랑-거리다 自他 (金属類が触れ合って)鳴る.

짤가닥 副 堅い金属製のものが触れ合って発する音: かちゃん; がちゃん. 圖짤각.

짤까닥-거리다 【-꺼-】 自他 がちゃがちゃする[させる].

짤깍 副 自他 ❶ 짤가닥の縮約形. ❷ カメラのシャッターを押す音: かしゃっ. **짤깍-짤깍** 副 自他 連続してカメラのシャッターを押す音.

짤짤-거리다 【―따―】 [자][타] 가치가치 하[게 하]다.

짤짤-하다 【하여】 [형] 작은 하지만 것이 많이 서로 닿거나 부딪쳐 나는 소리: 쟈르쟈르.

짤록-하다 【―로카―】 [형] [하여] 꺼져 있다. ‖짤록한 허리 꺼짐이 있는 허리.

짤막-하다 【―마카―】 [형] [하여] 짤막하게 조금 짧다. ‖커튼 길이가 좀 짤막하다 커튼의 길이가 조금 짧다. 머리를 짤막하게 자르다 머리를 짧게 자르다.

짧다 /tɕalt͈a/ 【짤따】 [형] ❶ (길 이·시간 따위가) 짧다. ‖머리를 짧게 자르다 머리를 짧게 자르다. 올 여름 휴가는 정말 짧다. 금년 여름의 바캉스는 실로 짧다. ❷ (학문·생각 등이) 얕다. ‖제가 짧은 식견으로는 이해하기 어렵습니다 저의 얕은 견식으로는 이해에 고민합니다. ❸ (자금이나 인력·자본 따위가) 부족하다. ‖자금줄이 짧아서 불안하다 자금줄이 짧아서 불안하다. ❹ (식성 등이) 가리다. ‖입이 짧다 음식에 까탈스럽다.

짧아 [형] [ㅂ변] 짧다(짧는)의 활용형.
짧은 [형] [ㅂ변] 짧다(짧는)의 현재 연체형.

짬 [명] 틈(시간적인) 여지. ‖짬을 내다 짬을 내다. 시간을 만들다. 짬을 내어 자동차 학원에 다니다 시간을 짜서 자동차 교실에 다니다.

짬-밥 【―빱】 [명] 〔속된 말로〕 ❶ 군대에서의 밥. ❷ 군대에 복무한 기간.

짬뽕 /tɕamp͈oŋ/ [명] ❶ 맥주와 소주와 같이 술을 섞는 것. ‖소주와 맥주를 짬뽕으로 마시다 소주와 맥주를 짬뽕으로 마시다. 燒酎와 맥주를 짜뽕으로 마시다. ❷ 중화요리의 하나. 唐辛子 가루가 들어간 매운 국에 어패류·야채·면 등을 넣은 것.

짬조름-하다 【―쪼―】 [형] [하여] 염기가 어느 정도 있는 맛이다.

짱 [명] 〔속된 말로〕 최고; 충분.
짱² [명] [하타] 유리 등이 갑자기 깨지는 소리: 가챵. ‖짱 하고 유리창이 깨지다 가챵과 창유리가 깨지다.
짱구 [명] 짱구 대가리.
짱뚱-어 (一魚) [명] [어류] ムツゴロウ (鯥五郞).
짱짱-하다 [형] [하여] 완강하여 울거부차게 있다.

-째 /tɕe̞/ [접미] ❶ …째; …의 째. ‖일주일째 연락이 없다 1주일간 연락이 없다. ❷ 전부; …째. 〔(圃) 통째 먹는 생선 뼈째로 먹는 물고기. 통째로 삼키다 통째 삼키다. ❸ …번째. ‖셋째 딸 셋째의 딸. 오른쪽에서 두 번째의 집 오른편에서 두 번째 집.

째까닥-거리다 【―까―】 [자] 가치가치 울다. ‖째까닥거리는 시계 소리 가치가치 우는 시계 소리.
째까닥-째까닥 [부] 가볍게 꾸준히 부딪쳐서 나는 소리: 가치가치.

째다¹ [자] (옷나 신 등이 작아서) 옹색하다; 끼다.
째다² [타] ❶ 긁어 뜯다; 할퀴어 뜯다; 찢다. ‖소매차기가 주머니를 칼로 째다 소매치기가 포켓을 나이프로 긁어 뜯다. ❷ 〔속된 말로 하는 것〕 내빼다. ‖약속을 째다 약속을 어기다.

째려-보다 [타] 〔속된 말로 하는 것〕 노려보다; 째려보다. ‖매서운 눈으로 상대방을 째려보다 날카로운 눈초리로 상대를 노려보다.

째려다 [타] 〔속된 말로 하는 것〕 노려보다.
째보 [명] 〔낮춤 하는 말로〕 언청이의 인.
째어-지다 [자] ❶ 째어진다; 째어짐이 가능한다. ‖(입이 째어지다의 형으로) 입모가 넓어지다. ‖줄어서 입이 째어지다 그래지고서 입이 넓어지다. ➡째지다.

짹-짹 [부] [하자] 참새 따위의 우는 소리: 쥬니쥬니; 치치-.
짹짹-거리다 【―꺼―】 [자] (새가) 치치-우다.

쨍¹ [부] [하타] 금속 등이 강하게 부닥치는 소리: 가챵; 가챵.
쨍² [부] 태양이 내리쬐이는 모양: 칸칸; 지릭치릭. **쨍-쨍** [부] [하타] 칸칸; 지릭치릭. ‖태양이 쨍쨍 내리쬐다 太陽이 칸칸과 照りつける.

쨍강 [부] [하타] 가볍게 금속편이 부딪쳐 나는 소리: 가챵; 가챵.
쨍강-거리다 [자] [하타] 가치가치하다.
쨍그랑 [부] [하타] 유리나 얇은 금속 등이 부딪칠 때 나는 소리: 가챵.

쩌렁 [부] (소리·음성 등이) 울려 퍼지는 모양.
쩌렁-쩌렁 [부] [하여] ❶ 금속류가 부딪쳐 나는 소리: 챠랑; 챠랑. ❷ 크게 울림이 퍼지는 모양. ‖목소리가 쩌렁쩌렁 울리다 소리가 크게 울림이 퍼지다.

쩌릿쩌릿-하다 【―릳―따―】 [형] [하여] ❶ (아픈) 자극으로 삐리릿거리다; 떠리다. ‖몸살인지 온몸이 쩌릿쩌릿하다 과로 탓인지 전신이 떠리다. ❷ (감동하여) 저릿해지다.

쩌릿-하다 【―릳타―】 [형] [하여] 저리다. ‖다리가 쩌릿해서 일어날 수가 없다 발이 저려서 설 수 없다.

쩌째 [명] 혀끝차는 소리; 처처처처.
쩍 [부] ❶ 단단한 물체가 갈라져 금이 들어가는 모양[음]: 바깡. ‖장작이 쩍 갈라지다 薪이 바깡과 갈라진다. ❷ (입을) 크게 벌리는 모양: 바깡. ‖입을 쩍 벌리다 입을 바깡과 벌린다. ❸ 혀끝을 치는 모양. ‖입맛을 쩍 다시다 혀 고동을 치다; 혀를 울리다. ❹ 단단한 표면에 늘어붙어 떨어지지 않는 모양[음]: 페땅. ❺ ➡쩍쩍.
쩍쩍-거리다 【―대다】 【―꺼―때―】 [자] 쩔게 혀를 울리다; 쩔게 혀 고동을 치다.

-쩍다 【―따】 [접미] 〔일부의 명사에 이어서〕 그러하다는 의미의 형용사를 작다: …다웁다; …답다. ‖의심쩍은 사람 의심스러

い人. 수상쩍다 怪しい.
쩰그렁 〖副〗〖自他〗 がちゃがちゃ.
쩰그렁-거리다 〖自他〗 がちゃがちゃ[させる]. ‖열쇠 꾸러미가 쩔그렁거리다 鍵束ががちゃがちゃいう.
쩔뚝-거리다 [-꺼-] 〖他〗 片足をひどく引きずって歩く.
쩔뚝발-이 [-빠리] 〖名〗 足の悪い人. ▶ 쩔뚝이.
쩔뚝-이 〖名〗 쩔뚝발이의 縮約形.
쩔뚝-쩔뚝 〖형動〗〖他〗 足を引きずって歩く様子.
쩔레-쩔레 〖형動〗〖他〗 しきりに頭を振る様子. ‖그건 안 된다며 머리를 쩔레쩔레 흔들다 それは駄目だと言って首を横に振る.
쩔룩-거리다 [-대다] 【-꺼 [때] -】〖他〗 片足を引きずって歩く.
쩔룩발-이 [-빠리] 〖名〗 片足の具合が悪くて歩行に不自由な人.
쩔쩔-매다 [ˈtɕʌlˈtɕʌlmɛda] 〖自〗 ❶ 慌てふためく; てんてこ舞いする; 途方に暮れる. ‖손님이 많아서 쩔쩔매다 客が多くててんてこ舞いする. ❷ (威厳などに) 恐縮する; たじたじとなる; たじろぐ. ‖상대방의 질문 공세에 쩔쩔매다 相手の質問攻めにたじろぐ. ❸ 〖애한테 쩔쩔매는 엄마들이 늘고 있다 애한테 쩔쩔매는 母親が増えている.
쩝쩝 〖형動〗〖他〗 くちゃくちゃ(と). ‖밥을 쩝쩝 소리를 내며 먹다 ご飯をくちゃくちゃと音を立てて食べる.
쩝쩝-거리다 [-대다] 【-꺼 [때] -】〖自〗 舌を鳴らす; くちゃくちゃ食べる.
쩨쩨-하다 〖形〗〖하変〗 みみっちい; けちくさい. ‖쩨쩨하게 굴다 けちくさくふるまう.
쪼가리 〖名〗 かけら; 片割れ; 切れ端. ‖헝겊 쪼가리 布の切れ端.
쪼개다 [ˈtɕogɛda] 〖他〗 分ける; 割る; 裂く; 切り詰める. ‖사과를 반으로 쪼개다 リンゴを半分に割る. 장작을 쪼개다 薪を割る. 월급을 쪼개서 적금을 들다 給料を切り詰めて積み立てる.
쪼그라-들다 〖自〗 [1語幹] 縮む; 小さくなる. ‖울은 물로 빨면 쪼그라든다 ウールは水で洗うと縮む.
쪼그라-뜨리다 〖他〗 縮める; 小さくする.
쪼그라-트리다 〖他〗 ＝쪼그라뜨리다.
쪼그리다 〖他〗 かがめる; しゃがむ. ‖쪼그리고 앉아 땅바닥에 글씨를 쓰다 体をかがめて座って地面に字を書く.
쪼그쯤-하다 〖形〗〖하変〗 しわしい; しわだらけの.
쪼다 〖名〗《さげすむ言い方》腑抜け; あほう. ‖저 쪼다 같은 녀석! あのあほう！
쪼다 〖他〗 突く; つばむ; (鑿(끌) などで) 彫る; 刻む; 彫刻する. ‖비둘기가 땅에 떨어진 菓子를 쪼아 먹고 있다 ハトが

地面に落ちた菓子をついばんでいる. 정으로 돌을 쪼다 鑿で石を彫る. ▶ 쪼이다.
쪼들리다 〖自〗 苦しい; 困っている. ‖빚을 갚느라고 생활이 쪼들리다 借金の返済のため生活が苦しい. 돈에 쪼들리다 お金に困っている.
쪼르르 〖副〗〖自他〗 ❶ 少量の液体が流れ落ちる音: じゃあ. ❷ 小股で歩いたり走ったりする様子: ちょこちょこ; ちょろちょろ. ‖강아지가 주인이 부르자 쪼르르 달려가다 子犬が飼い主が呼ぶとちょこちょこ走っていく. ❸ 多くのものが続く様子: ぞろぞろ.
쪼르륵 〖副〗〖自他〗 ❶ 液体を注ぐ音: じゃあっと. ‖쪼르륵 하고 소를 따르는 소리가 들렸다 じゃあっと牛乳を注ぐ音が聞こえた. ❷ 空腹の時に腹が鳴る音: ぐうっ.
쪼르륵-거리다 【-꺼-】〖自〗 ❶ (液体が)じゃあっと流れる. ❷ お腹がぐうっと鳴る. ‖아침을 굶었더니 쪼르륵거리는 소리가 난다 朝食を抜いたでお腹がぐうっと鳴る.
쪼아-먹다 [-따] 〖他〗 つばむ. ‖병아리가 모이를 쪼아먹다 ひよこがえさをついばむ.
쪼이다[1] 〖自〗 日光や日に当たる; 日差しを浴びる.
쪼-이다[2] 〖自〗 쪼다[2]의 受身動詞.
쪽[1] 〖名〗 髪を後頭部で結い上げて簪(비녀)で挿すようにした婦人の髪型.
쪽[2] 〖名〗 (書籍などの) ページ. —— 〖依名〗 …ページ; …頁. ‖교과서 삼십 쪽을 보세요 教科書の30ページを見てください.
쪽[3] 〖名〗 気; 脈. ▶ 쪽 쓰다 ぐうの音(ね)も出ない (好きで)目がない.
쪽[4] 〖名〗 …切れ; …片. ‖사과 한 쪽 リンゴ1切れ.
쪽 /ˈtɕok/ 〖依名〗 …方; …側; …方面. ‖해가 지는 쪽 日が沈む方. 서쪽 西の方. 창쪽으로 앉다 窓側に座る. 서울쪽을 쳐다보다 ソウル方面を見詰める.
쪽매 〖名〗 寄せ木.
쪽매-붙임 【名-부침】〖名〗〖他〗 寄せ木細工.
쪽-문 (-門) 〖名〗 脇戸.
쪽박 [-빡] 〖名〗 ❶ 小さいひょうたん [ひさご]. ❷ 《比喩的に》乞食の道具. ▶ 쪽박(을) 차다 落ちぶれて乞食になる.
쪽발-이 [-빠리] 〖名〗 ❶ 牛などのように蹄(ひづめ)が二つに割れたもの. ❷ 《足袋を履いていたことから》昔の日本人の蔑称.
쪽배 〖名〗 丸木舟.
쪽-빛 [-삗] 〖名〗 藍色.
쪽지 (-紙) [-찌] 〖名〗 ❶ 紙切れ. ‖쪽지 시험 小テスト. ❷ 紙切れに書いた置手紙やメモ. ‖쪽지를 남겨 두고 집을 나가다 置手紙を置いて家を出る.

쪽-파 图〔植物〕ワケギ(分葱).

쪽-팔리다 自《俗っぽい言い方で》恥ずかしい; 恥をかく. ¶많은 사람 앞에서 넘어져 쪽팔렸다 大勢の前で転んで恥をかいた.

쫀득쫀득-하다 【-드까-】 形 粘りも気がある; しこしこする; もちもちする. ¶찰떡이 쫀득쫀득하다 餅がもちもちする.

쫀쫀-하다 形〔하얗〕細かい; けち臭い. ¶매사에 쫀쫀하게 굴다 あらゆることにけち臭い.

쫄깃쫄깃-하다 【-긷-기딷-】 形〔하얗〕 しこしこする. ¶칼국수 면발이 쫄깃쫄깃하다 手打ちうどんがしこしこする.

쫄딱 副 すっかり; すべて; 完全に. ¶쫄딱 망하다 すっかりかんになる; すべて失う.

쫄랑-거리다 【-대다】 自 《子犬などが》 尾を軽く振る.

쫄래-쫄래 〔하얗〕小さいものが動く様子: ちょこちょこ. ¶개가 쫄래쫄래 따라오다 犬がちょこちょこついて来る.

쫄쫄 ひどく腹が減った様子: ぺこぺこ. ¶하루 종일 쫄쫄 굶다 一日中腹ぺこだ.

쫑그리다 《耳を》ぴんと立てる. ¶개가 귀를 쫑그리다 犬が耳をぴんと立てる.

쫑긋 【-귿】 副 〔하얗〕 ❶《耳を》そばだてる様子: ぴんと. ¶당첨자 발표 때 나는 귀를 쫑긋 세웠다 当籤者を発表する時, 私は耳をそばだてた. ❷口をとがらせる様子. 쫑긋-이 副

쫑긋-거리다 【-대다】 【-긋이〔귿끼〕】 他 《耳を》ぴんと立てる. ¶토끼가 귀를 쫑긋거리다 ウサギが耳をぴんと立てる.

쫑긋-하다 【-그타-】 形 〔하얗〕 《動物の》耳がぴんと立っている.

쫑알-거리다 【-대다】 自他 ぶつぶつ言う; 《女の子などが》つぶやく. ¶딸아이는 텔레비전을 보면서 뭔가 종알거렸다 娘はテレビを見ながら何かつぶやいていた.

쫓겨-나다 〔쫀껴-〕 自 追い出される; 締め出される; 首になる. ¶집에서 쫓겨나다 家から締め出される; 職場에서 쫓겨나다 解雇される; 首になる.

쫓기다 /tʃotʼkida/ 〔쫀끼-〕 自 〔쫓다の受身動詞〕追われる; 追いかけられる. ¶빚쟁이에게 쫓기다 借金取りに追われる. 원고 마감 시간에 쫓기다 原稿の締切りに追われる.

쫓는 〔쫀는-〕 他 〔쫓다(追う)の現在連体形〕.

쫓다 /tʃotʼta/ 〔쫀따〕 他 ❶追う. ¶범인을 쫓다 犯人を追う ❷流行を追う ❸追い払う. ¶모기향을 피워 모기를 쫓다 蚊取り線香をたいて蚊を追い払う. ☞쫓다.

쫓아 他 쫓다(追う)の連用形.

쫓아-가다 /tʃotʼhagada/ 他 ❶追いかける; ついて行く. ¶도둑을 쫓아가다 泥棒を追いかける. ❷追いつく. ¶선진국을 쫓아가려면 아직 멀었다 先進国に追いつくにはまだ遠い.

쫓아-내다 他 追い出す; 追い払う; 締め出す. ¶집에서 쫓아내다 家から追い出す.

쫓아-다니다 他 ❶後ろをついて行く〔来る〕. ❷あちこちを走り回る. ¶여기저기를 바쁘게 쫓아다니다 あちこち忙しく走り回る. ❸つけ回す; まとわりつく. ❹질질하게 쫓아다니다 しつこくつけ回す.

쫓아-오다 他 ❶ついて来る. ❷이상한 사람이 쫓아오다 変な人がついて来る. ❷追いかけて来る.

쫓은 쫓다(追う)の過去連体形.

쫓을 쫓다(追う)의 未来連体形.

짜르르 副〔좌르르を強めて言う語〕勢いよく水が流れ出る時の音〔様子〕: しゃあしゃあ; じゃあじゃあ. ¶물이 짜르르 쏟아지다 水がじゃあじゃあ(と)こぼれる. ❷多くの人やものが列になって並ぶ様子: ずらり; ずらっと. ¶이 키를 치면 리스트가 짜르르 뜬다 このキーを押すと, リストがずらりと立ち上がる.

짝 副 〔좍を強めて言う語〕 ❶一挙に散らばったり広がったりする様子: ぱっと. ¶소문이 짝 퍼지다 うわさがぱっと広まる. ❷液体が急に幾筋にもなって流れ出る様子: ざあっと.

짝-짝 副 〔-짝〕 ❶〔좍좍を強めて言う語〕 ざあざあ; じゃあじゃあ. ¶폭우가 짝짝 쏟아지다 暴雨がざあざあと降り注ぐ. ❷すらすら(と). ¶원서를 쭉쭉 읽어 내려가다 原書をすらすら(と)読み進める.

쬐다 /tʃwe:da/ 【-/쮀-】 〔쪼이다の縮約形〕日光や日に当たる; 日光を浴びる. ¶햇볕을 쬐다 日に当たる; 日差しを浴びる.

쭈그러-들다 自〔ㄹ語幹〕へこむ; 縮む; 小さくなる.

쭈그러-뜨리다 他 しわくちゃにする; ぺちゃんこにする.

쭈그러-지다 へこむ; 縮む; しわくちゃになる. ¶손가락으로 누르자 쭈그러졌다 指で押したらへこんだ.

쭈그러-트리다 他 =쭈그러뜨리다.

쭈그리다 他 しゃがむ; 屈む; うずくまる. ¶길바닥에 쭈그리고 앉다 道端にしゃがむ.

쭈글쭈글-하다 形 〔하얗〕 しわくちゃだ; しわだ; しわだらけだ.

쭈뼛-하다 【-뼏-】 形 〔하얗〕 ❶《ものの先が》尖っている. ❷ぞっとする; 《身の毛が》よだつ. ¶머리끝이 쭈뼛하다 身の毛がよだつ.

쭉 副 쭉²を強めて言う語.

쭉정-이 /-쩡-/ 图 しいな.

-쯤 /tʃum/ 接尾 程度を表わす語: …ほど; …今頃; …くらい; …頃. ¶이 정도면 음식은 죽 먹기다 この程度なら朝飯前だよ. 두 시쯤에 가겠습니다 2時頃に行

きます。いつ頃 お伺いしましょうか。いつ頃 いらっしゃいますか。

쯧-쯧 [쯛쯛] 関 同情する時や残念な時に舌打ちする音: ちぇっちぇっ; まあ。∥쯧쯧 불쌍하기도 하지 마, 가여워서.

찌 图 〈釣りの〉浮き。∥낚시용 찌 釣り用の浮き。

찌개 /tɕ͈ige/ 图 〈料理〉チゲ〈魚·肉·野菜·豆腐などに醤油や唐辛子などの調味料を加え煮込んだ鍋料理〉。∥된장 찌개 味噌チゲ。김치 찌개 キムチチゲ。두부 찌개 豆腐チゲ。

찌그러-뜨리다 他 押しつぶす; へこませる; ぺちゃんこにする。∥박스를 찌그러뜨리다 ダンボールを押しつぶす。

찌그러-지다 自 ぺちゃんこになる; つぶれる; 破損する。∥사고로 차체가 찌그러지다 事故で車体がぺちゃんこになる。

찌그러-트리다 ⇒찌그러뜨리다.

찌그리다 他 〈眉間に〉しわを寄せる; 眉をひそめる。∥얼굴을 찌그리다 眉をひそめる。

찌꺼기 图 かす; 沈殿物; くず; 残り。∥술 찌꺼기 酒のかす。먹고 남은 찌꺼기 食べ残し。

찌다[1] /tɕ͈ida/ 自 〈主に살이 찌다の形で〉太る; 体重が増える。∥살이 찌는 계절 太る季節, 한 달 사이에 삼 킬로나 쪘다 ひと月で3キロも太った。애가 살이 너무 쪄서 걱정이다 子どもが太りすぎて心配だ。他 찌우다.

찌다[2] /tɕ͈ida/ 形 蒸し暑い; ∥푹푹 찌는 날 蒸し暑い日。

찌다[3] 他 蒸す; 蒸かす。∥떡을 찌다 餅を蒸す。고구마를 찌다 サツマイモを蒸す。

찌-들다 [ㄹ語幹] 自 ❶古くなって垢がつく; 汚れる。❷苦労などでやつれる; 所帯やつれする。∥생활에 찌든 얼굴 所帯やつれした顔。

찌르다 /tɕ͈irɯda/ 他 [르変] 〈찔러, 찌르는〉 ❶先の尖ったもので刺す; 突く。∥칼로 찌르다 刃物で刺す。❷突っ込む。∥주머니에 손을 찌르고 걷다 ポケットに手を突っ込んで歩く。❸密告する; 告げ口する。∥회사 비리를 경찰에 찌르다 会社の不正を警察に密告する。❹〈悪臭などが鼻を〉つく。∥악취가 코를 찌르다 悪臭が鼻をつく。〈意表などを〉つく; 〈허〉 虚をつく。정곡을 찌르다 正鵠(なく)を得る; 正鵠を射る。

찌르레기 图 〈鳥類〉ムクドリ〈椋鳥〉。

찌르르 圓 〈形〉지르르を強めて言う語。

찌르륵 [-륵] 副自他 ❶液体を吸い上げる時に出る音: ちゅう〜。❷ムクドリなどの鳴き声。 **찌르륵-찌르륵** 副自他

찌르릉 副自他 ベルが鳴る音; ちりん。∥초인종이 찌르릉 울리다 ちりんと呼び鈴が鳴る。 **찌르릉-찌르릉** 副

自他 ちりんちりん。

찌릿-찌릿 [-륻-륻] 副自他 びりびり。

찌릿-하다 [-리타-] 形〈ㅎ変〉 関節などが急にしびれた感じがする。

찌-우다 /tɕ͈iuda/ 他 〈찌다[1]의 사동동사〉 太らせる。∥살을 찌우다 太らせる。

찌푸리다 /tɕ͈ipʰurida/ 自 曇る; どんよりとしている。∥하루 종일 찌푸린 하늘 一日中どんよりとした空。
── 他 〈不快感や苦痛で〉顔をしかめる。∥눈살을 찌푸리다 眉をひそめる。

찍[1] 副 人や動物が排泄物を出す音: ちゅっ; ぴっ。

찍[2] 副 ❶線などを無造作に引く様子: さっと。∥선을 찍 긋다 線をさっと引く。❷紙や布などを裂く音: びりっ。∥종이를 찍 찢다 紙をびりっと破る。

찍[3] 副 よくすべる様子: つるりと。∥빙판길에서 찍 미끄러지다 凍りついた路面でつるりと滑る。

찍는 [찡-] 찍다〈つける·切り落とす〉の現在連体形。

찍다[1] /tɕ͈ikt͈a/ [-따] 他 ❶〈粉や液体などを〉つける。∥꿀 찍어 먹다 蜂蜜につけて食べる。❷〈点などを〉付ける; 打つ。∥종지부를 찍다 終止符を打つ。점을 찍다 点をつける。❸〈頬紅や口紅などを〉つける; 塗る。∥볼연지 찍어 바르다 頬紅を塗る。❹〈はんこなどを〉押す; 〈書類に印を〉押す。∥서류에 도장을 찍다 書類にはんこを押す。❺〈印刷物を〉刷る。∥신간을 만부 찍다 新刊を1万部刷る。❻〈写真を〉撮る。∥사진을 찍다 写真を撮る。❼型に押す。∥연탄을 찍다 練炭を押し固める。❽めぼしいものに印をつける; 目をつけておく; 〈ある候補に〉票を入れる。∥누구 찍었습니까? 誰に票を入れましたか。受 찍히다.

찍다[2] [-따] 他 〈刃物などで〉切り落とす。∥도끼로 나무를 찍다 斧で木を切る。❷先が尖ったもので突き刺す。∥작살로 고래를 찍다 銛(もり)でクジラを突き刺す。受 찍히다.

찍-소리 [-쏘-] 图 〔下に打ち消しの表現を伴って〕ぐうの音。∥찍소리도 못하다 ぐうの音も出ない。찍소리 말고 거기 시키는 일이나 일일이 착실하게 잘하시오. 찍소리 말고 거기 시키는 대로 차근차근 잘 하시오.

찍어 他 찍다〈つける·切り落とす〉の連用形。

찍은 他 찍다〈つける·切り落とす〉の過去連体形。

찍을 他 찍다〈つける·切り落とす〉の未来連体形。

찍-찍[1] 副自他 ❶履き物を引きずりながら歩く音[様子]: ずるずる(と)。❷くつ등을 찍찍 끌면서 걷다 靴をずるずると引きずりながら歩く。❷〈線などを〉何度も無造作に引く様子: さっさっと。❸紙などをむやみに破る音[様子]: びりびり(と)。

찍-찍[2] 副自 ネズミ·スズメなどの鳴き

쩍-히다

声: チュウチュウ.
쩍쩍-거리다 [-꺼-] 国 (ネズミ・スズメなどが)チュウチュウとしきりに鳴く.
쩍-히다 【찌키-】国 〔찍다의 受身動詞〕 ❶ (尖ったものに)突かれる. ∥칼등에 찍히다 刃物で刺される. ❷ (はんこなどを)押される. ❸ (印刷物や写真を)刷られる; 撮られる. ∥주간지에 사진이 찍히다 週刊誌に写真を撮られる. ❹ めぼしいものに印がつけられる. ∥전과자라는 낙인이 찍히다 前科者の烙印を押される.
찐득-거리다 [-끄-] 国 ねばねばする.
찐득-찐득 副 (하변) ねばねばと.
찐-빵 图 あんまん; 饅頭.
찔끔 副 (하변) 液体がほんのわずかこぼれる様子: ちょろっと; ちょっごり; ぽろっと. ∥눈물이 찔끔 쏟아지다 涙がぼろっとこぼれる. **찔끔-찔끔** 副 ちょろちょろ; ぽろぽろ; ちびちび. ∥술을 찔끔찔끔 마시다 ちびちびと酒を飲む.
찔끔-거리다 [-대다] 地 〈小便などを〉ちびる; (涙が)ぽろぽろと(こぼれる. ∥눈물을 찔끔거리다 涙がぼろぽろと(と)こぼれる.
찔끔² 副 (하변) 突然のことに驚く様子: びくっと. ∥그 사람은 내 말에 찔끔했다 彼は私の言葉にびくっとした.
찔레 图 〈植物〉 =찔레나무.
찔레-꽃 [-꼳] 图 〈植物〉 ノイバラの花.
찔레-나무 图 〈植物〉 ノイバラ〈野茨〉.
찔리다 /ʔǯillida/ 国 〔찌르다의 受身動詞〕 ❶ 刺される; 突かれる; 刺さる. ∥벌에 찔리다 蜂に刺される. 손가락에 가시가 찔리다 指にとげが刺さる. ❷ 後ろめたい; 気がとがめる. 良心がとがめる. ∥선생님께 거짓말을 해서 좀 찔린다 先生にうそをついて少し気がとがめる.
찜 图 (하변) 〈料理〉 チム〈肉や魚などを薬味と一緒に煮込んだり蒸したりしたもの〉. ∥갈비찜 カルビチム, 생선찜 魚チム.
찜-질 图 (하타) 湿布; 温泉などの温熱

療法; 岩盤浴. ∥모래 찜질 砂風呂.
찜찜-하다 形 (하변) 気まずい; 気にかかる. ∥쓸데없는 말을 한 것 같아 찜찜하다 無駄口をたたいたようで, 気にかかる.
찜-통 (-桶) 图 蒸し風呂.
찜통-더위 (-桶-) 图 蒸し風呂のような暑さ.
쩡 图 (하변) 氷や固いものが突然割れる音: かちん(と).
쩡그리다 他 〈顔を〉しかめる. ∥이가 아파 얼굴을 쩡그리다 歯の痛みに顔をしかめる.
쩡긋 [-귿] 副 (하他) 〈眉を〉ひそめる様子; (顔を)しかめる様子. ∥눈을 쩡긋 감다 目をぎゅっと閉じる.
쩡쩡-거리다 [-대다] 国 〔찡찡거리다를 강하여 이르는 말〕ぐずる; ぐずぐず言う; (不平不満を)ぶつぶつ言う. ∥애처럼 쩡찡거리다 子どもみたいにぐずる.
쩡-하다 形 (하변) 〈感動や痛みのため胸が〉じんとする. ∥그 말을 듣자 가슴이 쩡했다 その言葉が胸にじんときた.
쩢-기다 [-끼-] 国 〔쩢다의 受身動詞〕 破られる; 裂かれる; 引き裂かれる; 破れる. ∥희망이 갈기갈기 쩢기다 希望がずたずたに裂かれる. 돌에 걸려 넘어지는 바람에 바지가 쩢겼다 石につまづいて転んだ拍子にズボンが破れた.
쩢다 /ʔǯitʔta/ 他 破る; 裂く. ∥서류를 쩢다 書類を破る. 아이가 문풍지를 쩢었다 子どもが障子を破った. 종이를 쩢다 紙を裂く. ⑤쩢기다.
쩢어-지다 国 破れる; 裂ける.
쩢다 [쩢따] 他 ❶ 〈穀物などを〉搗(つ)く. ∥쌀을 쩢다 米を搗く. ❷ 〈重いもので打ち上げて〉地をならす. ❸ 強く打つ. ∥넘어지면서 벽에 머리를 쩢다 転んで壁に頭を打つ. ▶쩢고 까불다 勝手に人をおだてたりなしたりしてなぶる.

ㅊ

ㅊ【치읓】图 ハングル子音字母の第10番目. 名称は「치읓」.

차¹ (車) /tʃʰa²/ 图 車;汽車や電車の乗りものの総称. ∥자동차 自動車. 국산차 国産車. 외제차를 타고 다니다 外車に乗っている. 차로 회사에 가다 車で会社に行く. 빨리 차에 타라 早く車に乗りなさい.

차² (車) 图 将棋の駒の1つ.

차³ (車) 图 (姓) 車(チャ).

차⁴ (茶) /tʃʰa²/ 图 茶;コーヒーや紅茶など各種茶の総称. ∥보리차 麦茶. 녹차 緑茶;お茶. 차 한 잔 하실래요? お茶はいかがですか.

차⁵ (差) /tʃʰa²/ 图 ❶差;開き;隔たり. ∥실력 차가 크다 実力の差が大きい. 빈부의 차가 심각하다 貧富の差が深刻だ. 삼 점 차로 이기다 3点差で勝つ. ❷(数学) 差.

차⁶ (次) /tʃʰa²/ 图 依图 …したついで;…した折;…した際;…したところ. ∥고향에 내려갔던 차에 할머니 산소에도 다녀왔다 帰郷したついでに祖母のお墓参りもしてきた. 마침 밥을 먹으려던 차였다 ちょうどご飯を食べようとしたところだった.

차⁷ 形 차다(冷たい)の連用形.

차⁸ 图 차다(満ちる)の連用形.

차⁹ 图 차다(蹴る·身につける)の連用形.

-차¹⁰ (次) /tʰa²/ 接尾 ❶…のために;…するために. ∥서울에는 출장차 왔습니다 ソウルには出張のために来ました. ❷…次. ∥제삼차 남북 회담 第3次南北会談. ❸(数学) …次. ∥삼차 방정식 3次方程式. ❹…目. ∥입사 오 년차 入社5年目.

차감 (差減) 图 (名動) 差し引き. ∥차감 계정 差引勘定.

차갑다 /tʃʰagapʰta/【-따】形 [ㅂ변칙] [차가워, 차갑지] ❶冷たい;冷ややかだ. ∥손발이 차갑다 手足が冷たい. ❷(視線など)冷たい;冷淡だ. ∥차가운 시선 冷たい視線. 차갑게 대하다 冷たく当たる.

차고 (車庫) 图 車庫.

차고-앉다 [-안따] 他 居座る;(ある仕事を引き受けて)その地位に収まる.

차곡-차곡 副 ものをきちんと積み上げたり畳んだりする様子;きちんきちんと. ∥상자를 차곡차곡 쌓다 箱をきちんと積む.

차관¹ (次官) 图 次官.
 차관-보 (次官補) 图 次官補.

차관² (借款) 图 借款. ∥차관을 도입하다 借款を導入する.

차광 (遮光) 图 (名自) 遮光. ∥차광 유리 遮光ガラス. 차광 장치 遮光装置.

차근-차근 副 (名形) 丹念に;順々に;懇ろ(ねんごろ)に. 차근차근 점검을 하다 念入りに点検する. 차근근 설명을 해 주다 懇ろと説き聞かせる.

차기 (次期) 图 次期. ∥한국의 차기 대통령 韓国の次期大統領.

차남 (次男) 图 次男. 图作の息子.

차내 (車内) 图 車内;車中.

차녀 (次女) 图 次女. 图末っ娘.

차는: 图 차다(蹴る·身につける)の現在連体形.

차는: 图 차다(満ちる)の現在連体形.

차다¹ /tʃʰada/ 形 冷たい. 뜨っ冷っこい. ∥손이 너무 차다 手がとても冷たい. 찬 바람이 아다 冷たい風が吹く. 마음이 찬 사람 心が冷たい人. 찬물 한 잔 주세요 冷たい水[お冷や]を1杯ください.

차다² /tʃʰada/ 直 ❶満ちる;みなぎる;溢(あふ)れる;いっぱいになる. ❷浴조에 물이 가득 차다 浴槽にお湯が溢れる. 활기에 차다 活気に溢れる. 희망에 차다 希望に満ちる. 달이 차다 月が満ちる. 자신에 찬 표정 自信に満ちた表情. ❷(気体などが)こもる. ∥담배 연기가 방 안에 차 있다 タバコの煙が部屋中にこもっている. ❸及ぶ;達する. ∥모집 정원이 차다 募集定員に達する. 나이가 차다 (ある)年齢に達する. ❹気に入る. ∥마음에 차지 않다 気に入らない. 图 채우다.

차다³ /tʃʰada/ 他 ❶蹴る;蹴って飛ばす. ∥공을 차다 ボールを蹴る. 빈 깡통을 차다 空き缶を蹴り飛ばす. ❷振る;はねつける;拒絶する. ∥사귀던 남자를 차다 付き合っていた男性を振る. 굴러들어온 복을 차다 転がり込んできた幸運をねじる. 图 채우다. ❸舌打ちをする. ∥억울한 듯이 혀를 차다 悔しそうに舌打ちをする.

차다⁴ /tʃʰada/ 他 ❶(身に)着ける;ぶら下げる. ∥권총을 차다 拳銃を身に着ける. ❷(時計を)はめる;(手錠を)かけられる. ∥시계를 차다 時計をはめる. 수갑을 차다 手錠をかけられる. 图 채우다. ❸引き連れる. ∥부하를 세 명이나 차고 나타났다 子分を3人も引き連れて現れた.

차단 (遮断) 图 (名他) 遮断;(必要な通路などを)断つこと. ∥퇴로를 차단하여 퇴路を断つ. **차단-되다**[-당하다] 受動

차단-기¹ (遮断器) 图 (電気回路の) 遮断器.

차단-기² (遮断機) 图 (踏み切りなどの)遮断機. ∥차단기를 내리다 遮断機を下ろす.

차도¹ (車道) 图 車道. 图찻길(車-). 图보도(歩道).

차도² (差度) 图 病気の快方の程度. ∥차도가 있는 것 같다 病状が快方に向かっているようだ.

차-돌 图 ❶(鉱物) 石英. ❷〔比喩的

차돌-박이 图 牛のヒレ肉.
차드 (Chad) 图 チャド.
차등 (差等) 图 差等; 等級; 差. ‖차등을 두다 差を置く 差を設ける.
  차등-선거 (差等選擧) 图 制限選擧.
  차등-화 (差等化) 图 他と差をつけること.
차디-차다 形 非常に冷たい. ‖차디찬 시선 非常に冷たい視線.
차-떼기 (車-) 图 〔主にスイカなど農産物をトラック単位で取引すること〕‖수박을 차떼기로 사들이다 スイカをトラックで1台分仕入れる.

차라리 /tʰarari/ 圖 むしろ; かえって; いっそ. ‖선물권보다 차라리 현금으로 주는 게 더 좋을 듯 같다 商品券よりむしろ現金を渡した方がいいと思う. 어머니께 거짓말을 해야 한다면 차라리 혼나는 게 낫겠다 母にうそをつかなければならないのなら、かえって怒られた方がいい.

차랑 (하自他) 薄い金属類がぶつかり合って出す音; ちゃりん.
차랑-차랑 圖 (하自他) ちゃりんちゃりん(と).
차랑-거리다 自 ちゃらちゃらする; じゃらじゃらする. ‖포켓의 동전이 차랑거리다 ポケットの中の小銭がじゃらじゃらする.
차량 (車輛) 图 車輛.
차려 (號令의) 氣をつけ. ‖열중 쉬어! 차려! 気をつけ.
차려-입다 [-따] 身なりなどを整える; 着飾る. ‖차려입고 나가다 着飾って出かける.
차력 (借力) 图 (하他) 薬や神霊の力を借りて身体能力を高めること、またはその力.
  차력-꾼 (借力-) 图 薬や神霊の力を借りて怪力を出す人.

차례¹ (次例) /tʰarje/ 图 ❶順序; 順序; 番. ‖차례를 지키다 順番を守る. 다음은 내 차례다 今度は私の番だ. ❷目次. 卿목차(目次).
  — (依名) 回数を表わす語; …回; …度. ‖두 차례나 다녀가다 2回も立ち寄る.
  차례-차례 (次例次例) 圖 順繰りに; 次々に. ‖차례차례 질문을 하다 順々に質問する.
차례² (茶禮) 图 (民俗) 陰暦の1日や15日、元旦、お盆などに行なう昼間の簡単な祭祀. ▷차례를 지내다 차례の儀式を行なう.

차리다 /tʰarida/ 他 ❶用意する; (食事などの)支度をする; こしらえる. ‖밥상을 차리다 食事の支度をする. ❷(店などを)開く; 開業する; 構える. ‖양품점을 차리다 洋品店を開く. 살림을 차리다 所帯を構える. ❸弁(*)える; 取り繕う. ‖체면을 차리다 体面をつくろう. 격식을 차리다 格式ばる. ❹欲張る; 利に走る. ‖실속을 차리다 実利を取る. ❺気づく; しっかりする. ‖정신 좀 차리다 しっかりしなさい.

차림 图 身なり; 服装. ‖웃차림 身なり. 교복 차림 制服姿.
  차림-새 图 身なり; 装い. ‖차림새가 초라해 보이다 身なりがみすぼらしい.
  차림-표 图 (飲食店などでの)メニュー. 卿메뉴.

차마 /tʰama/ 圖 〔下に否定や疑問の表現を伴って〕せつなくて堪えられない気持ちを表わす語: とても; どうしても; とうてい. ‖차마 말을 못하다 どうしても言えない. 차마 눈 뜨고는 볼 수 없는 광경 とても見るに忍びない光景.

차-멀미 (車-) 图 (하自) 車酔い.
차명 (借名) 图 (하自) 他人の名義を借りること.
  차명 계좌 (借名計座) [-/-게-] 图 他人名義の口座.
차밍 (charming) 图 (하形) チャーミング; 魅力的.
차-바퀴 (車-) 图 車輪.
차변 (借邊) 图 (經) 借り方. ⇔대변(貸邊).

차별 (差別) /tʰabjʌl/ 图 (하他) 差別. ‖부당한 차별을 받다 不当な差別を受ける. 차별 대우 差別待遇. 인종 차별 人種差別. 남녀 차별 男女差別. 무차별 공격 無差別攻撃.

차분-하다 形 (하要) 落ち着いている; 物静かだ. ‖차분한 분위기 落ち着いた雰囲気. 차분하게 이야기하다 穏やかに話す. **차분-히** 圖
차비 (車費) 图 交通費; 車代; 足代.
차상 (次上) 图 詩や文を評価する等級の1つで上位の4等級のうち最上級. 차중(次中)・차하(次下)・삼지상(上之上).
차석 (次席) 图 次席.
차선¹ (次善) 图 次善. ‖차선책 次善策.
차선² (車線) 图 車線. ‖차선을 지키다 車線を守る. 이차선 도로 2車線道路. 사차선 4車線.
차-세대 (次世代) 图 次世代.
차수 (次數) 图 [數学] 次数.
차안 (此岸) 图 [仏教] 此岸($ -$). ⇔피안(彼岸).
차압 (差押) 图 (하他) =압류(押留).
차액 (差額) 图 差額.
차양 (遮陽) 图 ❶〔建物の〕ひさし. ❷〔帽子の〕つば. 卿창.
차-오르기 图 (鉄棒の)逆上がり.
차-올리다 图 蹴り上げる. ‖공을 차올리다 ボールを蹴り上げる.
차용 (借用) 图 (하他) 借用. ‖무단으로 차용하다 無断で借用する.
  차용-어 (借用語) 图 [言語] 借用語.
  차용-증 (借用證) [-쯩] 图 借用証.

차용²-증서(借用證書)〖名〗借用証書.
차원(次元)〖ᵗʃʰaᵂon〗〖名〗次元.‖차원의 세계 次元の世界. 차원이 다른 이야기 次元の違う話.
차월(借越)〖名〗(經) 借り越し.
차이(差異)〖ᵗʃʰai〗〖名〗差異; 差; 相違; 違い; ずれ; 開き; 隔たり.‖양자의 의견에 큰 차이는 없다 両者の意見に大きな差異はない. 나이 차이 年齢差. 성격 차이 性格の違い. 의견 차이 意見の相違. 생각에 차이가 있다 考え方に開きがある. ▶차이가 나다 差が生じる; 差がある; 開きがある. 품질면에서 차이가 많이 난다 品質の面で差が大きい.
차이-점(差異點)【-쩜】〖名〗差異点; 違う点.
차이나타운(Chinatown)〖名〗チャイナタウン; 中華街.
차이-다〖차이다〗〖차다³의 수동動詞〗❶蹴られる; 蹴っ飛ばされる.‖엉덩이를 차이다 お尻を蹴られる. ❷蹴られる; はねつけられる; 拒絶される.‖여자 친구에게 차였다 彼女に振られた.
차익(差益)〖名〗差益.‖차익을 남기다 差益を残す.
차일(遮日)〖名〗日よけ; 日覆い.
차일-피일(此日彼日)〖名〗(期日などを)ずるずると延ばす様子.‖원고 마감을 차일피일 미루고 있다 原稿の締め切り日をずるずると延ばしている.
차임(chime)〖名〗❶呼び出しのベル. ❷(音楽)チャイム.
차입¹(差入)〖名〗(拘置·留置されている者に)差し入れ(をすること).
차입²(借入)〖名〗借り入れ. (준)대출(貸出).
차입-금(借入金)【-끔】〖名〗借入金.
차자(借字)〖名〗(言語) 借字.
차장¹(次長)〖名〗次長.
차장²(車掌)〖名〗車掌.
차전-놀이(車戰-)〖名〗(民俗) 旧暦で1月15日に行なう遊戯. ✦東西にチームを分け, 縄で作られた大きな輪をぶつけ合う競技. 相手チームの輪の先を地面につけることで勝敗を決める. 現在は学校の運動会などで行なう. 無形文化財.
차점(次點)〖名〗次点.
차제-에(此際-)〖副〗この際; この機会に.
차조(植物)〔차조쌀の略語〕モチアワ(糯粟).
차조기(植物) シソ(紫蘇).
차조쌀(植物) モチアワ(糯粟). (준)차조.
차종(車種)〖名〗車種.
차주(借主)〖名〗借り主; 借り手.
차중(次中)〖名〗詩や文を評価する等級の1つで上位の4等級のうち2番目. (對)차상(次上)·차하(次下)·삼지상(三之上).
차지¹〖ᵗʃʰaᵈʒi〗〖他動〗❶占めること.‖책상이 방 반을 차지하고 있

다 机が部屋の半分を占めている. 중요한 자리를 차지하다 重要なポストを占める. 과반수를 차지하다 過半数を占める. 졸업할 때까지 줄곧 수석을 차지했다 卒業までずっと首席を占めていた. ❷取り分; (誰かの)所有になること.‖부모님께서 돌아가시면 이 집은 누구 차지입니까? 両親が他界したらこの家は誰のものですか. 할아버지 유산은 큰아버지가 전부 차지했다 祖父の遺産はすべて伯父のものとなった. 나머지는 전부 내 차지가 되었다 残りは全部私の分になった.
차지²(借地)〖名〗(他動) 借地. (對)대지(貸地).
차지-권(借地權)【-꿘】〖名〗(法律) 借地権.
차지³(charge)〖名〗チャージ.
차-지다〖形〗粘り気がある; 粘っこい.
차질(蹉跌·蹉躓)〖名〗蹉跌(さ-); 齟齬(そ); つまずくこと.‖인원 배치가 생산 계획에 차질을 가져오다 人員の配置が生産計画に齟齬を来した.
차-질다〖形〗〖ㄹ語幹〗粘り気が多い; ねばねばしている.
차차(次次)〖ᵗʃʰaᵗʃʰa〗〖副〗❶だんだん; 次第に. (類)차츰. ‖병세가 차차 호전되고 있다 病状が次第によくなっている. ❷ゆっくり; 徐々に.
차차차(cha-cha-chá ᶻ)〖名〗(音楽) チャチャチャ.
차창(車窓)〖名〗車窓.
차체(車體)〖名〗車体; ボディー.
차출(差出)〖名〗人を選んで差し出すこと. **차출-당하다**受動.
차츰〖副〗だんだん; 次第に. (類)차차. ‖차츰 의식을 되찾다 次第に意識を取り戻す. **차츰-차츰**.
차치-하다(且置-)〖自變〗〔主に…은[는] 차치하고の形で〕…はさておいて.‖남 얘기는 차치하고 네 얘기를 하여라 人の話はさておいて, お前の話をしなさい.
차트(chart)〖名〗チャート.
차편(車便)〖名〗車の便.
차표(車票)〖ᵗʃʰaᵖʰjo〗〖名〗乗車券; 切符. ‖차표 검사 検札. 차표를 끊다 切符を買う; 乗車券を買う.
차하(次下)〖名〗詩や文を評価する等級の1つで上位の4等級のうち3番目. (對)차상(次上)·차중(次中)·삼지상(三之上).
차후(此後)〖名〗今後. ‖차후의 방침 今後の方針.
착¹〖副〗❶隙間なくくっついている様子: ぴたり. ‖착 둘러앉다 ぴたりとくっついて円座する. ❷2つのものがきわめて密接である様子: ぴたり; ぺたっと; ぴたりと; ぴたっと. ‖몸에 젖어 옷이 몸에 착 달라붙다 汗で服が体にべたっとつく. 엄마 품에

착 안기다 母親にべったりと抱きつく.

착² ❶ものが力なく垂れ下がった樣子;だらり. ❷疲れて力の抜けた樣子;ぐったり. ‖지쳐서 몸이 착 까부라지다 疲れてぐったりする.

-착³〈着〉[接尾]「名詞に付いて」❶到着地を表わす:…着. ‖도쿄발 부산착 東京発釜山着. ❷「数詞に付いて」到着の順番を表わす:…着. ‖일착으로 들어오다 1着でゴールインした.

착각〈錯覺〉【─깍】[名][─하다][自他] 錯覚; 勘違い. ‖착각에 빠지다 錯覚に陥る. 내가 착각을 한 것 같다 私が勘違いをしたようだ.

착공〈着工〉【─꽁】[名][하다][他] 着工. ⇨완공(完工).

착공-식〈着工式〉[名] 着工式.

착란〈錯亂〉[장난][名] 錯亂. ‖착란 증세를 보이다 錯亂症狀を見せる.

착륙〈着陸〉【창뉵】[名][하다][自] 着陸. ‖이륙(離陸). ‖무사히 착륙하다 無事着陸する.

착목〈着目〉[장—][名][하다][自] 着目. 囲 착안(着眼). ‖장래성에 착목하다 将来性に着目する.

착복〈着服〉[─뽁】[名][하다][他] 着服. ‖공금을 착복하다 公金を着服する.

착상〈着床〉[─쌍】[名][하다][自] 着床.

착상〈着想〉[─쌍】[名][하다][他] 着想; 思いつき; アイデア. ‖착상이 좋다 着想がいい. 착상이 떠오르다 着想がわく.

착색〈着色〉[─쌕][名][하다][他] 着色.

착색-유리〈着色琉璃〉[─쌩뉴─][名] 着色ガラス.

착색-제〈着色劑〉[─쌕쩨][名] 着色剤.

착석〈着席〉[─쎅][名][하다][自] 着席. ‖전원 착석! 全員着席.

착수〈着手〉[─쑤] /tɕʰakʔsu/ [名][하다][他] 着手; 手をつけること; 踏み切ること; 乗り出すこと. ‖새로운 사업에 착수하다 新しい事業に着手する. 입사해서 처음으로 착수한 일 入社して初めて手がけた仕事.

착수-금〈着手金〉[─쑤─][名] 手付け;手付金.

착시〈錯視〉[─씨][名][하다][自] 錯視. ‖착시 현상 錯視現象.

착신〈着信〉[─씬][名][하다][自] 着信. ⇨발신(發信).

착신-음〈着信音〉[─씨늠][名] 着信音.

착실-하다〈着實〉/tɕʰakʔɕilhada/ [─씰─][形][하変] ❶真面目だ; 誠実だ. ‖착실한 생활 태도 真面目な生活態度. ❷着実だ. ‖착실하게 돈을 모으다 着実にお金を貯める. 착실-히 副

착안〈着眼〉[─간][名][하다][自] 着眼. 囲 착목(着目).

착안-점〈着眼點〉[─쩜][名] 着眼点; 目のつけ所.

착암-기〈鑿岩機〉[名] 削岩機.

착어-증〈錯語症〉[─쯩][名][医学] 錯語症.

착오〈錯誤〉/tɕʰago/ [名][하다][他] 錯誤;誤り. ‖시행착오를 거듭하다 試行錯誤を繰り返す. 제 판단 착오였습니다 私の判断の誤りでした.

착용〈着用〉[名][하다][他] 着用.

착유¹〈搾油〉[名][하다][自] 搾油.

착유²〈搾乳〉[名][하다][自] 搾乳. ‖착유기 搾乳機; ミルカー.

착임〈着任〉[名][하다][自] 着任.

착잡-하다〈錯雜─〉[─짜파─][形][하変](心が)複雑だ. ‖착잡한 심경 複雑な心境.

착종〈錯綜〉[─쫑][名][자동] 錯綜(ৢ). ‖착종된 논리 전개 錯綜した論理展開.

착지〈着地〉[─찌][名][하다][自] 着地.

착착 圖 粘り気のあるものがくっついて離れない樣子: べったり(と). ‖비에 젖어 옷이 몸에 착착 달라붙다 雨にぬれて服が体にべったり(と)つく. 착척.

착착² 圖 ものを手際よく整理する樣子. ‖옷을 착착 개키다 服をぱぱっと畳む. 툅척척.

착착³ /tɕʰakʔtɕʰak/ 圖 ❶足並みを揃えながら步く樣子. ❷物事が予定や順序通りにはかどる樣子: 着々(と). ‖준비가 착착 진행되다 準備が着々と進む. 툅척척.

착취〈搾取〉[名][하다][他] 搾取. ‖노동 착취 労働搾取. 착취-당하다 受動

착-하다 /tɕʰakhada/ [차카─] [形][하変] 心根がよい; 善良だ; おとない. ‖마음씨가 착하다 心根が良い. 착한 아이 おとない子ども; いい子.

착화〈着火〉[名][하다][自他] 着火; 発火.

착화-점〈着火點〉[─쩜][名] 着火点.

찬¹〈饌〉[반찬(飯饌)の略語] おかず.

찬² 차다(冷たい)の現在連体形.

찬³ 차다(滿ちる)の過去連体形.

찬⁴ 차다(蹴る・身につける)の過去連体形.

찬가〈讚歌〉[名] 賛歌. ‖사랑의 찬가 愛の賛歌.

찬-거리〈饌─〉[─꺼─] [「반찬거리(飯饌─)」の略語] おかずの材料.

찬-기〈─氣〉[名] 冷気. 囲 냉기(冷氣).

찬동〈贊同〉[名][하다][他] 贊同.

찬란-하다〈燦爛〉/tɕʰa:llanhada/ [잘─][形][하変] 燦爛(さん)としている; まばしく輝いている; 輝かしい. ‖찬란한 태양 まばしい太陽. 찬란한 문화 유산 輝かしい文化遺産. 찬란-히 副

찬-물〈─〉[tɕʰa:nmul] [名] 冷たい水; 冷や水; 冷水; 冷や冷水. 囲 냉수(冷水). 툅 더운물. ‖찬물 한 잔 주세요 お冷や 1杯ください. 너무 잠이 와서 찬물로 얼굴을 씻었다 あまりにも眠くて冷たい水で顔を洗った. ▶찬물을 끼얹다 水をさす.

찬미〈讚美〉[名][하다][他] 讃美.

찬미-가〈讚美歌〉[名]〈キリスト教〉贊

美歌. 찬송가(讚頌歌).
찬-바람 명 ❶ 冷たい風. ❷[比喩的に] 冷たい言動や雰囲気.
찬반(贊反) 명 贊否. ‖찬반 양론 贊否両論.
찬-밥 명 ㉮冷や飯. ㉯더운밥. ‖찬밥 세다 冷や飯を食う.
찬-방(-房) 명 火の気の全くない部屋.
찬부 명 贊否.
찬-비 명 冷雨; 冷たい雨.
찬사(讚辭) 명 贊辭. ‖아낌없는 찬사를 보내다 惜しみない贊辭を送る.
찬성(贊成) /tʃ'a:nsəŋ/ 명 하자 贊成. ㉮반대(反對). ‖법안에 찬성하다 法案に贊成する. 아무도 그 사람 의견에 찬성하지 않았다 誰も彼の意見に贊成しなかった.
찬성-표(贊成票) 명 贊成票. ‖찬성표를 던지다 贊成票を投じる.
찬송(讚頌) 명 하자 贊美.
찬송-가(讚頌歌) 명《キリスト教》讚美歌.
찬술(撰述) 명 하자 纂述.
찬스(chance) /tʃ'a:nsɯ/ 명 チャンス. ‖셔터 찬스 シャッターチャンス. 찬스를 놓치지 말다 チャンスを逃がさない.
찬양(讚揚) 명 하자 ほめたたえること.
찬의(贊意) [-/찬니] 명 贊意. ‖찬의를 표하다 贊意を表する.
찬장(饌欌)【-짱】명 茶簞笥(ﾀﾝｽ); 食器棚.
찬조(贊助) 명 하자 贊助. ‖찬조 출연 贊助出演.
찬조-금(贊助金) 명 贊助金.
찬찬-하다 형 하여 氣質がこまやかで落ち着いている. **찬찬-히** 副 綿密に. ‖찬찬히 살펴보다 綿密に調べる.
찬탄(讚歎·讚嘆) 명 하자 贊嘆. ‖찬탄의 소리 贊嘆の声.
찬탈(簒奪) 명 하자 簒奪(ﾀﾂ). ‖왕위를 찬탈하다 王位を簒奪する.
찬합(饌盒) 명 重箱.
-찮다【찬타】助 [하지 않다의 縮約形] …ない; …で(は)ない. ‖만만찮다 侮れない. 심상찮다 尋常ではない.
찰[1] 他 차다(蹴る·身につける)의 미래 連体形.
찰[2] 自 차다(滿ちる)의 미래 連体形.
찰-[3] 接頭 (穀物이나 食べ物が) 粘り気があることを表す. ‖찰떡 もち米で作った餠. 찰밥 赤飯である.
찰-거머리 명 ❶《動物》ヒル(蛭). ❷[比喩的に] ヒルのようにしつこくつきまとう 人. ‖찰거머리처럼 달라붙다 ヒルのようにへばりつく.
찰과-상(擦過傷) 명 擦過傷; すり傷.
찰그랑 副 하자 薄い金属片が触れ合って立てる音: ちゃりん. ‖동전이 떨어지면서 찰그랑 소리가 났다 硬貨が落ちてちゃりんと鳴った. ㉲철그렁. 찰그랑-찰그랑 副 하자 ちゃりんちゃりん.
찰그랑-거리다 自 ちゃりんと音がする. ㉲철그렁거리다.
찰-기(-氣) 명 粘り氣.
찰칵 副 하자 軽くて堅いものが打ち当たる音: かしゃ. ㉲철떡. ‖찰칵 하고 카메라 셔터를 누르다 かしゃとカメラのシャッターを切る. **찰칵-찰칵** かしゃかしゃ(と).
찰칵-거리다【-끼-】自 かしゃかしゃと音を立てる. ㉲철컥거리다.
찰나(刹那)【-라】명 刹那(ﾅ); 瞬間.
찰나-에(刹那-) 명 瞬間に; 途端に. ‖넘어지려는 찰나에 転びそうな瞬間に.
찰나-적(刹那的) 명 刹那的.
찰나-주의(刹那主義)【-라-/-라-이-】명 刹那主義.
찰떡 명 (いっぱいに)粘り氣のあるものがくっついて離れない様子: べったり. べたっと.
찰-떡 명 もち米で作った餠.
찰떡-궁합(-宮合)【-꿍-】명 男女の相性がこの上なく合うこと.
찰랑 副 ❶(いっぱいになった水が) 軽く揺れ動く様子[音]. ❷ (髪の毛などが) さらさらと揺れ動く様子. ㉲철렁.
찰랑-찰랑 副 ㉲철렁철렁.
찰랑-거리다 自 ❶(いっぱいになった水が) 軽く揺れ動く. ❷ (髪の毛などが) さらさらと揺れ動く. ㉲철렁거리다.
찰박 副 思わず溜まり水を踏んだ時の音: びしゃ. ㉲철벅. ‖찰박-찰박 副 하자 びちゃびちゃ(と); ばしゃばしゃ.
찰박-거리다【-끼-】自 びちゃびちゃと音を立てる. ㉲철벅거리다.
찰-밥 명 赤飯; おこわ.
찰-벼 명《植物》モチイネ(糯稲).
찰-부꾸미 명 もち米の粉をこねて焼いた餠.
찰상(擦傷)【-쌍】명 擦り傷.
찰싸닥 副 하자 =찰싹.
찰싹 副 하자 ❶ 波が押し寄せてきて岸壁などにぶつかる様子[音]: ざぶんと; ばしゃっと. ❷ 平手で勢いよく打つ様子: ぴしゃり(と). ‖애 엉덩이를 찰싹 때리다 子どものお尻をぴしゃりとたたく. ㉲철썩. **찰싹-찰싹** 副 하자 ざぶんざぶん(と).
찰싹-거리다【-끼-】自 ざぶんとばしゃっと音を立てる. ‖파도가 찰싹거리며 밀려오다 波がざぶんと押し寄せる.
찰지(察知)【-찌】명 하자 察知.
찰찰 副 (少量の液体が)溢れる様子: ちょろちょろ(と). ㉲철철.
찰카닥 副 하자 軽くて堅いものが打ち当たる音: かしゃ. ㉲철커덕. **찰카닥-찰카닥** 副 하자 かしゃかしゃ(と).
찰카닥-거리다【-끼-】自 かしゃかしゃと音を立てる. ㉲철커덕거리다.

찰카당 图 (하면) 金属などが強くぶつかる時に鳴り響く音: がたん. ⓢ철컥둥.
찰카당-찰카당 图 (하면) がたんがたん.
찰카당-거리다 囮 がたんがたんと音を立てる. ⓢ철컥둥거리다.
찰칵 图 軽くて堅いものが打ち当る音: かしゃ. ⓢ철컥. **찰칵-찰칵** 图 (하면) かしゃかしゃ(と).
찰칵-거리다 【-끼-】 囧 かしゃかしゃと音を立てる.
찰-흙 [-흑] 图 粘土. ⓢ점토(粘土).

참[1] /tʃʰam/ 图 本当, 真実, まこと. ⑦ 거짓. ‖참과 거짓 真実と虚偽. 참의 の意味.
— 图 実に; 本当に; 非常に. ‖참 예쁘다 本当にきれいだね.
— 图 ❶すっかり忘れていたことが思い出された時に発する語: あ; あっ. ‖참, 오늘 휴강이다 あ, 今日は休講だわ. ❷意外なことを目にした時に発する語: あ, 안 됐다 ああ, かわいそうだ.

참[2] 图 間食. ‖밤참 夜食.
— 依存 …(しようとした)ところ. ‖나가려던 참이었다 出かけようとしたところだった.

참가 (参加) 图 ᄒ面 参加. ‖평화 운동에 참가하다 平和運動に参加する. 자유 참가 自由参加.
참가-자 (参加者) 图 参加者.
참-개구리 图 (動物) トノサマガエル(殿様蛙).
참견 (参見) 图 ᄒ面 干渉; おせっかい. ‖참견을 하다 おせっかいをやく. 말참견을 하다 口を挟む.

참고 (参考) /tʃʰamgo/ 图 ᄒ面 参考. ‖자료를 참고하다 資料を参考にする. 참고로 그 사람 의견도 물어보다 参考までに彼の意見も聞いてみた. 많은 참고가 될 것 같다 大いに参考になりそうだ. 참고문헌 参考文献; レファレンス.
참고-서 (参考書) 图 参考書.
참고-인 (参考人) 图 参考人.
참관 (参観) 图 ᄒ면 参観. ‖수업참관 授業参観.
참관-인 (参観人) 图 ① 参観者. ② (法律) 参観人.

참극 (惨劇) 图 惨劇. ‖참극이 빚어지다 惨劇が起こる.
참-기름 /tʃʰamgirum/ 图 ゴマ油.
참-깨 图 (植物) ゴマ(胡麻).
참-나리 图 (植物) オニユリ(鬼百合).
참-나무 图 (植物) クヌギ(櫟).

참다 /tʃʰa:mta/ 图 【-따】 こらえる; 我慢する; 忍ぶ; 辛抱する; 堪える. ‖울분을 참다 うっぷんをこらえる. 더 이상 는 참을 수 있지만 추위는 참을 수가 없다 暑さは我慢できるが寒さは我慢できない. 조금만 더 참아라 もうしばらく辛抱なさい. 그녀는 더 이상 참지 못하고 회의실을 나가 버렸다 彼女は辛抱しきれず会議室を出ていってしまった.

참다-못해 【-따모태】 こらえられず; 我慢できず; たまりかねて 辛抱しかねて. ‖너무 시끄러워서 참다못해 한마디 한다 あまりのうるささにたまりかねて一言言う.

참담-하다 (惨憺-) 图 (하면) 惨憺(莎)としている. ‖참담한 현실 惨憺たる現実.
참-대 图 (植物) マダケ(真竹).
참-돔 图 (魚介類) マダイ(真鯛).
참-되다 图 (-되/-뒈) 偽りがない; 真しい. ‖참된 신앙심 真の信仰心.
참-뜻 【-뜯】 图 真義; 真意.
참-마 图 (植物) ヤマイモ(山芋).
참-마음 图 真心.
참-말 图 偽りない話; 本当の話.
참말-로 图 本当に; 実に.
참-매미 图 (昆虫) ミンミンゼミ.
참모 (参謀) 图 参謀. ‖선거 참모 選挙の参謀.
참모-총장 (参謀總長) 图 (軍事) 参謀総長. ✦陸軍·海軍·空軍の最高指揮官.
참배 (参拝) 图 ᄒ면 参拝. ‖신사 참배 神社参拝.
참변 (惨變) 图 惨事; むごたらしい事件や事故. ‖참변을 당하다 惨事にあう.
참-빗 【-빋】 图 すき櫛.
참-빗살나무 【-빋쌀-】 图 (植物) マユミ(檀).
참사[1] (参事) 图 参事.
참사-관 (参事官) 图 参事官.
참사[2] (惨死) 图 惨死.
참-사랑 图 真実の愛.
참살 (惨殺) 图 惨殺.
참상 (惨狀) 图 惨状. ‖전쟁의 참상을 알리다 戦争の惨状を知らせる.
참-새 图 (鳥類) スズメ(雀).
참새-구이 图 (スズメの) 焼き鳥.
참석 (参席) /tʃʰamsʌk/ 图 ᄒ면 出席; 列席. ‖회의에 참석하다 会議に出席する. 축하 파티에 참석하다 祝賀会に列席する. 참석자 명단 出席者名簿.
참선 (參禪) 图 ᄒ재 (仏教) 参禅.
참-소리 (-songi-語源) 图 讒言(炉).
참수 (斬首) 图 斬首(炉).
참-숯 图 堅炭(炉).
참신-하다 (斬新-) 图 (하면) 斬新だ. ‖참신한 아이디어 斬新なアイデア. 참신한 디자인 斬新なデザイン.
참-억새 [-게] 图 (植物) ススキ(薄).
참여 (参與) 图 ᄒ면 参与; 参加. ‖국정에 참여하다 国政に参与する.
참-오동 (-梧桐) 图 (植物) キリ(桐).
참외 /-/[-쒜] 图 (植物) マクワウリ(真桑瓜).
참-으로 图 本当に; 実に.
참을-성 (-性) 图 【-썽】 忍耐力; 辛抱強さ; 堪え性. ‖참을성이 있다 辛抱強い.
참작 (参酌) 图 ᄒ면 参酌(袉); 斟量(

斟酌(ひらく)［名］正常を斟酌する 情状を酌量する.
참전(参戦)［名］[하自] 参戦.
참정(参政)［名］[하自] 参政.
참정-권(参政権)【-권】［名］参政権.
참조(参照)［名］[하他] 参照.
참-조기(魚類)［名］イシモチ(石持).
참치/tɕʰamtɕʰi/［名］❶(魚介類) マグロ(鮪). ‖다랑어. ‖참치 회 マグロの刺身. ❷ ツナ. ‖참치 캔 ツナの缶詰.
참패(惨敗)［名］[하自] 惨敗. 🅟 快승(快勝). ‖참패를 당하다 惨敗を喫する.
참-하다[形]【-/ㅣ-】(顔立ちや外見が)整っている;しっかりしている. ‖참하게 생기다 整った顔立ちだ;しっかり者に見える. 하는 것 보면 착한 아이 나오겠다.
참해(惨害)［名］惨害. ‖참해를 입다 惨害をこうむる.
참혹(慙酷·慘酷)［名］[하形] 慙酷(ぞっとするほど惨たらしいこと).
참혹(惨酷)［名］[하形] 残酷;悲惨. ‖참혹한 광경 残酷な光景. **참혹-히**［副］
참혹-상(惨酷相)【-쌍】［名］悲惨な様相.
참화(惨禍)［名］惨禍(ぞっ). ‖전쟁의 참화 戦争の惨禍.
참-황새(鳥類)［名］コウノトリ(鶴).
참회(懺悔)［名］[-/-혜-] 懺悔(ぞっ). ‖뼈아픈 참회 痛切の懺悔.
참회-록(懺悔録)【-/-혜-】［名］懺悔録.
참획(参劃)［名］[-/-혜-] ［名］参画.
찹쌀/tɕʰapˀsal/［名］もち米. 🅟 멥쌀.
찹쌀-떡［名］もち米でつくった餅.
찻간(車間)【차간/찯깐】［名］車内;車の中.
찻-값(茶ー)【차값/찯깝】［名］喫茶店での勘定.
찻-길(茶ー)【차길/찯낄】［名］線路;車道. 🅟 차도(車道).
찻-숟가락(茶ー)【차숟ー/찯쑫ー】［名］ティースプーン;茶さじ. 🅟 찻숟갈.
찻-숟갈(茶ー)【차숟ー/찯쑫ー】［名］찻숟가락의 縮約形.
찻-잎(茶ー)【차닙/찯닙】［名］茶の葉.
찻-잔(茶ㅅ盞)【차잔/찯짠】［名］茶碗;ティーカップ.
찻-집(茶ー)【차집/찯찝】［名］喫茶店;コーヒーショップ.
창¹ ［名］❶(履物の)底. ‖구두 일창 靴底. ❷구두창의 略語.
창² (窓)［名］창문(窓門)の略語.
창³ (唱)［名］(音楽) チャン. ✢판소리(パンソリ)・잡가(雑歌)などに節をつけて高い声で歌うことまたはその歌.
창⁴ (槍)［名］槍(ゃ0).
-창⁵ (廠)［接尾］…廠(しょぅ). ‖병기창 兵器廠.
창가¹ (唱歌)［名］唱歌.
창-가² (窓ー)［名］窓際;窓辺.
창간(創刊)/tɕʰaŋgan/［名］[하他] 創刊. ‖새로운 타입의 잡지를 창간하다 新し

いタイプの雑誌を創刊する. **창간-되다** [하自]
창간-호(創刊号)［名］創刊号.
창건(創建)［名］[하他] 創建;建立(ごんりゅぅ). ‖나라 시대에 창건된 절 奈良時代に創建された寺.
창고(倉庫)［名］倉庫;ガレージ. ‖창고 대개방 ガレージセール.
창공(蒼空)［名］蒼空;青空.
창구(窓口)［名］窓口. ‖창구를 일원화 하다 窓口を一本化する. 매표 창구 切符売り場. 민원 창구 (役所などの)受付窓口.
창군(創軍)［名］軍隊を創設すること.
창궐(猖獗)［名］猖獗(ちょぅ);はびこること. ‖콜레라가 창궐하다 コレラがはびこる.
창극(唱劇)［名］ チャングッㇰ. ✢パンソリ(판소리)とチャン(창)を中心に劇的な要素で成り立つ韓国の古典劇.
창난-젓【-젇】［名］タラのはらわたの塩辛.
창녀(娼女)［名］娼婦;売春婦.
창단(創団)［名］[하他] 団体を設立[創設]すること.
창달(暢達)［名］[하他] 暢達(ちょぅ). ‖문화적 창달 文化の暢達.
창당(創党)［名］[하他] 立党;結党. ‖창당 대회 立党大会. 신당 창당 新党結成.
창-던지기(創ー)［名］(スポーツ) やり投げ.
창립(創立)【-닙】［名］[하他] 創立. ‖창립기념일 創立記念日.
창망(滄茫·蒼茫)［名］[하形] 蒼茫(ぞぅ). ‖창망한 바다 蒼茫たる海原.
창문(窓門)/tɕʰaŋmun/［名］窓. **창문을** 열다 窓を開ける. **창문을 닫다** 窓を閉める. 창문 너머로 보이는 초등학교 窓越しに見える小学校.
창문-틀(窓門ー)［名］窓枠.
창-밖(窓ー)【-박】［名］窓の外;窓辺.
창백-하다(蒼白ー)【-배ー】[하形] 蒼白だ;青白い. ‖얼굴이 창백해지다 顔面蒼白になる. 창백한 얼굴 青白い顔.
창법(唱法)【-뻡】［名］歌唱法. ‖독특한 창법 独特な唱法.
창사(創社)［名］[하他] 会社を創ること.
창-살(窓ー)【-쌀】［名］窓の格子.
창성(昌盛)［名］[하他] 昌盛(ごぅ).
창세(創世)［名］創世.
창세-기(創世記)［名］(キリスト教) 創世記.
창시(創始)［名］[하他] 創始.
창시-자(創始者)［名］創始者.
창씨-개명(創氏改名)［名］(歴史) 創氏改名(日本の植民地統治下の朝鮮で、朝鮮姓を廃して日本式の氏名に改名させ、朝鮮人を天皇制のもとに皇民化しようとした政策).
창안(創案)［名］創案.
창업(創業·刱業)［名］[하他] 創業.

창업-자(創業者)【-짜】图 創業者.
창의(創意)【-/-이】图(自) 創意.
창의-력(創意力) 图 創意工夫して新しいアイデアを考え出す力. ∥창의력이 뛰어난 작품 創意力に満ちた作品.
창의-성(創意性)【-썽/-이썽】图 創意性.
창의-적(創意的)【-쩍/-이쩍】图 独創的.
창자 /tʃʰaŋdʒa/ 图 はらわた.
창작(創作) /tʃʰa:ŋdʒak/ 图(他) 創作. ∥창작에 몰두하다 創作に没頭する. 창작 활동 創作活動. 창작 의욕 創作意欲.
창작-극(創作劇)【-끅】图 創作劇.
창작-물(創作物)【-짱】图 創作物.
창작-집(創作集)【-찝】图 創作作品集.
창작-품(創作品) 图 創作作品; 創作物.
창제(創製)图(他) 創製.
창조(創造)图(他) 創造. ∥천지 창조 天地創造.
창조-력(創造力) 图 創造力.
창조-물(創造物) 图 創造物.
창조-성(創造性)【-썽】图 創造性.
창조-적(創造的)【-쩍】图 創造的.
창졸(倉卒)图 倉卒.
창졸-간(倉卒間) 图 倉卒の間.
창창-하다(蒼蒼-)图【하영】❶ (空や海が)青い. ❷ (草木が)茂っている. ❸ 行く末がはるかに遠い. ∥창창한 앞날 蒼蒼たる未来.
창출(創出)图(他) 創出; 創り出すこと. ∥새로운 문화를 창출하다 新たな文化を創出する.
창-칼图 小刀.
창-틀(窓-) 图 窓枠.
창포(菖蒲)【植物】ショウブ(菖蒲).
창포-물(菖蒲-) 图 菖蒲湯.
창피(猖披) /tʃʰaŋpʰi/ 图【하영】恥; 恥ずかしさ. ∥사람들 앞에서 창피를 당하다 人前で恥をかく. 창피한 줄을 알아라 恥を知れ. 창피한 시험 결과 恥ずかしい試験結果.
창피-스럽다(猖披-)【-따】图【ㅂ변】恥ずかしい.
창해(滄海) 图 滄海(蒼海).
창해-상전(滄海桑田) 图 =상전벽해(桑田碧海).
창해-일속(滄海一粟)【-쏙】图 滄海の一粟(ぞく).

찾는(찬-)匿 찾다(探す)の現在連体形.
찾다 /tʃʰatta/ 【찾따】他 ❶ 探す; 捜す. ∥일자리를 찾다 仕事を探す. 범인을 찾다 犯人を捜す. 일자리를 찾다 職を探す. ❷ 見つける; 見いだす; 模索する. ∥잃어버린 반지를 찾다 失くした指輪を見つける. 타개책을 찾다 打開策を見いだす. 해외 시장에서 활로를 찾다 海外市場で活路を見いだす. ❸ 取り戻す. ∥주식 시장이 다시 활기를 찾고 있다 株式市場が再び活気を取り戻している. 활력을 찾다 活力を取り戻す. ❹ 求める. ∥애가 울면서 엄마만 찾고 있다 子どもが泣きながらお母さんばかり求めている. 이 디자인을 찾는 손님이 늘고 있습니다 このデザインを求めるお客様が増えています. ❺ 訪ねる; 訪れる. ∥일본을 찾는 관광객이 매년 늘고 있다 日本を訪れる観光客が年々増えている. ❻ 尋ねる. ∥일본어의 원류를 찾다 日本語の源流を尋ねる. ❼ (銀行にお金を)下ろす; 引き出す. ∥은행에서 돈을 찾다 銀行でお金を下ろす. ❽ (辞書を)調べる【引く】. ∥단어의 뜻을 사전에서 찾다 単語の意味を辞書で調べる.

찾아匿 찾다(探す)の連用形.
찾아-가다匿 ❶ 会いに行く; 訪ねていく. ∥친척집을 찾아가다 親戚の家を訪ねていく. ❷ (預けた物を)受け取りに行く. ∥물품 보관소에서 짐을 찾아가다 荷物預り所から荷物を受け取っていく.
찾아-내다 /tʃʰadʒɛ:da/ 匿 見つける; 見つけ出す; 見いだす; 探し出す. ∥오자를 찾아내다 誤字を見つけ出す. 잃어버린 지갑을 찾아내다 なくした財布を見つけ出す. 타개책을 찾아내다 打開策を見いだす.
찾아-다니다匿 捜し回る. ∥범인을 찾아다니다 犯人を捜し回る.
찾아-뵙다【-따】匿【ㅂ변】〔찾아가다の謙譲語〕伺う. ∥선생님을 찾아뵙다 先生のところに伺う.
찾아-오다匿 ❶ 訪ねてくる. ∥멀리서 친구가 찾아오다 遠方から友だちが訪ねてくる. ❷ (取り戻してくる)取り戻す. ❸ (銀行でお金を)下ろしてくる. ∥은행에서 돈을 찾아오다 銀行でお金を下ろしてくる. ❹ 探していくる.
찾아-헤매다匿 捜しあぐねる. ∥친구집을 찾아헤매다 友人の家を捜しあぐねる.
찾은匿 찾다(探す)の過去連体形.
찾을匿 찾다(探す)の未来連体形.

채[1] /tʃʰɛ/ 图 ❶ 太鼓やどらなどの打楽器を打ち鳴らす道具. ❷ (卓球・テニスなどの)ラケット; (ゴルフの)クラブ.
채[2] /tʃʰɛ/ 图 ❶ (野菜の)千切り. ∥무를 채썰다 大根を千切りにする. ❷ (野菜の)和え物.
채[3] (菜) 图(姓) 蔡(チェ).
채[4] /tʃʰe/ 匿 まだ; いまだ. ∥채 익지도 않은 고구마 まだ熟さないサツマイモ. 채 마르지도 않은 옷을 입고 나가다 まだ乾ききっていない服を着て出かける.
채[5] /tʃʰɛ/ 图 ❶ -軒; -棟. ∥집을 두 채 가지고 있다 家を2軒持っている. ❷ 布団などをまとめる単位: …組み. ∥이불 두 채 布団 2組み.
채[6] /tʃʰe/ 依名 状態が続いていることを表

わす;…まま;…のまま. ∥선 채로 졸고 있다 立ったまま眠り込んでいる. 손대지 않은 채로 手つかずのまま.

채결(採決)【하타】 採決. ∥이사회에서 채결하다 理事会で採決する. **채결-되다** 受動

채광¹(採光)【하타】 採光.
　채광-창(採光窓)【명】 採光窓;明かり取り;明かり窓.

채광²(採鑛)【하타】 採鑛.
　채굴(採掘)【하타】 採掘.

채권¹(債券)【명】【経】 債券.

채권²(債權)【명】【法律】 債權. ㉙채무(債務).
　채권-자(債權者)【명】 債權者. ㉙채무자(債務者).

채근-하다(採根−)【자타】【하변】 せかす;催促する. ∥너무 채근하지 마세요 あまりせかさないでください.

채널(channel)【명】 (テレビなどの)チャンネル. ∥채널을 돌리다 チャンネルを回す;チャンネルを変える.

채다¹【자】 차이다の縮約形.

채다²【타】 気づく;感づく. ∥눈치를 채다 気づく.

채다³ ❶ 突然強く引っ張る. ❷ ひったくる. ∥핸드백을 채어 가다 ハンドバッグをひったくっていく.

채도(彩度)【명】【美術】 彩度.

채록(採錄)【명】【하타】 採錄.

채무(債務)【명】【法律】 債務. ㉙채권(債權).
　채무-자(債務者)【명】 債務者. ㉙채권자(債權者).

채문-토기(彩紋土器)【명】 彩文土器.

채-반(−盤)【명】 萩などの細い枝で編んだ縁のない入れ物.

채벌(伐採)【명】【하타】 伐採. ㉟벌채(伐採).

채변-검사(採便検査)【명】 檢便.

채비(−差備)【명】【하타】 用意;準備;支度. ∥여행 갈 채비를 하다 旅行の支度をする.

채산(採算)【명】【하타】 採算. ∥채산이 맞다 採算がとれる. 채산이 맞지 않다 採算が合わない.
　채산-성(採算性)【−성】【명】 採算性.
　채산-제(採算制)【명】 採算制. ∥독립 채산제 独立採算制.

채색(彩色)【명】【하타】 彩色.
　채색-화(彩色畫)【−새콰】【명】【美術】 彩色画.

채석(採石)【명】【하타】 採石.
　채석-장(採石場)【−짱】【명】 採石場.

채소(菜蔬)【명】 野菜. ㉘야채(野菜). ∥채소 가게 八百屋.
　채소-밭(菜蔬−)【−밭】【명】 野菜畑;菜園.

채송-화(菜松花)【명】【植物】 マツバボタン(松葉牡丹).

채식(菜食)【명】【하타】 菜食. ㉙육식(肉食).
　채식-주의(菜食主義)【−주−/−주이】【명】 菜食主義.
　채식주의-자(菜食主義者)【−주−/−주이−】【명】 菜食主義者;ベジタリアン.

채신 行ない;品行;身持ち.
　채신-머리【명】 채신の俗っぽい言い方.
　채신-없다【−시넙−따】【형】 身持ちが悪い;威厳がない;ぶざまだ. **채신없이** 副 채신없이 굴다 ぶざまにふるまう.

채-썰다【타】【ㄹ語幹】 千切りにする. ∥무를 채썰다 大根を千切りにする.

채용(採用)【명】【하타】 採用. ∥신입 사원을 채용하다 新入社員を採用する. 채용 시험 採用試験.

채우다 /chʰɛuda/【타】 ❶ (차다²の使役動詞)満足させる;満たす. ❷ 欲心을 채우다 欲を満たす. ❷ (차다²의 使役動詞)かける. ∥수갑을 철컥 채우다 手錠をがちゃりとかける. 열쇠를 채우다 鍵をかける. ❸ (ボタンを)はめる. ❸ 단추를 채우다 ボタンをはめる.

채이다【자】 차이다の誤り.

채점(採點)【−쩜】【명】 採点.

채집(採集)【명】【하타】 採集. ∥곤충 채집 昆虫採集. 식물 채집 植物採集.

채찍(鞭(칙))【명】 ∥채찍을 들다 鞭を入れる[当てる].
　채찍-질【−찔】【명】【하타】 ❶ 鞭打ち. ❷ 鞭撻(べんたつ).

채취(採取)【명】【하타】 採取;採ること. ∥모래를 채취하다 砂金を採取する. 지문을 채취하다 指紋を採る. **채취-되다[−당하다]** 受動

채-칼(−−)【명】 千切り用の包丁.

채택(採擇)【명】【하타】 採択. ∥새 교과서를 채택하다 新しい教科書を採択する. **채택-되다** 受動

채팅(chatting) /chʰɛtʰiŋ/【명】【자】 (IT) チャット. ∥채팅에 빠지다 チャットにはまる.

채플(chapel)【명】(キリスト教) チャペルまたはそこで行われる礼拝.

채혈(採血)【명】【하타】 採血.

채화(採火)【명】【하타】 採火.

책¹(冊) /chʰɛk/【명】 本;書籍;図書. ∥책을 읽다 本を読む. 책으로 엮어 本にまとめる. 권하고 싶은 책 お薦めの本. 미술 관계의 책을 출판하다 美術関係の本を出版する. 동화책 세 권을 사다 童話の本を3冊買う다. 만화책 漫画の本.

책²(冊)【의】 册.

-책³(策)【접미】 …策. ∥해결책 解決策.

책-가방(冊−−)/chʰɛkʔkabaŋ/【−까−】【명】 学生かばんの総称.

책-갈피(冊−−)【−깔−】【명】 本のページとページの間.

책-값(冊−)/chʰɛkʔkap/【−깝】【명】 ❶ 本の値段. ❷ 本代.

책-거리(冊-)【-꺼-】 图 (他) 授業や勉強会などで本を読み終えた後に行なう打ち上げ.

책-꽂이(冊-)/tɕʰɛkʔkodʑi/ 图 本棚; 書棚.

책동(策動)【-똥】 图 策動. ‖쿠데타를 책동하다 クーデターを策動する.

책-뚜껑(冊-) 图 本の表紙.

책략(策略) 图 策略.

책략-가(策略家)【챙냐까】 图 策略家.

책망(責望)【-짱】 图 (他) (失敗などを)叱ること. ‖책망을 듣다 叱られる.

책무(責務) 图 責務. ‖책무를 완수하다 責務を全うする.

책-받침(冊-)【-빤-】 图 (文房具の)下敷き.

책방(冊房)/tɕʰɛkʔpaŋ/【-빵】 图 本屋; 書店. ‖서점(書店). ‖책방에 들르다 本屋に寄る.

책-배낭(冊背囊) 图 本入れの背負いリュック.

책-벌레(冊-)【-뻴-】 图 本の虫.

책사(策士)【-싸】 图 策士.

책상(冊床)/tɕʰɛkʔsaŋ/【-쌍】 图 机; デスク. ‖하루 종일 책상 앞에 앉아 있다 一日中机に向かっている. 책상 위에 놓인 책 机の上に置かれた本.

책상-다리(冊床-)【-쌍-】 图 あぐらをかくこと. ‖책상다리를 하다 あぐらをかく.

책상-머리(冊床-) 图 机の上; 机の前.

책상-물림(冊床-) 图 書生っぽ; 学者ばか.

책상-조직(冊狀組織) 图〖植物〗柵状組織.

책임(責任)/tɕʰɛgim/【-김】 图 責任. ‖책임을 다하다 責任を果たす. 책임을 지다 責任をとる[負う]. 보호자로서의 책임 保護者としての責任. 책임의 소재 責任の所在. 책임이 따르다 責任が伴う.

책임-감(責任感) 图 責任感. ‖책임감이 강하다 責任感が強い.

책임-능력(責任能力)【-녁】 图〖法律〗責任能力.

책임-량(責任量)【-냥】 图 ノルマ.

책임-보험(責任保險) 图 責任保険.

책임-자(責任者) 图 責任者.

책임-전가(責任轉嫁) 图 責任転嫁.

책자(冊子)【-짜】 图 冊子. ‖소책자 小冊子.

책-잡다(責-)【-짭따】 (他) とがめる; 責める; なじる. (파) **책잡히다**(責-).

책-잡히다(責-)【-짜피-】 [책잡다의 受身動詞] とがめられる; 責められる; なじられる. ‖책잡힐 짓을 하다 責められることをする.

책장[1](冊張)【-짱】 图 本のページ. ‖책장을 넘기다 ページをめくる.

책장[2](冊欌)【-짱】 图 本棚.

책정(策定)【-쩡】 图 (他) 策定. ‖예산을 책정하다 予算案を策定する. 적정가를 책정하다 適正価格を策定する.

책-제목(冊題目)【-쩨-】 图 本の題目; 本のタイトル.

책-하다(責-)【체카-】 (他) 〖하오〗(過ち・非などを)責める. ‖다른 사람의 잘못을 책하다 人の非を責める.

챔피언(champion) 图 チャンピオン.

챙(遮陽)【차량】 图 (車輪・日除の縮め形)帽子のつば. ‖챙이 넓은 모자 つばの広い帽子.

챙기다/tɕʰɛŋgida/ (他) ❶ 取り揃える; 必要なものを取り揃える. ❷ 世話をする; 面倒をみる. ‖부하 직원을 챙기다 部下の面倒をみる. ❸ 整理する.

처[1](妻)/tɕʰʌ/ 图 妻; 家内; 女房. ‖처음에는 내 처입니다 内縁の 처 内縁の妻.

처[2](處) 图〖行政〗中央行政機関の1つ. ‖법제처 法制処.

처가(妻家) 图 妻の実家.

처가-살이(妻家-) 图 (自) 妻の実家で暮らすこと.

처갓-집(妻家ㅅ-)【-가집~-간찝】 图 = 처가.

처남(妻男) 图 妻の男兄弟; 義兄; 義弟.

처남-댁(妻男宅)【-땍】 图 처남의妻.

처-넣다【-너타】 (他) 詰め込む; 突っ込む; ぶち込む. ‖감옥에 처넣다 監獄にぶち込む.

처녀(處女) 图 処女; 乙女; (未婚の)独身女性.

처녀-림(處女林) 图 処女林; 原始林.

처녀-막(處女膜)〖解剖〗処女膜.

처녀-성(處女性)【-썽】 图 処女性.

처녀-자리(處女-) 图〖天文〗乙女座.

처녀-작(處女作) 图 処女作.

처녀-장가(處女-) 图 再婚する男性が処女を妻として迎えること.

처녀-지(處女地) 图 処女地.

처녀-총각(處女總角) 图 未婚の若い男女.

처녀-티(處女-) 图 娘らしさ. ‖처녀티가 나다 娘らしくなる.

처녑〖料理〗センマイ(千枚). ✦〖料理〗牛の第三胃.

처단(處斷) 图 (他) 処断; 即決 처단 即決処断.

처-담다【-따】 (他) やたらに詰め込む.

처덕(妻德) 图 妻のおかげ; 内助の功.

처량-하다(凄凉-)/tɕʰʌrjaŋhada/【-하 요】 もの悲しい; もの哀れだ. ‖처량한 내 신세 もの悲しい身の上. 처량한 가을밤 もの悲しい秋の夜. 처량하게 보이다 もの悲しく見える. **처량-히** 图.

처럼 〖助詞〗…のように; …と同じく; …のごとく. ‖애처럼 좋아하다 子どものように喜ぶ. 눈처럼 희다 雪

のように白い. 처음 만났을 때처럼 初めて会った時のように.

처렁 [副] [하自他] 薄い金属がぶつかり合って出す音: ちゃりん. [작]차랑. **처렁-처렁** [副] [하自他] ちゃりんちゃりん.

처렁-거리다 [自他] ちゃりんと音を立てる.

처리 (處理) /ʧʰɔːri/ [名] [하他] 処理. ‖컴퓨터로 정보를 처리하다 コンピューターで情報を処理する. 혼자서 처리할 수 있는 일 1人で処理できる仕事. 일 처리가 신속하다 仕事の処理が速い. **처리-되다** [受身]

처마 [名] 軒(のき).

처마 끝 【-끋】 [名] 軒先; 軒端. ‖처마 끝에서 떨어지는 빗방울 軒先から落ちる雨粒.

처마-밑 【-믿】 [名] 軒下. ‖처마밑에서 비를 피하다 軒下で雨やどりをする.

처-마시다 [他] 〔마시다の俗語〕 やたらに飲む.

처-먹다 【-따】 [他] 〔먹다の俗語〕 やたらに食べる; 食う.

처-먹이다 [他] 〔먹이다の俗語〕 やたらに食べさせる.

처-박다 /ʧʰɔbakˀta/ 【-따】 [他] ❶むやみに打ち込む; つぎ込む. ‖못을 처박다 釘を打ち込む. 노름에 돈을 처박다 博打にお金をつぎ込む. ❷ものをやみくもに放り込む. ❸閉じ込める. [受]처박히다.

처박-히다 【-바키-】 [自] 〔처박다の受身動詞〕 押し込められる; 押し込まれる; 閉じ込められる; 閉じこもる; 突っ込む. ‖하루 종일 방에 처박혀 있다 一日中部屋に閉じこもっている. 차가 논바닥에 거꾸로 처박히다 車が田んぼに逆さまに突っ込む.

처방 (處方) [名] 処方.

처방-전 (處方箋) [名] 処方箋(せん).

처벌 (處罰) [名] [하他] 処罰. ‖규칙을 위반한 사람을 처벌하다 規則に違反した人を処罰する. 처벌을 받다 処罰を受ける. **처벌-당하다** [受身]

처복 (妻福) [名] いい妻を迎える運.

처-부모 (妻父母) [名] 妻の両親.

처분 (處分) /ʧʰɔːbun/ [名] [하他] 処分. ‖재산을 처분하다 財産を処分する. 엄중하게 처분하다 厳重に処分する. 폐기 처분 廃棄処分.

처분권-주의 (處分權主義) 【-꿘-/-꿘-이】 [名] 《法律》 処分権主義.

처사[1] (處事) [名] 仕打ち; 他人に対する好ましくない扱い方. ‖부당한 처사 不当な仕打ち.

처사[2] (處士) [名] 処士.

처서 (處暑) [名] (二十四節気の)処暑.

처세 (處世) [名] [하自] 処世; 世渡り. ‖처세에 능하다 世渡りが上手だ.

처세-술 (處世術) [名] 処世術.

처소 (處所) [名] 居場所; 居所; 住所.

처신 (處身) [名] [하自] 身持ち; 行ない; 品行. ‖처신을 잘 해야 한다 身持ち[行ない]に気をつけなければならない. 처신을 잘못하다 身持ちが悪い.

처연-하다 (凄然-) [形] 『하変』 凄然としている; うら悲しい. **처연-히** [副]

처용-가 (處容歌) [名] 《文芸》 新羅中期から高麗初期まで民間に広まった향가(鄕歌)の1つ. 처용が自分の妻を犯した疫病神を追い払うために作った詩歌.

처용-무 (處容舞) [名] 《文化財》 宮中で祝宴や大晦日に踊った宮中舞の1つ. 처용の面を被って처용가を歌いながら悪鬼を追い払う舞踊.

처우 (處遇) [名] [하他] 処遇. ‖처우 개선 処遇改善.

처음 /ʧʰɔum/ [名] 最初; 初め. [縮]첨. ‖처음부터 잘하는 사람은 없다 初めから上手な人はいない. 처음이 중요하다 最初が肝心だ. 어제 처음으로 한국 영화를 보았다 昨日初めて韓国映画を見た.

처자[1] (妻子) [名] 妻子.

처-자식 (妻子息) [名] =처자[1].

처자[2] (處子) [名] =처녀.

처절-하다[1] (凄切-) [形] 『하変』 凄切だ; 身にしみるほど悲しい.

처절-하다[2] (悽絶-) [形] 『하変』 凄絶(せいぜつ)だ; すさまじい. ‖처절한 싸움 凄絶な戦い.

처제 (妻弟) [名] 妻の妹; 義妹.

처지 (處地) /ʧʰɔːʤi/ [名] ❶置かれている立場; 境遇. ‖남의 처지 人の立場. ❷間柄; 関係. ‖그런 부탁을 할 처지는 아니다 そういうお願いをするほどの間柄ではない.

처-지다 [自] ❶(気持ちが)沈む; 気落ちする. ‖처진 목소리로 沈んだ声で. 어깨가 축 처져 있다 肩を落としている. ❷垂れる. ‖귀가 처진 개 耳の垂れた犬. ❸後れを取る; 取り残される. ‖시대에 처지다 時代に取り残される. 유행에 처지다 流行に取り残される. 신제품 개발에 처지고 있다 新製品の開発に後れを取っている. ❹劣る; (成績などが)下がる. ‖성적이 처지다 成績が下がる.

처참-하다 (悽慘-) [形] 『하変』 凄惨(せいさん)だ; むごたらしい. ‖처참한 사고 현장 凄惨な事故現場.

처치 (處置) [名] [하他] 処置; 処分. ‖응급처치 応急処置.

처-하다 (處-) /ʧʰɔːhada/ [自] 『하変』 ❶(ある立場に)置かれる; 立たされる. ‖곤경에 처하다 苦境に立たされる. ❷処する. ‖위기에 처하다 危機に処する. 실형에 처하다 実刑に処する.

처형[1] (妻兄) [名] 妻の姉; 義姉.

처형[2] (處刑) [名] [하他] 処刑. ‖반역자를 처형하다 反逆者を処刑する. **처형-되다** [受身]

척[1] [副] ❶隙間なくくっついている様子: ぴ

척

たり. ❷2つのものがきわめて密接である 様子: ぴったり. ‖사람한테 달라붙다 人にべったりとくっつく. ❸ 動作が素早 く行なわれる様子: さっと; さっと. ‖손을 척 내밀다 手をすっと差し出す. ❹一瞥 [一見]する様子; ちらっと見る様子. ‖한 번 척 쳐다보다 一瞥を投げる; 一瞥する 척 보기에도 신경질적으로 보이는 사람 一見して神経質に見える男.

척² 图 ❶ものが力なく垂れ下がった様子: だらり. ❷ 疲れなどで力の抜けた様子: ぐったり. ‖지쳐서 의자에 척 걸터앉다 くたびれて椅子にぐったり腰かける.

척³ (尺) 依名 長さの単位: …尺.

척⁴ (隻) 依名 …隻. ‖배 한 척 船 1 隻.

척결 (剔抉) 【-결】图 他動 剔抉(てっ); あばき出すこと. ‖비리를 척결하다 不正を剔抉する.

척관-법 (尺貫法) 【-꽌뻡】图 尺貫法.

척량 (尺量) 【청냥】图 他動 (ものを)物差しで測ること.

척박-하다 (瘠薄-) 【-빠카-】图 하変 (土地が)やせおとろえている.

척살 (刺殺) 【-쌀】图 他動 刺殺.

척색-동물 (脊索動物) 图 액똥- 图 (動物) 脊索動物. ÷ 척추동물과 원삭동물의 총칭.

척수 (脊髄) 【-쑤】图 [解剖] 脊髄.

척수-막 (脊髄膜) 图 [解剖] 脊髄膜.

척수-염 (脊髄炎) 图 [医学] 脊髄炎.

척식 (拓殖・拓植) 【-씩】图 [他動] 拓殖(拓植). ‖척식 회사 拓殖会社.

척주 (脊柱) 【-쭈】图 [解剖] 脊柱.

척척¹ 副 粘り気のあるものがくっついて離れない様子: べったり(と). ‖비에 젖어 옷이 몸에 척척 달라붙다 雨にぬれて服が体にべったり(と)つく. 하変 착착.

척척² 副 物事を手際よく整理する様子. ‖모든 일을 알아서 척척 처리하다 あらゆることをてきぱきと処理する. 하変 착착.

척척³ /tʃʰəkk͈ʰək/ ❶ 足並みを揃えながら歩く様子. ❷ 物事が予定や順序通りにはかどる様子: 着々と. ‖일이 척척 진행되어 일이 着々と進む. ❸ 息が合う 様子: ぴったり. ‖손발이 척척 맞다 息がぴったり(と)合う. 하変 착착.

척추 (脊椎) 图 [解剖] 脊椎(ぽ).
척추-골 (脊椎骨) 图 [解剖] 脊椎骨.
척추-동물 (脊椎動物) 图 [動物] 脊椎動物.

척출 (剔出) 【-쭐】图 他動 剔出(ぽ); ほじくり出すこと.

척-하다 【처카-】 自 하変 偉そうにふるまう; 威張る態度を取る.

척-하다 图 いかにもそうだと見せかけることを表わす: …するふりをする; …ぶる; …過ぎる. ❶ 체하다. ‖그는 척하다 偉そうな顔をする. 모르는 척하다 知らないふりをする; 知らん顔をする.

척후-병 (斥候兵) 【처쿠-】图 (軍事) 斥候(ぽ)(兵).

천¹ 图 布; 布地; 生地.

천² (姓) 图 千(チョン).

천³ (千) /tʃʰən/ 冠图 千. ‖천원 チウォン; 천 명 千人. ‖천 갈래의 만 갈래로 찢어지면; 천 갈래 만 갈래로 끊어지면; 벌벌 끊어진. ‖천 길 물속은 알아도 한 길 사람의 속은 모른다 諺 (「千尋の水深は分かっても一尋の人の心は分からない」の意で)人の心は分からないものだ. ‖천 냥 빚도 말로 갚는다 諺 (「千両の借金も言葉で返す」の意で)処世には話術も必要だ.

천객-만래 (千客萬來) 【-갱말-】图 千客万来.

천거 (薦擧) 图 他動 薦挙; 推薦. ‖인재를 천거하는 人材を推薦する.

천고마비 (天高馬肥) 图 天高く馬肥ゆること. ‖가을은 천고마비의 계절 秋は天高く馬肥ゆる季節.

천고-만난 (千苦萬難) 图 千辛万苦.

천공 (天空) 图 天空.

천공 (穿孔) 图 自動 穿孔(ぽ).

천공-판 (穿孔板) 图 [動物] 穿孔板.

천구 (天球) 图 [天文] 天球.

천구-의 (天球儀) 图 [-ㅣ] 图 [天文] 天球儀.

천국 (天國) 图 天国.

천군-만마 (千軍萬馬) 图 千軍万馬. ‖천군만마를 얻은 듯하다 千軍万馬を得たようだ.

천근-만근 (千斤萬斤) 图 非常に重い. ‖오늘은 몸이 천근만근 같아 今日は体が非常に重い.

천금 (千金) 图 千金. ‖일확천금 一攫千金.

천금-같다 (千金-) 图 千金に値するほどの価値がある.

천금같-이 (千金-) 副

천기 (天氣) 图 天気; 天候.

천기 (天機) 图 天機.

천기-누설 (天機漏泄) 图 自動 天機を漏らすこと.

천년 (千年) 图 千年.

천년-만년 (千年萬年) 图 千秋万歳.

천년-왕국 (千年王國) 图 (キリスト教) 千年王国.

천당 (天堂) 图 天国.

천대 (賤待) 图 他動 冷遇. ‖천대를 받다 冷遇を受ける; 冷遇される.

천더-기 (賤-) 图 のけ者; 邪魔者.

천더-꾸러기 (賤-) 图 천더기の俗語.

천덕-스럽다 (賤-) 【-쓰-따】图 [ㅂ変] (身なりや言動などが)下品で卑しい. 천덕스레 副

천도 (天桃) 图 天界上にあると言われる桃.

천도 (天道) 图 天道.

천도 (遷都) 图 自動 遷都; 都遷り. ‖메이지 2년에 도쿄으로 천도하다 明治 2 年東京に遷都する.

천도-교 (天道敎) 〖宗敎〗 天道敎.
✤ 1860년 최제우(崔濟愚)에 의하여 창도(唱導)된 동학(東學)을 모태로 하는 종교.

천동-설 (天動說) 天動說. ㉻지동설 (地動說).

천둥 (↼天動) 雷. ‖천둥이 치다 雷が落ちる.

천둥-소리 (↼天動-) 雷声; 雷鳴. ㉻우렛소리.

천렵 (川獵) 【-렵】 〖自〗 川猟(川漁).

천륜 (天倫) 【-륜】 图 天倫. ‖천륜을 저버리다 天倫にそむく.

천리¹ (千里) 【-리】 图 千里.

천리-길 (千里-) 【-낄】 图 遠い道のり. ▶천리길도 한걸음부터 (諺) 千里の道も一歩から.

천리-마 (千里馬) 图 千里の馬.

천리-만리 (千里萬里) 【---말-】 图 千里万里. ㉻천만리(千萬里). ‖천리만리나 떨어진 곳 千里万里の隔て.

천리-향 (千里香) 【-리-】 图 〖植物〗 서향(瑞香)の通称.

천리² (天理) 【-리-】 图 天と地の自然の道理.

천마 (天馬) 图 天馬.

천막 (天幕) 图 テント. ‖천막을 치다 テントを張る.

천만¹ (千萬) 〔名詞について〕 程度がはなはだしい意を表わす; 千万(ばん). ‖유감 천만이다 遺憾千万だ.

천만-다행 (千萬多幸) 图形 きわめて運がいいこと. ‖일이 그만한 데 그친 것은 천만다행이다 事がそれだけで済んで本当に幸いだ.

천만-부당 (千萬不當) 图形 〔천부당만부당(千不當萬不當)の略語〕 不当千万; とんでもないこと. ‖천만부당한 소리 とんでもないこと.

천만² (千萬) 數 千万(ばん). ‖천만 원 1 千万ウォン. ▶천만의 말씀 とんでもない.
— 副 全然; まったく; 非常に.

천만-금 (千萬金) 图 万金に値するほどの金額や値打ち.

천만-년 (千萬年) 图 千年万年; 千秋万歳.

천만-리 (千萬里) 【-말-】 图 〔천리만리(千里萬里)の略語〕千里万里.

천만-번 (千萬番) 图 きわめて多い回数. ‖천만번을 되뇌다 数え切れないほど繰り返し言う.

천만-에 (千萬-) /tʃʰənmane/ 感 ❶ どういたしまして. ❷ めっそうもない; とんでもない.

천명¹ (天命) 图 天命.

천명² (闡明) 图他 闡明(は).

천문 (天文) 图 天文.

천문-대 (天文臺) 图 天文台.

천문-도 (天文圖) 图 天文図.

천문-학 (天文學) 图 天文学.

천문학-적 (天文學的) 【-쩍】 图 天文学的. ‖ 천문학적인 숫자 天文学的な数字.

천민 (賤民) 图 賎民.

천박-하다 (淺薄-) 【-바카-】 形 〔하게〕 浅薄だ; 浅はかだ. ‖천박한 생각 浅はかな考え. 천박한 지식 浅薄な知識.

천방-지축 (天方地軸) 图 身の程を知らずにでしゃばること; 状況判断が全くできていないこと. ‖천방지축으로 까불다 むちゃくちゃにふざける.

천벌 (天罰) 图 天罰. ‖천벌을 받다 罰が当たる. 천벌이 내리다.

천변¹ (天變) 图 天変.

천변-지이 (天變地異) 图 天変地異.

천변² (川邊) 图 川辺; 川端; 川ばた.

천변만화 (千變萬化) 图自 千変万化.

천복 (天福) 图 天福.

천부¹ (天父) 图 〖キリスト教〗 神.

천부 (天賦) 图 天賦. ‖천부적인 자질 天賦の資質.

천부-설 (天賦說) 图 天賦説; 先天説.

천부당-만부당 (千不當萬不當) 图形 不当極まりないこと. ㉻천만부당(千萬不當). ‖천부당만부당한 소리 とんでもないこと.

천붕지통 (天崩之痛) 图 王や父の死による大きな悲しみ.

천사 (天使) 图 天使.

천상 (天上) 图 天上.

천상-계 (天上界) 【-/-게】 图 〖仏教〗 天上界.

천상-천하 (天上天下) 图 天上天下; 全世界.

천생 (天生) 图 生まれつき; 天賦.
— 副 ❶ 生まれながら; 生まれつき; 初めから. ‖천생 고생할 팔자 初めから苦労する運命. ❷ まるで; そっくり. ‖웃는 얼굴이 천생 제 아버지다 笑う顔がお父さんにそっくりだ. ❸ 仕方なく. ‖천생 내가 갈 수밖에 없다 私が行くしかない.

천생-배필 (天生配匹) 图 天が定めた似合いの夫婦.

천생-연분 (天生緣分) 【-년-】 图 天が定めた縁.

천석-꾼 (千石-) 图 千石の米を収穫できるほどの富農.

천성 (天性) 图 天性. ‖타고난 천성 持って生まれた天性.

천세 (千歲) 图 〔천추만세(千秋萬歲)の略語〕千歳; 千秋万歳.

천수¹ (天壽) 图 天寿. ‖천수를 누리다 天寿を全うする.

천수-관음 (千手觀音) 图 〖仏教〗 千手観音.

천수-답 (天水畓) 图 天水田.

천시 (賤視) 图他 見下すこと; さげすむ

むこと; 蔑視.
천식(喘息) 图 喘息.
천신-만고(千辛萬苦) 图 [하다] 千辛万苦. ‖천신만고 끝에 성공하다 千辛万苦の末成功する.
천심(天心) 图 天心.
천애(天涯) 图 天涯. ‖천애의 고아 天涯孤独の身.
천양지차(天壤之差) 图 雲泥の差. ‖실력이 천양지차다 実力が雲泥の差だ.
천연(天然) /tʰjʌnjʌn/ 图 天然. ⑳인공(人工).
천연-가스(天然 gas) 图 天然ガス.
천연-고무(←天然 gomme) 图 天然ゴム. ⑳생고무(生-).
천연기념물(天然記念物) 图 天然記念物.
천연-림(天然林) [-님] 图 天然林.
천연-색(天然色) 图 天然色.
천연-석(天然石) 图 自然石.
천연-섬유(天然繊維) 图 天然繊維. ⑳인공 섬유(人工繊維).
천연-수지(天然樹脂) 图 天然樹脂. ⑳합성수지(合成樹脂).
천연-자원(天然資源) 图 天然資源.
천연덕-스럽다(天然-) [-쓰-따] 圈 [ㅂ変] 平然としている; 飾り気なく自然だ; まことしやかだ. ‖천연덕스러운 태도 平然たる態度. 천연덕스럽게 거짓말을 하다 まことしやかにうそをつく. **천연덕스레** 罰
천연-두(天然痘) 图 [医学] 天然痘.
천왕-성(天王星) 图 [天学] 天王星.
천외(天外) [-/-뉀] 图 ‖기상 천외 奇想天外.
천우-신조(天佑神助) 图 天佑神助.
천운(天運) 图 天運.
천은(天恩) 图 天恩.
천의(天意) 【-/-치니】 图 天意.
천의-무봉(天衣無縫) [처니-] 图 天衣無縫.
천이(遷移) 图 [하다] 遷移.
천인-공노(天人共怒) 图 [하다] 誰もが憤慨すること; 許しがたいこと. ‖천인공노할 만행 許しがたい蛮行.
천일-기도(千日祈禱) 图 千日参り.
천일-염(天日塩) [-림] 图 天日塩.
천일-홍(天日紅) 图 [植物] センニチコウ(千日紅).
천자(天子) 图 天子.
천자-문(千字文) 图 千字文.
천장(天障) 图 天井.
천재¹(天才) 图 天才.
  천재-적(天才的) 圈 天才的. ‖천재적인 피아니스트 天才的なピアニスト.
천재²(天災) 图 天災.
  천재-지변(天災地變) 图 天災地変; 天変地異. ⑳인재(人災).

천재³(淺才) 图 浅才.
천재-일우(千載一遇) 图 千載(ぜん)一遇. ‖천재일우의 기회 千載一遇のチャンス.
천적(天敵) 图 天敵.
천정¹(天井) 图[俗] 天頂.
천정²(天井) 图 천장(天障)의 誤り.
천정-부지(天井不知) 图 ‖땅값이 천정부지로 치솟다 地価が天井知らずに跳ね上がる.
천정-천(天井川) 图 [地] 天井川.
천제(天帝) 图 天帝.
천주-교(天主教) 图 [宗教] 天主教; カトリック.
천중-절(天中節) 图 [民俗] 端午の節句. ⑳단오(端午).
천지(天地) /tʰʌndʒi/ 图 ❶ 天地. ❷ 世界; 世の中. ‖신천지 新天地. ❸ [一部の名詞に付いて] その名詞が表わすものがあふれていることを表わす; …だらけ. ‖주위에는 박사 천지다 周りは博士だらけだ. ▶천지가 진동하다 天地を揺るがす.
천지-간(天地間) 图 天と地の間.
천지-개벽(天地開闢) 图 [하다] 天地開闢(かいびゃく).
천지-신명(天地神明) 图 天地神明.
천지-에(天地-) 罰 強い驚きや感動の気持ちを表わす: なんと; なんたる; どうして. ‖천지에 이런 일이 있다니 なんということだ.
천지-인(天地人) 图 天地人.
천지-창조(天地創造) 图 天地創造.
천직¹(天職) 图 天職.
천직²(賤職) 图 賤職.
천진난만-하다(天眞爛漫-) 圈 [하変] 天真爛漫だ. ‖천진난만한 아이 天真爛漫な子ども.
천진무구-하다(天眞無垢-) 圈 [하変] 純真無垢だ.
천차만별(千差萬別) 图 [하다] 千差万別.
천착(穿鑿) 图 [하다] 穿鑿(さく).
천천-하다 圈 [하変] ゆっくりだ; ゆったりとしている; 緩慢だ.
천천-히 /tʰʌntʰʌnhi/ 罰 ゆっくりと話す. 이 층에서 천천히 내려오다 2階からゆっくりと下りてくる. 천천히 걸어가다 ゆっくりと歩く.
천체(天體) 图 [天文] 天体.
천체-관측(天體觀測) 图 [天文] 天体観測.
천체-력(天體曆) 图 [天文] 天体曆.
천체-망원경(天體望遠鏡) 图 [天文] 天体望遠鏡.
천추(千秋) 图 千秋.
천추-만세(千秋萬歲) 图 千秋万歳. ⑳천세(千歲).
천치(天痴) 图 白痴. ⑳백치(白痴).

천칭 (天秤) 圕 天秤.
　천칭-자리 (天秤-) 〖天文〗 天秤座.
　천칭-좌 (天秤座) 圕 =천칭자리.
천태만상 (千態萬象) 圕 千態万象.
천태-종 (天台宗) 圕 〖仏教〗 天台宗.
천파만파 (千波萬波) 圕 千波万波.
천편-일률 (千篇一律) 圕 千篇一律. ‖천편일률적인 답안 千篇一律の答案.
천품 (天稟) 圕 天性.
천하 (天下) 圕 天下. ‖천하 명물 天下の名物. ▶천하를 얻은 듯 天下を手に入れたよう.
천하-무적 (天下無敵) 圕 天下無双.
천하-없어도 (天下-) 〖-업써-〗 槪(?) が降っても.
천하-에 (天下-) 厰 強い驚きや感動の気持ちを表わす: なんと; なんという; なんで; どうして. ‖천하에 몹쓸 사람 なんというろくでもない奴.
천하-일색 (天下一色) 〖-쌕〗 圕 天下の美人.
천하-일품 (天下一品) 圕 天下一品.
천하-장사 (天下壯士) 圕 天下一の力持ち.
천하-태평 (天下太平) 圕 天下泰平.
천-하다 (賤-) 圀〖하変〗 卑しい; 下品だ. ❷貴布な(貴-). ‖천한 집안의 출신 卑しい家柄の出身.
천학-비재 (淺學非才) 〖-뻬-〗 圕 浅学非才.
천해 (淺海) 圕 浅海. ⇔심해(深海).
천은 (天恩) 圕 天恩; 天の恵み.
천형 (天刑) 圕 天刑.
천혜 (天惠) 〖-/-혜〗 圕 天恵. ‖천혜의 경관 天恵の景観.
천황 (天皇) 圕 天皇.

철¹ /tɕʰʌl/ 圕 ❶季節. ‖여름 철 季節, 철이 바뀌다 季節が変わる. ❷出盛り; 旬; 時季. ‖모내기 철 田植えの時季, 딸기 철 イチゴの時季, 장마철 梅雨の時季, 철을 만나다 最盛期を迎える. ❸제철의略語. ‖철이 지난 못 季節はずれの服.
철² /tɕʰʌl/ 圕 物心; 物分かり; 分別. ‖철이 들다 物心がつく; 分別がつく, 철이 없는 사람 物分かりの悪い人.
철³ (鐵) 圕 ❶鉄. ❷〖比喩的に〗 堅固なもの. ‖철의 장막 鉄のカーテン.
-**철**⁴ (綴) 接尾 …(の)綴り. ‖서류철 書類の綴り.
철갑 (鐵甲) 圕 鉄甲.
　철갑-선 (鐵甲船) 〖-썬〗 圕 鉄製の船.
철강 (鐵鋼) 圕 鉄鋼.
철거 (撤去) 圕 圃 撤去; 立ち退き. ‖불법 건축물을 철거하다 不法建築物を撤去する. **철거-당하다** 受動

철골 (鐵骨) 圕 鉄骨.
철공 (鐵工) 圕 鉄工.
　철공-소 (鐵工所) 圕 鉄工所.
철관 (鐵管) 圕 鉄管.
철광 (鐵鑛) 圕 鉄鉱.
철교 (鐵橋) 圕 鉄橋.
철군 (撤軍) 圕 圃他 撤兵.
철권 (鐵拳) 圕 鉄拳.
철그렁 副〖하他〗 わりと大きい金属類が落ちたりぶつかったりする時の音: がちゃん(と). ㊐철그랑. **철그렁-철그렁** 副〖하他〗 がちゃんがちゃん(と).
　철그렁-거리다 自他 がちゃんと音を立てる.
철근 (鐵筋) 圕 鉄筋.
　철근 콘크리트 (鐵筋 concrete) 圕 鉄筋コンクリート.
철금 (鐵琴) 圕 〖音楽〗 鉄琴.
철기 (鐵器) 圕 鉄器.
　철기-시대 (鐵器時代) 圕 鉄器時代.
철-길 (鐵-) 〖-낄〗 圕 線路.
철꺽 副〖하他〗 金物などが強くぶつかる時の音: がちゃん; がちゃりと. ‖수갑을 철꺽 채우는 手錠をがちゃりとかける. ㊐찰칵.
　철꺽-거리다 〖-꺼-〗 自動 がちゃんと音を立てる. ㊐찰깍거리다.
철도 (鐵道) 〖tɕʰʌlt͈o/-또〗 圕 鉄道. ‖철도가 통과하다 鉄道が通じる, 철도가 깔리다 鉄道が敷かれる. 철도 사고 鉄道事故.
　철도-망 (鐵道網) 圕 鉄道網.
철두철미-하다 (徹頭徹尾-) 〖-뚜-〗 圀〖하変〗 徹底している; 徹底的だ. ‖철두철미한 자기 관리 徹底した自己管理.
철-들다 自〖ㄹ語尾〗 物心がつく. ‖철 들기도 전에 부모님이 돌아가시다 物心つかないうちに親と死に別れる.
철-딱서니 〖-써-〗 〔철²の俗語〕 物心; 分別. ‖철딱서니가 없는 녀석 分別のないやつ.
철렁 副〖하自〗 ❶広く深い所に溜まった水が波を打ちながら一度大きく揺れ動く様子. ❷〈驚き·恐れなどで〉急に動作が激しくなる様子: どきりと; どきんと(と). ‖일순 가슴이 철렁했다 一瞬心臓がどきりとした. **철렁-철렁** 副.
　철렁-거리다 自 ざぶざぶと音を立てる; どきんどきんとする. ㊐찰랑거리다.
철로 (鐵路) 圕 線路.
철리 (哲理) 圕 哲理.
철마 (鐵馬) 圕 〖比喩的に〗 汽車; 列車.
철망 (鐵網) 圕 金網.
철면 (凸面) 圕 凸面. ⇔요면(凹面).
철-면피 (鐵面皮) 圕 鉄面皮.
철모 (鐵帽) 圕 鉄帽.
철-모르다 自〖ㄹ変〗 物心がついていない; 分別がない.
철문 (鐵門) 圕 鉄製の門; 鉄の扉.
철물 (鐵物) 圕 金物.
　철물-점 (鐵物店) 圕 金物屋.
철-밥통 (鐵-桶) 圕 公務員(公務員)の俗語.

철버덕 🅟 =철벅.
철버덕-거리다 【-꺼-】 🅐 =철벅거리다.
철버덩 🅟 (하)자타) =철벙.
철버덩-거리다 🅐 =철벙거리다.
철벅 🅟 水などがはねかえる音: びちゃ. 🅑 철박. **철벅-철벅** 🅟 びちゃびちゃ(と).
철벅-거리다 【-꺼-】 🅐 びちゃびちゃと音を立てる. ‖진창을 철벅거리며 걷다 ぬかるみをびちゃびちゃ(と)歩く. 🅑 철박거리다.
철벙 🅟 (하)자타) 重いものが水中などに落ちる音 (様子): どぼん. ‖풀에 철벙 뛰어들다 プールにどぼんと飛び込む. ▶철벙철벙 どぶん; どぶんどぶん(と). ‖시내를 철벙철벙 건너다 小川をざぶざぶ(と)渡る.
철벙-거리다 🅐 ざぶざぶと音を立てる.
철벽 (鐵壁) 🅝 鉄壁. ‖철벽 수비를 자랑하다 鉄壁の守備を誇る.
철벽-같다 (鐵壁-) 【-깥다】 🅗 守りが鉄壁のように堅固だ. **철벽-같이** 🅟.
철병 (撤兵) 🅝 撤兵.
철봉 (鐵棒) 🅝 鉄棒.
철-부지 (-不知) 🅝 ❶ 分別のない子ども. ❷ 分別のない人; 世間知らず.
철분 (鐵分) 🅝 鉄分.
철-사 (鐵絲) 【-싸】 🅝 針金.
철-새 【-쎄】 🅝 候鳥. 渡り鳥. 🕮 후조 (候鳥). 🅑 텃새. ‖철새 도래지 渡り鳥の渡来地.
철석 (鐵石) 【-썩】 🅝 鉄石.
철석-같다 (鐵石-) 【-썩깥다】 🅗 (意志や約束などが) 鉄石のように堅い. **철석같이** 🅟.
철수 (撤收) 【-쑤】 🅝 撤収; 撤退. ‖기지를 철수하다 基地を撤収する.
철심 (鐵心) 【-씸】 🅝 鉄心.
철써덕 🅟 (하)자타) =철썩.
철써덕-거리다 【-꺼-】 🅐 =철썩거리다.
철썩 🅟 (하)자타) ❶ 波が押し寄せてきて岸壁などにぶつかる様子 (音): ぺたり; ばしゃっと. ❷ 平手が勢いよく打つ様子: ぴしゃり(と). ‖애 엉덩이를 철썩 때려 子どもの尻を ぴしゃりとたたく. ▶철-썩. **철썩-철썩** (하)자타) ざぶんざぶん.
철썩-거리다 【-꺼-】 🅐 ざぶんとぴしゃっと音を立てる. ‖파도가 철썩거리며 밀려오다 波がぴしゃりと押し寄せる. 🅑 찰싹거리다.
철야 (徹夜) 🅝 徹夜. ‖논문 때문에 철야하다 論文のために徹夜する. 철야해서 완성하다 徹夜で仕上げる.
철-없다 【처럼따】 🅗 頑是ない; 幼稚だ. ‖하는 짓이 철없다 子どもっぽい. **철없-이** 🅟 철없이 까불

758

다 頑是なくふざける.
철옹-성 (鐵甕城) 🅝 金城鉄壁. ‖철옹성을 구축하다 金城鉄壁の構えだ.
철완 (鐵腕) 🅝 鉄腕.
철의 장막 (鐵-帳幕)【-/처레-】 🅝 鉄のカーテン.
철인 (哲人) 🅝 哲人.
철자 (綴字)【-짜】 🅝 綴字(てつじ); 綴り字.
철자-법 (綴字法)【-짜뻡】 🅝【言語】正書法. 🕮 맞춤법(-法).
철재 (鐵材)【-째】 🅝 鉄材.
철저-하다 (徹底-)/ʧʰʌ̍lʨə̍ɦada/【-쩌-】 🅗【하엫】 徹底している; 徹底的だ. ‖철저한 생산 관리 徹底した生産管理. 철저한 조사 徹底的な調査. 철저하게 책임을 추궁하다 徹底的に責任を追及する. **철저-히** 徹底的に; 徹底して.
철제 (鐵製)【-쩨】 🅝 鉄製.
철조-망 (鐵條網)【-쪼-】 🅝 鉄条網; 有刺鉄線.
철쭉 🅝【植物】ツツジ(躑躅).
철쭉-꽃 【-꼳】 🅝 ツツジの花.
철쭉-나무 【-쭁-】 🅝 =철쭉.
철창 (鐵窓) 🅝 ❶ 鉄格子の窓. ❷【比喩的に】刑務所. ‖철창에 갇히다 刑務所に入れられる. 철창 생활 刑務所暮らし. ▶철창 없는 감옥 自由のない生活, 全く身動きが取れない状態.
철창-신세 (鐵窓身世) 🅝 囹圄(れいぎょ)の身; 牢獄にいる身.
철책 (鐵柵) 🅝 鉄柵.
철천지-원수 (徹天之怨讐) 🅝 不倶戴天(おあいてん)の敵.
철철 🅟 液体などがさかんに流れ出たり, あふれ出たりする様子: どくどく. ‖皿가 철철 쏟아지다 血がどくどく(と)流れ出る. 인정이 철철 넘치는 곳 人情あふれる所. 🅑 찰찰.
철-이 季節ごとに. ‖철이 새 옷을 해 입다 季節ごとに服を新調する.
철칙 (鐵則) 🅝 鉄則.
철커덕 🅟 ❶ 粘り気のあるものが強くくっつく様子 (音): ぺたり. ❷ 金属などが強くぶつかる時の音: がたん. 🅑 찰카닥. **철커덕-철커덕** 🅟 (하)자타) がたんがたん; がちゃがちゃ.
철커덕-거리다 【-꺼-】 🅐 ① 粘り気のあるものが強くぺたぺたと音を立てる. ‖문이 철커덕거리다 닫히다 扉ががちゃがちゃと音を立てて閉まる. 🅑 찰카닥거리다.
철커덩 🅟 (하)자타) 金属などが強くぶつかる時に鳴る音: がたん. 🅑 찰카당.
철커덩-철커덩 🅟 (하)자타) がたんがたん.
철커덩-거리다 🅐 がたんがたんと音を立てる. 🅑 찰카당거리다.
철컥 🅟 (하)자타) 金属などが強くぶつかる時の音: がちゃり. ‖수갑을 철컥 채우다

手錠をがちゃりとかける. 翻찰칵. **철컥
-철컥** 튀 하다

철탑 (鐵塔) 명 鉄塔.

철통 (鐵桶) 명 鉄桶.

철통-같다 (鐵桶-)【-같따】형 鉄桶
水を漏らさず. ‖철통같은 수비 鉄桶水
を漏らさぬ守備. **철통같이** 튀

철퇴¹ (撤退)【-/-퇴】명 自他 撤退.

철퇴² (鐵槌)【-/-퇴】명 鉄槌(ठぃ).
‖철퇴를 가하다 鉄槌を下す.

철판¹ (凸版)【-/-퇘】명 凸版. 凹凸版(凹版).

철판² (鐵板)【-/-퇘】명 鉄板.

철폐 (撤廢)【-/-폐】명 他 撤廃.
‖수입 제한을 철폐하다 輸入制限を撤
廃する. **철폐-되다** 受動

철-하다 (綴-)【-하다】타変 綴(とじる;つ
づる)る. ‖답안지를 철하다 答案用紙を綴
じる.

철학 (哲學) 명 哲学. ‖동양 철학 東
洋哲学. 실존 철학 実存哲学.

철학-사 (哲學史)【-싸】명 哲学史.

철학-자 (哲學者)【-짜】명 哲学者.

철학-적 (哲學的)【-쩍】명 哲学的.
‖철학적인 문제 哲学的の問題.

철학-관 (哲學館)【-꽌】명 占いの所.

철회 (撤回)【-/-회】명 他 撤回; 取
り下げ. ‖소송을 철회하다 訴訟を取り
下げる.

첨 [처음의縮約形] 最初; 初め. ‖처
음이자 마지막 最初で最後. 첨에는 몰랐
다 初めは気がつかなかった.

첨가 (添加)【chʰəmga】명 他 添加.
‖비타민 C를 첨가하다 ビタミンCを添
加する.

첨가량 (添加量) 명 添加量.

첨가물 (添加物) 명 添加物. ‖식품
첨가물 食品添加物.

첨단 (尖端)【chʰəmdan】명 先端. ‖첨
단 장비 先端装備. 유행의 최첨단 流
行の最先端. 시대의 첨단을 걷다 時代
の先端を行く.

첨단-산업 (尖端産業) 명 先端産業.

첨단-적 (尖端的) 명 先端的.
‖첨단적인 시스템 先端的なシステム.

첨배 (添杯) 명 他 添い足しで杯
を満たすこと.

첨벙 튀 重いものが水中などに落ち
込む様子[音]; どぼん(と); どぼん(と);
ざぶん(と). ‖냇가에 첨벙 뛰어들다 小
川にどぼんと飛び込む. **첨벙첨벙** 튀
하다 ざぶんざぶん(と); ‖시내를 첨벙
첨벙 건너다 小川をざぶんざぶんと渡る.

첨벙-거리다 自 ざぶんざぶんと音を立
てる. ‖첨벙거리며 헤엄을 치다 ざぶん
ざぶんと泳ぐ.

첨병 (尖兵) 명 軍事 尖兵(せんべい).

첨부 (添附) 명 他 添付. ‖견적서를
첨부하다 見積書を添付する. 첨부 서
류 添付書類.

첨삭 (添削) 명 他 添削.

첨예 (尖銳) 명 先鋭. ‖先鋭化す
る. **첨예-화** (尖銳化) 명 先鋭化.
‖대립이 첨예화되다 対立が先鋭化す
る.

첨잔 (添盞) 명 =첨배 (添杯).

첨탑 (尖塔) 명 尖塔(とう).

첩¹ (妾) 명 妾.

첩² (貼) 依名 漢方の包みを数える単位;
…包み; …服. ‖한 첩 1 包み; 1 服.

-첩 (帖) 접미 …帳. ‖사진첩 写真帳.

첩경 (捷徑)【-경】명 捷径(しょうけい); 近
道. ‖학문에 첩경은 없다 学問に近道
はない.

첩보 (諜報)【-뽀】명 諜報. ‖첩
보활동 諜報活動.

첩어 (疊語)【言語】명 畳語(じょうご).

첩자 (諜者)【-짜】명 スパイ; 回し者.

첩첩 (疊疊) 명 畳畳(じょうじょう); 幾重
にも重なり合っていること. **첩첩-이** 튀
幾重にも重なり合って.

첩첩-산중 (疊疊山中) 명 深い山奥.

첩출 (疊出) 명 他 重出.

첫 【chʰət】관 初の; 最初; 最初
の. ‖첫 무대 初舞台. 첫 대면 初顔
合わせ. 첫 번째 1番目; 第一.

첫-걸음【chʰəʔgərʰɯm】【첫거름】명 ❶
第一歩. ‖사회적으로의 첫걸음을 내딛
다 社会人としての第一歩を踏み出
す. ❷ 初歩; 入門. ‖영어 첫걸음 英語
入門. ❸ 初めての道.

첫-나들이 명 他 ❶ 初めての外
出. ❷ 新婦の妻が初めて外出すること.

첫-날 【천-】 명 初日. ‖대회 첫날 大会
初日.

첫날-밤 【천-빰】 명 新婚初夜. 初夜
(初夜).

첫-눈¹ 【천-】 명 初雪. ‖어
제 서울에 첫눈이 내렸다[왔다] 昨日
ソウルに初雪が降った.

첫눈-에 【chʰənnune】【천눈네】튀 一目
で. ‖첫눈에 알아보다 一目で分かる.
첫눈에 반하다 一目惚れする.

첫-닭 【천딱】 명 一番鶏. ‖첫닭이 울
다 一番鶏が鳴く.

첫-대목 【천때-】 명 最初の部分 [場
面]. ‖소설의 첫대목 小説の最初の部
分.

첫-돌 【첟똘】 명 満1歳の誕生日; 初誕
生日.

첫-딸 【천-】 명 ❶ 初産で産んだ娘. ❷
初めての娘.

첫-마디 【천-】 명 最初の一言.

첫-말 【천-】 명 最初の言葉.

첫-맛 【천맏】 명 ❶ 初めの一口で感じる
味. ❷ あることを初めて経験した時の感じ.

첫-머리 【천-】 명 最初; 一番初め; 先
頭; しょっぱな. ‖행列の첫머
리 行列の先頭. 글의 첫머리 書き出し.

첫-물 【천-】 명 万物の誤り.

첫-발【-빨】图 第一歩. ▶첫발을 내디디다 第一歩を踏み出す.
첫-사랑【첟싸-】图 初恋; 初恋の人.
첫-서리【첟써-】图 初霜. ‖첫서리가 내리다 初霜が降りる.
첫-선【첟썬】图 初めて世に出すこと.
첫-소리【첟쏘-】图【言語】1つの音節で最初の子音. 初声.
첫-손【첟쏜】图 一番; 最高. ‖동네에서 첫손 꼽는 부자 村で一番のお金持ち.
첫-솜씨【첟쏨-】图 初めての手並み.
첫-수(-手)【첟쑤】图〔将棋・囲碁での〕初手. ‖첫수를 두다 初手を指す.
첫-술【첟쑬】图〔ご飯の最初の1さじ; 物事を始めたばかりの段階. ⑪막술. ▶첫술에 배 부르랴(諺)〔最初のひと口でお腹がいっぱいになれるか〕の意で何事もすぐ満足できる結果は得られない.
첫-아기【처다-】图 初産の子; 初子.
첫-아들【처다-】图 初産で産んだ息子; 初めての息子.
첫-아이【처다-】图 初子; ういご.
첫-월급(-月給)【처뤌-】图 初任給.
첫-인사(-人事)【처딘-】图自 初対面の挨拶.
첫-인상(-印象)【처딘-】图 第一印象.
첫-째/ʧʰʌtʧɛ/【첟-】冠數 ❶〔一番上の子どもの意〕長男や長女. ⑪맏이. ❷〔主に첫째の形で〕第一に; 始めに; 一番に. ‖감기 걸렸을 때 첫째로 해야 할 일 風邪を引いた時, 一番にやらないといけないこと.
첫-차(-車)【첟-】图 (列車・電車・バスなどの)始発. ⑪막차. ‖첫차를 타고 가다 始発に乗って行く.
첫-출발(-出發)【첟-】图自 出だし; すべり出し. ‖첫출발은 좋았다 出だしは好調だった.
첫-판【첟-】图 ❶あることを始める最初の局面. ❷ゲームや試合などの初戦. ‖첫판에서 이기다 初戦で勝つ.
첫-해【처태】图 初年; 初年度; あることが始まる最初の年.
청¹(青) 图〔청색(青色の略語)〕青.
청²(清) 图【歴史】(中国王朝の)清(1616〜1912).
청³(請) 图 ❶請うこと. ❷청촉(請囑)・청탁(請託)の略語.
청⁴(-) 图 ❶대청(大廳)の略.
   청사(廳舍)の略語.
-청⁵(廳) 接尾〔-〕廳. ‖국세청 国税庁.
청각(聽覺) 图 聴覚. ‖청각 장애 聴覚障害.
청강(聽講) 图他 聴講.
청강-생(聽講生) 图 聴講生.
청-개구리(青-) 图 ❶【動物】アオガエル(青蛙). ❷〔比喩的に〕あまのじゃく; つむじ曲がり.
청결-하다(清潔-)/ʧʰʌŋgjʌlhada/ 形

[하변] 清潔だ. ⑪불결하다(不潔-). ‖청결한 화장실 清潔なお手洗い. 청결하게 하다 清潔にする. **청결-히** 副
청경우독(晴耕雨讀) 图 晴耕雨読.
청계천(清溪川) 图【地名】清渓川(チョンゲチョン). ÷ソウル市内を流れる川. 1950年代から60年代の経済発展とともにその上に一般道路と高架道路を作った. 2003年から川を復元する作業を行ない, 川の浄化作業と道路の撤去作業を経て, 今はソウルの観光名所になっている.
청과(青果) 图 青果.
청과-물(青果物) 图 青果物. ‖청과물상 青果商.
청-교도(清教徒)【宗教】 清教徒; ピューリタン.
청구(請求) 图他 請求. ‖요금을 청구하다 料金を請求する.
청구-권(請求權)【-꿘】图【法律】請求権.
청구-서(請求書) 图 請求書.
청국-장(清麴醬)【-짱】图【料理】日本の納豆より長時間醱酵させた味噌の一種.
청군(青軍) 图 青組. ⑩백군(白軍). ÷韓国では赤組は使わない.
청-기와(青-) 图 青瓦.
청년(青年) 图 青年. ㉜젊은이. ‖청년 실업 青年失業家. 청년단 青年団.
청년-기(青年期) 图 青年期.
청동(青銅) 图 青銅.
청동-기(青銅器) 图 青銅器.
청동기-시대(青銅器時代) 图 青銅器時代.
청둥-오리(鳥類) マガモ(真鴨).
청둥-호박 完熟して中の種がよく実ったカボチャ.
청량(清涼)【-냥】形 清涼.
청량-음료(清涼飲料)【-냥-뇨】图 清涼飲料水.
청량-제(清涼劑) 图 清涼剤.
청력(聽力)【-녁】图 聴力.
청렴-하다(清廉-)【-념-】图他 清廉だ. ‖청렴한 사람 清廉な人.
청렴-결백(清廉潔白) 图他 清廉潔白.
청룡(青龍)【-뇽】图 ❶青竜; 青い竜. ❷(民俗) 青竜. ÷四方をつかさどる天の四神の1つで, 東に配する. ⑩백호(白虎)(西)・주작(朱雀)(南)・현무(玄武)(北).
청맹-과니(青盲-) 一見異常がないように見えるが, 緑内障で視力を失った目, またはその人.
청명(清明) 图 (二十四節気の)清明.
청명-하다(清明-) 形〔하변〕〔天気が〕はればれとしている. ‖청명한 가을 하늘 はればれとした秋.

청문(聽聞) 명 (하타) 聽聞.
청문-회(聽聞會) [-/-회] 명 聽聞会.
청-바지(青-) /tɕʰəŋbadʑi/ 명 ブルージーンズ; ジーパン. ‖청바지를 즐겨 입다 ジーパンを好んではく.
청백리(清白吏) [-빵니] 명 清廉潔白な官吏.
청백-색(青白色) [-쌕] 명 うっすらと青みがかった白色.
청부(請負) 명 (하타) 請負.∥도급(都給).
청부-업(請負業) 명 請負業.
청부-인(請負人) 명 請負人.
청빈-하다(清貧-) 형 (하변) 清貧に甘んじる.
청사[1](青史) 명 青史; 歴史.
청사[2](廳舍) 명 庁舎.
청-사진(青寫真) 명 青写真.
청산[1](青山) 명 青山.
청산-유수(青山流水) [-뉴-] 명 ∥立て板に水. 青山流水に立て板に水を流すようにしゃべりまくる.
청산[2](青酸) 명 (化学) 青酸.
청산-가리(青酸加里) 명 (化学) 青酸カリ; シアン化カリウム. ∥시안화칼륨.
청산-염(青酸塩) [-념] 명 (化学) 青酸塩.
청산[3](清算) 명 (하타) 清算. ∥빚을 청산하다 借金を清算する. 삼각관계를 청산하는 三角関係を清算する.
청상(青孀) 명 청상과부(青孀寡婦)の略.
청상-과부(青孀寡婦) 명 若くして夫に死別した女性. ∥청상(青孀).
청-색(青色) 명 青色.
청소(清掃) /tɕʰəŋso/ 명 (하타) 清掃; 掃除. ∥방을 청소하다 部屋を掃除する. 대청소를 하다 大掃除をする. 교실 청소 教室の掃除.
청소-기(清掃機) 명 掃除機. ∥청소기를 돌리다 掃除機をかける.
청소-부(清掃夫) 명 清掃夫.
청소-차(清掃車) 명 清掃車.
청-소년(青少年) /tɕʰəŋsonjən/ 명 青少年.
청송(青松) 명 青松.
청순-하다(清純-) 형 (하변) 清純だ. ∥청순한 아가씨 清純な娘.
청승 명 みすぼらしく哀れな態度や状態. ∥청승을 떨다 哀れにふるまう.
청승-맞다 [-맏따] 형 みすぼらしく哀れそうで見苦しい.
청승-스럽다 [-따] 형 [ㅂ변] いかにもみすぼらしく哀れそうだ. **청승-스레** 부
청-신경(聽神経) [-경] 명 (解剖) 聴神経.
청신호(青信号) 명 青信号. ∥적신호(赤信号).
청-실(青-) 명 青色の糸.
청실-홍실(青-紅-) 명 (民俗) 結納の時に用いる青と赤 2色の絹糸の束.

청심-환(清心丸) 명 (漢方) 心臓の経絡(꽃)の熱を解く丸薬.
청아-하다(清雅-) 형 (하변) 清雅だ. 清らかだ. ∥청아한 목소리 清らかな声.
청약(請約) 명 (하타) 有価証券・マンションなどの公募や売り出しに応募し, それの引受けを申し込むこと.
청어(青魚) 명 (魚介類) ニシン(鰊).
청와대(青瓦臺) 명 韓国大統領の官邸.
청운(青雲) 명 青雲. ∥청운의 꿈을 안다 青雲の志をいだく.
청원(請願) 명 (하타) 請願.
청원경찰(請願警察) 명 ある施設や機関が費用を負担して警察の配置を要請する制度, またはそれによって配置された警察官.
청원-권(請願権) [-꿘] 명 (法律) 請願権.
청원-서(請願書) 명 請願書.
청유-형(請誘形) 명 (言語) 勧誘形.
청음(清音) 명 ❶清らかな声. ❷(言語) 無声音. ⚭탁음(濁音).
청음-기(聽音機) 명 聴音機.
청자[1](青瓷) 명 青磁.
청자[2](聽者) 명 聴者; 聞き手. ⚭화자(話者).
청-장년(青壯年) 명 青壮年.
청-재킷(青 jacket) 명 デニムジャケット; ジージャン.
청정(清淨) 명 (하형) 清浄. ∥청정 해역 清浄海域. 청정한 공기 清浄な空気.
청주[1](清酒) 명 清酒.
청주[2](清州) 명 (地名) 清州(チョンジュ). 충청북도(忠清北道)の道庁所在地.
청중(聽衆) 명 聴衆.
청진(聽診) 명 (하타) 聴診.
청진-기(聽診器) 명 聴診器.
청천[1](青天) 명 青天; 青空.
청천-백일(青天白日) 명 青天白日.
청천-벽력(青天霹靂) [-병녁] 명 青天の霹靂(꽃). ∥청천벽력 같은 소식 青天の霹靂のような知らせ.
청천[2](晴天) 명 晴天.
청첩-장(請牒狀) [-짱] 명 (結婚式の)招待状.
청초-하다(清楚-) 형 (하변) 清楚だ. ∥청초한 꽃 清楚な花.
청촉(請囑) 명 (하타) 特別な計らいを頼むこと.
청춘(青春) /tɕʰəŋtɕʰun/ 명 青春. ∥청춘을 구가하다 青春を謳歌する.
청춘-기(青春期) 명 青春期.
청춘-시대(青春時代) 명 青春時代.
청출어람(青出於藍) 명 出藍の誉れ.
청취(聽取) 명 (하타) 聴取. ∥라디오를 청취하다 ラジオを聴取する.
청취-율(聽取率) 명 聴取率.
청취-자(聽取者) 명 聴取者; リス

청-치마 (靑-) 图 デニムスカート.
청탁 (淸濁) 图 淸濁.
청탁 (請託) 图 (하他) 請託.
청태 (靑苔) 图 ❶ 青い苔(র). ❷ 【植物】 アオノリ(青海苔).
청-포도 (靑葡萄) 【植物】 アオブドウ(青葡萄).
청풍 (淸風) 图 淸風.
  청풍-명월 (淸風明月) 图 淸風明月.
청-하다 (請-) /tɕʰɔŋhada/ 他 [하我] ❶ 願う; 請う; 求める. ∥만남을 청하다 面会を求める. ❷ 呼ぶ; 招く. ∥도움을 청하다 助けを求める. ❸ 〈眠りを〉誘う. ∥잠을 청하다 眠りを誘う.
청한 (淸閑) 图 淸閑.
청혼 (請婚) 图 (하自) 求婚; プロポーズ. 働 구혼 (求婚).
청황색맹 (靑黃色盲) 【-생-】 图 【医学】 靑黃色盲.
체¹ (篩) (ㄱ) 图 ∥체로 치다 ふるいにかける.
체² (滯) 图 체증(滯症)の略.
체³ (體) 图 ❶ 서체(書體)の略語. ❷ 文章や絵などの格式.
체⁴ 感 残念に思ったり, 悔しがったりする時などに発する語: ちぇっ.
-체⁵ (體) 接尾 …体. ∥육면체 六面体. 활자체 活字体. 회화체 会話体.
체감 (體感) 图 体感. ∥체감 온도 体感温度.
체강 (體腔) 图 【動物】 体腔.
체격 (體格) 图 体格. ∥체격이 좋다 体格がいい.
체결 (締結) 图 (하他) 締結. ∥조약을 체결하다 条約を締結する. 체결-되다
체계 (體系) /tɕʰegje/ 【-계】图 体系. ∥문법 체계 文法の体系.
  체계-적 (體系的) 图 体系的. ∥체계적인 연구 体系的な研究. 체계적으로 관리하다 体系的に管理する.
  체계-화 (體系化) 图 (하他) 体系化.
체공 (滯空) 图 (하自) 滯空. ∥체공 시간 滯空時間. 체공 기록 滯空記録.
체구 (體軀) 图 体軀; 体格. 働 몸집. ∥체구가 작다 体格が小さい; 小柄だ.
체급 (體級) 图 〈レスリング·ボクシングなど〉体重による級.
체납 (滯納) 图 (하他) 滯納. ∥공과금을 체납하다 公課金を滯納する.
체내 (體內) 图 体內. 反 체외(體外).
체념 (諦念) 图 ❶ 斷念; 諦めること. ❷ 斷念; 諦めること. ∥만사를 체념하다 すべてを諦める.
체능 (體能) 图 〈あらゆることに耐えられる〉身体の能力.
체대 (體大) 图 체육 대학(體育大學)の略語.
체득 (體得) 图 (하他) 体得.

체력 (體力) /tɕʰerjɔk/ 图 体力. ∥체력이 없다 体力がない. 체력이 붙다 体力がつく. 체력이 약해지다 体力が衰える.
  체력-장 (體力章) 【-짱】 图 中高生の種目別基礎体力の向上を目的に行なう総合的な体力測定.
체류 (滯留) 图 (하自) 滯留; 滯在する. ∥파리에 오 일간 체류하다 パリに5日間滯在する.
체면 (體面) /tɕʰemjɔn/ 图 体面; 面目. ∥체면을 유지하다 体面を保つ. 체면이 걸린 문제 体面に関わる問題. 체면을 손상시키다 体面をけがす.
  체면-치레 (體面-) 图 (하自) 体面を保つために装うこと.
체모 (體毛) 图 体毛.
체모 (體貌) 图 = 체면.
체벌 (體罰) 图 (하他) 体罰. ∥체벌을 가하다 体罰を加える.
체불 (滯拂) 图 (하他) 運滯; 未払い. ∥임금 체불 賃金未払い.
체-세포 (體細胞) 图 【生物】 体細胞.
체-순환 (體循環) 图 【生物】 体循環.
체스 (chess) 图 チェス.
  체스보드 (chessboard) 图 チェス盤.
체신 (遞信) 图 通信(서신).
체액 (體液) 图 【生理】 体液.
체약 (締約) 图 (하他) 締約.
체언 (體言) 图 【言語】 体言. ∥임자씨. ✤ 韓国語では, 名詞·代名詞·数詞の類.
체온 (體溫) 图 体温. ∥체온을 재다 体温を測る. 기초 체온 基礎体温.
  체온-계 (體溫計) 【-계】图 体温計.
체외 (體外) 【-/-웨】 图 体外. 反 체내 (體內).
  체외´수정 (體外受精) 图 体外受精.
체위 (體位) 图 体位.
체육 (體育) /tɕʰejuk/ 图 体育.
  체육-관 (體育館) 【-관】图 体育館.
  체육-복 (體育服) 【-뽁】 图 体操着.
  체육의´날 (體育-日) 图 体育の日. ✤ 韓国は10月15日.
체인 (chain) 图 チェーン.
  체인-점 (-店) 图 チェーン店.
체인지 (change) 图 (하他) チェンジ.
체임 (滯賃) 图 運滯賃金; 未払い賃金.
체재 (滯在) 图 (하自) 滯在.
체재 (體裁) 图 体裁. ∥논문의 체재 論文の体裁.
체적 (體積) 图 【数学】 体積. ∥부피.
체제 (體制) 图 体制. ∥자본주의 체제 資本主義体制. 전시 체제 戰時体制. 반체제 운동 反体制運動. 체제를 유지하다 体制を維持する.
체조 (體操) /tɕʰedʑo/ 图 (하自) 体操. ∥맨손 체조 徒手体操. 기계 체조 器械体操.
체중 (體重) /tɕʰedʑuŋ/ 图 体重. 働 무게. ∥체중이 늘다 体重が増える. 체

중을 달다 体重を測る.
체중-계(體重計)【-/-/-게】图 体重計.
체증(滯症)图 ❶ 食滯; 胃もたれ; 消化不良. ⑩ 체(滯). ❷ 渋滞. ‖교통 체증 交通渋滞.
체-지방(體脂肪)图 体脂肪.
체질(體-)图 (하受) ふるいにかけること.
체질²(體質)/ᵗᶜʰeʤil/图 ❶ 体質. ‖체질 개선 体質改善. 허약한 체질 虚弱な体質. 특이 체질 特異体質. 살이 찌기 쉬운 체질이다 太りやすい体質だ.
체질-적(體質的)【-쩍】图 体質的. ‖술은 체질적으로 못 마신다 お酒は体質的に飲めない.
체취(體臭)图 体臭. ‖남자의 체취 男の体臭. 작자의 체취가 느껴지는 소설 作者の体臭が感じとれる小説.
체코(Czech)图(固图) チェコ.
체크(check)图 チェック. ❶ 格子縞. ‖체크 무늬 チェック模様. ❷ 点検. ‖보디 체크 ボディーチェック. **체크-하다** 他 欠席者などをチェックする.
체크~리스트(check list)图 チェックリスト.
체크아웃(check-out)图 チェックアウト.
체크인(check-in)图 チェックイン.
체통(體統)图 地位と身分にふさわしい体面; 品格. ‖체통을 잃다 体面を失う.
체포(逮捕)/ᵗᶜʰepʰo/图(하受) 逮捕. ‖범인을 체포하다 犯人を逮捕する. 사건의 주범을 체포하다 事件の主犯を逮捕. **체포-되다** 自.
체-하다¹(滯-)图 自(하変) 食滞する; 食もたれする.
체-하다²/ᵗᶜʰehada/ 補動(하変) いかにもそうだと見せかけることを表わす; …するふりをする; …ぶる; …顔をする. ⑩ 척하다. ‖잘난 체하다 偉そうな顔をする; 偉そうにふるまう. 모르는 체하다 知らないふりをする; 知らん顔をする. 자는 체하다 寝ているふりをする.
체험(體驗)图(하受) 体験. ‖귀중한 체험 貴重な体験. 체험해 보지 않으면 모르는 것을 체험해 보아야만 알 수 있는 것; 体験してみないと分からないこと.
체험-담(體驗談)图 体験談.
체현(體現)图(하受) 体現.
체형¹(體刑)图 体刑.
체형²(體型)图 体型.
첼로(cello)图 (音楽) チェロ.
첼리스트(cellist)图 (音楽) チェリスト.
쳇-바퀴【쳇빠/쳉빠-】图 ふるいの枠.
쳐【처】(助) 치다(打つ)の活用形.
쳐-내다【처-】他 (業者がごみなどを)取り去る; 持っていく. ‖쓰레기를 쳐가는 시간 ごみを持っていく時間.

쳐다-보다/ᵗᶜʰədaboda/【처-】他〔치어다보다의 縮約形〕❶ 見上げる; 仰ぎ見る. ‖먼 산을 쳐다보다 遠くの山を仰ぎ見る. ❷ 見つめる; じろじろ見る; 見据える. ‖상대방 얼굴을 빤히 쳐다보다 相手の顔をじっと見据える. 얼옴얼옴 쳐다보다 まじまじと見る.
쳐-들다【처-】他(ㄹ語幹) 持ち上げる; もたげる. ‖머리를 쳐들다 頭をもたげる.
쳐-들어가다【처-】自 攻める; 攻め入る; 討ち入る.
쳐-들어오다【처-】自 攻めてくる; 攻め込んでくる.
쳐-부수다/ᵗᶜʰəbusuda/【처-】他 打ち破る; 打ち砕く; 攻め負かす. ‖적을 쳐부수다 敵をうち破る.
쳐-주다【처-】他 ❶ (値打ちを)計算してやる. ❷ 認めてやる.
쳐-죽이다【처-】他 打ち殺す; たたき殺す.
초¹(-)图 蠟燭(ᵣぅそく).
초²(抄)图 抄録(しょうろく)の略記.
초³(初)图 ❶ 初め; 初頭. ‖십구 세기 초 19世紀初頭. ❷ (野球の)表. ‖구회 초 9回表. ㊣말(末).
초⁴(草)图 ❶ 草稿; 草案. ❷ 기초(起草)の略語.
초⁵(楚)图(姓) 楚(チョ).
초⁶(楚)图(歴史) (中国王朝の)楚(°) (?~前 223).
초⁷(醋)图 酢. ⑩식초(食醋). ▶초를 치다 水をさす.
초⁸(杪)依图 …秒. ‖삼 초 3秒. 육십 초 60秒.
초-⁹(超)接頭 超…. ‖초고속 超高速. 초능력 超能力.
초가(草家)图 藁屋(ᵃ&ˋ).
초가-지붕(草家-)图 藁屋根.
초가집(草家-)图 =초가.
초-가을(初-)图 初秋.
초간(初刊)图 初刊.
초-간본(初刊本)图 初刊本.
초-간장(醋-醬)图 酢醬油.
초개(草芥)图 草芥(ˢぅゕぃ); 塵芥(ᵇんゕぃ).
초-겨울(初-)图 初冬.
초경(初經)图 初経; 初潮.
초계(哨戒)【-/-/-게】图(하受) 哨戒(ᵗょぅゕぃ).
초계-정(哨戒艇)图 哨戒艇.
초고(草稿)图 草稿.
초-고속도(超高速度)【-또】图 超高速度.
초-고압(超高壓)图 超高圧.
초-고추장(醋-醬)图 酢を混ぜたコチュジャン.
초-고층(超高層)图 超高層. ‖초고층 빌딩 超高層ビル.
초과(超過)/ᵗᶜʰogwa/图(하受) 超過. ‖제한 시간을 초과하다 制限時間を超過する. 예산 초과 予算超過. 초과 근무 超過勤務.

초교 (初校) 图 初校.
초극 (超克) 图 (하변) 超克.
초근-목피 (草根木皮) 图 草根木皮.
초급 (初級) 图 初級.
초기 (初期) /tʃʰogi/ 图 初期. 말기(末期). ‖조선 시대 초기의 건축물 朝鮮時代[朝朝]初期の建築物. 셰익스피어의 초기의 작품 シェークスピアの初期の作品. 감기의 초기 증세 風邪の初期症状.
초-나물 (醋-) 图 セリなどの酢の物.
초-나흗날 (初-)【-흗-】 图 4日；その月の4番目の日.
초-나흘 (初-) 图 =초나흗날.
초년 (初年) 图 ❶一生の初期. ❷初年.
초년-고생 (初年苦生)【-꼬-】 图 若い時の苦労. ▶초년고생은 사서라도 한다 [若い時の苦労は買(ᵏ)うてもせよ].
초년-병 (初年兵) 图 初年兵.
초년-생 (初年生) 图 1年生. ‖사회 초년생 社会人1年生.
초-능력 (超能力)【-녁】 图 超能力.
초단 (初段) 图 初段.
초-단파 (超短波) 图 (物理) 超短波.
초-닷새 (初-)【-닫쌔】 图 =초닷샛날.
초-닷샛날 (初-)【-닫쌘-】 图 5日；その月の5番目の日.
초당 (超黨) 图 초당파(超黨派)의 略語.
초-당파 (超黨派) 图 超党派. 图초당(超黨).
초대¹ (初代) 图 初代. ‖초대 의장 初代議長.
초대² (招待) /tʃʰode/ 图 他 招待(客として)招くこと. ‖식사 초대를 받다 食事への招待を受ける. 초대에 응하다 招待に応じる. 초대를 거절하다 招待を断る. 새집에 친구를 초대하다 新居に友だちを招く. **초대-받다** 受動.
초대-권 (招待券)【-꿘】 图 招待券.
초대-장 (招待狀)【-짱】 图 招待状.
초-대면 (初對面) 图 (하自) 初對面. ‖초대면의 인사를 나누다 初対面の挨拶を交わす.
초-대형 (超大型) 图 超大型. ‖초대형 현수막 超大型垂れ幕.
초동 (初動) 图 初動. ‖초동 수사 初動搜查.
초두 (初頭) 图 初頭. ‖이십 세기 초두 20世紀初頭.
초등 (初等) 图 初等. 图중등(中等)·고등(高等).
초등-교육 (初等敎育) 图 初等教育.
초등-학교 (初等學校) /tʃʰodɯŋhakkjo/【-꾜】 图 小学校. ‖초등학교 삼 학년 小学校3年生.
초등-학생 (初等學生)【-쌩】 图 小学生.

초-딩 (初-) 图 [초등학생(初等學生)의 俗語] 小学生.
초라-하다 /tʃʰorahada/ 圈 (하変) ❶みすぼらしい；お粗末だ；しがない. ‖초라한 집 みすぼらしい家. 초라한 옷차림 みすぼらしい身なり. 초라한 밥상 お粗末な食膳. 초라한 살림 しがない暮らし. ❷苦しい. ‖초라한 변명 苦しい言い訳.
초래-하다 (招來-) /tʃʰorɛhada/ 他 (하変) (主に悪い結果を)招く；もたらす. ‖예상치 못한 결과를 초래하다 予想外の結果を招く. 위험을 초래하다 危険を招く. 불행을 초래하다 不幸をもたらす.
초례 (醮禮) 图 伝統的な結婚式.
초로¹ (初老) 图 初老. ‖초로의 신사 初老の紳士.
초로² (草露) 图 草露.
초록¹ (抄錄) 图 (하変) 抄録：抜き書き. 图초(抄).
초록² (草綠) 图 草色；草葉色；緑. ‖초록은 동색 (諺) (草と緑は同じ色)の意で)名は違うが、結局同類であること；類は友を呼ぶこと.
초록-빛 (草綠-)【-삗】 图 =초록색.
초록-색 (草綠色)【-쌕】 图 綠色；緑.
초롱 (-籠) 图 灯篭.
초롱-불 (-籠-)【-뿔】 图 灯篭の明かり.
초롱-꽃 (-꼳) 图 (植物) ホタルブクロ(蛍袋).
초롱초롱-하다 圈 (하変) (目が)澄んでいる；(目が)きらきらする. ‖초롱초롱한 눈동자 きらきら輝く瞳.
초-만원 (超滿員) 图 超満員. ‖초만원 버스 超満員のバス. 초만원을 이루다 超満員になる.
초면 (初面) 图 初対面. 图구면(舊面).
초목 (草木) 图 草木.
초미 (焦眉) 图 焦眉. ‖초미의 과제 焦眉の課題. 초미의 급선무 焦眉の急.
초반 (初盤) 图 序盤. 图중반(中盤)·종반(終盤).
초-밥 (醋-) /tʃʰobap/ 图 (料理) 鮨；寿司. 图초밥. 图스시. ‖유부 초밥 いなり寿司.
초벌 (初-) 图 애벌.
초벌-구이 (初-) 图 素焼き. 图설구이.
초범 (初犯) 图 (法律) 初犯.
초병 (哨兵) 图 哨兵(ᵇʸᵒ)；歩哨；番兵.
초보 (初步) 图 初步；手ほどき. ‖초보 운전 初歩の運転. 초보 운전 알림판 初心者マーク；若葉マーク. 아이에게 태권도의 초보를 가르치다 子どもにテコンドーの手ほどきをする.
초보-자 (初步者) 图 初心者.
초보-적 (初步的) 图 初步的の. ‖초보

적인 수준 初步的な水準.
초복(初伏) 图 初伏. 卿중복(中伏)·말복(末伏).
초본¹(抄本) 图 抄本.
초본²(草本) 图 草本. ㉗목본(木本).
초-봄(初-) 图 初春.
초봉(初俸) 图 初任給.
초빙(招聘) 图㉗ 招くこと; 招へい. ‖전문가를 초빙하다 専門家を招聘する. 외국에서 음악가를 초빙하다 外国から音楽家を招く. **초빙-받다** ㉗

초-사흗날(初-)【-흗-】图 3日; その月の3番目の日.
초-사흘(初-) 图 =초사흗날.
초산¹(初産) 图㉗ 初産.
　초산-부(初産婦) 图 初産婦.
초산²(硝酸) 图《化学》硝酸. 卿질산(窒酸).
초산³(醋酸) 图《化学》酢酸. 卿아세트산(-酸).
초상¹(初喪) 图 喪中; 喪. ‖초상이 나다 家の者が死ぬ. 초상을 치르다 葬儀を行なう.
　초상-중(初喪中) 图 喪中.
　초상-집(初喪-)【-찝】图 喪家.
초상²(肖像) 图 肖像.
　초상-권(肖像権)【-꿘】图《法律》肖像権.
　초상-화(肖像畫) 图 肖像画; 似顔絵.
초생(初生) 图 初生.
　초생-달(初生-) 图 초승달의 오류.
　초생-아(初生兒) 图 初生児.
초서(草書) 图 草書.
초석¹(硝石)《化学》硝石.
초석²(礎石) 图 礎石(キャ). 卿주춧돌. ‖민주 정치의 초석 民主政治の礎石.
초선(初選) 图 初当選. ‖초선 의원 初当選の議員; 1年生議員.
초성(初聲) 图《言語》1つの音節を構成する最初の子音. ㉗첫소리. 卿중성(中聲)·종성(終聲).
초소(哨所) 图 哨所.
초속¹(秒速) 图 秒速.
초속²(超俗) 图㉗ 超俗.
초순(初旬) 图 初旬; 上旬. 卿상순(上旬).
초승-달(初-)【-딸】图 三日月; 新月.
초식(草食) 图㉗ 草食. ㉗육식(肉食).
　초식-동물(草食動物)【-똥-】图《動物》草食動物.
초심¹(初心) 图 初心. ‖초심을 잃어서는 안 된다 初心忘るべからず.
　초심-자(初心者) 图 初心者.
초심²(初審) 图 初審.
초심³(焦心) 图㉗ 焦心.
초-아흐레(初-) 图 =초아흐렛날.
초-아흐렛날(初-)【-렌-】图 9日; そ

の月の9番目の日.
초안(草案) 图 草案.
초야¹(初夜) 图 ㉗첫날밤.
초야²(草野) 图 草莽(ﾓ); 片田舎.
초-여드레(初-) 图 =초여드렛날.
초-여드렛날(初-)【-렌-】图 8日; その月の8番目の日.
초-여름(初-) 图 初夏.
초역(抄譯) 图㉗ 抄訳.
초연¹(初演) 图㉗ 初演.
초연²(硝煙) 图 硝煙.
초연-하다(超然-) 囲【하없】超然としている. ‖초연한 태도 超然たる態度.
　초연-히 圖
초-열흘(初-) 图 =초열흘날.
초-열흗날(初-)【-랄-】图 10日; その月の10番目の日.
초엽(初葉) 图 初葉. 卿중엽(中葉)·말엽(末葉). ‖십칠 세기 초엽 17世紀初葉.
초-엿새(初-)【-엳쌔】图 =초엿샛날.
초-엿샛날(初-)【-엳쎈-】图 6日; その月の6番目の日.
초옥(草屋) 图 草屋.
초원(草原) 图 草原.
초월(超越) 图㉗ 超越;〈自分の考え方や立場を超えること〉. ‖시대를 초월하다 時代を超越する. 세속을 초월하다 世俗を超越する.
　초월-론(超越論) 图 超越論.
　초월-수(超越数)【-쑤】图《数学》超越数.
초유¹(初有) 图 未曾有(ｿ); 初めてのこと. ‖초유의 대사고 未曾有の大事故. 초유의 일 初めての出来事.
초유²(初乳) 图 初乳.
초-음속(超音速) 图 超音速.
초-음파(超音波) 图 超音波. ‖초음파 검사 超音波検査.
초-이레(初-) 图 =초이렛날.
초-이렛날(初-)【-렌-】图 7日; その月の7番目の日.
초-이튿날(初-)【-튼-】图 2日; その月の2番目の日.
초-이틀(初-) 图 =초이튿날.
초인(超人) 图 超人.
　초인-적(超人的) 图 超人的. ‖초인적인 의지 超人的な意志.
초인-종(招人鐘) 图 呼び鈴; ベル. ‖초인종을 누르다 ベルを押す.
초-읽기(秒-)【-일끼】图 秒読み. ‖초읽기에 들어가다 秒読みの段階だ.
초임¹(初任) 图㉗ 初任.
　초임-급(初任給) 图 初任給.
초임²(初賃) 图 =초임급(初任給).
초임(初入) 图 ❶〈山などの〉入り口. ‖지리산 초입에서 만난 사람 智異山の入り口で会った人. ❷〈時期などの〉初め. ‖사십 대 초입의 남자 40代になり

초-자아 (超自我) 〖(精神分析学で)〗 超自我. ⓟ슈퍼에고. ⓟ자아(自我)·이드.

초-자연 (超自然) 图 超自然.
초자연-적 (超自然的) [-쩍] 图 超自然的.
∥초자연적인 현상 超自然の現象.

초장¹ (初章) 图 3章からなる詩歌の最初の章. ⓟ중장·종장 (終章).

초장² (初場) 图 ❶ 市が立って間もない時, 開店して間もない時. ❷ 皮切り; 手始め, しょっぱな.

초장³ (醋醬) 图 酢を入れて味付けをした醬油.

초-저녁 (初-) 图 夕暮れ.
초저녁-달 (初-) [-딸] 图 夕月; 宵月 (宵月).
초저녁-잠 (初-) [-짬] 图 宵寝.
초-전도 (超電導) [物理] 超伝導.

초점 (焦點) /ㄷㅗ쩜/chʰoʔtsʰɔm/ [-쩜] 图 焦点.
∥렌즈의 초점을 맞추다 レンズの焦点を合わせる. 초점이 흐려지다 焦点がぼやける. 저출산 문제에 초점을 맞추다 少子化問題に焦点を当てる. 초점이 안 맞는 논의 焦点が定まらない議論.

초조 (焦燥) /ㄷㅗ조/chʰodzo/ [-쪼] 图 いらいらしていること; 焦っていること. ∥초조함을 느끼다 焦りを感じる. 초조한 마음으로 달려가다 焦る気持ちで走っていく. 초조하게 결과를 기다리다 いらいらしながら結果を待つ.

초조-감 (焦燥感) 图 焦燥感.

초-주검 (初-) 图 半死半生; 瀕死. ∥초주검이 되다 半死半生の目にあう.
초중교 (初中高) 图 [初等学校 (초등학교)·中学校 (중학교)·高等学校 (고등학교)の略語] 小中高.

초지¹ (初志) 图 初志.
초지-일관 (初志一貫) 图 [하자] 初志貫徹.

초지² (草地) 图 草地.
초-지대 (草地帶) 图 地] 草原地帯, ステップ.

초진 (初診) 图 [하타] 初診.
초창-기 (草創期) 图 草創期.

초청 (招請) /ㄷㅗ청/chʰoʔtshɔn/ [-쩡] 图 招請; 招待. ∥외국인 지휘자를 초청하다 外国人指揮者を招請する. 초청 강연회 招請講演会. **초청-받다** [受動]

초청-장 (招請狀) [-짱] 图 招請状.

초村 (招-) 图 招待.

초췌-하다 (憔悴-·顦顇-) 图 [하변] 憔悴する. ∥초췌한 얼굴 憔悴した姿.

초침 (秒針) 图 秒針.
초콜릿 (chocolate) 图 チョコレート.
초크 (chalk) 图 チョーク; 白墨.
초탈 (超脫) 图 [하자] 超脱.
초토 (焦土) 图 焦土.
초토-화 (焦土化) 图 [되자] 焦土化.
∥초토화되다 焦土と化する.

초-특급 (超特急) [-끕] 图 超特急.
초-파리 (-) 图 [昆虫] キイロショウジョウバエ (黄色猩猩蠅).
초-파일 (←初八日) 图 [仏教] 陰暦の4月8日; 釈迦が降誕した日.
초-판¹ (初-) 图 最初の時期; 初手と しょっぱな.
초판² (初版) 图 初版.
초-하루 (初-) 图 =초하룻날.
초-하룻날 (初-) [-룬-] 图 1日; その月の1番目の日.

초행 (初行) 图 [하자] ある所へ初めて行くこと; 初めての道.
초행-길 (初行-) [-낄] 图 初めて行くこと [道].
초-현대적 (超現代的) 图 超現代的.
초-현실주의 (超現實主義) [-/-이] 图 超現実主義.

초혼¹ (初婚) 图 初婚. ⓟ재혼 (再婚).
초혼² (招魂) 图 [하자] 招魂.
초혼-제 (招魂祭) 图 招魂祭.

촉¹ (鏃) 图 細長い物の先に付いた尖った物の総称: 先. ∥펜촉 ペンの先.
촉² (燭) 图 [燭光 (촉광) の略語] 燭.

촉각 (觸角) 图 [動物] 触角. ⓟ더듬이.
촉각 (觸覺) [-깍] 图 触覚.

촉감 (觸感) /ㄷㅗ깜/chʰok'kam/ [-깜] 图 触感; 感触; 触覚. ∥촉감이 좋다 触感がいい. 비단의 부드러운 촉감 絹の柔らかな感触.

촉광 (燭光) [-꽝] 图 燭光 (ㄷㅗㄱ); ⓟ燭.
촉구 (促求) [-꾸] 图 [하타] 催促; 促すこと; 強く求めること. ∥주의를 촉구하다 注意を喚起する. 빠른 대책을 촉구하다 迅速な対策を求める.

촉급-하다 (促急-) [-ㄲㅜ파-] 图 [하변] 切迫している; 緊迫している.

촉대 (燭臺) [-때] 图 燭台 (ㄷㅗㄱ대). ⓟ촛대 (-臺).

촉망 (囑望) [-쫑] 图 [하타] 嘱望. **촉망-받다** [受動] 촉망받는 신인 嘱望された新人.

촉매 (觸媒) 图 [化学] 触媒. ∥촉매 작용 触媒作用.

촉박-하다 (促迫-) [-빠카-] 图 [하변] 切迫している; 促迫している; 迫っている. ∥일정이 촉박하다 日程が差し迫っている.

촉발 (觸發) [-빨] 图 [하자타] 触発.
촉새 (-) 图 [鳥類] アオジ (青鵐).
촉성 (促成) [-썽] 图 促成. ∥촉성 재배 促成栽培.
촉수¹ (燭數) [-쑤] 图 燭光の数値.
촉수² (觸手) [-쑤] 图 [動物] 触手. ⓟ촉수를 뻗치다 触手を伸ばす.

촉진 (促進) [-찐] 图 [하타] 促進. ∥개

발을 촉진하다 開発を促進する. 판매 촉진 販売促進.

촉진² (觸診) 【-찐】 图 (하타) (医学) 触診.

촉촉-하다 【-초카-】 厖 (하변) しっとりしている. ‖촉촉한 피부 감촉 しっとりした肌の感触. **촉촉-히** 副 촉촉이 젖어 있다 しっとりとぬれている.

촉탁 (囑託) 图 嘱託. ❷촉탁 사원 嘱託社員.

촌¹ (村) 图 ❶田舎; 村. ❷故郷; 国. ‖촌에 좀 다녀왔습니다 国にちょっと行ってきました.

촌² (寸) 图 親族関係の親疎を示す語…親等. ‖삼촌 おじ. 사촌 いとこ.

촌각 (寸刻) 图 寸刻; 寸時; 一刻. ‖촌각을 다투는 사안 一刻を争う事案.

촌-구석 (村-) 【-꾸-】 图 片田舎. ‖촌구석에서 살다 片田舎で暮らす.

촌극 (寸劇) 图 寸劇. ‖토막극 (-劇).

촌-놈 (村-) 图 [촌사람(村-)의 俗語] いなかっぺ.

촌-닭 (村-) 【-딱】 图 〔さげすんだ言い方で〕田舎育ちの人.

촌-뜨기 (村-) 图 〔さげすんだ言い方で〕田舎育ちの人.

촌락 (村落) 【-낙】 图 村落.

촌로 (村老) 【-노】 图 村老.

촌부¹ (村夫) 图 村夫; 田舎の男の人.

촌부² (村婦) 图 村婦; 田舎の女の人.

촌-사람 (村-) 【-싸-】 图 田舎者; 田舎の人.

촌수 (寸數) 【-쑤】 图 親等. ÷ 親子は1親等; 兄弟は2親等.

촌-스럽다 (村-) 【-쓰-따】 厖 (ㅂ変) 田舎くさい; 野暮ったい; ださい. ‖촌스러운 옷차림 ださい服装.

촌음 (寸陰) 图 寸陰; 寸時. ‖촌음을 아끼다 寸時を惜しむ.

촌장 (村長) 图 村長.

촌지 (寸志) 图 ❶ 寸志. ❷ (誠意を表わすために)先生や記者に渡すお金.

촌철-살인 (寸鐵殺人) 图 寸鉄人を刺すこと; 촌철살인의 한마디 寸鉄警句; 短く鋭い警句.

촌충 (寸蟲) 图 (動物) サナダムシ(真田虫).

촌-티 (村-) 图 田舎っぽさ; 野暮った さ.

촌티-나다 画 田舎っぽい; 野暮ったい. ‖촌티나는 옷차림 野暮ったい身なり.

촌평 (寸評) 图 (하타) 寸評. ‖시사 촌평 時事寸評.

출랑-거리다 【-대다】 画 おっちょこちょいにふるまう; そっかしくふるまう.

출랑-이 图 おっちょこちょい; そっかしい人.

출랑-출랑 副 おっちょこちょいな様子.

출싹-거리다 【-대다】 【-거[때]-】 图 無定見にでしゃべる様子.

출싹-출싹 副 無定見にでしゃべる様子.

출출-하다 厖 (하변) (小腹が)すいている.

촘촘-하다 厖 (하변) ❶ (目が)細かい. ‖촘촘한 바느질 細かい縫い目. ❷ 隙間がないほど詰まっている. **촘촘-히** 副

촛-농 (-膿) 【촌-】 图 燭涙(しょくるい). ‖촛농이 떨어지다 燭涙が流れる.

촛-대 (-臺) 【초때/촏때】 图 燭台(しょく-だい). 촛대(燭臺).

촛-불 [초뿔/촏뿔] 图 蠟燭(ろうそく)の火. ‖촛불을 켜다 蠟燭をつける.

총¹ (銃) /tʃʰoŋ/ 图 銃; 銃器; ピストル. ‖총을 겨누다 銃を構える. 총을 쏘다 銃を撃つ.

총² (總) 图 すべて; 全部合わせて; 総勢. ‖총 열두 명입니다 総勢12名です.

총-³ (總) 接頭 總…. ‖총선거 総選挙. 총지배인 総支配人. 총결산 総決算.

총각 (總角) 图 チョンガー; 未婚の男性. ‖처녀총각 未婚の男女.

총각-김치 (總角-) 【-낌-】 图 小大根(총각무の)のキムチ.

총각-무 (總角-) 图 葉っぱごとキムチに漬けられる小さな大根.

총검 (銃劍) 图 銃剣.

총검-술 (銃劍術) 图 銃剣術.

총격 (銃擊) 图 (하타) 銃撃. ‖총격을 가하다 銃撃を加える.

총-결산 (總決算) 【-싼】 图 (하타) 総決算.

총경 (總警) 图 警察官の階級の1つ.

총계 (總計) 【-게】 图 (하타) 総計.

총-계정 (總計定) 【-/-게-】 图 (經) 総勘定.

총-공격 (總攻擊) 图 (하타) 総攻撃.

총괄 (總括) 图 (하타) 総括. ‖일 년 동안의 활동을 총괄하다 1年間の活動を総括する.

총괄-적 (總括的) 【-쩍】 图 総括的. ‖총괄적인 규정 総括的な規定.

총구 (銃口) 图 銃口. ❸ 총부리(銃-). ‖총구를 들이대다 銃口を向ける.

총국 (總局) 图 総局.

총-궐기 (總蹶起) 图 (하타) 総決起.

총기¹ (銃器) 图 銃器. ‖총기를 불법 소지하다 銃器を不法に所持する.

총기² (聰氣) 图 聰明さ. ‖총기가 있는 아이 聡明な子.

총기³ (銃機) 图 銃の機関部.

총-대¹ (銃-) 【-때】 图 銃床.

총대² (總代) 图 総代.

총독 (總督) 图 総督.

총동맹-파업 (總同盟罷業) 图 ゼネスト. ❸ 총파업(總罷業).

총-동원 (總動員) 图 (하타) 総動員.

총람 (總覽) 【-남】 图 (하타) 総覧.

총량 (總量) [-냥] 图 総量.

총력 (總力) [-녁] 图 総力. ‖총력을 기울이다 総力を注ぐ.
　총력-전 (總力戰) [-녁쩐] 图 総力戦. ‖총력전을 펼치다 総力戦を繰り広げる.

총론[1] (籠論) [-논] 图 論議.
총론[2] (總論) [-논] 图 総論. ㉠각론 (各論).

총리 (總理) [-니] 图 他 ❶すべてを管理すること. ❷국무 총리(國務總理)의 略.

총-망라 (總網羅) [-나] 图 他 すべてを網羅すること.

총망-하다 (悤忙-) 形 有変 忽忙だ.
총명-하다 (聰明-) 形 有変 聡明だ; 賢い. ‖총명한 사람 聡明な人.

총-목록 (總目錄) [-몽녹] 图 総目録.

총무 (總務) 图 総務.
　총무-처 (總務處) 图 行政 総務省.

총-본부 (總本部) 图 総本部.

총-본산 (總本山) 图 仏教 総本山.

총-부리 (銃-) [-뿌-] 图 銃口. ㉠총구(銃口). ‖총부리를 겨누다 銃口を向ける.

총-사령관 (總司令官) 图 総司令官.

총-사직 (總辭職) 图 他 総辞職. ‖불신임안이 가결되어 내각이 총사직하다 不信任案が可決されて内閣が総辞職.

총살 (銃殺) 图 他 銃殺. **총살-하다** 图 他 銃殺.

총상 (銃傷) 图 銃傷; 銃創.
총상-화 (銃狀花) 图 植物 銃状花.

총서 (叢書) 图 叢書(そう).

총선 (總選) 图 総選挙(總選擧)의 略語.

총-선거 (總選擧) 图 総選挙. ㉠총선(總選).

총성 (銃聲) 图 銃声.

총-소득 (總所得) 图 総所得.

총-소리 (銃-) [-쏘-] 图 =총성(銃聲).

총수[1] (總帥) 图 総帥.
총수[2] (總數) 图 総数.

총-수입 (總收入) 图 総収入. ㉠총지출(總支出).

총아 (寵兒) 图 寵児(ちょう). ‖시대의 총아 時代の寵児.

총-알 (銃-) [-] 图 弾丸; 銃弾(銃彈). ㉠탄환(彈丸)·총탄(銃彈).

총애 (寵愛) 图 他 寵愛(ちょう).

총액 (總額) 图 総額.

총-영사 (總領事) [-녕-] 图 総領事.

총-예산 (總豫算) [-녜-] 图 総予算; 総計予算.

총원 (總員) 图 総員. ‖총원을 점검하다 総員を点検する.

총의 (總意) [-/-이] 图 総意.

총장 (總長) 图 総長. ‖검찰 총장 検事長; 사무총장 事務總長; 국립대학의 총장 国立大学の総長.

총재 (總裁) 图 総裁. ‖한국 은행 총재 韓国銀行総裁.

총-적량 (總積量) [-정냥] 图 総積載量.

총점 (總點) [-쩜] 图 総点; 得得点.

총중 (叢中) 图 大勢の人; たくさんの中; 大勢の中. ‖총중에 가장 영리하다 大勢の中で最も賢い.

총-지배인 (總支配人) 图 総支配人.
총-지출 (總支出) 图 総支出. ㉠총수입(總收入).

총-지휘 (總指揮) 图 他 総指揮.

총-질 (銃-) 图 自 銃を撃つこと; 発砲すること; 銃撃.

총-채 图 はたき; ちりはたき; ちり払い.

총책 (總責) 图 総責任者(總責任者)의 略語.
　총-책임자 (總責任者) 图 総責任者. ㉠총책(總責).

총-천연색 (總天然色) 图 天然色(天然色)を強調した語.

총체 (總體) 图 総体.
　총체-적 (總體的) 图 総体的. ‖총체적 위기 상황 総体的な危機状況. 총체적으로 総体的に.

총총 (悤悤) 副 形 忙しく[慌ただしい]様子; 忽々(こつ). ‖총총(히) 사라지다 忽々と去っていく. 이만 총총 取り急ぎ.

총총-거리다 自 せかせかと歩く.
총총-걸음 图 急ぎ足; せかせかした歩調.

총총-하다[1] 形 有変 (星が)きらきら(と)光る; きらめく. ‖별들이 총총한 밤 星がきらきら(と)光る夜.
총총-하다[2] (叢叢-) 形 有変 叢叢(そう)だ; ぎっしりだ; 隙間なくいっぱいに詰まっている. **총총-히** 副 많은 집들이 총총히 들어서 있다 多くの家がぎっしりと立ち並んでいる.

총-출동 (總出動) [-똥] 图 自 総出動.

총칙 (總則) 图 総則.
총칭 (總稱) 图 他 総称.

총-칼 (銃-) 图 銃と刀; 銃剣.

총탄 (銃彈) 图 銃弾. ㉠탄환(彈丸)·총알(銃-). ‖총탄에 쓰러지다 銃弾に倒れる.

총통 (總統) 图 総統.

총-파업 (總罷業) 图 自 ゼネスト. ㉠동맹 파업(同盟罷業).

총-판매 (總販賣) 图 他 総販売(總販賣)의 略語.
　총-판 (總販) 图 他 一手販売. ㉠총판매(總販賣).

총평 (總評) 图 総評.

총포 (銃砲) 图 銃砲.

총합 (總合) 图 他 総合.

총화 (總和) [종] ❶ 総和. ❷ 全体의 和合.
총회 (總會) [-/-훼] [종] 総会. ‖주주 총회 株主総会.
총회-꾼 (總會-) [종] 総会屋.
총칙 (總則) [-/-칙] [종] 総則.
촬영 (撮影) /tɕʰwaryʌŋ/ [하게] 撮影. ‖야외 촬영 野外撮影. 특수 촬영 特殊撮影.
촬영-기 (撮影機) [종] 撮影機.
촬영-소 (撮影所) [종] 撮影所.
최[1] (崔) [-/-훼] [종] [姓] 崔(チェ).
최[2] (最) [-/-훼] [접두] 最…. ‖최고급 最高級.
최강 (最強) [-/-훼] [종] 最強. ‖세계 최강의 축구팀 世界最強のサッカーチーム.
최고[1] (最古) [-/-훼] [종] 最古. ⚭最新(최신).

최고[2] (最高) /tɕʰwe:go/ [-/-훼] [종] 最高. ⚭最低(최저). ‖최고의 설비를 자랑하다 最高の設備を誇る. 최고의 기분 最高の気分. 최고 기온 最高気温. 최고로 재미있다 最高に面白い.
최고-가 (最高價) [-까 /-훼-까] [종] 最高値.
최고-봉 (最高峰) [종] 最高峰.
최고-신 (最高神) [종] 最高神.
최고-품 (最高品) [종] 最高の品物.
최고-형 (最高刑) [종] [法律] 最も重い刑罰.
최-고급 (最高級) [-/-훼] [종] 最高級. ‖최고급 와인 最高級ワイン.
최-고조 (最高潮) [-/-훼] [종] 最高潮. ‖청중들의 흥분이 최고조에 달하다 聴衆の興奮が最高潮に達する.

최근 (最近) /tɕʰwe:gun/ [-/-훼] [종] 最近. ‖최근의 경제 동향 最近の経済の動向. 최근에 산 옷 最近買った服. 최근 들어 알게 된 일 最近になって分かった[知った]こと.
최다 (最多) [-/-훼] [종] 最多. ⚭最少(최소). ‖최다 득표 最多得票.
최단 (最短) [-/-훼] [종] 最短. ⚭最長(최장). ‖최단 거리 最短距離.

최대 (最大) /tɕʰwe:de/ [-/-훼] [종] 最大. ⚭最小(최소). ‖최대 한도 最大限度. 최대의 관심사 最大の関心事. 부산은 한국 최대의 항구 도시이다 釜山は韓国最大の港湾都市である.
최대-공약수 (最大公約數) [-쑤 /-훼-쑤] [종] [數學] 最大公約数.
최대-치 (最大値) [종] 最大値. ⚭最小値(최소치).
최대-한 (最大限) [종] 最大限. ⚭最小限(최소한). ‖최대한의 노력 最大限の努力. 최대한으로 배려하다 最大限配慮する.
최대-한도 (最大限度) [종] 最大限度.

최댓-값 (最大ㅅ-) [-대깝 /-훼댄깝] [종] [數學] 最大値.
최루-탄 (催涙彈) [-/-훼] [종] 催涙弾.
최면 (催眠) [-/-훼] [종] 催眠. ‖최면을 걸다 催眠術をかける. 최면 상태 催眠状態.
최면-술 (催眠術) [종] 催眠術.
최면-요법 (催眠療法) [-뇨뻡 /-훼-뇨뻡] [종] 催眠療法.
최면-제 (催眠劑) [종] 催眠剤.
최상 (最上) [-/-훼] [종] 最上; 至上; 最高. ⚭最下(최하). ‖최상의 선택 最上の選択. 최상의 기쁨 最高[至上]の喜び.
최-상급 (最上級) [-끕 /-훼-끕] [종] ❶ 最上級. ❷ [言語] 最上級. ⚭比較級(비교급).
최-상위권 (最上位圈) [-꿘 /-훼-꿘] [종] トップクラス. ‖최상위권 대학 トップクラスの大学.
최-상층 (最上層) [-/-훼] [종] ❶ 最上階. ❷ 社会で最も上流の階層.
최-상품 (最上品) [-/-훼] [종] 最上級の品物.

최선 (最善) /tɕʰwe:sɔːn/ [-/-훼] [종] 最善. ⚭最悪(최악). ‖최선의 노력 最善の努力. 최선의 방법 最善の方法. 최선을 다하다 最善を尽くす.
최선-책 (最善策) [-/-훼] [종] 最善の策.
최-선봉 (最先鋒) [-/-훼] [종] 急先鋒.
최소[1] (最少) [-/-훼] [종] 最小. ⚭最大(최대).
최소-공배수 (最小公倍數) [-쑤 /-훼-쑤] [종] [數學] 最小公倍数.
최소-치 (最小値) [종] 最小値. ⚭最大値(최대치).
최소-한 (最小限) [종] 最小限. ⚭最大限(최대한). ‖피해를 최소한으로 막다 被害を最小限に食い止める.
최소-한도 (最小限度) [종] 最小限度.
최소-화 (最小化) [-/-훼] [하게] 最小化.
최솟-값 (最小ㅅ-) [-소깝 /-훼손깝] [종] [數學] 最小値.
최소[2] (最少) [-/-훼] [종] 最少. ⚭最多(최다).

최신 (最新) /tɕʰwe:ʃin/ [-/-훼] [종] 最新. ⚭最古(최고). ‖최신 기술 最新技術.
최신-식 (最新式) [-/-훼] [종] 最新式. ‖최신식 기기 最新式のコピー機.
최신-형 (最新型) [종] 最新型.
최악 (最惡) [-/-훼] [종] 最悪. ⚭最善(최선). ‖최악의 결과 最悪の結果. 최악의 사태는 피하다 最悪の事態は避ける.
최-우선 (最優先) [-/-훼] [종] 最優先. ‖최우선적으로 해야 될 과제 最優先すべき課題.
최-우수 (最優秀) [-/-훼] [종] 最優秀. ‖최우수 선수 最優秀選手; MVP.

최음-제 (催淫劑)【-/췌-】[名] 催淫剤.
최장 (最長)【-/췌-】[名] 最長. (対)최단(最短).
최저 (最低) /tʃʰweːdʒɔ/【-/췌-】[名] 最低. (対)최고(最高). ‖최저 기온 最低気温. 최저 수준 最低水準.
최저-가 (最低價)【-까 /췌-까】[名] 最安値.
최저^생활비 (最低生活費) [名] 最低生活費.
최저^임금제 (最低賃金制) [名] 最低賃金制.
최저-한도 (最低限度) [名] 最低限. ‖최저한도의 생활 最低限の生活.
최적 (最適)【-/췌-】[名] (하形) 最適. ‖최적 온도 最適の温度.
최-전방 (最前方)【-/췌-】[名] 最前線; 第一線.
최-전선 (最前線)【-/췌-】[名] 最前線; 第一線.
최종 (最終) /tʃʰweːdʒoŋ/【-/췌-】[名] 最終. (対)최초(最初). ‖최종 단계 最終段階. 최종 보고 最終報告.
최종-심 (最終審) [名]《法律》終審; 最終審理.
최종-적 (最終的) [名] 最終的.
최-첨단 (最尖端)【-/췌-】[名] 最先端. ‖유행의 최첨단을 걷다 流行の最先端を行く.
최초 (最初) /tʃʰweːtʃʰo/【-/췌-】[名] 最初. (対)최후(最後)·최종(最終). ‖최초의 방문객 最初の訪問客. 최초로 만든 작품 最初に作った作品.
최하 (最下)【-/췌-】[名] 最下; 最低; 一番下. (対)최상(最上). ‖최하의 성적 最低の成績.
최-하급 (最下級)【-/췌-】[名] 最も低い等級.
최-하층 (最下層)【-/췌-】[名] 社会で最も下流の階層.
최혜-국 (最惠國)【-/췌헤-】[名] 最恵国.
최후 (最後)【-/췌-】[名] 最後; 最期. (対)최초(最初). ‖최후의 한마디 最後の一言. 최후의 수단 最後の手段. 장렬한 최후 壮烈な最期.
최후-통첩 (最後通牒) [名] 最後通牒(つうちょう).
추[1] (秋) [名]《姓》秋(チュ).
추[2] (錘) [名] ❶〔저울추(-錘)の略語〕錘(おもり). ❷〔시계추(時計錘)の略語〕時計の振り子. ❸錘のように垂れ下がって揺れるものの総称.
추가 (追加) /tʃʰuga/ [名] (하他) 追加. ‖추가 항목 追加項目. 추가 시험 追(加)試験; 追試. 추가로 주문하다 追加で注文する. **추가-되다** (受身) 주문이 추가되다 注文が追加される.
추간-연골 (椎間軟骨)【-넌-】[名]《解剖》椎間板.
추격 (追擊) [名] (하他) 追撃. ‖적기를 추격하다 敵機を追撃する. **추격-당하다** (受身)
추계[1] (秋季)【-/-게】[名] 秋季.
추계[2] (推計)【-/-게】[名] (하他) 推計.
추고 (推考) [名] (하他) 推考.
추곡 (秋穀) [名] 秋に収穫する穀物.
추구[1] (追求) /tʃʰugu/ [名] (하他) 追求; (目標として)追う. ‖이윤을 추구하다 利潤を追求する. 이상을 추구하다 理想を追う.
추구[2] (追究) [名] (하他) 追究. ‖진리를 추구하다 真理を追究する.
추궁 (追窮) [名] (하他) 追及. ‖책임을 추궁하다 責任を追及する. **추궁-당하다** (受身)
추근-거리다[-대다] (自) (特に男性が女性に)しつこくまとわりつく[まつわりつく].
추근-추근 (副) (하形) ねちねちと; しつこく.
추기[1] (秋期) [名] 秋期.
추기[2] (追記) [名] (하他) 追記.
추기-경 (樞機卿) [名]《カトリック》枢機卿(すうききょう).
추기다 (他) おだてる; そそのかす; あおる.
추남 (醜男) [名] 醜男(ぶおとこ); しこお. (対)미남(美男).
추녀[1] [名] (屋根の下端の)軒(のき).
추녀[2] (醜女) [名] 醜女(ぶおんな); しこめ; ぶす. (対)미녀(美女).
추다 /tʃʰuda/ (他) 踊る; 舞う. ‖춤을 추다 (踊りを)踊る; (舞を)舞う.
추대 (推戴) [名] (하自他) 推戴(すいたい). ‖명예 총재로 추대하다 名誉総裁に推戴する.
추도 (追悼) [名] (하他) 追悼. ‖추도식 追悼式.
추돌 (追突) [名] (하自) 追突. ‖추돌 사고 追突事故.
추락 (墜落) /tʃʰurak/ [名] (하自) 墜落. ‖비행기가 추락하다 飛行機が墜落する. 추락 사고 墜落事故.
추락-사 (墜落死)【-싸】[名] (하自) 墜落死.
추량 (推量) [名] (하他) 推量; 推測.
추레-하다 (形)『하変』みすぼらしい; 薄汚い. ‖추레한 몰골 みすぼらしい格好.
추렴 (←出斂) [名] (하他) 出し合うこと.
추록 (追錄) [名] (하他) 追録.
추론 (推論) [名] (하他) 推論. ‖조사 결과를 가지고 사고 원인을 추론하다 調査結果から事故原因を推論する.
추류-성 (趨流性)【-썽】[名] 走流性.
추리 (推理) /tʃʰuri/ [名] (하他) 推理. ‖범인을 추리하다 犯人を推理する.
추리-력 (推理力) [名] 推理力. ‖추리력을 발휘하다 推理をはたらかせる.
추리^소설 (推理小說) [名]《文芸》推理小説.

ㅊ

추리닝 (←training) 图 ジャージ. 働運動服(運動服)·연습복(練習服).

추리다 /tɕʰurida/ 他 選ぶ; 選び出す. ‖카탈로그에서 사고 싶은 것들을 추려 보다 カタログから買いたい物を選んでみる. 잘된 작품만 추리다 出来のよい作品だけ選び出す.

추모 (追慕) 图 他 追慕.

추문 (醜聞) 图 醜聞; スキャンダル. ‖추문에 시달리다 スキャンダルに悩まされる.

추물 (醜物) 图 ❶醜い者. ❷ふしだらな人.

추방 (追放) /tɕʰuban/ 图 他 追放. ‖폭력을 추방하다 暴力を追放する. 국외로 추방하다 国外に追放する. 영구 추방 永久追放. **추방-당하다** 受身

추분 (秋分) 图 〈二十四節気の〉秋分.

추분-점 (秋分點) 【-쩜】 图 〈天文〉秋分点.

추산 (推算) 图 他 推算.

추상¹ (抽象) 图 他 抽象. ↔구체(具體).

추상-명사 (抽象名辭) 图 〈言語〉抽象名詞.

추상-미 (抽象美) 图 抽象美.

추상-적 (抽象的) 图 抽象的. ↔구체적(具體的).

추상-화 (抽象畵) 图 抽象画.

추상² (秋霜) 图 秋霜.

추상-같다 (秋霜-) 【-갇따】 肜 非常に厳しい; 寄りつきがたい威厳がある. ‖추상같은 명령 逆らいがたい威厳のある命令. **추상같-이** 副

추상³ (追想) 图 他 追想.

추상-화산 (錐狀火山) 图 〈地〉錘状(ちゅうじょう)火山; 成層火山. ↔富士山のような例である.

추서 (追敍) 图 他 追叙(ついじょ).

추석 (秋夕) /tɕʰusʌk/ 图 〈民俗〉チュソク(秋夕). ↔陰暦 8 月 15 日の節日(せちにち), 韓国の伝統的感謝祭. お盆に似ていて, 新米や旬の物を供え祭祀を行ない墓参りをする.

추세 (趨勢) 图 趨勢(すうせい). ‖시대의 추세 時代の趨勢. 추세에 따르다 趨勢に従う.

추수¹ (秋水) 图 秋水; 澄みきった秋の水.

추수² (秋收) 图 他 秋収(しゅうかく); 秋の収穫.

추수-감사절 (秋收感謝節) 图 《キリスト教》感謝祭; サンクスギビングデー.

추스르다 /tɕʰusɯrɯda/ 他 르変 ❶〈体などを〉意のままに動かす. ‖몸을 추스르지 못하다 体をのびのびと動かせない. ❷取りなりをする; 片付ける; まとめる; 落ち着かせる. ‖이번 일은 어떻게 추슬러야 할지 모르겠다 今回のことはどうまとめらたらよいのか分からない. 마음을

추스르다 心を落ち着かせる.

추신 (追伸·追申) 图 他 追伸(ついしん).

추심 (推尋) 图 他 受け取ること; 取り立て.

추심-어음 (推尋-) 图 〈経〉取り立て手形.

추악-하다 (醜惡-) 【-아카-】 肜 变 醜悪だ; 見苦しい; 醜い. ‖추악한 인간의 이면 醜悪な人間の裏面.

추앙 (推仰) 图 他 崇めること; 崇め奉ること. ‖국부로 추앙하다 国父として崇める.

추어 (鰍魚·鰌魚) 图 〈魚介類〉ドジョウ(泥鰌). 働미꾸라지.

추어-탕 (鰍魚湯·鰌魚湯) 图 〈料理〉チュオタン; ↔韓国風ドジョウ汁.

추어-올리다 他 ❶持ち上げる. ❷おだてる. ‖머리가 좋다고 아이를 추어올리다 頭がいいと子どもをおだてる.

추억 (追憶) 图 他 /tɕʰuʌk/ 思い出; 追憶. ‖어릴 때를 추억하다 幼時を追憶する. 추억에 잠기다 思い出にふける. 잊을 수 없는 추억 忘れがたい思い出.

추운 肜 [ㅂ変] 춥다(寒い)の現在連体形. ‖추운 겨울 寒い冬.

추위 肜 [ㅂ変] 춥다(寒い)の連用形.

추월 (追越) 图 他 追い越し; 追い越すこと. ‖추월 금지 追い越し禁止. **추월-당하다** 受身

추위 /tɕʰuwi/ 图 寒さ. ↔더위. ‖추위를 타다 寒さに弱い. 추위에 떨다 寒さに震える. 추위가 풀리다 寒さが和らぐ. 추위를 많이 타는 사람 寒がり.

추위² (鹺胃) 图 〈牛の〉反芻胃の第 4 胃. 働주름위(-胃).

추이 (推移) 图 他 推移. ‖사건의 추이를 지켜보다 事件の推移を見守る.

추인 (追認) 图 他 追認.

추잡-하다 (醜雜-) 【-자파-】 肜 하変 みだらだ; いやらしい. ‖추잡한 짓 みだらな振る舞い.

추장 (酋長) 图 酋長.

추장² (推奬) 图 他 推奨.

추적 (追跡) 图 他 追跡. ‖범인을 추적하다 犯人を追跡する. 추적 조사 追跡調査. **추적-당하다** 受身

추적-권 (追跡權) 【-꿘】 图 〈法律〉追跡権〈外国船舶が領海内で罪を犯して公海に逃げる場合, 公海上でその船舶を追跡し捕獲できる権利〉.

추적-추적 副 自 〈小雨やみぞれなどが降り続いている様子にしとしと(と). ‖가랑비가 추적추적 내리다 小雨がしとしとと降る.

추접-스럽다 (醜-) 【-쓰-따】 肜 ㅂ変 汚い; 醜悪だ; 汚らしい; いやらしい. ‖돈에 추접스러우니 お金に汚い. 추접스러운 방법으로 돈을 벌다 汚いやり方で金儲けをする. **추접-스레** 副

추정 (推定) 图 [하他] 推定. ‖推定 연령 推定年齢. **추정-되다** 受動

추존 (追尊) 图 [하他] 追尊.

추종 (追従) 图 [하他] 追従. ‖추종 세력 追従勢力. 타의 추종을 불허하다 他の追従を許さない.

추진 (推進) /tʰudʑin/ 图 [하他] 推進; 推し進めること. ‖녹화 사업을 추진하다 緑化を推進する. 러시아는 민주화와 시장 경제화를 급속하게 추진하고 있다 ロシアは民主化と市場経済化を急速に推し進めている. **추진-되다** 受動

추진-기 (推進機) 图 推進器. ⇒スクリュー·プロペラなど.

추진-력 (推進力) [-녁] 图 推進力.

추징 (追徴) 图 [하他] 追徴.

추징-금 (追徴金) 图 追徴金.

추찰 (推察) 图 [하他] 推察.

추천 (推薦) 图 [하他] 推薦. ‖참고서를 추천하다 参考書を推薦する. 의장에 추천하다 議長に推薦する.

추천-서 (推薦書) 图 推薦書.
추천-장 (推薦状) [-짱] 图 推薦状.

추첨 (抽籤) /tʰutɕʰʌm/ 图 [하他] 抽選; くじ引き. ‖추첨해서 정하다 抽選で決める. 추첨으로 순서를 정하다 くじ引きで順番を決める.

추첨-권 (抽籤券) [-꿘] 图 抽選券.
추첨-제 (抽籤制) 图 抽選で決めること.

추체 (椎體) 图 [解剖] 椎体(ついたい).

추축 (樞軸) 图 枢軸.
추축-국 (樞軸國) [-꾹] 图 枢軸国.

추출 (抽出) 图 [하他] 抽出.

추측 (推測) /tʰutɕʰɯk/ 图 [하他] 推測; 憶測; 推し量ること; 察すること. ‖추측이 들어맞다 推測が当たる. 단지 추측에 지나지 않다 単なる憶測に過ぎない.

추켜-세우다 치켜세우다의 誤り.

추켜-올리다 描きり上げる; 持ち上げる. ‖업은 애를 추켜올리다 おぶった子を揺り上げる.

추키다 ① 軽く引っ張り上げる; 軽く揺り上げる. ‖바지춤을 추키다 ズボンを軽く引っ張り上げる. ② おだてる; そのかす. ‖공부를 잘한다고 조금 추켜주다 勉強ができるといって少しおだてる.

추태 (醜態) 图 醜態. ‖추태를 보이다 醜態をさらす.

추파 (秋波) 图 秋波; 色目; 流し目. ‖추파를 던지다 秋波を送る; 色目を使う.

추풍 (秋風) 图 秋風.
추풍-낙엽 (秋風落葉) 图 ① 秋風に散る葉. ② [比喩的に] 勢力などが急激に衰えること. ‖추풍낙엽처럼 떨어지다 秋風に散る木の葉のように落ちる.

추-하다 (醜-) /tɕʰuhada/ 圈 [하変] 醜い; みすぼらしい; 卑しい; 見苦しい; みっともない. ‖추한 몰골 みすぼらしい格好. 추한 모습을 보이다 醜いところをする.

추행 (醜行) 图 [하他] 醜行(しゅうこう).

추호 (秋毫) 图 秋毫(しゅうごう); 毛頭; 少し; いささか. ‖ 그럴 마음은 추호도 없다 そんなつもりは毛頭ない.

추후 (追後) 图 後ほど. 副後(のち).
추후-에 (追後-) 副 後ほど. 追って.

축¹ (丑) 图 【十二支の】丑(うし).
축² (祝) 图 祝.
축³ (軸) 图 軸; 心棒. ‖회전축 回転軸.
축⁴ (軸) 图 部類; 類(たぐい); 仲間. ‖젊은 축에 들다 若い部類に入る. 축에도 못 끼다 仲間数に入らない.
축⁵ 副 力なく垂れ下がっている様子: ぐったり. ‖축 처진 나날을 보내다 のんべんだらりと日々を送る.
축⁶ (軸) 依存 するめ 20 枚を数える単位. ‖오징어 한 축 するめ 20 枚.

축-가 (祝歌) [-까] 图 祝い歌.

축구 (蹴球) /tɕʰukku/【-꾸】 图 《スポーツ》サッカー; フットボール. ‖미식 축구 アメリカンフットボール. 프로축구 プロサッカー. 축구공 サッカーボール. 축구 선수 サッカー選手.

축-나다 (縮-)【-총-】 自 ❶ 減る; 足りなくなる. ‖양식이 축나다 食糧が減る. ❷ やつれる; 衰弱する. ‖고민이 많은지 얼굴이 많이 축났다 悩みが多いのか顔がやつれた.

축년 (丑年) 【-쭌】 图 丑年. 日소해.

축농-증 (蓄膿症)【-쭝-】 图 《医学》蓄膿症.

축대 (築臺) 【-때】 图 (石垣など) 高く築き上げた台.

축도 (縮圖) 【-또】 图 縮図. ‖인생의 축도 人生の縮図.
축도-기 (縮圖器) 【-또-】 图 縮図器.
축도-법 (縮圖法) 【-또뻡】 图 縮図法.

축문 (祝文) 【-쭌】 图 祝文; 祝辞.

축-받이 (軸-) 【-빠지】 图 軸受け; ベアリング.

축배 (祝杯) 【-빼】 图 祝杯. ‖축배를 들다 祝杯を上げる.

축복 (祝福) 【-뽁】 图 [하他] 祝福. ‖많은 사람들로부터 축복을 받다 多くの人から祝福を受ける.
축복-기도 (祝福祈禱) 【-뽁끼-】 图 《キリスト教》 祝禱(しゅくとう).

축사¹ (祝辭) 图 祝辞.
축사² (祝辭·祝詞) 【-싸】 图 [하自] 祝辞.

축산 (畜産) 【-싼】 图 畜産.
축산-업 (畜産業) 【-싸넙】 图 畜産業.

축생 (畜生) 【-쌩】 图 ❶ あらゆる畜類. ❷ 《仏教》一般衆生.

축생-계(畜生界)【-쌩-/-쌩게】 图(佛敎) 畜生界.

축소(縮小)/tʃʰukˀso/【-쏘】 图他 縮小. ㉮擴大(擴大). ‖사업을 축소하다 事業を縮小する. 군비 축소 軍備縮小. **축소-되다** 受動.

축소-재생산(縮小再生産) 图(經) 縮小再生産. ㉮단순 재생산(單純再生産)·확대 재생산(擴大再生産).

축소-판(縮小版) 图 縮刷版; 縮圖. ‖인생의 축소판 人生の縮圖.

축소해석(縮小解釋) 图 縮小解釋. ㉮擴大 해석(擴大解釋).

축수(祝壽)【-쑤】 图他 長寿を祈ること.

축시(丑時)【-씨】 图(民俗) 丑(?)の刻 (午前1時から午前3時まで).

축약(縮約) 图他 縮約.

축원(祝願) 图他 祈り; 願い. ‖성공을 축원하다 成功を祈る.

축음-기(蓄音機) 图 蓄音機.

축의[1](祝意)【-/ㄱ의】 图 祝意.

축의[2](祝儀)【-/ㄱ의】 图 祝いの儀式.

축의-금(祝儀金) 图 ㉮祝儀.

축이다 他 濡らす; 水気を与える; 潤す. ‖물로 목을 축이다 水でのどを潤す.

축일(祝日) 图 祝日.

축재(蓄財)【-째】 图他 蓄財.

축적(蓄積)【-쩍】 图他 蓄積. ‖자본을 축적하다 資本を蓄積する. 피로가 축적되다 疲労が蓄積する.

축전[1](祝典)【-쩐】 图 祝典.

축전[2](祝電)【-쩐】 图 祝電. ‖축전을 보내다 祝電を送る.

축전[3](蓄電)【-쩐】 图他 蓄電.

축전-기(蓄電器) 图 蓄電器; コンデンサー. ㉮콘덴서.

축전-지(蓄電池) 图 蓄電池; バッテリー. ㉮배터리.

축제(祝祭)/tʃʰukˀtɕe/【-쩨】 图 祝祭; 祭り. ‖대학 축제 大學祭.

축조(築造)【-쪼】 图他 築造.

축지(縮地)【-찌】 图他 縮地.

축지-법(縮地法)【-찌뻡】 图 縮地をする方法.

축척(縮尺) 图 縮尺.

축-축 甲 だらり; ぶらり; ぐったり. ‖날이 더우니까 몸이 축축 쳐진다 暑いので体がぐったりする.

축축-하다【-추카-】【하变】 じめじめしている; 湿っぽい; ぬれている. ‖축축한 날씨 じめじめとした天気. 땀으로 옷이 축축하다 汗で服がぬれている.

축출(逐出) 图他 追い出すこと. ‖협회에서 축출되다 協会から追い出す. **축출-당하다** 受動.

축포(祝砲) 图 祝砲. ‖축포를 터뜨리다 祝砲を撃つ.

축하(祝賀)/tʃʰukˀha/【-추카】 图他 祝賀; 祝い. ‖결혼 축하 드립니다 結婚, おめでとうございます. 생일 축하합니다 お誕生日おめでとうございます. **축하-하다** 自他 祝い事.

축하-연(祝賀宴) 图 お祝いパーティー. ‖결혼식 축하연 結婚式のお祝いパーティー.

축하-장(祝賀狀)【-추카짱】 图 祝賀の旨を書いた書状.

축하-주(祝賀酒) 图 祝い酒.

축하-회(祝賀會)【-추카/-추카회】 图 祝賀會.

춘계(春季)【-/-게】 图 春季.

춘곤(春困) 图 春に感じるけだるさ.

춘국(春菊) 图(植物) シュンギク(春菊).

춘궁(春窮) 图 春窮.

춘궁-기(春窮期) 图 春の端境期.

춘란(春欄)【춘-】 图(植物) シュンラン(春欄).

춘몽(春夢) 图 春夢. ‖일장춘몽 一場の春夢.

춘부-장(椿府丈) 图〔他人の父親の尊敬語〕父御.

춘분(春分) 图(二十四節気の)春分.

춘분-점(春分點)【-쩜】 图(天文) 春分点.

춘-삼월(春三月) 图 春の景色が最もいい陰暦の3月の別称.

춘천(春川) 图(地名) 春川(チュンチョン). ❖江原道の道庁所在地.

춘추[1](春秋) 图 ❶春と秋. ‖춘추복 合い服. ❷〔나이の尊敬語〕お年. ‖춘추가 어떻게 되십니까? お年はおいくつでいらっしゃいますか. ❖目上の人にしか使えない.

춘추[2](春秋) 图(五経の一つの)春秋.

춘풍(春風) 图 春風.

춘하추동(春夏秋冬) 图 春夏秋冬.

춘향-전(春香傳) 图(文芸) 春香伝(チュンヒャンヂョン). ❖韓国の代表的な古典小説の一つ.

춘화-도(春畫圖) 图 春画; ポルノ.

출가[1](出家) 图自 出家.

출가[2](出嫁) 图自 嫁ぐこと.

출가-외인(出嫁外人)【-/-웨-】 图 嫁いだ娘は他人と同然であること.

출간(出刊) 图他 出版; 刊行.

출감(出監) 图自 出獄. ㉮출옥(出獄).

출강(出講) 图自 出講. ‖지방 대학에 출강하다 地方の大学に出講する.

출격(出擊) 图自 出擊.

출결(出缺) 图 出欠.

출고(出庫) 图他 出庫.

출관(出棺) 图他 出棺.

출구(出口)/tʃʰulgu/ 图 出口. ㉮나가는 곳. ㉮입구(入口).

출국(出國) 图自 出国. ㉮입국(入國). ‖출국 수속 出国手続き.

출근(出勤)/tʃʰulgɯn/ 图自 出勤.

출금

‖차로 출근하다 車で出勤する. 출근시간 出勤時間.
출근-부 (出勤簿) 图 出勤簿.
출금 (出金) 【-끔】 하자 图 出金.
출납 (出納) 【-때】 하자타 图 出納. ‖금전 출납 金銭出納.
출납-계 (出納係) 【-깨/-깨】 图 出納係.
출납-구 (出納口) 【-깝】 图 出納の窓口.
출납-부 (出納簿) 【-깝】 图 出納簿.
출동 (出動) 【-똥】 하자 图 出動. ‖경찰이 출동하다 警察が出動する.
출두 (出頭) 【-뚜】 하자 图 出頭. ‖법원에 출두하다 裁判所に出頭する.
출렁-거리다 图 ざぶんざぶんと波打つ; だぶだぶする. ‖파도가 출렁거리는 바다 ざぶんざぶんと波打つ海.
출렁-이다 图 =출렁거리다.
출렁-출렁 쀼 하자 ざぶんざぶん; だぶだぶ.
출력 (出力) 图 하자타 出力. ⑪입력(入力). ‖검색 결과를 출력하다 検索結果を出力する. 출력 장치 出力装置.
출로 (出路) 图 出路.
출루 (出壘) 图 하자 〔野球で〕出塁.
출마 (出馬) 图 하자 出馬. ‖국회의원 선거에 출마하다 国会議員選挙に出馬する.
출몰 (出沒) 图 하자 出没.
출발 (出發) 【-빨】 /ʨʰulˀpal/ 图 하자 出発. ⑪도착(到着). ‖여섯 시에 출발하다 6時に出発する. 서울을 향해 출발하다 ソウルに向かって出発する. 출발 시각 出発時刻.
출발-선 (出發線) 图 出發点. スタートライン. ‖출발선에 서다 スタートラインに立つ.
출발-점 (出發點) 【-쩜】 图 出発点.
출발-지 (出發地) 【-찌】 图 出発地.
출범 (出帆) 图 하자 出帆; 船出. ‖새로운 내각을 출범하다 新たな内閣が船出する.
출병 (出兵) 图 하자 出兵.
출사 (出師) 【-싸】 图 하자 出兵; 出師(すい).
출사-표 (出師表) 图 出師の表.
출산 (出産) 【-싼】 图 하자 出産. ‖출산 휴가를 받다 産休を取る. 출산을 앞두고 있다 出産を目前に控えている.
출상 (出喪) 【-쌍】 图 하자 喪家から棺が出ること.
출생 (出生) /ʨʰulˀsen/ 【-쌩】 图 하자 出生; 生まれ. ‖서울 출생 ソウル生まれ. 출생 신고 出生届.
출생-률 (出生率) 【-쌩뉼】 图 出生率.
출생-지 (出生地) 【-쌩-】 图 出生地.
출생지-주의 (出生地主義) 【-쌩-/

-쌩-이/】 图 出生地主義.
출석 (出席) /ʨʰulˀsʌk/ 【-썩】 图 하자 出席. ⑪결석(缺席). ‖회의에 출석하다 会議に出席する. 출석을 부르다 出席を取る.
출석-부 (出席簿) 【-썩뿌】 图 出席簿.
출세 (出世) 【-쎄】 图 하자 出世. ‖입신 출세 立身出世.
출세-욕 (出世欲) 图 出世欲.
출세-작 (出世作) 图 出世作.
출셋-길 (出世~) 【-쎄낄/-쎈낄】 图 出世への道; 出世街道.
출소 (出所) 【-쏘】 图 =출옥(出獄).
출시 (出市) 【-씨】 图 하자 売り出し. ‖신제품을 출시하다 新商品を売り出す.
출신 (出身) /ʨʰulˀɕin/ 【-씬】 图 出身; …生まれ. ‖경상도 출신 慶尚道出身. 문과 출신 文系出身. 학자 출신의 정치가 学者出身の政治家. 출신 학교 出身校. 홋카이도 출신입니다 北海道生まれです.
출연 (出演) 图 하자 出演. ‖텔레비전에 출연하다 テレビに出演する.
출연-료 (出演料) 【-뇨】 图 出演料.
출연-자 (出演者) 图 出演者.
출옥 (出獄) 图 하자 出獄. ⑪출감(出監)·출소(出所).
출원 (出願) 图 하자 出願. ‖특허 출원 特許出願中.
출입 (出入) /ʨʰurip/ 图 하자 出入り. ‖출입이 잦다 出入りが多い.
출입-구 (出入口) 【-꾸】 图 出入り口.
출입-금지 (出入禁止) 【-끔-】 图 出入り禁止.
출입국 관리 (出入國管理) 【-꾹 꽐-】 图 出入国管理.
출자 (出資) 【-짜】 图 하자타 出資. ‖새로운 사업에 거액을 출자하다 新たな事業に巨額を出資する.
출자-금 (出資金) 【-짜-】 图 出資金.
출장[1] (出張) /ʨʰulˀʨaŋ/ 【-짱】 图 하자 出張. ‖서울로 출장 가다 ソウルに出張する. 장기 출장 長期離れ出張.
출장[2] (出場) 【-짱】 图 하자 出場.
출전[1] (出典) 【-쩐】 图 出典.
출전[2] (出戰) 【-쩐】 图 하자 ❶戦いに出ること. ❷出場. ‖전국 대회에 출전하다 全国大会に出場する.
출정 (出征) 【-쩡】 图 하자 出征.
출제 (出題) 【-쩨】 图 하자 出題. ‖시험 문제를 출제하다 試験問題を出題する.
출중-하다 (出衆~) 【-쭝-】 形 하여 衆に抜きん出ている; 際立っている. ‖인물이 출중하다 容姿が際立っている.
출진 (出陣) 图 하자 出陣.
출처 (出處) 图 出所; 出どころ. ‖소문

의 출처 우와스의 出どころ.
출출 凰 大量の液体が溢れる様子:じゃあじゃあ.
출출-하다 厖 [하영] 小腹がすいている. ∥좀 출출하다 少し小腹がすいてきた.
출타 (出他) 图 国他 外出. ∥출타 중 外出中.
출토 (出土) 图 国자 出土. ∥유물이 출토되다 遺物が出土する.
출판 (出版) /tʃʰulpʰan/ 图 하타 出版. ∥자서전을 출판하다 自分史を出版する. 자비 출판 自費出版.
출판-계 (出版界) 图 [-계] 出版界.
출판-물 (出版物) 图 出版物.
출판-사 (出版社) 图 出版社.
출품 (出品) 图 하자타 出品.
출하 (出荷) 图 하타 出荷. ∥입하(入荷). **출하되다** 受動
출항[1] (出航) 图 하자 出航. ∥입항(入港). ∥부산을 향해 출항하다 釜山に向けて出航する.
출항[2] (出港) 图 하자 出港.
출항-지 (出港地) 图 出港地.
출현 (出現) 图 하자 出現. ∥산업용 로봇의 출현 産業用ロボットの出現.
출혈 (出血) 图 ❶ 出血. ∥출혈이 심하다 出血がひどい. ❷ 損害; 犠牲.
출화 (出火) 图 하자 出火.
춤[1] /tʃʰum/ 图 踊り; 舞踊. ∥춤을 추다 踊りを踊る.
춤[2] 图 ものの高さや丈.
춤[3] 图 [허리춤の略語] ズボンやスカートなどの腰の内側.
춤-추다 国자 踊る; 舞う.

춥다 /tʃʰupt͈a/ [-따] 厖 [ㅂ変] [추위, 추운] 寒い. 凰 寒い. ∥날씨가 춥다 寒い. 해가 지니까 한층 더 춥다 日が落ちると一段と寒い. 꽁꽁 얼어붙을 정도로 추운 날이다 いてつくほど寒い日.

충 (蟲) 图 ❶ 虫. ❷ 회수(回數)の略語.
충격 (衝擊) 图 衝擊. ∥심한 충격을 받다 強い衝擊を受ける. 전 세계에 큰 충격을 준 사건 全世界に大きな衝擊を与えた事件.
충격 요법 (衝擊療法) [-경노뻡] 图 刺激療法.
충격-적 (衝擊的) [-쩍] 图 衝擊的. ∥충격적인 보고 衝擊的な報告.
충격-파 (衝擊波) 图 [物理] 衝擊波.
충견 (忠犬) 图 忠犬.
충고 (忠告) /tʃʰuŋgo/ 图 하자타 忠告. ∥충고를 받아들이다 忠告を聞き入れる. 충고를 따르다 忠告に従う.
충당 (充當) 图 하타 充當; 充当; まかなうこと. ∥부족한 부분을 충당하다 不足な分を充当する. 자비로 충당하다 自費でまかなう.

충돌하다 意見が衝突する. 충돌 사고 衝突事故.
충동 (衝動) /tʃʰuŋdoŋ/ 图 하타 ❶ 衝動. ∥충동이 일다 衝動が起こる. 충동 구매 衝動買い. 일시적인 충동에 사로잡히다 一時の衝動にかられる. ❷ そそのかすこと.
충동-적 (衝動的) 图 衝動的. ∥충동적으로 행동하다 衝動的に行動する.
충렬 (忠烈) [-녈] 图 하타 忠烈.
충만-하다 (充滿-) 厖 [하영] 充満している.
충매-화 (蟲媒花) 图 [植物] 虫媒花.
충복 (忠僕) 图 忠僕.

충분 (充分) /tʃʰunbun/ 图 하영 十分; 充分. ∥충분한 휴식을 취하다 十分な休息をとる. 이 정도면 충분하다 この程度なら十分だ. **충분-히** 凰
충분-조건 (充分條件) [-껀] 图 [數學] 十分条件. 필요조건(必要條件).
충성 (忠誠) 图 하자 忠誠; 忠義.
충수 (蟲垂) 图 [解剖] 虫垂.
충수-염 (蟲垂炎) 图 [의학] 虫垂炎. ◆맹장염(盲腸炎)は俗称.
충신 (忠臣) 图 忠臣.
충실-하다[1] (充實-) 厖 [하영] 充実している. ∥충실한 나날을 보내며 充実した日々を過ごす.
충실-하다[2] (忠實-) 厖 [하영] 忠実だ. ∥업무에 충실한 사람 業務に忠実な人. **충실-히** 凰 忠実に再現する.
충심[1] (忠心) 图 忠心.
충심[2] (衷心) 图 衷心. ∥충심으로 애도의 뜻을 표합니다 衷心より哀悼の意を表します.
충양-돌기 (蟲樣突起) = 충수(蟲垂).
충양돌기-염 (蟲樣突起炎) 图 = 충수염(蟲垂炎).
충용 (充用) 图 하타 充用.
충원 (充員) 图 하타 充員.
충적 (沖積) 图 하타 沖積.
충적-물 (沖積物) [-쩡-] 图 沖積物.
충적-세 (沖積世) [-쎄] 图 [地] 沖積世.
충적-층 (沖積層) 图 [地] 沖積層.
충적-토 (沖積土) 图 [地] 沖積土.
충전[1] (充電) 图 하타 充電.
충전-기 (充電器) 图 充電器.
충전[2] (充塡) 图 하타 充塡.
충절 (忠節) 图 忠節.
충족 (充足) 图 하타 충족; 充足; 満ち足りること; 十分に満たすこと. ∥충족되지 않는 욕망 満たされない欲望, 욕구를 충족하다 欲求を充足する.
충직-하다 (忠直-) 【-지카-】 厖 [하영] 忠実だ.

충돌 (衝突) 图 하자 衝突. ∥의견이

충천(衝天) [하ど] 衝天. ‖의기충천 意気衝天; 衝天の意気.

충청-남도(忠清南道) [地名] 忠清南道.

충청-도(忠清道) [地名] [忠清南道と忠清北道の併称] 忠清道.

충청-북도(忠清北道) [地名] 忠清北道.

충충-하다 [形] [하여] (色や水などが)さえない;濁っている;くすんでいる;暗い. ‖옷 색깔이 충충하다 服の色が暗い.

충치(蟲齒) /tʃʰuŋtʃʰi/ [名] 虫歯. ‖충치를 뽑다 虫歯を抜く. 이를 닦지 않으면 충치가 생긴다 歯を磨かないと虫歯になる. 충치를 예방하다 虫歯を予防する.

충해(蟲害) [名] 虫害.

충혈(充血) [名] [自] 充血. ‖눈이 충혈되다 目が充血する. 충혈되어 눈이 빨갛다 充血して目が赤い.

충혼(忠魂) [名] 忠魂.

충혼-비(忠魂碑) [名] 忠魂碑.

충혼-탑(忠魂塔) [名] 忠魂塔.

충효(忠孝) [名] 忠孝.

췌액(膵液) [生理] 膵液(ゼウ).

췌장(膵臓) [解剖] 膵臓(ゼウ).

췌장-암(膵臓癌) [医学] 膵臓癌.

취[植物] 곰취(オタカラコウ)·참위(シラヤマギク)など, 씨갓つく山菜の総称.

취객(醉客) [名] 酔客.

취급(取扱) /tʃʰwiːgɯp/ [名] [他] 取り扱い; 扱い. ‖취급 주의 取り扱い注意. 애 취급을 하다 子ども扱いをする. 노인 취급을 당하다 老人扱いを受ける.

취기(醉氣) [名] 酔気; 酒気. ‖취기가 돌다 酔いが回る.

취득(取得) [名] [他] 取得. ‖재류 자격을 취득하다 在留資格を取得する.

취득-세(取得税) [-쎄] [名] 取得税. ‖부동산 취득세 不動産取得税.

취로(就勞) [名] [自] 就労.

취로-사업(就勞事業) [名] 失業者や被災者の救済を目的に政府が実施する各種の公共事業.

취미(趣味) /tʃʰwiːmi/ [名] 趣味. ‖취미를 가지다 趣味を持つ. 취미는 음악 감상입니다 趣味は音楽鑑賞です. 취미가 다양하다 趣味が広い. 악취미 悪趣味.

취사¹(炊事) [名] 炊事.

취사-반(炊事班) [名] (軍隊などで)炊事を担当する班.

취사-병(炊事兵) [軍事] 炊事を担当する兵士.

취사-장(炊事場) [名] 炊事をする場所.

취사²(取捨) [名] [他] 取捨.

취사-선택(取捨選擇) [名] [他] 取捨選択.

취소(取消) /tʃʰwiːso/ [名] [他] 取り消し; キャンセル. ‖약속을 취소하다 約束を取り消す. 예약을 취소하다 予約をキャンセルする. **취소-되다**[-되하다] [受動] 契約이 취소되다 契約が取り消される. 음주 운전으로 운전면허를 취소당하다 飲酒運転で運転免許が取り消される.

취수(取水) [名] [自] 取水.

취수-탑(取水塔) [名] 取水塔.

취식(取食) [名] [自] ❶食事を取ること. ‖취식 시간 食事の時間. ❷ただし く食事をありつくこと. ‖무전취식 無銭飲食.

취약(脆弱) [名] [形] 脆弱(ゼウ). ‖취약한 기간산업 脆弱な基幹産業.

취약-성(脆弱性) [-쎵] [名] 脆弱性.

취약-점(脆弱點) [-쩜] [名] 脆弱なところ; 脆弱な点.

취업(就業) [名] [自] 就業; 就職. ‖취업 인구 就業人口.

취업-난(就業難) [-난-] [名] 就職難. ‖취업난에 허덕이다 就職難にあえぐ.

취업-률(就業率) [-얍뉼] [名] 就業率.

취음(取音) [名] 当て字; 借字.

취의(趣意) [-/-이] [名] 趣意. 취지(趣旨).

취임(就任) [名] [自] 就任. ‖사장으로 취임하다 社長に就任する.

취임-사(就任辞) [名] 就任の辞.

취임-식(就任式) [名] 就任式.

취입(吹入) [名] [他] 吹き込み; レコーディング. ‖음반 취입을 하다 レコーディングをする.

취재(取材) [名] [他] 取材. ‖사건을 취재하다 事件を取材する. 취재하러 나가다 取材に出かける. 취재 활동 取材活動.

취재-원(取材源) [名] 取材した記事の出所.

취조(取調) [名] [他] 取り調べ. ‖용의자를 취조하다 容疑者を取り調べる. **취조-받다**[-듀하다] [受動]

취주(吹奏) [名] [他] 吹奏.

취주-악(吹奏樂) [音楽] 吹奏楽.

취중(醉中) [名] 酒に酔っている間. ‖취중에 한 말 酒に酔って言ったこと.

취지(趣旨) [名] 趣旨. ‖취의(趣意). ‖취지를 말하다 趣旨を述べる. 취지에 어긋나다 趣旨に反する.

취지-서(趣旨書) [名] 趣旨書.

취직(就職) /tʃʰwiːdʒik/ [名] [自] 就職. ‖은행에 취직하다 銀行に就職する. 취직 자리를 구하다 就職口を探す. 취직 활동 就職活動.

취직-난(就職難) [-쨩-] [名] 就職難.

취침(就寢) [名] [自] 就寝. ‖취침 시간 就寝時間.

취하(取下) [名] [他] 取り下げ; 取り下げる. ‖고소를 취하하다 告訴を取り下げる.

취-하다[1] (醉-) /tɕʰwi:hada/ 自 [하変]
❶ 酔う。‖술에 취하다 酒に酔う。분위기에 취하다 雰囲気に酔う。❷ 〈薬効が〉回る。‖약에 취해 잠들어 버리다 薬効が回ってきて寝入ってしまう。❸ 〈深い眠りに〉落ちる。‖잠에 취해 있다 眠りに落ちている。

취-하다[2] (取-) /tɕʰwi:hada/ 他 [하変]
取る。‖휴식을 취하다 休息を取る。연락을 취하다 連絡を取る。강경한 태도를 취하다 強硬な態度を取る。응급조치를 취하다 応急措置を取る。포즈를 취하다 ポーズを取る。

취학 (就學) 名 就学.
취학-률 (就學率) 【-뉼】 名 就学率.
취학 아동 (就學兒童) 名 就学児童.
취학 연령 (就學年齡) 【-녕-】 名 就学年齢.
취합 (聚合) 名 他 まとめて1つにすること。‖의견을 취합하다 意見をまとめる。
취항 (就航) 名 自 就航.
취향 (趣向) 名 ❶独특한 취향 独特な趣向。취향에 맞다 好みに合う。여성 취향의 디자인 女性好みのデザイン。
측 (側) 依名 …側。‖피해자 측 被害者の側。학교 측의 의견 学校側の意見。
측근 (側近) 【-끈】 名 側近。‖고위직 측근 인사를 만나다 高位職の側近に会う。
측도 (測度) 【-또】 名 他 測度.
측량 (測量) 【층냥】 名 測量.
측량-기 (測量器) 名 測量器械.
측량-사 (測量士) 名 測量士.
측면 (側面) 名 ❶ 側面。‖측면에서 지원하다 側面から支援する。정육면체의 한 측면 立方体の一面。
측면-도 (側面圖) 名 側面図.
측방 (側方) 【-빵】 名 そば; 近所.
측백 (側柏) 【-빽】 名 【植物】 コノテガシワ (兒手柏).
측백-엽 (側柏葉) 【-백엽】 名 【漢方】 コノテガシワの葉。◆補血・止血・収斂剤に用いる。
측우-기 (測雨器) 名 【歷史】 測雨器。✦朝鮮 4代王、世宗 23年(1441)に造られた世界初の雨量計.
측은지심 (惻隱之心) 名 惻隱(そくいん)の心。✦孟子の性善の根拠を成す四端 (しぶん)の1つ.
측은-하다 (惻隱-) 【-하재】 形 [하変] かわいそうだ、不憫だ。‖측은한 마음이 들다 かわいそうだ。
측정 (測定) 【-쩡】 名 他 測定。‖거리를 측정하다 距離を測定する。
측정-기 (測定器) 【-쩡-】 名 測定器.
측지-선 (測地線) 【-찌-】 名 【数学】 測地線.

측지-학 (測地學) 名 測地学.
측후-소 (測候所) 【츠쿠-】 名 測候所.

층 (層) /tɕʰɯŋ/ 名 ❶ 層; 階。‖층이 지다 層をなす。위층에 사는 사람 上の階に住む人。
— 依名 …階; …階。‖십 층짜리 빌딩 10階建てのビル。오 층 석탑 五重の石塔。
-층[2] (層) 接尾 …層。‖주부층 主婦層。각질층 角質層。오존층 オゾン層。
층계 (層階) 【-꼐】 名 階段.
층계-참 (層階站) 名 階段の踊り場.
층수 (層數) 【-쑤】 名 階数.
층운 (層雲) 名 【天文】 層雲.
층적-운 (層積雲) 名 【天文】 層積雲.
층층-다리 (層層-) 名 階段.
층층-대 (層層臺) 名 = 층층다리 (層層-).
층층-시하 (層層侍下) 名 ❶父母・祖父母と一緒に住んでいて、かしずくべき人が多い立場。‖층층시하에서 살다 父母、祖父母と一緒に暮らす。❷かしずくべき上役が多い立場。
층층-이 (層層-) 副 ❶ 層ごとに; 階ごとに。❷ 重ね重ね.

치[1] (値) 名 【数学】 値.
치[2] (徵) 名 【音楽】 五音音階の4番目、七音音階の5番目の音.
치[3] (齒) 名 ✦치(가) 떨리다 歯ぎしりする; 切歯する; 〈全身が〉震え上がる。치 떨리는 노여움 震え上がるような憤り。✦치를 떨다 〈全身が〉震え上がる.
치[4] (-) 名 長さの単位。…寸.
치[5] 依名 ❶ [이]의 卑語) やつ。‖젊은 치 若いやつ。❷ ある地方またはある時期のものであることを表わす語:…産。‖어제 치 신문 昨日の新聞。❸ 3分量に当たる物を表わす語:…分。‖월급 두 달 치 給料 2か月分.
치-[6] 接頭 〔一部の動詞に付いて〕「上に」の意を表わす。‖눈을 치뜨다 上目を使う.
-치[7] (値) 接尾 …値。‖기대치 期待値。평균치 平均値.
치경 (齒莖) 名 【解剖】 歯茎。愈잇몸.
치고 /tɕʰigo/ 助 ❶ …であれば; …ならば。‖韓国 사람치고 이 사건을 모르는 사람은 없다 韓国人であればこの事件を知らない人はいない。❷ …にしては。‖영어를 가르치는 사람치고 발음이 안 좋다 英語を教える人にしては発音がよくない。
치고-는 助 치고を強めて言う語。‖처음 만든 것치고는 잘 만들었다 初めて作ったにしては上出来だ.
치골[1] (恥骨) 名 【解剖】 恥骨.
치골[2] (齒骨) 名 【解剖】 歯骨.
치과 (齒科) 【-꽈】 名 【解剖】 歯科; 歯医者。‖치과 의사 歯科医.
치국 (治國) 名 自 治国.

치국-평천하 (治國平天下) 名 治国平天下.

치근 (齒根) 名 【解剖】 歯根.

치근-거리다-대다 自 치근덕거리다-대다の縮約形.

치근덕-거리다-대다 【-꺼[때]-】 他 (人)につきまとって悩ませる. 例치근거리다-대다.

치근-치근 副 自他 (性格やや方が)ねちねちする様子.

치기 (稚氣) 名 稚気. ∥치기를 부리다 稚気をふるげる.

치기-배 (-輩) 名 かっぱらい(날치기)치기(소매치기)などの総称.

치는 他 치다(打つ)の現在連体形.

치다[1] 自 (風雨·吹雪·雷·波などの現象)が起きる. ∥번개가 치다 稲妻がまる. 벼락이 치다 雷が落ちる. 비바람이 치다 風雨が吹きすさぶ. 눈보라가 치다 吹雪が舞う. 파도가 치다 波が打つ.

치다[2] /tɕʰida/ 他 ❶ 値段をつける. ∥하나에 천 원씩 값을 치면 전부 합쳐서 만 원이나 1개에 千ウォンの値段をつけると, 全部合わせて1万ウォンだ. ❷ 見積もる; 見なす; 認める; …する. ∥그건 그렇다 치더라도 それはそうだとしても, 없는 걸로 치다 いないことにする. 경제 동향 분석에서는 그 사람을 최고로 치다 経済的動向分析においては彼を第一人者と認める.

치다[3] /tɕʰida/ 他 ❶ 打つ; たたく; 殴る. ∥벽에 못을 치다 壁に釘を打つ. 홈런을 치다 ホームランを打つ. 축전을 치다 祝電を打つ. 친구 어깨를 치다 友だちの肩をたたく. 복을 치다 太鼓をたたく. 주먹으로 치다 げんこつで殴る. ❷ 弾く; 鳴らす. ∥피아노를 치다 ピアノを弾く. 종을 치다 鐘を鳴らす. ❸ 切り落とす. ∥나뭇가지를 치다 木の枝を切り落とす. ❹ 轢(ひ)く. ∥차가 사람을 치고 달아났다 車が人を轢いて逃げた. 例치이다. ❺ 千切りにする. ∥무채를 치다 大根を千切りにする. ❻ (様々な動作)をする. ∥진저리를 치다 身震いをする. 장난을 치다 ふざける. 활개를 치다 闊歩する. 헤엄을 치다 泳ぐ. 곤두를 치다 花札をする. 도망을 치다 逃げる. 탁구를 치다 卓球をする. 주말에는 테니스를 치다 週末はテニスをする.

치다[4] 他 ❶ (丸い)をつける; (線を)引く; (絵を)/描く. ∥ 그러미를 치다 丸をつける. 밑줄을 치다 下線を引く. 묵화를 치다 水墨画を描く.

치다[5] 他 かける; ふっかける; つける. ∥간장을 치다 醬油をかける. 체로 치다 ふるいにかける.

치다[6] 他 ❶ (試験などを)受ける. ∥시험을 치다 試験を受ける. ❷ (大声を)出し; 叫ぶ. ∥큰소리로 치다 大声で叫ぶ; 大口をたたく.

치다[7] 他 (すだれなどを)かける; (テントを)張る; (垣根を)めぐらす. ∥발을 치다 すだれをかける. 텐트를[천막을] 치다 テントを張る.

치다[8] 他 ❶ (ひなを)孵(かえ)す. ∥새가 새끼를 치다 鳥がひなを孵す. ❷ (家畜を)飼う. ∥돼지를 치다 豚を飼う.

치다[9] 他 (かまなどを)つくる. ∥가마니를 치다 かますをつくる.

치다[10] 他 片付ける; 処理する; 掃除する. ∥쓰레기를 치다 ごみを片付ける[掃除する].

치다꺼리 名 自他 もてなし; 世話. ∥손님 치다꺼리를 하다 客をもてなす.

치-닫다 【-다】 自 【ㄷ変】 上[1つ]の方向に向かって走る. ∥이상주의로 치달리는 경향이 있다 理想主義に走る向きがある.

치-달리다 自 勢いよく突っ走る. ∥한눈도 팔지 않고 치달리다 わきめもふらず突っ走る.

치대다 他 ❶ (洗濯物を洗濯板などに)強くこすりつける. ❷ (小麦粉などを)こねる. ❸ (子どもが母親に)だだをこねる; 離れようとしない. ∥아이가 엄마에게 치대다 子どもが母親にだだをこねる.

치도곤 (治盜棍) 名 ❶ 【歴史】(「盗人を治める棍棒」の意で)朝鮮時代に盗人の尻をたたいた棍棒の一種. ❷ ひどく叱られること.

치떠-보다 他 칩떠보다の誤り.

치-떨리다 (齒-) 自 歯ぎしりする; 切歯する; 歯をくいしばる. ∥치떨리는 모욕 歯ぎしりするほど悔しい侮辱.

치-뜨다 他変 上目使いをする. 例내리뜨다.

치렁-거리다 自 (やや重いものが)垂れ下がってぶらぶらする. ∥귀걸이가 치렁거리다 イヤリングがぶらぶらする.

치렁-치렁 副 やや重いものが垂れ下がって揺れ動く様子; ぶらぶら.

치렁-하다 形 【하否】 (髮の毛などが)長く垂れ下がっている. ∥치렁한 머리 長く垂れ下がった髪の毛.

치레 (治-) 名 自他 装うこと; 見せかけること; うわべだけのこと. ∥치레로 하는 인사 うわべの挨拶.

-치레 接尾 ❶ 着飾ること; おめかしすること. ❷ うわべを飾ること; 見せかけること. ∥걸치레에만 신경을 쓰고 있다 見てくればかりを気にしている. 말치레 お世辞; リップサービス. ❸ 様々なことを経験すること. ∥병치레가 잦다 病気がちだ.

치료 (治療) /tɕʰirjo/ 名 自他 治療. ∥상처를 치료하다 傷口を治療する. 치료를 받다 治療を受ける. 치료비 治療費. 집중 치료실 集中治療室.

치루 (痔瘻·痔漏) 名 【医学】 痔ろう.

치르다 /tɕʰiruda/ 他 【으変】 [치러, 치르는] ❶ (支払うべきものを)支払う.

∥계약 잔금을 치르다 契約の残金を支払う. ❷ 経験する; 執り行なう; 行なう. ∥아들 결혼식을 치르다. 息子の結婚式を執り行なう. 면접 시험을 치르다 面接試験を受ける.

치마 /ch'ima/ 图 ❶〔韓国の民族衣装の〕〔韓服〕のチマ. ∥치마를 입다 チマをはく. ❷ スカート. ∥짧은 치마를 입다 短いスカートをはく. 주름치마 ギャザースカート.

치마-꼬리 图 胸に巻き付けるチマの帯紐の端.

치마-끈 图 チマについた紐.

치마-저고리 图〔韓国の民族衣装の〕チマチョゴリ.

치마-폭 (幅) 图 布を継ぎ合わせて作ったチマの幅.

치맛-바람 [-빠─/-맏빠─] 图〔「チマの裾から起こる風」の意で〕チマの裾をひるがえすこと; 教育ママ的な行動. ∥치맛바람을 일으키다 教育ママ的な行動をする.

치맛-자락 [-마짜─/-맏짜─] 图 チマの裾.

치맛-주름 [-마쭈─/-맏쭈─] 图 チマのひだ.

치매 (痴呆) 图 痴呆.

치매-증 (痴呆症)〔-쯩〕图〔医学〕痴呆(症); 認知症.

치명 (致命) 图 致命.

치명-상 (致命傷) 图 致命傷. ∥치명상을 입다 致命傷を負う.

치명-적 (致命的) 图 致命的. ∥치명적인 한마디 致命的な一言. 치명적인 상처 致命的な傷. 치명적인 미스 致命的なミス.

치명-타 (致命打) 图〔野球で〕とどめの一発.

치-밀다 /ch'imi:lda/ 〔ㄹ語幹〕∥치밀어, 치미는, 치민〕 固〔怒りなどが〕強く込み上げる. ∥화가 치밀다 怒りが込み上げる.

치밀-하다 (緻密-) 彫 緻密だ. ∥치밀한 성격 緻密な性格. 치밀하게 계획을 세우다 緻密に計画を立てる.

치밀-히 副

치-받다¹ [-따] 固〔欲·怒りなどの感情が〕強く込み上げる.

치-받다² [-따] 固他 突き上げる;〔傘などを〕高く差す;〔相手の言葉に〕言い返す. ∥우산을 치받다 傘を高く差す. 상사의 말을 치받다 上司に言い返す.

치받-치다 圓 ❶〔熱気などが〕吹き上がる. ❷〔感情などが〕込み上げる. ∥화가 치받치다 怒りが込み上げる. ❸〔息などが〕つかえる.

치부¹ (致富) 图他 金持ちになること. ∥주식 투자로 치부한 사람 株の投資で金持ちになった人.

치부² (恥部) 图 恥部. ∥치부를 드러내다 恥部をさらす.

치부³ (置簿) 图他 ❶ 出納の内訳またはその帳簿. ❷〔主に悪い意味で〕そうである人・ものを金持・人を金で値踏みする. ∥치부했다 皆彼を成り金だと思っていた.

치사¹ (致死) 图 固他 致死. ∥과실 치사 過失致死.

치사-량 (致死量) 图 致死量.

치사-율 (致死率) 图 致死率.

치사² (致詞·致辭) 图 ほめ称えることばまたその言葉.

치사³ (致謝) 图他 感謝の意を表わすこと. ∥노고를 치사하다 苦労に感謝する.

치-사랑 图 ❶ 親に対する子どもの愛情. ❷ 祖父母に対する孫の愛情. ⽏내리사랑.

치사-하다 (恥事-) 彫〔ㅂ変〕❶ 恥ずかしい; 見っとも臭い. ❷ 돈에 치사하게 굴다 お金に卑しい.

치산¹ (治産) 图他 治産.

치산² (治山) 图他 治山.

치산-치수 (治山治水) 图他 治山治水.

치석 (歯石) 图 歯石; 歯垢.

치-솟다 [-솓따] 固 ❶〔上方へ〕上がる; 上昇する;〔物価などが〕高騰する; 跳ね上がる; 突き上がる. ∥불길이 치솟다 炎が燃え上がる. 물가가 치솟다 物価が高騰する. ❷〔感情·思いなどが〕込み上げる. ∥울화가 치솟다 怒りが込み上げる.

치수¹ (-数) 图 寸法; サイズ. ∥치수를 재다 寸法を測る.

치수² (治水) 图他 治水.

치실 (歯-) 图 デンタルフロス.

치아 (歯牙) 图〔이²の尊敬語.

치안 (治安) 图他 治安. ∥치안에 문제가 생기다 治安に問題が生じる. 치안이 안 좋다 治安が悪い.

치약 (歯藥) /ch'iyak/ 图 歯磨き(粉). ∥치약이 떨어졌다 歯磨きがなくなった.

치어 (稚魚) 图 稚魚.

치어-걸 (cheer + girl 日) 图 チアガール.

치어다-보다 〔-/-어-〕 他 ⇒ 쳐다보다.

치어리더 (cheerleader) 图 チアリーダー.

치열¹ (歯列) 图 歯列; 歯並び. ∥치열을 교정하다 歯列を矯正する. 치열이 고르다 歯並びがきれいだ.

치열² (熾烈) 图他 熾烈(に);〔競争などが〕激しい. ∥치열한 싸움 熾烈な戦い. 이 업계는 경쟁이 치열하다 この業界は競争が激しい.

치-오르다 圓〔르変〕上に向かって上がる; 上昇する.

— 他〔山道などを〕一気に駆け上がる. ∥험한 산길을 단숨에 치올라 가다 激

치-올리다 〔새로〕 しい山道を一気に駆け上がる.

치-올리다 他 上げる; 押し上げる; ほうり上げる. ‖공을 치올리다 ボールをほうり上げる.

치외법권 (治外法權) 【-꿘/-웨-꿘】 图 [法律] 治外法権.

치욕 (恥辱) 图 恥辱; 恥ずかしいこと. ‖치욕을 당하다 恥辱を受ける.

치욕-스럽다 (恥辱-) 【-쓰-따】 圈 [ㅂ変] 恥ずかしい. ‖치욕스러운 과거의 역사 恥ずかしい過去の歴史.

치욕-적 (恥辱的) 【-쩍】 图 侮辱的. ‖치욕적인 말을 듣다 侮辱的なことを言われる.

치우다[1] /čʰiuda/ 他 ❶ 退かす. ‖의자를 한쪽 구석으로 치우다 椅子を片隅に退かす. ❷ (ものが散乱している場所を)片付ける. ‖방을 치우다 部屋を片付ける. 책상 위를 치우다 机の上を片付ける. ❸ 切り上げる; 中止する. ‖하던 일을 치우다 やっていた仕事を中止する. ❹ (娘を)嫁がせる. ‖작년에 막내딸을 치웠습니다 昨年、末娘を嫁がせました.

치우다[2] 補動 …してしまう. ‖먹어 치우다 食べてしまう. 해 치우다 やってしまう.

치우치다 圓 偏る. ‖생각이 한쪽으로 치우치다 考えが偏っている.

치유 (治癒) 图 治癒. ‖병을 완전히 치유하다 病気を完全に治癒する.

치음 (齒音) 图 [言語] 歯音.

치읓 [-읃] 图 ハングル子音字母「ㅊ」の名称.

치이다[1] 圓 (費用が)かかる. ‖하나에 천 원씩 치이다 1個に千ウォンずつかかる.

치이다[2] 圓 ❶〔치다[2]の受身動詞〕 轢(ひ)かれる. ‖차에 치이다 車に轢かれる. ❷ 追われる. ‖일에 치여 꼼짝을 할 수 없다 仕事に追われて身動きが取れない.

치자[1] (治者) 图 治者.

치자[2] (梔子) 图 クチナシの実.
　치자-나무 (梔子-) 图 [植物] クチナシ(梔子).
　치자-색 (梔子色) 图 梔子色.

치장 (治粧) 图 他サ 身支度; 身ごしらえ; 飾り整えること.

치적 (治績) 图 治績.

치정 (痴情) 图 痴情.

치조 (齒槽) 图 [解剖] 歯槽.
　치조-농루 (齒槽膿漏) 【-누】 图 [医学] 歯槽膿漏.
　치조-농양 (齒槽膿瘍) 图 [医学] 歯槽膿瘍.

치졸-하다 (稚拙-) 圈 [하変] 稚拙だ. ‖치졸한 그림 稚拙な絵.

치주-염 (齒周炎) 图 [医学] 歯周炎.

치중 (置重) 图 自サ (あることに)重点[重き]を置くこと. ‖한쪽으로 치중하다 一方に重点を置く.

치즈 (cheese) 图 チーズ.

치지 (致知) 图 他サ 致知(事物の道理をきわめ知ること).

치질 (痔疾) 图 痔疾; 痔.

치커리 (chicory) 图 [植物] チコリー.

치켜-들다 他 [ㄹ語幹] 持ち上げる; 掲げる.

치켜-뜨다 他 [으変] (目を)つり上げる. ‖눈을 치켜뜨고 따지다 目をつり上げて問い詰める.

치켜-세우다 他 ❶ 持ち上げる. ❷ おだてる; あおり立てる; ほめる. ‖상대방을 치켜세우다 相手をおだてる.

치키다 他 引き上げる; 引っ張り上げる.

치킨 (chicken) 图 フライドチキンの略語.
　치킨-라이스 (chicken + rice 日) 图 チキンライス.

치타 (cheetah) 图 [動物] チータ.

치태 (痴態) 图 痴態. ‖사람을 앞에서 치태를 부리다 人前で痴態を演ずる.

치통 (齒痛) 图 歯痛. ‖치통약 歯痛止めの薬.

치하[1] (治下) 图 支配下. ‖독재 치하 独裁支配下.

치하[2] (致賀) 图 他サ (同等以下の人のことを)たたえ祝ぎすること; ‖업적을 치하하다 業績をたたえる.

치한 (痴漢) 图 痴漢; 痴人.

치환 (置換) 图 ❶ 置換; 置き換え. ❷ [数学] 置換. ❸ [化学] 置換.

칙령 (勅令) 【칭녕】 图 =칙명(勅命).

칙명 (勅命) 【칭-】 图 勅命.

칙사 (勅使) 【-싸】 图 勅使. ‖칙사를 보내다 勅使を遣わす. ▶ 칙사 대접(勅使に対するもてなしのように)きわめてねんごろで丁寧なおもてなし.

칙칙-폭폭 圓 しゅっしゅぽっぽ.

칙칙-하다 【-치카-】 圈 [하変] ❶ (色が)くすんでいる. ‖색깔이 칙칙한 옷 くすんだ色の服. ❷ 髪の毛や木などが密集していて濃く見える.

칙허 (勅許) 【치커】 图 勅命による許可.

친 치다(打つ)の過去連体形.

친- (親) 接頭 ❶ 直系であることを表わす: 実の…. ‖친어머니 実母; 生母, 친동생 実弟. ❷ 関係が近いことを表わす: 親…. ‖친미 정책 親米政策.

친가 (親家) 图 実家.

친고 (親告) 图 他サ 親告.
　친고-죄 (親告罪) 【-쬐/-쮀】 图 [法律] 親告罪.

친교 (親交) 图 親交.

친구 (親舊) /čʰinguː/ 图 ❶ 友だち; 友人; 友. ‖친구가 많다 友だちが多い. 남자 친구가 생기다 彼氏[ボーイフレンド]ができる. 여자 친구 女友だち; ガールフレンド. ❷ 同輩やそれほど親しくない人を指す語. ‖그 사람 믿을

수 없는 친구군 あの人, 信用できない人だな.

친권(親權)〔-꿘〕图《法律》親權.
　친권-자(親權者)图《法律》親權者.
친근(親近)图(形) 親しい間柄であること. ¶친근한 몸짓 親しげな身振り.
　친근-감(親近感)图 親近感. ¶친근감 있는 목소리 親近感のある声.
친-누이(親-)图 実の姉や妹; 実姉.
친-동생(親同生)图 実の弟や妹; 実弟.
친-딸(親-)图 実の娘.
친모(親母)图 実母; 実の母.
친목(親睦)图 親睦. ¶친목을 도모하다 親睦を図る.
　친목-계(親睦契)【-계/-꼐】图 親睦を図るための契.
　친목-회(親睦會)〔-모꾀/-모꿰〕图 親睦会.
친밀(親密)图(形) 親密. ㉠소원(疏遠). ㉡친한 사이 親密な間柄.
　친밀-감(親密感)图 親密感.
친부(親父)图 実父; 実の父.
친-부모(親父母)图 生みの親; 実の親.
친분(親分)图 誼(よしみ); 親交. ¶친분이 두텁다 親交が厚い.
친-사돈(親査頓)图 夫婦双方の親同士が互いに相手を指す語.
친서(親書)图 親書.
친선(親善)图 親善. ¶친선 경기 親善試合, 우호 친선 友好親善.
친소(親疏)图 親疎.
친-손녀(親孫女)图 女の内孫.
친-손자(親孫子)图 男の内孫.
친수-성(親水性)【-썽】图《化学》親水性.
친숙-하다(親熟-)〔-수카-〕(形)(하変) 親しい; 慣れている. ¶친숙한 사이 親しい間柄.
친-아들(親-)图 実の息子.
친-아버지(親-)图 実の父; 実父.
친애(親愛)图(하他) 親愛. ¶친애하는 학생 여러분 親愛なる学生諸君.
친-어머니(親-)图 実の母; 実母.
친-언니(親-)图 実の姉; 実姉.
친-오빠(親-)图 実兄; 実の兄.
친우(親友)图 親友.
친위-대(親衛隊)图 親衛隊.
친일(親日)图 親日. ¶친일 행위 親日行為.
　친일-파(親日派)图 親日派.
친-자식(親子息)图 実の子ども.
친전(親展)图 (手紙の封筒の表に書く) 親展.

친절-하다(親切-)〔-t͡ɕʰint͡ɕʌlhada〕(形)(여変) 親切だ; やさしい. ㉠불친절하다 (不親切-). ¶친절한 사람 親切な人. 친절한 배려 やさしい心遣い. 친절하게 대하다 親切に扱う.

　친절-히(親切-) 副
친정(親庭)图 結婚した女性の実家. ㉠시집(媤-). ¶친정 어머니 実家の母.
　친정-댁(親庭宅)〔-땍〕图 친정の尊敬語.
　친정-집(親庭-)〔-찝〕图 =친정.
친정(親政)图(하自) 親政.
친족(親族)图 親族.
　친족-권(親族權)〔-꿘〕图《法律》親族権.
　친족-법(親族法)〔-뻡〕图《法律》親族法.
　친족-회(親族會)〔-조회/-조훼〕图《法律》親族会.
친지(親知)图 親しい知り合い. ¶친지를 방문하다 親しい知り合いを訪ねる.
친척(親戚)〔t͡ɕʰint͡ɕʰʌk〕图 親戚. ¶친 아저씨 親戚のおじさん. 먼 친척뻘되는 사람 遠い親戚に当たる人.
친-탁(親-)图(하自) (容貌や性格などが) 父方に似ていること. ㉡외탁(外-).
친필(親筆)图 親筆.
친-하다(親-)〔t͡ɕʰinhada〕(形)(여変) 親しい. ¶친한 사이 親しい間柄. 친한 친구 親しい友人; 親友. 친하게 지내다 親しく交わる.
친-할머니(親-)图 父方の祖母.
친-할아버지(親-)图 父方の祖父.
친형(親兄)图 実兄; 実の兄.
친-형제(親兄弟)图 実の兄弟.
친화(親和)图(하自) 親和. ¶친화 정책 親和政策.
　친화-력(親和力)图《化学》親和力.
친-히(親-) 副 自ら; 手ずから; わざわざ. ¶친히 써 주시다 手ずからお書きくださる. 친히 마중을 나가다 わざわざ出向く.

칠[1](漆)图 ❶塗料などを塗って光沢や色を出すこと. ¶페인트 칠 ペンキ塗り. ❷〔옻칠-(漆-)の略語〕漆.

칠[2](七)〔t͡ɕʰil/-l͈/t͡ɕʰir〕数 七. 七, 칠, 팔 6,7,8. 칠 더하기 삼은 십이다 7足す3は10である.
　――(七…) | ¶칠 층 7階. 칠 주기 7回忌.
칠[3](-) 치다(打つ)의 未来連体形.
칠거지악(七去之惡)图 七去(ちゅきょ); 七出(しちしゅつ).
칠-그릇(漆-)〔-끝〕图 漆器.
칠기(漆器)图 漆器; 塗り物.
칠레(Chile)图《国名》 チリ.
칠리소스(chili sauce)图 チリソース.
칠면-조(七面鳥)图《鳥類》 シチメンチョウ(七面鳥).
칠보(七寶)图 七宝.
　칠보-단장(七寶丹粧)图(하自) 装身具で身を飾ること.
칠분-도(七分搗)图 七分づき.
칠삭둥-이(七朔-)图〔-싹뚱-〕妊娠

칠석 782

7か月目に生まれた子.

칠석(七夕)〖-썩〗图 七夕.

칠성(七星)〖-썽〗图 ❶북두칠성(北斗七星)의 略語. ❷칠성군(七元星君)의 略語.

칠성-당(七星堂)〖-썽〗图《仏教》칠원성군(七元星君)を祀った祠(ほこら).

칠성-장어(七星長魚)〖-썽-〗图《魚介類》ヤツメウナギ(八目鰻).

칠순(七旬)〖-쑨〗图 七旬;70 歳.

칠십(七十)〖chʰilɕip̚〗〖-씹〗囶 70 歳; 70; 七十. 関일흔.
— 70…. ‖칠십명 70 名.

칠언-시(七言詩)〖-늘쎄〗图《文芸》七言律詩.

칠언-율시(七言律詩)〖-눌씨〗图《文芸》七言律詩.

칠언-절구(七言絶句)〖-쩔-〗图《文学》七言絶句. 関절구(絶句).

칠원-성군(七元星君)〖-꾼〗图《仏教》北斗七つの星の神. 関칠성(七星).

칠월(七月)〖chʰirwʌl〗图 7 月. ‖여름 방학은 칠월부터 시작된다 夏休みは 7 月から始まる.

칠일-장(七日葬)〖-짱〗图 死後 7 日目に行なう葬式.

칠전팔기(七顚八起)〖-쩐-〗图 하변 七転八起;七転び八起き.

칠정(七情)图 七情(喜怒哀楽愛悪欲の感情).

칠첩-반상(七-飯床)〖-빤-〗图 ご飯や吸い物などの基本料理以外に 7 種類のおかずを添えたお膳. ✤첩은, 蓋をしたおかずの器のことで、3・5・7・9・12 첩の什상がある.

칠칠-맞다〖-맏따〗囶 =칠칠하다.

칠칠-하다〖하변〗图 〔主に칠칠하지 못하다の形で〕しっかりしていない;きちんとしていない;大ざっぱだ. ‖하는 짓이 칠칠치 못하다 やることが大ざっぱだ.

칠판(漆板)〖-판〗图 黒板(黒板). ‖칠판을 지우다 黒板を消す.

칠월(七月)〖-월〗图 7 月と 8 月.

칠-하다(漆-)〖chʰilhada〗囮〖하변〗 ❶(塗料를) 塗る. ‖벽에 페인트를 칠하다 壁にペンキを塗る. ❷(あるものに異質なものを塗る) ‖얼굴에 먹을 칠하다 顔に墨をつける. 비누를 칠해서 빨다 石けんをつけて洗う.

칠흑(漆黒)〖-흑〗图 漆黒. ‖칠흑 같은 어둠 漆黒のような暗闇.

칡[칙] 图《植物》クズ(葛).

칡-넝쿨〖칭-〗图 =칡덩굴.

칡-덩굴〖칙떵-〗图 クズの蔓. 関葛巻.

칡-뿌리〖칙-〗图 クズの根;葛根. ‖뿌리처럼 얽히다 クズの根のように絡み合う.

침[1]〖chʰim〗图 つば;よだれ. 関타액(唾液). ‖아무데서나 침을 뱉다 ところきわずかまずを吐く. 요리책을 보고 있으니까 침이 나왔다 料理の本を見ていたら、つばが出てきた. 손에 침을 바르다 手につばをつける. 입술에 침을 바르다 舌なめずりをする. 침을 튀기다 つばを飛ばす. 입에 침이 마르기도 전에 舌の根も乾かぬうちに. ▶침(을) 삼키다[흘리다] よだれが出る;よだれを垂らす[流す]. ▶침이 마르다 (何かについて)繰り返し言う;口がすっぱくなるほど言う. ▶침 발린 말 関お世辞.

침[2](針)图 ❶針. ❷(時計の)針.

침(鍼)〖-〗图 ❶침을 놓を鍼を打つ. 침을 맞다 鍼を打ってもらう.

침강(沈降)〖하변〗 沈降. 反융기(隆起).

침강-해안(沈降海岸)〖-〗图《地》沈降海岸.

침공(侵攻)〖하변〗 侵攻.

침구[1](寝具)〖-〗图《漢方》寝具;夜具.

침구[2](鍼灸)〖-〗图《漢方》鍼灸.

침구-술(鍼灸術)〖-〗图《漢方》鍼灸術.

침낭(寝嚢)图 寝袋;シュラーフザック; スリーピングバッグ.

침노(侵擄)〖하변〗 他の国を不法に侵略すること.

침-놓다(鍼-)〖-노타〗囶 ❶(経穴に)鍼を打つ. ❷厳しく忠告して相手に刺激を与える.

침닉(沈溺)〖하변〗 沈溺.

침대(寝台)〖chʰimde〗图 寝台;ベッド. ‖침대에서 자다 ベッドで寝る. 물침대 ウォーターベッド.

침대-차(寝台車)〖-〗图 寝台車.

침략(侵略)〖-냑〗图 侵略. ‖다른 나라 영토를 침략하다 他国の領土を侵略する. 침략자 侵略者. 침략 전쟁 侵略戦争.

침례(浸礼)〖-네〗图《キリスト教》浸礼;バプテスマ.

침례-교(浸礼教)〖-〗图《宗教》浸礼教.

침모(針母)〖-〗图 針線.

침모(針母)〖-〗图 (住み込みで)針仕事をする女性.

침목(枕木)〖-〗图 (鉄道線路の)枕木.

침몰(沈没)〖-〗图 沈没. ‖거친 파도에 배가 침몰하다 荒波に船が沈没する.

침몰-선(沈没船)〖-썬〗图 沈没船.

침묵(沈黙)〖chʰimmuk̚〗图 하변 沈黙. ‖침묵은 금이다 沈黙は金なり. 침묵을 지키다 沈黙を守る. 침묵을 깨고 대작을 발표하다 長い沈黙を破って大作を発表する. 한동안 침묵이 흘렀다 沈黙が流れた.

침-방울〖-빵-〗图 つば(のしぶき). ‖침방울이 튀다 つばが飛ぶ.

침범(侵犯)〖하변〗 侵犯. ‖영공을 침범하다 領空を侵犯する.

침상(針状)图 針状.

침상-엽(針状葉)图《植物》針状の葉.

침-샘 [解剖] 唾腺; 唾液腺. ⑩타액선(唾液腺).

침소 (寢所) 图 寝所.

침소봉대 (針小棒大) 图 阐 針小棒大.

침수¹ (沈水) 图 自 沈水.

침수-식물 (沈水植物) 【-싱-】图 【植物】沈水植物.

침수² (浸水) 图 自 浸水. ‖홍수에 논밭이 침수되다 洪水で田畑が浸水する. 침수 가옥 浸水家屋.

침술 (鍼術) 图 【漢方】鍼術.

침식¹ (寢食) 图 自 寝食. ‖침식을 같이하는 사이 寝食を共にする仲. 침식을 잊고 연구에 몰두하다 寝食を忘れて研究に打ち込む.

침식² (浸蝕) 图 他 浸蝕. ‖침식 작용 浸蝕作用.

침식³ (侵食) 图 他 侵食. ‖매판 자본에 침식된 민족 자본 買弁資本に侵食された民族資本.

침식-곡 (浸蝕谷) 【-꼭】图 【地】浸蝕谷.

침식²평야 (浸蝕平野) 图 【地】浸蝕平野.

침실 (寢室) 图 寝室.

침엽-수 (針葉樹) 【-녑-】图 【植物】針葉樹. ⑰활엽수(闊葉樹).

침울-하다 (沈鬱-) 【-】厖 阐 ❶沈鬱(㌣)だ. ‖침울한 표정 沈鬱を表情. ❷(天気・雰囲気などが)うっとうしい. **침울-히** 副

침윤 (浸潤) 图 自 浸潤.

침입 (侵入) /t͡ɕʰimip/ 图 自 侵入. ‖이웃 나라를 침입하다 隣国に侵入する. 도둑이 이 층으로 침입하다 泥棒が2階から侵入する. 불법 침입 不法侵入. 침입자 侵入者.

침잠 (沈潛) 图 自 沈潛. ‖사색에 침잠하다 思索に沈潛する.

침전¹ (沈澱) 图 自 沈澱. ‖불순물이 침전되다 不純物が沈澱する.

침전-물 (沈澱物) 图 沈澱物.

침전-지 (沈澱池) 图 沈澱池.

침전² (寢殿) 图 寝殿.

침착-성 (沈着性) 【-씽】图 落ち着き; 沈着さ.

침착-하다 (沈着-) /t͡ɕʰimt͡ɕʰakʰada/ 【-차카-】厖 阐 (態度や言動が)落ち着いている; 沈着だ. ‖나이에 비해 침착하다 年の割りに落ち着いている. 침착하게 이야기하다 落ち着いて話す. 침착한 사람 落ち着いた人. 침착한 행동 沈着な行動. **침착-히** 副

침체 (沈滯) 图 自 沈滯; 低迷. ‖전반적으로 침체된 분위기다 全体的に沈滯した雰囲気だ. 경기가 침체되어 있다 景気が低迷している.

침침-하다 (沈沈-) 厖 阐 ❶(光などが)弱くて薄暗い. ‖침침한 방 薄暗い部屋. ❷(目がかすんで)ぼやけて見える. ‖눈이 침침하다 目がかすむ. **침침-히** 副

침통-하다 (沈痛-) 厖 阐 沈痛である. ‖침통한 표정 沈痛な面持ち. **침통-히** 副

침투 (浸透) 图 自 浸透. ‖빗물이 침투하다 雨水が浸透する.

침팬지 (chimpanzee) 图 【動物】チンパンジー.

침하 (沈下) 图 自 沈下. ‖지반이 침하하다 地盤が沈下する.

침해 (侵害) /t͡ɕʰimhɛ/ 图 他 侵害. ‖프라이버시의 침해 プライバシーの侵害. 영공을 침해하다 領空を侵害する. 인권 침해 人権侵害. **침해-당하다** 受動

침-흘리개 图 いつもよだれを垂らしている子.

칩 (chip) 图 チップ. ❶集積回路. ❷木材を細かく切ったもの. ❸(賭博などで)賭け金代わりに使う賭け札.

칩거 (蟄居) 【-꺼】图 蟄居(㌅).

칩떠-보다 (目を)いからしてにらむ.

칩룡 (蟄龍) 【침뇽】图 【比喩的】時期を得ずひそんでいる英雄.

칫-솔 (齒-) /t͡ɕʰit͡ɕ͈ol/ 【치쏠/칟쏠】图 歯ブラシ. ‖칫솔로 이를 닦다 歯ブラシで歯を磨く.

칫솔-질 (齒-) 【치쏠-/칟쏠-】图 歯磨き.

칭송 (稱頌) 图 他 功績をほめたたえること、またはその言葉. ‖칭송이 자자하다 称賛の声が高い.

칭얼-거리다【-대다】自 むずかる; だだをこねる. ‖아기가 칭얼대다 赤ん坊がむずかる.

칭얼-칭얼 副 自 (幼児が)しきりにむずかる様子.

칭찬 (稱讚) /t͡ɕʰint͡ɕʰan/ 图 他 称賛; 賞賛; ほめること; ほめたたえること. ‖아낌없이 칭찬하다 惜しみなく称賛する. 용기를 칭찬하다 勇気をほめたえる. **칭찬-받다** 受動

칭칭 副 幾重にも巻きつける様子: ぐるぐる(と). ‖붕대를 칭칭 감다 包帯をぐるぐる巻く.

칭-하다 (稱-) 他 阐 称する.

칭호 (稱號) 图 称号. ‖박사 칭호 博士の称号.

ㅋ

ㅋ【키읔】 한글 자음자모의 제11번째. 名称は「키읔」.

캐國 ❶いびきをかいて寝ている時の音: ぐうぐう(と). ❷皮膚・のどなどに痛みや刺激を感じた時に出す声.

카나리아 (canaria^ス) 图〖鳥類〗カナリア.

카네이션 (carnation) 图〖植物〗カーネーション.

카누 (canoe) 图〖スポーツ〗カヌー.

카니발 (carnival) 图 ❶〖キリスト教〗カーニバル; 謝肉祭. ❷にぎやかなお祭り.

카드 (card) /kʰaːduɯ/ 图 カード. ‖크리스마스카드 クリスマスカード. 신용 카드 クレジットカード. 레드카드 レッドカード.

카드뮴 (cadmium) 图〖化学〗カドミウム.

카디건 (cardigan) 图 カーディガン.

카라반 (caravane^フ) 图 キャラバン.

카랑카랑-하다國〖하爱〗 声が)甲高くて澄んでいる. ‖카랑카랑한 목소리 甲高く澄んでいる声.

카레 (←curry) 图 カレー; カレー粉との. カレーライス.

카레-라이스 (←curried rice) 图〖料理〗カレーライス.

카로틴 (carotin) 图 カロチン; カロテン.

카르테 (Karte^ド) 图〖医学〗カルテ; 診療録[簿].

카르텔 (Kartell^ド) 图〖経〗カルテル; 企業連合.

카리스마 (Charisma) /kʰaɾisuɯma/ 图 カリスマ(性). ‖강력한 카리스마를 발휘하다 強力なカリスマ性を発揮する. 카리스마 있는 존재 カリスマ的な存在.

카리에스 (Karies^ド) 图〖医学〗カリエス.

카메라 (camera) /kʰameɾa/ 图 カメラ. ‖카메라 앵글 カメラアングル. 수중 카메라 水中カメラ. 위 카메라 胃カメラ. 아름다운 야경을 카메라에 담다 美しい夜景をカメラに収める. 카메라에 찍히다 カメラに撮られる.

카메라맨 (cameraman) 图 カメラマン.

카메룬 (Cameroon) 图〖国名〗カメルーン.

카메오 (cameo^フ) 图 カメオ; 瑪瑙(%ゎぅ).

카멜레온 (chameleon) 图〖動物〗カメレオン.

카무플라주 (camouflage^フ) 图〖하他〗カムフラージュ.

카바레 (cabaret^フ) 图 キャバレー.

카보베르데 (Cabo Verde) 图〖国名〗カーボベルデ.

카빈-총 (carbine銃) 图〖軍事〗カービン銃.

카세트 (cassette) 图 カセット.

카세트-테이프 (cassette tape) 图 カセットテープ.

카세트테이프-리코더 (cassette tape recorder) 图 カセットテープレコーダー.

카-센터 (car + center) 图 自動車整備工場.

카-스테레오 (car + stereo日) 图 カーステレオ.

카스텔라 (castella^ポ) 图 カステラ.

카스트 (caste) 图 カースト.

카시오페이아-자리 (Cassiopeia–^ラ) 图〖天文〗カシオペヤ座.

카오스 (chaos^ギ) 图 カオス; 混沌. ↔ 코스모스.

카우보이 (cowboy) 图 カウボーイ. ‖카우보이 복장 カウボーイの服装.

카운슬러 (counselor) 图 カウンセラー.

카운슬링 (counseling) 图 カウンセリング.

카운터 (counter) 图 ❶(酒場などの)カウンター. ❷(スーパーなどの)レジ係.

카운트 (count) 图〖하他〗 カウント. ‖카운트 ボールカウント. 입장자 수를 카운트하다 入場者数をカウントする.

카운트다운 (countdown) 图 カウントダウン.

카자흐스탄 (Kazakhstan) 图〖国名〗カザフスタン.

카지노 (casino^フ) 图 カジノ.

카카오 (cacao^ス) 图 カカオ.

카카오-나무 (cacao^ス) 图〖植物〗カカオの木.

카키-색 (khaki色) 图 カーキ色. ‖카키색 군복 カーキ色の軍服.

카타르 (Qatar) 图〖国名〗カタール.

카타르시스 (catharsis^ギ) 图 カタルシス. ‖카타르시스를 느끼다 カタルシスを感じる.

카탈로그 (catalog) 图 カタログ.

카테고리 (Kategorie^ド) 图 カテゴリー; 範疇(はんちゅう).

카톨릭 (Catholic) 图 가톨릭の誤り.

카투사 (KATUSA) 图 在韓米軍の陸軍に配属している韓国軍人. ✤ Korean Augmentation Troops to the United States Armyの略語.

카툰 (cartoon) 图 (新聞や雑誌などの)時事漫画.

카트 (cart) 图 (スーパー・ゴルフ場などの)カート. ‖쇼핑 카트 ショッピングカート.

카페 (café^フ) 图 カフェ; 喫茶店.

카페리 (car ferry) 图 カーフェリー.

카페오레 (café au lait^フ) 图 カフェオレ.

카페인 (caffeine) 图 カフェイン. ‖카페인이 많이 든 음료 カフェインが多く含まれた飲料.

카페테리아 (cafeteria^ス) 图 カフェテリア.

카펫 (carpet) 图 カーペット.

카피 (copy) 图〖하他〗コピー. 働複写(複寫). ‖서류를 카피하다 書類のコピーをとる.

카피라이터 (copywriter) 图 コピーラ

イター.

칵 ⌘ 목의 걸린 것을 토해내려 할 때의 소리; 캑. **칵-칵** ⌘ 캑캑.

칵칵-거리다 【-끼-】 (目) (何度も)げえげえする. ‖목에 가시가 걸려 칵칵거리다 のどに小骨が刺さってげえげえする.

칵테일 (cocktail) 图 カクテル. ‖프루츠 칵테일 フルーツカクテル.

칸 (←間) 图 ❶《家屋の》(部)(室). ❷ 升目; 欄. ‖빈 칸을 메우시오 空欄を埋めなさい.
── 依存 部屋の数を数える語: …間. ‖방 한 칸 一間の部屋; 部屋一つ.

칸나 (canna) 图《植物》カンナ.

칸델라 (candela) 依存 光度の単位: カンデラ(cd).

칸디다-증 (candida 症)《医学》カンジダ症.

칸-막이 图 ついたて; 間仕切り; 中仕切り. ‖칸막이가 쳐진 사무실 ついたてで区切られた事務室.

칸초네 (canzone) 图《音楽》カンツォーネ.

칸타빌레 (cantabile) 图《音楽》カンタービレ.

칸타타 (cantata) 图《音楽》カンタータ.

칼 /kʰal/ 图 《刀・ナイフなどの》刃物の総称. ‖칼을 갈다 刃物を研ぐ. 칼에 손가락을 베이다 刃物で指を切る. 부엌칼 包丁. 잘 드는 칼 よく切れる刀. 연필 깎는 칼 カッター. ▶칼로 물 베기 (諺) 「刀で水を切る」の意でけんかなどをしてもすぐ仲直りすることのたとえ.

칼-국수【-쑤】图《料理》カルグクス. ❖한국風手打ちうどん.

칼-끝【-끋】图 刀先; 切っ先.

칼-날【-랄】图《刃物の》刃. ‖예리한 칼날 鋭い刃.

칼데라 (caldera ス) 图《地》カルデラ.

칼데라 호 (−湖) 图《地》カルデラ湖. ❖十和田湖や摩周湖など.

칼-등【-뜽】图 刃物の背.

칼라 (collar) 图《洋服の》カラー; 襟.

칼럼 (column) 图 コラム. ‖신문 칼럼 新聞コラム.

칼럼니스트 (columnist) 图 コラムニスト.

칼로리 (calorie ʳ) /kʰallori/ 图 カロリー. ‖칼로리가 낮은 식품 カロリーの低い食品. 칼로리를 과잉 섭취하다 カロリーを過剰に摂取する.
── 依存 熱量の単位: …カロリー(cal).

칼륨 (Kalium ᴰ) 图《化学》カリウム.

칼리 (kali) 图《化学》カリウム.

칼-부림 图 刃傷(にんじょう)沙汰. ‖칼부림이 나다 刃傷沙汰が起こる.

칼슘 (calcium) 图《化学》カルシウム.

칼-자국【-짜-】图 切り傷.

칼-자루【-짜-】图 ❶ 刃物の柄. ❷〔比喩的に〕実権. ‖칼자루를 쥐고 있는 사람 実権を握っている人.

칼-잠 图 狭くて横向きになって寝ること. ‖좁아서 칼잠을 자다 狭くて横向きになって寝る.

칼-질 (하다他) 包丁さばき. ‖칼질을 잘하다 包丁さばきがうまい.

칼-집¹【-찝】图 鞘(さや).

칼-집²【-찝】图《魚・肉などにつけた》切れ目. ‖생선을 칼집을 내어 굽다 魚に切れ目を入れて焼く.

칼-춤 图 剣舞. ‖칼춤을 추다 剣舞を舞う〔踊る〕.

칼칼-하다 图《하変》❶《のどが》からからだ. ‖방이 건조해서 목이 칼칼하다 部屋の中が乾燥していてのどがからからだ. ❷《味が》少し辛い. ‖국물 맛이 칼칼하다 スープの味が少し辛い.

캄보디아 (Cambodia) 图《国名》カンボジア.

캄캄-하다 /kʰamkʰamhada/ 图《하変》❶ 真っ暗だ. ‖이 방은 대낮에도 캄캄하다 この部屋は昼間も真っ暗だ. ❷《前途・情報などについて》全く知らない. ‖앞날이 캄캄하다 先行きが真っ暗だ. 최근의 한국 사정에 대해서는 캄캄하다 最近の韓国の事情については全く知らない.

캐나다 (Canada) 图《国名》カナダ.

캐-내다 他 ❶ 掘る; 掘り出す. 探査する; 探り出す. ‖고구마를 캐내다 サツマイモを掘る. 비밀을 캐내다 秘密を探り出す.

캐넌-포 (cannon 砲) 图《軍事》カノン砲.

캐다 /kʰɛːda/ 他 ❶ 掘る; 摘み取る. ‖석탄을 캐다 石炭を掘る. 쑥을 캐다 ヨモギを摘み取る. ❷ 비밀을 캐다 秘密を探る. 생명의 신비를 캐다 生命の神秘を探る.

캐디 (caddie) 图《ゴルフで》キャディー.

캐러멜 (caramel) 图 キャラメル.

캐럴 (carol) 图 キャロル. ‖크리스마스 캐럴 クリスマスキャロル.

캐럿 (carat) 依存 宝石の質量を表わす単位: …カラット. ‖이 캐럿의 다이아몬드 반지 2カラットのダイヤの指輪.

캐리커처 (caricature) 图 カリカチュア; 風刺画.

캐릭터 (character) 图 キャラクター.

캐-묻다【-따】他《ㄷ変》問い詰める; しつこく聞く; 尋ねる. ‖꼬치꼬치 캐묻다 根掘り葉掘りしつこく聞く.

캐미솔 (camisole) 图 キャミソール.

캐비닛 (cabinet) 图 キャビネット.

캐슈-너트 (cashew nut) 图 カシューナッツ.

캐스터 (caster) 图 キャスター. ‖뉴스 캐스터 ニュースキャスター.

캐스터네츠 (castanets) 图《音楽》カスタネット.

캐스팅 (casting) 图(하다他) キャスティング; 配役. **캐스팅-되다** 受身

캐스팅-보트 (casting vote) 图 (会議で)キャスティングボート.
캐시미어 (cashmere) 图 カシミア.
캐시밀론 (Cashmilon) 图 カシミロン. ✛商標名から.
캐주얼 (casual) 形動 カジュアル. ∥캐주얼한 복장 カジュアルな服装.
캐주얼-슈즈 (casual shoes) 图 カジュアルシューズ.
캐주얼-웨어 (casual wear) 图 カジュアルウェア.
캐처 (catcher) 图 〈野球で〉キャッチャー. 反피처.
캐치 (catch) 图 他 キャッチ. ∥비밀을 캐치하다 秘密をキャッチする.
캐치-볼 (catch+ball 日) 图 自他 キャッチボール.
캐치-프레이즈 (catch-phrase) 图 キャッチフレーズ. ∥캐치프레이즈를 내걸다 キャッチフレーズを掲げる.
캑 副 のどにつかえたものを吐き出そうと咳き込む声:が あっ(と). **캑-캑** 副 げほげほ; ごほごほ.
캑캑-거리다[-대다]【-꺼[깨]-】 自 のどにつかえたものを吐き出そうとしきりに咳き込む.
캔 (can) 图 缶;缶詰. ∥캔 커피 缶コーヒー. 캔 맥주 缶ビール. 참치 캔 ツナの缶詰.
캔디 (candy) 图 キャンディー.
캔버스 (canvas) 图 キャンバス.
캘린더 (calendar) 图 カレンダー. 類달력(-曆).
캠-코더 (camcoder) 图 〈ポータブル〉ビデオカメラ.
캠퍼스 (campus) 图 キャンパス.
캠페인 (campaign) 图 キャンペーン. ∥환경 보호 캠페인 環境保護キャンペーン. 캠페인을 벌이다 キャンペーンを繰り広げる.
캠프 (camp) 图 キャンプ. ∥캠프를 가다 キャンプに行く. 캠프를 치다 キャンプを張る. 미군 캠프 米軍のキャンプ. 난민 캠프 離民キャンプ.
캠프-장(-場) 图 キャンプ場.
캠프-촌(-村) 图 キャンプ村.
캠프파이어 (campfire) 图 キャンプファイア.
캠핑 (camping) 图 自 キャンピング.
캠핑-카 (camping+car 日) 图 キャンピングカー.
캡 (cap) 图 キャップ. ∥나이트캡 ナイトキャップ.
캡션 (caption) 图 キャプション.
캡슐 (capsule) 图 カプセル. ∥타임캡슐 タイムカプセル.
캡틴 (captain) 图 キャプテン. ∥캡틴을 맡다 キャプテンを務める.
캥 副 キツネの鳴き声:こん(と). **캥-캥** 副 自

캥거루 (kangaroo) 图〈動物〉カンガルー.
컁 キツネの鳴き声:こん(と). **컁-컁** 副 自
커 形 ⇨큰(크다)의 連用形.
커닝 (cunning) 图 カンニング. ∥커닝 페이퍼 カンニングペーパー. 커닝하는 걸 들켜 버렸다 カンニングするところを見られてしまった.
커다랗다/kʰədaːratʰa/【-라타】形【ㅎ変】[커다래, 커다란] 非常に大きい; 巨大だ. 反작다랗다. ∥커다란 광고탑 巨大な広告塔. 원을 커다랗게 그리다 円を大きく描く.
커리어 (career) 图 キャリア. ∥커리어를 쌓다 キャリアを積む.
커리어-우먼 (career woman) 图 キャリアウーマン.
커리큘럼 (curriculum) 图 カリキュラム; 教育課程.
커뮤니케이션 (communication) 图 コミュニケーション.
커뮤니티 (community) 图 コミュニティー.
커미셔너 (commissioner) 图 コミッショナー(プロ野球・プロボクシングなどの協会で, 裁断権を持つ最高権威者).
커미션 (commission) 图 コミッション.
커밍-아웃 (coming out) 图 自他 カミングアウト.
커버 (cover) /kʰəbə/ 图 他 カバー. ∥책 커버 ブックカバー. 이불 커버 布団カバー. 부하의 잘못을 커버하다 部下のミスをカバーする.
커버-글라스 (cover glass) 图 カバーグラス.
커버-스토리 (cover story) 图 カバーストーリー(雑誌の写真などの関連記事).
커브 (curve) 图 カーブ. ∥커브를 돌다 カーブを曲がる.
커서 (cursor) 图 〈IT〉カーソル. ∥커서를 움직이다 カーソルを動かす.
커-지다 /kʰəːdʑida/ 自 強まる; 大きくなる; 大きくなる; 増す; 伸びる. ∥비닷의 소리가 커지다 雨の音が強まる. 울음 소리가 커지다 泣き声が大きくなる. 부담이 커지다 負担が増す. 키가 커지다 背が伸びる.
커터 (cutter) 图 カッター.
커트 (cut) 图 他 カット. ∥테이프를 커트하다 テープをカットする.
커트-라인 (+cut+line) 图 〈試験などでの〉合格ライン; 及第点.
커튼 (curtain) 图 カーテン. ∥커튼을 치다 カーテンをつける[閉める].
커프스 (cuffs) 图 カフス.
커프스-단추 图 カフスボタン.
커플 (couple) 图 カップル. ∥어울리는 커플 似合いのカップル.
커피 (coffee) /kʰəːpʰi/ 图 コーヒー. ∥커피를 타다[끓이다] コーヒー

를 넣다. 인스턴트 커피 インスタント コーヒー.
커피-숍 (coffee shop) 图 コーヒーショップ; 喫茶店.
커피-잔 (coffee 盞) 图 コーヒーカップ.
커피-콩 (coffee 콩) 图 コーヒー豆.
커피포트 (coffeepot) 图 コーヒーポット.
컨디션 (condition) 图 コンディション. ‖오늘은 컨디션이 좋지 않다 今日はコンディションがよくない. 컨디션을 조절하다 コンディションを整える.
컨베이어 (conveyor) 图 コンベヤー.
컨베이어-시스템 (conveyor system) 图 コンベヤーシステム.
컨설턴트 (consultant) 图 コンサルタント. ‖경영 컨설턴트 経営コンサルタント.
컨설팅 (consulting) 图 コンサルティング.
컨테이너 (container) 图 コンテナ.
컨트롤 (control) 图他 コントロール. ‖마인드 컨트롤 マインドコントロール. 컨트롤이 뛰어난 투수 コントロールのいい投手.
컬러 (color) 图 カラー. ‖컬러 프린트 カラープリント. 팀 컬러 チームカラー. 로컬 컬러 ローカルカラー.
컬러-사진 (color 寫眞) 图 カラー写真.
컬러-텔레비전 (color television) 图 カラーテレビ.
컬렉션 (collection) 图 コレクション.
컬컬-하다 〖하변〗 ❶(목이) からからだ. ‖목이 컬컬하다 のどがからからだ. ❷(맛이) 少し辛い. ❸(소리가) がらがらだ. ‖담배를 많이 피워서 그런지 목소리가 컬컬하다 タバコを吸いすぎたせいか声がガラガラだ.
컴-맹 (盲) 〔俗っぽい言い方で〕コンピューター音痴.
컴백 (comeback) 图自 カムバック.
컴컴-하다 /kʰəmkʰəmhada/ 〖하변〗 真っ暗だ; 暗い. ‖불이 꺼져 있어 방안이 컴컴하다 明かりが消えて部屋の中が真っ暗だ. 겨울은 빨리 컴컴해진다 冬は早く暗くなる. 類 캄캄하다.
컴파일러 (compiler) 图 (IT) コンパイラー.
컴퍼스 (compass) 图 コンパス.
컴퓨터 (computer) /kʰəmpʰjuːtʰə/ 图 コンピューター. ‖퍼스널 컴퓨터 パーソナルコンピューター; パソコン.
컴퓨터-그래픽스 (computer graphics) 图 コンピューターグラフィックス.
컴퓨터-바이러스 (computer virus) 图 コンピューターウイルス.
컵 (cup) /kʰəp/ 图 カップ; コップ. ‖컵에 물을 따르다 コップに水を注ぐ. 월드컵 ワールドカップ.
컵-라면 〔컴나-〕 图 カップラーメン; カップ麺.
컷 (cut) 图 (カメラ·映画の)カット; ショット.

컹-컹 副自 大きい犬の吠える声: わんわん.
컹컹-거리다 自 (犬が)しきりにわんわんと吠える.
케냐 (Kenya) 图(国名) ケニア.
케이 (K·k) 图 (アルファベットの)ケー.
케이블 (cable) 图 ケーブル.
케이블-카 (cable car) 图 ①ケーブルカー. ②ロープウェー.
케이블-티브이 (cable TV) 图 ケーブルテレビ.
케이스 (case) 图 ケース. ‖바이올린 케이스 バイオリンのケース. 쇼 케이스 ショーケース. 전례가 없는 케이스 前例のないケース.
케이에스 (KS) 图 韓国工業規格. ✦ Korean Industrial Standard の略称.
케이에스 마크 (KS mark) 图 ①KSマーク. ②〔俗っぽい言い方で〕ソウルにある京畿高校(K)とソウル大学(S)を出た人. ✦ 韓国のエリートを指す.
케이오 (KO) 图 KO; ノックアウト. ‖케이오 패를 당하다 KO 負けする. ✦ knockout の略語.
케이크 (cake) /kʰeikʰɯ/ 图 ケーキ. ‖생일 케이크 バースデーケーキ. 스펀지 케이크 スポンジケーキ.
케일 (kale) 图 〔植物〕ケール.
케첩 (ketchup) 图 ケチャップ. ‖토마토 케첩 トマトケチャップ.
케케-묵다 〔-따〕 古臭い. ‖케케묵은 생각 古臭い考え方.
켕기다 自 〔主に뒤가 켕기다の形で〕後ろめたい. ‖뒤가 켕기다 後ろめたい.
켜다¹ /kʰjəda/ 他 ❶(明かりを)つける, ともす. ‖불을 켜다 明かり〔電気〕をつける. 촛불을 켜다 ろうそくの火をともす. ❷(テレビ·ラジオなどを)つける. ‖라디오를 켜다 ラジオをつける. 텔레비전을 켜다 テレビをつける.
켜다² 他 (鋸で)挽く. ‖톱으로 통나무를 켜다 鋸で丸太を挽く.
켜다³ 他 (弦楽器を)弾く·奏でる語. ‖바이올린을 켜다 バイオリンを弾く.
켜다⁴ 他 伸びをする. ‖기지개를 켜다 伸びをする.
켜이다 自 (水がしきりに飲みたくなる. ‖짠 것을 먹었더니 자꾸 물이 켜이다 しょっぱいものを食べたので, しきりに水が飲みたくなる.
켜켜-이 重ね重ね; 積もり積もる. ‖켜켜이 쌓인 먼지 積もり積もったほこり.
켤레 〖物〗 履物を数える語: …足. ‖구두 한 켤레 靴 1足. 양말 세 켤레 靴下 3足.
코¹ /kʰo/ 图 ❶鼻. ‖감기로 코가 막히다 風邪で鼻が詰まる. 코를 후비다 鼻をほじくる. 납작코 あぐら鼻. 매부리코 わし鼻. 딸기코 ざくろ鼻. 코를 골며 잠을 자다 いびきをかく. ❷涕(湯). ‖코

흘리다 洟をたらす. 休지로 코를 풀аティッシュで洟をかむ. ❸ものの突き出た先. ▸코가 납작해지다 面目を失う; 出端(ﾃﾞﾊﾞﾅ)をくじかれる. ▸코가 높다 鼻が高い. ▸코가 땅에 닿을 정도로 頭を深々と下げて. ▸코가 비뚤어지게 ぐでんぐでんに. ▸코가 비뚤어지게 마시다 ぐでんぐでんに酔っぱらう. ▸코를 찌르다 鼻をつく, 악취가 코를 찌르다 悪臭が鼻をつく.

코[2] 圄 編み目. ‖스웨터 코가 성기다 セーターの編み目が粗い.

코-감기(-感氣) 圄 鼻風邪.

코-골다[ㄹ語幹] いびきをかく. ‖심하게 코를 고는 사람 いびきがひどい人.

코-끝[-끋] 圄 鼻先. 顔面. ‖코끝이 시리다 鼻先が冷たい. ▸코끝도 볼 수 없다 全く顔を出さない.

코끼리/kʰokiri/ 圄 〔動物〕ゾウ(象). ‖코끼리는 코가 길다 象は鼻が長い.

코냑(←cognac フ) 圄 コニャック.

코너 (corner) 圄 コーナー. ‖코너를 돌다 コーナーを回る. 냉동식품 코너 冷凍食品コーナー.

코드[1] (chord) 圄 〔音楽〕コード. 和音.

코드[2] (code) 圄 コード. ‖입력 코드 入力コード.

코드[3] (cord) 圄 コード. ‖다리미 코드 アイロンのコード.

코디네이션 (coordination) 圄 コーディネーション.

코디네이터 (coordinator) 圄 コーディネーター.

코-딱지[-찌] 圄 鼻くそ. ‖코딱지를 후비다 鼻くそをほじくる.

코란 (Koran) 圄〔宗教〕コーラン(イスラム教の聖典).

코러스 (chorus) 圄 〔音楽〕コーラス.

코르덴 (←corded velveteen) 圄 コール天; コーデュロイ.

코르셋 (corset) 圄 コルセット.

코르크 (cork) 圄 コルク. ‖코르크 마개 コルク栓.

코맹맹이 圄 鼻詰まりの人; 鼻声の人. ‖코맹맹이 소리를 하다 鼻の詰まった声.

코멘트 (comment) 圄 他動 コメント. ‖노코멘트 ノーコメント. 코멘트를 달다 コメントをつける.

코모로 (Comoros) 圄 (国名) コモロ.

코미디 (comedy) 圄 コメディー.

코미디언 (comedian) 圄 コメディアン.

코믹-하다 (comic-) [一카-] 形〔하옛〕コミカルだ; 喜劇的だ; 滑稽(ｺｯｹｲ)だ.

코-밑[-믿] 圄 鼻の下.

코-바늘 圄 鉤針(ｶｷﾞﾊﾞﾘ). ‖코바늘 뜨기 鉤針編み.

코발트 (cobalt) 圄 〔化学〕コバルト.

코발트-색 (-色) 圄 コバルト色; コバルトブルー.

코브라 (cobra) 圄 〔動物〕コブラ.

코-빼기 圄〔코의 俗語〕鼻.

코-뼈 〔解剖〕圄 鼻骨. 卿비골(鼻骨). ‖코뼈가 부러지다 鼻骨が折れる.

코뿔-소[-쏘] 圄 〔動物〕サイ(犀). 卿우소.

코사인 (cosine) 圄〔数学〕コサイン(cos).

코스 (course) 圄 コース. ‖등산 코스 登山コース. 엘리트 코스 エリートコース. 코스를 돌다 コースを回る.

코스닥 (KOSDAQ) 圄 〔経〕コスダック. ✧ Korea Securities Dealers Automated Quotations の略語. 日本のジャスダックに当たる.

코스모스[1] (cosmos) 圄〔植物〕コスモス.

코스모스[2] (cosmos) 圄 コスモス; 秩序ある世界. 卿カオス.

코스타리카 (Costa Rica) 圄 (国名) コスタリカ.

코스트 (cost) 圄 コスト. ‖생산 코스트 生産コスト. 코스트가 많이 먹히다 コストがかなりかかる.

코안경 (-眼鏡) 圄 鼻眼鏡.

코알라 (koala) 圄 〔動物〕コアラ.

코-앞[-압] 圄 鼻先; 目の前; 目前. ‖대회가 코앞에 닥치다 大会が目前に迫る.

코-웃음 圄 鼻先でせせら笑うこと. ‖내 얘기에 그는 코웃음을 쳤다 私の話に彼は鼻先でせせら笑った.

코인 (coin) 圄 コイン.

코일 (coil) 圄 コイル.

코-주부 圄〔からかう言い方で〕鼻の大きい人.

코치 (coach) 圄 他動 コーチ. ‖테니스 코치 テニスコーチ. 코치를 받다 コーチを受ける.

코카인 (cocaine) 圄 コカイン.

코코넛 (coconut) 圄 ココナッツ; ココヤシの実.

코코아 (cocoa) 圄 ココア.

코-털 圄 鼻毛.

코트[1] (coat) 圄 コート. ‖코트를 걸치다 コートを羽織る.

코트[2] (court) 圄 コート. ‖테니스 코트 テニスコート.

코트-디부아르 (Côte d'Ivoire) 圄 (国名) コートジボワール.

코트라 (KOTRA) 圄 大韓貿易振興公社. ✧ Korea Trade Promotion Corporation の略語. 日本のJETRO(日本貿易振興会) に当たる.

코튼 (cotton) 圄 コットン.

코팅 (coating) 圄 他動 コーティング.

코펠 (←Kocher ﾄﾞ) 圄 コッヘル.

코-풀다[ㄹ語幹] 鼻をかむ.

코-피 圄 鼻血. ‖코피를 흘리다 鼻血を流す. 코피가 나다 鼻血が出る.

코-흘리개 圄 洟(ﾊﾅ)垂れ; 洟垂れ小僧.

콕 圕 先の尖ったもので刺す様子; ちくり(と). ‖콕 찌르다 ちくりと刺す. **콕-콕**

圖 ちくちく(と); ぶすぶす(と). ⑭콕콕.
콘덴서 (condenser) 图 コンデンサー.
콘도 (condo) 图 콘도미니엄의 약칭.
콘도르 (condor^x) 图 《鳥類》 コンドル.
콘도미니엄 (condominium) 图 コンドミニアム. ⑭콘도.
콘돔 (condom) 图 コンドーム.
콘드-비프 (corned beef) 图 コンビーフ; コンビーフ.
콘-비프 (corn beef) 图 =콘드비프.
콘서트 (concert) 图 コンサート. ‖콘서트 홀 コンサートホール.
콘센트 (←concentic plug) 图 コンセント. ‖콘센트에 플러그를 꽂다 コンセントにプラグを差し込む.
콘스타치 (cornstarch) 图 コーンスターチ.
콘체르토 (concerto^イ) 图 《音樂》 コンチェルト; 協奏曲.
콘체른 (Konzern^ド) 图 《經》 コンツェルン; 企業連携.
콘크리트 (concrete) 图 コンクリート.
콘택트-렌즈 (contact lens) 图 コンタクトレンズ.
콘테스트 (contest) 图 コンテスト. ‖스피치 콘테스트 スピーチコンテスト.
콘텐츠 (contents) 图 《放送やネットワークなどの》 コンテンツ.
콘트라베이스 (contrabass) 图 《音樂》 コントラバス.
콘트라스트 (contrast) 图 コントラスト; 対照.
콘트라파고토 (contrafagotto^イ) 图 《音樂》 コントラファゴット.
콘-플레이크 (cornflakes) 图 コーンフレーク.
콜-걸 (call girl) 图 コールガール.
콜드-게임 (called game) 图 《野球》 コールドゲーム.
콜드-크림 (cold cream) 图 コールドクリーム.
콜라 (cola) 图 コーラ.
콜라겐 (collagen) 图 コラーゲン.
콜라주 (collage^フ) 图 《美術》 コラージュ.
콜레라 (cholera) 图 《醫學》 コレラ.
콜레스테롤 (cholesterol) 图 コレステロール.
콜로이드 (colloid) 图 《化學》 コロイド.
콜록-거리다[-대다] 〔-거(려) ㅤ때) -〕 [自]
 ごほんごほんと咳き込む[咳をする]. ‖감기에 걸려 콜록거리다 風邪を引いてごほんごほんと咳き込む. ⑭콜록거리다.
콜록-콜록 圖 ごほんごほん(と), ⑭콜록콜록.
콜론 (colon) 图 コロン(:).
콜롬비아 (Colombia) 图 《國名》 コロンビア.
콜-머니 (call money) 图 《經》 コールマネー.
콜-시장 (call 市場) 图 《經》 コール市場.

콜-자금 (call 資金) 图 《經》 コール資金.
쿨 圖 《子どもが》 鼻息を立てて寝ている様子. すうすう(と); すやすや(と).
쿨쿨-거리다 〔-거려, -거리니〕 [自] 鼻息を立てる. ‖쿨쿨거리면서 자고 있다 すうすうと寝息を立てて寝ている.
콜타르 (coal-tar) 图 コールタール.
콜-택시 (call taxi) 图 電話で呼び出すタクシー.
콤마 (comma) 图 コンマ; カンマ(,). ‖콤마를 찍다 コンマを打つ.
콤바인 (combine) 图 コンバイン.
콤비 (←combination) 图 ❶ コンビ. ‖명콤비 名コンビ. ❷ 材質が異なる上下 1 組の洋服. ❸ 《洋服の》ジャケット.
콤비나트 (kombinat^ロ) 图 《經》 コンビナート.
콤비네이션 (combination) 图 コンビネーション.
콤팩트 (compact) 图 《化粧用具の》コンパクト.
콤팩트-디스크 (compact disk) 图 コンパクトディスク; CD.
콤플렉스 (complex) 图 コンプレックス. ‖콤플렉스를 느끼다 コンプレックスを感じる. 신데렐라 콤플렉스 シンデレラコンプレックス.
콧-구멍 【코꾸/콛꾸-】 图 鼻の穴; 鼻孔. ⑭비공(鼻孔).
콧-김 【코낌/콛낌】 图 鼻息.
콧-날 【콘-】 图 鼻筋. ‖콧날이 오뚝한 미남 鼻筋が通った美男子.
콧-노래 /k^honnore/ 【콘-】 图 鼻歌.
 ‖콧노래를 부르다 鼻歌を歌う. 콧노래를 흥얼거리며 집에 들어오다 鼻歌交じりで帰宅する.
콧-대 【코때/콛때】 图 鼻柱; 鼻っ柱. ▶콧대가 높다 鼻が高い; 傲慢だ. ▶콧대가 세다 鼻っ柱が強い; 意地っ張りだ. ▶콧대를 꺾다 鼻っ柱をくじく; 鼻っ柱をへし折る. ▶콧대를 세우다 傲慢にふるまう; 鼻にかける.
콧-등 【코뜽/콛뜽】 图 鼻筋; 鼻の頭.
콧-물 /k^honmul/ 【콘-】 图 涙(泣); 鼻水; 鼻汁. ‖콧물이 줄줄 흐르다 鼻水がずるずる(と)出る.
콧-방귀 【코빵/콛빵-】 图 鼻であしらうこと; 鼻で笑うこと. ‖콧방귀를 뀌다 鼻で笑う; 鼻であしらう.
콧-방울 【코빵/콛빵-】 图 小鼻.
콧-소리 【코쏘/콛쏘-】 图 ❶ 鼻声. ❷ 《言語》 鼻音.
콧-속 【코쏙/콛쏙】 图 鼻の中.
콧-수염 (-鬚髯) 【코쑤/콛쑤-】 图 口ひげ. ‖콧수염을 기르다 口ひげを生やす.
콧-숨 【코쑴/콛쑴】 图 鼻息.
콧-잔등 【코짠/콛짠-】 图 콧잔등이의 약칭.
콧-잔등이 【코짠/콛짠-】〔俗っぽい言い方で〕小鼻. ⑭콧잔등.

콩¹ /kʰoŋ/ 图〖植物〗ダイズ(大豆);豆. ⑩ 대두(大豆). ‖콩을 볶다 豆を炒る. 볶은 콩 炒り豆. ▶콩 심은 데 콩 나고 팥 심은 데 팥 난다《图》「豆を植えれば豆が出て, 小豆を植えれば小豆が出る」の意で, 原因によって結果が生じることのたとえ. ▶콩으로 메주를 쑨다 해도 곧이 듣지 않는다《图》「大豆で味噌を作ると言っても信じない」の意で)ようそまでうそつきと思われている者は真実を言っても信じてもらえないことのたとえ.

콩² 图 固いところに小さいものが落ちた時の音: とん. **콩-콩** 图 とんとん(と);こんこん(と);どきどき(と). ‖심장이 콩콩 뛰다 心臓がどきどきする.

콩콩-거리다 邇 とんとん(と)音を立てる;こんこん(と)音を立てる;どきどきする. ‖콩콩거리면서 계단을 올라가다 階段をとんとん(と)のぼる. 가슴이 콩콩거리다 胸がどきどきする.

콩-가루【-까-】图 きな粉. ▶콩가루가 되다 (何かが)砕けて粉々になる. 콩가루 집안 もめ事で家族がばらばらになった家.

콩-강정 图 飴(ᄻ)に炒り豆をまぶした菓子.

콩고(Congo) 图〖国名〗コンゴ.

콩-고물【-꼬-】图 味付けしたきな粉.

콩-국【-꾹】图 大豆の搾り汁.

콩-국수【-꾹-】图〖料理〗冷えた大豆の搾り汁にうどんまたは素麺を入れて, 塩で味付けをした夏の食べ物.

콩-기름 图 大豆油. ⑩ 대두유(大豆油).

콩-깍지【-찌】图 豆のさや.

콩-나물 /kʰoŋnamul/ 图〖植物〗豆モヤシ.

콩나물-국【-꾹】图〖料理〗豆もやし入りの澄まし汁.

콩나물-밥【-빱】图 豆もやしと一緒に炊いたご飯.

콩나물-시루 图 ① 豆もやしを栽培する容器. ② ぎゅうぎゅう詰めに「すし詰め」の状態. ‖콩나물시루 같은 만원 버스 ぎゅうぎゅう詰めの満員バス.

콩닥-거리다【-꺼-】邇 ① (白などを)しきりに搗(つ)く. ② (胸が)どきどきする. ‖콩닥거리는 가슴을 진정시키다 どきどきする胸を落ち着かせる.

콩닥-콩닥 图 邇 ごとんごとん(と).

콩-대【-때】图 豆を取った茎.

콩-떡 图 うるち米の粉に炒った黒豆を混ぜて作った餅.

콩-밥 图 ① 豆ご飯. ② 〔比喩的に〕囚人が食べる飯.

콩-밭【-빧】图 豆畑.

콩소메(consommé^フ) 图〖料理〗コンソメ.

콩-알 图 ① 豆粒. ② 〔比喩的に〕非常に小さいもの.

콩-엿【-녇】图 炒り豆の入った飴(ᄻ).

콩-잎【-닙】图 豆の葉.

콩-자반 图〖料理〗豆の醤油煮.

콩-죽(-粥) 图〖料理〗ふやかした大豆をゆやかにつぶした米と一緒に炊いた粥(ᄻ).

콩-찰떡 图 もち米の粉に炒った黒豆を混ぜて作った餅.

콩쿠르(concours^フ) 图 コンクール. ‖콩쿠르에서 입선하다 コンクールで入選する.

콩트(conte^フ) 图〖文芸〗コント.

콩팥【-판】图〖解剖〗腎臓. ⑩ 신장(腎臓).

콰르르 圐 邇 大量の液体が勢いよく流れ出る音: どくどく; ざあざあ.

콰르릉 圐 邇 爆発物や銃砲などの大きな音: どかん.

콰르릉-거리다 どかんどかんと鳴り響く; ごろごろ鳴る. ‖금방 비라도 쏟아질 듯이 하늘이 콰르릉거리다 今にも雨が降り出すかのように空がごろごろと鳴る.

콱 ① やわらかなものに勢いよく突き刺さる様子: ぶすっ. ② (悪気などで)息が詰まりそうな様子: ぐっ; むっと. ‖숨이 콱 막히다 息がぐっと詰まる. **콱-콱** 圐

쾰-쾰 圐 液体が狭い穴から勢いよく流れ出る音: どくどく; ざあざあ. ‖수돗물이 쾰쾰 쏟아지다 水道水がざあざあと流れ出る.

쾰쾰-거리다 邇 (水が)ざあざあと流れる.

쾅 邇 ① 大砲の発射音: どん; どかん. ② 爆発物の破裂音: どん; どかん. ③ 堅いものがぶつかった時の音: がちゃん(と). ‖전화를 쾅 하고 끊다 電話をがちゃんと切る. **쾅-쾅** どんどん; どかんどかん.

쾅쾅-거리다 邇 どんどんとたたく; どんどん音を立てる.

쾌감(快感) 图 快感. ‖쾌감을 느끼다 快感を覚える.

쾌거(快擧) 图 快挙. ‖쾌거를 이루다 快挙を成し遂げる.

쾌락(快樂) 图 快樂. ‖쾌락에 빠지다 快樂におぼれる.

쾌락-주의(快樂主義)【-쭈-/-쭈이】图 快樂主義.

쾌속(快速) 图〖形動〗快速.

쾌속-선(快速船)【-썬】图 快速船.

쾌속-정(快速艇)【-쩡】图 快速艇.

쾌승(快勝) 图〖自〗快勝. ⑳ 참패(慘敗).

쾌식(快食) 图〖自〗快食.

쾌유(快癒) 图〖自〗快癒. ‖쾌유를 빌다 快癒を祈る. 병이 쾌유되다 病気が快癒する.

쾌재(快哉) 图 快哉(ᄻ). ‖쾌재를 부르다 快哉を叫ぶ.

쾌적-하다(快適-)【-저카-】圀〖形動〗快適だ. ‖쾌적한 생활 快適な生活.

쾌조 (快調) 图 快調.
쾌주 (快走) 图 하자 快走.
쾌차 (快差) 图 回目 全快. ¶쾌차를 빌다 全快を祈る.
쾌청-하다 (快晴−) 图 하자 快晴だ. ¶날씨가 쾌청하다 天気が快晴だ.
쾌활-하다 (快活−) 图 하자 快活だ; 陽気だ. ¶쾌활한 사람 陽気な人. 쾌활한 성격. 쾌활한 사람 陽気な人. **쾌활-히** 凰
쾌-히 (快−) 凰 快く. ¶쾌히 승낙하다 快く承諾する.

쾨쾨-하다 [−/퀘−] 图 하자 かび臭い. ¶쾨쾨한 냄새가 나다 かび臭いにおいがする. ⑭퀴퀴하다.

쿠데타 (coup d'État 프) 图 クーデター. ¶쿠데타를 일으키다 クーデターを起こす.
쿠리다 囹 悪臭を放つ. ¶쿠린 냄새가 나다 悪臭がする; 非常に臭い.
쿠린-내 图 悪臭.
쿠바 (Cuba) 图 国名 キューバ.
쿠션 (cushion) 图 クッション.
쿠웨이트 (Kuwait) 图 国名 クウェート.
쿠키 (cookie) 图 クッキー.
쿠킹 (cooking) 图 クッキング.
쿠페 (coupé 프) 图 (車の)クーペ.
쿠폰 (coupon) 图 クーポン.
쿡 凰 やわらかなものに勢いよく突き刺さる様子: ぶすっと; ぶすりと. **쿡-쿡** 凰 ぶすぶす. ⑭콕콕.
쿨러 (cooler) 图 クーラー.
쿨룩-거리다/−대다 [−거[때]−] 囹 ごほんごほんと咳き込む[咳をする]. ⑭쿨룩거리다.
쿨룩-쿨룩 凰 ごほんごほん. ⑭콜록콜록.
쿨쿨 /kʰulːkʰuːl/ いびきをかいて寝ている様子: ぐうぐうと. ¶쿨쿨. ⑭콜콜.
쿨쿨-거리다 ぐうぐう(と)いびきをかく. ¶쿨쿨거리다 자고 있다 ぐうぐう(と)寝ている. ⑭콜콜거리다.
쿵 凰 重いものが落ちたり転げたりする音: どしん; どん. ¶쿵 하고 떨어지다 どすんと落ちる. **쿵-쿵** 凰 하자.
쿵덕-거리다 [−거[때]−] 囹 どしどしと歩く; どすんどすんと歩く. ¶쿵덕거리며 복도를 걷다 廊下をどしどしと歩く.
쿵덕-쿵덕 凰 ごとん.
쿵덕-쿵덕 凰 ごとんごとん.
쿵쾅 凰 ❶ 銃砲などの音が入り交じってとどろく音: どん. ❷ 板の間を強く踏み鳴らす音: どん.
쿵쾅-거리다 どたばたする; どすんどすんと音を出す. ¶위층에서 쿵쾅거리는 소리가 들리다 上の階でどたばたんと騒ぐ音が聞こえる.
쿵후 (−功夫 中) 图 カンフー.
쿼트 (quart) 區图 量の単位: …クォート.

퀭-하다 图 하자 (目が落ちくぼんで)生気がない.
퀴즈 (quiz) /kʰwidʑɯ/ 图 クイズ. ¶퀴즈 프로 クイズ番組. 퀴즈 대회에 나가다 クイズ大会に出場する. 퀴즈 문제를 풀다 クイズの問題を解く.
퀴퀴-하다 图 하자 かび臭い; 悪臭がする; 嫌なにおいがする. ¶퀴퀴한 냄새가 나다 かび臭いにおいがする. ⑭쾨쾨하다.
퀸-사이즈 (queen+size 日) 图 クイーンサイズ.
퀼로트 (culotte 프) 图 キュロット.
퀼팅 (quilting) 图 キルティング.
큐[1] (cue) 图 キュー. ❶ (ビリヤードで)玉をつく時に用いる棒. ❷ (放送などでの)合図.
큐[2] (Q·q) 图 (アルファベットの)キュー.
큐레이터 (curator) 图 (博物館·美術館などの)学芸員.
큐비즘 (cubism) 图 美術 キュービズム.
큐피 (Kewpie) 图 キューピー(人形).
큐피드 (Cupid) 图 キューピッド.
크기 /kʰɯgi/ 图 大きさ; サイズ; …大. ¶크기를 재다 大きさを測る. 발 크기가 어떻게 되세요? 足のサイズはいくつですか. 실물 크기의 모형 実物大の模型.
크나-큰 图 非常に大きい….
크낙-새 [−쌔] 图 鳥類 キタタキ(木啄).
크다 /kʰɯda/ 图 으변 [커, 큰] ❶ 大きい; 背が高い. ¶발이 크다 足が大きい. 목소리가 크다 声が大きい. 스케일이 크다 スケールが大きい. 큰 피해를 입다 大きな被害を受ける. 큰 회사 大きい会社. 큰 잘못을 저지르다 大きな過ちを犯す. ❷ (背が)高い. ¶키가 크다 背が高い. ❸ 重い; 重大だ. ¶책임이 크다 責任が重い[重大だ]. ⑭작다.
── 国 으변 [커, 크는] 大きくなる; 育つ; 成長する. ¶이 나무는 추운 데서는 안 큰다 この木は寒いところでは育たない. 아이들 크는 재미로 살다 子どもたちの成長が生き甲斐だ. ⑭키우다.
크라운 (crown) 图 クラウン.
크라프트-지 (kraft 紙) 图 クラフト紙.
크래커 (cracker) 图 (お菓子の)クラッカー.
크레디트 (credit) 图 クレジット. **크레디트 카드** (credit card) 图 クレジットカード. ⑭신용 카드(信用─).
크레바스 (crevasse) 图 地 クレバス (氷河や雪渓の深い割れ目).
크레용 (crayon 프) 图 クレヨン.
크레인 (crane) 图 クレーン; 起重機.
크레졸 (cresol) 图 化学 クレゾール.
크레파스 (Craypas←crayon + pastel 日) 图 クレパス. ✚日本の商標名から.
크로스바 (crossbar) 图 (サッカー·ホッケーなどの)タッチライン.
크로스-스티치 (cross-stitch) 图 クロススステッチ.

크로스워드-퍼즐 (crossword puzzle) [名] クロスワードパズル.
크로스-컨트리 (cross-country) [名] 《スポーツ》 クロスカントリー.
크로아티아 (Croatia) [名] 《国名》 クロアチア.
크로켓 (croquette [フ]) [名] 《料理》 コロッケ.
크로키 (croquis [フ]) [名] 《美術》 クロッキー.
크롤 (crawl) [名] (水泳で)クロール.
크롬 (Chrom [ド]) [名] 《化学》 クロム.
크루즈^미사일 (cruise missile) [名] 《軍事》 クルーズミサイル; 巡航ミサイル. [類] 순항 미사일(巡航−).
크리스마스 (Christmas) /kʰɯrisɯmasɯ/ [名] クリスマス.
크리스마스-이브 (Christmas Eve) [名] クリスマスイブ.
크리스마스-카드 (Christmas card) [名] クリスマスカード.
크리스마스^캐럴 (Christmas carol) [名] クリスマスキャロル.
크리스마스-트리 (Christmas tree) [名] クリスマスツリー.
크리스천 (Christian) [名] クリスチャン.
크리스털 (crystal) [名] クリスタル.
크리켓 (cricket) [名] 《スポーツ》 クリケット.
크림 (cream) [名] クリーム. ‖ 아이스크림 アイスクリーム. 생크림 生クリーム. 핸드 크림 ハンドクリーム.
크림-소다 (cream＋soda [日]) [名] クリームソーダ.
크림-수프 (cream soup) [名] クリームスープ.
큰 [形] [으変] 크다(大きい)の現在連体形.
큰개-자리 [名] 《天文》 大犬座.
큰곰-자리 [名] 《天文》 大熊座.
큰-길 [名] 大通り.
큰-놈 [名] 〔自分の長男をへりくだって言う語〕長男; せがれ.
큰-누나 [名] (弟から見て)一番上の姉.
큰-눈 [名] 大雪. [類] 대설(大雪).
큰-달 [名] 大の月. [対] 작은달.
큰-돈 [名] 大金. ‖ 큰돈을 벌다 大金を稼ぐ.
큰-따님 [名] 〔큰딸の尊敬語〕他人の長女; 一番上のお嬢さん.
큰-딸 [名] 長女. [類] 장녀(長女).
큰-마음 [名] 〔主に큰마음을 먹고の形で〕一大決心をして; 思い切って; 勇気を出して. ‖ 큰마음을 먹고 복권을 스무 장 사다 思い切って宝くじを 20 枚買う.
큰-며느리 [名] 長男の嫁.
큰-물 [名] 洪水. [類] 홍수(洪水). ‖ 큰물이 지다 洪水になる.
큰-방 (−房) [名] ❶大きい部屋. ❷家中で一番大きい部屋.
큰-병 (−病) [名] 大病. [類] 중병(重病). ‖ 큰병에 걸리다 大病を患う.
큰-북 [名] 《音楽》 大太鼓. ‖ 큰북을 울리다 大太鼓を鳴らす.
큰-불 [名] 大火; 大火事; 大火災. ‖ 큰불이 나다 大火事が起こる.
큰-사위 [名] 長女の夫.
큰-소리 /kʰɯnsori/ [名] [하自] ❶大声. ‖ 큰소리로 부르다 大声で呼ぶ. ❷大口; 大言(たいげん); 息巻くこと. ‖ 언제나 큰소리를 치다 いつも大口をたたく[大言する]; いつも啖呵(たんか)を切る. 이번에는 이길 수 있다고 큰소리를 땅땅 치다 今度は勝てると息巻く.
큰-손 [名] ❶(株式市場で)大手筋. ❷(地下経済で)大手筋.
큰-손녀 (−孫女) [名] 最年長の孫娘.
큰-손자 (−孫子) [名] 最年長の孫.
큰-아들 [名] 長男. [類] 장남(長男).
큰-아버지 [名] 父の長兄; 伯父.
큰-아이 [名] 兄弟の中で一番上の子.
큰-어머니 [名] 큰아버지の妻; 伯母.
큰-언니 [名] (妹から見て)一番上の姉.
큰-오빠 [名] (妹から見て)一番上の兄.
큰-일 /kʰɯniːl/ 【−닐】 [名] ❶大事; 重大なこと; 大変なこと. ‖ 국가 차원에서는 엄청난 큰일이다 国家レベルでは非常に重大なことだ. 준비하는 게 큰일이다 準備するのが大変だ. 큰일이 나다 大変なことが起きる; 大変なことになる. ❷冠婚葬祭のような重要な行事. ‖ 큰딸의 큰일을 치르다 長女の結婚式を執り行なう. [類] 대사(大事).
큰-절[1] [名] [하自] 女性がする丁寧な伝統的お辞儀(両手を額に当てて膝をゆっくり折り曲げて座り, 頭を深々と下げるもの).
큰-절[2] [名] 大きな寺.
큰-집 [名] ❶本家; 長兄の家. ❷本宅. ❸構えの大きい家. ❹〔俗っぽい言い方で〕刑務所.
큰코-다치다 [自] ひどい目にあう.
큰-할머니 [名] 祖父の長兄の妻.
큰-할아버지 [名] 祖父の長兄.
큰-형 (−兄) [名] 長兄.
큰-형수 (−兄嫂) [名] (弟から見て)長兄の妻.
클라리넷 (clarinet) [名] 《音楽》 クラリネット.
클라리온 (clarion) [名] 《音楽》 クラリオン.
클라이맥스 (climax) [名] クライマックス. ‖ 클라이맥스에 달하다 クライマックスに達する.
클라이언트 (client) [名] 《IT》 クライアント. [対] 서버.
클래식 (classic) [名] クラシック. ‖ 클래식 음악 クラシック音楽.
클랙슨 (klaxon) [名] クラクション. ‖ 클랙슨을 울리다 クラクションを鳴らす. ✣製造会社名のクラクソンの訛.
클러치 (clutch) [名] (自動車の)クラッチ. ‖ 클러치를 힘껏 밟다 クラッチを力いっぱい踏む.
클러치^페달 (clutch pedal) [名] (自動

ㅋ

클럽 (club) 图 ❶〈社交·親睦などのための〉クラブ. ‖나이트클럽 ナイトクラブ. ❷〈ゴルフの〉クラブ. ‖골프 클럽 ゴルフクラブ. ❸〈トランプのカードの〉クラブ.

클레임-크림 图 クレーム. ‖클레임을 걸다 クレームをつける.

클렌징-크림 (cleansing cream) 图 クレンジングクリーム.

클로렐라 (chlorella) 图〖植物〗クロレラ.

클로로포름 (chloroform) 图〖化学〗クロロホルム.

클로버 (clover) 图〖植物〗クローバー. ‖네 잎 클로버 四つ葉のクローバー.

클로즈업 (close-up) 图 하타 クローズアップ. ‖사건의 진상이 클로즈업되다 事件の真相がクローズアップされる. **클로즈업-되다**. 受身

클론 (clone) 图 クローン. ‖클론 토끼 クローンウサギ.

클리닉 (clinic) 图 クリニック.

클리닝 (cleaning) 图 하타 クリーニング. ‖드라이클리닝 ドライクリーニング.

클릭 (click) 图〖IT〗クリック. ‖더블 클릭 ダブルクリック.

클린업 (cleanup) 图〈野球で〉クリーンナップ.

클린히트 (clean hit) 图〈野球で〉クリーンヒット.

클립 (clip) 图 クリップ.

금지막-하다 [-마카-] 圈〈ㅎ変〉かなり大きい.

금직-하다 [-지카-] 圈〈ㅎ変〉かなり大きい; 大ぶりだ. ‖큼직한 바구니 かなり大きい籠.

킁킁 圖 하타 鼻を鳴らす音: くんくん(と), くすん(と).

킁킁-거리다 [-대다] 他 くんくん(と)かぐ, くんくん(と)鳴く. ‖킁킁대며 냄새를 맡다 くんくん(と)においをかぐ.

키¹ /kʰi/ 图 ❶〈人や足のある動物の〉背; 背丈; 身長. ‖키가 크고 마른 사람 背が高くやせた人. 키가 작은 남자 背の低い男. 많이 먹는데 키가 안 자란다 たくさん食べるのに背が伸びない. 키를 재다 身長を測る. ❷〈物の〉高さ. ‖책상 키 机の高さ.

키² 图 箕(み).

키³ 图〈船の〉舵.

키⁴ (key) 图 キー. ‖차 키 車のキー.

키니네 (kinine ᵈ) 图〖薬〗キニーネ.

키-다리 图 のっぽ. ⑤난쟁이. ♣나에는 使われない.

키르기스스탄 (Kirgizstan) 图〖国名〗キルギス; キルギスタン.

키리바시 (Kiribati) 图〖国名〗キリバス.

키보드 (keyboard) 图 キーボード.

키-순 (一順) 图 背の順. ‖키순으로 서세요 背の順に並んでください.

키스 (kiss) 图 하타 キス. ‖키스 신 キスシーン.

키우다 /kʰiuda/ 他 ❶〈크다の使役動詞〉育てる; 飼う. ‖애를 키우다 子どもを育てる. 후계자를 키우다 後継者を育てる. 자식을 잘 키워 내다 子どもたちを立派に育て上げる. 개를 키우고 있다 犬を飼っている. ❷〈才能·勢力などを〉伸ばす; 育む. ‖세력을 키우다 勢力を伸ばす. 꿈을 키우다 夢を育む.

키-워드 (key word) 图 キーワード.

키위 (kiwi) 图 キウイ.

키읔 [-읔] 图 ハングル子音字母「ㅋ」の名称.

키친-타월 (kitchen towel) 图 キッチンペーパー.

키펀처 (keypunch) 图 キーパンチャー.

키-포인트 (key+point ᵈ) 图 キーポイント. ‖문제 해결의 키포인트 問題解決のキーポイント.

키프로스 (Kipros) 图〖国名〗キプロス.

키-홀더 (key+holder ᵈ) 图 キーホルダー.

킥¹ (kick) 图〈サッカーで〉キック. ‖프리 킥 フリーキック. 페널티 킥 ペナルティーキック.

킥² 圖 하타 我慢していた笑いが思わずもれる様子: くすっと; くすりと. ‖두 사람은 얼굴을 마주보더니 킥 하고 웃었다 2人は顔を見合わせてくすっと笑った.

킥복싱 (kickboxing) 图〖スポーツ〗キックボクシング.

킥오프 (kickoff) 图〈サッカーで〉キックオフ.

킥킥-거리다 [-대다]〈-끼[때]-〉圓 くすくすと笑う. ‖뭐가 재미있는지 킥킥대다 何が面白いのかくすくすと笑う.

킬러 (killer) 图 キラー.

킬로 (kilo) /kʰilo/ 依記〘킬로미터·킬로그램などの略記〙…キロ. ‖마라톤의 정식 거리는 42.195 킬로다 マラソンの正式距離は 42.195 キロである.

킬로그램 (kilogram) 依記 質量の基本単位; …キログラム(kg).

킬로리터 (kiloliter) 依記 体積の単位; …キロリットル(kl).

킬로미터 (kilometer) 依記 長さの単位; …キロメートル(km).

킬로와트 (kilowatt) 依記 電力の単位; …キロワット(kw).

킬로칼로리 (kilocalorie) 依記 熱量の単位; …キロカロリー(kcal).

킬킬-거리다 [-대다] 圓 くすくす(と)笑う, くつくつ(と)笑う. ‖만화책을 보면서 킬킬거리다 漫画本を読みながらくすくす(と)笑う.

킷-값 [키깝/긷깝] 图 背丈に見合ったこと; 年相応のこと. ‖킷값도 못하다 身の丈相応のことができない. 킷값 좀 해라 身の丈にふさわしい行動をしなさい.

킹-사이즈 (king-size) 图 キングサイズ.

E

E [티음] 图 ハングル子音字母の第12番目. 名称は「티을」.

타¹ (他) 图 他(ᄐ). ‖자타 自他. 타의 모방이 되다 他の模範となる.

타² (打) 依引 **❶** …ダース. ‖연필 한 타 鉛筆1ダース. **❷** (野球・ゴルフでの)… ‖한 타 차로 이기다 1打の差で勝つ.

타³ 타다(燃える)の連用形.
타⁴ 他 타다(乗る)の連用形.

타가 수분 (他家受粉) 图 (植物) 他家受粉. ⑰자가 수분 (自家受粉).

타가 수정 (他家受精) 图 (植物) 他家受精. ⑰자가 수정 (自家受精).

타개 (打開) 图 (하다) 打開; 乗り切ること; 切り抜けること. ‖교착 상태를 타개하여 난국을 타개하다·마 丸となって難局を乗り対る. **타개-되다** (受動)
타개-책 (打開策) 图 打開策.

타계 (他界) 图 타계의 誤り.

타격 (打擊) /tʰaːɡjʌk/ 图 **❶** 打擊. ‖타격을 가하다 打擊を加える. 타격을 받다 打擊を受ける. **❷** (野球) バッティング. ‖타격에 불이 붙다 打擊に火がつく.

타격-률 (打擊率) [-정뉼] 图 打擊率.
타격-수 (打擊數) [-쑤] 图 打擊數.
타격-순 (打擊順) [-쑨] 图 打擊順.

타결 (妥結) 图 (하다) 妥結. ‖교섭이 타결되다 交涉が妥結する.

타계 (他界) [-/-예] 图 他界. ‖선생님은 작년에 타계하셨다 先生は去年他界された.

타고-나다 /tʰaɡonada/ 他 持って生まれる; 生まれつく. ‖타고난 성격은 어떻게 수가 없다 生まれ持った性格はどうしようもない. 미적 감각을 타고나다 美的感覚を持って生まれる. 타고난 재능 生まれつきの才能.

타구 (打球) 图 (野球・ゴルフで)打球.
타국 (他國) 图 他国.
타깃 (target) 图 ターゲット.

타-내다 他 (家族や親族から金を)がんでもらう; おねだりしてもらう; せびる. ‖누나한테 용돈을 타내다 姉から小遣いをおねだりしてもらう. 참고서 산다고 *타다* 돈으로 게임 소프트를 사다 参考書を買うと言ってせびったお金でゲームソフトを買う.

타는¹ 回 타다(燃える)の現在連体形.
타는² 回 타다(乗る)の現在連体形.
타닌 (tannin) 图 (化学) タンニン.

타다¹ /tʰada/ 国 **❶** 燃える. ‖재떨이 안에서 담뱃불이 타고 있다 灰皿の中でタバコの火が燃えている. 타서 재가 되다 燃えて灰になる. 저녁놀이 붉게 타고 있다 夕焼け空が赤く燃えている. **❷** 焦げる. ‖새까맣게 탄 빵 真っ黒に焦げたパン. 부엌에서 뭔가 타는 냄새가 나다 台所で何か焦げ臭いにおいがする. **❸** (火で)焼ける; (日に)焼ける. ‖화재로 집이 타 버리다 火災で家が焼けてしまう. 볕이 뜨거워서 얼굴이 많이 타 日差しが強くて, 顔がかなり焼けた. **❹** 焦がれる; 焼ける. ‖속이 타다 胸が焦がれる. **❺** 干上がる. ‖연속되는 가뭄으로 할 말 타 日照り続きで畑が干上がる. **❻** (のどが)渴く. ‖목이 타다 のどが渇く.

━━ 他 (垢などが)つく. ‖때가 타다 垢がつく.

━━ 一 (刺激などに)敏感だ; かぶれる. ‖부끄러움을 타다 恥ずかしがる. 여름을 타다 夏負けする. 유행을 타다 流行に敏感だ.

타다³ /tʰada/ 国 乗る. ‖버스 앞자리에 타다 バスの前の座席に乗る.

━━ 他 乗る. ‖전철을 타다 電車に乗る. 비즈니스 클래스를 타다 ビジネスクラスに乗る. 국도를 타고 달리다 国道に乗って走る. 시류를 타다 時流に乗る. 리듬을 타다 リズムに乗る. **❷** 登る. ‖산을 타다 山を登る. **❸** 滑る. ‖썰매를 타다 そりで滑る. 스케이트를 타다 スケートをする. **❹** 機会などを利用する; 乗じる. ‖야음을 타고 침입하다 夜陰に乗じて侵入する. 때를 타다 機に乗じる.

타다³ /tʰada/ 他 混ぜる; (コーヒーなどを)入れる; 加える; 割る. ‖술에 물을 타다 酒を水で割る. 따뜻한 물에 꿀을 타서 마시다 お湯に蜜を混ぜて飲む. 커피를 타다 コーヒーを入れる.

타다⁴ /tʰada/ 他 もらう; 受け取る. ‖상을 타다 賞をもらう. 보너스를 타다 ボーナスをもらう. 퇴직금을 타다 退職金をもらう.

타다⁵ 他 **❶** (頭髮などを)左右に分ける. ‖가르마를 타다 髮の毛の分け目をつける; 髮を分ける. **❷** (ひざなどを)割る; 二つに割る; 挽く. ‖톱으로 박을 타다 鋸(のこ)でひさごを挽く.

타다⁶ 他 (弦楽器を)弾く. ‖거문고를 타다 琴を弾く.

타당 (妥當) 图 (하다) 妥當. ‖타당한 이유 妥当な理由.
타당-성 (妥當性) [-썽] 图 妥当性. ‖타당성을 검토하다 妥当性を検討する.

타도 (打倒) 图 (하다) 打倒. ‖독재 정권을 타도하다 独裁政権を打倒する.

타동 (他動) 图 他動. ⑰자동 (自動).
타동-적 (他動的) 他動的の.
타동-사 (他動詞) 图 (言語) 他動詞. ⑰자동사 (自動詞).

타락 (墮落) 图 (하다) 墮落. ‖타락한 생활 堕落した生活.

타래 (糸の束) 名 かせ. ∥타래실 かせ糸. ━依존 …かせ. ∥털실 두 타래 毛糸2かせ; 毛糸2玉.

타력¹ (他力) 名 他力. ㉠자력(自力).

타력² (打力) 名 《野球》打力.

타령 (打令) 名 하동 ❶タリョン(朝鮮時代の曲調の一つ, またはその曲調でできた歌曲). ∥새 타령 鳥タリョン. ❷광대(旅芸人)が歌う歌の総称. ❸口癖や決まり文句のようなもの. ∥그는 맨날 술타령이다 彼は毎日酒浸りだ. 신세타령 身の上話.

타르 (tar) 名 タール.

타미플루 (Tamiflu) 名 《薬》タミフル. ✤商標名から.

타박 名 하통 難癖をつけること; けちをつけること. ∥타박을 주다 難癖をつける; けちをつける.

타박¹ (打扑) 名 하통 打撲.

타박-상 (打撲傷) 名 -쌍 打撲傷.

타박-타박 副 元気なく寂しそうに歩く様子; とぼとぼと. ∥해질 무렵의 시골길을 혼자서 타박타박 걸어가다 夕暮れの田舎道を1人とぼとぼと(歩く).

타-방면 (他方面) 名 他の方面; 別の方面.

타분-하다 形 하여 (食べ物の味やにおいが)新鮮ではない.

타블렛 (tablet) 名 タブレット.

타블로이드 (tabloid) 名 タブロイド.
타블로이드-판 (-版) 名 タブロイド判.

타사 (他社) 名 他社. ㉠자사(自社).

타산 (打算) 名 打算.

타산-적 (打算的) 名 打算的; 計算高いこと. ∥타산적인 사람 打算的な人.

타산지석 (他山之石) 名 他山の石.

타살 (他殺) 名 하통 他殺. ㉠자살(自殺).

타생 (他生) 名 《仏教》他生.

타석 (打席) 名 《野球》打席. ∥타석에 들어서다 打席に立つ.

타석-수 (打席数) 名 -쑤 打席数.

타선 (打線) 名 《野球》打線. ∥타선에 불이 붙다 打線に火がつく.

타성 (惰性) 名 惰性. ∥타성에 빠지다 惰性に流される.

타성-적 (惰性的) 名 惰性的.

타수 (打数) 名 《野球》で打数.

타순 (打順) 名 《野球》打順; 打撃順.

타아 (他我) 名 타자아(他自我).

타-악기 (打楽器) 名 -끼 《音楽》打楽器.

타액 (唾液) 名 唾液(だ液). ㉠침샘.

타액-선 (唾液腺) 名 -썬 《解剖》唾液腺. ㉠침샘.

타-오르다 (ㄹ変) 燃え上がる. ∥불길이 타오르다 炎が燃え上がる.

타운 (town) 名 タウン. ∥뉴 타운 ニュータウン.

타워 (tower) 名 タワー. ∥서울타워 ソウルタワー.

타원 (楕円) 名 《数学》楕円.
타원-체 (楕円體) 名 《数学》楕円体.
타원-형 (楕円形) 名 《数学》楕円形.

타월 (towel) 名 タオル. ▶타월을 던지다 タオルを投げる.

타율¹ (他律) 名 他律. ㉠자율(自律).
타율-적 (他律的) 【-쩍】 名 他律的; 他律的な考え方.

타율² (打率) 名 《野球》で打率.

타의 (他意) 名 〔-/-이〕 他意; 他の考え; 別の意味. ∥타의 他の人の意思.

타이¹ (Thai) 名 《国名》タイ.

타이² (tie) 名 ❶ 〔넥타이の略語〕タイ; ネクタイ. ∥타이를 매다 ネクタイを締める. ❷ (試合や競技で)タイ. ∥타이 기록 タイ記録.

타-이르다 /tʰairuda/ 〔ㄹ変〕 ∥타일러, 타이르는〕 言い聞かせる; 教えさとす; たしなめる. ∥앞으로는 지각하지 않도록 잘 타이르다 これからは遅刻しないように十分言い聞かせる.

타이머 (timer) 名 タイマー.

타이밍 (timing) 名 タイミング. ∥타이밍을 맞추다 タイミングを合わせる.

타이어 (tire) 名 タイヤ. ∥스노타이어 スノータイヤ.

타이츠 (tights) 名 タイツ.

타이트 (tight) 名 하동 タイト.
타이트-스커트 (-skirt) 名 タイトスカート.

타이틀 (title) 名 タイトル. ❶ 表題. ∥타이틀을 달다 タイトルをつける. ❷ (映画やテレビの)字幕. ∥영화 타이틀 映画のタイトル. ❸選手権. ∥타이틀을 잃다 タイトルを失う.

타이틀 매치 (title match) 名 タイトルマッチ. ∥타이틀 매치를 치르다 タイトルマッチを行なう.
타이틀-백 (title+back 日) 名 (映画・テレビで)タイトルバック.
타이틀-전 (title戰) 名 =타이틀 매치.

타이프 (type) 〔타이프라이터の略語〕タイプ. ∥영문 타이프 英文タイプ.
타이프라이터 (typewriter) 名 タイプライター. ㉠타이프.

타이피스트 (typist) 名 タイピスト.

타이핑 (typing) 名 タイプすること. ∥인보이스를 타이핑하여 송장을 타이프する.

타인 (他人) 名 他人.

타일 (tile) 名 タイル. ∥타일을 깔다 タイルを敷く(張る).

타임 (time) /tʰaim/ 名 タイム. ∥타임카드 タイムカード. 심판에게 타임을 요구하다 審判にタイムを求める.
타임-머신 (time machine) 名 タイムマシン.
타임-스위치 (time switch) 名 タイムスイッチ.

타임아웃 (time-out) 图 タイムアウト.
타임-업 (time+up 日) 图 タイムアップ.
타임-캡슐 (time capsule) 图 タイムカプセル.

타입 (type) 图 タイプ. ‖예술가 타입 芸術家タイプ. 새로운 타입 新しいタイプ.

타자¹ (打字) 图 タイプライターを打つこと. ‖타자를 치다 タイプを打つ.
타자-기 (打字機) 图 タイプライター.

타자² (打者) 图 〔野球で〕打者. ‖사번 타자 4番打者.

타자³ (他者) 图 他者.

타작 (打作) 图 (하다) 脱穀.

타전 (打電) 图 (하다) 打電.

타점 (打點) 【一쩜】 图 〔野球で〕打点. ‖타점을 내다 打点を上げる.

타제^석기 (打製石器) 【一끼】 图 打製石器.

타조 (駝鳥) 图 〔鳥類〕ダチョウ(駝鳥).

타종 (打鐘) 图 (하다) 鐘を打つこと; 鐘を鳴らすこと. ‖타종 시간 鐘を鳴らす時間.

타-죽다 [一따] 焼死する.

타지¹ (他地) 图 他の地方; 他の地域.
타지² (他紙) 图 他紙.
타지³ (他誌) 图 他誌.

타지다 固 ほつれる. ‖소맷부리가 타지다 袖口がほつれる. 바지 타진 곳 ズボンのつれ.

타-지방 (他地方) 图 他地方.

타지키스탄 (Tadzhikistan) 图 〔国名〕タジキスタン.

타진 (打診) 图 (하다) 打診. ‖상대방의 의향을 타진하다 相手の意向を打診する.

타천¹ (他薦) 图 (하다) 他薦. 函 자천 (自薦).

타천² (他薦) 图 (하다) 他薦.

타파 (打破) 图 (하다) 打破: 打ち破ること. ‖악습을 타파하다 悪習を打破する. **타파-되다** 受身

타향 (他郷) 图 他郷; 異郷; 客地(캑ᄌᅟ).
타향-살이 (他郷一) 图 (하다) 他郷での暮らし; 客地での生活.

타협 (妥協) 图 (하다) 妥協; 折り合いをつけること. ‖적당한 데서 타협하다 適当なところで妥協する. 타협을 보다 折り合いをつける.

타협-안 (妥協案) 图 妥協案. ‖타협안을 제시하다 妥協案を提示する.

타협-적 (妥協的) 【一쩍】 图 妥協的. ‖타협적인 태도 妥協的な態度.

타협-점 (妥協點) 【一쩜】 图 妥協点. ‖타협점을 찾다 妥協点を見いだす.

타화^수분 (他花受粉) 〔植物〕他花受粉.

탁 /tʰak/ 圖 ❶ (何かを) 強く叩く様子. ‖어깨를 탁 치다 肩をぽんと叩く. ❷ 紐(끈)・縄(끈)など, やや太くて丈夫なものが切れる様子[音]: ぶっつり(と). ‖밧줄이 탁 끊어지다 縄がぷっつりと切れる. ❸ 戸などを開け閉めする音: ばたり

(と). ‖바람에 문이 탁 닫히다 風で戸がばたりと閉まる. ❹ つばや痰(가래)などを吐き出す様子[音]: ぺっと. ‖길바닥에 침을 탁 뱉다 道端にぺっとつばを吐く. ❺ 熱さやにおいで息が詰まりそうになる様子: むっと. ‖숨이 탁 막히다 息が詰まる. ❻ 体中から力が抜けていく様子: すっと. ‖맥이 탁 풀리다 力がすっと抜ける.

탁-탁 圖

탁견 (卓見) 【一껸】 图 卓見.

탁구 (卓球) /tʰak͈ʔku/【一꾸】 图 〔スポーツ〕卓球; ピンポン; 乒乓. ‖탁구를 치다 卓球をする. 탁구 시합 卓球の試合.

탁구-공 (卓球一) 图 ピンポン玉.
탁구-대 (卓球臺) 图 卓球台.
탁구-라켓 (卓球 racket) 图 卓球のラケット.
탁구-장 (卓球場) 图 卓球場.
탁구-채 (卓球一) 图 卓球のラケット. ‖탁구채를 잡다 卓球のラケットを握る.

탁류 (濁流) 【탁뉴】 图 濁流. ‖탁류에のまれる.

탁발 (托鉢) [一빨] 图 (하다) 〔仏教〕托鉢(する).
탁발-승 (托鉢僧) 图 〔仏教〕托鉢僧.

탁본 (拓本) 【一뽄】 图 (하다) 拓本.

탁상 (卓上) 【一쌍】 图 卓上. ‖탁상 일기 卓上日記.

탁상-공론 (卓上空論) 【一쌍-논】 图 机上の空論.

탁상-시계 (卓上時計) 【一쌍ᅳ/ー쌍ー계】 图 置時計.

탁상-연설 (卓上演説) 【一쌍년ᅳ】 图 卓上演説.

탁상-일기 (卓上日記) 【一쌍닐ᅳ】 图 卓上日記.

탁송 (託送) 【一쏭】 图 (하다) 託送.
탁송-소 (託送所) 图 託送所.

탁월-하다 (卓越一) /tʰagwəlhada/ [一붤ー] 厖 卓越している. ‖탁월한 능력을 보여 주다 卓越した能力を示す. 탁월한 수완 卓越した手腕.

탁음 (濁音) 图 〔言語〕有声音. 函 울림소리. 函 청음 (淸音).

탁자 (卓子) 【一짜】 图 テーブル.

탁주 (濁酒) 【一쭈】 图 濁り酒. 函 막걸리.

탁-하다 (濁一) /tʰakʰada/【타카ー】 厖 〔有変〕 濁っている. ‖방 공기가 탁하다 部屋の空気が濁っている. 탁한 목소리 だみ声.

탄¹ 타다(燃える)の過去連体形.
탄² 타다(乗る)の過去連体形.
탄 (彈) 图 弾.
탄광 (炭鑛) 图 炭鉱.
탄내 图 焦げ臭いにおい. ‖탄내가 나다 焦げ臭いにおいがする.
탄도 (彈道) 图 弾道.
탄도-탄 (彈道彈) 图 弾道弾.
탄두 (彈頭) 图 弾頭.
탄-띠 (彈一) 图 弾薬帯.
탄력 (彈力) 【탈ー】 图 弾力.

탄력-성(彈力性)【탈-썽】⦿ 弾力性.‖탄력성이 좋은 제품 弾力性に富む製品.

탄력-적(彈力的)【탈-쩍】⦿ 弾力的.

탄로(綻露)/tʰa:llo/【탈-】⦿ ばれること；露見.

탄로-나다(綻露-)⦿ ばれる；露見する；発覚する.‖잘못을 저지른 것이 탄로나다 過ちを犯したのがばれる.거짓말이 탄로나다 うそがばれる.음모가 탄로나다 陰謀が露見する.허위 보도가 탄로나다 虚偽報道が発覚する.

탄복(歎服)⦿ 嘆服；感服；感心.‖아름다운 경치에 탄복하다 美しい景色に感心する.

탄사(歎辭)⦿ 嘆辞；感嘆の言葉.‖탄사를 금치 못하다 感嘆の言葉を禁じ得ない.

탄산(炭酸)⦿⟨化学⟩炭酸.

탄산-가스(炭酸 gas)⦿ 炭酸ガス.
탄산-나트륨(炭酸 natrium)⦿ 炭酸ナトリウム.
탄산-소다(炭酸 soda)⦿ 炭酸ソーダ.
탄산-수(炭酸水)⦿ 炭酸水.
탄산-염(炭酸塩)【-념】⦿ 炭酸塩.
탄산-음료(炭酸飲料)【-뇨】⦿ 炭酸飲料.

탄생(誕生)⦿⦿ 誕生.
탄생-석(誕生石)⦿ 誕生石.
탄생-일(誕生日)⦿ 誕生日. ✤主に생일(生日)が用いられている.

탄성[1](歎聲)⦿ 嘆声.‖탄성을 올리다 嘆声を上げる.

탄성[2](彈性)⦿ 弾性.
탄성-체(彈性體)⦿ 弾性体.
탄성-파(彈性波)⦿⟨物理⟩弾性波.

탄소(炭素)⦿⟨化学⟩炭素.
탄소-강(炭素鋼)⦿ 炭素鋼.
탄소 ̚동화 작용(炭素同化作用)⦿⟨生物⟩炭素同化作用.
탄수화-물(炭水化物)⦿⟨化学⟩炭水化物.

탄식(歎息)⦿⦿ 嘆息；嘆くこと.‖자신의 불운을 탄식하다 身の不運を嘆く.

탄신(誕辰)⦿ 誕辰；誕生日.

탄-알(彈-)⦿ 弾丸.

탄압(彈壓)⦿⦿ 弾圧.‖탄압을 받다 弾圧を受ける.언론 탄압 言論弾圧.인권 탄압 人権弾圧. **탄압-받다**[-당하다]受身

탄약(彈藥)⦿⟨軍事⟩弾薬.
탄약-고(彈藥庫)【-꼬】⦿⟨軍事⟩弾薬庫.
탄원(歎願)⦿⦿ 嘆願.
탄원-서(歎願書)⦿ 嘆願書.

탄자니아(Tanzania)⦿⟨国名⟩タンザニア.

탄젠트(tangent)⦿⟨数学⟩タンジェント(tan).

탄진(炭塵)⦿ 炭塵(飲).

탄창(彈倉)⦿ 弾倉.

탄층(炭層)⦿ 炭層.

탄탄(坦坦)⦿ ❶(道路などが)平らなこと. ❷(将来の道が)平らで障害物がないこと.‖탄탄한 앞날 坦々たる将来.

탄탄-대로(坦坦大路)⦿ 坦々たる大路；順調な道のり.

탄탄-하다(탄탄-)⦿ 堅固で丈夫だ；がっしりしている；健全だ.‖기초 실력이 탄탄하다 基礎がしっかりしている.탄탄한 몸매 がっしりした体つき.

탄피(彈皮)⦿ 薬莢.

탄핵(彈劾)【탄핵】⦿ ❶⟨政治⟩大統領の弾劾.
탄핵 소추권(彈劾訴追權)【-쏘-꿘】⦿⟨法律⟩弾劾訴追権.

탄환(彈丸)⦿ 弾丸.
탄혼(彈痕)⦿ 弾痕.

탈[1]/tʰa:l/⦿ ❶ 仮面；面；マスク. ❷[比喩的に]真実を隠すための見せかけ. ▶탈을 벗다 仮面をはぐ；仮面を脱ぐ.‖탈을 쓰다 仮面[皮]をかぶる.인간의 탈을 쓴 짐승 人間の皮をかぶった獣(言).

탈[2](頉)/tʰa:l/⦿ ❶ 異変；異常；問題.‖무슨 탈이 생긴 것 같다 何か問題が起きたみたい. ❷(体の異常)症；不調.‖위에 탈이 생기다 胃の調子がよくない. ❸ 言いがかり；咎.‖탈을 잡다 あらさがしをする；けちをつける；難癖をつける. ❹ 欠点；短所.‖말이 많은 게 탈이다 口数が多いのが欠点だ.

탈-나다(頉-)【-라-】⦿ ❶ 問題が起きる；(体などに)異常が生じる. ❷ 多く食いすぎて腹痛を起こす.‖탈나도록 먹다니 食べ過ぎて腹痛を起こす.

탈-내다(頉-)【-래-】⦿ 問題[事故・故障]などを起こす.

탈[3]⦿ 타다(燃える)の未来連体形.
탈[4]⦿ 타다(乗る)の未来連体形.

탈각(脫殼)⦿⦿ 脱殻.
탈-것【-껃】⦿(車・飛行機・船など)乗り物の総称.

탈격(奪格)⦿⟨言語⟩奪格.

탈고(脫稿)⦿⦿ 脱稿.

탈곡(脫穀)⦿⦿ 脱穀.
탈곡-기(脫穀機)【-끼】⦿ 脱穀機.

탈구(脫臼)⦿⦿ 脱臼.

탈-당(脫-黨)⦿ 離党. ⟷입당(入黨).

탈락(脫落)/tʰallak/⦿⦿ ❶ 脱落；外されること.‖탈락자 脱落者；재임용[공천]에서 탈락되다 再任[公認]から外される. ❷⟨言語⟩複合語の語形成または用言の活用において、接続する語の母音、子音、または音節が省略されること.

탈모[1](脫毛)⦿⦿ 脱毛.
탈모-제(脫毛劑)⦿ 脱毛剤.
탈모-증(脫毛症)【-쯩】⦿⟨医学⟩脱毛症.

탈모[2](脫帽)⦿⦿ 脱帽.

탈-바가지 圀 ひさご[ふくべ]で作った仮面.
탈-바꿈 (하다) ❶《動物》変態. ❷変身; 生まれ変わること.
탈법 (脱法) (하다) 脱法(法). ‖탈법행위 脱法行為.
탈북 (脱北) (하다) 脱北; 北朝鮮から脱出すること.
탈상 (脱喪) 圀 喪が明けること. ⊕해상(解喪).
탈색 (脱色) 圀 脱色.
탈색-제 (脱色剤) 【-쌕쩨】 圀《化学》脱色剤.
탈선 (脱線) (하다) 脱線; 非行に走ること. ‖전철이 탈선하다 電車が脱線する. 탈선하기 쉬운 나이 非行に走りがちな年.
탈세 (脱税) 【-쎄】 圀 (하다) 脱税. ‖탈세 혐의 脱税容疑.
탈속 (脱俗) 【-쏙】 圀 (하다) 脱俗.
탈수 (脱水) 【-쑤】 圀 (하다) 脱水. ‖탈수 증세 脱水症状.
탈수-기 (脱水機) 圀 脱水機. ‖탈수기를 돌리다 脱水機を回す.
탈수-제 (脱水剤) 圀《化学》脱水剤.
탈수-증 (脱水症) 【-쑤쯩】 圀《医学》脱水症.
탈영 (脱営) (하다) 脱営.
탈영-병 (脱営兵) 圀 脱営兵.
탈옥 (脱獄) (하다) 脱獄.
탈옥-수 (脱獄囚) 【-쑤】 圀 脱獄囚.
탈의 (脱衣) 【-/탸이】 (하다) 脱衣.
탈의-실 (脱衣室) 圀 脱衣室; 更衣室.
탈의-장 (脱衣場) 圀 脱衣場.
탈자 (脱字) 【-짜】 圀 脱字.
탈장 (脱腸) 【-짱】 圀 (하다) 脱腸.
탈주 (脱走) (하다) 脱走.
탈주-병 (脱走兵) 圀 脱走兵.
탈지 (脱脂) (하다) 脱脂.
탈지-면 (脱脂綿) 圀 脱脂綿.
탈지-분유 (脱脂粉乳) 圀 脱脂粉乳.
탈지-유 (脱脂乳) 圀 脱脂乳.
탈진 (脱盡) 【-찐】 圀 (하다) 体力や気力が尽きること; 体力や気力を使い果たすこと. ‖탈진 상태가 되다 気力が尽きた状態になる.
탈출 (脱出) (하다) 脱出. ‖적지에서 탈출하다 敵地から脱出する. 국외 탈출 非常脱出. 국외 탈출을 기도하다 国外脱出を企てる.
탈출-극 (脱出劇) 圀 脱出劇.
탈출-속도 (脱出速度) 【-또】 圀 脱出速度.
탈-춤 圀《民俗》タルチュム. ⊕한국 고유의 가면극.
탈취[1] (奪取) (하다) 奪取; 奪い取ること. ‖물건을 탈취하다 品物を奪取する. 受動
탈취-당하다
탈취[2] (脱臭) (하다) 脱臭.
탈취-제 (脱臭剤) 圀《化学》脱臭剤.

탈탈 圕 ❶《ものが》古くなって壊れかかったような音: がたがた. ❷軽くて薄いものを続けて当てて立てる音: ぱたぱた(と). ‖먼지를 탈탈 털다 ほこりをぱたぱたとはたく. ❸ごっそり; 残らず; 根こそぎ. ‖가진 돈을 탈탈 털리다 持ち合わせをごっそり奪われる.
탈탈-거리다 圓 壊れそうな音がする. ‖고물차가 탈탈거리며 지나가다 おんぼろ車ががたがたと通る.
탈퇴 (脱退) 【-/퉤】 圀 (하다) 脱退. ⇨가입(加入). ‖연맹에서 탈퇴하다 連盟を脱退する.
탈피 (脱皮) (하다) 脱皮.
탈환 (奪還) (하다) 奪還. ‖타이틀을 탈환하다 タイトルを奪還する.
탈회 (脱会) 【-/훼】 圀 (하다) 脱会. ⇨입회(入會).
탐 (貪) /tʰam/ 圀 〔탐욕(貪慾)の略語〕むさぼること; 欲しがること. ‖탐이 많다 欲深い; 欲張りだ. 식탐 食い意地. **탐-하다** (貪-) (하다) むさぼる; 欲しがる.
탐-나다 (貪-) 圓 欲が出る; 欲しい. ‖탐나는 인재 欲しい人材.
탐-내다 (貪-) 他 欲しがる.
탐-스럽다 (貪-) 【-따】 厖 [ㅂ変] 欲しくなる. ‖탐스럽게 만들었다 欲しくなるほど見事だ.
탐관-오리 (貪官汚吏) 圀 貪官汚吏.
탐구[1] (探求) (하다) 探求.
탐구[2] (探究) (하다) 探究. ‖진리를 탐구하다 真理を探究する. 탐구심 探究心.
탐닉 (耽溺) (하다) 耽溺(じょう). ‖주색에 탐닉하다 酒色に耽溺する.
탐독 (耽読) (하다) 耽読(ぶく). ‖탐정 소설을 탐독하다 探偵小説を耽読する.
탐문 (探聞) (하다) 探聞; 聞き込み. ‖탐문 수사 聞き込み捜査.
탐미 (耽美) (하다) 耽美.
탐미-적 (耽美的) 圀 耽美的.
탐미-주의 (耽美主義) 【-/-이】 圀 耽美主義.
탐방 (探訪) (하다) 探訪. ‖유적지 탐방 遺跡地探訪. 탐방기 探訪記.
탐사 (探査) (하다) 探査. ‖우주 탐사 宇宙探査.
탐사-선 (探査船) 圀 探査船.
탐색 (探索) (하다) 探索.
탐욕 (貪欲) 圀 食欲(と); ⊕탐(貪). ‖탐욕을 부리다 貪欲を露にする. 탐욕적으로 지식을 흡수하다 貪欲に知識を吸収する.
탐욕-스럽다 (貪欲-) 【-쓰-따】 厖 [ㅂ変] 貪欲(と); 強欲(ぶ)だ. ‖탐욕스러운 인간 強欲な人間. **탐욕스레** 圕
탐정 (探偵) (하다) 探偵.
탐정-소설 (探偵小説) 圀《文芸》探偵小説.
탐조 (探照) (하다) 探照.

탐조-등(探照燈) 图 探照灯; サーチライト.
탐지(探知) 图 하他 探知.
　탐지-기(探知機) 图 探知機.
탐탁-하다 [-타카-] 图여변 《主に打ち消しの表現を伴って》気に入らない; 好ましくない. ‖탐탁지 않은 조건 好ましくない条件. **탐탁-히** 副
탐폰(Tampon[F]) 图 タンポン.
탐험(探險) 图 하他 探検. ‖아마존을 탐험하다 アマゾンを探検する.
　탐험-가(探險家) 图 探検家.
　탐험-대(探險隊) 图 探検隊.
　탐험 소설(探險小說) 图(文芸) 探検小説.
탑/t*ʰap*/(塔) 图 塔. ‖방송용 탑 放送用の塔. 삼타 탑 象牙の塔. 에펠탑 エッフェル塔.
탑승(搭乘) 图 하[승] 하他 搭乗. ‖비행기에 탑승하다 飛行機に搭乗する.
　탑승-객(搭乘客) 图 搭乗客.
　탑승-원(搭乘員) 图 搭乗員.
탑재(搭載) 图 -[재] 하他 搭載. ‖터보 엔진을 탑재한 자동차 ターボエンジンを搭載した自動車. **탑재-되다** 图
탓/t*ʰat*/[탇] 图《不本意な結果を生じた》理由; 原因; せい; ため. ‖실패를 남 탓으로 돌리다 失敗を人のせいにする. 이번에 실패한 것은 순전히 내 탓이다 今回失敗したのはすべて私のせいだ. 나이 탓인지 눈이 침침하다 年のせいか目がかすむ. 가난한 탓에 지은 죄 貧しきがゆえに犯した罪. **탓-하다** 图여변 せいにする. 남을 탓하다 人のせいにする.
탕[1] 图 ① スープ. ‖꼬리 곰탕 牛テールのスープ. ② 祭事(祭祀)に供えるスープ.
　탕-거리(湯-) [-꺼-] 图 スープの材料.
　탕-국물(湯-) [-꿍-] 图 スープ(の汁).
탕[2] (湯) 图 湯治; 風呂; 湯. ‖탕에 들어가다 湯(風呂)に入る. 남탕 男湯. 여탕 女湯.
탕[3] 依名 仕事の回数を表わす: …回. ‖하루에 아르바이트를 두 탕 뛰다 1日に2つのアルバイトをかけ持ちする.
탕[4] 圖 하自 ① ものを勢いよく打つ音: ぱん. ② 柵などを強く打ち叩く: 机をぱんと叩く. ③ 銃砲などをぱちと打つ音: ずどん. ‖탕 하고 총소리가 들리다 ずどんと銃声が聞こえる.
-탕[5] (湯) 接尾 ① 湯薬を表わす: …湯. ‖갈근탕 葛根(汉)湯. ② スープの種類を表わす: …湯. ‖갈비탕 カルビスープ.
탕감(蕩減) 图 하他《借金などを帳消しにする》‖빚을 탕감하다 借金を帳消しにする.
탕관(湯罐) 图 하他(仏教) 湯灌(汉).
탕기(湯器) 图 汁椀.
탕수-육(糖水肉) 图(料理) 韓国風の酢豚.

탕아(蕩兒) 图 蕩児(汉); 遊蕩児.
탕약(湯藥) 图(漢方) 湯薬; 煎薬; 煎じ薬.
탕진(蕩盡) 图 하他 蕩尽(汉).《財産などを使い尽くすこと》‖재산을 탕진하다 財産を使い尽くす.
탕탕[1] 圖 威勢よく言壮語する様子: ぱんぱんと. ② 大きい声で強く打ち当てる ぽんぽんと大口をあたたかる. ③ 텅텅.
탕탕[2] 圖 하自 ① ものを勢いよく何度も打つ音(ぱんぱん)と. ① 연단을 탕탕하면서 열변을 토하는 演壇をぱんぱんとたたきながら熱弁をふるう. ② 連続して銃砲を打つ音. ‖탕탕 하고 총소리가 나다 ずどんずどん[ばんばん]と銃声がする.
탕평-책(蕩平策) 图(歷史) 朝鮮時代に, 党派の争いを無くそうとした政策.
태[1] (胎) 图(生物) 胎盤(汉); えな.
태[2] (態) 图 容姿; 姿. ‖태가 곱다 美しい姿だ.
태고(太古) 图 太古; 大昔.
　태곳-적(太古ㅅ-) [-고쩍/-곧쩍] 图 大昔. ‖태곳적 이야기 大昔の話.
태교(胎敎) 图 胎教.
태국(泰國) 图(国名) タイ.
태권-도(跆拳道) 图-[권-] 图(スポーツ) テコンドー.
태그(tag) 图 タグ; タッグ. ‖태그 매치 タッグマッチ.
태극(太極) 图 太極.
　태극-권(太極拳) 图-[꿘] 图 太極拳.
　태극-기(太極旗) 图-[끼] 图 太極旗.《大韓民国の国旗》
태기(胎氣) 图 妊娠の兆候.
태-깔(態-) 图 ① 容姿と色合い. ‖태깔이 나다 着こなしがいい. ② 驕慢(汉)な態度.
태깔-스럽다(態-) 图-[따] 图[ㅂ変] 驕慢だ; 傲慢だ. **태깔스레** 副
태내(胎内) 图 胎内.
태도(態度) 图/t*ʰɛdo*/ 图 態度. ‖태도를 분명히 하다 態度をはっきりする[させる]. 태도가 건방지다 態度が大きい. 진지한 태도 真摯な態度. 강경한 태도를 취하다 強硬な態度をとる.
태동(胎動) 图 하自 胎動.
　태동-기(胎動期) 图 胎動期.
태두(泰斗) 图 泰斗(汉). ‖경제학의 태두 経済学の泰斗.
태만(怠慢) 图-[만] 图形動 怠慢. ‖직무 태만 職務怠慢. 태만하다는 비난を免れない 怠慢のそしりを免れない.
태몽(胎夢) 图 妊娠の兆しとなる夢.
태반[1] (太半) 图 大半; 大方; 大部分. ‖그의 말의 태반은 거짓이다 彼の話の大半はうそだ. 태반의 사람은 찬성하였다 大半の人は賛成した.
태반[2] (胎盤) 图(解剖) 胎盤.
태백^산맥(太白山脈) 图-[싼-] 图(地

名) 太白山脈(朝鮮半島の東岸を日本海沿岸に沿って南北に走る山脈).

태백-성(太白星)〖-썽〗图〖天文〗太白星.❖金星の別名.

태변(胎便)图 胎便. かにばば; かにくそ.

태-부족(太不足)图 非常に足りないこと. ∥일손이 태부족이다 人手がかなり足りない.

태산(泰山)图 泰山.

태산-같다(泰山-)【-갇따】圈 山積みだ; 非常に多い. ∥걱정이 태산같다 心配事が非常に多い. 할 일이 태산같다 仕事が山積みになっている.

태산-북두(泰山北斗)〖-뚜〗图 泰山北斗.

태생(胎生)图 ❶〖生〗胎生. 胎生 動物 胎生動物. ❷生まれ; 出身. ∥서울 태생 ソウル出身.

태생-지(胎生地)图 生まれ故郷.

태세(態勢)图 態勢. ∥덤빌 태세 飛びかかる態勢. 만반의 태세로 임하다 万全の態勢で臨む.

태아¹(胎兒)图 胎児.

태아²(胎芽)图 胎芽.

태양(太陽)/tʰɛjaŋ/图 ❶ 太陽. ∥태양 전지 太陽電池. ❷〖比喩的に〗太陽. ∥마음の太陽 心の太陽.

태양-계(太陽系)〖-/-계〗图〖天文〗太陽系.

태양-력(太陽曆)〖-녁〗图〖天文〗太陽曆; 陽曆.

태양광²발전(太陽光發電)【-쩐】图 太陽光発電.

태양-숭배(太陽崇拜)图〖宗教〗太陽崇拜.

태양-시(太陽時)图〖天文〗太陽時.

태양-신(太陽神)图 太陽神.

태양-열(太陽熱)〖-녈〗图 太陽熱; 太陽エネルギー. ∥태양열 주택 太陽熱住宅.

태양²전지(太陽電池)图 太陽電池.

태양-초(太陽草)图 日干しした赤い唐辛子.

태양-충(太陽蟲)图〖動物〗タイヨウチュウ(太陽虫).

태양²흑점(太陽黑點)〖-쩜〗图 太陽黑点.

태어-나다/tʰɛənada/囲 生まれる; 出生する; 誕生する. ∥여자 아이가 태어나다 女の子が生まれる. 태어난 곳 出生地. 태어나서 자란 곳 生まれ育ったところ. 다시 태어난다면 生まれ変わったら.

태업(怠業)图 サボタージュ.

태연-자약(泰然自若)〖-핲〗圈函 泰然自若.

태연-하다(泰然-)/tʰɛjənhada/圈【여변】泰然としている; 平然としている; 平気な様子を見せる. ∥태연한 태도 泰然たる態度. 태연한 척하다 平気を装う. **태연-히**副 大人が入っても太연히 앉아 있다 目上の人が入ってきても平然と座っている.

태엽(胎葉)图〖時計などの〗ぜんまい. ∥태엽을 감다 ぜんまいを巻き締める.

태우다¹/tʰɛuda/囲〔타다¹の使役動詞〕燃やす. ∥낙엽을 태우다 落ち葉を燃やす. ❷〖タバコを〗ふかす. ∥담배를 태우다 タバコを吹かす. ❸焦がす. ∥밥을 태워 버렸다 ご飯を焦がしてしまった. ❹日焼けする. ∥모래사장에서 등을 조금 태우다 砂場で背中を少し日焼けする. ❺〖気をもむ〗∥속을 태우다 気をもむ.

태우다²/tʰɛuda/囲〔타다²の使役動詞〕乗せる. ∥아이를 유모차에 태우다 子どもをベビーカーに乗せる. 역까지 태워 드리겠습니다 駅までお乗せいたします; 駅までお送りいたします. 승객 천명을 태울 수 있는 배 乗客を千人乗せられる船. 목말을 태우다 肩車をする.

태음(太陰)图 太陰.

태음-력(太陰曆)〖-녁〗图〖天文〗太陰曆; 陰曆.

태자(太子)图 〔황태자(皇太子)의 약어(略語)〕太子; 皇太子.

태자-비(太子妃)图 皇太子妃.

태조(太祖)图 太祖; 始祖.

태중(胎中)图 妊娠中.

태초(太初)图 太初.

태클(tackle)图〖ラグビーなどで〗タックル. ∥태클을 걸다 タックルする.

태평(太平·泰平)图函 ❶ 太平; 平和. ∥태평한 세상 太平な世の中. ❷ 気楽; 〖性格が〗천하태평이다 性格的にのんきそのものだ.

태평-가(太平歌)图 太平を謳歌する歌.

태평²세월(太平歲月)图 太平な時.

태평-소(太平簫)图〖音楽〗チャルメラ.

태평-스럽다(太平-)【-따】圈【ㅂ변】気楽だ; のんきだ. ∥태평스러운 소리를 하다 のんきなことを言う; のんきに太平楽を並べる.

태평-천하(太平天下)图 平和な世の中.

태평-양(太平洋)图〖地名〗太平洋.

태풍(颱風)/tʰɛpʰuŋ/图〖天文〗台風. ∥태풍이 휩쓸고 간 지역 台風に見舞われた地域. ▶태풍의 눈 台風の目.

태풍²경보(颱風警報)图 台風警報.

태피스트리(tapestry)图 タペストリー.

태형(笞刑)〖他〗图〖歷史〗笞刑(ち).

택배(宅配)/tʰɛkp̕ɛ/图【-배】 宅配; 宅配便. ∥택배 서비스 宅配サービス. 택배로 보내다 宅配便で送る.

택시(taxi)/tʰɛkɕi/图 タクシー. ∥택시를 잡다 タクシーを拾う. 택시를 타다 タ

**クシーに乗る. 택시 타는 곳タクシー乗り場. 개인택시 個人タクシー.

택시² (擇一) 图 (하변) 択一. ‖양자택일 二者択一.

택일² (擇日) 图 (하변) 日取り.

택지 (宅地) 图 〚−지〛 宅地. ‖택지조성 宅地造成.

택-하다 (擇−) /tʰɛkʰada/ 〚태카−〛 [하변] 選ぶ; 選択する; 取る. ‖두 개 중에서 하나를 택하다 2つの中から1つを選ぶ. 어느 쪽을 택해야 할지 잘 모르겠다 どちらを取るべきなのかよく分からない.

탤런트 (talent) 图 タレント. ‖여자 탤런트 女性タレント.

탬버린 (tambourine) 图 〈音楽〉 タンバリン.

탭˘댄스 (tap dance) 图 タップダンス.

탯-줄 (胎−) 〚태쭐/탣쭐〛 图 へその緒; 臍帯.

탱고 (tango) 图 〈音楽〉 タンゴ.

탱자 图 カラタチの実.

탱자-나무 图 〈植物〉 カラタチ(枳殼).

탱커 (tanker) 图 タンカー.

탱크 (tank) 图 ❶ タンク. ‖가스 탱크 ガスタンク. ❷ 〈軍事〉 戦車.

탱크-로리 (tank+lorry 日) 图 タンクローリー.

탱크-차 (tank 車) 图 タンク車.

탱크-톱 (tank top) 图 〈上衣の〉 タンクトップ.

탱탱-하다 [형] 〚하변〛 (中身がいっぱいになって)はちきれそうだ; ぴちぴちだ. ‖탱탱한 피부 ぴちぴちした肌.

터¹ /tʰʌ/ 图 ❶ 敷地; 場所; 跡地. ‖집을 지을 터를 확보하다 家を建てる敷地を確保する. 공터 空き地. ❷ 基盤; 土台. ‖생활의 터 生活の基盤〚土台〛. ‖터가 세다 地相が悪くて不運が続く. ▶터를 닦다 地ならしをする; 地固めをする. ▶터를 잡다 敷地を決める; 土台を築く.

터² /tʰʌ/ 依名 ❶ 〚普通体の形で用いられて〛 予定・意図などを表わす: ⋯つもり. ‖내일은 꼭 갈 테야 明日は必ず行くもりだ. ❷ 〚主に⋯텐데の形で〛 ⋯はずなのに; ⋯だろうに. ‖돈도 없을 텐데 이런 걸 샀니? お金もないだろうにこんなのを買ったの.

-터³ 接尾 ⋯場. ‖전쟁터 戦場. 놀이터 遊び場.

터널 (tunnel) /tʰʌnʌl/ 图 トンネル. ‖터널을 뚫다 トンネルを貫通させる. 긴 터널을 빠져나오다 長いトンネルを抜け出す.

터-놓다 /tʰʌnotʰa/ 〚−노타〛 他 ❶ (仕切りなどを)取り除く. ❷ 打ち明ける; 本音を言う; 腹を割る. ‖터놓고 하는 말인데 正直言うと; 本音を言うと. 터놓고 이야기하다 腹を割って話し合う.

터덜-터덜 副 元気なく寂しそうに歩く様子: とぼとぼ(と). ‖혼자서 터덜**

**덜 걸어오다 1人でとぼとぼと歩いてくる.

터득 (攄得) 图 (하변) 会得. ‖−의 방법을 터득하다 新しい方法を会得する. 장사하는 요령을 터득하다 商売のコツをのみ込む.

터-뜨리다 /tʰʌturida/ 他 割る; 爆発させる; 暴露する. ‖풍선을 터뜨리다 風船を破裂させる. 웃음을 터뜨리다 大笑する. 분노를 터뜨리다 怒りを爆発させる. 비밀을 터뜨리다 秘密を暴露する.

터럭 图 (人・動物の体に生えた)長くて太い毛.

터무니-없다 /tʰʌmuniʌpʰta/ 〚−업−〛 형 ❶ 根拠がない; とんでもない; 法外だ. ‖터무니없는 누명 根拠のない濡れ衣. 터무니없는 소리를 하다 とんでもないことを言う. **터무니없-이** 副 価格が途方もなく高い. 가격이 터무니없이 비싸다 価格が法外に高い.

터미널 (terminal) 图 ターミナル. ‖버스 터미널 バスターミナル.

터벅-터벅 副 とぼとぼ(と); てくてく(と). ‖터벅터벅 걸어가다 てくてく歩く.

터번 (turban) 图 ターバン. ‖터번을 두르다 ターバンを巻く.

터보제트˘엔진 (turbojet engine) 图 ターボジェットエンジン.

터부 (taboo) 图 タブー.

터부룩-하다 〚−루카−〛 [하변] (髪の毛・ひげなどが)ぼうぼうだ; もじゃもじゃだ.

터분-하다 형 〚하변〛 (食べ物の味やにおいが)新鮮ではない.

터빈 (turbine) 图 タービン.

터울 图 (兄弟の)年の差. ‖언니와 나는 세 살 터울이다 姉とは3歳違いだ.

터-전 图 (生活のための)基盤. ‖생활 터전을 마련하다 生活の基盤を築く.

터-주 (−主) 图 〈民俗〉 地神.

터주˘대감 (−主ㅅ大監) 〚−주때−/−줃때−〛 图 ❶ =터주. ❷ 〈比喩的に〉 (その集団・地域の)古株; 古顔; 古参. ‖터주 대감 노릇을 하다 古参役をつとめる.

터-주다 他 (塞がっていたところを)開けてやる. ‖길을 터주다 道を開けてやる.

터-지다 /tʰʌdʑida/ 自 ❶ 爆発する. ‖폭탄이 터지다 爆弾が爆発する. 쌓였던 분노가 터지다 積もり積もった怒りが爆発する. ❷ 起きる; 発生する; 勃発する. ‖문제가 터지다 問題が発生する. 전쟁이 터지다 戦争が起きる〚勃発する〛. ❸ 発覚する; ほころびる; 割れる; 崩れる; 出る. ‖공무원 부정 사건이 터지다 公務員の汚職事件が発覚する. 솔기가 터지다 縫い目がほころびる. 풍선이 터지다 風船が割れる. 코피가 터지다 鼻血が出る. ❹ (運などが一気に)開ける. ‖일이 터지다 仕事の運が開ける. ❺ 〚俗っぽい言い方で〛 ぶん殴られる; 論駁される. ‖까불다가 선

터-지다 배한테 엄청 터지다 ふざけて先輩にこっぴどくぶん殴られる.

터-지다[2] [補形] 〔一部の形容詞語幹+아[어]に付いて〕その形容詞が意味する状態の程度がひどい、または駄目であることを表わす. ‖게을러 터지다 だらけ切っている.

터치(touch) [名] [하自] タッチ.
터치-다운(touchdown) [名] (ラグビーなどで)タッチダウン.
터치-라인(touchline) [名] (サッカー・ラグビーなどで)タッチライン.
터치-스크린(touchscreen) [名] [IT]タッチスクリーン.
터치-아웃(touch+out[日]) [名] (野球で)タッチアウト.
터키(Turkey) [名] [国名] トルコ.
터-트리다 [他] =터뜨리다.
터틀-넥(turtle neck) [名] タートルネック.
터프(tough) [形] タフ. ‖터프한 남자 タフな男.
터프-가이(tough+guy[日]) [名] タフガイ.

턱[1] /tʌk/ [名] あご. ‖턱이 빠지다 あごがはずれる. 턱을 괴고 생각하다 頬杖ついて考える. 아래턱 下あご. 주걱턱 しゃくれたあご.

턱[2] [名] 平面から少し盛り上がって高くなっているところ; 段差. ‖길이 턱이 지다 道に段差がある.

턱[3] [名] おごること; ごちそうすること. ‖한턱 내다 一杯おごる.

턱[4] [依名] わけ; はず. ‖그럴 턱이 없다 そんなはずない.

턱[5] /tʌk/ [副] ❶ 緊張などがほぐれる様子: ほっと. ‖마음을 턱 놓으니 ほっと安心する. ❷ ある動作を大げさ(贅)にする様子: でんと; ぬっと. ‖어깨 위에 손을 턱 올리다 肩に手をやる. 문 앞에 턱 버티고 서 있다 門前にでんと構えて立っている. ❸ 突然倒れる様子: ばたっと. ‖턱 하고 쓰러지다 ばたっと倒れる. ❹ 息が詰まる様子: ぐっと. ‖그 말을 듣자 숨이 턱 막혔다 それを聞いたら息がぐっと詰まった.

턱-걸이 [-거리] [名] ❶ 懸垂. ❷ 辛うじて合格すること. ‖시험에 턱걸이로 붙다 試験にぎりぎりで合格する.

턱-밑 [텅밑] [名] あごの下.
턱-받이 [-바지] [名] よだれかけ.
턱-뼈 [名] [解剖] 顎骨(がっこつ).
턱-수염 [-鬚髯] [-쑤-] [名] あごひげ.
턱시도 (tuxedo) [名] タキシード.
턱-없다 [터겁따] [形] とんでもない; 法外だ. ‖턱없는 거짓말을 하다 とんでもないうそをつく. **턱없-이** [副] 法外に高い.

턱-턱 [副] ❶ 息が詰まる様子: うっと. ‖너무 더워서 숨이 턱턱 막히다 あまりの暑さに息がうっと詰まる. ❷ いきなり立て続けに倒れる様子: ばたばた(と). ‖너무 더워서 체육 시간에 학생들이 턱턱 쓰러지다 あまりにも暑くて, 体育の時間に学生たちがばたばたと倒れる. ❸ ところかまわず唾を吐き捨てる様子: ペッペッ(と). ‖아무데서나 침을 턱턱 뱉다 ところかまわずぺっぺっと唾を吐き捨てる.

턴테이블 (turntable) [名] ターンテーブル.

털 /tʰʌl/ [名] ❶ 毛. ‖털이 나다 毛が生える. 닭털을 뽑다 鶏の毛をむしる. ❷ 羽; 羽根. ‖새 깃털 鳥の羽.

털-가죽 [名] 毛皮. 卿모피(毛皮).
털-갈이 [名] [하自] 毛が生え変わること. ‖고양이는 가을에 털갈이한다 猫は秋に毛が生え変わる.
털-게 [名] [動物] ケガニ(毛蟹).
털-구멍 [-꾸-] [名] 毛穴. 卿모공(毛孔).
털-끝 [-끋] [名] ❶ 毛の先. ❷ 〔主に털끝만큼도という形で〕毛頭ない. ‖만나고 싶은 마음은 털끝만큼도 없다 会いたい気持ちは毛頭ない.

털다 /tʰʌlda/ [他] [ㄹ語幹] 〔털어, 터는, 턴〕 ❶ (ほこりなどを)払う; はたく. ‖먼지를 털다 ほこりをはたく[払う]. 이불을 털다 布団をはたく. ❷ (ありお金)をはたく; 使い果たす. ‖주머니를 털다 財布のお金をはたく. ❸ (お金を)盗みをはたらく. ‖빈 집을 털다 空き巣をはたらく. 은행을 털다 銀行強盗をはたらく. 卿盗む. ❹ (感情・病気などを)追い払う. ‖쓸데없는 생각을 털어 버리다 邪念を追い払う.

털-리다 /tʰʌllida/ [털다の受身動詞] ❶ (ほこりなどが)払われる; はたかれる. ❷ かすめ取られる; 取られる; 奪われる; 持って行かれる. ‖강도에게 돈을 털리다 強盗にお金を奪われる. 지갑을 털리다 財布を取られる.

털-모자 [-帽子] [名] ニット帽.
털-보 [名] ひげの濃い人, 毛深い人.
털-실 [名] 毛糸. ‖털실을 감다 毛糸を巻く.

털썩 [副] ❶ 重いものを置く様子: どっかり. ‖짐을 털썩 내려놓다 荷物をどっかり(と)下ろす. ❷ 重くどく座る様子: どっかり. ‖의자에 털썩 주저앉다 椅子にどっかり(と)座り込む.

털어-놓다 /tʰʌrɔnotʰa/ [ㄴ ㅗ타] [他] (悩みなどを)打ち明ける; ぶちまける; 吐露する. ‖비밀을 털어놓다 秘密を打ち明ける. 고민을 털어놓다 悩みをぶちまける.

털어-먹다 [-따] [他] (財産などを)食いつぶす; 使い尽くす. ‖전 재산을 털어먹다 全財産を使い尽くす.

털-장갑 [名] 毛糸の手袋.
털털 [副] ❶ (ものが)古くなって壊れかかったような音: がたがた. ❷ 軽くて薄

いものを続けて当てて立てる音:ぱたぱた(と)。❷ほこりを軽く払う様子:ほこりをぱたぱたと払う。❸疲れ切って歩く様子:とぼとぼ(と)。 ‖맥없이 털달 걸어가다 元気なくとぼとぼ(と)歩く。

털털-거리다 自他 ❶がたがたと音を立てる。‖고물차가 털털거리며 지나가다 おんぼろ車ががたがたと通る。

털털-이 名 (性格が)おおらかな人。

털털-하다 形 [하変] (性格が)堅苦しくない。おおらかだ。‖털털한 성격 おおらかな性格。

텀벙 副 (하自) 重いものが水中などに落ち込む音:どぼん、どぽん。‖강에 텀벙 뛰어들다 川にどぽんと飛び込む。**텀벙-텀벙** 副 (하自)

텀블링 (tumbling) 名 タンブリング。

텁석 [-썩] 副 強く力を入れて掘ったりめつけたりする様子:ぎゅっ、さ。‖손을 텁석 잡다 手をぎゅっと握りしめる。

텁수룩-하다 [-쑤루카-] 形 [하変] (髮の毛・ひげなどが)ぼうぼうだ:もじゃもじゃだ。‖텁수룩한 수염 ぼうぼうと生えたひげ。

텁텁-하다 [-터파-] 形 [하変] ❶(口当たり・舌ざわりなどが)さっぱりしない;すっきりしない。‖입안이 텁텁하다 口の中がさっぱりしない。

텃-밭 [터빧/턷빧] 名 (家の)敷地についている畑。

텃-새 [터쌔/턷쌔] 名 留鳥(りゅうちょう)。

텃-세 [-쎄] 名 [터쎄/턷쎄] 하自 (地元風を吹かして)よそから来た者に威張ること。‖텃세를 부리다 地元風を吹かす:土地っ子ぶり威張る。

텅 /tʰʌŋ/ 副 中に何もない様子:がらんと、ぽっかりと。‖텅 빈 교실 がらんとした教室。텅 빈 가슴 ぽっかり(と)穴が開いたような心。**텅텅** 副 がらがら:からから。‖텅텅 빈 전철 がらがらに空いた電車。

텅스텐 (tungsten) 名 (鉱物) タングステン。

텅텅 副 大口をたたく様子;大言壮語する様子。‖큰소리를 텅텅 치다 大口をたたく。 ❷タントン。

테 名 ❶たが。‖테를 두르다 たがをかける。❷へり;緣(ふち)。‖안경테 眼鏡の緣。❸(帽子の)つば。‖모자테 帽子のつば。

테너 (tenor) 名 [音楽] テナー;テノール。

테니스 (tennis) 名 [スポーツ] テニス。‖테니스를 치다 テニスをする。
테니스-장 (tennis 場) テニスコート。

테두리 名 ❶(ものの)緣(ふち);へり。‖테두리를 두르다 縁取りをする。❷の輪郭。❸範囲;枠。‖정해진 테두리 안에서 決まった範囲内で。

테라바이트 (terabyte) 依名 [IT] コンピューターの情報量の単位:…テラバイト

(TB)。✢1テラバイトは1ギガバイトの約1000倍。

테라스 (terrace) 名 テラス。
테라~코타 (terra cotta⁴) 名 テラコッタ。
테러 (terror) 名 テロ。‖테러 행위 テロ行為。
테러리스트 (terrorist) 名 テロリスト。
테러리즘 (terrorism) 名 テロリズム。
테마 (Thema) 名 テーマ。‖논문 테마 論文のテーマ。
테마-송 (Thema + song 日) 名 テーマソング;主題歌。
테마~파크 (theme park) 名 テーマパーク。
테스트 (test) 名 テスト。‖기말 테스트 期末テスト。마이크 테스트를 하다 マイクのテストをする。
테이블 (table) 名 テーブル。
테이블-보 (-褓) テーブルクロス。
테이크아웃 (takeout) 名 (ファーストフード店などからの)テイクアウト。
테이프 (tape) 名 テープ。‖테이프를 끊다 テープを切る;テープカットをする。카세트테이프 カセットテープ。공 테이프 空(くう)のテープ。
테이프~리코더 (tape recorder) 名 テープレコーダー。
테제 (These ド) 名 テーゼ。
테크노크라트 (technocrat) 名 テクノクラート;技術官僚。
테크닉 (technic) 名 テクニック。
텍스트 (text) 名 テキスト;テクスト。
텐데 […터+ㄴ데의 縮約形で] …はずなのに;…だろうに。‖바쁠 텐데 와 주서 고마워 忙しいだろうに、来てくれてありがとう。
텐트 (tent) 名 テント。‖텐트를 치다 テントを張る。
텔레마케팅 (telemarketing) 名 テレマーケティング;テレホンマーケティング。
텔레비전 (television) /tʰelleˈbidʒʌn/ 名 テレビジョン;テレビ。‖텔레비전 프로 テレビ番組。텔레비전을 켜다[들다] テレビをつける。텔레비전을 끄다 テレビを消す。친구가 텔레비전에 나오다 友人がテレビに出る。
텔레파시 (telepathy) 名 テレパシー。‖텔레파시를 보내다 テレパシーを送る。
텔렉스 (telex) 名 テレックス。
템포 (tempo⁴) 名 テンポ。‖템포를 맞추다 テンポを合わせる。
토¹ (토) 名 (漢文を読む時の)送り仮名;(漢字につける)振り仮名;調点。‖토를 달다 訓点を施す。
토² (土) 名 土曜日(土曜日)の略語。
토건 (土建) 名 土建。
토건-업 (土建業) 名 土建業。
토고 (Togo) 国名 トーゴ。
토관 (土管) 名 土管。

토굴(土窟) 图 土窟. ∥토굴을 파다 土窟を掘る.

토기(土器) 图 土器. ∥토기가 출토되다 土器が出土する. 빗살무늬 토기 櫛目文土器.

토기-점(土器店) 图 瀬戸物屋.

토끼 /tʰoʰki/ 图 〖動物〗ウサギ(兎). ∥토끼가 깡충깡충 뛰어다니다 ウサギがぴょんぴょん(と)跳ね回る. 산토끼 野ウサギ. ▶토끼 둘을 잡으려다가 하나도 못 잡는다《諺》二兎を追う者は一兎をも得ず.

토끼-뜀 兎跳び. ∥토끼뜀을 뛰다 兎跳びをする.

토끼-띠 卯(う)年生まれ.

토끼-잠 熟睡できなくてしょっちゅう起きること.

토끼-집 兎小屋.

토끼-털 ウサギの毛.

토끼-풀 〖植物〗シロツメクサ(白詰草); クローバー.

토끼-해 卯(う)年. 묘년(卯年).

토너(toner) 图 〖静電複写で〗トナー.

토너먼트(tournament) 图 トーナメント.

토네이도(tornado) 图 トルネード.

토닉(tonic) 图 トニック. ∥진 토닉 ジントニック.

토닥-토닥 副 〖하게〗手でものを軽くたたく音; とん, とん. ∥어깨를 토닥토닥 두드리다 肩をとんとんとたたく.

토담(土-) 图 土の壁. 흙담.

토대(土臺) /tʰodε/ 图 土台. ∥토대를 쌓다 土台を築く. 토대가 튼튼하다 土台がしっかりしている.

토 댄스(toe dance) 图 〖バレエで〗トーダンス.

토라지다 自 すねる; ふてくされる. ∥내 말에 그녀는 토라졌다 私の言葉に彼女はすねた.

토란(土卵) 图 〖植物〗サトイモ(里芋).

토란-국(土卵-) 图 〖料理〗サトイモ汁.

토란 줄기(土卵-) 图 ずいき; いもがら.

토로(吐露) 图 〖하게〗吐露. ∥괴로움을 토로하다 辛さを吐露する.

토록 副 ある程度の水準・数量に達したことを表わす: …ほど; …まで; …まで. ∥이토록 마음이 아플 줄 몰랐다 これほど胸が痛いとは知らなかった. 이토록 사람을 힘들게 할 줄이야 ここまで人を苦しめるとは.

토론(討論) 图 〖하게〗討論. ∥시국에 대해 토론하다 時局について討論する. 열띤 토론 白熱した討論. 토론회 討論会.

토르소(torso) 图 〖美術〗トルソ.

토마토(tomato) /tʰomatʰo/ 图 〖植物〗トマト. 토마토 소스 トマトソース. 토마토케찹 トマトケチャップ.

토막[1](土-) 图 切れ; 切れ端. ∥나무토막 木切れ; 木片. 생선을 토막 내다 魚をぶつ切りにする.

- 依名 …くさり; …切れ; …こま. ∥이야기 한 토막 物語の一くさり. 역사의 한 토막 歴史の一こま.

토막-고기[-꼬-] 图 ぶつ切りの魚.

토막-극(-劇) [-끅] 图 寸劇. 촌극(寸劇).

토막-토막(土-) 图 切れ切れに; 途切れ途切れ. ∥이야기를 토막토막 끊어서 하다 途切れ途切れに話をする.

토막[2](土幕) 图 穴蔵.

토멸(討滅) 图 〖하게〗討滅(とう).

토목(土木) 图 土木.

토목 공사(土木工事) 【-꽁-】 图 土木工事.

토목 공학(土木工学) 【-꽁-】 图 土木工学.

토-박이(土-) 图 土地っ子. ∥그 사람은 이 지방 토박이다 彼はこの地方の土地っ子だ. 서울 토박이 生っ粋のソウルっ子.

토박이-말(土-) 图 =고유어(固有語).

토벌(討伐) 图 〖하게〗討伐(とう).

토사[1](土砂) 图 土砂.

토사[2](吐瀉) 图 〖하게〗吐瀉(とし。); 嘔吐と下痢.

토사 곽란(吐瀉癨亂) 【-꽝-】 图 霍亂(かく); 吐瀉霍亂.

토사구팽(兎死狗烹) 图 兎死狗烹(ほうし).

토산(土産) 图 土産(みやげ).

토산-물(土産物) 图 特産物.

토산-종(土産種) 图 その地方の在来種; 在来種.

토산-품(土産品) 图 〖その地方の〗特産品. ∥토산품 매장 特産品売り場.

토석(土石) 图 土石.

토석-류(土石流) 【-성뉴】 图 土石流.

토성[1](土星) 图 〖天文〗土星.

토성[2](土城) 图 土城.

토속(土俗) 图 土俗.

토속-적(土俗的) [-쩍] 图 土俗的. ∥토속적인 분위기 土俗的な雰囲気.

토슈즈(toeshoes) 图 〖バレエの〗トーシューズ.

토스(toss) 图 〖하게〗〖バレーボール・野球などで〗トス.

토스터(toaster) 图 トースター.

토스트(toast) 图 トースト.

토시 图 腕ぬき.

토실-토실 副 〖하게〗ほどよく太っている様子; まるまる(と); ぽちゃぽちゃ. ∥토실토실 살이 온 아기 まるまる(と)太った赤ちゃん.

토-씨(言語) 图 助詞. 조사(助詞).

토양(土壌) 图 土壌. ∥토양 오염 土壌汚染. 토양 침식 土壌浸食.

토-요일(土曜日)/tʰojoil/[명] 土曜日. ¶토(土). ¶제이 토요 일 第2土曜日. 토요일 밤에 만나기로 하였으므로 그날의 저녁, 会うことにする.

토우(土偶)[명] 土偶; 土製の人形.

토의(討議)[명][하타] 討議. ¶앞으로의 방침을 토의하기 今後の方針を討議する.

토장(土葬)[명][하타] 土葬.

토종(土種)[명] =토산종(土産種).

토종-닭(土種-)[명][-딱] 地鶏.

토지(土地)/tʰodʑi/[명] 土地, 土壌. ¶비옥한 토지 肥沃な土地. 토지가 딸 린 집 土地付きの家.

토지-대장(土地臺帳)[명] 土地登記 簿.

토지-법(土地法)[명][-뻡][명][法律] 土 地法.

토질(土質)[명] 土質.

토착(土着)[명][하자] 土着. ¶토착 문화 土着の文化.

토착-민(土着民)[-창-][명] 土着民.

토착-어(土着語)[명] =고유어(固有 語).

토치(torch)[명] トーチ; 松明(たいまつ).

토코페롤(tocopherol)[명] トコフェロール(ビタミンE群の総称).

토크-쇼(talk show)[명] トークショー.

토큰(token)[명] トークン.

토-킥(toe kick)[명] (サッカーで)トーキック.

토테미즘(totemism)[명] トーテミズム.

토템(totem)[명] トーテム.

토파즈(topaz)[명][鉱物] トパーズ; 黄 玉.

토플(TOEFL)[명] トーフル. ✥ Test of English as a Foreign Language の略 語.

토픽(topic)[명] トピック. ¶해외 토픽 海外トピック.

토핑(topping)[명][하타] トッピング.

토-하다(吐-)[-하-] /tʰohada/[타][하변] ❶ 吐く. ¶먹은 것을 토하다 食べた物を吐 く. 피를 토하다 血を吐く. 기염을 토 하다 気炎を吐く. 토할 것 같다 吐きそ うだ. 吐きそうだ. ❷ ふるう. ¶열변을 토하다 熱弁をふるう.

토혈(吐血)[명][하자] 吐血.

토호(土豪)[명] 土豪.

톡[부] ❶ 急に[いきなり]飛び出る様子. ¶애가 골목에서 톡 뛰어나온다 子ど もが路地からいきなり飛び出る. ❷ 鋭 く一言を言い放つ様子. ぽんと; きっぱりと. ¶한마디로 톡 쏘아붙이다 一言でき っぱりとはねつける. ❸ ちょっとした刺激を感じる様子. ¶톡 쏘는 매운 맛 ぴりっとす る辛い味. ❹ 太くて堅いものが折れる 音[音]: ぽきり. ¶나뭇가지를 톡 부러뜨리다 木の枝をぽきっと折る.

톡탁-거리다[-꺼-][자] どたばたする. ¶애들이 톡탁거리며 싸우고 있다 子ど もたちがどたばたと(けんかをしている.

톡탁-톡탁[부][하자] 小さく硬いものが 繰り返し軽くぶつかる様子[音]: こつこつ.

톡-톡[부] ❶ 続けざまに軽くたたく様子 [音]: とんとん; ぽんぽん. ¶어깨를 톡톡 때리다 肩をとんとん(と)たたく. ❷ 小さ くて硬いものが繰り返し当たって発する 音: ぽちぱち. ¶콩이 톡톡 튀다 炒り豆が ぽちぱちとはねる. ❸ (声・笑い声などが) はじける様子. ¶톡톡 튀는 듯한 말투 は じけるような口調.

톡톡-하다[-토카-][형][하변] ❶ 余 裕がある. ❷ (批判・非難などが)半端で はない; ひどい. **톡톡-히** 일당을 톡 톡히 받다 日当をたっぷりもらう. 망신을 톡톡히 당하다 大恥をかく.

톤[1] (tone)[명] トーン.

톤[2] (ton)[의존] 質量の単位: …トン. ¶사 톤 트럭 4トンのトラック.

톨[의존] 栗・ドングリなどを数える語: … 粒. ¶밤 한 톨 クリ1粒.

톨-게이트(tollgate)[명] トールゲート; 有料道路の料金所.

톱[1] (top)/tʰop/[명] ❶ トップ. ¶톱으로 합 格하다 トップで合格する. 톱을 끊다 ト ップを切る. 재계의 톱 財界のトップ. ❷

톱-기사(-記事)[명] トップ記事. ¶사 회면의 톱기사 社会面のトップ記事.

톱-뉴스(top + news 日)[명] トップニ ュース.

톱-매니지먼트(top management)[명] トップマネージメント.

톱-스타(top + star 日)[명] トップス ター.

톱-클래스(top-class)[명] トップクラ ス. ¶톱클래스의 성적 トップクラスの成 績.

톱-타자(-打者)[명] トップバッター.

톱[2] /tʰop/[명] 鋸(のこぎり). ¶톱으로 켜다 鋸 で挽く. 기계톱 電動鋸.

톱-날[톱-][명] 鋸の目.

톱-니[톱-][명] 鋸の歯.

톱니-바퀴[명] 歯車.

톱-밥[-밥][명] 鋸くず; 木のくず.

톱-상어[-쌍-][명][魚介類] ノコギリザメ(鋸鮫).

톱-질[명][하자] 木挽き.

톳[톧][의존] 海苔の束を数える語. 1톳は 100枚.

통[1] [명] ❶ (ズボンの股などの)幅. ¶바지 통이 넓다 ズボンの股の幅が広い. ❷ 腰 回り. ¶허리통이 굵다 腰回りが太い. ❸ 度量. ¶통이 큰 아줌마 度量の大き いおばさん.

통[2] (桶)[명] 桶; 樽. ¶술통 酒樽.
— (樽)……樽. ¶술 한 통 酒1樽.

통[3] (筒)[명] 筒. ¶물통 水筒.

통⁴ (統) (行政) 市の行政区画の一つ (洞の下, 班の上).

통⁵ 圖 全然; 全く; からきし. ∥통 소식이 없다 全く連絡がない; 音信不通だ. 술은 통 못합니다 酒はからきし駄目です.

통⁶ 依名 スイカ・白菜などを数える語: …株; …個. ∥배추 세 통 白菜3株. 수박 두 통 スイカ2個.

통⁷ (通) 〔主に…통에の形で〕…ために; …せいで; …はずみに. ∥비가 오는 통에 계획이 무산되다 雨のせいで計画が霧散する. 앞 사람이 넘어지는 통에 같이 넘어지다 前の人が倒れるはずみに一緒に倒れる.

통⁸ (通) 依名 手紙・文書などを数える語: …通. ∥편지가 세 통이나 와 있다 手紙が3通も来ている.

-통⁹ (通) 接尾 …通. ∥정보통 情報通. 소식통 消息通. 소식통 消息通.

통가 (Tonga) (国名) トンガ.

통-가죽 图 丸ごと剝ぎ取った動物の皮.

통각 (痛覚) 图 痛覚.

통감¹ (痛感) 图 (하타) ∥잘못을 통감하다 過ちを痛感する.

통감² (統監) 图 (하타) 統監.

통계 (統計) /tʰo:nge/ 【-/-게】图 統計. ∥통계를 내다 統計をとる. 인구 통계 人口統計.

통계-연감 (統計年鑑) 图 統計年鑑.

통계-적 (統計的) 图 統計的.

통계-조사 (統計調査) 图 統計調査.

통계-청 (統計廳) 图 (行政) 統計庁.

통계-표 (統計表) 图 統計表.

통계-학 (統計學) 图 統計学.

통고 (通告) 图 (하타) 通告. ∥결과를 통고하다 結果を通告する.

통-고추 图 1本丸ごとの唐辛子.

통곡 (痛哭) 图 (하타) 痛哭; 大声で泣くこと. ∥서러워서 통곡하다 悲しくて痛哭する.

통과 (通過) 图 (하타) 通過. ∥태풍이 남부 지방을 통과하다 台風が南の地方を通過する. 예산안이 의회를 통과하다 予算案が議会を通過する.

통과 의례 (通過儀禮) 图 通過儀礼.

통관 (通關) 图 (하타) 通関. ∥통관 절차를 밟다 通関の手続きを踏む.

통괄 (統括) 图 (하타) 統括. ∥업무를 통괄하다 業務を統括する.

통교 (通交) 图 通交.

통교 조약 (通交條約) 图 通交条約. ∥통교 조약을 맺다 通交条約を結ぶ.

통권 (通卷) 图 (雑誌などの)通巻.

통근 (通勤) /tʰoŋgun/ 图 (하타) 通勤. ∥매일 도심까지 통근하다 毎日都心まで通勤する. 통근 시간 通勤時間.

통금 (通禁) 图 [통행금지(通行禁止)の略語] 通行禁止.

통기 (通氣) 图 通気.

통기-구 (通氣口) 图 通気孔.

통기-성 (通氣性)【-썽】图 通気性; 風通し. ∥통기성이 좋은 섬유 通気性のいい繊維.

통-기타 (筒 guitar) 图 (音楽) ギター.

통-김치 (料理) 丸漬けした白菜キムチ.

통-꽃 [-꼳] 图 (植物) 合弁花. ⇔합판화(合瓣花).

통-나무 图 丸太; 丸木. ∥통나무집 丸太小屋. 통나무배 丸木舟; くり舟.

통념 (通念) 图 通念. ∥사회적 통념 社会通念.

통달 (通達) 图 (하타) ❶ 通達. ∥각 기관에 통달하다 各機関に通達する. ❷ 精通. ∥이 개 국어에 통달하다 2か国語に精通する.

통-닭 [-닥] 图 丸ごと1羽の鶏.

통닭-구이 [-닥-] 图 鶏の丸焼き.

통독 (通讀) 图 (하타) 通読. ∥두꺼운 책을 통독하다 分厚い本を通読する.

통람 (通覽) 【-남】图 (하타) 通覧.

통렬-하다 (痛烈-)【-녈-】(하타) 痛烈だ. ∥통렬한 비판 痛烈な批判.

통렬-히 圖

통례 (通例) 【-녜】图 通例. ∥통례로 되어 있다 通例になっている. 통례에 따라 通例に従う.

통로 (通路) /tʰoŋno/ 【-노】图 通路. ∥통로를 막다 通路を塞ぐ. 통로 쪽 자리에 앉다 通路側の席に座る.

통론 (通論) 【-논】图 通論.

통-마늘 图 1個丸ごとのニンニク.

통명 (通名) 图 通名; 通称.

통-바지 图 幅広のズボン.

통박 (痛駁) 图 (하타) 論駁(駁); 反駁. ∥사람들 앞에서 통박을 주다 人々の前で反駁を加える.

통-반석 (-盤石) 图 一枚岩.

통보 (通報) 图 (하타) 通報. ∥경찰에 통보하다 警察に通報する. 기상 통보 気象通報. **통보-되다** 受動

통-보리 图 丸麦.

통분¹ (通分) 图 (하타) (数学) 通分.

통분² (痛憤) 图 (하타) 痛憤.

통-뼈 图 〔俗っぽい言い方で〕意地や気などが強い人.

통사 (通史) 图 通史.

통사 (統辭) 图 (言語) 統辞.

통사-론 (統辭論) 图 (言語) 統語論; シンタクス.

통-사정 (通事情) 图 (하타) 自分の困った状況を人に訴えること. ∥통사정을 해서 돈을 빌리다 困った状況を訴えてお金を借りる.

통산 (通算) 图 (하타) 通算. ∥통산 타율 通算打率.

통상¹ (通常) 图 通常.

통상-주 (通常株) 图 通常株; 普通株.

통상-환 (通常換) 图 普通為替.

통상² (通商) 图 通商.

통상^대표부 (通商代表部) 图 通商代表部.
통상 조약 (通商條約) 图 通商条約.
통상 협정 (通商協定) 【-쩡】 图 通商協定.
통설 (通說) 图 (하타) 通說. ‖통설을 뒤엎는 발견 通説を覆す発見.
통성-명 (通姓名) 图 初対面の挨拶の時, 互いに名乗ること.
통-속¹ 【-쏙】 图 一味; 一党; 仲間; ぐる; たくらみ. ‖셋이 한 통속이 되어 사람을 속이다 3人でぐるになって人をだます.
통속² (通俗) 图 通俗.
통속-소설 (通俗小說) 【-쏘-】 图 《文芸》 通俗小説.
통속-적 (通俗的) 【-쩍】 图 通俗的. ‖통속적인 이야기 通俗的な話.
통속-화 (通俗化) 【-소콰】 图 (하자) 通俗化.
통솔 (統率) 图 (하타) 統率.
통솔-력 (統率力) 图 統率力.
통수 (統帥) 图 (하타) 統帥.
통수-권 (統帥權) 【-꿘】 图 《法律》 統帥権.
통신 (通信) 图 (하자) /t^hoŋʃin/ 通信. ‖통신의 자유 通信の自由. 통신란 通信欄. 통신부 通信簿. 광통신 光通信. 통신 교육 通信教育. 통신 기기 通信機器. 통신 판매 通信販売. 이동 통신 移動体通信.
통신-망 (通信網) 图 《軍事》 通信網.
통신-병 (通信兵) 图 《軍事》 通信兵.
통신-사¹ (通信社) 图 通信社.
통신-사² (通信士) 图 ‖무선 통신사 無線通信士.
통신-원 (通信員) 图 通信員.
통신-위성 (通信衛星) 图 通信衛星.
통역 (通譯) 图 (하타) /t^hoŋjək/ 通訳. ‖동시통역 同時通訳. 일본어 통역을 맡다 日本語の通訳を引き受ける.
통용 (通用) 图 (하자) ‖그런 생각은 지금의 젊은이들한테는 통용되지 않는다 そんな考え方は今の若者には通用しない.
통용-구 (通用口) 图 通用口.
통용-문 (通用門) 图 通用門.
통용-어 (通用語) 图 一般に通用する言葉.
통운 (通運) 图 通運.
통-유리 (-琉璃) 【-뉴-】 图 一枚でできたガラス.
통-으로 丸のままで; 丸ごと. ‖풋고추를 통으로 먹다 青唐辛子を丸かじりする.
통일 (統一) 图 (하타) /t^hoŋil/ 統一. ‖전체의 의견을 통일하다 全体の意見を統一する. 남북 통일 南北統一.
통일-벼 (統一-) 图 稲の品種の一つ.

통일-부 (統一部) 图 《行政》 統一省.
통일-안 (統一案) 图 統一案.
통장¹ (通帳) 图 /t^hoŋdʑaŋ/ 图 通帳. ‖저금 통장 貯金通帳. 은행에서 새 통장을 만들다 銀行で新しい通帳をつくる.
통장² (統-) 图 《行政区域の一つである》 統-の長.
통점 (痛點) 【-쩜】 图 痛点.
통제 (統制) 图 (하타) 統制. ‖통제를 풀다 統制をはずす. 언론 통제 言論の統制. **통제-되다** 【-뒤다】 受動 **-당하다**
통제 경제 (統制經濟) 图 《経》 統制経済.
통제-구역 (統制區域) 图 統制区域.
통제-력 (統制力) 图 統制力.
통제-품 (統制品) 图 統制品.
통-조림 (桶-) 图 缶詰.
통조림-따개 (桶--) 图 缶切り.
통조림-통 (桶-桶) 图 缶詰の缶.
통증 (痛症) 【-쯩】 图 痛み. ‖통증을 느끼다 痛みを感じる. 통증이 가라앉지 않다 痛みが治まらない.
통지 (通知) 图 (하타) 通知. ‖시험 결과를 통지하다 試験結果を通知する. 사전에 통지하다 事前に通知する. **통지-되다** 【-뒤다】 受動
통지-서 (通知書) 图 通知書.
통지-표 (通知表) 图 通知表.
통째-로 丸ごと; 丸のまま. ‖통째로 삼키다 丸ごと呑み込む. 공식을 통째로 암기하다 公式を丸暗記する.
통찰 (洞察) 图 (하타) 洞察.
통찰-력 (洞察力) 图 洞察力. ‖통찰력이 있는 사람 洞察力がある人.
통첩 (通牒) 图 (하타) 通牒(つうちょう). ‖최후통첩 最後通牒.
통치¹ (通治) 图 一つの薬であらゆる病を治すこと. ‖만병통치약 万能薬.
통치² (統治) 图 (하타) 統治. ‖신탁 통치 信託統治. **통치-되다** 【-당하다】 受動
통치-권 (統治權) 【-꿘】 图 《法律》 統治権.
통치 기관 (統治機關) 图 統治機関.
통치-자 (統治者) 图 統治者.
통-치마 (筒-) 图 筒状に縫い合わせたスカート.
통칙 (通則) 图 通則.
통칭 (通稱) 图 通称.
통칭 (通稱) 图 総称.
통쾌-하다 (痛快-) 图 (하형) 痛快だ. ‖통쾌한 역전승 痛快な逆転勝ち. 통쾌하기 짝이 없는 모험담 痛快無比の冒険談. **통쾌-히**
통탄 (痛歎) 图 (하타) 痛歎.
통-탕 連続してものをたたく音, または階段などを上り下りする音; とんとん.
통탕-거리다 (自四) 連続してとんとと

音を出す. ‖階段を통통거리며 올라가다 階段をとんとんと上る.

통통-배 ぽんぽん蒸気, ぽんぽん船.

통통-하다 [形] [하変] まるまるとしている; ぽっちゃりしている; ふくよかだ. ‖통통한 몸매 まるまるとした体つき. ‖통통한 여자애 ぽっちゃり(と)した女の子. **통통-히** [副]

통-틀다 [他] [ㄹ語幹] ひっくるめる.

통-틀어 /tʰoŋtʰɯrʌ/ [副] ひっくるめて; 合わせて; まとめて; 全部で. ‖두 사람이 가지고 있는 돈을 통틀어도 십만 원이 안 된다 2人の所持金を合わせても10万ウォンにならない. 생활비는 한 달에 통틀어 얼마나 들어요? 生活費は1か月合わせていくらくらいかかりますか.

통판 (通販) [名] 통신 판매(通信販賣)の略語.

통-폐합 (統廢合) [-/-ㅔ-] [名] [하他] 統廢合. ‖계열사를 통폐합하다 系列会社を統廢合する. **통폐합-되다** [受動]

통풍[1] (通風) [名] [하自] 通風; 風通し. ‖창문을 열어 통풍을 하다 窓を開けて風通しをよくする.

통풍-구 (通風口) [名] 通風孔.
통풍-기 (通風機) [名] 通風機.

통풍[2] (痛風) [名] [医学] 痛風.

통-하다 (通-) [自他] [하変] ❶ 통하다. ‖전류가 통하다 電流が通る. ‖역으로 통하는 길 駅に通じる道. 영어가 통하지 않는 나라 英語が通じない国. ❷ 通う. ‖마음이 통하다 心が通う. 피가 통하다 血が通う. ❸ 通る; 通用する; 知れている. ‖바람이 잘 통하는 집 風通しのいい家. 그런 사고방식은 이 시대에는 통하지 않는다 そんな考え方は今の時代には通用しない. 만물박사로 통하는 사람 物知りとして知られている人. ❹ (~ㄹ)形で) 通じて; 通して. ‖비서를 통해 전달하다 秘書を通じて伝える. 신문 지상을 통해 반론을 펴다 紙上で反論を繰り広げる.

통학 (通學) [名] [하自] 通學. ‖자전거로 통학하다 自転車で通学する.

통학-로 (通學路) [-학노-] [名] 通學路.

통학-생 (通學生) [-쌩] [名] 通学生.

통한 (痛恨) [名] [하他] 痛恨. ‖통한의 세월 痛恨の歳月.

통할 (統轄) [名] 統轄.

통합 (統合) [名] [하他] 統合. ‖하나로 통합하다 一つに統合する. **통합-되다** [受動]

통행 (通行) /tʰoŋhɛŋ/ [名] [하他] 通行. ‖일방 통행 一方通行. 좌측 통행 左側通行.

통행-금지 (通行禁止) [名] 通行禁止; 通行止め. 略통금(通禁).
통행-료 (通行料) [-뇨] [名] 通行料.
통행-세 (通行稅) [-쎄] [名] 通行稅.

통행-인 (通行人) [名] 通行人.
통행-증 (通行証) [-쯩] [名] 通行証.

통화[1] (通貨) [名] [經] 通貨.
통화-량 (通貨量) [名] [經] 通貨量.
통화-수축 (通貨收縮) [名] [經] 通貨收縮.
통화-조절 (通貨調節) [名] [經] 通貨調節.
통화-팽창 (通貨膨脹) [名] [經] 通貨膨脹.

통화[2] (通話) /tʰoŋhwa/ [名] [하自] 電話で話すこと. ‖부모님과 통화하다 両親と電話で話す. 어젯밤에 전화했는데 통화 중이었다 夕べ電話したら話し中だった. 통화료 通話料.
── (通話の回数を数える語: …通話. ‖한 통화당 백 원입니다 1回の通話で100ウォンです.

통회 (痛悔) [名] [하他] 《カトリック》痛悔.

퇴각 (退却) [-ㅙ-] [名] [하自] 退却.

퇴거 (退去) [-ㅙ-] [名] [하自] ❶ 退去. ❷ 転出. ‖퇴거 신고를 하다 転出届けを出す.

퇴고 (推敲) [-ㅙ-] [名] [하他] 推敲 (する).

퇴관 (退官) [-ㅙ-] [名] [하自] 退官.

퇴근 (退勤) /tʰwe:gɯn/ [-ㅙ-] [名] [하自] 退勤; 退社. ⇔출근(出勤). ‖퇴근 시간 退勤時間. 매일 정시에 퇴근하기는 어렵다 毎日定時に退勤するのは難しい.

퇴단 (退團) [-ㅙ-] [名] [하自] 退団. ⇔입단(入團).

퇴로 (退路) [-ㅙ-] [名] 退路. ⇔진로(進路). ‖퇴로를 차단하다 退路を断つ.

퇴물 (退物) [-ㅙ-] [名] ❶ お下がり. ❷ 成り下がり; 落ちぶれた人.

퇴박 (退-) [-ㅙ-] [名] [하他] 退けること; 強く断ること; はねつけること. **퇴박-당하다** [受動]

퇴보 (退步) [-ㅙ-] [名] [하自] 退歩. ⇔진보(進步).

퇴비 (堆肥) [-ㅙ-] [名] 堆肥.

퇴사 (退社) [-ㅙ-] [名] [하自] 退社. ❶ 会社を辞めること. ⇔입사(入社). ❷ 一日の仕事を終えて会社を引き上げること. ⇔출근(出勤).

퇴색 (退色) [-ㅙ-] [名] [하自] 退色; 色あせること. ‖퇴색한 사진 色あせた写真.

퇴석 (堆石) [-ㅙ-] [名] [하自] 堆石.
퇴석-층 (堆石層) [-ㅙ-] [名] [地] 堆石層.

퇴역 (退役) [-ㅙ-] [名] [하自] 【軍事】退役. ‖퇴역 군인 退役軍人.

퇴원 (退院) /tʰwe:wʌn/ [-ㅙ-] [名] [하自] 退院. ⇔입원(入院). ‖내일 퇴원한다 明日退院する. 퇴원 절차를 밟다 退院の手続きを踏む.

퇴위 (退位) 【-웨-】 [명][자] 退位.
퇴임 (退任) 【-니-】 [명][자] 退任.
퇴장 (退場) 【-짱】 [명][자] 退場. 의 입장 (入場).
퇴적 (堆積) 【-쩍】 [명][자] 堆積.
  퇴적-암 (堆積岩) 【-쩌감】 [명] 堆積岩.
  퇴적-작용 (堆積作用) 【-쩌가굥/-쩌가뇽】 [명] 堆積作用.
  퇴적-층 (堆積層) 【-쩍-】 [명] 堆積層.
퇴정 (退廷) 【-쩡】 [명][자] 退廷.
퇴조 (退潮) [명][자] 退潮.
퇴직 (退職) 【-찍】 [명][자] 退職; リタイア. ∥정년 퇴직 定年退職.
  퇴직-금 (退職金) 【-찍끔/-찌끔】 [명] 退職金.
퇴진 (退陣) [명][자] 退陣. ∥집행부가 퇴진하다 執行部が退陣する.
퇴짜 (←退字) /tʰweːtʨa/【-짜-】 [명] つき返すこと; 断ること. ▶퇴짜(를) 놓다 つき返す. 새 기획안을 퇴짜 놓다 新しい企画案をつき返す. ▶퇴짜(를) 맞다 つき返される; 断わられる. 데이트 신청을 퇴짜 맞다 デートの誘いを断られる.
퇴출 (退出) /tʰweːtʨʰul/【-출】 [명] ❶退出. ❷リストラ. **퇴출-당하다** [受動] 회사에서 퇴출당하다 会社からリストラされる.
퇴치 (退治) 【-치】 [명][타] 退治. ∥마약 퇴치 麻薬退治.
퇴폐 (頹廢) 【-페】 [명][자] 退廃.
  퇴폐-적 (頹廢的) 【-페-】 [명] 退廃的. ∥퇴폐적인 분위기 退廃的なムード.
  퇴폐-주의 (頹廢主義) 【-페-주-이/-페-주-에】 [명] デカダンス.
퇴학 (退學) /tʰweːhak/ 【-퉤-】 [명][자] 退學; 退校. **퇴학-당하다** 학점 미달로 퇴학당하다 単位不足で退学させられる.
퇴행 (退行) 【-/-퉤-】 [명][자] 退行.
퇴화 (退化) 【-/-퉤-】 [명][자] 退化; 進化 (進化). ∥퇴화의 흔적 退化の痕跡.
뒷-마루 (退ㅅ-) 【된-/-뒌-】 [명] 縁側.
투 (套) [依名] …方; …調. ∥말하는 투가 건방지다 言い方が生意気だ. 말투 言い調; 口調.
투견 (鬪犬) [명] 鬪犬.
투계 (鬪鷄) 【-/-게】 [명] 鬪鷄.
투고 (投稿) [명][자] 投稿. ∥잡지에 투고하다 雑誌に投稿する. **투고-되다** [受動]
  투고-란 (投稿欄) [명] 投稿欄.
투과 (透過) [명][자][타] 透過.
  투과-성 (透過性) [명][성] 透過性.
투광 (投光) [명][자][타] 投光.
투구[1] (兜) [명] 兜 (かぶと).
투구[2] (投球) [명][자] 投球.

투구-벌레 [명][昆虫] カブトムシ (兜虫).
투기[1] (投棄) [명][타] 投棄. ∥폐기물을 산 속에 투기하다 廃棄物を山奥に投棄する.
투기[2] (投機) [명][자] 投機.
  투기-성 (投機性) [명][성] 投機性.
  투기-열 (投機熱) [명] 投機熱.
투기[3] (妬忌) [명][자] 嫉妬; やきもち.
  투기-심 (妬忌心) [명] 嫉妬心. ∥투기심이 강하다 嫉妬深い.
투덜-거리다 [자] ぶつぶつ言う. ∥투덜거리면서 나가다 ぶつぶつ言いながら出て行く.
투덜-투덜 [부] ぶつぶつ. ∥투덜투덜 불평을 하다 ぶつぶつと不平不満を言う.
투르크메니스탄 (Turkmenistan) [명] [国名] トルクメニスタン.
투망 (投網) [명] 投網 (とあみ). ∥투망하다 投網を打つ.
투매 (投賣) [명][타] 投げ売り; 捨て売り.
투명 (透明) [명][형] 透明. ∥투명한 가을 하늘 透明な秋の空.
  투명-도 (透明度) [명] 透明度.
  투명-체 (透明體) [명] 透明体 (水・ガラス・空気など, 光をよく通す物体).
투박-하다 [-바카-] [형] [하것] ❶地味で丈夫だ. ❷(言動が)ぶっきらぼうだ; 無愛想だ. ∥투박한 말투 ぶっきらぼうな言い方.
투발루 (Tuvalu) [명] [国名] ツバル.
투베르쿨린 (Tuberkulin ᴰ) [명] [医学] ツベルクリン.
  투베르쿨린-반응 (-反應) [명] ツベルクリン反応.
투병 (鬪病) [명][자] 鬪病. ∥투병 생활 鬪病生活. 투병 일기 鬪病日記.
  투병-기 (鬪病記) [명] 鬪病記.
투사[1] (投射) [명][타] 投射. 의 입사 (入射).
  투사-각 (投射角) [명] 入射角.
  투사-광선 (投射光線) [명] 入射光線.
투사[2] (透寫) [명][타] 透写.
  투사-지 (透寫紙) [명] 透写紙; トレーシングペーパー. 의 트레이싱 페이퍼.
투사[3] (鬪士) [명] 鬪士.
  투사-형 (鬪士型) [명] 鬪士型; 筋骨型.
투서 (投書) [명][자] 投書. ∥신문에 투서하다 新聞に投書する.
  투서-함 (投書函) [명] 投書箱.
투석[1] (投石) [명][자] 投石.
투석[2] (透析) [명][타] [医学] 透析. ∥인공 투석 人工透析.
-투성이 /tʰusʌŋi/ [接尾] …だらけ; …まみれ; …みどろ. ∥결점투성이의 인간 欠点だらけの人間. 빚투성이의 생활 借金だらけの生活. 땀투성이의 얼굴 汗まみれの顔. 먼지투성이 ほこりまみれの. 피투

투수 (投手) 图 〔野球で〕投手. ㉠포수 (捕手). ‖선발 투수 先発投手.
투숙 (投宿) 图 [하자] 投宿.
투시 (透視) 图 [하자] 透視. ‖투시 능력 透視能力.
투시-도 (透視圖) 图 透視圖.
투시도법 (透視圖法) 【-뻡】 图 透視圖法.
투시-력 (透視力) 图 透視力.
투시 화법 (透視畫法) 【-뻡】 图 〔美術〕透視畫法.
투신[1] (投身) 图 投身.
투신-자살 (投身自殺) 图 [하자] 投身自殺.
투신[2] (投信) 〔投資信託(投資信託)의 略語〕投信.
투약 (投薬) 图 [하자] 投藥. ‖투약 시간 投薬時間. 투약구 (病院などの)薬の調合の窓口.
투어 (tour) 图 ツアー. ‖온천 투어 温泉ツアー.
투여 (投與) 图 [하타] 投与. ‖약물 투여 藥物投与. **투여-되다** 受身
투영 (投影) 图 投影. ‖작가의 굴절된 심리가 투영된 작품 作家の屈折した心理が投影された作品.
투영-도 (投影圖) 图 投影圖.
투영-법 (投影法) 【-뻡】 图 投影法.
투옥 (投獄) 图 [하타] 投獄. **투옥-되다** 受身 탈세 혐의로 투옥되다 脱税の嫌疑(疑い)で投獄される.
투우 (闘牛) 图 [하자] 闘牛.
투우-사 (闘牛士) 图 闘牛士.
투우-장 (闘牛場) 图 闘牛場.
투-원반 (投圓盤) 图 《スポーツ》円盤投げ. ㉠원반던지기 (圓盤-).
투입 (投入) 图 [하타] 投入. ‖つぎ込むこと. ‖병력을 투입하다 兵力を投入する. 설비에 자본을 투입하다 設備に資本を投入する. 전 재산을 사업에 투입하다 全財産を事業につぎ込む. **투입-되다** 受身
투자 (投資) 图 [하타] 投資. ‖설비 투자 設備投資.
투자-가 (投資家) 图 投資家.
투자 신탁 (投資信託) 图 投資信託. ㉠투신 (投信).
투자 신탁 회사 (投資信託會社) 【-타쾨/-타꿰-】 图 投資信託会社.
투쟁 (鬪爭) 图 [하자] 鬪爭. ‖계급 투쟁 階級鬪爭. 임금 투쟁 賃上げ鬪爭. 무력 투쟁 武力鬪爭.
투쟁-심 (鬪爭心) 图 鬪爭心.
투전 (鬪牋) 图 博打.
투전-꾼 (鬪牋-) 图 博打打ち.
투정 图 [하자] だだをこねること; おねだりすること. ‖투정을 부리다 だだをこねる. 투정이 심하다 だだこねがひどい.
투지 (鬪志) 图 鬪志. ‖투지에 불타다 鬪志に燃える. 투지를 불태우다 鬪志を燃やす.

투척 (投擲) 图 [하타] 投擲(や).
투척 경기 (投擲競技) 【-꼉-】 图 《スポーツ》投擲競技. ⇨陸上競技で砲丸投げ・円盤投げ・槍投げ・ハンマー投げの総称.
투철-하다 (透徹-) [여변] [하여] 透徹している; 徹底している. ‖직업 정신이 투철하다 職業意識が徹底している.
투-포환 (投砲丸) 图 《スポーツ》砲丸投げ. ㉠포환던지기 (砲丸-).
투표 (投票) 图 [하타] 投票. ‖무기명 투표 無記名投票. 인기 투표 人気投票. 투표에 부치다 投票にかける.
투표-권 (投票權) 【-꿘】 图 投票權.
투표-소 (投票所) 图 投票所.
투표-율 (投票率) 图 投票率. ‖투표율이 저조하다 投票率が低調だ.
투표-인 (投票人) 图 投票人.
투표-함 (投票函) 图 投票箱.
투피스 (two-piece) 图 ツーピース.
투하 (投下) 图 [하타] 投下. ‖폭탄을 투하하다 爆弾を投下する.
투하-탄 (投下彈) 图 (地上への)投下爆彈.
투함 (投函) 图 [하자] 投函.
투합 (投合) 图 [하자] 投合. ‖의기투합하다 意氣投合する.
투항 (投降) 图 [하자] 投降. ‖백기를 들고 투항하다 白旗を揚げて投降する.
투혼 (鬪魂) 图 鬪魂.
툭 图 ❶ものを軽くたたいたり軽く当たてたりする様子[音]: ぽんと. ‖어깨를 툭 치다 肩をぽんとたたく. ❷無造作にものを投げたり捨てたりする様子: ぽんと. ‖툭 던지다 ぽんと投げる. ❸太くて堅いものが折れる様子[音]: ぽきり. ‖나뭇가지를 툭 부러뜨리다 木の枝をぽきりと折る. ❹つっけんどんに言い放つ様子. ‖한마디를 내뱉다 つっけんどんに一言を放つ. **툭-툭** 图
툭탁 图 [하자] 堅いものが触れ合って発する軽い音: かちかち.
툭탁-거리다 【-꺼-】 自如 どたばたする; 痴話げんかをする. ‖젊은 남녀가 공원 벤치에서 툭탁거리고 있다 若い男女が公園のベンチで痴話げんかをしている.
툭-하면 [투카-] 图 ともすると; どうかすると; さはいうと; 決まって. ‖그 사람은 툭하면 결근이다 彼はともすると欠勤する.
툰드라 (tundra [ロ]) 图 〔地〕ツンドラ. ㉠동토대 (凍土帶).
툴툴-거리다 自 ぶつぶつ言う. ‖툴툴거리며 일을 하다 ぶつぶつ言いながら仕事をする.
퉁 图 ❶太鼓を強くたたく音: どん. ❷重いものが強く当たったり落ちたりした時

통명-스럽다[다-따][形][ㅂ変] ぶっきらぼうだ; 無愛想だ; つっけんどんだ. ‖통명스럽게 대꾸하다 つっけんどんに返事する. **통명스레** 副

통-방울(桶―) 真鍮(しんちゅう)の鈴.

통방울-눈[-눈][俗][名] どんぐり眼.

통소(←洞簫)[名]《音楽》洞簫(どうしょう).

통-탕 強く足踏みをして物をたたいたりする音: どんどん.

통탕-거리다 自 続けざまにどんどんと音がする ‖위층에서 통탕거리는 소리가 나다 上の階で続けざまにどんどんと音がする.

통통 副 (하形) ❶しまりなく太っている様子: ぶくぶく. ‖통통한 사람 ぶくぶくに太っている人. ❷体の一部が腫れ上がっている様子: ぶくっ. ‖얼굴이 통통 붓다 顔がぶくっと腫れる. **통통-히** 副

퉤 [感] つばを吐き捨てる様子: ぺっ. ‖퉤 하고 침을 뱉다 ぺっとつばを吐く.

튀각[料理] 小さく切った昆布の揚げ物.

튀기 [名] 混血児(こんけつじ)の俗語.

튀기다¹ /tʰwigida/ 他 ❶はじく; 跳ねる; 跳ねかける; 跳ね飛ばす; はじき飛ばす. ‖차가 흙탕물을 튀기다 車が泥水を跳ねる. 침을 튀기며 열변을 토하다 つばを飛ばしながら熱弁をふるう.

튀기다² (油で)揚げる.

튀김 /tʰwigim/ [名]《料理》揚げ物; 天ぷら. ‖고구마 튀김 サツマイモの天ぷら. **튀김옷**(天ぷらの)衣.

튀니지 (Tunisia) [名][国名] チュニジア.

튀다 /tʰwida/ 自 ❶弾む; はずむ; はじける. ‖새 공은 잘 튄다 新品のボールはよくはずむ. ❷散る; 跳ぶ; 飛び散る. ‖불꽃이 튀다 火花が散る. 기름이 여기저기로 튀다 油があっちこっちに飛び散る. ❸逃げ去る; 高飛びする. ‖사장은 부도를 내고 미국으로 튀어 버렸다 社長は不渡りを出してアメリカへ高飛びしてしまった. ❹(服装・行動などが)目立つ; 浮く. ‖빨간 옷은 너무 튄다 赤い服は目立ちすぎる.

튀어-나오다[-/-어-] 自 飛び出す; 飛び出る. ‖골목에서 아이가 튀어나오다 路地から子どもが飛び出す.

튕기다 自 跳ねる; 跳ね返る; はじけ飛ぶ; 飛び散る. ‖튕겨 나온 공을 잡다 跳ね返ったボールをつかむ.
—— 他 はじく. ‖주판 알을 튕기다 そろばんをはじく. 기타 줄을 튕기다 ギターの弦をはじく.

튜너 (tuner) [名] チューナー.

튜닉 (tunic) [名] チュニック.

튜닝 (tuning) [名] チューニング.

튜바 (tuba) [名]《音楽》チューバ.

튜브 (tube) [名] チューブ.

튤립 (tulip) [名]《植物》チューリップ.

트다¹ /tʰɯda/ 自[으變][터. 트는] ❶(芽が)出る. ‖새싹이 트다 新芽が出る. ❷(夜が)明ける. ‖먼동이 트다 夜が明ける. ❸(肌が)ひび割れる: あかぎれになる; 荒れる. ‖볼이 트다 頬がひび割れを起こす. 손이 많이 트다 手のあかぎれがひどい.

트다² /tʰɯda/ 他[으變][터. 트는] ❶(道を)通す; 開く. ‖길을 트다 道を開く. ⑳트이다. ❷交流する; 親しい付き合いになる. ❸取引を始める. ‖거래를 트다 取引を始める.

트라우마 (Trauma ド)[名]《医学》トラウマ.

트라이 (try) [名] [하动] トライ.

트라이애슬론 (triathlon) [名]《スポーツ》トライアスロン.

트라이앵글 (triangle) [名]《音楽》トライアングル.

트랙 (track) [名] トラック. ‖트랙을 돌다 トラックを回る.
트랙~경기 (track 競技) [名]《スポーツ》トラック競技.

트랙터 (tractor) [名] トラクター.

트랜시버 (transceiver) [名] トランシーバー.

트랜스젠더 (transgender) [名] トランスジェンダー.

트랜지스터 (transistor) [名] トランジスタ. ‖트랜지스터 라디오 トランジスタラジオ.

트램펄린 (trampoline) [名]《スポーツ》トランポリン.

트랩 (trap) [名] (飛行機の)タラップ. ‖트랩을 밟다 タラップを降りる.

트러블 (trouble) /tʰɯrəbul/ [名] トラブル. ‖트러블이 생기다 トラブルが起きる. 트러블을 일으키다 トラブルを起こす: トラブる.

트러스트 (trust) [名] (経) トラスト.

트럭 (truck) [名] トラック. ‖대형 트럭을 몰다 大型トラックを運転する.

트럼펫 (trumpet) [名]《音楽》トランペット.

트럼프 (trump) [名] トランプ.

트렁크 (trunk) [名] トランク.

트렁크스 (trunks) [名] トランクス.

트레이 (tray) [名] トレー.

트레이너 (trainer) [名] トレーナー.

트레이닝 (training) [名] トレーニング. ‖가볍게 트레이닝을 하다 軽くトレーニングをする.

트레이드 (trade) [名] [하他] トレード. ‖선수를 트레이드하다 選手をトレードする.

트레이드-마크 (trademark) [名] トレードマーク.

트레이싱~페이퍼 (tracing paper) [名]

트레일러

トレーシングペーパー. ⑮透写紙).
트레일러 (trailer) 图 トレーラー.
트레킹 (trekking) 图 トレッキング.
트렌드 (trend) 图 トレンド.
트렌디˘드라마 (trendy drama) 图 トレンディドラマ.
트렌치-코트 (trench coat) 图 トレンチコート.
트로이˘목마 (Troy 木馬)【-몽-】图 (IT)《コンピューターの不正プログラムの一つ》トロイの木馬.
트로이카 (troika)⁽ʳᵘ⁾ 图 トロイカ.
트로트 (trot)《音楽》フォックストロット.
트로피 (trophy) 图 トロフィー. ‖기념 트로피 記念トロフィー.
트롤 (trawl) 图 トロール漁の略語.
트롤-망 (-網)【-망】图 トロール網. ⑮トロール.
트롤-선 (-船) 图 トロール船.
트롤리-버스 (trolleybus) 图 トロリーバス.
트롬본 (trombone) 图《音楽》トロンボーン.
트리니다드˘토바고 (←Trinidad and Tobago) 图 国名 トリニダードトバゴ.
트리밍 (trimming) 图 トリミング.
트리오 (trio) 图 トリオ.
트리플˘보기 (triple bogey) 图《ゴルフで》トリプルボギー.
트릭 (trick) 图 トリック. ‖트릭을 쓰다 トリックを使う.
트림 他自 げっぷ. ‖트림이 나다 げっぷが出る.
트위스트 (twist) 图 ツイスト.
트윈 (twin) 图 ツイン. ‖트윈룸 ツインルーム.
트-이다 [토디²の受身動詞] (遮るものがなく) 開ける. ❶ 길이 트이다 道が開ける〔通じる〕. 시야가 트이다 視野が開ける. 운이 트이다 運が開ける. 나이에 비해 트인 사람이다 年のわりには開けた人だ. ❷ (気持ちが) すっきりする; 晴れる. 가슴이 트이다 気持ちが晴れる.
트집 /tʰɯdt͡ɕip/ 图 ❶ 割れ目; 裂け目. ❷ 難癖; 言いがかり; けちをつけること. ‖트집조로 말하다 けちをつけるような言い方をする. 트집거리 難癖の種; 言いがかりの種. ▶트집을 잡다 けちをつける 〈難癖をつける〉. 쓸데없이 트집을 잡다 意味もなく難癖をつける.
트집-쟁이 [-쟁-] 图 よく難癖をつける人.
특가 (特價)【-까】图 特価.
특강 (特講)【-깡】图 他自 特別講義.
특공 (特功)【-꽁】图 特功.
특공-대 (特攻隊)【-꽁-】图 特攻隊.
특권 (特權)【-꿘】图 特権. ‖특권을 누리다 特権を享受する.

812

특권˘계급 (特權階級)【-꿘-꼔게-】图 特權階級.
특권-층 (特權層)【-꿘-】图 特權層.
특근 (特勤)【-끈】图 自 時間外勤務.
특급¹ (特急)【-끕】图 特急.
특급˘열차 (特急列車)【-끕녈-】图 特急列車.
특급² (特級)【-끕】图 特級.
특기¹ (特技)【-끼】图 特技. ‖특기를 살리다 特技を生かす.
특기² (特記)【-끼】图 他 特記. ‖특기할 만한 사항 特記すべき事項.
특대 (特大)【-때】图 特大.
특등 (特等)【-뜽】图 特等.
특등-석 (特等席)【-뜽-】图 特等席.
특등-실 (特等室)【-뜽-】图 特等室.
특례 (特例)【-례】图 特例.
특례-법 (特例法)【-례뻡】图《法律》特例法.
특매 (特賣)【-매】图 特売.
특매-장 (特賣場)【-매짱】图 特設売り場.
특명 (特命)【-명】图 特命. ‖특명 전권 공사 特命全権公使. 특명 전권 대사 特命全権大使.
특별 (特別)【-뼐】/tʰɯkˀpjʌl/ 图 形動 特別. ㉠一般 (一般). ‖특별 취급하다 特別扱いする. 특별 대우 特別待遇.
특별-히 副 特別に; 殊更に; 別に. 달리지 않는 것은 없다 特別変わったことはない.
특별-법 (特別法)【-뼐뻡】图《法律》特別法.
특별-세 (特別稅)【-뼐쎄】图 特別税.
특별-시 (特別市)【-뼐-】图《行政》特別市. ‖서울 특별시 ソウル特別市.
특별˘활동 (特別活動)【-뼐-동】图《(学校の)》特別活動. ⑮特活 (特活).
특별˘회계 (特別會計)【-뼐-꼐】图 特別会計. ㉠一般 会計 (一般会計).
특보¹ (特報)【-뽀】图 他 特報.
특보² (特補)【-뽀】图《「특별 보좌관 (特別補佐官)の略語」》特別補佐官. ‖대통령 특보 大統領特別補佐官.
특사¹ (特使)【-싸】图 特使.
특사² (特赦)【-싸】图 他 特赦 (など).
특산 (特産)【-싼】图 特産.
특산-물 (特産物)【-싼-】图 特産物.
특산-품 (特産品)【-싼-】图 特産品.
특상¹ (特賞)【-쌍】图 特賞.
특상² (特上)【-쌍】图 特上.
특색 (特色) /tʰɯkˀsɛk/【-쌕】图 特色. ‖특색이 있는 디자인 特色のあるデザイン. 특색을 가지다 特色を持つ.
특석 (特席)【-썩】图 特別席.
특선 (特選)【-썬】图 他 特選.
특설 (特設)【-썰】图 他 特設. ‖특설 매장 特設売り場.

특성 (特性) 【-썽】 图 特性; 特長. ‖특성을 살리다 特性を生かす. 불에 강한 특성이 있다 火に強い特長がある.

특수 (特殊) 【-쑤】 图(形動) 特殊. 특수한 경우 特殊なケース. 특수 촬영 特殊撮影.

특수-강 (特殊鋼) 图 特殊鋼.

특수-성 (特殊性) 【-쑤썽】 图 特殊性.

특실 (特室) 【-씰】 图 特等室; スイートルーム.

특약 (特約) 图(自他) 特約.
　특약-점 (特約店) 【-쩜】 图 特約店.

특용 (特用) 图 特用. ‖특용 작물 特用作物.

특유 (特有) 图(形) 特有. ‖그의 말투 特有の口調.
　특유-성 (特有性) 【-썽】 图 特有性.

특이 (特異) 图(形) 特異. ‖특이한 재능 特異な才能.
　특이-체질 (特異體質) 图 特異體質.

특임 (特任) 图(他) 特任.

특장 (特長) 【-짱】 图 特長.

특전 (特典) 【-쩐】 图 特典. ‖특전을 주다 特典を与える.

특정 (特定) 图(他) 特定. ‖특정 상품 特定の商品. 특정한 날 特定の日.

특제 (特製) 【-쩨】 图(他) 特製.

특종 (特種) 【-쫑】 图 特種. ‖특종 기사 特種記事.

특진 (特進) 【-찐】 图(自) 特進.

특집 (特輯) 【-찝】 图 特集. ‖그 사건을 특집으로 다루다 その事件を特集として取り扱う. 특집호 特集号.

특징 (特徵) /tʰɯkʲtɕiŋ/ 【-찡】 图 特徵. ‖특징이 있는 얼굴 特徵のある顔. 범인의 특징 犯人の特徵.
　특징-적 (特徵的) 图 特徵的.
　특징-짓다 (特徵-) 【-찡짇따】 他 [ㅅ変] 特徵付ける.

특채 (特採) 图(他) 特別採用.

특출 (特出) 图(自) 特出. ‖특출나고 있다. ‖특출난 재능 特出した才能.

특칭 (特稱) 图 特稱.

특파 (特派) 图(他) 特派.
　특파-원 (特派員) 图 特派員.

특허 (特許) 【트커/트커】 图(他) 特許. ‖특허를 받다 特許が下りる. 특허 출원 特許出願.
　특허-권 (特許權) 【트커꿘】 图 (法律) 特許權.
　특허-법 (特許法) 【트커뻡】 图 (法律) 特許法.
　특허-증 (特許證) 【트커쯩】 图 特許證.
　특허-청 (特許廳) 图 (行政) 特許廳.
　특허-품 (特許品) 图 特許品.

특혜 (特惠) 【트케/트케】 图 特惠. ‖특혜 관세 特惠關稅.

특화 (特化) 【트콰】 图(他) 特化.

특활 (特活) 【트콸】 图 特別活動(特別活動)の略稱.

특효 (特效) 【트쿄】 图 特效.
　특효-약 (特效藥) 图 特效藥.

특-히 (特-) /tʰɯkʰi/ 【트키】 副 特に; とりわけ. ‖이 점을 특히 주의해 주십시오 この点を特に注意してください. 특히 이 점을 강조하고 싶다 特にこのことを強調したい. 포도 중에서도 특히 거봉을 좋아한다 ブドウの中でもとりわけ巨峰が好きだ.

튼실-하다 形[하않] がっしりしている. ‖튼실한 아이 がっしりとした子ども.

튼튼-하다 /tʰɯntʰɯnhada/ 形[하않] ① (体が) 丈夫だ. 健やかだ. ‖몸이 튼튼하다 体が丈夫だ. 튼튼하게 자라다 健やかに育つ. ② 堅固だ. 頑丈だ. しっかりしている. ‖기반이 튼튼하다 基盤がしっかりしている. 튼튼한 집을 짓다 頑丈な家を作る. **튼튼-히** 副

틀 图 ① 型; 雛形. ‖틀을 뜨다 型を取る. ② 枠; 緣. ③ 額. ‖사진의 額 写真の額. 창틀 窓枠. ③ 形式; 格式. ④ [裁縫된 (裁縫-)の略稱] ミシン. ‖틀에 맞추다 型にはめる. ▶틀에 박히다 型にはまる; 決まり切る. 틀에 박힌 인사 決まり切った挨拶. ▶틀이 잡히다 板に付く; 貫禄が付く. 堂に入る.

틀-니 图 入れ歯.

틀다 /tʰɯlda/ 他 [ㄹ語幹] [틀어, 트는, 튼] ① ねじる; ひねる. ‖가스 밸브를 틀다 ガス栓をひねる. 몸을 틀어 뒤를 보다 体をひねって後ろを見る. ② (テレビ・ラジオなどを)つける. ‖텔레비전을 틀다 テレビをつける. 라디오를 틀다[켜다] ラジオをつける. ③ (音樂を)かける. ‖하루 종일 음악을 틀고 있다 一日中音樂をかけっぱなしにしている. ④ (動いている物体の方向などを)変える; 曲がる. ‖커브를 틀다 カーブを曲がる. ⑤ (髮を)結う. ‖상투를 틀다 髮を結う. ⑥ (鳥が)巣をつくる. ‖새가 둥지를 틀다 鳥が巣をつくる. ⑦ (計画·協議などに)反対する; 邪魔する. ‖협상을 틀다 協議などを妨げる.

틀리다¹ 自 こじれる; 悪くなる. ‖두 사람 사이가 틀리다 2人の關係がこじれる. 심사가 틀리다 意固地になる; 意地を張る.

틀리다² /tʰɯllida/ 自 違う; 合わない; 間違っている; 食い違う; 駄目になる. ‖계산이 틀리다 計算が合わない. 문제가 너무 어려워서 올 입시는 틀렸다 問題が難しすぎて, 今年の入試は駄目だ. 네 생각은 틀렸어 お前の考えは間違っている.
　— 他 間違える. ‖답을 틀리다 答えを間違える. 계산을 틀리다 計算を間違え

틀림-없다 /tʰullimːpʰt͈a/【-리업따】 형 틀림없다; 相違ない; 紛れもない. ‖틀림없는 계산 間違いのない計算. 저 남자가 범인임이 틀림없다 あの男が犯人に相違ない. **틀림없-이** 부

들어-막다 /tʰɯrɯmakʰt͈a/【-따】 타 ❶ 〈穴や開口部を〉塞ぐ; 封じる. ‖입을 틀어막다 口を塞ぐ. 아무리 귀를 틀어막아도 들려오는 비명소리 いくら耳を塞いでも聞こえてくる悲鳴. ❷ 口止めする. ‖비밀이 새지 않도록 금품으로 입을 틀어막다 秘密が漏れないよう金品で口止めする.

틀어-박히다【-바키-】 자 引きこもる; 閉じこもる; 立てこもる. ‖하루 종일 집 안에 틀어박혀 있다 一日中家に引きこもっている.

틀어-쥐다 타 固く握る. ‖실권을 틀어쥐다 実権を握る.

틀어-지다 자 こじれる; 仲たがいする. ‖사이가 틀어지다 仲たがいする.

틈 /tʰɯm/ 명 ❶ 隙間; 割れ目; ひび; 間隔; 亀裂. ‖벽에 틈이 생기다 壁にひびが入る. 문 틈으로 불빛이 새어나오다 戸の隙間から明かりが漏れる. ❷ 暇; 手間; 間. ‖신문을 볼 틈도 없다 新聞を読む暇もない. ❸ 機会; チャンス; 隙. ‖틈을 노리다 隙をねらう. 말할 틈을 안 주다 しゃべるチャンスを与えない.

틈-나다 자 暇ができる; 時間がある. ‖틈만 나면 졸고 있다 暇さえあればうとうとしている.

틈-내다 타 時間をつくる. ‖틈내서 운동을 하다 時間をつくって運動をする.

틈-바구니 명 틈의 俗語.

틈-새 명 わずかな隙間.
틈새~산업 (-産業) 명 (経) ニッチ産業.
틈새-시장 (-市場) 명 (経) ニッチ市場.

틈-타다 타 機に乗じる; 隙をねらう.

틈틈-이 /tʰɯmtʰɯmi/ 부 片手間に; 本業のかたわら; 用事の合間の. ‖틈틈이 책을 읽다 合間を見て本を読む. 틈틈이 아르바이트를 하다 片手間にアルバイトをする.

틔-우다【틔-】 타 〈仕切りなどを〉取り除いて広くする. ‖방을 틔우다 部屋の仕切りを取り除いて広くする.

티¹ (T·t) 명 ❶ ごみ; ほこり. ‖눈에 티가 들어가다 目にごみが入る. ❷ きず; 欠点. ‖옥에 티 玉にきず.

티² (T·t) 명〈アルファベットの第〉ティー.

티³ 명 それらしい気配や態度を見せることを表わす; くささ; ふり; ふるまい. ‖빈티를 내다 いかにも貧乏くさい. 선생티를 내다 先生っぽくする; 先生面をする. 잘 난 티를 내다 偉そうにふるまう.

티격-태격 /tʰigjɔktʰegjɔk/ 부(하자) 言い争う様子; なんだかんだ; どうのこうの; ああだこうだとか. ‖티격태격 싸우다 ああだこうだと口げんかをする.

티끌 명 ちり; ごみ. ‖티끌 모아 태산 [諺]ちりも積もれば山となる.

티눈 명〈手のひらや足の裏にできる〉魚の目. ‖티눈이 박이다 魚の目ができる.

티미-하다 형〈하변〉要領が悪い; 賢くない. ‖하는 짓이 티미하다 やっていることが要領が悪い. 저 티미한 녀석 あの愚か者.

티-백 (tea bag) 명 ティーバッグ.
티베트 (Tibet) 명 (地) チベット.
티브이 (TV) 명 テレビ.
티-샷 (tee shot) 명〈ゴルフで〉ティーショット.
티셔츠 (T-shirt) 명 Tシャツ.
티슈 (tissue) 명 ティッシュ.
티스푼 (teaspoon) 명 ティースプーン.
티없다【-업따】 형 曇りがない; かげりがない. **티없-이** 부 티없이 맑은 웃음 曇りない明るい笑い.

티오 (TO) 명〈編制上の〉定員. ‖티오를 늘리다 定員の枠を増やす. ✦ table of organization의 略語.

티을【-을】 명 ハングル子音字母「ㅌ」の名称.

티-자 (T-) 명 T定規.

티케이오 (TKO) 명〈ボクシングで〉ティーケーオー (TKO). ✦ technical knockout의 略語.

티켓 (ticket) 명 チケット. ‖콘서트 티켓 コンサートのチケット.

티-타임 (teatime) 명 ティータイム.
티탄 (Titan ドイツ) 명 (化学) チタン.
티푸스 (typhus) 명 (医学) チフス. ‖장티푸스 腸チフス.

틴 (teen) 명 ティーン. ‖하이틴 ハイティーン.

틴-에이저 (teen-ager) 명 ティーンエージャー.

틴들~현상 (Tyndall 現象) 명 (物理) チンダル現象.

팀 (team) 명 チーム. ‖팀을 구성하다 チームを組む.

팀-컬러 (team+color 日) 명 チームカラー.

팀워크 (teamwork) 명 チームワーク.

팀파니 (timpani 이) 명〈音楽〉ティンパニ.

팁 (tip) 명 チップ; 心づけ. ‖팁을 주다 チップをはずむ; 心づけを渡す.

팅팅 부(하다) しまりなく太っている様子, または腫れている様子; ぶくぶく. ‖살이 팅팅 쪘다 ぶくぶくに太っている. 라면이 팅팅 불었다 ラーメンが伸びきっている.

ㅍ

ㅍ【피음】［名］ ハングル子音字母の第13番目. 名称は「피읖」.

파[1] /pʰa/［名］［植物］ ネギ(葱). ‖파를 썰다 ネギを刻む.

파[2] (派)［名］ 派; 派閥.

파[3] (fa[4])［名］［音楽］ (階名の)ファ.

-파[4] (派)［接尾］ …派. ‖보수파 保守派.

파격 (破格)［名］ 破格.

파격-적 (破格的)【-적】［名］ 破格. ‖파격적인 보수 破格の報酬.

파견 (派遣) /pʰagjən/［名］［하변］ 派遣. ‖특사를 파견하다 特使を派遣する. 파견 사원 派遣社員. **파견-되다** 受身

파견-군 (派遣軍)［名］ 派遣軍.

파견-단 (派遣團)［名］ 派遣団.

파견-지 (派遣地)［名］ 派遣地.

파경 (破鏡)［名］ 破局. ‖파경을 맞다 破局を迎える.

파계 (破戒)【-/-계】［名］［自変］ 破戒.

파계-승 (破戒僧)［名］［仏教］ 破戒僧.

파고 (波高)［名］ 波高.

파고다 (pagoda)［名］ パゴダ; 塔.

파고-들다［自］［ㄹ語幹］ ❶ 入り込む, もぐり込む. ‖이불 속으로 파고들다 布団の中にもぐり込む. ❷ 掘り下げる. ‖경위를 파고들다 経緯を掘り下げる.

파괴 (破壞) /pʰaːgwe/【-/-괴】［名］［하변］ 破壊. ‖자연을 파괴하다 自然を破壊する. 가격 파괴 価格破壊. 환경 파괴 環境破壊. **파괴-되다** 受身

파괴-력 (破壞力)［名］ 破壊力. ‖가공할만한 파괴력 恐るべき破壊力.

파괴-적 (破壞的)［名］ 破壊的.

파국 (破局)［名］ 破局. ‖파국을 맞다 破局を迎える.

파급 (波及)［名］［自変］ 波及. ‖다른 지역에까지 파급되다 他の地域にまで波及する. 파급 효과 波及効果.

파기 (破棄)［名］［하변］ 破棄. ‖계약 파기 契約破棄. **파기-되다** 受身

파-김치［名］ ネギキムチ. ▶파김치가 되다 くたくたになる. 일에 지쳐 파김치가 되다 仕事に疲れてくたくたになる.

파나마 (Panama)［名］［国名］ パナマ. ‖파나마 운하 パナマ運河.

파나마-모자 (panama帽子)［名］ パナマ帽.

파-내다［他］ 掘り出す; くり抜く.

파노라마 (panorama)［名］ パノラマ.

파는［冠］［ㄹ語幹］ 팔다(売る)の現在連体形.

파다 /pʰada/［他］ ❶ (穴などを)掘る; 掘り下げる. ‖연못을 파다 池を掘る. 우물을 파다 井戸を掘る. ㉠파이다. ❷ 彫る. ‖도장을 파다 はんこを彫る. ❸ (耳の穴を)かく. ‖귀를 파다 耳かきをする. ❹ (ある内容について)深く掘り下げる; 集中的に勉強する. ‖영어만 파고 있다 英語だけを集中的に勉強している.

파다-하다[1] (頗多-)［形］［하변］ すこぶる多い; いくらでもある. ‖그런 예는 파다하다 そんなケースはいくらでもある.

파다-하다[2] (播多-)［形］［하변］ (うわさなどが)広まっている. ‖소문이 파다하다 うわさが広まっている.

파닥-거리다【-꺼-】［自］ (鳥などが)しきりに羽ばたきする; (魚が)ぴちぴちとはねる. ‖잡힌 물고기가 파닥거리다 とれた魚がぴちぴち(と)はねる.

파당 (派黨)［名］ 党派.

파도 (波濤) /pʰado/［名］ 波濤; 波. ‖파도가 밀려오다 波が押し寄せる. 파도가 일다 波が立つ. 파도가 바위에 부딪혀 부서지고 있다 波が岩に当たって砕けている. 파도가 잠잠해졌다 波が静かになってきた.

파도-치다 (波濤-)［自］ 波打つ; 波が立つ. ‖파도치는 바닷가 波打つ海辺.

파도-타기 (波濤-)［名］ 波乗り; サーフィン.

파동 (波動)［名］ 波動; 騒ぎ. ‖석유 파동 オイルショック.

파드득-거리다【-꺼-】［自］ (鳥などが)羽ばたきする. ‖새들이 파드득거리며 날아오르다 鳥が羽ばたきしながら飛び立つ.

파들-파들［副］ ぶるぶる(と), わなわな(と). ‖파들파들 떨다 ぶるぶる(と)震える.

파라과이 (Paraguay)［名］［国名］ パラグアイ.

파라다이스 (paradise)［名］ パラダイス.

파라볼라 안테나 (parabola+antenna 日)［名］ パラボラアンテナ.

파라솔 (parasol)［名］ パラソル.

파라슈트 (parachute)［名］ パラシュート.

파라핀 (paraffin)［化学］ パラフィン.

파락-호 (破落戶)【-라코】［名］ ならず者.

파란[1] (波瀾)［名］ 波瀾. ‖파란을 일으키다 波瀾を巻き起こす.

파란[2]【ㅎ変】 파랗다(青い)の現在連体形.

파란만장-하다 (波瀾萬丈-)［形］【하변】 波瀾万丈だ. ‖파란만장한 일생 波瀾万丈の人生.

파란-색 (-色)［名］ 青; 青色.

파랄림픽 (Paralympics)［名］ パラリンピック.

파랑[1]［名］ 青.

파랑[2] (波浪)［名］ 波浪.

파랑-새［名］ 青い鳥.

파랗다 /pʰaratʰa/【-라타】［形］［ㅎ変】［파래, 파란］ 青い. ‖파란 하늘 青い空. 겁에 질리게 얼굴이 青ざめる. ㉠퍼렇다.

파래[1]［植物］ アオノリ(青海苔).

파래[2]［ㅎ変］ 파랗다(青い)の連用形.

파래-지다 㡾 青くなる;(顔色などが)青白くなる;青ざめる. ‖입술이 파래지다 唇が青ざめる. ⇒**퍼레지다**.

파렴치(破廉恥)【-廉恥】㡿 破廉恥. ‖파렴치한 짓을 하다 破廉恥なことをする. 파렴치하기 짝이 없는 녀석 破廉恥きわまりないやつ.
파렴치-한(破廉恥漢) 㡿 破廉恥な人.

파르르 㝖 ❶ 얇고 가벼운 것의 일부가 떨리는 모양:かたかた(と);がたがた(と). ‖문풍지가 파르르 떨리다 障子がかたかた(と)震える. ❷ 極撃(激)・怒り・寒さなどで体が震える様子:ぶるぶる. ‖내가 나서 입술을 파르르 떨면서 몸을 부들부들 震わせる. ❸ 얇고 가벼운 것이 쉽게 타는 모양:めらめら.

파르스름-하다 㬌【하变】 青みがかっている.

파릇파릇-하다【-른-르다】 㬌【하变】 青々としている. ‖파릇파릇한 새芽 青々とした新芽.

파릇-하다【-르다】 㬌【하变】 やや青い.

파리 /phari/ 㡿 (昆虫) ハエ(蝿). ‖파리채 ハエたたき. ▶파리를 날리다 (ハエを追う(ほど暇だ)の意で)閑古鳥が鳴く. ▶파리 목숨 (ハエのように)軽んじられるはかない命;虫けら同然の命.

파리-하다 㬌 (顔色が)やつれて青白い.

파마(←permanent) 㡿【하他】 パーマ. ‖파마를 하다 パーマをかける.

파-먹다【-따】 㰛 ❶ (スイカなどの中身をほじくって「えぐって」食べる. ❷ 虫が食う;蝕まれる. ‖벌레가 파먹은 사과 虫食ったリンゴ.

파면[罷免] 㡿【하他】 罷免;免職. **파면-당하다**(罷免) 受身

파멸(破滅) 㡿【하变】 破滅.

파문¹(波紋) 㡿 波紋. ‖파문이 일다 波紋が広がる. 교육계에 파문을 던지다 教育界に波紋を投げかける.

파문²(破門) 㡿【하他】 破門. **파문-당하다**(破門) 受身

파-묻다 /phamut'ta/【-따】 㰛 埋める;うずめる. ‖시체를 파묻다 死体を埋める. 베개에 얼굴을 파묻고 울다 枕に顔をうずめて泣く. ☞파묻히다.

파-묻히다【-무치-】 㡾【파묻다의 受身動詞】 埋められる;埋まる;埋もれる. ‖집이 눈에 파묻히다 家が雪に埋もれる.

파벌(派閥) 㡿 派閥. ‖당내 파벌 싸움 党内の派閥争い.

파병(派兵) 㡿【하他】 派兵.

파본(破本) 㡿 落丁本.

파-뿌리[대] ❶ 네우리. ❷ [比喩的に] 白髪. ‖검은 머리가 파뿌리가 되도록 부부가 해로하다 夫婦共白髪まで添い遂げる.

파사-현정(破邪顯正) 㡿【하他】 破邪顯正(じゃけんじょう);正しい道理を打ち立てること.

파삭-거리다【-까-】 㡾 水気がなくぱさぱさしている.

파삭-하다【-사카-】 㬌【하变】 乾いて壊れやすい.

파산(破産) 㡿【하变】 破産. ‖파산 선고 破産宣告.

파-산적(-散炙) 㡿【料理】 ネギと牛肉を交互に串に刺して焼いたもの.

파상(波狀) 㡿 波狀. ‖파상 공격 波状攻撃.
파상-운(波狀雲) 㡿【天文】 波状雲.
파상-풍(破傷風) 㡿【医学】 破傷風.

파생(派生)/phaseŋ/ 㡿【하变】 派生. ‖새로운 문제가 파생되다 新しい問題が派生する.
파생-어(派生語) 㡿 派生語.
파생-적(派生的) 㡿 派生的. ‖파생적인 문제 派生的な問題.

파선¹(波線) 㡿 波線(なみせん;〜).
파선²(破線) 㡿 破線(---).
파선³(破船) 㡿【하变】 破船.

파손(破損) /phaːson/ 㡿【하变】 破損;損壞. ‖기물 파손 器物損壞. 파손된 곳 破損箇所. 집중 호우로 가옥이 파손되다 集中豪雨で家屋が破損する.

파쇼(fascio ⁴) 㡿 ファッショ.

파수(把守) 㡿 見張り;番人.
파수-꾼(把守-) 㡿 見張り;番人.
파수-병(把守兵) 㡿 見張り兵.

파스(←Pasta ⁴) 㡿 パスタ剤;湿布. ‖파스를 붙이다 湿布を貼る.

파스너(fastener) 㡿 ファスナー;チャック. ☞지퍼.

파스칼(pascal) 依名 圧力の単位;…パスカル.

파스텔(pastel) 㡿 パステル.
파스텔-화(-畫) 㡿 パステル画.

파슬리(parsley) 㡿【植物】 パセリ.

파슬-파슬 㝖【하变】 水分や粘り気がなく、もろく砕ける様子:ぼろぼろと.

파시(波市) 㡿 盛漁期に海上で開かれる魚市.

파시스트(fascist) 㡿 ファシスト.

파시즘(fascism) 㡿 ファシズム.

파악(把握) /phaːak/ 㡿【하他】 把握. ‖정세를 파악하다 情勢を把握する. 요점을 정확히 파악하다 要点を正確に把握する. 문제점을 제대로 파악하지 못하다 問題点をきちんと把握していない.

파안-대소(破顔大笑) 㡿【하变】 破顔大笑.

파업(罷業) 㡿【하变】 ストライキ;スト.

파열(破裂) /phaːjʌl/ 㡿【하变】 破裂. ‖한파로 수도관이 파열되다 寒波で水道管が破裂する.
파열-음(破裂音) 㡿【言語】 破裂音.

파오(包中) 㡿 パオ;ゲル(モンゴルの遊牧民の家).

파우더(powder) 㡿 パウダー;粉. ‖베

이킹파우더 ベーキングパウダー.

파운데이션 (foundation) 图 《化粧品の》ファンデーション. ‖파운데이션을 바르다 ファンデーションを塗る.

파운드 (pound) 依名 …ポンド. ❶重さの単位. ❷イギリスの通貨単位.

파울 (foul) 图 ファウル.
  파울~볼 (foul ball) 图 《野球で》ファウルボール.
  파울~플라이 (foul fly) 图 《野球で》ファウルフライ.

파워 (power) 图 パワー. ‖파워가 부족하다 パワーに欠ける.

파이 (pie) 图 パイ. ‖애플파이 アップルパイ.

파이[2] (pi・π[π]) 图《数学》パイ(π).

파-이다 图 ❶《파다の受身動詞》掘られる. ❷凹(오)む; 窪む. ‖파인 곳 くぼんだ所. 画패다.

파이버 (fiber) 图 ファイバー; 繊維.

파이어니어 (pioneer) 图 パイオニア.

파이트-머니 (fight + money 日) 图 ファイトマネー.

파이팅 (fighting) 图 ファイト; 頑張れ.

파이프 (pipe) 图 パイプ.
  파이프라인 (pipeline) 图 パイプライン.
  파이프~오르간 (pipe organ) 图《音楽》パイプオルガン.

파인더 (finder) 图 《カメラなどの》ファインダー.

파인애플 (pineapple) 图《植物》パイナップル.

파인~플레이 (fine play) 图 ファインプレー.

파일[1] (←八日) 图《仏教》陰暦4月8日の釈迦の誕生日.
  파일-등 (←八日燈) 图 파일につける祝いの提灯.

파일[2] (file) /pʰa:il/ 图他 ファイル. ‖논문 파일 論文のファイル. 회의록을 파일하다 議事録をファイルする.

파일럿 (pilot) 图 パイロット.

파자마 (pajamas) 图 パジャマ. 画寝巻.

파장[1] (波長) 图《物理》波長.
  파장-계 (波長計)【-/一게】图 波長計.

파장[2] (罷場) 图 市が終わること, または市が終わる頃.

파-전 (一煎) 图《料理》パジョン(ネギをたくさん入れて作った韓国風のお好み焼き).

파종 (播種) 图他 播種(た.). ; 種まき.

파-죽음 图 ぐったりした状態; 疲れ切った状態; へたばった状態.

파죽지세 (破竹之勢)【一찌-】图 破竹の勢い. ‖적들이 파죽지세로 몰려오다 敵が破竹の勢いで押し寄せてくる.

파지 (破紙) 图 反故(き).

파직 (罷職) 图 免職; 罷免(ぬ.).
  파직-당하다 受動

파찰-음 (破擦音) 图《言語》破擦音.

‖韓国語のㅈ・ㅉ・ㅊなど.

파-천황 (破天荒) 图 破天荒(今まで誰もしたことのないことをすること).

파초 (芭蕉) 图《植物》バショウ(芭蕉).

파출 (派出) 图他 派出.
  파출-부 (派出婦) 图 派出婦.
  파출-소 (派出所)【-쏘】图 交番.

파충-류 (爬蟲類)【-뉴】图《動物》爬虫類.

파카 (parka) 图 パーカ(フードつきのゆったりしたジャケット).

파키라 (Pachira[?]) 图《植物》パキラ.

파키스탄 (Pakistan) 图《国名》パキスタン.

파킨슨-병 (Parkinson病) 图《医学》パーキンソン病.

파탄 (破綻) 图目 破綻. ‖경제가 파탄하다 経済が破綻する.

파토스 (pathos[?]) 图 パトス. 画エトス.

파트 (part) 图 パート; 部分.

파트-타임 (part time) 图 パートタイム.

파트너 (partner) 图 パートナー.

파티 (party) 图 パーティー. ‖파티를 열다 パーティーを開く. 댄스 파티 ダンスパーティー.

파파라치 (paparazzi[?]) 图 パパラッチ.

파파야 (papaya) 图《植物》パパイア.

파편 (破片) 图 破片. ‖파편이 튀다 破片が飛び散る.

파푸아~뉴기니 (Papua New Guinea) 图《国名》パプアニューギニア.

파-하다 (罷一) 图自他 《仕事や学校などが》終わる. ‖학교가 파하다 学校が終わる.
  —他 《仕事などを》終える. ‖일을 파하고 돌아가는 길에 한잔하다 仕事を終えて帰りに一杯やる.

파행 (跛行) 图目 跛行(た.).
  파행-적 (跛行的) 图 跛行的.

파-헤치다 /pʰahetʃʰida/ 他 ❶掘り起こす; 掘り返す. ‖무덤을 파헤치다 墓を掘り返す. ❷《人の秘密などを》暴く; 掘り下げる. ‖정치가의 개인적な비밀을 파헤치다 政治家の私事を暴く.

파혼 (破婚) 图 破婚.

팍 副 ❶ぶつかる様子; どん. ‖기둥에 머리를 팍 박다 柱に頭をごんとぶつける. 머리를 한 대 팍 쥐어박다 頭を一発ごんとなぐる. ❷立っていたものが倒れる様子; ばたり. ‖팍 쓰러지다 ばたりと倒れる. ❸拍子抜けする様子. ‖김이 팍 새서 하고 싶지 않다 拍子抜けしてやる気が出ない. 画興が冷める.

팍팍-하다 [-파카-] 图色変 ❶《食べ物などが》水気がなくてぱさぱさしている; ぱさついている. ❷《疲れて》足が重い. ‖다리가 팍팍해서 못 걷겠다 足が重くて歩けない.

판 /pʰan/ 图 《あることが行なわれる》場; 場面; ところ; 時. ‖판이 깨지다 《その場

が)興ざめる. 판을 깔다 場を設ける. 싸움판이 벌어지다 けんかが始まる. 집이 이렇게 어려운 판에 무슨 유학이니? 家計がこんなに苦しい時に何が留学だ.
— [依名] 勝負事の回数を表わす語: …局; …回; …度; …戦. ‖바둑을 세 판 연속해서 이기다 碁を3局続けて勝つ. 싸움이 한 판 붙다 一戦を交える.

판² (版) [名] 版. ‖판을 거듭하다 版を重ねる. ▸판에 박은 듯하다 そっくりだ; 瓜二つだ.

판³ (板) [名] ❶板. ‖유리판 ガラス板. ❷音盤; レコード.

판⁴ [他] 『ㄹ語幹』 팔다(売る)の過去連体形.

-판⁵ (判·版) [接尾] …版. ‖문고판 文庫版. 보급판 普及版.

판-가름 [名] [하他] 是非や優劣を決めること. ‖승부가 판가름이 나다 勝負がつく.

판각 (板刻) [名] [하他] 板刻(はんこく).
 판각-본 (板刻本) 【-뽄】 [名] 刻本.

판-검사 (判檢事) [名] 判事と検事.

판결 (判決) [名] [하他] 判決. ‖판결을 내리다 判決を下す. 판결 이유 判決理由.
 판결-례 (判決例) [名] 判例.
 판결-문 (判決文) [名] 判決文.
 판결^주문 (判決主文) [名] 《法律》 判決主文. [略]주문(主文).

판공-비 (辦公費) [名] 公務の執行に必要な費用.

판국 (-局) [名] ある事態が起きている状況や場面. ‖이런 판국에 こんな状況の中で.

판권 (版權) 【-꿘】 [名] 版権; 出版権.
 판권-장 (版權張) 【-꿘짱】 [名] 奥付.

판금 (販禁) [名] [하他] 販売禁止. **판금-당하다** [受身]

판다 (panda) [名] 《動物》 パンダ.

판단 (判斷) /pʰandan/ [名] [하他] 判断. ‖판단을 잘못하다 判断を誤る. 잘못된 판단을 내리다 誤った判断を下す. 판단이 서지 않다 判断がつかない.
 판단-력 (判斷力) 【-녁】 [名] 判断力.

판도 (版圖) [名] 版図(はんと); 領土. ‖판도를 넓히다 領土[版図]を広げる.

판도라의 상자 (Pandora-箱子) [名] パンドラの箱.

판독 (判讀) [名] [하他] 判読.

판-돈 【-똔】 [名] (賭博の)賭け金.

판례 (判例) 【팔-】 [名] 《法律》 判例.
 판례-집 (判例集) [名] 《法律》 判例集.

판로 (販路) 【팔-】 [名] 販路. ‖판로를 개척하다 販路を開拓する.

판막 (瓣膜) [名] 《解剖》 弁膜.

판매 (販賣) /pʰanmɛ/ [名] [하他] 販売. [対]구매(購買). ‖통신 판매 通信販売. 할인 판매 割引販売. 자동판매기 自動販売機. 판매 금지 販売禁止.
 판매-가 (販賣價) 【-까】 [名] 売値.
 판매-망 (販賣網) [名] 販売網.
 판매-소 (販賣所) [名] 販売所.
 판매-액 (販賣額) [名] 販売額.
 판매-원 (販賣員) [名] 販売員.
 판매-자 (販賣者) [名] 販売者; 売る人. [対]구매자(購買者).
 판매-점 (販賣店) [名] 販売店.
 판매^카르텔 (販賣 Kartell) [名] 販売カルテル.
 판매^회사 (販賣會社) 【-/-훼-】 [名] 販売会社.

판명 (判明) [名] [되自] 判明. ‖그의 잘못으로 판명되다 彼の間違いと判明する.

판목¹ (板木) [名] 厚さが6cm以上で幅が厚さの3倍以上の材木.

판목² (版木) [名] 版木.

판문점 (板門店) [名] 《地名》 板門店(パンムンジョム). ✣朝鮮半島の非武装地帯にある要地. 韓国と北朝鮮の会談が開かれる.

판-박이 (版-) [名] ❶(版木で)印刷すること. ❷(顔・癖などが)そっくりであること. ‖얼굴이 아버지하고 판박이다 お父さんと顔がそっくりだ.

판별 (判別) [名] [하他] 判別. ‖판별이 안 되다 判別がつかない.
 판별-력 (判別力) [名] 判別力.

판본 (板本·版本) [名] 版本.

판사 (判事) [名] 《法律》 判事.

판서 (板書) [名] [하他] 板書.

판-세 (-勢) 【-쎄】 [名] 情勢; 形勢. ‖유리한 판세 有利な情勢.

판-소리 /pʰanˀsori/ 【-쏘-】 [名] 《音楽》 パンソリ. ✣韓国・朝鮮の伝統芸能の一つ.

판연-하다 (判然-) [形] 『하変』 判然としている; はっきりしている; 明らかだ. ‖판연한 결과 明らかな結果. **판연-히** [副]

판-유리 (板琉璃) 【-뉴-】 [名] 板ガラス.

판이-하다 (判異-) [形] 『하変』 全く違う. ‖하는 짓이 형과는 판이하다 やることがお兄さんとは全く違う.

판자 (板子) [名] 板.
 판잣-집 (板子ㅅ-) 【-자찝/-잗찝】 [名] 板張りの家.

판정 (判定) [名] [하他] 判定. ‖판정 기준 判定基準. 판정을 내리다 判定を下す. 양성 판정을 받다 陽性の判定を受ける.
 판정-승 (判定勝) [名] 判定勝ち. ‖판정승을 거두다 判定勝ちを収める.
 판정-패 (判定敗) [名] 判定負け.

판촉 (販促) [名] 販促; 販売促進.

판-치다 [自] 闊歩(かっぽ)する; 横行する. ‖깡패들이 대낮부터 판치고 다니다 ごろつきが白昼から横行している. 악덕 상법이 판치다 悪徳商法が横行する.

판타지 (fantasy) [名] ファンタジー.

판탈롱 (pantalon フ) [名] パンタロン.

판판-하다 [形] 『하変』 平らだ; 平べったい. **판판-히** [副]

판형(版型)【명】版型.
판화(版畫)【명】版畫.
팔¹ /pʰal/【명】腕.‖팔이 아프다 腕が痛い. 양 팔을 벌리다 両腕[両手]を広げる. ▶팔을 걷고 나서서 積極的に乗り出す. ▶팔을 걷어붙이다 =팔을 걷고 나서다. ▶팔이 안으로 굽지 밖으로 굽나【속】近い人の味方をするのが人の常である.

팔²(八) /pʰal/【명】8; 八.‖삼 더하기 오는 팔이다 3 足す 5 は 8 である.
—【관】8….‖팔월 8 月. 팔 호실 8 号室. 통권 제 팔 호 通巻第 8 号.

팔³【□語幹】팔다(売る)の未来連体形.

팔-가락지【-찌】【명】腕輪.
팔각(八角)【명】八角.
팔각-정(八角亭)【-쩡】【명】八角形の亭(ちん).
팔각-형(八角形)【-가켱】【명】〔数学〕八角形.
팔-걸이(-)【명】(椅子などの)肘掛け.
팔걸이-의자(-椅子)【-/-이-】【명】肘掛け椅子.
팔¹굽혀 펴기【-구벼-】【명】腕立て伏せ.
팔-꿈치【명】肘.

팔다 /pʰalda/ 他【□語幹】팔아, 파는, 판】他 ❶(ものを)売る. 예 사다. ‖술을 팔다 酒を売る. 과일 파는 가게 果物屋. 표 파는 곳 切符売り場. ❷ (体・労働力を)売る. ‖날품을 팔다 日雇い労働をする. ❸(名前・技を)売る. ‖이름을 팔다 名前を売る. 売名行為をする. 여기저기에 얼굴을 팔다 あちこちに顔を売る. 돈 때문에 양심을 팔다 金のために良心を売る. ❹(目・気などを)そらす. ‖한눈을 팔다 よそ見する. 패 팔리다.

팔-다리【명】手足; 腕と脚.
팔도(八道)【-또】【명】❶朝鮮時代の 8 つの行政区域(京畿・忠清・慶尚・全羅・江原・黄海・平安・咸鏡). ❷(韓国・朝鮮)全土; 全国.
팔도-강산(八道江山)【명】(韓国・朝鮮)全土.
팔-등신(八等身)【-똥-】【명】八頭身.
팔딱-거리다【-따다】【-꺼【때】-】自 ❶小さいものがはね上がる. ❷子どもなどの心臓や脈が軽く打つ. ‖너무 놀라 심장이 팔딱거리다 あまりにも驚いて心臓がどきどきする.
팔뚝【명】前腕.
팔락-거리다【-꺼-】自(旗などが)はためく; はたはたと音を立てる. 페 펄럭거리다.
팔락-이다自 =팔락거리다.
팔랑-개비【명】風車(かざぐるま).
팔랑-거리다【-꺼-】自(薄く軽いものが)揺れ動く; なびく. ‖깃발이 바람에 팔랑거리다 旗が風になびく. 페 펄렁거리다.

팔랑-이다自 =팔랑거리다.
팔레스타인(Palestina)【명】〔地名〕パレスチナ.
팔레트(palette ㇒)【명】パレット.
팔리다 /pʰallida/【자】❶〔팔다の受身動詞〕売られる. ‖백만 원에 팔렸다 100 万ウォンで売られた. ❷売れる. ‖잘 팔리다 よく売れる. 날개 돋친 듯이 팔리다 飛ぶように売れる. ❸〔정신이 팔리다の形で〕気を取られる.
팔림-새(-)【명】売れ行き; 売れ.
팔매-질(-)【하동】小石などを遠くに投げること.
팔면(八面)【명】八面.
팔면-체(八面體)【명】八面体.
팔-모가지【명】팔목の俗称.
팔-목(-)【명】手首.
팔방(八方)【명】八方. ‖사방팔방 四方八方.
팔방-미인(八方美人)【명】八方美人. ✚日本語のような否定的意味で用いられることはない.
팔-베개(-)【명】腕枕. ‖팔베개를 하다 腕枕をする.
팔보-채(八寶菜)【명】〔料理〕八宝菜.
팔분-쉼표(八分標)【명】〔音楽〕八分休(止)符.
팔분-음표(八分音標)【명】〔音楽〕八分音符.
팔-불출(八不出)【명】おどけ者; たわけ者; おろか者.
팔삭-둥이(八朔-)【-쌍-】【명】❶妊娠 8 か月足らずで生まれた子. ❷〔比喩的に〕気がきかない; 間抜け.
팔손이-나무(八-)【-쏘니-】【명】〔植物〕ヤツデ(八手).
팔순(八旬)【-쑨】【명】80 歳.
팔¹시간-노동제(八時間勞動制)【-씨-】【명】8 時間労働制.
팔심【씸】【명】前腕の力.
팔십(八十)/pʰalʃʼip/【-씹】【수】80 歳; 80; 八十. ◉ 여든. ‖팔십이나 먹은 사람이 80 살이나 되었다.
—【관】80…. ‖팔십 세를 산수라고도 한다 80 歳を傘寿とも言う. 팔십 명 80 人.
팔-씨름(-)【명】腕相撲. ‖팔씨름을 하다 腕相撲をする.
팔아【□語幹】팔다(売る)の連用形.
팔아-넘기다(-)【동】売り渡す.
팔아-먹다【-따】【동】팔다の俗称. ‖이름을 팔아먹다 名を売る.
팔월(八月)/pʰarwol/【명】8 月. ‖팔월의 태양이 내리쬐다 8 月の太陽が照りつける.
-팔이【접尾】〔名詞に付いて〕それを売る人を表わす語; …売り. ‖성냥팔이 소녀 マッチ売りの少女.
팔-일오(八一五)【명】1945 年 8 月 15 日. ◉광복절(光復節).

팔자 (八字) /pʰalˀʦa/ [-짜] 图 一生의 運; 運勢; 運命; 星回り. ‖팔자가 좋다[나쁘다] 一生の運がいい[悪い]. 외국에 나가서 살 팔자 外国で暮らす運命. 팔자가 세다 星回りが悪い. ▶팔자가 늘어지다 運勢がいい; 運勢がよくなる. ‖팔자를 고치다 ①成り上がる. ②(女性がいい条件の人と)再婚する.
팔자-땀 (八字-) 图 厄払い.
팔자-타령 (八字打令) 图 自分の運命について愚痴をこぼすこと.
팔자-걸음 (八字-) 图 外股(歩き). ‖팔자걸음을 걷다 外股歩く.
팔-죽지 [-쪽찌] 图 二의 腕.
팔짝 副 軽く跳び上がる様子: ぴょんと. ⇒팔딱. **팔짝-팔짝** 副.
팔짝-거리다 [-대다] [-끼[때]-] 自動 ぴんぴん跳ねる.
팔짱 /pʰalˀʦaŋ/ 图 ❶腕組み; 手をこまぬくこと. ‖팔짱을 끼고 생각하다 腕組みして考える. 팔짱을 끼고 보고만 있다 手をこまぬいて見ているばかりだ. ❷(2人で)腕を組むこと. ‖두 사람은 사이좋게 팔짱을 끼고 걷고 있었다 2人は仲良く腕を組んで歩いていた.
팔찌 图 腕輪; ブレスレット. ‖팔찌를 하다 腕輪をする.
팔촌 (八寸) 图 8寸; 8親等.
팔팔 副 湯やスープなどが煮えたぎる様子: ぐらぐら; ぐつぐつ. ‖물이 팔팔 끓다 お湯がぐらぐら煮え立つ. ⇒펄펄.
팔팔-하다 [하옆] 形 ぴんぴんしている. ‖나이가 들어도 팔팔하다 年をとってもぴんぴんしている.
팔푼-이 (八-) 图 出来そこない; 間抜け; とんま.
팝 뮤직 (pop music) 图 ポップミュージック.
팝송 (pop song) 图 [音楽] ポップス.
팝콘 (popcorn) 图 ポップコーン.
팡 副 ❶急に何かが破裂する音: ぱん(と). ❷何かを強く蹴る音: ぱん(と). ‖공을 팡 차다 ボールをぱんと蹴る. **팡팡** 副 ぱんぱん; ばんばん. ‖폭죽을 팡팡 터뜨리다 爆竹をばんばん(と)鳴らす.
팡파르 (fanfare'フ) 图 ファンファーレ. ‖팡파르를 울리다 ファンファーレを鳴らす.
팥 /pʰat/ [팓] 图 [植物] アズキ(小豆). **팥-고물** [팓꼬-] 图 小豆のさらし餡(え).
팥-떡 [팓-] 图 小豆餅.
팥-밥 [팓빱] 图 赤飯.
팥-빙수 (-氷水) [팓삥-] 图 氷小豆; (韓国風の)かき氷.
팥-빵 [팓-] 图 あんパン.
팥-소 [팓쏘] 图 小豆の餡; あんこ.
팥-알 [파달] 图 小豆の粒.
팥-죽 (-粥) [팓쭉] 图 小豆粥. ‖한국에서는 동짓날에 팥죽을 먹는다 韓国では冬至の日に小豆粥を食べる.

패¹ (牌) 图 [花札などの]札. ‖(화투) 패를 돌리다 (花札の)札を配る.
패² (牌) 图 徒党; 組; 連中; 仲間; やから. ‖패를 지어 몰려다니다 徒党を組んで歩き回る.
패³ (敗) 依名 試合などで負けた回数を表わす: …敗. ‖일 승 이 패 1勝2敗.
패가-망신 (敗家亡身) 图 自動 身代を棒に振って身を滅ぼすこと.
패각 (貝殼) 图 貝殻. ⇒조가비.
패-거리 (牌-) 图 패の俗語.
패관-문학 (稗官文學) 图 [文芸] 稗官(칸)文学.
패권 (覇權) [-꿘] 图 覇権(칸). ‖패권을 쥐다 覇権を握る.
패권-주의 (覇權主義) [-꿘-/-꿘-이] 图 覇権主義.
패기 (覇氣) 图 覇気(하); 若々しい意気ごみ. ‖패기가 없다 若者らしい覇気に欠ける.
패기만만-하다 (覇氣滿滿-) 形 [하옆] 覇気にあふれている.
패널 (panel) 图 パネル.
패널-토론 (-討論) 图 パネルディスカッション.
패널리스트 (panelist) 图 パネリスト.
패다¹ [自] (穀物の穂が)出る. ‖보리가 팰 무렵 麦の穂が出る頃.
패다² [自] [파이다の縮約形] 掘られる; 凹(오)む.
패다³ 他 (手加減をしないで)殴る; 殴り飛ばす.
패다⁴ 他 (斧で薪などを)割る. ‖장작을 패다 薪を割る.
패드 (pad) 图 パッド; 洋服などの詰め物; (生理用)ナプキン.
패랭이-꽃 [-꼳] 图 [植物] ナデシコ(撫子).
패러글라이딩 (paragliding) 图 [スポーツ] パラグライダー.
패러다임 (paradigm) 图 パラダイム.
패러독스 (paradox) 图 パラドックス; 逆説.
패러디 (parody) 图 パロディー.
패륜 (悖倫) 图 自動 破倫. ‖패륜아 人の道に悖(ㄹㅕ)る行為をする人.
패망 (敗亡) 图 自動 敗亡.
패물 (佩物) 图 装身具; アクセサリー.
패밀리 (family) 图 ファミリー. ‖패밀리 레스토랑 ファミリーレストラン.
패배 (敗北) /pʰebe/ 图 自動 敗北. 反 승리(勝利). ‖선전한 보람도 없이 패배하다 善戦空しく敗北する. 패배를 당하다 敗北を喫する.
패병 (敗兵) 图 敗兵.
패색 (敗色) 图 敗色. ‖패색이 짙다 敗色が濃い.
패세 (敗勢) 图 敗勢.
패션 (fashion) /pʰeʃjɔn/ 图 ファッショ

ㄴ, ‖패션 업계 ファッション業界.
패션-모델 (fashion model) 图 ファッションモデル.
패션-쇼 (fashion show) 图 ファッションショー.
패소 (敗訴) 图 [하自] 敗訴. ↔승소 (勝訴).
패스 (pass) 图 [自他] ❶ パス. ‖ 서류 심사에 패스하다 書類審査にパスする. 정확한 패스 正確なパス. ❷ 定期乗車券.
패스워드 (password) 图 パスワード.
패스트-푸드 (fast food) 图 ファーストフード.
패스포트 (passport) 图 パスポート. ⓐ 여권(旅券).
패습 (悖習) 图 悪習; 悪弊; 悪風.
패-싸움 (牌-) 图 [하自] 集団けんか.
패악-하다 (悖惡-) [-어카-] 邢 [하變] 道理にもとり凶暴だ.
패인 (敗因) 图 敗因.
패자 (敗者) 图 敗者. ↔승자 (勝者). ‖패자 부활전 敗者復活戦.
패자 (覇者) 图 覇者.
패잔 (敗殘) 图 [하自] 敗残.
패잔-병 (敗殘兵) 图 敗残兵.
패장 (敗將) 图 敗軍の将.
패전 (敗戰) 图 [하自] 敗戦. ↔승전 (勝戰). ‖패전 투수 敗戦投手; 負け投手.
패전-국 (敗戰國) 图 敗戦国.
패주 (貝柱) 图 貝柱. ⓐ 조개관자 (一貫子).
패주 (敗走) 图 [하自] 敗走.
패총 (貝塚) 图 貝塚. ⓐ 조개더미.
패치워크 (patchwork) 图 パッチワーク.
패키지 (package) 图 パッケージ.
패키지-여행 (package 旅行) 图 ツアー.
패키지-프로그램 (package program) 图 [IT] パッケージソフト.
패킹 (packing) 图 パッキング.
패턴 (pattern) 图 パターン. ‖다양한 패턴 様々なパターン. 행동 패턴 行動パターン.
패퇴 (敗退) 图 [하自] 敗退.
패-하다 (敗-) 图 [하自] 敗れる; 負ける. ‖재판에서 패하다 裁判で負ける. 결승전에서 삼 대 이로 패하다 決勝戦で3対2で敗れる.
패혈-증 (敗血症) [-쯩] 图 [医学] 敗血症.
팩[1] (pack) 图 [하他] パック. ‖우유 팩 牛乳パック. 얼굴에 팩을 하다 顔をパックする.
팩[2] 圉 小柄な人がもろく倒れる様子を뜻したっと; ぱたりと. ‖갑자기 팩 쓰러지다 急にぱたりと倒れる. 팩-하다.
팩스 (fax) 图 〔팩시밀리의 略語〕 ファックス. ‖팩스를 보내다 ファックスを送る.
팩시밀리 (facsimile) 图 ファクシミリ. ⓐ 팩스.

팩터 (factor) 图 ファクター.
팩-하다 [패카-] 图 [하變] むっとする. むっとなる. 外惯して取り返えてすが버리고 むっとなって行ってしまう.
팬[1] (fan) /pʰen/ 图 ファン. ‖팬들에 둘러싸이다 ファンに取り囲まれる. 야구 팬 野球ファン.
팬-레터 (fan letter) 图 ファンレター.
팬-클럽 (fan club) 图 ファンクラブ.
팬[2] (fan) 图 ファン. ‖팬히터 ファンヒーター.
팬더 (panda) 图 판다の誤り.
팬시 (fancy) 图 ファンシー.
팬시-상품 (一商品) 图 ファンシーグッズ.
팬시-점 (-店) 图 ファンシーショップ.
팬지 (pansy) 图 [植物] パンジー.
팬츠 (pants) 图 ズボン; パンツ.
팬케이크 (pancake) 图 パンケーキ.
팬터그래프 (pantograph) 图 パンタグラフ.
팬터마임 (pantomime) 图 パントマイム; 無言劇; ミーム.
팬티 (←panties) /pʰentʰi/ 图 ショーツ; パンティー.
팬티-스타킹 (panty + stocking 日) 图 パンティーストッキング.
팸플릿 (pamphlet) 图 パンフレット.
팻-말 (牌-) /팬-/ 图 立て札.
팽[1] 圉 ❶ 小さいものが速く回る様子. ❷ 急に目頭が熱くなる様子. じいんと. ‖눈물이 팽 돌다 急に涙がじいんとにじむ. 팽-팽 圉 くるくる. ‖눈이 팽팽 돌다 目がくるくる(と)回る.
팽[2] 圉 鼻を強くかむ様子[音]; ちん.
팽개-치다 [⇾] ❶ 投げ出す; 放り投げる. ‖가방을 팽개치고 친구 집으로 달려가다 かばんを投げ出して友だちの家に走って行く. ❷ (仕事などを) 投げ出す. ‖하던 일을 팽개치다 やっていた仕事を投げ出す.
팽그르르 圉 小さいものが滑らかに素早く回る様子. くるっと.
팽글-팽글 圉 小さいものが軽く連続的に速く回る様子. くるくる(と). ぐるぐる (と). ‖팽이가 팽글팽글 돌다 こまがくるくる(と)回る.
팽-나무 图 [植物] エノキ (榎).
팽나무-버섯 [-섣] 图 [植物] エノキタケ (榎茸).
팽대-하다 (膨大-) 圉 [하變] 膨大だ.
팽만-하다 (膨滿-) 圉 [하變] 膨満だ.
팽배 (澎湃·彭湃) 图 [하自] 澎湃(ᄒᆨ); 蔓延. ‖불신 풍조가 팽배한 사회 不信感が蔓延している社会.
팽이[1] 图 独楽(⅒).
팽이-채 图 独楽を打つ紐; 独楽を打つ鞭(⅙).
팽이-치기 图 独楽回し.
팽이-버섯 [-섣] 图 《植物》 エノキタケ (榎茸).
팽창 (膨脹) 图 [하自] 膨張. ↔수축 (收

팽팽-하다 縮).∥기구가 팽창하다 気球が膨脹する. 도시의 팽창 都市の膨脹.
팽창-률(膨脹率)【−늘】名 膨脹率.
팽팽-하다[形]【하変】❶ぴんと張っている. ❷(双方の実力や力が)伯仲している. 五分五分だ. ∥두 사람의 실력이 팽팽하다 2 人の実力が伯仲している.
팽팽-하다²(膨膨−)(하変) 膨らんでいる; 張りがある; 弾力がある. ∥주름살 하나 없는 팽팽한 피부 しわ一つない張りのある肌.
팽팽-히 副
퍅-하다(愎−)【−카카−】形【하変】(性格が)偏屈で怒りっぽい.
퍼【우ㅇ】 푸다(汲み取る)の連用形.
퍼-내다他 汲み出す. ∥물을 퍼내어 水を汲み出す.
퍼덕-거리다【−거−】自他 (鳥などが)しきりに羽ばたきする;(魚が)ぴちぴちとはねる. ∥새가 날개를 퍼덕거리다 鳥がしきりに羽ばたきする.
퍼덕-이다自他 =퍼덕거리다.
퍼-뜨리다他 広める;言いふらす. ∥이상한 소문을 퍼뜨리다 変なうわさを広める.
퍼뜩 副 ❶(急に)思い出したり思い浮かんだりする様子: はっと; ふっと. ∥좋은 생각이 퍼뜩 떠오르다 いいアイデアがふっと思い浮かぶ. ❷素早く片付ける様子: さっと; さっさと. ∥일을 퍼뜩 해치우다 さっさと仕事を片付ける.
퍼렇다【−러타】形【ㅎ変】 青みが濃い. ∥퍼렇게 멍이 들다 青あざができる. 反 파랗다.
퍼레이드 (parade) 名 パレード.
퍼레-지다 自 青くなる; 青ざめる. 反 파래지다.
퍼-먹다【−따】他 ❶(ご飯などを)よそって食べる. ❷むさぼり食う;がつがつ食う; かき込む. ∥시간이 없어서 밥을 허겁지겁 퍼먹다 時間がなくてご飯をかき込む.
퍼-붓다 /pʰɔbutʼta/【−붇따】自他【人変】 (퍼부어, 퍼붓는, 퍼부은】 ❶(雨・銃弾などが)降り注ぐ; 集中して降りかかる. ∥비가 억수같이 퍼붓다 雨が激しく降り注ぐ. ― 他 (質問・非難などを)浴びせる. ∥욕설을 퍼붓다 罵詈雑言を浴びせる.
퍼석-거리다【−꺼−】自 ぱさぱさする; ぱさつく.
퍼석-퍼석 副(形動) 水分や脂気が少ない様子: ぱさぱさ. ∥크래커가 퍼석퍼석해서 맛이 없다 クラッカーがぱさぱさしておいしくない.
퍼석-하다【−서카−】形【하変】ぱさぱさしている.
퍼센트 (percent) /pʰɔːsentʰɯ/ 名 パーセント(%); 百分率. ∥이번 수술이 성공할 확률은 몇 퍼센트입니까? 今度の手術が成功する確率は何パーセントですか. 논문의 팔십 퍼센트는 되어 있다 論文の 80 パーセントはできている.

퍼스널˘컴퓨터 (personal computer) 名 (IT) パーソナルコンピューター; パソコン. 略 피시.
퍼스트-레이디 (first lady) 名 ファーストレディ.
퍼스트-클래스 (first class) 名 (航空機・客船などで)ファーストクラス.
퍼-올리다他 汲み上げる. ∥지하수를 퍼올리다 地下水を汲み上げる.
퍼즐 (puzzle) 名 パズル. ∥퍼즐을 풀다 パズルを解く.
퍼-지다自 ❶広がる;回る. ∥햇살이 퍼지다 日差しが広がる. 전신으로 독이 퍼지다 全身に毒が回る. 나팔 모양으로 퍼지다 漏斗状に広がる. ❷広まる. ∥소문이 퍼지다 うわさが広まる. ❸(ご飯などが)蒸れる. ∥밥이 퍼지다 ご飯が蒸れる. ❹(麵類が)伸びる. ∥라면이 퍼지다 ラーメンが伸びる. ❺元気がない; やる気が出ない; だらしない. ∥퍼져 지내다 だらしない生活をする.
퍼지˘이론 (fuzzy 理論) 名 ファジー理論.
퍼트 (putt) 名 (ゴルフで)パット.
퍼-트리다他 =퍼뜨리다.
퍼팩트-게임 (perfect game) 名 (野球で)パーフェクトゲーム. 略 완전 시합(完全試合).
퍼포먼스 (performance) 名 パフォーマンス.
퍽¹ 副 非常に; とても. ∥그는 퍽 친절하다 彼はとても親切だ.
퍽² 副 重いものが倒れたり落ちたりする音: ばたっと. ∥퍽 쓰러지다 ばたっと倒れる. 병사들이 퍽퍽 쓰러지다 兵士たちがばたばた[ばたばた]と倒れる.
퍽석【−썩】 副 だらしなく尻を床につけて座る様子: べたり. ∥길바닥에 퍽석 주저앉다 道端にべたりと座り込む.
퍽퍽-하다【−퍼카−】形【하変】 ❶(食べ物などが水気がなくてぱさぱさしている; ぱさついている. ∥빵이 퍽퍽하다 パンがぱさぱさしている. ❷(疲れて)足が重い.
펀드 (fund) 名 ファンド.
펀치 (punch) 名 パンチ. ∥펀치를 날리다 パンチを食らわす.
펀치-기 (−機) 名 パンチャー.
펄떡-거리다【−꺼−】自 しきりに心臓や脈が打つ. ∥심장이 펄떡거리다 心臓がどきどき(と)打つ.
펄럭-거리다【−꺼−】自他 (旗などが)はためく; はたはたと音を立てる. ∥만국기가 바람에 펄럭거리다 万国旗が風にはためく. 名 펄럭거림.
펄렁-거리다自他 (薄く軽いものが)揺れ動く;なびく. 名 팔랑거리다.
펄스 (pulse) 名 パルス.
펄쩍 副 勢いよく飛び上がる様子: ぴょんと. 名 팔짝. **펄쩍-펄쩍** 副

펄펄 /pʰəlpʰəl/ 〖부〗 ❶ 湯やスープなどが煮えたぎる様子: ぐらぐら. ぐつぐつ. ‖냄비 물이 펄펄 끓고 있다 鍋がぐらぐら煮え立っている. ❷ (体温・温度などが) 高い様子. ❸ 勢いよくはねる様子: ぴちぴち. ❹ 雪が飛び散る様子: びゅうびゅう. ‖눈이 펄펄 날리고 있다 雪がびゅうびゅうと舞い散っている.

펄펄-거리다 〖자〗 勢いよくはねる. ‖잉어가 펄펄거리다 コイがぴちぴちとはねる. ⓝ펄팔거리다.

펄프 (pulp) 〖명〗 パルプ.

펌프 (pump) 〖명〗 ポンプ.

펑 急に何かが破裂する大きな音. ‖펑 소리에 놀라다 ぱんという音に驚く. ⓝ팡. **펑-펑** 〖부〗

펑크 (←puncture) 〖명〗 ❶ パンク. ‖타이어가 펑크 나다 タイヤがパンクする. 펑크 상태 パンク状態. ❷ (計画などが) おじゃんになること. ‖약속을 펑크 내다 約束をおじゃんにする.

평퍼짐-하다 〖형〗 〖하변〗 丸みを帯びて平べったい.

평평 〖부〗 ❶ 液体が小さい穴からあふれ出る様子[音]: どくどく. ‖코피가 평평 쏟아지다 鼻血がどくどく(と)流れ出る. ❷ 雪がたくさん降る様子: しんしん. ‖눈이 평평 내리는 밤 雪がしんしんと降る夜. ❸ 金や水などをむやみに使う様子. ‖돈을 평평 쓰다 金をむやみに使う.

페가수스-자리 (Pegasus—) 〖天文〗 ペガサス座.

페넌트 (pennant) 〖명〗 ペナント. ‖페넌트 레이스 ペナントレース.

페널티 (penalty) 〖명〗 ペナルティー. ‖페널티 킥 ペナルティーキック.

페놀 (phenol) 〖명〗 〖化学〗 フェノール.

페니실린 (penicillin) 〖명〗 〖薬〗 ペニシリン.

페달 (pedal) 〖명〗 ペダル. ‖페달을 밟다 ペダルを踏む.

페더-급 (feather級) 〖명〗 (ボクシングで) フェザー級.

페디큐어 (pedicure) 〖명〗 ペディキュア. ⓝ매니큐어.

페로몬 (pheromone) 〖명〗 フェロモン.

페루 (Peru) 〖国名〗 ペルー.

페리 (ferry) 〖명〗 フェリー.

페미니스트 (feminist) 〖명〗 フェミニスト.

페미니즘 (feminism) 〖명〗 フェミニズム.

페소 (peso ス) 〖명〗 メキシコ・アルゼンチンなどの通貨単位: …ペソ.

페스트 (pest) 〖명〗 〖医学〗 ペスト. ⓝ 흑사병(黑死病).

페스티벌 (festival) 〖명〗 フェスティバル.

페어-플레이 (fair play) 〖명〗 フェアプレー.

페이 (pay) 〖명〗 ペイ. ‖페이가 싸다 ペイが安い.

페이드아웃 (fade-out) 〖명〗 フェードアウト.

페이드인 (fade-in) 〖명〗 フェードイン.

페이스 (pace) 〖명〗 ペース. ‖페이스를 유지하다 ペースを維持する. 페이스를 올리다 ペースを上げる.

페이지 (page) 〖명〗 ページ. ‖페이지를 넘기다 ページをめくる.
—〖依名〗 …ページ. ‖열 페이지 10ページ.

페인트[1] (paint) 〖명〗 ペイント; ペンキ. ‖페인트를 칠하다 ペンキを塗る.

페인트[2] (feint) 〖명〗 (スポーツでの) フェイント.

페치카 (pechka ㄹ) 〖명〗 ペチカ.

페트-병 (PET瓶) 〖명〗 ペットボトル.

페티코트 (petticoat) 〖명〗 ペチコート.

페퍼민트 (peppermint) 〖명〗 ペパーミント; 薄荷.

펜 (pen) /pʰen/ 〖명〗 ペン. ‖펜을 들다 ペンを執る. 펜끝 ペン先.

펜-네임 (pen name) 〖명〗 ペンネーム; 筆名.

펜-대 (pen—) 〖명〗 ペン軸.

펜던트 (pendant) 〖명〗 ペンダント.

펜션 (pension) 〖명〗 ペンション.

펜스 (fence) 〖명〗 フェンス.

펜싱 (fencing) 〖명〗 〖スポーツ〗 フェンシング.

펜-촉 (pen鏃) 〖명〗 ペン先.

펜치 (←pincers) 〖명〗 ペンチ.

펜-컴퓨터 (pen computer) 〖명〗 〖IT〗 ペンコンピューター.

펜-클럽 (PEN Club) 〖명〗 ペンクラブ.

펜팔 (pen pal) 〖명〗 文通仲間; ペンパル. ‖펜팔을 하다 文通をする.

펜홀더-그립 (penholder grip) 〖명〗 (卓球で) ペンホルダーグリップ.

펠리컨 (pelican) 〖명〗 〖鳥類〗 ペリカン.

펠트 (felt) 〖명〗 フェルト.

펭귄 (penguin) 〖명〗 〖鳥類〗 ペンギン.

펴-내다 〖타〗 (本などを) 発行する. ‖논문집을 펴내다 論文集を発行する.

펴낸-이 〖명〗 発行者. ⓝ 발행인(發行人).

펴-놓다 [—노타] 〖타〗 広げておく; 敷いておく. ‖신문을 펴놓다 新聞を広げておく. 이불을 펴놓다 布団を敷いておく.

펴다 /pʰjəda/ 〖타〗 ❶ 広げる; 開く; 敷く; 繰り広げる. ‖교과서를 펴세요 教科書を開いてください. 날개를 펴다 羽を広げる. 우산을 펴다 傘を開く[差す]. 이불을 펴다 布団を敷く. 반론을 펴다 反論を繰り広げる. ❷ 伸ばす; 張る. ‖허리를 펴다 腰を伸ばす. 다리미로 주름을 펴다 アイロンでズボンのしわを伸ばす. 가슴을 펴다 걷다 胸を張って歩く. ❸ (기(를) 펴다の形で) 伸びる. のびのびする. ‖아이가 학교에서 기를 못 펴다 子どもが学校でのびのびできない. 기좀 펴고 살고 싶다 羽を伸ばしてのびのびと暮らしたい. ❹ (暮らし向きが) よくなる.

‖허리를 펴고 살다 暮らし向きがよくなる.

펴-지다 縮れたりしわになったり折れ曲がったりしていたものがまっすぐになる. ‖바지 주름이 펴지다 ズボンのしわが伸びる. 우산이 펴지다 傘が開く.

편[1] (片) [名][姓] 片(ピョン).

편[2] (便) [名] チーム; グループ; 組. ‖편을 짜다 チームを組む. 편을 가르다 組分けする. 우리 편 味方.
— (依)[名] ❶ 〈対立的に存在するものの〉…側; …方. ‖상대 편에서 진정이 들어오다 相手の方から苦情が出る. ❷ …便. ‖배편으로 船便で. 비용은 친구 편으로 보내잖습니다 費用は友だちを通してお送りします. ❸ 〈比較して言えば上げた時の〉…方. ‖성격은 얌전한 편이다 性格はおとなしい方だ.

편[3] (編) [名] 編. ‖편집부 편 編集部編.

편[4] (篇) [依][名] …篇. ‖한 편의 시 1篇の詩.

편견 (偏見) [名] 偏見. ‖편견을 가지다 偏見をいだく.

편곡 (編曲) [名][하他][音楽] 編曲.

편년-체 (編年體) [名] 編年体(年代の順を追って歴史を記述するもの). ◆『日本書紀』など.

편달 (鞭撻) [名][하他] 鞭撻. ‖지도 편달 指導鞭撻.

편대 (編隊) [名][하自他] 編隊. ‖편대 비행 編隊飛行.

편도 (片道) [名] 片道. ‖편도표 片道の切符.

편도-선 (扁桃腺) [名][解剖] 扁桃腺. ‖편도선이 붓다 扁桃腺が腫れる.

편도선-염 (扁桃腺炎) [-념] [名][医学] 扁桃腺炎.

편동-풍 (偏東風) [名][地] 偏東風.

편두-통 (偏頭痛) [名][医学] 偏頭痛.

편-들다 (便-) /pʰjəndɯlda/ [フ][語幹] [편들어, 편드는, 편든] 肩を持つ; 味方する; えこひいきする. ‖약한 쪽을 편들다 弱い方に味方する. 마누라를 편들다 女房の肩を持つ.

편람 (便覽) [名] 便覧. ‖수강 편람 履修便覧. シラバス.

편력 (遍歷) [편-] [名][하他] 遍歷. ‖여성 편력 女性遍歷.

편리 (便利) /pʰjəlli/ [편-] [名][하形] 便利; 便利なこと. ⇔**불편** (不便). ‖《주민들이 편리한 지역 通勤に便利な地域. 껍질 벗기는 데 편리한 도구 皮をむくのに便利な道具. 교통이 편리하다 交通の便がいい.

편린 (片鱗) [편-] [名] 片鱗; ほんのわずかな部分.

편마-암 (片麻岩) [名][鉱物] 片麻岩.

편모[1] (偏母) [名] 独り身の母親. ‖홀어머니.

편모[2] (鞭毛) [名][生物] 鞭毛(ベん̄). ‖모운동 鞭毛運動.

편-무역 (片貿易) [名][経] 片(かた)貿易.

편물 (編物) [名] 編み物.

편백 (扁柏) [名][植物] ヒノキ(檜).

편법 (便法) [-뻡] [名] 便法. 편법을 강구하다 便法を講じる.

편벽-되다 (偏僻-) [-외-/-웨-] [形] 偏っている. ‖편벽된 생각 偏った考え方.

편벽-하다 (偏僻-) [-벼카-] [形] 偏屈だ.

편서-풍 (偏西風) [名][地] 偏西風.

편성 (編成) [名][하他] 編成. ‖예산을 편성하다 予算を編成する.

편수 (編修) [名][하他] 編修.

편승 (便乘) [名][하自] 便乗. ‖시류에 편승하다 時流に便乗する.

편식 (偏食) [名][하他] 偏食.

편-싸움 (便-) [名][하自] グループに分かれてけんかや勝負事をすること.

편안-하다 (便安-) /pʰjənanhada/ [形] [하없] 楽だ; 安らかだ; 安楽だ; 気楽だ. ‖마음이 편안하다 心が楽だ. 편안한 마음으로 시험을 치다 楽な気持ちで試験を受ける. 시골에서 기분좋게 살고 있다 田舎で気楽に暮らしている. **편안-히** [副]

편애 (偏愛) /pʰjəne/ [名][하他] 偏愛. ‖장남을 편애하다 長男を偏愛する.

편육 (片肉) [名][料理] ゆでて薄く切った牛肉.

편의 (便宜) /pʰjəni/ [-/-펴니] [名] 便宜. ‖편의를 보주다 便宜を図る.

편의-점 (便宜店) [名] コンビニ; コンビニエンスストア.

편의-주의 (便宜主義) [-/-펴니-이] [名] 便宜主義.

편이-하다 (便易-) [형] [하形] [便易] 便利で扱いなどが簡単だ.

편익 (便益) [名] 便益. ‖편익을 도모하다 便益を図る.

편입 (編入) [名][하自] 編入. ‖편입하다 編入する.

편입-생 (編入生) [-쌩] [名] 編入生.

편입-시험 (編入試驗) [-씨-] [名] 編入試験. ‖편입 시험을 치다 編入試験を受ける.

편자[1] 蹄鉄.

편자[2] (編者) [名] 編者. (ⓝ)엮은이.

편재[1] (偏在) [名][되自] 偏在; 偏って存在すること.

편재[2] (遍在) [名][되自] 遍在; あまねく存在すること.

편저 (編著) [名] 編著.

편적-운 (片積雲) [名][天文] 片積雲.

편제 (編制) [名][하他] 編制. ‖조직 편제 組織編制.

편종 (編鐘) [名][音楽] 編鐘(ぺんしょう).

편주 (片舟) [名] 小舟. ‖일엽편주 一葉(いちよう)の小舟.

편중 (偏重) [名][되自] 偏重; 偏ること.

‖학력 편중 사회 学歴偏重の社会. 인구가 도시로 편중되다 人口が都市に偏る.

편지 (便紙) /pʰjəːnʤi/ 图 手紙; 書簡. ‖편지를 쓰다 手紙を書く. 선생님께 편지를 보내다 先生に手紙を出す. 친구한테서 온 편지 友だちからの手紙. 편지를 주고 받다 手紙のやり取りをする.

편지-봉 (便紙封) 图 封筒.

편지-지 (便紙紙) 图 便箋.

편집[1] (編輯) /-ʤip/ 图 하타 編集. ‖사보 편집을 하다 社内報の編集をする. 잡지 편집 일을 하고 있다 雑誌の編集の仕事に携わっている.

편집-부 (編輯部) 【-뿌】 图 編集部.

편집-자 (編輯者) 【-짜】 图 編集者.

편집-장 (編輯長) 图 編集長.

편집-회의 (編輯會議) 【-지푀/-지퀘이】 图 編集会議.

편집-후기 (編輯後記) 【-지푸-】 图 編集後記.

편집[2] (偏執) 图 하자 偏執.

편집-광 (偏執狂) 【-꽝】 图 (医学) 偏執狂; モノマニア.

편집-병 (偏執病) 【-뼝】 图 (医学) 偏執病; パラノイア.

편집-증 (偏執症) 【-쯩】 图 = 편집병(偏執病).

편-짜다 (便-) 图 (勝負のため)チームを組む; 組分けする. ‖편짜서 게임을 하다 チームを組んでゲームをする.

편차 (偏差) 图 偏差.

편찬 (編纂) 图 하타 編纂. ‖국사를 편찬하다 国史を編纂する.

편-찮다 (便-) /pʰjənʧʰantʰa/ 【-찬타】 혱 〔편하지 아니하다の縮約形〕 体によくない; 体調が思わしくない; 体調が芳しくない. ‖어머니가 요즘 조금 편찮으시다 最近母の体調があまりよくない. ‖많이 먹었는지 속이 편찮다 食べ過ぎたのかお腹の具合がよくない.

편충 (鞭蟲) 图 (動物) ベンチュウ(鞭虫).

편-층운 (片層雲) 图 (天文) 片層雲.

편파 (偏頗) 图 偏頗; 不公平. ‖편파 보도 不公平な報道.

편파-적 (偏頗的) 图 不公平; 偏っていること. ‖편파적인 태도 不公平な態度.

편평-족 (扁平足) 图 扁平足. ᠍평발(平-).

편-하다 (便-) /pʰjənhada/ 혱 하요 ❶ 편안하다; 안락하다; 心地がよい. ‖마음이 편하다 気が楽だ; 居心地がいい. 편한 자세로 앉다 楽な姿勢で座る; ひざをくずして座る. ❷ 〔…可 편하다の形で〕…やすい. ‖쓰기 편하다 使いやすい. **편-히** 團 편히 쉬십시오 ごゆっくりおくつろぎください.

편향 (偏向) 图 되자 偏向; 偏った傾向. ‖편향된 사고방식 偏った考え方.

편협-하다 (偏狹-) 【-혀파-】 혱 하요 偏狹だ. ‖편협한 성격 偏狭な性格.

편형-동물 (扁形動物) 图 (動物) 扁形動物.

펼쳐-지다 【-쳐-】 图 広がる; 開ける; 繰り広げられる. ‖푸른 바다가 눈앞에 펼쳐지다 青い海が目の前に広がる. 연일 열전이 펼쳐지다 連日熱戦が繰り広げられる.

펼치다 /pʰjəlʧʰida/ 圖 広げる; 繰り広げる. ‖신문을 펼치다 新聞を広げる. 방안에 자료를 펼쳐 놓고 논문을 쓰다 部屋の中に資料を広げて論文をまとめる.

폄하 (貶下) 图 하타 けなすこと. ‖다른 사람의 작품을 폄하하다 人の作品をけなす.

평[1] (評) 图 評; 批評. ‖작품 평이 그다지 좋지 않다 作品の評があまりよくない. 인물평 人物評.

평[2] (坪) 区団 土地区画の単位; …坪. +韓国の住宅・土地などは基本的に평(坪)を用いる.

평가[1] (平價) 【-까】 图 平価.

평가 절상 (平價切上) 【-까-쌍】 图 (経) 平価切り上げ.

평가 절하 (平價切下) 【-까-】 图 (経) 平価切り下げ.

평가[2] (評價) /pʰjəːŋ'ka/ 【-까】 图 하타 評価. ‖평가가 높아지다 評価が高まる. 평가할 만한 책 評価すべき本.

평각 (平角) 图 (数学) 平角.

평결 (評決) 图 하타 評決. ‖평결을 내리다 評決を下す.

평균 (平均) /pʰjəːŋgjun/ 图 平均. ‖평균을 내다 平均を出す. 평균보다 키가 크다 平均より背が高い. 하루에 평균 두 시간 정도 공부한다 1日に平均2時間くらい勉強する.

평균-값 (平均-) 【-깝】 图 平均値.

평균 기온 (平均氣溫) 图 平均気温.

평균-대 (平均臺) 图 (体操の)平均台.

평균 수명 (平均壽命) 图 平均寿命.

평균 연령 (平均年齡) 【-녈-】 图 平均年齢.

평균-율 (平均率) 【-뉼】 图 平均率.

평균-적 (平均的) 图 平均的. ‖평균적인 크기 平均的な大きさ.

평균-점 (平均點) 【-쩜】 图 平均点.

평균-치 (平均值) 【-찌】 图 平均値.

평년 (平年) 图 平年. ❶ いつもの年. ❷ (天文) 1年が365日の年. ᠍윤년(閏年).

평년-작 (平年作) 图 平年作.

평단 (評壇) 图 評壇.

평-당 (坪當) 图 坪当たり.

평등 (平等) /pʰjəːŋdɯŋ/ 图 하자 平等. ‖법 앞에서는 만인이 평등하다 法の前にはすべての人が平等である. 평등한 사회 平等な社会. 평등하게 나누어 주다 平等に分けてやる.

평등-권 (平等權) 【-꿘】 图 (法律) 平

等権.
　평등^선거 (平等選擧) [名] 平等選挙.
평론 (評論) 【-논】[名] 評論. ‖정치 평론 政治評論.
　평론-가 (評論家) [名] 評論家.
　평론-계 (評論界) 【-논-/-논 게】[名] 評論界.
　평론-집 (評論集) [名] 評論集.
평맥 (平脈) [名] 平脈.
평면 (平面) /pʰjɔŋmjɔn/ [名] 平面.
　평면-각 (平面角) [名]《数学》平面角.
　평면-경 (平面鏡) [名] 平面鏡.
　평면-도 (平面圖) [名] 平面図.
　평면-적 (平面的) [名] 平面的. ‖평면적인 묘사 平面的な描写.
　평면-체 (平面體) [名]《数学》平面体.
　평면-형 (平面形) [名]《数学》平面図形.
평민 (平民) [名] 平民; 庶民.
평-발 (平-) [名] 扁平足. [類]편평족(扁平足).
평방 (平方) [名]《数学》平方. [類]제곱.
　평방-근 (平方根) [名]《数学》平方根. [類]제곱근(-根).
평범-하다 (平凡-) /pʰjɔŋbɔmhada/ [形]『하変』平凡だ. [対]비범하다(非凡-). ‖평범한 인생 平凡な人生. 평범하게 살아가다 平凡に生きていく. **평범-히** [副]
평복 (平服) [名] 平服; 普段着; 私服.
평-사원 (平社員) [名] 平社員.
평-삼치 (平-) [名]《魚介類》ヒラザワラ(平鰆).
평상 (平牀·平床) [名] 木でできた大きい寝台.
평상-복 (平常服) [名] 普段着.
평상-시 (平常時) [名] 平素; ふだん.
평생 (平生) /pʰjɔŋsɛŋ/ [名] 一生; 生涯; 一生涯; 終生. ‖이 은혜는 평생 잊지 않겠습니다 このご恩は一生忘れません. 평생 소원 終生の念願.
　평생^교육 (平生教育) [名] 生涯教育.
　평생-토록 (平生-) [副] 一生涯.
평서-문 (平敍文) [名] 平叙文.
평성 (平聲) [名]《言語》平声(ひょうしょう). [関]상성(上聲)·거성(去聲)·입성(入聲).
평소 (平素) /pʰjɔŋso/ [名] 平素; 普段; 日頃; 平生. ‖나는 그날도 평소와 다름없이 여덟 시에 집을 나왔다 私はあの日も普段通り, 8 時に家を出た. 나는 평소에는 치마를 안 입는다 私は普段はスカートをはかない. 평소에는 조용한 동네다 平素は静かな町だ. 평소에 생각하고 있던 대로 되다 日頃思っていた通りになる.
평수 (坪數) 【-쑤】[名] 坪数.
평-시조 (平時調) [名]《文芸》시조(時調)の形式の一つ. [関]엇시조(旕時調)·사설시조(辭說時調).
평-신도 (平信徒) [名]《宗教》一般の信者.
평안-남도 (平安南道) [名]《地名》平安南道.
평안-도 (平安道) [名]《地名》〔平安南道と平安北道の併称〕平安道.
평안-북도 (平安北道) 【-또】[名]《地名》平安北道.
평안-하다 (平安-) [形]『하変』平安だ; 穏やかだ; 安らかだ. ‖평안한 얼굴 安らかな顔. 가내 두루 평안하십니까? お変わりございませんか.
평야 (平野) /pʰjɔŋja/ [名] 平野. ‖드넓은 평야 広々とした平野. 한국에서 가장 넓은 평야는 호남평야이다 韓国で最も広い平野は湖南平野である.
평양 (平壤) /pʰjɔŋjaŋ/ [名]《地名》平壌(ピョンヤン). ✣朝鮮民主主義人民共和国(北朝鮮)の首都.
평어 (評語) [名] 評語.
평영 (平泳) [名] 平泳ぎ. [類]개구리헤엄.
평온 (平溫) [名] 平温.
평온-하다 (平穩-) [形]『하変』平穏だ. ‖마음이 평온하다 心が平穏だ. 평온한 나날 平穏な日々. **평온-히** [副]
평원 (平原) [名] 平原.
평의-회 (評議會) 【-/-이훼】[名] 評議会.
평이-하다 (平易-) [形]『하変』平易だ; 易しい; 分かりやすい. ‖시험 문제가 평이하다 試験問題が易しい. 평이한 말로 쓰다 平易な言葉で書く.
평일 (平日) [名] 平日.
평자 (評者) [名] 評者.
평작 (平作) [名] 平作.
평전 (評傳) [名] 評伝.
평점 (評點) 【-쩜】[名] 評点. ‖평점을 매기다 評点をつける.
평정[1] (平靜) [名] [하形] 平静. ‖마음의 평정을 되찾다 心の平静を取り戻す. 평정을 가장하다 平静を装う.
평정[2] (平定) [名] [하他] 平定. ‖천하를 평정하다 天下を平定する.
평정[3] (評定) [名] [하他] 評定.
평준 (平準) [名] [하他] 平準.
　평준-점 (平準點) 【-쩜】[名] 平準点.
　평준-화 (平準化) [名] [하他] 平準化.
평지 (平地) [名] 平地.
　평지-풍파 (平地風波) [名] 平和なところの無駄ないさかい. ‖평지풍파를 일으키다 無駄にいさかいを起こす.
평-천하 (平天下) [名] [하自] 天下を平定すること.
평탄-하다 (平坦-) [形]『하変』(道などが)平坦だ. ‖평탄한 길 平坦な道. 살아가는 길이 평탄하지 못하다 人生行路が平坦ではない.
평판 (評判) [名] 評判. ‖평판이 좋다 評判がいい. 평판에 신경을 쓰다 評判を気にする.
평평-하다 (平平-) [形]『하変』平らだ. ‖땅이 평평하다 地面が平らだ. **평평-**

히 圖
평풍(平-)图 屛風(병풍).
평-하다(評-)〖他〗〖하여〗評する; 批評する. ‖作品を評する 作品を評する.
평행(平行)/pʰjʌŋhæŋ/【-/-】图〖自〗平行. ‖平行移動 平行移動. 평행 사변형 平行四辺形. 평행하는 두 개의 선 平行する2本の線.
평행-봉(平行棒)图 (体操の)平行棒.
평행-선(平行線)〖数学〗平行線. ‖평행선을 달리다 平行線をたどる.
평행-자(平行-)图 平行定規.
평형(平衡)图〖形動〗平衡.
평형 감각(平衡感覺)图 平衡感覺.
평형 기관(平衡器官)图 平衡器官.
평화(平和)/pʰjʌŋhwa/图 平和. ‖평화를 기원하다 平和を願う. 세계의 평화 世界の平和. 평화 운동 平和運動. 평화 공존 平和共存. 평화 조약 平和条約. 노벨 평화상 ノーベル平和賞.
평화-롭다(平和-)【-따】〖形〗〖ㅂ変〗平和だ; 穏やかだ; 安らかだ. ‖평화로운 시대 平和な時代. 평화로운 나날 平和な日々. **평화로이**副
평활-근(平滑筋)〖解剖〗平滑筋.
폐[1](肺)/pʰe:/【-/폐】图〖解剖〗〖폐장(肺臓)の略称〗肺臓.
폐[2](弊)/pʰe:/【-/폐】图 ❶〖폐단(弊端)の略語〗弊害. ❷迷惑. ‖뒤에 폐가 되지 않도록 하다 後に迷惑にならないようにする. 다른 사람한테 폐를 끼치다 他人に迷惑をかける.
폐가(廢家)【-/폐】图 廢家.
폐간(廢刊)【-/폐】图〖하他〗廢刊.
폐간-되다〖自受〗
폐강(廢講)【-/폐】图〖하自〗閉講. ‖개강(開講). **폐강-되다**〖自受〗
폐-결핵(肺結核)【-/폐】图〖医学〗肺結核.
폐경(廢經)【-/폐】图〖하他〗廢經.
폐경-기(廢經期)【-/폐】图 廢經期.
폐-곡선(閉曲線)【-썬/-썬】图〖数学〗閉曲線.
폐관[1](閉館)【-/폐】图〖하他〗閉館. ‖개관(開館). **폐관-되다**〖自受〗
폐관[2](廢關)【-/폐】图〖하他〗廢關.
폐광(廢鑛)【-/폐】图 廢鑛.
폐교(廢校)【-/폐】图〖하他〗廢校. ‖개교(開校).
폐기(廢棄)【-/폐】图〖하他〗廢棄. ‖폐기 처분 廢棄処分.
폐기-물(廢棄物)【-/폐】图 廢棄物. ‖산업 폐기물 産業廢棄物.
폐-기종(肺氣腫)【-/폐】图〖医学〗肺氣腫.
폐단(弊端)【-/폐】图 弊害. 폐해(弊害). ‖사이비 종교의 폐단 えせ宗教の弊害.
폐-동맥(肺動脈)【-/폐】图〖解剖〗

폐지
肺動脈.
폐렴(-肺炎)【-/폐】图〖医学〗肺炎. ‖폐렴에 걸리다 肺炎を起こす.
폐로(閉路)【-/폐】图〖電〗閉路.
폐막(閉幕)【-/폐】图〖하自他〗閉幕. ㉠개막(開幕). ‖동계 올림픽이 폐막되다 冬季オリンピックが閉幕する.
폐막-식(閉幕式)【-식/-폐-막씩】图 閉幕式.
폐-모음(閉母音)【-/폐-】图〖言語〗狹母音. 고모음(高母音).
폐문[1](肺門)【-/폐】图〖解剖〗肺門.
폐문[2](閉門)【-/폐】图〖하他〗閉門.
폐물(廢物)【-/폐】图 廢物; 廢品.
폐백(幣帛)【-/폐】图 結婚式場で新婦が新郎の両親にお礼の儀式を行なってから贈るナツメ・干し肉などの品々.
폐병(肺病)【-뼝/폐뼝】图〖医学〗肺病.
폐부(肺腑)【-/폐】图 ❶〖解剖〗肺腑. ❷〖比喩的に〗心底. ‖폐부를 찌르다 肺腑をつく.
폐사(弊社・敝社)【-/폐】图〖하他〗弊社.
폐색(閉塞)【-/폐】图〖하自他〗閉塞. ‖장폐색 腸閉塞.
폐선(廢船)【-/폐】图 廢船.
폐쇄(閉鎖)【-/폐】图〖하他〗閉鎖. ‖공장을 폐쇄하다 工場を閉鎖する. **폐쇄-되다**〖自受〗
폐쇄-적(閉鎖的)〖冠名〗閉鎖的な. ‖폐쇄적인 사회 閉鎖的な社会.
폐수(廢水)【-/폐】图 廢水. ‖공장 폐수 工場の廢水.
폐-수종(肺水腫)【-/폐】图〖医学〗肺水腫.
폐암(肺癌)【-/폐】图〖医学〗肺癌.
폐업[1](閉業)【-/폐】图〖하他〗❶閉業(開業). ❷閉店.
폐업[2](廢業)【-/폐】图 廢業.
폐위(廢位)【-/폐】图 廢位.
폐유(廢油)【-/폐】图 廢油.
폐-음절(閉音節)【-/폐】图〖言語〗閉音節(子音で終わる音節・終音節)(開音節).
폐인(廢人)【-/폐】图 廢人.
폐장[1](肺臟)【-/폐】图〖解剖〗肺; 肺臟(肺).
폐장[2](閉場)【-/폐】图〖하自〗閉場. ㉠개장(開場).
폐-전색(肺栓塞)【-/폐】图〖医学〗肺栓塞.
폐점(閉店)【-/폐】图〖하自〗閉店. ‖개점(開店).
폐정(閉廷)【-/폐】图 閉廷. ㉠개정(開廷).
폐-정맥(肺靜脈)【-/폐】图〖解剖〗肺靜脈.
폐지[1](閉止)【-/폐】图〖하自〗閉止.
폐지[2](廢止)/pʰe:dʑi/【-/폐】图〖하他〗廢止. ‖잔업 수당을 폐지하다 残業手

当を廃止する. 법률을 폐지하다 法律を廃止する. **폐지-되다** 受動
폐지-안 (廢止案) 图 廃止案.
폐차 (廢車) 图 [/폐/] 的他 廃車.
폐-출혈 (肺出血) 图 [/-폐-/] 图 (医学) 肺出血.
폐포 (肺胞) 图 图 (解剖) 肺胞.
폐품 (廢品) 图 图 廃品. ‖ 폐품을 재활용하다 廃品をリサイクルする. 폐품 수집 廃品回収.
폐하 (陛下) 图 图 陛下.
폐-하다 (廢─) 图 [/-폐-/] 图 [하変] 廃する; 廃止する; やめる. ‖ 군주를 폐하다 君主を廃する.
폐해 (弊害) 图 图 弊害. ‖ 사이비 종교의 폐해가 심각하다 えせ宗教の弊害が深刻だ.
폐허 (廢墟) 图 图 廃墟. ‖ 폭격으로 폐허가 된 도시 爆撃で廃墟になった都市.
폐-활량 (肺活量) 图 [/-폐-/] 图 肺活量. ‖ 폐활량을 늘리다 肺活量を増やす.
폐회 (閉會) 图 [/-폐/쇄/] 的他 閉会. ㉠개회 (開會). ‖ 폐회를 선언하다 閉会を宣言する.
폐회-사 (閉會辭) 图 閉会の辞.
폐회-식 (閉會式) 图 閉会式. ㉠개회식 (開會式).
폐-흡충 (肺吸蟲) 图 [/-폐-/] 图 肺吸虫.
포[1] (包) 图 将棋の駒の一つ.
포[2] (脯) 图 [포육 (脯肉) の略語] 干し肉. ‖ 오징어포 スルメ.
포개다 /pʰogɛda/ 图他 重ねる; 積み重ねる; ‖ 手足を組む. ‖ 밥그릇을 포개어 놓다 茶碗を積み重ねておく. 다리를 포개고 앉다 足を組んで座る.
포개-지다 图 (2つが) 重なる.
포격 (砲擊) 图 图 砲撃. ‖ 포격을 가하다 砲撃を加える.
포경[1] (包莖) 图 (医学) 包茎.
포경[2] (捕鯨) 图 图 捕鯨. ㉠고래잡이.
포경-선 (捕鯨船) 图 捕鯨船.
포고 (布告·佈告) 图 图他 布告. ‖ 선전 포고 宣戦布告.
포고-령 (布告令) 图 勅令.
포괄 (包括) 图 的他 包括. ‖ 몇 가지 현상을 포괄할 수 있는 개념 いくつかの現象を包括できる概念.
포괄-적 (包括的) 图 [-적] 图 包括的. ‖ 포괄적인 설명. 包括的な説明.
포교 (布敎) 图 的他 布教. ‖ 포교 활동 布教活動.
포구[1] (浦口) 图 浦·入り江などの入り口.
포구[2] (砲口) 图 砲口.
포근-하다 /pʰogɯnhada/ 图 [하変] ❶ (布団などが) ふわふわして; ふんわりしている. ‖ 포근한 이불 ふわふわの布団. ❷ (冬の気候が) 暖かい. ‖ 포근한 날씨 暖かい天気. ❸ (雰囲気などが) 和やかだ.

포기[1] 图 (野菜など根のついた植物の) 株. ‖ 포기가 큰 배추 株が大きい白菜.
— 依名 …株. ‖ 배추 열 포기 白菜10株.
포기[2] (抛棄) /pʰo:gi/ 图他 放棄; 諦めること; 見放すこと. ‖ 유산 상속을 포기하다 遺産の相続を放棄する. 권리를 포기하다 権利を放棄する. 꿈을 포기하다 夢を諦める.
포달-지다 图 荒々しい; 毒々しい.
포대[1] (包帶) 图 布の袋.
포대[2] (包袋) 图 (紙·革などで作った) 袋. ‖ 밀가루 포대 小麦粉の袋.
포대기 图 おくるみ.
포도 (葡萄) /pʰodo/ 图 (植物) ブドウ (葡萄). ‖ 건포도 干しブドウ; レーズン. 포도 송이 ブドウの房.
포도-당 (葡萄糖) 图 (化学) ブドウ糖.
포도-밭 (葡萄─) 图 [-받] ブドウ畑.
포도-색 (葡萄色) 图 ワイン色.
포도-주 (葡萄酒) 图 ブドウ酒; ワイン.
포도상-구균 (葡萄状球菌) 图 (医学) ブドウ球菌.
포도-청 (捕盜廳) 图 (歷史) 犯罪者を捕まえる官庁.
포동포동-하다 图 [하変] ふくよかだ; ぽっちゃりしている. ‖ 아기의 볼이 포동포동하다 赤ちゃんのほっぺがふっくらしている.
포럼 (forum) 图 フォーラム.
포렴 (布簾) 图 暖簾 (のれん).
포로 (捕虜) /pʰo:ro/ 图他 捕虜; とりこ. ‖ 포로 수용소 捕虜収容所. 사랑의 포로 恋のとりこ. 욕망의 포로가 되다 欲望のとりこになる.
포르노 (←pornography) 图 [포르노그래피の略語] ポルノ.
포르노그래피 (pornography) 图 ポルノグラフィー. ㉠포르노.
포르말린 (Formalin[ド]) 图 ホルマリン.
포르테 (forte[イ]) 图 (音楽) フォルテ.
포르투갈 (Portugal) 图 (国名) ポルトガル.
포르티시모 (fortissimo[イ]) 图 (音楽) フォルティッシモ.
포마드 (pomade) 图 ポマード.
포만 (飽滿) 图的他 飽満.
포말 (泡沫) 图 波しぶき; 飛沫.
포맷 (format) 图的他 (IT) フォーマット.
포목 (布木) 图 反物; 生地.
포목-상 (布木商) 图 [-쌍] 反物商.
포목-점 (布木店) 图 [-쩜] 反物屋.
포문 (砲門) 图 砲門. ‖ 포문을 열다 (攻撃などの) 口火を切る.
포물-선 (拋物線) 图 [-썬] (数学) 放物線. ‖ 포물선을 그리다 放物線を描く.
포박 (捕縛) 图 的他 捕縛 (ほばく).
포병 (砲兵) 图 砲兵.
포병-대 (砲兵隊) 图 (軍事) 砲兵隊.
포복 (匍匐) 图 自他 匍匐 (ほふく).

포복-절도(抱腹絶倒)【-절또】[하자] 抱腹絶倒.

포-볼(four+balls日) [명] (野球で)フォアボール; 四球.

포부(抱負) /pʰo:bu/ [명] 抱負. ∥将来の大きな抱負, 社長としての抱負を明らかにする 社長としての抱負を語る.

포상(褒賞) [명][하타] 褒賞.

포석(布石) [명] 布石. ∥포석을 깔다 布石とする.

포섭(包攝) [명][하타] 包摂; 抱き込むこと. **포섭-되다** [수동]

포성(砲聲) [명] 砲声. ∥포성이 울리다 砲声が鳴る.

포수[1](砲手) [명] 砲手; 獵師.

포수[2](捕手) [명] (野球で)捕手. ⓒ투수(投手).

포스터(poster) [명] ポスター.

포스트(post) [명] ポスト. ❶郵便物を投函する箱; 郵便受け. ∥포스트 카드 ポストカード; 郵便葉書. ❷地位; 役職. ∥중요한 포스트에 있다 重要なポストにいる.

포스트모더니즘(postmodernism) [명] ポストモダニズム.

포스트잇(Postit) [명] 付箋; ポストイット. ⓒ商標名から.

포슬-포슬[부] 水分や粘り気がなく, もろく砕ける様子: ぽろぽろ.

포승(捕縄) [명] 捕縄(ほじょう); 縄(なわ).

포식[1](捕食) [명][하타] 捕食.

포식[2](飽食) [명][하자] 飽食; たらふく食べること.

포악-하다(暴惡-) [형][하변] 暴悪だ. ∥포악한 성격 暴悪な性格.

포연(砲煙) [명] 砲煙.

포엽(苞葉) [명] (植物) 苞葉.

포옹(抱擁) [명][하타] 抱擁.

포용(包容) [명][하타] 包容.

포용력(包容力)【-녁】[명] 包容力. ∥포용력이 있는 사람 包容力のある人.

포위(包圍) /pʰo:wi/ [명][하타] 包囲. ∥적군을 포위하다 敵軍を包囲する. 포위망 包囲網. **포위-당하다** [수동]

포유(哺乳) [명][하자] 哺乳.

포유-기(哺乳期) [명] 哺乳期.

포유-동물(哺乳動物) [명] (動物) 哺乳動物.

포유-류(哺乳類) [명] (動物) 哺乳類.

포육(哺肉) [명] 干し肉. ⓒ포(脯).

포의[1](布衣)【-/-이】[명] 布衣.

포의[2](胞衣)【-/-이】[명] (生理) 胞衣.

포의-수(胞衣水) [명] =양수(羊水).

포인트(point) [명] ポイント; 要点. ∥출제 포인트 出題のポイント. 말의 포인트를 못 잡다 話のポイントがつかめない.

포자(胞子) [명] (植物) 胞子. ⓒ홀씨.

포자-낭(胞子囊) [명] (植物) 胞子囊(のう).

포자-식물(胞子植物)【-싱-】[명] (植物) 胞子植物.

포자-엽(胞子葉) [명] (植物) 胞子葉.

포자-충(胞子蟲) [명] (動物) 胞子虫.

포장[1](包裝) /pʰodʑaŋ/ [명][하타] 包装; ラッピング. ∥선물을 예쁘게 포장하다 プレゼントをきれいに包装する.

포장-지(包裝紙) [명] 包装紙.

포장[2](褒裝) [명] 褒章(ほうしょう).

포장[3](鋪裝) [명][하타] 舗装.

포장-도로(鋪裝道路) [명] 舗装道路.

포장-마차(布帳馬車) /pʰodʑaŋma:tɕʰa/ [명] ❶ほろ馬車. ❷屋台.

포즈(pose) [명] ポーズ. ∥포즈를 취하다 ポーズをとる.

포지션(position) [명] ポジション.

포지티브(positive) [명] ポジティブ. ⓒ네거티브.

포진(布陣) [명][하자] 布陣; 陣取ること.

포차(砲車) [명] 砲車.

포착(捕捉) [명][하타] 捕捉; とらえること. ∥기회를 포착하다 チャンスをとらえる.

포커(poker) [명] ポーカー.

포켓(pocket) [명] ポケット.

포켓-형(-型) [명] ポケットサイズ.

포크(fork) [명] フォーク.

포크-볼(forkball) [명] (野球で)フォークボール.

포크-댄스(folk dance) [명] フォークダンス.

포크-송(folk song) [명] フォークソング.

포크-커틀릿(pork cutlet) [명] とんかつ; ポークカツレツ. ⓒ돈가스.

포클레인(Poclain) [명] ショベルカー.

포탄(砲彈) [명] 砲弾.

포탈(逋脱) [명][하타] 脱税.

포터(porter) [명] ポーター.

포털-사이트(portal site) [명] (IT) ポータルサイト.

포테이토-칩(potato chip) [명] ポテトチップ.

포트폴리오(portfolio) [명] (経) ポートフォリオ.

포플러(poplar) [명] (植物) ポプラ.

포피(包皮) [명] 包皮.

포학(暴虐) [명][하자] 暴虐.

포학-무도(暴虐無道)【-항-】[명] 残虐無道.

포함(包含) /pʰoham/ [명][하타] 包含; 含むこと. ∥십 이하는 십을 포함한다 10 以下は 10 を含む. 참가자는 나를 포함해서 다섯 명이다 参加者は私を含めて 5人だ. **포함-되다** [수동]

포함[2](砲艦) [명] (軍事) 砲艦.

포합(抱合) [명][하자] 抱合.

포합-어(抱合語) [명] (言語) 抱合語. ⓒ고립어(孤立語)·굴절어(屈折語)·교착어(膠着語).

포핸드(forehand) [명] (テニス·卓球などで)フォアハンド. ⓒ백핸드.

포화[1](砲火) [명] 砲火.

포화² (飽和) 【명】 飽和. ‖포화 상태 飽和状態. 포화 지방산 飽和脂肪酸.

포환 (砲丸) 【명】 砲丸.

포환-던지기 (砲丸-) 【명】 〈スポーツ〉砲丸投げ.

포획 (捕獲) 【-/-획】 【명】 【하타】 捕獲. **포획-되다** 受動

포효 (咆哮) 【명】 【하자】 咆哮(する).

폭¹ (幅) 【명】 ❶ 폭이 넓은 길 幅の広い道. 폭을 넓히다 [좁히다] 幅を広げる [狭める]. 교체 폭이 넓다 交際の幅が広い. 인상 폭 値上げ幅.
—— 依存 掛け軸・絵などを数える語. ‖한 폭의 풍경화 1幅の風景画.

폭² (幅) 【부】 ❶ 깊은 樣子: ぐさり; すっぽりと; ずぼっと; 深く. ‖칼로 폭 찌르다 ナイフでぐさりと刺す. 이불을 폭 뒤집어쓰고 울다 布団をすっぽりかぶって泣く. 폭 감싸 안다 すっぽりと抱きしめる. ❷ 十分な樣子: じっくり; ゆっくり; ぐっすり. ‖닭을 푹고다 鶏をじっくりと煮込む. 푹 자다 ぐっすり眠る. ❸ 폭 落とす樣子: がっくりと; ばたっと. ‖어깨가 푹 처지다 がっくり(と) 肩を落とす. 수업 중에 갑자기 폭 쓰러지다 授業中急にばたっと倒れる. **폭-폭**. **폭-폭**.

폭거 (暴擧) 【-꺼】 【명】 暴擧.
폭격 (爆擊) 【-격】 【명】 爆擊.
폭격-기 (爆擊機) 【-격끼】 【명】 爆擊機.
폭군 (暴君) 【명】 暴君.
폭-넓다 (幅-) 【퐁널따】 【형】 幅広い. ‖폭넓은 활동 幅広い活動. 폭넓은 지식 幅広い知識.
폭도 (暴徒) 【-또】 【명】 暴徒.
폭동 (暴動) 【-똥】 【명】 暴動. ‖폭동이 일어나다 暴動が起こる.
폭등 (暴騰) 【-뜽】 【명】 【하자】 暴騰. 街落. ‖야채값이 폭등하다 野菜の値段が暴騰する.
폭락 (暴落) 【-낙】 【명】 【하자】 暴落. 街騰. ‖주가가 폭락하다 株価が暴落する.
폭력 (暴力) /pʰoŋnjək/ 【퐁녁】 【명】 暴力. ‖언어에 의한 폭력 言葉による暴力. 폭력을 휘두르다 暴力をふるう.
폭력-단 (暴力團) 【퐁녁딴】 【명】 暴力団.
폭력-배 (暴力輩) 【퐁녁빼】 【명】 ごろつき.
폭력-적 (暴力的) 【퐁녁쩍】 【명】 暴力的. ‖폭력적인 해결 방법 暴力的な解決の方法.
폭로 (暴露) /pʰonno/ 【퐁노】 【명】 【하타】 暴露; あばくこと. ‖부정을 폭로하다 不正をあばく. 범인의 정체를 폭로하다 犯人の正体をあばく.
폭리 (暴利) 【퐁니】 【명】 暴利. ‖폭리를 취하다 暴利をむさぼる.
폭발 (爆發) 【-빨】 【명】 【하자】 爆發. ‖가스가 폭발하다 ガスが爆発する. 분노가 폭발하다 怒りが爆発する.

폭발-력 (爆發力) 【-빨-】 【명】 爆発力.
폭발-물 (爆發物) 【-빨-】 【명】 爆発物.
폭발-약 (爆發藥) 【-빨략】 爆薬.
폭발-적 (爆發的) 【-빨쩍】 【명】 爆発的. ‖폭발적인 인기를 누리다 爆発的な人気を誇る. 폭발적인 인구 증가 爆発的な人口の増加.
폭사 (爆死) 【-싸】 【명】 【하자】 爆死.
폭삭 (【부】) ❶ すっかり. ‖폭삭 늙다 すっかり老け込む. ❷ どさり; どさっと. ‖폭설로 지붕이 폭삭 내려앉다 大雪で屋根がどさっと崩れ落ちる. ㉯폭석.
폭살 (爆殺) 【-쌀】 【명】 【하타】 爆殺.
폭서 (爆暑) 【-써】 【명】 酷暑; 猛暑.
폭설 (爆雪) 【-썰】 【명】 豪雪; 大雪.
폭설² (爆設) 【-썰】 【명】 暴説.
폭소 (爆笑) 【-쏘】 【명】 爆笑. ‖폭소를 터뜨리다 爆笑する.
폭식 (爆食) 【-씩】 【명】 【하타】 暴食.
폭신-폭신 【-씬-씬】 【부】 【하자】 ふわふわ. ‖폭신폭신한 이불 ふわふわの布団.
폭신-하다 【-씬-】 【형】 【하변】 ふわふわだ; ふかふかだ.
폭압 (暴壓) 【-빱】 【명】 【하타】 暴圧.
폭약 (爆藥) 【-냑】 【명】 爆薬.
폭언 (暴言) 【-건】 【명】 暴言. ‖폭언을 퍼붓다 暴言を浴びせる.
폭염 (暴炎) 【-념】 【명】 = 폭서 (暴暑).
폭우 (暴雨) 【명】 暴雨.
폭원 (幅員) 【-눤】 【명】 幅員 (道路や船舶の幅).
폭음¹ (暴飮) 【-음】 【명】 暴飮.
폭음² (爆音) 【-음】 【명】 爆音.
폭주¹ (暴走) 【-쭈】 【명】 【하자】 暴走. **폭주-족** 暴走族.
폭주² (暴酒) 【-쭈】 【명】 暴飲. ‖폭주로 몸을 버리고 건강을 害する.
폭주³ (暴注) 【-쭈】 【명】 【하자】 (仕事など) が処理不能なほど殺到すること. ‖주문이 폭주하다 注文が殺到する.
폭죽 (爆竹) 【-쭉】 【명】 爆竹. ‖폭죽을 터뜨리다 爆竹を鳴らす.
폭탄 (爆彈) /pʰoktʰan/ 【-탄】 【명】 爆彈. ‖폭탄 선언 爆弾発言. 시한 폭탄 時限爆弾. 폭탄을 떨어뜨리다 爆弾を落とす.
폭탄-주 (爆彈酒) 【-탄-】 【명】 (俗っぽい言い方で) 宴会などで色々な種類のお酒を混ぜた飲み物.
폭투 (暴投) 【명】 【하타】 (野球で) 暴投.
폭파 (爆破) 【명】 爆破. ‖폭파 작업 爆破作業. **폭파-되다** 受動
폭포 (瀑布) 【명】 瀑布; 滝.
폭포-수 (瀑布水) 【명】 = 폭포 (瀑布).
폭풍 (暴風) /pʰokpʰuŋ/ 【명】 暴風; 嵐. ‖폭풍이 몰아치다 暴風が吹きつける. 폭풍 주의보 暴風注意報. 에밀리 브론테의 『폭풍의 언덕』 エミリ・ブロンテの『嵐が丘』. ▶ 폭풍 전의 고요 嵐の前の静けさ.
폭풍-권 (暴風圈) 【-꿘】 【명】 暴風域.

폭풍-우 (暴風雨) 图 暴風雨.
폭풍² (暴風) 图 暴風.
폭한 (暴漢) 图 暴漢.
폭행 (暴行) [포캥] 图他 暴行. ∥폭행을 가하다 暴行を加える. 부녀 폭행 婦女暴行. **폭행-하다** [포캥하다]
폭행-죄 (暴行罪) [포캥쬐/포캥줴] 图(法律) 暴行罪.
폰트 (font) 图 フォント.
폴더 (folder) 图 フォルダー.
폴딱 甼 가볍게 뛰어오르는 様子: ぴょん. ∥폴딱 뛰어오르다 ぴょんと飛び跳ねる.
폴라로이드˜카메라 (Polaroid Camera) 图 ポラロイドカメラ. ✢商標名から.
폴란드 (Poland) 图(国名) ポーランド.
폴로 (polo) 图(スポーツ) ポロ.
폴로네즈 (polonaise⁷) 图(音楽) ポロネーズ.
폴리에스테르 (polyester) 图(化学) ポリエステル.
폴리에틸렌 (polyethylene) 图(化学) ポリエチレン.
폴리오 (polio) 图(医学) ポリオ; 急性灰白髄炎.
폴리페놀 (polyphenol) 图(化学) ポリフェノール.
폴립 (polyp) 图(医学) ポリープ.
폴싹 甼 崩れ落ちる様子;（軽やかに）飛び降りる様子. ∥천장이 폴싹 내려앉다 天井が崩れ落ちる. 계단에서 폴싹 뛰어내리다 階段から軽やかに飛び降りる.
폴짝 甼 가볍게 뛰는 様子: ぴょん. ∥개구리가 폴짝 뛰다 カエルがぴょんと飛び上がる.
폴짝-거리다 [-대다] [-꺼리 때 -] 圁 ぴょんぴょん飛び跳ねる. ∥아이가 신이 나서 폴짝거리다 子どもが浮かれてぴょんぴょん飛び跳ねる.
폴카 (polka) 图(音楽) ポルカ.
폴폴 甼 いいにおいが辺りに漂う様子: ぷんぷん. ∥고소한 냄새가 폴폴 나다 香ばしいにおいが漂う.
폼 (form) 图 フォーム; 様式; 姿勢. ∥공 던지는 폼 投球フォーム. ▶폼 을 재다 格好つける; 気取る.
퐁 圁 ❶ 狭いところから空気が抜ける音. ❷ 小さな穴が開く様子[音]. ❸ 深い水にものが落ちる音.
퐁당 甼 どぼん(と). ∥물에 퐁당 뛰어들 다 水にどぼんと飛び込む.
퐁-퐁 圁 ❶ 狭いところから続けざまに空気が抜ける音. ❷ 狭いところから液体が勢いよく湧き出る様子: ごぼごぼ(と). ∥샘물이 퐁퐁 쏟아지다 泉がごぼごぼと湧き出る.
표¹ (表) 图(姓) 表(ピョ).
표² (表) 图 表. ∥시간표 時間表. 표로 정리하다 表にまとめる. **표들-표들**
표³ (票) /pʰjo/ 图 ❶ 票; 券; 切符算; チケット; 札. ∥표를 예매하다 チケッ

トを前もって買う. 표를 끊다 切符[チケット]を買う. 표 파는 곳 切符売り場. 왕복표 往復切符. 비행기표 航空券; 飛行機のチケット. 가격표를 붙이다 値札をつける. ❷ (選挙などの)票. ∥깨끗한 한 표를 던지다 清き1票を投じる. 고정표 固定票.
— 依区 …票. ∥백표 100票の差.
표⁴ (標) /pʰjo/ 图 標; しるし; マーク; 札. ∥표를 해 놓다 しるしをつけておく. 별표 星印. 화살표 矢印. 이름표 名札. 표가 나다 目立つ. 표를 내다 (わざと)目立たせる; 見せびらかす.
표결¹ (表決) 图他 表決.
표결-권 (表決権) [-꿘] 图 表決権.
표결² (票決) 图他 票決. ∥표결에 부치다 票決に付する.
표고 (標高) 图 標高; 海抜.
표고-버섯 [-섿] 图(植物) シイタケ(椎茸).
표구 (表具) 图他 表具.
표기¹ (表記) /pʰjogi/ 图他 表記. ∥한자로 표기하다 漢字で表記する. 가격 표시 값의 표記. **표기-되다** 受動
표기-법 (表記法) [-뻡] 图 表記法.
표기² (標記) 图他 標記.
표독-하다 (慓毒-) [-도카-] 厢[ㅎ変](性格・表情などが)きつい; 毒々しい. ∥표독한 여자 きつい女.
표류 (漂流) 图自 漂流.
표류-기 (漂流記) 图 漂流記.
표리 (表裏) 图 表裏.
표리-부동 (表裏不同) 图他 裏表があること.
표면 (表面) /pʰjomjən/ 图 表面. 分 이면(裏面). ∥매끄러운 표면 なめらかな表面. 표면에 상처를 내다 表面に傷をつける.
표면˜장력 (表面張力) [-녁] 图 表面張力. 分 계면張力(界面張力).
표면-적 (表面的) 图 表面的. ∥표면적인 이유 表面的な理由.
표면-화 (表面化) 图他自 表面化.
표-면적 (表面積) 图 表面積.
표명 (表明) 图他 表明. ∥사의를 표명하다 辞意を表明する. 출마 의사를 표명하다 出馬の意思を表明する.
표방 (標榜) 图他 標榜; 掲げる. ∥민주주의를 표방하다 民主主義を標榜する.
표-밭 (票-) [-받] 图 票田.
표백 (漂白) 图他 漂白.
표백-제 (漂白剤) [-쩨] 图 漂白剤.
표범 (豹-) 图(動物) ヒョウ(豹).
표변 (豹変) 图自 豹変. ∥태도가 표변하다 態度が豹変する.
표본 (標本) 图 標本; 見本; サンプル. 类 동물 標本.
표본-실 (標本室) 图 標本室.
표본˜조사 (標本調査) 图 標本調査.

표본~추출 (標本抽出) 图 標本抽出.

표상 (表象) 图 表象.

표석 (表石) 图 墓標.

표식 (表式) 图 表式.

표시¹ (表示) /pʰjoʃi/ [하다] ❶表示. ∥의사 표시를 하다 意思表示をする. 알기 쉽게 표시하다 分かりやすく表示する. 표시 방법 表示方法. ❷しるし; 目印. ∥감사의 표시 感謝のしるし. 소지품에 표시를 하다 持ち物に目印をつける. **표시-되다** [受動]

표시² (標示) [하다] 標示. ∥동네 이름을 표시하다 町名を標示する. 표시판 標示板.

표어 (標語) 图 標語. ∥표어를 내걸다 標語を掲げる.

표음~기호 (表音記號) 【-짜】 图 【言語】 表音記號.

표음~문자 (表音文字) 【-짜】 图 【言語】 表音文字.

표의~문자 (表意文字) 【-짜 /-이-짜】 图 【言語】 表意文字.

표적 (的的) 图 標的. ∥적들의 표적이 되다 敵の標的になる.
표적-함 (標的艦) 【-저캄】 图 【軍事】 標的艦.

표절 (剽窃) 图 [하다] 剽窃(양장); 盗作. ∥표절 시비 盗作騒動.

표정 (表情) /pʰjodʒʌŋ/ 图 表情; 面持ち. ∥즐거운 표정을 짓다 楽しい表情をする. 얼굴 표정이 부드러워지다 顔の表情が柔和になる. 그 말을 듣고 얼굴 표정이 흐려졌다 その言葉を聞いて表情を曇らせた. 침통한 표정 沈痛な面持ち.
표정-근 (表情筋) 图 【解剖】 表情筋.
표정-술 (表情術) 图 表情術; ミミック.

표제 (表題) 图 題名; 見出し. ∥표제로 삼다 標題にする.
표제-어 (標題語) 图 見出し語.
표제~음악 (標題音樂) 图 【音樂】 標題音樂.

표주-박 (瓢—) 图 ひさご.

표준 (標準) /pʰjodʒun/ 图 標準. ∥표준으로 삼다 標準とする. 표준을 정하다 標準を決める.
표준~규격 (標準規格) 图 標準規格.
표준-말 (標準—) 图 = 표준어 (標準語).
표준-시 (標準時) 图 標準時.
표준-어 (標準語) 图 標準語.
표준-음 (標準音) 图 標準音.
표준-형 (標準型) 图 標準型.
표준-화 (標準化) 图 [하다] 標準化.

표지¹ (表紙) 图 [하다] 表紙. ∥표지를 장식하다 表紙を飾る. 속표지 (本—)의 —.

표지² (標識) 图 [하다] 標識. ∥도로 표지 道路標識. 표지등 標識灯.

표착 (漂着) 图 [하자] 漂着.

표찰 (標札) 图 表札.

표창 (表彰) 图 [하다] 表彰.
표창-장 (表彰狀) 【-짱】 图 表彰状.

표출 (表出) 图 [하다] 表出. ∥감정 표출 感情の表出.

표층 (表層) 图 表層.

표피 (表皮) 图 (動植物の)表皮.

표-하다¹ (表—) /pʰjohada/ [하다] 表する. ∥유감의 뜻을 표하다 遺憾の意を表する. 선물로 호의를 표하다 プレゼントで好意を示す.

표-하다² (標—) [하다] 記す.

표현 (表現) 图 [하다] 表現; 言い表わすこと; 言い回し. ∥적절한 말로 표현하다 適切な言葉で表現する. 표현의 자유 表現の自由. 다양한 표현 様々な表現. 맛을 말로 표현하기는 어렵다 味を言葉で言い表わすのは難しい. 자주 쓰는 표현 よく使う言い回し. **표현-되다** [受動]
표현-력 (表現力) 【-녁】 图 表現力. ∥표현력이 뛰어나다 表現力がすぐれている.

푯-말 (標—) [푠—] 图 標識の杭.

푸 图 ❶ 両唇を合わせて息を吹き出す音. ❷ おならの音.

푸근-하다 [하여] ❶ (冬場の天気が)ぽかぽかとしている. ❷ 心がほのかにあたまる; ほのぼのとしている. ∥그녀를 보고 있으면 마음이 푸근하다 彼女を見ていると心がほのぼのする.

푸념 图 [하다] 愚痴; 泣き言. ∥푸념을 하다 愚痴を言う; 愚痴をこぼす. 푸념을 늘어놓다 泣き言を並べ立てる.

푸는-¹ [他] [우었] 푸다(汲み取る)の現在連体形.

푸는-² [①語幹] 풀다(ほどく・解く)の現在連体形.

푸다 /pʰuda/ [他] [우었] [퍼, 푸는] ❶ (水・粉状のものなどを道具を使って)汲む; 汲み出す; すくう. ∥두레박으로 물을 푸다 つるべで水を汲む. ❷ (飯や汁を器に盛る; よそう. ∥국을 푸다 スープをよそう. 이 큰 그릇 더 퍼 주세요 ご飯をもう1杯ください.

푸닥-거리 【-꺼—】 图 [하다] (民俗) 巫女の厄払い. ∥푸닥거리를 하다 厄払いをする.

푸-대접 (—待接) 图 [하다] 冷遇. 푸대접-받다 [-당하다]

푸덕-거리다 【-꺼—】 [自代] ばたつく; ばたつかせる. ∥날개를 푸덕거리며 날아가는 새 羽ばたきながら飛んでいく鳥.

푸드덕 图 大きい鳥が羽ばたく音: ばたばた.

푸드덕-거리다 【-꺼—】 [他] しきりにばたばたする.

푸들 (poodle) 图 (犬の)プードル.

푸들-거리다 [自他] しきりにぶるぶるする;

しきりにわなわなする.

푸들-푸들 뷔 ぶるぶる(と); わなわな(と). ‖무서워서 푸들푸들 떨다 怖くてぶるぶる(と)震える.

푸딩 (pudding) 명 プディング; プリン.

푸르께-하다 형 [하変] 青みがかっている.

푸르다 /pʰurɯda/ 형 [러変] 푸르르, 푸른] 青い. ‖하늘이 푸르다 空が青い. 푸른 바다 青い海. 하늘이 푸르러서 空が青くて. 청운의 푸른 꿈 青雲の志.

푸르뎅뎅-하다 형 [하変] 薄グリい青みを帯びている.

푸르러 형 [러変] 푸르다(青い)의 連用形.

푸르스름-하다 형 [하変] 青みがかっている; 青白い.

푸르죽죽-하다 형 [-ㅈㅜㅋㅏ-] [하変] 濁った感じの青色だ; 青ざめる.

푸른 형 [러変] 푸르다(青い)의 現在連体形.

푸른-거북 명 [動物] アオウミガメ(青海亀).

푸른-곰팡이 명 [植物] アオカビ(青黴).

푸른-똥 명 緑便. ㉿녹변(緑便).

푸른-백로 (-白鷺) [-뱅노] 명 [鳥類] ゴイサギ(五位鷺).

푸른-색 (-色) 명 青; 青色.

푸릇푸릇-하다 [-른-프라-] 형 [하変] 青々としている.

푸새¹ 명 雑草.

푸새² 명 [하変] 糊づけ.

푸석-돌 [-똘] 명 もろい石.

푸석푸석-하다 [-서ㄱㅍㅏ-] 형 [하変] (水分や脂気が少なく)ぱさぱさしている; がさがさしている; もろく砕けやすい. ‖얼굴이 푸석푸석한 顔ががさがさしている.

푸석-하다 [-서ㄱㅎㅏ-] 형 [하変] (水分や脂気が少なく)ぱさぱさしている; ぱさついている; もろく砕けやすい. ‖푸석한 돌 もろい石.

푸성귀 명 野菜; 蔬菜 ソ.

푸줏-간 (-間) [-주ㄷ간/-준깐] 명 肉屋; 精肉店.

푸지다 형 (食べ物が)豊富だ; いっぱいある. ‖밥을 푸지게 먹다 ご飯をお腹いっぱい食べる.

푸짐-하다 /pʰuʥimhada/ 형 [하変] (食べ物が)いっぱいある. ‖푸짐한 생일 잔치 ごちそうでいっぱいのバースデーパーティー. 푸짐하게 먹었다 たらふく食べた.

푹 /pʰuk/ 부 ❶ 深い様子に: ぐさり; すっぽり; ざぶっと; 深く. ‖모자를 푹 뒤집어쓰다 帽子をすっぽりとかぶる. 진창에 푹 빠지다 ぬかるみにずぶずぶとはまる. ❷ 十分な様子に: じっくり; ゆっくり. ❸

‖고기를 푹 고다 肉をじっくりと煮込む. 푹 쉬다 ゆっくり(と)くつろぐ. ❸ 気を落とす様子が: がっくり. ‖어깨가 푹 처지다 がっくり(と)肩を落とす. ㉿푹-푹.

푹석 [-썩] 부 どさり; ぺったり. ‖길바닥에 푹석 주저앉다 道端にぺったり(と)座り込む. ㉿푹석.

푹신-하다 [-씬-] 형 [하変] ふわふわしている; ふかふかしている. ‖푹신한 이불 ふかふかの布団. ㉿푹신하다.

푹-푹 부 ❶ 湿気が多く蒸し暑い様子が: むしむし. ‖푹푹 찌는 열대야 むしむしする熱帯夜. ❷ ぬかるみなどにはまる様子が: ずぶずぶ.

푹-하다 [푸카-] 형 [하変] (冬場の天気が)ぽかぽかとしている.

푼¹ (-分) 의존 ❶ 昔の貨幣単位で: …文 モン. ‖한 푼도 없다 一文もない. ❷ 重量の単位: 分 フン. ❸ 長さの単位: 分 ブ.

푼² 타 [우変] 푸다(汲み取る)의 過去連体形.

푼³ 타 [ㄹ語幹] 풀다(ほどく・解く)의 過去連体形.

푼-돈 [-똔] 명 わずかな金; はした金; 小銭.

푼수 (-分数) 명 ❶ 程度; 比率. ❷ おとけ者; たわけ者; おろか者. ‖저 푼수 あのたわけ者め.

푼푼-이 부 1錢2錢と; 少しずつ; わずかずつ. ‖푼푼이 아껴 쓰다 1錢2錢と節約する.

풀¹ /pʰul/ 명 糊. ‖봉투를 풀로 붙이다 封筒を糊で閉じる. 풀을 쑤다 糊を作る. ▶풀을 먹이다 糊づけをする. 옷에 풀을 먹이다 服に糊づけをする. ▶풀이 죽다 ① 糊がきいていない. ② 元気がなくしょんぼりする.

풀² /pʰul/ 명 草. ‖풀이 나다 草が生える. 풀을 뽑다 草を取る. 풀 뽑기를 하다 草取りをする. 풀을 베다 草を刈る. 소가 풀을 뜯어먹다 牛が草をはむ.

풀³ 타 [우変] 푸다(汲み取る)의 未来連体形.

풀⁴ 타 [ㄹ語幹] 풀다(ほどく・解く)의 未来連体形.

풀-기 (-氣) [-끼] 명 ❶ 糊気(のり). ❷ 元気; 活気.

풀다 /pʰulda/ 타 [ㄹ語幹] 풀어, 푸는, 푼] ❶ ほどく; 解く. ‖매듭을 풀다 結び目をほどく. 이삿짐을 풀다 引っ越しの荷物をほどく. 여장을 풀다 旅装をとく. 통제를 풀다 統制を解く. 수수께끼를 풀다 なぞなぞ解く. 오해를 풀다 誤解を解く. ❷ ほぐす; 晴らす; やわらげる. ‖피로를 풀다 疲れをほぐす. 긴장을 풀다 緊張をほぐす. 노여움을 풀다 怒りをおさめる[治める]. 한을 풀다 恨みを晴らす. 갈증을 풀다 (のどの)渇きをいやす. ㉿풀리다. ❸ 解かす[溶かす]; 薄

める. ‖농축액을 풀어서 쓰다 濃縮液を薄めて使う. ❹動員する. ‖사람을 풀어서 샅샅이 찾게 하다 人を動員してくまなく当たらせる. ❺(鼻を)かむ. ‖코를 풀다 鼻をかむ.

풀떼기 [名] 雑穀の粉で糊のように作った粥(かゆ).

풀려-나다 [自] (拘束状態から)解放される; 釈放される. ‖인질들이 무사히 풀려났다 人質が無事釈放された.

풀려-나오다 [自] =풀려나다.

풀-리다 /pʰullida/ [自] ❶〔풀다の受身動詞〕解かれる; 解除される; 釈放される. ‖계엄령이 풀리다 厳戒令が解かれる. 구속되었다가 풀려 나오다 拘束されていたが釈放される. ❷ほどける; 解ける; とれる. ‖구두끈이 풀리다 靴紐がほどける. 매듭이 풀리다 結び目がほどける. 수수께끼가 풀리다 なぞが解ける. 오해가 풀리다 誤解が解ける. 긴장이 풀리다 緊張が解ける. 피곤이 풀리다 疲れがとれる. 파마 머리가 풀리다 パーマがとれる. ❸ほぐれる; 晴れる; 治まる. ‖의심이 풀리다 疑いが晴れる. 화가 풀리다 怒りが治まる. ❹解ける[溶ける]. ‖얼었던 강물이 풀리다 凍っていた川の水が解ける. 찬물에도 잘 풀리는 가루 冷たい水にもよく溶ける粉. ❺(寒さなどが)和らぐ. ‖추위가 풀리다 寒さが和らぐ.

풀-매기 [名] [하自] 草取り; 草むしり.

풀무 [名] 鞴(ふいご).

풀-무치 [名] 《昆虫》 トノサマバッタ(殿様飛蝗).

풀-밭 【-받】 [名] 草地.

풀-벌레 [名] 草むらに棲む昆虫. ‖풀벌레 소리가 들리는 가을 밤 草むらの虫の音が聞こえる秋の晩.

풀-베기 [名] [하自] 草刈り.

풀-베이스 (full + base 日) [名] (野球で)フルベース; 満塁.

풀-빛 【-빋】 [名] 草色.

풀-뿌리 [名] 草の根; 草の根っこ.

풀-색 (-色) 【-쌕】 [名] 草色.

풀⌒세트 (full set) [名] (テニス・卓球などで)フルセット.

풀-솜 【-쏨】 [名] 真綿.

풀-숲 【-숩】 [名] 草むら.

풀썩 [副] 力なく座り込む様子: ぺったり. ‖풀썩 주저앉다 ぺったり(と)座り込む.

풀어 [他] 『ㄹ語幹』 풀다(ほどく・解く)の連用形.

풀어-내다 [他] ❶解きほぐす. ❷解く; 解き明かす; 解読する. ‖어려운 문제를 척척 풀어내다 難しい問題をすらすら(と)解く. 암호를 풀어내다 暗号を解読する.

풀어-놓다 【-노타】 [他] ❶解き放す; 放置する. ‖개를 풀어놓다 犬を解き放す. ❷(捜索などのため人を)配置する. ‖형사들을 풀어놓다 刑事を配置する.

풀어-지다 /pulɔdʒida/ [自] ❶ほどける; 解ける. ‖매듭이 풀어지다 結び目がほどける. 오해가 풀어지다 誤解が解ける. ❷溶ける. ‖물에 잘 풀어지는 성질 水によく溶ける性質. ❸(麵類が)伸び切る. ‖라면이 다 풀어져서 못 먹겠다 ラーメンが伸び切ってしまって食べられない. ❹(目つきなどが)とろんとする. ‖눈이 풀어지다 目がとろんとする.

풀이 [名] [하他] 解釈; 解説; 説明. ‖단어 풀이 単語の説明. 수학 문제를 풀이하다 数学の問題を解説する.

풀-잎 【-립】 [名] 草の葉.

풀-장 (pool 場) [名] プール.

풀-질 [名] [하自] 糊づけ.

풀쩍-거리다 【-꺼-】 [自] ぴょんぴょん飛び跳ねる.

풀쩍-풀쩍 [副] 繰り返し身軽に飛び跳ねる様子: ぴょんぴょん.

풀-칠 (-漆) [名] [하自] ❶糊づけをすること. ❷糊口をしのぐこと; 細々(と)暮らすこと. ‖벌이가 겨우 입에 풀칠할 정도다 稼ぎが辛うじて糊口をしのぐ程度だ.

풀-칼 [名] 糊べら.

풀풀 [副] においが辺りに漂う様子: ぷんぷん. ‖술 냄새가 풀풀 나다 酒のにおいがぷんぷんする.

풀-피리 [名] 草笛. ‖풀피리를 불다 草笛を吹く.

품[1] /pʰum/ [名] ❶ふところ; 胸. ‖아이가 울면서 엄마 품에 안기다 子どもが泣きながら母のふところに抱かれる. ❷上着の胸幅; 背幅. ‖보기보다 앞품이 넓다 見た目より胸幅が広い.

품[2] [名] 手間; 手数; 労力. ‖품이 많이 들다 かなり手間がかかる. 품을 팔다 手間仕事をする.

-품[3] (品) [接尾] …品. ‖면세품 免税品. 규격품 規格品.

품격 (品格) 【-격】 [名] 品格.

품계 (品階) 【-/-게】 [名] 位階.

품귀 (品貴) [名] [하形] 品薄; 品切れ状態. ‖품귀 현상이 빚어지고 있다 品薄状態が続いている.

품다 /pʰumˀta/ 【-따】 [他] ❶抱く. ‖아이를 품어 주다 子どもを抱いてやる. ❷いだく; はらむ. ‖의심을 품다 疑いをいだく. 원한을 품다 恨みをいだく.

품명 (品名) [名] 品名.

품목 (品目) [名] 品目.

품사 (品詞) [名] 《言語》 品詞.

품-삯 【-싹】 [名] 労賃.

품성[1] (品性) [名] 品性.

품성[2] (稟性) [名] 稟性(ひんせい); 天稟(てんぴん); 天性.

품-속 【-쏙】 [名] ふところ; 懐中.

품-앗이 [名] 労力での相互扶助.

품위 (品位) /pʰu:mwi/ [名] 品; 品位; 気品; 威厳. ‖품위가 있는 사람 品のある

ㅍ

품의 (稟議) 【/-푸미】 稟議.
품의-서 (稟議書) 图 稟議書.
품절 (品切) 图 [団] 品切れ. ∥품절되다 品切れする.
품종 (品種) 图 品種. 다양한 품종 豊富な品種. 품종 개량 品種改良.
품질 (品質) 【p'umːdƷil】 图 品質. ∥품질 관리 品質管理. 품질 보증 品質保証. ∥품질이 좋다 品質がいい.
품-팔다 【=語幹】 手間仕事をする; 日雇いで労働をする; 賃労働をする.
품-팔이 图 ⦗自⦘ 日雇い労働者.
품-팔이꾼 图 日雇いの労働者.
품평-회 (品評會) 【/-훼】 图 品評会.
품행 (品行) 图 品行; 行ない; 身持ち. ∥품행이 방정하다 品行方正である.
풋-【풋】接頭 ❶新米の…; 新しい…; 初物の…. ∥풋사과 初物のリンゴ. ❷未熟な…; 青….
풋-것 【푿껃】 图 初物.
풋-고추 【푿쪼】 图 青唐辛子.
풋-곡식 (-穀食) 【푿꼭씩】 图 十分に実っていない穀物.
풋-과실 (-果實) 【푿꽈-】 图 十分熟していない果物.
풋-나물 【푼-】 图 春の若芽の和え物.
풋-내 【푼-】 图 青臭いにおい. ∥풋내 나는 녀석 青臭いやつ.
풋-내기 【푼-】 图 新米; 新人; 青二才; でわっぱ.
풋-사랑 【푿-】 图 幼い頃の淡い恋.
풋-워크 (footwork) 图 フットワーク.
풋-잠 【푿 짬】 图 うたた寝; 浅い眠り. ∥풋잠을 자다 うたた寝する.
풋-콩 【푿-】 图 十分に実っていない豆.
풋풋-하다 【푿푸타-】 【하変】 (野菜などが) 青臭い; 初々しい. ∥풋풋한 첫사랑 初々しい初恋.
풍[1] (風) 图 [허풍 (虛風) の略語] ほら; 大言. ∥풍이 세다 大げさだ.
풍[2] (風) 图 (漢方) 風.
-풍[3] (風) 接尾 …風. ∥서양풍 西洋風. 학자풍의 신사 学者風の紳士.
풍격 (風格) 【-껵】 图 風格.
풍경[1] (風景) 图 風景. ∥아름다운 풍경 美しい風景. 전원 풍경 田園風景.
풍경-화 (風景畫) 图 ⦗美術⦘ 風景画.
풍경[2] (風磬) 图 風鈴.
풍광 (風光) 图 風光; 景色. ∥풍광이 수려하다 景色がすばらしい.
풍금 (風琴) 图 ⦗音楽⦘ オルガン.
풍기 (風紀) 图 風紀. ∥풍기 문란 風紀紊乱 (紊).
풍기다 【p'uŋgidạ】 ⦗自他⦘ (におい・香り・気配などを) におわす; 漂わす; 放つ. ∥향수 냄새를 풍기다 香水をにおわす. 악취를 풍기다 悪臭を放つ.
풍년 (豐年) 【p'uŋɲjʌn】 图 豊年; 豊作. ⇄흉년 (凶年). ∥풍년이 들다 豊年になる; 豊作になる. 풍년을 기원하다 豊作を祈願する. 풍년 기근 豊作飢饉; 豊作貧乏.

풍덩 (副) どぶん. ∥강에 풍덩 뛰어들다 川にどぶんと飛び込む. **풍덩풍덩** (副)
풍덩이 图 ⦗昆虫⦘ コガネムシ (黄金虫).
풍란 (風蘭) 【-난】 图 ⦗植物⦘ フウラン (風蘭).
풍랑 (風浪) 【-낭】 图 風浪.
풍력 (風力) 【-녁】 图 風力.
풍력-계 (風力計) 【-녁께/-녁케】 图 風力計.
풍로 (風爐) 【-노】 图 風炉.
풍류 (風流) 【-뉴】 图 風流.
풍만-하다 (豐滿-) 【하変】 豊満だ. ∥풍만한 몸매 豊満な身つき.
풍매-화 (風媒花) 图 ⦗植物⦘ 風媒花.
풍모 (風貌) 图 風貌.
풍문 (風聞) 图 風聞; うわさ; 風の便り. ∥풍문에 의하면 うわさによれば.
풍물[1] (風物) 图 風物. ∥풍물 기행 風物紀行.
풍물[2] (風物) 图 ⦗音楽⦘ 農楽 (農樂) に用いられる楽器の総称.
풍미[1] (風味) 图 風味.
풍미[2] (風靡) 图 ⦗하変⦘ 風靡 (び). ∥일세를 풍미하다 一世を風靡する.

풍부-하다

(豐富-) 【p'uŋbuhadạ】 ⦗하変⦘ 豊富だ. 豊富な知識. 豊富な知識. 경험이 풍부한 사람 経験豊かな人. 상상력이 풍부한 아이 想像力豊かな子ども. 먹을 것은 풍부하게 있다 食べ物は豊富にある.
풍비-박산 (風飛雹散) 【-싼】 ⦗하自⦘ 四方に飛び散ること.
풍상 (風霜) 图 ❶風霜. ❷世の中の苦難. ∥풍상을 겪다 辛酸をなめる.
풍선 (風船) 【p'uŋsʌn】 图 風船. ∥풍선을 부풀리다 風船をふくらます.
풍설 (風雪) 图 風雪.
풍성-하다 (豐盛-) 【하変】 豊盛だ; 豊かだ. ∥풍성한 식탁 豊かな食卓.
풍속[1] (風俗) 图 風俗; 風紀. ∥조선시대의 풍속 朝鮮時代の風俗. 풍속을 문란하게 하다 風紀を乱す.
풍속-도 (風俗圖) 【-또】 图 風俗図.
풍속-화 (風俗畫) 【-소콰】 图 ⦗美術⦘ 風俗画.
풍속[2] (風速) 图 風速.
풍속-계 (風速計) 【-께/-게】 图 風速計.
풍수 (風水) 图 風水 (陰陽 (음냥)) 道で, その土地の地勢や水勢を占って, 住居や墓地しようとすべきかを決めるもの).
풍수-도 (風水圖) 图 風水図.
풍수-설 (風水說) 图 風水説.
풍수-지리 (風水地理) 图 = 풍수 (風水).
풍-수해 (風水害) 图 風水害.

풍습(風習)[명] 風習. ∥옛날부터의 풍습이 남아 있는 곳 昔ながらの風習が残っている所.
풍신(風神)[명] 風の神.
풍악(風樂)[명] (音樂) プンアク(韓国・朝鮮の伝統音楽).
풍어(豊漁)[명] 豊漁; 大漁.
풍요-롭다(豊饒-)[-따][형][ㅂ変] 豊饒(ほう)だ; 豊かだ. ∥풍요로운 가을 実り豊かな秋. 풍요로운 생활 豊かな生活. 마음이 풍요로워지다 心が豊かになる.
풍우(風雨)[명] 風雨.
풍우-계(風雨計)[/-계/][명] 晴雨計.
풍운(風雲)[명] 風雲.
풍운-아(風雲兒)[명] 風雲児.
풍월(風月)[명] 風月.
풍자(諷刺)/pʰuŋdʑa/[명][하他] 風刺. ∥세태를 풍자하다 世相[世態]を風刺する.
풍자-극(諷刺劇)[명] 風刺劇.
풍자-시(諷刺詩)[명] 風刺詩.
풍자-적(諷刺的)[명] 風刺的.
풍작(豊作)[명] 豊作. ㊦凶作(きょうさく).
풍장(風葬)[명] 風葬.
풍재(風災)[명] 風災; 風害.
풍적-토(風積土)[명](地) 風積土.
풍전-등화(風前燈火)[명] 風前の灯.
풍정(風情)[명] 風情.
풍조(風潮)[명] 風潮. ∥사회 풍조를 반영하다 社会の風潮を反映する.
풍족-하다(豊足-)[-조카-][형][하않] 豊かだ. ∥살림이 풍족하다 暮らしが豊かだ.
풍지-박산(風-雹散)[-싼][명] 풍비박산(風飛雹散)の誤り.
풍진¹(風疹)[명](医学) 風疹.
풍진²(風塵)[명] 風塵.
풍차(風車)[명] 風車.
풍채(風采)[명] 風采. ∥풍채가 좋다 風采がよい.
풍취(風趣)[명] 風趣.
풍치¹(風致)[명] 風致.
풍치-림(風致林)[명] 風致林.
풍치²(風齒)[명](漢方) 神経症による歯痛.
풍토(風土)/pʰuntʰo/[명] 風土. ∥일본의 풍토 日本の風土. 정치 풍토 政治風土.
풍토-기(風土記)[명] 風土記.
풍토-병(風土病)[-뼝][명] 風土病. ㊦**공토-색**(風土色)[명] 風土色.
풍파(風波)[명] ❶風波; 波瀾. ∥가정에 풍파가 일다 家庭に波瀾(はらん)が立つ. 풍파를 일으키다 波瀾を立てる. ❷ 荒波; 辛酸. ∥세상 풍파에 시달리다 世の中の荒波にもまれる. 풍파를 겪다 辛酸をなめる.
풍-풍[부] ❶穴から水が力強く湧き出る様子[音]. ❷詰まった気体を出す時の音; おならをする音.

풍풍-거리다[자] しきりに풍풍と音が出る.
풍해(風害)[명] 風害.
풍향(風向)[명] 風向.
풍향-계(風向計)[/-게/][명] 風向計.
풍화(風化)[명][자타] ❶風化 作用 風化作用. 비바람에 풍화되다 風雨(によって)風化する.
풍흉(豊凶)[명] 豊凶.
퓨레(purée)[명] ピューレ. ∥토마토 퓨레 トマトピューレ.
퓨마(puma)[명](動物) ピューマ.
퓨전-요리(fusion 料理)[명] 多国籍料理.
퓨즈(fuse)[명] ヒューズ.
프라이(fry)[명][하他] フライ. ∥계란 프라이 目玉焼き.
프라이드(pride)[명] プライド. ∥프라이드가 강하다 プライドが高い.
프라이드-치킨(fried chicken)[명] フライドチキン.
프라이버시(privacy)[명] プライバシー. ∥프라이버시를 존중하다 プライバシーを尊重する.
프라이팬(frypan)[명] フライパン.
프랑(franc ᵖ)[依名] フランス・ベルギーなどの旧通貨単位; ⋯フラン.
프랑스(France)[国名] フランス.
프랜차이즈(franchise)[명] フランチャイズ.
프러포즈(propose)[명][하自] プロポーズ. ∥프러포즈를 받다 プロポーズされる.
프런트(front)[명] フロント. ∥프런트 유리 フロントガラス. 호텔 프런트 ホテルのフロント.
프레스(press)[명] プレス. ∥프레스 가공 プレス加工.
프레스-센터(press center)[명] プレスセンター.
프레스코(fresco ᶦ)[명](美術) フレスコ.
프레젠테이션(presentation)[명] プレゼンテーション; プレゼン.
프렌치-드레싱(French dressing)[명] フレンチドレッシング.
프렌치-토스트(French toast)[명] フレンチトースト.
프렐류드(prelude)[명](音樂) プレリュード; 前奏曲; 序曲.
프로¹(←procent ᵈ)/pʰuro/[명] パーセント(%). ㊦퍼센트. ∥월급이 오 프로 오르다 給料が5パーセント上がる.
프로²(←professional)[명] 〔プロフェッショナルの略〕プロ. ㊦아마. ∥프로 야구 プロ野球. 프로 축구 プロサッカー.
프로³(←program)/pʰuro/[명] 〔プログラムの略〕番組. ∥텔레비전 프로 テレビ番組.
프로⁴(←prolétariat ᵖ)[명] 〔プロレタリアの略〕プロ; プロレタリア.

프로그래머 (programmer) [名] プログラマー.
프로그래밍 (programming) [名] [하自他] プログラミング.
프로그램 (program) [名] プログラム; 番組. [略]프로.
프로덕션 (production) [名] プロダクション.
프로듀서 (producer) [名] プロデューサー.
프로젝트 (project) [名] プロジェクト.
프로테스탄트 (Protestant) [名] 《キリスト教》 プロテスタント.
프로테스탄티즘 (Protestantism) [名] 《キリスト教》 プロテスタンティズム.
프로토콜 (protocol) [名] 《IT》 プロトコル; 通信規約.
프로파간다 (propaganda) [名] プロパガンダ.
프로판 (propane) [名] 《化学》 プロパン. ‖ 프로판 가스 プロパンガス.
프로페셔널 (professional) [名] プロフェッショナル. [略]프로. [対]아마추어.
프로펠러 (propeller) [名] プロペラ.
프로포즈 (propose) [名] [하自] 프러포즈の誤り.
프로필 (profile) [名] プロフィール.
프롤레타리아 (prolétariat ᄀ) [名] プロレタリア. [略]프로. [対]부르주아.
프롤레타리아트 (Proletariat ᄃ) [名] プロレタリアート. [対]부르주아지.
프롤로그 (prologue) [名] プロローグ. [対]에필로그.
프루트-펀치 (fruit + punch 日) [名] フルーツポンチ.
프리 (free) [名] フリー.
프리랜서 (freelancer) [名] フリーランサー.
프리마^돈나 (prima donna ᅵ) [名] プリマドンナ.
프리미엄 (premium) [名] プレミアム.
프리^배팅 (free + batting 日) [名] (野球で)フリーバッティング.
프리즘 (prism) [名] 《物理》 プリズム.
프리지어 (freesia) [名] 《植物》 フリージア.
프리^킥 (free kick) [名] (サッカーなどで)フリーキック.
프린터 (printer) [名] プリンター.
프린트 (print) [名] [하他] プリント.
프릴 (frill) [名] フリル.
프티^부르주아 (petit bourgeois ᄀ) [名] プチブルジョア.
플라나리아 (Planaria ᄅ) [名] 《動物》 プラナリア.
플라네타리움 (planetarium) [名] 《天文》 プラネタリウム.
플라멩코 (flamenco ᄉ) [名] 《音楽》 フラメンコ.
플라밍고 (flamingo) [名] 《鳥類》 フラミンゴ.
플라스크 (flask) [名] 《化学》 フラスコ.
플라스틱 (plastic) [名] 《化学》 プラスチック.
플라이-급 (fly 級) [名] (ボクシングで)フライ級.
플라타너스 (platanus ᄅ) [名] 《植物》 プラタナス.
플라토닉^러브 (platonic love) [名] プラトニックラブ.
플랑크톤 (plankton) [名] 《生物》 プランクトン.
플래시 (flash) [名] ❶ フラッシュ. ‖ 플래시가 터지다 フラッシュが光る. ❷ 懐中電灯.
플래카드 (placard) [名] プラカード.
플랜 (plan) [名] プラン. ‖ 플랜을 짜다 プランを立てる.
플랜테이션 (plantation) [名] プランテーション.
플랜트 (plant) [名] 《経》 プラント. ‖ 플랜트 수출 プラント輸出.
플랫 (flat) [名] 《音楽》 フラット(♭). [対]샤프.
플랫폼 (platform) [名] プラットホーム.
플러그 (plug) [名] プラグ.
플러스 (plus) /pʰɯllɔsɯ/ [名] [하他] プラス. [対]마이너스.
　플러스-알파 (plus + alpha 日) [名] プラスアルファ.
플레어-스커트 (←flared skirt) [名] フレアスカート.
플로피^디스크 (floppy disk) [名] 《IT》 フロッピーディスク.
플롯 (plot) [名] プロット; 構成.
플루토늄 (plutonium) [名] 《化学》 プルトニウム.
플루트 (flute) [名] 《音楽》 フルート.
피¹ /pʰi/ [名] 血; 血筋. ‖ 피가 나다 血が出る. 피가 멎지 않다 血が止まらない. 피가 번지다 血がにじむ. 피가 되고 살이 되다 血となり肉となる. 피가 끓어오르다 血がたぎる. 피를 이어받다 血を受け継ぐ; 血筋を引く. 피를 토할 것 같은 심정 血を吐く思い. ▸피가 끓다 血が騒ぐ. ▸피는 물보다 진하다 血は水よりも濃い. ▸피도 눈물도 없다 血も涙もない. ▸피를 나누다 血を分ける. ▸피에 주리다 血に飢える.
피² [名] 《植物》 ヒエグサ(稗草).
피³ (P·p) [名] (アルファベットの)ピー.
피⁴ [感] 人や人の話を嘲笑・軽視する時に発する声: ふん(と).
피-⁵ (被) [接頭] 被…. ‖ 피교육자 被教育者. 피선거권 被選挙権.
피가-수 (被加數) 【-쑤】 [名] 《数学》 被加数.
피감-수 (被減數) 【-쑤】 [名] 《数学》 被減数.
피검 (被檢) [名] [되自] 検挙されること.
피겨 (figure) [名] フィギュア.

피겨-스케이팅〔- skating〕图《스포츠》フィギュアスケート.

피격(被擊)图 襲撃されること. ∥강도에게 피격당하다 強盗に襲撃される.

피고(被告)/pʰiːgo/图《法律》被告. ⓣ원고(原告).

피고-인(被告人)图《法律》被告人.

피-고름图 血が混じった膿(うみ).

피곤-하다(疲困-)/-[하:]/ [여變] 疲れている;くたびれる. ∥장시간 일로 너무나 피곤한 하루 長時間の仕事であまりにも疲れた1日. 사람을 피곤하게 하는 사람 人を疲れさせる人.

피골(皮骨)图 皮と骨. ∥피골이 상접하다 骨と皮になる.

피구(避球)图《スポーツ》ドッジボール.

피-끓다〔-끌타〕[自] 血がわく;血がたぎる;血が騒ぐ.

피-나다[自] ❶ 血が出る. ❷ 努力・辛苦が一通りではない. ∥피나는 노력 血のにじむような努力.

피난(避難)[하变] 避難. ∥산속으로 피난을 가다 山の奥に避難する.

피난-민(避難民)图 避難民.
피난-살이(避難-)图 避難生活.
피난-처(避難處)图 避難所.

피날레(finale[伊])图 フィナーレ. ∥피날레를 장식하다 フィナーレを飾る.

피-눈물图 血涙. ∥피눈물을 흘리다 血涙をしぼる.

피는[副] 피다(咲く)の現在連体形.

피다/pʰiːda/[自] ❶ 咲く. ∥꽃이 피다 花が咲く. 웃음꽃이 피다 笑いの花が咲く. 목련이 필 무렵 モクレンが咲く頃. 개나리가 피기 시작하다 レンギョウが咲き始める. ❷ (火が)おこる;燃える. ∥숯불이 훨훨 피어오르다 炭火がかっかと燃える. ❸ (かびなどが)生える. ∥벽에 곰팡이가 피다 壁にかびが生える. 마른 버짐이 핀 얼굴에 건선(乾癬)ができる. ❹ (顔色・様子が)よくなる. ∥잘 먹어서 그런지 얼굴이 피었다 栄養がいいのか顔色よくなった. 살림이 피다 暮らし向きがよくなる.

피동(被動)图《言語》受動;受身. ⓣ능동(能動).

피동-사(被動詞)图《言語》受動動詞;受身動詞.

피동-적(被動的)图 受動的;受身(的). ∥피동적인 태도 受身な態度.

피둥-피둥[副] しまりなく太っている様子:ぶくぶく(と). ∥살이 피둥피둥 찌다 ぶくぶくと太る.

피드백(feedback)图 フィードバック.

피디(PD)图 プロデューサー. ✢ program director の略語.

피-딱지〔-찌〕图 傷跡などに血が固まってできたもの;かさぶた. ∥딱지가 앉자

다 かさぶたができた.

피-땀图 脂汗;汗水;血と汗. ∥피땀 흘려 노력한 결과 汗水流して努力した結果.

피-똥图 血便.

피라미图 ❶《魚介類》オイカワ(追河). ❷《比喩的に》ちんぴら;がき.

피라미드(pyramid)图 ピラミッド.

피란(避亂)[하变] (戦争や内乱などを)避けること.

피랍(被拉)图[하变] 拉致されること.

피력(披瀝)图[하变] 披瀝(ʀk). ∥의견을 피력하다 意見を披瀝する.

피로¹(披露)图[하变] 披露.

피로-연(披露宴)图 披露宴.

피로²(疲勞)/pʰiːro/图[하变] 疲労;疲れ. ∥피로가 쌓이다 疲労がたまる;疲労が蓄積する. 쉽게 피로해지다 疲れやすい. 만성 피로 慢性疲労. 피로가 풀리다 疲れがとれる. 피로 회복 疲労回復.

피뢰-침(避雷針)〔-/-뿨-〕图《物理》避雷針.

피륙图 生地;反物.

피리/pʰiri/图《音楽》笛. ∥피리 부는 소년 笛を吹く少年.

피리-새(鳥類)图 ウソ(鷽).

피마자(蓖麻子)图《植物》トウゴマ(唐胡麻);ヒマシ.

피막(皮膜)图 皮膜.

피망(piment[仏])图《植物》ピーマン.

피-맺히다〔-매치-〕[自] ❶ 内出血する. ❷ 悲しみ・恨みが深い. ∥피맺힌 원한을 恨み骨髄に徹する.

피-바다图 血の海.

피-범벅图 血まみれ;血だらけ.

피보험-자(被保險者)图 被保険者. ⓣ보험자(保険者).

피복¹(被服)图 被服;衣服.

피복²(被覆)图[하变] 被覆.

피복-선(被覆線)图 被覆線.

피부(皮膚)/pʰiːbu/图 皮膚;肌. ∥피부로 느끼다 肌で感じる. 피부가 거칠어지다 肌が荒れる. 햇빛에 검게 탄 피부 日焼けした肌. 피부 감각が痺れる. 피부의 感覚が麻痺する.

피부-과(皮膚科)〔-꽈〕图 皮膚科.

피부-병(皮膚病)〔-뼝〕图《医学》皮膚病.

피부-색(皮膚色)图 肌色.

피부-암(皮膚癌)图《医学》皮膚癌.

피부-염(皮膚炎)图《医学》皮膚炎.

피부호흡(皮膚呼吸)图 皮膚呼吸.

피-붙이〔-부치〕图 血縁;血族.

피-비린내图 血のにおい;血生臭さ.

피사-체(被寫體)图 被写体.

피살(被殺)图 殺されること;殺害されること. 피살당하다[受動].

피상(皮相)图 皮相. ∥피상적인 견해 皮相な見解[見方].

피서(避暑)/pʰiːsɔ/图 避暑. ∥서울

피서-지(避暑地) 图 避暑地.
피서-철(避暑-) 图 避暑シーズン.
피선(被選) 图[自] 選ばれること.
피선거-권(被選擧權) 【-꿘】图 被選擧權.
피소(被訴) 图[自] 提訴されること; 訴えられること.
피-수식어(被修飾語) 图【言語】被修飾語 ↔ 수식어(修飾語).
피스톤(piston) 图 ピストン.
피스톨(pistol) 图 ピストル.
피습(被襲) 图 襲撃されること; 襲われること. **피습-당하다** 受動
피-승수(被乘數) 【-쑤】图【数学】被乘数.
피시(PC) 图【IT】パソコン. ㉑パーソナルコンピュ-ター. ✤ personal computer の略語.
피시-방(-房) 图 (インターネット)ネットカフェ.
피식 图 声を立てずに笑いを見せてちょっと笑う様子に: にっと. ‖얘기를 듣고 피식 웃다 話を聞いてにっと笑う.
피신(避身) 图[自] 身を隠すこと. ‖위험으로부터 피신하다 危険から身を隠す.
피신-처(避身處) 图 隠れ家.

피아노 (piano) /pʰiano/ 图【音楽】ピアノ. ‖피아노를 치다 ピアノを弾く. 피아노 연습을 하다 ピアノを練習する. 피아노에 맞춰 노래하다 ピアノに合わせて歌う. 피아노 협주곡 ピア/協奏曲. 그랜드 피아노 グランドピアノ.

피아니스트 (pianist) 图 ピアニスト.
피아니시모 (pianissimo イ) 图【音楽】ピアニッシモ.
피아니시시모 (pianississimo イ) 图【音楽】ピアニッシシモ.
피아르(PR) 图㉑他 PR; 宣伝; 宣伝活動. ✤ public relations の略語.
피안(彼岸) 图【仏教】彼岸. ⓑ차안(此岸).
피안다미-조개(魚介類) 图 アカガイ(赤貝). ㉑피조개.
피앙세(fiancé ᴾ) 图 フィアンセ; 男性婚約者. ✤女性婚約者は fiancée.
피어 圓 피다(咲く)の連用形.

피어-나다 /pʰiənada/ 圓 ❶(花などが)咲きかかる; 咲きはじめる; ほころびる. ‖장미꽃이 피어나다 バラの花が咲きはじめる. ❷(火が)起こりかかる. ‖연탄불이 피어나다 練炭の火が起こりかかる. ❸(顔色・暮らし向きが)よくなる. ‖살림이 피어나다 暮らしが向上する.

피어-오르다 圓【르変】燃える; 燃え上がる; 立ち上る; 沸き起こる. ‖모닥불이 피어오르다 焚き火が燃え上がる. 아지랑이가 피어오르다 かげろうが立ち上る. 연기가 피어오르다 煙が立ち上る.

피에로 (pierrot ᴾ) 图 ピエロ; 道化師.

피에스(PS) 图 P.S.; 追伸; 宣啓. ✤ postscript の略語.
피에이치(pH) 图 pH; 水素イオン指数.
피엠(PM·pm) 图 P.M.; p.m. ㉑エイピーエム. ✤ post meridiem の略語.
피우는 피우다(咲かせる・吸う)の現在連体形.

피-우다 /pʰiuda/ 他 ❶[피다の使役動詞] 咲かせる; おこす. ‖꽃을 피우다 花を咲かせる. 불을 피우다 火をおこす. ❷(タバコを)吸う. ‖담배를 피우다 タバコを吸う. ❸(ある行動)をおこす. ‖소란을 피우다 騒ぎ立てる. 말썽을 피우다 問題をおこす. 바람을 피우다 浮気をする. ❹(煙などを)立てる. ‖연기를 피우다 煙を立てる. 향을 피우다 香をたく.

피운 他 피우다(咲かせる・吸う)の過去連体形.
피울 他 피우다(咲かせる・吸う)の未来連体形.
피워 他 피우다(咲かせる・吸う)の連用形.
피읖 【-읍】图 ハングル子音字母「ㅍ」の名称.
피의-자(被疑者) 【-/-이-】图 被疑者.

피임(避姙) /pʰiim/ 图[自] 避姙.
피임-법(避妊法) 【-뻡】图 避姙法.
피임-약(避妊薬) 【-냑】图【薬】避妊薬.

피자 (pizza ᴵ) /pʰidza/ 图【料理】ピザ; ピッツァ. ‖피자를 시켜 먹다 ピザの出前を取る.
피자-식물(被子植物) 【-싱-】图【植物】被子植物.
피장-파장 图 お互い様; おあいこ. ‖어리석기는 피장파장이다 愚かなのはお互い様だ.
피-제수(被除數) 【-쑤】图【数学】被除数.
피-조개 图【魚介類】〔피안다미조개の略語〕アカガイ(赤貝).
피-조물(被造物) 图 被造物.
피-죽 图 ヒエの粥(종).
피지 (Fiji) 图【国名】フィジー.
피지-선(皮脂腺) 图【解剖】皮脂腺; 脂腺.
피질(皮質) 图 皮質.
피차(彼此) 图 お互い. ‖피차 마찬가지다 お互い様だ.
피차-간(彼此間) 图 双方; 両方; 互い. ‖써놓서 피차간에 줄을 게 없다 け んかしてお互いにいいことはない.
피차-일반(彼此一般) 图 お互い様. ‖힘든 건 피차일반이다 大変なのはお互い様だ.
피처 (pitcher) 图 (野球で)ピッチャー. ㉑캐처.

피치 (pitch) 图 ピッチ. ‖피치를 올리다 ピッチを上げる. 급피치로 추진하다 急ピッチで進める.

피칭 (pitching) 图 (하자) (野球で)ピッチング.

피케팅 (picketing) 图 (하자) ピケット; ピケッティング.

피켈 (pickel) 图 ピッケル.

피켓 (picket) 图 ピケ; ピケット.

피콜로 (piccolo) 图 (音楽) ピッコロ.

피크 (peak) 图 ピーク; 最高潮; 絶頂. ‖러시아워의 피크 ラッシュアワーのピーク.

피크닉 (picnic) 图 ピクニック.

피클 (pickle) 图 ピクルス.

피-투성이 图 血まみれ. ‖피투성이가 되다 血まみれになる.

피튜니아 (petunia) 图 (植物) ペチュニア.

피트 (feet) (依名) 長さの単位: …フィート.

피폐-하다 (疲弊-) [-/-페-] 圏 (하변) 疲弊(ひ)する.

피폭 (被爆) 图 被爆. ‖피폭당하다 被爆する. 피폭자 被爆者.

피-하다 (避-) /pʰihada/ 他 (하여) 避ける; 逃れる; よける. ‖사람을 눈을 피하다 人目を避ける. 재난을 피하다 災いから逃れる. 비를 피하다 雨をよける.

피하²조직 (皮下組織) 图 (解剖) 皮下組織.

피하²주사 (皮下注射) 图 (医学) 皮下注射.

피하²지방 (皮下脂肪) 图 (医学) 皮下脂肪.

피해 (被害) /pihɛː/ 图 被害; ダメージ. ㉮加害(加害). ‖피해 의식 被害者意識. 농작물 피해가 심각하다 農作物の被害が深刻だ. 다른 사람한테 피해를 주는 일은 되도록이면 삼갑시다 他人に被害を与えることはなるべく避けましょう. 홍수로 피해를 많이 보다 洪水で被害が大きい[甚大だ]. 폭우로 피해를 입고 暴雨で被害をこうむる.

피해-망상 (被害妄想) 图 (医学) 被害妄想. ‖피해망상에 사로잡히다 被害妄想にとらわれる.

피해-자 (被害者) 图 被害者. ㉮加害자(加害者).

피험-자 (被験者) 图 被験者.

피혁 (皮革) 图 皮革. ‖피혁 제품 皮革製品.

픽¹ (pick) 图 (ギター·バンジョーなどの) ピック.

픽² 副 ❶ 피로에 넘어지는 모양: ばったり(と). ‖픽 쓰러지다 ばったりと倒れる. ❷ 어이없이 웃는 모양: ふん(と). ‖어이가 없는지 픽 웃었다 あきれたのか, ふんと笑った.

픽션 (fiction) 图 フィクション. ㉮논픽션.

픽업 (pickup) 图 (하他) ピックアップ. 픽업-되다 受身

핀¹ (pin) 图 (하자) ピン.

핀² 图 피다 (咲く)の連用形.

핀란드 (Finland) 图 (国名) フィンランド.

핀셋 (pincette) 图 ピンセット.

핀잔 (하他) 面責; 面詰; けんつく. ‖쓸데없는 말을 했다가 피잔을 듣다 無駄口をたたいてけんつくを食わされる.

핀잔-듣다 [-맏따] 图 (ㄷ変) = 핀잔먹다.

핀잔-먹다 [-따] 图 けんつくを食わされる.

핀잔-주다 图 けんつくを食わす.

핀치 (pinch) 图 ピンチ; 危機. ‖핀치에 몰리다 ピンチに追い込まれる. 핀치 히터 ピンチヒッター.

핀트 (ピント) 图 ピント. ‖핀트를 맞추다 ピントを合わせる. 핀트가 안 맞는 이야기 ピントはずれの話.

필¹ (匹) 依名 馬·牛を数える語: …匹; …頭. ‖소 세 필 牛3頭. ㉮古い言い方で, 今は마리が一般的である.

필² (疋) 依名 織物を数える語: …疋(ひき). ‖비단 두 필 絹2疋.

필³ 图 피다 (咲く)の未来連体形.

필경 (畢竟) 副 結局. ‖필경 예상대로 될 것이다 結局予想通りになるだろう.

필기 (筆記) /pʰilgi/ 图 (하他) 筆記. ‖필기시험 筆記試験. 필기 도구 筆記用具.

필기-구 (筆記具) 图 筆記用具.

필기-장 (筆記帳) 图 筆記帳.

필기-체 (筆記体) 图 筆記体.

필납¹ (必納) [-랍] 图 (하他) 必ず納付すること.

필납² (畢納) [-랍] 图 (하他) (税金など の)納付済み.

필담 (筆談) [-땀] 图 (하자) 筆談. ‖중국 사람과 필담을 나누다 中国人と筆談する.

필독 (必読) [-똑] 图 (하他) 必読.

필독-서 (必読書) [-똑써] 图 必読書.

필두 (筆頭) [-뚜] 图 筆頭. ‖필두에 서다 筆頭に立つ.

필드 (field) 图 フィールド.
필드-하키 (- hockey) 图 (スポーツ) フィールドホッケー; ホッケー.

필라멘트 (filament) 图 フィラメント.

필라프 (pilaf 프) 图 (料理) ピラフ.

필름 (film) 图 フィルム. ‖필름을 현상하다 フィルムを現像する.

필리핀 (Philippine) 图 (国名) フィリピン.

필멸 (必滅) 图 (하자) 必滅.

필명 (名名) 图 ❶ 文名. ❷ 筆名; ペンネーム.

필묵 (筆墨) 图 筆墨. ‖필묵지연 (文

房四宝である）筆・墨・紙・硯(ぱ｡｡).
필봉(筆鋒)[名] 筆鋒.
필부-필부(匹夫匹婦)[名] 平凡な普通の人々. 回갑남을녀(甲男乙女).
필사¹(必死)[名]〚ㅡ싸〛[하自] 必死.
필사-적(必死的)[名] 必死的. ▷필사적으로 싸우다 必死に戦う. 필사적인 노력의 결과 必死的な努力の結果.
필사²(筆寫)[名]〚ㅡ싸〛[하他] 筆写.
필생(畢生)[名]〚ㅡ쌩〛[名] 畢生(ʰɪʧˈeɪ); 一生; 生涯. ▷필생의 대작 畢生の大作.
필설(筆舌)[名]〚ㅡ썰〛[名] 筆舌. ▷필설로는 다할 수 없는 고통을 겪다 筆舌に尽くし難い苦しみを味わう.
필수¹(必修)[名]〚ㅡ쑤〛[名] 必修. ▷필수 학점 必修単位. 필수 과목 必修科目.
필수²(必須)[名]〚ㅡ쑤〛[名] 必須. ▷필수 조건 必須の条件.
필수-품(必需品)[名]〚ㅡ쑤〛[名] 必需品. ▷생활 필수품 生活必需品.
필순(筆順)[名]〚ㅡ쑨〛[名] 筆順; 書き順.
필승(必勝)[名]〚ㅡ씅〛[名] 必勝.
필시(必是)[名]〚ㅡ씨〛[副] たぶん; 必ず; きっと. ▷필시 그는 해낼 것이다 きっと彼はやり遂げるだろう.
필연(必然)[名] 必然. ㉠우연(偶然). ▷역사의 필연 歴史の必然.
필연-성(必然性)[名]〚ㅡ씽〛[名] 必然性.
필연-적(必然的)[名]〚ㅡ씩〛[名] 必然的. ▷필연적인 결과 必然の結果. 거절로부터 양자의 관계는 필연적으로 악화된다 断われば必然的に両者の関係は悪化する.
필연-코(必然ㅡ)[副] 必ず. ▷필연코 달성해야 될 목표 必ず達成なければならない目標.

필요(必要) /pʰirjo/ [名][하形] 必要. 要ること. ▷등산에 필요한 도구 登山に必要な道具. 안경이 필요하다 眼鏡が必要である. 가족에게 알릴 필요가 있다 家族に知らせる必要がある. 정밀 검사를 할 필요는 없다 精密検査の必要はない. 사람이 필요하다 ある人간이 되고 싶다 社会が必要とする人간이다. 일손이 필요하다 人手が要る.
필요-성(必要性)[名] 必要性.
필요-악(必要惡)[名] 必要悪.
필요-조건(必要條件)[【ㅡ껀】] [名] 必要条件.
필요충분-조건(必要充分條件)[【ㅡ껀】] [名] 必要十分条件.
필자(筆者)[名]〚ㅡ짜〛[名] 筆者.
필적¹(筆跡)[名]〚ㅡ쩍〛[名] 筆跡. ▷필적 감정 筆跡鑑定; 筆跡鑑定.
필적²(匹敵)[名]〚ㅡ쩍〛[하自] 匹敵. ▷필적할 만한 상대 匹敵する相手.
필지¹(必至)[名]〚ㅡ찌〛[名] 必至. ▷필지의 사실 必至の事実.
필지²(必知)[名]〚ㅡ찌〛[하他] 必ず知らな

ければならないこと.
필진(筆陣)[名]〚ㅡ찐〛[名] 筆陣.
필착(必着)[名]〚ㅡ착〛[하自] 必ず着.
필체(筆體)[名] 字面; 筆跡.
필치(筆致)[名] 筆致. ▷필치가 뛰어나다 筆致がすぐでている.
필터(filter)[名] フィルター.
필통(筆筒)[名] 筆入れ.
필-하다(畢ㅡ)[自][하것] 済ます; 終える. ▷병역을 필하다 兵役を終える.
필하모니(Pharlmonie ᴷ)[名]〚音楽〛 フィルハーモニー.
필혼(畢婚)[名]〚하自〛 その家の子どもが全員結婚すること, またはその最後の結婚. 回개혼(開婚).
필화(筆禍)[名] 筆禍(ʰɪʧˈeɪ). ▷필화 사건 筆禍事件.
필획(筆畫)[【ㅡ획】] [名] 筆画.
필-히(必ㅡ)[副] 必ず.
핍박(逼迫)[名]〚ㅡ빡〛[하他] 逼迫(ʰɪʧˈeɪ). ▷재정이 핍박당하다 財政が逼迫する.
핏-기(ㅡ気)[名]〚피끼/핃끼〛[名] 血の気. ▷핏기없는 얼굴 血の気のない顔. 핏기가 가시다 血の気が引く.
핏-대(ㅡ)[名]〚피때/핃때〛[名] 青筋; 太く浮き出た静脈. ▷핏대가 서다 激怒する. ▶핏대를 세우다 青筋を立てる.
핏-덩어리(ㅡ)[名]〚피떵ㅡ/핃떵ㅡ〛[名] ❶ 血塊; 血の塊. ❷ 赤子; 赤ん坊.
핏-발(ㅡ)[名]〚피빨/핃빨〛[名] 血走ること; 充血. ▷눈에 핏발이 서다 目が充血する. 핏발이 선 눈 血走った目.
핏-빛(ㅡ)[名]〚피삗/핃삗〛[名] 血のような赤い色.
핏-자국(ㅡ)[名]〚피짜ㅡ/핃짜ㅡ〛[名] 血痕.
핏-줄(ㅡ)[名]〚피쭐/핃쭐〛[名] ❶ 血管. ❷ 血筋.
핑[副] ❶ 素早く一回転する様子: くるり; くるっと. ❷ 急にめまいがする様子: ぐらり; ぐらっと. ❸ 急に涙がにじむ様子: じいん. ▷눈물이 핑 돌다 急に涙がじいんにじむ. **핑-핑**[副][하自].

핑계 /pʰiŋge/ [ㅡ/ㅡ게] [名] 口実; 言い訳; 言い逃れ; 逃げ口上. ▷핑계를 대다 言い訳をする; 口実をもうける. 그 말은 핑계에 불과하다 その言葉は言い訳に過ぎない. 감기를 핑계로 아르바이트를 쉬다 風邪を口実にアルバイトを休む.
핑그르르[副] 急に涙がにじむ様子. ▷눈물이 핑그르르 돌다 急に涙がにじむ.
핑크(pink)[名] ピンク.
핑킹-가위(pinkingㅡ)[名] ピンキングはさみ.
핑퐁(ping-pong)[名]〚スポーツ〛 ピンポン; 卓球(卓球).
핑-핑[副] 弾丸などが頭上をかすめる音[様子]: びゅんびゅん.

ㅎ

ㅎ【히읕】 ハングル子音字母の第14番目. 名称は「히읕」.

ㅎ 変격 활용(─變格活用)【히읃뻔칙콰룡】〖言語〗=ㅎ 불규칙 활용(─不規則活用)

ㅎ 불규칙 용언(─不規則用言)【히읃뿔ㄲㅠ치기요건】〖言語〗ㅎ 変則用言. ✚빨갛다 · 파랗다 · 커다랗다 など.

ㅎ 불규칙 활용(─不規則活用)【히읃뿔ㄲㅠ치콰룡】〖言語〗ㅎ 変則活用.

하¹ (下) 〖名〗 (順序·等級などを上·中·下または上·下に分けた場合の) 下. ‖상중하 上中下. 하권 下卷.

하² (河) 〖名〗〖姓〗 河(ハ).

하³ 〖感〗 驚き·悲しみ·嘆きなどを表わす; ああ; ほう. ‖하, 드디어 해냈구나 ああ, とうとうやり遂げたな.

-하⁴ (下) 被団 〖接〗 下…; (の)もと. ‖지배하에 있다 支配下にある. 담임 선생님의 인솔하에 担任の先生の引率のもと.

하강(下降) 〖名〗〖自動〗 下降. ⓐ상승(上昇).

하객(賀客) 〖名〗 お祝いの客.

하계(夏季) 〖名〗〖=/-계〗 夏季.

하고/hago/〖助〗 …と…. ‖빵하고 우유 パンと牛乳. 친구하고 한국에 놀러 가다 友だちと韓国に遊びに行く. 그 사람은 우리하고는 다르다 彼は私たちとは違う.

하고-많다【─만타】〖形〗 非常に多い; たくさんある. ‖하고많은 것 중에서 이런 것을 고르다니 たくさんある中でこんなのを選ぶとは.

하관¹(下棺) 〖名〗〖自動〗 埋葬のため棺を墓穴の中に降ろすこと.

하관²(下顴) 〖名〗 あごを中心とした顔の下の部分. ‖하관이 긴 얼굴 あごの長い顔.

하교(下校) 〖名〗〖自動〗 下校. ⓐ등교(登校). ‖하교 시간 下校時間.

하굣-길(下校ㅅ─)【─교낄·─굗낄】〖名〗 下校する道; 下校の際; 下校時.

하구(河口) 〖名〗 河口.

하권(下卷) 〖名〗 下巻. ⓐ상권(上卷) · 중권(中卷).

하-극상(下克上)【─ㅆ】〖名〗 下克上. ‖하극상을 일으키다 下克上を起こす.

하급(下級) 〖名〗 ⓐ상급(上級). ‖하급 공무원 下級公務員.

하급-반(下級班)【─ㅃ】〖名〗 下のクラス. ⓐ상급반(上級班).

하급-생(下級生)【─쌩】〖名〗 下級生. ⓐ상급생(上級生).

하급-심(下級審)【─쎔】〖法律〗 下級審. ⓐ상급심(上級審).

하기¹ (下記) 〖名〗 下記. ⓐ상기(上記).

하기²(夏期) 〖名〗 夏期. ⓐ동기(冬期). ‖하기 강습회 夏期講習会.

하기-방학(夏期放學) 〖名〗 (学校の)夏休み. ⓐ여름 방학(―放學).

하기-시간(夏期時間) 〖名〗 サマータイム. ⓐ서머 타임.

하기-휴가(夏期休暇) 〖名〗 =여름휴가(―休暇).

하기-는 〖副〗 そういえば; もっとも; なるほど. ‖하기는 그럴 가능성도 있겠다 そういえば, そういう可能性もありるね. 하기는 나라고 못 할 것도 없지 もっとも 私だってできなくもない.

하기-야 そういえば; もっとも; なるほど. ‖하기야 말로서는 못 할 것이 없지 もっとも 口だけならできないこともないさ.

하나 /hana/〖数〗 1, 1人; 1つ; 1. ‖ⓐ 다 털리고 하나 남았어요 全部売れて 1つ残っています. 한국어로 하나에서 열까지 셀 수 있어요 韓国語で 1から 10まで数えられます. ✚뒤에 조사가 付く場合は 한の形で用いられる. 한 명 일 人.

― ❶1つ; 1人. ‖내 소원은 하나뿐입니다 私の願いは1つだけです. 쓸 만한 접시가 하나도 없다 使えそうなお皿が1つもない. 애는 말 하나밖에 子どもは 娘 1人です. 가게에 손님이 하나도 없다 店にお客さんが 1人もいない. ❷ 一体―丸. ‖전 사원이 하나가 되어 全社員が一丸となって. ▶하나 가득 가득(に); 하나 가득 사탕을 넣다 ポケットいっぱいに飴玉を入れる. ▶하나밖에 모르다 (「1つしか知らない」の意で) 愚直で生まじめで. ▶하나부터 열까지 全部; すべて. 하나부터 열까지 마음에 안 든다 すべてが気に入らない. ▶하나는 알고 둘은 모른다 [諺] (「一は知って二は知らない」の意で) 了見の狭いことのたとえ. ▶하나를 보고 열을 안다 하나를 들으면 열을 안다.

하나-같다【─ㄷㅏ】〖形〗(皆が)同じだ. ‖부모의 마음은 하나같다 親心は皆同じだ. **하나같-이** 〖副〗 例外なく. ‖그 집 사람들은 하나같이 성실하다 その家の人々は皆まじめだ.

하나-님 〖名〗(キリスト教) 神; 神様.

하나-하나 一つずつ; 一つ一つ; 一々. ‖하나하나 물어가면서 일을 배우다 一つずつ質問しながら仕事を教える. 그 배우는 표정 하나하나가 살아 있다 その俳優は表情一つ一つが生き生きする.

하녀(下女) 〖名〗 女中.

하느-님 〖名〗(カトリック) 神; 神様.

하는 〖自他〗〖하것〗 하다(する)の現在連体形.

하늘 /hanul/ 〖名〗 ❶空; 天空; 大空. ‖하늘 높이 날아오르다 空高く

舞い上がる. 밤하늘의 별 夜空の星. 푸른 하늘과 흰 구름 青い空と白い雲. ❷ 神; 神様; 天. ‖운은 하늘에 맡기다 運を天に任せる. ❸ 天国. 하늘나라 天国. ❹ 天気; 空模様. ‖변덕스러운 하늘 変わりやすい秋の天気. 하늘과 땅 차이 天と地の違い; 雲泥の差. ▶하늘 높은 줄 모르니(「天の高きを知らない」の意で)はなはだしい勢いで물가 등이 天井知らずに上がるさま. ▶하늘을 찌르다 勢いはなはだしい. ▶하늘 두 쪽이 나도(「空が2つに割れても」の意で)何があっても; 何が何でも; どういうことがあっても; どんなことがあっても. 하늘 두 쪽이 나도 저 사람하고 결혼할 거예요 何があってもあの人と結婚します. ▶하늘의 별 따기[때기](「空の星摘み」の意で)不可能に近いこと. ▶하늘이 무너져도 솟아날 구멍은 있다[國](「空が崩れ落ちても出る穴はある」の意で)困難な状況でもそれを切り抜ける道はある.

하늘-거리다[-대다] 自 軽くゆらゆら(と)揺れる; ひらひら(と)する. ‖꽃잎이 바람에 하늘거리다 花びらが風にゆらゆら揺れる. 하늘거리는 원피스를 입고 있다 ひらひらのワンピースを着ている.

하늘-나라[-라-] 名 天国.
하늘-다람쥐 名 〔動物〕モモンガ（鼯鼠）.
하늘-색〔-色〕【색】 名 空色.
하늘-소〔-쏘〕 名 〔昆虫〕カミキリムシ（髪切虫）.
하늘-지기 名 〔植物〕テンツキ（天衝）.
하늘-하늘 副 自 ゆらゆら(と); ひらひら(と).
하늬-바람[-니-] 名 西風. ◆船乗りの言葉.

하다[1] /hada/ 他【하爲】 ❶ (ある行為を)する; やる. ‖숙제를 하다 宿題をする. 공책에 낙서를 하다 ノートに落書きをする. 화장을 진하게 하다 化粧を濃くする. ❷ (名詞が表す行為を)行なう. ‖밥을 하다 ご飯を炊く. 산에서 나무를 하다 山で柴刈りをする. 큰소리로 노래를 하다 大きい声で歌う. ❸ (ある表情·形を)する. ‖넥타이를 하다 ネクタイをする. 무서운 얼굴을 하고 째려보다 怖い顔をしてにらみつける. ❹ (ある分野の仕事を)する; 従事する. ‖영어 선생을 하고 있다 英語教師をしている. 월급쟁이를 하고 있다 サラリーマンをしている. ❺ たしなむ. ‖술을 하는 편이다 お酒を結構飲むほうだ. 담배는 하세요? タバコは吸われますか. ❻ 《…(이)라고 하다の形で》…と呼ぶ; …と言う. ‖저런 얼굴을 미인이라고 한다 ああいう顔を美人と言う. ❼ 《…을[를]…로 하다[해서]の形で》…にして; …を…として. ‖손자를 상대로 하여 바둑을 두다 孫を相手にして碁を

打つ. 치즈를 안주로 하여 포도주를 마시다 チーズをおつまみにしてワインを飲む. ❽ 《…을[를]…기로 하다の形で》…することにする. ‖내일부터 영어를 열심히 공부하기로 했다 明日から英語を一生懸命勉強することにした. 오늘부터 담배를 끊기로 했다 今日からタバコをやめる[「禁煙する」]ことにした.
— 自 ❶ 思う; やる. ‖앞으로 어떻게 할 생각이니? これからどうするつもりの. 일도 자기 하기 나름이다 仕事もやり方次第だ. 사과가 하나에 천 원이나 하다 リンゴが1個千ウォンもする. ❷ できる. ‖영어는 좀 하지만 英語は少しできる. ❸ 思う. ‖술을 좋아하나 해서 물어 봤다 お酒が好きかと聞いてみた. 바쁜가 해서 전화를 안 했다 忙しいかと思って電話をしなかった. ❹ …と言う. ‖서울에서 비빔밥이 가장 맛있다고 하는 가게 ソウルでビビンバが一番おいしいという店. 목표를 어떻게 달성할 것인가 하는 문제 目標をどう達成するかという問題. ❺ 《…고 하여…고 해서などの形で》理由·原因を表わす; …ので; …から; …たりして. ‖돈도 없고 해서 못 갈 것 같다 お金もないので行けなさそうだ. ❻ 《…다…고 하더라도の形で》…(と)しても. ‖돈을 잘 번다 하더라도 稼ぎがいいとても. ❼ 《…기로 하다の形で》…することにする. ‖내일 빨리 출발하기로 했다 明日早く出発することにした. 남자 친구와 헤어지기로 했다 彼と別れることにした. ❽ 《…것으로[걸로] 하다の形で》…することにする. ‖아까 그 이야기는 없었던 것으로 합시다 さっきの話はなかったことにしましょう.

하다[2] /hada/ 補動【하爲】 ❶ 《…(으)려(고) 하다…고자 하다の形で》意思·意図を表わす; …と思っている. ‖내년에 한국에 가고자 한다 来年, 韓国へ行こうと思っている. ❷ 《…(으)면 하다の形で》願望を表わす; …たい. ‖한 번 만났으면 한다 一度会いたい. ❸ 《…게 하다の形で》使役を表わす; …させる. ‖빨리 오게 하다 早く来させる. 이유를 설명하게 하다 理由を説明させる. ❹ 《…어야 하다…어야 하다…여야 하다の形で》当為を表わす; …なければならない; すべきだ. ‖내일은 회사에 빨리 가야 한다 明日は早く会社に行かなければならない. 아침은 꼭 먹어야 한다 朝食は必ず食べなければならない. 오늘은 공부해야 한다 今日は勉強しないといけない. ❺ 《動詞の活用語尾-기에 助詞까지·도·만·조차などが加わった形に付いて》語意を強める. ‖밤을 새우기까지 하다 徹夜までする. 가끔 만나기도 하다 たまに会ったりもする. 울기만 하다 泣いてばかりいる. 때리기조차 하다 殴ったりさえする.

하다³ /hada/ [補]〔하変〕 ❶〔形容詞の活用語尾-기に助詞까지・도・만などが加わった語に付いて〕語意を強める. ‖내 입에는 맛있다만 하다 私の口には少しもおいしい. 예쁘기도 하다 とてもきれいだ. 밉기까지 하다 憎たらしい. ❷〔…이어야 하다〕…でなくてはならない の形で〕当為を表わす. ‖사람은 부지런해야 한다 人は勤勉でなくてはならない. 야구 선수는 발도 빨라야 한다 野球選手は足も速くなければならない.

-하다⁴ /hada/ [接尾]〔하変〕 ❶〔一部の動作性名詞に付いて〕動詞を作る. ‖외출하다 外出する. 공부하다 勉強する. 노래하다 歌う. 말하다 言う. ❷〔一部の名詞に付いて〕形容詞を作る. ‖유명하다 有名だ. 우수하다 優秀だ. ❸〔一部の副詞に付いて〕形容詞または動詞を作る. ‖다리가 휘청휘청하다 足がふらふらする. 가슴이 두근두근하다 胸がどきどきする. ❹〔形容詞の活用語尾-아・어の後ろに付いて〕動詞を作る. ‖무척 기뻐하다 非常に喜ぶ. 아이들을 귀여워하다 子どもたちをかわいがる. ❺〔依存名詞체・척・양・듯などの後ろに付いて〕補助動詞または補助形容詞を作る. ‖잘난 척하다 偉そうにふるまう; 威張る. 비가 올 듯하다 雨が降りそうだ.

하다-못해 /hadamot*he*/ [-모태] [副] せめて; 仕方なく. ‖애가 있으면 여름에 하다못해 풀장이라도 가야 한다 子どもがいると夏にはプールにでも行かないといけない. 하다못해 내가 가기로 했다 仕方なく私が行くことにした.

하단(下段) [图] 下段. ⦿중단(中段)・상단(上段).

하달(下達) [图他] 下達. ⦿상달(上達).

하대(下待) [图他] 目下に対する言葉遣いをすること. ⦿공대(恭待).

하도 /hado/ [副] あまりにも. ‖수업 중에 하도 졸려서 죽는 줄 알았어 授業中あまりにも眠くて死にそうだった. 하도 졸려서 사 주었다 あまりにもねだったので買ってあげた.

하도-급(下都給) [图] 下請け負い.
 하도급-자(下都給者) [-짜] [图] 下請け人.

하드¯디스크(hard disk) [图] [IT] ハードディスク.

하드¯*보일드*(hard-boiled) [图] ハードボイルド.

하드웨어(hardware) [图] [IT] ハードウェア. ⦿소프트웨어.

하드커버(hardcover) [图] ハードカバー.

하드¯트레이닝(hard training) [图] ハードトレーニング.

하등¹(下等) [图] 下等. ⦿고등(高等).
 하등¯동물(下等動物) [图] 〘動物〙下等動物.

하등¯식물(下等植物) [-씽-] [图] 〘植物〙下等植物.

하등²(何等) [图] 〔主に하등의…없다の形で〕何の…ない; 何ら…ない. ‖하등의 도움이 안 되다 何の役にも立たない. 하등의 이유가 없다 何ら理由がない.
 ─ 副 〔下に打ち消しの表現を伴って〕何ら…ない. ‖실력과 외모는 하등 관계가없다 実力と外見は何ら関係ない.

하락(下落) [图自] 下落. ⦿상승(上昇). ‖주가가 하락하다 株価が下落する.
 하락-세(下落勢) [-쎄] [图] (相場などの)下げ足. ⦿상승세(上昇勢).

하략(下略) [图他] 下略; 後略.

하렘(harem) [图] ハーレム.

하례(賀禮) [图] 祝賀の儀礼.

하롱-거리다 [自] 〔言動などが〕軽々しく.

하롱-하롱 [图自] 軽く揺れる様子; 軽々しい様子.

하루 /haru/ [图] ❶ (24 時間の)1日. ‖하루에도 몇 번씩 전화를 걸다 1日に何度も電話をかける. 하루에 여덟 시간 일하다 1日 8時間働く. 충실한 하루를 보내다 充実した1日を過ごす. 하루 일과를 마치다 1日の仕事を終える. ❷〔하루의 形で〕ある日. ‖하루는 그 사람이 나를 찾아왔다 ある日彼が私を訪ねてきた. ▶하루가 멀다고[멀다 하고] 毎日のように.

하루-같이[-가치] [副] 長い年月を1日のごとく(変わりなく)…一途に. ‖십 년을 하루같이 연구에 몰두하다 10年を一途に研究に没頭する.

하루-건너 =하루걸러.

하루-걸러 1日おきに; 隔日に. ‖하루걸러 비가 오다 1日おきに雨が降る.

하루-바삐 1日でも早く.

하루-빨리 1日でも早く. ‖하루빨리 통일이 되기를 바라고 있다 1日も早い統一を願っている.

하루-살이 ①[昆虫] カゲロウ. ②[比喩的に] はかないもの. ‖하루살이 인생 カゲロウのような人生.

하루-속히(-速-) [-소키] [副] =하루빨리.

하루-아침 [图] 〔主に하루아침에の形で〕一朝一夕に; 突然. ‖하루아침에 사람이 변하다 突然人が変わる. 하루아침에 만들 수 있는 것은 아니다 一朝一夕に作れるものではない. 로마는 하루아침에 이루어지지 않았다 ローマは1日にして成らず.

하루-종일(-終日) [图] 一日中. ‖하루 종일 집안에 처박혀 있다 一日中家の中に閉じこもっている. 하루 종일 비가 오고 있다 一日中雨が降っている.

하루-치 [图] 1日分.

하루-하루 图 その日その日; 日一日; 毎日。‖하루하루를 바쁘게 보내고 있다 毎日忙しく過ごす。
— 圃 毎日; 日に日に; 日増しに。‖하루하루 회복되고 있다 日に日に回復しつつある。
하룻-강아지 【-룯깡/-룬깡】图 ①生まれて間もない子犬。②青二才。‖하룻강아지 범 무서운 줄 모른다 〔諺〕(生まれたばかりの子犬は虎の恐ろしさを知らないの意で)盲蛇に怖じず。
하룻-길 【-룯낄/-룯낄】 图 1日の道のり。
하룻-밤 【-룯빰/-룯빰】 图 一晩; 一夜。‖하룻밤 재워 주세요 一晩泊めてください。
하루 〈下流〉/ha:rju/ 图 下流。⊕상류(上流)。‖圀 하루 댐 ダムの下流。하루 사회 下流社会。
하릴-없다 【-리럽따】形 仕方ない; どうすることもできない; なすすべもない。 **하릴없-이** 圃 하릴없이 집에서 뒹굴고 있다 仕方なくでごろごろしている。
하마 〈河馬〉图 〖動物〗 カバ(河馬)。
하마터면 /hamat∂mjən/ 圓 危うくすんでのことで。‖하마터면 큰일 뻔했다 危うく大事に至るところだった。하마터면 차에 치일 뻔했다 すんでのことで車にひかれるところだった。
하마-평 〈下馬評〉图 下馬評。‖하마평에 오르다 下馬評に上る。
하마-하마 圓 ❶機会などがどんどん近づく様子: 今にも。❷今か今かと。‖결과 발표를 하마하마 기다린다 結果発表を今か今かと待っている。
하명 〈下命〉图 形他 下命。
하모니 〈harmony〉 图 〖音楽〗 ハーモニー。
하모니카 〈harmonica〉图 〖音楽〗 ハーモニカ。
하물 〈荷物〉图 荷物; 貨物。⊕짐。
하물며 /hamulmjə/ 圓 まして; ましても。‖하물며 너까지! ましても 先輩でさえ: 어른도 못 드는 것을 하물며 애가 들 수 있겠어요? 大人も持ち上げられないのをましてや子供が持ち上げられるでしょうか。
하-반기 〈下半期〉图 下半期。⊕상반기(上半期)。‖하반기 계획안 下半期の計画案。
하-반부 〈下半部〉图 下半部。⊕상반부(上半部)。
하-반신 〈下半身〉图 下半身。⊕상반신(上半身)。‖하반신 불수 下半身不随。
하방 〈下方〉图 下方。⊕상방(上方)。
하복 〈夏服〉图 夏物。⊕동복(冬服)。⊕춘추복(春秋服)。
하복-부 〈下腹部〉图 【-뿌】 下腹部。
하부 〈下部〉图 下部。⊕상부(上部)。‖하부 조직 下部組織。
하부 구조〈下部構造〉下部構造。
하뿔싸 圓 失敗や物忘れなどに気づいた時に発する語: しまった。
하사[1] 〈下士〉图 〖軍事〗 下士; ⑭상사(上士)・중사(中士)。
하사-관 〈下士官〉图 〖軍事〗 下士官。
하사[2] 〈下賜〉图 形他 下賜。
하산 〈下山〉图 形自 下山。⊕등산(登山)・입산(入山)。
하상 〈河床〉图 河床; 川底。⊕강바닥(江-)。
하선 〈下船〉图 形自 下船。⊕승선(乗船)。
하소연 图 形他 (事情を切々と)訴える。‖억울함을 하소연하다 無念を訴える。
하수[1] 〈下水〉图 下水。⊕상수(上水)。‖하수 처리 下水処理。
하수-관 〈下水管〉图 下水管。
하수-구 〈下水溝〉图 下水溝; どぶ。
하수-도 〈下水道〉图 下水道。⊕상수도(上水道)。
하수[2] 〈下手下數〉图 技量などが劣っている人。⊕상수(上手)。⊕하수인(下手人)。
하숙 〈下宿〉/ha:suk/ 图 形自 下宿。⊕一般的に学生を対象にし, 1日2食が一般的。
하숙-비 〈下宿-〉图 【-삐】 下宿費。
하숙-생 〈下宿-〉图 【-생】 下宿生。
하숙-집 〈下宿-〉图 【-찝】 下宿先。‖하숙집을 구하다 下宿先を探す。
하순 〈下旬〉图 下旬。⊕상순(上旬)・중순(中旬)。
하시 〈何時〉图 いつ; どんな時。
하악 〈下顎〉图 下顎(턱); 下あご。⊕아래턱 ⊕상악(上顎)。
하악-골 〈下顎骨〉图 【-꼴】 〖解剖〗 下顎骨。⊕아래턱뼈。⊕상악골(上顎骨)。
하안 〈河岸〉图 河岸; 川岸。⊕강기슭(江-)。
하야 〈下野〉图 形自 下野(官職を辞して民間にいること)。
하얀 形 〖ㅎ変〗 하얗다(白い)의 현재 연체형。
하양 图 ❶白。❷白色の染料。
하얗다 /hajat'a/ 【-야타】 形 〖ㅎ変〗 真っ白い; 真っ白だ。‖눈이 내려 바깥이 하얗다 雪が降って外が真っ白だ。하얀 손수건 真っ白いハンカチ。
하얘 形 〖ㅎ変〗 하얗다(白い)의 연용형。
하얘-지다 形自 ❶白くなる。‖세제에 담가 둔 빨래가 하얘지다 洗剤につけておいた洗濯物が白くなる。나이가 들어 머리가 하얘지다 年をとって髪の毛が白く

なる. ❷ (얼굴이)青白くなる. ❸ 허예지다.

하여 自他 [하っ] ハジョガン/圖 とにかく; ともかく; 何はともあれ; いずれにしても; いずれにせよ. ∥하여튼 최선을 다할 뿐이다 とにかく最善を尽くすだけだ. 하여간 내가 시키는 대로 해라 とにかく私の言う通りにしなさい.

하여간-에 (何如間-) 圖 =하여간. ∥하여간에 이달 말까지는 제출해 주세요 とにかく, 今月末までには提出してください.

하여-금 […(으)로 하여금 …게 하다[게 만들다]の形で] …に[をして] …させしめる; …にして…させる. ∥그 한마디는 나로 하여금 많은 것을 생각하게 만들었다 その一言は私に多くのことを考えさせた.

하여-튼 (何如-) 圖 とにかく; ともかく. ∥하여튼 그 안에는 반대다 とにかくその案には反対だ, 하여튼 그 문제가 걱정이다 とにかくその問題が心配だ.

하역 (荷役) 图 自他 荷役(ぜき). ∥하역 작업 荷役作業.

하염-없다 [-어업따] 厖 ❶ (마음이) うつろだ; 虚しい. ❷ とめどもない; 限りない.
하염없-이 圖 하염없이 눈물이 흐르다 とめどなく涙があふれる.

하오 (下午) 图 下午; 午後; 昼過ぎ. ⑳ 오후(午後).

하우스 (house) 图 ❶ 家; ハウス. ∥모델 하우스 モデルハウス. ❷ 비닐하우스의 略語.

하우징 (housing) 图 ハウジング.

하원 (下院) 图 下院. ⑳ 상원(上院).

하위 (下位) 图 ⑳ 상위(上位) · 고위(高位). ∥하위 관리 下級官吏. 하위 개념 下位概念.

하의¹ (下衣) 图 [-/-의] 图 ズボン·スカートなど腰より下に着用するもの. ⑳ 상의(上衣).

하의² (下意) 图 [-/-의] 图 下意. ∥하의 상달 下意上達.

하이-넥 (high necked collar) 图 ハイネック.

하이-다이빙 (high diving) 图 (水泳で)高飛び込み.

하이라이스 (+hashed rice) 图 ハヤシライス.

하이라이트 (highlight) 图 ハイライト. ∥이번주의 하이라이트 今週のハイライト. 개막식의 하이라이트 開幕式のハイライト.

하이-볼 (highball) 图 (飲み物の)ハイボール.

하이-비전 (+high television) 图 ハイビジョン.

하이에나 (hyena) 图 (動物) ハイエナ.

하이잭 (hijack) 图 他 ハイジャック.

하이킹 (hiking) 图 自他 ハイキング.

하이테크 (hightech) 图 ハイテク.

하이틴 (high + teen 日) 图 ハイティーン.

하이파이 (hi-fi) 图 ハイファイ. ✜ high fidelity의 略語.

하이퍼-링크 (hyper link) 图 (IT) ハイパーリンク.

하이퍼-텍스트 (hypertext) 图 (IT) ハイパーテキスト.

하이픈 (hyphen) 图 ハイフン(-). ⑳ 붙임표(-標).

하이-힐 (+highheeled shoes) 图 ハイヒール.

하인 (下人) 图 下人; 下男; 下女; しもべ; 召使い.

하인-배 (下人輩) 图 下人衆; しもべのやから; 召使いら.

하자 (瑕疵) 图 瑕疵(ᆦ). ❶ きず, 欠点. ❷ 法的に何らかの欠陥や欠点があること.

하잘것-없다 [-꺼덥따] 厖 取るに足りない; くだらない; つまらない. ∥하잘것없는 일로 친구하고 싸우다 つまらないことで友だちとけんかをする.

하종-가 (下終價) [-까] 图 (經) ストップ安: (その日の)安値. ⑳ 상종가(上終價).

하중 (荷重) 图 荷重.

하지 (夏至) 图 (天文) (二十四節気の)夏至(ミ). ⑳ 동지(冬至).

하지-선 (夏至線) 图 (天文) 夏至線; 北回帰線.

하지-점 (夏至點) [-쩜] 图 (天文) 夏至点.

하짓-날 (夏至-) [-진-] 图 夏至の日.

하지만 /hadʒiman/ 圖 けれども; だが; しかし. 가냘프다. 하지만 행복하다 貧しい, だが幸せだ. 열심히 했다. 하지만 결과는 좋지 않았다 一生懸命やった, しかし結果はよくなかった.

하직 (下直) 图 自他 ❶ 暇(ᆦ)ごい; 長い別離に先立っての挨拶. ∥하직 인사를 하다 別れの挨拶をする. ❷ (世から)離れること; 旅立つこと. ∥세상을 하직하다 世を捨てる; あの世に旅立つ; 死ぬ.

하차 (下車) 图 自他 下車. ⑳ 승차(乘車). ∥도중하차하다 途中下車する.

하찮다 [-찬타] 厖 つまらない; くだらない; ちっぽけだ. ∥하찮은 일이다 ちっぽけだ. 하찮은 것: 大したことではない.

하책 (下策) 图 下策. ⑳ 상책(上策).

하처 (何處) 图 どこ; どんなところ.

하천 (河川) 图 河川. ∥하천이 범람하다 河川が氾濫(ᆦ)する.

하천-부지 (河川敷地) 图 河川敷地.

하청 (下請) 图 下請け. ∥하청을 주다 下請けに出す, 대기업 일을 하청 맡다

大手企業의 仕事을 下請하다.
하청-인(下請人)[명] 下請け人.
하체(下體)[명] 下半身. ⑪상체(上體).
하층(下層)[명] 下層. ⑪상층(上層).
하층-계급(下層階級)[-/-께-][명] 下層階級; 下流階級.
하치-장(荷置場)[명] 置き場. ‖쓰레기 하치장 ごみ置き場.
하켄(Haken[독])[명] (登山で)ハーケン.
하키(hockey)[명](스포츠) ホッケー.
하트(heart)[명] (トランプのカードの)ハート.
하편(下篇)[명] 下巻. ⑪상편(上篇)・중편(中篇).
하품[hap'um][명][하자] あくび. ‖하품이 나오다 あくびが出る. 하품을 하다 あくびをする. 나오는 하품을 참다 あくびをかみ殺す.
하품(下品)[명] 下等品. ⑪상품(上品)・중품(中品).
하프(harp)[명](음악) ハープ. ‖하프를 켜다 ハープを奏でる.
하프(half)[명] ハーフ ❶ 半分. ❷ 混血児.
하프백(halfback)[명] (サッカー・ラグビーなどで)ハーフバック.
하프 코트(half coat)[명] ハーフコート; 半コート. ⑪반코트(半-).
하프 타임(half time)[명] (サッカー・ラグビーなどで)ハーフタイム.
하필(何必)[haphil][문] なにも; 何で. ‖하필 나를 부를까? どうして私を呼んだろう.
하필-이면(何必-)[문] よりによって; こともあろうに. ‖하필이면 내가 탄 차가 고장이 나다니 よりによって私の乗っていた車が故障した.
하하[문][하자] うれしい時に出す大きな笑い声: はは.
하하[감] ❶ あきれて嘆く時の声: はは. ‖하하, 이걸 어떡하지? はは, これをどうすればいいんだ. ❷ 思い当たった時や納得した時などに発する語: ははあ.
하한(下限)[명] 下限. ⑪상한(上限).
하한-가(下限價)[-까][명](經) 下値終付(下終値). ⑪상한가(上限價).
하한-선(下限線)[명] 下の方の限度. ⑪상한선(上限線).
하향(下向)[명][하자] (首都から地方へ)下ること. ⑪상향(上向).
하향-선(下向線)[명] 下り線. ⑪상향선(上向線).
하향 열차(下向列車)[-녈-][명] 下り列車.
하향(下向)[명][하자] 下向; 下落. ⑪상향(上向).
하향-세(下向勢)[명] 下落傾向; 相場の下げ足. ‖물가가 하향세를 보이다 物価が下降傾向を見せる.

하현(下弦)[명]〈天文〉下弦. ⑪상현(上弦).
하현-달(下弦-)[-딸][명]〈天文〉下弦の月. ⑪상현달(上弦-).
하혈(下血)[명][하자] 下血.
하회(下回)[-회/-훼][명] 下回ること. ⑪상회(上廻). ‖금년도 실적이 예상치를 하회할 전망이다 今年度の実績が予想値を下回る見通し.

학¹(鶴)/hak/[명]〈鳥類〉ツル(鶴).
학²(瘧)[명] [학질(瘧疾)의略語]マラリア. ▶학을 떼다 ひどい目にあう;あきれ返る.

-학(學)[접미] …学. ‖경제학 経済学. 물리학 物理学.
학계(學界)[-께/-게][명] 学界.
학과¹(學科)[-꽈][명] 学科. ‖국문학과 国文学科 学科別に 学科ごとに.
학과-목(學科目)[명] 学科目.
학과²(學課)[-꽈][명] 学課.
학교(學校)/hak'kjo/[-꾜][명] 学校. ‖초등학교 小学校. 학교 교육 学校教育. 학교에 다니다 学校に通う.
학교 문법(學校文法)[-꾜-뻡][명] 学校文法.
학교 법인(學校法人)[명] 学校法人.
학교-장(學校長)[명] 学校長.
학구(學究)[-꾸][명] 学究.
학구-열(學究熱)[명] 学究熱.
학구-적(學究的)[명] 学究的.
학구(學區)[-꾸][명] 学区.
학군(學群)[명] (ソウル・釜山など主要都市で中高新入生の配置のために分けた)学校群.
학급(學級)[명] 学級; クラス.
학기(學期)[-끼][명] 学期. ‖신학기 新学期. 이번 학기 今学期. 학기 말 学期末.
학년(學年)/haŋnjən/[항-][명] 学年. ‖길은 축구 선수다 同じ学年だ. 최고 학년 最高学年. 고학년 高学年.
—[의존] …年生. ‖초등학교 삼 학년 小学校 3 年生. 몇 학년이에요? 何年生ですか.
학대(虐待)[-때][명][하자] 虐待. ‖포로를 학대하다 捕虜を虐待する. 아동 학대 児童虐待. **학대-당하다**[受動]
학도(學徒)[-또][명] 学徒.
학도-병(學徒兵)[명] 学徒兵.
학력(學力)[항녁][명] 学力. ‖학력 저하 문제 学力低下問題. 기초 학력이 저하되다 基礎学力が低下する.
학력(學歷)[항녁][명] 学歴. ‖최종 학력 最終学歴. 학력 사회 学歴社会.
학령(學齡)[항녕][명] 学齢.
학령-기(學齡期)[명] 学齢期.
학맥(學脈)[항-][명] 出身学校を仲立ちとした人脈.
학명(學名)[항-][명]〈生物〉学名.
학무(學務)[항-][명] 学務.

학문 (學問) /haŋmun/ 【–뿐–】 명하 學問. ∥학문의 자유 学問の自由. 학문에 뜻을 두다 学問を志す.

학문-적 (學問的) 【–쩍】 学問的. ∥학문적인 관심 学問的関心. 학문적으로 입증되다 学問的に立証される.

학번 (學番) 【–뻔】 ❶ 〈大学の〉学籍番号. ❷ 下2桁を用いる入学年度. ∥몇 학번입니까? 何年度入学ですか. 05 학번입니다 2005年度入学です.

학별 (學別) 【–뼐】 명 学閥.
학보 (學報) 【–뽀】 명 学報.
학부¹ (學府) 【–뿌】 명 学府. ∥최고 학부 最高学府.
학부² (學部) 【–뿌】 명 学部. ∥경제학부 経済学部. 학부 학생 学部の学生.
학-부모 (學父母) 【–뿌–】 명 学生の父母.
학-부형 (學父兄) 【–뿌–】 명 学生の父兄; 保護者.
학비 (學費) 【–삐】 명 学費. ∥학비를 벌다 学費を稼ぐ. 아이가 셋이라서 학비가 꽤 많이 든다 子どもが3人いるので学費がかなりかかる.
학사¹ (學士) 【–싸】 명 学士.
학사² (學舍) 【–싸】 명 学舎; 校舎.
학사³ (學事) 【–싸】 명 学事. ∥학사 보고 学事報告. 학사 일정 学年暦.
학살 (虐殺) 【–쌀】 명하 虐殺. **학살-당하다** 受動

학생 (學生) /haksɛŋ/ 【–쌩】 명 学生; 生徒. ∥초등학생 小学生. 학생 할인 学生割引. 여학생 女学生.
학생-복 (學生服) 【–쌩–】 명 学生服.
학생-운동 (學生運動) 【–쌩–】 명 学生運動.
학생-증 (學生證) 【–쌩쯩】 명 学生証.
학설 (學說) 【–썰】 명 学說. ∥새로운 학설을 주창하다 新しい学說を唱える.

학수-고대 (鶴首苦待) 【–쑤–】 명하 〈鶴のように〉首を長くして待ちわびること. ∥축구 팬들은 월드컵을 학수고대하고 있다 サッカーファンはワールドカップを待ちわびている.

학술 (學術) 【–쑬】 명 学術. ∥학술 논문 學術論文. 학술 단체 学術団体. 학술 조사 學術調査.
학술-어 (學術語) 【–쑤러】 명 学術用語.
학술-적 (學術的) 【–쑬쩍】 명 学術的.
학술-지 (學術誌) 【–쑬–】 명 学術誌.
학술-회의 (學術會議) 【–쑬–/–쑬헤이】 명 学術会議.

학습 (學習) /hak͈sɯp/ 【–씁】 명하 学習. ∥학습 효과 学習効果. 학습 참고서 学習参考書. 새로운 과목을 학습하다 新しい教科を学習する. **학습-되다** 受動
학습-서 (學習書) 【–씁써】 명 学習書.
학습-장 (學習帳) 【–씁짱】 명 学習帳.
학습-지 (學習紙) 【–씁찌】 명 定期的に家庭に配達される学習用問題用紙.
학승 (學僧) 【–씅】 명 〈仏教〉学僧.
학식 (學識) 【–씩】 명 学識. ∥학식이 풍부한 사람 学識豊かな人.
학업 (學業) 【–껍】 명 学業. ∥학업에 전념하다 学業に専念する.
학연 (學緣) 【–껸】 명 出身学校を仲立ちとした縁故.
학예 (學藝) 【–녜】 명 学芸.
학예-란 (學藝欄) 【–녜–】 명 学芸欄.
학예-회 (學藝會) 【–녜훼】 명 学芸会.
학용-품 (學用品) 【–뇽–】 명 学用品.
학우 (學友) 【–구】 명 学友.
학우-회 (學友會) 【–구훼】 명 学友会.

학원¹ (學院) /haɡwʌn/ 【–권】 명 私設教育機関の総称. ∥운전 학원 에 다니고 있다 自動車教習所に通っている. 영어 학원 英語塾. 컴퓨터 학원 パソコン教室. 대입 학원 予備校.
학원² (學園) 【–권】 명 学園.
학위 (學位) 【–귀】 명 学位. ∥학위를 받다[따다] 学位を取る. 박사 학위 博士学位.
학익-진 (鶴翼陣) 【–긱찐】 명 鶴翼(가ᄀ)の陣.
학자 (學者) 【–짜】 명 学者. ∥학자적 양심 学者としての良心. 대학자 大学者. 어용 학자 御用学者.
학자-금 (學資金) 【–짜–】 명 学資金.
학장 (學長) 【–짱】 명 学長; 学部長.
학적 (學籍) 【–쩍】 명 学籍.
학적-부 (學籍簿) 【–쩍뿌】 명 学籍簿.
학점 (學點) 【–쩜】 명 〈大学や大学院での〉単位. ∥학점을 따다 単位を取る.
학정 (虐政) 【–쩡】 명 虐政.
학제 (學制) 【–쩨】 명 学制.
학질 (瘧疾) 【–찔】 명 〈医学〉マラリア. 俗말라리아. 俗학질.
학창 (學窓) 【–창】 명 学窓; 学校. ∥학창 시절 学生時代.
학칙 (學則) 【–칙】 명 学則.
학파 (學派) 【–파】 명 学派. ∥스토아 학파 ストア学派.
학풍 (學風) 【–풍】 명 学風.
학회 (學會) 【하쾨/하퀘】 명 学会. ∥국어 학회 国語学会.

한¹ (恨) /haːn/ 명 恨み; 怨恨; 悔い. ∥한을 품다 恨みをいだく. 한을 풀다 恨みを晴らす. 천추의 한을 남기다 悔いをも残しむ. 지금 죽어도 한이 없다 今死んでも悔いはない.
한² (韓) 【姓】 韓 (ハン).
한³ (漢) 〈歴史〉〈中国王朝の〉漢 (前403∼前230).
한⁴ (限) 명 ❶ 限り; 果て; 切り;

限ること. ‖욕심을 부리자면 한이 없다 欲を言い出せば切りがない. 최종회에 한해서 입장료는 오천 원입니다 最終回に限り入場料は 5 千ウォンです. ❷〔…수 있는 한의 形で〕…限り. ‖될 수 있는 한 빨리 들어오시오 できる限り早く帰ってきてください.

한[5] ❶〔하나가 助数詞의 앞에 来た形で〕1 つ(の). 1 つ(1 次). ‖한 번 1度; 1回. 한두 개 1つか2つ. 한마디 一言. ❷片. 조각 片子. 한시 찰 片時. 장갑 한 짝 手袋の片方. ❸同じ. ‖한 학년이다 同じ学年だ. ❹約; およそ. ‖한 달은 걸릴 것 같다 約 1 か月はかかりそうだ.

한[6] [自他] [하였다] 하다(する)의 過去連体形.

한[7] [接頭] ❶大きい; えらい; 偉大だ. ‖한길 大通り. 한 사업 大きな仕事. ❷(時間的に)盛り. ‖한여름 真夏. ❸(空間的に)真ん中; ど真ん中. ‖서울 한복판 ソウルのど真ん中.

한-가득 [副] いっぱい(に). ‖한가득 집다 いっぱいつかむ.

한-가락 ❶歌の 1 曲調. ❷(ある方面における)優れた才能. ‖젊은 시절엔 한가락 했다 若い頃は鳴らしたものだ. ▶**한가락 뽑다** 見事なのどを披露する. ▶**한가락 하다**〔俗っぽい言い方で〕鳴らす.

한가롭다 (閑暇-閑暇-) 【-따】 [形] [ㅂ変] 暇だ. ‖한가로울 때 놀러 오세요 暇な時, 遊びに来てください. **한가로이** [副] のんびり(と). ‖한가로이 공원을 거닐다 公園をのんびり散歩する.

한-가운데 /hangaunde/ [名] 真ん中; ど真ん中. ◈한복판. ‖방 한가운데 部屋の真ん中. 한가운데 방 真ん中の部屋. 날짜 변경선은 태평양 한가운데 있다 日付変更線は太平洋の真ん中にある.

한-가위 [名] 中秋. ✤陰暦の 8 月 15 日.

한가윗-날 [-윈-] [名] = 한가위.

한-가지 [名] ‖가격은 달라도 맛은 한가지다 値段は違っても味は同じだ.

한가-하다 (閑暇-閑暇-) [形] [하였다] 暇だ; 忙しくない; 閑静だ. ‖오늘은 한가하다 今日は暇だ. 한가한 오후 のんびりした午後.

한갓 [-갇] [副] ただ; 単に. ‖그것은 한갓 공상에 지나지 않는다 それは単なる空想に過ぎない.

한강 (漢江) [名] ❶[地名] 漢江. ✤ソウルの中心部を流れる川. ❷(諺)‖한강에 돌 던지기 [諺]「漢江に石投げ」の意でいくら努力しても効果のないことのたとえ.

한-걸음 [名] 一歩; 一足. ‖천리길도 한 걸음부터 千里の道も一歩から.

한걸음-에 [副] 一走りに. ‖한걸음에 달려가다 一走りに駆けつける.

한-겨울 [名] 真冬. ✤한여름.

한결 [副] 一段と; 一層. ‖한결 돋보이다 一段と見栄えがする. 얼굴이 희어서 한결 예뻐 보이다 色白なので一層きれいに見える.

한결-같다 /hangjəlgatʰta/ [-갇따] [形] 一途だ; 終始一貫している; 変わりがない; 皆同じ. ‖どれもこれも同じだ. ‖한결같은 마음 一途な心. 자식의 幸福を願う父母の心は皆同じだ 한결같다 子どもの幸せを願う親の気持ちは皆同じだ. **한결같-이** [副] 一途に; どれも, どれも. ‖동화는 한결같이 해피앤딩으로 끝난다 童話はどれもハッピーエンドで終わる.

한계 (限界) /ha:nge/ [-/-게] [名] 限界. ‖체력의 한계 体力の限界. 능력의 한계를 느끼다 能力の限界を感じる. 한계에 도전하다 限界に挑む.

한계˘상황 (限界状況) [名] 限界状況.

한계-선 (限界線) [名] 限界.

한계˘효용 (限界効用) [名] 〔経〕限界効用.

한-고비 [名] 正念場; 峠; 山場. ‖병의 한고비를 넘겼다 病状が峠を越した.

한과 (漢菓・漢果) [名] 油蜜菓(油蜜菓)の一種.

한-구석 [名] 片隅. ‖가을이면 왠지 마음 한구석이 허전하다 秋になるとなぜだか心の片隅にぽっかり穴が開いたようだ.

한국 (韓国) [名][国名] 韓国. ‖한국사람 韓国人. 한국 요리 韓国料理.

한국-말 (韓国-) [-궁-] [名] 韓国語.

한국-사 (韓国史) [名] 韓国史.

한국-어 (韓国語) [名] 韓国語.

한국-인 (韓国人) [名] 韓国人.

한국-적 (韓国的) [-쩍] [名] 韓国的.

한군데 [名] 一か所; 一点; 同じ一か所. ‖한군데로 모으다 一か所に集める. 한군데도 흠 잡을 곳이 없다 一点の非の打ち所がない.

한글 /hangul/ [名] ハングル. ✤韓国語(朝鮮語)の表記に用いられる音節文字.「偉大なる文字」という意味.

한글-날 [-랄] [名] ハングルの日. ✤1446 年のハングル頒布を記念する日. 10 月 9 日.

한기 (寒気) [名] 寒気(さむけ). ‖한기가 들다 寒気がする.

한-길 [名] 大通り.

한꺼번-에 /hank'ʌbəne/ [副] 一度にいっぺんに; 一気に; 大挙して; 一まとめに. ‖손님이 한꺼번에 몰려들다 客がいっぺんに押し寄せる. 밀려 있던 일을 한꺼번에 해치우다 たまっていた仕事を一気に片付ける.

한-껏 (限-) [-껃] [副] できる限り(いっぱい); 力の限り; 精一杯; 思い切り. ‖신선

한 공기를 한껏 들이쉬다 新鮮な空気を胸いっぱいに吸い込む. 한껏 멋을 내다 精一杯めかし込む.

한-나절 [名] 半日.

한날 [名] 同じ日.
  한날-한시 (-時) [名] 同じ日の同じ時間帯. ‖한날한시에 태어나다 同日同時間帯に生まれる.

한-낮 [-낟] [名] 真昼. ⊕낮.

한낱 [-낟] [副] 単に;一介. ‖한낱 변명에 지나지 않다 単なる言い訳に過ぎない.

한-눈 [名] よそ見;わき見. ‖한눈을 팔다 よそ見をする.

한눈-에 /hannune/ [副] 一目で. ‖한눈에 알아보다 一目で分かる. 한눈에 반하다 一目惚れする. 시내가 한눈에 들어오는 전망대 市内が一望できる展望台.

한단몽 (邯鄲夢) [名] 邯鄲(なん)の夢.
한단지몽 (邯鄲之夢) [名] =한단몽(邯鄲夢).

한달음-에 [副] 一走りで;一足飛びに.

한대 (寒帶) [名] 寒帯.
  한대-기후 (寒帶氣候) [名] 寒帯気候.
  한대-림 (寒帶林) [名] 寒帯林.

한-데[1] [名] 屋外;戶外;家の外.

한-데[2] [名] 一か所;同じ所, 同じ場所. ‖한데에 모아 두다 一か所に集めておく.

한뎃-잠 [-데쨤/-덷쨤] [名] 野宿;露宿. ‖한뎃잠을 자다 野宿する.

한도 (限度) /ha:ndo/ [名] 限度;限界. ‖한도를 넘다 限度を越える. 참는 데도 한도가 있다 我慢にも限界がある. 한도까지 쓰다 限度に迄使う.

한-동갑 (同甲) [名] 同い年.
한-동기 (同氣) [名] (同じ親から生まれた) 兄弟姉妹.

한동안 一時;一時期;しばらく. ‖한동안 소식이 들하더 잠잠하다 消息が途絶えている. 한동안 부산에 산 적이 있다 一時期釜山に住んでいたことがある.

한-두 [冠] 1つか2つ;1人か2人. ‖한 두 달은 문제없다 1,2か月は問題ない. 한두 개만 주세요 1,2個だけください. 우산을 잃어 버린 게 한두 번이 아니다 傘を失くしたのが1度や2度ではない. 한두 명은 오겠지 1人か2人は来るだろう.

한둘 [数] 1人か2人;1つか2つ. ‖찾아 오는 사람이 한둘이 아니다 訪ねてくる人が1人,2人ではない.

한들-거리다 [-대다] [自] ゆらゆらと;軽く揺れる. ‖코스모스가 바람에 한들거리다 コスモスが風に揺れる.

한들-한들 [副] [하다] (風などに)軽く揺れ動く様子: ゆらゆら.

한-때 /han²tɛ/ [名] ひと時;一時(짐);一時;かつて. ‖즐거운 한때を보내다 楽しいひと時を過ごす. 한때 유명했った俳優.

한라-봉 (漢拏峰) [-] [名] [植物] (済州島産の)デコポン.

한라-산 (漢拏山) [-] [名] [地名] 漢拏山. ⚓済州島にある山. 海抜 1950 m.

한란 (寒暖) [名] 寒暖.
  한란-계 (寒暖計) [한/한-계] [名] 寒暖計.

한랭 (寒冷) [한-] [形] 寒冷.
  한랭전선 (寒冷前線) [名] [地] 寒冷前線. ⊕온난 전선 (溫暖前線).
  한랭지-농업 (寒冷地農業) [名] 寒冷地農業.

한량 (閑良·閑良) [한-] [名] プレーボーイ.

한량-없다 (限量-) [-업따] [形] 限りない;とめどない. **한량없-이** [副] 한량없이 눈물이 흐르다 とめどなく涙がこぼれる.

한로 (寒露) [名] (二十四節気の)寒露(낭).

한류[1] (寒流) [한-] [名] 寒流. ⊕난류 (暖流).

한류[2] (韓流) [한-] [名] 韓流.

한-마디 一言. ‖한마디도 하지 않다 一言も言わない. 한마디도 놓치지 않고 듣다 一言も聞き漏らさない.

한-마음 一心;心を一つにすること. ▶한마음 한뜻 一致団結すること. 한마음 한뜻으로 일하다 一致団結して事する.

한말 (韓末) [舊韓末(舊韓末)の略語] 大韓帝国(1897～1910)の末期.

한-모금 [-목] 一角.

한-몫 [-목] [하다] 一人前;一役. ‖그 사람이 이번 프로젝트의 성공에 한몫했다 彼が今回のプロジェクトの成功に一役果たした.

한문 (漢文) /ha:nmun/ [名] 漢文.
  한문-체 (漢文體) [名] 漢文体.
  한문-학 (漢文學) [名] 漢文学.

한물-가다 /hanmulgada/ [自] ❶(野菜・果物などの)旬が過ぎる;盛りを越す. ‖수박도 한물갔다 スイカも旬が過ぎた. 더위도 한물간 것 같다 暑さも越したようだ. ❷すたれる;衰える;ブームが過ぎまる;下火になる. ‖홍콩 영화도 한물갔다 香港映画も下火になっている.

한미 (韓美) [名] 米韓;韓国とアメリカ.

한-민족[1] (韓民族) [名] 朝鮮民族.
한-민족[2] (漢民族) [名] (中国の)漢民族, 漢族(漢族).

한-밑천 [-믿-] [名] 一財産;一山. ‖한 밑천 잡다 一山当てる.

한-바다 [名] 大海原.

한-바탕 /hanbatʰaŋ/ [名] [하다] 一幕;一騒ぎ;一しきり. ‖한바탕 소란을 피우다

一騒ぎする. 비가 한바탕 쏟아질 모양이다 ―しきり雨が降りそうだ. 어제 친구하고 한바탕했다 昨日友だちと大喧嘩をした.
한-반도 (韓半島) 图 [地名] 朝鮮半島.
한-발¹ (한발) 图 〔1歩の意から〕少し. ‖한발 늦게 갔지만 한발 늦었다 走っていったが, 少し遅れた.
한발² (旱魃) 图 旱魃(かつ). 囲かんばつ.
한밤 图 =한밤중.
한-밤중 (―中) 图 〔-쯩〕图 真夜中;深夜;遅い夜. ‖한밤중에 이상한 전화가 걸려왔다 深夜変な電話がかかってきた. 이 한밤중에 어디 나가니? こんな夜遅くどこへ出かけるの.
한-방¹ (―房) 图 同室;同じ部屋. ‖여동생하고 한방을 쓰고 있다 妹と同じ部屋を使っている.
한방² (韓方) 图 漢方.
한방-약 (韓方藥) 【―냑】图 漢方薬.
한방-의 (韓方醫) 【―/―이】图 漢方医.
한-배¹ (―) 图 同船;乗り合わせること. ‖배を탄 운명 同じ船に乗った運命.
한-배² (―) 图 [同族(同胞)의俗語] 同腹.
한-번 (―番) 图 1回;1度;いっぺん. ‖단 한번의 기회 다만 1度のチャンス. 한번만 1回限り.
― 副 いったん. ‖한번 시작하면 끝까지 해야 한다 1度始めたら最後までやらなければならない.
한복 (韓服) 图 韓国·朝鮮の伝統衣装.
한-복판 /hanbokp̕an/ 图 真ん中;ど真ん中. 囲真ん中. ‖뉴욕 한복판에서 테러가 발생했다 ニューヨークのど真ん中でテロが発生する.
한사-코 (限死―) 副 命がけで;必死で;頑なに. ‖범인은 한사코 범행을 부인했다 犯人は頑なに犯行を否認した.
한산-하다 (閑散―閑散―) 形 [하요] 閑散としている;暇だ. ‖휴일이라 거리가 한산하다 休日だから街が閑散としている. 한산-히 副
한색 (寒色) 图 [美術] 寒色. 囲暖色(暖色).
한-세상 (―世上) 图 一生;生涯.
한센-병 (Hansen病) 图 [医学] ハンセン病. 囲のんびょう[病].
한-소끔 (韓―) 图 煮え立つ様子. ‖파를 넣고 한소끔 끓이다 ネギを入れて1度煮立てる.
한속 (同意) 图 同じねらい.
한솥-밥 【―솓빱】图 同じ釜の飯. ‖한솥밥을 먹다 同じ釜の飯を食う.
한-수 (―数) 图 一段;一手. ‖실력면에서는 그 사람이 한수 위다 実力面では彼が一枚上手だ.
한-순간 (―瞬間) 图 一瞬;一瞬間. ‖한순간에 일어난 일 一瞬の出来事. 한순간도 잊은 적이 없다 一瞬たりとも忘れたことはない.
한-술 (―) 图 〔「1さじ」の意から〕わずかな食べ物. ▶더 뜨다 (他よりも[以前よりも]) 増す. ▶한술 밥에 배 부르랴 圃 (「ひと口でお腹がいっぱいになれるだろうか」の意で) 何事もすぐに満足できる結果は得られない.
한숨 /hansum/ 图 ❶ 一息. ‖한숨 돌리다 一息つく. ❷ 一休み;一眠り. ‖밤새 한숨도 못 잤다 一晩中一睡もできなかった. ❸ ため息. ‖한숨을 쉬다 ため息をつく. 리포트 쓸 생각을 하니 절로 한숨이 나온다 レポートのことを考えると自然とため息が出る.
한숨-에 (―) 副 一息に;一気に. ‖한숨에 해치우다 一気に片付ける.
한숨-짓다 【―짇따】 图 [ㅅ変] ため息をつく.
한-스럽다 (恨―) 【―따】形 [ㅂ変] 恨めしい. ‖지나간 세월이 한스럽다 過ぎ去った年月が恨めしい.
한-시¹ (―時) 图 一時(ひと);片時. ‖한시도 쉴 수 없다 一時も休めない.
한시² (漢詩) 图 [文芸] 漢詩.
한-시름 图 大きな心配事. ‖수술이 성공해서 한시름 놓다 手術が成功して一安心する.
한시-바삐 (―時―) 副 少しでも早く.
한식¹ (寒食) 图 寒食. ╋冬至から105日目の日. 民間では墓参りをする.
한식² (韓式) 图 韓国式.
한식³ (韓食) 图 韓国料理.
한식-집 (韓食―) 【―집】图 韓国料理店.
한심-스럽다 (寒心―) 【―따】形 [ㅂ変] 嘆かわしい. ‖한심스러운 행동 嘆かわしいふるまい. **한심스레** 副
한심-하다 (寒心―) /hanɕimhada/ 形 [하요] 情けない;あきれる;ふがいなく残念だ. ‖내가 보더라도 한심하기 짝이 없는 녀석이다 我ながらふがいない. 目先の利益しか考えないとは, 情けないやつだ. 한심하게 생각되다 情けなく思う. 한심해서 말이 안 나온다 あきれてものが言えない.
한약 (韓薬) 图 漢方薬. ‖한약재 漢方用材.
한약-국 (韓薬局) 【―꾹】图 =한약방(韓薬房).
한약-방 (韓薬房) 【―빵】图 漢方薬局.
한-없다 (限―) /haːnəp̕t̕a/ 【하넙 따】形 切りがない;限りない;果てしない;際限ない. ‖인간의 한없는 욕망 人間の限りない欲望. **한없-이** 副 限りなく;果てしなく. ‖한없이 넓은 대평원 果てしなく広い大平原. 한없이 울고 싶다 思う存分泣きたい.
한-여름 【―녀―】图 真夏. 囲まなつ.

‖작열하는 한여름의 태양 灼熱の真夏の太陽. 셰익스피어의 한여름밤의 꿈 シェークスピアの『真夏の夜の夢』.
한역[1] (漢譯) [名] [하他] 漢訳.
한역[2] (韓譯) [名] [하他] 韓国語訳.
한영 (韓英) [名] 韓国と英国. ‖한영 사전 韓英辞典.
한-옆 【-녑】 [名] 片側; 片隅. ‖차를 피해 한옆으로 비켜서다 車を避け片側によける. 책상 위의 책들을 한옆으로 치우다 机の上の本を片隅にどける.
한옥 (韓屋) [名] 朝鮮家屋.
한우 (韓牛) [名] 韓国在来種の牛.
한우충동 (汗牛充棟) [名] 汗牛充棟(かんぎゅうじゅうとう).
한-의사 (韓醫師) 【-/하니-】 [名] 漢方医.
한-의원 (韓醫院) 【-/하니-】 [名] 漢方医院.
한일 (韓日) [名] 日韓; 韓国と日本. ‖최근의 한일 관계 最近の日韓関係.
한일-합방 (韓日合邦) 【-빵】 [名] (歷史) 韓国併合.
한-입 【-닙】 [名] ひと口. ‖한입 크기의 빵 ひと口大のパン. 사과를 한입 베어 물다 リンゴをひと口かじる. 한입에 삼키다 ひと口でのみ込む.
한자 (漢字) /haːnˀtʃa/ 【-짜】 [名] 漢字. ‖상용 한자 常用漢字. 한자 문화권 漢字文化圈.
　한자-어 (漢字語) [名] 漢語; 漢字語.
한-자리 [名] ❶同じ場所; 同じ所; 同席; 一堂. ‖식구들이 오랜만에 한자리에 모이다 家族が久しぶりに一堂に会する. ❷重要なポストにつくこと.
한자리-하다 [自] 『하変』 重要なポストにつく. ‖새 내각에서 한자리하다 新しい内閣で重要なポストにつく.
한자릿-수 (-數) 【-리쑤/-릳쑤】 [名] 一桁. ‖한자릿수 성장률 一桁の成長率.
한-잔 (-盞) [名] [하自] 〔1杯の分量の意から〕わずかな酒; 軽く飲む酒. ‖오늘 한잔 하자 今日1杯やろう. ▸한잔 걸치다 (居酒屋などで)軽く飲む.
한-잠 [名] 一眠り; 一寝入り; 一睡. ‖흥분해서 한잠도 못 자다 興奮して一睡もできない.
한적-하다 (閑寂-·閒寂-) 【-저카-】 [形] 『하変』 閑寂だ; 閑静だ; もの静かだ; ひっそりとしている. ‖한적한 곳 もの静かなところ. 한적한 주택지 閑静な住宅地. **한적-히** [副]
한정 (限定) /haːndʒəŋ/ [名] [하他] 限定; 限ること. ‖한정 판매 限定販売. 응모 자격을 이십 세 이하로 한정하다 応募資格を20歳以下に限定する. 한정된 예산 限られた予算.
　한정-판 (限定版) [名] 限定版.
한족 (漢族) [名] (中国の)漢族. [類]한민족(漢民族).
한-줄기 [名] 一筋; 一しきり. ‖흐르는 한줄기 눈물 流れる一筋の涙. 한줄기 빛이 비치다 一筋の光が差す. 소나기가 한줄기 내리다 夕立が一しきり降る.
한중 (韓中) [名] 韓国と中国.
한-중간 (-中間) [名] ＝한복판・한가운데.
한증-막 (汗蒸幕) [名] サウナ.
한지 (韓紙) [名] 韓国古来の方法で作った紙.
한직 (閑職·閒職) [名] 閑職.
한-집 [名] ＝한집안.
한-집안 [名] ❶一家; 一家族. ‖한집안 식구처럼 지내다 家族同然のように付き合う. ❷親類; 親戚.
한-쪽 [名] 一方; 片方; 半分. ‖한쪽의 주장 片方の主張. 사과 한쪽 リンゴ半分.
한-차 (-車) [名] 同じ車. ‖한차를 타고 가다 同じ車に乗って行く.
한-차례 [副] 一しきり; 1度; 1回. ‖한차례 소나기가 지나가다 一しきり夕立が降る.
한-참 /hantʃʰam/ [名] しばらくの間. ‖한참만에 입을 열다 しばらくしてから口を開く. 한참을 생각하다 しばらくの間考える. 한참을 기다리다 しばらく待つ.
　— [副] かなり; ずっと; まだまだ. ‖실력이 한참 처지다 実力がかなり後れを取っている. 목적지까지는 한참 남았다 目的地まではまだまだだ.
한창 /hantʃʰaŋ/ [名] 盛り; たけなわ; 最中; 真っ最中. ‖늦더위가 한창이다 残暑たけなわだ.
　— [副] 最も; 非常に. ‖지금이 한창 먹을 나이다 今が食べ盛りだ. 한창 일할 때 働き盛り. 한창 바쁠 때 전화가 걸려 오다 最も忙しい時に電話がかかってくる. 한창 마시고 있을 때 飲んでいる最中.
　한창-나이 [名] 盛りの年頃.
　한창-때 [名] 盛りの時; 若かりし頃. ‖그녀도 한창때는 미인이었다 彼女も若かりし頃は美人だった.
한천 (寒天) [名] 寒天. [類]우무.
한-철 [名] 最盛期; 盛り時; 一時期.
한-층 (-層) [副] 一層; ひとしお; 一段と; さらに. ‖보안이 한층 강화되다 保安が一層強化される. 성능이 한층 좋아지다 性能がさらによくなる.
한-치 [名] ❶一寸. ❷〔比喩的に〕きわめて短い距離. ‖한치의 오차도 없다 一寸の誤差もない. 한치의 양보도 없다 少しも譲らない.
한탄-스럽다 (恨歎-) 【-따】 [形] 『ㅂ変』 嘆かわしい. **한탄스레** [副]
한탄-하다 (恨歎-) [他] 『하変』 嘆く. ‖자신의 불행을 한탄하다 身の不幸を嘆く.

[ㅎ]

한-탕 图 〔한바탕의 俗っぽい言い方で〕一発; 一丁. ∥한탕 노리다 一発狙う.

한-턱 图 おごり; ごちそうすること.

한턱-내다 [-턱-] 圄他 おごる; 人にごちそうする. ∥저녁을 한턱내다 夕食をおごる.

한테 /hantʰe/ 助 ❶…に. (i) 行為や物を受ける人を表わす. ∥엄마한테 다 말할 거다 お母さんにすべて話すよ. 친구한테 필요한 자료를 부탁했다 友だちに必要な資料を頼んだ. 우리들한테 주어진 운명 私たちに与えられた運命. (ii) 事物の適用対象を表わす. ∥나한테도 책임이 있다 私にも責任がある. ❷ …のところへ. ∥지금 선생님한테 가야 한다 今先生のところに行かないといけない. 그 책은 나한테 있어 その本は私のところにあるよ. ✢日本語と違い, 人物を表わす名詞に限って付いて, その人物のいる場所に向かうあるいは存在するという意味を表わす. ❸ …から; …に. ∥이 이야기 누구한테 들었어? この話, 誰から聞いたの? 어머니한테 꾸중을 듣다 母に叱られる. ❹ …に; …にとって. ∥부모한테 자식보다 소중한 존재가 있을까? 親にとって子どもより大切な存在があるだろうか. ✢主に会話で用いられる.

한테-서 助 …から. ∥아버지한테서 술을 배우다 父から酒を教わる. 미국에 있는 친구한테서 편지가 왔다 アメリカにいる友だちから手紙が来た.

한-통 한통속の略語.

한-통속 图 ぐる; 悪いことをする仲間; 悪だくみの相棒. 粵한통. ∥모두 한통속이다 みんなぐるだ.

한파 (寒波) 图 寒波. ∥한파가 몰려오다 寒波が押し寄せる.

한-판 (-判) 图 一番勝負; 一局; 一丁; 一番; 一回. ∥바둑 한판 둡시다 碁を一局打ちましょう. 한판 승부를 겨루다 一番勝負を決する.

한-패 (-牌) 图 仲間; 一党; 一味; ぐる. ∥한패가 되다 仲間になる.

한-편 (-便) /hanpʰjən/ 图 ❶ 一方; 片方; 片一方. ∥벽 한편에 걸어두다 壁の片側にかけておく. 한편의 말만 듣고 결론을 내릴 수는 없다 一方の話だけ聞いて結論を出すわけにはいかない. 그는 공부도 열심히 하는 한편으로 노는 것도 열심이다 彼は勉強に熱心な一方で遊びにも熱心だ. ❷ 仲間; 味方; 同類; 同じチーム. ∥한편으로 끌어당기다 味方に引き入れる.
— 副 一方では; かたわら; 反面. ∥쓸쓸이라니 한편 기쁘기도 하고 한편 서운하기도 하다 寂しいだなんて, 嬉しい反面寂しくもひとしおだ.

한-평생 (-平生) /hanpʰjəŋsɛŋ/ 图 一生; 生涯; 一生涯. ∥한평생 고생만 하다 生涯苦労ばかりする. 이 은혜는 한

생 잊지 않겠습니다 このご恩は一生涯忘れません.

한-풀 图 (ある程度の) 勢い; 意気込み. ∥더위도 한풀 꺾이다 暑さも弱まる.

한-풀이 (恨-) 图 他 恨みを晴らすこと.

한-하다 (限-) 图 [하変] 限る; 制限する; 限定する. ∥오늘에 한해서 반값입니다 今日に限り半値です.

한학 (漢學) 图 漢学.

한해-살이 (植物) 一年生. 粵일년생 (一年生). ❷여러해살이.

한해살이-풀 (植物) 一年生草本.

한화 (韓貨) 图 韓国の貨幣.

할[1] (割) 依名 …割. ∥삼 할 3割.

할[2] 圄 [하変] 하다(する)の未来連体形.

할당 (割當) [-땅] 图 他 割り当て. ∥일을 할당하다 仕事を割り当てる. 이번에 할당받은 일 今回割り当てられた仕事.

할당-량 (割當量) [-땅냥] 图 割り当て量.

할당-액 (割當額) [-땅-] 图 割り当て金額.

할당-제 (割當制) [-땅-] 图 割り当て制度.

할딱-거리다 [-대다] [-끄때-] 圄他 (息を) はずませる. 急を할먹거리며 달려오다 息をはずませながら駆けつける. 粵헐떡거리다.

할동-말동 副 他 するかしないか決まっていない様子. ∥아이가 대답을 할동말동하다 子どもが答えそうで答えない.

할례 (割禮) 图 割礼.

할로겐 (Halogen F) 图 (化学) ハロゲン.

할-말 图 言うべきこと; 言いたいこと; 話したいこと. ∥할말이 많다 言いたいことがたくさんある. 할말이 없다 弁明の余地がない.

할망구 图 〔さげすむ言い方で〕ばばあ.

할머니 /halməni/ 图 ❶ 祖母; おばあさん. 粵조모(祖母). ∥할머니는 올해 팔순이시다 祖母は今年70歳である. ❷ 祖母世代の一般女性; おばあさん. ∥옆집 할머니 隣の家のおばあさん.

할머-님 图 할머니の尊敬語.

할미-꽃 [-꼳] 图 (植物) オキナグサ (翁草).

할복 (割腹) 图 他 割腹; 切腹.

할부 (割賦) 图 月賦 (げっぷ); わっぷ. ∥할부 상환 割賦償還.

할부-금 (割賦金) 图 割賦金.

할아버지 /harabədʑi/ 图 ❶ 祖父; おじいさん. 粵조부(祖父). ❷ 祖父世代の一般男性; おじいさん. ∥옆집 할아버지 隣の家のおじいさん.

할애 (割愛) 图 他 割くこと. ∥시간을 할애하다 時間を割く. 지면을 할애하다 紙面を割く. ✢日本語の割愛の意

味はない。

할인 (割引) /harin/ 图 他サ 割引. ¶할증 (割增). ¶할인 항공권 割引航空券. 할인 쿠폰 割引クーポン. 할인 매장 ディスカウントショップ. 어음을 할인하다 手形を割り引く.

할인-권 (割引券) [—꿘] 图 割引券.

할인-료 (割引料) [—뇨] 图 割引料.

할증 (割增) [—쯩] 图 他サ 割増し. ¶할인 (割引). ¶할증 요금 割増料金.

할짝-할짝 [—짜k—] 副 他サ ぺろぺろ. ¶ 爪でひっかく. ¶爪をひっかける.

할퀴다 他 〔할퀴다의 수동動詞〕ひっかく. ¶손톱으로 할퀴다 爪でひっかく. ¶고양이한테 손등을 할퀴다 猫に手の甲をひっかかれる.

핥다 [할따] 他 ❶なめる. ¶개가 손바닥을 핥다 犬が手のひらをなめる. ❷ (災害などが) 爪あとを残す. ¶폭풍이 할고 지나간 곳 暴風が爪あとを残した所.

핥아-먹다 [—따] 他 ❶なめる; なめつくす. ¶개가 접시의 먹이를 핥아먹다 犬が皿の餌をなめる. ❷ (人のものを) 少しずつ だまし取る.

함[1] (咸) 图 (姓) 咸 (ハム).

함[2] (緘) 图 (封筒のとじ目に書きつける文字).

함[3] (函) 图 ❶結婚式の前に新郎側から新婦に婚礼の書状や贈り物などを入れて送る箱. ❷ 衣類などを入れておく箱. ── (暖函) 图 ¶사서함 私書函. 우편함 郵便箱; ポスト.

함경-남도 (咸鏡南道) 图 (地名) 咸鏡南道.

함경-도 (咸鏡道) 图 (地名) 〔咸鏡南道と咸鏡北道の併称〕咸鏡道.

함경-북도 (咸鏡北道) [—또] 图 (地名) 咸鏡北道.

함구 (緘口) 图 他サ 緘口 (だ); 口外しないこと. ¶이 자리에서 들은 내용은 함구해 주세요 この場で聞いた話は口外しないでください.

함구-령 (緘口令) 图 緘口令. ¶취재내용에 대해 함구령이 내리다 取材内容に対して緘口令が敷かれる.

함께 /ham'k'e/ 副 一緒に; 共に. ¶함께 공부를 하다 一緒に勉強をする. 함께 놀던 어린 시절 共に遊んだ幼少の頃.

함께-하다 他 [하sal] 共にする. ¶여생을 함께하다 余生を共にする. 고락을 함께하다 苦楽を共にする.

함남 (咸南) 图 (地名) 咸南; 咸鏡南道.

함대 (艦隊) 图 艦隊.

함락 (陷落) [—낙] 图 他サ 陷落. 함락-되다 自サ

함락-호 (陷落湖) [—나코] 图 (地) 陷没湖; ¶함몰호 (陷没湖). ❖琵琶湖・諏訪湖など.

함량 (含量) [—냥] 图 含有量. ¶함량 미달의 제품 含有量不足の製品.

함몰 (陷沒) 图 自サ 陷沒.

함몰-호 (陷沒湖) 图 (地) 陷沒湖; ¶함락호 (陷落湖).

함박-꽃 [—꼳] 图 (植物) オオヤマレンゲの花.

함박꽃-나무 [—꼰—] 图 (植物) オオヤマレンゲ (大山蓮華).

함박-눈 [—방—] 图 ぼたん雪; 綿雪. ¶함박눈이 펑펑 내리다 ぼたん雪がしきりに降る.

함부로 /hamburo/ 副 むやみに; やたらに; みだりに; いい加減に; 勝手に. ¶함부로 사람을 판단해서는 안 된다 むやみに人を判断してはならない. 함부로 말하지 마라 やみくもなことを言うな. 함부로 꽃을 꺾지 마세요 勝手に花をとらないでください. 함부로 들어오지 마세요 みだりに立ち入らないでください. 남의 물건에 함부로 손 대지 마시오 人の物に勝手に触らないでください.

함북 (咸北) 图 (地名) 咸北; 咸鏡北道.

함빡 副 ❶十分に; たっぷり. ❷ びっしょり(と). ¶비에 함빡 젖다 雨にびっしょり(と)ぬれる. ¶含빡.

함석 图 トタン.

함석-지붕 [—찌—] 图 トタン葺(ぶ)きの屋根; トタン屋根.

함석-집 [—찝] 图 トタン葺きの家.

함성 (喊聲) 图 喊声 (ホホミ); 声を張り上げる 喊声を上げる.

함수[1] (函數) [—쑤] 图 (数学) 関数. ¶이차 함수 2次関数.

함수론 (函數論) 图 (数学) 関数論.

함수표 (函數表) 图 (数学) 関数表.

함수[2] (鹹水) 图 鹹水; 塩水; 海水. ¶담수 (淡水).

함수-어 (鹹水魚) 图 鹹水魚; 海水魚.

함수-호 (鹹水湖) 图 (地名) 鹹水湖; 塩湖.

함수-탄소 (含水炭素) 图 (化学) 含水炭素.

함양 (涵養) 图 他サ 涵養 (災); ¶徳性을 함양하다 徳性を涵養する.

함유 (含有) 图 他サ 含有. ¶비타민 C를 함유하다 ビタミンCを含有する.

함유-량 (含有量) 图 含有量.

함자 (銜字) [—짜] 图 〔이름의 尊敬語〕お名前; ご芳名.

함장 (艦長) 图 艦長.

함정[1] (陷穽・檻穽) /ha:mʤɔŋ/ 图 陷穽(なおな); 落とし穴; 罠. ¶함정을 파다 罠を仕かける. 함정에 빠지다 落とし穴にはまる. 함정에 빠뜨리다 罠に陥れる. 함정에서 벗어나다 計略から逃れる.

함정²(艦艇)【명】 艦艇.
함지【명】 ❶ (大きな木を四角にくりぬいて作った)容器. ❷ 함지박의 略称.
함지-박【명】 (丸太をくりぬいて作った)ふくべのような容器. ⇒함지.
함축(含蓄)【명】【하타】 含蓄; 含み.
함축-미(含蓄美)【-축-】【명】 含みのある美しさ.
함축-성(含蓄性)【-썽】【명】 含蓄性; 含み. ‖ 함축성 있는 표현 含みのある表現.
함흥-차사(咸興差使)【명】 鉄砲玉(の使い). ‖ 나갔다 하면 함흥차사다 外出すると鉄砲玉だ.
합(合)【명】 ❶《数学》和. ‖ 합을 구하다 和を求める. ❷《弁証法で》(正反合の)合.
합격(合格) /hap⁀kjʌk/【-껵】【명】【하타】 合格. 合格する(不合格・落榜). ‖ 입학 시험에 합격하다 入学試験に合格する. 사법 고시에 합격하다 司法試験に合格する.
합격-률(合格率)【-껼뉼】【명】 合格率. ‖ 높은 합격률 高い合格率.
합격-자(合格者)【-껵짜】【명】 合格者. ‖ 합격자 발표 合格者の発表.
합격-증(合格証)【-껵쯩】【명】 合格証. 合格証書. ‖ 합격증을 받다 合格証を受け取る.
합계(合計) /hap⁀keː/【-계/-게】【하타】 合計. ‖ 합계를 내다 合計を出す.
합금(合金)【-끔】【하자타】 合金.
합금-강(合金鋼)【명】 合金鋼.
합금-철(合金鐵)【명】 合金鉄.
합기-도(合氣道)【-끼-】【명】《スポーツ》合気道.
합당(合黨)【-땅】【명】【하자】 党が合同すること.
합당-하다(合當-)【-땅-】【형】【하変】 適当だ; ふさわしい. ‖ 합당한 방법 適当な方法.
합동(合同)【-똥】【명】【하타】 ❶合同. ‖ 합동 훈련 合同訓練. 합동 연습 合同練習. 두 학교가 합동으로 연주회를 열었다 2つの学校が合同で演奏会を催した. ❷《数学》合同.
합류(合流)【합뉴】【명】【하자】 合流; 落ち合う. ‖ 대표팀에 합류하다 代表チームに合流する.
합류-점(合流點)【합뉴쩜】【명】 合流点.
합리(合理) /hamni/【함니】【명】 合理.
합리-론(合理論)【명】 合理論.
합리-성(合理性)【명】 合理性. ‖ 합리성의 추구 合理性の追求.
합리-적(合理的)【명】 ㉠합리적(非合理的)【명】 ㉡비합리적인 사고방식 合理的な考え方. 합리적인 작업 순서 合理的な作業手順.

합리-주의(合理主義)【함니-/합니-이】【명】 合理主義.
합리-화(合理化)【함니-/합니-화】【명】【하타】 合理化; 正当化. ‖ 합리화를 추진하다 合理化を進める. 자기의 행동을 합리화하다 自分の行動を正当化する.
합-목적(合目的)【합-쩍】【명】 合目的.
합목적-성(合目的性)【합-쩍썽】【명】 合目的性.
합목적-적(合目的的)【합-쩍쩍】【명】 合目的的. ‖ 합목적적인 수단 合目的的な手段.
합법(合法)【-뻡】【명】【형】 合法. ㉠불법(不法).
합법-성(合法性)【-뻡썽】【명】 合法性.
합법-적(合法的)【-뻡쩍】【명】 合法的. ‖ 합법적인 활동 合法的な活動.
합법-화(合法化)【-뻐봐】【하타】 合法化. 합법화-되다.
합병(合倂)【-뼝】【명】【하타】 合併; 併合.
합병-증(合倂症)【-뼝쯩】【명】《医学》合倂症.
합본(合本)【-뽄】【명】【하타】 合本.
합사¹(合絲)【-싸】【명】【하타】 組み糸.
합사²(合祀)【-싸】【명】【하타】 合祀(ごうし).
합산(合算)【-싼】【명】【하타】 合算. ‖ 두 사람의 수입을 합산하다 2人の収入を合算する.
합석(合席)【-썩】【명】【하자】 合い席.
합섬(合纖)【-썸】【명】 합성 섬유(合成纖維)의 略称】 合纖.
합성(合成) /hap⁀sʌŋ/【-썽】【명】【하타】 合成. ‖ 합성 사진 合成写真. 두 개의 영상을 합성하다 2つの映像を合成する.
합성-섬유(合成纖維)【명】 合成纖維. ⇒합섬(合纖).
합성-세제(合成洗劑)【명】 合成洗剤.
합성-수지(合成樹脂)【명】 合成樹脂. ㉠천연수지(天然樹脂).
합성-어(合成語)【명】《言語》合成語; 複合語.
합성-품(合成品)【명】 合成品.
합세(合勢)【-쎄】【명】【하자】 加勢.
합소-체(-體)【-쏘-】【명】《言語》丁寧体.
합숙(合宿)【-쑥】【명】【하자】 合宿. ‖ 단체 합숙 団体合宿. 합숙을 가다 合宿に行く.
합숙-소(合宿所)【-쑥쏘】【명】 合宿所.
합숙-지(合宿地)【-쑥찌】【명】 キャンプ地.
합승(合乘)【-씅】【명】【하자】 相乗り; 乗り合い. ‖ 택시에 합승하다 タクシーに相乗りする.
합심(合心)【-씸】【명】【하자】 心を合わせること; 一丸となること. ‖ 합심해서 문제

합의¹ (合意) 【-/하비】 图 (한) 合意; 協議. ‖合意를 보다 合意を見る. 합의점을 찾다 合意点を見いだす. 합의에 이르다 合意に達する. 합의하에 헤어지다 合意のもとに別れる. 합의 이혼 協議離婚.

합의서 (合意書) 图 合意書.

합의² (合議) 【-/하비】 图 (한) 合議.
합의기관 (合議機關) 图 合議機関.
합의-제 (合議制) 图 合議制.

합일 (合一) 图 回能 (意見などが)一つにまとまること.

합자 (合資) 【-짜】 图 (한)他 合資. ‖합자 회사 合資会社.

합작 (合作) 【-짝】 图 (한)他 合作.
합작 영화 (合作映畵) 【-짜녕-】 图 合作映画.

합장¹ (合掌) 【-짱】 图 (한)自 合掌.

합장² (合葬) 【-짱】 图 (한)他 合葬.

합주 (合奏) 图 (한)自他 (音楽) 合奏.
합주-곡 (合奏曲) 图 合奏曲.
합주-단 (合奏團) 图 合奏団.

합죽-하다 【-쭈카-】【하변】 (歯が抜けたように口がすぼまっている.

합중-국 (合衆國) 【-쭝-】 图 合衆国.

합-집합 (合-集合) 【-찌팝】 图 (数学) 和集合; 併集合; 結び.

합창 (合唱) /hapʰtɕʰaŋ/ 图 (한)自他 (音楽) 合唱. ‖混声 合唱 二部合唱. 전원이 교가를 합창하다 全員で校歌を合唱する.
합창-곡 (合唱曲) 图 合唱曲.
합창-단 (合唱團) 图 合唱団.

합체 (合體) 图 (한)自他 合体.

합쳐-지다 (合-) 【-처-】 回 合わさる; 一つになる. ‖두 회사가 합쳐지다 2 つの会社が一つになる. 두 음이 합쳐져 화음을 이루다 2 つの音が合わさって和音になる.

합치 (合致) 图 (한)自 合致. ‖사실과 합치하다 事実と合致する.
합치-점 (合致點) 【-쩜-】 图 一致点.

합-치다 (合-) /hapʰtɕʰida/ 他 合わせる; 一つにまとめる; 取り混ぜる. ‖두 사람이 가지고 있는 돈을 합치다 2 人の所持金を合わせる. 힘을 합치다 力を合わせる. 여러 기능을 하나로 合치다 いろいろな機能を一つにまとめる. 신청자는 다 합쳐서 서른 명 정도다 申込者は全部合わせて30人くらいだ.

합판 (合板) 图 合板; ベニヤ板. ‖베니어합판 (-合板).
합판-화 (合瓣花) 图 (植物) 合瓣花. (⇔이판화 (離瓣花)).

합-하다 (合-) /hapʰada/ 【하파-】 他 【하변】 合わせる. ‖이와 삼을 합하면 오다 2 と3を合わせると5である. 둘이 가진 돈을 다 합해도 십만 원밖에 안 된다 2 人の所持金を合わせても 10万ウォンにしかならない.

핫-뉴스 (hot news) 图 ホットニュース.

핫도그 (hot dog) 图 ホットドッグ.

핫라인 (hot line) 图 ホットライン.

핫 머니 (hot money) 图 (経) ホットマネー.

핫-바지【핟빠-】图 ❶綿を入れた男性用ズボン. ❷〔さげすむ言い方で〕田舎者; 愚か者.

핫-케이크 (hot cake) 图 ホットケーキ.

핫-팬츠 (hot pants) 图 ホットパンツ.

항¹ (項) 图 項. ‖다음 각 항에 답하시오 次の各項に答えよ.

항-² (抗) 頭 抗…. ‖항히스타민제 抗ヒスタミン剤.

-항³ (港) 接尾 …港. ‖부산항 釜山港.

항간 (巷間) 【-깐-】 图 巷間(こうかん); 巷(ちまた). ‖항간의 소문 巷のうわさ.

항거 (抗拒) 图 (한)自 抗拒.

항고 (抗告) 图 (한)自 (法律) 抗告.
항고-심 (抗告審) 图 (法律) 抗告審.

항공 (航空) /haːŋgoŋ/ 图 (한) 航空. ‖항공 사진 航空写真.
항공-권 (航空券) 【-꿘】 图 航空券.
항공-기 (航空機) 图 航空機.
항공-로 (航空路) 图 航空路.
항공-모함 (航空母艦) 图 航空母艦; 空母.
항공-법 (航空法) 【-뻡】 图 (法律) 航空法.
항공-사 (航空社) 图 航空会社.
항공-편 (航空便) 图 航空便.

항구¹ (恒久) 图 恒久.
항구-적 (恒久的) 图 恒久的. ‖항구적인 평화와 안정 恒久的な平和と安定.

항구² (港口) /haːŋgu/ 图 港; 港口. ‖항구 도시 港町.

항균 (抗菌) 图 抗菌.
항균-물질 (抗菌物質) 【-찔】 图 抗菌性物質.
항균-성 (抗菌性) 【-썽】 图 抗菌性.

항다반-사 (恒茶飯事) 图 日常茶飯事.

항렬 (行列) 【-녈】 图 傍系男性血族間の世数を表わす語.

항렬-자 (行列字) 【-녈짜】 图 世数関係を表わすために血族の間で決めてある名前の中の1字.

항로 (航路) 【-노】 图 航路. ‖항로 표지 航路標識.

항만 (港灣) 图 港湾.

항목 (項目) 图 項目. ‖추가 항목 追加項目.

항문 (肛門) 图 肛門. ⓥ똥구멍.

항법 (航法) 【-뻡】 图 航法.

항법-사 (航法士) 【-뻡싸】 图 航法

士; ナビゲーター.

항변 (抗辯) [名] [하他] 抗弁; 言い返すこと. ‖지지 않고 항변하다 負けずに言い返す.

항변-권 (抗辯權) 【-꿘】 [名] 《法律》 抗弁権.

항복 (降伏·降服) /haŋbok/ [名] [하自] 降伏; 降参. ‖무조건 항복 無条件降伏. 항복의 백기를 들다 降参の白旗を掲げる.

항산 (恒産) [名] 恒産. ‖항산 없이는 항심도 없다 恒産なきものは恒心なし.

항상 (恒常) /haŋsaŋ/ [副] 常に; 常常; いつも. [類]언제나. ‖항상 책을 읽다 常に本を読む. 항상 싱글벙글 웃는 사람 いつもにこにこしている人.

항생^물질 (抗生物質) 【-찔】 [名] 抗生物質.

항생-제 (抗生劑) [名] 《薬》 抗生剤.

항성 (恒星) [名] 《天文》 恒星. [対]행성(行星).

항성-계 (恒星系) 【-/-게】 [名] 《天文》 恒星系.

항성-년 (恒星年) [名] 《天文》 恒星年.

항소 (抗訴) [名] [하自] 《法律》 控訴. ‖항소를 기각하다 控訴を棄却する.

항소-심 (抗訴審) [名] 《法律》 控訴審.

항소-장 (抗訴狀) 【-짱】 [名] 《法律》 控訴状.

항시 (恒時) [副] いつも; 常に; どんな時でも. ‖항시 언행을 조심해야 한다 常に言動を慎まなければならない.

항아리 (缸―) [名] かめ; 壺(⿰). [類]단지. ‖물 항아리 水がめ. 김치 항아리 キムチの壺.

항암 (抗癌) [名] 抗癌. ‖항암 치료 抗癌剤治療.

항암-제 (抗癌劑) [名] 《薬》 抗癌剤; 制癌剤.

항온^동물 (恒溫動物) [名] 《動物》 恒温動物. [類]정온 동물(定溫動物).

항원 (抗原·抗元) [名] 《生理》 抗原. [類]면역원(免疫原).

항의 (抗議) 【-/-이】 [名] [하他] 抗議. ‖판정에 항의하다 判定に抗議する. 항의를 받다 抗議を受ける.

항의-서 (抗議書) [名] 抗議書.

항일 (抗日) [名] [하自] 抗日.

항쟁 (抗爭) [名] [하自] 抗争.

항적-운 (航跡雲) [名] 《天文》 飛行機雲.

항전 (抗戰) [名] [하自] 抗戦.

항체 (抗體) [名] 《生理》 抗体; 免疫体. [類]면역체(免疫體).

항해 (航海) [名] [하自] 航海. ‖태평양을 항해하다 太平洋を航海する.

항해-도 (航海圖) [名] 航海図.

항해-사 (航海士) [名] 航海士.

항해-술 (航海術) [名] 航海術.

항-혈청 (抗血清) [名] 《生理》 抗血清.

항히스타민-제 (抗histamine劑) [名] 《薬》 抗ヒスタミン剤.

해[1] /hɛ/ [名] ❶日; 太陽. ‖해가 뜨다 日が昇る. 해가 지다 日が沈む. 해질 무렵 日暮れ方. 해는 또다시 떠오른다 『日はまた昇る』(ヘミングウェーの小説). ❷日光; 日差し; 日当たり. ‖해가 잘 드는 방 日当たりのいい部屋. 해가 기울기 시작하다 日差しが傾き始める. ❸日中. ‖해가 많이 길어지다 日がだいぶ長くなる. ▸해가 서쪽에서 뜨다 (「日が西から昇る」の意で)絶対あり得ない.

해[2] /hɛ/ [名] 年. ‖새해가 밝아오다 新しい年が明ける. 새해 복 많이 받으세요 明けましておめでとうございます. 그 해 겨울은 눈이 많이 왔다 その年の冬は雪がたくさん降った.
— [依名] …年. ‖두 해 2年.

해[3] (亥) [名] (十二支の)亥(い).

해[4] (害) /hɛː/ [名] [하他] 害; 弊害. ‖해를 입다 害をこうむる. 해를 끼치다 害を及ぼす. 사람을 해하다 人をあやめる.

해[5] (解) [名] 《数学》 解.

해[6] [自他] 『하変』 하다(する)の連用形.

해-[7] [接頭] その年に初めてとれた野菜・果物・穀物などを表わす語: 新…; 初物の. ‖해콩 初物の豆.

해갈 (解渴) [名] [되自] ❶渇(かつ)をいやすこと. ❷雨が降って日照りが解消すること. ‖어제 내린 비로 가뭄이 해갈되었다 昨日降った雨で日照りが解消した.

해-거름 [名] 日暮れ; 夕暮れ; たそがれ.

해결 (解決) /hɛːgjəl/ [名] [하他] 解決. ‖분쟁을 해결하다 紛争を解決する. 문제를 원만하게 해결하다 問題を円満に解決する. 해결하지 못한 사건 未解決の事件. **해결-되다** [受身]

해결-책 (解決策) [名] 解決策. ‖해결책을 찾다 解決策を見いだす.

해경 (海警) [名] 해양 경찰대(海洋警察隊)の略語.

해고 (解雇) [名] [하他] 解雇. **해고-되다[-당하다]** [受身]

해골 (骸骨) [名] 《解剖》 骸骨.

해괴망측-하다 (駭怪罔測―) 【-츠카-/-궤-츠카-】 [形] 『하変』 非常に奇怪だ. ‖해괴망측한 소문 奇怪なうわさ.

해구[1] (海溝) [名] 《地》 海溝.

해구[2] (海狗) [名] 《動物》 オットセイ. [類]물개.

해군 (海軍) [名] 《軍事》 海軍. [関]육군(陸軍)·공군(空軍).

해군^사관학교 (海軍士官學校) 【-꾜】 [名] 海軍士官学校. [略]해사(海士).

해금[1] (奚琴) [名] 《音楽》 奚琴(けいきん).

해금[2] (解禁) [名] [하他] 解禁.

해난 (海難) [名] 海難. ‖해난 사고 海難事故.

해-내다 他 やり遂げる; やり抜く. ‖주어진 일을 해내다 与えられた仕事をやり遂げる.

해녀 (海女) 名 海女(あま).

해년 (亥年) 名 亥年.

해-님 名 〔해を擬人化した言い方で〕お日様. 例달님.

해달 (海獺) 名 〔動物〕 ラッコ.

해답 (解答) 名 (하自) 解答; 答え. 例(答). ‖모범 해답 模範解答.

해답-란 (解答欄) 【-단난】 名 解答欄.

해답-지 (解答紙) 【-찌】 名 解答用紙.

해당 (該當) /hedaŋ/ 名 (하自) 該當; 当該; 当たること. ‖해당 사항 当該事項. 일 피트는 약 일 척에 해당한다 1フィートはほぼ1尺に当たる.

해당-란 (該當欄) 【-난】 名 該当欄.

해당-자 (該當者) 名 該当者.

해당-화 (海棠花) 名 〔植物〕 ハマナス.

해도 (海圖) 名 〔地〕 海圖.

해독[1] (害毒) 名 害毒. ‖사회에 해독을 끼치다 社会に害毒を流す.

해독-물 (害毒物) 【-둥-】 名 害毒物.

해독-성 (害毒性) 【-썽】 名 害毒性.

해독[2] (解毒) 名 (하他) 解毒. ‖해독 작용 解毒作用.

해독-제 (解毒劑) 【-쩨】 名 〔薬〕 解毒剤.

해독[3] (解讀) 名 (하他) 解読; 読み解くこと. ‖암호를 해독하다 暗号を解読する.

해-돋이 【-도지】 名 日の出. 例일출(日出). ‖해돋이를 보러 가다 日の出を見に行く; ご来光を見に行く.

해동 (解凍) 名 (하他) 〔冷凍食品を〕 解凍すること. ‖냉동식품을 해동하다 冷凍食品を解凍する.

해령 (海嶺) 名 〔地〕 海嶺.

해로[1] (海路) 名 海路. 例뱃길.

해로[2] (偕老) 名 (하自) 偕老; 相老い; 共白髪. ‖백년해로 百年偕老.

해-롭다 (害-) /hɛːrop˺ta/ 【-따】 形 〔ㅂ変〕 〖하로워, 해로운〗 ⓐ 有害だ; 害になる; よくない. ‖인공 색소는 뇌 발달에 해롭다 人工色素は脳の発達に有害だ. 몸에 해로운 음식 体によくない食べ物.

해로이 副

해룽-거리다 自 しきりにふざける; 態度などが軽々しい.

해롱-해롱 副 (하自) へらへら.

해류 (海流) 名 海流.

해류-도 (海流圖) 名 〔地〕 海流図.

해륙 (海陸) 名 海陸.

해륙-풍 (海陸風) 名 〔地〕 海陸風.

해리[1] (海狸) 名 〔動物〕 ビーバー. 例비버.

해리[2] (解離) 名 (하自) 解離.

해리[3] (海里) 依名 海上距離・航海距離の単位: …海里.

해마 (海馬) 名 ❶〔解剖〕海馬. ❷〔魚介類〕タツノオトシゴ(竜の落し子).

해-마다 副 毎年; 年々. 例매년(毎年).

해-맑다 【-막따】 形 ❶ 透き通っている; 澄みわたっている. ❷ 明るい. ‖해맑은 웃음 明るい笑い.

해머 (hammer) 名 ハンマー.

해머-던지기 (hammer-) 名 〔スポーツ〕 ハンマー投げ.

해먹 (hammock) 名 ハンモック; つり床.

해면[1] (海面) 名 海面.

해면[2] (海綿) 名 海綿動物の総称.

해면-동물 (海綿動物) 名 〔動物〕 海綿動物.

해면-질 (海綿質) 名 〔生物〕 海綿質.

해명 (解明) 名 (하他) 解明; 解き明かすこと. ‖병의 원인을 해명하다 病気の原因を解明する. 진상을 해명하다 真相を解明する. **해명-되다** 受自

해몽 (解夢) 名 夢解き.

해-묵다 【-묵-】 形 長年にわたっている. ‖해묵은 원한 長年の怨恨.

해물 (海物) 〔海産物(해산물)の略語〕 名 海産物.

해물-탕 (海物湯) 名 〔料理〕 韓国風海鮮鍋.

해-바라기 /hɛbaragi/ 名 〔植物〕 ヒマワリ(日回り).

해박-하다 (該博-) 【-바카-】 形 〔하다〕 該博だ; 学識が広い. ‖해박한 지식 該博な知識.

해발 (海拔) 名 海抜; 標高.

해방 (解放) 名 (하他) 解放; 解き放すこと. ‖노예해방 奴隷解放. ❷ 1945年8月15日, 韓国が日本の植民地から独立したこと. **해방-되다** 受自

해변 (海邊) 名 海辺; 海浜. 例바닷가.

해변-가 (海邊-) 【-까】 名 海辺; 海浜.

해변-대 (海兵隊) 名 〔軍事〕 海兵隊.

해부 (解剖) 名 (하他) 解剖.

해부-학 (解剖學) 名 解剖学.

해빙 (解氷) 名 (하自) 解氷. 例결빙(結氷).

해사 (海士) 名 海軍士官学校(海軍士官学校)の略語.

해산[1] (解産) 名 (하他) 分娩; 出産.

해산-달 (解産-) 【-딸】 名 臨月.

해산[2] (解散) 名 (하自他) 解散. ‖국회를 해산시키다 国会を解散する. 시위대를 경찰이 강제 해산시키다 デモ隊を警察が強制解散させる. 자체 해산 流れ解散. **해산-당하다** 受自

해산-물 (海産物) 名 海産物. 例해물(海物).

해삼 (海蔘) 名 〔魚介類〕 ナマコ(海鼠).

해상[1] (海上) 名 海上.

해상-법 (海上法) 【-뻡】 名 〔法律〕 海

上法.
해상²(海床) 图(地) 海底.
해상³(解喪) 图(自他) 喪が明けること. ⑩탈상(脫喪).
해상-도(解像度) 图 解像度.
해상-력(解像力) 【-녁】 图 解像力.
해상-법(海商法) 图【法律】 海商法.
해서(楷書) 图 楷書.
해석¹(解析) 图(他) 解析. ‖구문 해석 構文解析.
해석-학(解析學) 【-서칵】 图【數學】解析学.
해석²(解釋) /hɛːsək/ 图(他) 解釈. ‖확대 해석하다 拡大解釈する. 제대로 해석하다 正しく解釈する. 달리 해석하다 別の解釈をする. 선의로 해석하다 善意に解釈する. 그건 해석의 차이다 それは解釈の相違だ. 그건 어떻게든 해석의 여지가 있다 それはいくらでも解釈のしようがない.
해설(解說) /hɛːsəl/ 图(他) 解說. ‖뉴스 해설 ニュース解說. 그 사람의 야구 해설은 정말 재미있다 彼の野球解說は本当に面白い. 한국의 외교 정책에 대해서 해설하다 韓国の外交政策について解說する.
해설-자(解說者) 【-짜】 图 解說者.
해소(解消) /hɛːso/ 图(自他) 解消. ‖숙취 해소에 좋은 음식 二日酔いによい食べ物. 스트레스를 해소하다 ストレスを解消する. 불만을 해소하다 不満を解消する. 해소-되다 受身
해송(海松) 图【植物】 クロマツ(黒松).
해수(海水) 图 바닷물.
해수-욕(海水浴) 图(自他) 海水浴.
해수욕-장(海水浴場) 【-짱】 图 海水浴場.
해시(亥時) 图(民俗) 亥(゙)の刻(午後 9時から午後 11時まで).
해-시계(-時計) 【-/-계】 图 日時計.
해심(海深) 图 海深.
해쓱-하다 【-쓰키-】 形【하변】 (顔が)蒼白だ. ‖해쓱한 얼굴 蒼白な顔. 얼굴이 해쓱하게 되다 顔面蒼白になる.
해악(害惡) 图 害惡. ‖남에게 해악을 끼치다 人に害惡を及ぼす.
해안(海岸) 图 海岸. ‖융기 해안 隆起海岸. 리아스식 해안 リアス式海岸.
해안-선(海岸線) 图 海岸線.
해약(解約) 图 解約; 破約. ‖계약을 해약하다 契約を破約する.
해양(海洋) 图 海洋; 大口(゙).
해양경찰대(海洋警察隊) 【-때】 图 海洋警察隊. ⑩해경(海警).
해양성-기후(海洋性氣候) 【-씽-】 图 海洋性気候. ⑩대륙성 기후(大陸性気候).
해양 수산부(海洋水産部) 图(行政) 海洋水産部.

해어-지다 [-/-어-] 国 すり減る; 着古す. ⑩해지다.
해역(海域) 图(地) 海域.
해연(海淵) 图(地) 海淵(゙).
해-연풍(海軟風) 图(地) 海軟風(昼間海から陸へ向かって吹く風).
해열(解熱) 图 解熱.
해열-제(解熱劑) 【-쩨】 图(藥) 解熱剤.
해오라기(鳥類) シラサギ(白鷺). ⑩백로(白鷺).
해왕-성(海王星) 图【天文】 海王星.
해외(海外) /hɛːwe/ 图 ‖기업의 해외 진출 企業の海外進出. 해외 유학 海外留学.
해요-체(-體) 图【言語】 ですます体. ⊹打ち解けた感じの丁寧な言い方で, 話し言葉に広く用いられる. 하세요・계세요・드사요など.
해운(海運) 图 海運.
해운-업(海運業) 图 海運業.
해이-하다(解弛-) 图【하변】 (気持ちなどが)緩んでいる; たるんでいる; だらけている. ‖여름 방학에는 해이해지기 쉽다 夏休みの時は気持ちがたるみがちだ.
해일(海溢) 图(地) 津波.
해임(解任) 图 解任. ‖이사를 해임하다 理事を解任する. 해임-당하다 受身
해임-장(解任狀) 【-짱】 图 解任状.
해장(←解酲) 图(自他) 迎え酒を飲むこと.
해장-국(←解酲-) 【-꾹】 图 二日酔いを覚ますためのスープ.
해장-술(←解酲-) 【-쑬】 图 迎え酒.
해저(海底) 图 海底. ‖해저 터널 海底トンネル. 해저 탐사 海底探査.
해적(海賊) 图 海賊.
해적-선(海賊船) 【-썬】 图 海賊船.
해적-판(海賊版) 图 海賊版.
해전(海戰) 图【軍事】 海戰.
해제¹(解除) 图(他) 解除. ‖계엄령을 해제하다 戒厳令を解除する. 무장해제 武装解除. 해제-되다 受身
해제²(解題) 图(他) 解題.
해조¹(海鳥) 图 海鳥.
해조²(海藻) 图 海藻.
해조³(害鳥) 图 害鳥. ⑭익조(益鳥).
해죽 圓(自他) 声を立てずに歯を見せてちょっと笑う様子: にっと.
해죽-거리다 【-거-】 国 にっと笑う.
해지(解止) 图 解止.
해-지다 [해어지다의 축약형] すり減る; ぼろぼろだ; 着古す. ‖해진 옷을 입고 있다 着古した服を着ている. 해진 양말 履き古した靴下.
해직(解職) 图 解職; 解任; 免職. ⑩면직(免職).
해질-녘 【-력】 图 夕暮れ; 夕方.
해체(解體) 图(他) 解体. ‖해체 공

해초 (海草) 图 ①바닷말.
해충 (害蟲) 图 害虫.
해-치다 (害-) /hɛːtʃʰida/ ⓗ ❶害す る;害を与える;損なう;損ねる. ‖健康を害したり健康を害する. 自然景観を害する. ❷あやめる;殺す. ‖잘못해서 사람을 해치다 誤って人をあやめる.
해-치우다 ⓗ ❶ (仕事などを)片付ける;やってのける. ‖어려운 일을 해치우다 難しい仕事をやってのける. ❷ (邪魔者などを)片付ける;除去する;始末する. ‖배신자는 해치워라 裏切り者は始末しろ.
해커 (hacker) 图 [IT] ハッカー.
해-코지 (害-) 图 人をいじめること. ‖친구를 해코지하다 友だちをいじめる. 학교에서 해코지를 당하다 学校でいじめにあう.
해킹 (hacking) 图 [IT] ハッキング.
해탈 (解脫) 图 ⓗ유 (仏敎) 解脱(ᄇᇰ).
해태 (━豸) 图 獅子に似た想像上の動物. ╋善悪の判断ができ、火災や災いを追い払うと言われるため、石像として宮殿の左右に立てる.
해트˘트릭 (hat trick) 图 (サッカー・アイスホッケーなどで)ハットトリック.
해파리 图 (動物) クラゲ(水母).
해풍 (海風) 图 海風. 㓒바람.
해프닝 (happening) 图 ハプニング. ‖해프닝이 벌어지다 ハプニングが生じる.
해피˘엔드 (happy+end 日) 图 ハッピーエンド. ‖해피 엔드로 끝나는 소설 ハッピーエンドの小説.
해학 (諧謔) 图 諧謔(ᄏᇰᄀ);ユーモア.
해학-적 (諧謔的) [━쩍] 图 ユーモラス. ‖해학적인 내용 ユーモラスな内容. 인생을 해학적으로 그리다 人生をユーモラスに描く.
해해 ⓘ ⓗ유 軽薄に笑う声(様子);へらへら.
해해-거리다 囧 へらへらする;へらへらと笑う. ‖좋아서 해해거리다 うれしくてへらへらする.
해협 (海峽) 图 (地) 海峡. ‖대한 해협 朝鮮海峡. 도버 해협 ドーバー海峡.
해후 (邂逅) 图 邂逅(ᄁᇰ);思いがけず出会うこと. ‖십 년 만에 해후한 두 사람 10年ぶりに邂逅した2人.
핵 (核) /hɛk/ 图 核. ‖그 나라는 핵을 보유하고 있다 この国は核を保有している. 핵 보유국 核保有国.
핵-가족 (核家族) [━까━] 图 核家族.
핵-과 (果果) [━꽈] 图 核果. ╋모ᆞ우메など.
핵-무기 (核武器) [━뮈━] 图 核兵器.

핵-물리학 (核物理學) [━물━] 图 (物理) 核物理学.
핵-반응 (核反應) [━바능] 图 (物理) 核反応.
핵-분열 (核分裂) [━뿌녈] 图 ⓗ유 (物理) 核分裂.
핵-불능화 (核不能化) 图 核の不能化.
핵산 (核酸) [━싼] 图 (化学) 核酸.
핵-실험 (核實驗) [━씰━] 图 核実験.
핵심 (核心) /hɛkʔʃim/ 图 核心. ‖핵심을 찌르다 核心をつく. 핵심이 가깝다 核心に迫る.
핵심-적 (核心的) [━쩍] 图 核心的. ‖핵심적인 내용 核心的な内容. 핵심적 역할 核心的な役割をする.
핵-에너지 (核 energy) 图 (物理) 核エネルギー.
핵-연료 (核燃料) [━녈━] 图 (物理) 核燃料.
핵-우산 (核雨傘) 图 核の傘.
핵-융합 (核融合) [━늉━] 图 (物理) 核融合.
핵-전쟁 (核戰爭) [━쩐━] 图 核戦争.
핵-폐기물 (核廢棄物) [━/━폐━] 图 核廃棄物.
핵-폭발 (核爆發) [━빨] 图 核爆発.
핵-폭탄 (核爆彈) 图 核爆弾.
핸드˘드릴 (hand drill) 图 ハンドドリル.
핸드백 (handbag) 图 ハンドバッグ.
핸드볼 (handball) 图 (スポーツ) ハンドボール.
핸드북 (handbook) 图 ハンドブック.
핸드˘브레이크 (hand brake) 图 ハンドブレーキ.
핸드˘크림 (hand cream) 图 ハンドクリーム.
핸드-폰 (hand+phone 日) 图 携帯電話. ①휴대 전화(携帯電話).
핸들 (handle) /hɛndɯl/ 图 ハンドル. ‖핸들을 잡다 ハンドルを握る. 핸들을 오른쪽으로 꺾다 ハンドルを右に切る. 핸들을 돌리다 ハンドルを回す.
핸들링 (handling) (サッカーなどで)ハンド;ハンドリング.
핸디 (━handicap) 图 핸디캡の略称.
핸디캡 (handicap) 图 ハンディキャップ;ハンデ. ⓗ유핸디. ‖핸디캡을 극복하다 ハンディキャップを克服する.
핸섬-하다 (handsome━) 图 [ⓗ변] ハンサムだ.
핼리˘혜성 (Halley 彗星) [━/━헤━] 图 (天文) ハレー彗星.
핼쑥-하다 [━쑤카━] 图 [ⓗ변] (顔が)やつれている.
햄[1] (ham) 图 ハム.
햄[2] (ham) 图 ハム;アマチュア無線家.
햄버거 (hamburger) 图 ハンバーガー.
햄버그˘스테이크 (hamburg steak)

ハンバーグステーキ.
햄-샐러드 (ham＋salad 日) [名] ハムサラダ.
햄스터 (hamster) [名] 《動物》 ハムスター.
햄-에그 (←ham and egg) [名] ハムエッグ.
햅-쌀 [名] 新米. [対]묵은쌀.
햇- [接頭] 新…; 初物の…; 初成りの…; はしりの….
햇-감자【핻깜-】[名] 新ジャガ.
햇-곡식 (-穀食)【핻꼭씩】[名] 新穀.
햇-무리【핸-】[名] 日のかさ; 日暈(にちうん).
햇-병아리【핻뼝-】[名] ❶その年に孵化(ふか)したひよこ. ❷〔比喩的に〕新米; 駆け出し. ‖햇병아리 기자 駆け出しの記者.
햇볕 /hɛt²pjɔt/【해뼏/핻뼏】[名] 日; 天日. ‖햇볕이 잘 드는 방 日当たりのいい部屋. 햇볕에 말리다 天日に干す. 햇볕에 타다 日に焼ける; 日焼けする.
햇볕^정책 (-政策)【핻뼏쩽-】[名] 太陽政策. ✣韓国の対北朝鮮宥和政策.
햇-보리【핻뽀-】[名] その年にとれた大麦.
햇-빛 /hɛt²pit/【해삗/핻삗】[名] 日光; 陽光. ‖오랜만에 햇빛을 보다 久しぶりに陽光を見る.
햇-살【해쌀/핻쌀】[名] 日差し; 日光; 陽光. ‖눈부신 아침 햇살 まぶしい朝の日差し. 한여름의 따가운 햇살 真夏の焼け付くような日差し.
햇-수 (-數)【해쑤/핻쑤】[名] 年数; 足かけ. ‖한국어를 공부하기 시작한 지 햇수로 삼 년째다 韓国語を勉強し始めて足かけ3年だ.
행[1] (行) [名] (文の)行. ‖행을 바꿔 쓰기 시작하다 行を改めて書き始める.
행[2] (幸) [名] 〔다행(多幸)の略語〕幸.
-행[3] (行) [接尾] …行き. ‖서울행 열차 ソウル行き列車.
행각 (行脚) [名] [하自] 行脚. ‖도피 행각 逃避行.
행간 (行間) [名] 行間. ‖행간을 읽다 行間を読む.
행군 (行軍) [名] [하自] 行軍. ‖대오를 짜서 행군하다 隊伍を組んで行軍する.
행동 (行動) /hɛŋdoŋ/ [名] [하自] 行動; 挙動; ふるまい. ‖행동으로 옮기다 行動に移す. 극단적인 행동으로 치닫다 極端な行動に走る. 신중하게 행동하다 慎重な行動をとる. 행동이 수상한 남자 挙動不審の男. 마음대로 행동하다 勝手にふるまう.
　행동-거지 (行動擧止) [名] 行ない; 行儀; 立ち居振る舞い; 挙動. ‖행동거지가 나쁘다 行儀が悪い. 행동거지를 조심하다 立ち居振る舞いに気をつける.
　행동-력 (行動力)【-녁】[名] 行動力.
　행동-반경 (行動半徑) [名] 行動半径; 行動範囲.
　행동-주의 (行動主義)【-/-이】[名] 行動主義.
　행동-파 (行動派) [名] 行動派.
행락 (行樂)【-낙】[名] 行楽.
　행락-객 (行樂客)【-낙깩】[名] 行楽客.
　행락-지 (行樂地)【-낙찌】[名] 行楽地.
　행락-철 (行樂-) [名] 行楽シーズン.
행렬 (行列)【-녈】[名] [하自] ❶行列. ❷《数学》行列.
행로 (行路)【-노】[名] 行路. ‖인생 행로 人生行路.
행방 (行方) /hɛŋbaŋ/ [名] 行方. ‖행방이 묘연하다 行方が分からない. 행방을 감추다 行方をくらます.
　행방-불명 (行方不明) [名] 行方不明. [略]행불(行不).
행보 (行步) [名] 行歩(こう); 歩み.
행복
(幸福) /hɛːŋbok/ [名] [하形] 幸せ; 幸福. [対]불행(不幸). ‖행복을 빌다 幸せを祈る. 행복한 인생 幸福な人生. 행복하세요 お幸せに. 시골에서 행복하게 살고 있다 田舎で幸せに暮らしている. 돈은 없지만 행복하다 お金はないが幸せだ.
행불 (行不) [名] 〔행방불명(行方不明)の略語〕行方不明.
행-불행 (幸不幸) [名] 幸不幸; 幸福と不幸.
행사[1] (行使) [名] [하他] 行使. ‖실력 행사 実力行使. 묵비권을 행사하다 黙秘権を行使する.
행사[2] (行事) /hɛŋsa/ [名] 行事; 催し; イベント. ‖연중행사 年中行事. 백 주년 기념 행사 100周年記念行事. 행사를 개최하다 催しを開催する. 행사에 참가하다 イベントに参加する.
행상 (行商) [名] [하自] 行商.
　행상-인 (行商人) [名] 行商人.
행색 (行色) [名] いでたち; 身なり. ‖행색이 초라하다 身なりがみすぼらしい.
행서 (行書) [名] 行書(ぎょうしょ).
행선-지 (行先地) [名] 行き先; 目的地.
행성 (行星) [名] 《天文》 惑星. [対]항성(恒星).
행세 (行世) [名] [하自] ❶処世; 世渡り; ふるまい. ❷成りすますこと; その人であるようなふりをすること. ‖유부남이면서 총각 행세를 하다 既婚者でありながら独身のふりをする.
행수 (行數)【-쑤】[名] (文の)行数.
행실 (行實) [名] 身持ち; 行ない. ‖행실이 나쁘다 身持ちが悪い. 평소의 행실이 안 좋다 日頃の行ないがよくない.
행여 (幸-) [副] ひょっとしたら; もし.
　행여-나 (幸-) [副] もしかしたら; もしも. ‖행여나 약속 시간에 늦을까 봐 서둘렀다 もしかしたら約束時間に遅れるので

하 해 햐 해 허 헤 혀 혜 호 화 홰 회 효 후 훠 훼 휘 휴 흐 희 히

행운 (幸運) /hɛnjun/ 图 幸運. ‖행운을 빌다 幸運を祈る. 행운에 따르다 幸運に恵まれる. 행운의 여신 幸運の女神. 행운을 잡다 幸運をつかむ.

행운-아 (幸運兒) 图 幸運児.

행원 (行員) 图 〔은행원(銀行員)의 略語〕行員.

행위 (行爲) /hɛŋwi/ 图 行為. ‖살인 행위 殺人行為. 불법 행위를 하다 不法行為をはたらく. 용서할 수 없는 행위 許しがたい行為.

행인 (行人) 图 行人; 通行人.

행적 (行跡·行績·行蹟) 图 行跡(ニォォ); 足取り.

행정[1] (行政) /hɛndʑəŋ/ 图 行政. ⑩입법(立法)·사법(司法).

행정-관 (行政官) 图 行政官.
행정-관청 (行政官廳) 图 行政官庁.
행정-구역 (行政區域) 图 行政区域.
행정-기관 (行政機關) 图 行政機関.
행정-부 (行政府) 图 行政府. ⑩입법부(立法府)·사법부(司法府).
행정-서사 (行政書士) 图 行政書士.
행정-소송 (行政訴訟) 图 〖法律〗行政訴訟.
행정-처분 (行政處分) 图 行政処分.
행정-학 (行政學) 图 行政学.

행정[2] (行程) 图 行程.

행주 /hɛndʑu/ 图 布巾. ‖행주로 식탁을 닦다 布巾でテーブルを拭く.

행주-치마 图 前掛け; エプロン. ⑩앞치마.

행진 (行進) /hɛndʑin/ 图 自他 行進. ‖데모 행진 デモ行進. 당당히 행진하다 堂々と行進する.

행진-곡 (行進曲) 图 〖音楽〗行進曲; マーチ.

행차 (行次) 图 自他 〔古い言い方で〕お出まし.

행패 (行悖) 图 自他 狼藉(ᆨ); 乱暴〔横暴〕なふるまい. ‖행패를 부리다 狼藉をはたらく; 横暴にふるまう.

행-하다 (行-) /hɛŋhada/ 他 〔하요〕말하기는 쉬워도 행하기는 어렵다 言うは易く行うは難し. 국민과의 약속대로 행하다 国民との約束通りに実行する.

향 (香) 图 香(ᆨ). ‖향을 피우다 香を焚く.

향가 (鄕歌) 〖文芸〗新羅中期から高麗初期まで, 民間に流行した詩歌.

향교 (鄕校) 图 〖歷史〗高麗または朝鮮時代に, 地方の文廟とともに附属した官立学校.

향굿-하다 /hjaŋɡutʰada/ 【-그다하-】 形 〔ㅅ変〕かぐわしい; 芳(ᄈ)しい. ‖꽃 냄새가 향긋하다 花の香りがかぐわしい. 향긋한 풀 냄새 芳しい草のにおい.

향기 (香氣) /hjaŋɡi/ 图 香り; いいにおい. ‖향기가 좋은 꽃 香りのいい花. 꽃 향기 花の香り.

향기-롭다 (香氣-) 【-따】 形 〔ㅂ変〕芳(ᄈ)しい; かぐわしい; 香ばしい. ‖향기로운 프리지아 냄새 芳しいフリージアの香り.

향기로이 圖

향-나무 (香-) 图 〖植物〗イブキ(伊吹).

향낭 (香嚢) 图 香嚢(ᄋᄋ).
향-내 (香-) 图 香り; 香気.
향내-나다 (香-) 图 お香のにおい.
향년 (享年) 图 享年.
향락 (享樂) 图 -낙 图 享樂. ‖향락에 빠지다 享樂にふける.

향락-적 (享樂的) 【-낙쩍】 图 享樂的. ‖향락적인 생활을 하다 享樂的な生活を送る.

향락-주의 (享樂主義) 【-낙쭈-/-낙쭈이】 图 享樂主義.

향로 (香爐) 图 -노 图 香炉.
향료 (香料) 图 香料. ‖천연 향료 天然香料. 합성 향료 合成香料.

향미 (香味) 图 香味.
향미-료 (香味料) 图 香味料.
향방 (向方) 图 行き先.
향-불 (香-) 【-뿔】 图 香火; 香を焚(ᄯ)く火.

향상 (向上) /hjaːŋsaŋ/ 图 自他 向上. ‖저하(低下). ‖생산성을 향상시키다 生産性を向上させる. 성능이 향상된 신제품 性能が向上した新製品. 성적이 향상되다 成績が向上する. 생활 수준이 향상되다 生活水準が向上する. 품질 향상을 꾀하다 品質の向上をはかる.

향상-성 (向上性) 【-씽】 图 向上性.
향상-심 (向上心) 图 向上心.
향수[1] (享受) 图 自他 享受.
향수[2] (香水) /hjaŋsu/ 图 香水. ‖향수 냄새 香水のにおい. 향수를 뿌리다 香水をかける.

향수[3] (鄕愁) 图 鄕愁. ‖향수를 느끼다 鄕愁を覚える.

향수-병 (鄕愁病) 【-뼝】 图 ホームシック. ‖향수병에 걸리다 ホームシックにかかる.

향신-료 (香辛料) 图 -뇨 图 香辛料.
향악 (鄕樂) 图 朝鮮固有の音楽.
향약 (鄕約) 图 〖歷史〗朝鮮時代(1392~1910)につくられた鄕村の自治規約.

향연 (饗宴) 图 饗宴(ᄋᄋ).
향유 (享有) 图 自他 享有.
향응 (饗應) 图 供応; もてなし.
향일-성 (向日性) 【-썽】 图 〖植物〗向日(ᄋᄋ)性; 向光性.

향지-성 (向地性) 【-썽】 图 〖植物〗向地性; 屈地性.

향찰 (鄕札) 图 新羅時代(356~935)に, 主に鄕歌の表記に使われた表記法.

향촌 (鄕村) 图 鄕村.

향토(鄕土) 图 郷土. ‖비빔밥은 전주의 대표적인 향토 음식이다 ビビンバは全州の代表的な郷土料理である. 향토 자랑 お国自慢.

향토-색(鄕土色) 图 郷土色.
향토-애(鄕土愛) 图 郷土愛.
향토-예비군(鄕土豫備軍) 图 郷土防衛のため予備役で編成された非正規軍.

향-하다(向-) /hjaːŋhada/ [自他] [하変] ❶ 向く; 向ける. ‖정면을 향해 앉다 正面を向いて座る. 발길이 향하는 쪽으로 걷다 足の向くままに歩く. 요코하마를 향해 출항하다 横浜港に向けて出航する. ❷ 向かう. ‖집으로 향하는 걸음 家に向かう足どり. ❸ 面している. ‖바다를 향해 지어진 집 海に面して建てられた家. ❹ 目指す. ‖산 정상을 향해 올라가다 山頂を目指して登っていく.

향학(向學) 图 向学.
향학-열(向學熱) [-녈] 图 向学の念; 向学心. ‖향학열이 높다 向学心が高い.
향후(向後) 图 副 向後; この後; 今後.
허¹(虛) 图 虚. ‖상대방의 허를 찌르다 相手の隙[虚]につけ込む.
허²(虛) 图 (姓) 許(ホ).
허³ 感 感心したり驚いたりした時に発する 感. ほう. ‖허, 정말 잘 만들었군 ほう, 本当に上出来だな.

허가(許可) /hʌga/ 图 [하他] 許可; 認可. ‖영업 허가 営業許可. 허가를 받다 許可を得る. 허가가 나오다 許可が下りる.

허가-증(許可證) [-쯩] 图 許可証.
허겁-지겁(虛怯-)/hʌgʌpʰtɕigʌp/ [-찌-] 图 副 非常に慌てている様子; あたふた(と); 慌てて; 急いで. ‖허겁지겁 밥을 먹다 慌てて ご飯を食べる. 허겁지겁 달려가다 あたふたと駆けつける.

허공(虛空) 图 虚空(ミ̤). ‖허공을 바라보다 虚空を見上げる.
허구(虛構) 图 [하他] 虚構; フィクション.
허구-성(虛構性) [-썽] 图 虚構性.
허구-적(虛構的) 图 虚構的.
허근(虛根) 图 [数学] 虚根. ‖실근 (實根).
허기(虛飢) 图 空腹. ‖허기를 채우다 空腹を満たす.
허기-지다(虛飢-) 图 ひもじい; 腹ぺこだ; 空腹で苦しい. ‖아침을 안 먹었으니 허기진다 朝を食べていないので腹ぺこだ.
허깨비 图 幻; 幻影.
허는 冠 [ㄹ語幹] 헐다(壊す·崩す)の現在連体形.
허니문(honeymoon) 图 ハネムーン.
허다-하다(許多-) [形] [하変] 数多い; たくさんある; よくある. ‖허다한 일 よくあること.

허덕-거리다[-대다] [-끼(때)-] 图 あくせくする; (生活に)あえぐ. ‖하루하루를 허덕거리면서 살다 毎日あくせくと暮らす.

허덕-이다 /hʌdʒɡida/ 图 あえぐ; 苦しむ. ‖불황으로 경영난에 허덕이는 중소기업이 많다 不況による経営難にあえぐ中小企業が多い. 가난에 허덕이다 貧困にあえぐ. 산더미 같은 부채에 허덕이다 山のような負債に苦しむ.

허두(虛頭) 图 (文章や話の)始め; 冒頭. ▶허두를 떼다 口を切る; 文章を書き始める.

허둥-거리다[-대다] 图 慌てふためく; うろたえる; まごまごする. ‖지갑이 안 보여 허둥거리면서 가방을 뒤지다 財布が見当たらなくなって慌てふためいてかばんの中をくまなく探す.

허둥-지둥 /hʌduŋdʑiduŋ/ 图 副 そそくさ; あたふた; 慌てて. ‖허둥지둥 집을 나서다 そそくさと家を出る.
허드레 图 雑用.
허드레-꾼 图 雑役夫.
허드렛-물[-렌-] 图 飲用水以外の用途の水.
허드렛-일[-렌닐] 图 雑用; 雑役.
허들(hurdle) 图 ❶ ハードル. ❷ 허들 레이스의略語.
허들-레이스(- race) 图 〈スポーツ〉ハードル競走. 준허들.

허락(許諾) /hʌrak/ 图 [하他] 承諾; 許し. ‖결혼 허락을 받다 結婚の許しをもらう. 시간이 허락하는 한 해 보고 싶다 時間が許す限りやってみたい. 아버지는 내가 차의 면허를 취하는 것을 허락해 주셨다 父は私が車の免許を取るのを許してくれた.

허례(虛禮) 图 虚礼.
허례-허식(虛禮虛飾) 图 虚礼虚飾. ‖허례허식을 일소하다 虚礼虚飾を廃止する.

허름-하다 [形] [하変] 古びている; みすぼらしい. ‖허름한 집 古びた家. 허름한 옷차림 みすぼらしい身なり.

허리 /hori/ 图 ❶ 腰. ‖허리를 펴다 腰を伸ばす. 허리를 굽히다 腰をかがめる. 허리를 삐다 腰を痛める; ぎっくり腰になる. 허리가 접히다 腰が曲がる. 말허리를 자르다 話の腰を折る. ❷ (高さや長さのあるものの)中間部分. ‖산허리 山腹. 바늘 허리 針の中間部分.
허리-끈 图 腰紐(縄).
허리-띠 图 帯; ベルト. ▶허리띠를 졸라매다 出費を抑える; つましく暮らす.
허리-뼈 图 (解剖) 腰椎(ᄯᅮ).
허리-춤 图 ズボンやスカートなどの腰の内側. 준춤.
허리-통 图 腰回り. ‖허리통이 굵다

허망-하다(虚妄-) [하＿] 虛妄だ; むなしい. ‖허망한 결과 むなしい結果.

허무(虛無) /nmuh/ 图 虛無;むなしいこと; はかないこと. ‖가끔 인생이 허무하게 느껴질 때가 있다 時折人生がむなしく感じる時がある. 허무한 인생 むなしい人生. **허무-히** 图

허무-감(虛無感) 图 虛無感.

허무맹랑-하다(虛無孟浪-)【-낭-】[하＿] でたらめだ; 全く根拠がない. ‖허무맹랑한 소리 でたらめな話; 何ら根拠のない話.

허무-적(虛無的) 图 虛無的. ‖허무적인 생각 虛無的な考え.

허무-주의(虛無主義) [-/-이] 图 虛無主義; ニヒリズム. 围니힐리즘.

허무주의-자(虛無主義者) [-/-이] 图 虛無主義者; ニヒリスト. 围니힐리스트.

허물¹ 图 皮膚; 抜け殻. ▶허물을 벗다 脱皮する.

허물²/hʌmul/ 图 過ち; 過失; 非. ‖남의 허물을 책하지 말라 人の非をせめるな. 허물 없는 사람은 없다 過ちは人の常である.

허물다 画[ㄹ語幹] 取り壊す; 壊す; 崩す. ‖낡은 집을 허물다 古い家を取り壊す.

허물어-뜨리다 画 崩す; 打ち壊す. ‖담을 허물어뜨리다 垣根を壊す.

허물어-지다 画 崩れる; 壊れる. ‖돌담이 허물어지다 石垣が崩れる.

허물어-트리다 画 =허물어뜨리다.

허물-없다[-럽섭따] [무렵세다] [하＿] 気兼ねしない. ‖허물없는 사이 気の置けない間柄. **허물없-이** 图

허밍(humming) 图 (音樂) ハミング.

허방 图 くぼ地; くぼみ.

허방-다리 图 =함정(陷穽).

허벅-다리 [-따-] 图 ももの付け根.

허벅-살 [-쌀] 图 内ももの肉.

허베이[-쩨] 图 内ゎた.

허비(虛費) [하＿] 無駄遣い; 無駄にすること; 空しく費やすこと. ‖예산을 허비하다 予算を無駄遣いする. 시간을 허비하다 時間を空しく費やす.

허사¹(虛事) 图 無駄なこと; 徒労; 無しの苦労. ‖몇 번이고 전화를 했지만 허사였다 何回も電話したが無駄だった. 노력하였지만 허사로 되다 努力が無駄になる.

허사²(虛辭) 图 [言語] 虛辭. 围실사 (實辭).

허상(虛像) 图 虛像. 围실상(實像). ‖매스컴이 만들어 낸 허상 マスコミがつくり上げた虛像.

허세(虛勢) 图 虛勢; 空いばり; 見栄. ‖허세를 부리다 虛勢を張る; 見栄を張る.

허송-세월(虛送歲月) 图 無為に過ごすこと; 空しく歳月を送ること. ‖허송세월을 보내다 毎日を無為に過ごす.

허수(虛數) 图 [數学] 虛數. 围실수 (實數).

허수-아비/hʌsuabi/ 图 ❶ かかし. ❷ 實權のない人; 役立たず. 围偶像(꼭두각시); 操り人形.

허술-하다(虛-) [하＿] ❶ みすぼらしい; 粗末だ. ‖허술한 옷차림 みすぼらしい身なり. ❷ 手薄だ; 不用心だ; おろそかだ. ‖허술한 경비진 手薄な警備陣. **허술-히** 图

허스키(husky) [하＿] ハスキー. ‖허스키 보이스 ハスキーボイス.

허식(虛飾) [하＿] 虛飾; 見栄; 飾り. ‖허식이 없는 사람 飾り気のない人.

허실(虛實) 图 虛實.

허심-탄회(虛心坦懷) [-ㄴ회] [하＿] 虛心坦懷. ‖허심탄회하게 이야기하다 虛心坦懷に話す.

허약(虛弱) [하＿] 虛弱. ‖허약 체질 虛弱體質.

허언(虛言) [하＿] 虛言.

허영(虛榮) 图 虛榮; 見栄. ‖허영을 부리다 見栄を張る.

허영-심(虛榮心) 图 虛榮心.

허옇다[-여타] [하＿] 白い. 围하얗다.

허예-지다 画 白くなる. 围하얘지다.

허욕(虛慾) 图 無駄な欲.

허용(許容) /hʌjoŋ/ 图 許容; 許すこと, 許容範圍; 許容範圍. ‖면회 허용 面會の許可. 약간의 오차는 허용하는 자 多少の誤差は許容しよう.

허우적-거리다[-대다] 画[-꺼[-때]-] 画 (その狀況から出られなくて)もがく. ‖물에 빠져서 허우적거리다 水におぼれてもがく.

허울 图 見かけ; フォ; 名目. ‖정부의 저출산 정책 우와베만의 少子化政策. 허울 좋은 변명 体のいい言い訳上. 허울뿐인 관리직 名ばかりの管理職.

허위¹(虛威) 图 虛威.

허위²(虛僞) 图 虛僞; 僞り. ‖허위 신고를 하다 虛僞の申告をする. 허위 증언 虛僞の證言. 허위 표시 虛僞の表示.

허장-성세(虛張聲勢) [하＿] 空いばり. ‖허장성세로 말만 앞서고 행동은 같이 空いばりだけで行動に移さない.

허전-하다/hʌdʒənhada/ [하＿] 寂しい; 虚しい. ‖늘 차던 시계가 없으니까 손목이 허전하다 いつもしていた時計がないから手首が寂しい. 왠지 마음이 허전하다 何となく心細い.

허점(虛點) 图-쎔 弱点; 弱み; 隙. ‖이 소프트웨어는 보안상의 허점이 있다 このソフトウェアはセキュリティー上の弱点がある. 허점을 노리다 隙を狙う.

허청-대고 图 無計劃的に; むやみに; 向

こう見ずに.

허탈 (虛脫) 图 图形 虛脫. ‖허탈 상태 虛脫状態.

허탈-감 (虛脫感) 图 虛脫感.

허탕 (虛蕩) 图 無駄; 無駄骨; 徒労; 駄目. ‖두 시간이나 찾아보았는데 허탕이었다 2時間も探し回ったが、無駄だった. ▶허탕을 치다 無駄骨を折る; 徒労に終わる.

허투루 剾 見くびって; 軽々しく; いい加減に; ぞんざいに. ‖시골 출신이라고 허투루 보다 田舎出身だと見くびる. 허투루 대하다 ぞんざいに扱う.

허튼 冠 いい加減な; でたらめな; くだらない; 余計な. ‖허튼 생각을 하다 くだらないことを考える.

허튼-소리 图 でたらめな話; いい加減な話; 口任せ; 根拠のない話. ‖허튼소리를 하다 いい加減なことを言う.

허튼-수작 (-酬酌) 图 でたらめな言動; いい加減なこと; 余計なこと. ‖허튼 수작은 부리지 마 余計なことはしないで.

허파 /hʌpʰa/ 图 [解剖] 肺. ▶허파에 바람이 들다 (「肺に風が詰まる」の意で) でたらめにふるまう; つまらないことにもよく笑う.

허풍 (虛風) /həpʰuŋ/ 图 ほら; 誇張. 剾形 大きい; 大げさだ; 大ぶろしきを広げる. ‖허풍을 떨다[치다] ほらを吹く; 大げさだ; 大ぶろしきを広げる.

허풍선 (虛風扇) 图 허풍선이(虛風扇-)の略称.

허풍선-이 (虛風扇-) 图 ほら吹き; 虛風扇.

허풍-쟁이 (虛風-) 图 =허풍선이 (虛風扇-).

허-하다 (虛-) 囷 图亥 ❶ (体が) 弱い; (気力が) 衰えている. ‖몸이 허하다 気力が衰えている. ❷ うつろだ; 穴が空いている. ‖마음이 허하다 心がうつろだ.

허허-벌판 图 果てしない平原.

허허-실실 (虛虛實實) 图 虛虛実実.

허황-하다 (虛荒-) 囷 图亥 荒唐無稽だ. ‖허황한 계획 荒唐無稽な計画.

헉 图亥 ❶ 驚いて息をのむ様子[音]; はっ. ❷ 疲れ切って出す声; 疲れた様子. ‖헉 하고 쓰러지다 ぐったりと倒れる.

헌[1] /hʌːn/ 冠 古い; 使い古しの. 剾所. ‖헌 양말 古い靴下. 헌책 古本.

헌[2] [-語幹] 헐다 (壊す·崩す) の過去連体形.

헌-것 【-껃】 图 古物. 剾所新.

헌금 (獻金) 图 献金. ‖정치 헌금 政治獻金.

헌법 (憲法) 图 /-뻡/ [法] 憲法. ‖헌법 개정 憲法の改正. 성문 헌법 成文法. 헌법을 제정하다 憲法を制定する. 그 조례는 헌법 위반이다 その条例は憲法違反だ.

헌병 (憲兵) 图 [軍事] 憲兵.

헌병-대 (憲兵隊) 图 [軍事] 憲兵隊.

헌사 (獻辭·獻詞) 图 献辞.

헌상 (獻上) 图 图亥 献上.

헌신 (獻身) 图 图亥 献身. ‖요즘은 헌신적인 사랑보다 현실적인 사랑이 많다 近頃は献身的な愛より現実的な愛が多い. 헌신적으로 돌보다 献身的に看病する.

헌신-적 (獻身的) 图 献身的. ▶헌신짝 버리듯 (破れた履物を捨てるように) 未練もなく.

헌장 (憲章) 图 憲章. ‖유엔 헌장 国連憲章. 아동 헌장 児童憲章.

헌정[1] (獻呈) 图 献呈.

헌정[2] (獻上) 图 图亥 献呈.

헌-책 (-册) 图 古本; 古書.

헌-책방 (-册房) 图 【-빵】 古本屋.

헌팅 (hunting) 图 ハンティング.

헌혈 (獻血) 图 图亥 献血.

헌화 (獻花) 图 图亥 献花.

헐[-語幹] 헐다 (壊す·崩す) の未来連体形.

헐-값 (歇-) 【-깝】 图 安値; 捨て値. ‖헐값에 팔다 安値で売る.

헐겁다 [-따] 剾 (締め具合が) 緩い. ‖나사가 헐겁다 ねじが緩い.

헐다[1] 囲 [ㄹ語幹] ❶ (口の粘膜などが) ただれる. ‖구내염으로 입안이 헐다 口内炎で口の中がただれる. ❷ 古びる; 古くなる.

헐다[2] /hʌːlda/ 囮 [ㄹ語幹] [헐어, 허는, 헌] 壊す; 崩す. ‖담을 헐다 塀を壊す. 선물을 사기 위해 저금통을 헐다 プレゼントを買うために貯金箱を壊す. 囷 헐리다.

헐떡-거리다 [-대다] 图 【-께[때]-】 囮 息切れる; 息が荒い; (息を) はずませる; あえぐ. ‖숨을 헐떡거리며 달려오다 息をはずませながら駆けつける. 图 헐떡이다.

헐-뜯다 [-따] 囮 けなす; そしる; 非難する. ‖남을 헐뜯다 人をけなす.

헐렁-거리다 囮 だぶつく; だぶつく.

헐렁-하다 剾 图亥 ぶかぶかだ; 緩い. ‖신이 헐렁하다 靴がぶかぶかだ.

헐렁헐렁-하다 剾 图亥 だぶだぶだ; だぶついている. ‖헐렁헐렁한 바지 だぶだぶのズボン.

헐레-벌떡 剾 息せき切って; 息をはずませながら. ‖헐레벌떡 뛰어오다 息せき切って走ってくる.

헐-리다 囮 【헐다[2] の受身動詞】 壊される; 崩される. ‖집이 헐리다 家が壊される.

헐-벗다 [-번 따] 囮 ❶ ぼろをまとう

헐어 ‖벗은 아이들 ぼろをまとった子どもたち. ❷ (山が) 禿げる. ‖헐벗은 산 禿山.

헐어[아](ㄹ語幹) 헐다(壞す·崩す)の連用形.

헐헐 [副] [自] 苦しそうに激しく息をする様子. ふうふう.

험난-하다 (險難-) [形] 險難だ; 険しい. ‖험난한 여정 険しい道のり.

험담 (險談) [名] [하他] 悪口; 陰口. ‖험담을 하다 陰口をたたく.

험상-궂다 (險狀-) [굳따] [形] (表情などが) 険しい. ‖표정이 험상궂다 表情が険しい.

험상-하다 (險狀-) [形] [하먀] 険悪だ.

험악-하다 (險惡-) [하가-] [形] [하먀] 険悪だ; 険しい. ‖험악한 분위기 険悪な雰囲気.

험준-하다 (險峻-) [形] [하먀] (山勢などが) 険しい. ‖험준한 산들기 険しい山並み.

험-하다 (險-) /hʌːmhada/ [形] ❶ 険しい. ‖험한 산길 険しい山道. ❷ 厳しい. ‖살기가 험한 세상 厳しい世の中. ❸ 乱暴だ; 荒い. ‖입이 험하다 口が悪い. 사람을 험하게 다루다 人使いが荒い.

헙수룩-하다 [-쑤루카-] [形] [하먀] もじゃもじゃだ; みすぼらしい. ‖헙수룩한 수염 もじゃもじゃのひげ.

헛- /hʌt/ [헏] [接頭] ❶ むなしい; 無駄の; 偽りの. ‖헛걸음 無駄足. ❷ 誤って; 間違って. ‖헛듣다 聞き違える.

헛-간 (-間) [헏깐] [名] 納屋; 物置小屋.

헛-갈리다 [헏깔-] [自] 入り交じって見分けがつかない; 分かりにくい; 紛らわしい. ‖길이 헛갈리다 道が分かりにくい.

헛-걸음 [헏꺼름] [名] [하自] 無駄足.

헛걸음-질 [名] [하自] 無駄足. ‖헛걸음질하다 無駄足を踏む.

헛걸음-치다 [自] 無駄足を踏む.

헛-고생 (-苦生) [헏꼬-] [名] [하自] 無駄骨; 骨折り損; 徒労. ‖헛고생을 하다 無駄骨を折る; 骨折り損をする. 노력이 헛고생으로 끝나다 努力が徒労に終わる.

헛구역-질 (-嘔逆-) [헏꾸-역찔] [名] [하自] 空えずき. ‖헛구역질이 나다 空えずきをする.

헛-기침 [헏기-] [名] 空咳; 咳払い.

헛-나이 [헌-] [名] 無駄にとった年. 나이를 먹다 ① 年甲斐もない. ② やり遂げたこともなく年ばかりとる.

헛-다리 [헏따-] [名] 見当違い. ‖헛다리를 짚다 見当違いをする.

헛-돈 [헏똔] [名] 無駄に使う金; 無駄に使った金; 捨て金. ‖헛돈을 쓰다 金の無駄遣いをする.

헛-돌다 [헏똘-] [自] (ㄹ語幹) 空回りする.

헛-되다 /hʌt't͈weda/ [헏뙤-/헏뛔-] [形] 甲斐がない; 無駄だ; むなしい. ‖헛된 노력 無駄な努力. 헛된 죽음을 하다 無駄死にする. **헛된-이** [副] 一日一日を無駄に過ごす.

헛된-말 [헏뙨-/헏뛘-] [名] そらごと; たわごと; 根拠のない話.

헛-듣다 [헏뜯따] [他] (ㄷ變) 聞き間違える.

헛-디디다 [헏띠-] [他] 踏みはずす; 踏み間違える. ‖계단을 헛디디어 넘어지다 階段を踏みはずして転ぶ.

헛물-켜다 [헌-] [自] 無駄骨を折る; 骨折り損に終わる; 徒労に終わる.

헛-발질 [헏빨-] [名] [하自] ねらいがはずれた足蹴り.

헛-방 (-放) [헏빵] [名] ❶ 的をはずれた射撃. ❷ 無駄足.

헛-배 [헏빼] [名] 食べていないのに張る腹.

헛-소리 [헏쏘-] [名] [하自] ❶ (高熱などによる) うわごと. ❷ たわごと; そらごと. ‖술에 마시면 헛소리를 하다 酒を飲むとたわごとを並べる.

헛-소문 (-所聞) [헏쏘-] [名] 根も葉もないうわさ; 根拠のないうわさ. 顙 뜬소문. ‖헛소문으로 곤욕를 치르다 根拠のないうわさでひどい目にあう. 헛소문이 돌다 根も葉もないうわさが立つ.

헛-수고 [헏쑤-] [名] [하自] 無駄骨折り; 徒労. ‖헛수고를 하다 無駄骨を折る; 骨折り損をする.

헛-웃음 [허두슴] [名] 作り笑い; そら笑い; 無理に笑うこと. ‖헛웃음을 짓다 作り笑いをする.

헛-일 [헌닐] [名] [하自] 無駄事; 水の泡. ‖지금까지 노력한 것이 모두 헛일이 되다 今までの努力がすべて水の泡になる.

헛-짚다 [헏찝따] [他] 踏みはずす; 踏み損なう. ‖계단에서 발을 헛짚어 넘어지다 階段で足を踏みはずして転ぶ.

헛헛-하다 [허터타-] [形] [하먀] ひもじい; 空腹だ; 腹がすいている.

헝가리 (Hungary) [名] [国名] ハンガリー.

헝거-스트라이크 (hunger strike) [名] ハンガーストライキ. 顙 단식 투쟁 (斷食鬪爭).

헝겊 [-겁] [名] 布切れ.

헝그리^정신 (hungry 精神) [名] ハングリー精神.

헝클다 [ㄹ語幹] (ものなどを) もつれさせる.

헝클어-뜨리다 [他] もつれさせる; 乱す.

헝클어-지다 [自] (髪の毛·糸などが) もつれる; 絡み合う. ‖바람에 머리카락이 헝클어지다 風で髪の毛が絡み合う.

헝클어-트리다 =헝클어뜨리다.

헤 圖 (하타) 口をぎこちなく開ける様子: ぱかり, ぽかん(と). ∥입을 헤 하고 벌리다 口をぽかんと開ける.

헤게모니 (Hegemonie^도) 图 ヘゲモニー; 主導権. ∥헤게모니를 잡다 ヘゲモニーを握る.

헤드라이트 (headlight) 图 (車で)ヘッドライト; ヘッドランプ. ®전조등(前照燈).

헤드라인 (headline) 图 ヘッドライン.

헤드-슬라이딩 (head+sliding^日) 图 (野球で)ヘッドスライディング.

헤드폰 (headphone) 图 ヘッドホン.

헤드헌터 (headhunter) 图 ヘッドハンター.

헤드헌팅 (headhunting) 图 (하타) ヘッドハンティング.

헤딩 (heading) 图 (하타) ヘディング.

헤딩-슛 (-shoot) 图 (サッカーで)ヘディングシュート.

헤로인 (heroin) 图 ヘロイン.

헤르니아 (hernia) 图 (医学) ヘルニア. ®탈장(脫腸).

헤르츠 (Hertz) 依存 振動数の単位: …ヘルツ(Hz).

헤매다 /hemɛda/ 固 ❶ さまよう; うろつく; 迷う. ∥사경을 헤매다 生死の境をさまよう. 길을 잃고 헤매다가 약속 시간에 늦었다 道に迷って約束の時間に遅れた. ❷ (心や考えなどが)決まらない; 落ち着かない.

헤모글로빈 (hemoglobin) 图 (生理) ヘモグロビン.

헤-벌리다 固 (口を)ぽかんと開ける. ∥입을 헤벌리고 웃고 있다 ぽかんと口を開けて笑っている.

헤비-급 (heavy級) 图 (ボクシングで)ヘビー級.

헤비-메탈 (heavy metal) 图 (音楽) ヘビーメタル.

헤살 图 邪魔立て; 妨害. ∥헤살을 놓다[부리다] 邪魔立てをする.

헤살-꾼 图 邪魔者.

헤아리다 /he:arida/ 固 ❶ 数える; 計算する. ∥밤하늘의 별을 헤아리다 夜空の星を数える. ❷ 推し量る; 察する. ∥상대방의 심중을 헤아리다 相手の胸中を推し量る. 노고를 헤아리다 苦労を察する.

헤어-나다 固 抜け出る; 抜け出す; 切り抜ける. ∥절망에서 헤어나다 絶望から抜け出る.

헤어-드라이어 (hair drier) 图 ヘアドライヤー.

헤어-밴드 (hair+band^日) 图 ヘアバンド.

헤어스타일 (hairstyle) 图 ヘアスタイル; 髪型.

헤어-스프레이 (hair spray) 图 ヘアスプレー.

헤어-지다 /hexdida/ 固 ❶ 別れる; 離れる; 離れ離れになる; 散り散りになる. ∥애인과 헤어지다 恋人と別れる. 자식들과 헤어져서 살고 있다 子どもたちと離れ離れになって暮らしている. ❷ (皮膚が)荒れる; 張り裂ける. ∥피곤해서 입술이 헤어지다 疲れて唇が荒れる.

헤어-토닉 (hair tonic) 图 ヘアトニック.

헤어핀 (hairpin) 图 ヘアピン. ®머리핀.

헤엄 /heʌm/ 图 (하타) 泳ぎ; 水泳. ∥개헤엄 犬かき. 헤엄을 치다 泳ぐ. 강을 헤엄 쳐서 건너다 川を泳いで渡る.

헤지-펀드 (hedge fund) 图 (経) ヘッジファンド.

헤-집다 [-따] ほじくる; ほじくり返す; 掻き散らす.

헤치다 /het͡ɕʰida/ 他 ❶ 掘り返す. ∥땅을 파 헤치다 土を掘り返す. ❷ (解いて)広げる; はだける. ∥꾸러미를 풀어 헤치다 包みを解いて広げる. 알가슴을 풀어 헤치다 着物の前をはだける. ❸ かき分ける. ∥인파를 헤치고 나아가다 人込みをかき分けて進む. ❹ (困難などを)切り抜ける. ∥역경을 헤쳐 나가다 逆境を切り抜ける.

헤프다 刑 (으変) ❶ 減りやすい. ❷ (金遣いなどが)荒い; 無駄が多い. ❸ 言葉数が多い. ∥씀씀이가 헤프다 金遣いが荒い. ❸ 口が軽い; 口数が多い. ∥말이 헤프다 口数が多い.

헤헤-거리다 固 うれしそうにしきりに笑う.

헥타르 (hectare) 依存 土地の面積の単位: …ヘクタール(ha).

헥토파스칼 (hectopascal) 依存 圧力の単位: …ヘクトパスカル(hPa).

헬-기 (←helicopter機) 图 ヘリ.

헬가-장 (←helicopter機場) 图 ヘリポート.

헬렐레 圖 (하타) ぐでんぐでんに; でれでれ(と). ∥헬렐레 하게 취하다 ぐでんぐでんに酔う.

헬륨 (Helium^도) 图 (化学) ヘリウム.

헬리콥터 (helicopter) 图 ヘリコプター.

헬리포트 (heliport) 图 ヘリポート; ヘリポートターミナル.

헬멧 (helmet) 图 ヘルメット. ∥헬멧을 쓰다 ヘルメットをかぶる.

헬스-클럽 (health club) 图 スポーツセンター.

헴 圖 わざとめいた咳ばらいの声: おほん.

헷-갈리다 /het̚kallida/ 【엔깔-】 固 ❶ こんがらがる; 見分けがつかない; 分かりにくい; 紛らわしい. ∥둘이 너무 닮아서 헷갈린다 2人があまりにも似ていて見分けがつかない. 헷갈리기 쉬운 표현 紛らわしい表現. 뭐가 뭔지 헷갈려서 잘 모르

겠나. 何が何だかこんがらがってよく分からない. ❷ (構造などが) 入りくんでいる. ∥헷갈리는 도로 入りくんでいる道路.

헹 (한) 图 强く鼻をかむ音; ちいんと. ∥행하고 코를 풀다 ちいんと鼻をかむ.

헹-가래 图 胴上げ. ∥행가래를 치다 胴上げをする.

헹구다 /henguda/ 陋 ゆすぐ; すすぐ. ∥입 안을 헹구다 口をゆすぐ. 빨래를 헹구다 洗濯物をすすぐ.

혀 /hj/ 图 ❶ (動物의) 舌; べろ. ∥매운 고추를 먹었더니 혀가 얼얼하다 辛い唐辛子を食べたら, 舌がひりひりする. 혀 꼬부라진 소리를 하다 ろれつが回らない. ❷ (氣鳴楽器의) リード; 黄 [舌]. ▶ 혀가 짧다 舌足らずだ. ▶혀를 내두르다 舌を巻く. ▶혀를 차다 舌を鳴らす. ▶혀를 내두를 만한 훌륭한 연기 圧巻の演技. ▶혀를 내밀다 舌を出す. ▶혀를 차다 舌を鳴らす.

혀-끝 【-끝】 图 舌先; 舌端. ⑩설단 (舌端).

혀-뿌리 图 舌の根.

혀짤배기-소리 图 (한) 舌足らず. ∥혀짤배기소리를 해서 잘 못 알아듣겠다 舌足らずで話がよく分からない.

혁대 (革帶) 【-때】 图 (主に男性用の) ベルト.

혁명 (革命) /hjŋmjŋ/ 【-명】 图 (한) 革命. ∥산업 혁명 産業革命. 프랑스 혁명 フランス革命. 혁명이 일어나다 革命が起きる.

혁명-가[1] (革命家) 图 革命家.

혁명-가[2] (革命歌) 图 革命歌.

혁명-아 (革命兒) 图 革命児.

혁명-적 (革命的) 图 革命的.

혁-세공 (革細工) 【-쎄-】 图 革 [皮] 細工.

혁신 (革新) 【-씬】 图 (한) 革新. ⑪보수 (保守). ∥기술 혁신 技術革新.

혁신-적 (革新的) 图 革新的. ∥혁신적인 기술의 도입 革新的な技術の導入.

혁혁-하다 (赫赫-)【혀커카-】 圈 [하변] 輝かしい. ∥혁혁한 전공 輝かしい戦功. **혁혁-히** 圖

현[1] (玄) 图 (姓) 玄 (ヒョン).

현[2] (弦) 图 (数学) 弦.

현[3] (絃) 图 (弦楽器의) 弦. ∥현을 조율하다 弦を調律する.

현[4] (現) 冠形 現. ∥현 정부 現政府. 현 단계 現段階.

현격-하다 (懸隔-)【-겨카-】 圈 [하변] 格段だ; 懸隔する. ∥현격한 차이 格段の差. **현격-히** 圖

현관 (玄關) /hjŋgwan/ 图 玄関. ∥현관 쪽에 누가 있다 玄関の所に誰かがいる. 현관에서 기다리게 하다 玄関で待ってもらう.

현관-문 (玄關門) 图 玄関の戸; 玄関のドア.

현금[1] (現金) /hjŋŋgum/ 图 現金; キャッシュ. ⑩현찰 (現札). ∥현금 출납부 現金出納簿. 현금 거래 現金取引. 수표를 현금으로 바꾸다 小切手を現金に換える. 현금으로 지불하다 キャッシュで払う.

현금-주의 (現金主義) 【-/-이】 图 現金な考え方; 打算的な考え方.

현기-증 (眩氣症)【-쯩】 图 目まい. ∥현기증이 나다 [일다] 目まいがする. 현기증을 느끼다 目まいを覚える.

현대 (現代) /hjŋːdɛ/ 图 現代. ∥한국의 제 문제 現代韓国の諸問題. 현대의 과학기술 現代の科学技術. 현대의 젊은이들 現代の若者たち.

현대-문 (現代文) 图 現代文.

현대-식 (現代式) 图 現代式.

현대-인 (現代人) 图 現代人.

현대-적 (現代的)【-쩍】 图 現代的. ∥현대적인 생활양식 現代的な生活様式.

현대-판 (現代版) 图 現代版.

현대-화 (現代化) 图 現代化.

현란-하다 (絢爛-) 【-란-】 圈 [하변] 絢爛 (ﾗﾝ) だ; きらびやかだ. ∥해가 지면 네온 빛이 현란하다 日が暮れるとネオンの光がきらびやかだ. 현란한 의상 絢爛たる衣装. **현란-히** 圖

현명-하다 (賢明-) /hjŋnmjŋhada/ 圈 [하변] 賢明だ; 賢い. ∥현명한 판단 賢明な判断. 그 계획을 포기한 것은 현명했다 その計画を諦めたのは賢明だった. 현명하게 움직이다 賢く立ち回る. **현명-히** 圖

현모-양처 (賢母良妻) 图 良妻賢母.

현무 (玄武) 图 (民俗) 玄武 (ﾑ). ∥四方をつかさどる天の四神の 1 つで, 北に配する. ⑩청룡 (青龍) (東)・백호 (白虎) (西)・주작 (朱雀) (南).

현무-암 (玄武岩) 图 (鉱物) 玄武岩.

현물 (現物) 图 現物. ∥현물 급여 現物給与.

현물-거래 (現物去來) 图 (한) 現物取引; 現物売買.

현물-세 (現物稅) 图 現物税.

현물-환 (現物換) 图 現物為替.

현미 (玄米) 图 玄米.

현미-경 (顕微鏡) 图 顕微鏡.

현상[1] (現狀) /hjŋːnsaŋ/ 图 現状. ∥현상 유지 現状維持. 현상을 타파하다 現状を打破する.

현상[2] (現象) /hjŋːnsaŋ/ 图 現象. ∥자연 현상 自然現象. 사회 현상 社会現象. 팬 현상 フェーン現象.

현상-론 (現象論)【-논】 图 現象論.

현상[3] (現像) 图 (한) 現像. ∥필름을 현상하다 フィルムを現像する.

현상-액 (現像液) 图 現像液.

현상[4] (懸賞) 图 懸賞. ∥현상 소설에 응모하다 懸賞小説に応募する.

현상-금 (懸賞金) 图 懸賞金.

현세(現世) 〖명〗〖仏教〗現世. ⓔ전세(前世)·내세(來世).

현손(玄孫) 〖명〗玄孫; 孫의孫; やしゃご.

현수-막(懸垂幕) 〖명〗垂れ幕; 横断幕. ‖현수막을 내걸다 垂れ幕を揭げる.

현시(顯示) 〖명〗〖하た〗顯示. ‖자기 현시욕 自己顯示欲.

현실(現實) /hjəːnɕil/ 〖명〗現實. ⓔ이상(理想). ‖현실 도피 現實逃避. 이상과 현실과의 차이 理想と現實との差. 냉엄한 현실을 직시하다 嚴しい現實を直視する. 현실과 동떨어진 인식 現實離れした認識.

현실-성(現實性)【-썽】〖명〗現實性. ‖현실성이 결여된 논의 現實性に欠けた議論.

현실-적(現實的)【-쩍】〖명〗現實的. ⓔ비현실적(非現實的). ‖현실적인 선택 現實的な選擇.

현실-화(現實化) 〖되自〗現實化. ‖겁내고 있던 것이 현실화되다 恐れていたことが現實化する.

현악-기(絃樂器)【-끼】〖음악〗弦樂器.

현안(懸案) 〖명〗懸案. ‖현안이 산적해 있다 懸案が山積している.

현역(現役) 〖명〗❶예비역(豫備役). ❷현역 군인 現役軍人. ‖현역에서 물러나다 現役を退く.

현인(賢人) 〖명〗賢人.

현장(現場) /hjəːndʑaŋ/ 〖명〗現場. ‖공사 현장 工事現場. 살인 현장 殺人現場. 마침 현장에 있었다 たまたま現場に居合わせた. 현장으로 달려가다 現場に駈けつける.

현재[1](現在) /hjəːndʑɛ/ 〖명〗現在. ⓔ과거(過去)·미래(未來). ‖현재의 상황 現在の狀況. 지금 현재의 심정 今現在の心情. 아침 열 시의 현재 기온 午前10時現在の氣溫.
— 〖圖〗現在. ‖현재 살고 있는 동네 現在住んでいる町.

현재[2](顯在) 〖명〗〖하た〗顯在. ⓔ잠재(潛在).

현저-하다(顯著-)〖형〗〖하た〗顯著だ; 著しい. ‖현저한 효과 顯著な效果. 과학 기술의 현저한 진보 科學技術の著しい進步. 성적이 현저하게 向上되다 成績が著しく向上する. **현저-히** 〖圖〗

현존(現存) 〖명〗〖하た〗現存. ‖현존하는 인물 現存する人物.

현-주소(現住所) 〖명〗❶現住所. ❷〔比喩的〕現在の狀況. ‖한일 관계의 현주소 日韓關係の現狀.

현지(現地) 〖명〗現地. ‖현지 조사 現地調査.

현지법인(現地法人) 〖명〗現地法人.

현지-처(現地妻) 〖명〗現地妻.

현직(現職) 〖명〗現職. ‖현직 경찰관 現職の警察官.

현찰(現札) 〖명〗現金. ⓔ현금(現金). ‖현찰로 사다 現金で買う.

현충-일(顯忠日) 〖명〗殉國烈士の記念日. 6月6日.

현판(懸板) 〖명〗扁額(ひたく).

현품(現品) 〖명〗現品; 現物.

현하(現下) 〖명〗現下; 目下.

현학(衒學) 〖명〗衒學(がく).

현학-적(衒學的)【-쩍】〖명〗衒學的. ‖현학적인 태도 衒學的な態度.

현해탄(玄海灘)〖地名〗玄界灘.

현행(現行) 〖명〗〖하た〗現行. ‖버스의 현행 요금 バスの現行料金. 현행 선거법 現行の選擧法. 현행대로 하기로 했다 今回は現行通りにすることにした.

현행-범(現行犯) 〖명〗〖法律〗現行犯.

현행-법(現行法)【-뻡】〖명〗〖法律〗現行法.

현혹(眩惑) 〖명〗〖하た〗眩惑(がく); 惑わすこと. ‖과장 광고로 소비자를 현혹하다 誇大廣告で消費者を惑わす. 詩가 대중에게서 消費者を惑わす. **현혹-되다** 〖受自〗

현황(現況) 〖명〗現況. ‖현황 보고 現況報告.

혈거(穴居) 〖명〗〖하自〗穴居.

혈관(血管) 〖명〗〖解剖〗血管. ‖모세 혈관 毛細血管.

혈관-계(血管系)【-/-게】〖명〗〖解剖〗血管系.

혈구(血球) 〖명〗〖生理〗血球.

혈기(血氣) 〖명〗血氣. ‖혈기 왕성한 젊은이 血氣盛んな若者.

혈담(血痰)【-땀】〖명〗血痰.

혈당(血糖)【-땅】〖명〗血糖.

혈당-치(血糖值) 〖명〗血糖值.

혈맥(血脈) 〖명〗血脈.

혈맹(血盟) 〖명〗血盟.

혈색(血色)【-쌕】〖명〗血色; 顏色. ‖혈색이 좋다 血色がいい.

혈서(血書)【-써】〖명〗血書.

혈세(血稅)【-쎄】〖명〗血稅. ‖국민의 혈세 國民の血稅.

혈-소판(血小板)【-쏘-】〖명〗〖生理〗血小板.

혈안(血眼) 〖명〗血眼(まなこ). ‖혈안이 되어 찾고 있다 血眼になって探す. 돈 버는 데 혈안이 되다 金儲けに血眼になる.

혈압(血壓) /hjəːrap/ 〖명〗血壓. ‖혈압이 높다[낮다] 血壓が高い[低い]. 혈압을 재다 血壓を計る.

혈압-계(血壓計)【-꼐/-께】〖명〗血壓計.

혈액(血液) 〖명〗血液. ‖혈액 검사 血液檢查. 혈액 순환 血液循環.

혈액-원(血液院) 〖명〗血液銀行; 血液センター.

혈액-은행(血液銀行) 〖명〗=혈액원(血液院).

혈액-형(血液型)【혀랙켱】 圏 血液型.

혈연(血緣) 圏 血緣. ∥혈연관계 血緣關係.

혈우-병(血友病)【-뼝】圏 [医学] 血友病.

혈육(血肉) 圏 血肉; 血緣; 肉親. ∥혈육의 정 肉親の情.

혈장(血漿)【-짱】圏 [生理] 血漿.

혈전(血栓) 圏 [医学] 血栓.

혈족(血族)【-쪽】圏 血族; 血緣.

혈청(血淸) 圏 [生理] 血淸.

혈통(血統) 圏 血統; 血筋. ∥혈통이 끊어지다 血統が絶える.

혈투(血鬪) 圏 ハサ 血まみれの戦い.

혈혈-단신(孑孑單身) 圏 頼る人もいない孤独な身.

혈흔(血痕) 圏 血痕.

혐오(嫌惡) 圏 ハ他 嫌惡. ∥자기혐오 自己嫌惡.

혐오-감(嫌惡感) 圏 嫌惡感. ∥혐오감을 느끼다 嫌惡感をいだく.

혐의(嫌疑)【-/허비】 圏 嫌疑; 容疑. ∥살인 혐의를 받다 殺人の嫌疑をかけられる. 혐의가 풀리다 容疑が晴れる.

혐의-자(嫌疑者) 圏 嫌疑者; 容疑者.

협객(俠客)【-깩】圏 俠客.

협곡(峽谷)【-꼭】圏 峽谷.

협공(挾攻) 圏 ハ他 挾攻; 挾み打ちにして攻めること.

협동(協同) /hjəp'toŋ/【-똥】 圏 ハ自 協同; 共同. ∥산학 협동 産学協同. 협동 작업 共同作業.

협동-조합(協同組合) 圏 協同組合.

협동-체(協同體) 圏 共同体.

협력(協力)【혀력】 圏 ハ自 協力; 共同. ∥협력 단체 協力団体. 협력을 아끼지 않다 協力を惜しまない. 협력 체제를 구축하다 協力体制を整える. 그 사람과 협력해서 문제를 해결하다 彼と協力して問題を解決する. 그 사람은 언제나 협력적이다 彼はいつも協力的だ.

협만(峽灣)【협-】 圏 [地] 峽灣; フィヨルド.

협박(脅迫)【-빡】圏 ハ他 脅迫; 脅かすこと. ∥협박해서 돈을 갈취하다 脅迫して金を巻き上げる. **협박-당하다**(-當-) 受動

협박-장(脅迫狀)【-빡짱】 圏 脅迫狀.

협박-죄(脅迫罪)【-빡쬐/-빡쮀】 圏 [法律] 脅迫罪.

협상(協商)【-쌍】 圏 ハ他 協商. ∥삼국협상 三國協商.

협소-하다(狹小-)【-쏘-】 圏 ハ変 狹い; 手狹だ. ∥협소한 공간 狹い空間. 사무실이 협소해지다 事務室が手狹になる.

협심-증(狹心症)【-씸쯩】 圏 [医学] 狹心症.

협약(協約) 圏 ハ他 協約.

협업(協業) 圏 ハ他 協業. ㋐分業(分業).

협연(協演) 圏 ハ自 ❶ 共演. ❷ コラボレーション.

협의[1](協議)【-/허비】 圏 ハ他 協議. ∥그 일에 대해서는 현재 협의 중이다 その件については現在協議中である. 협의에 들어가다 協議に入る. 협의의 사항 協議事項. 사전 협의 事前協議.

협의-안(協議案) 圏 協議案.

협의-회(協議會)【-/허비훼】 圏 協議会.

협의[2](狹義)【-/허비】 圏 狹義. 反(廣義).

협잡-꾼(挾雜-)【-짭-】 圏 いかさま師; 詐欺師; ペテン師. ∥협잡꾼에게 사기를 당하다 詐欺師にだまされる.

협정(協定)【-쩡】 圏 ハ他 協定. ∥협정을 맺다 協定を結ぶ. 노사 간의 협정 勞使間の協定. 자유 무역 협정 自由貿易協定(FTA).

협조[1](協助) /hjəp'jo/【-쪼】 圏 ハ他 助け合い; 協力. ∥사업에 협조하다 事業に協力する. 협조를 아끼지 않다 協力を惜しまない.

협조[2](協調)【-쪼】 圏 ハ自 協調. ∥노사 협조 勞使協調.

협조-성(協調性) 圏 協調性.

협주(協奏)【-쭈】 圏 ハ他 協奏.

협주-곡(協奏曲) 圏 [音楽] 協奏曲. ∥피아노 협주곡 ピアノ協奏曲.

협죽-도(夾竹桃)【-쭉또】 圏 [植物] キョウチクトウ(夾竹桃).

협착(狹窄) 圏 ハ自 狹窄(キョウサク). ∥식도 협착 食道狹窄.

협찬(協贊) 圏 ハ他 協贊; 提供.

협회(協會)【-훼】 圏 協会. ∥출판 협회 出版協会.

혓-바늘(舌바늘)【혇빠-/혇빠-】 圏 舌苔(ゼッタイ). ∥혓바늘이 돋다 舌苔ができる.

혓-바닥(舌바닥)【혇빠-/혇빠-】 圏 舌の真んで中の部分; 舌.

혓-소리(舌-)【혇쏘-/혇쏘-】 圏 [言語] 舌音; 설음(舌音). ㋐ ㄴ・ㄷ・ㄹ・ㅌ・ㄸ など.

형[1](兄) /hjəŋ/ 圏 ❶ (弟から見て)兄. ∥큰형 長兄. 작은형 次兄. 친형 實兄. ❷ (主に大学の)先輩. ∥제대하고 복학한 같은 과 형 除隊して復学した同じ学科の先輩. ▶형만한 아우 없다 兄に勝る弟はいない; 兄にかなう弟はいない.

형[2](邢) 圏 (姓) 邢(ヒョン).

형[3](刑) 圏 〔형벌(刑罰)の略語〕 刑. ∥오 년 형에 처하다 5 年の刑に処す.

형[4](形) 圏 形(カタチ). ∥한국의 미는 형보다 선이다 韓国の美は形より線である.

-형[5](形) 接尾 …形. ∥진행형 進行

形. 삼각형 三角形.
-형⁶ 〔型〕 接尾 …형 (型). ‖혈액형 血液型. 비만형 肥滿型.
형광 (螢光) /형광/ 名 螢光. ‖형광 도료 螢光塗料. 형광 물질 螢光物質. 형광판 螢光板.
형광-등 (螢光燈) /hjŋŋgwaŋduŋ/ 名 螢光燈.
형구 (刑具) 名 刑具.
형국 (形局) 名 ❶ 狀況; 形勢; 情勢; 局面. 불리한 형국 不利な状況. ❷〈風水で〉家の敷地や墓地の形状・方向などの総称.
형극 (荊棘) 名 荊棘(けい).いばら.‖형극의 길 いばらの道; 苦難の道.
형기 (刑期) 名 刑期.‖형기를 마치다 刑期を終える.
형-님 (兄-) /hjŋŋnim/ 名 ❶〔형 (兄)の尊敬語〕兄貴. ❷ 弟の妻が兄の妻を呼ぶ〔指す〕語. ❸ 結婚した夫の姉を呼ぶ〔指す〕語.
형량 (刑量) 【-냥】 名 量刑.
형무소 (刑務所) 名 교도소 (矯導所)の旧用語.
형벌 (刑罰) 名 他 刑罰. 類 형 (刑). ‖형벌을 과하다 刑罰を科する.
형법 (刑法) 【-뻡】 名 《法律》刑法.
형법-학 (刑法學) 【-뻐콱】 名 《法律》刑法学.
형부 (兄夫) /hjŋŋbu/ 名〈妹から見て〉姉の夫; 義兄; 義理の兄. ‖형부가 두 명 있다 義理の兄が 2 人いる.
형사 (刑事) /hjŋŋsa/ 名 刑事. ‖베테랑 형사 ベテラン刑事. 민완 형사 敏腕刑事.
형사-범 (刑事犯) 名 《法律》 刑事犯.
형사-법 (刑事法) 【-뻡】 名 《法律》 刑事法.
형사˘사건 (刑事事件) 【-껀】 名 《法律》 刑事事件.
형사˘소송 (刑事訴訟) 名 《法律》 刑事訴訟.
형사˘책임 (刑事責任) 名 《法律》 刑事責任.
형상¹ (形狀) 名 形相. ‖끔찍한 형상 恐ろしい形相.
형상² (形象·形像) 名 形象.
형상-화 (形象化·形像化) 名 他 形象化.
형색 (形色) 名 ❶ 形状と色. ❷ 外見; 身なり; 顔色; 表情. ‖초라한 형색 みすぼらしい身なり.
형설 (螢雪) 名 螢雪(の).
형설지공 (螢雪之功) 【-찌-】 名 螢雪の功.
형성 (形成) /hjŋŋsŋŋ/ 名 他 形成; 形作ること. ‖인격 형성 人格の形成.
형성-되다 (形成-) 受動 性格は幼い時 形成된다 性格は幼いときに形作られる.
형성-기 (形成期) 名 形成期.
형세 (形勢) 名 形勢; 情勢. ‖불리한

형세 不利한 形勢. 형세가 역전되다 形勢が逆転する.
형수 (兄嫂) 名〈弟から見て〉兄嫁.
형식 (形式) /hjŋŋʃik/ 名 形式. ‖소나타 형식 ソナタ形式. 형식뿐이 질의응답으로 끝나다 形式だけの質疑応答に終わる. 형식에 얽매이다 形式にとらわれる.
형식-미 (形式美) 【-성-】 名 形式美.
형식-상 (形式上) 【-쌍】 名 形式上. ‖형식상의 절차 形式上の手続き.
형식-적 (形式的) 【-쩍】 名 形式的. ㉗ 실질적 (實質的). ‖형식적인 문제 形式的な問題.
형식-화 (形式化) 【-시콰】 名 他 形式化.
형언 (形言) 名 他 名状; 言い表すこと; 言い尽くすこと. ‖말로 형언할 수 없는 아픔 言葉では言い尽くせない痛み[苦しみ].
형용 (形容) 名 他 形容. ‖그 비참한 광경은 말로는 형용할 수가 없다 その悲惨な光景は言葉では形容しきれない.
형용-사 (形容詞) 名 《言語》 形容詞.
형이상-학 (形而上學) 名 形而上学.
형이하-학 (形而下學) 名 形而下学. ‖물질 세계를 논하는 학문을 형이하학이라고 한다 物質の世界を論じる学問を形而下学と言う.
형장 (刑場) 名 刑場. ‖형장으로 끌려가다 刑場に引かれる. 형장의 이슬로 사라지다 刑場の露と消える.
형적 (形迹·形跡) 名 形跡.
형제 (兄弟) /hjŋŋd͡ʑe/ 名 兄弟. ‖우애가 깊은 형제 友愛の情に満ちた兄弟. 배다른 형제 腹違いの兄弟. 형제 싸움 兄弟げんか. 의형제 義理の兄弟; 義兄弟.
형제-애 (兄弟愛) 名 兄弟愛. ㉗ 우애 (友愛).
형제-자매 (兄弟姉妹) 名 兄弟姉妹.
형질 (形質) 名 形質. ‖유전 형질 遺伝形質.
형체 (形體) 名 形体; 形; 姿; 跡形. ‖형체도 없이 사라지다 跡形もなく消え去る.
형태 (形態) /hjŋŋtʰe/ 名 形態. ‖혼인 형태 婚姻形態. 토지의 이용 형태 土地の利用形態. 형태적 분류 形態的分類. 형태상의 구분 形態上の区分.
형태-론 (形態論) 名 《言語》 形態論.
형태-소 (形態素) 名 《言語》 形態素.
형태-학 (形態學) 名 《言語》 形態学.
형통 (亨通) 名 自 思うようになること; 意のままになること. ‖만사형통이다 万事成功すると何でも思い通りになる.
형편 (形便) /hjŋŋpʰjʌn/ 名 ❶ 都合; 状況; 事情; 成り行き. ‖수요에 비해 공급이 부족한 형편이다 需要に比べ供

給不足な状況だ. 형편이 되는 대로 都合がつく次第. 형편에 맡기다 成り行きに任せる. ¶ 暮らし向き. ∥형편이 별로 안 좋다 暮らし向きがあまりよくない. 형편이 풀리다 暮らし向きがよくなる.

형편-없다 (形便-) [/-업ː따] 圈 (実力などが)水準以下だ; ひどい; (結果が)思わしくない; (内容が)つまらない. ∥일본어 실력이 형편없다 日本語の実力が水準以下だ. **형편없-이** 圖 ① 大変に; 相当. ∥자금이 형편없이 부족하다 資金が相当足りない. ② めちゃくちゃに; さんざんに. ∥시합에서 형편없이 깨지다 試合でさんざんにやられる.

형평 (衡平) 图 衡平(ᄒᆞᆼᄑᆡᆼ); 平衡.
형형-색색 (形形色色) 图 色とりどり. ∥형형색색의 네온사인 色とりどりのネオン.
형형-하다 (炯炯-) 圈 [하変] 炯炯(ᄒᆡᇰᄒᆡᇰ)としている. ∥형형한 눈빛 炯炯たる眼(ᄆ᷀ᄂᆞᄃᆞ).
혜성 (彗星) [/-에-] 图 (天文) 彗星(ᄉᆈᄊᆡ). ∥혜성처럼 나타나다 彗星のごとく現われる.
혜안 (慧眼) [/-에-] 图 慧眼(ᄏᆡᅝᅠᅡᄁᆡᆫ).
혜존 (惠存) [/-에-] 图 恵存.
혜택 (惠澤) /hjeːtʰɛk/ [/-에-] 图 恩恵; 恵沢; 特典. ∥문명의 혜택 文明の恩恵. 장학금 혜택을 받다 奨学金の恩恵をこうむる. 혜택을 주다(베풀다) 恩恵を施す. 회원에게는 할인 혜택이 있다 会員には割引の特典がある.

호¹ (戸) 图 戸; 戸籍上の家. ─ 依存 家·世帯の数を数える語: …戸. ∥십만 호 건설 계획 10万戸建設計画.
호² (弧) 图 (数学) 弧(ᄏᆞ).
호³ (扈) 图 (姓) 扈(ᄏᆞ).
호⁴ (胡) 图 (姓) 胡(ᄒᆞ).
호⁵ (湖) 图 湖. ∥바이칼 호 バイカル湖.
호⁶ (號) 图 号; 雅号. ∥이황의 호는 퇴계이다 李滉の雅号は退渓である.
─ 依存 …号. ❶ 雑誌など定期的に発行されるものの順序を数える語. ∥다음 호로 끝나다 次の号で終わる(完結する). ❷ 宇宙船·列車などの乗り物の名前に付ける語. ∥아폴로 십일 호 アポロ 11 号. 새마을호 セマウル号.
호-⁷ (好-) 接頭 好…. ∥호경기 好景気.
호가-하다 (呼價-) [-가-] 他 [하変] 値をつける; (呼び)値がつく. ∥백만 달러를 호가하는 그림 100 万ドルの呼び値がついた絵.
호각¹ (互角) 图 互角.
  호각지세 (互角之勢) [-찌-] 图 互角の勢い.
호각² (號角) 图 呼び子. ∥호각을 불다 呼び子を鳴らす.
호감 (好感) /hoːgam/ 图 好感. ∥약

감(惡感)·비호감(非好感). ∥호감이 가는 사람 好感の持てる人. 호감을 가지다 好感を持たれる. 호감을 갖다(품다) 好感をいだく.
호강 图 ᄒᆞᄃᆞ 豪奢に暮らすこと; ぜいたくに暮らすこと; 何一つ不自由なく暮らすこと. ∥호강하고 살다 ぜいたくに暮らしている.
호강-스럽다 [-따] 圈 [ㅂ変] ぜいたくだ. **호강스러운** 소리를 하고 있다 ぜいたくなことを言っている. **호강스레** 圖
호객 (呼客) 图 (店の人が)通りかかる人を店の中に呼び寄せること; 呼び込み.
호걸 (豪傑) 图 豪傑. ∥영웅호걸 英雄豪傑.
호격 (呼格) [-껵] 图 (言語) 呼格.
 ∥호격 조사 呼格助詞.
호-경기 (好景氣) 图 好景気. 颲불경기(不景氣).
호구¹ (戸口) 图 戸数と人口. ∥호구 조사 戸口調査.
호구² (糊口·餬口) 图 ᄒᆞᄃᆞ 糊口(ᄏᆞ); 生計.
  호구지책 (糊口之策) 图 糊口の策.
  호구-책 (糊口策) 图 =호구지책.
호국 (護國) 图 ᄒᆞᄃᆞ 護国. ∥호국 영령 護国の英霊.
호기¹ (好機) 图 好機. ∥호기를 놓치다 好機を逸する.
호기² (呼氣) 图 呼気. 颲날숨. 颲흡기(吸氣).
호기³ (豪氣) 图 豪気; 豪快な気性. ∥호기를 부리다 豪気にふるまう.
호기-롭다 (豪氣-) [-따] 圈 [ㅂ変] 豪気にあふれている; 豪快だ.
호기-심 (好奇心) /hoːgiʃim/ 图 好奇心. ∥호기심이 많은 아이 好奇心旺盛な子ども. 호기심이 강하다 好奇心が強い. 호기심을 자극하다 好奇心を…
호남 (湖南) 图 (地名) 〔全羅南道と全羅北道の併称〕湖南.
호남² (好男) 图 好男子; 好漢.
호도 (糊塗) 图 ᄒᆞᄃᆞ 糊塗(ᄏᆞ); 一時しのぎにごまかすこと. ∥진실を 호도하다 真実を糊塗する. **호도-되다** 受動
호-되다 [/-ᄃᆈ-] 圈 きつい; 厳しい; こっぴどい. ∥호된 훈련을 받다 厳しい訓練を受ける. 호되게 꾸짖다 こっぴどく叱る.
호두 (-胡桃) 图 (植物) クルミ(胡桃). ∥호두까기 인형 『胡桃割り人形』(チャイコフスキーのバレエ音楽).
호들갑 图 軽はずみにふるまうこと; 大げさなこと. 호들갑을 떨다 軽はずみにふるまう; 大げさにふるまう.
  호들갑-스럽다 [-쓰-따] 圈 [ㅂ変] 大げさだ; 軽はずみだ; そそっかしい. ∥호들갑스러운 여자 そそっかしい女.
호-떡 (胡-) 图 ホットック(中に黒砂糖

などを入れて鉄板で焼いた熱々の中国式パン.

호락-호락 [-라코-] 圖 〔하形〕 ❶ たやすく; やすやすと(と); おいそれと; むずむずと(と); 簡単に. ‖그 사람이 그 큰돈을 호락호락 내놓을 리가 없다 あの人があんな大金をおいそれと出すわけがない. 인생은 누구에게나 호락호락하지 않다 人生は誰にもたやすいものではない. ❷ (性格が)くみしやすい様子. ‖호락호락한 사람으로 보이지 않는다 くみしやすい人には見えない.

호랑-나비 (虎狼-) [昆虫] アゲハチョウ(揚羽蝶). ▶범나비.

호랑-이 (虎狼-) /ho:raŋi/ 图 ❶〔動物〕トラ(虎). ❷〔比喩的に〕非常に怖い人. ‖담임 선생님은 호랑이 선생님이다 担任の先生は非常に怖い人だ. ▶호랑이도 담배 먹을[피울] 적(이)다〔トラでタバコを吸っていた頃〕の意で;昔昔. ▶호랑이도 제 말 하면 온다〔諺〕うわさをすれば影がさす.

호령 (號令) 图 (하他) 号令. ‖호령을 붙이다 号令をかける.

호로로 圓 〔하他〕 呼び子などを鳴らす音; ぴいぴい(と). ‖호로로 하고 호각을 불다 呼び子を吹いて鳴らす.

호로록 圓 〔하他〕 ❶小鳥が羽ばたく音; ぱたぱた. ❷スープや粥(죽)などをすする音.

호로록-거리다 [-꺼-] 圖 する. ‖죽을 호로록거리며 먹다 粥をすする.

호롱 图 石油灯の油つぼ.

호롱-불 [-뿔] 图 灯火.

호루라기 图 呼び子; ホイッスル. ‖호루라기를 불다 呼び子を鳴らす.

호루루 圖 호로로の誤り.

호르르 圓 〔하他〕 ❶小鳥が羽ばたく音; ぱたぱた. ❷薄い紙などが燃える様子; めらめら.

호르몬 (Hormone ⁽ᴰ⁾) 图 〔生理〕ホルモン.

호른 (Horn ⁽ᴰ⁾) 图 〔音楽〕ホルン.

호리다 圖 ❶誘惑する; 惑わす. ‖눈웃음을 치면서 남자를 호리다 なめかしい目つきで男を誘惑する. ❷だます; たぶらかす. ‖노인을 돈으로 돋아 年寄りをたぶらかして金をたかる.

호리-병 (-胡蘆瓶) 图 ひょうたん; ひさご.

호리호리-하다 〔하変〕 (体つきが)すらりとしている; ほっそりとしている; すんなりしている. ‖호리호리한 체형 すらりとした体型.

호명 (呼名) 图 名前を呼ぶこと.

호모¹ (Homo ⁽ᴸ⁾) 图 ホモ.

호모⁻사피엔스 (Homo sapiens ⁽ᴸ⁾) 图 ホモサピエンス.

호모⁻에렉투스 (Homo erectus ⁽ᴸ⁾) 图 ホモエレクトゥス.

호모⁻에코노미쿠스 (Homo economicus ⁽ᴸ⁾) 图 ホモエコノミクス.

호모⁻파베르 (Homo faber ⁽ᴸ⁾) 图 ホモファベル.

호모² (homo) 图 ホモ.

호미 图 草取りなどに使われる柄の短い小型の鍬(さび).

호-밀 (胡-) 图〔植物〕ライ麦. ⑭라이보리. ‖호밀밭 ライ麦畑. 호밀밭의 파수꾼「ライ麦畑でつかまえて」(サリンジャーの小説).

호박¹ /ho:bak/ 图 ❶〔植物〕カボチャ(南瓜); ズッキーニ. ❷〔比喩的に〕ぶす. ‖호박이 넝쿨째로 굴러 떨어졌다《諺》棚からぼた餅.

호박-꽃 [-꼳] 图 カボチャの花.

호박-벌 [-뻘] 图〔昆虫〕クマバチ(熊蜂).

호박-죽 (-粥)【-쭉】图 カボチャの粥(かゆ).

호박² (琥珀) 图〔鉱物〕琥珀.

호박-색 (琥珀色) [-쌕] 图 琥珀色.

호반 (湖畔) 图 湖畔.

호방-하다 (豪放-) 圖〔하変〕豪放だ. ‖호방한 성격 豪放な性格.

호별 (戶別) 图 戶別. ‖호별 방문 戶別訪問.

호봉 (號俸) 图 号俸(職階によって区分した給与体系).

호사 (豪奢) 图 〔하自〕豪奢(ごうしゃ); 豪勢; ぜいたく. ‖호사를 누리다 ぜいたくに暮らす.

호사-스럽다 (豪奢-) 【-따】 〔ㅂ変〕호사스러운 기구 豪奢な家具.

호사-가 (好事家) 图 好事(こうず)家.

호사-다마 (好事多魔) 图 好事(こうず)魔多し.

호상 (好喪) 图 長生きして幸せに死んだ人の葬儀.

호색 (好色) 图 〔하自〕好色.

호색-가 (好色家) [-까] 图 好色家.

호색-꾼 (好色-) 图 好色家. ⑭색한.

호색-한 (好色漢) 【-새칸】图 好色漢.

호선 (互選) 图 〔하他〕互選.

호선-제 (互選制) 图 互選制.

호소-하다 (呼訴-) /hosohada/ 圖 ❶訴える; 呼びかける. ‖고통을 호소하다 苦痛を訴える. 눈물로 호소하다 涙ながらに訴える. 여론에 호소하다 世論に訴える. 이성에 호소하다 理性に訴える. 국민에게 호소하다 国民に呼びかける.

호송 (護送) 图 〔하他〕護送. ‖범인을 호송하다 犯人を護送する. **호송-되다** 受身.

호수¹ (戶數) [-쑤] 图 戶数.

호수² (湖水) 图 湖水. ‖백조의 호수「白鳥の湖」(チャイコフスキーのバレエ音楽).

호숫-가(湖水ー)【-수까/-숟까】图 湖畔.

호우³(號數)图【-쑤】号数. ∥발행 호수 発行号数.

호스(hose) 图 ホース. ∥고무 호스 ゴムホース.

호스텔(hostel) 图 =유스 호스텔.

호스트-바(host+bar⁺) 图 ホストクラブ.

호스티스(hostess) 图 ホステス.

호스피스(hospice) 图 ホスピス.

호시-탐탐(虎視眈眈) 图 虎視眈眈(탐)と. ∥호시탐탐 기회를 노리다 虎視眈々と機会をうかがう.

호신(護身) 图 護身.
호신-술(護身術) 图 護身術.
호신-용(護身用) 图【-뇽】護身用.
호신-책(護身策) 图 護身の策.

호실(號室) 依图 号室.

호언(豪言) 图 图他 豪語;大言. ∥호언장담하다 豪語壮言を吐く.

호연지기(浩然之氣) 图 浩然(연)の気.

호오(好惡) 图 好悪;好き嫌い.

호외(號外) 图【-/-웨】号外.

호우(豪雨) 图 豪雨. ∥집중 호우 集中豪雨.

호위(護衛) 图 图他 護衛.
호위-병(護衛兵) 图 護衛兵.

호응(呼應) 图 图自 呼応;反響;反応. ∥신제품에 대해 호응이 좋다 新製品に対する反応がいい.

호의(好意)/ho:i/图【-/-이】好意. 악의(惡意)·적의(敵意). ∥호의를 베풀다 好意を施す. 호의를 보이다 好意を示す.

호의-적(好意的) 图 好意的. ∥호의적인 반응 好意的な反応. 호의적으로 해석하다 好意的に解釈する.

호의-호식(好衣好食) 图【-/-이-】图自 いい服においしい食べ物;ぜいたくな暮らし. ∥부모 덕으로 호의호식하고 있다 親のお陰でぜいたくに暮らしている.

호인(好人) 图 好人;好人物;お人よし.

호재(好材) 图(經) 好材料. 악재(惡材).

호적(戶籍) 图/ho:dʒɔk/ 戶籍. ∥호적에 올리다[싣다] 戸籍に載せる[入れる]. 호적에서 빼다 戸籍から抜く.

호적-등본(戶籍謄本)【-등-】图 戸籍謄本.

호적-초본(戶籍抄本) 图 戸籍抄本.

호적수(好敵手) 图【-쑤】好敵手.

호전(好轉) 图 图自 好転;(調子·状態などが)上向くこと. ∥병세가 호전되다 病状が好転する. 경기가 호전되다 景気が上向く.

호전-적(好戰的) 图 好戦的. ∥호전적인 태도 好戦的な態度.

호젓-하다【-저타-】图【하变】ひっそりとしている;もの寂しい;深閑としている. ∥호젓한 호숫가 ひっそりとした湖畔.
호젓-이 图 ひっそり(と);寂しそうに.

호조(好調) 图 好調. ⑦저조(低調). ∥판매가 호조를 보이다 販売が好調を示す.

호-조건(好條件) 图【-껀】好条件. ⑦악조건(惡條件).

호족(豪族) 图 豪族.

호주¹(戶主) 图 戸主.
호주-권(戶主權) 图【-꿘】图【法律】戸主権.

호주²(濠洲) 图【國名】豪州;オーストラリア.

호-주머니(hodʒumɔni/图 ❶ポケット. ∥호주머니에 손을 넣고 걷다 ポケットに手を入れて歩く. ❷懐. ∥호주머니가 비다 懐がさびしい. 요즘 호주머니 사정이 좀 안 좋다 最近懐具合がよくない.

호출(呼出) 图 图他 呼び出し;呼び付けること. ∥전화로 호출하다 電話で呼び出す. 호출을 받고 달려가다 呼び出されて駆けつける.

호치키스(Hotchkiss) 图 ホチキス;ステープラー. ✦アメリカ人ホチキスが発明.

호칭(呼稱) 图 图他 呼称.

호쾌-하다(豪快-) 图【하变】豪快だ. ∥호쾌한 웃음소리 豪快な笑い声.

호크(hock⁺) 图 ホック.

호탕-하다(浩蕩-) 图【하变】豪宕だ;豪放だ. ∥호탕한 성격 豪放な性格.

호텔(hotel)/hot⁺el/图 ホテル. ∥관광호텔 観光ホテル. 어디 호텔에 묵고 계십니까? どこのホテルにお泊りですか. 그 호텔에서 이 박 했다 そのホテルで2泊した.

호통 图 图自 怒号;怒鳴ること;怒鳴りつけること. ∥선생님의 호통에 교실이 조용해지다 先生の怒号で教室が静かになる. ▶호통(을) 치다 怒鳴る;怒鳴りつける.

호평(好評) 图 图他 好評. ⑦악평(惡評). ∥호평을 받다 好評を博する.

호프(Hof⁺ᵈ) 图 ビヤホール;图 麦酒집(麥酒ー).
호프-집(hof-) 图【-찝】= 호프.

호피(虎皮) 图 虎の毛皮.

호호¹ 图 图自 (女の人が)軽く笑う時の声;ほほ. ∥호호 하고 웃다 ほほと笑う.

호-호² 图 图他 しきりに息を吹きかける様子;ふうふう.

호호-백발(皓皓白髮·皜皜白髮)【-빨】图 真っ白い髪の毛;白髮.

호화(豪華)/hohwa/图 图【하变】豪華;ゴージャス;きらびやかなこと. ∥호화 생활 ゴージャスな生活.

호화-롭다(豪華-)【-따】图【ㅂ变】豪華だ;豪勢だ;派手だ. ∥호화로운 실내 豪華な室内. 의상이 호화롭다 衣装

가 手가手다. 호화로운 것을 좋아하는 派手好みだ. **호화로이** 副

호화-찬란(豪華燦爛)【-찰-】〖하형〗豪華絢爛的; 派手な. ∥호화찬란한 결혼식 派手な結婚式.

호화-판(豪華版)〖명〗豪華版.

호환(互換)〖명〗〖하타〗互換.

호환-성(互換性)〖명〗互換性.

호황(好況)〖명〗好況. ↔불황(不況). ∥호황을 누리다[보이다] 好況を呈す.

호흡(呼吸)/hohup/〖명〗〖하타〗❶인공호흡 人工呼吸. ❷숨 呼吸. ∥호흡이 곤란 呼吸困難. ∥호흡이 맞다 呼吸が合う; 息が合う. ∥호흡을 가다듬다 呼吸を整える.

호흡-기(呼吸器)〖명〗呼吸器.

호흡-운동(呼吸運動)〖명〗呼吸運動.

혹/hok/〖명〗こぶ; たんこぶ. ∥낙타 등의 혹 ラクダの背のこぶ. ∥나무의 혹 木のこぶ. ∥머리에 혹이 났다[생겼다] 頭にたんこぶができた. ● 혹 떼러 가서 혹 붙이고 온다 ⟨속⟩ ミイラ取りがミイラになる.

혹²(或)副❶ 《혹시(或是)의 약칭》. ∥혹 못 가더라도 이해하여 주시기 바랍니다 もし行けなくても悪く思わないでね. ❷ 간혹(間或)의 약칭.

혹독-하다(酷毒-)【-또카-】형〖하변〗非常に厳しい; 手厳しい; 残酷だ; 容赦ない. ∥이 지방의 겨울은 혹독하다 この地方の冬は非常に厳しい. ∥혹독한 비평 手厳しい批評.

혹사(酷使)〖명〗〖하타〗酷使; こき使うこと. ∥몸을 혹사하다 体を酷使する. ★ **혹사-당하다** 受動

혹서(酷暑)〖-써〗〖명〗酷暑; 猛暑. 혹한(酷寒).

혹성(惑星)〖명〗〖天文〗惑星. ↔항성(恒星).

혹시(或是)/hokʃi/【-씨-】副❶もしかして; 万一. ❷혹(或). ∥혹시 한국분이세요? もしかして韓国の方ですか. ∥혹시 못 가게 되면 전화할게 万一行けなくなったら電話する.

혹시-나(或是-)副もしやと(と). ∥혹시나 하며 기대를 하다 もしやと期待する. ∥혹시나 비가 올까 봐 우산을 챙기다 もしや雨が降るかもと傘を準備する.

혹심-하다(酷甚-)【-씸-】형〖하변〗過酷だ.

혹은(或-)副 または; あるいは. ∥본인 혹은 보호자의 동의가 필요하다 本人あるいは保護者の同意が必要である.

혹자(或者)【-짜】〖명〗ある人.

혹평(酷評)〖명〗〖하타〗酷評. ∥혹평을 받다 酷評を浴びる.

혹-하다(惑-)【호카-】〖자〗〖하변〗惚れ込む; すっかり惚れる; 夢中になる. ∥광고에 혹한 사람들을 혹하게 했다 その広告は見る人を夢中にさせる. 그녀는 그 사람의 재산에 혹한 것 같다 彼女はその人の財産に惚れたみたいだ.

혹한(酷寒)【호칸】〖명〗酷寒. ↔혹서(酷暑).

혹형(酷刑)【호켱】〖명〗〖하타〗酷刑.

혹혹【호콕】副 口をすぼめて繰り返し息を吹きかける様子. ふうふう.

혼(魂)/hon/〖명〗魂; 精神; 気力. ∥혼이 빠지다[나가다] 魂が抜ける; 気力がなくなる. 민족혼 民族の魂.

혼곤-하다(昏困-)〖하변〗昏々(こんこん)としている; 意識がはっきりしない.

혼곤-히(昏困-)〖부〗昏困히 잠들다 昏々と眠る.

혼-구멍(魂-)〖명〗혼(魂)의 俗語. ∥혼구멍을 내다 懲らしめる.

혼기(婚期)〖명〗婚期. ∥혼기를 놓치다 婚期を逃す[逸する].

혼-나다(魂-)/honnada/〖자〗ひどい目にあう; お目玉を食う; たまげる; ひどく怒られる; 大変な思いをする. ∥친구와 싸우다가 선생님께 혼나다 友だちとけんかをしたため、先生にこっぴどく怒られる. 더위서 혼나다 暑くて大変な思いをする.

혼-내다(魂-)【-내다】〖하타〗こっぴどく叱る; 懲らしめる; とっちめる. ∥아이가 숙제를 안 해서 혼내다 子どもが宿題をしないのでこっぴどく叱る.

혼담(婚談)〖명〗縁談. ∥딸 혼담이 들어오다 娘の縁談がもちこまれる.

혼돈-하다(混沌-·渾沌-)〖형〗〖하변〗混沌(こん)としている.

혼동(混同)/ho:ndoŋ/〖명〗〖하타〗混同; 紛らわしいこと. ∥공사를 혼동하다 公私を混同する. 경찰관과 혼동하기 쉬운 복장 警察官と紛らわしい服装.

혼란(混亂)〖명〗〖하형〗混乱. ∥혼란을 초래하다 混乱を招く.

혼란-스럽다(混亂-)/ho:llan³surop'ta/【-롤--때】〖형〗〖하변〗〖혼란스러워, 혼란스러운〗混乱している; 混沌としている. ∥머릿속이 혼란스럽다 頭の中が混乱している. ★ **혼란스레** 副

혼령(魂靈)〖명〗霊魂.

혼례(婚禮)〖홀-〗〖명〗❶ 婚礼; 婚儀. ❷ 혼례식(婚禮式)의 약칭. ∥혼례를 올리다 結婚式を挙げる.

혼례-식(婚禮式)〖명〗結婚式. ⓗ혼례(婚禮).

혼미(昏迷)〖명〗〖하형〗昏迷; 朦朧(もうろう). ∥정신이 혼미하다 意識が朦朧としている. ∥혼미 상태 昏迷状態.

혼백(魂魄)〖명〗魂魄(こんぱく); 霊魂.

혼사(婚事)〖명〗婚姻に関わること.

혼색(混色)〖명〗〖하타〗混色.

혼선(混線)〖-썬〗〖명〗混線. 以下 ∥전화가 혼선되다 電話が混線する. 혼선이 빚어지고 있다 混線状態である.

혼설(混說)〖명〗混說.

혼성¹(混成)〖명〗
혼성-부대(混成部隊)〖명〗〖軍事〗混成部隊.

혼성-암(混成岩) 명 混成岩.
혼성-주(混成酒) 명 混成酒.
혼성-팀(混成team) 명 混成チーム.
혼성²(混聲) 명 混声.
  혼성^합창(混聲合唱) 명 混声合唱.
혼수(昏睡) 명 昏睡(ﾋﾞ).
  혼수-상태(昏睡狀態) 명 昏睡状態. ‖쓰러져서 혼수상태에 빠지다 倒れて昏睡状態に陥る.
혼숙(混宿) 명 하자 何人かの男女が同宿すること.
혼신(渾身) 명 渾身(ﾋﾞ). ‖혼신의 힘을 다해 싸우다 渾身の力をふりしぼって戦う.
혼연(渾然) 명하형 渾然(ﾋﾞ).
  혼연-일체(渾然一體) 명 渾然一体.
혼용(混用) 명 하타 混用.
혼인(婚姻) 명 하자 結婚; 結婚.
  혼인 신고(婚姻申告) 명 婚姻届. ‖혼인 신고를 하다 婚姻届を出す.
혼입(混入) 명 하자타 混入.
혼자/hon-dʒa/ 1 1人;1人ぼっち. ‖혼자 힘으로 1人の力で;自力で. 매사를 혼자서 결정하다 あらゆることを1人で決める.
  ─ 1人で. ‖혼자 살다 1人で暮らす;1人暮らしだ. 지금 집에 혼자 있다 今家に1人でいる.
혼자-되다/-/-뙈-/ 자 = 홀로되다.
혼작(混作) 명 하타 混作.
혼잡-하다(混雜-) /ho:ndʒapada/ 【-자파-】 형여 混雑している. ‖백화점 안은 많은 사람들로 혼잡했다 デパートの中は大勢の人で混雑していた. 혼잡한 시간대를 피하다 混雑する時間帯を避ける.
혼잣-말【-잔-】 명 하자 独り言. ‖술에 취해 혼잣말을 하다 酒に酔って独り言を言う.
혼재(混在) 명 하자 混在.
혼전¹(混戰) 명 하자 混戦.
혼전²(婚前) 명 婚前.
혼절(昏絶) 명 하자 昏絶;気絶.
혼쭐-나다(魂-) 【-라-】 자 とっちめられる;ひどい目にあう.
혼쭐-내다(魂-) 【-래-】 타 とっちめる;お目玉を食らわす.
혼처(婚處) 명 ふさわしい結婚相手. ‖혼처가 나타나다【생기다】 ふさわしい結婚相手が見つかる.
혼탁-하다(混濁-;渾濁-;溷濁-) 【-타카-】 형여 混濁している. ‖혼탁한 선거 풍토 混濁した選挙風土. 혼탁한 세상 混濁する世.
혼합(混合) /ho:nhap/ 명 하자타 混合. ‖몇 종류의 약품을 혼합하다 数種の薬品を混合する.
  혼합 경제(混合經濟) 명 混合経済.
  혼합 농업(混合農業) 【-함-】 명 混合農業.
  혼합-물(混合物) 【-함-】 명 混合物.
  혼합-액(混合液) 명 混合液.
  혼합-주(混合酒) 【-쭈】 명 = 혼성주(混成酒).
혼혈(混血) 명 하자 混血.
  혼혈-아(混血兒) 명 混血児;ハーフ.
홀¹(hall) 명 ホール. ‖콘서트 홀 コンサートホール.
홀²(hole) 명 (ゴルフで) ホール. ‖홀인 ホールインワン.
홀가분-하다/holgabunhada/ 형 【하변】 ❶(気持ちが)軽い;軽快だ;すっきりしている. ‖기분이 홀가분하다 気分が軽快だ. ❷ 身軽だ. ‖홀가분한 복장 身軽な服装. 홀가분한 독신 身軽な独り者.
홀대(忽待) 【-때】 명 하타 冷遇.
홀더 명 ホルダー.
홀딱/hol°t'ak/ 부 ❶ すっかり;全部;1つ残らず. ‖갑자기 내린 비로 옷이 홀딱 젖었다 急に降り出した雨で服がすっかり濡れた. 속옷까지 홀딱 벗다 肌着まで全部脱ぐ. 월급을 도박으로 홀딱 날리다 給料が全部酒代に飛ぶ. ❷ まんまと;みごとに;ぞっこん. ‖두 사람은 내 말에 홀딱 속아 넘어갔다 2人は私の話にまんまとだまされた. 그녀에게 홀딱 반하다 彼女にぞっこんだ. 남자에게 홀딱 반하여 그에게 홀딱 반해서 彼女にぞっこんだ.
홀랑/hollaŋ/ 부 ❶ すっかり. ‖집에 들어와 옷을 홀랑 벗어 버리다 家に帰るやいなや素っ裸になる. 홀랑 벗겨진 이마 すっかり禿げ上がった額. ❷ すっぽり. ‖상자 밑이 홀랑 빠져 버리다 箱の底がすっぽりと抜ける. 구멍으로 홀랑 들어가다 穴にすっぽりと入る. 이불을 홀랑 뒤집어쓰다 布団をすっぽりかぶる. ❸ くるり. ‖배가 홀랑 뒤집히다 船がくるりとひっくり返る. ❹ 홀렁.
홀로/hollo/ 부 独り;独りで. ‖홀로 사는 노인이 늘었다 独り暮らしの年寄りが増えた. 홀로 살아가다 独りで生きていく. 홀로 고민하다 独りで悩む.
홀로-되다 /-/-뙈-/ 자 ① (配偶者に) 先立たれる. ② (一緒にいた人たちがいなくなって) 1人になる.
홀리다 られる;惑わされる;魅惑される;つままれる. ‖여우한테 홀린 것 같다 キツネにつままれたようだ.
  ─ 惑わす;魅惑する. ‖분위기로 남자를 홀리다 雰囲気で男を惑わす.
홀-몸 명 独り身;独身. 애 독신(獨身).
홀-수(-數) /hol°su/ 【-쑤】 명 奇数. 반 짝수(奇數). 반 짝수(偶數).
홀-씨 명 【植物】 胞子. 해 포자(胞子).
홀-아버지 명 独り身の父親.
홀-아비 명 男やもめ. ‖홀아비는 이가서 말이고 홀어미는 은(銀)이 서 말이라 [俗] 男やもめにウジがわき, 女やもめに

홀-어머니 独り身の母親; 女やもめ; シングルマザー. ⓤ편모(偏母).
홀-어미 女やもめ.
홀연-히(忽然-) 副 忽然(忍)と. ‖홀연히 종적을 감추다 忽然と姿をくらます.
홀짝 副 ❶ 軽く飛び上がったり飛び越えたりする様子: ひょいと; ぴょんと. ‖도랑을 홀짝 뛰어 건너다 溝をぴょんと跳び越える. ❷液体をかるく飲み干す様子: ぐいっと; ごくっと. ‖양주를 홀짝 마시다 ウィスキーをぐいっと飲み干す. ⓛ홀짝.
홀짝-홀짝 副 ちびちびと; ちびりちびり.
홀짝-거리다【-거-】自他 ❶ しくしく(と)泣く. ‖애가 홀짝거리며 울고 있다 子どもがしくしくと泣いている. ❷(スープなどを)ちびりちびりと飲む. ‖국물 홀짝거리다 ラーメンのスープをちびりちびり飲む.
홀쭉 副 (하形) 急にやせる様子: げっそり. ‖얼굴 살이 홀쭉 빠지다 頬の肉がげっそりと落ちる.
홀쭉-이 やせっぽち.
홀쭉-하다【-쭈카-】形 ❶ ほっそり(と)している. ‖홀쭉한 몸매 ほっそりとした体つき. ❷ やつれている: げっそりする. ‖살이 빠져 얼굴이 홀쭉하게 되어 얼굴がげっそりしている. ❸ (物の形状が)細長い. ❹ (表面が)へこんでいる; ぺちゃんこになっている. ⓛ홀쭉하다. **홀쭉-히** 副.
홑치다 (衣服の裾などの折り返しがほどけないように)しっかり縛りつける; しっかりとくくる. ⓛ홑치다.
홈[^1] 溝.
홈[^2] (home) 홈 베이스の略称.
홈-경기 (home 競技) ホームゲーム. ⓤ어웨이 경기(-競技).
홈-그라운드 (↞home grounds) ホームグラウンド.
홈-끌 中に溝のある彫刻用の鑿(のみ).
홈-닥터 (home + doctor 日) ホームドクター.
홈-드라마 (home + drama 日) ホームドラマ.
홈-드레스 (home + dress 日) ホームドレス.
홈런 (home run) /ho:mrʌn/ (野球で)ホームラン; 本塁打. ‖홈런을 치다 ホームランを打つ. 홈런을 날리다 ホームランを放つ. 구 회 말에 홈런을 맞았다 9回裏, ホームランを打たれた. 솔로 홈런 ソロホームラン. 만루 홈런 満塁ホームラン.
홈룸 (homeroom) ホームルーム.
홈리스 (homeless) ホームレス; 노숙자(路宿者).
홈-뱅킹 (home banking) ホームバンキング.
홈-베이스 (home base) (野球で)ホームベース; ホームプレート. ⓤ 홈.
홈-쇼핑 (home shopping) ホームショッピング.
홈스테이 (homestay) ホームステイ.
홈-스틸 (home + steal 日) (野球で)ホームスチール.
홈-웨어 (home + wear 日) ホームウエア.
홈-인 (home + in 日) (하自) (野球で)ホームイン.
홈-질 名 ぐし縫い; 並縫い.
홈-터미널 (home + terminal 日) (IT) ホームターミナル.
홈-통(-桶) かけひ; かけ樋(とい).
홈-페이지 (home page) (IT) ホームページ. ⓤ 홈피.
홈-피 (↞home page) (IT) 홈페이지の略称.
홉[^1] (hop) ホップ.
홉[^2] (↞合) 依名 体積の単位: …合. 升の10分の1.
홍 (洪)(姓) 洪(ホン).
홍건-적 (紅巾賊) 名 [歷史] 紅巾軍.
홍곡지지 (鴻鵠之志) 【-찌-】 鴻鵠の志; 遠大な志.
홍당-무 (紅唐-) [植物] ニンジン(人參); [植物] アカダイコン(赤大根). ‖얼굴이 홍당무가 되다 顔が真っ赤になる; 赤面する.
홍두깨 綾巻き.
홍두깨-살 牛の臀部(尻の部分)の肉.
홍등-가 (紅燈街) 紅灯の巷; 色町; 遊郭.
홍보 (弘報) (하他) 広報. ‖홍보 활동 広報活動.
홍삼 (紅參) 朝鮮人参を蒸して乾燥したもの.
홍색 (紅色) 紅色.
홍수 (洪水) /hoŋsu/ 洪水; 大水. ‖집중 호우로 인한 홍수 集中豪雨による洪水. 홍수로 다리가 유실되다 洪水で橋が流される. 차량 홍수 車の洪水.
홍시 (紅柿) 熟柿.
홍실 (紅-) 赤い糸.
홍안 (紅顔) 紅顔. ‖홍안의 소년 紅顔の少年.
홍어 (洪魚) [魚介類] エイ(鱝).
홍역 (紅疫) [醫學] 麻疹(はしか). ‖홍역에 걸리다 麻疹にかかる. ▶홍역을 치르다 辛い目にあう. 때아닌 폭설로 홍역을 치르다 季節はずれの豪雪で大変な目にあう.
홍엽 (紅葉) 紅葉; もみじ.
홍옥 (紅玉) 名 ❶ [鑛物] ルビー. ❷ (リンゴの)紅玉.
홍익 (弘益) 広益.

홍익-인간 (弘益人間) 圀 널리 人間社會에 利益을 주는 것.
홍일-점 (紅一點) 〔-찜〕圀 紅一点.
홍적-세 (洪積世) 〔-쎄〕圀 【地】 洪積世; 更新世.
홍조[1] (紅潮) 圀 回自 紅潮. ‖얼굴 紅潮한 얼굴.
홍조[2] (紅藻) 圀 【植物】 紅藻; 紅藻植物.
홍조-류 (紅藻類) 圀 【植物】 紅藻類.
홍진 (紅塵) 圀 紅塵(쩐).
홍차 (紅茶) /hongʧʰa/ 圀 紅茶. ‖홍차를 타다 紅茶を入れる. 홍차에 설탕을 넣다 紅茶に砂糖を入れる.
홍합 (紅蛤) 圀 【魚介類】 ムール貝.
홑-눈 [혼-] 圀 【昆虫】 単眼. (옌단안(單眼).
홑-몸 [혼-] 圀 単身; 独り身.
홑-이불 [혼니-] 圀 一重の掛ぶとん.
홑-잎 [혼닙] 圀 【植物】 単葉. (옌단잎.
홑-청 圀 布団カバー.
홑-치마 [혼-] 圀 一重のチマ.
화[1] (火) /hwa:/ 圀 ❶ 怒り;憤り;立腹. ‖화를 참다 怒りをこらえる [鎮める]. 화가 치밀다 怒りが込み上げる. 화가 풀리다 怒りがおさまる. 화가 머리끝까지 나다 怒り心頭に発する. ❷ 화요일(火曜日)의 略語. ❸ (陰陽五行の) 火.
화[2] (禍) /hwa:/ 圀 災い. ‖화를 입다 災いをこうむる;災いがふりかかる. 화를 부르다 災いを招く.
-화[3] (化) [접미] …化. ‖근대화 近代化. 영화화 映画化.
-화[4] (画) [접미] …画(ﾜ). ‖동양화 東洋画.
화가 (畫家) 圀 画家.
화강암 (花崗岩) 圀 【地】 花崗岩.
화공[1] (化工) 圀 【化學 공업(化學工業)의 略語】 化学工業.
화공[2] (畫工) 圀 絵師;絵書き.
화관 (花冠) 圀 ❶【植物】 花冠. ❷ 꽃부리. ❷ 七宝で飾りをつけた礼装用の女性の冠.
화교 (華僑) 圀 華僑.
화구 (火口) 圀 火口.
화구-호 (火口湖) 圀 【地】 火口湖.
화구-상 (畫具商) 圀 画材商.
화근 (禍根) 圀 禍根(꼰);災いのもと. ‖화근을 없애다 禍根を断つ.
화급-하다 (火急-) 〔-그파-〕〔하변〕 火急だ. ‖화급한 일 火急の用事.
화기[1] (火氣) 圀 火の気;火の気. ‖화기 엄금 火気厳禁.
화기[2] (火器) 圀 火器.
화기[3] (和氣) 圀 和気;なごやかな気分.
화기-애애 (和氣靄靄) (하변) 和気あいあい. ‖화기애애한 분위기 和気あいあいとした雰囲気.
화끈 🔗 (하변) (体·顔などが)急に熱を帯びる様子;ふわっと;ぱっと. ‖그 말을 듣자 갑자기 얼굴이 화끈해졌다 それを言われたとたん顔がほてってきた. **화끈-화끈** (하변)

화끈-거리다 📧 (顔·体が)ほてる;(肌が)ひりひりする. ‖창피해서 얼굴이 화끈거리다 恥ずかしくて顔がほてる. 뜨거운 햇살에 피부가 화끈거리다 強い日差しに肌がひりひりする.
화-나다 (火-) /hwanada/ 回 腹が立つ;怒る. ‖하루종일 화난 얼굴을 하고 있다 一日中怒った顔をしている.
화-내다 (火-) /hwaneda/ 圖 腹を立てる;怒る. ‖걸핏하면 화내다 烈火のごとく怒る. 화를 잘 내는 사람이다 怒りっぽい.
화농 (化膿) 圀 回自 化膿. ‖다리의 상처가 화농하다 足の傷が化膿する.
화다닥 🔗 慌てて飛び出したり走り出したりする様子;ぱっと. ‖문을 열고 화다닥 달려나가다 ドアを開けてぱっと駆け出す.
화단[1] (花壇) 圀 花壇.
화단[2] (畫壇) 圀 画壇.
화대 (花代) 圀 花代;揚げ代;玉代.
화덕 (火-) 圀 かまど.
화두 (話頭) 圀 【仏教】 公案.
화-딱지 (火-) 【찌】〔화(火)の俗語〕しゃく;癪;怒り. ‖화딱지가 나다 しゃくに障る;頭にくる.
화랑[1] (畫廊) 圀 画廊.
화랑[2] (花郞) 圀 【歷史】 新羅時代(356~935)の貴族の子弟による青少年の修養団体.
화려-하다 (華麗-) /hwarjəhada/ 형 (하변) 華麗だ;華やかだ;派手だ. ‖입고 있는 옷이 좀 화려하다 着ている服が少し派手だ. 도시의 밤은 화려하다 都会の夜は華やかだ. 화려한 무대 華麗な舞台.

화력 (火力) /hwa:rjək/ 圀 火力.
화력 발전소 (火力發電所) [-쩐-] 圀 火力発電所.
화로 (火爐) 圀 火鉢.
화롯-가 (火爐~) [-로까/-롣까] 圀 炉端.
화롯-불 (火爐~) [-로뿔/-롣뿔] 圀 炉端の火.
화룡-점정 (畫龍點睛) 圀 画竜(ぎょう)点睛.
화류 (花柳) 圀 花柳.
화류-계 (花柳界) 〔-/-계〕 圀 花柳界.
화면 (畫面) 圀 画面. ‖기동 화면 起動画面. 대기 화면 待ち受け画面;壁紙.
화목-하다 (和睦-) /hwamokʰada/ 〔-모카-〕 형 (하변) 和やかだ;仲むつまじい. ‖화목한 가정 和やかな家庭.
화문-석 (花紋席) 圀 花ござ.

화물 (貨物) [名] 貨物.
화물-선 (貨物船) 【-썬】 [名] 貨物船.
화물^열차 (貨物列車) 【-렬-】 [名] 貨物列車.
화물-차 (貨物車) [名] 貨物車.
화백 (畫伯) [名] 画伯.
화법[1] (話法) 【-뻡】 [名] 話法.
화법[2] (畫法) 【-뻡】 [名] 画法.
화-병[1] (火病) 【-뼝】 [名] 〔울화병(鬱火病)の略語〕心気症による病気.
화병[2] (花瓶) [名] 花瓶. [類]꽃병(一瓶).
화보 (畫報) [名] 画報.
화복 (禍福) [名] 禍福. ‖길흉화복 吉凶禍福.
화분[1] (花盆) /hwabun/ [名] 植木鉢. ‖화분에 물을 주다 植木鉢に水をやる. 겨울에는 화분을 거실에 들여놓다 冬は植木鉢をリビングに運び入れる.
화분[2] (花粉) [名] 《植物》 花粉. [類]꽃가루.
화사첨족 (畫蛇添足) [名] 蛇足. [類]사족(蛇足).
화사-하다 (華奢−) [形] 『하変』 派手やかだ; 華やかだ. ‖화사한 옷차림 華やかな身なり.
화산 (火山) /hwa:san/ [名] 《地》 火山. ‖화산이 폭발하다 火山が爆発する. 화산 활동 火山活動. 해저 화산 海底火山.
화산-대 (火山帶) [名] 《地》 火山帯.
화산-호 (火山湖) [名] 《地》 火山湖.
화살 [名] 矢. ‖화살을 쏘다 矢を射る. ▸화살을 돌리다 攻撃・怒りなどの矛先を変える. 괜히 나한테 화살을 돌리다 理由もなく私に怒りを向ける.
화살-대 【-때】 [名] 矢柄.
화살-촉 (−鏃) [名] 矢尻.
화살-표 (−標) [名] 矢印. ‖화살표를 따라가다 矢印に従う.
화상[1] (火傷) [名] やけど. ‖화상을 입다 やけどを負う.
화상[2] (畫商) [名] 画商.
화상[3] (畫像) [名] 画像. ‖선명한 화상 鮮明な画像.
화색 (和色) [名] ❶温和な顔色. ❷血色がよくて表情が明るいこと. ‖얼굴에 화색이 돌다 顔に血の気がさす.
화생방-전 (化生放戰) [名] 《軍事》 化学・生物・放射能兵器を使う戦争.
화서 (花序) [名] 《植物》 花序.
화석 (化石) [名] 《地》 化石.
화석^연료 (化石燃料) 【-성널-】 [名] 化石燃料.
화석-화 (化石化) 【-서콰】 [名] [되自] 化石化.
화-선지 (畫宣紙) [名] 画仙紙; 宣紙.
화성[1] (火星) [名] 《天文》 火星.
화성[2] (化成) [名] [하他] 化成.
화성^비료 (化成肥料) [名] 化成肥料.
화성[3] (和聲) [名] 《音楽》 和声.
화성-암 (火成岩) [名] 《地》 火成岩.
화소 (畫素) [名] 画素.
화술 (話術) [名] 話術. [類]말솜씨. ‖화술이 뛰어난 사람 話術に長けた人.
화승-총 (火繩銃) [名] 火縄銃.
화신 (化身) [名] 化身(けしん).
화실 (畫室) [名] 画室; アトリエ.
화씨 (華氏) [名] 《物理》 華氏.
화씨-온도 (華氏溫度) [名] 《物理》 華氏温度.
화약 (火藥) [名] 火薬.
화약-고 (火藥庫) 【-꼬】 [名] 火薬庫.
화엄-경 (華嚴經) [名] 《仏教》 華厳(けごん)経.
화염 (火焰) [名] 火炎; 炎. [類]불꽃. ‖화염에 휩싸이다 炎に包まれる.
화염^방사기 (火焰放射器) [名] 火炎放射器.
화염-병 (火焰瓶) 【-뼝】 [名] 火炎瓶.
화-요일 (火曜日) /hwa:joil/ [名] 火曜日. [略]화(火). ‖매주 화요일 毎週火曜日. 다음 주 화요일 来週の火曜日. 화요일 아침에 그 사람한테서 전화가 걸려 왔다 火曜日の朝, 彼から電話がかかってきた.
화음 (和音) [名] 《音楽》 和音.
화의 (和議) 【-/-이】 [名] [하自] 和議.
화이트-보드 (white board) [名] ホワイトボード.
화이트칼라 (white-collar) [名] ホワイトカラー.
화자 (話者) [名] 話者; 話し手. [対]청자(聽者).
화장[1] (化粧) /hwaʤaŋ/ [名] [하自] 化粧. ‖화장을 진하게 하다 厚化粧をする. 오늘은 화장이 진하다 今日は化粧が濃い. 화장을 지우다 化粧を落とす.
화장-기 (化粧氣) 【-끼】 [名] 化粧っ気. ‖화장기 없는 얼굴 化粧っ気のない顔.
화장-대 (化粧臺) [名] 化粧台; 鏡台; ドレッサー. [類]경대(鏡臺).
화장-독 (化粧毒) 【-똑】 [名] 化粧焼け; 白粉焼け.
화장-실 (化粧室) [名] 化粧室; お手洗い; トイレ. ‖여자 화장실 女子トイレ.
화장-지 (化粧紙) [名] トイレットペーパー; ちり紙.
화장-품 (化粧品) [名] 化粧品.
화장[2] (火葬) [名] [하他] 火葬.
화장-터 (火葬−) [名] 火葬場.
화재 (火災) /hwaʤɛ/ [名] 火災. ‖화재가 발생하다 火災が発生する.
화재^경보기 (火災警報器) [名] 火災報知器.
화재^보험 (火災保險) [名] 火災保険.
화전 (火田) [名] 火田; 焼き畑.
화전-민 (火田民) [名] 火田民.
화제 (話題) /hwa:ʤe/ [名] 話題. ‖화제가 되다 話題になる. 화제에 오르다

話題に上る. 화제를 불러일으키다 話題をさらう[呼ぶ]. 화제를 바꾸다 話題を変える. 화제의 인물 話題の人物. 화제가 풍부한 사람 話題の豊富な人.

화젯-거리 (話題ㅅ-) 【-제꺼-/-젣꺼-】[名] 話題の種.

화조 (花鳥) [名] 花鳥.

화조-화 (花鳥畫) [名]《美術》花鳥画.

화중지병 (畫中之餠) [名] 絵に書いた餅; 画餅. [類]그림의 떡.

화집 (畫集) [名] 画集.

화창-하다 (和暢-) /hwatʃʰaŋhada/ [形]『하変』(天気などが)うららかだ; のどかだ; からりと晴れ上がる. ‖화창한 봄날 のどかな春の日. 화창하게 갠 날 からりと晴れ上がった日.

화채 (花菜) [名]《料理》薄く切った果物を五味子の汁に入れ, 松の実を浮かべた冷たい夏の飲み物.

화첩 (畫帖) [名] 画帖; スケッチブック.

화초 (花草) [名] 草花.

화촉 (華燭) [名] 華燭(かしょく). ‖화촉을 밝히다 華燭の典を挙げる; 結婚式を挙げる.

화촉지전 (華燭之典) 【-찌-】[名] 華燭の典; 結婚式.

화친 (和親) [名] [하自] 和親. ‖화친 조약 和親条約.

화택-승 (火宅僧) 【-씅】[名]《仏教》火宅僧; 妻帯僧.

화톳-불 【-토뿔/-톧뿔】[名] かがり火.

화통 (火-) [名] 堪忍袋. ‖화통이 터지다 堪忍袋の緒が切れる.

화투 (花鬪) /hwatʰu/ [名] 花札. ‖화투를 치다 花札をする.

화평 (和平) [名] [하形] 和平.

화폐 (貨幣) /hwa:pʰje/ 【-/-페】[名] 貨幣. ‖화폐 가치 貨幣価値. 화폐 제도 貨幣制度. 상품 화폐 商品貨幣.

화포 (火砲) [名] 火砲; 大砲.

화폭 (畫幅) [名] 画幅; 絵画; 絵. ‖설경을 화폭에 담다 雪景色を絵にする.

화-풀이 (火-) /hwa:pʰuri/ [名] [하自] 腹いせ; 当たり散らすこと; 八つ当たり. ‖가족에게 화풀이를 하다 家族に八つ当たりする; 家族に怒りを遷(うつ)す.

화풍 (畫風) [名] 画風.

화필 (畫筆) [名] 画筆; 絵筆.

화-하다 (化-) [自]『하変』化する.

화학 (化學) /hwa:hak/ [名] 化学. ‖유기 화학 有機化学. 화학 에너지 化学エネルギー.

화학^공업 (化學工業) 【-꽁-】[名] 化学工業.

화학^공학 (化學工學) 【-꽁-】[名] 化学工学.

화학^기호 (化學記號) 【-끼-】[名]《化学》化学記号. [類]원자 기호(原子記號).

화학^무기 (化學武器) 【-항-】[名] ＝화학 병기(化學兵器).

화학^반응 (化學反應) 【-빠능】[名]《化学》化学反応.

화학^방정식 (化學方程式) 【-빵-】[名] 化学方程式; 化学反応式.

화학^변화 (化學變化) 【-뻔-】[名]《化学》化学変化. [対]물리 변화(物理變化).

화학^병기 (化學兵器) 【-뼝-】[名] 化学兵器.

화학^분석 (化學分析) 【-뿐-】[名] 化学分析.

화학^비료 (化學肥料) 【-삐-】[名]《化学》化学肥料.

화학^섬유 (化學纖維) 【-써뮤】[名] 化学繊維.

화학-식 (化學式) 【-씩】[名] 化学式.

화학^요법 (化學療法) 【-항뇨뻡】[名] 化学療法.

화학-자 (化學者) 【-짜】[名] 化学者.

화학적 변화 (化學的變化) 【-쩍뼌-】[名] 化学変化.

화학^조미료 (化學調味料) 【-쪼-】[名] 化学調味料.

화합[1] (和合) [名] [하自] 和合; 打ち解けて仲良くすること. ‖노사 화합 労使和合.

화합[2] (化合) [名] [하自]《化学》化合.

화합-량 (化合量) 【-함냥】[名]《化学》化合量.

화합-물 (化合物) 【-함-】[名]《化学》化合物.

화해 (和解) [名] [하自] ❶和解. ❷《法律》和解. ‖화해가 성립되다 和解が成立する. 화해에 응하다 和解に応じる.

화형 (火刑) [名] 火刑.

화혼 (華婚) [名] 他人の結婚; ご結婚.

화환 (花環) [名] 花輪.

화훼 (花卉) [名] 花卉(かき); 草花.

확 /hwak/ [副] ❶風が急に強く吹く様子: ひゅうっと; ぴゅうと. ‖찬 바람이 확 불다 冷たい風がぴゅうっと吹く. ❷(車などが)すばやく通り過ぎる様子: さっと; びゅんと. ‖차가 확 지나가다 車がびゅんと通り過ぎる. ❸物事を勢いよく行なう様子: ぐいっと. ‖팔을 확 잡아당기다 腕をぐいっと引っ張る. 불이 확 번지다 火が一気に燃え広がる. ❹熱気を帯びてほてる様子: かっか. ‖얼굴이 확 달아오르다 顔がかっかとほてる. ❺(ある感情が)急にこみ上げる様子: どっと. ‖눈물이 확 쏟아지다 涙がどっとこみ上げる. ❻(わだかまりがなくなり)気持ちがよくなる様子: すっと. ‖속이 확 풀리다 胸がすっとする.

확-확 【화콱】[副] ①火が盛んに燃える様子: ぼうぼう. ‖불길이 확확 치솟다 炎がぼうぼうと立ちのぼる. ②熱気を帯びてほてる様子: かっか. ‖얼굴이 확확 달아오르다 顔がかっかとほてる. ③(わだかまりがなくなり)気持ちがよくなる様

ㅎ

子: すかっと; すっきり. ∥ストレスが확 풀리다 ストレスがすっきりとなくなる.

확고(確固)【-꼬】图 [하형] 確固. ∥확고한 신념 確固たる信念.

확고-부동(確固不動)图 [하형] 確固不抜. ∥확고부동한 신념 確固不抜の信念.

확답(確答)【-땁】图 [하자타] 確答. ∥확답을 피하다 確答を避ける. 협력하겠다고 확답하다 協力することを確答する.

확대(擴大) /hwakʔtɛ/【-때】图 [하자타] 拡大; 広げること. ↔축소(縮小). ∥규모를 확대하다 規模を拡大する. 소비 확대를 꾀하다 消費の拡大を図る. 사진을 확대하다 写真を拡大する. 세력을 확대하다 勢力を拡大する. 피해는 보다 더 확대될 전망이다 被害はもっと広がる見通しだ.

확대-가족(擴大家族)图 拡大家族.

확대-경(擴大鏡)图 拡大鏡. ルーペ.

확대 재생산(擴大再生産)图 拡大再生産. 例 단순 재생산(單純再生産)・축소 재생산(縮小再生産).

확대 해석(擴大解釋)图 拡大解釈. 例 축소 해석(縮小解釋).

확률(確率) /hwanʔnjul/【-뉼】图〈数学〉確率. ∥당선될 확률이 높다 当選する確率が高い. 그 복권이 당첨될 확률은 백만 일이다 その宝くじが当たる確率は100分の1だ.

확률-론(確率論)图〈数学〉確率論.

확립(確立)【-칩】图 [하자타] 確立. ∥외교 방침을 확립하다 外交方針を確立する. 주체성의 확립 主体性の確立. **확립-되다** [受動]

확보(確保)【-뽀】图 [하자타] ❶ 確保. 필요한 자재를 확보하다 必要な資材を確保する. 일주일간의 식량을 확보해 두다 1週間分の食糧を確保しておく. ❷(チケットなどを)押さえる. ∥돌아가는 차표는 확보해 놓았다 帰りの切符は押さえてある.

확산(擴散)【-싼】图 [자타] 拡散; 広がること. ∥방사능 물질이 대기 중으로 확산되다 放射能物質が大気中に拡散する.

확성-기(擴聲器)【-성-】图 拡声器.

확신(確信) /hwakʔʃin/【-씬】图 [하자타] 確信. ∥나는 그의 무죄를 확신했다 私は彼の無実を確信した. 확신을 가지고 설득하다 確信を持って説得する. 확신을 가지고 말하다 確信を持って言う. 확신을 얻다 確信を得る.

확신-범(確信犯)图〈法律〉確信犯.

확실-성(確實性)【-씰썽】图 確実性.

확실-시(確實視)【-씰씨】图 確実視.

확실-하다(確實-) /hwakʔʃilhada/【-씰-】形[하여] 確実だ; 確かだ; 明らかだ; 定か다; 하っきりする. ∥확실하게 대답하지 않다 はっきりと返事をしない. 당선이 확실하다 当選が確実だ. 확실한 증거 確かな証拠. 갈지 안 갈지 아직 확실하지 않다 行くかどうかまだ確実でない. **확실-히**[副] 안개로 확실히는 안 보인다 霧でははっきりとは見えない.

확약(確約)图 [하자타] 確約.

확언(確言)图 [하자타] 確言.

확연-하다(確然-)图 [하여] 確然としている. ∥확연하지 않은 대답 確然としない返事.

확인(確認) /hwagin/图 [하자타] 確認; 確かめること. ∥안전을 확인하다 安全を確認する. 예약 확인을 하다 予約の確認をする. 상대방 의사를 확인하다 相手の意見を確かめる. 확인 소송 確認訴訟.

확장(擴張) /hwakʔtɕaŋ/【-짱】图 [하자타] 拡張. ∥가게를 확장하다 店を拡張する. 도로를 확장하다 道路を拡張する. 군비 확장 軍備の拡張. **확장-되다** [受動]

확장-자(擴張子)图〈IT〉拡張子.

확정(確定)【-쩡】图 [하자타] 確定. ∥법률안을 확정하다 法案を確定する. **확정-적**(確定的)图 確定的. ∥당선은 확정적이다 当選は確定的だ.

확증(確證)【-쯩】图 確証. ∥확증이 없다 確証がない. 드디어 확증을 잡았다 ついに確証をつかんだ.

확충(擴充)图 [하자타] 拡充. ∥생산 라인을 확충하다 生産ラインを拡充する. **확충-되다** [受動]

환각(幻覺)图 幻覚. ∥환각 상태에 빠지다 幻覚状態に陥る.

환각-제(幻覺劑)【-쩨】图〈薬〉幻覚剤.

환갑(還甲) /hwa:ngap/图 還暦. 例 회갑(回甲). ∥환갑을 맞다 還暦を迎える. ▶환갑 진갑 다 지내다(「還暦も次の年もとっくに過ぎた」の意で)ずいぶん長生きしている.

환갑-날(還甲-)【-감날】图 還暦の日.

환갑 잔치(還甲-)【-짠-】图 還暦祝い.

환-거래(換去來)图〈経〉為替の取引.

환경(環境) /hwangjɔŋ/图 環境. ∥새로운 환경에 적응하다 新しい環境に適応する. 가정 환경 家庭環境. 환경 보호에 맞서다 環境保護に取り組む. 사람은 환경에 좌우되기 쉬운 존재다 人は環境に左右されやすいものだ.

환경-권(環境權)【-꿘】图〈法律〉環境権.

환경-부(環境部)图〈行政〉環境省.

환경-오염(環境汚染)图 環境汚染.

환경 호르몬(環境 hormone)图 環

환골-탈태(換骨奪胎) [하자] 換骨(な)奪胎(た).

환관(宦官) 图 [歴史] 宦官(な).

환금(換金) 图 [하타] 換金; 両替.
　환금 작물(換金作物) 【-장-】图 換金作物.

환급(還給) 图 [하타] 還付.
　환급-금(還給金) 【-끔】图 還付金.

환기¹(喚起) 图 [하타] 喚起. ‖주의를 환기하다 注意を喚起する.

환기²(換氣) 图 [하타] 換気. ‖환기 장치 換気装置.
　환기-창(換氣窓) 图 換気口; 通風口.

환담(歡談) 图 [하자] 歓談.

환대(歡待) 图 [하타] 歓待. ‖환대를 받다 歓待を受ける.

환등-기(幻燈機) 图 幻灯機; スライドプロジェクター.

환락-가(歡樂街) 【-까】图 歓楽街.

환란(患亂) 【환-】图 兵乱; 戦乱.

환멸(幻滅) 图 幻滅. ‖실태를 보고 환멸을 느끼다 実態を見て幻滅を覚える.

환물(換物) 图 [하타] 換物.

환부¹(患部) 图 患部. ‖환부를 도려내다 患部を切り取る.

환부²(還付) 图 [하타] 還付.
　환부-금(還付金) 图 還付金.

환불(還拂) 图 [하타] 払い戻し. ‖요금을 환불하다 料金を払い戻す. 환불을 요구하다 払い戻しを求める.

환-브로커(換 broker) 图 為替ブローカー.

환산(換算) 图 [하타] 換算. ‖달러를 원으로 환산하다 ドルをウォンに換算する.
　환산-표(換算表) 图 換算表.

환상¹(幻像) 图 幻像.

환상²(幻想) 图 幻想. ‖환상을 품다 幻想をいだく. 환상이 깨지다 幻想が壊れる.
　환상-곡(幻想曲) 图 [音楽] 幻想曲; ファンタジー.
　환상-적(幻想的) 图 幻想的な. ‖환상적인 이야기 幻想的な物語.

환생(還生) 图 [하자] 生き返ること; 生まれ変わること.

환성¹(喚聲) 图 喚声. ‖환성을 지르다 喚声を上げる.

환성²(歡聲) 图 歓声. ‖환성이 일다 [터지다] 歓声が上がる.

환속(還俗) 图 [仏教] 還俗(な).

환송(歡送) 图 [하타] 歓送.
　환송-회(歡送會) 【-/-훼】图 歓送会. ⑦환영회(歡迎會).

환수(還收) 图 [하타] 還収. ‖대부금을 환수하다 貸付金を還収する.

환승(換乘) 图 [하타] 乗り換え. ‖환승 할인 乗り継ぎ割引; 連絡割引.
　환승-역(換乘驛) 【-녁】图 乗換駅.

환-시세(換時勢) 图 [經] 為替相場.

환심(歡心) 图 歓心. ‖고객의 환심을 사다 顧客の歓心を得る.

환약(丸藥) 图 丸薬. ⓗ알약(一藥).

환-어음(換-) 图 [經] 為替手形.

환언(換言) 图 [하타] 換言; 言い換え.
　환언-표(換言標) 图 =줄표(-標).

환영¹(幻影) 图 幻影; まぼろし.

환영²(歡迎) /hwanjʌŋ/ 图 [하타] 歓迎. ‖진심으로 환영합니다 心から歓迎します. 따뜻한 환영을 받다 温かい歓迎を受ける.
　환영-회(歡迎會) 【-/-훼】图 歓迎会. ⑦환송회(歡送會).

환원(還元) 图 還元. ‖이익을 사회에 환원하다 利益を社会に還元する.
　환원-되다(還元-) [受身]
　환원-제(還元劑) 图 [化学] 還元剤.

환유-법(換喩法) 【-뻡】图 [言語] 換喩法.

환율(換率) 图 為替レート.

환자(患者) /hwanʤa/ 图 患者. ‖환자를 진찰하다 患者を診察する. 환자가 실려 오다 患者が運ばれてくる. 응급 환자 急患; 急病の患者. 입원 환자 入院患者.

환장-하다(換腸-) 國 [하잦] 気がおかしくなる. 頭にくる. ‖분해서 환장할 지경이다 悔しくて気がおかしくなりそうだ. 골프에 환장하다 ゴルフに夢中になる.

환전(換錢) 图 [하타] 両替.

환절(環節) 图 [動物] 環節; 体節.

환절-기(換節期) /hwanʤʌlgi/ 图 季節の変わり目. ‖환절기에는 감기 걸리기 쉽다 季節の変わり目には風邪を引きやすい.

환-증서(換證書) 图 [經] 為替証書.

환-차손(換差損) 图 [經] 為替差損.

환-차익(換差益) 图 [經] 為替差益.

환청(幻聽) 图 幻聴.

환초(環礁) 图 [地] 環礁.

환-평가(換評價) 【-까】图 [經] 為替評価.

환풍-기(換風機) 图 換気扇. ‖환풍기를 돌리다 換気扇を回す.

환-하다 /hwa:nhada/ 圈 [하잦] ❶明かりが明るい. ‖달빛이 환하다 月が明るい. ❷(表情が)明るい; 晴れやかだ. ‖아이들 표정이 환하다 子どもたちの表情が明るい. 환하게 웃다 晴れやかに笑う. ❸(前途が)明るい; 前途洋々だ. ‖앞날이 환하다 未来が明るい. ❹(物事に)明るい; 詳しい; 精通している. ‖한국 정세에 환하다 韓国情勢に精通している. ❺(中身が)透けてよく見える. ‖(意図などが)見え見えだ. **환-히** 圖 속が見え透いて見える. 魂胆が見え見えだ.

환호 (歡呼) 图 [하다] 歡呼.
　환호-성 (歡呼聲) 图 歓声; 喜びの声. ‖환호성을 올리다 歓声をあげる.
환희 (歡喜) 【-/-의】 图 [하다] 歓喜.
활 /hwal/ 图 ❶ 弓. ‖활을 쏘다 弓を射る. 활의 명수 弓の名手. ❷ <絃楽器の> 弓. ‖바이올린의 활 バイオリンの弓.
활강 (滑降) 图 [하다] ❶ 滑降. ❷ 활강 경주 (滑降競走)의 略記.
　활강 경주 (滑降競走) 图 滑降競走. 略 활강 (滑降).
활개 图 ❶ <鳥の> 翼. ❷ <人間の> 両腕; 大手.
활개-치다 图 大手を振る; のさばる; 横行する. ‖암五삼이 활개치다 ダフ屋がのさばる.
활공 (滑空) 图 [하다] 滑空.
　활공-기 (滑空機) 图 滑空機; グライダー.
활극 (活劇) 图 活劇; 乱鬪劇.
활기 (活氣) /hwa:lgi/ 图 活氣. ‖활기를 띠다 活氣を帯びる. 주식 시장이 다시 활기를 찾다 株式市場が再び活氣を取り戻す. 활기가 넘치다 活氣があふれる.
　활기-차다 (活氣-) 图 活氣が溢れる; 活氣있ある. ‖활기찬 하루 活氣のある1日.
활달-하다 (豁達-)【-딸-】 图 [하여] 闊達(カツタツ)だ.
활동 (活動) /hwal²toŋ/ 【-똥】 图 [하다] ❶ 活動. ‖밤에 활동하는 동물 夜活動する動物. 봉사 활동을 하다 ボランティア活動をする. 활동 방침 活動方針. 화산 활동 火山活動. 조합 활동 組合活動.
　활동-력 (活動力) 【-똥녁】 图 活動力.
　활동-적 (活動的)【-똥-】 图 活動的だ. ‖활동적인 복장 活動的な服装. 활동적인 사람 活動的な人.
활등 【-뜽】 图 弓の背.
활력 (活力) 图 活力. ‖활력을 찾다 活力を取り戻す. 활력을 불어넣다 活力を与える. 활력이 넘치는 사회를 건설하기 위해서 活力ある社会を築くために. 활력이 넘치는 사회 活力にあふれる社会.
　활력-소 (活力素)【-쏘】 图 活力の素.
활로 (活路) 图 活路. ‖해외 시장에서 활로를 찾다 海外市場で活路を見いだす. 신제품으로 활로를 개척하다 新製品で活路を開拓する.
활발-하다 (活潑-) /hwalbalhada/ 图 [하여] 活潑だ. ‖주식 시장의 움직임이 활발하다 株式市場の動きが活發だ. 활발하게 논의하다 活発に議論する. 활발한 아이 活発な子. 圖 활발히.
활보 (闊步) 图 [하다] 闊歩(カツポ)する. ‖거리를 활보하다 街を闊歩する.

활성 (活性) 【-썽】 图 活性.
　활성-탄 (活性炭) 图 活性炭.
　활성-조 (活性化) 图 [하다] 活性化.
활-시위 【-씨-】 图 弓の弦(つる). 图 矢位. ‖활시위를 당기다 弦を張る.
활약 (活躍) /hwa:ljak/ 图 [하다] 活躍. ‖눈부신 활약 目覚しい活躍. 기대 이상의 활약을 하다 期待以上の活躍をする. 정계에서 활약하다 政界で活躍する. 시합에서 대활약을 하다 試合で大活躍をする.
활어 (活魚) 图 活魚(カツギヨ); 生け簀.
활어-조 (活魚槽) 图 生け簀.
활엽-수 (闊葉樹) 【-쑤】 图 〔植物〕 闊葉(カツヨウ)樹. ⇔ 침엽수 (針葉樹).
활용 (活用) /hwarjoŋ/ 图 [하다] ❶ 活用. ‖기회를 最大限으로 활용하다 機会を最大限に活用する. 배운 지식을 활용하다 学んだ知識を活用する. ❷ 〔語〕 活用. ‖활용형 活用形. 활용 어미 活用語尾.
활자 (活字)【-짜】 图 活字.
　활자-판 (活字版) 图 活字版.
활주 (滑走) 【-쭈】 图 [하다] 滑走.
　활주-로 (滑走路) 图 滑走路.
활-집 【-찝】 图 弓袋.
활짝 /hwal²tɕak/ 圖 ❶ <ドアなどを>全開した様子: ぱっと. ‖문을 활짝 열다 ドアを全開にする. 창문을 활짝 열다 窓を開け放す. ❷ 花などが満開になった様子: ぱあっと. ‖벚꽃이 활짝 피다 桜が満開だ. ❸ すっきり晴れた様子. ‖날씨가 활짝 개다 <天気が>からっと晴れる. ❹ 満面に笑みを浮かべる様子: にっこりと. ‖활짝 웃다 にっこりと笑う.
활-터 图 弓場; 射場(ジョウ).
활판 (活版) 图 活版.
　활판-술 (活版術) 图 活版技術.
　활판 인쇄 (活版印刷) 图 活版印刷.
활-화산 (活火山) 图 〔地〕 活火山. ⇔ 사화산 (死火山).
활활 圖 ❶ 勢いよく火が燃え上がる様子: ぼうぼう; めらめら; かんかん. ‖불길이 활활 타오르다 火柱がぼうぼう(と)立ち上る. ❷ 勢いよく服を脱ぎ捨てる様子: さっさと. ‖집에 들어오자마자 옷을 활 벗어던지다 家に帰るやいなや服をさっさと脱ぎ捨てる. ❸ 勢いよくうちわなどをあおぐ様子: ぱたぱた.
활황 (活況) 图 活況. ‖주식 시장이 활황을 보이고 있다 株式市場が活況を呈している.
홧-김 (火-~) 【화낌/홧낌】 图 腹いせ; 腹立ちまぎれ. ‖홧김에 술을 마시다 腹いせに酒を飲む.
황[1] (黃) 图 ❶ 황색 (黃色)의 略語. ❷ 유황(硫黃)의 略語. ❸ 〔漢方〕 우황(牛黃)などが入っている薬剤.
황[2] (黃) 图 〔姓〕 黃(ファン).
황-갈색 (黃褐色)【-쌕】 图 黃褐色.

황공~무지

황공~무지(惶恐無地) 〔古い言い方で〕恐れ多くも身の置き所を知らないこと.

황공-하다(惶恐-) 图 [하変] 恐れ多い.

황금(黃金) 图 黃金.
　황금-률(黃金律) 【-뉼】图 《キリスト教》黃金律. +新約聖書のマタイ福音書にある山上の説教の一節「すべて人にせられよと思うことは人にもまたそのごとくせよ」のこと.
　황금-만능(黃金萬能) 图 黃金万能.
　황금-분할(黃金分割) 图 黃金分割.
　황금-비(黃金比) 图 黃金比.
　황금-색(黃金色) 图 黃金色.
　황금-시대(黃金時代) 图 黃金時代.

황급-하다(遑急-) 图 [하変] 慌てている. **황급-히** 圖 慌てて. ∥황급히 달려나가다 慌てて飛んでいく.

황당(黃疸) 图 《漢方》黃疸(おうだん).

황당-하다(荒唐-) 图 [하変] 荒唐; 荒唐無稽. とりとめのない. ∥황당한 소리를 하다 とりとめのないことを言う.

　황당무계-하다(荒唐無稽-) 【-/-게-】图 [하変] 荒唐無稽だ; でたらめだ. ∥황당무계한 이야기 荒唐無稽な話.

황도¹(黃桃) 图 黃桃.
황도²(黃道) 图 《天文》黃道(こうどう).
　황도-대(黃道帶) 图 《天文》黃道帶.

황돔(黃-) 图 《魚介類》レンコダイ(連子鯛); キダイ(黃鯛).

황동(黃銅) 图 黃銅.
　황동-광(黃銅鑛) 图 《鑛物》黃銅鑛.

황량-하다(荒涼-)【-냥-】图 [하変] 荒涼(こうりょう)としている. ∥황량한 벌판 荒涼とした野原.

황막-하다(荒漠-)【-마카-】图 [하変] 荒漠(こうばく)としている. ∥황막한 이국땅 荒漠たる異鄕の地.

황모(黃毛) 图 イタチの尾の毛.

황무-지(荒蕪地) 图 荒蕪地; 荒れ地.

황보(皇甫) 图 《姓》皇甫(ファンボ).

황사(黃沙/黃砂) 图 黃砂. ∥황사로 인한 피해 黃砂による被害.

황산(黃酸) 图 《化学》硫酸.

황-새(鳥類) 图 コウノトリ(鶴).

황성(荒城) 图 荒城.

황-소(黃-) /hwanso/ 图 ❶大きい牡牛. ❷〔比喩的に〕体の大きい人; 大食い. 愚か者.

　황소-걸음(黃-) 图 ①牛歩. ②〔比喩的に〕ゆっくりではあるが, ぬかりのない着実な行動.

　황소-자리(黃-) 图 《天文》牡牛座.

황소-개구리(黃-) 图 《動物》ウシガエル(牛蛙).

황송-하다(惶悚-) 图 [하変] 恐れ多い.

황실(皇室) 图 皇室.

황야(荒野) 图 荒野.

황어(黃魚) 图 《魚類》ウグイ(鯎).

황옥(黃玉) 图 《鑛物》黃玉(おうぎょく); トパーズ.

황-인종(黃人種) 图 黃色人種.

황-적색(黃赤色)【-쌕】图 黃赤色.

황제(皇帝) 图 皇帝.

황조(黃鳥) 图 《鳥類》黃鳥; コウライウグイス(高麗鶯). ⓑ꾀꼬리.

황족(皇族) 图 皇族.

황차(況且) 圖 まして(や); いわんや. ∥남들도 흥분하는데 황차 본인이야 어떠할까? 他人でさえ興奮するのだから, まして本人はどうなんだろう.

황천(黃泉) 图 黃泉(よ).
　황천-길(黃泉-)【-낄】图 黃泉路(ぢ). ⓑ저승길.

황철-광(黃鐵鑛) 图 《鑛物》黃鉄鉱.

황체(黃體) 图 《生理》黃体. ∥황체 호르몬 黃体ホルモン.

황-태자(皇太子) 图 皇太子. ⓑ태자(太子).

황태자-비(皇太子妃) 图 皇太子妃.

황-태후(皇太后) 图 皇太后.

황토(黃土) 图 黃土.
　황토-색(黃土色) 图 黃土色.
　황토-층(黃土層) 图 黃土層.

황통(皇統) 图 皇統.

황폐(荒廢)【-/-폐】图 [하変] 荒廃.
❶荒廃を表すか荒廃した精神. ❷黃廃地.

　황폐-화(荒廢化) 图 [하変] 荒廃化.

황해(黃海) 图 黃海. ⓑ저승길.

황해-남도(黃海南道) 图 《地名》黃海南道.

황해-도(黃海道) 图 《地名》〔黃海南道及黃海北道의 倂稱〕黃海道.

황해-북도(黃海北道) 【-또】图 《地名》黃海北道.

황혼(黃昏) 图 黃昏(こん); 夕暮れ. ∥황혼이 지다 夕方になる.

황혼-녘(黃昏-)【-녁】图 たそがれ時; 夕暮れ時; 夕方.

황혼~이혼(黃昏離婚) /hwanghonihon/ 图 熟年離婚.

황홀-경(恍惚境) 图 恍惚(こつ)の境地.

황홀-하다(恍惚-·慌惚-) 图 [하変] 恍惚としている; うっとりする. ∥황홀한 표정 うっとり(とした表情.

황후(皇后) 图 皇后.

홰¹(-) 图 ❶止まり木. ❷횃대의 略称.

홰²(-) 图 松明(まつ).

홰-치다(-) 图 夜明けに鶏が止まり木から羽ばたく.

홰홰 圖 ものをしきりに振り回す様子; のをしきりに振り動かす様子. ∥막대기를 홰홰 돌리다 棒を振り回す.

휙 /hwɯk/ 圖 ❶(風が)急に強く吹く様子: ひゅうっと; さっ. ∥찬 바람이 휙 불어오다 冷たい風がびゅうっと吹いてくる. ❷(車などが)素早く通り過ぎる様子: さっと; ぴゅんと. ∥차가 휙 지나다다

車がびゅんと通り過ぎる. ❸(物事を)素早く行なう様子: ぽんと; ぽいっと; ぱっと; ぐいっと. ‖가방을 홱 낚아채다 バッグをひったくる. 손을 홱 뿌리치다 ぱっと手を振り払う. 홱 잡아당기다 ぐいっと引っ張る. 공을 홱 던지다 ボールをぽんと投げる. ❹いきなり方向を変える様子: ぐるっと; ぐるりと. ‖고개를 홱 돌리다 首をぐるっと回す. **홱-홱** [副]

횃-대【홰때 /홷때】[名] (棒の両端を紐で結んで吊るした)衣紋かけ. [略]홰.

횃-불【홰뿔 /홷뿔】[名] 松明(たいまつ).

횅댕그렁-하다 [形]〖하変〗 がらんとしている. ‖횅댕그렁한 시골역 がらんとした田舎の駅.

횅-하다 [形]〖하変〗 ❶(道路などが)まっすぐに伸びている. ‖길이 횅하게 뚫려 있다 道路がすうっと伸びている. ❷がらんとしている. ‖가구가 없으니 방안이 횅하다 家具がないから部屋の中ががらんとしている.

회[1] (灰)【-/훼】[名] 석회(石灰)の略語.

회[2] (蛔)【-/훼】[名] 회충(蛔蟲)の略語. ▸회가 동하다 そそられる; 欲しがる; 欲が出る.

회[3] (膾) /hwe:/【-/훼】[名] 刺身. ‖회를 뜨다 刺身を作る; 刺身にする.

회[4] (回) /hwe/【-/훼】[依名] …回. ‖구 회 말에서 역전하다 9回裏で逆転する. 드라마 최종 회 ドラマの最終回.

회-갈색 (灰褐色)【-쌕 /훼-쌕】[名] 灰褐色.

회갑 (回甲)【-/훼-】[名] 還暦. [類]환갑(還甲).

회갑-연 (回甲宴) [名] 還暦祝い.

회개 (悔改)【-/훼-】[名] [하他]《キリスト教》悔い改めること.

회견 (會見)【-/훼-】[名] [하自] 会見. ‖기자 회견 記者会見.

회계 (會計) /hwe:ge/【-/훼게】[名] [하他] 会計. ‖일반 회계 一般会計. 특별 회계 特別会計.

회계^감사 (會計監査) [名] 会計監査.

회계-사 (會計士) [名] 会計士. ‖공인 회계사 公認会計士.

회계^연도 (會計年度) [名] 会計年度.

회계-학 (會計學) [名] 会計学.

회고[1] (懷古)【-/훼-】[名] [하自] 懐古.

회고-담 (懷古談) [名] 懐古談.

회고[2] (回顧)【-/훼-】[名] [하他] 回顧. ‖지난날을 회고하다 往時を回顧する.

회고-록 (回顧錄) [名] 回顧録.

회관 (會館)【-/훼-】[名] 会館. ‖시민 회관 市民会館.

회교 (回教)【-/훼-】[名]《宗教》回教; イスラム教.

회교-국 (回教國) [名] 回教国.

회교-도 (回教徒) [名] 回教徒.

회귀 (回歸)【-/훼-】[名] [하自] 回帰.

회귀-년 (回歸年) [名]《天文》回帰年.

회귀-선 (回歸線) [名]《天文》回帰線.

회기 (會期)【-/훼-】[名] 会期.

회담 (會談)【-/훼-】[名] [하他] 会談. ‖정상 회담 首脳会談; サミット. 한일 회담 日韓会談.

회답 (回答)【-/훼-】[名] [하他] 回答; 返事. [略]답(答). ‖회답 주시기 바랍니다 お返事をお願いします.

회동 (會同)【-/훼-】[名] [하自] 会同; 会合.

회람 (回覽)【-/훼-】[名] [하他] 回覧.

회람-판 (回覽板) [名] 回覧板. ‖회람판을 돌리다 回覧板を回す.

회랑 (回廊)【-/훼-】[名] 回廊.

회로 (回路)【-/훼-】[名] 回路. ‖신경 회로 神経回路. 사고 회로 思考回路.

회-백색 (灰白色)【-쌕 /훼-쌕】[名] 灰白色.

회보 (會報)【-/훼-】[名] 会報.

회복 (回復·恢復) /hwebok/【-/훼-】[名] [하他] 回復; 取り戻すこと. ‖명예를 회복하다 名誉を回復する. 건강을 회복하다 健康を取り戻す. 의식을 회복하다 意識を取り戻す. 피로회복 疲労回復.

회복-기 (回復期)【-끼 /훼-끼】[名] 回復期.

회복-세 (回復勢)【-쎄 /훼-쎄】[名] 回復の兆し. ‖주가가 회복세를 보이다 株価が回復の兆しを見せる.

회부 (回附)【-/훼-】[名] [하他] 回付.

회비 (會費)【-/훼-】[名] 会費. ‖회비를 내다 会費を払う.

회사 (會社) /hwe:sa/【-/훼-】[名] 会社. ‖주식회사 株式会社. 회사에 다니다 会社に通う. 회사를 옮기다 会社を移る; 転職する. 회사를 그만두다 会社を辞める.

회사-원 (會社員) [名] 会社員.

회사-채 (會社債) [名] 社債. [略]사채(社債).

회상 (回想)【-/훼-】[名] [하他] 回想. ‖과거를 회상하다 過去を回想する.

회상-록 (回想錄)【-녹 /훼-녹】[名] 回想録.

회색 (灰色)【-/훼-】[名] 灰色; グレー. ‖회색 하늘 灰色の空.

회생 (回生)【-/훼-】[名] [하自] 回生. ‖기사회생 起死回生.

회선 (回線)【-/훼-】[名] 回線. ‖전화 회선 電話回線.

회송 (回送)【-/훼-】[名] [하他] 回送.

회수 (回收)【-/훼-】[名] [하他] 回収. ‖자금을 회수하다 資金を回収する. 앙케이트를 회수하다 アンケートを回収する. 폐품 회수 廃品回収. **회수-되다** [受身]

회수-권 (回數券)【-꿘 /훼-꿘】[名] 回数券.

회식 (會食)【-/훼-】[名] [하自] 会食.

회신(回信)【-/쒜-】图 한他 回信; 返信.

회심(會心)【-/쒜-】图 会心. ∥회심의 미소를 띠다 会心の笑みを浮かべる.
회심-작(會心作) 图 会心の作.

회양-목(一楊木)【-/쒜-】图《植物》ツゲ(黄楊).

회오(悔悟)【-/쒜-】图 한他 悔悟. ∥회오의 눈물을 흘리다 悔悟の涙を流す.

회오리-바람【-/쒜-】图 旋風; つむじ風. ∥회오리바람이 일다 つむじ風が巻き起こる.

회원(會員)/hwe:wɔn/【-/쒜-】图 会員. ∥명예 회원 名譽會員. 신입 회원 新入會員. 회원 모집 会員募集.
회원-권(會員券)【-/쒜-뀐】图 会員券.
회원-제(會員制) 图 会員制.
회원-증(會員證)【-/쒜-】图 会員証.

회유¹(回游·洄游)【-/쒜-】图 한自 回遊.
회유-어(回游魚) 图《魚介類》回遊魚.

회유²(回遊)【-/쒜-】图 回遊.
회유³(懷柔)【-/쒜-】图 한他 懷柔(ゅぅ).
회유-책(懷柔策) 图 懷柔策.

회음(會陰)【-/쒜-】图《解剖》会陰(いん).

회의¹(會議)/hwe:i/【-/쒜이】图 한他 会議. ∥가족회의 家族会議. 대책 회의 対策会議. 국제 회의가 열리다 国際会議が開かれる.
회의-록(會議錄) 图 会議録; 議事録.
회의-실(會議室) 图 会議室.
회의-안(會議案) 图 会議案.

회의²(懷疑)【-/쒜이】图 한他 懷疑.
회의-론(懷疑論) 图 懷疑論.
회의-적(懷疑的) 图 懷疑的. ∥회의적인 태도 懷疑的な態度.

회자(膾炙)【-/쒜-】图 지 自 膾炙(しゃ). ∥인구에 회자되다 人口に膾炙する.
회자-정리(會者定離)【-니/쒜-니】 会者定離(じょうり).

회장¹(會長)/hwe:dʒaŋ/【-/쒜-】图 会長. ∥그룹 회장 グループの会長. 후임 회장 後任会長.

회장²(會場)【-/쒜-】图 会場. ∥강연 회장 講演会場.

회전(回轉·廻轉)/hwedʒɔn/【-/쒜-】图 한自他 回轉. ∥머리 회전이 빠르다 頭の回転が速い. 회전 초밥 回転寿司.
회전-목마(回轉木馬)【-몽/쒜-몽-】图 回転木馬; メリーゴーラウンド.
회전-문(回轉門) 图 回転ドア.
회전-속도(回轉速度)【-또/쒜-또】图 回転速度.
회전-속도계(回轉速度計)【-또-/쒜-또계】图 回転速度計.
회전-식(回轉式) 图 回転式.
회전-운동(回轉運動) 图 回転運動.
회전-율(回轉率)【-뉼/쒜-뉼】图 回転率.
회전-의자(回轉椅子)【-/쒜저나-】图 回転椅子.
회전-축(回轉軸) 图《物理》回転軸.
회중(懷中)【-/쒜-】图 懷中; ふところ.
회중-시계(懷中時計)【-/쒜-】图 懷中時計.
회중-전등(懷中電燈) 图 懷中電灯.
회지(會誌)【-/쒜-】图 会誌.
회진(回診)【-/쒜-】图 한自 回診.
회-청색(灰靑色)【-/쒜-】图 青みをおびた灰色.
회초리【-/쒜-】图《枝で作った》鞭.
회춘(回春)【-/쒜-】图 回春.
회충(蛔蟲)【-/쒜-】图 回虫; 蛔虫(かいちゅう).
회충-약(蛔蟲藥)【-냑/쒜-냑】图 虫下し; 駆虫剤.
회-치다(膾-)【-/쒜-】图 刺身にする.
회칙(會則)【-/쒜-】图 会則.
회포(懷抱)【-/쒜-】图 懷抱(ほう); 常に胸にいだく思い.
회피(回避)【-/쒜-】图 한他 回避. ∥책임을 회피하다 責任を回避する.
회한(悔恨)【-/쒜-】图 한他 悔恨. ∥회한의 눈물을 흘리다 悔恨の涙を流す.
회합(會合)【-/쒜-】图 한自 会合.
회항(回航)【-/쒜-】图 回航.
회화¹(會話)【-/쒜-】图 한他 会話. ∥영어 회화 英会話. 일상 회화 日常会話.
회화-체(會話體) 图 会話体.
회화²(繪畫)【-/쒜-】图 絵画.
회-흑색(灰黑色)【-쌕/쒜-쌕】图 灰黑色.

획¹(畫)【-/쒜-】图 画(かく).
—依名 …画.

획²/hwek/图 ❶風が急に強く吹く様子: ひゅっと; ぴゅっと. ∥찬 바람이 획 불어왔다 冷たい風がぴゅっと吹いてきた. ❷《車などが素早く通り過ぎる様子: さっと. ∥차가 획 지나가다 車がさっと通り過ぎる. ❸《ものを素早く投げる様子: ぽんと; ぽいっと. ∥쓰레기를 획 버리다 ごみをぽいっと捨てる. 공을 획 던지다 ボールをぽんと投げる. ❹大きな方向を変える様子: ぐるっと; ぐるりと. ∥고개를 획 돌리다 首をぐるっと回す. ❺《仕事などを素早く片付ける様子: さっさと. ∥숙제를 획 해치우고는 놀러 나가다 宿題をさっさと片付けて遊びに出かける. 劃 획.

획-획【훽훽】图 ぐるぐると; ひゅうひゅう

と; 사뜻; 쀵뷰릉. ‖획획 지나가는 자동차 쀵쀵(한) 通過 지는 車. 머리가 돌아 돌아가다 頭の回転이 빠르다. 너무 빨라서 눈이 획획 돌 정도다. 速すぎて目がぐるぐる回りそうだ.

획기-적 (劃期的) 【-끼-/-쩍끼-】 图 画期的. ‖획기적인 발명 画期的な発明.

획득 (獲得) /hwek⁽ʔ⁾tuk/ 图 ― 하다 獲得. ‖권리를 획득하다 権利を獲得する. 시민권을 획득하다 市民権を獲得する. 외화 획득 外貨獲得.

획득-물 (獲得物) 【-等-/-획等-】 图 獲得物.

획수 (畫數) 【-쑤/-획쑤】 图 画数.

획순 (畫順) 【-쑨/-획쑨】 图 筆順; 書き順.

획일-적 (劃一的) 【-―적/―쩍】 图 画一的. ‖창의성을 무시한 획일적인 교육 創意性を無視した画一的な教育.

획정 (劃定) 【-쩡/획쩡】 图 ― 하다 画定.

획지 (劃地) 【-찌/획찌】 图 画地.

획책 (劃策) 【-책/획책】 图 ― 하다 画策.

횟-가루 (灰―) 【회까―/휏까―】 图 石灰.

횟-감 (膾―) 【회깜/휃깜】 图 刺身の材料.

횟수 (回ㅅ數) 【회쑤/휃쑤】 图 回数. ‖방문 횟수가 늘다 訪問回数が増える.

횡¹ (橫) 【-/휭-】 图 橫. ⑳종 (縱). ▷종횡 縱橫.

횡² 【-/휭-】 ❶ 風이 급히 강하게 부는 모양: 휭:. ❷ 작은 것이 바람을 가르고 빠르게 움직이는 모양: 휭:.

횡격-막 (橫膈膜) 【-―격/횡격―】 图 (解) 橫隔膜.

횡단 (橫斷) /hwendan/ 【-/횡-】 图 ― 하다 橫断. ⑳종단 (縱斷). ‖태평양을 횡단하다 太平洋を橫断する. 대륙 횡단 철도 大陸橫断鉄道.

횡단-면 (橫斷面) 图 橫断面. ⑳종단면 (縱斷面).

횡단-보도 (橫斷步道) 图 橫断歩道; ゼブラゾーン. ‖횡단보도를 건너다 橫断歩道を渡る.

횡대 (橫隊) 【-/횡-】 图 橫隊. ⑳종대 (縱隊). ‖이열 횡대 二列橫隊.

횡렬 (橫列) 【-녈/휭녈】 图 ― 하다 橫列. ⑳종렬 (縱列).

횡령 (橫領) 【-녕/휭녕】 图 ― 하다 橫領. ‖공금을 횡령하다 公金を橫領する.

횡사 (橫死) 【-/휭-】 图 ― 하自 橫死. ‖객지에서 횡사하다 客地で橫死をとげる.

횡서 (橫書) 【-/휭-】 图 橫書き. ⑳가로쓰기. ⑳종서 (縱書).

횡설수설 (橫說竪說) /hwensəlsusəl/ 【-/휭-】 图 ― 하다 ちんぷんかん(ぷん)し

どろどろにしゃべること; だらだらとわけの分からないことをしゃべること. ‖횡설수설 말이 많은 사람 だらだらと話が長い人. 겁에 질려 횡설수설하다 恐れをなしてどろどろになる.

횡액 (橫厄) 【-/휭-】 图 思いがけない災難や災い. ‖횡액을 당하다 思いがけない災難にあう.

횡일-성 (橫日性) 【-썽/휭―썽】 图 (植物) 向日性; 屈光性.

횡재 (橫財) 【-/휭-】 图 ― 하自 思いがけない財運にありつくこと.

횡-적 (橫的) 【-쩍/휭―쩍】 图 物事の橫の関わりやつながり. ⑳종적 (縱的). ‖횡적인 관계 橫の関係.

횡파 (橫波) 【-/휭-】 图 ❶ (船の)橫波. ❷ (物理) 橫波. ⑳종파 (縱波).

횡포-하다 (橫暴―) 【-/휭-】 圈 [해시] 橫暴だ. ‖횡포가 심하다 橫暴をきわめる.

횡행 (橫行) 【-/휭-】 图 ― 하自 橫行. ‖밤도둑이 횡행하다 夜盗が橫行する.

효 (孝) 图 孝; 孝行.

효과 (效果) /hjo:gwa/ 图 效果. ‖경비 절감 효과 經費節減の效果. 약을 먹어도 효과가 없다 薬を飲んでも效果がない. 효과를 가져오다 效果をもたらす. 효과를 거두다 效果を上げる. 연습 효과가 나타나다 練習の效果が表われる. 역효과 逆效果.

효과-음 (效果音) 图 效果音.

효과-적 (效果的) 图 效果的. ‖효과적인 이용법 效果的な利用法.

효녀 (孝女) 图 孝女; 孝行娘.

효능 (效能) 图 效能; 効き目. ‖기침을 멎게 하는 효능이 있다 咳を止める効能がある.

효도 (孝道) /hjo:do/ 图 ― 하自 孝道; 親孝行. ‖효도하고자 할 때 부모는 없다 親孝行したい時には親はなし.

효력 (效力) /hjo:rjək/ 图 效力. ‖조약이 효력을 발휘하기 위한 조건이 效力を発する. 효력을 잃다 效力を失う. 효력이 없다 效力がない. 효력을 발휘하다 效力を発揮する.

효모 (酵母) 图 酵母.

효부 (孝婦) 图 義理の父母に尽くす嫁.

효성¹ (孝誠) 图 孝心; 孝行心. ‖효성이 지극하다 孝行心が厚い.

효성-스럽다 (孝誠―) [-다] 圈 [ㅂ变] 親孝行だ. ‖효성스러운 아들 孝行な息子.

효성스레 圖

효성² (曉星) 图 (天文) 曉星.

효소 (酵素) 图 (化學) 酵素.

효소-제 (酵素劑) 图 酵素剤.

효수 (梟首) 图 ― 하自 梟首 (きょう); さらし首.

효시 (嚆矢) 图 嚆矢 (こ). ❶ かぶら矢. ❷ 物事の始め.

효심 (孝心) 图 孝心.

효용 (効用) 명 効用. ∥약의 효용 薬の効用. 한계 효용 限界効用.

효율 (効率) /hjoːjul/ 명 効率. ∥업무 효율을 높이다 業務の効率を高める. 효율이 떨어지다 効率が下がる. 열 효율 熱効率.

효율-적 (効率的) [-쩍] 명 効率的. ∥자원의 효율적인 이용 資源の効率的な利用.

효자 (孝子) 명 孝子; 孝行息子.

효행 (孝行) 명 孝行; 親孝行.

효험 (効験) 명 効験; 効果; 効き目. ∥효험이 뚜렷한 약 効験あらたかな薬.

후¹ (後) 명 のち; あと; のち. ∥그 후로 만난 적이 없다 その後会ったことがない. ∥식사 후에 드세요 夕食後に召し上がってください. 흐린 후에 맑겠습니다 曇りのち晴れでしょう. 후 ☞ **후** (追後)의 略.

후² 팀 口をすぼめて, 軽く息を吹き出す音; ふっ(と). ∥촛불을 후 하고 불어서 끄다 ろうそくの火をふっと吹き消す.

후³ 후유의 略語. ∥후 하고 안도의 한숨을 쉬다 ふっと安堵の胸をなで下ろす.

후각 (嗅覚) 명 嗅覚; 臭覚. ∥개는 후각이 발달한 동물이다 犬は嗅覚が発達している動物だ.

후견 (後見) 명 하변 後見.
후견-인 (後見人) 명 [法律] 後見人.
후계 (後継) [-/-게] 명 하변 後継.
후계-자 (後継者) 명 後継者. ∥후계자를 선정하다 後継者を選ぶ.

후광 (後光) 명 後光. ∥후광이 비치다 後光がさす.

후궁 (後宮) 명 [歷史] 後宮.

후기¹ (後記) 명 後記. ∥편집 후기 編集後記.

후기² (後期) 명 後期. ∥전기 (前期)∙후기 인상파 後期印象派. 조선시대 후기 朝鮮時代後期.

후끈-거리다 [-대다] 재 ほてる; 熱くなる; 熱気でむっとする. ∥열기로 후끈거리는 한낮 熱気でむっとする昼間. 부끄러운 나머지 귀까지 후끈거리다 恥ずかしのあまり, 耳までほてる.

후끈끈-하다 [형변] かっかっする; かなり暑い. ∥방이 후끈끈하여 부 屋の中がかなり暑い.

후년 (後年) 명 後年.

후다닥 팀 動作が素早く行なわれる様子; さっと; ぱっと; ぱっと; ぱっと. ∥일을 후다닥 해치우다 仕事をさっさとかたづける. 후다닥 뛰어가다 ぱっと駆け出す.

후대¹ (後代) 명 後代. ☞선대 (先代)∙전대 (前代). ∥후대에 이름을 남기다 後代に名を残す.

후대² (厚待) 명 타변 厚遇; 優遇.

후덕-하다 (厚徳-) [-떠카-] 형변 厚徳だ; 情が厚い. ∥후덕한 사람 厚徳な人.

후덥지근-하다 [-찌-] 형변 하변 暑苦しい; 暑くて息苦しい. ∥후덥지근한 날씨 暑苦しい天気.

후두 (喉頭) 명 [解剖] 喉頭.
후두-암 (喉頭癌) 명 [医学] 喉頭癌.
후두-염 (喉頭炎) 명 [医学] 喉頭炎.
후두-음 (喉頭音) 명 [言語] 喉頭音.
후두-부 (後頭部) 명 [解剖] 後頭部.

후드득 팀 ❶ 〈鳥が〉急に羽ばたきをして飛び上がる様子; ぱっと. ∥참새가 후드득 날다 スズメがぱっと飛び上がる. ❷ 〈大粒の雨が〉いきなり降り出す様子; ぱらぱら. ∥후드득 빗방울이 떨어지다 ぱらぱらと雨粒が落ちる.

후들-거리다 재 〈怒り・疲れ・寒さなどのため〉体が小刻みに震える. ∥너무 추워서 온몸이 후들거리다 あまりにも寒くて全身が震える.

후들-후들 팀 小刻みに震えたり揺れ動いたりする様子; がたがた; ぶるぶる; がくがく; わなわな. ∥다리가 후들후들 떨리다 足ががくがく震える. 추위에 온몸이 후들후들 떨리다 寒さで全身ががたがた震える.

후딱 팀 動きが非常に速い様子; さっと; さっさと; ぱっと; あっという間に. ∥후딱 청소를 하다 さっさと掃除をする. 하루가 후딱 지나갔다 1日があっという間に過ぎた.

후략 (後略) 명 하변 後略. ☞전략 (前略)∙중략 (中略).

후레-아들 명 〈ののしる言い方で〉礼儀作法も知らないやつ.

후레-자식 (-子息) 명 ☞후레아들.

후려-갈기다 타변 張り飛ばす; 殴り飛ばす; 殴りつける. ∥뺨을 후려갈기다 横っ面を殴り飛ばす.

후려-치다 [하변] ぶん殴る; 殴りかかる; 殴りつける. ∥뒤통수를 후려치다 後頭部をぶん殴る.

후련-하다 /hujrʌnhada/ 형변 〈主に속이 후련하다の形で〉すっきりする; さっぱりする; すっきりする; 気がせいせいする; すがすがしい気持になる. ∥시험이 끝나서 후련하다 試験が終わってすっきりする. 할 말을 하고 나니 속이 후련했다 言いたいことを言ったので, せいせい(と)した.

후렴 (後斂) 명 [音楽] 繰り返し; リフレーン.

후루룩 팀 ❶ 호각을 후루룩 불다 呼子笛でぴいぴい(と), 呼子笛が鳴らす.

후루룩 팀 〈汁などが〉音を立てて吸い込む音; ずるずる; つるつる. ∥국물을 후루룩 마시다 汁をずるずる(と)する.

후루룩-거리다 [-거-] 명 音を立ててする. ∥라면 국물을 후루룩거리마시다 ラーメンのスープをすすって飲む.

후리후리-하다 [형][여변] 후리후리하게 생긴 청년. 후리후리한 청년.

후면(後面) [명] 後面. ㉻전면(前面).

후문(後門) [명] 後門; 裏門. ㉻정문(正門). ∥학교 후문 学校の裏門.

후-물림(後-) [명] お下がり.

후미-지다 [자] ❶入り江になっている; 入り江が深い. ∥해안이 후미져 있다 海岸が入り江になっている. ❷奥まっている; 辺ぴだ. 후미진 곳 奥まった所.

후박-나무(厚朴-) [-방-] [명] [植物] ホオノキ(朴の木).

후반(後半) /hu:ban/ [명] 後半. ㉻전반(前半).

후반-기(後半期) [명] 後半期.
후반-부(後半部) [명] 後半部.
후반-전(後半戰) [명] 後半戰.

후발(後發) [명][자] 後発. ㉻선발(先發).

후발-대(後發隊) [-때] [명] 後発部隊.

후방(後方) [명] 後方. ㉻전방(前方). ∥후방에 배치되다 後方に配置される.

후배(後輩) /hu:be/ [명] 後輩. ㉻선배(先輩). ∥대학교 후배 大学校の後輩.

후보(候補) /hubo/ [명] 候補. ∥대통령 후보 大統領候補, 우승 후보 優勝候補.

후보-생(候補生) [명] 候補生.
후보-자(候補者) [명] 候補者.

후부(後部) [명] 後部.

후불(後拂) [명][하타] 後払い. ㉻선불(先拂).

후비다 [타] ほじくる; ほじる. ∥코를 후비다 鼻をほじくる.

후사[1](後嗣) [명] 後嗣; 後継ぎ. ∥후사가 없어서 걱정이다 後継ぎがいなくて心配だ.

후사[2](厚謝) [명][하자] 厚謝.

후생[1](厚生) [명] 厚生. ∥복리후생 福利厚生, 후생 사업 厚生事業.

후생[2](後生) [명] 後生. ∥후생이 가외라 後生畏るべし.

후세(後世) [명] 後世. ∥후세에 이름을 남기다 後世に名を残す.

후속(後續) [명][하자] 後続. ∥후속 부대 後続部隊.

후손(後孫) [명] 後裔(えい); 末孫(まっそん). ㉻손(孫). ㉰후예(後裔).

후송(後送) [명][하타] 後送.

후수(後手) [명] 後手. ㉻선수(先手).

후술(後述) [명][하타] 後述. ㉻전술(前述).

후식(後食) [명] デザート. ㉰디저트.

후-신경(嗅神經) [명] [解剖] 嗅(きゅう)神経.

후실(後室) [명] 後妻.

후안-무치(厚顔無恥) [명] 厚顔無恥.

후열(後列) [명] 後列. ㉻전열(前列).

후예(後裔) [명] 後裔; 末裔. ㉰후손(後孫).

후원(後援) [명][하타] 後援; 後押し. ∥신문사가 후원하는 행사 新聞社が後援する催し, 대기업이 후원하는 기획 大企業が後援する企画.

후원-군(後援軍) [명] 援軍.
후원-자(後援者) [명] 後援者.
후원-회(後援會) [-/-훼] [명] 後援会.

후유 [감] ❶仕事などで苦しい時に出す声; ふうふう. ❷安堵の胸をなで下ろす時に発する声. ㉰후우.

후유-증(後遺症) [-쯩] [명] [医学] 後遺症. ∥후유증에 시달리다 後遺症に悩まされる.

후음(喉音) [명] [言語] 喉音(ごう). ㉰성문음(聲門音).

후의(厚誼) [-/-이] [명] 厚誼(ぎ). ∥평소의 후의에 감사드립니다 平素の厚誼に感謝いたします.

후인(後人) [명] 後人. ㉻전인(前人).

후일(後日) [명] 後日.
후일-담(後日談·後日譚) [-땀] [명] 後日談. 後日ばなし.

후임(後任) [명] 後任. ㉻선임(先任)·전임(前任). ∥후임 인사 後任人事.
후임-자(後任者) [명] 後任者.

후자(後者) [명] 後者. ㉻전자(前者).

후작(候爵) [명] 侯爵.

후장(後場) [명] 〈取引所で〉後場. ㉻전장(前場).

후조(候鳥) [명] 候鳥; 渡り鳥. ㉰철새.

후줄근-하다 [형][여변] ❶〈服などが〉じっとりとする; くたくたになる. ∥옷이 비에 젖어 후줄근하다 洋服が雨にぬれてくたくたになっている. ❷〈服装·身なりなどが〉くたびれる. ∥후줄근한 양복 차림 くたびれた背広姿. ❸〈体が疲れて〉くたびれる; くたくたになる. ∥이 사람이라고 온몸이 후줄근하게 돼버렸네 引っ越しでくたびれた. **후줄근-히** [부]

후진[1](後進) [명][하자] ❶後進. ∥후진 양성에 힘쓰다 後進の育成に尽力する. ❷〈車などの〉バック; 後退. ㉻전진(前進). ∥차를 후진시키다 車をバックさせる.

후진-국(後進國) [명] 後進国. ㉻선진국(先進國).

후진[2](後陣) [명] 後陣. ㉻전진(前陣).

후처(後妻) [명] 後妻. ㉻전처(前妻).

후천(後天) [명] 後天.
후천-성(後天性) [-썽] [명] 後天性. ㉻선천성(先天性).
후천성 면역 결핍증(後天性免疫缺乏症) [-썽-껼-쯩] [명] [医学] 後天性免疫不全症候群(AIDS); エイズ.
후천-적(後天的) [명] 後天的. ㉻선천적(先天的).

후추 [명] ❶胡椒(しょう)の実. ❷후춧가루の略語.

후춧-가루【-추까/-춛까】图 胡椒の粉. ⓒ후추.

후치-사(後置詞)图【言語】後置詞.

후퇴(後退)【-ㅚ/-ㅞ】图 自サ 後退. 전진(前進).

후편(後篇)图 後編. 전편(前篇).

후-하다(厚-)/hu:hada/形【하여】❶ 人情に厚い. 人情深い. 情が深い.‖인심이 후하다 人情味に厚い. ❷ 手厚い. 惜しまない.‖후하게 대접하다 手厚くもてなす. ❸ 寬大だ. 甘い.‖박하다(薄-).
　후-히

후학(後學)图 後学. 선학(先学).

후항(後項)图 後項. 전항(前項).

후-형질(後形質)图【生物】後形質.

후환(後患)图 後難を恐れて後患を恐れる. 후환을 없애다 後患の根を絶つ.

후회(後悔)/hu:hwe/【-ㅚ/-ㅞ】图 自サ 後悔.‖지금 와서 후회하면 뭐 하니? 今になって後悔しても始まらない. 후회해도 소용없다 後悔先に立たず. 몹시 후회하다 ほぞをかむ.

후회-막급(後悔莫及)【-끕/-눼-끕】图 後悔先に立たず.

후후 副 息を強く吹きかける様子. ふうふう(と).

훅¹(hook) 图 (ボクシングで)フック.‖훅을 맞다 フックを浴びる.

훅² 副 口をすぼめて軽く息を吹き出す音. ふっと.‖훅 불어 촛불 끄다 ろうそくの火をふっと吹き消す.

훅-훅【후욱】副 ❶ 暑くて息が詰まる様子. むんむん.‖더위로 교실 안이 훅훅 한다 暑くて教室の中がむんむんしている.

훈(訓)图(漢字の)訓.

훈계(訓戒)【-/-게】图 他サ 訓戒. 학생들을 훈계하다 生徒を訓戒する. 훈계를 늘어놓다 訓戒をたれる.

훈계-방면(訓戒放免)图(軽犯罪の人を)訓戒して放免すること. ⓒ훈방(訓放).

훈고-학(訓詁學)图 訓詁学.

훈공(勳功)图 勳功. 훈공을 세우다 勳功を立てる.

훈도(薰陶)图 他サ 薫陶(とう).

훈독(訓讀)图 他サ 訓読; 訓読み. 음독(音讀).

훈련(訓練·訓鍊)/hu:lljən/【훈-】图 他サ訓練.‖사격 훈련 射撃訓練. 직업 훈련을 받다 職業訓練を受ける. 훈련을 쌓다 訓練を積む.

훈련-병(訓練兵)图【軍事】訓練兵.

훈련-소(訓鍊所)图【職業】訓練所. 직업 훈련소 職業訓練所.

훈령(訓令)【훈-】图 他サ 訓令.

훈민-정음(訓民正音)图【역사】訓民正音. ⓒ정음(正音). ✦朝鮮の文字ハングルが15世紀に制定された時の名称, およびそれを公布した条例の名称.

훈방(訓放)图 他サ 훈계 방면(訓戒放免)の略称.

훈수(訓手)图(碁や将棋などで)横から打つ手を教えてやること.

훈시(訓示)图 他サ 訓示.

훈장¹(訓長)图(寺子屋などの)先生.

훈장²(勳章)图 勳章.‖문화 훈장. 훈장을 가슴에 달다 勳章を胸につける.

훈제(燻製)图 他サ 燻製(くん).

훈제-법(燻製法)【-뻡】图 燻製法.

훈제-품(燻製品)图 燻製品.

훈증(燻蒸)图 他サ 燻蒸.

훈풍(薰風)图 薫風(くん).

훈화(訓話)图 訓話.‖교장 선생님의 훈화 校長先生の訓話.

훈훈-하다(薰薰-)/hunɦunɦada/形【하여】❶ 心暖まる; 心がなごむ; ほのぼのとしている; ぽかぽかとしている.‖훈훈한 이야기 心暖まる話. 실내 공기가 훈훈하다 室内の空気がぽかぽかしている.　**훈훈-히**

훌라 댄스(hula+dance ⓔ)图 フラダンス.

훌라 춤(hula-)图 =훌라 댄스.

훌라후프(Hula-Hoop)图 フラフープ.

훌렁 副 ❶ 中のものが露出る様子. くるっと; つるりと.‖주머니를 훌렁 뒤집다 ポケットをぱっと裏返す. 이마가 훌렁 벗어진 사람 おでこがつるりと禿げた人. ❷ ものを軽く捨てたり投げたりする様子. ぱいと.‖양말을 훌렁 벗어 던지다 靴下をぱいと脱ぎ捨てる. ❸(ものが)いかにも簡単にひっくり返る様子. くるりと.‖보트가 훌렁 뒤집이다 ボートがくるりとひっくり返る. ㉾훌랑.

훌륭-하다 /hulljuŋɦada/形【하여】❶ 立派だ; 見事だ.‖두부는 훌륭한 다이어트 식품이다 豆腐は立派なダイエット食品である. 훌륭한 연기 見事な演技. ❷ 偉い.‖훌륭한 사람이 되다 偉い人になる. ❸ 十分だ.‖그 정도면 훌륭하다 それぐらいなら十分だ.　**훌륭-히**

훌쩍 副 ❶ 軽く飛び上がったり一気に飛び越える様子: ひょいと; ぴょんと.‖몸을 훌쩍 뛰어넘다 垣根をひょいと飛び越える. ❷ 液体を一気に飲み干す様子: ぐっと; ぐいっと; ごくっと.‖쓴 한약을 훌쩍 마시다 苦い漢方薬をごくっと飲み干す. ㉾훌쩍. ❸ 今までの状態とかなり変わる様子: ぐっと; ぐんと.‖일 년 사이에 애 키가 훌쩍 컸다 1年の間に子どもの背がぐんと伸びた. ❹ 軽く行動に移す様子: ふらり; ふらっと.‖훌쩍 여행을 떠나다 ふらっと旅に出る. ❺(年月が)あっという間に過ぎる.‖삼 년이 훌쩍 지나가 3年が過ぎた.

훌쩍-거리다【-대다】图【-꺼[때]-】自他 ❶(スープなど)をすする; ちびちびと飲む.‖라면 국물을 훌쩍거리며 마시다 ラー

メンのスープをすすりながら飲む。❷(鼻水をすすりながら)泣く;めそめそする。∥あのコッちゃんまた鼻水を훌쩍거리며 울고 있다 子どもがすすり泣いている。❸훌짝거리다.

훌쩍-훌쩍【-쩍-】[-쩌끅-] ⓗⓣⓐⓗⓒ しくしく;めそめそ。

훌쩍-하다[-쩌카-] 圈 [하변] ❶細長い;ほっそりしている。❷先が長い。❸げっそりしている。❹일이 힘들었는지 얼굴이 훌쩍하다 仕事が大変だったのか顔がげっそりした。❹へこっている;お腹がぺちゃんこだ。∥제대로 못 먹었는지 배가 홀쭉하고 옷에게 먹지 않았다나 배가 훌쩍하다 ちゃんと食べていないのかお腹がぺちゃんこだ。훌쩍하다. 훌쩍-히 圖

훌치다 他(衣服の裾などの折り返しがほどけないように)しっかり縛りつける;しっかりとくくる。⑤훌치다.

훌훌 圖 ❶鳥が羽ばたく様子;すいすい。∥새가 훌훌 날아가다 鳥がすいすいと飛んでいく。❷勢いよく続けざまに飲む様子;ぐいぐい(と)。∥국물을 훌훌 마시다 スープを続けざまに飲む。❸迷っていた他に気を取られれているらしくも早く行なう様子;さっさと。∥자리를 훌훌 털고 일어나던 席からさっさと立ち上がる。

훑다/hultta/他 ❶しごく。∥벼이삭을 훑다 稲の穂をしごく。❷(隅まで)調べる;徹底的に調べる;あますところがないようにする。∥강바닥을 훑다 川底を隅々まで調べる。오징어 속을 훑어 내다 イカのはらわたを取り出す。

훑어-보다 他 ❶(書類などに)目を通す;書類を훑어보다 書類に目を通す。❷じろじろと見る。∥위아래를 훑어보다 上から下までじろじろ(と)見る。

훔쳐-먹다[-처-따][훔·따]他 盗んで食べる;盗み食いする。∥음식을 몰래 훔쳐먹다 食べ物をこっそり盗み食いする。

훔쳐-보다[-처-]他 盗み見する;盗み見する;盗み読みする。∥문틈으로 훔쳐보다 戸の隙間から盗み見る。친구 일기를 훔쳐보다 友だちの日記を盗み読みする。

훔치는 훔치다(盗む)の現在連体形.

훔치다/humtʰida/他 ❶盗む;こっそり取る。∥남의 물건을 훔치다 人のものを盗む。❷(涙·汗などを)拭く;ぬぐう。∥눈물을 훔치다 涙をぬぐう。걸레로 마루를 훔치다 雑巾で床をふく。

훔치어[훔쳐]他 훔치다(盗む)の連用形.

훔친他 훔치다(盗む)の過去連体形.

훔칠他 훔치다(盗む)の未来連体形.

훗-날(後へ-)[훈-]图 後日;いつか;将来。∥또 만날 날이 있겠지요 いつか会う日があるでしょう。

훤칠-하다 圈 [하변] (体つきが)すらり

としている。∥키가 훤칠한 젊은이 すらりとした青年.

훤-하다/hwʌnhada/ 圈 [하변] ❶明るい。∥훤할 때 일을 마치자 明るいうちに仕事を終えよう。불빛이 얼굴을 훤하게 비추다 ライトが顔を明るく照らす。❷(物事に)詳しい;精通している。∥그 곳 지리는 훤하다 その辺りの地理は詳しい。❸(身なりや顔つきが)すっきりしている。∥신수가 훤하다 身なりがすっきりしている。**훤-히** 圖

훨씬 /hwʌlɕ͈in/ 圖 はるかに;ずっと;ぐっと。∥동생이 훨씬 낫다 弟の方がはるかに優れている。여기가 훨씬 살기 좋다 こちらの方がずっと住みやすい。

훨훨 /hwʌlhwʌl/ 圖 勢いのいい様子:ふわりふわりと(と);ぼうぼう(と)、さっさと。∥훨훨 날아가는 새 ふわりふわり(と)飛んでいく鳥。불이 훨훨 타오르다 火がぼうぼうと燃えあがる。옷을 훨훨 벗어 던지다 服をさっさと脱ぎ捨てる。

훼방(毀謗) ⓗⓣⓐ 妨害;妨げになること;邪魔すること。▶훼방(을) 놓다 邪魔する;邪魔が入る;妨害する。∥훼방 놓지 말고 나가서 놀아라 仕事の邪魔をしないで外で遊びなさい。

훼방-꾼(毀謗-)图 邪魔者;妨害者.

훼손(毀損)他 [하변] 毀損(き-)。∥명예 훼손 名誉毀損.

휑뎅그렁-하다 圈 [하변] (中に何もなくて)がらんとしている;広々としている。∥휑뎅그렁한 체육관 がらんとした体育館.

휑-하다 圈 [하변] ❶(穴などが)大きく開いている。∥벽에 휑하게 구멍이 뚫려 있다 壁にぽかんと穴が開いている。❷(目がくぼんで生気がない;虚ろで目つきが悪い)目이 휑하다 しばらく具合が悪かったのか目がくぼんでいる。

휘 圖 ❶風が吹きすさぶ音:ひゅうっと:びゅうっと。∥바람이 휘 불어오다 風がひゅうっと吹いてくる。❷強く息を吹き出す音;ふうっと。∥휘 한숨 솜을 내쉬다 ふうっと息を吐き出す。❸周囲を見回す様子:ぐるっと;ぐるりと。∥일대를 휘 둘러보다 辺りをぐるっと見回す。〖見渡す〗。

휘-갈기다他 なぐり書きする;書き散らす。∥볼펜으로 휘갈기다 ボールペンでなぐり書きする。

휘-감기다〔휘감다の受身動詞〕ぐるぐる巻かれる;巻きつく;絡まる;絡みつく。

휘-감다[-따]他 ぐるぐる巻く;巻きつける;絡める。⑤휘감기다.

휘-날리다他 ❶(風が風に)翻る;ひらめく;はためく。∥국기가 바람에 휘날리다 国旗が風にはためく。교기가 휘날리다 校旗が翻っている。❷(吹雪などが)吹きすさぶ。∥눈보라가 휘날리다 吹雪が吹きすさぶ。

휘-늘어지다

— 他 ❶ 翻す; ひらめかす; 飛び散らせる。‖우승기를 휘날리다 優勝旗を翻す。❷ 《名声などを》とどろかせる。‖세계적으로 명성을 휘날리다 世界的に名声をとどろかせる。

휘-늘어지다 国 だらりと垂れる。

휘다 /hwida/ 国 ❶ 曲がる; たわむ; しなう; 反る。‖등이 휘었다 背中が曲がっている。
— 他 曲げる; たわませる; しならせる。‖바늘을 휘다 針を曲げる。

휘-돌다 [ㄹ語幹] 国 ❶ 曲がりくねる; ぐるっと回る。‖마을을 휘돌아 흐르는 강 町をぐるりと流れる川。❷ 一回りする; 順々に全部回る。

휘돌-리다 他 ぐるぐる回す。‖접시를 휘돌리다 皿をぐるぐる回す。

휘-두르다 /hwiduruda/ 他 [르変] [휘둘러, 휘두르는] ❶ 振るう; 《手や棒に持ったものを》大きく振り回す; 振り上げる; 《人を思うままに》動かす。‖주먹을 휘두르다 こぶしを振り上げる。 몽둥이를 휘두르며 날뛰다 棒を振り回して暴れる。❷ 《権力・暴力などを》振るう。‖권력을 휘두르다 権力を振るう。 폭력을 휘두르다 暴力を振るう。 ㉺휘둘리다。

휘둘리다 [휘두르다의 수동동사] 振り回される。‖권력에 휘둘리다 権力に振り回される。

휘둥그레-지다 国 《目を》大きく見開く; 見張る。‖놀라서 눈이 휘둥그레지다 驚きの目を見張る。

휘-말다 [ㄹ語幹] 他 ぐるぐる巻く; 巻き込む。㉺말리다。

휘말려-들다 [ㄹ語幹] 国 巻き込まれる。‖엉뚱한 일에 휘말려들다 とんでもないことに巻き込まれる。

휘말-리다 [휘말다의 수동동사] 巻き込まれる。‖스캔들에 휘말리다 スキャンダルに巻き込まれる。

휘-몰다 [ㄹ語幹] 他 ❶ せき立てる。❷ 《家畜などを》追い立てる。㉺몰리다。

휘몰-리다 휘몰다의 수동사。

휘몰아-치다 国 吹き荒れる; 吹きすさぶ。‖휘몰아치는 겨울바람 吹き荒れる北風。

휘발 (揮發) 图他 揮發。
휘발-성 (揮發性) [-성] 图 揮發性。
휘발-유 (揮發油) [-류] 图 揮發油。ガソリン。

휘슬 (whistle) 图 呼び子; ホイッスル。‖휘슬을 불다 呼び子を鳴らす。

휘어-잡다 [-어-따] 他 ❶ 《ものを》しっかりと握りしめる; ぎゅっとつかむ。‖팔을 휘어잡다 腕をぎゅっとつかむ。❷ 《人を》意のままにする; 支配する。‖남편을 휘어잡다 夫を意のままにする。

휘어-지다 [-어-] 国 曲がる; しなう; たわむ; 反る。‖감이 많이 열려 가지가 휘어지다 柿の実がたくさんなって枝がたわむ。

휘영청 副 《月などが》非常に明るい様子; 皓々(こうこう)と。‖휘영청 밝은 달 皓々と輝く月。

휘장¹ (揮帳) 图 帳(とばり); 垂れ布; 垂れ絹。‖휘장을 치다 帳をめぐらす。

휘장² (徽章) 图 徽章(きしょう); バッジ。㉺배지。

휘적-거리다 [-대다] [-거(께)-] 国 闊歩する; 大手を振る; 肩で風を切る。

휘적-휘적 [-저(쩌)-] 副他 大手を振りながら歩く様子。

휘-젓다 [-젇따] 他 [ㅅ変] ❶ かき混ぜる; かき回す。‖달걀을 나무젓가락으로 휘젓다 卵を菜ばしでかき混ぜる。❷ 振り回す。‖팔다리를 휘젓다 手足を振り回す。 ᬃ마음. ‖사람 마음을 휘저어 놓는다 人の心をかき乱す。

휘청-거리다 [-대다] 国 ふらふらする; ふらつく; よろよろとよろめく。‖술에 취해 다리가 휘청거리다 酒に酔って足がふらつく。 휘청거리며 걷다 よろよろ(と)歩く。

휘-파람 /hwipʰaram/ 图 口笛。‖휘파람을 불다 口笛を吹く。

휘파람-새 (-派鳥類) 图 ウグイス(鶯)。
휘하 (麾下) 图 麾下(きか); 指揮下。
휘호 (揮毫) 图他 揮毫(きごう); 文字や書画を書くこと。

휘황찬란-하다 (輝煌燦爛-) [-찰-] 形 [하変] まばゆいほど輝いている; 皓々と輝いている; きらびやかだ。‖휘황찬란한 불빛 휘황찬란한 明かりがまばゆい輝い。 휘황찬란한 장식한 무대 きらびやかに飾り立てた舞台。

휘-휘 副 ❶ 何度もかき回す様子。‖죽이 눋지 않도록 휘휘 젓다 お粥(かゆ)が焦げつかないようにかき混ぜる。❷ 振り回す様子; ひゅっひゅっ; ぐるぐる。‖막대기를 휘휘 돌리다 棒をひゅっひゅっと(ぐるぐると)振り回す。

휙 /hwik/ 副 ❶ 《風が急に強く吹く様子; ひゅーっと; びゅーっと。‖찬 바람이 휙 불어오다 冷たい風がびゅうっと吹いてくる。❷ 《車などが》素早く通り過ぎる様子; さっと。‖차가 휙 지나가다 車がさっと通り過ぎる。❸ 《ものを》素早く投げる様子; ぽんと; ぽいっと。‖쓰레기를 휙 버리다 ごみをぽいっと捨てる。 공을 휙 던지다 ボールをぽんと投げる。❹ 《垣根などを》飛び越える様子; ひょいと。‖담을 휙 넘다 垣根をひょいと飛び越える。❺ いきなり方向を変える様子; ぐるっと; ぐるりと; ぐいっと。❻ 《仕事などを》素早く片付ける様子; さっと。‖숙제를 휙 해치우고는 놀러 나가다 宿題をさっさと片付けて遊びに出かける。㉺획。

획-획 [휘윅] 副 ぐるぐると; ひゅうひゅうと; びゅんびゅんと。‖밤이라서 차가 획획 달리다 夜だから車がびゅんびゅん走り抜け

ける。눈이 획획돌 정도다 目がぐるぐる回りそうだ.

휠체어 (wheelchair) 图 車椅子.

휨-싸다 旺 覆う; 包む. ‖찬 바람이 온몸을 휨싸다 冷たい風が全身を覆う. 어둠이 도시를 휨싸다 闇が都市を包む. ◎휩싸이다.

휨-싸이다 旺 [휨싸다の受身動詞] 覆われる; 包まれる. ‖불길에 휨싸이다 炎に包まれる. 회장은 사람들의 열기에 휨싸여 있었다 会場は人々の熱気に包まれていた。

휨-쓸다 /hwipˈsulda/ 旺 [ㄹ語幹] [휨쓸어, 휨쓰는, 휨쓴] ❶ 襲う. ‖대공황이 세계를 휨쓸다 大恐慌が世界を襲う. 태풍이 큐슈를 휨쓸다 台風が九州を襲う. ❷ さらう; 総なめにする. ‖올해 아카데미상을 휨쓸다 今年度のアカデミー賞を総なめにする. ◎휩쓸리다.

휨쓸리다 旺 [휨쓸다の受身動詞] 覆われる; 巻き込まれる. ‖폭풍우에 휨쓸리다 嵐に見舞われる. 분위기에 휨쓸리다 雰囲気にのまれる. 격류에 휨쓸리다 激流にのみ込まれる.

휴가 (休暇) /hjuga/ 图 休み; 休暇. ‖여름휴가 夏休み. 하계 휴가 夏季休暇. 삼일 휴가를 가다 3日休暇を取る. 휴가를 받다 休暇を取る. 휴가에 들어가다 休暇に入る.

휴간 (休刊) 图 [하自] 休刊. **휴간-되다** 旺受動.

휴강 (休講) 图 [하自] 休講.

휴게 (休憩) 图 [하自] 休憩; 休息. ‖십분간 휴게하다 10分間休憩する. 휴게 시간 休憩時間.

휴게-소 (休憩所) 图 [하自] 休憩所.

휴게-실 (休憩室) 图 休憩室.

휴경 (休耕) 图 [하自] 休耕.

휴경-지 (休耕地) 图 休耕田.

휴관 (休館) 图 [하自] 休館.

휴관-일 (休館日) 图 休館日.

휴교 (休校) 图 [하自] 休校.

휴대 (携帯) /hjude/ 图 [하他] 携帯.

휴대˝전화 (携帯電話) 图 携帯電話.

휴대-폰 (携帯 phone) 图 携帯電話.

휴대-품 (携帯品) 图 携帯品.

휴머니스트 (humanist) 图 ヒューマニスト.

휴머니즘 (humanism) 图 ヒューマニズム.

휴식 (休息) /hjuʃik/ 图 [하自] 休息; 休み. ‖휴식을 취하다 休息をとる. 휴식 시간 休息時間.

휴양 (休養) 图 [하自] 休養.

휴양-지 (休養地) 图 保養地.

휴업 (休業) 图 [하自] 休業.

휴일 (休日) 图 休日. ‖로마의 휴일『ローマの休日』(映画のタイトル).

휴전 (休戦) 图 [하自] 休戦.

휴전-선 (休戦線) 图 休戦ライン.

휴지¹ (休止) 图 [하自] 休止. ‖휴지 상태 休止状態.

휴지² (休紙) /hjudʒi/ 图 ❶ ちり紙; ティッシュ; 反故(ほご); 紙切れ. ‖두루마리 휴지 トイレットペーパー. 휴지 조각이 된 주식 紙切れ同然の株.

휴지-통 (休紙桶) 图 くず入れ; くずかご; 塵箱.

휴직 (休職) 图 [하自] 休職.

휴진 (休診) 图 [하自] 休診.

휴학 (休学) 图 [하自] 休学.

휴학-계 (休学届) 图 [-께/-게] 休学届. ‖휴학계를 내다 休学届を出す.

휴한 (休閑) 图 休閑.

휴한-지 (休閑地) 图 休閑地.

휴-화산 (休火山) 图 [地] 休火山. 圏 활화산(活火山)·사화산(死火山).

휴회 (休会) 图 [하自] 休会.

흄-관 (Hume管) 图 ヒューム管.

흉 /hjuŋ/ 图 ❶ 傷あと; 疵; 痕. ‖흉이 지다 傷跡がつく. 흉이 남다 傷跡が残る. ❷ 欠点; 弱点; あら.

흉가 (凶家) 图 不吉な家.

흉강 (胸腔) 图 [解剖] 胸腔(きょう).

흉계 (凶計·兇計) 图 [-/-게] 悪だくみ. ‖흉계를 꾸미다 悪だくみをする.

흉골 (胸骨) 图 [解剖] 胸骨.

흉곽 (胸郭) 图 [解剖] 胸郭.

흉근 (胸筋) 图 [解剖] 胸筋.

흉금 (胸襟) 图 胸襟(きょう). ‖흉금을 털어놓고 이야기하다 胸襟を開いて話す. 흉금 없는 대화를 나누다 胸襟を開いて話す.

흉기 (凶器·兇器) 图 凶器. ‖흉기를 휘두르다 凶器を振り回す.

흉내 /hjuŋnɛ/ 图 まね. ‖어른 흉내 大人のまね. 우는 흉내 泣きまね.

흉내-내다 旺 まねる; まねをする. ‖남의 말을 흉내내다 人の言葉をまねる. 흉내를 잘 내다 まねが上手だ.

흉년 (凶年) 图 凶年. 圏 풍년(豊年).

흉막 (胸膜) 图 [解剖] 胸膜. 圏 늑막(肋膜).

흉막-염 (胸膜炎) 【-망념】 图 [医学] 胸膜炎. 圏 늑막염(肋膜炎).

흉몽 (凶夢) 图 凶夢; 不吉な夢. 圏 길몽(吉夢).

흉물 (凶物) 图 ❶ 性格が陰険な人. ❷ 見た目が醜い人や動物.

흉물-스럽다 (凶物-) 彫 [ㅂ変] 陰険だ; 見苦しい; みっともない. ‖상처가 흉물스럽다 傷跡が見苦しい. 방치된 쓰레기가 흉물스럽게 보이다 放置されたごみが見苦しい.

흉변 (凶変) 图 凶変. ‖흉변을 당하다 凶変に見舞われる.

흉-보다 旺 陰口を言う; 欠点をあげつらう.

흉부 (胸部) 图 胸部.

흉사 (凶事·兇事) 图 凶事; 不吉な事柄.

흉상¹(凶相·兇相) 图 凶相; 凶悪な人相. 国길상(吉相).
흉상² 图 胸像.
흉상³(胸像) 图 胸像.
흉선(胸腺) 图 [解剖] 胸腺. 가슴샘.
흉식-호흡(胸式呼吸) 【−시코−】 图 胸式呼吸.
흉악(凶悪·兇悪) 图 刷 凶悪. ‖범죄 수법이 잔인하고 흉악하다 犯罪の手口が残忍で凶悪だ.
흉악-범(凶悪犯) [−뻠] 图 [法律] 凶悪犯.
흉악-스럽다(凶悪−) [−쓰−따] 刷 [ㅂ変] 凶悪だ.
흉위(胸圍) 图 胸囲. 가슴둘레.
흉작(凶作) 图 凶作; 凶風作(豊作).
흉-잡다 [−따] 囮 あら探しをする.
흉잡-히다 [−자피−] 囼 欠点をつかれる.
흉조(凶兆) 图 凶兆. 国길조(吉兆).
흉측-하다(凶測·兇測−) 【−츠카−】 刷 [하変] ❶ぞっとする; 醜い; いやらしい. ‖흉측한 사건 ぞっとするような事件. ❷ 陰険だ; 陰気でたくらみが多い. ‖흉측한 생각을 하다 陰険なことを考える.
흉측-히 圖
흉탄(凶彈·兇彈) 图 凶弾. ‖흉탄에 쓰러지다 凶弾に倒れる.
흉터 图 傷跡. ‖흉터가 남다 傷跡が残る.
흉포-하다(凶暴·兇暴−) 刷 [하変] 凶暴だ.
흉-하다(凶−) 刷 [하変] ❶ 不吉だ; 縁起が悪い; 忌まわしい. ‖꿈자리가 흉하다 夢見が悪い. ❷ (顔つきや身なりなどが)見苦しい; 醜い; みっともない. ‖물골이 흉하여 不体裁だ; 見苦しい.
흉허물-없다 【−무럽따】 刷 気兼ねしない; 心安い; 気が置けない; 遠慮がない. ‖흉허물없는 사이 気心の知れた間柄.
흉허물없-이 圖 흉허물이 지나대 기兼ねなく付き合う.
흥흥-하다(洶洶−) 刷 [하変] (人心などが)ざわついている; 落ち着かない; 揺れ動いている; 動揺している. ‖민심이 흥흥하다 民心が揺れ動いている.
흐-느끼다 囼 すすり泣く; むせび泣く; しゃくり上げて泣く. ‖자기 방에서 흐느끼다 自分の部屋にこもってむせび泣きする. 흐느끼는 소리가 들리다 すすり泣きが聞こえる.
흐느적-거리다[−대다] 【−꺼[때]−】 囼 揺れ動く; ゆらゆらする.
흐느적-흐느적 [−쓰니−] 圖 [하変] (長さのあるものが)揺れ動く様子: ゆらゆら(と); ふらふら. ‖술에 취하여 흐느적흐느적 걷다 酒に酔ってふらふら歩く.
흐늘-거리다 囼 ふにゃふにゃする; ぐにゃぐにゃする; ゆらゆらする; ふらふらする.
흐늘흐늘-하다 囼 [하変] ふにゃふにゃしている; ぐにゃぐにゃしている. ‖너무 삶아서 흐늘흐늘하다 煮過ぎてふにゃふにゃしている.
흐드러-지다 刷 ❶(事事に咲き誇る; 咲き乱れている. ‖흐드러지게 피어 있는 유채꽃 一面に咲いた菜の花. ❷豊かだ.
흐려-지다 /huljʌdʑida/ 囼 ❶ (水などが)濁る; (天気などが)曇る; (焦点·論点などが)ぼやける. ‖비가 많이 와서 강물이 흐려지다 豪雨で川の水が濁る. 날씨가 흐려지다 天気が曇る. 초점이 흐려지다 焦点がぼやける.
흐르는 [−르는] 흐르다(流れる)の現在連体形.
흐르다 /huruda/ 囼 [르変] 흘러, 흐릅니다 ❶流れる. ‖유유히 흐르는 한강 悠々と流れる漢江. 구슬땀이 흐르다 玉の汗が流れる. 눈물이 흐르다 涙が流れる. 이마에서 피가 흐르다 額から血が流れる. 고압 전류가 흐르다 高圧電流が流れる. 실내에는 내가 좋아하는 음악이 흐르고 있었다 室内には私の好きな音楽が流れていた. 세월이 흘러 두 사람은 결혼했다 時が流れ, 2人は結婚した. 흘러 가는 흰 구름 流れる白い雲. ❷(雰囲気などが)漂う. ‖한동안 험악한 분위기가 흘렀다 しばらく険悪な雰囲気が漂っていた. 얼굴에는 빈티가 흐르고 있다 顔には貧乏くささが漂っている. ❸つやつやしている; 色艶がよい. ‖윤기가 흐르는 얼굴 つやつや(と)した顔.
흐른 [−르−] 흐르다(流れる)の過去連体形.
흐를 [−르−] 흐르다(流れる)の未来連体形.
흐름 图 流れ. ‖공기의 흐름 空気の流れ. 역사의 흐름 歴史の流れ. 시합의 흐름이 바뀌다 試合の流れが変わる.
흐리다¹ /hurida/ 刷 ❶ (水などが)濁っている; 澄んでいない. ‖물이 흐려 있다 水が濁っている. 수정체가 흐려서 시력이 떨어지다 水晶体が濁って視力が落ちる. ❷(明かりなどが)ぼんやりしている; 薄暗い. ‖불빛이 흐려서 앞이 잘 안 보이다 明かりが薄暗くて前がよく見えない. ❸(天気が)曇っている. ‖흐린 날씨가 계속되고 있다 曇り空が続いている. ❹(判断·意識などが)はっきりしない; 曖昧だ. ‖의식이 흐리다 意識がはっきりしない. 기억이 흐리다 記憶が曖昧だ.
흐리다² /hurida/ 他 ❶ (水などを)濁らせる; 汚(けが)す. ‖강물을 흐리다 川の水を濁らせる. ❷ (言葉などを)濁す; ぼかす. ‖말끝을 흐리다 言葉じりを濁す. ❸ (名誉などを)汚(けが)す.
흐리멍덩-하다 刷 [하変] どんよりしている; ぼうっとしている; はっきりしない. ‖눈이 흐리멍덩하다 目がどんよりしてい

르. 정신이 흐리멍덩하다 頭がぼうっとしている. 흐리멍덩한 태도 はっきりしない態度.
흐리터분-하다 形 [하変] はっきりしない; しっかりしない; きちんとしていない. ‖저 사람은 언제나 하는 짓이 흐리터분하다 あの人はやることがいつもきちんとしていない.
흐림 名 曇り.
흐릿-하다 [-리타-] 形 [하変] ぼやけている; どんより(と)している; かすむ. ‖漆점이 흐릿하여 焦点がぼやけている. 칠판 글씨가 흐릿하게 보이다 黒板の字がぼやけて[かすんで]見える. 흐릿한 날씨 どんより(と)した天気.
흘물-흘물 副 とろける; とろけ落ちる.
흘물-흘물 副 とろとろ; ぐじゃぐじゃ; ぐずぐず. ‖흘물흘물 녹아 내리다 ぐじゃぐじゃ(に)溶け落ちる.
흐뭇-하다 [-무타-] 形 [하変] 微笑ましい; 心温まる; 満足だ. ‖흐뭇한 광경 微笑ましい光景. 흐뭇한 이야기 心温まる話. **흐뭇-이** 副
흐지-부지 /hɯd͡ʑibud͡ʑi/ 副 [하変] うやむやに; 曖昧に; はっきりせずに. ‖흐지부지 끝나다 うやむやに終わる. 계획은 흐지부지되고 말았다 計画はうやむやになってしまった. 말을 흐지부지하다 はっきりと言わない.
흐트러-뜨리다 他 乱れる; かき乱す.
흐트러-지다 他 ❶ 乱れる; かき乱される. ‖대열이 흐트러지다 隊列が乱れる. 바람에 머리가 흐트러지다 風で髪が乱れる. ❷ 崩れる.
흐흐 感 しまりなく笑う声.
흑¹ (黑) 名 ❶ [흑색(黑色)의 略称]黒. ❷ [囲碁で의] 黒い石. ⇔백(白).
흑² 感 すすり泣く声. **흑-흑** 副 しくしくと.
흑-갈색 (黑褐色) [-깔쌕] 名 黒褐色.
흑-내장 (黑內障) [흥-] 名 [医学] 黒そこひ.
흑-대두 (黑大豆) [-때-] 名 [植物] クロマメ(黑豆).
흑막 (黑幕) [흥-] 名 黒幕; 裏. ‖뭔가 흑막이 있는 것 같다 何か裏があるようだ.
흑-맥주 (黑麥酒) [흥-쭈] 名 黒ビール.
흑백 (黑白) [-빽] 名 黒髪.
흑백 (黑白) /hɯk̚p'ek̚/ [-빽] 名 白黒. ❶ 白と黒. ‖흑백 텔레비전 白黒テレビ. 흑백을 가리다; 흑백을 밝히다(明らかにする); 白黒をつける. ❷ [碁の] 黒石と白石. ‖흑백 논리(論理) [-붕놀-] 白黒論理.
흑사병 (黑死病) [-싸뻥] 名 [医学] 黒死病; ペスト. ⇨페스트.
흑색 (黑色) [-쌕] 名 黒色. ⇨흑(黑).
흑색-선전 (黑色宣傳) [-쌕썬-] 名 デマ; デマゴーグ; 悪宣伝.
흑색-인종 (黑色人種) [-쌕-] 名 黒色人種.
흑-설탕 (黑雪糖) [-썰-] 名 黒砂糖.
흑송 (黑松) [-쏭] 名 [植物] クロマツ(黑松).
흑심 (黑心) [-씸] 名 腹黑い心; 陰険な心. ‖흑심을 품다 陰険な心をいだく.
흑연 (黑煙) 名 黒煙.
흑연² (黑鉛) 名 [鉱物] 黒鉛.
흑염소 (黑-) [흥념-] 名 [動物] クロヤギ.
흑인 (黑人) 名 黒人.
흑인종 (黑人種) 名 黒色人種.
흑자 (黑字) /hɯk̚t͡ɕ'a/ [-짜] 名 黒字. ⇔적자(赤字). ‖흑자를 내다 黒字を出す.
흑-자색 (黑紫色) [-짜-] 名 黑紫色.
흑점 (黑點) [-쩜] 名 黒点.
흑판 (黑板) [-판] 名 黒板. ⇨칠판(漆板).
흔드는 冠 [ㄹ語幹] 흔들다(揺さぶる·振る)의 現在連体形.
흔든 冠 [ㄹ語幹] 흔들다(揺さぶる·振る)의 過去連体形.
흔들 冠 [ㄹ語幹] 흔들다(揺さぶる·振る)의 未来連体形.
흔들-거리다 自 ぐらぐら; ぐらぐらする; 揺れる; ゆらゆらする. ‖이가 흔들거리다 歯がぐらつく. 바람에 나뭇잎이 흔들거리다 風に木の葉が揺らめく.

흔들다 /hɯnduldɑ/ 他 [ㄹ語幹] [흔들어, 흔든다, 흔든] 揺する; 揺さぶる; 揺らす; 揺り動かす; 振る. ‖손을 흔들다 手を振る. 자는 아이를 흔들어 깨우다 寝ている子どもを揺すって起こす. 다리를 흔들며 이야기를 하다 足を揺らしながら[貧乏揺すりをしながら]話をする. 마음을 흔들다 心を揺さぶる. 나뭇가지를 흔들다 木の枝を揺り動かす. 세계를 흔들다 世界を揺り動かした大事件. 慣⇨흔들리다.

흔들-리다 /hɯndullidɑ/ 自 [흔들다의 受身動詞] 揺られる; 揺らぐ; 揺れ動かされる; 動揺する; 揺られる; ぐらぐら; ぐらつく. ‖그 한마디에 마음이 흔들리다 その一言で心が動かされる. 지진으로 집이 흔들리다 地震で家が揺れる. 판단 기준이 흔들리다 判断の基準が揺れる. 부모님의 반대로 결심이 흔들리다 両親の反対で決心がぐらつく.

흔들어 冠 [ㄹ語幹] 흔들다(揺さぶる·振る)의 連用形.
흔들-의자 (-椅子) [-/-드리-] 名 揺り椅子.
흔들-흔들 副 [하変] ゆらゆら(と); ぐらぐら(と). ‖이가 흔들흔들하다 歯がぐらぐらする.
흔적 (痕跡·痕迹) 名 痕跡; 跡; 形跡. ‖흔적을 남기다 痕跡をとどめる. 흔적도 없

이 사라지다 跡形もなく消え去る.
흔적^기관(痕跡器官)【-끼-】图(生物) 痕跡器官.
흔쾌-히(欣快-)副 快く. ‖흔쾌히 승낙하다 快く承諾する.
흔-하다 /húnhada/【I変】ありふれている; 珍しくない. ‖흔하게 볼 수 있는 꽃 ありふれた花. 이 모양의 시계는 최근에는 흔하지 않다 この型の時計は最近では珍しい.
흔해-빠지다 服 ごくありふれた; 全く珍しくない; どこにでもある; ざらにある. ‖흔해빠진 내용의 드라마 ごくありふれた内容のドラマ.
흔-히副 よく; 多く; しばしば. ‖흔히 있는 일 よくあること. 흔히 듣는 소리다 よく耳にする話[こと]だ.
흘겨-보다 他 横目でにらむ; にらみつける. ‖그는 나를 흘겨보았다 彼は私を横目でにらんだ. 매섭게 흘겨보다 目をむいてにらみつける.
흘금-거리다 自 横目でちらちら見る.
흘금-흘금副(하語) 横目で視線を素早く何回かの動く様子: ちらちら. ‖이쪽을 흘금흘금 보면서 지나가다 こちらをちらちら(と)見て通り過ぎる.
흘긋副 一瞬ちょっと見る様子: ちらり(と). ‖어깨 너머로 흘긋 보다 肩越しにちらりと見る. **흘긋-흘긋**副 ちらちら.
흘긋-거리다【-근께-】他 ちらちらと見る.
흘기다 他 (横目で)にらむ; にらみつける. ‖눈을 흘기다 横目でにらみつける.
흘깃【-긴】副 じろり; じろっと. ‖흘깃 곁눈질을 하다 じろっと横目で見る. **흘깃-흘깃**副 じろじろ(と).
흘깃-거리다【-긴께-】他 ちらちらと見る.
흘끔副 素早く横目で見る様子: ちらっと; ちらりちらり(と). ‖흘끔 훔쳐보다 ちらっと覗き見する. **흘끔-흘끔**副(하語)
흘끔-거리다 他 素早く横目で見る.
흘러【르変】 흐르다(流れる)の連用形.
흘러-가다 自 流れていく; 流れる. ‖강물이 흘러가다 川が流れる.
흘러-내리다 自 ❶こぼれ落ちる; こぼれる. ‖눈물이 흘러내리다 涙がこぼれ落ちる. ❷ずり落ちる. ‖바지가 흘러내리고 ズボンがずり落ちる.
흘러-넘치다 自 こぼれて流れる; あふれる; あふれ出る; あふれ返る. ‖욕조의 물이 흘러넘치다 湯船のお湯があふれる. 교태가 흘러넘치다 色気があふれる.
흘러-오다 自 流れてくる.
흘레图 交尾.
흘레-붙다【-붇따】自 (動物が)交尾する; つるむ.
흘레붙-이다【-부치-】他 (動物を)交尾させる; つるませる.
흘려-듣다【-따】他【ㄷ変】聞き流す; 聞き過ごす. ‖그런 말은 흘려들으세요 そういうことは聞き流してください.
흘리는 흘리다(流す)の現在連体形.

흘리다 /hullida/ 他 ❶流す; こぼす. ‖구슬땀을 흘리다 玉の汗を流す. 피를 흘리다 血を流す. 커피를 흘리다 コーヒーをこぼす. ❷垂らす. ‖콧물을 줄줄 흘리다 鼻水をだらだらと垂らす. 군침을 흘리다 よだれを垂らす. ❸落とす. ‖어딘가에 지갑을 흘리고 왔다 どこかに財布を落としてきた. ❹崩して書きをする. ‖흘려 쓰다 崩し書きをする. ❺聞き流す. ❻(情報などを)流す; 漏らす. ‖거짓 정보를 흘리다 デマを流す.
흘리든 흘리다(流す)の過去連体形.
흘리어【흘려】他 흘리다(流す)の連体形.
흘릴 他 흘리다(流す)の未来連体形.
흘림-체(-體)图 崩し書き.
흙 /huk/ 图 土; 土壌. ‖구두에 묻은 흙을 털다 靴についた土を払う. 한 줌의 흙 一握りの土.
흙-구덩이【흑꾸-】图 地面に掘った穴.
흙-내图 土のにおい.
흙-내음【흥-】图 =흙내.
흙-담图 토담(土-)の誤り.
흙-더미【흑떠】图 盛り土; もりど; 土の山.
흙-덩어리【흑떵-】图 大きめの土の塊.
흙-덩이【흑떵-】图 土の塊.
흙-먼지【흥먼-】图 土ぼこり; 土煙. ‖흙먼지가 일다 土ぼこりが上がる.
흙-무더기【흑-】图 土の山.
흙-벽(-壁)【흑뼉】图 土壁.
흙-손(-손)【흑쏜】图 (左官用の)こて.
흙-일【흥닐】图 土仕事.
흙-장난【흑짱-】图 土遊び.
흙-칠(-漆)【흑칠】图(하語) 泥がつくこと.
흙-탕(-湯)【흑-】图 흙탕물の略語.
흙탕-길(-湯-)【흑-낄】图 泥道.
흙탕-물(-湯-)【흑-】图 泥水. 粵흙탕(-湯). ‖흙탕물이 튀다 泥水がはねる.
흙-투성이【흑-】图 泥だらけ; 泥まみれ; 土まみれ. ‖흙투성이가 된 바지 泥まみれのズボン.

흠[1](欠)/hu:m/图 ❶傷; 傷跡;(品物の)きず. ‖얼굴에 흠이 생기다 顔に傷ができる. 경력에 흠이 생기다 経歴に傷がつく. ❷欠点; きず. ‖흠이 없는 사람은 없다 欠点のない人はいない. 말이 많은 것이 흠이다 口数が多いのが玉にきず

흠² 〈감〉 ふん; うん; ふむ. ∥흠, 그렇구나! ふん, そうなんだ.

흠-내다 (欠-) 〈타〉 (ものに)傷をつける. ∥기둥에 흠내다 柱に傷をつける.

흠모 (欽慕) 〈명〉〈하여〉 欽慕. ∥흠모와 선망의 대상 敬慕と羨望の的.

흠씬 〈부〉 ❶たっぷりと; 十分に; 十二分に; 嫌というほど. ∥매력을 흠씬 풍기다 魅力を十二分に漂わせる. 흠씬 두들겨 패다 嫌というほど殴る. ❷びっしょり(と). ∥비에 흠씬 젖다 雨にびっしょりぬれる.

흠-잡다 (欠-) 〈타〉 あらを探すする; 難癖をつける. ∥그녀는 흠잡을 데가 없다 彼女は非の打ち所がない.

흠-집 (欠-) 〈명〉 傷; 傷跡. ∥차에 흠집이 생기다 車に傷がつく.

흠칫 〈부〉〈하여〉 驚いて肩をすかすように動かす様子: びくっと. ∥흠칫 놀라다 びくっと驚く.

흠칫-거리다 [-친꺼-] 〈자〉 体をびくっと動かす; びくびくする. ∥그녀는 나를 보고 흠칫거렸다 彼女は私を見てびくっとした.

흡반 (吸盤) [-빤] 〈명〉〈動物〉 吸盤. 吸着.

흡사-하다 (恰似-) [-싸-] 〈형〉〈하여〉 酷似している; よく似ている. ∥두 사람은 생긴 것이 흡사하다 2人はよく似ている. 책 내용을 흡사하다 本の内容が酷似している.

흡수 (吸收) /hɯpʔsu/ 〈명〉〈하여〉 吸い取ること; 吸い込むこと. ∥충격을 흡수하다 衝擊を吸收する. 지식을 흡수하다 知識を吸收する. 검은 색은 열을 잘 흡수한다 黑は熱をよく吸收する. 땀을 흡수하다 汗を吸收する.

흡수-력 (吸收力) 〈명〉 吸收力.

흡수 스펙트럼 (吸收 spectrum) 〈명〉〈物理〉 吸收スペクトル.

흡수-제 (吸收劑) 〈명〉 吸收劑.

흡수-합병 (吸收合倂) [-쑤-뼝] 〈명〉 (会社の)吸收合倂.

흡습-성 (吸濕性) [-씁썽] 〈명〉 吸濕性.

흡습-제 (吸濕劑) [-씁쩨] 〈명〉 吸濕劑.

흡연 (吸煙) 〈명〉〈하여〉 喫煙. ⇒끽연(喫煙).

흡연-석 (吸煙席) 〈명〉 喫煙席.

흡연-자 (吸煙者) 〈명〉 喫煙者.

흡음 (吸音) 〈명〉 吸音.

흡음-재 (吸音材) 〈명〉 吸音材.

흡인 (吸引) 〈명〉〈하여〉 吸引.

흡인-력 (吸引力) [-녁] 〈명〉 吸引力.

흡입 (吸入) 〈명〉〈하여〉 吸入; 吸い込むこと.

흡입-기 (吸入器) [-끼] 〈명〉 吸入器.

흡족-하다 (洽足-) [-쪼카-] 〈형〉〈하여〉 滿足している; 滿ち足りている; 十分だ. ∥일이 계획대로 진행되어 흡족하다 仕事が計画通り進んで滿足している. 몸

은 피곤하지만 마음은 흡족하다 体は疲れるけれども心は滿ち足りている. 흡족-히

흡착 (吸着) 〈명〉〈하여〉 吸着.

흡혈 (吸血) [흐펼] 〈명〉〈하여〉 吸血.

흡혈-귀 (吸血鬼) 〈명〉 吸血鬼.

흥¹ (興) /hɯŋ/ 〈명〉 興; 興趣. ∥흥이 나서 춤을 추다 興に乗って踊る. 흥을 돋구다 興をそそる. 흥이 깨지다 興ざめる; 興ざめする.

흥² (興) 喜あかむ時の音: ちん. ∥흥 하고 코를 풀다 鼻をかむ.

흥³ (興) 〈감〉 ❶不滿・軽視などの気持ちを表わす語: ふん; やい; うきうきしい. ∥흥 하고 콧방귀를 끼다 ふん, と鼻先であしらう. 흥, 어림없는 소리다 ふん, とんでもないことだ. ❷興に乗った時に発する声: ふうん; ふうむ.

흥건-하다 [흥껀-] 〈형〉〈하여〉 (水や汗などが)いっぱいだ; たくさんたまっている. ∥바닥에 물이 흥건하다 床が水浸しになっている. 등줄기에 땀이 흥건하다 背中が汗ばむだ. 흥건-히

흥-겹다 (興-) [-따] 〈형〉〈ㅂ変〉 興に乗って楽しい; うきうきしい. ∥흥겹게 놀고 있다 楽しく遊んでいる. 흥겨이

흥망 (興亡) 〈명〉 興亡. ∥민족의 흥망 民族の興亡.

흥망성쇠 (興亡盛衰) 〈명〉〈-/-에〉 榮枯盛衰(盛衰).

흥미 (興味) /hɯŋmi/ 〈명〉 興味. ∥공부에는 흥미가 없다 勉強には興味がない. 새로운 일에 흥미를 느끼다 新しい仕事に興味を覚える. 영어에 흥미를 잃다 英語に興味をなくす. 남의 일에는 전혀 흥미가 없다 人のことには全く興味がない.

흥미-롭다 (興味-) [-따] 〈형〉〈ㅂ変〉 興味深い. ∥흥미로운 문제 興味深い問題.

흥미진진 (興味津津) 〈명〉〈형〉 興味津々.

흥분 (興奮) /hɯŋbun/ 〈명〉〈자〉 興奮. ∥흥분 상태 興奮狀態. 흥분을 가라앉히다 興奮を鎮める. 흥분해서 잠을 잘 수가 없다 興奮して眠れない. 사소한 일에도 곧잘 흥분하다 ちょっとしたことにもすぐ興奮する.

흥분-제 (興奮劑) 〈명〉 興奮劑.

흥신-소 (興信所) 〈명〉 興信所.

흥얼-거리다 [-대다] 〈자〉 ❶口ずさむ. ∥유행가를 흥얼거리다 歌謠曲を口ずさむ. ❷ぶつぶつつぶやく.

흥얼-흥얼 〈부〉〈하여〉 何かをしきりにつぶやく様子: ふんふんと; ふがふが. ∥흥을 흥얼 콧노래를 부르다 ふんふんと鼻歌を歌う.

흥이야-항이야 〈부〉〈하여〉 関係のないことに口出しをする様子.

흥정 〈명〉〈하여〉 取引; 値段の交涉; 駆け引き. ∥가격을 흥정하다 値段の交涉を

흥진비래 する。흥정을 잘하다 駆け引きがうまい。흥정을 붙이다 仲立ちをする。▶흥정은 붙이고 싸움은 말리랬다 (諺) 「話し合いは取りもちも, けんかはやめさせよ」の意で) 良い事は勧め悪い事はやめさせよ。

흥정-꾼 仲立ち人; 仲介者。

흥진비래 (興盡悲來) 名 (「楽しいことが尽きると悲しいことが来る」の意で) 世の中のことはめぐりめぐること。

흥청-거리다[-대다] 自 気の向くままに遊びほうける; ぶらぶらする; ふらつく。

흥청-망청 副 金をむやみやたらに使う様子: じゃぶじゃぶ。∥돈을 흥청망청 쓰다 金をじゃぶじゃぶ使う。

흥취 (興趣) 名 興趣(きょう)。∥흥취를 돋구다 興趣をそそる。

흥-하다 (興-) 自 形 (한)興る。(한)망하다(亡-)。∥시계 산업이 흥한 나라 時計産業が興った国。

흥행 (興行) 名 興行。∥흥행에 성공하다 興行に成功する。흥행 수입 興行収入。

흥흥 副 相手の話を軽んじて出す鼻声: ふんふん; ふんふん。

흥흥-거리다 自 鼻歌を歌う。

흩-날리다[흗-] 自他 飛び散る; 舞い散る; ちらつく。∥바람에 꽃잎이 흩날리다 風で花びらが舞い散る。

흩다[흗따] 他 散らかす; 散らす。

흩-뜨리다[흗-] 他 散らかす; 乱す。

흩-뿌리다[흗-] 自他 (雨·雪などが) ぱらつかす; 降り散らす。

흩어-지다 /huthədʑida/ 自 散らばる; 散る。∥선풍기 바람에 책상 위에 있던 자료들이 흩어졌다 扇風機の風で机の上の資料が散らばる。친구가 전국에 흩어져 있다 友人が全国に散らばっている。

흩-트리다[흗-] 他 =흩뜨리다。

희곡 (戯曲) [히-] 名 戯曲。∥희곡 작가 劇作家。

희구 (希求) [히-] 名 形 他 求求。∥자유와 평화를 희구하다 自由と平和を希求する。

희귀-하다 (稀貴-) [히-] 形 (하변) 非常に珍しい。∥희귀한 보석 珍しい宝石。희귀하여 생긴 둘 珍しい形をした石。

희극 (喜劇) [히-] 名 喜劇。(한) 비극 (悲劇)。∥희극 배우 喜劇俳優。

희극-적 (喜劇的) [히-적] 名 喜劇的。(한) 비극적 (悲劇的)。

희끄무레-하다 [히끄-] 形 (하변) ほの白い; 薄明るい。∥희끄무레한 새벽 하늘 白い夜明けの空。

희끗-거리다 [히끋꺼-] 自 白い色がちらちらと見える。

희끗-희끗 [히끋히끋] 副 (하변) ところどころ白く; 点々と白く。∥머리가 희끗희끗하다 髪の毛がところどころ白い; ごま塩頭だ。

희다 /hida/ [히-] 形 白い; 色白だ。(한)검다。∥흰 종이 白い紙。흰 테이블보 白いテーブルクロス。흰 구름 白い雲。얼굴이 희다 顔が色白だ。

희대 (稀代) [히-] 名 稀代。∥희대의 살인자 稀代の殺人者。

희뜩-희뜩 [히뜩끼-] 副 (하변) 白いものが点々と混ざって見える様子。

희로애락 (喜怒哀樂) [히-] 名 喜怒哀楽。

희롱 (戯弄) [히-] 名 (하변) 戯弄(ぎろう); 冷やかすこと; 弄ぶこと。∥지나가는 여자를 희롱하다 通りがかりの女性を冷やかす。**희롱-당하다** 受動。

희롱-조 (戯弄調) [히-조] 名 ふざけた調子。희롱조의 말투 ふざけた口の利き方。

희망 (希望) /himaŋ/ [히-] 名 (하변) 希望; 夢。(한) 절망 (絶望)。∥희망을 품다 希望をいだく。희망에 찬 미래 希望に満ちた未来。희망이 이루어지다 希望がかなえられる。장래의 희망이 무엇입니까? 将来の夢は何ですか。

희망-자 (希望者) 名 希望者。

희망-적 (希望的) 名 希望的。∥희망적인 관측 希望的な観測。

희미-하다 (稀微-) /himihada/ [히-] 形 (하변) かすかだ; ほのかだ; ぼんやりしている。∥희미한 기억 かすかな記憶。희미한 불빛 かすかな光。희미하게 보이다 ほのかに見える。

희미해-지다 (稀微-) [히-] 自 (記憶などが) 薄らぐ; かすんでくる; かすかになる。∥기억이 희미해지다 記憶が薄らぐ。

희박-하다 (稀薄-) [히바카-] 形 (하변) 希薄だ; 薄い; 乏しい。∥도덕 관념이 극히 희박하다 道徳観念が非常に希薄だ。이번 계획은 성공할 가능성이 희박하다 今回の計画は成功する可能性が薄い。

희비 (喜悲) [히-] 名 悲喜。∥희비가 엇갈리다 悲喜こもごも至る。

희비-극 (喜悲劇) [히-] 名 悲喜劇。

희비-쌍곡선 (喜悲雙曲線) [히-썬] 名 悲喜こもごも。∥희비쌍곡선을 그리다 悲喜こもごもだ。

희-뿌옇다 [히-여타] 形 (하변) ぼうっと白い; かすむ。∥안개 때문에 눈앞이 희뿌옇다 霧のため目の前がかすむ。

희사 (喜捨) [히-] 名 (하변) 喜捨。
희사-금 (喜捨金) 名 喜捨金。

희색 (喜色) [히-] 名 喜色。∥희색이 만면하다 喜色満面だ。

희생 (犠牲) /hisen/ [히-] 名 (하변) 犠牲。∥전 생애를 희생하다 全生涯を犠牲にする。희생을 치르다 犠牲を払う。

희생-물 (犠牲物) 名 犠牲者; いけにえ。

희생-양 (犠牲羊) [히-냥] 名 犠牲

姉;いけにえ. ∥時代の犠牲 時代の犠牲者.

희생-자(犠牲者)【희-】 图 犠牲者. ∥전쟁의 희생자가 되다 戦争の犠牲者となる.

희생-타(犠牲打)【희-】 图 (野球で)犠牲打;犠打.

희생-플라이(犠牲 fly)【희-】 图 (野球で)犠牲フライ.

희석(稀釋)【희-】[하타] 希釈.

희소(稀少)【희-】 图 希少.

희소-가치(稀少價値)【희-】 图 希少価値. ∥희소가치가 있는 물건 希少価値のあるもの.

희소-성(稀少性)【희-】 图 希少性.

희-소식(喜消息)【희-】 图 朗報;吉報;喜ばしい知らせ. ∥희소식을 접하다 朗報に接する.

희수¹(稀壽)【희-】 图 古希. ÷70歳の別称.

희수²(喜壽)【희-】 图 喜寿. ÷77歳の別称.

희어【희-】 形 희다(白い)の連用形.

희열(喜悦)【희-】[하타] 喜悦. ∥희열을 느끼다 喜悦を覚える.

희한-하다(稀罕-)/hihanhada/【희-】 形【하게】 非常に珍しい;ごくまれだ. 変わっている;変だ. ∥희한한 꿈을 꾸다 変な夢を見る. 희한한 발상 変わった発想.

희화(戲畫)【희-】 图《美術》戯画;カリカチュア.

희희【히히】 副【하타】 せせら笑いの声;ひひ;ヘヘ.

희희-낙락(喜喜樂樂)【히히낭낙】 [하타] 喜び楽しむこと. ∥희희낙락하다 嬉々として戯れる.

흰【흰】 形 희다(白い)の現在連体形.

흰-개미【흰-】 图〈昆虫〉シロアリ(白蟻).

흰-고무신【흰-】 图 白いゴム靴.

흰-곰【흰-】 图〈動物〉シロクマ(白熊);ホッキョクグマ(北極熊).

흰-나비【흰-】《昆虫》白い蝶類の総称.

흰-머리【흰-】 图 白髪. ∥흰머리가 생기다 白髪が生える. 흰머리가 희끗희끗 보이다 白髪がところどころ見える. 흰머리를 뽑다 白髪を抜く[拔く].

흰-색(-色)【흰-】 图 白;白色.

흰-소리【흰-】 图[하타] 大言. ∥흰소리 치다 大言を吐く.

흰-쌀【흰-】 图 白米. ⓢ백미(白米).

흰-옷【히녿】 图 白い衣装.

흰-자【흰-】 图 흰자위의略語.

흰-자위【흰-】 图 ❶(卵の)白身. ⓢ흰자. ㉠노른자위. ❷白目(眼球の白い部分). ⓢ검은자위.

흰-죽(-粥)【흰-】 图 白米の粥(ㄱ).

흰-쥐【흰-】 图〈動物〉シロネズミ(白鼠).

흰-콩【흰-】 图 白っぽい豆の総称.

-히¹/hi/ 接尾 〔一部の形容詞の語幹に付いて〕副詞を作る. ∥조용히 하세요 静かにしてください. 솔직히 말하다 率直に話す.

-히²/hi/ 接尾 〔一部の動詞・形容詞の語幹に付いて〕❶使役動詞を作る: …(さ)せる. ∥앞자리에 앉히다 前の席に座らせる. 책을 읽히다 本を読ませる. ❷受身動詞を作る: …(ら)れる. ∥발을 밟히다 足を踏まれる. 멱살을 잡히다 胸ぐらをつかまれる.

히드라(Hydra ラ)图〈動物〉ヒドラ.

히든-카드(hidden card)图 切り札.

히득-거리다[-꺼-]图 ひどく目まいがする.

히득-히득[히드키-] 圖[하타] ひどく目まいがする様子.

히로뽕(←philopon 日)图 ヒロポン.

히말라야-삼나무(Himalaya 杉-)图《植物》ヒマラヤスギ(-杉).

히비스커스(hibiscus) 图《植物》ハイビスカス.

히스테리(Hysterie ド)图《医学》ヒステリー. ∥히스테리를 일으키다[부리다] ヒステリーを起こす.

히스테릭-하다(hysteric-)[-리카-] 形【하게】ヒステリックだ. ∥히스테릭한 목소리 ヒステリックな声. 히스테릭하게 소리를 지르다 ヒステリックに叫ぶ.

히스패닉(Hispanic) 图 ヒスパニック.

히아신스(hyacinth) 图《植物》ヒヤシンス.

히읗【-읃】 图 ハングルの子音字母「ㅎ」の名称.

히죽-거리다[-때다] 图[-꺼-[때]] にやにや笑う;にやにやしている;にやつく. ∥텔레비전을 보며 히죽거리다 テレビを見ながらにやにやする.

히죽-히죽[-주키-] 圖 にやにや(と);にたにた(と).

히쭉-히쭉[-쭈키-] 圖 =히죽히죽. ∥혼자서 히쭉히쭉 웃고 있다 1人でにたにたと笑っている.

히치하이크(hitchhike) 图[하타] ヒッチハイク.

히터(heater) 图 ヒーター. ∥히터를 켜다 ヒーターをつける. 팬히터 ファンヒーター.

히트(hit) 图[하타] ヒット. ❶(野球で)安打. ∥히트를 치다 ヒットを放つ. ❷(映画などに)当たり. ∥영화가 대히트를 쳤다 映画が大ヒットした.

히트-송(hit song) 图 ヒットソング;ヒット曲.

히트-앤드-런(hit and run) 图 (野球で)ヒットエンドラン.

히프(hip) 图 ヒップ.

히피 (hippie) 圏 ヒッピー.
　히피-족 (-族) 圏 ヒッピー.
히히 凰 せせら笑いの声: ひひ(と), へへ(と).
　히히-거리다 圓 ひひと笑う; へへと笑う.
히힝 凰 馬の鳴き声: ひひーん.
　히힝-거리다 圓 馬がひひーんと鳴く.
힌두-교 (Hindu 教) 圏 (宗敎) ヒンズー教.
힌트 (hint) 圏 ヒント. ‖힌트를 주다 ヒントを与える.
힐 (heel) 圏 ❶ ヒール. ❷ ハイヒールの略語. ‖힐을 신었더니 다리가 아프다 ハイヒールを履いたので足が痛い.
힐끔 (허크) 凰 ちらっと. ‖뒤를 힐끔 돌아보다 後をちらっと振り返る. 소리가 나는 쪽을 힐끔 쳐다보다 音がする方をちらっと見る. **힐끔-힐끔** 凰 ちらちら(と). ‖힐끔힐끔 눈치를 보다 ちらちら様子をうかがう.
　힐끔-거리다 圓 しきりにちらちら見る. ‖시계를 힐끔거리다 時計をしきりにちらちら見る.
힐끗 {-끋} 凰 (허크) じろり(と). ‖인상이 나쁜 남자가 힐끗 쳐다보았다 人相の悪い男が人にじろりと見られた. **힐끗-힐끗** 凰
힐난 {-난} [-란] (詰難) 圏 (허크) 詰難.
힐문 (詰問) 圏 (허크) 詰問.
힐책 (詰責) 圏 (허크) 詰責; 詰問. ‖잘못을 힐책하다 過ちを詰問する. **힐책-당하다** 受動
힘 /him/ 圏 ❶ 力. ‖힘이 세다 力が強い. 약 힘으로 버티다 藥の力で持ちこたえる. 바람의 힘 風の力. 힘의 균형 力の均衡. 힘이 있는 문제 力強い文体. 불쌍한 아이들의 힘이 되다 恵まれない子どもたちの力になる. ❷ 頼り. ‖장남이 힘이 되다 長男が頼りになっている. ❸ 權力. ‖힘 있는 사람이 큰소리 치는 사회 權力を握っている人が大言を吐く社会. ❹ 暴力. ‖힘으로 해결하다 暴力で解決する.
힘-겹다 {-따} [ㅂ変] 凰 力に余る; 手に余る. ‖힘겨운 일 力に余る仕事. 힘겨운 투병 生活 耐え難い鬪病生活.
힘-껏 {-걷} 凰 力の限り; 力いっぱい. ‖공을 힘껏 던지다 ボールを力いっぱい投げる. 힘껏 달리다 力いっぱいたっ走る. 힘껏 소리를 지르다 精いっぱい声を張り上げる. 힘껏 노력하다 力の限り努力する.
힘-나다 圓 力が出る; 力がわく. ‖힘나는 말 한마디 力の出る一言.

힘-내다 圓 力を出す; 頑張る. ‖힘내 일하다 頑張って働く.
힘-닿다 圓 力が及ぶ. ‖아이들을 힘닿는 데까지 公敎시키다 子どもたちを力の及ぶ限り敎育する. 힘닿는 데까지 노력하다 力の及ぶ限り努力する. 힘닿는 대로 도와주다 できる限り援助する.
힘-들다 /himdulda/ 圓 [ㄹ語幹] 힘들어, 힘든다, 힘든] ❶ 力が要る. ‖힘드는 일이라서 남자가 필요하다 力の要る仕事なので男手が必要だ. ❷ 大變だ; 苦しい; きつい. ‖일이 힘들다 仕事がきつい. 살기가 힘들다 生活が苦しい. 힘든 나날 大變な日々. ❸ 難しい; …難い. ‖취직하기가 힘들다 就職が難しい. 납득하기가 힘들다 納得し難い.
힘-들이다 圓 努力する; 頑張る. ‖힘들여 번 돈 頑張って稼いだお金.
힘-세다 凰 力强い; 力持ちだ. ‖힘센 남자 力持ちの男.
힘-쓰다 /him͈suda/ 圓 [으変] [힘써, 힘쓰는] ❶ 力を出す. ❷ 努力する; 精を出す; 頑張る; 力を注ぐ. ‖環境 運動에 힘쓰다 環境運動に力を注ぐ. ❸ 手助けする; 盡力する.
힘-없다 {히멉따} 凰 ❶ 力がない; 元氣がない. ❷ 無能だ; (立場が)弱い. ‖힘없는 자의 서러움 弱い立場の者の悲しみ.
　힘없-이 凰 힘없이 대답하다 力なく答える.
힘-입다 {-닙따} 凰 人の助けを受ける; 力を得る; あずかる. ‖응원에 힘입다 応援に力を得る. 격려에 힘입다 激勵にあずかる.
힘-있다 {히믿따} 凰 ❶ 力がある. ❷ 實權がある.
힘-자라다 圓 力が及ぶ. ‖힘자라는 대로 돕겠습니다 力の及ぶ限り手助けいたします.
힘-주다 圓 力を込める; 力を入れる; 强調する. ‖어깨에 힘주다 肩に力を入れる. 힘주어 말하다 强調して話す.
힘-줄 {-쭐} 圏 (解剖) 腱(けん); 筋. ‖어깨 힘줄을 다치다 肩の筋を痛める.
힘줌-말 圏 强調語; 意味などを强めて言う語.
힘-차다 凰 力强い; 元氣だ. ‖발걸음이 힘차다 足どりが力强い. 밝고 힘찬 목소리 明るく힘찬 声. 힘차게 노래하다 元氣よく歌う.
힙합 (hiphop) 圏 (音樂) ヒップホップ.
힝 凰 强く鼻をかむ音: ちん. ‖힝 하고 코를 풀다 ちんと鼻をかむ. **힝-힝** 凰

韓日辞典付録

韓国の祝祭日 ………………… 901
行政区域名 …………………… 902
政府組織図 …………………… 906
韓国の姓 ……………………… 907
親族名称 ……………………… 909
ハングルとIPA(国際音声記号) ‥ 910
ハングルとローマ字表記 …… 912
重要助詞一覧 ………………… 913
主要助数詞一覧 ……………… 916
正則・変則活用表 …………… 918
重要動詞・形容詞活用表 …… 922

● 韓国の祝祭日 (휴일)

신정(新正) 1月1日 正月
설날 旧暦1月1日 旧正月 ✤前後合わせて3日
삼일절(三一節) 3月1日 三一節 ✤1919年3月1日の独立運動の記念日
어린이날 5月5日 子どもの日
석가 탄신일(釋迦誕辰日) 旧暦4月8日 釈迦誕生日
현충일(顯忠日) 6月6日 顕忠日 ✤国家のために命を捧げた人の忠誠を記念する日
광복절(光復節) 8月15日 光復節 ✤日本の植民統治から解放されたことを記念する日
추석(秋夕) 旧暦8月15日 秋夕 ✤前後合わせて3日
개천절(開天節) 10月3日 開天節 ✤建国記念日
성탄절(聖誕節) 12月25日 聖誕節(クリスマス)

● 行政区域名

大韓民国

서울 특별시	서울特別市	ソウルトゥクピョルシ	Seoul
강남구	江南區	ガンナム	Gangnam-gu
강동구	江東區	ガンドング	Gangdong-gu
강북구	江北區	ガンブク	Gangbuk-gu
강서구	江西區	ガンソグ	Gangseo-gu
관악구	冠岳區	グヮナク	Gwanak-gu
광진구	廣津區	グヮンジング	Gwangjin-gu
구로구	九老區	グログ	Guro-gu
금천구	衿川區	グムチョング	Geumcheon-gu
노원구	蘆原區	ノウォング	Nowon-gu
도봉구	道峰區	ドボング	Dobong-gu
동대문구	東大門區	ドンデムング	Dongdaemun-gu
동작구	銅雀區	ドンジャク	Dongjak-gu
마포구	麻浦區	マポグ	Mapo-gu
서대문구	西大門區	ソデムング	Seodaemun-gu
서초구	瑞草區	ソチョグ	Seocho-gu
성동구	城東區	ソンドング	Seongdong-gu
성북구	城北區	ソンブクク	Seongbuk-gu
송파구	松坡區	ソンパグ	Songpa-gu
양천구	陽川區	ヤンチョング	Yangcheon-gu
영등포구	永登浦區	ヨンドゥンポグ	Yeongdeungpo-gu
용산구	龍山區	ヨンサング	Yongsan-gu
은평구	恩平區	ウンピョング	Eunpyeong-gu
종로구	鍾路區	ジョンノグ	Jongno-gu
중구	中區	ジュング	Jung-gu
중랑구	中浪區	ジュンナング	Jungnang-gu
부산 광역시	釜山廣域市	プサン グヮンヨクシ	Busan
강서구	江西區	ガンソグ	Gangseo-gu
금정구	金井區	グムジョング	Geumjeong-gu
남구	南區	ナムグ	Nam-gu
동구	東區	ドング	Dong-gu
동래구	東萊區	ドンネグ	Dongnae-gu
부산진구	釜山鎭區	プサンジング	Busanjin-gu
북구	北區	ブク	Buk-gu
사상구	沙上區	ササング	Sasang-gu
사하구	沙下區	サハグ	Saha-gu
서구	西區	ソグ	Seo-gu
수영구	水營區	スヨング	Suyeong-gu
연제구	蓮堤區	ヨンジェグ	Yeonje-gu
영도구	影島區	ヨンドグ	Yeongdo-gu
중구	中區	ジュング	Jung-gu
해운대구	*海雲臺區*	ヘウンデグ	Haeundae-gu
인천 광역시	仁川廣域市	インチョン グヮンヨクシ	Incheon
계양구	桂陽區	ゲヤング	Gyeyang-gu
남구	南區	ナムグ	Nam-gu
남동구	南洞區	ナムドング	Namdong-gu
동구	東區	ドング	Dong-gu
부평구	富平區	ブピョング	Bupyeong-gu
서구	西區	ソグ	Seo-gu
중구	中區	ジュング	Jung-gu

行政区域名

대구 광역시	大邱廣域市	デグ グヮンヨクシ	Daegu
남구	南區	ナムグ	Nam-gu
달서구	達西區	ダルソグ	Dalseo-gu
동구	東區	ドング	Dong-gu
북구	北區	ブク	Buk-gu
서구	西區	ソグ	Seo-gu
수성구	壽城區	スソング	Suseong-gu
중구	中區	ジュング	Jung-gu
광주 광역시	光州廣域市	グヮンジュ グヮンヨクシ	Gwangju-si
광산구	光山區	グヮンサング	Gwangsan-gu
남구	南區	ナムグ	Nam-gu
동구	東區	ドング	Dong-gu
북구	北區	ブク	Buk-gu
서구	西區	ソグ	Seo-gu
대전 광역시	大田廣域市	デジョン グヮンヨクシ	Daejeon
대덕구	大德區	デドク	Daedeok-gu
동구	東區	ドング	Dong-gu
서구	西區	ソグ	Seo-gu
유성구	儒城區	ユソング	Yuseong-gu
중구	中區	ジュング	Jung-gu
울산 광역시	蔚山廣域市	ウルサン グヮンヨクシ	Ulsan
남구	南區	ナムグ	Nam-gu
동구	東區	ドング	Dong-gu
북구	北區	ブク	Buk-gu
중구	中區	ジュング	Jung-gu
경기도	京畿道	ギョンギド	Gyeonggi-do
고양시	高陽市	ゴヤンシ	Goyang-si
부천시	富川市	ブチョンシ	Bucheon-si
성남시	城南市	ソンナムシ	Seongnam-si
수원시	水原市	スウォンシ	Suwon-si
안양시	安養市	アニャンシ	Anyang-si
안산시	安山市	アンサンシ	Ansan-si
용인시	龍仁市	ヨンインシ	Yongin-si
과천시	果川市	グヮチョンシ	Gwacheon-si
광명시	光明市	グヮンミョンシ	Gwangmyeong-si
광주시	廣州市	グヮンジュシ	Gwangju-si
구리시	九里市	グリシ	Guri-si
군포시	軍浦市	グンポシ	Gunpo-si
김포시	金浦市	ギムポシ	Gimpo-si
남양주시	南楊州市	ナミャンジュシ	Namyangju-si
동두천시	東豆川市	ドンドゥチョンシ	Dongducheon-si
시흥시	始興市	シフンシ	Siheung-si
안성시	安城市	アンソンシ	Anseong-si
양주시	楊州市	ヤンジュシ	Yangju-si
오산시	烏山市	オサンシ	Osan-si
의왕시	儀旺市	ウィワンシ	Uiwang-si
의정부시	議政府市	ウィジョンブシ	Uijeongbu-si
이천시	利川市	イチョンシ	Icheon-si
파주시	坡州市	パジュシ	Paju-si
평택시	平澤市	ピョンテクシ	Pyeongtaek-si
포천시	抱川市	ポチョンシ	Pocheon-si
하남시	河南市	ハナムシ	Hanam-si

行政区域名			
화성시	華城市	フヮソンシ	Hwaseong-si
강원도	江原道	ガンウォンド	Gangwon-do
강릉시	江陵市	ガンヌンシ	Gangneung-si
동해시	東海市	ドンヘシ	Donghae-si
삼척시	三陟市	サムチョクシ	Samcheok-si
속초시	束草市	ソクチョシ	Sokcho-si
원주시	原州市	ウォンジュシ	Wonju-si
춘천시	春川市	チュンチョンシ	Chuncheon-si
태백시	太白市	テベクシ	Taebaek-si
충청북도	忠清北道	チュンチョンブクト	Chungcheongbuk-do
제천시	堤川市	ジェチョンシ	Jecheon-si
청주시	清州市	チョンジュシ	Cheongju-si
충주시	忠州市	チュンジュシ	Chungju-si
충청남도	忠清南道	チュンチョンナムド	Chungcheongnam-do
계룡시	鶏龍市	グリョンシ	Gyeryong-si
공주시	公州市	ゴンジュシ	Gongju-si
논산시	論山市	ノンサンシ	Nonsan-si
보령시	保寧市	ボリョンシ	Boryeong-si
서산시	瑞山市	ソサンシ	Seosan-si
아산시	牙山市	アサンシ	Asan-si
천안시	天安市	チョナンシ	Cheonan-si
전라북도	全羅北道	ジョルラブクト	Jeollabuk-do
군산시	群山市	グンサンシ	Gunsan-si
김제시	金堤市	ギムジェシ	Gimje-si
남원시	南原市	ナムォンシ	Namwon-si
익산시	益山市	イクサンシ	Iksan-si
전주시	全州市	ジョンジュシ	Jeonju-si
정읍시	井邑市	ジョウプシ	Jeongeup-si
전라남도	全羅南道	ジョルラナムド	Jeollanam-do
광양시	光陽市	グヮンヤンシ	Gwangyang-si
나주시	羅州市	ナジュシ	Naju-si
목포시	木浦市	モクポシ	Mokpo-si
순천시	順天市	スンチョンシ	Suncheon-si
여수시	麗水市	ヨスシ	Yeosu-si
경상북도	慶尚北道	ギョンサンブクト	Gyeongsangbuk-do
경산시	慶山市	ギョンサンシ	Gyeongsan-si
경주시	慶州市	ギョンジュシ	Gyeongju-si
구미시	亀尾市	グミシ	Gumi-si
김천시	金泉市	ギムチョンシ	Gimcheon-si
문경시	聞慶市	ムンギョンシ	Mungyeong-si
상주시	尚州市	サンジュシ	Sangju-si
안동시	安東市	アンドンシ	Andong-si
영주시	榮州市	ヨンジュシ	Yeongju-si
영천시	永川市	ヨンチョンシ	Yeongcheon-si
포항시	浦項市	ポハンシ	Pohang-si
경상남도	慶尚南道	ギョンサンナムド	Gyeongsangnam-do
거제시	巨濟市	ゴジェシ	Geoje-si
김해시	金海市	ギムヘシ	Gimhae-si
마산시	馬山市	マサンシ	Masan-si
밀양시	密陽市	ミリャンシ	Miryang-si
사천시	泗川市	サチョンシ	Sacheon-si
양산시	梁山市	ヤンサンシ	Yangsan-si

行政区域名

진주시	晋州市	ジンジュシ	Jinju-si
진해시	鎭海市	ジンヘシ	Jinhae-si
창원시	昌原市	チャンウォンシ	Changwon-si
통영시	統營市	トンヨンシ	Tongyeong-si
제주도	濟州道	ジェジュド	Jeju-do
서귀포시	西歸浦市	ソグィポシ	Seogwipo-si
제주시	濟州市	ジェジュシ	Jeju-si

朝鮮民主主義人民共和国(北朝鮮)

평양 직할시	平壤直轄市	ピョンヤン ジカルシ	Pyongyang
평안남도	平安南道	ピョンアンナムド	Pyongannam-do
남포 특급시	南浦特級市	ナムポトゥックプシ	Nampho
개천시	价川市	ゲチョンシ	Gaechon-si
덕천시	德川市	ドクチョンシ	Tokchon-si
순천시	順川市	スンチョンシ	Suncheon-si
안주시	安州市	アンジュシ	Anju-si
평성시	平城市	ピョンソンシ	Pyongsong-si
평안북도	平安北道	ピョンアンブクト	Pyonganbuk-do
구성시	龜城市	グソンシ	Gusong-si
신의주시	新義州市	シンウィジュシ	Sinuiju-si
정주시	定州市	ジョンジュシ	Jeongju-si
자강도	慈江道	ジャガンド	Chagang-do
강계시	江界市	ガンゲシ	Kanggye-si
만포시	滿浦市	マンポシ	Manpo-si
신의주시	新義州市	シンウィジュシ	Sinuiju-si
량강도	兩江道	リャンガンド	Ryanggang-do
혜산시	惠山市	ヘサンシ	Hyesan-si
황해남도	黃海南道	フヮンヘナムド	Hwanghaenam-do
해주시	海州市	ヘジュシ	Haeju-si
황해북도	黃海北道	フヮンヘブクト	Hwanghaebuk-do
개성 특급시	開城特級市	ゲソン トゥクプシ	Kaesong
송림시	松林市	ソンリムシ	Songrim-si
사리원시	沙里院市	サリウォンシ	Sariwon-si
강원도	江原道	ガンウォンド	Gangwon-do
문천시	文川市	ムンチョンシ	Munchon-si
원산시	元山市	ウォンサンシ	Wonsan-si
함경남도	咸鏡南道	ハムギョンナムド	Hamgyongnam-do
단천시	端川市	ダンチョンシ	Tanchon-si
신포시	新浦市	シンポシ	Sinpo-si
함흥시	咸興市	ハムフンシ	Hamhung-si
함경북도	咸鏡北道	ハムギョンブクト	Hamgyongbuk-do
라선 특급시	羅先特級市	ラソン トゥクプシ	Rason
김책시	金策市	ギムチェクシ	Kimchaek-si
청진시	淸津市	チョンジンシ	Chongjin-si
회령시	會寧市	フェリョンシ	Hoeryong-si

● 政府組織図

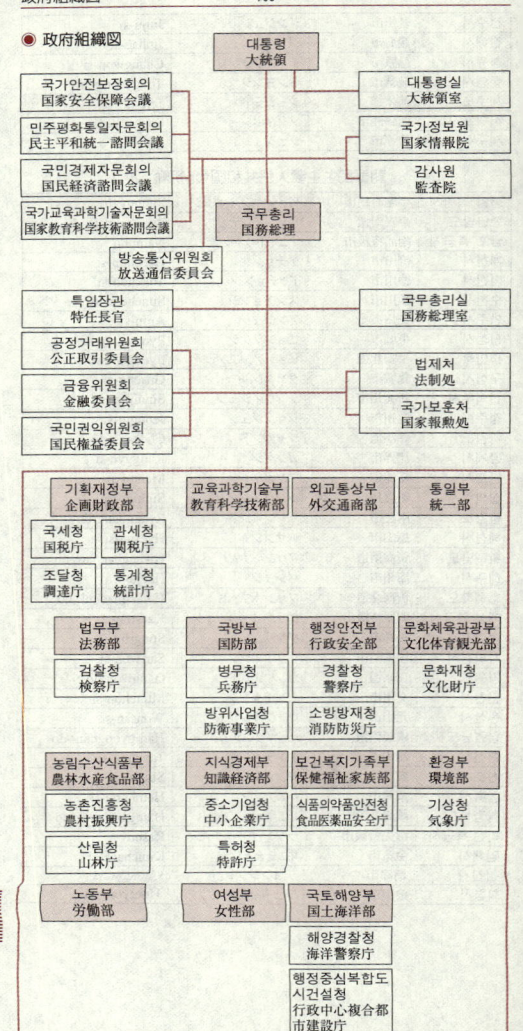

- 대통령 / 大統領
  - 대통령실 / 大統領室
  - 국가정보원 / 國家情報院
  - 감사원 / 監査院

- 국가안전보장회의 / 國家安全保障会議
- 민주평화통일자문회의 / 民主平和統一諮問会議
- 국민경제자문회의 / 國民経済諮問会議
- 국가교육과학기술자문회의 / 國家教育科学技術諮問会議

- 국무총리 / 國務総理
  - 방송통신위원회 / 放送通信委員会
  - 국무총리실 / 國務総理室
  - 특임장관 / 特任長官
  - 공정거래위원회 / 公正取引委員会
  - 금융위원회 / 金融委員会
  - 국민권익위원회 / 國民権益委員会
  - 법제처 / 法制処
  - 국가보훈처 / 國家報勲処

- 기획재정부 / 企画財政部
  - 국세청 / 國税庁
  - 관세청 / 関税庁
  - 조달청 / 調達庁
  - 통계청 / 統計庁
- 교육과학기술부 / 教育科学技術部
- 외교통상부 / 外交通商部
- 통일부 / 統一部

- 법무부 / 法務部
  - 검찰청 / 検察庁
- 국방부 / 國防部
  - 병무청 / 兵務庁
  - 방위사업청 / 防衛事業庁
- 행정안전부 / 行政安全部
  - 경찰청 / 警察庁
  - 소방방재청 / 消防防災庁
- 문화체육관광부 / 文化体育観光部
  - 문화재청 / 文化財庁

- 농림수산식품부 / 農林水産食品部
  - 농촌진흥청 / 農村振興庁
  - 산림청 / 山林庁
- 지식경제부 / 知識経済部
  - 중소기업청 / 中小企業庁
  - 특허청 / 特許庁
- 보건복지가족부 / 保健福祉家族部
  - 식품의약품안전청 / 食品医薬品安全庁
- 환경부 / 環境部
  - 기상청 / 気象庁

- 노동부 / 労働部
- 여성부 / 女性部
- 국토해양부 / 國土海洋部
  - 해양경찰청 / 海洋警察庁
  - 행정중심복합도시건설청 / 行政中心複合都市建設庁

付録

● 韓国の姓　(統計庁 2000 年の調査による)

가(賈)	ガ	노(路)	ロ	복(卜)	ボク
간(簡)	ガン	뇌(雷)	ヌェ	봉(奉)	ボン
갈(葛)	ガル	뇌(賴)	ヌェ	봉(鳳)	ボン
감(甘)	ガム	누(樓)	ヌ	부(夫)	ブ
강(姜)	ガン	단(段)	ダン	부(傅)	ブ
강(康)	ガン	단(單)	ダン	비(丕)	ビ
강(彊)	ガン	단(端)	ダン	빈(賓)	ビン
강(强)	ガン	담(譚)	ダム	빈(彬)	ビン
강(剛)	ガン	당(唐)	ダン	빙(冰)	ビン
강전(岡田)	ガンジョン	대(大)	デ	빙(氷)	ビン
개(介)	ゲ	도(都)	ド	사(史)	サ
견(甄)	ギョン	도(陶)	ド	사(舍)	サ
견(堅)	ギョン	도(道)	ド	사(謝)	サ
경(慶)	ギョン	독고(獨孤)	ドクコ	사공(司空)	サゴン
경(景)	ギョン	돈(頓)	ドン	삼(森)	サム
경(京)	ギョン	돈(敦)	ドン	삼(杉)	サム
계(桂)	ゲ	동(董)	ドン	상(尙)	サン
고(高)	ゴ	동방(東方)	ドンバン	서(徐)	ソ
곡(曲)	ゴク	두(杜)	ドウ	서(西)	ソ
공(孔)	ゴン	두(頭)	ドゥ	서문(西門)	ソムン
공(公)	ゴン	마(馬)	マ	석(石)	ソク
곽(郭)	グヮク	마(麻)	マ	석(昔)	ソク
교(橋)	ギョ	만(萬)	マン	선(宣)	ソン
구(具)	グ	망절(網切)	マンジョル	선우(鮮于)	ソヌウ
구(丘)	グ	매(梅)	メ	설(薛)	ソル
구(邱)	グ	맹(孟)	メン	설(偰)	ソル
국(鞠)	グク	명(明)	ミョン	섭(葉)	ソプ
국(國)	グク	모(牟)	モ	성(成)	ソン
국(菊)	グク	모(毛)	モ	성(星)	ソン
군(君)	グン	목(睦)	モク	소(蘇)	ソ
궁(弓)	グン	묘(苗)	ミョ	소(邵)	ソ
궉(鴌)	グォク	묵(墨)	ムク	소봉(小峰)	ソボン
권(權)	グォン	문(文)	ムン	손(孫)	ソン
근(斤)	グン	미(米)	ミ	송(宋)	ソン
금(琴)	グム	민(閔)	ミン	송(松)	ソン
기(奇)	ギ	박(朴)	バク	수(水)	ス
기(箕)	ギ	반(潘)	バン	수(洙)	ス
길(吉)	ギル	반(班)	バン	순(荀)	スン
김(金)	ギム	방(方)	バン	순(淳)	スン
나(羅)	ナ	방(房)	バン	순(舜)	スン
난(欒)	ナン	방(邦)	バン	순(順)	スン
남(南)	ナム	방(龐)	バン	승(承)	スン
남궁(南宮)	ナムグン	배(裵)	ベ	승(昇)	スン
낭(浪)	ナン	백(白)	ベク	시(施)	シ
내(乃)	ネ	범(范)	ボム	시(柴)	シ
내(奈)	ネ	범(凡)	ボム	신(申)	シン
노(盧)	ノ	변(卞)	ビョン	신(辛)	シン
노(魯)	ノ	변(邊)	ビョン	신(愼)	シン

신(愼) シン	육(陸) ユク	채(采) チェ
심(沈) シム	윤(尹) ユン	천(千) チョン
십 シプ	은(殷) ウン	천(天) チョン
아(阿) ア	음(陰) ウム	초(楚) チョ
안(安) アン	이(李) イ	초(肖) チョ
애(艾) エ	이(異) イ	초(初) チョ
야(夜) ヤ	이(伊) イ	최(崔) チュェ
양(梁) ヤン	인(印) イン	추(秋) チュ
양(楊) ヤン	임(林) イム	추(鄒) チュ
양(樑) ヤン	임(任) イム	춘(椿) チュン
양(襄) ヤン	자(慈) ザ	탁(卓) タク
어(魚) オ	장(張) ジャン	탄(彈) タン
어금(魚金) オグム	장(蔣) ジャン	태(太) テ
엄(嚴) オム	장(章) ジャン	판(判) パン
여(呂) ヨ	장(莊) ジャン	팽(彭) ペン
여(余) ヨ	장곡(長谷) ザンゴク	편(片) ピョン
여(汝) ヨ	저(邸) ジョ	편(編) ピョン
연(延) ヨン	전(全) ジョン	평(平) ピョン
연(燕) ヨン	전(田) ジョン	포(包) ポ
연(連) ヨン	전(錢) ジョン	표(表) ピョ
염(廉) ヨム	점(占) ジョム	풍(馮) プン
엽(葉) ヨプ	정(鄭) ジョン	피(皮) ピ
영(永) ヨン	정(丁) ジョン	필(弼) ピル
영(榮) ヨン	정(程) ジョン	하(河) ハ
영(影) ヨン	제(諸) ジェ	하(夏) ハ
예(芮) イェ	제(齊) ジェ	학 ハク
예(乂) イェ	제갈(諸葛) ジェガル	한(韓) ハン
오(吳) オ	조(趙) ジョ	한(漢) ハン
옥(玉) オク	조(曹) ジョ	함(咸) ハム
온(溫) オン	종(種) ジョン	해(海) ヘ
옹(邕) オン	종(宗) ジョン	허(許) ホ
옹(雍) オン	좌(左) ジュワ	현(玄) ヒョン
왕(王) ワン	주(朱) ジュ	형(邢) ヒョン
요(姚) ヨ	주(周) ジュ	호(鼠) ホ
용(龍) ヨン	준(俊) ジュン	호(胡) ホ
우(禹) ウ	즙(汁) ジュプ	호(鎬) ホ
우(于) ウ	증(增) ジュン	홍(洪) ホン
우(宇) ウ	증(曾) ジュン	화(化) フワ
운(雲) ウン	지(池) ジ	환(桓) フワン
운(芸) ウン	지(智) ジ	황(黃) フワン
원(元) ウォン	진(陳) ジン	황보(皇甫) フワンボ
원(袁) ウォン	진(秦) ジン	후(候) フ
원(苑) ウォン	진(晋) ジン	후(后) フ
위(魏) ウィ	진(眞) ジン	흥(興) フン
위(韋) ウィ	차(車) チャ	
유(柳) ユ	창(昌) チャン	
유(劉) ユ	창(倉) チャン	
유(兪) ユ	채(蔡) チェ	
유(庾) ユ	채(菜) チェ	

親族名称

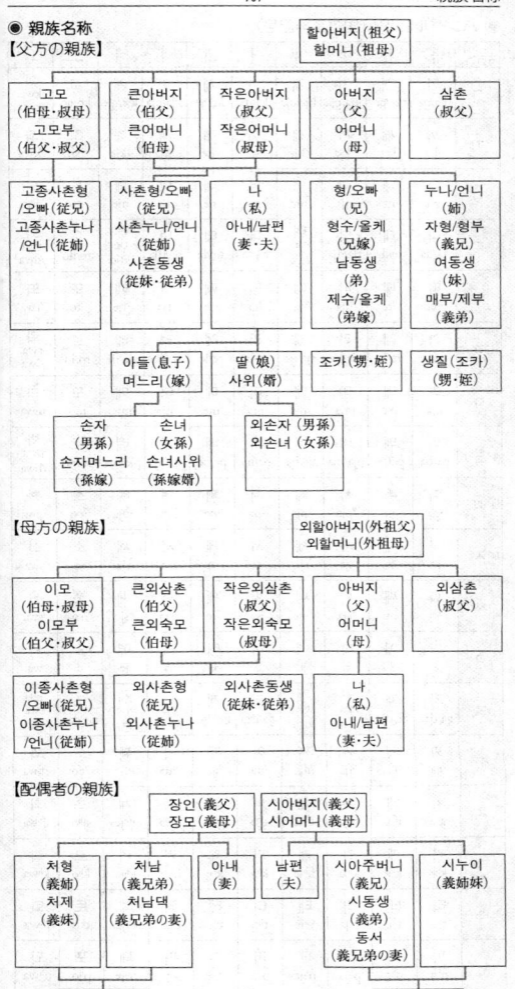

● 親族名称

【父方の親族】

- 할아버지(祖父) / 할머니(祖母)
  - 고모(伯母・叔母) / 고모부(伯父・叔父)
    - 고종사촌형/오빠(従兄)
    - 고종사촌누나/언니(従姉)
  - 큰아버지(伯父) / 큰어머니(伯母)
    - 사촌형/오빠(従兄)
    - 사촌누나/언니(従姉)
    - 사촌동생(従妹・従弟)
  - 작은아버지(叔父) / 작은어머니(叔母)
    - 나(私) 아내/남편(妻・夫)
      - 아들(息子) / 며느리(嫁)
      - 딸(娘) / 사위(婿)
        - 손자(男孫) / 손자며느리(孫嫁)
        - 손녀(女孫) / 손녀사위(孫嫁婿)
      - 외손자(男孫)
      - 외손녀(女孫)
  - 아버지(父) / 어머니(母)
    - 형/오빠(兄)
    - 형수/올케(兄嫁)
    - 남동생(弟)
    - 제수/올케(弟嫁)
    - 누나/언니(姉)
    - 자형/형부(義兄)
    - 여동생(妹)
    - 매부/제부(義弟)
    - 조카(甥・姪)
    - 생질(조카)(甥・姪)
  - 삼촌(叔父)

【母方の親族】

- 외할아버지(外祖父) / 외할머니(外祖母)
  - 이모(伯母・叔母) / 이모부(伯父・叔父)
    - 이종사촌형/오빠(従兄)
    - 이종사촌누나/언니(従姉)
  - 큰외삼촌(伯父) / 큰외숙모(伯母)
    - 외사촌형(従兄)
    - 외사촌누나(従姉)
  - 작은외삼촌(叔父) / 작은외숙모(叔母)
    - 외사촌동생(従妹・従弟)
  - 아버지(父) / 어머니(母)
    - 나(私) 아내/남편(妻・夫)
  - 외삼촌(叔父)

【配偶者の親族】

- 장인(義父) / 장모(義母)
- 시아버지(義父) / 시어머니(義母)
  - 처형(義姉) / 처제(義妹)
  - 처남(義兄弟) / 처남댁(義兄弟の妻)
  - 아내(妻)
  - 남편(夫)
  - 시아주버니(義兄) / 시동생(義弟) / 동서(義兄弟の妻)
  - 시누이(義姉妹)
    - 처조카(甥・姪)
    - 조카(甥・姪)

● ハングルとIPA(国際音声記号)

子音\母音	ㅏ	ㅐ	ㅑ	ㅒ	ㅓ	ㅔ	ㅕ	ㅖ	ㅗ	ㅘ
ㄱ	가 ka/ga	개 kɛ/gɛ	갸 kja/gja	걔 kjɛ/gjɛ	거 kɔ/gɔ	게 ke/ge	겨 kjɔ/gjɔ	계 kje/gje	고 ko/go	과 kwa/gwa
ㄲ	까 ʔka	깨 ʔkɛ	꺄 ʔkja	꺠 ʔkjɛ	꺼 ʔkɔ	께 ʔke	껴 ʔkjɔ	꼐 ʔkje	꼬 ʔko	꽈 ʔkwa
ㄴ	나 na	내 nɛ	냐 nja	냬 njɛ	너 nɔ	네 ne	녀 njɔ	녜 nje	노 no	놔 nwa
ㄷ	다 ta/da	대 tɛ/dɛ	댜 tja/dja	댸 tjɛ/djɛ	더 tɔ/dɔ	데 te/de	뎌 tjɔ/djɔ	뎨 tje/dje	도 to/do	돠 twa/dwa
ㄸ	따 ʔta	때 ʔtɛ	땨 ʔtja	떄 ʔtjɛ	떠 ʔtɔ	떼 ʔte	뗘 ʔtjɔ	뗴 ʔtje	또 ʔto	똬 ʔtwa
ㄹ	라 ra/la	래 rɛ/lɛ	랴 rja/lja	럐 rjɛ/ljɛ	러 rɔ/lɔ	레 re/le	려 rjɔ/ljɔ	례 rje/lje	로 ro/lo	롸 rwa/lwa
ㅁ	마 ma	매 mɛ	먀 mja	먜 mjɛ	머 mɔ	메 me	며 mjɔ	몌 mje	모 mo	뫄 mwa
ㅂ	바 pa/ba	배 pɛ/bɛ	뱌 pja/bja	뱨 pjɛ/bjɛ	버 pɔ/bɔ	베 pe/be	벼 pjɔ/bjɔ	볘 pje/bje	보 po/bo	봐 pwa/bwa
ㅃ	빠 ʔpa	빼 ʔpɛ	뺘 ʔpja	뺴 ʔpjɛ	뻐 ʔpɔ	뻬 ʔpe	뼈 ʔpjɔ	뼤 ʔpje	뽀 ʔpo	뽜 ʔpwa
ㅅ	사 sa	새 sɛ	샤 sja	섀 sjɛ	서 sɔ	세 se	셔 sjɔ	셰 sje	소 so	솨 swa
ㅆ	싸 ʔsa	쌔 ʔsɛ	쌰 ʔsja	썌 ʔsjɛ	써 ʔsɔ	쎄 ʔse	쎠 ʔsjɔ	쎼 ʔsje	쏘 ʔso	쏴 ʔswa
ㅇ	아 a	애 ɛ	야 ja	얘 jɛ	어 ɔ	에 e	여 jɔ	예 je	오 o	와 wa
ㅈ	자 tʃa/dʒa	재 tʃɛ/dʒɛ	쟈 tʃja/dʒja	쟤 tʃjɛ/dʒjɛ	저 tʃɔ/dʒɔ	제 tʃe/dʒe	져 tʃjɔ/dʒjɔ	졔 tʃje/dʒje	조 tʃo/dʒo	좌 tʃwa/dʒwa
ㅉ	짜 ʔtʃa	째 ʔtʃɛ	쨔 ʔtʃja	쨰 ʔtʃjɛ	쩌 ʔtʃɔ	쩨 ʔtʃe	쪄 ʔtʃjɔ	쪠 ʔtʃje	쪼 ʔtʃo	쫘 ʔtʃwa
ㅊ	차 tʃʰa	채 tʃʰɛ	챠 tʃʰja	챼 tʃʰjɛ	처 tʃʰɔ	체 tʃʰe	쳐 tʃʰjɔ	쳬 tʃʰje	초 tʃʰo	촤 tʃʰwa
ㅋ	카 kʰa	캐 kʰɛ	캬 kʰja	컈 kʰjɛ	커 kʰɔ	케 kʰe	켜 kʰjɔ	켸 kʰje	코 kʰo	콰 kʰwa
ㅌ	타 tʰa	태 tʰɛ	탸 tʰja	턔 tʰjɛ	터 tʰɔ	테 tʰe	텨 tʰjɔ	톄 tʰje	토 tʰo	톼 tʰwa
ㅍ	파 pʰa	패 pʰɛ	퍄 pʰja	퍠 pʰjɛ	퍼 pʰɔ	페 pʰe	펴 pʰjɔ	폐 pʰje	포 pʰo	퐈 pʰwa
ㅎ	하 ha	해 hɛ	햐 hja	햬 hjɛ	허 hɔ	헤 he	혀 hjɔ	혜 hje	호 ho	화 hwa

(912頁の注1〜4)参照)

ㅙ	ㅚ	ㅛ	ㅜ	ㅝ	ㅞ	ㅟ	ㅠ	ㅡ	ㅢ	ㅣ
괘 kwɛ /gwɛ	괴 kwe /gwe	교 kjo /gjo	구 ku/gu	궈 kwɔ /gwɔ	궤 kwe /gwe	귀 kwi /gwi	규 kju /gju	그 kɯ /gɯ	긔 kɯi /gɯi	기 ki/gi
꽤 ʔkwɛ	꾀 ʔkwe	꾜 ʔkjo	꾸 ʔku	꿔 ʔkwɔ	꿰 ʔkwe	뀌 ʔkwi	뀨 ʔkju	끄 ʔkɯ	끠 ʔkɯi	끼 ʔki
놰 nwɛ	뇌 nwe	뇨 njo	누 nu	눠 nwɔ	눼 nwe	뉘 nwi	뉴 nju	느 nɯ	늬 nɯi	니 ni
돼 twɛ /dwɛ	되 twe /dwe	됴 tjo/djo	두 tu/du	둬 twɔ /dwɔ	뒈 twe /dwe	뒤 twi /dwi	듀 tju /dju	드 tɯ /dɯ	듸 tɯi /dɯi	디 ti/di
뙈 ʔtwɛ	뙤 ʔtwe	뚀 ʔtjo	뚜 ʔtu	뚸 ʔtwɔ	뛔 ʔtwe	뛰 ʔtwi	뜌 ʔtju	뜨 ʔtɯ	띄 ʔtɯi	띠 ʔti
래 rwɛ /lwɛ	뢰 rwe /lwe	료 rjo/ljo	루 ru/lu	뤄 rwɔ /lwɔ	뤠 rwe /lwe	뤼 rwi /lwi	류 rju /lju	르 rɯ/lɯ	릐 rɯi /lɯi	리 ri/li
왜 mwɛ	뫼 mwe	묘 mjo	무 mu	뭐 mwɔ	뭬 mwe	뮈 mwi	뮤 mju	므 mɯ	믜 mɯi	미 mi
봬 pwɛ /bwɛ	뵈 pwe /bwe	뵤 pjo /bjo	부 pu/bu	붜 pwɔ /bwɔ	붸 pwe /bwe	뷔 pwi /bwi	뷰 pju /bju	브 pɯ /bɯ	븨 pɯi /bɯi	비 pi/bi
뽸 ʔpwɛ	뾔 ʔpwe	뾰 ʔpjo	뿌 ʔpu	뿨 ʔpwɔ	뿨 ʔpwe	쀠 ʔpwi	쀼 ʔpju	쁘 ʔpɯ	쁴 ʔpɯi	삐 ʔpi
쇄 swɛ	쇠 swe	쇼 sjo	수 su	숴 swɔ	쉐 swe	쉬 swi	슈 sju	스 sɯ	싀 swi	시 ɕi
쐐 ʔswɛ	쐬 ʔswe	쑈 ʔsjo	쑤 ʔsu	쒀 ʔswɔ	쒜 ʔswe	쒸 ʔswi	쓔 ʔsju	쓰 ʔsɯ	씌 ʔsɯi	씨 ʔɕi
왜 wɛ	외 we	요 jo	우 u	워 wɔ	웨 we	위 wi	유 ju	으 ɯ	의 ɯi	이 i
좨 tʃwɛ /dʒwɛ	죄 tʃwe /dʒwe	죠 tʃjo /dʒjo	주 tʃu /dʒu	줘 tʃwɔ /dʒwɔ	줴 tʃwe /dʒwe	쥐 tʃwi /dʒwi	쥬 tʃju /dʒju	즈 tʃɯ /dʒɯ	즤 tʃɯi /dʒɯi	지 tɕi/dʑi
쫴 ʔtʃwɛ	쬐 ʔtʃwe	쬬 ʔtʃjo	쭈 ʔtʃu	쭤 ʔtʃwɔ	쮀 ʔtʃwe	쮜 ʔtʃwi	쮸 ʔtʃju	쯔 ʔtʃɯ	쯰 ʔtʃɯi	찌 ʔɕi
쵀 tʃʰwɛ	최 tʃʰwe	쵸 tʃʰjo	추 tʃʰu	춰 tʃʰwɔ	췌 tʃʰwe	취 tʃʰwi	츄 tʃʰju	츠 tʃʰɯ	츼 tʃʰɯi	치 tʃʰi
쾌 kʰwɛ	쾨 kʰwe	쿄 kʰjo	쿠 kʰu	쿼 kʰwɔ	퀘 kʰwe	퀴 kʰwi	큐 kʰju	크 kʰɯ	킈 kʰɯi	키 kʰi
퇘 tʰwɛ	퇴 tʰwe	툐 tʰjo	투 tʰu	퉈 tʰwɔ	퉤 tʰwe	튀 tʰwi	튜 tʰju	트 tʰɯ	틔 tʰɯi	티 tʰi
퐤 pʰwɛ	푀 pʰwe	표 pʰjo	푸 pʰu	풔 pʰwɔ	풰 pʰwe	퓌 pʰwi	퓨 pʰju	프 pʰɯ	픠 pʰɯi	피 pʰi
홰 hwɛ	회 hwe	효 hjo	후 hu	훠 hwɔ	훼 hwe	휘 hwi	휴 hju	흐 hɯ	희 hɯi	히 çi

注1) 19種の子音字母と21種の母音字母を組み合わせた文字は399種になるが、実際にはそのすべての文字を使用するわけではない.

注2) ㄱ, ㄷ, ㅂ, ㅈの系列(平音)は、語頭では無声音、語中では有声音で発音する. この表では、k/gのように表記する.

注3) 終声(音節末子音)のIPA表記の例:
낙/nak/, 난/nan/, 낟/nat/, 날/nal/, 남/nam/, 납/nap/, 낭/naŋ/.

注4) ㄹは、語頭では/r/で、語末では/l/で発音する. ㄹが重なるときは/ll/で発音する.

● ハングルとローマ字表記

1. 母音字

ㅏ	ㅐ	ㅑ	ㅒ	ㅓ	ㅔ	ㅕ	ㅖ	ㅗ	ㅘ	ㅙ
a	ae	ya	yae	eo	e	yeo	ye	o	wa	wae

ㅚ	ㅛ	ㅜ	ㅝ	ㅞ	ㅟ	ㅠ	ㅡ	ㅢ	ㅣ
oe	yo	u	wo	we	wi	yu	eu	ui	i

2. 子音字

ㄱ	ㄲ	ㄴ	ㄷ	ㄸ	ㄹ	ㅁ	ㅂ	ㅃ	ㅅ
g/k	kk	n	d/t	tt	r/l	m	b/p	pp	s

ㅆ	ㅇ	ㅈ	ㅉ	ㅊ	ㅋ	ㅌ	ㅍ	ㅎ
ss	ng	j	jj	ch	k	t	p	h

注1) この表は、2000年に改正された韓国のローマ字表記法に拠っている.

注2) 長母音は表記しない.

注3) ㄱ, ㄷ, ㅂは、母音の前ではg, d, bで、子音の前または語末ではk, t, pで表記する.

注4) ㄹは、母音の前ではrで、子音の前または語末ではlで表記する. ㄹが重なるときはllで表記する.

注5) 終声(音節末子音)のローマ字表記の例:
낙 nak, 난 nan, 낟 nat, 날 nal, 남 nam, 납 nap, 낭 nang.

● 重要助詞一覧

까지	〔限度・到達点〕まで	서울까지 가는 열차를 탔습니다. ソウルまで行く列車に乗りました. 학교까지 한 시간 걸립니다. 学校まで1時間かかります.
께	〔尊敬〕に	선생님께 드릴 선물을 사러 갑니다. 先生に差し上げるプレゼントを買いに行きます.
께서	〔尊敬〕が	할머니께서 보내 주신 옷입니다. おばあさんが送ってくださった服です.
께서는	〔尊敬〕は	할머니께서는 서울에 살고 계십니다. おばあさんはソウルに住んでいらっしゃいます.
도	〔追加〕も	커피도 좋아합니다. コーヒーも好きです
마다	〔繰り返し〕ごとに・たびに	아침마다 우유를 한 잔 마십니다. 毎朝牛乳を1杯飲みます.
마저	さえ・まで	생활비마저 떨어졌습니다. 生活費さえ底をつきました.
만	〔限定〕だけ・ばかり	둘이서만 이야기하고 싶어요. 2人だけで話したいです. 언제나 화만 내고 있다. いつも怒ってばかりいる.
만큼	ほど・くらい	이만큼은 먹을 수 있습니다. これくらいは食べられます.
밖에	〔限定〕しか	참가자가 열 명밖에 없다. 参加者が10人しかいない.
보다	〔比較〕より	영화가 생각했던 것보다 재미있었다. 映画が思ったより面白かった.
부터	〔始まり・起点〕から	두 시부터 시합이 시작됩니다. 2時から試合が始まります. 아침부터 비가 오고 있다. 朝から雨が降っている.
뿐	〔限定〕だけ・のみ・ばかり	내가 가진 것은 이것뿐이다. 私が持っているのはこれだけである.
에	〔場所・時間〕に・で	지금 도서관에서 공부하고 있다. 今図書館で勉強している. 금요일 오후 두 시에 만나자. 金曜日の午後2時に会おう.
	〔動作主〕に	취재진들에 둘러싸이다. 取材陣に囲まれる.
에게	〔相手〕に	후배에게 아르바이트를 소개하다. 後輩にアルバイトを紹介する. 친구에게 편지를 보내다. 友だちに手紙を送る.
	〔動作主〕に	사람들에게 떠밀려 밖으로 나오다. 人に押され外に出る.
에게서	〔動作主〕から	김 선생님에게서 한국어를 배우고 있다. 金先生から韓国語を習っている.
에다(가)	〔場所〕に	아까 그 편지 어디에다 두었니? さっきのあの手紙, どこに置いたの?

에다(가)	〔追加〕に	치킨에다가 피자까지 먹었다.
		チキンにピザまで食べた.
에서	〔場所〕で	백화점에서 선물을 샀습니다.
		デパートでプレゼントを買いました.
		부산에서 국제 영화제가 열린다.
		釜山で国際映画祭が開かれる.
	〔始まり・起点〕から・を	서울에서 동경까지 약 두 시간 걸린다.
		ソウルから東京まで約2時間かかる.
		아침 여덟 시에 집에서 나왔어요.
		朝8時に家を出ました.
에서부터	から	학교에서부터 걸어왔어요.
		学校から歩いてきました.
에의	〔方向〕への	해외 시장에의 진출
		海外マーケットへの進出
와 / 과	〔並列〕と	빵과 우유
		パンと牛乳
	〔相手〕と	역에서 남동생과 만나다.
		駅で弟と会う.
	〔同伴〕と	남자 친구와 영화를 보러 가다.
		彼氏と映画を見に行く.
(으)로	〔方向・変化・資格〕に・へ	도서관으로 가다.
		図書館へ行く.
		카페가 꽃집으로 바뀌다.
		カフェが花屋に変わる.
		국가 대표 선수로 뽑히다.
		国家代表選手に選ばれる.
(으)로서	〔資格・条件〕として	인생의 선배로서 존경하는 분입니다.
		人生の先輩として尊敬する方です.
		학생으로서 해야 할 일
		学生としてやるべきこと
(으)로부터	〔主体〕から	선배로부터 들은 이야기입니다.
		先輩から聞いた話です.
		선생님으로부터 칭찬받았습니다.
		先生からほめられました.
은 / 는	〔主題・取り立て〕は	오늘은 제 생일입니다.
		今日は私の誕生日です.
		한국의 수도는 서울이다.
		韓国の首都はソウルである.
		그 사람은 유명한 배우는 아니다.
		彼は有名な俳優ではない.
을 / 를	〔対象〕を	밤늦게까지 술을 마시다.
		夜遅くまで酒を飲む.
		한국어를 공부하고 있습니다.
		韓国語を勉強しています.
	〔対象〕が	나는 가을을 좋아한다.
		私は秋が好きだ.
		지금 몇 시인지 시간을 모르겠다.
		今何時なのか時間が分からない.

重要助詞一覧

을/를	[相手・対象]に	친구를 만나다. 友だちに会う. 전철을 타다. 電車に乗る.
	[目的]に	여행을 가다. 旅行に行く.
의	[所有・所属]の	어머니의 반지 母の指輪 아이들의 꿈 子どもたちの夢 한국의 경제 문제 韓国の経済問題
이/가	[主体]が・は	친구가 학생 식당에서 기다리고 있다. 友だちが学食で待っている. 국회 도서관이 어디에 있어요? 国会図書館はどこにありますか?
	[変化する結果]に	신문 기자가 되고 싶습니다. 新聞記者になりたいです.
(이)나	[選択]でも・か	커피나 마시자. コーヒーでも飲もう.
	[提示]も	케이크를 한꺼번에 세 개나 먹었다. ケーキを一度に3個も食べた.
(이)나마	[選択]でも	잠시나마 쉬고 하자. ちょっとだけでも休んでからやろう.
(이)든지	[選択]でも	누구든지 할 수 있는 일 誰でもできる仕事
(이)라도	[選択]でも	밥이 없으니까 빵이라도 먹을래? ご飯がないからパンでも食べる? 심심하니까 비디오라도 볼래? 退屈だからビデオでも見る?
(이)서	[動作主]で	일요일에는 혼자서 음악을 들으며 커피를 마신다. 日曜日は1人で音楽を聴きながらコーヒーを飲む. 둘이서 빗속을 걸어가고 있습니다. 2人で雨の中を歩いています.
(이)자	[二つの資格]であり	대학 교수자 작가인 친한 친구가 있습니다. 大学の教授であり作家でもある親友がいます.
조차	[限定]さえ・すら	상상조차 할 수 없는 일이 일어났다. 想像すらできないことが起きた.
처럼	[比喩]のように	눈처럼 희다. 雪のように白い.
하고	[同伴]と	언니하고 쇼핑을 가다. 姉と買い物に行く.
한테	[相手]に	시디를 여동생한테 주다. CDを妹にあげる. 모기한테 물리다. 蚊に刺される.
한테서	[動作主]から	친구한테서 받은 선물 友だちからもらったプレゼント

● 主要助数詞一覧

가닥	〔細長いもの〕本	실 한 가닥	糸1本
가마	俵	쌀 열 가마	米10俵
갑(匣)	箱	담배 세 갑	タバコ3箱
개(個)	個	사과 열두 개	リンゴ12個
		돌멩이 다섯 개	小石5個
	〔椅子〕脚	의자 세 개	椅子3脚
	〔お椀〕客	밥그릇 다섯 개	お碗5客
개비	〔ばらのもの〕本	담배 한 개비	タバコ1本
		성냥 세 개비	マッチ棒3本
걸음[발]	歩	한 걸음[발]	1歩
공기(空器)	膳	밥 두 공기	ご飯2膳
권(卷)	冊	책 일곱 권	本7冊
		공책 다섯 권	ノート5冊
그루	株	나무 네 그루	木4株
끼	食	밥 한 끼	1食
닢	枚	동전 한 닢	硬貨1枚
다발	束	장미꽃 한 다발	バラの花1束
단	〔薪・野菜〕束	시금치 한 단	ホウレンソウ1束
달	か月	두 달	2か月
대	〔注射〕本	주사 세 대	注射3本
대(臺)	〔車両・機械〕台	차 열 대	車10台
		텔레비전 백 대	テレビ100台
		비행기 세 대	飛行機3台
대	〔げんこつ〕	주먹으로 한 대	げんこつ1発
	〔カルビ〕	갈비 세 대	カルビ3本
동(棟)	棟	건물 다섯 동	建物5棟
뙈기	〔ごく狭い土地〕	밭 한 뙈기	ごく狭い畑
마리	頭	젖소 오백 마리	乳牛500頭
		코끼리 한 마리	象1頭
		나비 세 마리	チョウ3頭
	匹	개 한 마리	犬1匹
		고양이 두 마리	猫2匹
	〔魚〕尾	고등어 여덟 마리	サバ8尾
	〔鳥・ウサギ〕羽	참새 다섯 마리	スズメ5羽
		닭 천 마리	鶏1000羽
명(名)	名	축구 선수 열한 명	サッカー選手11名
모	丁	두부 두 모	豆腐2丁
바퀴	周	운동장 세 바퀴	グラウンド3周
방(放)	発	총 한 방	銃1発
번(番)	〔機会〕回	해외여행 여섯 번	海外旅行6回
벌	着	양복 한 벌	背広1着
		여름옷 세 벌	夏服3着
	〔ズボン〕本	바지 두 벌	ズボン2本
병(瓶)	本	소주 열두 병	焼酎12本
봉지(封紙)	袋	과자 일곱 봉지	お菓子7袋
부(部)	部	팸플릿 열 부	パンフレット10部
		신문 다섯 부	新聞5部
분	様	손님 네 분	4名様

主要助数詞一覧

사람	人	어른 두 사람	大人2人
사발(沙鉢)	〔どんぶり〕杯	물 한 사발	水1杯
살	〔年〕歳	마흔다섯 살	45歳
손	〔魚〕2尾	조기 한 손	イシモチ2尾
송이	輪・本	장미 한 송이	バラ1輪
		장미 백 송이	バラ100本
	〔ブドウ〕房	포도 세 송이	ブドウ3房
수(手)	〔囲碁・将棋〕手	한 수	1手
수(首)	首	한시 한 수	漢詩1首
알	錠	알약 백 알	錠剤100錠
올	本	실 한 올	糸1本
		머리카락 한 올	髪の毛1本
자(字)	字	한 자, 두 자	1字, 2字
	文字	글자 세 자	3文字
자루	本	연필 열두 자루	鉛筆12本
		부엌칼 한 자루	包丁1本
잔(盞)	杯	소주 다섯 잔	焼酎5杯
		맥주 세 잔	ビール3杯
장(張)	枚	종이 스무 장	紙20枚
		봉투 서른 장	封筒30枚
		김 열 장	海苔10枚
장	〔墓〕基	무덤 두 장	墓2基
접	〔野菜・果物〕100個	배추 한 접	白菜100株
		마늘 한 접	ニンニク100個
접시	〔料理〕皿	낙지볶음 한 접시	イイダコ炒め1皿
정(挺)	挺(チョウ)	소총 세 정	小銃3挺
줄기	筋	빛 한 줄기	一筋の光
채	〔一軒屋〕軒	집 한 채	家1軒
	〔マンション〕戸	맨션 한 채	マンション1戸
	〔布団〕組	이불 세 채	布団3組
척(隻)	隻	배 스물두 척	船22隻
칸(←間)	間	방 한 칸	一間の部屋
켤레	足	운동화 한 켤레	運動靴1足
		양말 일곱 켤레	靴下7足
톨	粒	밤 서른 톨	栗30粒
		쌀 한 톨	米1粒
톳	100枚	김 한 톳	海苔100枚
통	個	수박 다섯 통	スイカ5個
통(通)	〔手紙・メール〕通	편지 세 통	手紙3通
		메일 마흔 통	メール40通
통화(通話)	〔回数〕通話	전화 한 통화	電話1通話
판(判)	〔囲碁〕局	바둑 세 판	囲碁3局
편(篇)	本	한국 영화 다섯 편	韓国映画5本
폭(幅)	幅	그림 한 폭	絵1幅

正則・変則活用表

● 正則・変則活用表　　注 1) ＝ は基本形と同じ形であることを表わす.

区分	基本形	丁寧体 -ㅂ니다/-습니다	会話体 -아요/-어요	現在 常体 -ㄴ다/-는다
母音語幹 (正則)	가다 行く	갑니다	가요	간다
	마시다 飲む	마십니다	마셔요	마신다
	사다 買う	삽니다	사요	산다
子音語幹 (正則)	먹다 食べる	먹습니다	먹어요	먹는다
	받다 受ける・もらう	받습니다	받아요	받는다
	입다 着る	입습니다	입어요	입는다
ㄹ(리을)語幹	놀다 遊ぶ	놉니다	놀아요	논다
	만들다 作る	만듭니다	만들어요	만든다
	흔들다 揺する・振る	흔듭니다	흔들어요	흔든다
ㄷ(디귿)変則	걷다 歩く	걷습니다	걸어요	걷는다
	듣다 聞く	듣습니다	들어요	듣는다
	묻다 聞く・尋ねる	묻습니다	물어요	묻는다
러変則	누르다 黄色い	누릅니다	누르러요	＝ 注 1)
	이르다 着く・至る	이릅니다	이르러요	이른다
	푸르다 青い	푸릅니다	푸르러요	＝
르変則	빠르다 速い・早い	빠릅니다	빨라요	＝
	서두르다 急ぐ	서두릅니다	서둘러요	서두른다
	자르다 切る	자릅니다	잘라요	자른다
ㅂ(비읍)変則	돕다 手伝う	돕습니다	도와요	돕는다
	맵다 辛い	맵습니다	매워요	＝
	시끄럽다 うるさい	시끄럽습니다	시끄러워요	＝
ㅅ(시옷)変則	긋다 (線を)引く	긋습니다	그어요	긋는다
	낫다 治る	낫습니다	나아요	낫는다
	짓다 建てる・作る	짓습니다	지어요	짓는다
우変則	푸다 汲む・すくう	풉니다	퍼요	푼다
으変則	끄다 消す	끕니다	꺼요	끈다
	나쁘다 悪い	나쁩니다	나빠요	＝
	쓰다 苦い	씁니다	써요	＝
ㅎ(히읗)変則	부옇다 ぼやけている	부옇습니다	부예요	＝
	빨갛다 赤い	빨갛습니다	빨개요	＝
	파랗다 青い	파랗습니다	파래요	＝
하変則	말하다 言う・話す	말합니다	말해요	말한다
	일하다 働く	일합니다	일해요	일한다
	좋아하다 好きだ・好む	좋아합니다	좋아해요	좋아한다

正則・変則活用表

注 2) * は活用形がないことを表わす. (920 頁に続く)

		過去			
連体形 -는 動 -ㄴ/-은 形	連用形 -아 /-어	丁寧体 -았습니다 /-었습니다	会話体 -았어요 /-었어요	常体 -았다 /-었다	連体形 (動詞のみ) -ㄴ /-은
가는	가	갔습니다	갔어요	갔다	간
마시는	마셔	마셨습니다	마셨어요	마셨다	마신
사는	사	샀습니다	샀어요	샀다	산
먹는	먹어	먹었습니다	먹었어요	먹었다	먹은
받는	받아	받았습니다	받았어요	받았다	받은
입는	입어	입었습니다	입었어요	입었다	입은
노는	놀아	놀았습니다	놀았어요	놀았다	논
만드는	만들어	만들었습니다	만들었어요	만들었다	만든
흔드는	흔들어	흔들었습니다	흔들었어요	흔들었다	흔든
걷는	걸어	걸었습니다	걸었어요	걸었다	걸은
듣는	들어	들었습니다	들었어요	들었다	들은
묻는	물어	물었습니다	물었어요	물었다	물은
누른	누르러	누르렀습니다	누르렀어요	누르렀다	* 注 2)
이르는	이르러	이르렀습니다	이르렀어요	이르렀다	이른
푸른	푸르러	푸르렀습니다	푸르렀어요	푸르렀다	*
빠른	빨라	빨랐습니다	빨랐어요	빨랐다	*
서두르는	서둘러	서둘렀습니다	서둘렀어요	서둘렀다	서두른
자르는	잘라	잘랐습니다	잘랐어요	잘랐다	자른
돕는	도와	도왔습니다	도왔어요	도왔다	도운
매운	매워	매웠습니다	매웠어요	매웠다	*
시끄러운	시끄러워	시끄러웠습니다	시끄러웠어요	시끄러웠다	*
긋는	그어	그었습니다	그었어요	그었다	그은
낫는	나아	나았습니다	나았어요	나았다	나은
짓는	지어	지었습니다	지었어요	지었다	지은
푸는	퍼	펐습니다	펐어요	펐다	푼
끄는	꺼	껐습니다	껐어요	껐다	끈
나쁜	나빠	나빴습니다	나빴어요	나빴다	*
쓴	써	썼습니다	썼어요	썼다	*
부연	부예	부옜습니다	부옜어요	부옜다	*
빨간	빨개	빨갰습니다	빨갰어요	빨갰다	*
파란	파래	파랬습니다	파랬어요	파랬다	*
말하는	말해	말했습니다	말했어요	말했다	말한
일하는	일해	일했습니다	일했어요	일했다	일한
좋아하는	좋아해	좋아했습니다	좋아했어요	좋아했다	좋아한

正則・変則活用表

区分	基本形	過去 回想 -던	未来 連体形 -ㄹ/-을	仮定(すれば) -면 /-으면
母音語幹 (正則)	가다 行く	가던	갈	가면
	마시다 飲む	마시던	마실	마시면
	사다 買う	사던	살	사면
子音語幹 (正則)	먹다 食べる	먹던	먹을	먹으면
	받다 受ける・もらう	받던	받을	받으면
	입다 着る	입던	입을	입으면
ㄹ(리을)語幹	놀다 遊ぶ	놀던	놀	놀면
	만들다 作る	만들던	만들	만들면
	흔들다 揺する・振る	흔들던	흔들	흔들면
ㄷ(디귿)変則	걷다 歩く	걷던	걸을	걸으면
	듣다 聞く	듣던	들을	들으면
	묻다 聞く・尋ねる	묻던	물을	물으면
러変則	누르다 黄色い	누르던	누를	누르면
	이르다 着く・至る	이르던	이를	이르면
	푸르다 青い	푸르던	푸를	푸르면
르変則	빠르다 速い・早い	빠르던	빠를	빠르면
	서두르다 急ぐ	서두르던	서두를	서두르면
	자르다 切る	자르던	자를	자르면
ㅂ(비음)変則	돕다 手伝う	돕던	도울	도우면
	맵다 辛い	맵던	매울	매우면
	시끄럽다 うるさい	시끄럽던	시끄러울	시끄러우면
ㅅ(시옷)変則	긋다 (線を)引く	긋던	그을	그으면
	낫다 治る	낫던	나을	나으면
	짓다 建てる・作る	짓던	지을	지으면
우変則	푸다 汲む・すくう	푸던	풀	푸면
으変則	끄다 消す	끄던	끌	끄면
	나쁘다 悪い	나쁘던	나쁠	나쁘면
	쓰다 苦い	쓰던	쓸	쓰면
ㅎ(히읗)変則	부옇다 ぼやけている	부옇던	부열	부여면
	빨갛다 赤い	빨갛던	빨갈	빨가면
	파랗다 青い	파랗던	파랄	파라면
하変則	말하다 言う・話す	말하던	말할	말하면
	일하다 働く	일하던	일할	일하면
	좋아하다 好きだ・好む	좋아하던	좋아할	좋아하면

正則・変則活用表

重要な用法

命令 (し)ろ	意図 (し)ようと	譲歩 (し)ても	理由 (し)て	逆接 (し)たが	否定 (し)ない
- 아라 /- 어라	- 려고 /- 으려고	- 아도 /- 어도	- 아서 /- 어서	- 지만	- 지 않다
가라	가려고	가도	가서	가지만	가지 않다
마셔라	마시려고	마셔도	마셔서	마시지만	마시지 않다
사라	사려고	사도	사서	사지만	사지 않다
먹어라	먹으려고	먹어도	먹어서	먹지만	먹지 않다
받아라	받으려고	받아도	받아서	받지만	받지 않다
입어라	입으려고	입어도	입어서	입지만	입지 않다
놀아라	놀려고	놀아도	놀아서	놀지만	놀지 않다
만들어라	만들려고	만들어도	만들어서	만들지만	만들지 않다
흔들어라	흔들려고	흔들어도	흔들어서	흔들지만	흔들지 않다
걸어라	걸으려고	걸어도	걸어서	걷지만	걷지 않다
들어라	들으려고	들어도	들어서	듣지만	듣지 않다
물어라	물으려고	물어도	물어서	묻지만	묻지 않다
*	*	누르러도	누르러서	누르지만	누르지 않다
이르러라	이르려고	이르러도	이르러서	이르지만	이르지 않다
*	*	푸르러도	푸르러서	푸르지만	푸르지 않다
*	*	빨라도	빨라서	빠르지만	빠르지 않다
서둘러라	서두르려고	서둘러도	서둘러서	서두르지만	서두르지 않다
잘라라	자르려고	잘라도	잘라서	자르지만	자르지 않다
도와라	도우려고	도와도	도와서	돕지만	돕지 않다
*	*	매워도	매워서	맵지만	맵지 않다
*	*	시끄러워도	시끄러워서	시끄럽지만	시끄럽지 않다
그어라	그으려고	그어도	그어서	긋지만	긋지 않다
나아라	나으려고	나아도	나아서	낫지만	낫지 않다
지어라	지으려고	지어도	지어서	짓지만	짓지 않다
퍼라	푸려고	퍼도	퍼서	푸지만	푸지 않다
꺼라	끄려고	꺼도	꺼서	끄지만	끄지 않다
*	*	나빠도	나빠서	나쁘지만	나쁘지 않다
*	*	써도	써서	쓰지만	쓰지 않다
*	*	부에도	부에서	부옇지만	부옇지 않다
*	*	빨개도	빨개서	빨갛지만	빨갛지 않다
*	*	파래도	파래서	파랗지만	파랗지 않다
말해라	말하려고	말해도	말해서	말하지만	말하지 않다
일해라	일하려고	일해도	일해서	일하지만	일하지 않다
좋아해라	좋아하려고	좋아해도	좋아해서	좋아하지만	좋아하지 않다

重要動詞・形容詞活用表

注1） = は基本形と同じ形であることを表わす.

基本形	現在 丁寧体 -ㅂ니다/-습니다	会話体 -아요/-어요	常体 -ㄴ다/-는다	連体形 -는 動 -ㄴ/-은 形	連用形 -아/-어
가깝다 形 【ㅂ変】 近い	가깝습니다	가까워요	= 注1)	가까운	가까워
가늘다 形 【ㄹ語幹】 細い	가늡니다	가늘어요	=	가는	가늘어
가능하다 形 【하変】 可能だ	가능합니다	가능해요	=	가능한	가능해
가다 動 行く	갑니다	가요	간다	가는	가
가렵다 形 【ㅂ変】 かゆい	가렵습니다	가려워요	=	가려운	가려워
가르다 動 【르変】 裂く；分ける	가릅니다	갈라요	가른다	가르는	갈라
가르치다 動 教える	가르칩니다	가르쳐요	가르친다	가르치는	가르쳐
가볍다 形 【ㅂ変】 軽い	가볍습니다	가벼워요	=	가벼운	가벼워
간단하다 形 【하変】 簡単だ	간단합니다	간단해요	=	간단한	간단해
간지럽다 形 【ㅂ変】 くすぐったい	간지럽습니다	간지러워요	=	간지러운	간지러워
갇히다 動 閉じ込められる	갇힙니다	갇혀요	갇힌다	갇히는	갇혀
갈다 動 【ㄹ語幹】 替える；取り替える	갑니다	갈아요	간다	가는	갈아
갈아입다 動 着替える	갈아입습니다	갈아입어요	갈아입는다	갈아입는	갈아입어
갈아타다 動 乗り換える	갈아탑니다	갈아타요	갈아탄다	갈아타는	갈아타
감다 動 (目を)閉じる	감습니다	감아요	감는다	감는	감아
감추다 動 隠す；くらます	감춥니다	감추어요	감춘다	감추는	감추어
강하다 形 【하変】 強い	강합니다	강해요	=	강한	강해
갖추다 動 備える	갖춥니다	갖춰요	갖춘다	갖추는	갖춰
같다 形 同じだ；同様だ	같습니다	같아요	=	같은	같아
개다 動 晴れる	갭니다	개(어)요	갠다	개는	개(어)
건너다 動 渡る；夜かす	건넙니다	건너요	건넌다	건너는	건너
걷다 動 【ㄷ変】 歩く	걷습니다	걸어요	걷는다	걷는	걸어
걸리다 動 かかる；かけられる	걸립니다	걸려요	걸린다	걸리는	걸려
검다 形 黒い	검습니다	검어요	=	검은	검어
검푸르다 形 【러変】 黒みがかって青い	검푸릅니다	검푸르러요	=	검푸른	검푸르러

重要動詞・形容詞活用表

注 2) ＊は活用形がないことを表わす． 注 3) 이다(韓国の学校文法では助詞)も含めた．

		過去	連体形	回想	未来 連体形
丁寧体 -았습니다/-었습니다	会話体 -았어요/-었어요	常体 -았다/-었다	-ㄴ/-은 (動詞のみ)	-던	-ㄹ/-을
가까웠습니다	가까웠어요	가까웠다	＊ 注 2)	가깝던	가까울
가능했습니다	가능했어요	가능했다	＊	가능턴	가능
가능했습니다	가능했어요	가능했다	＊	가능하던	가능할
갔습니다	갔어요	갔다	간	가던	갈
가려웠습니다	가려웠어요	가려웠다	＊	가렵던	가려울
갈랐습니다	갈랐어요	갈랐다	가른	가르던	가를
가르쳤습니다	가르쳤어요	가르쳤다	가르친	가르치던	가르칠
가벼웠습니다	가벼웠어요	가벼웠다	＊	가볍던	가벼울
간단했습니다	간단했어요	간단했다	＊	간단하던	간단할
간지러웠습니다	간지러웠어요	간지러웠다	＊	간지럽던	간지러울
갇혔습니다	갇혔어요	갇혔다	갇힌	갇히던	갇힐
갈았습니다	갈았어요	갈았다	간	갈던	갈
갈아입었습니다	갈아입었어요	갈아입었다	갈아입은	갈아입던	갈아입을
갈아탔습니다	갈아탔어요	갈아탔다	갈아탄	갈아타던	갈아탈
감았습니다	감았어요	감았다	감은	감던	감을
감추었습니다	감추었어요	감추었다	감춘	감추던	감출
강했습니다	강했어요	강했다	＊	강하던	강할
갖췄습니다	갖췄어요	갖췄다	갖춘	갖추던	갖출
같았습니다	같았어요	같았다	＊	같던	같을
갰습니다	갰어요	갰다	갠	개던	갤
건넜습니다	건넜어요	건넜다	건넌	건너던	건널
걸었습니다	걸었어요	걸었다	걸은	걷던	걸을
걸렸습니다	걸렸어요	걸렸다	걸린	걸리던	걸릴
검었습니다	검었어요	검었다	＊	검던	검을
검푸르렀습니다	검푸르렀어요	검푸르렀다	＊	검푸르던	검푸를

重要動詞・形容詞活用表

基本形	現在 丁寧体 -ㅂ니다/-습니다	会話体 -아요/-어요	常体 -ㄴ다/-는다	連体形 -는 動 -ㄴ/-은 形	連用形 -아/-어
게으르다 形 [르変] 怠惰だ	게으릅니다	게을러요	=	게으른	게을러
겪다 動 (苦難などを)経験する	겪습니다	겪어요	겪는다	겪는	겪어
계시다 動 いらっしゃる	계십니다	계셔[세]요	계신다	계시는	계셔
고르다 動 [르変] 選ぶ	고릅니다	골라요	고른다	고르는	골라
고맙다 形 [ㅂ変] ありがたい	고맙습니다	고마워요	=	고마운	고마워
고치다 動 直す;治す	고칩니다	고쳐요	고친다	고치는	고쳐
곱하다 動 [하変] (数を)かける	곱합니다	곱해요	곱한다	곱하는	곱해
괜찮다 形 大丈夫だ	괜찮습니다	괜찮아요	=	괜찮은	괜찮아
괴롭다 形 [ㅂ変] 苦しい;辛い	괴롭습니다	괴로워요	=	괴로운	괴로워
굳다 動 形 固くなる;固い	굳습니다	굳어요	굳는다/=	굳는/굳은	굳어
굵다 形 太い;(粒が)大きい	굵습니다	굵어요	=	굵은	굵어
굽다 動 [ㅂ変] 焼く	굽습니다	구워요	굽는다	굽는	구워
귀엽다 形 [ㅂ変] かわいい	귀엽습니다	귀여워요	=	귀여운	귀여워
귀찮다 形 面倒だ	귀찮습니다	귀찮아요	=	귀찮은	귀찮아
그렇다 形 [ㅎ変] そうだ	그렇습니다	그래요	=	그런	그래
그립다 形 [ㅂ変] 恋しい;懐かしい	그립습니다	그리워요	=	그리운	그리워
그만두다 動 やめる	그만둡니다	그만둬요	그만둔다	그만두는	그만둬
급하다 形 [하変] 急だ	급합니다	급해요	=	급한	급해
긋다 動 [ㅅ変] (線を)引く	긋습니다	그어요	긋는다	긋는	그어
기다리다 動 待つ	기다립니다	기다려요	기다린다	기다리는	기다려
기르다 動 [르変] 育てる;伸ばす	기릅니다	길러요	기른다	기르는	길러
기뻐하다 動 [하変] 喜ぶ	기뻐합니다	기뻐해요	기뻐한다	기뻐하는	기뻐해
기쁘다 形 [으変] うれしい	기쁩니다	기뻐요	=	기쁜	기뻐
길다 形 [ㄹ語幹] 長い	깁니다	길어요	=	긴	길어
깊다 形 深い	깊습니다	깊어요	=	깊은	깊어
까다롭다 形 [ㅂ変] 気難しい	까다롭습니다	까다로워요	=	까다로운	까다로워

重要動詞・形容詞活用表

	過去					未来
丁寧体	会話体	常体	連体形		回想	連体形
-ㅆ습니다 /-었습니다	-았어요 /-었어요	-았다 /-었다	-ㄴ/-은 (動詞のみ)		-던	-ㄹ/-을
게을렀습니다	게을렀어요	게을렀다	*		게으르던	게으를
겪었습니다	겪었어요	겪었다	겪은		겪던	겪을
계셨습니다	계셨어요	계셨다	계신		계시던	계실
골랐습니다	골랐어요	골랐다	고른		고르던	고를
고마웠습니다	고마웠어요	고마웠다	*		고맙던	고마울
고쳤습니다	고쳤어요	고쳤다	고친		고치던	고칠
곱했습니다	곱했어요	곱했다	곱한		곱하던	곱할
괜찮았습니다	괜찮았어요	괜찮았다	*		괜찮던	괜찮을
괴로웠습니다	괴로웠어요	괴로웠다	*		괴롭던	괴로울
굳었습니다	굳었어요	굳었다	굳은/*		굳던	굳을
굵었습니다	굵었어요	굵었다	*		굵던	굵을
구웠습니다	구웠어요	구웠다	구운		굽던	구울
귀여웠습니다	귀여웠어요	귀여웠다	*		귀엽던	귀여울
귀찮았습니다	귀찮았어요	귀찮았다	*		귀찮던	귀찮을
그랬습니다	그랬어요	그랬다	*		그렇던	그럴
그리웠습니다	그리웠어요	그리웠다	*		그립던	그리울
그만뒀습니다	그만뒀어요	그만뒀다	그만둔		그만두던	그만둘
급했습니다	급했어요	급했다	급한		급하던	급할
그었습니다	그었어요	그었다	그은		긋던	그을
기다렸습니다	기다렸어요	기다렸다	기다린		기다리던	기다릴
길렀습니다	길렀어요	길렀다	기른		기르던	기를
기뻐했습니다	기뻐했어요	기뻐했다	기뻐한		기뻐하던	기뻐할
기뻤습니다	기뻤어요	기뻤다	*		기쁘던	기쁠
길었습니다	길었어요	길었다	*		길던	길
깊었습니다	깊었어요	깊었다	*		깊던	깊을
까다로웠습니다	까다로웠어요	까다로웠다	*		까다롭던	까다로울

重要動詞・形容詞活用表

基本形	現在 丁寧体 -ㅂ니다/-습니다	会話体 -아요/-어요	常体 -ㄴ다/-는다	連体形 -는動 -ㄴ/-은形	連用形 -아/-어
까맣다 形 [ㅎ変] 黒い	까맣습니다	까매요	=	까만	까매
깎다 動 削る;値引きする	깎습니다	깎아요	깎는다	깎는	깎아
깨끗하다 形 [하変] きれいだ;清潔だ	깨끗합니다	깨끗해요	=	깨끗한	깨끗해
깨다 動 (眠り・酔いなどから)覚める;覚ます	깹니다	깨요	깬다	깨는	깨
깨닫다 動 [ㄷ変] 悟る;目覚める	깨닫습니다	깨달아요	깨닫는다	깨닫는	깨달아
깨우다 動 起こす	깨웁니다	깨워요	깨운다	깨우는	깨워
꺼지다 動 (火・泡などが)消える	꺼집니다	꺼져요	꺼진다	꺼지는	꺼져
꺾다 動 折る;負かす	꺾습니다	꺾어요	꺾는다	꺾는	꺾어
꾸짖다 動 叱る	꾸짖습니다	꾸짖어요	꾸짖는다	꾸짖는	꾸짖어
끄다 動 [으変] (電気などを)消す	끕니다	꺼요	끈다	끄는	꺼
끊다 動 切る;絶つ	끊습니다	끊어요	끊는다	끊는	끊어
끓다 動 沸く	끓습니다	끓어요	끓는다	끓는	끓어
끓이다 動 沸かす	끓입니다	끓여요	끓인다	끓이는	끓여
끝나다 動 終わる	끝납니다	끝나요	끝난다	끝나는	끝나
끝내다 動 終える	끝냅니다	끝내요	끝낸다	끝내는	끝내
나가다 動 出る;出て行く	나갑니다	나가요	나간다	나가는	나가
나누다 動 分ける;(数を)割る	나눕니다	나눠요	나눈다	나누는	나눠
나르다 動 [르変] 運ぶ	나릅니다	날라요	나른다	나르는	날라
나쁘다 形 [으変] 悪い	나쁩니다	나빠요	=	나쁜	나빠
나오다 動 出る;出てくる	나옵니다	나와요	나온다	나오는	나와
나타나다 動 現れる	나타납니다	나타나요	나타난다	나타나는	나타나
날다 動 [ㄹ語幹] 飛ぶ	납니다	날아요	난다	나는	날아
낡다 形 古い	낡습니다	낡아요	낡는다	낡은	낡아
남기다 動 残す	남깁니다	남겨요	남긴다	남기는	남겨
낫다 形 [ㅅ変] よい;優れている	낫습니다	나아요	=	나은	나아
낫다 動 [ㅅ変] (病気などが)治る	낫습니다	나아요	낫는다	낫는	나아

重要動詞・形容詞活用表

| 過去 ||||| 未来 |
| 丁寧体 | 会話体 | 常体 | 連体形 | 回想 | 連体形 |
-았습니다 /-었습니다	-았어요 /-었어요	-았다 /-었다	-ㄴ/-은 (動詞のみ)	-던	-ㄹ/-을
까맸습니다	까맸어요	까맸다	*	까맣던	까말
깎았습니다	깎았어요	깎았다	깎은	깎던	깎을
깨끗했습니다	깨끗했어요	깨끗했다	*	깨끗하던	깨끗할
깼습니다	깼어요	깼다	깬	깨던	깰
깨달았습니다	깨달았어요	깨달았다	깨달은	깨닫던	깨달을
깨웠습니다	깨웠어요	깨웠다	깨운	깨우던	깨울
꺼졌습니다	꺼졌어요	꺼졌다	꺼진	꺼지던	꺼질
꺾었습니다	꺾었어요	꺾었다	꺾은	꺾던	꺾을
꾸짖었습니다	꾸짖었어요	꾸짖었다	꾸짖은	꾸짖던	꾸짖을
껐습니다	껐어요	껐다	끈	끄던	끌
끊었습니다	끊었어요	끊었다	끊은	끊던	끊을
끓었습니다	끓었어요	끓었다	끓은	끓던	끓을
끓였습니다	끓였어요	끓였다	끓인	끓이던	끓일
끝났습니다	끝났어요	끝났다	끝난	끝나던	끝날
끝냈습니다	끝냈어요	끝냈다	끝낸	끝내던	끝낼
나갔습니다	나갔어요	나갔다	나간	나가던	나갈
나눴습니다	나눴어요	나눴다	나눈	나누던	나눌
날랐습니다	날랐어요	날랐다	나른	나르던	나를
나빴습니다	나빴어요	나빴다	*	나쁘던	나쁠
나왔습니다	나왔어요	나왔다	나온	나오던	나올
나타났습니다	나타났어요	나타났다	나타난	나타나던	나타날
날았습니다	날았어요	날았다	난	날던	날
낡았습니다	낡았어요	낡았다	*	낡던	낡을
남겼습니다	남겼어요	남겼다	남긴	남기던	남길
나았습니다	나았어요	나았다	*	낫던	나을
나왔습니다	나왔어요	나왔다	나은	낫던	나을

重要動詞・形容詞活用表

基本形	現在				連用形
	丁寧体 -ㅂ니다/-습니다	会話体 -아요/-어요	常体 -ㄴ다/-는다	連体 -는 動 -ㄴ/-은 形	-아/-어
낮다 形 低い	낮습니다	낮아요	=	낮은	낮아
낮추다 動 低める; 下げる	낮춥니다	낮춰요	낮춘다	낮추는	낮춰
낳다 動 産む	낳습니다	낳아요	낳는다	낳는	낳아
내다 動 出す	냅니다	내요	낸다	내는	내
내려가다 動 下りる; 下る	내려갑니다	내려가요	내려간다	내려가는	내려가
널다 動 [ㄹ語幹] 干す	넙니다	널어요	넌다	너는	널어
넓다 形 広い	넓습니다	넓어요	=	넓은	넓어
넣다 動 入れる	넣습니다	넣어요	넣는다	넣는	넣어
노랗다 形 [ㅎ変] 黄色い	노랗습니다	노래요	=	노란	노래
녹다 動 溶ける	녹습니다	녹아요	녹는다	녹는	녹아
놀다 動 [ㄹ語幹] 遊ぶ	놉니다	놀아요	논다	노는	놀아
놀라다 動 驚く	놀랍니다	놀라요	놀란다	놀라는	놀라
높다 形 高い	높습니다	높아요	=	높은	높아
높이다 動 高める	높입니다	높여요	높인다	높이는	높여
놓다 動 置く	놓습니다	놓아요	놓는다	놓는	놓아
누렇다 形 [ㅎ変] 黄色い	누렇습니다	누레요	=	누런	누레
누르다 動 [르変] 押す; 抑える	누릅니다	눌러요	누른다	누르는	눌러
눕다 動 横になる	눕습니다	누워요	눕는다	눕는	누워
느리다 形 (動作などが)遅い	느립니다	느려요	=	느린	느려
늙다 動 老いる; 老ける	늙습니다	늙어요	늙는다	늙는	늙어
늘다 動 [ㄹ語幹] 伸びる; 増える	늡니다	늘어요	는다	느는	늘어
늘리다 動 伸ばす; 増やす	늘립니다	늘려요	늘린다	늘리는	늘려
늦다 形 遅い	늦습니다	늦어요	=	늦은	늦어
다니다 動 行き来する; 通う	다닙니다	다녀요	다닌다	다니는	다녀
다다르다 動 [으変] 至る; 到達する	다다릅니다	다다라요	다다른다	다다르는	다다라
다루다 動 扱う	다룹니다	다뤄요	다룬다	다루는	다뤄

重要動詞・形容詞活用表

過去					未来
丁寧体	会話体	常体	連体形	回想	連体形
-았습니다 /-었습니다	-았어요 /-었어요	-았다 /-었다	-ㄴ/-은 (動詞のみ)	-던	-ㄹ/-을
낮았습니다	낮았어요	낮았다	*	낮던	낮을
낮췄습니다	낮췄어요	낮췄다	낮춘	낮추던	낮출
낳았습니다	낳았어요	낳았다	낳은	낳던	낳을
냈습니다	냈어요	냈다	낸	내던	낼
내려갔습니다	내려갔어요	내려갔다	내려간	내려가던	내려갈
널었습니다	널었어요	널었다	넌	널던	널
넓었습니다	넓었어요	넓었다	*	넓던	넓을
넣었습니다	넣었어요	넣었다	넣은	넣던	넣을
노랬습니다	노랬어요	노랬다	*	노랗던	노랄
녹았습니다	녹았어요	녹았다	녹은	녹던	녹을
놀았습니다	놀았어요	놀았다	는	놀던	놀
놀랐습니다	놀랐어요	놀랐다	놀란	놀라던	놀랄
높았습니다	높았어요	높았다	*	높던	높을
높였습니다	높였어요	높였다	높인	높이던	높일
놓았습니다	놓았어요	놓았다	놓은	놓던	놓을
누르렀습니다	누르렀어요	누르렀다	*	누르던	누를
눌렀습니다	눌렀어요	눌렀다	누른	누르던	누를
누웠습니다	누웠어요	누웠다	누운	눕던	누울
느렸습니다	느렸어요	느렸다	*	느리던	느릴
늙었습니다	늙었어요	늙었다	늙은	늙던	늙을
늘었습니다	늘었어요	늘었다	는	늘던	늘
늘렸습니다	늘렸어요	늘렸다	늘린	늘리던	늘릴
늦었습니다	늦었어요	늦었다	*	늦던	늦을
다녔습니다	다녔어요	다녔다	다닌	다니던	다닐
다다랐습니다	다다랐어요	다다랐다	다다른	다다르던	다다를
다뤘습니다	다뤘어요	다뤘다	다룬	다루던	다룰

重要動詞・形容詞活用表

基本形	現在 丁寧体 -ㅂ니다/-습니다	会話体 -아요/-어요	常体 -ㄴ다/-는다	連体形 -는 動 -ㄴ/-은 形	連用形 -아/-어
다르다 形 [르変] 異なる:違う	다릅니다	달라요	=	다른	달라
다치다 動 けがする:負傷する	다칩니다	다쳐요	다친다	다치는	다쳐
닦다 動 拭く:ぬぐう	닦습니다	닦아요	닦는다	닦는	닦아
닫다 動 閉める	닫습니다	닫아요	닫는다	닫는	닫아
달다 形 [ㄹ語幹] 甘い	답니다	달아요	=	단	달아
닮다 動 似る:似ている	닮습니다	닮아요	닮는다	닮는	닮아
당하다 動 やられる	당합니다	당해요	당한다	당하는	당해
더럽다 形 [ㅂ変] 汚い	더럽습니다	더러워요	=	더러운	더러워
더하다 動 [하変] 加える:足す	더합니다	더해요	더한다	더하는	더해
던지다 動 投げる	던집니다	던져요	던진다	던지는	던져
덥다 形 [ㅂ変] 暑い	덥습니다	더워요	=	더운	더워
돌다 動 [ㄹ語幹] 回る	돕니다	돌아요	돈다	도는	돌아
돌리다 動 回す	돌립니다	돌려요	돌린다	돌리는	돌려
돌아가다 動 回る:帰る:戻る	돌아갑니다	돌아가요	돌아간다	돌아가는	돌아가
돕다 動 [ㅂ変] 手伝う:手助けする	돕습니다	도와요	돕는다	돕는	도와
되다 動 なる	됩니다	돼요	된다	되는	돼
두다 動 置く	둡니다	둬요	둔다	두는	둬
드리다 動 差し上げる	드립니다	드려요	드린다	드리는	드려
듣다 動 [ㄷ変] 聞く	듣습니다	들어요	듣는다	듣는	들어
들다 動 [ㄹ語幹] 持つ	듭니다	들어요	든다	드는	들어
들리다 動 聞こえる	들립니다	들려요	들린다	들리는	들려
들어가다 動 入る	들어갑니다	들어가요	들어간다	들어가는	들어가
따뜻하다 形 [하変] 暖かい	따뜻합니다	따뜻해요	=	따뜻한	따뜻해
때리다 動 殴る	때립니다	때려요	때린다	때리는	때려
떠나다 動 発つ:出発する	떠납니다	떠나요	떠난다	떠나는	떠나
떨다 動 [ㄹ語幹] 震える	떱니다	떨어요	떤다	떠는	떨어

重要動詞・形容詞活用表

	過去					未来
丁寧体	会話体	常体	連体形	回想		連体形
-았습니다 /-었습니다	-았어요 /-었어요	-았다 /-었다	-ㄴ /-은 (動詞のみ)	-던		-ㄹ /-을
달랐습니다	달랐어요	달랐다	*	다르던		다를
다쳤습니다	다쳤어요	다쳤다	다친	다치던		다칠
닦았습니다	닦았어요	닦았다	닦은	닦던		닦을
닫았습니다	닫았어요	닫았다	닫은	닫던		닫을
달았습니다	달았어요	달았다	*	달던		달
닮았습니다	닮았어요	닮았다	닮은	닮던		닮을
당했습니다	당했어요	당했다	당한	당하던		당할
더러웠습니다	더러웠어요	더러웠다	*	더럽던		더러울
더했습니다	더했어요	더했다	더한	더하던		더할
던졌습니다	던졌어요	던졌다	던진	던지던		던질
더웠습니다	더웠어요	더웠다	*	덥던		더울
돌았습니다	돌았어요	돌았다	돈	돌던		돌
돌렸습니다	돌렸어요	돌렸다	돌린	돌리던		돌릴
돌아갔습니다	돌아갔어요	돌아갔다	돌아간	돌아가던		돌아갈
도왔습니다	도왔어요	도왔다	도운	돕던		도울
됐습니다	됐어요	됐다	된	되던		될
뒀습니다	뒀어요	뒀다	둔	두던		둘
드렸습니다	드렸어요	드렸다	드린	드리던		드릴
들었습니다	들었어요	들었다	들은	듣던		들을
들었습니다	들었어요	들었다	든	들던		들
들렸습니다	들렸어요	들렸다	들린	들리던		들릴
들어갔습니다	들어갔어요	들어갔다	들어간	들어가던		들어갈
따뜻했습니다	따뜻했어요	따뜻했다	*	따뜻하던		따뜻할
때렸습니다	때렸어요	때렸다	때린	때리던		때릴
떠났습니다	떠났어요	떠났다	떠난	떠나던		떠날
떨었습니다	떨었어요	떨었다	떤	떨던		떨

重要動詞・形容詞活用表

基本形	現在 丁寧体 -ㅂ니다/-습니다	現在 会話体 -아요/-어요	現在 常体 -ㄴ다/-는다	連体形 -는 動 / -ㄴ/-은 形	連用形 -아/-어
떨어지다 動 落ちる	떨어집니다	떨어져요	떨어진다	떨어지는	떨어져
뛰다 動 走る	뜁니다	뛰어요	뛴다	뛰는	뛰어
뜨겁다 形 [ㅂ変] 熱い	뜨겁습니다	뜨거워요	=	뜨거운	뜨거워
마르다 動 [르変] 乾く	마릅니다	말라요	마른다	마르는	말라
마시다 動 飲む	마십니다	마셔요	마신다	마시는	마셔
마치다 動 終える	마칩니다	마쳐요	마친다	마치는	마쳐
만나다 動 会う	만납니다	만나요	만난다	만나는	만나
만들다 動 [ㄹ語幹] 作る	만듭니다	만들어요	만든다	만드는	만들어
많다 形 多い	많습니다	많아요	=	많은	많아
말리다 動 乾かす	말립니다	말려요	말린다	말리는	말려
말하다 動 [하変] 言う; 話す	말합니다	말해요	말한다	말하는	말해
맑다 形 清い	맑습니다	맑아요	=	맑은	맑아
맛있다 形 おいしい	맛있습니다	맛있어요	=	맛있는	맛있어
맞다 動 当たる; 的中する	맞습니다	맞아요	맞는다	맞는	맞아
맞추다 動 合わせる	맞춥니다	맞춰요	맞춘다	맞추는	맞춰
맡기다 動 任せる	맡깁니다	맡겨요	맡긴다	맡기는	맡겨
맡다 動 引き受ける	맡습니다	맡아요	맡는다	맡는	맡아
맵다 形 [ㅂ変] 辛い	맵습니다	매워요	=	매운	매워
머무르다 動 [르変] 留まる; 停まる	머무릅니다	머물러요	머무른다	머무르는	머물러
먹다 動 食べる	먹습니다	먹어요	먹는다	먹는	먹어
멀다 形 [ㄹ語幹] 遠い	멉니다	멀어요	=	먼	멀어
멈추다 動 とまる; とめる	멈춥니다	멈춰요	멈춘다	멈추는	멈춰
모르다 動 [르変] 知らない; 分からない	모릅니다	몰라요	모른다	모르는	몰라
모으다 動 [으変] 集める	모읍니다	모아요	모은다	모으는	모아
모이다 動 集まる	모입니다	모여요	모인다	모이는	모여
모자라다 動 足りない	모자랍니다	모자라요	모자란다	모자라는	모자라

重要動詞・形容詞活用表

		過去			未来
丁寧体	会話体	常体	連体形	回想	連体形
-았습니다 /-었습니다	-았어요 /-었어요	-았다 /-었다	-ㄴ/-은 (動詞のみ)	-던	-ㄹ/-을
떨어졌습니다	떨어졌어요	떨어졌다	떨어진	떨어지던	떨어질
뛰었습니다	뛰었어요	뛰었다	뛴	뛰던	뛸
뜨거웠습니다	뜨거웠어요	뜨거웠다	*	뜨겁던	뜨거울
말랐습니다	말랐어요	말랐다	마른	마르던	마를
마셨습니다	마셨어요	마셨다	마신	마시던	마실
마쳤습니다	마쳤어요	마쳤다	마친	마치던	마칠
만났습니다	만났어요	만났다	만난	만나던	만날
만들었습니다	만들었어요	만들었다	만든	만들던	만들
많았습니다	많았어요	많았다	*	많던	많을
말렸습니다	말렸어요	말렸다	말린	말리던	말릴
말했습니다	말했어요	말했다	말한	말하던	말할
맑았습니다	맑았어요	맑았다	*	맑던	맑을
맛있었습니다	맛있었어요	맛있었다	*	맛있던	맛있을
맞았습니다	맞았어요	맞았다	맞은	맞던	맞을
맞췄습니다	맞췄어요	맞췄다	맞춘	맞추던	맞출
맡겼습니다	맡겼어요	맡겼다	맡긴	맡기던	맡길
맡았습니다	맡았어요	맡았다	맡은	맡던	맡을
매웠습니다	매웠어요	매웠다	*	맵던	매울
머물렀습니다	머물렀어요	머물렀다	머무른	머무르던	머무를
먹었습니다	먹었어요	먹었다	먹은	먹던	먹을
멀었습니다	멀었어요	멀었다	*	멀던	멀
멈췄습니다	멈췄어요	멈췄다	멈춘	멈추던	멈출
몰랐습니다	몰랐어요	몰랐다	모른	모르던	모를
모았습니다	모았어요	모았다	모은	모으던	모을
모였습니다	모였어요	모였다	모인	모이던	모일
모자랐습니다	모자랐어요	모자랐다	모자란	모자라던	모자랄

重要動詞・形容詞活用表

基本形	現在 丁寧体 -ㅂ니다/-습니다	現在 会話体 -아요/-어요	現在 常体 -ㄴ다/-는다	連体形 -는 動 -ㄴ/-은 形	連用形 -아/-어
못하다 動 [하変] できない	못합니다	못해요	못한다	못하는	못해
무겁다 形 [ㅂ変] 重い	무겁습니다	무거워요	=	무거운	무거워
무섭다 形 [ㅂ変] 怖い	무섭습니다	무서워요	=	무서운	무서워
묵다 動 泊まる	묵습니다	묵어요	묵는다	묵는	묵어
묻다 動 埋める	묻습니다	묻어요	묻는다	묻는	묻어
묻다 動 [ㄷ変] 聞く;尋ねる	묻습니다	물어요	묻는다	묻는	물어
물다 動 [ㄹ語幹] くわえる;嚙(かじ)む	뭅니다	물어요	문다	무는	물어
미끄럽다 形 [ㅂ変] 滑りやすい	미끄럽습니다	미끄러워요	=	미끄러운	미끄러워
미루다 動 (期日・期限などを)延ばす	미릅니다	미뤄요	미룬다	미루는	미뤄
미안하다 形 [하変] すまない;申し訳ない	미안합니다	미안해요		미안한	미안해
미워하다 動 [하変] 憎む	미워합니다	미워해요	미워한다	미워하는	미워해
미치다 動 (影響を)及ぼす	미칩니다	미쳐요	미친다	미치는	미쳐
믿다 動 信じる	믿습니다	믿어요	믿는다	믿는	믿어
밀다 動 [ㄹ語幹] 押す;推す	밉니다	밀어요	민다	미는	밀어
밉다 形 [ㅂ変] 憎い;醜い	밉습니다	미워요	=	미운	미워
바꾸다 動 替える;変える	바꿉니다	바꿔요	바꾼다	바꾸는	바꿔
바뀌다 動 変わる	바뀝니다	바뀌어요	바뀐다	바뀌는	바뀌어
바라다 動 願う;望む	바랍니다	바라요	바란다	바라는	바라
바쁘다 形 [으変] 忙しい	바쁩니다	바빠요	=	바쁜	바빠
반갑다 形 [ㅂ変] うれしい	반갑습니다	반가워요	=	반가운	반가워
받다 動 受ける;受け取る;もらう	받습니다	받아요	받는다	받는	받아
밝다 形 明るい	밝습니다	밝아요	=	밝은	밝아
밟다 動 踏む	밟습니다	밟아요	밟는다	밟는	밟아
배고프다 形 [으変] 腹がすいている	배고픕니다	배고파요	=	배고픈	배고파
배우다 動 習う	배웁니다	배워요	배운다	배운	배워
버리다 動 捨てる	버립니다	버려요	버린다	버리는	버려

重要動詞・形容詞活用表

	過去					未来
丁寧体	会話体	常体	連体形	回想		連体形
-았습니다 /-었습니다	-았어요 /-었어요	-았다 /-었다	-ㄴ/-은 (動詞のみ)	-던		-ㄹ/-을
못했습니다	못했어요	못했다	못한	못하던		못할
무거웠습니다	무거웠어요	무거웠다	*	무겁던		무거울
무서웠습니다	무서웠어요	무서웠다	*	무섭던		무서울
묵었습니다	묵었어요	묵었다	묵은	묵던		묵을
묻었습니다	묻었어요	묻었다	묻은	묻던		묻을
물었습니다	물었어요	물었다	물은	물던		물을
물었습니다	물었어요	물었다	문	물던		물
미끄러웠습니다	미끄러웠어요	미끄러웠다	*	미끄럽던		미끄러울
미뤘습니다	미뤘어요	미뤘다	미룬	미루던		미룰
미안했습니다	미안했어요	미안했다	*	미안하던		미안할
미워했습니다	미워했어요	미워했다	미워한	미워하던		미워할
미쳤습니다	미쳤어요	미쳤다	미친	미치던		미칠
믿었습니다	믿었어요	믿었다	믿은	믿던		믿을
밀었습니다	밀었어요	밀었다	민	밀던		밀
미웠습니다	미웠어요	미웠다	*	밉던		미울
바꿨습니다	바꿨어요	바꿨다	바꾼	바꾸던		바꿀
바뀌었습니다	바뀌었어요	바뀌었다	바뀐	바뀌던		바뀔
바랐습니다	바랐어요	바랐다	바란	바라던		바랄
바빴습니다	바빴어요	바빴다	*	바쁘던		바쁠
반가웠습니다	반가웠어요	반가웠다	*	반갑던		반가울
받았습니다	받았어요	받았다	받은	받던		받을
밝았습니다	밝았어요	밝았다	*	밝던		밝을
밟았습니다	밟았어요	밟았다	밟은	밟던		밟을
배고팠습니다	배고팠어요	배고팠다	*	배고프던		배고플
배웠습니다	배웠어요	배웠다	배운	배우던		배울
버렸습니다	버렸어요	버렸다	버린	버리던		버릴

重要動詞・形容詞活用表

基本形	現在 丁寧体 -ㅂ니다/-습니다	会話体 -아요/-어요	常体 -ㄴ다/-는다	連体形 -는 動 -ㄴ/-은 形	連用形 -아/-어
벌다 動 [ㄹ語幹] 稼ぐ	법니다	벌어요	번다	버는	벌어
벗다 動 脱ぐ	벗습니다	벗어요	벗는다	벗는	벗어
변하다 動 [하変] 変わる	변합니다	변해요	변한다	변하는	변해
보내다 動 送る	보냅니다	보내요	보낸다	보내는	보내
보다 動 見る	봅니다	봐요	본다	보는	봐
보이다 動 見える; 見せる	보입니다	보여요	보인다	보이는	보여
볶다 動 炒める	볶습니다	볶아요	볶는다	볶는	볶아
부끄럽다 形 [ㅂ変] 恥ずかしい	부끄럽습니다	부끄러워요	=	부끄러운	부끄러워
부드럽다 形 [ㅂ変] やわらかい	부드럽습니다	부드러워요	=	부드러운	부드러워
부럽다 形 [ㅂ変] うらやましい	부럽습니다	부러워요	=	부러운	부러워
부르다 動 [르変] 呼ぶ;(歌を)歌う	부릅니다	불러요	부른다	부르는	불러
부수다 動 壊す; 砕く	부숩니다	부숴요	부순다	부수는	부숴
부지런하다 形 [하変] 勤勉だ	부지런합니다	부지런해요	=	부지런한	부지런해
부치다 動 (手紙・小包などを)送る	부칩니다	부쳐요	부친다	부치는	부쳐
불다 動 [ㄹ語幹] (風が)吹く	붑니다	불어요	분다	부는	불어
불쌍하다 形 [하変] かわいそうだ	불쌍합니다	불쌍해요	=	불쌍한	불쌍해
붐비다 動 込み合う	붐빕니다	붐벼요	붐빈다	붐비는	붐벼
붓다 動 [ㅅ変] 注ぐ	붓습니다	부어요	붓는다	붓는	부어
비슷하다 形 [하変] 似ている	비슷합니다	비슷해요	=	비슷한	비슷해
비싸다 形 (値段が)高い	비쌉니다	비싸요	=	비싼	비싸
비우다 動 空にする; 空ける	비웁니다	비워요	비운다	비우는	비워
빌다 動 [ㄹ語幹] 祈る; 謝る	빕니다	빌어요	빈다	비는	빌어
빌리다 動 借りる	빌립니다	빌려요	빌린다	빌리는	빌려
빠르다 形 [르変] 速い; 早い	빠릅니다	빨라요	=	빠른	빨라
빠지다 動 陥る; はまる; 落ちる	빠집니다	빠져요	빠진다	빠지는	빠져
빨갛다 形 [ㅎ変] 真っ赤だ	빨갛습니다	빨개요	=	빨간	빨개

重要動詞・形容詞活用表

	過去			連体形	回想	未来
丁寧体	会話体	常体		連体形		連体形
-았습니다/-었습니다	-았어요/-었어요	-았다/-었다		-ㄴ/-은(動詞のみ)	-던	-ㄹ/-을
벌었습니다	벌었어요	벌었다		번	벌던	벌
벗었습니다	벗었어요	벗었다		벗은	벗던	벗을
변했습니다	변했어요	변했다		변한	변하던	변할
보냈습니다	보냈어요	보냈다		보낸	보내던	보낼
봤습니다	봤어요	봤다		본	보던	볼
보였습니다	보였어요	보였다		보인	보이던	보일
볶았습니다	볶았어요	볶았다		볶은	볶던	볶을
부끄러웠습니다	부끄러웠어요	부끄러웠다		*	부끄럽던	부끄러울
부드러웠습니다	부드러웠어요	부드러웠다		*	부드럽던	부드러울
부러웠습니다	부러웠어요	부러웠다		*	부럽던	부러울
불렀습니다	불렀어요	불렀다		부른	부르던	부를
부쉈습니다	부쉈어요	부쉈다		부순	부수던	부술
부지런했습니다	부지런했어요	부지런했다		*	부지런하던	부지런할
부쳤습니다	부쳤어요	부쳤다		부친	부치던	부칠
불었습니다	불었어요	불었다		분	불던	불
불쌍했습니다	불쌍했어요	불쌍했다		*	불쌍하던	불쌍할
붐볐습니다	붐볐어요	붐볐다		붐빈	붐비던	붐빌
부었습니다	부었어요	부었다		부은	붓던	부을
비슷했습니다	비슷했어요	비슷했다		*	비슷하던	비슷할
비쌌습니다	비쌌어요	비쌌다		*	비싸던	비쌀
비웠습니다	비웠어요	비웠다		비운	비우던	비울
빌었습니다	빌었어요	빌었다		빈	빌던	빌
빌렸습니다	빌렸어요	빌렸다		빌린	빌리던	빌릴
빨랐습니다	빨랐어요	빨랐다		*	빠르던	빠를
빠졌습니다	빠졌어요	빠졌다		빠진	빠지던	빠질
빨갰습니다	빨갰어요	빨갰다		*	빨갛던	빨갈

重要動詞・形容詞活用表

基本形	現在 丁寧体 -ㅂ니다/-습니다	現在 会話体 -아요/-어요	現在 常体 -ㄴ다/-는다	連体形 -는 動 -ㄴ/-은 形	連用形 -아/-어
빨다 [ㄹ語幹] (衣服類を)洗う	빱니다	빨아요	빤다	빠는	빨아
빨다 [ㄹ語幹] 吸う	빱니다	빨아요	빤다	빠는	빨아
빼앗기다 動 奪われる	빼앗깁니다	빼앗겨요	빼앗긴다	빼앗기는	빼앗겨
빼앗다 動 奪う	빼앗습니다	빼앗아요	빼앗는다	빼앗는	빼앗아
뽑다 動 抜く;抜き取る	뽑습니다	뽑아요	뽑는다	뽑는	뽑아
뽑히다 動 選ばれる;抜ける	뽑힙니다	뽑혀요	뽑힌다	뽑히는	뽑혀
뿌리다 動 蒔く	뿌립니다	뿌려요	뿌린다	뿌리는	뿌려
사귀다 動 付き合う	사귑니다	사귀어요	사귄다	사귀는	사귀어
사다 動 買う	삽니다	사요	산다	사는	사
사라지다 動 消える	사라집니다	사라져요	사라진다	사라지는	사라져
살다 [ㄹ語幹] 生きる;暮らす;住む	삽니다	살아요	산다	사는	살아
살리다 動 生かす	살립니다	살려요	살린다	살리는	살려
살찌다 動 太る	살찝니다	살쪄요	살찐다	살찌는	살쪄
삶다 動 ゆでる	삶습니다	삶아요	삶는다	삶는	삶아
상쾌하다 形 [하変] 爽快だ	상쾌합니다	상쾌해요	=	상쾌한	상쾌해
새까맣다 形 [ㅎ変] 真っ黒だ	새까맣습니다	새까매요	=	새까만	새까매
새롭다 形 [ㅂ変] 新しい	새롭습니다	새로워요	=	새로운	새로워
새파랗다 形 [ㅎ変] 真っ青だ	새파랗습니다	새파래요	=	새파란	새파래
생기다 動 できる;生じる	생깁니다	생겨요	생긴다	생기는	생겨
서다 動 立つ;建つ	섭니다	서요	선다	서는	서
서두르다 動 [르変] 急ぐ	서두릅니다	서둘러요	서두른다	서두르는	서둘러
섞다 動 混ぜる;交える	섞습니다	섞어요	섞는다	섞는	섞어
세다 形 強い	셉니다	세요	=	센	세
세다 動 数える	셉니다	세요	센다	세는	세
세우다 動 立てる;建てる	세웁니다	세워요	세운다	세우는	세워
속다 動 だまされる	속습니다	속아요	속는다	속는	속아

重要動詞・形容詞活用表

	過去				回想	未来
丁寧体	会話体	常体	連体形			連体形
-았습니다 /-었습니다	-았어요 /-었어요	-았다 /-었다	-ㄴ/-은 (動詞のみ)		-던	-ㄹ/-을
빨았습니다	빨았어요	빨았다	빤		빨던	빨
빻았습니다	빻았어요	빻았다	빻은		빻던	빻을
빼앗겼습니다	빼앗겼어요	빼앗겼다	빼앗긴		빼앗기던	빼앗길
빼앗았습니다	빼앗았어요	빼앗았다	빼앗은		빼앗던	빼앗을
뽑았습니다	뽑았어요	뽑았다	뽑은		뽑던	뽑을
뽑혔습니다	뽑혔어요	뽑혔다	뽑힌		뽑히던	뽑힐
뿌렸습니다	뿌렸어요	뿌렸다	뿌린		뿌리던	뿌릴
사귀었습니다	사귀었어요	사귀었다	사귄		사귀던	사귈
샀습니다	샀어요	샀다	산		사던	살
사라졌습니다	사라졌어요	사라졌다	사라진		사라지던	사라질
살았습니다	살았어요	살았다	산		살던	살
살렸습니다	살렸어요	살렸다	살린		살리던	살릴
살쪘습니다	살쪘어요	살쪘다	살찐		살찌던	살찔
삶았습니다	삶았어요	삶았다	삶은		삶던	삶을
상쾌했습니다	상쾌했어요	상쾌했다	*		상쾌하던	상쾌할
새까맸습니다	새까맸어요	새까맸다	*		새까맣던	새까말
새로웠습니다	새로웠어요	새로웠다	*		새롭던	새로울
새파랬습니다	새파랬어요	새파랬다	*		새파랗던	새파랄
생겼습니다	생겼어요	생겼다	생긴		생기던	생길
섰습니다	섰어요	섰다	선		서던	설
서둘렀습니다	서둘렀어요	서둘렀다	서두른		서두르던	서두를
섞었습니다	섞었어요	섞었다	섞은		섞던	섞을
셌습니다	셌어요	셌다	*		세던	셀
셌습니다	셌어요	셌다	센		세던	셀
세웠습니다	세웠어요	세웠다	세운		세우던	세울
속았습니다	속았어요	속았다	속은		속던	속을

重要動詞・形容詞活用表

基本形	現在 丁寧体 -ㅂ니다/-습니다	会話体 -아요/-어요	常体 -ㄴ다/-는다	連体形 -는 動 ㄴ/-은 形	連用形 -아/-어
속이다 動 だます	속입니다	속여요	속인다	속이는	속여
솔직하다 形 [하変] 率直だ; 素直だ	솔직합니다	솔직해요	=	솔직한	솔직해
숨기다 動 隠す	숨깁니다	숨겨요	숨긴다	숨기는	숨겨
숨다 動 隠れる	숨습니다	숨어요	숨는다	숨는	숨어
쉬다 動 休む	쉽니다	쉬어요	쉰다	쉬는	쉬어
쉽다 形 [ㅂ変] たやすい; 易しい; 楽だ	쉽습니다	쉬워요	=	쉬운	쉬워
슬프다 形 [으変] 悲しい	슬픕니다	슬퍼요	=	슬픈	슬퍼
시끄럽다 形 [ㅂ変] うるさい	시끄럽습니다	시끄러워요	=	시끄러운	시끄러워
시다 形 酸っぱい	십니다	시어요	=	신	시어
시작하다 動 [하変] 始める	시작합니다	시작해요	시작한다	시작하는	시작해
시키다 動 させる	시킵니다	시켜요	시킨다	시키는	시켜
식히다 動 冷ます	식힙니다	식혀요	식힌다	식히는	식혀
신다 動 (靴などを)履く	신습니다	신어요	신는다	신는	신어
싣다 動 [ㄷ変] 載せる; 積む	싣습니다	실어요	싣는다	싣는	실어
싫다 形 嫌だ; 嫌いだ	싫습니다	싫어요	=	싫은	싫어
싫어하다 動 [하変] 嫌う; 嫌いだ	싫어합니다	싫어해요	싫어한다	싫어하는	싫어해
싸다 形 安い	쌉니다	싸요	=	싼	싸
싸우다 動 けんかする	싸웁니다	싸워요	싸운다	싸우는	싸워
쌓이다 動 積まれる; 積もる	쌓입니다	쌓여요	쌓인다	쌓이는	쌓여
썩다 動 腐る	썩습니다	썩어요	썩는다	썩는	썩어
썰다 動 [ㄹ語幹] 切る; 刻む	썹니다	썰어요	썬다	써는	썰어
쏘다 動 撃つ; 射る	쏩니다	쏴요	쏜다	쏘는	쏴
쏟다 動 こぼす	쏟습니다	쏟아요	쏟는다	쏟는	쏟아
쓰다 形 [으変] 苦い	씁니다	써요	=	쓴	써
쓰다 動 [으変] 書く	씁니다	써요	쓴다	쓰는	써
쓰다 動 [으変] 使う	씁니다	써요	쓴다	쓰는	써

重要動詞・形容詞活用表

	過去			連体形	回想	未来 連体形
丁寧体	会話体	常体				
-았습니다 /-었습니다	-았어요 /-었어요	-았다 /-었다	-ㄴ/-은 (動詞のみ)	-던	-ㄹ/-을
속였습니다	속였어요	속였다	속인	속이던	속일
솔직했습니다	솔직했어요	솔직했다	*	솔직하던	솔직할
숨겼습니다	숨겼어요	숨겼다	숨긴	숨기던	숨길
숨었습니다	숨었어요	숨었다	숨은	숨던	숨을
쉬었습니다	쉬었어요	쉬었다	쉰	쉬던	쉴
쉬웠습니다	쉬웠어요	쉬웠다	*	쉽던	쉬울
슬펐습니다	슬펐어요	슬펐다	*	슬프던	슬플
시끄러웠습니다	시끄러웠어요	시끄러웠다	*	시끄럽던	시끄러울
시었습니다	시었어요	시었다	*	시던	실
시작했습니다	시작했어요	시작했다	시작한	시작하던	시작할
시켰습니다	시켰어요	시켰다	시킨	시키던	시킬
식혔습니다	식혔어요	식혔다	식힌	식히던	식힐
신었습니다	신었어요	신었다	신은	신던	신을
실었습니다	실었어요	실었다	실은	실던	실을
싫었습니다	싫었어요	싫었다	*	싫던	싫을
싫어했습니다	싫어했어요	싫어했다	싫어한	싫어하던	싫어할
쌌습니다	쌌어요	쌌다	*	싸던	쌀
싸웠습니다	싸웠어요	싸웠다	싸운	싸우던	싸울
쌓였습니다	쌓였어요	쌓였다	쌓인	쌓이던	쌓일
썩었습니다	썩었어요	썩었다	썩은	썩던	썩을
썰었습니다	썰었어요	썰었다	썬	썰던	썰
쐈습니다	쐈어요	쐈다	쏜	쏘던	쏠
쏟았습니다	쏟았어요	쏟았다	쏟은	쏟던	쏟을
썼습니다	썼어요	썼다	*	쓰던	쓸
썼습니다	썼어요	썼다	쓴	쓰던	쓸
썼습니다	썼어요	썼다	쓴	쓰던	쓸

重要動詞・形容詞活用表

基本形	現在 丁寧体 -ㅂ니다/-습니다	現在 会話体 -아요/-어요	現在 常体 -ㄴ다/-는다	連体形 -는 動 -ㄴ/-은 形	連用形 -아/-어
쓰러지다 動 倒れる	쓰러집니다	쓰러져요	쓰러진다	쓰러지는	쓰러져
씻다 動 (手などを)洗う	씻습니다	씻어요	씻는다	씻는	씻어
아깝다 形 [ㅂ変] 惜しい	아깝습니다	아까워요	=	아까운	아까워
아니다 形 …で(は)ない;違う	아닙니다	아니에요	=	아닌	아니어
아름답다 形 [ㅂ変] 美しい	아름답습니다	아름다워요	=	아름다운	아름다워
아프다 形 [으変] 痛い	아픕니다	아파요	=	아픈	아파
안다 動 抱く	안습니다	안아요	안는다	안는	안아
안타깝다 形 [ㅂ変] 気の毒だ	안타깝습니다	안타까워요	=	안타까운	안타까워
앉다 動 座る	앉습니다	앉아요	앉는다	앉는	앉아
알다 動 [ㄹ語幹] 知る;分かる	압니다	알아요	안다	아는	알아
앓다 動 患う	앓습니다	앓아요	앓는다	앓는	앓아
약하다 形 [하変] 弱い	약합니다	약해요	=	약한	약해
얄밉다 形 [ㅂ変] 小憎らしい	얄밉습니다	얄미워요	=	얄미운	얄미워
얇다 形 薄い	얇습니다	얇아요	=	얇은	얇아
어둡다 形 [ㅂ変] 暗い	어둡습니다	어두워요	=	어두운	어두워
어렵다 形 [ㅂ変] 難しい	어렵습니다	어려워요	=	어려운	어려워
어리다 形 幼い	어립니다	어려요	=	어린	어려
어리석다 形 愚かだ	어리석습니다	어리석어요	=	어리석은	어리석어
어울리다 動 似合う	어울립니다	어울려요	어울린다	어울리는	어울려
억누르다 動 [르変] 抑える	억누릅니다	억눌러요	억누른다	억누르는	억눌러
얻다 動 もらう;得る	얻습니다	얻어요	얻는다	얻는	얻어
얼다 動 [ㄹ語幹] 凍る;凍りつく	업니다	얼어요	언다	어는	얼어
없다 形 ない;いない	없습니다	없어요	없다	없는	없어
없어지다 動 なくなる;いなくなる	없어집니다	없어져요	없어진다	없어지는	없어져
열다 動 [ㄹ語幹] 開ける;開く	엽니다	열어요	연다	여는	열어
옅다 形 浅い;薄い	옅습니다	옅어요	=	옅은	옅어

重要動詞・形容詞活用表

	過去					未来
丁寧体	会話体	常体	連体形	回想		連体形
-았습니다 /-었습니다	-았어요 /-었어요	-았다 /-었다	-ㄴ / -은 (動詞のみ)	-던		-ㄹ / -을
쓰러졌습니다	쓰러졌어요	쓰러졌다	쓰러진	쓰러지던		쓰러질
씻었습니다	씻었어요	씻었다	씻은	씻던		씻을
아까웠습니다	아까웠어요	아까웠다	*	아깝던		아까울
아니었습니다	아니었어요	아니었다	*	아니던		아닐
아름다웠습니다	아름다웠어요	아름다웠다	*	아름답던		아름다울
아팠습니다	아팠어요	아팠다	*	아프던		아플
안았습니다	안았어요	안았다	안은	안던		안을
안타까웠습니다	안타까웠어요	안타까웠다	*	안타깝던		안타까울
앉았습니다	앉았어요	앉았다	앉은	앉던		앉을
알았습니다	알았어요	알았다	안	알던		알
앓았습니다	앓았어요	앓았다	앓은	앓던		앓을
약했습니다	약했어요	약했다	*	약하던		약할
얄미웠습니다	얄미웠어요	얄미웠다	*	얄밉던		얄미울
얕았습니다	얕았어요	얕았다	*	얕던		얕을
어두웠습니다	어두웠어요	어두웠다	*	어둡던		어두울
어려웠습니다	어려웠어요	어려웠다	*	어렵던		어려울
어렸습니다	어렸어요	어렸다	*	어리던		어릴
어리석었습니다	어리석었어요	어리석었다	*	어리석던		어리석을
어울렸습니다	어울렸어요	어울렸다	어울린	어울리던		어울릴
억눌렀습니다	억눌렀어요	억눌렀다	억누른	억누르던		억누를
얻었습니다	얻었어요	얻었다	얻은	얻던		얻을
얼었습니다	얼었어요	얼었다	언	얼던		얼
없었습니다	없었어요	없었다	*	없던		없을
없어졌습니다	없어졌어요	없어졌다	없어진	없어지던		없어질
열었습니다	열었어요	열었다	연	열던		열
옅었습니다	옅었어요	옅었다	*	옅던		옅을

重要動詞・形容詞活用表

基本形	現在 丁寧体 -ㅂ니다/-습니다	現在 会話体 -아요/-어요	現在 常体 -ㄴ다/-는다	連体形 -는 動 -ㄴ/-은 形	連用形 -아/-어
예쁘다 形 [으変] きれいだ;美しい	예쁩니다	예뻐요	=	예쁜	예뻐
오다 動 来る	옵니다	와요	온다	오는	와
오르다 動 [르変] 上がる;登る	오릅니다	올라요	오른다	오르는	올라
올리다 動 上げる	올립니다	올려요	올린다	올리는	올려
옮기다 動 移す	옮깁니다	옮겨요	옮긴다	옮기는	옮겨
외롭다 形 [ㅂ変] 寂しい	외롭습니다	외로워요	=	외로운	외로워
외우다 動 覚える	외웁니다	외워요	외운다	외우는	외워
우습다 形 [ㅂ変] 面白い;おかしい	우습습니다	우스워요	=	우스운	우스워
울다 動 [ㄹ語幹] 泣く;鳴く	웁니다	울어요	운다	우는	울어
움직이다 動 動く;動かす	움직입니다	움직여요	움직인다	움직이는	움직여
웃다 動 笑う	웃습니다	웃어요	웃는다	웃는	웃어
의지하다 動 [하変] 頼る	의지합니다	의지해요	의지한다	의지하는	의지해
이기다 動 勝つ;打ち勝つ	이깁니다	이겨요	이긴다	이기는	이겨
이다 動 注3) …だ、…である	입니다	예요/이에요	=	인	여/이어
이렇다 形 [ㅎ変] こうだ	이렇습니다	이래요	=	이런	이래
이루다 動 成す;成し遂げる	이룹니다	이뤄요	이룬다	이루는	이뤄
이루어지다 動 叶う	이뤄집니다	이뤄져요	이뤄진다	이뤄지는	이뤄져
이르다 動 [러変] 着く;至る	이릅니다	이르러요	이른다	이르는	이르러
익히다 動 煮る;火を通す	익힙니다	익혀요	익힌다	익히는	익혀
일어나다 動 起きる;起こる	일어납니다	일어나요	일어난다	일어나는	일어나
일하다 動 [하変] 働く	일합니다	일해요	일한다	일하는	일해
읽다 動 読む	읽습니다	읽어요	읽는다	읽는	읽어
잃다 動 なくす;亡くす	잃습니다	잃어요	잃는다	잃는	잃어
입다 動 着る	입습니다	입어요	입는다	입는	입어
입히다 動 着させる;着せる	입힙니다	입혀요	입힌다	입히는	입혀
잇다 動 [ㅅ変] つなぐ	잇습니다	이어요	잇는다	잇는	이어

重要動詞・形容詞活用表

	過去					未来
丁寧体	会話体	常体	連体形	回想		連体形
-았습니다 /-었습니다	-았어요 /-었어요	-았다 /-었다	-ㄴ/-은 (動詞のみ)	-던		-ㄹ/-을
예뻤습니다	예뻤어요	예뻤다	*	예쁘던		예쁠
왔습니다	왔어요	왔다	온	오던		올
올랐습니다	올랐어요	올랐다	오른	오르던		오를
옮겼습니다	옮겼어요	옮겼다	옮긴	옮기던		옮길
외로웠습니다	외로웠어요	외로웠다	*	외롭던		외로울
외웠습니다	외웠어요	외웠다	외운	외우던		외울
우스웠습니다	우스웠어요	우스웠다	*	우습던		우스울
울었습니다	울었어요	울었다	운	울던		울
움직였습니다	움직였어요	움직였다	움직인	움직이던		움직일
웃었습니다	웃었어요	웃었다	웃은	웃던		웃을
의지했습니다	의지했어요	의지했다	의지한	의지하던		의지할
이겼습니다	이겼어요	이겼다	이긴	이기던		이길
였습니다 /이었습니다	였어요 /이었어요	였다/이었다	*	이던		일
이랬습니다	이랬어요	이랬다	*	이렇던		이럴
이뤘습니다	이뤘어요	이뤘다	이룬	이루던		이룰
이뤄졌습니다	이뤄졌어요	이뤄졌다	이뤄진	이뤄지던		이뤄질
이르렀습니다	이르렀어요	이르렀다	이른	이르던		이를
익혔습니다	익혔어요	익혔다	익힌	익히던		익힐
일어났습니다	일어났어요	일어났다	일어난	일어나던		일어날
일했습니다	일했어요	일했다	일한	일하던		일할
읽었습니다	읽었어요	읽었다	읽은	읽던		읽을
잃었습니다	잃었어요	잃었다	잃은	잃던		잃을
입었습니다	입었어요	입었다	입은	입던		입을
입혔습니다	입혔어요	입혔다	입힌	입히던		입힐
이었습니다	이었어요	이었다	이은	잇던		이을

重要動詞・形容詞活用表

基本形	現在 丁寧体 -ㅂ니다/-습니다	現在 会話体 -아요/-어요	現在 常体 -ㄴ다/-는다	連体形 -는 動 -ㄴ/-은 形	連用形 -아/-어
있다 動 ある；いる	있습니다	있어요	있는다	있는	있어
잊다 動 忘れる	잊습니다	잊어요	잊는다	잊는	잊어
자다 動 寝る；眠る	잡니다	자요	잔다	자는	자
자라다 動 育つ	자랍니다	자라요	자란다	자라는	자라
자르다 動 [르変] 切る	자릅니다	잘라요	자른다	자르는	잘라
작다 形 小さい	작습니다	작아요	=	작은	작아
잘되다 動 うまくいく	잘됩니다	잘돼요	잘된다	잘되는	잘돼
잘못하다 動 [하変] 間違える	잘못합니다	잘못해요	잘못한다	잘못하는	잘못해
잘생기다 形 ハンサムだ	잘생깁니다	잘생겨요		잘생긴	잘생겨
잘하다 形 [하変] 上手だ	잘합니다	잘해요		잘한	잘해
잠그다 動 [으変] (門·戸などを)閉める	잠급니다	잠가요	잠근다	잠그는	잠가
잠들다 動 [ㄹ語幹] 寝入る	잠듭니다	잠들어요	잠든다	잠드는	잠들어
잡다 動 つかむ	잡습니다	잡아요	잡는다	잡는	잡아
재미있다 形 面白い	재미있습니다	재미있어요	=	재미있는	재미있어
적다 形 少ない	적습니다	적어요		적은	적어
전하다 動 [하変] 伝える	전합니다	전해요	전한다	전하는	전해
젊다 形 若い	젊습니다	젊어요		젊은	젊어
젓다 動 [ㅅ変] かき混ぜる	젓습니다	저어요	젓는다	젓는	저어
젖다 動 浸る；濡れる	젖습니다	젖어요	젖는다	젖는	젖어
졸리다 動 眠たい	졸립니다	졸려요	졸린다	졸리는	졸려
좁다 形 狭い	좁습니다	좁아요	=	좁은	좁아
좋다 形 よい	좋습니다	좋아요		좋은	좋아
좋아하다 動 [하変] 好きだ；好む	좋아합니다	좋아해요	좋아한다	좋아하는	좋아해
죄송하다 形 [하変] 申し訳ない	죄송합니다	죄송해요		죄송한	죄송해
주고받다 動 取り交わす	주고받습니다	주고받아요	주고받는다	주고받는	주고받아
주다 動 やる；あげる；くれる	줍니다	줘요	준다	주는	줘

重要動詞・形容詞活用表

	過去			連体形	回想	未来 連体形
丁寧体 -았습니다/-었습니다	会話体 -았어요/-었어요	常体 -았다/-었다		-ㄴ/-은 (動詞のみ)	-던	-ㄹ/-을
있었습니다	있었어요	있었다		있은	있던	있을
잊었습니다	잊었어요	잊었다		잊은	잊던	잊을
잤습니다	잤어요	잤다		잔	자던	잘
자랐습니다	자랐어요	자랐다		자란	자라던	자랄
잘랐습니다	잘랐어요	잘랐다		자른	자르던	자를
작았습니다	작았어요	작았다		*	작던	작을
잘됐습니다	잘됐어요	잘됐다		잘된	잘되던	잘될
잘못했습니다	잘못했어요	잘못했다		잘못한	잘못하던	잘못할
잘생겼습니다	잘생겼어요	잘생겼다		*	잘생기던	잘생길
잘했습니다	잘했어요	잘했다		*	잘하던	잘할
잠갔습니다	잠갔어요	잠갔다		잠근	잠그던	잠글
잠들었습니다	잠들었어요	잠들었다		잠든	잠들던	잠들
잡았습니다	잡았어요	잡았다		잡은	잡던	잡을
재미있었습니다	재미있었어요	재미있었다		*	재미있던	재미있을
적었습니다	적었어요	적었다		*	적던	적을
전했습니다	전했어요	전했다		전한	전하던	전할
절었습니다	절었어요	절었다		*	절던	절을
저었습니다	저었어요	저었다		저은	젓던	저을
젖었습니다	젖었어요	젖었다		젖은	젖던	젖을
졸렸습니다	졸렸어요	졸렸다		졸린	졸리던	졸릴
좁았습니다	좁았어요	좁았다		*	좁던	좁을
좋았습니다	좋았어요	좋았다		*	좋던	좋을
좋아했습니다	좋아했어요	좋아했다		좋아한	좋아하던	좋아할
죄송했습니다	죄송했어요	죄송했다		*	죄송하던	죄송할
주고받았습니다	주고받았어요	주고받았다		주고받은	주고받던	주고받을
줬습니다	줬어요	줬다		준	주던	줄

重要動詞・形容詞活用表

基本形	現在 丁寧体 -ㅂ니다/-습니다	現在 会話体 -아요/-어요	現在 常体 -ㄴ다/-는다	連体形 -는 動 -ㄴ/-은 形	連用形 -아/-어
죽다 動 死ぬ	죽습니다	죽어요	죽는다	죽는	죽어
죽이다 動 殺す	죽입니다	죽여요	죽인다	죽이는	죽여
줄다 動 [ㄹ語幹] 減る	줍니다	줄어요	준다	주는	줄어
줄이다 動 減らす	줄입니다	줄여요	줄인다	줄이는	줄여
줍다 動 [ㅂ変] 拾う	줍습니다	주워요	줍는다	줍는	주워
중요하다 形 [하変] 重要だ	중요합니다	중요해요	=	중요한	중요해
쥐다 動 握る	쥡니다	쥐어요	쥔다	쥐는	쥐어
즐겁다 形 [ㅂ変] 楽しい	즐겁습니다	즐거워요	=	즐거운	즐거워
즐기다 動 楽しむ	즐깁니다	즐겨요	즐긴다	즐기는	즐겨
지겹다 形 [ㅂ変] うんざりしている	지겹습니다	지겨워요	=	지겨운	지겨워
지나가다 動 通り過ぎる	지나갑니다	지나가요	지나간다	지나가는	지나가
지내다 動 過ごす	지냅니다	지내요	지낸다	지내는	지내
지다 動 散る;(試合などで)負ける	집니다	져요	진다	지는	져
지우다 動 消す	지웁니다	지워요	지운다	지우는	지워
지치다 動 疲れ果てる	지칩니다	지쳐요	지친다	지치는	지쳐
지켜보다 動 見守る	지켜봅니다	지켜봐요	지켜본다	지켜보는	지켜봐
지키다 動 守る;保つ	지킵니다	지켜요	지킨다	지키는	지켜
짓다 動 [ㅅ変] 建てる;作る	짓습니다	지어요	짓는다	짓는	지어
질다 形 濃い	질습니다	질어요	=	질은	질어
질푸르다 形 [러変] 濃く青い	질푸릅니다	질푸르러요	=	질푸른	질푸르러
짜다 形 塩辛い	짭니다	짜요	=	짠	짜
짧다 形 短い	짧습니다	짧아요	=	짧은	짧아
쫓기다 動 追われる	쫓깁니다	쫓겨요	쫓긴다	쫓기는	쫓겨
쫓다 動 追う	쫓습니다	쫓아요	쫓는다	쫓는	쫓아
찌다 動 太る	찝니다	쪄요	찐다	찌는	쪄
찌르다 動 [르変] 刺す;突く	찌릅니다	찔러요	찌른다	찌르는	찔러

重要動詞・形容詞活用表

過去					未来
丁寧体	会話体	常体	連体形	回想	連体形
-았습니다 /-었습니다	-았어요 /-었어요	-았다 /-었다	-ㄴ/-은 (動詞のみ)	-던	-ㄹ/-을
죽었습니다	죽었어요	죽었다	죽은	죽던	죽을
죽였습니다	죽였어요	죽였다	죽인	죽이던	죽일
줄었습니다	줄었어요	줄었다	준	줄던	줄
줄였습니다	줄였어요	줄였다	줄인	줄이던	줄일
주웠습니다	주웠어요	주웠다	주운	줍던	주울
중요했습니다	중요했어요	중요했다	*	중요하던	중요할
쥐었습니다	쥐었어요	쥐었다	쥔	쥐던	쥘
즐거웠습니다	즐거웠어요	즐거웠다	*	즐겁던	즐거울
즐겼습니다	즐겼어요	즐겼다	즐긴	즐기던	즐길
지겨웠습니다	지겨웠어요	지겨웠다	*	지겹던	지겨울
지나갔습니다	지나갔어요	지나갔다	지나간	지나가던	지나갈
지냈습니다	지냈어요	지냈다	지낸	지내던	지낼
졌습니다	졌어요	졌다	진	지던	질
지웠습니다	지웠어요	지웠다	지운	지우던	지울
지쳤습니다	지쳤어요	지쳤다	지친	지치던	지칠
지켜봤습니다	지켜봤어요	지켜봤다	지켜본	지켜보던	지켜볼
지켰습니다	지켰어요	지켰다	지킨	지키던	지킬
지었습니다	지었어요	지었다	지은	짓던	지을
질었습니다	질었어요	질었다	*	질던	질을
질푸르렀습니다	질푸르렀어요	질푸르렀다	*	질푸르던	질푸를
짰습니다	짰어요	짰다	*	짜던	짤
짧았습니다	짧았어요	짧았다	*	짧던	짧을
쫓겼습니다	쫓겼어요	쫓겼다	쫓긴	쫓기던	쫓길
쫓았습니다	쫓았어요	쫓았다	쫓은	쫓던	쫓을
쪘습니다	쪘어요	쪘다	찐	찌던	찔
찌렀습니다	찌렀어요	찌렀다	찌른	찌르던	찌를

重要動詞・形容詞活用表

基本形	現在 丁寧体 -ㅂ니다/-습니다	会話体 -아요/-어요	常体 -ㄴ다/-는다	連体形 -는 動 -ㄴ/-은 形	連用形 -아/-어
찍다 動 (点などを)つける；(写真を)撮る	찍습니다	찍어요	찍는다	찍는	찍어
찢다 動 破る	찢습니다	찢어요	찢는다	찢는	찢어
차다 形 冷たい；冷淡だ	찹니다	차요	=	찬	차
차다 動 蹴る	찹니다	차요	찬다	차는	차
착하다 形 [하変] 心根がよい	착합니다	착해요	=	착한	착해
참다 動 こらえる	참습니다	참아요	참는다	참는	참아
창피하다 形 [하変] 恥をかく	창피합니다	창피해요	=	창피한	창피해
찾다 動 探す；捜す；見つける	찾습니다	찾아요	찾는다	찾는	찾아
찾아내다 動 見つける；見つけ出す；探し出す	찾아냅니다	찾아내요	찾아낸다	찾아내는	찾아내
초라하다 形 [하変] みすぼらしい	초라합니다	초라해요	=	초라한	초라해
추다 動 踊る	춥니다	추어요	춘다	추는	추어
춥다 形 [ㅂ変] 寒い	춥습니다	추워요	=	추운	추워
취하다 動 [하変] 酔う	취합니다	취해요	취한다	취하는	취해
치다 動 打つ；たたく；弾く	칩니다	쳐요	친다	치는	쳐
친절하다 形 [하変] 親切だ	친절합니다	친절해요	=	친절한	친절해
친하다 形 [하変] 親しい	친합니다	친해요	=	친한	친해
캐다 動 掘る	캡니다	캐요	캔다	캐는	캐
켜다 動 (灯りやテレビなどを)つける	켭니다	켜요	켠다	켜는	켜
크다 形 [으変] 大きい	큽니다	커요	=	큰	커
키우다 動 育てる	키웁니다	키워요	키운다	키우는	키워
타다 動 燃える；焼ける	탑니다	타요	탄다	타는	타
타다 動 乗る；滑る	탑니다	타요	탄다	타는	타
태어나다 動 生まれる	태어납니다	태어나요	태어난다	태어나는	태어나
태우다 動 燃やす；焦がす	태웁니다	태워요	태운다	태우는	태워
튀기다 動 (油で)揚げる	튀깁니다	튀겨요	튀긴다	튀기는	튀겨
튼튼하다 形 [하変] 丈夫だ	튼튼합니다	튼튼해요	=	튼튼한	튼튼해

重要動詞・形容詞活用表

過去			連体形	回想	未来 連体形
丁寧体	会話体	常体	-ㄴ/-은 (動詞のみ)	-던	-ㄹ/-을
-았습니다/-었습니다	-았어요/-었어요	-았다/-었다			
찍었습니다	찍었어요	찍었다	찍은	찍던	찍을
찢었습니다	찢었어요	찢었다	찢은	찢던	찢을
찼습니다	찼어요	찼다	*	차던	찰
찾습니다	찾어요	찾다	찬	차던	찰
착했습니다	착했어요	착했다	*	착하던	착할
참았습니다	참았어요	참았다	참은	참던	참을
창피했습니다	창피했어요	창피했다	*	창피하던	창피할
찾았습니다	찾았어요	찾았다	찾은	찾던	찾을
찾아냈습니다	찾아냈어요	찾아냈다	찾아낸	찾아내던	찾아낼
초라했습니다	초라했어요	초라했다	*	초라하던	초라할
추었습니다	추었어요	추었다	춘	추던	출
추웠습니다	추웠어요	추웠다	*	춥던	추울
취했습니다	취했어요	취했다	취한	취하던	취할
쳤습니다	쳤어요	쳤다	친	치던	칠
친절했습니다	친절했어요	친절했다	*	친절하던	친절할
친했습니다	친했어요	친했다	*	친하던	친할
캤습니다	캤어요	캤다	캔	캐던	캘
켰습니다	켰어요	켰다	켠	켜던	켤
컸습니다	컸어요	컸다	*	크던	클
키웠습니다	키웠어요	키웠다	키운	키우던	키울
탔습니다	탔어요	탔다	탄	타던	탈
탔습니다	탔어요	탔다	탄	타던	탈
태어났습니다	태어났어요	태어났다	태어난	태어나던	태어날
태웠습니다	태웠어요	태웠다	태운	태우던	태울
튀겼습니다	튀겼어요	튀겼다	튀긴	튀기던	튀길
튼튼했습니다	튼튼했어요	튼튼했다	*	튼튼하던	튼튼할

重要動詞・形容詞活用表

基本形	現在 丁寧体 -ㅂ니다/-습니다	現在 会話体 -아요/-어요	現在 常体 -ㄴ다/-는다	連体形 -는 動 -ㄴ/-은 形	連用形 -아/-어
틀리다 動 間違える	틀립니다	틀려요	틀린다	틀리는	틀려
파다 動 掘る;彫る	팝니다	파요	판다	파는	파
파랗다 形 [ㅎ変] 青い	파랗습니다	파래요	=	파란	파래
팔다 動 [ㄹ語幹] 売る	팝니다	팔아요	판다	파는	팔아
팔리다 動 売れる	팔립니다	팔려요	팔린다	팔리는	팔려
편하다 形 楽だ	편합니다	편해요	=	편한	편해
푸다 動 [우変] 汲む;すくう	품니다	퍼요	푼다	푸는	퍼
푸르다 形 [러変] 青い	푸릅니다	푸르러요	=	푸른	푸르러
풀다 動 [ㄹ語幹] ほどく;ほぐす	풉니다	풀어요	푼다	푸는	풀어
품다 動 抱く	품습니다	품어요	품는다	품는	품어
피곤하다 形 [하変] 疲れている	피곤합니다	피곤해요	=	피곤한	피곤해
피다 動 咲く	핍니다	펴요	핀다	피는	펴
피우다 動 咲かせる;(タバコを)吸う	피웁니다	피워요	피운다	피우는	피워
하다 動 する;やる	합니다	해요	한다	하는	해
하얗다 形 [ㅎ変] 真っ白い	하얗습니다	하얘요	=	하얀	하얘
해롭다 形 [ㅂ変] 有害だ	해롭습니다	해로워요	=	해로운	해로워
헤어지다 動 別れる	헤어집니다	헤어져요	헤어진다	헤어지는	헤어져
혼란스럽다 形 [ㅂ変] 混乱している	혼란스럽습니다	혼란스러워요	=	혼란스러운	혼란스러워
화내다 動 腹を立てる	화냅니다	화내요	화낸다	화내는	화내
훔치다 動 盗む	훔칩니다	훔쳐요	훔친다	훔치는	훔쳐
흐르다 動 [르変] 流れる	흐릅니다	흘러요	흐른다	흐르는	흘러
흔들다 動 [ㄹ語幹] 揺らす	흔듭니다	흔들어요	흔든다	흔드는	흔들어
흔들리다 動 揺らぐ	흔들립니다	흔들려요	흔들린다	흔들리는	흔들려
흘리다 動 流す;こぼす	흘립니다	흘려요	흘린다	흘리는	흘려
희다 形 白い	흽니다	희어요	=	흰	희어
힘들다 形 [ㄹ語幹] 大変だ	힘듭니다	힘들어요	=	힘든	힘들어

重要動詞・形容詞活用表

過去					未来
丁寧体	会話体	常体	連体形	回想	連体形
-았습니다 /-었습니다	-았어요 /-었어요	-았다 /-었다	-ㄴ/-은 (動詞のみ)	-던	-ㄹ/-을
틀렸습니다	틀렸어요	틀렸다	틀린	틀리던	틀릴
팠습니다	팠어요	팠다	판	파던	팔
파랬습니다	파랬어요	파랬다	*	파랗던	파랄
팔았습니다	팔았어요	팔았다	판	팔던	팔
팔렸습니다	팔렸어요	팔렸다	팔린	팔리던	팔릴
편했습니다	편했어요	편했다	*	편하던	편할
폈습니다	폈어요	폈다	푼	푸던	풀
푸르렀습니다	푸르렀어요	푸르렀다	*	푸르던	푸를
풀었습니다	풀었어요	풀었다	푼	풀던	풀
품었습니다	품었어요	품었다	품은	품던	품을
피곤했습니다	피곤했어요	피곤했다	*	피곤하던	피곤할
폈습니다	폈어요	폈다	핀	피던	필
피웠습니다	피웠어요	피웠다	피운	피우던	피울
했습니다	했어요	했다	한	하던	할
하얬습니다	하얬어요	하얬다	*	하얗던	하얄
해로웠습니다	해로웠어요	해로웠다	*	해롭던	해로울
헤어졌습니다	헤어졌어요	헤어졌다	헤어진	헤어지던	헤어질
혼란스러웠습니다	혼란스러웠어요	혼란스러웠다	*	혼란스럽던	혼란스러울
화냈습니다	화냈어요	화냈다	화낸	화내던	화낼
훔쳤습니다	훔쳤어요	훔쳤다	훔친	훔치던	훔칠
흘렀습니다	흘렀어요	흘렀다	흐른	흐르던	흐를
흔들었습니다	흔들었어요	흔들었다	흔든	흔들던	흔들
흔들렸습니다	흔들렸어요	흔들렸다	흔들린	흔들리던	흔들릴
흘렸습니다	흘렸어요	흘렸다	흘린	흘리던	흘릴
희었습니다	희었어요	희었다	*	희던	흴
힘들었습니다	힘들었어요	힘들었다	*	힘들던	힘들

デイリーコンサイス
日韓辞典

SANSEIDO'S DAILY CONCISE JAPANESE-KOREAN DICTIONARY

SANSEIDO'S
DAILY
CONCISE
JAPANESE-KOREAN
DICTIONARY

尹亭仁 [編]

三省堂

© Sanseido Co., Ltd. 2009

Printed in Japan

[編 者]	尹亭仁
[執筆・執筆協力者]	尹亭仁　永原歩　小野順子　文彰鶴 金秀美　車香春
[編集協力者]	上保敏　吉岡幸子　李根雨　尹恵禎 細川雄　鈴木康子　佐々木香奈　金銀珠 三上将宏　金珠怜　西條香菜　香川義雄 金倫廷　金志訓　趙懇貞　柳彬　馬場緑
[システム及びデータ設計]	三省堂データ編集室
[地　図]	ジェイ・マップ
[装　丁]	三省堂デザイン室

序

　ここ数年の間に、スポーツやドラマなどを介して日本と韓国の社会的・文化的交流がかつて類を見ないほどの勢いで深まっている。日本における韓国語学習者の数も飛躍的に増えてきて、一時的な興味の対象としてではなく真摯に韓国語を学ぶという学生や社会人の層が着実に形成されつつある。その影響は当然辞書の編纂やテキスト・参考書類の編集にも及んでくることになった。

　本書は、そのような流れに押されて2005年の春に企画の構想に着手し、執筆のための準備作業に入った。韓国人と日本人の執筆者が大学の授業の中で日々体験する問題を出し合い、学習者にとってどのような辞書がよいものなのか、知恵を絞って様々な工夫を凝らした。三省堂のデイリーコンサイスシリーズの特長を活かし、コンパクトながら豊富な語彙と現代的で生きた用例を収録した辞書をめざしたことは言うまでもないが、新しい日韓辞典として我々が特に意図した点は以下の通りである。

　複合語や成句・諺は見出し語のもとに分かりやすく全書した。また、この種のハンディサイズの限界まで、語の使い方が分かるような句例・文例を豊富に収録した。

　韓国語と日本語は、英語やフランス語などと比べて似通った点が多い。このことを最大限に利用したのが、互いが共有する漢語（漢字語）への目配りである。日韓辞典では、見出し語の語義・訳語に韓国漢字を併記して、日本人学習者の語彙の理解を促した。

　さらに、韓国語と日本語の語形成の類似点に配慮して、訳語の名詞に하다や되다を付ければそのまま動詞になるもの、また、名詞に活用語尾を付ければ形容詞や動詞（句）になるものにはマークを記して示すとともに、用例を手がかりに活用形が作れるようにした。

　英語などの外来語の場合、原語を表記し、両言語の発音の違いに注意を促した。

　見出しの日本語に対して適切な訳語がない場合は、あえて無理な言い換えを行わず 説明 のマークを記して解説を施した。該当する訳語がない擬声語や擬態語の場合は、用例を通して用法を示そうと努めた。

　1990年の来日以来、『大辞林』をはじめとする国語辞典を愛用している編者であるが、韓国語と日本語の学習者にいささかでも役に立ち親しまれる辞書を届けたいと心から願って、本書が成った次第である。不十分な点が色々あると思われるが、読者の方々のご意見・ご叱正を待ちたい。

　最後に、精緻な組版と印刷・製本を担当された三省堂データ編集室および三省堂印刷株式会社の関係者の方々、出版をお勧めくださった株式会社三省堂、とりわけ企画・編集を担当された柳百合編集長をはじめ外国語辞書編集室の崔煕眞さん、村上眞美子さんには深く感謝申し上げる。

2009年3月

編者　尹亭仁

凡　例

1. 見出し語
1-1. 約3万の見出し語を仮名で表記し、五十音順に配列した。なお、カタカナ語の音引き(ー)は直前の母音に置き換えて配列した。
1-2. 英語などの外来語、国名などの固有名詞、助詞・助動詞、連語の類も見出し語とした。
1-3. 使用頻度の高い重要語1,718語には色付きのアステリスク(*)を付した。
1-4. 見出し語の漢字仮名交じり表記、外来語の原語を【 】に入れて併記した。

2. 品詞
2-1. 名詞の訳語に 하다 / 되다 を付ければそのまま韓国語で動詞(まれに形容詞)になるものには、(하동)(되동)の記号を表示した。
2-2. 活用語尾を付けるとそのまま韓国語で形容詞や動詞(句)になるものには、【 】の右肩に ダ を表示し(語義中に現われる場合は[~ダ])、訳語も形容詞・動詞(句)で示した。
2-3. 見出し語は原則として品詞別に挙げてあるが、副詞や接頭語・接尾語などをまとめて表示した場合もある。

3. 語義・訳語
3-1. 見出しの日本語に対応する韓国語訳を色付きで掲載した。
3-2. 訳語には、学習の理解の助けとなるように、適宜、韓国漢字を併記した。
3-3. 語義が大きく異なる場合は、❶❷…で区分した。
3-4. ( )内に語義・訳語の補足説明を入れた。
3-5. 〔 〕内に文法的・語法的説明を入れた。
3-6. 〈 〉内に必要に応じて専門分野を表示した。
3-7. 見出しの日本語に相当する適当な訳語がない場合は、(説明) として韓国語による説明を挙げた。

4. 用例
4-1. 用例は語義ごとに示し、語義と用例は ‖ で区分した。
4-2. 用例は、原則として訳語の順に示した。

5. 成句・諺・慣用句
5-1. 成句(諺・慣用句を含む)は項目末に ▶ を付して掲載した。
5-2. 成句の語義は ①②…で区別した。
5-3. 韓国語訳も諺や慣用句として定型の表現となっている場合は、訳語の後に 【諺】【慣】 を表示した。

6. 複合語
6-1. 見出し語を含む複合語は ♦ を付して成句の後に掲載した。

7. 百科的・語法的解説
7-1. 韓国固有の文化や語の運用に関する説明は、語義や用例の後に ✛ で示した。

8. 記号・略号類
( )　省略可能/補足説明/韓国漢字　　‖　用例の開始
〔 〕　置換可能　　　　　　　　　　▶　成句
【 】　表記　　　　　　　　　　　　♦　複合語
✛　百科的・語法的解説　　　　　　　(하동)(되동)　2-1. 参照
⇨　参照　　　　　　　　　　　　　　ダ [~ダ]　2-2. 参照
←　語源　　　　　　　　　　　　　　(説明)　相当する訳語がない語の説明

あ

あ, ああ ❶〔嘆声・驚き〕아; 아아. ❷〔肯定・承知〕아; 아아. ‖아, 그래.
アース【earth】어스; 접지(接地).
アーチ【arch】아치. ‖アーチをかける 아치를 그리다.
アーモンド【almond】아몬드.
あい【愛】 사랑; 애정(愛情). ‖愛の鞭 사랑의 매. 愛の賛歌 사랑의 찬가.
アイ【eye】◆アイマスク 아이마스크. アイメイク 눈 화장. アイライナー 아이라이너. アイライン 아이라인.
あいあいがさ【相合傘】‖相合傘で行く 둘이 우산을 같이 쓰고 가다.
あいいれない【相容れない】서로 받아들이지 않다; 양립(兩立)하지 않다; 상반(相反)되다. ‖相容れない立場 상반되는 입장.
あいいろ【藍色】남색(藍色).
あいえんか【愛煙家】애연가(愛煙家).
あいか【哀歌】비가(悲歌); 엘레지.
あいかぎ【合い鍵】여(餘)벌로 만든 열쇠; 스페어 키.
あいかわらず【相変わらず】변(變)함없이; 여전(如前)히. ‖相変わらず忙しい 여전히 바쁘다.
あいかん【哀歓】애환(哀歡).
あいがん【哀願】 애원(哀願).
あいがん【愛玩】 애완(愛玩). ◆愛玩動物 애완 동물.
あいきどう【合気道】합기도(合氣道).
あいきょう【愛嬌】애교(愛嬌); 아양. ‖愛嬌を振る 애교가 있다.
あいくるしい【愛くるしい】귀엽다; 사랑스럽다; 앙증맞다.
あいけん【愛犬】 애견(愛犬); 애완견(愛玩犬).
あいこ【相子】 비김; 무승부(無勝負). ‖あいこになる 비기다.
あいこう【愛好】 애호(愛好). ◆愛好者 애호가.
あいこうしん【愛校心】 애교심(愛校心).
あいこくしゃ【愛国者】 애국자(愛國者).
あいこくしん【愛国心】 애국심(愛國心).
あいことば【合い言葉】 구호(口號); 암호(暗號).
アイコン【icon】(IT) 아이콘.
あいさいか【愛妻家】애처가(愛妻家).
＊あいさつ【挨拶】 ❶ 인사(人事). ‖先生に挨拶する 선생님께 인사하다. 就任の挨拶 취임 인사. ❷ 대답(對答); 답. ‖手紙をやったのに何の挨拶もない 편지를 보냈는데 아무런 대답이 없다.
あいしゃ【愛車】애차(愛車).

アイシャドー【eye shadow】아이섀도.
あいしゅう【哀愁】애수(哀愁).
あいしょう【相性】 서로 잘 맞음; 궁합(宮合). ‖彼とはどうも相性が悪い 그 사람하고는 왠지 잘 안 맞는다.
あいしょう【愛称】애칭(愛稱).
あいしょう【愛唱】 (한다) 애창(愛唱). ◆愛唱歌 애창곡.
あいじょう【愛情】 애정(愛情). ‖愛情を注ぐ 애정을 쏟다. 愛情のこもった手紙 애정이 담긴 편지.
あいじん【愛人】정부(情夫); 정부(情婦).
アイス-【ice】◆アイスキャンデー 아이스캔디. アイスクリーム 아이스크림. アイスコーヒー 아이스커피. 냉커피. アイスティー 아이스티. アイスボックス 아이스박스. アイスホッケー 아이스하키.
あいず【合図】 신호(信號). ‖合図を送る 신호를 보내다.
アイスランド【Iceland】〔国名〕아이슬란드.
あいする【愛する】 ❶〔愛情を注ぐ〕사랑하다; 귀여워하다. ‖子どもを愛する親の気持ち 자식을 사랑하는 부모의 마음. ❷〔好む〕좋아하다; 즐기다. ‖酒を愛する 술을 즐기다.
あいせき【相席】 (한다) 합석(合席).
あいせき【哀惜】 애석(哀惜). ‖哀惜の念 애석한 마음.
あいせき【愛惜】 ‖愛惜する 사랑하고 아끼다. 아쉬워하다. 行く春を愛惜する 가는 봄을 아쉬워하다.
あいせつ【哀切】ダ 애절(哀切)하다. ‖哀切きわまりない物語 애절하기 그지없는 이야기.
あいそ【愛想】 붙임성; 정나미. ‖愛想がいい 붙임성이 있다. 愛想が尽きる 정나미가 떨어지다.
あいぞう【愛憎】 애증(愛憎). ‖愛憎相半ばする愛憎이 교차하다.
あいぞう【愛蔵】 (한다) 애장(愛藏).
あいだ【間】〔時間・空間の〕사이; 간격(間隔). ‖雲の間から月が見える 구름 사이로 달이 보이다. 間をあける〔つめる〕사이를 띄우다〔좁히다〕. 間をおく 사이를 두다. 間に立つ 중재하다.
あいだがら【間柄】〔他の人との〕관계(關係); 사이.
あいちゃく【愛着】 애착(愛着). ‖愛着のある品 애착이 가는 물건. 強い愛着をいだく 강한 애착을 갖다.
あいつ【彼奴】 그 자식(子息); 그놈.
あいついで【相次いで】 연(連)달아; 잇달아. ‖事故が相次いで起こる 사고가 연달아 일어나다.
あいつぐ【相次ぐ】 연(連)달다〔잇달다〕일어나다. ‖故障が相次ぐ 연달아 고장(故障) 나다.
あいづち【相槌】맞장구. ‖相づちを打つ 맞장구를 치다.

あいて【相手】 상대; 상대방(相對方). ‖学生相手の商売 학생을 상대로 하는 장사. 遊び相手 놀이 상대. 相手にならない相手だ 상대가 안 된다. 相手取る 상대(相對)로 하다. ◆対戦相手 대전 상대.

アイデア [idea] 아이디어.

アイティー [IT] 아이티(IT). ◆IT革命 IT 혁명

アイディーカード [ID card] 아이디카드.

あいとう【哀悼】 (스루) 애도(哀悼).

あいどく【愛読】 (스루) 애독(愛讀). ◆愛読者 애독자.

アイドル [idol] 아이돌.

あいにく【生憎】 공교롭게도. ‖あいにく留守だ 공교롭게도 집에 없다.

アイヌ 아이누.

あいのり【相乗り】 (스루) 합승(合乘); 편승(便乘).

あいはんする【相反する】 상반(相反)되다. ‖相反する見解 상반되는 견해.

アイピーでんわ【IP 電話】 인터넷 전화(電話).

あいびき【逢引】 (스루) 밀회(密會).

あいぶ【愛撫】 (스루) 애무(愛撫).

あいべや【相部屋】 (스루) 합방(合房); 같은 방을 쓰다.

あいぼう【相棒】 단짝; 동료(同僚).

アイボリー [ivory] 아이보리.

あいま【合間】 틈; 사이; 짬. ‖合間を縫う 짬을 내다.

あいまい【曖昧】 (스루) 애매(曖昧)하다. ‖態度が曖昧な 태도가 애매하다. 曖昧に言う 애매하게 말하다. 曖昧模糊 애매모호. 曖昧模糊とした表現 애매모호한 표현.

あいまって【相俟って】 더불어; 맞물려.

あいよう【愛用】 (스루) 애용(愛用).

あいらしい【愛らしい】 귀엽다; 사랑스럽다.

アイリス [iris] 제비꽃.

アイルランド [Ireland] (国名) 아일랜드.

あいろ【隘路】 애로(隘路); 난관(難關). ‖隘路を切り開く 난관을 타개하다.

アイロニー [irony] 아이러니.

アイロン [iron] 다리미. アイロンをかける 다리미질 하다. アイロンがけ 다리미질.

あう【合う】 ❶맞다. ‖足に合う靴 발에 맞는 구두. 意見が合わない 의견이 안 맞다. 彼とは話が合う 그 사람하고는 얘기가 잘 맞는다. 気が合う 마음이 맞다. 計算が合う 계산이 맞다. 好みに合う音楽 취향에 맞는 음악. 割に合わない商売 수지 안 맞다. この時計は合っていない 이 시계는 안 맞다. ❷만나다. ‖2つの川が合う地点 두 강이 만나는 지점. ❸마주치다. ‖視線が合う 시선이 마주치다. ❹〔…の形で〕서로 …하다. ‖話し合う 서로 이야기하다. 愛し合う 서로 사랑하다. 喫茶店で落ち合う 커피숍에서 만나다.

*   **あう【会う・遭う】** ❶(人)に만나다. ‖5時半に正門の前であおう 다섯 시 반에 정문 앞에서 만나자. 明日彼に会いに行きます 내일 그 사람을 만나러 갑니다. 偶然そこで彼に会った 우연히 거기에서 그 사람을 만났다. どこで会いましょうか 어디서 만날까요? お会いできてうれしいです 만나서 반갑습니다. ❷(災難などに)겪다; 당(當)하다; 맞다; 경험(經驗)하다. ‖災難にあう 재난을 당하다. 交通事故にあう 교통사고를 당하다. にわか雨にあう 소나기를 맞다〔만나다〕. ひどい目にあう 비참한 꼴을 당하다. 끔찍한 일을 당하다.

アウト [out] 아웃. ◆アウトサイダー 아웃사이더. アウトサイド 아웃사이드. アウトプット (스루) 아웃풋. アウトライン 아웃라인.

あえぐ【喘ぐ】 ❶(息を)헐떡이다. ❷(借金などに)허덕이다; 시달리다. ‖借金に喘ぎ 빚에 시달리다.

あえて【敢えて】 ❶감(敢)히; 일부러; 굳이; 무리(無理)하게. ‖私は両親の前で敢えてこう言った 나는 부모님 앞에서 감히 그렇게 말했다. 敢えて言うならば 굳이 말한다면. ❷(打ち消しの表現を伴って)특별(特別)히; 별로. ‖敢えて反対しない 특별히 반대하지 않는다.

あえもの【和え物】 무침; 나물. ホウレンソウの和え物 시금치 나물.

あえる【和える】 버무리다; 무치다.

あえん【亜鉛】 아연(亞鉛).

あお【青】 ❶파랑. ❷파란불; 파란 신호(信號). ‖青で渡る 파란 신호일 때 건너다. ❸〔青…の形で〕미숙(未熟)한…; 젊은…. ‖青二才 풋내기. ◆青は藍より出て藍より青し 청출어람(靑出於藍).

*   **あおい【青い】** ❶푸르다; 파랗다. ‖青い空 파란 하늘. 青い海 푸른 바다. ❷창백(蒼白)하다; 파리하다. ‖青い顔 창백한 얼굴. ❸미숙(未熟)하다. ‖まだ考えが青い 아직 생각이 미숙하다.

あおいろ【青色】 파란색; 청색(靑色).

アオカビ【青黴】 푸른곰팡이.

*   **あおぐ【仰ぐ】** ❶〔見上げる〕우러러보다; 쳐다보다. ‖天を仰ぐ 하늘을 쳐다보다. ❷〔尊敬する〕존경(尊敬)하다; 공경(恭敬)하다. ‖師と仰ぐ 스승으로서 존경하다. ❸〔指導などを〕청(請)하다. ‖指導を仰ぐ 지도를 청하다. ❹〔飲み干すす〕단숨에 마시다; 들이켜다.

あおぐ【扇ぐ】 부채로 부치다; 부채질하다.

あおざかな【青魚】 등 푸른 생선(生鮮).

あおざめる【青ざめる】 파랗게 질리다.

あおじゃしん【青写真】 청사진(靑寫眞). ‖10年後の青写真 십 년 후의 청사진.

あおじる【青汁】 녹즙(綠汁).

あおじろい【青白い】 ❶ 푸르스름하다. ❷ 창백(蒼白)하다; 파리하다.

あおしんごう【青信号】 청신호(靑信號); 파란 신호; 파란불.

あおすじ【青筋】 핏대. ◆青筋を立てる 핏대를 세우다[올리다]. 卿

あおぞら【青空】 ❶〔空〕창공(蒼空). ❷ 야외(野外); 노천(露天). ◆青空市場 노천 시장. 青空駐車 옥외 주차.

あおたがい【青田買い】 입도선매(立稻先買).

あおのり【青海苔】 파래.

あおば【青葉】 푸른 나뭇잎; 신록(新綠).

あおむく【仰向く】 위를 보다; 위를 향(向)하다.

あおむけ【仰向け】 위를 봄 또는 그 상태(狀態). ‖仰向けに寝かせる 위를 보게 해서 재우다. 바로 눕혀 재우다.

アオムシ【青虫】 배추벌레.

あおり【煽り】 ❶ 여파(餘波); 영향(影響). ‖あおりを食う 영향을 받다. ❷ 선동(煽動); 부추김.

あおる【煽る】 ❶ 부채질하다; 부치다. ‖うちわであおる 부채로 부치다. ❷〔風 がものを〕펄럭이게 하다. ❸ 선동(煽 動)하다; 부추기다. ‖大衆を煽動する 대중을 선동하다. ❹ 단숨에 마시다; 들이켜다. ‖やけ酒をあおる 홧김에 술을 들이켜다.

あか【赤】 ❶ 빨강. ❷〔共産主義者〕빨 갱이. ‖赤の広場 붉은 광장. ❸ 빨간 불; 빨간 신호(信號).

あか【垢】 때. ‖垢を落とす 때를 밀다. 垢がつく 때가 끼다. ◆水垢 물때.

****あかい**【赤い】 빨갛다; 붉다. ‖泣いて目が赤い 울어서 눈이 빨갛다. 赤いセー ターを着た少女 빨간 스웨터를 입은 소녀. 赤い血 붉은 피.

アカガイ【貝】 피안다미조개; 피조개.

あかぎれ【皸】 손발이 트는 일 또는 튼 곳. ‖あかぎれが切れる 튼 곳이 갈라지다.

あがく【足掻く】 발버둥이치다; 몸부림 치다. ‖どうあがいても無駄だ 아무리 발버둥이쳐도 허사다.

あかし【証】 증거(證據); 증명(證明); 증 표(證票). ‖証を立てる 증거를 대다. 愛の証 사랑의 증표.

あかじ【赤字】 ❶〔財政〕적자(赤字). ‖ 今年も国家予算は赤字である 올해도 국가 예산도 적자다. ❷〔校正〕빨간 글자.

あかしお【赤潮】 적조(赤潮).

アカシヤ【Acacia】 아카시아.

あかしんごう【赤信号】 적신호(赤信 號); 빨간 신호; 빨간불.

あかす【明かす】 ❶〔夜〕새우다. ❷ 밝히다; 털어놓다. ‖秘密を明かす 비밀을 털어놓다. 名前を明かす 이름을 밝히다. ❸ 증명(證明)하다. ‖潔白を明かす 결백을 증명하다.

あかす【飽かす】 질리게 하다; 싫증나게 하다.

あかぎり【垢擦り】❶〔行為〕때밀이. ❷ 〔道具〕때수건(手巾).

あかちゃん【赤ちゃん】 아기; 젖먹이.

あかつき【暁】 ❶ 새벽. ❷〔暁の空・새벽 하늘. ❸〔完成・実現〕어떤 일이 실현 (實現)된 때. ‖試験に合格の暁には 시험에 합격했을 때는.

アカデミー【academy】 아카데미. ‖ア カデミー賞 아카데미상.

アカデミズム【academism】 아카데미즘.

アカデミック【academic】 아카데믹 하다.

アカトンボ【赤蜻蛉】 고추잠자리.

あかぬけ【垢抜け】 垢抜けしている 때를 벗다. 세련되다.

あかぬける【垢抜ける】 세련(洗練)되다. ‖垢抜けない 세련되지 못하다.

あかのたにん【赤の他人】 생판 남; 전혀 관계(關係)가 없는 사람.

アカペラ【a cappella 伊】 아카펠라.

アカマツ【赤松】 적송(赤松).

あかみ【赤み】 붉은빛. ‖赤みがさす 붉은 빛을 띠다.

あかみ【赤身】〔肉・魚などの〕붉은 살.

あがめる【崇める】 우러르다; 숭상(崇 尙)하다; 존경(尊敬)하다. ‖孔子を聖 人として崇める 공자를 성인으로 우러르다.

あからさまノ 노골적(露骨的)이다.

あかり【明かり】 ❶〔光〕빛; 불빛. ❷하나 ーつ ない暗闇 불빛 하나 없는 어둠. 月の明かり 달빛. ❸〔灯火〕(등)불. ‖ 明かりをつける 불을 켜다.

あかりまど【明かり窓】 채광창(採光窓).

あがりめ【上がり目】 ❶(目じり が)위로 올라간 눈. ❷(価格など)오름세.

****あがる**【上がる・揚がる・挙がる】 ❶ 오르다; 올라가다. ❷ 階段などの 계단을 오르다[올라가다]. 手が挙がる 손이 올라가다. 成績が上がる 성적이 오르다. 学年が上がる 학년이 올라가다. 凧 が高く揚がる 연이 높이 올라가다. 物 価が上がる 물가가 오르다. 給料が上 がる 월급이 오르다. ❷(天ぷらなどが) 튀겨지다. ‖エビがからっと揚がる 새우가 바싹 튀겨지다. ❸〔出る〕나오다. ‖風呂から上がる 욕실에서 나오다. ❹ 〔現われる〕나타나다. 効果が上がる 효과가 나타나다. ❺ 긴장(緊張)하다; 흥분(興奮)하다. ❻〔召し上がる〕드 시다; 잡수시다. ‖たくさん上がって下さい 많이 드십시오. ❼〔仕上がる〕끝나다. ‖仕事が上がる 일이 끝나다. ❽

あかるい 4

〔知られる〕알려지다. ‖名が上がる 이름이 알려지다. ❾〔証拠·犯人が〕잡히다. ‖犯人が挙がる 범인이 잡히다.
*あかるい【明るい】 ❶〔光が〕밝다. ‖明るい電灯 밝은 전등. 明るい部屋 밝은 방. ❷〔未来が〕밝다. ‖明るい未来 밝은 미래. 明るい見通し 밝은 전망. ❸〔性格·表情などが〕밝다. ‖明るい性格 밝은 성격. ❹〈…に明るいの形で〉…에 밝다. ‖歴史に明るい 역사에 밝다.
あかんたい【亜寒帯】 아한대(亞寒帶).
あかんべえ 메롱.
あかんぼう【赤ん坊】 갓난아기; 젖먹이.
あき【空き】〔場所などの空いた所〕빈 자리.
*あき【秋】 가을. ‖実りの秋 결실의 가을. 秋はスポーツの季節です 가을은 운동하기 좋은 계절입니다.
あき【飽き】 싫증; 물림; 질림. ‖飽きがくる 싫증이 나다.
あきあきする【飽き飽きする】 지긋지긋하다; 싫증나다; 질리다. ‖単調な仕事にあきあきする 단조로운 일에 질리다.
あきかぜ【秋風】 가을바람; 추풍(秋風).
あきかん【空缶】 빈 깡통.
あきぐち【秋口】 초가을.
あきす【空き巣】 빈집. ‖空き巣狙い 빈집털이.
あきち【空き地】 공터.
あきっぽい【飽きっぽい】 금방(今方) 싫증을 내다. ‖飽きっぽい性格 금방 싫증을 내는 성격.
あきない【商い】 장사; 〖売り上げ〗매상(賣上).
あきばれ【秋晴れ】 청명(淸明)한 가을 하늘.
あきびん【空き瓶】 빈 병(甁).
あきや【空き家】 빈집.
*あきらか【明らか】ダ 명백(明白)하다; 분명(分明)하다; 뻔하다. ‖明らかな証拠 명백한 증거. 記憶が明らかでない 기억이 분명하지 않다. 見解を明らかにする 견해를 분명히 하다.
あきらめ【諦め】 포기(抛棄)하는 것; 단념(斷念)하는 것; 체념(諦念)하는 것. ‖時には諦めが肝心だ 때로는 포기하는 것도 중요하다. 諦めがいい 미련 없이 포기하다.
*あきらめる【諦める】 포기(抛棄)하다; 단념(斷念)하다; 체념(諦念)하다. ‖進学を諦める 진학을 포기하다. 諦めるのはまだ早い 포기하기에는 아직 이르다.

あきる【飽きる】 질리다; 물리다; 싫증나다. ‖パンに飽きる 빵에 질리다. 餃子を飽きるほど食べたい 만두를 물릴 정도로 먹고 싶다.
アキレスけん【Achilles腱】 아킬레스건.
あきれはてる【呆れ果てる】 완전(完全)히 질리다; 기가 막히다.
あきれる【呆れる】 기(氣)가 막히다; 어이가 없다; 질리다. ‖あきれてものが言えない 어이가 없어서 할 말을 잃다.
あく【灰汁】 ❶〔野菜などの〕쓴맛. ❷〔料理時の〕거품. ‖あくをとる 거품을 걷어 내다. ❸〔人の性質·言動や表現などの〕지나칠 정도(程度)의 개성(個性). ‖彼はあくが強い 그 사람은 개성이 너무 강하다.
あく【悪】 악(惡). ‖悪に染まる 악에 물들다. 必要悪 필요악. 悪循環 악순환. 影影響 악영향.
*あく【開く·空く】 ❶ 열리다. ‖ドアが開く 문이 열리다. ❷〔空間が〕비다; 나다. ‖席が空く 자리가 나다. ❸〔時間が〕나다. ‖時間が空いている 시간이 비어 있다. ‖あいた口がふさがらない 어이가 없어서 말이 안 나오다.
あくい【悪意】 악의(惡意). ‖悪意に解釈する 악의로 해석하다.
あくうん【悪運】 악운(惡運); 불운(不運).
あくかんじょう【悪感情】 악감정(惡感情).
あくぎょう【悪行】 악행(惡行).
あくさい【悪妻】 악처(惡妻).
あくじ【悪事】 나쁜 짓; 악행(惡行). ‖悪事をはたらく 나쁜 짓을 하다.
あくしつ【悪質】 악질(惡質). ‖悪質な犯罪 악질적인 범죄.
あくしゅ【悪手】〔将棋·囲碁などでの〕악수(惡手).
あくしゅ【握手】 악수(握手). ‖握手を交わす 악수를 하다.
あくしゅう【悪臭】 악취(惡臭). ‖悪臭を放つ 악취를 풍기다.
あくしゅう【悪習】 악습(惡習).
あくしゅみ【悪趣味】 악취미(惡趣味).
あくじゅんかん【悪循環】 악순환(惡循環). ‖悪循環を繰り返す 악순환을 거듭하다.
あくじょ【悪女】 악녀(惡女).
あくせい【悪性】 악성(惡性). ◆悪性腫瘍 악성 종양.
あくせく 아득바득; 억척스럽게. ‖あくせく働く 아득바득·억척스럽게 일하다.
アクセサリー【accessory】 액세서리.
アクセル【←accelerator】 액셀. ‖アクセルを踏む 액셀을 밟다.
あくせんくとう【悪戦苦闘】〖する〗악전고투(惡戰苦鬪).
アクセント【accent】 악센트.
あくたい【悪態】 욕설(辱說); 욕. ‖悪態をつく 욕을 퍼붓다.
あくてんこう【悪天候】 악천후(惡天候).
あくどい ❶〔色などが普通より〕강하다; 진하다; 질다; 야하다. ‖あくどい化粧 진한 화장. ❷〔やり方が度を越して〕악랄(惡辣)하다; 악독(惡毒)같다. ‖あくどい手口 악랄한 수법.
あくとう【悪党】 악당(惡黨).

あくどう【悪童】 악동(惡童).
あくとく【悪徳】 악덕(惡德). ◆悪徳商法 악덕 상법.
あくなき【飽くなき】 끝없다. ‖飽くなき努力 끝없는 노력. 飽くなき欲望 끝없는 욕망.
あくにん【悪人】 악인(惡人).
あくぬき【灰汁抜き】 ‖灰汁抜きする (野菜などの)쓴맛이나 떫은맛을 우려내다.
あぐねる【倦ねる】〔…あぐねるの形で〕…(하)다 지치다. ‖待ちあぐねる 기다리다 지치다.
あくび【欠伸】 하품. ‖あくびが出る 하품이 나오다.
あくひつ【悪筆】 악필(惡筆).
あくひょう【悪評】 악평(惡評).
あくほう【悪法】 악법(惡法).
あくま【悪魔】 악마(惡魔).
あくまで【飽くまで】 철저(徹底)히, 끝까지. ‖あくまでも主張を貫く 끝까지 주장을 관철하다.
あくむ【悪夢】 악몽(惡夢). ‖悪夢にうなされる 악몽에 시달리다.
あくめい【悪名】 악명(惡名). ‖悪名が高い 악명이 높다. 悪名をはせる 악명을 날리다.
あくやく【悪役】 악역(惡役).
あくよう【悪用】 [한자] 악용(惡用). ‖地位を悪用する 지위를 악용하다.
あぐら【胡坐】 책상다리. ‖あぐらを組む 책상다리를 하다. 権力の上にあぐらをかく 권력에 안주하다.
あくらつ【悪辣】ダ 악랄(惡辣)하다. ‖悪辣な手口 악랄한 수법.
アクリル【Acryl ド】 아크릴.
あくるひ【明くる日】 다음날.
あけ【明け】【明け方】 ①새벽, ②어떤 기간(期間)이 끝남: 끝난 직후(直後). ‖連休明け 연휴가 끝난 직후.
あげ【上げ‧揚げ】 ❶〔上げること〕 올림: 올리는 것. ‖荷物の上げ下ろし 짐을 올리고 내리는 것. ❷ 상승(上昇). ‖賃上げ 임금 상승.
あげあし【揚げ足】 말꼬리를 잡음. ◆揚げ足を取る 말꼬리를 잡다.(慣)
あけくれる【明け暮れる】 ❶세월(歲月)이 가다. ❷열중(熱中)하다: 몰두(沒頭)하다. ‖研究に明け暮れる 연구에 몰두하다.
あげしお【上げ潮】 ❶만조(滿潮): 상승세(上昇勢). ❷上げ潮に乗る 상승세를 타다.
あけっぱなし【開けっ放し】 ‖窓は開けっ放しになっていた 창문이 열려 있었다.
あけっぴろげ【開けっ広げ】 숨김없음: 솔직(率直)함. ‖開けっぴろげの性格 솔직한 성격.
あげて【挙げて】〔こぞって〕 모조리: 전적(全的)으로; 남김없이. ‖野党は挙げて反対した 야당은 전적으로 반대했다.
あけのみょうじょう【明けの明星】 계명성(啓明星).
アゲハチョウ【揚げ羽蝶】 호랑나비.
あけはなす【開け放す】 (ドアなどを)연 채로 두다.
アケビ【木通】 으름덩굴.
あけぼの【曙】 새벽: 여명기(黎明期).
あげもの【揚げ物】 튀김.
*あける【明ける‧開ける‧空ける】 ❶〔夜が明ける〕;〔新しい日‧月‧年が〕시작(始作)되다. ‖夜が明ける 날이 밝다. ❷ (ドアなどを)열다. ❸ 〔引き出しを開ける 서랍을 열다. ❸〔広げる〕펼치다: 펴다. ‖風呂敷包みを開ける 보자기를 펼치다. ❹(空間を)만들다. ‖席を空ける 자리를 만들다. ❺비우다. ‖部屋を空ける 방을 비우다. ❻(時間を)내다. ‖時間を空ける 시간을 내다.
*あげる【上げる‧揚げる‧挙げる】 ❶올리다. ‖ソファーを2階に上げる 소파를 이층에 올리다. 手を頭の上に挙げる 손을 머리 위로 올리다. 喚声を上げる 환성을 올리다. 利益を上げる 이익을 올리다. 成績を上げる 성적을 올리다. ピッチを上げる 피치를 올리다. 部屋の温度を上げる 방 온도를 올리다. ❷ 들다. ‖悲しい顔を上げる 예를 들다. ❸ 토하다. ‖船に酔って上げる 뱃멀미로 토하다. ❹ 끝내다: 마치다. ‖仕事を上げる 일을 끝내다. ❺ (全力を)다하다. ‖全力を挙げる 전력을 다하다. ❻〔揚げ物する〕.‖天ぷらを揚げる 튀김을 튀기다. ❼〔与える〕 주다. ‖これをあげます 이것을 주겠습니다. ❽〔…てあげるの形で〕…해주다. ‖友だちに本を貸してあげた 친구한테 책을 빌려 주었다. 後輩を家まで送ってあげる 후배를 집까지 바래다주다. ❾〔…上げるの形で〕…해내다: 다…하다. ‖論文を書き上げる 논문을 다 쓰다. 1週間でマフラーを編み上げる 일주일 안에 목도리를 다 짜다.
あけわたす【明け渡す】 비워 주다: 내주다. ‖首位の座を明け渡す 수위 자리를 내주다.
あご【顎】 턱. ‖あごがはずれる 턱이 빠지다. ◆あご髭 턱수염.
アコーディオン【accordion】 아코디언.
あこがれ【憧れ】 동경(憧憬). ‖憧れの的 동경의 대상.
あこがれる【憧れる】 동경(憧憬)하다. ‖宇宙飛行士に憧れる 우주 비행사를 동경하다.
*あさ【朝】 아침. ‖朝が来る 아침이 오다. 朝早く起きる 아침 일찍 일어나다. 朝から晩まで 아침부터 밤까지. 朝ご飯 아침(밥).

アサ【麻】삼.
あざ【痣】명. あざができる 멍이 들다.
あさい【浅い】 ❶〔深さが〕얕다. ‖浅い川 얕은 강. ❷〔経験·知識などが〕부족하다. ‖経験が浅い 경험이 부족하다. ❸〔時間などが〕얼마 지나지 않다. ‖知り合ってから日が浅い 안 지 얼마 안 되다.
アサガオ【朝顔】나팔(喇叭)꽃.
あさぐろい【浅黒い】 거무스름하다. ‖日に焼けた浅黒い肌 햇볕에 그을린 거무스름한 피부.
あざける【嘲る】 비웃다; 조소(嘲笑)하다.
あさづけ【浅漬け】겉절이.
あさって【明後日】모레.
あさねぼう【朝寝坊】늦잠. ‖朝寝坊をする 늦잠을 자다.
あさはか【浅はか】 어리석다; 천박(淺薄)하다; 〈考えなどが〉얕다. ‖浅はかな考え 어리석은 생각.
あさばん【朝晩】 ❶〔朝と晩〕아침저녁. ❷〔一日中·いつも〕매일(毎日); 항상(恒常); 언제나.
あさひ【朝日】 아침해. ‖朝日が昇る 아침해가 뜨다.
あさましい【浅ましい】 ❶〔情けない〕비참(悲惨)하다. ❷ 한심(寒心)하다. ❸〔卑しい〕야비(野卑)하다; 비열(卑劣)하다. ‖浅ましい行為 비열한 행위.
アザミ【薊】엉겅퀴.
あざむく【欺く】 속이다; 기만(欺瞞)하다. ‖人を欺く 사람을 속이다.
あさめし【朝飯】아침밥; 아침 식사(食事). ‖朝飯前 식은 죽 먹기. それくらいは朝飯前だ 그 정도는 식은 죽 먹기다.
あざやか【鮮やか】 ❶〔色彩などが〕선명(鮮明)하다; 산뜻하다. ‖鮮やかな色彩 선명한 색채. ❷〔演技などが〕뛰어나다; 훌륭하다. ‖鮮やかな腕前を披露する 훌륭한 솜씨를 보여주다.
あさゆう【朝夕】 ❶ 아침저녁. ❷ 매일(毎日).
アザラシ【海豹】바다표범.
アサリ【浅蜊】모시조개.
あさる【漁る】 찾아다니다; 찾다; 뒤지다. ‖資料を漁る 자료를 뒤지다.
あざわらう【嘲笑う】 비웃다; 조소(嘲笑)하다.
*__あし__【足】❶〔生きもの의 다리〕 다리. ‖足を組んで椅子に座る 다리를 꼬고 의자에 앉다. 足に合わない靴 발에 맞지 않는 구두. ❷〔物의 다리〕다리. ‖机の脚 책상 다리. ❸〔歩くこと〕발걸음; 걸음; 발걸음. ‖足を止める 발길을 멈추다. 君の足なら5分で行ける 네 걸음이면 오 분 안에 갈 수 있다. ❹〔交通手段〕발; 다리. ‖足を奪われる 발이 묶이다. ▶足がつく 꼬리가 잡히다. ▶足が出る 적자 나다. ▶足が早い〈食べ物이〉변질되기 쉽다. ▶足を洗う〔抜く〕 발을 떼다. 손을 씻다. 〔俗〕 ▶足を掬(すく)う 비열한 방법으로 실패하게 하다. ▶足を取られる 제대로 걷지 못하다. ▶足を伸ばす 멀리까지 가다. 발길을 뻗치다. ▶足を引っ張る 발목을 잡다. ▶足を向けて寝られない 은인에 대한 감사의 마음을 잊지 않다.
*__あじ__【味】❶ 맛. ‖味を見る 맛을 보다. 味がいい 맛이 좋다. 味をつける 맛을 내다. このスープはシイタケの味がするこのスープ는 버섯 맛이 난다. お味はいかがですか 맛이 어떻습니까? 味が濃い 맛이 진하다. 風邪をひいているので何も味がしない 감기가 들어 아무 맛도 모르겠다. ❷〔体験して得た〕느낌; 감촉(感触). ‖初恋の味 첫사랑의 느낌. ❸〔おもむき〕 운치(韻致). ‖味のある文章 운치가 있는 문장.
アジ【鰺】전갱이.
*__アジア__【Asia】아시아. ‖東南アジア 동남 아시아. 東アジア 동아시아.
あしあと【足跡】 ❶ 발자국; 행방(行方). ‖足跡を追う 행방을 쫓다. ❷ 업적(業績); 족적(足跡). ‖偉大な足跡 위대한 족적.
あしおと【足音】 발소리. ‖足音を忍ばせる 발소리를 죽이고 걷다.
アシカ【海驢】강치.
あしがかり【足掛かり】 ❶〔足場〕발판. ❷〔糸口〕실마리; 계기(契機). ‖解決の足がかりを得る 해결의 실마리를 잡다.
あしかけ【足掛け】 햇수로; 달수로; 일수(日數)로. ‖今年で足かけ 3 年で日本에 오다 금년이면 발을 들인 지 3년이 된다.
あしかせ【足枷】 ❶ 족쇄(足鎖). ❷ 속박(束縛); 장애(障碍).
あしくせ【足癖】 걸음걸이.
あしくび【足首】 발목.
あじけない【味気無い】 재미없다; 따분하다; 무미건조(無味乾燥)하다.
アジサイ【紫陽花】수국(水菊).
あししげく【足繁く】 뻔질나게; 자주. ‖足しげく通う 뻔질나게 다니다.
*__あした__【明日】 내일(來日). ‖明日は授業がない 내일은 수업이 없다. 明日の朝までに持ってきてください 내일 아침까지 가져와 주십시오.
あしだい【足代】 차비(車費); 교통비(交通費).
あじつけ【味付け】 간; 간 맞추기; 간을 맞춘 것. ‖味付けする 간을 맞추다. 味付け海苔 맛김.
アジト【←agiting point】 아지트.
あしどり【足取り】 ❶ 발걸음; 보조(步調). ❷ 〔軽い足取り〕 가벼운 발걸음. ❷ 발자취; 행적(行跡). ‖足取りを追う 행적을 쫓다.
あしなみ【足並み】 보조(步調); 발걸음.

‖足並べを揃える 보조를 맞추다.
あしのうら【足の裏】 발바닥.
あしのこう【足の甲】 발등.
あしば【足場】 ❶ 발판; 발 디딜 곳. ‖足場を組む 발판을 만들다. ‖足場を固める 발판을 굳히다. ❷ 교통편(交通便). ‖足場のよい地 교통편이 좋은 곳.
あしぶみ【足踏み】 (する) 제자리걸음; 답보(踏步); 정체(停滯). ‖交渉は足踏み状態の膠着は답보 상태이다.
あじみ【味見】 맛보기. ‖ちょっと味見してみる 살짝 맛을 보다.
あしもと【足下·足元】 ❶【足の辺り】발밑; 발끝. ‖足元が暗い 발밑이 어둡다. ❷【歩行】걸음걸이. ‖足元がおぼつかない 걸음걸이가 불안하다. ▶足元にも及ばない 발끝에도 못 미치다.
あしゅら【阿修羅】 아수라(阿修羅).
あしらう ❶ 상대(相對)하다; 취급(取扱)하다. ‖鼻であしらう 바보 취급하다. ❷ 〖添える〗곁들이다.
あじわい【味わい】 ❶맛. ‖まろやかな味わいがある 부드러운 맛이 나다. ❷〔おもむき〕멋; 운치(韻致).
あじわう【味わう】 ❶ 맛보다. ‖韓国の家庭料理を味わう 한국의 가정 요리를 맛보다. ❷ 감상(鑑賞)하다; 음미(吟味)하다. ‖名曲を味わう 명곡을 감상하다. ❸ 체험(體驗)하다; 겪다. ‖失恋の苦しみを味わう 실연의 아픔을 겪다.
*あす【明日】 내일(來日). ‖明日の新聞 내일 신문. ‖明日から新学期だ 내일부터 신학기이다. ‖明日まで待ちましょう 내일까지 기다립시다.
あずかりしょう【預かり証】 보관증(保管證).
あずかる【与る】 ❶ 관여(關與)하다. ‖立案にあずかる 입안에 관여하다. ❷ 〖目上の人から〗받다. ‖おほめにあずかる 칭찬을 받다.
あずかる【預かる】 ❶ 맡다; 보관(保管)하다. ‖荷物を預かる 짐을 보관하다. ❷ 〖管理·運営などを〗맡다. ‖会計を預かる 회계를 맡다. ‖勝負·けんかなどを〗보류(保留)하다.
アズキ【小豆】 팥. ◆**小豆色** 팥색색.
*あずける【預ける】 ❶ 맡기다; 위임(委任)하다. ‖荷物を預ける 짐을 맡기다. ‖銀行に預ける 은행에 맡기다. ❷ 기대다. ‖体を預ける 몸을 기대다.
アスタリスク【asterisk】 별표(＊).
アスパラガス【asparagus】 아스파라거스.
アスピリン【Aspirin독】 아스피린.
アスファルト【asphalt】 아스팔트.
アスペクト【aspect】【言語】 아스펙트; 상(相).
アスベスト【asbest 네】 아스베스토스; 돌솜; 석면(石綿).
*あせ【汗】 땀. ‖汗をかく 땀이 나다. 額
の汗を拭く 이마의 땀을 닦다. ‖汗を流す 땀을 흘리다. 冷や汗 진땀.
あぜ【畔】 논두렁. ◆**畦道** 논두렁 길.
あせかき【汗掻き】 땀을 많이 흘리는 사람.
あせだく【汗だく】 땀투성이.
アセトン【acetone】【化学】 아세톤.
あせばむ【汗ばむ】 땀이 배다.
あせみず【汗水】 물처럼 흐르는 땀. ‖汗水たらして働く 땀을 뻘뻘 흘리며 일하다.
あせも【汗疹】 땀띠. ‖あせもができる 땀띠가 나다.
あせる【焦る】 조바심이 나다; 안달하다; 초조(焦燥)해하다. ‖焦ることはない 초조해할 필요 없다.
あせる【褪せる】 ❶ 바래다; 퇴색(退色)하다. ‖色があせた写真 빛 바랜 사진.
アゼルバイジャン【Azerbaidzhan】【国名】 아제르바이잔.
アセロラ【acerola】 아세롤라.
あぜん【唖然】 아연(唖然)하다; 기가 막혀하다.
あそこ【彼処】 저기; 저쪽; 저곳. ‖あそこが事故のあった所です 저기가 사고가 난 곳입니다.
あそばせる【遊ばせる】 놀게 하다; 놀리다. ‖子どもを公園で遊ばせる 아이를 공원에서 놀게 하다. 機械を遊ばせる 기계를 놀리다.
*あそび【遊び】 ❶〖遊ぶこと〗놀이; 놂; 장난; 일이 없음. ‖遊び半分でやる 반 장난으로 하다. ❷ 〖ゆとり〗여유(餘裕). ❸ 〖機械の連結部分の〗간격(間隔).
*あそぶ【遊ぶ】 ❶ 〖遊戯などで楽しく〗놀다. ‖よく遊びよく学べ 열심히 놀고 열심히 공부해라. かくれんぼをして遊ぶ 숨바꼭질을 하며 놀다. どこかに遊びに行こうか 어디 놀러 가자. ❷〖無為〗놀다. ‖うちの息子は遊んでばかりいる 우리 아들은 놀고만 있다. 機械が遊んでいる 기계가 놀고 있다.
あだ【仇】 원수(怨讐). ‖仇を討つ 원수를 갚다. 恩を仇で返す 은혜를 원수로 갚다. ❷ 원한(怨恨); 원망(怨望).
あだ【徒】 허사(虛事); 헛일. ‖親切があだになる 친절이 허사가 되다.
あたい【価·値】 ❶ 가격(價格); 대금(代金). ‖商品の価 상품 가격. ❷【数学】수치(數値). ‖Ｘの値 Ｘ 값.
あたいする【値する】 가치(價値)가 있다; …할 만하다. ‖賞賛に値する 칭찬할 만하다.
*あたえる【与える】 ❶ 주다. ‖金を与える 돈을 주다. ‖もう一度チャンスを与えてください 한번 더 기회를 주십시오. 与えられた時間内に 주어진 시간 내에. ❷ 내주다; 부여(附與)하다. ❸ 부과(賦課)하다. ‖課題を与える 과제를 내주다.

あたかも

❸ (影響を)미치다; 끼치다; 주다. ‖損害를 주다 손해를 끼치다. 大きな影響を与える 큰 영향을 미치다.

あたかも【恰も】 마치. 아타카모 戦場のような光景 마치 전쟁터 같은 광경.

あたたかい【暖かい・温かい】 따뜻하다; 포근하다. ‖温かい声援に感動する 따뜻한 성원에 감동하다. 暖かい日差し 따뜻한 햇살.

あたたまる【暖まる・温まる】 따뜻해지다; 훈훈(薰薰)해지다. ‖心温まる話 마음이 훈훈해지는 이야기.

あたためる【暖める・温める】 ❶ (熱을 加하여)데우다; 따뜻하게 하다. ‖牛乳を温める 우유를 데우다. ❷ (公表せず)가지고 있다; 간직하다. ‖数年来温めていた構想 몇 년 동안 발표하지 않고 있는 구상.

あだな【綽名】 별명(別名).

あたふた 허둥지둥. ‖突然の地震にあたふたする 갑작스러운 지진에 허둥지둥.

アダプター【adapter】 어댑터.

*あたま【頭】 ❶ 〔身体〕머리; 두뇌(頭腦); 지능(知能). ‖頭が悪い 머리가 나쁘다. ❷ 〔髮〕두발(頭髮); 머리카락. ‖頭を洗う 머리를 감다. ❸ 〔物の先端〕윗부분(部分); 꼭대기; 끝. 頭の頂(頂). ❹ 〔はじめ〕처음; 시작(始め). ‖頭から読む 처음부터 읽다. ❺ 〔人数〕사람수; 인원수(人員數). 머릿수(數). ‖頭をそろえる 사람수를 맞추다. ❻ 〔組織の上層部〕우두머리. ▶頭が上がらない 고개를 못 들다. ▶頭が堅い 고지식하다. 융통성이 없다 두뇌가 명석하다. ▶頭が下がる 감복하다. 머리를 숙이다.【慣】 ▶頭に来る 화가 나다. ▶頭を下げる 항복하다. ▶頭をひねる 머리를 쥐어짜다.【慣】 ▶頭を冷やす 머리를 식히다.【慣】 ▶頭金 머릿돈. 인원금. 頭金 착수금. 계약금. 보증금.

あたまごなしに【頭ごなしに】 무조건(無條件). ‖頭ごなしに 덮어놓고; 불문곡직(不問曲直)하고. ‖頭ごなしに 怒鳴り散らす 덮어놓고 화를 내다.

あたまわり【頭割り】 頭割り하는 비용 등을 인원수로 나누다.

*あたらしい【新しい】 새롭다. ‖新しい経験 새로운 경험. 新しい発明 새로운 발명. 新しい法律 새로운 법률. カーテンを新しくする 커튼을 새로 하다.

あたり【辺り】 ❶ 〔空間〕근처(近處); 부근(附近); 주위(周圍). ‖この辺りは 근처에. 辺りが暗くなってきた 주위가 어두워졌다. ❷ 〔時間〕쯤; 정도(程度). ‖来週あたりもう一度会おう 다음 주쯤에 한번 더 만나자.

あたり【当たり】 ❶ 〔当たること〕맞음; 명중(命中). ❷ 성공(成功). ‖今度の芝居は大当たりだ 이번 연극은 대성공이다.

❷ 짐작(斟酌); 추측(推測). ‖犯人の当たりをつける 범인을 추측하다. ❸ 태도(態度); 응대(應對). ❹ (野球で)타격(打擊). ❺ 鋭い当たり 날카로운 타격. ❺ (囲碁で)단수(單手). ❻ 〔割り当て〕当(當). ‖1人当たり千円 일 인당 천 엔.

あたりさわり【当たり障り】 지장(支障); 탈(頃); 무난(無難). ‖当たり障りのない話をする 해도 무방한 이야기를 하다.

あたりどし【当たり年】 ❶ 풍년(豊年)이 든 해. ❷ 재수(財數)가 좋은 해.

あたりはずれ【当たり外れ】 (宝くじなどの)맞고 안 맞음; 생각대로 되는 것과 안 되는 것.

*あたりまえ【当たり前】 ⑦ 당연(當然)하다. ‖困っている人を助けるのは当たり前のことだ 어려움에 처해 있는 사람을 도와주는 것은 당연한 일이다. ❷ 보통(普通).

*あたる【当たる】 ❶ 맞다; 부딪치다; 명중(命中)하다. ‖矢が的に当たる 화살이 표적에 명중하다. ❷ (風雨に)받다. ‖雨が強く当たる 비가 엄청 쏟아지다. ❸ 담당(擔當)하다; 종사(從事)하다. ‖警護に当たる 경호를 담당하다. ❹ 조사(調査)하다; 찾아보다. ‖辞書に当たる 사전을 찾아보다. ❺ 상당(相當)하다; 해당(該當)하다. ‖1フィートはほぼ 12 インチに当たる 일 피트는 거의 십 인치에 해당한다. ❻ (仕事・課題などを)맡다. ❼ 성공(成功)하다. ‖芝居が当たる 연극이 성공하다. ❽ (ひげを)깎다. ‖ひげを当たる 수염을 깎다.

アダルト【adult】 성인(成人). 어른. ♦アダルトビデオ 성인 비디오.

あちこち【彼方此方】 ❶ 〔場所〕여기저기. ❷ 〔順序が食い違う〕뒤죽박죽. ‖話があちこちになる 이야기가 뒤죽박죽이 되다.

あちら【彼方】 ❶ 〔方角〕저기; 저쪽. ‖駅はあちらです 역은 저쪽입니다. ❷ 〔あの人・あの方〕저 사람; 저쪽.

あちらこちら【彼方此方】 여기저기.

あっ【感動・驚き】앗. ‖あっ、危ない 앗, 위험해. ‖あっという間 눈 깜짝할 사이. ‖あっと言わせる 깜짝 놀라게 하다. 감탄하게 하다.

あつい【厚い】 ❶ 〔厚み〕두텁다; 두껍다. ❷ 〔真心〕마음이 담겨 있다. ‖信仰が厚い 신앙심이 두텁다.

あつい【熱い】 뜨겁다. ‖熱が出て体が熱い 열이 나서 몸이 뜨겁다. 熱い仲 뜨거운 사이.

*あつい【暑い】 덥다. ‖今年の夏は特に暑い 올 여름은 특히 덥다. 暑い地方 더운 지방.

あっか【悪化】 ⑤자 악화(惡化). ‖病状が悪化する 병이 악화되다.

あつかい【扱い】 취급(取扱); 대우(待遇). ‖子どもあつかい 애 취급. 部下のあつかいがうまい 부하들을 잘 다루다. 取り扱い説明書 취급 설명서.

あつかう【扱う】 ❶취급(取扱)하다; 대우(待遇)하다. ‖社会人として大人にあつかう 사회인으로 대우하다. ❷조작(操作)하다; 다루다. ‖機械をあつかう 기계를 다루다. ❸처리(處理)하다; 담당(擔當)하다. ‖事件をあつかう 사건을 담당하다.

あつかましい【厚かましい】 뻔뻔스럽다. ‖あつかましい男 뻔뻔스러운 남자.

あつがり【暑がり】 더위를 많이 타는 사람.

あっかん【圧巻】 압권(壓卷).

あっかん【悪漢】 악한(惡漢).

あつぎ【厚着】 옷을 두텁게 입다.

あつくるしい【暑苦しい】 몹시 더워서 괴롭다.

あっけ【呆気】 ‖あっけにとられる 어안이 벙벙하다. 어리둥절해하다.

あっけない【呆気ない】 어이없다; 허망(虛妄)하다. ‖あっけない結末 어이없는 결말.

あっさ【暑さ】 더위.

あつさ【厚さ】 두께. ‖本のあつさ 책의 두께.

あっさり ❶깔끔하게; 담백(淡白)하게. ‖あっさり(と)した味 담백한 맛. ❷간단(簡單)히; 쉽게. ‖あっさり(と)負ける 쉽게 지다.

あっしゅく【圧縮】 (名하) 압축(壓縮).

あっしょう【圧勝】 압승(壓勝).

あっせい【圧制】 압제(壓制).

あっせん【斡旋】 (名하) 알선(斡旋). ‖仕事をあっせんする 일을 알선하다.

あつで【厚手】 두꺼운 것.

あっとう【圧倒】 (名하) 압도(壓倒). ◆圧倒的 압도적. 圧倒的な勝利로 だる 압도적인 승리를 거두다. 圧倒的に多い 압도적으로 많다.

アットマーク【at mark】 앳마크(@); 골뱅이.

あっぱく【圧迫】 압박(壓迫). ◆圧迫感 압박감.

あっぱれ【天晴れ】ダ 훌륭하다; 장하다.

アップリケ【appliqué ㄹ】 아플리케.

アップルパイ【apple pie】 애플파이.

あつまり【集まり】 집합(集合); 집단(集團).

あつまる【集まる】 모이다. ‖集合時間に集まる 집합 시간에 모이다.

あつみ【厚み】 ❶厚さの程度 두께. ❷(内容などの)깊이; 풍부(豊富)함. ‖伝統のあつみが感じられる 전통의 깊이가 느껴지다.

あつめ【厚め】ダ 두툼하다. ‖チーズをあつめに切る 치즈를 두툼하게 자르다.

あつめる【集める】 모으다. ‖会費を集める 회비를 모으다. 落ち葉を一か所に集める 낙엽을 한곳으로 모으다.

あつらえる【誂える】 맞추다. ‖背広をあつらえた洋服を맞추다.

あつりょく【圧力】 압력(壓力). ‖圧力をかける 압력을 가하다. ◆圧力釜 압력솥. 圧力計 압력계. 圧力団体 압력 단체.

あつれき【軋轢】 알력(軋轢). ‖両者間にあつれきを生じる 두 사람 사이에 알력이 생기다.

あて【当て・宛て】 ❶목적(目的). ❷기대(期待); 의지(依支). ‖あてが外れる 기대가 빗나가다. ❸보호대(保護帶); 보호구(保護裝具). ‖ひざのあてが正しい 보호대. ❹…당(当). ‖1人当て1万円 일 인당 만 엔. ❺…앞. ‖返事は私宛にください 답장은 제 앞으로 보내 주세요. ◆あてにならない 믿을 수 없다. 도움이 안 된다.

あてこする【当て擦る】 에둘러서 비난(非難)하다.

あてさき【当て先】 수신자(受信者); 수신용(受信用).

あてずいりょう【当て推量】 억측(臆測).

あてずっぽう【当てずっぽう】 어림짐작. ‖あてずっぽうで言う 어림짐작으로 말하다.

あてつける【当て付ける】 ❶에둘러서 비난(非難)하다. ❷(男女の仲のよいことを)보여주다.

あてど【当て所】 정처(定處); 목적지(目的地). ‖あてど(も)なく 정처 없이. 목적지도 없이.

あてな【宛て名】 수신자명(受信者名).

あてにげ【当て逃げ】 뺑소니치다. ‖当て逃げするもの 뺑소니차.

あてはずれ【当て外れ】 기대(期待)가 빗나감.

あてはまる【当て嵌まる】 들어맞다; 맞다; 적용(適用)되다. ‖条件に当てはまる人 조건에 맞는 사람.

あてはめる【当て嵌める】 맞추다; 적용(適用)시키다.

あでやか【艶やか】ダ 요염(妖艶)하다.

*あてる**【当てる・充てる・宛てる】 ❶대다. ‖額に手を当てる 이마에 손을 대다. ❷(的などに)명중(命中)시키다. ‖的に当てて명중시키다. ❸(光に)쬐다; (風に)쐬다. ‖風に当てて乾かす 바람에 쐬어 말리다. ❹충당(充当)하다. ‖食費に当てる 식비에 충당하다. ❺보내다. ‖親に宛てた手紙 부모님께 보낸 편지. ❻성공(成功)시키다. ‖企画を当てる 기획을 성공시키다.

*あと**【後】 ❶(うしろ)뒤; 뒤쪽. ‖後をつけた뒤를 밟다. 미행하다. ❷(のち)뒤; 나중. ‖宿題は後でやる 숙제는 나중에 할게. ❸〔子孫〕자손(子孫); 후

あと

손(손孫). 後が絶える 자손이 끊기다. ❹ [残り] 나머지. ‖後3人 나머지 세 명. ◆後をając ぎ がなくなるまで完全に出まさず이어졌다. 正月気分が後を引く 설 기분이 남다. ▶後の祭り 사후 약방문(死後薬方文). 소 잃고 외양간 고치기.

*あと【跡】 ❶ 유적(遺跡); 터. ‖城の跡 성터. ❷ [跡目] 뒤. 跡を継ぐ 뒤를 잇다. ❸ 자국; 흔적(痕跡). ‖手術の跡 수술한 자국. 跡をたどる 자취를 따라 찾다.

あとあし【後足·後脚】 뒷발; 뒷다리.
あとあじ【後味】 뒷맛; 뒤끝. ‖後味の悪い 出来事 뒷맛이 좋지 않은 일.
あとあと【後後】 장래(将来); 먼 훗날; 뒷날. ‖後々のことを考える 장래의 일을 생각하다.
あとおし【後押し】 (🈁) 후원(後援).
あとがき【後書き】 후기(後記); 맺음말.
あとかた【跡形】 흔적(痕跡). ‖跡形もなく消えさる 흔적도 없이 사라지다.
あとかたづけ【後片付け】 뒷정리(整理). ‖後片付けを手伝う 뒷정리를 돕다.
あとがま【後釜】 후임; 후임자(後任者).
あどけない 천진난만(天眞爛漫)하다.
あとしまつ【後始末】 뒤처리; 뒷정리(整理); 뒤치다꺼리; 사후 처리(事後処理).
あとずさり【後退り】 ❶後ろさりする 뒷걸음치다. 뒷걸음질하다.
あとち【跡地】 (原町) 건물(建物) 등을 철거(撤去)한 자리.
あとつぎ【跡継ぎ】 상속자(相續者); 후계자(後継者).
あととり【跡取り】 상속자(相續者); 후사(後嗣).
アドバイス【advice】 (🈁) 어드바이스; 조언(助言).
あとばらい【後払い】 (🈁) 후불(後拂).
アドバルーン【ad+balloon 의】 애드벌룬.
アトピー【atopy】 아토피; 아토피성 피부염(皮膚炎).
あとまわし【後回し】 後回しにする 뒤로 미루다.
あともどり【後戻り】 ❶後戻りする 되돌아가다. 후퇴(後退)하다.
アトリエ【atelier 프】 아틀리에.
アドリブ【ad lib】 애드리브.
アドレス【address】 어드레스; 주소(住所). ◆メールアドレス 메일 주소.

*あな【穴·孔】 ❶ 구멍; 굴(窟); 구덩이. ‖セーターに穴があいている 스웨터에 구멍이 나 있다. 穴に落ちる 구덩이에 빠지다. 穴を掘る 구덩이를 파다. 穴があくほど見つめる 뚫어지게 쳐다보다. 針の穴ほどの小さい구멍. ❷ [欠陥] 결함(欠陷); 결원(欠員); 손실(損失); 공백(空白). ❸ (競馬など) 배당(配當)이 큰 예상

(豫想) 못한 결과(結果); 요행(僥倖).
あなうめ【穴埋め】 穴埋めする 부족분을 보충하다.
アナウンサー【announcer】 아나운서.
あながち【強ち】 [打ち消しの表現を伴って] 반드시. ‖あながち無理とも言えない 반드시 무리라고 할 수 없다.
アナゴ【穴子】 붕장어.
あなた ❶【君】に; [文脈] 그대. ‖あなたも行くか？ 너도 갈래? ❷【夫婦間で指す時】당신(當身); [呼ぶ時] 여보. ‖あなたは何にします? 당신은 뭘로 할래요? あなた、電話ですよ 여보, 전화 받으세요. ❸【欧文などの2人称の訳語として】당신. ‖あなたはどこから来ましたか 당신은 어디에서 왔습니까？
あなどる【侮る】 깔보다; 얕잡아 보다; 경멸(輕蔑)하다. ‖対戦相手をあなどる 대전 상대를 얕잡아 보다.
あなば【穴場】 잘 알려지지 않은 명소(名所).
アナログ【analog】 아날로그.
あに【兄】 [妹から見て] 오빠; [弟から見て] 형(兄). ‖一番上の兄 큰형. 二番目の兄 작은 형. 兄は銀行に勤めています 형은[오빠는] 은행에 근무하고 있습니다.
あにうえ【兄上】 형(兄)님.
あにき【兄貴】 ❶ 형(兄)님. ❷ 선배(先輩); 형.
アニミズム【animism】 애니미즘.
アニメ【←animation】 애니메이션; 동화(動畫); 동영상(動映像).
あによめ【兄嫁·嫂】 형수(兄嫂).
あね【姉】 [妹から見て] 언니; [弟から見て] 누나. ‖一番上の姉 큰누나. 큰언니.
あねさんにょうぼう【姉さん女房】 연상(年上)의 아내.
あねったい【亜熱帯】 아열대(亞熱帯).
あねむこ【姉婿】 형부(兄夫).
アネモネ【anemone】 아네모네.
あの ❶ 저; 저기. ‖あの店に入ろう 저 가게에 들어가자. ❷〔お互いに知っていること〕그. ‖あの人はどうしていますか 그 사람은 어떻게 지내고 있어요？ ❸〔次の言葉へのつなぎ〕저; 저기. ‖そうして, あの… 그리고, 저….
あのてのこて【あの手のこの手】 이 방법(方法) 저 방법; 온갖 수단(手段).
あのへん【あの辺】 저 근처(近處); 그 근처.
あのまま【あの儘】 저대로; 그대로.
あのよ【あの世】 저승.
アパート【←apartment house】 아파트; 연립 주택(聯立住宅).
あばく【暴く】 폭로(暴露)하다; 까발리다; 들추어내다. ‖悪事を暴く 나쁜 짓한 것을 폭로하다.
あばた【痘痕】 곰보. ▶痘痕もえくぼ 제 눈에 안경.〔咧〕

あばらぼね【肋骨】갈빗대; 늑골(肋骨).
あばれる【暴れる】날뛰다. ∥物音に驚いて馬が暴れる 이상한 소리에 놀라 말이 날뛰다.
アパレル【apparel】어패럴. ∥アパレル業界 어패럴업계.
アビきょうかん【阿鼻叫喚】아비규환(阿鼻叫喚).
あびせかける【浴びせ掛ける】끼얹다; 퍼붓다. ∥水を浴びせかける 물을 끼얹다. 罵声を浴びせかける 욕설을 퍼붓다.
あびせる【浴びせる】끼얹다; 퍼붓다. ∥冷水を浴びせる 찬물을 끼얹다. 非難を浴びせる 비난을 퍼붓다.
アヒル【家鴨】집오리.
あびる【浴びる】❶〔水などを〕끼얹다; 뒤집어쓰다. ∥シャワーを浴びる 샤워를 하다. ほこりを浴びる 먼지를 뒤집어쓰다. ❷〔非難・喝采など〕받다. ∥非難を浴びる 비난을 받다. 喝采を浴びる 갈채를 받다.
アブ【虻】등에.
アフガニスタン【Afghanistan】(国名)아프가니스탄.
あぶく【泡】거품. ∥あぶく銭 공돈. 눈먼 돈.
アフターケア【aftercare】애프터케어.
アフターサービス【after + service 日】애프터서비스.
*あぶない**【危ない】❶〔危険〕위험(危險)하다; 위태(危殆)롭다. ∥道路で遊ぶのは危ない 길에서 노는 것은 위험하다. 命が危ない 생명이 위험하다. ❷〔不安〕불안(不安)하다; 불확실(不確實)하다. ∥このままでは社長のあの椅子があぶないではいるかという社長 자리가 불안하다. 決勝への進出が危なくなった 결승에 진출할 수 있을지가 불확실해졌다. ∥危ない橋を渡る 모험을 하다.
あぶなっかしい【危なっかしい】위태롭다; 위태위태(危爲危爲)하다.
*あぶら**【油】기름. ▶油を売る 게으름을 피우다. 잡을 팔다. ▶火に油を注ぐ 불에 기름을 붓다. 부추기다. ◆油炒め 기름으로 복은 요리. 油絵 유화. 油紙 기름종이. 油気 기름기. 油物 (說明)기름에 볶거나 튀긴 요리(料理).
あぶら【脂】〔動物の〕지방(脂肪); 기름. ▶脂が乗る 일 등이 순조롭게 잘 되다. ◆脂汗 비지땀. 脂汗を流す 비지땀을 흘리다. 脂ぎる 기름기가 돌다. 기름지다. 脂っこい 기름기가 많다. ∥脂っこい食べ物 기름기가 많은 음식. 脂取り紙 얼굴의 기름기를 닦는 화장용 종이. 脂身 지방분이 많은 고기.
アブラゼミ【油蟬】유지(油脂)매미.
アブラムシ【油虫】진딧물.
アフリカ【Africa】아프리카.
アプリコット【apricot】살구.
あぶりだす【炙り出す】불에 쬐어 문자(文字)나 그림 등이 나타나게 하다.
あぶる【炙る】굽다; 말리다. ∥海苔をあぶる 김을 굽다.
あふれでる【溢れ出る】넘쳐나다; 넘쳐 흐르다; 흘러 넘치다.
あふれる【溢れる】넘치다; 넘쳐흐르다. ∥水が溢れる 물이 넘치다. 大雨で川が溢れる 비가 많이 와서 강물이 넘치다.
アベック【avec 프】아베크족.
アポイント(メント)【appointment】약속(約束).
あほう【阿呆】바보; 멍청이.
アボカド【avocado】아보카도.
アポストロフィー【apostrophe】아포스트로피(').
あま【尼】❶〔仏敎〕여승(女僧); 비구니(比丘尼). ❷〔カトリック〕수녀(修女). ❸〔女性をののしって〕계집; 계집년.
あま【海女】해녀(海女).
アマ【←amateur】아마.
あまあし【雨足】빗발; 빗줄기. ∥激しい雨足 거센 빗줄기.
*あまい**【甘い】❶〔味〕달다; 달콤하다. ∥甘い物 단것. 甘い菓子 단 과자. 甘い言葉 달콤한 말. ❷〔態度〕무르다; 약하다; 여리다. ∥女性に甘い 여자에 약하다. ❸〔考え〕지나치게 낙관(樂觀)하다; 허술(虛術)하다. ∥君は考えが甘い 너는 생각이 너무 낙관적이다. ❹〔状態〕느슨하다; 헐겁다. ∥ねじが甘い 나사가 느슨하다.
あまえる【甘える】❶응석을 부리다; 어리광을 부리다. ∥親に甘える 부모에게 어리광을 부리다. ❷〔好意・親切などに〕받아들이다. ∥好意に甘える 호의를 받아들이다.
あまえんぼう【甘えん坊】응석받이.
アマガエル【雨蛙】청개구리.
あまがさ【雨傘】우산(雨傘).
あまからい【甘辛い】달고짜다.
あまぐ【雨具】비를 피하기 위한 도구(道具)의 총칭(總稱).
あまくだり【天下り】∥天下り人事 낙하산 인사.
あまくち【甘口】단맛이 강함. ∥甘口のワイン 단맛이 강한 포도주.
あまぐつ【雨靴】장화(長靴).
あまぐも【雨雲】비구름.
あまずっぱい【甘酸っぱい】뜨거운 자갈 속에 감미료(甘味料)를 넣어 가며 구운 자잘한 밤.
あまごい【雨乞い】(名動)기우(祈雨).
あまざけ【甘酒】감주(甘酒); 단술.
あます【余す】남기다. ∥余す所なく 빠짐없이. 余す所わずかに3日だ 삼 일밖에 안 남다.

あまずっぱい【甘酸っぱい】❶〔味〕새콤달콤하다. ❷〔気持ち〕즐겁도 하고 조금 슬프기도 한 기분(気分).
アマダイ【甘鯛】옥돔.
あまだれ【雨垂れ】낙숫(落水)물.
アマチュア【amateur】아마추어. ◆アマチュア無線 아마추어 무선.
あまったるい【甘ったるい】몹시 달다.
あまったれる【甘ったれる】몹시 응석을 부리다.
あまど【雨戸】덧문.
あまとう【甘党】단것을 좋아하는 사람.
あまねく【遍く】널리; 두루. ‖あまねく知れ渡る 널리 알려지다.
あまのがわ【天の川】은하수(銀河水).
あまのじゃく【天の邪鬼】 청개구리; 심술(心術)꾸러기.
あまみ【甘味】단맛.
あまみず【雨水】빗물.
あまもよう【雨模様】비가 올 것 같은 하늘.
あまもり【雨漏り】‖雨漏りする 비가 새다.
あまやかす【甘やかす】 버릇없이 굴도록 놔두다.
あまやどり【雨宿り】‖雨宿りする 비를 피하다.
あまり【余り】❶〔残り〕나머지. ❷〔度を超えている〕지나침; 도(度)를 넘음; 너무함. ‖あまりの仕打ち 지나친 처사. ❸〔あまりにもの形で〕너무; 지나치게. ‖あまりにも強い 너무 강하다. ❹〔打ち消しの表現を伴って〕별로; 그다지. ‖あまりよくない 별로 좋지 않다. ❺〔…しすぎて〕너무 …한 나머지. ‖驚きのあまり 너무 놀란 나머지. ❻〔それ以上〕남짓. ‖3年余り 삼 년 남짓.
あまりある【余り有る】충분(充分)하다; 여유(餘裕)가 있다.
あまる【余る】❶〔多くて残る〕남다. ❷〔度を超す〕넘다; 지나치다. ‖身に余る光栄 지나친 영광.
あまんじる【甘んじる】 만족(滿足)해하다; 감수(感受)하다; 더 이상(以上) 바라지 않다.
あみ【網】망(網); 그물. ◆金網 철망.
あみだす【編み出す】 생각해 내다; 짜내다.
あみだな【網棚】（電車・バスなどの）선반. ‖電車の網棚 전철의 선반.
あみど【網戸】방충망(防蟲網).
アミノさん【amino 酸】아미노산.
あみめ【網目】그물코.
あみもの【編み物】‖그물뜨기.
あみもの【編み物】뜨개질; 뜨개질한 것.
あみやき【網焼き】석쇠구이.
あむ【編む】❶〔毛糸などを〕뜨다; 짜다. ‖セーターを編む 스웨터를 뜨다. ❷〔文章を〕편집(編輯)하다; 엮다. ‖論文を編む 논문집을 편집하다.

*あめ**【雨】비. ‖雨が降る 비가 오다. 雨が降りそうだ 비가 올 것 같다. 雨がやむ 비가 그치다. 雨にぬれる 비에 젖다. 雨を冠す. 恵みの雨 단비.
あめ【飴】사탕(沙糖). ‖飴をなめる 사탕을 빨다. ◆飴と鞭 당근과 채찍.
あめあがり【雨上がり】비가 막 갠 뒤; 비가 그친 직후(直後).
あめいろ【飴色】투명(透明)한 황갈색(黃褐色).
アメーバ【Amöbe ド】아메바.
アメシスト【amethyst】자수정(紫水晶).
アメリカがっしゅうこく【America 合衆国】〔国名〕아메리카합중국(合衆國); 미국(美國).
アメリカンフットボール【American football】미식축구(美式蹴球).
アメンボ【水黽】소금쟁이.
あや【文・綾】❶〔模様〕무늬; 대각선(對角線) 무늬. ❷〔構造〕복잡(複雜)한 짜임새; 줄거리. ‖事件の綾 사건의 줄거리. ❸〔文章〕표현상(表現上)의 기교(技巧). ‖言葉の綾 말의 기교.
あやうい【危うい】위험(危險)하다; 위태(危殆)롭다.
あやうく【危うく】❶겨우; 간신(艱辛)히. ‖危うく難を逃れた 간신히 난을 피했다. ❷하마터면; 자칫하면. ‖危うく落ちるところだった 하마터면 떨어질 뻔했다.
あやかる【肖る】좋은 영향(影響)을 받다; 닮다.
あやしい【怪しい】❶이상(異常)하다. ‖怪しい物音 이상한 소리. ❷수상(殊常)하다; 의심(疑心)스럽다. ‖挙動の怪しい男 거동이 수상한 남자.
あやしむ【怪しむ】이상(異常)하게 생각하다; 의심 품다.
あやす（幼児などを）어르다; 구슬리다; 달래다. ‖赤ん坊をあやす 아기를 달래다.
あやつりにんぎょう【操り人形】꼭두각시.
あやつる【操る】❶조작(操作)하다; 조종(操縱)하다. ‖陰で人を操る 뒤에서 사람을 조종하다. ❷〔言葉を〕구사(驅使)하다. ‖3か国語を操る 삼 개 국어를 구사하다.
あやとり【綾取り】실뜨기.
あやふや【曖昧】하다. ‖あやふやな態度 애매한 태도. あやふやに答える 애매하게 대답하다.
*あやまち**【過ち】실수; 실수(失手); 실패(失敗). ‖過ちを犯す 잘못을 저지르다. 過ちを認める 잘못을 인정하다.
あやまり【誤り】틀린 곳; 오류(誤謬). ‖原稿の誤りを訂正する 원고의 틀린 곳을 고치다.

*あやまる【誤る】 잘못된 판단(判斷)이나 선택(選擇)을 하다; 잘못되게 하다. ‖選択を誤る選択을 잘못하다. 잘못된 생각을 갖다 잘못된 생각을 하다.

あやまる【謝る】 사과(謝過)하다; 빌다. ‖謝れば済む問題ではない 사과한다고 끝날 문제가 아니다.

アヤメ【菖蒲】 창포(菖蒲); 붓꽃.

アユ【鮎】 은어(銀魚).

あゆみ【歩み】 ❶ 걸음; 보행(歩行). ‖歩みを止める 걸음을 멈추다. ❷ 보조(歩調). ‖歩みをそろえる 보조를 맞추다. ❸ 발자취. ‖歴史の歩み 역사의 발자취.

あゆみよる【歩み寄る】 다가가다; 양보(譲歩)하다. ‖2, 3 歩あゆみ寄る 두세 발 다가가다. 相手の主張に一歩あゆみ寄る 상대방의 주장에 한발 양보하다.

あゆむ【歩む】 걷다. ‖本道を歩む 정도를 걷다.

あら 〔주로 女性이〕어머.

あら【粗】 ❶〔魚의〕살을 발라낸 나머지 부분(部分). ‖粗煮 생선 뼈 부분을 조린 것. ❷〔欠点〕결점(缺點). ‖あらを探す 결점을 찾다. 흠을 잡다. 트집을 잡다.

アラーム【alarm】 자명종(自鳴鐘).

あらあらしい【荒々しい】 몹시 거칠다; 난폭(亂暴)하다.

あらい【荒い】 ❶〔勢いが〕거칠다; 거세다; 세차다. ‖波が荒い 파도가 거세다. 荒い息 거친 숨. ❷〔態度が〕난폭(亂暴)하다; 격하다; 거칠다. ‖言葉が荒い 말이 거칠다.

あらい【粗い】 거칠다; 굵다. ‖粒が粗い 알이 굵다. ❷〔ざらざらしている〕껄끄럽다; 까칠까칠하다. ❸〔粗雜〕엉성하다. ‖目の粗い網 결이 엉성한 그물.

あらいあげる【洗い上げる】 ❶〔洗濯物などを〕충분(充分)히 빨다. ❷ 철저(徹底)히 조사(調査)하다.

アライグマ【아라이구마】 미국너구리.

あらいざらい【洗いざらい】 모조리; 죄다. ‖洗いざらい言いつける 죄다 일러바치다.

あらいだす【洗い出す】 철저(徹底)히 조사(調査)하여 밝혀내다. ‖問題点を洗い出す 문제점을 밝혀내다.

あらいなおす【洗い直す】 ❶ 다시 씻다[빨다]. ❷ 재검토(再檢討)하다. 재조사(再調査)하다.

あらいながす【洗い流す】 씻어 내다. ‖足についた泥を洗い流す 발에 묻은 흙을 씻어 내다.

*あらう【洗う】 ❶〔汚れを〕씻다; 빨다; 닦다. ‖手を洗う 손을 씻다. 靴下を洗う 양말을 빨다. 皿を洗う 접시를 닦다. ❷〔事実を〕조사(調査)하다; 밝혀 내다. ❸〔波が〕밀려왔다 밀려가다.

あらかじめ【予め】 미리; 사전(事前)에.

あらかせぎ【荒稼ぎ】 荒稼ぎする 폭리를 취하다. 떼돈을 벌다.

あらかた【粗方】 거의; 대부분(大部分). ‖仕事はあらかた終わった 일은 거의 끝났다.

あらげる【荒げる】 声を荒げる 목소리가 커지어지다. 소리를 지르다.

あらさがし【粗探し】 흠잡다. 트집을 잡다.

*あらし【嵐】 폭풍(暴風); 폭풍우(暴風雨). ‖嵐の前の静けさ 폭풍 전의 고요. 嵐が吹きすさぶ夜 폭풍이 몰아치는 밤.

あらじお【粗塩】 굵은소금.

あらす【荒らす】 ❶〔整っていたものを〕어지럽히다. 파괴(破壞)하다. ❷〔駄目にする〕해(害)를 입히다.

あらすじ【粗筋】 개요(槪要); 줄거리. ‖映画のあらすじ 영화의 줄거리.

*あらそい【争い】 싸움; 다툼; 분쟁(紛爭). ‖姉妹の間に遺産相続のことで争いが起こった 자매 간에 유산 상속 문제로 다투게 되다. 彼らの間には争いが絶えない 그 사람들 사이에 싸움이 끊이지 않다. 争いの種 분쟁의 불씨.

*あらそう【争う】 ❶ 경쟁(競爭)하다; 다투다. ‖優勝を争う 우승을 다투다. ❷〔けんかなど〕싸우다; 다투다. ‖法廷で争う 법정에서 싸우다.

あらだてる【荒立てる】 복잡(複雜)하게 만들다; 곤란(困難)하게 만들다. ‖事を荒立てる 일을 복잡하게 만들다.

あらたな【新たな】 새로운. ‖新たな問題が発生する 새로운 문제가 발생하다. 新たな局面 새로운 국면.

あらたに【新たに】 새로; 새롭게; 달리. ‖認識を新たにする 인식을 달리[새롭게] 하다.

あらたまる【改まる】 ❶ 새로워지다; 개선(改善)되다. ❷ 격식(格式)을 차리다. ‖改まった席で 격식을 차린 자리에서.

あらためて【改めて】 ❶〔新しく〕다시로; 새롭게. ‖改めて検討する 새로 검토하다. ❷〔今更〕새삼스럽게. 구태여 말해서. ‖改めて言うまでもない 새삼스럽게 말할 필요 도 없다.

*あらためる【改める】 ❶ 변경(變更)하다; 개정(改正)하다; 개선(改善)하다; 고치다; 바꾸다. ‖規則を改める 규칙을 바꾸다. この文章はここで行を改めたほうがいい 이 문장은 여기에서 행을 바꾸는 게 좋겠다. ❷〔チェックする〕체크하다. ‖書類に不備がないか改める 서류에 불비함이 없는지 체크하다. ❸ 격식(格式)을 차리다.

あらっぽい【荒っぽい】 거칠다; 난폭(亂暴)하다.

アラビアすうじ【Arabia 数字】 아라비아 숫자.

アラブ

アラブ【Arab】아랍.
アラブしゅちょうこくれんぽう【Arab首長国連邦】(国名)아랍에미리트.
あらまし ❶개요(槪要); 줄거리. ❷(副詞的に)대체(大體)로; 거의. ‖건물은 아라마시로 다 지어졌다 건물은 거의 다 지어졌다.
あらゆる 온갖; 온갖. あらゆる手段を講じる 온갖 수단을 강구하다. あらゆる方面 모든 방면.
あらりえき【粗利益】(股問)매출(賣出)에서 원가(原價)를 뺀 이익(利益).
あられ【霰】 ❶【天気】우박(雨雹). ❷【食べ物】깍둑썰기로 썬 식품(食品).
あらわ【露】 ❶肌を露にする 속살을 드러내다. 怒りを露わにする 분통을 터뜨리다. 真相が露になる 진상이 밝혀지다.
あらわざ【荒業・荒技】 ❶거친 일. ❷거친 기술(技術).
*****あらわす【現わす・表わす・著わす】** ❶나타내다; 드러내다. ‖正体を現わす 정체를 드러내다. 姿を現わす 모습을 드러내다. 怒りを顔に表わす 분노가 얼굴에 드러나다. ❷表現(表現)하다. ‖今の気持ちをうまく言葉に表わすことができない 지금 심정을 말로 제대로 표현할 수가 없다. ❸【著わす】出版(出版)하다.
*****あらわれる【現われる・表われる】** ❶출현(出現)하다; 나타나다; 드러나다; 등장(登場)하다. ‖3年ぶりに彼が現われた 삼 년 만에 그 사람이 나타났다. その人の真価が現われる 그 사람의 진가가 드러나다. 効果が現われる 효과가 나타나다. ❷발각(發覺)되다; 알려지다. ‖これまでの悪事が現われる 지금까지 한 나쁜 짓이 발각되다.
アリ【蟻】 개미. アリの巣 개미집. 白アリ 흰개미. ‖蟻の穴から堤も崩れる 개미구멍 하나로 제방도 무너진다. ‖蟻の這い出る隙もない 개미 새끼 하나도 얼씬 못한다. [冊]
アリア【aria ィ】(音樂)아리아.
ありあまる【有り余る】남아돌다.
ありあり 확실(確實)히; 분명(分明)히; 역력(歷歷)히; 생생하여; 뚜렷이. ‖当時の光景がありありと浮かぶ 당시의 광경이 생생하여 떠오른다.
ありあわせ【有り合わせ】(股問)마침 그 자리에 있는 또는 그 것.
ありうる【有り得る】있을 수 있다. ‖ありうる話 있을 수 있는 이야기.
ありえない【有り得ない】있을 수 없다; 일어날 가능성(可能性)이 없다.
ありか【在り処】소재(所在); 있는 곳.
ありかた【在り方】바람직한 상태; 현상태(現狀態).
*****ありがたい【有り難い】**고맙다; 감사(感謝)하다; 기쁘다; 반갑다. ‖ありがたいことだ 고마운 일이다. 감사할 일이다.

手伝ってくれるとはありがたい 도와주다니 고마워. ありがたいことに雨がやんだ 기쁘게도 비가 그쳤다. ありがたくない客 반갑지 않은 손님.
ありがためいわく【有り難迷惑】지나친 친절(親切).
ありがちな【有り勝ち】흔히 있다; 잘 일어나다. ‖ありがちな間違이 흔히 있는 실수다.
ありがとう【有り難う】고맙다; 감사(感謝)하다.
ありがね【有り金】가진 돈; 가지고 있는 돈. ‖有り金をはたいて買った 가진 돈을 다 털어서 샀다.
ありきたり【在り来り】흔하다; 흔해빠지다. 진부(陳腐)하다. ‖ありきたりの話 흔해 빠진 이야기.
ありさま【有り様】상태(狀態); 모습; 꼴.
ありったけ【有り っ丈】 ❶(全部). ‖ありったけのお金を使う 있는 돈을 다 쓰다. ❷(副詞的に)가능(可能)한 한. ‖ありったけ遠くへ投げる 가능한 한 멀리 던지다.
ありとあらゆる【有りとあらゆる】 온갖; 갖은. ‖ありとあらゆる手段を講じる 온갖 수단을 강구하다.
ありのまま【有りの儘】 ❶있는 그대로; 사실(事實)대로. ‖ありのままの姿 있는 그대로의 모습. ❷(副詞的)있는 그대로; 사실대로. ‖ありのままに話す 사실대로 이야기하다.
アリバイ【alibi】알리바이. ‖彼にはアリバイがある 그 사람한테는 알리바이가 있다.
ありふれた 흔하다; 쌔고 쌔다.
ありゅう【亜流】아류(亞流).
ありよう【有り様】 실정(實情); 실상(實狀); 실태(實態). ‖政治の有り様 정치의 실상.
*****ある【或】**어떤; 어느. ‖ある人 어떤 사람. ある所に 어떤 곳에. ある日 어느 날.
*****ある【在る・有る】** ❶있다; 존재(存在)하다. ‖家の近くに小学校がある 집 근처에 초등학교가 있다. 机の上に辞書が1冊ある 책상 위에 사전이 한 권 있다. 彼には莫大な財産がある 그 사람한테는 어마한 재산이 있다. 本社は大阪にある本社는 오사카에 있다. 事故の責任は私にある 사고의 책임은 나한테 있다. 妻子がある身 처자식이 있는 몸. あの人は顔にほくろがある 그 사람은 얼굴에 점이 있다. 区立図書館はどこにありますか 구립 도서관이 어디에 있습니까? ニンニクには独특の냄새가 난다 마늘에는 독특한 냄새가 있다. 政界に影響力のある 정계에 영향력이 있다. 用事があるので失礼します 볼일이 있어서 먼저 실례하겠습니다. 彼には一度会ったことがある 그 사람하고는

한 번 만난 적이 있다. 逆境にある 어려운 처지에 있다. ❷〔数量が〕남다; 되다. ‖運動会後1週間ある 운동회까지 일주일 남았다. 重さが10トンもある岩 무게가 십 톤이나 되는 바위. ‖地震があった 지진이 일어났다. ❸〔…てあるの形で: 継続〕…이〔어〕 있다. ‖窓が開いてある 창문이 열려 있다. 机の上に誕生日プレゼントが置いてある 책상 위에 생일 선물이 놓여 있다. ❹〔…てあるの形で: 準備〕…이〔어·해〕두다; …이〔어·해〕놓다. ‖ちゃんと用意してある 제대로 준비해 두다. もう作ってある 벌써 만들어 두었다. ❺〔…つつあるの形で〕…고 있다. ‖世界の人口は今も増加しつつある 세계 인구는 지금도 증가하고 있다. 病状は徐々によくなりつつある 병세가 점점 좋아지고 있다. 準備はできつつある 준비는 되어 가고 있다.

あるいは〔或いは〕 ❶ 혹(或)은; 또는. ‖本人あるいは保護者 본인 또는 보호자. ❷〔副詞的に〕어쩌면; 혹시(或是). ‖あるいはそうかもしれない 어쩌면 그럴지도 모른다.

あるかぎり〔有る限り〕있는 대로.

あるく〔歩く〕 ❶〔歩行〕걷다; 거닐다. ‖駅まで歩く 역까지 걷다. タクシーより歩いて行った方が速い 택시보다 걸어서 가는 게 빠르다. とぼとぼと歩く 터벅터벅 걷다. ❷〔…の多くの形で〕…고 다니다. ‖製品を売り歩く 제품을 팔고 다니다.

アルコール〔alcohol〕 알코올. ♦アルコール中毒 알코올 중독. アルコール依存症 알코올 의존증.

あるじ〔主〕 주인(主人).

アルジェリア〔Algeria〕〔国名〕알제리.

アルゼンチン〔Argentina〕〔国名〕아르헨티나.

アルツハイマーびょう〔Alzheimer病〕 치매증(痴呆症).

アルト〔alto〕 알토.

アルバイト〔Arbeit ド〕〔준말〕아르바이트; 알바.

アルバニア〔Albania〕〔国名〕알바니아.

アルバム〔album〕 앨범.

アルファ〔a ギ〕 알파. ♦α線 알파선.

アルファベット〔alphabet〕 알파벳.

あるべき 바람직한. ‖学生のあるべき姿 학생의 바람직한 모습.

あるまじき 있을 수 없는. ‖教師にあるまじき行為 선생으로서 있을 수 없는 행위.

アルミ→アルミサッシ 알루미늄 새시. アルミニウム 알루미늄. アルミ箔 알루미늄박. アルミホイル 알루미늄 호일.

アルメニア〔Armenia〕〔国名〕아르메니아.

あれ 어. ‖あれ, ここに置いた本はどこだ 어, 여기에 두었던 책 어디 갔지?

あれ ❶〔事物 저것. ‖あれは何ですか 저것이 무엇입니까? あれを見せてください 저걸 보여 주십시오. ❷〔人〕저 사람. ‖あれは誰だろう 저 사람은 누구지? ❸〔共通に知っている物事〕그것; 그. ‖昨日のあれはおいしくなかった 어제 그것은 맛이 없었다. あれからどこへ行きましたか 그 뒤에 어디에 갔습니까? あれ以来彼には会っていない 그 이후로 그 사람과는 못 만났다. ❹〔あいつ〕그 사람; 그 녀석. ‖あれは元気に暮らしていますか 그 녀석은 잘 살고 있습니까?

あれ〔荒れ〕 ‖肌の荒れが気になる 피부가 거칠어서 신경이 쓰이다.

あれい〔亜鈴〕 아령(啞鈴).

アレゴリー〔allegory〕 알레고리.

あれこれ ❶이것저것. ‖あれこれの例を挙げる 이것저것 예를 들다. ❷〔副詞的に〕여러 가지. ‖あれこれ(と)試す 이것저것 시험해 보다.

あれしょう〔荒れ性〕건성 체질(乾性體質).

あれち〔荒れ地〕 황무지(荒蕪地). ‖荒れ地を開墾する 황무지를 개간하다.

あれの〔荒れ野〕 황야(荒野).

あれはてる〔荒れ果てる〕 아주 황폐(荒廢)해지다.

あれもよう〔荒れ模様〕〔天気·気分などが〕거칠어질 것 같은 모양(模様).

あれる〔荒れる〕 거칠어지다; 황폐(荒廢)해지다; 피폐(疲弊)해지다. ‖肌が荒れる 피부가 거칠어지다. 生活が荒れる生活 이 피폐해지다.

アレルギー〔Allergie ド〕 알레르기. ♦アレルギー体質 알레르기 체질.

アロマ〔aroma〕 아로마. ♦アロマテラピー 아로마테라피.

あわ〔泡〕 거품. ‖石けんの泡 비누 거품. 水の泡 물거품. 泡が立つ 거품이 일다.

アワ〔粟〕 조. ‖粟立つ 닭살이 돋다.

あわい〔淡い〕 ❶〔色·味·香り〕연하다; 흐리다. ‖淡いブルーのスカート 연한 파란색 치마. ❷〔関心·執着が〕약하다.

あわさる〔合わさる〕 합쳐지다; 겹쳐지다.

あわせもつ〔合わせもつ·併せ持つ〕 겸비(兼備)하다; 다 갖추다.

あわせる〔合(슴)せる〕 ❶ 합(合)치다. 모으다. ‖手を合わせて拝む 손을 모아 빌다. 2人の所持金を合わせる 두 사람이 가지고 있는 돈을 합치다. ❷일치(一致)시키다; 맞추다. ‖口裏を合わせる 말을 맞추다. 時計を正しい時刻に合

わせる 시계를 정확한 시각에 맞추다. ❸ 조회(照會)하다; 대조(對照)하다. ▶合わせる顔がない 볼 낯이 없다.[喩]

あわただしい【慌ただしい】 정신(精神)없이 바쁘다. ‖慌ただしい 一日 정신없이 바쁜 하루.

あわだつ【泡立つ】 거품이 일다.
あわだてき【泡立て器】 거품기.
あわだてる【泡立てる】 거품을 내다.
あわてふためく【慌てふためく】 허둥지둥하다.
あわてもの【慌て者】 덜렁이.
*あわてる【慌てる】 허둥대다; 당황(唐慌)하다. ‖うそがばれそうになって慌てる 거짓말이 탄로날 것 같아 허둥대다. 慌てて帰って行った 허둥대며 돌아갔다.

アワビ【鮑・鰒】 전복(全鰒).
あわや 가볍다; 가련(可憐)하다; 불쌍하다; 비참(悲慘)하다. ‖哀れな姿を見られたくない 비참한 모습을 보이고 싶지 않다. 哀れなやつ 가엾은 녀석.

あわれみ【哀れみ】 연민(憐憫); 동정(同情); 자비(慈悲).
あわれむ【哀れむ】 불쌍히 여기다; 가엾게 여기다. ‖人を哀れむような目で見る 사람을 불쌍하다는 듯이 바라보다.

あん【案】 안(案); 생각; 아이디어. ‖執行部の案を検討する 집행부의 안을 검토하다.

あんい【安易】ダ ❶【たやすい】 손쉽다; 쉽다. ‖安易な問題 쉬운 문제. ❷ (考えなどが) 안이(安易)하다. 安易な態度 안이한 태도.

あんいつ【安逸】ダ 안일(安逸)하다.
あんうつ【暗鬱】ダ 암울(暗鬱)하다; 우울(憂鬱)하다. ‖暗鬱な曇り空 우울한 흐린 하늘.

あんうん【暗雲】 암운(暗雲). ‖暗雲が漂う 암운이 감돌다.
あんか【行火】 작은 화로(火爐).
アンカー【anchor】 앵커. ◆アンカーウーマン 앵커우먼. アンカーマン 앵커맨.

あんがい【案外】 의외(意外)로; 뜻밖에. ‖心配したのに、案外に(とうまく運んで) 걱정했는데 의외로 일이 잘되었다.
あんかけ【餡掛け】 (說明) 걸쭉하게 만든 갈분(葛粉)을 얹은 음식(飲食).
あんき【暗記】 암기(暗記). ‖公式を暗記する 공식을 암기하다. ◆暗記力 암기력.
あんぎゃ【行脚】 ‖全国を行脚する 전국을 돌아다니다.
あんぐり 딱; 쩍. ‖あんぐりと口を開ける 입을 딱 벌리다.

アングル【angle】 앵글; 각도(角度). ‖絶妙なアングルの写真 절묘한 각도의 사진.
アンケート【enquêteフ】 앙케이트.
あんけん【案件】 안건(案件).
あんこ【餡子】 팥소.
アンコウ【鮟鱇】 안강(鮟鱇); 아귀.
あんごう【暗号】 암호(暗号). ‖暗号を解く 암호를 풀다. ◆暗号解読 암호 해독.
あんこうしょく【暗紅色】 검붉은 색.
アンコール【encoreフ】 앙코르.
あんこく【暗黒】 암흑(暗黑). ◆暗黒街 암흑가.
アンゴラ【angora】 앙고라. ◆アンゴラウサギ 앙고라토끼. アンゴラヤギ 앙고라 염소.
アンゴラ【Angola】(国名) 앙골라.
あんさつ【暗殺】 (종하) 암살(暗殺). ◆暗殺者 암살자.
あんざん【安産】 (종하) 순산(順産).
あんざん【暗算】 (종하) 암산(暗算).
アンサンブル【ensembleフ】 앙상블.
あんじ【暗示】 암시(暗示).
あんしつ【暗室】 암실(暗室).
あんじゅう【安住】 안주(安住). ‖安住の地 안주의 땅.
あんしょう【暗誦】 암송(暗誦). ‖ランボーの詩を暗誦する 랭보의 시를 암송하다.
あんしょう【暗礁】 암초(暗礁). ‖暗礁に乗り上げる 암초에 부딪치다.
あんしょうばんごう【暗証番号】 비밀 번호(秘密番号).
あんじる【案じる】 ❶【工夫】 궁리(窮理)하다; 생각하다. ‖方策を案じる 방책을 생각하다. ❷【心配】 걱정하다; 염려(念慮)하다.
*あんしん【安心】 (종하) 안심(安心). ‖その知らせを聞いて安心した 그 소식을 듣고 안심했다. 彼らも安心してその仕事を任せられる その人ならば 안심하고 그 일을 맡길 수 있다. 子どもたちを安心させる 아이들을 안심시키다.
アンズ【杏子】 살구.
あんせい【安静】 안정(安靜). ‖安静にする 안정을 취하다.
*あんぜん【安全】ダ 안전(安全)하다. ‖子どもたちの安全を考える 아이들의 안전을 생각하다. この建物は地震が起きても安全だ 이 건물은 지진이 나도 안전하다. 安全な場所 안전한 장소. ◆安全ガラス 안전유리. 安全装置 안전장치. 安全装置をはずす 안전장치를 풀다. 安全地帯 안전지대. 安全ピン 안전핀. 옷핀. 安全保障 안전 보장. 安全保障理事会 안전 보장 이사회.
あんそく【安息】 안식(安息). ◆安息日 안식일.

あんだ【安打】 안타(安打). ‖安打を打つ 안타를 치다.

アンダーライン【underline】 언더라인.

あんたい【安泰】ダ 평화(平和)롭다; 걱정이 없다.

あんたん【暗澹】 (토히) 암담(暗澹)한 기분 암담한 기분.

あんち【安置】 (토히) 안치(安置).

アンチテーゼ【Antithese ド】 안티테제.

あんちゅうもさく【暗中模索】 (토히) 암중모색(暗中摸索).

アンチョビー【anchovy】 안초비.

あんてい【安定】 안정(安定). ‖安定した生活 안정된 생활.

アンテナ【antenna】 안테나.

あんど【安堵】 안도(安堵). ‖安堵の胸をなで下ろす 안도의 한숨을 쉬다.

あんな 저런. ‖あんなブーツがほしい 저런 부츠를 사고 싶어.

◆**あんない**【案内】 ❶ 안내(案内). ‖先に立って案内する 앞에 서서 안내하다. ❷ [不案内の形で] 잘 모르고 있음. ‖この方面には不案内だ 이 방면은 잘 모른다. ◆入学案内 입학 안내. 案内書 안내서.

あんなに 그토록; 그렇게까지. ‖あんなに約束したのにそんなにまで約束을 했는데도.

あんに【暗に】 슬며시; 넌지시.

あんにんどうふ【杏仁豆腐】 안닌도후.

あんねい【安寧】 안녕(安寧). ‖社会の安寧 사회의 안녕.

あんのじょう【案の定】 생각했던 대로; 예상(豫想)한 대로; 아니나 다를까. ‖案の定あいつのしわざだった 예상한 대로 그 녀석의 소행이었다.

あんば【鞍馬】[体操競技の]안마(鞍馬).

あんばい【按配】 (토히) 안배(按排).

アンバランス【unbalance】 언밸런스.

あんパン【餡パン】 팥빵.

あんぴ【安否】 안부(安否). ‖安否を尋ねる 안부를 묻다.

アンプ【←amplifier】 앰프.

アンペア【ampere】 암페어.

あんま【按摩】 안마(按摩).

あんまり 별(別)로; 그다지. ‖あんまり好きではない 그다지 좋아하지 않는다.

あんみつ【餡蜜】[設明] 삶은 완두(豌豆) 콩·우무·과일 등에 당밀(糖蜜)을 넣고 그 위에 팥소를 얹은 것.

あんみん【安眠】 (토히) 안면(安眠). ‖安眠する 푹 자다. ◆安眠妨害 안면 방해.

あんもく【暗黙】 암묵(暗黙). ‖暗黙のうちに 암묵하에.

アンモニア【ammonia】 암모니아.

あんやく【暗躍】 암약(暗躍).

あんらく【安楽】ダ 안락(安楽)하다. ◆安楽椅子 안락의자. 安楽死 안락사.

い【胃】 위(胃). ‖胃が弱い 위가 약하다. 胃に負担をかける 위에 부담을 주다.

い【意】 ❶[意味] 뜻; 의미(意味). ❷[考え] 생각; 기분(氣分). ‖意のまま 마음대로. 뜻대로. 생각대로.

いあつ【威圧】 위압(威壓).

いあわせる【居合わせる】 마침 그 자리에 있다.

いあん【慰安】 위안(慰安).

◆**いい**【好い·良い】 ❶ 좋다. ‖彼はなかなかいい人です 그 사람은 꽤 괜찮은 사람입니다. 何かいいことはありましたか 뭔가 좋은 일 있었습니까? とてもいい天気だ 날씨 참 좋은 날이다. とても健康な良い考えがある 아주 건강한 좋은 생각이 있다. 早寝早起きは健康にいい 빨리 자고 빨리 일어나는 것은 건강에 좋다. 彼は頭がいい人だ 그 사람은 머리가 좋은 사람이다. ❷ 충분(充分)하다; 되다. ‖練習は1日1時間でいい 연습은 하루 한 시간이면 충분하다. これでいいですか. いいです これで いいですか? 됐습니다. 準備はいいかい 준비는 됐나? ❸ [...た方がいいの形で]...하는 것이[게] ...하다. ‖そんなことは言わない方がいい 그런 말은 안 하는 게 좋다. ❹[...てもいいの形で]...아도[어도·해도] 좋다[되다·괜찮다]. ‖タバコを吸ってもいいです 담배를 피워도 됩니다. 明日は休んでもいい 내일은 쉬어도 좋아. 週末に電話してもいいですか 주말에 전화해도 되겠습니까? ❺[...しなくてもいいの形で]...하지 않아도 좋다[되다·괜찮다]. ‖明日は早く来なくてもいい 내일은 빨리 안 와도 돼. 特に準備しなくてもいい 특별히 준비 안 해도 괜찮아. ❻[...だといいのだの形で]...(으)면 좋겠는데[좋겠지만]. ‖試験がなければいいのだが 시험이 없으면 좋겠지만. 明日晴れるといいんだが 내일 맑으면 좋을텐데.

いいあい【言い合い】 말다툼; 언쟁(言爭).

いいあう【言い合う】 ❶말다툼하다; 언쟁(言爭)하다. ❷[互いに言う]서로 말을 하다; 같이 주고받다. ❸ 冗談を言い合う仲 농담을 주고받는 사이.

いいあてる【言い当てる】 (推量して)알아맞히다.

いいあらそう【言い争う】 말다툼하다; 언쟁(言爭)하다.

いいあらわす【言い表す】 말로 표현(表現)하다. ‖感謝の気持ちを言い表わ

いいえ 아니; 아니오; 아뇨. ∥昨日テレビを見ましたか。いいえ、見ませんでした 어제 텔레비전을 보았어요? 아뇨, 안 봤어요. コーヒーをもう1杯いかがですか。いいえ、もう十分です 커피 한 잔 더 하실래요? 아뇨, 됐어요.

イーエスさいぼう【ES細胞】 배아(胚芽) 줄기세포(細胞).

いいかえす【言い返す】 ❶ 반복(反復)해서 말하다. ❷ 답변(答辯)하다; 말대답하다; 항변(抗辯)하다.

いいかえる【言い換える】 바꾸어 말하다; 말을 바꾸다. ∥分かりやすく言い換える 알기 쉽게 말을 바꾸다.

いいがかり【言い掛かり】 트집; 생트집. ∥言いがかりをつける 트집을 잡다.

いいかげん【好い加減】 ❶〔適度〕적당(適當)하다; 알맞다. ❷〔もういい加減にして〕적당히 해라. ❸ 함부로 하다; 무책임(無責任)하다. ∥いい加減な事ばかり言う 무책임한 말만 하다. ∥〔かな〕몹시; 매우; 상당(相當)히. ∥いい加減疲れた 몹시 지쳤다.

いいかた【言い方】 말씨; 말투. ∥言い方が気に入らない 말투가 마음에 안 든다.

いいがたい【言い難い】 말하기 어렵다; 말하기가 곤란(困難)하다.

いいかわす【言い交わす】 ❶〔結婚의〕약속(約束)을 하다. ❷〔互いに言う〕말을 주고받다.

いいき【好い気】 ∥いい気になる 득의양양하다.

いいきかせる【言い聞かせる】 타이르다; 알아듣도록 말하다.

いいきる【言い切る】 ❶〔言い終わる〕말이 끝나다. ❷ 단언(斷言)하다.

いいぐさ【言い草】 ❶〔内容〕말의 내용(內容); 말투. ∥言い草が気に食わない 말투가 마음에 안 든다. ❷〔言い訳〕변명(辯明); 구실(口實).

いいくるめる【言いくるめる】 말로 구워삶다.

いいこと【好い事】 ❶ 좋은 일; 기쁜 일. ❷〔…をいいことに(して)で…を〕좋은 구실(口實)로.

イーコマース【e-commerce】【經】 전자상거래(電子商去來).

いいこめる【言い込める】 말로 굴복(屈服)시키다.

いいしぶる【言い渋る】 말하기를 주저(躊躇)하다; 말하기를 꺼리다.

いいすぎる【言い過ぎる】 심하게 말하다; 말이 지나치다.

イースター【Easter】 부활절(復活節).

イースト【yeast】 이스트.

いいそこなう【言い損なう】 ❶〔間違う〕잘못 말하다. ❷〔言いそびれる〕말할 기회(機會)를 놓치다.

いいそびれる【言いそびれる】 말할 기회(機會)를 놓치다.

イイダコ【飯蛸】 꼴뚜기.

いいたてる【言い立てる】 강하게 주장(主張)하다.

いいちがい【言い違い】 잘못 말함.

いいちがえる【言い違える】 잘못 말하다. ∥番号を言い違える 번호를 잘못 말하다.

いいちらす【言い散らす】 함부로 말하다;〔言いふらす〕퍼뜨리다.

いいつくす【言い尽くす】 전부(全部) 말하다; 남김없이 말하다. ∥言葉ではとても言い尽くすことができない 말로는 전부 다 말할 수가 없다.

いいつくろう【言い繕う】 얼버무리다; 둘러대다.

いいつけ【言い付け】 ❶ 명령(命令); 지시(指示). ❷ 고자질.

いいつける【言い付ける】 ❶ 명령(命令)하다; 지시(指示)하다. ❷〔告げ口〕고자질하다. ❸〔言い慣れている〕입버릇처럼 말하다.

いいつたえ【言い伝え】 구전(口傳).

いいつたえる【言い伝える】 ❶〔語り伝える〕구전(口傳)하다. ❷〔伝言〕말로 전하다; 전언(傳言)하다.

いいとおす【言い通す】 끝까지 주장(主張)하다.

いいとし【好い年】 알 만한 나이. ∥いい年をして 나잇살이나 먹어 가지고.

いいなおす【言い直す】 ❶〔訂正〕정정(訂正)하여 말하다. ❷〔言い換え〕바꾸어 말하다.

いいなずけ【許婚】 약혼자(約婚者).

いいならわす【言い習わす】 옛날부터 관습적(慣習的)으로 그렇게 말하다.

いいなり【言いなり】 남의 말하는 대로 따르다.

いいにくい【言い難い】 ❶ 발음(發音)이 어렵다. ❷〔ためらわれる〕말하기 거북하다.

いいのがれる【言い逃れる】 얼버무려 책임(責任)을 피(避)하다.

いいのこす【言い残す】 ❶〔言いもらす〕할 말을 다 못하다. ❷〔残る人に〕말을 남기다. ∥死ぬ前に言い残す 죽기 전에 말을 남기다.

いいはる【言い張る】 주장(主張)하다.

いいひと【好い人】 연인(戀人); 좋아하는 사람.

いいふらす【言い触らす】 퍼뜨리다. ∥変なうわさを言いふらす 이상한 소문을 퍼뜨리다.

いいぶん【言い分】 주장(主張); 하고 싶은 말. ∥相手の言い分を聞いてみる 상대방의 주장을 들어 보다.

いいまわし【言い回し】 말솜씨; 표현(表現). ∥よく使う言い回し 자주 쓰는 표현.

イーメール【E-mail】 이메일; 전자 우편(電子郵便).
いいもらす【言い漏らす】 말을 빼먹다; 해야 할 말을 잊다.
いいや 아니. ‖いいや、そんなことはない 아니, 그런 일은 없어.
いいよう【言い様】 표현 방법(表現方法); 말하는 방법.
いいよどむ【言い淀む】 말을 머뭇거리다.
いいよる【言い寄る】 말을 하며 다가가다.
いいわけ【言い訳】 변명(辯明); 핑계. ‖言い訳をする変명을 하다. 핑계로 대다. 言い訳は聞きたくない 변명은 듣고 싶지 않다. 苦しい言い訳 궁색한 변명.
いいわたす【言い渡す】 명령(命令)을 전(傳)하다; 선고(宣告)하다; 언도(言渡)하다. ‖無罪を言い渡す 무죄를 선고하다.
いいん【医院】 의원(醫院).
いいん【委員】 위원(委員). ◆実行委員 실행 위원.

***いう**【言う】 ❶ 말하다. ‖もう一度言ってください 한번 더 말해 주십시오. 大きな声で言う 큰 소리로 말하다. はっきり言う 분명히 말하다. 一言で言った一言에 말해서. 言ってみれば 말하자면, 君に言いたいことがある 너한테 할 말이 있다. 言うまでもない 말할 필요도 없다. 物론이다. ❷ […という形で] (이)라고 하다. ‖田中という人 다나카라는 사람.

***いえ**【家】 ❶ 집; 가옥(家屋). ‖今家にいます 지금 집에 있습니다. 出張で1週間家を空ける 출장으로 일주일 간 집을 비우다. 家は横浜で 집은 요코하마입니다. 今日は 6時に家を出た 오늘은 여섯 시에 집을 나왔다. ❷ 가정(家庭); 집안. ‖裕福な家に生まれる 유복한 집안에서 태어나다. ❸ 가계(家系); 가업(家業). ‖家を継ぐ 가업을 잇다.
いえい【遺影】 영정(影幀).
いえがら【家柄】 가문(家門); 집안. ‖家柄がいい 집안이 좋다.
いえき【胃液】 위액(胃液).
いえじ【家路】 귀로(歸路). ‖家路をたどる 귀로에 오르다.
イエスマン【yes-man】 예스맨.
いえで【家出】 가출(家出).
いえども【雖も】 …(이)라고 해도. ‖日曜日といえども休めない 일요일이라고 해도 쉴 수 없다.
いえなみ【家並み】 집이 죽 늘어서 있다.
いえもと【家元】 (武術·芸能などの) 유파(流派) 의 본가(本家).
いえる【言える】 말할 수 있다. ‖英語で言える 영어로 말할 수 있다.
いえる【癒える】 (病·傷などが) 낫다.
イエローカード【yellow card】 옐로카드.
いえん【胃炎】 위염(胃炎).
いおう【硫黄】 유황(硫黄).
イオン【ion】 이온. ◆陽イオン 양이온.
いか【以下】 이하(以下). ‖百円以下 백엔 이하. 以下同文 이하 동문.
いか【医科】 의과(醫科). ◆医科大学 의과 대학.
イカ【烏賊】 오징어.
いが【毬】 (栗などの) 가시.
いかい【位階】 위계(位階).
いがい【以外】 이외(以外); 외. ‖日曜以外の日 일요일 이외의 날. そうする以外に手がない 그렇게 하는 외에 방법이 없다.
いがい【意外】 의외(意外). ‖今日意外な人に会った 오늘은 의외의 사람을 만났다. 事態は意外に深刻だ 사태는 의외로 심각하다. 意外な出来事 의외의 일.
いかい【胃潰瘍】 위궤양(胃潰瘍).
いかが【如何】 어떻게; 어떻게. ‖いかがお過ごしですか 어떻게 지내십니까?
いかがわしい【如何わしい】 ❶ 의심(疑心)스럽다; 수상(殊常)하다; 미심(未審)쩍다. ‖いかがわしい話 미심쩍은 이야기. ❷ 문란(紊亂)하다; 음란(淫亂)하다. ‖いかがわしい雑誌 음란 잡지.
いかく【威嚇】(多型) 위협(威脅). ◆威嚇射撃 위협 사격.
いがく【医学】 의학(醫學). ◆東洋医学 동양 의학. 医学博士 의학 박사.
いかさま【如何様】 사기(詐欺). ‖いかさま師 사기꾼.
いかす【生かす·活かす】 ❶【発揮する】살리다. ‖才能を生かす 재능을 살리다. 経験を生かす 경험을 살리다. ❷ 활용(活用)하다. ‖余白を活かす 여백을 활용하다.
いかすい【胃下垂】 위하수(胃下垂).
いかだ【筏】 뗏목(木).
いカタル【胃 catarre】 위카타르; 위염(胃炎).
いかつい【厳つい】 거칠고 억세다; 딱딱하다.
いかなる【如何なる】 어떠한; 어떤. ‖いかなる困難があろうとも 어떤 어려움이 있더라도.
いかに【如何に】 ❶ 어떻게. ‖いかにして成功したか 어떻게 해서 성공했는가. ❷ 아무리; 얼마나. ‖いかに強くても 아무리 강해도.
いかにも【如何にも】 ❶〔非常に〕상당(相當)히; 꽤. ‖いかにも痛そうだ 상당히 아픈 것 같다. ❷〔実に〕역시; 과연(果然); 정말. ‖いかにも先生らしい 정말 선생님 같다.
いかほど【如何程】 어느 정도(程度);

얼마나.
いかめしい【厳めしい】 ❶위엄(威嚴)이 있다. ❷엄중(嚴重)하다; 삼엄(森嚴)하다. ▶厳めしい警備体制 삼엄한 경비태세.
いカメラ【胃 camera】 위(胃) 카메라.
いからす【怒らす】 위압적(威壓的)인 태도(態度)를 취하다. ▶目を怒らせて相手をにらむ 눈을 부라리며 상대를 노려보다.
いがらっぽい (のどが) 맵고 아리다.
いかり【怒り】 노(怒); 노여움; 분노(憤怒). ▶怒りに燃える 몹시 화를 내다. ▶怒り心頭に発する 화가 머리끝까지 나다[치밀다].(慣)
いかり【錨】 닻. ▶錨を下ろす 닻을 내리다.
いかる【怒る】 ❶〔腹を立てる〕화내다. ❷〔角張る〕각(角)이 지다; 모가 나다.
いかん 안 돼. ▶入ってはいかん 들어와서는 안 된다.
いかん【如何】 여하(如何). ▶事情の如何によっては考慮する 사정 여하에 따라서는 고려하다.
いかん【移管】 ⓢㅎ 이관(移管).
いかん【移監】 ⓢㅎ 이감(移監).
いかん【遺憾】 유감(遺憾). ▶遺憾の意を表する 유감의 뜻을 표하다. ▶遺憾なく유감없이. 충분히. 遺憾なる能力を発揮する 유감없이 능력을 발휘하다.
いがん【胃癌】 위암(胃癌).
いがん【依願】 본인(本人)이 희망(希望)함. ▶依願退職 희망 퇴직.
いき【生き】 ❶삶; 생(生). ▶生き死にを共にする 생사를 같이하다. ❷신선(新鮮)함; 싱싱함. ▶生きのいい魚 싱싱한 생선.
いき【行き】 감; 가는 것; …행(行). ▶行きと帰り 가는 것과 돌아오는 것. 東京行きの列車 도쿄행 열차.
いき【息】 ❶숨. ▶息が苦しい 숨이 가쁘다. 息を止める 숨을 멈추다. 息を吐く 숨을 내쉬다. 息が絶える 숨이 끊어지다. ❷〔仕事などの〕호흡(呼吸); 리듬; 박자(拍子). ▶息が合う 호흡이 맞다. ▶息が上がる 숨이 거칠어지다. 숨이 가빠지다. ▶息がかかる 권력자의 영향력하에 있다. ▶息が切れる 숨이 차다. 숨이 찰듯 숨이 막히다.(慣) ▶息が長い 활동 기간이 길다. ▶息を凝らす 몹시 긴장하다. ▶息を殺す 숨을 죽이다. ▶息をつく 한숨 놓다. 한숨 돌리다. ▶息を呑む (놀라서) 숨을 죽이다. ▶息を引き取る 숨을 거두다.(慣) ▶息を吹き返す 소생하다.
いき【粋】 세련(洗練)되다; 멋있다. ▶粋な恰好 멋있는 모습.
いき【意気】 의기(意氣). ◆意気衝天 의기충천. 意気投合 ⓢㅎ 의기투합. ▶

意気天を衝(つ)く 의기충천하다.
いき【遺棄】 ⓢㅎ 유기(遺棄). ◆遺棄罪 유기죄.
いぎ【異義】 이의(異義). ◆同音異義語 동음이의어.
いぎ【異議】 이의(異議). ▶異議申し立て 이의 신청.
いぎ【意義】 의의(意義) 의미(意味); 가치(價値). ▶意義のある仕事 의의 있는 일.
いきいき【生き生き・活き活き】 활기(活氣)차게.
いきうめ【生き埋め】 생매장(生埋葬). ▶生き埋めになる 생매장되다.
いきおい【勢い】 ❶기세(氣勢); 기운; 힘. ▶火の勢い 불기운. 勢いよく走る 힘차게 달리다. ❷권력(權力); 세력(勢力); 위세(威勢). ▶政界で勢いを持つ 정계에서 세력을 갖다. ❸추세(趨勢).
いきがい【生き甲斐】 사는 보람; 삶의 보람. ▶生きがいを見つける 삶의 보람을 찾다.
いきかえる【生き返る】 소생(蘇生)하다; 회생(回生)하다.
いきぎれ【息切れ】 ❶숨이 참. ▶息切れがする 숨이 차다. ❷도중(途中)에 그만둠.
いきぐるしい【息苦しい】 숨이 차다; 숨이 막히다; 답답하다. ▶電車が超満員で息苦しい 전철이 초만원이라서 숨이 막히다.
いきごむ【意気込む】 의욕(意欲)을 보이다; 힘을 쏟다.
いきさき【行き先】 행선지(行先地).
いきさつ【経緯】 경위(經緯); 경과(經過).
いきざま【生き様】 삶의 자세(姿勢); 사는 방법(方法).
いきじごく【生き地獄】 생지옥(生地獄).
いきじびき【生き字引】 만물박사(萬物博士).
いきづかい【息遣い】 호흡(呼吸); 숨. ▶息づかいが荒い 숨이 거칠다.
いきづく【息衝く】 숨을 쉬다.
いきどおり【憤り】 분노(憤怒). ▶憤りを覚える 분노를 느끼다.
いきどおる【憤る】 분개(憤慨)하다; 화내다.
いきどまり【行き止まり】 막다른 골목.
いきなり 갑자기; 돌연(突然)히. ▶いきなり泣き出す 갑자기 울기 시작하다.
いきぬき【息抜き】 기분 전환(氣分轉換).
いきぬく【生き抜く】 꿋꿋이 살아가다.
いきのこる【生き残る】 살아남다. ▶企業間競争に生き残る 기업 간 경쟁에서 살아남다.
いきのね【息の根】 ▶息の根を止める 숨

いきのびる【生き延びる】 ❶ 연명(延命)하다; 살아남다. ❷ 장수(長壽)하다.
いきば【行き場】 갈 곳; 갈 데.
いきはじ【生き恥】 살아 있을 때 받는 수모(受侮).
いきぼとけ【生き仏】 생불(生佛).
いきむ【息む】 숨을 들이켜 배에 힘을 주다.
いきもの【生き物】 생물(生物); 살아 있는 것. ‖地球上の全ての生き物 지구상의 모든 생물.
いきょ【依拠】 (名ス自) 의거(依據).
いぎょう【偉業】 위업(偉業). ‖偉業を達成する 위업을 달성하다.
いきょうと【異教徒】 이교도(異教徒).
いきようよう【意気揚揚】 의기양양(意氣揚揚). ‖意気揚々と引き上げる 의기양양하게 돌아가다.
***いきる**【生きる・活きる】 ❶ 살다; 살아 있다. ‖母は90歳まで生きて 어머니는 아흔 살까지 살았다. 死んだ夫はまだ私の心の中に生きている 죽은 남편은 아직도 내 마음속에 살아 있다. 彼は5日間水だけで生きていた 그 사람은 오일 동안 물만으로 살았다. 生きるか死ぬかの問題 사느냐 죽느냐의 문제. この神経はまだ生きている 이 신경은 아직 살아 있다. 塩加減一つで味が活きる 소금 맛 하나로 맛이 살아난다. 生きているのが嫌になる時もある 살아 있는 게 싫어질 때도 있다. 土に生きる農民 땅을 일구어 살아가는 농민. 彼の一言が私に生きる力を与えてくれた 그 사람의 한마디가 나에게 살아갈 힘을 주었다. 希望をいだいて生きていく 희망을 가지고 살아가다. ❷ 생활(生活)하다. ‖ペン1本で生きる 글을 써서 생활하다. ❸ 유효(有效)하다. ‖その法律は今なお生きている 그 법률은 지금도 유효하다.
***いく**【行く】 ❶ 가다. ‖歩いて学校へ行く 걸어서 학교에 가다. 駅まで一緒に行きましょう 역까지 같이 갑시다. まっすぐに行けば駅へ出ます 죽 가면 역이 나옵니다. あっちへ行け！ 저리 가! ソウルに行ったことがある 서울에 간 적이 있다. 納得がいく 납득이 가다. ❷ […でいくの形で]이[어·로]…가다. ‖彼が乗った車がどんどん遠ざかっていく 그 사람이 탄 차가 점점 멀어져 가다. 鳥が飛んでいく 새가 날아가다.
イグアナ【iguana】 이구아나.
いくえい【育英】 육영(育英). ◆育英事業 육영 사업.
いくさ【戦・軍】 전쟁(戰爭); 싸움.
いくじ【育児】 육아(育兒). ◆育児休業 육아 휴직.
いくじ【意気地】 패기(覇氣); 기개(氣槪); 의기(意氣). ‖意気地がない 패기가 없다.

いくせい【育成】 (名ス他) 육성(育成). ‖健康な青少年を育成する 건강한 청소년을 육성하다.
いくた【幾多】 다수(多數). ‖幾多の困難を乗り越える 다수의 어려움을 극복하다.
いくつ【幾つ】 [何個]몇 개(個); [何歳]몇 살. ‖コップはいくつ必要ですか 컵은 몇 개 필요합니까? 年はいくつですか 나이가 몇 살입니까?
いくつか【幾つか】 ❶ 몇 개(個). ‖いくつかは友だちにあげた 몇 개는 친구한테 주었다. ❷ [副詞的に]몇몇; 몇 살인가. ‖彼女は私よりいくつか年上だ 그녀는 나보다 몇 살인가 많다.
いくつも【幾つも】 ❶ [たくさん]많이; 여럿. ❷ [打ち消しの表現を伴って]얼마; 별(別)로. ‖いくつも残っていない 얼마 안 남았다.
いくど【幾度】 몇 번. 幾度なも同じことを言う 몇 번이나 같은 말을 하다.
いくどうおん【異口同音】 이구동성(異口同聲).
いくぶん【幾分】 ❶ [少し]조금; 다소(多少). ‖幾分暖かくなる 조금 따뜻해지다. ❷ [一部分]일부분(一部分); 얼마간. ‖幾分かを譲る 일부분을 양보하다.
いくもう【育毛】 발모(發毛). ◆育毛剤 발모제.
***いくら**【幾ら】 ❶ 얼마; 어느 정도(程度). ‖このリンゴは1ついくらですか 이 사과는 하나에 얼마입니까? ❷ [大きな数量]얼마. ‖千いくらの経費 천 얼마의 경비. ❸ [どんなに]아무리. ‖いくら好きでも 아무리 좋아해도.
イクラ【ikra】 연어(鰱魚)알.
いくらか【幾らか】 ❶ 다소(多少); 약간(若干). ‖いくらかの金 약간의 돈. ❷ [副詞的に]다소; 조금. ‖こっちの帽子がいくらか小さい 이쪽 모자가 조금 작다.
いくらも【幾らも】 ❶ [多数]많이; 얼마든지. ‖そんな例はいくらもある 그런 예는 얼마든지 있다. ❷ [打ち消しの表現を伴って]얼마; 별로. ‖いくらも持っていない 얼마 안 가지고 있다.
いけ【池】 연못. ‖池のほとり 연못가.
いけい【畏敬】 (名ス他) 외경(畏敬); 경외(敬畏). ‖畏敬の念 경외심.
いけい【異形】 이형(異形).
いけいれん【胃痙攣】 위경련(胃痙攣).
いけす【生け簀】 활어조(活魚槽).
いけうお【生け魚・活け魚】 활어(活魚).
いけどり【生け捕り】 ❶ 생포(生捕). ‖いけどりにする 생포하다. ❷ 포로(捕虜).
いけない ❶ [よくない]바람직하지 않다. ❷ […てはいけないの形で]…면 안 된다. ‖行ってはいけない 가서는 안 된다.
いけにえ【生け贄】 산 제물(祭物); 희생

いけばな【生け花】 꽃꽂이.
いける【生ける】 꽃꽂이를 하다.
いける【行ける】 ❶〈行くことができる〉갈 수 있다. ∥明日なら行ける 내일이라면 갈 수 있다. ❷〈可能だ〉가능(可能)하다; 할 수 있다. ∥英語もいける 영어도 할 수 있다. ❸〈酒が强い〉술이 세다. ❹〈おいしい〉맛있다. ∥この料理はいけるね 이 요리는 맛있다.
*・**いけん**【意見】 ❶ 의견(意見). ∥意見を聞く 의견을 듣다. 意見を述べる 의견을 말하다. 多数の意見に從う 다수의 의견에 따르다. ❷ 충고(忠告).
いけん【違憲】 위헌(違憲).
いげん【威嚴】 위엄(威嚴). ∥威嚴に滿ちた態度 위엄에 찬 태도.
*・**いご**【以後】 이후(以後); 이후에; 나중에; 앞으로. ∥それ以後會っていない 그 이후 그 사람과는 안 만났다. 以後気をつけなさい 앞으로 조심해라. 10時以後の外出を禁止する 열 시 이후의 외출을 금지하다.
いご【囲碁】 바둑. ∥囲碁を打つ 바둑을 두다.
いこう【以降】 이후(以後). ∥7時以降は時間がある 일곱 시 이후는 시간이 있다.
いこう【威光】 위광(威光).
いこう【意向】 의향(意向). ∥相手の意向を無視する 상대방의 의향을 무시하다.
いこう【移行】 (する) 이행(移行).
いこう【移項】 (する)〈数学〉이항(移項).
いこう【憩う】 쉬다. ∥木陰に憩う 나무 그늘에서 쉬다.
いこく【異国】 이국(異國). ◆異国情緖 이국 정서.
いごこち【居心地】 어떤 장소(場所)나 지위(地位)에 있을 때의 기분(氣分). ∥居心地がいい 있기에 편하다.
いこじ【依怙地】 고집(固執); 옹고집(壅固執). ∥依怙地になる 고집을 부리다[피우다].
いこつ【遺骨】 유골(遺骨).
いこん【遺恨】 원한(怨恨).
いざ ❶〈誘い・張り切る時〉자. ∥いざ出發. 자, 출발. ❷〈副詞的に〉막상. ∥いざ自分でするとなると難しいものだ 막상 자기가 하게 되면 어려운 법이다.
いざ知らずの もの の と らない.…（の）いざ知らず 모른다 몰라도. …(이)라면 몰라도. 子供ならいざ知らず, 大学生がそんなことを知らないなんて 애라면 몰라도 대학생이 그런 걸 모르다니. ◆いざという時 필요할 때, 이자가 되면,
いさい【異彩】 이채(異彩). ∥異彩を放つ 이채를 띠다.
いざかや【居酒屋】 술집; 선술집; 대폿집.

いさぎよい【潔い】 (비겁な点や未練がなく) 깨끗하다. ∥潔く責任をとる 깨끗하게 책임을 지다.
いさく【遺作】 유작(遺作).
いざこざ 다툼. 분쟁(紛爭). 말썽. ∥いざこざを起こす 말썽을 일으키다.
いささか【些か】 조금; 다소(多少); 약간(若干). ∥腕にはいささか自信がある 솜씨에는 약간 자신이 있다.
いざない【誘い】 권유(勸誘); 초대(招待). ∥旅への誘い 여행에의 권유.
いざなう【誘う】 권유(勸誘)하다; 초대(招待)하다.
いさましい【勇ましい】 용감(勇敢)하다; 힘차다; 씩씩하다.
いさめる【諫める】 간언(諫言)하다; 충고(忠告)하다.
いさりび【漁り火】 어화(漁火).
いさん【胃酸】 위산(胃酸). ◆胃酸過多 위산 과다.
いさん【遺産】 유산(遺産). ◆文化遺産 문화 유산. 遺産相續 유산 상속.
いし【石】 ❶ 돌; 암석(岩石). ∥石につまずいて轉ぶ 돌에 걸려 넘어지다. ❷ 보석(寶石). ❸〔碁石〕바둑돌. ∥石の上にも三年 참고 견디면 성공한다.
いし【醫師】 의사(醫師). ∥問題は醫師不足にある 문제는 의사가 부족한 것에 있다. ◆醫師免許 의사 면허.
*・**いし**【意志】 의지(意志); 뜻. ∥弟は意志が弱い 남동생은 의지가 약하다. 意志を曲げる 뜻을 굽히다. 意志の力でやり遂げる 의지력으로 해내다.
いし【意思】 의사(意思); 생각. ∥意思の疎通 의사소통. 田舎に帰る意思はない 고향으로 돌아갈 생각은 없다.
いし【遺志】 유지(遺志).
*・**いじ**【意地】 ❶ 근성(根性); 심성(心性). ∥意地が悪い 근성이 나쁘다. ❷〈自分の考えを貫くうちに〉의지(意志); 고집(固執). ∥意地を張る 고집을 부리다. ❸ 욕심(慾心); 집착(執着); 식탐(食貪). ∥意地きたない 식탐. 食い意地も食탐.
いじ【維持】 (する) 유지(維持). ∥車の維持費 차 유지비. ◆現狀維持 현상 유지.
いじ【遺兒】 고아(孤兒).
いしあたま【石頭】 ❶ 돌대가리. ❷ 융통성이 없는 사람.
いしうす【石臼】 맷돌.
いしがき【石垣】 돌담.
*・**いしき**【意識】 (する) 의식(意識). ∥意識を集中する 의식을 집중하다. 意識を失う 의식을 잃다. 人の目を意識する 다른 사람 눈을 의식하다. 罪の意識 죄의식. ◆自意識 자의식. 美意識 미의식. 意識不明 의식 불명. 意識的の 의식적의.
いじくる【弄る】 만지작거리다; 조작(操作)하다. ∥数字をいじくる 숫자를 조작

いしけり【石蹴り】 사방치기.
いじける 주눅이 들다; (性格が)비뚤어지다.
いしころ【石塊】 돌멩이; 자갈.
いしずえ【礎】 주춧돌; 토대(土臺); 기초(基礎).
イシダイ【石鯛】 돌돔.
いしだん【石段】 돌계단(階段).
いしつ【異質】 이질(異質). ∥異質なものが混じっている 이질적인 것이 섞여 있다.
いしつ【遺失】 (文語) 유실(遺失). ◆遺失物 유실물.
いしづくり【石造り】 석조(石造).
いじっぱり【意地っ張り】 고집(固執)을 부림; 고집쟁이.
いしばし【石橋】 돌다리. ∥石橋を叩いて渡る 돌다리도 두들겨 보고 건너다.
いじめ【苛め・虐め】 왕따; 집단(集團)따돌림.
いじめっこ【苛めっ子】 왕따.
いじめる【苛める】 괴롭히다; 못살게 굴다; 왕따시키다. ∥いじめられる王女 따돌림을 당하는 왕녀.
イシモチ【石持】 조기.
* **いしゃ【医者】** 의사(医者). ◆腎臓移植で有名な医者 신장 이식으로 유명한 의사. かかりつけの医者 주치의. 医者にかかっている病院 다니고 있는 병원. やぶ医者 돌팔이 의사.
いしや【石屋】 석수(石手); 석재상(石材商).
いしやき【石焼き】 돌구이. ∥石焼きビビンバ 돌솥 비빔밥.
いしゃりょう【慰謝料】 위자료(慰藉料).
いじゅう【移住】 (文語) 이주(移住). ◆移住者 이주자.
いしゅく【委縮】 (文語) 위축(萎縮).
いしょ【遺書】 유서(遺書). ∥遺書を残す 유서를 남기다.
いしょう【衣装・衣裳】 의상(衣裳); 의복(衣服). ∥舞台衣装 무대 의상. 民族衣装 민족 의상.
いしょう【意匠】 의장(意匠). ◆意匠登録 의장 등록.
* **いじょう【以上】** 이상(以上). ∥以上の通り 이상과 같이. 決めた以上 결정한 이상. 今まで以上の成績 평균 이상의 성적. 60歳以上無料 육십 세 이상 무료.
いじょう【委譲】 (文語) 위양(委讓). ◆政権委譲 정권 위양.
いじょう【異状】 이상(異狀).
いじょう【異常】 이상(異常); 비상(非常). ∥彼の行動は明らかに異常だ 그 사람 행동은 확실히 이상하다. 音楽に異常な才能を発揮する 음악에 비상한 재능을 발휘하다. ◆異常気象 이상 기상.
いじょう【移譲】 (文語) 이양(移讓).
いしょく【衣食】 의식(衣食). ▶衣食足りて礼節を知る 의식이 족해야 예절을 안다.
いしょく【委嘱】 (文語) 위촉(委囑).
いしょく【移植】 이식(移植). ◆心臓移植 심장 이식.
いしょく【異色】 이색(異色). ∥異色な存在 이색적인 존재.
いしょくじゅう【衣食住】 의식주(衣食住).
いじらしい 가엾다; 안쓰럽다; 불쌍하다.
いじる【弄る】 만지다; 만지작거리다; 조작(操作)하다; 다루다; 건드리다. ∥髪をいじる 머리를 만지작거리다. パソコンをいじる 컴퓨터를 조금 다루다.
いしわた【石綿】 석면(石綿); 돌솜.
いじわる【意地悪】 심술궂은 짓; (人)심술쟁이. ∥意地悪をして妹を泣かせる 심술궂은 짓을 해서 여동생을 울리다. 意地悪な人 심술궂은 사람.
いじわるい【意地悪い】 심술궂다. ∥意地悪いことを言う 심술궂은 소리를 하다.
いしん【威信】 위신(威信).
いしん【維新】 유신(維新). ◆明治維新 메이지 유신.
いじん【偉人】 위인(偉人). ◆偉人伝 위인전.
いしんでんしん【以心伝心】 이심전심(以心傳心).
* **いす【椅子】** ❶ 의자(椅子). ❷ 지위(地位); 자리. ∥社長の椅子 사장 자리. ◆安楽椅子 안락의자. 車椅子 휠체어.
いずみ【泉】 ❶ 샘; 샘물. ❷ 원천(源泉). ∥知識の泉 지식의 원천.
イスラエル【Israel】 (国名) 이스라엘.
イスラム【Islam】 이슬람. ◆イスラム教 이슬람교.
* **いずれ【何れ】** ❶ [どれ] 어느 것; 어느 곳; 어느 쪽; 어디. ∥いずれが勝つか 어느 쪽이 이길까? ❷ [どうせ] 어차피(於此彼) 어쨌든. ∥いずれ分かることだ 어차피 알게 될 일이다. ❸ [そのうち] 머지않아; 가까운 시일(時日) 내에. ∥いずれ近いうち 가까운 시일 내에 찾아뵙겠습니다. ▶いずれにせよ 어차피. 어쨌든.
いすわる【居座る】 눌러앉다; 계속(繼續) 같은 지위(地位)에 있다.
いせい【為政】 위정(爲政). ◆為政者 위정자.
いせい【威勢】 위세(威勢); 기세(氣勢).
いせい【異性】 이성(異性).
イセエビ【伊勢海老】 왕새우; 대하(大蝦).
いせき【移籍】 (文語) 이적(移籍).
いせき【遺跡】 유적(遺跡).

*いぜん【以前】이전(以前). ‖以前会ったことがある人 이전에 만난 적이 있는 사람. 第二次大戦以前 제이차 세계대전 이전. 常識以前の問題 상식 이전의 문제.

いぜんとして【依然として】전과 다름없이; 여전(如前)히.

いそ【磯】암석(岩石)이 많은 바닷가[호숫(湖水)가].

いそいそ (うれしそうに)신이 나서; 들떠서.

いそう【位相】위상(位相).

いそう【移送】(文語) 이송(移送).

いそうろう【居候】식객(食客).

*いそがしい【忙しい】 바쁘다; 분주(奔走)하다. ‖彼はいつも忙しい 그 사람은 언제나 바쁘다. 昨日は仕事で忙しかった 어제는 일 때문에 바빴다. 今日は忙しい夕方も늘은 바쁜 날이었다.

いそがせる【急がせる】재촉하다; 서두르게 하다.

いそぎ【急ぎ】서두름; 급(急)함. ‖急ぎの用事 급한 볼일.

いそぎあし【急ぎ足】잰걸음; 바쁜 걸음; 급(急)한 걸음.

イソギンチャク【磯巾着】말미잘.

*いそぐ【急ぐ】 서두르다; 급(急)하다. ‖急げ 서둘러라. 急ぐことはない 서두를 필요는 없다. 急いで夕食を食べた 서둘러 저녁을 먹었다. 急いで戻る途中이아오다. ▶急がば回れ 급할수록 돌아가라.

いぞく【遺族】유족(遺族).

いそしむ【勤しむ】힘쓰다; 노력(努力)하다.

いそじ【五十路・五十】쉰; 쉰 살.

いそべ【磯辺】암석(岩石)이 많은 바닷가[호숫(湖水)가].

*いそん【依存】(文語) 의존(依存). ‖食糧の大부분을 외국에 의존하는 식량의 대부분을 외국에 의존하다.

いぞん【異存】다른 의견(意見).

いた【板】판; 판자(板子). ‖厚さ2センチの板 두께 이 센티의 판자. ▶板について来る 능숙해지다.

いたい【異体】이체(異體); 보통(普通)과 다른 모습. ❷ (生物)이체.

いたい【遺体】유해(遺骸).

*いたい【痛い】 ❶ (精神的に・肉体的に) 아프다; 고롭다; 고통(苦痛)스럽다; 곤란(困難)하다. ‖お腹が痛い 배가 아프다. けがをした指が痛い 다친 손가락이 아프다. 借金で頭が痛い 빚 때문에 머리가 아프다. 痛い所を突く 아픈 데를 찌르다. ❷ (損失などが)크다; 부담(負擔)이 되다. ‖3万円の追加出費は痛い 삼만 엔의 추가 지출은 부담스럽다. ▶痛い目 괴로운 경험; 아픈 꼴. 痛い目を見る 괴로운 일을 겪다.

いだい【医大】의대(醫大).

いだい【偉大】ダ 위대(偉大)하다. ‖偉大な人物 위대한 인물. 偉大な業績 위대한 업적.

いたいけない【痛々しい】 안쓰럽다; 애처롭다; 불쌍하다.

いたがね【板金】판금(板金).

いたガラス【板glass】판유리(板琉璃).

いたく【委託】(文語) 위탁(委託). ‖業務を委託する 업무를 위탁하다.

いだく【抱く】안다; 품다; 갖다. ‖希望をいだく 희망을 갖다. 好意をいだく 호의를 갖다. 野心をいだく 야심을 품다.

いたす【致す】 ❶ (するの謙譲語)하다. ‖準備はこちらで致します 준비는 저희 쪽에서 하겠습니다. ❷ (誠意を)기울이다; 힘쓰다. ❸ (よくない結果を)가져오다; 일으키다. 초래(招來)하다. ‖これは私の不徳の致すところです 이 일은 제 불찰의 소치입니다.

いたずら【徒ら】ダ 무익(無益)으로 되다; 쓸데없다. ‖いたずらに過ごす 무익하게 보내다.

いたずら【悪戯】 장난. ‖いたずらする 장난치다. いたずらな子供 장난스러운 아이. 장난꾸러기. ❷ 취미(趣味). ‖いたずらで描いた絵 취미 삼아 그린 그림.

いたずらっこ【悪戯っ子】장난꾸러기.

いただき【頂】정상(頂上); 꼭대기.

いただきます【戴きます】 (食事の際に) 잘 먹겠습니다.

いただく【頂く・戴く】 ❶ (頭上に)이다. ‖白雪をいただた山々 흰 눈으로 덮힌 산들. ❷ (もらうの謙譲語)받다. ‖以前金先生から辞典をいただきました 이전에 김 선생님한테서 사전을 받았습니다. ❸ [食べる・飲むの謙譲語]먹다; 마시다. ‖このミカン、いただいてもいいですか 이 귤, 먹어도 되겠습니까?

いたたまれない【居たたまれない】 (不安・心配などで)더 이상(以上) 그 자리에 있을 수 없다.

イタチ【鼬】족제비. ‖いたちごっこ 다람쥐 쳇바퀴 돌기.

いたって【至って】지극(至極)히. ‖いたって平凡だ 지극히 평범하다.

いたで【痛手】중상(重傷); 큰 피해(被害).

いたば【板場】 ❶ 주방(廚房). ❷ 요리사(料理師).

いたばさみ【板挟み】‖板ばさみになる 사이에 끼어 이러지도 저러지도 못하다.

いたまえ【板前】 (日本料理の)요리사 (料理師).

いたましい【痛ましい】 안쓰럽다; 애처롭다; 불쌍하다; 참혹(慘酷)하다. ‖痛ましい事故現場の사고 현장.

いたみ【痛み・傷み】아픔; 통증(痛症). ‖痛みが消える 아픔이 가시다. ◆痛み

止め 진통제.
いたむ【悼む】(人の死を)슬퍼하다; 애도(哀悼)하다.
いたむ【痛む・傷む】❶아프다.∥心がいたむ 마음이 아프다. 寒くなると腰がいたむ 추워지면 허리가 아프다. ❷상(傷)하다; 나빠지다; 망가지다; 썩다.∥傷んだ魚 상한 생선. 傷んだミカン 썩은 귤.
いためつける【痛め付ける】고통(苦痛)을 주다; 혼(魂)을 내다.
いためもの【炒め物】볶은 음식(飮食).
いためる【炒める】볶다.∥野菜をいためる 야채를 볶다.
いためる【痛める・傷める】❶〔痛くする〕아프게 하다; 고통(苦痛)을 주다. ❷〔傷つける〕상처(傷處)를 주다.
いたらない【至らない】충분(充分)히 주의(注意)가 미치지 못하다.
イタリア【Italy】〔国名〕이탈리아.
イタリック【italic】〔書体が〕이탤릭.
いたる【至る・到る】❶〔時間に〕되다. ❷〔場所に〕이르다; 도달(到達)하다; 도착(到着)하다.∥山頂にいたる 산꼭대기에 도달하다. ❸〔ある状態に〕되다.∥大事にいたる 큰일이 나다.
いたるところ【至る所】가는 데마다; 가는 곳마다.
いたれりつくせり【至れり尽くせり】극진(極盡)함.
いたわる【労る】❶위로(慰勞)하다. ❷〔同情して〕친절(親切)하게 대하다.
いたん【異端】이단(異端).◆異端視이단시, 異端者 이단자.
*いち【一・1】❶하나; 일(一).∥1,2,3일、一、二、三. ❷최초(最初); 처음.∥一からやり直す 처음부터 다시 하다. ❸최고(最高); 최상(最上); 제일(第一). ▶ーかハかでは 안 된다. ▶一から十まで 하나에서 열까지. 全部. ▶一を聞いて十を知る 하나를 들으면 열을 안다. 문일지십(聞一知十).
いち【市】❶장; 시장(市場).∥市が立つ 장이 서다. ❷〔人がまる場所〕사람이 많이 모이는 곳.∥市をなす 사람이 많이 모이다.
いち【位置】위치(位置).∥机の位置を変える 책상의 위치를 바꾸다. 会社の重要な位置にいる 회사에서 중요한 위치에 있다.
いちいたいすい【一衣帯水】일의대수(一衣帯水).
いちいち【一一】❶하나하나. ❷〔副詞的に〕일일(一一)이; 빠짐없이; 전부(全部).
いちいん【一因】원인(原因)의 하나.
いちえん【一円】❶일원(一圓); 일대(一帶).∥ソウル一円 서울 일대. ❷〔お金〕엔: 적은 돈.
いちおう【一応】일단(一旦); 우선(于
先);∥一応準備はできた 일단 준비는 되었다.
いちがいに【一概に】일률적(一律的)으로; 한마디로; 통틀어서.∥一概には言えない 일률적으로 그렇게 말할 수는 없다.
いちがつ【一月・1月】일월(一月).
いちがん【一丸】일체(一體); 한덩어리; 한.∥一丸となって 하나가 되어서.
いちぐう【一隅】한 귀퉁이; 일각(一角); 한구석.
いちぐん【一軍】❶〔野球で〕일군(一軍). ❷한 군대(軍隊). ❸전군(全軍).
いちげい【一芸】한 가지 재주나 기술(技術).
いちげき【一撃】일격(一撃).∥一撃で倒す 일격에 쓰러뜨리다.
いちげん【一元】❶일원(一元). ❷〔数学〕일원.∥一元一次方程式 일원일차방정식. 一元化 일원화. 一元論 일원론.
いちげん【一見】(常連ではなく)처음 온 손님.∥一見さん 처음 온 손님.
イチゴ【苺】딸기.
いちごいちえ【一期一会】일생(一生)에 한 번뿐인 만남.
いちじ【一次】일차(一次).◆一次産業일차 산업. 一次試験 일차 시험. 一次方程式 일차 방정식.
いちじ【一事】한 가지 일. ▶一事が万事 하나를 보면 열을 안다.
いちじ【一時】❶한때; 잠시(暫時); 한때.∥一時の気まぐれ 한때의 변덕. ◆一時金 ①그때 한 번만 지급되는 돈. ②〔ボーナス〕보너스. 一時凌ぎ 임시방편. 임시변통. 一時的 일시적, 一時的な措置 일시적인 조치.
いちじき【一時期】한때.∥一時期横浜に住んだことがある 한때 요코하마에 산 적이 있다.
イチジク【無花果】무화과(無花果).
いちじつせんしゅう【一日千秋】일일삼추(一日如三秋).
いちじに【一時に】일시(一時)에; 동시(同時)에; 한꺼번에.
いちじふさいり【一事不再理】일사부재리(一事不再理).
いちじゅん【一巡】〔野球〕일순(一巡).∥打者が一巡する 타자가 일순하다.
いちじょ【一女】❶〔ひとりの娘〕딸 하나. ❷장녀(長女).
いちじるしい【著しい】현저(顯著)하다; 뚜렷하다.∥科学技術の著しい進歩 과학 기술의 현저한 진보.
いちじん【一陣】일진(一陣).
いちず【一途】외곬; 한 가지 일에만 열중(熱中)함.∥一途に思い込む 외곬으로 생각하다.
いちぞく【一族】일족(一族).
いちだい【一代】❶〔人の一生〕일대(一

いちだい-

代(一生). ‖一代記 일대기(一代記). ❷ [要職にある期間] 어떤 지위(地位)에 있는 기간(期間). ❸ [その時代] 그 시대(時代).

いちだい-【大】 일대(一大); 중요(重要)한. ‖一大転機を迎える 일대 전기를 맞이하다. ‖一大発見 중요한 발견.

いちだいじ【一大事】 중대(重大)한 사건(事件).

いちだん【一団】 일단(一團); 한 때.

いちだんらく【一段落】 (图会) 일단락(一段落). ‖一段落つく 일단락되다.

いちづける【位置付ける】 자리매김을 하다; 평가(評價)하다.

いちど【一度】 한 번. ▶一度ならず 한 번이 아니라; 몇 번이고.

いちどう【一同】 일동(一同).

いちどきに【一時に】 일시(一時)에; 한꺼번에.

いちどに【一度に】 한 번에; 일시(一時)에.

いちなん【一男】 ❶ [ひとりの息子] 아들 하나. ❷ 장남(長男).

いちにち【一日・1日】 ❶ 하루; 종일(終日). ❷ [ある日] 어떤 날; 어느 날. ❸ [短い期間] 짧은 시기(時期).

いちにちふつか【一日二日】 하루 이틀.

いちににのさん【一二の三】 하나 둘 셋.

いちにん【一人】 한 사람; 한 명. ◆一人称 일인칭. 一人前 ①일 인분. ②성인의 자격 또는 능력이 있음.

いちにん【一任】 (图会) 일임(一任).

いちねん【一年】 일 년(一年). ◆一年生 ①일 학년. 사회 초년생. ②(植物の) 일년생.

いちねん【一念】 일념(一念). ‖一念発起する 어떤 일을 해내려고 결심(決心)하다.

いちば【市場】 시장(市場); 장.

いちはやく【逸速く】 한발 먼저; 남보다 빨리.

***いちばん【一番】** ❶ 일번(一番); 최초(最初); 처음. ❷ 최고(最高); 제일(第一); 일등(一等). ❸ [風邪の時は寝るのが一番だ 감기 걸렸을 때는 자는 게 최고다. 一番強い 제일 강하다. ❸ 단(單)판 승부(勝負).

いちばんのり【一番乗り】 ‖一番乗りする 제일 먼저 도착하다.

いちぶ【一分】 ❶ 십 분(十分)의 일(一). ❷ [少し] 아주 적음.

いちぶ【一部】 ❶ 일부; 일부분(一部分). ❷ [出版物の] 한 벌.

いちぶしじゅう【一部始終】 자초지종(自初至終).

いちぶぶん【一部分】 일부분(一部分).

いちべつ【一瞥】 (图会) 일별(一瞥).

いちまい【一枚】 ❶ [紙] 일 매(一枚). ‖紙1枚 종이 한 장. ❷ 한 수(手). ‖一枚上手 한 수(手) 위. ◆一枚岩 ①[岩] 통반석. ②단결력이 좋음. ‖一枚岩の団結を誇る 강한 단결력을 자랑하다.

いちまつ【一抹】 일말(一抹). ‖一抹の不安 일말의 불안.

いちみゃく【一脈】 일맥(一脈). ‖一脈相通じる 일맥상통하다.

***いちめん【一面】** ❶ 일면(一面). ‖物事の一面だけを見る 사물의 일면만을 보다. ❷ 일대(一帯); 전체(全體). ‖一面に霧が立ち込める 일대에 안개가 끼다. ❸ [新聞の] 일면.

いちもうさく【一毛作】 일모작(一毛作).

いちもうだじん【一網打尽】 일망타진(一網打盡). ‖窃盗団を一網打尽にする 절도단을 일망타진하다.

いちもく【一目】 ❶ [囲碁の] 돌 하나; 한 집. ❷ [한번(番)] 봄. ‖一目置く 자기보다 한 수 위임을 인정하고 경의를 표하다.

いちもくりょうぜん【一目瞭然】 ダ 일목요연(一目瞭然)하다.

いちもん【一文】 한푼. ‖一文無し 무일푼.

いちもんいっとう【一問一答】 (图会) 일문일답(一問一答).

いちや【一夜】 ❶ [一晩] 하룻밤. ❷ [ある晩] 어느 날 밤. ▶一夜作り 하룻밤 사이에 만듦; 급하게 만듦.

いちゃいちゃ ‖若いカップルがいちゃいちゃしている 젊은 한 쌍이 노닥거리고 있다.

いちやく【一躍】 일약(一躍). ‖一躍有名になる 일약 유명해지다.

いちゃつく (男女が) 노닥거리다.

いちゅう【移駐】 (图会) 이주(移駐).

いちゅう【意中】 의중(意中). ‖意中を探る 의중을 떠보다.

いちょう【胃腸】 위장(胃腸).

イチョウ【銀杏】 은행나무.

いちよく【一翼】 일익(一翼). ‖一翼を担う 일익을 담당하다.

いちらん【一覧】 일람(一覧). ◆一覧表 일람표.

いちらんせいそうせいじ【一卵性双生児】 일란성 쌍생아(一卵性雙生兒).

いちり【一理】 일리(一理). ‖反対意見にも一理ある 반대 의견에도 일리가 있다.

いちりつ【一律】 일 율(一律). ‖一律に 일률적으로. ◆千篇一律 천편일률.

いちりつ【市立】 시립(市立). ◆市立図書館 시립 도서관.

***いちりゅう【一流】** 일류(一流). ‖一流大学 일류 대학. 一流の指揮者 일류 지휘자.

いちりん【一輪】 한 송이. ‖1輪の花 한 송이 꽃. ◆一輪車 외발 자전거.

いちる【一縷】 일루(一縷). ‖一縷の望み 일루의 희망.

いちるい【一塁】 (野球で)일루(一壘).
♦一塁手 일루수.
いちれつ【一列】 일렬(一列). ‖一列縦隊 일렬 종대. ‖一列に並ぶ 일렬로 서다.
いちれん【一連】 일련(一連). ‖一連の事件 일련의 사건.
いちろう【一浪】 (する) 재수(再修).
いつ【一つ】 ❶[一つに]하나. ‖心を一にする 마음을 하나로 하다. ❷[同じ]같음. ‖軌を一にする 궤를 같이하다.
いつ【何時】 언제. ‖いつ戻ってきますか 언제 돌아옵니까? 誕生日はいつですか 생일이 언제입니까? ‖いつ電話しても彼はいない 언제 전화해도 그 사람은 없다.
いつう【胃痛】 위통(胃痛).
いっか【一家】 일가(一家); 일가족(一家族).
いつか【五日・5日】 오일(五日); 닷새.
いつか【何時か】 언제; 언젠가; 어느새. ‖いつか会えるだろう 언젠가 만날 수 있겠지.
いっかい【一介】 일개(一介). ‖一介の会社員 일개 회사원.
いっかい【一回】 한 번.
いっかい【一回忌】 일주기(一週忌).
いっかく【一角】 일각(一角); 일부분(一部分). ‖氷山の一角 빙산의 일각.
いっかく【一画】 ❶ 한 획(畫). ❷ (土地の) 한 구획(區劃).
イッカクジュウ【一角獣】 ❶[動物]一角鯨〕일각고래. ❷[ユニコーン]유니콘.
いっかくせんきん【一獲千金】 일확천금(一攫千金).
いっかげつ【一箇月】 일 개월(一個月); 한 달.
いっかせい【一過性】 일과성(一過性).
いっかつ【一括】 (する) 일괄(一括).
いっかつ【一喝】 (する) 일갈(一喝).
いっかん【一貫】 (する) 일관(一貫).
いっかん【一環】 일환(一環). ‖都市計画の一環として公園をつくる 도시 계획의 일환으로 공원을 만들다.
いっき【一気】 단숨. ‖一気に読み終える 단숨에 읽어 치우다. ♦一気呵成 단숨에 해냄.
いっき【一期】 일기(一期).
いっきいちゆう【一喜一憂】 일희일비(一喜一悲).
いっきゅう【一級】 일급(一級).
いっきょいちどう【一挙一動】 일거일동(一擧一動).
いっきょに【一挙に】 일거(一擧)에.
いっきょりょうとく【一挙両得】 일거양득(一擧兩得).
いっけん【一件】 ❶ 하나의 사건(事件). ❷[例の事柄] 그 일; 그 건(件).
いっけん【一見】 ❶ (する) 일견(一見). ❷ 百聞は一見に如かず 백문이 불여일견. ❷[副詞的に]얼핏 보기에는. ‖一見些細なことだが 얼핏 보기에는 사소한 일 같지만.
いっけんや【一軒家】 단독 주택(單獨住宅).
いっこ【一戸】 한 세대(世帯); 한 집. ♦一戸建て 단독 주택.
いっこ【一個】 한 개(個).
いっこう【一行】 일행(一行). ‖使節団の一行 사절단 일행.
いっこう【一考】 일고(一考).
いっこうに【一向に】 조금도; 전(全)혀. ‖一向に変わらない 조금도 변하지 않다.
いっこく【一刻】 ❶ 일각(一刻). ❷ 고집불통(固執不通); 옹고집(壅固執). ▶一刻を争う 일각을 다투다. ♦一刻千金 일각천금. 一刻者 고집불통.
いっこく【一国】 일국(一國).
いつごろ【何時頃】 언제쯤.
いっさい【一切】 ❶ 전부(全部); 일체(一切). ‖一切を任せる 전부를 맡기다. ❷ [副詞的に]일절(一切); 전혀. ‖一切知らない 전혀 모르다.
いっさくじつ【一昨日】 그저께; 그제.
いっさくねん【一昨年】 재작년(再昨年).
いっさんかたんそ【一酸化炭素】 일산화탄소(一酸化炭素).
いっしき【一式】 일식(一式); 한 벌.
いっしゅ【一種】 일종(一種).
いっしゅう【一周】 (する) 일주(一周). ♦一周忌 일주기.
いっしゅう【一蹴】 (する) 일축(一蹴).
いっしゅうかん【一週間】 일주일(一週日).
いっしゅん【一瞬】 일순(一瞬); 순간(瞬間).
いっしょ【一緒】 ❶[同じ]같음. ‖あいつと一緒にしないでくれ 저 녀석이랑 취급하지 말아 줘. ❷ 동행(同行)함; 함께 감. ‖駅までご一緒しましょう 역까지 같이 갑시다. ❸ 하나로 함; 같이 감. ‖全部一緒に包んでください 전부 같이 싸 주세요.
いっしょう【一生】 일생(一生); 평생(平生). ‖幸せな一生を送る 행복한 일생을 보내다. 研究に一生を捧げる 연구에 평생을 바치다.
いっしょう【一笑】 일소(一笑).
いっしょうけんめい【一生懸命】ダ 열심(熱心)히 하다.
いっしょく【一色】 일색(一色).
いっしょくそくはつ【一触即発】 일촉즉발(一觸即發).
いっしょけんめい【一所懸命】ダ 열심(熱心)히 하다.
いっしん【一身】 일신(一身); 한 몸. 一身上 일신상. 一身上の理由で 일신상의 이유로.

いっしん【一新】 [名하] 일신(一新). ‖面目を一新する 면모를 일신하다.
いっしん【一審】 [名하] 일심(一審).
いっしんいったい【一進一退】 [名하] 일진일퇴(一進一退).
いっしんとう【一親等】 일촌(一寸).
いっしんどうたい【一心同体】 일심동체(一心同体).
いっしんに【一心に】 열심(熱心)히.
いっしんふらん【一心不乱】 한 가지 일에 집중(集中)함.
いっすい【一睡】 한잠; 한숨. ‖一睡もできなかった 한숨도 못 잤다.
いっすいのゆめ【一炊の夢】 한단몽(邯鄲夢).
いっする【逸する】 ❶벗어나다. ❷常軌を逸する 상궤를 벗어나다. ❷놓치다. ‖チャンスを逸する 기회를 놓치다.
いっすん【一寸】 한 치. ▶一寸先は闇 한 치 앞을 알 수 없다. ▶一寸の光陰軽んずべからず 일촌광음 불가경. ▶一寸の虫にも五分の魂 지렁이도 밟으면 꿈틀한다. [俗]
いっせい【一世】 ❶일생(一生). ❷한 세대(世代); 일대(一代). ❸ 초대(初代). ❹移民などの一世(一世).
いっせい【一声】 일성(一聲).
いっせい【一斉】 일제(一斉); 동시(同時). ‖一斉にスタートする 일제히 출발하다. 一斉取り締まり 일제 단속. ◆一斉射撃 일제 사격.
いっせいちだい【一世一代】 일생(一生)에 한 번.
いっせき【一席】 ❶(演說・宴会などの)일 회(一回). ❷수석(首席); 일등(一等). ‖一席に入選 일등 입선.
いっせきにちょう【一石二鳥】 일석이조(一石二鳥).
いっせつ【一節】 한 구절(句節).
いっせつ【一説】 일설(一說). ‖一説によれば 일설에 의하면.
いっせん【一戦】 [名하] 일전(一戦). ‖一戦を交える 일전을 벌이다.
いっせん【一線】 일선;제일선(第一線).
いっせん【一銭】 한 푼.
いっそ 오히려;차라리.
いっそう【一双】 (対をなすものの) 한 쌍(雙); 한 벌.
いっそう【一掃】 [名하] 일소(一掃).
いっそう【一層】 한층; 더욱; 가일층(加一層). ‖一層の努力が必要だ 가일층의 노력이 필요하다.
いっそく【一足】 (靴・靴下などの) 한 켤레.
いつぞや【何時ぞや】 언젠가; 언제였는지; 언제였던가.
いったい【一体】 ❶일체(一體). ‖一体化 일체화(一體化). ❷[副] 대체(大體); 대관절(大關節). ‖一体どういうわけだ 도대체 어떻게 된 일이냐? 一体全体 도대체. 대관절.
いったい【一帯】 일대(一帯).
いつだつ【逸脱】 일탈(逸脫).
いったん【一旦】 일단(一旦). ‖いったん家へ帰って出直す 일단 집에 들어갔다가 다시 나오다.
いったん【一端】 ❶일단(一端); 한쪽 끝. ‖ロープの一端を握る 로프의 한쪽 끝을 잡다. ❷일부분(一部分); 한 부분. ‖一端を担う 일부분을 담당하다.
いっち【一致】 [名하] 일치(一致). ‖意見が一致する 의견이 일치하다. 指紋が一致する 지문이 일치하다. 偶然の一致 우연의 일치. ◆言行一致 언행일치. 一致団結 일치단결.
いっちゃく【一着】 ❶(競走などの)일 등(一等). ❷한 벌. ‖背広 1 着 양복 한 벌.
いっちょう【一丁】 ❶[豆腐・包丁・料理]하나. ‖ラーメン 1 丁 라면 한 그릇. 豆腐 1 丁 두부 한 모. ❷〔勝負事・仕事〕한 판.
いっちょういっせき【一朝一夕】 하루아침.
いっちょういったん【一長一短】 일장일단(一長一短).
いっちょくせん【一直線】 일직선(一直線).
いつつ【五つ・5つ】 다섯; [5歲]다섯 살.
いっつい【一対】 한 쌍(雙); 한 벌.
いってい【一定】 일정(一定). ‖価格が一定している 가격이 일정하다. 一定の書式 일정한 서식. 間隔を一定にする 간격을 일정하게 하다.
いってき【一滴】 한 방울. ‖私は酒は一滴も飲まない 나는 술은 한 방울도 안 마신다. 一滴の水 물 한 방울.
いってきます【行ってきます】 다녀오겠습니다.
いってつ【一徹】 고집(固執); 옹고집(壅固執).
いつでも【何時でも】 언제든지; 언제라도. ‖いつでも電話してくださって結構です 언제든지 전화하셔도도 괜찮습니다.
いってん【一点】 ❶한 점(點); 한 곳. ❷[ごくわずか]조금. ▶一点張り 한 가지 일로 일관함.
いっと【一途】 일로(一路); 한 방향(方向). ‖悪化の一途をたどる 악화 일로를 걷다.
いっとう【一党】 일당(一黨).
いっとう【一等】 일등(一等). ◆一等地 일등지.
いっとうりょうだん【一刀両断】 일도양단(一刀兩斷).
いっとき【一時】 한때; 일시(一時).
いつになく【何時になく】 보통(普通) 때와 다르게.
いつのまにか【何時の間にか】 어느새; 어느덧. ‖雨はいつの間にかやんでいた 어

느새 비는 그쳐 있었다.
いっぱ【一波】일파(一波).
いっぱ【一派】일파(一派); 하나의 유파(流派).
いっぱい【一杯】❶ 한 잔(盞); 간단(簡單)히 마심. ‖一杯の酒 한 잔의 술. 술 한 잔. 一杯やる 한 잔하다. ❷ [溢れる]가득 차다; 넘치다. ‖会場は人で一杯だった 회장은 사람들로 넘쳤다. 元気一杯 활력이 넘치다. ❸ [たくさん]많다; 가득하다. ▸一杯食わせる 보기 좋게 속이다.
いっぱく【一泊】(조하) 일박(一泊). ‖1泊2日の旅行 일박 이일 여행.
いっぱつ【一発】한 방(放); 한 발(發). ‖一発の銃声 한 방의 총소리. ◆一発回答 (労使の賃金交渉などで) 한 번에 결정되는 회답. 一発勝負 한판 승부.
いっぱん【一般】일반(一般). ‖一般の家庭 일반 가정. 一般に公開する 일반에 공개하다. 一般化 (조하) 일반화. 一般会計 일반 회계. 一般市民 일반 시민. 一般庶民 일반 서민. 一般職 일반직. 一般人 일반인. 一般的 일반적. 一般的な傾向 일반적인 경향. 一般的に 일반적으로.
いっぴきおおかみ【一匹狼】(설명) 조직(組織)에 속(屬)하지 않고 독자적(獨自的)인 행동(行動)을 하는 사람.
いっぴん【一品】❶ [物の]하나. ‖料理をもう一品取る 요리를 하나 더 주문하다. ❷ 일품(一品); 최상(最上)의 것. ‖天下一品 천하 일품.
いっぴん【逸品】일품(逸品).
いっぷく【一服】 [タバコ・茶・薬などの]일회분(一回分) 또는 한 번 마시는 것. ‖一服する 좀 쉬다. 한 대 피우다.
いっぷたさい【一夫多妻】일부다처(一夫多妻).
いっぺん【一片】❶ 한 장(張). ‖一片の花びら 꽃잎 한 장. ❷ 일부분(一部分); 한 조각. ❸ 조금; 약간(若干). ‖一片の良心もない 조금의 양심도 없다.
いっぺん【一変】일변(一變). ‖情勢が一変する 정세가 일변하다.
いっぺんに【一遍に】❶ 동시(同時)에; 한꺼번에. ❷ 순식간(瞬息間)에. ‖一遍にやられた 순식간에 당했다.
いっぽ【一歩】일보(一步); 한 걸음; 한 단계(段階). ‖崩壊の一歩手前 붕괴 일보 직전.
いっぽう【一方】❶ 한 방향(方向); 한 방면(方面); 한편. ‖一方から考えると気の毒でもある 한편으로 생각하면 안됐기도 하다. ❷ 한쪽. ‖一方の手 한쪽 손. 一方に片寄る 한쪽으로 치우치다. ❸ [ますます]…할 뿐이다. ‖悪くなる一方だ 나빠질 뿐이다. ❹ 한편으로; 반면(反面)에. ‖弟は掃除をし、一方妹

は洗濯をした 남동생은 청소를 하고 한편으로 여동생은 빨래를 했다. ◆一方通行 일방통행. 一方的 일방적; 일방적인 의견. 일방적인 의견. 일방적으로 결정하다 일방적으로 정하다.
いっぽん【一本】판. 한一本取る 한 판 이기다. これは一本取られた 한 방 맞았다. ◆一本勝負 한판 승부. 一本立ち 독립. 一本釣り ① [釣り] 외줄 낚시. ② [個別の説得] 많은 사람을 설득하면서 한 사람씩 설득하는 것. 一本槍 한 가지 방법으로 진행함.
いつまで【何時まで】❶ 언제까지. ‖この暑さはいつまで続くのだろうか 이 더위는 언제까지 계속될까? ❷ […でもの形で] 아무리. ‖いつまで待っても彼は来なかった 아무리 기다려도 그 사람은 오지 않았다.
いつまでも【何時までも】언제까지나.
いつも【何時も】❶ 언제나; 항상(恒常). ‖彼はいつも車で出勤する 그 사람은 언제나 차로 출근한다. それではいつもと違うね 그렇게 되면 평소와 다르군. いつもの場所で会おう 평소 만나는 곳에서. ❷ 평상시(平常時); 평소(平素); 보통(普通). 때. ‖会議はいつもより遅く終わった 회의는 평소보다 늦게 끝났다.
いつわ【逸話】일화(逸話).
いつわり【偽り】거짓(말); 허위(虛僞).
いつわる【偽る】거짓말을 하다; 속이다. ‖知らないと偽る 모른다고 거짓말을 하다. 年齢を偽る 나이를 속이다.
いて【射手】사수(射手). ◆射手座 궁수자리.
イデオロギー【Ideologie ド】이데올로기.
いでたち【出で立ち】복장(服裝); 차림새.
いてつく【凍て付く】얼어붙다.
いてん【移転】(조하) 이전(移轉).
いでん【遺伝】(조하) 유전(遺傳). ◆遺伝子 유전자. 遺伝子組み換え 유전자 변형.
いと【糸】❶ 실. ‖針に糸を通す 바늘에 실을 꿰다. ‖糸で縫う 실로 꿰매다. ❷ 현악기(絃樂器)의 줄.
いと【意図】의도(意圖). ‖相手の意図を見抜く 상대방의 의도를 간파하다. これは私の意図したところではない 이것은 내가 의도한 바가 아니다. ◆意図的 의도적. 意図的な間違い 의도적인 실수.
いど【井戸】우물.
いど【緯度】위도(緯度).
いとう【厭う】싫어하다; 꺼리다.
いどう【異動】(조하) 이동(異動). ◆人事異動 인사 이동.
いどう【移動】(조하) 이동(移動). ‖前方に移動する 앞쪽으로 이동하다. ◆移

動図書館 이동도서관.
いとおしい【愛おしい】 사랑스럽다; 귀엽다.
いとぐち【糸口】 실마리. ‖事件解決の糸口をつかむ 사건 해결의 실마리를 찾다.
いとけない【幼けない】 어리다.
いとこ【従兄弟·従姉妹】 사촌 형제(四寸兄弟).
いどころ【居所】 거처(居處); 있는 곳.
いとこんにゃく【糸蒟蒻】 실처럼 가늘고 긴 구약(蒟蒻)나물.
いとしい【愛しい】 귀엽다; 사랑스럽다.
いとしむ【愛しむ】 소중(所重)히 여기다; 귀여워하다.
いとなむ【営む】 ❶〔生活などを〕영위(營爲)하다. ‖父は農業を営んでいる 아버지는 농사를 짓고 있다. 平和な生活を営む 평화로운 생활을 영위하다. ❷〔経営〕운영(運營)하다; 경영(經營)하다. ‖食堂を営む 식당을 운영하다. ❸〔支度〕준비(準備)하다.
いどばた【井戸端】 우물가. ▶井戸端会議 주부들이 모여서 하는 잡담.
いとま【暇】 ❶〔余裕〕여유(餘裕); 틈; 겨를; 짬. ‖枚挙に暇がない 너무 많아서 일일이 셀 수가 없다. ❷〔離別; 작별(作別)〕이흔(離婚). ‖暇を告げる 이별을 고하다.
いとまき【糸巻】 ❶〔行為〕실을 감음; 〔道具〕실패. ❷〔説明〕현악기(絃樂器)의 줄을 감아 음(音)을 조정(調整)하는 장치(裝置).
イトミミズ【糸蚯蚓】 실지렁이.
いどむ【挑む】 도전(挑戰)하다. ‖エベレストに挑む 에베레스트에 도전하다. 難問に挑む어려운 문제에 도전하다.
いとめ【糸目】 ❶ 가는 실. ❷〔凧の糸〕이줄. ▶金に糸目をつけない 돈을 아낌없이 쓰다.
いとめる【射止める】 ❶ 사살(射殺)하다. ❷〔狙っていたものを〕손에 넣다; 획득(獲得)하다.
いとも 너무나; 너무나도; 매우; 아주. ‖いとも簡単に 너무나도 간단히.
いとようじ【糸楊枝】 치실.
いとわしい【厭わしい】 싫다; 불쾌(不快)하다. ‖顔を見るのもいとわしい 얼굴을 보는 것도 싫다.
いな【否】〔肯定·拒否〕아니. ‖世界平和は我々の、いな全人類の希求するところである 세계 평화는 우리들, 아니 전 인류가 바이다. ▶〔…か否かの形で〕…인지 아닌지. ‖事実か否か徹底して調べる 사실인지 아닌지 철저히 조사하다.
いない【以内】 이내(以內). ‖千円以内で買える品 천 엔 이내에 살 수 있는 물건. 10分以内に戻ります 십 분 이내에 돌아오겠습니다.

いなおる【居直る】 태도(態度)를 바꾸다.
いなか【田舎】 ❶시골. ‖私は田舎で育った 나는 시골에서 자랐다. 田舎暮らしに憧れる 시골 생활을 동경하다. のどかな田舎の風景 한가로운 시골 풍경. ❷〔故郷〕고향(故鄉). ‖田舎はどこですか 고향이 어디입니까? ▶田舎者 시골뜨기; 촌놈.
イナゴ【蝗】 메뚜기.
いなさく【稲作】 벼농사(農事).
いなずま【稲妻】 번개. ‖稲妻が走る 번개가 치다.
いなびかり【稲光】 번개.
いなほ【稲穂】 이삭.
いなむら【稲叢】 볏가리.
いなめない【否めない】 부정(否定)할 수 없다; 거역(拒逆)할 수 없다. ‖否めない事実 부정할 수 없는 사실. 否めない命令 거역할 수 없는 명령.
いなや【否や】〔…や否やの形で〕…와[과] 동시(同時)에; …(하)자마자. ‖夜が明けるや否や出発する 날이 밝자마자 출발하다.
いなりずし【稲荷鮨】 유부초밥.
いにしえ【古】 과거(過去); 옛날.
いにゅう【移入】 이입(移入). ‖感情移入 감정 이입.
いにん【委任】 위임(委任). ◆委任状 위임장.
イヌ【犬】 ❶〔動物〕개. ‖犬2匹を飼っている 개 두 마리를 키우고 있다. 犬は私に向かってほえた 개가 나를 향해 짖었다. 犬をつないでおく 개를 매어 두다. ❷〔スパイ〕스파이; 앞잡이; 끄나풀. ‖警察の犬 경찰의 끄나풀. ◆犬掻き 개헤엄. ◆犬死 개죽음. ◆畜生 짐승. 犬畜生にも劣るやつ 짐승만도 못한 놈.
イヌタデ【犬蓼】 개여뀌.
イヌツゲ【犬黄楊】 꽝꽝나무.
イネ【稲】 벼; 나락. ‖稲刈り 벼 베기.
いねむり【居眠り】 ‖居眠り運転을 하다 졸음운전을 하다.
いのこる【居残る】 (他の人が帰った後にも) 남아 있다.
イノシシ【猪】 멧돼지.
いのち【命】 ❶ 생명(生命); 목숨. ‖命の恩人 생명의 은인. 命を落とす 목숨을 잃다. 命をかける 목숨을 걸다. 命を救う 목숨을 구하다. 命のある限りこの研究を続けたい 살아 있는 한 이 연구를 계속하고 싶다. 信用が命だ 신용이 생명이다. ❷ 수명(壽命).
いのちからがら【命辛辛】 겨우; 간신히(艱辛히); 가까스로. ‖命からがら逃げた 간신히 도망쳤다.
いのちごい【命乞い】 살려 달라고 빌.
いのちづな【命綱】 생명(生命) 줄.
いのちとり【命取り】 치명적(致命的)인

원인(原因)이나 결점(缺點).
いのり【祈り】기원(祈願). ‖平和の祈りをささげる 평화를 기원하다.
いのる【祈る】빌다; 기도(祈禱)하다; 기원(祈願)하다. ‖幸運を祈ります 행운을 빕니다. 少女は父親のために祈った 소녀는 아버지를 위해 기도했다.
いはい【位牌】위패(位牌).
いばしょ【居場所】거처(居處); 있는 곳.
イバラ【茨】❶【植物】가시. ❷고난(苦難). ‖イバラ畑 가시밭길.
いばる【威張る】뽐내다; 잘난 척하다. ‖彼の威張る態度が気に食わない その人の勘った振りする態度が気に入らない 그 사람의 잘난 척하는 태도가 마음에 안 든다.
* **いはん**【違反】〔国語〕위반(違反). ‖それは明らかに法律違反だ 그건 명백한 법률 위반이다. ◆契約違反 계약 위반. 駐車違反 주차 위반.
いびき【鼾】코를 곪; 코를 고는 소리. ‖いびきをかく 코를 골다.
いびつ【歪】ゲ 일그러지다; 비뚤어지다. ‖いびつな性格 비뚤어진 성격.
いひょう【意表】의표(意表). ▶意表を突く 의표를 찌르다.
いびょう【胃病】위장병(胃腸病).
いびる 괴롭히다; 못살게 굴다.
いひん【遺品】유품(遺品).
いふう【威風】위풍(威風). ‖威風堂々とした姿 위풍당당한 모습.
いぶかしい【訝しい】수상(殊常)하다; 의심(疑心)스럽다.
いぶかる【訝る】수상(殊常)하게 생각하다; 의심(疑心)하다.
いぶき【息吹】❶호흡(呼吸); 숨. ❷생기(生氣); 기색(氣色); 기운; 조짐(兆朕). ‖春の息吹 봄기운.
いふく【衣服】의복(衣服); 옷. ‖衣服をまとう 옷을 걸치다.
いぶくろ【胃袋】위(胃); 밥통.
いぶす【燻す】연기(煙氣)를 내다; 연기가 나도록 태우다. ‖松葉をいぶす 솔잎을 태우다.
いぶつ【異物】이물질(異物質).
いぶつ【遺物】유물(遺物); 유품(遺品).
イブニングドレス【evening dress】이브닝드레스.
いぶる【燻る】제대로 안 타고 연기(煙氣)가 많이 나다.
いへき【胃壁】위벽(胃壁).
いへん【異変】이변(異變).
イベント【event】이벤트.
いぼ【疣】(身体の)사마귀. ❷(ものの表面の)작은 돌기(突起).
いほう【違法】위법(違法). ◆違法行為 위법 행위.
いほうじん【異邦人】이방인(異邦人).
いま【今】❶지금(只今); 현재(現在). ‖今何時ですか 지금 몇 시입니까? い

ならら今しかない 한다면 지금밖에 없다. 今これをしてください 지금 이것을 해 주십시오. 母は今旅行中だ 어머니는 지금 여행 중이다. ❷【すぐ】곧; 바로. ‖今すぐ行きます 곧 가겠습니다. ❸【さらに】더욱. ‖今一度確認しよう 한 번 더 확인하자. ▶今を時めく 지금 한창 날리는.
いまいましい【忌々しい】분하다; 화(火)나다.
いまかいまかと【今か今かと】이제나저제나.
いまごろ【今頃】❶지금(只今) 쯤; 이맘때쯤. ‖今頃はもう着いているだろう 지금쯤이면 도착했겠지. ❷이제 와서; 지금 와서. ‖今頃謝っても遅い 이제 와서 사과해도 소용없다.
いまさら【今更】❶이제 와서; 지금 와서. ‖今更変更できない 이제 와서 변경할 수 없다. ❷【改めて】새삼스럽게. ‖今更言うまでもありませんが 새삼스럽게 말할 필요도 없지만.
いましめ【戒め】주의(注意); 훈계(訓戒).
いましめる【戒める】❶주의(注意)를 주다; 훈계(訓戒)하다. ❷금하다.
いまだ【未だ】아직.
いまだかつて【未だ曾て】지금(只今)까지 한번도.
いまだに【未だに】여태까지; 아직까지; 지금(只今)까지. ‖未だに返事がない 지금까지 답이 없다.
いまにして【今にして】이제 와서; 지금(只今) 와서. ‖今にして思えば 지금 와서 생각해 보면.
いまにみろ【今に見ろ】두고 보자.
いまにも【今にも】지금(只今)이라도; 당장(當場)이라도.
いまのいままで【今の今まで】지금(只今)까지; 지금껏.
いまのところ【今の所】지금(只今)까지; 지금은.
いまひとつ【今一つ】조금; 좀. ‖今一つ迫力に欠ける 박력이 좀 없다.
いまふう【今風】현대식(現代式).
いまわしい【忌まわしい】불길(不吉)하다; 꺼림칙하다.
いみ【忌み】금기(禁忌). ◆忌み言葉 금기어.
* **いみ**【意味】❶의미(意味); 뜻; 이유(理由). ‖単語の意味 단어의 뜻. この文は意味が通らない 이 문장은 뜻이 통하지 않는다. 意味もなく笑う 의미도 없이 웃다. 意味もなく気分が落ち込む 이유 없이 기분이 저조하다. 彼と話しなっても意味がない その人と話をしても意味がない 그 사람과 이야기를 해도 의미가 없다. ❷가치(價値); 중요성(重要性); 의의(意義). ‖歴史的意味 역사적 의미.
いみあけ【忌み明け】탈상(脱喪).

いみありげ【意味有りげ】 특별(特別)한 뜻이 있는 듯하다. ‖意味ありげな笑い 뭔가 의미가 있는 듯한 웃음.

いみきらう【忌み嫌う】 몹시 싫어하다; 싫어서 피하다.

いみしんちょう【意味深長】ダ 의미심장(意味深長)하다.

いみづける【意味付ける】 의미(意味)를 부여(附與)하다.

いみん【移民】（スル）이민(移民). ‖アメリカへ移民する 미국으로 이민 가다.

いむ【忌む】 꺼리어 피하다; 싫어하다.

イメージ【image】 이미지. ‖彼に対してはあまりいいイメージを持っていない 그 사람에 대해서는 그다지 좋은 이미지를 안 가지고 있다. イメージチェンジする 이미지를 바꾸다.

イモ【芋】 감자, 고구마, 토란(土卵) 등의 총칭(總稱).

いもうと【妹】 여동생(女同生); 〔弟の妻〕제수(弟嫂); 〔夫の妹〕시누이; 〔妻の妹〕처제(妻弟). **妹婿** 제부.

いもづる【芋蔓】 고구마 덩굴. ◆芋蔓式に연달아、줄줄이.

いもむし【芋虫】（チョウ・ガの）애벌레.

イモリ【井守】 영원(蠑螈).

いもん【慰問】（スル）위문(慰問).

いや 아; 아니, 이야. ‖いや, 驚いた 아, 놀랬다.

いや【否】 아니; 아니오. ‖いや, 違う 아니, 틀려. 否が応でも 싫든 좋든. 싫어도. 否も応もなく 싫든 좋든. 싫어도.

いや【嫌】ダ 싫다; 불쾌(不快)하다. ‖いやなら行かなくてもいいのよ 싫으면 안 가도 돼. 顔を見るのも嫌だ 얼굴을 보기 싫다.

いやいや【嫌嫌】 마지못해.

いやおう【否応】 가부(可否).

いやがらせ【嫌がらせ】 괴롭힘; 짓궂음. ‖嫌がらせを言う 짓궂은 소리를 하다.

いやがる【嫌がる】 싫어하다; 불쾌(不快)해하다; 꺼리다. ‖薬を飲むのを嫌がる 약 먹는 것을 싫어하다. 人の嫌がる仕事を引き受ける 사람들이 꺼리는 일을 떠맡다.

いやく【医薬】 의약(醫藥). **医薬品** 의약품. **医薬部外品** 의약 부외품.

いやく【意訳】（スル）의역(意譯).

いやく【違約】（スル）위약(違約). ◆**違約金** 위약금.

いやけ【嫌気】 실증. ‖嫌気がさす 싫증이 나다.

いやしい【卑しい】 ❶ 〔身分・地位が〕낮다. ❷ 〔根本で〕초라하다. ❸ 천(賤)하다; 치사(恥事)하다. ‖金に卑しい 돈에 치사하게 굴다.

いやしくも【苟も】 적어도. ‖いやしくも一国の大統領が言うことではない 적어도 일국의 대통령이 할 소리는 아니다.

いやしめる【卑しめる】 깔보다; 무시(無視)하다; 경멸(輕蔑)하다.

いやす【癒す】〔病・苦しみなどを〕없애다; 치료(治療)하다.

いやというほど【嫌という程】 실컷; 질리도록; 물리도록; 지겹도록.

いやに【嫌に】 ❶〔変に〕묘(妙)하게; 이상(異常)하게. ❷〔非常に〕매우; 몹시. ‖この部屋はいやに暑い 이 방은 몹시 덥다.

いやはや【驚き・諦め】어허; 허어; 거참.

イヤホン【earphone】 이어폰.

いやみ【嫌味】 불쾌감(不快感)을 주는 언행(言行). ‖いやみのない人 불쾌한 구석이 없는 사람.

いやらしい【嫌らしい】 불쾌(不快)하다; 추잡(醜雜)하다. ‖いやらしいことを言う 추잡한 소리를 하다.

*いよいよ【愈愈】 ❶〔だんだん〕점점(漸漸). ‖痛みがいよいよ強くなる 통증이 점점 심해지다. ❷〔ついに〕마침내; 드디어; 결국(結局). ‖いよいよ明日出発だ 드디어 내일 출발이다. ❸〔確かに〕확실(確實)히; 정말로.

いよう【異様】ダ 이상(異常)하다; 묘(妙)하다. ‖会場は異様な雰囲気に包まれていた 회장은 묘한 분위기에 싸여 있었다.

いよう【威容】 위용(威容).

いよく【意欲】 의욕(意欲). ‖意欲に燃えている 의욕에 불타고 있다. 意欲を失う 의욕을 잃다. ◆**創作意欲** 창작 의욕. **意欲的** 의욕적. ‖意欲的な活動 의욕적 활동. 意欲的に取り組む 의욕적으로 추진하다.

いらい【以来】 이래(以來); 이래로; 이후(以後). ‖卒業して以来会っていない 졸업한 이후 만나지 못했다.

*いらい【依頼】（スル）의뢰(依賴). ‖講演を依頼する 강연을 의뢰하다. 依頼に応じる 의뢰에 응하다. 의뢰를 받아들이다. ‖友人の依頼で 친구의 의뢰로. ◆**依頼心** 의존심.

いらいら 안달해서; 초조(焦燥)하게; 짜증이 나서. ‖妹の帰りが遅いのでははいらいらして 여동생의 귀가가 늦어서어머니는 초조해했다. 朝早く起こされるといらいらする 아침에 빨리 깨우면 짜증이 난다.

イラク【Iraq】【国名】 이라크.

イラスト【（レーション）】【illustration】 일러스트레이션; 일러스트.

イラストレーター【illustrator】 일러스트레이터.

いらだたしい【苛立たしい】 조바심이 나다.

いらだつ【苛立つ】 초조(焦燥)해지다; 안달하다.

いらっしゃい 어서 오세요; 어서 오다.

いらっしゃいませ 어서 오세요; 어서

오십시오.
いらっしゃる〔行く・来る・いるの尊敬語〕 가시다; 오시다; 계시다. ‖今日何時の飛行機でいらっしゃいますか 오늘 몇 시 비행기로 오십니까? 先生は研究室にいらっしゃいます 선생님은 연구실에 계십니다.
イラン【Iran】〔国名〕이란.
いりぐち【入り口】입구(入口). ‖映画館の入り口 영화관[극장] 입구.
いりくむ【入り組む】뒤섞이다; 얽히다; 복잡(複雜)하다.
いりびたる【入り浸る】특정 장소(特定場所)에 자주 가다; 늘 그곳에 있다.
いりまじる【入り交じる】뒤섞이다.
いりまめ【炒り豆】볶은 콩.
いりみだれる【入り乱れる】뒤섞여 혼란(混亂)스럽다.
いりむこ【入り婿】데릴사위.
いりゅう【遺留】(🈩) 유류(遺留). ◆遺留品 유류품. 遺留分 유류분.
いりょう【慰労】(🈩) 위로(慰勞).
いりょう【衣料】의류(衣類); 옷. ◆衣料品 옷. 衣料品店 옷집.
いりょう【医療】의료(醫療). ◆医療過誤 의료 사고. 医療機関 의료 기관. 医療保険 의료 보험.
いりょく【威力】위력(威力). ‖金の威力 돈의 위력. 威力を発揮する 위력을 발휘하다.
いる【入る】❶〔入ること〕들어가다; 들다; 이르다. ❷〔…入るの形で〕매우[심히]…해하다. ‖恐れ入る 몹시 미안해하다.
いる【煎る】볶다. ‖豆を炒る 콩을 볶다.
いる【要る】필요(必要)하다. ‖金が要る 돈이 필요하다. この仕事には根気가 필요하다 이 일에는 끈기가 필요하다. 要らないものを処分する 필요 없는 물건을 처분하다.
* **いる**【居る】❶있다; 존재(存在)하다. ‖教室に誰がいますか 교실에 누가 있습니까? 今までどこにいたの 지금까지 어디에 있었니? 私は 10年以上日本에서 나는 십년 넘게 일본에 있다. 池にはコイがいる 연못에는 잉어가 있다. もう少しここにいてくれ 조금 더 여기에 있어 줘. 釜山におじいさんが住んでいる 부산에 할아버지가 살고 있다. 彼には妻子がいる 그 사람한테는 처자식이 있다. ❷〔いないの形で〕없다. ‖家には誰もいない 집에는 아무도 없다. 私には兄弟がいません 나는 형제가 없습니다. ここにそういう名前の人はいない 여기에 그런 이름을 가진 사람은 없다. ❸〔…ているの形で; 継続・進行〕…고 있다. ‖今手紙を書いている 지금 편지를 쓰고 있다. 毎日30分くらい歩いている 매일 삼십 분 정도 걷고 있다. 空を飛んでいる鳥 하늘을 날고 있는 새. 息子は高校に通っ

ている 아들은 고등학교에 다니고 있다. ❹〔…ているの形で: 結果の持続・状態〕…어 있다. ‖入り口のドアが開いている 입구의 문이 열려 있다. 日本은 바다로 둘러싸여 있다. 一日中寝ていろ 하루 종일 누워 있다. あそこに座っている人は誰ですか 저기 앉아 있는 사람은 누구입니까? ❺〔…ているの形で〕…(으)로 있다; …(하)게 있다. ‖未だに独身でいる 아직도 독신으로 있다. これからも友だちのようね 앞으로도 친구로 있자. 元気でいる 건강하게 있다. ❻〔…ずにいるの形で〕…안 …고 있다. ‖服も脱がずにいる 옷도 안 벗고 있다. 彼は一言も言わずにいる 그 사람은 한마디도 안 하고 있다. 彼は未だにそれを知らずにいる 그 사람은 지금도 그것을 모르고 있다. ❼〔…ているの形で〕…수가 없다. ‖じっとしていられない 가만히 있을 수가 없다. ゆっくり食べていられない 천천히 먹고 있을 수가 없다.
いる【射る】쏘다.
いる【鋳る】주조(鑄造)하다.
いるい【衣類】의류(衣類); 옷; 옷가지. ◆衣類雑貨 의류 잡화.
イルカ【海豚】돌고래.
いるす【居留守】居留守를 쓰는 일으면서 없는 척하다.
イルミネーション【illumination】일루미네이션.
いれい【異例】이례(異例). ‖異例の措置 이례적인 조치.
いれい【慰霊】위령(慰靈). ◆慰霊祭 위령제. 慰霊碑 위령비.
いれかえる【入れ替える】교체(交替)하다; 대체(代替)하다.
いれかわり【入れ替わり】교대(交代). ‖入れ替わり立ち替わり 계속(繼續)해서. 끊임없이. 연달아.
いれこむ【入れ込む】❶밀어 넣다. ❷몰두(沒頭)하다; 열중(熱中)하다; 빠지다. ‖サッカーに入れ込む 축구에 빠지다.
いれずみ【入れ墨・刺青】문신(文身).
いれぢえ【入れ知恵】入れ知恵する 방법을 알려 주다.
いれちがい【入れ違い】❶〔順序・場所などを〕잘못 넣다. ❷〔入れ違いになる〕한쪽이 나간 다음에 다른 쪽이 들어오다.
いれば【入れ歯】틀니.
いれもの【入れ物】용기(容器).
* **いれる**【入れる】❶넣다; 끼우다; 들이다. ‖カメラにフィルムを入れる 카메라에 필름을 끼우다. 釜を入れた飯 쌀을 넣은 밥. 入れ歯を入れる 틀니를 끼우다. ❷〔茶・コーヒーなどを〕타다. ‖コーヒーを入れる 커피를 타다. ❸노력(努力)하다; 힘을 주다[쓰다]. ‖新製品

の開発に力を入れる 신제품 개발에 힘을 쓴다. ❹ 連絡(연락)하다. ‖電話を入れる 전화를 하다. ❺ 包含(포함)하다. ‖交通費を入れて千円 교통비를 포함해서 천 엔. ❻ 《機械·道具류를 操作(조작)して》作動(작동)시키다. ‖暖房を入れる 난방을 넣다.

*いろ【色】 ❶ 색; 색상(色相). ❷ 明(밝)るい色 밝은 색. ❸ 얼굴색; 表情(표정). ❹ 顔(얼굴)に出(나타)る表情에 나타나다. ❸ 種類(종류)·種類(종류). ‖色どりどり여러 가지. ❹ 雰囲気(분위기); 情趣(정취). ‖秋の色 가을 정취. ❺ 戀愛(연애); 情事(정사).

いろあい【色合い】 색조(色調); 색상(色相).

いろあせる【色褪せる】 퇴색(退色)하다.

*いろいろ【色色】여러 가지; 이것저것. ‖色々な品を並べる 여러 가지 물건들을 늘어놓는다. ‖色々(と)で面倒おかけしました 여러모로 폐를 많이 끼쳤습니다. 色々(と)考えてみる 이것저것 생각해 보다.

いろう【慰労】(き도)勞(위로)하다.

いろえんぴつ【色鉛筆】색연필(色鉛筆).

いろおち【色落ち】(き도) 脫色(탈색).

いろおとこ【色男】미남(美男).

いろおんな【色女】미인(美人).

いろか【色香】 ❶ 색상(色相)과 향기(香氣). ❷ 女性(여성)의 매력(魅力).

いろがみ【色紙】색종이. ‖色紙で鶴を折る 색종이로 학을 접다.

いろがわり【色変わり】 ❶ 變色(변색). ❷ [色違い] 모양(模樣)은 같고 색만 다름.

いろぐろ【色黒】피부(皮膚)가 검음.

いろけ【色気】 ❶ 性的 매력(性的魅力). ❷ 異性(이성)에 대한 관심(關心).

いろこい【色恋】 戀愛(연애); 情事(정사).

いろじろ【色白】 피부(皮膚)가 힘.

いろずり【色刷り】칼라 印刷(인쇄).

いろちがい【色違い】모양(模樣)은 같고 색만 다름.

いろづく【色付く】물들다. ‖もみじが色づく단풍이 물들다.

いろっぽい【色っぽい】관능적(官能的)이다; 요염(妖艶)하다.

いろつや【色艶】 피부색(皮膚色)과 光澤(광택); 윤기(潤氣).

いろどり【彩り】 채색(彩色).

いろどる【彩る】채색(彩色)하다.

いろは【伊呂波】 ❶ (한日)히라가나 47字를 한 자씩 넣어 만든 노래의 처음 3글자. ‖いろは順 가나다순. ❷ 초보(初步); 기초(基礎). ‖經営のいろは 경영의 기초.

いろめ【色目】 ❶ 색조(色調). ❷ 秋波(추파). ‖色目を使う 추파를 던지다.

いろめがね【色眼鏡】색안경(色眼鏡). ‖色眼鏡で見る 색안경을 끼고 보다.

いろめきたつ【色めき立つ】술렁거리다; 동요(動搖)하다.

いろめく【色めく】 ❶ 활기(活氣)를 띠다. ❷ 妖艶(요염)해지다; 성숙(成熟)해지다.

いろもの【色物】 《服·布など》 흑백 以外(흑백以外)의 색이 있는 것. ‖色物のシャツ 색깔이 있는 셔츠. ❷ 《寄席》에서 中心 公演 以外(중심공연이외)의 만담(漫談)이나 곡예(曲藝).

いろもよう【色模樣】채색(彩色) 된 모양(模樣).

いろわけ【色分け】 ❶ 채색(彩色)을 달리하여 구별(區別)함. ❷ 分類(분류). ‖考え方で人々を色分けする 사고방식으로 사람들을 분류하다.

いろん【異論】 이론(異論). ‖異論を唱える 이론을 제기하다.

いわ【岩】 바위; 암석(岩石).

いわい【祝い】 축하(祝賀). ‖祝い事 축하(祝賀)할 일. 祝い酒 축하주(祝賀酒).

いわう【祝う】 축하(祝賀)하다. ‖結婚を祝う 결혼을 축하하다.

いわかんん【違和感】 위화감(違和感). ‖違和感を覚える 위화감을 느끼다.

いわく【曰く】 ❶ 사정(事情); 이유(理由). ❷ [副詞的に]일; 말씀하시기를. ‖先生日く… 선생님께서 말씀하시기를….

いわくつき【曰く付き】 ❶ 복잡(複雜)한 사정(事情)이 있음. ❷ 과거(過去)가 있음. ‖曰く付きの男 과거가 있는 남자.

イワシ【鰯】 정어리. ◆鰯雲 권적운.

いわずとしれた【言わずと知れた】 말할 것 없이; 알려진.

イワナ【岩魚】 곤들매기.

いわば【言わば】 말하자면.

いわば【岩場】 바위가 많은 곳.

いわぶろ【岩風呂】(k도) 바위의 움푹한 곳을 이용(利用)해서 만든 욕조(浴槽).

いわやま【岩山】 돌산.

いわゆる【所謂】 소위(所謂); 소위 말하는.

いわれ【謂れ】 ❶ 유래(由來); 내력(來歷). ❷ 이유(理由).

いん【陰】음(陰); 마이너스.

いん【韻】 운(韻). ‖韻を踏む 운을 달다.

いんうつ【陰鬱】 음울(陰鬱)하다.

いんえい【陰影】 음영(陰影).

いんか【引火】(き도) 引火(인화)하다.

いんが【因果】 ❶ 인과(因果). ‖因果關係 인과 관계. ❷ 업보(業報). ❸ 불운(不運). ◆因果応報 인과응보. 因果律 인과율.

いんが【印畵】 인화(印畵). ◆印畵紙 인화지.

いんがい【院外】 원외(院外).

いんかく【陰核】음핵(陰核).
いんかん【印鑑】인감(印鑑); 도장(圖章). ◆印鑑証明 인감 증명.
いんぎん【陰気】음기(陰氣). ‖陰気臭い 음침(陰沈)하다. 음울(陰鬱)하다.
いんきょ【隠居】(名・自サ) 은거(隠居); 은둔(隠遁).
いんきょく【陰極】음극(陰極).
いんぎん【慇懃】ダ 정중(鄭重)하다. ◆慇懃無礼 겉으로는 정중하나 속으로는 업신여기다.
インク【ink】잉크. ◆インクジェットプリンター 잉크 제트 프린터.
いんけい【陰茎】음경(陰茎).
いんけん【陰険】ダ 음험(陰険)하다. ‖陰険な人 음험한 사람.
インゲンマメ【隠元豆】까치콩; 작두(豇豆).
インコ【鸚哥】잉꼬.
いんご【隠語】은어(隠語).
インサイダー【insider】인사이더.
インサイド【inside】인사이드.
いんさつ【印刷】(名・他サ) 인쇄(印刷). ‖年賀状を印刷する 연하장을 인쇄하다. ◆印刷所 인쇄소. 印刷物 인쇄물.
いんし【因子】인자(因子). ◆遺伝因子 유전 인자.
いんし【印紙】인지(印紙). ◆収入印紙 수입 인지. 印紙税 인지세.
いんしゅ【陰湿】음습(陰湿)하다.
いんしゅ【飲酒】(名・自サ) 음주(飲酒). ◆飲酒運転 음주 운전.
いんしゅう【因習】인습(因習). ‖因習に縛られる 인습에 얽매이다. 因習を打ち破る 인습을 타파하다.
インシュリン【insulin】인슐린.
いんしょう【引証】인증(引證).
いんしょう【印章】인장(印章); 도장(圖章).
いんしょう【印象】인상(印象). ‖よい印象を与える 좋은 인상을 주다. 第一印象 첫인상. ◆印象主義 인상주의. 印象派 인상파. 印象的 인상적. ‖印象的な光景 인상적인 광경.
いんしょく【飲食】(名・自サ) 음식(飲食). ‖過度に飲食する 많이 먹다.
いんしん【陰唇】음순(陰脣).
いんすう【因数】인수(因數). ◆因数分解 인수 분해.
インスタント【instant】인스턴트. ◆インスタントラーメン 인스턴트 라면.
インストール【install】인스톨.
インストラクター【instructor】인스트럭터.
いんせい【陰性】음성(陰性).
いんぜい【印税】인세(印税).
いんせき【姻戚】인척(姻戚). ◆姻戚関係 인척 관계.
いんせき【引責】인책(引責).
いんせき【隕石】운석(隕石).

いんそつ【引率】(名・他サ) 인솔(引率). ‖生徒を引率する 학생들을 인솔하다.
インターチェンジ【interchange】인터체인지.
インターネット【Internet】인터넷.
インターフェロン【interferon】인터페론.
インターホン【interphone】인터폰.
インターン【intern】인턴. ◆インターンシップ 인턴십.
いんたい【引退】(名・自サ) 은퇴(隠退).
いんたい【隠退】(名・自サ) 은퇴(隠退).
インタビュー【interview】(名・自サ) 인터뷰.
インチ【inch】인치.
いんちき 부정(不正); 속임수. ‖いんちきをする 속임수를 쓰다.
いんちょう【院長】원장(院長).
インデックス【index】인덱스; 색인(索引).
インテリ【←intelligentsiya】인텔리.
インテリア【interior】인테리어.
インテリジェント【intelligent】인텔리전트.
インド【←India】《国名》인도(印度).
インド【India】《国名》인디아.
いんとう【咽頭】인두(咽頭); 목구멍.
いんとう【淫蕩】ダ 음탕(淫蕩)하다.
いんどう【引導】인도(引導).
いんとく【隠匿】(名・他サ) 은닉(隠匿). ‖犯人を隠匿する 범인을 은닉하다.
イントネーション【intonation】인토네이션.
インドネシア【Indonesia】《国名》인도네시아.
いんとん【隠遁】(名・自サ) 은둔(隠遁).
いんない【院内】❶ (国会의) 원내(院内). ‖院内交渉団体 원내 교섭 단체. ❷ (병원 등의) 원내. ‖院内感染 원내 감염.
いんにく【印肉】인주(印朱).
いんねん【因縁】인연(因縁); 관계(關係).
いんのう【陰嚢】음낭(陰嚢).
インパクト【impact】임팩트; 충격(衝擊).
いんぶ【陰部】음부(陰部).
インフォーマル【informal】ダ 비공식적(非公式的).
インフォームドコンセント【informed consent】인폼드컨센트.
インプット【input】(名・他サ) 인풋.
インフラ【←infrastructure】인프라.
インプラント【implant】《医学》임플란트.
インフルエンザ【influenza】인플루엔자.
インフレ(ーション)【inflation】인플레이션; 인플레.
いんぶん【韻文】운문(韻文).
いんぺい【隠蔽】(名・他サ) 은폐(隠蔽). ‖事

いんぼう【陰謀】 음모(陰謀). ‖陰謀をめぐらす 음모를 꾸미다.
　実を隠蔽する 사실을 은폐하다.
いんめつ【隠滅】 (を전) 인멸(湮滅). ‖証拠隠滅 증거 인멸.
いんもう【陰毛】 음모(陰毛).
いんゆ【隠喩】 은유(隱喩).
いんよう【引用】 (を전) 인용(引用). ‖古典の例を引用する 고전의 예를 인용하다. ◆引用文 인용문.
いんよう【陰陽】 음양(陰陽). ‖陰陽五行説 음양오행설.
いんらん【淫乱】 ダ 음란(淫亂)하다.
いんりつ【韻律】 운율(音律).
いんりょう【飲料】 음료(飲料). ◆飲料水 음료수.
いんりょく【引力】 인력(引力). ◆万有引力 만유인력.
いんれき【陰暦】 음력(陰曆).

う

ウ【鵜】 가마우지.
ういういしい【初初しい】 청순(清純)하다; 순진(純眞)하다; 싱그럽다.
ういざん【初産】 초산(初産).
ウイスキー【whisky】 위스키.
ウイルス【Virus ド】 바이러스.
ウインカー【winker】 (自動車の)깜박이.
ウインク【wink】 (を전) 윙크.
ウインドーショッピング【window-shopping】 아이쇼핑.
ウインドサーフィン【windsurfing】 윈드서핑.
ウインナーコーヒー【Wiener + coffee ドイツ】 비엔나커피.
ウインナーソーセージ【Wiener + sausage ドイツ】 비엔나소시지.
ウール【wool】 울. ◆ウールマーク 울 마크.
ウーロンちゃ【烏龍茶】 우롱차.
ううん ❶〔否定〕아니. ❷〔困った時〕으응; 응.
うえ【上】 ❶ 위. ‖上を向く 위를 향하다. 机の上に置く 책상 위에 놓다. ❷ 표면(表面); 외부(外部). ❸ …에 관한 것. ‖仕事の上の話 일에 관한 이야기. ❹〔…した上の形で〕…한 뒤에. 게다가; …데다가. ‖彼は頭がよい上に, 実行力もある 그 사람은 머리가 좋은 데다가 실행력도 있다. ❺〔…の上で の形で〕…한 후에; …하고 나서. ‖署名押印の上窓口に提出してください 서명, 날인한 후에 창구에 제출해 주십시오. ❻〔…した上の形で〕…한 이상(以上)은. ❼〔…の上の形で〕…의 상(上)으로는. ‖理論の上ではそうだが, 実際はどうか 이론상으로는 그렇지만 실제로

는 어떨지. ❽〔敬称〕님. ‖母上 어머님. ‖上には上がある 뛰는 놈 위에 나는 놈 있다.〔俗諺〕
うえ【飢え】 굶주림; 기아(飢餓). ◆飢え死に 아사, 飢え死にする 굶어 죽다. 아사하다.
ウエイトトレーニング【weight training】 웨이트 트레이닝.
ウエーター【waiter】 웨이터.
ウエートレス【waitress】 웨이트리스.
うえき【植木】 정원수(庭園樹); 분재(盆栽). ◆植木鉢 화분.
ウエスト【waist】 웨이스트.
うえした【上下】 ❶ 위아래. ❷〔逆さま〕거꾸로 됨. ‖上下になる 거꾸로 되다.
うえつける【植えつける】 ❶ (植木などを)옮겨 심다. ❷ (思想·考え方などを)심어 주다. ‖民主主義の思想を植えつける 민주주의 사상을 심어 주다.
ウエハース【wafers】 웨하스.
ウェブ【web】 웹. ◆ウェブサイト 웹 사이트, ウェブマスター 웹마스터.
うえる【飢える】 굶다; 굶주리다.
うえる【植える】 ❶ 심다. ‖木を植えるに 나무를 심다. ❷〔新しい思想などを〕심다; 심어 주다. ‖男女平等の思想を植える 남녀평등 사상을 심어 주다.
ウエルターきゅう【welter 級】 (ボクシングで)웰터급.
うお【魚】 물고기. ◆魚市場 어시장, 魚産 물고기자리.
うおうさおう【右往左往】 (を전) 우왕좌왕(右往左往)하다.
ウォーミングアップ【warming-up】 (を전) 워밍업.
うおのめ【魚の目】 티눈.
ウォン (韓国の通貨単位)…원(W).
うかい【迂回】 (を전) 우회(迂回)하다. ◆迂回路 우회로. 迂回生産 우회 생산.
うかい【鵜飼い】 가마우지에게 물고기를 잡게 함.
うがい (を전) うがいする 양치질을 하다. 입 안을 물로 씻다.
うかうかする 깜박하다; 멍청하다.
うかがう【伺う】 ❶〔聞く·尋ねるの謙譲語〕여쭙다; 여쭈 보다. ‖そのことについて伺いたいのですが 그 점에 대해서 여쭤 보고 싶은데요. ❷〔訪問するの謙譲語〕찾아뵙다; 찾아가다. ‖今度お宅へ伺います 이 다음에 자택으로 찾아뵙겠습니다.
うかがう【窺う】 ❶〔のぞき見る〕엿보다. ❷ 추측(推測)하다; 짐작(斟酌)하다. ‖親の顔色を窺う 부모의 눈치를 보다. ❸ 틈을 보다; 기회(機會)를 노리다. ‖隙を窺う 기회를 노리다.
うかせる【浮かせる】 ❶ 띄우다. ‖水に浮かせる 물에 꽃을 띄우다. ❷〔金などを〕남기다. ‖旅費を浮かせる 여비를 남기다.

うかつ【迂闊】ダ 注意(注意)が 不足(不足)하다; 깜박하다; 경솔(輕率)하다. ‖うかつなことだ 경솔한 짓이다.

うがつ【穿つ】 ❶〈穴을〉뚫다; 파다. ‖岩をうがって道を通す 바위를 뚫어 길을 내다. ❷〈裏面의 事情을〉꿰뚫다.

うかぬかお【浮かぬ顔】 어두운 얼굴; 걱정스러운 얼굴. ‖うかぬ顔をしている 걱정스러운 얼굴을 하고 있다.

うかびあがる【浮かび上がる】 ❶〈水面・空中에〉떠오르다. ❷〈輪郭이〉드러나다. ❸〈生活・地位등이〉좋아지다.

***うかぶ**【浮かぶ】 ❶떠오르다; 부상(浮上)하다. ‖名案が浮かぶ 명안이 떠오르다. 心に浮かぶ 마음에 떠오르다. ❷드러나다; 나타나다. ‖不快の色が顔に浮かぶ 얼굴에 불쾌한 기색이 드러나다.

うかべる【浮かべる】 띄우다; 떠올리다. ‖舟を浮かべる 배를 띄우다. 笑みを浮かべる 미소를 띄우[짓다].

うかる【受かる】 합격(合格)하다; 붙다. ‖試験に受かる 시험에 합격하다.

うかれる【浮かれる】 들뜨다.

ウガンダ【Uganda】〈国名〉우간다.

うき【雨季・雨期】우기(雨期).

うきあがる【浮き上がる】 ❶〈水面・空中에〉떠오르다. ❷〈地面・床이〉뜨다. ❸〈輪郭이〉드러나다. ❹동떨어지다. ‖指導部は大衆から浮き上がっている 지도부는 대중과 동떨어져 있다.

うきうき【浮き浮き】 〔心がはずんで〕들떠서.

うきぐも【浮き雲】 ❶〔雲〕뜬구름. ❷〔状態〕불안정(不安定)함.

うきしずみ【浮き沈み】〈主하〉부침(浮沈). ‖浮き沈みが激しい 부침이 심하다.

うきだす【浮き出す】 뚜렷하게 드러나다.

うきたつ【浮き立つ】〔気持ちが〕들뜨다.

うきでる【浮き出る】 뚜렷하게 드러나다.

うきはし【浮き橋】 부교(浮橋).

うきぶくろ【浮き袋】 ❶구명대(救命帶). ❷〔魚介類〕부레.

うきぼり【浮き彫り】 ❶〔美術〕부조(浮彫). ❷부각(浮刻). ‖両者の違いが浮き彫りにされる 양쪽의 차이가 부각되다.

うきめ【憂き目】 괴로움; 괴로움 슬픈 경험(經驗). ‖憂き目をみる 괴로운 경험을 하다.

うきよ【浮き世】 덧없고 고달픈 세상(世上); 현실 세계(現實世界); 속세(俗世). ◆浮世絵 우키요에(江戸時代의) 풍속화.

うきわ【浮き輪】 구명대(救命)튜브.

うく【浮く】 ❶〈水面・空中에〉뜨다. ‖空に浮く雲 하늘에 떠 있는 구름. ❷〈表面에〉나타나다; 드러나다. ❸〈時間・費用이〉남다. ‖旅費が浮く 여비가 남다. ❹〔ぐらぐらする〕흔들거리다. ‖歯が浮く 이빨이 흔들거리다. ❺〔気持ちが〕들뜨다. ‖浮かない顔 시무룩한 얼굴.

ウグイス【鶯】 휘파람새. ◆鶯色 울리브색.

ウクライナ【Ukraina】〈国名〉우크라이나.

ウクレレ【ukulele】우쿨렐레.

うけ【受け・請け】 ❶받음; 받침; 함(陥). ❷〔郵便의〕우편함. ❸평판(評判); 평가(評價); 인기(人氣). ‖女性に受けがいい店 여자들에게 인기가 있는 가게. ❹방어(防禦); 수비(守備). ‖受けに回る 수비로 돌아서다. ❺승낙(承諾). ❻보증인(保證人).

うけあう【請け合う】 인수(引受)하다; 보증(保證)하다.

うけい【右傾】 우경(右傾).

うけいれる【受け入れる】 받아들이다. ‖難民を受け入れる 난민을 받아들이다. 反対意見を受け入れる 반대 의견을 받아들이다. 受け入れ難い要求 받아들이기 어려운 요구.

うけおい【請負】 청부(請負). ◆請負師 청부업자.

うけおう【請け負う】 청부(請負)를 맡다.

うけぐち【受け口】 ❶물건(物件)을 받아들이는 곳. ❷〔口〕아랫입술이 윗입술보다 튀어나온 입.

うけこたえ【受け答え】 대답(對答); 응답(應答).

うけざら【受け皿】 ❶〔カップ등의〕 받침. ❷일을 받아들이는 곳; 떠맡는 곳.

うけたまわる【承る】 ❶〔聞く의 謙譲語〕듣다; 전해 듣다. ‖先生のご意見を承る 선생님의 의견을 듣다. 承るところによりますと 전해 듣는 바에 의하면. ❷〔引き受けるの謙譲語〕받다. ‖ご用命を承る 주문을 받다.

うけつぐ【受け継ぐ】 계승(繼承)하다; 잇다; 이어받다; 물려받다. ‖親から受け継いだ気質 부모로부터 물려받은 기질.

うけつけ【受付・受け付け】〈主하〉접수(接受). ❶〔順番의〕受付 원서 접수. 9時から受け付ける 아홉 시부터 접수하다. ❷접수처(接受處); 안내소(案內所).

うけつける【受け付ける】 접수(接受)하다. ‖応募書類を受け付ける 응모 서류를 접수하다.

うけて【受け手】 받는 사람.

うけとめる【受け止める】 받아들이다. ‖事態を深刻に受け止める 사태를 심각하게 받아들이다.

うけとり【受け取り】 ❶수취(受取). ‖受け取り人 수취인(受取人). ❷영수(領

うけとる
収); 인수증(引受證).
*うけとる【受け取る】 ❶받다. ‖彼はお金を受け取ろうとしなかった 그 사람은 돈을 받으려고 하지 않았다. ❷해석(解釋)하다; 이해(理解)하다. ‖何でも善意に受け取れる人もいる 뭐든지 선의로 해석하는 사람도 있다.

うけながす【受け流す】 가볍게 받아넘기다.

うけみ【受け身】 ❶공격(攻擊)을 받는 입장(立場). ❷《柔道》의 낙법(落法). ❸《言語》수동태(受動態).

うけもつ【受け持つ】 담당(擔當)하다; 담임(擔任)하다; 담임을 맡다. ‖1年A組を受け持つ 일 학년 에이 반 담임을 맡다.

*うける【受ける・請ける】 ❶받다; 받아들이다. ‖ボールを手で受ける 공을 손으로 받다. 挑戦を受ける 도전을 받다. 罰を受ける 벌을 받다. 注文を請ける 주문을 받다. 手術を受ける 수술을 받다. とても受けられない条件 도저히 받아들일 수 없는 조건. ❷《試験》치르다; 보다; 치다. ‖試験を受ける 시험을 보다. ❸호평(好評)을 받다. ❹인수(引受)하다.

うけわたし【受け渡し】 ❶주고받음. ❷(取引で)대금(代金)을 받고 물건을 건네줌.

うご【雨後】 비가 갬; 비가 갠 후. ▶雨後の筍 우후죽순.

うごうのしゅう【烏合の衆】 오합지졸(烏合之卒).

*うごかす【動かす】 ❶움직이다. ‖車を動かす 차를 움직이다. 腕をちょっとでも動かすと痛い 팔을 조금이라도 움직이면 아프다. 健康のためには少し体を動かした方がいい 건강을 위해서는 몸을 조금 움직이는 게 좋다. 日本を動かしている人々 일본을 움직이고 있는 사람들. 人々の熱意が行政当局を動かした 사람들의 열의가 행정 당국을 움직였다. 動かし難い事実 움직일 수 없는 사실. ❷《移動》옮기다. ‖机を窓際に動かす책상을 창쪽으로 옮기다. テーブルを部屋の真ん中に動かそう 테이블을 방 한가운데로 옮기자. ❸조작(操作)하다. ‖機械を動かす 기계를 조작하다.

うごき【動き】 ❶움직임; 동향(動向). ‖世の中の動き 세상의 움직임. 世界経済の動き 세계 경제의 동향. 動きが取れない動きようがない 꼼짝할 수가 없다.

うごきまわる【動き回る】 이리저리 돌아다니다; 활약(活躍)하다.

*うごく【動く】 ❶움직이다. ‖車が動き出す 차가 움직이기 시작한다. 気持ちが動く 마음이 움직인다. 動くな. 動くと撃つぞ 움직이지 마라. 움직이면 쏘

겠다. 部下が思うように動いてくれない 부하가 마음대로 움직여 주지 않는다. ❷활동(活動)하다; 작동(作動)하다. ‖風で動く発電装置 바람으로 작동하는 발전 장치.

うごめかす【蠢かす】 벌름거리다. ‖鼻をうごめかす 코를 벌름거리다.

うごめく【蠢く】 꿈틀거리다.

うこん【鬱金】《植物》울금(鬱金). ◆鬱金色 붉은빛을 띤 선명한 노란색.

うさ【憂さ】 우울(憂鬱)함; 근심. ‖憂さを晴らす 우울함을 떨쳐 버리다.

うさをはらす【憂さ晴らす】《 》기분 전환(氣分轉換). ‖うさばらしに酒でも飲みに行こう 기분 전환하게 술이라도 마시러 가자.

うさんくさい【胡散臭い】 어딘지 모르게 수상(殊常)하다; 의심(疑心)스럽다.

ウシ【牛】 소. ‖牛1頭 소 한 마리. ▶牛の歩み 일의 진행이 느림.

うじ【氏】 ❶씨; 씨족(氏族). ❷성(姓); 집안. ▶氏より育ち 집안보다 자란 환경이 중요함.

うじ(むし)【蛆虫】 구더기.

うじむし 우물쭈물; 머뭇머뭇.

うしお【潮】 ❶바닷물. ❷조수(潮水); 조류(潮流). ◆潮汁 소금만으로 간을 맞춘 국.

ウシガエル【牛蛙】 황소개구리.

うじがみ【氏神】 ❶씨족신(氏族神), 태어난 토지(土地)를 수호(守護)하는 신.

うじこ【氏子】 같은 씨족신(氏族神)을 모시는 사람.

*うしなう【失う】 ❶잃다; 상실(喪失)하다; 여의다. ‖自信を失う 자신을 잃다. 山中で道を失う 산속에서 길을 잃다. 英語に興味を失う 영어에 흥미를 잃다. 事故で父を失う 사고로 아버지를 여의다. ❷〔取り逃がす〕놓치다. ‖機会を失う 좋은 기회를 놓치다.

うじゃうじゃ (うじ虫などが)바글바글; 우글우글.

*うしろ【後ろ】 뒤. ‖後ろを振り向く 뒤를 돌아보다. 後ろにもたれる 뒤로 기대다. 後ろから声をかける 뒤에서 말을 걸다. もう少し後ろに下がってください 조금 더 뒤로 물러서 주십시오. ▶後ろを見せる 도망가다. 약점을 보이다.

うしろあし【後ろ足・後ろ脚】 뒷발.

うしろあわせ【後ろ合わせ】 등을 맞댐.

うしろがみ【後ろ髪】 뒷머리. ▶後ろ髪を引かれる 미련이 남다.

うしろすがた【後ろ姿】 뒷모습.

うしろだて【後ろ楯】 후원; 후원자(後援者).

うしろで【後ろ手】 양손을 뒤로 돌림.

うしろまえ【後ろ前】 앞뒤가 바뀜.

うしろむき【後ろ向き】 ❶등을 돌림. ❷소극적(消極的)인 태도(態度).

うしろめたい【後ろめたい】 뒤가 켕기다.

うしろゆび【後ろ指】 ∥人に後ろ指をさされる 남의 손가락질을 당하다.

うす【臼】 절구; 맷돌.

うず【渦】 소용돌이. ∥渦を巻く 소용돌이치다.

うすあかり【薄明かり】 ❶희미(稀微)한 빛. ❷일출 전(日出前)이나 일몰 후(日没後)의 어스름함.

うすあじ【薄味】 삼삼한 맛; 담백(淡白)한 맛.

うすい【雨水】 ❶빗물. ❷〔二十四節気の〕우수(雨水).

***うすい【薄い】** ❶〔厚さが少ない〕얇다. ∥薄い唇 얇은 입술. ❷〔濃度・密度が小さい〕옅다; 연(軟)하다. ∥薄いピンク 연분홍. ❸〔物事の程度が弱い〕적다; 약(弱)하다; 얇다. ∥関心が薄い 관심이 적다.

うすうす【薄薄】 왠지; 어쩐지; 어렴풋이. ∥薄々感づいているようだ 어렴풋이 눈치를 챈 것 같다.

うずうず 근질근질. ∥発言したくてうずうずする 발언하고 싶어서 입이 근질근질하다.

うすがみ【薄紙】 얇은 종이.

うすぎ【薄着】 ∥薄着して風邪を引く 옷을 얇게 입어서 감기 걸리다.

うすぎたない【薄汚い】 약간(若干) 더럽다.

うすぎり【薄切り】 ∥レモンを薄切りにする 레몬을 얇게 썰다.

うずく【疼く】 ❶〔傷が〕욱신거리다. ❷〔心が〕아프다.

うすくちしょうゆ【薄口醤油】 묽은 간장.

うずくまる【蹲る】 웅크리다; 쪼그리다.

うすぐらい【薄暗い】 약간(若干) 어둡다; 침침(沈沈)하다.

うすくれない【薄紅】 연분홍(軟紅紅).

うすじお【薄塩】 소금간을 성겁게 함; 재료(材料)에 살짝 소금을 뿌림.

うずしお【渦潮】 소용돌이쳐 흐르는 바닷물.

ウスターソース【Worcester sauce】 우스터소스.

うすづみ【薄墨】 엷은 수묵하다.

うすっぺら【薄っぺら】グ 매우 얇다.

うすで【薄手】〔紙・布・陶磁器などが〕얇음.

ウスバカゲロウ【薄羽蜻蛉】 명주잠자리.

うすび【薄日】 약한 햇살.

ウズベキスタン【Uzbekistan】〔国名〕우즈베키스탄.

うずまき【渦巻】 소용돌이.

うずまく【渦巻く】 소용돌이치다.

うすまる【薄まる】 (味などが)싱거워지다; 묽어지다; (色이)엷어지다.

うずまる【埋まる】 ❶묻히다; 파묻히다. ∥雪で埋まる 눈에 파묻히다. ❷꽉 차다. ∥会場が人で埋まる 회장이 사람들로 꽉 차다.

うすみどり【薄緑】 연초록(軟草綠).

うすめ【薄め】グ 약(弱)하다; 열다.

うすめ【薄目】 실눈. ∥薄目を開ける 실눈을 뜨다.

うすめる【薄める】 연하게 하다; 묽게 하다.

うずめる【埋める】 ❶(地面에)묻다. ∥庭に埋める 뜰에 묻다. ❷〔一杯にする〕메우다. ∥会場を埋めた大観衆 회장을 메운 수많은 관중들.

うすもの【薄物】 얇은 옷.

うずもれる【埋もれる】 묻히다.

うすやき【薄焼き】 얇게 구운 것.

ウズラ【鶉】 메추라기; 메추리. ◆うずら豆 강낭콩.

うすらぐ【薄らぐ】 약해지다; (痛みなどが)좀 줄어들다. ∥痛みが薄らぐ 통증이 좀 갈아앉다.

うすらさむい【薄ら寒い】 조금 춥다.

うすれる【薄れる】 약해지다; (愛情などが)식다; (可能性が)희박(稀薄)하다; (記憶が)희미(稀微)하다. ∥愛情が薄れる 애정이 식다. 記憶が薄れる 기억이 희미하다.

うせつ【右折】〔도로〕 우회전(右回轉).

うせる【失せる】 ❶〔消える〕없어지다; 사라지다. ❷〔死ぬ〕죽다. ❸〔去る〕가다; 꺼지다.

***うそ【嘘】** 거짓말. ∥うそをつく 거짓말을 하다. うそのような話 거짓말 같은 이야기. 真っ赤なうそ 새빨간 거짓말. うそ発見器 거짓말 탐지기. ◆うそつき 거짓말쟁이. うそっぽい 거짓말. 톤하지도 않는 그저 삣치 터무니없는 거짓말이다. ∥嘘八百 거짓말투성이. 嘘八百を並べる 마구 거짓말을 늘어놓다.

ウソ【鷽】〔鳥類〕피리새.

***うた【歌・詩】** ❶노래. ∥歌を歌う 노래를 부르다. 歌がうまい 노래를 잘하는 사람. ❷〔日本式의〕단가(短歌). ❸시(詩). ∥初恋の詩 첫사랑을 노래한 시.

うたいもんく【謳い文句】 캐치프레이즈.

***うたう【歌う】** 노래하다; (노래를)부르다. ∥歌を歌う 노래를 부르다. 大きな声で歌う 큰 소리로 노래를 부르다. 鼻歌を歌う 콧노래를 부르다.

うたう【謳う】 ❶(和歌・詩を)짓다. 구가(謳歌)하다. ❷주장(主張)하다;

언명(言明)하다.

うだうだ【無駄口を】구시렁구시렁.

***うたがい**【疑い】 의심(疑心). ‖의심이 晴れる 의심이 풀리다. 의심을 할 만한 行動 의심을 살 만한 행동을 하다. 疑いをさしはさむ余地がない 의심의 여지가 없다.

うたがいぶかい【疑い深い】 의심(疑心)이 많다. ‖疑い深い性格 의심이 많은 성격.

***うたがう**【疑う】 의심(疑心)하다. ‖彼の言葉を疑う 그 사람 말을 의심하다. 彼が有能であることを疑ったことがない 그 사람이 유능하다는 것을 의심한 적이 없다. 君の言葉を疑っているわけではない 네 말을 의심하는 건 아니다. 自分の耳を疑った 나는 내 귀를 의심했다.

***うたがわしい**【疑わしい】 의심(疑心)스럽다; 믿기 어렵다. ‖この薬の効果は疑わしい 이 약의 효과는 의심스럽다. 彼の行動には疑わしいところがある 그 사람의 행동에는 의심스러운 구석이 있다. ❷【不審な】수상(殊常)하다. ‖挙動の疑わしい男 거동이 수상한 남자.

うたごえ【歌声】 노랫소리.

うたたね【転た寝】 선잠; 풋잠. ‖うたた寝する 선잠을 자다. 풋잠이 들다.

うだる【茹だる】 ❶ 삶아지다. ❷【暑さに】지치다. ‖茹だるような暑さ 찌는 듯한 더위.

***うち**【内】 ❶【空間的】안; 내부(内部). ‖部屋の内にこもる 방안에 틀어박히다. ❷【時間・抽象的なものの】안; 내부; 일부(一部); 중(中). ‖朝のうちに仕事をかたづける 오전 중에 일을 마치다. これも仕事のうちだ 이것도 일이다. メンバーのうちの誰かを代表に指名してください 멤버 중의 누군가를 대표로 지명해 주십시오. ❸【自己】집; 가족(家族). ‖今度うちに遊びに来てください 이 다음에 우리 집에 놀러 오세요. ❹【所属しているところ】우리. ‖うちの会社 우리 회사. ◆内偏 내측.

うちあげ【打ち上げ】 ❶ 쏘아 올림; 발사(發射). ‖ロケットの打ち上げ 로켓 발사. ❷【事業や興行などを】끝냄 또는 그 宴會(연회). ◆**打ち上げ花火** 공중(空中)으로 쏘아 올리는 불꽃놀이.

うちあけばなし【打ち明け話】 숨김없이 털어놓는 이야기; 솔직(率直)한 이야기.

うちあける【打ち明ける】 털어놓다. ‖悩みを打ち明ける 고민을 털어놓다.

うちあげる【打ち上げる】 ❶ 쏘아 올리다. ‖ロケットを打ち上げる 로켓을 쏘아 올리다. ❷ 파도가 해안에 밀어 올리다. ❸【事業や興行などを】끝내다.

うちあわせ【打ち合わせ】 사전(事前)에 하는 협의(協議).

うちあわせる【打ち合わせる】 사전(事前)에 협의(協議)하다.

うちいわい【内祝い】 (說明)가까운 사람끼리 하는 축하 행사(祝賀行事). ❷ 집안의 경사(慶事) 때 하는 선물(膳物).

うちうち【内内】 ❶ 집안. ❷ 내밀(内密)히 함.

うちおとす【打ち落とす・撃ち落とす】 쳐서 떨어뜨리다; 쏴서 떨어뜨리다.

うちがけ【内掛け】(相撲で) 안다리 걸기.

うちかつ【打ち勝つ】 ❶ 이기다. ‖強敵に打ち勝つ 강적을 이기다. ❷ 극복(克服)하다. ‖困難に打ち勝つ 어려움을 극복하다. ❸【野球で】타격(打撃)으로 이기다.

うちき【内気】ダ 소극적(消極的)이다. ‖内気な人 소극적인 사람.

うちきり【打ち切り】 중지(中止). ‖公演の打ち切り 공연의 중지. 打ち切りする 중지하다.

うちきる【打ち切る】 자르다. ‖木の枝を打ち切る 나뭇가지를 자르다. 中止(중지)하다; 중단(中斷)하다. ‖交渉をうち切る 교섭을 중단하다.

うちくだく【打ち砕く】 때려 부수다; 박살을 내다.

うちけし【打ち消し】 부정(否定).

うちけす【打ち消す】 ❶ 지우다. ❷ 부정(否定)하다. ‖うわさを打ち消す 소문을 부정하다.

うちこむ【打ち込む】 ❶ 박다. ‖釘を打ち込む 못을 박다. ❷【弾丸などを敵陣に】쏘다. ❸ 몰두(沒頭)하다; 집중(集中)하다. ‖研究に打ち込む 연구에 몰두하다.

うちころす【打ち殺す】 ❶【叩いて】때려 죽이다. ❷【撃って】쏘아 죽이다.

うちこわす【打ち壊す】 부수다; 때려 부수다; 깨부수다. ‖古い道徳観をうち壊す 낡은 도덕 관념을 깨부수다.

うちじに【討ち死に】 (文語) 전사(戰死).

うちすえる【打ち据える】 ❶ 据えるを強めて 앉히다. ❷【動けないほど叩く】때리다.

うちすてる【打ち捨てる】 팽개치다.

うちたおす【打ち倒す】 쓰러뜨리다; 때려눕히다.

うちだし【打ち出し】 ❶ 그날 흥행(興行)의 끝. ❷【金属板の裏を叩いて】무늬가 나오도록 함.

うちだす【打ち出す】 ❶ 두드리기 시작(始作)하다. ‖太鼓を打ち出す 큰북을 두드리기 시작하다. ❷ 쏘기 시작하다. ‖弾丸を打ち出す 총알을 쏘기 시작하다. ❸【金属板の裏を叩いて】무늬가 나오도록 하다. ❹ 표명(表明)하다; 내세우다. ‖方針を打ち出す 방

うちたてる【打ち立てる】 확립(確立)하다. ‖基礎を打ち立てる 기초를 확립하다.

うちつける【打ち付ける】 ❶ 세게 때리다; 부딪치다. ❷ 박아서 고정(固定)시키다. ‖柱に頭を打ち付ける 기둥에 머리를 부딪치다. ❸ 박아서 고정(固定)시키다.

うちづら【内面】 가족(家族)이나 친한 사람에게 보이는 태도(態度).

うちとける【打ち解ける】 허물없이 지내다; 스스럼없다.

うちどころ【打ち所】 부딪친 곳.

うちどめ【打ち止め】 〈仕事・興行などの〉끝.

うちとる【撃ち取る・討ち取る】 ❶ 〈敵などを〉죽이다. ❷ 〈競技などで〉이기다.

うちぬく【打ち抜く・撃ち抜く】 ❶ 〈壁・仕切りなどを〉트다. ❷ 〈紙・金属板に型を〉뜨다. ❸ 〈最後まで〉계속(繼續)하다. ‖ストを打ち抜く 파업을 계속하다. ❹ 관통(貫通)하다; 뚫다.

うちのひと【内の人】 ❶ 가족(家族). ❷〈自分の夫〉우리 남편(男便).

うちのめす【打ちのめす】 때려눕히다.

うちびらき【内開き】 〈ドアが〉안쪽으로 열림.

うちぶろ【内風呂】 집안에 있는 목욕탕(沐浴湯).

うちほろぼす【討ち滅ぼす】 멸망(滅亡)시키다.

うちまかす【打ち負かす】 물리치다; 이기다.

うちまく【内幕】 내막(内幕).

うちまご【内孫】 친손자(親孫子).

うちまた【内股】 ❶〈足の〉허벅지. ❷〈歩き方〉안짱걸음. ❸〈柔道で〉허벅다리 걸기.

うちまわり【内回り】 ❶집의 내부(内部). ❷순환선(循環線)의 안쪽을 돎.

うちもも【内股】 허벅지.

うちやぶる【打ち破ぶる】 ❶ 쳐부수다. ❷ 격파(擊破)하다; 격퇴(擊退)하다.

*うちゅう【宇宙】 우주(宇宙). ‖宇宙にロケットを打ち上げる 우주에 로켓을 쏘아 올리다. ◆宇宙開発計画 우주 개발 계획. 宇宙空間 우주 공간. 宇宙工学 우주 공학. 宇宙食 우주식. 宇宙人 우주인. 宇宙旅行 우주 여행.

うちゅうかん【右中間】〈野球で〉우중간(右中間).

うちょうてん【有頂天】 ″기분(氣分)이 매우 좋다.

うちよせる【打ち寄せる】 밀려들다; 밀려오다. ‖打ち寄せる波 밀려오는 파도.

うちわ【内輪】 ❶내부(内部). ‖内輪揉め 내분(内紛). ❷내밀(内密). ❸〈数量などを〉적게 봄.

うちわ【団扇】 부채. ‖うちわであおぐ 부채로 부치다.

うちわく【内枠】 ❶〈競走路の〉안쪽 코스. ❷〈割り当てられた〉수의 범위 내(範囲内).

うちわけ【内訳】 내역(内譯). ‖支出の内訳 지출 내역.

うつ【鬱】 우울(憂鬱).

*うつ【打つ・討つ・撃つ】 ❶ 치다; 박다; 〈注射を〉놓다. ‖二塁打を打つ 이루타를 치다. 転んで頭が 넘어져서 머리를 박다. ❷ 표시(標示)를 하다; 찍다. ‖点を打つ 점을 찍다. ❸ 감동(感動)을 주다. 心을 打を감동을 주는 이야기. ❹〈手・手段・方法で〉쓰다. ‖手を打つ 손을 쓰다. 守退(撃退)하다. ❺ 〈敵을〉討つ 적을 무찌르다. ❻ 쏘다. ‖銃を撃つ 총을 쏘다.

うっかり 깜빡; 〈주의(注意)하지 않고〉깜빡. ‖うっかり約束을 忘れる 약속을 깜빡 잊다. うっかりしゃべってしまう 무심(無心)코 말해 버리다.

*うつくしい【美しい】 아름답다; 예쁘다. ‖美しい声 아름다운 목소리. 美しい女の人 아름다운 여자. 美しい話 아름다운 이야기. 心の美しい人 마음이 아름다운 사람. ウエディングドレスを着た彼女は一段と美しかった 웨딩드레스를 입은 그녀는 한결 예뻤다.

うっけつ【鬱血】 울혈(鬱血).

うつし【写し】 복사(複寫); 카피.

うつしだす【映し出す・写し出す】 투영(投影)하다.

うつしとる【写し取る】 베끼다; 복사(複寫)하다.

うつす【映す・写す】 ❶ 촬영(撮影)하다; 영사(映寫)하다. ❷ 복사(複寫)하다. ❸〈水面に〉비추다.

うつす【移す】 옮기다. ‖机を窓際に移す 책상을 창 쪽으로 옮기다. 営業部に移す 영업부로 옮기다. 風邪を移す 감기를 옮기다.

うっすら【薄ら】 어렴풋이; 희미(稀微)하게.

うっせき【鬱積】 (主에) 울적(鬱積).

うっそう【鬱蒼】 울창(鬱蒼)함. ‖うっそうとした森 울창한 숲

*うったえる【訴える】 ❶ 고소(告訴)하다; 고발(告發)하다. ‖裁判所に訴える 법원에 고소하다. ❷〈働きかけて〉동의(同意)를 구(求)하다; 호소(呼訴)하다. ‖空腹を訴える 배고픔을 호소하다. ❸〈手段を用いる〉강력(强力)한 수단(手段)을 쓰다. ‖腕力に訴える 완력

うっちゃる ❶ 내던지다. ‖ごみをうっちゃる 쓰레기를 내던지다. ❷ 방치(放置)

うつつ【現】 ❶ 현실(現實); 생시(生時). ‖夢かうつつか 꿈이냐 생시냐. ❷〔正

気]제정신(精神). ‖うつつに返る 제정신으로 돌아오다. ▶うつつを抜かす 열중하다; 몰두하다.
うって【打つ手】 취할 수 있는 수단(手段)이나 방법(方法).
うってかわる【打って変わる】 완전(完全)히 바뀌다; 돌변(突變)하다. ‖打って変わって強硬な態度に出る 돌변해서 강경한 태도로 나오다.
うってつけ【打って付け】ダ 딱 맞다; 적합(適當)하다. ‖この仕事にうってつけの人 이 일에 적합하는 사람.
うってでる【打って出る】 자진(自進)해서 나서다.
うっとうしい【鬱陶しい】 ❶〔気分·天気など〕우울(憂鬱)하고 무겁다. ‖うっとうしい気分 울적한 기분. ❷〔邪魔〕で성가시다; 귀찮다; 거추장스럽다. ‖目にものもらいができてうっとうしい 눈에 다래끼가 생겨서 성가시다.
うっとりする 도취(陶醉)하다; 황홀(恍惚)해하다.
うつびょう【鬱病】 울증(鬱症).
うつぶせ【俯せ】 ‖うつぶせになる 엎드리다. うつぶせに置く 엎어 놓다.
うつぶせる【俯せる】 ❶엎드리다. ‖地面にうつぶせる 땅바닥에 엎드리다. ❷〔下に向けて〕엎다; 엎어 놓다.
うっぷん【鬱憤】 울분(鬱憤). ‖鬱憤を晴らす 울분을 풀다.
ウツボ【靭】 곰치.
うつむく【俯く】 고개를 숙이다.
うつむける【俯ける】 (고개를) 숙이다.
うつらうつら 꾸벅꾸벅. ‖うつらうつらしているうちに 꾸벅꾸벅 졸고 있는 사이에.
うつり【映り】 ❶〔状態〕비침. ‖テレビの映りが悪い 텔레비전이 잘 안 보이다. ❷〔色·姿〕조화(調和).
うつりかわる【移り変わる】 변화(變化)하다; 바뀌다. ‖季節が移り変わる 계절이 바뀌다.
うつる【映る·写る】 ❶〔写真に〕찍히다. ❷〔水面·鏡に〕비치다. ‖水面に映る 수면에 비치다. 夕日が窓に映る 저녁놀이 창에 비치다. ❸보이다. ‖テレビがよく映らない 텔레비전이 잘 안 보이다. ❹어울리다. ❺〔色·調和〕조화(調和)되다. ❻〔印象(印象)을 주다; 비치다. ‖彼の行動は他人には奇異に映った 그의 행동은 다른 사람에게는 기이하게 비쳤다.
* **うつる【移る】** ❶옮기다; 이전(移轉)하다. ‖庶務課から人事課に移る 서무과에서 인사과로 옮기다. ❷ 감염(感染)되다; 전염(傳染)되다; 옮다. ‖風邪が移る 감기가 옮다. ❸〔火〕が옮겨 붙다; 번지다. ‖隣の家に移る 불이 창고로 번지다. ❹변하다; 바뀌다. ‖季節が移る 계절이 바뀌다. ❺〔色·

においなどが〕배다. ❻〔香りが移る 냄새가 배다.
うつろ【虚ろ·空ろ】ダ ❶텅 비다. ❷멍하다; 공허(空虛)다. ‖うつろな目 멍한 눈.
うつわ【器】 ❶〔入れ物〕그릇; 용기(容器). ❷器に盛る 그릇에 담다. ❷기량(器量); 〔人としての〕그릇. ‖社長の器ではない 사장 그릇은 아니다.
* **うで【腕】** ❶팔. ‖彼女は腕が細い 그녀는 팔이 가늘다. 腕を組む 팔짱을 끼다. ❷ 완력(腕力). ❸재능(才能); 기량(技倆); 솜씨. ‖腕を磨く 기술을 연마하다. ▶腕に覚えがある 솜씨에 자신이 있다. ▶腕に縒(*)をかける 솜씨를 발휘하려고 노력하다. ▶腕を扱(ね)く 수수방관하다. 腕をふるう 솜씨를 발휘하다.
うできき【腕利き】 수완가(手腕家).
うでぐみ【腕組み】 팔짱. ‖腕組みする 팔짱을 끼다.
うでずく【腕尽く】 완력(腕力)을 씀. ‖腕ずくで取り上げる 완력으로 빼앗다.
うでずもう【腕相撲】 팔씨름.
うでたてふせ【腕立て伏せ】 팔 굽혀 펴기.
うでだめし【腕試し】 (実力이나 腕力 등을) 시험(試験)해 봄. ‖腕試しに模試を受ける 실력을 알아보려고 모의시험을 보다.
うでどけい【腕時計】 손목시계(時計). ‖腕時計をはめる 손목시계를 차다.
うでまえ【腕前】 능력(能力); 기량(技倆); 솜씨.
うでわ【腕輪】 팔찌.
うてん【雨天】 우천(雨天). ◆雨天順延 우천순연.
ウド【独活】 두릅.
うとい【疎い】 ❶소원(疎遠)하다. ❷잘 모르다; 〔世事に〕어둡다. ‖世事に疎い 세상 물정에 어둡다.
うとうと 꾸벅꾸벅. ‖うとうと(と)眠る 꾸벅꾸벅 졸다.
うどん【饂飩】 우동.
うながす【促す】 촉구(促求)하다; 재촉하다; 촉진(促進)하다. ‖参加を促す 참가를 촉구하다. 発育を促す 발육을 촉진하다.
ウナギ【鰻】 뱀장어; 장어. ▶鰻登り〔物価などが〕급격하게 오름. 物価のうなぎのぼりに上がる 물가가 급격하게 오르다. ◆鰻丼 장어 덮밥.
うなされる【魘される】 가위눌리다; 〔悪夢に〕시달리다. ‖悪夢にうなされる 악몽에 시달리다.
うなじ【項】 목덜미.
うなじゅう【鰻重】 장어 덮밥.
うなずく【頷く】 끄덕이다; 수긍(首肯)하다.
うなだれる【項垂れる】 힘없이 고개를

떨구다.

うなばら【海原】해원(海原).

うなる【唸る】❶웅웅거리다; 으르렁거리다. ‖犬がうなる 개가 으르렁거리다. ❷끙끙대다. ‖試験問題が難しくてうなる 시험 문제가 어려워서 끙끙대다.

ウニ【海胆】성게; 성게 알젓.

うぬぼれる【自惚れる】자만(自慢)하다.

うねる❶〔道が〕구불구불하다; 구불대다. ❷〔波が〕물결치다.

うのう【右脳】우뇌(右腦).

うのみ【鵜呑み】❶〔食物を〕통째로 삼킴. ❷〔他人の考えなどを〕그대로 받아들임.

うは【右派】우파(右派).

うば【乳母】유모(乳母).

***うばう**【奪う】❶빼앗다. ‖金を奪う 돈을 빼앗다. 自由を奪う 자유를 빼앗다. チャンピオンの座を奪う 챔피언의 자리를 빼앗다. ❷〔心・注意などを〕사로잡다. ‖心を奪う 마음을 빼앗다.

うばぐるま【乳母車】유모차(乳母車). 乳母車を押す유모차를 밀다.

うひょう【雨氷】우빙(雨氷).

うぶ【初】❶순진(純眞)하다. ‖うぶな青年 순진한 청년.

うぶぎ【産着】배냇저고리; 배내옷.

うぶげ【産毛】❶〔赤ん坊の〕배냇머리. ❷〔柔らかい毛〕솜털.

うぶごえ【産声】아기의 첫 울음소리.

うふふうふふと 笑う 그다지 소리를 내지 않고 웃다.

うへん【右辺】우변(右邊). 오른쪽 부분.

***ウマ**【馬】말. ‖馬に乗る 말을 타다. 馬から落ちる 말에서 떨어지다. 馬が合う 마음이 맞다. ▶馬の耳に念仏 쇠귀에 경 읽기.〔俚〕

***うまい**【旨い・上手い】❶〔おいしい〕맛있다. ‖うまい料理 맛있는 요리. ❷〔上手だ〕잘하다; 〔技術・技量などが〕좋다. ‖野球がうまい 야구를 잘하다. うまい絵 잘 그린 그림. 絵がうまくなる 그림 솜씨가 좋아지다. ❸〔都合がよい〕사정(事情)에 맞다. ‖仕事がうまく運ばれる 일이 잘되었다. うまい話 그럴싸한 이야기. 돈을 벌수 있다는 이야기.

うまうま 보기 좋게; 감쪽같이. ‖うまうま(と)いっぱい食わされた 감쪽같이 속았다.

うまづら【馬面】말상.

うまとび【馬跳び】〔說明〕상체(上體)를 구부리고 있는 사람의 등을 짚고 넘는 놀이.

うまに【旨煮】〔說明〕생선(生鮮)・야채(野菜) 등을 달착지근하게 조린 요리(料理).

うまのほね【馬の骨】개뼈다귀. ‖どこの馬の骨とも知れない 어디서 굴러먹던 개뼈다귀인지.

うまのり【馬乗り】말을 타듯 걸터앉는 것.

うまみ【旨味】❶맛. ❷肉の旨みが出る고기의 맛이 우러나다. ❸〔技芸などの〕솜씨. ❹이익(利益).

うまる【埋まる】❶〔穴などに〕묻히다. ❷〔不足分が〕보충(補充)되다; 채워지다.

うまれ【生まれ】❶〔誕生〕태어남. ❷출생지(出生地). ‖生まれは東京だが育ちは大阪だ 도쿄에서 태어났지만 오사카에서 자랐다. ❸〔家柄〕가문(家門).

うまれあわせる【生まれ合わせる】같은 시기(時期)에 태어나다. ‖激動の時代に生まれ合わせる 격동의 시대에 태어나다.

うまれおちる【生まれ落ちる】태어나다.

うまれかわる【生まれ変わる】다시 태어나다.

うまれこきょう【生まれ故郷】태어난 곳; 고향(故郷).

うまれたて【生まれ立て】막 태어남.

うまれつき【生まれ付き】❶타고남; 천성(天性). ‖生まれつきの美声 타고난 미성. ❷〔副詞的に〕태어나면서부터; 선천적(先天的)으로; 원래(元來)부터. ‖生まれつき頭がいい 원래부터 머리가 좋다.

うまれつく【生まれ付く】타고나다.

うまれながら【生まれながら】태어나면서부터. ‖生まれながらの芸術家 타고나는 예술가.

***うまれる**【生まれる・産まれる】❶태어나다. ‖女の子が生まれる 여자 아이가 태어나다. ❷만들어지다; 생기다. ‖歌が生まれる 노래가 만들어지다. 愛情が生まれる 애정이 생기다.

***うみ**【海】❶푸른 바다. 青い海 푸른 바다. 火の海 불바다. ❷호수(湖水). ▶海千山千〔說明〕산전수전(山戰水戰)을 다 겪어 영역(靈麗)해진 사람. の海の幸 해산물. 海風 해풍. 바닷바람. 海亀 바다거북. 海ツバメ 바다제비. 海鳴り 바다울이. 海鳴り 해명. 海の日〔祝日〕바다의 날. 海開き〔說明〕그해에 처음으로 해수욕장(海水浴場)을 개장(開場)할 때 또는 그날.

うみ【膿】고름. ‖膿を出す 고름을 짜내다.

うみおとす【生み落とす・産み落とす】출산(出産)하다.

うみだす【生み出す・産み出す】출산(出産)하다; 산출(産出)하다; 만들어 내다.

うみづき【産み月】산달.

うみつける【産み付ける】〔昆虫などが〕물건에다가 알을 낳다.

うみのおや【生みの親】친부모(親父母).

うみのくるしみ

うみのくるしみ【産みの苦しみ】 산고(産苦).
うみべ【海辺】 해변(海邊); 바닷가.
うむ【有無】 ❶유무(有無); 있고 없음. ❷가부(可否); 싫고 좋음. ‖有無を言わせず引っぱってくる 무조건〔덮어놓고〕 끌고 오다.
うむ【生む・産む】 ❶낳다; 출산(出産)하다. ‖子どもを生む 아이를 낳다. 誤解を生む 오해를 낳다. ❷새롭게 만들어 내다. ‖新記録を生む 신기록을 내다.
うむ【膿む】 (傷などが) 곪다.
ウムラウト【Umlaut독】【言語】 움라우트.
ウメ【梅】 매화(梅花). ◆梅酒 매실주. 梅干し [설명] 매실(梅實)을 소금에 절인 것.
うめあわせる【埋め合わせる】 〈損失などを〉채우다; 메우다. ‖赤字をボーナスで埋め合わせる 적자를 보너스로 메우다.
うめく【呻く】 신음(呻吟)하다.
うめたてち【埋め立て地】 매립지(埋立地).
うめたてる【埋め立てる】 매립(埋立)하다; 메우다.
*__うめる__【埋める】 ❶묻다. ‖壺を庭に埋める 항아리를 마당에 묻다. ❷메우다; 막다. ‖会場を埋めた群衆. 赤字を埋めた적자를 메우다. 穴を埋める 구멍을 막다.
うもう【羽毛】 우모(羽毛); 깃털.
うもれる【埋もれる】 묻히다; 파묻히다. ‖雪に埋もれる 눈에 파묻히다.
うやまう【敬う】 존경(尊敬)하다; 공경(恭敬)하다.
うやむや【有耶無耶】 유야무야(有耶無耶); 흐지부지; 애매(曖昧)함. ‖うやむやにしておく 애매하게 해 두다.
うようよ 우글우글; 득실득실.
うよきょくせつ【紆余曲折】 우여곡절(迂餘曲折). ‖紆余曲折を経て, やっと決定した 우여곡절 끝에 겨우 결정하다.
うよく【右翼】 우익(右翼).
*__うら__【裏】 ❶뒤; 뒷면; 이면(裏面); 배후(背後). ‖紙の裏 종이 뒷면. 裏ぁが正直な 속셈이. ❷속사정(事情); 내막(內幕). ❸【野球で毎回の】 말(末). ▶裏をかく 허를 찌르다(爲). 裏を取る 裏を 確認한다. ◆裏街道 뒷길. 샛길. 裏金 뒷돈. 裏面 이면. 裏口 뒷문. 裏帳簿 비밀 장부. 裏通り 뒷길. 뒷골목.
うらうち【裏打ち】 ❶(裏面に紙・布などを)덧댐. ❷보강(補強); 뒷받침. ‖学説と違った資料で裏打ちする 학설과 다른 자료로 뒷받침하다.

44

うらおもて【表裏】 표리(表裏); 안팎; 겉과 속. ‖表裏がある 겉과 속이 다르다. 표리부동하다.
うらがえす【裏返す】 뒤집다; 반대(反對)로 하다; 역(逆)으로 하다. ‖裏返して言えば 역으로 말하면.
うらがえる【裏返る】 ❶뒤집히다. ❷[裏切る]배반(背叛)하다; 배신(背信)하다.
うらがき【裏書き】 (ð한) ❶증명(證明). ❷이서(裏書).
うらかた【裏方】 무대(舞臺) 뒤에서 일하는 사람.
うらぎり【裏切り】 배신(背信); 배반(背反). ‖裏切り行為 배신 행위.
うらぎる【裏切る】 ❶배신(背信)하다; 배반(背反)하다. ‖友人を裏切る 친구를 배신하다. ❷〈期待・予想などを〉 미치다; 어긋나다. ‖人々の予想を裏切る成績 사람들의 예상에 못 미치는 성적.
うらごえ【裏声】 가성(假聲).
うらごし【裏漉し】〈調理用の〉체. ‖裏漉しをする 체로 거르다.
うらさく【裏作】 뒷갈이.
うらじ【裏地】 안감.
うらづけ【裏付け】 뒷받침; 확실(確實)한 증거(證據).
うらづける【裏付ける】 뒷받침하다. ‖犯行を裏付ける証拠 범행을 뒷받침하는 증거.
うらて【裏手】 뒤쪽; 뒷편.
うらない【占い】 점(占). ◆占い師 점쟁이. 星占い 별점.
うらなう【占う】 점(占)치다. ‖吉凶を占う 길흉을 점치다.
ウラニウム【uranium】 우라늄.
うらばなし【裏話】 숨겨진 이야기; 뒷이야기.
うらはら【裏腹】 정반대(正反對); 불일치(不一致). ‖言うこととやることが裏腹だ 말하는 것과 하는 것이 정반대다.
うらばんぐみ【裏番組】 [설명] 어떤 프로그램과 같은 시간(時間)에 방송(放送)되는 타사(他社)의 프로그램.
うらぶれる 초라해지다; 볼품없어지다. ‖うらぶれた姿 초라한 모습.
うらぼん【盂蘭盆】 백중(百中)맞이.
うらまち【裏町】 뒷골목 거리.
うらみ【恨み】 원한(怨恨)을 사는 원한을 사다.
うらみごと【恨み言】 원한(怨恨)의 말; 원망(怨望)의 말.
うらみち【裏道】 ❶뒷길; 샛길. ❷옳지 못한 수단(手段)이나 방법(方法).
うらみつらみ【恨みつらみ】 원망(怨望)이나 원한(怨恨). ‖恨みつらみを並べ立てる 갖은 원망을 늘어놓다.
うらむ【恨む】 ❶(相手を)원망(怨望)하다; 불쾌(不快)하게 생각하다. ❷〔残

うらめ【裏目】 주사위의 나온 것과 반대(反對) 쪽. ▶裏目に出る 예상하는 다른 결과가 되다.

うらめしい【恨めしい】 ❶(相手가) 원망(怨望)스럽다. ❷【残念】한심(寒心)스럽다; 후회(後悔)스럽다.

うらもん【裏門】 뒷문.

うらやま【裏山】 뒷산.

うらやましい【羨ましい】 부럽다. ∥うらやましく思う 부럽게 여기다. うらやましそうに見る 부러운 듯이 보다.

うらやむ【羨む】 부러워하다.

うららか【麗か】 ▶화창(和暢)하다. ∥うららかな春の一日 화창한 봄날.

うらわざ【裏技】 비법(秘法).

うり【売り】 ❶ 팖. ❷(相場で)시세 하락(時勢下落)을 예상(豫想)하고 팖. ❸ 상품(商品)의 특징(特徵)이나 장점(長點). ∥新鮮さが売りだ 신선함이 특징이다.

ウリ【瓜】 박과 식물(植物)의 총칭(總稱).

うりあげ【売り上げ】 매상(賣上).

うりかい【売り買い】 ▶매매(賣買).

うりかけ【売り掛け】 외상 판매(販賣); 외상값.

うりきる【売り切る】 다 팔다; 다 팔아 치우다. ∥在庫品を売りきる 재고품을 다 팔아 치우다.

うりきれ【売り切れ】 매진(賣盡).

うりきれる【売り切れる】 다 팔리다; 매진(賣盡)되다.

うりくち【売り口】 판 상대(相對).

うりこ【売り子】 판매원(販賣員).

うりごえ【売り声】 물건을 사라고 외치는 소리.

うりことば【売り言葉】 시비(是非)를 거는 듯한 말. ▶売言葉に買い言葉 오는 말이 고와야 가는 말이 곱다.(俚)

うりこむ【売り込む】 ❶(商品을)팔다. ❷(名前·信用などを)알리다.

うりさばく【売り捌く】 팔아 버리다; 팔아 치우다.

うりだす【売り出す】 ❶팔기 시작(始作)하다. ❷유명(有名)해지다.

うりたたく【売り叩く】 싼값〔헐값〕으로 팔다.

うりつくす【売り尽くす】 전부(全部) 팔아 치우다; 재고를 전부 다 팔아 치우다. 재고를 전부 팔아 치웠다.

うりつける【売り付ける】 강매(強賣)하다.

うりて【売り手】 파는 쪽〔사람〕. ◆売り手市場〔服胸〕 수요(需要)가 많아 파는 쪽이 유리(有利)한 시장(市場).

うりどき【売り時】 팔 때; 매도 시기(賣渡時機).

うりとばす【売り飛ばす】 팔아 치우다; 팔아 버리다.

うりぬし【売主】 파는 사람.

うりね【売値】 판매가(販賣價); 파는 값.

うりば【売り場】 매장(賣場); 파는 곳. ∥靴売り場 구두 매장. 切符売り場 표 파는 곳.

うりはらう【売り払う】 팔아 치우다; 팔아 버리다.

うりもの【売り物】 ❶ 팔[파는] 물건; 상품(商品). ❷【セールスポイント】자랑거리.

うりょう【雨量】 우량(雨量).

うりわたす【売り渡す】 팔아넘기다.

***うる**【売る】 팔다. ❶酒を売る 술을 팔다. リンゴを1個 100円で売る 사과를 하나에 백 엔에 팔다. 名前を売る 이름을 팔다. あちこちらに顔を売る 여기저기에 얼굴을 팔다. 金のため良心を売る 돈 때문에 양심을 팔다. ❷〔けんかを〕걸다. ∥けんかを売る 싸움을 걸다.

うる【得る】 ❶얻다. ❷〔…できる〕…할 수 있다. ∥できうることは何でも試してみる 할 수 있는 일은 뭐든지 해 보다.

うるうづき【閏月】 윤달.

うるうどし【閏年】 윤년(閏年).

うるおい【潤い】 ❶습기(濕氣); 촉촉함. ❷(金銭·精神などの)여유(餘裕). ∥潤いのある生活 여유로운 생활.

うるおう【潤う】 ❶습기(濕氣)가 차다; 촉촉하다. ❷여유(餘裕)가 생기다. ∥心が潤う 마음의 여유가 생기다. ❸이익(利益)을 얻다; 혜택(惠澤)을 받다.

うるおす【潤す】 ❶(水分)축이다. ❷은혜(恩惠)나 이익(利益)을 주다.

ウルグアイ【Uruguay】【国名】 우루과이.

***うるさい**【煩い】 ❶(音이)시끄럽다. ∥ラジオの音がうるさい 라디오 소리가 시끄럽다. ❷〔わずらわしい〕번거롭다; 귀찮다; 성가시다. ❸【こだわり】까다롭다. ∥料理にはうるさい 요리에는 까다롭다.

うるし【漆】 ❶【植物】 옻; 옻나무. ❷〔塗料〕옻칠.

うるち【粳】 멥쌀. ◆うるち米 멥쌀.

ウルトラ【ultra】 울트라.

うるわしい【麗しい】 ❶(外面的に)아름답다; 기품(氣品)이 있다. ❷(心이) 훈훈(薰薰)하다; 따뜻하다. ∥うるわしい情景 훈훈한 정경. ❸(気分·天気が)좋다. ∥ご機嫌うるわしい 기분이 좋으시다.

うれあし【売れ足】 팔림새. ∥売れ足が早い 잘 팔리다.

うれい【憂い】 ❶【悲しみ】슬픔. ❷【不安】근심; 걱정; 불안(不安). ∥憂いに沈む 근심에 잠기다.

うれえる【憂える】 ❶【嘆き悲しむ】슬퍼하다; 한탄(恨歎)하다. ❷【心配する】

うれしい

걱정하다. ‖子どもの将来を憂える 아이의 장래를 걱정하다.
*うれしい【嬉しい】 기쁘다; 반갑다; 고맙다. ‖うれしい知らせ 기쁜 소식. 宿題が終わってうれしい 숙제가 끝나서 기쁘다. 久しぶりに会えてうれしい 오랜만에 만나서 반갑다. お心づかいうれしく存じます 마음을 써 주셔서 고맙게 생각합니다. うれしい悲鳴を上げる 즐거운 비명을 지르다.
うれしなき【嬉し泣き】 ‖うれし泣きする 기뻐서 울다.
うれしなみだ【嬉し涙】 기쁨의 눈물. ‖うれし涙にむせび 기쁨의 눈물을 흘리며.
うれすじ【売れ筋】 인기 상품(人氣商品).
うれだか【売れ高】 매출액(賣出額).
ウレタン【Urethan ᵈ】 우레탄.
うれのこる【売れ残る】 팔리지 않고 남다.
うれゆき【売れ行き】 팔림새.
うれる【売れる】 ❶ 팔리다. ‖よく売れる商品 잘 팔리는 물건. 飛ぶように売れる 날개 돋친 듯이 팔리다. ❷ 널리 알려지다. ‖顔が売れる 얼굴이 알려지다.
うれる【熟れる】 익다. ‖真っ赤に熟れたトマト 빨갛게 익은 토마토.
うろうろ 어슬렁어슬렁; 얼씬얼씬. ‖うろうろする 어슬렁거리다.
うろおぼえ【空覚え】 부정확(不正確)한 기억(記憶).
うろこ【鱗】 비늘. ◆鱗雲 비늘구름. 권적운.
うろたえる【狼狽える】 당황(唐慌)해하다; 허둥대다.
うろちょろ 졸랑졸랑. ‖目の前をうろちょろ(と)歩き回る 눈앞에서 졸랑졸랑 돌아다니다.
うろつく【彷徨く】 서성거리다; 방황(彷徨)하다.
うわがき【上書き】 ❶〔手紙や書物などの〕겉면에 쓰는 것 또는 그 글자. ❷〔データの〕덮어쓰기.
うわがけ【上掛け】 ❶〔布団の〕 위에 덮는 이불. ❷〔荷物の〕 겉에 두르는 끈.
うわかわ【上皮】 상피(上皮). ‖ 표피(表皮), 외피(外皮).
うわき【浮気】 ❶〔変わりやすい〕변덕(變德)스러움. ‖浮気な性分 변덕스러운 성질. ❷〔多情〕바람기. ‖浮気をする 바람을 피우다.
うわぎ【上着】 겉옷; 상의(上衣).
うわぐすり【上薬・釉】 유약(釉藥).
うわごと【囈言】 헛소리. ‖うわごとを言う 헛소리를 하다.
うわさ【噂】 ❶〔風説〕소문(所聞). ‖うわさが立つ 소문이 나다. 変なうわさが広まる 이상한 소문이 퍼지다. ❷〔陰で話〕그 사람이 없는 데서 이야

기함 또는 그 이야기.
うわずみ【上澄み】 침전물(沈澱物)이 가라앉은 위쪽의 맑은 물.
うわずる【上擦る】 ❶〔声が〕높아지다. ❷〔興奮して〕들뜨다.
うわつく【浮つく】〔興奮にて〕들뜨다.
うわづつみ【上包み】 겉포장(包裝).
うわて【上手】 ❶위쪽. ❷〔囲碁・将棋などの〕고수(高手).
うわぬり【上塗り】 (する) 덧칠(漆).
うわのせ【上乗せ】 (する) 추가(追加)함; 덧붙임.
うわのそら【上の空】 건성. ‖上の空で話を聞く 건성으로 이야기를 듣다.
うわばき【上履き】 실내화(室內靴); 슬리퍼.
うわべ【上辺】 외관(外觀); 표면(表面); 겉. ‖うわべを飾る 겉치장을 하다.
うわまわる【上回る】 상회(上回)하다; 웃돌다. ‖予想を上回る収穫 예상을 웃도는 수확.
うわむき【上向き】 위를 향(向)함; 상승세(上昇勢).
うわむく【上向く】 위를 향(向)하다; 상승세(上昇勢)를 타다.
うわめづかい【上目遣い】 눈을 치뜨고 봄. ‖上目遣いに人を見る 눈을 치뜨고 사람을 보다.
うわやく【上役】 상사(上司).
うわん【右腕】 우완(右腕); 오른팔. ◆右腕投手 우완 투수.
うん〔返事等〕응. ‖うんと言う 승낙하다. うんともすんとも言わない 가타부타 말이 없다.
*うん【運】 ❶ 운(運). ‖運を天に任せる 운을 하늘에 맡기다. ❷ 행운(幸運); 다행(多幸). ‖運がなかった 운이 없었다. 운이 안 좋았다. 運よく合格した 다행히 합격했다.
うんえい【運営】 (する) 운영(運營). ‖会社を運営する 회사를 운영하다. ◆運営方針 운영 방침.
うんが【運河】 운하(運河).
うんき【運輸】 운수(運數).
うんきゅう【運休】 (する) 운행 중지(運行中止).
うんこ 똥.
うんこう【運行】 (する) 운행(運行).
うんこう【運航】 (する) 운항(運航). ‖島へは1日1便運航している 섬으로는 하루에 한 편 운항하고 있다.
うんざりする 진력(盡力)나다; 질리다. ‖考えただけでうんざりする 생각만 해도 질린다.
うんせい【運勢】 운세(運勢).
うんそう【運送】 (する) 운송(運送). ◆運送料 운송료.
うんだめし【運試し】 ‖運試しする 운을 시험하다.
うんちく【蘊蓄】 ‖うんちくを傾ける 알고

うんちん【運賃】 운임(運賃). ◆鉄道運賃 철도 운임.
うんでいのさ【雲泥の差】 천양지차(天壤之差).
うんてん【運転】 (するい) ❶ 운전(運轉). ‖トラックを運転するトラックを운전하다. 運転がうまい 운전을 잘하다. 飲酒運転 음주 운전. ❷ (資金などの運用). ‖運転資金 운전 자금. ◆運転手 운전기사. 運転免許証 운전 면허증.
うんと 많이; 꽤; 몹시; 굉장히. ‖うんと金がかかる 돈이 많이 들다. うんと食べる 꽤 먹다.
うんどう【運動】 (するい) 운동(運動). ‖私はほとんど運動をしない 나는 거의 운동을 하지 않는다. 腕の運動をする 팔 운동을 하다. ◆学生運動 학생 운동. 選挙運動 선거 운동. 運動会 운동회. 運動場 운동장. 運動神経 운동 신경. 運動選手 운동 선수. 運動不足 운동 부족.
うんぬん【云々】 운운(云々).
うんぱん【運搬】 (するい) 운반(運搬). ‖建築用資材をトラックで運搬する 건축 자재를 트럭으로 운반하다.
うんまかせ【運任せ】 운(運)에 맡김.
うんめい【運命】 운명(運命). ‖運命に従う 운명에 따르다. 運命に逆らう 운명을 거역하다. これも運命と諦める 이것도 운명이라고 생각하고 포기하다. 主人公の運命やいかに 주인공의 운명은 어떨게 될지. ◆運命共同体 운명 공동체. 運命論 운명론.
うんゆ【運輸】 운수(運輸). ◆運輸業 운수업.
うんよう【運用】 (するい) 운용(運用). ‖資金の運用 자금 운용.

え

え〔驚き・疑問に〕에, 네, 뭐. ‖え, 今日は休みなの, 오늘 노는 날이야?
え【柄】 손잡이; 자루. ‖ひしゃくの柄 국자 손잡이.
*え【絵】 그림. ‖絵を描く 그림을 그리다. 絵がうまい 그림을 잘 그리다. 絵のような風景 그림 같은 풍경. ▶絵に描いた餅 그림의 떡.
エアガン【air gun】 공기총(空氣銃).
エアコン【ディショナー】【air conditioner】 에어컨디셔너; 에어컨.
エアゾール【aerosol】 에어졸.
エアメール【airmail】 항공 우편(航空郵便).
エアライン【airline】 에어라인.
えい 에잇. ‖えい, 勝手にしろ エイット, 마음대로 해.
えいい【営為】 영위(営爲).

えいえいじてん【英英辞典】 영영 사전(英英辭典).
えいえん【永遠】 영원(永遠). ‖永遠の真理 영원한 진리. 永遠に続く 영원히 계속되다.
*えいが【映画】 영화(映畫). ‖映画を見に行く 영화를 보러 가다. ◆映画化 (するい) 영화화. 記録映画 기록 영화. 韓国映画 한국 영화. 映画界 영화계. 映画館 극장, 영화관.
えいが【栄華】 영화(榮華). ‖栄華を極める 영화를 누리다.
えいかいわ【英会話】 영어 회화(英語會話).
えいかく【鋭角】 (数学) 예각(鋭角).
えいきゅう【永久】 영구(永久). ◆永久歯 영구치. 永久不変 영구불변.
*えいきょう【影響】 영향(影響). ‖影響を及ぼす 영향을 미치다. いい影響を与える 좋은 영향을 주다. 影響を受ける 영향을 받다. ◆影響力 영향력.
*えいぎょう【営業】 (するい) 영업(営業). ‖9時から営業する 아홉 시부터 영업하다. この店は今日は営業していません 이 가게는 오늘은 영업하지 않습니다. ◆営業成績 영업 실적.
えいご【英語】 영어(英語). ‖英語で話す 영어로 말하다. 英語に訳す 영어로 옮기다. 英語の先生 영어 선생님.
えいこう【栄光】 영광(榮光).
えいごう【永劫】 영겁(永劫).
えいこく【英国】【国名】 영국(英國).
えいこせいすい【栄枯盛衰】 영고성쇠(榮枯盛衰).
えいさい【英才】 영재(英才). ◆英才教育 영재 교육.
えいさくぶん【英作文】 영작문(英作文).
えいじ【英字】 영자(英字). ◆英字新聞 영자 신문.
えいじ【嬰児】 영아(嬰兒).
えいしゃ【映写】 (するい) 영사(映寫). ◆映写機 영사기.
えいじゅう【永住】 (するい) 영주(永住). ◆永住権 영주권. 永住者 영주자.
エイズ【AIDS】 에이즈.
*えいせい【永世】 영세(永世). ‖永世中立 영세 중립.
えいせい【衛生】 위생(衛生). ◆衛生的 위생적.
えいせい【衛星】 위성(衛星). ‖人工衛星 인공위성. 衛星都市 위성 도시. 衛星中継 위성 중계. 衛星放送 위성 방송.
えいそう【営倉】 영창(営倉).
えいぞう【映像】 영상(映像). ‖鮮明な映像 선명한 영상. 映像文化 영상 문화.
えいぞく【永続】 (するい) 영속(永續).
えいたつ【栄達】 영달(榮達). ‖栄達を求める 영달을 꾀하다.

えいたん

えいたん【詠嘆】(ㅎ하) 영탄(詠嘆).
えいだん【英断】 영단(英斷). ‖英断を下す 영단을 내리다.
えいち【英知】 영지(英智).
えいてん【栄転】 영전(榮轉).
えいびん【鋭敏】ダ 예민(銳敏)하다.
えいぶん【英文】 영문(英文).
えいべい【英米】 영미(英美).
えいみん【永眠】 영면(永眠).
えいやく【英訳】(ㅎ하) 영역(英譯).
えいゆう【英雄】 영웅(英雄). ‖国民的英雄 국민적인 영웅. 英雄的行為 영웅적인 행위.
えいよ【栄誉】 영예(榮譽); 명예(名譽).
*えいよう【栄養】 영양(營養). ‖栄養を取る 영양을 취하다. 栄養がある様子である. ♦栄養価 영양가. 栄養士 영양사. 栄養失調 영양실조. 栄養素 영양소.
えいり【絵入り】 삽화(揷畵)가 들어 있는 것; 또는 그런 책자(冊子).
えいり【営利】 영리(營利). ♦営利主義 영리주의.
えいり【鋭利】ダ 예리(銳利)하다. ‖鋭利な刃物 예리한 칼.
えいれい【英霊】 영령(英靈).
えいわじてん【英和辞典】 영일 사전(英日辭典).
えいん【会陰】 会음(會陰).
エーカー【acre】 …에이커.
エーがた【A型】 에이형.
エージェンシー【agency】 에이전시.
エージェント【agent】 에이전트.
エース【ace】 에이스.
エービーがた【AB型】 에이비형.
エープリルフール【April fool】 만우절(萬愚節).
エール【yell】 성원(聲援); 응원가(應援歌). ‖エールを送る 성원을 보내다.
えがお【笑顔】 웃는 얼굴.
えかき【絵描き】 화가(畫家).
*えがく【描く】 ❶ 그리다. ‖水彩を描く 수채화를 그리다. 田舎の風景を描いた絵 시골 풍경을 그린 그림. その小説は現代人の心理を繊細に描いている 그 소설은 현대인의 심리를 섬세하게 그리고 있다. 彼女は心の中で幸せな未来を描いている 그녀는 마음속으로 행복한 미래를 그리고 있다.
えがら【絵柄】 (工芸品などの)그림; 도안(圖案).
*えき【液】 액(液). ♦消毒液 소독액.
*えき【駅】 역(驛). ♦駅前バス乗り場 역 앞의 버스 정류장. 駅まで歩く 역까지 걷다. ♦駅員 역원.
えきか【液化】(ㅎ하) 액화(液化).
えきがく【易学】 역학(易學).
えきがく【疫学】 역학(疫學).
えききょう【易経】 역경(易經).
えきしゃ【易者】 점쟁이.

えきしゃ【駅舎】 역사(驛舍).
えきしょう【液晶】 액정(液晶). ♦液晶パネル 액정 패널.
えきじょう【液状】 액상(液狀).
エキス【←extract】 엑기스.
エキストラ【extra】 엑스트라.
えきたい【液体】 액체(液體). ♦液体燃料 액체 연료.
えきちょう【駅長】 역장(驛長).
えきでん【駅伝】 역전(驛傳) 마라톤; 역전 경주(競走).
えきべん【駅弁】(略語) 기차(汽車) 안이나 역(驛)에서 파는 도시락.
えきむ【役務】 역무(役務).
エクアドル【Ecuador】(国名) 에콰도르.
えぐい【蘞い】 (악・味などが) 자극(刺戟)이 강하다; 맵싸하다; 얼얼하다.
えくぼ【靨】 보조개. ‖えくぼができる 보조개가 생기다.
えぐる【抉る】 ❶ 파내다; 도려내다. ❷ 마음에 강한 자극(刺戟)을 주다.
エクレア【éclair 仏】 에클레어.
えげつない ❶ 노골적(露骨的)이다; 야하다. ‖えげつないことを言う 노골적인 말을 하다. ❷ 인정(人情)이 없다.
エコ【eco】 에코; 친환경(親環境). ♦エコカー 에코카.
エゴ【ego】 에고. ♦エゴイスト 에고이스트. エゴイズム 에고이즘.
エコー【echo】 에코; 메아리; 반향(反響). ♦エコー検査 초음파 검사.
エコノミークラス【economy class】 이코노미 클래스. ♦エコノミークラス症候群 이코노미 클래스 증후군.
えこひいき【依怙晶屓】(ㅎ하) 편애(偏愛).
エゴマ【荏胡麻】 들깨.
えさ【餌】 ❶ 먹이; 모이; (魚の)밥. ❷ 미끼.
えじき【餌食】 먹이; 희생물(犧牲物).
エジプト【Egypt】(国名) 이집트.
えしゃくする【会釈する】 가볍게 인사(人事)하다.
エスカルゴ【escargot 仏】 식용(食用) 달팽이.
エスカレーター【escalator】 에스컬레이터.
エスキモー【Eskimo】 에스키모.
エスコート【escort】(ㅎ하) 에스코트.
エスサイズ【S-size】 에스사이즈.
エスピーばん【SP 盤】 에스피반.
エスプレッソ【espresso 伊】 에스프레소.
エスペラント【Esperanto】 에스페란토.
えせー【似非】 사이비(似而非). ‖えせ学者 사이비 학자.
えそ【壊疽】 괴저(壞疽).
エゾギク【蝦夷菊】 과꽃.
エゾマツ【蝦夷松】 가문비나무.
えそらごと【絵空事】(略語) 현실(現實)에서는 있을 수 없는 꿈같은 이야기;

えだ【枝】 가지. ‖木の枝を折る 나뭇가지를 꺾다. 枝が茂る 가지가 무성하다.
えたい【得体】 정체(正體); 본성(本性). ‖得体の知れない男 정체를 알 수 없는 남자다.
えだうち【枝打ち】 (스학) 가지치기.
えだげ【枝毛】 끝이 갈라진 모발(毛髮).
エタノール【Äthanol ド】 에탄올.
えだは【枝葉】 ❶가지와 잎. ❷중요(重要)하지 않은 부분(部分); 지엽적(枝葉的)인 부분. ‖枝葉にこだわる 지엽적인 부분에 집착하다.
えだぶり【枝振り】 가지가 뻗은 모습.
えだまめ【枝豆】 가지째 꺾은 풋콩; 풋콩을 꼬투리째 삶은 것.
えだみち【枝道】 샛길.
えだわかれ【枝分かれ】 갈라짐; 분기(分岐). ‖枝分かれする 갈라지다. 분기하다.
エタン【ethane】 에탄.
エチケット【étiquette ㄷ】 에티켓.
エチルアルコール【Äthylalkohol ド】 에틸알코올.
エチレン【ethylene】 에틸렌.
えつ【悦】 기쁨. ♦悦に入(い)る 기뻐하며 만족하다.
エックスせん【X 線】 엑스선.
エックスせんしょくたい【X 染色體】 엑스염색체(染色體).
えづけ【餌付け】 ‖餌付けする 먹이를 주어 길들이다.
えっけん【越權】 월권(越權). ♦越權行為 월권 행위.
エッセイ【essay】 에세이. ♦エッセイスト 에세이스트.
エッセンス【essence】 에센스.
エッチ【H】 음란(淫亂) 음탕(淫蕩). ‖エッチな話 음란한 이야기. エッチな人 음탕한 사람.
エッチング【etching】 에칭.
えっとう【越冬】 (스학) 월동(越冬).
えっぺい【閲兵】 (스학) 열병(閱兵). ♦閲兵式 열병식.
えつらく【悦樂】 열락(悅樂).
えつらん【閲覧】 (스학) 열람(閱覽). ♦閲覧室 열람실.
えて【得手】 가장 잘하는 일; 가장 자신(自信) 있는 것.
エディプスコンプレックス【Oedipus complex】 오이디푸스 콤플렉스.
えてかって【得手勝手】ダ 멋대로이다.
えてして【得てして】 자칫(하면); 잘못하면. ‖金持ちは得てしてけちなものだ 부자는 자칫 구두쇠이기 쉽다.
えと【干支】 간지(干支).
えど【江戶】 에도. ♦江戶の仇を長崎で討つ 종로에서 뺨 맞고 한강에 가서 눈 흘긴다.(諺)
えとく【会得】 터득(攄得).
エナメル【enamel】 에나멜.
えにっき【絵日記】 그림일기.
*エネルギー【Energie ド】 에너지. ‖エネルギーを消耗する 에너지를 소모하다. エネルギーを節約する 에너지를 절약하다. ♦太陽エネルギー 태양열. エネルギー資源 에너지 자원.
エネルギッシュ【energisch ド】ダ 정력적(精力的)이다. ‖エネルギッシュな人 정력적인 사람.
エノキ【榎】 팽나무. ♦エノキ茸 팽나무버섯.
えのぐ【絵の具】 물감. ‖絵の具で描く 물감으로 그림을 그리다.
えはがき【絵葉書】 그림엽서.
エビ【海老】 새우. ♦エビフライ 새우 튀김.
エビガニ【海老蟹】 미국(美國)가재.
エピソード【episode】 에피소드.
えびちゃ【海老茶・葡萄茶】 암갈색(暗褐色).
エピローグ【epilogue】 에필로그.
エプロン【apron】 에이프런; 앞치마.
エボダイ【えぼ鯛】 샛돔.
えほん【絵本】 그림책.
えみ【笑い】 미소(微笑). ‖笑みを浮かべる 미소를 짓다.
エムサイズ【M-size】 엠사이즈.
エメラルド【emerald】 에메랄드. ♦エメラルドグリーン 에메랄드그린.
えもいわれぬ【得も言われぬ】 뭐라고 말할 수 없을 정도의. ‖得も言われぬい香り 뭐라고 말할 수 없을 만큼 좋은 향기.
えもじ【絵文字】 ❶그림 문자(文字). ❷(携帯電話などの)이모티콘.
えもの【獲物】 잡은 짐승; 사냥감.
えら【鰓】 ❶(魚介類) 아가미. ❷하관(下關); 턱의 양(兩)쪽 끝.
エラー【error】 에러.
*えらい【偉い】 ❶뛰어나다; 훌륭하다; 위대(偉大)하다. ‖偉い学者 뛰어난 학자. 偉い指導者 위대한 지도자. ❷중대(重大)하다; 굉장(宏壯)하다; 지독(至毒)하다; 몹시 굉장하던 것이다. えらい事件 중대한 사건. ❸곤란(困難)하다; 난처(難處)하다. ‖えらい目にあう 호되게 당하다.
えらぶ【選ぶ】 고르다; (選舉などで)뽑다; 가리다. ‖学校を選ぶ 학교를 고르다. 目的のためには手段を選ばない 목적을 위해서는 수단을 가리지 않는다. この中から 1 つ選んでください 이 중에서 하나를 고르세요.
えらぶる【偉ぶる】 뽐내다; 잘난 체하다.
えり【襟・衿】 옷깃. ‖襟を正す 옷깃을

エリート [élite] 엘리트.
えりくび【襟首】 목덜미.
えりごのみ【選り好み】 선호하는 좋아하는 것을 고르다.
えりすぐる【選りすぐる】 좋은 것들 중에서 더 좋은 것을 고르다.
えりぬき【選り抜き】 선발(選拔).
えりまき【襟巻き】 목도리.
えりわける【選り分ける】 선별(選別)하다.
*える【得る】 ❶ 『手に入れる』얻다; 손에 넣다; 받다. ‖支持を得る 지지를 받다. 病を得る 병을 얻다. ❷ 『理解』하다. ‖要領を得ない話 무슨 소리인지 이해할 수 없는 이야기. ❸ 『…得るの形で』…수 있다. ‖あり得る 있을 수 있다.
エルエルサイズ【LL-size】 엘 엘 사이즈.
エルサイズ【L-size】 엘사이즈.
エルサルバドル【El Salvador】 〘国名〙 엘살바도르.
エルニーニョ【El Niño】 엘니뇨.
エルピーガス【LP ガス】 엘피 가스; 엘피지.
エルピーばん【LP 盤】 엘피반.
エレキギター【←electric guitar】 전자(電子) 기타.
エレクトーン【Electone】 전자(電子) 오르간.
エレクトラコンプレックス【Electra complex】 엘렉트라 콤플렉스.
エレジー【elegy】 엘레지; 비가(悲歌).
エレベーター【elevator】 엘리베이터.
エロス【Eros】 에로스.
エロチシズム【eroticism】 에로티시즘.
*えん【円】 ❶ 원(圓); 동그라미. ‖円を描く 원을 그리다. ❷〘数字〙 원. ❸『日本の通貨単位』…엔(¥).
*えん【縁】 ❶ 연(緣); 인연(因緣). ‖前世의 인연, 학문에는 연이 없다는 공부와는 인연이 없다. ❷ 관계(關係). ‖縁を切る 관계를 끊다.
えんいん【遠因】 원인(遠因).
えんえき【演繹】 〘초등〙 연역(演繹). ◆演繹法 연역법.
えんちょう【延長】 장장(長長).
えんか【演歌】 트로트; 뽕짝.
えんかい【沿海】 연해(沿海).
えんかい【宴会】 연회(宴會); 잔치.
えんかい【遠海】 원양(遠洋).
えんかく【沿革】 연혁(沿革).
えんかく【遠隔】 원격(遠隔). ◆遠隔制御 원격 제어. 원격 조정.
えんかつ【円滑】ᵈ 원활(圓滑)하다. ‖交渉が円滑に運ぶ 교섭이 원활하게 진행되다.
えんかナトリウム【塩化 Natrium】 염화(塩化)나트륨.
えんかビニール【塩化 vinyl】 염화(塩化) 비닐.
えんがわ【縁側】 ❶마루. ❷ (魚의)지느러미 부분(部分)의 뼈 또는 그 살.
えんかわせ【円為替】 엔 환율(換率).
えんがん【沿岸】 연안(沿岸). ◆沿岸漁業 연안 어업.
えんき【延期】 연기(延期). ‖出発を延期하는 출발을 연기하다. 無期延期 무기 연기.
えんぎ【演技】 〘초등〙 연기(演技).
えんぎ【縁起】 ❶ 일의 기원(起源); 유래(由来). ❷ 전조(前兆); 조짐(兆朕); 징조(徵兆). ‖縁起がいい 전조가 좋다. ‖縁起を担ぐ 길흉을 따지다. 미신적인 부분이 있다.
えんきょく【婉曲】 완곡(婉曲)하다. ‖婉曲な言い回し 완곡한 표현. 婉曲に断わる 완곡하게 거절하다.
えんきょり【遠距離】 원거리(遠距離); 장거리(長距離).
えんきん【遠近】 원근(遠近). ◆遠近法 원근법.
えんぐみ【縁組み】 연을 맺는 부녀양자의 관계를 맺다.
えんグラフ【円 graph】 〘초등〙그래프.
えんぐん【援軍】 원군(援軍). ‖援軍을 요청하다.
えんけい【円形】 원형(圓形). ◆円形劇場 원형 극장. 円形脱毛症 원형 탈모증.
えんけい【遠景】 원경(遠景).
えんげい【園芸】 원예(園藝). ◆園芸作物 원예 작물.
えんげい【演芸】 연예(演藝).
エンゲージリング【engagement ring】 약혼 반지(約婚半指).
えんげき【演劇】 연극(演劇).
エンゲルけいすう【Engel 係数】 엥겔 계수(係数).
えんこ【円弧】 원호(圓弧).
えんこ【縁故】 연고(緣故). ◆故者 연고자.
えんご【援護】 〘초등〙 ❶ 원호(援護). ❷ 엄호(掩護). ◆援護射撃 엄호 사격.
えんこん【怨恨】 원한(怨恨).
えんざい【冤罪】 원죄(冤罪); 누명(陋名). ‖冤罪をこうむる 누명을 쓰다.
えんさん【塩酸】 염산(塩酸).
えんざん【演算】 연산(演算). ◆演算記号 연산 기호.
えんし【遠視】 원시(遠視).
えんじ【園児】 원아(園兒).
えんじいろ【臙脂色】 연지색(臙脂色).
エンジニア【engineer】 엔지니어.
えんしゅう【円周】 원주(圓周); 원둘레. ◆円周率 원주율.
えんしゅう【演習】 〘초등〙 ❶ 연습(演習). ‖運動会の予行演習 운동회의 예

행 연습. ❷훈련(訓練). ❸陸海合同演習 육해 합동 훈련. ❸(대학의)토론식 수업(討論式授業).
えんじゅく【円熟】 ⑤해 원숙(円熟). ‖円熟した演技 원숙한 연기.
えんしゅつ【演出】 ⑤해 연출(演出). ‖演出家 연출가. 演出効果 연출 효과.
えんしょ【炎暑】 염서(炎暑); 혹서(酷暑). ‖酷暑; 폭서(暴暑).
えんじょ【援助】 ⑤해 원조(援助). ‖途上国に経済援助をする 개발도상국에 경제 원조를 하다. 援助を受ける 원조를 받다. ▶援助外交 원조 외교.
えんしょう【炎症】 염증(炎症). ‖炎症を起こす 염증을 일으키다.
えんじょう【炎上】 ⑤해 불타 오르다.
えんじる【演じる】 ❶연기(演技)하다. ❷(어떤 행동을)저지르다; 부리다. ‖醜態を演じる 추태를 부리다.
えんしん【遠心】 원심(遠心). ◆遠心分離機 원심 분리기. 遠心力 원심력.
えんじん【円陣】 ‖円陣を組む 원형으로 둘러서다.
エンジン【engine】 엔진; 시동(始動). ‖エンジンをかける 시동을 걸다. エンジンを止める 시동을 끄다. エンジンオイル 엔진 오일. ▶エンジンがかかる 시동이 걸리다.
えんすい【円錐】 원추(円錐). ◆円錐形 원추형.
えんすい【塩水】 염수(塩水); 소금물.
えんずい【延髄】 연수(延髄); 숨골.
えんせい【遠征】 ⑤해 원정(遠征). ‖ヒマラヤに遠征に行く 히말라야 원정을 가다.
えんせい【厭世】 염세(厭世). ◆厭世主義 염세주의. 厭世的 염세적.
えんせき【遠戚】 먼 친척(親戚).
えんせきがいせん【遠赤外線】 원적외선(遠赤外線).
えんせつ【演説】 ⑤해 연설(演説). ‖街頭で演説する 가두에서 연설하다.
えんせん【沿線】 연선(沿線).
えんそ【塩素】 염소(塩素).
えんそう【演奏】 ⑤해 연주(演奏). ‖ピアノを演奏する 피아노를 연주하다. ◆演奏会 연주회.
えんそく【遠足】 소풍(逍風). ‖遠足に行く 소풍을 가다.
えんだい【延滞】 ⑤해 연체(延滞). ◆延滞金 연체금.
えんだい【遠大】ダ 원대(遠大). ‖遠大な計画 원대한 계획.
えんだか【円高】 엔고.
えんたく【円卓】 원탁(円卓).
えんだん【演壇】 연단(演壇). ‖演壇に立つ 연단에 서다.
えんだん【緣談】 혼담(婚談). ‖娘の縁談が持ち上がる 딸 혼담이 들어오다.
えんちゃく【延着】 ⑤해 연착(延着).
えんちゅう【円柱】 원주(円柱).
えんちょう【延長】 ⑤해 연장(延長). ‖高速道路を延長する 고속도로를 연장하다. 国会の会期を延長する 국회회기를 연장하다. ◆延長線 연장선. 延長戦 연장전.
えんちょう【園長】 원장(園長).
えんてん【炎天】 염천(炎天).
えんでん【塩田】 염전(塩田).
えんとう【円筒】 원통(円筒). ◆円筒形 원통형.
えんどう【沿道】 연도(沿道).
エンドウマメ【豌豆豆】 완두(豌豆)콩.
えんとつ【煙突】 굴뚝. ‖煙突から煙が出ている 굴뚝에서 연기가 나고 있다.
エントリー【entry】 엔트리.
えんのした【縁の下】 마루 밑. ▶縁の下の力持ち 안 보이는 곳에서 진력함 또는 그런 사람.
えんばん【円盤】 원반(円盤). ‖円盤投げ 원반(円盤)던지기.
えんぴつ【鉛筆】 연필(鉛筆). ‖ナイフで鉛筆を削る 칼로 연필을 깎다. 鉛筆の芯 연필심. ◆色鉛筆 색연필. 鉛筆削り 연필깎이.
えんびふく【燕尾服】 연미복(燕尾服).
えんぶきょく【円舞曲】 원무곡(円舞曲); 왈츠.
えんぶん【塩分】 염분(塩分); 소금기.
えんぶん【艶聞】 염문(艶聞).
えんぽう【遠方】 먼 곳. ‖遠方から友人が訪ねてきた 멀리서 친구가 찾아왔다.
エンボス【emboss】 엠보스. ◆エンボス加工 엠보스 가공.
えんま【閻魔】 염라대왕(閻魔大王).
えんまく【煙幕】 연막(煙幕). ‖煙幕を張る 연막을 치다.
えんまん【円満】ダ 원만(円満)하다. ‖円満な性格 원만한 성격. 円満に解決する 원만하게 해결하다.
えんむすび【縁結び】 ❶결혼(結婚). ❷(阪神)인연(因縁)이 맺어지기를 기원(祈願)하는 것.
えんめい【延命】 연명(延命).
えんやこら [かけ声]영차.
えんやす【円安】 엔저.
えんよう【援用】 ⑤해 원용(援用).
えんよう【遠洋】 원양(遠洋). ◆遠洋漁業 원양 어업.
*****えんりょ【遠慮】*** 사양(辭讓); 삼감; 사퇴(辭退). ‖発言を慎む 발언을 삼가해 주십시오. ▶遠慮なく마음 편히, 사양 말고 마음껏. 遠慮なく召し上がってください 사양 말고 드세요. ▶遠慮深い 극히 조심스럽다.
えんろ【遠路】 먼 길. ‖遠路はるばる訪れた 먼 길을 마다 않고 찾아오다. 멀리

お

お【尾】 꼬리. ‖犬が尾を振る 개가 꼬리를 흔들다.

お【緒】〔糸・紐〕끈; 줄. ‖へその緒 탯줄.

おあいにくさま【お生憎様】 미안(未安)합니다; 죄송(罪悚)합니다.

オアシス【oasis】 오아시스.

おあずけ【お預け】 ❶ 〔說明〕개 앞에 음식물(飲食物)을 놓고 허락(許諾)할 때까지 못 먹게 하는 것. ❷ 보류(保留); 유보(留保).

おい 어이; 이봐.

おい【老い】 ❶ 늙음. ❷ 노인(老人); 늙은이. ♦老いも若きも 늙은 사람도 젊은 사람도.

おい【甥】 조카.

おいあげる【追い上げる】 ❶〔先行するものを〕뒤쫓다. ❷〔上の方へ〕위쪽으로 몰다.

おいうち【追い討ち・追い擊ち】 추격(追擊). ‖追い討ちをかける 추격하다.

おいえそうどう【御家騷動】 조직(組織) 내의 다툼; 내분(內紛).

おいおい【追い追い】 점차(漸次); 점점(漸漸); 차차(次次).

おいおとす【追い落とす】 이겨서 앞사람의 자리를 차지하다.

おいかえす【追い返す】 쫓아 버리다; 되돌려 보내다.

おいかける【追い掛ける】 뒤쫓다; 쫓아가다.

おいかぜ【追い風】 뒤에서 불어오는 바람; 순풍(順風).

おいこす【追い越す】 추월(追越)하다; 앞지르다.

おいこみ【追い込み】 ❶ 막바지; 마지막 단계(段階). ❷〔印刷物で〕행(行)을 바꾸지 않고 잇대어 식자(植字)를 함.

おいこむ【老い込む】 폭삭 늙다.

おいこむ【追い込む】 ❶몰아넣다. ‖牛を囲いの中に追い込む 소를 울타리 안으로 몰아넣다. ❷〔苦しい立場に〕빠뜨리다; 몰아넣다.

おいさき【老い先】 여생(餘生). ‖老い先が短い 여생이 얼마 남지 않다.

***おいしい**【美味しい】 맛있다. ‖おいしいお菓子 맛있는 과자. ご飯をおいしく食べる 밥을 맛있게 먹다. おいしそうに見える 맛있어 보인다.

おいしげる【生い茂る】〔草木が〕무성(茂盛)하다.

おいだす【追い出す】 쫓아내다; 내쫓다; 내보내다. ‖部屋から追い出す 방에서 내쫓다. 協会から追い出す 협회에서 쫓아내다.

おいたち【生い立ち】 성장; 성장 과정(成長過程). ‖自分の生い立ちを語る 자기의 성장 과정을 이야기하다.

おいたてる【追い立てる】 ❶〔立ち退かせる〕내쫓다. ❷〔せき立てる〕재촉하다; 다그치다.

おいちらす【追い散らす】 쫓아가 흩어지게 하다.

おいつおわれつ【追いつ追われつ】 쫓고 쫓기는.

おいつく【追い付く】 따라잡다; 쫓아가다. ‖先進国に追いつく 선진국을 따라 잡다.

おいつめる【追い詰める】 〔逃げ場のないところへ〕몰아넣다; 추궁(追窮)하다.

おいて【於て】 〔…においての形で〕…에 있어서; …에서. ‖この時点において 이 시점에서. 彼は学問においては申し分ないがその人は学벌에 있어서는 나무랄 데가 없다.

おいで【お出で】 ❶〔行くこと・来ること・いることの尊敬〕가시다; 오시다; 계시다. ‖こちらにおいでになりますか 이쪽으로 오시겠습니까? ご主人は今どちらにいでですか 남편께서는 지금 어디에 계십니까? おいでを待つ 오시기를 기다리다. ❷〔行く・来る・いるの命令・要求を表わす〕가(라); 와(라); 있어(라). ‖早く学校へおいで 빨리 학교에 가[와]. こっちにおいで 여기로 와라.

おいぬく【追い抜く】 추월(追越)하다; 앞지르다.

おいはぎ【追い剥ぎ】 노상 강도(路上强盜).

おいはらう【追い払う】 쫓아 버리다.

おいぼれ【老い耄れ】 늙은이.

おいまわす【追い回す】 ❶ 끈질기게 쫓아다니다. ❷ 혹사(酷使)하다. ‖家事に追い回される 집안일에 쫓기다.

おいめ【負い目】 정신적(精神的)인 부담(負擔); 負い目があって断れない 신세를 진 것이 있어서 거절할 수가 없다.

おいもとめる【追い求める】 추구(追求)하다. ‖理想を追い求める 이상을 추구하다.

おいやる【追い遣る】 ❶〔追い払う〕쫓아버리다. ❷ 몰아넣다. ‖辞任に追いやる 사임에 몰아넣다.

おいる【老いる】 늙다; 나이를 먹다.

オイル【oil】 오일.

おいろなおし【お色直し】〔說明〕결혼식(結婚式)에서 신랑(新郎)・신부(新婦)가 옷을 갈아입는 것.

おいわけ【追分】 ❶〔分岐点〕갈림길. ❷〔追分節〕일본 민요(日本民謠)의 하나.

おう【王】〔王〕. ‖百獸の王 백수의 왕. ♦ホームラン王 홈런 왕.

***おう**【翁】 옹(翁).

***おう**【負う】 ❶ 지다; 짊어지다; 업다. ‖背中に荷物を負う 등에 짐을 지다.

おう【追う】 ❶〔跡を〕좇다. ‖犯人を追う刑事 범인을 좇는 형사. ❷따르다; 복종(服從)하다. ‖順を追う 순서를 따르다. ❸쫓다; 쫓아 버리다. ‖ハエを追う蠅を追う 파리를 쫓다.

おうい【王位】 왕위(王位). ‖王位を継ぐ 왕위를 계승하다.

おうえん【応援】〈を하〉 응원(應援). ‖友人のチームを応援する 친구 팀을 응원하다. 応援に行く 응원하러 가다. ◆応援歌 응원가. 応援団 응원단.

おうおう【往往】 때때로; 이따금. ‖往々にしてそういう人がいる 때로 그런 사람이 있다.

おうか【謳歌】〈を하〉 구가(謳歌). ‖青春を謳歌する 청춘을 구가하다.

おうかくまく【横隔膜】 횡격막(橫隔膜).

おうかん【王冠】 왕관(王冠).

おうぎ【扇】 부채. ‖扇であおぐ 부채로 부치다. ◆扇形 부채꼴.

おうぎ【奥義】 오의(奧義); 비결(祕訣).

おうきゅう【王宮】 왕궁(王宮).

おうきゅう【応急】 응급(應急). ◆応急措置 응급조치.

おうけん【王権】 왕권(王權).

おうこう【王侯】 왕후(王侯).

おうこう【横行】〈を하〉 횡행(橫行).

おうごん【黄金】 황금(黃金). ◆黄金時代 황금시대. 黄金分割 황금 분할.

おうざ【王座】 왕좌(王座).

おうさま【王様】 황제(皇帝); 임금; 임금님. ‖裸の王様 벌거벗은 임금님.

おうし【横死】〈を하〉 횡사(橫死).

おうじ【王子・皇子】 왕자(王子).

おうじ【牡牛座】 황소자리.

おうしつ【王室】 왕실(王室).

おうじゃ【王者】 제왕(帝王); 일인자(一人者).

おうしゅう【応酬】 응수(應酬).

おうしゅう【押収】〈を하〉 압수(押收). ‖証拠物を押収する 증거물을 압수하다.

おうしゅう【欧州】 유럽.

おうじょ【王女・皇女】 공주(公主).

おうじょう【往生】〈を하〉〈仏教〉 왕생(往生). ‖極楽往生 극락왕생. ❷〔死ぬこと〕죽음.

おうしょく【黄色】 황색(黃色). ◆黄色人種 황색 인종.

***おうじる【応じる】** ❶〔こたえる〕응(應)하다; 대답(對答)하다. ‖呼びかけに応じる 부름에 대답하다. 注文に応じる 주문에 응하다. ❷〔ふさわしい〕어울리다; 상응(相應)하다. ‖収入に応じる生活 수입에 상응하는 생활.

おうしん【往診】〈を하〉 왕진(往診).

おうせい【王政】 왕정(王政).

おうせい【旺盛】 왕성(旺盛)하다. ‖旺盛な好奇心 왕성한 호기심.

おうせつ【応接】 응접(應接). ◆応接間 응접실.

おうせん【応戦】〈を하〉 응전(應戰). ‖必死に応戦する 필사적으로 응전하다.

おうぞく【王族】 왕족(王族).

おうだ【殴打】〈を하〉 구타(毆打).

おういだう【応対】〈を하〉 응대(應對).

おうたい【横隊】 횡대(橫隊).

おうたいホルモン【黄体 hormone】 《生体 hormone》 황체(黃體) 호르몬.

おうだく【応諾】 응낙(應諾); 승낙(承諾). ‖快く応諾する 흔쾌히 승낙하다.

おうだん【黄疸】 황달(黃疸).

おうだん【横断】〈を하〉 횡단(橫斷). ‖道路を横断する 도로를 횡단하다. ◆横断歩道 횡단보도. 横断幕 현수막. 横断面 횡단면. 大陸横断鉄道 대륙 횡단 철도.

おうちゃく【横着】〃 ❶뻔뻔하고 교활(狡猾)하다. ❷게으르다. ‖横着なやつ 게으른 녀석.

おうちょう【王朝】 왕조(王朝).

おうと【嘔吐】〈を하〉 구토(嘔吐).

おうど【黄土】 황토(黃土). ◆黄土色 황토색.

おうとう【応答】〈を하〉 응답(應答).

オウトウ【桜桃】 앵두.

オウトウ【黄桃】 황도(黃桃).

おうどう【黄銅】 황동(黃銅). ◆黄銅鉱 황동광.

おうとつ【凹凸】 요철(凹凸); 우둘투둘함. ‖表面に凹凸がある 표면이 우둘투둘하다.

おうねつびょう【黄熱病】 황열; 황열병(黃熱病).

おうねん【往年】 왕년(往年).

おうはん【凹版】 오목판.

おうひ【王妃】 왕비(王妃).

***おうふく【往復】** ❶〈を하〉 왕복(往復). ‖スーパーまで 2 度往復する 슈퍼까지 두 번 왕복하다. 学校まで往復 1 時間半かかる 학교까지 왕복 한 시간 반 걸리다. 往復切符 왕복 표. ❷〔やり取り〕편지(便紙)를 주고받음.

おうへい【横柄】 거만(倨慢)하다; 뽐내다. ‖横柄な口のきき方をする 거만한 말투로 말하다.

おうべい【欧米】 구미(歐美).

おうぼ【応募】 응모(應募). ‖懸賞に応募する 현상에 응모하다.

おうぼう【横暴】 횡포(橫暴)하다.

オウム【鸚鵡】 앵무(鸚鵡)새.

おうめん【凹面】 요면(凹面); 오목면. ◆凹面鏡 오목 거울.

おうよう【応用】 응용(應用). ‖て

おうよう

この原리를 응용하는 지레의 원리를 응용하다. 応用化学 응용 화학. 応用言語学 응용 언어학.

おうよう[鷹揚] ① 느긋하다; 여유(餘裕)가 있다. ‖おうような態度 느긋한 태도.

おうらい[往来] ① (する) 왕래(往來). ② 도로(道路); 가도(街道).

おうりつ[王立] 왕립(王立).

おうりょう[横領] (する) 횡령(横領). 公金横領 공금 횡령.

おうレンズ[凹 lens] 오목 렌즈.

おうろ[往路] 왕로(往路); 가는 길.

おえつ[嗚咽] (する) 오열(嗚咽).

おえる[終える] 끝내다; 끝마치다; 마치다. ‖宿題を終える 숙제를 끝내다. 日程を終える 일정을 끝마치다. 1日の仕事を終えて帰社する 하루의 일을 끝마치고 귀사하다.

おお [返事] ① 응; 그래. ② [感動・驚き] 어; 야.

おおあたり[大当たり] (する) 적중(的中); 대성공(大成功). ‖映画が大当たりする 영화가 대성공하다.

おおあめ[大雨] 큰비; 호우(豪雨); 대우(大雨).

おおあわて[大慌て] 몹시 허둥대다; 매우 당황(唐慌)하다.

*__おおい__[多い] 많다. ‖横浜市は人口が多い 요코하마 시는 인구가 많다. イチゴにはビタミンCが多い 딸기에는 비타민 C가 많다. 日本は地震が多い 일본은 지진이 많다. 社員が多い会社 사원이 많은 회사. 多ければ多いほどよい 많으면 많을수록 좋다. 多다익선(多多益善). 子どもが多ければ喜びも多いと思う 아이가 많으면 기쁨도 많다고 생각한다. 参加者は多くて 30人くらいでしょう 참가자는 많아야 서른 명 정도겠죠.

おおいかぶさる[覆い被さる] ① 덮이게 씌워지다; 지워지다. ② 責任が覆いかぶさる 책임이 지워지다.

おおいなる[大いなる] 위대(偉大)한; 원대(遠大)한. ‖大いなる野望 원대한 야망.

おおいに[大いに] 대단히; 매우; 몹시; 상당(相當)히. ‖可能性は大いにある 가능성은 상당하 있다.

おおいばり[大威張り] ① 뽐냄; 매우 으스댐. ② 堂々と하게 행동(行動)함.

*__おおう__[覆う・被う・蓋う] 덮다; 뒤덮다; 막다; 숨기다. ‖車をシートで覆う 차를 시트로 덮다. 耳を覆いたくなる金属音 귀를 막고 싶은 금속음. 人々の熱気が会場を覆った사람들의 열기가 회장을 뒤덮었다. 彼の失敗は覆うべくもない事実だ 그의 실패는 숨길 수 없는 사실이다.

おおがかり[大掛かり] 대규모(大規模).

おおかた[大方] ① [大半] 대부분(大部分). ‖大方の人は賛成している 대부분의 사람들은 찬성하고 있다. ② [世間] 일반(一般). ③ [副詞的に] 거의; 대개(大概); 아마. ‖骨組みは大方できた 골격은 거의 다 만들어졌다.

おおがた[大型] 대형(大型). ◆大型台風 대형 태풍.

オーガニク[organic] 오가닉.

オオカミ[狼] 늑대; 이리. ▶狼少年 거짓말쟁이.

おおがら[大柄] ① 덩치가 크다. ② (布などの)무늬가 크다.

*__おおきい__[大きい] ① [スケール・年上]크다. ‖大きい会社 큰 회사. 声が大きい 목소리가 크다. 大きいお兄さん 큰형. 円を大きく描く 원을 크게 그리다. ② [量]많다. ‖生産量が大きい 생산량이 많다. ③ [態度]건방지다. ‖態度が大きい 태도가 건방지다.

おおきさ[大きさ] 크기.

おおきめ[大きめ]が 약간(若干) 크다. ‖セーターを大きめに編む 스웨터를 약간 크게 뜨다.

オー-きゃく[O 脚] 안짱다리.

おおぎょう[大仰] 허풍(虛風)을 떨다; 과장(誇張)되다. ‖大仰なしぐさ 과장된 몸짓.

おおく[多く] ① 많음. ‖多くの書を読む 많은 책을 읽다. ② [副詞的に]대체(大體)로; 대부분(大部分). ‖運動会は多く秋に行われる 운동회는 대체로 가을에 열린다.

おおぐい[大食い] 대식가(大食家).

オークション[auction] 옥션.

おおぐち[大口] ① [口] 큰 입. ② 허풍(虛風); 큰소리. ‖大口をたたく 허풍을 떨다. 큰소리를 치다. ③ 거액(巨額). ‖大口の寄付 거액의 기부.

オーケー[OK] 오케이.

おおげさ[大袈裟] ① 과장(誇張)하다; 허풍(虛風)스럽다. ‖おおげさに言う 과장해서 말하다.

オーケストラ[orchestra] 오케스트라.

おおごえ[大声] 큰 소리. ‖大声で話す 큰 소리로 말하다. 大声を上げる 소리를 지르다.

おおごと[大事] 큰일. ‖このことが知れると大事だ 이 일이 알려지면 큰일이다.

おおさじ[大匙] 큰 술; 큰 스푼.

おおざっぱ[大雑把] ① [性格・計画などが]거칢; 조잡(粗雜)함. ‖大雑把な性格 대충대충하는 성격. ② [だいたい]대강(大綱); 대충.

オールラウンド

‖大ざっぱに話す 대충 이야기하다.
おおさわぎ【大騒ぎ】 야단법석; 시끌적적함. ‖大騒ぎになる 시끌벅적해지다.
おおしい【雄雄しい】 용감(勇敢)하다; 씩씩하다.
おおじょたい【大所帯】 대가족(大家族).
おおすじ【大筋】 대략(大略); 줄거리. ‖事件の大筋 사건의 줄거리.
オーストラリア【Australia】〖国名〗오스트레일리아; 호주(濠洲).
オーストリア【Austria】〖国名〗오스트리아.
おおぜい【大勢】 많은 사람. ‖大勢で花見に繰り出す 많은 사람들이 꽃구경을 가다. 見の人が大勢集まる 구경꾼이 많이 모이다.
おおそうじ【大掃除】〖주로〗대청소(大淸掃).
オーソドックス【orthodox】〖ダ〗정통파(正統派)이다; 정통적(正統的)이다.
おおぞら【大空】 넓은 하늘.
オーダー【order】 오더; 주문(注文). ◆オーダーメード 주문 생산.
おおづかみ【大摑み】〔大要をとらえること〕대강(大綱); 대충.
おおっぴら【大っぴら】〖ダ〗공공연(公公然)하다; 드러내 놓다. ‖大っぴらに悪事をはたらく 공공연하게 나쁜 짓을 하다.
おおづめ【大詰め】〖演劇で〗마지막 장면(場面); 막바지.
おおて【大手】 대기업(大企業).
おおで【大手】‖大手を振って歩く 팔을 흔들며 씩씩하게 걷다.
オーディオ【audio】 오디오.
オーディション【audition】 오디션. ◆オーディションを受ける 오디션을 받다.
おおどおり【大通り】 대로(大路); 큰길.
オートバイ【auto+bicycle 日】 오토바이.
オートマチック【automatic】 오토매틱.
オートメーション【automation】 오토메이션.
オートレース【auto+race 日】 오토레이스; 모터레이스.
オートロック【auto+lock 日】◆オートロックドア 자동으로 닫히는 문.
オーナー【owner】 오너; …주(主). ‖球団オーナー 구단주.
おおなみ【大波】 큰 파도(波濤).
オオバ【大葉】 차조기.
オーバー【over】❶[コート]오버코트. ❷ 초과(超過)하는 것; 과도(過度)인 것. ‖予算をオーバーする 예산을 초과하다. オーバーな表現 지나친 표현.
オーバーラップ【overlap】〖주도〗 오버랩.
おおはば【大幅】 대폭(大幅). ‖大幅に値上げする 대폭 인상하다. 大幅な人事異動 대폭적인 인사이동.
おおばんぶるまい【大盤振る舞い】 성

대(盛大)한 대접(待接).
オープナー【opener】 오프너; 병따개.
おおぶり【大降り】 (雨や雪などが) 많이 내림.
オーブン【oven】 오븐. ◆オーブントースター 오븐 토스터.
オープン【open】 열다. ‖新しい店を1つオープンする 새 가게를 하나 열다. ◆オープン戦 오픈 경기.
オーボエ【oboe イ】 오보에.
おおまか【大まか】 대충; 대강(大綱). ‖万事大まかな人 만사를 대충 하는 사람.
おおまけ【大負け】 ❶〖주도〗대패(大敗). ❷(値引きを)많이 깎아 줌. ‖大負けに負ける 많이 깎아 주다.
おおまわり【大回り】‖大回りする 크게 돌다.
おおみそか【大晦日】 섣달 그믐날.
オーム【ohm】 …옴(Ω).
おおむかし【大昔】 먼 옛날.
オオムギ【大麦】 보리.
おおむね【概ね】 ❶ 대체(大體); 줄거리. ‖事件の概むねを話す 사건의 줄거리를 이야기하다. ❷〖副詞的に〗대체로. ‖経過は概ね順調め 경과는 대체로 순조롭다.
おおめ【多め】〖ダ〗약간(若干) 많다; 조금 많다. ‖ご飯を多めに炊く 밥을 조금 많이 짓다.
おおめにみる【大目に見る】 너그러이 보아주다.
おおもじ【大文字】 대문자(大文字).
おおもの【大物】 큰 것; 거물(巨物). ‖政界の大物 정계의 거물.
おおもり【大盛り】 많이 담음.
おおや【大家】 집주인(主人).
おおやけ【公】 ❶ 국가(國家); 공공 단체(公共團體). ❷ 공공(公共). ❸ 공개(公開). ‖公にする 공개하다.
おおゆき【大雪】 대설(大雪).
おおよそ【大凡】 ❶ 대강(大綱); 대략(大略); 개요(概要). ❷ ‖これまでの経過のおおよそを説明する 지금까지의 경과의 개요를 설명하다. ❷〖副詞的に〗대강; 대략; 대체(大體)로. ‖犯人はおおよそ見当がついている 범인은 대략 짐작이 간다.
オーラ【aura】 아우라; 신령(神靈)스러운 기운.
オーライ【~all right】 좋다; 알았다.
おおらか【大らか】〖ダ〗여유(餘裕)가 있다; 느긋하다; 너그럽다. ‖おおらかな性格 너그러운 성격.
オールナイト【allnight】 올나이트; 밤샘.
オールマイティー【almighty】 올마이티; 전능(全能).
オールラウンド【all-round】 올라운드. ◆オールラウンドプレーヤー 올라운드

オーロラ 〖aurora〗 오로라.

おおわざ 〖大業·大技〗 (相撲·柔道의) 큰 기술(技術).

おか 〖丘〗 언덕.

おかあさま 〖お母様〗 어머님; 어머니.

おかあさん 〖お母さん〗 어머니; 엄마.

おかえし 〖お返し〗 ❶답례; 답례품(答禮品); 보복(報復). ❷〔お釣り〕거스름돈.

おかえり 〖お帰り〗 ❶〔帰りの尊敬語〕아오심; 돌아가심. ‖お帰りの時間 돌아오시는[돌아가시는] 시간. ❷〔お帰りなさいの略語〕잘 다녀왔어?

おかえりなさい 〖お帰りなさい〗 잘 다녀왔어요? 잘 다녀오셨어요?

おかげ 〖お陰·お蔭〗 덕택(德澤); 덕분(德分). ‖おかげで無事に帰ってきました 덕택으로 무사히 돌아왔습니다.

おかしい 〖可笑しい〗 ❶재미있다; 우습다. ‖何度聞いてもおかしい話 몇 번 들어도 재미있는 이야기. ❷이상(異常)하다; 수상(殊常)하다. ‖挙動のおかしい男 거동이 수상한 남자.

おかす 〖犯す·侵す〗 ❶범(犯)하다; 어기다; 저지르다. ‖法を犯す 법을 어기다. 過ちを犯す 잘못을 저지르다. ❷침해(侵害)하다; 침입(侵入)하다. ‖所有権を侵す 소유권을 침해하다. ❸강간(强姦)하다.

おかす 〖冒す〗 ❶무릅쓰다. ‖危険を冒す 위험을 무릅쓰다. ❷〔冒されるの形で〕(병에)걸리다. ‖病に冒される 병에 걸리다.

おかず 〖お菜〗 반찬(飯饌).

おかっぱ 〖お河童〗〔髪形〕단발머리.

おかどちがい 〖お門違い〗 헛짚음; 잘못 생각함.

おかま 〖お釜〗 ❶솥. ❷(火山의)분화구(噴火口). ❸여장 남자(女装男子); 게이.

おかまい 〖お構い〗 대접(待接); 접대(接待). ‖どうぞおかまいなく 아무쪼록 편안히. 何のおかまいもしません 대접도 제대로 못 해 드려서.

おかみ 〖女将〗 (料亭などの)여주인(女主人).

おがむ 〖拝む〗 ❶합장(合掌)하다; 빌다. ❷〔見るの謙譲語〕보다; 뵙다.

おから 〖御殻〗 비지.

オカルト 〖occult〗 신비(神秘)한 것; 초자연적(超自然的)인 것.

おがわ 〖小川〗 시내. ‖小川のほとり 시냇가.

おかわり 〖お代わり〗 (飯类)같은 음식(飲食)을 한 그릇 더 먹음 또는 그 음식(飲食).

おかん 〖お燗〗 お燗する 술을 데우다.

おかん 〖悪寒〗 오한(惡寒). ‖悪寒がする 오한이 들다.

おき 〖沖〗 앞바다.

-おき 〖置き〗 걸러; 간격(間隔). ‖15分おきに 십오분 걸러. 一日おきに 하루걸러. 2メートルおきに 이 미터 간격으로.

おきあい 〖沖合い〗 앞바다 쪽. ◆沖合漁業 근해 어업.

おきあがりこぼし 〖起き上がり小法師〗 오뚝이.

おきあがる 〖起き上がる〗 일어나다; 일어서다. ‖ベッドから起き上がる 침대에서 일어나다.

おきかえる 〖置き換える〗 ❶옮겨 놓다. ‖机を明るい場所に置き換える 책상을 밝은 곳으로 옮겨 놓다. ❷(他のものと)바꿔 놓다.

おきざり 〖置き去り〗 ‖置き去りにする 내버려 두고 가 버리다.

オキシドール 〖Oxydol독〗 옥시돌.

おきて 〖掟〗 ❶규정(規定); 규칙(規則). ❷법제(法制).

おきてがみ 〖置き手紙〗 〔略語〕만나지 못할 때 용건(用件)을 적어 놓아 두는 편지(便紙).

おきどけい 〖置き時計〗 탁상시계(卓上時計).

おぎなう 〖補う〗 보충(補充)하다; 보완(補完)하다. ‖説明を補う 설명을 보충하다.

おきにいり 〖お気に入り〗 마음에 드는 사람이나 물건. ‖お気に入りのバッグ 마음에 드는 가방.

おきば 〖置き場〗 두는 곳; 둘 데. ◆自転車置場 자전거 두는 곳.

おきまり 〖お決まり〗 상투적(常套的)인 것; 진부(陳腐)한 것; 정(定)해진 것. ‖お決まりのコース 정해진 코스.

おきもの 〖置物〗 장식용 (装飾品).

おきる 〖起きる〗 ❶일어나다; 일어서다; 눈을 뜨다; 기상(起床)하다. ‖毎朝6時半に起きる 매일 아침 여섯 시 반에 일어나다. 今朝は遅く起きた 오늘 아침은 늦게 일어났다. ❷〔寝ないでいる〕안 자고 있다. ‖試験前に遅くまで起きて勉強した 시험 전에 늦게까지 안 자고 공부했다. ❸(事故などが)일어나다; 발생(發生)하다. ‖事故が起きる 사고가 발생하다.

おきわすれる 〖置き忘れる〗 놓아 둔 것을 잊다; 잊고 두고 오다.

おく 〖奥〗 안; 引き出しの奥 서랍 안. 山の奥 산속. ❷깊은 곳. ‖心の奥 마음속 깊은 곳. 奥の深い理論 깊이가 있는 이론.

おく 〖億〗 억(億). ‖10億 십 억.

おく 〖措く〗 제외(除外)하다; 빼놓다.

＊おく 〖置く〗 ❶놓다; 두다. ‖本を置く 놓다. 間を置く 사이를 두다. 冷却期間を置く 냉각기간을 두다. 秘書を置く 비서를 두다. 筆を置く 붓을 놓다. ❷방치(放置)하다; 그냥 두다.

ただではおかん그냥 두지 않을 거야. ❸설치(設置)하다. ‖事務所を置く 사무소를 설치하다. ❹[…ておくの形で]…ておく…두다; …놓다. ‖メモしておく 메모해두다. いいのを選んでおく 좋은 것을 골라 두다. 窓を開けっ放しにしておく 창문을 열어놓다.

おくがい【屋外】옥외(屋外).

おくがき【奥書】❶[說明]책자(冊子)의 끝 부분(部分)에 발행일(發行日)이나 발행 경위(發行經緯)를 적은 글. ❷[說明]문서(文書)의 끝 부분에 기술 내용(記述内容)을 증명(證明)하는 문장(文章).

おくさま【奥様】부인(夫人); 사모(師母)님.

おくさん【奥さん】아주머니; 아줌마.

おくじょう【屋上】옥상(屋上). ‖屋上屋を架す 옥상가옥(屋上架屋).

おくせつ【臆說】억설(臆說).

おくそく【臆測】억측(臆測). ‖臆測が乱れ飛ぶ 억측이 난무하다.

オクターブ【octave】옥타브.

オクタンか【octane価】옥탄가(價).

おくち【奥地】오지(奥地); 변경(邊境).

おくづけ【奥付】판권(版權); 판권장(張).

おくて【奥手・晩生】❶[稲・草木]만생종(晩生種). ❷[人]늦깎이.

おくない【屋内】옥내.

おくに【お国】❶고향(故郷). ❷지방(地方). ❸모국(母國).

おくのて【奥の手】최후(最後)의 수단(手段). ‖奥の手を使う 최후의 수단을 쓰다.

おくば【奥歯】어금니.

おくびょう【臆病】ダ 겁(怯)이 많다.
◆臆病者 겁쟁이.

おくぶかい【奥深い】❶깊숙하다; 깊다. ‖森の奥深い所 숲속의 깊은 곳. ❷심오(深奥)하다. ‖奥深い真理 심오한 진리.

おくまんちょうじゃ【億万長者】억만장자(億萬長者).

おくゆかしい【奥床しい】기품(氣品)이 있고 속이 깊다.

おくゆき【奥行】❶[建物などの]안쪽까지의 길이. ❷[知識・人柄などの]깊이.

おぐらあん【小倉餡】팥소.

おぐらじるこ【小倉汁粉】단팥죽.

おくらせる【遅らせる・後らせる】늦추다. ‖締め切りを1日遅せる 마감일을 하루 늦추다. 集合時間を30分遅せる 집합 시간을 삼십 분 늦추다.

おくりかえす【送り返す】돌려보내다; 되돌려 보내다.

おくりこむ【送り込む】보낼 곳.

おくりさき【送り先】보낼 곳.

おくりじょう【送り状】(商品의)송장(送狀); 인보이스.

おくりだす【送り出す】❶배웅하다. ‖客を送り出す 손님을 배웅하다. ❷보내다; 발송(發送)하다. ‖引っ越しの荷物を送り出す 이삿짐을 발송하다. ❸배출(輩出)하다; (世の中へ)내보내다; 내놓다; 선보이다. ‖名作を送り出す 명작을 내놓다. ❹(相撲で)밀어내다.

おくりつける【送り付ける】(一方的に)보내다.

おくりぬし【送り主】보내는 사람.

おくりバント【送りbunt】(野球で)보내기 번트.

おくりもの【贈り物】선물(膳物). ‖誕生日の贈り物 생일 선물.

*****おくる**【送る】❶(物・合図などを)보내다; 부치다. ‖荷物を送る 짐을 보내다(부치다). 合図を送る 신호를 보내다. 声援を送る 성원을 보내다. ❷(人を)보내다; 바래다주다; 파견(派遣)하다. ‖国際会議に代表を送る 국제회의에 대표를 보내다. 車で駅まで送る 차로 역까지 바래다주다. ❸(歳月を)보내다; 지내다. ‖読書をして日々を送る 독서를 하며 하루하루를 보내다. ❹(送り仮名を)붙이다.

*****おくる**【贈る】❶(金品などを)선사(膳賜)하다; 선물(膳物)하다; 보내다; 주다. ‖記念品を贈る 기념품을 보내다. 誕生日に花束を贈る 생일날 꽃다발을 보내다. ❷(称号などを)수여(授與)하다. ‖名誉法学博士の称号を贈る 명예 법학 박사 학위를 수여하다.

おくるみ【お包み】포대기; 강보(襁褓).

おくれ【遅れ・後れ】지체(遲滯); 연착(延着); 지연(遲延); 뒤떨어짐; 뒤짐; 뒤처짐; 늦음. ‖1時間遅れ 한 시간 연착. 後れを取る 뒤떨어지다. 遅れを取り戻す 뒤떨어진 것을 만회하다.

おくればせながら【遅れ馳せながら】뒤늦게나마; 늦었지만.

*****おくれる**【遅れる・後れる】❶늦다. ‖約束の時間に遅れる 약속 시간에 늦다. ❷뒤처지다; 뒤떨어지다. ‖流行に後れる 유행에 뒤처지다.

おけ【桶】통(桶). ◆水桶 물통.

オケラ【螻蛄】❶[昆虫]땅강아지. ❷〔無一文から〕무일푼.

おける【於ける】[…に於けるの形で]…에(있어)서의. ‖委員会における彼の態度を立派だった 위원회에 있어서의 그 사람의 태도는 훌륭했다. 在学中における成績 재학 중의 성적.

おこがましい【烏滸がましい】❶[出過ぎる]주제넘다; 건방지다. ‖おこがましくも口出しする 주제넘게 말참견을 하다. ❷[ばかばかしい]바보 같다; 어리석다.

おこげ【お焦げ】누룽지.

*****おこす**【起こす・興す】❶일으키다. ‖転んだ子どもを起こす 넘어진 아이를 일으

키다. 反亂を起こす 반란을 일으키다. 会社を興す 회사를 일으키다. 会社を相手取って訴訟を起こす 회사를 상대로 소송을 제기하다. 腹痛を起こす 복통을 일으키다. ❷[目を覚させる]깨우다. ‖6時に起こしてください 여섯 시에 깨워 주세요. ❸[土を]일구다; 갈다. ‖畑を起こす 밭을 갈다.

おごそか【厳か】゛ 엄숙(嚴肅)하다. ‖厳かな雰囲気 엄숙한 분위기.

おこたる【怠る】게을리 하다; 소홀(疏忽)히 하다. ‖準備を怠らない 준비를 게을리 하지 않다. 勉強を怠る 공부를 소홀히 하다.

おこない【行ない】행동(行動); 행위(行爲); 품행(品行); 몸가짐. ‖行ないで示す 행동으로 보여 주다. 行ないを慎む 몸가짐을 조심하다. 日頃の行ない 평소의 행동.

*__おこなう__【行なう】행(行)하다; 하다; 치르다. ‖練習を行なう 연습을 하다. 入学式を行なう 입학식을 치르다. ▶行うは易く行なうは難し 말하기는 쉬워도 행하기는 어렵다.

おごり【驕り】 교만(驕慢)함; 거만(倨慢)함; 자만심(自慢心).

おごり【奢り】❶[ぜいたく]호강하는 것. ❷ 한턱내는 것. ‖今日は僕のおごりだ 오늘은 내가 한턱낼게.

おこりじょうご【怒り上戸】[說明] 술에 취하면 화를 잘 내는 것 또는 그런 사람.

おこりっぽい【怒りっぽい】 화를 잘 내다. ‖怒りっぽい人 화를 잘 내는 사람.

おこりんぼう【怒りん坊】 화를 잘 내는 사람.

*__おこる__【起こる・興る】❶일어나다; 발생(發生)하다; 생기다; 일다. ‖事件が起こる 사건이 일어나다. 地震が起こる 지진이 일어나다. 健康ブームが再び起こる 건강 붐이 다시 일다. いたずら心が起こる 장난기가 일다. 摩擦で静電気が起こる 마찰로 정전기가 일다. ❷번성(繁盛)하다. ‖国が興る 나라가 번성하다.

*__おこる__【怒る】 화를 내다; 화가 나다. ‖真っ赤になって怒る 얼굴이 뻘게지며 화를 내다. 烈火のごとく怒る 불같이 화를 내다. かなり怒った顔 무척 화난 얼굴.

ふごる【傲る】 교만(驕慢)하다; 거만(倨慢)하다.

おごる【奢る】 ❶[ぜいたくにする]호강하다. ❷[人にごちそうする]한턱내다; [俗っぽい言い方で]쏘다.

おこわ【お強】 찰밥.

おさえ【押さえ・抑え】 ❶[おさえること]누름. ❷[おさえるもの]누름. 누름돌. ❸[敵の攻撃などを]지지(沮止)함.

おさえこむ【押さえ込む】[押さえて]꼼짝 못 하게 하다.

못 하게 하다.

おさえつける【押さえつける】❶[押さえて]꼼짝 못 하게 하다; 누르다. ❷[強制的に]따르게 하다; 누르다. ❸[反対派を押さえつける 반대파를 누르다.

*__おさえる__【押さえる・抑える】 억누르다; 참다; 막다. ‖ドアを手で押さえる 문을 손으로 누르다. 傷口をガーゼで押さえる 상처를 가제로 누르다. 強敵を押さえて優勝する 강적을 누르고 우승하다. 欲望を抑える 욕망을 억누르다. 怒りを抑える 화를 참다. ライバル会社の進出を押さえる 경쟁사의 진출을 막다.

おさがり【お下がり】❶ 후물림. ❷제상(祭床)에서 물린 음식(飲食).

おさき【お先】 먼저.

おさきに【お先に】 먼저. ‖お先に失礼します 먼저 실례하겠습니다.

おさきまっくら【お先真っ暗】゛ 앞이 캄캄하다.

おさげ【お下げ】[少女の]땋아 늘어뜨린 머리.

おさない【幼い】 ❶어리다. ‖幼い子ども 어린아이. ❷미숙(未熟)하다; 유치(幼稚)하다. ‖幼い考え方 유치한 생각.

おさながお【幼顔】 어릴 때 얼굴.

おさなご【幼子】 어린아이.

おさなごころ【幼心】 어린 마음.

おさななじみ【幼馴染み】 소꿉친구(親舊).

*__おさまる__【収まる・納まる】 ❶[容器に]들어가다. ‖箱に収まる 상자에 들어가다. ❷ 수습(收拾)되다; 진정(鎭靜)되다; 안정(安定)되다. ‖紛争が収まる 분쟁이 수습되다. ❸납입(納入)되다. ❹[地位に]앉다. ‖会長に納まる 회장 자리에 앉다.

*__おさまる__【治まる・修まる】 ❶안정(安定)되다; 가라앉다. ‖痛みが治まる 통증이 가라앉다. 怒りが治まる 화가 가라앉다. ❷[素行が]바로잡히다; 좋아지다. ‖身持ちが修まる 몸가짐이 좋아지다.

*__おさめる__【収める・納める】 ❶넣다; 넣어 두다; 담다; 담아 두다. ‖箱に収める 상자에 넣어 두다. 金庫に収める 금고에 넣어 두다. 胸に納める 가슴에 담아 두다. ❷[結果を]얻다; 거두다. ‖成果を収める 성과를 얻다. ❸ 진정(鎭靜)시키다; 가라앉히다; 안정(安定)시키다. ‖怒りを納める 화를 가라앉히다. ❹내다; 납부(納付)하다; 바치다. ‖会費を納める 회비를 내다.

*__おさめる__【治める・修める】 ❶지배(支配)하다; 평정(平定)하다; 통치(統治)하다. ‖国を治める 나라를 통치하다. ❷진정(鎭靜)시키다; 안정(安定)시키다. ❸[学問などを]닦다; 익히다. 学

おさらい【お浚い】 ❶복습(復習). ❷(芸などの)스승이 가르친 것을 제자(弟子)에게 시켜 봄.

おさん【お産】 출산(出産).

おし【押し】 ❶[押すこと]밂; 누름. ❷억지로 자신(自身)의 의사(意思)를 관철(貫徹)시킴. ∥押しが強い 자기주장이 강하다. ❸누름돌; 누르는 것. ∥漬け物に押しをする 김치를 누름돌로 누르다. ❹[押し…の形で] 남이 눌려 입을 꼭 다물어. ▶押し押されもせぬ 실력이 있어 당당하다.

おじ【伯父·叔父】 삼촌(三寸); [父の長兄]큰아버지; [父の次兄]작은아버지; [結婚していない父の弟]삼촌; [母方のおじ]외삼촌(外三寸).

*おしい【惜しい】 ❶아깝다. ∥命が惜しい 목숨이 아깝다. ❷아쉽다; 애석(哀惜)하다. ∥惜しくも敗れた 애석하게도 졌다.

おじいさん【お祖父さん·お爺さん】 〔父方〕할아버지; 〔母方〕외할아버지. ∥近所のお爺さん 이웃집 할아버지.

おしいる【押し入る】 밀고 들어오다.

おしいれ【押し入れ】 벽장(壁欌).

おしうり【押し売り】 (名他) ❶강매(強賣). ❷강요(強要).

おしえ【教え】 ❶가르침. ▶孔子の教え 공자의 가르침. ❷〔宗教の〕교의(教義).

おしえご【教え子】 학생(學生); 제자(弟子).

おしえこむ【教え込む】 철저(徹底)히 가르치다.

*おしえる【教える】 ❶가르치다; 가르쳐 주다. ∥ピアノを教える 피아노를 가르치다. 挨拶の仕方を教える 인사하는 법을 가르치다. ❷알려 주다. 道를 가르쳐 주다. ∥道を教える 道를 가르쳐 주다. ❸알려 주다. ∥道を教える 길을 알려 주다.

おしおき【お仕置き】 (子どもに加える)벌(罰).

おしかえす【押し返す】 되밀다; 자기 쪽에서도 밀다.

おしかける【押し掛ける】 ❶(招かれていない家に)찾아가다. ❷[押し寄せる]몰려들다; 밀어닥치다.

おぎ【お辞儀】 (名自) 인사(人事).

おしきせ【お仕着せ】 ❶(従業員に与える)제복(制服). ❷(一方的に)정해진 것.

おしきる【押し切る】 밀어붙이다; 강행(強行)하다.

おしくらまんじゅう【押し競頭】 (名詞) 많은 사람이 모여 몸으로 미는 놀이.

おしげもなく【惜し気も無く】 아낌없이. ∥惜しげもなくお金をばらまく 아낌없이 돈을 쓰다.

おしこむ【押し込む】 ❶밀고 들어가다;

억지로 들어가다. ❷강도(強盗)짓을 하려 들어가다. ∥強盗が押し込んだ 강도가 들어왔다.

おしこめる【押し込める】 밀어 넣다; 가두다; 감금(監禁)하다.

おしころす【押し殺す】 (声·感情などを)죽이다; 억누르다; 참다. ∥笑いを押し殺す 웃음이 나오는 것을 참다.

おじさん【小父さん】 아저씨. ∥近所のおじさん 이웃집 아저씨.

おしすすめる【推し進める】 추진(推進)하다; 밀어붙이다.

おしだす【押し出す】 ❶밀어내다; 밀어내다; 짜내다. ∥チューブから歯磨きを押し出す 튜브에서 치약을 짜내다. ❷(積極的으로)나서다. ∥前面에 押し出す 전면에 나서다.

おしつける【押し付ける】 ❶밀어 붙이다. ❷억지로 시키다; 떠넘기다. ∥部下に仕事を押し付ける 부하에게 일을 억지로 시키다. 責任を押し付ける 책임을 떠넘기다.

おしっこ [幼児語] 쉬.

おしつぶす【押し潰す】 (大きな力で)부수다; 깨부수다.

おしつまる【押し詰まる】 ❶(年末が)다가오다. ❷(期間が)다가오다; 닥치다. ∥納期が押し詰まる 납기가 닥치다.

おして【押して】 무리(無理)해서; 억지로; 무릅쓰고. ∥病気を押して出かけた 아픈데도 무리해서 외출했다.

おしてしるべし【推して知るべし】 생각해보면 가히 다 안다.

おしとおす【押し通す】 ❶밀어붙이다. ❷관철(貫徹)하다. ∥主張を押し通す 주장을 관철하다.

オシドリ【鴛鴦】 원앙(鴛鴦).

おしながす【押し流す】 ❶떠내려 보내다. ❷(時流·情勢などが)영향(影響)을 미치다; 떠밀다. ∥時流に押し流される 시류에 떠밀리다.

おしなべて【押し並べて】 ❶[一様に]한결같이. ❷[概して]대략(大略); 대체(大體)로. ∥成績は押しなべて良好だ 성적은 대체로 양호하다.

おしのける【押し退ける】 밀어제치다; 밀어내다.

おしはかる【推し量る】 미루어 짐작(斟酌)하다.

おしばな【押し花】 (名詞) 책(冊)갈피 등에 끼워 말린 꽃.

おしべ【雄蕊】 수술.

おしボタン【押しbutton】 누름단추.

おしぼり【お絞り】 물수건.

おしまい【お仕舞い·お終い】 끝; 마지막; 끝장. ∥お話はこれでおしまい 이야기는 이걸로 끝.

おしみない【惜しみない】 아낌없다. ∥惜しみない拍手を送る 아낌없는 박수를

おしむ 【惜しむ】 아끼다; 아까워하다; 애석(哀惜)해하다; 아쉬워하다. ∥行く春を惜しむ 가는 봄을 아쉬워하다. 寸暇を惜しんで勉強する 몇 분도 아쉬워하며 공부하다.

おしむぎ 【押し麦】 납작보리.

おしめ 【襁褓】 기저귀.

おじや 죽(粥).

おしゃか 【御釈迦】 부처. ▶お釈迦になる 못 쓰게 되다. ◆お釈迦様 부처님.

おしゃく 【お酌】 酌する 술을 따르다.

おしゃぶり (股膜) 갓난아이가 빠는 장난감.

おしゃべり 【お喋り】 〔行為〕수다;〔人〕수다쟁이. ∥道端でおしゃべりする 길가에서 수다를 떨다. おしゃべりな娘 수다쟁이 딸.

おしゃま 조숙(早熟)하다. ∥おしゃまな女の子 조숙한 여자 아이.

おじゃまする 【お邪魔する】 찾아뵙다. ∥ちょっとお邪魔させていただきたいのですが 잠깐 찾아뵙고 싶은데요.

おしやる 【押し遣る】 밀어 놓다; 밀쳐지다. ∥布団を片隅に押しやる 이불을 한구석으로 밀어 놓다.

おしゃれ 【お洒落】 ❶멋을 냄; 부림;〔人〕멋쟁이. ∥おしゃれな　멋쟁이 아가씨. おしゃれしたい年頃 멋을 부리고 싶은 나이. ❷멋있음; 세련(洗練)됨. ∥おしゃれな靴 멋있는 구두.

おしょう 【和尚】 스님; 주지(住持); 화상(和尙).

おじょうさま 【お嬢様】 따님; 영애(令愛); 아가씨.

おじょうさん 【お嬢さん】 아가씨.

おじょうず 【お上手】 발림소리. ∥お上手を言う 발림소리를 하다.

おしょく 【汚職】 오직(汚職); 독직(瀆職); 부정(不正);비리(非理). ◆汚職事件 부정 사건.

おじょく 【汚辱】 오욕(汚辱).

おしよせる 【押し寄せる】 밀려오다; 몰려오다. ∥波が押し寄せる 파도가 밀려오다.

おしろい 【白粉】 분(粉). ∥おしろいをつける 분을 바르다.

オシロイバナ 【白粉花】 분꽃.

おしわける 【押し分ける】 헤치다; 밀어 제치다. ∥革を押し分けて進む 갈대를 헤치며 나아가다.

おしん 【悪心】 토할 듯함; 메스꺼움.

おしんこ 【お新香】 야채(野菜) 절임.

おす 【雄・牡】 수컷; 수놈.

＊おす 【押す】 ❶밀다. ∥乳母車を押す 유모차를 밀다. ❷누르다. ∥ボタンを押す 버튼을 누르다. ❸강행(強行)하다; 무릅쓰다. ∥この条件でもう一度押してみましょう 이 조건으로 한 번 더 밀어붙여 봅시다. ❹〔判子などを〕찍 다. ∥印鑑を押す 인감을 찍다. スタンプを押す 스탬프를 찍다.

おす 【推す】 ❶밀다; 추천(推薦)하다. ∥委員長に推す 위원장으로 밀다. ❷추측(推測)하다. ∥これまでのことから推して考えると 지금까지의 것으로 추측해 보면.

おすい 【汚水】 오수(汚水).

おずおず 【怖ず怖ず】 머뭇머뭇; 조심조심(操心操心). ∥おずおず(と)入ってくる 조심조심 들어오다.

おすそわけ 【お裾分け】 (股膜) 받은 것의 일부(一部)를 다른 사람과 나눔 또는 그 물건.

おすまし 【お澄まし】 ❶[気取ること]새침함; 점잖은 체함. ❷[すまし汁]맑은 장국.

おすみつき 【お墨付き】 권위자(権威者)의 허가(許可)・승낙(承諾) 또는 그 문서(文書).

オセアニア 【Oceania】 오세아니아.

おせいぼ 【お歳暮】 연말 선물(年末膳物).

おせおせ 【押せ押せ】 ❶〔仕事・予定などが〕계속(繼續) 밀림. ❷[優位]압도(壓倒)함.

おせじ 【お世辞】 발림소리. ∥お世辞を言う 발림소리를 하다.

おせち 【お節】 설날 음식(飮食).

おせっかい 【お節介】 쓸데없는 참견. ∥おせっかいな人 쓸데없는 참견을 하는 사람. おせっかいを焼く 쓸데없는 참견을 하다.

オセロ 【Othello】 오셀로. ◆商標名から.

おせわ 【お世話】 돌봄; 보살핌; 신세(身世). ∥病人のお世話をする 아픈 사람을 돌보다. お世話になっています 신세를 지고 있습니다.

おせわさま 【お世話様】 ∥この度はお世話様でしたいこの 이번에 정말 신세 많이 졌습니다. 이번에 정말 고마웠습니다.

おせん 【汚染】 오염(汚染). ◆環境汚染 환경 오염. 大気汚染 대기 오염.

おぜんだて 【お膳立て】 ❶상(床)을 차림. ❷준비(準備).

＊おそい 【遅い】 늦다; 느리다; 더디다. ∥スピードが遅い 속도가 느리다. テンポが遅い 템포가 느리다. 遅い足取りで 느린 걸음으로. 今日はもう遅いから明日からやろう 오늘은 늦었으니까 내일 부터 하자. 授業がおわって遅く起きる 수업이 없어서 늦게 일어나다. 夜遅くまで勉強する 밤늦게까지 공부하다.

おそいかかる 【襲い掛かる】 덮치다. ∥オオカミがヒツジの群れに襲いかかった 늑대가 양떼를 덮쳤다.

＊おそう 【襲う】 습격(襲擊)하다; 덮치다. ∥強盗が銀行を襲う 강도가 은행을 습격하다. 台風が南部地方を襲った 태풍

おそぎ【遅咲き】 늦게 핌.
おそなえ【遅蒔き】 제물(祭物); 공물(貢物).
おそまき【遅蒔き】 ❶[種]늦게 파종(播種)함. ❷[時期]뒤늦게 함. ‖遅まきながら 뒤늦게나마.
おずましい【悍ましい】 무시무시하다; 무섭다. ‖聞くだけでもおぞましい話だ 듣기만 해도 무시무시한 이야기다.
おそまつ【お粗末】〞 변변치 못하다; 시시하다.
おそらく【恐らく】 아마. ‖彼は恐らく来ないだろう 그 사람은 아마 안 올 것이다.
おそるおそる【恐る恐る】 벌벌 떨면서; 조심조심(操心操心). ‖恐る恐るライオンをなでる 조심조심 사자를 쓰다듬다.
おそるべき【恐るべき】 공포(恐怖)의; 끔찍한; 가공(可恐)할. ‖恐るべき核兵器 가공할 핵무기.
おそれ【恐れ】 ❶두려움; 무서움; 공포(恐怖). ‖恐れをなす 두려워하다. ❷염려(念慮); 우려(憂慮). ‖再発の恐れがある 재발할 우려가 있다.
おそれいる【恐れ入る】 ❶죄송(罪悚)하다. ❷감탄(感歎)하다; 탄복(歎服)하다. ❸기(氣)가 막히다; 질리다. ‖恐れ入った屁理屈 기가 막히는 핑계.
おそれおおい【恐れ多い】 황송(惶悚)하다; 황공(惶恐)하다.
おそれながら【恐れながら】 죄송(罪悚)하지만; 미안(未安)하지만; 황송(惶悚)스럽지만; 송구(悚懼)스럽지만. ‖恐れながら申し上げます 송구스럽지만 말씀드리겠습니다.
おそれる【恐れる・怖れる】 ❶두려워하다; 무서워하다. ❷경외(敬畏)하다. ❸걱정하다; 염려(念慮)하다; 우려(憂慮)하다.
***おそろしい【恐ろしい】** ❶두렵다; 무섭다; 떨리다; 끔찍하다. ‖恐ろしくて声も出せない 무서워서 목소리도 안 나온다. 恐ろしい目にあう 끔찍한 일을 당하다. ❷심하다; 굉장하다; 엄청나다. ‖恐ろしく暑い 굉장히 덥다.
おそわる【教わる】 배우다. ‖中村先生からドイツ語を教わっています 나카무라 선생님한테서 독일어를 배우고 있습니다.
おせん【汚染】〔한의〕오손(汚損).
オゾン【ozone】 오존. ◆オゾン層 오존층.
おだいじに【お大事に】 몸조심 하세요.
おたおた 허둥지둥; 우왕좌왕(右往左往). ‖おたおた(と)する 허둥대다.
おたがい【お互い】 피차; 피차간(彼此間). ‖お互い様に 피차 마찬가지로. ‖けんかすればお互いにいいことはない 싸워서 피차간에 좋을 게 없다.
おたく【お宅】 ❶댁(宅). ‖お宅はどこですか 댁은 어디입니까? ❷[オタク]어떤 일에 지나치게 집착(執着)하는 사람. ❸[二人称の代名詞として] 댁(宅); 당신(当身). ‖お宅とは関係のないことです 댁하고는 관계없는 일입니다.
おたずねもの【お尋ね者】 수배자(手配者).
おたち【お立ち台】 ❶신분(身分)이 높은 사람이 올라서는 연단(演壇). ❷(スポーツで)인터뷰하는 선수(選手)가 올라서는 단.
おたっし【お達し】 (官庁などからの)지시(指示); 명령(命令).
おだてる【煽てる】 치켜세우다; 추어올리다.
おたふく【お多福】〔얼굴〕얼굴이 크고 볼이 튀어나오고 코가 낮은 여자(女子) 얼굴의 가면(假面). ◆お多福風邪 볼거리. 유행성 이하선염.
おたま【お玉】 국자.
オタマジャクシ【お玉杓子】 ❶올챙이. ◆日本のように、音符を表わすことはない; 音符の場合は、콩나물 대가리(豆もやしの頭)という言い方を用いる. ❷[子ζ] 국자.
おだやか【穏やか】〞 ❶(性格が)온화(穏和)하다; 조용하다. ❷평온(平穏)하다; 평화(平和)롭다. ‖穏やかな毎日 평화로운 나날.
おちあう【落ち合う】 약속(約束)한 장소에서 만나다; 합류(合流)하다. ‖駅で落ち合う約束をする 역에서 만날 약속을 하다.
おちいる【陥る】 ❶빠지다. ‖ジレンマに陥る 딜레마에 빠지다. ❷(状態が) 나빠지다. ❸(罠に)빠지다; 걸리다. ‖罠に陥る 덫에 걸리다.
おちくぼむ【落ち窪む】 쑥 들어가다. ‖目が落ち窪む 눈이 쑥 들어가다.
おちこぼれ【落ち零れ】 수업(授業)이나 사회(社會)의 변화(變化) 등에 못 따라가는 사람.
***おちこむ【落ち込む】** ❶빠지다. ❷움푹 들어가다; 움푹 꺼지다. ‖地面が落ち込む 땅이 움푹 꺼지다. ❸나쁜 상태(状態)가 되다; 매상(賣上)・실적(實績) 등이 떨어지다. ‖景気が落ち込んでいる 경기가 안 좋다. ❹처지다; 풀이 죽다; 우울(憂鬱)해지다. ‖気分が落ち込む 기분이 처지다. 成績不振ですっかり落ち込んでいる 성적이 안 좋아서 축 처져 있다.
***おちつく【落ち着く】** ❶안정(安定)되다; 진정(鎭靜)되다. ‖試験の前は落ち着かない 시험 전은 안정이 안 된다. ❷침착(沈着)하다; 차분해지다. ❸(職業・地位などが)안정되다; 자리잡다. ❹결론(結論)이 나다. ❺(雰囲気・色などが)차분하다. ‖落ち着いた色合い 차분한 색깔.

おちど【落ち度】 잘못; 실수(失手); 과실(過失). ‖運転手には落ち度はない 운전 기사한테는 과실이 없다.

おちば【落ち葉】 낙엽(落葉).

おちぶれる【零れる】 (살림살이·지위 등이) 영락(零落)하다.

おちぼ【落ち穂】 이삭. ◆落ち穂拾い 이삭줍기.

おちゃ【お茶】 ❶차(茶). ❷(しばらくの) 휴식(休息). ‖お茶にする 휴식을 취하다. お茶する 하찮은 일로 시간을 낭비하다. ❸お茶を濁す 얼버무려 넘기다. ◆お茶菓子 다과.

おちゅうげん【お中元】 백중(百中) 때의 선물(贈物).

おちょうしもの【お調子者】 추켜 주면 우쭐해지는 경박(輕薄)한 사람.

*おちる【落ちる】 ❶떨어지다; 내리다; 추락(墜落)하다. ‖屋根から落ちる 지붕에서 떨어지다. 滴が落ちる 물방울이 떨어지다. 大粒の雨が落ちてきた 큰 빗방울이 떨어졌다. ❷(罠に)빠지다. ‖計略に落ちる 계략에 빠지다. 誤って池に落ちた 잘못해서 연못에 빠졌다. ❸저하(低下)되다; 떨어지다. ‖質が落ちる 질이 떨어지다. ❹(染みなどが) 지다; 제거되다; 지워지다. ‖汚れが落ちる 때가 빠지다. ❺새다; 빠지다. ‖彼の名前が名簿から落ちた 그 사람의 이름이 명부에서 빠졌다. ❻낙제(落第)하다; 떨어지다. ❼함락(陷落)되다; 무너지다.

おつ【乙】 ❶을(乙). ‖甲乙. 갑을. ❷이 위(二位); 두 번째. ❸[-ダ] 멋지다; 세련(洗練)되다. ‖乙なことを言う 세련된 말을 한다.

おつかい【お使い】 심부름. ‖お使いに行かせる 심부름을 보내다.

おつかいもの【お遣い物】 선물(贈物).

おっかけ【追っ掛け】 쫓아감 또는 쫓아다니는 사람.

おっかける【追っ掛ける】 뒤쫓다; 뒤쫓아 가다. ‖泥棒を追っかける 도둑을 뒤쫓아 가다.

おっかぶせる【押っ被せる】 ❶덮어씌우다. ❷(責任・罪などを) 덮어씌우다; 뒤집어씌우다; 떠넘기다. ❸責任をおっかぶせる 책임을 뒤집어씌우다.

おつかれさま【お疲れ様】 수고했어. ‖お疲れ様でした 수고하셨습니다.

おっくう【億劫】 귀찮다; 힘들다.

おっさん 아저씨.

おっしゃる【仰る】 말씀하시다. ‖先生がおっしゃいました 선생님께서 말씀하셨습니다.

オッズ【odds】 (競輪・競馬などの) 배당률 =配當率.

おっちょこちょい 경솔(輕率)한 사람; 경박(輕薄)한 사람.

おっつけ【追っ付け】 곧; 바로; 즉시(即時).

おって【追って】 ❶나중에; 추후(追後)에. ‖追って知らせる 나중에 알려주다. ❷(手紙・掲示板などで) 또한; 아울러.

おっと【驚き・思いつき】 앗; 아. ‖おっと, ここだ 아 여기다. おっと, 危ない 앗, 위험해.

おっと【夫】 남편(男便).

オットセイ 물개.

おっとり 대범(大汎)하게; 의젓하게.

おっぱい【乳】 유방(乳房).

おつり【お釣り】 거스름돈; 잔돈.

おて【お手】 ❶개에게 앞발을 내밀도록 명령(命令)하는 말. ❷손.

おてあげ【お手上げ】 (仕方なく)손을 듦.

おでき【お出来】 종기(腫氣).

おでこ 이마.

おてだま【お手玉】 오자미.

おてつき【お手付き】 (カルタなどで)카드를 잘못 집음.

おてつだいさん【お手伝いさん】 가정부(家政婦).

おてのもの【お手の物】 자신(自信)있는 일. ‖ギターならお手の物だ 기타라면 자신이 있다.

おてもと【お手元・お手許】 ❶손에 들고 계시는 것. ‖お手元のパンフレットをご覧ください 손에 들고 계시는 팸플릿을 봐 주십시오. ❷[箸]젓가락.

おてん【汚点】 오점(汚點). ‖歴史に汚点を残す 역사에 오점을 남기다.

おでん (飮膳) 어묵・두부(豆腐)・무・곤약 등을 넣고 삼삼하게 간을 맞춘 냄비 요리(料理).

おてんきや【お天気屋】 변덕쟁이.

おてんとうさま【お天道様】 해님.

おてんば【お転婆】 말괄량이.

*おと【音】 ❶소리. ‖音を出さる 소리를 내다. ラジオの音がうるさい 라디오 소리가 시끄럽다. 音もなく 소리없이, 조용히. 風の音 바람 소리, 波の音 파도 소리. ❷(うわさ)소문(所聞).

おとうさま【お父様】 아버님; 아버지.

おとうさん【お父さん】 아버지; 아빠.

おとうと【弟】 남동생(男同生).

おとおし【お通し】 요릿(料理)집에서 맨 먼저 나오는 간단(簡單)한 요리(料理).

おどおど (恐怖・不安で)벌벌. ‖おどおどする 벌벌 떨다.

おどかす【脅かす・威かす】 위협(威脅)하다; 협박(脅迫)하다; 놀라게 하다.

おとぎばなし【お伽話】 옛날이야기; 동화(童話).

おどける【戯ける】 장난치다; 익살을 부리다.

*おとこ【男】 ❶남자(男子); 남성(男性); 남(男). ‖男と女 남자와 여자. 男の中の男 남자 중의 남자. 男の学生 남

학생. 男友だち 남자 친구. 男泣きする 남자가 참지 못하고 울다. ❷남자의 면목(面目)・명예(名譽)・체면(體面). ∥男を下げる 남자 체면을 깎다. 男を立てる 남자로서의 체면을 세우다. ❸정부(情夫). ∥男をつくる 정부를 만들다. ◆男気 의협심. 협기. 男盛り 남자로서 한창인 때. 男世帯 남자들만 사는 살림. 男好き ①남자들이 좋아할 만한 여자의 취향. ②남자를 밝히는 여자. 男っぽい 남자답다. 남성적이다. 男手 남자의 일손. 男の子 남자아이. 男前 잘생긴 남자. 男勝り 여장부. 男やもめ 홀아비. 남자답다. 남성적이다.

おとさた【音沙汰】연락(連絡); 소식(消息). ∥何の音沙汰もない 아무런 연락이 없다.

おどし【脅し】위협(威脅).

おとしあな【落とし穴】 함정(陷穽); 계략(計略). ∥落とし穴には まる 함정에 빠지다.

おとしいれる【陷れる】 ❶ 빠뜨리다. ❷함락(陷落)시키다.

おとしご【落し子】 ❶사생아(私生兒). ❷부산물(副産物). ∥戦争の落とし子 전쟁의 부산물.

おとしだま【お年玉】세뱃돈.

おどしとる【脅し取る】 협박(脅迫)해서 금품(金品)을 빼앗다.

おとしぶた【落し蓋】 냄비 안에 쏙 들어가도록 만든 뚜껑.

おとしめる【貶める】 얕보다; 깔보다; 멸시(蔑視)하다.

おとしもの【落し物】 분실물(紛失物).

*おとす【落とす】 ❶떨어뜨리다; 줄이다. ∥スピードを落とす 속력을 줄이다. 私は驚いてグラスを床に落としてしまった。나는 놀라서 컵을 바닥에 떨어뜨렸다. ❷잃다. ∥信用を落とす 신용을 잃다. 命を落とす 목숨을 잃다. 財布を落とした 지갑을 잃어 버렸다. ❸제거(除去)하다; 지우다; 빼다. ∥化粧をおとす 화장을 지우다. 染みを落とす 때를 빼다. ❹함락(陷落)시키다 ❺낙찰(落札)하다.

おどす【脅す】 협박(脅迫)하다; 위협(威脅)하다.

おとずれる【訪れる】 찾아가다; 찾아오다; 방문(訪問)하다. ∥彼の家を訪れた 그 사람 집을 방문했다.

おといで【一昨日】 그저께. ▶おととい来い 두 번 다시 오지 마.

おととし【一昨年】 재작년(再昨年).

*おとな【大人】 어른. 大人になる 어른이 되다. 年は若いがなかなか大人だ 나이는 어리지만 꽤 어른스럽다. 大人に見える 어른스러워 보이다.

おとなげない【大人気ない】 어른스럽지 못하다.

*おとなしい【大人しい】❶ 순하다; 얌전하다; 조용하다. ∥あの子はとてもおとなしい 저 애는 정말 순하다. おとなしく聞きなさい 조용히 하고 들어라. ❷(地味)수수하다. ∥おとなしいデザイン 수수한 디자인.

おとなびる【大人びる】 어른스럽다; 어른스러워지다.

おとめ【乙女】 소녀(少女); 처녀(處女). ◆乙女心 소녀 같은 마음. 乙女座 처녀자리.

*おとも【お供・お伴】(^国可) 수행(隨行); 동행(同行)함.

おともなく【音もなく】 소리 없이; 조용히.

おどらす【踊らす】 사람을 조종(操縱)하다.

おどらす【躍らす】 뛰게 하다; 설레게 하다. ∥胸を躍らす 가슴 설레게 하다.

おとり【囮】 미끼.

おどり【踊り】 춤; 무용(舞踊). ∥踊りを踊る 춤을 추다.

おどりあがる【躍り上がる】 뛰어오르다.

おどりぐい【踊り食い】 (白魚などの小魚やエビなどを)산 채로 먹는 것.

おどりこ【踊り子】 무희(舞姬).

おどりでる【躍り出る】 뛰어오르다; 부상(浮上)하다. ∥舞台に躍り出る 무대로 뛰어오르다. 一躍トップに躍り出る 일약 톱으로 부상하다.

おどりば【踊り場】 층계참(層階站).

おとる【劣る】 뒤떨어지다; 떨어지다; 못하다. ∥性能が劣る 성능이 뒤떨어지다. 体力が劣る 체력이 떨어지다. 犬畜生にも劣るやつだ 짐승만도 못한 녀석이다.

おどる【踊る】 춤추다; (춤을) 추다. ∥ワルツを踊る 왈츠를 추다.

おどる【躍る】 ❶뛰어오르다; 도약(跳躍)하다. ❷(胸が)뛰다; 설레다.

おとろえる【衰える】 쇠약(衰弱)해지다; 떨어지다. ∥視力がだいぶ衰えた 시력이 많이 떨어졌다.

おどろおどろしい 무시무시하다.

おどろかす【驚かす】 깜짝 놀라게 하다. ∥世間を驚かせた事件 세상을 깜짝 놀라게 한 사건.

おどろき【驚き】 놀라움. ∥彼がその仕事をやり遂げたとは驚きだ。 그가 그 일을 해내다니 놀랍다.

*おどろく【驚く】놀라다; 경악(驚愕)하다. ∥大きな音に驚いて赤ちゃんは泣き出した 큰 소리에 놀라 아기가 울기 시작했다. 私はその知らせに驚いた。나는 그 소식에 놀랐다. 私は驚いて口がきけなかった 나는 놀라서 말이 나오지 않았다. 驚くべき事実 놀랄 만한 사실.

おないどし【同い年】 동갑(同甲).

おなか【お腹】 배. お腹がいっぱいだ 배

おなじ

***おなじ**【同じ】／ 같다; 똑같다; 동일(同一)하다. ‖2 人이同じ学校に通っている 두 사람은 같은 학교에 다니고 있다. 同じサイズ 같은 사이즈. 年が同じだ 나이가 같다. 同じにする 똑같이 하다. ▶同じ穴の貉(むじな) 초록은 동색. [속] ▶同じ釜の飯を食う 한솥밥을 먹다. ▶同じ轍を踏む 전철을 밟다. [속]

おなじく【同じく】 마찬가지로; 같이.

おなら 방귀.

おに【鬼】 ❶ 상상(想像) 속의 괴물(怪物); 귀신(鬼神). ❷ 한 가지 일에 전념(専念)하는 사람. ‖仕事の鬼 일에만 전념하는 사람. ❸〈かくれんぼなどの〉술래. ❹〈∼の形で〉인정사정 봐주지 않는 코치. 心を鬼にする 마음을 독하게 먹다. ▶鬼に金棒 범에게 날개. [속] ▶鬼の居ぬ間の洗濯 범 없는 골에 토끼가 스승이라. [속] ▶鬼の首を取ったような 큰 공을 세운 듯의 기양양함. ▶鬼の目にも涙 악독한 사람도 때로는 정을 느낀다. ▶鬼も十八, 番茶も出花 못생긴 여자라도 한창 때는 예뻐 보인다.

オニアザミ【鬼薊】 도깨비엉겅퀴.

おにいさん【お兄さん】 형(兄); 형님.

おにがみ【鬼神】 귀신(鬼神).

おにぎり【お握り】 주먹밥.

おにごっこ【鬼ごっこ】 술래잡기.

おにっこ【鬼っ子】 [説明] 부모(父母)를 닮지 않은 아이.

おにばば【鬼婆】 마귀할멈.

おにもつ【お荷物】 짐. ‖子どものお荷物にはなりたくない 자식들한테 짐이 되고 싶지는 않다.

オニヤンマ【鬼蜻蜓】 장수(将帥)잠자리.

オニユリ【鬼百合】 참나리.

おね【尾根】 산(山)등성이.

おねえさん【お姉さん】 누나; 누님.

おねじ【雄螺子】 수나사.

おねしょ 【おねしょする】 자면서 오줌을 싸다.

おの【斧】 도끼. ‖斧で木を切り倒す 도끼로 나무를 베어 넘어뜨리다.

おのおの【各々】 각각(各各); 각자(各自). ‖各々の義務 각자의 의무.

おのずから【自ずから】 저절로; 자연(自然)히. ‖努力し続ければ自ずから道は開ける 계속해서 노력하면 길은 저절로 열린다.

おのずと【自ずと】 저절로; 자연(自然)히.

おののく【戦く】 전율(戦慄)하다; 떨다. ‖恐怖におののく 공포로 떨다.

おのれ【己】 [1] 자기자신(自己自身); 나; [2 人称] 너.

おば【伯母・叔母】〔父の姉妹の妻〕고모(姑母); 〔母の姉妹〕이모(姨母); 〔父の兄弟の妻〕큰어머니; 〔父の次兄・弟の妻〕작은어머니; 〔父の弟の妻〕숙모(叔母); 〔母の兄弟の妻〕외숙모(外叔母).

おば【伯母・叔母】 고모(姑母); 이모(姨母); 큰어머니; 작은어머니; 숙모(叔母); 외숙모(外叔母).

おばあさん【お婆さん】〔父方〕할머니; 〔母方〕외할머니. ‖近所のおばあさん 이웃집 할머니.

オバール【opal】 오팔.

おはぎ【お萩】 [説明] 찹쌀과 멥쌀로 빚어 팥소・콩고물 등을 묻힌 떡.

おばけ【お化け】 도깨비; 귀신(鬼神).

おはこ【十八番】 십팔번(十八番); 장기(長技).

おばさん【小母さん】 아주머니; 아줌마.

おはじき【お弾き】 [説明] 조가비・구슬 등을 손가락으로 튕기는 여자(女子) 아이들의 놀이.

おはよう【お早う】〔挨拶〕안녕(安寧)? 잘 잤나? ‖おはようございます 안녕하세요? 안녕히 주무셨어요?

おはらいばこ【お払い箱】 ‖お払い箱にする 버리다. 해고하다. お払い箱になる 해고당하다.

おび【帯】 ‖帯に短し襷(たすき)に長し 허리띠로는 짧고 어깨띠로는 길다. 어중간하여 별로 쓸모가 없다. ◆帯グラフ 띠그래프. 帯番組(ばんぐみ) 매일(毎日) 같은 시간(時間)에 방송(放送)되는 프로그램.

おびえる【怯える】 무서워하다; 겁을 내다; 벌벌 떨다.

おびきだす【誘き出す】 유인(誘引)해 내다.

おびきよせる【誘き寄せる】 유인(誘引)하다.

おひさま【お日様】 해님.

おひたし【お浸し】 나물 무침. ‖ホウレンソウのお浸し 시금치 무침.

おびただしい【夥しい】 ❶ 매우 많다; 엄청나다. ‖おびただしい数 엄청난 수. ❷〔程度が〕심(甚)하다; 지나치다; 대단하다. ‖無責任なことおびただしい 너무 무책임하다.

おひつじざ【牡羊座】 양(羊)자리.

おひとよし【お人好し】 ❶선량(善良)하다; 사람이 좋다.

おひや【お冷や】 찬물; 냉수(冷水).

おびやかす【脅かす】 위협(威脅)하다; 협박(脅迫)하다. ‖地位を脅かす 지위를 위협하다.

おひゃくどまいり【御百度参り】 [説明] 절에서 일정 거리(一定距離)를 백 번 왕복(百番往復)하며 기원(祈願)하는 것.

おひらき【お開き】 폐회(閉会); 마치다. ‖お開きにする 폐회하다. 마치다.

おひる【お昼】 점심(点心). ‖お昼にしましょう 점심 먹읍시다.

おびる【帯びる】 ❶(体に)지니다; 차다. ∥刀を帯びる 칼을 차다. ❷(任務などを)맡다; 띠다. ∥使命を帯びる 사명을 띠다. ❸(性質を)띠다. ∥赤みを帯びる 붉은빛을 띠다.

オフ【off】오프.

オファー【offer】오퍼.

オフィス【office】오피스.

オブザーバー【observer】 업저버.

オブジェ【objet 프】 오브제.

オプション【option】 옵션.

おぶつ【汚物】 오물(汚物).

オブラート【Oblate 독】 오블라트.

オフレコ【off-the-record】 오프 더 레코드.

おべっか 발림수작.

オペラ【opera 이】 오페라.

オベリスク【obelisk】 오벨리스크.

オペレーター【operator】 오퍼레이터.

オペレーティングシステム【operating system】(IT) 오퍼레이팅 시스템(OS).

おぼえ【覚え】 ❶기억(記憶力). ∥覚えが悪い 기억력이 안 좋다. ❷자신(自信). ∥腕に覚えがある 솜씨에 자신이 있다. ❸【メモ】메모.

おぼえがき【覚え書き】 ❶【メモ】메모. ❷약식(略式)의 외교 문서.

*** おぼえる【覚える】** ❶기억(記憶)하다; 외우다. ∥英語の単語を覚える 영어 단어를 외우다. 学生の名前と顔を覚える 학생들의 이름과 얼굴을 외우다. あの時のことは今も覚えている 그때의 일은 지금도 기억하고 있다. ❷배우다; 익히다; 습득(習得)하다. ∥技を覚える 기술을 익히다. ❸느끼다. ∥寒さを覚える 추위를 느끼다. 満足を覚える 만족을 느끼다.

おぼしい【思しい】 생각되다. ∥主人公とおぼしい人 주인공으로 생각되는 사람.

おぼつかない【束無い】 ❶의심(疑心)스럽다; 믿기 어렵다. ❷불안(不安)하다. ∥おぼつかない足取り 불안한 걸음걸이.

おぼっちゃん【お坊ちゃん】 ❶【他人の息子の敬称】도련님. ❷세상 물정(世上物情)을 모르는 남자(男子).

おほほ【笑い声】호호호.

*** おぼれる【溺れる】** ❶빠지다. ∥川で溺れる 강에 빠지다. ❷열중(熱中)하다. ∥酒に溺れる 술에 빠지다. 愛に溺れる 사랑에 빠지다. ▶溺れる者は藁をもつかむ 물에 빠지면 지푸라기라도 움켜쥔다.(諺)

おぼろげ【朧気】 가 흐릿하다; 희미(稀微)하다. ∥おぼろげな記憶 희미한 기억.

おぼろづき【朧月】(春の夜の)으스름달. ♦おぼろ月夜 으스름달밤.

おぼん【お盆】 백중맞이.

おまえ【お前】 너; 자네.

おまけ【お負け】 ❶할인(割引). ❷덤; 경품(景品); 부록(附錄).

おまけに【お負けに】 게다가; 게다가. ∥料理はおいしく、おまけに値段が安い 요리도 맛있고 게다가 가격도 싸다.

おませ 조숙(早熟)하다. ∥おませな子 조숙한 아이.

おまちどおさま【お待ち遠様】 오래 기다리셨습니다.

おまつり【お祭り】 ❶제례(祭禮). ❷낚시(釣り)에서 낚싯줄이 다른 것과 얽히는 일. ▶祭り騷ぎ 제례나 축제 때의 떠들썩 또는 그런 소동.

おまもり【お守り】 부적(符籍).

おまる【御虎子】 요강.

おまわりさん【お巡りさん】 순경(巡警) 아저씨.

おみえになる【お見えになる】 오시다.

おみくじ【お神籤】(神社・お寺で) 길흉(吉凶)을 점(占)치는 제비.

おみそれ【お見逸れ】 ∥お見それする 못 보다. 못 알아보다.

おみとおし【お見通し】 가 간파(看破)하다; 꿰뚫어 보다. ∥何でもお見通しだ 뭐든지 꿰뚫어 보고 있다.

オニヤンマ【女郎花】 마타리.

おむかえ【お迎え】 ∥お迎えする 맞이하다. ▶お迎えが来る 죽다.

おむすび【お結び】 주먹밥.

おむつ【お襁褓】 기저귀. ∥おむつを当てる 기저귀를 차다. おむつがとれる 기저귀를 떼다.

オムライス 오므라이스.

オムレツ【omelette 프】 오믈렛.

おめい【汚名】 오명(汚名).

おめおめ 부끄러운 줄 모르고; 창피한 줄 모르고.

オメガ【omega 희】 오메가.

おめかし【お粧し】 ∥おめかしする 치장(治粧)하다. 멋을 내다. 멋을 부리다.

おめでた 경사(慶事).

おめでたい【お目出度い】 ❶경사(慶事)스럽다. ∥おめでたい結婚式 경사스러운 결혼식. ❷【皮肉な言い方で】사람이 좋다.

おめでとう【お目出度う】 축하(祝賀)해. ∥おめでとうございます 축하합니다. 誕生日おめでとう 생일 축하해.

おめにかかる【お目に掛る】 만나뵙다.

*** おもい【思い】** ❶생각; 마음. ∥思いを述べる 생각을 밝히다. 思いにふける 생각에 잠기다. 思いどおりになる 생각대로 되다. ❷기분(氣分). ❸희망(希望); 소망(所望). ∥思いを遂げる 소망을 이루다. ❹걱정; 염려(念慮). ❺예상(豫想). ∥思いを晴らす ① 소망을 이루다. ② 원한을 풀다. ▶思いを寄せる 마음을 쓰다. 연모하다.

*おもい【重い】 ❶ (重量が)무겁다. ‖重い荷物 무거운 짐. 鉛は鉄より重い 납은 철보다 무겁다. ❷ 중요(重要)하다. ❸ (地位·身分などが)높다; (責任·役目などが)무겁다. ‖重い地位 중요한 지위. ❸ (程度が)심하다; 심각(深刻)하다. ‖重い病気 심각한 병. (疲れ·悩みなどで)무겁다; 안 좋다. ❹ 頭が重い 머리가 무겁다. ❺ (動作が)둔(鈍)하다; 무겁다. ‖口が重い 입이 무겁다.

おもいあがる【思い上がる】 우쭐해지다; 자만(自慢)하다.

おもいあぐねる【思い倦ねる】 이런저런 생각으로 어찌할 바를 모르다.

おもいあたる【思い当たる】 짐작(斟酌)이 가다.

おもいあまる【思い余る】 좋은 생각이 떠오르지 않다.

おもいあわせる【思い合わせる】 비교(比較)하여 생각하다.

おもいいたる【思い至る】 생각이 미치다.

おもいいれ【思い入れ】 ❶ 깊이 생각함. ❷ (演劇で)말없이 심정(心情)을 표현(表現)하는 몸짓.

おもいうかべる【思い浮べる】 떠올리다; 상기(想起)하다. ‖楽しかったことを思い浮べる 즐거웠던 일을 떠올리다.

おもいえがく【思い描く】 상상(想像)하다; 그리다. ‖新しい生活を思い描く 새로운 생활을 상상하다.

おもいおこす【思い起こす】 떠올리다; 생각해 내다. ‖学生時代を思い起こす 학생 시절을 떠올리다.

おもいおもい【思い思い】 각자(各自) 생각대로. ‖思い思いの服装で 각자 좋아하는 복장으로.

おもいかえす【思い返す】 ❶ 돌이켜보다; 회고(回顧)하다. ❷ 【考え直す】다시 생각하다; 생각을 바꾸다.

おもいがけない【思い掛けない】 생각지도 못하다; 의외(意外)이다. ‖思いがけない所で彼に会った 생각지도 못한 곳에서 그 사람을 만났다.

おもいきった【思い切った】 과감(果敢)한. ‖思い切った措置を取る 과감한 조치를 취하다.

おもいきり【思い切り】 ❶ 단념(斷念); 체념(諦念). ‖彼女は思い切りがいい 그녀는 선뜻 단념한다. ❷ (副詞的으로)마음껏; 실컷. ‖思い切り食べた 실컷 먹었다.

おもいきる【思い切る】 ❶ 결심(決心)하다. ❷ 단념(斷念)하다.

おもいこむ【思い込む】 ❶ 【信じる】굳게 믿다. ❷ 결심(決心)하다.

おもいしらせる【思い知らせる】 뼈저리게 느끼게 하다.

おもいすごし【思い過ごし】 지나치게 생각함.

おもいだす【思い出す】 생각나다; 떠오르다. ‖彼の名前が思い出せない 그 사람 이름이 생각이 안 나다. あの出来事を今でも時々思い出します 그때 일을 지금도 가끔 떠올립니다.

おもいちがい【思い違い】 ‖思い違いする 잘못 생각하다.

おもいつき【思い付き】 착상(着想).

おもいつく【思い付く】 생각이 떠오르다; 생각나다.

おもいつめる【思い詰める】 깊이 생각하다; 고민(苦悶)하다. ‖思い詰めた表情 고민하는 듯한 표정.

おもいで【思い出】 추억(追憶). ‖この公園は思い出の多い場所です 이 공원은 추억이 많은 곳입니다. 思い出を呼び起こす 추억을 불러일으키다. 思い出にふける 추억에 잠기다. 思い出話 추억거리.

おもいとどまる【思い止まる】 단념(斷念)하다; 체념(諦念)하다.

おもいなしか【思い做しか】 그렇게 생각해서 그런지. ‖思いなしか顔色が悪いようだ 그렇게 생각해서 그런지 얼굴색이 안 좋은 것 같다.

おもいのこす【思い残す】 미련(未練)을 남기다. ‖もう思い残すことは何もない 더 이상 아무런 미련도 남아 있지 않다.

おもいのほか【思いの外】 의외(意外)로; 뜻밖에; 생각했던 것보다. ‖思いの外よくできた 생각했던 것보다 잘 만들어졌다.

おもいめぐらす【思い巡らす】 이것저것 생각하다.

おもいもよらない【思いも寄らない】 생각지도 못하다; 뜻밖이다.

おもいやり【思い遣り】 동정(同情); 배려(配慮). ‖思いやりのある人 배려할 줄 아는 사람.

おもいやる【思い遣る】 ❶ 동정(同情)하다; 배려(配慮)하다. ❷ 염려(念慮)하다; 걱정하다. ‖先が思いやられる 앞날이 걱정되다.

おもいわずらう【思い煩う】 고민(苦悶)하다; 괴로워하다.

おもう【思う·想う】 ❶ 생각하다. ‖イギリスへ行きたいと思っている 영국에 가고 싶다고 생각하고 있다. 誰が勝つと思いますか 누가 이길 거라고 생각합니까? そのことは母に言わない方がいいと思う 그 일은 어머니께 얘기하지 않는 게 좋다고 생각해. 試験は思ったほど難しくなかった 시험은 생각했던 것보다 어렵지 않았다. ❷ 【心に浮べる】느끼다. ‖思ったままを書く 느낀 대로 쓰다. ❸ 걱정하다. ‖子を思う親の心 자식을 걱정하는 부모 마음. ❹ 회상(回想)하다; 떠올리다. ‖亡き母を思う 돌아가신 어머니를 떠올리다. ❺ 사모(思慕)하다; 사랑하다.

おもぞんぶん【思う存分】 실컷; 마음껏. ‖思う存分(に)食べる 실컷 먹다.
おもつぼ【思う壺】 생각한 대로 됨; 예상(豫想)한 대로 됨.
おもうに【思うに】 생각해 보면; 생각건대.
おもえる【思える】 생각되다. ‖彼のしわざとは思えない 그 사람의 소행으로는 생각되지 않는다.
おもおもしい【重重しい】 ❶무겁다; 중후(重厚)하다. ❷엄중(嚴重)하다; 장중(莊重)하다.
おもかげ【面影】 모습.
おもき【重き】 중점(重點). ‖重きを置く 중점을 두다.
おもくるしい【重苦しい】 답답하다; 숨이 막힐 듯하다. ‖重苦しい沈黙が続く 숨이 막힐 듯한 침묵이 계속되다.
おもさ【重さ】 무게; 막중(莫重)함. ‖小包の重さを量る 소포 무게를 달다. 責任の重さを感じる 책임의 막중함을 느끼다.
おもし【重し・重石】 누름돌.
***おもしろい**【面白い】 재미있다; 우습다; 즐겁다. ‖昨日見た映画は面白かった 어제 본 영화는 재미있었다. 何か面白い話はないですか 뭐 재미있는 얘기가 없어요? 仕事が面白くなってきた 일이 재미있어졌다. 面白いことを言って人を笑わせる 우스운 소리를 해서 사람들을 웃기다. テニスは面白い 테니스는 즐겁다.
おもしろはんぶん【面白半分】 반(半)재미. ‖面白半分に壁に落書きをする 반재미로 벽에 낙서를 하다.
おもたい【重たい】 무겁다.
おもだち【面立ち】 생김새. ‖整った面立ち 반듯한 생김새.
おもちゃ【玩具】 장난감. ‖おもちゃの飛行機 장난감 비행기.
***おもて**【表】 ❶〔外側〕표면(表面); 겉면; 겉. ‖封筒の表に宛名を書く 겉면에 수신인 이름을 쓰다. 感情を表に出さない 감정을 겉으로 드러내지 않다. ❷〔屋外〕겉; 밖; 바깥. ‖子どもが表で遊んでいる 아이가 바깥에서 놀고 있다. ❸정면(正面); 천면(前面); 앞면. ‖100円玉の表 백 엔 동전의 앞면. ❹정식(正式); 공식(公式). ❺〔野球で毎回の表〕초(初). ▶**~通**(どお)**り** 큰 길. 表舞台 활동 무대.
おもてざた【表沙汰】 ❶널리 알려짐. ❷소송(訴訟).
おもてだつ【表立つ】 공공연(公公然)하게 드러나다.
おもてむき【表向き】 ❶공공연(公公然)하게 드러남; 공표(公表). ‖約束の内容は表向きにはしない 약속 내용을 공표하지는 않다. ❷표면상(表面上).
おもな【主な】 주된; 주요(主要)한. ‖

国大統領の来日の主な目的 한국 대통령의 방일의 주된 목적. 主な業務 주된 업무. 今日の主なニュース 오늘의 주요 뉴스.
おもに【重荷】 짐; 부담(負擔). ‖重荷を背負う 무거운 짐을 지다. 重荷が下りる 부담을 덜다.
おもに【主に】 주(主)로. ‖主に若い人が集まる所 주로 젊은 사람들이 모이는 곳.
おもみ【重み】 ❶〔重量〕무게. ❷중요도(重要度).
おもむき【趣】 ❶멋; 정취(情趣). ❷기분(氣分); 느낌. ❸〔趣旨〕내용(內容).
おもむく【赴く】 향(向)하다. ‖任地に赴く 임지로 향하다.
おもむろに【徐に】 서서(徐徐)히; 천천히. ‖おもむろに口を開く 천천히 입을 열다.
おもや【母屋】 본채.
おもゆ【重湯】 미음(米飮).
おもり【錘】 추(錘).
おもり【お守り】〔子どもや老人などを〕돌보는 것.
おもわく【思惑】 ❶의도(意圖); 기대(期待); 생각. ‖思惑どおりにはいかない 생각대로는 되지 않는다. ❷평판(評判). ‖世間の思惑を気にしない 세상 사람들의 평판에는 신경을 쓰지 않다. ❸〔相場〕시세 변동(時勢變動)을 예상(豫想).
おもわず【思わず】 무의식적(無意識的)으로; 무심코; 엉겁결에. ‖思わず口走る 무심코 입 밖에 내다.
おもわせぶり【思わせ振り】 기대(期待)하게 하는 말이나 태도(態度).
おもわぬ【思わぬ】 생각지도 못한; 뜻하지 않은. ‖思わぬ誤解を受ける 뜻하지 않은 오해를 받다.
おんじる【重んじる】 중시(重視)하다; 존중(尊重)하다.
おや 어; 어라. ‖おや、山田さんではありませんか、ヤマダ 씨 아닙니까?
***おや**【親】 ❶부모(父母)(님). ‖最も尊敬するのは親だ 가장 존경하는 사람은 부모님이다. ❷어미. 親鳥 어미새. ❸큰 것; 중심(中心)이 되는 것. ‖親指 엄지. ❹〔博打などで〕선(先). ▶**~の心子知らず** 자식은 부모 마음을 모른다. ~の脛(すね)を囓(かじ)る 나이가 들어서도 경제적으로 부모에게 의지하다. ▶**~はなくとも子は育つ** 세상 일은 그렇게 걱정하지 않아도 된다.
おやおもい【親思い】 효성(孝誠)이 지극(至極)한 함 또는 그런 사람.
おやがいしゃ【親会社】 모회사(母會社).
おやかた【親方】 부모(父母)처럼 돌보고 지도(指導)하는 사람; 기예(技

おやがわり【親代わり】 부모(父母)처럼 돌봐 주는 사람.

おやこ【親子】 ❶ 부모(父母)와 자식(子息). ∥親子関係 부모 자식 관계. ❷ 주(主)가 되는 것과 부수적(附隨)인 것.

おやご(さん)【親御(さん)】 (他人의)부모(父母)님.

おやこうこう【親孝行】 (ㆍ되) 효도(孝道).

おやごころ【親心】 부모(父母) 마음.

おやこどんぶり【親子丼】 닭고기 계란(鶏卵) 덮밥.

おやじ【親父】 ❶ 아버지. ❷ (職場ㆍ店의)주인(主人). ❸ (中年以上의 男性) 아저씨.

おやしらず【親知らず】 사랑니.

おやすい【親安い】 간단(簡單)하다; 쉽다. ∥お安い御用 간단한 일.

おやつ【お八つ】 간식(間食).

おやばか【親馬鹿】 (說明) 자식(子息)이 귀여워 결점(缺點)을 보지 못하거나 과대평가(過大評價)하는 것 또는 그런 부모(父母).

おやばなれ【親離れ】 親離れする 부모로부터 독립하다.

おやふこう【親不孝】 (ㆍ되) 불효(不孝).

おやぶん【親分】 부모(父母)처럼 의지(依支)가 되는 사람. ❷ 두목(頭目).

おやもと【親元】 부모 슬하(父母膝下).

おやゆずり【親譲り】 (体格ㆍ性格ㆍ財産などを)부모(父母)로부터 물려받은 것.

おやゆび【親指】[手]엄지손가락; [足] 엄지발가락.

およがせる【泳がせる】 ❶ 헤엄치게 하다. ❷ (容疑者などを)자유(自由)롭게 행동(行動)하게 놔두다.

およぐ【泳ぐ】 ❶ 헤엄치다; 수영(水泳)하다. ∥海で泳ぐ 바다에서 수영하다. ∥川を泳いで渡る 강을 헤엄쳐서 건너다. ❷ 처세(處世)하다.

*****およそ**【凡そ】 ❶ 대개(大槪); 대강(大綱). ∥事件のおよそを報告する 사건의 대강을 보고하다. ❷[副詞的に]보통(普通); 일반적으로(一般的に). ❸ 약(約). ∥駅からおよそ500メートル 역에서 약 오백 미터. ❹ [打ち消しの表現を伴って]전연(全然). ∥政治とはおよそ縁がない 정치와는 전혀 인연이 없다.

およばずながら【及ばずながら】 불충분(不充分)하지만.

およばない【及ばない】 …할 필요(必要)는 없다. ∥わざわざ来るには及ばない 일부러 올 필요는 없다. 心配するには及ばない 걱정할 필요는 없다.

および【及び】 및. ∥会館の運営及び管理 회관의 운영 및 관리.

および【お呼び】 ∥社長がお呼びです 사장님께서 부르십니다.

*****およぶ**【及ぶ】 ❶ 미치다; 달하다; 걸치다. ∥被害は1億円に及んだ 피해는 1억 엔에 달했다. 10回に及ぶ折衝 열차례에 걸친 절충. 我が身に被害が及ぶ 나한테 피해가 오다. ❷ 필적(匹敵)하다; 따라잡다. ∥英語では彼に及ばないという 영어에서 그 사람과 겨룰 사람은 없다. ❸ 이루다; 저지르다. ∥ついに犯行に及ぶ 끝내 범행을 저지르다.

およぼす【及ぼす】 (影響などを)미치다; 끼치다. ∥影響を及ぼす 영향을 미치다. 害を及ぼす 해를 끼치다.

オランウータン【orangutan】 오랑우탄.

オランダ【Olanda^葡】 (国名) 네덜란드.

おり【折】 ❶ 기회. ∥折をみて話す 기회를 보아서 이야기하다. ❷ (その時) (그) 때. ▶折も折に 바로 그때. ▶折に触れ 기회가 있을 때마다.

おり【檻】 우리. ∥檻から逃げ出す 우리에서 도망치다.

おりあい【折り合い】 ❶ 사이. ∥折り合いが悪い 사이가 안 좋다. ❷ 타협(妥協). ∥折り合いをつける 타협하다.

おりあう【折り合う】 타협(妥協)하다.

おりあしく【折悪しく】 하필(何을)이면 그때에. ∥折悪しく雨が降ってきた 하필이면 그때에 비가 내렸다.

オリーブ【olive】 올리브. ◆オリーブ色 올리브색. オリーブ油 올리브유.

オリエンテーション【orientation】 오리엔테이션.

おりおり【折折】 ❶ (その時その時)그때 그때. ❷ (時々)때때로.

オリオンざ【Orion座】 오리온자리.

おりかえし【折り返し】 ❶ 접어서 꺾음 또는 그 부분(部分). ∥ズボンの折り返し 바지의 접는 부분. ❷ 되돌아옴(갬); 반환점(返還点). ❸ [副詞的に]곧; 즉시(即時). ∥折り返し返事をする 즉시 답을 하다.

おりがみ【折り紙】 ❶ (色紙の)종이 접기. ❷ (美術品などの)감정서(鑑定書).

おりこみ【折り込み】 신문(新聞)ㆍ잡지(雜誌)에 끼우는 광고(廣告) 또는 부록(附錄).

おりこむ【折り込む】 ❶ (中の方へ)접어 넣다. ❷ 끼워 넣다. ∥新聞にちらしを折り込む 신문에 광고지를 끼워 넣다.

おりこむ【織り込む】 ❶ (異なる糸などを)섞어 짜다. ❷ 끼워 넣다; 집어넣다; 포함(包含)시키다. ∥その費用は予算に織り込んである 그 비용은 예산에 포함시켰다.

オリジナル【original】 오리지널.

おりしも【折しも】 바로 그때.

おりたたみの【折り畳みの】 접는. ‖折り畳みの傘 접는 우산.

おりたたむ【折り畳む】〔(新聞などを)折り畳む〕〔(布団・衣類を)たたむ〕개다. ‖新聞をきちんと折り畳む 신문을 반듯하게 접다.

おりたつ【下り立つ・降り立つ】내리다; 내려서다.

おりづる【折り鶴】종이학.

おりなす【織り成す】 ❶ (糸で)모양(模樣)을 짜다. ❷ (様々なものを組み合わせて)엮어 내다; 만들어 내다.

おりひめ【織り姫】 직녀성(織女星).

おりまげる【折り曲げる】

おりめ【折り目】 접힌 부분(部分); 접힌 선(線); 접힌 곳; 주름. ‖ズボンに折り目をつける 바지의 주름을 잡다. ❷ (物事の)단락(段落); 매듭; 절도(節度). ‖生活に折り目をつける 절도 있는 생활을 하다.

おりめただしい【折り目正しい】예의(禮儀) 바르다; 단정(端正)하다. ‖折り目正しい青年 예의 바른 청년.

おりもの【下り物】 ❶ 대하(帯下); 냉(冷). ❷ 월경(月經); 후산(後産).

おりもの【織物】 직물(織物). ◆毛織物 모직물, 織物業 직물업.

*__おりる__【下りる・降りる】 ❶ 내리다; 내려 오다; 내려가다. ‖幕が下りる 막이 내리다. 車から降りて 차에서 내리다. 霜が降りる 서리가 내리다. 山から下りる 산에서 내려오다. ❷ (地位などから)물러나다. ‖主役を降りる 주역에서 물러나다. ❸ (許可などが)나오다; 떨어지다. ‖許可が下りる 허가가 나오다. (錠などが)잠기다; 내려오다. ‖遮断機が下りる 차단기가 내려오다.

オリンピック【Olympic】 올림픽.

*__おる__【折る】 ❶ 접다; 꺾다; 삐다. ‖紙を折る 종이를 접다. 枝を折る 가지를 꺾다. 足の骨を折る 발목을 삐다. ❷ 굽히다. ‖我を折る 자기주장을 굽히다.

おる【居る】 있다. ‖今日は一日中家におります 오늘은 하루 종일 집에 있다.

おる【織る】 ‖絹織物を織る 면직물을 짜다.

オルガズム【orgasm】 오르가슴.

オルガン【orgão포】 오르간; 풍금(風琴).

オルゴール【orgel네】 오르골.

おれ【俺】 나. ‖俺は行かない 나는 안 가. 俺が何とかする 내가 어떻게 할게.

おれい【お礼】 감사(感謝); 감사의 말이나 물건.

おれる【折れる】 ❶ 부러지다; 꺾이다. ‖風で木の枝が折れる 바람으로 인해 나뭇가지가 부러지다. 足の骨が折れる 다리뼈가 부러지다. ❷ 양보(讓步)하

허둥대다.

おろか【愚か】 が 어리석다. ‖愚かなことを言う 어리석은 소리를 하다. 愚かにも 어리석게도.

おろか【疎か】〔…はおろかの形で〕…은[는]커녕; …은[는] 물론(勿論)이고. ‖走ることはおろか、歩くこともできない 뛰기는커녕 걷지도 못하다. 財産はおろか、命までも失うかも知れない 재산은 물론이고 목숨까지 잃을 수도 있다.

おろし【卸し】 도매(都賣).

おろしうり【卸売り】 도매(都賣). ◆卸売価格 도매 가격.

おろしがね【下ろし金】 강판(薑板).

*__おろす__【下ろす・降ろす】 ❶ (高いところから)내리다; 내려놓다. ‖引っ越しの荷物を下ろす 이삿짐을 내리다[부리다]. 鍋を火から下ろす 냄비를 불에서 내려놓다. ❷ (掲示物を)제거(除去)하다. ❸ (新しいものを)쓰기 시작(始作)하다. ❹ 낙태(落胎)하다. ❺ (預金を)찾다. ‖通帳からお金を下ろす 통장에서 돈을 찾다.

おろす【卸す】 도매(都賣)로 팔다.

おろそか【疎か】 が 소홀(疏忽)하다; 등한(等閑)하다. ‖勉強をおろそかにする 공부를 등한히하다.

おわせる【負わせる】〔(傷などを)입히다〕; 〔전가(轉嫁)하다〕; 〔傷を負わせる 상처를 입히다. 責任を他人に負わせる 책임을 다른 사람에게 전가하다.

おわらい【お笑い】 개그; 코미디.

おわり【終わり】끝; 마지막; 말(末). ‖映画の終わりの部分 영화의 마지막 부분. 始めから終わりまで 처음부터 끝까지. 終わりにする 끝내다.

おわりね【終わり値】 (取引所の)종가(終價).

*__おわる__【終わる】 끝나다; 종료(終了)되다. ‖仕事が終わると今日は終わりだ 일이 끝나면 오늘은 끝이다. 夏休みが終わる 여름 방학이 끝나다. 失敗に終わる 실패로 끝나다.

おん【音】 ❶ 소리; 음성(音聲). ❷ (漢字読みの)음.

*__おん__【恩】 은혜(恩惠); 신세(身世). ‖親の恩 부모님의 은혜. 彼には恩がある 그 사람한테 신세를 졌다. ▶恩に着せる 생색내다. ▶恩に着る 은혜를 입다. ▶恩を仇で返す 은혜를 원수로 갚다. ▶恩を売る 이용할 목적으로 은혜를 베풀다.

おんいん【音韻】 음운(音韻). ◆音韻論 음운론.

おんがえし【恩返し】 은혜를 갚다.

*__おんがく__【音楽】 음악(音樂). ‖好きな音楽を聞きながらコーヒーを飲む 좋아하는 음악을 들으며 커피를 마시다. ◆映画音楽 영화 음악. クラシック音楽 클래

식 음악. **音楽鑑賞** 음악 감상.
おんかん【音感】 음감(音感). ◆**絶対音感** 절대 음감.
おんきょう【音響】 음향(音響). ◆**音響効果** 음향 효과.
おんけい【恩恵】 은혜(恩惠). ‖恩恵をこうむる 은혜를 입다. 恩恵を施す 은혜를 베풀다.
おんけん【穏健】ダ 온건(穩健)하다. ◆**穏健派** 온건파.
おんこう【温厚】ダ 온후(溫厚)하다; 온화(穩和)하다.
おんこちしん【温故知新】 온고지신(溫故知新).
おんし【恩師】 은사(恩師); 스승.
おんしつ【音質】 음질(音質).
おんしつ【温室】 온실(溫室). ◆**温室栽培** 온실 재배. **温室効果** 온실 효과. ▶温室育ち 고생을 모르고 자람 또는 그런 사람.
おんしゃ【御社】 귀사(貴社).
おんじゅん【温順】 온순(溫順)하다.
おんしょう【温床】 온상(溫床). ‖悪の温床 악의 온상.
おんじょう【温情】 온정(溫情).
おんしょく【音色】 음색(音色).
おんしらず【恩知らず】ダ 배은망덕(背恩忘德)하다.
おんじん【恩人】 은인(恩人).
オンス【ounce】 …온스.
おんすい【温水】 온수(溫水).
おんすうりつ【音数律】 음수율(音數律).
おんせい【音声】 음성(音聲). ◆**音声学** 음성학. **音声言語** 음성 언어. **音声多重放送** 음성 다중 방송.
おんせん【温泉】 온천(溫泉).
おんそ【音素】 음소(音素). ◆**音素文字** 음소 문자.
おんそく【音速】 음속(音速).
おんぞん【温存】 ‖温存する 그대로 보존하다.
おんたい【温帯】 온대(溫帯). ◆**温帯気候** 온대 기후.
おんだい【音大】 음대(音大).
おんだん【温暖】ダ 온난(溫暖)하다. ◆**温暖化** 온난화. **地球温暖化** 지구 온난화. **温暖前線** 온난 전선.
おんち【音痴】 음치(音痴).
おんちゅう【御中】 귀중(貴中).
おんちょう【音調】 ❶《음의 고저(高低). ❷《歌의 가락》. ❸《詩歌의 음률(音律).
おんちょう【恩寵】 은총(恩寵).
おんてい【音程】 음정(音程). ‖音程がはずれている 음정이 안 맞다.
オンデマンド【on demand】 온디맨드.
おんど【音頭】 ❶《歌などを》선창(先唱)함. ❷앞장서서 함. ‖企業誘致の音頭をとる 기업 유치에 앞장서다.
おんど【温度】 온도(溫度). ‖下がる 温度が 내려가다. 一定の温度を保つ 일정한 온도를 유지하다. ◆**絶対温度** 절대 온도. **温度計** 온도계.
おんとう【温湯】 온탕(溫湯).
おんとう【穏当】 온당(穩當)하다.
おんどく【音読】 《한》음독(音讀).
おんどり【雄鳥】 수탉.
***おんな**【女】 여자(女子); 여성(女性); 여. ‖平均的に女の方が男より長生きする 평균적으로 여자가 남자보다 장수한다. 女同士で 여자들끼리. ▶女三人寄れば姦(かしま)しい 여자 셋이 모이면 시끄럽다. ◆**女盛り** 여자로서 한창인 때. **女っぽい** 여자답다. 여성적이다. **女手** 여자의 일손. 子どもを女手一つで育て上げた 애를 여자 혼자 힘으로 키웠다. **女友だち** 여자 친구. **女の子** 여자 아이. 젊은 여자. **女らしい** 여자답다. 여성적이다. 여성스럽다. **女らしいしぐさ** 여성스러운 몸짓. **女湯** 여탕.
おんねん【怨念】 원한(怨恨). ‖いだく 怨念을 품다. 怨念を晴らす 원한을 풀다. 원한이 풀리다.
おんぱ【音波】 음파(音波).
オンパレード【on parade】 온 퍼레이드.
おんばん【音盤】 음반(音盤); 레코드판.
おんびん【穏便】ダ 조용하고 원만(圓滿)하다. ‖穏便に済ます 조용히 처리하다.
おんぷ【音符】 음표(音標).
おんぷ【音譜】 악보(樂譜).
おんぷう【音風】 온풍(溫風).
オンブズマン【ombudsman】 옴부즈맨.
おんぶする【負んぶする】 ❶업다. ❷의지(依支)하다.
おんやく【音訳】 《한》음역(音譯).
おんよう【陰陽】 음양(陰陽). ◆**陰陽道** 음양도.
おんよみ【音読み】 《한》음독(音讀).
オンライン【on-line】 온라인. ◆**オンラインシステム** 온라인 시스템.
おんりょう【音量】 음량(音量).
おんれい【御礼】 사례(謝禮). ◆**満員御礼** 만원 사례.
おんわ【温和】ダ 온화(溫和)하다. ‖温和な性格 온화한 성격.

か

か【火】〔火曜日の略語〕화(火).
か【可】❶괜찮다. ‖…をよしとする …도 괜찮다. ❷(成績評価の)가(可). ‖良 可 우, 양, 가.
か【科】〔学科などの区分〕…과(科). ◆国文科 국문과. ❷〔生物の分類の〕과. ‖食肉類イヌ科 식육목 개과.
か【課】과(課). ‖総務課 총무과.
カ【蚊】모기. ‖蚊に刺される 모기한테 물리다.
か-【過】과(過)…. ‖過保護 과보호.
-か【下】…하(下); 아래. ‖支配下 지배하
-か【日】…일(日). ‖20日 이십 일.
-か【家】…가(家). ‖音楽家 음악가. 努力家 노력가.
-か【箇】…개. ‖三か国 삼 개국.
-が【格】❶〔主格を表わす〕…이[가]; 〔尊敬〕께서. ‖私がやります 제가 하겠습니다. 子どもが泣いている 아이가 울고 있다. 犬が吠えている 개가 짖고 있다. 花が咲く 꽃이 피다. 彼は背が高い 그 사람은 키가 크다. 先生がお書きになった本 선생님께서 쓰신 책. ❷〔願望・能力・好悪などの対象であることを表わす〕…을[를]; …이[가]. ‖リンゴが好きだ 사과를 좋아하다. あの人が嫌いだ 그 사람을 싫어한다. 日本語が話せる 나는 일본어를 할 수 있다. ピアノが弾ける 피아노를 칠 수 있다. その理由が分からない その理由を知りたい 그 이유를 모르겠다. 冷たいビールが飲みたい 시원한 맥주를 마시고 싶다. イチゴが食べたい 딸기가 먹고 싶다. ❸〔文語的表現として所有関係を表わす〕…의. ‖我が祖国 나의 조국. ❹〔接続助詞として〕…지만; …는데; …(다)만; …든(지). ‖ご承知のことと思いますが…一応説明はしますが 잘 알고 계시리라 생각하시지만, 일단 설명은 하겠습니다. 予算の件ですが、重要なので今日中に決めてください 예산에 관한 것입니다만, 중요한 것이니까 오늘 안으로 결정해 주십시오. 学校へ行ったが、授業はなかった 학교에 갔는데 수업은 없었다. 彼は髪はいかが不真面目だ その人は頭は今頭は 불성실하다. どうなろうが知ったことではない 어떻게 되든지 내가 알 바 아니다. 行こうが行くまいが、君の勝手だ 가든 말든 그건 네 마음이다. ❺〔願望を表わしたり叙述を和らげて〕…(으)면; …(ㄴ)데; …(다)만. ‖合格するといいなあ 합격하면 좋을텐데. 今日は早く帰りたいのですが 오늘은 빨리 돌아가고 싶은데요.

-が【我】아(我); 고집(固執). ‖我を張る 고집을 피우다.
ガ【蛾】나방.
-が【画】…화(畫). ◆西洋画 서양화.
かあかあ〔カラスの鳴き声〕까악까악.
カーキいろ【khaki 色】카키색; 국방색 (國防色).
カースト【caste】카스트.
ガーゼ【Gaze F】가제.
カーソル【cursor】커서. ‖カーソルを合わせる 커서를 맞추다.
カーディガン【cardigan】카디건.
カーテン【curtain】커튼. ‖カーテンを閉める 커튼을 치다.
カート【cart】카트. ◆ショッピングカート 쇼핑 카트.
カード【card】카드. ◆クリスマスカード 크리스마스 카드, クレジットカード 신용 카드, イエローカード 옐로카드.
ガード【guard】가드. ◆ボディガード 보디가드, ガードフェンス 가드 펜스.
ガードマン【guard + man 日】가드맨; 경비원(警備員).
カートリッジ【cartridge】카트리지.
ガードル【girdle】거들.
ガードレール【guardrail】가드레일.
カーニバル【carnival】카니발.
カーネーション【carnation】카네이션.
ガーネット【garnet】가넷; 석류석(石榴石).
カーフェリー【car ferry】카페리.
カーペット【carpet】카펫.
ガーベラ【gerbera】거베라.
カール【curl】(名動)컬.
ガールスカウト【the Girl Scouts】걸스카우트.
かい【会】모임; …회(會). ‖同窓会 동창회.
かい【回】❶회; 횟수(回數). ‖回を重ねる 횟수를 거듭하다. ❷…회; …번(番). ‖3回 세 번.
かい【貝】조개.
かい【界】〔生物の分類の〕계(界). ◆動物界 동물계.
かい【下位】하위(下位). ‖下位チーム 하위 팀.
かい【下意】하의(下意). ‖下意上達 하의상달.
かい【甲斐】보람. ‖頑張った甲斐がない 열심히 한 보람이 없다.
がい【外】외(外). ‖区域外 구역 외.
*がい【害】해(害). ‖人に害を及ぼす 사람에게 해를 끼치다. タバコは健康に害がある 담배는 건강에 해롭다.
-がい【街】…가(街); …거리. ◆繁華街 번화가.
-がい【甲斐】…할 만한 가치(價値); …보람. ‖頼りがいのある人 의지할 만한 사람. 生きがい 사는 보람.
がいあく【害悪】해악(害惡).

かいあげ【買い上げ】 ‖お買い上げの品 사신 물건.

かいあげる【買い上げる】（官公庁などが民間から）사들이다; 수매(收買)하다. ‖米を買い上げる 쌀을 수매하다.

かいあさる【買い漁る】 사 모으다.

かいい【怪異】 괴이(怪異)하다. ◆怪異な現象 괴이한 현상.

かいいき【海域】 해역(海域).

かいいぬ【飼い犬】 기르는 개. ◆飼い犬に手をかまれる 믿는 도끼에 발등 찍힌다.[속]

かいいれる【買い入れる】 사들이다; 매입(買入)하다.

*かいいん【会員】 회원(會員). ‖会員募集 회원 모집. ◆名誉会員 명예 회원. 会員券 회원권.

かいうん【海運】 해운(海運). ◆海運業者 해운업자.

がいえん【外延】 외연(外延).

かいおうせい【海王星】 해왕성(海王星).

かいか【開化】 개화(開化). ◆文明開化 문명의 개화.

かいか【開花】 개화(開花).

かいが【絵画】 회화(繪畵).

がいか【外貨】 외화(外貨). ◆外貨獲得 외화 획득.

がいか【凱歌】 개가(凱歌). ‖凱歌を上げる 개가를 올리다.

かいかい【開会】 개회(開會).

*かいがい【海外】 해외(海外). ‖海外に輸出する 해외로 수출하다. ◆海外旅行 해외 여행.

かいがいしい【甲斐甲斐しい】 바지런하다; 씩씩하고 활발(活潑)하다; 일을 적척 잘하다.

かいかいしき【開会式】 개회식(開會式).

かいかく【改革】 개혁(改革). ‖教育制度を改革する 교육 제도를 개혁하다. ◆社会改革 사회 개혁. 意識改革 의식 개혁.

がいかく【外殻】 외각(外殼).

かいかしき【開架式】 개가식(開架式). ‖開架式図書館 개가식 도서관.

かいかつ【快活】 쾌활(快活)하다. ‖快活な性格 쾌활한 성격.

がいかつ【概括】 개괄(概括). ‖報告内容を概括する 보고 내용을 개괄하다.

かいかぶる【買い被る】 과대평가(過大評價)하다. ‖実力以上に買い被る 실력 이상으로 과대평가하다.

かいがら【貝殻】 조개껍데기; 조가비.

かいかん【会館】 회관(會館). ◆市民会館 시민 회관.

かいかん【快感】 쾌감(快感). ‖快感を味わう 쾌감을 맛보다.

かいかん【開館】 개관(開館).

かいがん【海岸】 해안(海岸). ‖リアス式海岸 리아스식 해안. ◆海岸線 해안선.

がいかん【外患】 외환(外患). ◆内憂外患 내우외환.

がいかん【外観】 외관(外觀). ‖外観を飾る 외관을 꾸미다.

がいかん【概観】 （する）개관(概觀).

かいき【会期】 회기(會期). ‖会期延長 회기 연장.

かいき【回帰】 회귀(回歸). ◆回帰線 회귀선. 回帰本能 회귀 본능.

かいき【怪奇】 괴기(怪奇)하다.

かいき【皆既】 개기(皆既). ◆皆既月食 개기 월식. 皆既日食 개기 일식・개기월식의 총칭. 皆既日食 개기 일식.

-かいき【回忌】 …주기(周忌). ‖10回忌 십 주기.

*かいぎ【会議】 （する）회의(會議). ‖会議を開く 회의를 열다. ◆編集会議 편집 회의. 家族会議 가족 회의.

かいぎ【懐疑】 회의(懷疑). ◆懐疑主義 회의주의. 懐疑的 회의적.

がいき【外気】 외기(外氣).

かいぎゃく【諧謔】 해학(諧謔).

かいきゅう【階級】 계급(階級). ◆知識階級 지식 계급. 階級意識 계급의식.

かいきょ【快挙】 쾌거(快擧). ‖快挙を成し遂げる 쾌거를 올리다.

かいきょう【回教】 회교(回敎).

かいきょう【海峡】 해협(海峽). ◆朝鮮海峡 대한 해협. ドーバー海峡 도버 해협.

かいぎょう【改行】 （する）개행(改行).

かいぎょう【開業】 （する）개업(開業). ‖弁護士を開業する 변호사를 개업하다. ◆開業医 개업의.

かいきん【皆勤】 （する）개근(皆勤). ‖3年間皆勤した 삼 년간 개근했다.

かいきん【解禁】 （する）해금(解禁). ‖鮎の解禁 은어잡이 해금.

かいきん【開襟】 개금(開襟).

かいぐん【海軍】 해군(海軍).

*かいけい【会計】 （する）회계(會計). ◆一般会計 일반 회계. 特別会計 특별 회계. 会計監査 회계 감사. 会計士 회계사. 公認会計士 공인 회계사. 会計年度 회계 연도.

かいけい【外形】 외형(外形).

*かいけつ【解決】 （する）해결(解決). ‖紛争を解決する 분쟁을 해결하다. 問題を円満に解決する 문제를 원만하게 해결하다. ◆解決策 해결책.

かいけん【会見】 （する）회견(會見). ‖記者会見 기자 회견.

かいけん【改憲】 （する）개헌(改憲).

かいげん【戒厳】 계엄(戒嚴). ◆戒厳令 계엄령.

がいけん【外見】 외견; 겉모습. ‖外見をつくろう 겉모습을 꾸미다.

かいこ【回顧】 회고(回顧). ◆回顧録 회고록.

かいこ【解雇】 （する）해고(解雇). ‖リストラの一環で解雇された 구조 조정 일

かいこ【懐古】 (する) 회고(懷古). ∥懐古談 회고담.

カイコ【蚕】 누에.

かいご【介護】 개호(介護); 간병(看病). ∥老母を介護する 노모를 간병하다. 介護福祉士 개호복지사. 개호사. 介護保険 개호 보험.

かいこう【海溝】 해구(海溝).

かいこう【開校】 (する) 개교(開校). ∥開校記念日 개교기념일.

かいこう【開港】 개항(開港).

かいこう【開講】 (する) 개강(開講).

かいこう【邂逅】 (する) 해후(邂逅).

かいごう【会合】 회합(會合); 모임. ∥会合に出席する 모임에 출석하다. 会合の場所 모임 장소.

*__**がいこう**【外交】__ 외교(外交). ∥外交関係を結ぶ 외교 관계를 맺다. 外交員 외교원. 外交官 외교관. 外交政策 외교 정책. 外交辞令 입에 발린 소리일 뿐이다. 外交辞令に過ぎない 입에 발린 소리일 뿐이다.

がいこうてき【外向的】 외향적(外向的).

かいこく【開国】 (する) 개국(開國).

*__**がいこく**【外国】__ 외국(外國). ∥外国から労働者を受け入れる 외국에서 노동자들을 받아들이다. 外国に留学する 외국으로 유학 가다. 外国製の時計 외제 시계. 外国産の米 외국산 쌀. 外国為替 외국환. 外国語 외국어. 外国人 외국인.

がいこつ【骸骨】 해골(骸骨).

かいこむ【買い込む】 사들이다. ∥災害に備えて食料品を買い込む 재해에 대비해 식료품을 사들이다.

かいこん【悔恨】 회한(悔恨).

かいこん【開墾】 (する) 개간(開墾). ∥開墾地 개간지.

かいさい【快哉】 쾌재(快哉). ∥快哉を叫ぶ 쾌재를 부르다.

かいさい【開催】 (する) 개최(開催). ∥委員会を開催する 위원회를 개최하다. ◆開催地 개최지.

かいざい【介在】 (する) 개재(介在).

がいさい【外債】 외채(外債).

がいざい【外在】 (する) 외재(外在).

かいさつ【改札】 (する) 개찰(改札). ◆改札口 개찰구.

かいさん【解散】 (する) 해산(解散). ∥国会を解散する 국회를 해산하다. デモ隊を警察が強制解散させる 시위대를 경찰이 강제 해산시키다. 流れ解散 자체 해산.

かいさん【概算】 개산(槪算); 어림잡아 계산(計算)함. ∥建築費を概算する 건축비를 어림잡아 계산하다.

かいさんぶつ【海産物】 해산물(海産物).

かいし【開始】 (する) 개시(開始). ∥試合を開始する 시합을 개시하다.

がいし【外紙】 외지(外紙).

がいし【外資】 외자(外資). ∥外資を誘致する 외자를 유치하다.

かいして【介して】 …을[를] 중간(中間)에 두고. ∥弁護士を介して話し合う 변호사를 중간에 두고 대화하다.

がいして【概して】 대체(大體)로; 일반적(一般的)으로. ∥成績は概していい方だ 성적은 대체로 좋은 편이다.

かいしめる【買い占める】 매점(買占)하다; 사재기하다.

*__**かいしゃ**【会社】__ 회사(會社). ∥会社に通う 회사에 다니다. 会社には1時間20分かかる 회사까지는 한 시간 이십분 걸린다. 会社を辞める 회사를 그만두다. ◆株式会社 주식회사. 証券会社 증권 회사. 会社員 회사원.

かいしゃ【膾炙】 회자(膾炙). ∥人口に膾炙する 인구에 회자되다.

がいしゃ【外車】 외제 차(外製車).

かいしゃく【解釈】 (する) 해석(解釋). ∥善意に解釈する 선의로 해석하다. ◆拡大解釈 확대 해석.

がいじゅ【外需】 외수(外需).

かいしゅう【回収】 (する) 회수(回收). ∥資金を回収する 자금을 회수하다. アンケートを回収する 앙케트를 회수하다.

かいしゅう【改宗】 (する) 개종(改宗).

かいしゅう【改修】 (する) 개수(改修). ∥道路の改修工事 도로 개수 공사.

かいじゅう【怪獣】 괴수(怪獸).

かいじゅう【懐柔】 (する) 회유(懷柔). ∥懐柔策 회유책.

がいじゅうないごう【外柔内剛】 외유내강(外柔內剛).

がいしゅつ【外出】 (する) 외출(外出). ∥母は外出しています 어머니는 외출 중입니다. 外出禁止 외출 금지.

がいしゅつぎ【外出着】 외출복(外出服).

かいしょ【楷書】 해서(楷書).

かいじょ【解除】 (する) 해제(解除). ∥戒厳令を解除する 계엄령을 해제하다. 武装解除 무장 해제.

かいしょう【改称】 (する) 개칭(改稱).

かいしょう【解消】 (する) 해소(解消). ∥ストレスを解消する 스트레스를 해소하다.

かいしょう【甲斐性】 기개(氣槪); 기력(氣力); 활력(活力). ∥甲斐性なしだ 기개가 없다.

かいじょう【会場】 회장(會場). ∥イベント会場 이벤트 회장.

かいじょう【海上】 해상(海上). ∥海上保険 해상 보험. 海上輸送 해상 수송.

かいじょう【開場】 (する) 개장(開場). ∥正午に開場する 정오에 개장하다.

がいしょう【外傷】 외상(外傷).

かいしょく

かいしょく【会食】 (する) 회식(會食).
かいしょく【快食】 쾌식(快食).
かいしょく【解職】 해직(解職).
がいしょく【外食】 외식(外食).
　◆外食産業 외식 산업.
かいしん【会心】 회심(會心). ∥会心の作 회심작.
かいしん【回診】 (する) 회진(回診).
がいしん【外信】 외신(外信).
がいじん【外人】 외국인(外國人); 외인. ∥外人選手 외국인 선수.
かいすい【海水】 해수(海水).
かいすいよく【海水浴】 해수욕(海水浴). ∥海水浴場 해수욕장.
かいすう【回数】 횟수(回數). ∥回数を数える 횟수를 세다. 韓国に行った回数 한국에 간 횟수. ◆回数券 회수권.
かいする【介する】 ❶ [間に]두다. ∥彼は友人を介して知り合った 그는 친구를 통해 알았다. ❷ [心に]두다.
がいする【害する】 해(害)하다; 상(傷)하다. ∥ひどく気分を害した 기분이 몹시 상했다.
かいせい【改正】 (する) 개정(改正). ∥規則を改正する 규칙을 개정하다.
かいせい【快晴】 쾌청(快晴).
かいせき【会席】 ❶ 회합(會合) 자리. ❷ 가이세키 요리(料理).
かいせき【解析】 (する) 해석(解析); 분석(分析). ◆解析幾何学 해석 기하학.
かいせつ【開設】 (する) 개설(開設). ∥ソウルに支店を開設する 서울에 지점을 개설하다.
かいせつ【解説】 (する) 해설(解說). ∥世界情勢を解説する 세계 정세에 대해서 해설하다. ◆野球解説 야구 해설. 解説者 해설자.
がいせつ【概説】 (する) 개설(槪說). ∥国文法概説 국문법 개설.
かいせん【回線】 회선(回線).
かいせん【海鮮】 신선(新鮮)한 해물(海物). ◆海鮮料理 해물 요리.
かいぜん【改善】 (する) 개선(改善). ∥改善の余地がある 개선의 여지가 있다. 待遇が改善される 대우가 개선된다. ◆改善策 개선책.
がいせん【凱旋】 (する) 개선(凱旋). ∥凱旋パレード 개선 퍼레이드.
がいぜんせい【蓋然性】 개연성(蓋然性).
かいそう【回想】 (する) 회상(回想). ∥往時を回想する 지난날을 회상하다. 回想にふける 회상에 잠기다. ◆回想録 회상록.
かいそう【改装】 (する) 개장(改裝).
かいそう【海草】 해초(海草).
かいそう【海藻】 해조(海藻).
かいそう【階層】 계층(階層). ◆社会階層 사회 계층.
かいぞう【改造】 (する) 개조(改造). ∥台

74

所を改造する 부엌을 개조하다.
かいぞうど【解像度】 해상도(解像度). ∥解像度の高いデジタルカメラ 해상도가 높은 디지털 카메라.
かいそく【会則】 회칙(會則).
かいそく【快速】 쾌속(快速). ◆快速船 쾌속선. 快速電車 (한국) 일반 전철(一般電鐵)보다 정차(停車) 역이 적어 빨리 가는 전철.
かいぞく【海賊】 해적(海賊). ◆海賊版 해적판.
かいたい【解体】 (する) 해체(解體). ∥組織を解体する 조직을 해체하다. ◆解体工事 해체 공사.
*かいたく【開拓】 (する) 개척(開拓). ∥新市場を開拓する 새로운 시장을 개척하다. ◆開拓者 개척자. 開拓地 개척지.
かいだん【会談】 (する) 회담(會談). ◆日米会談 미일 회담.
かいだん【怪談】 괴담(怪談).
*かいだん【階段】 계단(階段). ∥出世の階段 출세 계단. ◆非常階段 비상 계단. 螺旋階段 나선 계단.
ガイダンス【guidance】 가이던스.
かいちく【改築】 (する) 개축(改築).
かいちゅう【回虫】 회충(蛔蟲).
がいちゅう【外注】 (する) 외주(外注). ∥外注に出す 외주를 주다.
がいちゅう【害虫】 해충(害蟲).
かいちゅうでんとう【懐中電灯】 회중전등(懷中電燈).
かいちゅうどけい【懐中時計】 회중시계(懷中時計).
かいちょう【会長】 회장(會長). ∥グループの会長 그룹 회장. 生徒会長 학생회장.
かいちょう【快調】 쾌조(快調).
かいつう【開通】 (する) 개통(開通). ∥インターネットが開通する 인터넷이 개통되다.
かいづか【貝塚】 패총(貝塚); 조개더미.
かいつけ【買い付け】 ❶ 단골. ∥買い付けの店 단골 가게. ❷ 대량 구매(大量購買); 대량 구입(大量購入). ∥食料の買い付け 식료품의 대량 구입.
かいつける【買い付ける】 ❶ [いつも買う] 단골로 사다. ❷ 대량 구매(大量購買)하다.
かいて【買い手】 사는 쪽[사람].
かいてい【改定】 (する) 개정(改定). ∥料金の改定 요금 개정.
かいてい【改訂】 (する) 개정(改訂). ◆改訂版 개정판.
かいてい【海底】 해저(海底). ∥海底ケーブル 해저 케이블.
かいてき【快適】 " 쾌적(快適)하다. ∥快適な住まい 쾌적한 생활 공간.
がいてき【外的】 외적(外的). ∥外的な要因 외적인 요인.
*かいてん【回転】 (する) 회전(回轉). ∥頭

の回転が速い 머리 회전이 빠르다. 資金の回転 자금 회전. ◆回転椅子 회전의자. 回転運動 회전 운동. 回転軸 회전축. 回転寿司 회전 초밥.
かいてん【開店】(名[ハ]) 개점(開店). ◆開店時間 개점 시간. 開店休業 개점휴업.
ガイド【guide】 가이드. ◆ガイドブック 가이드북. ガイドライン 가이드라인.
かいとう【回答】(名[ハ]) 회답(回答).
かいとう【解凍】(名[ハ]) 해동(解凍).
かいとう【解答】(名[ハ]) 해답(解答).
かいどう【街道】 가도(街道). ‖出世街道 출세 가도.
がいとう【外套】 외투(外套).
がいとう【街灯】 가로등, 街路燈.
がいとう【街頭】 가두(街頭). ◆街頭演説 가두 연설.
がいとう【該当】(名[ハ]) 해당(該當). ‖該当者 해당자.
かいどく【解読】(名[ハ]) 해독(解讀). ‖碑文を解読する 비문을 해독하다. 暗号の解読コード 암호 해독 코드.
がいどく【害毒】 해독(害毒).
かいとる【買い取る】 사들이다; 매입(買入)하다. ‖権利を買い取る 권리를 사들이다.
かいなん【海難】 해난(海難). ◆海難事故 해난 사고.
かいにゅう【介入】(名[ハ]) 개입(介入). ‖紛争に介入する 분쟁에 개입하다.
かいにん【解任】(名[ハ]) 해임(解任). ‖理事を解任する 이사를 해임하다.
かいぬし【買い主】 사는 사람; 살 사람.
かいぬし【飼い主】 키우는 사람; 키울 사람.
がいねん【概念】 개념(概念). ◆抽象概念 추상 개념.
がいねんてき【概念的】 개념적(概念的). ‖概念的で実がない議論 개념적이고 내용이 없는 논의.
かいば【海馬】 (腦의) 해마(海馬).
がいはく【外泊】(名[ハ]) 외박(外泊). ‖無断で外泊する 무단으로 외박하다.
かいはくしょく【灰白色】 회백색(灰白色).
かいばしら【貝柱】 조개관자.
かいはつ【開発】(名[ハ]) 개발(開發). ‖新製品の開発に力を入れる 신제품 개발에 주력하다. ◆都市開発 도시 개발. 宇宙開発 우주 개발.
かいばつ【海抜】 해발(海拔).
がいはんぼし【外反母趾】(説明) 엄지발가락이 둘째 발가락 쪽으로 굽은 상태(狀態).
かいひ【会費】 회비(會費). ‖会費を払う 회비를 내다.
かいひ【回避】(名[ハ]) 회피(回避). ‖責任を回避する 책임을 회피하다.
かいひょう【開票】(名[ハ]) 개표(開票). ‖選挙の開票結果 선거 개표 결과. ◆開票速報 개표 속보.
かいひょう【解氷】(名[ハ]) 해빙(解氷).
かいふ【回付】(名[ハ]) 회부(回附).
がいぶ【外部】 외부(外部). ‖外部と連絡を取る 외부와 연락을 취하다. 外部に知られる 외부에 알려지다. 外部の者 외부 사람.
かいふう【海風】 해풍(海風); 바닷바람.
かいふう【開封】(名[ハ]) 개봉(開封).
かいふく【回復・恢復】(名[ハ]) 회복(回復). ‖健康を回復する 건강을 회복하다. 彼女は意識を回復した 그녀는 의식을 회복했다. 景気の回復 경기 회복.
かいふく【快復】(名[ハ]) 쾌유(快癒).
かいふく【開腹】(名[ハ]) 개복(開腹). ◆開腹手術 개복 수술.
かいぶつ【怪物】 괴물(怪物).
がいぶん【外聞】 ❶세상(世上)의 평판(評判)이나 소문(所聞). ‖外聞をはばかる 소문이 날까 꺼리다. ❷[体面]체면(體面). ‖外聞が悪い 남우세스럽다.
かいぶんしょ【怪文書】 괴문서(怪文書).
かいへい【海兵】 해병(海兵). ◆海兵隊 해병대.
かいへい【開閉】(名[ハ]) 개폐(開閉). ‖ドアの開閉 문의 개폐.
がいへき【外壁】 외벽(外壁).
かいへん【改編】(名[ハ]) 개편(改編). ‖組織を改編する 조직을 개편하다.
かいほう【会報】 회보(會報).
*かいほう**【開放】(名[ハ]) 개방(開放). ◆門戸開放 문호 개방. 開放経済 개방 경제. 開放的 개방적. 開放的な社会 개방적인 사회.
かいほう【解放】(名[ハ]) 해방(解放). ‖人質を解放する 인질을 해방하다. 子育てから解放される 육아에서 해방되다.
かいほう【快方】 ‖快方に向かう 차도를 보이다.
かいぼう【解剖】(名[ハ]) 해부(解剖). ◆解剖学 해부학.
がいぼう【外貌】 외모(外貌).
かいまく【開幕】(名[ハ]) 개막(開幕). ‖プロ野球が開幕する 프로 야구가 개막하다. ◆開幕式 개막식. 開幕戦 개막전.
かいまみる【垣間見る】 ❶[ちらっと]얼핏 보다. ‖音楽会で垣間見た女性 음악회에서 얼핏 본 여자. ❷[一部分]틈새로 보여다보다. ‖彼の実力の一端が垣間見られるその人の実力の一部分을 엿볼 수 있었다.
かいみん【快眠】(名[ハ]) 쾌면(快眠).
かいめい【改名】(名[ハ]) 개명(改名).
かいめい【解明】(名[ハ]) 해명(解明). ‖病気の原因を解明する 병의 원인을 해명하다. その謎はまだ解明されていない 그 수수께끼는 아직도 해명되지 않았다.
かいめん【海綿】 해면(海綿). ◆海綿動物 해면 동물.

がいめん【外面】 외면(外面); 겉. ∥外面は平静をよそおう 겉으로는 평정을 가장하다.

かいめんかっせいざい【界面活性剤】 계면 활성제(界面活性劑).

かいもとめる【買い求める】 입수(入手)하다; 사들이다. ∥古書を買い求める 고서를 입수하다.

***かいもの【買い物】** ❶〖物を買うこと〗쇼핑. ∥買い物に行く 쇼핑하러 가다. 장을 보다. ❷〖買う物や買ったもの〗물건. ∥買い物を下げて帰る 산 물건을 들고 돌아가다. ❸〖買い得〗싸게 산 물건. ∥これは買いものだ 이건 싸게 산 거야.

がいや【外野】 《野球で》외야(外野). ◆外野手 외야수. 外野席 외야석.

かいやく【解約】 〖名・하〗해약(解約). ∥保険を解約する 보험을 해약하다.

かいゆ【快癒】 〖名・하〗쾌유(快癒).

かいゆう【外遊】 외유(外遊).

かいよう【海洋】 해양(海洋). ◆海洋開発 해양 개발. 海洋気候 해양성 기후.

かいよう【潰瘍】 궤양(潰瘍). ◆胃潰瘍 위궤양.

がいよう【概要】 개요(概要).

かいらい【傀儡】 괴뢰(傀儡). ◆傀儡政権 괴뢰 정권.

がいらい【外来】 외래(外來). ∥外来の文化 외래 문화. ◆外来患者 외래 환자. 外来語 외래어.

かいらく【快楽】 쾌락(快樂). ∥快楽を求める 쾌락을 추구하다.

かいらん【回覧】 〖名・하〗회람(回覽). ◆回覧板 회람판.

かいり【乖離】 〖名・자〗괴리(乖離). ∥理想と現実の乖離 이상과 현실의 괴리.

-かいり【海里・浬】 ……해리(海理). ◆1海里は1852m.

かいりき【怪力】 괴력(怪力).

かいりつ【戒律】 계율(戒律).

がいりゃく【概略】 개략(槪略); 개요(槪要). ∥事件の概略 사건의 개요.

かいりゅう【海流】 해류(海流).

かいりょう【改良】 〖名・하〗개량(改良). ∥品種を改良する 품종을 개량하다. ◆改良種 개량종.

かいろ【回路】 회로(回路). ◆電気回路 전기 회로. 思考回路 사고 회로.

かいろ【海路】 해로(海路).

かいろ【懐炉】 주머니 난로(煖爐); 손난로.

がいろ【街路】 가로(街路). ◆街路樹 가로수. 街路灯 가로등.

かいろう【回廊】 회랑(回廊).

がいろん【概論】 개론(概論). ◆文学概論 문학 개론.

***かいわ【会話】** 〖名・하〗회화(會話); 대화(對話). ∥会話しようと懸命に対話하기 위해 노력하다. 会話が途絶える 대화가 끊어지다. 韓国語会話 한국어 회화. ◆会話文 회화문.

かいわい【界隈】 일대(一帶); 근방(近方); 근처(近處).

カイワレダイコン【穎割れ大根】 무순.

かいん【下院】 하원(下院).

***かう【買う】** ❶ 사다. ∥本を買う 책을 사다. 入場券を買う 입장권을 사다. 人の恨みを買う 타인의 원한을 사다. ❷ 평가(評價)하다. ∥語学力を買われてロンドン支店長になる 어학력을 평가받아 런던 지점장이 된다. ❸ 받다; 응하다. ∥売られたけんかを買う 걸어온 싸움에 응하다.

かう【飼う】 동물(動物)을 기르다; 동물을 키우다; 치다. ∥猫を飼う 고양이를 키우다.

ガウス【gauss】 가우스.

カウチ【couch】 소파.

カウボーイ【cowboy】 카우보이.

ガウン【gown】 가운.

カウンセラー【counselor】 카운셀러.

カウンセリング【counseling】 카운셀링.

カウンター【counter】 카운터.

かえうた【替え歌】 개사곡(改詞曲).

***かえす【返す】** ❶ 돌려주다; 갚다. ∥借りた本を返す 빌린 책을 돌려주다. ❷ 돌려놓다. ∥もとの場所に返す 원래 장소에 돌려놓다. ❸ 반론(反論)하다. ∥言葉を返す 반론하다. 返す言葉もない 뭐라 대꾸할 말이 없다. ❹ 보답(報答)하다; 보복(報復)하다. ❺ 投げ返す 되던지다. 〖裏返す〗뒤집다. 手のひらを返す 손바닥을 뒤집다. ❻ 밭을 갈다. 畑の土を返す 밭을 갈다. ❼ 〖…返すの形で〗한 번(番) 더…하다; 반복(反復)해서 …하다. ∥思い返す 다시 한번 생각하다.

かえす【帰す】 돌려보내다. ∥台風のため学生を早めに帰す 태풍 때문에 학생들을 일찍 돌려보낸다.

かえす【孵す】 부화(孵化)시키다. ∥鶏の卵を孵す 닭의 알을 부화시키다.

かえだま【替え玉】 가짜; 대리(代理). ∥替え玉受験 대리 수험.

かえって【却って】 오히려; 도리어; 역(逆)으로; 반대(反對)로. ∥そんなことをしたらかえってよくない 그런 일을 하면 오히려 안 좋다.

カエデ【楓】 단풍(丹楓)나무.

かえり【帰り】 ❶ 돌아감; 돌아옴. ∥夫の帰りを待つ 남편이 돌아오기를 기다린다. ❷ 돌아가는 길; 돌아가는 때. ∥学校の帰りに書店に寄る 학교에서 돌아가는 길에 책방에 들르다.

かえりざく【返り咲く】 ❶ 복귀(復歸)하다. ∥芸能界に返り咲く 연예계로 복귀하다. ❷〖再び花が咲く〗제철이 아닌 때 꽃이 피다.

かえりみる【顧みる・省みる】 ❶ 돌이켜 보다. ∥日に三度我が身を省みる 하루에

세 번 자신을 돌이켜 보다. ❷ 걱정하다; 돌보다. ∥家族を顧みるゆとりもない 가정을 돌볼 여유도 없다. ❸ 돌아보다. ∥背後を顧みる 뒤를 돌아보다.

かえる【返る】 ❶ (本来の持ち主에) 돌아가다; 돌아오다. ∥貸した金が返る 빌려 준 돈이 돌아오다. ❷ (もとの状態로) 돌아가다. ∥我に返る 정신이 들다. ❸ (逆の方向에) 향(向)하다. ∥こだまが返るメアリ치다. ❹ 〔…返るの形으로〕완전(完全)히 …하다. ∥あきれ返る 완전히 질리다. 静まり返る 조용해지다.

かえる【帰る】 ❶ (もとの場所에) 돌아가다; 돌아오다. ∥故郷に帰る 고향으로 돌아가다. 5時には帰ってくる 다섯 시까지는 돌아올게. ❷ (訪問客이) 돌아가다. ∥客が帰る 손님이 가다.

かえる【孵る】 부화(孵化)하다.

*かえる【代える・替える・換える】 바꾸다; 교체(交替)하다. ∥何物も命には代えられない 그 무엇도 목숨과는 바꿀 수 없다. 円をドルに替える 엔을 달러로 환전하다. 言葉を換えて言えば 바꾸어 말하면. ピッチャーを替える 투수를 교체하다.

*かえる【変える】바꾸다; 변경(變更)하다. ∥髪形を変える 헤어스타일을 바꾸다. 急に態度を変える 갑자기 태도를 바꾸다. ソファーの位置を変える 소파의 위치를 바꾸다.

カエル【蛙】 개구리. ·蛙の子は蛙 부전자전. ·食用蛙 식용 개구리.

*かお【顔】 ❶ 얼굴. ∥顔を洗う 얼굴을 씻다. ❷ 생김새; 용모(容貌). ∥美しい顔 아름다운 얼굴. ❸ 표정(表情); 모습. ∥喜び顔が見たい 기뻐하는 모습을 보고 싶다. ❹ 태도(態度). ∥大きな顔をする 잘난 체하다. ❺ 지명도(知名度). ∥顔の売れた役者 얼굴이 알려진 배우. ❻ 면목(面目); 체면(體面). ∥合わせる顔がない 볼 면목이 없다. ❼ (代表하는) 얼굴. ∥業界の顔 업계의 얼굴. ·顔が広い 발이 넓다. ·顔に泥を塗る 얼굴에 먹칠을 하다. ·顔を出す 얼굴을 내밀다. ·顔を潰す 체면을 깎다.

かおあわせ【顔合わせ】 ❶ 첫 대면(對面); 첫 모임; 첫 회합(會合). ∥新役員の顔合わせ 새 임원들의 첫 모임. ❷ 공연(共演). ∥二大スターの初顔合わせ 이대 스타의 첫 공연.

かおいろ【顔色】 안색(顔色). ∥顔色が悪い 안색이 안 좋다. ·顔色をうかがう 눈치를 보다.

かおかたち【顔形】얼굴 생김새; 생긴 모습; 용모(容貌). ∥端整な顔かたち 수려한 용모.

かおく【家屋】 가옥(家屋).

かおじゃしん【顔写真】 얼굴 사진(寫眞). ∥犯人の顔写真 범인의 얼굴 사진.

かおだち【顔立ち】 얼굴 생김새; 용모(容貌); 이목구비(耳目口鼻). ∥上品な顔立ちで高尚げに生きた顔 얼굴.

かおぶれ【顔触れ】 멤버의 얼굴. ∥新内閣の顔触れ 새 내각의 얼굴.

かおまけ【顔負け】 얼굴부끄(얼굴이) 무색해지다. ∥プロ顔負けのテクニック 프로를 무색하게 하는 테크닉.

かおみしり【顔見知り】 아는 사람.

かおもじ【顔文字】 이모티콘.

かおり【香り・薫り】 ❶ 향기(香氣). ∥花の香り 꽃 향기. ❷ 품격(品格); 격조(格調). 気高い文章 격조 높은 문장.

かおる【香る・薫る】 향기(香氣)가 나다. ∥バラの花が香る 장미 향기가 나다.

がか【画家】 화가(畫家).

がかい【加害】 가해(加害). ◆加害者 가해자.

かがい【課外】 과외(課外). ◆課外活動 과외 활동.

がかい【瓦解】 와해(瓦解).

かかえこむ【抱え込む】 ❶ 끌어안다. ∥大きな荷物を抱え込む 큰 짐을 끌어안다. ❷ 떠맡다. ∥難題を抱え込む 어려운 문제를 떠맡다.

かかえる【抱える】 ❶ 껴안다. ∥膝を抱えている 무릎을 껴안고 있다. ❷ 고용(雇用)하다. ∥大勢の店員を抱えている店 많은 점원을 고용하고 있는 가게. ❸ 떠안다. ∥難問を抱えている 어려운 문제를 떠안고 있다.

カカオ【cacao】카카오.

*かかく【価格】 가격(價格). ◆販売価格 판매 가격, 適正価格 적정 가격.

*かがく【化学】 화학(化學). ◆生化学 생화학, 化学記号 화학 기호, 化学工業 화학 공업, 化学式 화학식, 化学繊維 화학 섬유, 化学調味料 화학 조미료, 人造 조미료, 化学反応 화학 반응, 化学兵器 화학 병기, 化学変化 화학 변화, 化学薬品 화학 약품.

*かがく【科学】 과학(科學). ◆社会科学 사회 과학, 自然科学 자연 과학, 科学技術 과학기술, 科学的 과학적, 科学の根拠 과학적인 근거.

ががく【雅楽】 아악(雅樂).

かがくてき【化学的】 화학적(化學的).

かかげる【掲げる】 ❶ 내걸다; 달다. ∥旗を掲げる 깃발을 달다. スローガンを掲げる 슬로건을 내걸다. 目標として掲げる目標 목표로 내걸다. ❷ 높이 들다; 치켜들다. ∥たいまつを掲げる 횃불을 높이 들다. ❸ 쳐들다; 걷어 올리다. ∥すだれを掲げる 발을 걷어 올리다. ❹ 게재(揭載)하다. ∥記事を掲げる 기사를 게재하다.

かかし【案山子】 허수아비.

かかす【欠かす】 거르다; 빠뜨리다; 빼놓다. ∥欠かすことのできない日課 빼놓을 수 없는 일과. 毎日欠かさず練習する 매일 빠뜨리지 않고 연습하다.

かかたいしょう【呵呵大笑】가가

대소(呵呵大笑).
かかと【踵】 ❶(足の)발뒤꿈치. ❷(靴の)굽. ∥かかとの高い靴 굽이 높은 구두.
かがみ【鏡】 거울. ∥鏡に映った姿 거울에 비친 모습.
かがみ【鑑】 모범(模範). 귀감(龜鑑). ∥生徒の鑑 학생의 귀감.
かがむ【屈む】 (허리를)굽히다; 굽다. ∥かがんで拾う 허리를 굽혀 줍다.
かがめる【屈める】 (허리를)굽히다; 구부리다. ∥身をかがめる 몸을 굽히다.
かがやかしい【輝かしい】 눈부시다; 빛나다; 훌륭하다. ∥輝かしい実績 눈부신 실적.
かがやかす【輝かす】 ❶반짝이다. ∥目を輝かして話を聞く 눈을 반짝이며 이야기를 듣다. ❷빛내다; 떨치다. ∥母校の名誉を輝かす 모교의 명예를 빛내다.
かがやく【輝く】 ❶반짝이다. ∥夕日に輝く海 석양에 반짝이는 바다. ❷빛나다. ∥優勝の栄誉に輝く 우승의 영예에 빛나다.
かかり【係り】 담당자; 담당자(擔當者). ∥係りを呼ぶ 담당자를 부르다. 出納係 출납 담당. ◆係員 담당자. 係長 계장.
-がかり【掛かり】 ❶《数詞に付いて》그만큼 필요(必要)함을 나타냄. ∥5人がかりで押す 다섯 명이서 밀다. ❷(調), …手(手; 풍(風). 之형 ... 따위의 뜻. 芝居がかりの言いぐさ 연극조의 말투. ❸…に依存(依存)하다. ∥親がかりの身で 부모에 의존하고 있는 몸. ❹…하는 김에; …하는 김에. ∥通りがかりに寄る 지나는 길에 들르다.
かがりび【篝火】 화톳불.
***かかる**【掛かる・懸かる】 ❶걸리다. ∥壁に絵がかかっている 벽에 그림이 걸려 있다. ❷(月などが)걸리다; 뜨다. ∥月が中天にかかる 달이 중천에 뜨다. ❸(火にかけて)놓여 있다. ∥火にかけられている鍋 불에 올려져 있는 냄비. ❹(網に)걸리다. ∥網にかかる 그물에 걸리다. ❺시작(始作)되다. ∥仕事にかかる 일을 시작하다. ❻진찰(診察)을 받다. ∥医者にかかる 의사에게 진찰을 받다. ❼(お金が)들다. ∥金がかかる 돈이 들다. ❽(麻酔などに)걸리다. ∥麻酔がかかる 마취에 걸리다. ❾(一方からもう一方に)걸리다. ∥空に虹がかかる 하늘에 무지개가 걸리다. ❿「…かかるの形で」금방 ... 같다. ∥落ちかかる 떨어질 것 같다.
かかる【罹る】(병에)걸리다. ∥重い病気にかかる 중병에 걸리다.
かかわらず【拘らず】…에 관계(關係)없이; …에 상관(相關)없이; …에 불구(不拘)하고. ∥雨にもかかわらず出かけた 비가 오는데도 불구하고 나갔다.
かかわる【係わり・関わり】 관계(關係); 관련(關聯). ∥事件とは何の関わりもない 사건과는 아무 관계도 없다.
かかわる【係わる・関わる】 관계(關係)되다; 관련(關聯)되다. ∥命に関わる問題だ 목숨과 관련된 문제다.
かかん【果敢】 과감(果敢). ∥果敢に攻撃する 과감하게 공격하다.
かき【下記】 하기(下記); 다음. ∥下記の問いに答えなさい 다음 물음에 답하시오.
かき【火気】 화기(火氣); 불기. ◆火気厳禁 화기 엄금.
かき【火器】 ❶화기(火器)·총포류(銃砲類)의 총칭(總稱). ❷불을 담는 용기(容器).
かき【夏季】 하계(夏季).
かき【夏期】 하기(夏期). ◆夏期講習 하기 강습.
カキ【柿】 감.
カキ【牡蠣】 굴.
かぎ【鍵】 ❶열쇠; 자물쇠. ∥鍵をかける 열쇠를 채우다. 玄関に鍵をつける 현관에 자물쇠를 달다. ❷단서(端緖). ∥事件解決の鍵を握っている 사건 해결의 단서를 쥐고 있다.
がき【餓鬼】 자식(子息). ∥うるさいやつどもだ 시끄러운 자식들이다. がきの頃から 어릴 적부터. ◆餓鬼大将 골목대장.
かきあげ【掻き揚げ】 튀김(요리(料理)).
かきあげる【書き上げる】 ❶완성(完成)하다. 쓰다. ∥レポートを2時間で書き上げる 리포트를 두 시간만에 다 쓰다. ❷(列挙する)열거(列擧)하다. ∥注意事項をもれなく書き上げる 주의 사항을 빠짐없이 열거하다.
かきあげる【掻き上げる】 쓸어 올리다. ∥髪を掻き上げる 머리를 쓸어 올리다.
かきあつめる【掻き集める】 그러모으다. ∥軍資金をかき集める 군자금을 그러모으다.
かぎあな【鍵穴】 열쇠 구멍.
かきあらわす【書き表わす・書き表す】 ❶글로 표현(表現)하다. ∥心情を書き表わす 마음을 글로 표현하다. ❷책(冊)으로 펴내다. ∥多くの書物を書き著わす 많은 책을 펴내다.
かきいれどき【書き入れ時】 대목.
かきいれる【書き入れる】 써넣다; 기입(記入)하다. ∥名前を書き入れる 이름을 기입하다.
かきいろ【柿色】 감색.
かきおろし【書き下ろし】 새로 씀. ∥書き下ろしの長編小説 새로 쓴 장편 소설.
かきかえる【書き換える・書き替える】 ❶고쳐 쓰다. ∥プログラムを書き換えるプログラム을 고쳐 쓰다. ❷갱신(更新)하다. ∥免許証を書き換える 면허증을 갱신하다.
かきかた【書き方】 쓰는 법. ∥手紙の書き方 편지 쓰는 법.
かぎかっこ【鉤括弧】 (「」·『』などの)문

かきごおり【欠氷】 빙수(氷水); 팥빙수.
かきことば【書き言葉】 문어(文語); 글말.
かきこみ【書き込み】 써넣음; 써넣은 글(씨).
かきこむ【書き込む】 써넣다.
かきしるす【書き記す】 적다. ∥事の経緯を書き記した以前の経緯를 적다.
かきそえる【書き添える】 문장(文章)이나 그림 옆에 덧붙여 쓰다.
かきぞめ【書き初め】 (1月2日의) 새해 처음으로 쓰는 붓글씨.
かきだし【書き出し】 글의 첫머리; 서두(書頭).
かきだす【書き出す】 ❶ 書き始める 쓰기 시작(始作)하다. ∥小説を書き出す 소설을 쓰기 시작하다. ❷ 抜き出す 필요(必要)한 부분(部分)을 뽑아 쓰다.
かきたま【掻き玉】 (説明) 계란(鷄卵)을 풀어 넣은 수프.
かきつける【書き付ける】 ❶ 〔書き留める〕적어 두다. ❷ 〔書き慣れた〕(늘 써서) 손에 익다. ∥書きつけた原稿用紙 손에 익은 원고지. 쓰기 편한 원고지.
かぎっこ【鍵っ子】 (説明) 부모(父母)의 맞벌이로 항상(恒常) 집 열쇠를 몸에 지니고 있는 아이.
かぎって【限って】 …만은. ∥うちの息子に限ってそんなことはしない 우리 아들만은 그런 짓은 하지 않는다.
かきて【書き手】 ❶ 筆者(筆者). ❷ 명필(名筆); 문장가(文章家). ∥大した書き手だ 대단한 명필이다.
かきとめ【書き留め】 등기 우편(郵便).
かきとり【書き取り】 받아쓰기. ∥書き取りの練習 받아쓰기 연습.
かきとる【書き取る】 ❶ (見て)베끼다. ∥古文書を書き取る 고문서를 베끼다. ❷ (聞いて)받아 적다. ∥演説を書き取る 연설을 받아 적다.
かきね【垣根】 담장; 울타리. ∥垣根を巡らす 담장을 치다.
かきのこす【書き残す】 ❶ 〔後世に残す〕써서 남기다. ∥遺書を書き残す 유서를 남기다. ❷ 〔一部を書かないで残す〕써야 될 곳을 빠뜨리다.
かぎばな【鉤鼻】 매부리코.
かきまぜる【掻き混ぜる】 젓다; 휘젓다. ∥紅茶に砂糖を入れてかき混ぜる 홍차에 설탕을 넣어서 젓다.
かきまわす【掻き回す】 ❶ 젓다; 휘젓다. ∥スープをかき回す 수프를 젓다. ❷ 어지르다; 엉망으로 만들다. ∥引き出しの中をかき回す서랍 안을 어지르다. ∥授業をかき回された 수업이 엉망이 되었다.
かきみだす【掻き乱す】 혼란(混亂)스럽게 하다. ∥人の心をかき乱す 마음을 혼란스럽게 하다.
かきむしる【掻き毟る】 쥐어뜯다. ∥髪の毛をかきむしる 머리를 쥐어뜯다.
かきゅう【下級】 하급(下級). ♦下級官吏 하급 관리. 下級生 하급생.
かきゅうてき【可及的】 가급적(可及的)이면; 되도록이면.
かがく【科学】 과거(科學).
かきょう【佳境】 가경(佳境). ∥話が佳境に入ってきた 이야기가 점입가경이다.
かきょう【架橋】 (古히) 가고(架橋).
かきょう【華僑】 화교(華僑).
かぎょう【家業】 가업(家業). ∥家業を手伝う 가업을 돕다.
かぎょう【課業】 과업(課業).
かきょく【歌曲】 가곡(歌曲).
かきよせる【掻き寄せる】 ❶ 끌어당기다. ∥毛をかき寄せる 담요를 끌어당기다. ❷ 긁어모으다. ∥落葉をかき寄せる 낙엽을 긁어모으다.
*かぎり【限り】 ❶ 한계(限界); 끝. ∥人間の欲望には限りがない 인간의 욕망은 끝이 없다. ❷ 최후(最後); 마지막. ∥今日限り絶交する 오늘을 마지막(으로) 절교하다. ❸ 그지없이; 한없이. ∥嬉しい限りだ 한없이 기쁘다. 기쁘기 그지없다. ❹ …한. ∥私の知る限りではない 내가 알 바 아니다. ❺ …껏. ∥声を限りに叫ぶ 목청껏 소리를 지르다.
かぎりない【限りない】 ❶ 한(限)없이; 한없이 넓어지는 꿈 끝없이 펼쳐지는 꿈. ❷ 최상(最上)이다; 더없다. ∥限りない感謝を述べる 더없이 감사하다.
*かぎる【限る】 ❶ 한정(限定)하다; 제한(制限)하다. ∥人数を限定する 인원수를 제한하다. ❷ 〔…に…に限るの形で〕…제일(第一)이다. ∥分からないことは聞くに限る 모르는 것은 묻는 게 제일이다. ❸ …한에. ∥最終日に限り半額 마지막 날에 한해 반액 할인.
かきわける【掻き分ける】 ∥草むらを掻き分けて進む 풀숲을 헤치고 나아가다.
かきん【家禽】 가금(家禽).
かく【角】 ❶ 각(角); 네모; 모. ♦角砂糖 각설탕. 大根を角に切るを 무를 네모나게 썰다. ❷ (数学) 각; 각도(角度). ∥Aの角の大きさを求めよ A 각의 크기를 구하라.
かく【画】 〔漢字の構成要素を数える単位〕획(畫).
*かく【核】 ❶ 핵심(核心). ∥組織の核を作る 조직의 핵심을 만들다. ❷ 원자핵(原子核). ❸ 핵무기(核武器). ♦核の傘 핵우산. ♦核反応 핵반응. 核分裂 핵분열. 核兵器 핵병기; 핵무기.
かく【格】 ❶ 격(格); 등급(等級). ∥格が違う 격이 다르다. ❷ (言語) (文法上의). ♦格助詞 격조사.
*かく【欠く】 ❶ 깨뜨리다. ∥氷を欠いて口に入れる 얼음을 깨뜨려 입에 넣다. ❷

かく 부족(不足)하다; 없다. ‖義理を欠く 의리가 없다. 常識を欠いている 상식이 없다. 몰상식하다.

*かく【書く】 쓰다. ‖この紙に名前を書いてください 이 종이에 이름을 써 주세요. 彼は今小説を書いている 그 사람은 지금 소설을 쓰고 있다. うちの子はまだ字が書けない 우리 애는 아직 글자를 못 쓴다. 英語で手紙を書く 영어로 편지를 쓰다. この本にはそういうふうに書いてある 이 책에는 그렇게 써져 있다.

かく【画く・描く】 그리다. ‖絵を描く 그림을 그리다.

かく【掻く】 긁다. ‖額をかく 이마를 긁다. 치우다. ‖道路の雪をかく 도로의 눈을 치우다.

かく-【各】 각(各) …. ‖各条項を参照する 각 조항을 참조하다.

かぐ【家具】 가구(家具). ‖私の部屋には家具はほとんどない 내 방에는 가구가 거의 없다. 家具店 가구점.

かぐ【嗅ぐ】 냄새를 맡다. ‖バラの香りを嗅ぐ 장미꽃 향기를 맡다.

がく【額】 ❶ 금액(金額). ❷ 액자(額子).

かくあげ【格上げ】 (중되) 격상(格上); 승격(昇格).

かくい【各位】 각위(各位).

かくい【隔意】 격의(隔意). ‖隔意なく話し合う 격의 없이 이야기하다.

がくい【学位】 학위(學位). ‖学位を取る 학위를 따다. ◆学位論文 학위 논문.

かくいつ【画一】 획일(劃一). ‖画一化する 획일화하다. ◆画一的 획일적. 画一的な教育 획일적인 교육.

がくいん【学院】 학원(學院).

かくう【架空】 ❶〔空中にかけわたすこと〕 가공(架空). ❷ 허구(虛構); 가공. ‖架空の人物 가공의 인물.

かくえきていしゃ【各駅停車】 역(驛)마다 서는 열차(列車); 완행열차(緩行列車).

がくえん【学園】 학원(學園).

がくがく ❶〔緩い〕 흔들흔들; 삐걱삐걱. ‖入れ歯がががくする 틀니가 흔들거리다. ❷〔震える〕부들부들; 오들오들. ‖ひざががくがくする 무릎이 부들부들 떨리다.

かくかぞく【核家族】 핵가족(核家族).

がくぎょう【学業】 학업(學業). ‖学業に励む 학업에 힘쓰다.

かくげつ【隔月】 격월(隔月).

がくげん【格言】 격언(格言).

かくご【覚悟】 각오(覺悟). ‖死を覚悟した 죽음을 각오한. それは覚悟の上だ 그건 각오한 바다. 覚悟はできている 각오는 되어 있다.

かくさ【格差】 격차(格差). ‖賃金格差 임금 격차. 格差が拡大する 격차가 벌어지다.

かくさく【画策】 (중되) 획책(劃策).

かくさげ【格下げ】 (중되) 격하(格下).

かくざとう【角砂糖】 각설탕(角砂糖); 각설탕.

かくさん【拡散】 (중되) 확산(擴散). ‖放射性物質が大気中に拡散する 방사성 물질이 대기 중에 확산되다.

かくさん【核酸】 핵산(核酸).

かくし【隠し】 숨김; 숨겨 놓음. ◆隠し味 (설명)특유(特有)의 맛을 내기 위해 살짝 넣는 조미료(調味料) 또는 조리 방법(調理方法). 隠し財産 숨겨 놓은 재산. 隠し子 숨겨 놓은 아이. 隠し芸 자리에서 숨겨둔 재주. 隠し事 비밀.

かくし【客死】 객사(客死).

かくじ【各自】 각자(各自). ‖各自の責任の下で行なう各자의 책임하에 행하다.

がくし【学士】 학사(學士). ◆文学士 문학사.

がくし【楽士・楽師】 악사(樂士).

かくしき【格式】 격식(格式). ‖格式を重んじる 격식을 중시하다.

がくしき【学識】 학식(學識). ‖学識豊かな人 학식이 풍부한 사람.

かくしきばる【格式張る】 격식(格式)을 차리다; 격식을 갖추다. ‖格式ばった挨拶 격식 차린 인사.

かくしつ【角質】 각질(角質).

かくしつ【確執】 고집(固執); 갈등(葛藤); 불화(不和). ‖自分の意見に確執する 자기 의견을 고집하다. 確執が生じる 갈등이 생기다.

かくじつ【隔日】 격일(隔日). ‖隔日勤務 격일 근무.

*かくじつ【確実】 (중되) 確実(確實)하다. ‖確実な証拠 확실한 증거. 当選が確実視される 당선이 확실시되다.

がくしゃ【学者】 학자(學者). ‖世界的な物理学者 세계적인 물리 학자.

かくしゅ【各種】 각종(各種). ‖各種資格試験 각종 자격 시험.

かくしゅう【隔週】 격주(隔週). ‖隔週で会議が開かれる 격주로 회의가 열리다.

かくじゅう【拡充】 확충(擴充). ‖図書館を拡充する 도서관을 확충하다.

がくしゅう【学習】 학습(學習). ‖1日 2時間の学習 하루 두 시간의 학습. ◆学習効果 학습 효과.

がくしゅう【学修】 수학(修學).

がくじゅつ【学術】 학술(學術). ◆学術論文 학술 논문.

かくしょう【確証】 확증(確證). ‖確証がない 확증이 없다.

がくしょう【楽章】 악장(樂章).

かくじょし【格助詞】〔が・を・などの〕격조사(格助詞).

かくしん【革新】 (중되) 혁신(革新). ‖技術革新 기술 혁신. 革新的 혁신적. 革

かくしん【革新】 혁신적인 변혁.
かくしん【核心】 핵심(核心). ‖核心をつく 핵심을 찌르다. 事件の核心に触れる 사건의 핵심을 건드리다.
かくしん【確信】 (흐ㅎ) 확신(確信). ‖彼らは試合に勝つと確信している 그들은 시합에 이길 거라고 확신하고 있다. 確信をもって言う 확신을 갖고 말하다. ◆確信犯 확신범.
かくじんかくよう【各人各様】 각인각색(各人各色).
かくす【隠す】 숨기다; 감추다. ‖身を隠す 몸을 숨기다. 隠さずに話す 숨김없이 이야기하다. 隠された意味を探る 숨겨진 의미를 찾다.
がくせい【画成】 화성(畫成).
かくせい【覚醒】 (흐ㅎ) 각성(覺醒). ◆覚醒剤 각성제.
かくせい【隔世】 격세(隔世). ◆隔世遺伝 격세 유전. 隔世の感 격세지감.
がくせい【学生】 학생(學生). ‖どこの大学の学生ですか 어디 대학 학생입니까? 女子学生 여학생. 男子学生 남학생. 学生証 학생증. 学生割引 학생할인. 学生運動 학생 운동.
がくせい【学制】 학제(學制).
かくせいき【拡声器】 확성기(擴聲器).
がくせき【学籍】 학적(學籍).
がくせつ【学説】 학설(學說).
がくぜん【愕然】 ‖愕然とする 깜짝 놀라다.
がくそう【楽想】 악상(樂想).
がくそく【学則】 학칙(學則).
かくだい【拡大】 (흐ㅎ) 확대(擴大). ‖写真を拡大する 사진을 확대하다. 勢力を拡大する 세력을 확대하다. ◆拡大解釈 확대 해석. 拡大鏡 확대경, 돋보기. 拡大再生産 확대 재생산.
がくたい【楽隊】 악대(樂隊).
がくだん【楽団】 악단(樂團).
かくち【各地】 각지(各地). ‖全国各地 전국 각지.
かくちょう【拡張】 (흐ㅎ) 확장(擴張). ‖道路を拡張する 도로를 확장하다. ◆拡張子 (IT) 확장자.
かくちょう【格調】 격조(格調). ‖格調の高い作品 격조 높은 작품.
がくちょう【学長】 학장(學長).
かくづけ【格付け】 등급(等級). ‖格付けする 등급을 매기다.
かくっと ❶ [急激に動いて止まったりするため衝撃が起こる様子]갑자기; 갑작스럽게. ‖がくっと急停車したため乗客は前輪になった 갑자기 급정차를 하는 바람에 승객들이 앞으로 쏠렸다. ❷ [落胆などの度合が大きい様子]크게. ‖がくっとなる 크게 낙담하다.
かくてい【確定】 (흐ㅎ) 확정(確定). ◆確定的 확정적. ‖当選は確定です 당선이 확정이다.
カクテル【cocktail】 칵테일.
かくど【角度】 각도(角度). ‖角度を変えて考えてみよう 각도를 바꿔서 생각해 보자.
かくとう【格闘】 (흐ㅎ) 격투(格鬪). ‖賊と格闘して取り押さえる 도둑과 격투를 벌여 붙잡다. ◆格闘技 격투기.
かくとう【確答】 확답(確答). ‖確答を避ける 확답을 피하다.
がくどう【学童】 초등학생(初等學生).
かくとく【獲得】 (흐ㅎ) 획득(獲得). ‖権利を獲得する 권리를 획득하다. 外貨の獲得 외화 획득.
かくにん【確認】 (흐ㅎ) 확인(確認). ‖相手の意思を確認する 상대방의 의사를 확인하다. 確認作業 확인 작업.
がくねん【学年】 학년(學年). ‖最高学年 최고 학년. 学年が同じだ 같은 학년이다.
かくのう【格納】 (흐ㅎ) 격납(格納). ◆格納庫 격납고.
がくは【学派】 학파(學派).
がくばつ【学閥】 학벌(學閥).
かくばる【角張る】 ❶ [形が]네모지다; 각(角)이 지다. ‖角ばった顔 각이 진 얼굴. ❷ [態度が]딱딱하다. ‖角ばった態度で話す 딱딱한 태도로 말하다.
がくひ【学費】 학비(學費).
がくふ【学府】 학부(學府). ◆最高学府 최고 학부.
がくふ【楽譜】 악보(樂譜).
がくぶ【学部】 학부(學部). ‖学部の学生 학부 학생. ◆経済学部 경제 학부.
がくぶち【額縁】 액자(額子).
かくべつ【格別】 각별(各別). ‖格別に目をかける 각별히 보살피다.
かくほ【確保】 (흐ㅎ) 확보(確保). ‖必要な資材を確保する 필요한 자재를 확보하다.
がくほう【学報】 학보(學報).
かくまう 숨겨 주다. ‖逃亡者を匿う 도망 다니는 사람을 숨겨 주다.
かくまく【角膜】 각막(角膜). ◆角膜移植 각막 이식. 角膜炎 각막염.
かくめい【革命】 혁명(革命). ‖革命を起こす 혁명을 일으키다. ◆産業革命 산업 혁명. ロシア革命 러시아 혁명. 革命的 혁명적.
がくめい【学名】 (生物) 학명(學名).
がくめん【額面】 액면(額面). ◆額面価格 액면 가격.
がくもん【学問】 학문(學問). ‖学問の自由 학문의 자유. 学問のある人 학문을 익힌 사람. 学問分野 학문 분야. ◆学問的 학문적. 学問的関心 학문적 관심. 学問の根拠 학문적 근거.
がくや【楽屋】 출연자 대기실(出演者待機室).
かくやく【確約】 (흐ㅎ) 확약(確約).

がくゆう [学友] 학우(學友).
がくようひん [学用品] 학용품(學用品).
かくらん [攪乱] (全핵) 교란(攪乱).
かくり [隔離] (全핵) 격리(隔離).
かくりつ [確立] (全핵) 확립(確立). ‖外交方針を確立する 외교 방침을 확립하다.
かくりつ [確率] 확률(確率). ‖確率が高い 확률이 높다.
かくりょう [閣僚] 각료(閣僚). ◆**閣僚会議** 각료 회의.
がくりょく [学力] 학력(學力). ‖学力が低下する 학력이 저하되다. ◆**基礎学力** 기초 학력.
がくれい [学齢] 취학 연령(就學年齡).
かくれが [隠れ家] 은신처(隱身處).
がくれき [学歴] 학력(學歷). ‖**学歴社会** 학력 사회.
かくれる [隠れる] 숨다; 숨겨지다; 가려지다; 알려지다. ‖洞穴に隠れる 동굴에 숨다. 親に隠れて遊びに行く 부모 몰래 놀러 가다. 太陽が雲に隠れた 해가 구름에 가려졌다. 隠れた人材を探し出す 숨은 인재를 찾아내다. 隠れた才能 숨겨진 재능.
かくれんぼ [隠れん坊] 숨바꼭질.
かくろん [各論] 각론(各論). ‖各論に入る 각론으로 들어가다.
かぐわしい [香しい・芳しい] ❶향기(香氣)롭다; 훌륭하다; 대단하다. ‖かぐわしい花の香り 향기로운 꽃 냄새. ❷매력적(魅力的)이다; 아름답다. ‖かぐわしい乙女 아름다운 아가씨.
がくわり [学割] 학생 할인(學生割引). ‖学割がきく 학생 할인이 되다.
かくん [家訓] 가훈(家訓).
がくん 갑자기; 툭; 뚝. ‖電車ががくんと動く 전철이 갑자기 움직이다. 成績ががくんと落ちる 성적이 뚝 떨어지다.
-**かけ** [掛け] ❶외상. ‖掛けで買う 외상으로 사다. ❷걸이. ‖帽子掛け 모자 걸이. ❸[動作の途中を表わす] 동작(動作)이 중간(中間)에 멈춘 상태(狀態); …다가 만. ‖読みかけの本 읽다가 만 책. ❹[直前の状態を表わす] 곧 …가는; …것 같은. ‖つぶれかけの店 망할 것 같은 가게.
かけ [賭け] 내기. ‖賭けで大儲けする 내기에서 큰 돈을 벌다.
-**かげ** [陰・蔭] ❶그늘; 응달. ‖ビルの陰になって日当たりが悪い 빌딩 때문에 그늘이 져 햇빛이 잘 안 들다. ❷뒤(쪽); 뒷전; 사람 눈에 띄지 않는 곳. ‖陰で悪口を言う 뒤에서 흉보다. 陰から見守る 뒷전에서 지켜보다. 彼は陰になり日向になり助けてくれた 그 사람은 음으로 양으로 도와주었다. ❸이면(裏面); 배후(背後). ‖勝利の陰にたゆみない努力があった 승리의 이면에는 끊임없는 노력이 있었다. ❹어두운

면 [구석]. ❺陰のある表情 어두운 구석이 있는 표정.
*かげ** [影] ❶그림자. ‖影を踏む 그림자를 밟다. 湖に影が映る 호수에 그림자가 비치다. ❷[姿]모습. ‖近頃彼は影も見なない 요즘 그 사람은 코빼기도 안 보인다. ❸(月·星などの)빛; 月影 별빛. ❹어두운 인상(印象); 불길(不吉)한 징조(徵兆). ‖死の影にふるえる 죽음의 그림자에 떨다. ▶影が薄い 존재감이 별로 없다. ▶影も形もない 흔적도 없다.
がけ [崖] 벼랑; 절벽(絶壁). ‖崖から落ちる 벼랑에서 떨어지다.
-**がけ** [掛け] ❶…차림; …채로. ‖サンダルだけ 샌들을 신은 채로. ❷…하는 길에; …하는 김에. ‖帰りがけに寄る (집에)가는 길에 들르다. ❸…명(名) 앉을 수 있는. ‖3人掛けの椅子 세 명 앉을 수 있는 의자. ❹…걸이. ‖8 掛け 팔 할.
かけあし [駆け足] ❶뛰어감; 구보(驅步). 뜀박질; 달음박질. ‖駆け足で行く 뛰어가다. 駆け足が早い 달음박질이 빠르다. ❷[慌ただしい様子] ‖駆け足で説明する 서둘러서 설명하다.
かけい [家系] 가계(家系).
かけい [家計] 가계(家計); 살림. ‖家計を助ける 가계를 돕다. 家計を切り盛りする 살림을 꾸려 나가다. ◆**家計簿** 가계부.
かけおち [駆け落ち] 눈이 맞아 도망가다.
かけがえ [掛け替え] 예비(豫備); 대용품(代用品). ‖かけがえのない命 그 무엇과도 바꿀 수 없는 목숨.
かげき [過激] ⸹ 과격(過激)하다. ‖過激な発言 과격한 발언. ◆**過激派** 과격파.
かげき [歌劇] 가극(歌劇).
かけきん [掛け金] ❶분할(分割)하여 정기적(定期的)으로 지불(支拂)하는 돈. ❷[保険の掛け金 보험료. ❸[掛売りの]외상값.
がけくずれ [崖崩れ] 벼랑의 흙이나 돌이 무너지는 것.
かげぐち [陰口] 험담(險談). ‖陰口をたたく 험담을 하다.
かけごえ [掛け声] ❶[号令など]신호(信號)·장단(長短)·응원(應援)을 위한 소리. ❷[誘い]어떤 일을 같이 하자고 권유(勸誘)하는 소리.
かけごと [賭け事] 내기; 도박(賭博).
かけこみ [駆け込み] 뛰어듦. ‖駆け込み乗車 간신히 탐.
かけこむ [駆け込む] 뛰어들다. ‖閉店間際に駆け込む 가게 문 닫기 직전에 뛰어들다.
かけざん [掛け算] (全핵) 곱셈; 곱하기.
かけじく [掛け軸] 족자(簇子).

かけだし【駆け出し】 신출(新出)내기; 신참(新参). ∥駆け出しの編集者 신출내기 편집자.

かけちがい【掛け違い】 잘못 채움. ∥ボタンのかけ違い 단추를 잘못 채움, 서로 어긋남.

かけちがう【掛け違う】 ❶ 엇갈리다. ∥かけ違って行かなかった 엇갈려서 못 만났다. ❷ 어긋나다; 다르다. ∥先方の意見とかけ違って話がうまく進まない 저쪽과 의견이 달라 이야기가 진전이 안 되다.

かけつ【可決】 (する) 가결(可決).

かけつける【駆け付ける】 달려가다; 급하게 가다. ∥訃報を聞いて駆けつける 부고를 듣고 달려가다.

かけっこ【駆けっこ】 달리기 경주(競走).

かけどけい【掛け時計】 벽시계(壁時計).

かげながら【陰ながら】 마음으로나마; 멀리서나마; 남몰래. ∥陰ながら応援する 마음으로나마 응원하다.

かけはし【架け橋】 가교(架橋).

かけはなれる【掛け離れる】 동떨어지다. ∥理想と現実がかけ離れている 이상과 현실이 동떨어져 있다.

かけひき【駆け引き】 (する) 흥정. ∥駆け引きがうまい 흥정을 잘하다.

かけぶとん【掛け布団】 덮는 이불.

かげふみ【影踏み】 그림자 밟기.

かげぼうし【影法師】 사람 그림자.

かげぼし【陰干し】 ∥陰干しする 그늘에서 말리다.

かけまわる【駆け回る】 바쁘게 돌아다니다; 뛰어다니다. ∥取引先を駆け回る 거래처를 돌아다니다.

かけもち【掛け持ち】 (する) 겹치기. ∥2つの劇場をかけ持ちで出る 극장 두 곳에 겹치기로 출연하다.

かけよる【駆け寄る】 달려들다; 달려가다. ∥帰宅した父親に駆け寄る 귀가한 아버지에게 달려가다.

かけら【欠けら】 조각; 파편(破片). ∥ガラスの欠けら 유리 조각. ∥(ほんのわずかの)不満など欠けらもない 불만 같은 건 조금도 없다.

かげり【陰り】 그늘. ∥表情に陰りがある 표정에 그늘이 있다.

かける【翔る】 하늘 높이 날다; 비상(飛翔)하다. ∥大空を翔る 하늘을 날다.

かける【欠ける】 ❶ 손상(損傷)되다; 깨지다. ∥奥歯が欠ける 어금니가 빠지다. 刃の欠けたナイフ 이가 빠진 칼. ❷ 부족(不足)하다; 결여(缺如)되다. ∥経営能力が欠けている 경영 능력이 부족하다. 常識に欠ける 상식이 결여되어 있다.

*かける【掛ける・懸ける】 ❶ 걸다; 달다. ∥壁に絵をかける 벽에 그림을 걸다. ❷(眼鏡を)쓰다; (ボタンを)채우다. ∥眼鏡をかけた人 안경을 쓴 사람. ❸(火に)올리다. ∥鍋を火にかける 냄비를 불에 올리다. ❹ 앉다. ∥椅子に腰かける 의자에 앉다. ❺ 걱정하다; 배려(配慮)하다. ∥子の将来を気にかける 아이의 장래를 걱정하다. ❻ 씌우다. ∥ドアに鍵をかける 문에 자물쇠를 채우다. ❼ 덮다. ∥荷物の上に覆いをかける 짐 위를 덮개로 덮다. ❽ 뿌리다. ∥肉にコショウをかける 고기에 후추를 뿌리다. ❾(よくない影響を)입히다; 주다; 끼치다. ∥他人に迷惑をかける 남에게 폐를 끼치다. ❿(言葉・期待などを)걸다; 하다. ∥一人息子に期待をかける 외동아들에게 기대를 걸다. ⓫(麻酔・魔法などを)걸다. ∥患者に麻酔をかける 환자에게 마취를 걸다. ⓬…질을 하다. ∥木材にかんなをかける 목재에 대패질을 하다. ⓭ 매기다. ∥贅沢品に税をかける 사치품에 세금을 매기다. ⓮ 걸치다. ∥2階にはしごをかける 이 층에 사다리를 걸치다. ⓯ 회부(回附)하다. ∥被告を裁判にかける 피고를 재판에 회부하다. ⓰ 곱하다. ∥2に3をかけると6である 2에 3을 곱하면 육이다. ⓱(保険などに)들다. ∥美術品に保険をかける 미술품에 보험을 들다. ⓲ 걸치다. ∥夏から秋にかけて咲く花 여름에서 가을에 걸쳐 피는 꽃. ⓳ 자랑하다; 뽐내다. ∥一流大学を出たことを鼻にかける 일류 대학을 나온 것을 자랑하다. ⓴(…で・…かけの形で) …할 뻔하다. ∥川でおぼれかける 강에 빠질 뻔하다.

かける【駆ける】 달리다.

かける【賭ける】 걸다. ∥新製品に社運を賭ける 신제품에 사운을 걸다.

かげる【陰る】 ❶ 그늘이 지다. ∥庭が陰る 정원에 그늘이 지다. ❷(太陽・月の光が)흐려지다. ∥日が陰ってきた 별살이 약해졌다. ❸(状態が)악화(悪化)되다; 나빠지다. ∥(表情が)어두워지다. ∥景気がかげる 경기가 나빠지다.

かげろう【陽炎】 아지랑이.

カゲロウ【蜉蝣】 하루살이.

かげん【下弦】 하현(下弦). ∥下弦の月 하현달

かげん【下限】 하한(下限).

かげん【加減】 ❶(加減) 더하기와 빼기. ❷ 조절(調節)함. ∥温度を加減する 온도를 조절하다. ❸ 건강 상태(健康状態). ∥お加減はいかがですか 건강은 어떻습니까

かげんじょうじょ【加減乗除】 가감승제(加減乗除).

*かこ【過去】 과거(過去). ∥過去の思い出にふける 과거의 추억에 잠기다. 過去を振り返る 과거를 돌아보다. 過去のある人 과거가 있는 사람. 暗い過去 어두운 과거. ◆過去形 과거형.

かご【籠】 바구니. ∥鳥籠 새장.

かご【加護】 (する) 가호(加護). ∥神仏

かご

加護を祈る 신의 가호를 빌다.

かご【過誤】 과오(過誤). ‖過誤를 犯하다 과오를 범하다.

かご【駕籠】 가마.

かこい【囲い】 ❶ 두름; 에워쌈. ❷ 야채(野菜) 등을 저장(貯藏).

かこう【下降】 [동해] 하강(下降). ‖飛行機が下降する 비행기가 하강하다.

かこう【火口】 화구(火口). ◆火口湖 화구호.

かこう【加工】 가공(加工). ‖原材料を加工して輸出する 원재료를 가공해서 수출하다.

かこう【河口】 하구(河口).

かこう【囲う】 두르르싸다; 가두다. ‖塀で囲う 담으로 두르다. 豚を小屋に囲う 돼지를 우리에 가두다. ❷ 저장(貯藏). ‖野菜を囲う 야채 저장.

かごう【化合】 [동해] 화합(化合). ‖水素と酸素が化合して水となる 수소와 산소가 화합하여 물이 되다. ◆化合物 화합물.

こうがん【花崗岩】 화강암(花崗岩).

かこく【過酷】 ナ 가혹(苛酷)하다.

かこつける【託かける】 핑계 삼다. ‖仕事にかこつけて毎日帰りが遅い 일을 핑계로 매일 늦게 들어오다.

かこむ【囲む】 둘러싸다; 에워싸다. ‖城を囲む 성을 에워싸다.

かごん【過言】 과언(過言). ‖原因は政治の貧困にあると言っても過言ではない 원인은 정치의 빈곤에 있다고 해도 과언이 아니다.

かさ【笠】 ❶ 갓; 電灯の笠 전등의 갓. ❷ 〔かさに着る形で〕 으스대다; 빼기다. ‖親の権力をかさに着る 부모의 권력을 믿고 으스대다.

かさ【傘】 우산(雨傘). ‖傘を差す 우산을 쓰다. 折り畳みの傘 접는 우산. ‖日傘 양산.

かさ【嵩】 부피; 크기. ‖水かさが増した 부피가 나가다. 川の水かさが増した 강물이 불었다. ▶かさにかかる 위압적으로 나오다.

*かさい**【火災】 화재(火災). ‖火災が発生する 화재가 발생하다. ◆火災報知器 화재 경보기. 火災保険 화재 보험.

かざい【家財】 ❶ 가구(家具). ❷ 재산(財産). ‖火事で家財を全て失った 화재로 전 재산을 잃어 버렸다. ◆家財道具 가재 도구.

かさかさ ❶ 〔こすり合う音〕 바삭바삭. ‖枯葉がかさかさと音を立てる 낙엽이 바삭바삭 소리를 내다. ❷ 〔皮膚などが〕 까칠까칠. ‖かさかさした肌 까칠까칠한 피부.

がさがさ ❶ 〔こすり合う音〕 바삭바삭. ❷ 〔皮膚などが〕 꺼칠꺼칠.

かざかみ【風上】 바람이 불어오는 방

향(方向).

かさく【佳作】 가작(佳作).

かぜぐるま【風車】 풍차(風車); 팔랑개비.

カササギ【鵲】 까치.

かざす【翳す】 ❶ 치켜들다. ‖旗をかざして進む 깃발을 치켜들고 행진하다. ❷ 쬐다. ‖火鉢に手をかざす 화로에 손을 쬐다. ❸ 가리다. ‖小手をかざす 손으로 가리다.

かさたて【傘立て】 우산(雨傘) 꽂이.

がさつ ナ 덜렁덜렁; 침착(沈着)하지 못하다. ‖がさつ者 덜렁이.

かさなる【重なる】 겹치다; 겹쳐지다; 거듭되다. ‖日曜日と誕生日が重なる 일요일과 생일이 겹치다. 不幸が重なる 불행이 겹치다.

かさねがさね【重ね重ね】 거듭.

かさねぎ【重ね着】 重ね着する 껴입다.

かさねる【重ねる】 겹치다; 거듭하다. ‖セーターを重ねて着る 스웨터를 겹쳐 입다. 失敗を重ねる 실패를 거듭하다.

かさばる【嵩張る】 (体積などが)커지다; 늘어나다. ‖荷物がかさばる 짐 부피가 커지다.

かさぶた【瘡蓋】 〔傷口の〕 딱지.

かざみどり【風見鶏】 닭 모양(模樣)을 한 풍향계(風向計).

かさむ【嵩む】 커지다; 늘어나다. ‖費用がかさむ 비용이 늘어나다.

かざむき【風向き】 ❶ 바람이 불어오는 방향(方向); 形세(形勢). ‖試合の風向きが変わる 시합 형세가 바뀌다. ❷ 기분(気分).

かざり【飾り】 장식(装飾); 수식(修飾); 꾸밈. ‖飾りの多い文章 수식이 많은 문장. ❷ 허울; 명목(名目).

かざりけ【飾り気】 꾸밈. ‖飾り気のない人 꾸밈이 없는 사람.

かざりつけ【飾り付け】 ❶ 장식(装飾)함; 꾸밈. ❷ (店などの)진열(陳列).

かざりつける【飾り付ける】 장식(装飾)하다; 꾸미다. ‖店内を飾り付ける 가게 안을 꾸미다.

かざりもの【飾り物】 장식품(装飾品).

かざる【飾る】 장식(装飾)하다; 꾸미다. ‖部屋代に花を飾る 방에 꽃을 장식하다. その事件は新聞の第一面を飾った 그 사건은 신문의 일면을 장식했다. 飾らない態度 꾸밈없는 태도.

かさん【加算】 [동해] 가산(加算). ‖元金に利子を加算する 원금에 이자를 가산하다. ◆加算税 가산세.

かざん【火山】 화산(火山). ‖火山が噴火する 화산이 분화하다. ◆火山岩 화산암. 火山帯 화산대.

かさんかすいそ【過酸化水素】 과산화수소(過酸化水素).

かし【貸し】 ❶ 빌려 줌; 대여(貸與). ‖貸し衣装 대여 의상. ❷ 빚; 신세(身

かし【可視】 가시(可視). ‖可視光線 가시광선.
かし【仮死】 가사(假死). ‖仮死状態に陥る 가사 상태에 빠지다.
かし【菓子】 과자(菓子). ‖子どもがお菓子ばかり食べる 아이가 과자만 먹다.
かし【歌詞】 가사(歌詞).
かし【華氏】 화씨(華氏).
カシ【樫】 떡갈나무.
かじ【舵】 (船の)키.
かじ【火事】 화재(火災); 불. ‖火事になる 화재가 나다. 火事が出た 불이 났다. 火事だ 불이야!
かじ【家事】 가사(家事); 집안일. ‖家事に専念する 가사에 전념하다. 時々家事を手伝う 가끔 집안일을 돕다.
かじ【鍛冶】 대장일; 대장장이.
がし【餓死】 굶어 죽음, 아사(餓死).
かしあたえる【貸し与える】 대여(貸與)하다; 빌려 주다. ‖本を貸し与える 책을 대여하다.
カシオペアざ【Kassiopeia座】 카시오페아자리.
かしかた【貸し方】 ❶빌려 주는 사람. ❷(經)대변(貸邊).
かじかむ【悴む】 (寒さで)곱다. ‖寒さで手がかじかむ 추위로 손이 곱다.
かしかり【貸し借り】 대차(貸借).
かしきり【貸し切り】 전세(專貰). ‖貸し切りバス 전세 버스.
かしきる【貸し切る】 ❶빌리다; 대절(貸切)내다. ‖バスを貸し切る 버스를 대절 내다. ❷전부(全部) 빌려 주다.
かしきん【貸し金】 대출금(貸出金).
かしげる【傾げる】 갸웃거리다; 갸우뚱거리다. ‖首を傾げる 고개를 갸웃거리다.
かしこい【賢い】 현명(賢明)하다; 영리(怜悧)하다; 똑똑하다. ‖賢い子 영리한 아이. 賢く立ち回る 현명하게 처신하다.
かしこし【貸し越し】 대월; 당좌 대월(當座貸越).
かしこまる【畏まる】 ❶공손(恭遜)한 태도(態度)를 취하다. ‖かしこまった顔で控えている 공손한 얼굴로 점잖게 있다. かしこまりました 잘 알겠습니다. ❷정좌(正坐)하다; 끓어앉다. ‖神人의 前에かしこまる 신불 앞에 정좌하다.
かししぶる【貸し渋る】 대출(貸出)을 꺼리다.
かしつ【過失】 과실(過失). ◆過失致死 과실 치사.
かじつ【果実】 과실(果實). ◆果実酒 과실주.
がしつ【画質】 화질(畫質). ‖高画質 고화질.
かしつき【加湿器】 가습기(加湿器).

かしつけ【貸し付け】 대부(貸付).
かしつける【貸し付ける】 대부(貸付)하다; 빌려 주다. ‖資本を貸し付ける 자본을 빌려 주다.
かじとり【舵取り】 조타수(操舵手); 키잡이.
カジノ【casinoイ】 카지노.
かしパン【菓子パン】 (脫餡)팥소・잼・크림 등을 넣어서 구운 빵.
カシミア【cashmere】 캐시미어.
かしゃく【呵責】 (종教)가책(呵責). ‖良心の呵責 양심의 가책.
かしゅ【歌手】 가수(歌手).
かじゅ【果樹】 과수(果樹); 과실(果實)나무. ◆果樹園 과수원.
カジュアル【casual】 캐주얼. ‖カジュアルな格好 캐주얼한 차림. ◆カジュアルウエア 캐주얼웨어.
かじゅう【加重】 가중(加重).
かじゅう【果汁】 과즙(果汁). ‖果汁100％のジュース 과즙 백 퍼센트 주스.
かじゅう【荷重】 하중(荷重).
かじゅう【過重】ダ 과중(過重)하다. ‖過重な負担 과중한 부담.
がじゅう【画集】 화집(畫集).
かしょ【箇所・個所】 부분(部分); 데. ‖読めない箇所がある 못 읽는 부분이 있다.
かしょ【仮処】 가정(假定).
かしょう【過小】 과소(過小). ◆過小評価 과소평가.
かしょう【過少】 과소(過少).
かしょう【歌唱】 (종教)가창(歌唱). ◆歌唱力 가창력.
かじょう【過剰】 과잉(過剰). ◆供給過剰 공급 과잉. 過剰防衛 과잉 방어.
かじょう【箇条・個条】 조항(條項). ‖該当する箇条 해당 조항. ◆箇条書きは 조 항별로 쓴 글.
がじょう【牙城】 아성(牙城). ‖改革派の牙城 개혁파의 아성.
かしょく【過食】 (종교)과식(過食). ◆過食症 과식증, 폭식증.
かしら【頭】 ❶〔頭部〕머리. ‖頭を振る 머리를 흔들다. ❷수령(首領); 우두머리. ‖盗賊の頭 도적의 두목.
かしらもじ【頭文字】 두문자(頭文字); 머리글자.
かじりつく【齧り付く】 ❶덥석 물다. ‖リンゴにかじりつく 사과를 덥석 물다. ❷매달리다; 달라붙다. ‖母親にかじりつく 엄마한테 매달리다.
かじる【齧る】 ❶갉다; 베어 먹다. ‖リンゴをかじる 사과를 베어 먹다. ❷조금 배우다; 조금 공부(工夫)하다. ‖昔, 韓国語をかじった 예전에 한국어를 조금 공부했다.
カシワ【柏】 떡갈나무.
かしん【家臣】 가신(家臣).
かしん【過信】 (종교)과신(過信). ‖才能を過信する 재능을 과신하다.

がしんしょうたん【臥薪嘗胆】 ⟨する⟩ 와신상담(臥薪嘗胆).

かす【滓】 ❶【沈殿物】앙금. ❷【くず】찌꺼기; 앙금.

かす【粕・糟】 술찌끼; 술지게미.

かす【化す】 …화(化)하다; 변(變)하다. ‖…화되다. 焦土と化す 초토화되다.

*かす【貸す】 ❶〖物を〗빌려 주다. ‖本を貸す책을 빌려 주다. ❷〖力を〗보태어 주다. ‖会社再建に力を貸す회사 재건을 도와주다.

かす【課す】 과(課)하다; 주다. ‖仕事を課す일을 주다.

*かず【数】 ❶수; 수량(數量). ‖人の数を数える사람 수를 세다. ❷많음. ‖数ある作品中の名作 많은 작품 중의 명작. ▸数を頼む숫자를 자랑하다. ▸数に入れる축에 넣다. 축에 들다. ▸数知れない수없이 많다.

ガス【gas*】 가스. ‖ガスが漏れるガスが臭い. ❖排気ガス배기가스. ガスストーブ가스스토브. ガス中毒가스 중독. ガスレンジ가스레인지.

かすか【幽か・微か】* 희미(稀微)하다; 약하다. ‖かすかな光 희미한 빛.

かすがい【鎹】 꺾쇠; 두 가지를 연결(連結)하는 것. ‖子はかすがい자식은 부부를 이어주는 것.

かずかずの【数数の】 ‖ 幾多의 名作의 舞台となる수많은 명작의 무대가 되다.

カスタード【custard】 커스터드. ❖カスタードクリーム 커스터드 크림.

カスタネット【castanets】 캐스터네츠.

かすづけ【粕漬け】 ❲料❳ 야채(野菜)등을 술지게미에 절인 식품(食品).

カステラ【castella*】 카스텔라.

かずのこ【数の子】 말린 청어(青魚)알.

かすみ【霞】 ❶【もや】안개. ❷【沈沈】침침함; 희미(稀微)함. ‖目に霞がかかる눈이 침침해지다.

かすむ【霞む】 침침(沈沈)하다. ❶피로에서 目がかすむ 피로에서 눈이 침침해지다. ❷存在감(存在感)이 약해지다.

かすめとる【掠め取る】 가로채다; 빼앗다. ‖財布をかすめ取る 지갑을 가로채다.

かすめる【掠める】 ❶훔치다. ‖隙을 보아 柿をかすめてくる틈을 보아서 감을 훔치다. ❷속이다. ‖親の目をかすめて遊びに行く부모의 눈을 속이고 놀러가다. ❸스치다. ‖脳裏をかすめる뇌리를 스치다.

かすりきず【掠り傷】 찰과상(擦過傷).

かする【掠る・擦る】 스치다; 살짝 닿다. ‖車が電柱をかすった차가 전봇대를 살짝 스쳤다.

かする【化する】 …화(化)하다; 변(變)하다. ‖石と化する 돌로 변하다.

かする【課する】 부과(賦課)하다. ‖税金を課する세금을 부과하다.

かすれる【擦れる】 ❶【墨・インクなどの量が少なくて】글이나 그림의 일부(一部)가 하얗게 되다. ‖字がかすれる글씨가 군데군데 하얗게 되다. ❷목이 쉬다. ‖風邪でのどがかすれる감기로 목이 쉬다.

かせ【枷】 ❶목이나 손발에 채우는 형구(刑具)의 총칭. ❷굴레. ‖恩愛の情がかせとなる애정이 굴레가 되다.

*かぜ【風】 ❶바람. ‖風が吹く바람이 불다. 今日は風がほとんどない오늘은 바람이 거의 없다. 木立ちが風に揺れていた나무들이 바람에 흔들리고 있었다. そんなに長く風に当たっていると風邪をひくよ그렇게 오래 바람을 쐬면 감기 걸린다. どうした風の吹き回しか무슨 바람이 불었는지. ❷태도(態度); 행색(行色). ‖役人風 公務員 티.

かぜ【風邪】 감기(感冒). ‖風邪をひく감기에 걸리다. 風邪がはやっている감기가 유행하고 있다. ❖鼻風邪 코감기. 風邪薬 감기약.

かぜあたり【風当たり】 ❶바람의 세기. ❷비난(非難). ‖風当たりが強い비난이 거세다.

かせい【火星】 화성(火星).

かせい【加勢】 가세(加勢).

かせい【仮性】 가성(假性). ❖仮性近視 가성 근시.

かせい【苛性】 가성(苛性). ❖苛性カリ 가성 칼리. 苛性ソーダ 가성 소다.

かせい【家政】 가정(家政). ❖家政学 가정학. 家政婦 가정부.

かぜい【課税】 과세(課稅). ❖累進課税 누진 과세.

かせき【化石】 화석(化石).

かせぎ【稼ぎ】 벌이; 수입(收入). ❖共稼ぎ 맞벌이.

かせぐ【稼ぐ】 〖時間・金を〗벌다; 〖点数などを〗따다. ‖学費を自分で稼ぐ 학비를 자기가 벌다. 時間を稼ぐ 시간을 벌다. 1番の選手1人で点を稼いだ1번 선수 혼자 득점을 했다.

かせつ【仮設】 가설(假設). ❖仮設住宅 가설 주택.

かせつ【仮説】 가설(假說). ‖仮説を立てる가설을 세우다.

かせつ【架設】 ⟨する⟩ 가설(架設). ‖電線を架設する전선을 가설하다.

カセット【cassette】 카세트. ❖カセットテープ 카세트테이프.

かぜとおし【風通し】 통풍(通風). ‖風通しがいい 통풍이 잘 되다.

かぜのたより【風の便り】 풍문(風聞). ‖彼女の結婚を風の便りで聞いた 그녀의 결혼 소식을 풍문으로 들었다.

かせん【下線】 밑줄.

かせん【河川】 하천(河川). ‖河川の氾濫 하천의 범람. ❖河川敷 하천 부지.

かせん【寡占】《経》과점(寡占).
がぜん【俄然】갑자기. ‖俄然攻勢に転じた 갑자기 공세로 나섰다.
かそ【過疎】과소(過疎). ‖人口過疎地域 인구 과소 지역.
がそ【画素】화소(畫素).
かそう【下層】하층(下層). ‖社会の下層 사회의 하층.
かそう【火葬】화장(火葬). ◆火葬場 화장터
かそう【仮装】《宙회》가장(假装). ◆仮装行列 가장 행렬.
かそう【仮想】《宙회》가상(假想). ◆仮想現実 가상 현실.
かそう【家相】집의 방향(方向)이나 위치(位置).
がぞう【画像】화상(畫像). ‖鮮明な画像 선명한 화상.
かぞえどし【数え年】태어난 해를 한 살로 계산(計算)하는 나이.
かぞえる【数える】❶세다. ‖参加人員を数える 참가 인원을 세다. 1から100まで数える 하나에서 백까지 세다. 数えればきりが無い 셀 수 없을 정도다. ❷열거(列擧)하다. ‖長所を数える 장점을 열거하다.
かそく【加速】가속(加速). ◆加速度 가속도. 加速度がつく 가속도가 붙다.
かぞく【家族】가족(家族). ‖家族を養う[扶養する]가족을 부양하다. 家族が増える 가족이 늘다. ◆家族手当 가족 수당. 家族法 가족법.
かそせい【可塑性】가소성(可塑性).
ガソリン【gasoline】가솔린. ◆ガソリンスタンド 주유소.
かた【方】❶분. ‖男の方 남자 분. ❷측(側); 쪽. ‖父方 아버지 쪽. ❸〈係〉담당(擔當). ‖衣装方 의상 담당, 事務方 사무 담당. ❹쯤. ‖朝方 아침 에. ❺…법; 방법(方法). ‖作り方 만드는 법. 読み方 읽는 법. ‖かたをつける 결말을 내다[짓다].
かた【形】❶형태(形態); 모양(模樣); 모양새. ‖髪の形を整える 머리 모양을 다듬다. 形が崩れる 모양새가 구겨지다. ❷저당(抵當). ‖土地をかたに借金する 토지를 저당 잡히고 돈을 빌리다. ❸…형, 形式 계란형.
*かた【型】❶타입. ‖新しい型の車 새로운 타입의 차. ❷〈鋳物〉틀. ‖型を取る틀을 뜨다. ❸형식(形式). ‖柔道の型 유도의 형식. ❹…형. ‖A型の血液 A형 혈액. 最新型 최신형. ‖型にはまる 틀에 박히다. 型にはまった式辞 틀에 박힌 식사. ‖型にはまる 규격화하다. 획일화하다. 子どもを型にはめてしまう教育—教育 아이들의 개성을 말살하는 획일화된 교육.
*かた【肩】❶어깨. ‖肩に担ぐ 어깨에 메

다. 肩が凝る 어깨가 걸리다. ‖肩と似ている部分(部分). 山の肩 산 정상에서 조금 내려온 평평한 부분. ▶肩を落とす 어깨를 낮추다 테스트 결과에 어깨가 처지다. ‖肩を並べる 어깨를 나란히 하다.〈慣〉ライバルと肩を並べる 라이벌과 어깨를 나란히 하다. ▶肩を持つ 편들다.
かた【過多】과다(過多). ‖胃酸過多 위산 과다.
かた-【片】❶(対をなすものの)한 쪽. ‖片思い 짝사랑. ❷(中心から離れた)쪽. ‖片田舎 촌구석. ❸불완전(不完全). ‖片言 더듬거리는 말.
-かた【方】…분들. ‖先生方 선생님들. ❷쯤; 정도(程度). ‖2 割方 이할 정도.
かたあし【片足】한 쪽 발[다리].
*かたい【固い・堅い・硬い】❶(質感)단단하다. ‖固い鉛筆 단단한 연필. ❷(関係)단단하다. ‖堅く紐を結ぶ 단단하게 끈을 묶다. ❸(心)단단하다; 굳다. ‖堅く信じる 굳게 믿다. ❹융통성(融通性)이 없다; 굳(確)다. ‖頭が固い 융통성이 없다. ❺(表情)굳다. ‖硬い表情 굳은 표정. ❻(内容)딱딱하다. ‖硬い話 딱딱한 이야기. ❼건실(堅實)하다. ‖堅く商売 건실한 장사. ❽엄하다. ‖堅く禁じる 엄하게 금하다.
かたい【難い】어렵다. ‖言うは易く行なうは難し 말하기는 쉬워도 행하기는 어렵다.
かだい【過大】과대(過大). ◆過大評価 《宙회》과대평가.
かだい【課題】과제(課題).
-がたい【難い】…하기 어렵다; …할 수 없다. ‖認めがたい 인정하기 어렵다. 動じがたい事実 움직일 수 없는 사실.
かたいじ【片意地】고집(固執). ‖片意地を張る 고집을 부리다.
かたうで【片腕】오른팔; 심복(心腹). ‖社長の片腕 사장의 오른팔.
がたおち【がた落ち】급락(急落). ‖売り上げががた落ちする 매상이 급락하다.
かたおもい【片思い】짝사랑. ‖せつない片思い 안타까운 짝사랑.
かたおや【片親】부모(父母) 중 한쪽.
かたがき【肩書き】직함(職銜); 지위(地位).
かたかた 달그락달그락. ‖かたかた(と)サンダルを鳴らして行く 샌들을 달그락거리며 가다.
-かたがた【旁】…겸(兼). ‖ご挨拶かたがたお伺いした 인사도 드릴 겸 부탁 드리러 왔습니다.
がたがた ❶(硬いものがぶつかって)달그

락. ❶風で窓ががたがた鳴る 바람에 창문이 달그락거리다. ❷《体が震えて부들부들》体ががたがた震える 몸이 부들부들 떨리다. ❸《不平がましく言い立てる様子》이러니저러니. ❹《細かいことでがたがた言う》사소한 일로 이러니저러니 불평하다. ❹《ものが壊れかかっている様子》がたがたの机 다 망가진 책상.

かたかな【片仮名】가타카나.

かたがみ【型】한복.

かたがわり【肩代わり·肩替わり】借金を肩代わりする 빚을 대신 떠안다.

かたき【敵】 ❶원수(怨讐); 적(敵). ‖敵を討つ 원수를 갚다. ❷《競争相手》경쟁자. ‖商売敵 장사 경쟁자.

かたぎ【気質】기질(氣質). ‖職人気質 장인 기질.

かたぎ【堅気】 ❶《律儀》고지식함. ‖堅気な人 고지식한 사람. ❷건전(健全)한 직업(職業)이나 사람. ‖堅気になる 착실한 사람이 되다.

かたく【家宅】가택(家宅). ◆家宅捜索(そうさく) 가택 수색.

かたくな【頑な】′ 완강(頑強)하다; 완고(頑固)하다. ‖頑なな態度 완고한 태도.

かたくりこ【片栗粉】녹말(綠末)가루; 갈분(葛粉).

かたくるしい【堅苦しい】 《格式ばって》딱딱하다. ‖堅苦しい挨拶はなしにしよう 딱딱한 인사는 생략하자.

かたぐるま【肩車】목말. ‖子どもを肩車して歩く 애를 목말 태우고 걷다.

かたごし【肩越し】어깨 너머. ‖肩越しに渡す 어깨 너머로 건네다.

かたこと【片言】서투른 말. ‖片言の英語で話す 서투른 영어로 이야기하다.

かたこり【肩凝り】어깨 결림.

かたず【固唾】마른침. ‖固唾を呑む 마른침을 삼키다.

かたすみ【片隅】 한쪽 구석; 한구석. ‖部屋の片隅 방 한구석.

*かたち【形】 ❶외관(外觀); 외형(外形); 외모(外貌); 모양(模樣). ‖形の美しい花びん 모양이 아름다운 꽃병. ❷틀; 체제(體制). ‖形にとらわれる 틀에 얽매이다. ❸형식(形式). ‖ふと立ち寄ったという形にする 어쩌다 들린 것처럼 하다. ❹흔적(痕跡). ‖影も形もない

かたづく【片付く】 ❶정리(整理)되다; 정돈(整頓)되다. ‖部屋が片付く 방이 정리되다. ❷해결(解決)되다; 마무리되다. ‖事件が片付く 사건이 해결되다. ❸《娘が嫁に行く》딸이 시집가다.

かたづける【片付ける】 ❶정리(整理)하다; 정돈(整頓)하다; 치우다. ‖ごみを片付ける 쓰레기를 치우다. ❷해결(解決)하다; 마무리하다; 끝내다. ‖宿題を片付ける 숙제를 끝내다. ❸처단 (處斷)하다. ‖裏切り者は片付けろ 배신자는 처단하라. ❹딸을 시집 보내다. ‖娘を片付けるまでは落ち着きません 딸을 시집보내기 전까지는 마음이 안 놓입니다.

かたっと ❶《堅いものがぶつかって出る音》툭. ‖かたっと窓が外れる 툭 하고 창문이 빠지다. ❷《急激に下がる様子》뚝. ‖人気がかたっと落ちる 인기가 뚝 떨어지다.

カタツムリ【蝸牛】달팽이.

かたとき【片時】한시; 잠깐 동안.

かたどる【象る】 본뜨다. ‖蝶をかたどった彫刻 나비를 본뜬 조각.

かたな【刀】칼.

かたはし【片端】 ❶한쪽 끝. ‖ベンチの片端に座る 벤치의 한쪽 끝에 앉다. ❷일부분(一部分). ‖話の片端 이야기의 일부분.

かたはしから【片端から】죄다; 모조리; 닥치는 대로. ‖片端から忘れる 죄다 잊어 버리다.

かたはば【肩幅】어깨통.

かたぶつ【堅物】융통성(融通性)이 없는 사람.

かたほう【片方】한쪽.

かたまり【固まり·塊】 ❶덩어리. ‖砂糖の固まり 설탕 덩어리. ❷《人》…쟁이. ‖欲のかたまり 욕심쟁이. ❸《集まり》집단(集團); 무리. ‖高校生のかたまり 고교생 집단.

*かたまる【固まる】굳다; 굳어지다; 단단해지다; 뭉치다. ‖ゼリーが固まる 젤리가 굳다. セメントが固まる 시멘트가 굳어지다. 全員の心が一つに固まる 전원의 마음이 하나로 뭉치다. 基礎が固まる 기초가 단단해지다.

かたみ【形見】 유품(遺品). ‖これは父の形見の時計です 이것은 아버지 유품인 시계입니다.

かたみ【肩身】 체면(體面); 면목(面目). ‖肩身が狭い 주눅이 들다. 면목이 없다. 会社ではいつも肩身の狭い思いをしています 회사에서는 항상 주눅이 들어 있습니다.

かたみち【片道】 편도(片道).

かたむき【傾き】 경사(傾斜); 경향(傾向).

*かたむく【傾く】 ❶기울다. ‖船が左に傾く 배가 왼쪽으로 기울다. ❷《考え·気持ちなどが》기울다. ‖賛成に傾く 찬성 쪽으로 기울다. ❸《偏る》치우치다; 경도(傾倒)되다. ‖理論だけに傾く 이론에만 치우치다. ❹쇠퇴(衰退)하다; 약해지다. ‖財政が傾く 재정이 기울다.

かたむける【傾ける】 ❶기울이다; 기울게 하다. ‖皿を傾けてスープを飲む 접시를 비스듬히 해서 수프를 먹다. 耳を傾ける 귀를 기울이다. ❷《考え·気持ちなどを》쏟다. ‖愛情を傾ける 애정을

かつ

쏟다. ❸〖杯を〗기울이다. ‖一晚傾ける 술잔을 기울이다.

かため【片目】한쪽 눈. ▶片目があく 계속 지고 있던 선수가 겨우 한 번 이기다.

かためる【固める】❶굳히다. ‖粘土をこねて固める 점토를 반죽해 굳히다. ❷다지다; 확실(確實)히 하다. ‖意志を固める 의지를 다지다. ❸설명(説明)하다; 방어(防禦)하다. ‖城を固める 성을 방어하다.

かためん【片面】한쪽 면.

かたやぶり【型破り】 파격적(破格的)인. 型破りな発想 파격적인 발상.

かたよる【片寄る・偏る】한쪽으로 치우치다; 편중(偏重)되다. ‖人口が都市に偏る 인구가 도시로 편중되다. 偏った考え方 한쪽으로 치우친 생각.

かたり【語り】이야기; 이야기하는 것. 〖ナレーション〗내레이션.

かたりぐさ【語り草】이야깃거리.

かたりつぐ【語り継ぐ】 구전(口傳)하다. ‖この村に語り継がれている民話 이 마을에 구전되어 온 민화.

かたりて【語り手】화자(話者); 말하는 사람.

かたる【語る】❶ 말하다; 이야기하다; 밝히다. ‖事件のあらましを語る 사건의 대강을 이야기하다. 心境を語る 심경을 이야기하다. ❷설명(説明)하다; 말해 주다. ‖真相を如実に語っている 진상을 여실히 말해 주고 있다.

カタル【catarreカタᴿ】〖医学〗카타르.

カタルシス【katharsisᴿ】카타르시스.

カタログ【catalogue】카탈로그.

かたわら【傍ら】❶옆; 곁. ‖机の傍らにはいつも辞書を置いてある 책상 옆에는 언제나 사전이 놓여 있다. ❷…하는 한편; …는 한편. 勤めの傍ら絵を描く職장을 다니면서 한편으로 그림을 그린다.

かたん【加担】(코드)가담(加擔). ‖陰謀に加担する音모에 가담하다.

かだん【下段】하단(下段). ‖本棚の下段 책장 하단.

かだん【花壇】화단(花壇).

がたん❶〖音〗덜컹. ‖がたんと電車が動き出す 덜컹거리며 전철이 움직이기 시작하다. ❷〖急激に落ちる様子〗뚝. ‖成績ががたんと落ちる 성적이 갑자기 뚝 떨어지다.

がだん【画壇】화단(畫壇).

かち【勝ち】이김; 승리(勝利). ‖勝ちを得る合리를 역전승.

*****かち**【価値】가치(價値). ‖この絵は500万円の価値がある 이 그림은 오백만 엔의 가치가 있다. 言及する価値もない 언급할 가치도 없다. 金は彼にとって何の価値もない 돈은 그 사람한테 있어서는 아무 가치도 없다. 価値観 가치관. 価値観の相違 가치관의 차이. 価値判断 가치 판단. 使用価値 사용 가치.

-がち【勝ち】…하는 경향(傾向)이 있다; 자주 …하다. ‖彼は会社を休みがちだったその人は会社を자주 쉬었다. 病気がちの人 병치레가 잦은 사람.

かちあう【搗ち合う】❶마주치다. ‖表に出ると, 父の帰りとかち合った 밖으로나서자 귀가하시는 아버지와 마주쳤다. ❷겹치다. ‖日曜と祝日がかち合う일요일과 경축일이 겹치다.

かちかち❶아주 딱딱하다. ‖かちかちに凍る 꽁꽁 얼다. ❷〖緊張などで〗굳어 있다. ‖初舞台でかちかちになる 첫무대에서 긴장을 하다. ❸완고(頑固)하다; 융통성(融通性)이 없다. ‖彼は頭がかちかちだ 그는 전혀 융통성이 없다.

がちがち❶아주 딱딱하다. 〖緊張などで〗굳어 있다. ❷완고(頑固)하다; 융통성(融通性)이 없다. ‖がちがちな頭 융통성이 없는 머리.

かちき【勝ち気】지기 싫어한다. ‖勝ち気な性格 지기 싫어하는 성격.

かぞく【家族】가족(家族).

かちすすむ【勝ち進む】시합(試合)에 이겨 다음 단계(段階)로 나아가다. ‖準決勝に勝ち進む 준결승에 진출하다.

かちとる【勝ち取る】노력(努力)해서 손에 넣다; 차지하다. ‖優勝を勝ち取る우승을 차지하다.

かちぬく【勝ち抜く】이기다. ‖リーグ戦を勝ち抜く 리그전에서 이기다.

かちまけ【勝ち負け】승패(勝敗); 승부(勝負); 이기고 지는 것. ‖勝ち負けにこだわる 승부에 연연해하다.

かちめ【勝ち目】승산(勝算). ‖勝ち目がない 승산이 없다.

かちゃかちゃ〖堅いものが続けて軽く打ち当たる音〗달그락달그락.

がちゃがちゃ❶〖堅いものが続けてぶつかり合う音〗찰랑찰랑. ‖鍵束をがちゃがちゃさせる 열쇠 꾸러미를 찰랑거리다. ❷〖うるさい様子〗가ちゃがちゃ言うな떠들지 마라.

かちゅう【渦中】와중(渦中); 소용돌이. ‖うわさの渦中にある人 한창 화제가 되고 있는 사람.

かちょう【家長】가장(家長).

かちょう【課長】과장(課長).

かちょうきん【課徴金】과징금(課徴金).

かちん잘그랑. ‖グラスがかちんと触れ合うユ리잔이 잘그랑 부딪치다. ▶かちんと来る 열(을) 받다. 生意気な態度にかちんと来た 건방진 태도에 열 받았다.

がちん. ‖頭と頭ががちんとぶつかる 머리하고 머리가 쿵 하고 부딪치다.

カツ 커틀릿. ‖豚カツ 포크 커틀릿.

かつ【且つ】 동시(同時)에. ‖大いに飲み, かつ歌った 실컷 마시고 노래 불렀다.

かつ【喝】 고함(高喊); 소리 내어 꾸짖음.

かつ【渇】 목마름. ‖渇をいやす 목을 축이다.

*__かつ__【勝つ・克つ】 ❶ 이기다. ‖裁判で勝つ 재판에서 이기다. 選挙で勝つ 선거에서 이기다. ❷ [耐えきれない]참기 어렵다. ‖荷が勝つ 짐이 무겁다. ❸ [傾向が]짙다. ‖塩味が勝つ 너무 짜다.

かつあい【割愛】(__する__) 생략(省略). ‖詳細を割愛する 자세한 설명을 생략하다.

カツオ【鰹】 가다랑어. ‖鰹節 가다랑어를 말린 것.

かっか ❶ [燃える様子]활활. ‖炭火がかっかとおこっている 숯불이 활활 타고 있다. ❷ [興奮する様子]頭にかっかと来る 무척 화가 나다.

かっか【閣下】 각하(閣下). ‖大統領閣下 대통령 각하.

がっか【学科】 학과(學科). ◆国文学科 국문 학과.

がっか【学課】 학과(學課).

がっかい【学会】 학회(學會). ◆言語学会 언어 학회.

がっかい【学界】 학계(學界).

かっかざん【活火山】 활화산(活火山).

かっかそうよう【隔靴搔痒】 격화소양(隔靴搔痒).

がつがつ ❶ [むさぼり食う様子]게걸스럽게. ‖がつがつ(と)食う 게걸스럽게 먹다. ❷ [貪欲な様子]あまりお金にがつがつするな 너무 돈에 욕심 부리지 마라.

がっかりする 실망(失望)하다; 낙심(落心)하다.

かっき【活気】 활기(活氣). ‖活気のある生活 활기찬 생활.

がっき【学期】 학기(學期). ◆新学期 신학기

がっき【楽器】 악기(樂器).

かつぎだす【担ぎ出す】 ❶ [物を]메어 내다; 메고 나오다. ‖荷物を倉庫から担ぎ出す 짐을 창고에서 메어 내다. ❷ [人を]추대(推戴)하다. ‖彼を市長選挙に担ぎ出す 그 사람을 시장 선거에 추대하다.

かっきてき【画期的】 획기적(劃期的). ‖画期的な発明 획기적인 발명.

がっきゅう【学究】 학구(學究). ‖学究肌の人 학구파.

がっきゅう【学級】 학급(學級). ◆学級新聞 학급 신문. 学級担任 학급 담임.

かつぎょ【活魚】 활어(活魚). ◆活魚料理 활어 요리.

がっきょく【楽曲】 악곡(樂曲).

かっきり ❶ 정확(正確)히; 딱. ‖かっきり千円 딱 천 엔. ❷ 확실(確實)히; 확연(確然)히. ‖南北にかっきりと二分する 남북으로 확연하게 이분하다.

かつぐ【担ぐ】 ❶ 지다; 메다. ‖荷物を担ぐ 짐을 지다. ❷ 추대(推戴)하다. ‖会長に担ぐ 회장으로 추대하다. ❸ [迷信などを]믿다. ‖迷信を担ぐ 미신을 믿다. ❹ 속이다. ‖うまく担がれた 멋있게 속았다.

がく【学区】 학군(學群).

かっくう【滑空】(__する__) 활공(滑空). ◆滑空飛行 활공 비행.

がっくり ❶ [力が抜ける様子]풀썩; 털썩; 턱. 턱. ‖がっくりと膝をつく 털썩 무릎을 꿇다. ❷ [がっかりする様子]大敗にがっくりする 대패에 힘이 쭉 빠지다. ❸ [前後の差が大きい様子]発足がかっくりと減った 손님 발길이 뚝 끊어졌다.

かっけ【脚気】 각기(脚氣).

かつげき【活劇】 활극(活劇).

かっこ【括弧】 괄호(括弧).

かっこいい【格好良い】 멋있다; 근사하다. ‖かっこいい人 멋있는 사람.

*__かっこう__【格好・恰好】❶[外観(外觀); 모습. ‖そんな格好で外に出ないでそれ 그런 모습으로 밖에 나가지 말아라. あの車が格好いいね 저 차가 멋있네. ❷ 체면(體面); 형식(形式). ‖格好のいいことを言う 그럴 듯한 말을 하다. ❸ [最適]알맞은; 적당(適當)함. ‖オフィスに格好な場所が事務실로 적당한 곳. ❹ 상태(狀態). ‖会議は中断されている格好な会議는 중단된 상태다. ▶格好が付く 격식이 갖추어지다.

かっこう【滑降】(__する__) 활강(滑降). ‖斜面を滑降する 경사진 곳을 활강하다.

カッコウ【郭公】 뻐꾸기.

*__がっこう__【学校】 학교(學校). ‖学校に行く 학교에 가다. 来週から学校が始まる 다음 주부터 학교가 시작된다. 学校に行く途中に学校に行く 도중에, 学校に入る 학교에 들어가다. それは学校で教わらなかった これは学校で教わらなかった こうした 学校で教わらなかった ◆学校法人 학교 법인.

かっことる【確固たる】 확고(確固). ‖確固たる信念 확고한 신념.

かっこつける【格好付ける】 멋을 내다; 멋을 부리다; 폼을 재다. ‖おしゃれをしてかっこつける 멋을 부려 모양을 내다. かっこつけるなよ 폼 재지 마라.

かっさい【喝采】 갈채(喝采). ‖拍手喝采 박수갈채.

がっさく【合作】(__する__) 합작(合作).

がっさん【合算】(__する__) 합산(合算).

かつじ【活字】 활자(活字). ‖活字体 활자체.

がっしゅうこく【合衆国】 합중국(合衆國).

がっしゅく【合宿】(__する__) 합숙(合宿).

がっしょう【合唱】 (名ㅎ) 합창(合唱).
◆混声合唱 혼성 합창. 合唱コンクール 합창 대회.
がっしょう【合掌】 (名ㅎ) 합장(合掌).
かっしょく【褐色】 갈색(褐色).
がっしり がっしりした体つき 다부진 몸매.
かっすい【渇水】 갈수기(渴水期).
かっせい【活性】 활성(活性). ◆活性酸素 활성 산소. 活性炭 활성탄. 活性化 활성화.
かっそう【滑走】 (名ㅎ) 활주(滑走). ∥氷上を滑走する 얼음 위를 활주하다. ◆滑走路 활주로.
がっそう【合奏】 (名ㅎ) 합주(合奏).
がったい【合体】 (名ㅎ) 합체(合體).
がっち【合致】 (名ㅎ) 합치(合致).
がっちり ❶〔丈夫な様子〕∥がっちりとした体つき 단단한 몸매. ❷〔しっかり組み合わされた様子〕∥がっちり〔と〕腕を組む 팔짱을 꽉 끼다. ❸〔計算高い〕∥がっちり屋 빈틈없는 사람. 꼼꼼한 사람.
ガッツ【guts】 근성(根性); 기력(氣力); 의욕(意欲). ∥ガッツのある男 의욕이 있는 남자. ◆ガッツポーズ 이겼다는 포즈.
かって【勝手】 ❶〔台所〕부엌. ∥勝手道具 부엌 도구. ❷〔事情〕상황(狀況). ∥勝手が分からずまごつく 사정을 몰라 당황해하다. ❸ 편이(便宜); 편의(便宜). ∥使い勝手がいい 쓰기에 편하다. ❹〔暮らし向き〕생계(生計); 가계(家計); 생활(生活). ∥勝手が苦しい 생활이 어렵다. ❺〔利己的〕제멋대로 굶; 자기(自己) 좋을 대로 함. ∥彼は勝手なやつだ 그 사람은 제멋대로 구는 녀석이다. 勝手なまねはさせないぞ 네 마음대로는 안 될걸. 勝手にしろ 마음대로 해라. ∥勝手が違う 익숙하지 않은 상황에 당황해하다. ◆勝手口 부엌의 출입문.
かつて【曾て】 ❶ 이전(以前)에; 옛날에; 일찍이. ∥かつて見たことがある 예전에 본 적이 있다. ❷ 지금(只今)까지 한 번도. ∥かつてない大成功 지금까지 없던 대성공.
かってでる【買って出る】 나서다; 떠맡다. ∥代表を買って出る 대표를 떠맡다.
かっと ❶〔光・火が強い様子〕쨍쨍. ∥かっと照りつける太陽 쨍쨍 내리쬐는 태양. ❷〔怒る様子〕∥すぐかっとなる性質 금방 화를 내는 성질. ❸〔目・口を大きく開ける様子〕∥かっと目を開いてにらむ 눈을 크게 뜨고 째려봄.
カット【cut】 ❶ 재단(裁斷). ∥テープをカットする 테이프를 자르다. 賃金をカットする 임금을 삭감하다. ❷〔髪を〕깎음. ∥ショートカット 쇼트커트. ❹〔場面〕영화(映畵)의 한 장

면(場面).
かっとう【葛藤】 (名ㅎ) 갈등(葛藤). ∥葛藤が生じる 갈등이 생기다.
*かつどう【活動】 (名ㅎ) 활동(活動). ∥コウモリは夜活動する 박쥐는 밤에 활동한다. ◆火山活動 화산 활동. 組合活動 조합 활동. 活動的 활동적. 活動的な服装 활동적인 복장. 活動的な性格 활동적인 성격.
かっぱ【合羽】 우비(雨備).
かっぱ【河童】 (脫明) 물에 산다는 일본(日本)의 상상(想像)의 동물(動物). ►河童の川流れ 아무리 숙련된 사람도 실수할 때가 있음.
かっぱつ【活発】 / 활발(活潑)하다. ∥活発に飛び回る 활발하게 돌아다니다. 活発な性格 활발한 성격.
かっぱらい【掻っ払い】 날치기.
かっぱらう【掻っ払う】 날치기하다.
かっぱん【活版】 활판(活版). ◆活版印刷 활판 인쇄.
かっぷ【割賦】 할부(割賦).
カップ【cup】 컵; 찻잔; 잔(盞). ◆コーヒーカップ 커피 잔. カップ麺 컵라면.
かっぷく【恰幅】 관록(貫祿). ∥恰幅のいい人 풍채가 좋은 사람.
かっぷく【割腹】 할복(割腹).
カップル【couple】 커플. ∥似合いのカップル 어울리는 커플.
がっぺい【合併】 (名ㅎ) 합병(合倂). ◆合併症 합병증.
かっぽ【闊歩】 활보(闊步).
かつぼう【渇望】 (名ㅎ) 갈망(渴望). ∥平和を渇望する 평화를 갈망하다.
がっぽり 왕창. ∥がっぽり(と)儲ける 돈을 왕창 벌다.
がっぽん【合本】 (名ㅎ) 합본(合本).
かつやく【活躍】 (名ㅎ) 활약(活躍). ∥政界で活躍する 정계에서 활약하다. 予想外の活躍 예상외의 활약.
かつやくきん【括約筋】 괄약근(括約筋).
かつよう【活用】 (名ㅎ) 활용(活用). ∥学んだ知識を活用する 배운 지식을 활용하다. 活用の幅を広げる. 活用語 활용어. 活用語尾 활용 어미.
かつら【鬘】 가발(假髮).
カツラ【桂】〔植物〕계수(桂樹)나무.
かつりょく【活力】 활력(活力). ∥活力にあふれる町 활력이 넘치는 마을.
かつろ【活路】 활로(活路). ∥活路を開く 활로를 열다.
かて【糧】 양식(糧食). ∥日々の糧を得る 그날그날의 양식을 벌다. 読書は心の糧 독서는 마음의 양식.
かてい【仮定】 (名ㅎ) 가정(假定). ∥彼の言ったことが正しいと仮定しよう 그 사람이 한 말이 옳다고 가정하자. 仮定のもとに 가정하에.
*かてい【家庭】 가정(家庭); 집. ∥温かな家庭を築く 따뜻한 가정을 이루다. 厳

格な家庭で育った 엄격한 가정에서 자랐다. ‖家庭の事情で 가정 사정으로. 彼は家では口数が少ない 그 사람은 집에서는 별로 말이 없다. ◆家庭団欒. 家庭科. 家庭教師 가정교사. 家庭裁判所 가정 법원. 家庭訪問 가정방문. 家庭的 가정적.

かてい【過程】 과정(過程). ‖変化の過程にある 변화 과정에 있다. ‖生産過程 생산 과정.

かてい【課程】 과정(課程). ‖博士課程 박사 과정.

カテキン【catechin】 카테킨.

カテゴリー【Kategorie ド】 카테고리.

-がてら …하는 김에. ‖客を駅まで送りがてら買い物をしてきた 손님을 역까지 배웅하는 길에 장을 봐 왔다.

かでん【家電】 가전(家電). ◆家電業界 가전 업계.

がてん【合点】 납득(納得). 이해(理解). ‖合点がいく 납득이 가다.

がでんいんすい【我田引水】 아전인수(我田引水).

かど【角】 ❶모서리. ‖机の角 책상 모서리. ❷모퉁이. ‖角にある店 모퉁이에 있는 가게. 次の角を右に曲がってください 다음 모퉁이에서 오른쪽으로 도세요. ❸(言葉・性格などの)모; 가시. ‖言葉に角がある 말에 가시가 있다. 角のある言い方 모가 나는 말투.

かど【過度】 과도(過度); 지나침. ‖過度の運動 과도한 운동. 過度に緊張する 지나치게 긴장하다.

かとう【下等】 하등(下等). ◆下等動物 하등 동물.

かとう【果糖】 과당(果糖).

かとう【過当】 과당(過當). ◆過当競争 과당 경쟁.

かどう【稼動】 (主動) 가동(稼動). ◆稼動時間 가동 시간. 稼働率 가동률. フル稼働 풀가동.

かとき【過渡期】 과도기(過渡期).

かどで【門出】 ❶여행(旅行)을 떠남. ❷새 출발(出發). ‖人生の門出を祝う 인생의 새 출발을 축하하다.

かどまつ【門松】 (説明)설날 문(門) 앞에 세우는 장식용(裝飾用) 소나무.

かとりせんこう【蚊取り線香】 모기향.

カトリック【Catholic】 가톨릭.

かなあみ【金網】 철망(鐵網).

かない【家内】 ❶【家庭】가정(家庭); 가정. ‖家内安全 가내 안전. ❷【妻】집사람; 처(妻). ‖家のことは家内に任せてあります 집안일은 집사람한테 맡기고 있습니다. ◆家内工業 가내 공업.

かなう【適う・叶う】 ❶이루어지다. ‖長年の夢がかなった 오랜 꿈이 이루어졌다. かなわぬ恋 이루어질 수 없는 사랑. ❷適合(適合)하다. ‖時宜にかなう 시의에 맞다. ❸…할 수 있다; …하는 것이 허락(許諾)되다. ‖足が弱って歩行もかなわない 다리가 약해져 걸을 수 없다. ❹필적(匹敵)하다; 당해 내다. ‖2人でかかってもかなう相手ではない 둘이 달려들어도 당해 낼 상대가 아니다.

かなえる【叶える】 ❶이루어 주다; 들어 주다. ‖望みをかなえてあげる 소원을 들어주다. ❷充足(充足)시키다; 갖추다. ‖条件をかなえる 조건을 갖추다.

かなぐ【金具】 금속제 부품(金屬製部品); 금속으로 된 부분(部分).

*かなしい【悲しい・哀しい】 슬프다. ‖悲しい物語に涙する 슬픈 이야기에 눈물을 흘리다. 悲しい出来事 슬픈 일. それを聞いて私は悲しかった 그 말을 듣고 나는 슬펐다.

かなしばり【金縛り】 가위눌림. ‖夜中に金縛りにあった 밤중에 가위눌렸다.

かなしみ【悲しみ・哀しみ】 슬픔. ‖悲しみに打ち沈む 슬픔에 잠기다.

*かなしむ【悲しむ・哀しむ】 슬퍼하다. ‖ペットの死を悲しむ 애완 동물의 죽음을 슬퍼하다.

かなた【彼方】 ❶저쪽; 저편. ‖山のかなた 산 너머 저쪽. 海のかなたの国 바다 건너에 있는 나라. ❷현재(現在)로부터 멀리 떨어진 과거(過去) 혹은 미래(未來). ‖歴史のかなた 먼 옛날. 먼 훗날.

かなづち【金槌】 ❶망치. ‖金槌で釘を打つ 망치로 못을 치다. ❷〔泳げない人〕수영(水泳)을 못하는 사람; 맥주병(麥酒甁).

かなでる【奏でる】 연주(演奏)하다. ‖美しいメロディーを奏でる 아름다운 멜로디를 연주하다.

かなぼう【金棒】 쇠몽둥이; 쇠방망이.

かなめ【要】 ❶【扇の骨】사북. ❷요점(要點); 가장 중요(重要)한 부분(部分). ‖チームの要 팀의 중심 인물.

かなもの【金物】 철물(鐵物). ◆金物屋 철물점.

*かならず【必ず】 ❶반드시; 기필(期必)코; 꼭. ‖必ず成功して見せます 반드시 성공해 보이겠습니다. ❷항상(恒常). ‖会えば必ずけんかになる 만나면 항상 싸우게 된다.

かならずしも【必ずしも】 [必ずしも…ないの形で]반드시 …인 것은 아니다. ‖貧乏だからといって必ずしも不幸ではない 가난하다고 해서 반드시 불행한 것은 아니다.

かならずや【必ずや】 반드시; 틀림없이.

か【可能】 ❶【可能】가능; 상당(相當)히; 매우. ‖今なかなか厳しい状況です 지금 매우 힘든 상황입니다. かなりの損害 상당한 손해.

カナリア【canaria ポ】 카나리아.

カニ【蟹】 게.

かにく【果肉】과육(果肉).
がにまた【蟹股】오형다리.
かにゅう【加入】(ㅎ타) 가입(加入). ‖中小企業組合に加入する 중소기업 조합에 가입하다.
カヌー【canoe】카누.
かね【金】❶돈. ‖金をためる 돈을 모으다. 金を貸す 돈을 빌려 주다. 金の持ち合わせがない 지금 가진 돈이 없다. 金で買えないものもある 돈으로 살 수 없는 것도 있다. 金がかかる 돈이 들다. この仕事は金になる 이 일은 돈이 된다. ❷금속(金屬). ◆金が物を言う 돈이면 안 되는 것이 없다. ◆金の生る木 재원. ◆金は天下の回りもの 돈은 돌고 도는 것.
かね【鐘】종; 종소리. ‖鐘をつく 종을 치다.
かねがね【予予】이전(以前)부터; 진작부터. ‖ご高名はかねがね承っております 존함은 익히 들어서 알고 있습니다.
かねそなえる【兼ね備える】 겸비(兼備)하다.
かねつ【加熱】(ㅎ타) 가열(加熱).
かねつ【過熱】(ㅎ자) 과열(過熱). ‖エンジンが過熱するエンジン이 과열되다.
かねづかい【金遣い】 돈 씀씀이. ‖金遣いが荒い 돈 씀씀이가 헤프다.
かねて【予て】전부터. ‖かねてからうわさのあった2人がついに婚約するに 전부터 소문이 나 있던 두 사람이 드디어 약혼하다.
-かねない【兼ねない】 …할지도 모르다. ‖あいつならやりかねない 저 녀석이라면 할지도 모른다.
かねまわり【金回り】 주머니 사정(事情). ‖金回りがいい 주머니 사정이 좋다.
かねもうけ【金儲け】(ㅎ타) 돈벌이.
かねもち【金持ち】 부자(富者).
かねる【兼ねる】❶겸(兼)하다. ‖首相が外相を兼ねる 수상이 외상을 겸하다. ❷【…しかねるの形で】…하기 힘들다; …할 수 없다. ‖見るに見かねて手伝う 보다 못해 도와주다.
かねん【可燃】 가연(可燃). ◆可燃性 가연성. 可燃物 가연물.
かのう【化膿】(ㅎ자) 화농(化膿).
かのう【可能】ダ 가능(可能)하다. ‖実行可能な計画 실행 가능한 계획. ◆可能性 가능성.
かのじょ【彼女】❶그녀; 그 여자(女子). ❷여자 친구(親舊); 애인(愛人). ‖彼女ができる 여자 친구가 생기다.
カバ【樺】자작나무.
カバ【河馬】하마.
カバー【cover】커버. ◆カバーストーリー 커버스토리.
かばう【庇う】감싸다; 비호(庇護)하다. ‖子どもをかばう 아이를 감싸다.
がばがば❶【水などが動く様子】첨벙첨

벙. ‖水の中をがばがば歩く 물속을 첨벙첨벙 걷다. ❷【儲かる様子】 ‖金ががばがば儲かる 돈을 왕창 벌다. ❸【大きすぎて体に合わない様子】 헐렁헐렁. ‖コートがばばだ 코트가 헐렁헐렁하다.
がはく【画伯】 화백(畫伯).
がばと【急激な動作を起こす様子】 벌떡. ‖がばと起き上がる 벌떡 일어나다.
かばやき【蒲焼き】(설명) 뱀장어 등을 떠서 양념을 발라 꼬챙이에 꿰어 구운 요리(料理).
かばん【鞄】 가방. ‖かばんに本を詰め込む 가방에 책을 집어넣다.
かはんしん【下半身】 하반신(下半身).
かはんすう【過半数】 과반수(過半數).
かひ【可否】가부(可否); 찬반(贊反).
カビ【黴】곰팡이. ‖カビが生える 곰팡이가 피다. ◆青カビ 푸른 곰팡이.
かびくさい【黴臭い】 곰팡이 냄새가 나다.
かひつ【加筆】(ㅎ타) 가필(加筆). ‖加筆訂正 가필 정정.
がびょう【画鋲】 압정(押釘); 압핀.
かびる【黴る】 곰팡이가 피다.
かびん【花瓶】 화병. ‖花瓶に花をいける 화병에 꽃을 꽂다.
かびん【過敏】ダ 과민(過敏)하다. ‖過敏な反応 과민한 반응. 神経過敏 신경 과민.
かふ【寡夫】 홀아비.
かふ【寡婦】 과부(寡婦).
*****かぶ**【株】❶그루터기. ‖木の株 나무 그루터기. ❷포기. ‖株分け 포기 나누기. ❸【職業上・営業上の特権】(特權). ❹주식(株式); 주. ‖株に手を出す 주식에 손을 대다. 成長株 성장주. ❺인기(人氣); 평판(評判). ‖株が上がる 인기가 올라가다. ❻…주. ‖バラを1株植える 장미를 한 그루 심다.
かぶ【下部】 하부(下部). ◆下部組織 하부 조직. 下部構造 하부 구조.
カブ【蕪】순무.
かふう【家風】 가풍(家風).
がふう【画風】 화풍(畫風).
カフェ【café 프】카페. ◆カフェオレ 카페오레. カフェテリア 카페테리아.
かぶか【株価】 주가(株價); 주식(株式) 값.
がぶがぶ❶【勢いよく飲む様子】벌컥벌컥; 꿀꺽꿀꺽. ‖水をがぶがぶ(と)飲む 물을 벌컥벌컥 마시다. ❷【胃に水などがたまっている様子】 ‖腹ががぶがぶ 배가 출렁거리다.
かぶき【歌舞伎】(설명) 일본 고유(固有)의 연극(演劇): 가부키.
かぶくぶ【下腹部】 하복부(下腹部).
かぶけん【株券】 주권(株券).
かぶさる【被さる】 덮이다; 겹치다. ‖前髪が目にかぶさる 앞머리가 눈을 덮다.

かぶしき【株式】 주식(株式). ◆株式会社 주식회사. 株式市場 주식 시장. 株式配当 주식 배당.

カフス【cuffs】 커프스. ◆カフスボタン 커프스 단추.

かぶせる【被せる】 씌우다; 뒤집어씌우다. ‖帽子をかぶせる 모자를 씌우다. 罪を人にかぶせる 남에게 죄를 뒤집어씌우다.

カプセル【Kapsel^독】 캡슐. ◆タイムカプセル 타임캡슐. カプセルホテル 캡슐 호텔.

かぶそく【過不足】 과부족(過不足). ‖過不足なく 과부족 없이.

かぶちょう【家父長】 가부장(家父長). ◆家父長制 가부장제.

かぶと【兜・冑】 투구.

カブトムシ【兜虫】 투구벌레; 장수풍뎅이.

かぶぬし【株主】 주주(株主). ‖株主に配당금을 渡す 주주에게 배당금을 건네다. ◆株主総会 주주 총회.

がぶのみ【がぶ飲み】 ‖がぶ飲みする 벌컥벌컥 마시다.

かぶりつく【齧り付く】 덥석 물다. ‖冷えたスイカにかぶりつく 차가운 수박을 덥석 물다.

かぶる【被る・冠る】 ❶ (帽子などを)쓰다; 둘러쓰다. ‖帽子をかぶる 모자를 쓰다. 布団を頭からかぶって寝る 이불을 머리까지 둘러쓰고 자다. ❷〔浴びる〕 뒤집어쓰다. ‖水をかぶる 물을 뒤집어쓰다. 罪をかぶる 죄를 뒤집어쓰다. ほこりかぶった먼지를 뒤집어쓰다.

かぶれ【気触れ】 ❶〔影響〕물들음. ❷ 피부(皮膚)의 염증(炎症).

かぶれる【気触れる】 ❶ 물들다. ‖西洋文化にかぶれる 서양 문화에 물들다. ❷ 피부염(皮膚炎)을 일으키다. ‖ウルシにかぶれて가 울렀다.

かふん【花粉】 꽃가루. ◆花粉症 꽃가루 알레르기.

かぶん【過分】ダ 과분(過分)하다. ‖過分なおほめにあずかる 과분한 칭찬을 받다.

かぶんすう【仮分数】 가분수(假分數).

かべ【壁】 ❶ 벽(壁). ‖壁を塗る 벽을 칠하다. 部屋の壁に絵をかける 방 벽에 그림을 걸다. ❷ 난관(難關); 장해(障害). ‖記録の壁 기록의 벽. ❸〔人と人との距離(距離)〕 틈. ‖2人の间に벽이 생기다 두 사람 사이에 벽이 생기다. ▶ 壁に耳あり障子に目あり 낮말은 새가 듣고 밤말은 쥐가 듣는다.(俗)

かへい【貨幣】 화폐(貨幣). ◆貨幣価値 화폐 가치. 貨幣制度 화폐 제도.

かべかけ【壁掛け】 벽걸이.

かべがみ【壁紙】 벽지(壁紙); 도배지(塗褙紙).

かへん【可変】 가변(可變). ◆可変資本 가변 자본.

かべん【花弁】 꽃잎.

かほう【下方】 아래쪽; 하방(下方). ‖下方修正 하방 수정.

かほう【火砲】 화포(火砲).

かほう【果報】 보답(報答); 행운(幸運).

かほう【家宝】 가보(家寶).

がほう【画報】 화보(畫報).

かほうわ【過飽和】 과포화(過飽和). ◆過飽和溶液 과포화 용액.

がぼがぼ〔様子〕 ❶ 돈이 엄청 들어오다. ‖金がガボガボ入ってくる 돈이 엄청 들어오다. ❷〔液体が揺れ動いて立てる音〕출렁출렁; 찰랑찰랑. ‖お腹ががぼがぼだ 배가 출렁거린다.

かほご【過保護】 과보호(過保護). ‖過保護な親 과보호하는 부모.

カボス 유자(柚子)와 비슷한 귤(橘)의 일종(一種).

かぼそい【か細い】 가냘프다. ‖か細い体 가냘픈 몸.

カボチャ【南瓜】 호박.

かま〔魚の切り身の〕 아가미 아래; 가슴 지느러미가 붙어 있는 부분.

かま【釜】 솥; 밥솥. ◆電気釜 전기밥솥.

かま【窯】〔炭・陶磁器を焼く〕 가마.

かま【鎌】 ‖草刈り鎌 풀 베는 낫. ▶ 鎌をかける 넌지시 떠보다.

かまう【構う】 ❶ 관심(關心)을 갖다; 신경(神經)을 쓰다; 상관(相關)하다. ‖何を言われても構わない 무슨 말을 들어도 상관없다. ❷ 상대(相對)하다; 돌보다. ‖子どもを構っている暇がない 아이를 돌볼 틈이 없다. ❸ 놀리다; 장난치다. ‖犬を構ってはいけない 개한테 장난쳐서는 안 된다.

かまえ【構え】 ❶ (建物의) 구조(構造); 모양새. ‖立派な構えの家 외관이 훌륭한 집. ❷ 자세(姿勢); 태도(態度). ‖打つ構えを見せる 때릴 자세를 보이다.

かまえる【構える】 ❶ 차리다; 꾸미다. ‖商店街に店を構える 상점가에 가게를 차리다[내다]. ❷ 자세(姿勢); 태도(態度)를 취하다. ‖飛びかかろうと構えている 달려들 태세를 취하다. ❸〔事を〕취하다. ‖事を構える 일을 꾸미다. ❹〔言葉で〕꾸미다. ‖口実を構える 구실을 만들다.

カマキリ【蟷螂】 사마귀; 버마재비.

かまくら 눈으로 만든 움집.

-がましい 마치 …하는 것 같다. ‖非難がましい 마치 비난하는 것 같다.

かます【噛ます】 ❶ 물리다; 먹이다. ‖一発かまず 한 방 먹이다. ❷ 끼우다; 물리다. ‖猿ぐつわをかます 재갈을 물리다.

かまど【竈】 부뚜막.

かまととぶる 내숭을 떨다; 시치미를 떼다.

かまぼこ【蒲鉾】 생선(生鮮)묵; 어묵.
かまめし【釜飯】 (説明) 여러 가지 재료(材料)를 넣어 일 인분(一人分)씩 짓는 솥밥.
かまもと【窯元】 ❶ 도자기(陶瓷器)를 구워서 만드는 곳. ❷ 도공(陶工).
かまわない【構わない】 […して(も) 構わない…しようと構わないような形で]…하여도[해도] 상관(相關)없다[괜찮다]. ∥この仕事は運転ができなくても構わない 이 일은 운전을 못해도 상관없다.
がまん【我慢】 참음; 인내(忍耐). ∥我慢する 참다. 인내하다. 我慢に我慢を重ねる 참음에 참음을 더하다. 我慢がきく 참을성이 있다.
かみ【上】 ❶[川の上流]상류(上流). ∥川の上の方 강 상류 부분. ❷[初めの部分]상반기(上半期).
かみ【神】 신(神). ∥神に祈る 신에게 빌다. 神の恵み 신의 은총.
かみ【紙】 종이. ∥紙に書く 종이에 쓰다. 紙で作った模型 종이로 만든 모형. 紙を折りたたむ 종이를 접다. 紙 1枚 종이 한 장. 紙コップ 종이컵.
かみ【髪】 머리. ∥髪が長い 머리가 길다. 髪をとかす 머리를 빗다. 髪を伸ばす 머리를 기르다. 髪を短く切る 머리를 짧게 자르다.
かみ【加味】 ⦅する⦆ 가미(加味).
かみあう【嚙み合う】 ❶ 서로 물어뜯다. ❷ 맞물리다. ∥歯車がかみ合う 톱니바퀴가 맞물리다. ❸ 일치(一致)하다; 맞다. ∥友だちと意見がかみ合わない 친구와 의견이 맞지 않다.
かみあわせ【嚙み合わせ】 이빨; 톱니바퀴가 맞물리는 부분(部分)이나 상태(狀態).
かみかくし【神隱し】 신선놀음에 행방불명이 되다.
かみかざり【髪飾り】 머리 장식(裝飾).
かみがた【髪形·髪型】 헤어스타일.
がみがみ【がみがみ(と)】 고시랑고시랑 잔소리를 하다.
かみきれ【紙切れ】 종잇조각. ∥紙切れにメモをする 종잇조각에 메모를 하다.
かみくず【紙屑】 휴지(休紙). ∥紙くずを捨てる 휴지를 버리지 마라.
かみくだく【嚙み砕く】 ❶ 잘게 씹다. ❷ 쉽게 설명(說明)하다. ∥ポイントをかみ砕いて説明する 포인트를 알기 쉽게 설명하다.
かみざ【上座】 상석(上席); 상좌(上座); 윗자리.
かみざいく【紙細工】 종이 세공(細工).
かみさま【神樣】 ❶ 신(神). ∥神様にお祈りする 신에게 빌다. ❷[ある分野で非凡]이런 재주를 지닌 사람. ∥打撃の神様 타격의 귀재.
かみさん【上さん】 ❶[商人·職人などの主婦]마누라; 여자(女子). ∥魚屋のかみさん 생선 가게 마누라. ❷[自分の妻]마누라. ∥うちのかみさん 우리 마누라.
かみしばい【紙芝居】 그림 연극(演劇).
かみしめる【嚙み締める】 ❶ 악물다. ∥唇をかみ締めて痛がる 입술을 악물고 참다. ❷ 음미(吟味)하다. ∥幸せを嚙み締める 행복을 음미하다.
かみそり【剃刀】 면도칼.
かみだな【神棚】 (説明) 집안에 모신 신전(神殿).
かみだのみ【神賴み】 신(神)에게 빔.
かみつ【過密】 ガ 과밀(過密)하다; 빽빽하다. ∥過密なスケジュール 빽빽한 스케줄.
かみつく【嚙み付く】 ❶[歯向かうう]달려들다; 대들다. ∥会議で上司にかみつく 회의 때 상사한테 대들다.
かみて【上手】 ❶ 위쪽; 상류(上流). ❷[舟を上手に回す 배를 위쪽으로 돌리다] ❸[客席から見たときの舞臺(舞臺)]오른쪽.
かみなり【雷】 ❶ 천둥; 벼락. ❷[叱責]크게 혼남. ▶雷を落とす 벼락을 치다. 호통을 치다.
かみねんど【紙粘土】 지점토(紙粘土).
かみのけ【髪の毛】 머리카락.
かみはんき【上半期】 상반기(上半期).
かみひとえ【紙一重】 ∥紙一重の差 종이 한 장 차이.
かみぶくろ【紙袋】 종이 봉투(封套).
かみふぶき【紙吹雪】 축하용(祝賀用)으로 잘게 자른 종잇조각.
かみやすり【紙やすり】 샌드페이퍼.
かみわざ【神業】 신기(神技).
かみん【仮眠】 仮眠をとる 선잠을 자다.
かむ【擤む】〔鼻を〕풀다. ∥鼻をかむ 코를 풀다.
かむ【嚙む】 ❶ 씹다. ∥ガムを嚙む 검을 씹다. ❷ 깨물다; 물다. ∥舌を噛む 혀를 깨물다. 犬に噛まれる 개한테 물리다. ❸[参加]하다; 관계(關係)하다; 관여(關與)하다. ∥この計画には僕も一枚噛んでいる 이 계획에는 나도 관여하고 있다. ❹[言葉がつかえる]말을 더듬다.
ガム【gum】 껌.
がむしゃらに【我武者らに】 무조건(無條件); 한눈팔지 않고. ∥がむしゃらに反復練習をする 무조건 반복 연습을 하다.
ガムシロップ【gum syrup】 시럽.
ガムテープ【gum + tape 用】 (일반포장용) 테이프.
カムバック【comeback】 컴백.
カムフラージュ【camouflage 프】⦅する⦆ 카무플라주; 위장(偽裝).
かめ【瓶·甕】 항아리. ∥かめが割れる 독이 깨지다. 水がめ 물독.
カメ【龜】 거북.

かめい【加盟】(⎯⎯) 가맹(加盟). ‖国際連合に加盟する 국제 연합에 가맹하다. ◆加盟者 가맹자. 加盟店 가맹점.
かめい【仮名】 가명(假名).
がめつい 억척스럽다.
カメラ【camera】 카메라. ‖カメラで撮る 카메라로 찍다. デジタルカメラ 디지털카메라. ◆カメラマン 카메라맨.
カメレオン【chameleon】 카멜레온.
かめん【仮面】 가면(假面). ‖仮面をかぶる 가면을 쓰다. 仮面を脱ぐ 가면을 벗다. ◆仮面舞踏会 가면무도회.
がめん【画面】 화면(畫面).
カモ【鴨】 ❶ 【鳥類】 오리. ❷ 봉(鳳). ‖カモにする 봉으로 삼다.
かもく【科目】 ❶ 과목(科目). ‖必修科目 필수 과목. ❷ 항목(項目). ‖予算科目 예산 항목.
かもく【寡黙】 과묵(寡黙)하다. ‖寡黙な人 과묵한 사람.
カモシカ【羚羊】 영양(羚羊); 산양(山羊).
かもしだす【醸し出す】 자아내다. ‖愉快な雰囲気を醸し出す 유쾌한 분위기를 자아내다.
かもしれない【かも知れない】 …지도 모르다; …수도 있다. ‖午後から雨が降るかもしれない 오후부터 비가 올지도 모른다. 家にいないかもしれません 집에 없을지도 모릅니다. そうかもしれない 그럴지도 모른다. 그럴 수도 있다.
かもす【醸す】 빚다. ‖酒を醸す 술을 빚다. 物議を醸す 물의를 빚다.
かもつ【貨物】 화물(貨物). ‖貨物列車 화물 열차.
カモノハシ【鴨嘴】 오리너구리.
カモミール【chamomile】 카모밀.
カモメ【鷗】 갈매기.
かもん【家門】 가문(家門). ‖家門の名誉 가문의 명예.
かや【蚊帳】 모기장. ‖蚊帳を吊る 모기장을 치다. ◆蚊帳の外 어떤 일의 외부에 있음.
カヤ【茅・萱】 억새(풀).
がやがや (騒がしい様子) 와글와글; 왁자지껄.
かやく【火薬】 화약(火藥).
かゆ【粥】 죽(粥). ‖小豆粥 팥죽.
かゆい【痒い】 가렵다. ‖頭が痒い 머리가 가렵다. 痒いところを掻く 가려운 데를 긁다.
かゆみ【痒み】 가려움.
かゆみどめ【痒み止め】 (說明) 가려움을 억제(抑制)하는 약(薬).
かよいつめる【通いつめる】 같은 장소(場所)에 계속(継続) 다니다. ‖恋人の家に通い詰める 애인 집에 줄기차게 다니다.
かよう【歌謡】 가요(歌謠). ◆歌謡曲 가요곡.
かよう【通う】 다니다. ‖学校へ電車で通う 전철로 학교에 다니다. 医者に通う 병원에 다니다. 全身に血が通う 전신으로 피가 통하다. 心の通わない人 마음이 통하지 않는 사람.
がようし【画用紙】 도화지(圖畫紙).
かようび【火曜日】 화요일(火曜日).
かよわい【か弱い】 연약(軟弱)하다. ‖か弱い女性 연약한 여자.
かよわす【通わす】 다니게 하다; 보내다. ‖子どもを塾に通わす 아이를 학원에 보내다.
***から** ❶ 〔出発する地点などを表わす〕에서. ‖東京から大阪まで 도쿄에서 오사카까지. 屋根から落ちる 지붕에서 떨어지다. ❷ 〔出発する時刻を表わす〕부터. ‖3時から会議がある 세 시부터 회의가 있다. ❸ 〔通過する位置を表わす〕(으)로. ‖窓から日が差し込む 창으로 햇빛이 들어오다. ❹ 〔動作・作用の出どころを表わす〕한테(서); 에게(서). ‖友だちから聞いた話 친구한테서 들은 이야기.
から【空】 빔. ‖箱の中は空だ 상자 속은 텅 비어 있다. 空にする 비우다. ❷ 알맹이가 없는; 헛. ‖空元気 허세. 空約束 공약.
から【殻】 ❶ 껍질; 허물(虚物); 깍지. ‖卵の殻 계란 껍질. ❷ 〔比喩的に〕틀. ‖古い殻を破る 오래된 틀을 깨다. ❸ 비지. ‖おから 비지.
がら 〔魚を発わした〕뼈.
がら【柄】 ❶ 체격(體格); 몸집. ‖柄の大きな子 몸집이 큰 아이. ❷ 성질(性質); 성격(性格); 품위(品位). ‖社長という柄ではない 사장감은 아니다. ❸ 문양(文樣); 무늬. ‖花柄 꽃무늬.
カラー【calla】 〔植物〕 꽃토란.
カラー【collar】 〔衣〕옷의 칼라; 깃.
カラー【color】 ❶ 색(色). ❷ 특색(特色). ‖ローカルカラー 지방색. ◆カラーテレビ 컬러텔레비전.
からあげ【唐揚げ・空揚げ】 (說明) 튀김옷을 입히지 않고 밀가루나 녹말(綠末)을 살짝 묻혀서 튀긴 요리(料理).
***からい【辛い】** ❶ 맵다. ‖辛い唐辛子 매운 고추. ❷ 짜다. ‖今日の味噌汁はちょっと辛い 오늘 된장국은 조금 짜다. ❸ 엄하다. ‖採点が辛い 점수가 짜다.
からいばり【空威張り】 허세(虚勢). ‖空威張りする 허세를 부리다.
からうり【空売り】 〔経〕(株式の信用取引などで)공매(空賣).
カラオケ【⎯⎯】 노래방; 가라오케.
からかう 놀리다. ‖どじな友人をからかう 바보 같은 친구를 놀리다.
からかみ【唐紙】 당지(唐紙).
からから ❶ 〔笑い声〕껄껄; 깔깔. ❷ 〔乾いた様子〕‖のどがからからだ 목이 무척

마르다. ❸[金屬などがぶつかる音]달그랑.

がらがら ❶[鈍い音]‖荷車をがらがらと引いて行く 짐차를 덜거덕거리며 끌고 가다. ❷[崩れ落ちる音]와르르. ‖岩ががらがらと崩れ落ちる 바위가 와르르 무너져 내리다. ❸[閑散とした様子]텅텅. ‖がらがらの客席 텅텅 빈 객석. ❹[のどが荒れた声]‖風邪で声ががらがらになった 감기로 목소리가 굵어졌다.

ガラガラヘビ【ガラガラ蛇】방울뱀.

からくさもよう【唐草模様】당초문(唐草紋).

がらくた 잡동사니.

からくち【辛口】매운맛.

からくり ❶[機械などが動く]원리(原理); 장치(裝置). ❷ 계략(計略). ‖からくりを見抜く 계략을 눈치채다.

からげんき【空元気】 허세(虛勢); 객기(客氣). ‖空元気を出す 객기를 부리다.

からさわぎ【空騒ぎ】 헛 소동(騷動); 공연(空然)한 소란(騷亂). ‖空騒ぎに終わる 공연한 소란으로 끝나다.

からし【芥子】겨자.

カラシナ【芥子菜】갓.

からす【枯らす】[植物を]시들게 하다; 말려 죽이다. ‖水をやらず花をからしてしまった 물 주는 것을 잊어서 꽃이 시들어 버렸다.

からす【嗄らす】(のどを)쉬게 하다. ‖声を嗄らして叫ぶ 목이 쉬도록 외치다.

からす【涸らす】(水・財源などを)말리다; 소진(消盡)시키다. ‖井戸の水を涸らす 우물을 말리다.

カラス【烏・鴉】까마귀. ‖カラスがかあかあ鳴いている 까마귀가 까옥까옥 울고 있다. ◆烏の足跡 눈가의 주름. ◆烏の行水 (까마귀가 미역감듯)금방 끝내는 목욕.

*****ガラス**【glas네】유리(琉璃). ‖窓ガラスを割る 유리창을 깨다. ‖ガラスの破片 유리 파편. ガラス1枚 유리 한 장. ◆ガラス細工 유리 세공. ガラス戸 유리문.

ガラスばり【ガラス張り】 ❶ 유리(琉璃)를 끼움. ❷ 공명정대(公明正大)함; 숨기는 것이 없음. ‖ガラス張りの政治 투명한 정치.

からすみ【蠟子】 [說明] 숭어 알을 소금에 절여 말린 식품(食品).

カラスムギ【烏麦】귀리.

からせき【空咳】헛기침. ‖空咳を吐く 헛기침을 하다.

からそうば【空相場】[說明] 실물 거래(實物去來) 없이 가격 변동(價格變動)에 따른 차금(差金)만 주고받는 거래.

*****からだ**【体・身体】 ❶ 몸; 육체(肉體). ‖この服は体に合わない 이 옷은 몸에 안 맞다. 체(體)가 약한 사람. 体が言うことをきかない 몸이 말을 안 듣는다. ❷ 건강(健康); 체력(體力). ‖体を こわす 건강을 해치다. 体を鍛える 체력을 단련하다. ◆体付き 체격. 몸매. ‖がっしりした体付き 다부진 몸매.

カラタチ【枳殼】 탱자나무.

からっと ❶[晴れ渡る様子]‖からっと晴れ上がる 맑게 개다. ❷[よく乾いた様子]‖からっと揚げたてんぷら 바싹 튀겨진 튀김. ❸[明るい様子]‖からっとした性格 쾌활한 성격.

カラット【carat】 [寶石の大きさを表わす單位]…캐럿.

がらっと [戸が開く音]드르륵. ‖玄関の戸ががらっと開いた 현관문이 드르륵 열렸다. ❷[変わる様子]확; 싹. ‖こうで気分ががらっと変わりう 이쯤에서 기분을 확 바꾸자.

からっぽ【空っぽ】 텅 비다. ‖心が空っぽになる 마음이 텅 비다.

からつゆ【空梅雨】 비가 오지 않는 장마.

からて【空手】가라테; 당수(唐手).

からてけん【空手券】공수표(空手票). ‖約束が空手券に終わる 약속이 공수표로 끝나다.

からとう【辛党】 [說明] 과자(菓子)나 단 것보다 술을 좋아하는 사람.

からねんぶつ【空念仏】공염불(空念佛).

からばこ【空箱】 빈 상자(箱子).

からぶき【乾拭き】 [動詞] 마른걸레질. ‖パソコンを乾拭きする 컴퓨터를 마른걸레질하다.

からぶり【空振り】 [動詞] 헛스윙; 헛수고. ‖懸命な説得も空振りに終わる 열심히 한 설득도 헛수고로 끝나다.

からませる【絡ませる】 ❶ 감다; 걸다. ‖指と指を絡ませる 손가락을 걸다. ❷ 포함(包含)시키다. ‖賃上げ要求に増員要求を絡ませる 임금 인상 요구에 증원 요구를 포함시키다.

カラマツ【唐松・落葉松】 낙엽송(落葉松).

からまる【絡まる】 ❶ 감기다. ‖足にコードが絡まる 발에 코드가 감기다. ❷ 얽히다; 엉키다. ‖毛糸が絡まってしまった 털실이 엉켜 버렸다.

からまわり【空回りする】공전(空轉)하다; 헛돌다. ‖論理が空回りしている 논리가 따로 놀고 있다.

からみ【辛み】 매운맛. ‖辛みをきかせる 매운맛이 나게 하다.

-がらみ【絡み】 ❶ 관련(關聯)이 있음. ‖利権がらみの이권 관련. ❷ 가량(假量). ‖40がらみの男 마흔 가량의 남자.

からむ【絡む】 ❶ 얽히다; 엉키다. ‖脚に釣り糸が絡んで飛べない鳥 다리에 낚싯줄이 엉켜 날지 못하는 새. ❷ 관련(關聯)되다. ‖入試に絡むうわさ 입시와 관련된 소문. ❸[言いがかり] 귀찮게 굴다; 트집을 잡다.

からめる【絡める】 ❶묻히다; 바르다. ∥サツマイモに水飴を絡める 고구마에 물엿을 묻히다. ❷관련(關聯)시키다. ∥予算審議に絡めて外交条件を進める 예산 심의와 관련지어 외교 안건을 진행하다. ❸〈巻きつける〉감다; 묶다.

カラメル【caramel】 캐러멜. ◆カラメルソース 캐러멜 소스.

からり ❶〔ぶつかる音〕箸がからりと床に落ちる 젓가락이 바닥에 툭 떨어지다. ❷〈乾いている様子〉からりと乾いた洗濯物 바짝 마른 빨래.

がらり ❶〈変わる様子〉싹; 확. ∥化粧をしてからりと雰囲気が変わった 화장을 하니 분위기가 확 바뀌었다. ❷〔戸が開く様子〕드르륵. ∥戸をがらりと開ける 문을 확 열어젖히다.

かられる【駆られる】 〈心が〉사로잡히다. ∥嫉妬に駆られる 질투에 사로잡히다.

がらん【伽藍】 가람(伽藍).

がらん がらんとした教室 텅 빈 교실.

かり【仮】 ❶임시(臨時). ❷가짜. ∥仮の名前 가명. ◆仮免許 가면허. 임시 면허.

かり【狩(り)・猟】 사냥. ∥狩に出る 사냥을 나가다.

かり【借り】 ❶빌림; 빌린 것. ❷〈思い恨みなどの〉빚. ∥この借りは必ず返す 이 빚은 꼭 갚겠다.

カリ【雁】 기러기.

かりあげる【刈り上げる】 ❶다 베다. ∥庭の雑草を刈り上げる 정원의 잡초를 베다. ❷〈後頭部の髪を〉깎아 올리다.

かりいれ【刈り入れ】 수확(收穫). ∥刈り入れ時 수확기.

かりいれ【借り入れ】 차입(借入). ◆借入金 차입금.

かりいれる【刈り入れる】 수확(收穫)하다. ∥稲を刈り入れる 벼를 수확하다.

かりいれる【借り入れる】 차입(借入)하다; 빌리다. ∥運転資金を借り入れる 운전 자금을 빌리다.

カリウム【Kalium⁵】 칼륨.

かりかし【借り貸し】 대차(貸借).

かりかた【借り方】 빌리는 방법(方法); 빌리는 사람. ❷〈経〉차변(借邊).

カリカチュア【caricature】 캐리커처.

かりかり ❶〔噛む音〕와드득와드득. ❷〔怒る様子〕なぜそんなにかりかりしているの 그렇게 왜 화를 내니?

がりがり ❶〔噛む音・割る音〕얼음을 가리가리 씹는 소리를 내며 씹어 먹다. ❷〔欲深い様子〕∥名誉欲にがりがりな男 명예욕으로 가득 찬 남자. ❸〔やせている様子〕かりがりにやせる 삐쩍 마르다.

カリキュラム【curriculum】 커리큘럼.

かりしゃくほう【仮釈放】 가석방(假釋放).

かりしょぶん【仮処分】 가처분(假處分).

カリスマ【Charisma⁵】 카리스마.

かりずまい【仮住まい】 임시(臨時)로 거처(居處)함. ∥アパートに仮住まいする 아파트에 임시로 거처하다.

かりたおす【借り倒す】 떼어먹다. ∥借金を借り倒す 빚을 떼어먹다.

かりだす【駆り出す】 동원(動員)하다. ∥サッカーの応援に駆り出される 축구 응원에 동원되다.

かりたてる【駆り立てる】 ❶〈動物などを〉몰다. ∥獲犬が獲物を駆り立てる 사냥개가 먹이를 몰다. ❷내몰다. ∥国民を戦争に駆り立てる 국민을 전쟁으로 내몰다.

かりて【借り手】 빌리는 사람.

かりに【仮に】 ❶만일(萬一); 예(例)를 들어. ∥仮に失敗したらどうする 만일 실패하면 어떻할래? ❷임시(臨時)로; 우선(于先). ∥仮にこれを着ていてください 우선 이걸 입고 있어요.

かりぬい【仮縫い】 〈일〉가봉(假縫).

カリフラワー【cauliflower】 콜리플라워.

がりべん【がり勉】 공부(工夫)만 하는 사람.

かりゅう【下流】 하류(下流). ∥ダムの下流 댐 하류.

かりゅう【顆粒】 과립(顆粒).

かりゅうかい【花柳界】 화류계(花柳界).

かりゅうど【狩人】 사냥꾼.

がりょう【雅量】 아량(雅量). ∥雅量がある 아량이 있다.

がりょうてんせい【画竜点睛】 화룡점정(畵龍點睛).

かりょく【火力】 화력(火力). ∥火力が弱まる 화력이 약해지다. ◆火力発電 화력 발전.

＊かりる【借りる】 빌리다. ∥ジャズの CD を友人から借りる 친구한테 재즈 CD 를 빌리다. 銀行から資金を借りる 은행에서 자금을 빌리다. ゲーテの言葉を借りれば 괴테의 말을 빌리자면. 名を借りる 이름을 빌리다.

カリン【花梨】 모과.

かる【刈る】 〈髪の毛〉자르다; 깎다; 〈草木〉자르다; 베다. ∥髪を短く刈る 머리를 짧게 자르다.

かる【狩る】 잡다; 잡으려고 찾다. ∥野うさぎを狩る 산토끼를 잡다.

–がる ❶〈思う・感じる〉…(싶어)하다. ∥うれしがる 기뻐하다. 寂しがる 외로워하다. 行きたがる 가고 싶어하다. 買いたがる 사고 싶어하다. ❷〔ふりをする〕…인 체하다. ∥強がる 강한 척하다.

＊かるい【軽い】 ❶가볍다. ∥軽い荷物 가벼운 짐. 体が軽い 몸이 가볍다. 口が軽い 입이 가볍다. 罪が軽い 죄가 가볍다. 足取りも軽く家に帰る 발걸음도 가볍게 집으로 돌아가다. ❷간단(簡單)하다. ∥軽い食事 간단한 식사.

かるがる【軽軽】 간단(簡單)히; 가뿐히. ‖難問を軽く(と)解く 어려운 문제를 간단히 풀다.

かるがるしい【軽々しい】 경솔(輕率)하다; 가볍다; 간단(簡單)하다. ‖軽々しい言動を慎む 경솔한 언동을 삼가다. ‖軽々しく言葉を言わないでください 그렇게 간단히 말하지 마세요.

カルキ【kalk ネ】 칼크.

かるくち【軽口】 말을 재미있게 함. ‖軽口にをたたく 농담을 하다.

カルシウム【calcium ネ】 칼슘.

カルチャー【culture】 문화(文化). ◆カルチャーショック 컬처 쇼크. カルチャーセンター 문화 센터.

カルテ【Karte ド】 진료 기록(診療記錄) 카드.

カルデラ【caldera ス】 칼데라. ◆カルデラ湖 칼데라 호.

カルテル【Kartell ド】(経) 카르텔.

カルト【cult】 광신도(狂信徒)들의 소규모 종교 집단(小規模宗敎集團). ‖カルト敎団 광신자에 의한 소규모 종교 집단.

かるわざ【軽業】 ❶곡예(曲藝); 아크로바트. ❷위험(危險)한 일; 계획(計劃).

かれ【彼】 ❶그; 그 사람. ‖彼のことは心配要らない 그 사람 일은 걱정할 필요 없다. ❷남자 친구(男子親舊); 애인(愛人). ‖彼からの電話で娘がいそいそ出かけていった 애인 전화를 받고 딸은 서둘러 나갔다.

かれい【加齢】 加齢する 나이를 먹다.

かれい【華麗】 ダ 화려(華麗)하다. ‖華麗に舞う 화려하게 춤추다.

カレイ【鰈】 가자미.

カレー【curry】 카레.

かれき【枯木】 고목(枯木). ‖枯れ木に花 고목에 핀 꽃.

がれき【瓦礫】 ❶부순 건물(建物)의 기와와 자갈. ❷「役に立たないもの」쓸모없는 것.

かれくさ【枯草】 건초(乾草); 마른풀.

かれこれ【彼此】 ❶이것저것; 이러쿵저러쿵; 이러니저러니. ‖あまりしゃべるべきではない 이러쿵저러쿵 말하는 게 아니다. かれこれ話している内に2時間が過ぎた 이런저런 이야기를 하는 사이에 두 시간이 지났다. ❷어언(於焉); 그럭저럭. ‖かれこれ20年 어언 이십년.

かれし【彼氏】 남자 친구(男子親舊); 애인(愛人).

かれは【枯葉】 고엽(枯葉).

かれら【彼等】 그들.

かれる【枯れる】 ❶시들다. ‖花が枯れる 꽃이 시들다. ❷원숙(圓熟)해지다. ‖枯れた芸 원숙해진 기예.

かれる【嗄れる】 (목이) 쉬다. ‖声が嗄れる 목이 쉬다.

かれる【涸れる】 ❶(水源などが) 마르다. ‖温泉がかれる 온천이 마르다. ❷(感情などが) 마르다; 식다. ‖情熱がかれる 정열이 식다.

かれん【可憐】 ダ 가련(可憐)하다. ‖可憐な少女 가련한 소녀.

カレンダー【calendar】 캘린더; 달력.

かろう【過労】 과로(過勞). ‖過労で倒れる 과로로 쓰러지다. ◆過労死〈공자〉과로사.

がろう【画廊】 화랑(畫廊).

かろうじて【辛うじて】 겨우; 간신(艱辛)히. ‖辛うじて合格する 간신히 합격하다.

カロチン【carotene】 캐로틴.

かろやか【軽やか】 ダ 경쾌(輕快)하다; 가볍다. ‖軽やかな足取りで家路につく 가벼운 발걸음으로 집으로 돌아가다.

カロリー【Kalorie ド】 칼로리. ‖カロリーの高い食べ物 칼로리가 높은 음식.

ガロン【gallon】 갤런.

かろんじる【軽んじる】 경시(輕視)하다; 가볍게 여기다. ‖人命を軽んじる 인명을 경시하다.

*かわ【川・河】** 하천(河川); 강(江). ‖川を渡る 강을 건너다. 川の流れに沿って 강 흐름을 따라. 川の水 강물. 川のほとり 강가.

*かわ【皮・革】** ❶껍질. ‖リンゴの皮 사과 껍질. ジャガイモの皮をむく 감자 껍질을 벗기다. ❷가죽. ‖革ジャン 가죽 잠바.

がわ【側】 ❶측(側); 쪽. ‖弁護側の証人 변호하는 쪽의 증인. 道路の向こう側 길 건너 쪽. ❷곡면(曲面)의 주위(周圍) 또는 그 주위를 싸고 있는 것. ‖金側の腕時計 금테 손목시계.

*かわいい【可愛い】** 귀엽다. ‖かわいい女の子 귀여운 여자 아이. かわいいところがある 귀여운 데가 있다. かわいい声で歌っている 귀여운 목소리로 노래하고 있다.

かわいがる【可愛がる】 귀여워하다. ‖孫をとてもかわいがっている 손자를 매우 귀여워하다.

かわいそう【可哀相】 ダ 불쌍하다. ‖そんなにいじめてはかわいそうだ 그렇게 괴롭히면 불쌍하다.

かわいらしい【可愛らしい】 귀엽다. ‖かわいらしい表情を浮かべる 귀여운 표정을 짓다.

かわうお【川魚】 민물고기; 담수어(淡水魚).

カワウソ【川獺・獺】 수달(水獺).

かわかす【乾かす】 말리다. ‖髪をドライヤーで乾かす 머리를 드라이기로 말리다.

かわかぜ【川風】 강바람.

かわき【乾き】 마름; 마르는 정도(程度). ‖洗濯物の乾きが遅い 빨래가 잘 안 마르다.

かわき【渇き】 갈증(渴症). ‖渇きをいやす 갈증을 풀다. 渇きを覚える 갈증이 나다.

かわぎし【川岸・河岸】 강가.

かわく【乾く】 ❶ 〈水分・湿気が〉 마르다; 건조(乾燥)하다. ‖空気が乾く 건조한 공기. ❷ 〈人間味・情が〉 메마르다. ‖乾いた心 메마른 마음.

かわく【渇く】 마르다. ‖のどが渇く 목이 마르다.

かわぐつ【革靴】 가죽 구두.

かわざかな【川魚】 민물고기; 담수어(淡水魚).

かわす【交わす】 ❶ 주고받다; 나누다. ‖言葉を交わす 말을 주고받다. 話を交わす 이야기를 나누다. ❷〈交差させる〉교차(交叉)시키다.

かわす【躱す】 피(避)하다; 돌리다. ‖体をかわす 몸을 피하다.

*****かわせ**【為替】 환(換). ◆外国為替 외국환. 為替相場 외환 시세. 為替手形 환어음. 為替レート 환율.

カワセミ【翡翠】 물총새.

かわぞい【川沿い】 강가. ‖川沿いの町並み 강가 마을.

かわづり【川釣り】 민물낚시.

かわのじ【川の字】 ‖川の字(川字)。►川の字に寝る 자식을 사이에 두고 부부가 자다.

かわひも【革紐】 가죽 끈.

かわべ【川辺】 강가.

かわら【瓦】 기와. ‖瓦の屋根 기와 지붕.

かわら【川原・河原】 강가의 자갈밭(모래밭).

かわり【代わり・替わり】 ❶ 대리(代理); 대용(代用); 대신(代身). ‖あなたの代わりなんていない 당신을 대신할 사람은 없다. ❷〈お代わりの形で〉 한 그릇 더. ‖ご飯のお代わりはいかがですか 한 그릇 더 드실래요?

かわり【変わり】 변화(変化); 이상(異常); 별고(別故). ‖お変わりありませんか 별고 없으십니까?

かわりだね【変わり種】 별종(別種).

かわりに【代わりに】 …대신(代身)에. ‖私の代わりに行ってくれない? 내 대신에 가 주지 않을래?

かわりはてる【変わり果てる】 완전(完全)히 바뀌다; 몰라보게 변(変)하다.

かわりばんこ【代わり番こ】 교대(交代). ‖代わり番こにぶらんこに乗る 교대로 그네를 타다.

かわりめ【変わり目】 바뀔 때. ‖季節の変わり目 환절기(換節期).

かわりもの【変わり者】 기인(奇人); 괴짜.

かわる【代わる・替わる・換わる】 ❶ 교체(交替)되다; 바뀌다. ‖社長に代わって挨拶する 사장을 대신해서 인사하다. *****かわる**【変わる】 ❶ 바뀌다; 변(変)하다; 달라지다. ‖住所が変わる 주소가 바뀌다. 季節が変わる 계절이 바뀌다. 味が変わる 맛이 변하다. 気が変わる 마음이 변하다. 顔色が変わる 얼굴빛이 달라지다. ❷ 특이(特異)하다; 색다르다; 독특(獨特)하다. ‖一風変わった建物 독특하게 변한 건물. 彼って変わった人でしょう? 그 사람 좀 특이한 사람이죠?

かわるがわる【代わる代わる】 번갈아; 교대(交代)로.

かわれる【買われる】 인정(認定)받다. ‖才能を買われて大きな仕事を任される 재능을 인정받아 큰 일을 맡다.

かん【刊】 간(刊). ‖1997 年刊 천구백구십칠 년 간.

かん【官】 관(官). ◆官民 관민.

かん【巻】 ❶〈書物〉책(冊). ❷〈本を数える単位〉…권(巻). ‖全 20 巻の文学全集 전 스무 권의 문학 전집.

かん【勘】 감(勘). ‖勘がいい 감이 좋다.

かん【棺】 관(棺). ◆棺桶 관.

かん【感】 감(感). ‖隔世の感 격세지감.

*****かん**【間】 ❶ 사이. ‖その間沈黙が続いた その間침묵이 흘렀다. ❷ 간(間). ‖3 日間 삼 일 간. 業者間の取り引き 업자 간의 거래.

カン【罐】 ❶ 금속제 용기(金属製容器). ‖ドラム缶 드럼통. ❷ 통조림. ‖缶詰 통조림.

-かん【貫】〈重さの単位〉…관(貫).

がん【癌】 ❶ 암(癌); 악성 종양(惡性腫瘍). ❷〈比喩的に〉암. ‖社会の癌 사회의 암.

ガン【雁】 기러기.

かんあん【勘案】 〈종로〉 감안(勘案). ‖事情を勘案する 사정을 감안하다.

かんい【簡易】 간이(簡易). ◆簡易裁判所 간이 재판소. 簡易食堂 간이 식당. 簡易保険 간이 보험.

がんい【含意】 함의(含意).

かんいっぱつ【間一髪】 간발(間髮)의 차이(差異). ‖間一髮で助けられた 간발의 차이로 구조되다.

かんえん【肝炎】 간염(肝炎).

かんか【看過】 〈종로〉 간과(看過). ‖決して看過できない不正 결코 간과할 수 없는 부정.

かんか【閑暇】 한가(閑暇).

かんか【感化】 감화(感化).

かんか【管下】 관하(管下).

がんか【眼科】 안과(眼科). ‖眼科医 안과 의사.

かんかい【官界】 관계(官界).

かんがい【感慨】 감개(感慨). ‖感慨深い 감개무량하다. ◆感慨無量 감개무량.

かんがい【灌漑】 관개(灌漑). ◆灌漑用水 관개 용수.

*****かんがえ**【考え】 생각. ‖いい考えがある

좋은 생각이 있다. 父の考えを聞く 아버지 생각을 들어보다. 考えなしに行動する人 생각 없이 행동하는 사람. 金の問題は考えに入れなくてもいい 돈 문제는 생각하지 않아도 된다. 考えを変える 생각을 바꾸다.

かんがえかた【考え方】 생각; 사고방식(思考方式). ‖それは危険な考え方だ 그것은 위험한 생각이다.

かんがえごと【考え事】 생각; 걱정. ‖ちょっと考えごとをしていた 좀 생각할 일이 있었다.

かんがえこむ【考え込む】 깊이 생각하다; 생각에 잠기다. ‖難題にぶち当たり考え込む난제에 부딪쳐 생각에 잠기다.

かんがえだす【考え出す】생각해 내다.

かんがえなおす【考え直す】❶《再考する》다시 생각하다. ‖他によい案がないか考え直す 다른 좋은 안이 없나 다시 생각하다. ❷《変える》생각을 바꾸다.

*かんがえる【考える】생각하다. ‖人の立場を考える 다른 사람 입장을 생각하다. いくら考えても解けない問題 아무리 생각해도 풀 수 없는 문제. 将来も考えている留学を 유학도 생각하고 있다. 子どもの将来を考えて厳しく育てる 애 장래를 생각하여 엄하게 키우다. 考える葦 생각하는 갈대.

かんかく【間隔】 간격(間隔). ‖3分間隔で運転する 삼 분 간격으로 운전하다.

*かんかく【感覚】감각(感覺). ‖このデザインは若い人の感覚には合わない 이 디자인은 젊은 사람들 감각에는 안 맞다. ◆金銭感覚 금전 감각. 方向感覺 방향 감각. 美的感覚 미적 감각. 感覚的 감각적.

かんがく【漢学】한학(漢學).

かんかつ【管轄】관할(管轄). ‖轄区域 관할 구역.

かんがっき【管楽器】관악기(管樂器).

かんがみる【鑑みる】거울삼다; 감안(勘案)하다; 비치보다. ‖先例に鑑みて 전례에 비쳐 보아.

カンガルー【kangaroo】캥거루.

かんかん ❶땡땡; 땡땡. ‖かんかんと鐘が鳴る 땡땡 하고 종이 울리다. ❷쨍쨍. ‖夏の日がかんかん照り付ける 여름 햇볕이 쨍쨍 내리쬐다. ❸《燃える樣子》활활. ❹《怒る樣子》불끈. ‖かんかんになって怒る 불끈하여 성내다.

がんがん ❶쾅쾅; 쿵쿵. ‖ラジオをがんがん鳴らす 라디오를 쿵쿵 울리게 틀다. 頭ががんがんする 머리가 쿵쿵 울리다. ❷활활. ‖ストーブをがんがんたく 스토브를 활활 피우다.

かんかんでり【かんかん照り】햇볕이 쨍쨍 내리쬠.

かんき【喚起】(동하)환기(喚起). ‖注意を喚起する 주의를 환기하다.

かんき【寒気】한기(寒氣). ‖寒気がゆる

む 추위가 누그러지다. ◆寒団 한랭기단.

かんき【換気】(동하) 환기(換氣). ◆換気孔 환기 구멍. 換気扇 환기 팬.

かんき【歡喜】(동하) 환희(歡喜).

かんきつるい【柑橘類】감귤류(柑橘類).

かんきゃく【観客】관객(觀客). ‖観客層を広げる 관객층을 넓히다. ◆観客席 관객석.

がんきょう【眼球】안구(眼球).

かんきょう【感興】 감흥(感興). ‖感興がわく 감흥이 일다.

*かんきょう【環境】환경(環境). ‖環境がいい 환경이 좋다. 環境に左右される 환경에 좌우되다. 새로운 環境에 適応하다 새로운 환경에 적응하다. 家庭環境 가정환경. 自然環境 자연환경. 環境破壞 환경 파괴. 環境権 환경권. 環境ホルモン 환경 호르몬.

がんきょう【頑強】ダ 완강(頑強)하다; 고집(固執)이 세다.

カンきりり【缶切り】깡통 따개.

かんきん【換金】(동하) 환금(換金). ◆換金作物 환금 작물.

かんきん【監禁】(동하) 감금(監禁).

がんきん【元金】원금(元金).

がんぐ【玩具】완구(玩具).

がんぐつ【岩窟】암굴(岩窟).

かんぐる【勘ぐる】의심(疑心)하다.

かんけい【関係】(동하) 관계(關係). ‖新しい事業に関係する 새 사업에 관계하다. 私とは関係ないと나하고는 관계 없는 일. 関係を絶つ 관계를 끊다. 対等な関係 대등한 관계. ◆人間関係 인과 관계.

*かんげい【歓迎】(동하) 환영(歡迎). ‖温かい歓迎を受ける 따뜻한 환영을 받다. 心から歓迎する 진심으로 환영하다. ◆大歓迎 대환영. 歓迎会 환영회.

かんけいづける【関係付ける】 관련(關聯)짓다.

かんげき【間隙】 ❶간격(間隔); 틈 허(虛); 빈틈. ▶間隙を縫う 틈 사이를 누비다. ▶間隙を生じる 사이가 벌어지다. ▶間隙を突く 허를 찌르다.

かんげき【感激】감격(感激). ‖感激して涙を浮かべる 감격해서 눈물을 글썽이다.

かんけつ【完結】완결(完結).

かんけつ【簡潔】ダ 간결(簡潔)하다. ‖簡潔に説明する 간결하게 설명하다.

かんげん【甘言】 감언(甘言). ‖甘言につられる甘言에 넘어가다.

かんげん【換言】환언(換言).

かんげん【還元】(동하) 환원(還元). ‖利益を社会に還元する 이익을 사회에 환원하다.

かんげんがく【管弦楽】관현악(管絃樂). ‖管弦楽団 관현악단.

かんこ

かんこ【歓呼】 (名하) 환호(歡呼). ‖歓呼の声 환호성.
かんご【看護】 (名하) 간호(看護). ‖けが人を看護する 부상자를 간호하다. ◆看護師 간호사. 看護婦 간호부.
かんご【漢語】 한자어(漢字語).
がんこ【頑固】ダ 완고(頑固)하다. ‖頑固なおやじ 완고한 노인네.
かんこう【刊行】 (名하) 간행(刊行). ‖美術全集を刊行する 미술 전집을 간행하다.
かんこう【敢行】 (名하) 감행(敢行); 단행(斷行).
かんこう【感光】 (名하) 감광(感光). ◆感光紙 감광지.
かんこう【慣行】 관행(慣行). ‖慣行に従う 관행을 따르다.
かんこう【緘口】 함구(緘口). ◆緘口令 함구령.
かんこう【緩行】 (名하) 완행(緩行).
*かんこう【観光】 (名하) 관광(觀光). ‖ソウル市内を観光する 서울 시내를 관광하다. 観光旅行に行く 관광 여행을 가다. 観光バス 관광버스. 観光地 관광지. 観光客 관광객. 観光シーズン 관광철.
かんこうちょう【官公庁】 관공서(官公署).
かんこうへん【肝硬変】 간경변(肝硬變).
かんこく【勧告】 (名하) 권고(勸告). ‖辞職を勧告する 사직을 권고하다. 勧告に従う 권고에 따르다.
*かんこく【韓国】 한국(韓國). ◆韓国語 한국어. 韓国人 한국인, 한국 사람. 韓国料理 한국 요리, 한국 음식.
かんごく【監獄】 감옥(監獄).
かんこつだったい【換骨奪胎】 (名하) 환골탈태(換骨奪胎).
かんこどり【閑古鳥】 뻐꾸기. ▶閑古鳥が鳴く 파리를 날리다.[慣]
かんこんそうさい【冠婚葬祭】 관혼상제(冠婚葬祭).
かんさ【監査】 (名하) 감사(監査). ◆会計監査 회계 감사.
かんざい【管財】 재산(財産)을 관리(管理)하는 것. ◆管財人 재산을 관리하는 사람.
がんさく【贋作】 위조품(僞造品).
かんざし【簪】 비녀.
かんさつ【監察】 (名하) 감찰(監察). ◆監察医 검시의.
かんさつ【観察】 (名하) 관찰(觀察). ‖自然現象を観察する 자연 현상을 관찰하다.
かんさん【換算】 (名하) 환산(換算).
かんさん【閑散】ダ 한산(閑散)하다. ‖不況のため商店街が閑散としている 불황으로 상가가 한산하다.
かんし【冠詞】 관사(冠詞). ◆不定冠詞 부정 관사.

102

かんし【漢詩】 한시(漢詩).
かんし【監視】 (名하) 감시(監視). ‖監視を怠る 감시를 소홀히 하다. 警察の監視下にある 경찰의 감시하에 있다. ◆監視員 감시원. 監視船 감시선.
*かんじ【感じ】 ❶ 감각(感覺). ‖指先の感じが鈍る 손끝의 감각이 둔해지다. ❷ 인상(印象); 느낌; 감촉(感觸). ‖感じのいい人 인상이 좋은 사람. 夢を見ているような感じだ 꿈을 꾸고 있는 것 같은 느낌이다. ❸ 분위기(雰圍氣). ‖効果音で祭りの感じを出す 효과음으로 축제 분위기를 내다.
かんじ【漢字】 한자(漢字). ◆漢字で名前を書く 한자로 이름을 쓰다. ◆漢字文化圏 한자 문화권.
かんじ【幹事】 간사(幹事). ‖旅行の幹事 여행 간사.
かんじ【監事】 감사(監事).
かんしき【鑑識】 (名하) 감식(鑑識). ◆鑑識課 감식과.
がんしき【眼識】 안식(眼識). ‖高い眼識を持つ 높은 안식을 지니다.
がんじつ【元日】 설날; 정월(正月) 초하루.
かんして【関して】 …에 관(關)해서. ‖その件に関して質問があります 그 건에 관해서 질문이 있습니다.
かんじとる【感じ取る】 감지(感知)하다; 알아차리다. ‖その場の雰囲気を感じ取る 그 자리 분위기를 감지하다.
かんしゃ【官舎】 관사(官舍).
*かんしゃ【感謝】 (名하) 감사(感謝). ‖好意に感謝する 호의에 감사하다. 感謝の念 감사하는 마음. 感謝の意を表わす 감사의 뜻을 표하다. 手伝ってくださって本当に感謝しています 도와주셔서 정말 감사합니다. ◆感謝祭 감사제. 추수 감사절. 感謝状 감사장.
かんじゃ【患者】 환자(患者). ◆外来患者 외래 환자.
かんしゃく【癇癪】 화를 잘 내는 성질(性質); 짜증. ‖癇癪を起こる 짜증을 내다.
かんしゅ【看守】 간수(看守).
かんじゅ【甘受】 (名하) 감수(甘受). ‖批判を甘受する 비판을 감수하다.
かんじゅ【感受】 (名하) 감수(感受). ◆感受性 감수성. 感受性が豊かだ 감수성이 풍부하다.
かんしゅう【慣習】 관습(慣習). ‖土地の慣習に従う 그 지방의 관습에 따르다.
かんしゅう【監修】 (名하) 감수(監修). ‖辞典を監修する 사전을 감수하다.
かんしゅう【観衆】 관중(觀衆).
かんじゅく【完熟】 완숙(完熟).
がんしょ【願書】 원서(願書). ‖願書を提出する 원서를 제출하다. ◆入学願書 입학 원서.

かんしょう【干渉】(名・自サ)간섭(干渉). ‖子どもに干渉し過ぎる 아이한테 지나치게 간섭하다. ◆内政干渉 내정 간섭.
かんしょう【完勝】 완승(完勝).
かんしょう【感傷】 감상(感傷). ‖感傷にひたる 감상에 젖다. ◆感傷的な 감상적인. 感傷的になる 감상적이 되다. 感傷的な文章 감상적인 문장.
かんしょう【管掌】 관장(管掌). ‖人事業務を管掌する 인사 업무를 관장하다.
かんしょう【緩衝】 완충(緩衝). ◆緩衝装置 완충 장치. 緩衝地帯 완충 지대.
かんしょう【観照】 관조(觀照). ‖人生を観照する 인생을 관조하다.
かんしょう【観賞】 관상(觀賞). ◆観賞植物 관상 식물.
かんしょう【鑑賞】 감상(鑑賞). ‖絵画を鑑賞する 그림을 감상하다. ◆音楽鑑賞 음악 감상.
かんじょう【勘定】 ❶ 셈; 계산(計算). ‖人数を勘定する 인원을 세다. ❷ 대금 지불(代金支拂). ‖勘定を済ませる 계산을 마치다. お勘定をお願いします 계산해 주세요. ❸ 예측(豫測); 예상(豫想); 고려(考慮). ‖勘定の外(ほか)の出来事 예상 외의 일. 勘定(予算)に入れる 계산(예산)에 넣다. ◆勘定(定)する 정하다. ‖勘定科目 계정 과목. ▶勘定高い 타산적이다.
***かんじょう【感情】** 감정(感情). ‖感情に訴える 감정에 호소하다. 感情を込めて詩を朗読する 감정을 넣어서 시를 낭독하다. 感情が高ぶっている 감정이 고조되어 있다. 一時の感情にかられる 일시적인 감정에 휘말리다. 感情の起伏が激しい人 감정의 기복이 심한 사람. ◆感情移入 감정 이입. 感情的(で)ある, 감정적이 되다. 感情論 감정론.
がんしょう【岩礁】 암초(暗礁). ‖岩礁に乗り上げる 암초에 부딪치다.
がんじょう【頑丈】 튼튼하다. ‖頑丈な体 튼튼한 몸. この椅子は頑丈にできているので丈夫だ 이 의자는 튼튼하게 만들어져 있다.
かんしょく【官職】 관직(官職).
かんしょく【間食】 간식(間食).
かんしょく【閑職】 한직(閑職). ‖閑職に回される 한직으로 밀려나다.
かんしょく【感触】 감촉(感觸). ‖つるつるした感触 매끈매끈한 감촉.
***かんじる【感じる】** 느끼다. ‖右足に痛みを感じる 오른쪽 다리에 통증을 느끼다. 責任を感じる 책임을 느끼다. 疲労を感じる 피로를 느끼다.
かんしん【感心】 감심(感心). ‖達者な日本語に感心する 뛰어난 일본어에 감탄하다.
かんしん【関心】 관심(關心). ‖最近彼は政治に関心を示している 최근에 그 사람은 정치에 관심을 보이고 있다. 今の私の唯一の関心事 지금의 나의 유일한 관심사.
かんしん【歓心】 환심(歡心). ‖歓心を買う 환심을 사다.
かんすい【完遂】 완수(完遂). ‖任務を完遂する 임무를 완수하다.
かんすい【冠水】(名・自)침수(浸水). ‖堤防が決壊して田畑が冠水する 제방이 무너져 논밭이 침수되다.
かんすい【鹹水】 함수(鹹水). 짠물.
かんすう【関数】 함수(函數). ◆三角関数 삼각 함수. 二次関数 이차 함수.
かんすうじ【漢数字】 한자 숫자(漢字數字).
かんする【関する】 관(關)하다. ‖教育に関する諸問題 교육에 관한 제 문제. 政治に関して発言する 정치에 관해 발언하다.
かんせい【完成】(名・自サ)완성(完成). ‖新校舎を完成する 학교 새 건물을 완성하다. ◆完成品 완성품. 未完成 미완성.
かんせい【官製】 관제(官製). ‖官製葉書 관제엽서.
かんせい【乾性】 건성(乾性).
かんせい【喊声】 함성(喊聲). ‖喊声を発する 함성을 지르다.
かんせい【喚声】 환성(喚聲).
かんせい【歓声】 환성(歡聲). ‖ホームランに歓声が上がる 홈런에 환성이 오르다.
かんせい【閑静】ダ 한적(閑寂)하다; 조용하다. ‖閑静な住宅街に移り住む 조용한 주택가로 이사하다.
かんせい【感性】 감성(感性). ‖感性が豊かな人 감성이 풍부한 사람.
かんせい【慣性】 관성(慣性). ‖慣性の法則 관성의 법칙.
かんせい【管制】 관제(管制). ◆管制塔 관제탑.
***かんぜい【関税】** 관세(關稅). ‖関税を課す 관세를 부과하다. ◆保護関税 보호 관세.
かんぜおん【観世音】 관세음(觀世音).
がんせき【岩石】 암석(岩石).
かんせつ【間接】 간접(間接). ◆間接照明 간접 조명. 間接税 간접세. 間接選挙 간접 선거. 間接的の 간접적. 間接的に影響される 간접적으로 영향을 받다. 間接話法 간접 화법.
かんせつ【関節】 관절(關節). ◆関節炎 관절염.
かんせん【汗腺】 땀샘.
かんせん【官選】 관선(官選).
かんせん【感染】(名・自)감염(感染). ‖コレラに感染する 콜레라에 감염되다.
かんせん【幹線】 간선(幹線). ◆幹線道路 간선 도로.
かんせん【観戦】(名・他サ)관전(觀戰). ‖プロ野球を観戦する 프로 야구를 관전하다.

*かんぜん【完全】ダ 완전(完全)하다. ‖完全な形で保存する 완전한 형태로 보존하다. 完全に忘れていた 완전히 잊고 있었다. ◆完全雇用 완전 고용. 完全失業者 완전 실업자. 完全燃焼 완전 연소. 完全無欠【~ダ】 완전무결하다.

かんぜん【敢然】ダ 과감(果敢)하다. ‖敢然と立ち向かう 과감하게 맞서다.

かんぜんちょうあく【勧善懲悪】 권선징악(勧善懲悪).

かんそ【簡素】ダ 간소(簡素)하다. ‖簡素な結婚式 간소한 결혼식. ◆簡素化 (スル) 간소화.

かんそ【元祖】 원조(元祖).

かんそう【完走】 (スル) 완주(完走). ‖マラソンを完走する 마라톤을 완주하다.

かんそう【乾燥】 (スル) 건조(乾燥). ‖空気が乾燥している 공기가 건조하다. ◆乾燥気候 건조 기후.

かんそう【感想】 감상(感想). ◆感想文 감상문.

かんそう【歓送】 (スル) 환송(歓送). ◆歓送会 환송회.

かんそう【観相】 관상(観相).

かんぞう【肝臓】 간장(肝臓).

カンゾウ【甘草】 감초(甘草).

かんそうきょく【間奏曲】 간주곡(間奏曲).

かんそく【観測】 (スル) 관측(観測). ◆天体観測 천체 관측.

かんそんみんぴ【官尊民卑】 관존민비(官尊民卑).

かんたい【寒帯】 한대(寒帯). ◆寒帯気候 한대 기후.

かんたい【歓待】 (スル) 환대(歓待). ‖歓待を受ける 환대를 받다.

かんたい【艦隊】 함대(艦隊). ◆連合艦隊 연합 함대.

かんだい【寛大】ダ 관대(寛大)하다. ‖寛大な処置 관대한 조치.

がんたい【眼帯】 안대.

かんだかい【甲高い】 새되다; (声が)크고 날카롭다. ‖甲高い声 새된 목소리.

かんたく【干拓】 (スル) 간척(干拓). ‖干潟を干拓するッ벌을 간척하다. ◆干拓地 간척지.

かんたん【感嘆】 (スル) 감탄(感嘆). ‖熱意に感嘆する 열의에 감탄하다. ◆感嘆詞 감탄사. 感嘆符 느낌표(!).

かんたん【簡単】ダ 간단(簡単)하다. ‖簡単な問題 간단한 문제. 簡単に解決する 간단히 해결하다.

かんだん【寒暖】 한란(寒暖). ◆寒暖計 한란계.

かんだん【歓談】 (スル) 환담(歓談).

がんたん【元旦】 정월(正月) 초하루; 설날 아침.

かんたんのゆめ【邯鄲の夢】 한단지몽(邯鄲の夢).

かんち【完治】 (スル) 완치(完治).

かんち【感知】 (スル) 감지(感知).

かんちがい【勘違い】 (スル) 착각(錯覚); 오해(誤解).

がんちく【含蓄】 ❶ (スル) 함축(含蓄性). ‖含蓄のある言葉 함축성 있는 말.

がんちゅう【眼中】 안중(眼中). ‖眼中にない 안중에 없다. ▸眼中人無し 안하무인(眼下無人).

かんちょう【干潮】 간조(干潮).

かんちょう【官庁】 관청(官庁).

かんちょう【浣腸】 (スル) 관장(灌腸).

かんちょう【館長】 관장(館長). ‖博物館館長 박물관 관장.

かんつう【姦通】 (スル) 간통(姦通).

かんつう【貫通】 (スル) 관통(貫通). ‖弾丸が肩を貫通する 총알이 어깨를 관통하다. トンネルが貫通する 터널이 관통되다.

かんづく【感付く】 눈치채다; 알아채다.

かんづめ【缶詰】 ❶ 통조림. ‖イワシの缶詰 정어리 통조림. ❷ (思いもよらないところに)감금. ‖停電で列車に缶詰になる 정전으로 열차에 갇히다. ❸(秘密・仕事のため)사람을 가둠. ‖著者をホテルに缶詰にする 저자를 호텔에서 두고 집필에 전념하게 하다.

かんてい【官邸】 관저(官邸). ‖首相官邸 수상 관저.

かんてい【鑑定】 (スル) 감정(鑑定). ◆鑑定家 감정가. 鑑定書 감정서.

かんてい【艦艇】 함정(艦艇).

かんてつ【貫徹】 (スル) 관철(貫徹). ‖要求を貫徹する 요구를 관철하다.

かんてん【寒天】 우무.

かんてん【観点】 관점(観点). ‖観点を変える 관점을 바꾸다. 教育の観点 교육적인 관점.

かんでん【感電】 (スル) 감전(感電).

かんでんち【乾電池】 건전지(乾電池).

かんど【感度】 감도(感度). ‖感度が鈍い 감도가 떨어지다.

かんとう【完投】 (野球で)완투(完投).

かんとう【巻頭】 권두(卷頭). ◆巻頭言 권두언.

かんとう【敢闘】 (スル) 감투(敢闘).

かんとう【勘当】 (スル) 의절(義絶); 절연(絶縁). ‖親に勘当される 부모에게 의절당하다.

*かんどう【感動】 (スル) 감동(感動). ‖名画に感動する 명화에 감동하다. 深い感動を受ける 깊은 감동을 받다. 強い感動を与える 강한 감동을 주다. 感動のあまり涙を流す 감동한 나머지 눈물을 흘리다. ◆感動詞 감탄사. 感動的 감동적. 感動的な場面 감동적인 장면.

*かんとく【監督】 (スル) 감독(監督). ◆映

画監督 영화 감독. 試験監督 시험 감독. 現場監督 현장 감독.

かんな【鉋】대패. ‖鉋をかける 대패질을 하다.

カンナ【canna】〖植物〗칸나.

かんない【管内】관내(管内).

かんにん【堪忍】〖左右〗용서(容忍). ▶堪忍袋の緒が切れる 더 이상 못 참다.

カンニング【cunning】커닝.

かんねん【観念】❶ 관념(観念). ‖時間の観念がない 시간 관념이 없다. ❷ 포기(抛棄)하다; 각오(覚悟)하다. ‖もう駄目だと観念する 더 이상 안 된다고 포기하다. ◆観念的의 관념적. 観念論 관념론.

がんねん【元年】원년(元年). ‖福祉元年 복지 원년.

かんのう【官能】관능(官能). ‖官能小説 관능 소설. ◆官能的의 관능적.

かんのう【間脳】간뇌(間脳).

かんのん【観音】관음(観音). ◆観音菩薩 관음보살. 観音開き 양쪽으로 여는 미닫이.

かんぱ【看破】〖左右〗간파(看破).

かんぱ【寒波】한파(寒波). ‖寒波の襲来 한파 내습.

カンパ【kampanija ロ】〖左右〗모금 운동(募金運動).

かんばい【完売】〖左右〗완매하다 다 팔다.

かんぱい【完敗】〖左右〗완패(完敗). ‖予選で完敗する 예선에서 완패하다.

かんぱい【乾杯】〖左右〗건배(乾杯).

かんばしい【芳しい】❶향기(香氣)롭다. ‖芳しい香り 향기로운 냄새. ❷〔打ち消しの表現を伴って〕좋지 않다. ‖あまり芳しくないうわさ 그다지 좋지 않은 소문.

カンバス【canvas】캔버스.

かんばつ【旱魃】한발(旱魃); 가뭄.

がんばり【頑張り】참고 노력하는 것; 잘 버티는 것. ‖頑張りがきく 잘 버티다. 頑張り屋 노력가.

*がんばる【頑張る】❶노력(努力)하다; 열심(熱心)히 하다. ‖頑張って店を持とう 열심히 해서 가게를 갖자. 頑張れ！힘내라！파이팅！❷〔ある場所を占めて〕버티다. ‖記者は首相が出てくるまで玄関で頑張った 기자는 수상이 나올 때까지 현관에서 버텼다.

かんばん【看板】간판(看板). ‖薬屋の看板 약국 간판. 立て看板 입간판.

かんぱん【甲板】갑판(甲板).

かんパン【乾パン】건빵.

がんばん【岩盤】암반(岩盤).

かんび【甘美】❥감미(甘美)롭다; 달고 맛있다. ‖甘美な果実 달고 맛있는 과일.

かんび【完備】〖左右〗완비(完備). ‖条件を完備する 조건을 완비하다.

かんびょう【看病】간병(看病).

カンピョウ【干瓢】박고지.

かんぶ【患部】환부(患部). ‖患部を冷やす 환부를 차게 하다.

かんぶ【幹部】간부(幹部). ◆組合幹部 조합 간부.

かんぷ【乾布】건포(乾布). ◆乾布摩擦 건포마찰.

かんぷ【還付】〖左右〗환부(還付). ◆税金の還付 환부 세금 환부.

カンフー【功夫】쿵후. ◆カンフー映画 쿵후 영화.

かんぷう【完封】〖左右〗❶완전 봉쇄(完全封鎖). ❷〖野球〗완봉(完封).

かんぷく【感服】〖左右〗감복(感服).

かんぶつ【乾物】건어물(乾魚物).

かんぶん【漢文】한문(漢文). ◆漢文学 한문학.

かんぺき【完璧】〖左右〗완벽(完璧)하다. ‖完璧な計画 완벽한 연기. 完璧을 期する 완벽을 기하다. ◆完璧主義者 완벽주의자.

がんぺき【岩壁】암벽(岩壁).

かんべつ【鑑別】〖左右〗감별(鑑別). ‖ひよこの雌雄を鑑別する 병아리의 암수를 감별하다. ◆鑑別所 감별소.

かんべん【勘弁】〖左右〗용서(容恕). ‖勘弁してください 용서해 주십시오.

かんべん【簡便】❥간편(簡便)하다. ‖扱いの簡便な道具 사용하기 간편한 도구.

かんぼう【感冒】감기(感氣). ‖流行性感冒 유행성 감기.

かんぼう【監房】감방(監房).

かんぽう【官報】관보(官報).

かんぽう【漢方】한방(韓方). ◆漢方医 한방의. 漢方薬 한방약, 한약.

がんぼう【願望】소망(所望).

かんぼつ【陥没】〖左右〗함몰(陥没).

がんぽん【元本】원금(元金).

カンマ【comma】콤마.

ガンマ【γ】감마. ◆ガンマ線 감마선.

かんまつ【巻末】권말(巻末). ‖巻末付録 권말 부록.

かんまん【干満】간만(干満). ‖干満の差 간만의 차.

かんまん【緩慢】❥❶완만(緩慢)하다; 느리다. ‖動作が緩慢で動작이 느리다. ❷〔態度が〕미지근하다. ‖緩慢な対応 미지근한 대응.

かんみ【甘味】감미(甘味). ◆甘味料 감미료.

かんみん【官民】관민(官民). ‖官民一体となって 관민 일체가 되어.

かんみんぞく【漢民族】한민족(漢民族).

かんむり【冠】관(冠).

かんむりょう【感無量】감개무량(感慨無量).

かんめい【感銘】감명(感銘). ‖大きな感銘を受ける 큰 감명을 받다.

かんめん【乾麺】건면(乾麺); 마른국수.

がんめん【顔面】 안면(顔面). ‖顔面蒼白になる 얼굴이 창백해지다. ◆顔面神経 안면 신경.

がんもく【眼目】 안목(眼目); 주안점(主眼點); 요점(要點). ‖教育の眼目は人間形成にある 교육의 주안점은 인간 형성에 있다.

かんもん【関門】 관문(關門).

がんもん【丸薬】 알약.

かんゆ【肝油】 간유(肝油).

かんゆう【勧誘】 〔名·他〕 권유(勸誘). ‖保険に加入するよう勧誘する 보험에 가입하도록 권유하다.

がんゆう【含有】 〔名·他〕 함유(含有). ‖ビタミンCを含有する 비타민 C를 함유하다. ◆含有量 함유량.

かんよ【関与】 〔名·自〕 관여(關與). ‖政策決定に関与する 정책 결정에 관여하다.

かんよう【肝要】 〔形動〕 간요(肝要)하다; 중요(重要)하다. ‖忍耐が肝要である 인내하는 것이 중요하다.

かんよう【涵養】 〔名·他〕 함양(涵養). ‖徳性を涵養する 덕성을 함양하다.

かんよう【寛容】 관용(寬容). ‖寛容な態度 관용적인 태도.

かんよう【慣用】 관용(慣用). ◆慣用句 관용구. 慣用語 관용어. 慣用読み 관용독.

かんようしょくぶつ【観葉植物】 관엽식물(觀葉植物).

がんらい【元来】 원래(元來).

かんらくがい【歓楽街】 환락가(歡樂街).

かんらん【観覧】 관람(觀覽). ◆観覧席 관람석. 観覧車 관람차.

*かんり【管理】 〔名·他〕 관리(管理). ‖業務を管理する 업무를 관리하다. ビルの管理人 빌딩 관리인. 財産の管理 재산 관리. ◆品質管理 품질 관리. 管理職 관리직.

かんり【監理】 〔名·他〕 감리(監理). ‖設計監理 설계 감리.

かんりゃく【簡略】 〔名·形動〕 간략(簡略). ‖簡略な説明 간략한 설명. 式は簡略にする 식은 간략하게 하다. ‖ITでシステムを簡略化する IT로 시스템을 간략화하다.

かんりゅう【寒流】 한류(寒流).

かんりょう【完了】 〔名·自〕 ❶ 완료(完了). ‖準備完了 준비 완료. ❷〔言語〕 ‖現在完了 현재 완료.

*かんりょう【官僚】 관료(官僚). ‖官僚出身の政治家 관료 출신의 정치가. ◆官僚主義 관료주의. 官僚制 관료제. 官僚政治 관료 정치. 官僚的 관료적. 官僚のあり方 관료적인 방식.

がんりょう【含量】 함량(含量).

かんれい【寒冷】 한랭(寒冷). ‖寒冷前線 한랭 전선.

かんれい【慣例】 관례(慣例). ‖慣例に従う 관례에 따르다. 慣例を破る 관례를 깨뜨리다.

かんれき【還暦】 환갑(還甲); 회갑(回甲). ‖還暦を迎える 환갑을 맞다.

*かんれん【関連】 〔名·自〕 관련(關聯). ‖互いに関連する 서로 관련되다. ◆関連産業 관련 산업. 関連事項 관련 사항. 関連性 관련성.

かんれんづける【関連付ける】 관련(關聯)짓다. ‖本の内容と関連付けて説明する 책 내용과 관련지어 설명하다.

かんろく【貫禄】 관록(貫祿). ‖貫禄がある 관록이 있다.

かんわ【緩和】 〔名·自〕 완화(緩和). ‖緊張が緩和する 긴장이 완화되다.

かんわじてん【漢和辞典】 중일 사전(中日辭典).

き

き【木·樹】 ❶ 나무. ‖木を植える 나무를 심다. 木を切り倒す 나무를 베다. 木の枝 나뭇가지. 木の箱 나무 상자. ❷ 목재(木材). ‖猿も木から落ちる 원숭이도 나무에서 떨어진다.〔諺〕▶木に縁(よ)りて魚を求む 연목구어. ▶木を見て森を見ず 나무를 보고 숲은 보지 않다.

き【生】 ❶〔交じり気のないこと〕섞지 않음. ‖ウイスキーを生で飲む 위스키를 스트레이트로 마시다. ❷〔未加工〕가공(加工)을 하지 않음. ‖生鮮 생사. ❸〔性質·状態における〕순수(純粹)함; 신선(新鮮)함. ‖生真面目 고지식함. 정직함.

*き【気】 ❶ 성질(性質); 성격(性格); 성정(性情). ‖気が小さい 소심하다. 気が短い 성질이 급하다. ❷ 기분(氣分); 마음; 감정(感情). ‖気が変わる 마음이 바뀌다. 気が弱い 마음이 약하다. 彼は行く気があるのだろうか 그 사람은 갈 마음이 있는 걸까? 気が合う 마음이 맞다. ❸ 의식(意識). ‖気を失う 의식을 잃다. ❹ 특유(特有)의 맛; 향(香). ‖気の抜けたビール 김빠진 맥주. ❺ 분위기(雰囲氣). ‖会場は厳粛の気に満ちている 회장은 엄숙한 분위기에 싸여 있다. ▶気がある 마음이 있다. ▶気が多い 변덕스럽다. ▶気が置けない 마음을 놓을 수 있다. 편안하다. ▶気が利く 눈치가 빠르다. ▶気が気でない 제정신이 아니다. ▶気が進まない 마음이 내키지 않다. ▶気が済む 만족하다. ▶気が散る 산만하다. ▶気が付く 깨닫다. 알아채다. 눈치채다. ▶気が遠くなる 정신이 아득해지다. ▶気が咎める 양심에 찔리다. ▶気がない 관심이 없다. ▶気が長い 인내심이 강하다. ▶気が抜ける ① 김새다. ② 특유의 맛[향]이

없어지다. ▶気が張る 긴장하다. ▶気が引ける 주눅이 들다. ▶気が触れる 미치다. 발광하다. ▶気が回る 세심한 곳까지 주의가 미치다. ▶気が向く 마음이 내키다. ▶気に入る 마음에 들다. ▶気にかなう 마음에 걸리다. ▶気に食わない 마음에 들지 않다. ▶気に障る 거슬리다. ▶気にする 마음에 두다. ▶気に留める 유념하다. ▶気になる 걱정이 되다. 신경이 쓰이다. ▶気に病む 끙끙 앓다. ▶気を落とす 낙담하다. ▶気を配る 배려하다. ▶気を抜く ①긴장을 풀다. ②건성건성으로 하다. ▶気を引く 마음을 끌다. ▶気を揉む 애태우다. ▶気を許す 방심하다. ▶気を悪くする 기분을 상하게 하다.

き【期】 기(期). ∥青年期 청년기.

き【忌】 ❶기일(忌日). ∥1周忌 일주기. ❷상중(喪中).

き【機】 ❶기회(機會). ∥機を失う 기회를 잃다 ❷〔飛行機を数える単位〕…기. ∥5 機編隊 오 기 편대.

ギア〔gear〕 기어. ∥ギアを入れる 기어를 넣다.

きあい【気合い】 ❶기합(氣合). ∥気合いを入れる 기합을 넣다. ❷호흡(呼吸). ∥気合いが合う 호흡이 맞다.

きあけ【忌明け】 탈상(脫喪).

きあつ【気圧】 기압(氣壓). ∥気圧の谷 기압골.

きあん【起案】 (<i>する</i>) 기안(起案).

ぎあん【議案】 의안(議案).

きい【奇異】 ダ 기이(奇異)하다. ∥奇異な感じを与える 기이한 느낌을 주다.

キー〔key〕 ❶〔ピアノなどの〕키. ❷〔鍵〕 열쇠.

キイチゴ【木苺】 산(山)딸기.

きいと【生糸】 생사(生絲).

キーボード〔keyboard〕 키보드.

キーホルダー〔key+holder 日〕 열쇠고리.

きいろ【黄色】 노랑; 노란색.

きいろい【黄色い】 노랗다. ∥黄色いチューリップ 노란 튤립. イチョウの葉が黄色く色づいた 은행잎이 노랗게 물들었다.

キーワード〔key word〕 키워드.

きいん【起因】 (<i>する</i>) 기인(起因). ∥国境問題に起因する紛争 국경 문제에 기인하는 분쟁.

ぎいん【議員】 의원(議員). ∥国会議員 국회의원.

ぎいん【議院】 의원(議院). ◆議院内閣制 의원내각제.

キウイ〔kiwi〕 키위.

きうん【気運】 기운(氣運).

きうん【機運】 기운(機運); 시기(時期). ∥改革の機運が熟する 개혁 기운이 무르익다.

きえ【帰依】 (<i>する</i>) 귀의(歸依). ∥仏道に帰依する 불도에 귀의하다.

きえい【気鋭】 기예(氣銳). ∥新進気鋭の作家 신진 기예 작가.

きえいる【消え入る】 꺼져 들어가다. ∥消え入るような声で助けを求める 기어 들어가는 목소리로 도움을 청하다.

きえうせる【消え失せる】 없어지다; 사라지다; 꺼지다. ∥重要書類が消え失せた 중요 서류가 없어졌다. とっとと消え失せろ 냉큼 꺼져라.

きえつ【喜悦】 (<i>する</i>) 희열(喜悅).

*きえる【消える】 ❶없어지다; 사라지다. ∥罪の意識が消えない 죄의식이 없어지지 않다. 憎しみが消える 미움이 없어지다. 一家4人が消えた 일가족 네 명이 사라졌다. ❷지워지다. ∥よく消える消しゴム 잘 지워지는 지우개. ❸꺼지다. ∥蛍光灯が消える 형광등이 꺼지다. ❹녹다. ∥山の雪が消える 산의 눈이 녹다.

きえん【気炎】 기염(氣焰). ∥気炎を上げる 기염을 토하다.

ぎえん【義援】 의연(義援). ◆義援金 의연금.

きおい【気負い】 의욕(意欲); 열의(熱意). ∥気負いばかりで実力が伴わない 의욕뿐이고 실력이 따라 주지 않다.

きおいたつ【気負い立つ】 분발(奮發)하다; 힘내다.

きおう【既往】 기왕(既往).

きおう【気負う】 분발(奮發)하다; 힘내다.

*きおく【記憶】 (<i>する</i>) 기억(記憶). ∥昔の記憶がよみがえる 옛날 기억이 살아나다. 記憶が薄らぐ 기억이 희미해지다. 記憶にない 기억에 없다. ◆記憶力 기억력.

きおくれ【気後れ】 기후(氣後)하다 죽다. ∥大勢の観衆の前で気後れする 수많은 관중 앞에서 기가 죽다.

きおち【気落ち】 (<i>する</i>) 낙심하다. 낙담하다. エラーで気落ちした投手 에러에 낙심한 투수.

きおん【気温】 기온(氣溫). ∥気温が下がる 기온이 내려가다. 気温が高い 기온이 높다. 平均気温 평균 기온.

ぎおん【擬音】 의성(擬聲); 의음(擬音). ◆擬音語 의성어.

きか【気化】 (<i>する</i>) 기화(氣化). ◆気化熱 기화열.

きか【帰化】 (<i>する</i>) 귀화(歸化). ∥日本に帰化する 일본에 귀화하다.

きか【幾何】 기하(幾何). ◆幾何学 기하학.

きか【貴下】 귀하(貴下).

きが【飢餓】 기아(飢餓). ◆飢餓状態 기아 상태.

ぎが【戯画】 희화(戲畫).

ギガ〔giga〕 기가.

きかい【奇怪】 ダ 기괴(奇怪)하다. ∥奇怪な現象 기괴한 현상.

きかい【器械】 기계(器械). ◆観測器械 관측 기계. 器械体操 기계 체조.
*きかい【機械】 기계(機械). ◆絶好の機会だ 절호의 기회다. 機会を逸する 기회를 놓치다. ◆機会均等 기회 균등.
きかい【機械】 기계(機械). ‖彼は機械に強いその人は 기계에 강하다. この機械は故障している 이 기계는 고장 나 있다. ◆工作機械 공작 기계. 精密機械 정밀 기계. 機械化 (る하) 기계화. 機械的 기계적. 英単語を機械的に覚える 영어 단어를 기계적으로 외우다.
きかい【気塊】 기괴(氣塊).
きがい【危害】 위해(危害).
*きかい【議会】 의회(議會). ‖議会を解散する 의회를 해산하다. ◆議会政治 의회 정치. 議会主義 의회주의.
きがえ【着替え】 옷을 갈아입힘; 갈아입을 옷. ‖家で着替えをしてくる 집에서 옷을 갈아입고 오다.
きがえる【着替える】 옷을 갈아입다.
きがかり【気掛かり】 ‖気がかりだ 마음에 걸리다. 気がかりなこと 마음에 걸리는 일.
きかきゅうすう【幾何級数】 기하급수 (幾何級數).
きかく【企画】 기획(企劃). ‖新製品を企画する 신제품을 기획하다. ◆企画力 기획력.
きかく【規格】 규격(規格). ‖規格に合わせる 규격에 맞추다. ◆規格判 규격판. 規格品 규격품.
きがく【器楽】 기악(器樂).
きかくか【規格化】 (る하) 규격화(規格化). ‖製品を規格化する 제품을 규격화하다.
きかざる【着飾る】 차려입다.
きかせる【聞かせる】 ❶ 들려주다. ‖歌を聞かせる 노래를 들려주다. ❷ 〈話や歌がうまく〉듣게 되다. ❸ 彼の話はなかなか聞かせるな 그 사람 이야기는 너무 재미있어서 듣게 된다.
きがね【気兼ね】 ‖気兼ねする 신경을 쓰다.
きがまえ【気構え】 마음가짐; 각오(覺悟).
きがる【気軽】 ガ 부담(負擔)이 없이; 가볍다. ‖気軽な人 부담스럽지 않은 사람. 気軽に受け入れる 부담 없이 받아들이다.
きかん【気管】 기관(氣管). ◆気管支 기관지.
きかん【季刊】 계간(季刊). ◆季刊誌 계간지.
きかん【帰還】 (る하) 귀환(歸還). ‖スペースシャトルが無事地球に帰還した 스페이스 셔틀이 무사히 지구로 귀환했다.
きかん【基幹】 기간(基幹). ◆基幹産業 기간 산업.
きかん【期間】 기간(期間). ◆有効期間 유효 기간.
きかん【器官】 기관(器官). ◆消化器官 소화기 기관.
*きかん【機関】 기관(機關). ◆教育機関 교육 기관. 執行機関 집행 기관. 報道機関 보도 기관. 機関士 기관사, 機関車 기관차. 機関銃 기관총.
きがん【祈願】 기원(祈願).
ぎかん【義眼】 의안(義眼).
きかんぼう【聞かん坊】 말을 잘 안 듣는 아이.
きき【危機】 위기(危機). ‖危機を脱する 위기에서 벗어나다. 危機に瀕する 위기에 처하다. 重大な危機に直面する 중대한 위기에 처하다. ▶危機一髪 위기일발. 危機一髪のところを救い出された 위기일발의 순간에 구출되다. ◆危機意識 위기의식. 危機感 위기감. 危機管理 위기관리.
きき【器機】 기기(器機). ◆教育機器 교육 기기.
ききいれる【聞き入れる】 들어주다. ‖要求を聞き入れる 요구를 들어주다.
ききおとす【聞き落とす】 못 듣다. ‖肝心なことを聞き落とした 중요한 것을 못 들었다.
ききおぼえ【聞き覚え】 들은 기억(記憶)이 있는 것; 들어 본 적이 있는 것. ‖聞き覚えのあるメロディー 들은 적이 있는 멜로디.
ききかえす【聞き返す】 ❶ 반복(反復)해서 듣다. ‖録音を聞き返す 녹음한 것을 반복해서 듣다. ❷ 되묻다. ‖不明な点を聞き返す 불확실한 점을 되묻다.
ききかじる【聞き齧る】 주워듣다. ‖聞きかじった知識 주워들은 지식.
ききぐるしい【聞き苦しい】 ❶ 잘 안 들리다. ‖雑音が入って聞き苦しい 잡음이 들어가 잘 안 들리다. ❷ 듣기 거북하다. ‖自慢しい中傷 듣기 거북한 중상모략.
ききこむ【聞き込む】 탐문(探問)하다.
ききじょうず【聞き上手】 말을 잘 들어 주는 것[사람].
ききすごす【聞き過ごす】 흘려듣다. ‖聞き過ごすことのできない話 흘려들을 수 없는 이야기.
ききだす【聞き出す】 알아내다.
ききちがい【聞き違い】 잘못 들음.
ききちがえる【聞き違える】 잘못 듣다. ‖場所を聞き違える 장소를 잘못 듣다.
ききつける【聞き付ける】 ❶ 우연히 듣게 되다. ‖うわさを聞きつける 우연히 소문을 듣게 되다. ❷ 소리를 듣고 알아내다. ‖騒ぎを聞きつけて人が集まる 소란스러운 소리를 듣고 사람들이 모여들다.
ききづらい【聞き辛い】 ❶ 잘 안 들리다. ‖声が小さくて聞きづらい 목소리가 작아서 잘 안 들리다. ❷ 듣기 거북하다. ‖嫌な噂話は聞きづらい 안 좋은 소문 이야기는 듣기 거북하다.

문은 듣기 거북하다.
ききて【聞き手】 청중(聽衆); 듣는 쪽.
ききとる【聞き取る・聴き取る】 ❶ 알아듣다. ∥雜音がひどくてよく聞き取れない 잡음이 심해서 알아들을 수가 없다. ❷ 자세히 이해(理解)하다; 청취(聽取)하다. ❸ 관계者からその時の様子を聽き取る 관계자한테서 그때의 상황을 자세하게 듣다.
ききながす【聞き流す】 흘려듣다. ∥他人事と聞き流す 남의 일이라고 흘려듣다.
ききにくい【聞き難い】 ❶ 잘 안 들리다. ∥声が小さくて聞きにくい 목소리가 작아서 잘 안 들리다. ❷ 【聽き苦しい】듣기 거북하다. ∥人の悪口は聞きにくい 다른 사람의 험담은 듣기 거북하다. ❸ 질문(質問)하기 어렵다. ∥難しい人なので気軽に聞きにくい 까다로운 사람이라 편하게 질문을 못하다.
ききのがす【聞き逃す】 미처 못 듣다. ∥電車のアナウンスを聞き逃す 지하철 안내 방송을 미처 못 듣다.
ききほれる【聞き惚れる】 도취(陶醉)되어 듣다. ∥彼女の歌声に聞き惚れる 그녀의 노랫소리에 도취되어 듣다.
ききまちがい【聞き間違い】 잘못 들음; 잘못 이해(理解)함.
ききめ【効き目】 효과(效果); 효능(效能), 효험(效驗); 약효(藥效). ∥効き目の早い薬 효과가 빠른 약.
ききもらす【聞き漏らす】 못 듣다. ∥肝心な点を聞き漏らした 중요한 점을 못 들었다.
ききゃく【棄却】 (송ハ) 기각(棄却). ∥動議を棄却する 동의를 기각하다.
ききゅう【気球】 기구(氣球).
ききょう【帰郷】 (송ハ) 귀향(歸鄕).
キキョウ【桔梗】 도라지.
*****ぎぎょう**【企業】 기업(企業). ◆大企業 대기업, 多国籍企業 다국적 기업, 中小企業 중소기업, 零細企業 영세 기업.
ききょう【起業】 (송ハ) 기업(起業).
ききょうしん【義侠心】 의협(義俠)심; 의협심(義俠心).
ぎきょうだい【義兄弟】 의형제(義兄弟).
ぎきょく【戯曲】 희곡(戯曲).
ききわけ【聞き分け】 말귀를 알아들음. ∥聞き分けのいい子 말귀를 잘 알아듣는 아이.
ききわける【聞き分ける】 ❶ 듣고 구별(區別)하다. ∥音程を聞き分ける 음정을 구별하다. ❷ 납득(納得)하다; 이해(理解)하다.
ききん【飢饉】 기근(飢饉). ◆水飢饉 물기근.
ききん【寄金】 기금(寄金). ∥政治寄金 정치 기금.
ききん【基金】 기금(基金). ∥育英事業の基金 육영 사업 기금.
ききんぞく【貴金属】 귀금속(貴金屬).

◆貴金属店 귀금속점.
きく【効く・利く】 ❶ (效果・效能が) 잘 듣다. ∥薬がよく効く 약이 잘 듣다. ❷ (機能・能力などが) 충분(充分)히 발휘(發揮)되다. ∥鼻がきく 냄새를 잘 맡다. ❸ 기능(機能)하다. ∥つけのきく店 외상이 가능한 가게.
*****きく**【聞く・聽く】 ❶ (音を)듣다. ∥雨の音を聞く 빗소리를 듣다. 音楽を聽く 음악을 듣다. 私の話を最後まで聞きなさい 내 이야기를 끝까지 들어라. ❷ 〔從う〕듣다; 받아들이다. ∥親の言うことなどちっとも聞かない 부모가 하는 말을 전혀 안 듣다. ❸ 〔尋ねる〕물어보다. ∥名前を聞く 이름을 물어보다. ❹ (においを)맡다; 감상(鑑賞)하다. ∥香をきく 향기를 맡다. ◆聞くは一時の恥 聞かぬは一生の恥 묻는 것은 한때의 수치, 모르는 것은 일생의 수치. ❺ 聞く耳を持たない 다른 사람의 의견은 듣지도 않다.
キク【菊】 국화(菊花). ∥菊の節句 중양절(重陽節).
きぐ【器具】 기구(器具). ◆電気器具 전기 기구.
ぎくしゃく 〔動作や言動が〕어색하게. ∥ぎくしゃくした関係 어색한 관계.
きくばり【気配り】 (송ハ) 배려(配慮). ∥気配りのできる人 배려할 줄 아는 사람.
キクラゲ【木耳】 목이(木耳)버섯.
ぎくり 〔驚く様子を〕흠칫. ∥弱点をつかれてぎくりとした 약점을 찔려 흠칫 놀랐다.
きぐるみ【着包み】 안에 사람이 들어가는 인형(人形).
きぐろう【気苦労】 (송ハ) 걱정; 근심; 마음고생(苦生). ∥気苦労が多い 마음고생이 심하다.
きけい【奇形】 기형(畸形).
きげき【喜劇】 희극(喜劇).
きけつ【帰結】 (송ハ) 귀결(歸結). ∥当然の結果に帰結する 당연한 결론으로 귀결되다.
きけつ【既決】 (송ハ) 기결(既決). ◆既決事項 기결 사항.
ぎけつ【議決】 (송ハ) 의결(議決). ◆議決権 의결권.
*****きけん**【危険】 위험(危險). ∥危険を避ける 위험을 피하다. 危険な仕事 위험한 일. 危険が伴う 위험이 따르다.
きけん【棄権】 기권(棄權).
きげん【紀元】 기원(紀元). ∥紀元前 기원전.
きげん【起源・起原】 기원(起源). ∥人類の起源 인류의 기원.
*****きげん**【期限】 기한(期限); 기간(期間). ∥期限が過ぎる 기한이 지나다. レポートの提出期限 리포트 제출 기한. ◆支払い期限 지불 기한, 有効期限 유효 기간.
*****きげん**【機嫌】 ❶ 기분(気分); 비위.

‖機嫌が悪い 기분이 나쁘다. 機嫌をとる 비위를 맞추다. ご機嫌だね 기분이 좋아 보이네. ❷ 안부(安否); 근황(近況). ‖ご機嫌を伺う 안부를 여쭙다.

きこう【気孔】기공(氣孔).
きこう【気功】기공(氣功).
きこう【気候】기후(氣候). ◆温帯気候 온대 기후. 海洋性気候 해양성 기후.
きこう【気行】기행(奇行).
きこう【紀行】기행(紀行). ◆紀行文 기행문.
きこう【帰港】(⦅する⦆) 귀항(歸港).
きこう【起工】(⦅する⦆) 기공(起工); 착공(着工). ‖起工式 기공식.
きこう【寄稿】(⦅する⦆) 기고(寄稿). ‖雑誌に寄稿する 잡지에 기고하다.
きこう【機構】기구(機構). ◆機構改革 기구 개혁. 北大西洋条約機構 북대서양 조약 기구(NATO).
ごこう【記号】기호(記號). ◆化学記号 화학 기호. 論理記号 논리 기호.
ぎこう【技工】기공(技工). ‖歯科技工士 치과 기공사.
ぎこう【技巧】기교(技巧). ‖技巧をこらす 기교를 부리다.
きこうし【貴公子】귀공자(貴公子).
きこえ【聞こえ】❶ 들림. ‖電話の聞こえが悪い 전화가 잘 안 들리다. ❷ 소문(所聞); 평판(評判). ‖名医の聞こえが高い 명의로서의 평판이 자자하다.
***きこえる**【聞こえる】❶ 들리다. ‖雷鳴が聞こえる 천둥소리가 들리다. ‖聞こえなくなる 귀가 들리지 않게 되다. ❷ 〔伝わる〕귀에 들어가다. ‖悪いうわさが親にまで聞こえる 나쁜 소문이 부모 귀에까지 들어가다. ❸ (…のように)들리다. ‖皮肉に聞こえる 비꼬는 것처럼 들리다.
きこく【帰国】(⦅する⦆) 귀국(歸國). ‖帰国の途につく 귀국 길에 오르다.
きごこち【着心地】착용감(着用感).
きごころ【気心】기질(氣質). ‖気心の知れた間柄 속속들이 아는 사이.
ぎこちない (動作や言葉が)어색(語塞)하다; 부자연(不自然)스럽다. ‖ぎこちない手つき 어색한 손놀림.
きこつ【気骨】기골(氣骨).
きこなす【着こなす】(服)을 옷을 어울리게 입다.
きこむ【着込む】껴입다. ‖着込んできたのでちっとも寒くありません 껴입고 와서 춥지 않습니다.
きこり【樵】나무꾼.
きこん【既婚】기혼(既婚). ◆既婚者 기혼자.
きさい【鬼才】귀재(鬼才).
きさい【記載】(⦅する⦆) 기재(記載). ‖記載漏れ 기재 누락.
きざい【機材】기재(機材).
ぎざぎざ ❶ 톱니 모양(模樣). ‖ぎざぎざのある葉 끝이 톱니 모양의 잎. ❷〔副詞的に〕삐쭉삐쭉. ‖ぎざぎざした稜線 삐쭉삐쭉한 능선.
きさく【気さく】⦅ナ⦆(性格が)시원시원하다; 싹싹하다. ‖気さくな人柄に好意を持つ 싹싹한 성격에 호의를 갖다.
きざし【兆し】조짐(兆朕); 징후(徵候). ‖成功の兆しが見える 성공할 조짐이 보이다.
きさま【貴様】⦅目下の人に⦆너.
きざみ【刻み】❶ 새김. ❷ 木材に刻みを入れる 목재에 새겨 넣다. ❸ … 마다. ‖10 分刻みで計算する 십 분마다 계산하다.
きざみつける【刻み付ける】새기다. ‖石碑に句を刻みつける 비석에 문구를 새기다. 師の言葉を胸に刻みつける 스승의 말씀을 가슴속에 새기다.
きざむ【刻む】❶ 잘게 썰다. ‖ネギを刻む 파를 잘게 썰다. ❷ 조각(彫刻)하다. ‖仏像を刻む 불상을 조각하다.
きし【岸】물가. ‖川岸 강가.
きし【棋士】기사(棋士).
きし【騎士】기사(騎士).
きじ【生地】❶ 천성(天性); 본성(本性). ‖生地が出る 본성이 나오다. ❷ 〔布地〕천; 원단(原緞). ❸ (小麦粉などの)반죽.
***きじ**【記事】기사(記事). ‖その事故については昨日の新聞に記事が出ている 그 사고에 대해서는 어제 신문에 기사가 나와 있다. 事実無根の記事 사실무근의 기사. ◆新聞記事 신문 기사.
キジ【雉・雉子】꿩.
ぎし【技師】기사(技師).
ぎし【義歯】틀니.
ぎし【擬死】(動物の)의사(擬死).
ぎし【疑似】의사(擬似). ◆疑似コレラ 의사 콜레라. 疑似体験 의사 체험.
ぎじ【議事】의사(議事). ◆議事録 의사록. 議事進行 의사 진행.
きしかいせい【起死回生】기사회생(起死回生). ‖起死回生のホームラン 기사회생의 홈런.
ぎしき【儀式】의식(儀式). ‖儀式を行なう 의식을 치르다.
ぎしぎし ❶ [きしむ音] 삐걱삐걱. ‖踏むとぎしぎしと鳴る床板 밟으면 삐걱삐걱 소리가 나는 마룻바닥. ❷ 〔隙間がない様子〕꽉; 빽빽이.
きじく【基軸】기축(基軸). ◆基軸通貨 기축 통화. 国際 통화.
きしつ【気質】기질(氣質). ‖激しい気質 과격한 기질.
きじつ【忌日】기일(忌日).
きじつ【期日】기일(期日). ‖期日が迫ってくる 기일이 다가오다. 期日に遅れる 기일에 늦다.
きしどう【騎士道】기사도(騎士道). ◆騎士道精神 기사도 정신.

ぎじどう【議事堂】 의사당(議事堂). ◆国会議事事堂 국회 의사당.

きしむ【軋む】 삐걱거리다. ‖戸がきしむ 문이 삐걱거리다.

きしゃ【汽車】 기차(汽車).

きしゃ【記者】 기자(記者). ◆新聞記者 신문 기자. 事件記者 사건 기자. 記者クラブ 기자 클럽.

きしゅ【旗手】 기수(旗手). ‖反対運動の旗手 반대 운동의 기수.

きしゅ【機種】 기종(機種).

きしゅ【騎手】 기수(騎手).

きじゅ【喜寿】 희수(喜壽) 칠십칠 세 (七十七歳).

きしゅう【奇襲】 ⑤한 기습(奇襲). ‖背後から奇襲する 뒤에서 기습하다.

きじゅうき【起重機】 기중기(起重機).

きしゅくしゃ【寄宿舎】 기숙사(寄宿舍).

きじゅつ【記述】 ⑤한 기술(記述). ‖事実をありのままに述する 사실을 있는 대로 기술하다.

***ぎじゅつ**【技術】 기술(技術). ‖日本は高度な造船技術を誇っている 일본은 고도의 조선 기술을 자랑하고 있다. 先端技術を導入する 첨단 기술을 도입하다. ◆運転技術 운전 기술. 技術援助 기술 원조. 技術提携 기술 제휴. 技術的 기술적. 技術的な問題 기술적인 문제.

きじゅん【基準·規準】 기준(基準). ‖採点の基準 채점 기준. 判断の基準 판단 기준.

きしょう【気性】 천성(天性). ‖気性の激しい人 천성이 과격한 사람.

***きしょう**【気象】 기상(氣象). ◆気象観測 기상 관측. 気象衛星 기상 위성. 気象警報 기상 경보. 気象台 기상대. 気象庁 기상청. 気象予報士 기상 예보관.

きしょう【希少·稀少】 희소(稀少). ◆希少価値 희소가치.

きしょう【起床】 ⑤한 기상(起床). ‖6時に起床する 여섯 시에 기상하다.

きじょう【気丈】ダ (気持ちが)다부지다; 씩씩하다; 당차다. ‖何があっても気丈にふるまう 무슨 일이 있어도 당차게 행동하다.

きじょう【机上】 탁상(卓上). ◆机上の空論 탁상공론.

ぎしょう【偽証】 ⑤한 위증(僞證).

きしょうてんけつ【起承転結】 기승전결 (起承轉結).

きしょく【気色】 안색(顔色). 눈치. ‖気色をうかがう 눈치를 보다. ▶気色が悪い 안색이 안 좋다.

きしょく【喜色】 희색(喜色). ‖喜色満面だ 희색이 만면하다.

キシリトール【xylitol】 자일리톨.

きしる【軋る】 삐걱거리다.

きしん【鬼神】 귀신(鬼神).

きじん【奇人】 기인(奇人).

きじん【貴人】 귀인(貴人).

ぎしん【疑心】 의심(疑心). ‖疑心をいだく 의심을 품다. ▶疑心暗鬼 의심하기 시작하면 별것 아닌 것까지 의심을 하게 됨.

ぎじん【擬人】 의인(擬人). ◆擬人化 의인화. 擬人法 의인법.

キス【鱚】 보리멸.

キス【kiss】 ⑤한 키스.

きず【傷】 ❶ 상처(傷處). ‖傷がうずく 상처가 쑤시다. 心の傷 마음의 상처. ❷ 결점(缺點); 흠(欠); 티. ‖口が軽いのが傷で 입이 가벼운 것이 흠이다. 経歴に傷がつき 경력에 흠이 생기다. ▶玉にきず 옥에 티. ◆傷跡 상흔, 흉터.

きすう【奇数】 홀수.

きすう【基数】 기수(基數).

ぎすぎす ❶(やせている様子)‖ぎすぎすした体 비쩍 마른 몸. ❷(とげとげしく愛想のない様子)‖ぎすぎす(と)した態度 무뚝뚝한 태도. ❸(ゆとりがなく堅苦しい様子)‖ぎすぎす(と)した人間関係 빡빡한 인간관계.

きずく【築く】 쌓다; 쌓아 올리다. ‖堤防を築く 제방을 쌓다.

きずぐち【傷口】 상처(傷處); 결점(缺點). ‖傷口がふさがる 상처가 아물다.

きずつく【傷付く】 상처(傷處)를 입다; 흠이 생기다. ‖家具が傷つく 가구에 흠이 생기다.

きずつける【傷付ける】 상처(傷處)를 입히다; 상처를 주다; 흠(欠)을 내다. ‖童心を傷付ける 어린 마음에 상처를 주다.

きずな【絆】 인연(因緣). ‖絆を断ち切る 인연을 끊다.

きする【帰する】 귀착(歸着)되다; 돌아가다. ‖水泡に帰する 수포로 돌아가다. ▶帰する所 결국.

きする【期する】 ❶ 기(期)하다. ‖午前1時を期して攻撃を開始する 오전 한 시를 기하여 공격을 개시하다. ❷ 각오 (覺悟)하다; 다짐하다. ‖必勝を期する 필승을 다짐하다. ❸ 기대(期待)하다. ‖再会を期する 재회를 기대하다.

きせい【気勢】 기세(氣勢).

きせい【帰省】 ⑤한 귀성(歸省). ◆帰省ラッシュ 귀성 러시.

きせい【既成】 기성(既成). 기정(既定). ‖既成の事実 기정 사실.

きせい【既製】 기성(既製). ◆既製服 기성복.

きせい【寄生】 ⑤한 기생(寄生). ◆寄生虫 기생충.

きせい【規制】 ⑤한 규제(規制). ◆規制緩和 규제 완화.

***きせい**【犠牲】 희생; 희생물(犠牲物). ‖青春を犠牲にする 청춘을 희생하다. 戦争の犠牲となる 전쟁의 희생물이 되다. 自己犠牲 자기희생. ◆犠牲者 희

생자. 犧牲的 희생적. 犧牲フライ (野球で) 희생 플라이.
ぎせい【擬声】의성(擬聲). ◆擬声語 의성어.
きせき【奇跡・奇蹟】기적(奇跡). ‖奇跡の生還 기적적인 생환. 奇跡が起こる 기적이 일어나다. 奇跡的に 기적적으로.
きせき【軌跡】궤적(軌跡). ‖軌跡をたどる 궤적을 더듬다.
ぎせき【議席】의석(議席). ‖議席を失う 의석을 잃다.
*きせつ【季節】계절(季節); 철. ‖季節が変わる 계절이 바뀌다. 行楽の季節 행락철. 季節の変わり目 환절기. ◆季節商品 계절상품. 季節風 계절풍.
きぜつ【気絶】(する)기절(氣絶).
ぎぜつ【義絶】(する)의절(義絶).
きせる【着せる】❶ 입히다. ‖晴れ着を着せる 때때옷을 입히다. ❷ 씌우다; 덮어씌우다. ‖罪を着せる 죄를 덮어씌우다.
キセル【煙管】담뱃대.
きぜわしい【気忙しい】 어수선하다. ‖気忙しい年の暮れ 어수선한 연말.
きせん【汽船】기선(汽船).
きせん【基線】기선(基線).
きせん【貴賤】귀천(貴賤). ‖職業に貴賤なし 직업에 귀천 없다.
きせん【機先】기선(機先). ‖機先を制する기선을 제압하다.
きぜん【毅然】의연(毅然). ‖毅然たる態度 의연한 태도.
ぎぜん【偽善】위선(僞善). ◆偽善者 위선자.
きそ【起訴】(する)기소(起訴). ◆起訴猶予 기소 유예.
*きそ【基礎】기초(基礎). ‖基礎を固める 기초를 다지다. あの建物は基礎がしっかりしている 저 건물은 기초가 튼튼하다. 英語を基礎から勉強し直す 영어를 기초부터 배우다. ◆基礎工事 기초 공사. 基礎体温 기초 체온. 基礎代謝 기초 대사.
きそう【奇想】기상(奇想). ◆奇想天外 기상천외.
きそう【帰巣】귀소(歸巢). ◆帰巣本能 귀소 본능.
きそう【起草】(する)기초(起草). ‖草案を起草する 초안을 기초하다.
きそう【基層】기층(基層).
きそう【競う】경쟁(競爭)하다; 겨루다. ‖伎倆を競う 기량을 겨루다.
きぞう【寄贈】(する)기증(寄贈).
ぎそう【偽装】(する)위장(僞裝).
ぎぞう【偽造】(する)위조(僞造). ◆偽造紙幣 위조 지폐. 文書偽造 문서 위조.
*きそく【規則】규칙(規則). ‖規則を守る 규칙을 지키다. 規則正しい生活 규칙적인 생활. ◆規則的 규칙적. 規則的に変化する 규칙적으로 변화하다.
きぞく【帰属】(する)귀속(歸屬). ◆帰属意識 귀속 의식.
きぞく【貴族】귀족(貴族).
ぎそく【義足】의족(義足).
きそん【既存】기존(既存). ‖既存の設備 기존 설비.
きた【北】북(北). ‖北側 북쪽. 北向きの家 북향집.
ギター【guitar】기타. ‖ギターを弾く 기타를 치다.
きたい【気体】기체(氣體).
*きたい【期待】(する)기대(期待). ‖いい結果を期待する 좋은 결과를 기대하다. 期待以上の成果を挙げる 기대 이상의 성과를 올리다. 期待に応える 기대에 부응하다.
きたい【機体】기체(機體).
きたい【擬態】의태(擬態). ◆擬態語 의태어.
ぎだい【議題】의제(議題). ‖議題に上る 의제로 오르다.
きたえあげる【鍛え上げる】 충분(充分)히 단련(鍛鍊)하다; 키우다. ‖一人前の選手に鍛え上げる 제대로 된 선수로 키우다.
きたえる【鍛える】 벼리다; 단련(鍛鍊)하다. ‖刀を鍛える 칼을 벼리다. 技を鍛える 기술을 단련하다.
きたかいきせん【北回帰線】 북회귀선(北回歸線).
きたかぜ【北風】 북풍(北風); 삭풍(朔風).
きたく【帰宅】(する)귀가(歸家). ‖帰宅時間 귀가 시간.
きたけ【着丈】(服の)기장.
きたす【来す】 가져오다; 초래(招來)하다. ‖支障を来す 지장을 초래하다.
きだて【気立て】 기질(氣質); 마음씨. ‖気立てのよい子 마음씨가 고운 아이.
*きたない【汚い】 ❶ 더럽다; 지저분하다. ‖汚い手 지저분한 손. 汚い部屋 지저분한 방. ❷ 조악(粗惡)하다; 난잡(亂雜)하다. ‖字が汚い 줄필이다. ❸ 비겁(卑怯)하다. ‖汚いやり方 비겁한 방법.
きたならしい【汚らしい】더럽다; 지저분하다. ‖泥だらけの汚らしいズボン 흙투성이의 지저분한 바지.
きたはんきゅう【北半球】북반구(北半球).
ギタリスト【guitarist】기타리스트.
きたる【来る】오는; 이번. ‖来る5日 오는 오일.
きたん【忌憚】기탄(忌憚). ‖忌憚なく言う 기탄없이 말하다.
きだん【気団】기단(氣團). ‖シベリア気団 시베리아 기단.
きち【吉】길(吉); 길한 운세(運勢).
きち【既知】기지(既知); 이미 앎. ‖既知の事実 이미 아는 사실.
きち【基地】기지(基地). ‖米軍基地 미

군 기지.
きち【機知】기지(機智). 위트. ∥機知に富んだ会話 기지가 넘치는 대화.
きちきち ❶꽉; 빼곡히. ∥箱へきちきちに詰め込む 상자에 빼곡히 넣다. ❷〔余裕のない様子〕간신(艱辛)히; 겨우. ∥時間きちきちにやってきた 겨우 시간에 맞춰 왔다. ❸〔正確な様子〕정확(正確)하게. ∥きちきち(と)仕事を片付ける 정확하게 일을 처리하다.
きちじつ【吉日】길일(吉日).
きちゃく【帰着】(する) 귀착(帰着).
きちゅう【忌中】기중(忌中); 상중(喪中).
きちょう【記帳】(する) 기장(記帳).
きちょう【基調】기조(基調). ∥基調演説 기조연설. 黒を基調とした服装 까만색을 기조로 한 복장.
きちょう【貴重】▷ 貴中(貴重)하다. 貴重な体験 귀중한 체험. ◆**貴重品** 귀중품.
きちょう【機長】기장(機長).
ぎちょう【議長】의장(議長).
きちょうめん【几帳面】꼼꼼하다. ∥几帳面な性格 꼼꼼한 성격.
きちんと ❶깔끔히; 말끔히. ∥机の中をきちんとする 책상 안을 깔끔하게 하다. ❷정확(正確)하게; 틀림없이. ∥定刻にきちんと集まる 정확하게 정각에 모이다.
きつい 〔余裕がなくて〕갑갑하다. ∥きつい靴 꼭 끼는 구두. ❷힘들다; 엄(厳)하다. ∥きつい仕事 힘든 일. ❸〔気〕가 세다; 표독(慓毒)하다. ∥きつい性格 기가 센 성격. きつい目つき 표독한 눈매.
きつえん【喫煙】(する) 끽연(喫煙); 흡연(吸煙). ◆**喫煙室** 끽연실.
きづかい【気遣い】염려(念慮). ∥お気遣い, ありがとうございます 염려해 주셔서 감사합니다.
きづかう【気遣う】염려(念慮)하다; 걱정하다. ∥夫の安否を気遣う 남편의 안부를 걱정하다.
きっかけ【切っ掛け】기회(機會); 계기(契機). ∥ひょんなきっかけで友人となる 의외의 일을 계기로 친구가 되다.
きっかり ❶딱; 정확(正確)히. ∥きっかり千円です 딱 천 엔입니다. ❷〔確実〕딱; 분명(分明)히. ∥輪郭がきっかり(と)浮かび上がる 윤곽이 뚜렷이 떠오르다.
きっきょう【吉凶】길흉(吉凶). ∥吉凶を占う 길흉을 점치다.
キック【kick】킥. ∥キックオフ (サッカーで)킥오프. キックボクシング 킥복싱.
きづく【気付く】❶알아차리다; 눈치채다. ∥誤りに気づく 잘못을 눈치채다. ❷〔意識が戻る〕정신(精神)이 들다.
ぎっくりごし【ぎっくり腰】급성 요통(急性腰痛).
きつけ【着付け】 바르게 입는 것; 바르게 입히는 것.
きっこう【拮抗】길항(拮抗).
きっこう【亀甲】❶귀갑(亀甲). ❷귀갑문양(亀甲紋樣).
きっさてん【喫茶店】카페; 커피숍; 찻집; 다방(茶房).
ぎっしり 빼곡히; 빽빽이. ∥リュックにぎっしり荷物を入れる 배낭에 짐을 빽빽이 넣다.
キッズ【kids】어린아이.
きっすい【生っ粹】순수(純粹); 아무것도 섞이지 않은 것. ∥生粋の江戸っ子 동경 토박이.
きっすい【吃水・喫水】❶〔喫水〕배가 떠 있을 때, 수면(水面)에서 배 바닥까지의 거리(距離).
きっする【喫する】〔よくないことを〕당하다; 입다. ∥惨敗を喫する 참패를 당하다.
きっそう【吉相】길상(吉相).
きっちょう【吉兆】길조(吉兆).
きっちり ❶딱; 정확(正確)히. ∥きっちり千円しかない 딱 천 엔밖에 없다. ❷꼭; 빈틈없이. ∥戸をきっちり(と)閉める 문을 꼭 닫다.
キッチン【kitchen】부엌.
キツツキ【啄木鳥】딱따구리.
きって【切手】우표(郵票). ∥切手を貼る 우표를 붙이다. 記念切手 기념우표.
-きっての【切っての】···가운데 제일(第一). ∥町内切っての物知り 마을에서 제일 똑똑한 사람.
きっと ❶〔きびしく〕무섭게; 엄하게. ∥きっとにらむ 무섭게 노려보다. ❷〔屹度〕〔確かに〕꼭; 틀림없이; 분명히; 반드시. ∥明日はきっと晴れる 내일은 분명히 맑을 것이다.
キツネ【狐】여우. ∥狐の嫁入り 여우비. ◆**きつねうどん** 유부우동. きつねそば 유부국수. 狐火 도깨비불.
きっぱり〔確切〕하게. きっぱり(と)断る 확실하게 거절하다.
・きっぷ【切符】❶표(票). 티켓. ∥切符売り場 표 파는 곳. コンサート切符 콘서트 티켓. 往復切符 왕복 표. ❷자격(資格); 권리(權利). ∥決勝進出の切符を手にする 결승 진출권을 손에 넣다.
きふう【吉報】길보(吉報).
きづまり【気詰まり】 거북함; 답답함. ∥あの人と一緒にいると気詰まりだ 저 사람과 같이 있으면 거북하다.
きてい【既定】기정(既定). ∥既定の方針 기정 방침.
きてい【規定】(する) 규정(規定). ∥規定に従う 규정에 따르다.
きてい【規程】규정(規程). ∥事務規程 사무 규정.
きてい【基底】기저(基底). ∥ダムの基

部 댐의 기저부. この運動の基底となる思想 이 운동의 기저에 있는 사상.

ぎてい【議定】(을한) 의정(議定). ◆議定書 의정서.

きてき【汽笛】기적(汽笛). ‖汽笛を鳴らす 기적을 울리다.

きてん【起点】기점(起点).

きてん【基点】기점(基点).

きてん【機転】재치(才致); 순발력(瞬發力). ‖機転が利く 재치가 있다, 機転を利かせる 순발력을 발휘하다.

きと【企図】기도(企図); 계획(計劃).

きと【帰途】귀로(歸路). ‖帰途につく 귀로에 오르다.

きどあいらく【喜怒哀楽】희로애락(喜怒哀樂).

きとう【祈禱】기도(祈禱). ‖祈禱をささげる 기도를 드리다.

きとう【亀頭】귀두(龜頭).

きどう【気道】기도(氣道).

きどう【軌道】궤도(軌道). ‖軌道に乗る 궤도에 오르다.

きどう【起動】기동(起動). ‖パソコンを起動する コンピュータ 기동하다.

きどう【機動】기동(機動). ◆機動作戦 기동 작전, 機動隊 기동대, 機動力 기동력.

きとく【危篤】위독(危篤). ‖危篤状態 위독한 상태.

きとく【奇特】ダ 기특(奇特)하다. ‖奇特な人 기특한 사람.

きとくけん【既得権】기득권(既得權).

きどり【気取り】❶ 거드름. ‖気取り屋 거드름을 피우는 사람. ❷ …인 체함(行世). ❸ …행세(行世).

きどる【気取る】❶ 거드름을 피우다; 잘난 체하다; 거들먹거리다. ‖気取って歩く 거들먹거리며 걷다. ❷ …인 체하다; …행세(行世)를 하다. ‖スターを気取る スタ 행세를 하다.

きない【機内】기내(機內). ◆機内食 기내식.

きなこ【黄な粉】콩고물; 콩가루.

きにち【忌日】기일(忌日); 제삿날.

きにゅう【記入】기입(記入). ‖名簿に名前を記入する 명부에 이름을 기입하다.

きぬ【絹】비단(緋緞); 견직물(絹織物). ◆絹糸 명주실, 絹織物 견직물.

きぬ【衣】 옷; 의복(衣服). ‖絹をまとう 옷을 걸치다.

きぬ【砧】 다듬잇돌. ‖絹を打つ 다듬이질을 하다.

きぬ【杵】 절굿공이.

ギネスブック【Guinness Book】 기네스북.

*きねん【記念】기념(記念). ◆卒業を記念して木を植える 졸업을 기념해서 나무를 심다. 記念の行事 기념 행사. ◆記念切手 기념 우표, 記念写真 기념 사진, 記念碑 기념비.

きのう【昨日】어제. ‖昨日は朝から雨が降った 어제는 아침부터 비가 왔다. 昨日の午後 어제 오후. 昨日の新聞 어제 신문. ◆昨日今日 어제오늘, 최근(最近).

きのう【帰納】(을한) 귀납(歸納).

きのう【機能】기능(機能). ‖運動機能 운동 기능, 胃の機能が衰える 위의 기능이 떨어지다.

*きのう【技能】기능(技能). ◆技能工 기능공, 技能士 기능사, 技能オリンピック 기능 올림픽.

きのえ【甲】갑(甲).

キノコ【茸】버섯.

きのと【乙】을(乙).

*きのどく【気の毒】❶ 딱하다; 불쌍하다. ‖気の毒を身の上だ 처지가 딱하다. ❷ 미안(未安)하다. ‖気の毒なことをした 미안한 짓을 했다.

きのぼり【木登り】‖木登りをする 나무에 오르다.

きのみ【木の実】나무 열매.

きのみきのまま【着の身着の儘】걸친 옷만으로.

きのめ【木の芽】❶ 나무의 싹. ❷ 〔山椒の芽〕산초(山椒) 나무의 싹.

きのり【気乗り】마음이 내킴; 흥미(興味)가 있음. ‖気乗りがしない 마음이 내키지 않다.

きば【牙】송곳니.

きば【騎馬】기마(騎馬). ◆騎馬戦 기마전, 騎馬隊 기마대.

きはく【気迫】기백(氣魄). ‖相手の気迫に押される 상대방 기백에 눌리다.

きはく【希薄】ダ 희박(稀薄)하다. ‖高度が増すと空気が希薄になる 고도가 높아지면 공기가 희박해진다.

きばく【起爆】기폭(起爆). ◆起爆剤 기폭제, 経済活性化の起爆剤となるか 경제 활성화의 기폭제가 될 것인가?

きはずかしい【気恥ずかしい】 멋쩍다; 쑥스럽다. ‖こんなことで表彰されるとは何とても気恥ずかしい 이런 일로 상을 받다니 쩍지 쑥스럽다.

きはつ【揮発】휘발(揮發). ◆揮発性 휘발성, 揮発油 휘발유.

きばつ【奇抜】ダ 기발(奇拔)하다. ‖奇抜なアイデア 기발한 아이디어.

きばむ【黄ばむ】 누래지다; 누렇게 되다. ‖黄ばんだハンカチ 누래진 손수건.

きばらし【気晴らし】 기분전환(氣分轉換). ‖気晴らしに散歩する 기분 전환으로 산책을 하다.

きばる【気張る】 ❶ 〔いきむ〕배에 힘을 주다. ❷ 〔奮発する〕분발(奮發)하다; 힘을 내다.

きはん【規範】규범(規範). ‖社会規範 사회 규범.

きばん【基盤】기반(基盤). ‖会社の基盤を固める 회사의 기반을 다지다.

きひ【忌避】(을한) 기피(忌避). ‖兵役を

忌避할 병역을 기피하다.
キビ【黍·稷】수수; 기장.
きびき【忌引き】(肉親) 상(喪)을 당해 회사(會社)나 학교(學校)를 쉬는 것.
きびきび 활발(活潑)하게; 활기(活氣)차게. ‖きびきびと仕事する 활기차게 일하다.
きびしい【厳しい】 ❶ 엄격(嚴格)하다; 엄하다. 規律が厳しい 계율이 엄격하다. ❷ 심(甚)하다. 残暑が厳しい 늦더위가 심하다.
きびす【踵】뒤꿈치. ▸踵を返す[めぐらす] 발길을 돌리다.
きびだんご【黍団子】수수경단(瓊團).
きひん【気品】기품(氣品). ‖気品のある顔立ち 기품 있는 얼굴.
きひん【貴賓】귀빈(貴賓). ◆貴賓室 귀빈실. 貴賓席 귀빈석.
きびん【機敏】ダ 기민(機敏)하다. ‖機敏な動き 기민한 움직임.
きふ【寄付】(名自) 기부(寄附). ◆寄付金 기부금.
きふ【棋譜】기보(棋譜).
ぎふ【義父】양부(養父); 계부(繼父); [妻の父]장인(丈人).
きふう【気風】기풍(氣風).
きふく【起伏】기복(起伏). ‖なだらかに起伏する高原 완만한 기복이 있는 고원. 感情の起伏が激しい 감정의 기복이 심하다.
きふじん【貴婦人】귀부인(貴婦人).
きぶつ【器物】기물(器物). ◆器物破損 기물 파손.
ギフト【gift】선물(膳物). ◆ギフトカード 상품권. ギフトショップ 선물 가게.
きぶん【気分】기분(氣分). ‖遊びに行く気分ではない 놀러 갈 기분이 아니다. 気分を壊される 기분이 나빠지다. ◆新婚気分 신혼 기분. 気分転換 기분 전환. 気分屋 변덕쟁이.
きへい【騎兵】기병(騎兵).
きべん【詭弁】궤변(詭辯). ‖詭弁を弄(る)する 궤변을 늘어놓다.
きぼ【規模】규모(規模). ‖規模の大きなイベント 규모가 큰 이벤트. ◆大規模 대규모.
ぎぼ【義母】양모(養母); 계모(繼母); [妻の母]장모(丈母).
きほう【気泡】기포(氣泡).
*きぼう【希望】(名他) 희망(希望). ◆希望を失う 희망을 잃다. 将来の希望 장래에 대한 희망. 希望を持って生きていく 희망을 가지고 살아가다. 彼の希望通りにしてあげたい 그 사람의 희망대로 해 주고 싶다. ◆希望的観測 희망적 관측.
ぎほう【技法】기법(技法).
きほん【基本】기본(基本). ‖基本を身につける 기본을 몸에 익히다. 他人を尊重するのが集団生活の基本です 타인을 존중하는 것이 집단생활의 기본입니다. 政策の基本 정책의 기본. 基本料金 기본요금. 基本方針 기본 방침. ◆基本給 기본급. 基本的 기본적. 基本的には君の意見に賛成だ 기본적으로는 네 의견에 찬성한다.
きまえ【気前】돈 씀씀이. ‖気前がいい 돈을 잘 쓰다.
きまぐれ【気紛れ】변덕(變德); 변덕스러움; 一時の気まぐれ 한때의 변덕. 気まぐれな天気 변덕스러운 날씨.
きまじめ【生真面目】ダ 고지식할 정도(程度)로 성실(誠實)하다.
きまずい【気まずい】어색(語塞)하다; 찜찜하다. ‖気まずい雰囲気 어색한 분위기.
きまつ【期末】기말(期末). ◆期末テスト 기말 시험.
きまって【決まって】반드시; 항상(恒常). ‖食事の後、決まってタバコを吸う 식사가 끝나면 반드시 담배를 피운다.
きまま【気儘】ダ 마음대로 함; 제멋대로임. ‖気ままな生活 마음대로 하는 생활.
*きまり【決まり】❶ 규칙(規則); 률. 決まりを守る 규칙을 지키다. ❷ 결말(結末); 결론(結論). ‖決まりをつける 결말을 내다. ❸ [お決まり]언제나 같은 것. ‖決まり文句 항상 하는 말.
きまりきった【決まり切った】❶ [明白な]명백(明白)한; 당연(當然)한. ❷ [決まりきった事実, 形]뻔한. ❸ [型どおりの]항상(恒常) 같은; 틀에 박힌. ‖決まりきった挨拶 틀에 박힌 인사.
きまる【決まる】❶ 결정(決定)되다; 정해지다. ‖旅行の日程が決まる 여행 일정이 정해지다. 決まった時間に家を出る 정해진 시간에 집을 나서다. ❷ 생각대로 되다. ❸ […に決まっているの形で]반드시 … 하다. ‖彼女は来ないに決まっている 그녀는 반드시 오지 않는다. ❹ [格好がつく] ‖今日は決まってるね 오늘은 옷이 잘 어울리네.
ぎまん【欺瞞】(名他) 기만(欺瞞).
きみ【君】너; [君の]네. ‖君も一緒に来ないかね 너도 같이 안 올래?
きみ【黄身】노른자.
きみ【気味】❶ 기미(氣味). ‖気味の悪い話 기분이 나쁜 이야기. ❷ 경향(傾向); 기미(氣味). ‖高血圧の気味がある 고혈압 기미가 있다. 気味だ 기미가 하다.
-ぎみ【気味】경향(傾向); 기미(氣味); 기운. ‖風邪気味 감기 기운. 疲れ気味で簡単に疲困해지다.
きみじか【気短】ダ 성질(性質)이 급하다.
きみょう【気明】기말(氣節).
きみつ【機密】기밀(機密). ◆機密書類 기밀 서류.

きみどり【黄緑】 황록색(黄緑色).

きみょう【奇妙】ダ 기묘(奇妙)하다. ‖奇妙な風習 기묘한 풍습.

*きむ【義務】의무(義務). ‖義務を果す 의무를 다하다. 納税の義務 납세의 의무. 義務教育制度 의무 교육 제도.

きむずかしい【気難しい】 까다롭다. ‖気難しい人 까다로운 사람.

きむすめ【生娘】 처녀(處女).

キムチ 김치. ‖白菜キムチ 배추김치. ネギキムチ 파김치.

きめ【木目】❶나뭇결. ❷〔肌・ものの〕결. ‖きめの細かな肌 고운 피부. ❸마음 씀씀이. ‖きめの細かい配慮 세심한 배려.

きめい【記名】〈る・他〉기명(記名). ◆記名投票 기명 투표.

ぎめい【偽名】 가명(假名).

きめこむ【決め込む】❶〔思い込む〕그런 줄로 믿다. ‖合格するものと決め込んでいる 합격하는 것으로 믿고 있다. ❷〔それらしくふるまう〕그런 줄로 알고 행동(行動)하다. ‖秀才を決め込む 수재인 양하다. ❸그렇게 하기로 작정(作定)하다. ‖ねこばばを決め込む 가로채기로 작정하다.

きめつける【決め付ける】 단정(断定)하다. ‖頭から犯人だと決めつける 처음부터 범인으로 단정하다.

きめて【決め手】 최종 판단(最終判斷)의 근거(根據). ‖決め手となる証拠 결정적인 증거.

*きめる【決める】❶정하다; 결정(決定)하다; 결정짓다; 결심(決心)하다. ‖日程を決める 일정을 정하다. 活動方針を決める 활동 방침을 정하다. 委員を選挙で決める 위원을 선거로 결정하다. 優勝を決めた一番 우승을 결정한 판. 行くことに決めた 가기로 결심하다. ❷〔習慣として〕…하고 있다. ‖私は日曜日は仕事をしないことに決めている 나는 일요일은 일을 하지 않는 것으로 하고 있다.

きも【肝】❶〔肝臓〕간; 간장(肝臟). ❷〔度胸〕담력(膽力). ‖肝が据わっている 담력이 있다. ‖肝が太い 간이 크다. 〔慣〕‖肝に銘じる 명심하다. アドバイスを肝に銘じる 충고를 명심하다. ‖肝をつぶす 심하게 놀라다. ‖肝を冷やす 간담이 서늘해지다.

きもだめし【肝試し】 담력 시험(膽力試驗); 담력 대결(膽力對決).

*きもち【気持】❶기분(氣分). ‖気持ちのいい朝 기분이 좋은 아침. 気持ち悪い物音 기분 나쁜 소리. 気持ちよく眠る気持ち 좋게 잠들다. 食べ過ぎて気持ちが悪い 많이 먹어서 속이 안 좋다. ❷〔思い〕생각; 마음. ‖気持ちが変わるような私の気持ちが分からない 그 사람 마음을 모르겠다. 不安な気持ちをいだく 마음이 불안하다. 軽い気持ちでこの仕事を引き受けた 가벼운 마음으로 이 일을 맡았다. ❸〔少し〕조금. ‖気持ち左へ寄ってください 조금 왼쪽으로 붙으세요.

きもったま【肝っ玉】 용기(勇氣); 담력(膽力). ‖肝っ玉が太い 간이 크다.

きもの【着物】 기모노.

きもん【鬼門】❶〔方角〕귀신(鬼神)이 드나드는 방향(方向); 동북(東北)쪽. ❷〔苦手〕껄끄러운 상대(相對)나 일.

*ぎもん【疑問】의문(疑問). ‖疑問をいだく 의문을 갖다. 成功するかどうか疑問だ 성공할 수 있을지 의문이다. 彼の言葉が本当かどうか疑問である 그 사람의 말이 진짜인지 아닌지 의문이다. 開催が疑問視されている 개최가 의문시되고 있다. ◆疑問詞 의문사. 疑問符物品表(?). 疑問文 의문문.

きゃあ 꺅. ‖きゃあ,助けて! 꺅. 살려 주세요!

きゃあきゃあ ❶〔悲鳴〕아악. ‖きゃあきゃあと悲鳴を上げる 아악 하고 비명을 지르다. ❷〔子どものはしゃぐ声〕‖きゃあきゃあ(と)言いながら走る声を지르며 뛰어가다.

ぎゃあぎゃあ 와글와글; 왁자지껄.

きゃく【客】❶손님. ‖客を迎える 손님을 맞이하다. ❷〔道具・器などを数える単位〕…개(個). ‖お椀 5 客 그릇 다섯 개.

-**きゃく**【脚】〔脚の付いている道具を数える単位〕…개(個). ‖椅子 3 脚 의자 세 개.

きやく【規約】 규약(規約).

*ぎゃく【逆】역(逆); 반대(反對); 거꾸로 됨. ❶順序を逆にした 순서를 반대로 하다. 逆の方向に 반대방향으로. 逆に 반대로.

ギャグ【gag】개그.

きゃくあし【客足】손님; 손님의 수(數). ‖客足が遠のく 손님이 뜸해지다.

きゃくいん【客員】 객원(客員). ◆客員教授 객원 교수.

ぎゃくいき【逆息き】‖逆切れする 혼날 입장(立場)의 사람이 오히려 화를 내다.

ぎゃくこうか【逆效果】역효과(逆效果).

ぎゃくさつ【虐殺】〈る・他〉학살(虐殺).

ぎゃくさん【逆算】역산(逆算).

きゃくしつ【客室】객실(客室).

きゃくしゃ【客車】객차(客車).

ぎゃくしゅう【逆襲】역습(逆襲).

ぎゃくじょう【逆上】‖逆上する 발끈하여 격앙되다.

きゃくしょく【脚色】〈る・他〉각색(脚色). ‖伝説を芝居に脚色する 전설을 연극으로 각색하다.

きゃくせき【客席】객석(客席).

ぎゃくせつ【逆説】역설(逆説).

ぎゃくせつ【逆接】역접(逆接).

きゃくせん【客船】객선(客船).

きゃくせん【脚線美】 각선미(脚線美).
きゃくたい【客体】 객체(客體).
ぎゃくたい【虐待】 학대(虐待). ‖児童虐待 아동 학대.
きゃくちゅう【脚注】 각주(脚注).
ぎゃくてん【逆転】 (宮ハ) 역전(逆轉). ‖形勢が逆転する 형세가 역전되다.
きゃくひき【客引き】 (宮ハ)〔行為〕호객(呼客)〔人〕호객꾼.
ぎゃくふう【逆風】 역풍(逆風).
きゃくほん【脚本】 각본(脚本). ◆脚本家 각본가.
ぎゃくもどり【逆戻り】 ‖逆戻りする 되돌아가다.
ぎゃくゆしゅつ【逆輸出】 (宮ハ) 역수출(逆輸出).
ぎゃくゆにゅう【逆輸入】 (宮ハ) 역수입(逆輸入).
ぎゃくりゅう【逆流】 (宮ハ) 역류(逆流). ‖海水が川に逆流する 바닷물이 강으로 역류하다.
ギャザー【gather】 주름. ‖ギャザーを寄せる 주름을 잡다. ◆ギャザースカート 주름치마.
きゃしゃ【奢者】 ❶ 날씬하고 기품(氣品)이 있다. ‖きゃしゃな体つき 날씬하고 기품이 있는 몸매. ❷ 약하다; 허술하다. ‖きゃしゃなつくりの椅子 허술하게 만들어진 의자.
キャスター【caster】 캐스터.
キャスティングボート 【casting vote】 캐스팅 보트.
きやすめ【気休め】 일시적(一時的)인 안심(安心); 일시적으로 안심을 주는 말이나 행동(行動). ‖気休めを言う 위안의 말을 하다.
きたつ【脚立】 접는 사다리.
きゃっか【却下】 (宮ハ) 기각(棄却). ‖保釈の請求が却下される 보석 청구가 기각되다.
きゃっかん【客観】 객관(客觀). ◆客観性 객관성. 客観的 객관적. 客観的な立場 객관적인 입장. 自分を客観的に見るのは難しい 자기를 객관적으로 보는 것은 어렵다.
ぎゃっこう【逆光】 역광(逆光). ‖逆光を浴びる 역광을 받다.
ぎゃっこう【逆行】 (宮ハ) 역행(逆行). ‖時代に逆行する 시대에 역행한다.
*キャッシュ【cash】 현금(現金). ‖キャッシュで払う 현금으로 지불하다. ◆キャッシュカード 현금 카드.
キャッチ【catch】 (宮ハ) 선전(宣傳). ◆キャッチコピー 선전 문구. キャッチフレーズ 캐치프레이즈. キャッチボール 캐치볼. キャッチホン 대기 중 통화.

キャッチャー【catcher】 (野球で)캐처; 포수(捕手).
キャップ【cap】 뚜껑. ‖ボールペンのキャップ 볼펜 뚜껑.
ギャップ【gap】 갭. ‖ギャップを埋める 갭을 메꾸다. ジェネレーションギャップ 제너레이션 갭.
キャディー【caddie】 (ゴルフで)캐디.
キャバレー【cabaret 프】 카바레.
キャビア【caviar】 캐비어.
キャビネット【cabinet】 캐비닛.
キャベツ【cabbage】 양배추.
キャミソール【camisole】 캐미솔.
キャラリンティー【guarantee】 개런티.
キャラバン【caravan】 ❶ 사막(沙漠)의 대상(隊商). ❷ 선전(宣傳)을 위해 각지(各地)를 도는 것.
キャラメル【caramel】 캐러멜.
キャリア【career】 경력(經歷); 경험(經驗). ❷ 엘리트 공무원(公務員).
ギャロップ【gallop】 갤럽.
キャロル【carol】 캐럴. ‖クリスマスキャロル 크리스마스캐럴.
ギャング【gang】 갱.
キャンセル【cancel】 (宮ハ) 취소(取消). ‖航空券をキャンセルする 항공권을 취소하다.
キャンドル【candle】 캔들.
キャンバス【canvas】 캔버스.
キャンパス【campus】 캠퍼스.
キャンピングカー 【camping+car 日】 캠핑카.
キャンプ【camp】 캠프. ‖夏には山にキャンプに行く 여름에는 산으로 캠프를 가다. 米軍のキャンプ 미군 캠프. ◆キャンプ場 캠프장. キャンプファイア 캠프파이어.
ギャンブル【gamble】 도박(賭博).
キャンペーン【campaign】 캠페인. ‖キャンペーンを張る 캠페인을 벌이다.
きゅう【旧】 구(舊). ‖旧正月 구정.
きゅう【九・9】 구(九); 아홉. ‖9ヵ月 구개월. 9人 아홉 명.
*きゅう【急】 グ 급(急)하다; 갑작스럽다. ‖急な用事 급한 일. 急な話 갑작스러운 이야기. 急に忙しくなってきた 갑자기 바빠졌다. 急ピッチ 급피치. 急ブレーキをかける 급브레이크를 밟다.
きゅう【杞憂】 기우(杞憂). ‖杞憂に過ぎない 기우에 지나지 않다.
きゅうあい【求愛】 (宮ハ) 구애(求愛).
きゅういん【吸引】 (宮ハ) 흡인(吸引). ‖吸引力 흡인력.
きゅうえん【救援】 (宮ハ) 구원(救援); 구조(救助). ‖救援物資 구호 물자.
*きゅうか【休暇】 휴가(休暇). ‖休暇を取る休暇 휴가를 받다. 長期休暇 장기 휴가. 夏期休暇 여름휴가. 冬期休暇.
きゅうかく【嗅覚】 후각(嗅覚). ‖犬は嗅覚が鋭い 개는 후각이 발달되어 있다.

きゅうがく【休学】(名하) 휴학(休學).
きゅうかざん【休火山】 휴화산(休火山).
ぎゅうかわ【牛革】 쇠가죽; 소가죽.
きゅうかん【休刊】(名하) 휴간(休刊).
きゅうかん【休館】(名하) 휴관(休館). ∥臨時に休館する 임시로 휴관하다.
きゅうかんちょう【休閑地】 휴한지(休閑地).
キュウカンチョウ【九官鳥】 구관조(九官鳥).
きゅうき【吸気】 흡기(吸氣); 들숨.
きゅうぎ【球技】 구기(球技).
きゅうきゅう【汲汲】々 급급(汲汲)하다. ∥保身に汲汲とする 몸 사리기에 급급하다.
きゅうきゅう【救急】 구급(救急). ◆救急救命士 구급 구명원. 救急車 구급차. 앰뷸런스. 救急病院 응급 병원. 救急箱 구급상자.
ぎゅうぎゅう ❶〔詰め込む様子〕꽉꽉; 꼭꼭. ∥ぎゅうぎゅう押し込む 꽉꽉 눌러 넣다. ぎゅうぎゅう縛る 꽉꽉 묶다. ❷〔苦しい様子〕∥ぎゅうぎゅう絞られる 호되게 당하다.
きゅうきょ【急遽】 급거(急遽); 갑자기. ∥急遽帰国する 갑자기 귀국하다.
きゅうきょう【旧教】 구교(舊敎).
きゅうぎょう【休業】(名하) 휴업(休業).
きゅうきょく【究極】 궁극(窮極). ∥究極の目的 궁극적 목적.
*きゅうくつ【窮屈】 꽉 끼다; 답답하다; 여유(餘裕)가 없다. ∥ズボンが窮屈になる 바지가 꽉 끼다. 規則に縛られて窮屈だ 규칙에 얽매여 답답하다. 窮屈な暮らし 여유가 없는 생활.
*きゅうけい【休憩】(名하) 휴게(休憩); 휴식(休息); 잠시 분간휴게하다. ◆ 5 分間休憩する 5 분간 쉬게하다. 休憩を取る 휴식을 취하다. 休憩所 휴게소.
きゅうけい【求刑】(名하) 구형(求刑).
きゅうけい【球形】 구형(球形).
きゅうげき【急激】 급격(急激)하다. ∥急激な変化 급격한 변화. 事態は急激に悪化した 사태는 급격히 악화되었다.
きゅうけつき【吸血鬼】 흡혈귀(吸血鬼).
きゅうご【救護】 구호(救護). ∥救護施設 구호 시설.
きゅうこう【旧交】 구교(舊交). ∥旧交を温める 옛 정을 새로이 하다.
きゅうこう【休校】 휴교(休校).
きゅうこう【休講】 휴강(休講).
*きゅうこう【急行】 급행(急行); 급히 달려감. ∥6時に出発する新宿行き急行 여섯 시에 출발하는 신주쿠행 급행. 現場に急行する 현장으로 급히 달려가다.
きゅうごう【糾合】(名하) 규합(糾合). ∥同志を糾合する 동지를 규합하다.
きゅうこうか【急降下】 급강하(急降下).

きゅうこく【救国】 구국(救國). ∥救国の士 구국지사.
きゅうこん【求婚】(名하) 구혼(求婚).
きゅうこん【球根】 구근(球根).
きゅうさい【救済】(名하) 구제(救濟). ∥難民を救済する 난민을 구제하다.
きゅうし【九死】 ∥九死に一生を得る 구사일생으로 살아나다.
きゅうし【休止】(名하) 휴지(休止); 중지(中止). ◆休止符 쉼표.
きゅうし【急死】(名하) 급사(急死). ∥心不全で急死する 심부전으로 급사하다.
きゅうじ【給仕】 급사(給仕).
きゅうしき【旧式】 구식(舊式). ∥旧式な車 구식 차.
きゅうしつ【吸湿】 흡습(吸濕). ∥吸湿剤 흡습제.
きゅうじつ【休日】 휴일(休日). ∥休日はよくドライブに行きます 휴일에는 자주 드라이브를 합니다.
ぎゅうしゃ【牛舎】 외양간.
きゅうしゅう【九州】 규슈.
きゅうしゅう【旧習】 구습(舊習).
きゅうしゅう【吸収】(名하) 흡수(吸收). ∥土地が水を吸収する 토지가 물을 흡수하다. 知識を吸収する 지식을 흡수하다.
きゅうしゅう【急襲】(名하) 급습(急襲). ∥敵を急襲する 적을 급습하다.
きゅうしゅつ【救出】(名하) 구출(救出). ∥遭難者を救出する 조난자를 구출하다.
きゅうじゅつ【弓術】 궁술(弓術); 궁도(弓道).
きゅうしょ【急所】 급소(急所). ∥急所をついた質問 급소를 찌른 질문.
*きゅうじょ【救助】(名하) 구조(救助). ∥溺れた子を救助する 물에 빠진 아이를 구조하다. 救助信号 구조 신호. ◆救助隊 구조대. 救助袋 구조대.
きゅうじょう【球状】 구상(球狀).
きゅうじょう【球場】 구장(球場).
きゅうじょう【旧正月】 구정(舊正月).
きゅうじょうしょう【急上昇】 급상승(急上昇). ∥株価が急上昇する 주가가 급상승하다.
きゅうしょく【休職】(名하) 휴직(休職).
きゅうしょく【求職】(名하) 구직(求職). ◆求職活動 구직 활동.
きゅうしょく【給食】 급식(給食). ◆学校給食 학교 급식.
ぎゅうじる【牛耳る】 좌지우지(左之右之)하다; 지배(支配)하다. ∥党の活動を牛耳る 당 활동을 좌지우지하다.
きゅうしん【休診】 휴진(休診).
きゅうしん【求心】 구심(求心). ◆求心力 구심력.
きゅうじん【求人】 구인(求人). ◆求人情報誌 구인 정보지.
きゅうしんてき【急進的】 급진적(急進的). ∥急進的な思想 급진적인 사상.

きゅうす【急須】 찻주전자(茶酒煎子).
きゅうすい【給水】 급수(給水). ‖断水地区に給水する 단수 지구에 급수하다.
きゅうすう【級数】 급수(級數). ◆無限級数 무한급수. 有限級数 유한급수.
きゅうする【窮する】 궁(窮)하다. ‖生活に窮する 생활이 궁하다. ▶窮すれば通ず 궁하면 통한다.(諺)
きゅうせい【急性】 급성(急性). ◆急性肺炎 급성 폐렴.
きゅうせい【旧姓】 (略解) 결혼(結婚) 등으로 성(姓)이 바뀌기 전의 성.
きゅうせい【救世】 구세(救世). ◆救世軍 구세군. 救世主 구세주.
きゅうせき【旧跡】 구적(舊跡).
きゅうせっきじだい【旧石器時代】 구석기시대(舊石器時代).
きゅうせん【休戦】 휴전(休戰). ‖休戦協定 휴전 협정.
きゅうせんぽう【急先鋒】 급선봉(急先鋒).
きゅうぞう【急造】 (する) 급조(急造). ‖急造の建物 급조한 건물.
きゅうぞう【急増】 (する) 급증(急增). ‖増する都市人口 급증하는 도시 인구.
きゅうそく【休息】 (する) 휴식(休息). ‖十分な休息を取る 충분한 휴식을 취하다. ‖君には休息が必要だ 너한테는 휴식이 필요하다.
きゅうそく【急速】 급속(急速)하다. ‖急速進歩 급속한 진보. ◆急速冷凍 급속 냉동.
きゅうだい【及第】 (する) 급제(及第), 합격(合格). ◆及第点 합격점. 커트라인.
きゅうたいりく【旧大陸】 구대륙(舊大陸).
きゅうだん【糾弾】 (する) 규탄(糾彈). ‖汚職を糾弾する 부정을 규탄하다.
きゅうだん【球団】 구단(球團).
きゅうち【窮地】 궁지(窮地). ‖窮地に追い込まれる 궁지에 몰리다.
きゅうちゃく【吸着】 흡착(吸着).
きゅうちょう【級長】 급장(級長).
きゅうていしゃ【急停車】 (する) 급정거(急停車).
きゅうてん【急転】 (する) 급전(急轉). ‖局面が急転する 국면이 급전하다.
きゅうでん【宮殿】 궁전(宮殿).
きゅうとう【急騰】 (する) 급등(急騰). ‖ガソリンの価格が急騰する 휘발유 가격이 급등하다.
きゅうとう【給湯】 급탕(給湯).
きゅうどう【弓道】 궁도(弓道).
ぎゅうにく【牛肉】 쇠고기; 소고기.
きゅうなん【救難】 구난(救難).
きゅうに【急に】 갑자기. ‖急に雨が降り出す 갑자기 비가 내리기 시작하다.
ぎゅうにゅう【牛乳】 우유(牛乳). ‖毎朝牛乳を1杯飲む 매일 아침 우유를 한 잔 마시다. ‖スーパーで牛乳を1パック買った 슈퍼에서 우유를 한 통 샀다. ◆牛乳瓶 우윳병.
きゅうはく【急迫】 (する) 급박(急迫). ‖事態が急迫する 사태가 급박하다.
キュービズム【cubism】 큐비즘.
キューピッド【Cupid】 큐피드.
きゅうびょう【急病】 급병(急病); 갑자기 앓는 병.
きゅうふ【給付】 (する) 급부(給付). ◆反対給付 반대 급부.
キューブ【cube】 큐브.
きゅうへん【急変】 (する) 급변(急變). ‖夜中に容態が急変した 밤중에 용태가 급변했다.
きゅうほう【急報】 (する) 급보(急報).
きゅうぼう【窮乏】 (する) 궁핍(窮乏).
きゅうみん【窮民】 궁민(窮民).
きゅうめい【究明】 (する) 구명(究明). ‖真相を究明する 진상을 구명하다. 原因究明 원인 구명.
きゅうめい【救命】 구명(救命). ◆救命具 구명구. 救命艇 구명정. 救命胴衣 구명동의. 救命浮標 구명부표.
きゅうやくせいしょ【旧約聖書】 구약성서(舊約聖書).
きゅうゆ【給油】 (する) 급유(給油). 기름을 넣음. ‖スタンドで車に給油する 주유소에서 차에 기름을 넣다. 給油所 급유소. 給油船 급유선.
きゅうゆう【旧友】 옛 친구(親舊); 옛날 친구.
きゅうよ【給与】 ❶ 급여(給與). ‖給与所得 급여 소득. 給与体系 급여 체계. ❷ 지급(支給). ‖制服を給与する 제복을 지급하다.
きゅうよ【窮余】 궁여(窮余). ‖窮余の一策 궁여지책.
きゅうよう【休養】 (する) 휴양(休養). ‖休養を取る 휴양을 취하다.
きゅうよう【急用】 급한 일; 급한 용무(用務). ‖急用ができた 급한 일이 생겼다.
きゅうらく【急落】 (する) 급락(急落). ‖株価が急落する 주가가 급락하다.
キュウリ【胡瓜】 오이.
きゅうりゅう【急流】 급류(急流).
きゅうりょう【丘陵】 구릉(丘陵). ◆丘陵地帯 구릉 지대.
きゅうりょう【給料】 월급(月給); 급료(給料). ‖給料が上がる 월급이 오르다. この会社は給料がいい 이 회사는 월급이 좋다. ◆給料日 월급날.
きゅっと ❶ [強く締める様子] 꽉. ‖帯をきゅっと締める 끈을 세게 묶다. ❷ [引

ぎゅっと 120

き締まった様子】 きゅっと締まった腰 すごく引き締まった腰. ❸【飲み干す様子】ぐいっ. ‖きゅっと1杯あける ぐいっと1杯飲み干す.
ぎゅっと ‖ぎゅっと掴む 強く握る.
キュロットスカート 【culotte + skirt】 치마 바지.
きよ【寄与】 (名ㆍ하) 기여(寄與). ‖医学の発展に寄与する 의학 발전에 기여하다.
きよい【清い】 맑다; 깨끗하다. ‖少女の清い瞳 소녀의 맑은 눈동자.
*きょう【今日】 오늘. ‖今日の新聞 오늘 신문. 今日は学校へ行かない 오늘은 학교에 안 간다. 大会は今日開催される 대회는 오늘 개최된다. 今日中にこの仕事を終えよう 오늘 안으로 이 일을 끝내자.
きょう【凶】 흉(凶). ◆吉凶 길흉.
きょう【興】 흥(興). ‖興に入る 흥에 겹다.
きょう【起用】 (名ㆍ하) 기용(起用). ‖ベテランを起用する ベテランを起用するベテラン을 기용하다.
きょう【器用】 ❶ 재주가 좋음; 잘함. ‖手先の器用な人 손재주가 좋은 사람. ❷ 요령(要領)이 좋음.
ぎょう【行】 행(行). ‖行を改める 행을 바꾸다. 3行削る 삼 행을 줄이다.
ぎょう【業】 업(業). ‖代々医を業とする 대대로 의사를 업으로 하다.
きょうあく【凶悪】 흉악(凶惡)하다. ‖凶悪な犯罪 흉악한 범죄.
きょうあす【今日明日】 오늘내일. ‖今日明日も知れない命 오늘내일 하는 목숨.
きょうあつ【強圧】 (名ㆍ하) 강압(強壓). ◆強圧的 강압적. 강압적인 태도.
きょうあん【教案】 교안(敎案).
きょうい【胸囲】 흉위(胸圍); 가슴둘레.
きょうい【脅威】 (名ㆍ하) 위협(威脅). ‖脅威を感じる 위협을 느끼다.
きょうい【驚異】 경이(驚異). ‖驚異の目を見張る 경이에 찬 눈빛으로 바라보다. 自然の驚異 자연의 경이. ◆驚異的 경이적. 驚異的な記録 경이적인 기록.
きょういく【教育】 (名ㆍ하) 교육(敎育). ‖子供にいい教育を受けさせる 아이에게 좋은 교육을 받게 하다. 大学教育を受ける 대학 교육을 받다. 英才教育 영재 교육. 義務教育 의무 교육. 外国語教育 외국어 교육. ◆教育委員会 교육 위원회. 教育課程 교육 과정. 教育長 교육장. 教育的 교육적. 교육적인 견지. 교육적인 내용. 教育ママ (說明) 아이 교육(敎育)에 열성인 (熱誠) 엄마.
きょういん【教員】 교원(敎員).
きょうえい【競泳】 (名ㆍ하) 경영(競泳).
きょうえき【共益】 공익(共益). ◆共益費 공익비.
きょうえん【共演】 (名ㆍ하) 공연(共演).
きょうえん【競演】 (名ㆍ하) 경연(競演).
きょうか【強化】 (名ㆍ하) 강화(強化). ‖戦力を強化する 전력을 강화하다. 空港の警備を強化する 공항의 경비를 강화하다.
きょうか【教化】 (名ㆍ하) 교화(敎化).
きょうか【教科】 교과(敎科); 과목(科目). ‖得意な教科 자신이 있는[잘하는] 과목.
きょうかい【協会】 협회(協會).
きょうかい【教会】 (名ㆍ하) 교회(敎會). ‖教会に通う 교회에 다니다.
きょうかい【境界】 경계(境界). ◆境界線 경계선.
ぎょうかい【業界】 업계(業界). ◆出版業界 출판 업계.
きょうかしょ【教科書】 교과서(敎科書). ‖英語の教科書 영어 교과서. ◆国定教科書 국정 교과서.
きょうかつ【恐喝】 (名ㆍ하) 공갈(恐喝). ‖恐喝の容疑で逮捕される 공갈 용의로 체포되다.
きょうかん【共感】 (名ㆍ하) 공감(共感). ‖彼の人生観に多くの人が共感した 그 사람의 인생관에 많은 사람이 공감했다.
ぎょうかん【行間】 행간(行間). ‖行間をあける 행간을 띄우다. 行間を読む 행간을 읽다.
きょうき【凶器】 흉기(凶器).
きょうき【狂気】 광기(狂氣).
*きょうぎ【協議】 (名ㆍ하) 협의(協議). ‖その計画はまだ協議中です 그 계획은 현재 협의 중입니다. 三者協議 삼자 협의. 協議事項 협의 사항.
きょうぎ【狭義】 협의(狹義).
きょうぎ【競技】 (名ㆍ하) 경기(競技). ◆陸上競技 육상 경기.
ぎょうぎ【行儀】 예절(禮節); 예의(禮儀). ‖行儀が悪い 예의가 없다.
きょうきゅう【供給】 (名ㆍ하) 공급(供給). ‖電力を供給する 전력을 공급하다. ◆供給源 공급원.
きょうぎゅうびょう【狂牛病】 광우병(狂牛病).
きょうぎょう【競業】 ▸戦々兢々 전전긍긍.
きょうぎょう【協業】 협업(協業).
ぎょうぎょうしい【仰仰しい】 호들갑을 떨다; 엄살을 부리다. ‖かすり傷にも仰々しく包帯を巻く 찰과상에도 엄살을 부리고 붕대를 감다.
きょうきん【胸襟】 흉금(胸襟). ◆胸襟を開く 흉금을 털어놓다. (唯)
きょうぐう【境遇】 처지(處地); 환경(環境). ‖不幸な境遇で育つ 불우한 환경에서 자라다.
きょうくん【教訓】 교훈(敎訓). ‖過去の

失敗から教訓を得る 過去の失敗から教訓を得た.
ぎょうけつ【凝結】 (名·自) 응결(凝結).
ぎょうけん【狂犬】 광견(狂犬). ◆狂犬病 광견병.
きょうけん【強健】″ 강건(強健)하다. ‖強健な体 강건한 몸.
きょうげん【狂言】 ❶[能狂言]교겐. ❷[見せかけ]연극(演劇).
きょうこ【強固】″ 강고(強固)하다. ‖強固な意志 강고한 의지.
きょうこう【凝固】 (名·自) 응고(凝固). ‖血液が凝固する 혈액이 응고하다.
きょうこう【恐慌】 공황(恐慌). ◆経済恐慌 경제 공황.
*__きょうこう__【強行】 (名·他) 강행(強行). ‖政府はその政策を強行した 정부는 그 정책을 강행했다. ◆強行軍 강행군.
きょうこう【強攻】 (名·他) 강공(強攻). ◆強攻策 강공책.
きょうこう【強硬】″ 강경(強硬)하다. ‖強硬な意見 강경한 의견.
きょうこう【教皇】 교황(教皇).
きょうごう【強豪】 강호(強豪).
きょうごう【競合】 경합(競合).
きょうこのごろ【今日此の頃】 요즘; 작금(昨今). ‖寒さ厳しい今日この頃 몹시 추운 요즘.
きょうさ【教唆】 (名·他) 교사(教唆). ◆教唆犯 교사범.
きょうさい【共済】 (名·他) 공제(共濟). ◆共済組合 공제 조합.
きょうさい【共催】 공동 주최(共同主催).
きょうざい【教材】 교재(教材). ‖教材研究 교재 연구.
きょうさいか【恐妻家】 공처가(恐妻家).
きょうさく【凶作】 흉작(凶作).
きょうさん【協賛】 협찬(協贊).
きょうさんしゅぎ【共産主義】 공산주의(共産主義).
きょうさんとう【共産党】 공산당(共産黨).
きょうし【教師】 교사(教師).
きょうじ【矜持·矜恃】 긍지(矜持).
きょうじ【教示】 교시(教示).
ぎょうし【凝視】 (名·他) 응시(凝視). ‖遠くを凝視する 먼 곳을 응시하다.
ぎょうじ【行事】 행사(行事). ◆年中行事 연중 행사.
きょうしきょく【狂詩曲】 광시곡(狂詩曲); 랩소디.
きょうしつ【教室】 교실(教室). ◆視聴覚教室 시청각 교실. 料理教室 요리 교실.
きょうしゃ【強者】 강자(強者).
ぎょうしゃ【業者】 업자(業者). ◆関係業者 관계 업자.
きょうじゃく【強弱】 강약(強弱).
*__きょうじゅ__【教授】 교수(教授). ◆大学教授 대학 교수. 名誉教授 명예 교수. 個人教授 개인 교수. 教授会 교수회. 教授 회의.
きょうじゅ【享受】 (名·他) 향수(享受); 향유(享有).
ぎょうしゅ【業種】 업종(業種).
きょうしゅう【郷愁】 향수(郷愁). ‖郷愁を覚える 향수를 느끼다.
きょうしゅう【教習】 교습(教習). ◆自動車教習所 운전 학원.
きょうしゅく【恐縮】 ‖恐縮する 몸 둘 바를 모르다. 恐縮です 송구스럽습니다. 황송합니다. 恐縮ですが, 伝言をお願いいたします 죄송합니다만, 말씀 좀 전해 주십시오.
ぎょうしゅく【凝縮】 (名·自) 응축(凝縮).
きょうじゅつ【供述】 공술(供述).
ぎょうしょ【行書】 행서(行書).
きょうしょう【協商】 (名·自) 협상(協商). ‖三国協商 삼국 협상.
きょうしょう【狭小】″ 협소(狭小)하다; 비좁다.
ぎょうしょう【行商】 행상(行商).
ぎょうじょう【行状】 행실(行實); 품행(品行). ‖行状を改める 행실을 바르게 하다.
きょうじょうしゅぎ【教条主義】 교조주의(教條主義).
きょうしょく【教職】 교직(教職). ◆教職課程 교직 과정.
きょうじる【興じる】 흥겹다.
きょうしん【狂信】 (名·他) 광신(狂信). ◆狂信的 광신적. 狂信的な態度 광신적인 태도.
きょうじん【強靱】″ 강인(強靱)하다. ‖強靱な肉体 강인한 육체.
きょうしんざい【強心剤】 강심제(強心劑).
きょうしんしょう【狭心症】 협심증(狭心症).
きょうする【供する】 ❶ 내놓다; 제공(提供)하다. ‖茶菓を供する 다과를 내놓다. ❷ 도움이 되게 하다. ‖閲覧に供する 열람에 도움이 되게 하다.
きょうせい【共生】 (名·自) 공생(共生). ‖自然と共生する 자연과 공생하다.
*__きょうせい__【強制】 (名·他) 강제(強制). ‖労働を強制する 노동을 강제하다. 強制的に連れていく 강제로 끌고 가다. ◆強制執行 강제 집행. 強制処分 강제 처분. 強制送還 강제 송환.
きょうせい【教生】 교생(教生).
きょうせい【矯正】 (名·他) 교정(矯正). ◆歯列矯正 치열 교정.
*__ぎょうせい__【行政】 행정(行政). ◆行政改革 행정 개혁. 行政機関 행정 기관. 行政権 행정권. 行政書士 행정 서사. 行政処分 행정 처분. 行政訴訟 행정 소송.
ぎょうせい【暁星】 효성(曉星).
ぎょうせき【行跡】 행적(行跡).

ぎょうせき【業績】 업적(業績). ‖新製品開発で業績を上げる 신제품 개발로 업적을 올리다.
きょうせん【胸腺】 흉선(胸腺);가슴샘.
きょうそ【教祖】 교조(敎祖).
きょうそう【強壮】 강장(強壯). ◆強壮剤 강장제.
*きょうそう【競争】 (する) 경쟁(競爭). ‖彼らは互いに競争して勉強した 그들은 서로 경쟁하며 공부했다. 激しい販売競争を繰り広げる 격렬한 판매 경쟁을 벌이다. 競争に勝つ 경쟁에 이기다. 彼とでは競争にならない 그 사람하고는 경쟁이 안 된다. ◆生存競争 생존 경쟁. 競争意識 경쟁 의식.
きょうそう【競走】 (する) 경주(競走). ‖100メートル競走 백 미터 경주.
きょうぞう【胸像】 흉상(胸像).
ぎょうそう【形相】 형상(形相). ‖恐ろしい形相 무서운 형상.
きょうそうきょく【協奏曲】 협주곡(協奏曲).
きょうそん【共存】 (する) 공존(共存). ◆共存共栄 공존공영.
きょうだ【強打】 (する) 강타(強打).
*きょうだい【兄弟】 형제(兄弟). ‖兄弟は何人ですか 형제가 몇 명이에요? 彼には兄弟はいない 그 사람은 형제가 없다. 3人兄弟 삼형제.
きょうだい【鏡台】 경대(鏡臺), 화장대(化粧臺).
きょうだい【強大】 ダ 강대(強大)하다. ‖強大な権力 강대한 권력.
きょうたん【驚嘆】 (する) 경탄(驚歎). ‖驚嘆に値する 경탄할 만하다.
きょうだん【凶弾】 흉탄(凶彈). ‖凶弾に斃(たお)れる 흉탄에 쓰러지다.
きょうだん【教団】 교단(敎團).
きょうだん【教壇】 교단(敎壇). ‖教壇に立つ 교단에 서다.
きょうち【境地】 경지(境地). ‖無我の境地 무아의 경지.
キョウチクトウ【夾竹桃】 협죽도(夾竹桃).
きょうちょ【共著】 공저(共著).
*きょうちょう【協調】 (する) 협조(協調). ‖協調性がない 협조성이 없다. ◆労使協調 노사 협조.
きょうちょう【強調】 (する) 강조(強調). ‖軍縮の必要性を強調する 군비 축소의 필요성을 강조하다. 女性らしさを強調したデザイン 여성스러움을 강조한 디자인.
*きょうつう【共通】 (する) 공통(共通). ‖2人は共通の趣味を持っている 두 사람은 공통의 취미를 갖고 있다. この記号は万国共通だ 이 기호는 만국 공통이다. 2つの事件の共通点 두 사건의 공통점. 共通の問題 공통의 문제.
きょうてい【協定】 (する) 협정(協定). ‖協定を結ぶ 협정을 맺다. 労使間の協定 노사 간의 협정.
きょうてい【競艇】 경정(競艇).
きょうてき【強敵】 강적(強敵).
きょうてん【経典】 경전(經典).
ぎょうてん【仰天】 (する) 앙천(仰天). ‖びっくり仰天する 굉장히 놀라다.
きょうてんどうち【驚天動地】 경천동지(驚天動地). ‖驚天動地の大事件 경천동지의 대사건.
きょうと【教徒】 교도(敎徒).
きょうど【郷土】 향토(鄕土). ◆郷土料理 향토 요리.
きょうど【強度】 ❶ 강도(強度). ‖材料の強度を測る 재료의 강도를 재다. ❷ 정도(程度)가 심함. ‖強度の近視 고도의 근시.
*きょうどう【共同】 (する) 공동(共同). ‖店を共同で経営する 가게를 공동으로 경영하다. 共同研究 공동 연구. ◆共同社会 공동 사회. 共同声明 공동 성명. 共同戦線 공동전선. 共同体 공동체. 共同墓地 공동묘지.
きょうどう【協同】 (する) 협동(協同). ◆産学協同 산학 협동. 協同組合 협동조합.
きょうとうほ【橋頭堡】 교두보(橋頭堡). ‖橋頭堡を築く 교두보를 구축하다.
きょうねん【享年】 향년(享年). ‖享年65歳 향년 육십오 세.
きょうは【教派】 교파(教派).
きょうばい【競売】 경매(競賣). ‖競売にかける 경매에 붙이다.
きょうはく【脅迫】 (する) 협박(脅迫). ‖脅迫して金を巻き上げる 협박해서 돈을 갈취하다. ◆脅迫電話 협박 전화.
きょうはく【強迫】 (する) 강박(強迫). ◆強迫観念 강박 관념.
きょうはん【共犯】 공범(共犯). ‖共犯者 공범자.
きょうふ【恐怖】 공포(恐怖). ‖恐怖を覚える 공포를 느끼다. 恐怖に휩싸이다 공포에 휩싸이다. ◆恐怖映画 공포 영화. 恐怖心 공포심. 高所恐怖症 고소공포증.
きょうぶ【胸部】 흉부(胸部).
きょうふう【強風】 강풍(強風).
きょうへき【胸壁】 흉벽(胸壁).
きょうべん【教鞭】 교편(敎鞭). ◆教鞭を執る 교편을 잡다. [관]
きょうぼう【共謀】 (する) 공모(共謀). ‖共謀して詐欺をはたらく 공모해서 사기를 치다.
きょうぼう【凶暴】 ダ 흉포(凶暴)하다.
きょうほん【教本】 교본(敎本). ‖スキー教本 스키 교본.
*きょうみ【興味】 흥미(興味). ‖彼は政治にしろく興味がない 그 사람은 정치에 전혀 흥미가 없다. 歴史に興味があります 역사에 흥미가 있습니다. 彼の意見

はとても興味深い. 그 사람 의견은 무척 흥미롭다. 興味本位の記事 흥미 위주의 기사. ▶興味津々 흥미진진.

きょうむ【教務】 (~する) 교무(教務). ‖教務課 교무과.

きょうめい【共鳴】 (~する) 공명(共鳴); 동감(同感).

きょうやく【協約】 (~する) 협약(協約). ‖労働協約 노동 협약.

きょうゆ【教諭】 (小中高の) 교사(教師).

きょうゆう【共有】 (~する) 공유(共有). ‖時間と空間を共有する 시간과 공간을 공유하다.

きょうゆう【享有】 (~する) 향유(享有).

きょうよ【供与】 (~する) 공여(供與).

きょうよう【共用】 (~する) 공용(共用).

きょうよう【強要】 (~する) 강요(強要). ‖寄付を強要する 기부를 강요하다.

きょうよう【教養】 교양(教養). ‖教養を身につける 교양을 몸에 익히다. 教養が深い 교양이 깊다. 教養のある人 교양이 있는 사람.

きょうらく【享楽】 (~する) 향락(享樂). ‖享楽にふける 향락에 빠지다.

きょうり【教理】 교리(教理).

きょうり【郷里】 향리(鄕里); 고향(故鄕).

きょうりきこ【強力粉】 강력분(強力粉).

きょうりゅう【恐竜】 공룡(恐龍).

きょうりょう【橋梁】 교량(橋梁).

きょうりょく【協力】 (~する) 협력(協力). ‖事業に協力する 사업에 협력하다. 私は彼と協力して問題を解決した 나는 그 사람과 협력해서 문제를 해결했다. 経済協力 경제 협력. ♦協力的 협력적.

きょうれつ【強烈】 강렬(強烈)하다. ‖強烈な印象を与える 강렬한 인상을 주다. 強烈なパンチ 강렬한 펀치.

ぎょうれつ【行列】 (~する) ❶ 행렬(行列). ‖仮装行列 가장행렬. ❷ (数学) 행렬.

きょうわ【共和】 공화(共和). ♦共和国 공화국. 共和制 공화제.

きょえい【虚栄】 허영(虛榮). ‖虚栄心 허영심.

ギョーザ【餃子】 만두. ‖水餃子 물만두. 焼き餃子 군만두.

きょか【許可】 (~する) 허가(許可). ‖許可が下りる 허가가 나오다. 営業許可が取り消される 영업 허가가 취소되다. 弟はアメリカの大学に入学 許可された 남동생은 미국의 대학에 입학 허가를 받았다. ♦許可証 허가증.

きょかい【魚介】 생선류(生鮮類)와 조개류. ♦魚介類 어패류.

きょがく【巨額】 거액(巨額). ‖巨額の資金 거액의 자금.

ぎょかく【漁獲】 (~する) 어획(漁獲). ♦漁獲量 어획량.

きょかん【巨漢】 거한(巨漢).

ぎょがんレンズ【魚眼 lens】 어안(魚眼) 렌즈.

きょぎ【虚偽】 허위(虛偽). ‖虚偽の申告 허위 신고. 虚偽の証言 허위 증언.

ぎょきょう【漁況】 어황(漁況).

ぎょぎょう【漁業】 어업(漁業). ♦漁業協同組合 어업 협동조합. 漁業権 어업권. 漁業水域 어업 수역.

きょく【曲】 곡(曲). ‖詩に曲をつける 시에 곡을 붙이다.

きょく【局】 (組織分類の) 국(局).

きょく【極】 극; 정점(頂點); 극한(極限). ‖繁栄の極に達する 번영의 극에 달하다.

きょく【玉】 옥(玉).

きょくう【極右】 극우(極右). ‖極右勢力 극우 세력.

きょくげい【曲芸】 곡예(曲藝). ♦曲芸師 곡예사.

きょくげん【局限】 (~する) 국한(局限); 한정(限定).

きょくげん【極言】 (~する) 극언(極言). ‖極言を浴びせる 극언을 하다.

きょくげん【極限】 극한(極限). ‖極限状況 극한 상황.

きょくさ【極左】 극좌(極左).

きょくしょう【極小】 극소(極小). ‖極小の生物 극소 생물.

きょくしょう【極少】 극소(極少).

ぎょくせきこんこう【玉石混交】 옥석혼효(玉石混淆).

きょくせつ【曲折】 곡절(曲折). ♦紆余曲折 우여곡절.

きょくせん【曲線】 곡선(曲線).

きょくだい【極大】 극대(極大).

きょくたん【極端】 극단(極端). ‖極端な意見 극단적인 의견. 爬虫類を極端に嫌う 파충류를 극단적으로 싫어하다.

きょくち【局地】 국지(局地). ‖局地的な大雨 국지적인 호우.

きょくち【極地】 극지(極地). ♦極地探険 극지 탐험.

きょくち【極致】 극치(極致). ‖美の極致 미의 극치.

きょくちょう【局長】 국장(局長).

きょくど【極度】 극도(極度). ‖極度の疲労 극도의 피로.

きょくとう【極東】 극동(極東).

きょくぶ【局部】 국부(局部). ♦局部照明 국부 조명. 局部麻酔 국부 마취.

きょくめん【局面】 국면(局面). ‖重大な局面を迎える 중대한 국면을 맞이하다.

きょくもく【曲目】 곡목(曲目).

ぎょぐん【魚群】 어군(魚群).

きょこう【挙行】 (する) 거행(擧行). ‖進水式を挙行する 진수식을 거행하다.
きょこう【虚構】 허구(虚構).
ぎょこう【漁港】 어항(漁港).
きょじ【虚辞】 허사(虚辭).
きょじつ【居実】 거실(居實).
きょじつ【虚実】 허실(虛實).
きょしてき【巨視的】 거시적(巨視的).
きょじゃくたいしつ【虚弱体質】 허약(虚弱)하다. ‖虚弱な体質 허약 체질.
きょしゅ【挙手】 거수(擧手).
きょしゅう【去就】 거취(去就). ‖去就が注目される 거취가 주목되다.
きょじゅう【居住】 (する) 거주(居住). ♦居住者 거주자. 居住地 거주지.
きょしゅつ【拠出】 (する) 각출(醵出).
きょしょう【巨匠】 거장(巨匠). ‖ピアノの巨匠 피아노의 거장.
ぎょじょう【漁場】 어장(漁場).
きょしょく【虚飾】 허식(虚飾). ‖虚飾に満ちた生活 허식으로 가득찬 생활.
きょしょくしょう【拒食症】 거식증(拒食症).
きょじん【巨人】 거인(巨人).
きょしんたんかい【虚心坦懐】 허심탄회(虚心坦懷).
きょせい【去勢】 거세(去勢).
きょせい【虚勢】 허세(虛勢). ‖虚勢を張る 허세를 부리다.
きょぜつ【拒絶】 (する) 거절(拒絕). ‖要求を拒絶する 요구를 거절하다.
きょぜつはんのう【拒絶反応】 거부 반응(拒否反應).
ぎょせん【漁船】 어선(漁船).
きょぞう【虚像】 허상(虚像).
ぎょそん【漁村】 어촌(漁村).
きょだい【巨大】 ダ 거대(巨大)하다. ‖巨大な岩石 거대한 암석. 巨大な都市 거대한 도시.
きょだく【許諾】 (する) 허락(許諾). ‖転載を許諾する 전재를 허락하다.
きょだつ【虚脱】 허탈(虚脱). ♦虚脱状態 허탈 상태.
きょっかい【曲解】 (する) 곡해(曲解). ‖彼は私の意図を曲解している 그 사람은 내 의도를 곡해하고 있다.
きょっけい【極刑】 극형(極刑). ‖極刑に処す 극형에 처하다.
ぎょっと 깜짝. ‖ぎょっと驚く 깜짝 놀라다.
きょてん【拠点】 거점(據點). ‖ニューヨークを拠点に活動する 뉴욕을 거점으로 활동하다.
きょとう【巨頭】 거두(巨頭). ‖両陣営の巨頭会談 양 진영의 거두 회담.
きょどう【挙動】 (する) 거동(擧動). ‖挙動が不審な男 거동이 수상한 남자.
きょときょと 두리번두리번. ‖きょときょと(と)辺りを見回す 주위를 두리번두리번하다.

きょとん 어리둥절; 멍하니. ‖いきなり名前を呼ばれてきょとんとする 갑자기 이름이 불려 어리둥절해하다.
ぎょにく【魚肉】 어육(魚肉).
きょねん【去年】 작년(昨年).
きょひ【拒否】 (する) 거부(拒否). ‖彼らは私の要求を拒否した 그들은 내 요구를 거부했다. ♦拒否権 거부권. 拒否反応 거부 반응.
きょふ【巨富】 거부(巨富).
ぎょふ【漁夫】 어부(漁夫). ▶漁夫の利 어부지리.
きょほう【巨峰】 거봉(巨峰).
きょぼく【巨木】 거목(巨木).
ぎょみん【漁民】 어민(漁民).
きょむ【虚無】 허무(虚無). ♦虚無感 허무감. 虚無主義 허무주의.
きよめる【清める・浄める】 깨끗이 하다; 정갈하게 하다. ‖身を清める 몸을 깨끗이 하다.
きょもう【虚妄】 허망(虛妄).
ぎょもう【漁網・魚網】 어망(漁網).
きょよう【許容】 (する) 허용(許容). ‖多少の誤差は許容する 다소의 오차는 허용하다.
ぎょらい【魚雷】 어뢰(魚雷).
きよらか【清らか】 ダ 깨끗하다; 맑다. ‖清らかな水 깨끗한 물.
*きょり【距離】 거리(距離). ‖家から駅まではかなりの距離がある 집에서 역까지는 상당한 거리가 있다. スーパーは歩いて5分の距離にある 슈퍼는 걸어서 오 분 거리에 있다. 距離を置く 거리를 두다. 理想と現実の距離 이상과 현실의 거리.
きょりゅう【居留】 (する) 거류(居留). ♦居留地 거류지.
きょれい【虚礼】 허례(虚禮).
ぎょろう【漁労】 어로(漁撈).
きょろきょろ 두리번두리번.
ぎょろぎょろ ‖ぎょろぎょろとにらみ回す 눈을 부릅뜨고 둘러보다.
ぎょろり ‖ぎょろりとにらむ 눈을 부라리고 노려보다.
きよわ【気弱】 ダ 기(氣)가 약(弱)하다. ‖気弱なことを言う 약한 소리를 하다.
キラー【killer】 킬러. ‖マダムキラー 마담 킬러.
*きらい【嫌い】 ❶ 싫어함; 싫음. ‖好き嫌いがない 좋고 싫음이 없다. 가리지 않다. 嫌いなもの 싫어하는 것. ❷ 좋지 않은 경향(傾向). ‖のんきすぎる嫌いがある 너무 느긋한 경향이 있다.
-ぎらい【嫌い】 …을[를] 싫어하는 사람. ‖勉強嫌い 공부를 싫어함. 食わず嫌い 먹어 보지도 않고 덮어놓고 싫어함.
きらう【嫌う】 ❶ 싫어하다. ‖家業を嫌って家を出る 가업이 싫어 집을 나가다.

②[…嫌わずの形で]안 가리다. ‖所嫌わず寝転がる 장소를 안 가리고 드러눕다.

きらきら 반짝반짝. ‖きらきら光る夜空の星 반짝반짝 빛나는 밤하늘의 별.

ぎらぎら 번질번질; 번쩍번쩍. ‖脂がぎらぎら浮いたスープ 기름이 둥둥 떠 있는 수프.

きらく【気楽】⚋ **①** 편안(便安)하다. ‖定年後, 気楽な隠居生活を送る 은퇴 한 뒤에 편안한 생활을 하다. **②**태평 (太平)하다. ‖気楽な人 태평한 사람.

きらす【切らす】다 쓰다; 떨어지다. ‖醬油を切らす 간장이 떨어지다.

きらっと 반짝. ‖目がきらっと輝いた 눈이 반짝거렸다.

ぎらっと 번쩍.

きらびやか⚋ 화려(華麗)하다. ‖きらびやかな衣裳 화려한 의상.

きらぼし【綺羅星】기라성(綺羅星). ‖有力な財界人が綺羅星のごとく並ぶ 유명한 재계 인사들이 기라성처럼 늘어서다.

きらめく【煌く】반짝이다. ‖星がきらめく 별이 반짝이다.

キリ ①최후(最後)의 것; 최저(最低)의 것. ‖ピンからキリまで 최상품에서 최하품까지.

きり【切り】**①** 단락(段落); 구간(區間). ‖切りのいいところで終わらせよう 끝맺기 적당한 곳에서 끝내자. **②** 한계(限界); 한도(限度). ‖愚痴を言い出せば切りがない 불평을 하기 시작하면 끝이 없다. **③**(演劇などの)마지막 부분(部分).

きり【錐】송곳.

きり【霧】안개. ‖辺りには濃い霧が立ち込めていた 일대에는 짙은 안개가 끼어 있었다.

キリ【桐】오동(梧桐)나무.

ぎり【義理】**①**의리(義理); 도의(道義); 도리(道理). ‖義理を欠く 의리가 없다. **②**체면(體面). ‖お義理で顔を出す 체면상 얼굴을 내밀다. **③**(姻戚関係) ‖義理の兄弟 의형제.

きりあげ【切り上げ】(通貨의) 절상(切上).

きりあげる【切り上げる】**①**마치다; 일 단락(一段落) 짓다. ‖この辺で切り上げよう 이쯤에서 마치자. **②**반(半)올림하다. ‖端数を切り上げる 끝수를 반올림하다. **③**(通貨를)절상(切上)하다.

きりうり【切り売り】‖切り売りする 잘라서 팔다.

きりえ【切り絵】〘美術〙종이를 잘라 형상(形象)을 만드는 그림.

きりおとす【切り落とす】**①**잘라 내다; 찍다. ‖余分な枝を切り落とす 여분의 가지를 잘라 내다. **②**한계(限界)를 지어서 (물을) 내려 보내다. ‖堤を切り落として水を下流に送る 제방을 터서 물을 하류에 내려 보내다.

きりかえし【切り返し】반격(反擊).

きりかえる【切り替える】바꾸다. ‖暖房を冷房に切り替える 난방을 냉방으로 바꾸다.

きりかかる【切り掛かる】‖太刀を振りかざして切りかかる 칼을 휘두르며 달려들다.

ぎりがたい【義理堅い】의리(義理)가 있다.

きりかわる【切り替わる】바뀌다. ‖新しいシステムに切り替わった 새로운 시스템으로 바뀌었다.

きりきざむ【切り刻む】잘게 썰다.

きりきり ①뱅글뱅글; 빙빙. ‖きりきりと回りながら墜落する 빙빙 돌면서 추락하다. **②**【强く巻く樣子】‖革紐をきりきりと巻きつける 가죽끈을 세게 감다. **③**【痛い樣子】‖腹がきりきりと痛か 쑤시듯 아프다.

ぎりぎり ①겨우; 간신히. ‖ぎりぎり遅刻せずに間に合った 겨우 지각하지 않고 시간에 맞췄다. **②**【力を入れる樣子】꼭꼭. ‖ぎりぎり(と)力を入れてねじ込む 힘껏 돌려 넣다. ぎりぎりと歯をいしばる 으득 이를 악물다.

キリギリス【螽蟖】여치.

きりきざむ【切り刻む】**①**무너뜨리다. ‖敵の一角を切り崩して敵の一角を무너뜨리다. **②**깎아내리다. ‖丘を切り崩して宅地にする 언덕을 깎아 내려 택지로 만들다.

きりくち【切り口】**①**절단면(切斷面). **②**자르는 곳. ‖袋の切り口 봉지 자르는 곳. **③**관점(觀點); 수법(手法). ‖別の切り口から考える 다른 관점에서 생각하다.

きりこむ【切り込む】**①**깊게 자르다. ‖V字形に切り込む V자형으로 깊이 자르다. **②**날카롭게 추궁(追窮)하다. ‖論証の不備をついて切り込む 논증의 미비한 점을 날카롭게 추궁하다.

きりさいなむ【切り苛む】 난도질하다; 찢다; 괴롭히다.

きりさく【切り裂く】베어 가르다.

きりさげ【切り下げ】(通貨의)절하(切下).

きりさげる【切り下げる】**①**잘라 내리다. **②**(通貨를)절하(切下)하다.

きりさめ【霧雨】안개비.

キリシャ【Graecia】그리스. ◆ギリシャ正教 그리스정교. ギリシャ文字 그리스 문자.

きりすてる【切り捨てる】잘라 버리다.

キリスト【Christo】〖종교〗◆キリスト教 크리스트교. 기독교.

きりだす【切り出す】**①**베어 내다. ‖山から木材を切り出す 산에서 목재를 베어 내다. **②**…기 시작(始作)하다. ‖板を切り出す 판자를 자르기 시작하다. 話を切り出す 이야기를 끄집어 내다.

きりつ【起立】〖종교〗기립(起立).

きりつ【規律】**①**규율(規律). **②**엄격한 규율 엄격한 규율. **②**질서(秩序); 규

きりつける【切り付ける】칼로 치다. ‖不意に横から切りつける 갑자기 옆에서 칼로 치다.

きりっと ❶【引き締まっている様子】‖きりっとした男らしい顔つき 반듯하게 남자답게 생긴 얼굴. ❷【さわやかで気持ちのよい様子】‖きりっとした朝の空気 기분 좋은 아침 공기.

きりつめる【切り詰める】❶ 잘라서 줄이다. ‖袖を切り詰める 소매를 줄이다. ❷ 절약(節約)하다. ‖食費を切り詰める 식비를 줄이다.

きりどおし【切り通し】산(山)을 깎아 만든 길.

きりとる【切り取る】오리다; 잘라 내다. ‖絵を切り取る 그림을 오리다.

きりぬき【切り抜き】오려 냄; 오려 낸 것. ‖新聞の切り抜き 신문의 오려 낸 기사.

きりぬく【切り抜く】오려 내다; 잘라 내다.

きりぬける【切り抜ける】(包囲網·困難な状態から) 빠져나가다; 뚫고 나가다; 벗어나다. ‖野党の追及を何とか切り抜ける 야당의 추궁에서 어떻게든 벗어나다.

きりはなす【切り離す】분리(分離)하다. ‖この問題は切り離して別途検討しよう이 문제는 분리해서 별도로 검토하자.

きりばり【切り張り】미닫이의 구멍 난 곳을 때우는 것. ‖切り張りした障子 구멍 난 곳을 때운 장지.

きりひらく【切り開く】개척(開拓)하다. ‖自らの運命を切り開く 자신의 운명을 개척하다.

きりふき【霧吹き】분무기(噴霧器); 분무기처럼 뿜는 것.

きりふせる【切り伏せる】베어 쓰러뜨리다. ‖一刀のもとに切り伏せる 단칼에 베어 쓰러뜨리다.

きりふだ【切り札】비장(祕藏)의 카드; 히든카드. ‖最後の切り札を出す 마지막 비장의 카드를 꺼내다.

きりぼし【切り干し】(大根·サツマイモなどを) 잘라서 말린 것. ‖切り干し大根 무말랭이.

きりまわす【切り回す】잘 꾸리다; 잘 처리하다. ‖店をきり回す 가게를 잘 꾸려 가다.

きりもみ【錐揉み】❶ 양손으로 송곳을 잡고 돌려 구멍을 뚫는 것. ❷ (飛行機가) 회전(回轉)하면서 강하(降下)하는 것.

きりもりする【切り盛り】잘 꾸리다; 잘 처리(處理)하다. ‖家計を巧みに切り盛りする 가계를 잘 꾸려 나가다.

きりゅう【気流】기류(氣流). ◆上昇気流 상승 기류. ジェット気流 제트 기류.

きりょう【器量】 기량(器量); 역량(力量). ‖器量がよい 역량이 뛰어나다.

ぎりょう【技量】 기량(技倆). ‖すぐれた技量 뛰어난 기량.

きりょく【気力】기력(氣力). ‖最後は気力だけで走り通した 마지막은 기력만으로 끝까지 달렸다.

きりり ❶【引き締まっている様子】‖きりりとした男振り 다부지게 남자다워 보임. ❷【ものが強く引っ張られる様子】‖帯をきりりと締める 띠를 꽉 죄다. ❸【もののきしる音】드르륵.

キリン【麒麟】기린(麒麟). ◆麒麟児 기린아.

きる【切る】❶ 자르다. ‖野菜を切る 야채를 자르다. ❷ 죽이다; 베다. ‖敵兵を切る 적병을 베다. ❸ 열다. ‖封を切る 봉투를 열다. ❹ 가르다. ‖船が波を切って進む 배가 파도를 가르고 나아가다. ❺ 끄다. ‖電源を切る 전원을 끄다. ❻ 끊다. ‖縁を切る 인연을 끊다. ❼ (水分을) 없애다. ‖洗濯物の水気をきる 빨래 물기를 없애다. ❽【下回る】모자라다. ‖千円を切る 천 엔이 안 되다. ❾ 시작(始作)하다. ‖スタートを切る 출발하다. ❿ 조종(操縱)하다. ‖右にハンドルを切る 오른쪽으로 핸들을 꺾다. ⓫【…切るの形で】…하다. ‖有り金を使いきる 있는 돈을 다 쓰다. 読み切る 다 읽다.

-きる【着る】❶ 입다. ‖シャツを着る 셔츠를 입다. パーティーに新しい服を着て行った 파티에 새 옷을 입고 갔다. 服を着たまま眠る 옷을 입은 채로 잠자다. ❷ (罪を) 뒤집어쓰다. ‖他人の罪を着る 타인의 죄를 뒤집어쓰다.

キルティング【quilting】퀼팅.

きれ【切れ】❶【칼이 드는 정도(程度)】‖ナイフの切れが鈍る 칼이 잘 안 들다. ❷【布】조각. ‖スカートの切れが余った 스커트의 천이 남았다. ❸【事象を判断·処理する】능력(能力). ‖頭の切れがいい 머리가 좋다.

きれあじ【切れ味】❶ 칼이 드는 정도(程度). ❷【批評·評論などの】날카로움. ‖切れ味のいい人物評論 날카로운 인물 평론.

-きれい【綺麗】❶ 아름답다. 예쁘다. ‖きれいな花 아름다운 꽃. きれいな景色 아름다운 경치. 彼女は声がきれいだ 그녀는 목소리가 예쁘다. 字がきれいだ 글씨가 예쁘다. ❷ 깨끗하다; 정결(淸潔)하다. ‖きれいに洗濯する 깨끗이 빨래 하다. ❸【きれいにの形で】완전(完全)히. ‖きれいに忘れる 완전히 잊다.

ぎれい【儀礼】의례(儀禮). ◆儀礼的 의례적.

きれいごと【綺麗事】‖きれいごとから言う 그럴듯한 말만 하다.

きれつ【亀裂】 균열(龜裂). ‖壁に亀裂が生じる 벽에 균열이 생기다.

きれはし【切れ端】 조각. ‖布の切れ端 천 조각.

きれめ【切れ目】 ❶갈라진 곳; 단락(段落). ‖話の切れ目 이야기의 단락. ❷(ものの)끝; 없어질 때. ‖縁の切れ目 인연의 끝.

きれもの【切れ者】 수완가(手腕家).

*****きれる**【切れる】 ❶끊어지다. ‖釣り糸が切れる 낚싯줄이 끊어지다. 電球が切れる 전구가 끊어지다. 電話が切れる 전화가 끊어지다. ❷다 쓰다; 없어지다. ‖ストックが切れる 재고가 없어지다. ❸해지다; 터지다. ‖袖口が切れる(の)満파이 해지다. ❹만기(滿期)가 되다; 기한(期限)이 되다. ‖来月で保険が切れる 다음 달로 보험이 끝난다. ❺(頭が)빠르다; 날카로운 머리가 좋다. ❻갑자기 화를 내다. ‖近年の若者は些細なことですぐ切れる 요즘 젊은이들은 사소한 일로도 금새 화를 낸다. ❼[…切れないの形で]다 못 …다. ‖全部は食べきれない 전부는 다 못 먹는다.

きろ【岐路】 기로(岐路). ‖岐路に立つ 기로에 서다.

きろ【帰路】 귀로(歸路). ‖帰路につく 귀로에 오르다.

キロ【kilo 프】 킬로. ◆キロカロリー 킬로칼로리(kcal). キログラム 킬로그램(kg). キロメートル 킬로미터(km). キロリットル 킬로리터(kl). キロワット 킬로와트(kw).

*****きろく**【記録】 [（スル）] 기록(記錄). ‖名前を記録する 이름을 기록하다. 記録を破る 기록을 깨다. 記録に残す 기록에 남기다. ◆世界記録 세계 기록.

きろくてき【記録的】 기록적. ‖記録的な降雪量 기록적인 강설량.

*****ぎろん**【議論】 [（スル）] 논의(論議), 토론(討論). ‖議論する 토론을 벌이다. ‖彼の正当性は議論の余地がない 그 사람의 정당성은 논의의 여지가 없다.

きわ【際】 가; 끝; 崖の際にある 벼랑 끝에 서다.

-きわ【際】 ❶…가. ‖窓際の棚 창가의 선반. ❷직전(直前); 바로 전; …때. ‖死に際 죽을 때. 水際 물가.

ぎわく【疑惑】 의혹(疑惑). ‖疑惑に包まれる 의혹에 싸이다.

きわだつ【際立つ】 두드러지다; 눈에 띄다. ‖際立って成績がいい 두드러지게 성적이 좋다.

きわどい【際疾い】 아슬아슬하다; 위태위태(危殆危殆)하다; 위태롭다. ‖際どいところで事故を免れた 아슬아슬하게 사고를 면했다.

きわまりない【極まりない】 더없다; 한이 없다; 짝이 없다. ‖失礼極まりない発言 무례하기 짝이 없는 발언.

きわまる【極まる】 ❶극(極)에 달하다. ‖感極まって泣いてしまった 감정이 극에 달해 울고 말았다. ❷더할 수 없이 …하다. ‖平凡極まる内容 지극히 평범한 내용. ❸막다르다; 막히다. ‖進退ここに窮まる 진퇴유곡. 진퇴양난.

きわみ【極み】 극치(極致); 극한(極限). ‖感激の極み 감격의 극치.

きわめつき【極め付き】 ❷감정서(鑑定書), ❷정평(定評)이 나 있음.

きわめて【極めて】 더없이; 대단히; 극(極)히. ‖結果はきわめて良好だ 결과는 대단히 좋다.

きわめる【極める・究める】 ❶극한(極限)에 다다르다. ‖山頂を極める 산정에 다다르다. ❷깊이 연구(研究)해서 본질(本質)을 깨닫다. ‖真理を究める 진리를 깨닫다.

きをつけ【気を付け】 차려. ‖気を付け, 礼 차려! 경례!

きん【斤】 [重さの単位] …근(斤).

きん【金】 ❶금(金). ❷귀중(貴重)한 것. ‖沈黙は金 침묵은 금. ❸금액(金額)을 표시(表示)할 때 쓰는 말. ‖金 3 万円 금 삼만 엔. ❹[金曜日の略字] 금요일(金曜日).

きん【菌】 균; 세균(細菌). ◆乳酸菌 유산균.

ぎん【銀】 ❶[鉱物]은(銀). ❷[色]은색(銀色).

きんいつ【均一】 균일(均一). ‖品質を均一にする 품질을 균일하게 하다.

きんいっぷう【金一封】 금일봉(金一封).

きんいろ【金色】 금색(金色).

ぎんいろ【銀色】 은색(銀色).

きんうん【金運】 금전 운(金錢運).

きんえい【近影】 근영(近影).

きんえん【禁煙】 금연(禁煙). ‖家族の勧めで禁煙する 가족의 권유로 금연하다.

きんか【金貨】 금화(金貨).

ぎんか【銀貨】 은화(銀貨).

ぎんが【銀河】 은하(銀河). ‖銀河系 은하계.

きんかい【近海】 근해(近海).

きんかい【金塊】 금괴(金塊); 금덩이.

きんかぎょくじょう【金科玉条】 금과옥조(金科玉條).

きんがく【金額】 금액(金額).

きんがしんねん【謹賀新年】 근하신년(謹賀新年).

きんかん【近刊】 [（スル）] 근간(近刊).

きんかん【金冠】 금관(金冠).

キンカン【金柑】 금귤(金橘).

きんかんがっき【金管楽器】 금관 악기(金管樂器).

きんかんしょく【金環食】 금환식(金環蝕).

きんき【禁忌】(名サ) 금기(禁忌);터부.

*****きんきゅう**【緊急】 긴급(緊急). ‖緊急な用事 긴급한 일. 緊急に対策を要する 긴급하её 대책을 세울 필요가 있다.
◆**緊急逮捕** 긴급 체포. **緊急動議** 긴급 동의. **緊急避難** 긴급 피난.

キンギョ【金魚】 금붕어.

きんきょう【近況】 근황(近況).

キンギョソウ【金魚草】 금어초(金魚草).

きんきょり【近距離】 근거리(近距離). ◆**近距離輸送** 근거리 수송.

きんきらきん 번쩍번쩍; 요란(搖亂)하게, 번쩍번쩍하게 치장하다. 요란하게 장식하다.

きんきん ‖きんきん声 쨍쨍(하게) 울리는 목소리. きんきんに冷えたビール 차게 한 맥주.

きんきん【近近】 곧;머지않아.

きんぎん【金銀】 금은(金銀).

きんく【句句】 금언(金言).

きんく【禁句】 금구(禁句).

キングサイズ【king-size】 킹사이즈.

きんけん【金権】 금권(金權). ‖金権政治 금권 정치.

きんげん【金言】 금언(金言); 격언(格言).

きんげん【謹厳】ダ 근엄(謹嚴)하다.

きんこ【金庫】 금고(金庫). ‖金庫破り 금고털이.

きんこ【禁固】 금고(禁錮).

きんこう【近郊】 근교(近郊). ‖東京近郊の住宅地 도쿄 근교의 주택지.

きんこう【均衡】 균형(均衡). ‖均衡を保つ 균형을 유지하다. 均衡を破る 균형을 깨뜨리다.

きんこう【金鉱】 금광(金鑛).

*****ぎんこう**【銀行】 은행(銀行). ‖銀行にお金を預ける 은행에 돈을 맡기다. 銀行でお金を下ろす 은행에서 돈을 찾다. ◆**地方銀行** 지방 은행. **信託銀行** 신탁 은행.

きんこんしき【金婚式】 금혼식(金婚式).

ぎんこんしき【銀婚式】 은혼식(銀婚式).

きんさ【僅差】 근소(僅少)한 차(差). ‖僅差で勝つ 근소한 차로 이기다.

きんさく【金策】 ‖金策する 돈을 마련하다.

きんし【近視】 근시(近視).

*****きんし**【禁止】 금지(禁止). ‖未成年者の喫煙は法律で禁止されている 미성년자의 끽연은 법률로 금지되어 있다. 関係者以外立ち入り禁止 관계자 외 출입 금지.

きんじ【近似】 근사하다. 비슷하다.

きんじえない【禁じ得ない】 금(禁)할 수 없다. ‖同情の念を禁じ得ない 동정의 마음을 금할 수 없다.

きんしがん【近視眼】 근시안(近視眼). ‖近視眼的 근시안적.

きんじく【近似値】 근사값(近似値).

きんしつ【均質】 균질(均質). ‖均質な材料 균질적인 재료.

きんじつ【近日】 근일(近日). ‖近日中に発表する 근일 중으로 발표하다.

きんじて【禁じ手】 (囲碁·将棋などで) 금지(禁止)된 수(手).

きんじとう【金字塔】 금자탑(金字塔). ‖金字塔を打ち立てる 금자탑을 세우다.

きんじゅう【禽獣】 금수(禽獸). ‖禽獸にも劣らる 금수만도 못한 행위.

きんしゅく【緊縮】(名サ) 긴축(緊縮). ◆**緊縮財政** 긴축 재정. **緊縮予算** 긴축 예산.

きんしょ【禁書】 금서(禁書).

きんじょ【近処】 근처(近處). ‖近所に大学病院がある 근처에 대학 병원이 있다.

きんしょう【僅少】 근소(僅少). ‖僅少の差 근소한 차.

きんじょう【錦上】 금상(錦上). ‖錦上花を添える 금상첨화다.

ぎんじょう【吟醸】(名サ) 양조(醸造).

きんじる【禁じる】 금(禁)하다. ‖未成年の飲酒は法律で禁じられている 미성년자의 음주는 법률로 금지되어 있다.

ぎんじる【吟じる】 읊다. ‖詩歌を吟じる 시가를 읊다.

きんしん【近親】 근친(近親). ◆**近親相姦** 근친상간.

きんしん【謹慎】(名サ) 근신(謹愼). ‖しばらく謹慎する 한동안 근신하다.

きんせい【近世】 근세(近世).

きんせい【均整】 균형(均衡)이 잡힘. ‖均斉のとれた体つき 균형이 잡힌 몸매.

きんせい【金星】 금성(金星).

ぎんせかい【銀世界】 은세계(銀世界).

きんせつ【近接】(名サ) ❶접근(接近). ‖火星が地球に近接する 화성이 지구에 접근하다. ❷인접(隣接);가까운 곳. ‖近接地 인접한 지역.

きんせん【心琴】 심금(心琴). ‖心の琴線に触れる 심금을 울리다.

きんせん【金銭】 금전(金錢). ‖金銭上の問題 금전상의 문제.

キンセンカ【金盞花】 금잔화(金盞花).

きんぞく【金属】 금속(金屬). ◆**貴金属** 귀금속. **金属工業** 금속 공업. **金属性** 금속성. **金属製品** 금속 제품. **金属探知機** 금속 탐지기.

きんぞく【勤続】(名サ) 근속(勤續). ‖勤続20年 근속 이십 년.

きんぞくれい【禁足令】 금족령(禁足令).

きんだい【近代】 근대(近代). ◆**近代化**(名サ) 근대화. **近代国家** 근대 국가. 近

代 근대적. 近代文学 근대 문학.
きんたいしゅつ【禁帯出】(說明)비치(備置)되어 있는 책 등을 가지고 나가는 것을 금지(禁止)함.
きんだん【禁断】 ⊘⊎ 금단(禁斷); 금지(禁止). ◆禁断症状 금단 증상.
きんちさん【禁治産】 금치산(禁治産). ◆禁治産者 금치산자.
きんちゃく【巾着】 염낭; 두루주머니.
きんちょう【緊張】 ⊘⊎ 긴장(緊張). ‖ 緊張が高まる 긴장이 고조되다. 緊張がほぐれる 긴장이 풀리다. ◆緊張緩和 긴장 완화.
きんとう【均等】 균등(均等). ‖利益を均等に分配する 이익을 균등하게 배분하다. ◆機会均等 기회 균등.
きんとう【近東】 근동(近東).
ギンナン【銀杏】 은행(銀杏).
きんにく【筋肉】 ⊘⊎ 근육(筋肉). ‖筋肉が付く 근육이 붙다. ◆筋肉運動 근육 운동. 筋肉質 근육질.
きんねん【近年】 최근(最近); 근년(近年). ‖近年の流行 최근의 유행.
きんぱく【金箔】 금박(金箔).
きんぱく【緊迫】 ⊘⊎ 긴박(緊迫). ‖ 緊迫した情勢 긴박한 정세.
ぎんぱく【銀箔】 은박(銀箔).
きんぱつ【金髪】 금발(金髮). ‖ 金髪の老紳士 금발의 노신사.
ぎんぱん【銀盤】 은반(銀盤). ‖銀盤の女王 은반의 여왕.
きんぴん【金品】 금품(金品). ‖金品を強奪する 금품을 강탈하다.
きんぷん【金粉】 금분(金粉).
ぎんぷん【銀粉】 은분(銀粉).
きんべん【勤勉】 ⊙ᄃ 근면(勤勉). ‖ 勤勉な人 근면한 사람.
きんぺん【近辺】 근처(近處).
ぎんまく【銀幕】 은막(銀幕). ‖銀幕の女王 은막의 여왕.
ぎんみ【吟味】 ⊘⊎ 음미(吟味).
きんみつ【緊密】 ⊙ᄃ 긴밀(緊密)하다. ‖緊密な関係 긴밀한 관계. 現場とは緊密に連絡をとる 현장과는 긴밀한 연락을 취하다.
きんめ【金目】 금액(金額).
きんみらい【近未来】 가까운 미래(未來).
*きんむ【勤務】 ⊘⊎ 근무(勤務). ‖勤務中です 근무 중입니다. 保険会社に勤務している 보험 회사에 근무하고 있다. ◆勤務時間 근무 시간. 勤務先 근무처.
きんメダル【金medal】 금메달.
ぎんメダル【銀medal】 은메달.
キンモクセイ【金木犀】 금목서(金木犀).
きんもつ【禁物】 금물(禁物). ‖油断は禁物 방심은 금물.
きんゆう【金融】 금융(金融). ◆金融自

由化 금융 자유화. 金融政策 금융 정책. 金融機関 금융 기관. 金融恐慌 금융 공황. 金融市場 금융 시장. 金融資本 금융 자본.
きんようび【金曜日】 금요일(金曜日).
きんよく【禁欲】 ⊘⊎ 금욕(禁慾). ‖ 禁欲的な生活をする 금욕적인 생활을 하다.
きんらい【近来】 근래(近來). ‖ 近来にまれな大人物 근래에 드문 큰 인물.
きんり【金利】 금리(金利). ‖金利を引き上げる 금리를 인상하다. ◆低金利 저금리.
きんりん【近隣】 근린(近隣); 이웃. ◆近隣諸国 이웃 나라들.
きんるい【菌類】 균류(菌類).
きんろう【勤労】 근로(勤勞). ‖ 勤労感謝の日 근로감사의 날. ◆勤労意欲 근로 의욕. 勤労者 근로자. 勤労所得 근로 소득.

く

く【九・9】 구(九). ‖十中八九 십중팔구.
く【区】 ❶ 구획(區劃). ❷ 선거구(選擧區). ❸ 〔行政単位の〕구. 行政区 행정구.
く【句】 ❶ 구(句). 〔慣用句〕 종속구. ❷ 〔俳句などを数える単位〕…수(首).
ぐ【具】 ❶ 〔料理の〕건더기. ‖味噌汁の具 된장국의 건더기. ❷ 도구(道具); 수단(手段). ‖政争の具にする 정쟁의 도구로 삼다.
ぐ【愚】 ❶ 〔愚かなこと〕어리석음; 우둔(愚鈍)함. ❷ 〔へりくだって〕 ‖ 愚作 우작. ◆愚の骨頂 어리석기 짝이 없음.
*ぐあい【具合】 ❶ 상태(狀態). ‖ 体の具合が悪い 몸 상태가 안 좋다. ❷ 〔都合〕형편(形便); 사정(事情). ‖ 今日は具合が悪い 오늘은 사정이 안 좋다. ❸ 하는 방법(方法). ‖こんな具合にやればうまくいく 이렇게 하면 잘된다.
くい【杭】 말뚝. ‖杭を打つ 말뚝을 박다.
くい【悔い】 후회(後悔). ‖悔いはない 후회는 없다.
くいあらす【食い荒らす】 농작물(農作物) 등에 피해(被害)를 주다.
くいあらためる【悔い改める】 회개(悔改)하다.
くいあわせ【食い合わせ】 같이 먹으면 안 좋은 음식(飮食) 또는 그것을 먹는 일. ‖食い合わせが悪い 같이 먹으면 안 좋다.
くいしんぼう【食いしん坊】 식탐(食貪). ‖食意地の張った子 식탐이 많은 아이.
くいいる【食い入る】 파고들다; 뚫어지다. ‖食い入るような目つき 뚫어질 듯 쳐다보는 눈.
クイーンサイズ【queen＋size 日】 퀸사

이즈.
くいこむ【食い込む】 ❶ 파고들다. ‖紐が肩に食い込む 끈이 어깨를 파고들다. ❷ 침입(侵入)하다; 침범(侵犯)하다; 잠식(蠶食)하다. ‖国際市場に食い込む 국제 시장을 잠식하다.
くいさがる【食い下がる】 물고 늘어지다. ‖曖昧な答弁を突いて食い下がる 애매한 답변을 물고 늘어지다.
くいしばる【食い縛る】 악물다. ‖歯を食いしばって走り切る 이를 악물고 끝까지 달리다.
くいしんぼう【食いしん坊】 걸신(乞神)들린 사람; 식탐(食貪)이 많은 사람. ¶食いしん坊な子 걸신들린 아이.
クイズ【quiz】 퀴즈. ‖クイズ番組 퀴즈 프로.
くいちがう【食い違う】 어긋나다; 엇갈리다. ‖意見が食い違う 의견이 엇갈리다.
くいちらす【食い散らす】 ❶【食べ散らす】흘리면서 먹다. ❷【物事に手をつける】집적대다. ‖あれこれ食い散らすばかりでどれも物にならない 이것저것 집적대기만 하고 제대로 하는 게 없다.
くいつく【食い付く】 ❶ 물다; 달라붙다. ‖犬が食いついて放さない 개가 물고 놓지 않다. ❷【しっかり取りつく】 매달리다. ‖仕事に食いついて身に매달리다. ❸【喜んで飛びつく】달려들다; 덤벼들다. ‖儲け話だとすぐ食いついてくる 돈버는 이야기라면 금방 달려든다.
ぐいっと ❶ ぐいっと首をねじる 목을 홱 비틀다. ❷ ぐいっと飲み干す 벌컥 들이켜다.
くいつなぐ【食い繋ぐ】 연명(延命)하다; 겨우겨우 생활(生活)하다. ‖チョコレートだけで3日間ぐいつないだ 초콜릿만으로 삼 일이나 연명했다.
ぐいと【力を入れる様子】꽉. ‖ぐいと腕を掴む 팔을 꽉 잡다.
くいとめる【食い止める】 방지(防止)하다; 막다. ‖建物の崩壊を食い止める 건물의 붕괴를 막다.
くいにげ【食い逃げ】 음식(飮食) 값을 내지 않고 도망(逃亡)감 또는 그 사람.
くいもの【食い物】 ❶ 음식(飮食). ❷【自分の利益のための】희생물(犧牲物). ‖他人の土地を食い物にする 다른 사람의 땅을 자기 것으로 하다.
くいる【悔いる】 후회(後悔)하다; 뉘우치다. ‖前非を悔いる 과거의 잘못을 뉘우치다.
くう【空】 ❶ 공중(空中); 허공(虛空); 하늘. ‖空をにらむ 허공을 노려보다. ❷ 공허(空虛); 허사(虛事). ‖努力が空に帰する 노력이 허사로 돌아가다.
*くう【食う・喰う】 ❶ 먹다. ‖飯を食う 밥을 먹다. ❷ 생활(生活)을 하다. ‖食うに困る生活 힘들다. ❸【虫などが】물다. ‖ノミに食われる 벼룩에 물리다. ❹ 소비(消費)하다; 들다. ‖時間と金を食う仕事 시간과 돈이 드는 일. ❺ 영향(影響)을 받다; 피해(被害)가 있다. ‖あおりを食う 영향을 받다. 피해를 입다.
ぐう (じゃんけんぽんの)바위.
くうかん【空間】 공간(空間). ‖空間の活用 공간 활용. 空間芸術 공간 예술.
*くうき【空気】 ❶ 공기(空氣). ‖朝の新鮮な空気 아침의 신선한 공기. ❷ 분위기(雰圍氣). ‖険悪な空気になる 험악한 분위기가 되다. ◆空気銃 공기총.
くうきょ【空虚】ダ 공허(空虚)하다. ‖空虚な生活 공허한 생활.
ぐうぐう ❶ 드르렁드르렁; 쿨쿨. ‖ぐうぐういびきをかいて寝ている 드르렁드르렁 코를 골고 자고 있다. ❷ 꼬르륵꼬르륵; 쪼르륵. ‖腹がぐうぐう鳴る 배에서 꼬르륵꼬르륵 소리가 나다.
くうぐん【空軍】 공군(空軍).
くうこう【空港】 공항(空港). ‖国際空港 국제공항.
くうしつ【空室】 빈 방; 공실(空室).
くうしゃ【空車】 빈 차.
くうしゅう【空襲】 공습(空襲). ◆空襲警報 공습경보.
ぐうすう【偶数】 짝수.
くうせき【空席】 공석(空席); 빈 자리.
くうぜん【空前】 공전(空前). ‖空前の盛況 공전의 성황.
*ぐうぜん【偶然】 우연(偶然). ‖偶然の一致 우연의 일치. 偶然の出来事 우연한 일. 偶然街で会う 우연히 거리에서 만나다.
*くうそう【空想】 (する)공상(空想). ‖未来の生活を空想する 미래의 생활을 공상하다. 空想にふける 공상에 잠기다. ◆空想科学小説 공상 과학 소설.
ぐうぞう【偶像】 우상(偶像). ◆偶像崇拝 우상숭배.
ぐうたら 게으름; 게으름뱅이.
くうちゅう【空中】 공중(空中). ‖空中で爆発する 공중에서 폭발하다. ◆空中戦 공중전. 空中前. 空中分解 (する)공중 분해. 空中楼閣 공중 누각.
クーデター【coup d'État 7】 쿠데타.
くうどう【空洞】 공동(空洞). ‖空洞化 공동화.
くうはく【空白】 공백(空白).
ぐうはつ【偶発】 우발(偶發). ‖偶発的な出来事 우발적인 일.
くうふく【空腹】 공복(空腹). ‖空腹を覚える 공복을 느끼다.
クーポン【coupon 7】 쿠폰.
くうゆ【空輪】 (する) 공수(空輪).

クーラー【cooler】 ❶ 냉각기(冷却器); 냉방 장치(冷房裝置). ❷ 휴대용 냉장고(携帶用冷藏庫).
くうらん【空欄】 공란(空欄); 빈칸.
クーリングオフ【cooling-off】 쿨링오프제도(制度).
クール【cool】 ❶ 시원하다. ❷ 냉정(冷情)하다. ‖クールな人 냉정한 사람. クールに受けとめる 냉정하게 받아 들이다.
くうろ【空路】 ❶ 항공로(航空路). ❷ 항공편(航空便).
くうろん【空論】 공론(空論). ‖机上の空論 탁상공론.
ぐうわ【寓話】 우화(寓話).
くえき【苦役】 ❶ 힘든 일. ❷ 징역(懲役).
クエスチョンマーク【question mark】 물음표(?).
くえない【食えない】 ❶ (ずるくて)믿을 수 없다; 약다. ‖あいつは食えないやつだから用心しろ 저 녀석은 약은 놈이니 조심해라. ❷ 생활(生活)이 안 되다. ‖これでは家族 5 人とても食えない 이걸로는 도저히 다섯 식구가 생활이 안 된다.
くえる【食える】 ❶ 먹을 만하다. ‖あの店の料理はまあまあ食える 그 가게 요리는 그럭저럭 먹을 만하다. ❷ 생계(生計)를 유지(維持)하다. ‖何とか食えるだけの収入 그럭저럭 생활할 만큼의 수입.
くえんさん【枸櫞酸】 구연산(枸櫞酸).
くおん【久遠】 구원(久遠); 영원(永遠).
くかく【区画】 (名·하) 구획(区劃).
くがく【苦学】 (名·하) 고학(苦学). ‖苦学して大学を出る 고학으로 대학을 나오다.
くがつ【九月·9月】 구월(九月).
くかん【区間】 구간(區間). ◆乗車区間 승차 구간.
くき【茎】 줄기.
くぎ【釘】 못. ‖釘を打つ 못을 박다. ◆釘をさす 못을 박다.(慣) ◆釘抜き 못뽑이.
くぎづけ【釘付け】 ❶ (釘で)고정(固定)시킴. ‖窓を釘付けする 창문을 못질해서 고정시키다. ❷ 움직이지 못함. ‖その場に釘付けになる 그 자리에서 꼼짝 못하다.
くぎょう【苦行】 (名·하) 고행(苦行).
くぎり【区切り】 ❶ (詩·文章の)단락(段落). ❷ (物事の)매듭. ‖区切りをつける 매듭짓다.
くぎる【区切る】 구분(區分)하다; 나누다. ‖3つの段落に区切る 세 단락으로 나누다.
くく【九九】 구구단(九九段); 구구법(九九法).
ぐりぬける【潜り抜ける】 통과(通過)하다; 극복(克服)하다; 뚫고 나가다.

‖難関を潜り抜ける 난관을 뚫고 나가다.
くくる【括る】 ❶〔束ねる〕묶다. ‖髪をくくる 머리를 묶다. ❷〔縛る〕묶다. ‖犯人をくくる 범인을 묶다.
くぐる【潜る】 ❶ 몸을 구부리고 지나가다. ❷ 잠수(潜水)하다.
くげん【苦言】 고언(苦言); 충고(忠告). ‖苦言を呈する 고언을 드리다. 간언하다.
ぐげん【具現】 구현(具現). ‖理想を具現する 이상을 구현하다.
クコ【枸杞】 구기자(枸杞子)나무.
くさ【草】 ❶ 풀; 잡초(雜草). ‖牛が草を食(は)んでいる 소가 풀을 뜯어먹고 있다. 夏は草が伸びるのが速い 여름에는 풀이 자라는 것이 빠르다. ❷ 미숙(未熟)한···; 본격적(本格的)이지 않은···. ‖草野球 동네 야구.
くさい【臭い】 ❶〔におい〕냄새가 나다. ‖臭いどぶ川 냄새 나는 시궁창. ❷〔怪しい〕수상(殊常)하다; 의심(疑心)스럽다. ‖あの男がどうも臭い 저 남자가 아무래도 수상하다. ❸ (···の形で)···냄새가 나다. ‖汗臭い 땀냄새가 나다. ❹〔それらしい〕마치···같다. ‖素人臭い 초보자 같다.
くさいろ【草色】 풀빛; 풀색.
くさかり【草刈り】 풀베기.
くさき【草木】 초목(草木).
くさくさ〔憂鬱な様子〕기분이 꾸물거리는 기분이 우울하다.
くさだんご【草団子】 쑥떡.
ぐさっと 〔その一言がぐさっと胸に突き刺さる 그 한마디가 가슴을 푹 찌르다.
くさとり【草取り】 김매기.
くさのね【草の根】 민초(民草).
くさはら【草原】 초원(草原).
くさび【楔】 Ⅴ 자형(字形)의 목판(木版); 철판(鐵板). ‖楔形 Ⅴ 자형.
くさぶえ【草笛】 풀피리.
くさぶき【草葺き】 초가(草家)지붕.
くさみ【臭み】 ❶ (よくない)냄새. ‖水道の水に嫌な臭みがある 수돗물에서 안 좋은 냄새가 난다. ❷〔不快感〕. ❸ 臭みのある芝居 불쾌감을 주는 연극.
くさむら【草むら】 풀숲.
くさもち【草餅】 쑥떡.
くさらせる【腐らせる】 썩히다.
くさり【鎖】 ❶ 쇠사슬. ‖鎖につながれた猛獣 쇠사슬에 묶인 맹수. ❷ 관계(関係); 인연(因縁). ‖因果の鎖 인과 관계.
ぐさり〔突き刺すさま〕푹. ‖刀をぐさりと突き刺す 칼로 푹 찌르다.
くさる【腐る】 ❶〔腐敗〕썩다. ‖肉が腐るこのが 썩다. 腐った魚 썩은 생선. ❷〔錆びる〕녹슬다. ‖剣術の腕が腐る 검술 솜씨가 녹슬다. ❸〔滅入る〕풀이

죽다. ‖落第して浮いている 낙제를 해서 풀이 죽어 있다. ▶腐っても鯛 썩어도 준치.

くされえん【腐れ縁】 끊으래야 끊을 수 없는 악연(惡緣);『昔からの腐れ縁 예전부터의 악연.

くさわけ【草分け】 개척자(開拓者);창시자(創始者). ‖この業界の草分け 이 업계의 창시자.

くし【串】 꼬챙이; 꼬치. ‖串に刺す 꼬챙이에 꿰다. ◆竹串 대꼬챙이. 串揚げ (說明)꼬치에 꿰어 고기·야채(野菜) 등을 튀긴 것. 串カツ (說明)꼬치에 꿰워 튀긴 커틀릿.

くし【櫛】 빗. ‖くしで髪をとかす 빗으로 머리를 빗다.

くし【驅使】 (名·他)구사(驅使).

くじ【籤】 제비; 복권(福券). ‖くじに当たる 복권이 당첨되다.

くじく【挫く】 ❶삐다. ‖転んで足をくじく 넘어져서 다리를 삐다. ❷ (勢いを)약화(弱化)시키다; 꺾다. ‖出端(で)をくじく 초반에 기세를 꺾다.

くしくも【奇しくも】 기이(奇異)하게도; 이상(異常)하게도; 우연(偶然)히도. ‖奇しくも同時に発見する 우연히도 동시에 발견하다.

くじける【挫ける】 약해지다; 좌절(挫折)하다. ‖勇気がくじける 용기가 없어지다. ‖これしきのことでくじけるな 이 정도 일로 좌절하지 마라.

くしざし【串刺し】 ❶꼬치에 꿴 것. ❷ (槍などで)찔러 죽이는 것.

くじびき【籤引き】 (名·他)추첨(抽籤); 제비뽑기.

くしやき【串焼き】 꼬치구이.

クジャク【孔雀】 공작(孔雀).

くしゃくしゃ ❶ (紙などを)‖書き損じをくしゃくしゃ丸める 잘못 쓴 종이를 꾸깃꾸깃 뭉치다. ❷ (顔を)‖顔をくしゃくしゃとゆがめる 얼굴을 몹시 찡그리다. ❸ (布などが)‖くしゃくしゃになったハンカチ 꼬깃꼬깃해진 손수건.

ぐしゃぐしゃ ❶ (壊れる様子)‖ぐしゃぐしゃと踏みつぶす 짓이겨 밟아 부서트리다. ❷ (水分が多い様子)‖雪解けのぐしゃぐしゃとした道 눈이 녹아 질척질척한 길.

ぐじゃぐじゃ ❶질척질척. ‖お粥のようにぐじゃぐじゃのご飯 죽처럼 질퍽거리는 밥. ❷ (ぐじゃぐじゃと文句を言う 투덜투덜 불평을 하다.

くしゃっと (壊れる様子)폭삭. ‖卵がくしゃっとつぶれた 계란이 폭삭 깨졌다.

くしゃみ【嚔】 재채기. ‖くしゃみが出る 재채기가 나오다.

くじゅう【苦渋】 (名·自)고뇌(苦惱). ‖苦渋に満ちた表情 고뇌에 찬 표정.

くじょ【駆除】 (名·他)구제(驅除).

くしょう【苦笑】 고소(苦笑); 쓴웃음.

‖苦笑をもらす 쓴웃음을 짓다.

くじょう【苦情】 불평(不平); 불만(不滿). ‖苦情を言う 불평을 하다.

ぐしょう【具象】 구상(具象).

クジラ【鯨】 고래.

くじらまく【鯨幕】 (說明)장례(葬禮) 때 쓰는 흰색과 검은색의 막(幕).

くしん【苦心】 (名·自)고심(苦心). ‖苦心の跡が見られる 고심한 흔적이 보이다. ▶苦心惨憺 고심참담.

くず【屑】 부스러기; 찌꺼기. ‖パンのくず 빵 부스러기. ◆くずかご 쓰레기통.

クズ【葛】 칡. ◆葛粉 칡가루.

くすくす 키득키득. ‖後ろの方でくすくす笑う 뒤쪽에서 킥킥거리다.

ぐずぐず ❶우물쭈물; 꾸물꾸물. ‖ぐずぐずしていて時間に遅れる 우물쭈물하다가 시간에 늦겠다. ❷투덜투덜. ‖ぐずぐず言うな 투덜거리지 마. 불평하지마. ❸물컹물컹; ‖豆腐がぐずぐずになる 두부가 물컹물컹해지다.

くすぐったい【擽ったい】 ❶간지럽다. ‖足の裏がくすぐったい 발바닥이 간지럽다. ❷멋쩍다. ‖大げさにほめられるとくすぐったい 지나치게 칭찬을 받아서 멋쩍다.

くすぐる【擽る】 간질이다. ‖足の裏をくすぐる 발바닥을 간질이다.

くずしじ【崩し書き】 행서(行書)나 초서(草書)로 쓴 글씨; 갈겨쓴 글씨.

くずす【崩す】 ❶무너뜨리다; 허물다; 흩뜨리다. ‖山を崩す 산을 허물다. 体調をくずす 몸이 안 좋다. ❷갈겨쓰다; 초서(草書)나 행서(行書)로 쓰다. ‖字をくずす 글씨를 갈겨쓰다. ❸ (金を)헐다; 바꾸다. ‖1万円札をくずす 만 엔짜리를 헐다.

ぐずつく【愚図つく】 ❶ (態度などが)꾸물거리다. ❷ (雨が降ったりやんだりして)‖ぐずついた天気が続く 꾸물거리는 날씨가 계속되다.

くすぶる【燻ぶる】 ❶잘 타지 않고 연기(煙氣)만 나다. ‖湿った薪がくすぶっている 젖은 장작이 타지 않고 연기만 나다. ❷들어박혀 있다. ‖家にくすぶっている集에 틀어박혀 있다. ❸ (不満などが)쌓여 있다. ‖会社に対する社員たちの不満がくすぶっている 회사에 대한 사원들의 불만이 쌓여 있다. ❹ (煤などで)검게 되다. ‖くすぶった天井 검게 그을린 천장.

くすむ ❶ (色が)선명(鮮明)하지 않다. ❷눈에 띄지 않다. ‖田舎でくすんでいる 시골에서 조용히 살고 있다.

くずもち【葛餅】 칡가루로 만든 떡.

くずゆ【葛湯】 (說明)칡가루에 설탕을 넣고 더운 물을 부은 것.

＊くすり【藥】 ❶약(藥). ‖薬を飲む 약을 먹다. 薬が效く 약이 듣다. 苦い薬 쓴

くすりゆび【薬指】 약지(薬指); 약손가락.

ぐずる【愚図る】 칭얼대다. ∥子どもがぐずる 아이가 칭얼대다.

くずれる【崩れる】 ❶ (ものの形が) 무너지다; 흐트러지다. ∥石垣が崩れる 돌담이 무너지다. 列が崩れる 열이 흐트러지다. ❷ (天気が) 나빠지다. ∥天気が崩れる 날씨가 나빠지다. ❸ (株などが) 떨어지다. ∥株価が大きく崩れた 주가가 크게 떨어졌다.

*__**くせ**__【癖】 ❶ 특징(特徴); 성질(性質); 성향(性向). ∥くせのある字 특징이 있는 글씨. ❷ 버릇; 습관(習慣). ∥くせが悪い 버릇이 나쁘다. くせになる 버릇이 되다. 話しながらあごをなでるくせがある 이야기를 하면서 턱을 만지는 버릇이 있다. ∥くせを直す 버릇을 구거치다. ❸ 『…のくせの形で』…면서도. ∥彼は寒がりのくせにコートは着たがらない 그는 추위를 타면서도 코트는 입기 싫어한다. ∥たいした金もないくせに大きな事を言うな 돈도 별로 없으면서 허풍 떨지 마라. ◆癖毛 곱슬머리.

くせもの【曲者】 ❶ 수상(殊常)한 사람. ❷ 방심(放心)할 수 없는 상대(相對); 여간(如干)내기; 보통(普通)내기. ∥おとなしそうでもなかなかの曲者だ 얌전해 보이지만 여간내기가 아니다.

くせん【苦戦】 (5개) 고전(苦戦). ∥苦戦を強いられる 고전을 면치 못하다.

くそ【糞】 ❶ 대변(大便). ❷ 때; 침전물(沈澱物). ∥鼻くそ 코딱지. ❸ 〔いらいらする場合など〕제기랄; 빌어먹을; 제길; 흥. ∥くそ, 負けるものか 흥, 질 수는 없지. ❹ 경멸(軽蔑)의 뜻을 포함(包含)해 정도(程度)의 심함을 나타냄. ∥くそ真面目な人 지나치게 고지식한 사람. ❺ 강조(強調)의 뜻을 포함해 나타냄. ∥下手くそだ 지지리도 못하다.

くそくらえ【糞食らえ】 제기랄; 빌어먹을; 염병할; 이런 망할. ∥会社なんかくそくらえだ 이 망할 놈의 회사.

くそたれ【糞っ垂れ】 타인(他人)을 비난(非難)하는 말.

くそまじめ【糞真面目】 지나치게 고지식함. ∥くそ真面目で応用がきかない性格 고지식해서 융통성이 없는 성격.

くだ【管】 관(管).

ぐたい【具体】 구체(具體). ◆具体化 (5개) 구체화. 具体性 구체성. ∥具体的な例を挙げる 구체적인 예를 들다.

くだく【砕く】 ❶ 부수다; 깨뜨리다. ∥氷を砕く 얼음을 깨뜨리다. ❷ (勢い·熱意などを)꺾다. ∥野望を砕く 야망을 꺾

다. ❸ 〔心〕〔身〕をくだくの形で〕마음을 쓰다; 애쓰다; 힘쓰다. ∥心をくだいておもてなしする 마음을 써 가며 대접을 하다. ❹ 알기 쉽게 설명(説明)하다. ∥法律の条文をくだいて説明する 법조문을 알기 쉽게 설명하다.

くたくた ❶ 보글보글. ∥くたくた(と)煮込む 보글보글 끓이다. ❷ 〔疲れた様子〕くたくたに疲れる 피곤해서 녹초가 되다. ❸ 〔服などの形が崩れた様子〕雨に濡れてくたくたになった洋服 비에 젖어 후줄근해진 양복.

くだける【砕ける】 ❶ 부서지다; 산산(散散) 조각이 나다. ∥ガラスが粉々に砕けた 유리가 산산조각이 났다. ❷ (勢い·力などが) 약해지다. ∥腰がくだける 허리에 힘이 빠지다. ❸ 허물이 없어지다. ∥くだけた言い方をする 허물없이 말하다.

ください【下さい】 ❶ 주세요. ∥小遣いをください 용돈을 주세요. これください 이거 주세요. ❷ 〔…てください の形で〕…세요[주십시오]. ∥名前を書いてください 이름을 써 주세요. ❸ 〔…させてくださいの形で〕…하게 해 주세요[주십시오]. ∥私にも一言言わせてください 저한테도 한마디 하게 해 주십시오. それは私に担当させてください 그것은 저한테 맡겨 주십시오.

くださる【下さる】 주시다. ∥先生のくださった本 선생님께서 주신 책.

くだす【下す】 ❶ (判決·決定などを) 내리다. ∥判決を下す 판결을 내리다. 厳罰を下す 엄벌을 내리다. ❷ 〔負かす〕물리치다; 이기다. ∥強敵を下す 강적을 물리치다. ❸ 설사(泄瀉)하다. ∥腹を下す 설사하다. ❹ 직접(直接) 하다. ∥自ら手を下す 자기가 직접 하다. ❺ 〔…下すの形で〕단번(單番)에…하다. ∥読み下す 단번에 읽다. ❻ 中央から地方へ 보내다. ❼ 강등(降等) 시키다; 격하(格下) 시키다.

くたばる 몹시 지치다. ∥猛練習でくたばる 맹연습으로 몹시 지치다. ❷ 죽다; 뒈지다. ∥くたばれ! 죽어라!

くたびれる【草臥れる】 ❶ 지치다. ∥引っ越してひどくたびれた 이사한 다음 지쳤다. ❷ 후줄근해지다. ∥くたびれた背広 후줄근해진 양복. ❸ 『…くたびれるの形で』…에 지치다. ∥待ちくたびれる 기다림에 지치다.

くだもの【果物】 과일. ∥旬の果物 제철 과일.

くだらない【下らない】 재미없다; 시시하다; 가치 없다.

くだり【下り·降り】 ❶ 내려감. ∥この先は下りになっている 이 앞은 내리막이다. ❷ (中央から地方へ) 내려감; 하행(下行). ∥下り列車 하행 열차.

くだり【件】 (文章などの) 한 부분(部分).

くだりざか【下り坂】 내리막길.

***くだる【下る】 ❶**내려가다. ‖山を下る 산을 내려가다. **❷**(判決·命令などが)내리다; 명령이 말을 잘하다. ‖判決が下る 판결이 내리다. 評価が下る 평가가 내려지다. **❸**(時間が)흐르다; 지나다. ‖や時代が下ってのこと 시대가 조금 지나서의 일. **❹**밑돌다. ‖1万人を下らない 만 명을 밑돌지 않다. **❺**설사(泄瀉)하다. ‖おなかが下る 설사를 하다.

*****くち【口】❶**[器官]입. ‖口でくわえる 입으로 물다. 口をつぐむ 입을 다물다. **❷**[言葉]말; 소문(所聞); 평판(評判). ‖口が達者だ 말을 잘한다. **❸**[飲食·味覚]입맛. ‖口をつける 맛을 보다. 口を 대다. **❹**[空間]사람·물건이 드나드는 곳. ‖口の広い大きな 주둥이가 큰 병. **❺**시작(始作); 첫머리. 序의 口 첫머리. 시작. 先. **❻**[接尾語として] (i)입으로 베어 무는 횟수(回數). 二口で食べる 두 입에 먹다. (ii)구좌(口座). ‖1口 5千円で加入できる 한 구좌에 오천 엔으로 가입할 수 있다. ‖口が重い 입이 무겁다.(慣) ‖口が 堅い 입이 무겁다.(慣) ‖口が軽い 입이 가볍다.(慣) ‖口が滑る 말실수를 하다.(慣) ‖口が減らない 말이 많다. ‖口が悪い 입이 걸다. 입이 거칠다. 口は悪いが 気はやさしい口で 입은 거칠지만 마음은 착한 녀석이다. ‖口に合う 입에 맞다. ▶口にする ① 말하다. ② 먹다. ▶口八丁手八丁 말도 잘하고 일도 잘한다. ▶口は禍の元 입은 화의 근원이다. ▶口を切る 말을 시작하다. ▶口を揃える 입을 모으다.(慣) ▶口を尖らす 삐죽거리다. ▶口を濁す 말끝을 흐리다. ▶彼女は口を濁した質問でも 그녀는 말끝을 흐렸다. ▶口を拭う 입을 닦다. ▶口を挟む 참견하다. ▶口を開く 입을 열다. ▶口を封じる 입을 다물다. ▶口を割る 자백을 하다.

ぐち【愚痴】 넋두리. ‖愚痴をこぼす 넋두리를 하다.

くちあたり【口当たり】 입맛. ‖口当たりのいい酒 입맛에 맞는 술.

くちうつし【口移し】 ❶음식(飲食)을 입에서 입으로 넣는 것. **❷**말로 전(傳)함. ‖口移しで教え込む 말로 가르치다.

くちうるさい【口煩い】 잔소리가 심하다.

くちおしい【口惜しい】 분(憤)하다. ‖口惜しい思いをする 분한 일을 당하다.

くちかず【口数】 ❶말수(數). ‖少し口数が多い 약간 말수가 많다. **❷**사람수. ‖口数を減らす 사람 수를 줄이다.

くちぎたない【口汚い】 ❶입이 걸다. **❷**식탐(食貪)이 많다.

くちく【駆逐】 구축(驅逐). ◆駆逐艦 구축함.

くちぐせ【口癖】 입버릇.

くちぐるま【口車】 감언이설(甘言利説). ▶口車に乗る 감언이설에 넘어가다.

くちげんか【口喧嘩】 (する) 말싸움; 말다툼.

くちごたえ【口答え】 (する) 말대꾸. ‖親に口答えする 부모에게 말대꾸하다.

くちコミ【口─】 소문(所聞).

くちごもる【口籠る】 잘 들리지 않게 말하다.

くちさき【口先】 말뿐임. ‖口先だけの約束 말뿐인 약속.

くちさびしい【口寂しい】 입이 심심하다. ‖禁煙していると口寂しい 금연을 하니까 입이 심심하다.

くちずさむ【口遊む】 흥얼거리다. ‖流行歌を口遊む 유행가를 흥얼거리다.

くちぞえ【口添え】 입김; 주선(周旋). ‖口添えで就職した 친척의 입김으로 취직했다.

くちだし【口出し】 참견.

くちだっしゃ【口達者】 말주변이 좋음. ‖口達者な人 말주변이 좋은 사람이다.

くちづけ【口付け】 (する) 뽀뽀; 키스; 입맞춤. ‖頬に口づけする 볼에 입맞춤하다.

くちどめ【口止め】 (する) 압막음; 입단속. ‖秘密を漏らさぬよう口止めする 비밀이 새지 않도록 입단속을 하다.

くちなおし【口直し】 입가심.

クチナシ【梔子】 치자나무.

くちばし【嘴】 부리; 주둥이. ‖嘴が黄色い 점고 경험이 적다. 미숙하다.

くちばしる【口走る】 엉겁결에 말하다; 무의식적(無意識的)으로 말하다. ‖思わず秘密を口走る 엉겁결에 비밀을 말하다.

くちはてる【朽ち果てる】 ❶(すっかり腐る)완전(完全)히 썩다. **❷**(世に知られないまま)허무(虚無)하게 죽다.

くちび【口火】 (爆発物·ガス器具의 点火에 쓰는)불. ▶口火を切る 어떤 일을 처음으로 하다.

くちひげ【口髭】 콧수염.

くちびる【唇】 입술. ‖唇が荒れる 입술이 트다. 唇をなめる 입술에 침을 바르다. ▶唇を噛む 입술을 깨물다.

くちぶえ【口笛】 휘파람. ‖口笛を吹く 휘파람을 불다.

くちべた【口下手】 말주변이 없다. ‖口下手で損をする 말주변이 없어 손해를 보다.

くちべに【口紅】 립스틱. ‖口紅をつける 립스틱을 바르다.

くちもと【口元】 입가. ‖口元に笑みを浮かべる 입가에 웃음을 띠다.

くちやかましい【口喧しい】 까다롭다. 잔소리가 심하다. ‖口やかましく指図する 까다롭게 지시하다.

135

くちゃくちゃ ❶ [噛む音] ∥くちゃくちゃとガムを噛む 껌을 짝짝 씹다. ❷꾸깃꾸깃, 꾸기꾸기. ∥紙をくちゃくちゃと丸める 종이를 꾸깃꾸깃 뭉치다.

ぐちゃぐちゃ ❶ [水分が多く軟らかな様子] ∥ぐちゃぐちゃのご飯 물기가 많은 밥. ∥ [ひどく乱れている様子] ∥ぐちゃちゃ(と)メモをとる 엉망으로 메모를 하다. ❷ [愚痴っぽくものを言う様子] 투덜투덜. ∥あれこれぐちゃぐちゃ(と)言う 이것저것 투덜거리다.

くちゅう 【苦衷】 고충(苦衷). ∥彼の苦衷は察するに余りある 그 사람의 고충은 헤아리고도 남는다.

くちょう 【口調】 어조(語調); 말투. ∥論すような口調 훈계조의 말투.

ぐちょく 【愚直】 ダ 우직(愚直)하다. ∥愚直な男 우직한 남자.

くちる 【朽ちる】 ❶ 썩다. ∥朽ちて落ちかかった橋 썩어서 떨어지려고 하는 다리. ❷ [名声などが)쇠(衰)하다.

ぐちる 【愚痴る】 불평(不平)을 하다.

くつ 【靴】 신; 신발; 구두. ∥靴を履く〔脱ぐ〕 신을 신다〔벗다〕. 新しい靴 1 足 새 구두 한 켤레. ◆革靴 가죽 구두. 長靴 장화.

くつう 【苦痛】 고통(苦痛). ∥その仕事は彼にとって苦痛だった 그 일은 그 사람한테 있어서 고통이었다. ∥肉体的な苦痛を耐える 정신적인 苦痛.

くつがえす 【覆す】 뒤집다; 뒤집어엎다. ∥大波が船を覆す 큰 파도가 배를 뒤집다. 政権を覆す 정권을 뒤집어엎다. 定説を覆す 정설을 뒤집다.

くつがえる 【覆る】 뒤집히다. ∥一審判決が覆る 일심 판결이 뒤집히다.

クッキー 【cookie】 쿠키.

くっきょう 【屈強】 ダ 힘이 매우 세다. ∥屈強な男性 힘이 매우 센 남자.

くっきょく 【屈曲】 (ス変) 굴곡(屈曲).

くっきり 선명(鮮明)히; 확실(確實)히; 뚜렷이. ∥山の稜線がくっきりと見える 산 능선이 뚜렷이 보인다.

クッキングホイル 【cooking + foil】 쿠킹 호일.

ぐつぐつ 보글보글; 부글부글. ∥チゲがぐつぐつ(と)煮える 찌개가 보글보글 끓다.

くっこうせい 【屈光性】 굴광성(屈光性).

くっさく 【掘削】 (ス変) 굴착(掘削). ◆掘削機 굴삭기.

くっし 【屈指】 굴지(屈指). ∥韓国屈指の企業 한국 굴지의 기업.

くつした 【靴下】 양말(洋襪). ∥靴下を履く 양말을 신다. 靴下 1 足 양말 한 켤레.

くつじゅう 【屈従】 (ス変) 굴종(屈従).

くつじょく 【屈辱】 굴욕(屈辱). ∥屈辱的

な敗北 굴욕적인 참패.

クッション 【cushion】 쿠션.

くっしん 【屈伸】 굴신(屈伸). ∥屈伸運動 굴신 운동.

くつずみ 【靴墨】 구두약.

ぐっすり ぐっすり(と)眠る 푹 잠들다.

くっする 【屈する】 ❶ 굽히다. ∥腰を屈する 허리를 굽히다. ❷ 굴복(屈伏)하다; 굴하다. ∥圧力に屈して辞任した 압력에 굴해 사임했다.

くつずれ 【靴擦れ】 (ス変) 신발이 쓸려 생긴 상처(傷處).

くっせつ 【屈折】 (ス変) 굴절(屈折). ∥屈折した心理 굴절된 심리.

くったく 【屈託】 구김살. ∥屈託のない表情 구김살 없는 표정.

ぐったり 피곤해 ぐったりとなる 지쳐서 녹초가 되다.

くっしょう 【屈地性】 굴지성.

くっつく 붙다; 묻다. ∥洋服にごみがくっついている 옷에 먼지가 묻어 있다. いつも母親にくっついて回る 항상 엄마한테 달라붙어 있다.

くっつける 붙이다.

くってかかる 【食って掛かる】 대들다; 달려들다; 반론(反論)하다.

ぐっと ❶ [一気に]한번에; 단숨에. ∥酒をぐっと飲み干す 술을 단숨에 들이켜다. ❷ [一段と]한층; 부쩍. 成績がぐっと上がった 성적이 부쩍 올랐다. ❸ [感情]怒りをぐっとこらえる 분노를 꾹 참다. 胸にぐっとくる 가슴에 뭉클하게 와 닿다.

くっぷく 【屈服】 (ス変) 굴복(屈伏). ∥腕力に屈服する 완력에 굴복하다.

くつべら 【靴箆】 구둣주걱.

くつみがき 【靴磨き】 구두닦이.

くつろぐ 【寛ぐ】 쉬다; 휴식(休息)을 취하다.

くでん 【口伝】 구전(口傳).

ぐでんぐでん 곤드레만드레. ∥でんぐでんに酔っ払う 곤드레만드레로 취하다.

くどい 【諄い】 ❶ [話などが]장황(張皇)하다; 번거롭다; 귀찮다. ∥話がくどくなる 얘기가 장황해지다. ❷ [味が]느끼하다. ∥味付けがくどくておいしい 맛이 느끼하지 않고 맛있다.

くとう 【苦闘】 고투(苦闘). ∥悪戦苦闘の連続 악전고투의 연속.

くどう 【駆動】 구동(駆動). ◆四輪駆動사륜 구동.

ぐどう 【求道】 구도(求道).

くとうてん 【句読点】 구두점(句讀點).

くどき 【口説き】 설득(說得). ∥熱心な口説きに折れる 설득에 못이겨 꺾이다.

くどきおとす 【口説き落とす】 마침내 설득(說得)하다.

くどく 【口説く】 ❶ 설득(說得)하다. ∥父親を口説いて車を買わせる 아버지를 설득해서 차를 사게 하다. ❷ 꼬드

くどくど〘諺詞〙〔しつこく繰り返して言う様子〕구구(區區)하게; 장황하게. ‖くどくど(と)言い訳する 구구하게 변명을 늘어놓다.

ぐどん【愚鈍】 ダ 우둔(愚鈍)하다.

くなん【苦難】 고난(苦難). ‖苦難を乗り切る 고난을 극복하다.

*くに【国】 ❶ 국가(國家); 국토(國土); 나라. ‖国を治める 나라를 다스리다. わが国 우리나라. ❷ 지역(地域); 지방(地方). ‖北の国 북쪽 지방. ❸ 고향(故鄕). ‖何年ぶりかに国に帰る 몇 년만에 고향에 가다.

くにく【苦肉】苦肉の策 고육지책.

にざかい【国境】국경(國境).

ぐにゃぐにゃ ❶〔軟らかで形が変わりやすい様子〕흐물흐물; 흐늘흐늘. ❷〔張りがなく頼りない様子〕体をぐにゃぐにゃさせる 몸을 배배 꼬다. ❸ 누글누글. ‖プラスチックが熱でぐにゃぐにゃ(と)曲がる 플라스틱이 열로 누글누글해지다.

くねくね 구불구불. ‖くねくね(と)曲がった山道 구불구불한 산길.

くねる 구부러지다.

くのう【苦悩】 고뇌(苦惱). ‖苦悩の色が顔ににじむ 고뇌의 빛이 얼굴에 드러나다.

くはい【苦杯】 고배(苦杯). ▶苦杯を喫(°)める 고배를 마시다.

*くばる【配る】 ❶ 나눠 주다; 배포(配布)하다. ‖街でティッシュを配る 거리에서 휴지를 나눠 주다. ❷〔気を〕쓰다; 배려(配慮)하다. ‖気を配る 배려를 하다. ❸ 배치(配置)하다. ‖兵を配して守りを固める 병사를 배치해서 수비를 강화하다.

ぐはん【虞犯】 우범(虞犯). ◆虞犯少年 우범 소년. 虞犯地帯 우범 지대.

*くび【首】 ❶〔人・動物・もの〕목. ‖キリンは首が長い 기린은 목이 길다. 窓から首を出す 창문으로 목을 내밀다. びんの首 병목. ❷ 머리; 고개. ‖敵将の首をはねる 적장의 머리를 치다. ▶首の回らない 빚으로 옴짝달싹 못하다. ▶首にする 해고하다. ▶首を傾ける〔ひねる〕고개를 갸웃거리다. 의아해하다. ‖その意見に彼は首をひねった 그 의견에 그는 의아해했다. ▶首を切る 해고하다. ▶首を突っ込む 여기저기 참견하다. 간섭하다. ▶首を振る ①〔縦に〕승낙하다. ②〔横に〕거부하다.

くび【具備】 구비(具備). ‖必要条件を具備する 필요 조건을 구비하다.

びかざり【首飾り】 목걸이.

ぐびぐび〘諺詞〙 꿀컥꿀컥; 벌컥벌컥. ‖酒をぐびぐび飲む 술을 벌컥벌컥 마시다.

くびすじ【首筋】 목덜미.

くびったけ【首っ丈】首っ丈だ 홀딱 반하다.

くびつり【首吊り】首吊りする 목을 매어 죽다.

くびれる【括れる】 잘록하다.

くびわ【首輪】 개・고양이 등의 목줄.

くふう【工夫】 ﾁｮ 고안(考案); 궁리(窮理). ‖デザインを工夫する 디자인을 고안하다. 工夫をこらす 이것저것 궁리를 하다.

くぶん【区分】 ﾁｮ 구분(區分). ‖土地を区分する 토지를 구분하다. ◆区分所有権 구분 소유권.

*くべつ【区別】 구별(區別). ‖公私を区別する 공사를 구별하다. あの２人はほとんど区別できない 저 두 사람은 거의 구별이 안 된다.

くべる【焼べる】 지피다. ‖薪をくべる 장작을 지피다.

くぼち【窪地】 움푹 파인 땅.

くぼみ【窪み】 파인 곳.

くぼむ【窪む】 움푹 파이다. ‖窪んだ道路 움푹 파인 길.

くま【隈】〔目の下の〕기미.

クマ【熊】 곰. ◆子熊 새끼곰. 白熊 백곰. 北極熊 북극곰.

くまで【熊手】 ❶ 갈퀴. ❷〔酉の市で売る〕장식품(裝飾品).

くまなく【隈無く】 구석구석; 빠짐없이. ‖家中隈なく捜す 집안을 구석구석 찾다[뒤지다].

*くみ【組み】 ❶ 세트; 짝; 조(組); 팀. ‖この茶碗は６個の組みになっている 이 그릇은 여섯 개가 한 세트다. テキストとカセットテープが一組みになっている テキスト와 カセットテープ가 한 세트다. ❷ 반(班); 학급(學級). ‖組みで一番背が高い 반에서 키가 제일 크다.

グミ【Gummi ³】 젤리.

くみあい【組合】 조합(組合). ◆労働組合 노동조합. 組合活動 조합 활동.

くみあげる【汲み上げる】 ❶ 퍼 올리다; 길어 올리다. ‖井戸から水をくみ上げる 우물에서 물을 길어 올리다. ❷〔下部の意見を〕받아들이다. ‖大衆の要求をくみ上げて政策を作る 대중의 요구를 받아들여 정책을 만들다.

くみあわせ【組み合わせ】 ❶ 짝 맞추는 것; 배합(配合). ‖色の組み合わせがいい 색 배합이 좋다. ❷〘数学〙 조합(組合).

くみあわせる【組み合わせる】 ❶ 짝 맞추다. ❷ 대진표 (對陣表)를 짜다.

くみかえ【組み換え】 재편성(再編成). ‖遺伝子組み換え食品 유전자 변형 식품.

くみかえる【組み換える】 재편성(再編成)하다. ‖予算を組み換える 예산을 재편성하다.

くみきょく【組曲】 조곡(組曲); 모음곡.

くみこむ【組み込む】〔体系の一部分として〕넣다. ‖日程に組み込む 일정에 넣다.

くみたて【組み立て】 조립(組立).

くみたてる【組み立てる】 조립(組立)하다. ‖부품을 조립하다 부품을 조립하다.

くみとる【汲み取る】 ❶〔液体を〕퍼 내다; 퍼서 버리다. ❷ 헤아리다; 이해(理解)하다. ‖人の気持ちをくみ取る 다른 사람의 마음을 헤아리다.

くむ【汲む・酌む】 ❶〔液体を〕푸다; 퍼 올리다. ‖ポンプで井戸水をくむ 펌프로 우물물을 퍼 올리다. ❷〔酒・茶などを〕그릇에 담아 마시다. ❸ 헤아리다; 이해(理解)하다. ‖意をくむ 뜻을 헤아리다. ❹〔思想・流派・系統 などを〕계승(繼承)하다. ‖カントの流れをくむ学派 칸트의 사상을 계승하는 학파.

＊くむ【組む】 ❶ 교차(交叉)시키다. ‖腕を組む 팔짱을 끼다. ❷〔一つのまとまりを持ったものに〕만들다. ‖いかだを組む 뗏목을 만들다. ❸ 조직(組織)하다; 편성(編成)하다. ‖コンビを組む 콤비를 이루다. ‖時間割を組む 시간표를 짜다. ❹〔争う〕다투다; 싸우다.

＊くも【雲】 구름. ‖雲が垂れ込めている 구름이 끼여 있다. ‖空には雲一つない 하늘에는 구름 한 점 없다. ‖白い雲が流れていく 흰 구름이 흘러가다. ▶雲をつかむよう 뜬구름 잡는 듯한. ➡入道雲 적란운.

クモ【蜘蛛】 거미.

くもがくれ【雲隠れ】 ‖雲隠れする 자취를 감추다.

くものうえ【雲の上】 궁중(宮中); 지위(地位)가 높음. ‖雲の上の存在 지위가 높은 사람.

くもまく【蜘蛛膜】 뇌척수막(腦脊髓膜); 수막.

くもゆき【雲行き】 ❶ 구름의 움직임. ❷ 형세(形勢); 정세(情勢). ‖雲行きが怪しい 형세가 심상치 않다.

くもらす【曇らす】 ❶ 흐리게 하다. ❷〔表情・声などを〕어둡게 하다. ‖顔を曇らす 어두운 표정을 짓다.

＊くもり【曇り】 ❶ 흐림. ❷ 뒤가 켕김. ‖曇りのない心 뜻깊은 마음.

くもる【曇る】 ❶ 흐리다. ‖急に曇ってきた 날씨가 갑자기 흐려졌다. ❷ 불투명(不透明)해지다; 흐려지다. ‖湯気で鏡が曇る 김으로 거울이 흐려지다. ❸〔表情が〕어두워지다. ‖顔が曇る 표정이 어두워지다.

ぐもん【愚問】 우문(愚問).

くやくしょ【区役所】 구청(區廳).

くやしい【悔しい・口惜しい】 분(憤)하다. ‖逆転されて悔しい 역전당해서 분하다.

くやむ【悔やむ】 ❶ 후회(後悔)하다; 분(憤)해하다. ‖後から悔やんでも仕方がない 나중에 후회해도 소용없다. ❷ 조문(弔問)하다; 애도(哀悼)하다.

くゆらす【燻らす】 연기(煙氣)를 피우다.

태우다.

くよう【供養】 ［する］공양(供養).

くよくよ ‖くよくよしていてもしょうがない 끙끙대며 고민해도 소용없다.

くら【蔵・倉】 창고(倉庫).

くら【鞍】 안장(鞍裝).

＊くらい【位】 ❶ 지위(地位); 등급(等級). ❷ 품위(品位). ❸〔数学〕자리. ‖万の位 万자리.

＊くらい【暗い】 ❶ 어둡다. ‖暗い夜道 어두운 밤길. ❷〔性格・気分などが〕어둡다; 우울(憂鬱)하다. ‖気持ちが暗くなる 기분이 우울해지다. ❸ 어둡다; 잘 모르다. ‖法律に暗い 법률에 어둡다. ❹ 희망(希望)이 없다. ‖見通しは暗い 전망이 어둡다.

-くらい ❶〔おおよそ〕정도(程度). ‖卵くらいの大きさの石 계란 정도 크기의 돌. ❷〔程度〕정도. ‖彼はいくつくらいかな その사람은 몇 살 정도일까? ❸〔軽く見る〕정도. ‖それくらい誰でもできる その 정도는 누구나 할 수 있다. ‖ピアノくらい弾けるでしょう 피아노 정도는 칠 수 있겠지. ❹〔…するくらいならの形で〕할 정도라면. ‖あいつにやるくらいなら捨てるよ 녀석한테 줄 거라면 버릴 거야.

クライアント【client】 ❶ 고객(顧客); 의뢰인(依賴人). ❷〔コンピューターネットワーク上で〕클라이언트.

グライダー【glider】 글라이더.

くらいつく【食らい付く】 물다; 달려들다; 덤벼들다. ‖一度食らい付いたら離さない 한 번 물면 놓지 않다.

クライマックス【climax】 클라이맥스.

くらう【食らう】 ❶ 먹다; 마시다. ‖大飯を食らう 밥을 많이 먹다. ❷ 피해(被害)를 입다. ‖小言を食らう 잔소리를 듣다.

グラウンド【ground】 그라운드; 운동장(運動場); 경기장(競技場).

くらがり【暗がり】 어둠.

くらく【苦楽】 고락(苦樂). ‖苦楽を共にする 고락을 함께 하다.

クラクション【klaxon】 클랙슨. ‖クラクションを鳴らす 클랙슨을 울리다.

くらくら 어질어질. ‖頭がくらくらする 머리가 어질어질하다.

ぐらぐら ❶ 흔들흔들. ‖地震で家がぐらぐら揺れる 지진으로 집이 흔들거리다. ❷ 부글부글. ‖ぐらぐら煮え立つ 냄비가 부글부글 끓다.

クラゲ【水母】 해파리.

＊くらし【暮らし】 생활(生活); 생계(生計). ‖暮らしが立たない 생활이 안 되다. ‖暮らしに困っている 생활이 어렵다. ‖一人暮らしをする 혼자 생활하다[살다]. ‖塾で教えて暮らしを立てている 학원 강사를 하면서 생계를 유지하고 있다.

グラジオラス【gladiolus】 글라디올러스.

クラシック【classic】 클래식. ‖클래식 음악 클래식 음악.
くらす【暮らす】 ❶생활(生活)하다. ❷〔時間を過ごす〕시간(時間)을 보내다. ‖無駄に一日を暮らす 쓸데없이 하루를 보내다.
クラス【class】 클래스; 반(班). ‖トップクラス 톱클래스. クラスメイト 동급생.
グラス【glass】 잔(盞).
グラタン【gratin프】 그라탱.
クラッカー【cracker】 크래커.
ぐらつく 흔들거리다. ‖歯がぐらつく 이빨이 흔들거리다.
グラニューとう【←granulated糖】 백설탕(白雪糖).
グラビア【gravure】 ❶〔印刷〕그라비어. ❷〔書籍・雑誌などで〕사진(寫眞)이 인쇄(印刷)된 페이지.
クラブ【club】 ❶클럽; 동호회(同好會). ‖ゴルフクラブ 골프 클럽. ❷〔ゴルフの〕골프채. ❸〔トランプの〕클로버.
グラフ【graph】 그래프. ‖帯グラフ 띠그래프.
グラフィック【graphic】 그래픽. ◆グラフィックアート 그래픽 아트. グラフィックデザイン 그래픽 디자인.
くらべもの【比べ物】 ▶比べものにならない 비교가 안 되다.
*くらべる【比べる】 ❶비교(比較)하다. ‖背の高さを比べる 키를 비교하다. ❷〔競う〕겨루다. ‖力量を比べる 역량을 겨루다.
グラマー【glamor】 글래머.
くらます【晦ます】 ❶〔姿を隠かす〕모습을 감추다. ‖姿をくらます 모습을 감추다. ❷속이다. ‖人の目をくらます 사람 눈을 속이다.
くらむ【眩む】 ❶현기증(眩氣症)이 나다. ‖空腹のあまり目がくらむ 너무 배가 고파 현기증이 나다. ❷어두워지다; 멀다. ‖金に目がくらむ 돈에 눈이 멀다.
グラム【gramme】 …그램(g).
くらやみ【暗闇】 ❶어둠; 어두운 곳. ‖暗闇の中で 어둠 속에서. ❷〔人目につかない〕사람 눈에 띄지 않는 곳. ❸〔希望が持てない〕희망(希望)이 없는 상태(狀態).
ぐらり 흔들. ‖大岩がぐらりと動く 큰 바위가 흔들거리다.
クラリネット【clarinet】 클라리넷.
グランドスラム【grand slam】 그랜드슬램.
グランドピアノ【grand piano】 그랜드피아노.
グランプリ【grand prix프】 그랑프리.
クリ【栗】 밤. 焼き栗 군밤.
くりあげる【繰り上げる】 ❶〔上または前に〕당기다; 순차적(順次的)으로 끌어올리다. ‖次点を繰り上げて当選とする 차점자를 끌어올려 당선으로 하다. ❷〔日程を〕앞당기다.

くりあわせる【繰り合わせる】〔時間を〕만들다; 조정(調整)하다. ‖うまく繰り合わせれば全員出席できる 시간을 잘 조정하면 전원이 출석할 수 있다.
クリーニング【cleaning】 클리닝. ◆ドライクリーニング 드라이클리닝.
クリーム【cream】 크림. ◆生クリーム 생크림. ハンドクリーム 핸드 크림. クリームスープ 크림수프. クリームソーダ 크림소다.
くりいれる【繰り入れる】 ❶당겨 넣다. ‖釣り糸を繰り入れる 낚싯줄을 당겨 넣다. ❷〔組み入れる〕집어넣다.
くりいろ【栗色】 밤색.
グリーンピース【green peas】 완두콩; 그린피스.
グリーンベルト【greenbelt】 그린벨트.
くりかえし【繰り返し】 반복(反復).
くりかえす【繰り返す】 반복(反復)하다. ‖繰り返して説明する 반복해서 설명하다.
くりくり ❶〔丸くてよく動く様子〕빙글빙글. ‖くりくりとした目 동글동글한 눈. ❷〔丸い様子〕‖くりくり坊主 빡빡 깎은 머리. ❸〔丸くかわいらしく太った様子〕‖くりくりと太った赤ちゃん 통통하게 살이 찐 아기.
ぐりぐり ❶〔リンパにできた〕멍울. ❷문지르다; 주무르다. ‖肘でぐりぐりする 팔꿈치로 주무르다.
クリケット【cricket】 크리켓.
くりこし【繰り越し】 이월(移越). ◆繰り越し金 이월금.
くりこす【繰り越す】 이월(移越)하다. ‖残金は次期に繰り越す 잔금은 차기로 이월하다.
くりさげる【繰り下げる】 순차적(順次的)으로 내리다.
クリスタル【crystal】 크리스탈.
クリスチャン【Christian】 크리스천.
*クリスマス【Christmas】 크리스마스. ‖メリークリスマス! 메리 크리스마스! ◆クリスマスイブ 크리스마스 이브. クリスマスカード 크리스마스 카드. クリスマスキャロル 크리스마스 캐럴. クリスマスツリー 크리스마스 트리. クリスマスプレゼント 크리스마스 선물.
くりつ【区立】 구립(區立). ◆区立図書館 구립 도서관.
クリック【click】 ⦅컴⦆ 클릭.
クリニック【clinic】 클리닉.
くりぬく【刳り貫く】 도려내다.
くりひろげる【繰り広げる】 ❶〔開いてゆく〕순차(順次)대로 펼치다. ‖絵巻物を繰り広げる 두루마리 그림을 펼치다. ❷〔繰り広げられるの形で〕전개(展開)되다; 펼쳐지다. ‖連日熱戦が繰り広げられる 연일 열전이 펼쳐지다.
グリル【grill】 그릴.
*くる【来る】 ❶오다. ‖家にお客さんが来る 집에 손님이 오다. まだ来ていません

아직 안 왔습니다. 10년 전에 한 번 온 적이 있다. 그こに来なかい 이리로 와라. 우리 집에 올래? ご家族と一緒に来てください 가족분들과 같이 오세요. 明日また来る 내일 또 오다. 冬が去り，春が来た 겨울이 가고 봄이 왔다. 台風が来る 태풍이 온다. 膝(ひざ)まで来る靴下 무릎까지 오는 양말. ❺ 이르다; 다다르다. ‖体力が限界に来ている 체력이 한계에 다다르다. ❸〔…から来るの形で〕…에서 생기다; …에서 오다; …로 생기다. ‖心ゆきあから来る事故 해이해짐으로 인해 생기는 사고. 英語から来る外来語 영어에서 온 외래어. 文化の違いから来る誤解 문화의 차이로 인한 오해. ❹〔知覚・感覚を〕느끼다. ‖鼻につんとくるにおい 코를 찌르는 듯한 냄새. 胸(むね)に来る光景 가슴에 강하게 와 닿는 광경. ❺〔…て来るの形で〕(i)…에[어] 오다. ‖蜂が飛んできた 벌이 날아왔다. 少年がこっちへ走ってきた 소년이 이쪽으로 뛰어왔다. 猫が部屋に入ってきた 고양이가 방으로 들어왔다. 旅行から帰ってくる 여행에서 돌아오다. 銀行に行ってくる 은행에 갔다 올래. パンを買ってきてください 빵을 사 오세요. (ii)…고 오다; …다 오다. ‖家にかばんを置いてきます 집에 돌아가서 가방을 두고 오겠습니다. 駅まで送ってきます 역까지 바래다주고 오겠습니다. 夕食は外で食べてきます 저녁은 밖에서 먹고 오겠습니다. 友達の家に遊びに来る 친구 집에서 놀다 오다. ❻〔…になってくるの形で〕…아[어]지다. ‖周りが静かになってきた 주위가 조용해졌다. 段々寒くなってくる 점점 추워지다. 韓国語の勉強が面白くなってきた 한국어 공부가 재미있어졌다.

くる【繰る】 ❶ (당겨서) 감다. ‖糸を繰る 실을 감다. ❷ (차례·순서) 대로 넘기다. ‖ページを繰る 페이지를 넘기다. ❸ (順に) 움직이다; 세다. ‖数珠を繰る 염주를 세다.

ぐる (悪だくみの) 일당(一黨); 한통속.

-ぐるい【狂い】 …광(狂).

*くるう【狂う】 ❶ 미치다; 빠지다. ‖ギャンブルに狂う 도박에 빠지다. ❷ (予測·予定などで) 어긋나다; 틀리다. ‖雨で試合の日程が狂う 비로 시합 일정에 차질이 생기다. ❸ (状態が) 정상(正常)이 아니다. ‖体の調子が狂う 몸 상태가 안 좋다.

クルー【crew】 ❶ (飛行機·船の) 승무원(乗務員). ❷ 보트 경기(競技)의 한 팀.

グループ【group】 그룹.

グループサウンズ【group + sounds 】 그룹 사운드.

くるくる ❶〔軽く回る様子〕뱅글뱅글; 빙글빙글. ‖くるくる(と)回る風車 빙글빙글 도는 풍차. ❷〔丸く巻く様子〕돌돌. ‖紙をくるくると巻く 종이를 돌돌 말다.

ぐるぐる ❶〔連続的に回転する様子〕빙글빙글; 빙빙. ❷〔幾重にも巻き付ける様子〕둘둘. ❸〔次々と移動させる様子〕‖書類をぐるぐる回す 서류를 여기저기로 돌리다.

*くるしい【苦しい】 ❶ 고통(苦痛)스럽다; 어렵다; 괴롭다; 힘들다; 답답하다. ‖生活が苦しい 생활이 어렵다. 息が苦しい 숨을 쉬기가 힘들다. 胸が苦しい 가슴이 답답하다. ❷ 궁색(窮塞)하다; 무리(無理)가 있다. ‖苦しい言い訳 궁색한 변명.

*くるしむ【苦しむ】 ❶ 고생(苦生)하다; 시달리다. ‖神経痛に苦しむ 신경통에 고생하다. 困난에 시달리다. ❷〔理解·判断などに〕고민(苦悶)하다; 곤란(困難)하다. ‖説明に苦しむ 설명하기가 곤란하다.

くるしめる【苦しめる】 괴롭히다; 곤란(困難)하게 하다.

くるぶし【踝】 복사뼈.

くるま【車】 차; 자동차(自動車). ‖車に乗る 차를 타다. 車を拾う 차를 잡다. 車で会社に行く 차로 회사에 가다. 駅まで車に乗せてください 역까지 차를 태워 주세요. 道路のわきに車を止める 길 옆에 차를 세우다. 車で30分かかる 차로 삼십 분 걸린다.

くるまいす【車椅子】 휠체어.

クルマエビ【車海老】 보리새우.

くるまる【包まる】 (布団·ショールなどを) 두르다.

クルミ【胡桃】 호두.

-ぐるみ …을 포함(包含)해 전원(全員). ‖家族ぐるみ 가족 전원.

くるむ【包む】 (紙·布などで) 감싸다.

グルメ【gourmet 프】 미식가(美食家).

くるめる【包める】 ❶ (하나로) 합(合)치다. ❷ 諸経費をくるめると相当な額になる 경비를 다 합치면 상당한 액수가 된다. ❸ 다 속이다.

くるり ❶〔軽く一回転する様子〕휙. ‖くるりと背を向ける 휙 등을 돌리다. ❷〔急に変わる様子〕휙; 싹. ‖方針をくるりと変える方針を싹 바꾸다.

ぐるり ❶〔周り(周圍); 주변(周邊). ❷〔回る様子〕빙. ❸〔見回る様子〕휙. ‖会場をぐるり(と)一回りする 회장을 한 번 휙 둘러보다.

くれ【暮れ】 ❶〔夕方〕저녁. ❷ 계절(季節)의 끝. ❸ 연말(年末).

クレープ【crêpe 프】 ❶〔布〕크레이프. ❷〔菓子〕크레이프.

グレープフルーツ【grapefruit】 그레이프프루트; 자몽.

クレーム【claim】 클레임. ‖クレームをつ

クレーン【crane】크레인.
くれぐれも【呉呉も】 아무쪼록; 부디. ‖くれぐれもよろしくお願いします 아무쪼록 잘 부탁합니다.
*クレジット【credit】크레디트; 신용(信用). ◆クレジットカード 신용 카드.
クレゾール【Krisol F】크레졸.
くれない【紅】다홍색.
クレバス【crevasse】크레바스.
クレパス【Craypas】크레파스.
くれゆく【暮れ行く】(日・年・季節が) 저물어 가다.
クレヨン【crayon 프】크레용.
くれる【呉れる】 ❶ 주다. ‖彼女がくれた大切なもの 그녀가 준 소중한 것. 『…てくれるの形で』…해 주다. ‖友だちが傘を貸してくれた 친구가 우산을 빌려 주었다.
くれる【暮れる】 ❶ 날이 저물다. ‖日が暮れて辺りが暗くなる 해가 져서 주위가 어두워지다. ❷ (日・年・季節が) 저물다. ‖今年も後 3 日で暮れる 올해도 삼일이면 끝난다. ❸ (어떤 상태에서 시간이) 지나다. ‖涙に暮れる 눈물로 지내다.
クレンジングクリーム【cleansing cream】클렌징크림.
*くろ【黒】 ❶ (色의) 검정; 검은색. ❷ (犯罪의 의의) 용의자(容疑者). ‖警察はその男を黒と見ている 경찰은 그 남자를 용의자로 보고 있다.
くろい【黒い】검다. ‖顔が黒い 얼굴이 검다. 黒い靴 검은 구두. 黒く塗る 검게 칠하다.
*くろう【苦労】(するを) 고생(苦生); 걱정; 수고. ‖親に苦労をかける 부모님을 고생시키다. 苦労のかいがあった 고생한 보람이 있다. 彼は小さい時から苦労が多かった 그 사람은 어릴 때부터 고생을 많이 했다. ご苦労様でした 수고 많이 하셨습니다. 수고하셨습니다. ◆苦労性【ソセケ】사소(些少)한 일에도 걱정을 하는 성격(性格). 사서 고생(苦生)하는 성격. 苦労人 고생을 많이 한 사람.
ぐろう【愚弄】(するを) 우롱(愚弄). ‖人を愚弄する 사람을 우롱하다.
くろうと【玄人】 ❶ 전문가(専門家). ❷ 유흥 업소 여자(遊興業所女子).
クローゼット【closet】옷장.
クローバー【clover】 토로버; 토끼풀.
グローバル【global】글로벌. ‖グローバルな視点 글로벌한 시점.
グローブ【glove】글러브.
クロール【crawl】(泳法의) 크롤.
くろくも【黒雲】먹구름.
くろこげ【黒焦げ】검게 탐. ‖黒焦げになった魚 검게 탄 생선.
くろコショウ【黒胡椒】검정 후추.
くろゴマ【黒胡麻】검은깨.

くろざとう【黒砂糖】흑설탕(黒雪糖).
くろじ【黒字】흑자(黒字). ‖黒字を出す 흑자를 내다. 黒字財政 흑자 재정.
くろしろ【黒白】흑백(黒白). ‖黒白をはっきりさせる 흑백을 분명히 하다.
クロス【cross】 (するを) 교차(交叉). ◆クロスカントリー 크로스컨트리. クロスワードパズル 크로스워드 퍼즐.
くろず【黒酢】〔医薬〕 현미(玄米)・보리 등을 숙성(熟成)시켜 만든 식초(食醋).
グロス【gross】 …그로스.
くろずむ【黒ずむ】검어지다; 거무스름해지다. ‖煤(す)で天井が黒ずむ 그을음으로 천장이 거무스름해지다.
くろパン【黒パン】흑빵.
くろビール【黒 beer】흑맥주(黒麦酒).
くろまく【黒幕】흑막(黒幕); 배후 인물(背後人物); 막후(幕後).
クロマツ【黒松】흑송(黒松); 해송(海松); 곰솔.
クロマメ【黒豆】검은콩; 검정콩; 흑대두(黒大豆).
くろみつ【黒蜜】흑설탕(黒雪糖)을 끓여서 녹인 것.
クロム【Chrom F】 크롬.
くろめ【黒目】(目의) 검은자위.
くろやま【黒山】사람들이 많이 모여있는 것. ‖黒山の人だかり 새까맣게 모인 사람 때.
クロレラ【chlorella】클로렐라.
クロワッサン【croissant 프】크로와상.
くわ【鍬】괭이.
クワ【桑】뽕나무. ◆桑畑 뽕밭.
くわえる【加える】 ❶ 더하다; 늘리다; 가(加)하다. ‖スピードを加える 속력을 내다. 圧力を加える 압력을 가하다. ❷ 참가(参加)시키다; 일원(一員)으로 넣다. ‖メンバーに加える 멤버에 넣다. ❸ 주다; 미치다. ‖人に危害を加える 사람들에게 해를 주다.
くわえる【銜える】물다. ‖キャンディーをくわえている 사탕을 물고 있다.
クワガタムシ【鍬形虫】사슴벌레.
くわけ【区分け】(するを) 구분(区分). ‖選挙区を区分けする 선거구를 구분하다.
*くわしい【詳しい】 ❶ 자세(仔細)하다; 상세(詳細)하다. ‖詳しい話を聞かせてください 자세한 말씀을 해 주십시오. 詳しい調査を行う 자세하게 조사를 하다. ❷ 잘 알다. ‖内部の事情に詳しい者の犯行らしい 내부 사정을 잘 아는

사람의 범행인 것 같다.
くわずぎらい【食わず嫌い】 ❶〔食べ物〕먹어 보지도 않고 싫어함 또는 그런 사람. ❷〔物事〕잘 알지도 못하면서 싫어함.
くわせる【食わせる】 ❶ 먹여 주다; 먹게 해 주다. ‖何かうまい物を食わせろ 뭔가 맛있는 거 먹여 줘. ❷ 먹이다; 부양(扶養)하다. ‖今の稼ぎでは家族を食わせるのがやっとだ 지금 벌이로는 겨우 식구를 부양하는 정도다. ❸〔攻撃を与える〕때리다. ‖びんたを食わせる 따귀를 먹이는 멋지게 속이다. ❹〔だます〕속이다. ‖一杯食わせる 멋지게 속이다.
くわだて【企て】 계획(計畫); 획책(劃策).
くわだてる【企てる】 계획(計畫)하다; 획책(劃策)하다.
くわれる【食われる】 ❶ 먹히다. ❷〔引けを取る〕압도(壓倒)당하다.
くわわる【加わる】 ❶〔多くなる〕늘다. ❷ 참가(參加)하다.
くん 훈(訓).
-くん【君】 …군(君). ‖中村君 나카무라 군.
ぐん【軍】 군; 군대(軍隊).
ぐん【郡】 군(行政區域의 하나)(郡).
ぐんか【軍靴】 군화(軍靴).
ぐんか【軍歌】 군가(軍歌).
くんかい【訓戒】 <> 훈계(訓戒). ‖生徒を訓戒する 학생들을 훈계하다. 訓戒をたれる 훈계를 늘어 놓다.
ぐんかん【軍艦】 군함(軍艦).
くんくん 킁킁. ‖くんくんかぐ 킁킁대며 냄새를 맡다.
ぐんぐん 부쩍. ‖成績がぐんぐん上がる 성적이 부쩍 오르다.
ぐんこく【軍國】 군국(軍國). ◆軍國主義 군국 주의.
くんし【君子】 군자(君子). ◆聖人君子 성인 군자.
くんじ【訓示】 훈시(訓示).
ぐんじ【軍事】 군사(軍事). ◆軍事援助 군사 원조, 軍事機密 군사 기밀.
ぐんしきん【軍資金】 군자금(軍資金).
くんしゅ【君主】 군주(君主). ◆君主國 군주국, 君主制 군주제.
ぐんじゅ【軍需】 군수(軍需). ◆軍需産業 군수 산업.
ぐんしゅう【群集】 군집(群集). ◆群集心理 군중 심리.
ぐんしゅう【群衆】 군중(群衆).
ぐんしゅく【軍縮】 군축(軍縮). ◆軍縮会議 군축 회의.
くんしょう【勲章】 훈장(勳章).
ぐんしょう【群小】 군소(群小). ◆群小政党 군소 정당.
ぐんじょう【群青】 군청색(群靑色).
クンジラン【君子蘭】 군자란(君子蘭).
ぐんじん【軍人】 군인(軍人). ‖職業軍人 직업 군인.

くんせい【燻製】 훈제(燻製).
ぐんせい【群生】 <> 군생(群生).
ぐんぞう【群像】 군상(群像). ‖青春の群像 청춘의 군상.
ぐんたい【軍隊】 군대(軍隊).
-くんだり 「山奥くんだりまで出張に行きました 산골에까지 출장 갔다 왔습니다.
ぐんだん【軍團】 군단(軍團).
ぐんて【軍手】 목장갑(木掌匣).
ぐんび【軍備】 군비(軍備). ‖軍備の制限をする 군비 제한을 하다.
ぐんぴ【軍費】 군비(軍費).
ぐんぷ【軍部】 군부(軍部).
くんぷう【薰風】 훈풍(薰風).
ぐんぷく【軍服】 군복(軍服).
ぐんぽう【軍法】 군법(軍法). ◆軍法会議 군법 회의.
ぐんらく【群落】 군락(群落).
くんりん【君臨】 군림(君臨).
*くんれん【訓練】 <> 훈련(訓練). ‖1人でできるように訓練する 혼자서 할 수 있도록 훈련하다. 訓練を受ける 훈련을 받다. ◆職業訓練 직업 훈련.

け

*け【毛】 ❶ 털. ‖鶏の毛をむしる 닭 털을 뽑다. ❷ 머리카락. ‖くせ毛 고수머리. ❸〔ウール〕양털; 울. ▶毛が生えたような 조금 나아졌지만 크게 달라지지 않은: 作文に毛が生えたような 조금 나은 논문.
け【気】 ❶ 조짐(兆朕); 징후(徵候); 낌새. ‖噴火の前日まではその気もなかった 분화 전날까지 아무런 조짐도 없었다. ❷ …모습; 징후(徵候); …느낌; …기(氣). ‖塩気が足りない 소금기가 부족하다. 吐き気がする 토할 것 같다.
-け【家】 …가(家).
ケア【care】 케어; 간호(看護). ◆アフターケア 애프터케어, スキンケア 스킨 케어. ケアマネージャー 간호 매니저.
けあな【毛穴】 모공(毛孔); 땀구멍.
けい【刑】 형(刑). ◆罰金刑 벌금형.
けい【系】 계(系).
けい【計】 ❶ 계획(計畫). ‖百年の計 백년지계. ❷ 합계(合計). ‖計 3万円 합계 삼만 엔.
げい【芸】 예술(藝術); 재주.
ゲイ【gay】 게이.
けいあい【敬愛】 <> 경애(敬愛). ‖敬愛する人物 경애하는 인물.
けいい【経緯】 ❶ 경위(經緯). ‖事の経緯を詳しく話す 일의 경위를 자세히 말하다. ❷ 위도(緯度)와 경도(經度).
けいい【敬意】 경의(敬意). ‖敬意を払う 경의를 표하다.
*けいえい【経営】 <> 경영(經營). ‖会社を経営する 회사를 경영하다. 経営

けいえん 142

難に陥る 経営難に陥다. ◆経営学 経営学. 経営コンサルタント 경영 컨설턴트. 経営者 경영자. 経営戦略 경영 전략. 経営不振 경영 부진. 経営分析 경영 분석.

けいえん [敬遠] (する) 경원(敬遠).

けいか [経過] (する) 경과(経過); 추이(推移). ‖事の経過を見守る 사건의 추이를 지켜보다.

けいかい [軽快] ❶ 경쾌(軽快)하다. ‖軽快な音楽 경쾌한 음악. 軽快に歩く 경쾌하게 걷다. ❷ (病気に)좋아지다.

けいかい [警戒] (する) 경계(警戒). ◆歳末特別警戒 연말 특별 경계. 警戒警報 경계 경보. 警戒色 경계색. 警戒心 경계심. 警戒水位 경계 수위. 警戒線 경계선.

*けいかく [計画] (する) 계획(計画). ‖旅行を計画する 여행을 계획하다. 計画を立てる 계획을 세우다. 計画を練る 계획을 짜다. ◆長期計画 장기 계획. 計画経済 계획 경제.

けいかくてき [計画的] 계획적(計画的). ‖計画的な犯行 계획적인 범행.

けいかん [景観] 경관(景観). ‖景観を損なう 경관을 해치다. ◆都市景観 도시 경관.

けいかん [警官] 경관(警官).

けいがん [慧眼] 혜안(慧眼).

けいき [刑期] 형기(刑期).

けいき [契機] 계기(契機). ‖就職を契機に親元を離れる 취직을 계기로 부모님 곁을 떠나다.

*けいき [景気] ❶ 경기(景気). ‖景気の変動ははなはだしい 경기 변동이 심하다. 景気のいい会社 경기가 좋은 회사. 景気回復 경기 회복. ❷ [活気]기세(気勢); 위세(威勢).

けいきょもうどう [軽挙妄動] (する) 경거망동(軽挙妄動).

けいく [警句] 경구(警句).

けいぐ [敬具] 경구(敬具).

*けいけん [経験] (する) 경험(経験). ‖経験が浅い 경험이 적다. 経験を積む 경험을 쌓다. 経験を生かす 경험을 살리다. 英語を教えた経験がある 영어를 가르친 경험이 있다. 学生の間に色々なことを経験したい 학생 때 여러 가지를 경험하고 싶다. 豊かな経験 풍부한 경험. ◆経験主義 경험 주의. 経験的인 経験的.

けいげん [軽減] (する) 경감.

けいこ [稽古] (する) 연습(練習); 훈련(訓練). ‖熱心に稽古する 열심히 연습하다. 稽古をつける 훈련을 시키다. ピアノの稽古 피아노 연습.

けいご [敬語] 경어(敬語).

けいご [警護] (する) 경호(警護). ‖身辺を警護する 신변을 경호하다. 警護를 붙이다.

けいこう [蛍光] 형광(蛍光). ◆蛍光灯 형광등. 蛍光塗料 형광 도료. 蛍光物質 형광 물질.

けいこう [傾向] 경향(傾向). ‖円高の傾向が見られる 엔고의 경향이 보이다. 世論の一般的傾向 여론의 일반적인 경향.

げいごう [迎合] (する) 영합(迎合).

けいこうぎょう [軽工業] 경공업(軽工業).

けいこく [渓谷] 계곡(渓谷).

けいこく [警告] (する) 경고(警告). ‖警告を発する 경고를 하다. 警告を受ける 경고를 받다.

けいさい [掲載] (する) 게재(掲載). ‖新聞に関連記事を掲載する 신문에 관련기사를 게재하다. 彼の写真が今日의 신문에 掲載された 그 사람 사진이 오늘 신문에 게재되었다.

*けいざい [経済] 경제(経済). ◆計画経済 계획 경제. 自由経済 자유 경제. 世界経済 세계 경제. 日本経済 일본 경제. 経済学 경제학. 経済観念 경제 관념. 経済政策 경제 정책. 経済成長率 경제 성장률. 経済大国 경제 대국. 経済的 경제적. 経済的인 이유로 大学를 중퇴하다. 経済的으로 苦しい 경제적으로 어렵다. 経済白書 경제 백서. 経済封鎖 경제 봉쇄.

*けいさつ [警察] 경찰(警察). ‖警察を呼ぶ 경찰을 부르다. 警察に通報する 경찰에 통보하다. ◆警察官 경찰관. 警察犬 경찰견. 警察権 경찰권. 警察署 경찰서.

*けいさん [計算] (する) 계산(計算). ‖計算が速い 계산이 빠르다. 相手의 反対を計算に入れる 상대방의 반대를 계산에 넣다. 万事計算通りにいっている 만사가 계산대로 되고 있다. ▶計算尽くで이해득실을 따져 손해를 안 보도록 행동하는 것. 計算ずくの行動 계산된 행동. ▶計算高い 타산적이다. ◆計算高い人 타산적인 사람. ◆電子計算機 전자계산기.

けいさんぷ [経産婦] 경산부(経産婦).

けいし [軽視] (する) 경시(軽視).

けいじ [刑事] 형사(刑事). ◆刑事事件 형사 사건. 刑事責任 형사 책임.

けいじ [掲示] (する) 게시(掲示). ‖日程を掲げる일정을 게시하다.

けいじ [啓示] (する) 계시(啓示).

けいじ [慶事] 경사(慶事).

*けいしき [形式] ❶ 형식(形式); 외형(外形). ‖彼は形式にこだわっている 그 사람은 형식에 집착하고 있다. 形式だけの質疑応答에 끝나다. 形式뿐인 질의응답으로 끝나다. ❷ 양식(様式); ‖提出用紙의 形式を変える 신고 용지의 양식을 바꾸다. ◆形式主義 형식 주의.

けいじじょうがく【形而上學】 형이상학(形而上學).
けいしつ【形質】 형질(形質).
けいしゃ【傾斜】 경사(傾斜). ‖南に傾斜した土地 남쪽으로 경사가 진 땅.
けいしゃ【鷄舎】 닭장.
げいじゅつ【芸術】 예술(藝術). ◆芸術は長く人生は短し 인생은 짧고 예술은 길다. ◆空間芸術 공간 예술. 芸術家 예술가. 芸術作品 예술 작품.
けいしょ【経書】 경서(經書).
けいしょう【形象】 형상(形象).
けいしょう【敬称】 경칭(敬稱).
けいしょう【軽傷】 경상(輕傷).
けいしょう【継承】 《する》 계승(繼承). ◆継承者 계승자.
けいしょう【警鐘】 경종(警鐘). ‖警鐘を鳴らす 경종을 울리다.
けいじょう【形状】 형상(形狀); 모양(模樣). ‖葉の形状 잎 모양.
けいじょう【経常】 경상(經常). ◆経常利益 경상 이익.
けいしょうち【景勝地】 경승지(景勝地); 명승지(名勝地).
けいしょく【軽食】 가벼운 식사(食事).
けいず【系図】 계도(系圖).
けいすいろ【軽水炉】 경수로(輕水爐).
けいすう【係数】 계수(係數).
けいすう【計數】 계수(計數); 계산(計算)을 함.
けいせい【形成】 《する》 형성(形成). ‖一家を形成する 일가를 형성하다. 人格形成 인격 형성. ◆形成外科 성형외과.
けいせい【形勢】 형세(形勢). ‖彼の登場で形勢が逆転した 그 사람의 등장으로 형세가 역전되었다.
けいせき【形跡】 형적(形跡); 흔적(痕跡).
けいせつのこう【蛍雪の功】 형설지공(螢雪之功).
けいせん【経線】 경선; 경도선(經度線).
けいせん【罫線】 괘선(罫線).
けいそ【珪素】 규소(硅素).
けいそう【軽装】 가벼운 복장(服裝).
けいぞく【計画】 《する》 계속(計劃). ‖測器器 계측기.
けいぞく【継続】 《する》 계속(繼續). ‖観測を継続する 관측을 계속하다. 今後も交渉を継続していくつもりだ 앞으로도 교섭을 계속해 나갈 생각이다. 継続的な努力 계속적인 노력.
けいそつ【軽率】 경솔(輕率)하다. ‖軽率な行動 경솔한 행동. 軽率にもそれを彼に言ってしまった 경솔하게도 그것을 그 사람에게 말해 버렸다.
けいたい【形態・形體】 형태(形態). ‖土地の利用形態 토지의 이용 형태. 支配形態 지배 형태. 形態的分類 형태적 분류.

*けいたい【携帯】 《する》 휴대(携帶). ‖この辞書は携帯に便利다 이 사전은 휴대하기에 편리하다. ◆携帯電話 휴대 전화. 携帯フォン. 핸드폰.
けいだい【境内】 경내(境內).
けいちつ【啓蟄】 (二十四節気의)경칩(驚蟄).
けいちゅう【傾注】 《する》 경주(傾注). ‖この仕事に全力を傾注する 이 일에 전력을 경주하다.
けいちょう【軽重】 경중(輕重).
けいちょう【傾聴】 《する》 경청(傾聽). ‖静かに傾聴する 조용히 경청하다.
けいちょう【慶弔】 경조(慶弔). ‖慶弔費 경조비.
けいてき【警笛】 경적(警笛). ‖警笛を鳴らして警告を울리다.
けいと【毛糸】 털실. ‖毛糸のマフラー 털실 머플러.
けいど【経度】 경도(經度).
けいど【軽度】 증상(症狀)이 가벼움.
けいど【傾度】 경도(傾度).
けいとう【系統】 ❶ 계통(系統). ‖神経系統 신경 계통. 命令系統 명령 계통. ❷ 혈통(血統). ❸ 〔生物〕계통. ◆系統樹 계통수.
けいとう【傾倒】 《する》 경도(傾倒).
ケイトウ【鷄頭】 맨드라미.
けいどうみゃく【頭動脈】 경동맥(頸動脈).
げいにん【芸人】 연예인(演藝人).
げいのう【芸能】 연예(演藝). ◆芸能界 연예계. 芸能人 연예인.
けいば【競馬】 경마(競馬). ◆競馬場 경마장.
けいはく【敬白】 경백(敬白);경구(敬具).
けいはく【軽薄】 경박(輕薄)하다. ‖軽薄な笑い 경박한 웃음.
けいはつ【啓発】 《する》 계발(啓發). ‖自己啓発 자기 계발.
けいばつ【刑罰】 형벌(刑罰). ‖刑罰を科す 형벌을 과하다.
けいはんざい【軽犯罪】 경범죄(輕犯罪).
けいひ【桂皮】 계피(桂皮).
けいひ【経費】 경비(經費). ‖経費がなりかかる 경비가 폐 든다. ◆経費節減 경비 절감.
けいび【軽微】 경미(輕微)하다. ‖軽微な被害 경미한 피해.
けいび【警備】 《する》 경비(警備). ‖沿岸を警備する 연안을 경비하다. 警備につく[立つ] 경비를 서다. ◆警備員 경비원. 警備艇 경비정.
けいひん【景品】 경품(景品).
けいふ【系譜】 계보(系譜).
けいふ【継父】 계부(繼父); 의붓아버지.
けいべつ【軽蔑】 《する》 경멸(輕蔑). ‖彼女はうそをつく人を一番軽蔑している 그녀는 거짓말을 하는 사람을 가장 경멸하고 있다. 軽蔑のまなざしで見る 경

멀하는 듯한 눈빛으로 바라보다.
けいぼ【継母】 계모(繼母); 의붓어머니.
けいほう【刑法】 형법(刑法).
けいほう【警報】 경보(警報). ◆火災警報 화재 경보. 空襲警報 공습 경보. 警戒警報 경계 경보. 警報器 경보기.
けいぼう【警棒】 경찰봉(警察棒).
けいむしょ【刑務所】 교도소(矯導所).
げいめい【芸名】 예명(藝名).
けいもう【啓蒙】 〖一する〗 계몽(啓蒙). ◆啓蒙思想 계몽 사상. 啓蒙主義 계몽주의.
***けいやく**【契約】 〖一する〗 계약(契約). ‖契約を結ぶ 계약을 맺다. 契約を更新する 계약을 갱신하다. 2年契約で事務所を借りる 이 년 계약으로 사무소를 얻다. ◆契約違反 계약 위반. 契約書 계약서.
けいゆ【経由】 〖一する〗 경유(經由). ‖ソウルを経由して上海へ行く 서울을 경유해서 상하이에 가다.
けいゆ【軽油】 경유(輕油).
けいよう【形容】 〖一する〗 형용(形容). ‖この美しさはとても言葉では形容し切れない 이 아름다움은 말로 다 형용할 수 없다. ◆形容詞 형용사. 形容動詞 형용동사.
けいよう【掲揚】 〖一する〗 게양(揭揚). ‖国旗を掲揚する 국기를 게양하다.
けいらん【鶏卵】 계란(鷄卵); 달걀.
けいり【経理】 경리(經理). ◆経理部 경리부.
けいりゃく【計略】 계략(計略). ‖計略にひっかかる 계략에 걸리다.
けいりゅう【渓流】 계류(溪流).
けいりょう【計量】 〖一する〗 계량(計量). ◆計量カップ 계량컵.
けいりょう【軽量】 경량(輕量).
けいりん【競輪】 경륜(競輪).
けいれい【敬礼】 〖一する〗 경례(敬禮).
けいれき【経歴】 경력(經歷). ‖経歴を偽る 경력을 속이다. 輝かしい経歴 화려한 경력.
けいれつ【系列】 계열(系列). ◆系列会社 계열사.
けいれん【痙攣】 〖一する〗 경련(痙攣). ‖足が痙攣する 다리에 경련이 일다.
けいろ【経路】 경로(經路). ‖侵入経路 침입 경로. 入手経路 입수 경로.
けいろう【敬老】 경로(敬老). ‖敬老の心 경로의 마음. ◆敬老の日 경로의 날.
ケーキ【cake】 케이크. ◆スポンジケーキ 스펀지케이크.
ゲージ【guage】 게이지.
ケース【case】 케이스. ❶〔容器〕 ‖バイオリンのケース 바이올린 케이스. ❷〔事例〕 ‖前例のない特異なケース 전례가 없는 특이한 케이스.
ゲートボール【gate+ball 日】 게이트볼.
ケーブル【cable】 케이블. ◆ケーブルカー 케이블카. ケーブルテレビ 케이블 티브이.
ゲーム【game】 게임. ◆ゲームオーバー 게임 오버. ゲームセンター 오락실.
***けが**【怪我】 ❶ 부상(負傷); 상처(傷處). ‖足をけがする 다리를 다치다. ❷ 과실(過失); 결점(缺點). ▶けがの功名 소 뒷걸음질 치다 쥐 잡기.‖속〗
げか【外科】 외과(外科). ‖外科医 외과의사.
けがす【汚す】 ❶ 더럽히다. ‖聖域を汚す 성역을 더럽히다. ❷〔名誉·名声などを〕훼손(毁損)하다. ‖名誉を汚す 명예를 훼손하다. ❸〔女性を〕욕보이다.
ケガニ【毛蟹】 털게.
けがらわしい 더럽다; 역겹다; 불결(不潔)하다; 추잡(醜雜)스럽다.
けがれ【汚れ】 ❶〔精神的〕더러움. ❷ 부정(不淨).
けがれる【汚れる】 ❶ 더러워지다; 상처(傷處)를 입다. ‖身も心も汚れてしまった 몸도 마음도 더러워지고 말았다. ❷〔はずかしめに〕정조(貞操)를 잃다. ❸ 부정(不淨)해지다.
けがわ【毛皮】 모피(毛皮). ‖毛皮のコート 모피 코트.
げき【劇】 연극(演劇); 극. ‖放送劇 방송극.
げきか【激化】 〖一する〗 격화(激化). ‖対立が激化する 대립이 격화되다.
げきげん【激減】 〖一する〗 격감(激減). ‖野生動物が激減する 야생 동물이 격감하다.
げきさく【劇作】 극작(劇作). ◆劇作家 극작가.
げきさん【激賛】 격찬(激讚).
げきじょう【劇場】 극장(劇場).
げきじょう【激情】 격정(激情). ‖激情にかられる 격정에 휩싸이다.
げきじん【激甚】 격심(激甚)하다; 극심(極甚)하다.
げきする【激する】 ❶ 흥분(興奮)하다. ‖相手の無礼に思わず激する 상대의 무례에 나도 모르게 흥분하다. ❷ 격(激)해지다. ‖戦いが激する 싸움이 격해지다.
げきせん【激戦】 〖一する〗 격전(激戰). ◆激戦地 격전지.
げきぞう【激増】 〖一する〗 급증(急增). ‖交通事故が激増する 교통사고가 급증하다.
げきたい【撃退】 〖一する〗 격퇴(擊退).
げきだん【劇団】 극단(劇團).
げきちゅう【劇中】 극중(劇中). ◆劇中人物 극중 인물.
げきちん【擊沈】 〖一する〗 격침(擊沈). ‖敵の戦艦を擊沈する 적 전함을 격침하다.
げきつい【擊墜】 〖一する〗 격추(擊墜). ‖敵機を擊墜する 적기를 격추하다.
げきつう【激痛】 심한 통증(痛症); 격심

(激品)한 통증.

げきてき【劇的】 극적(劇的). ‖극적인 순간 극적인 순간.

げきど【激怒】 격노(激怒).

げきとう【激闘】(をする) 격투(激鬪).

げきどう【激動】 격동(激動). ‖격동하는 국제정세 격동하는 국제 정세.

げきとつ【激突】(をする) 격돌(激突); 부딪침. ‖꽤나 격렬한 담장에 부딪치다.

げきは【撃破】 격파(擊破). ‖적의 주력 부대를 격파하다 적의 주력 부대를 격파하다.

げきぶつ【劇物】 독극물(毒劇物).

げきへん【激變】 격변(激變).

げきむ【激務】 격무(激務). ‖격무에 쓰러지다.

げきやく【劇藥】 극약(劇藥).

けぎらい【毛嫌い】 ‖毛嫌いする 이유도 없이 싫어하다. ‖数学を毛嫌いする 수학을 괜히 싫어하다.

げきりゅう【激流】 격류(激流).

げきれい【激励】(をする) 격려(激勵). ‖試験前に息子を激励する 시험 전에 아들을 격려하다.

げきれつ【激烈】ナ 격렬(激烈)하다. ‖激烈な競争 격렬한 경쟁.

げきろん【激論】 격론(激論). ‖激論を戦わせる 격론을 벌이다.

げけつ【下血】(をする) 하혈(下血).

げこう【下向】 하향(下向).

げこう【下校】 하교(下校).

げこくじょう【下剋上】 하극상(下剋上).

けさ【今朝】 오늘 아침. ‖今朝は早く着いた 오늘 아침은 빨리 도착했다.

けさ【袈裟】 가사(袈裟); 승복(僧服).

げざい【下剤】 설사약(泄瀉藥).

げざん【下山】 하산(下山).

ケシ【芥子】 양귀비(楊貴妃).

げし【夏至】 (二十四節気의) 하지(夏至).

けしいん【消印】 소인(消印).

けしかける 부추기다. ‖妹をけしかけて小遣いをねだらせる 여동생을 부추겨서 용돈을 타내게 하다.

けしからぬ【怪しからぬ】 무례(無禮)한; 괘씸한. ‖けしからぬふるまい 괘씸한 행동.

けしき【氣色】 기색(氣色).

けしき【景色】 경치(景色). ‖景色のいいところ 경치가 좋은 곳.

けしゴム【消しゴム】 지우개. ‖消しゴムで消す 지우개로 지우다.

けしさる【消し去る】 지우다; 지워 버리다.

けじめ 구별(區別); 구분(區分); 매듭. ‖けじめをつける 잘못에 대해 확실히 책임을 지다.

げしゃ【下車】(をする) 하차(下車).

げしゅく【下宿】(をする) 하숙(下宿). ◆下宿屋 하숙집.

げじゅん【下旬】 하순(下旬).

けしょう【化粧】(をする) 화장(化粧). ‖うっすらと化粧をする 연하게 화장을 하다. 化粧を落とす 화장을 지우다. ◆化粧室 화장실. 化粧水 화장수. 化粧品 화장품.

けしん【化身】 화신(化身). ‖神の化身 신의 화신.

*けす【消す】 ❶ 끄다. ‖明かりを消す 불을 끄다. ❷ 지우다. ‖黒板の字を消す 칠판의 글씨를 지우다. ❸ 없애다; 죽이다. ‖音を消す テレビを見る 소리를 죽이고 텔레비전을 보다. ❹ 감추다. ‖姿を消す 모습을 감추다.

げすい【下水】 하수(下水). ◆下水溝 하수구. 下水道 하수도.

ゲスト【guest】 게스트.

けずる【削る】 ❶ [そぎ取る] 깎다. ‖鉛筆を削る 연필을 깎다. ❷ 줄이다; 삭감(削減)하다. ‖予算を削る 예산을 줄이다. ❸ 지우다; 빼다; 삭제(削除)하다. ‖項目を削る 항목을 삭제하다. リストから名前を削る 리스트에서 이름을 빼다[지우다].

げそ (イカ의) 오징어 다리.

けた【桁】 ❶ [数学] 자리. ‖3桁の数 세 자리 수. ❷ [柱·橋脚등의 위의] 횡(橫)으로 걸치는 목재(木材). ‖桁が違う 차이가 크다.

げた【下駄】 나막신. ‖下駄履き住宅 주상 복합 주택 (住商複合住宅).

けだかい【気高い】 기품(氣品)이 있다; 고상(高尙)하다.

げたげた [下品なほどに高笑いをする様子] げたげた(と) 笑う 큰 소리로 천박하게 웃다.

けたたましい 요란(搖亂)하다; 요란스럽다; 시끌벅적하다. ‖けたたましいサイレンを鳴らして消防車が走る 요란스럽게 사이렌을 울리며 소방차가 달려오다.

けちがい【桁違い】 (桁異い)가 남.

げだつ【解脱】(をする) 해탈(解脫). ‖煩惱(ぼんのう)を解脱する 번뇌에서 해탈하다.

けたはずれ【桁外れ】 평균(平均)과 크게 차이(差異)가 남. ‖桁外れの金持ち 다 엄청난 부자다.

けだま【毛玉】 (털) 보푸라기.

けだもの【獣】 짐승. ‖あいつは人間の皮をかぶった獣だ 저 녀석은 인간의 탈을 쓴 짐승이다.

けだるい【気だるい】 나른하다; 노곤(勞困)하다; 피곤(疲困)하다.

げだん【下段】 하단(下段). ‖本棚の下段 책꽂이의 하단.

けち【客嗇】 ❶ 인색(吝嗇)하다. ‖けちな人 인색한 사람. 구두쇠. ❷ 비열(卑劣)한; 졸렬(拙劣)하다. ‖けちな考え 졸렬한 생각.

ケチャップ【ketchup】 케첩.

けちょんけちょん ‖けちょんけちょんにけ

なす 심하게 비난하다.
げつ【月】［月曜の略語］월(月). ∥授業は月火水 3 日ある 수업은 월화수 삼 일 있다.
けつあつ【血圧】 혈압(血壓). ∥血圧が高い 혈압이 높다. 血圧を計る 혈압을 재다. ◆高血圧 고혈압.
けつい【決意】 (ଖ動) 결의(決意). ∥決意が揺らぐ 결의가 흔들리다. 固く決意する 굳게 결의하다.
けついん【欠員】 결원(缺員). ∥欠員が生じる 결원이 생기다.
けつえき【血液】 혈액(血液). ◆血液型 혈액형. 血液銀行 혈액 은행. 血液検査 혈액 검사.
けつえん【血緣】 혈연(血緣). ◆血緣関係 혈연 관계.
***けっか【結果】** 결과(結果). ∥原因と結果 원인과 결과. 実験の結果 실험 결과. いい結果を得る 좋은 결과를 얻다. ◆結果論 결과론.
けっかく【欠格】 결격(缺格). ◆欠格事由 결격 사유.
けっかく【結核】 결핵(結核).
けつがく【月額】 월액(月額).
けっかん【欠陷】 결함(缺陷). ◆欠陷商品 결함 상품.
けっかん【血管】 혈관(血管).
げっかん【月刊】 월간(月刊). ◆月刊誌 월간지.
げっかん【月間】 월간(月間); 달. ∥月間生産量 월간 생산량. 交通安全月間 교통 안전의 달.
けっき【血気】 혈기(血氣). ∥血気盛んな若者 혈기 왕성한 젊은이.
けっき【決起】 궐기(蹶起).
けつぎ【決議】 (ଖ動) 결의(決議). ∥核兵器禁止を決議する 핵무기 금지를 결의하다.
***げっきゅう【月給】** 월급(月給). ∥月給が上がる 월급이 오르다. 安月給でやっていく 싼 월급으로 해 나가고 있다. ◆月給制 월급제.
げっきゅうとり【月給取り】 월급(月給)쟁이.
けっきょく【結局】 결국(結局). ∥結局私は集まりに行かなかった 결국 나는 모임에 가지 않았다. 結局彼が勝った 결국 그 사람이 이겼다.
けっきん【欠勤】 (ଖ動) 결근(缺勤). ∥長期欠勤 장기 결근.
げっけい【月経】 월경(月經); 생리(生理).
げっけいかん【月桂冠】 월계관(月桂冠).
ゲッケイジュ【月桂樹】 월계수(月桂樹).
けっこう【欠航】 (ଖ動) 결항(欠航). ∥台風で欠航になる 태풍으로 결항되다.
けっこう【結構】 ❶ 짜임새; 구성(構成). ∥文章の結構を考える 문장의 짜임새를 생각하다. ❷［結構だの形で］충분(充分)하다; 나무랄 데 없다. ∥もう結構です 이제 됐습니다. 結構ですね 좋군요. ❸［副詞的に］꽤; 상당(相當)히; 제법. ∥結構役に立つ 꽤 도움이 된다.
けつごう【結合】 결합(結合). ∥分子が結合する 분자가 결합하다.
げっこう【月光】 월광(月光); 달빛.
けっこん【血痕】 혈흔(血痕); 핏자국.
***けっこん【結婚】** 결혼(結婚). ∥同級生と結婚する 동급생과 결혼하다. 弟はまだ結婚していない 남동생은 아직 결혼 안 했다. 結婚して何年になりますか 결혼한 지 몇 년 됩니까? ◆見合い結婚 중매결혼. 恋愛結婚 연애 결혼. 結婚式 결혼식. 結婚指輪 결혼 반지.
けっさい【決済】 (ଖ動) 결제(決濟). ∥決済日 결제일.
けっさく【傑作】 걸작(傑作).
けっさん【決算】 결산(決算). ◆決算報告 결산 보고.
げつじ【月次】 월차(月次). ◆月次計画 월차 계획.
けつじつ【結実】 (ଖ動) 결실(結實).
けっして【決して】 결코; 절대(絶對)로. ∥決してうそをつくな 절대로 거짓말하지 말아라. 私は決して彼を許さない 나는 절대로 그 사람을 용서하지 않을 거다. 決して容易ではない仕事 결코 쉽지 않은 일.
げっしゃ【月謝】 매달 내는 수업료(授業料).
けっしゅう【結集】 (ଖ動) 결집(結集). ∥総力を結集する 총력을 결집하다.
げっしゅう【月収】 월수; 월수입(月收入).
けっしゅつ【傑出】 (ଖ動) 걸출(傑出).
けつじょ【欠如】 (ଖ動) 결여(缺如). ∥責任感が欠如している 책임감이 결여되어 있다.
けっしょう【決勝】 결승(決勝). ∥決勝に進出する 결승에 진출하다. ◆決勝戦 결승전.
けっしょう【結晶】 결정(結晶).
けつじょう【欠場】 결장(缺場).
けっしょうばん【血小板】 혈소판(血小板).
けっしょく【血色】 혈색(血色). ∥血色が悪い 혈색이 안 좋다.
げっしょく【月食】 월식(月蝕).
***けっしん【決心】** (ଖ動) 결심(決心). ∥彼は留学しようと決心した 그 사람은 유학하기로 결심했다. 決心が揺らぐ 결심이 흔들리다. 固く決心する 굳게 결심하다.
けっしん【結審】 결심(結審).
けっする【決する】 결정(決定)하다. ∥運命を決する 운명을 결정하다. 意を決する 마음을 먹다.
けっせい【血清】 혈청(血淸).
けっせい【結成】 (ଖ動) 결성(結成). ∥新

けつぜい【血税】 혈세(血稅).
けっせき【欠席】 (る)결석(缺席). ‖用事で会議を欠席する 볼일이 있어서 회의를 결석하다. ◆長期欠席 장기 결석. 無断欠席 무단 결석. 欠席裁判 欠席裁判 결석재판. 欠席届 결석계.
けっせき【結石】 결석(結石). ‖腎臓結石 신장 결석.
けっせん【血栓】 혈전(血栓). ‖脳血栓 뇌혈전.
けっせん【決戦】 (る)결전(決戰). ‖天下分け目の決戦 천하를 가르는 결전.
けつぜん【決然】 결연(決然)히. ‖決然たる態度 결연한 태도.
けっそく【結束】 (る)결속(結束); 단결(團結). ‖結束を固める 결속을 단단히 하다.
けつぞく【血族】 혈족(血族).
げっそり ❶[やせた様子]쏙. ‖頬がげっそりこけた 볼살이 쏙 빠지다. ❷[急に気力がなくなる様子]쏙. ‖落選の報にげっそりしてしまった 낙선했다는 소식에 힘이 쏙 빠졌다.
けっそん【欠損】 결손(缺損). ‖莫大な欠損を出す 막대한 결손을 내다.
けったく【結託】 (る)결탁(結託). ‖業者と結託して不正をはたらく 업자와 결탁하여 부정을 저지르다.
けつだん【決断】 (る)결단(決斷). ‖思い切って決断する 과감히 결단을 내리다.
けっちゃく【決着】 결착(決着). ‖決着をつける 결착을 짓다.
けってい【決定】 (る)결정(決定). ‖活動方針を決定する 활동 방침을 결정하다. 誤った決定を下す 잘못된 결정을 내리다. 委員会はその提案に反対することを決定した 위원회는 그 제안에 반대하기로 결정했다. ◆決定的 결정적. 決定版 결정판.
けってん【欠点】 결점(缺點); 단점(短點). ‖欠点を補う 결점을 보완하다.
けっとう【血統】 혈통(血統). ‖血統のよい 혈통이 끊기다. ◆血統書 혈통서.
けっとう【血糖】 혈당(血糖). ◆血糖値 혈당치.
けっとう【決闘】 (る)결투(決鬪).
けっとばす【蹴っ飛ばす】 걷어차다.
けっぱく【潔白】 결백(潔白). ‖裁判で身の潔白を証明する 재판에서 자신의 결백을 증명하다. 清廉潔白な人 청렴결백한 사람.
けつばん【欠番】 결번(缺番). ◆永久欠番 영구 결번.
げっぷ 트림. ‖げっぷが出る 트림이 나다.
げっぷ【月賦】 월부(月賦). ‖月賦で買う 월부로 사다.
げっぺい【月餠】 월병(月餠).
けっぺき【潔癖】ダ 결벽(潔癖)하다. ‖ひどく潔癖な性格 지나치게 결벽한 성

격.
けつべつ【決別】 (る)결별(訣別).
けつぼう【欠乏】 결핍(缺乏); 부족(不足). ‖ビタミン欠乏 비타민 결핍. 物資の欠乏 물자 부족.
けつまく【結膜】 결막(結膜). ◆結膜炎 결막염.
けつまつ【結末】 결말(結末). ‖結末をつける 결말을 짓다. 意外な結末 의외의 결말.
げつまつ【月末】 월말(月末).
けつゆうびょう【血友病】 혈우병(血友病).
げつようび【月曜日】 월요일(月曜日).
けつりゅう【血流】 혈류(血流).
けつれい【欠礼】 결례(缺禮).
げつれい【月例】 월례(月例). ◆月例報告 월례 보고.
げつれい【月齢】 월령(月齡).
けつれつ【決裂】 (る)결렬(決裂). ‖交渉は決裂する 교섭이 결렬되다.
けつろ【結露】 결로(結露).
けつろん【結論】 결론(結論). ‖結論を出す 결론을 내다. 結論に達する 결론에 달하다. 結論づける 결론짓다.
げてもの【下手物】 ❶조잡(粗雜)한 물건. ❷珍奇なもの;색다른 물건.
げどう【外道】 외도(外道).
げどく【解毒】 (る)해독(解毒). ◆解毒作用 해독 작용.
けとばす【蹴飛ばす】 ❶차 버리다; 차다; 차내다. ‖石ころを蹴飛ばす 돌멩이를 차다. ❷거절(拒絶)하다; 거부(拒否)하다; 일축(一蹴)하다. ‖申し出を蹴飛ばす 신청을 거부하다.
けなげ【健気】ダ 기특(奇特)하다; 씩씩하다.
けなす【貶す】 헐뜯다; 비방(誹謗)하다.
けぬき【毛抜き】 족집게.
げねつ【解熱】 (る)해열(解熱). ◆解熱剤 해열제.
けねん【懸念】 (る)괘념(掛念); 걱정; 근심. ‖事の成り行きを懸念する 일의 경과를 걱정하다. 先行きの懸念が高まる 앞날에 대한 걱정이 커지다.
けはい【気配】 기색(氣色); 기척. ‖人の来る気配を感じた 사람이 오는 기척을 느꼈다.
けばけばしい 야하다.
けばだつ【毛羽立つ】 보풀이 일다. ‖紙がすれて毛羽立つ 표지가 닳아 보풀이 일다.
げばひょう【下馬評】 하마평(下馬評). ‖下馬評にのる 하마평에 오르다.
けびょう【仮病】 꾀병. ‖仮病をつかって会社を休む 꾀병을 부려 회사를 쉬다.
げひん【下品】ダ 천(賤)하다. ‖下品な笑い 천한 웃음.
けぶかい【毛深い】 털이 많다. ‖毛深い人 털이 많은 사람. 털북숭이.

けむい[煙い] 연기(煙気)가 나다.

けむたい[煙たい] ❶ 연기(煙気)가 나다. ❷〔敬遠したい〕껄끄럽다; 거북하다; 어렵다. ∥社長は社員にとって煙たい存在だ 사장은 사원에게 있어 어려운 존재다.

けむり[煙] ❶ 연기(煙気). ∥タバコの煙 담배 연기. ❷〔霞・もや・ほこりなど〕연기처럼 보이는 것. ∥土ぼこりの煙.

けむる[煙る] ❶ (けむりで) 연기(煙気)가 나다. ❷〔霞む〕부옇게 보이다.

けもの[獣] 짐승.

げや[下野] 하야(下野). ∥総選挙に敗れて下野する 총선거에 패해 하야하다.

ケヤキ[欅] 느티나무.

ゲラ[~galley] 교정쇄(校正刷).

けらい[家来] 하인(下人), 지사위.

げらく[下落] 하락(下落). ∥株価が下落する 주가가 하락하다.

けらけら[笑い声] 깔깔. ∥けらけら(と)笑う 깔깔대다, 깔깔 웃다.

げらげら[笑い声] 껄껄. ∥げらげら(と)笑う 껄껄대다, 껄껄 웃다.

けり 결말(結末). ∥けりがつく 결말이 나다, けりをつける 결말을 내다.

げり[下痢] (医学) 설사(泄瀉). ∥下痢止め 설사약, 지사제.

ゲリラ[guerrilla ス] 게릴라. ∥ゲリラ戦 게릴라전.

***ける**[蹴る] ❶ 차다; 박차다. ∥ボールを蹴る 공을 차다. 憤然として席を蹴って立つ 화가 나 자리를 박차고 일어서다. ❷ 거절(拒絶)하다; 거부(拒否)하다; 일축(一蹴)하다. ∥先方の要求を蹴る 상대방의 요구를 거절하다.

ゲル[Gel ド] 겔.

ゲレンデ[Gelände ド] 스키장.

げろ ❶ 토사물(吐瀉物). ∥げろを吐く 토하다. ❷〔自白の隠語〕자백(自白). ∥ついにげろした 드디어 자백했다.

けろり ❶ 씻은 듯이; 깨끗하게; 말끔히. ∥頭痛がけろり(と)治る 두통이 씻은 듯이 낫다. ❷ 태연(泰然)하다. ∥負けてもけろりとしている 지고도 태연하다.

けわしい[険しい] 험(険)하다; 경사(傾斜)가 심하다. ∥険しい山道 험한 산길. ❷ 엄(嚴)하다; 무섭다. ∥険しい表情 옥수에 찬 표정.

けん[件] ❶ 건(件). ∥今回の件 이번 건. ❷…건. ∥夕べ交通事故が二件あった 어젯밤에 교통사고가 두 건 있었다.

けん[券] …권. ∥入場券 입장권.

けん[県] (行政区域の一つの)현(県). ∥千葉県 지바 현.

けん[剣] 검(剣); 칼.

けん[兼] 겸(兼). ∥書斎兼応接間 서재 겸 응접실.

けん[拳] ❶〔こぶし〕주먹. ❷ 권법(拳法).

けん[腱] 건(腱). ∥アキレス腱 아킬레스 건.

-けん[軒]〔家屋を数える単位〕…채. ∥近くに１軒の家もない 근처에 집이 한 채도 없다.

-けん[圏] …권(圏). ∥首都圏 수도권.

-けん[権] 권(権). ∥選挙権 선거권, 行政権 행정권.

げん[元] ❶ (数学) (方程式で)…원(元). ∥二元二次方程式 이원 이차 방정식. ❷ (中国の通貨単位)…위안.

げん[弦] 현(弦). ∥弦楽器 현악기.

げん[現] ❶ 실존(実存); 지금(只今). ∥現にここにある 지금 여기에 있다. ❷ (現在のこと) ∥無所属現 현직 무소속 의원. ◆現時点 현 시점, 現段階 현 단계.

げん[減] 감(減). ∥加減乗除 가감승제.

げん[源] …원(源). ∥取材源 취재원.

げん[限] …한(限). ∥最大限 최대한.

けんあく[険悪] 험악(険悪)하다. ∥険悪な顔色 험악한 얼굴.

けんあん[懸案] 현안(懸案). ∥長年の懸案がやっと解決した 오래된 현안이 드디어 해결되었다.

げんあん[原案] 원안(原案).

けんい[権威] ❶ 권위(権威). ∥権威が失墜する 권위가 실추되다. ❷ 대가(大家). ∥一人者(一人者) 대가(大家). ∥その道の権威 그 방면의 일인자. ◆権威主義 권위주의.

けんいん[牽引] 견인(牽引). ◆牽引車 견인차.

けんいん[検印] 검인(検印).

けんいん[原因] 원인(原因). ∥墜落事故の原因を調査する 추락 사고의 원인을 조사하다. けんの原因 싸움의 원인.

げんいん[減員] (医学) 감원(減員). ∥管理部門を減員する 관리 부문을 감원하다.

げんえい[幻影] 환영(幻影). ∥敵の幻影におびえる 적의 환영에 떨다.

けんえき[検疫] (医学) 검역(検疫). ◆検疫所 검역소.

げんえき[原液] 원액(原液).

げんえき[現役] 현역(現役). ∥現役を退く 현역에서 물러나다.

けんえつ[検閲] 검열(検閲).

けんえん[犬猿] 견원(犬猿). ◆犬猿の仲 견원지간(犬猿之間).

けんお[嫌悪] 혐오(嫌悪). ∥嫌悪感をいだく 혐오감을 갖다.

けんか[喧嘩] 싸움; 싸우는 것. ∥彼女とつまらないことでけんかした 여자 친구하고 사소한 일로 싸웠다. ∥けんか腰で答える 시비조로 대답하다. ∥けんかっ早い 툭하면 싸우다.

げんか【献花】(스루) 헌화(獻花).
げんか【原価】원가(原價). ∥原価で売る 원가로 팔다. ◆製造原価 제조 원가.
げんが【原画】원화(原畫).
けんかい【見解】견해(見解). ∥見解を異にする 견해를 달리하다. 見解を述べる 견해를 밝히다.
げんかい【限界】한계(限界). ∥体力の限界 체력의 한계. 限界に達する 한계에 달하다.
けんがく【見学】(스루) 견학(見學). ∥工場を見学する 공장을 견학하다.
げんかく【幻覚】환각(幻覺). ∥幻覚に悩まされる 환각에 시달리다.
げんかく【厳格】 엄격(嚴格)하다. ∥厳格な家庭で育つ 엄격한 가정에서 자라다.
げんがく【衒学】 현학(衒學). ∥衒学的な態度 현학적인 태도.
げんがく【弦楽】 현악(絃樂). ◆弦楽四重奏 현악 사중주.
げんかしょうきゃく【減価償却】감가상각(減價償却).
げんかん【玄関】 현관(玄關). ∥玄関の所に誰かがいる 현관 쪽에 누가 있다. 玄関で待っていてくれる? 현관에서 기다려 줄래? ◆玄関払い 문전 박대.
けんぎ【建議】(스루) 건의(建議). ∥政府に建議する 정부에 건의하다.
けんぎ【嫌疑】 혐의(嫌疑). ∥嫌疑をかけられる 혐의를 받다.
げんき【元気】❶기력(氣力); 활력(活力); 힘. ∥元気のある 활력이 있다. 힘차다. 元気を出しなさい 힘내라. 褒められたら元気が出た 칭찬받으니까 힘이 났다. 子どもたちは元気よく歌った 아이들은 힘차게 노래를 불렀다. ❷건강(健康). ∥元気に暮らす 건강하게 지내다.
けんきゃく【健脚】 건각(健脚).
*けんきゅう【研究】(スル) 연구(研究). ∥日本の歴史を研究する 일본 역사를 연구하다. 遺伝子に関する研究論文 유전자에 관한 연구 논문. 研究に打ち込む研究に専念하다. 研究成果を発表する研究 결과를 발표하다. ◆研究員 연구원. 研究室 연구실. 研究所 연구소.
けんきゅう【言及】(스루) 언급(言及). ∥進退問題に言及する 진퇴 문제에 대해 언급하다.
けんぎゅうせい【牽牛星】 견우성(牽牛星).
けんきょ【検挙】(스루) 검거(檢擧). ∥容疑者を検挙する 용의자를 검거하다.
けんきょ【謙虚】 겸허(謙虛)하다. ∥謙虚な態度 겸허한 태도.
けんぎょう【兼業】 겸업(兼業). ∥医者と小説家を兼業する 의사와 소설가를 겸업하다.
げんきょう【現況】 현황(現況). ∥現況を分析する 현황을 분석하다.
けんきょうふかい【牽強付会】 견강부회(牽强附會).
けんきん【献金】(스루) 헌금(獻金).
*げんきん【現金】현금(現金); 현찰(現札). ∥小切手を現金化換える 수표를 현금으로 바꾸다. 現金の持ち合わせがない 지금 현금 가지고 있는 게 없다. 彼は車を現金で買った 그 사람은 차를 현금으로 샀다. ◆現金書留 현금 등기 우편. 現金自動支払機 현금 인출기.
げんきん【厳禁】(스루) 엄금(嚴禁). ∥立ち入りを厳禁する 출입을 엄금하다.
げんけい【原形】 원형(原形).
げんけい【原型】 원형(原型).
けんけつ【献血】(스루) 헌혈(獻血). ◆献血車 헌혈차.
けんけん (부사) 한쪽 발로만 뛰는 것.
けんげん【権限】 권한(權限). ∥強力な権限을 持つ 강력한 권한을 가지다. 私にこの決定を変える権限はない 나한테 이 결정을 바꿀 권한은 없다.
けんご【堅固】 견고(堅固)하다. ∥堅固な要塞 견고한 요새.
げんご【原語】 원어(原語).
*げんご【言語】언어(言語). ∥世界にはいくつの言語がありますか 세계에는 몇 개의 언어가 있습니까? ◆言語学 언어학. 言語障害 언어 장애. 言語生活 언어생활. 言語政策 언어 정책. 言語能力 언어 능력.
*けんこう【健康】건강(健康). ∥健康に気をつける 건강에 신경을 쓰다. 私はいって健康です 저는 지극히 건강합니다. 早寝早起きは健康にいい 일찍 자고 일찍 일어나는 것은 건강에 좋다. 働きすぎで健康を損なった 너무 일을 해서 건강을 해쳤다. ◆健康保険 건강 보험.
げんこう【言行】 언행(言行). ◆言行一致 언행일치.
げんこう【原稿】 원고(原稿). ∥講演の原稿 강연 원고. 400字詰め原稿用紙 3枚 사백 자 원고지 세 장.
げんこう【現行】 현행(現行). ∥現行の制度 현행 제도. ◆現行犯 현행범.
げんごう【年号】 연호(年號).
けんこうこつ【肩甲骨】 어깨뼈; 견갑골(肩胛骨).
けんこく【建国】(스루) 건국(建國). ◆建国記念の日 건국 기념일.
げんこく【原告】 원고(原告).
げんこつ【拳骨】 주먹. ∥拳骨を振り上げる 주먹을 치켜들다.
けんこんいってき【乾坤一擲】 건곤일척(乾坤一擲).
けんさ【検査】(스루) 검사(檢査). ∥税関検査を受ける 세관 검사를 받다. 血液を検査する 혈액 검사를 하다. 所持品検査 소지품 검사. 水質検査 수질 검사.
けんざい【健在】 건재(健在)하다. ∥父

げんざい は 健在です 아버지는 건재하십니다.
げんざい【原罪】 원죄(原罪).
*げんざい**【現在】 현재(現在). ‖父は現在スーパーを経営している 아버지는 현재 슈퍼마켓을 경영하고 계신다. 現在多くの人が病と闘っている 현재 많은 사람들이 암과 싸우고 있다. 2009年現在の世界人口 이천구 년 현재의 세계 인구. 現在の状況 현재 상황. 現在完了 현재 완료. 現在形 현재형. 現在進行形 현재 진행형.
けんさく【検索】 ⟨するー⟩ 검색(檢索). ‖検索エンジン 검색 엔진.
げんさく【原作】 원작(原作). ‖原作に忠実な翻訳 원작에 충실한 번역. ◆原作者 원작자.
けんさつ【検察】 검찰(檢察). ◆検察官 검찰관. 検察庁 검찰청.
けんさつ【検札】 ⟨するー⟩ 검표(檢票).
けんざん【検算】 ⟨するー⟩ 검산(檢算).
げんさん【原産】 원산(原産). ‖熱帯原産の植物 열대 원산의 식물. ◆原産地 원산지.
けんし【犬歯】 송곳니; 견치(犬齒).
けんじ【検事】 검사(檢事).
けんじ【堅持】 견지(堅持). ‖今までの方針を堅持する 지금까지의 방침을 견지하다.
*げんし**【原子】 원자(原子). ◆原子核 원자핵. 原子爆弾 원자 폭탄. 原子量 원자량. 原子力 원자력. 原子力発電 원자력 발전. 原子炉 원자로.
げんし【原始】 원시(原始). ◆原始時代 원시 시대. 原始人 원시인. 原始的 원시적. 原始林 원시림.
けんしき【見識】 견식(見識). ‖見識のある人 견식이 있는 사람.
けんしきばる【見識張る】 견식(見識)이 있는 척하다.
けんじつ【堅実】 ⟨するー⟩ 견실(堅實)하다. ‖堅実な商売 견실한 장사.
*げんじつ**【現実】 현실(現實). ‖現実を直視する 현실을 직시하다. 現実は厳しい 현실은 힘들다. 理想と現実の隔たり 이상과 현실의 갭. 現実主義 현실주의. 現実性 현실성. 現実的 현실적. 現実的な方法 현실적인 방법.
げんじてん【現時点】 현 시점(現時點).
げんしゅ【元首】 원수(元首).
げんしゅ【厳守】 엄수(嚴守)하다. ‖時間厳守してください 시간은 엄수해 주십시오.
けんしゅう【研修】 ⟨するー⟩ 연수(研修). ‖研修を受ける 연수를 받다. ◆研修期間 연수 기간.
けんじゅう【拳銃】 권총(拳銃).
げんじゅう【厳重】 엄중(嚴重)하다. ‖厳重に警戒する 엄중히 경계하다.
げんじゅうしょ【現住所】 현주소(現住所).

げんしゅく【厳粛】 엄숙(嚴肅)하다. ‖会場は厳粛な雰囲気に包まれていた 회장은 엄숙한 분위기에 싸였다.
けんしゅつ【検出】 ⟨するー⟩ 검출(檢出). ‖コレラ菌を検出する 콜레라균을 검출하다.
げんしょ【原書】 ❶(翻訳の元となった) 원서(原書). ‖論文を원서で読む 논문을 원서로 읽다. ❷ 외국 출판물(外國出版物).
けんしょう【検証】 ⟨するー⟩ 검증(檢證). ‖事件の現場検証が始まる 사건의 현장 검증이 시작되다.
けんしょう【憲章】 헌장(憲章). ◆児童憲章 아동 헌장.
けんしょう【懸賞】 현상(懸賞). ‖懸賞小説に応募する 현상 소설에 응모하다.
けんじょう【謙譲】 겸양(謙讓). ◆謙譲語 겸양어. 謙譲の美徳 겸양의 미덕.
げんしょう【現象】 현상(現象). ‖自然現象 자연 현상. 一時的な現象 일시적인 현상.
げんしょう【減少】 ⟨するー⟩ 감소(減少). ‖交通事故が減少する 교통사고가 감소하다.
げんじょう【原状】 원상(原狀). ◆原状回復 원상 회복.
げんじょう【現状】 현상(現狀). ‖現状のまま 현상대로. 現状維持 현상 유지.
げんば【現場】 현장(現場).
げんしょく【原色】 원색(原色).
げんしょく【現職】 현직(現職). ‖現職の市長 현직 시장.
げんじる【減じる】 줄다. ‖人口が年々減じる 해마다 인구가 줄다. 速度を減じる 속도를 줄이다.
けんしん【検針】 검침(檢針).
けんしん【検診】 ⟨するー⟩ 검진(檢診). ‖定期的に検診する 정기적으로 검진하다.
けんしん【献身】 헌신(獻身). ‖献身的な看護 헌신적인 간호.
けんじん【賢人】 현인(賢人).
げんじん【原人】 원인(原人).
けんすう【件数】 건수(件數). ‖事故件数 사고 건수.
げんすん【原寸】 원래(原來)의 치수; 실물(實物) 크기. ‖原寸大の模型 실물 크기 모형.
げんせ【現世】 현세(現世).
けんせい【牽制】 ⟨するー⟩ 견제(牽制). ◆牽制球(野球で) 견제구.
けんせい【権勢】 권세(權勢). ‖権勢をふるう 권세를 휘두르다.
げんせい【厳正】 엄정(嚴正)하다.
げんぜい【減税】 감세(減稅).
*けんせつ**【建設】 ⟨するー⟩ 건설(建設). ‖超高層ビルが建設される 초고층 빌딩을 건설하다. 理想国家の建設 이상 국가 건설. ◆建設業 건설업. 建設的 건설적

けんぜん【健全】 건전(健全)하다. ‖健全な読み物 건전한 읽을거리.
げんせん【源泉】 원천(源泉). ‖活力の源泉 활력의 원천. ◆源泉徴収 원천징수.
げんせん【厳選】 (する) 엄선(嚴選).
げんぜん【厳然】 엄연(嚴然)하다. ‖厳然たる事実 엄연한 사실.
げんそ【元素】 원소(元素). ◆元素記号 원소 기호.
げんぞう【建造】 (する) 건조(建造).
げんそう【幻想】 환상(幻想). ‖幻想を抱く 환상을 품다. ◆幻想曲 환상곡. 幻想的 환상적. 幻想的な音楽 환상적인 음악.
げんぞう【幻像】 환상(幻像).
げんぞう【現像】 (する) 현상(現像). ‖フィルムを現像する 필름을 현상하다.
げんそく【原則】 원칙(原則). ‖原則を決める 원칙을 정하다, 原則を打ち出す 원칙을 내걸다. ◆原則的 원칙적. 原則的には誰でも参加できる 원칙적으로는 누구나 참가할 수 있다.
げんそく【減速】 (する) 감속(減速).
けんそん【謙遜】 (する) 겸손(謙遜)하다. ◆謙遜語 겸양어. 겸사말.
げんそん【現存】 현존(現存).
けんたい【倦怠】 권태(倦怠). ◆倦怠感 권태감. 倦怠期 권태기.
げんたい【減退】 (する) 감퇴(減退). ‖記憶力が減退する 기억력이 감퇴하다.
げんだい【現代】 현대(現代). ‖現代の科学技術 현대의 과학 기술. 現代日本の諸問題 현대 일본의 제 문제. 現代の青年たち 현대의 젊은이들. ◆現代人 현대인.
けんちく【建築】 (する) 건축(建築). ‖ビルを建築する 빌딩을 건축하다. ◆建築許可 건축 허가. 建築士 건축사. 建築様式 건축 양식.
けんちょ【顕著】 ナ 현저(顯著)하다. ‖効果が顕著だ 효과가 현저하다.
げんちょう【幻聴】 환청(幻聽).
げんつき【原付き】 (略語) 배기량(排氣量) 50cc 이하(以下)인 이륜차(二輪車).
けんてい【検定】 검정(檢定). ◆検定試験 검정 시험.
けんてい【献呈】 (する) 헌정(獻呈). ‖著書を献呈する 저서를 헌정하다.
げんてい【限定】 (する) 한정(限定). ‖応募資格を20歳以下に限定する 응모 자격을 이십 세 이하로 한정하다. ◆限定版 한정판.
げんてん【原典】 원전(原典). ‖原典に当たる 원전을 찾아보다.
げんてん【原点】 원점(原點). ‖原点に立ち返る 원점으로 돌아가다.
げんてん【減点】 (する) 감점(減點).
げんど【限度】 한도(限度). ‖許容の限度を超える 허용 한도를 넘다.
***けんとう**【見当】 ❶예상(豫想); 짐작(斟酌). ‖全く見当がつかない 전혀 예상할 수가 없다. 見当が外れる 예상이 빗나가다. ❷…정도(程度). ‖1万円見当の謝礼 만 엔 정도의 사례.
けんとう【拳闘】 권투(拳鬪).
けんとう【健闘】 (する) 건투(健鬪). ‖健闘を祈る 건투를 빌다.
けんとう【検討】 (する) 검토(檢討). ‖検討を要する 검토할 필요가 있다. 検討中の問題 검토 중인 문제. ◆再検討 재검토.
けんどう【剣道】 검도(劍道).
げんどう【言動】 언동(言動). ‖不用意な言動 부주의한 언동.
げんどう【原動】 원동(原動). ◆原動機 원동기. 原動力 원동력.
けんとうちがい【見当違い】 예상(豫想)이나 짐작이 빗나감; 엉뚱함. ‖見当違いな返事 엉뚱한 대답. 見当違いな方向に向かう 엉뚱한 방향으로 향하다.
けんどちょうらい【捲土重来】 (する) 권토중래(捲土重來).
げんに【現に】 실제(實際)로. ‖現に見た人がいる 실제로 본 사람이 있다.
けんにんふばつ【堅忍不抜】 견인불발(堅忍不拔). ‖堅忍不抜の精神 견인 불발의 정신.
げんば【現場】 현장(現場). ◆工事現場 공사 현장. 殺人現場 살인 현장. 現場検証 현장 검증.
げんばく【原爆】 원폭; 원자 폭탄(原子爆彈).
げんばつ【厳罰】 엄벌(嚴罰). ‖厳罰に処す 엄벌에 처하다.
けんばん【鍵盤】 건반(鍵盤). ◆鍵盤楽器 건반 악기.
げんばん【原盤】 원반(原盤).
げんばん【原版】 원판(原版).
けんび【兼備】 (する) 겸비(兼備). ◆才色兼備 재색 겸비.
けんびきょう【顕微鏡】 현미경(顯微鏡).
げんぴん【現品】 현품(現品).
げんぶがん【玄武岩】 현무암(玄武岩).
***けんぶつ**【見物】 구경. ‖祭りを見物する 축제를 구경하다. 見物に行く 구경하러 가다. ◆市内見物 시내 구경.
げんぶつ【原物】 원본(原本).
げんぶつ【現物】 현물(現物). ‖現物で支払う 현물로 지급하다. ◆現物経済 현물 경제.

けんぶん【見聞】ⓢⓗ 견문(見聞). ∥見聞を広める 견문을 넓히다.
げんぶん【原文】 원문(原文).
けんぺい【憲兵】 헌병(憲兵).
けんぺいりつ【建坪率】 건폐율(建蔽率).
***けんぽう【憲法】** 헌법(憲法). ∥憲法を制定する 헌법을 제정하다. 言論の自由は憲法で保障されている 언론의 자유는 헌법에 보장되어 있다. ◆憲法違反 헌법 위반. 憲法記念日 헌법 기념일. ⇒韓国の場合は 7月 17日の制憲日.
げんぽう【減俸】ⓢⓗ 감봉(減俸).
けんぽうじゅっすう【権謀術数】 권모술수(權謀術數).
けんぼうしょう【健忘症】 건망증(健忘症).
げんぽん【原本】 원본(原本).
げんまい【玄米】 현미(玄米). ◆玄米茶 현미차.
けんまく【剣幕】 화난 얼굴이나 태도(態度). ∥ものすごい剣幕でつめよる 굉장히 무섭게 덤벼들다.
げんみつ【厳密】 엄밀(嚴密)하다. ∥厳密な調査 엄밀한 조사. 厳密に言うと 엄밀하게 말하면.
けんめい【賢明】 현명(賢明)하다. ∥賢明な判断 현명한 판단.
けんめい【懸命】 열심(熱心)히 함. ∥懸命な努力 열심히 노력함.
けんめい【言明】ⓢⓗ 언명(言明). ∥知事は公約実現を言明した 지사는 공약 실현을 언명했다.
げんめい【厳命】 엄명(嚴命). ∥厳命を下す 엄명을 내리다.
げんめつ【幻滅】 환멸(幻滅). ∥実体を見て幻滅する 실체를 보고 환멸을 느끼다.
げんめん【減免】ⓢⓗ 감면(減免).
けんもん【検問】 검문(檢問). ∥車を止めて検問する 차를 세워 검문하다.
げんや【原野】 들판; 황야(荒野).
けんやく【倹約】ⓢⓗ 검약(儉約); 절약(節約). ∥倹約して本を買う 절약해서 책을 사다.
げんゆ【原油】 원유(原油).
けんよう【兼用】ⓢⓗ 겸용(兼用).
けんらん【絢爛】 絢爛たる衣装 현란한 의상.
***けんり【権利】** 권리(權利). ∥教育を受ける権利 교육을 받을 권리. 君にはそれを言う権利はない 너한테 그 말을 할 권리는 없어. 彼はすべての権利を放棄した 그 사람은 모든 권리를 포기했다. 君は何の権利があって私を非難するのか 너는 무슨 권리가 있어 나를 비난하니? ◆権利金 권리금.
げんり【原理】 원리(原理). ∥教育の基本原理 교육의 기본 원리. この原理を応用した 지렛대의 원리를 응용하

다. ◆相対性原理 상대성 원리. 原理主義 원리주의.
げんりょう【原料】 원료(原料).
げんりょう【減量】ⓢⓗ 감량(減量).
けんりょく【権力】 권력(權力). ∥権力の座に座る 권력의 자리에 앉다. 権力を意のままにふるう 권력을 마음대로 휘두르다. ◆国家権力 국가 권력.
げんろう【元老】 원로(元老). ∥新聞界の元老 신문계의 원로.
げんろん【言論】 언론(言論). ∥言論の自由を保障する 언론의 자유를 보장하다.
げんろん【原論】 원론(原論). ∥経済学原論 경제학 원론.

こ

***こ【子・児】** ❶자식(子息); 동물(動物)의 새끼. ∥子を産む 자식을 낳다. 猫の子 고양이 새끼. ❷어린이. ∥小さな女の子 어린 여자 아이. ❸종속적(從屬的)인 것. ∥元も子もない 원금도 이자도 없다.
こ【個】 ❶한 사람; 개인(個人). ∥個を生かす 개성을 살리다. ❷[品物を数える単位]…개. ∥ミカン3個 귤 세 개.
こ【粉】 가루. ∥小麦粉 밀가루.
こ-【小】 작은…. ∥小皿 작은 접시.
こ-【故】 고(故) ….
***ご【五・5】** 오(五); 다섯. ∥5点差 오 점 차. 5名 다섯 명.
ご【後】 후(後); 나중; 뒤. ∥その後 그 뒤[후]. 夕食後 저녁 식사 뒤.
ご【碁】 바둑. ∥碁を打つ 바둑을 두다.
ご【語】 ❶언어(言語). 日本語 일본어. ❷단어(單語). ∥語の意味を調べる 단어의 의미를 알아보다.
コア【core】 핵(核); 중핵(中核).
コアラ【koala】 코알라.
こい【恋】 사랑. ∥恋に落ちる 사랑에 빠지다.
こい【故意】 고의(故意). ∥故意に負ける 고의로 지다. 未心の故意 미필적 고의.
こい【濃い】 진하다; 짙다. ∥濃いコーヒー 진한 커피. 敗色が濃い 패색이 짙다.
コイ【鯉】 잉어.
ごい【語彙】 어휘(語彙). ∥語彙が豊富だ 어휘가 풍부하다. 語彙を増やす 어휘를 늘리다. ◆基本語彙 기본 어휘.
こいき【小粋】 은은한 멋. ∥小粋な店 은은한 멋이 있는 가게.
こいし【小石】 조약돌; 돌멩이.
ごいし【碁石】 바둑돌.
こいしい【恋しい】 그립다. ∥故郷が恋しい 고향이 그립다.
こいする【恋する】 사랑하다.
こいのぼり【鯉幟】⸤説⸥ 단오(端午) 때

남자(男子) 아이의 성장(成長)을 바라며 세우는 잉어 모양의 기(旗).
こいびと【恋人】 연인(戀人);애인(愛人).
こいぶみ【恋文】 연애 편지(戀愛便紙).
コイル【coil】 코일.
こいわずらい【恋煩い】 상사병(相思病).
コイン【coin】 코인. ◆コインランドリー 同銭동전(銅錢)을 넣고 사용(使用)하는 세탁기(洗濯機)가 있는 가게. コインロッカー 코인 로커.
こう【甲】 ❶(手·足의) 등. ∥手の甲 손등. ❷(거北·게 등의) 갑각(甲殻); 등껍질. ∥亀の甲 거북이의 등갑질. ❸ 갑(甲). ∥甲は乙に賃貸料を支払う 갑은 을에게 임대료를 지불한다. ❹(十干의) 갑.
こう【香】 향(香). ∥香をたく 향을 피우다.
こう【幸】 행; 다행(多幸). ∥幸か不幸か 행인지 불행인지.
こう【校】 ❶학교(學校). ∥わが校の選手 우리 학교 선수. ❷교정(校正). ∥校を重ねる 교정을 거듭하다.
こう【項】 항(項). ∥次の各項 다음의 각항.
こう【綱】 (生物) 강(綱).
こう【請う·乞う】 구(求)하다; 원(願)하다; 바라다.
こう—【好】 호(好)…. ∥好条件 호조건.
こう—【号】 ❶아호(雅號). ❷(定期刊行物의) 순번(順番). ∥次の号で完結する 다음 호로 완결된다. ❸[活字·絵画 등의 크기의 단위]…호.
ごう【郷】 시골. ◆郷に入っては郷に従え 로마에 가면 로마법을 따르라.
ごう【業】 업(業).
—ごう【合】 ❶[体積의 단위]…홉. ❷[面積의 단위]…홉. ❸[登山路의 距離를 表わす 단위]∥富士山 5 合目 후지 산 반 정도.
こうあつ【高圧】 고압(高壓). ∥高圧線 고압선. ◆高圧的な 고압적인. 高圧的な態度 고압적인 태도.
こうあん【公安】 공안(公安).
こうあん【公案】 화두(話頭).
こうあん【考案】 図動 고안(考案). ∥新製品を考案する 신제품을 고안하다.
こうい【好意】 호의(好意). ∥ご好意に感謝します 호의에 감사 드립니다. 好意を持つ 호의를 가지다. ◆好意的 호의적. 他人の言葉を好意的に解釈する 다른 사람의 말을 호의적으로 해석하다.
こうい【行為】 행위(行爲). ∥犯罪行為 범죄 행위. 不法行為 불법 행위.
こうい【厚意】 후의(厚意).
こうい【高位】 고위(高位). ◆高位高官 고위직.
ごうい【合意】 합의(合意). ∥協議の上で合意する 협의를 거쳐 합의하다.

こういしつ【更衣室】 탈의실(脫衣室).
こういしょう【後遺症】 후유증(後遺症).
ごういつ【合一】 図動 합일(合一). ▶ 知行合一 지행합일.
こういってん【紅一点】 홍일점(紅一点).
こういん【工員】 공원(工員).
こういん【光陰】 광음(光陰); 시간(時間). ∥光陰を惜しむ 시간을 아끼다. ◆光陰矢の如し 광음여전(光陰如箭).
ごういん【強引】 억지로 함; 무리(無理)하게 함. ∥強引に決めてしまう 무리하게 정해 버리다.
こうう【降雨】 강우(降雨). ◆降雨量 강우량.
ごうう【豪雨】 호우(豪雨). ◆集中豪雨 집중 호우.
*こううん【幸運】 행운(幸運); 운이 좋음; 다행(多幸). ∥幸運を祈ります 행운을 빕니다. 幸運の女神 행운의 여신. 幸運な人 운이 좋은 사람. 君がけがをしなかったのは幸運だった 네가 안 다친 것만 해도 다행이다.
こううんき【耕耘機】 경운기(耕耘機).
こうえい【公営】 공영(公營).
こうえい【光栄】 영광(榮光).
こうえき【公益】 공익(公益). ◆公益事業 공익 사업.
こうえき【交易】 図動 교역(交易).
こうえつ【校閲】 図動 교열(校閲). ∥原稿を校閲する 원고를 교열하다.
こうえん【公園】 공원(公園). ∥国立公園 국립공원.
こうえん【公演】 공연(公演).
こうえん【後援】 図動 후원(後援). ∥新聞社が後援する催し 신문사가 후원하는 행사.
こうえん【講演】 図動 강연(講演). ∥外交問題について講演する 외교 문제에 대해 강연하다.
こうおつ【甲乙】 갑을(甲乙); 우열(優劣). ∥甲乙つけがたい 우열을 가리기 힘들다. ◆甲乙丙丁 갑을병정.
こうおん【恒温】 항온(恒温). ◆恒温動物 항온 동물.
こうおん【高音】 고음.
こうおん【高温】 고온(高温). ∥高温多湿 고온 다습.
ごうおん【轟音】 굉음(轟音).
こうか【工科】 공과(工科); 공대(工大).
こうか【考課】 고과(考課). ◆人事考課 인사 고과.
*こうか【効果】 효과(効果). ∥猛練習の効果が表われる 맹연습의 효과가 나타나다. 効果を上げる 효과를 거두다. 効果がある 효과가 있다. ◆逆効果 역효과. 効果音 효과음. 効果的 효과적. 効果的な利用法 효과적인 이용법.
こうか【降下】 강하(降下). ∥急降下 급강하.

こうか【高価】 고가(高價). ◆高価品 고가품.
こうか【校歌】 교가(校歌).
こうか【硬貨】 경화(硬貨).
ごうか【豪華】ダ 호화(豪華)롭다; 호화스럽다. ‖豪華なホテル 호화로운 호텔.
*こうかい【公開】 공개(公開). ‖情報を公開する 정보를 공개하다. ピカソの晩年の絵が一般に公開される 피카소의 만년의 그림이 일반에 공개되다. ◆公開捜査 공개 조사. 公開討論会 공개 토론회.
こうかい【更改】 갱신(更新). ‖契約を更改する 계약을 갱신하다.
こうかい【後悔】 후회(後悔). ‖いつか後悔するよ 나중에 후회할 거야. ▶後悔先に立たず 후회막급.
こうかい【航海】 항해(航海). ‖太平洋を航海する 태평양을 항해하다.
こうがい【口外】 발설(發說). ‖口外を禁じる 발설을 금하다.
*こうがい【公害】 공해(公害). ‖公害を防ぐ 공해를 방지하다. ◆騒音公害 소음 공해. 公害問題 공해 문제.
こうがい【郊外】 교외(郊外).
ごうかい【豪快】ダ 호쾌(豪快)하다. ‖豪快な性格 호쾌한 성격.
ごうがい【号外】 호외(號外).
こうかいどう【公会堂】 공회당(公會堂).
こうかく【甲殻】 갑각(甲殼). ◆甲殼類 갑각류.
こうかく【降格】 ㉂ㅎ 격하(格下).
こうがく【工学】 공학(工學). ◆電子工学 전자 공학.
こうがく【向学】 향학(向學). ◆向学心 향학심.
こうがく【光学】 광학(光學). ‖光学顕微鏡 광학 현미경.
こうがく【後学】 후학(後學).
こうがく【高額】 고액(高額). ◆高額所得者 고액 소득자.
*ごうかく【合格】 ㉂ㅎ 합격(合格). ‖入試に合格する 입시에 합격하다. ◆合格者 합격자. 合格発表 합격(자) 발표. 合格点 합격점.
こうがくねん【高学年】 고학년(高學年).
こうかつ【狡猾】ダ 교활(狡猾)하다. ‖狡猾な手段 교활한 수단.
こうかん【公刊】 공간(公刊).
こうかん【公館】 공관(公館). ‖在外公館 재외 공관.
*こうかん【交換】 ㉂ㅎ 교환(交換). ‖意見を交換する 의견을 교환하다. 部品を交換する 부품을 교환하다. ◆物々交換 물물 교환. 交換学生 교환 학생. 交換手 교환수.
こうかん【交感】 ㉂ㅎ 교감(交感). ◆交感神経 교감 신경.
こうかん【好感】 호감(好感). ‖好感をいだく 호감을 가지다. 好感を与える 호감을 주다.
こうがん【睾丸】 고환(睾丸).
ごうかん【強姦】 ㉂ㅎ 강간(強姦).
こうがんざい【抗癌剤】 항암제(抗癌劑).
こうがんむち【厚顔無恥】 후안무치(厚顔無恥).
こうき【後記】 ㉂ㅎ 후기(後記). ◆編集後記 편집 후기.
こうき【好機】 호기(好機).
こうき【後期】 후기(後期). ‖江戸時代後期 에도 시대 후기. 後期印象主義 후기 인상주의. 後期の授業 후기 수업.
こうき【高貴】ダ 고귀(高貴)하다.
こうき【校則】 교칙(校則).
こうき【校旗】 교기(校旗).
こうぎ【好誼】 호의(好誼).
こうぎ【抗議】 ㉂ㅎ 항의(抗議). ‖判定に抗議する 판정에 항의하다.
こうぎ【講義】 ㉂ㅎ 강의(講義). ‖社会情勢について講義する 사회 정세에 대해 강의하다.
ごうぎ【合議】 ㉂ㅎ 합의(合議). ‖関係者が合議する 관계자가 합의하다. ◆合議機関 합의 기관.
こうきあつ【高気圧】 고기압(高氣壓).
こうきしん【好奇心】 호기심(好奇心). ‖好奇心が強い 호기심이 강하다.
こうきゅう【高級】 고급(高級). ◆高級車 고급차. 高級住宅地 고급 주택지.
こうきょ【皇居】 궁성(宮城).
*こうきょう【公共】 공공(公共). ‖公共の福祉を優先的に考慮する 공공 복지를 우선적으로 고려하다. 公共の建物 공공 건물. ◆公共企業体 공공 기업체. 公共事業 공공 사업. 公共団体 공공 단체. 公共放送 공공 방송. 公共料金 공공 요금.
こうきょう【好況】 호황(好況).
こうぎょう【工業】 공업(工業). ‖工業が発達している国 공업이 발달한 나라. ◆化学工業 화학 공업. 軽工業 경공업. 重工業 중공업. 工業地帯 공업 지대.
こうぎょう【鉱業】 광업(鑛業).
こうぎょう【興行】 ㉂ㅎ 흥행(興行). ‖地方興行 지방 흥행.
こうきょういく【公教育】 공교육(公教育).
こうきょうがく【交響楽】 교향악(交響樂).
こうきょうきょく【交響曲】 교향곡(交響曲).
こうきょうし【交響詩】 교향시(交響詩).
こうきん【公金】 공금(公金). ◆公金横領 공금 횡령.
こうきん【抗菌】 항균(抗菌). ◆抗菌作用 항균 작용.
こうきん【拘禁】 ㉂ㅎ 구금(拘禁).
こうきん【合金】 합금(合金).
こうぐ【工具】 공구(工具). ◆工具箱 공

구함.
こうくう【口腔】구강(口腔).
*こうくう【航空】항공(航空). ◆航空会社 항공사. 航空機 항공기. 航空券 항공권. 航空公社 항공 공사. 航空写真 항공 사진. 航空便 항공편. 航空母艦 항공 모함.
こうぐん【行軍】(する) 행군(行軍). ‖隊伍を組んで行軍する 대오를 지어 행군하다.
こうけい【光景】광경(光景). ‖ほほえましい光景が目につく 흐뭇한 광경.
こうけい【後継】후계(後繼). ◆後継者 후계자.
こうげい【工芸】공예(工藝). ◆手工芸 수공예. 工芸品 공예품.
*ごうけい【合計】(する) 합계(合計). ‖費用の合計はいくらですか 비용 합계는 얼마입니까? 合計を出す 합계를 내다.
こうげき【攻撃】(する) 공격(攻擊). ‖攻撃を開始する 공격을 개시하다. 攻撃は最大の防御だ 공격은 최대의 방어다. ◆攻撃の的 공격 대상. 攻撃的 공격적.
こうけつ【高潔】 고결(高潔)하다.
ごうけつ【豪傑】호걸(豪傑).
こうけつあつ【高血圧】 고혈압(高血壓).
こうけん【効験】효험(効驗).
こうけん【貢献】(する) 공헌(貢獻). ‖優勝に貢献する 우승에 공헌하다.
こうけん【後見】(する) 후견(後見). ◆後見人 후견인.
こうげん【抗原】항원(抗原). ◆抗原抗体反応 항원 항체 반응.
こうげん【荒原】황야(荒野).
こうげん【高原】고원(高原).
こうげんびょう【膠原病】 교원병(膠原病).
こうけんりょく【公権力】 공권력(公權力).
こうげんれいしょく【巧言令色】교언영색(巧言令色).
こうご【口語】구어(口語). ◆口語体 구어체.
こうこう【口腔】구강(口腔).
こうこう【孝行】(する) 효행(孝行).
こうこう【後攻】후공(後攻).
*こうこう【高校】고교; 고등학교(高等學校). ‖娘は今年高校に入った 딸은 올해 고등학교에 들어갔다. ◆商業高校 상업 고교. 私立高校 사립 고등학교. 高校生 고등학생.
こうこう【皓皓】교교(皎皎)하게. ‖皓皓たる月 교교한 달빛.
こうごう【後攻】후공(後攻).
こうごう【皇后】황후(皇后).
こうごうしい【神神しい】성(聖)스럽다; 거룩하다.
こうごうせい【光合成】광합성(光合成).
こうこがく【考古学】고고학(考古學).
こうこく【公告】(する) 공고(公告).
*こうこく【広告】(する) 광고(廣告). ‖広告を出す 광고를 내다. 新車の広告は人々の目を引いた 새 차 광고는 사람들의 눈길을 끌었다. ◆求人広告 구인 광고. 新聞広告 신문 광고. 広告代理店 광고 대리점.
こうこく【抗告】(する) 항고(抗告). ◆抗告審 항고심.
こうこつ【恍惚】황홀(恍惚). ‖恍惚となる 황홀해지다.
こうこつもじ【甲骨文字】 갑골문자(甲骨文字).
こうごに【交互に】교대(交代)로; 번갈아서. ‖2人で交互に見張りに立つ 둘이 교대로 망을 보다.
ごうコン【合コン】단체(團體) 미팅.
こうさ【交差】(する) 교차(交叉). ‖3本の直線が交差する 3본의 직선이 교차하다. ◆交差点 교차점. 교차로. 사거리.
こうさ【考査】❶ (能力·性格などを)考査(調査)하여 판단(判斷)함. ❷ (する) 고사(考査). ❸ 학교 시험(學校試驗). 期末考査 기말 고사.
こうざ【口座】계좌(計座). ‖구좌(口座). ‖口座を設ける 계좌를 개설하다. ◆口座番号 계좌 번호.
こうざ【講座】강좌(講座). ◆夏期講座 하기 강좌.
こうさい【公債】공채(公債).
*こうさい【交際】(する) 교제(交際). ‖交際範囲が広い 교제 범위가 넓다. ◆交際費 교제비.
こうさく【工作】❶ [作ること] 물건을 만듦. ❷ (土木·建築などの) 작업(作業). ❸ 목적(目的)을 위한 사전 작업(事前作業). ‖政治工作 정치 공작. ◆工作員 공작원. 工作機械 공작 기계. 工作物 공작물.
こうさく【交錯】‖交錯する 교착하다. 엇갈리다. 期待と不安が交錯する 기대와 불안이 교차하다.
こうさく【耕作】(する) 경작(耕作). ‖農地を耕作する 농지를 경작하다.
こうさつ【考察】(する) 고찰(考察). ‖経済情勢について考察する 경제 정세에 대해서 고찰하다.
こうさん【公算】공산(公算). ‖成功する公算は大きい 성공할 공산이 크다.
こうさん【降参】(する) 항복(降伏).
こうざん【鉱山】광산(鑛山).
こうし【仔牛】송아지.
こうし【公私】공사(公私). ◆公私混同 공사 혼동.
こうし【光子】광자(光子).
こうし【行使】(する) 행사(行使). ◆武力行使 무력 행사.
こうし【孝子】효자(孝子).
こうし【格子】격자(格子). ◆格子縞 체크 무늬.

こうし【嚆矢】 효시(嚆矢).
こうし【講師】 강사(講師). ◆専任講師 전임 강사.
こうじ【麴・糀】 누룩.
こうじ【工事】 (る하) 공사(工事). ◆水道工事 수도 공사. 道路工事 도로 공사.
こうじ【公示】 공시(公示). ‖総選挙の期日を公示する 총선거 기일을 공시하다. ◆公示地価 공시 지가.
こうじ【好事】 호사(好事). ▶好事魔多し 호사다마.
こうし【合資】 (る하) 합자(合資). ◆合資会社 합자 회사.
コウジカビ【麹黴】 누룩곰팡이.
こうしき【公式】 ❶공식; 공식적(公式的). ‖公式に認める 공식적으로 인정하다. ❷ [数学] 공식.
こうしき【硬式】 경식(硬式). ◆硬式野球 경식 야구.
こうしきせん【公式戦】 공식전(公式戦).
こうじげん【高次元】 고차원(高次元).
こうしせい【高姿勢】 고자세(高姿勢). ‖終始高姿勢で応対する 처음부터 끝까지 고자세로 대응하다.
こうしつ【皇室】 황실(皇室).
こうじつ【口実】 구실(口實). ‖口実を設ける 구실을 만들다.
こうして 이렇게 해서; 이렇게 하여. ‖こうして 2 人は結婚することになった 이렇게 해서 두 사람은 결혼하게 되었다.
こうしゃ【公社】 공사(公社). ◆住宅公社 주택 공사.
こうしゃ【後者】 후자(後者).
こうしゃ【校舎】 교사(校舎).
こうしゃ【降車】 하차(下車).
ごうしゃ【豪奢】グ 호사(豪奢)스럽다.
こうしゅ【攻守】 공수(攻守).
こうしゅう【口臭】 구취(口臭).
*こうしゅう【公衆】 공중(公衆). ◆公衆衛生 공중 위생. 公衆電話 공중 전화. 公衆道徳 공중 도덕.
こうしゅう【講習】 (る하) 강습(講習). ‖講習を受ける 강습을 받다.
ごうしゅう【豪州】 호주(濠洲).
こうしゅうは【高周波】 고주파(高周波).
こうしゅけい【絞首刑】 교수형(絞首刑).
こうじゅつ【口述】 구술(口述).
こうじゅつ【後述】 후술(後述). ‖詳細は後述する 자세한 내용은 후술하겠다.
こうじょ【控除】 (る하) 공제(控除). ‖必要経費を控除する 필요 경비를 공제하다.
こうしょう【公証】 공증(公證). ◆公証人 공증인.
*こうしょう【交渉】 (る하) ❶교섭(交渉). ‖賃上げを求めて会社と交渉する 임금 인상을 요구하여 회사와 교섭하다. 交渉が決裂する 교섭이 결렬되다. 団体交渉 단체 교섭. ❷ 관계(關係). ‖交渉を絶つ 관계를 끊다.

こうしょう【行賞】 행상(行賞). ◆論功行賞 논공행상.
こうしょう【考証】 (る하) 고증(考證). ◆時代考証 시대 고증.
こうしょう【高尚】グ 고상(高尚)하다. ‖高尚な趣味 고상한 취미.
*こうじょう【工場】 공장(工場). ◆化学工場 화학 공장. 自動車工場 자동차 공장. 工場廃水 공장 폐수.
こうじょう【向上】 (る하) 향상(向上). ◆向上心 향상심.
こうじょう【恒常】 항상(恒常). ◆恒常性 항상성.
ごうじょう【強情】 고집(固執). ‖強情を張る 고집을 부리다.
こうじょうせん【甲状腺】 갑상선(甲狀腺). ◆甲状腺ホルモン 갑상선 호르몬.
こうしょく【公職】 공직(公職).
こうじる【講じる】 (る하) ❶ [講義をする]강의(講義)하다. ❷ [手段を取る]강구(講究)하다. ‖対策を講じる 대책을 강구하다.
こうじる【高じる】 심해지다; 더하다; 늘어나다. ‖病が高じる 병이 심해지다.
こうしん【交信】 (る하) 교신(交信).
こうしん【行進】 (る하) 행진(行進). ‖堂々と行進する 당당하게 행진하다. ◆行進曲 행진곡.
こうしん【更新】 (る하) 갱신(更新). ‖記録を更新する 기록을 갱신하다.
こうしん【後進】 후진(後進). ◆後進を育成する 후진을 육성하다.
こうじん【公人】 공인(公人).
こうじん【後陣】 후진(後陣).
こうしんじょ【興信所】 흥신소(興信所).
こうしんりょう【香辛料】 향신료(香辛料).
こうず【構図】 구도(構圖). ‖安定した構図 안정된 구도.
こうすい【香水】 향수(香水).
こうすい【降水】 강수(降水). ◆降水量 강수량.
こうずい【洪水】 홍수(洪水).
ごうすう【号数】 호수(號數).
こうせい【公正】 (る하) 공정(公正)하다. ‖公正な取引 공정한 거래. ◆公正証書 공정 증서.
*こうせい【更生】 (る하) ❶ [立ち直る]갱생(更生). ‖更生して社会に復帰する 갱생하여 사회에 복귀하다. ❷ [生き返る]소생(蘇生). ❸ [再生する]재생(再生). ‖更生タイヤ 재생 타이어.
こうせい【攻勢】 공세(攻勢).
こうせい【厚生】 후생(厚生). ◆厚生施設 후생 시설. 厚生年金 후생 연금.
こうせい【後世】 후세(後世).
こうせい【後生】 후생(後生). ‖後生畏るべ(べ)し 후생이 가외라.
こうせい【恒星】 항성(恒星).
こうせい【校正】 교정(校正).

こうせい【構成】 〘名하〙 구성(構成). ‖社会を構成する一員 사회를 구성하는 일원. **家族構成** 가족 구성. **構成員** 구성원.

ごうせい【合成】 〘名하〙 합성(合成). ♦合成写真 합성 사진. 合成樹脂 합성 수지. 合成繊維 합성 섬유. 合成洗剤 합성 세제. 合成皮革 합성 피혁.

こうせいぶっしつ【抗生物質】 항생 물질(抗生物質).

こうせき【功績】 공적(功績).

こうせき【鉱石】 광석(鑛石).

こうせつ【公設】 공설(公設). ♦公設秘書 공설 비서.

こうせん【公選】 〘名하〙 공선(公選).

こうせん【光線】 광선(光線). ♦可視光線 가시광선. 太陽光線 태양 광선.

こうせん【好戦】 호전(好戦).

こうぜん【公然】 〘名하〙 공공연(公公然)함. ‖公然たる事実 공공연한 사실.

こうせんてき【好戦的】 호전적(好戦的). ‖好戦的な性格 호전적인 성격.

こうそ【控訴】 〘名하〙 공소(控訴).

こうそ【酵素】 효소(酵素).

こうそう【紅藻】 홍조(紅藻).

こうそう【高僧】 고승(高僧).

こうそう【高層】 고층(高層). ‖高層ビル 고층 빌딩.

こうそう【構想】 구상(構想). ‖雄大な構想 웅대한 구상.

こうぞう【構造】 구조(構造). ‖この機械は構造が複雑である 이 기계는 구조가 복잡하다. 日本の社会構造 일본의 사회 구조. ♦精神構造 정신 구조. 構造式 구조식.

こうそく【拘束】 〘名하〙 구속(拘束). ‖身柄を拘束する 신병을 구속하다.

こうそく【高速】 고속(高速). ♦高速撮影 고속 촬영. 高速度 고속도. 高速道路 고속도로.

こうそく【校則】 교칙(校則).

こうぞく【後続】 〘名하〙 후속(後續).

こうそつ【高卒】 고졸(高卒).

*こうたい【交代・交替】 〘名하〙 교체(交替); 교대(交代). ‖ピッチャーを交代する 투수를 교체하다. 交代で運転する 교대로 운전하다. 8時間交代で働く 여덟 시간 교대로 일하다.

こうたい【抗体】 항체(抗體).

こうたい【後退】 〘名하〙 후퇴(後退).

こうだい【広大】 ダ 광대(廣大)하다. ‖広大な平原 광대한 평원.

こうたいごう【皇太后】 황태후(皇太后).

こうたいし【皇太子】 황태자(皇太子). ‖皇太子妃 황태자비.

こうだか【甲高】 ‖甲高な足 발등이 튀어나온 발.

こうたく【光沢】 광택(光澤). ‖光沢がある 광택이 있다.

ごうだつ【強奪】 〘名하〙 강탈(強奪).

こうだん【公団】 공단(公團).

こうだん【後段】 뒷 단락(段落).

こうだん【講壇】 강단(講壇). ‖講壇に立つ 강단에 서다.

こうだんし【好男子】 호남(好男).

こうだんしゃ【高段者】 고단자(高段者).

こうち【耕地】 경지(耕地).

こうち【構築】 〘名하〙 구축(構築). ‖陣地を構築する 진지를 구축하다.

こうちしょ【拘置所】 구치소(拘置所).

こうちせい【向地性】 향지성(向地性).

こうちゃ【紅茶】 홍차(紅茶).

こうちゃく【膠着】 〘名하〙 교착(膠着). ♦膠着語 교착어.

こうちょう【好調】 호조(好調); 순조(順調). ‖仕事は好調に運んでいる 일은 순조롭게 진행되고 있다.

こうちょう【紅潮】 홍조(紅潮). ‖頬が紅潮な色다 볼이 홍조를 띠다. 볼이 빨개지다.

こうちょう【高潮】 최고조(高潮). ‖雰囲気が高潮する 분위기가 고조되다.

こうちょう【校長】 교장(校長). ‖校長先生 교장 선생님.

こうちょうかい【公聴会】 공청회(公聽會).

こうちょうどうぶつ【腔腸動物】 강장동물(腔腸動物).

こうちょく【硬直】 〘名퇴〙 경직(硬直). ‖態度が硬直する 태도가 경직되다.

ごうちょく【剛直】 강직(剛直)하다. ‖剛直な男 강직한 남자.

*こうつう【交通】 〘名하〙 교통(交通). ‖ここは交通の便がいい 여기는 교통편이 좋다. ♦交通違反 교통 위반. 交通機関 교통 기관. 交通事故 교통사고. 交通費 교통비. 交通網 교통망. 交通量 교통량.

こうてい【工程】 공정(工程). ♦工程管理 공정 관리.

こうてい【公定】 공정(公定). ♦公定価格 공정 가격. 公定歩合 공정 금리. 공정 이율.

こうてい【肯定】 〘名하〙 긍정(肯定). ♦肯定文 긍정문.

こうてい【皇帝】 황제(皇帝).

こうてい【高低】 고저(高低); 높낮이. ‖音の高低 소리의 고저.

こうてい【校訂】 〘名하〙 교정(校訂).

こうてい【校庭】 교정(校庭); 학교 운동장(學校運動場).

こうてい【豪邸】 호화 저택(豪華邸宅).

こうてき【公的】 공적(公的). ‖公的な立場 공적인 입장.

こうてきしゅ【好敵手】 호적수(好敵手); 라이벌.

こうてつ【更迭】 〘名하〙 경질(更迭).

こうてつ【鋼鉄】 강철(鋼鐵).

こうてん【交点】 교점(交点).

こうてん【好転】 〘名하〙 호전(好轉). ‖景

こうてん 158

気が好転する 경기가 호전되다.
こうてん【後天】 후천(後天). ◆後天性免疫不全症候群 후천성 면역 결핍증. 에이즈. 後天的 후천적.
こうでん【香典】 부의(賻儀).
こうど【光度】 광도(光度).
こうど【高度】 고도(高度). ‖高度に機械化された工場 고도로 기계화된 공장.
こうど【黄土】 황토(黄土).
こうど【硬度】 경도(硬度).
こうとう【口頭】 구두(口頭). ‖口頭で伝える 구두로 전하다. ◆口頭語 구어. 口頭弁論 구두 변론.
こうとう【好投】 호투(好投).
こうとう【後頭】 후두(後頭). ◆後頭部 후두부.
こうとう【高等】 고등(高等). ◆高等学校 고등학교. 高等裁判所 고등 법원.
こうとう【高騰】 등귀(騰貴). ‖地価が高騰する 땅값이 등귀하다.
こうとう【喉頭】 후두(喉頭).
*こうどう【行動】 (する) 행동(行動). ‖計画を行動に移す 계획을 행동으로 옮기다. 彼の行動は理解できない 그 사람의 행동은 이해가 안 간다. ◆団体行動 단체 행동. 行動半径 행동 반경.
こうどう【坑道】 갱도(坑道).
こうどう【黄道】 황도(黄道).
こうどう【黄銅】 황동(黄銅).
こうどう【講堂】 강당(講堂).
ごうとう【強盗】 강도(強盗). ‖強盗を働く 강도질을 하다. ◆銀行強盗 은행 강도.
ごうどう【合同】 ❶ 합동(合同). ‖保守系の二党が合同する 보수계의 두 당이 합당하다. ❷ 〈数学〉 합동.
こうとうむけい【荒唐無稽】 황당무계(荒唐無稽). ‖荒唐無稽な計画 황당무계한 계획.
こうどく【講読】 (する) 강독(講讀).
こうどく【購読】 (する) 구독(購讀). ‖雑誌を購読する 잡지를 구독하다. ◆購読者 구독자. 購読料 구독료.
こうない【構内】 구내(構内). ‖駅の構内 역 구내. ◆構内放送 구내 방송.
こうにゅう【購入】 (する) 구입(購入).
*こうにん【公認】 (する) 공인(公認). ◆公認会計士 공인 회계사. 公認記録 공인 기록. 公認団体 공인 단체.
こうにん【後任】 후임(後任). ◆後任人事 후임 인사.
こうねつ【光熱】 광열(光熱). ◆光熱費 광열비.
こうねつ【高熱】 고열(高熱).
こうねん【後年】 몇 년 후.
こうねん【光年】 …광년(光年).
こうねんき【更年期】 갱년기(更年期). ‖更年期障害 갱년기 장애.
こうのう【効能】 효능(效能).

コウノトリ【鸛】 황새.
こうば【工場】 공장(工場).
こうはい【交配】 (する) 교배(交配).
こうはい【荒廃】 (する) 황폐(荒廢). ‖荒廃した国土 황폐한 국토.
こうはい【後輩】 후배(後輩). ‖大学の後輩 대학 후배.
こうはい【勾配】 경사(傾斜)진 곳;비탈.
こうばい【購買】 (する) 구매(購買). ◆購買力 구매력.
コウバイ【紅梅】 홍매(紅梅).
こうばいすう【公倍数】 공배수(公倍數).
こうはく【紅白】 홍백(紅白). ◆韓国では청백(青白). ‖紅白試合 청백전.
こうばしい【香ばしい】 (におい이)구수하다.
こうはん【公判】 공판(公判).
こうはん【広範】 ダ 광범하다; 광범위(廣範圍)하다. ‖広範な調査 광범위한 조사.
こうはん【甲板】 갑판(甲板).
こうはん【後半】 후반; 후반부(後半部). ‖私はあの映画の後半は見ていない 나는 그 영화의 후반부는 보지 않았다. ◆後半戦 후반전.
こうばん【交番】 파출소(派出所).
こうばん【降板】 (する) 강판(降板). ‖降板する 강판되다.
ごうはん【合板】 합판(合板).
こうはんい【広範囲】 ダ 광범위(廣範圍)하다.
こうひ【公費】 공비(公費).
こうび【交尾】 (する) 교미(交尾).
こうひょう【公表】 (する) 공표 (公表).
こうひょう【好評】 호평(好評). ‖好評を博する 호평을 받다.
こうふ【公布】 공포(公布).
こうふ【交付】 (する) 교부(交付). ‖証明書を交付する 증명서를 교부하다. ◆交付金 교부금.
こうぶ【後部】 후부(後部); 뒷부분(部分).
こうふう【校風】 교풍(校風).
こうふく【幸福】 ダ 행복(幸福)하다. ‖幸福な人生 행복한 인생. 子どもの幸福を願う 자식의 행복을 바라다.
こうふく【降服】 (する) 항복(降伏). ‖無条件降伏 무조건 항복.
こうぶつ【好物】 좋아하는 음식(飲食).
*こうふん【興奮】 (する) 흥분(興奮). ‖興奮して眠れない 흥분해서 잠이 오지 않다. ◆興奮剤 흥분제.
こうぶん【構文】 구문(構文). ◆構文論 구문론.
こうぶんしょ【公文書】 공문서(公文書).
こうへい【公平】 ダ 공평(公平)하다. ‖公平に分け与える 공평하게 나누어 주다.
こうへん【後編】 후편(後編).
ごうべんがいしゃ【合弁会社】 합작 회

こうほ【候補】 후보(候補). ◆優勝候補 우승 후보. 候補生 후보생.
こうぼ【公募】 (する) 공모(公募). ‖社員を公募した 사원을 공모하다.
こうぼ【酵母】 효모(酵母).
こうほう【工法】 공법(工法).
こうほう【公法】 공법(公法).
こうほう【広報】 홍보(弘報). ◆広報活動 홍보 활동.
こうほう【後方】 후방(後方). ◆後方基地 후방 기지.
こうぼう【攻防】 공방(攻防). ◆攻防戦 공방전.
こうぼう【興亡】 흥망(興亡). ‖民族の興亡 민족의 흥망.
ごうほう【号俸】 호봉(號俸).
ごうほう【合法】 합법(合法). ◆合法的 합법적. 合法的な手段 합법적인 수단.
ごうほう【豪放】 (する) 호방(豪放)하다. ‖豪放な性格 호방한 성격.
こうぼく【公僕】 공복(公僕).
こうぼく【高木】 고목(高木).
こうま【子馬】 망아지.
こうまん【高慢】 (する) 교만(驕慢)하다. ‖高慢に人を見下す 교만하게 사람을 깔보다.
ごうまん【傲慢】 (する) 오만(傲慢)하다. ‖傲慢な態度 오만한 태도.
こうみ【香味】 음식(飮食)의 향(香)과 맛.
こうみょう【巧妙】 (する) 교묘(巧妙)하다. ‖巧妙な手口 교묘한 수법.
こうみょう【功名】 공명(功名). ◆功名心 공명심.
こうみょう【光明】 광명(光明). ‖闇の中に一条の光明が差す 어둠 속에 한줄기 광명이 비치다.
こうみん【公民】 공민(公民). ◆公民権 공민권.
こうむ【工務】 공무(工務).
こうむ【公務】 공무(公務). ◆公務員 공무원. 国家公務員 국가 공무원. 公務執行妨害 공무 집행 방해.
こうむ【校務】 교무(校務).
こうむる【被る】 ❶ [よいことを]받다; 입다. ‖多大な恩恵をこうむる 큰 은혜를 입다. ❷ [よくないことを]입다. ‖損害をこうむる 손해를 입다.
こうめい【公明】 공명(公明). ‖公明正大 공명정대.
こうめい【高名】 고명(高名).
こうもく【項目】 항목(項目). ‖項目を分ける 항목으로 나누다.
こうもくてき【合目的】 합목적(合目的).
コウモリ【蝙蝠】 박쥐.
こうもん【肛門】 항문(肛門).
こうもん【後門】 후문(後門); 뒷문.
こうもん【校門】 교문(校門).
こうもん【閘門】 갑문(閘門).
ごうもん【拷問】 (する) 고문(拷問).
こうや【荒野】 황야(荒野).
こうやく【公約】 공약(公約).
こうやく【膏薬】 고약(膏藥).
こうやくすう【公約数】 공약수(公約數). ‖最大公約数 최대 공약수.
こうゆう【公有】 공유(公有).
こうゆう【交友】 교우(交友). ◆交友関係 교우 관계.
こうゆう【校友】 교우(校友).
こうよう【公用】 공용(公用). ◆公用語 공용어.
こうよう【効用】 효용(效用). ‖薬の効用 약의 효용. 限界効用 한계 효용.
こうよう【紅葉】 단풍(丹楓). ‖紅葉する 단풍이 들다.
こうよう【高揚】 (する) 고양(高揚); 앙양(昻揚). ‖感情が高揚する 감정이 고양되다.
こうようじゅ【広葉樹】 활엽수(闊葉樹).
ごうよく【強欲】 탐욕(貪慾). ‖強欲な男 탐욕스러운 남자.
こうら【甲羅】 갑각(甲殼); 등껍디.
コウライシバ【高麗芝】 금잔디.
コウライニンジン【高麗人参】 인삼(人蔘).
こうらく【行楽】 행락(行樂). ◆行楽客 행락객. 行楽シーズン 행락철.
こうり【小売り】 (する) 소매(小賣). ‖小売りする 소매로 팔다. 小売り価格 소매 가격.
こうり【公理】 공리(公理).
こうり【高利】 고리(高利). ‖高利貸し 고리 대금업(高利貸業).
こうり【合理】 합리(合理). ◆合理化 (する) 합리화. 合理主義 합리주의. 合理性 합리성. 合理的 합리적. 合理的な考え方 합리적인 사고방식.
ごうりき【強力】 강력(強力). ‖強力犯 강력범.
こうりつ【公立】 공립(公立). ‖公立高校 공립 고등학교.
こうりつ【効率】 효율(效率). ‖熱効率 열 효율. 효율의 い作業方式 효율적인 작업 방식.
こうりゃく【攻略】 공략(攻略). ‖先発投手を攻略する 선발 투수를 공략하다.
こうりゅう【交流】 교류(交流). ◆文化交流 문화 교류.
こうりゅう【拘留】 (する) 구류(拘留).
ごうりゅう【合流】 합류(合流). ‖川の合流する所 강이 합류하는 곳.
こうりょ【考慮】 (する) 고려(考慮). ‖相手の立場を考慮する 상대방 입장을 고려하다.
こうりょう【香料】 향료(香料).
こうりょう【綱領】 강령(綱領).
こうりょく【効力】 효력(效力). ‖効力を

こうりん【降臨】 (名ㅎ) 강림(降臨).
こうれい【恒例】 상례(常例); 관례(慣例).
こうれい【高齢】 고령(高齢). ◆高齢化社会 고령화 사회. 高齢者 고령자.
ごうれい【号令】 호령(号令); 구령(口令). ‖号令をかける 구령을 붙이다.
こうれいち【高冷地】 고냉지(高冷地). ‖高冷地農業 고냉지 농업.
こうろ【行路】 행로(行路). ‖人生行路 인생 행로.
こうろ【香炉】 향로(香爐).
こうろ【航路】 항로(航路).
こうろう【功労】 공로(功劳). ◆功労者 공로자.
こうろん【口論】 ‖口論する 말다툼하다. 언쟁하다.
こうわ【講和】 (名ㅎ) 강화(講和). ‖講和条約 강화 조약.
こうわん【港湾】 항만(港灣).

*こえ【声】 ❶ (人の)목소리; 소리. ‖声を出して本を読む 소리를 내서 책을 읽다. 甲高い声で 카랑카랑한 목소리로. 大きな声で 큰 소리로. 声がかれる 목이 쉬다. ❷ (ものの)소리. ‖虫の声が聞こえる 벌레 소리가 들리다. ❸【気配】기색(気色); 느낌; 분위기(雰囲気). ‖秋の声を分위기. ❹ 의견(意見). ‖読者の声 독자의 소리. 声を揃えて反対する全員이 하나같이 반대하다. ▶声がかりの 의뢰를 받은. ▶声をかける 말을 걸다. ‖声を振り絞る 소리를 쥐어짜다.

こえ【肥】 비료(肥料).
ごえい【護衛】 (名ㅎ) 호위(護衛). ‖大臣を護衛する 장관을 호위하다. ◆護衛兵 호위병.
こえがわり【声変わり】 (名ㅎ) 변성(變聲).
ごえつどうしゅう【呉越同舟】 오월동주(呉越同舟).

こえる【肥える】 ❶ 살찌다. ‖よく肥えた豚 살이 많이 찐 돼지. ❷ 비옥(肥沃)하다. ‖土地が肥える 토지가 비옥하다. ❸ (目・舌)識별이 높다. ‖目が肥えている 안목이 높다.

*こえる【越える・超える】 ❶ (障害物を)넘다. ‖山を越える 산을 넘다. ハードルを越える 허들을 넘다. ❷ (時間・基準・数値など)넘다. ‖能力の限界を超える 능력의 한계를 넘다. 制限速度を超える 제한 속도를 넘다. ❸ 초월(超越)하다. ‖利害を超えて業界に尽くす 이해관계를 초월해 업계에 헌신하다.

こおう【呼応】 (名ㅎ) 호응(呼応).
コース【course】 코스. ◆ハイキングコース 하이킹 코스. フルコース 풀코스. マラソンコース 마라톤 코스.
ゴースト【ghost】 유령(幽靈); 망령(亡靈).

コーチ【coach】 (名ㅎ) 코치. ‖サッカーのコーチ 축구 코치.
コーディネーター【coordinator】 코디네이터.
コーティング【coating】 (名ㅎ) 코팅.
コーデュロイ【corduroy】 코듀로이.
コート【coat】 (衣服の)코트.
コート【court】 (テニス・バレーボールなどの)코트.
コード【chord】 코드. ❶ 현악기(弦樂器)의 현(絃). ❷ 화음(和音).
コード【code】 코드. ❶ 규정(規定). ‖ドレスコード 복장 기준(服装基準). ❷ 컴퓨터 등에 저장(貯蔵)을 위한 부호(符號)의 체계(體系).
コード【cord】 코드. ◆コードレス 코드레스.
コーナー【corner】 코너. ‖第3コーナー 제삼 코너. 食料品コーナー 식료품 코너.
コーヒー【coffee】 커피. ◆コーヒー豆 커피 원두.
コープ【CO-OP】 소비 생활 협동조합(消費生活協同組合).
ゴーフル【gaufre 프】 고프레; 와플.
コーラ【cola】 콜라.
コーラス【chorus】 코러스.
コーラン【Koran】 (イスラム教の聖典の)코란.

*こおり【氷】 얼음. ‖池に氷が張る 연못에 얼음이 얼다. ◆氷小豆 팥빙수. 氷枕 (胸問)얼음이나 냉수(冷水)를 넣을 수 있게 만든 베개. 氷水 얼음물.

こおりつく【凍り付く】 얼어붙다; 동결(凍結)되다. ‖窓が凍り付いて開かない 창문이 얼어붙어 안 열리다.

こおる【凍る】 얼다. ‖魚がかちかちに凍った 생선이 꽁꽁 얼었다.

ゴール【goal】 ❶ (陸上・水泳の)결승선(決勝線); 결승점(決勝點). ❷ (サッカーなどの)골. ‖ゴールキーパー 골키퍼.
ゴールデンアワー【golden+hour 일】 황금 시간대(黄金時間帯).
ゴールデンウィーク【golden+week 일】 황금 연휴(黄金連休).
コールドクリーム【cold cream】 콜드 크림.
コオロギ【蟋蟀】 귀뚜라미.
コーン【cone】 아이스크림을 담는 원추형(圓錐形) 웨하스.
コーン【corn】 콘; 옥수수. ◆コーンスターチ 콘스타치. コーンフレーク(ス) 콘플레이크.

こがい【戸外】 집 밖.
*ごかい【誤解】 (名ㅎ) 오해(誤解). ‖真意を誤解する 진의를 오해하다. 彼は私の沈黙を同意と誤解した 그 사람은 내 침묵을 동의라고 오해했다. 誤解を풀다 오해를 풀다. 誤解を招く 오해를 사다.
こがいしゃ【子会社】 자회사(子會社).

ごかいしょ【碁会所】 기원(棋院).
コカイン【cocaine】 코카인.
ごかく【互角】 호각.
ごがく【語学】 어학(語學). ‖語学に弱い 어학에 약하다. ◆語学研修 어학 연수.
ごかくけい【五角形】 오각형(五角形).
こかげ【木陰】 나무 그늘; 나무 밑.
こがす【焦がす】 태우다. ‖ご飯を焦がす 밥을 태우다.
こがた【小型】 소형(小型). ‖小型の自動車 소형 자동차.
こかつ【枯渇】 ⟨する⟩ 고갈(枯渴). ‖資金が枯渇する 자금이 고갈되다.
ごがつ【五月·5月】 오월(五月). ◆五月病 ⟨꺩⟩ 사월(四月)에 입학(入學)한 신입생(新入生)이나 신입 사원(新入社員)이 새로운 환경(環境)에 적응(適應)하지 못하는 증후군.
こがねいろ【黄金色】 황금색(黃金色); 황금빛. ‖黄金色の夕焼け 황금빛 노을.
コガネムシ【黄金虫】 황금충(黃金蟲).
こがら【小柄】* ❶ 몸집이 작다. ‖小柄な選手 몸집이 작은 선수. ❷〔模様〕무늬가 잘다.
こがらし【木枯し】 초겨울에 부는 강풍(强風).
ごかん【互換】 호환(互換). ◆互換性 호환성.
ごかん【五感】 오감(五感).
ごかん【語感】 어감(語感).
ごかん【語幹】 어간(語幹).
かんせつ【股関節】 고관절(股關節).
こき【古希·古稀】 고희(古稀). ‖古希の祝い 고희연.
こき【呼気】 호기(呼氣); 날숨.
ごき【語調】 어조(語調); 말투. ‖語気が荒い 말투가 거칠다.
ごぎ【語義】 어의(語義).
ごきげん【御機嫌】 ❶ 기분(氣分). ‖ご機嫌いかがですか 기분은 어떠십니까? ❷〔気分のよい様子〕 술이 취해 기분이 좋다. ‖酔いが回ってすっかりご機嫌になる 술이 한 잔 들어가 아주 기분이 좋다.
ごきげんうかがい【御機嫌伺い】 방문(訪問)하여 안부(安否)를 물음.
ごきげんよう【御機嫌好う】 ❶〔会った時〕안녕(安寧)하셨어요? ❷〔別れる時〕안녕히 가십시오[가세요].
こぎざみに【小刻みに】 ❶〔小さく〕잘게. ❷〔少しずつ〕조금씩. ❸〔反復〕간헐적(間歇的)으로. ‖小刻みな足音 간헐적으로 들려오는 발소리.
こぎたない【小汚い】 어딘지 모르게 더럽다.
こきつかう【扱き使う】 혹사(酷使)시키다.
こぎつける【漕ぎ着ける】 겨우 목표(目標)를 이루다. ‖卒業にこぎつける 겨우

졸업을 하다.
こぎって【小切手】 수표(手票).
ゴキブリ 바퀴벌레.
こきゃく【顧客】 고객(顧客).
*こきゅう【呼吸】 ⟨する⟩ 호흡(呼吸). ‖呼吸が合う 호흡이 맞다. 深呼吸 심호흡. 人工呼吸 인공호흡. 呼吸器 호흡기.
こきょう【故郷】 고향(故鄕). ▶故郷に錦を飾る 금의환향하다.
ごきょう【五経】 오경(五經). ❖易経(역경)·書経(서경)·詩経(시경)·春秋(춘추)·礼記(예기).
ごぎょう【五行】 오행(五行). ❖木(목)·火(화)·土(토)·金(금)·水(수).
こぐ【漕ぐ】 ❶〔船·ボートなどを〕젓다. ‖ボートを漕ぐ 보트를 젓다. ❷〔ペダルを〕밟다.
ごく【極】 상당(相當)히; 대단히; 매우; 극(極)히. ‖ごくつまらないもの 상당히 재미없는 것. ごくありふれた話 흔해빠진 이야기.
ごく【語句】 어구(語句).
ごくあくひどう【極悪非道】 극악무도(極惡無道).
こくい【国威】 국위(國威). ◆国威宣揚 국위 선양.
こくう【虚空】 허공(虛空).
こくう【穀雨】 〔二十四節気の〕곡우(穀雨).
こくえい【国営】 국영(國營). ◆国営企業 국영 기업.
こくえき【国益】 국익(國益).
こくえん【黒鉛】 흑연(黑鉛).
こくおう【国王】 국왕(國王).
こくがい【国外】 국외(國外). ‖国外に逃亡する 국외로 도주하다.
こくぎ【国技】 국기(國技). ❖日本は相撲, 韓国はテコンドー(태권도).
こくぐん【国軍】 국군(國軍).
こくご【国語】 국어(國語). ◆国語学 국어학. 国語辞典 국어 사전.
こくごう【国号】 국호(國號).
こくこく【刻刻】 점점(漸漸). ‖締め切りの時間が刻々と迫ってくる 마감 시간이 점점 다가오다.
ごくごく〔飲む音〕벌컥벌컥.
こくさい【国債】 국채(國債).
*こくさい【国際】 국제(國際). ◆国際化 ⟨する⟩ 국제화. 国際会議 국제회의. 国際空港 국제공항. 国際結婚 국제결혼. 国際通貨 국제 통화. 国際的 국제적. 国際法 국제법. 国際連合 국제 연합.
こくさく【国策】 국책(國策).
*こくさん【国産】 국산(國産). ◆国産自動車 국산 자동차. 国産品 국산품.
こくし【酷使】 ⟨する⟩ 혹사(酷使). ‖体を酷使する 몸을 혹사하다.

こくじ【告示】 (ㅎ하) 고시(告示).
こくじ【国事】 국사(國事).
こくじ【酷似】 흡사(恰似).
こくし【獄死】 옥사(獄死).
こくじはん【国事犯】 국사범(國事犯).
こくしょ【酷暑】 혹서.
ごくじょう【極上】 최상(最上). ◆極上品 최상품.
こくしょく【黒色】 흑색(黑色). ◆黒色人種 흑색 인종.
こくじん【黒人】 흑인(黑人).
こくすいしゅぎ【国粋主義】 국수주의(國粹主義).
こくぜ【国是】 국시(國是). ‖平和共存を国是とする 평화 공존을 국시로 하다.
こくせい【国政】 국정(國政).
こくせい【国勢】 국세(國勢). ◆国勢調査 국세 조사.
こくぜい【国税】 국세(國稅).
*こくせき【国籍】 국적(國籍). ‖日本国籍を取得する 일본 국적을 취득하다. ◆二重国籍 이중 국적. 国籍不明 국적 불명.
こくせん【国選】 국선(國選). ◆国選弁護人 국선 변호인.
こくそ【告訴】 고소(告訴).
こくそう【国葬】 국장(國葬).
こくそう【穀倉】 곡창(穀倉). ‖穀倉地帯 곡창 지대.
コクゾウムシ【穀象虫】 쌀벌레.
こくち【告知】 (ㅎ하) 고지(告知).
ごくちゅう【獄中】 옥중(獄中).
こくちょう【国鳥】 국조(國鳥). ✚日本はキジ, 韓国はカササギ(까치).
ごっと 꿀꺽.
ごくつぶし【穀潰し】 식충이.
こくてい【国定】 국정(國定). ◆国定教科書 국정 교과서.
こくてん【黒点】 흑점(黑點).
こくど【国土】 국토(國土). ◆国土計画 국토 계획.
こくどう【国道】 국도(國道).
*こくない【国内】 국내(國內). ◆国内線 국내선. 国内総生産 국내 총생산(GDP).
こくはく【告白】 (ㅎ하) 고백(告白).
こくはつ【告発】 (ㅎ하) 고발(告發).
こくばん【黒板】 칠판(漆板); 흑판(黑板).
こくひ【国費】 국비(國費). ‖国費留学生 국비 유학생.
こくび【小首】 약간(若干); 조금. ‖小首をかしげる 고개를 약간 갸웃거리다.
ごくひ【極秘】 극비(極秘). ◆極秘の文書 극비 문서.
こくびゃく【黒白】 ❶[黒と白]흑백(黑白). ❷선악(善惡); 유죄(有罪)와 무죄(無罪). ‖裁判で黒白を明らかにする 재판에서 유죄 무죄를 가리다.
こくひょう【酷評】 혹평(酷評).
こくひん【国賓】 국빈(國賓).

ごくひん【極貧】 극빈(極貧).
こくふく【克服】 (ㅎ하) 극복(克服). ‖悪条件を克服する 악조건을 극복하다.
こくぶん【国文】 국문(國文). ◆国文学 국문학. 国文法 국문법.
こくべつ【告別】 (ㅎ하) 영결(永訣). ◆告別式 영결식.
こくほう【国宝】 국보(國寶).
こくほう【国法】 국법(國法).
こくぼう【国防】 국방(國防). ◆国防色 국방색. 国防費 국방비.
*こくみん【国民】 국민(國民). ‖国民のための政治 국민을 위한 정치. 国民の義務 국민의 의무. ◆国民感情 국민 감정. 国民健康保険 국민 의료보험. 国民性 국민성. 国民総生産 국민 총생산(GNP). 国民的 국민적. 国民の英雄 국민적 영웅. 国民投票 국민 투표. 国民年金 국민 연금.
こくむ【国務】 국무(國務).
こくめい【克明】 ダ 극명(克明)하다.
こくめい【国名】 국명(國名).
こくもつ【穀物】 곡물(穀物).
こくゆう【国有】 국유(國有). ◆国有地 국유지. 国有林 국유림.
ごくらく【極楽】 극락(極樂). ◆極楽往生 극락왕생. 極楽浄土 극락정토.
こくりつ【国立】 국립(國立). ◆国立公園 국립공원. 国立大学 국립대학.
こくりょく【国力】 국력(國力).
こくるい【穀類】 곡류(穀類).
*ごくれん【国連】 유엔. ◆国連安全保障理事会 유엔 안전 보장 이사회. 国連軍 유엔군. 国連事務総長 유엔 사무총장.
ごくろう【御苦労】 ❶수고. ‖ご苦労様でした 수고하셨습니다. ❷[皮肉なニュアンスを込めて] ‖雨の中をジョギングするとはご苦労なことだな 비가 오는데 조깅을 하다니 수고한다.
こくろん【国論】 국론(國論). ‖国論が分裂する 국론이 분열되다.
ごくん 꿀꺽.
ぐぐんふんとう【孤軍奮闘】 고군분투(孤軍奮鬪).
コケ【苔】 이끼. ‖コケが生える 이끼가 끼다.
こけい【固形】 고형(固形). ◆固形燃料 고체 연료. 固形物 고형물.
こげくさい【焦げ臭い】 탄내가 나다; 타는 냄새가 나다.
こけこっこう【鶏の鳴き声】 꼬끼오.
こげちゃ【焦げ茶】 암갈색(暗褐色); 짙은 밤색.
こげつく【焦げ付く】 ❶눋어붙다. ‖ご飯が焦げ付く 밥이 눋어붙다. ❷대금(代金)이 회수 불가능(回收不可能)하게 되다. ‖取引先の倒産で代金が焦げ付いた 거래처의 도산으로 대금이 회수 불가능해졌다.

こける【倒ける】 ❶넘어지다; 쓰러지다. ❷《…こける의 形으로》 웃어대다의 뜻을 나타냄. ‖笑いこける 자지러지게 웃어대다. 眠りこける 깊이 잠들다.

こける【瘦ける】 살이 빠지다; 여위다. ‖頰がこける 볼살이 빠지다.

こげる【焦げる】 타다. ‖真っ黒に焦げたパン 시커멓게 탄 빵.

ごけん【護憲】 호헌(護憲).

ごげん【語源】 어원(語源).

*ここ【此処】 ❶여기; 현재(現在) 있는 곳. ‖以前ここに来たことがある 예전에 여기에 온 적이 있다. ここへ来なさい 여기로 와라. ここが彼の研究室です 여기가 그 사람 연구실입니다. ここはどこですか 여기가 어디입니까? ここだけの話だが 우리끼리 하는 얘기지만. ❷현재(現在狀態). ‖事ここに至る当이 여기에 이르다. ❸《期間》요. ‖ここ数日among 要 며칠이 고비다.

ここ【個個】 개개(個個); 하나하나. ‖個々に検討する 하나하나 검토하다.

こご【古語】 고어(古語). ◆ 古語辞典 고어 사전.

*ごご【午後】 오후(午後). ‖午後にお伺います 오후에 뵙겠습니다. 午後はずっと勉強していた 오후에는 줄곧 공부했다. 土曜日の午後映画に行こう 토요일 오후에 영화 보러 가자. 午後の授業 오후 수업.

ココア【cocoa】 코코아.

ここう【糊口】 호구(糊口); 생계(生計). ‖糊口をしのぐ 근근이 풀칠을 하다.

ごこう【後光】 후광(後光). ‖後光が差す 후광이 비치다.

こごえじに【凍え死に】 《造語》 동사(凍死).

こごえつく【凍え付く】 얼어붙다.

こごえる【凍える】 얼다. ‖手が凍えて字が書けない 손이 얼어 글씨를 쓸 수가 없다.

ここく【故国】 고국(故国).

ごこく【五穀】 ❶오곡(五穀). ÷ 米(쌀)·麦(보리)·粟(조)·黍(기장)·豆(콩). ❷ 곡류(穀類)의 총칭(總稱). ‖五穀豊穣を祈る 오곡이 풍성하기를 빌다.

ごこく【護国】 호국(護国). ‖護国の鬼 호국 영령.

ここじん【個個人】 개개인(個個人).

ここち【心地】 기분(氣分); 느낌. ‖乗り心地 승차감. 着心地 착용감.

ここちよい【心地好い】 기분(氣分)이 좋다. ‖心地よい風 기분 좋은 바람.

こごと【小言】 ❶잔소리. ‖小言を食う 잔소리를 듣다. ❷불평(不平); 불만(不滿).

ココナッツ【coconut】 코코넛.

ここのか【九日·9日】 구일(九日).

ここのつ【九つ·9つ】 ❶아홉 개(9개). ❷〔9歲〕아홉 살.

*こころ【心】 ❶마음. ‖心の広い人 마음이 넓은 사람. 心にもないことを言う 마음에도 없는 소리를 하다. 心から 마음으로부터. 진심으로. 彼の心を理解する その 사람의 마음을 이해하다. 心が通じる 마음이 통하다. ❷기분(氣分); 감정(感情). ❸판단력(判斷力); 분별(分別). ‖心ある人 분별이 있는 사람. ❹정성(精誠); 성의(誠意). ‖母の心のこもった弁当 어머니의 정성이 담긴 도시락. 茶の心 茶의 진수(眞髓). ‖茶の心 차의 진수. ▶心が動く 마음이 움직이다. ▶心にかかる ①염심하다. ②걱정하다. ▶心にもない 마음에도 없다. ▶心を痛める 마음 아파하다. ▶心を動かす 감동시키다. ▶心を打つ 감동을 울리다.《俗》 ▶心を鬼にする 마음을 독하게 먹다. ▶心を込める 정성을 다하다. ▶心を許す 마음을 터놓다. ▶心を寄せる 마음을 두다.

こころあたたまる【心暖まる】 마음이 따뜻해지다.

こころあたり【心当たり】 짚이는 곳.

こころある【心有る】 ❶분별(分別)이 있는; 배려심(配慮心)이 있는.

こころいき【心意気】 의기(意氣); 기상(氣象).

こころえ【心得】 ❶《技術·技芸などの》 소양(素養). ‖茶の湯の心得がある 차도의 소양이 있다. ❷마음가짐; 준비 사항(準備事項). ‖電話をかける時の心得 전화를 걸 때의 마음가짐. ❸《職名·役職名の後に付いて》 대행(職務代行). ‖課長心得 과장 직무 대행.

こころえる【心得る】 ❶이해(理解)하다. ❷소양(素養)이 있다.

こころおきなく【心置きなく】 걱정 없이.

こころがけ【心掛け】 마음가짐. ‖普段の心がけがよくない 평소의 마음가짐이 좋지 않다.

こころがける【心掛ける】 항상(恒常) 마음에 두고 노력(努力)하다. ‖規則正しい生活を心がける 규칙적인 생활을 하려고 노력하다.

こころがまえ【心構え】 마음의 준비(準備); 각오(覺悟).

こころがわり【心変わり】 《造語》 변심(變心).

こころぐるしい【心苦しい】 미안(未安)하다; 마음이 무겁다. ‖彼にあんな世話になって心苦しい 그 사람에게 너무 신세를 져서 마음이 무겁다.

こころざし【志】 ❶뜻; 의지(意志). ‖志を立てる 뜻을 세우다. ❷친절(親切); 호의(好意).

こころざす【志す】 뜻을 두다; 목표(目標)로 삼다; 지망(志望)하다.

こころづかい【心遣い】 배려(配慮); 염려(念慮). ‖お心遣いありがとうございます 배려해 주셔서 감사합니다.

こころづもり【心積もり】 마음속의 예정(豫定); 계획(計劃); 생각. ¶今日中に終える心積もりです 오늘 중으로 끝낼 생각입니다.

こころづよい【心強い】 마음이 든든하다. ¶心強い仲間が現れれた든든한 동지가 생겼다.

こころない【心ない】 분별(分別)이 없다; 철이 없다; 배려심(配慮心)이 없다.

こころならず(も)【心ならず(も)】 본의(本意) 아니게; 부득이(不得已); 마지못해서.

こころにくい【心憎い】 (憎らしいほど) 훌륭하다; 멋있다. ¶心にくい演技力 얄미울 정도로 멋있는 연기.

こころのこり【心残り】 미련(未練)이 남다; 마음에 걸리다.

こころばかり【心許り】 변변치 못함; 약소(略少)함. ¶心ばかりの品物 변변치 못한 물건.

こころぼそい【心細い】 불안(不安)하다.

こころまち【心待ち】 心待ちにする 기대하며 기다리다.

こころみ【試み】 시험(試驗); 시도(試圖).

こころみる【試みる】 시험(試驗)하다; 시도(試圖)하다. ¶別の方法で試みる 다른 방법으로 시도하다.

こころもち【心持ち】 ① 기분(氣分). **②** [副詞的に] 약간(若干); 조금. ¶心持ち右に曲がっているようだ 조금 오른쪽으로 기운 것 같다.

こころゆくまで【心行くまで】 마음껏; 실컷. ¶夕べ心ゆくまで飲んだ 어젯밤에는 실컷 마셨다.

こころよい【快い】 기분(氣分)이 좋다.

ここん【古今】 고금(古今). ◆古今東西 동서고금.

ごこん【語根】 어근(語根).

ごさ【誤差】 오차(誤差).

ござ【茣蓙】 돗자리.

ごさい【後妻】 후처(後妻).

こざかしい【小賢しい】 똑똑한 체하며 건방지다; 몹시 약다. ¶小ざかしい口をきく 건방지게 말을 하다.

こさく【小作】 소작(小作). ◆小作料 소작료.

こさじ【小匙】 ① [小形のさじ] 작은 수저. **②** 계량(計量) 스푼.

こさめ【小雨】 가랑비.

ごさん【午餐】 오찬(午餐).

ごさん【誤算】 오산(誤算).

ごさんけ【御三家】 (說明) ユ 분야(分野)에서 가장 뛰어난 세 사람.

*こし【腰】 **①** 허리. ¶腰を痛める 허리를 다치다. **②** 탄력(彈力). ¶腰のあるうどん 쫄깃쫄깃한 우동. **③** 자세(姿勢); 태도(態度). ¶けんか腰 시비조. ▷腰が重い 엉덩이가 무겁다.(例) 腰が軽い 경솔하다. ▷腰が砕ける 도중에 힘이 빠지다. 기력이 빠지다. ▷腰が強い 탄력성이 있다. ▷腰が低い 겸손하다. 저

자세다. ▷腰を上げる 행동을 시작하다. ▷腰を折る 중간에 방해를 하다. 話の腰を折る 중간에 말을 끊기 마라. ▷腰を据える 한 가지 일에 전념하다. ▷腰を抜かす 너무 놀라 움직이지 못하다.

こし【輿】 가마.

こし【枯死】 (종め) 고사(枯死). ¶松が虫害で枯死する 소나무가 해충 피해로 고사하다.

こじ【孤児】 고아(孤兒).

こじ【故事】 고사(故事). ◆故事成語 고사 성어.

こじ【誇示】 (종め) 과시(誇示); 자랑. ¶力を誇示する 힘을 과시하다. 成功を誇示する 성공을 자랑하다.

-ごし【越し】 ①...너머. ¶窓越しに話しかける 창 너머로 말을 걸다. **②**...에 걸친. ¶3年越しの懸案 삼 년에 걸친 현안.

ごじ【誤字】 오자(誤字).

こじあける【抉じ開ける】 억지로 열다.

こしあん【漉し餡】 (說明) 으깨서 설탕이나 소금을 섞은 팥소.

こしかけ【腰掛け】 ① 의자(椅子). **②** 일시적(一時的)인 직업(職業)이나 지위(地位). ¶腰掛け仕事 일시적인 일.

こしかける【腰掛ける】 걸앉다.

こじき【乞食】 거지.

ごしき【五色】 오색(五色). ÷赤(빨강)·青(파랑)·黄(노랑)·白(하양)·黒(검정).

ごしごし 鍋の底をごしごし(と)する 냄비 바닥을 싹싹 문지르다.

こしたんたん【虎視眈眈】 호시탐탐(虎視眈眈). ¶虎視眈々とねらっている 호시탐탐 노리고 있다.

こしつ【固執】 고집(固執).

こしつ【個室】 독방(獨房); 독실(獨室).

ごじつ【後日】 ① 후일(後日); 장래(將來). **②** [その後が] 끝난 다음. ◆後日譚 후일담.

ゴシック【Gothic】 고딕.

こじつける 억지로 이유(理由)를 만들다.

ゴシップ【gossip】 가십. ¶ゴシップ記事 가십 기사.

ごじっぽひゃっぽ【五十歩百歩】 오십보백보(五十步百步).

こしぬけ【腰抜け】[臆病者] 겁쟁이.

こしまわり【腰回り】 허리 둘레.

こしゅ【戸主】 호주(戸主).

こしゅ【固守】 고수(固守).

ごじゅう【五十·50】 오십(五十); 쉰 살. ◆五十音 오십음. 五十肩 오십견.

ごじゅう【五重】 오중(五重). ◆五重奏 오중주. 五重の塔 오층탑. ÷土(흙)·水(물)·火(불)·風(바람)·空(하늘)로 かたどったもの.

ごしゅうしょうさま【御愁傷様】 (說明) 불

行(不幸)한 일을 당한 사람에게 하는 인사말.

こじゅうと【小舅】 배우자(配偶者)의 형제자매(兄弟姉妹).

こじゅうと(め)【小姑】 배우자(配偶者)의 여자 형제(女子兄弟); 〔夫の妹〕시누이; 〔夫の姉〕시누이.

ごじゅん【語順】 어순(語順).

こしょ【古書】 고서(古書).

こしょう【呼称】 호칭(呼稱).

*こしょう【故障】 고장(故障). ‖エンジンが故障する 엔진이 고장 나다. この機械は故障している 이 기계는 고장 나 있다. ◆故障車 고장 난 차.

コショウ【胡椒】 후추.

こしょくそうぜん【古色蒼然】 고색창연(古色蒼然).

こしらえる【拵える】 ❶만들다; 제작(製作)하다. ‖夕飯をこしらえる 저녁을 만든다. ❷조달(調達)하다; 준비(準備)하다. ‖金をこしらえる 돈을 조달한다.

こじらせる【拗らせる】 악화(惡化)시키다; 복잡(複雜)하게 하다. ‖風邪をこじらせて肺炎になる 감기가 악화되어 폐렴이 되다. 問題をこじらせる 문제를 복잡하게 하다.

こじれる【拗れる】 악화(惡化)되다; 복잡(複雜)해지다.

こじわ【小皺】 잔주름.

こじん【故人】 고인(故人).

*こじん【個人】 개인(個人). ‖個人の権利 개인의 권리. 個人競技 개인 경기. 個人教授 개인 교수. 個人差 개인차. 個人主義 개인주의. 個人タクシー 개인택시. 個人的 개인적. 個人的な見解 개인적인 견해. 個人プレー 개인 플레이.

ごしん【誤診】 오진(誤診).

ごしん【誤審】 오심(誤審).

ごしん【護身】 호신(護身). ◆護身術 호신술.

こす【越す・超す】 ❶지나가다; 넘다; ‖峠を越す 고개를 넘다. ❷(基準・数値を)넘다. ‖4万人を超す大観衆 사만 명을 넘는 대관중. ❸경과(經過)하다; 지나가다; (ある時期を)넘다. ‖冬を越す 겨울을 나다. ❹〔…に越したことはないの形で〕…수록 더 좋다. ‖給料は高いに越したことはない 월급은 많을수록 좋다.

こす【漉す・濾す】 거르다; 여과(濾過)하다.

こすい【鼓吹】 (文語) 고취(鼓吹).

こすい【午睡】 오수(午睡). ‖午睡をむさぼる 오수를 즐기다.

こすう【戸数】 호수(戸數).

こすう【個数】 개수(個數).

こずえ【梢】 나뭇가지; 나무 줄기의 끝부분(部分).

*コスト【cost】 코스트. ‖コストがかかかる コスト가 많이 먹힌다. 安いコストで作る コスト로. ◆生産コスト 생산 코스트.

ゴスペル【gospel】 가스펠 송.

コスモス【cosmos】 코스모스.

こする【擦る】 문지르다; 비비다. ‖手をこする 손을 비비다. さびをこすって落とす 녹을 문질러 벗겨 내다.

こすれる【擦れる】 스치다.

こせい【個性】 개성(個性). ‖個性を発揮する 개성을 발휘하다. 個性の強い女優 개성이 강한 여배우. ◆個性的 개성적. 個性的な文体 개성적인 문체.

ごせい【悟性】 오성(悟性).

こせき【戸籍】 호적(戸籍). ◆戸籍抄本 호적 초본. 戸籍謄本 호적 등본.

こせき【古跡】 고적(古跡).

こせこせ こせこせ(と)した態度 좀스러운 태도.

こぜに【小銭】 푼돈; 잔돈. ‖小銭入れ 동전 지갑.

ごせん【互選】 (文語) 호선(互選).

ごせん【五線】 오선지(五線紙).

ごぜん【午前】 오전(午前). ‖明日の午前中は家にいます 내일 오전 중에는 집에 있습니다. 午前 3時に目が覚めた 오전 세 시에 눈이 떴었다.

ごぜんさま【午前様】 (説明) 얼두 시가 넘어 귀가(歸家)하는 사람.

こそ …야말로.

こぞう【小僧】 ❶(お寺の)어린 중. ❷(子ども)애송이.

ごそう【護送】 (文語) 호송(護送).

ごぞうろっぷ【五臓六腑】 오장육부(五臓六腑).

こそこそ 소곤소곤; 몰래. ‖こそこそささやく 소곤거리다. こそこそ(と)逃げ出す 몰래 도망치다.

こそこそ ‖天井裏で何かごそごそしている 천장에서 뭔가가 부스럭거리고 있다.

こそだて【子育て】 (文語) 육아(育兒).

こぞって【挙って】 남김없이; 전부(全部). ‖この条例には こぞって反対している 이 조례에 시민들은 전부 반대하고 있다.

こそばゆい ❶간지럽다. ‖足の裏がこそばゆい 발바닥이 간지럽다. ❷부끄럽다; 낯간지럽다. ‖ほめられてこそばゆい 칭찬받으니까 부끄럽다.

ごぞんじ【御存じ】 ‖ご存じのなりよう有り様で 알고 계십니다; ご存じのなりよう有り様 알고 계시는 바와 같습니다.

こたい【固体】 고체(固體). ◆固体燃料 고체 연료.

こたい【個体】 개체(個體).

こだい【古代】 고대(古代). ◆古代社会 고대 사회.

こだい【誇大】 과대(誇大). ◆誇大広告 과대 광고. 誇大妄想 과대 망상.

ごだいしゅう【五大州】 오대주(五大州).

ごたいりく【五大陸】 오대주(五大洲).
ごたいりく【五大陸】 오대주(五大洲).
*こたえ【答】❶ 대답(對答). ‖呼べど叫べど答えがない 불러도 불러도 대답이 없다. ❷ 해답(解答). ‖答えが間違っている 해답이 틀렸다.
こたえる【答える】 ❶ 대답(對答)하다. ‖表裏に答える 솔직하게 대답하다. ❷ (問題に)답하다. ‖次の設問に答えなさい 다음 문제에 답하시오.
こたえる【応える】 ❶ 부응(副應)하다. ‖期待に応える 기대에 부응하다. ❷ 사무치다. ‖寒さが骨身に応える 추위가 뼈에 사무치다.
こだから【子宝】 자식(子息). ‖子宝に恵まれる 자식을 많이 두다.
こだくさん【子沢山】 자식(子息)이 많음.
ごたごた ❶ 말썽; 분쟁(紛爭). ‖ごたごたの絶えない家 말썽이 끊이지 않는 집. ❷ [副詞的に] ‖ごたごたに詰め込むマッキ 쑤셔 넣다.
こだま【木霊】 메아리. ‖こだまする 메아리치다.
こだわる 집착(執着)하다; 얽매이다; 고집(固執)하다; 연연(戀戀)해하다. ‖金にこだわる人 돈에 집착하는 사람.
こちこち ❶ [固くなった様子] 꽁꽁. ‖こちこちに凍る 꽁꽁 얼다. ❷ [緊張で固くなった様子] ‖直接試験でこちこちになった 면접 시험에서 바짝 긴장하다. ❸ [融通が利かない様子] ‖こちこちの頑固 고집불통. ❹ [時計が刻む音] 똑딱똑딱.
ごちそう【御馳走】 맛있는 음식(飮食); 대접(待接). ‖今日は私がごちそうしましょう 오늘은 제가 대접하죠. ごちそうさま 잘 먹었습니다.
こちゃく【固着】 고착(固着).
ごちゃごちゃ ❶ [散乱している様子] ‖ごちゃごちゃしている町 어수선한 거리. ❷ [不平不満を言う様子] ‖ごちゃごちゃ言うな 불평하지 마라.
ごちゃまぜ 뒤죽박죽.
こちょう【誇張】 (會) 과장(誇張). ‖表情を誇張して描く 표정을 과장해서 그리다.
ごちょう【語調】 어조(語調); 어투(語套); 말투. ‖激しい語調で非難する 신랄한 어조로 비난하다.
コチョウラン【胡蝶蘭】 호접란(胡蝶蘭).
こちょこちょ [くすぐる様子] ‖こちょこちょ(と)くすぐる 간지럼을 태우다.
こちら【此方】 ❶ 이쪽. ‖こちらを向いてください 이쪽을 봐 주십시오. ❷ [当方]나; 우리. ‖それはこちらの知ったことではない 그건 내가 알 바 아니다. ❸ [この方]이쪽에 있는 사람; 이분. ‖こちらの方を紹介してください 이쪽 분을 소개해 주세요.
こぢんまり ‖こぢんまりとした店 아담한 가게.

こつ 요령(要領). ‖こつをのみ込む 요령을 터득하다.
ごつい 거칠고 억세다.
こっか【国花】 국화(國花). ✢日本の国花は桜(벚꽃), 韓国はムグケ(무궁화).
*こっか【国家】 국가(國家). ‖国家間の紛争 국가 간의 분쟁. ◆近代国家 근대 국가. 福祉国家 복지 국가. 国家公務員 국가 공무원. 国家試験 국가 시험. 国家的 국가적.
こっか【国歌】 국가(國歌). ✢日本は君が代(기미가요), 韓国は愛國歌(애국가).
*こっかい【国会】 국회(國會). ‖国会を解散する 국회를 해산하다. 国会が召集される 국회가 소집되다. ◆臨時国会 임시 국회. 国会議員 국회의원. 国会議事堂 국회 의사당. 国会図書館 국회 도서관.
こづかい【小遣い】 용돈. ‖小遣いをもらう 용돈을 받다. 小遣いで本を買う 용돈으로 책을 사다.
こっかく【骨格】 골격(骨格).
こっかん【酷寒】 혹한(酷寒).
ごっかん【極寒】 극한(極寒).
こっき【克己】 (會) 극기(克己). ◆克己心 극기심.
こっき【国旗】 국기(國旗). ✢日本は日の丸(일장기), 韓国は太極旗(태극기).
こっきょう【国教】 국교(國敎).
こっきょう【国境】 국경(國境). ‖国境を越える 국경을 넘다. ◆国境地帯 국경지대.
-こっきり …만; …뿐. ‖1回こっきり 한번만. 딱 한 번.
コック【kok ネ】 요리사(料理師).
こっくり ❶ 꼬덕꼬덕. ‖こっくりとうなずく 머리를 꼬덕꼬덕 하다. ❷ 꾸벅꾸벅. ‖こっくりこっくり居眠りする 꾸벅꾸벅 졸다.
こっけい【滑稽】 ク 우습다; 익살스럽다; 재미있다. ‖滑稽なことを言って笑わせる 재미있는 말로 웃기다.
こっけん【国権】 국권(國權).
こっこ【国庫】 국고(國庫).
-ごっこ …놀이. ‖兵隊ごっこ 병정놀이.
こっこう【国交】 국교(國交). ‖国交が断絶する 국교가 단절되다.
こっこく【刻刻】 시시각각(時時刻刻).
こつこつ ❶ [努力する様子] ‖こつこつ(と)現地調査を続ける 착실하게 현지 조사를 계속하다. ❷ [物をたたく音] 똑똑. ‖こつこつ(と)ドアをたたく 문을 똑똑 두드리다.
ごつごつ ❶ [硬くてでこぼこなどのある様子] 울퉁불퉁. ‖ごつごつ(と)した岩 울퉁불퉁한 바위. ❷ [無骨な様子] 투박하고 무뚝뚝하다. ‖ぶっきらぼうでごつごつした人 거칠고 무뚝뚝한 사람.
こっし【骨子】 골자(骨子). ‖法案の骨子 법안의 골자.
こつずい【骨髄】 골수(骨髓). ▶骨髓に

徹する 골수에 사무치다.(喩) ◆**骨髓移植** 골수 이식.

こっせつ【骨折】 골절(骨折); 뼈가 부러짐. ¶左足を骨折した 왼쪽 다리가 부러졌다.

こっそう【骨相】 골상(骨相).

こつしょうしょう【骨粗鬆症】 골다공증(骨多孔症).

こっそり 살짝; 몰래. ¶こっそり抜け出してきた 살짝 빠져나왔다.

ごっそり 한 번에 많이; 몽땅; 전부(全部). ¶コレクションをごっそり盗まれた 컬렉션을 몽땅 도둑맞았다.

ごったがえす【ごった返す】 혼잡(混雑)하다; 붐비다; 북적거리다.

こっち 여기; 이쪽.

こつつぼ【骨壷】 유골(遺骨) 항아리.

こづつみ【小包】 소포(小包).

こづつみ【小鼓】 소고(小鼓); 작은북.

こってり ❶【味·色が濃い樣子】 こってり(と)した料理 느끼한 음식. ❷【程度がはなはだしい樣子】 무척; 엄청; 호되게. ¶こってり(と)油を絞られた 무척 혼났다.

こっとうひん【骨董品】 골동품(骨董品).

コットン【cotton】 코튼.

こつにく【骨肉】 골육(骨肉) ◆骨肉相食む 골육상쟁(相爭).

こつばん【骨盤】 골반(骨盤).

こっぴどい【こっ酷い】 매우 심하다; 호되다. ¶こっぴどく叱られる 호되게 혼나다.

コップ【kopᵖ】 컵; 잔(盞). ¶コップ1杯の牛乳 한 잔의 우유. 紙コップ 종이컵.

こつぶ【小粒】 작은 알갱이.

こづれ【子連れ】 아이를 데리고 있음.

ごつん 꽝. ¶ごつんと柱に頭をぶつける 꽝하고 기둥에 머리를 부딪치다.

こて【鏝】 ❶ 흙손. ❷【燒きごて】 인두.

ごて【後手】 ❶【囲碁·將棋の】 후수(後手). ❷ 선수를 빼앗김. 後手に回る 선수를 빼앗기다.

こてい【固定】 ⑤ʰ 고정(固定). ¶このテーブルは床に固定してある 이 테이블은 바닥에 고정되어 있다. 固定した考え 고정된 생각.

こていかんねん【固定觀念】 고정 관념 (固定觀念).

こていしさん【固定資産】 고정 자산(固定資産).

こていしほん【固定資本】 고정 자본(固定資本).

こていひょう【固定票】 고정표(固定票).

ごてごて【白粉をごてごてと塗る 분을 덕지덕지 바르다.

こてん【古典】 고전(古典). 古典主義 고전주의. 古典的 고전적. 古典文學 고전 문학.

こてん【個展】 개인전(個人展).

こてんこてん 무참(無慘)하게; 철저(徹底)하게. ¶こてんこてんにやられた 철

저하게 당했다.

***こと**【事】 ❶ 일; 사건(事件). ¶どんなことが起こっても驚く 듯한 일이 있어도 놀라지 마라. ❷ 어떤 일에 관련(關聯)된 사항(事項); …것. ¶試験のことを話す 시험에 관한 것을 말하다. 詳しいことは後で話します 자세한 것은 나중에 이야기하겠습니다. 英語を話すことができる 영어를 할 수 있다. 彼の言ったことを聞いた 그가 말한 것을 들었다. 静かにすること 조용히 할 것. ❸ 행위(行為); 행동(行動). ¶自分のしたことを反省しなさい 자신이 한 행동을 반성하라. ¶事が運ぶ 일이 잘 진행되다. ▶事なきを得る 무사히 끝나다.

こと【琴】 일본 현악기(日本絃樂器)의 총칭(總稱).

こと【古都】 고도(古都). ¶古都京都 고도 교토. 古都慶州 고도 경주.

-ごと【每】 …마다. ¶一雨降るごとに寒くなる 비가 올 때마다 추워지다.

こどう【鼓動】 ⑤ʰ 고동(鼓動).

ごどう【語頭】 어두(語頭).

ごどう【誤導】 ⑤ʰ 오도(誤導).

こどうぐ【小道具】 소도구(小道具).

ことかく【事欠く】 불편(不便)을 겪다. ¶日々の米にも事欠く生活 그날그날의 쌀 걱정을 하는 생활.

ことがら【事柄】 내용(內容). ¶重要な事柄 중요한 내용.

こどく【孤獨】 ⑤ 고독(孤獨)하다. ¶孤獨な生活 고독한 생활.

ごとく【如く】 …처럼. ¶彗星の如く現われる 혜성처럼 나타나다.

ことこと【音】똑똑; 탁탁. ¶箱の中でことこと音がする 상자 안에서 탁탁 소리가 나다. ❷【煮る樣子】 보글보글; 푹. ¶ことこと豆を煮る 보글보글 콩을 삶다.

ごとごと【音】쿵쿵. ¶天井でごとごと音がする 천정에서 쿵쿵 소리가 나다.

ことごとく【悉く】 전부(全部); 몽땅. ¶財産をことごとく失う 재산을 몽땅 잃다.

ことこまか【事細か】ダ 자세(仔細)하다. ¶事細かな説明を受ける 자세한 설명을 듣다.

ことさら【殊更】 ❶ 일부러; 고의(故意)로. ¶ことさら辛く当たる 일부러 모질게 대하다. ❷ 특히; 특별(特別)히.

ことし【今年】 금년(今年); 올해.

ことだま【言霊】 ⑩ᵐ 말에 깃들어 있는 힘.

ことたりる【事足りる】 충분(充分)하다.

ことづけ【言付け】 전언(傳言); 전갈(傳喝).

ことづける【言付ける】 (伝言·ものを) 전달(傳達)을 부탁(付託)하다.

ことづて【言伝】 전언(傳言); 전갈(傳喝). ¶言伝を頼む 전언을 부탁하다.

ことなかれしゅぎ【事なかれ主義】 무사

ことなる 168

안일주의(無事安逸主義).
ことなる【異なる】 들리다; 다르다. ‖事実と異なる 사실과 다르다.
ことに【殊に】 ❶특히; 특별(特別)히. ❷게다가.
*ことば【言葉・詞】 ❶언어(言語). ‖発音が難しい言葉 발음이 어려운 언어. ❷단어(単語); 어구(語句). ‖この言葉の意味が分かりません 이 단어의 뜻을 모르겠습니다. ❸말. ‖言葉を交わす 말을 주고받다. 言葉に詰まる 말문(文)이 막히다. 驚きのあまり言葉が出なかった 놀란 나머지 말이 나오지 않았다. ▶言葉に甘える 호의를 받아들이다. ▶言葉に余る 말로 다 할 수 없다. ▶言葉を返す 말대답을 하다. ▶言葉を濁す 말끝을 흐리다.
ことばかず【言葉数】 말수.
ことばじり【言葉尻】 말꼬리; 말끝. ‖言葉尻を捕える 말꼬리를 잡다.(俗)
ことばづかい【言葉遣い】 말투; 어투(語套).
ことぶき【寿】 ❶축하(祝賀); 축하할 일. ❷장수(長壽).
*こども【子供】 아이; 애. ‖子どもが 3 人いる 애가 세 명 있다. 子どもができた 애가 생겼다. 子どもを産む 애를 낳다. 子どもの頃から知っている人 어릴 때부터 알고 있는 사람. 子ども扱いをする 애 취급하다.
こどもごころ【子供心】 어린 마음.
こどもだまし【子供騙し】 뻔한 속임수. ‖そんな子どもだましには乗らない そら 뻔한 속임수에는 안 넘어간다.
こどもっぽい【子供っぽい】 애 같다; 유치(幼稚)하다.
こどものひ【子供の日】 어린이날. ❖韓国も 5 月 5 日が「子供の日」である.
こどもらしい【子供らしい】 애답다. ‖子どもらしい発想 애다운 발상.
ことり【小鳥】 작은 새.
ことわざ【諺】 속담(俗談).
ことわり【断り】 거절(拒絶); 거부(拒否); 예고(予告). ‖一言の断りもなく 한 마디 말도 없이. 断りのメールを送った 거절하는 메일을 보냈다.
*ことわる【断る】 ❶거절(拒絶)하다; 사퇴(辭退)하다. ‖寄付を断る 기부를 거절하다. 招待を丁重に断った 초대를 정중히 거절했다. ❷양해(諒解)를 얻다(다); 허가(許可)를 받다. ‖私は先生に断って早退した 나는 선생님께 허가를 받고 조퇴했다.
ことん【ぶつかる音】 쿵(연필이 ことん과 떨어지다).
ごとん【強くぶつかる音】 쿵(액자가 ごとん 하고 떨어지다).
こな【粉】 가루; 분말(粉末). ‖小麦を粉にひく 밀을 가루로 빻다.
こなぐすり【粉薬】 가루약.

こなごな【粉粉】 산산조각. ‖粉々になる 산산조각이 나다.
こなし【熟し】 ❶동작(動作); 태도(態度). 身のこなし 몸짓. ❷자세(姿勢); 모습. 身のこなし 옷 입은 맵시. 맵시 있게 옷을 입음.
こなす【熟す】 ❶처리(處理)하다. ‖仕事をこなす 일을 처리하다. ❷소화(消化)하다; 잘게 부수다. ‖食べたものをこなす力がある 먹은 것을 소화할 능력이 있다. ❸자유자재(自由自在)로 다루다. 使いこなす 잘 다루다.
こなミルク【粉 milk】 분유(粉乳).
こなゆき【粉雪】 가랑눈; 세설(細雪).
こなれる【熟れる】 ❶소화(消化)되다. ‖食べ物がよくこなれる 음식이 소화되다. ❷숙련(熟練)되다; 익숙하다; 무리(無理)가 없다. ‖こなれた文章 무리가 없는 문장. ❸성격(性格)이 원숙(圓熟)해지다; 둥글둥글해지다.
コニャック【cognac】 코냑.
ごにん【誤認】 (名ㆍ他) 오인(誤認). ‖事実を誤認する 사실을 오인하다.
にんにんずう【小人数】 소수(少數); 적은 인원(人員).
コネ(クション)【connection】 연고(緣故); 연줄. ‖コネで就職する 연줄로 취직을 하다.
コネクター【connecter】 커넥터.
こねこ【子猫】 새끼 고양이.
こねる【捏ねる】 ❶(가루 や 土를)반죽하다. ❷떼를 쓰다; 억지를 부리다. ‖だだをこねる 떼를 쓰다.
この【此の】 ❶이. ‖この通りにしてごらん 이대로 해 봐라. この本 이 책. ❷이번. ‖この夏 이번 여름.
このあいだ【此の間】 ❶요전; 일전(日前). ‖この間のこと 요전의 일. ❷〔副詞的に〕요전에.
このうえ【此の上】 이 이상(以上); 더 이상.
このうえない【此の上ない】 최고(最高)다; 더할 나위 없다. ‖この上ない幸せ 더할 수 없는 행복.
このご【此の期】 이때; 이 마당. ‖この期に及んで言い訳は無駄だ 이제 와서 변명은 소용없다.
このごろ【此の頃】 ❶요즘; 최근(最近). ❷〔副詞的に〕요즘에; 최근에. ‖このごろちょっと太った 최근에 조금 살이 쪘다.
このさい【此の際】 이때(에); 이 기회(機會)에.
このたび【此の度】 이번(에).
このところ【此の所】 최근(最近); 요즘. ❷〔副詞的に〕최근에; 요즘에.
このは【木の葉】 나뭇잎.
このぶん【此の分】 이런 상태(狀態); 지금(只今) 상태. ‖この分では明日は曇りだろう 지금 상태로 봐서는 내일 비겠다.

このへん【此の辺】 ❶〔場所〕이 근처(近處). ❷〔時期〕이음.

このまえ【此の前】 요전(에).

このましい【好ましい】 ❶〔好きだ〕좋다. ❷〔望ましい〕바람직하다. ‖あまり好ましくない事件 그다지 바람직하지 못한 사건.

このまま【此儘】 이대로.

このみ【好み】 ❶ 취향(趣向); 기호(嗜好). ‖人によって好みが違う 사람마다 기호가 다르다. ❷ 희망(希望); 주문(注文).

このみ【木の実】 나무 열매.

このむ【好む】 좋아하다. ‖甘い物を好む 단것을 좋아하다. 静かな曲を好む 잔잔한 곡을 좋아하다.

このやろう【此の野郎】 이놈; 이 자식(子息).

このよ【此の世】 이승.

このんで【好んで】 ❶ 좋아서; 바래서; 원(願)해서. ‖好んで失敗する者はいない 좋아서 실패하는 사람은 없다. 好んで議長になったわけではない 바래서 의장이 된 것은 아니다. ❷ 잘; 자주. ‖好んで口にする言葉 자주 하는 말.

こはく【琥珀】호박(琥珀).

ごはさん【御破算】 ❶〔そろばんの〕떨기. ‖ご破算で願いましては 떨고 놓기를. ❷ 백지화(白紙化)함; 없었던 일로 함. ‖今までの話はすべてご破算にしたい 지금까지의 이야기는 없었던 것으로 하고 싶다.

こばしり【小走り】 종종걸음. ‖小走りに急ぐ 종종걸음으로 달려가다.

コハダ【小鰭】 전어(錢魚).

ごほっと【御法度】 터부; 금기(禁忌).

こばな【小鼻】 콧방울.

こばなれ【子離れ】 ‖子離れできない親 자식에 연연해하는 부모.

こはば【小幅】 소폭(小幅). ‖小幅な値上げ 소폭의 가격 인상.

こばむ【拒む】 ❶ 거절(拒絕)하다; 거부(拒否)하다. ‖要求を拒む 요구를 거절하다. ❷ 막다; 저지(沮止)하다.

こばら【小腹】 ‖小腹が空いた 배가 약간 고프다.

コバルト【cobalt】 코발트. ‖コバルトブルー 코발트색. 군청색.

こはるびより【小春日和】 [原ըル] 봄처럼 따뜻한 초겨울의 날씨.

こはん【湖畔】 호반(湖畔).

*****ごはん**【御飯】 밥; 식사(食事). ‖ご飯を炊く 밥을 짓다. ご飯をよそう 밥을 푸다. ご飯を食べる 밥을 먹다. ご飯にしよう식사를 하자. ◆朝ご飯 아침(밥). ご飯粒 밥알.

ごばん【碁盤】 바둑판.

こび【媚】 아양; 교태(嬌態). ▶媚を売る 아양을 떨다.

ごび【語尾】 어미(語尾).

コピー【copy】 ❶〔複写〕복사(複寫). ❷ 복제품(複製品); 가짜. ❸ 광고(廣告) 카피. ‖コピーライター 카피라이터. コピーライト 저작권(著作權).

こびりつく 달라붙다.

こびる【媚びる】 아양을 떨다; 교태(嬌態)를 부리다.

こぶ【瘤】 혹. ‖こぶができる 혹이 나다.

こぶ【鼓舞】 [原ը] 고무(鼓舞).

こふう【古風】 고풍(古風). ‖古風な文体 고풍스러운 문체.

ごぶごぶ【五分五分】 대등(對等)함; 비슷비슷함; 반반(半半)임. ‖合格するかどうかは五分五分だ 합격할지 어떨지 반반이다. 形勢は五分五分だ 형세는 비슷비슷하다.

ごぶさた【無沙汰】 [原ը] 격조; 격조(隔阻).

こぶし【拳】 주먹. ‖拳を握る 주먹을 쥐다. 拳をふるう 주먹을 휘두르다.

こぶちゃ【昆布茶】 다시마차.

こぶとり【小太り】 ダ 약간(若干) 살이 찌다; 약간 통통하다. ‖ちょっと小太りな体 약간 통통한 몸매.

こぶね【小舟】 작은 배.

コブラ【cobra】 코브라.

こぶり【小振り】 약간(若干) 작음; 작음. ‖今年のサバは小振りだ 올해 고등어는 좀 작다.

こぶり【小降り】 빗발이 약함. ‖雨が小降りになってきた 빗발이 약해졌다.

こふん【古墳】 고분(古墳).

こぶん【子分】 부하(部下).

ごへい【語弊】 어폐(語弊). ‖語弊がある 어폐가 있다.

こべつ【戸別】 호별(戸別). ▶戸別訪問 호별 방문.

こべつ【個別】 개별(個別). ‖生徒を個別に指導する 학생들을 개별적으로 지도하다.

ごほう【誤報】 오보(誤報).

ゴボウ【牛蒡】 우엉.

こぼく【古木】 고목(古木).

ごぼごぼ 콜록콜록.

ごぼごぼ〔泡が〕보글보글; 부글부글.

こぼす【零す】 ❶ 엎지르다; 쏟다. ‖コーヒーをこぼした 커피를 흘렸다. ❷ 투덜거리다; 불평(不平)하다. ‖愚痴をこぼす 푸념을 늘어놓다.

こぼね【小骨】 잔뼈.

こぼればなし【零れ話】 여담(餘談).

こぼれる【零れる】 ❶ 넘치다; 떨어지다. ‖水にこぼれる 물이 넘치다. 球がグローブからこぼれる 공이 글러브에서 떨어지다. ❷ 평소(平素)에 보이지 않던 게 나오다. ‖笑うと白い歯がこぼれる 웃으면 하얀 이가 살짝 보인다.

こぼれる【毀れる】〔刃物·歯などが〕빠지다; 망가지다. ‖包丁の刃がこぼれる 부엌칼의 이가 빠지다.

ごほん〔咳払い〕콜록.

こぼんのう【子煩悩】 ‖子煩悩な人 자식 사랑이 끔직한 사람.

こま【駒】 ❶【馬】말; 망아지. ❷【将棋の】말. ❸ 물건 사이에 끼우는 작은 나무 토막. ❹ 현악기(絃樂器)의 줄과 몸통 사이에 괴는 것. ◆駒を進める 다음 단계로 나아가다. 일을 진행시키다. 決勝戦へ駒を進める 결승전에 진출하다.

こま【齣】 ❶ 영화(映畫) 필름의 한 화면(畫面). ❷ 영화・희곡(戱曲)의 한 장면(場面). ‖4こま漫画 네 컷 만화. ❸ 수업 시간(授業時間). ‖今日は授業が3こまある 오늘 수업이 세 개 있다.

こま【独楽】 팽이. ‖こまを回す 팽이를 돌리다.

ゴマ【胡麻】 깨. ‖ゴマ和え 깨소금으로 버무린 요리. ▶胡麻をする 아첨을 하다. 아부를 하다. ◆炒りゴマ 볶은 깨. ゴマ油 참기름.

コマーシャル【commercial】 광고(廣告); 선전(宣傳); 시엠(CM).

コマーシャルソング【commercial+song 日】 CM 송.

*こまかい【細かい】❶ 작다; 잘다. ‖ネギを細かく刻む 파를 잘게 썰다. ❷ 상세(詳細)하다; 자세(仔細)하다. ‖細かい事情 자세한 사정. ❸ 세심(細心)하다. ‖細かい心遣い 세심한 배려.

ごまかす【誤魔化す】 속이다. ‖年をごまかす 나이를 속이다. 釣り銭をごまかす 거스름돈을 속이다.

こまく【鼓膜】 고막(鼓膜).

こまごま【細細】 ❶ 자잘하다. ‖こまごまとした用件を片付ける 자잘한 용건을 해치우다. ❷ 세세(細細)하게. ‖こまごまと注意を与える 세세하게 주의를 주다.

ごましお【胡麻塩】 깨소금; 볶은 깨에 구운 소금을 섞은 것.

こましゃくれる 건방지다; 되바라지다.

ごますり【胡麻擂り】 아부(阿附). 〔人〕아부하는 사람.

コマツナ【小松菜】 소송채(小松菜).

こまめ【小まめ】 세세(細細)한 부분(部分)까지 신경(神經)을 써 가며 열심(熱心)이 하는 것.

こまやか【細やか】 ❶ 정(情)이 깊다. ❷ 색(色)이 진하다. ❸ 섬세(纖細)하다; 상세(詳細)하다.

ごまよう だてる【困り果てる】 매우 곤란(困難)하다. ‖困り果てた顔 난처(難處)한 얼굴.

こまりもの【困り者】 골칫거리; 골칫덩어리.

*こまる【困る】 ❶ 곤란(困難)하다; 난처(難處)하다; 어렵다. ‖困ったことがあればいつでも相談に来てください 곤란한 일이 있으면 언제든지 상담하러 오세요. 困った。財布を忘れてしまった 큰일 났다. 지갑을 두고 왔다. 無理を言って私を困らせないで 무리한 요구를 해서 나를 곤란하게 하지 마. ❷ 궁핍(窮乏)하다; 힘들다. ‖生活に困る 생활이 힘들다.

こまわり【小回り】 ‖小回りが利く ① 좁은 곳에서도 쉽게 돌 수 있다. ② 상황에 맞춰 빨리 적응하다.

*ごみ 쓰레기. ‖ごみを捨てる 쓰레기를 버리다. ごみを出してきます 쓰레기를 버리러 오겠습니다. ごみを拾う 쓰레기를 줍다. 燃えるごみ 타는 쓰레기. ごみだらけ 쓰레기투성이. ◆ごみ箱 쓰레기통.

こみあう【込み合う】 혼잡(混雜)하다; 붐비다; 북적거리다.

こみあげる【込み上げる】 ❶ 북받치다; 복받치다. ‖悲しみが込み上げる 설움이 북받치다. ❷〔吐きそうになる〕토(吐)할 것 같다.

こみいる【込み入る】 복잡(複雜)하다; 복잡하게 되다. ‖込み入った事情がある 복잡한 사정이 있다.

こみこみ【込み込み】 세금(稅金)과 봉사료(奉仕料)를 포함(包含)함. ‖込み込みで5万円 세금과 봉사료를 포함해서 5만 엔.

ごみごみ【雜然としている様子】 ‖ごみごみした市場 어수선한 시장통.

こみち【小道】 좁은 길.

コミックス【comics】 만화 책(漫畫册).

こみみ【小耳】 귀. ▶小耳に挾む 얼핏 듣다. 주워듣다.

*こむ【込む】 ❶ 혼잡(混雜)하다; 붐비다. ‖ラッシュアワーで電車が込む 러시아워라서 전철이 붐비다. 道路が込む 길이 혼잡하다. ❷ 복잡하다; 손이 많이 가다. ‖手の込んだ仕事 손이 많이 가는 일. ❸〔…込みの形で〕…넣다; …들다; 잠기다. ‖書き込む 써 넣다. 飛び込み 뛰어들다. 考え込む 생각에 잠기다.

ゴム【gom 和】 고무. ◆ゴム印 고무도장. ゴムの木 고무나무. ゴムボート 고무보트.

こむぎ【小麦】 밀. ◆小麦色 연갈색. 小麦粉 밀가루.

こむすめ【小娘】 14, 15세 정도(程度)의 여자(女子) 아이.

こむら【腓】 장딴지. ‖こむら返り (ふくらぎの) 쥐.

こめ【米】 쌀. ‖米を研ぐ 쌀을 씻다. 米を主食とする 쌀을 주식으로 하다.

こめかみ【顳顬】 관자놀이.

こめくいむし【米食い虫】 ❶〔虫〕쌀벌레. ❷〔人〕식충이.

こめつぶ【米粒】 쌀알.

コメディアン【comedian】 코미디언.

コメディー【comedy】 코미디.

こめぬか【米糠】 쌀겨.

こめびつ【米櫃】 뒤주; 쌀통.

こめる【込める】 ❶ 넣다. ‖ピストルに弾を込める 권총에 총알을 넣다. ❷ 담다; 포함(包含)하다. ‖心を込めた贈り物 마음을 담은 선물. ❸ 집중(集中)하다; 쏟다. ‖力を込める 힘을 쏟다.

ごめん【御免】 ❶ 면허(免許); 허가(許可). 공인(公認). ‖天下御免 천하 공인. ❷ 면직(免職). ‖お役を御免になる 면직되다. ❸【訪問時などの挨拶】 ‖ごめんください 실례합니다. ❹【謝罪時などの挨拶】‖ごめんなさい 용서하세요. さっきはごめんね 아까는 미안했어.

ごもく【五目】 오목(五目). ◆五目並べ 오목.

こもごも【交交】 교대(交代)로; 번갈아서. ‖悲喜こもごも 희비쌍곡선.

こもじ【小文字】 소문자(小文字). ‖小文字で書く 소문자로 쓰다.

こもち【子持ち】 ❶ 아이가 있는 사람. ❷ 〈魚など의〉알배기.

こもの【小物】 ❶ 자질구레한 도구(道具). ❷〈人〉변변치 못한 사람.

こもり【子守り】【行為】 아이를 봄; 〔人〕 아이를 보는 사람.

こもる【籠る】 ❶ 틀어박히다. ‖部屋にこもって勉強する 방에 틀어박혀 공부하다. ❷ 가득 차다. ‖タバコの煙が部屋にこもる 담배 연기가 방안에 가득 차다. ❸ 깃들다; 담기다. ‖愛情のこもった手紙 애정이 담긴 편지.

こもん【顧問】 고문(顧問).

こや【小屋】 ❶ 보잘것없는 건물(建物). ❷〈芝居などの〉 연극(演劇) 등을 하는 건물.

こやく【子役】 아역(兒役).

ごやく【誤訳】〈する〉 오역(誤譯).

こやし【肥やし】 비료(肥料); 거름.

こやす【肥やす】 기름지게 하다; 살찌우다.

こやみ【小止み】 ‖雨が小止みになる 빗발이 약해지다.

こゆう【固有】 고유(固有). ‖固有性質 고유한 성질. 固有名詞 고유 명사.

こゆび【小指】 새끼손가락.

こよい【今宵】 오늘 밤.

*こよう【雇用】〈する〉 고용(雇用). ‖運転手を雇う 운전사를 고용하다. ◆雇用条件 고용 조건. 雇用保険 고용 보험. 終身雇用 종신 고용.

*ごよう【御用】 ❶ 용무(用務); 용건(用件). ‖ご用を承りましょう 용건을 말씀하시죠. ❷ 궁정(宮廷) ・ 정부(政府)의 일. ❸ 어용(御用). ‖御用学者 어용학자. 御用新聞 어용 신문. ◆御用納め 관공서의 종무식. 御用始め 관공서의 시무식.

ごよう【誤用】〈する〉 오용(誤用).

こよなく 더할 나위 없이; 더없이. ‖こよなく晴れた青空 더없이 맑은 푸른 하늘.

こよみ【暦】 달력. ‖暦の上ではもう秋です

ね 달력상으로는 벌써 가을이네요.

こら【人を呼び止めたりとがめたりする時】이놈. ‖こら, 枝を折るな이놈. 가지를 꺾지 마라.

コラーゲン【Kollagen^독】 콜라겐.

こらい【古来】 고래(古來).

こらえしょう【堪え性】 인내심(忍耐心); 참을성. ‖堪え性のない子 참을성이 없는 아이.

こらえる【堪える】 ❶ 참다; 견디다. ‖傷の痛さをこらえる 상처의 아픔을 참다. 涙をこらえる 눈물을 참다. ❷ 용서(容恕)하다.

*ごらく【娯楽】 오락(娯樂). ◆娯楽映画 오락 영화. 娯楽施設 오락 시설.

こらしめる【懲らしめる】 혼내다; 벌주다. ‖いたずら者をこらしめる 장난꾸러기를 혼내다.

こらす【凝らす】 ❶ 집중(集中)하다. ‖目を凝らして見てみなさい 집중해서 잘 봐라. ❷〈そそぎ込む〉공을 들이다. ‖工夫をこらす 이것저것 궁리를 하다. ‖趣向をこらす 취향을 살리다.

コラム【column】 칼럼. ◆コラムニスト 칼럼니스트.

ごらん【御覧】 ❶ 보시는 바. ‖ご覧の通り 보시는 바와 같이. ❷ 봐; 보렴; 봐라. ‖それごらん, 壊れちゃったじゃないか 그것 봐라, 부서져 버렸잖아.

こり【凝り】〈筋肉의뭉침〉 결림.

こりこり ❶〈噛む音〉오독오독. ❷〈歯ごたえがある様子〉 꼴깃꼴깃.

こりごり【懲り懲り】 지긋지긋함. ‖もう勉強はこりごりだ 이제 공부는 지긋지긋하다.

ごりごり ❶〈こする様子〉북북. ❷〈推し進める様子〉 ‖力でごりごり押しまくる 힘으로 마구 밀다.

こりしょう【凝り性】 〔說明〕 한 가지 일에 열중(熱中)하여 철저(徹底)하게 하는 기질(氣質).

こりつ【孤立】〈する〉 고립(孤立). ◆孤立語 고립어. 孤立無援 고립무원.

ごりむちゅう【五里霧中】 오리무중(五里霧中).

ごりやく【利益】 ❶ 신불(神佛)의 은혜(恩惠). ❷ 신불(神佛)의 혜택(惠澤).

こりょ【顧慮】〈する〉 고려(顧慮).

ゴリラ【gorilla】 고릴라.

こりる【懲りる】 질리다; 물리다. ‖姉の長電話にこりる 언니의 장시간 통화에 질리다.

ごりん【五輪】 오륜(五輪); 올림픽. ◆五輪種目 올림픽 종목.

こる【凝る】 ❶ 열중(熱中)하다; 몰두(沒頭)하다; 빠지다. ‖釣りに凝っている 낚시에 빠져 있다. ❷〈筋肉이〉 결리다. ‖肩が凝る 어깨가 결리다. ❸ 세세(細細)한 곳까지 신경(神經)을 쓰다. ‖凝ったデザイン 세세한 곳까지 신경을 쓴 디자인.
コルク【kurk네】 코르크.
コルセット【corset】 코르셋.
ゴルフ【golf】 골프. ∥ゴルフクラブ 골프채. プロゴルフ 프로 골프. ゴルフ場 골프장.

*これ【此れ・是】 ❶ 이것. ∥これは私の帽子です 이것은 제 모자입니다. ❷ 지금(只今). ∥これから伺います 지금 찾아 뵙겠습니다. ❸ 여기. ∥これより2キロ 여기서부터 이 킬로. ❹《自分の身内を指して》이 사람. ∥これが私の母ですが이 사람이 저의 어머니입니다.

ごれいぜん【御霊前】 영전(霊前).

これから【此れから】 앞으로; 장래(将来). ∥これからどうするの앞으로 어떻게 하니?

これきり【此れ切り】 ❶ 이것뿐; 이것만. ∥僕が知っているのはこれきりだ 내가 아는 것은 이것뿐이다. ❷ 이것으로 끝; 이것이 마지막. ∥学生生活もこれきりだ학생 생활도 이것으로 마지막이다.

コレクトコール【collect call】 수신자 부담 통화(受信者負擔通話).

これこれ【此れ此れ】 이러이러함. ∥これこれの理由で 이러이러한 이유로.

これしき【此れしき】 요까짓; 이 정도(程度). ∥これしきのこと이 정도 일.

コレステロール【cholesterol】 콜레스테롤.

これだけ【此れ丈け】 ❶ 이것뿐; 이것만. ∥僕が欲しいのはこれだけだ 내가 필요로 하는 것은 이것뿐이다. ❷ 이만큼이나. ∥これだけ腕のいい職人は少ない 이 만큼 솜씨가 좋은 기술자는 드물다. ❸ 이번만. ∥これだけは許す 이번만은 용서하겠다.

これといった【此れと言った】 특별(特別)한; 이렇다 할. ∥これといった話題がない 이렇다 할 화제가 없다.

これほど【此れ程】 ❶ 이 정도(程度). ∥これほどの大きさのものです 이 정도 크기입니다. ❷《副詞的으로》 이 정도. ∥これほどひどいとは知らなかった 이 정도로 심한 줄은 몰랐다.

これまで【此れ迄】 ❶ 지금(只今)까지; 여기까지. ∥これまでの経過 지금까지의 경과. ∥今日の授業はここまで오늘 수업은 여기까지. ❷《副詞的으로》 지금까지. ∥一度も学校に遅刻したことはない 지금까지 학교에 지각한 적이 없다.

これみよがし【此れ見よがし】 여봐란 듯. ∥これみよがしの態度여봐란 듯한 태도.

コレラ【cholera네】 콜레라.

*ころ【頃】 ❶ 때; 쯤. ∥幼い頃の思い出 어릴 때의 추억. 君が大学を卒業する頃には 네가 대학을 졸업할 무렵에는. ❷ 기회(機會). ∥頃を見計らおう 기회를 보자. ❸ …경(頃). ∥4月頃でき上がる 4월경에 완성된다. ❹《動詞에 붙어서》…때. ∥食べ頃 먹기 좋을 때.

ごろ【野球で】딸봉.

ごろ【語呂】《說明》단어(單語)를 이어서 발음할 때의 어감(語感)이나 어조(語調).

ごろあわせ【語呂合わせ】 말장난.

コロイド【colloid】 콜로이드.

ころがしこむ【転がし込む】 ❶ 굴려 들어가다. ∥ボールを穴に転がし込む 공이 구멍으로 굴려 들어가다. ❷ 굴려 들어오다; 뜻하지 않게 생기다. ∥幸運が転がり込む 행운이 굴러 들어오다. ❸《生活に困ったりして》신세(身世)를 지다. ∥火事で兄のところに転がり込む 불이 나 형님 집에 신세를 지다.

ころがる【転がる】 ❶ 구르다; 굴러가다. ∥ボールがころがる 공이 굴러가다. ❷ 넘어지다. ∥石につまずいて地面に転がる 돌에 걸려서 땅바닥에 넘어지다.

ごろく【語録】 어록(語録).

ころげおちる【転げ落ちる】 굴러 떨어지다. ∥階段を転げ落ちる 계단에서 굴러 떨어지다.

ころころ ❶《転ぶ様子》데굴데굴. ❷《太っている様子》∥ころころした子犬 통통하게 살이 찐 강아지.

ごろごろ ❶《雷の音》우르르. ∥遠くでごろごろと雷が鳴った 멀리서 우르르 천둥치는 소리가 났다. ❷《重いものが転がる様子》데굴데굴. ∥ドラム缶をごろごろ転がす 드럼통을 데굴데굴 굴리다. ❸《ありふれた様子》∥そんな話なら世間にごろごろある 그런 이야기라면 세상에 널려 있다.

ころし【殺し】 살인(殺人); 죽임. ∥殺しの現場 살인 현장.

ころしもんく【殺し文句】《男女の間で》상대(相對)의 마음을 사로잡는 말.

ころしや【殺し屋】 살인 청부 업자(殺人請負業者).

*ころす【殺す】 죽이다. ∥虫を殺す 벌레를 죽이다. 声を殺して泣く 소리를 죽이고 울다. スピードを殺した球 속도를 죽인 공. カーテンの陰に息を殺して隠れていた 커튼 뒤쪽에 숨을 죽이고 숨어 있었다.

コロッケ【croquette프】 크로켓.

ころっと ❶ 데구르르. ∥ボールがころっと穴に入る 공이 데구르르 굴러 구멍으로 들어가다. ❷《態度が突然変わる様子》홱. ∥態度がころっと変わる 태도가 확 바뀌다.

ころばす【転ばす】 넘어뜨리다; 굴리다. ∥足をかけて転ばす 다리를 걸어 넘어뜨리다.

ころぶ【転ぶ】 ❶ 넘어지다; 구르다.

ころも【衣】 ❶옷. 법의(法衣). ❸(튀김 등의) 튀김 옷.
ころもがえ【衣替え】 ❶〖衣服〗옷을 갈아입음. ❷새로 단장(丹粧)함. ‖店の衣替え 가게의 새 단장.
コロン【←eau de Cologne】 향수(香水)가 섞인 화장수(化粧水).
コロン【colon】 콜론(:).
***こわい【怖い・恐い】** 무섭다. ‖お化けが怖い 도깨비가 무섭다. 怖い顔 무서운 얼굴. ‖怖いもの知らず 무서운 것을 모름 또는 그런 사람. 怖いもの知らずの新人 무서운 걸 모르는 신인. ‖怖いもの無し 무서울 것이 없음.
こわがり【怖がり】 겁쟁이.
こわがる【怖がる】 무서워하다; 두려워하다.
こわける【小分ける】 작게 나누다; 몇 개로 나누다.
こわごわ【怖怖】 조심조심(操心操心). ‖こわごわ穴の中をのぞく 조심조심 구멍 안을 들여다보다.
ごわごわ 뻣뻣하다. ‖ごわごわ(と)した手触り 뻣뻣한 감촉.
***こわす【壊す】** ❶부수다. ‖古い家屋を壊す 오래된 가옥을 부수다. ドアを壊して中に入る 문을 부수고 안으로 들어가다. ❷망치다; 망가뜨리다. ❸고장(故障) 내다. ‖雰囲気を壊す 분위기를 망치다. ❹탈을 내다. ‖腹を壊す 배탈이 나다.
こわばる【強張る】 (긴장 등으로) 굳어지다.
こわもて【強面】 무서운 얼굴로 위협(威脅)함; 강경(強硬)한 태도(態度)를 취함. ‖強面に出る 강경하게 나가다.
こわれもの【壊れ物】 깨지기 쉬운 물건; 깨진 물건.
こわれる【壊れる】 부서지다; 망가지다; 깨지다. ❷고장(故障) 나다. ‖皿が壊れる 접시가 깨지다. テレビが壊れる 텔레비전이 고장 나다.
こん【根】 ❶〖根気〗끈기. ❷〖数学〗근(根). ‖根を詰める 몰두하다.
こん【紺】 감색(紺色).
こんいん【婚姻】 (종하) 혼인(婚姻). ◆婚姻届 혼인 신고서.
こんかい【今回】 이번. ‖今回の試験では 이번 시험에서는.
こんがらかる ❶(실 등이) 얽히다. ❷복잡(複雑)해지다.
こんがりと 노릇노릇; 누릇누릇. ‖こんがりと餠を焼く 노릇노릇하게 떡을 굽다.
こんかん【根幹】 근간(根幹). ‖思想の根幹をなす部分 사상의 근간을 이루는 부분.
こんがん【懇願】 (종하) 애원(哀願).
こんき【今季】 이번 시즌.
こんき【今期】 이번 기.
こんき【根気】 끈기. ‖根気よく続ける 끈기 있게 계속하다.
こんき【婚期】 혼기(婚期). ‖婚期を逃す 혼기를 놓치다.
こんきょ【根拠】 근거(根拠). ‖根拠を出す 근거를 대다. ◆根拠地 근거지.
ゴング【gong】 공. ‖ゴングが鳴る 공이 울리다.
コンクール【concours 프】 콩쿠르.
コンクリート【concrete】 콘크리트.
こんけつ【混血】 혼혈(混血). ◆混血児 혼혈아.
こんげつ【今月】 이번 달.
こんげん【根源】 근원(根源).
こんご【今後】 ❶이후(以後). ‖今後の方針 이후의 방침. ❷〖副詞的に〗이후에; 앞으로. ‖今後気をつけてください 앞으로 조심하세요.
こんごう【混合】 (종하) 혼합(混合). ◆混合物 혼합물.
こんごうせき【金剛石】 금강석(金剛石).
ごんごどうだん【言語道断】 언어도단(言語道断).
こんこん ❶〖たたく音〗똑똑. ‖こんこんとドアをノックする 똑똑 노크하다. ❷〖咳〗콜록콜록. ❸〖雪が降る様子〗펑펑. ❹〖キツネの鳴き声〗캥캥; 캉캉.
コンサート【concert】 콘서트; 연주회(演奏会).
こんさい【根菜】 근채(根菜); 뿌리채소(菜蔬).
こんざい【混在】 (종하) 혼재(混在).
こんざつ【混雑】 (종하) 혼잡(混雑). ‖混雑を避ける 혼잡을 피하다.
こんじゃく【今昔】 금석(今昔). ‖今昔の感 금석지감(今昔之感).
こんしゅう【今週】 이번 주.
こんじょう【根性】 ❶근성(根性). ❷강한 정신력(精神力). ‖根性がある 정신력이 강하다.
こんじょう【紺青】 감청색(紺青色).
こんしん【渾身】 혼신(渾身). ‖渾身の力 혼신의 힘.
こんしんかい【懇親会】 친목회(親睦会).
こんすい【昏睡】 혼수(昏睡). ◆昏睡状態 혼수 상태.
こんせい【混成】 혼성(混成).
こんせい【混声】 혼성(混声). ◆混声合唱 혼성 합창.
こんせい【懇請】 간청(懇請).
こんせき【痕跡】 흔적(痕跡). ‖痕跡をとどめる 흔적을 남기다.
こんぜつ【根絶】 (종하) 근절(根絶). ‖すりを根絶するための対策 소매치기를 근절 위한 대책.
コンセプト【concept】 컨셉트.

こんせん【混戦】 혼전(混戰).
こんせん【混線】 (되) 혼선(混線).
こんせん【婚姻】 혼전(婚前).
こんぜん【渾然】 혼연(渾然). ‖渾然一体 혼연일체.
コンセント 콘센트.
コンソメ【consommé 프】 콩소메.
こんだく【混濁】 혼탁(混濁).
コンタクトレンズ【contact lens】 콘택트렌즈.
こんだて【献立】 식단(食單); 메뉴.
こんたん【魂胆】 계획(計劃); 꿍꿍이.
こんだん【懇談】 (되) 간담(懇談). ◆懇談会 간담회.
こんちゅう【昆虫】 곤충(昆蟲).
こんてい【根底】 근전(根底).
コンテスト【contest】 콘테스트. ‖スピーチコンテスト 스피치 콘테스트.
コンテナ【container】 컨테이너.
コンデンスミルク【condensed milk】 연유(煉乳).
コンテンツ【contents】 콘텐츠.
コント【conte 프】 콩트.
*こんど【今度】 ❶ 이번; 다음. ‖今度の試合では 이번 시합에서는. 今度の日曜日 이번 일요일. ❷ [副詞的に]이번에; 다음에. ‖今度いつ韓国へ行くの다음에 언제 한국에 가니 ?
こんどう【混同】 (되) 혼동(混同). ‖公私混同する 공사를 혼동하다.
コンドーム【condom】 콘돔.
コンドミニアム【condominium】 콘도미니엄.
こんとん【混沌】 혼돈(混沌).
こんなん【困難】 ❶ 어려움; 곤란(困難). ‖困難に打ち勝つ 어려움을 이겨내다. 多くの困難を伴う 많은 어려움이 따르다. 呼吸困難 호흡 곤란. ❷ [-ダ] 곤란(困難)하다; 어렵다. ‖計画の変更は困難だ 계획의 변경은 어렵다. 困難な状況 어려운 상황.
こんにち【今日】 오늘; 오늘날. ‖今日まで広く読まれる名作 오늘날까지 널리 읽히는 명작.
こんにちは【今日は】 안녕하세요.
コンニャク【蒟蒻】 곤약; 구약나물.
コンパ【略語】 학생(學生)들이 회비(會費)를 거두어 여는 모임. ‖新入生歓迎コンパ 신입생 환영회.
コンバイン【combine】 콤바인.
コンパクト【compact】 ❶ (化粧品の)콤팩트. ❷ 소형(小型); 간편(簡便)함. ‖コンパクトなカメラ 소형 카메라. ◆コンパクトディスク 콤팩트디스크.CD.
コンパス【kompas 네】 컴퍼스.
コンパニオン【companion】 도우미.
こんばん【今晩】 오늘 밤.
こんばんは【今晩は】 안녕하세요.
コンビ 콤비.
コンビーフ【corned beef】 콘비프; 콘드비프.
コンビニ(エンスストア)【convenience store】 편의점(便宜店).
*コンピューター【computer】 컴퓨터. ◆コンピューターウイルス 컴퓨터 바이러스. コンピューターグラフィックス 컴퓨터 그래픽스(CG). コンピューターゲーム 컴퓨터 게임.
コンブ【昆布】 다시마.
コンプレックス【complex】 콤플렉스.
コンベア【conveyor】 컨베이어. ‖ベルトコンベア 벨트컨베이어.
こんぺいとう【金平糖】 별사탕.
こんぽう【梱包】 ‖書籍を梱包する 서적을 싸다.
こんぽん【根本】 근본(根本).
こんぽんてき【根本的】 근본적. ‖根本的問題 근본적인 문제. 根本的に改革する 근본적으로 개혁하다.
コンマ【comma】 ❶ 구두점(句讀點). ❷ 소수점(小數點).
こんめい【混迷・昏迷】 혼미(昏迷). ‖混迷する政局 혼미한 정국.
こんや【今夜】 오늘 밤; 오늘 저녁.
こんやく【婚約】 (되) 약혼(約婚). ◆婚約者 약혼자, 피앙세.
こんよく【混浴】 (되) 혼욕(混浴).
こんらん【混乱】 혼란(混亂). ‖頭の中が混乱している 머릿속이 혼란스럽다.
こんりゅう【建立】 건립(建立).
こんりんざい【金輪際】 결코; 절대(絶對)로. ‖金輪際助けてやらない 절대로 도와주지 않을 거야.
こんれい【婚礼】 혼례(婚禮).
こんろ【焜炉】 풍로(風爐).
こんわく【困惑】 곤혹(困惑). ‖困惑している 곤혹스럽다.

さ

さ【差】 ❶ 차; 차이(差異); 간격(間隔). ‖큰 차이가 벌어지다. ❷ 차액(差額).

ざ【座】 ❶ 좌석(座席); 자리. ‖座に着く 자리에 앉다. ❷ 지위(地位). ❸ (星の)자리. ‖オリオン座 오리온자리. ❹ 〔演劇の一座〕단체(團體).

さあ 〔誘い・催促〕자, 어서. ‖さあ 行こう 자 나가자. 〔ためらい〕응; 글쎄. ‖さあどうしよう 응 어떻게 하지. 〔決意〕자, 이제부터다 자 지금부터다. 〔驚き・うれしさ・困惑〕야. ‖さあ困った. どうしよう 야 곤란한데. 어떻게 하지.

サーカス【circus】 서커스.

サーキット【circuit】 서킷.

サークル【circle】 서클; 동아리. ◆サークル活動 서클 활동. 동아리 활동.

さあさあ 〔誘い・促し〕자자; 어서어서.

ざあざあ 〔雨の音〕좍좍. ‖雨がざあざあ降る 비가 좍좍 내리다. 〔水が流れる音〕쏼쏼.

ザーサイ【搾菜】 자차이.

サージ【serge】 〔服地の〕서지.

サーズ【SARS】 〔医学〕사스.

サーチ【search】 검색(檢索); 조사(調査). ◆サーチエンジン 검색 엔진. 사チライト 서치라이트. 탐조등.

サーバー【server】 ❶ (テニスなどで)서브를 하는 사람. ❷ (料理用の)포크와 스푼. ❸ (IT) (コンピューターの)서버.

サービス【service】 [동하] 서비스. ‖サービスがいい店 서비스가 좋은 가게. ◆アフターサービス 애프터서비스. 사후 봉사. サービス業 서비스업.

サービスエリア【service area】 ❶ (特定のラジオやテレビの)수신 가능 지역(受信可能地域). ❷ 서브를 넣을 수 있는 자리. ❸ 고속도로 휴게소(高速道路休憩所).

サーブ【serve】 [동하] (運動競技で)서브.

サーファー【surfer】 서핑을 하는 사람.

サーフィン【surfing】 서핑; 파도(波濤) 타기.

サーモグラフィー【thermography】 서모그래피.

サーモンピンク【salmon pink】 새먼 핑크.

サーロイン【sirloin】 등심.

さい【才】 재능(才能). ‖音楽の才がある 음악의 재가 있다.

さい【妻】 처(妻); 집사람.

さい【賽】 주사위. ▶賽は投げられた 주사위는 던져졌다.

さい【際】 때; 경우(境遇); 시(時). ‖非常の際 비상시.

さい【差異・差違】 차이(差異). ‖両者の意見に大きな差異がある 양자의 의견에 큰 차이가 있다.

サイ【犀】 〔動物〕 코뿔소.

さい-【再】 재(再)···. ◆再検討 재검토. 再評価 재평가.

さい-【最】 최(最)···; 가장; 제일(第一). ◆最下位 최하위. 最高 최고. 最上位 최상위. 最盛 최성기.

-さい【祭】 ···제(祭). ◆謝肉祭 사육제.

-さい【歳】 ···세(歳). ···살. ‖2歳 두 살. 60歳 육십 세.

さい【在】 〔田舎〕시골. ‖在から来た人 시골에서 온 사람. ❷ 재(在). ‖在仏作家 재불 작가.

ざい【材】 ❶ 재목(材木); 목재(木材). ‖良質の材を使って建てた家 질 좋은 목재로 지은 집. ❷ 인재(人材). ‖有為の材を育成する 유망한 인재를 육성하다.

ざい【財】 ❶ 부(富); 재화(財貨). ‖巨万の財を築く 막대한 부를 축적하다. ❷ ···재(財). ‖文化財 문화재.

-ざい【剤】 ···제(劑). ◆栄養剤 영양제.

-ざい【罪】 ···죄(罪). ◆窃盗罪 절도죄.

さいあい【最愛】 가장 사랑함. ‖最愛の娘 가장 사랑하는 딸.

さいあく【最悪】 최악(最悪). ‖最悪の事態 최악의 사태.

ざいあくかん【罪悪感】 죄악감(罪悪感). ‖罪悪感にさいなまれる 죄악감에 시달리다.

ザイール【Zaire】 〔国名〕자이르.

さいう【細雨】 가랑비.

さいえん【才媛】 재원(才媛).

さいえん【再演】 [동하] 재연(再演).

さいえん【菜園】 채소(菜蔬)밭.

サイエンスフィクション【science fiction】 에스에프(SF); 공상 과학 소설(空想科學小說).

さいおうがうま【塞翁が馬】 새옹지마(塞翁之馬).

さいか【災禍】 재화(災禍).

さいか【裁可】 [동하] 재가(裁可).

ざいか【財貨】 재화(財貨).

さいかい【再会】 [동하] 재회(再會). ‖旧友に再会する 옛날 친구와 재회하다.

さいかい【再開】 [동하] 재개(再開). ‖試合を再開する 시합을 재개하다.

さいかい【斎戒】 [동하] 재계(齋戒). ◆斎戒沐浴 재계목욕.

さいがい【災害】 재해(災害). ‖災害が起こる 재해가 발생하다. ◆自然災害 자연 재해. 災害防止 재해 방지. 災害保険 재해 보험.

ざいかい【財界】 재계(財界).

さいがい【在外】 재외(在外). ◆在外公館 재외 공관.

さいかいはつ【再開発】 [동하] 재개발(再開發). ‖都市の再開発 도시의 재개발.

ざいがく【在学】 (名ㆍ自サ) 재학(在学). ◆在学証明書 재학 증명서. 在学生 재학생.

さいき【才気】 재기(才気). ||才気あふれる新人 재기에 넘치는 신인. ◆才気煥発 재기 발랄.

さいき【再起】 (名ㆍ自サ) 재기(再起). ||再起不能の重症 재기 불능의 중증.

さいぎ【再議】 (名ㆍ他サ) 재의(再議).

さいぎ【猜疑】 (名ㆍ他サ) 시기(猜疑). ◆猜疑心 시기심.

さいきょう【最強】 최강(最強). ||世界最強のサッカーチーム 세계 최강의 축구팀.

さいきょう【在京】 (名ㆍ自サ) 재경(在京).

さいきょう【西京】 서경(西京).

さいきん【細菌】 세균(細菌).

*__さいきん【最近】__ (名ㆍ副) 최근(最近). ||最近の若い人たち 최근의 젊은이들. 最近の情勢 최근의 정세. [副詞的に]최근에. ||最近買った本 최근에 산 책.

サイクリング【cycling】 사이클링.

サイクル【cycle】 ❶사이클; 주기(周期); 순환 과정(循環過程). ❷자전거(自転車). ❸진동수ㆍ주파수의 단위)…사이클.

ざいけい【財形】 재형(財形). ◆財形貯蓄 재형 저축.

さいけいれい【最敬礼】 (名ㆍ自サ) 가장 정중(鄭重)한 인사(人事). ||最敬礼をする 가장 정중하게 인사하다.

さいけつ【採血】 (名ㆍ自サ) 채혈(採血).

さいけつ【採決】 (名ㆍ他サ) 채결(採決). ◆採決権 채결권.

*__さいげつ【歳月】__ 세월(歳月). ||3年近くの歳月が流れる 삼 년 가까이의 세월이 흐르다. 6年の歳月を費やす 육 년이라는 세월을 허비하다.

さいけん【再建】 (名ㆍ他サ) 재건(再建). ||五重の塔を再建する 오층탑을 재건하다. 会社を再建する 회사를 재건하다. 組織の再建に努める 조직의 재건에 힘쓰다.

さいけん【債券】 채권(債券); 유가 증권(有価証券). ||債券を発行する 채권을 발행하다.

さいけん【債権】 채권(債権). ◆債権者 채권자.

さいげん【再現】 (名ㆍ自他サ) 재현(再現). ||名場面を再現する 유명한 장면을 재현하다.

さいげん【財源】 재원(財源).

さいこ【最古】 최고(最古).

さいご【最後】 ❶최후(最後); 마지막; 끝. ||最後を飾る 최후를 장식하다. 最後まで頑張る 끝까지 노력하다. ❷[…したら最後の形で]…하기만 하면, ◆最後通告 최후통첩.

さいご【最期】 임종(臨終). ||最期をみとる 임종을 지켜보다.

ざいこ【在庫】 (名ㆍ自サ) 재고(在庫). ◆在庫品 재고품.

さいこう【再考】 (名ㆍ他サ) 재고(再考).

さいこう【再校】 재교(再校).

さいこう【採光】 (名ㆍ他サ) 채광(採光). ||採光を考えた住宅設計 채광을 고려한 주택 설계.

*__さいこう【最高】__ 최고(最高). ||最高の設備を誇る 최고의 설비를 자랑하다. 最高に楽しむ 최고로 즐기다. 気分が最高で気分 최고로 기분이 좋다. ◆最高気温 최고 기온. 最高裁判所 최고 대법원.

ざいこう【在校】 (名ㆍ自サ) 재학(在学). ◆在校生 재학생.

ざいごう【在郷】 (名ㆍ自サ) 재향(在郷). ◆在郷軍人 재향 군인.

さいこうほう【最高峰】 최고봉(最高峰). ||推理小説界の最高峰 추리 소설계의 최고봉.

さいこく【催告】 (名ㆍ他サ)재촉; 독촉(督促).

さいころ【賽子】 주사위.

さいこん【再婚】 (名ㆍ自サ) 재혼(再婚).

さいさん【再三】 재삼(再三); 거듭; 몇 번. ||再三注意する 몇 번 주의를 주다.

さいさん【採算】 채산(採算). ||採算が採れる 채산이 맞다. 採算が合わない 채산이 안 맞다. ◆独立採算 독립 채산.

*__ざいさん【財産】__ 재산(財産). ||彼は父親からかなりの財産を受け継いだ 그 사람은 아버지로부터 상당한 재산을 물려 받았다. 財産を残す 재산을 남기다. 友人が最大の財産だ 친구가 최대의 재산이다. ◆私有財産 사유 재산. 財産権 재산권.

さいさんさいし【再三再四】 재삼재사(再三再四); 몇 번이나. ||再三再四頼む 몇 번이나 부탁하다.

さいし【妻子】 처자; 처자식(妻子息). ||妻子を養う 처자식을 부양하다.

さいしき【彩色】 (名ㆍ他サ)채색(彩色).

さいじき【歳時記】 ❶세시기(歳時記). ❷ (俳句)하이쿠의 계절(季節)을 나타내는 말을 모아 설명(説明)한 책.

さいじつ【祭日】 국민(国民)의 축제일(祝祭日).

ざいしつ【在室】 방(房) 안에 있음.

ざいしつ【材質】 재질(材質).

さいして【際して】 […に際しての形で]함에 있어서; …하는 데 있어서; …할 때에. ||出発に際して一言주의してます 출발하는 데 있어서 한마디 주의를 드리겠습니다.

さいしゅ【採取】 (동하) 채취(採取). ‖指紋を採取する 지문을 채취하다.
さいしゅう【採集】 (동하) 채집(採集). ◆昆虫採集 곤충 채집.
さいしゅう【最終】 ❶ 최종(最終); 최후(最後). ‖最終の段階 최종 단계. ❷(電車・バスなどの)막차. ‖最終に乗り遅れる 막차를 놓치다. ◆最終走者 최종 주자.
ざいじゅう【在住】 재住하다 살다. 살고 있다. 日本に在住する外国人 일본에 살고 있는 외국인.
さいしゅつ【歳出】 세출(歲出).
さいしゅっぱつ【再出発】 재출발(再出發).
*__さいしょ__**【最初】 제일(最初); 처음; 첫번째. ‖最初の試み 최초의 시도. 최초가 肝心だ 처음이 중요하다. 最初の角を右へ曲がってください 첫 번째 모퉁이에서 오른쪽으로 꺾어지십시오. その本を最初から最後まで丹念に読んだ 그 책을 처음부터 끝까지 꼼꼼하게 읽었다.
さいしょう【宰相】 재상(宰相).
さいしょう【最小】 최소(最小). ◆最小値 최솟값. 最小限 최소한. 最小公倍数 최소 공배수.
さいしょう【最少】 최소(最少).
さいじょう【最上】 최상(最上); 맨 위. ‖最上の方法 최상의 방법. マンションの最上階 맨션의 최상층[맨 위층].
ざいじょう【罪状】 죄상(罪狀).
さいしょく【才色】 재색(才色). ◆才色兼備 재색겸비.
さいしょく【菜食】 (동하) 채식(菜食). ◆菜食主義 채식주의.
ざいしょく【在職】 (동하) 재직(在職). ◆在職証明書 재직 증명서.
さいしん【再審】 (동하) 재심(再審).
さいしん【細心】 세심(細心). ‖細心の注意を払う 세심한 주의를 기울이다.
さいしん【最新】 최신(最新). ‖最新の技術 최신 기술. 最新の情報 최신 정보.
サイズ【size】 사이즈. ‖サイズが合わないサイズが 안 맞다. 指輪のサイズ 반지 사이즈.
さいせい【再生】 (동하) ❶ 재생(再生). ‖CDを再生する CD를 재생하다. 細胞組織を再生する 세포 조직을 재생하다. 国有林の再生プログラム 국유림 재생 프로그램. ❷ 갱생(更生). ‖再生を誓う 갱생을 맹세하다. ◆再生紙 재생지.
*__さいせい__**【財政】 재정(財政). ‖財政が悪化する 재정이 악화되다. 財政上の理由で 재정상의 이유로.
さいせいき【最盛期】 전성기(全盛期).
さいせいさん【再生産】 재생산(再生産). ◆拡大再生産 확대 재생산.

さいせき【採石】 (동하) 채석(採石). ◆採石場 채석장.
ざいせき【在籍】 (동하) 재적(在籍).
さいぜん【最善】 최선(最善). ‖最善を尽くす 최선을 다하다. ◆最善策 최선책.
さいぜんせん【最前線】 최전선(最前線).
さいせんたん【最先端】 최첨단(最尖端). ‖最先端の技術 최첨단 기술.
さいそく【催促】 (동하) 재촉; 독촉(督促). ‖原稿を催促する 원고를 재촉하다.
さいた【最多】 최다(最多). ‖最多優勝チーム 최다 우승 팀.
サイダー【cider】 사이다.
さいたい【臍帯】 탯줄; 제대(臍帶). ◆臍帯血 제대혈.
さいだい【最大】 최대(最大). ‖最大多数の最大幸福 최대 다수의 최대 행복. 今年最大の事件 올 최대의 사건. ◆最大限 최대한. 最大限の努力を払う 최대한의 노력을 쏟다. 最大公約数 최대 공약수.
さいたく【採択】 (동하) 채택(採擇). ‖決議案を採択する 결의안을 채택하다.
ざいたく【在宅】 (동하) 재택(在宅). ◆在宅勤務 재택 근무.
さいたる【最たる】 제일(第一)의; 최대(最大)의. ‖俗物の最たるもの 최대의 속물이다.
さいたん【最短】 최단(最短). ◆最短距離 최단 거리.
さいだん【祭壇】 제단(祭壇).
さいだん【裁断】 (동하) ❶ 재단(裁斷). ‖生地を裁断する 원단을 재단하다. ❷재결(裁決). ‖裁断を下す 재결을 하다.
ざいだん【財団】 재단(財團). ◆財団法人 재단 법인.
さいちゅう【最中】 한창 …일 때. ‖試合の最中に雨が降り出す 한창 시합 중에 비가 오기 시작하다.
ざいちゅう【在中】 (동하) 재중(在中). ‖履歴書在中 이력서 재중.
さいちょう【最長】 가장 김. ‖日本最長の橋 일본에서 가장 긴 다리.
*__さいてい__**【最低】 ❶ 최저(最低). ‖最低気温 최저 온도. ❷ 최하(最下); 가장 저질(低質). ‖あの男は最低だ 그 남자는 가장 저질이다. ◆最低限度 최저한도. 最低賃金 최저 임금.
さいてき【最適】 최적(最適). ‖最適な環境 최적의 환경.
ざいテク【財テク】 재(財)테크.
さいてん【採点】 (동하) 채점(採點). ‖テストの採点をする 시험 채점을 하다.
さいてん【祭典】 제전(祭典). ‖スポーツの祭典 스포츠의 제전.
サイト【site】 ❶ 부지(敷地); 용지(用

地. ❷(IT) (インターネットの) 사이트. ◆ウェブサイト 웹 사이트.
さいど【彩度】채도(彩度).
サイド【side】사이드; 쪽. ◆サイドビジネス 부업.
さいなむ【苛む】괴롭히다. ‖後悔の念にさいなまれる 후회막급이다.
さいなん【災難】재난(災難). ‖災難にあう 재난을 당하다.
ざいにち【在日】재일(在日). ◆在日外国人 재일 외국인.
さいにゅう【歳入】세입(歲入).
ざいにん【在任】(조해)재임(在任).
ざいにん【罪人】죄인(罪人). ‖罪人扱いする 죄인 취급하다.
さいにんしき【再認識】(조해)재인식(再認識). ‖重要性を再認識する 중요성을 재인식하다.
さいねん【再燃】(조해)재연(再燃).
さいねんしょう【最年少】최연소(最年少). ‖最年少の優勝 최연소 우승.
さいねんちょう【最年長】(어떤 집단 중에서) 가장 나이가 많음.
*さいのう【才能】재능(才能). ‖才能を生かす 재능을 살리다. 才能に恵まれている 재능을 타고나다.
サイバースペース【cyber space】(IT) 사이버 공간(空間).
さいはい【再拝】재배(再拜).
さいはい【采配】지도(指導); 지휘(指揮). ‖采配ミスで試合に負けた 지휘를 잘못해 시합에서 졌다. ◆采配を振る 지휘하다.
さいばい【栽培】(조해)재배(栽培). ◆温室栽培 온실 재배.
さいばし【菜箸】(설명)요리(料理)를 하거나 음식물(飮食物)을 덜 때 사용(使用)하는 젓가락.
さいばしる【才走る】재기(才氣)가 넘치다. ‖才走ったことを言う 재기가 넘치는 말을 하다.
さいはつ【再発】재발(再發). ‖병기가 재발하는 병이 재발하다.
ざいばつ【財閥】재벌(財閥).
さいはん【再版】(조해)재판(再版). ‖本を再版する 책을 재판하다.
*さいばん【裁判】(조해)재판(裁判). ‖裁判にかける 재판에 회부하다. 裁判に勝つ 재판에서 이기다. 裁判沙汰になる 재판까지 가다. ◆裁判員 국민 참여 재판 제도(國民参與裁判制度). 裁判官 재판관. 판사. 裁判所 재판소. 법원.
さいひ【歳費】세비(歲費).
さいふ【財布】지갑(紙匣). ‖財布を盗まれる 지갑을 털리다. 財布からお金を出す 지갑에서 돈을 내다.
さいぶ【細部】세부(細部). ‖細部にわたって 세부에 걸쳐. 세세하게.
さいぶん【細分】(조해)세분(細分). ‖土

地を細分する 토지를 세분하다. 組織を細分化する 조직을 세분화하다.
さいへん【再編】(조해)재편; 재편성(再編成).
さいほう【裁縫】(조해)재봉(裁縫).
さいぼう【細胞】세포(細胞). ◆細胞分裂 세포 분열. 細胞膜 세포막.
さいほうじょうど【西方浄土】서방 정토(西方淨土).
サイボーグ【cyborg】사이보그.
サイホン【siphon】사이펀.
さいみつ【細密】ダ 세밀(細密)하다. ‖細密な描写 세밀한 묘사. ◆細密画 세밀화.
さいみん【催眠】최면(催眠). ◆催眠術 최면(술). 催眠術をかける 최면을 걸다. 催眠療法 최면 요법.
さいむ【債務】채무(債務); 빚. ‖債務を負う 빚을 지다. ◆債務者 채무자.
ざいむ【財務】재무(財務). ◆財務管理 재무 관리. 財務分析 재무 분석.
ざいめい【罪名】죄명(罪名).
ざいや【在野】(在野).
さいゆしゅつ【再輸出】(조해)재수출(再輸出).
さいゆにゅう【再輸入】(조해)재수입(再輸入).
*さいよう【採用】(조해)채용(採用). ‖新入社員を採用する 신입 사원을 채용하다. ◆採用試験 채용 시험.
さいらい【再来】재래(再來); 재림(再臨).
ざいらい【在来】재래(在來). ◆在来種 재래종. 在来線 재래 노선.
ざいりゅう【在留】재류(在留).
さいりょう【裁量】재량(裁量).
さいりょう【最良】가장 좋은. ‖最良の方法 가장 좋은 방법.
さいりよう【再利用】재활용(再活用). (조해)
*ざいりょう【材料】재료(材料). ‖工作の材料 공작 재료. 小説の材料を探す 소설 재료를 찾다. ◆建築材料 건축 재료.
ざいりょく【財力】재력(財力).
ザイル【Seil ド】자일.
さいるい【催涙】최루(催淚). ◆催涙ガス 최루 가스. 催涙弾 최루탄.
さいれい【祭礼】제례(祭禮).
サイレン【siren】사이렌. ‖サイレンを鳴らすサイレンを울리다.
*さいわい【幸い】❶행복(幸福); 행운(幸運). ‖幸いを得る 행복해지다. ❷다행(多幸). ‖不幸中の幸い 불행 중 다행. ❸【幸いのの形で】감사(感謝)하겠습니다; 고맙겠습니다. ‖資料を送っていただければ幸いです 자료를 보내 주시기 고맙겠습니다. ❹【副詞的に】다행히; 운 좋게. ‖幸いけがはなかった

다행히 다친 데는 없었다.

さいわん [才腕] 수완(手腕).
サイン [sign] ❶ 신호(信號); 암호(暗號). ❷ 사인을 보내는 신호를 보내다. (준말)서명(署名). ∥契約書にサインをする 계약서에 서명을 하다.
サイン [sine] (수학) 사인.
サインペン [Sign+Pen 일] 사인펜.
サウジアラビア [Saudi Arabia] (국명) 사우디아라비아.
サウナ [sauna] 사우나.
サウンド [sound] 사운드; 음향(音響). ◆サウンドエフェクト 음향 효과. サウンドトラック 사운드 트랙.
さえ [冴え] ❶ 맑고 선명(鮮明)함. ∥音のさえ 맑은 소리. 날카롭(明晳)에리(銳利)함. ∥頭のさえ 명석한 두뇌. ❸ (技術・腕前などが) 뛰어남. ∥サーブにさえを見せるサーバー가 뛰어나다.
さえ …조차; …(까지도); …마저; …만. ∥専門家でさえ解きにくい問題 전문가들조차 풀기 어려운 문제. 金さえあれば 돈만 있으면.
さえき [差益] 차익(差益).
さえぎる [遮る] ❶ 방해(妨害)하다; 차단(遮斷)하다; 막다. ∥話をさえぎる 말을 막다. ❷ 가리다. ∥ついたてでさえぎる 칸막이로 가리다.
さえずる [囀る] ❶ (小鳥が)지저귀다. ❷ (女の子が) 재잘거리다.
さえない [冴えない] ❶ (暗い)어둡다. ∥さえない顔 어두운 얼굴. ❷ (物足りない)부족(不足)하다. ❸ (魅力がない)매력(魅力)이 없다. ∥さえない男 매력 없는 남자. ❹ (面白くない)재미없다. ∥さえない話 재미없는 이야기.
さえる [冴える] ❶ (星・月などが)선명(鮮明)하다. ∥さえた月の光 선명한 달빛. ❷ (音色が)선명하다. ❸ (色・表情などが)선명하다. ❹ (頭脳が)명석(明晳)하다. ❺ (意識が)뚜렷하다. ❺ (腕前が)뛰어나다. ❻ (冷える)추워지다.
さえわたる [冴え渡る] 사물(事物)의 형태(形態)나 풍경(風景) 등이 선명(鮮明)하게 보이다. ∥さえ渡る冬の夜の月 선명하게 보이는 겨울 밤의 달.
さお [竿・棹] ❶ 가지를 친 대나무 막대. ∥さおを差す 삿대를 젓다. 낚시ざお 낚싯대. 旗ざお 깃대. ❷ [羊羹などを数える단위]…개(個). ∥羊羹 2 さお 양갱 두 개.
さか [坂] 언덕.
さかあがり [逆上がり] (鉄棒の)거꾸로 오르기.
さかい [境] ❶ (土地の)경계(境界). ∥国の境 나라의 경계. ❷ 갈림길. ∥生死の境 생사의 갈림길.
さかいめ [境目] 경계(境界)가 되는 곳.
さかうらみ [逆恨み] 오히려 원한(怨

恨)을 삼; 호의(好意)를 오해(誤解)해서 원망(怨望)함.
さかえる [栄える] ❶ 번성(繁盛)하다; 번창(繁昌)하다. ❷ 무성(茂盛)하다.
サカキ [榊] (식물) 비쭈기나무.
さがく [差額] 차액(差額).
さかご [逆子] (의학) 출산시(出産時) 발부터 나오는 것 또는 그 아이.
さかさ [逆さ] 반대(反對); 역(逆). ∥上下가 逆さ인 위아래가 반대다.
さかさま [逆様] 거꾸로 됨; 반대(反對)로 됨. ∥順序を逆さまにする 순서를 거꾸로 하다.
さがしあてる [捜し当てる] 찾아내다.
さがしだす [探し出す] 찾아내다. ∥犯人の隠れ場所を探し出す 범인의 은신처를 찾아내다.
*さがす [探す・捜す] ❶ 찾다; 수색(搜索)하다. ∥仕事を探す 일을 찾다. 犯人を捜す 범인을 찾다. 遭難者を捜す 조난자를 수색하다. 暗闇の中でスイッチを探す 어둠 속에서 스위치를 찾다. 何を探しているのか 뭘 찾고 있습니까? ❷ (かき回す)뒤지다. ∥押入れを探す 옷장을 뒤지다.
さかずき [杯・盃] 술잔. ▶杯を返す 주종 관계를 끊다. ▶杯を交わす 같이 술을 마시다.
さかだち [逆立ち] 물구나무서기. [逆さになること]거꾸로 됨.
さかだつ [逆立つ] 옆이나 밑으로 향해 있던 것이 위로 향하다.
さかだてる [逆立てる] 옆이나 밑으로 향해 있던 것을 위로 향하게 하다.
さかて [逆手] ❶ (逆に持つこと)거꾸로 잡음. ❷ (相手の反論や攻撃などを)역(逆)으로 이용(利用)함. ∥相手の主張を逆手に取る 상대의 주장을 역으로 이용하다.
さかな [肴] (술)안주(按酒).
*さかな [魚] 물고기; 생선(生鮮). ∥魚を釣る 고기를 낚다. 魚を焼く 생선을 굽다. 魚釣りに行く 고기를 낚으러 가다. ◆魚料理 생선 요리.
さかなで [逆撫で] 반대(反對)로 쓰다듬는 것. ❷ 신경(神經)을 건드리는 것. ∥神経を逆撫でする 신경을 건드리다.
さかのぼる [遡る・溯る] ❶ 상류(上流)로 올라가다. ❷ 거슬러 올라가다. ∥話は 10 年前にさかのぼる 이야기는 십년 전으로 거슬러 올라가다.
さかば [酒場] 술집.
さかみち [坂道] 언덕길.
さかや [酒屋] 술 가게.
さかゆめ [逆夢] (의학) 현실(現實)과 반대(反對)되는 꿈.
さからう [逆らう] ❶ 역행(逆行)하다. ∥潮流に逆らって進む 조류에 역행해 나아가다. ❷ 반항(反抗)하다; 거역

(拒絶)하다.

さかりば【盛り場】 번화가(繁華街).
さがりめ【下がり目】 ❶ 눈꼬리가 처진 눈. ❷ 세력(勢力)이 약(弱)해지는 시기(時期)나 경향(傾向). ❸ 물가(物價) 등이 떨어지기 시작(始作)할 때.
さがる【下がる】 ❶ 내려가다; 숙여지다. ∥ズボンが下がる 바지가 내려가다. 頭が下がり 머리가 숙여지다. ❷ 한쪽 끝이 높은 곳에 고정(固定)되어 아래로 처져 있다. ∥すだれが下がっている 발이 처져 있다. ❸ (地位의 높은 사람 앞에서) 물러나다. ∥陛下の御前を下がる 폐하 앞에서 물러서다. ❹ 물러서다. ∥白線の内側にお下がりください 흰선 안쪽으로 물러서 주십시오. ❺ (他のものに比べ)처지다. ∥右肩が下がっている 오른쪽 어깨가 처져 있다. ❻ (程度·価値·金額·温度などが)낮아지다; 떨어지다; 내려가다. ∥質が下る 질이 떨어지다. 温度が下がる 온도가 내려가다.
さかん【盛ん】 활발(活潑)하다; 왕성(旺盛)하다. ∥血気盛んな若者 혈기 왕성한 젊은이.
さかん【左官】 미장이.
さがん【砂岩】 사암(沙岩).
さき【先】 ❶ 끝. ∥先が尖った棒 끝이 뾰족한 막대. ❷ 선두(先頭). ❸ 行列의 선두. 先に立って先頭に서다. 솔선하다. ❹ (時間上의) 앞. ❺ (順序上의) 앞. ❻ 이전(以前); 앞. ∥先に申した通り 앞에서 말씀 드린 것처럼. 다음. ∥早く先を読みたい 빨리 다음을 읽고 싶다. ❼ 장래(将来); 앞날. ❽ 앞쪽; 전방(前方). ∥この先行き止まり 전방 막다른 길. ❾ 목적지(目的地); 장소(場所). ∥出張先 출장지. ❿ 取引의 상대방(相対方). ⓫ 先의 조건 여하에 따라 상대방의 조건 나름이다. ▶先が思いやられる 앞날이 걱정되다. ▶先を争う 앞을 다투다. ▶先を越される 선수를 빼앗기다.
さぎ【詐欺】 사기(詐欺). ∥詐欺にひっかかる 사기에 걸리다. 詐欺をはたらく 사기를 치다. 詐欺師 사기꾼.
サギ【鷺】 해오라기; 백로(白鷺). ▶鷺を烏と言いくるめる 까마귀라고 우기다.
さきおくり【先送り】 ∥先送りする 미루다. 決定을 先送りする 결정을 미루다.
さきがい【先買い】 선매(先買).
さきがけ【先駆け】 (토화) 선구(先驅).
さきこぼれる【咲きこぼれる】 만발(滿發)하다. ∥桜が咲きこぼれる 벚꽃이 만발하다.
さきごろ【先頃】 ❶ 요전; 얼마 전. ∥つい先頃のことだ 바로 얼마 전의 일이다. ❷ (副詞的으로)요전에; 얼마 전에.
さきざき【先先】 ❶ 먼 장래(将来). ❷ 가는 곳마다. ∥行く先々で歓迎を受ける 가는 곳마다 환영을 받다. ❸ 오래 전(前). ∥先々からの計画 오래 전부터의 계획.
さきだつ【先立つ】 ❶ 선두(先頭)에 서다. ∥衆に先立つ 군중의 선두에 서다. ❷ 앞서다. ❸ 먼저 죽다. ∥親に先立つ不孝 부모보다 먼저 죽는 불효. ❹ 우선(于先) 필요(必要)하다; 가장 중요(重要)하다. ∥先立つものは金だ 우선 필요한 것은 돈이다.
さきだって【先立って】 […に先立っての形で]…에 앞서; 우선(于先). ∥メインイベントに先立って メイン イベントに앞서.
さきどり【先取り】 ❶ 먼저 함; 선취(先取). ∥時代を先取りする 시대를 앞서 가다. ❷ [事前に受け取ること]먼저 받음. ∥利息を先取りする이자를 먼저 받다.
さきに【先に】 앞에서; 먼저. ∥先に述べたように 앞에서 말한 것처럼. 先に帰る 먼저 돌아가다.
さきばしる【先走る】 잘못된 판단(判斷)을 하거나 행동(行動)을 하다. ∥先走って失敗する 잘못 판단해서 실패하다.
さきばらい【先払い】 (토화) ❶ 선불(先拂). ❷ [着払い]수취인(受取人)이 요금(料金)을 지불(支拂)하는 것.
さきほこる【咲き誇る】 만발(満發)하다.
さきぼそり【先細り】 先細りする 끝으로 갈수록 가늘어지다. 갈수록 세력이 약해지다.
さきほど【先程】 조금 전(前).
さきまわり【先回り】 ∥先回りする 먼저 목적지에 도착하다. 남보다 먼저 하다.
さきみだれる【咲き乱れる】 흐드러지게 피다; 만발(満発)하다. ∥レンギョウが咲き乱れる 개나리가 흐드러지게 피다.
さきもの【先物】 선물(先物). ∥先物取引 선물 거래.
さきものがい【先物買い】 ❶ 선물 매입(先物買入). ❷ 장래성(将來性)을 보고 사는 것.
さきゅう【砂丘】 사구(沙丘).
さきゆき【先行き】 ❶ 장래(将來); 전도(前途). ❷ 주식 시장(株式市場)의 동향(動向).
さぎょう【作業】 (토화) 작업(作業). ◆単純作業 단순 작업. 作業管理 작업 관리. 作業効率 작업 효율. 作業場 작업장. 作業服 작업복.
さきん【砂金】 사금(沙金).
さきんじる【先んじる】 남보다 먼저 하다; 앞서다. ∥人より一歩先んじる 다른 사람보다 한발 앞서다.
さく【作】 ❶ 작(作). ∥会心の作 회심작. ❷ 농산물(農産物)의 작황(作況).
さく【柵】 울타리. ∥柵をめぐらす 울타리

さく【策】 대책(對策); 책. ‖策を講じる 대책을 강구하다. 次善の策 차선책.
さく【咲く】 피다. ‖花が咲く 꽃이 피다. 春に咲く花 봄에 피는 꽃. バラが咲いている 장미가 피어 있다.
さく【裂く・割く】 ❶ 찢다. ‖シーツを裂く 시트를 찢다. ❷ 떼어 놓다. ‖2人の仲を裂く 두 사람을 떼어 놓다. ❸ 가르다. ‖腹を割いて卵を取り出す 배를 갈라 알을 꺼내다. ❹ 할애(割愛)하다. ‖時間を割く 시간을 할애하다.
さくい【作為】 작위(作爲). ‖作為の跡が残る 작위의 흔적이 남다.
さくい【作意】 작의(作意).
さくいてき【作爲的】 작위적(作爲的).
さくいはん【作爲犯】 작위범(作爲犯).
さくいん【索引】 색인(索引).
さくがら【作柄】 ❶ 농산물(農産物)의 작황(作況). ❷ 예술 작품(藝術作品)의 완성도(完成度).
さくがんき【鑿岩機】 착암기(鑿岩機).
さくきょう【作況】 작황(作況).
ざくぎり【ざく切り】 ‖ざく切りにする 큼직하게 썰다.
さくげつ【昨月】 지난달.
さくげん【削減】 ⦅する⦆ 삭감(削減). ‖予算を削減する 예산을 삭감하다. 経費削減 경비 삭감.
さくご【錯誤】 착오(錯誤). ‖錯誤を犯す 착오를 하다. 試行錯誤 시행착오. 時代錯誤 시대 착오.
さくさく ❶ 삭둑삭둑; 싹둑싹둑. ‖さくさくとキャベツを刻む 양배추를 싹둑싹둑 썰다. ❷ 바삭바삭. ‖クラッカーをさくさく食べる 크래커를 바삭바삭 소리를 내며 먹다. ❸ 서걱서걱. ‖さくさくと霜を踏む 서걱서걱 소리를 내며 서리를 밟다.
ざくざく ❶ 또득또득. ‖霜柱をざくざく踏む 또득거리며 서리를 밟다. ❷ 〖宝石·金などが〗 얼마든지. ‖金ならざくざくある 돈이라면 얼마든지 있다. ❸ 듬성듬성. ‖太い糸でざくざく編む 굵은 실로 듬성듬성 뜨다.
さくさん【酢酸】 초산(醋酸).
さくし【作詞】 ⦅する⦆ 작사(作詞). ◆作詞家 작사가.
さくし【策士】 책사(策士).
さくじつ【昨日】 어제.
さくしゃ【作者】 작자(作者).
さくしゅ【搾取】 ⦅する⦆ 착취(搾取).
さくじょ【削除】 ⦅する⦆ 삭제(削除); 말소(抹消). ‖フォルダーを削除する 폴더를 삭제하다.
さくする【策する】 획책(劃策)하다; 계략(計略)을 세우다.
さくせい【作成】 ⦅する⦆ 작성(作成). ‖履歴書を作成する 이력서를 작성하다.
さくせん【作戦】 작전(作戰). ‖作戦を立てる 작전을 세우다. 空輪作戦 공수작전.
さくそう【錯綜】 ⦅する⦆ 착종(錯綜).
さくてい【策定】 ⦅する⦆ 책정(策定). ‖予算案を策定する 예산안을 책정하다.
さくどう【策動】 ⦅する⦆ 책동(策動).
さくねん【昨年】 작년(昨年).
さくばん【昨晩】 어젯밤.
*さくひん【作品】 작품(作品). ‖漱石の作品は今도 많은 사람들에게 읽히고 있다. ◆文学作品 문학 작품.
さくふう【作風】 작품(作風). ‖古典的な作風 고전적인 작품.
さくぶん【作文】 작문(作文).
さくもつ【作物】 작물; 농작물(農作物).
さくや【昨夜】 어젯밤.
サクラ【桜】 ❶〖植物〗 벗꽃. ❷〖客〗 바람잡이. ❸〖馬肉〗 말고기. ◆桜色 연분홍. 桜海老 벗꽃새우. 桜前線 벗꽃의 개화일(開花日)이 같은 지점(地點)을 연결(連結)한 선(線). 桜草 앵초. 桜吹雪 ⦅비유⦆ 벗꽃 잎이 눈처럼 날리는 것. 桜餅 ⦅비유⦆ 팥소를 넣어 벗꽃 잎으로 싼 떡. 桜湯 ⦅비유⦆ 소금에 절인 벗꽃 잎을 넣은 물.
さくらん【錯乱】 ⦅する⦆ 착란(錯亂). ◆精神錯乱 정신 착란.
サクランボウ【桜ん坊】 앵두.
さぐり【探り】 ❶ 〈상대의 기분·표정을 알고자〉 떠봄. ‖探りを入れる 슬쩍 떠보다. ❷ 밀정(密偵); 스파이.
ざくり ❶ 〖ものなどが大きく切れる様子〗 삭둑. ‖スイカをざくりと切る 수박을 삭둑 자르다. ❷ 〖刃物や棒状のものなどを勢いよく入れ込む様子〗 푹. ‖槍でざくりと突く 창으로 푹 찌르다. シャベルでざくりと砂利をすくう 삽으로 자갈을 푹 퍼다.
さくりゃく【策略】 책략(策略); 계략(計略).
さぐる【探る】 ❶ 〈手·足의 감각으로〉 찾다; 뒤지다. ‖ポケットを探って小銭を取り出す 주머니를 뒤져 동전을 꺼내다. ❷ 〈상대의 所在地 등을〉 찾다; 살피다. ‖敵情を探る 적정을 살피다. ❸ 탐구(探究)하다. ‖日本語の起源を探る 일본어의 기원을 탐구하다.
さくれつ【炸裂】 ⦅する⦆ 작렬(炸裂). ‖砲弾が炸裂する 포탄이 작렬하다.
ザクロ【柘榴】 석류(石榴).
*さけ【酒】 술. ‖酒を飲む 술을 마시다. 酒をやめる 술을 끊다. 酒に酔う 술에 취하다. 酒が回る 술이 돌다. 거나해지다. この酒は強い 이 술은 세다. 兄は酒が強い 오빠는 술이 세다.
サケ【鮭】 연어(鰱魚).
さけい【左傾】 ⦅する⦆ 좌경(左傾). ◆左傾化 좌경화.

さけくさい【酒臭い】 술 냄새가 나다.
さけぐせ【酒癖】 술버릇. ‖酒癖が悪い 술버릇이 나쁘다.
さげすむ【蔑む】 경멸(輕蔑)하다; 깔보다.
さけのみ【酒飲み】 술을 좋아하는 사람; 술꾼.
さけび【叫び】 소리를 지름; 외침. ‖魂の叫ぶ声 영혼의 외침. 痛みで叫び声を上げた 아파서 소리를 질렀다.
さけぶ【叫ぶ】 ❶소리를 지르다; 외치다. ‖少女は助けを求めて叫んだ 소녀는 도와 달라고 외쳤다. そんなに大声で叫ぶな そんなに 큰 소리 지르지 마. ❷주장(主張)하다. ‖獄中から無実を叫ぶ 獄中에서 무죄를 주장하다.
さけめ【裂け目】 찢어진 곳; 갈라진 곳.
さける【裂ける】 찢어지다; 갈라지다. ‖落雷で大木が裂けた 벼락이 떨어져서 큰 나무가 갈라졌다. 口が裂けても言えない 입이 찢어져도 말할 수 없다.
さける【避ける】 피(避)하다; 멀리하다. ‖危険な場所を避ける 위험한 장소를 피하다. 人目を避けて暮らす 다른 사람 눈을 피해 살아가다.
さげる【下げる】 ❶(어떤 位置에서)내리다, 걸다; 내걸다; 늘어뜨리다. ‖風鈴を軒先に下げる 풍경을 처마 밑에 걸다. 看板を下げる 간판을 내걸다. ❷휴대(携帶)하다; 들다. ‖大きなかばんを下げて行く 큰 가방을 들고 가다. ❸(程度・価値・金額・温度など)낮추다; 내리다. ‖ボリュームを下げる 볼륨을 낮추다. ❹치우다. ‖膳を下げる 상을 치우다.
ざこう【座高】 앉은 키.
さこく【鎖国】 쇄국(鎖國).
さこつ【鎖骨】 쇄골(鎖骨).
ざこね【雑魚寝】 새우잠. ‖友だちの部屋で雑魚寝する 친구 방에서 새우잠을 자다.
ササ【笹】 작고 가는 대나무.
ささい【些細】 ダ 사소(些少)하다. ‖些細なことでけんかする 사소한 일로 싸우다.
ささえ【支え】 받침대; 지주(支柱).
サザエ【栄螺】 소라.
*****ささえる【支える】** ❶(力を加えて)받치다; 버티다; 지탱(支撐)하다. ‖つえで体を支える 지팡이로 몸을 지탱하다.
 ⇨ ⟨ユス(維持)하다⟩. ‖家計を支える 가계를 유지하다.
ササゲ【大角豆】 동부.
ささげもの【捧げ物】 공물(供物).
ささげる【捧げる】 ❶(両手で)바치다. ❷(神仏や高貴な人などに)바치다. ‖供物を捧げる 공물을 바치다.
ささつ【査察】 사찰(査察). ◆行政査察 행정 사찰.
さざなみ【小波】 작은 파도(波濤); 잔

물결.
ささみ【笹身】 닭 가슴살.
ささやか【細やか】 ダ 자그마하다; 변변치 않다. ‖ささやかな贈り物 자그마한 선물.
ささやく【囁く】 속삭이다. ‖耳元でささやく 귓가에서 속삭이다.
ささる【刺さる】 찔리다. ‖バラのとげが指に刺さる 장미 가시에 손가락을 찔리다.
サザンカ【山茶花】 애기동백(冬柏).
さじ【匙】 숟가락. ‖さじですくう 숟가락으로 뜨다. 茶さじ 찻숟가락. 大さじ 큰 숟가락. ▶匙を投げる 포기하다. 단념하다.
ざし【座視】 좌시(坐視).
さしあげる【差し上げる】 ❶〈높이 들다; 들어올리다. ❷〈与える・やる의 謙譲語〉드리다.
さしあたり【差し当たり】 당장(當場); 지금(只今)은.
さしいれ【差し入れ】 ❶〈する〉차입(差入). ❷격려(激勵)하기 위한 음식물(飲食物).
さしいれる【差し入れる】 ❶차입(差入)하다. ❷격려(激勵)하기 위해 음식물(飲食物)을 보내다. ‖夜食を差し入れる 야식을 보내다.
さしえ【挿し絵】 삽화(挿畫).
さしおさえ【差し押さえ】 압류(押留).
さしおさえる【差し押さえる】 압류(押留)하다. ‖工場の設備を差し押さえる 공장 설비를 압류하다.
さしかえる【差し替える】 바꾸다. ‖メンバーを差し替えて試合にのぞむ 멤버를 바꿔 시합에 임하다.
さしかかる【差し掛かる】 접어들다; 다다르다. ‖地方道に差しかかる 지방도로 접어들다. 雨期に差しかかる 우기에 접어들다.
さしがね【差し金】 뒤에서 조종(操縱)하는 것 또는 그 사람.
ざしき【座敷】 (說明) ❶〈畳敷きの部屋〉다다미가 깔린 손님을 맞는 방(房). ❷〈宴席〉연회(宴會) 자리.
さしこみ【差し込み】 ❶끼워 넣는 것. ❷전기(電氣) 플러그. ❸갑작스러운 복통(腹痛).
さしこむ【差し込む】 ❶끼워 넣다. ‖コンセントにプラグを差し込む 콘센트에 플러그를 끼워 넣다. ❷빛이 들어오다. ‖窓から朝日が差し込む 창문으로 아침 햇살이 들어오다. ❸(胸・お腹などが)찌르듯이 아프다.
さししめす【指し示す】 가리키다. ‖目的地を指し示す標識 목적지를 가리키는 표지.
さしず【指図】 〈する〉지시(指示); 지휘(指揮); 명령(命令).
さしずめ【差し詰め】 ❶당장(當場); 지

금(只今)은. ‖さしずめ, 食うには困らない 당장 먹고 사는 데는 지장이 없다. ‖結局(結局).

さしせまる【差し迫る】 눈앞에 다가오다; 임박(臨迫)하다; 닥쳐오다; 절박(切迫)하다. ‖締め切りが差し迫っている 마감일이 임박해 있다. 差し迫った問題 절박한 문제.

さしだしにん【差出人】 발신인(發信人).

さしだす【差し出す】 ❶내밀다. ‖手を差し出す 손을 내밀다. ❷제출(提出)하다. ‖書類を差し出す 서류를 제출하다. ❸발송(發送)하다. ‖手紙を差し出す 편지를 발송하다. ❹파견(派遣)하다. ‖代理人を差し出す 대리인을 파견하다.

さしつかえない【差し支えない】 지장(支障)이 없다.

さしつかえる【差し支える】 지장(支障)이 있다.

さしとめる【差し止める】 금지(禁止)하다. ‖出版を差し止める 출판을 금지하다.

さしのべる【差し伸べる】 내밀다. ‖救いの手を差し伸べる 구원의 손길을 내밀다.

さしば【差し歯】 의치(義齒).

さしひかえる【差し控える】 삼가다. ‖タバコを差し控える 담배를 삼가다.

さしひき【差し引き】 차감(差減); 차감한 잔액(殘額). ◆差引勘定 차감 정산.

さしひく【差し引く】 빼다; 제(除)하다; 공제(控除)하다. ‖手数料を差し引く 수수료를 제하다.

さしみ【刺身】 회(膾); 사시미. ◆刺身包丁 회를 뜨는 칼.

さしみず【差し水】 ‖差し水する 물을 더 붓다.

さしむける【差し向ける】 ❶(人を)보내다. ❷(向)하다. ‖顔を正面に差し向ける 얼굴을 정면으로 향하게 하다. 정면을 바라보다.

さしもどす【差し戻す】 되돌려 보내다; 반려(返戻)하다. ‖書類を差し戻す 서류를 반려하다.

さしゅ【詐取】 (名·他サ) 사취(詐取).

さしゆ【差し湯】 더운 물을 더 부음 또는 그 물.

さしょう【詐称】 (名·他サ) 사칭(詐稱). ‖学歴を詐称する 학력을 사칭하다.

さしょう【査証】 (名·他サ) 사증(査證).

ざしょう【挫傷】 타박상(打撲傷); 좌상(挫傷).

さじょうのろうかく【砂上の楼閣】 사상누각(沙上樓閣).

さす【刺す】 ❶찌르다. ‖短刀で人を刺す 단도로 사람을 찌르다. ❷(虫が)물다. ‖蚊に刺される 모기에 물리다. ❸(針で)꿰매다; 누비다.

さす【指す】 ❶가리키다; 지명(指名)하다. ‖指で指す 손가락으로 가리키다. ❷(将棋を)두다. ‖将棋を指す 장기를 두다.

さす【挿す】 ❶꽂다. ‖花びんに花を挿す 꽃병에 꽃을 꽂다. 髪にかんざしを挿す 머리에 비녀를 꽂다. ❷(挿し花)꽂이를 하다. ❸[挿し木]꺾꽂이를 하다.

*さす【差す】 ❶빛이 들다. ‖窓から光が差してくる 창으로 빛이 들어오다. ❷넣다. ‖目薬を目の中に入れる 안약을 넣다. ❸(傘を)さす. ‖傘を差す 우산을 쓰다. ❹(ある気分に)되다. ‖眠気がさす 졸음이 오다. ❺(潮が)차다.

さすが【流石】 ❶역시; 과연(果然). ‖さすが千両役者だ 역시 명배우다. ❷[さすがの…の形で]아무리 …(이)라도. ‖さすがの名選手も年齢には勝てない 아무리 뛰어난 선수라도 나이에는 못 이긴다.

さずかりもの【授かり物】 (名) 神(신)・하늘로부터 부여(賦與)받은 것.

さずかる【授かる】 부여(賦與)받다; 점지받다. ‖子どもを授かる 아이를 점지받다.

さずける【授ける】 ❶수여(授與)하다; 하사(下賜)하다; 점지하다. ❷전수(傳授)하다.

さすらう【流離う】 헤매다; 방황(彷徨)하다. ‖母を捜してさすらう 엄마를 찾아 헤매다.

さする【摩る】 문지르다. ‖お腹をさする 배를 문지르다.

*ざせき【座席】 좌석(座席); 자리. ‖車の前の座席 차의 앞 좌석. 通路側の座席通路 측 좌석. 飛行機の座席を予約する 비행기 좌석을 예약하다. 座席に着く 자리에 앉다.

させつ【左折】 (名·自サ) 좌회전(左廻轉).

ざせつ【挫折】 (名·自サ) 좌절(挫折). ‖計画が挫折する 계획이 좌절되다. ◆挫折感 좌절감.

させる [使役]시키다; …게 하다. ‖この仕事は彼にさせよう 이 일은 그 사람한테 시키자. 部長に昇進させる 부장으로 승진시키다. 車を別のところに移動させる 차를 다른 곳으로 이동시키다. 相手をいらいらさせる 상대방을 짜증나게 하다. 学生たちを早く帰らせる 학생들을 빨리 돌아가게 하다. 母を喜ばせること 어머니를 기쁘게 하는 일. 部下に結果を報告させる 부하에게 결과를 보고하다. 子どもにご飯を食べさせる 애에게 밥을 먹이다. 学生たちに本を読ませる 학생들에게 책을 읽히다.

させん【左遷】(する) 좌천(左遷). ∥地方の部署に左遷された 지방 부서로 좌천되었다.

ざぜん【座禅】 좌선(坐禅).

さぞ【嘸】 틀림없이; 아마; 필시. ∥さぞびっくりしたことだろう 틀림없이 놀랐을 거다.

さそい【誘い】 권유(勸誘), 유혹(誘惑). ∥誘いに応じる 권유에 응하다.

*__**さそう【誘う】**__ ❶ 권유(勸誘)하다; 유혹(誘惑)하다; 권하다; 불러내다. ∥友達に誘う 차 마시러 가자고 권하다. ∥食事に誘う 식사하러 가자고 권한다. ❷ 유발(誘發)시키다; 불러일으키다. ∥同情を誘う 동정을 불러일으키다.

サソリ【蠍】 전갈(全蠍). ◆蠍座 전갈자리.

さだか【定か】 확실(確實)하다; 틀림없다. ∥彼の行方は定かではない 그 사람의 행방은 확실하지 않다.

ざたく【座卓】 앉은뱅이 책상(冊床).

さだまる【定まる】 ❶ 결정(決定)되다; 정해지다. ∥遠足の日程が定まる 소풍 일정이 정해지다. ❷ 진정(鎭定)되다; 안정(安定)되다. ∥天候が定まらない 날씨가 불안정하다.

さだめ【定め】 ❶ 규칙(規則). ∥定めに従う 규칙에 따르다. ❷ 운명(運命).

さだめる【定める】 ❶ 정(定)하다. ∥新しい目標を定める 새로운 목표를 정하다. ❷ 안정(安定)시키다; 평정(平定)하다. ∥天下を定める 천하를 평정하다.

ざだん【座談】(する) 좌담(座談). ◆座談会 좌담회.

さち【幸】 ❶ 자연(自然)에서 얻는 수확물(收穫物). ∥海の幸 해산물. ❷ 행복(幸福). ∥幸多かれと祈る 행복하기를 빌다.

さちゅうかん【左中間】(野球에서) 좌중간(左中間).

ざちょう【座長】 좌장(座長).

さつ【札】 지폐(紙幣). ∥札を数える 지폐를 세다.

-さつ【札】 〔本を数える単位〕…권(卷). ∥3冊の本 책 세 권.

ざつ【雜】 조잡(粗雜)하다; 엉성하다. ∥雑にできている 조잡하게 만들어지다. 雑な造り 엉성한 만듦새.

さつい【殺意】 살의(殺意). ∥殺意を抱く 살의를 품다.

さつえい【撮影】(する) 촬영(撮影). ◆写真撮影 사진 촬영. 撮影禁止 촬영 금지. 撮影所 촬영소.

ざつおん【雜音】 잡음(雑音).

ざっか【雜貨】 잡화(雑貨). ∥雑貨店 잡화점.

サッカー【soccer】 축구(蹴球).

さつがい【殺害】(する) 살해(殺害). ◆殺害事件 살해 사건.

さっかく【錯覺】(する) 착각(錯覺). ∥錯覚を起こす 착각을 하다.

さっかしょう【擦過傷】 찰과상(擦過傷).

さっき 조금 전(前); 아까. ∥さっきから待っていた 아까부터 기다리고 있었다.

さっき【殺氣】 살기(殺氣).

さつき【五月・皐月】 ❶ 음력 오월(陰曆五月). ❷ (植物) 영산홍(映山紅).

ざっき【雜記】 잡기(雑記). ∥身辺雜記 신변잡기.

さっきだつ【殺気立つ】 살기(殺氣)를 띠다. ∥殺気立った群衆 살기를 띤 군중.

さつきばれ【五月晴れ】 ❶(음력) 음력 오월(陰曆五月)의 맑은 날. ❷(설명) 장마 기간(期間) 중의 맑은 날.

さっきゅう【早急】 시급(時急)하다.

ざっきょ【雜居】 ❶ 다양(多樣)한 사람이 섞여 삶. ❷ 종류(種類)가 다른 것이 섞여 있음. ∥雑居ビル 다양한 업종의 가게가 들어 있는 빌딩.

さっきょう【作況】 작황(作況).

さっきょく【作曲】(する) 작곡(作曲). ◆作曲家 작곡가.

さっきん【殺菌】(する) 살균(殺菌). ∥殺菌作用 살균 작용.

ざっきん【雜菌】 잡균(雜菌).

サック【sack】 (설명) 손가락에 끼우는 고무.

ざっくばらん 숨기는 것이 없음; 솔직(率直)한 말. ∥ざっくばらんな人 솔직한 사람. ざっくばらんに言う 숨김없이 이야기하다.

ざっくり ❶ 〔勢いよく切りつけたり大きな塊に割ったりする様子〕∥スイカを割る 수박을 큼직하게 자르다. ❷ 〔布地などの織り目が粗い様子〕∥ざっくり(と)した生地 코가 성긴 천. ❸ 〔切れ目や傷的幅が深い様子〕쩍. ∥ざっくり(と)割れた傷口 쩍 갈라진 상처.

ざっこく【雜穀】 잡곡(雜穀).

さっこん【昨今】 작금(昨今); 요즈음. ∥昨今の情勢 작금의 정세.

さっさと 빨리. ∥さっさと歩け 빨리 걸어라.

さっし【察し】 추측(推測); 짐작(斟酌). ∥察しがつく 추측이 되다. 짐작이 가다.

さっし【冊子】 책자(冊子).

サッシ【sash】 새시. ◆アルミサッシ 알루미늄 새시.

*__**さっし【雜誌】**__ 잡지(雜誌). ∥雑誌を取っている 잡지를 받아 보고 있다. 映画雑誌 영화 잡지.

ざっしゅ【雜種】 잡종(雜種).

ざっしゅうにゅう【雜收入】 잡수입(雜收入).

ざっしょく [雑食] (する) 잡식(雑食). ∥雑食性動物 잡식성 동물.

ざつしょとく [雑所得] 잡소득(雑所得).

さっしん [刷新] (する) 쇄신(刷新). ∥選挙制度を刷新する 선거 제도를 쇄신하다.

さつじん [殺人] 살인(殺人). ∥殺人を犯す 살인을 하다. ◆殺人的 살인적. 殺人的なスケジュール 살인적인 스케줄. 殺人事件 살인 사건. 殺人未遂 살인 미수.

さっする [察する] ❶추측(推測)하다; 짐작(斟酌)하다; 알아채다; 눈치채다. ∥危険を察して逃げた 위험하다는 것을 눈치채고 도망갔다. ❷배려(配慮)하다. ∥察するに余りある 짐작하고도 남다.

さっそう [颯爽] 태도(態度)나 행동(行動)이 당당(堂堂)함.

ざっそう [雑草] 잡초(雑草).

さっそく [早速] 곧; 조속(早速)히; 바로. ∥早速報告する 바로 보고하다.

さた[ざ]ー [雑多] 잡다(雑多)하다. ∥雑多な仕事 잡다한 일.

さつたば [札束] 돈 다발; 돈 뭉치.

ざつだん [雑談] (する) 잡담(雑談). ∥雑談に時間を過ごす 잡담하면서 시간을 보내다.

さっち [察知] (する) 살피어 알다.

さっちゅう [殺虫] 살충(殺虫). ◆殺虫剤 살충제.

ざっと 대충. ∥ざっと見る 대충 보다.

さっとう [殺到] (する) 쇄도(殺到). ∥問い合わせの電話が殺到する 문의 전화가 쇄도하다.

ざつねん [雑念] 잡념(雑念). ∥雑念がわく 잡념이 생기다. 雑念を払う 잡념을 떨쳐 버리다.

さつばつ [殺伐] 살벌(殺伐). ∥殺伐とした風景 살벌한 풍경.

さっぱり ❶〔清潔で整っている様子〕 깔끔함. ∥さっぱり(と)した服装 깔끔한 복장. ❷〔性格や味覚などが淡白な様子〕 ∥さっぱり(と)した食べ物 담백한 음식. ❸〔気持ちの爽快な様子〕 ∥試験が終わってさっぱり(と)した 시험이 끝나서 후련하다. ❹〔何も残らない様子〕 ∥きれいさっぱり食べてしまう 전부 다 먹어 치우다. ❺〔さっぱり…ないの形で〕 전혀; 도무지. ∥さっぱり書けない 전혀 못 쓰겠다. さっぱり分からない 전혀 모르겠다. ❻〔くだめだ〕 ∥成績はさっぱりだ 성적이 형편없다.

ざつぴ [雑費] 잡비(雑費).

さっぷうけい [殺風景] 살풍경(殺風景).

ざつぶん [雑文] 잡문(雑文).

サツマイモ [薩摩芋] 고구마.

さつむ [雑務] 잡무.

ざつよう [雑用] 잡일; 허드렛일.

さて ❶그런데; 그래서; 그러면; 그럼. ∥さて、次の議題に入ります 그럼 다음 의제로 넘어가겠습니다. ❷자. ∥さて、ぼちぼち行くか 자, 슬슬 가 볼까.

さてい [査定] (する) 사정(査定). ∥買取価格を査定する 매수 가격을 사정하다.

サディスト [sadist] 사디스트.

サディズム [sadism] 사디즘.

さておく [扠置く] 제쳐 두다; 놔두다; 그만두다. ∥冗談はさておいて、本題に入ろう 농담은 그만두고 본론으로 들어가자.

さてつ [蹉跌] (する) 차질(蹉跌). ∥蹉跌をきたす 차질을 가져오다.

さと [里] ❶[人里]마을. ❷[故郷・実家]고향(故郷); 본가(本家).

さとい [聡い・敏い] 총명(聡明)하다; 민감(敏感)하다.

サトイモ [里芋] 토란(土卵).

＊**さとう [砂糖]** 설탕(雪糖). ∥コーヒーに砂糖をたっぷり入れる 커피에 설탕을 듬뿍 넣다. ◆角砂糖 각설탕. 黒砂糖 흑설탕.

さどう [作動] (する) 작동(作動).

さどう [茶道] 다도(茶道).

サトウキビ [砂糖黍] 사탕(砂糖)수수.

さとおや [里親] 수양부모(収養父母); 양부모.

さとがえり [里帰り] 첫 근친(覲親); 친정(親庭) 나들이.

さとご [里子] 수양(収養)아들[딸]; 양아들[딸].

さとり [悟り] ❶깨달음; 눈치챔. ❷(仏教)득도(得道).

さとる [悟る] ❶깨닫다; 눈치채다. ∥相手に悟られないようにそっと近づく 상대방이 눈치채지 못하도록 몰래 다가가다. ❷(仏教)득도(得道)하다.

サドル [saddle] 안장(鞍装).

さなか [最中] 한창 …때. ∥騒動のさなか 한창 소동이 벌어지고 있을 때. 夏のさなか 한창 더울 때.

さながら 마치; 흡사(恰似). ∥草原はさながら海のようだった 초원은 마치 바다 같았다.

さなぎ [蛹] 번데기.

サニーレタス [sunny+lettuce 日] 양상추의 일종(一種).

さのう [左脳] 좌뇌(左脳).

さは [左派] 좌파(左派); 급진파(急進派).

サバ [鯖] 고등어. ◆さばを読む 숫자를 속이다.

さばく [砂漠] 사막(沙漠). ◆サハラ砂漠 사하라 사막.

さばく [捌く] ❶처리(處理)하다. ∥仕事をさばく 일을 처리하다. ❷팔다. ∥商品をさばく 상품을 팔다. ❸〔魚・肉

などを)해체(解體)하다; 잡다. ∥豚をさばく 돼지를 잡다.
さばく【裁く】재판(裁判)하다. ∥法の力で裁く 법의 힘으로 재판하다.
さばける【捌ける】❶팔리다. ∥商品がさばける 상품이 팔리다. ❷헝클어진 것이 정리(整理)되다. ❸이해(理解)가 빠르다; 요령(要領)이 좋다. ∥彼はさばけている 그는 요령이 좋다.
さばさば ❶(さっぱりした気分である様子)홀가분하다. ∥断わってさばさばした 거절하고 나니 속이 시원하다. ❷(性質などがさっぱりしている様子)시원시원하다. ∥さばさばした男みたいな性格 시원시원한 남자 같은 성격.
サバティカル(イヤー)【sabbatical (year)】장기 유급 휴가(長期有給休暇); 안식년(安息年).
さはんじ【茶飯事】다반사(茶飯事). ∥日常茶飯事 항다반사.
サバンナ【savanna】(地) 사바나.
*さび【錆】❶(金属の生ずる縁). ∥さびがつく 녹이 슬다. ❷나쁜 결과(結果). ∥身から出たさび 자업자득(自業自得).
*さびしい【寂しい】❶한적(閑寂)하다. ∥寂しい温泉街 한적한 온천가. ❷외롭다. ∥一人暮らしは寂しい 혼자 사는 것은 외롭다. ❸허전하다. ∥タバコをやめると口が寂しい 담배를 끊으니 입이 허전하다.
さびつく【錆び付く】녹이 슬다.
さびどめ【錆止め】녹 방지 도료(線防止塗料).
ざひょう【座標】좌표(座標). ♦座標軸 좌표축.
さびる【錆びる】녹슬다. ∥真っ赤にさびたナイフ 빨갛게 녹슨 칼.
サファイア【sapphire】사파이어.
ざぶざぶ 첨벙첨벙. ∥小川をざぶざぶ(と)渡る 냇가를 첨벙첨벙하며 건너다. 顔をざぶざぶと洗う 얼굴을 물소리를 내며 씻다.
ざぶとん【座布団】방석(方席).
サフラン【saffraan 네】사프란.
サプリメント【supplement】건강 보조 식품(健康補助食品).
サブレ【sablé 프】사브레.
ざぶん 풍덩. ∥ざぶんとプールに飛び込んだ 풍덩 하고 풀에 뛰어들었다.
*さべつ【差別】(する) ❶차별(差別). 구별(區別). ♦人種差別 인종 차별. 差別待遇 차별 대우. 差別化(か) 차별화.
さへん【左辺】(数学)좌변(左邊).
さほう【作法】❶ 작법(作法); 방법(方法). ∥文章作法 문장 작법. ❷예절(禮節). ∥礼儀作法 예의범절.
サポーター【supporter】서포터.
サボタージュ【sabotage 프】(する) 사보타주.
サボテン【仙人掌】선인장(仙人掌).

さほど【然程】 그다지; 그렇게. ∥さほどの人物ではないが そうして大したん人物ではない. さほど辛くもない 그렇게 맵지는 않다.
サボる 게으름을 피우다; (授業を)빼먹다; 땡땡이치다.
さま【様】❶모습; 상태(狀態). ∥彼女の寂しげなさま 그녀의 쓸쓸해 보이는 모습. ❷씨(氏); 님; (手紙の宛て先などで)귀하(貴下); …님. ∥三上様 ミカミ씨. 神様 하느님. 3名様 세 분.
-ざま【様】 꼴; 꼬락서니. ∥そのざまは何だ 그 꼴이 뭐냐?
サマータイム【summer time】 서머 타임.
さまがわり【様変わり】 형태(形態)나 정세(情勢)가 변(變)함. ∥町並みが様変わりする 거리 모습이 변하다.
さまざま【様様】 (國譽)자신(自身)에게 도움을 주는 사람이나 물건 이름에 붙여 감사(感謝)의 뜻을 나타내는 말.
さまざま【様様】 여러 가지; 각양각색(各樣各色). ∥様々な方法がある 여러 가지 방법이 있다.
*さます【冷ます】식히다. ❶お湯を식혀 뜨거운 물을 식히다. スープを吹いて冷ました スープ를 불어서 식혔다.
さます【覚ます】 깨다; 깨우다; 깨우치다; 깨게 하다. ❷酔いを覚ます 술이 깨게 하다.
*さまたげ【妨げ】 장해(障害); 장애(障礙); 방해(妨害); 걸림돌. ∥出世の妨げ 출세의 걸림돌.
さまたげる【妨げる】 방해(妨害)하다. ∥会議の進行を妨げる 회의의 진행을 방해하다.
さまよう【彷徨う】 헤매다; 방황(彷徨)하다. ∥生死の境をさまよう 생사의 갈림길에서 헤매다.
さみだれ【五月雨】(假說)음력 오월(陰曆五月)에 오는 장마비.
サミット【summit】 주요국 수뇌 회담(主要國首腦会談).
*さむい【寒い】❶춥다. ∥夏は暑く冬は寒い 여름은 덥고 겨울은 춥다. 今年の冬は例年より寒い 올 겨울은 예년보다 춥다. こんなに寒い日は出かけたくない 이렇게 추운 날은 나가고 싶지 않다. ❷(恐怖で)으쓱하다; 서늘하다. ∥背筋が寒くなる 등골이 오싹해지다. ❸빈약(貧弱)하다; 가난하다. ∥懷(ふところ)が寒い 주머니 사정이 안 좋다.
さむけ【寒気】 한기(寒氣). ∥寒気がする 한기가 들다.
さむさ【寒さ】 추위. ∥寒さが和らぐ 추위가 풀리다.
さむらい【侍】 무사(武士).
サメ【鮫】 상어.

さめざめ ∥さめざめと泣く 하염없이 울다.
さめはだ【鮫肌】 거친 피부(皮膚).
さめる【冷める】 ❶식다. ∥ご飯が冷める 밥이 식다. ❷깨다. ∥興が冷める 흥이 깨지다.
さめる【覚める】 깨다; 제정신(精神)으로 돌아오다; (目)이 떠지다. ∥夢から覚める 꿈에서 깨다. 麻酔から覚める 마취에서 깨어나다. 目が覚める 눈이 떠지다.
さも【然も】 자못; 아주; 정말로; 그럴 수도; 그렇기도. ∥さもうれしそうに笑う 자못 기쁜 듯이 웃다.
さもしい 치사(恥事)하다; 천(賤)하다; 비열(卑劣)하다.
さもないと【然も無いと】 그렇지 않으면.
さや【鞘】〔刀・筆などの〕집; 뚜껑. ❷〔価格・利益の〕차액(差額). ∥さやを稼ぐ 차액을 벌다.
さや【莢】〔豆などの〕깍지.
サヤインゲン【莢隠元】 꼬투리 강낭콩.
サヤエンドウ【莢豌豆】 꼬투리 완두(豌豆).
ざやく【座薬】 좌약(坐藥).
さゆ【白湯】 백탕(白湯); 백비탕(白沸湯).
さゆう【左右】 (名他) ❶좌우(左右). ∥前後左右に揺れる 전후 좌우로 흔들리다. 左右をよく見て渡る 좌우를 잘 보고 건너다. 運命を左右する 운명을 좌우하다. ❷〔言動・態度〕을(를)어물거림. ∥言を左右する 말을 얼버무리다.
ざゆう【座右】 좌우(座右). ▶座右の銘 좌우명.
さよう【作用】 (名他) 작용(作用). ◆消化作用 소화 작용.
さよう【左様】 * ❶〔さようなの形で〕그런; 그러한. ∥さようなことは存じません 그런 일은 모릅니다. ❷그렇다. ∥さようでございますか 그렇습니까?
さよ(う)なら ❶〔立ち去る人に〕안녕(安寧)히 가세요; 〔残る人に〕안녕히 계세요. ❷〔最後の〕헤어지길; 마지막. ∥さよなら公演 마지막 공연.
さよく【左翼】 좌익(左翼).
ざよく【座浴】 좌욕(坐浴).
さら【皿】 접시; 쟁반(錚盤)이나 접시 모양의 것. ∥皿を洗う 접시를 씻다[닦다]. 大きい皿に魚の姿付けを盛る 큰 접시에 생선 조림을 담다. はかりの皿 저울 접시.
さら【新】 새것. ∥さらの洋服 새 양복.
さらい【再来】 다음다음…. ∥再来週 다음다음주.
さらいげつ【再来月】 다음다음달.
さらいねん【再来年】 내후년(來後年).
さらう【浚う】 〔川・井戸などの底を〕치다. ∥どぶをさらう 도랑을 치다.
さらう【攫う】 ❶채어 가다; 훔쳐 가다. ∥子どもがさらわれる 누가 애를 채어 갔다. 波がさらう 파도가 휩쓸어 가다. ❷독점(獨占)하다. ∥人気をさらう 인기를 독점하다.
サラきん【サラ金】 (略) 주부(主婦)・회사원(會社員) 등 개인(個人)을 상대로 한 소액 대출 소액대출(小額貸出).
さらけだす【曝け出す】 드러내다. ∥無知をさらけ出す 무지를 드러내다.
さらさら ❶술술. ∥さらさら(と)書く 막힘없이 술술 쓰다. ❷보슬보슬. ∥さらさら(と)した砂 보슬보슬한 모래. ❸〔ものが軽く触れ合ってかすかに立てる音〕사각사각. ❹졸졸. ∥小川がさらさら(と)流れる 시냇물이 졸졸 흐르다. ❺술술; 후루룩. ∥お茶漬けをさらさら(と)食べる 밥에 뜨거운 차를 부어 후루룩 먹다.
さらさら【更更】 〔さらさら…ないの形で〕조금도; 전(全)혀. ∥謝る気などさらさらない 사과할 마음은 전혀 없다. さらさら必要という전혀 필요 없다.
ざらざら 〔ものの表面がなめらかでない〕까칠까칠. ∥手がざらざらに荒れる 손이 까칠까칠해지다.
さらす【曝す】 ❶〔日光・風雨に〕맞게 하다; 〔日〕쬐다; 〔風〕쐬다. ∥日にさらして肌を焼く 햇볕에 쬐어 피부를 태우다. ❷표백(漂白)하다. ❸많은 사람에게 보이다; 드러내다. ∥醜態をさらす 추태를 보이다.
サラダ【salad】 샐러드. ◆サラダオイル 샐러드 오일. 샐러드유. サラダ菜 샐러드에 쓰는 채소의 하나.
さらち【更地】 빈 터.
さらなる【更なる】 한층 더; 더욱.
さらに【更に】 한층 더; 더욱 더. ∥更に人気が高まる 인기가 더욱 올라가다.
さらば【然らば】 〔別れる時の挨拶〕안녕(安寧).
サラブレッド【thoroughbred】 순종(純種).
さらまわし【皿回し】 접시돌리기.
サラミ【salami】 살라미. ∥サラミソーセージ 살라미 소시지.
ざらめ【粗目】 ❶【砂糖】굵은 설탕(雪糖). ❷〔雪〕녹았다가 얼기를 반복(反復)해 굵은 설탕 입자 모양이 된 눈.
さらり ❶〔手触り〕肌触りのさらりとした布地 느낌이 부드럽고 가벼운 천. ❷〔しつこくない〕さらりとしたサラダ油 투명한 식용유. ❸〔物事を滞りなく〕깨끗이. ∥批判をさらりと交わす 비판을 가볍게 어넘기다. ❹〔こだわりのない様子〕∥過去のことはさらりと水に流そう 옛날 일은 깨끗이 잊어버리다.
サラリー【salary】 월급(月給); 봉급(俸

サラリーマン【+salaried man】 샐러리맨; 봉급생활자(俸給生活者).
ザリガニ【蝲蛄】 가재.
さりげない【然り気無い】 아무렇지 않다; 아무렇지 않은 듯하다. ‖さりげない顔 아무렇지 않은 듯한 얼굴.
さる【去る】 지난; 이전(以前)의. ▶去る 10日 지난 십일에.
さる【然る】 어떤; 모(某). ‖さる所に 어떤 곳에.
*さる【去る】 ❶〔場所·地位から〕떠나다; 물러나다. ‖30年勤めた会社を去る 삼십 년 근무한 회사를 떠나다. 社長の職を去る 사장직을 물러나다. ❷지나가다; 가다. ‖夏が去って秋が来る 여름이 가고 가을이 오다. ❸없어지다; 가시다. ‖痛みが去らない 통증이 가시지 않는다. ▶去る者は追わず 떠나는 사람은 잡지 않는다. ▶去る者は日々に疎し 눈에서 멀어지면 마음에서도 멀어진다.
サル【猿】【動物】 원숭이. ▶猿も木から落ちる 원숭이도 나무에서 떨어진다. [題]
ざる【笊】 소쿠리. ◆ざるそば 〔飯切〕 소쿠리에 담아 내는 메밀국수.
さることながら【然る事乍ら】 …은[는] 물론(勿論); …뿐만 아니라. ‖外見もさることながら中身もすばらしい 겉모양뿐만 아니라 내용도 훌륭하다.
サルスベリ【百日紅】 배롱나무; 백일홍(百日紅).
さるぢえ【猿知恵】 잔꾀.
サルノコシカケ【猿の腰掛】 말굽버섯.
サルビア【salvia 'ラ】 샐비어.
サルモネラきん【salmonella 菌】 살모넬라균(菌).
ざれごと【戯れ事】 장난.
される ❶〔するの尊敬の用法〕하시다. ‖これこされますか 이걸로 하시겠습니까? 先生が講演をされる 선생님께서 강연을 하시다. ❷〔するの受身の用法〕되다; 받다; 당(當)하다. ‖復元される 복원되다. 尊敬される人物 존경받는 인물. 左遷される 좌천당하다.
サロン【salon 프】 살롱.
さわ【沢】 ❶풀이 무성(茂盛)한 습지(濕地). ❷작은 계곡(溪谷).
サワー【sour】 〔酸味のある飲み物〕사워 신 음료(飮料). ❷〔カクテルの一種〕칵테일의 일종.
さわがしい【騒がしい】 시끄럽다; 어수선하다; 불온(不穩)하다. ‖教室の中が騒がしい 교실 안이 어수선하다. 世の中が騒がしい 세상이 어수선하다.
さわがせる【騒がせる】 불안(不安)하게 하다; 떠들썩하게 하다. ‖世間を騒がせた事件 세상을 떠들썩하게 한 사건.
さわぎ【騒ぎ】 ❶소동(騷動); 혼란(混亂); 사건(事件). ‖騒ぎを起こす 소동을 피우다. ❷〔…どころの騒ぎではないの形で〕…하고 있을 때가〔형편이〕아니다. ‖忙しくて旅行どこるの騒ぎではない 바빠서 여행 갈 형편이 아니다.
さわぎたてる【騒ぎ立てる】 떠들어 대다; 소란(騷亂)을 피우다. ‖マスコミが騒ぎ立てる 매스컴이 떠들어대다.
*さわぐ【騒ぐ】 ❶떠들다; 들썩거리다. ‖子どもたちが騒ぐ 아이들이 떠들다. 観客が騒ぐ 관객들이 들썩거리다. ❷〔心が〕動(動搖)하다; 두근거리다. ❸끓다. ‖何だか胸が騒ぐ 왠지 가슴이 두근거린다. 血が騒ぐ 피가 끓다.
ざわざわ ❶수런수런; 웅성웅성. ‖会場がざわざわ(として)落ち着かない 회장이 수런거려서 어수선하다. ❷와삭와삭. ‖木が風でざわざわ(と)する 나무가 바람에 와삭거리다.
ざわめく 웅성거리다. ‖教室中がざわめいた 교실 안이 웅성거렸다.
さわやか【爽やか】ダ ❶상쾌(爽快)하다; 상큼하다; 시원하다. ‖さわやかな秋の日 상쾌한 가을날. ❷명쾌(明快)하다.
サワラ【鰆】 삼치.
さわり【触り】 ❶만짐 또는 그 느낌. 手触り 감촉. ❷〔聞かせどころ〕말의 요점(要點).
さわり【障り】 장해(障害); 장애(障礙).
*さわる【触る】 닿다; 손대다; 만지다; 건드리다. ‖展示品には触らないでください 전시품에는 손대지 마세요. 寝ている子どもの頰に触ってみる 자는 아이의 볼을 만져 보다. 誰も触りたがらない問題 아무도 건드리려고 하지 않는 문제. ▶触らぬ神に祟りなし 긁어 부스럼.
*さわる【障る】 ❶해롭다; 방해(妨害)하다. ‖徹夜は体に障る 철야는 몸에 해롭다. ❷거슬리다. ‖耳に障る音 귀에 거슬리는 소리. 彼の態度は神経に障るその人の態度는 신경에 거슬린다.
さわん【左腕】 좌완(左腕). ◆左腕投手 좌완 투수.
さん【三·3】 삼(三); 셋; 세…. ‖3人 세 사람. 3か月 삼 개월. 3番目 세 번째.
さん【産】 ❶출산(出産). ❷…산.
さん【酸】 산(酸); 신맛. ‖アミノ酸 아미노산.
-さん 씨(氏); 님. ‖山田さん 야마다 씨. 部長さん 부장님. お父さん 아버님. 아버지.
さんいん【産婦人科】 산부인과(産婦人科).
さんか【参加】 〔名·する他〕 참가(參加). ‖ボランティア活動に参加する 자원 봉사 활동에 참가하다. 討論に参加する 토론에 참가하다. 参加を申し込む 참가 신청을 한다. ◆参加者 참가자.
さんか【産科】 산과(産科).

さんか【惨禍】 참화(惨禍). ‖戦争の惨禍 전쟁의 참화.
さんか【傘下】 산하(傘下). ‖大企業の傘下に入る 대기업 산하로 들어가다.
さんか【酸化】 (名自) 산화(酸化). ◆酸化防止剤 산화 방지제.
さんか【賛歌】 찬가(讚歌). ◆愛の賛歌 사랑의 찬가.
さんかい【山海】 산해(山海). ‖山海の珍味 산해진미.
さんかい【散会】 (名自) 산회(散會).
ざんがい【残骸】 잔해(残骸).
さんかく【三角】 삼각(三角). ◆三角関係 삼각관계. 三角関数 삼각 함수. 三角巾 삼각건. 三角形 삼각형. 三角定規 삼각자. 三角州 삼각주. 三角貿易 삼각 무역.
さんかく【参画】 (名自) 참획(参劃).
さんがく【山岳】 산악(山岳). ‖山岳地帯 산악 지대.
さんがく【産学】 산학(産學). ◆産学協同 산학 협동.
ざんがく【残額】 잔액(残額).
さんがつ【三月・3月】 삼월(三月).
さんがにち【三が日】 (服)일월 일일(一月一日)부터 삼일(三日)까지의 삼 일간(三日間).
さんかん【三冠】 삼관(三冠). ◆三冠王 삼관왕.
さんかん【山間】 산간(山間). ‖山間の僻地 산간벽지.
さんかん【参観】 (名他) 참관(參觀). ‖授業を参観する 수업을 참관하다.
さんかんしおん【三寒四温】 삼한사온(三寒四温).
さんぎいん【参議院】 참의원(参議院).
さんきゃく【三脚】 ❶ 삼각(三脚). ‖二人三脚 이인삼각. ❷ (カメラの)삼발이; 삼각가(三脚架).
ざんぎゃく【残虐】 (ダナ) 잔학(残虐)하다. ‖残虐な行為 잔학한 행위.
さんきゅう【産休】 출산 휴가(出産休暇).
*さんぎょう【産業】 산업(産業). ‖日本の主要産業 일본의 주요 산업. ◆自動車産業 자동차 산업. 第三次産業 제삼차 산업. 産業革命 산업 혁명. 産業社会 산업 사회. 産業スパイ 산업 스파이. 産業廃棄物 산업 폐기물.
ざんぎょう【残業】 잔업(残業). ◆残業手当 잔업 수당.
ざんきん【残金】 잔금(残金).
サングラス {sunglasses} 선글라스.
さんけ【産気】 산기(産気). ‖産気づく 산기를 느끼다.
ざんげ【懺悔】 (名他) 참회(懺悔).
さんけん【三権】 삼권(三權). ◆三権分立 삼권 분립.
さんけん【散見】 ‖散見する 여기저기 조금씩 보이다.

さんげんしょく【三原色】 삼원색(三原色).
さんこ【三顧】 삼고(三顧). ◆三顧の礼 삼고초려(三顧草廬).
さんご【産後】 산후(産後). ‖産後の肥立(た)ち 산후 조리.
サンゴ【珊瑚】 산호(珊瑚). ◆珊瑚礁 산호초.
*さんこう【参考】 참고(参考). ‖前例を参考にする 전례를 참고로 하다. 参考までに彼の意見も聞いた 참고로 그 사람의 의견도 들어 보았다. この本は大いに参考の為に この 本は 상당히 참고가 된다. ◆参考書 참고서. 参考図書 참고 도서. 参考人 참고인. 参考文献 참고 문헌.
ざんごう【塹壕】 참호(塹壕).
ざんこく【残酷】 (ダナ) 잔혹(残酷)하다.
さんさい【山菜】 산채(山菜); 산나물.
ざんざい【散在】 산재(散在).
さんさく【散策】 ‖散策する 쓸데없이 돈을 쓰다.
さんさく【散策】 (名自) 산책(散策); 산보(散步). ‖散策に出かける 산책을 나가다.
サンザシ【山査子】 산사나무(山査子)나무.
さんさろ【三叉路】 삼차로(三叉路).
さんさん【燦燦】 (光り輝く)찬란(燦爛)히. ‖太陽の光がさんさんと降り注ぐ 햇살이 찬란히 비치다.
さんざん【散散】 ❶ (はなはだしい)정도(程度)가 심한 것. ‖散々に敵からかわれた 심하게 놀림을 당했다. ❷ (みじめ)형편없는 것. ‖試験の結果は散々だった 시험 결과는 형편없었다. 散々な目にあう 끔찍한 꼴을 당하다. ❸ (副詞として)실컷. ‖散々遊んで, 今さら金がないとは何だ 실컷 놀다가 이제 와서 돈이 없다는 건 뭐야.
さんさんごご【三三五五】 삼삼오오(三三五五). ‖三々五々集まってきた 삼삼오오 모여 왔다.
さんじ【参事】 참사(参事). ◆参事官 참사관.
さんじ【産児】 산아(産児). ◆産児制限 산아 제한.
さんじ【惨事】 참사(惨事). ◆大惨事 대참사.
さんじ【賛辞】 찬사(讚辭). ‖惜しみない賛辞 아낌없는 찬사. 賛辞を呈する 찬사를 보내다.
ざんじ【残滓】 잔재(残滓). ‖旧体制の残滓 구체제의 잔재.
さんじ【暫時】 잠시(暫時). ‖暫時お待ち願います 잠시 기다려 주십시오.
さんじげん【三次元】 삼차원(三次元).
さんしゃ【三者】 삼자(三者). ◆三者会談 삼자 회담. 三者面談 삼자 면담.
さんじゅ【傘寿】 산수(傘壽).
ざんしゅ【斬首】 (名他) 참수(斬首).

さんじゅう【三重】삼중(三重). ◆三重唱 삼중창. 三重奏 삼중주.

さんじゅうろっけい【三十六計】삼십육계(三十六計). ▶三十六計逃げるに如かず 삼십육계 줄행랑이 제일[으뜸].[諺]

さんしゅつ【産出】(名・する) 산출(産出). ‖日本は天然ガスを産出する 일본은 천연가스를 산출한다. 石油産出国 석유 산출국.

さんしゅつ【算出】(名・する) 산출(算出). ‖営業利益を算出する 영업 이익을 산출하다. コストを算出する 코스트를 산출하다.

さんじゅつ【算術】 산출(算術).

さんじょ【賛助】(名・する) 찬조(贊助). ‖賛助会員 찬조 회원.

ざんしょ【残暑】 잔서(残暑); 늦더위. ‖まだまだ残暑が厳しい 아직도 늦더위가 극성이다.

さんしょう【三唱】(名・する) 삼창(三唱). ‖万歳を三唱する 만세 삼창을 하다.

さんしょう【参照】(名・する) 참조(參照). ‖第1章を参照 제일 장을 참조 바람. 参照項目 참조 항목.

サンショウ【山椒】 산초(山椒)나무. ▶山椒は小粒でもぴりりと辛い 작은 고추가 더 맵다.[諺]

さんしょう【惨状】 참상(慘狀).

サンショウウオ【山椒魚】 도롱뇽.

さんしょく【三色】 ❶ 삼색(三色). ❷ (美術) 삼원색(三原色).

さんしょく【三食】 삼식(三食); 세 끼 식사(食事).

さんしょく【蚕食】(名・する) 잠식(蠶食). ‖市場を蚕食する市場 시장을 잠식하다.

サンショクスミレ【三色菫】 팬지.

さんしん【三振】 (野球で) 삼진(三振).

ざんしん【斬新】ダ 참신(斬新)하다. ‖斬新なアイディア 참신한 아이디어.

しんしんとう【三親等】(股権) 본인(本人) 또는 배우자(配偶者)로부터 삼세대(三世代) 떨어진 친척(親戚).

さんすい【山水】 산수(山水). ◆山水画 산수화.

さんすい【散水】 살수하는 물을 뿌리다.

さんすう【算数】 ❶ 계산(計算). ❷ (教科の名) 산수(算数).

サンスクリット【Sanskrit】(言語) 산스크리트; 범어(梵語).

さんずのかわ【三途の川】 삼도내; 삼도천(三途川).

さんずん【三寸】 세 치. ◆舌先三寸 세치 혀끝.

さんぜ【三世】 ❶ 과거(過去)・현재(現在)・미래(未来)의 삼세(三世). ❷〔3代〕 삼대(三代).

さんせい【三省】(名・する) 삼성(三省).

さんせい【参政】 삼정(參政). ◆参政権 참정권.

さんせい【酸性】 산성(酸性). ◆酸性雨 산성우. 酸性비. 酸性食品 산성 식품. 酸性土壌 산성 토양.

***さんせい**【賛成】(名・する) 찬성(贊成). ‖修正案に賛成する 수정안에 찬성하다. 私の提案は全員の賛成を得た 내 제안에 전원이 찬성해 주었다.

さんせき【山積】(名・する) 산적(山積). ‖難問が山積する 어려운 문제가 산적하다.

ざんせつ【残雪】 잔설(残雪).

さんせん【参戦】(名・する) 참전(參戰).

さんぜん【産前】 산전(産前).

さんぜん【燦然】 찬연(燦然). ‖燦然と輝く 찬연하게 빛나다.

さんそ【酸素】 산소(酸素). ◆酸素呼吸 산소 호흡. 酸素マスク 산소 마스크.

さんそう【山荘】 산장(山莊).

ざんそう【残像】 잔상(残像).

さんぞく【山賊】 산적(山賊).

さんそん【山村】 산촌(山村).

ざんそん【残存】 잔존(残存).

ざんだか【残高】 잔액(残額); 잔고(残高). ‖預金残高 예금 잔고.

サンタクロース【Santa Claus】 산타클로스.

サンダル【sandal】 샌들.

さんたん【賛嘆】(名・する) 찬탄(讚歎).

さんたん【惨憺】 참담(慘憺). ‖惨憺たる結果 참담한 결과.

さんだんとび【三段跳び】 삼단(三段)뛰기; 세단뛰기.

さんだんろんぽう【三段論法】 삼단 논법(三段論法).

さんち【山地】 산지(山地).

さんち【産地】 산지(産地). ‖米の産地 쌀 산지. 産地直送 산지 직송.

さんちゅう【山中】 산중(山中).

さんちょく【産直】 산지 직송(産地直送). ‖産地の新鮮な野菜 산지 직송의 신선한 야채.

さんてい【算定】(名・する) 산정(算定).

ざんてい【暫定】 잠정(暫定). ◆暫定的な措置 잠정적인 조치. ◆暫定予算 잠정 예산.

さんど【三度】 삼도(三度); 세 번. ▶三度目の正直 첫 번째나 두 번째는 실패하거나 해서 결과가 안 좋지만 세 번째는 잘된다는 것.

サンドイッチ【sandwich】 샌드위치.

さんどう【山道】 산길.

さんどう【産道】 산도(産道).

さんどう【賛同】(名・する) 찬동(贊同). ‖趣旨に賛同する 취지에 찬동하다.

サンドバッグ【sandbag】 샌드백.

サンドペーパー【sandpaper】 샌드페이퍼.

さんにゅう【参入】 참입하다. 뛰어들다. 出版事業に参入する 출판 사업에 뛰어들다.
ざんにん【残忍】 잔인(殘忍)하다. ∥残忍な仕打ち 잔인한 처사.
さんにんしょう【三人称】 삼인칭(三人稱). ◆三人称単数 삼인칭 단수.
ざんねん【残念】 ❶ 유감(遺憾)스럽다; 아쉽다. ∥参加できなくて残念です 참가하지 못해서 유감스럽습니다. ❷ 분(憤)하다. ∥試合に負けて残念だった 시합에 져서 분했다.
サンバ【samba포】 삼바.
さんぱい【参拝】 图酬 참배(參拜).
ざんぱい【惨敗】 图酬 참패(慘敗). ∥予想に惨敗するの予選에서 참패.
サンバイザー【sun visor】 ❶【自動車】선바이저. ❷【防止】차양(遮陽).
さんぎょうはいきぶつ【産業廃棄物】산업 폐기물 (產業廢棄物).
さんばがらす【三羽烏】 어떤 분야(分野)에서 뛰어난 세 사람.
さんぱつ【散発】 图酬 산발(散發).
さんぱつ【散髪】 图酬 산발(散髮). ◆散髪屋 이발소, 이발관.
ざんぱん【残飯】 잔반(殘飯).
さんび【賛美·讃美】 찬미(讚美). ◆賛美歌 찬미가.
さんぴ【賛否】 찬반(贊反). ∥賛否両論 찬반 양론.
ザンビア【Zambia】【国名】 잠비아.
さんぱくし【三拍子】 삼박자(三拍子). ▶三拍子揃う 삼박자를 고루 갖추다. 攻走守の三拍子揃った選手 공격·주루·수비 능력을 모두 갖춘 선수.
さんぶ【三部】 삼부(三部). ◆三部合唱 삼부 합창. 三部作 삼부작.
さんぷ【散布】 图酬 산포(散布).
さんぷ【撒布】 图酬 살포(撒布).
さんぷく【山腹】 산허리; 산 중턱.
さんふじんか【産婦人科】 산부인과(産婦人科).
さんぶつ【産物】 산물(産物). ∥この地方の産物 이 지방의 산물. 共同研究の産物 공동 연구의 산물.
サンプル【sample】 샘플; 견본(見本).
さんぶん【散文】 산문(散文). ◆散文詩 산문시.
さんぽ【散歩】 图酬 산보(散步); 산책(散策).
さんぼう【参謀】 ❶【軍事】 참모(參謀). ❷ 참모. ∥選挙の参謀 선거 참모.
サンマ【秋刀魚】 꽁치.
-ざんまい【三昧】 삼매경(三昧境). ∥読書三昧 독서 삼매경.
さんまいにく【三枚肉】 삼겹살.
さんまん【散漫】 산만(散漫)하다. ∥注意力が散漫だ 주의력이 산만하다.
さんみ【酸味】 산미(酸味); 신맛. ∥酸味の強い果物 신맛이 강한 과일.
さんみいったい【三位一体】 삼위일체(三位一體).
さんみゃく【山脈】 산맥(山脈). ◆アルプス山脈 알프스 산맥.
さんめん【三面】 삼면(三面). ∥三面が海に囲まれる 삼면이 바다로 둘러싸이다. ◆三面記事 삼면 기사. 三面鏡 삼면경.
さんもうさく【三毛作】 삼모작(三毛作).
さんもん【山門】 산문(山門).
さんもんばん【三文判】 막도장(圖章).
さんゆこく【産油国】 산유국(産油國).
さんよ【参与】 图酬 참여(参與). ∥国政に参与する 국정에 참여하다.
さんようすうじ【算用数字】 아라비아 숫자.
さんようちゅう【三葉虫】 삼엽충(三葉蟲).
さんらん【産卵】 图酬 산란(産卵). ◆産卵期 산란기.
さんらん【散乱】 图酬 산란(散乱).
さんりゅう【三流】 삼류(三流). ∥三流チーム 삼류 팀.
ざんりゅう【残留】 图酬 잔류(殘留).
さんりん【三輪】 삼륜(三輪). ◆三輪車 삼륜차.
さんりん【山林】 산림(山林).
さんるい【三塁】〈野球で〉삼루(三壘). ◆三塁手〈野球で〉삼루수.
ざんるい【残塁】〈野球で〉잔루(残壘).
さんろく【山麓】 산기슭; 산록(山麓).

し

し【士】 ❶ 무사(武士). ❷ 남자(男子). ❸〔有資格者〕…사. ∥栄養士 영양사.
し【子】〔子ども〕아이. 第一子 첫아기.
し【氏】❶〔彼〕그; 그분. ❷ 씨(氏). ∥鈴木氏 스즈키 씨. ❸〔人の敬称〕씨. ∥三氏 세 분. ❹ 그 씨족(氏族) 출신(出身)임을 나타냄.
し【市】 시(市). ∥横浜市 요코하마 시.
し【四·4】 사(四). ∥四半世紀 사반 세기. 4月九월.
*し【死】 사(死); 죽음. ∥友の死 친구의 죽음. 彼女は死を恐れない 그 사람은 죽음을 두려워하지 않는다. 死を免れる 죽음을 면하다.
し【私】 사(私). ∥公私 공사.
し【師】❶〔先生·師匠〕사(師); 스승. ❷…사. ∥調理師 조리사. ❸ 〔説明〕종교가(宗教家)·예술인(藝術人)의 이름에 붙여 경의(敬意)를 나타냄.
し【詩】시(詩). ∥自由詩 자유시.
シ[si⁴]〔音階の下〕시.
-し…고. ∥彼は顔もいいし頭もいい 그 사람은 얼굴도 잘생기고 머리도 좋다.

金もないし時間もない 돈도 없고 시간도 없다.
-し[史] …사(史). ‖東洋史 동양사.
-し[紙] …지(紙). ◆印画紙 인화지. 全国紙 전국지.
-し[視] …시(視). ‖白眼視 백안시.
-し[歯] …치(歯). ‖永久歯 영구치.
-し[誌] …지(誌). ‖週刊誌 주간지.
じ[自] 자; 자기(自己). ‖自他 자타.
じ[地] ❶[地面]토지(土地); 대지(大地). ❷그 지방(地方). ‖필적(筆跡); 글씨. ❸[下地]천; 원단(原緞). ❹본성(本性). ‖地が出る 본성이 드러나다.
*じ[字] ❶문자(文字); 글자. ‖字を覚える 글자를 외우다. ❷필적(筆跡); 글씨. ‖字がうまい 글씨를 잘 쓰다.
じ[痔] 치질(痔疾).
じ[辞] ❶사(辞). ‖開会の辞 개회사. ❷한문 문체(漢文文體)의 하나.
-じ[寺] …사(寺). ◆金閣寺 금각사.
-じ[児] …아(兒); …자(者). ◆肥満児 비만아. 反逆児 반역아.
*-じ[時] ❶い;時 ‖今何時ですか 지금 몇 시입니까? 6時です 여섯 시입니다. ❷…시. ‖空腹時 공복시, 非常時 비상시.
*しあい[試合·仕合] (する한) 시합(試合). ‖今日はサッカーの試合がある 오늘은 축구 시합이 있다. 試合は 3 対 2 だった 시합은 삼 대 이였다. 試合に出る 시합에 나가다.
じあい[自愛] (する한) 자애(自愛).
じあい[慈愛] (する한) 자애(慈愛).
しあがり[仕上がり] 완성(完成); 완성된 정도. ‖仕上がりが遅れる 완성이 늦어지다.
しあがる[仕上がる] 완성(完成)되다.
しあげ[仕上げ] ❶완성(完成). ❷마지막 공정(工程).
じあげ[地上げ] (설명) ❶재개발(再開發)을 위해 토지(土地)를 사들여 하나로 통합(統合)하는 것. ❷흙을 쌓아 올려 땅을 높이는 것.
しあげる[仕上げる] 완성시키다.
しあさって[明明後日] 글피.
*しあわせ[幸せ] 행복(幸福); 행운(幸運). ‖彼は田舎で幸せに暮らしている 그 사람은 시골에서 행복하게 살고 있다. お幸せに 행복하세요. 幸せでありますように 행복하길 바래요.
しあん[私案] 사안(私案).
しあん[思案] ❶[熟慮] ‖思案を巡らす 여러 가지로 생각하다. ❷[心配]걱정.
じあん[事案] 사안(事案).
しい[思惟] (する한) 사유(思惟).
じい[示威] (する한) 시위(示威). ‖示威行進 시위 행진.
じい[自慰] (する한) 자위(自慰).
じい[辞意] 사의(辞意). ‖辞意を表明する 사의를 표명하다.
ジーエヌピー[GNP] 지엔피.
シーエム[CM] 시엠.
しいく[飼育] (する한) 사육(飼育).
シーサー 【沖縄の】집·마을의 수호신(守護神).
じいしき[自意識] 자의식(自意識). ‖自意識が強い 자의식이 강하다.
ジージャン 청재킷.
シースルー【see-through】 속이 비치는 옷.
シーズン【season】 시즌. ◆シーズンオフ 비수기.
シーソー【seesaw】 시소. ◆シーソーゲーム 시소게임.
シイタケ[椎茸] 표고버섯.
シーチキン【sea+chicken】 참치 캔.
シーツ【sheet】 시트.
しいて[強いて] 무리(無理)하게; 억지로. ‖嫌なら、強いてすることはない 싫으면 억지로 할 것까지 없다.
シーディー【CD】 시디.
シーディーロム【CD-ROM】 시디롬.
しいてき[恣意的] 자의적(恣意的).
シード【seed】 시드.
シートベルト【seat belt】 안전(安全)벨트.
ジーパン【←jeans+pants】 청바지.
ジープ【jeep】 지프.
シーフード【seafood】 해산물(海産物).
ジーメン【G-men】 ❶FBI 소속(所屬)의 조사원(調査員). ❷(설명) 위반(違反)을 감시(監視)·적발(摘發)하는 수사관(捜査官).
しいる[強いる] 강요(強要)하다. ‖酒を強いる 술을 강요하다.
シール【seal】 ❶봉인(封印). ❷[ステッカー]스티커. ❸[アザラシの皮]바다표범의 가죽.
しいれ[仕入れ] 매입(買入); 구입(購入). ‖仕入先 구입처.
しいれる[仕入れる] 매입(買入)하다.
じいろ[地色] 바탕색.
しいん[子音] 자음(子音).
しいん[死因] 사인(死因).
じいん[寺院] 사원(寺院).
ジーンズ【jeans】 청(青)바지.
しうち[仕打ち] 처사(處事). ‖ひどい打ち 악랄한 처사.
しうんてん[試運転] (する한) 시운전(試運轉).
シェア【share】 ❶시장 점유율(市場占有率). ❷(する한) 공유(共有). ‖部屋を友人とシェアする 방을 친구와 공유하다.
しえい[市営] 시영(市營). ‖市営住宅 시영 주택.

じえい【自営】(名·他) 자영(自營). ◆**自営業** 자영업.
じえい【自衛】(名·他) 자위(自衛).
じえいけん【自衛権】자위권(自衛權).
じえいたい【自衛隊】자위대(自衛隊).
シェーバー【shaver】(電動の)면도기(面刀器).
ジェーリーグ【J league】제판 리그.
しえき【私益】사익(私益).
しえき【使役】(名·他) 사역(使役); 사동(使動). ◆**使役動詞** 사역 동사. 사동사.
ジェスチャー【gesture】제스처.
ジェット【jet】제트. ◆**ジェットエンジン** 제트 엔진. **ジェット機** 제트기. **ジェット気流** 제트 기류. **ジェットコースター** 롤러코스터. (설명) 물을 분출(噴出)하는 기능(機能)이 있는 욕조(浴槽).
ジェトロ【JETRO】일본 무역 진흥회 (日本貿易振興會).
シェパード【shepherd】세퍼드.
シェフ【chef 프】셰프.
ジェラート【gelato 이】젤라토.
ジェル【gel】젤.
シェルター【shelter】피난소(避難所); 대피소(待避所).
しえん【支援】(名·他) 지원(支援). ‖経済的に支援する 경제적으로 지원하다. 支援を要請する 지원 요청하다.
しえん【自演】(名·他) 자기 작품에 직접 출연하다. 자기 작품을 직접 연출하다.
ジェンダー【gender】젠더.
*しお【塩】소금. ◆**しおがきつい** 맛이 짜다. 塩をきかす 소금으로 간을 보다. 塩を振りかける 소금을 치다.
しお【潮】❶조수(潮水). ‖潮が引く 조수가 빠지다. ❷기회(機會). ‖それを潮に席を立つ 그것을 기회로 자리를 뜨다.
しおあじ【塩味】소금으로 맞은 간.
しおかげん【塩加減】간. ‖塩加減を見る 간을 보다.
しおかぜ【潮風】바닷바람.
しおから【塩辛】젓갈.
しおからい【塩辛い】짜다.
しおからごえ【塩辛声】쉰 목소리.
しおき【仕置き】처벌(處罰).
しおくり【仕送り】‖仕送りする 학비·생활비 등을 보내다.
しおけ【塩気】염분(鹽分); 소금기.
しおどき【潮時】❶물때. 만조기(滿潮期)와 간조기(干潮期). ❷기회(機會); 시기(時期); 때. ‖潮時を待つ 때를 기다리다.
しおに【塩煮】간을 해서 끓임 또는 그 요리(料理).
しおぼし【塩干し】소금에 절여 말린 것.

しおみず【塩水】❶소금물; 염수(鹽水). ❷해수(海水).
しおやき【塩焼き】소금구이.
しおゆで【塩茹で】‖塩茹でする 소금물에 데치다.
しおり【栞】❶서표(書標). ❷안내서(案內書); 입문서(入門書).
しおれる【萎れる】시들다. ‖花が寒さでしおれた 꽃이 추위로 시들었다.
しか【…】…(으)로밖에. ‖子どもにしか見えない 아이로밖에 안 보인다. ❷…밖에. ‖君しか頼れる人がいない 너밖에 믿을 사람이 없다. 持っているのはこれしかない 가진 것은 이것밖에 없다. 兄弟は1人しかいない 형제는 한 명밖에 없다. 事実は彼しか知らない 사실은 그 사람밖에 모른다.
しか【市価】시가; 시장 가격(市場價格).
しか【歯科】치과(齒科). ◆**歯科医** 치과 의사. **歯科技工士** 치과 기공사.
しか【詩歌】시가(詩歌).
シカ【鹿】사슴. ▶鹿を追う者は山を見ず 이익만을 쫓는 사람은 다른 것을 볼 여유가 없다.
じか【直】직접(直接); 손수. ‖地面に直に置く 지면에 직접 놓다. 直に書いてくださる 손수 써 주시다.
じか【自家】자가(自家).
じか【時価】시가(時價). ‖時価1億円の絵 시가 일억 원의 그림.
じが【自我】자아(自我). ‖自我の発達 자아의 발달.
*しかい【司会】(名·他) 사회(司會). ‖結婚式の司会を務める 결혼식의 사회를 말다. 司会者 사회자.
しかい【視界】시계(視界).
しがい【市外】시외(市外). ◆**市外通話** 시외 통화.
しがい【市街】시가(市街). ◆**市街戦** 시가전. **市街地** 시가지.
しがい【死骸】시체(屍體).
じがい【自戒】(名·自) 자계(自戒).
じかい【次回】다음 번(에).
じがい【自害】자해(自害); 자살(自殺).
しがいせん【紫外線】자외선(紫外線).
しかえし【仕返し】(名·自) 보복(報復); 복수(復讐).
しかく【四角】사각(四角). ◆**四角形** 사각형.
しかく【死角】사각(死角).
しかく【刺客】자객(刺客).
しかく【視覚】시각(視覺). ‖視覚的に 시각적으로.
*しかく【資格】자격(資格). ‖資格をとる 자격을 따다. ◆**出場資格** 출장 자격. **受験資格** 수험 자격.
しがく【史学】사학(史學).
しがく【私学】사학(私學).

しがく【詩学】 시학(詩學).

しがく【視学】 장학사(奬學士).

じかく【自覚】 (名・する) 자각(自覺). ◆自覚症状 자각 증상.

じかく【字画】 자획(字畫).

しかく【四角】 네모지다; 사각형(四角形)이다.

しかけ【仕掛け】 ❶【やりかけ】끝나지 않은 상태(狀態). ‖仕掛けの仕事 끝나지 않은 일. ❷ 장치(裝置); 조작(造作); 속임수.

しかけにん【仕掛け人】 (名) 유행(流行)·사건(事件) 등을 일으키는 사람. ‖ブームの仕掛け人 붐을 일으키는 사람.

しかける【仕掛ける】 ❶ 하기 시작(始作)하다. ❷ 중간(中間)까지 하다. ❸ 장치(裝置)하다. ‖爆薬を仕掛ける 폭약을 장치하다.

しかざん【死火山】 사화산(死火山).

しかし【然し】 그러나; 그렇지만. ‖実験は成功した。しかし喜んでいられない 실험은 성공했다. 그러나 기뻐하고 있을 수만은 없다.

じかじさん【自画自賛】 (名・する) 자화자찬 (自畫自讚).

しかしながら【然しながら】 그러나; 그렇지만. ‖天気は悪い。しかしながら出発する 날씨가 안 좋다. 그렇지만 출발하겠다.

じかせんえん【耳下腺炎】 이하선염(耳下腺炎).

じがぞう【自画像】 자화상(自畫像).

*__**しかた**__【仕方】 방법(方法); …법. ‖話の仕方 말하는 법. 運転の仕方 운전하는 법.

しかたない【仕方ない】 방법(方法)이 없다; 어쩔 수가 없다. ‖済んだことは仕方ない 끝난 일은 어쩔 수가 없다. 私は仕方なくその仕事を引き受けた 나는 어쩔 수 없이 그 일을 맡았다.

じがため【地固め】 ❶ 땅을 다짐. ❷ 준비 작업(準備作業); 기초 작업(基礎作業).

しかだんぱん【直談判】 직접 당사자(直接當事者)와 교섭(交涉)함.

しかつ【死活】 사활(死活). ◆死活問題 사활이 걸린 문제.

しがつ【四月・4月】 사월(四月). ‖日本では4月に新学期が始まる 일본에서는 사월에 신학기가 시작된다.

じかつ【自活】 (名・する) 자활(自活).

しがつばか【四月馬鹿】 만우절(萬愚節).

じかとうちゃく【自家撞着】 (名・する) 자가당착(自家撞着).

しがない 시시하다; 보잘것없다.

しかねる【仕兼ねる】 ❶ 할 수 없다. ‖賛同しかねる 찬동할 수 없다. ❷【しかねないの形で】…할지도 모른다. ‖彼ならしかねない 그 사람이라면 할지도 모른다.

しかび【直火】 (動物) 재료(材料)를 직접(直接) 불에 굽는 것 또는 그 불.

しがみつく【しがみ付く】 매달리다; 달라붙다.

しかめっつら【顰め面】 찌푸린 얼굴.

しかめる【顰める】 찌푸리다. ‖顔をしかめる 얼굴을 찌푸리다.

*__**しかも**__【然も】 그 위에; 더욱이; 게다가. ‖あの店は安くてしかも店員が親切です 저 가게는 싸고 게다가 점원들이 친절하다.

じかよう【自家用】 자가용(自家用). ◆自家用車 자가용 차.

しがらみ【柵】 관계(關係)를 끊기 어려운 것.

*__**しかる**__【叱る】 ❶ 꾸짖다; 주의(注意)를 주다. ‖子どものいたずらを母が叱った 아이가 장난친 것을 꾸짖다. 遅刻したので叱られた 지각했을 길래 꾸짖었다. ❷【叱られるの形で】혼나다; 야단맞다; 꾸중을 듣다. ‖弟をたたいて母に叱られた 동생을 때려서 어머니한테 야단맞았다. 叱られるぞ 혼날 거야.

しかるべき【然るべき】 ❶ 당연(當然)한; 마땅한. ‖重罪に処せられて然るべき 중형을 받아야 마땅하다. ❷ 적당(適當)한; 적합(適合)한.

しかるべく【然るべく】 적당(適當)히; 적절(適切)히. ‖然るべく処置する 적절하게 처리하다.

しかん【士官】 사관(士官). ◆士官学校 사관학교.

しかん【子癇】 자간(子癇).

しかん【弛緩】 (名・する) 이완(弛緩).

しがん【此岸】 차안(此岸); 현세(現世).

しがん【志願】 (名・する) 지원(志願). ◆自衛隊に志願する 자위대에 지원하다.

じかん【耳管】 이관(耳管).

じかん【次官】 차관(次官).

じかん【字間】 자간(字間).

*__**じかん**__【時間】 ❶ 시간(時間). ‖食事をとる時間もない 식사를 할 시간도 없다. 勝つのは時間の問題だ 이기는 것은 시간 문제다. もう終わる時間だ 벌써 끝날 시간이다. 集合時間 집합 시간. 国語の時間 국어 시간. ❷ 교시(校時). ‖3時間目 삼 교시. ◆時間を潰す 시간을 때우다. ◆時間がかかる ‖1시간이 걸리다. ◆時間差攻撃 시간차 공격. 時間帯 시간대. 時間表 시간표. 時間割 시간표. ‖時間割りを組む 시간표를 짜다.

しき【式】 식(式). ‖結婚式 결혼식. 方程式 방정식.

しき【士気】 사기(士氣). ‖士気が高まる 사기가 고조되다.

しき【四季】 사계; 사계절(四季節). ‖四季の移ろい 사계절의 변화.

しき【指揮】 지휘(指揮). ‖オーケストラを指揮する 오케스트라를 지휘하

じき【次期】 차기(次期). ◆**次期総裁** 차기 총재.

じき【時期】 시기(時期). ‖台風が来る時期 태풍이 오는 시기. ◆**時期尚早** 시기상조.

じき【時機】 시기(時機); 때. ‖時機を逸した 시기를 놓쳤다. 何事にも時機がある 무슨 일이든지 때가 있다.

じき【磁気】 자기(磁氣).

じき【磁器】 자기(磁器).

じぎ【字義】 자의(字義).

しきい【敷居】 문지방(門地枋); 문턱. ‖敷居が高い 문턱이 높다. [例] ◆敷居を跨(悲)ぐ 집안으로 들어오다. 찾아오다.

しきいし【敷石】 (道路·庭などに)깔린 돌.

しぎかい【市議会】 시의회(市議會).

しきかく【色覚】 색각(色覺). ◆**色覚障害** 색맹.

しききん【敷金】 보증금(保證金).

しきけん【識見】 식견(識見).

しきさい【色彩】 색채(色彩). ◆**政治的色彩** 정치적 색채. **色彩感覚** 색채 감각.

しきし【色紙】 [和歌·書画などを書く]네모진 두꺼운 종이.

しきじ【式辞】 식사(式辭).

しきじ【識字】 식자(識字). ◆**識字率** 식자율.

しきしゃ【識者】 식자(識者).

しじゃく【色弱】 색약(色弱).

しきじょう【色情】 색정(色情). ◆**色情狂** 색정광.

しきじょう【式場】 식장(式場). ◆**結婚式場** 결혼 식장.

しきそ【色素】 색소(色素).

じきそ【直訴】 《する》 직소(直訴).

しきそくぜくう【色即是空】 색즉시공(色即是空).

しきち【敷地】 부지(敷地).

しきちょう【色調】 색조(色調). ‖色調の暗いカーテン 어두운 색조의 커튼.

しきつめる【敷き詰める】 (隙間のないように)빈틈없이 깔다. ‖タイルを敷き詰めるタイル을 빈틈없이 깔다.

じきでし【直弟子】 직접(直接) 가르침을 받는 제자(弟子).

しきてん【式典】 식전(式典).

じきひつ【直筆】 자필(自筆).

しきぶとん【敷き布団】 요.

しきべつ【識別】 《する》 식별(識別). ‖敵と味方を識別する 적과 아군을 식별하다.

しきま【色魔】 색마(色魔).

じぎゃく【自虐】 자학(自虐). ◆**自虐的** 자학적.

しきゅう【子宮】 자궁(子宮). ◆**子宮外**

妊娠 자궁 외 임신. **子宮筋腫** 자궁 근종.

しきゅう【支給】 《する》 지급(支給). ‖ボーナスを支給する 보너스를 지급하다.

しきゅう【四球】 (野球で)사구(四球); 포볼.

しきゅう【死球】 (野球で)사구(四球); 데드볼.

しきゅう【至急】 지급(至急); 매우 급함. ‖至急の用事 급한 용무.

しきゅう【自給】 《する》 자급(自給). ‖食糧を自給する 식량을 자급하다. ◆**自給自足** 《する》 자급자족.

じきゅう【持久】 《する》 지구(持久). ◆**持久力** 지구력. **持久戦** 지구전.

じきゅう【時給】 시급(時給); 시간급(時間給).

しきゅうしき【始球式】 (野球で)시구식(始球式).

しきょ【死去】 《する》 사망(死亡); 서거(逝去).

しきょう【市況】 시황(市況).

しきょう【試供】 ‖試供する 사용해 달라고 상품을 제공하다. ◆**試供品** 견본품.

しきょう【詩経】 시경(詩經).

しぎょう【始業】 《する》 시업(始業). ◆**始業式** 시업식.

じきょう【自供】 《する》 자백(自供).

*****じぎょう**【事業】 사업(事業). ‖新しい事業を始める 새로운 사업을 시작하다. 事業に成功する 사업에 성공하다. ◆**慈善事業** 자선 사업.

しきょく【支局】 지국(支局).

じきょく【時局】 시국(時局). ‖重大な時局 중대한 시국.

しきり【仕切り】 ❶ [へだてるための]칸막이. ❷ 결산(決算). ❸ (相撲で)겨룰 자세(姿勢)를 취하는 것.

しきりきん【仕切り金】 청산금(清算金).

しきりに【頻りに】 끊임없이; 계속(繼續)해서. ‖しきりに電話がかかってくる 계속해서 전화가 걸려 오다.

しきる【仕切る】 ❶ [へだてる]칸막이를 하다. ❷ [取り仕切る](物事を)처리(處理)하다. ❸ 결산(決算)하다. ❹ (相撲で)겨룰 자세(姿勢)를 취하다.

*****しきん**【資金】 자금(資金). ‖資金を調達する 자금을 조달하다. ◆**運転資金** 운전 자금. **資金不足** 자금 부족.

しきんぐり【資金繰り】 자금 조달(資金調達). ‖資金繰りが苦しい 자금 조달이 어렵다.

しきんせき【試金石】 시금석(試金石).

しく【詩句】 시구(詩句).

*****しく**【敷く】 ❶ 깔다; 펴다. ‖布団を敷く 이불을 펴다. ❷ 설치(設置)하다; 부설(附設)하다. ‖鉄道を敷く 철도를 부설하다. ❸ 펴다; 베풀다. ‖善政を敷く 선정을 베풀다.

じく【軸】 ❶축(軸). ❷(筆・ペンなどの)자루.

じく【字句】 자구(字句).

じくう【時空】 시공(時空). ‖時空を越えた真理 시공을 초월한 진리.

しぐさ【仕草】 동작(動作); 표정(表情); 태도(態度). ‖愛らしいしぐさ 사랑스러운 표정.

ジグザグ【zigzag】 지그재그.

しくしく ❶훌쩍훌쩍. ‖しくしくと泣く 훌쩍거리다. ❷살살. ‖腹がしくしくする 배가 살살 아프다.

しくじる 실패(失敗)하다; 실수(失手)하다. ‖今度はしくじるなよ 이번에는 실수하지 마.

ジグソーパズル【jigsaw puzzle】 지그소 퍼즐.

シグナル【signal】 시그널. ‖シグナルを送る 시그널을 보내다.

しくはっく【四苦八苦】 사고팔고(四苦八苦); 온갖 고생(苦生).

シグマ【Σ】 시그마.

しくみ【仕組み】 구조(構造). ‖機械の仕組み 기계의 구조.

しくむ【仕組む】 ❶조립(組立)하다. ❷계획(計劃)하다; 꾸미다.

シクラメン【Cyclamen 독】 시클라멘.

しぐれ【時雨】 (說明)가을과 겨울 사이에 드문드문 내리는 비.

じくん【自訓】 자훈(字訓).

しけ【時化】 폭풍우(暴風雨)로 바다가 거칠어짐.

じげ【地毛】 자기(自己) 머리카락.

しけい【死刑】 사형(死刑). ‖死刑を宣告する 사형을 선고하다.

じけい【次兄】 둘째형.

じけい【字形】 자형(字形).

じけいれつ【時系列】 시계열(時系列).

しげき【史劇】 사극(史劇).

*__**しげき**__【刺激】 자극(刺戟). ‖食欲を刺激する 식욕을 자극하다. 刺激が強い 자극이 강하다. 精神的刺激 정신적 자극. 刺激のない生活 자극이 없는 생활.

しげく【繁く】 자주; 뻔질나게. ‖足しげく通う 뻔질나게 다니다.

しけつ【止血】 (する)지혈(止血).

じけつ【自決】 자결(自決); 자살(自殺).

しげみ【茂み】 수풀.

しける【時化る】 ❶폭풍우(暴風雨)로 바다가 거칠어지다. ❷경기(景氣)가 안 좋아지다.

しける【湿気る】 습기(濕氣)가 차다; 눅눅해지다. ‖海苔が湿気る 김이 눅눅해지다.

しげる【茂る】 무성(茂盛)하다.

しけん【私見】 사견(私見).

*__**しけん**__【試験】 (する)시험(試驗). ‖新車の性能を試験する 새 차의 성능을 시험하다. ◆司法試験 사법 시험. 入学試験 입학 시험. 試験管 시험관. 試験紙 시험지. リトマス試験紙 리트머스 시험지. 試験的 시험적. 試験問題 시험 문제.

しげん【資源】 자원(資源). ‖地下資源 지하자원. 人的資源 인적 자원.

*__**じけん**__【事件】 사건(事件). ‖事件が起こる 사건이 일어나다. 事件を起こす 사건을 일으키다. 事件に巻き込まれる 사건에 말려들다. ◆殺人事件 살인 사건.

じげん【次元】 차원(次元). ‖次元が低い 차원이 낮다. 二次元 이차원.

じげん【時限】 ❶시한(時限). ‖時限爆弾 시한폭탄. ❷교시(校時). ‖4時限目の授業 사교시 수업.

しご【死後】 사후(死後).

しご【死語】 사어(死語).

しご【私語】 (する)사담(私談). ‖私語禁止 사담 금지.

*__**じこ**__【自己】 자기(自己). ‖自己を知る 자기를 알다. 自己の能力を試してみる 자기의 능력을 시험해 보다. 自己中心的な態度 자기중심적인 태도. ◆自己嫌悪 자기혐오. 自己満足 자기만족.

*__**じこ**__【事故】 사고(事故). ‖事故にあう 사고를 당하다. 事故を起こす 사고를 내다. ◆交通事故 교통사고.

じご【事後】 사후(事後). ◆事後処理 사후 처리.

しこう【至高】 지고(至高); 최고(最高). ◆至高善 지고선.

しこう【志向】 (する)지향(志向). ◆上昇志向 상승 지향.

しこう【指向】 (する)지향(指向). ◆指向性 지향성.

しこう【施行】 (する)시행(施行). 실시(實施). ◆施行令 시행령.

しこう【思考】 (する)사고(思考). ‖哲学的思考 철학적 사고. 誤った思考 잘못된 사고.

しこう【歯垢】 치석(齒石).

しこう【嗜好】 기호(嗜好). ◆嗜好品 기호품.

しこう【試行】 (する)시행(試行). ◆試行錯誤 시행착오. 試行錯誤を重ねる 시행착오를 거듭하다.

じこう【事項】 사항(事項). ◆検討事項 검토 사항. 注意事項 주의 사항.

じこう【時効】 시효(時效). ‖時効が成立する 시효가 성립하다.

じごう【次号】 다음 호(號).

じごうじとく【自業自得】 자업자득(自業自得).

しごく【至極】 지극(至極)히. ‖至極もっともだ 지극히 당연하다.

しごく【扱く】 ❶잡아당기다; 훑다. ❷호된 훈련(訓鍊)을 시키다.

じこく【自国】 자국(自國).

じこく [時刻] 시각(時刻). ‖開会の時刻 개회 시각. ◆時刻表 시각표.
じごく [地獄] 지옥(地獄). ▶地獄で仏に会ったよう 곤란할 때 뜻하지 않은 도움을 받음. ▶地獄の沙汰も金次第 돈만 있으면 귀신도 부릴 수 있다.(諺)
❋地獄絵 [(版)] 지옥의 모습을 그린 그림. 地獄耳 [(版)] 남의 비밀(秘密) 등을 재빨리 알아냄.
しこしこ ❶ 쫄깃쫄깃. ‖しこしことした歯ざわりの 쫄깃쫄깃한 맛. 台所の片隅でしこしこと書きためた原稿 꾸준히 써 모은 원고.
じこしゅちょう [自己主張] 자기주장(自己主張). ‖自己主張の強い人 자기주장이 강한 사람.
じこしょうかい [自己紹介] (を하) 자기소개(自己紹介).
しごせん [子午線] 자오선(子午線).
❋しごと [仕事] ❶ 일; 업무(業務). ‖きつい仕事 힘든 일. 台所の手伝い 부엌일. ❷ 직업(職業). ◆仕事着 작업복. 仕事量 업무량, 작업량.
じこはさん [自己破産] 자기 파산(自己破産); 개인 파산(個人破産).
しこみ [仕込み] ❶ 훈련(訓練)시킴; 가르침. ❷ [商売の準備] 장사 준비(準備)를 함.
しこむ [仕込む] ❶ 훈련(訓練)시키다; 지도(指導)하다. ‖踊りを仕込む 춤을 지도하다. ❷ 장사 준비(準備)를 하다. ❸ 안에 장치(装置)하다. ❹ 〔酒・醤油などを〕담그다.
しこり [凝り] ❶ 응어리; 근육(筋肉)이 뭉친 것. ❷ (心の)응어리.
ジゴロ [gigolo 프] 기둥서방.
しさ [示唆] (を하) 시사(示唆). ‖政界の腐敗を示唆する事件 정계의 부패를 시사하는 사건.
じさ [時差] 시차(時差). ◆時差ぼけ [(版)] 시차 변화(時差変化)에 따른 나른함.
しさい [子細] ❶ 자세(仔細)한 사정(事情). ❷ 지장(支障).
しさい [司祭] 사제(司祭).
しざい [死罪] ❶ 사형(死刑). ❷ 죽을 죄(罪).
しざい [私財] 사재(私財). ‖私財を投じる 사재를 털다.
しざい [資材] 자재(資材). ◆建築資材 건축 자재.
しさん [資産] 자산(資産).
じざい [自在] 자재(自在). ◆自由自在 자유자재. 自在画 자재화.
しさく [施策] 시책(施策).
しさく [思策] 사색(思策). ‖静かに思索する 조용히 사색하다. 思索にふける 사색에 잠기다.
しさく [試作] 시작(試作)する 시험 삼아 만들다.

しさく [詩作] (を하) 시작(詩作).
しさく [自作] (を하) 자작(自作). ◆自作農 자작농.
しざけ [地酒] 그 지방(地方)의 술.
しさつ [刺殺] (を하) ❶ 척살(刺殺). ❷ 〔野球で〕터치아웃.
しさつ [視察] (を하) 시찰(視察). ‖水害地を視察する 수해지를 시찰하다. ◆視察団 시찰단.
じさつ [自殺] (を하) 자살(自殺). ◆自殺未遂 자살 미수.
しさん [試算] (を하) ❶ 시산(試算). ❷ 검산(検算).
しさん [資産] 자산(資産). ◆資産家 자산가. 資産株 자산주. 資産勘定 자산 계정.
しさん [死産] 사산(死産).
じさん [自賛] 자찬(自讚). ◆自画自賛 자화자찬.
じさん [持参] 지참(持參). ◆持参金 지참금.
しし [四肢] 사지(四肢).
しし [獅子] ❶ 사자(獅子). ❷ 〔獅子舞〕사자춤. ◆獅子座 사자자리.
しじ [支持] 지지(支持). ‖支持する政党 지지하는 정당. 世論の支持を得る 여론의 지지를 얻다. ◆支持者 지지자.
しじ [私事] 개인적(個人的)인 일.
❋しじ [指示] (を하) 지시(指示). ‖計画の中止を指示する 계획 중지를 지시하다. その点については指示がなかった 그 점에 대해서는 지시가 없었다. ◆作業指示書 작업 지시서. 指示語 지시어. 指示代名詞 지시 대명사.
しじ [師事] (を하) 사사(師事).
じじ [時事] 시사(時事). ◆時事問題 시사 문제.
ししおどし [鹿威し] 〔筒(筒)에 물이 차 그 무게로 기울어지며 돌에 부딪쳐 소리가 나도록 만든 장치(装置).
じじこっこく [時時刻刻] 시시각각(時時刻刻).
ししそんそん [子子孫孫] 자자손손(子子孫孫).
ししつ [脂質] 지질(脂質).
ししつ [資質] 자질(資質). ‖医師としての資質 의사로서의 자질.
しじつ [史実] 사실(史実).
❋じじつ [事実] 사실(事実). ‖それは事実です 그것 사실입니다. この小説は事実に基づいている 이 소설은 사실에 근거하고 있다. その話は事実に反している 그 이야기는 사실과 다르다. 事実をねじ曲げる 사실을 왜곡하다. ◆既成事実 기성 사실. 事実婚 사실혼. 事実書 사실심. 事実無根 사실무근.
じじつ [時日] 시일(時日). ‖時日がかかる 시일이 걸리다.

シシトウ【獅子唐】 고추의 한 품종(品種).

ししまい【獅子舞】 사자(獅子)춤.

シジミ【蜆】 재첩.

ししゃ【支社】 지사(支社).

ししゃ【死者】 사자(死者).

ししゃ【使者】 사자(使者).

ししゃ【試写】 (を하) 시사(試寫). ◆**試写会** 시사회.

じしゃ【自社】 자사(自社). ◆**自社製品** 자사 제품.

ししゃく【子爵】 자작(子爵).

じしゃく【磁石】 자석(磁石).

ししゃごにゅう【四捨五入】 (を하) 사사오입(四捨五入).

シシャモ【柳葉魚】 國圆 작은 바닷물고기.

ししゃやく【止瀉薬】 지사제(止瀉劑); 설사약(泄瀉藥).

ししゅ【死守】 (を하) 사수(死守).

じしゅ【自主】 자주(自主). ◆**自主規制** 자주 규제. **自主独立** 자주 독립.

ししゅう【刺繍】 (を하) 자수(刺繡). ◆**刺繍糸** 자수실.

ししゅう【詩集】 시집(詩集).

しじゅう【四十・40】 사십(四十). ◆**四十にして惑わず** 불혹(不惑).

しじゅう【四重】 사중(四重). ◆**四重唱** 사중창. **四重奏** 사중주.

しじゅう【始終】 시종(始終); 줄곧.

じしゅう【自習】 (を하) 자습(自習).

ししゅうびょう【歯周病】 치주병(齒周病).

じしゅく【自粛】 (を하) 자숙(自肅).

***ししゅつ【支出】** (を하) 지출(支出). ‖支出がかさむ 지출이 늘다. 支出を抑える 지출을 억제하다.

しじゅつ【施術】 (を하) 시술(施術).

じしゅてき【自主的】 자주적(自主的). ‖自主的に活動する 자주적으로 활동하다.

じじゅん【耳順】 이순(耳順); 육십 세(六十歲); 예순.

ししゅんき【思春期】 사춘기(思春期).

しじゅんせつ【四旬節】 사순절(四旬節).

ししょ【支所】 지소(支所).

ししょ【司書】 사서(司書).

ししょ【史書】 사서(史書).

ししょ【四書】 사서(四書). ◆**四書五経** 사서오경.

じじょ【子女】 자녀(子女).

じじょ【自署】 (を하) 자서(自署); 수서(手書).

じしょ【辞書】 사전(辭典). ‖辞書を引く 사전을 찾아보다. 知らない単語を辞書で調べる 모르는 단어를 사전에서 찾아보다.

じじょ【次女・二女】 차녀(次女); 둘째 딸.

ししょう【支障】 지장(支障). ‖支障をきたす 지장을 초래하다.

ししょう【死傷】 사상(死傷). ◆**死傷者** 사상자.

ししょう【刺傷】 자상(刺傷).

ししょう【師匠】 스승; 선생(先生)님. ‖生け花の師匠 꽃꽂이 선생님.

***しじょう【市場】** 시장(市場). ‖市場を開拓する 시장을 개척하다. 国内市場の開放 국내 시장의 개방. ◆**海外市場** 해외 시장. **株式市場** 주식 시장. **市場価格** 시장 가격. **市場経済** 시장 경제. **市場占有率** 시장 점유율. **市場調査** 시장 조사.

しじょう【史上】 사상; 역사상(歷史上). ‖史上最高の豪華客船 사상 최고의 호화 객선.

しじょう【至上】 지상(至上). ◆**至上命令** 지상 명령.

しじょう【紙上】 신문 지상(新聞). ‖紙上をにぎわす 신문 지상을 떠들썩하게 하다.

しじょう【試乗】 시승(試乘).

しじょう【誌上】 지상(誌上).

じしょう【自称】 (を하) 자칭(自稱).

じしょう【事象】 사상(事象); 사실(事實)과 현상(現象).

じじょう【二乗】 자승(自乘); 제곱.

じじょう【自浄】 자정(自淨) ◆**自浄能力** 자정 능력.

***じじょう【事情】** 사정(事情). ‖事情を尋ねる사정을 물어보다. 諸般の事情により開催が延期される 제반 사정으로 개최가 연기되다. ◆**海外事情** 해외 사정. **家庭事情** 가정 사정. **食糧事情** 식량 사정.

じじょう【磁場】(物理) 자장(磁場).

じじょうじばく【自縄自縛】 자승자박(自縄自縛).

ししょうせつ【私小説】 사소설(私小說).

ししょく【試食】 (を하) 시식(試食). ◆**試食会** 시식회.

じしょく【辞職】 (を하) 사직(辭職). ‖辞職願い 사직원.

じじょでん【自叙伝】 자서전(自敍傳).

じしょばこ【私書箱】 사서함(私書函).

ししん【私心】 사심(私心).

ししん【使臣】 사신(使臣).

ししん【指針】 지침(指針).

しじん【詩人】 시인(詩人).

じしん【自身】 자신(自身); 직접(直接). ‖私自身の問題 내 자신의 문제. 彼自身が私に会いに来た 그 사람이 직접 나를 만나러 왔다.

***じしん【自信】** 자신(自信). ‖私は勝つ自信がある 나는 이길 자신이 있다. 自信に満ちた態度 자신에 찬 태도. 自信満

じしん【自信】 자신(自信). ∥日本は地震が多い国は地震だ! 信じ. 昨夜大きい地震があった 어젯밤에 큰 지진이 있었다. ◆地震帯 지진대. 地震波 지진파.

ししんけい【視神経】 시신경(視神經).

ジス【JIS】 일본 공업 규격(日本工業規格). ◆JISマーク JIS 마크. ✛韓国は KSマーク.

じすい【自炊】 (名ㆍ他) 자취(自炊).

しすう【指数】 지수(指數). ∥物価指数 물가 지수.

じすう【字数】 자수(字數).

*しずか【静か】ダ ❶ 조용하다. ∥静かな夜 조용한 밤. ❷ 침착(沈着)하다. ∥静かに話す 침착하게 말하다. ❸ 평온(平穩)하다. ∥静かな世の中 평온한 세상.

しずく【滴・雫】 물방울.

しずけさ【静けさ】 조용함; 고요함. ∥嵐の前の静けさ 폭풍 전의 고요.

シスター【sister】 수녀(修女).

システム【system】 시스템. ◆システムエラー 시스템 에러.

ジストマ【distoma ヲ】 디스토마.

じすべり【地滑り】 ❶ (土・砂・岩石などが)무너지는 사태(沙汰). ❷ 급격(急激)한 변동(變動). ∥相場市場が急激な変動を日으키다. ◆地滑り的の 압도적인. 地滑りの大勝利 압도적인 대승리.

しずまりかえる【静まり返る】 조용해지다; 잠잠(潛潛)해지다.

しずまる【静まる・鎮まる】 ❶ 조용해지다; 잠잠(潛潛)해지다. ❷ (勢力が)약(弱)해지다. ∥風が静まる 바람이 약해지다. ❸ 가라앉다; 진정(鎮靜)되다. ∥興奮が鎮まる 흥분이 가라앉다.

しずむ【沈む】 ❶ 가라앉다. ∥船が沈む 배가 가라앉다. ❷ (日・月が)지다. ∥日が西に沈む 해가 서쪽으로 지다. ❸ 우울(憂鬱)해지다; 침울(沈鬱)해지다. ∥沈んだ気持ち 우울한 기분. ❹ (色・音が)차분하다; 가라앉다. ∥沈んだ声の調子 가라앉은 듯한 목소리.

しずめる【沈める】 ❶ 가라앉히다. ∥敵艦を沈める 적함을 가라앉히다. ❷ 자세(姿勢)를 낮추다. ∥身を沈めて様子をうかがう 몸을 숙이고 상황을 살피다.

しずめる【静める・鎮める】 ❶ 조용히 시키다. ❷ 진정(鎮靜)시키다. ❸ 통증(痛症)을 완화(緩和)시키다.

じする【辞する】 ❶ (去る)떠나다; 하직 인사를 (下直人事)を 하다. ❷ [斷る]사양(辭讓)하다. ∥勧誘を辞する 권유를 사양하다. ❸ 사퇴(辭退)하다; 사임(辭任)하다. ∥職を辞する 사직하다.

❹ (…を(も)辞せず[さない]の形で)…도 마다 않다. ∥徹夜も辞せずに徹夜도 마다 않다.

しせい【市井】 시정(市井).

しせい【市政】 시정(市政).

しせい【四声】 (言語) 사성(四聲).

しせい【死生】 사생(死生).

しせい【至誠】 지성(至誠). ∥至誠天に通ず 지성이면 감천이라.

しせい【姿勢】 자세(姿勢). ∥姿勢がいい 자세가 좋다. 姿勢を正す 자세를 바르게 하다. 前向きな姿勢 적극적 자세.

しせい【施政】 시정(施政). ◆施政演説 시정 연설.

じせい【自生】 (名ㆍ自) 자생(自生). ◆自生植物 자생 식물.

じせい【自制】 자제(自制). ◆自制心 자제심.

じせい【時勢】 시대(時代)의 흐름. ∥時勢に逆らう 시대의 흐름에 역행하다. 時勢に遅れる 시대의 흐름에 뒤처지다.

じせい【自省】 (名ㆍ他) 자성(自省).

じせい【時制】 시제(時制).

しせいかつ【私生活】 사생활(私生活).

しせいじ【私生児】 사생아(私生兒).

しせき【史跡】 사적(史跡).

しせき【歯石】 치석(齒石).

じせき【自責】 자책(自責). ∥自責の念にかられる 자책감에 시달리다. ◆自責点 자책점.

じせき【次席】 차석(次席).

しせつ【私設】 사설(私設). ◆私設秘書 사설 비서.

しせつ【使節】 사절(使節). ◆使節団 사절단. 親善使節 친선 사절.

*しせつ【施設】** 시설(施設). ◆教育施設 교육 시설. 公共施設 공공 시설. 娯楽施設 오락 시설.

しせん【支線】 지선(支線).

しせん【死線】 사선(死線). ∥死線をさまよう 사선을 헤매다.

しせん【視線】 시선(視線).

*しぜん【自然】** ❶ 자연(自然). ∥この町にはまだ自然が残っている 이 마을에는 아직 자연이 남아 있다. 自然の力 자연의 힘. ❷ [自然なの形で]자연스러움. 自然なこと 자연스러운 일. 自然な反応 자연스러운 반응. ❸ [自然にの形で]자연히; 자연스레; 자연스럽게; 저절로. ∥ドアが自然に閉まる 문이 저절로 닫히다. 自然らしく振舞う 자연스럽게 행동하다. ◆自然界 자연계. 自然科学 자연 과학. 自然権 자연권. 天부인권. 自然現象 자연 현상. 自然主義 자연주의. 自然食品 자연 식품. 自然数 자연수. 自然石 자연석. 自然淘汰 자연 도태. 自然法 자연법. 自然保護 자연 보호.

じぜん

じぜん【次善】 차선(次善). ‖次善の策 차선책.

***じぜん**【事前】 사전(事前). ‖陰謀が事前に発覚する 음모가 사전에 발각되다. 事前に知る 사전에 알다. ◆事前工作 사전 공작.

じぜん【慈善】 자선(慈善). ◆慈善事業 자선 사업.

しそ【始祖】 시조(始祖).

シソ【紫蘇】 차조기; 소엽(蘇葉).

しそう【士操】 지조(志操).

しそう【思想】 사상(思想). ‖過激な思想 과격한 사상. 自由の思想 사상의 자유. ◆東洋思想 동양 사상. 思想家 사상가. 思想犯 사상범.

しぞう【死蔵】 (名他) 사장(死蔵).

しぞう【私蔵】 ‖私蔵する 개인이 소유하다.

じぞう【地蔵】 지장(地蔵). ◆地蔵菩薩 지장보살.

しそうのうろう【歯槽膿漏】 치조 농루(歯槽膿漏).

シソーラス【thesaurus】《言語》 시소러스.

しそく【子息】 자식(子息). ‖ご子息 아드님.

しぞく【氏族】 씨족(氏族). ◆氏族社会 씨족 사회.

じそく【自足】 (名他) 자족(自足). ◆自給自足 (名他) 자급자족.

じそく【時速】 시속(時速). ‖時速 100 キロで走る 시속 백 킬로로 달리다.

じぞく【持続】 (名他) 지속(持続). ‖友好関係を持続する 우호 관계를 지속하다. 効果が持続する 효과가 지속되다. ◆持続性 지속성. 持続力 지속력.

しそん【子孫】 자손(子孫).

しそんじる【仕損じる】 실수(失手)하다; 실패(失敗)하다.

じそんしん【自尊心】 자존심(自尊心). ‖自尊心が強い 자존심이 강하다.

*した【下】 ❶ (位置が) 아래; 밑. ‖ベランダから下に落ちる 베란다 아래로 떨어지다. ❷ (年齢·地位·程度などが) 낮음; 어림 ‖同じぐらいで同年代 내지 정도 아래인 동료. ❸【内輪】으로; 안. ‖下にシャツを着る 속에 셔츠를 입다. ❹ [名詞の上に付いて]미리 함; 준비(準備)함. ‖下調べ 사전 조사. 下ごしらえ 사전 준비. 下書き 초고.

*した【舌】 혀. ‖女の子は私に向かって舌を出した 그 애는 나를 향해 혀를 내밀었다. 舌をかむ 혀를 깨물다. 舌の先 혀끝. ▶舌が肥える 입이 고급이다. ▶舌が回る 말을 잘하다. ▶舌を出す 뒤에서 흉보다. ▶舌を巻く 혀를 내두르다. 〔類〕

シダ【羊歯】 양치류(羊歯類)의 총칭(総称).

じた【自他】 자타(自他). ‖自他共に許す 자타가 공인하다.

したあじ【下味】 ❶ (料理に) 밑간. ❷ (相場が) 하향세(下向勢)를 보임.

したい【死体】 사체(死体); 시체(屍体).

したい【姿態】 자태(姿態).

*-**しだい**【次第】 ❶ …에 달려 있음. ‖どうするかはあなた次第で 어떻게 할 것인가는 너한테 달렸다. ❷ …대로. ‖ソウルに着き次第連絡します 서울에 도착하는 대로 연락하겠습니다. 手当たり次第に投げつける 손에 잡히는 대로 집어던지다.

じたい【自体】 자체(自体). ‖制度自体が悪いのではない 제도 자체가 나쁜 것은 아니다.

じたい【字体】 자체(字體).

じたい【事態】 사태(事態). ‖事態は日増しに悪くなっている 사태는 나날이 나빠지고 있다. ◆緊急事態 긴급 사태.

じたい【辞退】 (名他) 사퇴(辞退). ‖受賞を辞退する 수상을 사퇴하다.

*-**じだい**【時代】 시대(時代). ‖時代が変わる 시대가 바뀌다. 物のあり余る時代 물건이 남아도는 시대. 時代をさかのぼる 시대를 거슬러 올라가다. 時代の寵児 (ちょうじ) 시대의 총아. ◆江戸時代 에도 시대. 朝鮮時代 조선 시대. 時代遅れ 시대에 뒤떨어짐. 時代遅れの発想 시대에 뒤떨어진 발상. 時代劇 시대극. 사극. 時代錯誤 시대착오.

じだいしゅぎ【事大主義】 사대주의(事大主義).

しだいに【次第に】 서서(徐徐)히; 점차(漸次); 점점(漸漸). ‖次第に寒くなる 점점 추워지다.

したう【慕う】 사모(思慕)하다; 연모(戀慕)하다; 따르다.

したうけ【下請け】 하청(下請).

したうち【舌打ち】 ‖舌打ちする 혀를 차다.

***したがう**【従う】 ❶ 따르다; 수행(随行)하다. ‖日本の習慣に従って屋内では靴を脱ぐ 일본의 습관에 따라 집안에서는 구두를 벗다. ❷ 복종(服従)하다. ‖命令に従う 명령에 복종하다. ❸ 従事(従事)하다; 복무(服務)하다. ‖兵役に従う 병역에 복무하다.

したがえる【従える】 ❶ 데리고 가다; 거느리다. ‖5人の部下を従える 다섯 명의 부하를 데리고 가다. ❷ 복종(服従)시키다.

したがき【下書き】 초고(草稿); 초안(草案). ‖下書きをする 초고를 쓰다.

***したがって**【従って】 따라서; 그래서. ‖当方に過失はない、従って賠償などするつもりはない 우리 쪽에 과실은 없다. 따라서 배상을 할 생각은 없다.

したぎ【下着】 속옷.

*-**したく**【支度·仕度】 (名他) 준비(準備). ‖食事の支度をする 식사 준비를 하다.

支度はできましたか 준비는 되었습니까?

じたく【自宅】자택(自宅); 집; 자기 집. ∥自宅から通勤する집에서 통근하다.

したごころ【下心】❶ 본심(本心); 내심(內心); 저의(底意). ❷ 계략(計略); 음모(陰謀).

したごしらえ【下拵え】미리 준비(準備)함; 음식의 밑 준비를 하다.

したさきさんずん【舌先三寸】교묘(巧妙)한 언변(言辯).

したざわり【舌触り】혀에 닿는 감촉(感觸).

したじ【下地】❶ 기초(基礎); 바탕; 토대(土臺). ❷ 소질(素質); 자질(資質); 천성(天性).

したしい【親しい】친하다; 친숙(親熟)하다; 익숙하다. ∥親しい人 친한 사람. 耳に親しい 귀에 익숙하다. 親しく話す 친하게 이야기하다.

したじき【下敷き】❶ (文房具의) 책받침. ❷ 물건 밑에 까는 것; 밑에 깔림. ∥木の下敷きになる 나무 밑에 깔리다.

したしみ【親しみ】친근감(親近感). ∥親しみを持って接する 친근감을 갖고 대하다.

したしむ【親しむ】친하다; 친숙(親熟)하다.

したしらべ【下調べ】(名하) ❶ 사전 조사(事前調査). ❷ 예습(豫習).

したたか【强か】❶ 강(强)함. ❷ 만만찮은 상대. ❸ [副詞的으로]심하게; 세게; 매우; 무척. ∥頭をしたたかぶつけた 머리를 세게 부딪혔다.

したためる【認める】❶ 〈文字를〉적다; 쓰다. ∥筆でしたためる 붓으로 쓰다.

したたらず【舌足らず】❶ 발음(發音)이 부정확(不正確)함; 혀가 짧음. ∥舌足らずだ 혀가 짧다. ❷ 표현(表現)・설명(說明) 등이 부족(不足)함. ∥舌足らずの説明 부족한 설명.

したたる【滴る】(液体가) 뚝뚝 떨어지다. ∥汗が滴り落ちる 땀이 뚝뚝 떨어지다.

したつづみ【舌鼓】∥舌鼓を打つ 입맛을 다시다.

したっぱ【下っ端】(身分・地位가) 낮은 사람.

したっぱら【下っ腹】아랫배.

したづみ【下積み】❶ 〈他の荷物이〉밑에 쌓임. ❷ 〈他の人의〉밑에서 일을 함 또는 그런 사람.

したて【下手】아래쪽; 저자세(低姿勢). ∥下手に出る 저자세로 나가다.

したて【仕立て】바느질해서 만듦. ∥フランス仕立て 프랑스에서 만든 양복. ♦仕立物 바느질감. 재봉.

したてる【仕立てる】❶〈服를〉바느질하다. ❷〈人を〉가르치다; 만들다; 양성(養成)하다. ∥大工に仕立てる 목수로 만들다.

したどり【下取り】(名하) 새 물건을 팔 때 가게가 중고품(中古品)을 적정 가격(適正價格)에 인수(引受)하는 것.

したぬり【下塗】(名하) 초벌[애벌] 칠.

したね【下値】싼값.

したばた ❶〈あばれる〉∥じたばた(と)もがく 팔다리를 버둥거리다. ❷〈慌てふためく〉∥今さらじたばたしても始まらない 지금 와서 발버둥이를 쳐도 소용없다.

したばたらき【下働き】다른 사람 밑에서 일을 함 또는 그런 사람.

したび【下火】❶ 불기운이 약(弱)해짐. ❷ 기세(氣勢)가 약해짐; 한물가는 것. 下火になる 시들하다. 한물가다.

したまち【下町】(說明) 저지대(低地帶)에 있는 동네.

したまわる【下回る】(基準より)밑돌다; 하회(下廻)하다. ∥予想を下回る成績 예상을 밑도는 성적.

したみ【下見】(名하) ❶ 사전 답사(事前踏査). ❷ 예습(豫習).

したむき【下向き】❶ 하향(下向); 아래쪽을 향함. ❷ 쇠퇴(衰退)해짐; 후퇴(後退)함. ∥景気の下向き 경기의 후퇴. ❸ (相場・物価이)내림세; 하향세(下向勢). ∥相場が下向きな 시세가 내림세다.

しため【下目】❶ 눈을 아래로 뜸. ❷ 깔봄. ∥人を下目に見る 사람을 깔보다.

しやく【下役】❶ 부하(部下). ❷ 하급 관리(下級官吏).

じだく【自堕落】∦ 단정(端正)하지 못하다; 무절제(無節制)하다. ∥自堕落な生活 무절제한 생활.

しとりがお【したり顔】의기양양(意氣揚揚)한 얼굴.

シダレザクラ【枝垂れ桜】수양(垂楊)벚나무.

シダレヤナギ【枝垂れ柳】수양(垂楊)버들.

しだれる【枝垂れる】(枝 등이)축 늘어지다.

しだん【指彈】(名하) 지탄(指彈). ∥指彈を受ける지탄을 받다.

しだん【師団】사단(師團).

じだん【示談】화해(和解); 합의(合意). ♦示談金 합의금.

じだんだ【地団太】∥地団太を踏む 발을 동동 구르다.

しち【七・7】칠(七); 일곱. ∥7年 칠년. 7名 일곱 명.

しち【質】전당품(典當品); 담보물(擔保物).

-じち【自治】자치(自治). ♦地方自治 지방자치 自治会 자치회. 自治権 자치권. 自治体 자치체.

しちいれ【質入れ】전당포(典當鋪)에 잡힘. ∥時計を質入れする 시계를 전당

しちがつ【七月·7月】 칠월(七月).
しちごさん【七五三】 説明 아이의 성장(成長)을 축하(祝賀)하는 행사(行事).
しちごんぜっく【七言絶句】 칠언 절구(七言絶句).
しちてんばっき【七転八起】 [종회] 칠전팔기(七顚八起).
しちてんばっとう【七転八倒】 [종회] 칠전팔도(七顚八倒).
しちぶ【七分】 칠 할(七割). ◆七分減 説明 쌀 등(へ)에 물 할(割)의 비율(比率)로 만든 죽. 七分袖 칠부 소매. 七分搗(づ)き 칠분도(미).
しちふくじん【七福神】 説明 복(福)과 덕(德)을 가져온다는 일곱 신(神).
しちみ【七味】 説明 향신료(香辛料)의 하나.
シチメンチョウ【七面鳥】 칠면조(七面鳥).
しちや【質屋】 전당포(典當鋪).
しちゃく【試着】 [종회] 시착(試着).
しちゅう【支柱】 지주(支柱).
しちゅう【市中】 시중(市中). ◆市中銀行 시중 은행.
シチュー【stew】 스튜.
しちょう【市長】 시장(市長).
しちょう【思潮】 사조(思潮). ◆文芸思潮 문예 사조.
しちょう【視聴】 [종회] 시청(視聴). ◆視聴覚 시청각. 視聴覚教育 시청각 교육. 視聴者 시청자. 視聴率 시청률.
じちょう【自重】 [종회] 자중(自重).
じちょう【自嘲】 [종회] 자조(自嘲).
じちょう【次長】 차장(次長).
じちりょう【自治領】 자치령(自治領).
じちんさい【地鎮祭】 지진제(地鎮祭).
しっ ❶ [静かにさせる] 쉬. ‖しっ, 静かに 쉬, 조용히. ❷ [追い払う] 쉬. ‖しっ, あっち行け 쉬, 저리로 가.
しつ【室】 실; 방(房). ◆診察室 진찰실.
しつ【質】 질; 품질(品質); 성질(性質).
*じつ【実】 ❶ 실제(實際); 진실(眞實); 사실(事實). ‖実を言うと 사실을 말하면. ❷ 내용(內容); 실질(實質) 실리(實利). ‖実を取る 실리를 취하다. ❸ 성과(成果); 실적(實績). ‖実が上がる 실적이 오르다. ❹ 진심(眞心); 성의(誠意).
しつい【失意】 실의(失意). ‖失意の人 실의에 빠진 사람.
じついん【実印】 실인(實印).
しつうはったつ【四通八達】 [종회] 사통팔달(四通八達).
じつえん【実演】 [종회] 실연(實演).
しつおん【室温】 실온(室溫).
しっか【失火】 실화(失火).
しっか【膝下】 슬하(膝下). ‖父母の膝

下を離れる 부모슬하를 떠나다.
じっか【実家】 ❶ 생가(生家); 고향(故鄕) 집. ❷ [結婚した女性の]친정(親庭).
しつがい【室外】 실외(室外).
じゅかい【十戒】 십계(十戒).
しっかく【失格】 [종회] 실격(失格).
じつがく【実学】 실학(實學).
*しっかり【確り】 ❶ [基礎や構成が堅固である様子] ‖しっかりとした建物 튼튼한 건물. ❷ [人の性質や考えなどが堅実な様子] ‖若いのにしっかりしている 젊은데도 견실하다. ❸ [頭脳や精神がしっかりしている様子] ‖気をしっかり持て 정신 차려. ❹ [動作・行為を着実・真剣に行なう様子] ‖もっとしっかり(と)歩け 좀 더 똑바로 걸어. ❺ [固くくっついて離れない様子] ‖手にしっかり(と) 握りしめる 손에 꼭 쥐다. ❻ [万全に準備をしておく様子] ‖しっかりと食べておくよ 많이 먹어 두다. ‖しっかり食べる 충분히 먹다.
しっかん【疾患】 질환(疾患). ‖呼吸器の疾患 호흡기 질환.
しっかん【質感】 질감(質感).
じっかん【実感】 실감(實感). ‖現実の厳しさを実感する 현실의 어려움을 실감하다. 実感がわく 실감이 나다.
しっき【湿気】 습기(濕氣).
しっき【漆器】 칠기(漆器).
しつぎ【質疑】 질의(質疑). ◆質疑応答 질의응답.
じつぎ【実技】 실기(實技).
しっきゃく【失脚】 [종회] 실각(失脚).
*しつぎょう【失業】 [종회] 실업(失業). ‖会社が倒産して失業する 회사가 도산해서 실직하다. ◆失業者 실업자. 失業人口 실업 인구. 失業対策 실업 대책. 失業保険 실업 보험. 失業率 실업률.
じっきょう【実況】 실황(實況). ◆実況中継 실황 중계. 実況放送 실황 방송.
じつぎょう【実業】 실업(實業). ◆実業家 실업가.
シック【chic フ】 멋있다; 세련(洗練)되다. ‖シックに着こなす 옷을 세련되게 입다.
しっくい【漆喰】 회(灰) 반죽.
しっくり ‖その絵はこの部屋にしっくり(と)しない 그 그림은 이 방에는 어울리지 않는다.
じっくり ‖じっくりと考える 깊이 생각하다.
しけ【湿気】 습기(濕氣). ‖毛皮は湿気に弱い 모피는 습기에 약하다.
しつけ【躾・仕付け】 ❶ [예의범절(禮儀凡節)] ‖しつけの厳しい家庭 예의범절이 엄격한 가정. ❷ [裁縫で]시침질.
じついけ【実刑】 실형(實刑).
しっけん【執権】 집권(執權).
しっけん【失権】 [종회] 실권(失權).

しっけん【識見】 식견(識見).
しつげん【失言】 ⦅するヘ⦆ 실언(失言).
しつげん【湿原】 습지(湿地).
じっけん【実見】 ‖실견하다 실제로 보다.
じっけん【実検】 ‖실검하다 사실 여부를 실제로 검사함.
じっけん【実権】 실권(實權). ‖実権を握る 실권을 잡다.
*__じっけん__【実験】 ⦅するヘ⦆ 실험(實驗). ‖仮説が正しいかどうか実験してみる 가설이 타당한지 아닌지 실험해 보다. 理論の正しさは実験で証明される 이론의 타당성은 실험으로 증명된다. ◆実験小説 실험 소설. 実験台 실험대. 実験段階 실험 단계. 実験的 실험적. 実験的に導入する新技術を実験的으로 도입하다.
じつげん【実現】 ⦅するヘ⦆ 실현(實現). ‖夢を実現する 꿈을 실현하다. 計画の実現を急ぐ 실현을 서두르다.
しつご【失語】 실어(失語). ◆失語症 실어증.
しつこい ❶ (味・香りなどが)불쾌(不快)할 정도로 진하다. ❷ (態度などが)집요(執拗)하다; 끈질기다. ‖今年の風邪はしつこい 올해 감기는 끈질기다. しつこい人 집요한 사람.
しっこう【失効】 ⦅するヘ⦆ 실효(失效).
しっこう【執行】 ⦅するヘ⦆ 집행(執行). ‖政務を執行する 정무를 집행하다. 執行官 집행관. 執行機関 집행 기관. 執行権 집행권. 執行部 집행부. 執行猶予 집행 유예.
じっこう【実行】 ⦅するヘ⦆ 실행(實行). ‖計画を実行する 계획을 실행하다. 選挙公約を実行する 선거 공약을 실행하다. 実行不可能な計画 실행 불가능한 계획.
じっこう【実効】 실효(實效). ‖実効を生じる 실효를 거두다.
しっこく【漆黒】 칠흑(漆黑). ‖漆黒の闇 칠흑 같은 어둠.
*__じっさい__【実際】 실제(實際); 사실(事實). ‖理論と実際 이론과 실제. その話は実際と違う 그 이야기는 실제와 다르다. ◆実際的 실제적.
じつざい【実在】 ⦅するヘ⦆ 실재(實在). ◆実在論 실재론.
しっさく【失策】 실책(失策).
しつじ【執事】 집사(執事).
じっし【実子】 친자식(親子息).
じっし【実施】 ⦅するヘ⦆ 실시(實施). ‖新しい政策を実施する 새로운 정책을 실시하다. その法律は来年から実施される 그 법률은 내년부터 실시된다.
しつじつ【実質】 ⁺ 꾸밈이 없고 성실(誠實)하다.
じっしつ【実質】 실질(實質). ◆実質賃金 실질 임금. 実質的 실질적. 彼が実質的なリーダーだ 그 사람이 실질적인 리더다.
じっしゃ【実写】 ⦅するヘ⦆ 실사(實寫).
じっしゅう【実習】 ⦅するヘ⦆ 실습(實習). ‖工場で実習する 공장에서 실습을 하다. 実習生 실습생.
しっしょう【失笑】 ⦅するヘ⦆ 실소(失笑).
じっしょう【実証】 ⦅するヘ⦆ 실증(實證). ‖実証を重んじる研究態度 실증을 중시하는 연구 태도. 理論の正しいことが実験でその理論の妥当性が実証으로 실증되었다. ◆実証主義 실증주의. 実証的 실증적. 実証的な研究 실증적인 연구.
じつじょう【実情】 실정(實情). ‖実情を報告する 실정을 보고하다.
しっしょく【失職】 ⦅するヘ⦆ 실직(失職); 실업(失業).
しっしん【失神】 ⦅するヘ⦆ 실신(失神).
しっしん【湿疹】 습진(濕疹).
じっしんぶんるいほう【十進分類法】 십진분류법(十進分類法).
じっしんほう【十進法】 십진법(十進法).
じっすう【実数】 실수(實數).
しっせい【失政】 ⦅するヘ⦆ 실정(失政). ‖失政を重ねる 실정을 거듭하다.
しっせい【湿性】 습성(濕性).
しっせい【湿生】 ⦅するヘ⦆ 습생(濕生). ◆湿生植物 습생 식물.
じっせい【実勢】 실세(實勢).
じっせいかつ【実生活】 실생활(實生活).
しっせき【叱責】 ⦅するヘ⦆ 질책(叱責). ‖部下を叱責する 부하를 질책하다.
じっせき【実績】 실적(實績); 성과(成果); 성적(成績). ‖実績を上げる 실적을 올리다.
じっせん【実戦】 실전(實戰).
*__じっせん__【実践】 ⦅するヘ⦆ 실천(實踐). ‖理論と実践 이론과 실천. 理論を実践に移す 이론을 실천으로 옮기다. 実践を通じて得た知識 실천을 통해서 얻은 지식.
じっせん【実線】 실선(實線).
しっそ【質素】 ⁺ 질소(質素)하다.
しっそう【失踪】 ⦅するヘ⦆ 실종(失踪).
しっそう【疾走】 ⦅するヘ⦆ 질주(疾走).
じっそう【実相】 실상(實相). ‖社会の実相 사회의 실상.
じつぞう【実像】 실상(實像). ‖スターの実像 스타의 실상.
しっそく【失速】 ⦅するヘ⦆ 실속(失速).
じつぞん【実存】 ⦅するヘ⦆ 실존(實存). ‖実存する人物 실존하는 인물. ◆実存主義 실존주의.
しった【叱咤】 ⦅するヘ⦆ 질타(叱咤).
しったい【失態】 ‖失態を演じる 면목을 잃다. 실수를 하다.
じったい【実体】 실체(實體). ‖実体のな

い幽霊会社 실체가 없는 유령 회사.
じったい [実態] 실태(實態). ‖正確な実態をつかむ 정확한 실태를 파악하다. ◆実態調査 실태 조사.
しったかぶり [知ったか振り] ‖知ったかぶりをする 아는 척하다.
じつだん [実弾] 실탄(實彈).
じっち [実地] ❶ 현장(現場). ‖実地検証 현장 검증. ❷ 실제(實際)의 장(場).
しっちかいふく [失地回復] 잃어 버린 지위(地位)를 되찾음.
じっちゅうはっく [十中八九] 십중팔구(十中八九).
しっちょう [失調] 실조(失調). ◆栄養失調 영양실조.
しつちょう [室長] 실장(室長).
しっつい [失墜] (るが) 실추(失墜). ‖権威を失墜する 권위를 실추하다.
じってい [実弟] 친남동생(親男同生).
じっていほう [実定法] 실정법(實定法).
してき [質的] 질적(質的). ‖質的向上を望む 질적 향상을 꾀하다.
してん [失点] 실점(失點).
しっと [嫉妬] (るが) 질투(嫉妬). ‖友の才能に嫉妬を覚える 친구의 재능에 질투를 느끼다. 嫉妬深い 질투심이 심하다. ◆嫉妬心 질투심.
しつど [湿度] 습도(濕度). ‖湿度が高い 습도가 높다.
じっと ❶ [動かずにいる] 가만히. ‖じっと立っている 가만히 서 있다. じっと見守る 가만히 지켜보다. ❷ [我慢する] 꾹. ‖じっと痛さをこらえる 아픈 것을 꾹 참다.
しっとり ❶ [(人が)落ち着いてしとやかな様子] 차분히. ‖しっとり(と)した態度 차분한 태도. ❷ [少し湿りけを含んでいる様子] 촉촉히. ‖春雨にしっとり(と)ぬれる 봄비에 촉촉히 젖다.
しつない [室内] 실내(室內). ◆室内楽 실내악. 室内服 실내복.
じつに [実に] 실(實)로; 정말로. ‖実に面白い映画 실로 재미있는 영화.
じつは [実は] 실은; 사실(事實)은.
ジッパー [zipper] 지퍼.
*しっぱい [失敗] (るが) 실패(失敗). ‖試験に失敗する 시험에 실패하다. 失敗の原因 실패의 원인. 失敗談 실패담.
◇失敗は成功の元 失敗는 성공의 어머니.
じっぱひとからげに [十把一絡げに] 뭉뚱그려. ‖十把一絡げに扱う 뭉뚱그려 취급하다.
じっぴ [実費] 실비(實費).
しっぴつ [執筆] (るが) 집필(執筆). ◆執筆者 집필자.
しっぷ [湿布] ❶ (るが) 습포(濕布). ❷ 파스.

しっぷう [疾風] 질풍(疾風). ◆疾風怒濤 질풍노도.
じつぶつ [実物] 실물(實物). ◆実物大 실물 크기. この模型は実物大です 이 모형은 실물 크기입니다. 実物取引 실물 거래. 現물 거래.
しっぺい [竹篦] ❶ [道具] 죽비(竹篦). ❷ [指か人指と中指(中指)로 상대방(相對方)의 손목을 때리는 것.
しっぺい [疾病] 질병(疾病).
しっぺがえし [し返し] 보복(報復). ‖しっぺ返しを食わせる 보복하다.
しっぽ [尻尾] 꼬리. 犬の尻尾 개 꼬리. 行列の尻尾 행렬의 꼬리. ◆尻尾を出す 본색을 드러내다. ▶尻尾をつかむ 꼬리를 잡다. ▶尻尾を振る 꼬리를 치다. (慣) ▶尻尾を巻く 꼬리를 감추다. (慣)
*しつぼう [失望] (るが) 실망(失望). ‖彼には全く失望した 그 사람한테는 정말 실망했다. 失望のあまり 실망한 나머지.
しっぽり 촉촉히. ‖春雨にしっぽり(と)ぬれる 봄비에 촉촉히 젖다.
しつむ [執務] (るが) 집무(執務). ‖執務中 집무 중.
じつむ [実務] 실무(實務). ‖実務に携わる 실무에 관여하다.
しつめい [失命] (るが) 실명(失命).
しつめい [失明] (るが) 실명(失明).
じつめい [実名] 실명(實名); 본명(本名).
*しつもん [質問] (るが) 질문(質問). ‖先生に質問する 선생님께 질문하다. 質問を受ける 질문을 받다. 質問攻めにあう 질문 공세를 당하다.
しつよう [執拗]‡ 집요(執拗)하다. ‖執拗な攻撃 집요한 공격. 執拗に主張する 집요하게 주장하다.
じつよう [実用] 실용(實用). ◆実用性 실용성. 実用品 실용품. 実用主義 실용주의.
じつようてき [実用的] 실용적(實用的). ‖実用的な品物 실용적인 물건.
じつり [実利] 실리(實利). ‖実利を重んじる 실리를 중시하다.
しつりょう [質量] 질량(質量). ‖質量 保存の法則 질량 보존의 법칙.
*じつりょく [実力] ❶ 실력(實力). ❷ 数学の実力がついてきた 수학 실력이 붙었다. 実力のある人 실력이 있는 사람. 実力を発揮する 실력을 발휘하다. ❷ 무력(武力); 경찰력(警察力). ◆実力行使 실력 행사. 実力者 실력자. 実力主義 실력주의.
*しつれい [失礼] ❶ 실례(失禮). ‖失礼ですが 실례합니다만. 失礼のないようにもてなす 실례가 안 되도록 대접하다. ❷ [別れる時に] ‖これで失礼します 이만 물러가겠습니다. 이만 실례하겠습니니

다.
じつれい【実例】 실례(實例). ∥実例을 挙げながら説明する 실례를 들어가면서 설명하다.
しつれん【失恋】 실연하다.
じつろく【実録】 실록(實錄).
じつわ【実話】 실화(實話).
してい【子弟】 자제(子弟).
してい【私邸】 사저(私邸).
してい【指定】 지정(指定). ∥業者を指定する 업자를 지정하다. 指定された場所 지정된 장소. ◆指定都市 정부령(政府令)으로 지정된 인구(人口) 50만 이상(以上)의 도시(都市).
してい【師弟】 사제(師弟). ∥師弟関係 사제지간.
しでかす【仕出かす】 하다; 해 버리다; 저지르다. ∥大それたことをしでかす 당치도 않은 짓을 하다.
してき【史的】 사적; 역사적(歷史的). ◆史的考察 역사적 고찰. 史的唯物論 사적 유물론.
してき【私的】 사적(私的). ∥私的な行動 사적인 행동.
してき【指摘】 지적(指摘). ∥間違いを指摘する 잘못을 지적하다. 指摘を受ける 지적을 받다. 欠点を指摘される 결점을 지적당하다.
してき【詩的】 시적(詩的).
してつ【私鉄】 사유 철도(私有鐵道).
してん【支店】 지점(支店).
してん【支点】 지점(支點).
してん【視点】 시점(視點). ∥視点を変えて物事を見る 시점을 바꿔 사물을 보다.
じてん【自転】 자전(自轉). ∥地球は自転する 지구는 자전한다.
じてん【次点】 차점(次點).
じてん【字典】 자전(字典); 옥편(玉篇).
じてん【事典】 사전(事典). ◆百科事典 백과사전.
じてん【時点】 시점(時點). ∥その時点では事件の経緯が明らかにされていなかった 그 시점에서는 사건의 경위가 밝혀지지 않았다.
じてん【辞典】 사전(辭典). ◆英和辞典 영일 사전. 経済用語辞典 경제 용어 사전, 国語辞典 국어 사전.
じでん【自伝】 자전; 자서전(自敍傳).
じてんしゃ【自転車】 자전거(自轉車). ∥自転車に乗っていく 자전거를 타고 가다. ◆自転車操業 〈俗談〉자금(資金)을 돌려 이자를 막아 가며 영업(營業)을 계속(繼續)하는 것 또는 그런 경영 상태(經營狀態).
してんのう【四天王】 ❶〈仏教〉사천왕(四天王). ❷〈ある分野で特に優れた4人〉사인방(四人幇).

しと【使徒】 사도(使徒).
しとう【死闘】 사투(死鬪).
しとう【至当】 지당(至當)하다. ∥至当な発言 지당한 발언.
しどう【始動】 시동(始動). ∥エンジンを始動する 엔진 시동을 걸다.
*しどう【指導】 지도(指導). ∥小論文の書き方を指導する 소논문 쓰는 법을 지도하다. ◆進路指導 진로 지도, 指導者 지도자. 指導的な役割 지도적인 역할. 指導要領 지도 요령, 指導力 지도력.
*じどう【自動】 자동(自動). ∥自動でドアが開きます 자동으로 문이 열립니다. ◆自動制御 자동 제어, 自動販売機 자동판매기 自動翻訳機 자동 번역기.
じどう【児童】 아동(兒童). ◆児童憲章 어린이 헌장. 児童心理学 아동 심리학. 児童手当 아동 수당. 児童福祉法 아동 복지법.
じどうか【自動化】 자동화(自動化).
じどうし【自動詞】 자동사(自動詞).
じどうしゃ【自動車】 자동차(自動車). ◆自動車税 자동차세. 自動車教習所 운전 학원. 自動車保険 자동차 보험.
じどうてき【自動的】 자동적(自動的). ∥自動的に明かりがつく 자동적으로 불이 켜지다.
じとく【自得】 자득(自得). ◆自業自得 자업자득.
しとげる【為遂げる】 끝까지 하다; 완수(完遂)하다. ∥大業をし遂げる 대업을 완수하다.
しとしと 부슬부슬. ∥しとしと(と)降る春の雨 부슬부슬 내리는 봄비.
じとじと 축축하게; 눅눅하게.
しとやか【淑やか】ダ 정숙(靜淑)하다; 우아(優雅)하다. ∥しとやかに歩く 우아하게 걷다.
じどり【地鶏】 토종(土種) 닭.
しどろもどろ 횡설수설(橫說竪說)하다. ∥しどろもどろな答弁 횡설수설하는 답변.
しな【品】 ❶상품(商品); 물품(物品). 물건(物件). ∥よい品を揃えた店 좋은 물건을 갖춘 가게. ❷ 품질(品質). ∥品が落ちる 품질이 떨어지다.
しない【竹刀】 죽도(竹刀).
しない【市内】 시내(市內). ◆市内観光 시내 관광.
しなうす【品薄】ダ 품귀(品貴)하다.
しなおす【仕直す】 다시 하다. ∥検算をしなおす 검산을 다시 하다.
しながき【品書き】 메뉴.
しなかず【品数】 물건의 종류(種類) 또는 수(數).
しなぎれ【品切れ】 품절(品切). ∥品切れになる 품절되다.
しなさだめ【品定め】 품평(品評).

シナジー【synergy】 시너지; 상승효과(相乘效果).

しなじな【品品】 여러 가지 물건(物件).

しなせる【死なせる】 죽이다; 죽게 하다.

しなびる【萎びる】 시들다. ‖花がしなびてしまった 꽃이 시들어 버렸다.

しなもの【品物】 물건(物件); 상품(商品).

シナモン【cinnamon】 계피(桂皮).

しなやかだ ❶유연(柔軟)하고 탄력(彈力)이 있다. ❷(動作·態度などが)부드럽다.

シナリオ【scenario】 시나리오. ◆シナリオライター 시나리오 라이터.

しなん【至難】 지극(至極)히 어려움. ‖至難の技가 지극히 어려운 일이다.

しなん【指南】 (名ハ) 지도(指導).

じなん【次男·二男】 차남(次男); 둘째 아들.

シニア【senior】 시니어.

しにかける【死に掛ける】 죽을 뻔하다; 다 죽어 가다.

しにがみ【死に神】 사신(死神).

しにぎわ【死に際】 임종; 임종시(臨終時).

しにくい【為難い】 하기 어렵다.

しにせ【老舗】 (名ハ) 대대(代代)로 이어 온 오래된 가게.

しにみず【死水】 (名ハ) 임종(臨終) 때 입술을 축이는 물. ▶死に水を取る 임종 시 입에 물을 적시다.

しにものぐるいで【死に物狂いで】 필사적(必死的)으로.

しにわかれる【死に別れる】 사별(死別)하다.

しにん【死人】 죽은 사람. ▶死人に口죽은 자는 말이 없다.

しにん【自認】 (名ハ) 자인(自認).

じにん【辞任】 (名ハ) 사임(辭任).

*しぬ【死ぬ】 ❶죽다. ‖病気で死ぬ 병으로 죽다. 若くして死ぬ 젊어서 죽다. 彼が死んでもう 10 年経つ 그 사람이 죽은 지 벌써 십 년이 된다. その犬は死にかけている 그 개는 죽어 가고 있다. 暑くて死にそうだ 더워서 죽을 것 같다. ❷활기(活氣)·생기(生氣)가 없다. ‖目が死んでいる 눈에 생기가 없다. ❸제 기능(機能)을 발휘(發揮)하지 못하다. ‖素材の持ち味が死んでいる 재료 본래의 맛이 안 난다.

しぬしぬ【死に死に】 자주(往々).

シネマ【cinéma 프】 시네마; 영화(映畵).

しのうこうしょう【士農工商】 사농공상(士農工商).

しのぎ【鎬】 (名ハ) 칼날과 칼등 사이의 볼록한 부분(部分). ▶鎬を削る 격전을 벌이다.

しのぐ【凌ぐ】 ❶견디다; 견뎌 내다. ‖弾圧をしのぐ 탄압을 견디다. ❷능가(凌駕)하다; 버금가다.

しのばせる【忍ばせる】 ❶(声を)죽이다; (身を)숨기다. ❷(隠し持つ)몰래 감추다[숨기다].

しのびあし【忍び足】 (名ハ) 발소리를 죽이고 걷는 걸음.

しのびいる【忍び入る】 몰래 들어가다.

しのびこむ【忍び込む】 몰래 들어가다.

しのびない【忍びない】 […にしのびないの形で]차마 …수가 없다. ‖聞くにしのびない 차마 들을 수가 없다.

しのびよる【忍び寄る】 몰래 다가가다.

しのぶ【忍ぶ】 ❶참다. ‖恥を忍び 창피함을 참다. ❷(こっそり)몰래 하다.

しのぶ【偲ぶ】 연모(戀慕)하다; 그리워하다.

しば【柴】 잡목(雜木).

シバ【芝】 잔디.

じば【地場】 ❶그 지방; 그 지역(地域). ❷그 지방의 증권 거래소(證券去來所). ◆地場産業 (名ハ) 그 지방(地方) 특유(特有)의 오래된 산업(産業).

しはい【支配】 (名ハ) 지배(支配). ‖系列会社を支配する 계열사를 지배하다. 運命を支配する 운명을 지배하다. 感情に支配される 감정에 지배되다. 支配階級 지배 계급. ◆支配者 지배자. 支配的 지배적. 支配人 지배인.

*しばい【芝居】 연극(演劇). ‖芝居が下手で演劇を잘 못하다. 芝居がかかる 연극그러다. ▶芝居を打つ 연극을 꾸미다. 남을 속이다.

シバイヌ【柴犬】 (名ハ) 일본(日本) 개의 한 품종(品種).

しばかり【芝刈り】 잔디를 깎음.

じはく【自白】 (名ハ) 자백(自白).

じばく【自爆】 (名ハ) 자폭(自爆); 자멸(自滅). ◆自爆テロ 자폭 테러.

しばし【暫し】 잠시(暫時); 잠깐.

しばしば【屡】 자주; 빈번(頻繁)히. ‖しばしば訪れる客人 자주 찾아오는 손님.

じはだ【地肌】 ❶(化粧をしていない) 맨살. ❷ 【地面】대지(大地)의 표면(表面).

しはつ【始発】 시발(始發). ◆始発列車시발 열차.

じはつ【自発】 자발(自發). ‖自発性 자발성. 自発的に手伝う 자발적으로 돕다.

しばふ【芝生】 잔디밭.

じばら【自腹】 ❶자기(自己) 배. ❷자기 돈. ▶自腹を切る 자기 돈으로 내다.

*しはらい【支払(い)】 지불(支拂). ‖支払いを延ばす 지불을 늦추다. 支払条件 지불 조건. 支払手形 지불 어음.

しはらう【支払う】 지불(支拂)하다. ‖現金で支払う 현금으로 지불하다. 月末に支払う月末에 지불하다.

*しばらく【暫く】 ❶잠시(暫時); 잠깐.

■しばらくお待ちください 잠시 기다리세요. ❷〔やや長く〕한동안; 얼마 동안. ∥しばらくですね 오랜만이네요.
しばりあげる【縛り上げる】 꽁꽁 묶다.
しばりつける【縛り付ける】 붙잡아 매다; 구속(拘束)하다.
***しばる**【縛る】 묶다; 매다; 구속(拘束)하다. ∥小包を紐で縛る 소포를 끈으로 묶다. 校則で生徒を縛る 교칙으로 학생들을 구속하다. 時間に縛られる 시간에 매이다.
しはん【市販】 (스터) 시판(市販).
しはん【師範】 사범(師範).
じはん【事犯】 사범(事犯). ◆暴力事犯 폭력 사범.
じばん【地盤】 지반(地盤). ∥地盤を固める 지반을 굳히다. 地盤を築く 지반을 쌓다.
じはんき【自販機】 자판기(自販機).
しひ【私費】 사비(私費).
しひ【詩碑】 시비(詩碑).
しひ【自費】 자비(自費). ∥自費出版 자비 출판.
じひ【慈悲】 자비(慈悲). ∥慈悲深い人 자비로운 사람.
じびいんこうか【耳鼻咽喉科】 이비인후과(耳鼻咽喉科).
じびき【字引】 자전(字典); 사전(辭典).
じひつ【自筆】 자필(自筆).
しひょう【指標】 지표(指標). ∥国民生活指標 국민 생활 지표.
じひょう【辞表】 사표(辭表). ∥辞表を出す 사표를 내다.
じびょう【持病】 지병(持病).
しびれ【痺れ】 저림; 걸림.
しびれる【痺れる】 저리다; 마비(痲痺)되다. ∥足がしびれる 다리가 저리다.
しぶ【渋】 ❶【渋み】떫은 맛. ❷【柿渋】 감물. ❸【沈殿物】앙금; 물때.
しぶ【支部】 지부(支部).
じふ【自負】 (스터) 자부(自負). ◆自負心 자부심. 強い自負心を持つ 강한 자부심을 가지다.
しぶい【渋い】 ❶ 떫다. ∥この柿は渋いが 甘(い) 감은 떫지만 깊은 맛이 있다. ❷〔表情が〕떨떠름하다. ∥渋い顔 떨떠름한 얼굴. ❸【けちだ】인색(吝嗇)하다.
シフォン【chiffon 프】 시폰.
しぶおんぷ【四分音符】 사분음표(四分音標).
しぶがき【渋柿】 떫은 감.
しぶがっしょう【四部合唱】 사부 합창(四部合唱).
しぶき【飛沫】 물보라.
しふく【至福】 더할 나위 없는 행복(幸福).
しふく【私服】 사복(私服).
しふく【私腹】 사리사욕 (私利私慾). ∥私腹を肥やす 사리사욕을 채우다.

ジプシー【gypsy】 집시.
しぶしぶ【渋渋】 마지못해; 어쩔 수 없이. ∥しぶしぶ承知する 마지못해 승낙하다.
ジブチ【Djibouti】《国名》지부티.
しぶつ【私物】 사물(私物).
しぶつ【事物】 사물(事物).
ジフテリア【diphtheria】 디프테리아.
しぶとい 끈질기다; 고집(固執)이 세다.
じふぶき【地吹雪】 (스터) 쌓인 눈이 강풍(强風)에 날리는 것.
しぶみ【渋み】 ❶〔味〕떫은 맛. ❷〔趣〕차분하고 깊은 맛[멋].
しぶる【渋る】 ❶ 꺼리다; 주저(躊躇)하다. ∥寄金を渋る 출자를 꺼리다. ❷〔事が〕정체(停滯)되다; 원활(圓滑)하지 않다. ❸〔便が〕나오지 않는 상태(狀態)이다.
じぶん【自分】 자기(自己); 자신(自身); 나. ∥自分のことは自分でやれ 자기 일은 자기가 알아서 해라. 自分持ち 자기 부담. ◆自分勝手 제멋대로임. 自分自身 자기 자신.
じぶん【時分】 적당(適當)한 시기(時期); 적당한 때.
しぶんしょ【私文書】 사문서(私文書). ◆私文書偽造罪 사문서 위조죄.
しへい【紙幣】 지폐(紙幣).
じへいしょう【自閉症】 자폐 증(自閉症).
しべつ【死別】 (스터) 사별(死別).
しへん【四辺】 ❶ 근처(近處); 주변(周邊). ❷【数学】네 변. ∥四辺形 사변형. 사각형.
しべん【思弁】 사변(思辨). ◆思弁的 사변적.
じへん【事変】 사변(事變). ∥満州事変 만주 사변(滿洲事變).
じぼ【慈母】 자모(慈母).
*しほう【司法】 사법(司法). ◆司法機関 사법 기관. 司法権 사법권. 司法裁判 사법 재판. 司法試験 사법 시험. 司法書士 사법 서사, 법무사.
しぼう【子房】【植物】씨방.
*しぼう【死亡】 사망(死亡). ∥交通事故で死亡する 교통사고로 사망하다. 死亡の原因 사망 원인. ◆死亡者 사망자. 死亡者数 사망자 수. 死亡率 사망률.
しぼう【志望】 지망(志望). ∥志望校 지망하는 학교. 志望者 지망자. 지망생.
しぼう【脂肪】 지방(脂肪). ◆脂肪肝 지방간. 脂肪酸 지방산.
じほう【時報】 시보(時報).
じぼうじき【自暴自棄】 자포자기(自暴自棄). ∥自暴自棄になる 자포자기하다.

しぼつ【死没】(죠어) 사망(死亡).

しぼむ【萎む】시들다.

しぼり【絞り】❶(カメラの)조리개. ❷홀치기 염색(染色).

しぼりとる【搾り取る】착취(搾取)하다. ‖金を搾り取る 돈을 착취하다.

しぼる【搾る・絞る】❶ 짜다; 짜내다. ‖オレンジを搾る 오렌지를 짜다. ❷[無理矢理]짜내다. ‖知恵を絞る 지혜를 짜내다. ❸〔範囲・量などを〕줄이다. ‖音量を絞る 볼륨을 줄이다. ❹홀치기 염색(染色)을 하다. ❺착취(搾取)하다. ❻심하게 질책(叱責)하다; 단련(鍛錬)시키다.

*__しほん__【資本】 자본(資本). ‖多額の資本 거액의 자본. ‖1千万円の資本で商売を始めた 천만 엔의 자본으로 장사를 시작했다. ◆**資本家** 자본가. **資本金** 자본금. **資本主義** 자본주의.

しま【島】섬. ‖島の사람 섬사람.

しま【縞】줄무늬.

しまい【仕舞】❶〔終わり〕끝냄. ‖これでおしまいにしよう 이걸로 끝내자. 店じまい 가게를 닫음. ❷[最後]끝; 마지막; 최후(最後). ‖しまいまで全部読む 끝까지 전부 읽다. ❸ 품질(品切). ❹〔…じまいの形で〕끝내…않음. ‖買わずじまいに 사지 못하다.

*__しまい__【姉妹】자매(姉妹). ‖3人姉妹 세 자매. ◆**姉妹校** 자매교. **姉妹都市** 자매 도시. **姉妹品** 자매품.

しまう【仕舞う】❶끝나다; 끝내다. ❷정리(整理)하다. ‖店をしまう 가게를 정리하다. ❸〔…てしまうの形で〕… 버리다. ‖食べてしまう 먹어 버리다. ‖忘れてしまう 잊어 버리다.

シマウマ【縞馬】얼룩말.

じまえ【自前】자기 부담(自己負擔).

じまく【字幕】자막(字幕).

しまぐに【島国】섬나라. ◆**島国根性** 섬나라 근성.

しまつ【始末】❶ 경위(經緯); 일의 사정(事情). ❷ 나쁜 결과(結果). ❸ 처리(處理). ❹ 검약(儉約). ‖始末屋 검약가. ‖始末が悪い 다루기 힘들다. ◆**始末書** 시말서.

しまった 아차; 아뿔싸.

しまり【締まり】❶ 조임; 야무짐. ❷ 문단속(門團束). ❸ 결말(結末).

*__しまる__【閉まる】닫히다. ‖8時に門が閉まる 8시에 문이 닫힌다.

*__しまる__【締まる・絞まる】❶죄이다; 단단하다. ❷ 스포츠에서 단련된 締まった体 스포츠로 단련된 단단한 몸. ❸ 긴장(緊張)하다. ‖締まった試合 긴장된 시합. ❹ 절약(節約)하다. ❺ (相場가) 오르다.

*__じまん__【自慢】(죠어) 자만(自慢); 자랑. ‖自慢の息子 자랑스러운 아들. 自慢するわけではないが 자랑하는 것은 아니

지만. のど自慢 노래자랑.

しみ【染み】❶ 얼룩; 오점(汚點); 결점(缺點). ❷(顔の)기미; 검버섯.

シミ【紙魚】【昆蟲】좀.

じみ【地味】ダ 수수하다; 수던스럽다; 소박(素朴)하다. ‖地味な色 수수한 색. 地味な人柄 수더분한 사람. 地味な生活 소박한 생활.

しみいる【染み入る】스며들다.

しみこむ【染み込む】스며들다.

しみじみ【切切に】‖責任の重大さをしみじみ感じた 책임이 크다는 것을 절실히 느꼈다.

じみち【地道】ダ 착실(着實)하다; 견실(堅實)하다; 꾸준하다. ‖地道な努力 꾸준한 노력. 地道に稼ぐ 착실하게 벌다.

しみつく【染み付く】몸에 배다.

しみとおる【染み通る】깊이 스며들다.

しみぬき【染み抜き】‖染み抜きする 얼룩을 빼다.

しみゃく【支脈】지맥(支脈).

シミュレーション【simulation】 시뮬레이션.

しみる【凍みる】얼다.

しみる【染みる】❶ 스며들다; 번지다; 배다. ‖インクが染みた紙 잉크가 번진 종이. 汗の染みたハンカチ 땀이 밴 손수건. ❷〔液体・気体などの刺激で〕아프다. ❸ 깊이 느끼다. ‖骨身に染みて感じる 뼈저리게 느끼다.

-じみる【染みる】❶ 배다; 끼다. ‖汗じみる 땀이 배다. ❷ …처럼 보이다; …처럼 굴다. ‖子どもじみている 애처럼 굴고 있다.

しみわたる【染み渡る】스며들다; (생각 등이)구석구석까지 미치다.

しみん【市民】시민(市民). ‖ 善良な市民 선량한 시민. 横浜市民 요코하마 시민. ◆**市民運動** 시민 운동. **市民会館** 시민 회관. **市民階級** 시민 계급. **市民革命** 시민 혁명. **市民権** 시민권.

*__じむ__【事務】사무(事務). ‖事務を執る 사무를 보다. ◆**事務員** 사무원. **事務官** 사무 관. **事務次官** 사무 차관. **事務室** 사무실. **事務所** 사무소. **事務的** 사무적. ‖事務的に処理する 사무적으로 처리하다. **事務能力** 사무 능력. **事務用品** 사무 용품.

ジム【gym】❶[スポーツジム]체육관(體育館); 헬스클럽. ❷(ボクシングの)권투 연습장(拳鬪練習場).

ジムグリ【地潛】【動物】무자치.

しむける【仕向ける】하게 만들다.

しめ【締め・〆】❶ 합계(合計). ❷(手紙の봉함 口에 하는 표시(標示). ❸〔まとめ〕매듭; 마지막. ‖会の締めに会長が挨拶した 모임의 마지막에 회장이 인사를 했다. ❹〔半紙などの数を数える単位〕半紙1〆 반지 이천장(二千

張). ÷1メ=2000枚.

しめあげる【締め上げる】 ❶[強く締める]세게 죄다. ❷[厳しく責める]심하게 추궁(追窮)하다.

しめい【氏名】 씨명(氏名).

しめい【使命】 사명(使命). ∥使命を帯びた使命を띠다. 使命を果たす사명을 다하다. ◆使命感 사명감.

しめい【指名】 (名他) 지명(指名). ∥先生は私を指名して読むように言った 선생님은 나를 지명해서 읽으라고 했다. 会長に指名される 회장으로 지명되다.

じめい【自明】 자명(自明)하다. ∥自明なことだ 자명한 일이다.

しめいだしゃ【指名打者】 (野球) 지명타자(指名打者).

しめいてはい【指名手配】 (名他) 지명 수배(指名手配).

しめきり【締め切り】 ❶[戸などを]닫은 채로 둠. ❷[部屋を締め切りにする] 방을 닫아 두다. ❷마감; 기한(期限); ∥募集の締め切り日 모집 마감일.

しめきる【締め切る】 ❶[戸などを]닫은 채로 두다. ❷[期限に達し受付を]마감하다.

しめくくる【締め括る】 ❶마무리(를) 짓다. ∥1年を締めくくる行事 일 년을 마무리 짓는 행사. ❷[しばる]꽁꽁 묶다.

しめころす【絞め殺す】 교살(絞殺)하다; 목을 졸라 죽이다.

しめさば【締め鯖】 (殷國)뼈를 발라내어 소금을 뿌리고 다시 식초(食酢)에 절인 고등어.

しめし【示し】 가르침; 교시(教示); 게시(啓示). ◆示しが付かない 본보기가 되지 못되다.

シメジ (殷國) 식용(食用) 버섯의 일종.

しめしあわせる【示し合わせる】 미리 의논(議論)하다; 미리 짜다.

しめしめ 일이 뜻대로 되어서 됐다; 됐어.

じめじめ 눅눅히; 축축히. ∥じめじめとした天気が続く 눅눅한 날씨가 계속되다.

*しめす【示す】 ❶제시(提示)하다; 보이다. ❷[根拠を示す根拠を提示하다. 模範を示す 모범을 보이다. ❷[記号・標識などが何かを意味하다]나타내다; 가리키다. ∥非常口を示す標識 비상구를 의미하는 표지.

しめだす【締め出す】 ❶[門や戸を閉めて]못 들어오게 하다. ❷[仲間から]배척(排斥)하다; 따돌리다.

しめつ【死滅】 (名自) 사멸(死滅).

じめつ【自滅】 (名自) 자멸(自滅).

しめつける【締め付ける】 세게 죄다; 압박(壓迫)하다.

しめっぽい【湿っぽい】 ❶습기(湿氣)가 많다; 눅눅하다. ❷[陰気で]우울(憂鬱)하다; 침울(沈鬱)하다.

しめて【締めて・〆て】 합해서; 합치면.

∥しめて5万円になる 합치면 오만 엔이 된다.

しめやかに 조용히; 엄숙(嚴肅)히. ∥しめやかに葬儀が執り行われた 장례식이 엄숙히 거행되었다.

しめり【湿り】 ❶습기(湿氣). ❷습기를 띠는 습기가 차다. ❷비가 내림.

しめりけ【湿り気】 습기(湿氣); 물기.

しめる【湿る】 ❶습기(湿氣)가 차다. ❷우울(憂鬱)해지다; 침울(沈鬱)해지다.

しめる【占める】 점(占)하다; 차지하다. ∥優位を占める 우위를 점하다. 過半数を占める 과반수를 차지하다. 重要なポストを占める 중요한 자리를 차지하다.

しめる【絞める】 조르다. ∥首を絞める 목을 조르다.

*しめる【締める・閉める】 ❶닫다; 죄다; 잠그다. ∥戸を閉める 문을 닫다. ねじを締める 나사를 죄다. びんのふたを閉める 병 뚜껑을 닫다. ❷매다; 졸라매다. ∥ネクタイを締める 넥타이를 매다. ❸[気持ちを]다잡다. ❹절약(節約)하다. ❺[勘定の]합계하다. ❻[酢・塩などで]생선(生鮮)을 절이다.

しめん【四面】 사면(四面).

しめん【紙面】 ❶[新聞・雑誌などの]지면(紙面). ❷편지(便紙); 서면(書面).

しめん【誌面】 지면(誌面).

じめん【地面】 지면(地面); 땅바닥.

しめんそか【四面楚歌】 사면초가(四面楚歌).

しも【下】 ❶[川の]하류(下流). ❷[月や年の]끝부분. 下半期 하반기. ❸[身分・地位が]낮은 사람. ❹아랫부분. ∥下半身 하반신. ❺대소변(大小便). 下のお世話 대소변 시중.

しも【霜】 서리. ∥霜が降りる 서리가 내리다.

しもがれどき【霜枯れ時】 ❶[冬]초목(草木)이 서리에 시드는 때. ❷[不景気な時期]경기(景氣)가 안 좋은 때.

しもき【下期】 하반기(下半期).

じもく【耳目】 이목(耳目).

しもざ【下座】 아랫자리; 말석(末席).

しもじも【下下】 서민(庶民).

しもつき【霜月】 음력 십이월(陰曆十一月).

しもて【下手】 ❶아래쪽. ❷(殷國)(舞台で)무대(舞臺)를 향하여 왼쪽.

じもと【地元】 ❶어떤 것과 직접(直接) 관련(關聯)이 있는 지방(地方). ❷[自分の住んでいる土地]자기(自己)가 사는 지방.

しもどけ【霜解け】 서리가 녹음.

しもね【下ねた】 음담패설(淫談悖說).

じもの【地物】 그 지방(地方)에서 나는 물건.

しもばしら【霜柱】 서릿발.

しもはんき【下半期】 하반기(下半期).

しもぶくれ【下脹れ・下腫れ】 얼굴 아래쪽이 부은 것.

しもふり【霜降り】 ❶ (肉・布などが) 서리가 내린 것처럼 희끗희끗한 것. ❷ (쇠고기의)차돌박이.

しもべ【僕】 종; 하인(下人).

しもやけ【霜焼け】 가벼운 동상(凍傷).

しもん【指紋】 지문(指紋). ∥指紋を採る 지문을 채취하다. 指紋が残る 지문이 남다.

しもん【試問】 (名他) 시험(試驗).

しもん【諮問】 (名他) 자문(諮問). ∥諮問機関 자문 기관.

じもん【自問】 (名他) 자문(自問).

じもんじとう【自問自答】 (名自) 자문자답(自問自答).

しゃ【社】 ❶ 회사(會社). ❷ (회사・신사를 세는 수량어)…사. ∥20 社를 넘게 거느리는 계열사 스무 사가 넘는 계열사.

-しゃ【車】 …차(車). ◆国産車 국산차.

-しゃ【者】 …자(者). ◆有権者 유권자.

しや【視野】 시야(視野). ∥視野が広い 시야가 넓다. 視野を広げる 시야를 넓히다.

ジャー【jar】 보온 용기(保溫容器).

ジャーキー【jerky】 육포(肉脯).

じゃあく【邪悪】 ダ 사악(邪惡)하다.

じゃあじゃあ 촬촬; 좍좍. ∥ホースでじゃあじゃあ水をまく 호스로 물을 좍좍 뿌리다.

ジャーナリスト【journalist】 저널리스트.

ジャーナリズム【journalism】 저널리즘.

ジャーナル【journal】 저널.

シャープペンシル【sharp+pencil 日】 샤프펜슬.

シャーベット【sherbet】 셔벗.

しゃい【謝意】 사의(謝意). ∥謝意を表す 사의를 표하다.

しゃいん【社員】 사원(社員). ◆有能な社員 유능한 사원. ◆新入社員 신입 사원. 正社員 정사원.

しゃうん【社運】 사운(社運). ∥社運にかかわる一大事 사운이 걸린 대사.

しゃおく【社屋】 사옥(社屋).

しゃおん【遮音】 遮音する 소리를 차단하다.

しゃおん【謝恩】 사은(謝恩). ◆謝恩会 사은회.

しゃか 【釋迦】 석가(釋迦). ▶釈迦に説法 공자 앞에 문자 쓰기.

ジャガー【jaguar】 (動物) 재규어.

しゃかい【社会】 사회(社会). ∥社会を形成する 사회를 형성하다. 大学を卒業して社会に出る 대학을 졸업하고 사회에 나가다. 社会の一員 사회의 일원. ◆上流社会 상류 사회. 全体社会 전체 사회. 社会運動 사회 운동. 社会

科 사회과. 社会科学 사회 과학. 社会学 사회학. 社会事業 사회 사업. 社会資本 사회 자본. 社会主義 사회주의. 社会人 사회인. 社会性 사회성. 社会政策 사회 정책. 社会的 사회적. 社会的な問題 사회적인 문제. 社会的に認められる 사회적으로 인정받다. 社会鍋 자선 냄비. 社会福祉 사회 복지. 社会復帰 사회 복귀. 社会保険 사회 보험. 社会保障 사회 보장. 社会面 사회면.

しゃがい【社外】 사외(社外). ∥社外秘 사외 비밀.

ジャガイモ【ジャガ芋】 감자. ∥ゆでたジャガイモ 삶은 감자.

しゃがむ 쪼그리고 앉다; 웅크리고 앉다.

しゃかむに【釈迦牟尼】 석가모니(釋迦牟尼).

しゃがれごえ【嗄れ声】 쉰 목소리.

しゃがれる【嗄れる】 목이 쉬다.

しゃかんきょり【車間距離】 차간 거리(車間距離).

シャギー【shaggy】 (服飾) ❶ 보풀이 긴 직물(織物). ❷ (ヘアカット)머리카락을 일부러 일정(一定)하지 않게 자르는 법(法).

しゃきしゃき ❶ (歯切れよくものを噛む) 사각사각; 아삭아삭. ∥しゃきしゃきと歯ざわりのセロリ 아삭아삭 씹히는 맛의 셀러리. ❷ (活発で手際よい) 척척; 싹싹.

しゃきっと ❶ 아삭아삭. ∥しゃきっとしたレタス 아삭아삭한 양상추. ❷ (気持ちがしっかりしている) ∥もっとしゃきっともっと 정신 차려서 해라.

じゃきょう【邪教】 사교(邪敎).

しやく【試薬】 시약(試藥).

しゃくい【爵位】 작위(爵位).

しゃくし【杓子】 국자.

じゃくし【弱視】 약시(弱視).

じゃくしゃ【弱者】 약자(弱者).

しゃくしょ【市役所】 시청(市廳).

じゃくしょう【弱小】 ダ 약소(弱小)하다. ◆弱小国家 약소 국가.

しゃくぜん【釈然】 석연(釋然). ∥釈然としない 석연치 않다.

しゃくそん【釋尊】 석존(釋尊).

じゃくたい【弱体】 약체(弱體).

しゃくち【借地】 (名他) 차지(借地). ◆借地権 차지권.

じゃぐち【蛇口】 수도(水道)꼭지. ∥蛇口を閉める 수도꼭지를 잠그다.

じゃくてん【弱点】 ❶ (弱み)약점(弱點). ❷ 敵の弱点を探る 적의 약점을 찾다. ❷ (短所)단점(短點).

しゃくど【尺度】 척도(尺度).

じゃくにくきょうしょく【弱肉強食】 약육강식(弱肉強食).

しゃくねつ【灼熱】 (名自) 작열(灼熱).

しゃくねつの太陽 작열하는 태양.
じゃくはい【若輩】 연소자(年少者); 미숙자(未熟者).
しゃくはち【尺八】 퉁소.
しゃくほう【釈放】 (する) 석방(釋放). ‖政治犯を釈放する 정치범을 석방하다.
しゃくめい【釈明】 (する) 석명(釋明).
しゃくや【借家】 차가(借家); 셋집.
シャクヤク【芍薬】 작약(芍薬).
しゃくよう【借用】 (する) 차용(借用). ‖借用証書 차용 증서. ◆借用語 차용어.
しゃくりあげる【噦り上げる】 흐느껴 울다.
しゃくりょう【借料】 임차료(賃借料).
しゃくりょう【酌量】 (する) 참작(参酌). ◆情状酌量 정상 참작.
しゃげき【射撃】 (する) 사격(射擊). ‖一斉に射撃する 일제히 사격하다.
ジャケット【jacket】 재킷.
じゃけん【検見】 (説明) 법(法)에 의한 자동차(自動車)의 정기 점검(定期點檢).
じゃけん【邪険】 매몰참; 매정함. ‖邪険な態度を取る 매몰찬 태도를 취하다. 邪険にする 매몰차게 하다.
しゃこ【車庫】 차고(車庫).
シャコ【蝦蛄・魚介類】 갯가재.
しゃこう【社交】 사교(社交). ◆社交界 사교계. 社交辞令 발림소리. 社交性 사교성. 社交場 사교장. 社交ダンス 사교댄스. 社交ダンス 사교댄스. 社交的な 사교적인.
しゃこう【射幸】 (する) 사행幸. 射幸心をあおる 사행심을 조장하다.
しゃこう【遮光】 (する) 차광(遮光). ‖遮光の効果があるガラス 차광 효과가 있는 유리.
しゃさい【社債】 사채(社債).
しゃざい【謝罪】 (する) 사죄(謝罪). ◆謝罪広告 사죄 광고.
しゃさつ【射殺】 (する) 사살(射殺).
しゃし【斜視】 사시(斜視).
しゃし【奢侈】 사치(奢侈).
しゃじ【謝辞】 감사(感謝)의 말.
しゃじつ【写実】 (する) 사실(寫實). ◆写実主義 사실주의.
しゃじつてき【写実的】 사실적(寫實的). ‖写実的な絵画 사실적인 회화.
じゃじゃうま【じゃじゃ馬】 말괄량이.
しゃしゅ【社主】 사주(社主).
しゃしゅ【車種】 차종(車種).
しゃしょう【車掌】 차장(車掌).
*****しゃしん**【写真】 사진(寫真). ‖写真を撮る 사진을 찍다. 写真を現像する 사진을 현상하다. 思い出の写真 추억의 사진. ◆カラー写真 컬러 사진. 記念写真 기념사진.
じゃしん【邪心】 사심(邪心).

ジャス【JAS】 일본 농림 규격(日本農林規格). ◆JASマーク JAS 마크.
ジャズ【jazz】 재즈. ◆ジャズシンガー 재즈 가수. ジャズダンス 재즈댄스.
ジャスミン【jasmine】 재스민. ‖ジャスミン茶 재스민차.
しゃせい【写生】 (する) 사생(寫生). ‖山の風景を写生する 산의 풍경을 사생하다. ◆写生画 사생화.
しゃせい【射精】 (する) 사정(射精).
しゃせつ【社説】 사설(社說).
しゃぜつ【謝絶】 (する) 사절(謝絶). ‖面会謝絶 면회 사절.
しゃせん【車線】 차선(車線). ‖車線変更 차선 변경.
しゃせん【斜線】 사선(斜線).
しゃそう【社葬】 사장(社葬).
しゃそう【車窓】 차창(車窓). ‖車窓から景色を眺める 차창으로 경치를 바라보다.
しゃたく【社宅】 사택(社宅).
しゃだく【瀉濁】ダ 소탈(疏濁)하다.
しゃだん【遮断】 (する) 차단(遮斷). ‖交通を一時遮断する 교통을 일시 차단하다. ◆遮断機 차단기.
しゃだんほうじん【社団法人】 사단 법인(社團法人).
シャチ【鯱】 범고래.
しゃちほこ【鯱】 (説明) 상상(想像)의 동물(動物).
しゃちょう【社長】 사장(社長). ◆社長室 사장실.
*****シャツ**【shirt】 와이셔츠; 셔츠. ‖半そでのシャツ 반팔 셔츠. ◆アロハシャツ 알로하 셔츠.
じゃっか【弱化】 (する) 약화(弱化). ‖戦力が弱化する 전력이 약화되다.
しゃっかん【借款】 차관(借款).
じゃっかん【若干】 ❶약간(若干); 다소(多少). ‖若干のお金を残す 약간의 돈을 남기다. ❷[副詞的に]약간. ‖若干の傾向がある 약간 그런 경향이 있다.
じゃっかん【弱冠】 약관(弱冠); 이십 세(二十歳); 스무 살.
しゃっかんほう【尺貫法】 척관법(尺貫法).
じゃっき【惹起】 (する) 야기(惹起).
ジャッキ【jack】 잭.
しゃっきり ❶[気持ちが]또렷이. ‖しゃっきりした老人 정신이 또렷한 노인. ❷[姿勢が]꼿꼿이. ‖背筋のしゃっきりした人 허리가 꼿꼿한 사람.
*****しゃっきん**【借金】 돈을 빌림; 빌린 돈; 빚. ‖私は彼に借金がある 나는 그 사람에게 빚이 있다. 知人から借金をする 아는 사람한테서 돈을 빌리다. 借金を返す 빚을 갚다. 借金取り 빚쟁이.
しゃっくり 딸꾹질.
ジャッジ【judge】 (する) 판단(判斷); 판

シャッター 212

정(判定). ‖ジャッジミス 판정 미스, ジャッジを下す 판정을 내리다.
シャッター【shutter】 ❶ (カメラの)셔터. ‖シャッターを切る 셔터를 누르다. ❷ (店の)셔터. ‖シャッターを下ろす 셔터를 찬다. ◆シャッターチャンス 셔터 찬스.
シャットアウト【shutout】 ❶ 폐쇄(閉鎖). ❷ (野球で)완봉(完封).
しゃてい【射程】 사정(射程). ◆射程距離 사정 거리.
しゃどう【車道】 차도(車道).
じゃどう【邪道】 정당(正當)하지 못한 방법(方法).
シャトル【shuttle】 셔틀. ◆スペースシャトル 스페이스 셔틀. シャトルバス 셔틀버스.
シャトルコック【shuttlecock】 셔틀콕.
しゃない【社内】 사내(社內). ◆社内報 사보. 社内結婚 사내 결혼.
しゃない【車内】 차(車) 안.
しゃにむに【遮二無二】 마구; 무턱대고.
じゃねん【邪念】 사념(邪念).
しゃば【娑婆】 사바(娑婆).
じゃばら【蛇腹】 (版)주름이 있어 신축(伸縮)이 자유(自由)로운 것.
ジャブ【jab】 (ボクシングで)잽.
しゃふう【社風】 사풍(社風).
しゃぶしゃぶ【料理】샤부샤부.
じゃぶじゃぶ 〔水をかき回したりする時の音〕첨벙첨벙; 〔小川を子供がじゃぶじゃぶ〕と渡る 냇가를 첨벙거리며 건너다.
しゃふつ【煮沸】 ‖煮沸する 펄펄 끓이다.
しゃぶる 핥다; 빨다.
しゃべる【喋る】 ❶ 말하다; 입 밖에 내다. ‖うっかりしゃべってしまった 무심코 말해 버렸다. ❷ 지껄이다; 재잘거리다. ‖よくしゃべるやつ 잘도 지껄이는 녀석.
シャベル【shovel】 삽.
シャボン【sabão포】 비누. ◆シャボン玉 비눗방울.
*じゃま【邪魔】 (名ㆍ하) ❶ 방해(妨害). ‖勉強を邪魔する 공부를 방해하다. 仕事の邪魔になる 일의 방해가 되다. ❷ 〔お邪魔の形で〕다른 집을 방문(訪問)하는 것; 찾아가다; 찾아뵙다. 近く ちかく お伺いしますね 近間이 시간에 찾아뵙겠습니다. 少しだけお邪魔します 잠깐만 들르겠습니다.
ジャマイカ【Jamaica】 (国名) 자메이카.
しゃみせん【三味線】 샤미센.
ジャム【jam】 잼. ◆イチゴジャム 딸기잼.
しゃめい【社名】 사명(社名).
しゃめい【社命】 사명(社命).

しゃめん【斜面】 사면; 경사면(傾斜面).
しゃめん【赦免】 (名ㆍ하) 사면(赦免). ◆赦免状 사면장.
シャモ【軍鶏】 댓닭.
しゃもじ【杓文字】 주걱.
しゃよう【斜陽】 사양(斜陽). ◆斜陽産業 사양 산업.
じゃらじゃら 짤랑짤랑.
しゃり【舎利】 ❶ (仏教)사리(舍利). ❷ (すし의) 쌀; 밥.
じゃり【砂利】 자갈.
しゃりょう【車両】 차량(車輛).
しゃりん【車輪】 차바퀴; 수레바퀴.
しゃれ【洒落】 ❶ (版)같은 음을 (發音)으로 뜻이 다른 말을 만들어 좌중을 웃기는 것. ❷ 〔おしゃれ〕멋을 부림; 멋쟁이.
しゃれい【謝礼】 사례(謝禮).
しゃれる【洒落る】 ❶ 멋을 내다; 멋을 부리다. ❷ 멋있다; 세련(洗練)되다. ❸ 〔しゃれを言う〕농담(弄談)을 하다.
じゃれる【戯れる】 달라붙어 장난을 치다.
シャワー【shower】 샤워.
ジャンクション【junction】 (高速道路 などの)인터체인지.
ジャンクフード【junk food】 정크 푸드.
ジャングル【jungle】 정글. ◆ジャングルジム 정글짐.
じゃんけん【じゃん拳】 가위바위보.
じゃんけんぽん 가위바위보.
しゃんしゃん ❶ 〔大勢の人が手締めをする時の音〕짝짝짝. ❷ 〔体が丈夫でよく立ち働く様子〕 ‖年の割にはしゃんしゃんしている 나이에 비해 몸놀림이 가볍다.
じゃんじゃん ❶ 〔半鐘などの音〕땡땡. ❷ 〔同じ物事を続けざまに勢いよく行なう様子〕 ‖じゃんじゃん飲む 계속해서 마시다.
シャンソン【chanson프】 샹송.
シャンデリア【chandelier】 샹들리에.
しゃんと 똑바로. ‖しゃんと立ちなさい 똑바로 서라. しゃんとしている 정정하다.
ジャンパー【jumper】 점퍼; 잠바.
ジャンパースカート【jumper+skirt일】 점퍼스커트.
シャンパン【champagne】 샴페인.
ジャンプ【jump】 (名ㆍ하) 점프.
シャンプー【shampoo】 (名ㆍ하) 샴푸.
ジャンボ【jumbo】 점보. ◆ジャンボジェット 점보제트기.
ジャンボリー【jamboree】 잼보리.
ジャンル【genre프】 장르.
しゅ【主】 ❶ 주; 주인(主人). ❷ 주군(主君). ❸ 중심(中心). ❹ (キリスト教)주; 그리스도.
しゅ【種】 ❶ 종류(種類). ❷ (生物)종.

-しゅ【手】 …수(手). ♦運転手 운전수.
しゅい【主位】 주(主)가 되는 지위(地位).
しゅい【主意】 주의(主意).
しゅい【首位】 수위(首位). ‖首位を奪還하는 수위를 탈환하다.
しゅいろ【朱色】 주색(朱色).
しゅいん【手淫】 ⦅する⦆ 수음(手淫); 자위(自慰).
しゅいん【朱印】 인주(印朱)로 찍은 도장(圖章).
しゅう【州】 ❶주(州). ❷대륙(大陸).
しゅう【週】 주(週). ‖週3回 주 세 번.
しゅう【私有】 ⦅する⦆ 사유(私有). ♦私有財産 사유 재산. 私有地 사유지.
しゅう【雌雄】 자웅(雌雄). ‖雌雄を争う 자웅을 겨루다. ▶雌雄を決する 자웅을 겨루는 싸움. 자웅을 決する戦い 자웅을 겨루는 싸움.
じゅう【十·10】 열; 십(十). ‖十まで数える 열까지 세다. 10か月 십개월.
じゅう【銃】 총(銃). ‖銃を構える 총을 겨누다.
-じゅう【中】 ❶[すべて] 전부(全部); 온…. ‖世界中 온 세계. ❷[…の間]…동안 계속(繼續); …내내. ‖1年中 일년 내내.
*じゆう【自由】 자유(自由). ‖言論の自由 언론의 자유. 自由のために戦う 자유를 위해 싸우다. 自由に 자유롭게. ♦自由意志 자유 의지. 自由化 ⦅する⦆ 자유화. 貿易の自由化 무역의 자유화. 自由貿易 자유 무역. 自由形 자유형. 自由業 자유업. 自由経済 자유 경제. 自由詩 자유시. 自由自在 자유자재. 自由主義 자유주의. 自由席 자유석. 自由貿易 자유 무역. 自由放任 자유방임.
じゆう【事由】 사유(事由). ‖離婚事由 이혼 사유.
じゅうあつ【重圧】 중압(重壓).
しゅうい【周囲】 ❶ 주위(周圍). ❷ 환경(環境).
じゅうい【獣医】 수의사(獸醫師).
じゅういちがつ【十一月·11月】 십일월(十一月).
しゅういつ【秀逸】 ♦ 뛰어나다. ‖秀逸な作品 뛰어난 작품.
じゅうえん【充員】 ⦅する⦆ 충원(充員). ‖兵士を充員する 병사를 충원하다.
しゅうえき【収益】 ⦅する⦆ 수익(收益). ♦収益を上げる 수익을 올리다. ◆収益性 수익성.
しゅうえん【終焉】 종언(終焉).
じゅうおう【縦横】 ❶ 종횡(縱橫). ❷ [縦横に形で]마음대로.
じゅうおうむじん【縦横無尽】 종횡무진(縱橫無盡).
しゅうかい【集会】 집회(集會). ‖集会の自由 집회의 자유.

じゅうかがくこうぎょう【重化学工業】 중화학 공업(重化學工業).
*しゅうかく【収穫】 ⦅する⦆ 수확(收穫). ‖大豆を収穫する 콩을 수확하다. 旅の収穫 여행의 수확. ◆収穫期 수확기. 収穫高 수확고.
しゅうがく【修学】 ⦅する⦆ 수학(修學). ♦修学旅行 수학여행. 修学旅行で京都へ行く 수학여행으로 교토에 가다.
しゅうがく【就学】 ⦅する⦆ 취학(就學). ♦就学児童 취학 아동. 就学生 취학생.
じゅうがつ【十月·10月】 시월.
しゅうかん【収監】 ⦅する⦆ 수감(收監).
しゅうかん【週刊】 주간(週刊). ♦週刊誌 주간지.
しゅうかん【週間】 주간(週間). ♦交通安全週間 교통 안전 주간.
*しゅうかん【習慣】 주기(習慣). ‖早起きの習慣をつける 일찍 일어나는 습관을 들이다. 悪い習慣 나쁜 습관.
しゅうき【周期】 주기(週期). ♦周期運動 주기 운동. 周期的 주기적. 周期的な痛み 주기적인 통증. 周期的に変える 주기적으로 바꾸다.
しゅうき【臭気】 악취(惡臭).
しゅうき【秋季】 추계(秋季); 가을. ♦秋季運動会 추계 운동회.
しゅうき【秋期】 가을철.
-しゅうき【周忌】 …주기(週忌).
しゅうぎ【祝儀】 축의금(祝儀金).
じゅうき【什器】 집기(什器).
じゅうき【重機】 중기(重機).
じゅうき【銃器】 총기(銃器).
しゅうぎいん【衆議院】 중의원(衆議院).
しゅうきゃく【集客】 손님을 모음.
しゅうきゅう【週給】 주급(週給).
しゅうきゅう【蹴球】 축구(蹴球).
じゅうきょ【住居】 ⦅する⦆ 주거(住居); 住居を移す 주거를 옮기다. ♦住居地域 주거 지역.
*しゅうきょう【宗教】 종교(宗敎). ‖宗教を信じる 종교를 믿다. ♦新興宗教 신흥 종교. 宗教改革 종교개혁. 宗教裁判 종교 재판. 宗教法人 종교 법인.
しゅうぎょう【就業】 ⦅する⦆ 수업(修業).
しゅうぎょう【修業】 ⦅する⦆ 종업(終業). ♦終業式 종업식.
しゅうぎょう【就業】 ⦅する⦆ 취업(就業). ♦就業規則 취업 규칙. 就業時間 취업 시간.
じゅうぎょう【従業】 수업(從業).
♦従業員 종업원.
しゅうきょく【終局】 ❶〔将棋·囲碁が〕끝남. ❷결말(結末); 종말(終末).
しゅうきょくりつ【周期律】 주기율(周期律).
じゅうきんぞく【重金属】 중금속(重金屬).
シュークリーム 【←chou à la crème フ】

じゅうぐん【従軍】 (する) 종군(従軍). ◆従軍記者 종군 기자.
しゅうけい【集計】 (する) 집계(集計). ‖アンケートの結果を集計する 앙케이트 결과를 집계하다.
じゅうけい【重刑】 중형(重刑).
しゅうげき【襲撃】 (する) 습격(襲撃). ‖敵のアジトを襲撃する 적의 아지트를 습격하다.
じゅうげき【銃撃】 총격(銃撃).
しゅうけつ【終結】 (する) 종결(終結). ‖紛争が終結する 분쟁이 종결되다.
しゅうけつ【集結】 집결(集結).
じゅうけつ【充血】 (する) 충혈(充血). ‖目が充血する 눈이 충혈되다.
しゅうけん【集権】 집권(集権). ‖中央集権 중앙 집권.
しゅうげん【祝言】 ❶ 축사(祝辞) ❷ 결혼식(結婚式). ‖祝言を挙げる 결혼식을 올리다.
じゅうけん【銃剣】 총검(銃剣).
じゅうげん【重言】 ❶ 중언(重言). ❷ (言語) 첩어(畳語).
じゅうこ【住戸】 (集合住宅で)한 집 한 집.
しゅうこう【修好】 수호(修好); 수교(修交). ◆修好条約 수호 조약.
しゅうこう【就航】 취항(就航).
しゅうこう【集光】 (する) 집광(集光). ◆集光器 집광기.
*しゅうごう【集合】 (する) 집합(集合). ‖直接現地へ集合する 직접 현지에 집합하다. ◆部分集合 부분 집합. 集合時間 집합 시간. 集合場所 집합 장소. 集合名詞 집합 명사.
じゅうこう【重厚】 ダ 중후(重厚)하다.
じゅうこう【銃口】 총구(銃口).
じゅうこうぎょう【重工業】 중공업(重工業). ◆重工業地帯 중공업 지대.
じゅうこん【重婚】 중혼(重婚).
しゅうさい【秀才】 수재(秀才).
じゅうざい【重罪】 중죄(重罪).
しゅうさく【習作】 습작(習作).
じゅうさつ【銃殺】 (する) 총살(銃殺).
しゅうさん【集散】 집산(集散). ◆集散地 집산지.
しゅうし【収支】 수지(収支). ‖貿易収支 무역 수지.
しゅうし【修士】 석사(碩士). ◆修士論文 석사 논문.
しゅうし【終止】 (する) 종지(終止). ◆終止形 종지형. 終止符 종지부. 終止符を打つ 종지부를 찍다.
しゅうし【始終】 시종(始終). ◆始終一貫 (する) 시종일관.
しゅうじ【修辞】 수사(修辞). ◆修辞学 수사학.
しゅうじ【習字】 습자(習字).
じゅうし【重視】 (する) 중시(重視).
じゅうじ【従事】 (する) 종사(従事). ‖製造業に従事する 제조업에 종사하다.
じゅうじか【十字架】 십자가(十字架).
じゅうじぐん【十字軍】 십자군(十字軍).
しゅうじつ【週日】 평일(平日); 주일(週日).
しゅうじつ【終日】 종일(終日); 하루 종일. ‖終日頭痛に悩む 하루 종일 두통에 시달리다.
じゅうじつ【充実】 (する) 충실(充実). ‖充実した生活 충실한 생활.
しゅうしゅう【収拾】 (する) 수습(収拾). ‖事態を収拾する 사태를 수습하다.
しゅうしゅう【収集】 (する) 수집(収集). ‖切手を収集する 우표를 수집하다.
じゅうじゅう 지글지글. ‖じゅうじゅう(と)肉を焼く 고기를 지글지글 굽다.
じゅうじゅう【重重】 충분(充分); 익히. ‖お忙しいのはじゅうじゅう承知しております 바쁘신 것은 익히 알고 있습니다.
しゅうしゅく【収縮】 (する) 수축(収縮). ‖細胞が収縮する 세포가 수축하다.
じゅうじゅん【従順】 ダ 순종적(順従的)이다.
*じゅうしょ【住所】 주소(住所). ‖住所を教えてください 주소를 가르쳐 주세요. ‖ここに住所氏名を書きなさい 여기에 주소와 이름을 쓰세요. ◆住所録 주소록.
しゅうしょう【終章】 종장(終章).
じゅうしょう【重症】 중증(重症). ◆重症患者 중증 환자.
じゅうしょう【重傷】 중상(重傷). ‖重傷を負う 중상을 입다.
じゅうしょう【銃傷】 총상(銃傷).
じゅうしょうしゅぎ【重商主義】 중상주의(重商主義).
しゅうしょく【修飾】 (する) 수식(修飾). ◆修飾語 수식어.
*しゅうしょく【就職】 (する) 취직(就職). ‖銀行に就職する 은행에 취직하다. 就職口を探している 취직할 데를 찾고 있다. ◆就職活動 취직 활동. 就職 준비. 就職難 취직난.
じゅうしょく【重職】 요직(要職).
しゅうじょし【終助詞】 종결 어미(終結語尾).
じゅうじろ【十字路】 사거리; 네거리.
しゅうしん【修身】 수신(修身). ‖修身斉家治国平天下 수신제가 치국평천하.
しゅうしん【終身】 종신(終身). ◆終身刑 종신형. 終身雇用 종신 고용. 終身保険 종신 보험.
しゅうしん【終審】 종심(終審).

しゅうしん【就寝】 （名・する）취침(就寝). ◆就寝時間 취침 시간.
しゅうじん【囚人】 수인(囚人).
しゅうじん【衆人】 중인(衆人); 뭇사람. ◆衆人環視 중인환시.
じゅうしん【重心】 중심(重心). ▶重心を取る 중심을 잡다.
ジュース【juice】 주스. ◆オレンジジュース 오렌지 주스.
しゅうせい【修正】 （名・する）수정(修正). ∥不適切な表現を修正する 부적절한 표현을 수정하다. 軌道を修正する 궤도를 수정하다. ◆修正案 수정안.
しゅうせい【終生】 평생(平生); 일생(一生). ∥終生恩を忘れない 평생 은혜를 잊지 않다.
しゅうせい【習性】 습성(習性). ∥野鳥の習性を研究する 들새의 습성을 연구하다.
しゅうせい【集成】 （名・する）집성(集成).
しゅうぜい【収税】 수세(收稅).
じゅうせい【銃声】 총소리; 총성.
じゅうせい【重税】 중세(重稅).
しゅうせき【集積】 （名・する）집적(集積). ◆集積回路 집적 회로.
じゅうせき【重責】 중책(重責). ∥重責から解放される 중책에서 해방되다.
しゅうせん【周旋】 （名・する）주선(周旋).
しゅうせん【終戦】 종전(終戦).
しゅうぜん【修繕】 （名・する）수선(修繕).
じゅうぜん【従前】 종전(従前). ∥従前通り 종전대로.
しゅうそう【秋霜】 추상(秋霜).
しゅうぞう【収蔵】 （名・する） ❶소장(所蔵). ❷저장(貯蔵).
じゅうそう【重曹】 중조(重曹); 중탄산소다.
じゅうそう【重層】 중층(重層).
じゅうそう【縦走】 （名・する）종주(縦走).
しゅうそく【収束】 （名・する） ❶수습(收拾). ❷（数列の）수렴(收斂). ❸광선(光線)이 한 점에 모임.
しゅうそく【終息】 （名・する）종식(終熄).
しゅうぞく【習俗】 습속(習俗).
じゅうそく【充足】 （名・する）충족(充足).
じゅうぞく【従属】 （名・する）종속(從屬). ∥大国に従属する대국에 종속되다. 従属的な地位 종속적인 지위.
しゅうたい【醜態】 추태(醜態). ∥醜態をさらす 추태를 부리다.
じゅうたい【重態】 중태(重態). ∥意識不明の重態 의식 불명의 중태.
じゅうたい【渋滞】 （名・する）정체(停滞). ∥車が渋滞する 차가 정체되다. 차가 밀리다.
じゅうたい【縦隊】 종대(縦隊).
じゅうだい【十代】 십대(十代).
*じゅうだい【重大】 중대(重大)하다. ∥重大な事件 중대한 사건. 重大なミスを犯す 중대한 미스를 범하다. それは私の人生に重大な影響を及ぼすだろう 그것은 내 인생에 중대한 영향을 미칠 것이다.
しゅうたいせい【集大成】 （名・する）집대성(集大成).
*じゅうたく【住宅】 주택(住宅). ◆住宅街 주택가. 住宅事情 주택 사정. 住宅地 주택지. 住宅問題 주택 문제. 住宅ローン 주택 부금.
しゅうだつ【収奪】 （名・する）수탈(收奪).
*しゅうだん【集団】 （名・する）집단(集團). ∥集団で行動する 집단으로 행동하다. 集団を形成する 집단을 형성하다. ◆先頭集団 선두 집단. 集団生活 집단생활.
じゅうだん【絨緞】 융단(絨緞).
じゅうだん【銃弾】 총탄(銃彈).
じゅうだん【縦断】 （名・する）종단(縦斷). ◆大陸縦断 대륙 종단.
しゅうち【周知】 （名・する）주지(周知). ∥趣旨を周知させる 취지를 주지시키다. 周知の事実 주지의 사실.
しゅうち【羞恥】 수치(羞恥). ◆羞恥心 수치심.
しゅうち【衆知】 （名・する）중지(衆知). ∥衆知を集める 중지를 모으다.
しゅうちゃく【執着】 （名・する）집착(執着). ◆執着心 집착하는 마음.
しゅうちゃくえき【終着駅】 종착역(終着驛).
*しゅうちゅう【集中】 （名・する）집중(集中). ∥精神を集中する 정신을 집중하다. 人口が集中する 인구가 집중되다. 一か所を集中的に攻める 한곳을 집중적으로 공격하다. ◆集中豪雨 집중 호우. 集中講義 집중 강의. 集中治療室 집중 치료실. 중환자실. ICU. 集中力 집중력.
じゅうちん【重鎮】 중진(重鎮). ∥美術界の重鎮 미술계의 중진.
しゅうてい【修訂】 （名・する）수정(修訂). ◆修訂版 수정판.
しゅうてん【終点】 종점(終點).
しゅうてん【終電】 막차; 마지막 전철(電鐵).
じゅうてん【充填】 충전(充塡).
じゅうてん【重点】 중점(重點). ▶重点を置く 중점을 두다. 顧客サービスに重点を置く 고객 서비스에 중점을 두다. ◆重点的 중점적.
じゅうでん【充電】 （名・する）충전(充電). ∥携帯電話を充電する 휴대폰을 충전하다.
しゅうと【舅・姑】 ❶〔夫の父〕시아버지; 〔妻の父〕장인(丈人). ❷〔夫の母〕시어머니; 〔妻の母〕장모(丈母).
シュート【shoot】 ❶（サッカーなど）슛. ❷〔野球〕슈트.
じゅうど【重度】 중증(重症).
しゅうとう【周到】 주도(周到)하다. ◆用意周到 용의주도.

しゅうどう【修道】 (する) 수도(修道).
♦修道院 수도원.
じゅうとう【充当】 (する) 충당(充當).
じゅうどう【柔道】 유도(柔道).
しゅうとく【拾得】 (する) 습득(拾得).
♦拾得物 습득물.
しゅうとく【習得】 (する) 습득(習得).
∥言葉の習得 언어의 습득.
しゅうとめ【姑】｜夫の母｝시어머니；｛妻の母｝장모(丈母).
じゅうなん【柔軟】ᵈ 유연(柔軟)하다.
∥柔軟な体 유연한 몸. 柔軟な態度な 유연한 태도.
じゅうにがつ【十二月・12月】 십이월(十二月).
じゅうにし【十二支】 십이지(十二支).
じゅうにしちょう【十二指腸】 십이지장(十二指腸).
*しゅうにゅう【収入】 수입(收入). ∥収入が多い 수입이 많다. 1か月の収入 한 달 수입. ♦総収入 총수입. 年間収入 연간 수입. 収入印紙 수입인지.
しゅうにん【就任】 (する) 취임(就任).
∥大統領に就任する 대통령에 취임하다. 就任式 취임식.
じゅうにん【住人】 주민(住民).
じゅうにん【重任】 ❶ 중요(重要)한 임무(任務). ❷ 중임(重任); 재임(再任).
じゅうにんといろ【十人十色】 십인십색(十人十色). ∥考え方は十人十色だ 사고방식은 십인십색이다.
しゅうねん【周年】 ❶ 일년(一年) 내내. ❷ …주년(周年). ∥創立 5 周年 창립 오 주년.
しゅうねん【執念】 집념(執念). ∥優勝に執念を燃やす 우승에 집념을 불태우다. ♦執念深い 집념이 강하다.
じゅうねんひとむかし【十年一昔】 십년(十年)이면 강산(江山)도 변한다.
しゅうのう【収納】 수납(收納).
じゅうのうしゅぎ【重農主義】 중농주의(重農主義).
しゅうは【周波】 주파(周波). ♦周波数 주파수.
しゅうは【宗派】 종파(宗派).
しゅうは【秋波】 추파(秋波). ♦秋波を送る 추파를 던지다.
しゅうはい【集配】 (する) 집배(集配).
♦集配人 집배인.
じゅうはちばん【十八番】 ❶ 십 팔번(十八番). ❷ 장기(長技); 특기(特技).
しゅうばつ【醜罰】 중벌(重罰).
しゅうばん【週番】 주번(週番).
しゅうばん【終盤】 종반(終盤). ∥ゲームも終盤に差しかかる 시합도 종반으로 접어들다.
じゅうはん【重犯】 중범(重犯).
じゅうはん【重版】 (する) 중판(重版).
じゅうびょう【重病】 중병(重病).

しゅうふく【修復】 (する) 수복(修復).
∥修復工事 수복 공사. 友好関係の修復に努める 우호 관계의 수복에 노력하다.
しゅうぶん【秋分】 (二十四節気의)추분(秋分). ♦秋分の日 추분의 날.
*じゅうぶん【十分・充分】ᵈ ❶ 충분(充分)하다. ∥十分な栄養をとる 충분한 영양을 취하다. 2 人で住むには十分だが 두 사람이 살기에는 충분하다. 十分に話し合う 충분히 이야기를 나누다. ❷〔副詞的で〕충분히. 金は十分持っている 돈은 충분히 가지고 있다. ♦十分条件 충분조건.
しゅうへん【周辺】 주변(周邊). ∥家の周辺が騒々しい 집 주변이 소란스럽다.
じゅうぼいん【重母音】 중모음; 이중모음(二重母音).
じゅうほう【銃砲】 총포(銃砲).
シューマイ【焼売】 만두.
しゅうまつ【週末】 주말(週末).
しゅうまつ【終末】 종말(終末). ♦終末論 종말론.
じゅうまん【充満】 (する) 충만(充滿).
じゅうみん【住民】 주민(住民). ♦住民運動 주민 운동. 住民税 주민세. 住民登録 주민등록. 住民票 주민표.
しゅうやく【集約】 (する) 집약(集約).
♦集約農業 집약 농업.
じゅうやく【重役】 중역(重役).
じゅうゆ【重油】 중유(重油).
しゅうゆう【周遊】 주유(周遊).
しゅうよう【収容】 (する) 수용(收容).
∥千人を収容できるホール 천 명을 수용할 수 있는 홀. ♦収容所 수용소.
しゅうよう【修養】 (する) 수양(修養).
∥修養を積む 수양을 쌓다.
*じゅうよう【重要】ᵈ 중요(重要)하다.
∥今度の試験は彼にとって非常に重要だ 이번 시험은 그 사람한테 있어 대단히 중요하다. 極めて重要な会議 극히 중요한 회의. 重要な地位を占める 중요한 지위를 차지하다. ♦重要文化財 중요 문화재.
じゅうようし【重要視】 중요시(重要視).
しゅうらい【従来】 종래(從來). ∥従来の方法 종래의 방법.
*しゅうり【修理】 (する) 수리(修理); 수선(修繕). ∥壊れた時計を修理する 고장 난 시계를 수리하다. ♦修理工場 수리 공장.
しゅうりょう【収量】 수확량(收穫量).
しゅうりょう【修了】 (する) 수료(修了).
♦修了証書 수료증.
しゅうりょう【終了】 (する) 종료(終了).
∥作業を終了する 작업을 종료하다.
じゅうりょう【重量】 중량(重量); 무게.
♦重量挙げ 역도. 重量級 중량급. 重量超過 중량 초과.

じゅうりょうぜい【従量税】 종량세(從量稅).
じゅうりょく【重力】 중력(重力). ∥重力の法則 중력의 법칙. 無重力状態 무중력 상태.
じゅうりん【蹂躙】 (する) 유린(蹂躪). ◆人權蹂躙 인권 유린.
ジュール【joule】 [에너지·일의 단위]…줄.
しゅうれい【秀麗】ダ 수려(秀麗)하다. ∥秀麗な顔つき 수려한 얼굴.
しゅうれつ【縦列】 종렬(縱列).
しゅうれん【収斂】 수렴(收斂).
しゅうれん【修練】 수련(修練).
しゅうろう【就労】 취로(就勞). ◆就労時間 취로 시간.
しゅうろうどう【重労働】 중노동(重勞動).
しゅうろく【収録】 (する) 수록(收錄). ❶책(冊)·잡지(雜誌)에 실음. ❷녹음(錄音)·녹화(錄畫)함.
しゅうろん【修論】 석사 논문(碩士論文).
しゅうろん【衆論】 중론(衆論).
しゅうわい【収賄】 (する) 수뢰(受賂). ◆収賄罪 수뢰죄.
しゅえい【守衛】 수위(守衛).
しゅえき【受益】 수익(受益).
じゅえき【樹液】 수액(樹液).
しゅえん【主演】 (する) 주연(主演).
じゅかい【樹海】 수해(樹海); 숲.
しゅかく【主客】 주객(主客). ◆主客転倒 주객전도.
しゅかく【主格】 주격(主格).
しゅかく【酒客】 주객(酒客).
じゅがく【儒学】 유학(儒學).
しゅかん【主幹】 주간(主幹). ◆編集主幹 편집 주간.
しゅかん【主管】 주관(主管).
しゅかん【主観】 주관(主觀). ◆主観性 주관성. 主観的 주관적. 主観的に物事を見る 주관적으로 사물을 보다.
しゅがん【主眼】 주안(主眼).
しゅき【手記】 수기(手記). ∥手記を記す 수기를 적다.
しゅき【酒気】 취기(醉氣); 술기운. ∥酒気を帯びる 취기를 띠다.
しゅぎ【主義】 주의(主義). ∥保守主義 보수주의. 事なかれ主義 무사안일주의.
しゅぎゅう【守旧】 수구(守舊). ◆守旧派 수구파.
じゅきゅう【受給】 수급(受給).
じゅきゅう【需給】 수급(需給); 수요와 공급(供給). ∥需給のバランスを予測する 수요와 공급의 균형을 예측하다.
しゅぎょう【修行】 (する) 수행(修行).
じゅきょう【儒教】 유교(儒敎).
*じゅぎょう【授業】 (する) 수업(授業). ∥授業を受ける 수업을 받다. 授業をサ

ボる授業を 빠지다[빼먹다]. 今授業中です 지금 수업 중입니다. 月曜日は何時間授業がありますか 월요일은 수업이 몇 시간 있습니까? 数学の授業 수학 수업. ◆授業料 수업료.
しゅぎょく【珠玉】 주옥(珠玉). ∥珠玉の短編 주옥 같은 단편.
じゅく【塾】 학원(學院).
しゅくい【祝意】 축의(祝意); 축하(祝賀)하는 마음.
しゅくえん【祝宴】 축하연(祝賀宴).
しゅくえん【宿怨】 숙원(宿怨).
しゅくが【祝賀】 (する) 축하(祝賀). ◆祝賀会 축하회.
しゅくがん【宿願】 숙원(宿願).
じゅくご【熟語】 숙어(熟語). ∥英語の熟語を覚える 영어 숙어를 외우다.
しゅくさい【祝祭】 축제(祝祭).
しゅくじ【祝辞】 축사(祝辭). ∥祝辞を述べる 축사를 읽다.
じゅくし【熟柿】 숙시(熟柿); 홍시(紅柿).
しゅくじつ【祝日】 축일; 경축일(慶祝日); 국경일(國慶日).
しゅくしゃ【宿舎】 숙사(宿舎).
しゅくしゃく【縮尺】 축척(縮尺).
しゅくしゅ【主(生物)】 숙주(宿主).
しゅくしゅくと【粛粛と】 조용하게; 엄숙(嚴肅)하게.
しゅくじょ【淑女】 숙녀(淑女).
じゅくじょ【熟女】 원숙미(圓熟美)가 있는 여성(女性).
しゅくしょう【縮小】 (する) 축소(縮小). ∥産業の規模を縮小する 생산 규모를 축소하다. ◆縮小コピー 축소 복사本. 縮小再生産 축소 재생산.
しゅくず【縮図】 축도(縮圖); 축소판(縮小版). ∥人生の縮図 인생의 축소판.
じゅくす【熟す】 익다; 무르익다. ∥機が熟す때가 무르익다.
しゅくせい【粛正】 숙정(肅正).
しゅくせい【粛清】 숙청(肅淸).
じゅくせい【熟成】 (する) 숙성(熟成). ∥ワインが熟成する 와인이 숙성되다.
*しゅくだい【宿題】 숙제(宿題). ∥宿題を抱えている 숙제를 떠안고 있다. 今日は英語の宿題がある 오늘은 영어 숙제가 있다. 宿題を済ませる 숙제를 끝내다. 本の感想文を宿題に出す 책 감상문을 숙제로 내다.
じゅくたつ【熟達】 (する) 숙달(熟達).
じゅくち【熟知】 (する) 숙지(熟知).
しゅくちょく【宿直】 숙직(宿直).
しゅくてき【宿敵】 숙적(宿敵).
しゅくてん【祝典】 축전(祝典).
しゅくでん【祝電】 축전(祝電).
じゅくどく【熟読】 (する) 숙독(熟讀). ∥本を熟読する 책을 숙독하다.
じゅくねん【熟年】 원숙(圓熟)한 연령층(年齢層). ◆熟年離婚 황혼 이혼.

しゅくはい【祝杯】 축배(祝杯). ‖喜びの祝杯を挙げる 기쁨의 축배를 들다.
しゅくはく【宿泊】 숙박(宿泊).
しゅくふく【祝福】 축복(祝福).
しゅくべん【宿便】 숙변(宿便).
しゅくめい【宿命】 숙명(宿命). ◆宿命的 숙명적. 宿命論 숙명론.
しゅくやく【縮約】 축약(縮約).
じゅくれん【熟練】 (~する) 숙련(熟練). ◆熟練工 숙련공. 熟練労働者 숙련 노동자.
しゅくん【殊勲】 수훈(殊勳). ‖殊勲を立てる 수훈을 세우다. ◆殊勲賞 수훈상.
しゅげい【手芸】 수예(手藝). ◆手芸品 수예품.
しゅけん【主権】 주권(主權). ◆主権国家 주권 국가.
***じゅけん**【受験】 (~する) 수험(受驗). ‖弟は受験の準備で忙しい 남동생은 수험 준비로 바쁘다. ◆受験科目 수험 과목. 受験資格 수험 자격. 受験生 수험생. 受験番号 수험 번호. 受験票 수험표.
しゅご【主語】 주어(主語).
しゅご【守護】 (~する) 수호(守護). ◆守護神 수호신.
しゅこう【趣向】 취향(趣向).
しゅこう【酒肴】 주효(酒肴).
じゅこう【受講】 수강(受講). ◆受講生 수강생.
しゅこうぎょう【手工業】 수공업(手工業).
しゅこうげい【手工芸】 수공예(手工藝).
しゅごしん【守護神】 수호신(守護神).
しゅさ【主査】 중심(中心)이 되어 조사(調査)·심사(審査)를 함.
しゅさい【主宰】 주재(主宰). ‖会を主宰する 모임을 주재하다.
しゅさい【主催】 (~する) 주최(主催). ◆主催者 주최자.
しゅざい【取材】 (~する) 취재(取材). ‖政治家を取材する 정치가를 취재하다.
しゅざん【珠算】 주산(算算).
しゅし【主旨】 주지(主旨).
しゅし【種子】 종자(種子). ◆種子植物 종자 식물.
しゅし【趣旨】 취지(趣旨). ‖修正案の趣旨を説明する 수정안의 취지를 설명하다.
じゅし【樹脂】 수지(樹脂). ◆樹脂加工 수지 가공.
しゅじい【主治医】 주치의(主治醫).
しゅしがく【朱子学】 주자학(朱子學).
しゅじく【主軸】 주축(主軸).
しゅしゃ【取捨】 (~する) 취사(取捨). ◆取捨選択 취사선택.
しゅじゅ【種種】 여러 가지; 가지가지. ‖種々の方策 여러 가지 방책.

じゅじゅ【授受】 (~する) 수수(授受). ‖金銭の授受 금전 수수.
しゅじゅう【主従】 주종(主從). ◆主従関係 주종 관계.
しゅじゅつ【手術】 (~する) 수술(手術). ◆大手術 대수술. 手術室 수술실.
じゅじゅつ【呪術】 주술(呪術).
しゅしょう【主将】 (~する) 주장(主將). ‖柔道部の主将 유도부의 주장.
しゅしょう【主唱】 주창(主唱).
しゅしょう【首相】 수상(首相).
しゅしょう【殊勝】 ダ 기특(奇特)하다; 기특하다. ‖殊勝な心がけ 기특한 마음가짐.
しゅじょう【主情】 주정(主情). ◆主情主義 주정주의.
しゅじょう【衆生】 중생(衆生).
じゅしょう【受賞】 (~する) 수상(受賞). ‖助演男優賞を受賞する 조연 남우상을 수상하다.
じゅしょう【授賞】 수상(授賞).
しゅしょく【主食】 주식(主食). ‖米を主食とする 쌀을 주식으로 하다.
しゅしょく【酒色】 주색(酒色).
しゅしん【主審】 주심(主審).
しゅじん【主人】 주인(主人). ❶ 가장(家長). ❷ 고용주(雇用主). ❸〔夫〕 남편(男便). ❹〔客に対して〕 주인.
じゅしん【受信】 수신(受信). ‖衛星放送を受信する 위성 방송을 수신하다.
じゅしん【受診】 ‖受診する 진찰을 받다.
しゅじんこう【主人公】 주인공(主人公).
じゅず【数珠】 염주(念珠). ◆数珠玉 염주알. 数珠つなぎ (~する) 염주처럼 많은 물건이나 사람이 늘어서어 있음.
しゅせい【守勢】 수세(守勢). ‖守勢に回る 수세로 몰리다.
しゅぜい【酒税】 주세(酒稅).
じゅせい【受精】 (~する) 수정(受精). ◆受精卵 수정란. 有精卵 유정란.
じゅせい【授精】 (~する) 수정(授精). ‖人工授精 인공 수정.
しゅせき【首席】 수석(首席). ◆国家主席 국가 주석.
しゅせき【酒席】 주석(酒席); 술자리.
しゅせん【主戦】 (~する) 주전(主戰). ◆主戦投手 주전 투수. 主戦論 주전론.
しゅせんど【守銭奴】 수전노(守錢奴).
しゅぞう【酒造】 주조(酒造).
しゅぞく【種族】 종족(種族). ‖種族保存の本能 종족 보존의 본능.
しゅたい【主体】 주체(主體). ‖学生を主体とする会 학생을 주체로 하는 모임. ◆主体性 주체성.
しゅだい【主題】 주제(主題). ◆主題歌 주제가. アニメの主題歌 애니메이션의

주제가.
じゅたい【受胎】(─하) 수태(受胎); 임신(姙娠).
しゅたいてき【主体的】주체적(主體的). ∥主体的に判断する 주체적으로 판단하다.
じゅたく【受託】(─하) 수탁(受託).
じゅだく【受諾】(─하) 수락(受諾).
しゅだん【手段】수단(手段). ∥手段を選ばない 수단을 가리지 않다. 最後の手段 최후의 수단. ◆生産手段 생산 수단.
しゅち【主知】주지(主知). ◆主知主義 주지주의.
しゅちにくりん【酒池肉林】주지육림(酒池肉林).
しゅちゅう【手中】수중(手中). ∥決定権は彼の手中にある 결정권은 그 사람 수중에 있다. 優勝旗を手中に収める 우승기를 수중에 넣다.
じゅちゅう【受注】(─하) 수주(受注).
しゅちょう【主張】(─하) 주장(主張). ∥強硬論を主張する 강경론을 주장하다. 主張が通る 주장이 통과되다. 主張を曲げない 주장을 굽히지 않다. 自己主張が強い 자기주장이 강하다.
しゅちょう【主調】주조(主調).
しゅつえん【出演】(─하) 출연(出演). ∥テレビに出演する 텔레비전에 출연하다. ◆出演者 출연자. 出演料 출연료.
しゅっか【出火】∥出火する 불이 나다.
しゅっか【出荷】(─하) 출하(出荷).
じゅっかい【述懷】(─하) 술회(述懷).
しゅつがん【出願】(─하) 출원(出願). ∥特許出願中 특허 출원 중.
しゅっきん【出勤】(─하) 출근(出勤). ∥会社へ出勤する 회사에 출근하다. 9時までに出勤する 아홉 시까지 출근하다. ◆出勤時刻 출근 시간. 出勤簿 출근부.
しゅっけ【出家】출가(出家).
しゅっけつ【出欠】출결(出欠).
しゅっけつ【出血】(─하) **❶** 출혈(出血). ∥内出血 내출혈. **❷** 손해(損害); 희생(犧牲).
しゅつげん【出現】(─하) 출현(出現).
しゅっこ【出庫】출고(出庫).
じゅつご【述語】술어(述語).
じゅつご【術語】술어(術語); 전문어(專門語); 학술 용어(學術用語).
しゅっこう【出向】∥出向する 명령으로 다른 회사·관청에 근무하다.
しゅっこう【出港】출항(出港).
しゅっこう【出講】(─하) 출강(出講).
じゅっこう【熟考】(─하) 숙고(熟考).
しゅっこく【出国】출국(出國). ∥出国ゲート 출국 게이트.
しゅつごく【出獄】출옥(出獄).
しゅっこんそう【宿根草】숙근초(宿根草).
じゅっさく【術策】술책(術策).
しゅっさん【出産】(─하) 출산(出産). ∥元気な女の子を出産する 건강한 여자 아이를 출산하다.
しゅっし【出資】출자(出資).
しゅっしゃ【出社】(─하) 출근(出勤). ∥定刻に出社する 정각에 출근하다.
しゅっしょう【出生】출생(出生). ◆出生届 출생 신고. 出生率 출생률.
しゅつじょう【出場】(─하) 출장(出場). ∥全国大会に出場する 전국 대회에 출장하다.
しゅっしん【出身】출신(出身). ◆出身地 출신지.
しゅっせ【出世】(─하) 출세(出世). ∥立身出世 입신출세.
しゅっせい【出生】출생(出生). ◆出生地 출생지.
しゅっせうお【出世魚】(說明) 성장(成長)하면서 이름이 바뀌는 물고기.
しゅっせがしら【出世頭】(說明) 동료(同僚) 중에서 출세(出世)가 빠른 사람; 가장 출세한 사람.
*__**しゅっせき**__【出席】(─하) 출석(出席). ∥会合に出席する 모임에 출석하다. ◆出席者 출석자. 出席簿 출석부.
しゅっせさく【出世作】출세작(出世作).
しゅっせばらい【出世払い】(說明) 출세(出世)하면 빚을 갚겠다는 약속(約束).
しゅつだい【出題】(─하) 출제(出題). ∥クイズを出題する 퀴즈를 출제하다.
*__**しゅっちょう**__【出張】(─하) 출장(出張). ∥福岡に出張する 후쿠오카에 출장 가다. 出張所 출장소. 出張先 출장지.
しゅってん【出典】출전(出典).
しゅつど【出土】출토(出土).
しゅっとう【出頭】출두(出頭). ∥警察署へ出頭する 경찰서에 출두하다.
しゅつどう【出動】(─하) 출동(出動).
しゅつにゅう【出入】(─하) 출입(出入). ◆出入国 출입국.
しゅつば【出馬】(─하) 출마(出馬). ∥選挙に出馬する 선거에 출마하다.
*__**しゅっぱつ**__【出発】(─하) 출발(出發). ∥目的地に向けて出発する 목적지를 향해 출발하다. 出発時間 출발 시간.
しゅっぱつてん【出発点】출발점(出發點).
しゅっぱん【出帆】(─하) 출범(出帆).
*__**しゅっぱん**__【出版】(─하) 출판(出版). ∥自伝を出版する 자서전을 출판하다. ◆出版界 출판계. 出版社 출판사. 出版物 출판물.
しゅっぴ【出費】(─하) 지출(支出); 출비(出費). ∥出費がかさむ 지출이 늘어나다.
しゅっぴん【出品】(─하) 출품(出品).

じゅつぶ【述部】 술부; 서술부(敍述部).
しゅっぽ【出步】 (名하) 출보(出步).
しゅつらん【出藍】 ▶出藍の誉れ 청출어람(青出於藍).
しゅつりょく【出力】 (名하) 출력(出力).
しゅと【首都】 수도(首都). ♦首都圏 수도권.
しゅとう【種痘】 종두(種痘).
しゅどう【手動】 수동(手動). ‖手動式ポンプ 수동식 펌프.
しゅどう【主動】 주동(主動). ♦主動的 주동적.
しゅどう【主導】 (名하) 주도(主導). ♦主導權 주도권. 会社の主導権を握る 회사의 주도권을 쥐다.
じゅどう【受動】 수동(受動). ♦受動的 수동적. 受動態 수동태.
しゅとく【取得】 (名하) 취득(取得). ‖運転免許を取得する 운전 면허를 취득하다.
じゅなん【受難】 수난(受難).
ジュニア【junior】 주니어.
しゅにく【朱肉】 인주(印朱).
じゅにゅう【授乳】 (名하) 수유(授乳). ♦授乳期 수유기.
しゅにん【主任】 주임(主任).
しゅのう【首脳】 수뇌(首腦). ♦首脳会談 수뇌 회담. 首脳部 수뇌부.
じゅのう【受納】 (名하) 수납(受納).
じゅばく【呪縛】 주술(呪術)로 움직이지 못하게 함; 심리적(心理的)인 자유(自由)를 뺏음.
しゅはん【主犯】 주범(主犯).
しゅはん【首班】 수반(首班).
しゅび【守備】 (名하) 수비(守備). ‖守備を強化する 수비를 강화하다. ♦守備位置 수비 위치. 守備隊 수비대.
しゅび【首尾】 ‖首尾よく 순조(順調)롭게. 大行(多幸)히. 首尾一貫 수미일관.
しゅひぎむ【守秘義務】 공무원(公務員) 등이 업무상(業務上) 알게 된 비밀(秘密)을 지켜야 되는 것.
しゅひつ【主筆】 주필(主筆).
しゅひん【主賓】 주빈(主賓).
しゅふ【主婦】 주부(主婦). ♦專業主婦 전업 주부.
しゅぶ【主部】 주부(主部).
しゅぶん【主文】 ❶[言語] 주문(主文). ❷[法律] 주문.
じゅふん【受粉】 (名하) 수분(受粉).
じゅふん【授粉】 (名하) 수분(受粉).
しゅへき【酒癖】 주벽(酒癖); 술버릇.
しゅべつ【種別】 (名하) 종별(種別).
しゅほう【手法】 수법(手法).
しゅほう【主砲】 주포(主砲).
しゅぼう【主謀】 주모(主謀). ♦首謀者 주모자.
*しゅみ【趣味】 취미(趣味). ‖趣味は音楽鑑賞です 취미는 음악 감상입니다. 彼は趣味が広い 그 사람은 취미가 다양하다.
じゅみょう【寿命】 수명(壽命). ‖平均寿命 평균 수명. 寿命が尽きる 수명이 다하다.
しゅむ【主務】 주무(主務). ‖主務大臣 주무 장관.
しゅもく【種目】 종목(種目). ‖運動会の種目を増やす 운동회 종목을 늘리다.
しゅもく【撞木】 당목(撞木). ♦撞木形 정자형. 撞木杖 T자형 지팡이.
じゅもく【樹木】 수목(樹木).
じゅもん【呪文】 주문(呪文). ‖呪文を唱える 주문을 외다.
しゅやく【主役】 주역(主役). ‖主役を務める 주역을 맡다.
じゅよ【授与】 (名하) 수여(授與). ‖功労賞を授与する 공로상을 수여하다.
しゅよう【主要】 주요(主要). ♦主要産業 주요 산업. 主要人物 주요 인물. 主要都市 주요 도시.
しゅよう【腫瘍】 종양(腫瘍). ♦惡性腫瘍 악성 종양.
じゅよう【受容】 (名하) 수용(受容). ‖西欧文明を受容する 서구 문명을 수용하다.
*じゅよう【需要】 수요(需要). ‖需要と供給のバランス 수요와 공급의 균형. 需要の多い製品 수요가 많은 제품. 石油の需要が増えた 석유의 수요가 늘었다.
しゅらば【修羅場】 수라장(修羅場).
しゅらん【酒乱】 주정(酒酊); 술 주정.
じゅり【受理】 (名하) 수리(受理). ‖辞表を受理する 사표를 수리하다.
しゅりけん【手裏剣】 손에 들고 적(敵)에게 던지는 작은 칼.
じゅりつ【樹立】 (名하) 수립(樹立). ‖世界新記録を樹立する 세계 신기록을 수립하다.
しゅりゅう【主流】 주류(主流).
しゅりゅうだん【手榴弾】 수류탄(手榴彈).
しゅりょう【狩猟】 (名하) 수렵(狩獵); 사냥. ♦狩猟期 수렵기. 狩猟犬 사냥개.
しゅりょう【酒量】 주량(酒量).
じゅりょう【受領】 (名하) 수령(受領). ‖代金を受領する 대금을 수령하다.
しゅりょく【主力】 주력(主力). ‖チームの主力選手 팀의 주력 선수. ‖主力部隊 주력 부대.
じゅりん【樹林】 수림(樹林). ♦広葉樹林 광엽 수림.
*しゅるい【種類】 종류(種類). ‖様々な種類の本 다양한 종류의 책. 商品を種類別に陳列する 상품을 종류별로 진열하다. 数種類の雑誌 몇 종류의 잡지.
じゅれい【寿齢】 수령(壽齢).
じゅれい【樹齢】 수령(樹齢). ‖樹齢 3

百년의 大木 수령 삼백 년의 거목.
シュレッダー【shredder】 문서 파쇄기(文書破碎機).
しゅわ【手話】 수화(手話).
じゅわき【受話器】 수화기(受話器).
しゅわん【手腕】 수완(手腕). ∥改革に手腕をふるう 개혁에 수완을 발휘하다.
しゅん【旬】 ❶〖魚介類·野菜などの〗제철. ∥旬の野菜 제철 야채. ❷〖最適の時期〗어떤 일을 하기에 알맞은 시기(時期).
じゅん【純】 ❶순수(純粹). ❷순수한 마음. 순…. ∥純日本式 순 일본식.
じゅん【準】준(準)…. ∥準優勝 준우승. 準決勝 준결승.
じゅんあい【純愛】 순애(純愛).
じゅんい【順位】 순위(順位).
じゅんえき【純益】 순익(純益).
じゅんえん【順延】 순연(順延). ◆雨天順延 우천순연.
じゅんおう【順応】 순응(順應).
じゅんか【醇化】 ❶순화(醇化). ❷가르침에 감화(感化)됨.
じゅんかい【巡回】 순회(巡回). ◆巡回図書館 순회도서관.
しゅんかしゅうとう【春夏秋冬】 춘하추동(春夏秋冬).
じゅんかつゆ【潤滑油】 윤활유(潤滑油).
*__しゅんかん__【瞬間】 순간(瞬間). ∥決定の瞬間 결정적인 순간. 瞬間最大風速 순간 최대 풍속. 瞬間的인 순간적으로.
じゅんかん【循環】 순환(循環). ∥血液の循環 혈액 순환. ◆循環器계 순환기.
しゅんき【春季】 춘계(春季).
シュンギク【春菊】 쑥갓.
じゅんきょ【準拠】 준거(準據).
じゅんきょう【殉教】 순교(殉教).
じゅんきょうじゅ【准教授】 준교수(準教授).
じゅんきん【純金】 순금(純金).
じゅんぐり【順繰り】 차례차례(次例次例); 순서(順序)대로 함.
じゅんけつ【純血】 순수(純粹)한 혈통(血統).
じゅんけつ【純潔】 순결(純潔)하다.
じゅんげん【峻厳】ダ 준엄(峻嚴)하다.
しゅんこう【竣工】 준공(竣工).
じゅんこう【巡行】 순행(巡行).
じゅんこう【巡航】 순항(巡航).
じゅんこう【順行】 순행(順行).
じゅんさつ【巡察】 순찰(巡察). ∥各支店を巡察する 각 지점을 순찰하다.
しゅんじ【瞬時】 순간; 순식간(瞬息間).
じゅんし【巡視】(スル) 순시(巡視). ◆巡

視船 순시선.
じゅんしゅ【遵守】(スル) 준수(遵守). ∥法律を遵守する 법률을 준수하다.
じゅんじゅう【春秋】 춘추(春秋). ▶春秋に富む 젊고 장래성이 있다. ◆春秋戦国時代 춘추 전국 시대.
じゅんじゅん【準々】 준준(準々)…. ∥準々決勝 준준결승.
*__じゅんじょ__【順序】 ❶순서(順序); 차례(次例). ∥順序よく乗車する 차례대로 승차하다. 順序を立てる 순서를 정하다. ❷순수(手順); 절차(節次). ∥順序を踏む 절차를 밟다.
しゅんしょう【春宵】 춘소(春宵); 봄밤. ∥春宵一刻値千金 춘소일각 치천금(春宵一刻値千金).
じゅんじょう【純情】 순정(純情).
しゅんしょく【春色】 봄빛.
じゅんしょく【殉職】 순직(殉職).
じゅんしょく【潤色】(スル) 윤색(潤色).
じゅんじる【準じる】 준(準)하다.
じゅんすい【純粋】ダ 순진(純眞)하다.
∥純粋な心を持った 순수한 마음을 지니.
じゅんせい【純正】 순정(純正).
じゅんせつ【順接】 순접(順接).
じゅんぜん【純然】 ❶〖混じりけがない〗순수(純粹). ❷〖まさしくそれに違いない〗순연(純然)たる汚職事件 부정할 수 없는 비리 사건.
しゅんそく【駿足】 준족(駿足).
じゅんたく【潤沢】ダ 윤택(潤澤)하다.
じゅんちょう【順調】ダ 순조(順調)롭다. ∥順調な滑り出し 순조로운 출발. 順調に進む 순조롭게 진행되다.
しゅんと ∥叱られてしゅんとなる 야단을 맞아 풀이 죽다.
じゅんど【純度】 순도(純度).
しゅんとう【春闘】 춘투(春鬪).
じゅんとう【順当】ダ 순당(順當)하다.
じゅんのう【順応】 순응(順應).
じゅんぱく【純白】ダ 순백(純白).
しゅんぱつ【瞬発】 순발(瞬發). ◆瞬発力 순발력.
じゅんばん【順番】 순번(順番). ∥順番に並んでください 순번대로 서 주세요.
*__じゅんび__【準備】(スル) 준비(準備). ∥準備する時間がない 준비할 시간이 없다. 準備に余念がない 준비에 여념이 없다. ◆準備備動 준비 운동.
しゅんびん【俊敏】ダ 준민(俊敏)하다.
しゅんぷう【春風】 춘풍(春風).
じゅんぷう【順風】 순풍(順風). ∥順風に帆を上げる 순풍에 돛을 달다. [慣]◆順風満帆 일이 매우 순조롭게 진행됨.
しゅんぶん【春分】(二十四節気의) 춘분(春分). ◆春分の日 춘분의 날.
じゅんぶんがく【純文学】 순수 문학(純粹文學).

しゅんべつ【峻別】 (する) 준별(峻別).
じゅんぼく【純朴】〃 순박(淳朴)하다. ‖純朴な人 순박한 사람.
じゅんまいしゅ【純米酒】(解說) 쌀과 쌀누룩만으로 만든 일본(日本) 술.
じゅんめん【純綿】 순면(純綿).
じゅんもう【純毛】 순모(純毛).
じゅん【準用】 준용(準用).
じゅんようかん【巡洋艦】 순양함(巡洋艦).
じゅんりょう【純量】 순량(純量); 정량(正量).
じゅんれい【巡礼】 (する) 순례(巡禮). ‖巡礼者 순례자.
しゅんれつ【峻烈】〃 준열(峻烈)하다.
じゅんれつ【順列】 (数学)의 순서(順序).
じゅんろ【順路】 (道)의 순서(順序).
しょ【署】 서(署). ‖署の方針 서의 방침.
じょい【女医】 여의; 여의사(女醫師).
しょいこ【背負い子】 지게.
しょいこむ【背負い込む】 짊어지다; 떠맡다.
しょいん【書院】 서원(書院).
しょう【将】 장수(將帥). ‖将を射んと欲すれば先ず馬を射よ 큰 목표를 달성하려면 먼저 주위의 작은 것부터 공략하라.
しょう【賞】 상(賞).
しょう【仕様】 사양(仕樣). ◆仕様書 설명서.
しょう【私用】 사용(私用).
*しょう【使用】 (する) 사용(使用). ‖午前中第 1 会議室を使用する 오전 중에 제일 회의실을 사용하다. ◆使用禁止 사용 금지. 使用者 사용자. 使用中 사용 중. 使用人 고용인.
しょう【枝葉】 지엽(枝葉). ‖枝葉末節にこだわる 지엽적인 부분에 집착하다.
しょう【試用】 (する) 시용(試用).
じょう【条】 ❶ 조; 조목(條目). ❷【条文・条項】을 세는 단위】...조.
じょう【状】 ...장(狀). ‖紹介状 소개장.
じょう【情】 정(情). ‖情が深い 정이 깊다. 情が移る 정이 들다. 拾った犬に情が移る 주어 온 개에 정이 들다. ▶情にもろい 정에 약하다. 情にもろい人 정에 약한 사람.
-じょう【帖】 ❶ 【紙・海苔などを数える単位】...장(張). ❷ 【屏風・盾などを数える単位】...첩(帖).
じょう【城】 성(城).
-じょう【乗】 ...승(乗).
-じょう【錠】 ...정(錠).
じょう【滋養】 자양(滋養). ‖滋養強壮剤 자양강장제.
しょうあく【掌握】 (する) 장악(掌握). ‖政権を掌握する 정권을 장악하다.
しょうい【少尉】 소위(少尉).
しょうい【傷痍】 상이(傷痍). ◆傷痍軍人 상이군인.

じょうい【上意】 상의(上意). ◆上意下達 상의하달.
じょうい【情意】 정의(情意).
じょういん【上院】 상원(上院). ‖上院議員 상원 의원.
じょうえい【上映】 (する) 상영(上映).
しょうエネ(ルギー)【省 Energie】 (解說) 에너지의 효율적(效率的) 이용(利用)을 뜻함.
しょうえん【消炎】 소염(消炎). ◆消炎剤 소염제.
しょうえん【上演】 (する) 상연(上演).
しょうおう【照応】 (する) 조응(照應).
しょうおん【消音】 (する) 소음(消音). ◆消音装置 소음 장치.
じょうおん【常温】 상온(常溫).
しょうか【昇華】 (する) 승화(昇華).
*しょうか【消化】 (する) ❶ 소화(消化). ‖この食べ物は消化がいい[悪い] 이 음식물은 소화가 잘 된다[안 된다]. ❷ (知識などを)이해(理解)하다. ❸ 처리(處理)하다. ‖ノルマを消化する 노르마를 처리하다. ◆消化器 소화기. 消化不良 소화 불량.
しょうか【消火】 (する) 소화(消火). ◆消火器 소화기.
ショウガ【生姜】 생강(生薑).
じょうか【浄化】 (する) 정화(淨化). ◆浄化槽 정화조.
*しょうかい【紹介】 (する) 소개(紹介). ‖日本の文化を世界に紹介する 일본 문화를 세계에 소개하다. 新聞に紹介された新商品 신문에 소개된 상품. 母に彼女を紹介する 어머니께 여자 친구를 소개하다. 先生の紹介でこの出版社に就職した 선생님 소개로 이 출판사에 취직했다. ◆紹介状 소개장.
しょうかい【商会】 상회(商會).
しょうかい【照会】 (する) 조회(照會).
しょうがい【生涯】 생애(生涯); 평생(平生). ‖生涯をとじる 생애를 마감하다. ◆生涯教育 평생 교육.
しょうがい【渉外】 섭외(涉外).
しょうがい【傷害】 상해(傷害). ◆傷害罪 상해죄. 傷害保険 상해 보험.
*しょうがい【障害】 ❶ 장애(障礙); 방해(妨害). ‖売上向上の障害となる要因 매상을 올리는데 장애가 되는 요인. ❷ (心身の)장애. ◆機能障害 기능 장애. 障害者 장애자. 障害物競走 장애물 경주.
じょうがい【場外】 장외(場外). ‖場外ホームラン 장외 홈런.
しょうかく【昇格】 (する) 승격(昇格).
しょうがく【少額】 소액(少額).
しょうがくきん【奨学金】 장학금(奬学金).
しょうがくせい【小学生】 초등학생(初

しょうがくせい【奨学生】 장학생(奨学生).
しょうがつ【正月】 정월(正月); 일월(一月).
しょうがっこう【小学校】 초등학교(初等学校).
しようがない【仕様が無い】 어쩔 수 없다; 방법(方法)이 없다.
しょうかん【小寒】 (二十四節気의)소한(小寒).
しょうかん【召喚】 (を하) 소환(召喚). ∥証人을 소환하는 증인을 소환하다. ◆召喚状 소환장.
しょうかん【召還】 (を하) 소환(召還). ∥大使を本国に召還する 대사를 본국으로 소환하다.
しょうかん【償還】 (を하) 상환(償還). ∥国債を償還する 국채를 상환하다.
しょうかん【上官】 상관(上官).
しょうぎ【正気】 제정신.
しょうぎ【将棋】 장기(將棋). ∥将棋をさす 장기를 두다.
じょうき【上気】 (を하) 상기(上気).
じょうき【上記】 상기(上記).
じょうき【常軌】 상궤(常軌). ▶常軌を逸する 상궤를 벗어나다.
じょうき【蒸気】 증기(蒸気). ◆蒸気機関 유기 증권. 蒸気機関車 증기 기관차. 蒸気船 증기선.
じょうぎ【定規】 자. ◆三角定規 삼각자.
じょうきげん【上機嫌】 매우 기분(気分)이 좋다.
しょうきゃく【消却】 (を하) 말소(抹消).
しょうきゃく【焼却】 (を하) 소각(焼却). ∥ごみを焼却する 쓰레기를 소각하다. ◆焼却処分 소각 처분. 焼却炉 소각로.
しょうきゃく【償却】 (を하) ❶상각(償却). ❷감가상각(減価償却).
じょうきゃく【乗客】 승객(乗客).
しょうきゅう【昇級】 (を하) 승급(昇級).
しょうきゅう【昇給】 (を하) 승급(昇給).
じょうきゅう【上級】 (を하) 상급 생 상급생. 上級日本語 상급 일본어.
しょうきょ【消去】 (を하) 소거(消去). ◆消去法 소거법.
*しょうぎょう**【商業】 상업(商業). ∥商業に従事する 상업에 종사하다. ◆商業の中心地 상업 중심지. ◆商業主義 상업주의. 商業放送 상업 방송.
じょうきょう【上京】 (を하) 상경(上京). ∥職を求めて上京する 직장을 찾아 상경하다.
じょうきょう【状況】 상황(状況); 정황(情況). ∥状況判断 상황 판단. 難しい状況 어려운 상황. 状況が悪化している 상황이 악화되고 있다.
しょうきょく【消極】 소극(消極). ◆消

的 소극적.
しょうきん【賞金】 상금(賞金).
じょうきん【常勤】 상근(常勤).
じょうくう【上空】 상공(上空).
しょうぐん【将軍】 장군(將軍).
じょうげ【上下】 ❶상하(上下); 위아래. ∥手を上下に動かす 손을 위아래로 움직이다. ❷(服・本などの)상하. ∥背広の上下 양복의 상하. ❸오르내림. ∥階段を上下する足音 계단을 오르내리는 발소리.
しょうけい【小計】 소계(小計).
じょうけい【情景】 정경(情景). ∥ほほえましい情景 흐뭇한 정경.
しょうけいもじ【象形文字】 상형문자(象形文字).
*しょうげき**【衝撃】 충격(衝撃). ∥大変な衝撃を受けた 큰 충격을 받았다. 全世界に大きな衝撃を与えた事件 전 세계에 큰 충격을 준 사건.
しょうけん【商権】 상권(商権).
しょうけん【商圏】 상권(商圏).
しょうけん【証券】 증권(証券). ◆有価証券 유가 증권. 証券会社 증권 회사. 証券市場 증권 시장. 証券取引所 증권 거래소.
しょうげん【証言】 (を하) 증언(証言). ∥被害者のために証言する 피해자를 위해 증언하다.
*じょうけん**【条件】 조건(條件). ∥条件をつける 조건을 붙이다[달다]. 相手のの条件での上相互等の条件を受け入れる다. 条件のよい仕事を探す 조건이 좋은 일을 찾다. ◆条件反射 조건 반사.
じょうげん【上弦】 상현(上弦). ∥上弦の月 상현달.
じょうげん【上限】 상한(上限).
しょうこ【称呼】 (を하) 칭호(稱號).
*しょうこ**【証拠】 증거(證據). ∥証拠をつかむ 증거를 잡다. 確かな証拠 확실한 증거. ◆物的証拠 물적 증거. 証拠不十分 증거 불충분.
しょうご【正午】 정오(正午).
じょうご【畳語】 첩어(畳語).
じょうご【漏斗】 깔때기.
しょうこう【小康】 소강(小康). ◆小康状態 소강 상태.
しょうこう【昇降】 (を하) 승강(昇降). ◆昇降機 승강기. 엘리베이터.
しょうこう【将校】 장교(将校).
しょうこう【症候】 증후(症候); 증상(症状).
しょうごう【称号】 칭호(稱號).
しょうごう【商号】 상호(商号).
しょうごう【照合】 (を하) 조합(照合).
じょうこう【条項】 조항(條項). ◆禁止条項 금지 조항.
じょうこう【乗降】 (を하) 승강(乗降).
しょうこうい【商行為】 상행위(商行為).

しょうこうかいぎしょ【商工会議所】 상공 회의소(商工會議所).

しょうこうぐん【症候群】 증후군(症候群).

しょうこうしゅ【紹興酒】 소흥주(紹興酒).

しょうこうねつ【猩紅熱】 성홍열(猩紅熱).

じょうこく【上告】 (するに) 상고(上告). ◆上告審 상고심.

しょうこだてる【証拠立てる】 증거(證據)를 들어 증명(證明)하다.

しょうこりもなく【性懲りもなく】 질리지도 않는지.

しょうごん【荘厳】 불당(佛堂)·불상(佛像) 등을 장하게 장식(裝飾)함.

しょうさい【詳細】 상세(詳細)한 것; 자세(仔細)한 것. ‖詳細はこの資料を読んでください 상세한 것은 이 자료를 읽어 주십시오. 理由を詳細に説明するその 이유를 상세하게 설명하다.

じょうざい【錠剤】 정제(錠劑); 알약.

じょうさく【上策】 상책(上策).

しょうさつ【省察】 성찰(省察).

しょうさっし【小冊子】 소책자(小冊子).

しょうさん【称讃】 (するに) 칭찬(稱讃).

しょうさん【勝算】 승산(勝算).

しょうさん【硝酸】 초산(硝酸). ◆硝酸アンモニウム 초산암모늄. 硝酸カリウム 초산칼륨.

しょうじ【正時】 정시(正時).

しょうじ【商事】 상사(商事).

しょうじ【障子】 장지.

じょうし【上司】 상사(上司).

じょうし【情死】 (するに) 정사(情死).

じょうじ【情事】 정사(情事).

じょうじ【常時】 상시(常時); 항상(恒常).

しょうしか【少子化】 저출산(低出産).

*しょうじき【正直】** ❶ 정직(正直); 솔직(率直). ‖正直な意見 솔직한 의견. 正直に話なさい 정직하게 말해라. ❷〔副詞的に〕솔직히 말해서; 솔직히; 실(實)은. ‖正直君がうらやましい 솔직히 너가 부럽다.

じょうしき【定式】 정식(定式).

*じょうしき【常識】** 상식. ‖彼には常識がない 그 사람은 상식이 없다. 常識では考えられない行動 상식적으로는 생각조차 없는 행동. 常識で分かること 상식적으로 알 만한 일. その事実は大学生の間では常識だ 그 사실은 대학생들 사이에서는 상식이다. ◆常識的 상식적.

しょうしつ【消失】 (するに) 소실(消失).

しょうしつ【焼失】 (するに) 소실(燒失).

じょうしつ【上質】 상질(上質).

じょうじつ【情実】 정실(情實).

しょうしみん【小市民】 소시민(小市民).

しょうしゃ【商社】 상사(商社). ◆商社マン 상사원.

しょうしゃ【勝者】 승자(勝者).

じょうしゃ【乗車】 (するに) 승차(乘車). ◆無賃乗車 무임승차. 乗車券 승차권.

じょうじゅ【成就】 (するに) 성취(成就).

しょうしゅう【召集】 (するに) 소집(召集). ‖国会を召集する 국회를 소집하다. ◆召集令状 소집영장.

しょうしゅう【消臭】 제취(除臭). ◆消臭剤 제취제.

じょうしゅう【常習】 상습(常習). ◆常習犯 상습범.

じょうじゅう【常住】 (するに) ❶ 상주(常住). ❷〔副詞的に〕항상(恒常); 끊임없이.

しょうじゅつ【詳述】 (するに) 상술(詳述).

じょうじゅつ【上述】 (するに) 상술(上述).

しょうじゅん【照準】 (するに) 조준(照準).

じょうじゅん【上旬】 상순(上旬).

しょうしょ【小暑】 (二十四節気의) 소서(小暑).

しょうしょ【証書】 증서(證書); 장(狀). ‖卒業証書 졸업장.

しょうじょ【少女】 소녀(少女). ‖利発な少女 영리한 소녀.

しょうしょう【少少】 조금; 좀; 약간(若干). ‖少々のミスは気にするな 약간의 실수는 신경 쓰지 마라. 少々お待ちください 조금 기다려 주십시오.

しょうじょう【小将】 소장(少將).

しょうじょう【症状】 증상(症狀).

しょうじょう【賞状】 상장(賞狀).

しょうじょう【上声】〔言語〕상성(上聲).

じょうしょう【上昇】 (するに) 상승(上昇). ◆上昇気流 상승기류.

じょうじょう【上場】 (するに) 상장(上場). ◆上場会社 상장 회사.

じょうじょう【情状】 정상(情狀). ◆情状酌量 정상 참작.

しょうしょく【小食】 소식(小食). ‖小食な人 소식하는 사람.

しょうしょく【粧飾】 장식(粧飾).

しょうじる【生じる】 발생(發生)하다.

しょうしん【小心】 (するに) 소심(小心)하다. ‖小心者 소심한 사람.

しょうしん【昇進】 (するに) 승진(昇進).

しょうしん【傷心】 (するに) 상심(傷心).

しょうじん【焼尽】 (するに) 소진(燒盡).

しょうじん【精進】 (するに) 정진(精進).

じょうじん【上人】 상인(上人).

しょうしんしょうめい【正真正銘】 정말; 틀림없음.

*じょうず【ダ】** ❶ 〔仕事が〕잘하다; 〔技術が〕뛰어나다. ‖字の上手な人 글씨를 잘 쓰는 사람. 上手にバイオリンを弾く 바이올린을 잘 켠다. 英語が上手になる 영어가 유창해지다. ❷〔お世辞〕발림소리

しょうすい【小水】 소변(小便).
しょうすい【憔悴】 초췌(憔悴). ∥憔悴した顔 초췌한 얼굴.
じょうすい【上水】 상수(上水).
じょうすい【浄水】 정수(浄水). ∥浄水器 정수기.
じょうすいどう【上水道】 상수도(上水道).
しょうすう【小数】 소수(小數).
しょうすう【少数】 소수(少數). ∥少数派 소수파.
しょうすうてん【小数点】 소수점(小數點).
しょう**する**【称する】 ❶ 칭(稱)하다; …(이)라고 하다. ∥田中と称する人 야마다라고 하는 사람. ❷ 칭찬(稱讃)하다.
じょうせい【招請】 (する) 초청(招請). ∥外国選手を招請する 외국 선수를 초청하다. 招請状 초청장.
じょうせい【情勢】 정세(情勢). ∥不利な情勢 불리한 정세. 国際情勢の変化 국제 정세의 변화.
じょうせき【上席】 상석(上席).
じょうせき【定石】 정석(定石).
しょうせつ【小雪】 (二十四節気の) 소설(小雪).
*しょうせつ【小説】 소설(小說). ∥川端康成の小説 가와바타 야스나리의 소설. ♦推理小説 추리 소설. 連載小説 연재 소설. 大衆小説 대중 소설. 小説家 소설가.
じょうせつ【常設】 상설(常設).
じょうぜつ【饒舌】 요설(饒舌).
しょうせん【商船】 상선(商船).
じょうせん【乗船】 (する) 승선(乘船).
しょうそ【勝訴】 (する) 승소(勝訴).
じょうそ【上訴】 (する) 상소(上訴).
しょうそう【少壮】 소장(少壯).
しょうそう【尚早】 상조(尙早). ∥時期尚早 시기상조.
しょうそう【焦燥】 (する) 초조(焦燥). ♦焦燥感 초조감.
しょうぞう【肖像】 초상(肖像). ∥肖像画 초상화. 肖像権 초상권.
じょうそう【上層】 상층(上層).
じょうぞう【醸造】 (する) 양조(醸造). ♦醸造酒 양조주.
しょうそく【消息】 소식(消息); 연락(連絡). ∥消息を絶つ 소식을 끊다. 消息が途絶える 연락이 끊어지다. 消息筋 소식통. 消息通 소식통.
しょうたい【小隊】 소대(小隊).
しょうたい【正体】 〔実surrection体〕정체(正體). ❶ 正体を現わす 정체를 드러내다. 正体不明の人物 정체불명의 인물. ❷ 제정신. 正体を失う 정신을 잃다.
*しょうたい【招待】 (する) 초대(招待). ∥コンサートに招待する 음악회에 초대하다. 食事への招待を受ける 식사 초대를 받다. ♦招待券 초대권. 招待状 초대장.
じょうたい【上体】 상체(上體).
*じょうたい【状態】 상태(狀態). ∥危険な状態 위험한 상태. ♦生活状態 생활상태. 健康状態 건강 상태.
じょうたい【常体】 평서문체(平敍文體).
*しょうだく【承諾】 (する) 승낙(承諾). ∥結婚を承諾する 결혼을 승낙하다. 承諾を得る 승낙을 얻다. いやいやながらの承諾 마지못해 승낙하다.
じょうたつ【上達】 (する) ❶ 上達する 〔技芸·技術など〕향상(向上)되다; 늘다. 料理の腕が上達する 요리 솜씨가 늘다.
しょうだん【商談】 상담(商談).
じょうだん【上段】 상단(上段).
*じょうだん【冗談】 농담(弄談). ∥冗談を言う 농담을 하다. 冗談の分からない人 농담이 안 통하는 사람. 冗談にもほどがある 농담이 지나치다. 冗談を真に受ける 농담을 진짜로 받아들이다.
しょうち【招致】 (する) 초치(招致).
しょうち【承知】 ❶〔理解している〕승지하다 알고 있다. いきつけは承知しております 잘은 알고 있습니다. ❷〔承諾〕 승낙(承諾). ∥解約の件は承知できない 해약 건은 승낙할 수 없다.
しょうちくばい【松竹梅】 송죽매(松竹梅).
しょうちゅう【掌中】 장중(掌中); 수중(手中). ∥손 안. ∥掌中に収める 수중에 넣다. ♦掌中の珠 장중보옥.
しょうちゅう【焼酎】 소주(燒酒).
じょうちゅう【常駐】 상주(常駐).
じょうちょ【情緒】 정취(情趣). ∥情緒不安定 정서 불안(정). 情緒障害 정서 장애.
しょうちょう【小腸】 소장(小腸).
しょうちょう【象徴】 (する) 상징(象徵). ♦象徴主義 상징주의. 象徴的 상징적.
じょうちょう【冗長】 쓸데없이 길다.
しょうちん【消沈】 소침(消沈). ∥意気消沈 의기소침.
しょうてい【上程】 상정(上程).
じょうでき【出来栄】 〔結果·状態などが〕만족할 만하다. ∥初めてのわりには上出来だ 처음치고는 만족(滿足)할 만하다.
しょうてん【声点】〔言語〕성점(聲點).
しょうてん【昇天】 (する) 승천(昇天).
しょうてん【商店】 상점(商店). ♦商店街 상가.
しょうてん【焦点】 초점(焦點). ∥顕微鏡の焦点を合わせる 현미경의 초점을 맞추다.
しょうど【焦土】 초토(焦土). ∥焦土と化す 초토화되다.

しょうど【焦土】조토(焦土).
じょうと【譲渡】(する) 양도(讓渡). ‖株式の譲渡 주식 양도.
じょうど【浄土】정토; 극락정토(極樂淨土). ◆浄土宗 정토종.
しょうとう【消灯】(する) 소등(消燈). ◆消灯時間 소등 시간.
しょうどう【衝動】충동(衝動). ‖衝動が起こる 충동이 일다. 一時の衝動 일시적인 충동. 衝動買い 충동 구매. 衝動的に 충동적으로.
じょうとう【上等】상등(上等級); 뛰어남.
じょうとう【常套】상투(常套). ◆常套句 상투적인 표현. 常套手段 상투적인 수단.
しょうとく【生得】생득(生得).
しょうどく【消毒】(する) 소독(消毒). ‖傷口の消毒 상처난 데를 소독하다. ◆日光消毒 일광 소독.
しょうとつ【衝突】(する) 충돌(衝突). ‖意見が衝突する 의견이 충돌하다. ◆正面衝突 정면 충돌. 衝突事故 충돌 사고.
しょうとりひき【商取引】 상거래(商去來).
じょうない【場内】장내(場內).
しょうに【小児】소아(小兒). ◆小児科 소아과. 小児麻痺 소아마비.
しょうにゅうせき【鍾乳石】종유석(鍾乳石).
しょうにゅうどう【鍾乳洞】종유동(鍾乳洞); 종유굴(鍾乳窟).
しょうにん【承認】(する) 승인(承認). ‖予算案を承認する 예산안을 승인하다. 理事会の承認した事項 이사회에서 승인한 사항.
しょうにん【商人】상인(商人).
しょうにん【証人】증인(證人).
じょうにん【常任】상임(常任). ◆常任委員 상임 위원. 常任理事国 상임 이사국.
しょうねつ【情熱】정열(情熱). ‖情熱を燃やす 정열을 불태우다. 情熱的なダンス 정열적인 댄스.
*しょうねん【少年】소년(少年). ◆少年院 소년원. 少年時代 소년 시절. 少年犯罪 소년 범죄.
じょうねん【情念】정념(情念).
しょうねんば【正念場】중요(重要)한 국면(局面); 중요한 때. ‖今が正念場です 지금이 중요한 때입니다.
しょうのう【小脳】소뇌(小腦).
じょうば【乗馬】승마(乘馬).
しょうはい【勝敗】승패(勝敗). ‖勝敗を決する 승패를 겨루다.
*しょうばい【商売】❶ 장사. ‖商売して暮らしている 장사로 먹고 살고 있다. 商売人 장사꾼. ❷ 직업(職業); 일. ‖本を読むのも商売のうちだ 책을 읽는

것도 일의 일부다.
しょうばつ【賞罰】상벌(賞罰).
じょうはつ【蒸発】(する) 증발(蒸發).
じょうはんしん【上半身】상반신(上半身).
*しょうひ【消費】(する) 소비(消費). ‖ーのところ消費が伸び悩んでいる 최근에 소비가 늘지 않고 있다. 時間を無駄に消費する 시간을 쓸데없이 소비하다. ◆消費期限 소비 기한. 消費財 소비재. 消費者 소비자. 消費者価格 소비자 가격. 消費者物価指数 소비자 물가 지수. 消費税 소비세. 消費量 소비량.
しょうび【焦眉】초미(焦眉). ▶焦眉の急 초미지급.
じょうび【常備】상비(常備). ◆常備薬 상비약.
しょうひょう【商標】상표(商標). ◆登録商標 등록 상표.
しょうひょう【証票】증표(證票).
*しょうひん【商品】상품(商品). ‖商品を仕入れる 상품을 구입하다. 色々な種類の商品を扱っている 다양한 종류의 상품을 취급하고 있다. ◆商品券 상품권.
しょうひん【賞品】상품(賞品).
じょうひん【上品】❶ [~だ] 우아(優雅)하다; 고상(高尙)하다; 품이(品位)가 있다. ‖上品な物腰 품위 있는 태도. ❷ 상품(上品); 고급품(高級品).
しょうぶ【尙武】상무(尙武). ‖尙武の精神 상무 정신.
*しょうぶ【勝負】(する) 승부(勝負). ‖1 対 1 で勝負をする 일 대 일로 승부하다. 勝負がつかない 승부가 나지 않다. 彼とでは勝負にならない 그 사람과는 승부가 안 된다. ◆勝負事 승패를 겨루는 것. 勝負師 승부사.
ショウブ【菖蒲】창포(菖蒲).
じょうぶ【丈夫】❶ 건강(健康)하다. ‖丈夫な体 건강한 몸. ❷ 튼튼하다; 견고(堅固)하다. ‖丈夫な紙袋 튼튼한 종이 봉투. この椅子は丈夫にできている 이 의자는 튼튼하게 만들어졌다.
じょうぶ【上部】상부(上部). ◆上部構造 상부구조.
しょうふだ【正札】정찰(正札).
じょうぶつ【成仏】(する) 성불(成佛).
しょうぶん【性分】성격(性格). ‖損な性分 손해 보는 성격.
しょうへい【招聘】초빙(招聘).
しょうへい【将兵】장병(將兵).
しょうへき【障壁】장벽(障壁). ◆関税障壁 관세 장벽.
じょうへき【城壁】성벽(城壁).
しょうへん【掌編】장편(掌編); 콩트.
しょうべん【小便】소변(小便). ‖小便をする 소변을 보다.
じょうへん【上編】상편(上篇).

じょうほ【譲歩】 (する) 양보(讓步). ‖互いに譲歩する 서로 양보하다.
しょうほう【商法】 ❶상법(商法); 상술(商術). ◆悪徳商法 악덕 상술. ❷《法律》상법.
しょうぼう【消防】 소방(消防). ◆消防士 소방사. 消防車 소방차. 消防署 소방서. 消防隊 소방대. 消防験 소방대.
じょうほう【情報】 정보(情報). ‖情報を集める 정보를 수집하다. 確かな情報 확실한 정보. 役に立つ情報 도움이 되는 정보. 情報化社会 정보화 사회. ◆情報科学 정보 과학. 情報公開 정보 공개. 情報産業 정보 산업. 情報処理 정보 처리. 情報網 정보망.
しょうまん【小満】 (이십사절기의)소만(小満).
しょうみ【正味】 ❶(포장 등을 제외한)실제 중량(實際重量). ❷실제 의미(實際意味)가 있는 부분(部分); 유용(有用)한 부분. ‖正味3時間働く 실제로 일하는 것은 세 시간이다.
しょうみ【賞味】 (する) 상미(賞味). ‖賞味期限 유효 기간.
じょうみゃく【静脈】 정맥(静脈). ◆静脈注射 정맥 주사. 静脈瘤 정맥류.
じょうむ【乗務】 (する) 승무(乗務). ◆客室乗務員 객실 승무원.
じょうむ【常務】 상무(常務).
しょうめい【証明】 (する) 증명(證明). ‖無実を証明するもの 무죄를 증명하는 것. アリバイを証明するようしろばいを証明する. ◆証明書 증명서. 出生証明書 출생 증명서. 身分証明書 신분증명서.
しょうめい【照明】 (する) 조명(照明). ◆間接照明 간접 조명.
しょうめつ【消滅】 (する) 소멸(消滅). ◆消滅時効 소멸 시효.
しょうめん【正面】 정면(正面). ‖正面に富士山が見える 정면으로 후지산이 보이다. 正面から見た顔 정면에서 본 얼굴. ◆正面切って 서슴없이. 직접적으로. 正面切ってものを言う 서슴없이 말하다. ◆正面衝突 정면 충돌.
しょうもう【消耗】 (する) 소모(消耗). ‖体力の消耗が激しい仕事 체력 소모가 많은 일. ◆消耗品 소모품.
じょうもく【条目】 조목(條目).
じょうもんじだい【縄文時代】 《歴史》조몬(時代).
しょうもつ【生薬】 생약(生薬).
じょうやく【条約】 조약(條約). ‖条約を締結する 조약을 체결하다.
しょうゆ【醤油】 간장. ‖醤油をかける 간장을 치다. 醤油につけて食べる 간장에 찍어서 먹다. ◆溜まり醤油 진간장. 酢醤油 초간장.
しょうよ【賞与】 상여(賞與); 보너스.
じょうよ【剰余】 잉여(剰餘). ‖剰余価

値 잉여 가치.
しょうよう【逍遥】 (する) 소요(逍遙).
しょうよう【商用】 (する) 상용(商用).
じょうよう【常用】 (する) 상용(常用). ◆常用漢字 상용 한자.
しょうよく【情欲】 정욕(情慾).
しょうらい【招来】 (する) 초래(招来). ‖不幸を招来する 불행을 초래하다.
*しょうらい【将来】** 장래(將來). ‖将来に備える 장래에 대비하다. 将来が楽しみだ 장래가 기대된다. ◆将来性 장래성.
しょうり【勝利】 (する) 승리(勝利). ‖戦いに勝利する 싸움에 승리하다. 勝利を収める 승리를 거두다.
じょうり【条理】 조리(條理); 도리(道理).
じょうり【情理】 정리(情理).
じょうりく【上陸】 (する) 상륙(上陸).
しょうりゃく【省略】 (する) 생략(省略). ‖挨拶は省略する인사는 생략한다. 以下省略 이하 생략.
じょうりゅう【上流】 상류(上流). ◆上流階級 상류 계급. 上流社会 상류 사회.
じょうりゅう【蒸留】 증류酒. 蒸留水 증류수.
しょうりょう【小量】 ❶소량(小量). 도량(度量)이 좁음. ‖小量なる人物 도량이 좁은 사람.
しょうりょう【少量】 소량(少量).
しょうりょう【渉猟】 (する) 섭렵(涉獵).
しょうりょう【精霊】 정령(精靈).
しょうりょく【省力】 (する) 기계화(機械化) 등으로 노동력(勞動力)을 삭감(削減)하는 것.
じょうりょくじゅ【常緑樹】 상록수(常緑樹).
しょうれい【症例】 증상(症狀)의 예(例).
しょうれい【奨励】 (する) 장려(奨励). ‖スポーツを奨励する 스포츠를 장려하다. ◆奨励金 장려금.
じょうれい【条例】 조례(條例).
じょうれん【常連】 ❶(店의)단골. ❷항상(恒常) 같이 다니는 동료(同僚).
じょうろ【如雨露】 물뿌리개.
しょうろう【鐘楼】 종루(鐘樓).
しょうろうびょうし【生老病死】 생로병사(生老病死).
しょうわ 〔年号〕쇼와(1926.12.25~1989.1.7).
しょえん【初演】 (する) 초연(初演).
じょえん【助演】 (する) 조연(助演).
ショー【show】 쇼.
じょおう【女王】 ‖エリザベス女王 엘리자베스여왕.
ショーウインドー【show window】 쇼윈도.
じょおうばち【女王蜂】 여왕(女王)벌.
ジョーカー【joker】 조커.

ショートカット [short cut] 쇼트커트.
ショートケーキ [short cake] 쇼트케이크.
ショートニング [shortening] 쇼트닝.
ショール [shawl] 숄.
ショールーム [showroom] 쇼룸.
しょか【初夏】초(初) 여름.
しょか【書架】서가(書架).
しょが【書画】서화(書畫).
しょかい【初回】첫 회(回).
じょがい【除外】제외(除外). ‖特殊なケースとして除外する 특수한 케이스로서 제외하다. 未成年者は会員から除外される 미성년자는 회원에서 제외되다.
じょがくせい【女学生】여학생(女學生).
しょかん【所感】소감(所感). ‖所感を述べる 소감을 밝히다.
しょかん【所管】소관(所管). ‖区役所の所管する事項 구청에서 소관하는 사항.
しょかん【書簡】서간(書簡); 서한(書翰). ◆書簡文 서간문.
じょかんとく【助監督】조감독(助監督).
しょき【初期】초기(初期). ‖風邪の初期症状 감기의 초기 증상. 江戸時代初期 에도 시대 초기. ◆初期化 (컴) 초기화.
しょき【所期】소기(所期). ‖所期の目的 소기의 목적.
しょき【書記】서기(書記). ◆書記長 서기국장. 書記長 서기장.
じょきじょき 싹둑싹둑. ‖髪をじょきじょき切る 머리를 싹둑싹둑 자르다.
しょきゅう【初級】초급(初級). ‖初級日本語 초급 일본어.
じょきょ【除去】제거(除去). ‖不純物を除去する 불순물을 제거하다.
じょぎょう【所業】소행(所行).
じょきょうじゅ【助教授】조교수(助教授).
じょきょく【序曲】서곡(序曲).
じょきん【除菌】살균(殺菌). ◆除菌作用 살균 작용.
ジョギング [jogging] 조깅.
しょく【食】❶ 식; 식사(食事). ‖食生活 식생활. ❷ 일식(日蝕); 월식(月蝕). ❸〔食事の回数〕…끼. ‖1日3食 하루 세 끼. ‖ 食が進む 식욕이 생기다. 입맛이 돌다. ◆食が細い 소식이다. 입이 짧다.
＊しょく【職】❶ 직; 직무(職務). ‖駅長の職 역장의 직무. ❷ 일; 일자리(職業); 기술(技術). ‖新しい職を求める 새로운 일자리를 찾다. 手に職をつける 손에 기술을 익히다.
-しょく【色】…색(色). ◆地方色 지방색. 保護色 보호색.

しょく【私欲】사욕(私慾). ◆私利私欲 사리사욕.
しょくあたり【食中り】식중독(食中毒).
しょくいん【職員】직원(職員). ‖市役所の職員 시청 직원. この課の職員は10名です 이 과의 직원은 열 명입니다. ◆職員室 교무실.
しょくえん【処遇】(る한) 처우(處遇).
しょくえん【食塩】식염(食鹽). ◆食塩水 염수.
＊しょくぎょう【職業】직업(職業). ‖ご職業は何ですか 직업이 무엇입니까? 職業を変える 직업을 바꾸다. ◆適性に合う職業 적성에 맞는 직업. 職業意識 직업의식. 職業教育 직업 교육. 職業的実情 직업적 실정. 職業病 직업병.
しょくげん【食言】식언(食言).
しょくご【食後】식후(食後).
しょくざい【贖罪】속죄(贖罪).
＊しょくじ【食事】(る한) 식사(食事). ‖食事の用意ができました 식사 준비가 되었습니다. 食事を早く済ませる 식사를 빨리 끝내다. 食事を抜く 식사를 거르다. 食事中です 식사 중입니다.
しょくじ【植字】(る한) 식자(植字).
しょくしゅ【触手】촉수(觸手).
しょくしゅ【職種】직종(職種).
しょくじゅ【植樹】식수(植樹).
しょくじょ【織女】녀녀(織女); 베 짜는 여자(女子). ◆織女星 녀녀성.
しょくしょう【食傷】(る한) 식상(食傷). ‖食傷気味だ 식상해하다.
しょくじりょうほう【食餌療法】식이 요법(食餌療法).
しょくせい【食性】식성(食性).
しょくせい【植生】식생(植生).
しょくせい【職制】❶ 직제(職制). ❷ 관리직(管理職).
しょくせいかつ【食生活】식생활(食生活). ‖食生活の改善 식생활 개선.
しょくせき【職責】직책(職責); 맡은 일. ‖職責を全うする 맡은 바 일을 다하다.
しょくぜん【食前】식전(食前).
しょくぜん【食膳】밥상; 식탁(食卓). ‖食膳に供する 밥상에 올리다. 食膳につく 밥상 앞에 앉다.
しょくせんき【食洗機】식기 세척기(食器洗機).
しょくだい【燭台】촛대.
しょくたく【食卓】식탁(食卓).
しょくたく【嘱託】❶ 촉탁(嘱託). ❷ (설명) 정식 직원(正式職員)은 아니나 일을 위탁(委託)받아 하는 사람.
しょくちゅうどく【食中毒】식중독(食中毒).
しょくつう【食通】(설명) 음식(飲食) 맛에 정통(精通)한 사람.
しょくどう【食堂】식당(食堂). ◆食堂車 식당차.

しょくどう【食道】 식도(食道).
しょくどうらく【食道楽】 식도락(食道樂).
しょくにく【食肉】 ❶식용(食用) 고기. ❷육식(肉食). ‖食肉動物 육식 동물.
しょくにん【職人】 장인(匠人). ◆職人気質 장인 기질.
しょくのう【職能】 직능(職能). ◆職能給 직능급.
しょくば【職場】 직장(職場). ‖職場を去る 직장을 떠나다[그만두다]. ◆職場結婚 사내 결혼.
しょくばい【触媒】 촉매(觸媒).
しょくはつ【触発】 (する)촉발(觸發).
しょくパン【食パン】 식빵.
しょくひ【食費】 식비(食費).
しょくひん【食品】 식품(食品). ‖食品売り場 식품 매장. ◆加工食品 가공 식품. 冷凍食品 냉동 식품. 食品添加物 식품 첨가물.
***しょくぶつ**【植物】 식물(植物). ‖植物が生えないところ 식물이 자라지 않는 곳. ◆高山植物 고산 식물. 植物園 식물원. 植物学 식물학. 植物性 식물성. 植物標本 식물 표본. 植物人間 식물인간.
しょくぼう【嘱望】 (する)촉망(囑望). ‖前途を嘱望される 장래가 촉망되다.
しょくみんち【植民地】 식민지(植民地).
しょくむ【職務】 직무(職務). ◆職務怠慢 직무 태만. 職務質問 불심 검문.
しょくもつ【食物】 식물(食物). ◆食物繊維 식물성 섬유.
しょくよう【食用】 식용(食用). ◆食用油 식용유. 食用ガエル 식용 개구리.
しょくよく【食欲・食慾】 식욕; 입맛. ‖食欲旺盛だ 식욕이 왕성하다. 食欲をそそる 식욕을 돋우다. 今日はあまり食欲がない 오늘은 그다지 식욕이 없다. 食欲不振 식욕 부진.
しょくりょう【食料】 식료(食料). ◆食料品 식료품.
***しょくりょう**【食糧】 식량(食糧). ‖3日分の食糧しかない 삼 일분의 식량밖에 없다. ◆食糧事情 식량 사정. 食糧不足 식량 부족.
しょくりん【植林】 (する)식림(植林).
しょくん【諸君】 제군(諸君).
じょくん【叙勲】 서훈(敍勳).
しょけい【処刑】 (する)처형(處刑).
しょけい【初経】 초경(初經).
じょけい【女系】 여계(女系).
しょけん【所見】 소견(所見); 의견(意見). ‖医師の所見 의사의 소견.
じょけん【女権】 여권(女權). ◆女権の拡張 여권 신장.
じょげん【助言】 (する)조언(助言).
しょこ【書庫】 서고(書庫).
しょこう【初校】 초교(初校).

しょこう【諸侯】 제후(諸侯).
しょこう【曙光】 서광(曙光). ‖曙光がさす 서광이 비치다.
じょこう【徐行】 (する)서행(徐行). ‖徐行運転 서행 운전.
しょこく【諸国】 제국(諸國).
しょこん【初婚】 초혼(初婚).
しょさい【書斎】 서재(書齋).
しょざい【所在】 소재(所在). ‖県庁所在地 현청 소재지.
しょざいない【所在無い】 심심하다; 무료(無聊)하다; 따분하다.
じょさいない【如才無い】 싹싹하다; 빈틈없다; 약삭빠르다. ‖如才なく立ち回る 약삭빠르게 처신하다.
しょさん【所産】 소산(所産). ‖研究の所産 연구의 소산.
しょざん【初産】 초산(初産).
じょさんし【助産師】 조산사(助産師).
じょさんぷ【助産婦】 조산부(助産婦).
しょし【初志】 초지(初志). ▶初志貫徹 초지일관.
しょし【書誌】 서지(書誌). ◆書誌学 서지학.
しょし【庶子】 서자(庶子).
しょじ【所持】 (する)소지(所持). ‖銃器を不法に所持する 총기를 불법 소지하다.
***じょし**【女子】 여자(女子). ◆女子学生 여학생. 女子高(校)生 여고생. 女子中学生 여중생. 女子大 여자 대학. 女子大(学)生 여대생. 女子トイレ 여자 화장실.
じょし【女史】 여사(女史).
じょし【序詞】 서사(序詞); 프롤로그.
じょし【助詞】 조사(助詞). ◆主格助詞 주격 조사.
じょじ【女児】 여아(女兒); 여자(女子) 아이.
じょじ【叙事】 서사(敍事). ◆叙事詩 서사시.
しょしき【書式】 서식(書式).
じょしつ【除湿】 (する)제습(除濕). ◆除湿機 제습기.
じょしゅ【助手】 ❶조수(助手). ‖助手席 조수석. ❷(大学の)조수.
しょしゅう【初秋】 초(初)가을.
しょじゅつ【初出】 (する)초출(初出).
じょじゅつ【叙述】 (する)서술(敍述).
しょしゅん【初春】 초(初)봄.
しょじゅん【初旬】 초순(初旬).
しょしょ【処暑】 (二十四節気の)처서(處暑).
しょじょ【処女】 처녀(處女). ◆処女作 처녀작. 処女地 처녀지. 処女膜 처녀막. 処女林 처녀림.
じょしょう【序章】 서장(序章).
じょじょう【抒情・叙情】 서정(抒情). ◆叙情詩 서정시.
じょしょく【女色】 여색(女色).

じょじょに【徐々に】 서서(徐徐)히; 조금씩. ‖景色が徐々に回復する 경치가 서서히 회복되다.
しょしん【初心】 ❶ 초심(初心). ‖初心に返る 초심으로 돌아가다. ❷ 미숙(未熟)함; 처음 함. ‖初心者 초심자, 초보자.
しょしん【初診】 초진(初診). ◆初診料 초진료.
しょしん【所信】 소신(所信). ‖所信を表明する 소신을 표명하다.
じょすう【序数】 서수(序數). ◆序数詞 서수사.
じょすうし【助数詞】 의존 명사(依存名詞).
しょする【処する】 ❶ 처(處)하다. ‖危機に処するの危기에 처하다. ❷【刑罰に】처하다. ‖死刑に処する 사형에 처하다. ❸ 처리(處理)하다. ‖事を処する 일을 처리하다.
じょする【除する】 ❶ 제거(除去)하다. ‖障害を除する 장해를 제거하다. ❷【数学】나누다; 나눗셈을 하다.
しょせい【処世】 처세(處世). ◆処世術 처세술.
*じょせい【女性】 여성(女性). ‖活動的な女性 활동적인 여성. ◆女性雑誌 여성 잡지. 女性の 여성의.
じょせい【助成】 (증히) 조성(助成). ◆助成金 조성금.
しょせき【書籍】 서적(書籍).
じょせき【除籍】 (증히) 제적(除籍).
じょせつ【序説】 서설(序說).
じょせつ【除雪】 (증히) 제설(除雪).
しょせん【緒戦】 서전(緒戰).
しょしん【初診】 초진(初診).
しょせん【所詮】 결국(結局); 어차피. ‖所詮かなわぬ望み 어차피 이루어지지 않을 소망.
しょぞう【所蔵】 (증히) 소장(所藏). ◆所蔵品 소장품.
じょそう【女装】 (증히) 여장(女裝).
じょそう【助走】 도움닫기.
じょそう【助奏】 보조 연주(補助演奏), 오블리가토.
じょそう【除草】 (증히) 제초(除草).
しょぞく【所属】 소속(所屬). ‖所属政党 소속 정당.
*しょたい【所帯·世帯】 세대(世帶); 살림; 가정(家庭); 가구(家口). ‖男所帯 남자만 있는 가정. 所帯道具 살림살이 所帯持ち 가정이 있음.
しょたい【書体】 서체(書體).
しょだい【初代】 초대(初代). ‖韓国の初代大統領 한국의 초대 대통령.
しょだい【女体】 여체(女體).
しょたい【除隊】 (증히) 제대(除隊).
しょたいめん【初対面】 첫 대면(對面).

しょだな【書棚】 책장(冊欌).
しょだん【初段】 초단(初段). ‖柔道初段 유도 초단.
しょだん【処断】 처단(處斷).
しょち【処置】 (증히) ❶ 조치(措置); 조처(措處). ‖早急に処置する 시급히 조치하다. ❷ 처치(處置). ‖応急処置 응급 처치.
しょちゅう【暑中】 한여름의 더울 때. ◆暑中見舞い (設問) 복중(伏中)에 문안(問安)을 드리는 것 또는 그 편지(便紙).
じょちゅう【除虫】 (증히) 제충(除蟲); 구충(驅蟲).
しょちょう【所長】 소장(所長).
しょちょう【署長】 서장(署長).
じょちょう【助長】 조장(助長). ‖インフレを助長する 인플레를 조장하다.
しょっかい【職階】 직계(職階).
しょっかく【食客】 식객(食客).
しょっかん【食感】 음식물(飲食物)을 입에 넣었을 때의 느낌.
しょっかん【触感】 촉감(觸感).
しょっき【食器】 식기(食器). ‖食器洗い機 식기 세척기.
ジョッキ【+jug】 (取っ手のついた) 맥주잔(麥酒盞).
ジョッキー【jockey】 경마(競馬)의 기수(騎手).
ショッキング【shocking】 ダ 쇼킹하다.
ショック【shock】 쇼크. ‖ショックを受ける 쇼크를 받다. ◆ショック死 쇼크사.
しょっけん【食券】 식권(食券).
しょっけん【職権】 직권(職權). ◆職権濫用 직권 남용.
しょっちゅう 항상(恒常); 언제나. ‖彼はしょっちゅう遅刻する 그 사람은 항상 지각한다.
しょっぱい 짜다. ‖しょっぱい味噌汁 짠 된장국.
ショッピング【shopping】 쇼핑. ‖ウインドーショッピング 아이쇼핑. ◆ショッピングセンター 쇼핑 센터. ショッピングバッグ 쇼핑백.
しょてん【書店】 서점(書店).
しょとう【初等】 초등(初等). ◆初等教育 초등 교육.
しょとう【初冬】 초(初) 겨울.
しょどう【書道】 서도(書道); 서예(書藝).
じょどうし【助動詞】 조동사(助動詞).
*しょとく【所得】 소득(所得). ‖所得が多い 소득이 많다. ◆年間所得 연간 소득. 不労所得 불로소득. 所得控除 소득 공제. 所得税 소득세.
しょにち【初日】 첫날.
しょにんきゅう【初任給】 첫 월급(月給). ‖初任給をもらう 첫 월급을 타다.
しょねん【初年】 ❶〔初めの年〕첫해. ❷

[ある時代の始めの頃]그 시대(時代)의 초기(初期).

しょばつ【処罰】 (名な) 처벌(處罰).

しょはん【初犯】 초범(初犯).

しょはん【初版】 초판(初版).

しょはん【諸般】 제반(諸般). ‖諸般の事情 제반 사정.

じょばん【初盤】 초반(初盤). ◆序盤戦 초반전.

しょひょう【書評】 서평(書評).

しょぶん【処分】 ❶처분(處分). ‖廃棄処分 폐기 처분. ❷처벌(處罰). ‖処分を受ける 처벌을 받다.

じょぶん【序文】 서문(序文).

しょほ【初歩】 초보(初步). ‖初歩的なミス 초보적인 실수.

しょほう【処方】 처방(處方). ◆処方箋 처방전.

しょぼしょぼ ❶[小雨が降り続いている]부슬부슬. ‖雨がしょぼしょぼ降る 비가 부슬부슬 내리다. ❷[しょぼくれた様子]しょぼしょぼと歩く 힘없이 걸어가다. ❸[目がはっきり開けられず、まばたきをする]‖寝不足で目がしょぼしょぼ(と)している 잠이 부족해서 눈이 뻑뻑하다.

しょぼんと 叱られてしょぼんとする 혼나서 풀이 죽어 있다.

じょまく【序幕】 (名な) 서막(序幕).

じょまく【除幕】 (名な) 제막(除幕). ◆除幕式 제막식.

しょみん【庶民】 서민(庶民). ◆庶民的 서민적.

しょむ【庶務】 서무(庶務).

しょめい【書名】 서명(書名).

しょめい【署名】 (名な) 서명(署名).

じょめい【除名】 (名な) 제명(除名). ◆除名処分 제명 처분.

しょめん【書面】 서면(書面).

しょもう【所望】 소망(所望).

しょや【初夜】 첫날밤; 초야(初夜).

じょや【除夜】 제야(除夜). ‖除夜の鐘 제야의 종.

*__しょゆう__**【所有】 (名な) 소유(所有). ‖財産を所有する 재산을 소유하다. 広い土地を所有している 넓은 토지를 소유하고 있다. ◆所有色 소유격. 所有権 소유권. 所有者 소유자.

じょゆう【女優】 여우; 여배우(女俳優).

しょよう【所要】 소요(所要). ‖往復の所要時間 왕복의 소요 시간.

しょり【処理】 (名な) 처리(處理). ‖1人で処理できる仕事 혼자서 처리할 수 있는 일. ◆事務処理 사무 처리. 情報処理 정보 처리.

じょりゅう【女流】 여류(女流). ◆女流作家 여류 작가.

*__しょるい__**【書類】 서류(書類). ‖書類を整理する 서류를 정리하다. 書類上では問題ない 서류상으로는 문제가 없다.

ショルダーバッグ【shoulder bag】 숄더백.

じょれつ【序列】 서열(序列). ◆年功序列 연공서열.

しょろう【初老】 초로(初老).

じょろん【序論】 서론(序論).

しょんぼり ‖しょんぼり(と)帰る 축 처져서 돌아가다.

じらい【地雷】 지뢰(地雷).

しらが【白髪】 백발由(白髪); 흰머리. ◆白髪染め 머리 염색약.

シラカバ【白樺】 자작나무.

しらける【白ける】 ❶[興がさめる]흥(興)이 깨지다. ❷[色があせる]색(色)이 바래다; 퇴색(退色)하다.

しらこ【白子】 ❶(魚の)이리. ❷[医学]선천성 백피증(先天性白皮症).

シラサギ【白鷺】 백로(白鷺); 해오라기.

しらじらしい【白白しい】 뻔하다; 속이 보이다. ‖しらじらしいうそをつく 뻔한 거짓말을 하다.

シラス【白子】 치어(稚魚). ◆シラス干し 멸치.

しらず【知らず】 …을[를] 모름; 경험(經驗)이 없음. ‖怖いもの知らず 무서움을 모름. 恥知らずだ 부끄러운 줄을 모르다.

じらす【焦らす】 애태우다; 초조(焦燥)하게 하다.

しらずしらず【知らず知らず】 알게 모르게; 모르는 사이에; 무의식(無意識) 중에; 어느새. ‖知らず知らずのうちに眠ってしまった 어느새 잠들어 버렸다.

しらせ【知らせ】 ❶알림; 안내(案內); 소식(消息); 통지(通知). ‖いい知らせがあります 좋은 소식이 있습니다. 合格の知らせを受ける 합격 통지를 받다. ❷전조(前兆); 조짐(兆朕).

*__しらせる__**【知らせる】 알리다; 통지(通知)하다. ‖出発時間を知らせる 출발 시간을 알리다. 事故を警察に知らせる 사고를 경찰에 알리다. 受験の結果を知らせる 수험 결과를 통지하다.

しらたま【白玉】 찹쌀 가루로 만든 경단(瓊團).

しらたまこ【白玉粉】 찹쌀 가루.

しらとり【白鳥】 ❶흰 새. ❷백조(白鳥).

しらは【白羽】 흰 화살 깃. ▶白羽の矢が立つ値する人 많은 중에서 뽑히다.

シラバス【syllabus】 실러버스; 수강 편람(受講便覽).

しらはた【白旗】 백기(白旗). ◆白旗を掲げる 백기를 들다. [慣]

しらべ【調べ】 ❶조사(調査). ‖調べを受ける 조사를 받다. ❷[音楽]가락; 음률(音律); 선율(旋律).

*__しらべる__**【調べる】 ❶조사(調査)하다;

シラミ(検査)하다; 찾아보다; 찾다; 알아보다; 점검(點檢)하다. ‖鄕土の歷史を調べる 향토의 역사를 알아보다. 乘客の荷物を一つ一つ調べる 승객의 짐을 하나하나 검사하다. 辭書で調べる 사전에서 찾아보다. 電話番号を調べる 전화번호를 찾다. ❹심문(審問)하다.

シラミ【虱】이. ◆虱つぶし 이 잡듯이 함.

しらゆき【白雪】 백설(白雪). ‖白雪姬 백설 공주.

しらんかお【知らん顔】 ‖知らぬ(ん)顔(を)する 본체만체하다. 彼は私を見て知らん顔(を)した 그는 나를 본체만체했다.

しらんぷり【知らん振り】 ‖知らぬ振りする 모르는 척하다. 시치미를 떼다.

*しり【尻】 ❶엉덩이; 궁둥이. ❷후미(後尾); 뒤; 뒤쪽. ‖行列の尻につく 줄 뒤쪽에 붙다. ❸끝; 꼴찌. ‖尻から2番目 끝에서 두 번째. ❹아 랫; 밑. ‖鍋の尻 냄비 바닥. ▶尻が重い 엉덩이가 무겁다. ▶尻が軽い 경솔하다. 여자가 바람기가 있다. ▶尻に敷く 아내가 남편보다 세다. ▶尻に火がつく 발등에 불이 떨어지다. (諺) ▶尻を叩く 격려하다. 재촉하다. ▶尻を拭(ぬぐ)う 뒤치다꺼리를 하다. ▶尻を捲(まく)る 갑자기 강경한 태도로 변하다.

しり【私利】 사리(私利). ◆私利私欲 사리사욕.

シリア【Syria】(国名) 시리아.

しりあい【知り合い】 아는 사람.

しりあう【知り合う】 알게 되다.

しりあがり【尻上がり】 ❶〔後になるにつれ好調になる〕물건의 뒷부분(部分)이 올라감; 뒤로 갈수록 상태(狀態)가 좋아짐. ❷〔語尾が高く上がる〕끝말이 올라감. ❸(鐵棒の)거꾸로 오르기.

シリーズ【series】시리즈.

じりき【自力】자력(自力). ◆自力更生 자력갱생.

じりじり ❶조금씩. ‖じりじりと値上がりする 조금씩 값이 오르다. ❷〔いだって〕じりじりしながら 초조해하면서 기다린다. ❸쨍쨍; 이글이글. ‖じりじり(と)照りつける真夏の太陽 쨍쨍 내리쬐는 한여름의 태양.

しりぞく【退く】 ❶후퇴(後退)하다; 물러나다. ❷사퇴(辭退)하다.

しりぞける【退ける】 ❶후퇴(後退)시키다; 물러서게 하다. ❷물리치다; 격퇴(擊退)하다. ❸거절(拒絶)하다. ‖要求を退ける 요구를 거절하다.

しりつ【市立】시립(市立). ‖市立図書館 시립 도서관.

しりつ【私立】사립(私立). ◆私立大学 사립대학.

じりつ【而立】이립(而立); 삼십 세(三十歲); 서른 살.

じりつ【自立】(名·ス自) 자립(自立). ‖経済的に自立する 경제적으로 자립하다.

じりつ【自律】자율(自律). ‖自律性 자율성. ◆自律神経系 자율 신경.

じりつご【自立語】자립어(自立語).

しりとり【尻取り】끝말잇기.

しりめ【尻目・後目】 ❶곁눈질. ‖尻目に見る 결눈질하다. ❷〔…を尻目にの形で〕…을[를] 무시(無視)하는 태도(態度)로.

しりめつれつ【支離滅裂】ダ 지리멸렬(支離滅裂).

しりもち【尻餅】엉덩방아. 尻もちをつく 엉덩방아를 찧다.

しりゅう【支流】 지류(支流); 분파(分派).

じりゅう【時流】시류(時流). ‖時流に乗る 시류를 타다.

しりょ【思慮】(名·ス自) 사려(思慮). ‖思慮深い 사려가 깊다. 생각이 깊다.

しりょう【史料】사료(史料).

*しりょう【資料】자료(資料). ‖資料を集める 자료를 모으다. 자료를 갖추다. ◆歷史的資料 역사적 자료. 調査資料 조사 자료.

しりょう【飼料】사료(飼料).

しりょく【視力】시력(視力). ‖視力が衰える 시력이 떨어지다.

シリンダー【cylinder】실린더.

*しる【汁】 ❶즙(汁). ‖リンゴの汁 사과즙. ❷국; 국물. ‖味噌汁 된장국.

*しる【知る】 ❶알다. ‖昔から知っていたことだ 옛날부터 알고 있는 일이다. 彼は作家としてよく知られている 그 사람은 작가로서 널리 알려져 있다. ❷관계(關係)가 있다. ‖そんなこと知るものか 알 바 아니다. ❸〔知らないの形で〕모르다. ‖知らない人 모르는 사람. ▶一を聞いて十を知る 하나를 듣으면 열을 안다. 문일지십(聞一知十). ▶知らぬが仏 모르는 게 약. (諺) ▶知る人ぞ知る 아는 사람은 아는.

シルエット【silhouette】『실루엣.

シルク【silk】실크; 비단(緋緞). ◆シルクロード 실크로드; 비단길.

*しるし【印】 ❶표시(標示). ‖木に印をつける 나무에 표시를 하다. 横斷步道の印 횡단보도의 표시. ❷증거(證據); 상징(象徵). ‖ハトは平和の印 비둘기는 평화의 상징이다.

しるす【記す】 ❶적다; 쓰다; 기록(記錄)하다. ‖手帳に名前を記す 수첩에 이름을 적다. 出來事を日記に적다. 있은 일을 일기에 적다. ❷기억(記憶)하다; (心に)새기다. ‖心にしるす 마음에 새기다. ❸표시(標示)를 하다.

シルバー【silver】실버; 은(銀). ◆シルバーシート 경로석. シルバーハウジング 실버타운.

しるべ【標】안내(案內); 길잡이.

しるもの【汁物】국; 수프; 국물이 많은 요리(料理).
しるわん【汁椀】국그릇.
しれい【司令】 (🈚) 사령(司令). ◆司令官 사령관. 司令塔 사령탑. 司令部 사령부.
しれい【指令】지령(指令). ∥指令を受けている 지령을 받다.
じれい【事例】사례(事例); 전례(前例); 실례(實例). ∥似たような事例 비슷한 사례.
じれい【辭令】 ❶〔任免〕사령(辭令). ❷〔形式的言葉〕발림소리; 겉치레 말.
しれつ【齒列】치열(齒列). ◆歯列矯正 치열 교정
しれつ【熾烈】ダ 치열(熾烈)하다. ∥熾烈な戦い 치열한 싸움.
ジレンマ【dilemma】딜레마. ∥ジレンマに陥る 딜레마에 빠지다.
しれわたる【知れ渡る】널리 알려지다.
しれん【試練】시련(試練). ∥多くの試練を乗り越える 많은 시련을 극복하다. 試練に耐える 시련을 견뎌 내다.
*しろ【白】 ❶〔色の〕하양; 흰색. ∥スカート白い 흰색 치마. ❷ 결백(潔白); 무죄(無罪). ❸ 백지(白紙). ∥答案を白で出す 답안을 백지로 내다.
しろ【城】 성(城). ∥城が落ちる 성이 함락되다. ◆城跡 성터.
シロアリ【白蟻】흰개미.
しろあん【白餡】흰 팥소.
*しろい【白い】 하얗다; 희다; 뿌옇다. ∥白い雲 흰 구름. 白い紙 흰 종이. 백지. 壁を白く塗る 벽을 하얗게 칠하다. 白く濁る 뿌옇게 탁해지다. ▶白い目で見る 백안시하다.
じろう【痔瘻】치루(痔瘻).
しろうと【素人】 비전문가(非專門家); 아마추어; 미숙(未熟)한 사람.
しろおび【白帶】 흰 띠; 백 띠.
しろくじちゅう【四六時中】 하루 종일(終日); 항상(恒常).
シロクマ【白熊】 백곰; 흰곰; 북극(北極)곰.
しろくろ【白黒】 ❶ 흑백(黑白). ❷ 유죄(有罪)와 무죄(無罪); 선악(善惡).
しろざとう【白砂糖】백설탕(白雪糖).
じろじろ 뚫어지게; 빤히. ∥じろじろ(と)見る 빤히 쳐다보다.
シロップ【siroop ネ】시럽.
しろっぽい【白っぽい】흰색을 띠다; 뿌옇다.
シロツメクサ【白詰草】 토끼풀; 클로버.
しろバイ【白バイ】 (警察の)백색(白色) 오토바이.
しろみ【白身】 ❶(卵の)흰자 ❷(魚の)힌살.

しろみそ【白味噌】 (🈚)쌀누룩을 많이 넣어 흰빛이 도는 된장.
しろめ【白目】(눈의)흰자위.
じろり 힐끗. ∥じろりと見る 힐끗 보다.
しろん【史論】사론(史論).
しろん【私論】사론(私論).
しろん【試論】시론(試論).
しろん【詩論】시론(詩論).
じろん【持論】지론(持論). ∥私の持論 내 지론.
じろん【時論】시론(時論).
しわ【皺】주름; 주름살; 구김살. ∥ズボンがしわになる 바지가 구겨지다. しわだらけの顔 주름투성이의 얼굴.
しわ【史話】사화(史話).
しわがれる【嗄れる】목이 쉬다.
しわくちゃ【皺くちゃ】ダ 쪼글쪼글하다; 쭈글쭈글하다.
しわけ【仕分け】 (🈚) ❶ 구별(區別); 분류(分類). ❷〔簿記で〕분개(分介).
しわざ【仕業】 행위(行為); 소행(所行); 짓. ∥この落書きは誰の仕業か分からない 이 낙서는 누구 소행인지 모르겠다.
しわしわ【皺皺】ダ 쪼글쪼글하다; 쭈글쭈글하다.
しわじわ 서서히(徐徐히); 조금씩.
しわよせ【皺寄せ】 (不利な條件などを)전가(轉嫁)시킴.
じわり 서서히(徐徐히); 조금씩. ∥じわりと物価が上がる 물가가 조금씩 오르다.
しん【心・芯】 ❶심; 마음; 정신(精神); 본심(本心). ∥心は素直な子だ 본심은 솔직한 아이다. ❷ (ものの)중앙(中央); 중심(中心). ∥バットの芯で打つ 배트의 중심으로 치다. 鉛筆の芯 연필심.
しん【神】 ❶신(神). ∥守護神 수호신. ❷정신(精神).
しん【真】 ❶진; 진실(眞實). ∥真の愛 진실한 사랑. ❷ 진리(眞理).
しん【新】신(新). ∥新旧 신구.
-しん【審】…심(審). ◆下級審 하급심.
-しん【人】 인(人). ∥天地人 천지인.
じん【仁】 ❶인(仁). ❷ 자애(慈愛).
じん【陣】 ❶ 진; 진지(陣地). ❷ 전쟁(戰爭). 진지(陣地). ❸ 일동(一同). ∥報道陣 보도진. ∥陣を取る 진을 치다.
ジン【gin】진.
しんあい【親愛】ダ 친애(親愛)하다. ∥親愛なる皆様へ 친애하는 여러분께.
しんあん【新案】신안(新案). ∥新案特許 신안 특허.
しんい【真意】진의(眞意).
じんいてき【人為的】 인위적(人爲的). ∥相場を人為的につり上げる 시세를 인위적으로 끌어올리다.
しんいん【心因】 심인(心因). ∥心因反応 심인 반응.
じんいん【人員】인원(人員). ∥参加人

じんうえん 참가 인원. 人員整理 인원 정리.
じんうえん【腎盂炎】 신우염(腎盂炎).
しんえい【新鋭】 신예(新鋭).
しんえい【陣営】 진영(陣営). ‖革新陣営 혁신 진영.
しんえい【親衛隊】 ❶【軍隊】 친위대(親衛隊). ❷【反則】 연예인(演藝人)의 열성적(熱性的)인 팬.
しんえん【深淵】 심연(深淵).
しんえん【深遠】 심원(深遠)하다. ‖深遠な思想 심원한 사상.
しんおう【深奥】 심오(深奥).
しんおん【心音】 심음(心音).
しんか【臣下】 신하(臣下).
しんか【真価】 진가(真價). ‖真価を発揮する 진가를 발휘하다.
しんか【深化】 (스하) 심화(深化).
しんか【進化】 (스하) 진화(進化). ◆進化論 진화론.
じんか【人家】 인가(人家).
しんかい【深海】 심해(深海). ◆深海魚 심해어.
しんがい【侵害】 (스하) 침해(侵害). ‖人権侵害 인권 침해.
じんかいせんじゅつ【人海戦術】 인해 전술(人海戦術).
しんかく【神格】 신격(神格). ◆神格化 (스하) 신격화.
しんがく【神学】 신학(神學). ◆神学校 신학교.
しんがく【進学】 (스하) 진학(進學). ‖博士課程へ進学する 박사 과정에 진학하다. 日本の大学進学率 일본의 대학 진학률.
*じんかく【人格】 인격(人格). ‖人格を尊重する 인격을 존중하다. 人格を無視する 인격을 무시하다. ◆二重人格 이중 인격. 人格者 인격자. 人格的 인격적.
しんがた【新型】 신형(新型).
しんがっき【新学期】 신학기(新學期).
シンガポール【Singapore】【国名】 싱가포르.
しんがり【殿】 맨 뒤; 꼴찌.
しんかん【新刊】 신간(新刊).
しんかん【新館】 신관(新館).
しんかん【震撼】 震撼하는 벌벌 떨다. 깜짝 놀라다. ‖世の中を震撼させた事件 세상을 깜짝 놀라게 한 사건.
しんかんせん【新幹線】 신칸센; 일본(日本)의 고속 철도(高速鐵道).
しんき【新規】 신규(新規). ◆新規採用 신규 채용.
しんぎ【信義】 신의(信義).
しんぎ【真偽】 진위(真偽). ‖真偽を明らかにする 진위를 밝히다.
しんぎ【審議】 (스하) 심의(審議). ‖法案を審議する 법안을 심의하다. ◆審議会 심의회. 審議官 심의관.
しんきいってん【心機一転】 (스하) 심기 일전(心機一轉).

しんきげん【新紀元】 신기원(新紀元). ‖新紀元を画する 신기원을 긋다.
ジンギスカンなべ【Chinggis Khan鍋】 양고기 철판 요리(鐵板料理).
しんきゅう【進級】 (스하) 진급(進級).
しんきゅう【新旧】 ❶ 신구(新舊). ❷ 양력(陽暦)과 음력(陰暦).
しんきゅう【鍼灸】 침구(鍼灸). ◆鍼灸院 침구원.
しんきょう【心境】 심경(心境). ‖心境の変化 심경의 변화.
しんきょう【新教】 신교(新教).
しんきょく【新曲】 신곡(新曲).
しんきろう【蜃気楼】 신기루(蜃氣樓).
しんきろく【新記録】 신기록(新記録). ‖新記録を立てる 신기록을 세우다.
しんきん【親近】 (스하) 친근(親近). ◆親近感 친근감. 親近感を覚える 친근감을 느끼다.
しんぎん【呻吟】 (스하) 신음(呻吟).
しんきんこうそく【心筋梗塞】 심근 경색증(心筋梗塞症).
シンク【sink】 (台所의) 싱크대.
しんぐ【寝具】 침구(寢具).
しんくう【真空】 진공(真空). ◆真空管 진공관.
ジンクス【jinx】 징크스. ‖ジンクスを破る 징크스를 깨다.
シンクタンク【think tank】 싱크탱크.
シングル【single】 ❶ 싱글. ❷ (背広의) 싱글. ◆シングルマザー 미혼모. 편모.
シングルス【singles】 단식 경기(單式競技).
シンクロナイズドスイミング【synchronized swimming】 싱크로나이즈드 스위밍; 수중(水中) 발레.
*しんけい【神経】 신경(神經). ‖神経が鋭い 신경이 예민하다. 神経を尖らせる 신경을 곤두세우다. 応対に神経を使う 대접에 신경을 쓰다. ◆神経過敏 신경과민. 神経質 신경질. 神経症 신경증. ノイローゼ. 神経衰弱 신경 쇠약. 神経戦 신경전. 神経痛 신경통.
しんげき【進撃】 (스하) 진격(進撃).
しんけつ【心血】 심혈(心血). ‖心血を注ぐ 심혈을 기울이다.
しんげつ【新月】 초승달.
しんけん【神権】 신권(神權). ◆神権政治 신권 정치.
しんけん【真剣】 ❶ (刀) 진검(真劍). ❷ 진지(真摯). ‖真剣な態度 진지한 태도. 真剣勝負 진검 승부.
しんけん【親権】 친권(親權). ◆親権者 친권자.
しんげん【箴言】 잠언(箴言).
しんげん【震源】 진원(震源). ◆震源地 진원지.
じんけん【人権】 인권(人權). ‖人権を侵害する 인권을 침해하다. ◆人権宣

言 인권 선언. **人權蹂躪** 인권 유린.
じんけんひ【人件費】 인건비(人件費). ∥人件費を削減する 인건비를 삭감하다.
しんご【新語】 신어(新語).
しんこう【侵攻】 (名·自) 침공(侵攻).
しんこう【信仰】 신앙(信仰); 믿음.
しんこう【振興】 (名·自) 진흥(振興). ∥産業を振興する 산업을 진흥하다. 学術の振興 학술의 진흥.
しんこう【進行】 (名·自) 진행(進行). ∥工事が進行する 공사가 진행되다. 議事の進行が遅い 의사 진행이 느리다.
しんこう【新興】 신흥(新興). ♦**新興宗教** 신흥 종교.
*しんごう**【信号】 신호(信號). ∥信号を送る 신호를 보내다. 信号をよく見て渡りましょう 신호를 잘 보고 건넙시다. ♦**停止信号** 정지 신호.
*じんこう**【人口】 인구(人口). ∥世界で最も人口の多い国 세계에서 가장 인구가 많은 나라. 人口調査を行なう 인구 조사를 실시하다. ▶**人口に膾炙(かいしゃ)する** 인구에 회자되다. ♦**人口密度** 인구 밀도.
*じんこう**【人工】 인공(人工). ♦**人工衛星** 인공위성. **人工呼吸** 인공호흡. **人工芝** 인공 잔디. **人工授精** 인공 수정. **人工頭脳** 인공두뇌. **人工知能** 인공 지능. **人工の** 인공의.
しんこきゅう【深呼吸】 (名·自) 심호흡(深呼吸).
しんこく【申告】 (名·他) 신고(申告). ∥所得を申告する 소득을 신고하다. ♦**納税申告** 납세 신고.
しんこく【深刻】ダ 심각(深刻)하다. ∥大気汚染が深刻である 대기 오염이 심각하다. 深刻な表情 심각한 표정.
しんこく【親告】 (名·他) 친고(親告). ♦**親告罪** 친고죄.
しんこっちょう【真骨頂】 진가(眞價); 진면목(眞面目). ∥**真骨頂を発揮する** 진가를 발휘하다.
しんこん【新婚】 신혼(新婚). ♦**新婚旅行** 신혼여행.
しんごんしゅう【真言宗】 진언종(眞言宗).
しんさ【審査】 (名·他) 심사(審査). ∥応募作品を審査する 응모 작품을 심사하다. ♦**資格審査** 자격 심사.
しんさい【震災】 진재(震災).
じんさい【人災】 인재(人災).
じんざい【人材】 인재(人材). ∥優秀な人材を発掘する 우수한 인재를 발굴하다. ♦**人材登用** 인재 등용.
しんさく【新作】 신작(新作).
*しんさつ**【診察】 (名·他) 진찰(診察). ∥患者を診察する 급한 환자를 진찰하다. ♦**診察室** 진찰실.
しんさん【辛酸】 신산(辛酸); 온갖 고생

(苦生). ∥**辛酸をなめる** 온갖 고생을 하다.
しんざん【深山】 심산(深山). ▶**深山幽谷** 심산유곡.
しんざん【新参】 신참(新參). ♦**新参者** 신참자.
しんし【真摯】ダ 진지(眞摯)하다. ∥真摯な態度 진지한 태도.
しんし【紳士】 신사(紳士). ♦**紳士協定** 신사 협정. **紳士的** 신사적.
しんち【心地】 심지(心地).
*じんじ**【人事】 인사(人事). ❶ **조직내의 지위(地位)나 직무(職務)에 관한 일.** 人事異動 인사이동. 人事権 인사권. ❷ **인간사(人間事); 세상사(世上事).** ❸ **사람이 할 수 있는 일.** ▶**人事を尽くして天命を待つ** 진인사 대천명.
しんしき【新式】 신식(新式).
しんしつ【心室】 심실(心室).
しんしつ【寝室】 침실(寢室).
しんじつ【信実】ダ 신실(信實)하다.
しんじつ【真実】 진실(眞實). ∥**真実を明らかにする** 진실을 밝히다. 真実の恋 진실한 사랑.
じんじふせい【人事不省】 인사불성(人事不省).
しんしゃ【新車】 ❶ [新しい]신차(新車); 새 차. ❷ [新型の]신형차(新型車). ∥**新車発表** 신형차 발표.
しんじゃ【信者】 신자(信者).
じんじゃ【神社】 신사(神社).
しんしゅ【進取】 진취적(進取的). ∥**進取の気性** 진취적인 기상.
しんしゅ【新種】 신종(新種).
しんじゅ【真珠】 진주(眞珠). ∥**真珠のネックレス** 진주 목걸이.
じんしゅ【人種】 인종(人種). ♦**人種差別** 인종 차별.
しんじゅう【心中】 (名·自) 동반 자살(同伴自殺).
しんしゅく【伸縮】 (名·自) 신축(伸縮). ∥**伸縮性** 신축성.
しんしゅつ【進出】 (名·自) 진출(進出). ∥**決勝戦に進出する** 결승전에 진출하다.
しんしゅつ【滲出】 滲出する 스며 나오다.
しんじゅつ【鍼術】 침술(鍼術).
しんしゅつきぼつ【神出鬼没】 (名·自) 신출귀몰(神出鬼沒). ∥**神出鬼没の怪盗** 신출귀몰하는 괴도.
しんしゅん【新春】 신춘(新春); 신년(新年); 정월(正月).
しんしょ【新書】 신서(新書); 신간 서적(新刊書籍).
しんしょう【心証】 심증(心證).
しんじょう【心情】 심정(心情). ∥**心情を察する** 심정을 헤아리다.
しんじょう【身上】 ❶ [身の上]신상(身

しんじょう 236

上). ❷〔その人の値打ち〕그 사람의 장점(長點); 값어치.
しんじょう【信条】 신조(信條). ◆思想信条 사상 신조.
しんじょう【真情】 ❶진심(眞心). ❷실정(實情).
しんじょう【尋常】 심상(尋常); 보통(普通); 평범(平凡)함. ∥尋常な顔立ち 평범한 얼굴.
しんしょうひつばつ【信賞必罰】 신상필벌(信賞必罰).
しんしょうぼうだい【針小棒大】 침소봉대(針小棒大).
しんしょく【侵食】 <화>침식(侵蝕). ◆浸食作用 침식 작용.
しんしょく【浸食】 <화>침식(浸蝕). ◆漫食作用 침식 작용.
しんしょく【寝食】 침식(寢食). ∥寝食を忘れる 침식을 잊다.
*しんじる【信じる】 믿다; 확신(確信)하다; 신뢰(信賴)하다. ∥人の言葉を信じる 다른 사람의 말을 믿다. 信じるところに従って行動する 믿는 바에 따라 행동하다.
しんしん【心身】 심신(心身). ∥心身ともに疲れる 심신이 다 지치다.
しんしん【津津】 진진(津津). ◆興味津々 흥미진진.
しんしん【深深】 ❶〔夜が更ける様子〕夜はしんしんとして更け渡る 밤이 조용히 깊어가다. ❷〔冷え込む様子〕しんしんと冷え込む 몹시 추워지다.
しんしん【進進】 신진(新進). ◆新進作家 신진 작가. 新進気鋭〔새롭게 그 분야(分野)에 등장(登場)해 장래(將來)가 기대(期待)되는 사람.
しんじん【信心】 신심; 신앙심(信仰心). ∥信じるを 믿다.
しんじん【深甚】 심심(甚深)하다. ∥深甚なる謝意を述べる 심심한 사의를 표하다.
しんじん【新人】 신인(新人). ◆新人歌手 신인 가수.
じんしん【人心】 인심(人心). ∥人心を乱すな 인심을 어지럽히다.
じんしん【人身】 인신(人身). ◆人身攻撃 인신공격. 人身事故 교통사고. 人身売買 인신매매.
しんすい【心酔】 심취(心醉).
しんすい【浸水】 침수(浸水).
しんずい【真髄】 진수(眞髓).
じんずう【神通】 신통(神通). ◆神通力 신통력.
*しんせい【申請】 <화>신청(申請). ◆奨学金を申請する 장학금을 신청하다. ◆申請者 신청자. 申請書類 신청 서류.
しんせい【神聖】 신성(神聖). ∥神聖な場所 신성한 장소.
しんせい【新生】 <화>신생(新生). ◆新

生児 신생아.
*じんせい【人生】 인생(人生). ∥人生はそんなものだ 인생은 그런 거다. 人生経験が豊かな人 인생 경험이 풍부한 사람. 第二の人生 제이의 인생. ◆人生観 인생관. 人生行路 인생 행로.
じんせい【人性】 인성(人性).
しんせかい【新世界】 ❶신세계(新世界); 신대륙(新大陸). ❷신천지(新天地).
しんせき【親戚】 친척(親戚).
しんせつ【新設】 <화>신설(新設). ∥中学校を新設する 중학교를 신설하다.
*しんせつ【親切】ダ 친절(親切)하다. ∥親切な人 친절한 사람. 親切な計らい 친절한 배려. 親切にする 친절하게 대하다. 小さな親切 조그마한 친절.
しんせっきじだい【新石器時代】 신석기 시대(新石器時代).
しんせん【深浅】 ❶심천(深淺). ❷(색)의 농담(濃淡).
しんせん【新鮮】ダ 신선(新鮮)하다; 싱싱하다. ∥新鮮な魚 싱싱한 생선. 山の新鮮な空気 산의 신선한 공기.
しんぜん【親善】 친선(親善). ∥親善試合 친선 시합.
じんせん【人選】 인선(人選).
しんぜんび【真善美】 진선미(眞善美).
しんぞ【親類】 친척(親戚).
しんそう【真相】 진상(眞相). ∥事件の真相 사건의 진상.
しんそう【深層】 심층(深層). ◆深層心理 심층 심리. 深層部 심층부.
しんそう【新装】 신장(新裝). ∥新装開店 신장 개업.
しんぞう【心臓】 ❶심장(心臟). ∥心臓マッサージ 심장 마사지. ❷중심(中心); 중요(重要)한 부분(部分). ∥組織の心臓部 조직의 심장부. ❸〔図々しい〕뻔뻔함. 뻔뻔스러움. ∥あいつも相当の心臓だ 저[그] 녀석도 상당히 뻔뻔스럽다. ◆心臓が強い 뻔뻔스럽다. 心臓に毛が生えている 뻔뻔하다. 뻔뻔스럽다. ◆心臓病 심장병. 心臓麻痺 심장마비.
じんぞう【人造】 인조(人造). ◆人造大理石 인조 대리석. 人造湖 인공 호수. 人造人間 인조인간.
じんぞう【腎臓】 신장(腎臟). ◆腎臓結石 신장 결석.
しんそく 〘일반〙
じんそく【迅速】ダ 신속(迅速)하다. ∥迅速な対処 신속한 대처. 迅速に行動する 신속하게 행동하다.
しんそつ【新卒】 그해의 졸업자(卒業者).
しんそつ【真率】ダ 진솔(眞率)하다.
*しんたい【身体】 신체(身體). ∥身体を鍛える 신체를 단련하다. 身体的には異常ありません 신체적으로는 이상이

없습니다. ◆身体検査 신체검사.
しんたい【進退】 ❶진퇴(進退).
❷거취(去就); 처신(處身). ❸거동(擧動); 행동(行動).
しんたい【新体】 새로운 체재(體裁).
しんだい【身代】 개인 재산(個人財産).
しんだい【寝台】 침대(寢臺). ◆寝台車 침대차.
じんたい【人体】 인체(人體). ◆人体実験 인체 실험. 人体模型 인체 모형.
じんたい【靱帯】 인대(靭帶).
じんだい【甚大】〃 심대(甚大)하다; 막심(莫甚)하다. ‖被害が甚大な 피해가 막심하다.
しんたいそう【新体操】 신체조(新體操).
しんたいりく【新大陸】 신대륙(新大陸).
しんたく【信託】 (名サ) 신탁(信託). ◆信託銀行 신탁 은행. 信託統治 신탁 통치.
しんだん【診断】 (名サ) 진단(診斷). ◆健康診断 건강 진단.
じんち【陣地】 진지(陣地). ‖陣地を構築する진지를 구축하다.
しんちく【新築】 (名サ) 신축(新築). ‖新築マンション 신축 맨션.
じんちくむがい【人畜無害】 〔있으나 마나 한 사람; 〔事柄〕하나마나 한 일.
しんちゃく【新着】 (名サ) 신착(新着).
しんちゅう【心中】 심중(心中).
*しんちょう【身長】 신장(身長); 키. ‖身長を測る 키를 재다. 選手の平均身長 선수들의 평균 신장.
*しんちょう【慎重】〃 신중(愼重)하다. ‖慎重を期する 신중을 기하다. 慎重な態度を取る 신중한 태도를 취하다. 慎重に審議する 신중하게 심의하다.
しんちょう【新調】 ‖新調する 새로 사다. 새로 만들다.
ジンチョウゲ【沈丁花】 서향(瑞香); 천리향(千里香).
しんちょく【進捗】 (名サ) 진척(進陟).
しんちんたいしゃ【新陳代謝】 신진대사(新陳代謝).
じんつう【陣痛】 진통(陣痛).
しんてい【進呈】 (名サ) 진정(進呈).
してき【的】 심적(心的). ‖心的な現象 심적인 현상.
じんてき【人的】 인적(人的). ◆人的資源 인적 자원.
しんてん【進展】 (名サ) 진전(進展). ‖局面が進展する 국면이 진전되다.
しんでん【神殿】 신전(神殿).
しんでんず【心電図】 심전도(心電圖).
しんてんち【新天地】 신천지(新天地).
しんと ‖部内はしんとして咳一つ聞こえない 장내는 쥐 죽은 듯이 조용하여 아무 소리도 들리지 않았다.

しんと【信徒】 신도(信徒); 신자(信者).
しんど【進度】 진도(進度).
しんど【震度】 진도(震度).
じんと ❶〔強く感動して、胸が締めつけられるような感じがする様子〕‖胸にじんとくる光景 가슴이 뭉클해지는 광경. ❷〔冷たさや痛みを感じる様子〕‖指先がじんとしびれるように痛い 손가락 끝이 찌릿찌릿하게 아프다.
しんどい 힘들다; 어렵다; 지치다. ‖全部一人でやるのはしんどい 전부 혼자 하는 것은 힘듭니다.
しんとう【寸等】 촌수(寸數).
しんとう【浸透】 (名サ) 침투(浸透); 삼투(渗透). ◆浸透圧 삼투압.
しんとう【神道】 신도(神道).
しんどう【神童】 신동(神童).
しんどう【振動】 (名サ) 진동(振動).
しんどう【震動】 (名サ) 진동(震動).
じんどう【人道】 인도(人道). ‖人道的な見地 인도적인 견지. ◆人道主義 인도주의.
じんとく【人徳】 인덕(人德).
じんどる【陣取る】 진(陣)을 치다; 자리를 잡다.
シンドローム【syndrome】 신드롬; 증후군(症候群).
シンナー【thinner】 시너.
しんなり ‖キュウリに塩を振ってしんなりさせる 오이에 소금을 뿌려 숨을 죽이다.
しんにち【親日】 친일(親日).
しんにゅう【侵入】 (名サ) 침입(侵入).
しんにゅう【浸入】 ‖浸入する 물이 들어오다.
しんにゅう【進入】 (名サ) 진입(進入). ◆進入禁止 진입 금지.
しんにゅう【新入】 신입(新入). ◆新入社員 신입 사원. 新入生 신입생.
しんにん【信任】 (名サ) 신임(信任). ‖信任を得る 신임을 얻다. 信任が厚い 신임이 두텁다. ◆信任状 신임장.
しんにん【新任】 신임(新任). ◆新任の教師 신임 교사.
しんねん【信念】 신념(信念). ‖信念を貫く 신념을 관철시키다. 信念の人 신념이 있는 사람.
*しんねん【新年】 신년(新年); 새해. ◆新年会 신년회. ►新年明けましておめでとうございます 새해 복 많이 받으시오.
しんぱい【心肺】 심폐(心肺). ◆心肺機能 심폐기능.
*しんぱい【心配】 ❶(名サ)근심; 걱정. ‖心配事 걱정거리. 心配顔 걱정스러운 얼굴. 心配するな 걱정하지 마라. ❷보살핌; 배려(配慮).
しんぱく【心拍】 심박 박동(心臟搏動). ◆心拍数 심장 박동수.
ジンバブエ【Zimbabwe】 (国名) 짐바브웨.

シンバル [cymbals] 심벌즈.
しんぱん【審判】(する) 심판(審判). ‖世論の審判を受ける 여론의 심판을 받다. 審判に抗議する 심판에 항의하다. 最後の審判 최후의 심판.
しんび【審美】 심미(審美). ◆審美眼 심미안.
しんぴ【神秘】(する) 신비(神秘)하다. 神秘的な美しさ 신비적인 아름다움. ◆神秘主義 신비주의.
しんぴょうせい【信憑性】 신빙성(信憑性). ‖信憑性に欠ける 신빙성이 부족하다.
しんぴん【新品】 신품(新品); 새것.
じんぴん【人品】 인품(人品); 품위(品位).
しんぷ【神父】 신부(神父).
しんぷ【新婦】 신부(新婦).
シンフォニー[symphony] 심포니; 교향곡(交響曲).
しんふぜん【心不全】 심부전(心不全).
じんふぜん【腎不全】 신부전(腎不全).
***じんぶつ**【人物】 ❶ 인물(人物). ‖登場人物 등장인물. 危険な人物 위험한 인물. ◆人物画 인물화. ❷ 인품(人品); 능력(能力).
しんぶん【新聞】 신문(新聞). ◆新聞広告 신문 광고. 新聞紙 신문지. 新聞社 신문사.
じんぶん【人文】 인문(人文). ◆人文主義 인문주의.
しんぶんすう【真分数】 진분수(眞分數).
しんぺん【身辺】 신변(身邊). ‖身辺雑記 신변잡기. 身辺整理 신변 정리.
***しんぽ**【進歩】(する) 진보(進步). ‖文明の進歩 문명의 진보. 情報科学는 戦後大幅에 進歩했다. 정보 과학은 전후에 크게 진보했다. ◆進歩的 진보적. 進歩的な思想 진보적인 사상.
しんぼう【心房】 심방(心房).
***しんぼう**【辛抱】(する) 참음; 인내하다. 참아. もうしばらし辛抱しなさい 조금만 더 참아라. 彼の無礼には辛抱できない その사람의 무례함은 참을 수가 없다.
しんぼう【信望】 신망(信望). ‖信望が厚い 신망이 두텁다.
しんぽう【信奉】(する) 신봉(信奉).
じんぼう【人望】 인망(人望).
しんぼうづよい【辛抱強い】 인내심(忍耐心)이 강(强)하다; 참을성이 있다.
しんぼく【親睦】 친목(親睦). ◆親睦会 친목회.
シンポジウム[symposium] 심포지엄.
シンボル[symbol] 심볼.
じんぽんしゅぎ【人本主義】 인본주의(人本主義).
しんまい【新米】 ❶【米】햅쌀. ❷ 신참(新參); 신인(新人).
じんましん【蕁麻疹】 두드러기.

しんみ【親身】 ❶ 근친(近親); 친척(親戚). ❷ 매우 친절(親切)함. ‖親身になって世話をする 매우 친절하게 보살피다.
しんみつ【親密】(する) 친밀(親密)하다. ‖親密な関係 친밀한 관계.
じんみゃく【人脈】 인맥(人脈).
しんみり ‖故人をしのんでしんみり(と)する 고인을 추억하며 쓸쓸해하다.
じんみん【人民】 인민(人民). ◆人民裁判 인민재판.
しんめ【新芽】 새싹; 새순.
じんめい【人名】 인명(人名). ◆人名辞典 인명 사전.
じんめい【人命】 인명(人命). ◆人命救助 인명 구조.
しんもん【審問】(する) 심문(審問). ‖容疑者を審問する 용의자를 심문하다.
じんもん【尋問】(する) 신문(訊問). ◆不審尋問 불심 검문.
しんや【深夜】 심야(深夜).
しんやく【新薬】 신약(新薬).
しんやくせいしょ【新約聖書】 신약 성서(新約聖書).
しんゆう【親友】 친한 친구(親舊).
***しんよう**【信用】(する) ❶ 신용(信用). ‖彼の言葉を信用する その사람 말을 신용하다. ❷ 평판(評判). ◆信用金庫 신용금고. 信用組合 신용조합. 信用状 신용장. 信用調査 신용조사. 信用取引 신용 거래.
しんようじゅ【針葉樹】 침엽수(針葉樹).
***しんらい**【信頼】(する) 신뢰(信賴). ‖部下を信頼する 부하를 신뢰하다. 信頼度が高い 신뢰도가 높다. 信頼を裏切る 신뢰を 저버리다.
しんらつ【辛辣】⌨ 신랄(辛辣)하다. ‖辛辣な批評 신랄한 비평.
しんらばんしょう【森羅万象】 삼라만상(森羅萬象).
***しんり**【心理】 심리(心理). ‖思春期特有의心理 사춘기 특유의 심리. ◆異常心理 이상 심리. 女性心理 여성 심리. 心理学 심리학. 心理的 심리적. 心理療法 심리 요법.
***しんり**【真理】 진리(真理). ‖真理を探究する 진리를 탐구하다. 不変의真理 불변의 진리.
しんり【審理】(する) 심리(審理).
じんりき【人力】 인력(人力). ◆人力車 인력거.
***しんりゃく**【侵略】(する) 침략(侵略). ◆侵略戦争 침략 전쟁.
しんりょう【診療】(する) 진료(診療). ◆診療所 진료소.
しんりょく【深緑】 진한 초록.
しんりょく【新緑】 신록(新綠).
じんりょく【人力】 인력(人力).
じんりょく【尽力】(する) 진력(盡力).

しんりん【森林】 삼림(森林). ‖森林資源 삼림 자원. ◆森林浴 삼림욕.
しんるい【親類】 친척(親戚); 친족(親族).
しんるい【人類】 인류(人類). ‖人類의 進化 인류의 진화. ◆人類学 인류학. 文化人類学 문화 인류학.
しんれい【心霊】 심령(心靈); 영혼(靈魂).
しんろ【進路】 진로(進路). ‖卒業後의 進路를 정하다. ◆進路指導 진로 지도.
しんろ【針路】 침로(針路).
しんろう【心労】 마음 고생(苦生).
しんろう【新郎】 신랑(新郎). ‖新郎新婦 신랑 신부.
しんわ【神話】 신화(神話). ‖ギリシャ神話 그리스 신화. ◆神話学 신화학.
しんわ【親和】 친화(親和). ◆親和力 친화력.
じんわり ❶서서(徐徐)히. ‖胸にじんわり(と)伝わってくる 서서히 느낌이 오다. ❷촉촉히. ‖汗がじんわり(と)にじむ 땀이 촉촉히 배다.

す

す【巣】 ❶(動物의) 집; (鳥의) 둥지. ❷소굴(巢窟).
す【酢】 식초(食醋). ‖酢漬け 초절임.
ず【図】 ❶도면(圖面); 지도(地圖). ‖設計図 설계도. ❷도형(圖形). ❸모습; 광경(光景). ❹계획(計劃); 기도(企劃). ‖図に乗る 우쭐대다.
すあし【素足】 맨발.
ずあん【図案】 도안(圖案).
すい【水】 ❶[水曜의 略語]수(水). ❷…수. ‖食塩水 식염수.
すい【粋】 정수(精粹). ‖技術의 粋를 集約하는 기술의 정수를 집약하다.
すいあげる【吸い上げる】 ❶빨아올리다. ❷(他人의 利益을)가로채다.
すいあつ【水圧】 수압(水壓).
すいい【水位】 수위(水位).
すいい【推移】(名他) 추이(推移). ‖事件의 推移를 見守る 사건의 추이를 지켜보다.
ずいい【随意】 수의(隨意). ◆随意筋 수의근. 随意契約 수의 계약.
すいいき【水域】 수역(水域).
ずいいち【随一】 제일(第一); 첫째.
スイート[suite] (ホテル의) 스위트룸.
すいうん【水運】 수운(水運).
すいえい【水泳】 수영(水泳). ◆水泳選手 수영 선수. 水泳大会 수영 대회.
すいえき【膵液】 췌액(膵液); 이자액(膵子液).
すいえき【髄液】 수액(髓液).

すいおん【水温】 수온(水溫).
スイカ【西瓜】 수박.
すいがい【水害】 수해(水害).
すいがら【吸い殻】 담배꽁초.
すいきゃく【酔客】 취객(醉客).
すいきょう【水郷】 수구(水郷).
スイギュウ【水牛】 물소.
すいギョーザ【水餃子】 물만두.
すいぎょのまじわり【水魚の交わり】 수어지교(水魚の交).
すいけい【水鶏】 물새.
すいぎん【水銀】 수은(水銀). ◆水銀灯 수은등.
すいくち【吸い口】 ❶(器具의) 입을 대는 부분(部分). ❷(説明) 국에 떠우거나 조림 등에 넣어 향(香)과 풍미(風味)를 더하는 것.
すいげん【水源】 수원(水源).
すいこう【水耕】 수경(水耕); 물재배(栽培).
すいこう【推敲】(名他) 퇴고(推敲).
すいこう【遂行】(名他) 수행(遂行). ‖命令을 遂行하는 명령을 수행하다.
ずいこう【随行】(名自) 수행(隨行). ◆随行員 수행원.
すいこむ【吸い込み】 ❶[行為]빨아들임. ❷[穴]하수(下水) 등을 빨아들이는 구멍.
すいこむ【吸い込む】 빨아들이다.
すいさい【水彩】 수채(水彩). ◆水彩画 수채화.
すいさつ【推察】(名他) 추찰(推察).
すいさん【水産】 수산(水産). ◆水産業 수산업. 水産庁 수산청. 水産物 수산물.
すいさんか【水酸化】 수산화(水酸化). ◆水酸化ナトリウム 수산화나트륨. 水酸化物 수산화물.
すいじ【炊事】(名自) 취사(炊事).
ずいじ【随時】 수시(隨時); 수시로.
すいしつ【水質】 수질(水質). ‖水質検査 수질 검사.
すいしゃ【水車】 수차(水車); 물레방아. ‖水車小屋 물레방앗간.
すいじゃく【衰弱】 쇠약(衰弱). ‖神経가 몹시 衰弱하고 있는 신경이 상당히 쇠약해지고 있다.
すいじゅん【水準】 수준(水準). ‖給与水準이 낮은 급여 수준이 낮다. 知的水準 지적 수준.
ずいしょ【随所】 곳곳; 여기저기.
すいしょう【水晶】 수정(水晶). ◆水晶体 수정체.
すいじょう【水上】 수상(水上). ‖水上スキー 수상 스키.
すいじょうき【水蒸気】 수증기(水蒸氣).
すいしん【水深】 수심(水深).
すいしん【推進】(名他) 추진(推進). ◆推進力 추진력.

スイス【Swiss】《国名》 스위스.
すいすい ❶《水中·空中を軽快に進む》 싱싱(と)뉴슥 앞으로 헤엄쳐 나가다. ❷《滯りなく進む》술술; 척척. ‖仕事をすいすいと片付ける 일을 척척 처리하다.
すいせい【水性】 수성(水性). ‖水性塗料 수성 도료.
すいせい【水星】 수성(水星).
すいせい【彗星】 혜성(彗星). ‖彗星のように現われる 혜성처럼 나타나다.
すいせい【水生】 수생(水生). ◆水生植物 수생 식물. 水生動物 수생 동물.
すいせき【水石】 수석(水石).
すいせん【水洗】 《する他》 수세(水洗). ◆水洗式 수세식.
すいせん【推薦】 《する他》 추천(推薦). ◆推薦状 추천장.
スイセン【水仙】 수선화(水仙花).
すいぜん【垂涎】 몹시 탐(貪)함. ▶垂涎の的 몹시 탐나는 것.
すいそ【水素】 수소(水素). ◆水素爆弾 수소폭탄.
すいそう【水槽】 수조(水槽).
すいそう【吹奏】 《する他》 취주(吹奏). ◆吹奏樂 취주악.
すいそう【膵臓】 췌장(膵臓).
ずいそう【随想】 수상(随想). ◆随想録 수상록.
すいそく【推測】 《する他》 추측(推測). ‖答えを推測する 답을 추측하다.
すいぞくかん【水族館】 수족관(水族館).
すいたい【衰退】 《する自》 쇠퇴(衰退). ‖衰退の一途をたどる 쇠퇴 일로를 걷다.
すいたい【醉態】 추태(醜態). ‖酔態をさらす 추태를 부리다.
すいちゅう【水中】 수중(水中). ◆水中カメラ 수중 카메라. 水中植物 수중 식물. 水中翼船 수중익선.
すいちょく【垂直】 수직(垂直). ‖垂直に立てる 수직으로 세우다. ◆垂直式. 垂直跳び 곧추뛰기. 垂直分布 수직 분포. 垂直離着陸機 수직이착륙기.
すいつく【吸い付く】 달라붙다.
すいつける【吸い付ける】 빨아들이듯이 당기다.
スイッチ【switch】 스위치. ‖スイッチを入れる 스위치를 넣다. スイッチを切る 스위치를 끄다.
すいてい【推定】 《する他》 추정(推定). ‖推定年齡 추정 연령.
すいてき【水滴】 물방울.
すいでん【水田】 논.
すいとう【水痘】 수두(水痘).
すいとう【水筒】 물통.
すいとう【出納】 《する他》 출납(出納). ◆金銭出納簿 금전 출납부.
*すいどう【水道】 ❶수도(水道). ‖水道管 수도관. 水道水 수돗물. ❷《船の》 항로(航路). ❸해협(海峽).
すいとる【吸い取る】 ❶빨아들이다; 빨아들여 제거(除去)하다. ❷착취(搾取)하다.
すいとん【水団】 수제비.
すいなん【水難】 수난(水難). ‖水難事故 수난 사고. 水難にあう 수난을 당하다.
すいはん【炊飯】 밥을 지음. ◆炊飯器 전기밥솥.
すいばん【水盤】 수반(水盤).
ずいはん【随伴】 《する自》 수반(随伴).
ずいひつ【随筆】 수필(随筆).
すいぶん【水分】 수분(水分).
ずいぶん【随分】 꽤; 매우; 몹시. ‖ずいぶん寒いところだ 몹시 추운 곳이다.
すいへい【水平】 수평(水平). ◆水平線 수평선. 水平分布 수평분포.
すいほう【水泡】 수포(水泡); 물거품. ▶水泡に帰する 수포로 돌아가다. 물거품이 되다.
すいほう【水疱】 물집.
すいぼくが【水墨画】 수묵화(水墨畵).
すいぼつ【水沒】 《する自》 수몰(水沒).
すいま【睡魔】 수마(睡魔). ‖睡魔に襲われる 몹시 졸리다.
ずいまくえん【髄膜炎】 수막염(髄膜炎); 뇌막염(腦膜炎).
すいみゃく【水脈】 수맥(水脈).
*すいみん【睡眠】 수면(睡眠). ‖睡眠をとる 수면을 취하다. ◆睡眠時間 수면 시간. 睡眠不足 수면 부족. 睡眠薬 수면제.
スイミングスクール【swimming school】 수영 학원(水泳學院).
すいめん【水面】 수면(水面). ◆水面下 물밑.
すいもの【吸い物】 국.
すいもん【水門】 수문(水門).
すいよう【水溶】 수용(水溶). ◆水溶性 수용성.
すいようび【水曜日】 수요일(水曜日).
すいよせる【吸い寄せる】 ❶빨아당기다. ❷《注意·関心などを》끌다.
すいり【推理】 《する他》 추리(推理). ◆推理小說 추리 소설.
すいりく【水陸】 수륙(水陸). ◆水陸両用 수륙 양용.
すいりゅう【水流】 수류(水流).
すいりょう【水量】 수량(水量).
すいりょう【推量】 《する他》 추량(推量).
すいりょく【水力】 수력(水力). ◆水力発電 수력 발전.
スイレン【睡蓮】 수련(睡蓮).
すいろ【水路】 ❶수로; 송수로(送水路). ❷《船の》항로(航路).
すいろん【推論】 《する他》 추론(推論).
スイング【swing】 《する他》 스윙.
すう【数】 ❶수(數). ‖利用者数 이용자

수. 参加者数 참가자 수. ❷ 얼마간의; 몇. ∥数時間 몇 시간.

すう【吸う】 ❶ 빨다; 흡수(吸收)하다. ∥ストローで吸う 빨대로 빨다. 湿気を吸う 습기를 흡수하다. ❷〈息을〉쉬다. ∥息을吸う 숨을 쉬다. ❸〈タバコ를〉피우다. ∥タバコを吸う 담배를 피우다.

スウェーデン【Sweden】《国名》스웨덴.

すうがく【数学】수학(數學).

すうき【数奇】 ❶ 불운(不運)하다; 기구(崎嶇)하다. ∥数奇な運命 기구한 운명. 波瀾万丈(波瀾萬丈)하다. ∥数奇な人生 파란만장한 인생.

すうききょう【枢機卿】《カトリック》추기경(樞機卿).

すうこう【崇高】ダ 숭고(崇高)하다. ∥崇高な精神 숭고한 정신.

すうせい【趨勢】추세(趨勢).

すうじ【数詞】수사(數詞).

すうじ【数次】수차(數次); 몇 차례(次例). ∥会談は数次に及んだ 회담은 몇 차례에 걸쳐 이루어졌다.

***すうじ**【数字】숫자(數字). ∥数字に明るい 숫자에 밝다. 数字を間違う 숫자를 틀리다. アラビア数字 아라비아 숫자.

すうしき【数式】수식(數式).

すうじく【枢軸】추축(樞軸). ◆**枢軸国** 추축국.

すうすう ❶〈低い寝息の音〉색색; 새근새근. ∥すうすう(と)寝息をたてる 새근새근거리다. ❷〈すき間風などを吹き抜ける様子〉∥隙間風がすうすうする 외풍이 불다.

ずうずうしい【図々しい】 뻔뻔하다; 뻔뻔스럽다. ∥図々しい男 뻔뻔스러운 남자.

すうせい【趨勢】추세(趨勢). ∥時代の趨勢 시대의 추세.

ずうたい【図体】몸집; 덩치. ∥図体ばかり大きくて何の役にも立たない 덩치만 크지 아무런 도움이 안 된다.

スーダン【Sudan】《国名》수단.

すうち【数値】수치(數値). ◆**数値計算** 수치 계산.

すうちょくせん【数直線】수직선(數直線).

スーツ【suit】양복(洋服). ◆**スーツケース** 여행용 가방.

スーパー【super】슈퍼. ◆**スーパースター** 슈퍼스타. **スーパーマーケット** 슈퍼마켓. **スーパーマン** 슈퍼맨.

すうはい【崇拝】숭배(崇拜). ∥神を崇拝する 신을 숭배하다. ◆**偶像崇拝** 우상 숭배.

スープ【soup】수프. ∥スープを飲む 수프를 마시다.

ズームレンズ【zoom lens】줌 렌즈.

すうり【数理】수리(數理); 계산(計算). ∥数理に明るい 수리에 밝다. ◆**数理経済学** 수리 경제학. **数理物理学** 수리 물리학.

すうりょう【数量】수량(數量).

すうれつ【数列】수열(數列).

***すえ**【末】 ❶〈期間의 끝〉말(末). ∥年の末 연말. ❷ 미래(未來); 장래(將來). ❸ 말세(末世). ∥世も末だ 세상도 말세다. ❹〈一番下の子〉막내. ∥末の娘 막내딸. ❺ 자손(子孫).

スエード【suede】스웨드.

すえおく【据え置く】 ❶ 설치(設置)하다. ❷ 그대로 두다. ❸〈貯金・債権 등을〉거치(据置)하다.

すえおそろしい【末恐ろしい】장래(將來)가 걱정 되다.

すえたのもしい【末頼もしい】장래(將來)가 유망(有望)하다.

すえつける【据え付ける】움직이지 않도록 설치(設置)하다.

すえっこ【末っ子】막내.

すえながく【末永く】언제까지나; 영원(永遠)히; 오래도록. ∥末永くお幸せに 오래도록 행복하세요.

すえひろがり【末広がり】 ❶ 끝 쪽으로 갈수록 점점 (漸漸) 퍼짐. ∥末広がりの河口 하류가 넓은 하구. ❷ 점점 번창(繁昌)함. ∥店の将来は末広がりで伸びている 점점 번창할 것이다.

すえる【据える】 ❶ 설치(設置)하다. ❷〈地位 등에〉앉히다. ❸ 뜸을 뜨다. ∥灸などに据える 뜸을 뜨다.

すえる【饐える】〈食べ物이〉쉰내가 나다.

ずが【図画】도화(圖畵).

スカート【skirt】치마; 스커트. ∥ミニスカート 미니스커트.

スカーフ【scarf】스카프.

ずかい【図解】《する》도해(圖解).

ずがいこつ【頭蓋骨】두개골(頭蓋骨).

スカイダイビング【sky diving】스카이다이빙.

スカウト【scout】《する》스카우트.

すがお【素顔】맨 얼굴. ∥スターの素顔 스타의 맨 얼굴.

すかさず【透かさず】기회(機會)를 놓치지 않고; 사이를 두지 않고; 즉시(卽時).

すかし【透かし】 ❶ 종이를 빛에 비추면 보이는 무늬 또는 그림. ❷〈隙間〉틈.

すかす【透かす】우쭐대다; 잘난 체하다.

すかす【空かす】배가 고프다; 배를 주리고 있다. ∥腹を空かしている 배를 주리고 있다. 배가 고프다.

すかす【透かす】 ❶〈隙間をこしらえる〉틈새를 만들다. ❷〈光を通して〉틈새를 보다.

すかすか ∥スーツケースの中はすかすかだ 가방 안은 텅텅 비어 있다.

ずかずか ∥土足でずかずか(と)上がり込む 신을 신은 채로 집 안으로 들어서

すがすがしい【清清しい】 상쾌(爽快)하다; 시원하다.

すがた【姿】 ❶몸매; 모습. ∥後ろ姿 뒷모습. ❷모습; 자취; 몸. ∥姿をくらます 자취를 감추다. ❸실상(實狀); 형태(形態).

すがたみ【姿見】 전신(全身) 거울.

スカッシュ【squash】 스쿼시.

すかっと [さっぱりして快い様子] ∥気持ちがすかっとする 기분이 산뜻해지다.

すがら【図柄】 무늬; 문양(文樣). ∥帯の図柄 띠의 무늬.

すがりつく【縋り付く】 달라붙다; 매달리다.

すがる【縋る】 ❶[つかまる]매달리다. ❷[頼る]의지(依支)하다.

ずかん【図鑑】 도감(圖鑑). ◆植物図鑑 식물 도감.

すき【好き】 ❶좋아하다. ∥好きな音楽 좋아하는 음악. ❷[好きにするの形で]마음대로 하다; 제멋대로 하다. ∥好きにしろ 마음대로 해라. ❸호색(好色). ▶好きなものの上手になり 좋아하는 것은 열중하게 되어 금방 숙달된다.

すき【隙】 ❶[空間]틈; 간격(間隔). ∥戸の隙から明かりがもれる 문틈으로 불빛이 새어 나오다. ❷[時間]틈; 짬; 여유(餘裕). ❸기회(機會); 빈틈. ∥隙をうかがう機会を覗す.

すき【鋤】 쟁기.

すき【数寄】 풍류(風流); 풍아(風雅).

スギ【杉】 삼나무.

スキー【ski】 스키.

すきかって【好き勝手】 제멋대로임; 마음대로 함. ◆好き勝手にふるまう 제멋대로 행동하다.

すききらい【好き嫌い】 ❶[好きと嫌い]좋아함과 싫어함. ❷[選り好み]좋아하는 것만을 취함.

すきこのむ【好き好む】 특별(特別)히 좋아하다. ∥好き好んで苦労する者はいない 좋아서 고생하는 사람은 없다.

すぎさる【過ぎ去る】 지나가다. ∥台風が過ぎ去った 태풍이 지나갔다.

すきずき【好き好き】 사람마다 좋아하는 것이 다름.

ずきずき 욱신욱신; 자근자근. ∥頭がずきずきする 머리가 자근자근 아프다.

すきっぱら【空きっ腹】 공복(空腹); 주린 배.

スキップ【skip】 ∥スキップする 한쪽 발로 두 번씩 번갈아 가며 뛰어가다.

すきとおる【透き通る】 ❶투명(透明)하다. ❷[声が]맑다. ∥透き通った声 맑은 목소리.

すぎない【過ぎない】 […に過ぎないの形で]…에 지나지 않다; …에 불과(不過)하다. ∥言い逃れに過ぎない 변명에 지나지 않다.

すきほうだい【好き放題】 제멋대로임; 마음대로 함.

すきま【透き間・隙間】 ❶[空間]틈; 간격(間隔). ❷[時間]짬.

すきまかぜ【透き間風】 외풍(外風). ▶透き間風が吹く(親密だった二人の間に)찬바람이 불다.

すきやき【鋤焼き】 스키야키.

スキャナー【scanner】 스캐너.

スキャン【scan】 ❨名❩ 스캔.

スキャンダル【scandal】 스캔들.

スキューバ【scuba】 스쿠버. ◆スキューバダイビング 스쿠버다이빙.

スキル【skill】 기능(機能).

すぎる【過ぎる】 ❶지나가다; 통과(通過)하다. ∥京都は過ぎた, もうじき大阪だ 교토는 지났다. 조금 있으면 오사카다. ❷[時間が]경과(經過)하다; 지나다. ∥就職してはや 3 年が過ぎた 취직한 지 벌써 삼 년이 지났다. ❸과분(過分)하다; 분에 넘치다. ∥私には過ぎた地位 나한테는 과분한 지위. ❹[程度が]지나치다. ∥冗談が過ぎる 농담이 지나치다. ❺[…すぎるの形で](정도(程度)가]지나치다; 도를 넘다. ∥欲張りすぎる 너무 욕심을 부리다. ❻[…にすぎないの形で]…에 불과(不過)하다. ∥それは言い訳にすぎない こでん 핑계에 불과하다. ▶過ぎたるは猶ばざるが如し 과유불급.

スキン【skin】 ❶피부(皮膚). ❷[コンドーム]콘돔. ◆スキンケア 스킨케어. スキンシップ 스킨십. スキンヘッド 박박 깎은 머리.

ずきん【頭巾】 두건(頭巾).

すく【空く】 ❶틈이 생기다. ❷[中が]뚫리다; 후련해지다. ∥胸がすく 가슴이 후련하다. ❸줄다; 비다. ∥車内がすく 차 안이 비다. ❹공복(空腹)이 되다. ∥腹がすく 배가 고프다.

すく【好く】 좋아하다. ∥犬も猫も好く 개로 고양이도 좋아한다. 私はああいうタイプの人は好かない 나는 저런 타입의 사람은 안 좋아한다.

すく【空く】 ❶틈이 생기다[벌어지다]. ❷비치다. ∥肌が透いて見える服 속살이 비쳐 보이는 옷.

すく【梳く】 빗다. ∥髮を梳く 머리를 빗다.

すく【漉く】 뜨다. ∥紙を漉く 종이를 뜨다.

すぐ【直ぐ】 바로; 곧; 즉시(即時); 금방(今方). ∥電話があったらすぐ行きます 전화가 오면 바로 가겠습니다. 見れば分かるはずだ 보면 금방 알 거야. すぐそこ 바로 저기.

-ずく【尽く】 오직 …(으)로. ∥金ずくで 돈으로. 腕ずくで 완력으로.

すくい【救い】 도움. ∥救いを求める 도움을 요청하다.

すいだす【救い出す】 구해 내다; 구출(救出)하다.

すくう【掬う】 ❶ (粉や液体を)뜨다; 푸다. ❷ 들어 올리다; 아래서 위로 잡아채다. ∥足をすくう 발을 잡아채다.

すくう【救う】 돕다; 구(救)하다. ∥溺れかけた子どもを救う 물에 빠지려고 하는 아이를 구하다.

スクーター【scooter】 스쿠터.

スクープ【scoop】 (또한) 스쿠프.

スクールゾーン【school + zone 日】 통학로(通学路).

スクールバス【school bus】 스쿨버스; 통학(通学) 버스.

すくすく 무럭무럭. ∥子どもがすくすく(と)育つ 애가 무럭무럭 자라다.

▶**すくない**【少ない】 적다. ∥思っていたより少ない 생각했던 것보다 보수가 적다. 参加者は少なかった 참가자는 적었다. 極めて少ない 극히 적다. 少なくなる 적어지다. 少なくする 줄이다.

すくなからず【少なからず】 적잖이; 많이; 꽤. ∥少なからず立腹の様子を 꽤 화가 난 것 같다.

すくなくとも【少なくとも】 적어도. ∥社員が少なくとも千人はいる 사원이 적어도 천 명은 된다. 少なくともこれだけは確かだ 적어도 이것만큼은 확실하다.

すくなめ【少なめ】 약간(若干) 적음. ∥少なめに 약간 적게.

すくむ【竦む】 (体が)움츠러들다. ∥足がすくむ 발이 떨어지지 않다.

-ずくめ【尽くめ】 온통…; …투성이; …뿐임. ∥うそずくめの言い訳 거짓말투성이의 변명.

すくめる【竦める】 움츠리다. ∥首をすくめる 목을 움츠리다.

スクラップ【scrap】 스크랩.

スクランブル【scramble】 긴급 발진(緊急發進).

スクランブルエッグ【scrambled egg】 스크램블드 에그.

スクリーン【screen】 스크린. ◆スクリーンセーバー 스크린세이버.

スクリプター【scripter】 스크립터.

すぐれる【優れる・勝れる】 ❶ 뛰어나다; 훌륭하다. ❷〔すぐれないの形で〕좋지 않다. ∥気分はすぐれない 기분이 좋지 않다.

ずけい【図形】 도형(圖形).

スケート【skate】 스케이트. ◆スケートボード 스케이트보드. スケートリンク 스케이트장.

スケープゴート【scapegoat】 희생양(犧牲羊).

すげかえる【挿げ替える】 ❶ 갈아 끼우다. ❷ 경질(更迭)하다; 바꾸다. ∥監督の首を挿げ替える 감독을 바꾸다.

スケジュール【schedule】 스케줄. ∥旅行のスケジュールを組む 여행 스케줄을 짜다.

ずけずけ 생각한 것을 스스럼없이 말하다.

スケソウダラ【助宗鱈】 명태(明太).

すけだち【助太刀】 도움; 가세(加勢); 돕는 사람. 助太刀する 돕다. 가세하다.

スケッチ【sketch】 (또한) 스케치. ◆スケッチブック 스케치북.

すけっと【助っ人】 조력자(助力者); 돕는 사람.

すけべえ【助平】 호색한(好色漢).

すける【透ける】 (얇게나 엷은 것을 통해서) 보이다; 비치다. ∥肌の透けるブラウス 속살이 비치는 블라우스.

すげる【挿げる】 끼우다; 갈다; 박다. ∥人形の首をすげる 인형의 목을 끼우다.

スケルツォ【scherzo イ】《音楽》스케르초.

スコア【score】 스코어. ◆スコアボード 스코어보드.

▶**すごい**【凄い】 ❶ 무섭다; 무시무시하다. ∥すごい目つき 무서운 눈매. ❷ (程度が)심하다; 굉장하다; 대단하다; 엄청나다; 뛰어나다. ∥すごい美人 굉장한 미인. すごい腕前 뛰어난 솜씨.

ずこう【図工】 공작(工作).

すごうで【凄腕】 뛰어난 솜씨; 훌륭한 솜씨.

スコープ【scope】 스코프. ∥シネマスコープ 시네마스코프.

スコール【squall】 스콜.

▶**すこし**【少し】 조금; 좀; 약간(若干). ∥米はまだ少しある 쌀은 아직 조금 있다. 昨日より少し寒い 어제보다 약간 춥다. 韓国語が少しはできる 한국어를 조금은 할 수 있다.

すこしも【少しも】 조금도; 전혀. ∥少しも信じない 조금도 믿지 않다.

▶**すごす**【過ごす】 ❶ (時間を)보내다; 지내다. ∥休日を家族と過ごす 휴일을 가족과 보내다. 楽しいひと時を過ごす 즐거운 한때를 보내다. ❷ 생활(生活)하다; 살다. ❸ (度を)넘다. 度を過ごして寝坊を寝る 늦잠을 자다. ❹ 그대로 놔두다. ∥見過ごす 못 본 체하다.

スコッチ【Scotch】 스카치.

スコットランド【Scotland】《国名》스코틀랜드.

スコップ【schop ネ】 꽃삽; 스콥.

すこぶる【頗る】 매우; 몹시; 대단히. ∥すこぶる元気だ 매우 건강하다.

すごみ【凄み】 굉장함; 무시무시함.

すごむ【凄む】 위협(威脅)하다.

すこやか【健やか】 건강(健康)하다; 건전(健全)하다.

すごろく【双六】 (俗称) 주사위를 던져 말을 움직이는 놀이.

すさまじい【凄まじい】 ❶〔すごい〕굉장하다; 어마어마하다; 엄청나다. ‖凄まじい食欲 엄청난 식욕. ❷〔あきれるほどひどい〕어처구니없다; 비상식적(非常識的)이다; 심하다.

ずさん【杜撰】▶ 부정확(不正確)하고 틀린 곳이 많다; 엉터리다; 조잡(粗雜)하다.

すし【鮨·寿司】 초밥; 스시.

すじ【筋】 ❶ 가늘고 길게 이어진 것; 선(線). ❷ 근육(筋肉); 근육 섬유(纖維). ❸ 도리(道理); 조리(條理). ‖筋の通った話 조리 있는 이야기. ❹ 소질(素質); 남다いい 소질이 있다. ❺ 관계자(關係者). ❻ 소식통(消息通). ‖その筋からの情報 소식통으로부터의 정보. ❼ 혈통(血統); 가계(家系). ❽〔細くて長いものを数える単位〕…줄기. ‖一筋の光 한줄기 빛. ‖筋を通す 도리에 맞도록 하다.

ずし【図示】 (名動) 도시(圖示).

すじあい【筋合い】 ❶ 사물(事物)의 도리(道理). ❷ 이유(理由); 근거(根據). ‖文句を言われる筋合いはない 잔소리를 들을 이유는 없다.

すじがき【筋書き】 줄거리; 줄거리를 쓴 것.

すじがね【筋金】 물건을 보강(補强)하기 위해 내부(內部)에 넣는 금속선(金屬線)이나 봉. ◆筋金入り〔身体·思想など が〕단련된.

ずしき【図式】 도식(圖式). ‖図式的に 도식적으로. ◆図式化 도식화.

すじだて【筋立て】〔話·論理の〕전개(展開) 또는 구성 방법(方法).

すじちがい【筋違い】 ❶ 도리(道理)에 어긋남. ❷〔見当違い〕잘못 짚음. ❸〔筋肉の〕접질림.

すしづめ【鮨詰め】 좁은 곳에 사람[물건]이 꽉 참. ‖すしづめの教室 콩나물 교실.

すじみち【筋道】 ❶ 도리(道理). ❷ 순서(手順); 절차(節次). ‖筋道を踏む 절차를 밟다.

すじめ【筋目】 ❶〔筋状の〕선(線) 또는 줄. ❷ 혈통(血統); 가계(家系). ❸ 조리(條理). ‖筋目を立てて話を 조리 있게 이야기하다.

ずしめし【鮨飯】 초밥에 쓰는 밥.

ずじょう【頭上】 두상(頭上); 머리. ‖頭上注意 머리 조심.

ずしり ‖ずしりと重い荷物 상당히 무거운 짐.

すす【煤】 그을음.

すず【鈴】 방울. ‖鈴の音が聞こえる 방울소리가 들리다. ▶猫の首に鈴をつける 고양이 목에 방울 달기.

すず【錫】 주석(朱錫).

すずかぜ【涼風】 시원한 바람.

ススキ【薄·芒】 참억새.

すすぎ【濯ぎ】 헹굼. ‖すすぎが足りない 덜 헹궈지다.

スズキ【鱸】 농어.

すすぐ【濯ぐ·雪ぐ】 ❶ 헹구다. ‖食器をすすぐ 식기를 헹구다. 水で口をすすぐ 물로 입을 헹구다. ❷〔汚名·恥などを〕씻다; 설욕(雪辱)하다.

すすける【煤ける】 그을리다.

すずこんしき【錫婚式】 석혼식(錫婚式). ◆結婚10周年記念式.

***すずしい**【涼しい】 시원하다; 서늘하다. ‖涼しい風 시원한 바람. 朝夕は涼しくなりました 아침저녁으로 서늘해졌습니다.

***すすむ**【進む】 ❶ 나아가다; 전진(前進)하다; 진출(進出)하다. ‖前に進む 앞으로 나아가다. ❷〔時計が〕빨라지다. ‖時計が5分進む 시계가 5분 빨리 가다. ❸〔実力などが〕늘다. ‖腕が進む 실력이 늘다. ❹〔気持ちが〕내키다. ‖気持ちが進まない 기분이 내키지 않다. ❺ 등급(等級)이 오르다; 진척(進陟)되다. ‖準備が進む 준비가 진행되다.

すずむ【涼む】 더위를 피하여 시원한 바람을 쐬다.

スズムシ【鈴虫】 방울벌레.

すすめ【勧め】〔忠告(ちゅうこく)〕; 권유(勸誘).

スズメ【雀】 참새. ◆雀の涙 아주 적음. 쥐꼬리. 雀の涙ほどのボーナス 쥐꼬리만한 보너스. ▶雀百まで踊りを忘れず 세 살 버릇 여든까지 간다. (俗)

スズメバチ【雀蜂】 말벌.

***すすめる**【進める】 나아가게 하다; 진행(進行)시키다; 빨리 가게 하다. ‖船を進める 배를 나아가게 하다. 議事を進める 의사를 진행시키다.

***すすめる**【勧める】 권(勸)하다. ‖参加を勧める 참가를 권하다. 読めと勧められる 권유받다. 食事を勧める 식사를 권하다.

すすめる【薦める】 추천(推薦)하다. ‖本を薦める 책을 추천하다.

すずやか【涼やか】 시원하다; 상쾌(爽快)하다.

スズラン【鈴蘭】 은방울꽃.

すすり【啜り】 홀쩍.

すすりなく【啜り泣く】 흐느껴 울다.

すする【啜る】 ❶〔麺類·スープなどを〕소리를 내어 마시다[먹다]. ❷〔鼻を〕훌쩍이다.

すすんで【進んで】 적극적(積極的)으로.

すそ【裾】 ❶〔服の〕옷자락. ❷〔ものの〕아랫부분.

すその【裾野】 산기슭.

すそわけ【裾分け】〔お〕裾分けする 얻은 물건이나 이익의 일부를 나누어 주다.

すっぽんぽん

スター【star】스타. ◆スターダスト 작은 별들. スタープレーヤー 스타 플레이어.
スターダム【stardom】스타덤. ‖スターダムにのし上がる 스타덤에 오르다.
スターチ【starch】스타치; 전분(澱粉).
スターティングメンバー【starting+member 日】스타팅 멤버.
スタート【start】(する)스타트.
スタートダッシュ【start+dash 日】❶〔短距離競走で〕출발 직후(直後)의 질주(疾走). ❷ 시작 직후(始作直後)의 기세(氣勢).
スタイリスト【stylist】스타일리스트.
スタイル【style】스타일.
スタグフレーション【stagflation】(經) 스태그플레이션.
すだこ【酢蛸】(服明)데친 문어(文魚)를 식초(食醋)에 절인 것.
スタコら 재빨리; 잽싸게; 부리나케. ‖スタコら(と)歩く 재빨리 걷다.
スタジアム【stadium】스타디움.
スタジオ【studio】스튜디오.
すたすた すたすた(と)歩く 총총걸음으로 걷다.
ずたずた 갈기갈기; 엉망. ‖ずたずたに切り裂く 갈기갈기 찢다. 身も心もずたずた 몸도 마음도 엉망임.
スダチ【酢橘】유자(柚子)의 일종(一種).
すだつ【巣立つ】❶〔鳥が〕보금자리를 떠나다. ❷ 졸업(卒業)하다; 사회(社會)에 나가다.
スタッフ【staff】스태프.
スタミナ【stamina】스태미나.
スタメン = スターティングメンバー.
すだれ【簾】발.
すたれる【廃れる】❶〔使われなくなる〕쓸모가 없어지다. ❷〔はやらない〕한물가다. ❸〔衰える〕쇠퇴(衰退)하다.
スタンス【stance】입장(立場).
スタンダード【standard】표준(標準). ‖スタンダードサイズ 표준 사이즈.
スタンディングオベーション【standing ovation】기립 박수(起立拍手).
スタンディングスタート【standing start】스탠딩 스타트.
スタンド【stand】스탠드. ◆スタンドバー 스탠드바.
スタントマン【stunt man】스턴트맨.
スタンバイ【standby】스탠바이.
スタンプ【stamp】스탬프.
スチーム【steam】스팀. ◆スチームアイロン 스팀 다리미.
スチール【steal】(する)(野球で)도루(盜壘).
スチュワーデス【stewardess】스튜어디스.
スチュワード【steward】스튜어드.
スチロール【styrol ド】스티로폴. ◆発泡スチロール 발포 스티렌 수지. ◆スチロール樹脂 스티롤 수지.
-ずつ …씩. ‖2個ずつ 두 개씩. 少しずつ 조금씩.
*ずつう【頭痛】두통(頭痛). ‖頭痛薬 두통약. 頭痛の種 두통거리. 頭痛がする 머리가 아프다.
スツール【stool】스툴.
すっからかん 텅텅 비어 있다.
すっかり 완전(完全)히; 전부(全部); 아주. ‖すっかり食べてしまった 전부 먹어 버렸다. すっかり忘れていた 완전히 잊고 있었다.
ズッキーニ【zucchini 伊】애호박.
すっきり 산뜻하게; 시원히; 후련히; 상쾌히. ‖すっきりしたデザイン 산뜻한 디자인. 頭がすっきりする 머리가 상쾌해지다.
ズック【doek 옥】즈크.
ずっこける ❶ 넘어지다; 떨어지다. ‖椅子からずっこけ 의자에서 떨어지다. ❷ 엉뚱한 짓을 하다. ‖ずっこけたことを言う 엉뚱한 소리를 하다.
ずっしり ずっしり(と)した重い袋 묵직하게 든 자루.
すったもんだ 옥신각신; 티격태격; 말썽; 분쟁(紛爭).
すっと ❶ 쭉; 쓱; 불쑥. ‖手をすっと差し出す 손을 불쑥 내밀다. ❷〔すっきりする様子〕‖胸がすっとする 속이 후련해지다.
ずっと ❶〔もっと〕훨씬. ‖ここの方がずっと住みよい 이쪽이 훨씬 살기 좋다. ❷〔絶え間なく終わりまで〕계속(繼續); 처음부터 끝까지; 줄곧. ‖新宿からずっと立ち通しだった 신주쿠에서부터 줄곧 서서 왔다.
すっとんきょう【素っ頓狂】ダ 엉뚱하다; 뜬금없다. ‖すっとんきょうなことを言う 뜬금없는 소리를 하다.
*すっぱい【酸っぱい】시다. ‖酸っぱいキムチ 신 김치. 酸っぱくて食べられない 시어서 못 먹겠다.
すっぱだか【素っ裸】알몸; 맨몸.
すっぱぬく【素っ破抜く】〔人の秘密などを〕폭로(暴露)하다.
すっぴん【素っぴん】맨 얼굴.
すっぽかす 만나기로 한 약속(約束)을 어기다. ‖約束をすっぽかす 약속을 어기다.
すっぽり ❶〔全体を覆う〕푹. ‖布団をすっぽり(と)かぶる 이불을 푹 뒤집어쓰다. ❷〔ものがたやすくはずれたり抜けたりする〕쑥. ‖底がすっぽり抜ける 밑이 쑥 빠지다. ❸〔くぼみにぴったりとはまる〕쏙. ‖穴にすっぽり(と)はまる 구멍에 쏙 들어가다.
スッポン【鼈】자라.
すっぽんぽん 알몸; 발가벗음. ‖子どもがすっぽんぽんで走り回る 아이가 발가

벗고 뛰어다니다.
すで【素手】 맨손. ‖素手で立ち向かう 맨손으로 달려들다.
スティック【stick】 스틱.
すていん【捨印】 (說明)계약서(契約書) 등에 정정(訂正)할 경우를 고려(考慮)해 난외(欄外)에 찍어 두는 도장(圖章).
ステーキ【steak】 스테이크. ◆ビーフステーキ 비프스테이크.
ステークホルダー【stake holder】(經) 스테이크 홀더; (기업에 대하여) 이해관계자(利害關係者).
ステージ【stage】 스테이지. ◆ステージママ (說明)아역(兒役)인 자녀(子女)를 따라다니며 매니저 역할(役割)을 하는 엄마.
ステーションワゴン【station wagon】 스테이션왜건.
すてがね【捨て金】 헛돈; 쓸데없이 쓰는 돈.
*__すてき__【素敵】⁷ 멋지다; 멋있다; 훌륭하다. ‖素敵な人 멋있는 사람. その服を着ると素敵だわ 그 옷을 입으면 멋있어 보여.
すてさる【捨て去る】 미련(未練) 없이 버리다.
すてぜりふ【捨て台詞】 (軽蔑·強迫など)내뱉고 가는 말.
ステッカー【sticker】 스티커.
ステッキ【stick】 지팡이.
ステッチ【stitch】 스티치.
ステップ【step】 스텝. ‖ステップを踏む 스텝을 밟다.
ステップ【steppe】(地) 스텝.
すでに【既に】 벌써; 이전(以前)에; 이미; 진작. ‖会は既に終わった 모임은 벌써 끝났다.
すてね【捨て値】 (損を覚悟でつける)싼값.
すてばち【捨て鉢】 자포자기(自暴自棄). ‖捨て鉢になる 자포자기하다.
すてみ【捨て身】 捨て身で戦う 목숨을 걸고 싸우다. 捨て身になる 자포자기하다.
すてる【捨てる】 버리다. ‖ここにごみを捨てるな 여기에 쓰레기를 버리지 마시오. あの古いのぼんは捨てました 그 낡은 가방은 버렸습니다. 希望を捨てる 희망을 버리다. ▶捨てる神あれば拾う神あり 궁할 때에는 반드시 도와주는 사람이 있다.
ステレオ【stereo】 스테레오. ◆ステレオタイプ 스테레오 타입.
ステロイド【steroid】 스테로이드.
ステンドグラス【stained glass】 스테인드글라스.
ステンレス【stainless】 스테인리스. ‖ステンレス鋼 스테인리스강.
スト =ストライキ.

ストーカー【stalker】 스토커.
ストーブ【stove】 스토브.
すどおり【素通り】 ‖素通りする 그냥 지나치다.
ストーリー【story】 스토리.
ストール【stole】 스톨.
ストッキング【stocking】 스타킹.
ストック【stock】 ①재고; 재고품(在庫品). ‖ストックが底をつく 재고가 바닥나다. ②비축(備蓄); 저장(貯藏).
ストック【Stock ド】(스키의)스키용 지팡이.
ストップ【stop】 (속어)스톱. ◆ストップウオッチ 스톱워치. ストップモーション 저속도 촬영.
すどまり【素泊まり】 식사(食事) 없이 숙박(宿泊)만 하는 것.
ストライカー【striker】(사커에서)스트라이커.
ストライキ【strike】 스트라이크; 파업(罷業).
ストライク【strike】 (야구에서)스트라이크.
ストライプ【stripe】 스트라이프.
ストラップ【strap】 스트랩.
ストレート【straight】 스트레이트.
ストレス【stress】 스트레스. ‖ストレスがたまる 스트레스가 쌓이다. ストレスを解消する 스트레스를 해소하다.
ストレッチ【stretch】 스트레치.
ストロー【straw】 스트로.
ストローク【stroke】 스트로크.
すとん 쿵. ‖すとんと下に落ちる 쿵 하고 밑으로 떨어지다.
ずどん ❶〔銃砲を発射する音〕탕; 쿵. ‖ずどんと一発撃つ 탕 하고 한 방 쏘다. ❷〔重いものが倒れたりぶつかったりする音〕쿵; 쾅. ‖塀にずどんとぶつかる 담에 쿵 하고 부딪치다.
*__すな__【砂】 모래. ‖砂遊びをする 모래 장난을 하다. 〈砂を噛むよう 모래를 씹는 것 같이 맛, 무미건조하게.
すなあらし【砂嵐】 모래 바람.
*__すなお__【素直】⁷ ❶순순(順順)하다; 솔직(率直)하다. ‖素直に従う 순순히 따르다. 意見を素直に言う 의견을 솔직하게 말하다. ❷자연(自然)스럽다; 순수(純粹)하다.
すなぎも【砂肝】(鳥의)모래주머니.
すなけむり【砂煙】 사진(沙塵).
スナックバー【snackbar】 스낵바.
スナップ【snap】 스냅. ◆スナップショット 스냅숏.
すなどけい【砂時計】 모래시계(時計).
すなば【砂場】 사장(沙場); 모래밭.
すなはま【砂浜】 모래사장(沙場).
すなぶろ【砂風呂】 모래찜질.
すなぼこり【砂埃】 모래 먼지.
すなわち【即ち】 즉(即); 다시 말하면. ‖日本の国会は二院, 即ち衆議院と

参議院よりなる 日本 国会는 양원, 즉 중의원과 참의원으로 이루어진다. ❷…하면 항상(恒常). ‖戦えばすなわち勝つ 싸우면 항상 이긴다.

スニーカー【sneakers】 스니커; 운동화(運動靴).

すね【脛】 정강이. ‖あいつのすねをけとばしてやった 그 녀석 정강이를 차버렸다. ▶すねを誓(ちか)う 부모에게 얹혀살다.

すねあて【脛当て】 (脛明) 정강이를 보호하는 보호구(保護具).

すねかじり【脛齧り】 (説明) 부모(父母)에게 얹혀살 或는 그런 사람.

すねる【拗ねる】 삐치다; 토라지다. ‖すねて대들다 삐쳐서 울다.

ずのう【頭脳】 두뇌(頭腦). ◆頭脳明晰(めいせき) 명석한 두뇌. 頭脳流出 두뇌 유출.

スノータイヤ【snow tire】 스노타이어.

スノーボード【snowboard】 스노보드.

すのもの【酢の物】 (説明) 생선(生鮮)·야채(野菜) 등을 식초(食醋)로 조리(調理)한 것.

スパ【spa】 온천(温泉).

スパーク【spark】 스파크. ‖スパークするスパ크가 일다.

スパークリングワイン【sparkling wine】 스파클링 와인.

スパーリング【sparring】 스파링.

スパイ【spy】 스파이.

スパイク【spike】 스파이크.

スパイシー【spicy】／ 향신료(香辛料) 맛이 괜찮다.

スパイス【spice】 향신료(香辛料).

スパゲティー【spaghettiイ】 스파게티.

すばこ【巣箱】 새집.

ずばずば ❶ 거침없이. ‖思ったことをずばずば(と)言う 생각한 것을 거침없이 말하다. ❷ 싹둑싹둑. ‖ずばずば(と)切る 싹둑싹둑 자르다.

すはだ【素肌】 ❶ 맨살; (화장(化粧)하지 않은)맨 얼굴. ❷ (속옷 등을 입지 않은)맨살; 노출(露出)된 살갗.

スパッツ【spats】 신축성(伸縮性) 있는 바지.

すぱっと ❶ 쪽. ‖青竹をすぱっと割る 대나무를 쫙 쪼개다. ❷ 딱. ‖すぱっと 言い切る 딱 잘라 말하다.

ずばぬける【ずば抜ける】 뛰어나게 우수(優秀)하다. ‖ずば抜けた成績 뛰어나게 우수한 성적.

スパムメール【spam mail】 (IT) 스팸메일.

すばやい【素早い】 민첩(敏捷)하다; 재빠르다; 날쌔다. ‖動作が素早い 동작이 재빠르다.

すばらしい【素晴らしい】 ❶ 훌륭하다; 멋지다. ‖すばらしい演技力 훌륭한 연기력. ❷ (程度가)심하다; 굉장하다. ‖すばらしく広い庭園 굉장히 넓은 정원.

ずばり [物事の核心をついてはっきり言う様子]쿡; 푹. ‖ずばり(と)痛いところをつく 아픈 데를 쿡 찌르다.

すばる【昴】 묘성(昴星).

スパルタ【Sparta】 스파르타. ◆スパルタ教育 스파르타식 교육.

スパン【span】 기간(期間).

スピーカー【speaker】 스피커.

スピーチ【speech】 스피치. ◆スピーチコンテスト 스피치 콘테스트.

スピード【speed】 스피드. ‖スピードを上げる 스피드를 올리다. 毎時 50 キロのスピード 시속 오십 킬로의 스피드. ◆スピード 스피드 건. スピードスケート 스피드 스케이팅.

ずひょう【図表】 도표(圖表).

スピン【spin】 스핀.

ずぶ [主にずぶのの形で]아주; 전혀; 순(純). ‖ずぶの素人 生 풋내기.

スフィンクス【Sphinx】 스핑크스.

スプーン【spoon】 스푼.

すぶた【酢豚】 탕수육(糖水肉).

ずぶとい【図太い】 뻔뻔스럽다; 넉살이좋다.

ずぶぬれ【ずぶ濡れ】 ‖ずぶ濡れになる 흠뻑 젖다.

すぶり【素振り】 (竹刀·バットなどを)연습(練習) 삼아 휘두름.

スプリングボード【spring board】 스프링보드; 도약판(跳躍板).

スプリンクラー【sprinkler】 스프링쿨러.

スプリンター【sprinter】 스프린터.

スプレー【spray】 스프레이.

スペア【spare】 스페어.

スペアリブ【sparerib】 스페어리브.

スペイン【Spain】(国名) 스페인.

スペース【space】 스페이스. ◆スペースシャトル 스페이스 셔틀.

スペクタクル【spectacle】 스펙터클.

スペシャル【special】 스페셜.

すべすべ【滑滑】 매끈매끈.

*すべて【全て】 ❶ 전부(全部); 전원(全員); 모두. ‖関係者すべてが賛成した 관계자 전원이 찬성했다. ❷ [副詞的に]전부; 일일이; 하나하나. ‖問題はすべて解決した 문제는 전부 해결되었다.

すべらす【滑らす】 미끄러지다. ‖足を滑らす 다리가 미끄러지다. 口を滑らす 실언하다.

すべり【滑り】 미끄러짐.

すべりこむ【滑り込む】 ❶ 미끄러지듯이 들어오다. ‖列車がホームに滑り込む 열차가 홈으로 들어오다. ❷ 겨우 시간(時間)에 대다. ❸ (野球で)슬라이딩

すべりだい【滑り台】 미끄럼틀.
すべりだし【滑り出し】 시작(始作); (物事의) 첫머리.
すべりどめ【滑り止め】 미끄럼 방지(防止).
*すべる【滑る】 ❶ 미끄러지다. ∥雪道で滑った 눈길에서 미끄러졌다. ❷ 실언(失言)을 하다; 말 실수(失手)를 하다. ∥口が滑る 실언하다. ❸ 낙제(落第)하다.
スペル【spell】 스펠.
スポイト【spuit*】 스포이트.
ずほう【図法】 도법(圖法).
スポークスマン【spokesman】 대변인(代辯人).
スポーツ【sports】 스포츠. ◆ウインタースポーツ 겨울 스포츠. スポーツ新聞 스포츠 신문.
スポーツマン【sportsman】 스포츠맨. ◆スポーツマンシップ 스포츠맨십.
ずぼし【図星】 급소(急所); 핵심(核心). ▶図星を指される 급소를 찔리다.
スポット【spot】 스폿. ◆スポットライト 스포트라이트.
すぼまる【窄まる】 좁아지다.
すぼむ【窄む】 좁아지다; 오므라들다.
すぼめる【窄める】 오므리다; 움츠리다; 접다. ∥口をすぼめる 입을 오므리다. 肩をすぼめる 어깨를 움츠리다. 傘をすぼめる 우산을 접다.
ずぼら ❶ 칠칠치 못하다; 야무지지 못하다. ❷ 칠칠치 못한 성격. ∥ずぼらな性格 야무지지 못한 성격.
ズボン【←jupon ᐩ】 바지.
スポンサー【sponsor】 스폰서.
スポンジ【sponge】 스펀지. ◆スポンジケーキ 스펀지케이크.
スマート【smart】ᐩ 스마트하다. ∥スマートな服装 스마트한 복장.
すまい【住まい】 주거; 주거지(住居地); 사는 곳.
スマイル【smile】 스마일.
すまう【住まう】 줄곧 살다.
*すます【済ます】 ❶【終える】끝내다. ❷【返済】변제(辨濟)하다; 청산(淸算)하다. ∥借金を済ます 빚을 청산하다. ❸【間に合わせる】때우다. ∥パンでお昼を済ます 빵으로 점심을 때우다. ❹〔…済ますの形で〕완전(完全)히 …하다. ∥別人のように 완전히 딴 사람인 양 하다.
*すます【澄ます】 ❶【にごりをなくす】맑게 하다. ❷ 집중(集中)하다. ∥耳を澄ます 귀를 기울이다. ❸〔…澄ますの形で〕정신(精神)을 집중(集中)하여 …하다. ∥的を狙い澄ます 표적에 집중하다.
スマッシュ【smash】(蹴球) 스매시.
すまない【済まない】 미안(未安)하다.

すみ【炭】 ❶ 숯. ❷ 목탄(木炭). ❸ 석탄(石炭).
*すみ【隅】(한)구석; 모퉁이. ∥庭の隅 정원 구석. 部屋の隅に片付ける 방 한 구석으로 치우다.
すみ【墨】 ❶ 먹. ∥墨をする 먹을 갈다. ❷ (タコ·イカなどの)먹물.
すまい【住まい】 ❶ 거처(居處); 주거지(住居地). ❷ (動物의)서식지(棲息地).
すみかえる【住み替える】 이사(移徙)하다.
すみこみ【住み込み】 ∥住み込みで働く 숙식을 제공받으면서 일하다.
すみずみ【隅隅】 구석구석. ∥隅々まで埃を取る 구석구석까지 먼지를 털다.
すみつく【住み着く】 정착(定着)하다.
すみっこ【隅っこ】 구석.
すみなれる【住み馴れる】 오래 살아 정(情)들다. ∥住みなれた土地を離れる 정든 곳을 떠나다.
すみび【炭火】 숯불. ◆炭火焼き 숯불구이.
すみません 미안(未安)합니다; 죄송(罪悚)합니다.
すみやか【速やか】ᐩ 빠르다; 신속(迅速)하다. ∥速やかに対策を講じる 신속하게 대책을 강구하다.
すみやき【炭焼き】 ❶【料理】숯불구이. ❷【人】숯을 굽는 사람.
スミレ【菫】 제비꽃. ◆菫色 짙은 보라색.
すみわけ【棲み分け】(服級) 생활 양식(生活樣式)이 비슷한 생물(生物)이 경쟁(競爭)을 피해 서로 다른 곳에서 생존(生存)하는 것.
*すむ【住む】 살다. ∥退職して田舎に住む 퇴직해서 시골에 살다. 彼は横浜に住んでいる 그 사람은 요코하마에 살고 있다. 住む所がない 살 곳이 없다. ▶住めば都 정들면 고향.
*すむ【済む】 ❶ 끝나다; 종료(終了)하다. ❷ 해결(解決)하다; 해소(解消)하다. ❸【金で済む】돈으로 해결하다. ❸ 만족(滿足)하다; (気가) 풀리다. ∥気が済む 기분이 풀리다.
すむ【澄む·清む】 ❶ 맑다. ∥澄んだ山の空気 산의 맑은 공기. ❷【声】청음(淸音)이다.
ずめん【図面】 도면(圖面).
すもう【相撲】 일본식(日本式) 씨름. ∥相撲をとる 씨름을 하다. ◆相撲取り 씨름 선수.
スモック【smock】 느슨한 겉옷.
スモッグ【smog】 스모그.
スモモ【李】 자두.
すやき【素焼き】 설구이; 초벌구이; 질그릇.
すやすや 새근새근; 색색. ∥すやすや(と)眠る 새근새근 잠들다.

すら ①…조차; …마저. ‖手紙すらろくに書けない 편지조차 제대로 못 쓰다.

スライス [slice] (호화) 슬라이스.

スライダー [slider] 슬라이더.

スライド [slide] ❶〔滑ること〕미끄러짐; 미끄러지게 함. ❷〔連動(聯動)〕‖賃金を物価にスライドさせる 임금을 물가에 연동시키다. ❸ 환등기(幻燈機) 또는 그 필름.

ずらす ❶ 이동(移動)시키다. ❷ 겹치지 않도록 늦추다. ‖日程をずらす 일정을 늦추다.

すらすら 술술; 척척; 유창(流暢)하게. ‖すらすらと暗算を解く 암산을 척척 풀다. 英語をすらすらと話す 영어를 유창하게 말하다.

スラックス [slacks] 슬랙스.

スラッシュ [slash] 슬래시(/).

スラブ [Slav] 슬라브. ‖スラブ文化圏 슬라브 문화권.

スラム [slum] 슬럼. ‖スラム街 슬럼가.

すらり ❶ 날씬하게; 늘씬하게. ‖すらりとした体型 늘씬한 체형. すらりと伸びた足 늘씬하게 빠진 다리. ❷〔支障なく順調に事が運ぶ〕쑥. ❸ 刀をすらりと抜く 칼을 쓱 빼다.

ずらり 죽. ‖ずらりと並ぶ 죽 늘어서다.

スラング [slang] 슬랭; 속어(俗語).

スランプ [slump] 슬럼프. ‖スランプに陥る 슬럼프에 빠지다.

すり [掏摸] 소매치기. ‖すりにあう 소매치기를 당하다.

すりあがる [ずり上がる] 밀려 올라가다. ‖シャツがずり上がる 셔츠가 밀려 올라가다.

すりあし [摺り足] ‖すり足で歩く 다리를 질질 끌면서 걷다.

すりあわせる [擦り合わせる] ❶〔こする〕문지르다. ❷〔意見を〕조정(調整)하다.

スリーブ [sleeve] 소매. ◆ノースリーブ 소매 없는 옷. 민소매.

ずりおちる [ずり落ちる] 흘러내리다; 미끄러 떨어지다.

すりおろす [磨り下ろす] 갈다. ‖大根をすりおろす 무를 갈다.

すりかえる [掏り替える] 바꿔치다; 바꿔치기 하다. ‖本物と偽物をすり替える 진짜와 가짜를 바꿔치다.

すりきず [擦り傷] 찰과상(擦過傷).

すりきれる [擦り切れる] 닳아서 끊어지다.

すりごま [擂り胡麻] 간 깨.

すりこみ [刷り込み] (動物) 새 등이 생후(生後) 처음 접한 움직이는 것을 어미로 알고 쫓아다니는 현상(現象).

すりこむ [擦り込む] 문질러 바르다. ‖クリームをすり込む 크림을 문질러 바르다.

スリット [slit] 슬릿.

スリッパ [slippers] 슬리퍼.

スリップ [slip] ❶〔滑る〕‖スリップする 미끄러지다. 車がスリップする 자동차가 미끄러지다. ❷〔女性用下着〕슬립.

すりつぶす [磨り潰す] ❶ 갈아 으깨다. ❷〔財産を〕탕진(蕩盡)하다.

すりぬける [擦り抜ける] ❶ 빠져나가다. ❷〔だまして〕모면(謀免)하다.

すりばち [擂り鉢] (調理用) 절구.

すりへらす [磨り減らす] ❶〔こすって〕닳게 하다. ❷〔長い間使って〕약하게 하다.

すりへる [磨り減る] ❶ 닳다. ❷ 소모(消耗) 되다. ‖神経がすり減る 신경이 소모되다.

すりみ [擂り身] 다져서 으깬 어육(魚肉).

スリム [slim] ヶ 슬림하다.

すりむく [擦り剝く] 벗겨지다; 까지다. ‖ひざをすりむく 무릎이 까지다.

すりよる [擦り寄る] 다가가다.

スリラー [thriller] 스릴러.

スリランカ [Sri Lanka] 〔国名〕 스리랑카.

スリル [thrill] 스릴. ‖スリルを味わう 스릴을 맛보다.

する [刷る] 〔印刷〕하다; 찍다. ‖会議用のプリントを刷る 회의용 프린트를 인쇄하다.

＊する [為る] ❶〔動作·行為を〕하다. ‖仕事をする 일을 하다. 電話をする 전화를 하다. 洗濯をする 빨래를 하다. ❷〔ある職業·ポストにつく〕하다. ‖高校の教師をしている 고등학교 선생을 하고 있다. アルバイトをする 아르바이트를 하다. ❸〔対象物が〕느껴지다. ‖味がする 맛이 나다. ❹〔ある状態である〕이다. ‖赤い色をしている 빨간 색이다. ❺〔ある状態に〕되다. ‖病気をする 병이 나다. ❻〔数量(數量)を나타냄〕‖千円もする 천 엔이나 하다. ❼〔装身具など〕하다. ‖ネクタイをする 넥타이를 매다. ❽〔…ようとするの形で〕…하려고 하다. ‖帰ろうとする 돌아가려고 하다. ❾〔…にするの形で〕…(으)로 결정(決定)하다. ‖カレーにする 카레로 하다. ❿〔…とするの形で〕…(으)로 가정(假定)하다. ‖…(이)라고 하다. ‖地震だとする 지진이라고 가정하다. ⓫〔お—する·ご—するの形で〕겸양(謙讓) 의 뜻을 나타냄. ‖お話しする 말씀 드리다.

する [擦る·磨る] ❶〔こする〕문지르다; 갈다. ‖墨をする 먹을 갈다. ❷〔すりつぶす〕찧다; 으깨다; 짓이기다. ‖ゴマをする 깨를 찧다. ❸〔使い果たす〕다 써 버리다. ‖元金をする 원금을 다 써 버리다.

ずる 꾀; 꾀를 부림 또는 그런 사람. ‖ずるをする 꾀를 부리다.

ずるい [狡い] 교활(狡猾)하다; 약삭빠

르다. ‖ずるい男 교활한 남자.
スルーパス 【through pass】 (サッカーで) 스루 패스.
ずるがしこい 【狡賢い】 교활(狡猾)하다; 영악(獰猾)하다.
するする ❶주르륵. ‖幕がするすると下りる 막이 주르륵 내리다. ❷술술·척척. ‖糸をするりとほぐとする실을 당기니 술술 풀린다. するすると門を通る 술술 넘어가다.
ずるずる ❶질질. ‖足ずるずる(と)引きずる 띠를 질질 끌다. ❷ (スープなど液体を)흘짝흘짝. ‖液(汁)をずるずる(と)する 콧물을 흘짝거리다. ❸질질. ‖締め切り日をずるずる(と)延ばす 마감일을 질질 끌다.
すると ❶(そうすると)그러자; 그랬더니. ‖ドアの前に立った。するとひとりでに開いた門 앞에 섰다. 그러자 문이 저절로 열렸다. ❷(それでは)그러면; 그렇다면. ‖するとあなたは会議には出なかったのですね 그렇다면 당신은 회의에는 나가지 않은 거군요.
***するどい** 【鋭い】 ❶날카롭다; 예리(鋭利)하다. ‖鋭い刃物 예리한 칼. 目つきが鋭い 날카로운 눈초리. ❷예민(鋭敏)하다. ‖鋭い感受性 예민한 감수성.
するめ 【鯣】 오징어포.
スルメイカ 【鯣烏賊】 오징어.
ずるやすみ 【ずる休み】 ‖ずる休みする 꾀를 부려 쉬다.
するり ❶(滑るように動く)쑥. ‖するりと抜ける 쑥 빠지다. ❷(動きが速やかに行なわれる)‖するりと身をかわす体를 살짝 비키다.
ずれ 차이(差異). ‖考え方にずれがある 생각에 차이가 있다.
スレート 【slate】 슬레이트. ‖スレート屋根 슬레이트 지붕.
ずれこむ 【ずれ込む】 일이 늦어져 다음시기(時期)로 넘어감. ‖発売が翌年にずれ込む 발매가 다음 해로 넘어가다.
すれすれ 【擦れ擦れ】 ❶(触れ合うほど近い)거의 달을 정도(程度)로 가까움. ‖海面すれすれに鳥が飛んでいた 해면에 달을 듯이 새가 날아갔다. ❷(ぎりぎり)위태위태(危殆危殆)함; 아슬아슬함. ‖定刻すれすれに到着した 아슬아슬하게 정각에 도착했다.
すれちがい 【擦れ違い】 스치듯이 지나감; 엇갈림. ‖議論はすれ違いに終始した 논의는 의견이 엇갈린 채로 끝났다.
すれちがう 【擦れ違う】 ❶(通り過ぎる)스치듯이 지나가다. ❷엇갈리다. ‖意見がすれ違う 의견이 엇갈리다.
すれる 【擦れる·磨れる】 ❶(こすれる)닿다. ❷(減る)닳다. ❸(ずるくなる)(人)が닳고 닳다; 영악(獰猾)해지다.

ずれる (基準から) 벗어나다.
スロー 【slow】 슬로. ♦スローダウン 슬로다운. スローフード 슬로푸드.
スロット 【slot】 슬롯. ♦スロットマシン 슬롯머신.
スロバキア 【Slovakia】 (国名) 슬로바키아.
ズワイガニ 【ずわい蟹】 바다참게.
スワッピング 【swapping】 스와핑.
すわりこむ 【座り込む】 ❶앉아서 움직이지 않다. ❷연좌(連坐)하다.
すわりだこ 【座り胼胝】 (俗) 항상(恒常) 앉아 있어 복사뼈 등에 생긴 굳은살.
***すわる** 【座る·据る】 ❶앉다. ‖椅子に座る 의자에 앉다. ❷(地位·位置)에 앉다. ❸안정(安定)되다. ‖赤ん坊の首が据わっている 아이가 목을 가누다. ❹꿈쩍없다; 태연(泰然)하다. ‖腹が据わった배짱이 있다.
-すん 【寸】 (長さの単位)…촌(寸).
すんか 【寸暇】 촌음(寸陰); 촌각(寸刻). ‖寸暇を惜しむ 촌음을 아끼다.
ずんぐり 【太くて短い様子】 ‖ずんぐり(と)した体型 땅딸막한 체형.
すんげき 【寸劇】 촌극(寸劇).
すんこく 【寸刻】 촌각(寸刻); 촌음(寸陰).
すんし 【寸志】 촌지(寸志).
すんじ 【寸時】 촌시(寸時); 촌음(寸陰).
ずんずん ❶〔力強く進んでいく〕척척. ‖ずんずん(と)進む 척척 진행되다. ❷〔物事の変化や進行が目に見えるほど早い〕ずんずん(と)大きくなった 부쩍 컸다. ❸〔体に鈍く響くような刺激を受ける〕쿵; 둥. ‖ドラムがずんずん(と)響く 드럼 소리가 쿵 하고 울리다.
すんぜん 【寸前】 직전(直前); 바로 전.
すんだん 【寸断】 ‖寸断する 잘게 자르다.
すんてつ 【寸鉄】 ❶작은 칼; 작은 무기(武器). ❷경구(警句). ♦寸鉄人を刺す 촌철살인(寸鐵殺人).
すんでのところで 【既の所で】 하마터면.
ずんどう 【寸胴】 ❶(鍋などの形が)위에서 아래까지 굵기가 같음. ❷(ウェストが)절구통.
すんなり 쉽게; 수월하게; 간단(簡単)히. ‖提案がすんなり(と)通る 제안이 쉽게 통과되다.
すんびょう 【寸秒】 아주 짧은 시간(時間).
すんぴょう 【寸評】 (名評)촌평(寸評).
すんぶん 【寸分】 조금; 약간(若干); 한치. ‖寸分の誤差もない 한 치의 오차도 없다.
すんぽう 【寸法】 ❶(サイズ)길이; 치수(置数). ‖寸法をとる 치수를 재다. ❷수순(手順); 순서(順序); 방법(方法).

せ

せ【背】 ❶(胴体の)等. ‖馬の背 말 등. ❷[背面]뒤, 후. ‖身長]키; 신장(身長). ‖背の高い男 키가 큰 남자. ❹(山の)산등성이. ▶背に腹はかえられない 중요한 일을 위한 희생은 어쩔 수 없다. ▶背を向ける 등을 돌리다.(慣)

せ【瀬】 ❶[浅瀬]얕은 곳. ❷(流れの悪い)여울. ❸[機会] 기회(機會). ❹[立場]입장(立場); 처지(處地). ‖立つ瀬がない 설 자리가 없다.

-せ【畝】 [地籍の単位]…묘(畝).

ぜ【是】 옳음. ‖是非 시비, 옳고 그름. ▶是が非でも 어떻게 해서든지.

せい【正】 정(正). ❶[正しい]바름, 정식(正式). ‖正社員 정사원. ❷[数学] [プラス]플러스.

せい【生】 ❶ 목숨; 생명(生命). ❷ 생. ‖研究生 연구생, 留学生 유학생.

せい【姓】 성(姓).

せい【性】 ❶ [性質] 성(性). ‖性差別 성 차별. ❷ 본질(本質); 성질(性質); 천성(天性). ‖習い性となる 습관이 천성이 되다. ❸ [言語] 성. ❹ …성. ‖危険性 위험성. 植物性のオイル 식물성 오일.

せい【背】 키; 신장(身長). ‖背が伸びる 키가 자라다.

せい【聖】 ❶ 성인(聖人). ❷ 성 …. ‖聖マリア 성 마리아.

せい【精】 ❶ 기력(氣力); 정력(精力); 힘. ‖精を出す 열심히 하다. ❷ [精霊(精靈)]; 혼(魂). ‖森の精 숲의 혼. ‖精が出る 열심히 하다. ▶精も根も尽きる 기력도 끈기도 다하다.

せい【所為】 원인(原因); 이유(理由); 까닭; 탓; …의 결과(結果). ‖年のせいか目がかすむ 나이 탓인지 눈이 침침하다. こうなったのはお前のせいだ 이렇게된 것은 네 탓이다.

-せい【世】 ❶ [世代·地位の順序]…세(世). ‖日系4世 일본계 4세. ❷ [地質時代の区分]…세. ‖沖積世 충적세.

-せい【制】 …제(制). ‖封建制 봉건제.

-せい【製】 …제(製). ‖スイス製の時計 스위스제 시계.

ぜい【税】 세; 세금(稅金). ‖税負担が増す 세금 부담이 커지다. 法人税がかかる 법인세가 들다.

ぜい【贅】 사치(奢侈); 호사(豪奢). ‖ぜいを尽くす 사치를 부리다.

せいあい【性愛】 성애(性愛).

せいあく【性悪】 성악(性惡). ‖性悪説 성악설(性惡說).

せいあつ【制圧】 (る他) 제압(制壓).

せいい【誠意】 성의(誠意). ‖誠意を示す 성의를 보이다.

せいいき【聖域】 성역(聖域).

せいいく【生育】 (る他) 생육(生育).

せいいく【成育】 성육하다. 성장하다. 자라다.

せいいっぱい【精一杯】 힘껏.

せいうん【青雲】 청운(靑雲). ‖青雲の志 청운의 꿈.

せいうん【星雲】 성운(星雲).

せいえい【精鋭】 정예(精銳). ♦精鋭部隊 정예 부대.

せいえき【精液】 정액(精液).

せいえん【声援】 (る他) 성원(聲援). ‖声援を送る 성원을 보내다.

せいおう【西欧】 서구(西歐); 서유럽.

せいか【正価】 정가(正價). ‖正価販売 정가 판매.

せいか【生花】 ❶ 생화(生花). ❷ [いけばな]꽃꽂이.

せいか【生家】 생가(生家).

せいか【成果】 성과(成果). ‖成果を上げる 성과를 올리다. 成果を収める 성과를 거두다.

せいか【青果】 청과(靑果). ‖青果市場 청과시장.

せいか【聖火】 성화(聖火). ♦聖火リレー 성화 릴레이.

せいか【聖歌】 성가(聖歌).

せいか【製菓】 제과(製菓). ♦製菓業 제과업.

せいか【製靴】 제화(製靴).

せいかい【正解】 정해(正解); 정답(正答); 해답(解答).

せいかい【政界】 정계(政界).

せいかがく【生化学】 생화학(生化學).

***せいかく【正確】** 정확(正確)하다. ‖正確な時刻 정확한 시각. 正確を期する 정확을 기하다. 寸法通り正確に作る 치수대로 정확하게 만들다.

***せいかく【性格】** 성격(性格). ‖彼とは性格が合わない 그 사람하고는 성격이 안 맞다. 楽天的な性格 낙천적인 성격. 事件の性格を解明する 사건의 성격을 해명하다.

せいがく【声楽】 성악(聲樂). ♦声楽家 성악가.

***せいかつ【生活】** (る他) 생활(生活). ‖生活を営む 생활을 영위하다. 月20万円で生活する 월 이십만 엔으로 생활하다. 生活のかかった問題 생활이 걸린 문제. ♦私生活 사생활. 生活協同組合 생활 협동조합. 生活苦 생활고. 生活習慣病 성인병. 生活難 생활난. 生活費 생활비, 生活必需品 생활필수품.

せいかん【精悍】 정한(精悍)하다. ‖精悍な顔立ち 정한하면서 생긴 얼굴.

せいかん【生還】 (る他) 생환(生還).

せいかん【性感】 성감(性感). ♦性感帯 성감대.

せいかん【精管】 정관(精管).

せいがん【西岸】 서안(西岸); 서쪽 해

**せいがん【海岸).

せいがん【請願】(する) 청원(請願). ‖法案의 폐지를 청원하는 법안의 폐지를 청원하다. ◆請願書 청원서.

ぜいかん【税関】 세관(稅關). ‖税関을 通하는 세관을 통과하다. ◆稅関検査 세관 검사.

せいき【正規】 정규(正規). ‖正規의 教育 정규 교육. ◆正規採用 정규 채용.

*せいき【世紀】 ❶ 세기(世紀). ‖世紀의 大事件 세기의 대사건. ❷ 시대(時代). ‖宇宙開発의 새로운 世紀를 열다 우주 개발의 새로운 시대를 열다. ◆世紀末 세기말.

せいき【生気】(する) 생기(生氣). ‖生気없는 顔 생기가 없는 얼굴.

せいき【生起】(する) 생기(生起); 발생(發生).

せいき【性器】 성기; 생식기(生殖器).

せいき【精気】 ❶ 정기(精氣). ❷ 원기(元氣); 정력(精力); 힘. ‖精気가 넘치는 힘이 넘치다.

せいぎ【正義】 정의(正義). ‖正義의 人 정의로운 사람. 正義感이 강하 정의감이 강하다. 正義의 便 정의의 편.

せいきゅう【性急】(する) 성급(性急)하다. ‖性急하게 結論을 내는 성급하게 결론을 내다.

*せいきゅう【請求】(する) 청구(請求). ‖賠償金을 請求하는 배상금을 청구하다. カタログ을 請求하는 카탈로그를 청구하다. ◆請求書 청구서.

せいきょ【逝去】(する) 서거(逝去).

せいぎょ【制御】(する) 제어(制御). ◆制御装置 제어 장치.

せいきょう【正教】 ❶ [邪教에 対해서] 정교(正敎). ❷ [ギリシャ正教] 그리스 정교. ◆正教会 그리스 정교회.

せいきょう【盛況】 성황(盛況).

せいぎょう【生業】 생업(生業).

せいぎょう【盛業】 성업(盛業).

せいきょういく【性教育】 성교육(性敎育).

せいきょうと【清教徒】 청교도(淸敎徒).

せいきょく【政局】 정국(政局).

ぜいきん【税金】 세금(稅金). ‖높은 税金을 課하는 비싼 세금을 부과하다. 税金을 納하는 세금을 내다.

せいくうけん【制空権】 제공권(制空權).

せいくらべ【背比べ】 키 재기; 키 대보기. ‖背比べ하는 키를 재 보다.

せいけい【正系】 정통(正統).

せいけい【生計】 생계(生計). ‖生計를 세우다 생계를 유지하다.

せいけい【西経】〔地〕서경(西經).

せいけい【成形】(する) 성형(成形).

せいけい【整形】(する) 정형(整形). ◆整形外科 정형외과.

せいけつ【清潔】(する) 청결(淸潔)하다. ‖清潔한 衣服 청결한 옷.

せいけん【政見】 정견(政見). ‖政見放送 정견 방송.

せいけん【政権】 정권(政權). ‖政権을 잡는 정권을 잡다. ◆軍事政権 군사 정권.

*せいげん【制限】(する) 제한(制限). ‖応募資格을 制限하는 응모 자격을 제한하다. 制限을 加하는 제한을 가하다. ◆制限時間 제한 시간. 制限速度 제한 속도.

ぜいげん【税源】 세원(稅源).

せいご【正誤】 정오(正誤). ‖正誤表 정오표. ❷ 틀린 곳을 고침; 정정(訂正).

せいご【生後】 생후(生後). ‖生後 5개月 생후 오 개월.

せいご【成語】 성어(成語). ◆故事成語 고사 성어.

*せいこう【成功】(する) 성공(成功). ‖実験이 成功하는 실험이 성공하다. 画期的인 成功을 収める 획기적인 성공을 거두다. 成功을 もたらす 성공을 가져오다.

せいこう【性向】 성향(性向). ‖貯蓄性向 저축 성향.

せいこう【性交】(する) 성교(性交).

せいこう【政綱】 정강(政綱).

せいこう【製鋼】(する) 제강(製鋼).

せいこう【精巧】 정교(精巧)하다. ‖精巧한 機械 정교한 기계. 精巧를 きわめる 정교하기 짝이 없다.

せいこう【精鋼】(する) 정강(精鋼).

せいごう【整合】(する) 정합(整合). ◆整合性 정합성.

せいこうい【性行為】 성행위(性行爲).

せいこううどく【晴耕雨読】(する) 청경우독(晴耕雨讀).

せいこうかい【聖公会】 성공회(聖公會).

せいこく【正鵠】 정곡(正鵠). ▶正鵠을 射る 정곡을 찌르다.

せいこつ【整骨】 접골(接骨). ◆整骨院 접골원.

ぜいこみ【税込み】 세금(稅金)을 포함(包含) 한 금액(金額).

せいこんつきはてる【精根尽き果てる】 기진맥진하다.

せいこん【精魂】 정혼(精魂); 정신(精神).

せいさ【性差】 성차(性差).

せいざ【正座】(する) 정좌(正坐).

せいざ【星座】 성좌(星座); 별자리.

せいさい【制裁】(する) 제재(制裁). ‖制裁를 加하는 제재를 가하다.

せいざい【製材】(する) 제재(製材).

せいざい【製剤】(する) 제약(製藥).

せいさく【制作】(する) 제작(制作). ◆共同制作 공동 제작.

せいさく【製作】(名他)제작(製作). ∥娛楽番組を製作する오락 프로를 제작하다. ◆製作所 제작소.

せいさく【政策】정책(政策). ∥有效な政策を打ち出す유효한 정책을 내놓다. ◆金融政策 금융 정책.

せいさつよだつ【生殺与奪】생살여탈(生殺與奪). ∥生殺与奪の権 생살여탈권.

せいさべつ【性差別】성차별(性差別).

せいさん【生産】(名他)생산(生産). ∥自動車を生産する자동차를 생산하다. ◆国民総生産 국민 총생산. 大量生産 대량 생산. 生産財 생산재. 生産者 생산자. 生産手段 생산 수단. 生産性 생산성. 生産的 생산적. 生産力 생산력.

せいさん【凄惨】ダ 처참(悽慘)하다. ∥凄惨な事故現場 처참한 사고 현장.

せいさん【清算】(名他)청산(清算). ∥過去を清算する 과거를 청산하다.

せいさん【聖餐】성찬(聖餐). ◆聖餐式 성찬식.

せいさん【精算】(名他)정산(精算). ∥運賃を精算する 운임을 정산하다. ◆精算所 정산소.

せいさんかくけい【正三角形】정삼각형(正三角形).

せいさんカリ【青酸kali】청산가리(青酸加里).

せいし【正史】정사(正史).

せいし【正視】(名他)정시(正視); 직시(直視); 바로 봄. ∥正視するに堪えない차마 바로 볼 수가 없다.

せいし【生死】생사(生死). ∥生死不明 생사 불명. 生死の境 생사의 기로.

せいし【制止】(名他)제지(制止). ∥発言を制止する発言을 제지하다.

せいし【姓氏】성씨(姓氏); 성.

せいし【製糸】제사(製糸).

せいし【製紙】(名他)제지(製紙). ◆製紙工場 제지 공장.

せいし【精子】정자(精子).

せいし【静止】(名他)정지(静止). ∥静止画像 정지 화면.

せいじ【正字】❶【正しい文字】정자(正字). ❷【新字体に対して】본래(本來)의 한자(漢字). ◆正字法 정서법.

せいじ【青磁】청자(青磁).

*`**せいじ【政治】**정치(政治). ∥政治上の対立 정치상의 대립. 政治的解決 정치적 해결. ◆政治意識 정치 의식. 政治家 정치가. 政治活動 정치활동. 政治結社 정당. 政治団体 정치 단체. 政治献金 정치 헌금. 政治資金 정치 자금. 政治力 정치력. 政治不信 정치 불신.

せいしき【正式】정식(正式). ∥正式な文書 정식 문서. 正式に認可される정식으로 인가를 받다.

せいしき【清拭】∥清拭する 환자의 몸을 깨끗이 닦다.

せいしき【整式】정식(整式).

*`**せいしつ【性質】**❶성질(性質). ∥穏和な性質 온화한 성질. 問題の性質が違う문제의 성질이 다르다. ❷【事物の】특징(特徴).

せいじつ【誠実】ダ 성실(誠實)하다. ∥誠実な人柄 성실한 인품. 誠実に対応する성실하게 대응하다.

せいじてき【政治的】정치적(政治的). ∥政治的な発言 정치적인 발언.

せいじゃ【正邪】정사(正邪).

せいじゃ【生者】생자(生者).

せいじゃ【聖者】성자(聖者).

せいじゃく【静寂】정적(静寂). ∥静寂を破る 정적을 깨뜨리다.

ぜいじゃく【脆弱】ダ 취약(脆弱)하다. ∥脆弱な構造 취약한 구조.

せいしゅ【清酒】청주(清酒).

ぜいしゅう【税収】세수(税収).

せいしゅく【静粛】ダ 정숙(静肅)하다.

せいじゅく【成熟】(名自)성숙(成熟). ∥成熟した社会 성숙한 사회.

せいしゅん【青春】청춘(青春).

せいじゅん【清純】ダ 청순(清純)하다.

せいしょ【正書】정서(正書). ◆正書法 정서법.

せいしょ【清書】(名他)정서(淨書).

せいしょ【聖書】성서(聖書); 바이블.

せいじょ【整除】∥整除する 나누어떨어지다.

せいしょう【斉唱】(名他)제창(齊唱). ∥校歌を斉唱する 교가를 제창하다.

せいじょう【正常】정상(正常). ∥コンピューターは正常に作動している 컴퓨터는 정상적으로 작동하고 있다. ◆正常化(名他)정상화. 事態の正常化をはかる사태의 정상화를 꾀하다.

せいじょう【性状】성상(性状).

せいじょう【政情】정정(政情); 정황(政況).

せいじょう【清浄】청정(清浄)하다. ◆空気清浄器 공기 청정기.

せいじょうき【星条旗】성조기(星條旗).

せいしょうねん【青少年】청소년(青少年).

せいしょく【生殖】(名自)생식(生殖). ◆無性生殖 유[무]성 생식. 生殖器 생식기. 生殖細胞 생식 세포.

せいしょく【聖職】성직(聖職). ◆聖職者 성직자.

せいしん【清新】ダ 청신(清新)하다.

*`**せいしん【精神】**정신(精神). ∥健全な精神 건전한 정신. 精神を集中する정신을 집중하다. ▶精神の如何事ならざらん 정신일도 하사불성. 精神安定剤 정신 안정제. 精神衛生 정신 위생. 精神主義 정신주의. 精神年齢 정

せいじん 신 연령. 精神文化 정신문화. 精神分析 정신 분석. 精神療法 정신 요법. 精神力 정신력. 精神労働 정신노동.
せいじん【成人】 성인(成人); 어른. ◆成人映画 성인 영화. 成人教育 성인 교육. 成人式 성인식. 成人の日 성인의 날. 成年の日.
せいじん【聖人】 성인(聖人); 성자(聖者).
せいしんしんい【誠心誠意】 성심성의(誠心誠意)껏.
せいず【製図】 제도(製圖).
せいすい【盛衰】 성쇠(盛衰). ◆栄枯盛衰 영고성쇠.
せいずい【精髄】 정수(精髓).
せいすう【正数】 〔0より大きい数〕정수(正數).
せいすう【整数】 정수(整數).
せいする【制する】 ❶제지(制止)하다; 억누르다; 억제(抑制)하다. ❷発言を制する 발언을 제지하다. ❷지배(支配)하다; 제패(制覇)하다. ‖全国を制する 전국을 제패하다. ❸정하다; 제정(制定)하다. ‖法を制する 법을 제정하다.
せいする【製する】 만들다.
せいせい【生成】 생성(生成).
せいせい【清清】 시원하게; 상쾌(爽快)하게.
せいせい【精製】 (乏也) 정제(精製). ‖砂糖を精製する 설탕을 정제하다.
せいぜい【精精】 ❶가능(可能)한 한. ❷기껏해야; 고작. ‖せいぜい千円ぐらいだ 기껏해야 천 엔 정도다.
せいぜい【税制】 세제(稅制). ‖税制改革 세제 개혁.
ぜいぜい ‖ぜいぜい(と)あえぐ 숨을 헐떡거리다.
せいせいかつ【性生活】 성생활(性生活).
せいせいどうどう【正正堂堂】 정정당당(正正堂堂). ‖正々堂々たる態度 정정당당한 태도. 正々堂々と戦う 정정당당하게 싸우다.
せいせいるてん【生生流転】 ‖生々流転する 끊임없이 변화하다.
*せいせき【成績】 성적(成績). ‖成績を上げる 성적을 올리다. 成績が上がる 성적이 오르다. ◆営業成績 영업 성적. 成績表 성적표.
せいぜつ【凄絶】 처절(悽絶)하다. ‖凄絶な戦い 처절한 싸움.
せいせん【生鮮】 신선(新鮮)하다; 싱싱하다.
せいせん【聖戦】 성전(聖戰).
せいせん【精選】 정선(精選).
せいぜん【生前】 생전(生前).
せいぜん【整然】 ‖整然と並ぶ 질서 정연하게 줄 서다. 理路整然たる演説 논리 정연한 연설.

せいせんしょくたい【性染色体】 성염색체(性染色體).
せいぜんせつ【性善説】 성선설(性善說).
せいそ【清楚】 청초(淸楚)하다.
せいそう【正装】 정장(正裝).
せいそう【政争】 정쟁(政爭).
せいそう【星霜】 성상(星霜); 세월(歲月).
せいそう【清掃】 청소(淸掃).
せいそう【盛装】 성장(盛裝).
*せいぞう【製造】 (乏也) 제조(製造). ‖カメラの部品を製造する 카메라 부품을 제조하다. ◆製造業 제조업. 製造元 제조원. 製造年月日 제조 연월일.
せいそうけん【成層圏】 성층권(成層圈).
せいそく【生息】 서식(棲息). ◆生息地 서식지.
せいぞく【聖俗】 ❶성인(聖人)과 속인(俗人). ❷종교적(宗敎的)인 것과 세속적(世俗的)인 것.
せいぞろい【勢揃い】 ‖勢揃いする 모두 한자리에 모이다.
*せいぞん【生存】 생존(生存). ‖生存を危ぶまれる 생존을 위협하다. 生存が確認される 생존이 확인되다. ◆生存競争 생존 경쟁. 生存者 생존자.
せいたい【生態】 생태(生態). ‖野鳥の生態 들새의 생태. ◆生態系 생태계.
せいたい【成体】 성체(成體).
せいたい【声帯】 성대(聲帶).
せいたい【政体】 정체(政體).
せいたい【聖体】 성체(聖體).
せいたい【静態】 정태(靜態). ‖人口静態 인구 정태.
せいたい【整体】 신체 교정(身體矯正).
せいたい【臍帯】 제대(臍帶); 탯줄.
せいだい【正大】 정대(正大)하다. ‖公明正大 공명정대.
せいだい【盛大】 성대(盛大)하다. ‖盛大な披露宴 성대한 환영회.
せいたく【請託】 청탁(請託).
せいだく【清濁】 청탁(淸濁). ▶清濁併せ呑む 도량이 넓다.
せいたく【贅沢】 사치(奢侈)스럽다; 호사(豪奢)스럽다; 고급(高級)스럽다. ‖贅沢な食事 고급스러운 식사. 贅沢な悩み 사치스러운 고민. 高級食材を贅沢に使う 비싼 음식 재료를 마음껏 쓰다. 贅沢を言う 배부른 소리를 하다.
せいたん【生誕】 탄생(誕生).
せいたんさい【聖誕祭】 크리스마스.
せいち【出生地】 출생지(出生地).
せいち【聖地】 성지(聖地).
せいち【精緻】 정치(精緻)하다; 치밀(緻密)하다. ‖精緻な描写 치밀한 묘사.
せいちゅう【成虫】 성충(成蟲).

せいちょう【生長】(준하) 생장(生長); 성장(成長).

せいちょう【成長】(준하) 성장(成長). ◆成長産業 성장 산업. 經済成長 경제 성장. 成長株 성장주. 成長点 성장점.

せいちょう【声調】 성조(聲調).

せいちょう【性質】 성징(性質).

せいちょう【静聴】 ‖静聴する 조용히 듣다.

せいちょうざい【整腸剤】 정장제(整腸剤).

せいつう【精通】(준하) 정통(精通).

せいてい【制定】(준하) 제정(制定). ‖憲法に制定する 헌법을 제정하다.

せいてき【性的】 성적(性的). ‖性的魅力 성적 매력.

せいてき【政敵】 정적(政敵).

せいてき【静的】 정적(靜的). ‖静的な描写 정적인 묘사.

せいてつじょ【製鉄所】 ◆製鉄所 제철소.

せいてん【青天】 청천(青天). ▶青天の霹靂(ヘキ) 청천벽력.

せいてん【晴天】 청천(晴天).

せいてん【聖典】 성전(聖典).

せいてんかん【性転換】 성전환(性轉換).

せいでんき【静電気】 정전기(靜電氣).

せいと【生徒】 학생(學生).

***せいど**【制度】 제도(制度). ‖制度上の問題 제도상의 문제. ◆社会制度 사회 제도. 社会保障制度 사회 보장 제도.

せいど【精度】 정도; 정밀도(精密度).

せいとう【正当】ダ 정당(正當)하다. ‖正当な主張 정당한 주장. 正当な理由なしに 정당한 이유 없이. 正当に評価する 정당하게 평가하다. ◆正当化 (준하) 정당화. 自分の行動を正当化する 자신의 행동을 정당화하다. 正当性 정당성. 正当防衛 정당방위.

せいとう【正答】 정답(正答).

せいとう【正統】 정통(正統). ◆正統派 정통파.

せいとう【政党】 정당(政黨). ◆保守政党 보수 정당. 政党活動 정당 활동. 政党政治 정당 정치.

せいとう【製糖】 제당(製糖).

せいどう【正道】 정도(正道).

せいどう【制動】(준하) 제동(制動). ◆制動機 제동기.

せいどう【青銅】 청동(青銅). ◆青銅器 청동기. 青銅器時代 청동기 시대.

せいどう【聖堂】 ❶공자(孔子)를 모신 건물(建物). ❷(카톨릭) 성당(聖堂).

せいどう【精銅】 정동(精銅).

せいどういつせいしょうがい【性同一性障害】 성 정체감 장애(性正體感障礙).

せいどく【精読】(준하) 정독(精讀).

せいとん【整頓】(준하) 정돈(整頓).

せいなんせい【西南西】 서남서(西南西).

せいにく【精肉】 정육(精肉).

ぜいにく【贅肉】 군살.

せいねん【生年】 생년(生年). ◆生年月日 생년월일.

せいねん【青年】 청년(青年). ◆青年期 청년기. 青年実業家 청년 실업가.

せいのう【性能】 성능(性能). ‖性能のいいカメラ 성능이 좋은 카메라.

せいは【制覇】(준하) 제패(制覇). ‖全国大会を制覇する 전국 대회를 제패하다.

せいばい【成敗】(준하) 처벌(處罰).

せいはく【精白】 정백(精白). ‖精白米 정백미.

せいはつ【整髪】(준하) 이발(理髮).

せいはん【製版】(준하) 제판(製版).

せいはんごう【正反合】 (弁証法의)정반합(正反合).

せいはんたい【正反対】 정반대(正反対).

せいひ【正否】 정부(正否); 옳고 그름.

せいひ【成否】 성패(成敗). ‖成否の鍵 성패의 열쇠.

せいび【整備】(준하) 정비(整備). ‖道路網を整備する 도로망을 정비하다.

せいひょう【製氷】(준하) 제빙(製氷). ◆製氷機 제빙기.

せいびょう【性病】 성병(性病).

せいひれい【正比例】(준하) 정비례(正比例).

せいひん【清貧】 청빈(清貧).

***せいひん**【製品】 제품(製品). ◆外国製品 외제. 新製品 신제품. 電気製品 전기 제품.

せいふ【正負】 ❶플러스와 마이너스. ❷양수(陽數)와 음수(陰數). ❸양극(陽極)과 음극(陰極).

せいふ【政府】 정부(政府). ◆臨時政府 임시 정부. 日本政府 일본 정부. 政府筋 정부 관계자. 政府当局 정부 당국. 政府本 정부미.

せいぶ【西部】 서부(西部). ◆西部劇 서부극.

せいふく【正副】 정부(正副).

せいふく【制服】 제복(制服). ‖制服を着た警官 제복을 입은 경찰관. 学校の制服 교복.

せいふく【征服】(준하) 정복(征服). ◆征服者 정복자.

***せいぶつ**【生物】 생물(生物). ‖地球上の生物 지구상의 생물. 珍しい生物 진귀한 생물. ◆生物兵器 생물 병기. 生物倫理 생명 윤리.

せいぶつ【静物】 정물(靜物). ◆静物画 정물화.

せいふん【製粉】(준하) 제분(製粉).

せいぶん【成文】 성문(成文). ◆成文化 (━ㆍする) 성문화.
せいぶん【成分】 성분(成分). ‖薬の成分を調べる약의 성분을 조사하다.
せいべつ【生別】 (━ㆍする) 생이별(生離別).
せいべつ【性別】 성별(性別).
せいへん【政変】 정변(政變).
せいぼ【生母】 생모(生母).
せいぼ【歳暮】 ❶세모(歲暮); 연말(年末). ❷(説明) 연말(年末)에 보내는 선물(膳物).
せいぼ【聖母】 성모(聖母). ‖聖母マリア 성모 마리아.
せいほうけい【正方形】 정방형(正方形); 정사각형(正四角形).
せいほくせい【西北西】 서북서(西北西).
せいホルモン【性 hormone】 성(性)호르몬.
せいほん【正本】 ❶(説明) 원본(原本)과 같은 효력(效力)을 지닌 공문서(公文書)의 등본(謄本). ❷원본(原本).
せいほん【製本】 (━ㆍする) 제본(製本).
せいみつ【精米】 (━ㆍする) 정미(精米).
せいみつ【精密】グ 정밀(精密)하다. ◆精密検査 정밀 검사.
せいむ【政務】 정무(政務). ◆政務官 정무관. 政務次官 정무 차관.
ぜいむ【税務】 세무(稅務). ◆税務署 세무서.
*せいめい【生命】 생명(生命); 목숨. ‖人間の命は尊い 인간의 생명은 고귀하다. 生命を奪う 목숨을 빼앗다. ◆生命保険 생명 보험. 選手生命 선수 생명. 生命線 생명선. 生命保険 생명 보험. 生命力 생명력.
せいめい【声明】 (━ㆍする) 성명(聲明). ‖声明を出す 성명을 내다. ◆共同声明 공동 성명.
せいめい【姓名】 성명(姓名).
せいめい【清明】 ❶(二十四節気의)청명(淸明). ❷(맑고 밝아서) 청명(淸明).
せいめん【製麺】 (━ㆍする) 제면(製麵).
せいもん【正門】 정문(正門).
せいもん【声門】 성문(聲門).
せいやく【制約】 (━ㆍする) ❶제약(制約). ‖時間に制約される 시간의 제약을 받다. ❷(事의 성립에 필요한) 조건(條件)・규정(規定).
せいやく【製薬】 제약(製藥). ◆製薬会社 제약 회사.
せいやく【誓約】 (━ㆍする) 서약(誓約).
せいゆ【精油】 (━ㆍする) ❶(説明) 식물(植物)에서 채취(採取)하는 방향유(芳香油). ❷정유(精油).
せいゆう【声優】 성우(聲優).
*せいよう【西洋】 서양(西洋). ◆西洋史 서양사. 西洋人 서양인. 西洋文化 서양 문화. 西洋料理 서양 요리.
せいよう【静養】 (━ㆍする) 정양(靜養); 요양(療養).

せいよく【性欲】 성욕(性慾).
せいらい【生来】 ❶타고남; 선천적(先天的)임. ❷(副詞的에) 나면서부터.
*せいり【生理】 생리(生理). ◆生理機能 생리 기능. 生理休暇 생리휴가. 生理作用 생리 작용. 生理痛 생리통.
せいり【整理】 (━ㆍする) 정리(整理). ‖机を整理する 책상을 정리하다.
ぜいりし【税理士】 세무사(稅務士).
せいりつ【成立】 (━ㆍする) 성립(成立). ‖取引きが成立する 거래가 성립되다. 和解が成立する 화해가 성립되다.
ぜいりつ【税率】 세율(稅率). ‖税率を引き上げる 세율을 인상하다.
せいりてき【生理的】 생리적(生理的). ‖生理的な現象 생리적인 현상. 生理的に嫌う 생리적으로 싫어하다.
せいりゃく【政略】 정략(政略). ◆政略結婚 정략결혼.
せいりゅう【清流】 청류(淸流).
せいりょう【声量】 성량(聲量).
せいりょう【清涼】グ 청량(淸凉)하다. ◆清涼剤 청량제. 清涼飲料水 청량음료수.
*せいりょく【勢力】 세력(勢力). ‖勢力を拡大する 세력을 확대하다. 勢力を伸ばす 세력을 넓히다. ◆反対勢力 반대 세력. 勢力圏 세력권. 勢力範囲 세력 범위.
せいりょく【精力】 정력(精力). ‖精力的に活動する 정력적으로 활동하다.
せいれい【政令】 ❶정령(政令). ❷(説明) 내각(內閣)이 정한 명령(命令).
せいれつ【整列】 (━ㆍする) 정렬(整列). ‖軍隊が整列する 군대가 정렬하다.
せいれん【清廉】グ 청렴(淸廉)하다. ◆清廉潔白 청렴결백.
せいれん【精錬】 (━ㆍする) 정련(精鍊).
せいれん【精練】 (━ㆍする) 정련(精鍊). ‖金銀を精練する 금은을 정련하다.
せいろう【晴朗】グ 날씨가 맑다.
せいろう【蒸籠】 찜통.
せいろん【正論】 정론(正論).
せいろん【政論】 정론(政論).
セーシェル【Seychelles】 (国名) 세이셸.
セーター【sweater】 스웨터.
セーブ【save】 (━ㆍする) 세이브.
セーフティー【safety】 안전(安全). ◆セーフティーバント 세이프티 번트.
セーラーふく【sailor 服】 세일러복.
セール【sale】 세일. ◆バーゲンセール 바겐세일.
セールス【sales】 세일즈. ◆セールスウーマン 세일즈우먼. セールスポイント 세일즈 포인트. セールスマン 세일즈맨.
せおう【背負う】 ❶등에 지다; 업다. ‖赤ん坊を背負う 아기를 업다. ❷(괴로운 일・무거운 책임 등을) 떠맡다; 떠안

せおよぎ【背泳ぎ】 배영(背泳).
せかい【世界】 세계(世界). ‖世界の平和 세계의 평화. 学問の世界 학문의 세계. 勝負の世界 승부의 세계. ◆世界遺産 세계 유산. 世界観 세계관. 世界大戦 세계 대전. 世界的 세계적. 세계적인. 世界的な不況 세계적인 불황.
せかせか ‖せかせか(と)歩く 바쁜 듯이 걷다.
せかす【急かす】 재촉하다.
せがむ 조르다; 보채다. ‖小遣いをせがむ 용돈을 조르다.
せがれ【伜】 (謙讓) 자기(自己) 아들을 낮춰 부르는 말.
セカンドオピニオン 【second opinion】 주치의(主治醫) 이외(以外)의 의사(醫師)의 의견(意見).
せき【咳】 기침. ‖咳が出る 기침이 나오다. 咳がひどい 기침이 심하다. ◆空咳 헛기침.
*せき【席】 ❶〈座る場所〉자리. ‖席が狭い 자리가 좁다. ❷〈地位〉지위(地位). ❸회장(會場); 식장(式場). ‖席を設ける 자리를 마련하다. ▶席の暖まる暇もなく 매우 바쁘다. ▶席を蹴る 자리를 박차고 나가다.
せき【堰】 보(洑); 둑. ‖堰を切ったよう 봇물이 터진 것처럼.
せき【関】 관문(關門).
せき【籍】 ❶호적(戶籍). ‖籍を入れる 호적에 넣다. ❷적; 자격(資格); 신분(身分). ‖籍を置く 적을 두다.
-せき【隻】 ❶〈船を数える単位〉…척(隻). ❷〈対をなすものの片方〉…짝. ‖屏風1隻 병풍 한 짝.
せきうん【積雲】 적운(積雲).
せきえい【石英】 석영(石英).
せきがいせん【赤外線】 적외선(赤外線).
せきがく【碩学】 석학(碩學).
せきかっしょく【赤褐色】 적갈색(赤褐色).
せきこむ【急き込む】 초조(焦燥)해하다; 안달하다.
せきこむ【咳き込む】 심하게 기침을 하다.
せきさい【積載】 (ⓗ) 적재(積載). ◆積載量 적재량.
せきざい【石材】 석재(石材). ◆石材店 석재상.
せきじ【席次】 ❶〈座席の〉순서(順序). ❷〈成績の〉석차(席次); 등수(等數).
せきじゅうじ【赤十字】 적십자(赤十字).
せきじょう【席上】 석상(席上).
せきしょく【赤色】 적색(赤色); 빨간색.
せきずい【脊髄】 척수(脊髓).
せきせつ【積雪】 적설(積雪). ◆積雪量 적설량.
せきぞう【石造】 석조(石造).
せきぞう【石像】 석상(石像).
せきたてる【急き立てる】 재촉하다; 서두르게 하다.
せきたん【石炭】 석탄(石炭).
せきちゅう【脊柱】 척주(脊柱).
せきちゅう【石柱】 석주(石柱).
せきつい【脊椎】 척추(脊椎). ◆脊椎動物 척추 동물.
せきとう【石塔】 석탑(石塔).
せきどう【赤道】 적도(赤道).
せきどうギニア【赤道 Guinia】 〈國名〉적도(赤道) 기니.
*せきにん【責任】 책임(責任). ‖責任を果たす 책임을 다하다. 保護者としての責任 보호자로서의 책임. 責任をとって辞任する 책임을 지고 사임하다. ◆責任感 책임감. 責任感の強い人 책임감이 강한 사람. 責任者 책임자. 責任転嫁 책임 전가.
せきばく【寂寞】 ヶ 적막(寂寞)하다.
せきばらい【咳払い】 (ⓗ) 헛기침.
せきはん【赤飯】 찰밥; 팥밥.
せきひ【石碑】 비석(碑石); 묘비(墓碑).
せきひん【赤貧】 적빈(赤貧); 극빈(極貧). ‖赤貧洗うが如し 똥구멍이 찢어지게 가난하다. 〔俚〕
せきぶつ【石仏】 석불(石佛).
せきぶん【積分】 (ⓗ) 적분(積分).
せきべつ【惜別】 석별(惜別). ‖惜別の情 석별의 정.
せきむ【責務】 책무(責務). ‖責務を全うする 책무를 다하다.
せきめん【赤面】 ‖赤面する 얼굴을 붉히다.
*せきゆ【石油】 석유(石油). ◆石油化学工業 석유 화학 공업. 石油ガス 석유 가스. 石油ストーブ 석유 스토브.
せきらら【赤裸裸】 ヶ 적나라(赤裸裸)하다. ‖赤裸々な告白 적나라한 고백.
せきらんうん【積乱雲】 적란운(積亂雲); 소나기구름.
セクシャルハラスメント 【sexual harassment】 성희롱(性戱弄).
セクター【sector】 섹터.
セクハラ=セクシャルハラスメント.
*せけん【世間】 ❶사회(社會); 세상(世上). ‖世間を騒がす 세상을 떠들썩하게 하다. 世間の目 세상의 이목. ❷교제(交際)나 활동 범위(活動範圍). ‖世間が狭い 교제나 활동 범위가 좁다. ◆世間話 세상 이야기. 사는 이야기.
せけんしらず【世間知らず】 세상(世上) 물정(物情)을 모름 또는 그런 사람.
せけんたい【世間体】 체면(體面). ‖世間体を気にする 체면에 신경을 쓰다.
せけんてき【世間的】 ❶세속적(世俗的); 일반적(一般的). ❷(表向き)표면

적(表面的); 공적(公的).

せけんなみ【世間並み】 세상(世上) 사람과 같은 정도(程度); 보통(普通).

せこ【世故】 세상 물정(物情). ∥世故에 長하다 세상 물정에 밝다. 처세에 능하다.

せこい 인색(吝嗇)하다; (考えなどが)좁다. ∥せこいやつだ 인색한 녀석이다. せこい考え 좁은 생각.

せこう【施工】 (する) 시공(施工).

せこう【施行】 (する) 시행(施行). ∥法令を施行する 법령을 시행하다.

せし【氏】 섭씨(攝氏).

せじ【世事】 (する) 세상사(世上事); 세상일.

せじ【世辞】 발림소리.

せしゅう【世襲】 (する) 세습(世襲). ◆世襲制 세습제.

せじょう【施錠】 ∥施錠する 자물쇠를 채우다.

せじょう【世上】 세상(世上).

せぞく【世俗】 세속(世俗). ∥世俗に染まる 세속에 물들다. ◆世俗化 세속화. 世俗的 세속적. 世俗的な話 세속적인 이야기.

せすじ【背筋】 등골; 등줄기. ∥背筋をぴんと伸ばす 등을 쭉 펴다. ◆背筋が寒くなる 등골이 오싹하다. [제]

ぜせい【是正】 (する) 시정(是正).

ぜぜひひ【是是非非】 시시비비(是是非非).

せせらぎ 小川のせせらぎ 시냇물이 졸졸거리는 소리.

せそう【世相】 세태(世態). ∥世相を反映する세태를 반영하다.

せぞく【世俗】→せぞく.

せたい【世帯】 세대(世代). ∥二世帯住宅 이 세대 주택. ◆世帯主 세대주.

せだい【世代】 세대(世代). ∥세대가 젊은 세대. 3 世代가 1軒の家に同居하는 삼 세대가 한 집에 같이 살다. ◆世代交代 세대교체.

せたけ【背丈】 키; 신장(身長).

セダン【sedan】 세단.

せちがらい 살기 힘들다. ∥せちがらい世の中 살기 힘든 세상.

せつ【節】 ❶【時期】 시기(時期). ∥その節はお世話になりました 그때는 신세 많이 졌습니다. ❷ 절개(節槪); 지조(志操). ∥節を守る 지조를 지키다. ❸【文章・音楽などの】마디; 단락(段落). ❹【文の】절.

せつ【説】 의견(意見); 주장(主張); 학설(學說). ∥新しい説 새로운 주장.

せつえい【設営】 (する) 설영(設營).

せつえん【節煙】 ∥節煙する 담배를 줄이다.

ぜつえん【絶縁】 (する) ❶ 절연(絶緣). ❷【物理】 절연. ◆絶縁体 절연체.

せっか【雪花】 설화(雪花).

せっか【石化】 석화(石化).

ぜっか【舌禍】 설화(舌禍); 구설수(口舌數).

せっかい【切開】 (する) 절개(切開). ◆帝王切開 제왕 절개.

せっかい【石灰】 석회(石灰). ◆石灰岩 석회암. 石灰洞 종유동.

せっかい【雪害】 설해(雪害).

***せっかく**【折角】 모처럼; 애써. ∥せっかく来たのに 모처럼 왔는데. せっかくの手料理が冷めてしまった 애써 만든 요리가 식어 버렸다.

せっかち 성급(性急)하다; 조급(躁急)하다.

せつがん【切願】 ∥切願する 간절히 원하다.

せつがんレンズ【接眼 lens】 접안(接眼) 렌즈.

せっき【石器】 석기(石器). ◆石器時代 석기 시대.

せっき【節気】 절기(節氣).

せっきゃく【接客】 (する) 접객(接客). ◆接客業 접객업.

せっきょう【說教】 (する) 설교(說教).

ぜっきょう【絶叫】 (する) 절규(絶叫).

せっきょく【積極】 적극(積極). ◆積極性 적극성. 積極的 적극적. 積極的な態度を示す 적극적인 태도를 보이다. 積極的に発言する 적극적으로 발언하다.

せっきん【接近】 (する) 접근(接近). ∥台風が接近하는 태풍이 접근하다.

せっく【節句】 (說明) 중요(重要)한 연중 행사(年中行事)가 있는 날.

ぜっく【絶句】 ❶【言葉をなくす】 절구하는 말이 막히다. ❷【文芸】(漢詩의) 절구(絶句). ∥五言絶句 오언 절구.

セックス【sex】 섹스. ◆セックスアピール 섹스어필.

せっくつ【石窟】 석굴(石窟).

せっけい【設計】 (する) 설계(設計). ∥家を設計する 집을 설계하다. ◆設計図 설계도. 生活設計 생활 설계.

ぜっけい【絶景】 절경(絶景).

せっけっきゅう【赤血球】 적혈구(赤血球).

せっけん【石鹼】 비누. ∥石けんで洗う 비누로 빨다. 洗濯石けん 빨랫비누.

せっけん【席卷】 (する) 석권(席卷).

せっけん【接見】 (する) 접견(接見).

せつげん【節減】 (する) 절감(節減). ∥経費を節減する 경비를 절감하다.

ゼッケン (說明) 운동 선수(運動選手)의 가슴이나 등에 붙이는 번호(番號)를 쓴 천.

せっこう【石膏】 석고(石膏).

せっこう【斥候】 척후(斥候).

せっこう【拙稿】 졸고(拙稿).

せつごう【接合】 (する) 접합(接合).

ぜっこう【絶交】 (する) 절교(絶交).

ぜっこう【絶好】 절호(絶好). ∥絶好のチャンス 절호의 기회.

せっこつ【接骨】 (名・ス他) 접골(接骨). ◆接骨院 접골원.
せっさく【拙作】 졸작(拙作).
せっさく【拙策】 졸책(拙策).
せっさたくま【切磋琢磨】 (名・ス他) 절차탁마(切磋琢磨).
せっし【摂氏】 섭씨(攝氏).
せつじ【接辞】 접사(接辭).
せつじつ【切実】 ダ 실(切實)하다. ‖切実な問題 절실한 문제.
せっしゅ【接種】 (名・ス他) 접종(接種). ◆予防接種 예방 접종.
せっしゅ【摂取】 (名・ス他) 섭취(攝取). ‖栄養のあるものを摂取する 영양이 있는 것을 섭취하다.
せつじょ【切除】 (名・ス他) 절제(切除).
せっしょう【折衝】 (名・ス他) 절충(折衝). ◆折衝案 절충안.
せっしょう【殺生】 (名・ス他) 살생(殺生).
ぜっしょう【絶唱】 ❶[すばらしい詩や歌] 매우 뛰어난 시(詩)나 노래. ❷ 열창(熱唱).
せっしょく【接触】 (名・ス他) 접촉(接觸). ‖軽く接触する 가볍게 접촉하다. ◆接触感染 접촉 감염. 接触事故 접촉 사고.
せつじょく【雪辱】 (名・ス他) 설욕(雪辱).
せっすい【節水】 (名・ス他) 절수(節水).
せっする【接する】 ❶ 접(接)하다; 이어지다. ‖空と海が接する 하늘과 바다가 이어지다. ❷ 만나서; 응대(應對)하다. ‖客に接する お손님을 응대하다. 急報に接する 급보를 접하다.
せっせい【摂生】 섭생(攝生).
せっせい【節制】 (名・ス他) 절제(節制).
ぜっせい【絶世】 절세(絶世). ‖絶世の美人 절세의 미인.
せつせつと【切々と】 〔心がこもっている様子〕절절(切切)히. ‖切々と語る 절절하게 이야기하다.
せっせん【接戦】 (名・ス他) 접전(接戰). ‖接戦を繰り広げる 접전을 벌이다.
ぜっせん【舌尖】 ❶[言語] 설첨(舌尖). ❷ 말씨; 어투(語套). ‖舌尖鋭く 날카로운 말투로.
ぜっせん【舌戦】 설전(舌戰).
せっそう【節操】 절조(節操).
せつぞく【接続】 (名・ス他) 접속(接續). ◆接続詞 접속사. 接続助詞 접속 조사. ◆接待費 접대비.

命令は絶対だ 상관의 명령은 절대적이다. ◆絶対音感 절대 음감. 絶対視 절대시. 絶対者 절대자. 絶体絶命 절체절명. 絶体絶命のピンチ 절체절명의 핀치. 絶対値 절대치. 絶対的 절대적. 絶対評価 절대 평가.
せつだん【切断】 (名・ス他) 절단(切斷).
せっち【設置】 (名・ス他) 설치(設置). ‖街灯を設置する 가로등을 설치하다. 委員会を設置する 위원회를 설치하다.
せっちゃく【接着】 (名・ス他) 접착(接着). ◆接着剤 접착제.
せっちゅう【折衷】 (名・ス他) 절충(折衷). ◆折衷案 절충안.
せっちょ【拙著】 졸저(拙著).
ぜっちょう【絶頂】 ❶(山の) 정상(頂上); 산꼭대기. ❷ 절정(絶頂). ◆人気絶頂 인기 절정.
せってい【設定】 (名・ス他) 설정(設定). ‖目標を設定する目標を 설정하다.
セッティング【setting】 세팅.
せってん【接点】 접점(接點). ‖接点を見いだす 접점을 찾아내다.
せつでん【節電】 절전(節電).
セット【set】 세트. ◆セットアップ (名・ス他) 셋업.
せつど【節度】 절도(節度). ‖節度あるふるまい 절도 있는 행동.
せっとう【窃盗】 절도(竊盜). ◆窃盗犯 절도범.
ぜっとう【絶倒】 절도(絶倒). ◆抱腹絶倒 포복절도.
せつない【切ない】 안타깝다; 애달프다.
せつなる【切なる】 간절(懇切)한; 절실(切實)한. ‖切なる願い 간절한 바람.
せつに【切に】 간절(懇切)히; 진심(眞心)으로. ‖切にお願いする 진심으로 부탁 드립니다.
せっぱく【切迫】 (名・ス他) ❶(期限が) 임박(臨迫). ❷(事態が) 절박(切迫)하다. ◆切迫流産 절박 유산.
せっぱつまる【切羽詰まる】 절박(切迫)해지다; 궁지(窮地)에 몰리다; 다급(多急)해지다.
せっぱん【折半】 (名・ス他) 절반(折半).
ぜっぱん【絶版】 절판(絶版).
*せつび【設備】 (名・ス他) 설비(設備). ‖学校放送の設備がある 학교 방송의 설비가 있다. 設備を整える 설비를 갖추다. ◆設備投資 설비 투자.

せつびご【接尾語】 접미사(接尾辭).
ぜっぴつ【絶筆】 절필(絶筆).
ぜっぴん【絶品】 일품(逸品).
せっぷく【切腹】 할복(割腹).
せつぶん【節分】 입춘(立春) 전날.
ぜっぺき【絶壁】 절벽(絶壁).
せっぽう【説法】 설법(説法).
せつぼう【切望】 절망(切望).
ぜっぽう【舌鋒】 설봉(舌鋒).
*ぜつぼう【絶望】 (名・自サ) 절망(絶望). ∥人生に絶望する 인생에 절망하다. **絶望の淵**(ふち) 절망의 늪. **絶望感** 절망감. **絶望的** 절망적.
ぜつみょう【絶妙】 (形動) 절묘(絶妙)하다.
*せつめい【説明】 (名・他サ) 설명(説明). ∥使用法を説明する 사용법을 설명하다. **事情の説明** 사정 설명. ∥**説明書** 설명서.
ぜつめい【絶命】 (名・自サ) 절명(絶命).
ぜつめつ【絶滅】 (名・他サ) 절멸(絶滅).
せつもん【設問】 (名・他サ) 설문(設問).
せつやく【節約】 (名・他サ) 절약(節約). ∥**経費を節約する** 경비를 절약하다.
せつり【摂理】 섭리(攝理). ∥**自然の摂理** 자연의 섭리.
せつりつ【設立】 (名・他サ) 설립(設立). ∥**学校法人を設立する** 학교 법인을 설립하다. ◆**設立者** 설립자.
ぜつりん【絶倫】 절륜(絶倫).
せつろん【拙論】 졸론(拙論).
せつわ【説話】 설화(説話).
せと【瀬戸】 ❶작은 해협(海峽). ❷자기(陶瓷器). ◆**瀬戸物** 도자기.
せとぎわ【瀬戸際】 (勝敗・存亡などの)갈림길. ∥**瀬戸際に立つ** 갈림길에 서다.
せなか【背中】 ❶등. ❷배후(背後).
せなかあわせ【背中合わせ】 ❶(人やものが)등을 맞댐. ❷〔仲が悪い〕사이가 나쁨. ❸〔うらはらだ〕표리 관계(表裏關係)에 있음.
ぜに【銭】 돈. ◆**銭金** 금전.
ぜにん【是認】 (名・他サ) 시인(是認).
セネガル【Senegal】 (国名) 세네갈.
ゼネラルストライキ【general strike】 총파업(總罷業).
ゼネラルマネージャー【general manager】 총지배인(總支配人).
せのび【背伸び】 ❶발돋음. ❷실력(實力) 이상(以上)의 일을 하려고 함.
せばまる【狭まる】 좁아지다. ∥**先ული との距離が狭まる** 선두와의 거리가 좁아지다.
せばめる【狭める】 좁히다.
せばんごう【背番号】 등 번호(番號); 백넘버.
*ぜひ【是非】 ❶시비(是非); 옳고 그름. ∥**是非を論じる** 시비를 논하다. ❷(副詞として)꼭; 반드시; 무슨 일이 있어

도. ∥**是非勝ちたい** 꼭 이기고 싶다.
セピア【sepia】 세피아; 암갈색(暗褐色).
ぜひとも【是非とも】 꼭; 반드시. ∥**ぜひとも協力してください** 꼭 협력해 주십시오.
せひょう【世評】 세평(世評).
せびらき【背開き】 (庖丁) 생선(生鮮)을 등부터 가르는 것.
せびる 조르다. ∥**母親に小遣いをせびる** 어머니한테 용돈을 조르다.
せびれ【背鰭】 등지느러미.
せびろ【背広】 양복(洋服).
せぼね【背骨】 등뼈.
*せまい【狭い】 좁다. ∥**私の部屋は狭い** 내 방은 좁다. **度量が狭い** 도량이 좁다. **狭き門** 좁은 문.
せまくるしい【狭苦しい】 좁아서 갑갑하다; 비좁다.
*せまる【迫る】 ❶다가오다; 다가가다; 임박(臨迫)하다. ∥**締め切りが迫る** 마감이 다가오다. **核心に迫る** 핵심에 다가가다. ❷좁다. ∥**迫った眉** 좁은 미간. ❸강요(強要)하다. ∥**回答を迫る** 대답을 강요하다. ❹(胸が)미어지다. ∥**胸が迫る** 가슴이 미어지다.
セミ【蝉】 매미.
セミ-【semi】 세미…. ∥**セミファイナル** 세미파이널.
ゼミ =ゼミナール.
セミコロン【semicolon】 세미콜론(;).
せみしぐれ【蝉時雨】 (胞) 비 오는 듯이 들려오는 매미 울음소리.
セミナー【seminar】 세미나.
ゼミナール【Seminar ド】 대학(大學)의 토론식 수업(討論式授業).
せめおとす【攻め落とす】 공격(攻擊)해서 함락(陷落)시키다.
せめおとす【責め落とす】 ❶설복(說伏)하다. ❷궁구(窮究)하여 자백(自白)시키다.
せめぎあう【鬩ぎ合う】 서로 싸우다.
せめて 적어도; 최소한(最小限); 하다못해. ∥**せめて入賞ぐらいはしたい** 최소한 입상 정도는 하고 싶다. **せめてもう一度会いたい** 적어도 한 번 더 만나고 싶다.
せめる【攻める】 공격(攻擊)하다. ∥**敵地を攻める** 적지를 공격하다.
せめる【責める】 질책(叱責)하다; 궁구(窮究)하다. ∥**責任者を責める** 책임자를 질책하다.
セメント【cement】 시멘트.
せもたれ【背凭れ】 의자(椅子)의 등받이.
ゼラチン【gelatin】 젤라틴.
ゼラニウム【geranium】 제라늄.
セラピー【therapy】 세라피.
セラピスト【therapist】 세라피스트.
セラミックス【ceramics】 세라믹.

せり【競り】 ❶ 경쟁(競爭). ❷ 경매(競賣).

セリ【芹】 미나리.

せりあう【競り合う】 경쟁(競爭)하다.

せりあげる【競り上げる】 (競売で)값을 올리다.

セリー【jelly】 젤리.

せりおとす【競り落とす】 경락(競落)하다.

せりふ【台詞】 ❶ 대사(臺詞). ❷【言いぐさ】말투; 말투.

せる【競る】 ❶ 겨루다; 다투다. ❷ (競売で)다투어 값을 올리다.

セル【cell】 ❶【生物】셀. ❷ (表計算ソフトの)셀.

セルフサービス【self-service】 셀프서비스.

セルロイド【celluloid】 셀룰로이드.

セレナーデ【Serenade】 세레나데.

セレブ【←celebrity】 유명인(有名人); 명사(名士).

セレモニー【ceremony】 의식(儀式).

ゼロ【zero】 제로.

セロテープ【Cellotape】 스카치테이프.

セロハン【cellophane⁷】 셀로판.

セロリ【celery】 셀러리.

せろん【世論】 세론(世論); 여론(輿論).

*せわ【世話】 ❶【面倒を見ること】보살핌; 돌봄; 도와줌. ‖孫の世話をする 손자를 돌보다. ❷【手間】손이 많이 감. ‖世話の焼ける人だねえ 여러모로 손이 많이 가는 사람이다. ▶世話になる 도움을 받다. ‖世話を焼く 여러모로 도와 살피다. ◆世話好き (説明)남을 돌보기를 좋아함 또는 그런 사람. 世話를 살피는 사람, 돌보는 사람. 世話役 世話를 살피는 사람, 돌보는 사람.

せわしい【忙しい】 ❶ 바쁘다. ❷ (仕事が多くて)정신(精神)이 없다.

せん【千】 천(千). ‖千に一つの望みもない 전혀 희망이 없다.

せん【栓】 마개; 뚜껑; 꼭지. ‖栓を抜く 뚜껑을 따다.

せん【腺】 선(腺); 샘. ‖リンパ腺 림프샘.

せん【選】 ❶ 선(選). ‖名作選 명작선. ❷ 선거(選擧). ‖知事選 지사 선거.

*せん【線】 ❶ 선(線). ‖線が切れる 선이 끊어지다. ❷ 방침(方針); 방향(方向). ‖その線で行こう 그 방침으로 가자.

-せん【船】 …선(船); …배. ‖貨物船 화물선. 旅客船 여객선.

-せん【戦】 …전(戰). ◆空中戦 공중전. 決勝戦 결승전.

ぜん【前】 전; 이전(以前). ‖戦争前 전쟁 전. 前首相 전 수상.

ぜん【善】 선(善). ◆真善美 진선미.

ぜん【膳】 ❶ 밥상. ❷ 식사(食事); 요리(料理). ❸【碗に盛ったものを数える単位】…그릇. ‖ご飯を2膳食べる 밥을 두 그릇 먹다. ❹【一対の箸を数える単位】…모 ‖箸1膳 젓가락 한 모.

ぜん-【全】 전(全)…. ‖全世界 전 세계.

-ぜん【然】 …연(然)함; …인 체함. ‖学者然としている 학자연하고 있다.

ぜんあく【善悪】 선악(善惡). ‖善悪を区別する 선악을 구별하다.

せんい【戦意】 전의(戰意). ◆戦意喪失 전의 상실.

せんい【繊維】 섬유(纖維). ◆化学繊維 화학 섬유. 繊維素 섬유소.

ぜんい【善意】 선의(善意). ‖善意に解釈する 선의로 해석하다.

ぜんいき【全域】 전역(全域).

せんいん【船員】 선원(船員).

ぜんいん【全員】 전원(全員).

せんうん【戦雲】 전운(戰雲). ‖戦雲が垂れ込める 전운이 감돌다.

せんえい【尖鋭】 첨예(尖銳)하다. ‖先鋭な理論 첨예한 이론.

ぜんえい【前衛】 전위(前衛). ◆前衛芸術 전위 예술.

せんおう【専横】 전횡(專橫).

せんか【戦火】 전화(戰火).

せんか【戦火】 전화(戰火).

ぜんか【前科】 전과(前科). ‖前科1犯 전과 일 범.

せんかい【旋回】 ⑤한 선회(旋回). ‖飛行機が船上を旋回する 비행기가 배위를 선회하다.

ぜんかい【全開】 ⑤한 전개(全開).

ぜんかい【前回】 전회(前回); 먼젓번.

ぜんかい【全快】 ⑤하 완쾌(完快); 완치(完治). ‖病気が全快する 병이 완쾌되다.

せんかく【先覚】 선각(先覺). ◆先覚者 선각자.

せんがく【先学】 선학(先學).

ぜんかく【全角】 전각(全角).

ぜんがく【全額】 전액(全額). ‖全額払い戻し 전액 환불.

せんがん【洗顔】 ⑤하 세안(洗顏); 세수(洗手).

ぜんかん【全巻】 전권(全卷).

ぜんかん【全館】 전관(全館).

ぜんき【全期】 전기(全期).

ぜんき【前記】 ⑤한 전기(前記).

ぜんき【前期】 전기(前期). ‖前期の試験 전기 시험.

せんきゃくばんらい【千客万来】 천객만래(千客萬來).

せんきゅう【選球】 ⑤하 선구(選球). ◆選球眼 선구안.

せんきょ【占拠】 점거(占據). ‖建物を占拠する 건물을 점거하다.

せんきょ【選挙】(名)선거(選擧). ∥委員長を選挙する 위원장을 선거하다. ◆選挙運動 선거 운동. 選挙管理委員会 선거 관리 위원회. 選挙区 선거구. 選挙権 선거권.

せんぎょ【鮮魚】 신선(新鮮)한 생선(生鮮).

せんきょう【仙境】 선경(仙境).

せんきょう【宣教】 선교(宣敎). ◆宣教師 선교사.

せんきょう【戦況】 전황(戰況).

せんぎょう【専業】 전업(專業). ◆専業主婦 전업 주부.

せんきょく【選曲】 선곡(選曲).

せんぎり【千切り】 千切りにする 가늘게 썰다.

せんきん【千金】 천금(千金).

ぜんきん【前金】 선금(先金).

ぜんきんだいてき【前近代的】 전근대적(前近代的). ∥前近代的な雇用形態 전근대적 고용 형태.

せんく【先駆】 선구(先驅). ◆先駆者 선구자.

せんぐ【船具】 선구(船具).

ぜんくつ【前屈】 ∥前屈する 몸을 앞으로 굽히다.

ぜんぐん【全軍】 전군(全軍).

せんけい【線形】 선형(線形). ◆線形動物 선형 동물.

ぜんけい【全景】 전경(全景).

ぜんけい【前掲】 ∥前掲する 앞에 게재하다.

ぜんけい【前景】 전경(前景).

せんけつ【先決】 (名)선결(先決). ∥先決問題 선결 문제.

せんけつ【鮮血】 선혈(鮮血). ∥鮮血がほとばしる 선혈이 낭자하다.

せんげつ【先月】 지난달;저번달.

ぜんげつ【前月】 지난달;저번달.

せんけん【先見】 선견(先見). ▶先見の明 선견지명.

せんけん【先達】 선달(先達).

せんけん【先賢】 선현(先賢).

せんげん【宣言】(名)선언(宣言). ∥独立宣言 독립 선언.

せんけん【全権】 전권(全權). ∥全権を握る 전권을 장악하다. ◆全権大使 전권 대사.

ぜんけん【前件】 전건(前件).

ぜんげん【前言】 전언(前言).

せんげんばんご【千言万語】 많은 말.

せんご【戦後】 전후(戰後).

* **ぜんご【前後】** ❶ 전후(前後);앞뒤. ❷ 순서(順序)가 바뀜. ∥前後する 순서가 바뀌다. ❸ 사이를 두지 않고 잇달아. ∥両人は前後しって 두 사람은 연달아서 들어왔다. ❹ 안팎; 내외(内外);쯤. ∥10 歳前後 열 살 쯤.

せんこう【先行】(名)선행(先行). ∥先行の法規 선행 법규.

せんこう【先攻】(名)선공(先攻).

せんこう【専攻】(名)전공(專攻). ∥物理学を専攻している 물리학을 전공하고 있다. ◆専攻課目 전공 과목.

せんこう【穿孔】(名)천공(穿孔). ∥穿孔機 천공기.

せんこう【閃光】 섬광(閃光).

せんこう【銓衡】 전형(銓衡). ∥書類銓考 서류 전형.

せんこう【線香】 향(香). ◆線香花火 향 모양의 불꽃.

ぜんこう【全校】 전교(全校).

ぜんこう【前項】 전항(前項).

ぜんこう【善行】 선행(善行).

せんこうしょく【鮮紅色】 선홍색(鮮紅色).

せんこく【宣告】(名)선고(宣告). ∥破産宣告 파산 선고.

* **ぜんこく【全国】** 전국(全國). ∥日本全国を旅行する 일본 전국을 여행하다. 全国各地 전국 각지에. ◆全国区 전국구. 全国大会 전국 대회.

せんごくじだい【戦国時代】 전국 시대(戰國時代).

せんこつ【仙骨】 엉치등뼈; 천골(薦骨).

ぜんざ【前座】(服装) ❶ (演芸などで)그 날의 주역 (主役)에 앞서 출연(出演)함 또는 그 연예인(演藝人). ❷ (落語 などの等級で)최하급(最下級).

センサー【sensor】 센서.

ぜんさい【前妻】 전처(前妻).

せんさい【戦災】 전재(戰災).

せんさい【繊細】ナ 섬세(纖細)하다. ∥繊細な手さばき 섬세한 손놀림. 繊細な神経の持ち主 신경이 섬세한 사람.

せんざい【洗剤】 세제(洗劑).

せんざい【潜在】 잠재(潛在). ◆潜在意識 잠재의식.

ぜんさい【前菜】 전채(前菜);오르되브르.

ぜんざい【善哉】 단팥죽.

せんざいいちぐう【千載一遇】 천재일우(千載一遇).

せんさく【穿鑿】(名)천착(穿鑿).

せんさく【詮索】 ∥詮索する 사소한 것까지 물어 조사하다.

せんさばんべつ【千差万別】 천차만별(千差萬別).

せんし【先史】 선사(先史). ◆先史時代 선사 시대.

せんし【戦士】 전사(戰士).

せんし【戦死】(名)전사(戰死).

せんじ【戦時】 전시(戰時). ∥戦時体制 전시 체제.

ぜんし【全紙】 전지(全紙).

ぜんし【前史】 전사(前史);선사(先史).

ぜんじ【禅師】 선사(禪師).

ぜんじ【漸次】 점차(漸次).

せんしつ【船室】 선실(船室).

せんじつ【先日】 ❶ 일전(日前); 오전;

며칠 전. ❷ [副詞的に]일전에; 요전에; 며칠 전에. ▶先日買ったばかりのかばん 며칠 전에 산 가방.
ぜんしつ【禅室】❶선실(禪室); 선방(禪房). ❷ (禪宗の)주지(住持).
ぜんじつ【全日】하루 종일(終日).
ぜんじつ【前日】전날. ▶出発の前日 출발 전날.
ぜんじつせい【全日制】전일제(全日制).
せんしゃ【洗車】세차(洗車).
せんしゃ【戦車】전차(戰車).
ぜんしゃ【全社】전사(全社).
ぜんしゃ【前車】앞차. ▶前車の轍を踏む 전철을 밟다.
ぜんしゃ【前者】전자(前者).
せんしゅ【先取】선취(先取). ◆先取点 선취점.
*せんしゅ【選手】선수(選手). ‖運動會のリレーの選手 운동회의 릴레이 선수. ◆代表選手 대표 선수. 野球選手 야구 선수. 選手権 선수권.
せんしゅう【先週】지난주; 저번주.
せんしゅう【專修】(동하)전수(專修).
せんしゅう【選集】전집(選集).
ぜんしゅう【全集】전집(全集).
ぜんしゅう【前週】지난주; 저번주.
ぜんしゅう【禅宗】선종(禪宗).
せんしゅうみん【先住民】선주민(先住民).
せんしゅつ【選出】(동하)선출(選出). ‖オリンピック選手を選出する 올림픽 선수를 선출하다. 議長に選出される 의장으로 선출되다.
せんじゅつ【戦術】전술(戰術).
ぜんしゅつ【前出】전출(前出).
ぜんじゅつ【前述】(동하)전술(前述). ‖前述した通りの内容 전술한 바와 같은 내용.
せんしょ【選書】선서(選書).
ぜんしょ【全書】전서(全書). ‖六法全書 육법전서.
せんしょ【善処】(동하)선처(善處).
せんしょう【先勝】❶선승(先勝). ❷ (陰陽道에서)급한 일·소송(訴訟) 등에 좋은 날.
せんしょう【奨奨】‖奨奨する 좋은 것을 골라 권하다.
せんじょう【洗浄】(동하)세정(洗淨). ◆洗浄剤 세정제.
せんじょう【扇状】부채꼴. ◆扇状地 선상지.
せんじょう【煽情】선정(煽情). ◆煽情的 선정적. 扇情的なポスター 선정적인 포스터.
せんじょう【戦場】전장(戰場).
せんじょう【線上】선상(線上).
せんじょう【線状】선상(線狀); 선형(線形).
ぜんしょう【全勝】(동하)전승(全勝).

ぜんしょう【全焼】(동하)전소(全燒).
ぜんしょう【前哨】전초(前哨). ◆前哨戦 전초전.
ぜんしょうとう【前照灯】전조등(前照燈).
せんしょく【染色】(동하)염색(染色). ◆染色体 염색체.
ぜんしょく【前職】전직(前職).
せんじる【煎じる】(茶·薬을)달이다.
せんしん【先進】선진(先進). ◆先進国 선진국.
せんしん【專心】(동하)전념(專念). ‖研究に專心する 연구에 전념하다.
せんしん【線審】선심; 선심판(線審判).
せんじん【先人】선인(先人).
せんじん【先陣】선진(先陣); 선봉(先鋒).
せんじん【戦陣】전진(戰陣); 싸움터.
せんじん【千人の力】천신의 힘. ◆全身全霊 전신전력.
ぜんしん【前身】전신(前身).
ぜんしん【前進】(동하)전진(前進).
ぜんしん【前震】전진(前震).
ぜんしん【漸進】(동하)점진(漸進). ◆漸進的 점진적. 漸進的な改革 점진적인 개혁.
ぜんじん【全人】전인(全人). ‖全人教育 전인 교육.
ぜんじん【前人】전인(前人). ◆前人未踏 전인미답.
せんす【扇子】부채.
センス【sense】센스; 감각(感覺). ‖美的センス 미적 센스. センスに欠けるセンスが 없다.
せんすい【潜水】(동하)잠수(潛水). ◆潜水艦 잠수함. 潜水艇 잠수정.
ぜんせ【前世】전세(前世).
*せんせい【先生】선생(先生)님. ‖高校の国語の先生 고등학교 국어 선생님. 校長先生 교장 선생님. 担任の先生 담임 선생님. 幼稚園の先生 유치원 선생님. 書道の先生 서도 선생님. 永原先生 나가하라 선생.
せんせい【先制】(동하)선제(先制). ◆先制攻擊 선제 공격.
せんせい【專制】(동하)전제(專制). ◆專制君主 전제 군주. 專制政治 전제 정치.
せんせい【宣誓】(동하)선서(宣誓).
ぜんせい【全盛】전성(全盛). ◆全盛期 전성기.
ぜんせい【善政】선정(善政). ‖善政を敷く 선정을 베풀다.
せんせいじゅつ【占星術】점성술(占星術).
せんせき【船籍】선적(船籍).
せんせき【戦績】전적(戰績).
せんせん【宣戦】(동하)선전(宣戰). ◆宣戦布告 선전 포고.
せんせん【戦線】전선(戰線). ‖統一戦

せんせん- 線 통일 전선.
せんせん-【先先】전전(前前)…. ∥先々週 전전주.
ぜんせん【戦前】전전(戦前).
ぜんせん【全線】❶ 전선; 전 노선(全路線). ❷ 모든 전선(戦線).
ぜんせん【前線】❶ (戦線の)전선(前線). ∥前線基地 전선 기지. ❷ (気団の)전선. ∥梅雨前線 장마 전선.
ぜんぜん【善戦】선전(善戦). ∥善戦むなしく敗れた 선전하였지만 지고 말았다.
ぜんぜん【全然】❶ [打ち消しの表現を伴って]전혀. ∥金は全然없는 돈은 전혀 없다. 全然無意味なこと 전혀 무의미한 일. ❷ [非常に・とても]매우; 대단히. ∥全然いい 매우 좋다.
ぜんぜん-【前前】전전(前前)…. ∥前々週 전전주.
せんせんきょうきょう【戦戦恐恐】전전긍긍(戦戦兢兢).
せんぞ【先祖】선조(先祖).
***せんそう**【戦争】❶ 전쟁(戦争). ∥戦争を起こす 전쟁을 일으키다. 両国はまだ戦争中だ 두 나라는 아직 전쟁 중이다. その戦争で多くの人々が死んだ 그 전쟁으로 많은 사람들이 죽었다. ◆経験戦争 수업 전쟁. 戦争映画 전쟁 영화. 戦争ごっこ 전쟁놀이.
ぜんそう【前奏】전주(前奏). ◆前奏曲 전주곡.
ぜんぞう【漸増】(名·하) 점증(漸増).
せんぞく【専属】(名·하) 전속(專属). ∥専属歌手 전속 가수.
ぜんそく【全速】전속력(全速力).
ぜんそく【喘息】천식(喘息).
ぜんそくりょく【全速力】전속력(全速力). ∥全速力で走る 전속력으로 달리다.
センター【center】센터. ∥文化センター 문화 센터. ◆センターライン ① [球技のコート]센터라인. ② [道路の中央]중앙선.
せんたい【船体】선체(船體).
せんたい【船隊】선대(船隊).
せんたい【蘚苔】선태(蘚苔); 이끼. ◆蘚苔植物 선태 식물.
せんだい【先代】❶ [前の代]선대(先代). ❷ [前の時代]전대(前代).
***ぜんたい**【全体】전체(全體). ∥学校全体의 의견. 会社全体의 의혹 회사 전체의 의혹. ◆全体会議 전체 회의. 全体主義 전체주의.
ぜんだい【前代】❶ 전대(前代). ❷ 선대(先代).
ぜんたいてき【全体的】전체적(全體的). ∥全体的に見る 전체적으로 보다.
ぜんだいみもん【前代未聞】전대미문(前代未聞).
***せんたく**【洗濯】(名·하) 세탁(洗濯); 빨래. ∥週 2回 洗濯をする 일주일에 두 번 세탁을 하다. ◆洗濯機 세탁기. 洗濯石けん 빨랫비누. 洗濯ばさみ 빨래집게. 洗濯物 빨래. 빨랫감.
***せんたく**【選択】(名·하) 선택(選擇). ∥外国語科目で韓国語を選択する 외국어 과목으로 한국어를 선택하다. 選択を誤る 선택을 잘못하다. 選択の余地が全くない 선택의 여지가 전혀 없다. 選択科目 선택 과목. ◆選択肢 선택지.
せんだつ【先達】❶ 선학(先學). ❷ 안내자(案内者).
ぜんだま【善玉】선인(善人); 착한 사람. ◆善玉菌 (医) 인간(人間)의 장(腸)에 존재(存在)하는 유익(有益)한 균(菌).
***せんたん**【先端】첨단(尖端). ∥流行の先端を行く 유행의 첨단을 걷다. 先端技術 첨단 기술. 先端産業 첨단 산업.
センダン【栴檀】전단(栴檀); 단향목(檀香木). ▶栴檀は双葉より芳(かんば)し 될성부른 나무는 떡잎부터 알아본다. (속)
せんだん【前段】앞 단락(段落).
せんち【戦地】전지(戦地).
ぜんち【全治】(名·하) 전치(全治). ∥全治 2か月の大けが 전치 이 개월의 큰 부상.
センチ(メートル)【centi(mètre)】기···센티미터(cm).
ぜんちし【前置詞】전치사(前置詞).
ぜんちぜんのう【全知全能】전지전능(全知全能).
センチメンタリズム【sentimentalism】센티멘털리즘; 감상주의(感傷主義).
センチメンタル【sentimental】ダ 센티멘털하다.
せんちゃ【煎茶】❶ 달인 녹차(綠茶). ❷ (玉露・番茶に対して)중급차(中級茶).
せんちゃく【先着】(名·하) 선착(先着). ◆先着順 선착순.
せんちょう【船長】선장(船長).
ぜんちょう【全長】전장(全長).
ぜんちょう【前兆】전조(前兆). ∥大地震の前兆 대지진의 전조.
せんて【先手】❶ 선수(先手). ❷ 기선(機先)을 제압(制壓)함. ∥先手を取る 선수를 치다. (囲碁·将棋などで)선수.
せんてい【剪定】(名·하) 전정(剪定).
せんてい【選定】(名·하) 선정(選定). ∥候補者を選定する 후보자를 선정하다.
ぜんてい【前提】전제(前提). ∥原状回復を前提に貸与する 원상 회복을 전제로 대여하다.
ぜんてき【全的】전적(全的). ∥全的に賛同する 전적으로 찬동하다.
ぜんてつ【前轍】전철(前轍). ▶前轍を踏む 전철을 밟다. (관)

せんてん【先天】 선천(先天). ◆先天性 선천성. 先天的 선천적.
*せんでん【宣伝】 (죠하) 선전(宣傳). ‖新しい化粧品を宣伝する 새 화장품을 선전하다. ◆宣伝効果 선전 효과. 宣伝文句 선전 문구.
ぜんてんこう【全天候】 전천후(全天候). ◆全天候機 전천후기.
せんと【遷都】 천도(遷都).
せんど【先途】 (勝負・運命の)갈림길.
せんど【鮮度】 선도(鮮度).
ぜんと【前途】 전도(前途). ◆前途洋洋 전도 양양.
ぜんど【全土】 전토; 전 국토(全國土).
せんとう【尖塔】 첨탑(尖塔).
せんとう【先頭】 선두(先頭). ‖先頭に立つ 선두에 서다.
せんとう【戦闘】 (죠하) 전투(戰鬪). ◆戦闘機 전투기.
せんとう【銭湯】 대중목욕탕(大衆沐浴湯).
せんどう【先導】 (죠하) 선도(先導).
せんどう【扇動】 (죠하) 선동(煽動).
せんどう【船頭】 사공(沙工); 뱃사공. ▶船頭多くして船山に上る 사공이 많으면 배가 산으로 간다.
せんどう【顫動】 전동; 가늘게 떨다.
ぜんどう【善導】 (죠하) 선도(善導).
ぜんとうよう【前頭葉】 전두엽(前頭葉).
ぜんなんぜんにょ【善男善女】 선남선녀(善男善女).
せんにち【千日】 천일(千日).
センニチコウ【千日紅】 (植物) 천일홍(千日紅).
せんにゅう【潜入】 (죠하) 잠입(潛入).
せんにゅうかん【先入観】 선입관(先入觀).
せんにん【専任】 (죠하) 전임(專任). ◆専任講師 전임 강사.
せんにん【選任】 (죠하) 선임(選任). ‖代表に選任される 대표로 선임되다.
ぜんにん【前任】 전임(前任). ◆前任者 전임자.
ぜんにん【善人】 선인(善人).
せんにんりき【千人力】 ❶ 천 명(千名)의 힘. ❷ 〔心強い〕마음 든든함.
せんぬき【栓抜き】 병(甁)따개; 오프너.
せんば【前場】 〔取引所で〕전장(前場).

せんばい【専売】 (죠하) 전매(專賣). ◆専売特許 전매특허.
せんぱい【先輩】 선배(先輩). ‖大学の先輩 대학교 선배.
ぜんぱい【全敗】 (죠하) 전패(全敗).
ぜんぱい【全廃】 (죠하) 전폐(全廢).
せんぱく【浅薄】 천박(淺薄)하다.
せんぱく【船舶】 선박(船舶).
せんばつ【選抜】 (죠하) 선발(選拔). ‖代表を選抜する 대표를 선발하다. ◆選抜試験 선발 시험.
せんぱつ【先発】 (죠하) 선발(先發). ◆先発隊 선발대. 先発投手 선발 투수.
せんばづる【千羽鶴】 많은 종이 학(鶴)을 실로 연결(連結)한 것.
せんばん【千万】 ❶ 여러 가지; 가지가지; 여러가지. ‖千万ありがたい 여러 가지로 고맙다. ❷ 천만(千萬); 심함. ‖無礼千万だ 무례하기 짝이 없다.
せんばん【先番】 ❶〔先にする番〕순서(順序)가 먼저임. ❷〔囲碁・将棋で先手〕선수(先手).
せんばん【旋盤】 선반(旋盤). ◆旋盤工 선반공.
せんぱん【戦犯】 전범(戰犯).
ぜんはん【前半】 전반(前半). ◆前半戦 전반전.
ぜんぱん【全般】 전반(全般). ◆全般的 전반적.
ぜんはんせい【前半生】 전반생(前半生).
せんび【戦備】 전쟁 준비(戰爭準備).
ぜんぴ【前非】 과거(過去)의 잘못. ‖前非を悔いる 과거의 잘못을 뉘우치다.
せんびき【線引き】 ❶ 선(線)을 그음. ❷ 선을 그어 구분(區分)함.
ぜんぺん【全編】 전편(全編).
ぜんぺん【前便】 지난번 편지(便紙).
せんぷ【宣布】 (죠하) 선포(宣布).
*ぜんぶ【全部】 전부(全部). ‖財産全部を母校に寄付する 재산 전부를 모교에 기부하다. 会員全部の意見 회원 전부의 의견. ❷ 〔副詞的に〕전부; 全部使ってしまう 전부 써 버리다.
ぜんぶ【前部】 전부(前部); 앞부분.
せんぷう【旋風】 선풍(旋風). ‖旋風を巻き起こす선풍을 불러일으키다.
せんぷうき【扇風機】 선풍기(扇風機).
せんぷく【潜伏】 잠복(潛伏). ◆潜伏期間 잠복 기간.
ぜんぷく【全幅】 전폭적(全幅的). ‖全幅の信頼を置く 전폭적으로 신뢰하다.
せんぶん【千分】 천분(天分). ◆千分比 천분비. 千分率 천분율.
せんぶん【線分】 선분(線分).
ぜんぶん【全文】 전문(全文).
ぜんぶん【前文】 ❶〔本)의 전문(前文). ❷〔手紙の〕인사말.
せんべい【煎餅】 전병(煎餅).

せんぺい【尖兵】 첨병(尖兵).
せんべつ【選別】 (する) 선별(選別). ∥成績で選別하다 성적으로 선별하다. トマトを選別して出荷する 토마토를 선별해서 출하하다.
せんべつ【餞別】 전별금(餞別金).
せんべん【先鞭】 ∥先鞭をつける 먼저 착수(着手)하다.
ぜんぺん【全編】 전편(全編).
ぜんぺん【前編】 전편(前篇).
せんぺんいちりつ【千篇一律】 천편일률적. 千篇一律(律). ∥千篇一律の文章 천편일률적인 문장.
せんぺんばんか【千変万化】 (する) 천변만화(千變萬化).
せんぼう【羨望】 선망(羨望). ♦羨望の的 선망의 대상.
せんぽう【先方】 ❶ [先の方] 전방(前方); 앞쪽. ❷ [相手方] 상대편(相對便); 상대방(相對方).
せんぼう【先鋒】 선봉(先鋒).
ぜんぼう【全貌】 전모(全貌). ∥事件の全貌を伝える 사건의 전모를 전하다.
せんぼうきょう【潜望鏡】 잠망경(潛望鏡).
せんぼつ【戦没】 전몰(戰歿). ♦戦没者 전몰자.
せんまい【洗米】 (神仏に供えるため) 깨끗이 씻은 쌀.
ぜんまい【発条】 태엽(胎葉). ∥ぜんまいを巻き締める 태엽을 감다.
ゼンマイ【蕨】 고비.
せんまいどおし【千枚通し】 송곳.
せんまん【千万】 천만(千萬). ♦千万無量 매우 많음.
せんみん【選民】 선민(選民). ♦選民思想 선민 사상.
せんみん【賤民】 천민(賤民).
せんむ【専務】 전무(專務).
せんめい【鮮明】″ 선명(鮮明)하다. ∥鮮明な画像 선명한 화상. 記憶に鮮明に残る 기억에 선명하다.
ぜんめつ【全滅】 (する) 전멸(全滅).
せんめん【洗面】 (する) 세면(洗面); 세안(洗顔). ♦洗面器 세면기. 洗面所 세면소.
ぜんめん【全面】 전면(全面). ∥全面解決を図る 전면 해결을 꾀하다. ♦全面的 전면적. 全面的に改訂する 전면적으로 개정하다.
ぜんめん【前面】 전면(前面); 앞면.
せんもう【繊毛】 섬모(纖毛). ♦繊毛運動 섬모 운동.
ぜんもう【全盲】 눈이 완전(完全)히 안 보임.
***せんもん**【専門】 전문(專門). ∥彼の専門は外科です 그 사람의 전문은 외과입니다. ♦専門医 전문의. 専門家 전문가. 専門学校 전문학교. 専門書 전문서. 専門性 전문성. 専門知識 전문지식.
ぜんもんどう【禅問答】 선문답(禪問答).
ぜんや【前夜】 전야(前夜). ♦前夜祭 전야제.
せんやく【先約】 선약(先約).
ぜんやく【全訳】 (する) 전역(全譯).
せんゆう【占有】 (する) 점유(占有). ♦市場占有率 시장 점유율.
せんゆう【専有】 (する) 전유(專有); 독점(獨占); 독차지.
せんゆう【戦友】 전우(戰友).
せんよう【占用】 (する) 점용(占用).
せんよう【専用】 (する) 전용(專用). ∥自動車専用の道路 자동차 전용 도로.
せんよう【宣揚】 선양(宣揚). ♦国威宣揚 국위 선양.
ぜんよう【全容】 전용(全容).
ぜんよう【善用】 선용(善用).
ぜんら【全裸】 전라(全裸).
せんらん【戦乱】 전란(戰亂).
せんりがん【千里眼】 천리안.
せんりつ【旋律】 선율(旋律); 멜로디. ∥悲しげな旋律に涙する 슬픈 선율에 눈물을 흘리다.
せんりつ【戦慄】 (する) 전율(戰慄).
ぜんりつせん【前立腺】 전립선(前立腺).
せんりひん【戦利品】 전리품(戰利品).
せんりゃく【戦略】 전략(戰略). ♦戦略家 전략가. 戦略産業 전략 산업.
ぜんりゃく【前略】 ❶ [手紙などで] 전략(前略). ❷ 앞부분을 생략(생략) 함.
せんりょう【千両】 ❶천냥(千兩); 매우 가치(價値)가 있음. ❷ [植物] 죽절초(竹節草). ♦千両役者 (殿) 뛰어난 인물(人物) 이나 배우(俳優).
せんりょう【占領】 (する) 점령(占領). ♦占領軍 점령군. 点領地 점령지.
せんりょう【染料】 염료(染料).
せんりょう【選良】 선량(選良).
ぜんりょう【善良】″ 선량(善良)하다. ∥善良な市民 선량한 시민.
せんりょく【戦力】 전력(戰力).
ぜんりょく【全力】 전력(全力). ∥全力で戦う 전력을 다해 싸우다. 全力を尽くす 전력을 다하다. ♦全力投球 전력투구.
ぜんりん【前輪】 앞바퀴.
ぜんりん【善隣】 선린(善隣). ∥善隣外交 선린 외교.
せんれい【先例】 선례(先例); 전례(前例).
せんれい【洗礼】 세례(洗禮).
ぜんれい【全霊】 온 정신(精神).
ぜんれい【前例】 전례(前例); 선례(先例).
ぜんれき【前歴】 전력(前歷).
せんれつ【戦列】 전열(戰列).

ぜんれつ【前列】 전열(前列); 앞줄.
せんれん【洗練】 세련(洗煉). ‖洗練された物腰 세련된 몸가짐.
せんろ【線路】 선로(線路).
ぜんわん【前腕】 전완(前腕); 하박(下膊).

そ

ソ【sol イ】(音階の)솔.
そあく【粗悪】ダ 조악(粗惡)하다. ‖粗悪な品 조악한 물건.
-ぞい【沿い】 그것에 따라 있음을 나타냄. ‖線路沿いに 선로를 따라서. 선로변에.
そいつ【其奴】 그 녀석; 그놈.
そいとげる【添い遂げる】 ❶반대(反對)를 무릅쓰고 부부(夫婦)가 되다. ❷부부로 일생(一生)을 지내다.
そいね【添い寝】 ‖添い寝する 곁에서 자다.
そいんすう【素因数】 소인수(素因數).
そう【相】 ❶상(相); 모양(模樣); 형태(形態). ❷(吉・凶の)상. ‖吉相 길상.
そう【僧】 승(僧).
そう【層】 ❶〔重なり〕층(層); 겹침. ❷지층(地層). ❸계층(階層). ‖読者層 독자층.
そう【沿う】 따르다. ‖線路に沿って歩く 선로를 따라 걷다.
そう【添う】 ❶〔付き添う〕따르다. ❷〔夫婦になる〕부부(夫婦)가 되다. ❸〔かなう〕이루다; 부응(副應)하다. ‖期待に添う 기대에 부응하다.
***そう**【然う】 ❶〔そんなふうに〕그렇게. ‖私もそう思う 나도 그렇게 생각해. そうであればよいが 그렇다면 좋겠지만. 学生ですか. はい, そうです 학생입니까? 네, 그렇습니다. そう怒るな 그렇게 화내지 마. 私にはそうするほかなかった 나는 그렇게 할 수밖에 없었다. 大変だったでしょう. そうでもなかったよ 힘들었지? 그렇지도 않았어. そういえば, 今日彼の誕生日だ 그러고보니 오늘 그 사람 생일이야. そうすると君はこの案に反対なんだね 그렇다면 너는 이 안에 반대하는구나. ❷〔それほど〕그다지. ‖あの映画はそう面白くなかった 그 영화는 그다지 재미없었다. ❸〔疑い・感動〕그래. ‖試験に受かった. そう, おめでとう 시험에 붙었어. 그래? 축하해.
そう-【総】 총(總) …. ♦総人口 총인구.
-そう【荘】 …장(莊).
-そう【走】 …주; 경주(競走). ‖100 メートル走 백 미터 경주.
ぞう【像】 상(像); 모습; 형태(形態).
ゾウ【象】 코끼리.
そうあたり【総当たり】 리그전.
そうあん【草案】 초안(草案); 기안(起案). ‖憲法の草案 헌법 초안.
そうあん【創案】 [スル하] 창안(創案).
そうい【相違】 [スル하] 상이(相異). ‖事実と相違する 사실과 상이하다.
そうい【創意】 창의(創意).
そうい【総意】 총의(總意).
そういれば【総入れ歯】 이 전체(全體)가 틀니임.
そういん【総員】 총원(總員).
ぞういん【増員】 [スル하] 증원(增員). ‖警備員を増員する 경비원을 증원하다.
そううつ【躁鬱】 조울(躁鬱). ♦躁鬱病 조울병.
ぞうえい【造営】 [スル하] 조영(造營).
ぞうえき【増益】 [スル하] 증익(增益).
ぞうお【憎悪】 [スル하] 증오(憎惡). ‖憎悪の念 증오심.
そうおう【相応】ダ 상응(相應)하다; 알맞다; 맞다; 어울리다. ‖身分相応の暮らし 형편에 맞는 생활.
そうおん【騒音】 소음(騷音).
そうが【挿画】 삽화(挿畫).
ぞうか【造化】 조화(造化).
ぞうか【造花】 조화(造花).
***ぞうか**【増加】 [スル하] 증가(增加). ‖年々留学生が増加している 해마다 유학생이 증가하고 있다. 人口が増加する 인구가 증가하다.
そうかい【爽快】ダ 상쾌(爽快)하다. ‖気分爽快だ 기분이 상쾌하다.
そうかい【総会】 총회(總會). ♦総会屋 총회꾼.
そうかく【総画】 총획(總畫).
そうがく【総額】 총액(總額).
ぞうがく【増額】 [スル하] 증액(增額).
そうかつ【総括】 [スル하] 총괄(總括).
そうかつ【総轄】 [スル하] 통괄(統括).
そうかん【壮観】 장관(壯觀). ‖機上から見たヒマラヤの山々は壮観だった 비행기에서 본 히말라야의 산들은 장관이었다.
そうかん【送還】 [スル하] 송환(送還). ♦強制送還 강제 송환.
そうかん【相関】 [スル하] 상관(相關). ♦相関関係 상관관계.
そうかん【創刊】 [スル하] 창간(創刊). ♦創刊号 창간호.
そうかん【総監】 총감(總監).
ぞうかん【増刊】 [スル하] 증간(增刊). ♦臨時増刊号 임시 증간호.
そうがんきょう【双眼鏡】 쌍안경(雙眼鏡).
そうき【早期】 조기(早期). ‖癌を早期に発見する 암을 조기에 발견하다.
そうき【想起】 [スル하] 상기(想起).
そうき【総記】 총기(總記).
そうぎ【争議】 쟁의(爭議). ♦労働争議 노동 쟁의.
そうぎ【葬儀】 장의(葬儀); 장례식(葬禮

식). ◆葬儀社 장의사.
ぞうき【雑木】 잡목(雑木).
ぞうき【臓器】 장기(臓器). ‖臓器移植 장기 이식.
そうぎけん【争議権】 쟁의권(争議権).
そうきゅう【早急】 급급(急急)하다. ‖早急に連絡をとる 급히 연락을 취하다.
そうきゅう【送球】 (名·ㅎ) ❶ 송구(送球). ‖三塁に送球する 삼루에 송구하다. ❷ (スポーツ) 핸드볼; 송구.
そうぎょう【創業】 (名·ㅎ) 창업(創業). ◆創業者 창업자.
そうぎょう【操業】 (名·ㅎ) 조업(操業). ‖1日8時間操業する 하루에 여덟 시간 조업하다. ◆操業時間 조업 시간. 操業短縮 조업 단축.
ぞうきょう【増強】 (名·ㅎ) 증강(増強). ‖兵力を増強する 병력을 증강하다.
そうきょく【箏曲】 쟁곡(箏曲).
そうきょくせん【双曲線】 쌍곡선(双曲線).
そうきん【送金】 (名·ㅎ) 송금(送金). ‖海外へ送金する 해외에 송금하다.
ぞうきん【雑巾】 걸레. ‖雑巾をしぼる 걸레를 짜다. ぬれ雑巾 물걸레.
そうぐ【装具】 ❶ 장신구(装身具). ❷ 실내 장식(室内装飾)에 쓰이는 도구(道具). ❸ 기계(機械) 등에 부착(附着)하는 도구.
そうくう【蒼空】 창공(蒼空).
そうぐう【遭遇】 (名·ㅎ) 조우(遭遇).
そうくつ【巣窟】 소굴(巣窟). ‖悪の巣窟 악의 소굴.
そうけ【宗家】 종가(宗家); 본가(本家).
そうげ【象牙】 상아(象牙). ‖象牙の塔 상아탑.
そうけい【早計】 경솔(軽率)한 생각; 성급(性急)한 판단(判断).
そうけい【総計】 총계(総計). ‖得点を総計する 득점을 총계 내다.
そうげい【送迎】 (名·ㅎ) 송영(送迎). ◆送迎バス 송영 버스.
ぞうけい【造形·造型】 (名·ㅎ) 조형(造形). ◆造形美術 조형 미술.
ぞうけい【造詣】 조예(造詣). ‖造詣が深い 조예가 깊다.
ぞうけつ【造血】 (名·ㅎ) 조혈(造血). 造血器官 조혈 기관. 造血剤 조혈제.
そうけっさん【総決算】 총결산(総決算).
そうけんび〔ﾌ﨑〕 양(兩) 어깨. ‖国の将来が若者の双肩にかかっている 나라의 장래가 젊은이들의 쌍견에 달려있다. ‖双肩に担う 책임이나 의무 등을 짊어지다.
そうけん【壮健】 장건(壮健)하다.
そうけん【送検】 (名·ㅎ) 송청(送庁).
そうけん【創建】 (名·ㅎ) 창건(創建).
そうげん【草原】 초원(草原).
ぞうげん【増減】 (名·ㅎ) 증감(増減).

そうこ【倉庫】 창고(倉庫).
◆そうご【相互】 상호(相互). ◆相互依存 상호 의존. 相互作用 상호 작용. 相互主義 상호주의. 相互乗り入れ (説明) 서로 다른 교통(交通) 기관(機関)이 서로의 영역(領域)에 들어가 운행(運行)하는 것. 相互扶助 상호 부조.
ぞうご【造語】 (名·ㅎ) 조어(造語). 造語法 조어법. 造語力 조어력.
そうこう 이래저래; 이럭저럭. ‖そうこうするうちに 이럭저럭 하는 사이에.
そうこう【壮行】 출발(出発)하는 사람을 격려(激励)함.
そうこう【走行】 (名·ㅎ) 주행(走行). ◆走行距離 주행 거리.
そうこう【草稿】 초고(草稿).
そうこう【奏功】 (名·ㅎ) 주효(奏功).
そうこう【装甲】 장갑(装甲). ◆装甲車 장갑차.
そうこう【操行】 품행(品行); 소행(素行).
そうこう【霜降】 (二十四節気의) 상강(霜降).
◆そうごう【総合】 (名·ㅎ) 종합(綜合). ◆総合開発 종합 개발. 総合芸術 종합예술. 総合職 회사(会社)에서 폭 넓은 업무(業務)를 하는 포스트. 総合大学 종합 대학. 総合的 종합적. 総合的に考える 종합적으로 생각하다. 総合病院 종합 병원.
そうこうげき【総攻撃】 (名·ㅎ) 총공격(総攻撃).
そうこうのつま【糟糠の妻】 조강지처(糟糠之妻).
そうこく【相克】 상극(相克).
そうこん【草根】 초근(草根). ◆草根木皮 초근목피.
そうごん【荘厳】 장엄(荘厳)하다. ‖荘厳な教会音楽 장엄한 교회 음악.
ぞうごん【雑言】 온갖 악담(悪談).
そうさ【走査】 (名·ㅎ) 주사(走査). ◆走査線 주사선.
そうさ【捜査】 (名·ㅎ) 수사(捜査). ◆犯罪捜査 범죄 수사. 捜査網 수사망.
そうさ【操作】 (名·ㅎ) 조작(操作). ‖ハンドルを操作する 핸들을 조작하다. 株価を操作する 주가를 조작하다.
ぞうさ【造作】 ❶ [手数·面倒] 귀찮은 일; 수고나 비용(費用) 등이 듦. ‖造作ない 간단하다. ❷ [もてなし] 대접(待接); 환대(歓待).
そうさい【相殺】 (名·ㅎ) 상쇄(相殺).
そうさい【葬祭】 상제(喪祭). ◆冠婚葬祭 관혼상제.
そうさい【総裁】 총재(総裁). ‖日本銀行総裁 일본 은행 총재.
そうざい【惣菜】 반찬(飯饌).
そうさく【捜索】 (名·ㅎ) 수색(捜索). ‖遭難者を捜索する 조난자를 수색하다. ◆家宅捜索 가택 수색. 捜索願い 수색

そうさく【創作】 (名・하) 창작(創作). ◆創作活動 창작 활동.
ぞうさく【造作】 ❶집을 짓거나 수리(修理)를 함. ❷내부 공사(內部工事)를 함. ❸〔顔のつくり〕얼굴 생김새.
そうさつ【增刷】 (名・하) 증쇄(增刷).
そうざらい【總浚い】 (名・하) ❶총복습(總復習) ❷총연습(總練習).
ぞうさん【早産】 (名・하) 조산(早産).
ぞうざん【造山】 (名・하) 조산(造山).
ぞうざんうんどう【造山運動】 조산 운동(造山運動).
そうし【壯士】 장사(壯士).
そうし【想思】 상사(相思).
そうし【創始】 (名・하) 창시(創始). ◆創始者 창시자.
そうじ【送辭】 송사(送辭).
そうじ【相似】 ‖相似する ①서로 닮다. 두 도형(圖形)이 닮은꼴이다. ②〔生物〕기관(器官)의 발생(發生)은 다르나 움직임이 같다.
*そうじ【掃除】 (名・하) 청소(淸掃). ‖部屋を掃除する 방을 청소하다. ◆大掃除 대청소. 掃除機 청소기.
ぞうし【增資】 (名・하) 증자(增資).
そうしき【葬式】 장례식(葬禮式).
そうじしょく【總辭職】 (名・하) 총사직(總辭職); 총사퇴(總辭退). ‖役員が總辭職する 임원이 총사직하다.
そうしつ【宗室】 〔家元·本家〕종가(宗家); 본가(本家).
そうしつ【喪失】 (名・하) 상실(喪失). ‖戰意を喪失する 전의를 상실하다. ◆記憶喪失 기억 상실.
そうして 그리고; 그때부터. ‖文學·歷史そうして教育と幅広く活躍する 문학, 역사 그리고 교육 등 폭넓게 활약하다.
そうじて【總じて】 대체(大體)로; 일반적(一般的)으로. ‖今年は總じて豊作である 올해는 대체로 풍작이다.
そうじまい【總仕舞い】 ❶〔すべて終えること〕전부(全部) 끝냄. ❷〔売り切ること〕전부 팖.
そうしゅ【雙翅目】 쌍시류(雙翅類).
そうしゃ【走者】 주자(走者). ‖リレーの最終走者 릴레이의 최종 주자.
そうしゃ【奏者】 주자(奏者); 연주자(演奏者).
ぞうしゃ【增車】 (名・하) 증차(增車).
そうじゅ【送受】 (名・하) 송수신(送受信).
そうじゅう【操縱】 (名・하) 조종(操縱). ‖飛行機を操縱する 비행기를 조종하다. ◆操縱士 조종사. 操縱席 조종석.
ぞうしゅう【增收】 (名・하) 증수(增收).
そうじゅく【早熟】 ス 조숙(早熟)하다.
そうしゅけん【宗主權】 종주권(宗主權).
そうしゅこく【宗主國】 종주국(宗主國).

そうしゅつ【創出】 (名・하) 창출(創出). ‖新たな文化を創出する 새로운 문화를 창출하다.
そうしゅん【早春】 이른 봄.
そうしょ【草書】 초서(草書).
そうしょ【叢書】 총서(叢書).
そうしょ【藏書】 장서(藏書).
そうしょう【相称】 ❶〔釣り合う〕어울림. ❷대칭(對稱). ‖左右相称 좌우 대칭.
そうしょう【總称】 (名・하) 총칭(總稱). ‖双子葉植物 쌍자엽 식물.
そうじょう【雙子葉】 쌍자엽(雙子葉).
そうじょう【相乘】 (名・하) 상승(相乘). ◆相乘效果 상승 효과. 相乘作用 상승 작용.
そうじょう【騷擾】 (名・하) 소요(騷擾); 소동(騷動).
そうしょく【草食】 (名・하) 초식(草食). ◆草食動物 초식 동물.
そうしょく【裝飾】 (名・하) 장식(裝飾). ◆裝飾品 장식품.
ぞうしょく【增殖】 (名・하) 증식(增殖).
そうしん【送信】 (名・하) 송신(送信). ‖メールを送信する 메일을 송신하다.
そうしん【喪心】 (名・하) 기절(氣絶); 실신(失神).
ぞうしん【增進】 (名・하) 증진(增進). ‖食欲の増進 식욕 증진.
そうしんぐ【裝身具】 장신구(裝身具).
そうず【揷圖】 삽화(揷畫).
そうすい【送水】 (名・하) 송수(送水). ◆送水管 송수관.
そうすい【總帥】 총수(總帥).
ぞうすい【雜炊】 채소(菜蔬) 등을 넣은 죽(粥).
そうすう【總數】 총수(總數).
そうする【草する】 초고(草稿)를 쓰다.
そうせい【早生】 ❶조산(早産); 조산(早産). ◆早生兒 조산아.
そうせい【創世】 (名・하) 창세(創世).
そうせい【創製】 (名・하) 창제(創製).
そうせい【總勢】 총 인원수(總人員數).
ぞうせい【造成】 (名・하) 조성(造成). ‖宅地を造成する 택지를 조성하다.
ぞうせい【增勢】 (名・하) 증세(增勢).
そうせいき【創世紀】 창세기(創世紀).
そうせいじ【双生兒】 쌍생아(雙生兒); 쌍둥이.
そうせつ【創設】 (名・하) 창설(創設); 창립(創立). ‖學校を創設する 학교를 창립하다.
そうせつ【總説】 (名・하) 총설(總說).
そうぜつ【壯絶】 장절(壯絶)하다. ‖壯絶な戰い 장렬한 싸움.
ぞうせつ【增設】 (名・하) 증설(增設). ‖滑走路を増設する 활주로를 증설하다.
そうぜん【蒼然】 창연(蒼然). ◆古色蒼然 고색창연.
そうぜん【騷然】 ‖騷然となる 시끌시끌해지다.

ぞうせん【造船】③하 조선(造船). ◆造船業 조선업. 造船所 조선소.

そうせんきょ【総選挙】 총선거(總選擧).

そうそ【曽祖】 증조(曾祖).

そうそう ❶〔そうそう…ないの形で〕그렇게…없다; 그렇게까지…없다. ‖そうそう待てない 그렇게까지 기다릴 수 없다. **❷**〔同意・肯定の気持ちを表わす言葉〕응; 네. **❸**〔思い出した時に発する言葉〕아; 참.

そうそう【早々】 …한 지 얼마 안 됨; 직후(直後). ‖入社早々 입사 직후.

そうそう【草々】〔手紙の末尾に書いて簡略をつける言葉〕총총(怱怱).

そうそう【草創】 초창(草創). ◆草創期 초창기.

そうそう【葬送】③하 장송(葬送).

そうそう【錚々】 쟁쟁(錚錚)하는 쟁쟁한 인물.

そうぞう【創造】③하 창조(創造). ◆天地創造 천지 창조. 創造力 창조력.

そうぞう【想像】③하 상상. ‖想像がつく 상상이 되다[가다]. 想像を絶する苦労 상상을 초월하는 고생. 想像力 상상력.

そうぞうしい【騒々しい】 떠들썩하다; 소란(騷亂)스럽다. ‖朝から騒々しい 아침부터 소란스럽다.

そうそく【総則】 총칙(總則).

そうぞく【相続】③하 상속(相續). ◆遺産を相続する 유산을 상속하다. 相続税 상속세. 相続人 상속인.

そうそふ【曽祖父】 증조부(曾祖父); 증조할아버지.

そうそぼ【曽祖母】 증조모(曾祖母); 증조할머니.

そうだ【操舵】③하 조타(操舵). ◆操舵手 조타수.

そうだ【早退】③하 조퇴(早退).

そうたい【相対】③하 상대(相對). ◆相対性理論 상대성 이론. 相対的 상대적. 相対的な見方 상대적인 관점.

そうたい【総体】 ❶ 총체(總體); 전체(全體). **❷**〔副詞的に〕대체(大體)로; 일반적(一般的)으로.

そうだい【壮大】ਰ 장대(壯大)하다. ‖壮大な計画 장대한 계획.

ぞうだい【増大】③하 증대(增大).

そうだち【総立ち】 전부(全部)가 일어남. ‖聴衆は総立ちになって喝采した 청중은 전부 일어나서 박수를 보냈다.

そうだつ【争奪】③하 쟁탈(爭奪). ◆争奪戦 쟁탈전.

*そうだん【相談】③하 상담(相談). ‖旅行の日程を相談する 여행 일정을 상담하다. 相談に乗る 상담에 응하다. 相談相手 상담 상대. 身の上相談 신상 상담.

そうち【送致】③하 송치(送致).

そうち【装置】③하 장치(裝置). ◆安全装置 안전 장치. 舞台装置 무대 장치.

ぞうち【増置】③하 증설(增設).

ぞうちく【増築】③하 증축(增築).

そうちゃく【装着】 장착(裝着). ‖チェーンをタイヤに装着する 체인을 타이어에 장착하다.

そうちょう【早朝】 조조(早朝).

そうちょう【荘重】ਰ 장중(莊重)하다. ‖荘重な音楽 장중한 음악.

そうちょう【総長】 총장(總長). ◆事務総長 사무 총장.

ぞうちょう【増長】③하 ‖増長する 거만해지다. 우쭐대다.

そうで【総出】 총출동(總出動). ‖一家総出 가족 총출동.

そうてい【装丁】 장정(裝訂).

そうてい【想定】③하 상정(想定).

そうてい【漕艇】 조정(漕艇).

そうてい【贈呈】③하 증정(贈呈).

そうてん【争点】 쟁점(爭點).

そうてん【装塡】③하 장전(裝塡). ‖大砲に弾を装填する 대포에 포탄을 장전하다.

そうてん【蒼天】 창공(蒼空); 푸른 하늘.

そうでん【送電】③하 송전(送電). ◆送電線 송전선.

そうでん【桑田】 뽕밭; 상전(桑田). ‖桑田変じて滄海と成る 상전벽해(桑田碧海).

*そうとう【相当】 ❶ ③하 상당(相當). ‖時価3億円相当の不動産 시가 삼억 엔 상당의 부동산. **❷**〔該当〕상응(相應); 해당(該當). ‖「ごちそうさまでした」に相当する韓国語は何ですか「ごちそうさまでした」에 해당하는 한국어는 뭐예요? **❸**〔かなり〕꽤; 무척; 상당히. ‖彼, 相当疲れた その人 상당히 피곤하다. 相当な数の人 상당한 수의 사람.

そうとう【総統】 총통(總統).

そうどう【騒動】 소동(騷動). ‖騒動が収まる 소동이 가라앉다.

ぞうとう【贈答】 증답하는 물건이나 시구 등을 주고받다.

そうどういん【総動員】 총동원(總動員).

そうとく【総督】 총독(總督).

そうなめ【総嘗め】❶〔被害が〕전체(全體)에 미침. **❷**〔賞などを〕전부(全部) 받음.

そうなん【遭難】③하 조난(遭難). ◆遭難者 조난자.

ぞうに【雑煮】 떡국.

そうにゅう【挿入】③하 삽입(挿入). ◆挿入句 삽입구.

そうねん【壮年】 장년(壮年). ◆壮年期 장년기.

そうねん【想念】 상념(想念).

そうは【走破】 (する) 주파(走破).

*そうば【相場】 ❶시세(時勢); 시가(時價). ❷株式相場 주식 시세. ❸시세변동(時勢變動)에 따른 차액(差額)을 얻으려는 투기(投機). ∥相場が決まっている 일반적인 평가가 정해져 있다.

そうはく【蒼白】 창백(蒼白)하다. ∥顔面蒼白だ 얼굴이 창백하다.

ぞうはつ【増発】 (する) 증편(增便).

そうばな【総花】 (服) 관계자 전원(關係者全員)에게 이익(利益)을 줌. ∥総花式の人事 수혜식 인사.

そうばん【早晩】 조만간(早晚間).

ぞうはん【造反】 ∥造反する 조직을 비판하다.

そうび【装備】 (する) 장비(裝備). ◆重装備 중장비.

そうびょう【躁病】 조증(躁症).

そうびょう【宗廟】 종묘(宗廟).

ぞうびん【増便】 (する) 증편(增便).

そうふ【送付】 (する) 송부(送付).

ぞうふ【臓腑】 내장(內臟); 오장육부(五臟六腑).

そうふう【送風】 (する) 송풍(送風). ◆送風機 송풍기.

そうふく【僧服】 승복(僧服).

ぞうふく【増幅】 (する) 증폭(增幅). ◆増幅器 증폭기.

ぞうぶつ【臓物】 장물(臟物).

ぞうぶつしゅ【造物主】 조물주(造物主).

ぞうへいきょく【造幣局】 조폐국(造幣局).

そうへき【双璧】 쌍벽(雙璧). ∥双璧をなす 쌍벽을 이루다.

そうべつ【送別】 (する) 송별(送別). ◆送別会 송별회.

そうほ【相補】 상보(相補).

ぞうほ【増補】 (する) 증보(增補). ◆改定増補 개정 증보.

そうほう【双方】 쌍방(雙方). ∥双方の意見を聞く 쌍방의 의견을 듣다.

そうほう【奏法】 주법; 연주법(演奏法).

そうほうこう【双方向】 쌍방향(雙方向).

そうほん【草本】 초본(草本).

ぞうほん【蔵本】 장서(藏書).

そうほんざん【総本山】 총본산(總本山).

そうまくり【総捲り】 전체(全體)를 비평(批評)하거나 폭로(暴露)함.

そうまとう【走馬灯】 주마등(走馬燈).

そうむ【双務】 쌍무(雙務). ◆双務契約 쌍무 계약.

そうむ【総務】 총무(總務). ◆総務部 총무부.

そうめい【聡明】ダ 총명(聰明)하다.

そうめん【素麺】 소면(素麵).

そうもく【草木】 초목(草木). ◆山川草木 산천초목.

そうゆ【送油】 (する) 송유(送油). ◆送油管 송유관.

ぞうよ【贈与】 (する) 증여(贈與). ◆贈与税 증여세.

そうよく【双翼】 쌍익(雙翼).

そうらん【奏覧】 ∥奏覧する 천왕에게 보이다.

そうらん【総覧】 총람(總覽).

そうらん【騒乱】 소란(騷亂).

そうり【総理】 ❶총리(總理). ❷[内閣総理大臣]총리.

ぞうり【草履】 짚신. ◆草履虫 짚신벌레.

そうりだいじん【総理大臣】 총리 대신(總理大臣).

*そうりつ【創立】 (する) 창립(創立). ∥大学を創立する 대학을 창립하다. ◆創立記念日 창립 기념일.

そうりょ【僧侶】 승려(僧侶).

そうりょう【送料】 우송료(郵送料); 송료.

そうりょう【総量】 총량(總量).

ぞうりょう【増量】 (する) 증량(增量).

そうりょうじ【総領事】 총영사(總領事).

そうりょく【総力】 총력(總力). ∥総力を上げる 총력을 기울이다. ◆総力戦 총력전.

ぞうりん【造林】 (する) 조림(造林).

ソウル【soul】 혼(魂); 정신(精神). ◆ソウルミュージック 솔 뮤직.

そうるい【走塁】 (する) 주루(走壘).

そうるい【藻類】 조류(藻類).

そうれい【壮麗】ダ 장려(壯麗)하다.

そうれい【葬礼】 장례식(葬禮式).

そうれつ【壮烈】ダ 장렬(壯烈)하다. 壮烈な最期 장렬한 최후.

そうれつ【葬列】 장례 행렬(葬禮行列).

そうろ【走路】 주로(走路); 달리는 코스.

そうろ【早朝】 조루(早漏).

そうろん【総論】 총론(總論).

そうわ【挿話】 삽화(揷話).

そうわ【総和】 총화(總和).

ぞうわい【贈賄】 (する) 증회(贈賄); 증뢰(贈賂).

そうわき【送話器】 송화기(送話器).

そえる【添える】 ❶[付け足す]첨부(添附)하다; 덧붙이다. ❷[付き添わせる]딸려 보내다; 따라가게 하다.

そえん【疎遠】ダ 소원(疎遠)하다. ∥疎遠な関係 소원한 관계.

ソーサー【saucer】 컵 등의 받침.

ソース【sauce】 소스. ∥トマトソース 토마토 소스.

ソース【source】 소스; 출처(出處). ∥ニュースソース 뉴스 출처.

ソーセージ【sausage】 소시지.

ソーダ【soda^ネ】 ❶탄산(炭酸); 소다.

❷〔ソーダ水〕소다수.
ソーホー【SOHO】소호.
そがい【阻害】 (する) 저해(沮害). ‖発展を阻害するような発展을 저해하다.
そがい【疎外】 (する) 소외(疏外). ‖仲間から疎外される 친구들로부터 소외당하다. 疎外感 소외감.
そかく【組閣】 조각(組閣).
そきゅう【遡及】 (する) 소급(遡及).
そく【即】 ❶ 즉(即). ‖色即是空 색즉시공. ❷〔副詞的に〕바로; 곧. 即実行せよ 바로 실행해라.
-そく【足】〔履き物を数える単位〕…켤레. ‖靴下2足 양말 두 켤레.
そぐ【削ぐ】 ❶〔斜めに〕깎다. ‖丸太をそぐ 통나무를 깎다. ❷ 줄이다; 약하게(弱化) 시키다. ‖集中力をそぐ 집중력을 약화시키다.
そくい【即位】 즉위(即位).
そくいん【惻隠】 측은(惻隱). ‖惻隠の情 측은지심.
そくおう【即応】 즉응(即應).
そくおん【促音】〔日本語の〕촉음(促音).
ぞくご【俗語】 속어(俗語).
そくざ【即座】 그 자리; 즉석(即席). ‖即座に回答する 그 자리에서 대답하다.
そくし【即死】 즉사(即死).
そくじ【即時】 즉시(即時).
そくじつ【即日】 즉일(即日); 당일(當日); 바로 그날.
ぞくしゅつ【続出】 속출(續出).
ぞくしょう【俗称】 속칭(俗稱).
そくしん【促進】 (する) 촉진(促進). ◆販売促進 판매 촉진.
ぞくじんしゅぎ【属人主義】 속인주의(屬人主義).
ぞくす(る)【属す(る)】 속하다; 소속(所屬)하다. ‖野球部に属しています 야구부에 소속돼 있습니다. クジラは哺乳類に属する 고래는 포유류에 속한다.
そくする【則する】 따르다; 준거(準據)하다. ‖前例に則する 전례에 따르다.
ぞくせ【俗世】 속세(俗世).
ぞくせい【仄声】〔言語〕측성(仄聲).
そくせい【促成】 (する) 촉성(促成). ◆促成栽培 속성 재배.
そくせい【速成】 (する) 속성(速成). ‖通訳を速成する 통역을 속성하다.
ぞくせい【属性】(する) 속성(屬性).
そくせき【足跡】 족적(足跡). ‖足跡を残す 족적을 남기다.
そくせき【即席】 즉석(即席); 인스턴트. ‖即席ラーメン 인스턴트 라면.
そくせんりょく【即戦力】(説明) 바로 싸울 수 있는 능력(能力).
ぞくぞく 오싹오싹. ‖寒さで体がぞくぞくする 추위로 몸이 오싹오싹하다. 背筋がぞくぞくするような興奮を味わう 등골

이 오싹해지는 흥분을 맛보다.
ぞくぞくと【続々と】 속속(續續); 계속(繼續)해서.
そくたつ【速達】 속달(速達).
ぞくちしゅぎ【属地主義】 속지주의(屬地主義).
ぞくっぽい【俗っぽい】 통속적(通俗的)이다.
そくてい【測定】 (する) 측정(測定). ‖距離を測定する 거리를 측정하다. ◆測定値 측정치.
そくど【速度】 속도(速度). ‖速度が遅い 속도가 느리다. 速度を上げる 속도를 내다. ◆最高速度 최고 속도. 速度制限 속도 제한.
そくとう【即答】 즉답(即答).
そくとう【速投】 속투(續投).
そくばい【即売】 즉매(卽賣)하는 그 자리에서 팔다.
そくばく【束縛】 (する) 속박(束縛). ‖自由を束縛する 자유를 속박하다. 時間を束縛される 시간을 속박당하다.
ぞくぶつ【俗物】 속물(俗物). ◆俗物根性 속물 근성.
そくぶつてき【即物的】 즉물적(即物的).
ぞくへん【続編】 속편(續篇).
そくほう【速報】 (する) 속보(速報). ‖選挙の速報 선거 속보.
そくほう【続報】(する) 속보(續報).
そくめん【側面】 ❶ 측면(側面). ‖立方体の側面 입방면체의 측면. 側面からの援助 측면으로부터의 원조. ❷〔ある一面〕한쪽 면; 일면(一面).
そくりょう【測量】 (する) 측량(測量). ◆測量法 측량법.
そくりょく【速力】 속력(速力). ‖速力を上げる 속력을 내다. 全速力で走る 전속력으로 달리다.
そぐわない 어울리지 않다; 걸맞지 않다.
そげき【狙撃】 (する) 저격(狙撃). ◆狙撃手 저격수. 狙撃兵 저격병.
ソケット【socket】 소켓.
そげる【削げる】 깎이다; 깎은 것처럼 되다.
そけん【素見】 소견(素見).
*そこ ❶밑; 바닥. ‖海の底 바다 밑. 鍋の底 냄비 바닥. ❷ 속. ‖心の底 마음속. ‖底が割れる 의도 등이 드러나다. ◆底を突く 바닥나다.
*そこ【其処】 ❶거기. ‖そこまで歩いていった それから 걸어갔다. そこで待ってそこでの기다려. ❷ 그 점(點); 그 부분(部分). そこをどうにかしてください 그 점을 어떻게 해 주십시오.
そこう【素行】 소행(素行).
そこう【粗鋼】 조강(粗鋼).
そこく【祖国】 조국(祖國).
そこここ 여기저기; 이곳 저곳.

そこしれない【底知れない】 깊이를 알 수 없다; 정도(程度)가 심하다. ∥底知れない実力 깊이 깊이를 알 수 없는 실력. 대단한 실력.

そこそこ ❶하는 둥 마는 둥. ∥飯もそこそこに出かけた 밥도 먹는 둥 마는 둥 하고 나갔다. ❷그런대로. ❸注文もそこそこ来るようになった 그런대로 주문도 오게 되었다.

-そこそこ …정도(程度)가; …될까 말까 함. ∥20歳そこそこの青年 스무 살 정도의 청년.

そこぢから【底力】 저력(底力). ∥底力を発揮する 저력을 발휘하다.

そこで ❶〔それで〕그래서; 그러므로. ❷〔ところで〕그런데.

そこなう【損なう】 ❶망가뜨리다; 상처(傷處)를 입히다. ❷해치다; 상하게 하다. ∥健康を損なう 건강을 해치다. ❸… 기회(機會)를 놓치다. ∥聞き損なう 듣을 기회를 놓치다.

そこぬけ【底抜け】 ❶밑이 빠지다. ∥底抜けの樽 밑이 빠진 통. ❷〔だらしない〕칠칠치 못하다. ❸정도(程度)가 심하다; 한없다. ∥底抜けに明るい 한없이 밝다.

そこね【底値】 최저 가격(最低價格).

そこねる【損ねる】 =損なう.

そこはかとなく 어디선가; 뭔지 모르지만. ∥花がそこはかとなくかおる 어디선가 꽃 향기가 난다.

そこびえ【底冷え】 뼛속까지 추움 또는 그런 추위.

そこびきあみ【底引き網】 저인망(底引網).

そこら 그 근처(近處); 그쯤. ∥そこらにある 그 근처에 있다.

そこわれ【底割れ】 밑이 빠지다〔景気·株価などが〕좋지 않은 상태에서 더 나빠지다.

そざい【素材】 소재(素材).

そざつ【粗雑】 조잡(粗雑)하다.

そそん【粗損】 변변치 못한 식사(食事).

そし【阻止】 저지(阻止).

そし【祖師】 (說明) 종파(宗派)를 세운 사람.

そじ【素地】 소지(素地).

ソシアルダンス〖social dance〗 사교(社交)댄스.

*そしき【組織】 (증해) 조직(組織). ∥組合を組織する 조합을 조직하다. ◆会社組織 회사 조직. 社会組織 사회 조직. 組織化 (증해) 조직화. 組織的 조직적. 組織的な活動 조직적인 활동.

そしつ【素質】 소질(素質). ∥音楽の素質 음악의 소질.

そして 그리고.

そしな【粗品】 (說明) 변변치 못한 물건.

そしゃく【咀嚼】 (증해) 저작(咀嚼).

*そしょう【訴訟】 (증해) 소송(訴訟). ∥訴訟を起こす 소송을 걸다. ◆民事訴訟 민사 소송.

そじょう【訴状】 소장(訴状).

そしょく【粗食】 조식(粗食).

そしらぬ【そ知らぬ】 모르는 체하는; 시치미를 떼는. ∥そしらぬ顔で 모르는 체하고.

そしり【謗り】 악담(惡談); 비난(非難). ∥そしりを免れない 비난받아 마땅하다.

そしる【謗る】 비난(非難)하다.

そすう【素数】 소수(素數).

そせい【組成】 (증해) 조성(組成). ◆組成式 조성식.

そせい【蘇生】 (증해) 소생(蘇生).

そぜい【租税】 조세(租税); 세금(税金).

そせいらんぞう【粗製乱造】 조잡(粗雑)한 물건을 많이 만듦.

そせき【礎石】 초석(礎石).

そせん【祖先】 선조(先祖).

そそ【楚楚】 청초(清楚). ∥楚々とした美しさ 청초한 아름다움.

そそう【粗相】 ❶실수(失手); 잘못. ∥粗相のないように気をつける 실수하지 않도록 조심하다. ❷대변(大便)이나 소변(小便)을 지림.

そそぐ【注ぐ】 ❶붓다; 따르다. ∥コップにビールを注ぐ 컵에 맥주를 따르다. ❷집중(集中)하다; 쏟다; 기울이다. ∥注意を注ぐ 주의를 기울이다. ❸〔流れ込む〕흘러들다. ∥東京湾に注ぐ川 도쿄만으로 흘러드는 강.

そそぐ【雪ぐ】 씻다; 설욕(雪辱)하다. ∥屈辱を雪ぐ 설욕하다.

そそくさと 허둥지둥; 조급(早急)히.

そそっかしい 덜렁대다; 덜렁거리다.

そそのかす【唆す】 부추기다.

そそる 자극(刺戟)하다; 자아내다; 돋우다. ∥好奇心をそそる 호기심을 자극하다. 興味をそそる 흥미를 자아내다. 食欲をそそる 식욕을 돋우다.

そぞろ【漫ろ】 ❶〔落ち着かない様子〕기분을 뺏긴 마음이 들뜬. ❷〔なんとなく〕어쩐지; 공연(公然)히; 절로.

そだいごみ【粗大ごみ】 대형(大型) 쓰레기.

*そだち【育ち】 ❶성장(成長). ❷자란 환경; 가정 환경(家庭環境). ∥育ちがいい 가정 환경이 좋다. ❸…에서 자람. ∥東京育ち 도쿄에서 자람.

そだちざかり【育ち盛り】 한창 자랄 때.

そだつ【育つ】 자라나다; 성장(成長)하다. ∥私は田舎で育った 나는 시골에서 자랐다. 厳格な家庭で育つ 엄격한 가정에서 자라다.

そだてあげる【育て上げる】 키우다; 키워 내다.

*そだてる【育てる】 ❶키우다; 기르다.

子どもを育てる 애를 키우다. 朝顔を育てる 나팔꽃을 키우다. ひよこを育てる 병아리를 기르다. ❷양성(養成)하다; 가르치다. ‖後継者を育てる 후계자를 양성하다.

そち【措置】(名·하) 조치(措置). ‖適切に措置する 적절하게 조치하다.

そちら【其方】 ❶〔方角〕그쪽. ❷〔場所〕거기. ❸〔二人称〕당신(當身).

そつ ❶실수(失手). ‖そつがない 실수가 없다. ❷낭비(浪費).

そつ【卒】 ❶졸; 졸병(卒兵). ❷…졸. ‖大学卒 대졸.

そつい【訴追】(名·하) 소추(訴追).

そつう【疎通】(名·하) 소통(疏通). ‖意思の疎通 의사소통.

そつえん【卒園】(名·하) (保育園·幼稚園など를) 졸업(卒業)함.

ぞっかく【属格】 속격(屬格); 소유격(所有格).

そっき【速記】(名·하) 속기(速記). ♦速記録 속기록. 速記者 속기사. 速記術 속기기술.

そっきゅう【速球】 속구(速球).

そっきょう【即興】 즉흥(卽興). ♦即興曲 즉흥곡. 即興詩 즉흥시. 即興的の 즉흥적, 即興的にうたう 즉흥적으로 노래하다.

◦そつぎょう【卒業】(名·하) 졸업(卒業). ‖兄は法学部を卒業した 오빠는 법대를 졸업했다. 彼は高校を首席で卒業した 그 사람은 고등학교를 수석으로 졸업했다. もう漫画は卒業した 이제 만화는 졸업했다. ♦卒業式 졸업식. 卒業年度 졸업연도. 卒業論文 졸업논문.

そっきん【側近】 측근(側近).

そっきん【即金】 맞돈; 현금(現金).

ソックス【socks】 양말(洋襪).

そっくり 〔非常に似ている〕빼닮음. ‖母親にそっくりな娘 어머니를 빼닮은 딸. ❷〔副詞的に〕전부(全部). ‖そっくり譲る 전부 양보하다.

そっくりかえる【反っくり返る】 ❶몸을 뒤로 젖히다. ‖子どもがそっくり返って泣く아이가 몸을 뒤로 젖히고 울다. ❷〔偉そうにする〕으스대다; 빼기다; 거들먹거리다.

そっけつ【即決】(名·하) 즉결(卽決).

そっけつ【速決】(名·하) 속결(速決).

そっけない【素っ気無い】 쌀쌀맞다; 매정하다; 무뚝뚝하다. ‖そっけない返事 쌀쌀맞은 대답. そっけない態度 무뚝뚝한 태도.

そっこう【即効】 즉효(卽效). ♦即効薬 즉효약.

そっこう【速攻】(名·하) 속공(速攻).

そっこう【速効】 속효(速效).

そっこう【測候】 측후(測候). ♦測候所 측후소.

ぞっこう【続行】(名·하) 속행(續行).

そっこく【即刻】 즉각(卽刻).

ぞっこく【属国】 속국(屬國).

ぞっこん 마음속으로부터; 흠뻑. ‖ぞっこん惚れた人 흠뻑 반한 사람.

そっせん【率先】(名·하) 솔선(率先). ♦率先垂範 솔선수범.

そっち【其方】 =そちら.

そっちのけ【其方退け】 제쳐 놓음. ‖勉強はそっちのけで遊ぶ 공부는 제쳐 놓고 놀다.

◦そっちょく【率直】ダ 솔직(率直)하다. ‖率直な人柄 솔직한 인품. 率直に言う 솔직하게 이야기하다.

そっと ❶〔注意深く〕조용히; 가만히. ‖そっとなでてみる 가만히 쓰다듬어 보다. ❷〔こっそり〕몰래; 살짝. ‖そっと涙を拭く 몰래 눈물을 닦다. ❸〔触れない〕‖そっとしておく 그대로 두다.

ぞっと 오싹. ‖思い出してもぞっとする体験 생각만 해도 오싹해지는 체험.

そっとう【卒倒】(名·하) 졸도(卒倒).

そつなく 실수(失手) 없이.

そっぽ【外方】 다른 쪽. ▶そっぽを向く 무시하다. 모르는 체하다.

そつろん【卒論】 졸업 논문(卒業論文).

そで【袖】 ❶소매. ❷〔机など〕물건(物件)의 양(兩) 옆에 붙어 있는 것. ▶袖振り合うも多生の縁 옷깃이 스치는 것도 인연. ▶袖を通す 옷을 입다.

そてい【措定】(名·하) 조정(措定).

ソテー【sauté⁷】 소테.

そでぐち【袖口】 소맷부리.

そでたけ【袖丈】 소매 길이.

そでなし【袖無し】 소매가 없는 옷; 민소매.

◦そと【外】 ❶바깥. ‖球がコートの外に出る 공이 코트 바깥으로 나가다. 外は寒い 바깥은 춥다. ❷밖. ‖窓の外を眺める 창밖을 내다보다. 外に出て遊びなさい 밖에 나가서 놀아라. 外で食事を済ませる 밖에서 식사를 하다. 秘密が外に漏れる 비밀이 밖으로 새다. 感情が外に出る 감정이 금세 밖으로 드러나다. ❸겉. ‖不満を外に表わす 불만을 겉으로 드러내다. 関心の外 관심 밖.

そとう【粗糖】(說明) 정제(精製)하지 않은 설탕(雪糖).

そとおもて【外表】(說明)〔布·紙などを〕표면(表面)이 밖으로 향하게 접는 것.

そとがわ【外側】 바깥; 바깥쪽.

そどく【素読】 소독하며 가르쳐 주다.

そとぜい【外税】(說明) 가격(價格)에 포함(包含)되지 않은 소비세(消費稅).

そとづら【外面】 남을 대하는 태도(態度). ‖外面のいい人 태도가 상냥한 사람.

そとのり【外法】 바깥치수.

そとびらき【外開き】 (門 などの)바깥쪽으로 열림.

そとぼり【外堀】 외호(外濠). ▶外堀を埋める 목적을 달성하기 위해 먼저 주변의 장애물을 제거하다.

そとまご【外孫】 외손자(外孫子).

そとまた【外股】 팔자걸음.

そとまわり【外回り】 ❶건물(建物)의 주위(周圍). ❷(円·円弧などの)바깥쪽을 둘. ❸외근(外勤).

そとみ【外見】 외견(外見).

そとわく【外枠】 ❶바깥쪽 틀. ❷할당(割當)된 것 이외(以外)의 수(數).

そなえ【供え】 (神仏に)바치는 것, 또는 바치는 것. ◆供え物 공물. 제물.

そなえ【備え】 준비(準備); 대비(對備). ▶備えあれば憂い無し 유비무환(有備無患).

そなえつけ【備え付け】 비치(備置)하는 것 또는 물품(物品). ‖備え付けの家具 비치된 가구.

そなえつける【備え付ける】 비치(備置)하다; 설치(設置)하다. ‖消火器を備え付ける 소화기를 설치하다.

そなえる【供える】 (神仏に)바치다.

***そなえる【備える】** ❶준비(準備)하다; 대비(對備)하다. ▶将来に備える 장래에 대비하다. 試験に備えて猛勉強する 시험에 대비해서 열심히 공부하다. ❷설치(設置)하다; 비치(備置)하다. ‖各教室にビデオが備えられている 각 교실에 비디오가 설치되어 있다. ❸갖추다. ‖資質を備える 자질을 갖추다.

ソナタ【sonata】 소나타. ‖ピアノソナタ 피아노 소나타.

そなわる【備わる】 ❶준비(準備)가 되어 있다. ❷갖추어져 있다. ‖最新設備が備わった研究室 최신 설비가 갖추어진 연구실.

***その【其の】** ❶그; 그것. ‖その本は誰のですか 그 책은 누구 것입니까? ‖そのことはもう解決ずみです 그 일은 벌써 해결되었습니다. ❷〔言葉につまったり言いよどんだりした時につなぎに発する言葉〕그; 저.

その【園】 ❶원; 정원(庭園). ‖花園 화원. ❷(何かが行なわれる)장소(場所). ‖学びの園 배움터.

そのうえ【其の上】 게다가; 더욱. ‖彼は頭がよくてそのうえスポーツもできる 그 사람은 머리가 좋고 게다가 운동도 잘한다.

そのうち【其の内】 머지않아; 곧. ‖そのうち分かるだろう 곧 알게 되겠지.

そのかわり【其の代わり】 그 대신(代身).

そのくせ【其の癖】 그러면서도; 그런데도.

そのご【其の後】 ❶그 후; 이후(以後). ❷〔副詞的に〕그 후에; 이후에; 그 후로.

そのせつ【其の節】 그때. ‖その節はお世話になりました 그때는 신세 많이 졌습니다.

そのた【其の他】 그 외(外); 기타(其他).

そので【其の手】 그 방법(方法); 그 수법(手法).

そのとおり【其の通り】 그대로; 그러함; 그러함; 그렇다; 그러네; 그러하다. ‖そのとおりだ そうだ! 予定表を作ってそのとおりに行動する 예정표를 작성하여 그대로 행동한다.

そのば【其の場】 ❶(場所) 그 자리; 그 장소(場所). ❷(時)그때. ▶その場限り 그때뿐. ▶その場しのぎ 임시방편. ▶その場逃れ 임시방편.

そのひぐらし【其の日暮らし】 ❶(貧しくて)하루 벌어 하루 사는 생활(生活). ❷(無計画な)장래(將來)에 대한 계획(計画)없이 지내는 것.

そのまま【其の儘】 ❶그대로. ❷〔副詞的に〕…자마자; 바로. ‖帰るなりそのまま倒れた 돌아오자마자 쓰러졌다.

そのむかし【其の昔】 그 옛날.

そのもの【其の物】 바로 그것; 그 자체(自體). ‖青春そのものだった 청춘 그 자체였다. 計画そのものに無理があった 계획 그 자체에 무리가 있었다.

***そば【側】** ❶옆; 근처(近處). ▶交番は公園のそばにある 파출소는 공원 옆에 있다. 駅のそばの銀行 역 옆에 있는 은행. ❷〔…そばから의 형태로〕…직후(直後); …자마자; 곧. ‖聞くそばから忘れる 듣자마자 잊어 버리다.

そば【蕎麦】 메밀; 메밀국수. ◆蕎麦殻 메밀 껍질. 蕎麦粉 메밀가루.

そばかす【雀斑】 주근깨.

そばだてる【欹てる】 주의(注意)를 기울이다. ‖他人の話に耳をそばだてる 다른 사람 이야기에 귀를 기울이다.

そびえたつ【聳え立つ】 우뚝 솟다. ‖そびえ立つ都会のビル群 우뚝 솟은 도시의 빌딩들.

そびえる【聳える】 높이 솟다.

そびょう【素描】 소묘(素描).

-そびれる …기회(機会)를 놓치다. ‖言いそびれる 말할 기회를 놓치다.

そふ【祖父】 조부(祖父); 할아버지.

ソファー【sofa】 소파.

ソフト【soft】 소프트. ◆ソフトウエア(IT) 소프트웨어. ソフトクリーム 소프트크림. ソフトドリンク 소프트드링크. ソフトボール 소프트볼.

そふぼ【祖父母】 조부모(祖父母).

ソプラノ【soprano】 소프라노.

そぶり【素振り】 기색(氣色). ‖彼女は嫌な素振りも見せなかった 그녀는 싫은 기색도 보이지 않았다.

そぼ【祖母】 조모(祖母); 할머니.

そぼう【粗暴】 ダ 거칠다; 난폭(亂暴)하

そぼく

다. ∥粗161なふるまい 난폭한 행동.
そぼく 【素朴】 ≠ 소박(素朴)하다. ∥素朴な生活 소박한 생활.
そぼろ 생선이나 고기 등을 잘게 볶은 식품(食品).
***そまつ** 【粗末】 ≠ ❶ 조잡(粗雜)하다; 허술하다; 변변치 못하다. ∥粗末な着物 변변치 못한 옷. ❷ 소홀(疎忽)하다. ∥親を粗末にする 부모를 홀대한다.
ソマリア 【Somalia】 〔国名〕 소말리아.
そまる 【染まる】 물들다; 염색(染色)이 되다. ❷ (よくないものに)물들다. ∥悪に染まる 악에 물들다.
そみつ 【粗密】 조밀(粗密)하다.
そむく 【背く】 ❶ 등을 돌리다; 배신(背信)하다; 반역(反逆)하다; 저버리다. ∥期待に背く 기대를 저버리다. ❷ 위반(違反)하다. 規則에 背くて 규칙을 위반하다.
そむける 【背ける】 (目·顔などを)돌리다. ∥顔を背ける 얼굴을 돌리다.
ソムリエ 【sommelier 프】 소믈리에.
-ぞめ 【初め】 처음 함. ∥書き初め 신춘휘호.
そめもの 【染物】 염색을 함; 염색물(染色物).
そめる 【染める】 염색(染色)하다; 물들이다. ∥髮を茶色に染める 머리를 갈색으로 염색하다.
そもそも 【抑抑】 ❶ 처음; 시작(始作). ❷ 〔副詞的〕 처음부터; 애초에; 원래(元来). ∥そもそも間違っている 처음부터 틀렸다.
そや 【粗野】 ≠ 거칠고 천하다.
そよう 【素養】 소양(素養). ∥音楽の素養がある 음악에 소양이 있다.
そよかぜ 【微風】 미풍(微風).
そよそよ 산들산들; 솔솔. ∥風がそよそよ(と)吹く 바람이 산들산들 불다.
そら 〔注意の喚起·指示〕자; 저런; 그봐. ∥そら見ろ 자 봐.
*そら 【空】 ❶ 하늘; 공중(空中). ∥夜空に輝く星 밤하늘에 반짝이는 별. 空高く舞い上がる 하늘 높이 날아오르다. ❷ 〔天気〕날씨. ❸ 〔暗記〕외우고 있음. ∥空で言う 외워서 말하다. ❹ 심경(心境); 마음. ❺ 멀리 떨어진 곳. ∥異国の空 이국 땅. ❻ 왠지; 어쩐지. ∥空恥ずかしい 왠지 부끄럽다. ❼ 거짓. ∥空寝 거짓 잠. ∥空涙 울음을 흘려는 기세 ∥ 空가に乗せる(뜨겁 기세에. [誑].
そらいろ 【空色】 ❶ 〔色〕하늘색. ❷ 〔空模樣〕날씨.
そらおぼえ 【空覚え】 ❶ 암기(暗記). ❷ 〔うろ覚え〕확실(確實)치 않은 기억(記憶).
そらごと 【空言】 거짓말. ∥空言を言う 거짓말을 하다.
そらす 【反らす】 뒤로 젖히다.
そらす 【逸らす】 ❶ 돌리다; 빗나가게 하

다. ∥話題を逸らす 화제를 돌리다. ❷ 기분(氣分)을 상하게 하다. ∥人を逸さない話術 기분 상하게 하지 않는 화술.
そらぞらしい 【空空しい】 뻔해 보이다; 진실성(眞實性)이 없다.
そらとぼける 【空惚ける】 시치미를 떼다.
そらなき 【空泣き】 空泣きする 우는 시늉을 하다.
そらなみだ 【空淚】 거짓 울음.
そらに 【空似】 他人의 空似 혈연관계가 아님에도 닮았음.
ソラマメ 【蚕豆】 잠두(蚕豆); 누에콩.
そらみみ 【空耳】 안 들리는 척함; 못 들은 척함.
そらもよう 【空模樣】 ❶ 〔天気〕날씨. ❷ 〔事の成り行き〕일의 형세(形勢); 추이(推移).
そり 【反り】 ❶ 휨; 휜 정도(程度). ❷ 칼의 휜 정도. ▷反りが合わない 성격이 안 맞다.
そり 【橇】 썰매.
そりかえる 【反り返る】 ❶ (ものが)심하게 휘다. ❷ (いばって)몸을 뒤로 젖히다.
そりゅうし 【素粒子】 소립자(素粒子).
そる 【反る】 ❶ (ものが)휘어서 휘다. ❷ (体が)뒤로 젖혀지다.
そる 【剃る】 (ひげ·髮の毛などを)깎다; 밀다. ∥ひげを剃る 수염을 깎다.
それ 〔注意の喚起·指示に入る
*それ 【其れ】 ❶ 그것; 그거. ∥それは何ですか 그것이 무엇입니까? 一体それはいつの話ですか 도대체 그것은 언제적 이야기입니까? 結婚するんだってね. それまでに 결혼한다면서? 그러기 전까지 누구한테 들었어? それは僕のだ 그건 내 거야. ❷ 〔その時〕그날; 그때. ∥それ以来彼に会っていない 그날 이후로 그 사람과는 못 만났다. それまでは旧式の機械を使っていた 그때까지는 구식 기계를 쓰고 있었다.
それから 【其れから】 그리고; 그 후(後); 그 뒤; 그 다음. ∥顔を洗って, それからご飯を食べる 얼굴을 씻고 그리고 밥을 먹다. それからアイスクリームも買って来てね コして アイスクリーム도 사 가지고 와. それからが大変だ 그 다음부터가 힘들다.
それきり 【其れ切り】 ❶ 그것뿐; 그것만. ❷ 〔それを最後に〕그걸 마지막으로. ∥それきり彼女に会いない うなう 마지막으로 인사하려고 온다.
それこそ 【其れこそ】 그야말로; 그것이야말로.
それじたい 【其れ自体】 그 자체(自體). ∥發想それ自体に問題がある 발상 자체에 문제가 있다.
それぞれ 【其れ其れ】 ❶ 각각(各各); 각

それだけ【其れだけ】 ❶ 그걸로 전부(全部); 그것뿐. ‖私がほしかったのはそれだけだ 내가 원했던 것은 그것뿐이다. ❷ 그 정도(程度); 그만큼. ‖年をとるとそれだけ疲れやすくなる 나이를 먹으면 그만큼 쉬 피곤해진다.

それで【其れで】 그러므로; 그래서. ‖それで私は行けなかった 그래서 나는 못 갔다.

それでいて【其れでいて】 그런데도; 그럼에도 불구하고; 그러면서도.

それでも 그래도. ‖風はやんだ。それでも外は寒い 바람은 그쳤다. 그래도 바깥은 춥다. そればでのんびではない 그렇다고 편할 계획도 아니다.

それどころか【其れ処か】 오히려; 그건 고사하고. ‖今日中に終わらせるつもりだったのに、それどころか半分もやっていない 오늘 안으로 끝낼 계획이었는데, 그건 고사하고 아직 반도 못 했다.

それとなく【其れとなく】 넌지시; 슬며시. ‖それとなく話を持ちかける 넌지시 이야기를 꺼내다.

それとも 그렇지 않으면; 아니면.

それなり【其れなり】 그쁜; 그 나름; 그런대로. ‖話はそれなりに 얘기는 그쁜이야. それなりに面白かった 그런대로 재미있었다.

それに 게다가. ‖雨が降ってそれに風も吹いている 비가 오고 게다가 바람까지 불고 있다.

それにつけても【其れにつけても】 그것과 관련(關聯)해서. ‖それにつけても大変お世話になりました 그것과 관련해서 대단히 신세를 많이 졌습니다.

それはさておき【其れはさておき】 그런데; 그것은 그렇다 치고.

それはそうと【其れはそうと】 그건 그렇고; 그건 그렇다치고.

それほど【其れ程】 그렇게; 그만큼; 그토록.

それゆえ【其れ故】 그런 이유(理由)로; 그러므로; 그래서. ‖彼女は無理な要求をしてきた。それゆえ私は断った 그녀는 무리한 요구를 해 왔다. 그래서 나는 거절했다.

それる【逸れる】 (目的·中心から) 빗나가다; 벗어나다.

ソロ【solo イ】 솔로.

ゾロアスターきょう【Zoroaster 教】 조로아스터교; 배화교(拜火敎).

そろい【揃い】 ❶ [集まっている] 전부(全部) 모임(것). ❷ [同じであること] 전부 같음. ‖揃いの服 전부 같은 옷. ❸ […一組になっているものを数える語]…벌; ひと揃い 한 벌. ❹ […揃いの形で] 전부가 …(이)다; …만인 것. ‖力仕揃いだ 전부가 역작이다. 美人揃い 미인.

* **そろう**【揃う】 ❶ 한곳에 모이다. ‖全員が揃う 전원이 모이다. ❷ 일치(一致)하다; 고르다. ‖意見が揃う 의견이 일치하다. つぶが揃う 크기가 고르다. ❸ 갖추어지다. ‖条件が揃う 조건이 갖추어지다.

そろえる【揃える】 ❶ [集める] 모으다. ❷ [同じにする] 일치(一致)시키다. ❸ 갖추다. ‖資料を揃える 자료를 갖추다.

そろそろ ❶ 조용히; 가만히. ‖そろそろ(と)歩く 조용히 걷다. ❷ 슬슬. ‖そろそろ帰ろう 슬슬 가자. そろそろ暗くなる 슬슬 어두워지다.

ぞろぞろ ❶ 줄줄이. ‖ビルからぞろぞろ(と)出てくるサラリーマン 건물에서 줄줄이 나오는 샐러리맨. ❷ 질질. ‖裾をぞろぞろ(と)引きずる 옷자락을 질질 끌다.

そろばん【算盤】 주판(籌板). ◆算盤勘定 손익 계산. ◆算盤高い 타산적이다.

ソロモンしょとう【Solomon 諸島】 (国名) 솔로몬.

そわそわ ‖そわそわ(と)落ち着かない 마음이 진정이 안 되다.

* **そん**【損】 ❶ 손; 손해(損害). ‖千円の損をする 천 엔을 손해 보다. ❷ 소득(所得)이나 보람이 없음. ‖損な役割 보람 없는 역할.

そんえき【損益】 손익(損益).

そんがい【損害】 손해(損害). ‖損害をこうむる 손해를 보다. ◆損害賠償 손해 배상. 損害保険 손해 보험.

* **そんけい**【尊敬】 (する) 존경(尊敬). ‖尊敬する人物 존경하는 인물. 彼の父は偉大な芸術家として尊敬された 그의 아버지는 위대한 예술가로 존경받고 있다. 尊敬の念 존경심. ◆尊敬語 존경어.

そんげん【尊厳】 존엄; 존엄성(尊嚴性). ‖生命の尊厳 생명의 존엄성. ◆尊厳死 존엄사.

* **そんざい**【存在】 (する) 존재(存在). ‖月には生物は存在しない 달에는 생물이 존재하지 않는다. 貴重な存在 귀중한 존재. 気になる存在 신경이 쓰이는 존재. 人類の存在を脅かすもの 인류의 존재를 위협하는 것. 存在感のある人 존재감이 있는 사람.

ぞんざい 거칠고 난폭(亂暴)하다. ‖ぞんざいな工事をする 날림 공사를 하다. 字をぞんざいに書く 글씨를 거칠게 쓰다. ぞんざいに口をきく 말을 함부로 하다.

ぞんじあげる【存じ上げる】 알다; 생각하다. ‖お名前はよく存じ上げております

そんしつ【損失】 손실(損失). ‖頭脳流出は国家の損失である 두뇌 유출은 국가적인 손실이다.
そんしょう【尊称】 존칭(尊稱).
そんしょう【損傷】 (名・自他サ) 손상(損傷). ‖損傷を受ける 손상을 입다.
そんしょく【遜色】 손색(遜色). ‖遜色がない 손색이 없다.
そんじる【損じる】 ❶ 나쁘게 하다; 상하게 하다. ‖機嫌を損じる 기분을 상하게 하다. ❷ 줄이다. ‖利益を損じる 이익을 줄이다. ❸ […損じるの形で] 잘못 …하다. ‖書き損じる 잘못 쓰다.
ぞんじる【存じる】 알다; 생각하다.
そんぞく【存続】 (名・自他サ) 존속(存續).
そんぞく【尊属】 존속(尊屬). ◆直系尊属 직계 존속.
そんだい【尊大】 ダ 거만(倨慢)하다. ‖尊大に構える 거만하게 굴다.
*そんちょう【尊重】 (名・他サ) 존중(尊重). ‖他人の意見を尊重する 다른 사람의 의견을 존중하다. 人命尊重の精神 인명을 존중하는 정신.
そんとく【損得】 손득(損得); 손익(損益).

そんな ❶ 그런. ‖そんな話は聞いたことがない 그런 얘기는 들어본 적이 없다. ❷ [度が過ぎるの意味で] 그럴 수가. ‖ええっ そんな, あんまりだ에, 그럴 수가 너무하다!
そんなに ❶ 그렇게; 그렇게까지. ‖そんなに夜遅くまで勉強したのか 그렇게 늦게까지 공부했어? ❷ [下に打ち消しの表現を伴って] 그다지. ‖メロンはそんなに好きではない 멜론은 그다지 좋아하지 않는다.
そんぱい【存廃】 존폐(存廢).
そんぴ【存否】 ❶ 존재 여부(存在與否). ❷ 안부(安否).
ぞんぶん(に)【存分(に)】 충분(充分)히; 마음껏; 실컷. ‖思う存分飲む 실컷 마시다.
そんぼう【存亡】 (名・自サ) 존망(存亡).
ぞんめい【存命】 (名・自サ) 존명(存命).
そんもう【損耗】 손실(損失); 손해(損害); 피해(被害).
そんらく【村落】 촌락(村落).
そんりつ【存立】 (名・自サ) 존립(存立). ‖存立の基盤が揺らぐ 존립 기반이 흔들리다.

た

た【田】 논. ‖田を耕す 논을 갈다.
た【他】 ❶ 타(他). 自他ともに認める 자타가 인정하다. ❷ 다른 것. ‖他の問題にとりかかる 다른 문제로 넘어가다.
た 많음. ◆多人数 많은 사람.
だ【打】 (野球·ゴルフで)타(打). ◆犧牲打 희생타. 第一打 제일 타.
ターゲット【target】 타깃.
ダース【打】 …다스. ‖鉛筆 2 ダース 연필 두 다스.
ダーツ【dart】 (洋裁の)다트.
ダーツ【darts】【投げ矢】다트.
タートルネック【turtleneck】 터틀넥.
ターバン【turban】 터번.
タービン【turbine】 터빈. ◆蒸気タービン 증기 터빈.
ターボ【turbo】 터보. ◆ターボジェットエンジン 터보제트 엔진.
ターミナル【terminal】 ❶ 터미널. ‖バスターミナル 버스 터미널. ❷ (コンピューターで)단말기(端末機).
たい【体】 ❶【身体】몸. ‖体が浮く 몸이 뜨다. ❷【形体】모양(模様)새. ‖論じの体をなしていない 논문의 형태를 갖추지 못하다.
*__たい__【対】 ❶【対】동군 대 서군. 2対1の割合 이 대 일의 비율. ‖対米政策 대미 정책. ❷【対등(対等)】. ‖対で話す 대등하게 이야기하다.
たい【隊】대(隊). ◆登山隊 등산대.
たい【他意】 타의(他意); 다른 뜻. ‖他意はない 다른 뜻은 없다.
タイ【鯛】 도미.
タイ【tie】 ❶ 넥타이. ‖タイを締める 넥타이를 매다. ❷ 타이. ‖タイ記錄 타이 기록.
タイ【Thailand】【国名】타이; 태국(泰国).
*__だい__【大】 ❶ 큼; 많음; 뛰어남. ‖声を大にする 목소리를 크게 하다. ‖大なり小なり 크든 작든. ❷【はなはだしい】심함. ‖被害は大 피해가 심하다. ▶大は小を兼ねる 큰 것은 작은 것을 대신할 수 있다. ❸ 대(大)…. ‖大学생 대학생.
◆大地震 대지진.
*__だい__【代】 ❶ (家や位などの)계승 기간(継承期間). ‖代が替わる 대가 바뀌다. ❷ 대금(代金); 요금(料金); 값. ‖洋服代 옷값. ❸【地】…대. ‖古生代 고생대. ❹ …대. ‖80年代 팔십 년대. アメリカ第 16 代大統領リンカーン 미국 제십육 대 대통령 링컨.
*__だい__【台】 ❶ 올라서는 받침. ‖箱を台にして木を取る 상자를 받치고 올라서서 책을 꺼내다. ❷ …대(臺). ‖月産 1 万台 量産 만 대. ❸ …대. 千円台 천대.
엔대.
だい【題】 ❶ 제목(題目). ‖題をつける 제목을 붙이다. ❷ 주제(主題). 테마.
だい-【第】제(第)…. ◆第一陣 제일 진.
たいあたり【体当たり】 ‖体当たりする 몸으로 부딪치다. 전력을 다하다.
タイアップ【tie up】 《주日》제휴(提携).
ダイアローグ【dialogue】 다이얼로그.
たいあん【大安】 길일(吉日).
たいあん【対案】 대안(対案).
だいあん【代案】 대안(対案). ‖代案を示す 대안을 제시하다.
たいい【大尉】 대위(大尉).
たいい【大意】 대의(大意). ‖文章の大意 문장의 대의.
たいい【体位】 ❶ 체위(体位); 체력(体力). ‖体位の向上 체력 향상. ❷ 자세(姿勢). ‖楽な体位を取る 편안한 자세를 취하다.
たいいく【体育】 체육(体育). ◆体育館 체육관. 体育の日 체육의 날.
*__だいいち__【第一】 ❶ 최초(最初); 제일(第一) 먼저. ‖第一に飛び起きる 제일 먼저 일어나다. ❷ 제일. ‖健康が第一だ 건강이 제일이다. ❸ 최고(最高). ‖世界一の彫刻家で最高의 조각가. ❹ 【副詞的】 ‖何よりも 우선(于先). ‖この仕事は第一やる気がなければ仕方がない 이 일은 무엇보다 의욕이 없으면 안 된다.
だいいちいんしょう【第一印象】 첫인상(印象).
だいいちじさんぎょう【第一次産業】 제일차 산업(第一次産業).
だいいちじせかいたいせん【第一次世界大戦】 제일차 세계 대전(第一次世界大戦).
だいいちにんしゃ【第一人者】 일인자(一人者); 제일인자(第一人者).
だいいっせん【第一線】 제일선(第一線). ‖営業の第一線 영업의 제일선.
たいいん【退院】 《주日》퇴원(退院).
たいいん【隊員】 대원(隊員).
たいえき【体液】 체액(體液).
たいえき【退役】 《주日》퇴역(退役). ◆退役軍人 퇴역 군인.
ダイエット【diet】 다이어트.
たいおう【対応】 《주日》 ❶ 대응(對應). ‖対応する 2 角 대응하는 두 각. 対応策 대응책. ❷ 상응(相應); 걸맞음. ‖人気に対応する実力がない 인기에 상응하는 실력이 없다.
だいおう【大王】 대왕(大王).
だいおうじょう【大往生】 ‖大往生する 편안히 죽다.
ダイオキシン【dioxin】 다이옥신.
たいおん【体温】 체온(體温). ‖体温を測る 체온을 재다. 体温が高い 체온이 높다. ◆体温計 체온계. 体温調節 체

온 조절.
たいか【大家】 대가(大家). ‖書道の大家 서예의 대가.
たいか【大過】 대과(大過); 큰 실수(失手); 큰 문제(問題). ‖大過なく 대과 없이. 큰 문제없이.
たいか【対価】 대가(對價).
たいか【耐火】 내화(耐火). ◆耐火性 내화성.
たいか【退化】 (名ㆍ自) 퇴화(退化).
たいが【大河】 대하(大河). ◆大河小説 대하 소설.
だいか【代価】 대가(代價). ‖膨大な代価を支払う 엄청난 대가를 치르다.
たいかい【大会】 대회(大會). ◆全国大会 전국 대회. 弁論大会 변론 대회.
たいがい【一般】❶ [一般]대략(大略); 대부분(大部分). ‖大概の人は理解している 대부분의 사람들은 이해하고 있다. ❷ [副詞的に]대체(大體)로; 주(主)로; 거의; 완전(完全)히. ‖昼間は大概出かけています 낮에는 대체로 나가 있습니다. 大概嫌になってしまった 완전히 싫어졌다.
たいがい【体外】 체외(體外). ◆体外受精 체외 수정.
*たいがい【対外】 대외(對外). ‖対外的な問題 대외적인 문제. ◆対外政策 대외 정책. 対外貿易 대외 무역.
たいかく【体格】 체격(體格). ‖体格のいい人 체격이 좋은 사람.
たいかく【対角】 (数学) 대각(對角). ◆対角線 대각선.
たいがく【退学】 (名ㆍ自) 퇴학(退學).
*だいがく【大学】 대학(大學). ‖大学に入る 대학에 들어가다. ◆一流大学 일류 대학. 大学芋 맛탕. 大学院 대학원. 大学教育 대학 교육. 大学生 대학생. 大学病院 대학 병원.
だいがくぞく【大学族】 대가족(大家族).
たいかん【体感】 체감(體感). ◆体感温度 체감 온도.
たいかん【耐寒】 내한(耐寒).
たいかん【戴冠】 (名ㆍ自) 대관(戴冠). ◆戴冠式 대관식.
だいかん【大寒】 (二十四節気の)대한(大寒).
*だいかんみんこく【大韓民国】 (国名) 대한민국(大韓民國).
たいき【大気】 대기(大氣). ◆大気汚染 대기 오염. 大気圏 대기권.
たいき【大器】 대기(大器). ◆大器晩成 대기만성.
たいき【待機】 (名ㆍ自) 대기(待機). ‖家で待機している 집에서 대기하고 있다. 待機中の部隊 대기 중인 부대. ◆待機室 대기실.
たいぎ【大義】 대의(大義). ◆大義名分 대의명분.
だいきぎょう【大企業】 대기업(大企業).
だいぎし【代議士】 국회의원(國會議員).
だいきち【大吉】 대길(大吉).
たいきゃく【退却】 (名ㆍ自) 퇴각(退却).
たいきゅう【耐久】 내구(耐久). ◆耐久財 내구재. 耐久消費財 내구 소비재. 耐久性 내구성. 耐久力 내구력.
たいきょ【大挙】 대거(大擧). ‖大挙して押し寄せる 대거로 몰려들다.
たいきょ【退去】 (名ㆍ自) 퇴거(退去).
たいきょう【胎教】 태교(胎教).
だいきょうこう【大恐慌】 대공황(大恐慌).
たいきょく【対局】 대국(對局).
たいきょく【対極】 (對極). ‖対極に位置する 대극에 위치하다.
たいきょくてき【大局的】 대국적(大局的). ◆大局的見地 대국적 견지.
だいきらい【大嫌い】ダ 굉장히 싫다. ‖大嫌いな人 굉장히 싫은 사람.
たいきん【大金】 거돈; 목돈. ‖大金をつかむ 목돈을 쥐다.
だいきん【代金】 대금(代金).
だいく【大工】 목수(木手); 목공(木工).
たいくう【対空】 대공(對空). ◆対空射撃 대공 사격. 対空ミサイル 대공 미사일.
*たいぐう【待遇】 대우(待遇). ‖待遇がいい 대우가 좋다. 待遇を改善する 대우를 개선하다. ◆特別待遇 특별 대우. 部長待遇 부장 대우.
*たいくつ【退屈】ダ 지루하다; 따분하다. ‖退屈な日々 따분한 나날. あの講義は退屈だった 그 강의는 지루했다.
たいくつしのぎ【退屈凌ぎ】 따분함[지루함]을 달램; 시간(時間)을 때움. ‖退屈しのぎに雑誌を読む 지루함을 달래기 위해 잡지를 보다.
たいぐん【大群】 대군(大群).
たいぐん【大軍】 대군(大軍). ‖大軍を率いる大군을 이끌다.
たいけい【大系】 대계(大系). ◆漢文大系 한문 대계.
たいけい【大計】 대계(大計). ‖国家百年の大計 국가의 백년대계.
たいけい【体系】 체계(體系). ‖哲学の体系 철학 체계. ◆体系的 체계적. 体系的研究 체계적인 연구.
たいけい【体刑】 체형(體刑); 체벌(體罰).
たいけい【体形・体型】 (體型).
だいけい【台形】 사다리꼴.
たいけつ【対決】 (名ㆍ自) 대결(對決). ‖強豪チームとの対決 강호 팀과의 대결.
たいけん【体験】 체험(體驗). ‖貴重な体験 귀중한 체험. 奇妙な体験をする 기묘한 체험을 하다. 体験談 체험담.
たいけん【体現】 체현(體現). ‖人類愛を身をもって体現した人 인류애를 몸소 체현한 사람.

たいけん【大検】 대입 검정(大入検定).
たいげんそうご【大言壮語】 (名・自) 호언장담(豪言壮談).
たいこ【太古】 태고(太古).
たいこ【太鼓】 북북. ∥太鼓をたたく 큰 북을 치다.
たいこう【大綱】 대강(大綱). ∥規約の大綱を決める 규약의 대강을 정하다.
たいこう【対向】 ∥対向する 마주하다. ◆対向車 앞에서 달려오는 차, 마주 오는 차.
*たいこう【対抗】 (名・自) 대항(対抗). ∥連合して敵に対抗する 연합해서 적에 대항하다. ◆対抗勢力 대항세력. 対抗試合 대항전. 対抗馬 경마 등에서 우승 후보에 필적하는 실력을 갖춘 말이나 선수.
たいこう【退行】 (名・自) 퇴행(退行).
だいこう【代行】 (名・他) 대행(代行); 대리(代理). ∥校長の事務を代行する 교장 업무를 대행하다. 部長代行 부장 대리.
たいこく【大国】 대국(大國). ◆経済大国 경제 대국.
だいこくばしら【大黒柱】 ❶집 중앙(中央)에 있는 특별(特別)히 굵은 기둥. ❷[比喩的に]대들보; 기둥. ∥一家の大黒柱となって家族を養う 일가의 대들보가 되어 가족을 부양하다.
たいこばん【太鼓判】 ▶太鼓判を押す 확실히 보증하다. 品質については太鼓判を押してもいい 품질에 대해서는 확실히 보증할 수 있다.
だいごみ【醍醐味】 참맛; 묘미(妙味). ∥釣りの醍醐味を味わう 낚시의 묘미를 맛보다.
ダイコン【大根】 무. ◆大根おろし 무 즙. 大根足 무 다리. 大根役者 (説明) 연기(演技)가 서투른 배우(俳優).
たいさ【大差】 큰 차이(差異). ∥大差で勝つ 큰 차이로 이기다.
たいざい【滞在】 (名・自) 체재(滞在). ∥パリに2か月滞在するパリから이개월 체재하다. ◆滞在期間 체제 기간.
だいざい【題材】 제재(題材). ∥小説の題材 소설의 제재.
たいさく【大作】 대작(大作).
たいさく【対策】 대책(対策). ∥対策を講じる 대책을 강구하다. 対策を立てる 대책을 세우다. ◆安全対策 안전 대책.
たいざん【大山】 태산(泰山). ▶大山鳴動して鼠一匹 태산명동 서일필.
だいさん【第三】 제삼(第三). ◆第三産業 제삼차 산업. 第三者 제삼자. 第三世界 제삼 세계.
たいし【大志】 큰 뜻. ∥大志をいだく 큰 뜻을 품다.
たいし【大使】 대사(大使). ∥駐日アメリカ大使 주일 미국 대사. ◆大使館 대사관.

たいし【太子】 왕태자(王太子).
たいじ【対峙】 (名・自) 대치(対峙). ∥両軍が川を挟んで対峙する 두 군대가 강을 사이에 두고 대치하다.
たいじ【胎児】 태아(胎児).
たいじ【退治】 (名・他) 퇴치(退治).
たいし【台紙】 대지(台紙).
*だいじ【大事】 ❶중요(重要)한 일; 중대(重大)한 일. ❶国家の大事 국가의 중대한 일. ❷심각(深刻)한 사건(事件). ∥大事を引き起こす 심각한 사건을 일으키다. ❸귀하게 여김; 중요하게 여김; 소중(所重)히 여김. ∥部下を大事にする 부하를 소중하게 여기다. 大事をとって休養している 무리하지 않고 쉬고 있다.
だいじ【題字】 제자(題字).
ダイジェスト【digest】 (名・他) 다이제스트.
だいしぜん【大自然】 대자연(大自然). ∥大自然の摂理 대자연의 섭리.
たいした【大した】 ❶굉장한; 대단한. ∥大した人物だ 대단한 사람이다. ❷[大した…ではないの形で]별(別); 대단한. ∥大した問題ではない 별문제 아니다.
たいしつ【体質】 체질(体質). ∥虚弱な体質 허약한 체질. 保守的な体質 보수적인 체질. 体質を改善する 체질을 개선하다. お酒は体質的に飲めない 술은 체질적으로 못 마시다.
たいしつ【対質】 대질(対質). ∥証人相互を対質させる 증인을 서로 대질시키다.
たいして【大して】 [大して…ないの形で]크게; 그다지. ∥大して困らない 그다지 곤란하지 않다.
たいして【対して】 […に対しての形で]…에 대(対)해; …에 비해. ∥質問に対して答える 질문에 답하여 답하다. 姉が温和なのに対して弟は神経質だ 누나가 온화한 데 비해 남동생은 신경질적이다.
たいしぼう【体脂肪】 체지방.
たいしゃ【退社】 (名・自) ❶퇴직(退職). ∥定年で退社する 정년으로 퇴직하다. ❷퇴근(退勤). ∥退社時刻 퇴근 시각(時刻).
だいしゃ【台車】 ❶(電車の)차체(車體)를 받치는 부분. ❷[手押し車]손수레.
たいしゃく【貸借】 대차(貸借). ◆貸借対照表 대차 대조표.
*たいしゅう【大衆】 대중(大衆). ◆大衆社会 대중 사회. 大衆文学 대중 문학. 大衆化 대중화. 大衆性 대중성. 大衆的 대중적.
たいしゅう【体臭】 체취(體臭).
*たいじゅう【体重】 몸무게. ∥体重を測る 몸무게를 재다. 体重が増える 체중이 늘다. ◆体重計 체중계.

たいしゅつ【退出】 (名ス他) 퇴출(退出).

たいしゅつ【帯出】 (備品などを)무단(無斷)으로 가지고 나감.

たいしょ【大暑】 (二十四節気의)대서(大暑).

たいしょ【太初】 태초(太初).

たいしょ【対処】 (名ス自) 대처(對處). ‖困難な事態に対処するのは難しい 어려운 사태에 대처하다.

だいしょ【代書】 ❶(名ス他) 대서(代書); 대필(代筆). ‖代書を頼む 대서를 부탁하다. ❷ 대서인(代書人).

だいしょ【代署】 (名ス他) 대서; 대리 서명(代理署名). ‖代理人が代署する 대리인이 서명하다.

たいしょう【大将】 대장(大將). ◆海軍大将 해군 대장.

たいしょう【大賞】 대상(大賞).

たいしょう【対称】 대칭(對稱). ◆左右対称 좌우 대칭. 対称的 대칭적.

*たいしょう【対象】** 대상(對象). ‖成人を対象とする映画 성인을 대상으로 하는 영화. この雑誌の主な対象は青少年である 이 잡지의 주된 대상은 청소년이다.

たいしょう【対照】 (名ス他) 대조(對照). ‖比較対照する 비교 대조하다. 訳本を原文と対照する 번역본을 원문과 대조하다. ❷대비(對比). ‖対照的な性格 대조적인 성격.

たいじょう【退場】 (名ス自) 퇴장(退場). ‖全員が退場する 전원이 퇴장하다.

だいしょう【大小】 대소(大小). ‖大小を問わない大小を 가리지 않음.

だいしょう【代償】 ❶ 변상(辨償); 보상(報償). ‖代償として治療費を支払う 치료비를 변상하다. ❷ 대가(代價). ‖高価な代償 비싼 대가.

だいじょう【大乗】 대승(大乘). ◆大乗仏教 대승 불교. 大乗的 대승적. 大乗的見地 대승적 견지.

タイショウエビ【大正海老】 보리새우.

*だいじょうぶ【大丈夫】** 안전(安全)하다; 괜찮다; 되다. ‖彼に任せれば、もう大丈夫だ 그 사람한테 맡기면 괜찮다. この水を飲んでも大丈夫でしょうか 이 물은 마셔도 됩니까?

たいしょうりょうほう【対症療法】 대증 요법(對症療法).

だいしょくかん【大食漢】 대식한(大食漢). ◆食漢 대식한.

たいしょく【退色】 (名ス自) 퇴색(退色). ‖日に当たって退色する 햇빛을 받아 퇴색하다.

たいしょく【退職】 (名ス自) 퇴직(退職). ◆定年退職 정년퇴직. 退職金 퇴직금.

たいしん【耐震】 내진(耐震).

たいじん【大人】 ❶거인(巨人). ❷인격자(人格者). ❸ 큰 인물(人物).

たいじん【対人】 대인(對人). ◆対人関係 대인 관계. 対人恐怖症 대인 공포증.

たいじん【退陣】 (名ス自) 퇴진(退陣).

だいじん【大臣】 대신(大臣); 장관(長官).

ダイズ【大豆】 대두(大豆); 콩.

たいすい【耐水】 내수(耐水). ◆耐水性 내수성.

たいすう【対数】 대수(對數).

だいすう【台数】 대수(臺數). ‖乗用車の生産台数 승용차 생산 대수.

だいすき【大好き】 매우 좋아하다. ‖読書が大好きだ 독서를 매우 좋아하다. 大好きな食べ物 매우 좋아하는 음식.

たいする【対する】 ❶ 마주하다; 마주보다. ‖川を挟んで対する山 강을 사이에 두고 마주 보는 산. ❷대(對)하다(對敵하다). ‖明に対する暗 밝음에 대조되는 어둠. ❸ 대하다. ‖お客に愛想よく対する 손님에게 친절하게 대하다.

たいせい【大成】 (名ス他) 대성; 완성(完成); 집대성(集大成); 성공(成功). ‖研究を大成する研究を 완성하다. 若くして大成する 젊은 나이에 대성하다.

たいせい【大勢】 대세(大勢). ‖大勢に従う大勢에 따르다.

たいせい【体制】 체제(體制). ◆資本主義体制 자본주의 체제. 戦時体制 전시 체제. 反体制運動 반체제 운동.

たいせい【胎生】 태생(胎生).

たいせい【耐性】 내성(耐性). ‖耐性ができる 내성이 생기다.

たいせい【態勢】 태세(態勢). ‖態勢を整える 태세를 갖추다.

たいせいよう【大西洋】 대서양(大西洋).

たいせき【体積】 체적(體積).

たいせき【堆石】 퇴석(堆石).

たいせき【堆積】 (名ス自) 퇴적(堆積). ‖土砂が堆積する 토사가 퇴적되다. ◆堆積岩 퇴적암. 堆積平野 퇴적 평야.

*たいせつ【大切】** ❶ 중요(重要)하다; 소중(所重)하다; 귀중(貴重)하다. ‖大切な資源 소중한 자원. ❷(丁寧)だ 아끼다; 조심(操心)스럽게 다루다. ‖大切に扱う 조심스럽게 쓰다.

たいせつ【大雪】 (二十四節気의)대설(大雪).

たいせん【大戦】 대전(大戰). ◆世界大戦 세계 대전.

たいせん【対戦】 (名ス自) 대전(對戰). ‖チャンピオンと対戦する 챔피언과 대전하다. ◆対戦成績 대전 성적.

たいぜん【大全】 대전(大全). ◆神学大全 신학 대전.

たいぜん【泰然】 태연(泰然). ◆泰然自若 태연자약.

たいそ【太祖】 태조(太祖).

*たいそう【体操】** (名ス自) 체조(體操). ‖朝

たいそう【体操】 아침 일찍 일어나 체조하다. ◆体操競技 체조 경기. 器械体操 기계 체조.

だいそつ【大卒】 대졸(大卒).

だいそれた【大それた】 터무니없는; 엉뚱한. ∥大それた望みをいだく 터무니없는 바람을 갖다.

たいだ【怠惰】 ダ 나태(懶怠)하다; 게으르다. ∥怠惰な生活 나태한 생활.

だいだ【代打】 (野球で)대타(代打).

***だいたい**【大体】 ❶ 대부분(大部分); 대다수(大多数). ∥大体の人たちは賛成した 대부분의 사람들은 찬성했다. ❷ [副詞的に]대충; 거의. ∥大体 500 人くらい 대충 오백 명 정도. ❸ [副詞的に]원래(元来); 본래; 처음부터. ∥大体君が悪い 처음부터 네가 잘못했어.

だいたい【大隊】 대대(大隊).

だいたい【大腿】 대체(代替). ∥別のもので代替する 다른 것으로 대체하다. ◆代替品 대체품.

だいたい【代々】 대대(代代)로.

ダイダイ【橙】 ❶【植物】 등자(橙子)나무. ❷ 주황(朱黄). ◆橙色 주홍색.

だいだいてき【大々的】 대대적(大大的). ∥大々的の宣伝活動 대대적인 선전 활동. 事件を大々的に報じる 사건을 대대적으로 보도하다.

だいたいぶ【大腿部】 대퇴(大腿); 넓적다리.

だいたすう【大多数】 대다수(大多数).

たいだん【対談】 (조하)대담(対談). ∥政治家と対談する 정치가와 대담하다.

だいたん【大胆】 대담(大胆)하다. ∥大胆な筆致で描く 대담한 필치로 그리다. ◆大胆不敵 겁이 없음. 大胆不敵な行動 겁 없는 행동.

だいだんえん【大団円】 대단원(大團圓). ∥物語が大団円を迎える 이야기가 대단원의 막이 내리다.

たいち【対地】 대지(対地). ◆対地攻撃 대지 공격.

たいち【対置】 (조하)대치(対置).

だいち【台地】 대지(臺地).

だいち【大地】 대지(大地); 토지(土地); 땅. ∥大地を耕す 땅을 일구다.

だいちょう【体調】 몸 상태(狀態); 컨디션. ∥体調が悪い 몸 상태가 안 좋다.

たいちょう【退潮】 (조하)퇴조(退潮).

たいちょう【隊長】 대장(隊長).

だいちょう【大腸】 대장(大腸). ◆大腸カタル 대장염. 大腸菌 대장균.

だいちょう【台帳】 ❶ 대장(臺帳); 장부(帳簿). ∥土地台帳 토지 대장. ❷ (演劇などの)대본(臺本).

タイツ【tights】 타이츠.

たいてい【大抵】 ∥大抵の人は理解できる内容 대부분의 사람들은 이해할 수 있는 내용. ❷ [打ち消しの表現を伴って]보통(普通). ∥大抵の努力ではない 보통의 노력이 아니다. ❸ [副詞的に]대다수; 거의. ∥大抵終わった 거의 끝났다.

たいてき【大敵】 대적(大敵); 강적(强敵). ◆油断大敵 방심은 금물.

たいてん【大典】 대전(大典).

たいと【泰斗】 태두(泰斗). ◆社会学の泰斗 사회학의 태두.

タイト【tight】 타이트. ◆タイトスカート 타이트스커트.

***たいど**【態度】 태도(態度). ∥態度がおかしい 태도가 이상하다. 強硬な態度を取る 강경한 태도를 취하다. 態度を変える 태도를 바꾸다. 態度が大きいやつ 태도가 건방진 녀석.

たいとう【台頭】 (조하)대두(擡頭). ∥新興勢力が台頭する 신흥 세력이 대두하다.

たいとう【対等】 대등(対等)하다. ∥対等な関係を保つ 대등한 관계를 유지하다. 対等に戦う 대등하게 싸우다.

だいとう【大道】 대도(大道). ∥政治の大道 정치의 대도.

だいどうしょうい【大同小異】 대동소이(大同小異).

だいどうみゃく【大動脈】 대동맥(大動脈).

***だいとうりょう**【大統領】 대통령(大統領). ◆大統領選挙 대통령 선거. 大統領候補 대통령 후보.

たいとく【体得】 체득(體得). ∥コツを体得する 요령을 체득하다.

だいどく【代読】 대독(代讀).

だいどころ【台所】 부엌.

タイトル【title】 타이틀. ◆タイトルマッチ 타이틀 매치.

たいない【体内】 체내(體內).

たいない【胎内】 태내(胎內).

たいないてき【対内的】 대내적(對內的). ∥対内的な問題 대내적인 문제.

だいなし【台無し】 엉망; 허사(虛事). ∥台無しの엉망이 되다. 허사가 되다. 台無しになる 엉망으로 만들다. 雨にぬれて背広が台無しになる 비에 젖어 양복이 엉망이 되다.

ダイナマイト【dynamite】 다이너마이트.

ダイナミック【dynamic】 ダ 다이내믹하다.

だいにじ【第二次】 제이차(第二次).

だいにじさんぎょう【第二次産業】 제이차 산업(第二次産業).

だいにじせかいたいせん【第二次世界大戦】 제이차 세계 대전(第二次世界大戦).

たいにち【対日】 대일(對日). ◆対日政策 대일 정책.

だいにゅう【代入】 (조하)〈数学〉대입(代

入).
たいにん【退任】 (する)퇴임(退任). ∥部長의 職으로서 退任하는 부장직을 퇴임하다.
ダイニングキッチン【dining+kitchen 日】 다이닝키친.
ダイニングルーム【dining room】 식당(食堂).
たいねつ【耐熱】 내열(耐熱). ◆耐熱性 내열성. 耐熱ガラス 내열 유리.
たいのう【滞納】 (する)체납(滞納). ∥税金을 滞納하는 세금을 체납하다.
だいのう【大脳】 대뇌(大腦). ◆大脳皮質 대뇌 피질.
だいのじ【大の字】 큰 대자(大字). ∥大の字になって寝る 큰 대자로 자다.
たいは【大破】 (する)대파(大破).
たいはい【退廃】 (する)❶퇴폐(頽廢). ❷황폐(荒廢). ∥退廃した都 황폐한 도시.
たいばつ【体罰】 체벌(體罰). ∥体罰을 加하는 체벌을 가하다.
たいはん【大半】 대부분(大部分). ∥仕事は大半片付いた 일은 대부분 정리되었다.
たいばん【胎盤】 태반(胎盤).
たいひ【対比】 (する)대비(対比). ∥日米の文化を対比する 미일 문화를 대비하다.
たいひ【待避】 (する)대피(待避). ◆待避所 대피소. 待避線 대피선.
たいひ【退避】 (する)(危險을 避하기 爲해)자리를 뜸. ∥安全な地点に退避する 안전한 지점으로 피하다.
たいひ【堆肥】 퇴비(堆肥).
だいひつ【代筆】 (する)대필(代筆).
たいびょう【大病】 큰 병; 중병(重病). ∥大病を患う 중병을 앓다.
*だいひょう【代表】 (する)대표(代表). ∥親族を代表して挨拶する 친족을 대표해서 인사하다. 時代を代表する意見 시대를 대표하는 의견. ◆代表者 대표자. 代表取締役 대표 이사.
タイピン【tiepin】 넥타이핀.
ダイビング【diving】 (する)다이빙.
たいぶ【大部】 페이지가 많은 것. ∥大部の書物 페이지가 많은 책.
タイプ【type】 타입. ∥新しいタイプの車 새로운 타입의 차.
だいぶ【大分】 많이; 꽤; 상당(相當)히. ∥小遣いをいただくような 용돈을 많이 받게되다. だいぶ無くなった 많이 주어지다.
*たいふう【台風】 태풍(颱風). ∥台風に見舞われた地域 태풍이 휩쓸고 간 지역. ◆台風の目 태풍의 눈. 台風警報 태풍 경보.
だいぶぶん【大部分】 대부분(大部分). ∥大部分の人はそれを知っている 대부분의 사람들은 그것을 알고 있다.
たいぶんすう【帯分数】 대분수(帯分數).

たいへい【太平】 태평(太平). ◆天下太平 천하태평.
たいへいよう【太平洋】 태평양(太平洋).
たいべつ【大別】 (する)대별(大別). ∥東日本と西日本に大別する 동일본과 서일본으로 대별하다.
*たいへん【大変】 ❶(一大事)큰 사건 (事件); 큰일. ∥国家の大変 나라의 큰일. ❷중요(重要)함; 중대(重大)함. ∥大変な失敗 중대한 실수. ❸(困難)고생(苦生)이 심함. 準備が大変で 준비하는 게 힘들다. ❹(副詞的에)매우; 대단히; 굉장히. ∥大変驚く 매우 놀라다. 大変お世話になりました 대단히 신세를 많이 졌습니다.
だいべん【大便】 대변(大便).
だいべん【代弁】 (する)대상; 대신변상(代身辨償). ∥治療費を代弁する 치료비를 대신 변상하다. 代行(代行).
だいべん【代弁・代辯】 (する)대변(代辯). ∥彼の気持ちを代弁する 그 사람 심정을 대변하다.
たいほ【退歩】 (する)퇴보(退步). ∥考え方が退歩する 사고방식이 퇴보하다.
たいほ【逮捕】 (する)체포(逮捕). ∥誘拐犯を逮捕する 유괴범을 체포하다. ◆逮捕状 체포장.
たいほう【大砲】 대포(大砲).
たいぼう【大望】 대망(大望).
たいぼう【待望】 (する)대망(待望).
たいぼう【耐乏】 (する)내핍(耐乏). ◆耐乏生活 내핍 생활.
だいほん【台本】 대본(臺本); 각본(脚本).
だいほんざん【大本山】 (佛教)총본산(總本山) 다음가는 절.
たいま【大麻】 ❶대마(大麻). ❷(植物)대마초(大麻草).
たいまつ【松明】 회; 횃불.
たいまん【怠慢】 태만(怠慢). ◆職務怠慢 직무 태만.
タイミング【timing】 타이밍. ∥タイミングが合わない 타이밍이 안 맞다.
*タイム【time】 타임; 시간(時間). ◆ランチタイム 점심시간. ティータイム 티타임. タイムアウト 타임 아웃. タイムアップ 타임 업. タイムカード 타임 카드. タイムカプセル 타임 캡슐. タイムスリップ 타임 슬립. タイムリミット 제한 시각, 기한.
タイムリーヒット【timely hit】(野球)적시타(適時打).
だいめい【題名】 제목(題目); 타이틀.
だいめいし【代名詞】 대명사(代名詞). ◆人称代名詞 인칭 대명사. 指示代名詞 지시 대명사.
たいめん【体面】 체면(體面). ∥体面を保つ体面を維持하다. 体面に関わる問題 체면이 걸린 문제.

たいめん【対面】 [する] 대면(對面).
たいもう【体毛】 체모(體毛).
だいもく【題目】 제목(題目).
だいもん【大門】 대문(大門).
タイヤ【tire】 타이어. ◆タイヤチェーン 타이어 체인.
ダイヤ ❶[ダイヤモンドの略語]다이아. ‖2カラットのダイヤの指輪 이 캐럿의 다이아 반지. ❷[トランプの]다이아.
たいやき【鯛焼き】 붕어빵.
たいやく【大役】 대역(大役); 큰 역할(役割).
たいやく【対訳】 [する] 대역(對譯).
だいやく【代役】 대역(代役). ‖代役を立てる 대역을 세우다.
ダイヤグラム【diagram】 다이어그램; 열차 운행표 列車運行表.
ダイヤモンド【diamond】 ❶다이아몬드. ❷야구장(野球場)의 내야(內野).
ダイヤル【dial】 다이얼. ‖ダイヤルを回す 다이얼을 돌리다.
たいよ【貸与】 [する] 대여(貸與).
たいよう【大洋】 대양(大洋). ◆大洋州 대양주. 오세아니아.
たいよう【耐用】 내용(耐用). ◆耐用年数 내용 연수.
*たいよう【太陽】 태양(太陽). ◆太陽エネルギー 태양 에너지. 太陽系 태양계. 太陽電池 태양 전지. 太陽暦 태양력.
だいよう【代用】 [する] 대용(代用). ◆代用品 대용품.
たいら【平ら】 ❶ 평평(平平)하다; 굴곡(屈曲)이 없다. ‖平らな土地 평평한 땅. 平らにならす 평평하게 고르다. ❷ [さま・平らにの形で]편히 앉다. ‖どうぞお平らに 편히 앉으세요.
たいらげる ❶[制圧する]퇴치(退治)하다; 평정(平定)하다; 제압(制壓)하다. ❷ 전부(全部) 먹어 치우다. ‖料理を平らげる 요리를 전부 먹어 치우다.
*だいり【代理】 [する] 대리(代理). ‖私は彼の代理で会議に出席した 나는 그 사람 대리로 회의에 출석했다. ◆部長代理 부장 대리. 代理店 대리점. 代理人 대리인. 代理業 대리업.
だいリーグ【大 league】 메이저 리그.
*たいりく【大陸】 대륙(大陸). ◆大陸気候 대륙성 기후. 大陸棚 대륙붕.
だいりせき【大理石】 대리석(大理石).
たいりつ【対立】 [する] 대립(對立). ‖意見が対立する 의견이 대립하다.
たいりゃく【大略】 대략(大略); 개략(概略). ‖計画の大略を話す 계획의 개략을 말하다.
たいりゅう【滞留】 [する] ❶체류(滯留); 정체(停滯). ◆滞留地 체류지. ❷ 제재(滯在).
たいりょう【大量】 대량(大量). ‖大量に消費する 대량으로 소비하다. ◆大量生産 대량 생산.
たいりょう【大漁】 풍어(豊漁).
*たいりょく【体力】 체력(體力). ‖体力を養う 체력을 기르다. 体力がない 체력이 없다. 体力的に無理だ 체력적으로 무리다.
タイル【tile】 타일. ‖タイルを張りつける 타일을 붙이다.
ダイレクトメール【direct mail】 다이렉트 메일.
たいれつ【隊列】 대열(隊列). ‖隊列を整える 대열을 정비하다.
たいろ【退路】 퇴로(退路). ‖退路を断つ 퇴로를 끊다.
だいろっかん【第六感】 육감(第六感).
たいわ【対話】 [する] 대화(對話). ‖親子間の対話 부모 자식 간의 대화.
たいわん【台湾】 대만(臺灣).
ダイン【dyne】 [力의 단위]…다인.
たうえ【田植え】 모내기.
タウリン【Taurin】 타우린.
タウン【town】 타운. ◆ニュータウン 뉴 타운.
ダウン【down】 [する] ❶다운 ‖風邪でダウンする 감기로 다운되다. ❷ (ボクシングで)다운.
ダウン【down】 새털; 다운. ◆ダウンジャケット 다운 재킷.
ダウンしょうこうぐん【Down 症候群】 다운 증후군(症候群).
ダウンロード【download】 [する] 다운로드.
たえがたい【堪え難い】 참기 어렵다; 참을 수 없다. ‖堪え難い痛み 참을 수 없는 통증. 堪え難い誘惑 참기 어려운 유혹.
だえき【唾液】 타액(唾液); 침. ◆唾液腺 타액선. 침샘.
たえしのぶ【堪え忍ぶ】 참고 견디다. ‖苦痛を堪え忍ぶ 고통을 참고 견디다.
たえず【絶えず】 항상(恒常); 끊임없이. ‖絶えず注意している 항상 주의하고 있다.
たえだえ【絶え絶え】 ‖虫の声が絶え絶えに聞こえる 벌레 소리가 간간이 들려오다. 息も絶え絶えに 숨이 끊어질듯.
たえまない【絶え間無い】 끊임없다. ‖絶え間ない努力 끊임없는 노력.
*たえる【耐える】 ❶ 견디다; 견디어 버티다. ‖苦痛に耐える 고통을 참다. ❷ …할 만한 가치(價値)가 있다; …할 만하다. ‖鑑賞に耐える 감상을 할 만하다.
たえる【絶える】 끊기다; 다하다. ‖家系が絶える대가 끊기다.
だえん【楕円】 타원(楕圓). ◆楕円形 타원형.
*たおす【倒す】 ❶ 쓰러뜨리다; 넘어뜨리다. ‖木を倒す 나무를 쓰러뜨리다. ❷ 전복(顚覆)하다; 무너뜨리다. ‖政

タオル 286

府を倒す 정부를 무너뜨리다. ❸이기다. ∥相手を倒す 상대를 이기다. ❹죽이다. ∥銃で倒す 총으로 죽이다.
タオル【towel】 타올; 수건(手巾). ◆タオルケット 〔和製〕 타올 천으로 만든 침구(寝具).
*たおれる【倒れる】 ❶쓰러지다; 넘어지다. ∥柱が倒れる 기둥이 넘어지다. ❷무너지다; 전복(顚覆)되다. ∥独裁政権が倒れる 독재 정권이 무너지다. 도산(倒産)하다. ∥不況で会社が倒産する 불황으로 회사가 도산하다. ❹병(病)이 들다. ∥病気で倒れる 병으로 쓰러지다. ∥凶弾に倒れる 흉탄에 쓰러지다.
たか【高】 …量(量); …고(高). ∥生産高 생산량; 생산고. 売上高 매상고. ▶たかが知れている 뻔하다. 별것 아니다. ∥この程度の問題ならたかが知れている 이 정도도 문제라면 별것 아니다. ▶たかを括(くく)る 얕잡아 보다. 깔보다.
タカ【鷹】 매.
たが【箍】 〔說明〕 나무통(桶)에 두르는 테. ∥たがが緩む 해이해지다. 둔해지다.
だが 그러나; 그렇지만. ∥危機は去った. だが安心はできない 위기는 넘겼다. 그렇지만 안심할 수는 없다.
たかい【他界】 〔文語〕 타계(他界).
*たかい【高い】 ❶크다. ∥背の高い사람 키가 큰 사람. ❷높다. ∥地位が高い 지위가 높다. 評判が高い 평판이 높다. ❸비싸다. ∥物価が高い 물가가 비싸다. ❹거만(倨慢)하다. ∥お高くとまる 거만하게 굴다.
たがい【互い】 서로. ∥2人は互いの弱点を知り尽している 두 사람은 서로의 약점을 잘 알고 있다.
だかい【打開】 〔文語〕 타개(打開). ∥局面の打開を図る 국면 타개를 꾀하다.
たがいちがい【互い違い】 서로 엇갈림; 서로 엇갈림. ∥互い違いに糸を編む 실을 서로 엇갈리게 뜨다. 男女が互い違いに座る 남녀가 한 명씩 번갈아 앉다.
たがいに【互いに】 서로. ∥互いに顔を見合わせる 서로 얼굴을 쳐다보다.
たがう【違う】 틀리다; 어긋나다. ∥人の道に違う行為 사람의 도리에 어긋나는 행위.
たがえる【違える】 ❶달리하다; 틀리게 하다. ∥方法を違える 방법을 달리하다. ❷어기다. ∥約束を違える 약속을 어기다.
たかが【高が】 겨우; 기껏; 고작. ∥たかが百円くらいで 고작해서 백 엔 가지고.
たかく【高く】 거액(巨額); 고액(高額).
たかくてき【多角的】 다각적(多角的). ∥多角的な経営 다각적인 경영. 多角的に検討する 다각적으로 검토하다.
たかさ【高さ】 높이. ∥高さをはかる 높이를 재다. 東京タワーの高さ 도쿄 타워의 높이.
だがし【駄菓子】 대중적(大衆的)이고 싼 과자(菓子).
たかしお【高潮】 해일(海溢).
たかだい【高台】 주위(周圍)보다 높은 평지(平地).
たかだか【高高】 ❶매우 높이. ∥高々と抱き上げる 매우 높이 안아 올리다. ❷〔たかが〕겨우; 기껏; 고작.
だがっき【打楽器】 타악기(打樂器).
たかとび【高飛び・高跳び】 ❶〔犯人が〕멀리 도망(逃亡)감. ∥犯人が国外に高飛びする 범인이 국외로 도망가다. ❷높이뛰기. ∥棒高跳び 장대 높이뛰기.
たかなみ【高波】 높은 파도; 큰 파도(波濤).
たかなる【高鳴る】 ❶〔鳴り響く〕높이 울려 퍼지다. ❷두근거리다. ∥期待に胸が高鳴る 기대에 가슴이 두근거리다.
たかね【高値】 ❶고가(高價); 비싼 값. ❷〔株などの〕상한가(上限價).
たかね【高嶺】 높은 봉우리. ∥富士の高嶺 후지산의 매우 높은 봉우리. ▶高嶺の花.〔說明〕
たかのぞみ【高望み】 분에 넘치는 바람; 능력(能力) 이상의 소망(所望). ∥高望みすると失敗する 너무 욕심을 부리면 실패한다.
たかは【鷹派】 강경파(強勁派); 매파.
たかびしゃ【高飛車】 고압적(高壓的). ∥高飛車な態度 고압적인 태도.
たかぶる【高ぶる】 ❶흥분(興奮)하다; 흥분되다. ∥神経が高ぶる 신경이 흥분되다. ❷자만(自慢)하다; 자랑하다.
たかまる【高まる】 〔程度・狀態が〕높아지다; 강해지다. ∥関心が高まる 관심이 높아지다.
たかみ【高み】 높은 곳. ▶高みの見物 방관.
たかめ【高め】 약간(若干) 높음. ∥目の高さより高めにある 눈높이보다 약간 높은 곳에 있다.
たかめる【高める】 높이다. ∥製品の質を高める 제품의 질을 높이다.
たがやす【耕す】 갈다. ∥畑を耕す 밭을 갈다.
たから【宝】 보물(寶物). ∥家の宝 집의 보물. 가보. 国の宝とも言うべき人物 나라의 보배라고 할 만한 인물.
だから 그래서; 그러니까. ∥昨日はかなり疲れていた. だから早く寝たんだ 어제는 꽤 피곤했었다. 그래서 빨리 잤어.
たからか【高らか】 〔聲などが〕드높다; 높다. ∥声高らかに歌を歌う 소리 높여 노래를 부른다.
たからくじ【宝籤】 복권(福券).
だからといって 그렇다고 해서. ∥だからと言って他にいい方法があるわけでもない 그렇다고 해서 다른

たかり【集り】 협박(脅迫)해서 금품(金品)을 갈취(喝取)함.

たかる【集る】 ❶모이다; (벌레 등이) 꾀다. ‖新型の車に客がたかっている 신형차에 손님이 모여 있다. ❷금품(金品)을 갈취(喝取)하다. ❸(知人에 떼써) 한턱내게 하다. ‖先輩にたかる 선배를 졸라 한턱내게 하다.

-たがる …고 싶어하다. ‖熱があるのに外に出たがる 열이 있는데도 밖에 나가고 싶어하다.

たかわらい【高笑い】 高笑いする 큰 소리로 웃다.

たかん【多感】タ 다감(多感)하다.

たき【滝】 폭포(瀑布).

たき【多岐】 다기(多岐). ◆複雑多岐 복잡다기.

だきあう【抱き合う】 서로 끌어안다. ‖抱き合って泣く 서로 끌어안고 울다.

だきあげる【抱き上げる】 안아 올리다. ‖赤ん坊を抱き上げる 아기를 안아 올리다.

だきかかえる【抱き抱える】 안는 것처럼 해서 부축하다.

たきぎ【薪】 장작(長斫); 땔나무.

たぎご【多義語】 다의어(多義語).

たきこみごはん【炊き込み御飯】 (說明) 야채(野菜)·고기 등을 넣어 지은 밥.

だきこむ【抱き込む】 ❶껴안다. ❷자기편으로 만들다; 끌어들이다; 포섭(包攝)하다. ‖役人を抱き込む 공무원을 포섭하다.

タキシード【tuxedo】 턱시도.

だきしめる【抱き締める】 꼭 끌어안다.

だきつく【抱きつく】 달라붙다. ‖母親に抱きつく 엄마한테 달라붙다.

たきつける【焚き付ける】 ❶〔火をつける〕 불을 지피다. ❷〔そそのかす〕 선동(煽動)하다; 부추기다.

たきび【焚き火】 모닥불. ‖焚き火を囲む 모닥불을 둘러싸다.

だきゅう【打球】 (野球에서) 타구(打球).

だきょう【妥協】 する 타협(妥協). ‖適当なところで妥協する 적당한 선에서 타협하다. ◆妥協案 타협안.

たきょく【多極】 다극(多極). ◆多極外交 다극 외교.

たきょくか【多極化】 する 다극화(多極化). ◆多極化時代 다극화 시대.

たぎる【滾る】 ❶〔流れなどが〕 소용돌이치다. ❷〔湯が沸き返る〕 끓다; 끓어오르다. ‖やかんの湯がたぎっている 주전자 물이 끓고 있다. 血がたぎる 피가 끓다.

たく【宅】 자기(自己) 집.

たく【焚く】 피우다; 태우다; 때다; 데우다. ‖火を焚く 불을 피우다. 風呂を焚く 목욕물을 데우다.

たく【炊く】 (ご飯을) 짓다. ‖ご飯を炊く 밥을 짓다.

タグ【tag】 가격표(價格票).

だく【抱く】 안다; 품다. ‖赤ん坊を抱く 아기를 안다. 理想を抱く 이상을 품다.

たくあん【沢庵】 단무지.

たぐい【類い】 ❶부류(部類); 종류(種類). ‖この類いのものはたくさんある 이런 종류의 물건은 많이 있다. ❷동등(同等)한 것. ‖類いまれな逸品 보기 드문 일품.

たぐいない【類いない】 비길 데 없다. ‖類いない美しさ 비길 데 없는 아름다움.

たくえつ【卓越】 する 탁월(卓越). ‖卓越した能力を示す 탁월한 능력을 보여주다.

だくおん【濁音】 탁음(濁音).

＊たくさん【沢山】 ❶많음. ‖商品をたくさんもらう 상품을 많이 받다. ❷충분(充分)함. ‖お酒はもうたくさんです 술은 이제 충분합니다.

＊タクシー【taxi】 택시. ‖タクシーに乗る 택시를 타다. タクシーを拾う 택시를 잡다. タクシー2台に分乗する 택시 두 대에 나누어 타다. 個人タクシー 개인택시.

たくじしょ【託児所】 탁아소(託兒所).

たくじょう【卓上】 탁상(卓上). ◆卓上日記 탁상일기.

たくす【託す】 부탁(付託)하다; 맡기다. ‖親戚に子どもを託して外出する 친척에게 아이를 맡기고 외출하다. 仕事を託す 일을 맡기다.

だくだく 줄줄. ‖汗がだくだく(と)流れる 땀이 줄줄 흐르다.

たくち【宅地】 택지(宅地). ‖宅地造成 택지 조성.

タクト【Takt^독】 ❶지휘봉(指揮棒). ‖タクトを振る 지휘를 하다. ❷박자(拍子).

たくはい【宅配】 택배(宅配). ◆宅配便 택배업.

たくほん【拓本】 탁본(拓本). ‖拓本をとる 탁본을 뜨다.

たくましい【逞しい】 ❶건장(健壯)하다; 다부지다. ❷강인(強靭)하다. ‖たくましい精神力 강인한 정신력.

たくみ【匠】 장인(匠人).

たくみ【巧み】 ❶능숙(能熟)함; 교묘(巧妙)함. ‖言葉巧みに人をだます 말을 교묘하게 사람을 속이다. ❷기교(技巧); 의장(意匠); 취향(趣向).

たくらむ【企む】 획책(劃策)하다; (悪事를) 꾸미다; 꾀하다. ‖陰謀を企む 음모를 꾸미다.

だくりゅう【濁流】 탁류(濁流). ‖濁流にのまれる 탁류에 휩쓸리다.

たくわえ【蓄え】 저축(貯蓄).

たくわえる【蓄える】 ❶저축(貯蓄)하다; 모으다. ‖金を蓄える 돈을 모으다. ❷〔髪・髭のを〕 기르다.

たけ【丈】 ❶높이; 신장(身長). ‖背の丈 신장. 키. ❷길이; 丈の短いパンツ 길

タケ 288

이가 짧은 바지.
タケ【竹】대나무. ▸竹を割ったよう 대쪽 같은. 竹を割ったような性格 대쪽 같은 성격. ◆竹細工 죽세공. 竹竿 대나무 장대. 竹藪 대나무 숲.
タケ【茸】버섯.
*__だけ__ …만; …뿐; …합. ‖2人だけで話したい 둘이서만 이야기하고 싶다. 君だけに話す 너한테만 얘기하는 거야. できるだけ努力する 가능한 한 노력하겠습니다. 昨日来なかったのは彼だけだった 어제 안 온 사람은 그 사람뿐이었다.
たげい【多芸】다예(多藝). ◆多芸多才 다예다재.
だげき【打撃】타격(打擊). ‖打撃を加える 타격을 가하다.
たけだけしい【猛猛しい】❶ 강하고 용감(勇敢)하다. ❷〔図図しい〕뻔뻔하다.
だけつ【妥結】(名動) 타결(妥結). ‖交渉が妥結する 교섭이 타결되다.
たけつつ【多血質】다혈질(多血質).
たけなわ【酣・闌】한창. ‖秋たけなわの10月 가을이 한창 무르익는 시월.
だけに …만큼 더. ‖白いだけに汚れが目立つ 하얀 만큼 얼룩이 더 눈에 띄다.
タケノコ【筍】죽순(竹筍).
たけのこいしゃ【筍医者】돌팔이 의사(醫師).
たける【長ける】뛰어나다. ‖その作家は心理描写に長けている 그 작가는 심리 묘사가 뛰어나다.
だけれど(も) 그렇지만. ‖彼の意見は取り上げられなかった。だけれども彼の意見は正しい 그 사람의 의견은 거론되지 않았다. 그렇지만 그 사람의 의견은 옳다.
たげん【多元】다원(多元). ◆多元放送 다원 방송. 多元的 다원적. 多元論 다원론.
たこ【凧】연(鳶). ◆凧合戦 연 싸움.
たこ【胼胝】못. ‖手にたこができる 손에 굳은살이 박이다.
タコ【蛸】문어(文魚).
たこあげ【凧上げ】연(鳶)날리기.
たこあし【蛸足】문어(文魚)발. ◆タコ足配線 문어발식 배선.
たこう【多幸】다행(多幸); 행운(幸運). ‖ご多幸を祈ります 행운을 빕니다.
だこう【蛇行】(名動) 사행(蛇行). ◆蛇行河川 사행천.
たこうしき【多項式】〔数学〕다항식(多項式).
たこうしつ【多孔質】다공질(多孔質).
たこくせき【多国籍】다국적(多國籍). ◆多国籍企業 다국적 기업.
タコス【tacos】〔メキシコ料理の〕타코스.
たこやき【蛸焼き】(説明) 밀가루 반죽에 잘게 자른 문어(文魚)를 넣어 동글게 구운 것.
たごん【他言】(名他) 타언하는 다른 사람에게 말하다.
たさい【多才】ダ 다재(多才)하다; 재능(才能)이 많다. ‖多才な人 재능이 많은 사람.
たさい【多彩】ダ 다채(多彩)롭다. ‖多彩な催し 다채로운 행사.
ださい 촌스럽다; 멋없다. ‖ださい服 촌스러운 옷.
たさく【多作】(名他) 다작(多作).
ださく【駄作】졸작(拙作).
たさつ【他殺】타살(他殺).
たさん【多産】(名他) 다산(多産). ‖多産種の豚 다산종의 돼지.
ださん【打算】(名他) 타산(打算). ◆打算的 타산적. 打算的な人 타산적인 사람.
たざんのいし【他山の石】타산지석(他山之石).
たし【足し】더함; 보탬. ‖生活費の足しにする 생활비에 보태다.
だし【出し】❶〔だし汁〕우려낸 국물. ❷ 이용(利用)하다. ‖人をだしに使う 사람을 이용하다.
だしいれ【出し入れ】出し入れする 넣고 빼다.
*__たしか__【確か】ア ❶ 정확(正確)하다; 확실(確實)하다; 분명(分明)하다; 뚜렷하다. ‖確かな証拠 뚜렷한 증거. 確かに今日来るでしょう? 분명히 오늘 오죠? ❷ 믿을 만하다. ‖身元の確かな人 신원이 믿을 만한 사람. ❸〔副詞的に〕확실(確實)히; 분명(分明)히; 틀림없이. ‖あれは確か一昨年のことでした 그건 틀림없이 재작년의 일이었습니다.
たしかめる【確かめる】확인(確認)하다. ‖真偽を確かめる 진위를 확인하다.
タジキスタン【Tadzhikistan】〔国名〕타지키스탄.
たしざん【足し算】덧셈; 더하기.
だしじる【出し汁】우려낸 국물.
たじたじ ‖彼の前ではたじたじとなる 그 사람 앞에서는 맥을 못 추다〔쩔쩔매다〕.
たじなん【多事多難】다사다난(多事多難).
たしつ【多湿】다습(多濕). ◆高温多湿 고온 다습.
だしっぱなし【出しっ放し】…놓은 채로 둠. ‖水道の水を出しっ放しにする 수돗물을 틀어 놓은 채로 두다.
たしなみ【嗜み】❶〔節度〕조심성(操心性); 신중(愼重)함; 절제(節制)함. ‖たしなみない 조심성이 없다. ❷〔心がけ〕마음가짐.
たしなむ【嗜む】즐기다; 배우다. ‖酒をたしなむ 술을 즐기다. 茶道をたしなむ 다도를 배우다.
たしなめる【窘める】타이르다; 나무라다; 주의(注意)를 주다. ‖非礼をたしな

だしぬく【出し抜く】 他の人を出し抜ける; 他人を出し抜く ∥同業者を出し抜く 同業者を出し抜ける.
だしぬけ【出し抜け】 突然; 抜き打ち. ∥出し抜けの質問 突然の質問. 出し抜けに殴りかかる 突然殴りかかる.
だしもの【出し物】 公演物(公演物); 上映物(上映物).
たしゃ【他社】 他社(他社).
たしゃ【他者】 他者(他者); 他の人.
だしゃ【打者】 打者(打者). ∥4番打者 4番打者.
だじゃれ【駄洒落】 【俗語】 たわいない冗談; 面白みのない冗談(弄談). ∥だじゃれを言う つまらない冗談を言う.
たしゅ【多種】 多種(多種).
たじゅう【多重】 多重(多重). ◆多重放送 多重放送.
たしゅたよう【多種多様】〃 多種多様(多種多様). ∥多種多様なプラン 多種多様なプラン.
たしゅみ【多趣味】 趣味(趣味)が多い. ∥多趣味な人 趣味が多い人.
だじゅん【打順】 (野球で)打者(打者).
*たしょう【多少】 ❶ 多少(多少); 量(量)と数(数). ∥金額の多少を問わない 金額の多少を問わない. ❷ [副詞的に] ある程度(程度); 少し. ∥多少名の知れた人 ある程度名前が知られた人. 多少多めに入れる 塩を少し多めに入れる.
たしょう【多生】 (仏教で) 多生(多生).
たじょうたこん【多情多恨】 多情多恨(多情多恨).
たじろぐ 気が萎える; 気がくじける; 萎縮する.
だしん【打診】 【医学】 打診(打診). ∥相手の意向を打診する 相手の意向を打診する.
たしんきょう【多神教】 多神論(多神論).
たす【足す】 ❶加える. ∥少し砂糖を足す 砂糖を少し加える. ❷終える. ∥用を足す 用事を終える.
*だす【出す】 ❶ 取り出す. ∥冷蔵庫から牛乳を出す 冷蔵庫から牛乳を取り出す. かばんから書類を出す かばんの中から書類を取り出す. ❷差し出す. ∥窓から顔を出す 窓から顔を出す. ❸掲示(揭示)する; 展示(展示)する. ∥見本をインドに出す 見本をインドに展示する. ❹ 発表(發表)する; 出版(出版)する. ∥新製品を出す 新製品を発表する. ❺本を出す 本を出版する. ∥食事代を出す 食事代を出す. 駅前に店を出す 駅前に店を出す. 声に出して読む 声に出して読む. 口に出て言う 口に出して言う. 火を出す 火を出す. ❻卒業(卒業)させる. ∥3人の子どもを大学まで出した 子供3人を大学まで卒業させた. ❼ (手紙を)出す; 送る. ∥恩師に手紙を出す 先生に手紙を出す. ❽提出(提出)する. ∥意見を出してください 意見を提示してください. ❾(感情を)示す. ∥顔に感情を出す 顔に感情を示す. ❿ […出すの形で] …し始(始)める. ∥雨が降り出す 雨が降り始める.

たすう【多数】 多数(多数). ∥負傷者は多数に上る 負傷者が多数に達する. ◆多数決 多数決.

*【打数】 (野球で)打数(打數).
*たすかる【助かる】 ❶(救助される)生き残る. ❷運良く助かる; 生き残る. ❸〔労力・費用などが軽減される〕助かる; 助けになる.
たすき【襷】 ❶【俗語】服(衣服)の袖を掻き上げるための紐. ❷たすき. ∥候補者が名前を入れたたすきをかける 候補者が名前を入れたたすきをつける.
たすけ【助け】 助け. ∥助けを呼ぶ 助けを求める. 誰の助けも借りずに1人でやり遂げた 誰の助けも借りずに1人で成し遂げた.
たすけあい【助け合い】 互いに助けること; 助け合い; 相助(相助).
たすけあう【助け合う】 互いに助け合う.
たすけだす【助け出す】 救(救)い出す.
たすけぶね【助け船】 ❶ 救助船(救助船). ❷ 助けてくれる人; 助けてくれる物(物品). ◆助け船を出す 助けてくれる.
*たすける【助ける】 ❶助ける; 救(救)助する. ∥池に落ちた子供を助ける 池に落ちた子供を救う. 災害にあった人々を助ける 災害にあった人々を助ける. ❷補助(補佐)する.
たずさえる【携える】 ❶手に持つ; 携帯(携帯)する. ❷手を取る; 連れ立つ. ∥妻を携えて赴任する 妻を連れて赴任する. ❸一緒に行動(行動)する. ∥手を携えて出発する 一緒に出発する.
たずさわる【携わる】 関係(關係)する; 従事(從事)する. ∥教育に携わる 教育に従事する.
たずねびと【尋ね人】 (行方不明などで)探す人.
*たずねる【尋ねる】 ❶ 探す. ∥母を尋ねて上京する 母を探して上京する. ❷ 探求(探究)する. ∥日本語の源流を尋ねる 日本語の源流を探求する. ❸質問(質問)する; 問う. ∥道を尋ねる 道を尋ねる. 安否を尋ねる 安否を問う.
たずねる【訪ねる】 訪ねる; 訪ねて行く; 訪問(訪問)する. ∥知人を訪ねる 知人を訪ねる. その人の事務所を訪ねた その人の事務所を訪問した.
たぜい【多勢】 ◆多勢に無勢 衆寡不敵

だせい　(衆寡不敵).

だせい【惰性】 타성(惰性). ‖惰性に流される 타성에 젖다. ◆惰性的な타성적인.

だせき【打席】　(野球で)타석(打席). ‖打席に立つ 타석에 들어서다.

たせん【他薦】　(五6) 타천(他薦).

だせん【打線】　(野球で)타선(打線). ◆好打線 상위 타선.

たそがれ【黄昏】 황혼(黄昏). ◆たそがれ時 해가 질 무렵.

たそがれる【黄昏れる】 해가 지다; 저물다; 저녁이 되다.

だそく【蛇足】 사족(蛇足).

たた【多々】 많이. ‖この種の例は多々あります 이런 종류의 예는 많이 있습니다.

*** ただ【只】** ❶ 무료(無料); 공(空)짜. ‖この酒はただだ 이 술은 공짜다. ❷ 보통(普通). ‖ただの人 보통 사람. ❸ 무사(無事); 그냥. ‖ただで済むとは思えない 그냥 끝날 것 같지 않다. ◆只より高いものはない 공짜보다 비싼 것은 없다.

ただ【唯】　❶〔ひたすら〕오로지; 오직. ‖ただ祈るばかり 오직 빌 뿐이다. ❷〔わずか〕겨우. ‖ただこれだけの 겨우 이것뿐이다. ❸〔接続詞として〕다만; 단(但). ‖品質はいい, ただ少し高い 품질은 좋다. 다만 좀 비싸다.

ただ【徒】 그냥; 허무(虚無)하게.

だだ【駄駄】 응석; 떼; 억지. ‖だだをこねる 때를 쓰다.

ただい【多大】 ダ 매우 많다; 상당(相當)하다. ‖多大の效果を上げる 상당한 효과를 올리다.

ただいま【只今】 ❶ 현재(現在); 지금(只今). ‖ただいまの時刻は正午です 현재 시각은 정오입니다. ❷〔副詞として〕막; 조금 전에. ‖ただいまお帰りになりました 조금 전에 돌아갔습니다. ❸〔挨拶〕다녀왔습니다.

たたえる【称える】 칭찬(稱讃)하다; 칭송(稱頌)하다; 기리다. ‖勇気を称える 용기를 칭찬하다.

たたえる【湛える】 ❶ 가득하다. ‖目に涙をたたえる 눈에 눈물이 가득하다. ❷〔表情を〕띠다. ‖笑みをたたえる 웃음을 띠다.

たたかい【戦い·闘い】 전쟁(戰爭); 싸움; 승부(勝負).

***たたかう【戦う·闘う】** ❶ 전쟁(戰爭)하다; 싸우다. ‖隣国と戦う 이웃 나라와 싸우다. 困難と闘う 어려움과 싸우다. 病魔と闘う 병마와 싸우다. ❷ 승부(勝負)를 겨루다. ❸ 투쟁(鬪爭)하다. ‖勇敢なる労사가 투쟁을 하다.

たたかわす【戦わす】 싸우게 하다; 벌이다. ‖議論を戦わす 논쟁을 벌이다.

たたきあげる【叩き上げる】 밑바닥에서부터 고생(苦生)을 해 가며 기술(技術)을 닦아 올라가다.

たたきおこす【叩き起こす】 문을 두드려 깨우다; 흔들어 깨우다.

たたきこむ【叩き込む】 ❶ 쳐넣다. ‖牢屋にたたき込む 감옥에 처넣다. ❷〔技術·思想などを〕익히도록 엄격히 가르치다. ‖技をたたき込む 기술을 철저히 익히게 하다.

たたきだい【叩き台】 시안(試案).

たたきだす【叩き出す】 쫓다. ‖酔っぱらいをたたき出す 주정꾼을 내쫓다.

たたきつける【叩き付ける】 내던지다; 집어던지다. ‖辞表をたたきつける 사표를 내던지다.

たたきなおす【叩き直す】 바로 잡다. ‖曲がった根性をたたき直す 비뚤어진 근성을 바로잡다.

たたきのめす【叩きのめす】 철저(徹底)하게 해치우다.

***たたく【叩く】** ❶〔打つ〕두드리다. ‖クルミを金づちで叩いて割る 호두를 망치로 두드려 깨다. ❷ 치다. ‖手を叩く 손뼉을 치다. ❸ 공격(攻擊)하다; 비난(非難)하다. ‖マスコミにさんざんたたかれた マスコミ에서 심하게 비난받았다. ❹〔値切る〕값을 깎다. ‖値をたたいて買う 값을 깎아서 사다. ◆無駄口をたたく 쓸데없는 말을 하다.

ただごと【只事】 보통(普通) 일; 예삿일. ‖彼の様子はただごとではない 그 사람의 모습이 심상치 않다.

ただし【但し】 단; 단지(但只). ‖明日, 運動会を行なう. ただし雨天の場合は中止する 내일 운동회를 실시함. 단 우천시는 중지됨.

***ただしい【正しい】** 바르다; 올바르다; 옳다. ‖正しい姿勢 바른 자세. 心の正しい人 마음이 바른 사람. 正しい報道 올바른 보도. 正しい作法 올바른 예의범절. 君の意見は正しい 네 의견은 옳다.

ただしがき【但し書】 단서; 단서 조항(但書條項).

ただす【正す】 바르게 하다; 바로 잡다. ‖誤りをただす 잘못을 바로잡다.

ただす【糾す】〔真偽·事実などを〕따지다; 가리다. ‖是非をただす 시비를 가리다.

ただす【質す】 묻다; 질문(質問)하다. ‖意向をただす 의향을 묻다.

たたずまい【佇まい】〔模樣〕서 있는 모양(模樣)이나 분위기(雰圍氣). ‖庭のたたずまい 정원의 분위기.

たたずむ【佇む】 가만히 서 있다. ‖しょんぼりとたたずむ 맥없이 서 있다.

ただちに【直ちに】 즉시(卽時); 바로. ‖直ちに出発せよ 즉시 출발해라.

だだっぴろい【だだっ広い】 엄청나게 넓다.

ただでさえ【唯でさえ】 그렇지 않아도; 그럴찮아도. ‖ただでさえ狭い部屋に本

がいっぱいで そうじゃなくても 狭い 部屋に 本が 가득하다.

ただならぬ【只ならぬ】심상(尋常)치 않은; 보통(普通) 일이 아닌. ∥ただならぬ雰囲気 심상치 않은 분위기.

ただのり【只乗り】(俗語) 무임승차(無賃乗車).

ただばたらき【只働き】공(空)일. ∥これではただ働き同様これまでは공일이나 마찬가지다.

たたみ【畳】다다미. ▶畳の上で死ぬ 집에서 편하게 죽다. ∥畳部屋 다다미 방.

たたみかける【畳み掛ける】연거푸 말하거나 행동(行動)을 하다. ∥たたみかけて質問する 연거푸 질문하다.

たたむ【畳む】❶【布団・服などを】개다. ∥布団を畳む 이불을 개다. ❷【傘などを】접다. ∥傘を畳む 우산을 접다. ❸【商売などを】그만두다. ∥店を畳む 가게를 그만두다.

ただもの【只者】보통(普通) 사람; 보통내기. ∥ただ者ではない 보통내기가 아니다.

ただよう【漂う】❶떠돌다; 떠다니다; 방황(彷徨)하다. ∥夜の町を漂い歩く 밤거리를 떠돌아 다니다. 雲が漂う 구름이 떠다니다. ❷감돌다. ∥花の香が漂う 꽃 향기가 나다.

たたり【祟り】❶신불(神仏)・귀신(鬼神)의 재앙(災殃). ❷좋지 못한 행동(行動)에 대한 벌(罰). ∥毎日の夜更かしの祟り 매일 밤 늦게까지 자지 않은 벌.

たたる【祟る】❶【神仏・悪霊などが】화(禍)를 입히다. ❷어떤 행동(行動)이 나쁜 결과(結果)를 가져오다. ∥無理がたたって病む 무리해서 병이 나다.

たち【質】❶사람의 성질(性質); 체질(體質). ∥涙もろいたちだ 잘 우는 편이다. ❷물건이나 일의 성질. ∥質の悪いたずら 질이 나쁜 장난.

-たち【達】…들. ∥子どもたち 아이들. 森の小鳥たち 숲속의 새들.

たちあい【立ち会い】❶입회(立會). ∥第三者の立ち会いの下で 제삼자의 입회하에. ❷〈取引所の〉대두.

たちあい【立ち合い】〈相撲で〉두 선수(選手)가 서로 마주 보고 일어서는 것.

たちあいにん【立会人】입회인(立會人).

たちあう【立ち会う】입회(立會)하다.

たちあう【立ち合う】승부(勝負)를 겨루다.

タチアオイ【立葵】접시꽃.

たちあがり【立ち上がり】❶일어섬; 기립(起立). ❷【動作の始作(始作)】처음. ∥立ち上がりが悪い 시작이 안 좋다.

たちあがる【立ち上がる】❶일어나다; 기립(起立)하다. ∥座席から立ち上がる 좌석에서 일어나다. ❷【行動을 일으키다】들고일어나다. ∥暴力追放に市民が立ち上がる 폭력 추방에 시민들이 들고일어나다. ❸【勢いを取り戻す】회복(回復)하다. ∥破産の憂き目から立ち上がる 파산의 역경을 딛고 일어서다. ❹【機械が】작동(作動)하다. ∥立ち上がるまでに時間がかかるコンピューター 작동하기까지 시간이 걸리는 컴퓨터.

たちあげる【立ち上げる】❶【機械を】작동(作動)시키다; 기동(起動)시키다. ∥パソコンを立ち上げる 컴퓨터를 기동시키다. ❷【組織などを】새로 만들다.

たちい【立ち居】거동(擧動); (日常的な)동작(動作). ∥立ち居が不自由になる 거동이 불편해지다. ◆立ち居振る舞い 행동거지.

たちいり【立ち入り】출입(出入). ◆立入禁止 출입 금지. 立ち入り検査 현장 검사.

たちいる【立ち入る】❶들어가다. ❷간섭(干渉)하다; 관여(關與)하다.

タチウオ【太刀魚】갈치.

たちうち【太刀打ち】∥太刀打ちできない 맞설 수 없다. 상대가 안 되다.

たちおうじょう【立ち往生】❶선 채로 죽음. ❷【事故などで】차량(車輛)이 움직이지 못함. ∥雪のため電車が立ち往生する 눈 때문에 전철이 꼼짝 못하다.

たちおくれる【立ち後れる】【出發・發展などが】뒤지다; 뒤지다. ∥取材活動が他社に一歩立ち後れる 취재 활동이 타사에 한발 뒤지다.

たちぎき【立ち聞き】∥立ち聞きする 엿듣다.

たちきる【断ち切る】자르다; 잘라내다; 끊다. ∥2つに断ち切る 둘로 자르다. 未練を断ち切る 미련을 끊다.

たちぐい【立ち食い】∥立ち食いする 서서 먹다.

たちくらみ【立ち眩み】현기증(眩氣症). ∥立ち眩みする 현기증이 나다.

たちこめる【立ち込める】(煙・霧などが)자욱하다; 끼다. ∥霧が立ち込める 안개가 끼다.

たちさる【立ち去る】떠나다. ∥一礼して立ち去る 가볍게 인사하고 떠나다.

たちしょうべん【立小便】∥立小便する 길가에서 소변을 보다.

たちすがた【立ち姿】❶서 있는 모습. ❷(舞なじの)춤추는 모습.

たちすくむ【立ち竦む】(恐怖・驚きなどで)꼼짝 못하다. ∥恐ろしさにその場に立ちすくむ 무서워서 그 자리에 선 채 꼼짝 못하다.

たちつくす【立ち尽くす】계속(繼續) 서 있다. ∥眺望のすばらしさに時を忘れて立

ち尽くす 조망이 너무 아름다워 시간 가는 것도 잊고 서 있다.

たちどころに【立ち所に】 당장(當場); 즉시(卽時); 곧; 바로. ∥たちに原案ができ上がった 즉시 원안이 만들어졌다. もらった薬を飲んだらたちどころに痛みが止まった 받은 약을 먹었더니 바로 통증이 멎었다.

たちどまる【立ち止まる】 멈춰 서다. ∥立ち止まって振り返る 멈춰 서서 돌아보다.

たちなおる【立ち直る】 회복(回復) 되다; 원상태(元狀態)로 돌아가다. ∥景気が立ち直った 경기가 회복되다.

たちならぶ【立ち並ぶ】 늘어서다. ∥歓迎の人が立ち並ぶ 환영 인파가 늘어서 있다.

たちのき【立ち退き】 퇴거(退去); 철거(撤去).

たちのく【立ち退く】 떠나다; 이동(移動)하다; 퇴거(退去)하다; 철거(撤去)하다.

たちのぼる【立ち上る】 오르다; 피어오르다. ∥煙突から煙が立ち上る 굴뚝에서 연기가 오르다.

たちば【立場】 입장(立場); 지위(地位); 면목(面目). ∥相手の立場になって考える 상대방의 입장이 되어 생각하다. それでは私の立場がなくなる 그러면 내 입장이 곤란해진다. 立場で考えも異なる 입장에 따라 생각도 달라진다. ▶立場がない 면목이 없다.

たちはだかる【立ちはだかる】 가로막다.

タチバナ【橘】 귤나무.

たちばなし【立ち話】 서서 하는 이야기. ∥道で立ち話する 길에서 서서 이야기하다.

たちはばとび【立ち幅跳び】 제자리 넓이뛰기.

たちふさがる【立ち塞がる】 가로막다. ∥両手を広げて立ち塞がる 양손을 벌여 가로막다.

たちまち【忽ち】 ❶ 순식간(瞬息間)에; 눈 깜짝할 사이에. ∥たちまち消える水の泡 순식간에 사라지는 물거품. ❷ 【急に】갑자기. ∥たちまち起こる突撃の声 갑자기 들려오는 돌격이라는 소리.

たちまわる【立ち回る】 ❶【奔走する】돌아다니다. ❷【画策する】자기(自己)에 유리하도록 하다. ❸【寄る】들르다. ∥犯人の立ち回りそうな所 범인이 들를 만한 곳.

たちみ【立ち見】 서서 봄. ◆立ち見席 입석.

たちむかう【立ち向かう】 대항(對抗)하다; 대처(對處)하다. ∥難局に立ち向かう 난국에 대처하다.

たちもどる【立ち戻る】 돌아가다; 돌아오다. ∥原点に立ち戻って考える 원점으로 돌아가서 생각하다.

たちゆく【立ち行く】 ❶【時間が】경과(經過)하다; 지나다. ∥立ち行く年。 ❷【事業・生活を】꾸려 나가다. ∥不景気で店が立ち行かなくなった 불경기로 가게를 꾸려 나가기가 어려워졌다.

ダチョウ【駝鳥】 타조(駝鳥).

たちよみ【立ち読み】 立ち読みする 책이나 잡지를 사지 않고 서서 읽다.

たちよる【立ち寄る】 ❶다가서다; 가까이 가다. ∥窓に立ち寄って外をのぞく 창문으로 다가가서 밖을 보다. ❷들르다. ∥学校の帰りに友人の家に立ち寄る 학교에서 오는 길에 친구 집에 들르다.

たつ【龍・辰】 ❶용(龍). ❷【十二支の】진(辰).

*たつ【立つ】 ❶ 서다. ∥彼はドアの近くに立っていた 그 사람은 문 근처에 서 있었다. 優位に立つ 우위에 서다. ❷ 【立候補】하다. ∥3人の候補者が立っている 세 명의 후보자가 입후보했다. ❸【腰などが】펴지다. ∥腰が立たなくなる 허리가 펴지지 않게 되다. ❹【泡・風・波などが】일다. ∥泡が立つ 거품이 일다. ❺ 입각(立脚)하다. ∥仮定に立つ話 가정에 입각한 이야기. ▶立つ鳥跡を濁さず 떠나는 사람은 뒤처리를 깨끗이 해야 한다.

たつ【経つ】 경과(經過)하다; 지나다. ∥時間が経つ 시간이 경과하다.

たつ【発つ】 출발(出發)하다; 떠나다. ∥明日アメリカに発つ 내일 미국으로 출발한다.

たつ【建つ】【建物が】서다. ∥ビルが建つ 빌딩이 서다.

*たつ【絶つ・断つ】 ❶자르다; 절단(切斷)하다. ∥悪の根を断つ 악의 뿌리를 자르다. ❷차단(遮斷)하다. ∥退路を断つ 퇴로를 차단하다. ❸끊다. ∥酒を断つ 술을 끊다. 関係を絶つ 관계를 끊다. ❹ 단절(斷絶)하다. ∥国交を絶つ 국교를 단절하다.

たつ【裁つ】 재단(裁斷)하다; 자르다; 마르다. ∥布地を裁つ 천을 재단하다.

だつ一【脱】 탈한다; …◆脱公害 탈공해.

だつい【脱衣】 [名・自] 탈의(脱衣). ◆脱衣場 탈의장.

だっかい【脱会】 [名・自] 탈퇴(脱退). ◆脱会届 탈퇴서.

だっかい【奪回】 [名・他] 탈환(奪還). ∥戦略上の要地を奪回する 전략상의 요지를 탈환하다.

たっかん【達観】 [名・他] 달관(達觀). ∥人生を達観する 인생을 달관하다.

だっかん【奪還】 [名・他] 탈환(奪還). ∥タイトルを奪還する 타이틀을 탈환하다.

だっきゃく【脱却】 탈각(脱却); 벗어남; 버림. ∥古い考えを脱却する 낡은 생각을 버리다. スランプを脱却する 슬럼프

たっきゅう【卓球】 탁구(卓球).
だっきゅう【脱臼】 탈구(脱臼).
だっこ【抱っこ】 안다; 안아주다.
だつごく【脱獄】 탈옥(脱獄).
だつさんしん【奪三振】 (野球)탈삼진(脱三振).
だっし【脱脂】 탈지(脱脂). ◆脱脂乳 지유. 脱脂綿 탈지면.
だつじ【脱字】 탈자(脱字).
たっしゃ【達者】 ❶잘함; 능숙(能熟)함. ∥英語が達者だ 영어를 잘하다. ❷건강(健康)함. ∥年はとっても目は達者だ 나이는 먹었어도 눈은 좋다.
だっしゅ【奪取】 (する)탈취(奪取). ∥敵陣を奪取する 적진을 탈취하다.
ダッシュ【dash】 (する) ❶돌진(突進); 질주(疾走). ∥ゴールを目指してダッシュする 골을 향해 질주하다. ❷(記号의)(-). ❸(記号의)(´).
だっしゅう【脱臭】 (する)탈취(脱臭). ◆脱臭剤 탈취제.
だっしゅつ【脱出】 (する)탈출(脱出). ∥国外脱出を図る 국외 탈출을 꾀하다.
だっしょく【脱色】 (する)탈색(脱色). ∥一度脱色した布地 한 번 탈색한 천.
たつじん【達人】 달인(達人). ∥達人の境地に入る 달인의 경지에 이르다.
だっすい【脱水】 (する)탈수(脱水). ◆脱水症状 탈수 증세.
*たっする【達する】 ❶이르다; 다다르다; 도달(到達)하다. ∥山頂に達する 산 정상에 도달하다. ❷달성(達成)하다. ∥目的을 달성하다. 目的を達する 목표를 달성하다.
だっする【脱する】 벗어나다; 탈출(脱出)하다. ∥危機を脱する 위기에서 벗어나다. 敵陣から脱する 적진에서 탈출하다.
たつせ【立つ瀬】 입장(立場); 면목(面目). ▷立つ瀬がない 면목이 없다.
たっせい【達成】 (する)달성(達成); 성취(成就). ∥目標を達成する 목표를 달성하다.
だつぜい【脱税】 (する)탈세(脱税). ◆脱税行為 탈세 행위.
だっせん【脱線】 (する)탈선(脱線). ∥電車が脱線する 전철이 탈선하다. ❷빗나감; (話가)옆으로 샘. ∥講義の途中で時々脱線する 강의 도중에 이야기가 가끔 옆으로 새다.
だっそう【脱走】 (する)탈주(脱走). ∥収容所から脱走する 수용소에서 탈주하다.
*たった【唯】 겨우; 기껏; 고작; 단(単). ∥たった百円しかない 겨우 백 엔밖에 없다. たったこれっきりだ 고작 이것뿐이다. たった一日で仕事を終えた 단 하루 만에 일을 끝냈다.
だったい【脱退】 (する)탈퇴(脱退). ∥連盟を脱退する 연맹에서 탈퇴하다.
たったいま【唯今】 조금 전에; 막; 방금(方今); 당장(当場). ∥たった今帰宅したところだ 방금 돌아온 참이다.
タッチ【touch】 (する)터치. ◆タッチスクリーン 터치스크린. タッチアウト (野球에서)터치아웃.
たって 무리(無理)하게; 억지로; 어떻게 해서라도. ∥たっての願い 간청.
-たって ❶…도; …더라도. ∥諦めなくたっていいじゃないか 포기하지 않아도 되잖아. ❷…라고 해도. ∥逃げようったって, 逃がさない 도망가려 해도 놓치지 않을 거야.
-だって …(이)라도. ∥子どもにだってできることは幾らでも有る 일이다.
たっとい【尊い】 (地位などが)높다. ∥貴い身分の人 신분이 높은 사람.
だっとう【脱党】 (する)탈당(脱黨).
だっとのごとく【脱兎の如く】 쏜살같이. ∥脱兎のごとく飛び出す 쏜살같이 뛰어나오다.
たっとぶ【尊ぶ】 ❶존경(尊敬)하다; 공경(恭敬)하다. ∥神仏を尊ぶ 신불을 공경하다. ❷중요시(重要視)하다. ∥自立の精神を尊ぶ 자립 정신을 중요시하다.
たづな【手綱】 고삐. ∥手綱を引く 고삐를 끌다. ▶手綱を締める 고삐를 죄다.
タツノオトシゴ【竜の落とし子】 해마(海馬).
だっぴ【脱皮】 (する)탈피(脱皮).
たっぴつ【達筆】 달필(達筆).
タップダンス【tap dance】 탭 댄스.
たっぷり 듬뿍; 충분(充分)히. ∥時間はたっぷりある 시간은 충분히 있다. たっぷりと食べる 듬뿍 먹다.
だつぼう【脱帽】 (する) ❶탈모(脱帽). ❷경의(敬意)를 표(表)함. ∥彼の博識には脱帽だ 그 사람의 박식함에 경의를 표한다.
たつまき【竜巻】 회오리바람.
だつもう【脱毛】 (する)탈모(脱毛). ◆脱毛剤 탈모제. 脱毛症 탈모증.
だつらく【脱落】 (する)탈락(脱落). ◆脱落者 탈락자.
たて【盾】 방패(防牌). ∥盾に取る 구실로 삼다. ▶盾を突く 대들다. 반항하다. 上司にたてをつく 상사한테 대들다.
*たて【縦】 ❶세로. ∥縦5センチ, 横3センチ 세로 오 센티 가로 삼 센티. 縦に線を引く 세로로 줄을 긋다. 縦にむる 세로로 자르다. ❷상하 관계(上下関係). ∥縦の関係 상하 관계.
だて【伊達】 ❶(侠気)를 부림; 남자(男子)다움을 보이려고 하는 것. ❷(外見を飾ること)멋을 부림. ∥伊達の薄着 추운데도 멋을 부린다고 얇은 옷을 입음.

-だて【建て】 ❶〈建物の〉…층(層). ‖8階建てのビル 팔 층 건물. ❷〈貨幣名とともに〉그 화폐(貨幣)로 지불(支拂)됨을 나타냄. ‖ドル建ての輸出契約 달러 지불의 수출 계약.
たたいた【立(て)板】 기대어 세워 놓은 판자(板子). ▶立て板に水 청산유수(青山流水).
たてかえる【立て替える】 비용(費用)을 일시적(一時的)으로 대신(代身) 지불(支拂)함. ‖交通費を立て替える 교통비를 대신 지불하다.
たてかえる【建て替える】 새로 짓다.
たてがき【縦書き】 세로쓰기.
たてがみ【鬣】〈ライオン・馬などの〉갈기.
たてぐ【建具】 창호(窓戸).
たてこむ【立て込む】 ❶붐비다; 북적거리다. ‖夕方で客が立て込む 저녁때라 손님이 붐비다. ❷〈事などが〉밀리다; 겹치다. ‖決算期を控えて, 会計事務が立て込む 결산을 앞두고 회계 업무가 몰리다.
たてこむ【建(て)込む】〈建物が〉밀집(密集)하다. ‖家が建て込んでいる 집이 밀집해 있다.
たてこもる【立て籠る】 ❶〈家の中に〉틀어박히다. ❷농성(籠城)하다.
たじく【縦軸】〈数学〉세로축(軸).
たてじま【縦縞】 세로줄 무늬.
たてしゃかい【縦社会】 〈説明〉상하 관계(上下關係)를 중시(重視)하는 사회(社會).
たてつく【盾突く】 대들다; 반항(反抗)하다; 말대꾸하다.
たてつづけに【立て続けに】 연(連)이어; 연달아; 계속(繼續)해서. ‖立て続けに客が来て 손님이 손님이 손님이 손님이 올 다섯 잔이나 마시다.
たてつぼ【建坪】 건평(建坪).
たてなおす【立て直す】 ❶개축(改築)하다; 새로 짓다. ❷헐어 새로 짓다; 오래된 집을 개축하다. ❸재건(再建)하다. ‖会社を立て直す 회사를 재건하다.
たてなおす【立て直す】 새로 세우다; 바로 세우다; 바로잡다. ‖計画を立て直す 계획을 새로 세우다. 態勢を立て直す 태세를 바로잡다.
たてなが【縦長】 세로로 김. ‖紙を縦長に切る 종이를 세로로 길게 자르다.
たてなみ【縦波】 종파(縱波).
たてふだ【立て札】 팻말.
たてまえ【建て前】 원칙(原則); 기본 방침(基本方針); 대외적(對外的)인 방침.
たてもの【建物】 건물(建物). ‖あの高い建物は何ですか 저 높은 건물은 무엇입니까?
たてゆれ【縦揺れ】 ‖縦揺れする 상하로 흔들리다. 앞뒤로 흔들리다.
たてる【立てる】 ❶세우다. ‖柱を立てる 기둥을 세우다. 計画を立てる 계획을 세우다. ❷〈音を〉내다. ‖音を立てる 소리를 내다. ❸〈地位に〉앉히다. ‖会長に立てる 회장으로 앉히다. ❹〈尊重する〉세워 주다. ‖先輩を立てる 선배의 체면을 세워 주다. 顔を立てる 체면을 세워 주다. ❺〈ほこりなどを〉일으키다. ‖ほこりを立てる 먼지를 일으키다. ❻〈閉める〉‖雨戸を立てる 덧문을 닫다.
たてる【建てる】 짓다. ‖家を建てる 집을 짓다.
たてわり【縦割り】 ❶세로로 자름. ❷〈説明〉〈組織・業務などを〉상하 관계(上下關係)를 기준(基準)으로 편성(編成)하는 것.
だてん【打点】〈野球で〉타점(打點).
たどう【他動】 타동(他動). ◆他動詞 타동사.
だとう【打倒】 타도(打倒). ‖宿敵を打倒する 숙적을 타도하다.
だとう【妥当】ダ 타당(妥當)하다. ‖妥当な判断 타당한 판단. 妥当性を裏付ける 타당성을 뒷받침하다.
たとえ【仮令】 가령(假令); 설령(設令). ‖たとえそうだとしても 설령 그렇다고 하더라도.
*たとえ【譬え・例え】 ❶비유(比喻). 《たとえを引く 비유를 대다. ❷예(例). ‖適切なたとえではないが 적절한 예는 아니지만. ◆たとえ話 예로 든 이야기.
たとえば【例えば】〈例〉예를 들면; 예를 들어. ‖たとえば僕が君だったらそうはしない 예를 들어 내가 너라면 그렇게는 안 해.
たとえる【譬える】 예를 들다. ‖動物にたとえた話 동물을 예로 든 이야기.
たどたどしい【辿辿しい】 더듬거리다; 비틀거리다. ‖たどたどしい足どり 비틀거리는 걸음.
たどりつく【辿り着く】 도착(到着)하다; 당도(當到)하다; 다다르다; 도달(到達)하다. ‖やっと目的地にたどり着く 겨우 목적지에 당도하다. 結論にたどり着く 결론에 도달하다.
たどる【辿る】 ❶더듬어 가다. ‖地図をたどりながら進む 지도를 더듬으며 나아가다. ❷흔적(痕跡)을 쫓아가다. ‖犯人の足取りをたどる 범인의 흔적을 쫓아가다. ❸더듬다. ‖記憶をたどる 기억을 더듬다.
たな【棚】 ❶선반. ‖食器棚 찬장. ❷…붕(棚). ‖大陸棚 대륙붕. ▶棚からぼた餅 굴러 들어온 호박. ▶棚に上げる 자기에게 불리한 일은 모른 체하다. 문제 삼지 않다.
たなあげ【棚上げ】 ❶〈商品の〉사재기. ❷일시 보류(一時保留). ‖提案を棚上

たなおろし【棚卸し】 ③해 재고 조사 (在庫調査).

たなざらし【店晒し】 미해결(未解決)인 채로 방치(放置)되어 있음. ‖たなざらしになっている条件 미해결 안건.

たなだ【棚田】 계단식(階段式) 논.

たなばた【七夕】 칠석(七夕).

たなびく【棚引く】 (雲·霧などが)길게 깔리다.

たなん【多難】 다난(多難).

たに【谷】 계곡(溪谷).

ダニ【壁蝨】 ❶《動物》진드기. ❷《比喩的に》기생충(寄生蟲). ‖社会のダニ 사회의 기생충.

たにがわ【谷川】 계류(溪流).

たにま【谷間】 골짜기; 계곡(溪谷).

たにん【他人】 타인(他人); 남; 제삼자(第三者). ‖赤の他人 생판 남. 他人が口を出すことではない 제삼자가 참견할 일이 아니다.

たにんぎょうぎ【他人行儀】 서먹서먹함. ‖他人行儀な挨拶 서먹서먹한 인사.

たにんごと【他人事】 남의 일.

タヌキ【狸】 너구리. ▶狸寝入りする 자는 척하다.

たね【種】 ❶종자(種子); 씨; …거리. ‖種をまく 씨를 뿌리다. 心配の種 걱정거리. 話の種 화젯거리. ❷정자(精子); 혈통(血統); 자손(子孫). ❸내막(內幕). ‖種を明かす 내막을 밝히다.

たねあかし【種明かし】 내막이나 속임수를 밝힘.

たねぎれ【種切れ】 재료 등이 떨어지다. 話가種切れになる 이야깃거리가 떨어지다.

たねまき【種まき】 ③해 파종(播種). ‖種まきのシーズン 파종 시기.

たねんせいしょくぶつ【多年生植物】 다년생 식물(多年生植物).

たねんそう【多年草】 다년초(多年草).

*たのしい【楽しい】 즐겁다. ‖人生は楽しい 인생은 즐겁다. 楽しい夕食の時間 즐거운 저녁 식사 시간. 温泉旅行は楽しかった 온천 여행은 즐거웠다. 楽しく遊ぶ 즐겁게 놀다.

*たのしみ【楽しみ】 ❶즐거움; 재미. ‖読書の楽しみ 독서의 즐거움. ❷낙(樂). ‖기대(期待). ‖勉強が楽しみな子 장래가 기다되는 아이.

たのしむ【楽しむ】 ❶즐기다; 애호(愛好)하다. ‖釣りを楽しむ 낚시를 즐기다. 済州島で夏休みを楽しむ 제주도에서 여름휴가를 즐기다. ❷기대(期待)하다; 기대를 걸다. ‖娘の成長を楽しみにする 딸의 성장을 기대하다.

*たのみ【頼み】 ❶부탁(付託); 의뢰(依頼). ‖頼みを聞き入れる 부탁을 들어주다. ❷의지(依支). ‖頼みにならない人

의지할 수 없는 사람.

たのみこむ【頼み込む】 간곡(懇曲)히 부탁(付託)하다. ‖頼み込んでやっと手に入れた 간곡히 부탁해 겨우 손에 넣었다.

たのみのつな【頼みの綱】 의지(依支)할 수 있는 것. ‖彼の厚意を頼みの綱とするその人の好意를 믿고 의지한다.

*たのむ【頼む】 부탁(付託)하다; 의뢰(依頼)하다. ‖知り合いに息子の就職を頼む 아는 사람한테 아들의 취직을 부탁하다. 子どもたちをよろしく頼みます 아이들을 잘 부탁합니다. 友だちから結婚式の祝辞を頼まれる 친구로부터 결혼식 축사를 부탁받다.

たのもしい【頼もしい】 믿음직하다; 믿음직스럽다. ‖頼もしい人 믿음직한 사람.

たば【束】 뭉치; 다발; 덩어리. ◆札束 돈뭉치. 花束 꽃다발.

だは【打破】 타파(打破). ‖悪習を打破する 악습을 타파하다.

*タバコ【tabaco 葡】 담배. ‖タバコを吸う 담배를 피우다. タバコを止める 담배를 끊다. タバコ1箱 담배 한 갑. タバコ1本 담배 한 개비.

たはつ【多発】 다발(多發). ◆事故多発地域 사고 다발 지역.

たばねる【束ねる】 ❶하나로 묶다. ‖稲を束ねる 벼를 묶다. ❷통솔(統率)하다. ‖若い人を束ねていく役 젊은 사람을 통솔하는 역할.

たび【度】 ❶…때; …번(番). ‖この度はお世話になりました 이번에는 신세를 많이 졌습니다. ❷…때마다. ‖見るたびに思い出す 볼 때마다 생각이 나다. ❸횟수(回數). ‖度重なる 횟수가 거듭되다.

たび【旅】 여행(旅行). ‖旅に出る 여행을 떠나다. ‖旅は道連れ, 世は情け 여행은 동반자가 있는 것이 좋고, 세상살이는 정이 있는 것이 좋다.

たび【足袋】 버선.

だび【荼毘】 화장(火葬). ▶荼毘に付す 화장을 하다.

たびかさなる【度重なる】 거듭되다. ‖度重なる暴行 거듭되는 폭행.

たびさき【旅先】 여행지(旅行地).

たびじ【旅路】 여로(旅路); 여행(旅行) 길.

たびする【旅する】 여행(旅行)하다.

たびだつ【旅立つ】 여행(旅行)을 떠나다.

たびたび【度度】 번번(番番)이; 자주. ‖度々注意される 번번이 주의를 당하다. その話は度々聞いた 그 이야기는 자주 들었다.

たびびと【旅人】 여행자(旅行者).

ダビング【dubbing】 더빙.

タブー【taboo】 터부.

だぶだぶ ❶[太って]뒤룩뒤룩. ‖お腹の肉がだぶだぶしてきた 뱃살이 뒤룩뒤룩해졌다. ❷출렁출렁. ‖かめの水がだぶだぶする 물독의 물이 출렁거린다. ❸헐렁헐렁. ‖だぶだぶのズボン 헐렁헐렁한 바지.

だぶつく ❶출렁거리다. ‖水を飲みすぎて腹がだぶつく 물을 너무 많이 마셔 배가 출렁거린다. ❷헐렁하다. ‖この服がだぶついて着づらい 이 옷은 너무 헐렁해서 입기가 불편하다. ❸남다. ‖資金がだぶつく 자금이 남다.

だふや【ダフ屋】암표상(暗票商).
たぶらかす【誑かす】속이다. ‖人をたぶらかす 남을 속이다.
ダブる ❶겹치다. ‖眼鏡をかけないと字がダブって見える 안경을 끼지 않으면 글씨가 겹쳐서 보인다. ❷더블 플레이로 아웃시키다.
ダブル【double】더블. ◆ダブルベッド 더블 침대. ダブルクリック 더블 클릭. ダブルブッキング 이중 예약. ダブルプレー 더블 플레이.
ダブルス【doubles】복식 경기(複式競技).
タブロイド【tabloid】타블로이드.
たぶん【多分】❶많음; 충분(充分). ‖多分に疑わしい点がある 충분히 의심스러운 점이 있다. ❷[副詞的に]아마. ‖明日はたぶん晴れるだろう 내일은 아마 맑을 것이다.
たべごろ【食べ頃】제철.
たべざかり【食べ盛り】한창 먹을 때. ‖食べ盛りの子どもが3人いる 한창 먹을 아이가 셋이 있다.
たべすぎ【食べ過ぎ】과식(過食).
たべすぎる【食べ過ぎる】과식(過食)하다.
たべほうだい【食べ放題】마음대로 먹음; 마음껏 먹음.
*****たべる**【食べる】❶먹다. ‖ご飯を食べる 밥을 먹다. 何も食べてないから 아무것도 안 먹고 싶다. 昼, 食べに行こう 점심 먹으러 가자. 食べて生きる. ❷[こう物価が上がってはとても食べていけない 이렇게 물가가 올라서는 먹고 살 수 없다.
たへんけい【多辺形】다변형(多邊形).
だほ【拿捕】(至해)나포(拿捕).
たほう【他方】❶다른 쪽. ‖他方の言い分も聞く 다른 쪽 변명도 듣다. ❷[副詞的に]한편. ‖乱暴者だが, 他方やさしいところもある 난폭한 한편 친절한 면도 있다.
たぼう【多忙】다망(多忙)하다; 바쁘다. ‖多忙な毎日 바쁜 나날.
だほう【打法】(球技で)타법(打法).
たほうとう【多宝塔】(仏教)다보탑(多寶塔).
たほうめん【多方面】다방면(多方面).

だぼく【打撲】타박상을 입다. ◆打撲傷 타박상.
*****たま**【玉】❶둥근 것. ❷目の玉 눈알. 여구. ❷(眼鏡の)レンズ. ◆玉に瑕(き) 옥에 티. [諺] 玉を転がす 옥을 굴리는 듯한 고운 목소리다.
たま【珠】❶보석(寶石); 진주(眞珠). ❷소중(所重)한 것. ‖珠のような男の子 금쪽 같은 아들.
たま【偶】‖たまの機会 드문 기회.
たま【弾】❶공. ❷[速い球を投げる 빠른 공을 던지다. ❷전구(電球). ‖球が切れる 전구가 끊어지다.
たま【弾】❸총(銃)알. ❷弾を込める 총알을 장전하다.
たまいれ【玉入れ】(운동회 등에서의) 공 집어넣기.
たまう【給う】[…たまえの形で]…게 하라. ‖あ入りたまえ 자 들어오게. これを見たまえ 이걸 보게.
たまげる【魂消る】매우 놀라다.
*****たまご**【卵】❶알. ‖卵を産む 알을 낳다. ❷계란(鷄卵). ‖卵料理 계란 요리. 卵の黄身【白身】계란 노른자[흰자]. ❸[就業中の人]医者の卵 올챙이 의사. 卵形 계란형. 卵形の顔 계란형 얼굴. 卵酒 (鷄卵)과 설탕(雪糖)을 넣고 끓인 술. 卵麺(めん) 계란에 꿀과 설탕을 넣고 끓인 술. 卵麺(めん) 계란에 계란(鷄卵)을 넣은 요리(料理). 卵焼 계란 부침. 계란 말이.
だまし【騙し】속임. ‖子どもだまし 뻔한 속임수.
たましい【魂】❶혼; 영혼(靈魂). ‖魂を込めた作品 혼을 불어넣은 작품. ❷기력(氣力); 정신(精神). ◆魂が抜ける 기력이 없어지다. ‖魂を入れ替える 마음을 바로잡다. 마음을 고쳐먹다.
たまじゃり【玉砂利】굵은 자갈.
だます【騙す】속이다. ‖だまして儲けた金 속여서 번 돈.
たまたま【偶】우연(偶然)이다.
たまつき【玉突き】❶[ビリヤード]당구(撞球). ❷추돌(追突). ‖玉突き事故 추돌 사고.
たまてばこ【玉手箱】❶(浦島의 전설(傳說)에 나오는 상자(箱子). ❷귀중(貴重)한 상자; 귀중한 것.
たまに【偶に】가끔. ‖たまにやってくる 가끔 오다.
タマネギ【玉葱】양파.
たまのこし【玉の輿】(설명) 여자(女子)가 결혼 상대로 얻는 고귀(高貴)한 신분(身分). ◆玉の輿に乗る 여자가 부귀한 집으로 시집을 가다.
タマムシ【玉虫】비단(緋緞)벌레.
たまむしいろ【玉虫色】(설명) 빛에 따라 여러 가지 색으로 보이는 색. ❷애매(曖昧)함. ‖玉虫色의 개혁안 애매한 개혁안.

たまもの【賜・賜物】 ❶선물(膳物). ∥自然の賜物 자연의 선물. ❷성과(成果); 좋은 결과(結果). ❸노력의 결과.

たまらない【堪らない】 ❶참을 수 없다; 견딜 수 없다; 못 견디겠다. ∥現在の生活がたまらない 지금 생활을 참을 수가 없다. 欲しくてたまらない 갖고 싶어서 못 견디겠다. ❷너무너무 …하다. ∥うれしくてたまらない 너무너무 기쁘다.

だまりこむ【黙り込む】 입을 다물다.

たまりじょうゆ【溜まり醤油】 진 간장(醬).

たまりば【溜まり場】 늘 모이는 곳.

* **たまる【溜まる】** ❶고이다; 모이다; 쌓이다. ∥窪地に雨水が溜まる 움푹 팬 곳에 빗물이 고이다. ほこりが溜まる 먼지가 쌓이다. ❷밀리다; 정체(停滯)되다. ∥仕事が溜まる 일이 밀리다.
* **だまる【黙る】** 입을 다물다; 가만히 있다. 黙れ,気지러워. 입 다물어! それなら先方も黙っていないだろう 그러면 상대편도 가만히 있지는 않을 거다.

たまわる【賜わる】 ❶받다. ∥賜わり受けた物건. ❷〔くださる〕주시다.

たみ【民】 국민(國民); 백성(百姓).

ダミー【dummy】 ❶인체 모형(人體模型); 마네킹. ∥ダミー会社 유령 회사. ❷〔映画の〕대역 인형(代役人).

ダム【dam】 댐.

たむける【手向ける】 ❶〔神仏に〕바치다. ∥墓に線香を手向ける 묘에 향을 피우다. ❷전별(餞別)을 보내다.

たむろする【屯する】 떼지어 모이다; 모여들다.

* **ため【為】** ❶이익(利益); 득(得); 도움. ∥ためになる本 도움이 되는 책. 君のためを思って言うのだ 너를 생각해서 하는 말이야. ❷…때문. ∥事故のために遅れた 사고 때문에 늦었다. ❸…을[를] 위(爲)해. ∥会議のため上京する 회의를 위해 상경하다. 合格するために大いに勉強する 합격하기 위해 매우 열심히 공부하다.

ため【溜め】 모음; 모아두는 곳.

* **だめ【駄目】** ❶바둑의 공배(空排). ❷〔演劇で〕연출자(演出者)의 지적(指摘)이나 주의(注意). ∥駄目を出す 지적을 하다. ❸소용(所用)없음. ❹〔駄目かも知れないが頼んでみる 안 될지도 모르지만 부탁해 보다. ❹〔禁止〕안됨; 불가능(不可能). ∥芝生に入っては駄目 잔디밭에 들어가면 안 됨. ❺쓸모 없음; 못 쓰게 됨. ∥駄目になる 망가져 못쓰게 되다. ▸駄目で元々 밀져야 본전.(俗) ▸駄目を押す 다짐을 하다.

ためいき【溜め息】 한숨. ∥ため息をつく 한숨을 쉬다.

ダメージ【damage】 손해(損害).

だめおし【駄目押し】 ❶다짐을 함. ∥もう一度駄目押しをする 다시 한 번 다짐을 하다. ❷〔スポーツなどで〕이기고 있음에도 득점(得點)을 추가(追加)해 승리(勝利)를 확실(確實)히 함. ∥駄目押しのホームラン 승리에 쐐기를 박는 홈런.

ためぐち【ため口】 ∥ため口をきく 반말을 하다.

ためこむ【溜め込む】 많이 모으다.

ためし【例】 선례(先例); 전례(前例). ∥そのようなためしはない 그런 전례는 없다.

ためし【試し】 시도(試圖); 시험(試驗). ∥ものは試し 무슨 일이든지 시도해 볼 일이다. 試しにやってみる 시험 삼아 해 보다.

ためす【試す】 시도(試圖)하다; 시험(試驗)해 보다. ∥性能を試す 성능을 시험해 보다.

ために【為に】 그래서; 때문에.

だめもと【駄目元】 =駄目で元々.

ためらう【躊躇う】 주저(躊躇)하다; 꺼리다. ∥会うのをためらう 만나기를 주저하다.

* **ためる【溜める・貯める】** ❶모으다. ∥クーポン券を溜める 쿠폰을 모으다. ❷미루다. ∥仕事を溜めない 일을 미루지 않다. ❸저축(貯蓄)하다. ∥お金を貯める 돈을 저축하다.

ためん【多面】 다면; 다방면(多方面). ∥多面にわたって活躍する 다방면에 걸쳐 활약하다. ▸多面体 다면체. 多面的 다면적.

たもうさく【多毛作】 다모작(多毛作).

たもうるい【多毛類】 다모류(多毛類).

▸**多目的ダム** 다목적 댐. **多目的ホール** 다목적 홀.

* **たもつ【保つ】** 유지(維持)하다; 지키다. ∥健康を保つ 건강을 유지하다. 一定の距離を保つ 일정한 거리를 두다. 首位の座を保って今も자리를 지키다.

たもと【袂】 ❶〔着物の〕소매. ∥袂に入れる 소매에 넣다. ❷기슭. ∥山のたもと 산기슭. ❸옆; 곁. ∥橋のたもとを渡る ▸袂を分かつ 절교하다.

たやす【絶やす】 ❶〔絶つ〕끊어지게 하다; 끊이다. ∥子孫を絶やす 대가 끊어지다. ❷없어진 채로 두다. ∥火を絶やさないようにする 불이 꺼지지 않도록 하다.

たやすい【容易い】 쉽다. ∥たやすい仕事 쉬운 일. たやすく解決しない問題 쉽게는 해결이 안 될 문제.

たゆみない【弛み無い】 게을리 하지 않다; 방심(放心)하지 않다. ∥弛みない努力の賜物だ 끊임없는 노력의 결과이다.

たゆむ【弛む】 방심(放心)하다. ∥倦(5)

まず弛まず한결같이.

たよう【多用】 ❶ 바쁨. ‖ご多用中のところ相済みません 바쁘신데 죄송합니다. ❷ 《多く用いること》(⇨다용) 다용(多用).

たよう【多様】 다양(多樣)하다. ‖多様な生き方 다양한 삶의 방식.

****たより**【便り】 편지(便紙); 소식(消息). ‖便りが途絶える 소식이 끊기다.

****たより**【頼り】 ❶ 의지(依支); 믿음. ‖夫を頼りにする 남편을 의지하다. 地図を頼りに山を登る 지도를 믿고 산을 오르다. ❷ 연고(緣故); 연줄. ‖頼りを求めて就職する 연줄로 취직하다.

たよりがい【頼り甲斐】 頼り甲斐がある 믿을 만하다.

たよりない【頼り無い】 미덥지 못하다; 불안(不安)하다. ‖1人では頼りないから2人で行く 혼자서는 불안해서 둘이 가다. 頼りない返事 미덥지 못한 대답.

****たよる**【頼る】 의지(依支)하다; 의존(依存)하다; 믿다. ‖原油を輸入に頼る 원유를 수입에 의존하다. 親戚を頼って上京する 친척을 믿고 상경하다.

タラ【鱈】 대구(大口).

たらい【盥】 대야. ◆たらい回し (眨眼) 순서(順序)대로 돌림. 政権のたらい回し 정권을 순서대로 돌림.

だらく【堕落】 (⇨타) 타락(墮落). ‖堕落した生活 타락한 생활.

-だらけ …투성이. ‖借金だらけの生活 빚투성이 생활. 泥だらけ 진흙투성이.

だらける 해이(解弛)해지다; 게으름을 피우다. ‖だらけていると仕事が溜まる 게으름을 피우면 일이 밀린다.

たらこ【鱈子】 명란(明卵)젓.

****だらしない** 단정(端正)치 못하다; 칠칠치 못하다; 야무지지 못하다. ‖だらしない服装 단정치 못한 복장.

たらす【垂らす】 흘리다; 치다. ‖よだれを垂らす 침을 흘리다. カーテンを垂らす 커튼을 치다.

-たらずで【足らずで】 …정도(程度). ‖1か月たらずで 한 달 정도에. 5分たらずのスピーチ 오 분 정도의 연설.

たらたら ❶ 줄줄; 뚝뚝. ‖汗がたらたら(と)流れ落ちる 땀이 줄줄 흘러 떨어지다. ❷ 투덜투덜; 주절주절. ‖不平たらたら투덜투덜 불평을 하다.

だらだら ❶《血や汗などが流れ出る》줄줄; 뚝뚝. ‖血が줄줄 나다. ❷《緩やかな傾斜が続く》비탈진 坂 경사가 완만한 고개. ❸《決まりなく長々と続く》질질. ‖工期がだらだらと延びる 공사 기간이 질질 늘어지다.

タラップ【trap 자】 트랩.

タラノキ【楤の木】 두릅나무.

タラバガニ【鱈場蟹】 왕게.

たらり 뚝뚝. ‖油がたらりとしたたる 기름이 뚝뚝 떨어지다.

だらり 주르르; 축. ‖だれがだらりとこぼれる 군침이 주르르 흐르다.

ダリア【dahlia】 달리아.

たりき【他力】 타력(他力); 남의 힘. ▶ 他力本願 남의 힘에 의지함.

だりつ【打率】 (野球で) 타율(打率).

たりつてき【他律的】 타율적(他律的). ◆他律的態度 타율적인 태도.

たりない【足りない】 〔頭がである〕어리석다; 머리가 나쁘다.

たりゅう【他流】 타류(他流); 다른 방식(方式); 다른 유파(流派). ◆他流試合 다른 유파와의 시합.

たりょう【多量】 다량(多量). ‖多量の救援物資 다량의 원조 물자.

だりょく【打力】 (野球で)타력(打力).

たりる【足りる】 ❶ 충분(充分)하다. ‖昼食には千円あれば足りる 점심에는 천 엔 있으면 충분하다. ❷ …할 만한 가치(價値)가 있다. ‖あんなものは論じるに足りない 그런 것은 논할 가치도 없다.

たる【樽】 나무통(桶).

だるい 나른하다; 노곤(勞困)하다.

たるき【垂木】 서까래.

タルタルソース【tartar sauce】 타르타르 소스.

タルト【tarte 프】 타르트.

だるま【達磨】 ❶ 달마대사(達磨大師). ❷ 달마대사 인형(人形). ❸ 둥근 것 또는 전체 색이 빨간 것. ◆火だるま 불덩어리. 血だるま 피투성이.

たるむ【弛む】 ❶ 늘어지다; 느슨해지다. ‖電線がたるむ 전선이 늘어지다. ❷ 해이(解弛)해지다. ‖精神がたるんでいる 정신이 해이해져 있다.

たれ【垂れ】 ❶ 훌림. ‖鼻たれ小僧 코흘리개. ❷〔料理〕양념장.

****だれ**【誰】 누구. ‖あの人は誰ですか 저 사람은 누구입니까? 誰の傘ですか 누구 우산입니까? ❷ 《誰か》누가. ‖迎えは誰が行きますか 마중은 누가 갑니까? 候補に誰が選ばれましたか 후보로 누가 뽑혔습니까?

だれか【誰か】 누군가. ‖誰かがやらなくてはならないと 누군가가 하지 않으면 안 되는.

たれこめる【垂れ籠める】 (구름 など가)낮게 깔리다. ‖暗雲が垂れ込める 검은 구름이 낮게 깔리다.

たれさがる【垂れ下がる】 처지다. ‖風がないので,旗が垂れ下がっている 바람이 없어서, 깃발이 처져 있다.

だれしも【誰しも】 누구나. ‖思いは誰しも同じこと 생각하는 것은 누구나 같은 것.

だれそれ【誰某】 아무개; 모(某); 어떤 사람. ‖誰それの話では 어떤 사람 말로는.

だれだれ【誰誰】 누구누구.

だれでも【誰でも】 누구라도. ‖誰でも加入できる 누구라도 가입할 수 있다.

たれながし【垂れ流し】 ❶대소변(大小便)을 방류(放流)하는 것. ❷유해물을 방류하는 것. ‖垂れ流し公害 유해물 공해.

たれまく【垂れ幕】 현수막(縣垂幕).

たれめ【垂れ目】 처진 눈.

だれも【誰も】 ❶누구나. ‖誰もが知っていること 누구나 아는 사실. ❷〈誰も…ないの形で〉아무도; 누구도. ‖誰も知らない 아무도 모른다.

たれる【垂れる】 ❶〈水滴が〉떨어지다. ‖鼻水が垂れそうになる 콧물이 떨어질 것 같다. ❷처지다. ‖耳の垂れた犬 귀가 처진 개. ❸〈目下の人に教訓·規範を示す〉보이다. ‖人々に範を垂れる 사람들에게 모범을 보이다. ❹〈大便·小便などを〉누다; 배설(排泄)하다. 〈屁を〉뀌다. ‖糞を垂れる 똥을 누다. ‖屁を垂れる 방귀를 뀌다.

タレント【talent】 탤런트.

たわいない【たわい無い】 ❶철없다. ‖たわいない子どもの言い分 철없는 아이의 변명. ❷맥없다; 어이없다. ‖たわいなく負けて어이없이 지다. ❸쓸데없다. ‖たわいない話で時間をつぶす 쓸데없는 이야기로 시간을 보내다.

たわける【戯ける】 허튼소리를 하다; 장난치다. ‖たわけたことを言うな 허튼 소리 하지 마라.

たわごと【戯言】 허튼소리; 실없는 소리. ‖そんなたわごとを聞いている暇はない 그런 허튼소리를 듣고 있을 시간이 없다.

たわし【束子】 수세미.

たわむれ【戯れ】 장난.

たわむれる【戯れる】 ❶〈遊ぶ〉놀다. ‖子どもとたわむれる 아이와 놀다. ❷〈ふざける〉장난치다. ‖たわむれて言う 장난으로 말하다. ❸〈乱れた言動〉시시덕거리다. ‖公園でたわむれる男女 공원에서 시시덕거리는 남녀.

たわら【俵】 섬. ‖米俵 쌀섬.

たわわ‖枝もたわわに実る 가지가 휠만큼 주렁주렁 열리다.

たん【痰】 담(痰); 가래. ‖痰がからむ 가래가 끓다.

たん-【単】 단(單). ◆単細胞 단세포.

-たん【反】 ❶〈布帛の単位〉필(匹). ❷〈面積の単位〉약(約) 300 평(坪).

だん【段】 ❶겹쳐 있는 것의 段(단). ‖寝台車の上の段 침대차의 윗간. ❷턱; 계단(階段). ‖居間と食堂の境に段を作ると거실과 부엌의 경계에 턱을 만들다. ❸진행 과정(進行過程)의 하나하나의 장면(場面); 국면(局面). ‖いざと言う段になると 어떻게든 무슨 일이 생기면 꼬리를 빼다. ❹〈技量·等級の単位〉…단. ‖柔道 3 段 유도 삼 단.

だん【暖】 따뜻함. ◆暖を取る 따뜻하게 하다.

だんあつ【弾圧】 (名·他) 탄압(彈壓). ‖反政府運動を弾圧する 반정부 운동을 탄압하다. ◆言論弾圧 언론 탄압.

たんい【単位】 ❶단위(單位). ‖家族単位 가족 단위. 生産単位 생산 단위. ❷〈高校や大学の〉학점(學點). ‖単位をとる 학점을 따다.

たんいせいしょく【単為生殖】 단위 생식(單爲生殖).

たんいつ【単一】 단일(單一). ◆単一民族 단일 민족.

だんいん【団員】 단원(團員). ◆消防団員 소방 단원.

たんおん【単音】 〈言語〉 단음(單音).

たんおんかい【短音階】 〈言語〉 단음(短音). ◆短音階 단음계.

たんか【担架】 들것.

たんか【単価】 단가(單價). ‖単価が高い 단가가 비싸다.

たんか【啖呵】 거침없이 하는 말. ▶啖呵を切る 거침없이 쏘아붙이다.

たんか【短歌】 短歌는 31 音からなる日本の詩である 단카는 서른하나의 음으로 이루어지는 일본의 시이다.

だんか【檀家】(說明) 절에 묘지(墓地)를 두고 시주(施主)하는 집.

タンカー【tanker】 유조선(油槽船).

だんかい【団塊】 덩어리. ‖団塊の世代(日本の) 베이비붐 세대.

*だんかい【段階】 ❶단계(段階); 등급(等級). ‖5 段階評価 오 단계 평가. ❷순서(順序). ‖段階を踏んで意見を上申する 순서를 밟아 의견을 올리다.

だんがい【断崖】 낭떠러지; 절벽(絶壁).

だんがい【弾劾】 (名·他) 탄핵(彈劾).

たんかすいそ【炭化水素】 탄화수소(炭化水素).

たんかだいがく【単科大学】 단과 대학(單科大學).

たんがん【嘆願】 (名·他) 탄원(歎願). ◆嘆願書 탄원서.

たんき【短気】 성질(性質)이 급하다. ‖短気な人 성질이 급한 사람.

*たんき【短期】 단기(短期). ◆短期決戦 단기 결전. 短期国債 단기 국채. 短期大学 이년제 대학.

たんきゅう【探求】 (名·他) 탐구(探求). ‖生活の探求 생활의 탐구.

たんきゅう【探究】 (名·他) 탐구(探究). ‖真理を探究する 진리를 탐구하다.

たんきょり【短距離】 단거리(短距離). ◆短距離競走 단거리 경주.

たんく【短句】 단구(短句).

タンク【tank】 탱크. ◆ガスタンク 가스 탱크. タンクトップ 탱크톱. 여성용 러닝셔츠. タンクローリー 탱크로리.

ダンクシュート【dunk+shoot 日】 덩크

タングステン【tungsten】 텅스텐.
だんけい【男系】 남계(男系).
*だんけつ【団結】 (する) 단결(團結). ‖団結を訴える 단결을 호소하다. ◆一致団結 일치단결. 大同団結 대동단결. 団結権 단결권.
たんけん【探検】 (する) 탐험(探險). ‖アマゾンを探検する 아마존을 탐험하다. ◆探検隊 탐험대. 探検家 탐험가.
たんげん【単元】 단원(單元).
だんげん【断言】 (する) 단언(斷言).
たんご【単語】 (文法) 단어(單語). ‖基本的な英単語 기본적인 영어 단어.
たんご【端午】 단오(端午).
タンゴ【tango】 탱고.
だんこ【断固】 단호(斷乎). ‖断固たる態度をとる 단호한 태도를 취하다.
だんご【団子】 경단(瓊團). ‖団子になって走る 한덩어리가 되어 달리다. ◆団子鼻 주먹코.
たんこう【炭鉱】 탄광(炭鑛).
*だんこう【断交】 (する) 단교(斷交); 단절(斷絕). ‖通商を断交する 통상을 단절하다.
だんこう【断行】 (する) 단행(斷行). ‖大改革を断行する 대개혁을 단행하다.
だんごう【談合】 (する) 담합(談合).
たんこうしき【単項式】 (数学) 단항식(單項式).
たんこうしょく【淡紅色】 담홍색(淡紅色).
たんこうしょく【淡黄色】 담황색(淡黄色).
たんこうぼん【単行本】 단행본(單行本).
たんこぶ【たん瘤】 혹.
だんこん【弾痕】 탄흔(彈痕).
だんこん【男根】 남근(男根).
たんさ【探査】 (する) 탐사(探査). ‖資源を探査する 자원을 탐사하다. 火星探査機 화성 탐사기.
だんさ【段差】 ❶(높이의)차이(差異). ❷(囲碁·将棋などの段の)단(段)의 차이.
ダンサー【dancer】 댄서.
だんさい【断罪】 (する) 단죄(斷罪).
たんさいが【淡彩画】 담채화(淡彩畫).
たんさいぼう【単細胞】 단세포(單細胞). ‖単細胞生物 단세포 생물.
*たんさく【探索】 (する) 탐색(探索). ◆宇宙探索 우주 탐색.
タンザニア【Tanzania】 (国名) 탄자니아.
たんさん【炭酸】 탄산(炭酸). ◆炭酸ガス 탄산가스. 炭酸水 탄산수.
たんし【端子】 단자(端子).
だんし【男子】 남자(男子). ◆男子学生 남학생. 男子社員 남자 사원. 男子トイレ 남자 화장실.

だんじ【男児】 남아(男兒).
タンジェント【tangent】 (数学) 탄젠트.
たんしき【単式】 단식(單式). ◆単式簿記 단식 부기.
だんじき【断食】 (する) 단식(斷食).
たんじじつ【短時日】 단시일(短時日).
だんじて【断じて】 ❶(断じて…ないの形で)결코; 단연(斷然)코. ‖断じてそんなことはあり得ない 결코 그런 일은 있을 수 없다. ❷반드시; 꼭. ‖断じて行なう 반드시 행하다.
だんしゃく【男爵】 남작(男爵).
たんじゅう【胆汁】 담즙(膽汁). ◆胆汁質 담즙질.
たんしゅく【短縮】 (する) 단축(短縮). ‖操業時間を短縮する 조업 시간을 단축하다. ◆短縮授業 단축 수업.
たんじゅん【単純】 ダ 단순(單純)하다. ‖単純な人 단순한 사람. 単純な構造 단순한 구조. 単純に考える 단순하게 생각하다. ◆単純再生産 단순 재생산. 単純化 (する) 단순화.
*たんしょ【短所】 단점(短點). ‖飽きっぽいのが彼の短所だ 싫증을 잘 내는 것이 그 사람의 단점이다. お互いに短所を補い合う 서로 단점을 보완하다.
たんしょ【端緒】 단서(端緒). ‖紛争解決の端緒となる 분쟁 해결의 단서가 되다.
だんじょ【男女】 남녀(男女). ‖男女を問わず誰でも参加できる 남녀 관계없이 누구나 참가할 수 있다. 1組の男女 한 쌍의 남녀. ◆男女共学 남녀 공학. 男女差別 남녀 차별.
たんじょう【誕生】 (する) 탄생(誕生); 생일. ◆誕生石 탄생석. 誕生日 생일. 誕生日はいつですか 생일이 언제입니까? 誕生日おめでとうございます 생일 축하합니다. 誕生日プレゼント 생일 선물.
だんしょう【談笑】 (する) 담소(談笑).
だんじょう【壇上】 단상(壇上). ‖壇上に立つ 단상에 서다.
たんようしょくぶつ【単子葉植物】 단자엽 식물(單子葉植物).
たんしょうとう【探照灯】 탐조등(探照燈); 서치라이트.
たんしょく【単色】 단색(單色).
だんしょく【男色】 남색(男色).
だんしょく【暖色】 난색(暖色).
たんしん【単身】 단신(單身); 독신(獨身). ‖単身アメリカへ渡る 단신으로 미국에 건너가다. 単身者向け住宅 독신자용 주택. 単身赴任 단신 부임.
たんす【箪笥】 장롱(欌籠).
ダンス【dance】 댄스, ◆社交ダンス 사교 댄스. ダンスパーティー 댄스 파티.
たんすい【淡水】 담수(淡水). ◆淡水魚 담수어. 淡水湖 담수호.
だんすい【断水】 (する) 단수(斷水). ‖工事のため断水する 공사로 단수하다.

たんすいかぶつ【炭水化物】 탄수화물(炭水化物).
たんすう【単数】 단수(單數).
たんせい【丹精】 정성(精誠); 성의(誠意); 진심(眞心). ‖丹精을 込める 정성을 들이다.
たんせい【単性】 단성(單性). ◆単性生殖 단성 생식.
たんせい【嘆声】 탄성(歎聲). ‖見事な技に嘆声が上がった 멋진 기술에 탄성을 질렀다.
たんせい【端正】ダ 단정(端正)하다.
*だんせい【男性】 남성(男性); 남자(男子). ‖頼もしい男性 믿음직한 남자다. これは男性の筆跡だ 이건 남자의 필적이다. 男性社員 남자 사원. 男性的 남성적. 男性的な魅力 남성적인 매력. 男性美 남성미. 男性ホルモン 남성 호르몬.
だんせい【弾性】 탄성(彈性). ◆弾性体 탄성체.
だんせいがっしょう【男声合唱】 남성 합창(男聲合唱).
たんせき【胆石】 담석(膽石). ◆胆石症 담석증.
*だんぜつ【断絶】(スル) 단절(斷絶). ‖王朝が断絶する 왕조가 단절되다. ◆国交断絶 국교 단절.
たんせん【単線】 단선(單線).
だんせん【断線】(スル) 단선(斷線).
だんぜん【断然】 ❶ 꼭; 반드시. ‖何と言われようと断然断る 무슨 소리를 듣더라도 반드시 거절할 거야. ❷ 단연(斷然); 단연코; 훨씬. ‖こっちの方が断然得だ 이쪽이 훨씬 득이다.
たんそ【炭素】 탄소(炭素).
だんそう【男装】(スル) 남장(男裝).
たんそう【単想】 단상(單想).
だんそう【断層】 단층(斷層). ◆断層撮影 단층 촬영. 断層面 단층면.
たんそく【嘆息】(スル) 탄식(歎息). ‖天を仰いで嘆息する 하늘을 올려다보며 탄식하다.
だんぞく【断続】 단속(斷續). ‖断続する痛み 단속적인 아픔.
だんそんじょひ【男尊女卑】 남존여비(男尊女卑).
*だんたい【団体】 단체(團體). ‖団体で行動する 단체로 행동하다. ◆圧力団体 압력 단체. 政治団体 정치 단체. 非営利団体 비영리 단체. 団体協約 단체 협약. 団体交渉 단체 교섭. 団体生活 단체 생활. 団体旅行 단체 여행.
たんたん【坦坦】 ❶ 평평(平平)하게. ‖たんたんとした道を歩く 평평한 길을 걷다. ❷ 순탄(順坦)하게. ‖たんたんたる生涯 순탄한 생애.
たんたん【淡淡】 담담(淡淡)하게. ‖たんたんと語る 담담히 말하다.

*だんだん【段段】 ❶ 계단(階段). ‖段々を下りる 계단을 내려가다. ❷〔副詞として〕점점(漸漸). ‖だんだん明るくなる 점점 밝아지다. 新しい仕事にもだん(と)慣れた 새로운 일에도 점점 익숙해졌다. ◆段段畑 계단식 밭.
たんち【探知】(スル) 탐지(探知). ◆電波探知機 전파 탐지기.
だんち【団地】 단지(團地). ◆工業団地 공업 단지.
だんちがい【段違い】 차이(差異)가 현저(顯著)함; 현격(懸隔)한 차이. ‖品質は段違いだ 품질이 현격히 차이 난다. 段違いにすぐれている 현저히 뛰어나다.
たんちょ【端緒】 단서(端緒). ‖紛争解決の端緒となる 분쟁 해결의 단서가 되다.
たんちょう【単調】ダ 단조(單調)롭다. ‖単調な仕事 단조로운 일.
だんちょう【短調】 단조(短調).
だんちょう【団長】 단장(團長).
だんちょう【断腸】 단장(斷腸). ‖断腸の思い 애타는 심정.
タンチョウヅル【丹頂鶴】 두루미.
たんてい【探偵】(スル) 탐정(探偵). ◆私立探偵 사립 탐정. 探偵小説 탐정 소설.
だんてい【断定】(スル) 단정(斷定). ‖Aを犯人と断定する A를 범인으로 단정하다.
たんてき【端的】 단적(端的). ‖端的に表わす 단적으로 드러내다. 端的に言って 단적으로 말해서.
たんでき【耽溺】(スル) 탐닉(耽溺).
たんでん【丹田】〔漢方〕 단전(丹田).
たんとう【担当】(スル) 담당(擔當). ‖営業を担当する 영업을 담당하다. 彼がこの地域を担当している 그 사람이 이 지역을 담당하고 있다. ◆担当者 담당자.
たんとう【短刀】 단도(短刀).
だんどうだん【弾道弾】 탄도탄(彈道彈); 탄도 미사일.
たんとうちょくにゅう【単刀直入】 단도직입(單刀直入的). ‖単刀直入に尋ねる 단도직입적으로 묻다.
*たんどく【単独】 단독(單獨). ‖この問題は単独では解決できない 이 문제는 단독으로는 해결할 수 없다. ◆単独行動 단독 행동. 単独飛行 단독 비행.
だんトツ【断トツ】〔断然トップの略語〕 단연(斷然) 선두(先頭)에 있음.
だんどり【段取り】 수순(手順); 순서(順序). ‖段取りをつける 순서를 정하다.
だんな【旦那】 ❶〔仏教〕 시주(施主). ❷ (商店의) 남자 주인(男子主人). ❸ 〔夫〕남편(男便).
たんなる【単なる】 단순(單純)한. ‖それは単なる遊びに過ぎない 그것은 단순한

놀이에 지나지 않는다. 単なる勘違いとは思えない 단순한 착각이라고 생각되지 않는다.
たんに【単に】 단지(但只); 다만. ∥単に事実を述べただけに過ぎない 단지 사실을 말한 것에 지나지 않는다.
たんにん【担任】 ②해 담임(擔任). ∥担任の先生 담임 선생님. 1年生を担任する先生 일 학년을 담임하는 선생님.
タンニン【tannin ネ】 타닌.
だんねつ【断熱】 ②해 단열(斷熱). ◆断熱材 단열재.
たんねん【丹念】ダ 꼼꼼하다. ∥丹念に縫う 꼼꼼하게 깁다.
だんねん【断念】 ②해 단념(斷念). ∥試合を断念する 시합을 단념하다.
たんのう【胆嚢】 담낭(膽囊).
たんのう【堪能】 ②해 충분히 만족하다. 語学に堪能な人 어학에 뛰어난 사람.
たんぱ【短波】ダ 단파(短波). ◆短波放送 단파 방송.
たんぱく【淡泊】ダ 담백(淡白)하다. ∥淡泊な味 담백한 맛.
たんぱくしつ【蛋白質】 단백질(蛋白質).
たんぱつ【短髪】 단발(短髮).
タンバリン【tambourine】 탬버린.
たんパン【短パン】 반바지.
たんぱん【談判】 ②해 담판(談判). ∥談判が決裂する 담판이 결렬되다.
たんびしゅぎ【耽美主義】 탐미주의(耽美主義).
たんぴょう【短評】 단평(短評).
たんぴん【単品】 단품(單品); 낱개.
ダンピング【dumping】 ②해 덤핑.
ダンプカー【dump+car ネ】 덤프차; 덤프 트럭.
たんぶん【単文】 단문(單文).
ダンベル【dumbbell】 아령(啞鈴).
たんぺん【短編】 단편(短篇). ◆短編小説 단편 소설.
だんぺん【断片】 단편(斷片). ∥記憶の断片をたどって思い出す 기억의 단편을 더듬어 떠올리다. ◆断片的 단편적. ∥断片的な知識 단편적인 지식.
だんぺん【断編】 단편(斷編).
たんぼ【田圃】 논.
たんぽ【担保】 담보(擔保). ∥担保に取る 담보로 잡다. ◆担保物權 담보 물권.
たんぽう【探訪】 ②해 탐방(探訪).
だんぼう【暖房】 ②해 난방(暖房). ◆暖房装置 난방 장치.
だんボール【段ボール】 골판지(板紙); 박스.
タンポポ【蒲公英】 민들레.
タンポン【tampon 프】 탐폰.
たんまつ【端末】 단말(端末). ◆端末機 단말기. 端末装置 단말 장치.

だんまつま【断末魔】 단말마(斷末摩). ∥断末魔の叫び 단말마의 비명.
たんまり 많이; 잔뜩; 듬뿍. ∥たんまりと儲ける 많이 벌다.
だんまり【黙り】 침묵(沈默); 잠자코 있음; (人)잠자코 있는 사람.
たんめい【短命】 단명(短命). ∥短命に終わる 단명으로 끝나다. ◆短命内閣 단명 내각.
タンメン【湯麺】 탕면(湯麵).
だんめん【断面】 단면(斷面). ∥レールの断面 레일의 단면. 現代社会の一断面 현대 사회의 한 단면. ◆断面図 단면도.
だんやく【弾薬】 탄약(彈藥). ◆弾薬庫 탄약고.
だんゆう【男優】 남우; 남자 배우(男子俳優). ◆主演男優賞 주연 남우상.
たんらく【短絡】 ②해 ① 단락(短絡). ◆短絡的思考 단락적인 사고. ② 합선(合線). ∥回路が短絡する 회로가 합선되다.
だんらく【段落】 단락(段落). ∥一段落 일단락.
だんらん【団欒】 ②해 단란(團欒). ◆一家団欒 단란한 일가.
たんり【単利】 단리(單利).
だんりゅう【暖流】 난류(暖流).
たんりょく【胆力】 담력(膽力). ∥胆力のある人 담력이 있는 사람.
だんりょく【弾力】 탄력(彈力). ∥弾力をもたせて計画を練る 탄력 있게 계획을 짜다. ◆弾力性 탄력성.
たんれい【淡麗】ダ 술의 뒷맛이 깨끗하고 부드럽다.
たんれい【端麗】ダ 단정(端正)하고 아름답다.
たんれん【鍛錬】 ②해 단련(鍛鍊). ∥若いうちに鍛練する 젊을 때 단련하다.
だんろ【暖炉】 난로(煖爐).
だんろん【談論】 담론(談論).
だんわ【談話】 ②해 담화(談話). ∥首相の談話 수상 담화.

ち

ち【血】 ❶ 피. ∥血が出る 피가 나다. 服に血がついている 옷에 피가 묻어 있다. 血がにじむ 피가 맺히다. 血がなかなか止まらない 피가 좀체 멎지 않다. ❷ 혈통(血統); 핏줄. ∥血が通う 피가 통하다. 〔慣〕▶血が騷ぐ 피가 끓다. ▶血と汗の結晶 피와 땀의 결정. ▶血となり肉となる 피가 되고 살이 되다. ▶血は争えない 핏줄은 못 속인다. ▶血は水よりも濃い 피는 물보다 진하다. ▶血も涙もない 피도 눈물도 없다. 〔慣〕▶血を吐く思い 피를 토하는 심정. ▶血を引く 혈통을 잇다. ▶血を分ける 피를 나누다.

[憔] 血を分けた兄弟 피를 나눈 형제.
ち【地】 ❶ 대지(大地); 지. ∥天地人 천지인. ❷ 토지(土地); 땅. ∥安住の地 안주의 땅. 天と地ほどの違い 하늘과 땅 차이. ❸ 〈上下가 정해진 것의〉아랫부분(部分). ∥天地無用〈화물의 표면에 써놓기〉위아래를 거꾸로 하지말것. ▶地に落ちる 땅에 떨어지다. ∥彼の信望は地に落ちた 그 사람의 신망은 땅에 떨어졌다.
ち【知・智】 지(知). ◆知德 지덕.
チアガール【cheer+girl 日】 치어걸.
チアリーダー【cheerleader】 치어리더.
ちあん【治安】 치안(治安). ∥治安がいい 치안이 잘 되어 있다. ◆治安維持 치안 유지. 治安部隊 치안 부대.
*__ちい【地位】__ 지위(地位). ∥会社での地位 회사에서의 지위. 社会的地位 사회적 지위. 地位の向上を図る 지위의 향상을 꾀하다. 地位の高い人 지위가 높은 사람.
ちいき【地域】 지역(地域). ∥地域の住民 지역 주민. 地域別に人口を比較する 지역별로 인구를 비교하다. 地域差をなくす 지역차를 없애다. ◆地域社会 지역 사회.
*__ちいさい【小さい】__ ❶ 작다. ∥小さい会社 작은 회사. 1は 2より小さい 1은 2보다 작다. 声の小さい 목소리가 작다. 小さいミスまで指摘する 작은 실수까지 지적하다. ❷〈幼い〉어리다. ∥小さい頃の話 어릴 때 이야기. 小さい弟妹たち 어린 동생들.
ちいさな【小さな】 작은. ∥小さな体 작은 몸집. 規模の小さな会社 규모가 작은 회사.
ちいさめ【小さめ】 조금 작은 듯함. ∥小さめの服 조금 작은 듯한 옷.
チータ【cheetah】 치타.
チーム【team】 팀. ◆チームプレー 팀플레이. チームメイト 팀메이트. チームワーク 팀워크.
ちうみ【血膿】 피고름.
*__ちえ【知恵】__ 지혜(智慧); 생각; 요령(要領). ∥知恵を出し合って考える 지혜를 모아 생각하다. 生活の知恵 생활의 지혜. 知恵がつく 요령이 생기다. 知恵が浮かばない 좋은 생각이 안 난다. ▶知恵が回る 머리가 잘 돌아가다. 두뇌 회전이 빠르다. ▶知恵を絞る 지혜를 짜다. ▶知恵を付ける 부추기다.
チェーン【chain】 체인. ◆チェーンストア 체인점. チェーンソー 전기 톱.
チェコ【Czech】〈国名〉 체코.
チェス【chess】 체스.
チェスト【chest】 서랍장(欌).
チェック【check】 ❶〈模様〉바둑판 무늬. ❷〈小切手〉수표(手票). ❸ 점검(點檢); 대조(對照); 확인(確認). ❹〈料理屋での〉계산(計算).

チェックアウト【checkout】〈호텔〉 체크아웃.
チェックイン【checkin】〈호텔〉 체크인.
チェックポイント【checkpoint】 ❶ 요점(要點). ❷ 검문소(檢問所).
ちえねつ【知恵熱】 〈의학〉 생후(生後) 칠 개월경에 나타나는 일시적(一時的)인 발열(發熱).
ちえぶくろ【知恵袋】 ❶ 가지고 있는 모든 지혜(智慧). ∥知恵袋を絞る 지혜를 짜다. ❷ 동료(同僚) 중에서 제일(第一) 머리가 좋은 사람.
チェリスト【cellist】 첼리스트.
チェロ【cello】 첼로.
ちえん【地縁】 지연(地緣). ◆地縁社会 지연 사회.
ちえん【遅延】〈도로〉 지연(遲延). ∥雪のため列車は 3時間遅延した 눈 때문에 열차가 세 시간 지연되다.
チェンバロ【cembalo 이】 쳄발로.
*__ちか【地下】__ 지하(地下). ∥地下の貯蔵庫 지하 저장고. 地下に潜る 지하에 숨다. 地下に眠る 지하에 잠들다. ◆地下活動 지하 활동. 地下組織 지하 조직.
ちか【地価】 지가(地價). ∥地価が高騰する 지가가 등귀하다.
ちかい【誓い】 맹세(盟誓); 서약(誓約). ∥誓いを立てる 맹세를 하다.
ちかい【地階】 지하층(地下層).
*__ちかい【近い】__ 가깝다. ∥駅に近い場所 역에서 가까운 장소. 銀行はここから近い 은행은 여기서 가깝다. 近いうちにお伺いします 가까운 시일 내에 찾아뵙겠습니다. 近い親戚 가까운 친척.
*__ちがい【違い】__ ❶ 차이(差異); 다름. ∥性格の違い 성격 차이. ❷ 잘못; 틀림. ∥計算に違いがある 계산이 틀렸다.
ちがいない【違いない】 틀림없다.
ちがいほうけん【治外法権】 치외 법권(治外法權).
ちかう【誓う】 맹세(盟誓)하다. ∥妻を生涯愛することを誓う 부인을 평생 사랑할 것을 맹세하다.
*__ちがう【違う】__ ❶〈異なる〉다르다. ∥色の違う 2枚の折り紙 색이 다른 두 장. 値段は店によって違います 가격은 가게에 따라 다릅니다. 私と違って彼は勤勉だ 나하고는 다르게 그 사람은 부지런하다. ❷〈間違っている〉틀리다; 아니다. ∥答えが違っている 답이 틀렸다. 君がやったんだろう？違うよ 네가 했지? 아니야.
ちがえる【違える】 ❶ 달리하다; 바꾸다. ∥クラスごとに帽子の色を違える 반별로 모자 색을 달리하다. ❷ 틀리다; 잘못 알다. ∥道を違えたらしい 길을 잘못 안 것 같다. ❸ 삐다; 접질리다. ∥足の筋を違える 발을 접질리다.
*__ちかく【近く】__ ❶ 가까운 곳; 근처(近處). ∥駅の近く 역 근처. この近くに引

っ越して 来た 이 근처로 이사 왔다. ❷〔副詞として〕곧; 머지않아. ‖近く再開する予定だ 머지않아 재개발 예정이다.

ちかく【地殻】지각(地殼). ◆地殼変動 지각 변동.

ちかく【知覚】(名動) 지각(知覺). ◆知覚作用 지각 작용. 知覚神経 지각 신경.

ちがく【地学】지학(地學).

ちかけい【地下茎】지하경(地下莖); 땅속줄기.

*****ちかごろ**【近頃】요즘; 최근(最近). ‖近頃珍しい美談だ 요즘 들어 보기 드문 미담이다. 近頃の若い人 요즘의 젊은이들. 近頃彼に会っていない 최근에 그 사람을 못 만났다.

ちかしい【近しい】친(親)하다. ‖2人は近しい関係だ 둘은 친한 사이이다.

ちかしげん【地下資源】지하자원(地下資源).

ちかしつ【地下室】지하실(地下室).

ちかすい【地下水】지하수(地下水).

ちかちか ❶ 따끔따끔. ‖目がちかちか(と)する 눈이 따끔따끔하다. ❷ 반짝반짝. ‖星がちかちか(と)輝く 별이 반짝반짝 빛나다.

ちかぢか【近近】곧; 머지않아; 조만간(早晩間). ‖近々伺うつもりでした 조만간 찾아뵐 생각이었습니다.

ちかづく【近付く】 ❶ 접근(接近)하다; 다가오다; 가까이 들어서다; 가까워지다. ‖列車が駅に近づく 열차가 역가까이에 들어서다. 下心を持って近づく 저의를 갖고 접근하다. 入学式が近づく 입학식이 가까워지다. ❷ 친해지다.

ちかづける【近付ける】 ❶ 가까이 대다. ‖目を本に近づける 책에 눈을 가까이 대다. ❷ 친하게 지내다. ‖悪い友人を近づけるな 나쁜 친구랑 친하게 지내지 말라.

ちかてつ【地下鉄】지하철(地下鐵).

ちかどう【地下道】지하도(地下道).

ちかば【近場】근처(近處); 가까운 곳.

ちかみち【近道】지름길; 역에의 근교 역으로 가는 지름길.

ちかよる【近寄る】 ❶ 가까이 다가가다; 접근(接近)하다. ‖近寄って見ると가까이 다가가 보다. ❷ 친해지다. ‖近寄りたい人 친해지고 싶은 사람.

*****ちから**【力】 ❶ 힘; 완력(腕力). ‖力を出す 힘을 내다. 力が強い 힘이 세다. 風の力を利用する 바람의 힘을 이용하다. ❷ 능력(能力); 실력(實力). ‖国語の力が弱い 국어 실력이 약하다. ❸ 도움. ‖力になる 도움이 되다. ❹ 효과(效果); 효력(效力). ‖薬の効力が現れる 약의 효과가 나타나다. ▶力を入れる ① 힘을 쏟다. 新商品の開発に力を入れる 신제품 개발에 힘을 쏟다. ② 힘주다. 力を入れて言う 힘주어 말하다. ▶力を落とす 낙담하다. 낙심하다. ▶力を付ける 실력을 쌓다.

ちからいっぱい【力一杯】힘껏. ‖力一杯走る 힘껏 달리다.

ちからうどん【力饂飩】(飯饌) 찰떡을 넣은 우동.

ちからこぶ【力瘤】알통.

ちからしごと【力仕事】힘을 쓰는 일; 육체노동(肉體勞動). ‖力仕事は男性に任せる 힘을 쓰는 일은 남자한테 맡기다.

ちからずく【力尽く】 ❶ 힘껏. ‖力ずくで押し倒す 힘껏 밀어 넘어뜨리다. ❷ 강제(强制)로. ‖力ずくで奪い取ってみせる 강제로라도 뺏겠다.

ちからぞえ【力添え】조력(助力); 도움이 됨. ‖及ばずながらお力添えしましょう 미흡하나마 도움이 되도록 하겠습니다.

ちからだめし【力試し】(能力などを)시험(試驗)해 봄.

ちからづける【力付ける】격려(激勵)하다.

ちからづよい【力強い】 ❶ 마음 든든하다. ❷ 힘차다. ‖力強い演技 침찬 연기.

ちからぬけ【力抜け】맥이 빠짐[풀림]; 힘이 빠짐. ‖安心したら力抜けがした 마음을 놓으니까 맥이 풀렸다.

ちからまかせ【力任せ】힘을 다함. ‖力任せに殴る 힘을 다해[힘껏] 때리다.

ちからまけ【力負け】역부족(力不足); 힘에 부쳐서 짐. ‖真っ向から挑んでカ負けする 정면 승부를 했지만 역부족으로 졌다.

ちかん【痴漢】치한(痴漢).

ちかん【置換】(名動) 치환(置換).

ちき【知己】지기(知己).

ちき【稚気】치기(稚氣).

*****ちきゅう**【地球】지구(地球). ‖地球は太陽の周りを回っている 지구는 태양의 주위를 돌고 있다. 地球上の生物 지구상의 생물. 地球の反対側に行く 지구 반대쪽에. ◆地球儀 지구의.

ちぎょ【稚魚】치어(稚魚).

ちきょう【地峡】지협(地峽). ◆スエズ地峡 수에즈 지협.

ちぎょう【知行】지행(知行).

ちぎり【契り】 ❶ 약속(約束). ❷ 인연(因緣).

ちぎる【契る】 ❶ 굳게 약속(約束)하다. ❷ 장래(將來)를 약속하다; 부부(夫婦)가 될 것을 약속하다. ‖固く契った2人 장래를 약속한 두 사람.

ちぎる【千切る】 ❶ 잘게 찢다. ‖手紙をちぎって捨てる 편지를 찢어서 버리다. ❷ 뜯다; 떼다. ‖ボタンをちぎって取る 단추를 집어 뜯다.

ちぎれる【千切れる】 조각이 나다; 떨어져 나가다.

チキン【chicken】 닭고기; 치킨. ♦フライドチキン 닭 튀김. チキンカツ 치킨커틀릿. チキンライス 치킨라이스.

ちく【地区】 지구(地区). ‖地区ごとに委員を選ぶ 지구마다 위원을 뽑는다. ♦風致地区 풍치 지구.

ちくいち【逐一】 ❶하나하나 순서(順序)대로. ‖逐一審議する 하나하나 순서대로 심의하다. ❷ 자세(仔細)하게; 일일이. ‖逐一報告する 자세하게 보고하다.

ちくおんき【蓄音機】 축음기(蓄音機).

ちくざい【蓄財】 (る하) 축재(蓄財).

ちくさん【畜産】 축산(畜産). ♦畜産業 축산업.

ちくしょう【畜生】 ❶축생(畜生); 짐승. ❷(ののしる言葉) 새끼. ‖こんちくしょう 이 새끼.

ちくせき【蓄積】 (る하) 축적(蓄積). ‖資本を蓄積する 자본을 축적하다. 疲労の蓄積 피로의 축적.

ちくぞう【築造】 (る하) 축조(築造). ‖ダムを築造する 댐을 축조하다.

ちくちく 쿡쿡; 따끔따끔. ‖針でちくちく(と)刺す 바늘로 쿡쿡 찌르다. 背中がちくちく(と)痛む 등이 따끔따끔하다.

ちくのうしょう【蓄膿症】 축농증(蓄膿症).

ちぐはぐ ❶짝이 안 맞음. ‖ちぐはぐの靴下 짝짝이 양말. ❷뒤죽박죽. ‖ちぐはぐな話 이야기가 뒤죽박죽이 되다.

ちくばのとも【竹馬の友】 죽마고우(竹馬故友).

ちくび【乳首】 ❶젖꼭지. ❷(乳児用の) 젖꼭지.

ちくり ❶〔心が痛む様子〕따끔. ‖胸がちくりとする 가슴이 따끔하다. ❷〔言葉で〕따끔하게. ‖ちくりと皮肉を言う 따끔하게 한마디 하여 빈정거리다.

ちくる 고자질하다; 일러바치다.

ちくわ【竹輪】 (服御) 으깬 생선(生鮮)살을 굽거나 찐 것.

ちけい【地形】 지형(地形). ‖複雑な地形を示す 복잡한 지형을 나타내다. ♦地形図 지형도.

チケット【ticket】 티켓.

ちけん【地検】 지검(地検).

ちけん【知見】 식견(識見); 견식(見識). ‖知見を広める 식견을 넓히다.

ちこく【治国】 치국(治国). ♦治国平天下 치국평천하.

***ちこく【遅刻】** (る하) 지각(遅刻). ‖会議に 20分遅刻する 회의에 이십 분 지각하다. 遅刻してすみません 지각해서 미안합니다.

ちこつ【恥骨】 치골(恥骨).

チコリ【chicory】 치커리.

ちさんちすい【治山治水】 치산치수(治山治水).

ちし【致死】 치사(致死). ♦過失致死 과실 치사. 致死量 치사량.

ちじ【知事】 지사(知事). ♦東京都知事 도쿄 도 지사. 神奈川県知事 가나가와현 지사.

***ちしき【知識】** 지식(知識). ‖そのことについて何の知識もない そのことについては何の知識もない. 本から知識を得る 책에서 지식을 얻다. ♦予備知識 예비 지식. 知識階級 지식 계급. 知識人 지식인.

ちじく【地軸】 지축(地軸). ‖地軸を揺るがす大行進 지축을 흔드는 대행진.

ちしつ【地質】 지질(地質).

ちしゃ【知者】 지자(知者).

ちしょう【知将】 지장(智将).

ちしょう【致傷】 치상(致傷). ♦過失致傷罪 과실 치상죄.

ちじょう【地上】 지상(地上). ‖地上10階地下1階の建物 지상 십 층 지하 일 층의 건물. モグラは地上には住めない 두더지는 지상에서는 살 수 없다. 地上の楽園 지상 낙원. ♦地上権 지상권. 地上波 지상파.

ちじょう【痴情】 치정(痴情). ‖痴情のもつれ 치정 싸움.

ちじょく【恥辱】 치욕(恥辱). ‖恥辱を受ける 치욕을 당하다.

ちじん【知人】 지인(知人); 아는 사람.

***ちず【地図】** 지도(地図). ‖世界地図を広げる 세계 지도를 펼치다. この川は地図に出ていない 이 강은 지도에 안 나와 있다. ♦道路地図 도로 지도.

ちすい【治水】 (る하) 치수(治水). ♦治水事業 치수 사업.

ちすじ【血筋】 혈통(血統); 혈연(血縁); 핏줄.

ちせい【地勢】 지세(地勢).

ちせい【知性】 지성(知性). ‖豊かな知性の持ち主 풍부한 지성의 소유자. 現代を代表する知性 현대를 대표하는 지성. 知性的 지성적.

ちせき【地積】 지적(地積).

ちせつ【稚拙】 ≠ 치출(稚拙)하다. ‖稚拙な文章 치출한 문장.

ちそう【地層】 지층(地層). ‖古代の地層 고대의 지층.

ちたい【地帯】 지대(地帯). ♦安全地帯 안전지대. 工業地帯 공업 지대.

ちたい【遅滞】 (る하) 지체(遅滞). ‖工事が遅滞する 공사가 지체되다.

チタン【Titan독】 티탄.

***ちち【父】** 아버지. ‖二児の父となる 두 아이의 아버지가 되다. 父は銀行に勤めています 아버지는 은행에 근무하고 있습니다. 近代経済学の父 근대 경제학의 아버지.

ちち【乳】 젖. ‖乳を吸う 젖을 빨다.

ちちうえ【父上】아버님.
ちちおや【父親】부친(父親); 아버지.
ちちかた【父方】 부계(父系); 아버지 쪽.
ちちかむ【縮かむ】 움츠러들다; 오므라들다; 곱다. ‖寒さで手が縮かんでいる 추위로 손이 곱았다.
ちちくさい【乳臭い】 ❶ 젖내가 나다. ‖乳臭い赤ん坊 젖비린내 나다. ❷ 유치(幼稚)하다; 미숙(未熟)하다. ‖乳臭い考え 유치한 생각.
ちちとして【遅遅として】 지지부진(遅遅不進)하여.
ちちのひ【父の日】 아버지의 날. ✧韓国では父の日と母の日を合わせたオオバイナル(父母の日)がある. 5月8日.
ちちはは【父母】 부모(父母).
ちぢまる【縮まる】 줄어들다; 단축(短縮)되다. ‖1位との差が縮まる 일 등과의 차이가 줄어들다. 寿命が縮まる 수명이 단축되다.
ちぢみ【縮み】 ❶ 줄어듦. ‖伸び縮み 신축. ❷ [布] 잔주름이 있는 옷감.
*****ちぢむ**【縮む】 ❶ 줄어들다. ‖ウールは水で洗うと縮む 울을 물세탁을 하면 줄어든다. ❷ 위축(萎縮)되다.
*****ちぢめる**【縮める】 줄이다. ‖端の方を切って長さを縮める 끝을 잘라 길이를 줄이다. 文章を半分に縮める 문장을 반으로 줄이다. 記録を3秒縮める 기록을 3초 단축하다.
ちちゅう【地中】 지중(地中); 땅속. ‖地中に埋める 땅속에 묻다. ✦地中植物 지중식물.
ちぢらせる【縮らせる】 곱슬곱슬하게 하다. ‖髪をちぢらせた人 머리를 곱슬곱슬하게 한 사람.
ちぢれげ【縮れ毛】 곱슬머리; 고수머리.
ちぢれる【縮れる】 쭈글쭈글해지다; 곱슬곱슬해지다. ‖髪の毛が縮れる 머리카락이 곱슬곱슬해지다.
ちつ【膣】 질(膣).
ちっきょ【蟄居】 (ᄒᄃ) 칩거(蟄居).
ちつじょ【秩序】 질서(秩序). ‖秩序を保つ 질서를 지키다. 秩序正しく行動する 질서 정연하게 행동하다.
ちっそ【窒素】 질소(窒素). ✦窒素肥料 질소 비료.
ちっそく【窒息】 (ᄒᄃ) 질식(窒息). ✦窒息死 질식사.
ちっちゃい【小っちゃい】 작다.
ちっと【些と】 조금. ‖ちっとは真剣に考えろ 조금은 진지하게 생각해라.
ちっとも【些とも】 조금도; 전혀. ‖ちっとも怖くない 조금도 무섭지 않다. ちっとも知らなかった 전혀 몰랐다.
チップ【chip】 팁. ‖チップをはずむ 팁을 많이 주다.
ちっぽけᵍ 보잘것없다; 조그마하다.

‖ちっぽけな家 보잘것없는 집.
*****ちてき**【知的】 지적(知的). ‖知的な会話を楽しむ 지적인 대화를 즐기다. ✦知的財産 지적 재산. 知的所有権 지적 소유권. 知的労働 지적 노동.
ちてん【地点】 지점(地点). ✦通過地点 통과 지점. 到達地点 도달 지점.
ちどうせつ【地動説】 지동설(地動説).
ちとせあめ【千歳飴】 (반의) 홍백(紅白)의 긴 사탕(砂糖).
ちどめ【止血】 지혈(止血).
ちどりあし【千鳥足】 갈지자걸음.
ちなまぐさい【血腥い】 ❶ 피비린내 나다. ‖血なまぐさい話 피비린내 나는 참혹한 이야기.
ちなみに【因みに】 덧붙여서 말하면.
ちなむ【因む】 관련(關聯)되다. ‖伝説にちなむ祭 전설과 관련된 축제.
ちにち【知日】 일본(日本)을 잘 앎.
ちねつ【地熱】 지열(地熱).
*****ちのう**【知能】 지능(知能). ‖知能の高い動物 지능이 높은 동물. ✦人工知能 인공 지능. 知能検査 지능 검사. 知能指数 지능 지수. 知能犯 지능범.
ちのけ【血の気】 ❶ 혈색(血色); 핏기. ‖血の気のない顔 핏기가 없는 얼굴. ❷ 혈기(血氣). ‖血の気の多い若者 혈기 왕성한 젊은이.
ちのなみだ【血の涙】 피눈물.
ちのみご【乳飲み子】 젖먹이.
ちのめぐり【血の巡り】 ❶ 혈액 순환(血液循環). ❷ 두뇌 회전(頭腦回転). ‖血の巡りが悪い 머리가 나쁘다.
ちのり【地の利】 유리(有利)한 지리적 조건(地理的條件).
ちはい【遅配】 기일(期日)보다 늦어짐. ‖給料が運配する月급이 늦어진다.
ちばしる【血走る】 충혈(充血)되다. ‖血走った目 충혈된 눈.
ちばなれ【乳離れ】 (ᄒᄃ) 이유(離乳); 젖 떼기.
ちばん【地番】 번지(番地); 지번(地番).
ちび 꼬맹이.
ちびちび 찔끔찔끔. ‖ちびちび(と)酒を飲む 술을 찔끔찔끔 마시다.
ちびっこ 꼬마.
ちひょう【地表】 지표(地表). ✦地表植物 지표 식물.
ちびる ❶ 찔끔거리다; 조금 흘리다; 지리다. ‖小便をちびる 소변을 지리다. ❷ 인색(吝嗇)하게 굴다; 아끼다. ‖出費をちびる 나가는 돈을 아끼다.
ちぶ【恥部】 치부(恥部). ‖恥部をさらす 치부를 드러내다.
ちぶさ【乳房】 유방(乳房).
チフス【Typhusᴰ】 티푸스.
ちへい【地平】 지평(地平). ✦地平線 지평선.
*****ちほう**【地方】 지방(地方). ‖両親は地方に住んでいます 부모님은 지방에 살

고 계십니다. ♦九州地方 규슈 지방.
地方議会 지방 의회. 地方銀行 지방
은행. 地方公務員 지방 공무원. 地方
債 지방채. 地方自治 지방 자치. 地方
自治体 지방 자치체. 地方色 지방색.
地方税 지방세. 地方選挙 지방 선거.
地方団体 지방 단체. 地方版 지방판.
地方分権 지방 분권.

ちほう【痴呆】 치매(痴呆).
ちぼう【知謀】 지모(智謀); 지략(智略).
ちまた【巷】 세상(世上); 항간(巷間).
∥巷のうわさ 항간의 소문.
ちまちま 아담(雅淡)하게. ∥ちまちま
(と)した顔だち 아담하게 생긴 얼굴.
ちまなこ【血眼】 혈안(血眼). ∥血眼にな
って捜す 혈안이 되어 찾다.
ちまみれ【血塗れ】 피투성이.
ちまよう【血迷う】 눈이 뒤집히다; 이성
(理性)을 잃다.
ちみ【地味】 지미(地味); 토리(土理).
∥地味がいい 토리가 좋다.
ちみつ【緻密】ダ 치밀(緻密)하다. ∥緻
密な計画 치밀한 계획. 緻密な研究 치
밀한 연구.
ちめい【地名】 지명(地名).
ちめい【知名】 지명(知名). ♦知名度 지
명도.
ちめい【知命】 지천명(知天命).
ちめいしょう【致命傷】 치명상(致命
傷). ∥致命傷を負う 치명상을 입다.
ちめいてき【致命的】 치명적(致命的).
∥致命的なミス 치명적인 실수.
ちもく【地目】 지목(地目).
***ちゃ**【茶】 차(茶). ∥茶を飲む 차를 마시
다. 茶を濁す 얼버무리다. ♦ウーロン
茶 우롱차. 麦茶 보리차.
チャーシュー【叉焼】 돼지고기를
묶어 양념에 담근 다음 구운 것.
チャーター【charter】 빌림; 전세(專貰)
냄. ∥チャーターする 빌리다. 전세 내다.
♦チャーター便 전세 낸 배나 비행기.
チャート【chart】 ❶해양 지도(海洋地
圖). ❷차트; 도표(圖表); 그래프.
チャーハン【炒飯】 볶음밥.
チャーミング【charming】ダ 매력적(魅
力的)이다. ∥チャーミングな女性 매력
적인 여성.
チャームポイント【charming+point日】
매력(魅力) 포인트.
チャイム【chime】 ❶차임벨. ∥電子チャ
イム 전자 차임. ❷(音楽) 차임.
チャイルドシート【child+seat日】 (自
動車의) 차일드 시트.
ちゃいろ【茶色】 갈색(褐色). ∥茶色の
目 갈색 눈. 茶色い髪 갈색 머리.
-ちゃう …버리다; 다 …하다. ∥もう買
いちゃった 벌써 다 샀다. 食べちゃう 먹
어 버리다.
チャウダー【chowder】 차우더.
ちゃか【茶菓】 다과(茶菓).

ちゃかす【茶化す】 ❶농담(弄談)으로
돌리다. ❷「ごまかす」속이다.
ちゃかっしょく【茶褐色】 다갈색(茶褐
色).
ちゃがら【茶殻】 차(茶) 찌꺼기.
ちゃき【茶器】 다기(茶器).
ちゃきちゃき ∥ちゃきちゃきの江戸っ子
동경 토박이.
ちゃく【着】 ❶도착(到着). ∥8時着の
列車 여덟 시에 도착하는 열차. 東京
着 도쿄 착. ❷「服を数える単位」…벌.
∥夏服 5 着 여름옷 다섯 벌. ❸「順位」
…등(等); …위(位). ∥1着でゴールイン
する 일 등으로 골인하다.
ちゃくがん【着眼】 (名・自) 착안(着眼).
∥いいところに着眼する 좋은 점에 착안
하다. ♦着眼点 착안점. 着眼点がいい
착안점이 좋다.
ちゃくし【嫡子】 적자(嫡子).
ちゃくじつ【着実】 착실(着實)하다.
∥着実な努力 착실한 노력.
ちゃくしゅ【着手】 착수(着手).
ちゃくしょう【着床】 (名・自) 착상(着床).
ちゃくしょく【着色】 (名・自) 착색(着色).
♦着色剤 착색제.
ちゃくしん【着信】 ❶ (名・自) 착신(着信).
❷정보(情報)가 밤중이나 야간에 들어
온 것. ∥夜中に着信したニュース 밤에 들어온 뉴스.
ちゃくせき【着席】 (名・自) 착석(着席).
ちゃくそう【着想】 (名・自) 착상(着想).
∥着想がいい 착상이 좋다.
ちゃくち【着地】 (名・自) 착지(着地).
ちゃくちゃく【着々】 착착(着々). ∥着
々(と)準備が進む 준비가 착착 진행되
다.
ちゃくばらい【着払い】 (名・他) 수취인(受
取人)이 요금(料金)을 지불(支拂)함.
ちゃくふく【着服】 (名・他) 착복(着服).
∥公金を着服する 공금을 착복하다.
ちゃくメロ【着メロ】 (携帯電話의) 착신
음(着信音).
ちゃくもく【着目】 (名・自) 착목(着目). ∥将
来性に着目する 장래성에 착목하다.
ちゃくよう【着用】 (名・他) 착용(着用).
ちゃくりく【着陸】 (名・自) 착륙(着陸).
∥飛行機が着陸する 비행기가 착륙하
다.
チャコールグレー【charcoal gray】 진
한 회색(灰色).
ちゃこし【茶漉し】 차(茶)를 거르는 조
리.
ちゃさじ【茶匙】 ❶「スプーン」티스푼.
❷차(茶)를 뜨는 작은 숟가락.
ちゃちダ 싸구려다; 싸다; 빈약(貧弱)하
다. ∥ちゃちに見える 싸구려로 보이다.
ちゃちゃ【茶々】 방해(妨害); 훼방(毀
謗). ♦茶茶を入れる 방해를 놓다. 훼방
을 놓다. 話の途中でちゃちゃを入れる 말
하는 도중에 훼방을 놓다.
ちゃっか【着火】 (名・自) 발화(發火). ∥容

ちゃっかり 약삭빠르게. ∥1人だけちゃっかり(と)食べてしまう 약삭빠르게 혼자만 먹는다.

チャック [chack 刈] 지퍼.

ちゃづけ [茶漬け] (略解) 차(茶)를 부은 밥.

ちゃっこう [着工] (る胎) 착공(着工). ♦着工式 착공식.

チャット [chat] [IT] 채팅.

チャド [Chad] [国名] 차드.

ちゃどうぐ [茶道具] 다기(茶器).

ちゃのま [茶の間] ❶거실(居室). ❷다실(茶室).

ちゃば [茶葉] 찻잎.

ちゃばしら [茶柱] (略解) 차(茶)를 따랐을 때 세로로 뜨는 차 줄기. ∥茶柱が立つ좋은 징조다.

ちゃばたけ [茶畑] 차밭.

ちゃはつ [茶髪] 염색(染色)한 머리.

ちゃばんげき [茶番劇] (略解) 속이 들여다보이는 연극(演劇).

ちゃぶだい [卓袱台] 접이식 테이블.

チャペル [chapel] 채플;교회(教會).

ちやほや ∥ちやほや(と)されていう気持ちになる 추켜 주자 우쭐하다.

ちゃめ [茶目] 귀여운 장난을 침 또는 그런 장난을 좋아하는 사람이나 성격(性格). ∥茶目を演じる 장난을 치다. お茶目な女の子 귀여운 여자 아이.

ちゃめっけ [茶目っ気] 장난기. ∥ちゃめっ気のある人 장난기가 있는 사람.

ちゃや [茶屋] 찻집. ∥峠の茶屋 산마루에 있는 찻집.

ちゃら ❶차감(差減)하여 제로로 함. ∥借金をちゃらにする 빚을 제로로 하다. ❷없었던 일로 함. ∥話をちゃらにする 없었던 이야기로 하다.

ちゃらちゃら ❶짤랑짤랑. ∥小銭をちゃらちゃら言わせる 잔돈을 짤랑거리다. ❷껄렁껄렁. ∥ちゃらちゃら(と)していけ好かないやつだ 껄렁거려서 마음에 안 드는 녀석이다.

ちゃらんぽらん 무책임(無責任)함. ∥ちゃらんぽらんな性格を直す 무책임한 성격을 고치다.

チャリティー [charity] 자선; 자선 사업(慈善事業). ♦チャリティーショー 자선 쇼.

ちゃりん 땡그랑. ∥硬貨が落ちてちゃりんと鳴った 동전이 떨어지면서 땡그랑 소리가 났다.

ちゃりんこ 자전거(自轉車).

チャルメラ [charamela](木管楽器의 하나의)차르메라.

ちゃわん [茶碗] 밥그릇; 밥공기. ∥茶碗蒸 여러 가지 고명을 넣은 찜.

-ちゃん 〖親しみを込めた呼称〗…の; …아. ∥太郎ちゃん 다로야. 知瑛ちゃん 지영아.

ちゃんこなべ [ちゃんこ鍋] 냄비 요리(料理).

チャンス [chance] 기회(機會). ∥チャンスを逃す 기회를 놓치다.

ちゃんちゃんこ (略解) 솜을 넣은 소매가 없는 겉옷.

*__ちゃんと__ ❶착실(着實)하게; 제대로. ∥ちゃんとしまっておいて 제대로 넣어 두어라. ちゃんとした人 착실한 사람. ❷틀림없이; 정확(正確)하게. ∥ちゃんと書ける 정확하게 쓸 수 있다. ❸충분(充分)히. ∥朝ごはんはちゃんと食べた 아침은 충분히 먹었다.

チャンネル [channel] 채널.

ちゃんばら [映画・演劇등의]칼싸움.

ちゃんぽん ❶섞음. ∥日本酒とビールをちゃんぽんに飲む 일본 술과 맥주를 섞어 마시다. ❷[料理]일본식(日本式) 짬뽕.

ちゆ [治癒] (る胎) 치유(治癒). ∥完全に治癒する 완전히 치유되다.

ちゅう [中] ❶중간(中間). ∥成績は中の少し上だ 성적은 중간에서 약간 위다. ❷중용(中庸). ∥中を取る 중용을 취하다. ❸[中学校の略語]중. ∥付属中 부속중. ❹[中国の略語]중. ∥日中関係 중일 관계. ❺…중. ∥実験中 실험 중. 仕事中 일하는 중. ❻…속; …중. ∥空気中 공기 중.

ちゅう [宙] 하늘; 공중(空中); 공간(空間). ∥宙に舞う 공중을 날다. ▶宙に浮く 어중간한 상태다. 計画は宙に浮いたままだ 계획은 공중에 떠 있는 상태다. ▶宙に浮う 어중간한 상태다. 불안정한 상태다.

ちゅう [注] 주(註). ∥注をつける 주를 달다.

ちゅう [忠] 충(忠). ♦忠孝 충효.

ちゅう [中耕] 중위(中耕).

*__ちゅうい__ [注意] (る胎) 주의(注意). ∥健康に注意する 건강에 주의하다. 細心の注意を払う 세심한 주의를 기울이다. 注意を与える 주의를 주다. ♦注意人物 요주의 인물. 위험 인물. 注意報 주의보. 注意力 주의력. 注意力が散漫になる 주의력이 산만해지다.

ちゅうぶかい [注意深い] 주의(注意) 깊다. ∥注意深く点検する 주의 깊게 점검하다.

*__ちゅうおう__ [中央] ❶중앙(中央); 가운데. ∥中央分離帯 중앙 분리대. ❷중심(中心)이 되는 곳; 수도(首都). ∥中央に進出する 중앙에 진출하다. ♦中央銀行 중앙은행. 中央集権 중앙 집권. 中央政府 중앙 정부.

ちゅうおうアフリカきょうわこく [中央 Africa 共和国] (国名) 중앙 아프리카 공화국(共和國).

ちゅうか [中華] ❶중화(中華). ∥中華

思想 中和 사상. ❷【中華料理の略記】중국 음식(中國飲食); 중화요리(中華料理). ◆中華鍋 중국 요리에서 쓰는 둥근 프라이팬. 中華風 중국 요리식.
*ちゅうかい【仲介】 [する] 중개(仲介). ∥売買を仲介する 매매를 중개하다. ◆仲介者 중개자.
ちゅうがい【虫害】 해충(害蟲)의 피해(被害).
ちゅうがえり【宙返り】 공중(空中)제비.
ちゅうかく【中核】 중핵(中核). ◆組織の中核 조직의 중핵.
ちゅうがく【中学】 중학(中學). ◆中学生 중학생. 中学校 중학교.
ちゅうかじんみんきょうわこく【中華人民共和国】 중화 인민 공화국(中華人民共和國).
ちゅうがた【中形・中型】 중형(中形). ∥中形のかばん 중형 가방. 中型自動車 중형 자동차.
ちゅうかみんこく【中華民国】(国名) 중화민국(中華民國).
*ちゅうかん【中間】 중간(中間). ∥生産者と消費者の中間にある流通機構 생산자와 소비자의 중간에 있는 유통 기구. ◆中間管理職 중간 관리직. 中間子 중간자. 中間地点 중간 지점. 中間発表 중간 발표.
ちゅうかん【昼間】 주간(晝間). ◆昼間部 주간부.
ちゅうき【中期】 중기(中期). ∥平安時代の中期 헤이안 시대 중기.
ちゅうき【注記】 주기(注記). ∥本文の脇に注記する 본문 옆에 주를 달다.
ちゅうこく【忠告】 충고의 뜻.
ちゅうきゅう【中級】 중급(中級). ∥中級日本語 중급 일본어.
ちゅうきょり【中距離】 중거리(中距離). ∥中距離ミサイル 미사일.
ちゅうきん【鋳金】 주조(鑄造).
ちゅうきんとう【中近東】 중근동(中近東).
ちゅうけい【中継】 [する] 중계(中繼). ∥プロ野球を中継する 프로 야구를 중계하다. ◆生中継 생중계. 中継放送 중계 방송.
ちゅうけん【中堅】 중견(中堅). ◆中堅幹部 중견 간부.
ちゅうげん【中元】(股明) 백중(百中)날의 선물(膳物).
ちゅうこ【中古】 중고(中古). ◆中古車販売 중고차 판매. 中古品 중고품.
ちゅうこう【忠孝】 충효(忠孝).
ちゅうこうせい【中高生】 중고생(中高生).
ちゅうこうねん【中高年】 중년(中年)과 노년(老年).
*ちゅうこく【忠告】 [する] 충고(忠告). ∥忠告に従う 충고를 따르다. 一言忠告しておく 한마디 충고해 두다. 忠告を聞き入れる 충고를 받아들이다.
*ちゅうごく【中国】(国名) 중국(中國). ◆中国語 중국어.
ちゅうさい【仲裁】 [する] 중재(仲裁). ∥紛争を仲裁する 분쟁을 중재하다.
ちゅうざい【駐在】 [する] 주재(駐在). ◆海外駐在員 해외 주재원.
*ちゅうし【中止】 [する] 중지(中止). ∥会社はその製品の製造を中止した 회사는 그 제품의 제조를 중지했다. 会議を中止する 회의를 중지하다. 一時中止 일시 중지. 予定が中止になる 예정이 중지되다.
ちゅうし【注視】 [する] 주시(注視). ∥群衆の動きを注視する 군중의 움직임을 주시하다.
ちゅうじえん【中耳炎】 중이염(中耳炎).
ちゅうじく【中軸】 ❶ 중심축(中心軸). ❷ 중심 인물(人物).
ちゅうじつ【忠実】 ◆ ❶ 충실(忠實)하다. ∥職務に忠実な人 직무에 충실한 사람. ❷ 정확(正確)하다. 忠実に再現する 정확히 재현하다.
ちゅうしゃ【注射】 [する] 주사(注射). ◆予防注射 예방 주사. 注射液 주사액. 注射器 주사기. 注射針 주사 바늘.
ちゅうしゃ【駐車】 [する] 주차(駐車). ◆路上駐車 노상 주차. 駐車違反 주차 위반. 駐車禁止 주차 금지. 駐車場 주차장.
ちゅうしゃく【注釈】 [する] 주석(註釋). ∥注釈を加える 주석을 달다.
ちゅうしゅう【中秋】 중추(仲秋); 추석(秋夕); 한가위. ∥中秋の名月 중추 명월.
ちゅうしゅつ【抽出】 추출(抽出).
ちゅうじゅん【中旬】 중순(中旬).
ちゅうしょう【中傷】 중상(中傷).
ちゅうしょう【抽象】 추상(抽象). ◆抽象化 추상화. 抽象画 추상화. 抽象的 추상적. 抽象的な説明 추상적인 설명. 抽象名詞 추상 명사. 抽象論 추상론.
ちゅうじょう【中将】 중장(中將).
ちゅうしょうきぎょう【中小企業】 중소기업(中小企業).
ちゅうしょく【昼食】 점심; 점심 식사(食事).
*ちゅうしん【中心】 중심(中心). ∥市の中心部 시 중심부. 先生を中心に記念写真を撮る 선생님을 중심으로 기념사진을 찍다. 中心をとる 중심을 잡다. 中心を失って倒れる 중심을 잃고 넘어지다. 政治·文化の中心 정치 문화의 중심. ◆中心人物 중심 인물. 中心地 중심지. おしゃれの中心地パリ 멋의 중심지 파리. 中心的 중심적. 金融界の中心的な人物 금융계의 중심적인 인물.

ちゅうしん【忠臣】 충신(忠臣).
ちゅうしん【衷心】 충심(衷心). ‖衷心から哀悼の意を表します 충심으로 애도의 뜻을 표합니다.
ちゅうすい【虫垂】 충수(蟲垂). ◆虫垂炎 충수염. 맹장염.
ちゅうすう【中枢】 중추(中樞). ‖政治の中枢 정치의 중추. ◆中枢神経 중추신경.
ちゅうせい【中世】 중세(中世). ‖中世ヨーロッパの貴族 중세 유럽의 귀족.
ちゅうせい【中性】 중성(中性). ◆中性子 중성자. 中性子爆彈 중성자 폭탄.
ちゅうせい【忠誠】 충성(忠誠).
ちゅうぜい【中背】 보통(普通) 키. ‖中肉中背 보통 체격에 보통 키.
ちゅうせいだい【中生代】 중생대(中生代).
ちゅうせきせい【沖積世】 충적세(沖積世); 충적기(沖積期).
ちゅうせきそう【沖積層】 충적층(沖積層).
ちゅうせきへいや【沖積平野】 충적 평야(沖積平野).
ちゅうぜつ【中絶】 ❶ 끊김; 끊어짐. ‖音信が中絶する 소식이 끊기다. ❷ (조동) 임신 중절(姙娠中絶).
ちゅうせん【抽選】 추첨(抽籤).
ちゅうぞう【鋳造】 주조(鑄造).
ちゅうそつ【中卒】 중졸(中卒).
ちゅうたい【中退】 (조동) 중퇴(中退). ‖大学を中退する 대학을 중퇴하다.
ちゅうたい【紐帯】 중대(中隊).
ちゅうだん【中段】 ❶ 가운데 단(段). ❷ (劍道)의 중단(中段).
ちゅうだん【中断】 (조동) 중단(中斷). ‖審議を中断する 심의를 중단하다. 会談が中断される 회담이 중단되다.
ちゅうちゅう ❶〔ネズミなどの鳴き声〕찍찍; 짹짹. ❷〔飲物を吸う〕‖ストローでちゅうちゅう吸う 빨대로 쭉쭉 빨다.
ちゅうちょ【躊躇】 (조동) 주저(躊躇). ‖躊躇なく事を行なう 주저하지 않고 일을 진행하다.
ちゅうづり【宙吊り】 공중(空中)에 매달림.
ちゅうてん【中天】 중천(中天).
ちゅうてん【中点】 중점(中點).
ちゅうと【中途】 중도(中途); 도중(途中). ‖話の中途から脇道にそれる 이야기도중에서 옆길로 새다.
ちゅうとう【中東】 중동(中東).
ちゅうとう【中等】 중등(中等). ◆中等教育 중등 교육.
ちゅうどく【中毒】 (조동) 중독(中毒). ◆アルコール中毒 알코올 중독. 알코올의 존증. ガス中毒 가스 중독.
ちゅうとはんぱ【中途半端】 ❶ 일을 다 마치지 못함. ❷ 어중간함. ‖中途半端な態度 어중간한 태도.

ちゅうとろ【中トロ】 (설명) 참치의 적당(適當)히 기름기가 있는 부분(部分).
ちゅうとん【駐屯】 (조동) 주둔(駐屯). ◆駐屯基地 주둔 기지.
ちゅうなんべい【中南米】 중남미(中南美).
ちゅうにち【中日】 중일(中日); 중국(中國)과 일본(日本).
ちゅうにち【駐日】 주일(駐日). ◆駐日大使 주일 대사.
ちゅうにゅう【注入】 (조동) 주입(注入). ‖薬液を体内に注入する 약물을 체내에 주입하다. ◆注入教育 주입식 교육.
チューニング【tuning】 ❶ 튜닝; 조율(調律). ❷〈放送의〉선국(選局); 조정(調整).
ちゅうねん【中年】 중년(中年). ‖中年太り 나잇살.
チューバ【tuba】〔音樂〕튜바.
チューハイ【酎ハイ】 (설명) 일본 소주(日本燒酒)에 탄산 음료(炭酸飲料)를 탄 것.
ちゅうばいか【虫媒花】 충매화(蟲媒花).
ちゅうはん【中盤】 중반(中盤). ‖選挙戰も中盤に入る 선거전도 중반으로 접어들다.
ちゅうび【中火】 중간(中間) 정도의 화력(火力). ‖中火で煮る 중간 정도의 불로 끓이다.
ちゅうぶ【中部】 중부(中部).
チューブ【tube】 튜브.
ちゅうぶらりん【宙ぶらりん】 ❶ 공중(空中)에 걸려 있음. ❷ 어중간함. ‖宙ぶらりんな状態 어중간한 상태.
ちゅうべい【中米】 중미(中米).
ちゅうへん【中編】 중편(中篇). ◆中編小説 중편 소설.
ちゅうぼう【厨房】 주방(廚房); 부엌.
***ちゅうもく【注目】** (조동) 주목(注目). ‖黒板に注目する 칠판에 주목하다. 世の注目を浴びる 세상의 주목을 받다. この作品は注目に値する 이 작품은 주목할 만하다.
***ちゅうもん【注文】** (조동) 주문(注文). ‖寿司を 2 人前注文する 생선 초밥을 2 인분 주문하다. 書店に本を何冊か注文する 서점에 책을 몇 권 주문하다. ご注文は何になさいますか 주문은 뭘로 하시겠습니까? 大口注文を受ける 대량 주문을 받다.
ちゅうや【昼夜】 주야(晝夜); 밤낮. ‖昼夜を問わず監視する 밤낮없이 감시하다.
ちゅうゆ【注油】 (조동) 주유(注油).
ちゅうよう【中庸】 중용(中庸).
ちゅうよう【中葉】 중엽(中葉). ‖19 世紀中葉 십구 세기 중엽.
ちゅうようとっき【虫様突起】 충양돌기(蟲樣突起).
ちゅうりきこ【中力粉】 중력분(中力

粉).
ちゅうりつ【中立】 중립(中立). ‖中立を守る 중립을 지키다. 中立の立場をとる 중립적인 입장을 취하다. ◆中立国 중립국.
チューリップ【tulip】 튤립.
ちゅうりゃく【中略】 (する) 중략(中略).
ちゅうりゅう【中流】 중류(中流). ‖ナイル川の中流 나일강의 중류. ◆中流意識 중류 의식. 中流家庭 중류 가정.
ちゅうりん【駐輪】 자전거(自轉車)를 세워둠. ◆駐輪場 자전거 보관소.
ちゅうわ【中和】 (する) 중화(中和).
チュニジア【Tunisia】〖国名〗튀니지.
ちょ【著】 저(著); 지음. ‖森鷗外の著 모리 오가이 저.
ちょい 조금; 잠시(暫時); 잠깐. ‖ちょい借り 잠시 빌리는 것.
ちょいと ❶조금; 잠시(暫時). ‖ちょいと寄ってみる 잠시 들러보다. ❷〔呼びかけ〕이봐요. ‖ちょいとそこのお兄さん 이봐요 거기 학생.
ちょう【調】 …풍(風); …조(調). ‖ロック調の音楽 록풍의 음악.
ちょう【兆】 조(兆).
ちょう【丁】 짝수(數).
ちょう【長】 장(長); 우두머리. ‖一家の長 일가의 가장.
ちょう【腸】 장(腸).
ちょう【町】〖地方自治団体の一つ〗읍(邑).
チョウ【蝶】 나비.
ちょう【超】 ❶초(超)…. ‖超満員 초만원, 超現実主義 초현실주의. ❷〔副詞的に〕굉장히; 매우. ‖超楽しい 굉장히 즐겁다.
-ちょう【丁】 ❶〔ページを数える単位〕장(張). ❷〔豆腐を数える単位〕…모. ❸〔食べ物の一皿 인분(一人分). ‖カレーライス3丁 카레라이스 삼 인분.
-ちょう【町】 ❶〔町の単位〕…정(町). ❷〔面積の単位〕…정.
-ちょう【庁】 …청(廳). ‖気象庁 기상청.
-ちょう【帳】 …장(帳). ‖日記帳 일기장.
ちょうあい【寵愛】 (する) 총애(寵愛). ‖寵愛を受ける 총애를 받다.
ちょうい【弔慰】 조위(弔慰). ◆弔慰金 조위금, 조의금.
ちょういん【調印】 (する) 조인(調印). ‖休戦協定に調印する 휴전 협정에 조인하다.
ちょうえき【懲役】 징역(懲役). ◆無期懲役 무기 징역.
ちょうえつ【超越】 (する) 초월(超越). ‖世俗を超越する 세속을 초월하다. ◆超越論 초월론.
ちょうえん【腸炎】 장염(腸炎).

311　　　　　　　　　　　　　　　　　ちょうさ

ちょうおん【長音】〖言語〗장음(長音). ◆長音符 장음부, 긴소리표.
ちょうおん【調音】 (する) 조음(調音). ◆調音器官 조음 기관.
ちょうおんかい【長音階】 장음계(長音階).
ちょうおんそく【超音速】 초음속(超音速). ◆超音速旅客機 초음속 여객기.
ちょうおんぱ【超音波】 초음파(超音波). ◆超音波診断 초음파 진단.
ちょうか【弔花】 조화(弔花).
ちょうか【超過】 (する) 초과(超過). ‖制限時間を超過する 제한 시간을 초과하다. ◆超過勤務 초과 근무.
ちょうかい【朝会】 조회(朝會); 조례(朝禮).
ちょうかい【懲戒】 (する) 징계(懲戒). ‖懲戒処分 징계 처분.
ちょうかく【聴覚】 청각(聽覺).
チョウカタル【腸catarre】 장염(腸炎).
ちょうかん【長官】 장관(長官).
ちょうかん【鳥瞰】 (する) 조감(鳥瞰). ‖世界情勢を鳥瞰する 세계 정세를 조감하다. ◆鳥瞰図 조감도.
ちょうかん【朝刊】 조간(朝刊).
ちょうき【弔旗】 조기(弔旗). ‖弔旗を掲げる 조기를 달다.
*ちょうき【長期】 장기(長期). ‖長期契約を結ぶ 장기 계약을 맺다. ◆長期計画 장기 계획, 長期欠席 장기 결석, 長期戦 장기전, 長期間 장기간. 長期間にわたって 장기간에 걸쳐.
ちょうきょう【調教】 (する) 조련(調鍊). ‖ライオンを調教する 사자를 조련하다.
ちょうきょり【長距離】 장거리(長距離). ◆長距離電話 장거리 전화.
ちょうきより【長】 명형; 큰형.
ちょうけし【帳消し】 ❶대차 관계(貸借關係)를 청산(淸算)함. ❷ 득실(得失)을 상쇄(相殺)함. 상쇄하기로 하는 상쇄하다. 帳消しになる 상쇄되다.
ちょうげんじつしゅぎ【超現実主義】 초현실주의(超現實主義).
ちょうこう【長考】 (する) 장고(長考).
ちょうこう【兆候】 징후(徵候). ‖インフレの兆候がうかがえる 인플레의 징후가 보이다.
ちょうこう【聴講】 (する) 청강(聽講). ◆聴講生 청강생.
ちょうごう【調合】 (する) 조합(調合); 조제(調劑). ‖薬を調合する 약을 조제하다.
ちょうこうぜつ【長広舌】 장광설(長廣舌). ‖長広舌をふるう 장광설을 늘어놓다.
ちょうこうそう【高層】 초고층(超高層). ‖超高層ビル 초고층 빌딩.
ちょうこく【彫刻】 (する) 조각(彫刻).
*ちょうさ【調査】 (する) 조사(調査). ‖災害地の実情を調査する 재해지의 실정

ちょうざい【調剤】 ⊗해 조제(調剤).
♦調剤室 조제실.

チョウザメ【蝶鮫】 철갑상어.

ちょうさんぼし【朝三暮四】 조삼모사(朝三暮四).

ちょうし【長子】 장자(長子); 맏이.

*ちょうし【調子】 ❶상태(狀態). 機械の調子が悪い 기계의 상태가 나쁘다. ❷상황(狀況). 行ってみての調子次第が見て状況に応じて. 상황에 따름. ❸본궤도(本軌道); 기세(氣勢). ❹음(音)의 고저(高低). ❺어조(語調); 문장(文章)의 격조(格調). ❻強い調子で言う 강한 어조로 말하다. ❼いつもの調子が出る. ▪調子に乗る 본궤도에 오르다. 순조롭게 진행되다. ▪調子を合わせる 장단을 맞추다.

ちょうじ【弔詞】 조사(弔詞).

ちょうじ【寵児】 총아(寵児). 時代の寵児 시대의 총아.

ちょうしぜん【超自然】 초자연(超自然). ▪超自然的現象 초자연적인 현상.

ちょうしづく【調子付く】 ❶기세(氣勢)가 오르다; 본궤도(本軌道)에 오르다. ❷경솔(輕率)한 행동(行動)을 하다.

ちょうしはずれ【調子外れ】 ❶음정(音程)이 맞지 않음. ▪調子外れの声で歌い出す 틀린 음정으로 노래하기 시작하다. ❷엉뚱함; 뚱딴지같음. ▪調子外れなことばかり言う 뚱딴지같은 소리만하다.

ちょうしもの【調子者】 ⓟ명 우쭐해져서 경솔(輕率)한 행동(行動)을 하는 사람; 비위(脾胃)를 잘 맞추는 사람.

ちょうしゃ【庁舎】 청사(廳舎).

ちょうじゃ【長者】 장자(長者); 거부(巨富); 부자(富者). ▪億万長者 억만장자.

ちょうしゅ【聴取】 ⊗해 청취(聴取). ♦聴取者 청취자. 聴取率 청취율.

ちょうじゅ【長寿】 장수(長寿).

ちょうしゅう【徴収】 ⊗해 징수(徴収). ▪会費を徴収する 회비를 징수하다.

ちょうしゅう【徴集】 징집(徴集).

ちょうしゅう【聴衆】 청중(聴衆).

ちょうじゅう【弔銃】 조총(弔銃).

*ちょうしょ【長所】 장점(長所). ▪長所を生かす 장점을 살리다. この椅子の長所は高さを調節できることにある 이 의자의 장점은 높이를 조절할 수 있다는 것이다.

ちょうしょ【調書】 조서(調書).

ちょうじょ【長女】 장녀(長女); 큰딸.

ちょうしょう【嘲笑】 ⊗해 조소(嘲笑); 비웃음. ▪嘲笑を買う 비웃음을 사다.

ちょうじょう【頂上】 정상(頂上). 山の頂上にたどり着く 산 정상에 다다르다. ▪頂上会談 정상 회담.

ちょうしょく【朝食】 조식(朝食); 아침식사(食事).

ちょうじり【帳尻】 장부상(帳簿上)의 결산(決算). ▪帳尻を合わせる 장부를 맞추다. 말을 맞추다.

ちょうしん【長身】 장신(長身).

ちょうしん【聴診】 청진(聴診). ♦聴診器 청진기.

ちょうじん【超人】 초인(超人). ♦超人的 초인적.

ちょうせい【調整】 ⊗해 조정(調整). ▪日程を調整する 일정을 조정하다. 関係者の意見を調整する 관계자의 의견을 조정하다.

ちょうぜい【徴税】 ⊗해 징세(徴税).

ちょうせつ【調節】 ⊗해 조절(調節). テレビの音量を調節する 텔레비전의 음량을 조절하다. ▪温度調節 온도 조절.

ちょうせん【挑戦】 ⊗해 도전(挑戦). ▪新記録に挑戦する 신기록에 도전하다. 挑戦を受ける 도전을 받다. 挑戦的な態度 도전적인 태도. ♦挑戦状 도전장. 挑戦者 도전자.

ちょうせん【朝鮮】 조선(朝鮮). ♦朝鮮半島 한반도. 朝鮮戦争 육이오 전쟁. 朝鮮人参 인삼.

ちょうそ【彫塑】 조소(彫塑).

ちょうそく【長足】 장족(長足). ▪長足の進歩を遂げる 장족의 발전을 이룩하다.

ちょうだ【長打】 〈野球〉장타(長打).

ちょうだ【長蛇】 장사(長蛇). ▪長蛇の列ができる 장사진을 이루다.

ちょうだい【頂戴】 ❶받음. ▪本を頂戴する 책을 받다. ❷먹음. ▪もう十分に頂戴しました 벌써 많이 먹었습니다. ❸(…てちょうだいの形で)…(해) 주세요; …(해) 주십시오; …(해) 주렴. この本を見せてちょうだい 이 책을 보여 주세요.

ちょうたつ【調達】 ⊗해 조달(調達). ▪資金を調達する 자금을 조달하다. 資材を調達する 자재를 조달하다.

ちょうだつ【超脱】 ⊗해 초탈(超脱).

ちょうたん【長短】 ❶장단(長短). ▪距離の長短を比べる 거리의 장단을 비교하다. ❷장점(長點)과 단점(短點).

ちょうたんぱ【超短波】 초단파(超短波).

ちょうチフス【腸typhus】 장티푸스.

ちょうちょう【長調】 장조(長調).

チョウチョウ【蝶蝶】 나비.

ちょうちょうはっし【丁丁発止】 격렬(激烈)하게. ▪発止と渡り合う 격렬하게 논쟁하다.

ちょうちん【提灯】 등롱(燈籠); 초롱.

ちょうちんもち【提灯持ち】 앞잡이.

ちょうづめ【腸詰め】 소시지.

ちょうてい【朝廷】 조정(朝廷).

ちょうてい【調停】 (名・する) 조정(調停). ‖争いを調停する 분쟁을 조정하다.

ちょうてん【頂点】 정점(頂點); 절정(絶頂). ‖不満が頂点に達する 불만이 정점에 달하다.

ちょうでん【弔電】 조전(弔電).

*__ちょうど__【丁度】 ❶〔ぴったり〕딱; 꼭. ‖ちょうど体に合う 몸에 꼭 맞다. ❷〔まさにその時〕마침. ‖ちょうど旅行中だったマ참 여행 중이었다. ❸〔まるで〕마치; 흡사(恰似). ‖月はちょうど鏡のようだった 달이 마치 거울 같았다.

ちょうどうけん【聴導犬】 〘説明〙청각 장애인(聴覚障碍人)을 인도(引導)하도록 훈련(訓練)된 개.

ちょうとうは【超党派】 초당파(超黨派).

ちょうとっきゅう【超特急】 초특급(超特急).

ちょうどひん【調度品】 세간; 생활 용품(生活用品).

ちょうない【町内】 동네.

ちょうなん【長男】 장남(長男); 큰아들.

ちょうネクタイ【蝶necktie】 나비넥타이.

ちょうのうりょく【超能力】 초능력(超能力).

ちょうば【跳馬】〔体操競技種目の〕도마(跳馬).

ちょうばいか【鳥媒花】 조매화(鳥媒花).

ちょうはつ【長髪】 장발(長髮).

ちょうはつ【挑発】 (名・する) 도발(挑発). ‖敵を挑発する 적을 도발하다.

ちょうばつ【懲罰】 (名・する) 징벌(懲罰).

-ちょうほ【町歩】 …정보(町步).

ちょうふく【重複】 (名・する) 중복(重複). ‖説明が重複する 설명이 중복되다.

ちょうへいそく【腸閉塞】 장폐색증(腸閉塞症).

ちょうへん【長編】 장편(長篇). ◆**長編小説** 장편 소설.

ちょうぼ【帳簿】 장부(帳簿). ‖帳簿をつける 장부를 적다. 帳簿に記入する 장부에 기입하다.

ちょうほう【弔砲】 조포(弔砲).

ちょうほう【重宝】 유용(有用)함; 편리(便利)함. ‖重宝する 유용하여 쓰다. 重宝な道具 편리한 도구.

ちょうほう【諜報】 첩보(諜報). ◆**諜報活動** 첩보 활동. **諜報機関** 첩보 기관.

ちょうぼう【眺望】 조망(眺望).

ちょうほうけい【長方形】 직사각형(直四角形).

ちょうほんにん【張本人】 장본인(張本人). ‖うわさをばらまいた張本人 소문을 퍼뜨린 장본인.

ちょうまんいん【超満員】 초만원(超滿員). ‖超満員の通勤電車 초만원의 통근 전철.

ちょうみ【調味】 (名・する) 조미(調味). ◆**調味料** 조미료.

ちょうみつ【稠密】 ダ 조밀(稠密)하다.

ちょうむすび【蝶結び】 나비매듭.

ちょうめい【長命】 장수(長壽). ‖**長命の人** 장수하는 사람.

ちょうめん【帳面】 장부(帳簿). ‖帳面を合わせる 장부를 맞추다.

ちょうもん【弔問】 (名・する) 조문(弔問). ◆**弔問客** 조문객.

ちょうもん【聴聞】 (名・する) 청문(聽聞). ◆**聴聞会** 청문회.

ちょうもんのいっしん【頂門の一針】 정문일침(頂門一針).

ちょうやく【跳躍】 (名・する) 도약(跳躍). ◆**跳躍台** 도약대.

ちょうよう【重用】 (名・する) 중용(重用). ‖有能の士を重用する 유능한 인사를 중용하다.

ちょうよう【重陽】 중양절(重陽節).

ちょうよう【徴用】 징용(徵用). ◆**強制徴用** 강제 징용.

ちょうようのじょ【長幼の序】 장유유서(長幼有序).

ちょうり【調理】 (名・する) 조리(調理). ‖魚を調理する 생선을 조리하다. ◆**調理師** 조리사. **調理台** 조리대.

ちょうりつ【調律】 (名・する) 조율(調律). ‖ピアノを調律する 피아노를 조율하다.

ちょうりゅう【潮流】 조류(潮流). ‖時代の潮流に乗る 시대의 조류를 타다.

ちょうりょく【潮力】 조력(潮力). ◆**潮力発電** 조력 발전.

ちょうりょく【聴力】 청력(聽力). ◆**聴力検査** 청력 검사.

ちょうるい【鳥類】 조류(鳥類).

ちょうれい【朝礼】 조례(朝禮).

ちょうれいぼかい【朝令暮改】 조령모개(朝令暮改).

ちょうろう【長老】 장로(長老). ◆**長老教会**〔キリスト教〕장로 교회.

ちょうろう【嘲弄】 (名・する) 조롱(嘲弄).

*__ちょうわ__【調和】 (名・する) 조화(調和). ‖調和がとれる 조화를 이루다. 調和を維持する 조화를 유지하다. ‖心身の調和 심신의 조화.

チョーク【chalk】 분필(粉筆).

チョキ(じゃんけんで)가위.

ちょきちょき 싹둑싹둑. ‖ちょきちょき髪を切る 머리카락을 싹둑싹둑 자르다.

ちょきん 싹둑. ‖枝をちょきんと切る 가지를 싹둑 자르다.

ちょきん【貯金】 (名・する) 저금(貯金). ‖お年玉を貯金する 세뱃돈을 저금하다. ◆**貯金通帳** 저금통장.

ちょく【直】 ❶〔まっすぐなこと〕곧음. ❷〔じかであること〕직접(直接). ‖直の取引

ちょくえい【直営】 (名하) 직영(直營). ◆直営店 직영점.

ちょくげき【直撃】 (名하) 직격(直擊).

ちょくご【直後】 직후(直後). ‖終戦直後 종전 직후.

ちょくし【直視】 (名하) 직시(直視). ‖直視するに堪えない惨状 직시할 수 없는 참상.

ちょくしゃ【直射】 (名하) ❶ (光線의) 직사(直射). ‖直射日光 직사 일광. ❷ (弹道의) 직사. ‖直射砲 직사포.

ちょくじょうけいこう【直情径行】 직정경행(直情徑行). ‖直情径行な性格 내키는 대로 행동하는 성격.

ちょくしん【直進】 (名하) 직진(直進).

*ちょくせつ【直接】 ❶ 직접(直接). ‖直接の知り合い 직접 아는 사람. ❷ (副詞的으로) 직접. ‖本人から直接 본인한테서 직접 들은 이야기. 社長と直接談判する 사장과 직접 담판하다. ◆直接税 직접세. 直接選挙 직접 선거. 直接的 직접적. 直接的な効果 직접적인 효과. 直接話法 직접 화법.

ちょくせん【直線】 직선(直線). ◆直線距離 직선 거리. 直線運動 직선 운동.

ちょくぜん【直前】 직전(直前); (空間) 바로 앞. ‖出発直前 출발 직전.

ちょくそう【直送】 (名하) 직송(直送). ◆産地直送 산지 직송.

ちょくぞく【直属】 (名하) 직속(直屬). ‖直属の部下 직속 부하.

ちょくちょう【直腸】 직장(直腸).

ちょくちょく 가끔; 때때로; 이따금. ‖その人はこの店にちょくちょく顔を出す 그 사람은 이 가게에 가끔 온다.

ちょくつう【直通】 직통(直通). ◆直通電話 직통 전화.

ちょくばい【直売】 직매(直賣). ◆産地直売 산지 직매.

ちょくはん【直販】 직판(直販). ◆直販システム 직판 시스템.

ちょくほうたい【直方体】 직육면체(直六面體).

ちょくめん【直面】 (名하) 직면(直面). ‖困難な事態に直面する 곤란한 사태에 직면하다.

ちょくやく【直訳】 (名하) 직역(直譯).

ちょくやく【直約】 직약; 직접법(直接法).

ちょくゆしゅつ【直輸出】 직수출(直輸出).

ちょくゆにゅう【直輸入】 직수입(直輸入).

ちょくりつ【直立】 (名하) 직립(直立). ◆直立猿人 직립 원인. 直立歩行 직립 보행.

ちょくりゅう【直流】 직류(直流). ◆直流電流 직류 전류.

ちょくれつ【直列】 직렬(直列). ◆直列接続 직렬 접속.

チョコ(レート) [chocolate] 초콜릿.

ちょこちょこ ❶ (小股으로 빨리) 폴랑폴랑. ‖子犬がちょこちょこ(と)駆け回る 강아지가 폴랑폴랑 뛰어다니다. ❷ (落ち着かずいつも動き回っている) ‖ちょこちょことよく働く人 한시도 쉬지 않고 일하는 사람.

ちょっこう 조금; 약간(若干).

ちょこんと ❶ (小さく動作をする) ‖ちょこんと頭を下げる 머리를 조금 숙이다. ❷ (小さくかしこまっている) ‖ちょこんと座っている 쪼그리고 앉아 있다.

ちょさく【著作】 (名하) 저작(著作). ◆著作権 저작권.

ちょしゃ【著者】 저자(著者); 지은이.

ちょじゅつ【著述】 (名하) 저술(著述). ◆著述家 저술가. 著述業 저술업.

ちょしょ【著書】 저서(著書).

ちょすい【貯水】 (名하) 저수(貯水). ◆貯水池 저수지.

ちょぞう【貯蔵】 (名하) 저장(貯蔵). ‖養分を貯蔵する 양분을 저장하다.

*ちょちく【貯蓄】 (名하) 저축(貯蓄). ‖老後に備えて貯蓄する 노후에 대비해 저축하다. 貯蓄を増やす 저축을 늘리다.

ちょっか【直下】 직하(直下).

ちょっかい (俗語) 고양이가 한 발로 물건을 끌어당기는 동작(動作). ❷ 쓸데없는 참견; 놀림. ▷ちょっかいを出す 쓸데없는 참견을 하다.

ちょっかく【直角】 직각(直角). ◆直角三角形 직각 삼각형.

ちょっかん【直観】 (名하) 직관(直觀).

ちょっかつ【直轄】 (名하) 직할(直轄). ◆直轄地 직할지.

ちょっかん【直感】 (名하) 직감(直感). ‖直感で答える 직감으로 대답하다.

ちょっかん【直観】 (名하) 직관(直觀).

チョッキ [jaque*] 조끼.

ちょっきゅう【直球】 직구(直球).

ちょっけい【直系】 직계(直系). ◆直系尊属 직계 존속. 直系卑属 직계 비속.

ちょっけい【直径】 직경(直徑).

ちょっけつ【直結】 (名하) 직결(直結). ‖生活に直結する問題だ 생활에 직결되는 문제다.

ちょっこう【直行】 직행(直行). ‖出張先から会社に直行する 출장지에서 회사로 직행하다.

ちょっこう【直航】 (名하) 직항(直航). ◆直航便 직항편.

ちょっと [一寸] ❶ (短い時間) 잠시(暫時); 잠깐; 조금. ‖ちょっとお待ちください 잠시 기다려 주십시오. 絵をちょっと習ったことがある 그림을 잠깐 배운 적이 있다. ❷ 꽤; 좀; 제법. ‖ちょっと名の通った人 제법 이름이 알려진 사람. ちょっと信じられない 좀 믿을 수가 없다.

③ [呼びかけ]잠깐만요. ‖ちょっとすみません 미안하지만 잠깐만요.

ちょっとした ❶ 사소(些少)한; 별것 아닌; 가벼운. ‖ちょっとした風邪 가벼운 감기. ❷ 꽤; 좀. ‖どうだ、ちょっとしたアイデアだろう 어때, 꽤 괜찮은 아이디어지?

ちょっぴり 조금; 약간(若干). ‖ちょっぴり涙が出た 눈물이 조금 나왔다.

ちょとつ[猪突] 저돌(猪突). ♦猪突猛進 저돌 맹진.

ちょめい[著名] 저명(著名). ♦著名人 저명인.

ちょろい ❶ 간단(簡單)하다; 쉽다. ‖こんなテストくらいちょろいもんだ 이런 시험은 간단하다. ❷ 생각이 짧다; 어수룩하다. ‖そんなちょろい手に乗るなよ 그런 어수룩한 방법에 속을까?

ちょろちょろ ❶ [わずかな液体が流れる音] 졸졸. ‖水がちょろちょろ(と)流れる 물이 졸졸 흐른다. ❷ [小さいものが素早く動き回る様子] 쪼르르. ‖ネズミがちょろちょろ(と)逃げる 쥐가 쪼르르 도망가다. ❸ [小さなものが動いたり動かされたりする様子] ‖まだ炎がちょろちょろ(と)出ている 아직 불길이 조금씩 나오고 있다.

ちょろまかす 남의 눈을 속여 훔치다; 속이다. ‖売上金をちょろまかす 매상금을 훔치다.

チョンガー[総角] 총각(總角).

ちょんぎる[ちょん切る] (싹둑) 자르다. ‖話を途中でちょんぎる 말을 중간에서 자르다.

ちょんぼ 어이없는 실수(失手).

ちらかす[散らかす] 어지럽히다.

ちらかる[散らかる] 흩어지다; 산란(散亂)하다; 지저분하다. ‖散らかっていますがどうぞお上がりください 지저분하지만 좀 들어오세요.

ちらし[散らし] ❶ 전단지(傳單紙). ‖開店披露のちらしを配る 개점 행사 전단지를 뿌리다. ❷ =ちらしずし.

ちらしずし[散らし鮨・散らし寿司] [쯹멘] 식초(食醋)와 소금으로 간을 한 밥에 생선(生鮮) 초밥 고명을 얹은 것.

ちらす[散らす] ❶ 흩뜨리다; 떨어뜨리게 하다. ❷ […散らす形で]난폭(亂暴)하게; 마구···하다; 마구···대다. ‖書き散らす 마구 써대다.

ちらちら ❶ [小さな軽いものがひるがえりながら落ちる] 팔랑팔랑. ‖花びらがちらちら(と)散る 꽃잎이 팔랑팔랑 떨어진다. ❷ [ものが見えたり隠れたりする] 어른어른. ‖人影がちらちらする 사람 그림자가 어른거린다. ❸ [光が小刻みに明滅する] 깜박깜박. ‖テレビの画像がちらちらする 텔레비전 화면이 깜박거리다. 짝 보이다; 슬쩍 드러내 보이다. ‖ヒ首(ひ)をちらつかせる 비수를 슬쩍 드러내 보이다.

ちらつく ❶ 어른거리다. ‖面影がちらつく 옛모습이 어른거리다. ❷ 깜박거리다. ‖火がちらつく 불빛이 깜박거리다. ❸ 흩날리다. ‖雪がちらつく 눈발이 흩날리다.

ちらっと 언뜻; 잠깐; 흘끗. ‖ちらっと顔を見る 흘끗 얼굴을 보다.

ちらばる[散らばる] 흩어지다. ‖友人が全国に散らばっている 친구가 전국에 흩어져 있다.

ちらほら 드문드문; 가끔; 언뜻. ‖白髪がちらほら見える 흰머리가 드문드문 보이다.

ちらり 조금; 약간(若干); 언뜻. ‖車窓から看板がちらりと見えた 차창으로 간판이 언뜻 보였다.

ちり[塵] 먼지. ‖本棚の塵を払う 책장의 먼지를 털다. ▶塵も積もれば山となる 티끌 모아 태산.[諺]

***ちり**[地理] 지리(地理). ‖中央アジアの地理を研究する 중앙 아시아의 지리를 연구하다. この辺の地理に明るい人 이 일대의 지리에 밝은 사람. ♦自然地理 자연 지리. 人文地理 인문 지리.

チリ[Chile][国名] 칠레.

ちりがみ[塵紙] 휴지(休紙).

チリソース[chili sauce] 칠리소스.

ちりぢり 곱슬곱슬. ‖ちりぢり(と)縮れた髪 곱슬곱슬한 머리.

ちりぢり[散り散り] ❶ 散り散りになる 뿔뿔이 흩어지다.

ちりとり[塵取り] 쓰레받기.

ちりばめる[鏤める] (보석(寶石)등을) 박다. ‖ダイヤをちりばめた王冠 다이아를 박은 왕관.

ちりめんじゃこ[縮緬雑魚] 마른 멸치.

ちりょう[治療] [名他] 치료(治療). ‖歯を治療する 이를 치료하다. ♦治療室 치료실. 治療費 치료비.

ちりょく[地力] 지력(地力).

ちりょく[知力] 지력(知力).

ちりんちりん[鈴や小さい鐘などが鳴る音] 따르릉.

***ちる**[散る] ❶ 지다; 떨어지다. ‖花が散る 꽃이 지다. 木の葉が散る 나뭇잎이 떨어진다. ❷ 흩어지다. ‖卒業生が各地に散っていく 졸업생이 각지로 흩어지다. ❸ 퍼지다. ‖水しぶきが散る 물보라가 퍼지다. ❹ 산만(散漫)해지다. ‖気が散る 정신이 산만해지다. ❺ 사라지다. ‖痛みが散る 통증이 사라지다.

ちろちろ ❶ [小さな炎が揺らめく] 훨훨. ‖たき火がちろちろと燃える 모닥불이 훨훨 타다. ❷ [細かく動く] ‖ちろちろ舌を出す 혀를 날름 내밀다.

-ちん[賃] …요금(料金). ♦電車賃 전철 요금.

ちんあげ【賃上げ】 (-する) 임금 인상(賃金引上). ‖賃上げ要求 임금 인상 요구.

ちんあつ【鎮圧】 (-する) 진압(鎮壓).

ちんか【沈下】 (-する) 침하(沈下). ◆地盤沈下 지반 침하.

ちんか【鎮火】 (-する) 진화(鎮火).

ちんがいざい【鎮咳剤】 진해제(鎮咳劑).

ちんがし【賃貸し】 (-する) 임대(賃貸).

ちんがり【賃借り】 (-する) 임차(賃借).

***ちんぎん【賃金】** 임금(賃金). ◆賃金体系 임금 체계. 最低賃金 최저 임금. 実質賃金 실질 임금. 名目賃金 명목 임금. 賃金水準 임금 수준. ‖賃金の格差を是正する 임금 격차를 시정하다.

チンゲンサイ【青梗菜】 청경채(靑梗菜).

ちんこん【鎮魂】 (-する) 진혼(鎮魂). ◆鎮魂歌 진혼가, 鎮魂曲 진혼곡.

ちんしゃ【陳謝】 (-する) 진사(陳謝).

ちんしゃく【賃借】 (-する) 임차(賃借). ◆賃借料 임차료.

ちんじゅつ【陳述】 (-する) 진술(陳述). ◆陳述書 진술서.

ちんじょう【陳情】 (-する) 진정(陳情). ‖国会に陳情する 국회에 진정하다.

ちんする【チンする】 (電子レンジで)데우다.

ちんせい【沈静】 가라앉음; 안정(安靜)됨. ‖物価が沈静する 물가가 안정되다.

ちんせい【鎮静】 (-する) 진정(鎮靜). ‖騒動を鎮静させる 소동을 진정시키다. ◆鎮静剤 진정제.

ちんたい【沈滞】 (-する) 침체(沈滯).

ちんたい【沈滞】 (-する) 침체(沈滯). ‖沈滞した雰囲気 침체된 분위기.

ちんたい【賃貸】 (-する) 임대(賃貸). ‖賃貸料 임대료. 賃貸住宅 임대 주택. 賃貸契約 임대 계약.

ちんちゃく【沈着】 ❶(-する) 침착(沈着). ‖色素が皮膚に沈着する 색소가 피부에 침착되다. ❷[-な]침착하다. ‖沈着な行動 침착한 행동.

ちんちょう【珍重】 (-する) 귀중(貴重).

ちんつう【沈痛】 침통(沈痛)하다. ‖沈痛な面持ち 침통한 표정.

ちんつう【鎮痛】 진통(鎮痛). ◆鎮痛剤 진통제. 鎮痛作用 진통 작용.

ちんでん【沈殿】 (-する) 침전(沈澱). ‖不純物が沈殿する 불순물이 침전되다.

チンパンジー【chimpanzee】 침팬지.

ちんぴら【不良輩】 ‖ちんぴらにからまれる 불량배들이 시비를 걸다.

ちんぷ【陳腐】 진부(陳腐)하다. ‖発想が陳腐だ 발상이 진부하다.

ちんぷんかんぷん【珍紛漢紛】 종잡을 수 없음; 전혀 모르겠음. ‖ロシア語は全くちんぷんかんぷんだ 러시아어는 도무지 모르겠다.

ちんぼつ【沈没】 (-する) 침몰(沈沒).

ちんまり 아담(雅) 하게. ‖ちんまり(と)した庭 아담한 정원.

ちんみ【珍味】 진미(珍味). ‖山海の珍味 산해진미.

ちんもく【沈黙】 (-する) 침묵(沈黙). ‖沈黙を守る 침묵을 지키다. 沈黙を破る 침묵을 깨뜨리다. ◆沈黙は金 침묵은 금.

ちんれつ【陳列】 (-する) 진열(陳列). ‖商品を陳列する 상품을 진열하다. ◆陳列棚 진열대.

つ

ツアー【tour】 ❶투어; 단체 여행(團體旅行). ❷순회 공연(巡廻公演). ❸(ゴルフ・テニス의) 투어.

***つい** ❶무심(無心)코; 그만. ‖腹が立ってつい怒鳴ってしまった 화가 나서 그만 소리를 지르고 말았다. ❷[距離·時間]조금; 바로. ‖つい先ほど 바로 조금 전에.

つい【対】 ❶짝; 쌍(雙); 벌. ‖対になる 한 쌍이 되다. 対の着物 한 벌의 옷. ❷[対句](対句).

つい−【追】 추가(追加). ‖追試験 추가 시험.

ツイード【tweed】 트위드.

ついおく【追憶】 추억(追憶). ‖幼時を追憶する 어린 시절을 추억하다.

ついか【追加】 (-する) 추가(追加). ‖注文を追加する 주문을 추가하다. 追加予算 추가 예산. ◆追加料金 추가 요금.

ついかんばん【椎間板】 추간판(椎間板).

ついきゅう【追及】 (-する) 추궁(追窮). ‖責任を追及する 책임을 추궁하다.

ついきゅう【追求】 (-する) 추구(追求). ‖利潤を追求する 이윤을 추구하다.

ついきゅう【追究】 (-する) 추구(追究). ‖真理を追究する 진리를 추구하다.

ついく【対句】 대구(對句).

ついげき【追撃】 (-する) 추격(追擊). ‖敵を追撃する 적을 추격하다.

ついし【追試】 추가 시험(追加試驗). ‖追試を受ける 추가 시험을 보다.

ついしけん【追試験】 추가 시험(追加試驗).

ついじゅう【追従】 (-する) 추종(追從). ‖権力者に追従する 권력자를 추종하다.

ついしん【追伸】 추신(追伸).

ついずい【追随】 (-する) 추종(追隨). ‖他の追随を許さない 타의 추종을 불허하다. 追随を許す.

ツイスト【twist】 트위스트.

ついせき【追跡】 (-する) 추적(追跡). ‖犯

ついせきちょうさ【追跡調査】(名・하) 추적 조사(追跡調査).
ついたいけん【追体験】(名サ변) (소설 속의 사건이나 타인의 경험 등을 통해서) 간접 체험(間接體驗)함.
ついたち【一日・1日・朔日】 일일(一日); 초하루.
ついたて【衝立】 칸막이.
ついちょう【追徴】(名・하) 추징(追徴). ‖不足金を追徴する 부족한 금액을 추징하다.
ついて【就いて】 ❶ …에 관(關)해서, …에 대(對)해서. ‖文学について語る 문학에 대해서 이야기하다. ❷ …마다; …에. ‖1回について100円の割合で 1회에 100엔의 비율로. ❸ …에 딸려서. ‖親について行く 어버이를 따라가다. ❹ …로 인(因)해서. ‖急用について欠席する 급한 볼 일로 인해서 결석하다.
ついで【次いで】 계속(繼續)해서; 다음으로; 이어서. ‖富士山に次いで高い山 후지산 다음으로 높은 산.
ついで【序で】 다른 일을 하면서 할 수 있는 기회(機會). ‖ついでがあれば伝える 기회가 있으면 전해줄 것이다.
ついでに【序でに】 … 김에. ‖買物に出たついでに立ち寄る 쇼핑하러 나온 김에 들르다.
ついては【就いては】 그래서; 그러므로.
ついてる 재수(財數)가 좋다. ‖今日はついてる 오늘은 재수가 좋다.
ついと 갑자기; 불쑥. ‖ついと立ち上がる 갑자기 일어서다.
ついとう【追悼】(名・하) 추도(追悼). ‖殉職者を追悼する 순직자를 추도하다. ◆追悼文 추도사.
ついとつ【追突】(名・하) 추돌(追突). ◆追突事故 추돌 사고.
ついに【遂に】 ❶ 드디어; 마침내. ‖ついに約束の日がきた 드디어 약속한 날이 왔다. ❷ 결국(結局); 끝내; 아직까지. ‖ついに帰ってこなかった 결국 돌아오지 않았다.
ついばむ【啄む】 쪼아먹다.
ついほう【追放】(名・하) 추방(追放). ‖暴力を追放する 폭력을 추방하다.
ついやす【費やす】 쓰다; 들이다. ‖この事業に全財産を費やした 이 사업에 전 재산을 썼다. 3년을 들여서 완성한 삼 년을 들여 완성했다. ❷ 낭비(浪費)하다. ‖時間をむなしく費やした 시간을 쓸데없이 낭비했다.
ついらく【墜落】(名・하) 추락(墜落).
ツイン【twin】 트윈. ◆ツインベッド 트윈 베드.
つう【通】❶ 어떤 일에 대해 잘 아는 사람. ‖消息通 소식통. ❷〔편지・서류 등을 세는 단위〕…통(通). ‖手紙2通 편지 2통.
-つう【痛】 …통(痛). ◆筋肉痛 근육통. 神経痛 신경통.
つういん【通院】(名・하) 통원(通院).

つうか【通貨】 통화(通貨). ◆国際通貨 국제 통화.
つうか【通過】(名・하) 통과(通過). ‖法案の通過 법안의 통과. ◆通過儀礼 통과 의례.
つうかい【痛快】ダ 통쾌(痛快)하다.
つうかく【痛覚】 통각(痛覚).
つうがく【通学】(名・하) 통학(通学). ‖自転車で通学する 자전거로 통학하다. ◆通学路 통학로.
つうかん【痛感】(名・하) 통감(痛感). ‖未熟さを痛感する 미숙함을 통감하다.
つうかん【通関】 통관(通關).
つうき【通気】(名・하) 통기(通気). ‖室内の通気が悪い 실내 통풍이 잘 안 된다.
*つうきん**【通勤】(名・하) 통근(通勤). ‖電車で通勤している 전철로 출근하고 있다. ◆通勤時間 통근 시간. 通勤手当 통근 수당.
つうこう【通交】(名・하) 통교(通交); 수교(修交). ◆通交条約 통교 조약.
つうこう【通行】(名・하) ❶ 통행(通行). ‖左側通行 좌측 통행. ❷(名・하) 통용(通用). ‖世間に通行している学説 널리 통용되고 있는 학설.
つうこく【通告】(名・하) 통고(通告).
つうこく【痛哭】 통곡(痛哭).
つうさん【通算】(名・하) 통산(通算). ◆通算打率 통산 타율.
つうし【通史】 통사(通史).
つうじて【通じて】❶ …에 걸쳐서; 내내. ‖四季を通じて観光客が絶えない 사계절 내내 관광객이 끊이지 않다. ❷ …을[를] 통(通)해서. ‖テレビを通じて知った 텔레비전을 통해서 알았다.
つうしゃく【通釈】(名・하) 해석(解釈). ‖全文を通釈する 전문을 해석하다.
つうしょう【通称】 통칭(通称).
つうしょう【通商】 통상(通商). ◆通商協定 통상 협정. 通商条約 통상 조약. 通商摩擦 통상 마찰.
つうじょう【通常】 통상(通常); 보통(普通). ‖通常7時まで営業している 보통 일곱 시까지 영업을 하고 있다. ◆通常国会 정기 국회.
ツーショット【two-shot】❶ 화면(画面)에 두 명(名)만 비추는 것. ❷ 남녀(男女) 둘만이 있는 장면(場面). ◆ツーショットの写真 남녀 둘이 찍은 사진.
*つうじる**【通じる】❶ 통(通)하다. ‖駅に通じる道 역으로 통하는 길. ❷ 연결(連結)되다. ‖電話が通じる 전화가 연결된다. ❸(心・意思などが)통하다. ‖英語が通じない 영어가 안 통하는 나라. ❹ 정통(精通)하다. ‖内部の事情に通じる人 내부 사정에 정통한 사람. ❺ 내통(内通)하다. ‖敵と通じる 적과 내통하다. ❻ 통용(通用)되다. ‖現代に

つうしん【通信】(名·自) 통신(通信). ‖無線で通信する 무선으로 통신하다. 地震のため通信が途絶える 지진으로 통신이 두절되다. ◆光通信 광통신. データ通信 데이터 통신. 通信衛星 통신 위성. 通信教育 통신 교육. 通信社 통신사. 通信販売 통신 판매. 通信簿 통신부, 성적표. 通信網 통신망.

つうせつ【通説】 통설(通說). ‖通説をくつがえす新発見 통설을 뒤집는 새로운 발견.

つうせつ【痛切】ダ 통절(痛切)하다; 절실(切實)하다. ‖力不足を痛切に実感する 역부족을 절실히 느끼다.

つうぞく【通俗】 통속(通俗). ‖通俗的な考え 통속적인 생각. ◆通俗小説 통속소설.

つうたつ【通達】(名·自) ❶ 통달(通達). ‖2か国語に通達する 이 개 국어에 통달하다. ❷ 통지(通知). ‖裁判所から通達が来た 법원에서 통지가 왔다.

***つうち【通知】**(名·他) 통지(通知). ‖前もって通知する 미리 통지하다. 合格通知が来た 합격 통지가 왔다. ◆通知表 통지표.

つうちょう【通帳】 통장(通帳). ◆預金通帳 예금 통장.

つうねん【通年】 연간(年間); 일 년(一年) 내내. ‖通年営業の山小屋 연중무휴로 영업하는 산장.

つうねん【通念】 통념(通念). ◆社会通念 사회 통념.

つうはん【通販】 통판(通販).

ツーピース【two-piece】 투피스.

つうふう【通風】(名·自) 통풍(通風); 환기(換氣). ‖通風をよくする 통풍을 좋게 하다.

つうふう【痛風】 통풍(痛風).

つうぶる【通ぶる】 어떤 일에 대해 잘 아는 체하다. ‖通ぶった言い方 잘 아는 체하는 말투.

つうぶん【通分】(名·他)〔数学〕통분(通分).

つうほう【通報】(名·他) 통보(通報). ‖警察に通報する 경찰에 통보하다. ◆気象通報 기상 통보.

つうや【通夜】 밤샘.

つうやく【通約】(名·他)〔数学〕약분(約分)하다.

***つうやく【通訳】**(名·他) 통역; 통역가(通譯家). ‖英語を通訳する 영어를 통역하다. 通訳になりたい 통역가가 되고 싶다. ◆同時通訳 동시 통역.

つうよう【通用】(名·自) ❶ 통용(通用). ‖現代では通用しない考え方 현대에는 통용되지 않는 사고방식. ❷ (共用). ‖両者に通用する規定 양쪽 모두에 통용되는 규정. ◆通用口 통용문.

うれつ【痛烈】ダ 통렬(痛烈)하다. ‖痛烈に批判 통렬한 비판.

つうろ【通路】 통로(通路). ‖通路を塞ぐ 통로를 막다.

つうわ【通話】 통화(通話). ◆通話不能 통화 불능. 通話度数 통화 도수.

つえ【杖】 ❶ 지팡이. ‖杖にすがる지팡이에 의지하다. ❷ 의지(依支)하는 것.

つか【塚】 ❶ 흙을 높이 쌓아 올린 곳. ❷〔墓〕송장(送葬); 무덤. ‖貝塚 패총.

つかい【使い・遣い】 ❶〔用いる人〕사용(使用)하는 사람. ‖魔法遣い 마법사. ❷〔使う심부름〕심부름꾼. ‖使いを出す 심부름을 보내다.

つかいかた【使い方】 사용법(使用法).

つかいがって【使い勝手】 사용(使用)했을 때의 좋고 나쁨. ‖使い勝手の悪い台所 사용하기에 불편한 부엌.

つかいこなす【使い熟す】 잘 다루다(充分)히 활용(活用)하다. ‖辞書を使いこなす 사전을 충분히 활용하다.

つかいこむ【使い込む】 ❶ 횡령(横領)하다. ‖公金を使い込む 공금을 횡령하다. ❷ 오래 쓰길들이다. ‖長年使い込んだ万年筆 오래 써서 길이 든 만년필. ❸ 예상외(豫想外)로 돈을 쓰다.

つかいすて【使い捨て】 일회용(一回用). ‖使い捨てカメラ 일회용 카메라.

つかいて【使い手】 ❶ 잘 다루는 사람. ‖槍の使い手 창을 잘 쓰는 사람. ❷〔金遣いの荒い人〕씀씀이가 헤픈 사람.

つかいで【遣い出】 충분(充分)히 쓸 만큼의 양(量).

つかいばしり【使い走り】(俗語) 심부름 또는 그런 사람.

つかいはたす【使い果たす】〔所持しているものを〕다 써 버리다. ‖有り金を使い果たす 가진 돈을 다 써 버리다.

つかいふるす【使い古す】 오래 써서 낡다. ‖使い古した辞書 오래 써서 낡은 사전.

つかいみち【使い道】 ❶ 사용 목적(使用目的); 용도(用途). ‖使い道に困る品物 용도가 애매한 물건. ❷ 사용법(使用法). ‖金の使い道を知らない 돈을 쓸 줄을 모르다.

つかいもの【使い物】 ❶ 쓸 만한 것; 유용(有用)한 것. ‖この時計はもう使い物にならない 이 시계는 더 이상 쓸모가 없다. ❷〔贈り物〕선물(膳物).

つかいやすい【使い易い】 사용(使用)하기 쉽다; 쓰기 편하다.

つかいわける【使い分ける】 가려 쓰다; 구분(區分)해서 쓰다. ‖言葉を使い分ける 말을 가려 쓰다. まな板を使い分ける 도마를 구분해서 쓰다.

***つかう【使う・遣う】** ❶ 이용(利用)하다; 사용(使用)하다; 쓰다. ‖通勤車を使う 통근할 때 차를 이용하다. サッカーで

は手を使ってはいけない 축구에서는 손을 써서는 안 된다. ❷일을 시키다. ∥人を使って急いで仕上げた 사람을 써서 급히 완성하다. ❸(もの・時間・お金などを)소비(消費)하다. ∥金を使う 돈을 쓰다. 時間をうまく使う 시간을 유효하게 쓰다. ❹(人形・動物などを)조종(操縱)하다; 부리다. ∥人形を遣う 인형을 조종하다. 仮病を使う 꾀병을 부리다.
つかえる【支える】 ❶막히다; (のどに)메다 ∥人り口でつかえて椅子に入らない 입구에서 막혀 방에 들어가지 않다. ❷밀리다; (胸が)답답하다. ∥仕事がつかえている 일이 밀려 있다.
つかえる【仕える】 ❶섬기다; 모시다. ∥国王に仕えて大王을 섬기다. ❷관리(官吏)로 근무(勤務)하다.
つかえる【使える】 쓸 만하다. ∥その案は使えるね 그 안은 쓸 만하군.
つかさ【司】 관리(官吏); 관청(官廳).
つかさどる【司る】 담당(擔當)하다; 맡다. ∥政務を司る 정무를 맡다.
つかつか [ためらわずに進み出る様子] 성큼성큼. ∥つかつか(と)歩み寄る 성큼성큼 다가서다.
つかぬこと【付かぬ事】 ∥つかぬことを伺いますが엉뚱한 말씀을 여쭙니다만.
つかのま【束の間】 잠깐 동안; 짧은 시간(時間). ∥束の間の休日を家族と楽しく過ごす 짧은 휴일을 가족과 함께 보내다.
つかまえる【摑まえる】 잡다. ∥トンボをつかまえる 잠자리를 잡다.
つかませる【摑ませる】 ❶잡게 하다. ∥紐をしっかりつかませる 줄을 꼭 잡도록 하다. ❷(賄賂を)쥐어 주다. ∥金をつかませて仕事をもらう 뇌물을 쥐어 주고 일을 받다. ❸(だまして)나쁜 물건을 사게 하다. ∥偽物をつかませる 가짜를 사게 하다.
つかまる【摑まる・捕まる】 ❶잡다. ∥吊り革につかまる 손잡이를 잡다. ❷잡히다. ∥犯人が捕まる 범인이 잡히다.
つかみ【摑み】 ❶잡음. ∥ひとつかみ 한 줌. ❷(囲碁の)돌 가리기. ❸(建築で)박공(牔栱)을 보강(補强)하는 나무.
つかみあい【摑み合い】 맞붙잡고 싸움.
つかみかかる【摑み掛かる】 덤비다; 대들다.
つかみどころ【摑み所】 잡을 곳; 요점(要點). ∥つかみどころのない話 요령부득인 이야기.
つかみどり【摑み取り】 움켜집음. ∥魚をつかみ取りにする 물고기를 잡다.
つかむ【摑む】 ❶잡다. ∥証拠をつかむ 증거를 잡다. ❷이해(理解)하다; 파악(把握)하다. ∥要点をつかむ 요점을 이해하다.
つかる【浸かる・漬かる】 ❶잠기다; 담그다. ∥湯に肩までつかる 뜨거운 물에 어깨까지 담그다. ❷(漬物が)맛이 들다. ∥たくあんが漬かる 단무지가 맛이 들다.
*つかれ【疲れ】 피로(疲勞); 피곤(疲困). ∥疲れが出る 피곤[피로]해지다. 疲れがとれる 피로가 풀리다. 疲れがたまっている 피로가 쌓여 있다.
つかれる【疲れる】 피곤(疲困)하다; 지치다. ∥生活に疲れる 생활에 지치다.
*つき【月】 ❶【天体】달. ∥月が出た 달이 떴다. 上弦の月 상현달. 下弦の月 하현달. ❷【暦】달; 월(月). ∥月の初め 월초. ❸[1か月]한 달. ∥月に1回集会に来る 한 달에 한 번 수금하러 오다. ▶とっぱつ천양지차(天壤之差).
つき【付き】 ❶부착(附着); 접착(接着). ∥付きがよい接着剤 잘 붙는 접착제. ∥붙이 붙는 정도(程度). ∥薪が湿っていて付きが悪い 장작이 젖어서 불이 잘 안 붙다. ❷모양(模樣); 생김새. ∥顔つき 얼굴 생김새. ❸부속(附屬). ∥社長付き秘書 사장 비서.
つき【付き】 운; 행운(幸運). ∥つきに見放される 운이 안 따르다. つきが回る 행운이 따르다.
つき【尽き】 다함; 다됨. ∥運の尽き 운이 다함.
つき【突き】 ❶찌름. ❷(剣道の)목 찌르기.
つき【就き】 ❶〔…に就きの形で〕…이유(理由)로. ∥病気療養中につき長期欠勤中이라는 이유로. ❷…마다; …에. ∥1日につき5千円 하루에 5천 엔.
つぎ【次】 다음. ∥次は誰で 다음은 누구냐? 次の機会にする 다음 기회로 하다. 次の世代 다음 세대. この次はこの다음에는.
つぎ【継ぎ】 천을 대고 기움 또는 그 천. ∥膝に継ぎを当てる 무릎에 천을 대고 깁다.
*つきあう【付き合う】 ❶사귀다; 교제(交際)하다. ∥長年付き合った仲 오랫동안 알고 지낸 사이. ❷의리상(義理上) 같이 행동(行動)한다. ∥買い物に付き合う 같이 물건을 사러 가다.
つきあげる【突き上げる】 ❶치밀다; 쳐올리다. ∥握りこぶしを突き上げる 주먹을 쳐올리다. ❷(感情이)북받치다. ∥悲しみが胸に突き上げる 슬픔이 가슴에 북받치다.
つきあたり【突き当たり】 막다른 곳; 맨 끝. ∥廊下の突き当たり 복도 맨 끝.
つきあたる【突き当たる】 ❶부딪치다. ∥曲がり角や angles 모퉁이에서 다른 사람과 부딪치다. ❷막다르다; 직면(直面)하다. ❸外交折衝の壁に突きあたる 외교 절충이 벽에 부딪치다.
つきあわせる【突き合わせる】 ❶맞대다. ∥膝を突き合わせる 무릎을 맞대다.

つきおとす 320

❷ 대조(對照)하다. ∥正本と副本を突き合わせる 정본과 부본을 대조하다.

つきおとす【突き落とす】 ❶ 밀어서 떨어뜨리다. ❷ 궁지(窮地)에 빠뜨리다.

つきかえす【突き返す】 물리치다; 되돌려 주다. ∥贈り物を突き返す 선물을 되돌려 주다.

つぎ【接ぎ】 (名詞) 접목(接木).

つぎぎめ【月極め】 월정(月定).

つきごと【月毎】 매월(毎月); 매달. ∥月ごとの仕送り 매달 보내 주는 생활비.

つぎこむ【注ぎ込む】 ❶(液体を)따라 넣다; 부어 넣다; 주입(注入)하다. ❷(多くのものや金を)쏟아 붓다; 쏟아 넣다; 투입(投入)하다. 全財産を事業につぎ込む 전 재산을 사업에 투입하다.

つきささる【突き刺さる】 찔리다. ∥とげが突き刺さる 가시에 찔리다.

つきさす【突き刺す】 찌르다. ∥布に針を突き刺す 천에 바늘을 찌르다. その一言が私の心を突き刺した 그 한마디가 내 마음을 찔렀다.

つきすすむ【突き進む】 돌진(突進)하다.

つきそい【付き添い】 시중을 듦 또는 그 사람. ∥付き添い人 시중을 드는 사람.

つきそう【付き添う】 시중을 들다.

つきだし【突き出し】 ❶ 돌출(突出)된 것. ❷(和食の)전채(前菜). ❸(相撲の)밀어내기.

つきだす【突き出す】 ❶ 밀어내다. ∥土俵外に突き出す 씨름판 밖으로 밀어내다. ❷(警察に)넘기다. ∥交番に突き出す 파출소에 넘기다.

つぎたす【継ぎ足す】 보태다; 덧붙이다. ∥文章を継ぎ足す 문장을 덧붙이다.

つぎたす【注ぎ足す】 더 따르다; 첨잔(添盞)하다.

つきたて【月立て】 매달.

つぎつぎ【次次】〔多くは次々に[と]の形で〕잇달아; 차례차례; 계속(繼續)해서; 속속(續續). ∥選手たちが次々に登場する選手 잇달아 등장하는 새 제품이 次々現われる 신제품이 속속 발매되다.

つきっきり【付きっ切り】 줄곧 붙어 있음. ∥付きっきりで看病する 줄곧 붙어서 간병하다.

つきつける【突き付ける】 들이대다. ∥短刀を突き付ける 단도를 들이대다.

つきつめる[突き詰める]❶(徹底)하게 생각하거나 조사(調査)하다. ❷ 골똘히 생각하다. ∥突き詰めた表情 골똘히 생각하는 표정.

つきでる【突き出る】 ❶ 뚫고 나오다. ∥針が突き出る 못이 뚫고 나오다. ❷ 튀어나오다; 나오다. ∥腹が突き出る 배가 나오다.

つきとおす【突き通す】 ❶ 관통(貫通)하다. ❷ 관철(貫徹)하다.

つきとおる【突き通る】 뚫고 나오다. ∥針が突き通る 바늘이 뚫고 나오다.

つきとばす【突き飛ばす】 밀치다; 들이받다. ∥手で突き飛ばす 손으로 밀치다.

つきとめる【突き止める】 밝혀내다; 찾아내다. ∥事故の原因を突き止める 사고 원인을 밝혀내다.

つきなみ【月並み】 ❶(ありきたりの)흔함; 평범(平凡)함. ❷ 매월(毎月) 정기적(定期的)으로 행하는 것.

つぎに【次に】 이어서; 다음으로. ∥英語がすんだら、次に国語を予習する 영어가 끝나면 이어서 국어를 예습하다.

つきぬける【突き抜ける】 ❶ 관통(貫通)하다; 뚫고 나가다. ∥弾丸が壁を突き抜ける 총알이 벽을 뚫고 나가다. ❷ 통과(通過)하다; 빠져나가다. ∥林を突き抜ける 숲을 통과하다.

つぎはぎ【継ぎ接ぎ】 천을 대고 기움. ∥つぎはぎだらけの服 누덕누덕 기운 옷.

つきはじめ【月初め】 월초(月初).

つきはてる【尽き果てる】 다함; 다 떨어짐.

つきはなす【突き放す】 뿌리치다; 떼어내다.

つきばらい【月払い】 월부(月賦).

つきひ【月日】 ❶ 월일(月日). ❷ 세월(歲月). ∥月日の経つのは早いもだ 세월의 흐름은 빠르다.

つきびと【付き人】 곁에서 시중을 드는 사람.

つきまとう【付き纏う】 붙어서 떨어지지 않다. ∥あの失敗が付きまとう 그 실패가 잊혀지지 않다.

つきみ【月見】 달 구경; 달맞이. ◆月見うどん (説明) 날계란을 얹은 우동.

ツキミソウ【月見草】 달맞이꽃.

つぎめ【継ぎ目】 ❶ 이음매. ∥木材の継ぎ目 목재의 이음매. ❷ 관절(關節). ∥膝の継ぎ目が痛い 무릎 관절이 아프다.

つきもの【付き物】 으레 따르는 것. ∥冒険に危険は付き物だ 모험에 위험은 으레 따르기 마련이다.

つきもの【付き物】 (説明) 사람에게 재앙(災殃)을 가져온다는 동물(動物)의 혼령(魂靈).

つきやぶる【突き破る】 돌파(突破)하다. ∥敵陣を突き破る敵陣 적진을 돌파하다.

つきよ【月夜】 달밤.

つきよ【尽きる】 ❶ 다하다; 바닥나다; 떨어지다. ∥体力が尽きる 체력이 다하다. 食糧が尽きる 식량이 바닥나다. ❷ 끝나다. ∥道が尽きる 길이 끝나다. ❸[…に尽きるの形で]…하다. ∥幸運の一言に尽きる 행운이라는 말밖에 할 말이 없다.

*つく【付く】 ❶ 붙다. ∥折れた腕の骨がうまくついた 부러진 팔 뼈가 잘 붙었다. 加速度がつく 가속도가 붙다. 利息がつ

く 이자가 붙다. ❷ 묻다. ‖顔に泥がついている 얼굴에 진흙이 묻어 있다. ❸〔傷など痕跡が〕남다. ‖傷がつく 상처가 남다. ❹ 결정(決定)되다. ‖勝負がつく 승부가 나다. ❺〔心の中に〕떠오르다. ‖想像がつく 상상이 되다. ❻〔火が〕붙다. ‖火がつく 불이 붙다. ❼〔実などが〕열리다. ‖梅の実がつく 매실 열매가 열리다. ❽〔肉·力などが〕늘다; 붙다. ‖実力がつく 실력이 붙다. ❾ 나타나다. ‖高値で買い手がつかない 너무 비싸 살 사람이 안 나타나다. ❿〔付属〕달리다. ‖鍵のついた日記帳 열쇠가 달린 일기장. 引き出しの３つついた机 서랍이 세 개 달린 책상. ⓫ 따라가다. ‖授業についていけない 수업을 따라가지 못하다.

*つく【就く】❶〔地位に〕오르다. ‖社長のポストに就く 사장 자리에 오르다. ❷ 종사(從事)하다. ‖仕事に就かないでぶらぶらする 일을 안 하고 빈둥빈둥 놀고 있다. ❸〔寝床に〕들다; 자다. ‖10時には床に就く 열 시에는 잠자리에 들다. ❹ 출발(出發)하다; 오르다. ‖家路に就く 귀로에 오르다.

*つく【着く】❶ 도착(到着)하다. ‖7時に駅に着く 일곱 시에 역에 도착하다. ❷ 닿다. ‖プールの底に足が着かない 수영장 바닥에 발이 안 닿다. ❸ 자리잡다; 앉다. ‖席に着く 자리에 앉다.

*つく【突く·撞く】❶ 찌르다. ‖指先で突く 손가락 끝으로 찌르다. 意表をつく 의표를 찌르다. ❷ 짚다. ‖杖をつく 지팡이를 짚다. ❸ 치다. ‖鐘をつく 종을 치다. ❹〔膝を〕대다; 꿇다. ‖膝をついてお祈りをする 무릎을 꿇고 기도하다.

つく【吐く】❶〔息を〕쉬다. ‖ため息をつく 한숨을 쉬다. ❷ 말하다. ‖うそをつく 거짓말을 하다.

つぐ【次ぐ】❶ 뒤따르다; 뒤잇다. ‖地震に次いで津波が起きる 지진에 뒤이어 해일이 일다. ❷ 버금가다. ‖社長に次ぐ実力者 사장 다음가는 실력자.

つぐ【注ぐ】따르다. ‖お茶を注ぐ 차를 따르다.

つぐ【継ぐ·接ぐ】❶ 잇다. ‖骨をつぐ 뼈를 잇다. ❷ 깁다. ‖着物をつぐ 기모노를 깁다. ❸ 더하다; 보충(補充)하다. ‖炭をつぐ 석탄을 보충하다.

-づく【付く】❶ 경향(傾向)이 짙어지다. ‖活気づく 활기를 띠다. ❷ 그런 상태(狀態)가 되다. ‖秋づく 가을다워지다.

つくえ【机】책상(冊床). ‖机に向かっている 책상 앞에 앉아 있다. 机の上に本がある 책상 위에.

つくす【尽くす】❶ 다하다. ‖最善を尽くす 최선을 다하다. 力を献(獻)身하다. ‖社会のために尽くす 사회를 위해 헌신하다. ❸〔…する形で〕완전(完全)히 …하다; 다 …하다. ‖食べ尽くす 다 먹어 치우다.

つぐなう【償う】보상(報償)하다. ‖刑に服して罪を償う 복역하여 속죄하다.

つくね【捏ね】〔料理〕완자.

つぐむ【噤む】입을 다물다. ‖固く口をつぐむ 입을 굳게 다물다.

つくり【作り·造り】❶ 만듦; 생김새. ‖頑丈な作りの椅子 튼튼하게 만든 의자. ❷ 체격(體格); 몸집. ‖小作りな女 몸집이 작은 여자. ❸ 화장(化粧); 꾸밈. ‖作り泣き 거짓 울음. ❺〔膾〕·鯛のお造り 도미회.

つくり【旁】(漢字の)방(旁). ✤体の「本」, 村の「寸」など.

つくりあげる【作り上げる】❶ 만들어 내다; 완성(完成)시키다. ‖1人で作り上げる 혼자서 만들어 내다. ❷ 날조(捏造)하다; 꾸며 내다. ‖架空の事件を作り上げる 가공의 사건을 꾸며 내다.

つくりごと【作り事】거짓말. ‖作りごとを言うのは嫌だ.

つくりだす【作り出す】❶ 만들기 시작(始作)하다. ‖今年からつくり出した品 올해부터 만들기 시작한 물건. ❷ 생산(生産)하다; 제조(製造)하다. ‖製品を作り出す 제품을 생산하다. ❸ 창작(創作)하다; 만들다. ‖流行語を作り出す 유행어를 만들다.

つくりたてる【作り立てる】❶ 화려(華麗)하게 꾸미다. ❷ 만들어 내다; 꾸며 내다; 지어내다.

つくりばなし【作り話】지어낸 이야기. ‖全くの作り話 완전히 지어낸 이야기.

つくりもの【作り物】❶ 비슷하게 만든 물건. ‖作り物の花 조화. ❷ 농작물(農作物).

つくりわらい【作り笑い】억지웃음.

*つくる【作る·造る】❶ 만들다; 짓다. ‖洋服をつくる 양복을 만들다. 道路をつくる 도로를 만들다. 酒をつくる 술을 빚다. ❷〔米から酒をつくる 쌀로 술을 빚다. ❸ 재배(栽培)하다. ‖畑に麦をつくる 밭에 보리를 재배하다. ❹ 작성(作成)하다. ‖契約書をつくる 계약서를 작성하다. ❺ 일부러 꾸미다. ‖笑顔をつくる 웃는 얼굴을 하다.

つくろう【繕う】❶ 수리(修理)하다; 수선(修繕)하다. ❷ 매만지다. ‖身なりを繕う 옷차림을 매만지다.

ツゲ【黄楊·柘植】〔植物〕참회양목.

-づけ【付け】❶ 붙임. ‖糊付け 풀로 붙임. ❷ …부(附). …자(自). ‖3日付け

-づけ【漬け】 …절임; …담금. ∥醬油漬け 간장 절임.
つけあがる【付け上がる】 기어오르다; 버릇없이 굴다. ∥下手に出れば付け上がる 저자세로 나가면 기어오르다.
つけあわせ【付け合わせ】 (說明)색(色)이나 맛 등을 위해 요리(料理)에 곁들이는 것.
つげぐち【告げ口】 (초)고자(告者)질; 밀고(密告). ∥上役に告げ口する 상사에게 고자질하다.
つけくわえる【付け加える】 더하다; 덧붙이다; 추가(追加)하다.
つけくわわる【付け加わる】 더해지다; 덧붙여지다. ∥手数料が付け加わる 대금에 수수료가 덧붙여지다.
つけこむ【付け込む】 ❶이용(利用)하다. ∥人の弱みに付け込む 남의 약점을 이용하다. ❷〔帳簿に〕기입(記入)하다.
つけこむ【漬け込む】 담그다. ∥たくあんを1樽漬け込む 단무지를 한 통 담그다.
つけたす【付け足す】 덧붙이다; 추가(追加)하다. ∥用件を付け足す 용건을 추가하다.
つけまわす【付け回す】 끈질기게 따라다니다.
つけめ【付け目】 ❶약점(弱點). ∥金に弱いのが彼の付け目だ 돈에 약한 것이 그 사람의 약점이다. ❷〔目当て〕목적(的).
つけもの【漬物】 채소(菜蔬) 절임; 채소를 절인 식품(食品).
*つける【付ける】 ❶접합(接合)하다; 대다; 붙이다. ∥折れた骨を元通りに接骨して부러진 뼈를 원래대로 붙이다. 顔を窓ガラスに付けてのぞき込む 얼굴을 창에 대고 들여다보다. ❷쓰다; 적다; 기입(記入)하다. ∥日記をつける 일기를 쓰다. 帳簿をつける 장부를 적다. ❸켜다; 켜다. ∥電灯をつける 전등을 켜다. ❹바르다; 묻히다. ∥傷口に藥をつける 상처에 약을 바르다. ❺뒤쫓다; 미행(尾行)하다. ∥誰かにつけられている 누군가에게 미행당하고 있다. ❻설치(設置)하다; ∥自宅に電話をつける 집에 전화를 달다. ❼마무리 짓다; 매듭짓다. ∥円滿をつける 원만하게 이야기를 마무리 짓다. ❽판단(判斷)하다; 예상(豫想)하다. ∥見当をつける 짐작을 하다. ❾〔…つけるの形で〕동작(動作)의 격렬(激烈)함을 나타냄. ∥どなりつける 호통을 치다. にらみつける 쏘아보다.
つける【漬ける·浸ける】 ❶담그다. ∥水に洗濯物をつけておく 빨래를 물에 담가 두다. ❷〔漬物などを〕담그다; 절이다. 野菜を塩で漬ける 야채를 소금에 절이다.

つげる【告げる】 알리다. ∥春を告げるウグイス 봄을 알리는 휘파람새.
-っこ 서로 …하기. ∥背中の流しっこ 서로 등을 밀어주기. 教えっこする 서로 가르쳐 주다.
-っこ〔っ子〕 어떤 상태(狀態)의 아이. ∥鍵っ子 부모의 맞벌이로 항상 열쇠를 지니고 다니는 아이.
*つごう【都合】 ❶사정(事情); 형편(形便). ∥都合があって行けない 사정이 있어 갈 수 없다. 明日は都合が悪い 내일은 사정이 안 좋다. ❷(초) 마련. ∥旅費を都合する 여비를 마련하다. ❸〔副詞として〕합계(合計); 전부(全部). ∥都合10万円合計る 합계 십만 원.
つじつま【辻褄】 이치(理致); 〔仕事·話の〕앞뒤. ∥話のつじつまが合わない 말의 앞뒤가 안 맞다.
ツタ【蔦】 담쟁이덩굴.
つたう【伝う】 어떤 것을 따라 이동(移動)하다. ∥涙がほおを伝う 눈물이 뺨을 타고 흐르다.
つたえ【伝え】 ❶전설(傳說). ∥村の伝え마을의 전설. ❷전함; 전수(傳授).
*つたえる【伝える】 ❶전달(傳達)하다; 전하다. ∥ニュースを伝える 뉴스를 전하다. 会って私の本当の気持ちを伝えたい 만나서 내 진심을 전하고 싶다. 熱を伝える 열을 전달하다. ❷전수(傳授)하다; 技術を伝える 기술을 전수하다.
つたない【拙い】 서투르다; 엉성하다. ∥つたない文章 엉성한 문장. つたない筆跡 서투른 필적.
*つたわる【伝わる】 전해지다; 전달(傳達)되다. ∥熱意が相手に伝わる 열의가 상대방에게 전해지다. そのニュースは世界中に伝わった 그 뉴스는 전 세계에 전해졌다. 仏敎は朝鮮から日本に伝わった 불교는 조선에서 일본에 전해졌다.
*つち【土】 ❶〔土壤〕땅. ∥土を耕す 땅을 갈다. 肥えた土 비옥한 땅. ❷흙. ∥花壇に土を入れる 화단에 흙을 넣다. ▶土となる 죽다. ▶土に返る 죽다. ∥土を踏む 도착하다. 밟다. 故鄕の土を踏む 고향 땅을 밟다.
つち【槌】 망치. ∥槌で釘を打つ 망치로 못을 박다.
つちいじり【土弄り】 ❶흙장난. ❷취미(趣味)로 하는 원예(園藝); 밭일.
つちかう【培う】 기르다; 재배(栽培)하다. ∥克己心を培う 극기심을 기르다.
つちくさい【土臭い】 ❶흙냄새가 나다. ❷촌스럽다.
つちのと【己】〔十干の〕기(己).
つちふまず【土踏まず】 발바닥의 움푹 들어간 곳.
つちぼこり【土埃】 흙먼지. 土埃が上

つつ【筒】 ❶ 통(筒). ❷ 총신(銃身); 포신(砲身).
つつうらうら【津津浦浦】 방방곡곡(坊坊曲曲). ‖全国津々浦々から集まった選手たち 전국 방방곡곡에서 모인 선수들.
つつがない【恙無い】 무사(無事)하다; 이상(異常)없다. ‖つつがない旅を終える 무사히 여행을 마치다.
つづき【続き】 계속(繼續); 다음 부분(部分). ‖この続きは来週放送する 다음 부분은 다음 주에 방송한다.
つづきがら【続き柄】 혈연관계(血緣關係). ‖本人との続き柄 본인과의 관계.
つきぬける【突き抜ける】 돌파(突破)하다; 단숨에 통과(通過)하다.
つつく【突く】 ❶ 살짝 찌르다. ‖赤ん坊のほっぺたをつつく 아기 볼을 살짝 찌르다. ❷ (働きかけて)부추기다. ❸ (食べ物を)먹다. ‖すき焼きをつつく 스키야키를 먹다.
*つづく【続く】 ❶ 계속(繼續)되다; 이어지다. ‖天気が続く 좋은 날이 계속되다. ❷ 잇따르다. ‖悪いことが続く 안 좋은 일이 잇따르다. ❸ 뒤를 따르다. ‖私に続け 나를 따르라.
つづけざまに【続け様に】 잇따라; 연달아; 계속(繼續)해서. ‖続けざまに鐘を打つ 연달아서 종을 치다.
つづける【続ける】 ❶ 계속(繼續)하다; 잇다. ‖研究を続ける 연구를 계속하다. 交際を続ける 교제를 계속하다. ❷ […続けるの形で]계속 …하다. ‖書き続ける 계속 쓰다.
つっけんどん【突っ慳貪】〃 퉁명스럽다; 무뚝뚝하다. ‖つっけんどんな態度 무뚝뚝한 태도.
つっこみ【突っ込み】 ❶ 파고듦. ‖突っ込みが足りない 파고드는 힘이 부족하다. ❷ 전부(全部). ‖突っ込みで買うと安くつく 전부 사면 싸게 먹힌다. ❸ (漫才で)중심(中心)이 되어 말하는 사람.
つっこむ【突っ込む】 ❶ 아무렇게나 넣다; 쑤셔 넣다. ‖書類を引き出しに突っ込む 서류를 서랍에 쑤셔 넣다. ❷ 돌입(突入)하다; 돌진(突進)하다. ‖敵陣に突っ込む 적진으로 돌진하다. ❸ (깊이 파고들다) 깊이 파고들다.
ツツジ【躑躅】 철쭉.
つつしみ【慎み】 조심성(操心性); 신중(愼重)함. ‖慎みのある態度 신중한 태도.
つつしみぶかい【慎み深い】 조심성(操心性)이 많다; 신중(愼重)하다. ‖慎み深い物言い 신중한 말투.
つつしむ【慎む】 삼가다; 조심(操心)하다. ‖軽挙妄動を慎む 경거망동을 삼가다.

つつしんで【慎んで】 삼가; 기꺼이. ‖謹んでお受けします 기꺼이 받겠습니다.
つつっく【突っ突く】 찌르다.
つっと 갑자기; 돌연(突然)히. ‖つっと立ち上がる 갑자기 일어서다.
つつぬけ【筒抜け】 (話し声などが)새는 것. ‖会議の様子が外部へ筒抜けだ 회의 상황이 외부로 새고 있다.
つっぱしる【突っ走る】 힘차게 달리다. ‖わき目もふらず突っ走る 옆도 안 보고 힘차게 달리다.
つっぱねる【突っ撥ねる】 ❶ 밀쳐 내다. ‖手で突っぱねる 손으로 밀쳐 내다. ❷ 거절(拒絶)하다; 거부(拒否)하다. ‖要求を突っぱねる 요구를 거절하다.
つっぴ【突っ皮】 ❶ 버팀목. ❷ 불량 학생(不良學生).
つっぱる【突っ張る】 ❶ 지탱(支撑)하다; 괴다. ‖雨戸を棒で突っ張る 덧문을 막대기로 괴다. ❷ (筋肉·皮膚などが)땅기다. ‖横腹が突っ張る 옆구리가 땅기다. ❸ 버티다. 뻗대다. ‖妥協せずにあくまで突っ張る 타협하지 않고 끝까지 버티다.
つつましい【慎ましい】 ❶ 【控え目だ】얌전하다; 조심(操心)하다. ‖慎ましい物腰 얌전한 태도. ❷【質素だ】검소(儉素)하다. ‖慎ましく暮らす 검소하게 생활하다.
つつみ【包み】 꾸러미. ‖おみやげの包みを開く 선물 꾸러미를 열다.
つつみ【堤】 제방(堤防). ‖堤を築く 제방을 쌓다. ❷ 저수지(貯水池).
つつみ【鼓】 장구.
つつみかくす【包み隠す】 싸서 감추다; 비밀(秘密)로 하다.
つつみがみ【包み紙】 포장지(包裝紙).
つつみやき【包み焼き】【腹肉】 생선(生鮮)이나 야채(野菜) 등을 은박지(銀箔紙)에 싸서 구운 것.
*つつむ【包む】 ❶ 싸다. ‖箱をふろしきに包む 상자를 보자기로 싸다. ❷ […に包まれるの形で] 둘러싸이다; 휩싸이다. ‖会場は熱気に包まれた 회장은 열기에 휩싸였다. 霧に包まれる 안개에 싸이다. 謎に包まれる 신비에 싸이다.
つづり【綴り】 ❶ 철(綴). ‖書類の綴り 서류철. ❷ 철자(綴字); 스펠링.
つづる【綴る】 ❶ 잇다; 철(綴)하다. ❷ (文章などを)짓다; 만들다. ❸ 알파벳으로 쓰다. ‖ローマ字で単語を綴る 로마자로 단어를 쓰다.
つて【伝】 연줄; 연고(緣故). ‖つてを求める 연줄을 찾다.
つと 갑자기; 돌연(突然)히; 벌떡. ‖つと立ち上がる 벌떡 일어서다.
つど【都度】 (그)때마다. ‖その都度注意を与える 그때마다 주의를 주다.
つどい【集い】 모임. ‖音楽の集い 음악

つどう 【集う】 모이다; 집합(集合)하다. ∥代表가 一堂에 集う 대표자가 한자리에 모이다.

つとに【夙に】 ❶ 이전(以前)부터; 일찍부터. ❷어려서부터; 젊어서부터. ∥つとに学問に志す 어려서부터 학문에 뜻을 두다.

つとまる【勤まる】 해내다; 다닐 수 있다.

つとまる【務まる】 (役割을) 감당(堪當)해 내다. ∥委員長の役が務まる 위원장의 역을 감당하다.

*つとめ【勤め・務め】 ❶ 임무(任務); 의무(義務). ∥国民としての務め 국민으로서의 의무; 업무(業務); 근무(勤務); 일. ∥毎日勤めに出る 매일 출근하다. ❸ 조일(日課). ∥朝のお勤め 아침 일과. ◆勤め先 근무처, 勤め口 일자리, 勤め口を探す 일자리를 찾다. 勤め人 월급쟁이; 샐러리맨. 勤め人風の男 샐러리맨 분위기의 남자.

つとめて【努めて】 가능(可能)한 한. ∥努めて運動するようにしている 가능한 한 운동하려고 하고 있다.

*つとめる【努める】 노력(努力)하다. ∥実現に努める 실현을 위해 노력하다. 笑うまいと努める 웃지 않으려고 노력하다.

つとめる【務める】 (役割을)맡다. ∥案内役を務める 안내역을 맡다.

つとめる【勤める】 근무(勤務)하다. ∥銀行に勤める 은행에 근무하다.

つな【綱】 밧줄; 줄. ∥綱を引く 밧줄을 당기다. 命の綱 생명줄.

ツナ【tuna】 참치.

つながり【繋がり】 ❶ 관계(關係); 관련(關聯). ❷ 仕事上のつながり 업무상의 관계. ❷혈연관계(血緣關係); 관계. ∥親子のつながり 부모 자식 관계.

つながる【繋がる】 ❶연결(連結)되다; 이어지다. ∥電話がつながる 전화가 연결되다. ❷혈연관계(血緣關係)가 있다. ∥血のつながった 혈연관계에 있는 사람.

つなぎ【繋ぎ】 ❶ 〔物理的〕이음; 잇는 것. ❷〔時間的으로〕 다른 일을 하기까지의 임시(臨時)로 하는 일. ❸ 〔料理で〕점성(粘性)을 내기 위한 재료(材料). ❹ 상하(上下)가 연결(連結)된 작업복(作業服).

つなぐ【繋ぐ】 ❶ 잇다; 연결(連結)하다. ∥電話をつなぐ 전화를 연결하다. 手をつないで 손을 잡고 걷다. ❷ (紐などで)묶어 두다. ∥犬をつないでおく 개를 묶어 두다.

つなげる【繋げる】 잇다; 연결(連結)하다. ∥2本の紐をつなげて長くする 끈 두 개를 묶어 길게 하다.

つなひき【綱引き】 줄다리기.
つなみ【津波】 지진 해일(地震海溢); 쓰나미.
つなわたり【綱渡り】 ❶ 줄타기. ❷資金繰りが厳しくて毎日が綱渡りの連続だ 자금 조달이 어려워 하루하루가 줄타기다. ❷위험(危險)한 행동(行動).
つね【常】 ❶ 평소(平素). ∥常と変わらず 평소와 다름없이. 早起きを常としている 평소에 일찍 일어나려고 하고 있다. ❷ 보통(普通).
つねづね【常常】 항상(恒常); 늘.
つねに【常に】 항상(恒常); 늘; 언제나; 끊임없이. ∥山の空気は常に新鮮だ 산 공기는 언제나 신선하다.
つねる【抓る】 꼬집다. ∥ほっぺたをつねる 뺨을 꼬집다.
つの【角】 뿔. ∥水牛の角 물소 뿔. 角型のパイプ 뿔로 만든 파이프. ◆角を折る 소신을 굽히다.
つのる【募る】 ❶ 심해지다; 더해지다. ∥不安が募る 더 불안해지다. ❷ 모집(募集)하다. ∥希望者を募る 희망자를 모으다.
つば【唾】 침. ∥つばを吐く 침을 뱉다. つばを飛ばしながら話す 침을 튕기며 이야기하다. つばが出る 침이 나오다.
つば【鍔】 ❶ (刀の)날밑. ❷ (帽子の)챙.
ツバキ【椿】 동백나무. ◆椿油 동백기름.
つばさ【翼】 날개. ∥翼を広げる 날개를 펴다. 翼をたたむ 날개를 접다.
ツバメ【燕】 제비. ◆燕の巣 제비 집.
ツバル【Tuvalu】(国名) 투발루.
*つぶ【粒】 알; 알맹이. ∥大きな粒の真珠 알이 굵은 진주. 粒が小さい 알이 잘다. ◆米粒 쌀알. 雨粒 빗방울. ◆粒が揃う 크기나 질이 고르다.
つぶさに【具に】 일일(一一)이; 자세(仔細)하게. ∥事件の経過をつぶさに語る 사건의 경과를 자세하게 말하다.
つぶし【潰し】 ❶ 부숨; 찌그러뜨림; 으깸. ∥つぶし餡 으깬 팥소. ❷ 〔金属製の器物などを溶かして〕本來の원료(原料)로 만듦. ❸ (空いている時間을)보냄; 때움. ∥時間つぶし 시간 때우기. ◆潰しが効く 본업을 그만두고 다른 일을 해도 충분히 해낼 능력이 있다.
*つぶす【潰す】 ❶부수다; 찌그러뜨리다; 으깨다. ∥マッチ箱を手でつぶす 성냥갑을 찌그러뜨리다. 大豆をつぶして粉にする 콩을 으깨 가루로 만들다. ❷ 망하게 하다. ∥会社をつぶす 회사를 망하게 하다. ❸ 손상(損傷)시키다. ∥面目をつぶす 면목을 손상시키다. ❹메우다; 때우다. ∥余白をラクで 여백을 메우다. 時間をつぶす 시간을 때우다. ❺(家畜을)잡다. ∥鶏をつぶす 닭을 잡다. ❻ 〔…つぶしの形で〕…

으깨다; 더 이상(以上) 못 쓰게 하다. ‖すりつぶす 갈아 으깨다. 靴を履きつぶす 구두를 더 이상 못 신게 되다.

つぶぞろい【粒揃い】 전부(全部) 우수(優秀)함. ‖粒揃いの選手たち 우수한 선수들.

つぶつぶ【粒粒】 좁쌀 같은 것. ‖イチゴの粒々な種です 딸기의 좁쌀 같은 것은 씨입니다.

つぶやく【呟く】 중얼거리다. ‖不満气につぶやく 불만스러운 듯 중얼거리다.

つぶる【瞑る】 ❶〔目を〕감다. ‖ちょっと目をつぶって 잠깐만 눈을 감아 봐. ❷〔目をつぶる形で〕못 본 척하다. ‖不正に目をつぶる 부정을 못 본 척하다.

つべこべ 이러쿵저러쿵; 이러니저러니. ‖つべこべ言うな 이러니저러니 하지 마라.

ツベルクリン【Tuberkulin ド】 투베르쿠린.

つぼ【壷】 ❶항아리; 항아리처럼 움푹 패인 곳. ❷〔急所〕요점(要點); 급소(急所). ‖つぼを押さえる 급소를 누르다. ❸〔図星〕예상(豫想)한 바; 짐작(斟酌)한 바. ‖こちらの思うつぼだ 짐작한 대로다. ❹〔指圧·針などの〕혈(穴).

-つぼ【坪】 …평(坪).

つぼすう【坪数】 평수(坪數).

つぼみ【蕾】 꽃봉오리; 꽃망울.

つぼむ【窄む】 좁아지다; 오므라들다; 시들다. ‖夕方になるとつぼむ花 저녁이 되면 오므라드는 꽃.

つぼめる【窄める】 오므리다; 접다. ‖傘をつぼめる 우산을 접다.

つぼやき【壷焼き】 ❶〔說明〕항아리에 넣어 찐 요리(料理) ❷〔說明〕소라를 껍데기채 구운 요리.

*つま【妻】 아내; 마누라; 처(妻); 색시. ‖妻は私より3つ年下だ 아내는 나보다 세 살 어리다. 妻の家の実家 처갓집. 内縁の妻 내연의 처. ◆新妻 새색시.

つま【刺身の妻】 刺身(さしみ) 회(膾)에 곁들이는 야채(野菜).

つまさき【爪先】 발끝.

つまさきだつ【爪先立つ】 발끝으로 서다.

つまされる 정(情)에 끌리다; 남의 일 같지 않아 가엾다. ‖親子の愛情につま

されて, 許す気になる 부모 자식간의 정에 끌려 용서할 마음이 생기다.

つましい【倹しい】 검소(倹素)하다. ‖倹しい生活 검소한 생활.

つまずく【躓く】 ❶ 걸려 넘어지다. ‖石につまずいて転ぶ 돌에 걸려 넘어지다. ❷도중(途中)에 실패(失敗)하다. ‖不況で事業がつまずき不況で事業が実敗하다.

つまはじき【爪弾き】 (도움)배척(排斥); 비난(非難); 지탄(指彈). ‖世間から爪弾きされる 세상 사람들로부터 지탄받다.

つままれる 홀리다. ‖狐につままれたようだ 여우한테 홀린 것 같다.

つまみ【摘み】 ❶손잡이. ‖鍋の蓋のつまみ 냄비 뚜껑 손잡이. ❷안주(按酒) ‖ビールのつまみ 맥주 안주. ❸손가락으로 집은 분량(分量). ‖塩を1つまみ加える 소금을 손가락으로 한 번 집어 넣다.

つまみぐい【摘み食い】 집어 먹다; 쯤어내다; 노略다. ‖生意気を言うと, 外につまみ出すぞ 건방진 소리를 하면 내쫓아 버릴 거야.

つまみもの【摘み物】 안주(按酒).

つまむ【摘む】 ❶〔指や道具で〕집다. ‖ごみをつまんで捨てる 쓰레기를 집어서 버리다. ❷〔手で〕집어먹다. ❸〔要約(要約)하다; 요점(要點)을 발췌(拔萃)하다.

つまようじ【爪楊枝】 이쑤시개.

*つまらない【詰まらない】 ❶재미없다; 심심하다. ‖話し相手がなくてつまらない 말상대가 없어서 심심하다. つまらない小説 재미없는 소설. ❷〔取るに足りない〕가치(價値)가 없다; 변변치 못하다; 보잘것없다. つまらないものですが, 召し上がってください 변변치 못하지만 좀 드십시오.

つまり【詰まり】 ❶꽉 참; 꽉 차 있음. ❷〔終わり〕끝. ❸결국(結局). ‖とどの詰まり 결국.

つまる【詰まる】 ❶꽉 차다. ‖日程が詰まる一定이 꽉 차다. ❷막히다. ‖鼻が詰まる 코가 막히다. ❸궁하다. ‖金に詰まる 돈이 궁하다. ❹〔長さ〕짧아지다; (間隔)좁아지다. ‖日が詰まる 해가 짧아지다.

つまるところ【詰まる所】 결국(結局). ‖つまるところの事故は人災だ 결국 이 사건은 인재다.

*つみ【罪】 ❶죄(罪). ‖罪を犯す 죄를 짓다. ❷죄에 대한 벌(罰). ‖罪に服する 형벌을 받다. ❸〔無慈悲〕함. ‖罪なことをする 무자비한 짓을 하다. ▷罪が無い 순진하다. 미워할 수 없다.

つみあげる【積み上げる】 쌓아 올리다. ∥箱を高く積み上げる 상자를 높이 쌓아 올리다. 実績を着実に積み上げていく 착실하게 실적을 쌓아 가다.

つみおろし【積み降ろし】 積み降ろす 짐을 싣고 내리다.

つみかさねる【積み重ねる】 쌓다; 계속(繼續)하다; 거듭하다. ∥箱を積み重ねる 상자를 쌓다. 努力を積み重ねる 노력을 계속하다.

つみき【積み木】〔おもちゃ〕나뭇조각을 쌓아 모양(模樣)을 만드는 장난감;〔遊び〕집짓기 놀이.

つみこむ【積み込む】(荷物を)싣다. ∥船に荷を積み込む 배에 짐을 싣다.

つみたて【積(み)立(て)】〘略語〙적립(積立). ∥積立金 적립금.

つみたてる【積み立てる】 적립(積立)하다. ∥旅行費用を積み立てる 여행 비용을 적립하다.

つみとる【摘み取る】〔植物の実や芽を〕따다; 제거(除去)하다. ∥悪の芽を摘み取る 악의 싹을 제거하다.

つみに【積み荷】(運送)짐.

つみのこし【積み残し】 다 싣지 못하고 남은 것. 積み残しの船荷 다 싣지 못하고 남은 뱃짐. 積み残しの案件 남겨진 안건.

つみびと【罪人】 죄인(罪人).

つみぶかい【罪深い】 죄(罪)가 무겁다; 죄가 많다; 죄받을 것이다. ∥罪深いとがめる行為다 죄받을 짓을 하다.

つみほろぼし【罪滅ぼし】〘略語〙속죄(贖罪).

つみれ【摘入】〔料理〕생선(生鮮) 완자.

*つむ【積む】** ❶쌓다. ∥石を積んで塀を作る 돌을 쌓아 담을 만들다. 経験を積む 경험을 쌓다. ❷싣다; 적재(積載)하다. ∥砂利を積んだトラック 자갈을 실은 트럭.

つむ【摘む】〔葉などを〕따다;〔枝などを〕치다; 자르다;〔草などを〕뽑다. ∥花を摘む 꽃을 따다. 茶を摘む 찻잎을 따다. 草を摘む 풀을 뽑다.

つむぎ【紬】 명주(明紬). ♦紬糸 명주실.

つむぐ【紡ぐ】 잣다.

つむじ【旋毛】〔頭頂の〕가마. ♦旋毛を曲げる 심술을 부리다.

つむじかぜ【旋風】 선풍(旋風); 회오리바람.

つむじまがり【旋毛曲り】〔性格が〕비뚤어짐;〔人〕심술(心術)쟁이.

*つめ【爪】**❶〔手〕손톱;〔足〕발톱. ∥爪を切る也爪を切る 손톱을 깎다. 爪で切って割をして 할퀴다.〔琴のがたそう(假爪)인. ❸〔ギターなどの〕피크. ▶爪に火を点す 지독하게 인색하다. ▶爪の垢も煎じて飲む 뛰어난 사람을 닮으려고 하다. ▶爪の垢を煎じて飲む 뛰어난 사람을 닮으려고 하다. ▶爪を研ぐ 기회를 노리다. 復讐の爪を研ぐ 복수의 기회를 노리다.

つめ【詰め】 ❶빈 곳을 채움 또는 그 물건.❷마무리. ∥詰めが甘い 마무리가 야무지지 못하다.

-づめ【詰め】 ❶넣음; 넣은 것; 들이. ∥10個詰め 열 개 들이. ❷…근무(勤務); 출입(出入). ∥警視庁詰めの記者 경시청 출입 기자. ❸〔続くこと〕줄곧…하다; 꼬박…하다. ∥終点まで立ちづめだった 종점까지 줄곧 서서 왔다. ❹온통. ∥…一緒(一色)이. ∥規則づめの 온통 규칙이다.

つめあと【爪跡】 ❶손톱자국. ❷(災害が襲った)자국; 피해(被害). ∥台風の爪跡 태풍이 할퀸 자국.

つめあわせ【詰め合わせ】〘略語〙여러 가지를 섞어 담은 것; 세트. ∥詰め合わせ食料品 식료품 세트.

つめかける【詰め掛ける】 몰려 들다. ∥客が詰めかける 손님이 몰려들다.

つめきり【爪切り】 손톱깎이.

つめこみきょういく【詰め込み教育】 주입식 교육(注入式教育).

つめこむ【詰め込む】 가득 넣다; 쑤셔 넣다; 마구 집어넣다; 마구 태우다. ∥かばんに本を詰め込む 가방에 책을 쑤셔 넣다. 乗客を詰め込む 승객을 마구 태우다. 数学の公式を頭に詰め込む 수학 공식을 머리에 집어넣다.

*つめたい【冷たい】** ❶차다. ∥風が冷たい 바람이 차다. 冷たいビール 냉맥주. ❷냉정(冷情)하다; 냉담(冷淡)하다. ∥わざと冷たく当たる 일부러 냉정하게 대하다.

つめもの【詰め物】 ❶(包装用などの)패킹. ❷(虫歯の)구멍을 메우는 것. ❸(料理で)생선(生鮮) 등의 뱃속에 채워넣는 것.

*つめよる【詰め寄る】** ❶다가서다. ❷추궁(追窮)하다; 대들다; 다그치다. ∥責任ある回答をしろと詰め寄る 책임 있는 대답을 하라고 다그치다.

*つめる【詰める】** ❶가득 채우다; 가득 집어넣다; 채워 넣다. ∥箱に菓子を詰める 상자에 과자를 가득 집어넣다. 弁当を詰める 도시락을 싸다. ❷메우다; 막다. ∥隙き間に新聞紙を詰める 빈틈을 신문지로 메우다. ❸줄이다. ∥寸法を詰める 치수를 줄이다. ❹절약(節約)하다. ∥生活を詰める 검소하게 생활하다. ❺〔根を詰める形で〕장시간(長時間) 집중(熱心)하다. ❻너무 열심히 하면 몸이 상한다. ❼〔…詰めの形で〕계속(繼續)해서…; 줄기차게…. ∥毎日通い詰める 매일 줄기차게 다니다.

*つもり【積もり】** ❶심산(心算); 의도(意圖); 생각. ∥明日中に仕上げるつもりだ

내일 중으로 완성할 생각이다. ❷…셈. ∥買ったつもりで貯金する 산 셈 치고 저금하다. ❸견적(見積); 예상(豫想).
つもる【積もる】 ❶쌓이다; 모이다. ∥雪が屋根に積もる 눈이 지붕에 쌓이다. ❷[見積もる]어림잡다; 예상(豫想)하다.
*つや【艶】 ❶광택(光澤); 윤기(潤氣). ∥顔に艶がある 얼굴에 윤기가 있다. ❷(声が)젊고 생기(生氣)가 있음. ∥艶のある声 생기 있는 목소리. ❸[面白み] 재미; 멋. ∥艶のない話だ 재미없는 이야기다.
つや【通夜】(喪家での)밤샘.
つやけし【艶消し】 ❶광택(光澤)을 없앰. ❷흥(興)을 깸. ∥艶消しの話 흥을 깨는 이야기.
つやっぽい【艶っぽい】 요염(妖艶)하다. ∥艶っぽいしぐさ 요염한 몸짓.
つやつや【艶艶】 반들반들; 번질번질.
つややか【艶やか】だ 윤기(潤氣)가 있고 아름답다. ∥艶やかな黒髪 윤기가 있는 검은 머리.
つゆ【汁】 ❶수분(水分). ❷[吸い物]국. ❸(そばなどの)양념장(醬).
つゆ【露】 ❶이슬. ∥露にぬれる 이슬에 젖다. ❷[副詞として]조금. ∥露ほども疑わない 조금도 의심하지 않다.
つゆ【梅雨】 장마. ∥梅雨明けする 장마가 끝나다. 梅雨入りする 장마가 시작되다.
*つよい【強い】 ❶(力量·器具などが)세다; 강(強)하다; 뛰어나다. ∥腕力が強い 팔힘이 세다. ∥彼は囲碁が強い人은 바둑이 세다. ❷(心身が)강하다; 튼튼하다. ∥強い意志 강한 의지. 運動をすると体が強くなる 운동을 하면 몸이 튼튼해진다. 強い体 튼튼한 몸. ❸(程度などが)독하다; 세다; 심하다; 강하다. ∥強い酒 독한 술. 強い風雨 강한 비바람. 強い臭気 심한 악취. ガスの火を強くする 가스 불을 세게 하다. 風が強くなる 바람이 세지다.
つよがる【強がる】 강(強)한 적하다.
つよき【強気】 ❶강경(強硬)함; 적극적(積極的)임. ∥強気な発言 강경한 발언. ❷[取引で]강세(強勢)をなす・予想(豫想)함.
つよごし【強腰】 강경(強硬)함. ∥強腰で交渉に臨む 강경한 자세로 교섭에 임하다.
つよび【強火】 센 불. ∥強火で炒める 센불에 복다.
つよまる【強まる】 강(強)해지다; 거세지다. ∥非難の声が強まる 비난의 소리가 거세지다.

어를 할 수 있다는 것이다.
つよめ【強め】 강(強)하게 함; 세게 함. ∥火力を強めにする 화력을 세게 하다.
つよめる【強める】 강(強)하게 하다; 세게 하다. ∥圧力を強める 압력을 세게 하다.
つら【面】 ❶낯짝. ∥そんなことを言うやつの面が見たい 그런 말을 하는 녀석의 낯짝이 보고 싶다. ❷표면(表面). ▶面の皮が厚い 뻔뻔하다. 철면피다. ▶面の皮を剝ぐ 망신을 주다.
-づら【面】 …같은 얼굴. ∥善人面をする 선인 같은 얼굴을 하다.
つらあて【面当て】 면전(面前)에서 일부러 빗대어 빈정거림. ∥面当てを言う 면전에서 일부러 빈정거리다.
*つらい【辛い】 ❶힘들다; 고통(苦痛)스럽다; 괴롭다. ∥早起きは辛い 일찍 일어나는 것은 힘들다. 辛い仕事 힘든 일. 別れが辛い 헤어지는 것이 괴롭다. ❷무정(無情)하다; 냉혹(冷酷)하다. ∥辛い仕打ち 무정한 처사.
-づらい【辛い】 …이 어렵다. ∥老眼で辞書が見づらい 노안이라 사전이 보기 힘들다.
つらなる【連なる】 ❶이어지다; 줄지어 서다. ❷출석(出席)하다; 참석(參席)하다. ∥卒業式に連なる 졸업식에 참석하다.
つらぬく【貫く】 ❶관통(貫通)하다; 뚫다. ∥矢が板を貫く 화살이 판자를 뚫다. ❷관철(貫徹)하다; 일관(一貫)하다. ∥初志を貫く 초지를 일관하다.
つらねる【連ねる】 ❶줄지어 세우다; 늘어놓다. ∥軒を連ねる 건물이 늘어서 있다. ❷참가(參加)하다. ∥発起人として名を連ねる 발기인으로 참가하다.
つらら【氷柱】 고드름.
つり【釣り】 ❶낚시. ∥釣りに出かける 낚시를 하러 가다. ❷[釣り銭の略語]잔돈; 거스름돈. ◆釣り糸 낚싯줄. 釣り竿 낚싯대.
つりあい【釣り合い】 균형(均衡). ∥釣り合いを保つ 균형을 유지하다.
つりあう【釣り合う】 ❶균형(均衡)을 유지(維持)하다. ∥収入と支出が釣り合う 수입과 지출이 균형을 이루다. ❷어울리다. ∥絵とつり合わない額 그림과 어울리지 않는 액자.
つりあげる【釣り上げ·吊り上げる】 ❶낚아 올리다. ❷치켜 올리다; 치켜뜨다. ∥目を吊り上げて怒る 눈을 치켜뜨고 화를 내다. ❸(人為的に)올리다. ∥値段を吊り上げる 가격을 올리다.
ツリー【tree】 ❶[木]나무. ❷[クリスマスツリー]크리스마스트리.
つりがね【釣り鐘】 범종(梵鐘).
つりかわ【吊り革】 (電車·バスなどの)손잡이.
つりさげる【吊り下げる】 매달다. ∥天井

から吊り下げたシャンデリア 천장에 매단 샹들리에.

つりせん【釣り銭】 거스름돈; 잔돈.

つりばし【吊り橋】 조교(弔橋).

つりばしご【吊り梯子】 줄사다리.

つりばり【釣り針】 낚싯바늘.

つりびと【釣り人】 낚시하는 사람; 낚시꾼.

つりぶね【釣り船】 낚싯배.

つりめ【吊り目】 눈꼬리가 올라간 눈.

つりわ【吊り輪】 기계 체조(器械體操)의 링.

つる【弦】 ❶ 현(絃); 활시위. ❷ 【鍋 など の】 손잡이.

つる【蔓】 ❶ 덩굴. ∥朝顔の蔓 나팔꽃 덩굴. ❷ 【先端; 端緒】 실마리. ∥出世の蔓 출세의 연줄. ❸ 【眼鏡の】 다리. ∥眼鏡のつる 안경다리.

・つる【吊る・釣る・攣る】 ❶ 매달다. ∥蚊 帳(ゕ)を吊る 모기장을 치다. ❷ 낚다. ∥魚を釣る 고기를 낚다. ❸ 꾀다. ∥甘 言で釣って契約させる 감언이설로 꾀어 계약하게 만들다. ❹ 치켜 올라가다. ∥吊り上がった人 눈꼬리가 치켜 올라간 사람. ❺ 쥐가 나다. ∥足がつる 다리에 쥐가 나다.

ツル【鶴】 학(鶴). ∥鶴の一声 권위 있는 한마디.

つるぎ【剣】 검(劍).

つるし【吊るし】 ❶ 매달음. ❷ 기성복(既 成服). ∥吊るしの背広 기성품 양복.

つるしあげる【吊るし上げる】 ❶ 매달다. ∥木の上に吊るし上げる 나무 위에 매달 다. ❷ 여럿이 질책(叱責)하다; 울러 대다. ∥社長を吊るし上げる 사장을 질책하다.

つるしがき【吊るし柿】 곶감.

つるす【吊るす】 매달다. ∥風鈴を吊るす 풍경을 매달다.

つるつる ❶ 【なめらかな様子】 반들반들. ∥つるつるした紙 반들반들한 종이. ❷ 【よく滑る様子】 미끄럼; 반질반질. ∥道が凍ってつるつるする 길이 얼어서 미끄럽다. ❸ 【そば・うど んなどをする様子】【音】 후루룩. ∥そばをつるつると食う 메밀국수를 후루룩거리며 먹다.

つるはし【鶴嘴】 곡괭이.

ツルバラ【蔓薔薇】 덩굴장미(薔薇).

つるべ【釣瓶】 두레박.

つるむ【連む】 같이 가다.

つるり 【よく滑る様子】쫙. ∥凍った路 面でつるりと滑る 빙판길에서 쫙 미끄러지다.

つれ【連れ】 일행(一行); 동반자(同伴 者). ∥船中で連れになる 배 안에서 일행이 되다.

-づれ【連れ】 동행(同行); 동반자(同伴 者). ∥子ども連れの女の人 애를 동반한 여자.

つれあい【連れ合い】 ❶ 동행(同行者);

일행(一行). ∥帰り道で連れ合いになる 돌아오는 길에 일행이 되다. ❷ 배우자(配偶者). ∥連れ合いに死に別れる 배우자와 사별하다.

つれあう【連れ合う】 ❶ 행동(行動)을 같이하다. ❷ 부부(夫婦)가 되다.

つれこ【連れ子】 의붓자식(子息).

つれこむ【連れ込む】 데리고 들어가다. ∥無理に飲み屋に連れ込む 무리하게 술집으로 데리고 들어가다.

つれさる【連れ去る】 데리고 사라지다. ∥公園から連れ去る 공원에서 데리고 사라지다.

つれそう【連れ添う】 부부(夫婦)가 되다.

つれだす【連れ出す】 데리고 나가다. ∥祭り見物に連れ出す 축제 구경에 데리고 나가다.

つれていく【連れて行く】 데리고 가다; 함께 가다.

つれてかえる【連れて帰る】 데리고 돌아가다; 함께 돌아가다; 함께 되돌아오다.

つれてくる【連れて来る】 데리고 오다; 함께 오다.

つれない 냉담(冷淡)하다; 무정(無情)하다; 매정하다. ∥つれなく断る 매정하게 거절하다.

つれもどす【連れ戻す】 데리고 돌아오다. ∥家に連れ戻す 집으로 데리고 돌아오다.

つれる【連れる】 같이 가다; 데리고 가다. ∥犬を連れて散歩する 개를 데리고 산책하다.

つわもの【兵】 ❶ 병사(兵士); 무사(武 士). ❷ 강한 사람; 뛰어난 사람. ∥その道のつわもの 그 방면의 뛰어난 사람.

つわり【悪阻】 입덧.

つんけん 통명스럽게; 무뚝뚝하게. ∥あの店員はつんけんしていて感じが悪い 저 점원은 통명스러워서 인상이 안 좋다.

つんつん ❶ 통명스럽게; 무뚝뚝하게; 뚱하게. ∥今日はいやにつんつん(と)している 오늘은 묘하게 뚱해 있다. ❷ 【におい様子】 ∥つんつん鼻にくる 냄새가 코를 찌르다.

ツンドラ【tundra 러】 툰드라.

て

・て【手】 ❶ 손. ∥手を挙げる 손을 들다. 手を結ぶ 손을 잡다. 手にする 손에 들다. ❷ 【取っ手】손잡이. ∥鍋の手 냄비 손잡이. ❸ 【人手】일손. ∥手が足りない 일손이 부족하다. ❹ 수단(手段); 방법(方法). ∥その手には乗らない これ는 안 넘어가지. ❺ 힘; 능력(能力). ∥手に余る 능력 밖이다. ❻ 종류(種

であう

**類}. ‖この手の品 이런 종류의 물건. ❼방향(方向); 방면(方面); 쪽. ‖行く手 가는 쪽. ❽…수(手). ‖歌い手가수. ▶手が空く 일손이 비다. ▶手がかかる 손이 많이 가다. ▶手が切れる 관계가 끊어지다. ▶手が込む 복잡하다. ▶手が付けられない 방법이 없다. ▶手が出ない 손쓸 수 없다. too비싸서 살 수가 없다. ▶手が届く ①능력이 미치다. ②어떤 나이에 가까워지다. ▶手が離れる 손을 놓다[때다]. (慣) ▶手が離れる 일이 일단락되다. ▶手が早い 툭하면 폭력을 휘두른다. 여성과 관계를 맺는 것이 빠르다. ▶手が回らない 손길이 미치지 않다. ▶手に汗を握る 손에 땀을 쥐다. (慣) ▶手に余る 능력 밖이다. ▶手に入れる 입수하다. ▶手に負える 능력 밖이다. ▶手に掛ける 자기 손으로 죽이다. ▶手に付かない 일에 손에 잡히지 않다. ▶手を取って함께. ▶手に取るよう 손바닥을 들여다보듯이. ▶手に入る 입수하다. ▶手にする다른 사람의 소유가 되다. ▶手の施しようがない 손을 쓸 방법이 없다. ▶手も足も出ない 어떻게 할 수가 없다. ▶手を上げる 항복하다. ▶手を合わせる 합장하다. ▶手を入れる 수정하다. ▶手を打つ 손을 쓰다. ▶手を替え品を替え 온갖 방법을 동원함. ▶手を掛ける 폭력을 쓰다. 훔치다. ▶手を貸す 도와주다. ▶手を借りる 도움을 받다. ▶手を切る 손을 끊다. (慣) ▶手を下す 직접 하다. ▶手を加える 가공하다. 수정하다. ▶手を拱(^c_{fu})く 방관하다. ▶手を染める 착수하다. ▶手を出す 관계를 맺다. 훔치다. ▶手を出す 방법을 다 쓰다. ▶手を付ける 착복하다. 여성에게 손을 대다. ▶手を通す 옷을 입다. ▶手を取る 자상하게 가르치다. ▶手を握る 화해하다. 협력하다. ▶手を抜く 건성으로 하다. ▶手を伸ばす 손을 뻗치다. (慣) ▶手を離れる 손을 떠나다. ▶手を引く 손을 끊다. (慣) ▶手を回す 손을 쓰다. 애를 먹다. 속을 썩이다. ▶手を緩める 완화하다. ▶手を待つ 바람직하지 못한 짓을 하다. ▶手を煩わす 속을 썩이다. (慣)

で ❶[場所·機会]…에서. ‖図書館で 遅くまで勉強する 도서관에서 늦게까지 공부하다. デパートで友だちの誕生日プレゼントを買う 백화점에서 친구 생일 선물을 사다. 弟は大学で法学を専攻했다. 남동생은 대학교에서 법학을 전공했다. 韓国語の試験で百点をとる 한국어 시험에서 백 점을 받다. ❷[時間·その時]…(으)로; …에. ‖この仕事も今日で終わりだ 이 일도 오늘로 끝이다. 彼女は3か月でその技術を修得した 그녀는 삼 개월에 그 기술을 습득

했다. 10分間で解けない問題 십 분 안에 풀 수 없는 문제. ❸[手段·道具] …(으)로. ‖福岡から船で釜山に行く 후쿠오카에서 배로 부산에 가다. バターで野菜を炒める 버터로 야채를 볶다. 易しい言葉で書かれた本 평이한 말로 쓰여진 책. それは金では買えない 그것은 돈으로는 살 수 없다. ❹[材料·原料]…(으)로. ‖イチゴでジャムを作る 딸기로 잼을 만들다. 大理石でできている柱 대리석으로 만들어진 기둥. ❺[原因·理由]…(으)로; …아이서. ‖風邪で会社を3日も休む 감기로 회사를 삼 일이나 쉬다. 過労で体を壊す 과로로 몸을 버리다. 列車は大雪で2時間も遅れた 열차는 폭설로 두 시간이나 연착되었다. 恥ずかしさで顔が赤くなる 부끄러워서 얼굴이 빨개지다. 火事で一文無しになる 불이 나서 무일푼이 되다. ❻[判斷の根拠]…(으)로. ‖外見で人を判斷してはいけない 외관으로 사람을 판단해서는 안 된다. ❼[主體]…이[가]; …에서. ‖その費用は会社で負担することになった 그 비용은 회사[에서] 부담하기로 했다. 委員会で作成した原案 위원회에서 만든 원안. 2人で相談して決めてください 두 사람이 의논해서 결정해 주십시오. ❽[年齢·速度·價格·單位]…에(서); …(으)로. ‖私は28歳で結婚した 나는 스물 여덟 살에 결혼했다. 水はセ氏0度で凍る 물은 섭씨 영 도에서 언다. 時速80キロで走る 시속 팔십 킬로로 달리다. このバッグを5千円で買った 이 가방을 오천 엔에 샀다. こちらのリンゴは3個で500円で 이쪽 사과는 세 개에 오백 엔입니다. お酒はこれで十分です 술은 이걸로 충분합니다.

・で[出] ❶[出る具合] ‖水の出が悪い 물이 잘 안 나오다. 人の出が少ない 사람이 적다. ❷[出勤·出番] ‖午後からの出 오후부터의 출근. 出を待つ 出演 순서를 기다리다. [出だし] ‖出が一拍遅れる 시작이 한 박자 늦다. ❸[出現] ‖月の出 달의 출현. [出身]出身(出身). ‖高校出の選手 고등학교 출신의 선수. 東京出で 도쿄 출신입니다. ❹[充実感·滿足感] ‖使い出がある 쓸 만하다. 歩いてみると歩き出がある 걷다 보니 걸을 만하다.

てあい【手合い】❶[連中] 패거리. ❷[圍碁·將棋で]대국(對局).

であい【出会い】만남. ❷[偶然の出会い] 우연한 만남.

であいがしら【出会い頭】 나가는 순간(瞬間); 만난 순간. ‖出会い頭に衝突する 나가는 순간에 충돌하다.

であう【出会う】❶만나다. ‖2人が初めて出会った所 두 사람이 처음으로 만난 곳. ❷보다; 목격(目擊)하다; 체험

(體驗)하다. ǁこんな奇妙な文章に出会ったことはない 이런 기묘한 문장을 본 적이 었다.
てあか【手垢】 손때. ǁ手垢のついた本 손때가 묻은 책.
てあし【手足】 수족(手足). ǁ手足となって働く 손발이 되어 일하다.
であし【出足】 ❶【人の]사람이 모이드는 정도(程度). ǁ客の出足は上々だ 손님은 괜찮게 든다. ❷ 출발시(出發時)의 빠르기.
てあたりしだい【手当たり次第】 닥치는 대로. ǁ手当たり次第(に)投げつける 닥치는 대로 집어던지다.
てあつい【手厚い】 극진(極盡)하다; 융숭(隆崇)하다. ǁ手厚い看護を受ける 극진한 간호를 받다.
***てあて**【手当(て)】 ❶ (준히) 준비(準備). ǁ来年の資材を手当てしておく 내년의 자재를 준비해 두다. ❷ (준히) 처치(處置). ǁ応急手当 응급 처치. ❸ (준히) 수당(手當); 통근 수당, 아동 수당. ǁ通勤手当 통근 수당. 児童手当 아동 수당.
てあみ【手編み】 손뜨개; 손뜨개질한 것; 손으로 뜸. ǁ手編みのセーター 손으로 뜬 스웨터.
てあらい【手洗い】 ❶손을 씻음; 손 씻는 물. ǁ手洗いの水が凍る 손 씻는 물이 얼다. ❷ 화장실(化粧室). ǁ手洗いに立つ 화장실에 가다. ❸ [手で洗うこと]손빨래.
-**である** [斷定]…(이)다. ǁ1足す2は3である이것은 내가 키운 꽃이다.
てあわせ【手合わせ】 ❶상대(相對)가 되어 승부(勝負)를 함; 시합(試合). ǁ初手合わせ첫 시합. ❷매매 계약(賣買契約)을 함.
てい-【低】 저(低)…. ǁ低周波 저주파. 低学年 저학년. 低氣壓 저기압.
ティアラ【tiara】 ❶[女性用髮飾り]티아라. ❷ (ローマ教皇の)삼중관(三重冠).
ていあん【提案】 (준히) 제안(提案). ǁ新しい計画を提案する새로운 계획을 제안하다.
ティー【tea】 홍차(紅茶); 차. ♦ティーカップ 찻잔. ティースプーン 티스푼. 찻숟가락. ティータイム 티타임. ティーパーティー 티파티. ティーバッグ 티백.
ていい【帝位】 제위(帝位). ǁ帝位を継承する제위를 계승하다.
ティーシャツ【T-shirt】 티셔츠.
ティーじろ【T字路】 티자 도로(道路).
ディーゼルエンジン【diesel engine】 디젤 엔진.
ディーゼルカー【diesel+car日】 디젤차.
ディーブイディー【DVD】 디브이디.

ディーラー【dealer】 딜러.
ていいん【定員】 정원(定員). ǁ定員に満たない 정원이 차지 않다. 定員割れ 정원 미달.
ティーンエージャー【teenager】 틴에이저.
ていえん【庭園】 정원(庭園). ♦日本庭園 일본식 정원.
ていおう【帝王】 제왕(帝王). ♦帝王切開 제왕 절개.
ていおん【低音】 저음(低音).
ていおん【低温】 저온(低溫). ♦低温殺菌 저온 살균.
ていおん【定溫】 정온(定温). ǁ定温を保つ 정온을 유지하다. ♦定温動物 정온 동물.
ていか【低下】 (준히) 저하(低下). ǁ品質が低下する품질이 저하되다. ♦学力低下 학력 저하.
ていか【定価】 정가(定價). ǁ定価の2割引 정가의 2할 할인.
ていがく【定額】 정액(定額). ♦定額料金 정액 요금.
ていがく【停学】 정학(停學). ♦停学処分 정학 처분.
ていがくねん【低学年】 저학년(低學年).
ていかん【定款】 정관(定款).
ていかん【停刊】 (준히) 정간(停刊).
ていかんし【定冠詞】 정관사(定冠詞).
***ていき**【定期】 정기(定期). ♦定期券 정기권. 定期刊行物 정기 간행물. 定期預金 정기 예금.
ていき【提起】 (준히) 제기(提起). ǁ賃金問題を提起する임금 문제를 제기하다.
ていぎ【定義】 (준히) 정의(定義). ǁ用語を定義する용어를 정의하다.
ていぎ【提議】 (준히) 제의(提議). ǁ法改正を提議する법 개정을 제의하다.
ていきあつ【低氣壓】 저기압(低氣壓).
ていきゅう【低級】ˣ 저급(低級)하다. ǁ低級な趣味 저급한 취미.
ていきゅう【庭球】 정구(庭球); 테니스.
ていきゅうび【定休日】 정기 휴일(定休日).
ていきょう【提供】 (준히) 제공(提供). ǁ資料を提供する자료를 제공하다. 情報を提供する정보를 제공하다.
テイクアウト【takeout】 테이크아웃.
テイクオフ【takeoff】 (航空機などの)이륙(離陸).
ていけい【定形・定型】 정형(定型). ♦定型詩 정형시.
ていけい【提携】 (준히) 제휴(提携). ǁ外国の会社と提携する외국 회사와 제휴하다.
デイゲーム【day game】 낮 경기(競技).
ていけつ【締結】 (준히) 체결(締結). ǁ不可侵条約を締結する불가침 조약을 체

ていけつあつ【低血圧】 저혈압(低血壓).
ていげん【提言】 (する) 제언(提言).
*ていこう【抵抗】 (する) 저항(抵抗). ‖政府軍に抵抗する 정부군에 저항하다. 空気の抵抗を少なくする 공기의 저항을 줄이다. ◆抵抗運動 저항 운동. 抵抗勢力 저항 세력. 抵抗力 저항력. 無抵抗 무저항.
ていこく【定刻】 정각(定刻). ‖定刻に開会する 정각에 개회하다.
ていこく【帝国】 제국(帝國). ‖ローマ帝国 로마 제국. ◆帝国主義 제국주의.
ていさい【体裁】 ❶체재(體裁). ‖体裁を整える 체재를 정비하다. ❷체면(體面). ‖体裁をつくろう 체면을 차리다. 体裁を気にする 세상의 이목에 신경을 쓰다. ◆お体裁を言う 발림소리를 하다.
ていさいぶる【体裁ぶる】 잘난 척하다; 거들먹거리다.
ていさつ【偵察】 (する) 정찰(偵察). ◆偵察機 정찰기.
*ていし【停止】 (する) 정지(停止). ‖貸し出しを停止する 대출을 정지하다. 機能が停止する 기능이 정지되다. ◆停止信号 정지 신호. 活動停止 활동 정지. 発行停止 발행 정지.
ていじ【定時】 정시(定時). ‖汽車は定時に発車する 기차는 정시에 발차한다.
ていじ【提示】 (する) 제시(提示). ‖条件を提示する 조건을 제시하다.
ていしき【定式】 정식(定式). ‖定式化する 정식화하다. 定式化された方法 정식화된 방법.
ていじげん【低次元】 저차원(低次元). ‖低次元な議論 저차원의 논의.
ていしせい【低姿勢】 저자세(低姿勢). ‖低姿勢に出る 저자세에 나오다.
ていしつ【低湿】ダ 저습(低濕).
ていしつ【低質】 저질(低質).
ていしゃ【停車】 (する) 정차(停車). ◆停車場 정거장.
ていしゅ【亭主】 ❶주인(主人). ❷〖夫〗남편(男便). ‖うちの亭主 우리 남편. ◆亭主関白 (説明) 집안에서 남편(男便)이 주도권(主導權)을 가짐.
ていしゅう【定収】 정기적(定期的)인 수입(收入).
ていじゅう【定住】 (する) 정주(定住).
ていしゅうは【低周波】 저주파(低周波).
ていしゅく【貞淑】ダ 정숙(貞淑)하다. ‖貞淑な妻 정숙한 아내.
ていしゅつ【提出】 (する) 제출(提出). ‖答案を提出する 답안을 제출하다.
ていしょう【提唱】 (する) 제창(提唱).
ていしょく【定食】 정식(定食).
ていしょく【停職】 정직(停職).

ていしょく【抵触】 (する) 저촉(抵觸). ‖法に抵触する行為 법에 저촉되는 행위.
ていしょく【停職】 정직(停職).
ていしょとくしゃ【低所得者】 저소득자(低所得者).
ていしょとくそう【低所得層】 저소득층(低所得層).
ていすい【泥酔】 (する) 만취(滿醉). ‖泥酔して路上に寝てしまう 만취해서 길 위에서 자다.
ていすう【定数】 정수(定數).
ディスカウント【discount】 (する) 디스카운트.
ディスカウントショップ【discount shop】 디스카운트 숍; 할인 판매점(割引販賣店).
ディスクジョッキー【disk jockey】 디스크자키.
ディスコ【disco】 디스코.
ディスプレイ【display】 디스플레이.
ていする【呈する】 ❶드리다; 보내다. ‖賛辞を呈する 찬사를 보내다. ❷나타내다; 띠다; 보이다. ‖黒褐色を呈する 흑갈색을 띠다.
ていせい【訂正】 (する) 정정(訂正). ‖誤りを訂正する 잘못을 정정하다.
ていせつ【定説】 정설(定說).
ていせつ【貞節】 정절(貞節).
ていせん【停戦】 (する) 정전(停戰). ‖停戦条約を結ぶ 정전 조약을 맺다.
ていせん【定時】 정초(定礎).
ていそ【提訴】 (する) 제소(提訴). ‖委員会に提訴する 위원회에 제소하다.
ていそう【低層】 저층(低層).
ていそう【貞操】 정조(貞操).
ていぞく【低俗】 저속(低俗).
ていぞく【低俗】ダ 저속(低俗)하다. ‖低俗な番組 저속한 방송.
ていそくすう【定足数】 정족수(定足數).
ていたい【停滞】 (する) 정체(停滯). ‖事務が停滞する 사무가 정체되다.
ていたい【手痛い】 피해(被害)의 정도(程度)가 심하다; 엄하다. ‖終了間際に手痛いエラーをした 종료 직전에 뼈아픈 실수를 했다.
ていたく【邸宅】 저택(邸宅).
ていたらく【体たらく】 몰골; 꼬락서니. ‖何という体たらくだ 이게 웬 꼬락서니냐?
ていだん【鼎談】 정담(鼎談); 삼자 회담(三者會談).
ていちあみ【定置網】 정치망(定置網).
ていちゃく【定着】 (する) 정착(定着).
ていちょう【丁重】ダ 정중(鄭重)하다. ‖丁重な挨拶 정중한 인사. 丁重にお断りする 정중히 거절하다.
ていちょう【低調】ダ 저조(低調)하다. ‖投票率が低調だ 투표율이 저조하다.

ティッシュ【tissue】 티슈; 화장지(化粧紙).

てっぱい【手一杯】 벅참; 여유(餘裕)가 없음. ♦注文をこなすだけで手一杯だ 주문을 처리하는 것만으로도 벅차

ていでん【停電】 (동작) 정전(停電).

***ていど**【程度】 ♦ 정도(程度). ♦補償額は破損の程度による 보상액은 파손 정도에 따라 달라진다. それは程度の問題である 그것은 정도의 문제이다. 1時間程度見ておけば十分だ 한 시간 정도 봐두면 충분하다. ❷수준(水準). 実力の程度 실력 수준. その人らの生活程度は高い 그 사람들의 생활수준은 높다.

ていとう【抵当】 저당(抵當). ‖土地を抵当に金を借りる 땅을 저당 잡혀 돈을 빌리다. ♦抵当権 저당권.

ディナー【dinner】 디너; 만찬(晩餐).

***ていねい**【丁寧】♦ ❶정중(鄭重)하다. ‖丁寧な挨拶 정중한 인사. ❷꼼꼼하다; 세심(細心)하다. ‖何度も丁寧に読む 몇 번이나 꼼꼼하게 읽다. ♦丁寧語 공손한 말.

ていねん【定年·停年】 정년(停年). ♦定年退職 정년퇴직.

ていねん【諦念】 체념(諦念).

ていのう【低能】♦ 저능(低能)하다.

ていはく【碇泊】 (동작) 정박(碇泊).

ていばん【定番】 (설명) 유행(流行)에 관계(關係)없이 꾸준히 팔리는 상품(商品). ♦定番商品 기본 상품.

ていひょう【定評】 정평(定評). ‖定評のある辞書 정평 있는 사전.

ディベート【debate】 디베이트; 토론(討論).

ていへん【底辺】 저변(底邊). ‖社会の底辺 사회의 저변.

ていぼう【堤防】 제방(堤防); 방죽; 둑.

ていめい【低迷】 ❶구름 등이 낮게 떠돎. ‖景気が低迷する 암운이 감돌다. ❷안 좋은 상태(狀態)가 계속(繼續)됨. ‖景気が低迷する 경기 침체가 계속되다.

ていやく【締約】 (동작) 체약(締約). ‖条約を締約する 조약을 체약하다.

ていよく【体良く】 그럴듯한 구실(口實)로; 그럴싸하게. ‖体よく追い払う 그럴듯한 구실로 쫓아 보내다.

ティラミス【tiramisu】 티라미수.

ていり【定理】 정리(定理). ‖ピタゴラスの定理 피타고라스 정리.

でいり【出入り】 (동작) ❶출입(出入). ‖人の出入りが多い 사람의 출입이 많은 집. 出入り禁止 출입 금지. ❷단골로 드나듦. ‖出入りの商人 단골 장사꾼.

でいりぐち【出入り口】 출입구(出入口).

ていりつ【定率】 정률(定率).

ていりゅう【停留】 (동작) 정류(停留). ♦停留所 정류소. 정류장.

ていりょう【定量】 정량(定量). ‖定量分析 정량 분석.

-ている ❶[動作]…고 있다. ‖食事をしている 식사를 하고 있다. 寝ている 자고 있다. ❷[狀態]…에 (있)다. ‖きれいな花が咲いている 예쁜 꽃이 피어 있다. 私の前の席に座っている人 내 앞 자리에 앉아 있는 사람.

ていれ【手入れ】 (동작) ❶손질. ❷(犯人の検挙·捜査のため)경찰(警察)이 들이닥침.

ていれい【定例】 정례(定例). ♦定例会 정례회.

ディレクター【director】 디렉터.

ディレクトリー【directory】 (IT) 디렉터리.

ていれつ【低劣】♦ 저열(低劣)하다.

ていれん【低廉】♦ 저렴(低廉)하다. ‖低廉な価格 저렴한 가격.

ティンパニー【timpani】 팀파니.

てうす【手薄】♦ ❶불충분(不充分)하다; 허술하다. ‖手薄な警備陣 허술한 경비진. ❷(手持ちなどが)적다; 부족(不足)하다. ‖在庫が手薄だ 재고가 부족하다.

てうち【手打ち】 ❶손으로 만듦. ❷화해(和解)나 계약(契約) 등이 성립(成立)됨.

デージー【daisy】 데이지.

データ【data】 데이터. ♦データバンク 데이터 뱅크. データベース 데이터베이스.

デート【date】 ❶(동작) 데이트. ‖昨日女とデートした 어제 여자 친구와 데이트했다. ❷[日付]날짜.

テープ【tape】 테이프. ♦テープカット (설명) 개막식(開幕式) 등에서 테이프를 자르는 것. テープデッキ 스피커가 없는 테이프 리코더. テープレコーダー 테이프 리코더. 空テープ 공 테이프. 絶縁テープ 절연 테이프. セロファンテープ 스카치 테이프. 録音テープ 녹음 테이프.

テーブル【table】 테이블; 탁자(卓子). ♦テーブルクロス 테이블크로스. ラウンドテーブル 원탁.

テーマ【Thema】 테마; 주제(主題). ‖論文のテーマを決める 논문의 테마를 정하다. ♦テーマパーク 테마파크. テーマソング 주제곡.

でおくれ【出遅れ】 때늦음; 시기(時期)를 놓침. ‖今手術しないと手遅れになる 지금 수술을 하지 않으면 시기를 놓치게 된다.

でおくれ【出遅れ】 시동(始動)이 늦음; 출발(出發)이나 시작(始作)이 늦다.

でおくれる【出遅れる】 출발(出發) 등이 늦다. ‖選挙戦に出遅れる 선거전에 늦

ておち【手落ち】 실수(失手). ‖調査に手落ちがあった 조사에 실수가 있었다.

でか 형사(刑事); 경찰(警察).

でかい 엄청나게 크다; 커다랗다. ‖でかい家だ 엄청나게 큰 집이다.

てかがみ【手鏡】 손거울.

てがかり【手掛かり】 단서(端緒); 실마리. ‖犯人捜査の手掛かりをつかむ 범인 수색의 단서를 잡다.

てがき【手書き】 손으로 씀.

てがけ【出掛け】 나가려고 할 때; 나가려는 참. ‖出かけに電話がかかってきた 나가려고 할 때 전화가 걸려 왔다.

てがける【手掛ける】 ❶ 직접(直接) 다루다; 돌보다. ‖入社して初めて手がけた仕事 입사해서 처음으로 직접 한 일. ❷ 《世話する》보살피다; 돌보다.

でかける【出掛ける】 외출(外出)하다.

てかげん【手加減】 ❶ ★ 손 대중. ‖手加減が出来が分からない 손대중을 모르겠다. ❷ 상대(相對) 또는 상황(狀況)에 맞춰 조절(調節)하다. ‖手加減を加える 상대에 맞춰 조절하다.

てかせぎ【出稼ぎ】 외지(外地)에서 돈벌이를 한다.

てがた【手形】 ❶ 손바닥 도장(圖章). ❷ 어음.

てがた【出方】 태도(態度).

てがたい【手堅い】 ❶ 견실(堅實)하다; 안전(安全)하다. ‖手堅い方法 견실한 방법. ❷ 《相場が》하락(下落)할 기미(幾微)가 없다.

てかてか 번들번들. ‖アイロンの当てすぎで生地がてかてかする 다림질을 너무 해서 천이 번들거리다.

でかでか 큼지막하게; 커다랗게. ‖でかでか広告を出す 커다랗게 광고를 내다.

*__てがみ__【手紙】 편지(便紙). ‖手紙を出す 편지를 보내다. 私は毎週彼女に手紙を書いている 나는 매주 그 여자에게 편지를 쓰고 있다. 手紙に返事を出す 편지 답장을 쓰다. 手紙のやり取りをする 편지를 주고받다. 3通の手紙 세 통의 편지.

てがら【手柄】 공(功); 공적(功績). ‖手柄を立てる 공을 세우다.

てがる【手軽】 ★ 간편(簡便)하다; 간단(簡單)하다; 손쉽다. ‖持ち歩きに手軽なかばん 가지고 다니기에 간편한 가방. 夕食を手軽にすませる 저녁을 간단히 끝내다.

てがるい【手軽い】 간단(簡單)하다; 쉽다. ‖手軽く扱える機械 간단히 다룰 수 있는 기계.

てき【敵】 적(敵). ‖敵をつくる 적을 만들다. ‖敵に回す 적으로 돌리다. 宿敵 숙적.

-てき【的】 ❶…적(的). ‖積極的 적극적. ❷…같음. ‖母親的な存在 어머니같은 존재. ❸…의 입장(立場); …상(上)의. ‖事務的な配慮 업무상의 배려.

-てき【滴】…방울. ‖数滴の露 몇 방울의 이슬.

でき【出来】 ❶ 만들어진 상태(狀態). ‖いつもより出来が悪い 평소에 만든 것보다 안 좋다. ❷ 수확(收穫); 열매가 맺은 정도(程度). ‖米は7分の出来だ 쌀은 칠 할 정도가 열렸다.

できあい【溺愛】 익애(溺愛). ❷맹목적(盲目的)인 사랑. ‖溺愛する 맹목적으로 사랑하다.

できあい【出来合い】 기성품(旣成品). ‖出来合いの服 기성복.

できあがり【出来上がり】 ❶ 완성(完成). ‖出来上がりは明後日になります 모레 완성됩니다. ❷ 만들어진 상태(狀態).

できあがる【出来上がる】 ❶ 완성(完成)되다. ❷《酒に醉う》술에 취(醉)하다.

てきい【敵意】 적의(敵意). ‖敵意をいだく 적의를 품다.

てきおう【適応】(조하) 적응(適應). ‖状況に適応する 상황에 적응하다.

てきおん【適温】 적당(適當)한 온도(溫度).

てきがいしん【敵愾心】 적개심(敵愾心). ‖敵愾心を燃やす 적개심을 불태우다.

てきかく【的確】 ダ 적확(的確)하다.

てきかく【適格】 적격(適格).

てきぎ【適宜】 적당(適當); 상황(狀況)에 따라 행동(行動)함; 임의(任意). ‖各自適宜に解散してよろしい 각자 적당히 해산해도 좋다.

てきぐん【敵軍】 적군(敵軍).

てきごう【適合】 적합(適合). ‖条件に適合する条件に적합하다.

てきこく【敵国】 적국(敵國).

できごころ【出来心】 우발적(偶發的)인 생각; 충동(衝動). ‖ほんの出来心で盗んでしまった 우발적인 충동으로 훔치고 말았다.

できごと【出来事】 일어난 일; 사건(事件); 일. ‖今日の出来事を話した 오늘 일어난 일을 이야기했다. 不思議な出来事 불가사의한 일. 新しい 신기한 일. 今年の主な出来事 올해의 주요한 사건.

てきざいてきしょ【適材適所】 적재적소(適材適所).

てきし【敵視】 (조하) 적대시(敵對視). ‖反対者を敵視する 반대하는 사람을 적대시하다.

てきじ【適時】 적시(適時).

できし【溺死】 익사(溺死). ‖高波にのまれ溺死する 높은 파도에 휩쓸려 익사하다.

てきしゃせいぞん【適者生存】 적자생존(適者生存).

てきしゅつ【摘出】 （名他）적출(摘出). ‖腫瘍を摘出する 종양을 적출하다.

てきじん【敵陣】 적진(敵陣).

できすぎ【出来過ぎ】 너무 잘 만듦; 지나침. ‖話が出来過ぎて이야기가 너무 딱 맞아떨어지다.

テキスト【text】 ❶원문(原文); 본문(本文). ❷교과서(敎科書). ◆テキストファイル(IT) 텍스트 파일.

てきする【適する】 적합(適合)하다; 맞다. ‖年齢に適した運動 연령에 맞는 운동.

てきせい【適正】ダ 적정(適正)하다. ◆適正価格 적정 가격.

てきせい【適性】 적성(適性). ◆適性検査 적성 검사.

てきせつ【適切】ダ 적절(適切)하다. ‖適切な指導 적절한 지도. 適切に表現する 적절하게 표현하다.

できそこない【出来損ない】 ❶〈事柄〉잘못됨; 잘못 만듦. ‖出来損ないのオムレツ 설익은 오믈렛. ❷〈人物〉팔불출(八不出); 덜 떨어진. ‖この出来損ないめ 이 못난 자식.

できそこなう【出来損なう】 잘못되다; 잘못 만들다; 완성(完成)되지 못하다.

できた【出来た】 ❶인품(人品)이 훌륭한. ‖よくできた人 됨됨이가 된 사람. ❷〈感動詞的〉해냈다.

てきたい【敵対】 （名他）적대(敵對).

できだか【出来高】 ❶생산량(生産量). ❷〈取引高〉거래량(去來量). ‖出来高払い 성과급.

できたて【出来立て】 갓 만듦. ‖出来立ての料理 갓 만든 요리.

てきち【敵地】 적지(敵地).

てきちゅう【的中】 （名自）적중(的中). ‖予想が的中する 예상이 적중하다. 的中率 적중률.

てきど【適度】 적당(適當)한 정도(程度). ‖適度の運動は体にいい 적당한 운동은 몸에 좋다.

*__てきとう__【適当】ダ 적당(適當)하다. ‖適当な例 적당한 예. 適当な大きさに切る 적당한 크기로 자른다. その表現はそういう場合には適当ではない 그 표현은 그런 경우에는 적당하지 않다. ‖よごれた所に加えてください 소금과 후추를 적당히 넣어 주십시오.

てきにん【適任】 적임(適任). ◆適任者 적임자.

できばえ【出来栄え】 완성(完成)된 모양(模様)새. ‖出来栄えがいい 모양새가 좋다.

てきぱき 척척; 시원시원하게. ‖てきぱき(と)答える 시원시원하게 대답하다.

てきはつ【摘発】 （名他）적발(摘發). ‖不正を摘発する 부정을 적발하다.

てきひ【適否】 적부(適否).

てきびしい【手厳しい】 엄하다; 엄격(嚴格)하다. ‖手厳しい批判 엄격한 비판.

てきふてき【適不適】 적부(適否).

てきほう【適法】 적법(適法). ◆適法行為 적법 행위.

てきめん【覿面】 효과 てきめんだ 효과가 바로 나타나다.

できもの【出来物】 부스럼; 종기(腫氣).

てきよう【摘要】 적요(摘要). ‖改正案の摘要 개정안의 적요.

てきよう【適用】 （名他）적용(適用). ‖災害救助法を適用する 재해 구제법을 적용하다. 適用を受ける 적용을 받다. 規定が適用される規程 이 적용되다.

てきりょう【適量】 적량(適量); 적당(當)한 분량(分量).

*__できる__【出来る】 ❶생기다; 일어나다; 출현(出現)하다. ‖顔にきびができる 얼굴에 여드름이 생기다. 急な用事ができた 급한 볼일이 생겼다. ❷완성(完成)되다; 다 되다. ‖写真は明日できます 사진은 내일 완성됩니다. ❸〈能力などで〉뛰어나다; 잘하다. ‖クラスで英語が一番できる子 반에서 영어를 제일 잘하는 아이. ❹할 수 있다; 가능(可能)하다. ‖車の運転ができる 차 운전을 할 수 있다.

できるだけ【出来る丈】 가능(可能)한 한. ‖できるだけ早く帰る 가능한 한 빨리 돌아가다.

てぎれ【手切れ】 관계(關係)를 끊음. ◆手切れ金 위자료.

てきれい【適齢】 적령(適齡). ◆結婚適齢期 결혼 적령기.

できれば【出来れば】 가능(可能)하면. ‖できれば今日中に仕上げてほしい 가능하면 오늘 안으로 완성해 주길 바래.

てぎわ【手際】 기량(技倆); 솜씨.

てぐせ【手癖】 도벽(盜癖). ‖手癖が悪い 손버릇이 나쁘다. 도벽이 있다.

てぐち【手口】 （犯罪などの）수법(手法).

でぐち【出口】 출구(出口). ‖出口はこちらです 출구는 이쪽입니다. 出口を見失う 출구를 못 찾다. ◆出口調査〈說明〉選挙権者(選擧權者) 들에게 어느 후보(候補)에게 투표(投票)했는가를 묻는 조사(調査).

てくてく 터벅터벅. ‖てくてく歩く 터벅터벅 걷다.

テクニック【technic】 테크닉.

テクノロジー【technology】 테크놀러지.

てくばり【手配り】 수배(手配); 준비(準備). ‖必要な人員を手配りする 필요한 인원을 준비하다.

てくび【手首】 손목.

てくわす【出交す】 우연(偶然)히 만나다.

てこ【梃子】지레; 지렛대.
でこ 이마.
てこいれ【梃入れ】 ❶(相場を)인위적(人為的)으로 조작(操作)함. ❷외부(外部)로부터의 원조(援助).
でごころ【出心】 (相手または事情によって)적당(適當)히 다룸. ∥手心を加える 적당히 봐주다.
-でございます …입니다.
てこずる【手子摺る】 애먹다; 속 썩다. ∥説得にてこずる 설득에 애먹다.
てごたえ【手応え】 ❶(手의) 감촉(感觸); 느낌. ❷반응(反應). ∥いくら教えても手ごたえがない 아무리 가르쳐도 도무지 반응이 없다.
でこぼこ【凸凹】 요철(凹凸); 울퉁불퉁함. ∥道が凸凹している 길이 울퉁불퉁하다.
でごろ【手頃】 * 적당(適當)하다. ∥手頃な値段 적당한 가격.
てごわい【手強い】 벅차다; 버겁다. ∥手強い相手 벅찬 상대.
テコンドー【跆拳道】(スポーツ) 태권도(跆拳道).
デザート【dessert】 디저트.
デザイナー【designer】 디자이너.
デザイン【design】[き動] 디자인.
てさき【手先】 ❶손끝. ∥手先が冷たい 손끝이 차갑다. ❷수하(手下); 부하(部下).
てさぐり【手探り】 ❶[手で探る] 손으로 더듬기. ❷[模索する] [き動] 모색(模索). ∥解決法を手探りする 해결책을 모색하다.
てさげ【手提げ】 손에 드는 가방. ∥手提げ袋 손에 드는 종이 가방.
てさばき【手捌き】 손놀림; 운동작(動作). ∥手さばきも鮮やかにカードを切る 능숙한 손놀림으로 카드를 섞다.
てざわり【手触り】 감촉(感觸). ∥手触りのいい布地 감촉이 좋은 원단.
でし【弟子】 제자(弟子). ∥一番弟子 수제자.
てしお【手塩】 * 手塩に掛ける 신경을 써가며 직접 돌보살피다.
デジカメ 디지털카메라; 디카.
てしごと【手仕事】 손일; 손으로 하는 일.
てした【手下】 수하(手下); 부하(部下). ∥手下を見張りに立てる 부하를 보초로 세우다.
デジタル【digital】 디지털. ◆デジタルカメラ 디지털 카메라; 디카. デジタル放送 디지털 방송.
てじな【手品】 마술(魔術).
デシベル【decibel】 …데시벨.
てじゃく【手酌】 자작(自酌).
でしゃばる【出しゃばる】 주제넘게 참견(參見)하다; 나서다. ∥でしゃばる人 주제넘게 참견하는 사람.

でしゃばる【出しゃばる】 주제넘게 참견(參見)하다; 나서다.
てじゅん【手順】 순서(順序); 절차. ∥手順を定める 순서를 정하다.
てじょう【手錠】 수갑(手匣). ∥手錠をはめる 수갑을 채우다.
デシリットル【décilitre ㄱ】 …데시리터.
てすう【手数】 수고(手苦); 폐(弊). ∥お手数ですがよろしくお願いします 수고스럽겠지만 잘 부탁합니다. ◆手数料 수수료.
ですから 그래서; 직접(直接).
∥手すからお書きください 손수 써 주시다.
てすき【手透き】 한가(閑暇)함. ∥お手すきの時にでもおいでください 한가하실 때라도 들러 주십시오.
ですぎる【出過ぎる】 ❶너무 나오다. ❷주제넘게 나서다. ∥出過ぎたまねをするな 주제넘는 짓은 하지 마.
デスク【desk】 ❶【机】데스크. ❷(新聞社의 취재(取材)나 편집 책임자(編集責任者)). ◆デスクトップ 데스크톱. デスクワーク 데스크워크.
テスト【test】[き動] 테스트; 시험(試驗). ∥テストに合格する 시험에 합격하다. ◆学期末テスト 학기말 시험. 知能テスト 지능 테스트.
てすり【手摺り】 난간(欄干).
せい【手製】 수제(手製); 직접(直接) 만들. ∥手製の菓子 직접 만든 과자.
てぜま【手狭】 * 비좁다. ∥社員が増えてオフィスが手狭になる 사원이 늘어 사무실이 비좁아지다.
てそう【手相】 수상(手相); 손금.
ただし【出し】 ❶손을 내밀; 씨제금을 함. ∥先に手出ししたのはどっちか 먼저 손찌검을 한 것은 어느 쪽이냐? ❷(事業などに)손을 댐.
でだし【出出し】 시작(始作); 처음.
てだすけ【手助け】 도움. ∥店の仕事を手助けする 가게 일을 돕다.
てだて【手立て】 방법(方法); 수단(手段). ∥救う手立てがない 구제할 방법이 없다.
てだま【手玉】 오자미; 공기. ▸手玉に取る 사람을 마음대로 다루다.
でたらめ【出鱈目】* 엉터리이다; 터무니없다. ∥でたらめな話 터무니없는 이야기. でたらめを言う 터무니없는 소리를 하다.
てちか【手近】 * ❶아주 가깝다. ❷비근(卑近)하다. ∥手近な例 비근한 예.
てちがい【手違い】 착오(錯誤); 실수(失手).
てちょう【手帳】 수첩(手帖).
てつ【鉄】 철(鐵). ∥鉄でできた門 철로 된 문. 철문. 鉄のカーテン 철의 장막.
てっかい【撤回】[き動] 철회(撤回).
でっかい 엄청나게 크다; 커다랗다. ∥でっかい夢をもつ 커다란 꿈을 갖다.

てっかく【適格】적격(適格).
てつがく【哲学】철학(哲學). ♦**実存哲学** 실존 철학. **人生哲学** 인생 철학.
てつかず【手付かず】아직 시작(始作)하지 않음. ‖絵の宿題はまだ手付かずだ 그림 숙제는 아직 시작하지 않고 있다.
てづかみ【手摑み】‖手づかみで食べる 손으로 집어먹다.
てっかん【鉄管】철관(鐵管).
てっき【適期】적기(適期).
てつき【手付き】손놀림. ‖危なっかしい手つき 아슬아슬한 손놀림.
デッキ【deck】❶갑판(甲板). ❷(車両の出入り口の)발판.
てっきょ【撤去】㊂하 철거(撤去).
てっきょう【鉄橋】철교(鐵橋).
てっきん【鉄筋】철근(鐵筋). ♦**鉄筋コンクリート** 철근 콘크리트.
でつくす【出尽くす】나올 것은 다 나오다. ‖議論が出尽くした 논의할 것은 다 했다.
てづくり【手作り】손으로 만듦; 직접(直接) 만든 것. ‖手作りの菓子 직접 만든 과자.
てつけ【手付け】❶착수금(着手金). ‖手付けを打つ 착수금을 내다. ❷착수함; 손을 댐. ♦**手付け金** 착수금.
てっけん【鉄拳】철권(鐵拳).
てっこう【鉄工】철공(鐵工). ♦**鉄工所** 철공소.
てっこう【鉄鉱】철광(鐵鑛).
てっこう【鉄鋼】철강(鐵鋼).
てっこつ【鉄骨】철골(鐵骨).
てつざい【鉄材】철재(鐵材).
てっさく【鉄柵】철책(鐵柵).
デッサン【dessin ㇷ】㊂하 데생.
てっしゅう【撤収】㊂하 철수(撤收).
てつじょうもう【鉄条網】철조망(鐵條網).
てつじん【哲人】❶철인(哲人); 철학자(哲學者). ‖哲人ソクラテス 철인 소크라테스. ❷학식(學識)이 깊고 덕(德)이 있는 사람.
てつじん【鉄人】철인(鐵人).
てっする【徹する】❶사무치다. ‖骨身に徹する 뼈에 사무치다. ❷일관(一貫)하다. ‖金儲けに徹する 돈벌이로 일관하다. ❸(その時間を通して)계속(繼續) …하다. ‖夜を徹して歩く 밤을 새워 걷다.
てつせい【鉄製】철제(鐵製). ‖鉄製の橋 철제 다리.
てっせん【鉄線】철사(鐵絲).
てっそく【鉄則】철칙(鐵則).
てったい【撤退】㊂하 철퇴(撤退).
てつだい【手伝い】도움; 〔人〕돕는 사람. ‖お手伝い 가정부.
てつだう【手伝う】❶돕다. ‖家業を手伝う 가업을 돕다. ❷영향(影響)이 더해지다; 겹치다. ‖群集心理も手伝って事が大きくなった 군중 심리가 겹쳐 일이 커졌다.
でっちあげる【捏ち上げる】날조(捏造)하다; 조작(造作)하다.
*__てつづき__【手続き】수속(手續); 절차(節次). ‖入学の手続きを済ませる 입학 절차를 마치다. 手続きを踏む 절차를 밟다.
*__てってい__【徹底】㊂하 철저(徹底). ‖徹底した反戦主義者 철저한 반전주의자. サービスが徹底している 서비스가 철저하다. 徹底的に 철저하게.
てつどう【鉄道】철도(鐵道). ♦**鉄道網** 철도망.
てっとうてつび【徹頭徹尾】철두철미(徹頭徹尾)하게; 완전(完全)히; 끝까지. ‖徹頭徹尾反対する 끝까지 반대하다.
デッドボール【dead+ball 日】(野球で)데드볼.
デッドライン【deadine】데드라인.
てっとりばやい【手っ取り早い】❶빠르다; 민첩(敏捷)하다. ❷간단(簡單)하다; 손쉽다. ‖手っ取り早い方法 간단한 방법.
でっぱ【出っ歯】뻐드렁니.
てっぱい【撤廃】㊂하 철폐(撤廢).
でっぱる【出っ張る】튀어나오다; 불룩 나오다. ‖腹が出っ張る 배가 불룩 나오다.
てっぱん【鉄板】철판(鐵板). ♦**鉄板焼き** 철판 구이.
てつぶん【鉄分】철분(鐵分).
てっぺき【鉄壁】철벽(鐵壁). ‖鉄壁の守備を誇る 철벽 수비를 자랑하다.
てっぺん【天辺】❶(頭の)정수리. ❷(山の)꼭대기.
てっぽう【鉄砲】총포(銃砲); 소총(小銃). ♦**鉄砲玉** ①총탄. ②함흥차사. **鉄砲玉の使い** 함흥차사(咸興差使). **鉄砲水** (山地で)집중 호우로 인한 급작스러운 홍수.
てつぼう【鉄棒】철봉(鐵棒).
てづまり【手詰まり】❶(手段・方法などが)벽(壁)에 부딪침. ‖捜索が手詰まりになる 수사가 벽에 부딪치다. ❷(金銭のやり繰りが)막힘.
てつめんぴ【鉄面皮】철면피(鐵面皮). ‖あんな鉄面皮なまねはできない 저런 철면피 같은 짓은 못 한다.
てつや【徹夜】㊂하 철야(徹夜); 밤샘.
てつわん【鉄腕】철완(鐵腕). ♦**鉄腕投手** 철완 투수.
でどころ【出所】출처(出處). ‖うわさの出所 소문의 출처.
てどり【手取り】실 수령액(實受領額).
てとりあしとり【手取り足取り】자세(仔細)하게 가르쳐 줌.
テナー【tenor】테너.

てなおし【手直し】 고침. ∥脚本を手直しする 각본을 고치다.

でなおす【出直す】 ❶돌아갔다가 다시 오다. ∥もう一度出直して参ります 다시 한 번 오겠습니다. ❷(やり直す)다시 하다.

てならい【手習い】 ❶ 습자(習字). ❷ 연습(練習). ❸수학(修學).

てならし【手慣らし】 손에 익힘. ∥手慣らしに2,3枚書いてみる 손에 익히기 위해 두세 장 써 보다.

てなれる【手慣れる】 ❶ 숙련(熟練)되다. ∥手慣れた手つき 숙련된 손놀림. ❷익숙하다. ∥手慣れた仕事 익숙한 일.

テナント【tenant】 건물(建物)의 세입자(貰入者).

テニス【tennis】 테니스. ∥テニスをする 테니스를 치다. ◆テニスコート 테니스장.

デニム【denim】 데님.

てにもつ【手荷物】 수하물(手荷物).

てぬい【手縫い】 바느질.

てぬかり【手抜かり】 실수(失手). ∥対応に手抜かりがあった 대응에 실수가 있었다.

てぬき【手抜き】 날림으로 함. ∥手抜き工事 날림 공사.

てぬぐい【手拭い】 수건(手巾).

てぬるい【手緩い】 (態度가)미지근하다; 흐리멍덩하다; 어중간하다. ∥そんな手ぬるいやり方では駄目だ 그런 어중간한 방법으로는 안 된다.

てのうち【手の内】 ❶손바닥; 수중(手中). ❷세력(勢力)이 미치는 범위; 지배(支配)下. ∥敵の手の内にある 적의 수중에 있다. ∥手の内を見すかされる 속셈을 들키다. ❸속셈. ∥手並み)솜씨.

テノール【Tenor독】 테너.

てのこう【手の甲】 손등.

てのひら【手の平・掌】 손바닥. ►手の平を返すよう 손바닥(을) 뒤집듯. 慣

てば【手羽】 닭의 날갯죽지.

では 그러면; 그럼. ∥では、お迎えに参ります 그럼 마중을 나가겠습니다. では、今日はここまでにしましょう 그럼 오늘은 여기까지 합시다.

デパート 백화점(百貨店).

てはい【手配】 ❶하수배(手配). ◆指名手配 지명 수배.

てはいり【出入り】 출입(出入); 들고남. ∥人の出入りが激しい 사람의 출입이 엄청나다. 出入りするのに不自由で暮らしてるのに自由롭지 못하다.

てばさき【手羽先】 닭의 날갯죽지.

てはじめ【手始め】 ∥手始めに 처음에. 먼저. 우선.

てはず【手筈】 순서(順序); 절차(節次); 준비(準備); 계획(計畫). ∥手はずを整える 준비를 다 하다. 手はずを決める 순서를 정하다. 手はずが狂う 계획이 틀어지다.

デパちか【デパ地下】 (說明) 백화점 지하(百貨店地下)의 식료품 매장(食料品賣場).

でばな【出花】 갓 달여 향기(香氣)가 좋은 차(茶).

でばな【出端】 ❶(出發する時)나가려고 할 때; 막 나갈 때. ❷(事の)시작(始作); 첫머리. ∥出端をくじく 기선을 제압하다.

てばなし【手放し】 ❶ 손을 놓음. ∥手放しで自転車に乗る 손을 놓고 자전거를 타다. ❷방임(放任)함. ❸감정(感情)을 그대로 드러냄. ∥手放しで喜ぶ 무턱대고 기뻐하다.

てばなす【手放す】 ❶넘기다; 처분(處分)하다. ∥家宝を手放す 가보를 넘기다. ❷(保護・監督の手が及ばない所へ)떠나보내다. ∥優秀な部下を手放す 우수한 부하를 떠나보내다. ❸중단(中斷)하다; 중지(中止)하다.

てばなれ【手離れ】 ❶(幼兒が成長して)손이 덜 가게 됨. ∥上の子が手離れする 큰 애한테 손이 덜 가게 되다. ❷(仕事が終わり)직접적(直接的)인 관계(關係)가 없어짐.

てばやい【手早い】 재빠르다.

でばん【出番】 ❶나갈 차례(次例). ∥出番を待つ 나갈 차례를 기다리다. ❷나가서 활약(活躍)할 차례.

てびき【手引き】 ❶ 안내(案內). ∥内部に手引きした者がいる 내부에 안내한 자가 있다. ❷안내서(案內書); 입문서(入門書).

デビットカード【debit card】 직불(直拂) 카드.

てひどい【手酷い】 엄하다; 심하다. ∥手酷い打撃を受ける 심한 타격을 받다.

デビュー【début 프】 (說明) 데뷔.

てびょうし【手拍子】 손장단. ∥手拍子をとる 손장단을 맞추다.

てびろい【手広い】 ❶(事の)규모(規模)가 크다. ∥手広く商売を営む 큰 규모로 장사를 하다. ❷(家・部屋などが)넓다. ∥手広い家 넓은 집.

でぶ 뚱보; 돼지.

てふき【手拭き】 손을 닦는 수건(手巾).

てぶくろ【手袋】 장갑(掌匣). ∥手袋をはめる 장갑을 끼다.

でぶしょう【出不精】 외출(外出)을 싫어하는 것. ∥出不精な人 외출을 싫어하는 사람.

てぶそく【手不足】 일손이 부족(不足)함. ∥手不足で猫の手も借りたい 일손이 부족해 고양이 손이라도 빌리고 싶다.

でぶでぶ 【太っている】뒤룩뒤룩. ‖でぶでぶ(と)太っている人 뒤룩뒤룩 살이 찐 사람.
てぶら 【手ぶら】 빈손.
てぶり 【手振り】 손짓. ‖手振りを交えて話す 손짓을 해가며 이야기하다.
デフレ(ーション) 【deflation】 디플레이션.
でべそ 【出臍】 튀어나온 배꼽.
てほどき 【手解き】 (学問・技芸などの)초보(初歩) 를 가르쳐 줌. ‖友人に柔道を手ほどきした 친구에게 유도의 기초를 가르쳐 주었다.
てほん 【手本】 ❶ 글씨본; 그림본. ❷ 모범(模範); 본보기. ‖手本となる人 모범이 되는 사람.
てま 【手間】 ❶ (ある仕事に費やす)시간(時間)·노력(努力). ‖手間がかかる 시간이 걸리다. ‖手間を惜しまない 시간과 노력을 아끼지 않다. ‖手間が省ける 노력이 절약되다. ❷ 【手間賃】 수고비; 품삯.
デマ 악선전(宣伝); 중상(中傷).
てまえ 【手前】 ❶ 바로 앞. ❷ 체면(體面). ❸ 솜씨; 기량(技倆)
てまえ 【手前】 ❶ [一人称] 저. ❷ [二人称] 너.
てまえ 【出前】 배달 요리(配達料理).
てまえみそ 【手前味噌】 자화자찬(自畵自讃). ‖手前味噌を並べる 자화자찬을 늘어놓다.
でまかせ 【出任せ】 함부로 함; 멋대로 함. ‖出任せを言う 멋대로 말하다.
てまき 【手巻き】 손으로 맒. ‖手巻き寿司 손으로 만 초밥.
てまくら 【手枕】 팔베개. ‖手枕で寝る 팔베개하고 자다.
てまちん 【手間賃】 수고비; 품삯.
でまど 【出窓】 벽면(壁面) 밖으로 튀어나온 창(窓).
てまどる 【手間取る】 시간(時間)이 걸리다. ‖手続きに手間取る 수속하는 데 시간이 걸리다.
てまね 【手真似】 손짓. ‖手真似を交えて話す 손짓을 해가며 말하다.
てまねき 【手招き】 손짓하여 부르다. 손짓하여 부르다.
てまひま 【手間暇】 노력(努力)과 시간(時間). ‖手間暇をかける 노력과 시간을 들이다.
でまわし 【手回し】 ❶ 손으로 돌림. ❷ 준비(準備). ‖手回しがいい 준비가 잘 되어 있다.
てまわりひん 【手回り品】 [限定] 가까이 두고 쓰는 물건.
でまわる 【出回る】 (その商品が市場に)대량(大量)으로 나오다. ‖秋の果物が出回る 가을 과일이 나오다.
てみじかい 【手短い】 간단(簡單)함. ‖手短に事情を説明する 간단하게 사정을 설명하다.

デミグラスソース 【demiglace sauce】 데미그라스 소스.
でみせ 【出店】 ❶ 지점(支店). ❷ 노점(露店); 포장마차(布帳馬車).
てみやげ 【手土産】 작은 선물(膳物).
でむかえる 【出迎える】 마중을 나가다.
でむく 【出向く】 가다. ‖わざわざ出向くことはない 일부러 갈 필요는 없다.
でめ 【出目】 ❶ 튀어나온 눈. ❷ (2つの数量に差がある時의) 여분(餘分); 차액(差額).
てめえ 【手前】 ❶ [一人称] 저; 나. ❷ [二人称] 너. ‖手前なんかの知ったことかね가 알 바가 아니다.
デメリット 【demerit】 불이익(不利益); 단점(短點); 결점(缺點).
でも 그래도; 그렇지만; 하지만. ‖彼は確かにそう言ったんだ. でも, 私は信じない. 그 사람이 확실히 그렇게 말했어. 하지만 나는 안 믿어. ‖でも, かまいません 그래도 괜찮습니다.
*でも ❶ (であろうと)…(이)라도; …일지라도; …든지. ‖子どもでものくらいは知っている 애라도 그 정도는 안다. ‖何年でも待ちます 몇 년이라도 기다리겠습니다. ‖誰でもいい 누구라도 좋다. ‖何でも聞いてください 뭐든지 물어보십시오. ‖いつでも結構です 언제라도 괜찮습니다. ‖[婉曲的] コーヒーでもいかがですか 커피라도 한 잔 하시겠어요? ❸ (…でもある의 形で) …이기도 하다. ‖彼女は作家でもある 그녀는 작가이기도 하다. ‖ピアニストでもあり指揮者でもある人 피아니스트이면서 지휘자이기도 한 사람. ❹ (…でも…でもないの形で) …도 …도. ‖これは君のものでも私のものでもない 이건 네 것도 내 것도 아니야.
デモ ❶ 데모. ❷ (宣伝のための) 시연(試演).
てもち 【手持ち】 가지고 있음. ‖手持ちの材料 가지고 있는 재료.
てもちぶさた 【手持ち無沙汰】 ‖手持ち無沙汰로 무료하다. 따분하다.
てもと 【手元·手許】 ❶ 손이 가는 주변(周邊). ‖手元が暗い 손이 가는 주변이 어둡다. ❷ 【手の動き】 손놀림; 손동작(動作). ❸ 수중에 있는 돈. ‖手許金 수중(手中)에 있는 돈.
てもなく 【手も無く】 간단(簡單)히; 쉽게. ‖手もなく勝つ 간단히 이기다.
でもの 【出物】 ❶ 값싼 매물(賣物). ❷ [屁] 방귀.
デュエット 【duet】 듀엣.
てら 【寺】 절.
てらこや 【寺子屋】 (江戸時代의) 서당(書堂).
てらしあわせる 【照らし合わせる】 대조(對照) 하다. ‖台帳と在庫品とを照らし合わせる 장부와 재고품을 대조하다.

てらす【照らす】 ❶비추다. ¶闇を照らす灯台 어둠을 비추는 등대. ❷대조(對照)하다.

テラス【terrace】테라스.

デラックス【deluxe】디럭스.

てり【照り】 ❶【太陽】햇볕이 내리쬠. ❷윤기(潤氣); 광택(光澤). ¶照りを出す 광택을 내다.

デリバリー【delivery】배달(配達).

てりやき【照り焼き】〖說明〗생선·고기 등을 간장이나 미림으로 된 양념장을 발라 광택(光澤)을 내어 구운 요리(料理).

てりゅうだん【手榴弾】수류탄(手榴彈).

てりょうり【手料理】직접(直接) 만든 요리(料理). ¶娘の手料理を出す 딸이 만든 요리를 내 놓다.

てる【照る】 ❶〈日·月が〉비치다. ❷〈天気が〉맑다. ¶照る日, 曇る日 맑은 날 흐린 날.

テル【TEL·tel】〖俗語〗전화(電話).

*▶**でる**【出る】 ❶〈外へ行く〉나가다. ¶散歩に出る 산책하러 나가다. 同窓会に出る 동창회에 나가다. 8時に家を出る 여덟 시에 집을 나가다. 出て行けば 나가라. ❷〈現われる〉나오다; 뜨다; 나타나다. ¶ベルを鳴らすと奥さんが出てきた 벨을 누르자 부인이 나왔다. 蛇口をひねれば水が出る 수도꼭지를 틀면 물이 나온다. 昨日先生がテレビに出ていた 어제 선생님이 텔레비전에 나왔다. あの事件が新聞に出ていた 그 사건이 신문에 나왔다. 試験に難しい問題が出た 시험에 어려운 문제가 나왔다. 腹がぽんと出ている 배가 많이 나왔다. 4月が出ている 사월호가 나오다. 検査の結果が出る 검사 결과가 나오다. 幽霊が出る 유령이 나오다. 彼がどう出るか分からない 그 사람이 어떻게 나올지 모르겠다. ギリシャ神話に出てくる女神 그리스 신화에 나오는 여신. 月が出る 달이 뜨다. 星が出る 별이 뜨다. 彼は怒るとすぐあのような その 사람은 화가 나면 금세 얼굴에 나타난다. ❸〈食欲·鼻血·元気などが〉나다; 나오다; 생기다. ¶元気が出る 힘이 나다. 鼻血が出る 코피가 나다. 熱が出る 열이 나다. 許可が出る 허가가 나다. 赤字が出る 적자가 나다. 食欲が出る 식욕이 생기다. ❹〈出発する〉출발(出發)하다. ¶まもなくバスが出る 곧 버스가 출발한다. ❺〈出馬·立候補する〉입후보(入候補)하다. ¶選挙に出る 선거에 입후보하다. ❻〈卒業する〉졸업(卒業)하다. ¶学校を出てから10年経った 학교를 졸업한 지 십 년이 지났다. ❼【電話に出る】받다. ¶電話に出る 전화를 받다. ▶出る杭(久)は打たれる 모난 돌이 정 맞는다.

¶(諺)〈出る幕ではない 나설 자리가 아니다.

デルタ【delta ʰ】삼각주(三角洲).

てるてるぼうず【照る照る坊主】〖說明〗날이 개기를 기원(祈願)하며 처마 끝에 매다는 종이 인형(人形).

てれかくし【照れ隠し】어색함이나 창피(猖披)함을 숨김. ¶照れ隠しに笑う 어색함을 감추려고 웃다.

てれくさい【照れ臭い】멋쩍다; 쑥스럽다.

てれしょう【照れ性】수줍음을 잘 타는 성격(性格).

でれれ ¶女にでれでれする 여자 뒤를 따라다니며 알랑거리다.

テレパシー【telepathy】텔레파시.

*▶**テレビ** 텔레비전. ¶テレビをつける[消す] 텔레비전을 켜다[끄다]. テレビを見る 텔레비전을 보다. テレビでプロ野球を見る 텔레비전으로 프로 야구를 보다. ◆カラーテレビ 컬러 텔레비전. テレビ番組 텔레비전 프로. テレビゲーム 텔레비전 게임. テレビショッピング 홈쇼핑.

テレビジョン【television】텔레비전.

テレホンカード【telephone+card ʰ】전화(電話) 카드.

テレホンバンキング【telephone banking】텔레뱅킹; 폰뱅킹.

てれや【照れ屋】수줍음을 잘 타는 사람.

てれる【照れる】멋쩍다; 쑥스럽다.

てれわらい【照れ笑い】멋쩍게 웃는 웃음; 쑥스럽게 웃는 웃음; 수줍게 웃는 웃음.

テロ 테러. ¶テロ行為 테러 행위. ◆テロリスト 테러리스트. テロリズム 테러리즘.

てわけ【手分け】¶手分けする 일을 분담하다.

てわたす【手渡す】건네주다. ¶手紙を手渡す 편지를 건네주다.

*▶**てん**【天】 ❶하늘. ¶天を仰ぐ 하늘을 우러러보다. 天の助け 하늘의 도움. ❷조물주(造物主). ❸천국(天國). ¶天高く馬肥ゆる秋 천고마비의 가을. ▶天に口無し以て言わしむ 민심은 천심. ▶天にも昇る心地 하늘에라도 오를 듯한 기분. ▶天は人の上に人を造らず人の下に人を造らず 사람 위에 사람 없고 사람 밑에 사람 없다. 〖諺〗▶天は自ら助くる者を助く 하늘은 스스로 돕는 자를 돕는다. ▶天を仰いで唾(つば)する 누워서 침 뱉기. 〖諺〗▶天を衝く 하늘을 찌르다.

*▶**てん**【点】 ❶점(點). ¶遠くの人が点のように見える 멀리 있는 사람이 점처럼 보이다. その点については心配しなくていい 그 점에 대해서는 걱정 안 해도 된다. 句読点 구두점. ❷득점(得點); 점

-てん 수(點數). ‖点を取る 점수를 따다. ❸ …점. ‖出発点 출발점. ❹《品物の数を数える単位》‖3点セット 세 개가 한 세트.

-てん［店］…점(店). ‖専門店 전문점.
-てん［展］…전(展). ‖書道展 서도전.
でん［伝］❶《型にはまった》방법(方法); 방식(方式). ‖いつもの伝で行う 항상 하던 방식으로 하다. ❷전(傳)해 옴 또는 그 이야기. ❸…전(傳). ‖偉人伝 위인전.

てんあつ［電圧］전압(電壓).
てんい［転位］(するが) 전위(轉位).
てんい［転移］(するが) 전이(轉移). ‖癌が転移する 암이 전이되다.
てんい［転意］(するが) 전의(轉意).
てんいむほう［天衣無縫］천의무봉(天衣無縫).
てんいん［店員］점원(店員).
てんうん［天運］천운(天運). ‖天運が尽きる 천운이 다하다.
でんえん［田園］전원(田園). ◆田園生活 전원 생활. 田園都市 전원 도시. 田園風景 전원 풍경.
てんか［天下］❶천하(天下); 세상(世上); 전 세계(全世界). ‖天下を統一する 천하를 통일하다. ❷다른 데에 비교하여 명승 세상에 둘도 없는 명승지. ❸온 나라. ❹둘로 나누는 싸움. ❺지배권(支配權); 권력(權力). ‖天下を取る 권력을 잡다. ❻천하제일. ◆天下一品 천하일품.
てんか［点火］점화(點火). ‖導火線に点火する 도화선에 점화하다.
てんか［添加］(するが) 첨가(添加). ‖ビタミンCを添加する 비타민 C를 첨가하다. ◆食品添加物 식품 첨가물.
てんか［転嫁］(するが) 전가(轉嫁). ‖責任を転嫁する 책임을 전가하다.
でんか［伝家］전가(傳家). ▶伝家の宝刀 전가의 보도.
でんか［殿下］전하(殿下).
でんか［電化］(するが) 전화(電化); 전기(電氣). ◆電化製品 전기 제품.
でんか［電荷］전하(電荷).
てんかい［展開］(するが) 전개(展開). ‖面白い場面が展開する 재미있는 장면이 전개되다. ◆展開図 전개도.
てんかい［転回］(するが) 전회; 전기 분해(電氣分解). ◆電気分解 전기 분해.
てんがいこどく［天涯孤独］천애 고독(天涯孤獨).
てんがく［転学］(するが) 전학(轉學).
てんかん［転換］(するが) 전환(轉換). ‖気分を転換する 기분을 전환하다. イメージの転換を図る 이미지 전환을 꾀하다. 発想の転換 발상의 전환. ◆性転換 성전환.
てんかん［癲癇］간질(癇疾).

てんがん［点眼］점안(點眼). ◆点眼薬 안약.
てんき［天気］❶날씨. ‖今日の天気はどうですか 오늘 날씨가 어떻습니까? 昨日はいい天気でした 어제는 날씨가 좋았습니다. いい天気 좋은 날씨. ‖よくない天気 좋지 않은 날씨. 今にも降りそうな天気 당장이라도 비가 올 듯한 날씨. 天気予報 일기 예보. ❷맑은 날씨. ‖明日は天気になるかな 내일은 날씨가 맑을려나? ◆天気図 기상도.
てんき［転機］전기(轉機). ‖天機を洩(°)らす 천기를 누설하다.
てんき［転記］(するが) 전기(轉記). ‖台帳に転記する 장부에 옮겨 적다.
てんき［転機］(するが) 전기(轉機). ‖重大な転機を迎える 중요한 전기를 맞이하다.
でんき［伝奇］전기(傳奇). ◆伝奇小説 전기 소설.
でんき［伝記］전기(傳記). ‖偉人の伝記 위인의 전기.
でんき［電気］❶전기(電氣). ‖この自転車は電気で動く 이 자전거는 전기로 움직인다. このエアコンはかなり電気を食う 이 에어컨은 꽤 전기를 먹는다. ‖この村にはまだ電気が来ていない 그 동네에는 아직 전기가 안 들어왔다. ◆電燈(電燈); 전깃불. ‖部屋の電気をつける［消す］ 방의 전등을 켜다[끄다]. 教室の電気がついている 교실의 전등이 켜져 있다. ◆電気スタンド 전기스탠드. 電気錠金 전기 도금. 電気分解 (するが) 전기 분해. 電気量 전기량.
でんきゅう［電球］전구(電球). ‖電球が切れた 전구가 끊어졌다. 60ワットの電球 육십 와트의 전구. ◆豆電球 꼬마 전구.
てんきゅうぎ［天球儀］천구의(天球儀).
てんきょ［転居］(するが) 이전(移轉); 이사(移徙). ◆転居届 이전 신고.
てんぎょう［転業］(するが) 전업(轉業). ‖喫茶店に転業する 찻집으로 전업하다.
でんきょく［電極］전극(電極).
てんきん［転勤］(するが) 전근(轉勤).
てんくう［天空］천공(天空).
テングサ［天草］우뭇가사리.
でんぐりがえし［でんぐり返し］공중(空中)재비.
てんけい［典型］전형(典型). ◆典型的 전형적. 典型的な英国紳士 전형적인 영국 신사. 典型的な例を挙げる 전형적인 예를 들다.
でんげき［電撃］전격(電擊). ◆電撃的 전격적인. 電撃的な辞任発表 전격적인 사임 발표.
てんけん［点検］(するが) 점검(點檢). ‖エンジンを点検する 엔진을 점검하다. 人数を点検する 인원수를 점검하다.

でんげん【電源】전원(電源). ∥電源を切る 전원을 끄다. テレビの電源を入れる 텔레비전의 전원을 넣다.

てんこ【点呼】(名・他) 점호(點呼). ∥人員を点呼する 인원을 점호하다.

てんこう【天候】날씨. ∥天候が回復する 날씨가 좋아지다.

てんこう【転校】(名・自) 전학(轉學). ◆転校生 전학생.

てんこう【光光】전광(電光). ◆電光掲示板 전광게시판. 電光板. 電光石火 전광석화. 電光ニュース 전광 뉴스.

てんごく【天國】천국(天國). ∥天國と地獄 천국과 지옥. 子どもの天国 아이들의 천국.

てんこもり【てんこ盛り】밥을 수북이 담음. ∥飯をてんこ盛りする 밥을 수북이 담다.

でんごん【伝言】전언(傳言).

てんさい【天才】천재(天才). ∥天才的なピアニスト 천재적인 피아니스트.

てんさい【天災】천재(天災). ∥あの洪水は天災ではなく人災だ 그 홍수는 천재가 아니라 인재다. ◆天災地変 천재지변(天災地變).

てんざい【点在】(名・自) 점재(點在).

てんさく【添削】(名・他) 첨삭(添削).

でんさんき【電算機】전산기(電算機).

てんし【天使】천사(天使). ∥天使のような少女 천사 같은 소녀. 白衣の天使 백의의 천사.

てんじ【点字】점자(點字). ◆点字ブロック 점자 블록.

てんじ【展示】(名・他) 전시(展示). ∥生徒の絵を展示する 학생들의 그림을 전시하다. ◆展示会 전시회. 展示場 전시장. 展示品 전시품.

***でんし**【電子】전자(電子). ◆電子計算機 전자 계산기. 電子顕微鏡 전자 현미경. 電子工学 전자 공학. 電子商取引 전자 상거래. 電子マネー 전자 화폐. 電子メール 전자 메일. 電子レンジ 전자레인지.

でんじ【電磁】전자(電磁). ◆電磁波 전자파. 電磁場 전자기장.

てんじつえん【天日塩】천일염(天日塩).

***でんしゃ**【電車】전철(電鐵); 전차(電車). ∥私は電車で通勤している 나는 전철로 통근하고 있다. 上野で電車に乗った 우에노에서 전철을 탔다. 私は電車で行きます 나는 전철로 가겠습니다. ◆満員電車 만원 전철. 路面電車 노면 전차.

てんしゅ【店主】가게 주인(主人).

てんじゅ【天寿】천수(天寿). ∥天寿を全うする 천수를 누리다.

でんじゅ【伝授】(名・他) 전수(傳授). ∥奥義を伝授する 비법을 전수하다.

てんしゅきょう【天主教】천주교(天主教); 가톨릭교.

てんしゅつ【転出】(名・自) 전출(轉出). ∥福岡支社へ転出する 후쿠오카 지사로 전출되다.

てんしゅどう【天主堂】성당(聖堂).

てんじょう【天上】천상(天上). ∥天上天下唯我独尊 천상천하 유아독존.

てんじょう【天井】천장(天障). ∥天井が低い 천장이 낮다. ◆天井川 천정천(天井川). ◆天井知らず 천정부지.

てんじょう【添乗】(名・自) 탑승(搭乗); 동승(同乗). ◆添乗員 탑승원.

でんしょう【伝承】(名・他) 전승(傳承). ◆民間伝承 민간 전승.

てんしょく【天職】천직(天職). ∥教師を天職と考える教師 교사를 천직으로 생각하다.

てんしょく【転職】(名・自) 전직(轉職).

でんしょばと【伝書鳩】전서구(傳書鳩).

てんじる【点じる】❶〔ともす〕(火를) 켜다. ∥明かりを点じる 불을 켜다. ❷〔差す〕떨어뜨리다. ∥目薬を点じる 안약을 넣다. ❸〔茶를〕끓이다. ∥茶を点じる 차를 끓이다.

てんじる【転じる】바꾸다; 돌리다. ∥方向を右に転じる 방향을 오른쪽으로 바꾸다. 話題を転じる 화제를 바꾸다.

てんしん【点心】(照例) ❶ 〈茶에 곁들이는 과자(菓子). ❷ (중국 요리에서) 간단(簡單)한 식사(食事)나 과자.

てんしん【転身】(名・自) 전신(轉身). ∥実業家に転身する 실업가로 전신하다.

てんしん【転進】(名・自) 전진(轉進). ∥南方へ転進する 남방으로 전진하다.

でんしん【電信】전신(電信). ◆電信為替 전신환. 電信柱 전신주. 電信棒.

てんしんらんまん【天真爛漫】ダ 천진난만(天真爛漫). ∥天真爛漫な子どもたち 천진난만한 아이들.

テンス【tense】〔言語〕시제(時制).

てんすう【点数】점수(點數). ∥点数を稼ぐ 점수를 따다. 試験でいい点数を取る 시험에서 좋은 점수를 받다〔따다〕.

てんせい【天性】천성(天性). ∥横柄は第二の天性だ 습관은 제2의 천성이다. 天性の明るい気質 천성이 밝은 기질.

てんせい【転生】(名・自) 환생(還生).

てんせい【転成】(名・自) 전성(轉成). ◆転成名詞 전성 명사.

でんせつ【伝説】전설(傳說). ∥この村には多くの伝説が伝わっている 이 마을에는 많은 전설이 전해지고 있다. 伝説上の人物 전설상의 인물.

てんせん【点線】점선(點線).

でんせん【伝染】(名・自) 전염(傳染). ◆伝染病 전염병.

でんせん【電線】전선(電線).

てんそう【転送】(도하) 전송(轉送). ∥居先に転送する 이전한 곳으로 전송하다. ◆転送先 전송처.
てんそう【転送】(도하) 전송(傳送). ◆転送管 전송관.
てんそう【電送】(도하) 전송(電送). ◆伝送
てんたい【天体】천체(天體).
てんだいしゅう【天台宗】 천태종(天台宗).
でんたく【電卓】 전자식 탁상 계산기 (電子式卓上計算器).
でんたつ【伝達】 전달(傳達). ∥命令を伝達する 명령을 전달하다.
デンタルフロス【dental floss】 치실.
てんち【天地】 천지(天地). ∥天地創造 천지 창조. ♦天地神明 천지신명
でんち【電池】 전지(電池). ♦乾電池 건전지.
てんちむよう【天地無用】(설명) (貨物の表面に書かれて) 위아래를 거꾸로 하지 말 것.
てんてき【天敵】 천적(天敵).
てんてき【点滴】 ❶ 물방울; 낙숫물. ∥点滴石をうがつ 낙숫물이 댓돌을 뚫는다. ❷ 링거 주사(注射). ∥点滴で受ける リンガ 주사(注射)를 맞다.
てんてこまい【てんてこ舞い】 바쁘게 움직임. ∥客が多くててんてこ舞いする 손님이 많아서 정신없이 바쁘다.
でんてつ【電鉄】 전철(電鐵).
てんてん【点点】 ❶ 많은 점; 점선(點線). ∥細い道は点々と続いている 좁은 길은 점선으로 표시된다. ❷ 〈散らばっている〉血液が点々と続いている 핏자국이 여기저기 있다. ❸ 〈しずくなどが したたり 落ちる〉 뚝뚝. ∥傷口から血が点々としたたる 상처에서 피가 점점 떨어지다.
てんてん【転転】 ❶ 〈次々に移る様子〉 ∥職を求めて転々とする 일자리를 찾아 전전하다. 各地を転々とする 각지를 전전하다. ❷ 〈転がる様子〉 데굴데굴.
てんとう【輾転】 전전(輾轉); 뒤척임. ∥輾転して眠れない夜 뒤척이며 잠 못이루는 밤. ∥輾転反側(도하) 전전반측.
てんでばらばらに 각자(各自) 제멋대로; 저마다 뿔뿔이 흩어져서다. ∥てんでばらばらに帰る 저마다 뿔뿔이 흩어져서 돌아가다.
デンデンムシ【蝸牛】 달팽이.
テント【tent】 텐트; 천막(天幕). ∥テントを張る 텐트를 치다.
でんと 떡. ∥でんと構えて動こうともしない 떡 버티고 앉아 움직이려 하지 않다.
てんとう【天道】 ❶ 태양(太陽). ∥お天道様 태양. ❷ 천신(天神).
てんとう【点灯】 점등(點燈). ∥ライトを点灯する 라이트를 점등하다. 불을 켜다.
てんとう【転倒】 ❶(도하) 전도(顚倒).

∥本末転倒 본말이 뒤바뀜. ❷(도하) 전복(顚覆). ∥レースの途中で転倒したレースを 도중에 전복했다. 전도하다. 뒤집히다.
*でんとう【伝統】 전통(傳統). ∥伝統を守る伝統を 지키다. 古い伝統を 重んじる 오래된 전통을 존중하다. 百年の伝統のある高校 백 년의 전통이 있는 고등학교. ♦伝統工芸 전통 공예.
でんとう【電灯】 전등(電燈); 전깃불. ∥電灯がともる 전등[전깃불]이 켜지다.
でんどう【伝道】(도하) 전도(傳道). ♦伝道師 전도사.
でんどう【伝導】(도하) 전도(傳導). ∥熱伝導 열전도.
でんどう【殿堂】 전당(殿堂). ∥音楽の殿堂 음악의 전당.
でんどう【電動】 전동(電動). ♦電動機 전동기. 電動式 전동식. 電動発電機 전동 발전기.
てんどうせつ【天動説】 천동설(天動說).
テントウムシ【天井虫】 무당벌레.
てんじゅう【天井】 튀김 덮밥.
てんにゅう【転入】(도하) 전입(轉入). ♦転入届 전입 신고.
でんねつ【電熱】 전열(電熱). ♦電熱器 전열기.
*てんねん【天然】 천연(天然). ∥天然の美 천연의 아름다움. ♦天然ガス 천연가스. 天然記念物 천연 기념물. 天然色 천연색. 天然痘 천연두. 天然パーマ 곱슬머리. 고수머리.
てんのう【天皇】 천황(天皇). ♦天皇制 천황제.
てんのうざん【天王山】 승패(勝敗)를 정하는 기회(機會); 갈림길. ∥今夜が闘争の天王山だ 오늘밤이 투쟁의 갈림길이다.
てんのうせい【天王星】 천왕성(天王星).
でんぱ【伝播】(도하) 전파(傳播).
でんぱ【電波】 전파(電波). ∥電波探知機 전파 탐지기. 電波妨害 전파 방해.
てんばい【転売】(도하) 전매(轉賣).
てんばつ【天罰】 천벌(天罰). ∥天罰を与える 천벌을 주다. 天罰が下る 천벌이 내리다.
てんぴ【天日】 천일(天日); 햇볕; 햇빛. ∥天日に干す 햇볕에 말리다. ♦天日製塩 천일 염전. 天日塩 천일염.
てんびき【天引き】 월급(月給)에서 공제(控除)함. ∥保険料を天引きする 보험료를 월급에서 공제하다.
てんびょう【点描】(도하) 점묘(點描).
でんぴょう【伝票】 전표(傳票).
てんびん【天秤】 저울. ▶天秤に掛ける 저울질하다. ♦天秤座 천칭자리. 저울

자리

てんぷ【添付】 (名・他) 첨부(添附). ∥ファイルを添付する 파일을 첨부하다.

てんぷ【貼付】 ❶ (名・他) 첩부(貼付). ❷ 붙임. ∥写真を貼付する 사진을 붙이다.

てんぷく【転覆】 (名・自他) 전복(顛覆). ∥船が転覆する 배가 전복되다.

てんぷら【天麩羅】 튀김. ∥てんぷらを揚げる 튀김을 튀기다.

てんぶん【天分】 타고난 성질(性質). 타고난 재능(才能).

でんぶん【伝聞】 (名・他) 전문(傳聞).

でんぷん【澱粉】 전분(澱粉).

てんぺんちい【天変地異】 천재지변(天災地變).

てんぽ【店舗】 점포(店舗); 가게.

テンポ【tempo】 ❶ 템포. ❷ 빠르기. ∥速いテンポで進行する 빠른 템포로 진행하다.

てんぼう【展望】 (名・他) 전망(展望). ∥展望がよい 정국을 전망하다. 경제의 전망 経済の展望. ◆展望台 전망대.

でんぽう【電報】 전보(電報). ∥電報を打つ 전보를 치다.

デンマーク【Denmark】 (国名) 덴마크.

てまつ【顛末】 전말(顛末).

てんめい【天命】 천명(天命). ▶人事を尽くして天命を待つ 진인사 대천명.

てんめつ【点滅】 (名・自他) 점멸(點滅).

てんもん【天文】 천문(天文). ◆天文学的数字 천문학적 숫자. 天文台 천문대.

てんやもの【店屋物】 음식점(飲食店)에 시킨 요리(料理). ∥夕食は店屋物をとろう 저녁은 시켜 먹자.

てんやわんや 북새통; 야단법석(惹端法席); 왁자지껄. ∥てんやわんやの忙しさ 눈코 뜰 사이 없이 바쁨.

てんよう【転用】 (名・他) 전용(轉用). ∥旅費を交際費に転用する 여비를 교제비로 전용하다.

でんらい【伝来】 (名・自) 전래(傳來). ∥16世紀に銃砲が伝来した 십육 세기에 철포가 전래되었다.

てんらく【転落】 (名・自) 전락(轉落).

てんらん【展覧】 (名・他) 전람(展覽). ◆展覧会 전람회.

でんり【電離】 (名・自) 전리(電離). ◆電離層 전리층.

でんりゅう【電流】 전류(電流). ∥電流が流れている 전류가 흐르고 있다.

でんりょく【電力】 전력(電力). ◆電力会社 전력 회사. 電力供給 전력 공급.

てんれい【典例】 전례(典例).

でんろ【電路】 전기 회로(電氣回路).

*でんわ【電話】 전화(電話). ∥電話をかける 전화를 걸다. 전화예요! 電話来ましたよ! 電話で話す 전화로 이야기하

다. 電話が途中で切れた 전화가 도중에 끊어졌다. 彼はただ今別の電話に出ています その 人は今 他の 電話を受けて います。 電話を切らないでお待ちください 전화를 끊지 말고 기다려 주십시오. 只今電話中です 지금 전화 중입니다. ◆長電話 장시간 전화. 電話機 전화기. 電話帳 전화번호부. 電話番号 전화번호.

と

*と ❶〔相手・対象〕…와[과]; …하고; …(이)랑. ∥先生と話す 선생님과 이야기하다. 友人と会社を作る 친구와 회사를 만들다. 妹は新聞記者と結婚した 여동생은 신문 기자와 결혼했다. 彼は考え方が私と違う 그 사람은 사고방식이 나하고 다르다. 私は姉と旅行にでかけた 나는 언니와 여행을 갔다. 彼女は母と似ている 그녀는 어머니랑 닮았다. ❷〔列挙〕…와[과]; …하고; …(이)랑. ∥ノートと鉛筆 공책과 연필. 犬と猫を飼う 개와 고양이를 키우다. ❸〔変化・結果〕…(이)라고; …(으)로; …이[가]. ∥花屋の名前をフリージアと改める 꽃집 이름을 프리지아라고 바꾸다. 開催地は東京と決まった 개최지는 도쿄로 정해졌다. 弁護士となる 변호사가 되다. ❹〔限度〕…도. ∥5分と待てない 오 분도 못 기다린다. ❺〔動作の連続〕…고는. ∥机に本を置くと, すぐ出て行った 책상 위에 책을 놓고는 바로 나갔다. ❻〔二つの動作が同時に行なわれる〕…자. ∥家に入ると香ばしいにおいがしてきた 집에 들어서자 고소한 냄새가 났다. 話が始まると, 会場は静かになった 이야기가 시작되자 회장은 조용해졌다. ❼〔すれば〕…(으)면. ∥この曲を聴くと彼を思い出す 이 곡을 들으면 그 사람이 생각난다. 雨が降ると試合は中止になる 비가 오면 시합은 중지된다. ❽〔発言・思考などの内容〕…(이)라고. ∥私は彼が犯人だと思う 나는 그 사람이 범인이라고 생각해. 標示には「立入禁止」と書いてある 표시에는 "출입 금지"라고 써져 있다. 彼が何と言おうと私は行くつもりだ その 人が 何だと 생각하든지 그 사람이 뭐라고 하더라도 나는 갈 생각이다. ❾〔様子〕∥車はゆっくりと停まった 차가 천천히 멈췄다. じっくりと考える 차분히 생각하다. ❿【…と…】の形で】…든(지)…든(지). ∥行こうと行くまいと僕の勝手だ 가든 말든 내 마음이다.

と【十・10】 열; 십(十).

と【戸・門】 문(門). ∥戸を開ける 문을 열다. 戸を叩く 문을 두드리다. 戸をばたんと閉めた 문을 꽝 하고 닫았다.

と【途】 길. ‖帰国の途につく 귀국길에 오르다.

と【都】 도(都). ‖東京都 도쿄도.

-と【斗】〔容積의 단위〕 말.

ど【土】❶…토(土). ‖腐葉土 부엽토. ❷〔土曜의 略語〕토.

-ど【度】❶ 정도(程度); 한계(限界). ‖度を越した冗談 도를 넘은 농담. ❷ 횟수(回數). ‖度を重ねる 횟수를 거듭하다. ❸〔眼鏡의 도수(度數)〕. ‖度の強い眼鏡 도수가 높은 안경. ❹〔回數〕…번(番). ‖2度 두 번. ❺…도. ‖30度 삼십 도.

ド【do¹】〔音階〕의 도.

ドア【door】 문(門). ◆ドアチェーン 도어 체인. ドアノブ 도어 손잡이.

どあい【度合い】 정도(程度). ‖損失の度合い 손실의 정도.

とある 〔어떤〕. ‖ソウルのとある店 서울에 있는 어떤 가게.

とい【問い】❶ 질문(質問); 물음. ‖客の問いに応答する 손님의 질문에 응답하다. ❷ 문제(問題). ‖次の問いに答えよ 다음 문제에 답하시오.

といあわせる【問い合わせる】 문의(問議)하다. ‖電話で問い合わせる 전화로 문의하다.

-という【と言う】❶…(으)로 불리는; …(이)라는. ‖日本という国 일본이라는 나라. ❷〔取り立てて言うと〕…다 할. ‖これという問題はない 이렇다 할 문제가 없다. ❸…다운 전부(全部). ‖国という国 나라라는 나라 전부. ❹…에 상당(相當)하는; …에 달하는. ‖1億というお金 1억이라는 큰 돈.

というと【と言うと】❶ 그러면. ‖というと、僕ばかりが悪者になる 그러면 나만 나쁜 놈이 된다. ❷…(이)면 반드시. ‖雨というと足が痛む 비만 오면 반드시 다리가 아프다.

というのは【と言うのは】 왜냐하면; 그 이유(理由)는.

-といえども【と雖も】 …(이)지만; …(이)라 하더라도. ‖1粒の米といえども無駄にはできぬ 한 톨의 쌀이라도 함부로 할수 없다.

といかえす【問い返す】❶ 다시 묻다. ‖分からない点を2度も問い返した 모르는 점을 두 번이나 다시 물었다. ❷ 반문(反問)하다; 되묻다. ‖質問の真意を問い返す 질문의 진의에 대해 반문하다.

といかける【問い掛ける】 질문(質問)하다; 질문하려 하다. ‖問いかけ急に口をつぐむ 질문하려다 갑자기 입을 다물다.

といき【吐息】 한숨. ‖吐息をつく 한숨을 쉬다.

といし【砥石】 숫돌. ‖砥石で研ぐ 숫돌에 갈다.

といただす【問い質す】 추궁(追窮)하다. ‖資金の出所を問い質す 자금 출처를 추궁하다.

ドイツ【Duits(land)⁺】〔国名〕 독일(獨逸). ◆ドイツ語 독일어.

といつめる【問い詰める】 캐묻다; 추궁(追窮)하다. ‖どこへ行っていたのかと問い詰める 어디에 갔었는지 캐묻다.

トイレ【trousers略】〔化粧室〕 ‖トイレはどこですか 화장실이 어디입니까? ◆水洗トイレ 수세식 화장실.

トイレットペーパー【toilet paper】 화장지(化粧紙).

とう【灯】【燈】 불.

とう【東】 동(東); 동쪽. ‖東西南北 동서남북.

とう【党】 당; 정당(政黨). ‖党の方針に従う 당의 방침에 따르다. 党大会 전당 대회.

とう【塔】 탑(塔). ‖エッフェル塔 에펠탑.

とう【等】❶ 등급(等級); 계급(階級). ❷…등. ‖米·英·仏等を歴訪中 미·영·불등을 차례로 방문함.

とう【糖】❶〔砂糖〕설탕(雪糖). ❷ 당. ‖尿に糖が出る 소변에 당이 나오다.

とう【問う】❶ 묻다. ‖賛否を問う 찬반을 묻다. ❷ 추궁(追窮)하다. ‖責任を問う 책임을 추궁하다. ❸ 문제(問題) 삼다. ‖学歴を問わない 학력을 문제 삼지 않다.

トウ【籐】 등(藤); 등나무. ◆籐細工 등세공.

-とう【島】…도(島). ◆無人島 무인도.

-とう【棟】…동(棟). ‖マンション2棟 맨션 두 동.

-とう【頭】…마리. ‖牛2頭 소 두 마리. 象1頭 코끼리 한 마리.

どう 어떻게; 아무리. ‖どうしたらいいか 어떡하면 좋을까? どうやったら試合で勝てるのか教えてください 어떻게 하면 시합에서 이길 수 있는지 가르쳐 주십시오. どうやっても答えが分からない 아무리 해도 답을 모르겠다. 彼の意見についてどう思いますか 그 사람의 의견에 대해 어떻게 생각합니까? 彼はどうなったかですか 그 사람은 어떻게 되었습니까? 近頃はどうしているんですか 최근에 어떻게 지내세요?

どう【胴】【銅】

-どう【堂】…당(堂). ◆公会堂 공회당.

どうあげ【胴上げ】 헹가래. ‖胴上げする 헹가래를 치다.

とうあつせん【等圧線】 등압선(等壓線).

とうあん【答案】 답안(答案). ‖答案を回収する 답안을 회수하다. 答案を白紙で出す 답안을 백지로 내다. ◆答案用紙 답안지.

とうい【当為】 당위(當爲).

とうい【等位】 등위(等位).
どうい【同位】 동위(同位). ◆同位元素 동위 원소.
どうい【同意】 동의(同意). ‖同意を得る 동의를 얻다. 同意を求める 동의를 구하다. 相手の考えに同意する 상대방의 생각에 동의하다.
どうい【胴衣】 조끼; 동의(胴衣). ◆救命胴衣 구명동의.
どういう 어떤; 무슨. ‖後任にはどういう人が来ますか 후임으로는 어떤 사람이 옵니까? どういう理由で 어떤 이유로. 무슨 이유로. ◆どういう風の吹き回しか 무슨 바람이 불어서.(関)
とういじょう【糖衣錠】 당의정(糖衣錠).
どういたしまして 천만(千萬)에요; 천만의 말씀입니다.
とういつ【統一】 (名하) 통일(統一). ‖全体の意見を統一する 전체 의견을 통일하다. 天下を統一する 천하를 통일하다. 精神を統一する 정신 통일하다. ◆統一性 통일성. 統一線 통일 전선.
どういつ【同一】 동일(同一). ◆同一視 (名하) 동일시. 同一人物 동일 인물.
とういん【党員】 당원(黨員).
どういん【動員】 동원(動員).
とうえい【投影】 (名하) 투영(投影). ◆投影図 투영도.
とうおう【東欧】 동구(東歐).
どうおん【同音】 동음(同音). ◆異口同音 이구동성. ◆同音異義語 동음이의어.
とうおんせん【等温線】 등온선(等温線).
とうか【灯下】 등하(燈下).
とうか【灯火】 등화(燈火). ►灯火親しむべし 등화가친(燈火可親). ◆灯火管制 등화관제.
とうか【投下】 투하(投下).
とうか【等価】 등가(等價). ‖等価交換 등가 교환.
どうか ❶ 아무쪼록; 제발. ‖どうか助けてください 제발 도와주십시오. ❷ 어떻게(든); 어떻게 해서든지. ‖どうかしてください 어떻게 해 주십시오. ‖どうかしたのですか 무슨 일입니까? ❸ 어떨지; 어떤지. ‖行けるかどうか 分からない 가게 될지 어떨지 모르겠다.
どうか【同化】 (名자) 동화(同化). ‖その社会に同化する 그 사회에 동화하다.
どうか【銅貨】 동화(銅貨); 동전(銅錢).
どうが【動画】 동화(動畫); 애니메이션.
とうかい【倒壊】 ❶ (名자) 도괴(倒壞). ❷ 무너짐. ‖地震で倒壊した家屋 지진으로 무너진 가옥.
とうがい【当該】 해당(該當). ‖当該事項 해당 사항.

とうがい【等外】 등외(等外). ◆等外品 등외품.
とうかく【等角】 등각(等角).
とうかく【頭角】 두각(頭角). ►頭角を現わす 두각을 드러내다.
どうかく【同格】 동격(同格).
どうがく【同学】 동문(同門).
どうかすると ❶ 경우(境遇)에 따라서는. ‖これはどうかすると大問題になるかも知れない 이것은 경우에 따라서는 큰 문제가 될지도 모른다. ❷ 자칫하면. ‖どうかすると 見過ごしがちだ 자칫하면 못 보기 쉽다.
どうかせん【導火線】 도화선(導火線).
とうかつ【統括】 (名하) 통괄(統括).
とうかつ【統轄】 (名하) 통할(統轄). ‖全体を統轄する 전체를 통할하다.
どうかつ【恫喝】 공갈(恐喝). ‖恫喝を加える 공갈을 치다.
トウガラシ【唐辛子】 고추;〔粉〕고춧가루.
とうかん【投函】 (名하) 투함(投函). ‖葉書を投函する 엽서를 투함하다.
トウガン【冬瓜】 동아.
どうかん【同感】 (名하) 동감(同感). ‖同感の意を表わす 동감의 뜻을 표하다. あなたの意見に同感です 당신 의견에 동감입니다.
どうがん【童顔】 동안(童顏).
とうかんし【等閑視】 (名하) 등한시(等閑視).
とうき【冬季】 동계(冬季). ‖冬季オリンピック 동계 올림픽.
とうき【冬期】 동기(冬期).
とうき【当期】 당기(當期). ◆当期純利益 당기 순이익.
とうき【投棄】 투기(投棄). ‖不法投棄する 불법 투기하다.
とうき【投機】 투기(投機). ‖投機買い 투기 구매. ◆投機心 투기심. 投機心をあおる 투기심을 조장하다.
とうき【党紀】 당기(黨紀).
とうき【陶器】 도기(陶器).
とうき【登記】 (名하) 등기(登記). ◆登記所 등기소.
とうき【騰貴】 등귀(騰貴). ‖物価が騰貴する 물가가 등귀하다.
とうぎ【討議】 (名하) 토의(討議). ‖今後の方針を討議する 앞으로의 방침을 토의하다.
どうき【同期】 ❶〔時期〕동기(同期); 같은 시기(時期). ‖昨年同期 작년의 같은 시기. ❷〔年度〕동기생(同期生).
どうき【動悸】 심장이 두근거림. ‖動悸がする 심장이 두근거리다.
どうき【動機】 동기(動機). ‖この会社を志望した動機は何ですか 이 회사를 지망한 동기가 무엇입니까? 不純な動機から 불순한 동기에서. 殺人の動機 살인 동기.

どうぎ【胴着】 솜을 넣은 내복(內服).

どうぎ【動議】 동의(動議). ◆修正動議 수정 동의.

どうぎ【道義】 도의(道義). ◆道義心 도의심. 道義的 도의적. 道義的な責任 도의적인 책임.

どうぎご【同義語】 동의어(同義語).

どうきづけ【動機付け】 동기 부여(動機附與).

とうきゅう【投球】 투구(投球). ◆全力投球 전력투구.

とうきゅう【等級】 등급(等級). ∥出荷する果物に等級をつける 출하하는 과일에 등급을 매기다.

とうぎゅう【闘牛】 투우(鬪牛). ◆闘牛場 투우장. 闘牛士 투우사.

どうきゅう【同級】 동급(同級). ◆同級生 동급생.

どうきょ【同居】 ❶(도한) 동거(同居). ❷ 같이 삶. ∥3世代が同居する 삼 세대가 같이 살다.

どうきょう【同郷】 동향(同鄕).

どうきょう【道教】(宗敎) 도교(道敎).

どうぎょう【同行】(도한) 동행(同行).

どうぎょう【同業】(도한) 동업(同業). ◆同業者 동업자.

とうきょく【当局】 당국(當局). ◆大学当局 대학 당국. 警察当局 경찰 당국.

*__どうぐ【道具】__ 도구(道具). ∥道具を使う 도구를 사용하다. 家財道具 가재도구. 便利な道具 편리한 도구. ◆釣り道具 낚시 도구. 嫁入り道具 시집갈 때 신부가 가지고 가는 가재도구.

とうく【盗掘】(도한) 도굴(盗掘).

どうくつ【洞窟】(도한) 동굴(洞窟).

とうげ【峠】 ❶(山道の)고개; 산마루. ❷절정기(絶頂期); 고비. ∥峠を越える 고비를 넘기다. ▶峠を越す 한물가다.

どうけい【同慶】 동경(同慶).

とうけい【統計】(도한) 통계(統計). ∥統計をとる 통계를 내다. 統計によると 통계에 의하면. ◆統計学 통계학.

とうけい【闘鶏】 투계(鬪鷄).

とうげい【陶芸】 도예(陶藝). ◆陶芸家 도예가.

どうけい【同系】 동계(同系).

どうけい【同形】 동형(同形); 같은 모양. ∥同形の図形 동형의 도형.

どうけい【同型】 동형(同型); 같은 모형(模型). ∥同型の船 같은 모양의 배.

どうけい【憧憬】(도한) 동경(憧憬). ∥我が国の文化を憧憬する 이국 문화를 동경하다.

どうけし【道化師】 피에로.

とうけつ【凍結】(도한) 동결(凍結); 얼어 있음. ∥道路が凍結している 도로가 얼어 있다. 資金の凍結 자금의 동결.

とうけん【闘犬】 투견(鬪犬).

とうけん【銅権】 동권(銅權).

とうげんきょう【桃源郷】 도원경(桃源境).

とうこう【投降】(도한) 투항(投降).

とうこう【投稿】(도한) 투고(投稿). ∥研究論文の投稿 연구 논문의 투고.

とうこう【陶工】 도공(陶工).

とうこう【登校】(도한) 등교(登校). ◆登校拒否 등교 거부.

とうごう【投合】(도한) 투합(投合). ∥意気投合する 의기투합하다.

とうごう【等号】 등호(等號).

とうごう【統合】(도한) 통합(統合). ∥2つの学部を統合する 두 개의 학부를 통합하다.

どうこう 이러쿵저러쿵; 이러니저러니. ∥どうこう言える立場ではないけれど 이러니저러니 말할 수 있는 입장은 아니지만.

どうこう【同行】(도한) 동행(同行).

どうこう【動向】(도한) 동향(動向); 움직임. ∥その後の動向を知る 그 뒤의 동향을 알다. 経済の動向をつかむ 경제 동향을 파악하다.

どうこう【瞳孔】 동공(瞳孔).

どうこうかい【同好会】 동호회(同好會).

とうごうしっちょうしょう【統合失調症】 정신 분열증(精神分裂症).

とうこうせん【等高線】 등고선(等高線).

とうごく【投獄】(도한) 투옥(投獄).

どうごはんぷく【同語反復】 동어 반복(同語反復).

どうごろん【統語論】 통사론(統辭論).

とうこん【闘魂】 투혼(鬪魂).

どうこんしき【銅婚式】 동혼식(銅婚式).

とうさ【等差】(数学) 등차(等差). ◆等差級数 등차급수. 等差数列 등차수열.

とうさ【踏査】(도한) 답사(踏査).

とうざ【当座】 ❶그때; 그 자리; 즉각(卽刻). ❷(…てしばらくの間)한동안; 한때. ∥結婚した当座は生活も苦しかった 결혼하고 한동안은 생활도 어려웠다. ❸(差し当たり)당분간(當分間); 잠시(暫時). ∥当座をしのぐ金 당분간 버틸 돈. ◆当座預金 당좌 예금.

どうさ【動作】 동작(動作). ∥動作がのろい 동작이 느리다. きびきびした動作 재빠른 동작.

とうさい【搭載】(도한) 탑재(搭載).

とうざい【東西】 동서(東西). ∥洋の東西を問わず 동서양을 불문하다.

とうさいく【籘細工】 등세공(籘細工).

とうさく【倒錯】(도한) 도착(倒錯).

とうさく【盗作】(도한) 도작(盜作); 표절(剽竊).

どうさつ【洞察】(도한) 통찰(洞察). ◆洞察力 통찰력.

とうさん【父さん】 아빠; 아버지.

とうさん【倒産】 (名·自) 도산(倒産).
どうさん【動産】 동산(動産).
*とうし【投資】 (名·他) 투자(投資). ∥新事業に投資する 새 사업에 투자하다.
◆投資家 투자가. 設備投資 설비 투자.
とうし【凍死】 (名·自) 동사(凍死).
とうし【透視】 (名·他) 투시(透視). ◆透視力 투시력.
とうし【闘士】 투사(闘士).
とうし【闘志】 투지(闘志). ∥闘志に燃える 투지에 불타다.
とうじ【冬至】 (이십사절기의)동지(冬至).
とうじ【当時】 (그) 당시(当時). ∥当時の流行 당시의 유행. 当時の人々 당시의 사람들. この曲を聞くと当時を思い出す 이 곡을 들으면 그 당시가 생각난다.
とうじ【答辞】 답사(答辞).
とうじしゃ【杜氏】 (명) 술을 빚는 기술자(技術者) 또는 그 책임자(責任者).
どうし【同士】 ❶ 동료(同僚). ❷ …끼리. ∥女同士 여자들끼리.
どうし【同志】 동지(同志). ∥同志を募る 동지를 모으다.
どうし【動詞】 동사(動詞). ◆自動詞 자동사. 他動詞 타동사.
*どうじ【同時】 동시(同時). ∥同時に2つのことをする 동시에 두 가지 일을 하다. 彼は政治家であると同時に詩人でもある 그 사람은 정치가인 동시에 시인이기도 하다. ◆同時通訳 동시 통역. 同時録音 동시 녹음.
とうしき【等式】 등식(等式).
とうじき【陶磁器】 도자기(陶瓷器).
とうじしゃ【当事者】 당사자(当事者).
とうしつ【等質】 동질(同質). ∥文化の等質性 문화의 동질성.
とうしつ【糖質】 당질(糖質).
とうじつ【当日】 당일(当日)(날). ∥当日お会いしましょう 당일날 만납시다. 事故当日 사고 당일.
どうしつ【同質】 동질(同質).
どうじつ【同日】 동일. ∥同月同日の生まれ 같은 달 같은 날 출생.
どうして ❶ (どんなふうに)어떻게; 어떤 방법(方法)으로. ∥どうしてこの難局を切り抜けるか 어떻게 이 국면을 헤쳐 나갈 것인가? ❷ (なぜ)왜; 어째서. ∥どうして来なかった 왜 안 왔니? ❸ (それどころか)오히려. ∥一見大人しそうだが, どうしてなかなか気が強い 얌전해 보이지만 꽤 고집이 세다. ❹ (予想に反した場合に驚いて)참. ∥どうして, たいしたものだ 참 대단하다.
どうしても ❶ 반드시; 무슨 일이 있어도. ∥どうしても実現させなければならない 반드시 실현시키지 않으면 안 된다. ❷ (どうしても…ないの形で)도저(到底)히;

아무리 해도. ∥どうしても勝てない相手 도저히 이길 수 없는 상대.
とうしゃ【当社】 당사(当社).
とうしゃ【投射】 (名·他) 투사(投射). ∥探照灯を投射する 탐조등을 투사하다.
とうしゃ【透写】 (名·他) 투사(透写). ∥地図を透写する 지도를 투사하다.
とうしゅ【投手】 (野球で)투수(投手).
とうしゅ【党首】 당수(党首).
どうしゅ【同種】 같은 종류(種類).
とうしゅう【踏襲】 (名·他) 답습(踏襲). ∥前の方針を踏襲する 이전의 방침을 답습하다.
とうしゅく【投宿】 (名·自) 투숙(投宿).
どうしゅつ【導出】 (名·他) 도출(導出). ∥データから結論を導出する 데이터에서 결론을 도출하다.
とうしょ【当初】 당초(当初). ∥当初の予定を変える 당초의 예정을 바꾸다.
とうしょ【当所】 이곳. ∥当所に移って3年が過ぎた 이곳으로 옮겨 와 3년이 지났다.
とうしょ【投書】 ❶ (名·他) 투서(投書). ∥新聞に投書する 신문에 투서하다. ❷ 투고(投稿).
とうしょ【島嶼】 도서(島嶼).
とうしょう【凍傷】 동상(凍傷).
とうじょう【搭乗】 (名·自) 탑승(搭乗). ∥飛行機に搭乗する 비행기에 탑승하다.
とうじょう【登場】 (名·自) 등장(登場). ◆登場人物 등장인물.
どうじょう【同上】 위와 같음; 상동(上同). ∥同上の理由により 위와 같은 이유로.
どうじょう【同乗】 (名·自) 동승(同乗). ∥トラックに同乗する 트럭에 동승하다.
どうじょう【同情】 (名·自) 동정(同情). ∥同情を禁じ得ない 동정을 금할 길 없다. ◆同情心 동정심.
どうじょう【道場】 ❶ (仏教) 도량. ❷ 도장(道場). ∥ヨガ道場 요가 도장.
とうじる【投じる】 ❶ 던지다. ∥石を投じる 돌을 던지다. ❷ 투입(投入)하다. ∥資本を投じる 자본을 투입하다. ❸ 편승(便乗)하다. ∥時流に投じる 시류에 편승하다.
どうじる【動じる】 동요(動搖)하다.
とうじろん【統辞論】 통사론(統辞論).
とうしん【投身】 (名·自) 투신(投身). ◆投身自殺 투신자살.
とうしん【頭身】 등신(等身). ◆八頭身 팔등신.
とうしん【答申】 (名·他) 답신(答申). ∥審議会の答申 심의회의 답신.
どうしん【同心】 ❶ 마음이 같음. ❷ 중심(中心)이 같음. ◆同心円 동심원.
どうしん【童心】 동심(童心). ∥童心にかえる 동심으로 돌아가다.
とうしんだい【等身大】 등신대(等身

とうすい【陶酔】 (名ス自) 도취(陶醉). ∥名演奏に陶酔する 명연주에 도취되다.
とうすい【統帥】 (名) 통수(統帥). ◆統帥権 통수권.
どうすう【同数】 동수(同數). ∥賛否同数 찬반 동수.
どうせ ❶ 어차피; 결국(結局). ∥どうせ負けるに決まってる 어차피 질 것이 뻔하다. ❷기왕(既往); 하는 김에. ∥どうせやるならうまいものを作ろう 기왕 만들거라면 좋은 것을 만들자.
とうせい【当世】 당세(當世); 현대(現代). ∥当世風 현대풍.
とうせい【統制】 통제(統制). ∥言論の統制 언론 통제.
どうせい【同姓】 동성(同姓). ◆同姓同名 동성 동명.
どうせい【同性】 동성(同性). ◆同性愛 동성애.
どうせい【同棲】 (名ス自) 동거(同居).
どうせい【動静】 동정(動靜). ∥敵の動静を探る 적의 동정을 살피다.
とうせき【投石】 (名ス自) 투석(投石).
とうせき【透析】 투석(透析). ◆人工透析 인공 투석.
とうせき【党籍】 당적(黨籍).
どうせき【同席】 ❶ (名ス自) 동석(同席). ∥先輩と同席する先輩と後輩同席する 선배와 후배가 동석하다. ❷ 같은 석차(席次)나 지위(地位).
*とうせん【当選・当籤】 ❶ (名ス自) 당선(當選). ∥国会議員に当選する 국회의원에 당선되다. 懸賞小説に当選する 현상 소설에 당선되다. ❷ 당첨(當籤). ∥1等に当籤する 일등에 당첨되다. ◆当籤番号 당첨 번호.
*とうぜん【当然】 ❶ 당연(當然). ∥当然の結果 당연한 결과. ❷ (副詞的に) 당연히. ∥彼なら当然そうするだろう 그 사람이라면 당연히 그렇게 할 것이다.
どうせん【動線】 동선(動線).
どうせん【銅線】 동선(銅線).
どうぜん【同然】 마찬가지; 다름없음. ∥もう終わったも同然だ 이제 끝난 것이나 다름없다.
どうぞ ❶ [依頼・希望] 제발; 부디; 아무쪼록. ∥どうぞ病気が治りますように 부디 쾌차하시기를 바랍니다. ❷〔促し・勧め〕다음 분. 어서; どうぞ다음 분 들어오세요.
とうそう【逃走】 (名ス自) 도주(逃走).
とうそう【党争】 당쟁(黨爭).
とうそう【闘争】 (名ス自) 투쟁(鬪爭). ◆賃金闘争 임금 투쟁. 権力闘争 권력 투쟁.
どうそう【同窓】 동창(同窓). ◆同窓会 동창회. 同窓生 동창생.
どうぞう【銅像】 동상(銅像).
とうぞく【等速】 등속(等速). ◆等速度運動 등속도 운동.
とうぞく【盗賊】 도적(盗賊).
どうぞく【同族】 동족(同族). ◆同族元素 동족 원소.
どうそたい【同素体】 동소체(同素體).
とうそつ【統率】 통솔(統率). ◆統率力 통솔력.
とうた【淘汰】 (名ス自) 도태(淘汰). ◆自然淘汰 자연도태.
とうだい【当代】 당대(當代); 현대(現代); 당시(當時). ∥当代切っての名優 당대 최고의 명배우.
とうだい【灯台】 등대(燈臺). ▶灯台下暗し 등잔 밑이 어둡다.[諺] ◆灯台守 등대지기.
どうたい【同体】 동체(同體). ◆一心同体 일심동체.
どうたい【胴体】 동체(胴體). ◆胴体着陸 동체 착륙.
どうたい【動体】 동체(動體). ◆動体視力 동체 시력.
どうたい【動態】 동태(動態). ◆人口動態 인구 동태.
どうたい【導体】 도체(導體). ◆半導体 반도체.
とうたつ【到達】 (名ス自) 도달(到達). ∥山の頂上に到達する 산 정상에 도달하다. 結論に到達する 결론에 도달하다.
とうだん【登壇】 등단(登壇).
とうち【倒置】 (名ス他) 도치(倒置). ◆倒置法 도치법.
とうち【等値】 등치(等値); 등가(等價).
とうち【統治】 (名ス他) 통치(統治). ◆統治権 통치권. 統治者 통치자.
*とうちゃく【到着】 (名ス自) 도착(到着). ∥目的地に到着する 무사히 목적지에 도착하다. ◆到着時刻 도착 시각. 到着順 도착순. 到着ロビー 도착 로비.
どうちゃく【撞着】 (名ス自) 당착(撞着). ◆自家撞着 자가당착.
とうちょう【盗聴】 (名ス他) 도청(盗聽). ◆盗聴器 도청기.
とうちょう【登頂】 (名ス自) 등정(登頂).
とうちょう【頭頂】 머리 꼭대기.
どうちょう【同調】 (名ス自) 동조(同調). ∥彼の意見に同調する 그 사람의 의견에 동조하다.
とうちょく【当直】 당직(當直).
とうてい【到底】 도저(到底)히; 어차피〔於此彼〕. ∥到底成功しない到底成공하지 못한다.
とうてい【童貞】 동정(童貞).
どうてき【動的】 동적(動的). ∥動的な描写 동적인 묘사.
とうてつ【透徹】 (名ス自) 투철(透徹). ∥透

徹した論理 투철한 논리.
どうでも【如何でも】❶아무래도; 어떻게 되든. ‖そんなことはどうでもいい 그런 일은 아무래도 좋다. ❷어떻게 해서든. ‖どうでも帰らねばならない 어떻게 해서든 돌아가야 한다.
とうてん【読点】（부호의）점(點)（,）.
どうてん【同点】동점(同点).
どうてん【動転】깜짝 놀람. ‖気が動転する 깜짝 놀라 어쩔 줄을 모르다.
とうど【糖度】당도(糖度).
とうとい【尊い·貴い】❶귀중(貴重)하다. ❷（身分·地位などが）높다; 고귀(高貴)하다. ‖尊い身分の人 고귀한 신분의 사람.
とうとう【到頭】결국(結局); 마침내. ‖到頭ここまで来てしまった 마침내 여기까지 오고 말았다.
とうとう【滔滔】도도(滔滔)히. ‖とうとうと流れる大河 도도하게 흐르는 대하.
-とうとう【等等】…등등(等等). ‖米·独等々の欧米各国 영·미·독 등의 구미 각국.
どうとう【同等】동등(同等). ‖私たちは同等の立場で議論した 우리는 동등한 입장에서 논의했다. 全員を同等に扱う 전원을 동등하게 대하다.
どうどう【堂堂】당당(堂堂). ‖堂々とした態度 당당한 태도. ◆威風堂々 威風당당.
どうどうめぐり【堂堂巡り】공전(空轉); 일에 진전(進展)이 없음. ‖話し合いは堂々巡りするばかりで全然対話に進展이 없다.
どうとく【道徳】도덕(道德). ◆道徳的道德的. 道德的な見地 도덕적인 견해.
とうとつ【唐突】갑 당돌(唐突)하다. ‖唐突な質問 당돌한 질문.
とうとぶ【尊ぶ·貴ぶ】존경(尊敬)하다; 공경(恭敬)하다; 존중(尊重)하다.
どうとも【如何とも】어떻게든; 아무렇게든; 좋을 대로. ‖どうともしても 좋을 대로.
とうどり【頭取】❶우두머리. ❷은행장(銀行長). ❸（劇場などで）출연자 대기실(出演者待機室)의 총책임자(總責任者).
とうなん【東南】동남(東南).
とうなん【盗難】도난(盗難). ‖盗難にあう 도난을 당하다. ◆盗難防止 도난 방지.
とうに【疾うに】이미; 벌써. ‖用意はとうにできている 준비는 이미 되어 있다.
どうにか【如何にか】❶그럭저럭; 그런대로. ‖お陰様でどうにかやっています 덕분에 그럭저럭 해나가고 있습니다. ❷（やっと）겨우; 간신(艱辛)히. ‖どうにか完成した 겨우 완성했다.
どうにかこうにか〔どうにかを強めて言う語〕겨우겨우; 간신(艱辛)히.
どうにも【如何にも】❶도무지; 아무리 해도. ‖どうにも手の施しようがない 도무지 손쓸 방법이 없다. ❷（何とも）정말. ‖どうにも困った 정말 곤란하다.
とうにゅう【豆乳】두유(豆乳).
とうにゅう【投入】金目 투입(投入). ‖設備に資本を投入する 설비에 자본을 투입하다.
どうにゅう【導入】金目 도입(導入). ‖新しい機械を導入する 새로운 기계를 도입하다.
とうにょうびょう【糖尿病】당뇨병(糖尿病).
とうにん【当人】본인(本人).
どうねんぱい【同年輩】동년배(同年輩).
とうの【当の】바로 그. ‖当の問題 바로 그 문제. 当の本人 당사자.
とうのこうの이러쿵저러쿵; 이러니저러니. ‖今さらどうのこうのと言っても始まらない 이제 와서 이러쿵저러쿵 말해 봤자 소용없다.
とうのむかし【疾うの昔】오래 전(前). ‖とうの昔に廃止された法律 오래 전에 폐지된 법률.
とうは【党派】당파(黨派). ◆党派闘争 당파 싸움.
とうは【踏破】金目 답파(踏破).
どういは【同輩】동년배(同年輩); 동료(同僚).
とうはつ【頭髪】두발(頭髪).
とうばつ【党閥】당벌; 당내 파벌(黨内派閥).
とうばつ【討伐】金目 토벌(討伐). ‖反乱軍を討伐する 반란군을 토벌하다.
とうばつ【盗伐】金目 도벌(盗伐).
とうはん【登攀】金目 등반(登攀).
とうばん【当番】당번(當番). ‖掃除当番 청소 당번.
とうばん【登板】（야구에서）등판(登板).
どうはん【同伴】金目 동반(同伴). ‖夫人を同伴する 부인을 동반하다. ◆同伴者 동반자.
とうひ【逃避】金目 도피(逃避). ‖現実から逃避する 현실에서 도피하다. ◆逃避行 도피행.
とうひ【等比】등비(等比). ◆等比級数 등비급수. 等比数列 등비수열.
*とうひょう**【投票】金目 투표(投票). ‖投票で決める 투표로 정하다. 投票にかける 투표에 부치다. 前回の投票率を下回る 지난번의 투표율을 밑돌다. ◆記名投票 기명 투표. 人気投票 인기 투표. 不在者投票 부재자 투표. 投票箱 투표함.
とうびょう【闘病】金目 투병(闘病). ◆闘病生活 투병 생활.
とうふ【豆腐】두부(豆腐). ‖豆腐1丁

두부 한 모.
とうぶ【頭部】 두부(頭部).
とうぶ【東部】 동부(東部).
とうふう【東風】 동풍(東風).
どうふう【同封】 (名·他) 동봉(同封). ‖写真を同封する 사진을 동봉하다.
***どうぶつ**【動物】 동물(動物). ◆動物園 동물원. 動物性 동물성. 動物的 동물적. 高等動物 고등 동물. 草食動物 초식 동물. 野生動物 야생 동물.
どうぶるい【胴震い】 胴震いする 몸이 떨리다.
とうぶん【当分】 ❶ 당분간(当分間). ‖当分は貯金で暮らせる 당분간은 저금으로 생활할 수 있다. ❷ (副詞的に) 당분간. ‖当分忙しくなりそうだ 당분간 바빠질 것 같다.
とうぶん【等分】 (名·他) 등분(等分). ‖3等分 삼 등분.
とうぶん【糖分】 당분(糖分); 단맛.
どうぶん【同文】 동문(同文). ‖以下同文 이하 동문.
とうへき【盗癖】 도벽(盗癖).
とうへん【等辺】 등변(等邊). ◆等辺三角形 등변 삼각형.
とうべん【答弁】 답변(答弁). ‖大臣が答弁する장관이 답변하다.
とうほう【東方】 동방(東方).
とうほう【逃亡】 (名·自) 도망(逃亡). ‖囚人が逃亡する 수인이 도망치다.
どうほう【同胞】 동포(同胞).
とうほく【東北】 동북(東北).
とうほん【謄本】 등본(謄本). ◆戸籍謄本 호적 등본.
とうほんせいそう【東奔西走】 (名·自) 동분서주(東奔西走).
どうまわり【胴回り】 허리 둘레.
どうみゃく【動脈】 동맥(動脈). ◆動脈硬化症 동맥 경화증. 動脈癌 동맥류.
とうみん【冬眠】 동면(冬眠).
とうめい【透明】 ダ 투명(透明)하다. ‖透明なガラス 투명한 유리. ◆無色透明 무색 투명.
どうめい【同名】 동명(同名). ◆同名異人 동명이인.
どうめい【同盟】 동맹(同盟). ‖同盟を結ぶ 동맹을 맺다.
どうメダル【銅 medal】 동(銅)메달.
とうめん【当面】 ❶ (名·自) 당면(当面); 직면(直面). ‖当面の問題を解決する 당면 문제를 해결하다. ❷ (副詞として) 당분간(当分間). ‖当面人員を増やすつもりはない 당분간 인원을 늘릴 계획은 없다.
どうも ❶ [どうしても] 아무리 해도. ‖どうもうまくいかない 아무리 해도 잘 안 된다. ❷ [何となく] 어쩐지. ‖どうも変だと思ったが 어쩐지 이상하다고 생각했다. ❸ [挨拶の語に添えて] ‖どうもありがとう 정말 고마워.

トウモロコシ【玉蜀黍】 옥수수.
どうもん【同門】 동문(同門).
とうやく【投薬】 투약(投薬). ‖患者に投薬する 환자에게 투약하다.
どうやら ❶ [何とか] 그런대로; 겨우; 간신(艱辛)히. ‖どうやら仕事が終わった 간신히 일이 끝났다. ❷ [何だか] 어쩐지; 아무래도. ‖どうやらこなりそうだ 아무래도 눈이 올 것 같다.
とうゆ【灯油】 등유(燈油).
とうよ【投与】 (名·他) 투여(投與). ◆薬物を投与する 약물을 투여하다.
とうよう【東洋】 동양(東洋). ◆東洋人 동양인. 東洋的 동양적. 東洋文化 동양 문화.
とうよう【盗用】 (名·他) 도용(盗用). ‖デザインを盗用する 디자인을 도용하다.
とうよう【登用】 (名·他) 등용(登用). ‖人材を登用する 인재를 등용하다.
どうよう【同様】 ダ 같다; 똑같다. ‖外国でもこれと同様な事件が起きた 외국에서도 이와 같은 사건이 일어났다. 同様なことを他からも聞いた 같은 이야기를 다른 데서도 들었다. 我が子同様に育てる 자기 애와 똑같이 키우다.
***どうよう**【動揺】 (名·自) 동요(動揺). ‖その知らせに彼の心は動揺した 그 소식에 그의 마음은 동요했다. 動揺が起きる 동요가 일다.
どうよう【童謡】 동요(童謡).
とうらい【到来】 (名·自) 도래(到来). ‖チャンスが到来する 찬스가 도래하다.
とうらく【当落】 당락(當落).
どうらく【道楽】 ❶ 도락(道樂); 취미(趣味). ‖食い道楽 식도락. ❷ 주색(酒色)에 빠짐.
どうらん【動乱】 동란(動亂).
とうり【党利】 당리(黨利). ◆党利党略 당리당략.
どうり【道理】 도리(道理). ‖道理にかなった行為 도리에 맞는 행위. 道理に従う 도리에 따르다.
どうりつ【同率】 동률(同率). ‖同率首位 동률 수위.
どうりで【道理で】 어쩐지; 과연(果然). ‖寄り道をしたのか. どうりで遅いわけだ 다른 곳에 들렀니? 어쩐지 늦는다 했어.
とうりゃく【党略】 당략(黨略).
とうりゅう【逗留】 (名·自) 체류(滯留). ◆長期逗留 장기 체류.
とうりゅうもん【登竜門】 등용문(登龍門).
とうりょう【棟梁】 동량(棟梁).
どうりょう【同僚】 동료(同僚). ‖職場の同僚 직장 동료.
どうりょく【動力】 동력(動力). ◆動力装置 동력 장치. 動力車 동력차.
とうるい【盗塁】 (名·自) (野球で) 도루(盗壘).

とうるい【糖類】 당류(糖類).

どうるい【同類】 동류(同類). ◆同類項 동류항.

とうれい【答礼】 (名・自) 답례(答禮). ‖答礼の品 답례품.

*__どうろ【道路】__ 도로(道路). ‖新しい道路を造る 새 도로를 깔다. 道路沿いに木を植えった道路에 나무를 심다. 工事中の道路 공사 중인 도로. ◆高速道路 고속도로. 道路工事 도로 공사. 道路標識 도로 표지. 道路網 도로망.

とうろう【灯籠】 등롱(燈籠).

*__とうろく【登録】__ (名・他) 등록(登錄). ‖特許庁に商標を登録する 특허청에 상표를 등록하다. 英会話のコースに登録する 영어 회화 코스에 등록하다. ◆会員登録 회원 등록. 住民登録 주민 등록. 登録商標 등록 상표. 登録料 등록료.

とうろん【討論】 (名・自) 토론(討論). ‖公害問題について討論する 공해 문제에 대해서 토론하다.

どうわ【童話】 동화(童話). ‖グリム童話集 그림 동화집. ◆童話作家 동화 작가.

とうわく【当惑】 (名・自) 당혹(當惑). ‖突然の質問に当惑する 갑작스러운 질문에 당혹하다.

どえらい【ど偉い】 엄청나다; 굉장(宏壯)하다. ‖どえらい事をやったものだ 엄청난 일을 저질렀다.

とお【十・10】 열; 십(十).

*__とおい【遠い】__ ❶ (空間的に)멀다. ‖遠い国 먼 나라. ❷ (時間的に)멀다. ‖遠い昔のこと 먼 옛날 일. ❸ (ある段階まで)거리가 멀다. ‖合格には遠い成績 합격과는 거리가 먼 성적. ❹ (関係が)멀다. ‖遠い親戚 먼 친척. ❺ (耳が)잘 안 들리다; 어둡다. ‖耳が遠い 귀가 잘 안 들리다.

とおえん【遠縁】 먼 친척(親戚).

とおか【十日・10日】 십일(十日); 열흘.

とおからず【遠からず】 머지않아; 곧. ‖作品はまもなく完成する 作品は遠からず完成される.

とおからぬ【遠からぬ】 멀지 않은. ‖遠からぬ将来 멀지 않은 장래.

とおく【遠く】 ❶ 먼 곳; 먼 데. ‖遠くへ出かける 먼 곳으로 외출하다. 遠くから来た 먼 데서 오다. ❷ (副詞的に)훨씬; 까마득히. ‖遠く3千年の昔から 까마득히 삼천 년 옛날부터. ◆遠くの親戚より近くの他人 이웃사촌.

トーゴ【Togo】(国名) 토고.

とおざかる【遠ざかる】 멀어지다. ‖足音が遠ざかる 발소리가 멀어지다.

とおざける【遠ざける】 멀리하다. ‖悪友を遠ざける 나쁜 친구를 멀리하다.

とおし【通し】 ❶ 처음부터 끝까지 이어짐. ‖『冬のソナタ』を通しで見る "겨울 연가"를 처음부터 끝까지 보다. ❷ […通しの形で]줄곧…함; 계속(繼續)…함. ‖立ち通し 계속 서 있음. 言い通しの通し一覧 죽 열거함을 늘어놓았다. ◆通し番号 일련 번호.

-どおし【通し】 줄곧; 내내.

*__-とおす【通す】__ ❶ 안내(案内)하다. ‖客を応接間に通す 손님을 응접실로 안내하다. ❷ 통과(通過)시키다; 들여보내다. ‖法案を通す 법안을 통과시키다. 誰も通さないように 아무도 들여보내지 마세요. すみませんが、通してください 미안하지만 들여보내 주세요. ❸ (糸を穴に)꿰다. ‖糸を針の穴に通す 실을 바늘구멍에 꿰다. ❹ […する形で]계속(繼續)…하다. ‖彼女は一晩中泣き通した 그녀는 밤 내내 울었다. ❺ 끝까지 …하다. ‖ゴールまで走り通す 골인까지 끝까지 달리다. ❻ […の形で]…을[를] 통해. ‖友人を通して彼を知る 친구를 통해 그 사람을 알았다. 一生を通して 일생을 통해.

トースター【toaster】 토스터.

トースト【toast】 토스트.

トーチ【torch】 횃불.

とでで【遠出】 遠出하는 멀리 나가다.

ドーナツ【doughnut】 도넛. ◆ドーナツ現象 도넛 현상.

トーナメント【tournament】 토너먼트.

とのく【遠退く】 ❶ 멀어지다. ‖優勝の可能性が遠のく 우승 가능성이 멀어지다. ❷ 소원(疏遠)해지다; 뜸해지다. ‖足が遠のく 발길이 뜸해지다.

トーバンジャン【豆板醬】(朝鮮) 중국 요리(中國料理)의 조미료(調味料).

ドーピング【doping】 도핑.

とおぼえ【遠吠え】 ❶ (犬・オオカミが)멀리서 짖는 소리. ❷ (勝てない相手に対して)멀리서 비난(非難)함. ◆負け犬の遠吠え 패배자에 뒤에서 하는 욕설.

とおまき【遠巻き】 멀찍이 있음; 떨어진 곳에 있음. ‖遠巻きにして見物する 멀찍이 서서 구경하다.

とおまわし【遠回し】 완곡(婉曲)함; 둘러서 말함. ‖遠回しの表現 완곡한 표현.

とおまわり【遠回り】 ‖遠回りして行く 멀리 돌아가다.

ドーム【dome】 돔. ◆ドーム球場 돔 구장.

とおめ【遠目】 멀리서 봄. ‖遠目にはよくわからない 멀리서는 잘 안 보인다. ❷ 목력이 먼 것 좋아 있어 잘 보인다.

*__とおり【通り】__ ❶ 길; 거리, 도로(道路). ‖通りに出て遊ぶ 길에 나가 놀다. ❷ 왕래(往来); 통행(通行). ‖車の通りの多い道路 차의 왕래가 많은 도로. ❸ 소리가 멀리까지 들리는 정도(程度). ‖通りのいい声 멀리까지 잘 들리는 목

소리. ❹ 이해(理解). ‖話の通りが早い 이해가 빠르다. ❺ …대로. ‖設計図の通りに作る 설계도대로 만들다.
- どおり【通り】 ❶ …통(通). ‖銀座通り 긴자통. ❷ 정도(程度). ‖8分通り仕上がる 팔십 퍼센트 정도 완성하다.
とおりあめ【通り雨】 지나가는 비.
とおりがかり【通り掛かり】 우연(偶然)히 그곳을 지나감.
とおりかかる【通り掛かる】 우연(偶然)히 지나가다. ‖事故現場を通りかかる 사고 현장을 우연히 지나가다.
とおりこす【通り越す】 ❶ 지나치다. ‖店を通り越す 가게를 지나치다. ❷ 정도(程度)를 넘다. ‖冷たさを通り越して痛いくらいだ 차갑기보다 오히려 아플 정도다.
とおりすがり【通りすがり】 우연(偶然)히 지나감. ‖通りすがりの人に道を聞く 지나가는 사람에게 길을 묻다.
とおりすぎる【通り過ぎる】 지나가다. ‖台風が通り過ぎる 태풍이 지나가다.
とおりぬける【通り抜ける】 한쪽 끝에서 다른 쪽 끝으로 빠져나가다. ‖トンネルを通り抜ける 터널을 빠져나가다.
*とおる【通る】 ❶ 통행(通行)하다; 지나가다; 다니다. ‖道路の右側を通る 도로 우측으로 통행하다. この道の下を地下鉄が通っている 이 길 밑을 지하철이 다니고 있다. ❷ 통과(通過)하다. ‖試験に通る 시험에 통과하다. ❸ (遠くまで)전달(傳達)되다. ‖声が通る 멀리까지 목소리가 들리다. ❹ 통하다. ‖食事がのどを通らない 밥이 넘어가지 않다. ❺ (室内に)들어가다. ‖どうぞ奥へお通りください 안으로 들어오세요. ❻ (流れる)흐르다. ‖高圧電流が通っている 고압 전류가 흐르고 있다. ❼ 뚫리다. ‖詰まっていた鼻が通る 막힌 코가 뚫리다. ❽ 통하다; 통용(通用)되다; 인정(認定)되다. ‖原告の主張が通る 원고의 주장이 인정되다. そんな言い訳は通らない 그런 변명은 안 통한다. 意味が通る 의미가 통하다.
トーン【tone】 (音の)톤.
とか …(이)라든가. ‖毎日, 掃除とか洗濯とか食事の支度とかに追われ, 本を読む暇もない 매일 청소라든가 빨래라든가 식사 준비에 쫓겨 책을 읽을 시간이 없다.
とが【咎·科】 ❶ 실수(失手); 잘못. ❷ 죄(罪). ❸ 窃盗의 죄로 尋問을 받는 절도죄로 심문을 받다.
とかい【都会】 도회(都會); 도시(都市). ◆都会生活 도시 생활.
どがいし【度外視】 도외시(度外視). ‖採算を度外視する 채산을 도외시하다.
とがき【卜書き】 (연극) 각본(脚本)에서 배우(俳優)의 동작(動作)을 지시(指示)한 것.
とかく【兎角】 ❶ (ややもすれば)자칫(하면). ‖焦ってやるととかく失敗しがちだ 급하게 하면 자칫 실패하기 쉽다. ❷ 아무튼; 어쨌든. ‖とかくこの世はままならぬ 어쨌든 이 세상은 뜻대로 안 된다. ❸ (あれこれ)이런저런 좋지 않은. ‖彼にはとかくのうわさがある 그 사람한테는 이런저런 좋지 않은 소문이 있다.
トカゲ【蜥蜴】 도마뱀.
とかす【溶かす·融かす】 녹이다; 해동(解凍)하다. ‖砂糖を水に溶かす 설탕을 물에 녹이다. 冷凍食品を解かす 냉동식품을 해동하다.
とかす【梳かす】 빗다. ‖髪をとかす 머리를 빗다.
どかす【退かす】 치우다. ‖道の上の石をどかす 길 위에 있는 돌을 치우다.
どかっと ❶ (重いものなどが勢いよく落ち)털썩. ‖屋根から雪がどかっと落ちる 지붕에서 눈이 털썩 떨어지다. ❷ 한꺼번에 많이; 왕창. ‖どかっと金が入った 돈이 왕창 들어왔다.
どかどか ❶ (大勢が足音を立てて, 一時に入ってくる)우르르. ‖どかどか(と)入ってくる 우르르 들어오다. ❷ (物事が一時に立て込む)왕창. ‖どかどか(と)注文が来た 왕창 주문이 들어왔다.
とがめ【咎め】 비난(非難); 가책(呵責). ‖良心のとがめ 양심의 가책.
*とがめる【咎める】 ❶ 비난(非難)하다; 책망(責望)하다. ‖他人の失敗をとがめる 다른 사람의 실패를 책망하다. ❷ 검문(檢問)하다. ‖警官が通行人をとがめる 경찰관이 통행인을 검문하다. ❸ 마음에 걸리다. ‖良心がとがめる 양심에 걸리다.
とがらせる【尖らせる】 ❶ 뾰족하게 하다; (口を)비죽거리다. ‖鉛筆の先を尖らせる 연필 끝을 뾰족하게 하다. ❷ 예민(銳敏)하게 하다; 곤두세우다. ‖神経を尖らせる 신경을 곤두세우다.
とがる【尖る】 ❶ 뾰족하다; 날카롭다. ‖尖った鉛筆 끝이 뾰족한 연필. ❷ 예민(銳敏)하다; 민감(敏感)하다. ‖神経が尖る 신경이 예민하다.
*とき【時】 ❶ 시간(時間); 시각(時刻). ‖時の流れ 시간의 흐름. ❷ 시기(時期); 때. ‖若い時期 젊은 시기. 寝ている時に)地震があった 자고 있을 때 지진이 있었다. その事件は私が日本にいる時に起きた 그 사건은 내가 일본에 있을 때 일어났다. ❸ 시대(になる)시대(時代). ‖時の首相 그 당시의 수상. ❹ 계절(季節). ‖時は春 계절은 봄. ❺ 기회(機會); 때; 시기(時機). ‖時を待つ 기회를 기다리다. ❻ 경우(境遇); 상황(狀況). ‖時に応じた判断が必要だ

상황에 따른 판단이 필요하다. ▶時는 金이니 시간은 돈이다. ▶時를 다투다 一刻을 다투다. ▶時를 稼ぐ 시간을 벌다.

トキ【朱鷺】주로(朱鷺); 따오기.

どき【土器】토기(土器).

どき【怒気】노기(怒気). ‖怒気を含んだ声 노기를 띤 목소리.

-どき【時】❶ 시각(時刻); 시간대(時間帯); …때. ‖食事時 식사 시간대. ❷ …하기에 좋을 때. ‖売り時 팔기에 좋을 때.

ときあかす【解き明かす】해명(解明)하다; 밝히다. ‖古典の内容を解き明かす 고전의 내용을 해명하다.

ときおり【時折】가끔; 때때로. ‖あの人は時折見かける저 사람은 가끔 본다.

ときじく【研ぎ汁】뜨물.

ときすます【研ぎ澄ます】❶ 시퍼렇게 갈다; 잘 닦다. ‖研ぎ澄ました名刀 시퍼렇게 간 명검. ❷ (精神·神経를) 갈고 닦다. ‖研ぎ澄まされた感覚 날카로운 감각.

ときたま【時偶】가끔; 때때로.

どぎつい 지나치게 강렬(強烈)하다; 매우 짙다. ‖どぎつい化粧 매우 짙은 화장.

どきっと 〔動悸する様子〕철렁; 덜컥. ‖名指しされてどきっとした 호명을 당해 가슴이 철렁했다.

*ときどき【時時】❶ 그때그때. ‖時々の気分 그때그때의 기분. ❷ 〔副詞として〕가끔; 때때로. ‖時々彼女に手紙を送る 가끔 그녀에게 편지를 보내다. 曇り時々雨 흐리고 가끔 비.

どきどき 두근두근. ‖胸がどきどきする 가슴이 두근거리다.

ときとして【時として】때로. ‖人は時としで誤りを犯す 사람은 때로 잘못을 저지른다.

ときに【時に】❶ 〔時々〕때로. ‖時に失敗することもある 때로는 실패할 때도 있다. ❷ 〔その時〕그때. ‖時に2004年 이천사 년 그때. ❸ 그런데. ‖時にお子さんはおいくつになりましたか 그런데 자제분은 몇 살이 되었습니까?

ときには【時には】때로는; 가끔은. ‖時には冗談を言うこともある 가끔은 농담을 할 때도 있다.

ときの【時の】그 당시(當時)의; 그때의. ‖時の総理 그 당시의 총리.

ときはなす【解き放す】해방(解放)시키다; (縄などを) 풀다. ‖長年の困習から人を解き放す 오랜 인습에서 사람들을 해방시키다.

ときはなつ【解き放つ】풀어 놓다.

ときふせる【説き伏せる】설복(説伏)하다; 설득(説得)하다.

ときほぐす【解きほぐす】풀다; 누그러뜨리다. ‖心を解きほぐす 마음을 누그러뜨리다.

どぎまぎ 허둥지둥. ‖突然のことでどぎまぎした 갑작스런 일로 허둥지둥했다.

ときめかす 설레다.

ときめく 설레다; 두근거리다. ‖期待に胸がときめく 기대에 가슴이 설레다.

ときめく【時めく】한창 날리다. ‖今を時めく人気作家 지금 한창 날리고 있는 인기 작가.

どぎも【度肝】담력(膽力); 배짱. ▶度肝を抜く 깜짝 놀라게 하다. 彼の大胆さには度肝を抜かれた 그 사람의 대담함에 깜짝 놀랐다.

ドキュメンタリー【documentary】다큐멘터리.

ドキュメント【document】다큐멘트.

どきょう【度胸】담력(膽力); 배짱. ‖男は度胸、女は愛嬌 남자는 배짱 여자는 애교.

きょうそう【徒競走】달리기 경주(競走).

*ときれ【途切れ】끊어짐. ‖途切れなく話し続ける 끊임없이 이야기를 계속하다.

ときれときれ【途切れ途切れ】띄엄띄엄. ‖途切れとぎれに話す 띄엄띄엄 이야기하다.

とぎれる【途切れる】끊어지다. ‖補給が途切れる 보급이 끊어지다.

ときん【鍍金】도금(鍍金).

とく【得】득(得). ‖そっちを買う方が得だ 그것을 사는 것이 득이다.

とく【徳】❶ 덕(徳). ‖徳を積む 덕을 쌓다. ❷ 인격(人格). ‖徳の高い人 덕이 높은 사람. ❸ 은혜(恩恵). ‖徳を施す 은혜를 베풀다. ❹ 이익(利益).

とく【溶く】녹이다; 풀다. ‖水に溶く 분말을 물에 풀다. 卵をとく 계란을 풀다.

*とく【解く】❶ 풀다. ‖謎を解く 수수께끼를 풀다. 帯を解く 띠를 풀다. 梱包を解く 짐을 풀다. ❷ 〔気持ち·感情등을〕풀다. ‖誤解を解く 오해를 풀다. ❸ 해제(解除)하다; 해임(解任)하다. ‖学部長の任を解く 학부장직을 해임하다. 警戒を解く 경계를 풀다. ❹ 빗다. ‖髪を解く 머리를 빗다.

とく【説く】설명(説明)하다. ‖教えを説く 가르침을 설명하다.

とぐ【研ぐ】❶ 갈다. ‖包丁を研ぐ 부엌칼을 갈다. ❷ 씻다. ‖米を研ぐ 쌀을 씻다.

*どく【毒】❶ 독; 독약(毒薬). ‖毒を盛る 독을 타다. ❷ 해악(害惡). ‖この本は子どもには毒になる 이 책은 아이에게 해롭다. ▶毒にも薬にもならない 별 소용이 없다. ▶毒を以て毒を制す 악을 없애기 위해 다른 악을 이용한다.

どく【退く】물러나다; 비키다. ‖わきに退いてください 옆으로 물러나 주세요.

とくい【特異】ダ특이(特異)하다. ‖特異な事件 특이한 사건. ◆特異体質 특이 체질.

*とくい【得意】 ❶ [誇らしげなこと]자랑스러움. ‖優勝して得意な顔をする 우승해 자랑스러운 얼굴을 하다. 得意そうに 자랑스러운듯이. ❷ 자신(自信) 있음. ‖得意な技 자신 있는 기술. 得意顔. ‖お得意さん 단골손님. ◆得意先 단골손님. 거래처. 得意先を回る 거래처를 돌다. 得意満面 득의만면.

とくいく【徳育】 덕육(徳育).

どぐう【土偶】 토우(土偶).

どくがく【独学】 독학(独学).

どくガス【毒gas】 독(毒)가스.

とくぎ【特技】 특기(特技). ‖そろばんを特技とする 주산이 특기다.

どくさい【独裁】 (する) 독재(独裁). ◆独裁者 독재자. 独裁政治 독재 정치.

とくさく【得策】 득책(得策); 상책(上策).

とくさつ【特撮】 특수 촬영(特殊撮影).

どくさつ【毒殺】 (する) 독살(毒殺).

とくさん【特産】 특산(特産). ◆特産品 특산품.

とくし【特使】 특사(特使).

とくし【篤志】 독지(篤志). ◆篤志家 독지가.

どくじ【独自】 독자적(独自的). ‖独自に発見する 독자적으로 발견하다. 独自な考えを展開する 독자적인 생각을 펼치다. ◆独自性 독자성.

とくしつ【特質】 특질(特質). ‖日本文化の特質を研究する 일본 문화의 특질을 연구하다.

とくしつ【得失】 득실(得失).

とくしゃ【特赦】 특사(特赦).

どくしゃ【読者】 독자(読者). ◆読者層 독자층. 読者欄 독자란.

とくしゅ【特殊】 (する) 특수(特殊)하다. ‖特殊な製法で作られた薬 특수한 제법으로 만들어진 약. 特殊鋼 특수강. 特殊効果 특수 효과.

とくしゅ【特種】 특종(特種).

とくしゅう【特集】 특집(特集). ‖特集記事 특집 기사.

とくしゅつ【特出】 (する) 他に特出する技能 그 밖의 특출한 기능.

どくしょ【読書】 (する) 독서(読書). ◆読書感想文 독서 감상문. 読書週間 독서 주간. ‖読書百遍義自ら通ず 독서백편 의자현(読書百遍義自見).

とくしょう【特賞】 특상(特賞). ‖特賞に輝く 특상에 빛나다.

とくじょう【特上】 특상(特上).

どくしょう【独唱】 (する) 독창(独唱). ‖発表会で独唱する 발표회에서 독창하다.

とくしょく【特色】 특색(特色). ‖特色のある本 특색 있는 책. 特色を生かす 특색을 살리다.

どくしん【独身】 독신(独身).

どくしんじゅつ【読心術】 독심술(讀心術).

とくする【得する】 득(得)을 보다.

どくする【毒する】 악영향(悪影響)을 주다; 해치다.

とくせい【特性】 특성(特性). ‖火に強い特性 불에 강한 특성.

とくせい【徳性】 덕성(徳性). ‖徳性を磨く 덕성을 닦다.

どくせい【毒性】 독성(毒性).

とくせつ【特設】 (する) 특설(特設). ‖売り場を特設する売り場 매장을 특설하다.

どくぜつ【毒舌】 독설(毒舌). ‖毒舌をふるう 독설을 퍼붓다.

とくせん【特選】 특선(特選).

*どくせん【独占】 (する) 독차지; 독점(独占). ‖人気を独占する 인기를 독차지하다. ◆独占価格 독점 가격. 独占禁止法 독점 금지법. 独占市場 독점 시장. 独占資本 독점 자본. 独占欲 독점욕.

どくぜん【独善】 독선(独善). ‖独善に陥る 독선에 빠지다. ◆独善的 독선적.

どくそ【毒素】 독소(毒素).

どくそう【毒草】 독초(毒草).

どくそう【独走】 (する) 독주(独走).

どくそう【独奏】 (する) 독주(独奏). ‖バイオリンを独奏する 바이올린을 독주하다.

どくそう【独創】 독창(独創). ‖独創的な作品 독창적인 작품. ◆独創性 독창성.

とくそく【督促】 독촉(督促). ◆督促状 독촉장.

とくだい【特大】 특대(特大).

とくだね【特種】 특종. ‖特種記事 특종 기사.

ドクダミ【蕺草】 양모밀.

どくだん【独断】 독단(独断). ‖独断と偏見 독단과 편견.

どくだんじょう【独壇場】 독무대(獨舞臺). ‖この分野は彼の独壇場だ 이 분야는 그 사람의 독무대이다.

とぐち【戸口】 집의 출입구(出入口)(門) 앞.

とくちゅう【特注】 (する) 특별 주문(特別注文).

とくちょう【特長】 특장(特長); 특별히 나은 장점(長點).

*とくちょう【特徴】 특징(特徴). ‖彼女は大きな目が特徴だ 그녀는 큰 눈이 특징이다. 特徴のないデザイン 특징이 없는 디자인. 犯人の特徴 범인의 특징.

とくてい【特定】 (する) 특정(特定); 단정(断定). ‖特定の人 특정한 사람. 特定

とくてい【特定】 특정한 날. 犯人を特定する 범인을 단정하다.

とくてん【特典】 특전(特典). ‖会員の特典 회원 특전.

とくてん【得点】 (名・自サ) 득점(得點). ‖得点差 득점차.

とくと【篤と】 차분히; 충분(充分)히. ‖とくと吟味する 차분히 음미하다.

とくとう【特等】 특등(特等). ◆特等席 특등석.

とくとく【得得】〔得意そうな様子〕득의양양하다. ‖得々と話す 득의양양하게 말하다.

*****どくとく**【独特】 ≒独自(獨自)하다. ‖独特な口調 독특한 어조. 彼独特の文体 그 사람의 독특한 문체. 独特のスタイルを持った写真家 독특한 스타일이 있는 사진가.

どくどくしい【毒毒しい】 ❶ 독살(毒煞)스럽다. ‖毒々しい言葉 독살스러운 말. ❷ 지나치게 화려(華麗)하다. ‖毒々しい色彩 지나치게 화려한 색채.

とくに【特に】 특히, 특별(特別)히. ‖特に心を惹かれる作品 특히 마음이 끌리는 작품. 特に入念に仕上げる 특별한 정성을 들여 완성하다.

とくは【特派】 (名・他サ) 특파(特派). ◆特派員 특파원.

とくばい【特売】 (名・他サ) 특매(特賣).

どくはく【独白】 독백(獨白).

とくひつ【特筆】 (名・他サ) 특필(特筆). ‖特筆に値する 특필할 가치가 있다. ◆特筆大書 대서특필.

とくひょう【得票】 (名・自サ) 득표(得票). ◆得票数 득표수, 得票率 득표율.

どくぶつ【毒物】 독물(毒物).

*****とくべつ**【特別】 ❶ 특별(特別). ‖特別待遇 특별 대우. 乳児用の特別な石けん 유아용 특별 비누. 特別な理由があってやった訳ではない 특별한 이유가 있어서 한 것은 아니다. 特別に仕立てたドレス 특별히 만든 드레스. 特別扱いされる 특별 대우를 받다. ❷ 〔副詞として〕 특히. ‖特別変わったことはない 특별히 바뀐 것은 없다. ◆特別会計 특별 회계, 特別機 특별기.

とくぼう【徳望】 덕망(德望). ‖徳望がある 덕망이 있다.

どくぼう【独房】 독방(獨房).

どくほん【読本】 ❶ 독본(讀本); 입문서(入門書); 해설서(解說書). ❷ 교과서(敎科書).

どくみ【毒味】 ‖毒見する 음식(飮食)을 남에게 권하기 전에 독(毒)이 들어 있는지 않는지 확인(確認)하기 위해 조금 맛을 보다. 음식 맛을 보다.

どくむし【毒虫】 독충(毒蟲).

とくめい【匿名】 익명(匿名). ◆匿名報道 익명 보도.

とくめい【特命】 특명(特命). ‖特命が下る 특명이 내리다. ◆特命全権大使 특명 전권 대사.

とくもく【徳目】 덕목(德目).

とくやく【特約】 (名・自サ) 특약(特約). ◆特約店 특약점.

どくやく【毒薬】 독약(毒藥).

とくゆう【特有】 특유(特有). ‖日本人特有の発想 일본인 특유의 발상. ニンニク嫌有にもない마늘 특유의 냄새.

とくよう【徳用・得用】 덕용(德用).

*****どくりつ**【独立】 (名・自サ) 독립(獨立). ‖親から独立する 부모로부터 독립하다. 独立して店を出す 독립해서 가게를 내다. 司法権の独立 사법권의 독립. ◆独立国 독립어. 独立国 독립국. 独立採算制 독립 채산제. 独立心 독립심.

とくれい【特例】 특례(特例). ‖特例として認める 특례로서 인정하다.

どくれい【督励】 (名・他サ) 독려(督勵).

とぐろ ❶ 〈뱀이〉 또리를 틈. ❷ 〔ねばる〕진을 침; 죽침. ‖彼らはいつものバーでとぐろを巻いている 그들은 언제나 이 바에서 죽치고 있다.

とげ【刺・棘】 가시. ‖指にとげが刺さった 가시에 손가락을 찔렸다. バラにはとげがある 장미에는 가시가 있다. 彼の言葉にはとげがある 그 사람 말에는 가시가 있다.

とけあう【解け合う】 화합(和合)하다.

とけい【時計】 시계(時計). ‖彼は高い時計をしている 그 사람은 비싼 시계를 차고 있다. 私の時計は合っていない 내 시계는 안 맞는다. あの時計は5分進んでいる 저 시계는 오 분 빠르다. 時計が止まっている 시계가 죽어 있다.

とけいだい【時計台】 시계탑(時計塔).

とけいまわり【時計回り】 시계 방향(時計方向)으로.

とけこむ【溶け込む】 ❶ 녹다; 용해(溶解)되다. ❷ 녹아들다; 동화(同化)되다; 융화(融和)되다; 적응(適應)하다.

どげざ【土下座】 ‖土下座する 무릎을 꿇다.

どけち 수전노(守錢奴); 노랑이.

とげとげしい【刺刺しい】 가시가 돋치다; 험악(險惡)하다. ‖刺々しい顔つきで子どもを叱る 험악한 얼굴로 아이를 혼내다.

とげぬき【刺抜き】 족집게.

*****とける**【溶ける・融ける】 ❶ 녹다. ‖酸素は水にあまり溶けない 산소는 물에 그다지 녹지 않는다. ❷ 고체(固體)가 액체(液體)가 되다. ‖春になって雪が溶ける 봄이 되어 눈이 녹다.

とける【解ける】 ❶ 풀리다; 느꾸러지다. ‖靴の紐が解ける 구두끈이 풀리다. ❷ 〔感情などが〕풀리다. ‖緊張が解ける 긴장이 풀리다. ❸ 해결(解決)되다. ‖問題が解けた 문제가 해결되었다. ❹ 해임(解任)되다.

とげる【遂げる】 이루다; 달성(達成)하

どける【退ける】 치우다. ‖通れないからその椅子を退けてください 지나갈 수 없으니 그 의자를 치워 주세요.

どけん【土建】 토건(土建). ◆土建業 토건업.

*__とこ__【床】 ❶ 잠자리. ‖床を敷く 이부자리를 깔다. ❷ 병상(病床). ‖床に伏する病床에 눕다. ❸ (河川の)바닥. ◆ 모판. ◆床に就く 병으로 드러눕다.

*__どこ__【何処】 어디; 아무 데. ‖会議はどこでするのか 회의는 어디서 하지? どこへも行かない 아무 데도 가지 않는다. 彼はどこの国の人ですか 그 사람은 어느 나라 사람입니까? どこも悪くない 어디도 나쁘지 않다. どこにもない 어디에도 없다.

とこう【渡航】 (ㅈ자) 도항(渡航). ◆渡航手続き 도항 수속.

どこか【何処か】 ❶ 어디선가. ‖どこかで見たことがある 어디선가 본 적이 있다. ❷ [何となく] 어딘가; 어쩐지. ‖あの人はどこか妹に似ている 저 사람은 어딘가 여동생과 닮았다.

とこしえ【永久】 영구(永久). ‖とこしえの眠りにつく 영면하다.

とこずれ【床擦れ】 욕창(褥瘡).

どこそこ 어디; 어디어디. ‖どこそこの誰々というようにきちんと書け 어디의 누구라고 정확하게 써라.

とことこ ‖子どもがとことこ(と)歩く 아이가 종종걸음을 한다.

どことなく【何処と無く】 어딘지 모르게. ‖どことなく気品がある 어딘지 모르게 기품이 있다.

とことん ❶ 끝; 최후(最後). ‖とことんまで戦う 끝까지 싸우다. ❷ [副詞的] 철저(徹底)히. ‖とことん調べてます 철저히 조사해 보겠습니다.

とこなつ【常夏】 일 년(一年) 내내 여름 같은 기후(氣候)임. ◆常夏の島ハワイ 언제나 여름인 섬 하와이.

どこまでも【何処までも】 끝없이. ‖どこまでも草原が続く 끝없이 초원이 이어지다. どこまでも真理を究める 끝없이 진리를 추구하다.

どこもかしこも【何処も彼処も】 어디라고 할 것 없이 전부(全部). ‖どこもかしこも雪に覆われた 어디라고 할 것 없이 전부 눈에 덮이다.

とこや【床屋】 이발소(理髮所).

どこやら【何処やら】 ❶ 어디선가. ‖どこやらで声がきこえてくる 어디선가 목소리가 들리다. ❷ 어딘가. ‖どこやら悪いようだ 어딘가 나쁜 것 같다.

ところ【所】 ❶ (空間的)위치(位置); 장소(場所). ‖遠いところから来た 먼 곳에서 왔다. ❷ 주소(住所). ‖書類に住所と名前を書き込む 서류에 주소와 이름을 써넣다. ❸ (所属している) 사회(社會). ‖あなたのところでは社員が何人いますか 당신이 있는 곳에는 사원이 몇 명 있습니까? ❹ 부분(部分); 점(點). ‖口の上のところ 입 윗부분. ❺ 장면(場面); 단계(段階); 상황(狀況). ‖今のところは心配없는 현재로서는 걱정 없다. こう忙しくては旅行どころではない 이렇게 바빠서는 여행갈 형편이 아니다. ❻ …바. ‖聞くところによると 들은 바에 의하면. ❼ [(…する)ところだの形で] …려고 하는 참이다. ▶所により地域에 따라서.

-どころ【所】 ❶ …할 만한 곳. ‖見どころ 볼만한 곳. ❷ [産地] 그것이 많이 나는 곳. ‖米どころ 쌀이 많이 나는 곳. ❸ 해당(該當)되는 사람. ‖社の幹部들이 集まった 회사의 간부들이 모였다.

ところが 그렇지만; 그런데. ‖この事件은簡単に解決すると思われていた. ところが 1 年たった今なお, 捜査は難航を続けている 이 사건은 간단히 해결될 것이라고 생각되었다. 그런데 일 년이 지난 지금도 수사는 난항을 거듭하고 있다.

どころか …은커녕. ‖海に行くどころか, ひと夏中(仕事)に追われ通したこの바다에는커녕 여름 내내 일에 쫓겼었다. 儲かるどころか損ばかりしている 벌기는커녕 손해만 보고 있다.

ところかまわず【所構わず】 장소(場所)에 상관(相關)없이.

ところせまし【所狭しと】 좁아서 갑갑할 정도로.

ところで 그런데. ‖ところで, 今日はお暇ですか 그런데 오늘은 한가하십니까?

ところてん【心太】 우무.

ところどころ【所所】 여기저기. ‖ところどころにベンチが置いてある 여기저기에 벤치가 놓여 있다.

どんじょう【ど根性】 끈질긴 근성(根性); 억척스러움. ‖男のど根性を見せる 남자의 근성을 보여 주다.

とさか【鷄冠】 계관(鷄冠); 닭의 볏.

どさくさ【混雑】 혼잡(混雜). ‖どさくさに紛れる 혼란을 틈타다.

とざす【閉ざす】 ❶ 닫다; 다물다. ‖門を閉ざす 문을 닫다. 口を固く閉ざす 입을 굳게 다물다. ❷ 막다. ‖道を閉ざす 길을 막다. ❸ 가두다; [주로 受動의 形으로] 갇히다. ‖闇に閉ざされる 어둠에 갇히다.

どさっと 왕창. ‖棚からどさっと物が落ちてきた 선반에서 물건이 쿵 하고 떨어졌다. 注文がどさっと来て大にしだ 주문이 왕창 들어와 너무너무 바쁘다.

とざん【登山】 (ㅈ자) 등산(登山). ◆登山に行く 등산을 가다. 穂高を登산하다 호다카를 등산하다. ◆登山家 등산가. 登山隊 등산대. 登山道 등산도.

*とし【年・歳】❶《1年》해. 年を越す 해를 넘기다. 年の暮れ 연말. ❷《年齢》나이. 10歳違いで 年が違う 열 살이나 나이가 차이 나다. 年をとる 나이를 먹다. 年が同じだ 동갑이다. この年になってもいいのに 이 나이이지 되어. 年のわりに 나이에 비해. ▶年が明ける 새해가 밝다. ▶年には勝てない 나이는 못 이긴다.

*とし【都市】도시(都市). ❖人口 100万の大都市 인구 백만의 대도시. ❖衛星都市 위성 도시. 国際都市 국제 도시. 姉妹都市 자매 도시. 都市化. 都市ガス 도시 가스. 都市銀行 도시 은행. 都市計画 도시 계획.

どじ 얼빠진 짓 또는 그런 사람. ∥どじな奴 얼빠진 녀석. ▶どじを踏む 어이없는 실수를 하다.

としあけ【年明け】 신년(新年); 새해.

としうえ【年上】 연상(年上); 나이가 위. ∥兄は3つ年上だ 형은 세 살 위다.

としおいた【年老いた】 나이를 먹다. ∥年老いた男 나이를 먹은 남자.

としおとこ【年男】 그해의 띠와 같은 띠의 남자(男子).

としおんな【年女】 그해의 띠와 같은 띠의 여자(女子).

としがい【年甲斐】 나잇값. ∥年がいもなくけんかをする 나잇값도 못하고 싸우다.

としご【年子】 연년생(年年生).

としこしそば【年越し蕎麦】 (설명) 섣달 그믐날 밤에 먹는 국수.

としごと【年毎】 매년(毎年); 해마다.

とじこむ【綴じ込む】 철(綴)하다. ∥関係書類を綴じ込む 관계 서류를 철하다.

とじこめる【閉じ込める】 가두다. ∥人を地下室に閉じ込める 사람을 지하실에 가두다.

とじこもる【閉じ籠もる】 틀어박히다. ∥一室に閉じ籠もって執筆に励む 방에 틀어박혀 집필에 전념하다.

としごろ【年頃】❶《大体の》나이. ❷《結婚適齢期》결혼 적령기(結婚適齢期). ∥年頃の娘 적령기의 딸. ❸《副詞的に》요 몇 년(年) 동안.

としした【年下】 연하(年下); 나이가 아래. ∥弟は兄より3つ年下だ 동생은 형보다 세 살 아래다.

としつき【年月】❶ 세월(歳月). ∥年月が経った 세월이 흘렀다. ❷ 다년간(多年間). ∥年月探し求めていたもの 다년간 찾고 있던 것.

*として❶《資格・立場》…(으)로서; …(으)로서. ∥アガサクリスティーは推理作家として有名だ 아가사 크리스티는 추리 소설 작가로 유명하다. 代表として出席する 대표로 출석하다. 母はお使代として私に千円くれた 어머니는 점심값으로 내게 천 엔을 주었다. 感謝のしるしとして 감사의 표시로서. ❷《話題としてそのままに》…(이)라고; (으)로 하고. ∥それはそれとして、本題に入ろう 그것은 그렇다 하고, 본론으로 들어가자. 詳細は後で報告させることとして、質問を続けてください 자세한 것은 나중에 보고하게 하는 것으로 하고 질문을 계속하십시오. ❸《全部》《어느》…도. ∥誰一人としてそれに気づかなかった 어느 누구도 그것을 눈치채지 못했다. 一つとして完全なものはない 하나도 제대로 된 것이 없다. ❹《用途》…(으)로. ∥ごみ箱として使う 쓰레기통으로 쓰다.

としては…(으)로서는; …치고는. ∥私としては彼のやり方に反対だ 나로서는 그 사람의 방식에 반대다. 彼女は女性としては背が高い 그녀는 여자치고는 키가 크다.

としても…(으)로서도; …다(고) 하더라도 ∥私としても簡単に承諾するわけにはいきません 나로서도 간단히 승낙할 수는 없습니다. 知っているとしても、話せません 알고 있다 하더라도 말할 수 없습니다.

どしどし❶《物事が次から次へと続く様子》계속(繼續)해서; 척척; 끊임없이. ∥どしどし(と)片付ける 척척 정리하다. ❷《遠慮のない様子》거리낌없이; 기탄(忌憚)없이; 서슴없이. ∥どしどし言いつけてください 서슴없이 지시해 주십시오. ❸《足音高く歩く様子》쿵쿵. ∥2 階の廊下をどしどしと歩く 이 층 복도를 쿵쿵거리며 걷다.

としとる【年取る】 나이를 먹다; 연로(年老)하다. ∥年とった両親 연로하신 부모님.

としなみ【年波】 나이; 나이를 먹음. ∥寄る年波には勝てない 드는 나이는 어쩔 수가 없다.

としのせ【年の瀬】 연말(年末); 세밑. ∥年の瀬も押し詰まる 세밑이 가까워지다.

とじまり【戸締まり】 (숙어) 문단속(門團束).

とじめ【綴じ目】 철(綴)한 곳; 철한 자리. ∥綴じ目が緩む 철한 곳이 느슨해지다.

としゃ【吐瀉】❶ (숙어) 토사(吐瀉). ❷ 구토(嘔吐)와 설사(泄瀉).

どしゃ【土砂】 흙과 모래.

どしゃぶり【土砂降り】 비가 억수같이 쏟아짐.

としゅ【徒手】 맨손. ❖徒手体操 맨손체조.

としょ【図書】 도서(図書). ∥図書を閲覧する 도서를 열람하다. ❖図書館 도서관. 図書券 도서권. 図書室 도서실. 参考図書 참고 도서. 図書目録 도서 목록.

とじょう【途上】 도상(途上). ❖発展途

どじょう 上국 발전 도상국.
どじょう【土壌】 토양(土壤).
ドジョウ【泥鰌】 미꾸라지. ◆泥鰌鍋 추어탕.
としより【年寄り】 노인(老人).
とじる【閉じる】 ❶ 닫히다; (문을)다물다; (본을)덮다; (눈을)감다; (우산을)접다. ‖門が閉じる 문이 닫히다. ❷ 끝나다. ‖会が閉じる 회의가 끝나다.
とじる【綴じる】 철(綴)하다; 잇다.
とする【賭す】 걸다. ‖新製品の開発に社運を賭す 신제품 개발에 사운을 걸다.
トス【toss】 ❶〔球技種目で〕토스. ❷〔硬貨を親指ではじき上げて〕선공(先攻)·후공(後攻)을 정하는 것.
どす 단도(短刀). ❷ 무서운 기세(気勢); 위협적(威脅的)인 일. ‖どすのきいた声 위협적인 목소리.
どすう【度数】 ❶ 횟수(回数). ‖図書館を利用する度数 도서관을 이용하는 횟수. ❷ 도수(度数). ‖温度計の度数 온도계 도수.
どすぐろい【どす黒い】 거무칙칙하다; 거무죽죽하다. ‖壁にはどす黒い血がついていた 벽에는 거무칙칙한 피가 묻어 있었다.
どすん ❶〔重いものが落ちる様子[音]〕쿵광. ❷〔勢いよく腰を下ろす様子〕털썩; 풀썩. ‖どすんと腰を 풀썩 주저앉다.
どせい【土星】 토성(土星).
どせきりゅう【土石流】 토석류(土石流).
とぜつ【途絶】 (도하) 두절(杜絶). ◆交通途絶 교통 두절.
とそう【塗装】 (도하) 도장(塗装). ‖ビルの壁面を塗装する 건물 벽면을 도장하다.
どそう【土葬】 (도하) 토장(土葬).
どそく【土足】 신을 신은 발. ‖土足で座敷に上がり込む 신을 신은 채 방에 들어서다. ‖土足禁止 신을 신은 채 들어서는 것을 엄금함.
どだい【土台】 ❶ 토대(土臺). ‖コンクリートで土台を固める 콘크리트로 토대를 다지다. ❷〔元々〕애당초(當初); 원래(元來). ‖土台無理な話だ 애당초 무리한 얘기다.
とだえる【途絶える】 끊어지다; 두절(杜絶)되다. ‖連絡が途絶える 연락이 끊어지다.
どたキャン どたキャンする 직전에 취소하다.
どたどた 쿵광쿵광; 우당탕. ‖廊下をどたどた(と)歩く 복도를 쿵광거리며 걷다.
とだな【戸棚】 선반이 있는 장(欌). ◆食器戸棚 식기장.
どたばた 쿵광쿵광; 우당탕. ‖廊下をどたばた(と)走り回る 복도를 우당탕거리며 뛰어다니다.
とたん【途端】 …는 순간(瞬間); …자마자; 바로 그때. ‖立ち上がった途端に倒れた 일어서는 순간 쓰러졌다.
どたんば【土壇場】 최후(最後)의 장면(場面); 막판; 막다른 곳. ‖土壇場まで追い詰められる 막다른 곳까지 몰리다.
*****とち**【土地】 ❶ 땅; 토지(土地). ‖土地を耕す 토지를 경작하다. ‖肥えている土地 비옥한 토지. 土地改良 토지 개량. 祖国の土地 조국 땅. ❷ ユ 지방(地方); 그 지역(地域). ‖土地の言葉 그 지역의 말. 犯人は土地の事情に詳しい犯인으로 그 지역의 사정을 잘 알고 있다. ◆土地柄 그 지방의 풍습. 土地勘 그 지역의 지리를 잘 알다.
とち【都知事】 도지사; 도쿄도(東京都)의 지사(知事).
どちゃく【土着】 토착(土着). ‖土着の文化 토착 문화.
とちゅう【途中】 도중(途中)(에); 중도(中途). ‖学校へ行く途中 학교에 가는 도중에. 来る途中歩きながら考えてみた。仕事を途中で投げ出す 일을 중도에서 집어던지다. 途中下車 도중하차.
とちょう【都庁】 도청(都廳).
*****どちら**【何方】 ❶〔方向·場所〕방향(方向); 장소(場所). ‖どちらにお住みですか 어디에 사세요? ❷〔人〕어느 분; 누구. ‖どちらがお兄さんですか 어느 분이 형이신가요? どちら様ですか 누구십니까? ❸〔もの〕어느 것. ‖コーヒーと紅茶どちらになさいますか 커피와 홍차 중 어느 것으로 하시겠어요? ▶どちらかと言えば 굳이 말하자면.
とっか【特化】 (도하) 특화(特化).
とっか【特価】 특가(特價).
どっかい【読解】 (도하) 독해(讀解). ‖長文を読解する 장문을 독해하다. ◆読解力 독해력.
とっかかり【取っ掛かり】 실마리; 단서(端緒). ‖解決への取っかかりをつかむ 해결의 실마리를 찾다.
どっかり ❶〔重いものを置く〕무거운 짐을 쿵 놓다. ‖重い荷物をどっかりと置く 무거운 짐을 쿵쿵대며 놓다. ❷〔重々しく座る〕‖椅子にどっかりと腰を下ろす 의자에 의젓하게 앉다. ❸〔物事が急に変わる〕확; 팍. ‖目方がどっかり(と)減る 무게가 확 줄다.
とっき【突起】 (도하) 돌기(突起). ‖中央の突起部 중앙의 돌기부.
とっき【特記】 (도하) 특기(特記). ◆特記事項 특기 사항.
とっきゅう【特急】 특급(特急).
とっきゅう【特級】 특급(特級).

*とっきょ【特許】 특허(特許). ‖特許をもっている 특허를 갖고 있다. ‖特許が下りる 특허가 나오다. ‖特許をとる 특허를 따다. ◆特許権 특허권.

どっきょ【独居】 ［する］ 독거(獨居). ◆独居老人 독거 노인.

ドッキング【docking】 ［する］ 도킹.

とつぐ【嫁ぐ】 시집가다. ‖娘が嫁ぐ 딸이 시집가다. ‖娘を嫁がせる 딸을 시집보내다.

ドック【dock】 ❶독; 선거(船渠). ❷종합 검진(綜合檢診)을 위한 설비(설비). ‖人間ドック 인간 독.

とっくに【疾っくに】 이미; 벌써. ‖とっくに切符は売り切れた 이미 표는 다 팔렸다. ◆とっくの昔 오래 전.

とっくみあい【取っ組み合い】 맞붙어 싸움. ‖取っ組み合いのけんかをする 맞붙어 싸우다.

とっくみあう【取っ組み合う】 맞붙다; 맞대들다.

とっくり【徳利】 ❶(日本酒用의)용기(容器). ❷とっくり衿 터틀넥.

とっくん【特訓】 ［する］ 특별 훈련(特別訓練).

どっけ【毒気】 독기(毒氣). ◆毒気に当てられる 상대방의 기세에 눌려 망연해하다.

とっけい【特恵】 특혜(特惠). ◆特恵関税 특혜 관세.

とつげき【突撃】 ［する］ 돌격(突撃).

とっけん【特権】 특권(特權). ◆特権階級 특권 계급.

どっこい 어딜. ‖どっこい, そうはいかないよ 어딜, 그렇게는 안 돼.

どっこいしょ (이)영차. ‖うんと, どっこいしょ 이영차 이영차.

どっこいどっこい 엇비슷함; 비슷비슷함. ‖実力という点ではどっこいどっこい 실력 면에서는 비슷비슷하다.

とっこう【特効】 특효(特效). ◆特効薬 특효약.

とっこう【徳行】 덕행(德行).

とっこうたい【特攻隊】 특공대(特攻隊).

とっさ【咄嗟】 순식간(瞬息間); 순간. ‖とっさの間の出来事だった 눈 깜짝할 사이에 일어난 일이었다. ‖とっさに身を交わした 순간적으로 몸을 피했다.

どっさり 많이; 잔뜩. ‖おみやげをどっさり(と)もらう 선물을 듬뿍 받다.

ドッジボール【dodge ball】 피구(避球).

とっしゅつ【突出】 ［する］ 돌출(突出).

とつじょ【突如】 갑자기. ‖突如として出現する 갑자기 나타나다.

どっしり 중후(重厚)하게; 묵직하게. ‖どっしり(と)重い 묵직하다.

とっしん【突進】 ［する］ 돌진(突進).

とつぜん【突然】 돌연(突然)히; 갑자기. ‖突然笑い出す 갑자기 웃음을 터

뜨리다. ◆突然死 돌연사. 突然変異 돌연변이.

どっち【何方】 어디; 어느 쪽. ‖どっちでもいい 어느 쪽이든 좋다.

どっちつかず【何方付かず】 애매(曖昧)함; 어중간함. ‖どっちつかずの態度 애매한 태도. どっちつかずの返答 애매한 대답.

とっちめる【取っ締める】 심하게 혼내다.

どっちもどっち【どっちもどっちだ 양쪽 다 나쁘다.

とっつき【取っ付き】 ❶시작(始作); 처음. ‖取っ付きからの失敗する 처음부터 실패하다. ❷첫인상(印象). ‖取っ付きの悪い男 첫인상이 나쁜 남자. ❸(建物·場所などに入るір)맨 먼저 지나가는 곳. ‖取っ付きの部屋 맨 첫 번째 방.

とって【取って】 ❶나이를 셀 때 하는 말. ‖当年とって25歳 올해로 스물다섯 살. ❷…にとっては; …(으)로서는. ‖彼らにとっては, またとないい機会だ 그들에게는 다시 없는 좋은 기회다.

とって【取っ手】 손잡이. ‖鍋の取っ手 냄비 손잡이.

とっておき【取って置き】 비장(秘藏). ‖取って置きの方法 비장의 방법.

とっておく【取って置く】 잡아 두다; 받아 두다; 넣어 두다; 남겨 두다. ‖彼女のために隣の席を取って置いた 그녀를 위해 옆자리를 잡아 두었다.

とってかわる【取って代わる】 대신(代身)하다.

とってくる【取って来る】 가지고 오다; 들고 오다.

とってつけたよう 【取って付けたよう 】 ‖取って付けたようなお世辞を言う 어색한 겉치레 말을 하다.

どっと ❶(人やものなどが急に押し寄せる)우르르. ‖人がどっと押し寄せる 사람들이 한꺼번에 우르르 몰려들다. ❷〔大勢が一度に声を上げる〕왁. ‖皆がどっと笑う 모두 와 하고 웃다. ❸〔病気が急に重くなり床につく〕‖どっと床につく 병이 악화되어 드러눕다. 疲れがどっと出る 피곤이 마구 몰려오다.

ドット【dot】 도트; 점(點). ◆ドットコム ①(IT) .com. ②인터넷 관련 기업의 총칭.

とつとつ【訥訥】 더듬더듬. ‖とつとつと話す 더듬거리며 어눌하게 이야기하다.

とっとと 냉큼; 빨리; 어서; 썩. ‖とっとと消えろ 냉큼 꺼져라! とっとと出ていけ 어서 나가!

とつにゅう【突入】 ［する］ 돌입(突入). ‖敵陣に突入する 적진에 돌입하다.

とっぱ【突破】 ［する］ 돌파(突破). ‖警戒線を突破する 경계선을 돌파하다.

とっぱこう【突破口】 돌파구(突破口). ‖突破口を開く 돌파구를 찾다.

とっぱつ【突発】(-する) 돌발(突發). ◆**突発事故** 돌발 사고.

とっぱん【凸版】 철판(凸版); 볼록판.

とつび【突飛】 엉뚱하다; 突飛한 행동 엉뚱한 행동.

とっぴょうし【突拍子】 [突拍子もない形で] 엉뚱함; 얼토당토않음. ‖突拍子もない計画 엉뚱한 계획.

*トップ【top】** ❶ 선두(先頭); 일등(一等). ‖トップで走る 선두로 달리다. ❷ 최상위(最上位); 정상(頂上). ‖トップ会談 頂上 회담. ❸ 최상단(最上段) 오른쪽 부분(部分). ❹ 사회면의 사회면의 톱기사. ◆**トップニュース** 톱뉴스.

とっぷう【突風】 돌풍(突風).

どっぷり ❶ [日がすっかり暮れる] 완전(完全)히. ‖どっぷり(と) 日が暮れる 해가 완전히 저물다. ❷ [十分におおわれたり浸かったりする] 푹. ‖湯にどっぷり(と) 浸かる 따뜻한 물에 몸을 푹 담그다.

どっぷり ❶ [墨汁や水などを十分含ませる] 듬뿍. ‖筆にどっぷり(と)墨をつける 붓에 먹물을 듬뿍 적시다. ❷ [風呂などにつかっている] 푹. ‖首までどっぷり(と)浸かる 목까지 푹 담그다. ❸ [ある環境にすっかりはまって安住している] 푹. ‖古い慣習にどっぷり(と) 浸かっている 오랜 관습에 푹 젖어 있다.

とつべん【訥弁】 눌변(訥辯). ‖訥弁だが真情のこもった話 눌변이지만 진심이 담긴 이야기.

とつめんきょう【凸面鏡】 볼록 거울.

とつレンズ【凸 lens】 볼록 렌즈.

どて【土手】 제방(堤防); 방죽.

とてい【徒弟】 도제(徒弟); 제자(弟子). ◆**徒弟制度** 도제 제도.

どでかい 매우 크다. ‖どでかいビルがおっ立ったのは 엄청나게 큰 건물이 들어섰다.

とてつもない【途轍もない】 도리(道理)에 맞지 않다; 엄청나다; 터무니없다.

とても ❶ [打ち消しの表現を伴って] 도저(到底)히. ‖そんな仕事はとてもやれない 그런 일은 도저히 할 수 없다. ❷ 매우; 아주; 대단히. ‖とても美しい 매우 예쁘다.

トド【朝鮮】[動物] 바다사자.

ととう【徒党】 도당(徒黨); 무리; 徒党を組む 무리를 짓다; 작당하다.

どとう【怒濤】 노도(怒濤). ‖怒濤のように押し寄せる 노도처럼 밀려오다.

とどうふけん【都道府県】 전국 행정구역(全國行政區域)의 총칭(總稱).

*とどく【届く】** ❶ 도착(到着)하다. ‖手紙しか 편지가 도착하다. 送ってくれた小包が届きました 보내 준 소포가 도착했습니다. ❷ 닿다; 미치다. ‖天井に手が届く 천장에 손이 닿다. 注意が届く 주의가 미치다.

とどけ【届】 ❶ 전달(傳達); 배달(配達). ❷ 신청(申請); 신고(申告). ‖届けを済ます 신청을 마치다. ❸ 신고서(申告書). …ケ(届). ‖届けを提出する 신고서를 제출하다. 学校に欠席届を出す 学校에 결석계를 내다. ◆**届け先** 보낼 곳.

とどけでる【届け出る】 (役所などに) 신고(申告)하다.

とどける【届ける】 ❶ 보내다. ‖本を届ける 책을 보내다. ❷ 신고(申告)하다. ‖欠席を届ける 결석을 신고하다.

とどこおりなく【滯りなく】 탈 없이; 무사(無事)히. ‖式は滯りなく終わった 식은 탈 없이 끝났다.

とどこおる【滯る】 ❶ 밀리다; 정체(停滯)되다. ‖仕事が滯る 일이 밀리다. ❷ 연체(延滯)되다. ‖部屋代が滯る 방세가 밀리다.

ととのう【整う・調う】 ❶ 정돈(整頓)되다; 반듯하다. ‖整った顔だち 반듯한 얼굴. ❷ 갖춰지다. ‖書類가 갖춰지다. ❸ 성립(成立)되다; 이루어지다. ‖縁談が調う 혼담이 성립되다.

ととのえる【整える・調える】 ❶ 정리(整理)하다; 정돈(整頓)하다. ‖机の上を整える 책상 위를 정리하다. ❷ 조절(調節)하다; 조정(調整)하다. ‖体調を整える 컨디션을 조절하다. ❸ 준비(準備)하다. ‖旅行に必要なものを調える 여행에 필요한 물건을 준비하다. ❹ 맞추다. ‖拍子を整える 박자를 맞추다. ❺ 성립(成立)시키다. ‖縁談を調える 혼담을 성립시키다.

とどまる【止まる・留まる】 ❶ 머물다. ‖夏休み中も東京に留まっていた 여름방학에도 도쿄에 머물렀다. ❷ 그치다. ‖止まるところを知らない 物価の上昇 멈출 줄을 모르는 물가 상승.

とどめ【止め】 최후(最後)의 일격(一擊). ‖止めの一撃を加える 결정적인 일격을 가하다. ▸**止めを刺す** 다짐을 받다. 못을 박다. [證]

とどめる【止める・留める】 ❶ 멈추다; 중지(中止)하다. ‖足をとどめて眺める 걸음을 멈추고 바라보다. ❷ 남기다. ‖議事録にとどめる 의사록에 남기다.

とどろかす【轟かす】 ❶ 울리다. ‖ひづめの音をとどろかして馬が走る 말이 발굽 소리를 내며 달리다. ❷ 떨치다; 널리 알리다. ‖天下に名をとどろかす 천하에 이름을 떨치다. ❸ [胸を] 뛰게 하다.

とどろく【轟く】 ❶ 울려 퍼지다. ‖雷鳴がとどろく 천둥소리가 울려 퍼지다. ❷ 널리 알려지다. ‖名声が天下にとどろいている 명성이 천하에 알려져 있다.

トナー【toner】 토너.

ドナー【donor】 도너; 장기 제공자(臟器提供者).

となえる【唱える】 ❶ 외다. ∥念仏を唱える 염불을 외다. ❷외치다; 주장(主張)하다. ∥絶対反対を唱える 절대 반대를 외치다.

となえる【称える】 …(이)라고 칭(稱)하다.

トナカイ【馴鹿】 순록(馴鹿).

どなた【何方】 어느 분; 누구. ∥あの方はどなた様でしょうか 저 분은 누구시죠?

どなべ【土鍋】 질그릇 냄비.

となり【隣】 ❶ 옆. ∥隣の人 옆 사람. ❷ 옆집; 이웃집. ∥隣に新しい人が引っ越してきた 옆집에 새로운 사람이 이사 왔다. ▶隣の花は赤い 남의 떡이 커 보인다.

となりあう【隣り合う】 이웃하다. ∥隣り合った2軒の家 이웃하는 두 집.

となりあわせ【隣り合わせ】 이웃해 있음. ∥隣り合わせに住んでいる 이웃해서 살고 있다.

となりきんじょ【隣近所】 이웃; 이웃집.

どなりこむ【怒鳴り込む】 거세게 항의(抗議)하다. ∥騒音を出す工場へ怒鳴り込む 소음을 내는 공장에 거세게 항의하다.

どなりつける【怒鳴り付ける】 호통을 치다. ∥子どもを怒鳴りつける 아이에게 호통을 치다.

どなる【怒鳴る】 ❶ 소리 지르다. ∥そんなに怒鳴らなくても聞こえる 그렇게 소리 지르지 않아도 들린다. ❷ 혼내다. ∥いたずらをして先生に怒鳴られた 장난을 쳐서 선생님께 혼났다.

とにかく【兎に角】 아무튼; 어쨌든. ∥とにかくやってみよう 어쨌든 해 보자. ❷차치(且置)하고. ∥君はとにかく, 彼は駄目だ 너는 차치하고 그 사람은 안 된다.

トニック【tonic】 토닉. ◆ヘアトニック 헤어 토닉. トニックウォーター 토닉워터.

とにもかくにも【兎にも角にも】 아무튼; 어쨌든. ∥とにもかくにも私の務めは終わった 어쨌든 내 임무는 끝났다.

-どの【何の】 어느; 어떤. ∥どの品がたいますか 어떤 것으로 하시겠습니까? ∥どの絵が一番好きですか 어느 그림이 가장 마음에 듭니까?

-どの【殿】 …님; …씨(氏) 귀하(貴下).

どのう【土嚢】 흙을 넣은 자루.

どのくらい【何の位】 어느 정도(程度); 얼마 정도. ∥どのくらいの大きさですか 어느 정도의 크기입니까? ∥どのくらい必要ですか 얼마나 필요합니까? ∥時間はどのくらいかかりますか 시간은 얼마나 걸립니까?

とのさま【殿様】 ❶주군(主君)・귀인(貴人). ❷(生活に余裕があって)세상 물정(世上物情)을 모르는 사람. ∥殿様暮らし 호화로운 생활.

トノサマガエル【殿様蛙】 참개구리.

どのみち【何の道】 아무튼; 어쨌든. ∥どのみち駄目だ 어쨌든 안 된다.

とば【賭場】 도박장(賭博場).

トパーズ【topaz⁷】 토파즈.

ドバイ【Dubai 国名】 두바이.

とはいうものの【とは言うものの】 그렇다고 하되; …(이)라고 하더라도.

とばす【飛ばす】 ❶ 날리다. ∥紙飛行機を飛ばして遊ぶ 종이비행기를 날리며 놀다. 데마를 飛ばす 악선전을 하다. ❷건너뛰다. ∥分からないところは飛ばして読む 모르는 부분은 건너뛰어 읽다. ❸속력(速力)을 내다. ∥車を飛ばす 차를 달리다. ❹〔飛ばされるの形で〕좌천(左遷)되다. ∥支社に飛ばされた 지사로 좌천되었다.

どはずれ【度外れ】 정도(程度)를 넘어섬; 엄청남. ∥度外れな声を出す 엄청나게 큰 소리를 내다.

とばり【帳】 막; 장막(帳幕).

とはん【渡坂】 등판(登板).

とはん【登攀】 등반(登攀).

トビ【鳶】 ❶〔鳥類〕솔개. ❷건축 공사장 인부(建築工事場人夫). ◆鳶が鷹を生む 개천에서 용 난다.〔俚〕

とびあがる【飛び上がる】 ❶날아오르다. ∥飛行機が飛び上がる 비행기가 날아오르다. ❷뛰어오르다; 뛰어넘다. ∥2階級飛び上がる 이 계급을 뛰어넘다.

とびあるく【飛び歩く】 바쁘게 뛰어다니다. ∥話をまとめようと四方八方飛び歩く 교섭을 성사시키려고 사방팔방으로 뛰어다니다.

とびいし【飛び石】 징검다리.

とびいた【飛び板】 스프링보드; 도약판(跳躍板).

とびいり【飛び入り】 예정(豫定)에 없이 뛰어듦 또는 그 사람. ∥飛び入りする 예정에 없는 사람이 뛰어들다.

トビウオ【飛び魚】 날치.

とびおきる【飛び起きる】 벌떡 일어나다. ∥地震に驚いて飛び起きる 지진에 놀라 벌떡 일어나다.

とびおりる【飛び降りる】 뛰어내리다. ∥汽車から飛び降りる 기차에서 뛰어내리다.

とびかう【飛び交う】 ❶뒤섞여 날다. ∥蝶が飛び交う 나비가 이리저리 날다. ❷오고가다. ∥怒号が飛び交う 고함소리가 오고가다.

とびかかる【飛び掛かる】 달려들다; 덤벼들다. ∥猟犬が獲物に飛びかかる 사냥개가 사냥감에 덤벼들다.

とびきゅう【飛び級】 월반(越班).

とびきり【飛び切り】 ❶각별(各別); 최

とびこえる

상(最上). ‖飛び切りの 最上品.〔副詞的に〕각별(各別)히; 뛰어나게. ‖飛び切りうまい料理 뛰어나게 맛있는 요리.

とびこえる【飛び越える】 뛰어넘다; 건너뛰다. ‖垣根を飛び越える 울타리를 뛰어넘다.

とびこす【飛び越す】 ❶ 뛰어넘다; 뛰어건너다. ‖小川を飛び越す 냇가를 뛰어건너다. ❷〔順序を〕뛰어넘다; 앞지르다. ‖先輩を飛び越して昇進する先輩 선배를 뛰어넘어 승진하다.

とびこみ【飛び込み】 ❶〔水泳の〕다이빙. ❷뛰어듦; 투신(投身). ‖飛び込み自殺 투신자살. ❸느닷없이 나타남. ‖飛び込みの仕事 느닷없는 일.

とびこむ【飛び込む】 ❶ 뛰어들다. ‖海に飛び込む 바다에 뛰어들다. ❷ 느닷없이 들어오다. ‖窓から鳥が飛び込んでくる 창문으로 새가 날아들다.

とびだす【飛び出す】 ❶ 갑자기 나타나다. ‖帽子の中からハトが飛び出す 모자 속에서 비둘기가 튀어나오다. ❷〔外部へ〕뛰어나오다. ‖釘が飛び出している 못이 튀어나와 있다. ❸〔そこを去って〕인연(因緣)을 끊다. ‖上司と意見が合わず会社を飛び出す 상사와 의견이 안 맞아 회사를 나오다.

とびたつ【飛び立つ】 날아오르다.

とびちる【飛び散る】 튀다. ‖火花が飛び散る 불꽃이 튀다.

とびつく【飛び付く】 달려들다; 덤벼들다; 달라붙다. ‖犬が飼い主に飛びついた 키우고 있는 개가 주인에게 달라붙었다. ‖うまい話に飛びつく 돈이 된다는 이야기에 달라붙다.

トピック【topic】 토픽.

トピックス【TOPIX】 도쿄 증권 거래소(東京證券去來所)의 주가 지수(株價指數).

とびでる【飛び出る】 튀어나오다.

とびとびに【飛び飛びに】 ❶ 띄엄띄엄. ‖本を飛び飛びに読む 책을 띄엄띄엄 읽다. ❷ 드문드문. ‖家が飛び飛びにある 집이 드문드문 있다.

とびぬける【飛び抜ける】 뛰어나다; 빼어나다; 월등(越等)하다. ‖飛び抜けた成績 뛰어난 성적.

とびのく【飛び退く】 재빨리 물러서다; 비켜서다. ‖慌てて後ろに飛びのく 허둥대며 뒤로 물러서다.

とびばこ【跳び箱】 뜀틀.

とびはなれる【飛び離れる】 ❶ 재빨리 피(避)하다; 물러서다. ❷ 깜짝 놀라 뒤로 물러서다. ‖びっくりして飛び離れる 깜짝 놀라 뒤로 물러서다. ❸ 본토로부터 멀리 떨어지다. ‖本土から飛び離れた孤島 본토에서 멀리 떨어진 외딴섬.

とびはねる【飛び跳ねる】 ❶ 날뛰다. ‖馬が飛び跳ねる 말이 날뛴다. ❷〔うれしくて〕팔짝팔짝 뛰다. ‖それを聞いて飛び跳ねて喜んだ その 소리를 듣고 기뻐서 팔짝팔짝 뛰었다.

とびひ【飛び火】 비화(飛火); 불똥. ‖飛火する 불똥이 튀다.

とびまわる【飛び回る】 ❶ 날아다니다. ‖ハエが室内を飛び回る 파리가 실내를 날아다니다. ❷ 바쁘서 뛰어다니다.

とびら【扉】 ❶ 문(門). ‖扉が開く 문이 열리다. ❷〔本の〕속표지 표지.

どびん【土瓶】 (甁)차(茶)를 끓이거나 약(藥)을 달이는 데 사용(使用)하는 도기(陶器).

*__とぶ__【飛ぶ·跳ぶ】 ❶ 날다. ‖鳥が空を飛ぶ 새가 하늘을 날다. ❷ 튀다. ‖しぶきが飛ぶ 물방울이 튀다. ‖彼の話はあちこち飛ぶ その 사람 이야기는 여기저기로 뛴다. ❸〔飛行機に乗って〕가다. ‖明日はソウルに飛ぶ 내일은 서울에 간다. ❹ 건너뛰다: 빠고 넘어가다. ‖この本は16ページが飛んでいる 이 책은 십육 페이지가 빠져 있다. ❺ 퍼지다. ‖うわさが飛ぶ 소문이 퍼지다. ❻ 도약(跳躍)하다. ‖飛ぶように売れる 날개가 돋친듯이 팔리다. ▶飛ぶ鳥を落すやい 나는 새도 떨어뜨린다. 〔諺〕~飛んで火に入る夏の虫 화를 자초하다.

どぶ【溝】 하수구(下水溝); 수채. ‖溝をさらう 수채를 치다.

ドブネズミ【溝鼠】 시궁쥐.

どぶろく【濁酒】 탁주(濁酒).

とべい【渡米】〔주한〕 도미(渡美).

とほ【徒歩】 도보(徒步); 걸어서 감. ‖徒歩で今まで歩いて行く 現在까지 도보로 걸어서 가다. 現場까지 도보10分 현지까지 도보로[걸어서] 십 분.

とほう【途方】 ❶ 수단(手段); 방법(方法). ❷ 도리(道理). ‖途方に暮れる어찌할 바를 모르다. ▶途方もない 터무니없다. 途方もない大きな計画 터무니없는 계획.

どぼく【土木】 토목(土木). ◆土木工事 토목 공사. 土木工学 토목 공학.

とぼける【惚ける】 ❶〔しらばくれる〕시치미를 떼다. ❷〔間が抜ける〕얼빠지다. ‖とぼけた表情 얼빠진 표정.

とぼしい【乏しい】 부족(不足)하다; 빈약(貧弱)하다. ‖若くて経験に乏しい 젊어서 경험이 부족하다.

とぼとぼ 터벅터벅. ‖とぼとぼ(と)歩く 터벅터벅 걷다.

どぼん 풍덩. ‖どぼんと飛び込む 풍덩 뛰어들다.

とま【土間】 봉당(封堂).

トマト【tomato】 토마토. ◆トマトケチャップ 토마토케첩. トマトピューレ 토마토 퓨레.

とまどい【戸惑い】 당황(唐慌)함; 망설임; 어쩔 줄 몰라함. ‖戸惑いを見せる 당황해하다. 戸惑いの色を隠せない 어쩔 줄 몰라하다.

とまどう【戸惑う】 당황(唐慌)하다; 망설이다; 어쩔 줄 몰라하다. ‖急に聞かれて戸惑った 갑자스레 질문을 받아 당황했다.

とまり【止まり・留まり】 멈춤; 멈추는 곳.

とまり【泊まり・留まり】 숙소(宿所). ‖1晩泊まりで温泉へ行く 일 박 예정으로 온천에 가다. ❷선착장(船着場).

とまりがけ【泊まり掛け】 ‖泊まりがけで遊びに行く 묵을 예정으로 놀러 가다.

とまりこむ【泊まり込む】 숙박(宿泊)하다; 묵다.

*__とまる__**【止まる・留まる・停まる】 ❶정지(停止)하다; 중단(中斷)하다; 서다. ‖次の駅は停まりますか? 다음 역에 섭니까? 時計が止まる 시계가 멈추다. ❷머물다; 앉다. ‖スズメが電線に止まっている 참새가 전선에 앉아 있다. ‖止まる 눈에 들어오다. ❸(見たり聞いたりしたものが)남다. ‖心に留まる 마음에 남다.

*__とまる__**【泊まる】 ❶숙박(宿泊)하다; 묵다. ‖もう遅いから泊まって行きなさい 늦었으니 묵고 가거라. 今夜友の所に泊まっている 지금 친구 집에 묵고 있다. ❷정박(碇泊)하다.

どまんなか【ど真ん中】 한가운데; 한복판. ‖ソウルのど真ん中 서울 한복판.

とみ【富】 ❶부(富). ‖莫大な富を築く 막대한 부를 쌓다. ❷자원(資源). ‖地下に眠っている富を掘り当てる 지하에 잠자고 있는 자원을 찾아내다.

とみに【頓に】 갑자기; 부쩍. ‖人口がとみに増加している市 요 몇 년 사이에 인구가 갑자기 증가하고 있는 시.

ドミニカ【国名】도미니카.

ドミニカきょうわこく【Dominica 共和国】【国名】도미니카 공화국(共和國).

ドミノ【domino】도미노.

とむ【富む】 ❶부자(富者)가 되다. ❷풍부(豊富)하다. ‖才能に富む 재능이 풍부하다.

とむらい【弔い】 ❶애도(哀悼). ❷장례식(葬禮式). ❸공양(供養). ‖弔い合戦【説明】죽은 자를 위한 복수전(復讐戰).

とむらう【弔う】 ❶조문(弔問)하다. ‖遺族を弔う 유족을 조문하다. ❷명복(冥福)을 빌다. ‖死者の霊を弔う 죽은 사람의 명복을 빌다.

とめ【止め・留め】 ❶멈춤. ❷금지(禁止). ‖通行止め 통행금지.

ドメイン【domain】 ❶(IT) 도메인. ❷사업 활동(事業活動)의 영역(領域).

とめおき【留め置き】 유치(留置).

とめおく【留め置く】 ❶유치(留置)하다. ‖一晩警察に留め置かれた 하룻밤 경찰에 유치되었다. ❷그대로 두다.

とめがね【止め金・留め金】【説明】이음매가 떨어지지 않도록 고정(固定)하는 쇠붙이.

とめぐ【留め具】【説明】떨어지거나 움직이지 않도록 고정(固定)시키는 기구(器具).

ドメスティックバイオレンス【domestic violence】가정 폭력(家庭暴力).

とめど【留め処】제한(制限); 한. ‖止めどなくしゃべり続ける 한도 없이 지껄이다.

とめばり【留め針】 ❶【待ち針】시침. ❷【ピン】핀.

*__とめる__**【止める・留める】 ❶중지(中止)하다; 멈추다. ‖足を止める 발걸음을 멈추다. ❷금지(禁止)하다; 말리다. ‖子どものけんかを止める 아이들 싸움을 말리다. ❸고정(固定)시키다. ‖洗濯ばさみで留める 빨래집게로 고정시키다. ❹주의(注意)하다; 주의를 기울이다. ‖1枚の写真に目を止める 한 장의 사진에 주목하다.

とめる【泊める】 ❶숙박(宿泊)시키다. 묵게 하다; 재우다. ❷정박(碇泊)시키다.

とも【友】친구(親舊). ‖竹馬の友 죽마고우.

とも【供・伴】종자(從者); 수행원(隨行員).

とも【鞆】【説明】활을 쏠 때 왼쪽 팔목에 차는 도구(道具).

とも【艫】선미(船尾).

-**とも**【共】 ❶전부(全部); 함께. ‖5人とも合格 다섯 명 전부 합격. ❷포함(包含). ‖送料とも千円 송료 포함 천엔.

-**ども**【共】 ‖わたくし共の責任です 저희들의 책임입니다.

ともあれ【とも有れ】 아무튼; 어쨌든.

ともかく【兎も角】 ❶아무튼; 어쨌든. ‖留守かも知れないが, ともかく行ってみよう 없을지도 모르지만 아무튼 가 보자. ❷『…はともかくの形で…は[는] 차치(且置)하고』. 夏はともかく, 冬がつらい 여름은 차치하고 겨울이 힘들다.

ともかせぎ【共稼ぎ】맞벌이.

ともぐい【共食い】공식(共食)하는 서로 잡아먹이다.

ともしび【灯】등불. ❖風前の灯 풍전등화.

ともしらが【共白髪】백년해로(百年偕老). ‖共白髪まで添い遂げる 백년해로하다.

ともす【点す・灯す】(明かりを)밝히다; 켜다. ‖ろうそくを点す 촛불을 켜다.

ともだおれ【共倒れ】같이 쓰러지다; 같이 망하다. 공도동망하다. 安売り合戦で共倒れになる 저가 판매 경합으로 같이 망하다.

ともだち【友達】친구(親舊). ‖友だちになる 친구가 되다. ❖女友だち 여자 친

ともども【共々】 함께; 모두. ‖親子共々音楽家として知られる 부모 자식 모두 음악가로 알려졌다.

*ともなう【伴う】 ❶ 함께 가다; 따라가다. ‖父に連れられて博物館に行く 아버지를 따라서 박물관에 가다. ‖秘書を伴って行く 비서를 대동하고 가다. ❷ 따르다. ‖危険を伴う手術 위험이 따르는 수술.

ともなしに[とも無しに] …라고 한 것은 아니지만. ‖聞くともなしに耳に入った話 들으려고 한 것은 아니지만 듣게 된 이야기.

*ともに【共に】 ❶ 함께; 같이. ‖共に学んだ旧友 함께 배운 옛 친구, 苦楽を共にする 고락을 함께하다. ❷ 양쪽 다. ‖母子共に元気です 엄마와 아이 양쪽 다 건강합니다. ❸ …와 함께. ‖共に天を戴かず 불구대천(不俱戴天). 불공대천(不共戴天).

ともばたらき【共働き】 <화제> 맞벌이.

ともる【点る・灯る】(明かりが) 켜지다. ‖明かりがともる 불이 켜지다.

どもる【吃る】 말을 더듬다. ‖緊張のあまりどもる 긴장한 나머지 말을 더듬다.

とやかく【兎や角】 이러쿵저러쿵; 이러니저러니. ‖とやかく言われる筋合いはない 이러니저러니 하는 말을 들을 이유는 없다.

どやどや 우르르. ‖どやどや(と)部屋に入ってくる 우르르 방에 들어오다.

どよう【土用】 <화제> 입춘(立春)・입하(立夏)・입추(立秋)・입동(立冬) 전의 약 18일간; 특히 입추 전의 18일간.

どよう【土曜】 토요일(土曜日). ◆土曜日 토요일.

どよめき【響めき】 떠들썩한 소리; 술렁거리는 소리. ‖群衆にどよめきが起こった 군중이 술렁거렸다.

どよめく【響めく】 울려 퍼지다. ‖砲声がどよめき 포성이 울려 퍼지다. ‖観客がどよめく 관객들이 술렁거리다.

トラ【虎・寅】 ❶【動物】호랑이. ❷ (十二支의) 인(寅). ‖寅の刻 인시(寅時). ❸ 【酔っ払い】 주정(酒酊)뱅이. ‖虎の威を借る狐 호가호위(狐假虎威).

どら』 <화제> 징.

とらい【渡来】 ❷ 도래(渡来). ‖中国から渡来した品 중국에서 도래한 물건. ◆渡来人 <화제> 고대 중국(中國)이나 한반도(韓半島)에서 온 사람.

ドライ【dry】 ❶ 드라이. ❷ 냉정(冷情)함. ‖現代のドライな娘 냉정한 성격의 요즘 젊은 여자. ❸ (禁酒의) 드라이. ◆ドライアイ 건조한 눈. ドライアイス 드라이아이스. ドライカレー 드라이카레. ドライクリーニング 드라이클리닝. ドライフラワー 드라이플라워. ドライフルーツ 드라이프루트.

トライアスロン【triathlon】 트라이애슬런.

トライアングル【triangle】 트라이앵글.

ドライバー【driver】 ❶ 〔ねじ回し〕드라이버. ❷ 운전자(運轉者). ❸ 〔ゴルフの〕드라이버. ❹ 〔コンピューターの〕드라이버.

ドライブ【drive】 ❶ 드라이브. ❷ 공에 회전(回轉)을 줌. ❸ 〔コンピューターの〕 기억 장치(記憶裝置).

ドライブイン【drive-in】 드라이브인.

ドライブスルー【drive-through】 드라이브스루.

ドライヤー【drier】 드라이어; 드라이기. ‖ヘアドライヤー 헤어 드라이어.

トラウマ【Trauma^독】 트라우마.

とらえどころ【捕らえ所】 중점(重點); 요점(要點). ‖捕らえ所のない議論 요점이 없는 논의.

とらえる【捕らえる・捉える】 ❶ 잡다. ‖犯人を捕らえる 범인을 잡다. ❷ 파악(把握)하다; 확인(確認)하다. ‖文章の要点を捉える 문장의 요점을 파악하다.

トラクター【tractor】 트랙터.

どらごえ【どら声】 굵고 탁한 목소리; 뚝배기 깨지는 소리. ‖どら声を出す 뚝배기 깨지는 소리를 내다.

トラスト【trust】(経) 트러스트.

とらせる【取らせる】 ❶ 받게 하다; (目下の人に) 주다. ‖ほうびを取らせる 상을 내리다. ❷ …お[いお] 주다. ‖望み通りにしてとらせよう 소원대로 들어주마.

トラック【track】 트랙; 트랙 경기(競技).

トラック【truck】 트럭.

とらのこ【虎の子】 소중(所重)한 것. ‖虎の子の貯金 꼬이 간직한 저금.

とらのまき【虎の巻】 ❶비전(秘傳). ❷참고서(参考書). ‖英語の虎の巻 영어 참고서.

トラフグ【虎河豚】 복.

ドラフト【draft】 〔野球の〕 드래프트. ◆ドラフトビール 생맥주.

トラブる 문제(問題)가 생기다.

トラブル【trouble】 트러블; 문제(問題). ‖トラブルが起きる 트러블이 생기다. ‖エンジンにトラブルが発生する 엔진에 문제가 발생하다.

トラベラーズチェック【traveler's check】 여행자 수표(旅行者手票).

ドラマ【drama】 드라마. ◆テレビドラマ 텔레비전 드라마. 連続ドラマ 연속극.

ドラマチック【dramatic】<화제> 드라마틱하다. ‖ドラマチックな再会 드라마틱한 재회.

ドラム【drum】 ❶ 드럼. ‖ドラムをたたく

ドラムを打つ。❷《器械で》円筒形(円筒形)の部分(部分).
ドラムかん【ドラム缶】드럼통.
どらむすこ【どら息子】탕아(蕩兒).
とらわれる【捕らわれる】❶잡히다.∥強盗は警察に捕らわれた 강도가 경찰에 잡혔다.❷얽매이다; 사로잡히다.∥先入観にとらわれる 선입관에 사로잡히다.
トランク【trunk】트렁크.
トランクス【trunks】트렁크스.
トランジスタ【transistor】트랜지스터.◆トランジスタラジオ 트랜지스터 라디오.
トランジット【transit】트랜싯; 통과(通過); 통행(通行); 일시(一時) 통과(的); 다른 나라 공항(空港)에 일시 들르는 일 또는 그 승객(乗客).
トランス변압기(變壓器).
トランプ【trump】트럼프.
トランペット【trumpet】트럼펫.
トランポリン【trampoline】트램펄린.
***とり**【鳥・鶏・酉】❶새; 조류(鳥類).∥鳥のさえずり 새가 지저귀는 소리.❷닭; 鶏의가랑으로 スープをこしらえる 닭고기로 수프를 만들다. 鶏肉 닭고기.❸《十二支の》유(酉). 酉の刻 유시.
ドリア【doria ’】도리아.
とりあい【取り合い】∥ボールを取り合いする공을 서로 뺏다.
とりあう【取り合う】❶서로 손을 잡다.∥手を取り合って喜ぶ 손을 맞잡고 기뻐하다.❷서로 빼앗다; 다투다.∥1点を取り合う試合 일 점을 다투는 시합.❸상대(相對)하다.
とりあえず【取り敢えず】우선(于先); 먼저.∥とりあえず彼に言わないといけない 먼저 그 사람한테 말하지 않으면 안된다.
***とりあげる**【取り上げる】❶《手に取る》집어 들다.∥書類を取り上げる 서류를 집어 들다.❷수리(受理)하다; 채용(採用)하다; 받아들이다.∥その案は取り上げられなかった 그 안은 받아들여지지 않았다.❸빼앗다; 뺏다; 몰수(沒收)하다; 징수(徵收)하다.∥子供のおもちゃを取り上げる 아이의 장난감을 빼앗다.❹출산(出産)을 돕다.
とりあつかい【取り扱い】❶취급(取扱).❷대우(待遇); 접대(接待).∥丁重な扱い 정중한 대우.
とりあつかう【取り扱う】다루다; 취급(取扱)하다.∥劇薬を取り扱う 극약을 취급하다.
とりあつめる【取り集める】모으다.∥資料を取り集める 자료를 모으다.
とりあわせる【取り合わせる】적절(適切)히 섞다; 배합(配合)하다.
とりいそぎ【取り急ぎ】〔主に手紙の末尾に用いられて〕우선(于先) 급(急)한 대

로; 서둘러.
トリートメント【treatment】트리트먼트; 손질; 치료(治療).
とりいれる【取り入れる】❶걷어 들이다.∥洗濯物を取り入れる 빨래를 걷어들이다.❷수확(收穫)하다.∥稲を取り入れる 벼를 수확하다.
とりインフルエンザ【鳥influenza】조류 독감(鳥類毒感).
とりえ【取り柄】장점(長點); 쓸모.∥何の取り柄もない 아무런 장점이 없다.
トリオ【trio 伊】트리오.
とりおこなう【執り行なう】 거행(擧行)하다; 집행(執行)하다.∥結婚式を執り行なう 결혼식을 거행하다.
とりおさえる【取り押さえる】잡다.∥現行犯を取り押さえる 현행범을 잡다.
とりおとす【取り落とす】❶떨어뜨리다.∥驚いて茶碗を取り落とす 놀라서 밥공기를 떨어뜨리다.❷《漏らす》빠뜨리다; 빼먹다.∥後から入ったデータを取り落として集計する 나중에 들어온 데이터를 빠뜨리고 집계하다.
とりかえし【取り返し】∥取り返しがつかない 돌이킬 수가 없다.
とりかえす【取り返す】되찾다; 돌려받다; 돌이키다; 회복(回復)하다.∥弟にやったカメラを取り返す 남동생에게 준 카메라를 돌려받다. 健康を取り返す 건강을 회복하다.
とりかえる【取り替える】교환(交換)하다; 바꾸다.∥部品を取り替える 부품을 교환하다.
とりかかる【着手する】착수(着手)하다.∥新しい仕事に取り掛かる 새로운 일에 착수하다.
とりかご【鳥籠】새장.
とりかこむ【取り囲む】둘러싸다; 에워싸다.∥城を取り囲む 성을 에워싸다.
トリカブト【鳥兜】투구꽃.
とりがら【鶏がら】살을 발라낸 닭뼈.
とりかわす【取り交わす】주고받다.∥杯を取り交わす 술잔을 주고받다.
とりきめ【取り決め】결정(決定); 약속(約束); 계약(契約).∥取り決めに従って支払う 계약에 따라 지불하다.
とりきめる【取り決める】정(定)하다.∥式の日取りを取り決める 식 날짜를 정하다. 和解条項を取り決める 화해 조항을 정하다.
とりくずす【取り崩す】조금씩 헐다; 무너뜨리다.∥預金を取り崩す 예금을 조금씩 헐다.
とりくみ【取り組み】❶대처(對處).∥流通問題への取り組みが弱い 유통 문제에 대한 대처가 미흡하다.❷《相撲の》대전(對戰); 승부(勝負).
とりくむ【取り組む】❶대전(對戰)하다.∥明日取り組む相手 내일 대전하는 상대.❷몰두(沒頭)하다.∥事業に取り

組む 사업에 몰두하다.

とりけし【取り消し】 취소(取消); 철회(撤回). ‖取り消しになる 취소되다.

とりけす【取り消す】 취소(取消)하다; 철회(撤回)하다. ‖予約を取り消す 예약을 취소하다. 前言を取り消す 앞에 한 말을 철회하다.

とりこ【虜】 노예(奴隷); ‖恋の虜 사랑의 노예. 欲望の虜になる 욕망의 노예가 되다.

とりこしぐろう【取り越し苦労】 ‖取り越し苦労する 쓸데없는 걱정을 하다.

とりこぼす【取り零す】 어이없게 지다. ‖勝ち将棋を取りこぼす 다 이긴 장기를 어이없게 지다.

とりこむ【取り込む】 ❶걷어 들임; 거두어들임. ‖洗濯物の取り込み 빨래 걷기. ❷ (急な出来事による)혼란(混亂); 어수선함. ‖お取り込み中のところ失礼します 경황이 없으신데 잠깐 실례하겠습니다.

とりこむ【取り込む】 ❶거두어들이다. ❷자기 것으로 하다; 자기 편으로 끌어들이다. ‖少数意見を取り込んだ修正案 소수 의견을 받아들인 수정안. ❸[ごたごた]경황(景況)이 없다. ‖今取り込んでいるのでまた別の日に来てください 지금 경황이 없으니까 다른 날 와 주십시오.

とりごや【鳥小屋】 닭장.

とりこわし【取り壊し】 철거(撤去); 부숨.

とりこわす【取り壊す】 헐다; 부수다. ‖老朽家屋を取り壊す 노후 가옥을 헐다.

とりさげる【取り下げる】 취하(取下)하다; 철회(撤回)하다. ‖訴訟を取り下げる 소송을 취하하다.

とりざた【取り沙汰】 ‖取り沙汰する 수군거리다.

とりざら【取り皿】 앞접시.

とりしきる【取り仕切る】 책임(責任)을 지고 일하다.

とりしまり【取り締まり】 단속(團束). ‖交通違反の取り締まり 교통 위반 단속.

とりしまりやく【取締役】 (株式会社의) 이사(理事).

とりしまる【取り締まる】 ❶관리(管理)하다; 감독(監督)하다. ‖会社の業務を取り締まる 회사 업무를 관리하다. ❷단속(團束)하다; 감시(監視)하다. ‖交通違反を取り締まる 교통 위반을 단속하다.

とりしらべ【取り調べ】 취조(取調).

とりしらべる【取り調べる】 취조(取調)하다.

とりすがる【取り縋る】 매달리다; 애원(哀願)하다. ‖たもとに取りすがる 소매를 잡고 매달리다.

とりそろえる【取り揃える】 빠짐없이 갖추다.

とりだす【取り出す】 ❶꺼내다. ‖ポケットから手帳を取り出す 주머니에서 수첩을 꺼내다. ❷골라내다. ‖リストから該当者を取り出す 리스트에서 해당자를 골라내다.

とりたて【取り立て】 ❶징수(徴收); 강제적(強制的)으로 받음. ‖借金の取り立てに行く 빚을 받으러 가다. ❷등용(登用); 발탁(拔擢). ❸갓 잡음; 갓 땀. ‖取りたてのアユを持ってきた 갓 잡은 은어를 가져왔다.

とりたてる【取り立てる】 ❶징수(徴收)하다; 강제(強制)로 거두다; 받아내다. ‖借金を取り立てる 빚을 받아내다. ❷특별(特別)히 다루다. ‖取り立てて言うほどではない 특별히 말할 만한 것은 아니다. ❸등용(登用)하다; 발탁(拔擢)하다. ‖課長に取り立てられた 과장으로 발탁되다.

とりちがえる【取り違える】 ❶잘못 가져 오다; 잘못 집다. ‖弟のかばんと取り違えて持ってきてしまった 잘못해서 남동생 가방을 가지고 왔다. ❷잘못 이해(理解)하다. ‖話の内容を取り違える 이야기 내용을 잘못 이해하다.

とりつ【都立】 도립(都立).

とりつぎ【取り次ぎ】 중개; 중개인(仲介人).

トリック【trick】 트릭. ‖トリックに引っかかる 트릭에 걸리다.

とりつく【取り付く】 ❶매달리다; 달라붙다. ‖子どもが母に取りついて離れない 아이가 엄마한테 매달려 떨어지지 않다. ❷착수(着手)하다. ‖新しい研究課題に取りつく 새로운 연구 과제에 착수하다. ❸홀리다. ‖キツネがとりつく 여우에게 홀리다. ▶取り付く島もない 상대가 쌀쌀해서 말을 붙여 볼 수도 없다.

とりつぐ【取り次ぐ】 ❶전하다. ‖君の言い分は私が取り次いであげよう 네 주장은 내가 전해 주마. ❷ (来客を)본인(本人)에게 전하다; (電話を)연결(連結)하다. ❸중개(仲介)하다. ‖全国の書店に新刊を取り次ぐ 전국 서점에 신간을 중개하다.

とりつくろう【取り繕う】 ❶수선(修繕)하다; 고치다. ‖障子の破れを取り繕う 장지가 망가져 고치다. ❷체면(體面)을 차리다. ‖人前を取り繕う 체면을 차리다. ❸ (過失などを)얼버무리다. ‖失言を何とか取り繕う 실언을 간신히 얼버무려 넘기다.

とりつけ【取り付け】 ❶설치(設置). ‖アンテナの取り付け 안테나의 설치. ❷ [買い付け]단골. ‖取り付けの店 단골집.

とりつける【取り付ける】 ❶설치(設置)하다. ❷ (相手を説得して)바라던 것

とりて【取り手】 ❶〔受け取る人〕받는 사람. ❷〔カルタで〕패를 집는 사람. ❸〔相撲で〕기술 技術〕이 뛰어난 사람.

とりで【砦】 성채(城砦)・요새(要塞).

とりとめ【取り留め】 ❶〔話의〕요점(要點). ❷결말(結末); 끝. ‖取り留めのない話 걷잡을 수 없는 이야기.

とりとめる【取り留める】〔命을〕건지다. ‖一命を取り留める 목숨을 건지다.

とりどり【取り取り】 여러 가지; 각양각색(各樣各色).

とりなおす【取り直す】 ❶고쳐 쥐다; 다시 잡다. ❷〔考え·気持ちなどを〕새로이 하다. ‖励まされて気を取り直す 격려를 받고 마음을 새로 먹다.

とりなす【取り成す】 ❶〔雰囲気·感情などを〕수습(收拾)하다. ❷중재(仲裁)하다. ‖両者の間を取りなす 두 사람 사이를 중재하다.

とりにくい【取り逃がす】〔捕らえかけたものを〕놓치다. ‖逮捕寸前で取り逃がす 체포 직전에 놓치다.

とりにく【鳥肉·鶏肉】 닭고기.

トリニダードトバゴ【Trinidad and Tobago】〔国名〕트리니다드 토바고.

とりのける【取り除ける】 ❶치우다. ‖覆いを取りのける 덮개를 치워 버리다. ❷〔別にしておく〕따로 놔두다.

とりのこす【取り残す】 남겨 두다. ‖取り残した柿の実を小鳥が食べる 남겨 둔 감을 작은 새가 먹다. 時代に取り残される 시대에 뒤처지다. 1人だけ取り残される 혼자 남겨지다.

とりのぞく【取り除く】 제거(除去)하다; 없애다. ‖混ざり物を取り除く 불순물을 제거하다. 不信感を取り除く 불신감을 없애다.

とりはからい【取り計らい】 조치(措置); 배려(配慮); 처사(處事).

とりはからう【取り計らう】 잘 처리(處理)하다.

とりはこぶ【取り運ぶ】 진행(進行)되다. ‖万事うまく取り運ぶ 만사가 잘 진행되다.

とりばし【取り箸】〔說明〕음식(飲食)을 덜 때 쓰는 젓가락.

とりはずす【取り外す】 떼어 내다.

とりはだ【鳥肌】 소름; 닭살. ‖鳥肌が立つ 소름이 끼치다. 닭살이 돋다.

とりはらう【取り払う】 제거(除去)하다; 치우다. ‖不要になった発板を取り払う 필요 없게 된 발판을 치우다.

*****とりひき**【取(り)引(き)】〔說明〕거래(去來). ‖株を取引する 주식을 거래하다. 取引する品目をチェックする 거래 품목을 체크하다. 取引が行なわれる 거래가 이루어지다. 裏取引をする 뒷거래를 하다. ★取引先 거래처.

とりひきじょ【取引所】 거래소(去來所).

ドリブル【dribble】〔蹴球〕드리블.

とりぶん【取り分】 몫.

とりまえ【取り前】 몫.

とりまき【取り巻き】 빌붙어 있는 사람들; 추종자(追從者). ‖ワンマン社長の取り巻き連中 독재자 사장한테 빌붙어 있는 사람들.

とりまぎれる【取り紛れる】 ❶섞이다. ‖書類がどこかに取り紛れてしまった 서류가 어딘가로 섞여 들어가 버렸다. ❷정신(精神)이 없이 바쁘다. ‖忙しさに取り紛れて返事が遅れた 정신없이 바빠서 답변이 늦어졌다.

とりまく【取り巻く】 ❶둘러싸다; 에워싸다. ‖ファンに取り巻かれる 팬들에게 둘러싸이다. ❷권력자(權力者)에게 빌붙다.

とりまとめる【取り纏める】 한데 모으다.

とりみだす【取り乱す】 이성(理性)을 잃다. ‖息子の急死にあって取り乱す 아들의 갑작스러운 죽음에 이성을 잃다.

とりむすぶ【取り結ぶ】 ❶〔契約などを〕맺다. ❷중재(仲裁)하다; 주선(周旋)하다. ❸〔기분(氣分)을〕맞추다.

とりめ【鳥目】 야맹증(夜盲症).

とりもつ【取り持つ】 ❶주선(周旋)하다; 중재(仲裁)하다. ❷접대(接待)하다. ‖客を取り持つ 손님을 접대하다.

とりもどす【取り戻す】 회복(回復)하다; 되찾다; 돌려받다. ‖貸したお金を取り戻す 빌려준 돈을 돌려받다. 健康を取り戻す 건강을 회복하다.

とりもなおさず【取りも直さず】 즉(即); 곧; 바로. ‖この事実を認めることは取りも直さず彼の無実を認めることであり 이 사실을 인정하는 것은 곧 그 사람의 무죄를 인정하는 것이다.

とりやめる【取り止める】 중지(中止)하다. ‖集会を取りやめる 집회를 중지하다.

とりょう【塗料】 도료(塗料).

どりょう【度量】 도량(度量). ‖度量のある人 도량이 있는 사람이다. 度量が 큰이가 넓다.

どりょうこう【度量衡】 도량형(度量衡).

*****どりょく**【努力】〔說明〕노력(努力). ‖目標に向かって努力する 목표를 향해 노력하다. 努力のかいがない 노력한 보람이 없다. 努力の跡がうかがえる 노력한 흔적이 보이다. 努力が実を結ぶ 노력이 결실을 맺다.

とりよせる【取り寄せる】 ❶끌어당기다. ‖手を伸ばして箱を取り寄せる 손을 뻗어 상자를 끌어당기다. ❷〔命令·注文などをして〕가져오도록 하다; 보내 달라고 하다. ‖見本を取り寄せる 견본을 보내 달라고 하다.

ドリル【drill】 ❶ 드릴. ❷ 반복 연습(反復練習). ‖ドリル学習 반복 학습.

とりわけ【取り分け】 특히. ‖とりわけ今日は涼しい 오늘은 특히 시원하구나.

とりわける【取り分ける】 ❶ 골라내다. ‖不良品は取り分ける 불량품을 골라내다. ❷ 자기 몫을 집다; 덜어 담다. ‖サラダを小皿に取り分ける 샐러드를 작은 접시에 덜어 담다.

ドリンク【drink】 음료수(飲料水). ◆ソフトドリンク 소프트드링크. ドリンク剤 드링크제.

*とる 【取る・穫る・獲る・盗る・捕る・採る・撮る】 ❶ 잡다(집다; 들다. ‖手をとる 손에 손을 잡다. ペンをとる 펜을 들다. 書類の本をとる 책장의 책을 집다. ❷ (資格·点数などを) 따다. ‖資格をとる 자격을 따다. 2点をとる 이 점을 따다. ❸ 지배(支配)하다. ‖指揮をとる 지휘를 하다. 天下をとる 천하를 손에 잡다. ❹ 보존(保存)하다; 남겨 두다. ‖記念にとって置く 기념으로 남겨 두다. ❺ (帽子などを) 벗다. ‖帽子をとる 모자를 벗다. ❻ 모으다; 수확(収穫)하다; 채집(採集)하다; 포획(捕獲)하다. ‖スズメをとる 참새를 잡다. ❼ 먹다; 섭취(摂取)하다. ‖ビタミンをとる 비타민을 섭취하다. 食事をとる 식사를 하다. ❽ 쉬다. ‖睡眠をとる 잠을 자다. ❾ 얻다; 받다. ‖休暇をとる 휴가를 얻다. 月給をとる 월급을 받다. ❿ 于정하다; 予약(予約)하다. ‖新聞をとる 신문을 구독하다. ⓫ 관계(関係)하다; 연락을 취하다. ‖連絡をとる 연락을 취하다. ⓬ 거래(去来)를 성사(成事)시키다. ‖注文をとる 주문을 받다. 契約をとる 계약을 따내다. ⓭ 훔치다. ‖財布をとられる 지갑을 도둑맞다. ⓮ 받다; 징수(徴収)하다. ‖代金をとる 대금을 받다. ⓯ (年を) 먹다. ‖年をとる 나이를 먹다. ⓰ 취하다. ‖どちらの方法をとるべきだろう 어느 쪽 방법을 취해야 할까? ⓱ 채용(採用)하다; 받아들이다. ‖理工系からとる 이 공계에서 받아들이다. ⓲ 만들어 내다. ‖大豆から油をとる 콩에서 기름을 추출하다. ⓳ 찍다. ‖写真を撮る 사진을 찍다. ⓴ 소비(消費)하다; 걸리다. ‖準備に手間をとる 준비에 시간이 걸리다. ‖取らぬ狸の皮算用 떡 줄 사람은 꿈도 안 꾸는데 김칫국부터 마신다(劍). 믿을 수 없는 시시부터다. 문제가 되지 않다. ◆取る物も取りあえず 매우 급하게.

ドル【dollar】 달러. 달러로 지불하다. ◆ドル箱 ᄦᄗ 돈벌이가 되는 물건(物件) 또는 사람. 映画会社のドル箱スター 영화 회사에 돈을 벌어 주는 스타.

トルクメニスタン【Turkmenistan】 (国名) 투르크메니스탄.

トルコ【Turco 포】터키. ◆トルコ石 터키석.

ドルビーシステム【Dolby System】 (音楽) 돌비 시스템.

*どれ【何れ】 ❶ 어느 것; 무엇; 뭐. ‖どれが好きなの 어느 것이 좋아? どれがだれだか区別が取れなくて本当に混乱스러웠다. あそこにある車はどれも日本製ではない 저기 있는 차는 어느 것도 일본 차가 아니다. どれでも好きなものをあげるよ 뭐든지 좋아하는 것을 줄게. ❷ (注意を促したりする時に) 자; 어디. ‖どれ、貸してごらん 어디 이리 줘 봐라.

どい【奴隷】 노예(奴隷).

トレーシングペーパー【tracing paper】트레이싱 페이퍼.

トレード【trade】 (호칭) 트레이드.

トレードマーク【trademark】 트레이드마크.

トレーナー【trainer】 ❶ 트레이너. ❷ 운동복(運動服).

トレーニング【training】 트레이닝.

トレーラー【trailer】 트레일러.

ドレス【dress】 드레스.

とれだか【取れ高】(農水産物의) 수확량(收穫量).

どれだけ【何れ丈】얼마나. ‖どれだけ欲しいのか 얼마나 필요한가? どれだけ心配したか 얼마나 걱정했는지.

とれたて【取れ立て】‖取れ立てのキュウリ 갓 딴 오이. 取れ立ての魚 갓 잡은 물고기.

ドレッサー【dresser】 ❶ (西洋風의) 화장대(化粧臺). ❷ 옷을 잘 입는 사람; 드레서. ‖ベストドレッサー 베스트 드레서.

ドレッシング【dressing】 드레싱. ‖サラダにドレッシングをかける 샐러드에 드레싱을 끼얹다.

どれほど【何れ程】 ❶ 어느 정도(程度). ‖値段はどれほどですか 가격은 어느 정도입니까? ❷ [副詞的으로] 아무리 많이. ‖どれほど本を読んでも、自分の頭で考えなくては意味がない 아무리 책을 많이 읽어도 자기 머리로 생각하지 않으면 의미가 없다.

*とれる 【取れる・採れる・捕れる・撮れる】❶ 수확(収穫)되다; 포획(捕獲)되다; 산출(産出)되다. ‖この川でとれたアユ 이 강에서 잡은 은어. ❷ 채굴(採掘)되다; 채취(採取)되다. ‖大豆からは油がとれる 콩에서 기름을 짤 수 있다. ❸ (付いていたものが) 떨어지다; 빠지다. ‖ワイシャツのボタンがとれた 와이셔츠의 단추가 떨어졌다. しみがとれない 얼룩이 안 빠지다. ❹ (許可를) 받다; 나다. ‖ビザがとれ次第出発します 비자가 나오는 대로 즉시 출발하겠습니다.

❺ 찍히다. ‖この写真はよく撮れていないが 사진은 잘 안 찍혔다. ❻ 조화(調和)되다; 균형(均衡)이 잡히다. ‖均整のとれた体 균형 잡힌 몸. ❼ 해석(解釈)되다; 이해(理解)되다. ‖この文章は二通りの意味にとれる 이 문장은 두 가지 의미로 해석된다.

トレンド【trend】트렌드.

とろ【マグロの】뱃살.

とろ【吐露】屠হ토로(吐露). ‖真情を吐露する진심을 토로하다.

どろ【泥】❶ 진흙. ‖泥にまみれる 진흙투성이 되다. ❷〔泥棒の略称で〕도둑. ‖こそ泥 좀도둑. ‖泥のように眠る 깊이 잠들다. ‖泥を被る 책임을 뒤집어쓰다. ‖泥を塗る 먹칠을 하다. ‖泥を吐く 자백하다.

どろい【鈍】하다; 느리다; 어리석다.

どろう【徒労】도로(徒労); 헛수고. ‖徒労に終わる 헛수고로 끝나다.

どろくさい【泥臭い】촌스럽다. ‖泥臭いが誠実な男 촌스럽지만 성실한 남자.

とろける【蕩ける】❶ 녹다. ‖飴がとろける 사탕이 녹다. ❷ 황홀(恍惚)해지다; 도취(陶酔)하다. ‖心のとろけるような甘い言葉 마음이 황홀해지는 달콤한 말.

どろじあい【泥仕合】이전투구(泥田闘狗).

とろとろ ❶〔ものがとけ込んだりして液に粘り気がある〕사르르. ‖口に含むとサルルとける. ❷〔火などの勢いが弱い〕뭉근히. ‖土鍋でとろとろ(と)煮る 질그릇 냄비로 뭉근히 끓이다. ❸〔眠気のために意識が薄れてくる〕目がとろとろしてきた 졸음으로 눈이 게슴츠레해졌다. ❹〔ゆっくりと動く〕느릿느릿. ‖とろとろ歩く 느릿느릿 걷다.

どろどろ ❶〔液状のものが濃くて粘り気が強い〕걸쭉하게. ‖どろどろしたソースをかける 걸쭉한 소스를 끼얹다. ❷〔感情などが複雑に絡み合ってすっきりしない〕끈적끈적. ‖どろどろした人間関係 끈적끈적한 인간관계. ❸ 질척질척. ‖どろどろで道はどろどろだ 비가 개자 길이 질척질척하다.

どろなわ【泥縄】소 잃고 외양간 고치기. ‖泥縄式の受験勉強 발등에 불이 떨어져서 하는 수험 공부.

どろぬま【泥沼】수렁. ‖泥沼にはまり込む 수렁에 빠져 들다.

とろび【とろ火】약한 불. ‖とろ火で煮詰める 약한 불에서 졸이다.

トロフィー【trophy】트로피.

*   **どろぼう**【泥棒】〖人〗〖行為〗도둑질. ‖泥棒を捕まえる 도둑을 잡는다. 泥棒が入る 도둑이 들다. ‖他人のものを盗む泥棒のような人 다른 사람의 물건을 도둑질할 정도의 사람. ‣泥棒に追い銭

손해가 겹침. ‣泥棒を捕らえて縄を綯(な)う 소 잃고 외양간 고친다.

どろまみれ【泥塗れ】‖흙투성이. ‖泥まみれの服装 흙투성이 옷. ❷ 고생(苦生)이 심함. ‖泥まみれになって働く 힘든 일을 하다.

とろみ 약한 점성(粘性).

どろみず【泥水】흙탕물.

とろり 걸쭉하게. ‖弱火にかけてとろりとするまでかき混ぜる 약한 불에 올려 걸쭉해질 때까지 젓다.

トロロイモ【とろろ芋】마.

とろろこんぶ【とろろ昆布】다시마과의 바닷말.

とろろじる【とろろ汁】마를 간 것.

どろんこ【泥んこ】진흙; 흙탕; 진흙투성이.

とろんと 흐리멍덩하게. ‖とろんとした目초점이 풀려 흐리멍덩한 눈.

トロンボーン【trombone】트롬본.

とわ【永遠】영원(永遠). ‖永久の眠りにつく 영면하다; 죽다.

どわすれ【度忘れ】깜빡 잊다. 相手の名前を度忘れした 상대방의 이름을 깜빡 잊었다.

とん 툭. ‖とんと茶筒が倒れる 툭 하고 차통이 넘어지다.

とん【豚】돼지; 〖肉〗돼지고기. ‣豚カツ 포크커틀릿.

-トン【ton】…톤.

どん ❶〔太鼓・大砲・銃の音〕둥; 탕. ❷〔ものを強く叩く音〕‖テーブルをどんと叩く 탕 하고 테이블을 치다.

-どん【丼】…덮밥. ‖うな丼 장어덮밥.

トンガ【Tonga】통가.

どんか【鈍化】屠হ둔화(鈍化). ‖経済成長の勢いが鈍化する 경제 성장의 기세가 둔화되다.

どんかく【鈍角】둔각(鈍角).

とんがる【尖る】뾰족하다. ‖先のとんがった鉛筆 끝이 뾰족한 연필.

どんかん【鈍感】屠হ둔감(鈍感)하다. ‖鈍感なやつ 둔감한 녀석. 鈍感해지다.

どんき【鈍器】❶ 둔기(鈍器). ❷〔よく切れない刃物〕잘 안 드는 칼.

トング【tongs】집게. ‣アイストング 얼음 집게.

どんくさい【鈍臭い】얼빠지다; 굼뜨다.

どんぐり【団栗】도토리. ‣団栗の背比べ 도토리 키 재기. ‣団栗眼(比) 왕방울 같은 눈.

とんこつ【豚骨】수프를 만드는 데 쓰는 돼지뼈.

どんさい【鈍才】둔재(鈍才).

どんじゅう【鈍重】サ 둔중(鈍重)하다. ‖鈍重な動き 둔중한 움직임.

どんずら ‖どんずらする 도망치다. 내빼다.

どんする【鈍する】둔(鈍)하다. ‖貧すれ

どんぞこ【どん底】 밑바닥; 구렁텅이. ‖不幸のどん底に沈む 불행의 구렁텅이에 빠지다.

とんだ ❶의외(意外)의; 터무니없는; 뜻하지 않은. ‖とんだ災難だった 뜻하지 않은 재난이었다. ❷〔逆説的に〕굉장(宏壯)한. ‖とんだ美人は굉장한 미인이다.

とんち【頓知】 기지(機智); 재치(才致). ‖頓知が利く人 재치가 있는 사람.

どんちゃんさわぎ【どんちゃん騒ぎ】 술 마시고 춤추며 소란(騷亂)을 피움.

とんちんかん【頓珍漢】 영문을 알 수 없음; 앞뒤가 맞지 않음; 종잡을 수 없음. ‖とんちんかんな会話 종잡을 수 없는 대화.

どんつう【鈍痛】 둔동(鈍痛); 둔증(鈍重)한 통증(痛症).

どんづまり【どん詰まり】 ❶막판; 막바지. ‖選挙戦もどん詰まりに来た 선거전도 막바지에 왔다. ❷〔行き止まり〕막다른 길.

とんでもない ❶의외(意外)다; 터무니없다; 엉뚱하다; 당치도 않다. ‖海上都市とはとんでもない計画だ 해상 도시라니 당치도 않은 계획이다. ❷〔相手の言うことを強く否定して〕말도 안 돼. ‖景気がよさそうだね, とんでもない, 赤字で困っている 경기가 좋아 보인다네. 말도 안 돼. 적자로 고생하고 있어.

どんでんがえし【どんでん返し】 상황(狀況)이 역전(逆轉)됨; 막판 뒤집기.

とんと【頓と】 완전(完全)히; 깨끗이. ‖とんと忘れた 깨끗이 잊었다. ❷조금도; 도무지; 전혀. ‖とんと見当がつかない 도무지 짐작이 가지 않는다.

どんと ❶〔かいっぱい引突〕 세차게. ‖どんとぶつかる 세차게 부딪히다. ❷〔どっさり〕엄청. ‖どんと実入りがある 엄청 수입이 있다.

とんとん ❶〔軽く音が連続する〕톡톡; 툭툭. ‖肩をとんとん(と)叩く 어깨를 톡톡 치다. ❷척척. ‖話がとんとん(と)進む 이야기가 척척 진행되다. ❸비슷비슷함; 손득(損得)의 차(差)가 거의 없음. ‖ほぼとんとんだ 거의 비슷하다.

***どんどん** ❶〔物事が調子よくはかどる〕착

척; 척척. ‖工事がどんどん(と)進む 공사가 착착 진행되다. ❷〔物事や動きが続く〕계속(繼續)해서. どんどん(と)客が来る 계속해서 손님이 오다. 遠慮せずにどんどん召し上がれ 사양하지 말고 많이 드세요. ❸〔太鼓や銃砲の音〕쿵쿵; 쾅쾅. ‖ドアをどんどんと叩き続ける 문을 쾅쾅 두드리다.

とんとんびょうしに【とんとん拍子に】 순조(順調)롭게. ‖とんとん拍子に出世する 순조롭게 출세하다.

***どんな** ❶어떤; 어떠한. ‖どんな品がいいでしょうか 어떤 물건이 좋을까요? どんな方法と手段を使ってでも 어떠한 방법과 수단을 써서라도. ❷〔どんなに…ことか〕…でも形で〕아무리…더라도; 무슨 일이 있더라도. ‖どんな子どもでも知っていることは 아무리 애라고 하더라도 알고 있는 일이다. ‖どんなことが起こっても驚くんじゃないぞ 무슨 일이 일어나더라도 놀라던 말아라.

どんなに 얼마나; 아무리. ‖どんなに喜ぶでしょう 얼마나 기뻐할까요? どんなに忙しくてもメールをください 아무리 바쁘더라도 메일을 주세요.

トンネル【tunnel】 터널.

トンビ【鳶】 솔개.

どんぴしゃり 〔わずかの違いもなく当たる〕딱. ‖どんぴしゃりの解答 딱 맞는 답.

どんぶり【丼】 ❶〔どんぶり鉢〕사발. ❷〔どんぶり物〕덮밥. ◆丼勘定 주먹구구식 계산. 丼鉢 사발. 丼飯 큰 그릇에 담은 밥.

トンボ【蜻蛉】 잠자리.

とんぼがえり【蜻蛉返り】 〔空中回転〕공중(空中)제비. ‖とんぼ返りする 갔다가 곧 돌아오다.

とんや【問屋】 도매상(都賣商).

どんよく【貪欲】ダ 탐욕(貪慾)스럽다. ‖貪欲に知識を吸収する 탐욕적으로 지식을 흡수하다.

どんより〔空が曇って重苦しい〕どんより(と)した空 잔뜩 흐린 하늘. ❷〔目が濁っている〕どんより(と)した目 흐리멍덩한 눈. ❸〔空気・水などが濁っている〕‖部屋の空気がどんより(と)よどんでいる 방 공기가 탁하다.

な

- **な**【名】 ❶이름; 명칭(名稱); 호칭(號稱). ∥国の名 나라 이름. 名ばかりである 이름뿐이다. ❷명성(名聲); 명예(名譽). ∥名が高い 명성이 높다. ❸명목(名目); 구실(口實). ∥名を借りる 명목으로 삼다. 이름을 빌리다. 開発の名のもとに 개발이라는 명목하에. ▸名は体を表わす 이름은 실체를 나타낸다. ▸名を上げる 명성을 높이다. ▸名を売る 이름을 팔다. [예]名を成す 유명해지다.
- **な**【菜】 채소(菜蔬); 야채(野菜).
- **-な**〔禁止〕…지 마. ∥行くな 가지 마. 食べるな 먹지 마.
- **なあ**〔呼びかけなど〕응. ∥なあ, そうだろう 응, 그렇지?
- **ナース**【nurse】 간호사(看護師). ▸ナースコール 〔説明〕입원 환자(入院患者)가 간호사(看護師)를 부르는 장치(装置). ナースステーション 간호사 대기실.
- **なあて**【名宛】〔手紙などの〕 수취인(受取人) 이름.
- **ナーバス**【nervous】 ♂ 신경질적(神經質的)이다. ∥ナーバスな面がある 신경질적인 일면이 있다. ナーバスになる 신경질적이 되다.
- **ない**【内】 내(内). ∥区域内 구역 내. ◆内出血 내출혈.
- **ない**【無い・亡い】 ❶없다. ∥私の部屋には本があまりない 내 방에는 책이 그다지 없다. 今日は授業がない 오늘은 수업이 없다. ❷〔否定〕…지 않다. ∥美しくない 아름답지 않다. ❸〔亡い〕이 세상(世上) 사람이 아니다; 죽다. ∥今はない人 지금은 없는 사람. 죽은 사람. ▸無い袖は振れない 가지고 있지 않아 내놓고 싶어도 내놓을 수가 없다.
- **ないあつ**【内圧】 내압(内壓).
- **ないい**【内意】 내심(内心).
- **ナイーブ**【naive】 ♂ 순진(純眞)하다.
- **ないえん**【内縁】 내연(内縁). ∥内縁の妻 내연의 처.
- **ないか**【内科】 내과(内科). ◆内科医 내과의. 내과 의사.
- **ないがい**【内外】 내외(内外); 안팎. ∥建物の内外 건물의 안팎. 千円以内外 천 엔 내외.
- **ないかく**【内角】 ❶〔数学〕내각(内角). ❷〔野球〕인코너.
- *ないかく**【内閣】 내각(内閣). ◆連立内閣 연립 내각. 内閣総理大臣 내각 총리대신. 수상.
- **ないがしろ**【蔑ろ】 업신여김; 소홀(疏忽)히 함; 등한시(等閑視)함. ∥仕事をないがしろにする 일을 소홀히 하다.
- **ないき**【内規】 내규(内規).
- **ないきん**【内勤】 (토하) 내근(内勤).
- **ないこう**【内向】 내향(内向). ∥内向的な性格 내향적인 성격.
- **ないごう がいじゅう**【内剛外柔】 내강외유(内剛外柔).
- **ないこく**【内国】 내국(内國).
- **ないざい**【内在】 (토하) 내재(内在).
- **ないし**【乃至】 내지(乃至); 또는; 혹(或)은. ∥本人ないし代理人の署名 본인 또는 대리인의 서명.
- **ないじ**【内示】 (토하) 내시(内示).
- **ないじ**【内耳】 내이(内耳); 속귀.
- **ナイジェリア**【Nigeria】〔国名〕나이지리아.
- **ないしきょう**【内視鏡】 내시경(内視鏡).
- **ないじつ**【内実】 ❶내부(内部) 사정(事情); 내막(内幕). ❷실제(實際); 사실(事實).
- **ないしは**【乃至は】 내지(乃至)는; 또는; .
- **ないじゅ**【内需】 내수(内需).
- **ないしゅっけつ**【内出血】 내출혈(内出血).
- *ないしょ**【内緒】 비밀(祕密); 속사정(事情). ∥このことは内緒にしてください 이 일은 비밀로 해 주세요. 内緒で外出する 몰래 외출하다.
- **ないじょ**【内助】 내조(内助). ∥内助の功 내조의 공.
- **ないじょう**【内情】 내막(内幕); 내부 사정(内部事情).
- **ないしょく**【内職】 (토하) 부업(副業).
- **ないしん**【内心】 ❶내심(内心). ∥内心喜んでいる 내심 기뻐하고 있다. ❷《数学》내심.
- **ないしん**【内診】 (토하) 내진(内診).
- **ないしん**【内申】 (토하) 내신(内申). ◆内申書 내신서.
- **ないしんのう**【内親王】 왕녀. 왕손녀(王孫女).
- **ないせい**【内省】 내성(内省).
- **ないせい**【内政】 내정(内政). ◆内政干渉 내정 간섭.
- **ないせつ**【内接】 (토하) 《数学》내접(内接).
- **ないせん**【内戦】 내전(内戰).
- **ないせん**【内線】 내선(内線).
- **ないそう**【内装】 (토하) 내장(内裝).
- **ないぞう**【内臓】 (토하) 내장(内藏). ◆内蔵マイク 내장 마이크.
- **ないぞう**【内臓】 내장(内臟).
- **ナイター**【nighter 日】 야간 경기(夜間競技).
- **ないだく**【内諾】 ❶내락(内諾). ❷비공식적(非公式的)인 승낙(承諾).
- **ないち**【内地】 ❶국내(國内). ❷〔植民地に対して〕본토(本土).
- **ナイチンゲール**【nightingale】〔鳥類〕나이팅게일.
- **ないつう**【内通】 (토하) 내통(内通).
- **ないてい**【内定】 (토하) (토자) 내정(内定).

ないてき【内的】 내적(内的). ∥内的な要因 내적 요인. 内的な経験 내적 경험.
ナイトガウン【nightgown】 나이트가운.
ナイトキャップ【nightcap】 나이트캡.
ナイトクラブ【nightclub】 나이트클럽.
ナイトゲーム【night game】 (야구의) 야간 경기(夜間競技).
ないない【内々】 ❶비밀(秘密). ∥内々で処分する 비밀리에[몰래] 처분하다. ❷[内々の形で]몰래; 은밀(隠密)히. ∥内々で意向を打診する 몰래 의향을 타진하다.
ないねんきかん【内燃機関】 내연 기관(内燃機関).
ナイフ【knife】 나이프.
ないぶ【内部】 내부(内部). ◆内部工作 내부 공작. 内部事情 내부 사정.
ないふくやく【内服薬】 내복약(内服薬).
ないふん【内紛】 내분(内紛). ∥内紛が絶えない 내분이 끊이지 않다.
ないぶん【内分】〘数学〙내분(内分).
ないぶんぴつ【内分泌】 내분비(内分泌). ◆内分泌腺 내분비선.
ないへき【内壁】 내벽(内壁).
ないほう【内包】〘論理学〙내포(内包).
ないみつ【内密】 내밀(内密); 비밀(秘密). ∥内密にする 비밀로 하다.
ないむ【内務】 내무(内務).
ないめん【内面】 내면(内面). ∥内面的な変化 내면적 변화.
ないものねだり【無い物ねだり】 억지; 생떼.
ないや【内野】 (野球で)내야(内野). ◆内野手 내야수.
***ないよう【内容】** 내용(内容). ∥内容のない話 내용이 없는 이야기. 内容に乏しい 내용이 빈약하다. 手紙の内容 편지의 내용. ◆内容証明 내용 증명.
ないようやく【内用薬】 내용약(内服薬).
ないらん【内乱】 내란(内乱).
ないりく【内陸】 내륙(内陸). ◆内陸(性)気候 내륙성 기후. 内陸国 내륙국.
ナイロン【nylon】 나일론.
ないわくせい【内惑星】 내행성(内行星).
なう【綯う】 (縄などを)꼬다. ∥縄をなう 새끼를 꼬다.
なうて【名うて】 명うて의 酒飲み 유명한 술꾼.
ナウル【Nauru】(国名) 나우루.
なえ【苗】 모; 모종(種). ∥苗を植える 모를 심다. ◆苗木 묘목. 苗床 모판. 못자리.
なえる【萎える】 기운이 빠지다; 힘이 약해져서 못 움직이다; (野菜・草花などが)시들다. ∥花がなえる 꽃이 시들다.
なお【猶・尚】 ❶[まだ]아직; 역시(如前)히; 역시(亦是). ∥今もなお美しい 지금도 역시 아름답다. 発表までなお 10日ある 발표는 아직 열흘이나 남아 있다. ❷[いっそう]한층(層); 더욱. ∥手術してなお悪くなった 수술하고 더욱 나빠졌다. ❸(まるで)마치. ∥過ぎたるはなお及ばざるが如し 과유불급(過猶不及). ❹(さらに)또한; 덧붙여 말하면.
なおかつ【尚且つ】 ❶게다가. ∥美人でなおかつ頭もいい 미인인데다가 머리도 좋다. ❷[それでも]그래도; 역시(亦是); 아직도.
なおさら【尚更】 더욱; 한층 더.
なおざり【等閑】∥ 등한(等閑)히하다; 소홀(疏忽)하다. ∥勉強をなおざりにする 공부를 소홀히 하다.
***なおす【直す】** ❶ 수리(修理)하다; 수선(修繕)하다; 고치다. ∥テレビを直す 텔레비전을 수리하다. 癖을 고쳐 말하는 버릇을 고치다. ❷정정(訂正)하다; 수정(修正)하다; 교정(校正)하다. ∥誤植을 直す 오자를 수정하다. ❸단정(端正)하다. ∥髪を直す 머리를 단정히 하다. ❹[…直すの形で]다시 하다. ∥計算し直す 계산을 다시 하다. 書き直す 다시 쓰다.
なおす【治す】 (病を)고치다; 낫게 하다.
なおも【猶も・尚も】 더욱; 한층 더.
***なおる【直る】** ❶ 고쳐지다. ∥故障がなかなか直らない 고장 난 것이 잘 고쳐지지 않다. 悪い癖が直らない 나쁜 버릇이 안 고쳐지다. ❷ 좋아지다. ∥気分が直る 기분이 좋아지다.
なおる【治る】 (病が)낫다; 회복(回復)되다.
***なか【中】** ❶[空間]안. ∥家の中に入る 집 안으로 들어가다. 教室の中には誰もいない 교실 안에는 아무도 없다. 中に入ってもいいですか 안으로 들어가도 되겠습니까 안으로 들어가다. ❷[空間・範囲]속. ∥水の中で卵を産む 물속에서 알을 낳다. 頭の中で考える 머릿속으로 생각하다. 心の中 마음속. 雨の中を歩く 빗속을 걸어가다. 言葉の中に皮肉が込められている 말 속에 빈정거림이 느껴진다. 繁栄の中の貧困 번영 속의 빈곤. ❸[その中]중(中); 그중. ∥男の中の男 남자 중의 남자. この中の一つはだ사物だけの중에서 하나는 가짜다. 中にはそれに反対の者もいる 그중에는 그것에 반대하는 사람도 있다. ❹(三つ並んでいるものの二番目)가운데. ∥中の息子 가운데 아들. ❺[…の中で]…가운데…에서. ∥卒業生名簿の中に彼の名前はない 졸업생 명단에서 그 사람의 이름은 없다. 会社の中でトラブルがあった 회사에서 트러블이 있었다. クラスの中で一番足が速い生徒 반에서 가장 다리가 빠른 학생.
なか【仲】 사이. ∥仲がいい 사이가 좋

ながあめ [長雨] 장마.

ない [仲間] (說明) 요리(料理) 집에서 시중을 드는 여성(女性).

***ながい** [長い] ❶길다; (時間이) 오래 걸리다. ‖髮の毛が長い 머리가 길다. 人類の長い歷史 인류의 긴 역사. 長い目で見るの긴 안목으로 보다. 長い間よく待たせる 오래 기다리시게 하다. ❷ 멀다. ‖長い道のり 먼 길.

ながい [長居] 長居する 한곳에 오래 있다[머무르다].

ながいき [長生き] (좀할) 장수(長壽).

ながいす [長椅子] 장의자(長椅子); 긴의자.

ナガイモ [長芋] 참마.

ナガオドリ [長尾鷄] 장미계(長尾鷄).

ながおれぼう [長折帽] 중절모(中折帽).

なかがい [仲買] ❶ [事柄] 중개(仲介). ❷ [人] 중개인(仲介人); 거간(居間)꾼.

ながぐつ [長靴] 장화(長靴).

なかぐろ [中黑] 중점(中點); 가운뎃점(·).

ながさ [長さ] 길이. ‖卷尺で長さを測る 줄자로 길이를 재다. 長さ 15 センチの鉛筆 길이 십오 센티의 연필.

ながしかく [長四角] 직사각형(直四角形).

なじじき [中敷き] (靴의)안창; 까는 것.

なじかきり [中仕切り] (部屋·箱 등의) 칸막이.

ながしこむ [流し込む] 부어 넣다.

ながしだい [流し台] 싱크대; 개수대.

ながしめ [流し目] 결눈질; 추파(秋波). ‖流し目に見る 결눈질하다.

なかす [中洲] (川の中にできた) 모래톱.

なかす [泣かす] =泣かせる.

***ながす** [流す] ❶ (涙·血·情報 등을) 흘리다. ‖涙を流す 눈물을 흘리다. 情報を流す 정보를 흘려 보내다; 흐르게 하다. ❷ (電流을) 흘려 보내다. ‖電流を流す 전류를 흐르게 하다. ❸ (소문을) 내다. ‖うわさを流す 소문을 내다. ❹ [洗い落とす] 씻어 내다. ‖背中を流す 등을 밀어 주다. ❺ (音樂을) 틀다. ‖音樂を流す 음악을 틀다. ❻ [流罪にする] 유배(流配)시키다. 귀양을 보내다. ‖[流されるの形で] 떠내려가다.

なかせる [泣かせる] ❶ 울리다; 울도록 두다. ‖友だちをよく泣かせる 친구를 잘 울리다. ❷ 감동(感動)시키다. ❸ [いじめる] 괴롭히다. ‖庶民を泣かせる悪質 서민들을 [괴롭히는] 악질.

ながそで [長袖] 긴 소매.

なかたがい [仲違い] ‖仲違いする 사이가 안 좋다.

なかだち [仲立ち] (좀할) 중개(仲介).

ながだんぎ [長談義] 장황(張皇)한 이야기.

ながちょうば [長丁場] ‖長丁場の仕事 시간이 많이 걸리는 일.

なかつぎ [中繼ぎ] ❶중개; 중개인(仲介人). ‖中繼ぎ商 중개상. ❷ 중계(中繼). ‖中繼ぎ貿易 중계 무역. ❸ [野球で] 中繼ぎ投手 구원 투수.

ながつづき [長續き] ‖長續きする 오래가다.

なかづり [中吊り] (說明) 전철(電鐵)·버스 등의 천장(天障)에 매달린 광고(廣告).

ながでんわ [長電話] 長電話する 장시간 통화하다. 전화를 오래하다.

なかなおり [仲直り] (좀할) 화해(和解).

なかなか [中中] ❶ (꽤나) 상당(相當)히; 매우. ‖なかなか强い 상당히 강하다. ❷ [容易に] 간단(簡單)하게; 쉽게. ‖タクシーがなかなかつかまらない 택시가 쉽게 잡히지 않다. 問題がなかなか解けない 문제가 간단히 풀리지 않다.

ながなが [長長] 길게; 오래도록. 장황(張皇)하게. ‖長々(と)しゃべる 장황하게 말하다. 長々とお待たせして申し訳ありません 오래도록 기다리게 해서 죄송합니다.

なかにわ [中庭] 안뜰; 마당.

ナガネギ [長葱] 파.

なかば [半ば] ❶ 반; 절반(折半); 중반(中盤). ‖半ば寝た狀態 반쯤 잠든 상태. 30代半ばの男 삼십 대 중반의 남자. ❷ 私の成功は半ば彼の助言のおかげだ 내 성공의 반은 그 사람의 조언의 덕택이다. ❸ 途中(途中).

ながばなし [長話] 오래 [장시간(長時間)] 이야기하다.

ながびく [長引く] (予定より)길어지다; 오래가다. ‖交渉が長引く 교섭이 길어지다. 風邪が長引く 감기가 오래가다.

なかほど [中程] 중간 정도(中間程度); 한가운데쯤; (時間の) 중간(中旬) 정도. ‖中程の成績 중간 정도의 성적.

***なかま** [仲間] 동료(同僚); 한편. ‖仲間入りする 한편이 되다. 仲間を裏切る同僚를 배신하다. 仲間割れする 관계가 깨지다. ◆仲間外れ 따돌림. 仲間外れになる[される] 따돌림을 당하다.

なかみ [中身] 내용; 내용물(內容物). ‖箱の中身 상자의 내용물. 話の中身 이야기의 내용.

ながめ [眺め] 경치(景致); 전망(展望). ‖眺めのよい部屋 전망이 좋은 방.

***ながめる** [眺める] 내다보다; 바라보다; 지켜보다. ‖窓の外を眺める 창밖을

ながもち しばらく様子を眺めていよう 당분간 상황을 지켜보고 있자.

ながもち【長持ち】‖丈夫で長持ちする品 튼튼하고 오래가는 물건.

なかゆび【中指】 가운뎃손가락; 중지(中指).

なかよし【仲良し】‖仲良しだ사이가 좋다.

***ながら**【乍ら】❶ 그대로.‖昔ながら 옛 그대로. ❷…(으)면서. ‖歩きながら考える 걸으면서 생각하다. ❸…(이)지만. ‖子どもながら立派な考えを持っているが大した考えを持っているが대단한 생각을 갖고 있다. 失礼ながら申し上げます 실례가 되지만 말씀 드리겠습니다.

ながらく【長らく】 오래; 오랫동안.

-なかれ【勿れ】…지 말라.‖疑うことなかれ 의심하지 말라.

***ながれ**【流れ】 ❶ 흐름. ‖空気の流れ 공기의 흐름. ❷ 유파(流派); 계통(系統). ❸ 모임이 끝난 후(後) 의 사람들.‖宴会の流れ 연회가 끝난 사람들. 流れ解散 자진 해산.▶流れに棹さす 흐름에 따르다. 대세에 따르다.

ながれこむ【流れ込む】 흘러 들어가다; 흘러들다. ‖廃水が川に流れ込む 폐수가 강으로 흘러들다.

ながれさぎょう【流れ作業】 컨베이어 시스템.

ながれだま【流れ弾】 유탄(流彈).

ながれぼし【流れ星】 유성(流星).

***ながれる**【流れる】 ❶ 흐르다. ‖川が流れる 강이 흐르다. 店内にはジャズが流れていた 가게 안에는 재즈가 흐르고 있었다. ❷ 지나다; 경과(經過)하다. ‖時が流れる 시간이 지나다. ❸ 떠돌다; 유랑(流浪)하다. ‖諸国を流れる 각국을 떠돌다. ❹ (方向이) 빗나가다. ❺ (計畫などが) 중지(中止)되다; 중단(中斷)되다. ‖雨で試合が流れた 비로 시합이 중지되었다. ❻ (うわさなどが) 퍼지다. ‖うわさが流れる 소문이 퍼지다. ❼ 유산(流産)되다.

ながわずらい【長患い】 숙환(宿患); 긴 병.

なかわた【中綿】 옷이나 이불에 넣는 솜.

なきあかす【泣き明かす】 울며 지새우다.

なきおとし【泣き落とし】 울며 애원(哀願)하는 것. 泣き落とし戦術 눈물 작전.

なきがお【泣き顔】 우는 얼굴; 울상.

なきがら【亡き骸】 유해(遺骸).

なきくずれる【泣き崩れる】 쓰러져 울다.

なきくらす【泣き暮らす】 눈물로 지내다.

なきごえ【泣き声】 울음소리; 우는 소리.

なきごえ【鳴き声】 (鳥などの) 울음소리; (犬の) 짖는 소리.

なきごと【泣き言】 우는 소리; 푸념. ‖泣き言を並べる 푸념을 늘어놓다.

なぎさ【渚】 물결이 밀려오는 물가; 둔치.

なきじゃくる【泣きじゃくる】 흐느껴 울다.

なきじょうご【泣き上戸】〔癖〕술에 취하면 우는 버릇; [人]술에 취하면 우는 사람.

なぎたおす【薙ぎ倒す】 옆으로 쳐서 넘어뜨리다; (勢いよく) 쓰러뜨리다; 베어 넘기다. ‖草をなぎ倒す 풀을 베어 넘기다.

なきだす【泣き出す】 울기 시작(始作)하다.

なきつく【泣き付く】 울며 매달리다.

なきつら【泣き面】 우는 얼굴; 울상 ▶泣き面に蜂 설상가상(雪上加霜). 엎친 데 덮치다.

なきどころ【泣き所】 약점(弱點). ‖泣き所をつく 약점을 찌르다.

なきにしもあらず【無きにしも非ず】 없지도 않다; 조금은 있다. ‖まだ望みはなきにしもあらず 희망이 없는 것도 아니다.

なきねいり【泣き寝入り】 울다 잠이 들다; 불안스럽지만 할 수 없이 단념하다. 억울하지만 참다.

なぎはらう【薙ぎ払う】 (勢いよく) 옆으로 쳐내다; 칼등으로 쳐내다.

なきはらす【泣き腫らす】 울어서 눈이 붓다.

なきふす【泣き伏す】 엎드려 울다.

なきべそ【泣きべそ】 울상. ‖泣きべそをかく 울상을 짓다.

なきまね【泣き真似】 우는 시늉; 우는 흉내. ‖泣きまねをする 우는 시늉을 하다.

なきむし【泣き虫】 울보.

なきやむ【泣き止む】 울음을 그치다.

なきわかれ【泣き別れ】‖泣き別れする 울며 헤어지다.

なきわらい【泣き笑い】‖泣き笑いする 울다가 웃다가 하다.

***なく**【泣く】 ❶ 울다. ‖赤ん坊が泣く 아기가 울다. 人前で大声で泣く人を前にしては小さい声になる 다른 사람 앞에서는 큰 소리로 울다. ❷ 고충을 당하다; 무리(無理)한 요구(要求)를 받아들이다. ‖重税に泣く 중세에 울다. ▶泣く子と地頭には勝てぬ 우는 아이와 지두(地頭)에게는 이길 수 없다. ≪말이 안 통하는 사람과는 싸워도 못 이긴다≫. ▶泣く子も黙る 무서운 존재이다.

なく【鳴く】 (虫・鳥などが) 울다. ‖鳥が鳴く 새가 울다. 虫が泣く 벌레가 우다.

なぐ【凪ぐ】 ❶ 온화(穩和)해지다; 진정(鎭靜)되다. ❷ (波が) 잠잠(潛潛)해지다.

なぐさみ【慰み】 기분 전환(氣分轉換); 심심풀이; 즐거움. ‖慰みにピアノを弾く 기분 전환으로 피아노를 치다. 慰み物 노리개.

なぐさめる【慰める】 위로(慰勞)하다. ‖花を贈って病床の友を慰める 꽃을 보내 병상에 있는 친구를 위로하다.

なくす【無くす·亡くす】 ❶잃다; 분실(紛失)하다. ‖時計をなくす 시계를 분실하다[잃어 버리다]. ❷〖亡〗しむ 여의다. ‖幼\いて両親をなくす 어릴 때 부모님을 여의다.

なくてななくせ【無くて七癖】 사람은 누구나 버릇이 있음.

なくなく【泣く泣く】 울며, 울면서; 울며 불며.

*なくなる【無くなる·亡くなる】 ❶잃다; 없어지다; 다하다. ‖かばんがなくなった 가방이 없어졌다. 気力がなくなる 기력이 다하다. ❷〖亡くなる〗돌아가시다.

なぐりあい【殴り合い】 서로 치고 받음; 치고 받다.

なぐりがき【殴り書き】 ‖殴り書きする 갈겨쓰다.

なぐりこみ【殴り込み】 난입(亂入)하여 행패(行悖)를 부림.

なぐりたおす【殴り倒す】 때려눕히다.

なぐりつける【殴り付ける】 후려치다; 힘껏 때리다.

*なぐる【殴る】 때리다. ‖げんこつで頭を殴る 주먹으로 머리를 때리다. あざができるほど殴る 멍이 들 정도로 때리다.

なげう【抛つ】 내던지다; 버리다. ‖一命をなげうつ 목숨을 바치다.

なげうり【投げ売り】 〖商〗투매(投賣); 덤핑.

なげかける【投げ掛ける】 ❶(言葉·視線などを)던지다. ‖質問を投げかける 질문을 던지다. ❷기대다; 身を投げかける 몸을 기대다.

なげかわしい【嘆かわしい】 한심(寒心)하다; 한탄(恨歎)스럽다.

なげき【嘆き】 한탄(恨歎); 탄식(歎息).

なげキッス【投げkiss】 〖說明〗자기(自己)손에 키스를 해서 상대방(相對方)에게 던지는 흉내를 내는 것.

なげく【嘆く】 ❶한탄(恨歎)하다; 슬퍼하다. ‖身の不幸を嘆く 일신의 불행을 슬퍼하다. ❷개탄(慨歎)하다. ‖モラルの低下を嘆く 도덕(道德)이 저하되고 있음을 개탄하다.

なげこむ【投げ込む】 던져 넣다.

なげすてる【投げ捨てる】 던져 버리다; 팽개치다; 방치(放置)하다. ‖ごみを投げ捨てる 쓰레기를 던져 버리다. 仕事を投げ捨てて遊び回る 일을 팽개치고 놀러 다니다.

なげだす【投げ出す】 ❶함부로 내밀다. ‖足を投げ出す 다리를 함부로 내밀다. ❷내던지다; 바치다. ‖身を投げ出す 몸을 내던지다. ❸포기(抛棄)하다. ‖仕事を投げ出す 일을 포기하다.

なげつける【投げつける】 내던지다; 집어던지다; 퍼붓다. ‖彼は壁に枕を投げつけた 그 사람은 벽에 베개를 집어던졌다. 非難の言葉を投げつける 비난을 퍼붓다.

ナゲット【nugget】 너깃.

なげとばす【投げ飛ばす】 멀리 집어던지다; 내던지다.

なけなし 조금밖에 없음. ‖なけなしのお金 조금밖에 없는 돈.

なげやり【投げ遣り】 ❶뒤처리를 안 하고 내버려 둠. ❷무책임(無責任); 자포자기(自暴自棄); 될 대로 되라는 식임. ‖投げやりな態度 될 대로 되라는 식의 태도.

なける【泣ける】 (감동하여)눈물이 나오다.

*なげる【投げる】 ❶던지다. ‖ボールを投げる 공을 던지다. 疑問を投げかける 의문을 던지다. ❷단념(斷念)하다; 포기(抛棄)하다. ‖勝負を投げる 승부를 포기하다.

-なければならない 당연(當然)히 해야 한다; 하지 않으면 안 된다. ‖やらなければならない 하지 않으면 안 된다.

なこうど【仲人】 중매인(仲媒人).

なごむ【和む】 온화(穩和)해지다; 부드러워지다.

なごやか【和やか】ᵈ 온화(穩和)하다; 부드럽다.

なごり【名残り】 여운(餘韻); 아쉬움. ‖名残りを惜しむ 헤어짐을 아쉬워하다. 名残り惜しい 헤어지기 아쉽다.

-ないさい ❶…네요. ‖お休みなさい 안녕히 주무세요. お入りなさい 들어오세요. ❷…아[어]라; …(하)거라; …해라. ‖早く食べなさい 빨리 먹어라. 静かにしなさい 조용히 해라.

*なさけ【情け】 정(情). ‖情け知らずだ 몰인정하다. 人の情け 인정. ‖情けが仇 호의로 한 일이 오히려 상대방에게 악영향을 준다. ‖情けは人のためならず 남에게 정을 베풀면 결국 자기에게 돌아온다. ▶情けを掛ける 친절하게 대하다.

なさけない【情けない】 〔嘆かわしい〕한심(寒心)하다. 비참(悲慘)하다. ‖情けない成績 한심한 성적.

なさけぶかい【情け深い】 정(情)이 깊다. 정이 많다.

なさけようしゃ【情け容赦】 동정(同情)하여 용서(容恕)함; 인정사정(人情事情). ‖情け容赦もない 인정사정 없다.

なざし【名指し】 〖する〗지명(指名). ‖名指しで非難する 지명하여 비난하다.

なさる【為さる】 하시다. ‖何になさいますか 뭘로 하시겠습니까? 何時に出発なさいますか 몇 시에 출발하십니까?

なし【無し】 없음. ‖今までのことはなしにしよう 지금까지 일은 없었던 걸로 하자. 全員異常なし 전원 이상 없음.

ナシ【梨】 배. ‖梨の礫(つぶて) 함흥차사(咸興差使).

なしくずし【済し崩し】 ❶(借金을)조금씩 갚아감. ❷(物事를)조금씩 해나감.

なしとげる【成し遂げる】 달성(達成)하다; 해내다. ‖5連覇を成し遂げる 5연패를 달성하다.

なじみ【馴染み】 친숙(親熟)함; 잘 앎; 단골. ‖なじみの店 단골 가게. なじみ客 단골손님. 幼なじみ 소꿉친구.

なじむ【馴染む】 ❶ 친숙(親熟)해지다; 익다. ‖手になじんだ万年筆 손에 익은 만년필. ❷익숙해지다; 정(情)이 들다. ‖長年なじんだ土地 오래 살아 정이 든 땅[곳].

ナショナリズム【nationalism】 내셔널리즘.

なじる【詰る】 힐문(詰問)하다; 따지다.

なす【生す】 (子を)낳다.

なす【成す】 ❶【形作る】만들다; 형성(形成)하다; 이루다. ‖群をなす 무리를 짓다. ❷【やり遂げる】해내다; 성사(成事)시키다. ‖大事をなす 큰일을 해내다.

なす【為す】 하다; 행하다. ▶為す術もない 어찌할 수가 없다.

ナス【茄子】 가지.

ナスダック【NASDAQ】 나스닥.

ナズナ【薺】 냉이.

なすりあい【擦り合い】 (責任などを)서로 미룸; 전가(轉嫁). ‖責任のなすり合い 책임 전가.

なすりつける【擦り付ける】 ❶ 문지르다; 바르다. ‖泥を壁になすりつける 진흙을 벽에 바르다. ❷(責任などを)전가(轉嫁)하다; 뒤집어씌우다.

*****なぜ**【何故】 왜; 어째서. ‖なぜ来ないのか 왜 안 오는 걸까? なぜ悪いのか分からない 왜 나쁜지 모르겠다. なぜこの窓が開いているのかしら 어째서 이 창문이 열려 있지?

なぜか【何故か】 왠지; 어쩐지. ‖何故かだるい 왠지 몸이 나른하다.

なぞ【謎】 수수께끼; 불가사의(不可思議). ‖宇宙のなぞ 우주의 불가사의. 永遠のなぞ 영원한 수수께끼. ▶謎を掛ける 넌지시 이야기하다.

なぞなぞ【謎謎】 수수께끼.

なぞめく【謎めく】 수수께끼 같다.

なぞらえる【準える】 ❶비교(比較)하다; 비유(比喩)하다. ‖人生を旅に喩える 인생을 여행에 비유하다. ❷본뜨다; 모양(模倣)하다.

なぞる 덧쓰다; 그대로 베끼다. ‖手本をなぞって書く 본에 대고 베껴 쓰다.

なた【鉈】 손도끼.

なだ【灘】 파도(波濤)가 거센 바다.

なだかい【名高い】 유명(有名)하다. ‖名высの画家 유명한 화가.

なだたる【名立たる】 유명(有名)한; 평판(評判)이 나 있는. ‖世界に名だたる 名画 세계에 유명한 명화.

ナタデココ【nata de coco】 나타데코코.

なたね【菜種】 유채(油菜) 씨.

なたねあぶら【菜種油】 유채(油菜) 기름.

ナタマメ【鉈豆】 작두(斫豆)콩.

なだめる【宥める】 달래다; 진정(鎭靜)시키다.

なだらかゞ (傾斜が)완만(緩慢)하다. ‖なだらかな坂 완만한 언덕.

なだれ【雪崩】 눈사태(沙汰).

なだれおちる【雪崩れ落ちる】 무너져 내리다.

なだれこむ【雪崩れ込む】 밀려들다; 쏟아져 들어오다.

ナチ【Nazi ド】 나치.

ナチス【Nazis ド】 나치스.

ナチズム【Nazism】 나치즘.

*****なつ**【夏】 여름. ‖東京の夏は蒸し暑い 도쿄의 여름은 무덥다. この夏韓国に行った 올 여름에 한국에 갔다.

ないん【捺印】 날인(捺印).

なついん【懐いている】 따르는; 정(情)겹다; 새삼스럽다. ‖懐かしい日々 그리운 날들. 昔が懐かしい 옛날이 그립다.

なつかしさ【懐かしさ】 그리움. ‖懐かしさが募る 그리움이 더해가다.

なつかしむ【懐かしむ】 그리워하다; 반가워하다.

なつかぜ【夏風邪】 여름 감기(感氣).

なつく【懐く】 따르다.

なづけ【名付け】 명명(命名).

なづけおや【名付け親】 이름을 지어 준 사람.

なづける【名付ける】 명명(命名)하다; 이름을 짓다; 이름을 붙이다.

なっせん【捺染】 【染】 날염(捺染).

ナッツ【nuts】 너트.

ナット【nut】 너트; 나사(螺絲).

なっとう【納豆】 낫토; 생청국장.

*****なっとく**【納得】 (名他) 납득(納得). ‖納得がいかない結果 납득이 안 가는 결과. 十分に説明して納得させる 충분히 설명해서 납득시키다. 納得ずくで話を進める 서로 납득한 위에서 이야기를 추진하다.

なっぱ【菜っ葉】 잎을 먹는 채소(菜蔬).

なつば【夏場】 여름철. ‖夏場は観光客で込む夏철은 관광객으로 붐비다.

なつばて【夏ばて】 夏ばてする 여름을 타다.

なつび【夏日】 (氣象) 최고 기온(最高氣溫)이 이십오 도 이상(二十五度以上)인 여름날.

なつふく【夏服】 하복(夏服); 여름옷.

ナップザック【knapsack】 냅색; 배낭(背囊).

ナツミカン【夏蜜柑】 여름 밀감(蜜柑).

ナツメ【棗】 대추.

ナツメヤシ【棗椰子】 대추야자(椰子).

なつもの【夏物】 여름옷.

なつやすみ【夏休み】 ❶ (학교의) 여름 방학(放學). ❷ (일반의) 여름휴가(休暇).
なでおろす【撫で下ろす】 쓸어내리다. ∥胸をなでおろす 가슴을 쓸어내리다.
ナデシコ【撫子】 패랭이꽃.
なでつける【撫で付ける】 매만지다. ∥乱れた髪をなでつける 흐트러진 머리를 매만지다.
なでる【撫でる】 쓰다듬다; 어루만지다. ∥子どもの頭をなでる 아이의 머리를 쓰다듬다. 春風が気持ちよく頰をなでる 봄바람이 기분 좋게 볼을 어루만지다.
-など…등(等); …이나. ∥イギリス・フランス・ドイツなどの国 영국·프랑스·독일 등의 나라.
ナトー【NATO】 나토.
などなど【等等】 등등(等等).
ナトリウム【Natrium 독】 나트륨.
なな【七·7】 칠(七); 일곱. ∥7個 일곱 개. 7か月 칠 개월.
ななえ【七重】 일곱 겹. ∥七重の膝を八重に折る 정중하게 부탁을 하거나 사죄하다.
ナナカマド【七竈】【植物】마가목.
ななくさ【七草】일곱 종류(種類)의 풀.
ななころびやおき【七転び八起き】칠전 팔기(七顚八起).
ななし【名無し】 무명(無名). ∥名無しの権兵衛 무명 용사.
ななじゅう【七十·70】 칠십(七十); 일흔.
ななつ【七つ·7つ】 일곱; 7세(歳) 일곱 살.
ななひかり【七光】 부모(父母)의 덕(徳). ∥親の七光りで重役になる 부모의 덕으로 중역이 되다.
ななふしぎ【七不思議】 칠대(七大) 불가사의(不可思議).
なめ【斜】 ❶ 비스듬함; 경사(傾斜)짐; 비딱함. ∥板を斜めに立てかける 판자를 비스듬하게 세우다. 世間を斜めに見る 세상을 비딱하게 보다. ❷ (機嫌などが) 좋지 않음; 저기압(低氣壓)임. ∥ご機嫌斜めだ 기분이 안 좋다.
なに【何】 ❶ 무엇; 뭐. ∥人間とは何か 인간이란 무엇인가? それが何かを知らない そ게 뭔지 모른다. 何を食べようか 뭘 먹을까? 何から何まで 전부. 모조리. ❷ [중지…없는의 形으로] 아무것. ∥お金も何も要らない 돈이고 뭐고 아무것도 필요 없다. ▶何食わぬ顔 모르는 척하는 얼굴.
なにか【何彼】 이것저것; 이런저런. ∥何かにつけ 무슨 일이 있을 때마다.
なにが【何が】 ❶ 무엇인가; 무엇이; 뭔가. ∥穴の中に何かがいる 구멍 속에 무언가가 있다. 何かいいことがありそうだ 뭔가 좋은 일이 있을 것 같다. ❷ 어딘지 모르게; 왠지; 어쩐지. ∥何か寂しい 왠지 쓸쓸하다.
なにが【何が】 [反語的に] 뭐가; 무엇이; 어째서. 그래서 何がうれしいのか

그런 일로 뭐가 기쁘다고.
なにがし【某】 ❶ 약간(若干); 얼마간(間). ∥何がしかの金を出す 얼마간의 돈을 내다. ❷ 모(某); 아무개.
なにかと【何かと】 여러모로. ∥何かとお世話になりました 여러모로 신세를 많이 졌습니다.
なにがなんでも【何が何でも】 무슨 일이 있어도; 절대(絕對)로.
なにげない【何気無い】 별(別)생각이 없다; 아무렇지 않다; 특별(特別)한 뜻이 없다. ∥何気なく言った言葉 별생각 없이 한 말.
なにごと【何事】 ❶ 무슨 일; 무엇. ∥何事も辛抱が大事だ 무슨 일이든지 인내가 중요하다. 何事か 속삭였다. 무엇인가 속삭였다. ❷ [下に打ち消しの表現を伴って] 아무 일. ∥何事もなく終わった 아무 일도 없이 끝났다. ❸ (責める時の) 무슨 일; 무슨 짓. ∥怠けるとは何事だ 게으름을 피우다니 무슨 짓이냐.
なにさま【何様】 [皮肉な気持ちを込めて] 대단한 사람.
なにしろ【何しろ】 아무튼; 어쨌든. ∥何しろ一度やってみて어쨌든 한 번 해 봐.
なにとぞ【何卒】 아무쪼록; 제발.
なにはさておき【何は扨置き】 다른 일은 제쳐 두고; 먼저.
なにはともあれ【何はともあれ】 어떻든; 어쨌든; 하여(何如) 튼. ∥何はともあれ, 無事でよかった 어쨌든 무사해서 다행이다.
なにぶん【何分】 ❶ 부디; 아무쪼록. ∥何分よろしくお願いします 아무쪼록 잘 부탁합니다. ❷ 何と言っても 아무래도.
なにも【何も】 [下に打ち消しの表現を使って] 조금도; 아무것도; 하나도. ∥朝から何も食べていない 아침부터 아무것도 안 먹었다. 私は何も知らない 나는 아무것도 모른다.
なにもかも【何も彼も】 전부(全部). 모조리; 깡그리. ∥何もかも終わった 전부 끝났다.
なにもの【何者】 어떤 사람; 누구.
なにやかや【何や彼や】 여러 가지로; 이 저일로; 이것저것; 이래저래.
なにやら【何やら】 어쩐지; 왠지. ∥何やら悲しくなってきた 왠지 서글퍼지다.
なにより【何より】 무엇보다도. ∥君が来てくれたことが何より(も)うれしい 네가 와 준 게 무엇보다도 기쁘다.
ナノ【nano】 나노.
なのか【七日·7日】 칠일; 칠일간(七日間).
-なのだ【強い断定】…이다; …인 것이다. ∥これが私がやりたいことなのだ 이것이 내가 하고 싶은 것이다.
-なので …아서[어서·해서]. ∥雨なので中止にした 비가 와서 중지했다. 静

ナノテク 【ナノテクノロジーの略語】나노테크.

ナノテクノロジー 【nanotechnology】 나노테크놀러지.

ナノハナ 【菜の花】 유채(油菜)꽃.

なのり 【名乗り】 ❶ 名乗りもせずに去って行った 이름도 밝히지 않고 가 버렸다. ▶ 名乗りを上げる 경쟁 참가를 표명. 입후보하다.

なのりでる 【名乗り出る】 본인(本人) 임을 밝히고 나서다.

なのる 【名乗る】 이름을 대다; 칭하다. ∥受付で名乗る 접수처에서 이름을 대다.

ナビ 【ナビゲーションの略語】 내비게이션.

なびかせる 【靡かせる】 휘날리게 하다. ∥長い髪をなびかせる 긴 머리를 휘날리다.

なびく 【靡く】 ❶ 나부끼다; 휘날리다. ∥風になびく 바람에 휘날리다. ❷ (人や心が)권력(權力) 등에 따르다; 쏠리다. ∥強い方になびく 강한 쪽으로 쏠리다.

ナビゲーション 【navigation】 내비게이션.

ナビゲーター 【navigator】 내비게이터.

ナプキン 【napkin】 ❶〔食卓用〕냅킨. ❷ 생리대(生理帶).

なふだ 【名札】 명찰(名札); 이름표(標). ∥名札をつける 이름표를 달다.

ナフタリン 【Naphthalin ドイツ】 나프탈렌.

なぶる 【嬲る】 놀리다; 가지고 놀다; 만지작거리다.

*なべ 【鍋】 ❶ 냄비. ∥鍋底 냄비 바닥. 鍋蓋 냄비 뚜껑. ❷〔鍋料理の略語〕냄비 요리(料理).

なべかま 【鍋釜】 냄비와 솥. ▶ 最小限(最小限)의 생활 도구(生活道具).

ナベヅル 【鍋鶴】〔鳥類〕흑(黑)두루미.

なべもの 【鍋物】 냄비 요리(料理).

なべやきうどん 【鍋焼き饂飩】 냄비우동.

なま 【生】 ❶ 날것; 생(生)것. ∥生で食べる 날것으로 먹다. ❷〔生演奏〕생연주. 生の声 민중의 살아 있는 목소리.

なまあたたかい 【生暖かい】 미지근하다; 약간(若干) 따뜻하다.

なまいき 【生意気】 ダ 건방지다. ∥子どものくせに生意気な 애 주제에 건방지다. 生意気なことを言う 건방지게 말하다.

*なまえ 【名前】 이름. ∥名前を聞く 이름을 묻다. ここに名前を書いてください 여기에 이름을 적어 주세요. 犬に名前をつける 개 이름을 짓다.

なまえまけ 【名前負け】 ∥名前負けする 이름만 거창하지 실속은 없다.

なまえんそう 【生演奏】 생연주(生演奏).

なまがし 【生菓子】 생과자(生菓子).

なまかじり 【生嚙り】 수박 겉 핥기.

なまがわき 【生乾き】 덜 마름. ∥生乾きの服 덜 마른 옷.

なまき 【生木】 ❶ 생(生)나무. ▶ 生木を裂く 친한 사이를 억지로 갈라놓다.

なまきず 【生傷】 새로 생긴 상처(傷處).

なまくさい 【生臭い】 비린내가 나다.

なまクリーム 【生 cream】 생(生)크림.

ナマケモノ 【動物】 나무늘보.

なまけもの 【怠け者】 게으름뱅이.

なまける 【怠ける】 게으름을 피우다.

ナマコ 【海鼠】 해삼(海參).

なまごみ 【生ごみ】 부엌 쓰레기.

なまゴム 【生ゴム】 생(生)고무.

なまごろし 【生殺し】 ∥生殺しにする 반죽여 놓다.

なまざかな 【生魚】 생선(生鮮).

なまざけ 【生酒】〔酸酵〕가열 처리(加熱處理)를 하지 않은 술.

なまじっか 【憖じっか】 ❶ 어중간(於中間)하게. ∥なまじっかなことでは勝てない 어중간하게 해서는 이길 수 없다. ❷ 경솔(輕率)하게. ∥なまじっかなことはしない方がいい 경솔한 짓은 안 하는 게 좋다.

なまじろい 【生白い】 창백(蒼白)하다. ∥生白い顔の学生 창백한 얼굴의 학생.

ナマズ 【鯰】 메기.

なまたまご 【生卵】 날달걀; 날계란(鷄卵).

なまちゅうけい 【生中継】〔放送〕생중계(生中繼).

なまつば 【生唾】 군침. ▶ 生唾を呑み込む 군침을 삼키다.(慣)

なまづめ 【生爪】 생(生) 손톱.

なまなましい 【生生しい】 생생하다. ∥記憶にまだ生々しい 아직도 기억에 생생하다.

なまにえ 【生煮え】 ❶〔芋などが〕설익음; 덜 익음. ∥芋はまだ生煮えの 감자가 아직 덜 익었다. ❷ 애매(曖昧)함; 모호(模糊)함. ∥生煮えな態度をとる 애매한 태도를 취하다.

なまにく 【生肉】 날고기; 생고기.

なまぬるい 【生温い】 ❶〔温度〕미지근하다. ∥生温い水 미지근한 물. ❷〔対処〕애매(曖昧)하다; 모호(模糊)하다.

なまハム 【生 ham】 생(生)햄.

なまはんか 【生半可】 ダ 어중간(於中間)하다; 어설프다.

なまばんぐみ 【生番組】 생방송(生放送).

なまビール 【生 beer】 생맥주(生麥酒).

なまへんじ 【生返事】 ∥生返事をする 건성으로 대답하다.

なまほうそう 【生放送】〔放送〕생방송(生放送).

なまみ 【生身】 살아 있는 몸.

なまみず 【生水】 생수(生水).

なまめかしい 【艶かしい】 요염(妖艶)하

なまめん【生麺】 조리(調理)하지 않은 면(麺).
なまもの【生物】 날것; 생(生)것.
なまやけ【生焼け】 설구워짐; 덜 구워짐. ‖生焼けの肉 덜 구워진 고기.
なまやさしい【生易しい】 쉽다; 간단(簡単)하다. ‖生易しい相手ではない 쉬운 상대가 아니다.
なまり【訛】 사투리.
なまり【鉛】 납. 鉛色 납빛.
なまる【訛る】 사투리를 쓰다.
なまる【鈍る】 무디어지다; 둔(鈍)해지다. ‖体が鈍る 몸이 둔해지다.
*なみ【並み】 보통(普通); 중간(中間). ‖並みの人間には考えも及ばないこと 보통 사람으로는 생각할 수 없는 일. 並みの成績で中学を卒業하다. 先進国並みの生活水準 선진국 정도의 생활수준.
*なみ【波】 ❶파도(波濤); 물결. ‖波が荒い 파도가 거칠다. 時代の波に乗る 시대의 흐름을 타다. 自由化の波 자유화의 물결. ❷기복(起伏); 부침(浮沈); 파동(波動). ‖感情の波 감정의 기복.
なみあし【並み足】 보통(普通) 걸음.
なみうつ【波打つ】 파도(波濤) 치다. ‖波打つ海岸 파도치는 바닷가.
なみかぜ【波風】 풍파(風波). ‖波風が立つ 풍파가 일다. 波風を起こす 풍파를 일으키다.
なみき【並木】 가로수(街路樹).
なみしぶき【波飛沫】 (이)포말(泡沫).
*なみだ【涙】 눈물. ‖涙を流す 눈물을 흘리다. タマネギを切っていたら涙が出てきた 양파를 자르니까 눈물이 났다. 涙を拭う 눈물을 닦다. うれし涙 기쁨의 눈물. 涙する 눈물을 흘리다. ▶涙をのむ 눈물을 삼키다. ▶涙ながらに訴える 울면서 호소하다. ▶血も涙もない 피도 눈물도 없다. 《卑》涙声 울음 섞인 목소리.
なみたいてい【並大抵】 보통(普通). ‖並み大抵の苦労ではない 보통 고생이 아니다.
なみだぐましい【涙ぐましい】 눈물겹다.
なみだぐむ【涙ぐむ】 눈물이 어리다.
なみだつ【波立つ】 파도(波濤)치다; 파도가 일어나다.
なみだもろい【涙脆い】 잘 울다; 쉽게 감동(感動)하다.
なみなみ 넘칠 정도(程度)로; 가득. ‖なみなみ(と)注ぐ 넘칠 정도로 따르다.
なみなみ【並並】 ‖並々ならぬ努力をする 이루 말할 수 없는 노력을 하다.
なみはずれる【並外れる】 보통 이상(以上)이다; 뛰어나다. ‖並はずれて大きい 보통 이상으로 크다. 並はずれた政

治力 뛰어난 정치력.
ナミビア【Namibia】《国名》 나미비아.
なみよけ【波除け】 방파제(防波堤).
なむあみだぶつ【南無阿弥陀仏】 나무아미타불(南無阿彌陀佛).
ナメクジ【蛞蝓】 민달팽이. ▶ナメクジに塩 어려운 상대 앞에서 위축되다.
ナメコ【滑子】 식용(食用) 버섯의 일종.
なめしがわ【鞣革】 무두질한 가죽.
なめす【鞣す】 무두질하다.
なめらか【滑らか】 ❶미끈미끈하다; 매끈매끈하다; 미끄럽다. ‖滑らかな肌 매끈매끈한 피부. 滑らかな斜面 미끄러운 비탈길. ❷막힘이 없다; 유창(流暢)하다. ‖滑らかな弁舌 유창한 언변.
なめる【嘗める】 ❶핥다; 빨다. ‖飴をなめる 사탕을 빨다. ❷맛보다; 마시다; 경험(経験)하다; 겪다. ‖苦杯をなめる 고배를 마시다. 辛酸をなめる 신산을 맛보다. ❸얕보다; 깔보다; 우습게 알다; 쉽게 생각하다. ‖試験をなめてかかる 시험을 쉽게 생각하고 덤비다. 世の中をなめるな 세상을 우습게 보지 마라.
なや【納屋】 헛간(間).
なやましい【悩ましい】 괴롭다; (性的刺激を受けて)마음이 흔들리다.
なやます【悩ます】 괴롭히다. ‖頭を悩ます 골치가 아프다. 騒音に悩まされる 소음 때문에 괴롭다.
*なやみ【悩み】 괴로움; 고민(苦悶); 걱정. 悩みを打ち明ける 고민을 털어놓다. 何の悩みもない 아무런 걱정도 없다. 悩みの種 걱정거리.
*なやむ【悩む】 괴로워하다; 고민(苦悶)하다; 고생(苦生)하다; 시달리다. ‖頭痛に悩む 두통에 시달리다. 将来について悩む 장래에 대해서 고민하다. 何を悩んでいるの 뭘 고민하고 있니?
なよなよ ‖なよなよ(と)した男 연약한 남자.
ナラ【楢】 졸참나무.
-なら ❶…(다)면. ‖君が行くなら僕も行こう 너가 간다면 나도 가지. 読みたいなら貸してあげよう 읽고 싶다면 빌려 주마. ❷…(이)라면. ‖君ならどうする 너라면 어떻게 하겠니? 私ならそう思わない 나라면 그렇게 생각하지는 않아.
ならいごと【習い事】 배우는 것[일].
*ならう【習う】 배우다; 학습(学習)하다. ‖ピアノを習う 피아노를 배우다. 先生に習う 선생님께 배우다. テープで歌を習う 테이프로 노래를 배우다.
ならう【倣う】 본뜨다; 모방(模倣)하다. ‖前例に倣う 전례를 따르다.
ならく【奈落】 나락(奈落); 지옥(地獄). ‖奈落の底 지옥의 밑바닥.

ならす【生らす】 (実を)맺게 하다.

ならす【均す】 고르게 하다; 균일(均一)하게 하다.

ならす【鳴らす】 ❶ 소리를 내다; 울리다. ∥クラクションを鳴らす 클랙슨을 울리다. ❷ 평판(評判)을 얻다; 유명(有名)하다. ∥強打で鳴らした選手 강타로 유명했던 선수.

ならす【慣らす・馴らす】 길들이다; 따르게 하다. ∥動物を馴らす 동물을 길들이다.

ならずもの【ならず者】 파락호(破落戶); 불량배(不良輩).

-ならでは 〔主に「…ならではの形で〕…이〔가〕아니면 안 되는; …특유(特有)의. ∥鳥ならではの研究 섬이 아니면 안 되는 연구. 日本ならではの風習 일본 특유의 풍습.

-ならない ❶〔禁止〕…(서는·면) 안 된다. ∥遅く寝てはならない 늦게 자면 안 된다. ❷〔当然·義務〕…해야 한다. ∥食べなければならない 먹어야 한다. ❸〔どうしようもない〕견딜 수(가) 없다; 참을 수(가) 없다; 못 견디겠다. ∥暑くてならない 더워서 참을 수가 없다.

-ならば ❶ …다면. ∥全員そろったならば始めよう 다들 모였다면 시작하자. ❷ …(이)라면; …(이)면. ∥韓国語の辞書ならば私の机の上にあるよ 한국어 사전이라면 내 책상 위에 있어.

ならび【並び】 늘어섬; 늘어선 것. ∥歯の並び 치열.

ならびたつ【並び立つ】 늘어서다; 동등(同等)한 위치(位置)에 있다. ∥並び立つビル 늘어서 있는 빌딩들.

ならびない【並び無い】 둘도 없다; 유례(類例)없다.

ならびに【並びに】 및; …와[과]. ∥身分証明書ならびに印鑑を持参すること 신분증명서 및 인감을 지참할 것.

*ならぶ【並ぶ】 ❶ (늘어)서다; 나란히 서다; 줄을 서다. ∥3列に並ぶ 세 줄로 서다. チケットを買うために並ぶ 티켓을 사기 위해 줄을 서다. ❷ 필적(匹敵)하다. ∥並ぶ者がいない 필적할 者가 없다.

ならべたてる【並べ立てる】 늘어놓다; 열거(列擧)하다. ∥不満を並べ立てる 불만을 늘어놓다.

*ならべる【並べる】 세우다; 늘어놓다; 벌여 놓다; 진열(陳列)하다. ∥生徒を身長の順に並べる 학생들을 키순으로 세우다. 色々な人形が並べてあった 여러 가지 인형들이 진열되어 있었다. 不平을 並べる 불평을 늘어놓다.

ならわし【習わし】 습관(習慣); 관습(慣習); 풍습(風習). ∥古くからの習わし 옛날부터의 습관.

なり【形・態】 ❶ 복장(服裝); 차림; 모양(模樣); 모양새. ∥派手ななり 화려한 차림. 弓なり 활 모양. ❷ 체격(體格); 몸집; 덩치. ∥なりは大きいがまだ子どもだ 덩치는 크지만 아직 애다. ❸ …(나름)대로. ∥私なりの考えがある 내 나름대로의 생각이 있다. 人の言うなりになる 다른 사람이 말하는 대로 하다.

なり【鳴り】 울림; 소리를 냄. ▶鳴りを潜(ひそ)める 활동을 중지하다. 조용히 있다.

なりあがり【成り上がり】 벼락부자(富者); 벼락출세(出世); 졸부(猝富).

なりあがる【成り上がる】 벼락부자(富者)가 되다; 벼락출세(出世)하다.

なりかわる【成り代わる】 대신(代身)하다. ∥本人に成り代わる 본인을 대신하다.

なりきん【成り金】 벼락부자(富者)와; 졸부(猝富).

なりさがる【成り下がる】 전락(轉落)하다. ∥物ごいにまでなり下がる 거지로까지 전락하다.

なりすます【成り済ます】 …인 체하다; 가장(假裝)하다.

なりたち【成り立ち】 ❶ 성립 과정(成立過程); 내력(來歷); 경과(經過). ∥会の成り立ち 모임의 내력. ❷ 구성 요소(構成要素). ∥文の成り立ち 문장의 구성 요소.

なりたつ【成り立つ】 ❶ 성립(成立)하다; 성립되다. ∥契約が成り立つ 계약이 성립되다. ❷ 구성(構成)되다; 이루어지다. ❸ 가능(可能)하다. ∥その考えも成り立つ 그런 생각도 가능하다.

なりたて【成り立て】 이루어진 지 얼마 안 되다. 成り立ての弁護士となった弁護士 변호사가 된 지 얼마 되지 않았다.

なりて【成り手】 될 사람. ∥会長の成り手がいない 회장이 될 사람이 없다.

なりひびく【鳴り響く】 울려 퍼지다.

なりふりかまわず【形振り構わず】 무작정(無酌定); 개의(介意)치 않고. ∥なりふり構わず働く 외양에는 개의치 않고 일하다.

なりものいり【鳴り物入り】 떠들썩하게; 요란(擾亂)스럽게; 대단한 것처럼. ∥鳴り物入りでデビューする 요란스럽게 데뷔하다.

なりゆき【成り行き】 경과(經過); 과정(過程). ∥成り行きを見る 경과를 보다.

なりわい【生業】 생업(生業).

なりわたる【鳴り渡る】 울려 퍼지다.

*なる【成る】 ❶ 완성(完成)되다; 실현(實現)되다. ∥749年、東大寺大仏成る 칠백사십구 년에 도다이지 대불이 완성되다. ❷ 구성(構成)되다; 이루어지다. ∥日本の国会は衆議院と参議院からなる 일본의 국회는 중의원과 참의원으로 구성된다. 水の分子は水素原子 2 個と酸素原子 1 個からなる 물 분자는 수소 원자 두 개와 산소 원자 한

개로 이루어진다. ローマは 1日にしてならず ロ마는 하루아침에 이루어지지 않았다. ❸ [お[ご]…になる의 形で]…시다. ❹ 『何時においでになりますか 어느 때에 오시겠습니까? ❹ […になる의 形で]…이[가] 되다. 『春になる 봄이 되다. 病気になる 병이 되다. ❺ […くなる의 形で]…아[어]지다. 『日が長くなる 해가 길어지다. 表情が明るくなる 표정이 밝아지다. ❻ (実이) 맺다[열리다]. 『実なる熱帯 열매가 맺다.

*なる【鳴る】 ❶ 소리가 나다. 『鐘が鳴る 종소리가 나다. ❷ 널리 알려지다. 『資産家で鳴る家 자산가로 알려진 집.

なる【生る】 (実이) 맺다[열리다]. 『柿の実がなる 감이 열리다.

ナルシスト【narcist】 나르시스트.

ナルシズム【narcism】 나르시시즘.

なるべく【成る可く】 가능(可能)한 한; 되도록. 『なるべく出席するようにしてください 가능한 한 출석하도록 해 주십시오.

なるほど【成る程】 과연(果然); 역시(亦是).

なれ【慣れ】 익숙해지는 것.

なれあう【馴れ合う】 ❶ 친해지다. ❷ 공모(共謀)하다; 담합(談合)하다.

ナレーション【narration】 내레이션.

ナレーター【narrator】 내레이터.

なれそめ【馴れ初め】 친해진 계기(契機).

なれなれしい【馴れ馴れしい】 친한 척하다; 친한 것처럼 굴다.

なれのはて【成れの果て】 영락(零落)한 모습; 말로(末路).

*なれる【慣れる・馴れる】 익숙해지다; 길들다; 친해지다. 『新しい環境に慣れる 새로운 환경에 익숙해지다. 慣れた手つき 익숙한 손놀림. このサルは人に馴れている 이 원숭이는 사람들한테 길들어 있다.

なわ【縄】 줄; 끈; 새끼; 《昔의 捕縄(捕繩)》줄. 『縄をなう 새끼를 꼬다. 縄で結わえる 끈으로 묶다.

なわし【苗代】 못자리.

なわとび【縄跳び】 줄넘기. 『縄跳びをする 줄넘기를 하다.

なわばしご【縄梯子】 줄사다리; 줄사닥다리.

なわばり【縄張り】 영역(領域); 세력 범위(勢力範囲). 『縄張り争い 세력 싸움.

なわめ【縄目】 매듭. 『縄目を解く 매듭을 풀다. 縄目にかかる 포박당하다.

なん【難】 ❶ 재난(災難); 재해(災害); 곤란(困難); 어려움. 『難を逃れる 난을 피하다. 不慮の難にあう 불의의 재난을 당하다. ❷ 흠; 결점(欠點); 약점(弱點). 『難を言えば, 少々体が弱い 흠이라면 몸이 좀 약하다.

なん【何】 ❶ 무엇; 무슨. 『これは何だ게 뭐냐? 何と言ったらいいかな 뭐라고 말하는 것이 좋을까? 何の話でしょうか 무슨 얘기입니까? 何が何でも明日は行くぞ 무슨 일이 있어도 내일은 갈 거야. ❷ …의. 『何個 몇 개. 何時 몇 시. 何月 몇 월.

ナン【nahn】(料理) 난.

なんい【南緯】 남위(南緯).

なんい【難易】 난이(難易). ◆難易度 난이도.

なんか【南下】 《する》 남하(南下).

なんか【軟化】 《する》 연화(軟化).

-なんか【軟化】 『暑くて勉強なんかできないよ 더워서 공부가 안 돼.

なんかい【難解】 난해(難解). 『難解な文章 난해한 문장.

なんかい【何回】 몇 번(番). 『何回外国へ行きましたか 외국에 몇 번 갔습니까? 何回か行ったことがある 몇 번인가 간 적이 있다. 何回もやっている 몇 번이나 해 보다.

なんかん【難関】 난관(難関). 『難関にぶつかる 난관에 부딪치다. 難関を突破する 난관을 돌파하다.

なんぎ【難儀】 ❶ 고생(苦生); 고통(苦痛); 어려움; 곤란(困難)함. 『借金で難儀する 빚 때문에 고생하다. ❷ 번거로움; 귀찮음; 폐(弊). 『難儀をかける 번거롭게 하다.

なんきゅう【軟球】 연구(軟球).

なんきょく【南極】 남극(南極). ◆南極海 남극해. 南極圏 남극권. 南極大陸 남극 대륙.

なんきょく【難局】 난국(難局). 『難局に当たる 난국에 봉착하다. 難局に直面する 난국에 직면하다. 難局を治める 난국을 수습하다.

なんきん【軟禁】 《する》 연금(軟禁).

なんくせ【難癖】 결점(欠點); 트집. ▶難癖を付ける 트집을 잡다.

なんこ【噛菇】 옹알이.

なんこう【軟膏】 연고(軟膏).

なんこう【難航】 난항(難航).

なんこうがい【軟口蓋】 연구개(軟口蓋).

なんこうがいおん【軟口蓋音】 (言語) 연구개음(軟口蓋音).

なんこうふらく【難攻不落】 난공불락(難攻不落). 『難攻不落の要塞 난공불락의 요새.

なんこつ【軟骨】 연골(軟骨).

なんさん【難産】 난산(難産).

なんじ【汝】 너. 『汝ごときに分かるものか 너 같은 게 뭘 안다고.

なんじ【難治】 난치(難治). 『難治の病 난치병.

なんじ【何時】 몇 시(時).

なんしき【軟式】 연식(軟式). ◆軟式野球 연식 야구.

なんじゃく【軟弱】ダ 연약(軟弱)하다. ‖軟弱な体 연약한 몸.

なんしょ【難所】 난소(難所).

なんしょく【難色】 난색(難色). ‖難色を示す 난색을 표하다.

なんすい【軟水】 연수(軟水).

なんせい【南西】 남서(南西).

なんせい【軟性】 연성(軟性).

ナンセンス[nonsense] 난센스.

なんだ【何だ】 ❶무엇이냐; 뭐냐. ‖これは何だ 이게 뭐냐? 何だ, 君か 뭐야 너구나. ❷**呆れて**. ‖こう言っちゃ何だが 이렇게 말하는 건 뭐하지만.

なんだい【難題】 난제(難題); 어려운 문제(問題); 무리(無理)한 요구(要求).

なんたいどうぶつ【軟体動物】 연체 동물(軟體動物).

なんだか【何だか】 어쩐지; 왠지. ‖何だか心配になってきた 왠지 걱정이 된다.

なんだかんだ【何だかんだ】 ❶이것저것; 이래저래. ‖なんだかんだ(と)準備가 大変だす 이것저것 준비가 힘듭니다. ❷이러니저러니; 이러쿵저러쿵. ‖なんだかんだ言っている場合ではない 이러니저러니 말할 때가 아니다.

なんたん【南端】 남단(南端).

なんちゃくりく【軟着陸】 (宇宙) 연착륙(軟着陸).

なんちょう【難聴】 난청(難聽). ◆難聴地域 난청 지역.

なんて【何て】 ❶〔疑問・感動〕얼마나. ‖何てきれいなんでしょう 얼마나 아름다워요. ❷무슨; 이렇다. ‖何てことを 무슨 이런 일을!

-なんて〔そんなことをするなんて そんな 짓 을 하다니. 病気になんて負けないで 병한테 질 수는 없다.

なんで【何で】 왜; 어째서.

なんてき【難敵】 난적(難敵).

なんでも【何でも】 ❶전부(全部); 뭔든지. ❷어떻든; 어쨌든; 기필(期必)코. ‖何が何でも 기필코.

なんでもかんでも【何でもかんでも】 ❶뭐든지. ‖彼のことなら何でもかんでも知っている 그 사람 일이라면 뭐든지 알고 있어. ❷〔ぜひとも〕기필(期必)코; 반드시.

なんでもない【何でもない】 별(別) 것 아니다; 아무것도 아니다.

なんでもや【何でも屋】 ❶〔人〕무슨 일이든지 해내는 사람; 무슨 일이든지 하는 사람. ❷〔店〕만물상(萬物商).

なんてん【難点】 난점(難點).

ナンテン【南天】 남천(南天).

*-**なんと**【何と】 ❶어떻게; 어떻게. ‖何と言うう 뭐라고 해? 何とし어떻게 해서든. ❷〔驚き・感動〕얼마나. ‖何と美しい夜景だろう 얼마나 아름다운 야경인가.

なんど【納戸】 옷이나 세간 등을 넣어 두는 방(房).

なんとう【南東】 남동(南東). ◆南東貿易風 남동 무역풍.

なんとか【何とか】 ❶무언가; 뭐라고. ‖何とか言え 뭐라고 말해. ❷어떻게든. ‖何とかやってみる 어떻게든 해 볼게.

なんとなく【何となく】 어쩐지; 왠지; 그냥. ‖何となく好きだ 왠지 좋아.

なんとも【何とも】 ❶뭐라고. ‖何とも言えない 뭐라고 말할 수 없다. ❷정말로. ‖何とも困った 정말로 곤란하다.

なんども【何度も】 누누(屢屢)이; 몇 번이나. ‖何度も言う 누누이 말하다.

なんとやら【何とやら】 왠지; 그냥.

なんなく【難無く】 쉽게; 간단(簡單)히. ‖難なく合格する 쉽게 합격하다.

なんなら【何なら】 원한다면; 사정(事情)에 따라서는; 필요(必要)에 따라서는. ‖何なら中止してもよい 필요에 따라서는 중지해도 된다.

なんなりと【何なりと】 무엇이든지.

なんなんせい【南南西】 남남서(南南西).

なんなんとう【南南東】 남남동(南南東).

なんにも【何にも】 전(全)혀; 조금도; 아무것도. ‖地位も財産も何にもない 지위도 재산도 아무것도 없다. 私は何にも知らないな 나는 아무것도 모른다.

なんにょ【男女】 남녀(男女). ◆老若男女 남녀노소.

*-**なんの**【何の】 ❶조금의; 아무런. ‖何の心配もない 아무런 걱정도 없다. 何の役にも立たない 아무런 도움이 안 되다. ❷무슨; 어떤. ‖庭には何の木を植えようか 뜰에는 무슨 나무를 심을까?

なんぱ【軟派】 ❶온건파(穩健派). ❷여성(女性)을 유혹(誘惑)하는 것.

なんぱ【難破】 〔交通〕난파(難破). ◆難破船 난파선.

ナンバー[number] 넘버. ◆ナンバーツー 넘버 투. ナンバープレート 번호판. ナンバーワン 넘버원.

なんびょう【難病】 난병(難病).

なんぶ【南部】 남부(南部).

なんぷう【南風】 남풍(南風); 마파람.

ナンプラー[namplaa] 남플라.

なんべい【南米】 남미(南美).

なんぼう【南方】 남방(南方).

なんぼく【南北】 남북(北北).

なんみん【難民】 난민(難民). ‖難民キャンプ 난민 캠프.

なんもん【難問】 난문(難問).

なんら【何等】 조금도; 아무것도. ‖何ら変わりない 아무것도 변한 게 없다. 변함이 없다.

なんらか【何等か】 ❶무언가; 무엇인가; 뭔가. ‖2つの事件に何らかの関係がありそうだ 두 사건은 뭔가 관계가 있을 것 같다. ❷〔いくらか〕얼마간.

に

* **に** ❶〔場所〕…에. ‖病院은 公園 옆에 있는 병원은 공원 옆에 있다. 自由의 女神는 뉴욕에 있다. 自由の女神はニューヨークにある. 兄は今中国にいる 오빠는 지금 중국에 있다. ❷〔方向〕…에; …(으)로. ‖学校に行く 학교에 가다. 今日友だちがうちに来る 오늘 친구가 우리 집에 온다. 左に曲がる 왼쪽으로 돌다. 椅子を後ろに倒す 의자를 뒤로 젖히다. ❸〔時間〕…에. ‖毎朝8時に家を出る 매일 아침 여덟 시에 집을 나오다. 夜中に電話がかかってくる 밤중에 전화가 걸려 오다. ❹〔原因・理由〕…에. ‖恐怖におびえる 공포에 떨다. 弟が司法試験に合格したという知らせに家族が喜んだ 동생이 사법 시험에 합격했다는 소식에 가족들이 기뻐했다. ❺〔対象〕…에; …에게; …을[를]. ‖読書に熱中する 독서에 열중하다. 友人の結婚式に出席する 친구 결혼식에 참석하다. 妹に誕生日プレゼントをあげる 여동생에게 생일 선물을 주다. 上司に結果を報告する 상사에게 결과를 보고하다. 大学の後輩に会う 대학 후배를 만나다. 毎日電車に乗って出勤する 매일 전철을 타고 출근하다. 私は父に似ている 나는 아버지를 닮았다. ❻〔受身文の動作主〕…에게; …한테; 〔尊敬〕…께. ‖取材陣に囲まれる 취재진에 둘러싸이다. 友人にだまされる 친구에게 속다. 電車の中で隣の人に足を踏まれる 전철에서 옆사람에게 발을 밟히다. 先生にほめられる 선생님께 칭찬받다. ❼〔比較〕…에. ‖去年の冬に比べ今年は暖かい 작년 겨울에 비해 올해는 따뜻하다. ❽〔割合の基準〕…에. ‖1年に1回海外旅行をする 일 년에 한 번 해외 여행을 가다. ❾〔変化の結果〕…(으)로. ‖パン屋がカフェに変わる 빵집이 카페로 바뀌다. 日本語に訳す 일본어로 옮기다. ❿〔資格・条件〕…(으)로. ‖国家代表選手に選ばれる 국가 대표 선수로 뽑히다. 不正を理由に解雇される 비리를 이유로 해고 당하다. ⓫〔動作の目的〕…을[를]; …(으)로. ‖旅行代わりに旅行を가다. 韓国に調査に行く 한국에 조사를 가다. 渋谷に映画を見に行く 시부야에 영화를 보러 가다. ⓬〔…になるの形で〕…이[가] 되다. ‖春になる 봄이 되다. 友だちになる 친구가 되다.

* **に**〔二・2〕 ❶이(二). 둘. ‖2月 이월. 1, 2, 3일, 이, 삼. 하나, 둘, 셋. 2個 두 개. ❷다음; 두 번째. 제이(第二).

* **に**〔荷〕 ❶짐. ‖両手に荷を下げる 양손에 짐을 들다. ❷책임(責任); 부담(負擔).

* **にあう**〔似合う〕 어울리다; 조화(調和)되다; 맞다; …답다. ‖帽子がよく似合う 모자가 잘 어울리다. 普段の君には似合わない発言 평소의 너답지 않은 발언.

* **ニアミス**〔near miss〕 니어 미스.

* **ニーズ**〔needs〕 니즈.

* **ニーズ**〔NIES〕 니즈. ✢ newly industrializing economies의 略.

* **にいさい**〔新歳〕 새색시.

* **にいろ**〔丹色〕 단색(丹色); 붉은색.

* **にいん**〔二院〕 양원(兩院). ◆二院制 양원제.

* **にえきらない**〔煮え切らない〕 (考えなどが)분명(分明)하지 않다; 애매(曖昧)하다. ‖煮え切らない態度 애매한 태도.

* **にえくりかえる**〔煮え繰り返る〕 몹시 화가 나다; 속이 끓다. ‖腹が煮えくり返る 속이 끓다.

* **にえたぎる**〔煮え滾る〕 펄펄 끓다.

* **にえたつ**〔煮え立つ〕 끓어오르다.

* **にえゆ**〔煮え湯〕 끓는 물.

* **にえる**〔煮える〕 익다; 끓다. ‖サツマイモが煮える 고구마가 익다.

* **におい**〔匂い・臭い〕 ❶냄새; 향기(香氣). ‖肉を焼くにおい 고기를 굽는 냄새. 花のにおい 꽃 향기. 香水のにおい 향수 냄새. 変なにおいがする 이상한 냄새가 나다. においを放つ 냄새를 풍기다. ❷분위기(雰圍氣); 느낌. ‖パリのにおいがする雑誌 파리의 느낌을 주는 잡지. 生活のにおいの感じられない女優 생활감이 느껴지지 않는 여배우.

* **-において**〔に於いて〕…에 있어서; …에서.

* **におう**〔仁王〕 금강신(金剛神).

* **におう**〔匂う・臭う〕 냄새가 나다; 향기(香氣)가 나다. ‖梅の香がにおう 매화 향기가 나다. 廊下ににおう 양말이 냄새가 나다.

* **-における**〔に於ける〕…에 있어서의; …의 경우(境遇)의. ‖海外における諸情勢 해외에 있어서의 제 정세. 在学中における成績 재학 중의 성적.

* **におわせる**〔匂わせる〕 ❶풍기다. ❷〔ほのめかす〕비추다; 암시(暗示)하다.

* **にかい**〔二階〕 이 층(二層). ▶二階から目薬 마음대로 안 되어 답답함. 효과 가 없음.

* **にがい**〔苦い〕 쓰다; 씁쓸하다. ‖苦い薬 쓴 약. 苦い経験 씁쓸한 경험.

* **ニガウリ**〔苦瓜〕 여주.

* **にがおえ**〔似顔絵〕 초상화(肖像畫).

* **にがす**〔逃がす〕 ❶놓아주다; 빼다. ‖釣った魚を逃がしてやる 잡은 고기를 놓아주다. 湯気を逃がす 김을 빼다. ❷놓치다. ‖いい機会を逃がす 좋은 기회를 놓치다. ▶逃がした魚は大きい 놓친 고기가 더 커 보인다.

にがつ【二月·2月】이월(二月).
*にがて【苦手】 ❶〔扱いにくい相手〕상대(相對)하기 힘든 사람. ‖あの人はどうも苦手だ 저 사람은 상대하기가 힘들다. ❷〔得意でないこと〕잘 못함; 서투름; 자신(自信)이 없는 과목. 数学が苦手だ 수학을 잘 못한다.
にがにがしい【苦々しい】몹시 불쾌(不快)하다. ‖苦々しい顔つき 몹시 불쾌한 듯한 얼굴.
にがみ【苦味】쓴맛. ‖苦味のある茶 쓴맛이 나는 차.
にがむし【苦虫】 ▶虫을 깨물어 뭉갠 듯 벌레라도 씹은 것 같은.
にかよう【似通う】비슷하다; 서로 닮다.
ニカラグア【Nicaragua】〖国名〗니카라과.
にがり【苦汁】간수.
にかわ【膠】아교(阿膠).
にがわらい【苦笑い】고소(苦笑); 쓴웃음. ‖苦笑いする 쓴웃음을 짓다.
にきさく【二期作】이기작(二期作).
にぎてき【二義的】이차적(二次的).
にぎにぎしい【賑賑しい】몹시 번화(繁華)하다; 떠들썩하다.
にきび【面皰】여드름. ‖にきびができる 여드름이 나다.
*にぎやか【賑やか】 ❶번화(繁華)하다; 활기(活氣)차다. ‖にぎやかな町 번화한 거리. ❷떠들썩하다; 요란(擾亂)하다[스럽다]. ‖にぎやかな会合 떠들썩한 모임. にぎやかな人 요란한 사람. カエルがにぎやかに鳴く 개구리가 요란스럽게 울다.
にきょく【二極】양극(兩極).
にぎらせる【握らせる】쥐어 주다. ‖金を握らせる 돈을 쥐어 주다.
にぎり【握り】 ❶쥠; 잡는 곳; 손잡이; バットの握り 배트 잡는 곳. ❷一줌. ‖一握りの米 한 줌의 쌀. ❸【握り鮨】생선(生鮮) 초밥.
にぎりこぶし【握り拳】주먹.
にぎりしめる【握り締める】꽉 쥐다.
にぎりずし【握り鮨】생선(生鮮) 초밥; 스시.
にぎりつぶす【握り潰す】 ❶꽉 쥐어 으스러뜨리다. ❷〔書類・提案などを〕묵살(默殺)하다.
にぎりめし【握り飯】주먹밥.
にぎる【握る】 ❶쥐다; 잡다. ‖政権を握る 정권을 잡다. ハンドルを握る 핸들을 잡다. ❷〔握り鮨・握り飯などを〕만들다.
にぎわう【賑わう】 ❶북적거리다. ❷번성(繁盛)하다; 번창(繁昌)하다.
にぎわす【賑わす】 ❶활기(活氣)차게 하다. ❷풍부(豊富)하게 하다; 풍성(豊盛)하게 하다. ‖食卓を賑わせる 식탁을 풍성하게 하다.

にく【肉】 ❶살. ‖肩に肉がつく 어깨에 살이 붙다. 原案に肉をつける 원안에 살을 붙이다. ❷【厚さ】두께; 굵기.
にくい【憎い】 ❶얄밉다; 밉다. ❷〔反語的に〕훌륭하다; 멋있다; 기특(奇特)하다.
-にくい【難い】 …하기 어렵다; …하기 곤란(困難)하다. ‖食べにくい 먹기 어렵다. 言いにくい 말하기 어렵다.
にくがん【肉眼】육안(肉眼).
にくこっぷん【肉骨粉】육골분 사료(肉骨粉飼料).
にくしつ【肉質】육질(肉質).
にくしみ【憎しみ】 미움; 증오(憎惡). ‖愛と憎しみ 사랑과 미움. 애증.
にくしゅ【肉腫】 육종(肉腫).
にくじゅう【肉汁】육수(肉水).
にくしょく【肉食】 (ス자)육식(肉食).
◆肉食動物 육식 동물.
にくしん【肉親】육친(肉親).
にくずれ【煮崩れ】煮崩れする 너무 익어 형태가 망가지다.
にくせい【肉声】육성(肉聲).
*にくたい【肉体】육체(肉體). ‖肉体的な疲労 육체적인 피로. ◆肉体美 육체미. 肉体労働 육체노동.
にくたらしい【憎たらしい】밉살스럽다.
にくだん【肉弾】육탄(肉彈). ‖肉弾戦 육탄전.
にくだんご【肉団子】미트볼.
にくづき【肉付き】살집. ‖肉づきのいい人 살집이 좋은 사람.
にくづけ【肉付け】‖肉付けする 살을 붙이다.
にくにくしい【憎憎しい】밉살스럽다.
にくはく【肉薄】 (ス자)육박(肉薄).
にくばなれ【肉離れ】‖肉離れする 근섬유가 끊어지다.
にくひつ【肉筆】육필(肉筆).
にくまれぐち【憎まれ口】미움 살 말; 밉살 스러운 말투. ‖憎まれ口をたたく 미움 살 말을 하다.
にくまれっこ【憎まれっ子】미움 받는 아이. ▶憎まれっ子世にはばかる 집에서 미움 받는 자식이 밖에서 활개 친다.
にくまれやく【憎まれ役】미움 받는 역할(役割).
にくまん【肉饅】고기 찐빵.
にくむ【憎む】싫어하다; 미워하다; 불쾌(不快)해하다. ‖憎めない人 미워할 수 없는 사람.
にくよう【肉用】육용(肉用).
にくよく【肉欲】육욕(肉欲).
にくらしい【憎らしい】밉다; 얄밉다. ‖憎らしいことを言う 얄미운 소리를 하다.
にくるい【肉類】육류(肉類).
にぐるま【荷車】짐수레.
にげおくれる【逃げ遅れる】도망(逃亡)칠 기회(機會)를 놓치다; 미처 도망가

にげおくれる【逃げ遅れる】 逃げ遅れる 도 망쳐 늦다. ‖火事で逃げ遅れて死ぬ 화 재로 미처 도망가지 못해 죽다.
にげかくれ【逃げ隠れ】 ‖逃げ隠れする 도 망쳐 숨다.
にげきる【逃げ切る】 ❶ (追いつかれない で) 끝까지 도망(逃亡)치다. ❷ (競技 などで) 선두(先頭)를 뺏기지 않고 이 기다.
にげこうじょう【逃げ口上】 핑계; 구실 (口實).
にげごし【逃げ腰】 도망(逃亡)가려는 자세(姿勢); 책임(責任)을 회피(回避) 하려는 태도(態度). ‖逃げ腰になる 책 임을 회피하려고 하다.
にげこむ【逃げ込む】 도망(逃亡)쳐 들 어가다.
にげだす【逃げ出す】 도망(逃亡)치다.
にげば【逃げ場】 도망(逃亡)칠 곳.
にげまわる【逃げ回る】 도망(逃亡) 다니 다; 피(避)해 다니다.
にげみち【逃げ道·逃げ路】 ❶ 도망(逃亡)갈 길. ❷ 책임(責任) 등을 회피(回避)할 방 법(方法).
*にげる【逃げる】 ❶ 도망(逃亡)치다; 도 망가다. ‖逃げる犯人を追いかける 도 망가는 범인을 추격하다. ❷ 책임(責 任) 등을 회피(回避)하다; 피(避)하가 다. ‖彼は私の質問をうまく逃げた 그 사 람은 내 질문을 적당히 피해 갔다. 逃 げては通れない問題 피해 갈 수 없는 문 제.
にげん【二元】 이원(元). ◆二元的 이 원적. 二元論 이원론.
にごす【濁す】 ❶ 흐리게 하다; 탁 (濁)하게 하다. ❷ (言葉을) 흐리다; 얼버 무리다. ‖言葉を濁す 말을 얼버무리다.
ニコチン【nicotine】 니코틴. ◆ニコチン 中毒 니코틴 중독.
にこにこ 싱글벙글; 생글생글.
にこぼれる【煮零れる】 끓어 넘치다.
にこむ【煮込む】 푹 끓이다; 푹 삶다.
にこやか 싱글벙글.
にごらす【濁らす】 ❶ 흐리게 하다; 탁 (濁)하게 하다. ❷ (言葉을) 흐리다; 얼 버무리다.
にごり【濁り】 흐림; 탁(濁)함.
にごりざけ【濁り酒】 탁주(濁酒); 막걸 리.
にごる【濁る】 ❶ 흐려지다; 탁(濁)해지 다. ❷ 탁음(濁音)이 되다.
にごん【二言】 두말. ‖二言はない 두말 하지 않다.
にざかな【煮魚】 생선(生鮮) 조림.
にさん【二三】 두셋; 조금; 약간(若干).
にさんかたんそ【二酸化炭素】 이산화 탄소(二酸化炭素).
*にし【西】 서(西); 서쪽. ‖日が西に沈む 해가 서쪽으로 지다.

にじ【虹】 무지개. ‖虹がかかる 무지개 가 뜨다. ◆二重虹 쌍무지개.
にじ【二次】 이차(二次). ◆二次産業 이 차 산업. 二次方程式 이차 방정식.
ニジェール【Niger】 (国名) 니제르.
にじかい【二次会】 이차(二次).
にしかぜ【西風】 서풍(西風).
にしがわ【西側】 서쪽; 서방(西方).
にしき【錦】 비단(緋緞).
ニシキゴイ【錦鯉】 비단(緋緞)잉어.
ニシキヘビ【錦蛇】 비단(緋緞)뱀.
にじげん【二次元】 이차원(二次元).
にしはんきゅう【西半球】 서반구(西半 球).
にしび【西日】 석양(夕陽).
ニジマス【虹鱒】 무지개송어(松魚).
にじみでる【滲み出る】 배어나다; 스며 나오다.
にじむ【滲む】 ❶ 번지다; 스미다. ‖イン クがにじむ 잉크가 번지다. ❷ 배다; 어 리다. ‖涙がにじむ 눈물이 어리다.
にしゃたくいつ【二者択一】 양자택일 (兩者擇一).
*にじゅう【二重】 이중(二重). ‖二重に包 む 이중으로 싸다. ◆二重顎 이중 턱. 二重国籍 이중 국적. 二重人格 이중 인격. 二重否定 이중 부정. 二重母音 이중 모음.
にじゅうしき【二十四気】 이십사절기 (二十四節氣).
にじゅうしょう【二重唱】 이중창(二重唱).
にじゅうそう【二重奏】 이중주(二重奏).
にじょう【二乗】 (数学) 자승(自乘); 제곱.
にじる【煮汁】 끓인 국물.
にしん【二番】 이심(二番).
ニシン【鰊】 청어(靑魚).
にしんほう【二進法】 이진법(二進法).
ニス 니스.
にせ【偽】 가짜; 위조(僞造). ◆偽札 위 조 지폐.
*にせい【二世】 이세(二世). ‖エリザベス 二世 엘리자베스 이세. 在日韓国人二 世 재일 동포 이세.
にせもの【偽物】 가짜; 위조품(僞造品); (俗語) 짝퉁.
にせる【似せる】 흉내를 내다; 모방(模 倣)하다; 위조(僞造)하다.
にそう【尼僧】 비구니(比丘尼).
にそく【二足】 (履き物의) 두 켤레. ▶二 足の草鞋(は)を履く 한 사람이 전혀 다 른 두 가지 직업을 가지다.
にそくさんもん【二束三文】 아주 싼 값; 헐값.
にだい【荷台】 짐받이; 적재함(積載函).
にだいせいとうせい【二大政党制】 양 당제(兩黨制).
にたつ【煮立つ】 끓어오르다.
にたてる【煮立てる】 펄펄 끓이다.
にたにた 히죽히죽.

にたもの【似た者】 서로 닮은 사람. ∥似た者同士で 서로 닮은 사람들끼리. 似た者夫婦 성격이나 취미 등이 비슷한 부부.

にたりよったり【似たり寄ったり】 비슷비슷. ∥似たり寄ったりの実力 비슷비슷한 실력.

にだんがまえ【二段構え】 두 가지 방책(方策)을 준비(準備)함.

にだんベッド【二段bed】 이층 침대(二層寢臺).

にち【日】 ❶ …일(日) ❷ [日曜の略語] 일.

にちじ【日時】 일시(日時). ∥開催日時 개최 일시.

*にちじょう**【日常】 일상(日常). ∥日常の煩わしさ 일상의 번거로움. 日常会話 일상 회화. 日常茶飯事 항다반사. 日常生活 일상생활.

にちべい【日米】 미일(美日).

にちぼつ【日没】 일몰(日没).

にちや【日夜】 항상(恒常); 늘. ∥日夜努力する 항상 노력하다.

にちよう【日用】 일용(日用). ♦日用雑貨 일용 잡화. 日用品 일용품.

*にちよう**【日曜】 일요(日曜). ♦日曜学校 주일 학교. 日曜日 일요일.

にっか【日課】 일과(日課).

につかわしい【似付かわしい】 어울리다; 적합(適合)하다.

にっかん【日刊】 일간(日刊). ♦日刊紙 일간지. 日刊新聞 일간 신문.

にっかん【肉感】 육감(肉感). ∥肉感的な描写 육감적인 묘사.

にっかん【日韓】 한일(韓日). ∥日韓関係 한일 관계.

にっき【日記】 일기(日記). ∥日記をつける 일기를 쓰다. 日記帳 일기장.

にっきゅう【日給】 일급(日給); 일당(日当).

ニッキ【肉桂】 계피(桂皮); 계피나무.

ニックネーム【nickname】 닉네임; 별명(別名).

にづくり【荷造り】 荷造りする 짐을 꾸리다. 짐을 싸다.

にっけい【日系】 일본계(日本系).

ニッケイ【肉桂】 계피(桂皮); 계피나무.

につける【煮付ける】 푹 끓이다; 조리다.

ニッケル【nickel】 니켈.

にっこう【日光】 일광(日光). ♦日光浴 일광욕.

にっこり 싱긋; 생긋. ∥にっこりする 싱긋 웃다.

にっし【日誌】 일지(日誌). ♦学級日誌 학급 일지.

にっしゃびょう【日射病】 일사병(日射病).

にっしょう【入声】【言語】 입성(入聲).

にっしょう【日照】 일조(日照). ♦日照権 일조권. 日照時間 일조 시간.

にっしょうき【日章旗】 일장기(日章旗).

にっしょく【日食】 일식(日蝕).

にっしんげっぽ【日進月歩】 일취월장(日就月將).

にっすう【日数】 일수(日数).

ニッチさんぎょう【niche産業】【経】 틈새산업(産業).

にっちもさっちも【二進も三進も】 이러지도 저러지도; 빼도 박도. ∥にっちもさっちもいかない 빼도 박도 못하다. [慣]

にっちゅう【日中】 중일(中日). ∥日中関係 중일 관계.

にっちゅう【日中】 낮.

にっちょう【日朝】 북한(北韓)과 일본(日本).

*にってい**【日程】 일정(日程). ∥日程を組む 일정을 짜다. 日程を終える 일정을 마치다. ♦議事日程 의사 일정. 日程表 일정표.

ニット【knit】 니트.

にっとう【日当】 일당(日当).

ニットウエア【knitwear】 니트웨어.

ニッパー【nippers】 니퍼.

にっぽう【日報】 일보(日報).

にっぽん【日本】 일본(日本).

にっぽんこく【国名】 일본(日本).

にっぽんぎんこう【日本銀行】 일본은행(日本銀行).

につまる【煮詰まる】 ❶ 바짝 졸아들다. ❷ (討議·交渉などで) 문제 해결(問題解決)이 가까워지다.

にてひなり【似て非なり】 겉보기는 비슷하나 다름.

にてもにつかない【似ても似つかない】 전(全)혀 다르다.

にてんさんてん【二転三転】 二転三転する 상황이 계속 바뀌다.

にと【二兎】 토끼 두 마리. ▶二兎を追う者は一兎をも得ず 토끼 둘을 잡으려다가 하나도 못 잡는다. [慣]

にど【二度】 두 번(番).

にとう【二等】 이등(二等).

にとうぶん【二等分】【数学】 이등분(二等分).

にとうへんさんかくけい【二等辺三角形】 이등변 삼각형(二等邊三角形).

にとうりゅう【二刀流】【剣道】 양(兩) 손에 칼을 들고 싸우는 검술(劍術).

にどでま【二度手間】 한 번(番)에 끝날 일을 두 번.

にどと【二度と】 두 번(番) 다시. ∥こんな機会は二度とない 이런 기회는 두 번 다시 없다. ここには二度と来るな 여기에는 두 번 다시 오지 마.

にないて【担い手】 ❶ 짐을 메는 사람. ❷ 중심(中心)이 되어 말을 사람.

になう【担う】 지다; 짊어지다; 메다; 떠맡다. ∥天秤棒を担ぐ 멜대로 짐을 지다. 次の世代を担う 다음 세대를 담당하다.

にんさんきゃく【二人三脚】 이인삼각(二人三脚).
にんしょう【人称】 이인칭; 제이 인칭(第二人称).
にのあし【二の足】 ▶二の足を踏む 주저하다.
にのうで【二の腕】 상박부(上膊部).
にのく【二の句】 ▶二の句が継げない 기가 막혀서 다음 말이 안 나오다.
にのつぎ【二の次】 두 번(番)째; 뒤로 미룸.
にのまい【二の舞】 전철(前轍)을 밟음. ‖二の舞を演じる 전철을 밟다.
にばんかん【二番館】 재개봉관(再開封館).
にばんせんじ【二番煎じ】 재탕(再湯). ‖二番煎じの薬 재탕한 약. 彼の話は二番煎じだ 그 사람의 이야기는 재탕한 것이다.
にびょうし【二拍子】 이박자(二拍子).
ニヒリスト【nihilist】 니힐리스트.
ニヒリズム【nihilism】 니힐리즘.
ニヒル【nihil *프*】 니힐.
にぶ【二部】 ❶ 두 부분(部分). ❷ (大学の)야간부(夜間部).
にぶい【鈍い】 ❶〔切れ味が〕무디다. ❷ 둔(鈍)하다; 굼뜨다; 느리다. ‖動作が鈍い 동작이 느리다. ❸ 희미(稀微)하다. ‖鈍い光 희미한 불빛.
にぶおんぷ【二分音符】 이분음표(二分音標).
にぶけいしき【二部形式】 이부 형식(二部形式).
にぶさく【二部作】 이부작(二部作).
にふだ【荷札】〔荷物の〕꼬리표(票).
にぶる【鈍る】 둔(鈍)해지다. ‖体が鈍る 몸이 둔해지다.
にぶん【二分】 〖する〗 이분(二分); 양분(兩分). ‖財産を二分する 재산을 양분하다.
にぼし【煮干し】 국물용(用) 멸치.
*──**にほん**【日本】 〖国名〗 일본(日本). ‖日本の伝統 일본의 전통. ◆日本画 일본화. 日本経団連 일본 경단련. 日本語 일본어. 日本酒 일본 술. 日本人 일본 사람. 日本製 일제. 日本茶 일본 차. 日本刀 일본 도. 日本晴れ〔説明〕구름 한 점 없는 맑은 날씨. 日本風 일본풍. 日本舞踊 일본 무용. 日本間 일본식 방. 日本列島 일본 열도.
にほんだて【二本立て】 ❶ 두 가지 일을 동시(同時)에 함. ❷〔映画の〕동시 상영(同時上映).
にまいめ【二枚目】 미남 역(美男役); 미남 배우(俳優); 잘생긴 사람.
にまめ【煮豆】 콩자반.
*──**にもつ**【荷物】 짐. ‖荷物を運ぶ 짐을 나르다. 荷物を預ける 짐을 맡기다.
にもの【煮物】 조림; 조림 요리(料理).

ニャア〔ネコの鳴き声〕야옹.
にやにや 히죽히죽.
にやり 히죽; 싱긋. ‖にやりと笑う 히죽거리다.
ニュアンス【nuance *프*】 뉘앙스.
にゅういん【入院】 〖する〗 입원(入院).
にゅうえき【乳液】 유액(乳液).
にゅうえん【入園】 〖する〗 ❶〔保育園·幼稚園に〕입학(入學). ❷〔動物園·遊園地に〕입장(入場).
にゅうか【入荷】 〖する〗 입하(入荷).
にゅうか【乳化】 〖する〗 유화(乳化).
にゅうかい【入会】 〖する〗 입회(入會).
にゅうかく【入閣】 〖する〗 입각(入閣).
*──**にゅうがく**【入学】 〖する〗 입학(入學). ‖入学願書を出す 입학 원서를 내다. 入学手続きをする 입학 수속을 하다. ◆入学式 입학식. 入学試験 입학 시험.
ニューカマー【newcomer】 신인(新人); 신참자(新参者).
にゅうかん【入管】 입관(入館).
にゅうかん【入管】 입국 관리(局)(入國管理局).
にゅうかん【入館】 〖する〗 입관(入館).
にゅうがん【乳癌】 유방암(乳房癌).
にゅうぎゅう【乳牛】 젖소.
にゅうきょ【入居】 〖する〗 입주(入住). ◆入居者 입주자.
にゅうぎょう【乳業】 유업(乳業).
にゅうきん【入金】 입금(入金).
にゅうこ【入庫】 〖する〗 입고(入庫).
にゅうこう【入港】 〖する〗 입항(入港).
*──**にゅうこく**【入国】 〖する〗 입국(入國). ‖入国手続きを 입국 절차. 不法入国 불법 입국. 入国許可 입국 허가.
にゅうさつ【入札】 〖する〗 입찰(入札). ◆入札価格 입찰 가격.
にゅうさん【乳酸】 유산(乳酸); 젖산. ◆乳酸菌 유산균. 젖산균.
にゅうし【入試】 입시(入試). ◆大学入試 대학 입시.
にゅうし【乳歯】 젖니; 유치(乳齒).
にゅうじ【乳児】 유아(乳兒). ◆乳児期 유아기.
ニュージーランド【New Zealand】 〖国名〗뉴질랜드.
にゅうしつ【入室】 입실(入室).
にゅうしぼう【乳脂肪】 유지방(乳脂肪).
にゅうしゃ【入社】 입사(入社). ◆入社試験 입사 시험.
にゅうじゃく【柔弱】ˇ 유약(柔弱)하다.
にゅうしゅ【入手】 입수(入手). ‖情報を入手する 정보를 입수하다. ◆入手経路 입수 경로.
にゅうしょ【入所】 입소(入所).
にゅうしょう【入賞】 〖する〗 입상(入賞). ◆入賞者 입상자.
にゅうじょう【入場】 〖する〗 입장(入場). ◆入場券 입장권. 入場料 입장료.

ニュース【news】 뉴스. ∥ニュースキャスター 뉴스 캐스터. 今日のニュース 오늘의 뉴스.
にゅうせいひん【乳製品】 유제품(乳製品).
にゅうせき【入籍】(を하) 입적(入籍).
にゅうせん【入選】(を하) 입선(入選).
にゅうせん【解剖】 유선(乳腺). ◆乳腺炎 유선염.
にゅうたい【入隊】(を하) 입대(入隊).
にゅうだん【入団】(を하) 입단(入團).
にゅうとう【入党】(を하) 입당(入黨).
にゅうとう【乳糖】(化學) 유당(乳糖); 젖당.
にゅうとう【乳頭】 유두(乳頭); 젖꼭지.
にゅうどうぐも【入道雲】 적란운(積亂雲).
ニュートラル【neutral】 중간(中間); 중립(中立). ∥ニュートラルな立場 중간적인 입장.
ニュートロン【neutron】 뉴트론; 중성자(中性子).
ニュートン【newton】〖力の単位〗…뉴턴.
にゅうねん【入念】 면밀(綿密)함; 꼼꼼함. ∥入念に調べる 꼼꼼하게 조사하다.
ニューハーフ【new + half 日】 여장(女裝)한 남성(男性); 성전환(性轉換)한 남성.
にゅうはくしょく【乳白色】 유백색(乳白色); 젖빛.
にゅうもん【入門】(を하) 입문(入門). ◆入門書 입문서.
にゅうよく【入浴】(を하) 입욕(入浴).
にゅうりょく【入力】(を하) 입력(入力). ◆入力装置 입력 장치.
にゅうりん【乳輪】 유륜(乳輪); 젖꽃판.
ニューロン【neuron】 뉴런.
にゅうわ【柔和】 유화(柔和)하다.
にゅっと 불쑥. ∥にゅっと姿を現わす 불쑥 나타나다.
によいぼう【如意棒】 여의봉(如意棒).
にょう【尿】 소변(小便).
にょうい【尿意】 요의(尿意).
にょうさん【尿酸】 요산(尿酸).
にょうせき【尿石】 요석(尿石).
にょうそ【尿素】 요소(尿素).
にょうどう【尿道】 요도(尿道).
にょうどくしょう【尿毒症】 요독증(尿毒症).
にょうぼう【女房】 처(妻); 아내; 마누라. ◆女房役 보좌역.
にょきにょき 쑥쑥; 쭉쭉. ∥タケノコによきによき生えてくる 죽순이 쑥쑥 돋아나다.
にょじつ【如実】 여실(如實). ∥戦争の悲惨さが如実に描かれている 전쟁의 비참함이 여실하게 그려져 있다.
にょたい【女体】 여체(女體).
にょにん【女人】 여인(女人). ◆女人像 여인상.

にょらい【如来】 여래(如來). ◆釈迦如来 석가여래.
にょろにょろ 꿈틀꿈틀.
ニラ【韭】 부추.
にらみ【睨み】 노려봄; 무언(無言)의 위압(威壓)하는 힘. ∥にらみを利かす 무언의 압력을 가하다.
にらみあう【睨み合う】 서로 노려보다.
にらみつける【睨み付ける】 매섭게 노려보다.
にらむ【睨む】 ❶〖見つめる〗째려보다; 노려보다. ❷〖疑う〗주시(注視)하다; 수상(殊常)하게 여기다; 의심(疑心)하다. ∥彼が犯人だとにらんでいる 그 사람이 범인이라고 의심하고 있다. ❸〖目をつける〗찍다. ∥先生ににらまれている 선생님께 찍혀 있다.
にらめっこ【睨めっこ】 눈싸움.
にらんせい【二卵性】 이란성(二卵性). ◆二卵性双生児 이란성 쌍생아.
にりつはいはん【二律背反】 이율배반(二律背反).
にりゅう【二流】 이류(二流). ◆二流作家 이류 작가.
にりんしゃ【二輪車】 이륜차(二輪車).
にる【似る】 닮다; 비슷하다. ∥よく似ている人 많이 닮은 사람. 性格は父親に似ている 성격은 아버지를 닮았다. 似た話を聞いたことがある 비슷한 이야기를 들은 적이 있다.
にる【煮る】 끓이다; 삶다; 조리다. ∥強火で煮る 센 불에서 조리다. サツマイモを煮る 고구마를 삶다.
にるい【二塁】〖野球で〗이루(二壘). ◆二塁手 이루수.
ニレ【楡】 느릅나무.
にわ【庭】 ❶ 정원(庭園); 마당; 뜰. ∥大きな庭のある家 큰 정원이 있는 집. ❷〖あることをする〗장소(場所); 터. ∥学びの庭 배움터. ◆裏庭 뒤뜰. 뒷마당. 中庭 안뜰.
にわいじり【庭弄り】 정원(庭園) 손질; 뜰 가꾸기.
にわかあめ【俄雨】 소나기.
にわかじこみ【俄仕込み】 벼락치기로 배움; 벼락공부.
にわかに【俄に】 돌연(突然)히; 갑자기; 갑작스럽게.
にわき【庭木】 정원수(庭園樹).
にわし【庭師】 정원사(庭園師).
ニワトリ【鶏】 닭. ∥鶏を絞め る 닭을 치다. 鶏1羽 닭 한 마리. ◆鶏を割くにいずくんぞ牛刀を用いん 닭을 잡는 데 어찌 소 잡는 칼을 쓸 것인가? ◆鶏小屋 닭장.
-にん【人】 …명(名); …사람; …인(人). ∥3人 세 명. 4人 네 사람. ◆代理人 대리인. 保証人 보증인.
にんい【任意】 임의(任意). ∥任意の方

法 임의의 방법. ◆任意出頭 임의의 출두.

*にんか【認可】 (조か・하) 인가(認可); 허가(許可). ‖営業を認可する 영업을 허가하다. 認可が下りる 인가를 받다.

にんかん【任官】 (조か・하) 임관(任官).

にんき【人気】 인기(人気). ‖人気がある 인기가 있다. 人気が落ちる 인기가 떨어지다. 人気が上がる 인기가 오르다. ◆人気絶頂 인기 절정. 人気投票 인기 투표. 人気者 인기가 있는 사람.

にんき【任期】 임기(任期). ‖任期が切れる 임기가 끝나다. ◆任期満了 임기 만료.

にんぎょ【人魚】 인어(人魚). ◆人魚姫 인어 공주.

にんぎょう【人形】 인형(人形). ◆人形劇 인형극.

にんく【忍苦】 (조か・하) 인고(忍苦).

*にんげん【人間】 인간(人間); 사람. ‖人間ができている 사람됨이 됐다. 人間らしい生活 인간적인 생활. 사람다운 생활. ▶人間万事塞翁が馬 인간 만사는 새옹지마라.(속) ◆人間関係 인간 관계. 人間工学 인간 공학. 人間国宝 인간문화재. 人間性 인간성. 人間的 인간적. 人間ドック 인간독. 人間味 인간미.

にんさんぷ【妊産婦】 임산부(姙産婦).

にんしき【認識】 (조か・하) 인식(認識). ‖彼に対する認識を新たにした 그 사람에 대한 인식을 달리했다. ◆認識不足 인식 부족. 認識論 인식론.

にんしょう【人称】 인칭(人稱). ◆三人称 삼인칭. 第삼 인칭. 人称代名詞 인칭 대명사.

にんしょう【認証】 (조か・하) 인증(認證).

にんじょう【人情】 인정(人情). ◆人情話 인정미 넘치는 이야기. 人情味 인정미.

にんじょう【刃傷】 칼부림. ‖刃傷に及ぶ 칼부림이 나다.

にんじる【任じる】 ❶임명(任命)하다. ❷〔自任する〕자임(自任)하다.

にんしん【妊娠】 (조か・하) 임신(姙娠). ‖妊娠3か月 임신 삼 개월. ◆妊娠中毒 임신 중독.

ニンジン【人参】 당근.

にんずう【人数】 인원수(人員數); 사람 수.

にんそう【人相】 인상(人相); 관상(觀相). ‖人相を見る 관상을 보다. ◆人相見 인상견.

にんたい【忍耐】 (조か・하) 인내(忍耐). ‖忍耐強い 인내심이 강하다. 忍耐力がない 인내심이 없다.

にんち【任地】 임지(任地).

にんち【認知】 (조か・하) 인지(認知). ◆認知科学 인지 과학. 認知症 치매증.

にんてい【認定】 인정(認定). ◆資格認定試験 자격 인정 시험.

ニンニク【大蒜】 마늘.

にんぷ【人夫】 인부(人夫).

にんぷ【妊婦】 임부; 임산부(姙産婦).

にんまり 빙그레.

*にんむ【任務】 임무(任務). ‖任務を果たす 임무를 다하다. 特殊な任務を帯びて出発する 특수한 임무를 띠고 출발하다.

にんめい【任命】 (조か・하) 임명(任命). ‖大臣に任命する 장관으로 임명하다.

にんめん【任免】 임면(任免). ◆任免権 임면권.

にんよう【任用】 (조か・하) 임용(任用).

ぬ

ぬいあわせる【縫い合わせる】 꿰매다. ‖傷口を縫い合わせる 상처를 꿰매다.

ぬいいと【縫い糸】 재봉(裁縫) 실; 바느질실.

ぬいぐるみ【縫い包み】 봉제 인형(縫製人形).

ぬいこむ【縫い込む】 깁다; 꿰매다.

ぬいしろ【縫い代】 시접.

ぬいとり【縫い取り】 수(繡)를 놓음. ‖縫い取りする 수를 놓다.

ぬいばり【縫い針】 재봉(裁縫) 바늘.

ぬいめ【縫い目】 재봉선(裁縫線).

ぬいもの【縫い物】 ❶〔事裁〕재봉(裁縫); 바느질. ❷〔物〕바느질감; 바느질거리.

*ぬう【縫う】 꿰매다; 깁다; 바느질하다. 〔間を〕누비다. ‖ほころびを縫う 터진 곳을 꿰매다. 人込みを縫うように進む 인파를 누비며 나아가다. 合間を縫って 막간을 이용하여.

ヌー【gnu】〔動物〕누.

ヌード【nude】 누드.

ヌードル【noodle】 누들.

ぬか【糠】 ❶쌀겨. ❷자잘함; 헛됨; 덧없음. ‖糠雨 보슬비, 이슬비. ぬか晴れ 반짝 갬. ▶糠に釘 효과가 없음.

ぬかす【抜かす】 거르다; 빠뜨리다; 빼다. ‖1人を抜かせている 한 사람을 빼고 세다. 1行抜かして読む 한 줄 빠뜨리고 읽다.

ぬかずく【額突く】 이마를 땅에 대고 배례(拜禮)하다.

ぬかづけ【糠漬け】 (設明) 발효(醱酵)시킨 쌀겨와 소금에 야채(野菜)를 절인 것.

ぬかみそ【糠味噌】 (設明) 쌀겨에 소금을 섞어 발효(醱酵)시킨 것.

ぬかよろこび【糠喜び】 (当てがはずれた) 허무(虛無)한 기쁨.

ぬかり【抜かり】 빈틈; 허점(虛點). ‖ぬかりがない 빈틈이 없다.

ぬかる【泥濘る】 땅이 질퍽하다.

ぬかる【抜かる】 방심(放心)하다; 실수(失手)하다; 실패(失敗)하다.

ぬかるみ【泥濘】 진흙탕; 진창. ‖ぬかるみにはまる 진흙탕에 빠지다.

ぬきあし【抜き足】 抜き足で歩く 살금살금 걷다.

ぬきうち【抜き打ち】 抜き打ちに 예고 없이. 갑자기. 抜き打ち検査 불시 검사.

ぬぎすてる【脱ぎ捨てる】 벗어 버리다; 벗어던지다.

ぬきだす【抜き出す】 빼내다; 선발(選拔)하다. ‖条件に合う者が抜き出される 조건에 맞는 사람이 선발된다.

ぬきとる【抜き取る】 빼내다; 뽑아내다. ‖釘を抜き取る 못을 뽑다. ❷〔引き抜いて盗む〕훔치다.

ぬきんでる【抜きん出る】 돌출(突出)하다; 출중(出衆)하다; 뛰어나다. ‖抜きん出た才能 출중한 재능.

ぬく【抜く】 ❶ 빼다; 뽑다; 따다. ‖ビールの栓を抜く 맥주를 따다. 庭の雑草を抜く 뜰의 잡초를 뽑다. 刀を抜き칼을 뽑다. タイヤの空気を抜く 타이어 공기를 빼다. ❷ 없애다; 제거(除去)하다; 지우다. ‖ブラウスの染みを取るブラウスの얼룩을 지우다. ❸ 생략(省略)하다; 줄이다. ‖説明を抜いて説明을 생략하다. ❹ 앞지르다; 추월(追越)하다. ❺〔…抜くの形で〕끝까지 …하다. ‖走り抜く 끝까지 달리다.

ぬぐ【脱ぐ】 벗다. ‖服を脱ぐ 옷을 벗다. 靴を脱いで入ってくる 구두를 벗고 들어오다.

ぬぐう【拭う】 닦다; 지우다; 씻다. ‖汗を拭う 땀을 닦다. 手を拭う 손을 닦다. 不公平の感を拭いきれない 불공평하다는 느낌을 지울 수가 없다. 汚名を拭う 오명을 씻다. 口を拭う 입을 닦다.

ぬくぬく 따뜻하게; 따끈따끈하게; 편안(便安)하게. ‖ぬくぬくと布団にくるまっている 따뜻하게 이불을 덮어쓰고 있다. 親元でぬくぬくと暮らす 부모 슬하에서 편안하게 살다. ぬくぬくのご飯 따끈따끈한 밥.

ぬくまる【温まる】 따뜻해지다.

ぬくもり【温もり】 따뜻함; 온기(溫氣).

ぬけあな【抜け穴】 빠져나가면 구멍.

ぬけおちる【抜け落ちる】 빠지다; 누락(漏落)되다. ‖ボルトが抜け落ちる 볼트가 빠져 떨어지다.

ぬけがけ【抜け駆け】 抜け駆けする 남을 따돌리고 먼저 하다.

ぬけがら【抜け殻】 ❶〔セミなどの〕허물. ❷〔空になったもの〕알맹이가 빠져나간 것.

ぬけげ【抜け毛】 빠진 머리카락.

ぬけだす【抜け出す】 ❶ 도망(逃亡)치다; 빠져나가다. ‖教室を抜け出す 교실을 빠져나가다. ❷ 앞서다.

ぬけでる【抜け出る】 ❶ 도망(逃亡)치다; 빠져나가다. ‖勤務中に抜け出る 근무 중에 빠져나가다. ❷ 돌출(突出)하다; 뛰어나다; 출중(出衆)하다. ‖ビルの間から東京タワーが抜け出て見える 빌딩 사이로 도쿄타워가 뛰어나 보이다.

ぬけぬけ 뻔뻔스럽게. ‖よくもぬけぬけとそんな事が言えたものだ 정말 뻔뻔스럽게도 그런 말을 할 수 있다.

ぬけみち【抜け道】 ❶ 샛길; 지름길. ❷ 빠져나갈 수단(手段).

ぬけめ【抜け目】 빈틈; 허점(虛點). ‖抜け目ない 빈틈이 없다.

ぬける【抜ける】 ❶ 빠지다; 누락(漏落)되다. ‖毛が抜ける 머리카락이 빠지다. 彼の名前がリストから抜けている 그 사람 이름이 리스트에서 빠져 있다. ❷ 없어지다; 사라지다; 풀리다. ‖疲れが抜ける 피로가 풀리다. ❸ 이탈(離脫)하다. ‖グループから抜ける 그룹에서 이탈하다. ❹ 빠져나가다. ‖人込みを抜ける 사람들 속을 빠져나가다.

ぬげる【脱げる】 벗겨지다. ‖靴が脱げる 구두가 벗겨지다.

ぬし【主】 ❶ 소유자(所有者); 주인(主人). ‖家主 집주인. ❷〔行為などの〕주체(主體).

ぬすっと【盗人】 도둑. ▷盗人に追い銭 손해가 겹침.

ぬすみぎき【盗み聞き】 ‖盗み聞きする 몰래 엿듣다.

ぬすみぐい【盗み食い】 ‖盗み食いする 몰래 먹다. 훔쳐 먹다.

ぬすみみる【盗み見る】 엿보다; 훔쳐보다.

ぬすみよみ【盗み読み】 盗み読みする 몰래 읽다. 훔쳐보다.

ぬすむ【盗む】 ❶ 훔치다. ‖宝石を盗む 보석을 훔치다. ❷〔ごまかす〕속이다. ‖人目を盗む 사람 눈을 속이다. 母親の目を盗んで漫画を読む 어머니 눈을 피해 만화를 보다. ❸ 시간(時間)을 내다; 틈을 내다. ‖暇を盗んで映画を見に行った 시간을 내어서 영화를 보러 갔다. ❹〔盗まれるの形で〕당하다. ‖現金だけ盗まれた 현금만 도둑맞았다.

ぬっと 갑자기; 불쑥; 벌떡; 우뚝. ‖ぬっと現われる 불쑥 나타나다. ぬっと立ち上がる 벌떡 일어서다.

ぬの【布】 천; 감; 피륙.

ぬのじ【布地】 옷감.

ぬま【沼】 늪.

ぬめぬめ 미끈미끈.

ぬめり 미끈미끈함; 점액(粘液).

ぬらす【濡らす】 적시다. ‖水で濡らしたタオル 물에 적신 수건.

ぬらぬら 미끈미끈.

ぬり【塗り】 ❶〔塗ること〕칠(漆)함. ❷

[漆塗り]옻칠.
ぬりえ【塗り絵】 색칠(色漆)하도록 윤곽(輪廓)만 그린 그림; 색칠놀이.
ぬりかえる【塗り替える】 ❶ 새로 칠(漆)하다. ❷ 경신(更新)하다. ‖記録を塗り替える 기록을 경신하다.
ぬりぐすり【塗り薬】 바르는 약(薬).
ぬりし【塗り師】 칠장이.
ぬりたくる【塗りたくる】 마구 칠(漆)하다; 마구 바르다. ‖白粉(おしろい)を塗りたくる 분을 마구 바르다.
ぬりたて【塗り立て】 갓 칠(漆)함. ‖ペンキ塗り立て 페인트 주의.
ぬりつける【塗り付ける】 칠(漆)하다.
ぬりつぶす【塗り潰す】 빈틈없이 칠(漆)하다.
ぬりもの【塗り物】 칠기(漆器).
*__ぬる__【塗る】 칠(漆)하다; 바르다. ‖壁にペンキを塗る 벽에 페인트를 칠하다. 傷口に薬を塗る 상처에 약을 바르다. パンにバターを塗る 빵에 버터를 바르다.
ぬるい【温い】 미지근하다. ‖紅茶がぬるい 홍차가 미지근하다.
ぬるかん【温燗】 술을 미지근하게 데움 또는 그 술.
ぬるぬる 미끈미끈; 미끌미끌. ‖ぬるぬる(と)する 미끌미끌하다.
ぬるまゆ【微温湯】 미지근한 물.
ぬるむ【温む】 미지근해지다; 뜨뜻해지다. ‖春が近づき水がぬるんできた 봄이 되어 오자 물이 뜨뜻해졌다.
ぬれぎぬ【濡れ衣】 무고(無辜)한 죄(罪); 누명(陋名). ‖濡れ衣を着せる 누명을 씌우다. ▶濡れ衣を着る 누명을 쓰다.
ぬれて【濡れ手】 물에 젖은 손. ▶濡れ手で粟 고생하지 않고 이익을 얻음.
ぬれねずみ【濡れ鼠】 온몸이 흠뻑 젖음; 물에 빠진 생쥐. ‖不意の雨で濡れ鼠になる 갑작스러운 비에 물에 빠진 생쥐 꼴이 되다.
*__ぬれる__【濡れる】 젖다. ‖シャツが汗で濡れている 셔츠가 땀에 젖어 있다. 濡れたタオル 젖은 수건. 夜露に濡れた芝生 밤이슬에 젖은 잔디.

ね

ね 네; 응. ‖ね、いいでしょう? 네 괜찮지요?
ね【音】 소리; 목소리. ‖鳥の音 벌레 소리. 鐘の音 종소리. ▶音を上げる 나약한 소리를 하다.
*__ね__【値】 값; 가격(價格). ‖値が高い 값이 비싸다. 値を上げる 값을 올리다. 値が張る 값이 꽤 나가다. 値をつける 값을 매기다.
*__ね__【根】 ❶ 뿌리. ‖根を下ろす 뿌리를 내리다. 対立の根は深い 대립의 뿌리는 깊다. ❷ 원인(原因); 이유(理由); 근원(根源). ‖2つの事件の根は同じだ 두 사건의 원인은 같다. ❸ 천성(天性). ‖根が明るい 천성이 밝다. ▶根に持つ 앙심을 품다. ▶根も葉もない 아무런 근거도 없다.
-**ね** ❶〔軽い詠嘆〕…네; 구나; 군요. ‖すてきな洋服ね 양복 멋있네[멋있구나]. いい天気ですね 날씨가 좋군요. ❷〔軽く念を押す気持ち〕‖僕の気持ちとは違うようだね 내 생각과는 다른 것 같구나. 遅刻しちゃってごめんなさいね 지각해서 미안해(요). それでいいんだね 그걸로 된 거지? ❸〔同意を求める気持ち〕‖本当に明日来てね 정말 내일 와. ❹〔問いかけ〕…(이)야? ‖それは一体何かね それで一体何が? ❺〔文末に付いて〕…말이야. ‖私ね、その秘密知っているの 나말이야 그 비밀 알고 있어. ❻〔あのねなどの形で〕있잖아. ‖あのね、お願いがあるの 있잖아, 부탁이 있어.
ねあがり【値上がり】 ‖値上がりする 값이 오르다.
ねあげ【値上げ】 ‖値上げする 값을 올리다. 가격을 인상하다.
ねあせ【寝汗】 자연속 흘리는 땀. ‖寝汗をかく 자면서 땀을 흘리다.
ねいき【寝息】 자는 숨소리. ‖寝息をたてる 새근거리며 자다.
ネイティブ【native】 ❶ 네이티브. ❷〔ネイティブスピーカーの略〕원어민(原語民). ◆ネイティブスピーカー 네이티브 스피커. 원어민.
ねいる【寝入る】 잠들다; 숙면(熟眠)하다.
ネイル【nail】 네일. ◆ネイルアート 네일 아트.
ねいろ【音色】 음색(音色). ‖美しい音色 아름다운 음색.
ねうごき【値動き】 ‖値動きする 시세 변동이 있다.
ねうち【値打ち】 값어치. ‖骨董品としての値打ちはない 골동품으로서의 값어치는 없다.
ねえ〔呼びかけ・念を押す時〕
ネービーブルー【navy blue】 네이비 블루.
ネーブル オレンジ【navel orange】 네이블오렌지.
ネームバリュー【name+value 日】 네임밸류.
ネームプレート【nameplate】 네임플레이트.
ネオー【neo】 네오…; 신(新)…. ◆ネオクラシズム 신고전주의.
ねおき【寝起き】 ❶ 기상(起床); 막 일어났을 때의 기분(氣分). ‖寝起きが悪い 잠투정을 하다. ❷ 일상생활(日常生活).

ネオン

ネオン【neon】ネオン. ◆ネオンサイン ネオンサイン.

***ねがい【願い】** ❶바람; 소망(所望); 소원(所願). ∥願いがかなう 소원이 이루어지다. 願いを聞き入れる 소원을 들어주다. ❷…게(届). ∥休学願い 휴학계.

ねがいごと【願い事】 바라는 일; 원(願)하는 일; 바람.

ねがいさげ【願い下げ】 ❶(願書や訴訟の) 취하(取下); 취소(取消). ❷거절(拒絶).

ねがいでる【願い出る】 신청(申請)하다. ∥退職を願い出る 퇴직서를 내다.

ねがう【願う】 ❶바라다; 원(願)하다; 빌다. ∥家内安全を願う 가내 안전을 빌다. ❷의뢰(依賴)하다; 부탁(付託)하다. ∥寄付を願う 기부를 부탁하다.

ねがえり【寝返り】 ❶자면서 몸을 뒤척거림. ❷배반(背叛)함; 배신(背信)함. ▸寝返りを打つ 배반하다. 배신하다.

ねがえる【寝返る】 ❶자면서 몸을 뒤척거리다. ❷배반(背叛)하다; 배신(背信)하다.

ねがお【寝顔】 자는 얼굴.

ねかせる【寝かせる】 ❶[眠らせる]재우다. ∥赤ん坊を寝かせる 아이를 재우다. ❷[横にする]눕히다; 누이다. ∥赤ん坊をベッドに寝かせる 아이를 침대에 눕히다. ❸[使わないでおく]묵히다. ∥資金を寝かせる 자금을 묵히다. ❹[発酵(醱酵)·熟成(熟成)させる]∥30年も寝かせたワイン 삼십 년이나 숙성시킨 와인.

ねがったりかなったり【願ったり叶ったり】∥願ったり叶ったりだ 뜻대로 되다.

ねがってもない【願っても無い】 뜻하지 않다.

ネガティブ【negative】 네거티브.

ねかぶ【根株】 그루터기.

ねがわくは【願わくは】 바라건대; 아무쪼록. ∥願わくはお許しあらんことを 바라건대 용서해 주시기를.

ねがわしい【願わしい】 바람직하다.

ネギ【葱】 파.

ねぎらい【労い】 위로(慰勞); 치하(致賀).

ねぎらう【労う】 위로(慰勞)하다; 치하(致賀)하다.

ねぎる【値切る】 값을 깎다.

ねくずれ【値崩れ】∥値崩れする 시세가 폭락하다.

ねぐせ【寝癖】 ❶자는 사이에 헝클어진 머리 모양(模樣). ❷잠버릇. ∥寝癖が悪い 잠버릇이 안 좋다.

ネクター【nectar】 넥타.

ネクタイ【necktie】 넥타이. ∥ネクタイを締める 넥타이를 매다.

ネクタイピン【necktie+pin 的】 넥타이 핀.

ねぐら【根暗】(俗語) 천성적(天性的)으로 성격(性格)이 밝지 못함 또는 그런 사람.

ねぐら【塒】 둥지; [人の寝る所]집; 보금자리.

ネグリジェ【négligé 프】 네글리제.

ネグる 무시(無視)하다; 제쳐 놓다.

ねぐるしい【寝苦しい】(暑さ・痛みなどで) 잠이 안 오다.

ネグレクト【neglect】(주로 하) 방치(放置); 방기(放棄).

***ネコ【猫】** 고양이. ▸猫に鰹節 고양이 보고 반찬 가게 지키라는 격.(諺) ▸猫に小判 돼지에 진주.(諺) ▸猫の手も借りたい 몹시 바쁘다. ▸猫も杓子も 어중이떠중이 모두. ▸猫を被る 내숭을 떨다.

ねごこち【寝心地】(說明) 잠자리에 들었을 때의 느낌.

ねこじた【猫舌】(說明) 뜨거운 것을 못 먹는 것 또는 그런 사람.

ネコジャラシ【猫じゃらし】(植物) 강아지풀.

ねこぜ【猫背】 등이 약간(若干) 굽은 상태(狀態). ∥猫背になる 등이 약간 굽다.

ねこそぎ【根こそぎ】 ❶뿌리째 뽑음. ❷(副詞的에)모조리; 남김없이; 몽땅. ∥根こそぎ持っていかれる 몽땅 가져가 버리다.

ねごと【寝言】 잠꼬대. ∥寝言を言う 잠꼬대를 하다.

ねこのひたい【猫の額】 猫の額ほどの庭 손바닥만한 마당.

ねこばば【猫糞】 猫ばばする 주운 물건(物件)을 자기가 가지다. 뻥땅을 치다.

ねこむ【寝込む】 ❶푹 자다. ❷(병기 등으로) 드러눕게 되다.

ねこめいし【猫目石】 묘안석(猫眼石).

ネコヤナギ【猫柳】 갯버들.

ねころがる【寝転がる】 뒹굴다.

ねころぶ【寝転ぶ】 드러눕다; 뒹굴다.

ねさがり【値下がり】∥値下がりする 값이 내리다.

ねさげ【値下げ】∥値下げする 값을 내리다.

ねざす【根差す】 ❶[根を張る]뿌리내리다. ❷[起因する]기인(起因)하다; 유래(由來)하다.

ねざめ【寝覚め】 ▸寝覚めが悪い 과거에 한 나쁜 짓 때문에 마음이 개운하지 않다.

ねじ【螺子】 ❶나사(螺絲). ❷(ぜんまい태엽(胎葉). ▸螺子を巻く 해이해진 정신(態度)를 새롭게 하다.

ねじあげる【捩じ上げる】 비틀어 올리다.

ねじきる【捩じ切る】 비틀어 끊다.

ねじくぎ【螺子釘】 나사(螺絲) 못.

ねじくれる【拗じれる】 비틀어지다; 비뚤

어지다; 꼬이다. ❷ねじくれた針金 비틀어진 철사. 性質がねじくれている 성격이 꼬여 있다.

ねじける【拗ける】=拗くれる.

ねじこむ【捩じ込む】비틀어 넣다; 처박다.

ねじずまる【寝静まる】잠들어 조용해지다.

ねじふせる【捩じ伏せる】팔을 비틀어 누르다.

ねじまげる【捩じ曲げる】비틀다.

ねじまわし【螺子回し】드라이버.

ねしょうべん【寝小便】야뇨증(夜尿症).

ねじる【捩じる】❶비틀다. ‖腕をねじる 팔을 비틀다. 体を左右にねじる 몸을 좌우로 비틀다. ❷돌리다; 틀다. ‖ガス栓をねじる 가스 꼭지를 돌리다.

ねじれる【捩じれる】뒤틀리다.

ねすがた【寝姿】자는 모습.

ねすごす【寝過ごす】늦잠을 자다.

ねずのばん【寝ずの番】불침번(不寢番).

ネズミ【鼠】쥐.

ねずみいろ【鼠色】쥐색(色).

ねずみざん【鼠算】급격(急激)한 증가(增加).

ねずみとり【鼠捕り】쥐덫; 쥐약(藥).

ねぞう【寝相】자는 모습; 잠버릇. ‖寝相が悪い 잠버릇이 고약하다.

ねそべる【寝そべる】엎드리다. ‖寝そべってテレビを見る 엎드려서 텔레비전을 보다.

ねた ❶[記事·料理の]재료(材料); 자료(資料). ‖記事のネタ 기사 재료. ここのネタ 이야깃거리. ❷[犯罪の]증거(證據). ❸[魔術の]트릭.

ねたきり【寝たきり】자리보전(保全).

ねたましい【妬ましい】샘나다.

ねたむ【妬む】질투(嫉妬)하다; 샘내다. ‖仲間の出世を妬む 동료의 출세를 질투하다.

ねだる【強請る】조르다; 보채다. ‖親にねだって車を買ってもらう 부모님을 졸라 차를 사다.

ねだん【値段】가격(價格); 값. ‖値段が高い 가격이 비싸다. 野菜の値段が上がっている 야채 값이 오르고 있다.

ねちがえる【寝違える】잠을 잘못 자 목·어깨 등이 결리다.

ねちっこい 집요(執拗)하다.

ねちねち 치근치근. ‖ねちねち(と)食い下がる 치근치근 졸라 늘어지다.

*ねつ【熱】열(熱). ‖熱が出る 열이 나다. 熱が下がる 열이 내리다. 話に熱がこもる 말에 열을 내면서 이야기를 하다. 熱に浮かされる 푹 빠져서 정신을 못 차리다. ◆熱エネルギー 열에너지.

ねつあい【熱愛】⦗-する⦘ 열애(熱愛).

ねつい【熱意】열의(熱意). ‖彼は地域医療に大変な熱意を示している 그 사람은 지역 의료에 대단한 열의를 보이고 있다. 熱意に欠ける 열의가 부족하다.

ねつえん【熱演】⦗-する⦘ 열연(熱演).

ねっから【根っから】❶처음부터; 애초(初)에; 본래(本來). ‖根っからの善人 천성이 착한 사람. ❷[根っから…ないの形で]전(全)혀. ‖根っから知らない 전혀 모르다.

ねっき【熱気】열기(熱氣).

ねつきかん【熱機関】열기관(熱機關).

ねっきょう【熱狂】⦗-する⦘ 열광(熱狂). ‖勝利に熱狂する観衆 승리에 열광하는 관중들. 熱狂的に 열광적으로.

ネック【neck】장애(障礙); 걸림돌; 애로(隘路). ‖この計画の最大のネックは資金だ 이 계획의 최대의 걸림돌은 자금이다.

ねつく【熱付く】잠들다. ‖赤ん坊がやっと寝ついた 아기가 겨우 잠들었다.

ねづく【根付く】뿌리내리다.

ネックライン【neckline】네크라인.

ネックレス【necklace】목걸이.

ねっけつかん【熱血漢】열혈한(熱血漢). ♦熱血漢 정의감에 불타는 남자.

ねっこ【根っこ】뿌리.

ねつさまし【熱冷まし】해열제(解熱劑).

ねっしゃびょう【熱射病】열사병(熱射病).

ねっしょう【熱唱】⦗-する⦘ 열창(熱唱).

ねつじょう【熱情】열정(熱情). ‖熱情的 열정적.

*ねっしん【熱心】☞열심(熱心)이다. ‖熱心に勉強する 열심히 공부하다. 熱心な練習態度 열심히 연습하는 태도.

ねっする【熱する】❶가열(加熱)하다. ‖金属を熱する 금속을 가열하다. ❷열중(熱中)하다.

ねっせい【熱性】열성(熱性).

ねっせん【熱戦】열전(熱戰). ‖熱戦を展開する 열전을 벌이다.

ねつぞう【捏造】날조(捏造).

ねったい【熱帯】열대(熱帶). ◆熱帯雨林 열대 우림. 熱帯気候 열대 기후. 熱帯魚 열대어. 熱帯低気圧 열대 저기압. 熱帯夜 열대야.

ねっちゅう【熱中】⦗-する⦘ 열중(熱中). ‖囲碁に熱中する 바둑에 열중하다.

ねっちゅうしょう【熱中症】열사병(熱射病).

ねっぽい【熱っぽい】열이 있는 듯하다; 뜨겁다; 열정적(熱情的)이다. ‖彼は熱っぽく語った 그 사람은 열정적으로 이야기했다.

ネット【net】❶[インターネット]인터넷. ❷[網]네트. ◆ネットオークション 인터

넷 경매. ネットカフェ 피시방. ネットショッピング 인터넷 쇼핑. ネットバンキング 인터넷 뱅킹.

ねっとう【熱湯】 열탕(熱湯).

ねっとり 끈적끈적; 끈끈하게. ∥汗でねっとり(と)からすって 땀으로 끈적끈적 달라붙다.

ネットワーク【network】 네트워크.

ねっぱ【熱波】 열파(熱波).

ねつびょう【熱病】 열병(熱病).

ねっぷう【熱風】 열풍(熱風).

ねつべん【熱弁】 열변(熱辯). ∥熱弁をふるう 열변을 토하다.

ねつぼう【熱望】(する) 열망(熱望).

ねづよい【根強い】 뿌리깊다; 탄탄하다. ∥根強い不信感 뿌리 깊은 불신감. 偏見が根強く残っている 편견이 뿌리 깊게 남아 있다. 根強い人気 탄탄한 인기.

ねつりょう【熱量】 열량(熱量).

ねつれつ【熱烈】(する) 열렬(熱烈)하다. ∥熱烈に歓迎する 열렬하게 환영하다.

ねどこ【寝床】 잠자리.

ねとねと 끈적끈적. ∥飴が溶けてねとねとする 사탕이 녹아서 끈적거리다.

ねとまり【寝泊まり】 寝泊まりする 숙박하다. 자다.

ネパール【Nepal】(国名) 네팔.

ねばつく【粘つく】 끈적거리다.

ねばっこい【粘っこい】 몹시 끈적거리다.

-ねばならない …지 않으면 안 된다. ∥やらねばならない 하지 않으면 안 된다.

ねばねば 끈적끈적. ∥ねばねばする 끈적끈적하다. 끈적거리다.

ねはば【値幅】 가격 폭(價格幅).

ねばり【粘り】 끈기; 찰기. ∥粘りのない餅 찰기가 없는 떡. 粘り腰 끈기 있는 태도. 粘り強い 끈질기다.

ねばりけ【粘り気】 찰기(氣).

ねばる【粘る】 ❶끈적거리다; 찰기(氣)가 있다. ∥この餅はよく粘るの떡은 상당히 찰기가 있다. ❷버티다. ∥コーヒー 1 杯で閉店まで粘る 커피 한 잔 시켜 놓고 문 닫을 때까지 버티다.

ねはん【涅槃】【仏教】 열반(涅槃).

ねびき【値引き】 値引きする 값을 깎다.

ねぶかい【根深い】 뿌리가 깊다.

ねぶくろ【寝袋】 침낭(寢囊).

ねぶそく【寝不足】 수면 부족(睡眠不足).

ねふだ【値札】 가격표(價格票).

ねぶみ【値踏み】 値踏みする 가격을 매기다.

ねぼう【寝坊】 늦잠을 잠; (人)늦잠꾸러기.

ねぼける【寝惚ける】 ❶(ぼんやりしている)잠이 깨어 멍하다. ❷(寝込中)잠결에 일어나 이상(異狀)한 행동(行動)을 하다.

ねぼすけ【寝坊助】 잠꾸러기.

ねほりはほり【根掘り葉掘り】 꼬치꼬치; 미주알고주알. ∥根掘り葉掘りしつこく聞く 꼬치꼬치 캐묻다.

ねまき【寝間着】 잠옷.

ねまわし【根回し】 (說明) 사전(事前)에 관계자(關係者)를 설득(說得)해서 어느 정도(程度) 승낙(承諾)을 받는 것.

ねみみ【寝耳】 寝耳に水라는 밤중에 홍두깨. (때)

ねむい【眠い】 졸리다. ∥眠いのを我慢して勉強する 졸리는 것을 참고 공부하다.

ねむけ【眠気】 졸음. ∥眠気がさす 졸음이 오다. 眠気覚ましに顔を洗う 졸음을 쫓으려고 세수하다.

ねむたい【眠たい】 졸리다.

ネムノキ【合歡木】 합환목(合歡木); 자귀나무.

ねむらせる【眠らせる】 재우다; 잠재우다.

*****ねむり**【眠り】 ❶잠; 수면(睡眠). ∥長い眠りから覚める 깊은 잠에서 깨어나다. 眠りにつく 잠들다. 眠り薬 수면제. ❷죽음. ∥永い眠りにつく 영면하다. 죽다.

ネムリグサ【眠り草】 미모사.

ねむりこける【眠りこける】 곤히 잠들다; 정신(精神)없이 자다; 곯아떨어지다.

*****ねむる**【眠る】 ❶잠들다. ∥ぐっすり眠る 깊이 잠들다. 子どもたちはもう眠った아이들은 벌써 잠들었다. ❷【死亡】죽다. ∥父母の眠る故郷 부모님이 잠들어 계시는 고향.

ねもと【根元】 ❶뿌리 부분(部分); 밑동; 밑둥치. ∥松が根元から折れる 소나무가 밑동에서 부러지다. ❷근본(根本).

ねゆき【根雪】 (說明) 봄까지 녹지 않고 남아 있는 눈.

ねらい【狙い】 ❶겨눔; 겨냥. 狙い撃ちする 겨누어 쏘다. ❷목표(目標). ∥狙いを定める目標を 정하다.

*****ねらう**【狙う】 ❶겨누다; 겨냥하다. ∥的を狙って撃つ 목표물을 겨냥해서 쏘다. ❷(機会)노리다. ∥心理的な効果を狙った発言 심리적 효과를 노린 발언.

ねりあげる【練り上げる】 잘 반죽하여 완성(完成)하다; 충분(充分)히 다듬다.

ねりあるく【練り歩く】 줄지어 천천히 걷다.

ねりなおす【練り直す】 다시 생각하다; 재검토(再檢討)하다. ∥計画を練り直す 계획을 재검토하다.

ねりはみがき【練り歯磨き】 치약(齒藥).

*****ねる**【寝る】 자다; (드러)눕다; 엎드리다. ∥寝る時間ですよ 잘 시간입니다. 寝る前に歯を磨く 자기 전에 이를 닦다. 寝ても覚めても 자나 깨나. 風邪で寝ている 감기로 드러누워 있다. 寝て

本を読む 엎드려서 책을 읽다.
ね・る【練る】 ❶개다; 반죽하다. ‖粘土を練る 점토를 개다. ❷(学問などを)연마(研磨)하다; (経験などを)쌓다; 짜다. ‖技を練る 기술을 연마하다. 構想を練る 구상을 짜다. ❸(金属を)단련(鍛錬)하다.
ねわざ【寝技】 《柔道·レスリングなどで》누워서 거는 기술(技術).
ねわら【寝藁】 외양간에 까는 짚.
ねん【年】 ❶일년(一年). ‖年に一度 일년에 한 번. ❷…년. ‖来日して 10 年が経つ 일본에 와서 십 년이 지나다.
ねん【念】 마음; 심(心); 생각; 주의(主義); 바람; 희망(希望). ‖感謝の念を表わす 감사의 마음을 표하다. 尊敬の念 존경심. 憎悪の念 증오심. 念には念を入れる 거듭 주의하다. 念のため 만약에 대비해, 念を押す 다짐을 하다.
ねんいり【念入り】 꼼꼼하게 정성(精誠)을 들임. ‖念入りに点検する 꼼꼼하게 점검하다.
ねんえきしつ【粘液質】 점액질(粘液質).
ねんが【年賀】 연하(年賀). ◆年賀状 연하장.
ねんがっぴ【年月日】 연월일(年月日).
ねんがらねんじゅう【年がら年中】 (一年)내내; 항상(恒常).
ねんかん【年間】 연간(年間). ◆年間降雨量 연간 강우량. 年間所得 연간 소득. 年間予算 연간 예산.
ねんかん【年鑑】 연감(年鑑). ‖統計年鑑 통계 연감.
ねんが【年賀】 연감(年鑑). ◉額.
ねんき【年季】 ‖年季が入る 오랫동안 종사하여 솜씨가 숙달되어 있다.
ねんきん【年金】 연금(年金).
ねんぐ【年貢】 ❶연공(年貢) ❷소작료(小作料). ‖年貢の納め時 ①〔償い〕과거의 잘못에 대한 죄값을 치러야 할 때. ②〔清算〕어떤 일을 청산해야 할 때.
ねんげつ【年月】 세월(歲月). ‖年月を経る 세월이 흐르다.
ねんげん【年限】 연한(年限).
ねんこう【年功】 연공(年功). ◆年功序列 연공 서열.
ねんごう【年号】 연호(年號).
ねんごろ【懇ろ】ダ ❶정중(鄭重)하다; 공손(恭遜)하다. ‖ねんごろにもてなす 정중하게 대우하다. ❷친하다. ‖ねんごろな間柄 친한 사이.
ねんざ【捻挫】 접질러 관절을 삐다.
ねんさん【年産】 연산(年産).
ねんじ【年次】 연차(年次). ‖年次休暇 연차 휴가.
ねんしき【年式】 연식(年式).
ねんじゅ【念珠】《仏敎》염주(念珠).
ねんじゅう【年収】 연수(年收).
ねんじゅう【年中】 ❶연중(年中). ‖年中

無休 연중무휴. 年中行事 연중행사. ❷〔副詞的に〕언제나; 항상(恒常).
ねんしゅつ【捻出】 염출(捻出).
ねんしょ【年初】 연초(年初).
ねんしょ【年書】 각서(覺書).
ねんしょう【年少】 연소(年少). ◆最年少 최연소, 年少者 연소자.
ねんしょう【年商】 연간 매출액(年間賣出額).
ねんしょう【燃燒】 (する)하 연소(燃燒). ◆燃燒熱 연소열.
*ねんじる【念じる】 마음속으로 빌다. ‖成功を念じる 성공을 빌다. 子供の幸福を念じる 자식의 행복을 빌다.
ねんすう【年数】 연수(年數). ◆勤続年数 근속 연수.
ねんせい【粘性】 점성(粘性).
ねんだい【年代】 연대(年代). ‖化石の年代が分かる 화석의 연대를 알 수 있다. 年代順に並べる 연대순으로 늘어놓다. ◆年代物 오래된 물건.
ねんだいき【年代記】 연대기(年代記).
ねんちゃく【粘着】 (する)하 점착(粘着). ◆粘着剤 점착제.
ねんちょう【年長】 연장(年長). ◆年長者 연장자.
ねんど【年度】 연도(年度). ‖会計年度 회계 연도.
ねんど【粘土】 점토(粘土). ‖粘土質 점토질.
ねんとう【年頭】 연두(年頭). ‖年頭教書 연두 교서.
ねんとう【念頭】 염두(念頭). ‖念頭に置く 염두에 두다.
ねんない【年内】 연내(年內). ‖年内に仕上げる 연내에 완성하다.
ねんねん【年年(每年)】; 해마다. ‖年々需要が増える 매년 수요가 증가하다.
ねんぱい【年輩】 연배(年輩); 〔相当の年齢〕지긋한 나이.
ねんぴ【燃費】 연비(燃費).
ねんぴょう【年表】 연표(年表). ‖世界史年表 세계사 연표.
ねんぷ【年譜】 연보(年譜).
ねんぶつ【念仏】 (する)하 염불(念佛). ‖念仏を唱える 염불을 외다.
ねんぽう【年俸】 연봉(年俸).
ねんぽう【年報】 연보(年報).
ねんまく【粘膜】 점막(粘膜).
ねんまつ【年末】 연말(年末). ◆年末調整 연말 정산.
ねんらい【年来】 연래(年來). ‖年来の望みがかなう 연래의 소망이 이루어지다.
ねんり【年利】 연리(年利); 연리.
ねんりき【念力】 염력(念力).
ねんりつ【年率】 연이율(年利率).
*ねんりょう【燃料】 연료(燃料). ‖燃料を補給する 연료를 보급하다. ◆燃料電池 연료 전지.

ねんりん【年輪】 연륜(年輪).

***ねんれい【年齢】** 연령(年齢). ◆精神年齢 정신 연령. 年齢制限 연령 제한. 年齢層 연령층.

の

の ❶[所有・所属]…의. ‖韓国の経済問題 한국의 경제 문제. 子どもの寝顔 아이의 자는 얼굴. 夜空の星 밤하늘의 별. 言論の自由 언론의 자유. ❷[主語]…이[가]. ‖私の読んだ本 내가 읽은 책. 母の好きなケーキ 어머니가 좋아하는 케이크. ❸[対象]…이[가];…을[를]. ‖お酒の飲みたい人 술을 마시고 싶은 사람. ❹[同格]…인 ‖ミステリー作家の佐々木譲さん 미스테리 작가인 사사키 조 씨. ❺[のもの]…の;…의것. ‖僕のがない これがない. こっちのがいい 이것이 좋다. ❻[人]…사람. ‖向こうから歩いてくるのがうちの姉です 저쪽에서 걸어 오고 있는 사람이 우리 언니입니다. ❼[断定] ‖寝過しちゃったの 늦잠 자 버렸어. ❽[疑問] ‖誰がそうしたの 누가 그랬니? ❾[強い命令] ‖早く行くの 빨리 가! ✤…の前 …の後 …の上 …の下などのような場合は、韓国語の助詞のは入れない。学校の前 학교 앞, 机の上 책상 위.

のあそび【野遊び】 들놀이.
ノイズ [noise] 노이즈.
ノイチゴ【野苺】 산(山)딸기.
ノイローゼ [Neurose] 노이로제.
のう【能】 ❶ 능력(能力); 재능(才能). ❷ 효능(効能); 효과(効果). ❸ 일본 고전 예능(日本古典藝能)의 하나. ‖能ある鷹は爪を隠す 실력이 있는 사람은 함부로 드러내지 않는다. ▶能がない 능력・재능이 없다. 궁리가 부족하다.

***のう【脳】** ❶ 뇌(脳). ‖脳に損傷을 받는 뇌에 손상을 입다. ❷ 두뇌(頭脳); 머리. ‖近頃脳가 약해진 최근에 머리가 나빠졌다. ◆脳細胞 뇌세포.

のういっけつ【脳溢血】 뇌일혈(脳溢血).
のうえん【脳炎】 뇌염(脳炎).
のうえん【農園】 농원(農園).
のうか【農家】 농가(農家).
のうかい【納会】 납회(納會).
のうがき【能書き】 효능서(效能書). ▶能書きを並べる 자기 자랑을 늘어놓다.
のうがく【農学】 농학(農學).
のうかすいたい【脳下垂体】 뇌하수체(腦下垂體).
のうかん【納棺】 [名·他] 납관(納棺).
のうかん【脳幹】 뇌간(脳幹).
のうかんき【農閑期】 농한기(農閑期).

のうき【納期】 납기(納期).
のうきぐ【農機具】 농기구(農機具).
のうきょう【農協】 농협(農協).
のうぎょう【農業】 농업(農業). ‖農業に従事する 농업에 종사하다. 農業を機械化する 농업을 기계화하다. ◆農業協同組合 농업 협동조합.
のうきん【納金】 납금(納金).
のうぐ【農具】 농구; 농기구(農機具).
のうげい【農芸】 농예(農藝).
のうげか【脳外科】 뇌신경 외과(腦神經外科).
のうけっせん【脳血栓】 뇌혈전(腦血栓).
のうこう【農耕】 농경(農耕). ◆農耕民族 농경 민족.
のうこう【濃厚】ダ 농후(濃厚) 하다. ‖濃厚になる 농후해지다.
のうこうそく【脳梗塞】 뇌경색(腦硬塞).
のうこつ【納骨】 [名·他] 납골(納骨).
のうこつどう【納骨堂】 납골당(納骨堂).
のうこん【濃紺】 짙은 감색(紺色).
ノウサギ【野兎】 산(山)토끼.
のうさぎょう【農作業】 농사(農事)일.
のうさくぶつ【農作物】 농작물(農作物).
のうさつ【悩殺】 [名·他] 뇌쇄(惱殺).
のうさんぶつ【農産品】 농산품(農産品).
のうさんぶつ【農産物】 농산물(農産物).
のうし【脳死】 뇌사(脳死).
のうじ【農事】 농사(農事). ◆農事試験場 농사 시험장. 農事暦 농사력.
のうしゅく【濃縮】 [名·他] 농축(濃縮). ◆濃縮ウラン 농축 우라늄.
のうしゅっけつ【脳出血】 뇌출혈(腦出血).
のうしゅよう【脳腫瘍】 뇌종양(腦腫瘍).
のうじょう【農場】 농장(農場).
のうしんけい【脳神経】 뇌신경(腦神經).
のうしんとう【脳震盪】 뇌진탕(腦震盪).
のうせい【脳性】 뇌성(脳性). ◆脳性麻痺 뇌성 마비.
のうせい【農政】 농정(農政).
***のうぜい【納税】** [名·自] 납세(納税). ‖納税の義務 납세의 의무. ◆納税者 납세자. 納税申告 납세 신고.
のうせきずいまくえん【脳脊髄膜炎】 뇌척수막염(腦脊髓膜炎).
ノウゼンカズラ【凌霄花】 [植物] 능소화(凌霄花).
のうそくせん【脳塞栓】 뇌색전(腦塞栓).
のうそっちゅう【脳卒中】 뇌졸중(腦卒中).
のうそん【農村】 농촌(農村).
のうたん【濃淡】 농담(濃淡).
のうち【農地】 농지(農地).
のうてん【脳天】 정(頂)수리. ▶脳天から声を出す 새된 소리를 내다.
のうてんき【能天気】 낙관적(樂觀的)

のうど【農奴】농노(農奴).
のうど【濃度】농도(濃度). ∥濃度が高い 농도가 짙다.
のうどう【能動】능동(能動). ◆能動的な態度 능동적인 태도.
のうどうたい【能動態】능동태(能動態).
のうなんかしょう【脳軟化症】 뇌연화증(脳軟化症).
のうにゅう【納入】(する) 납입(納入).
のうのう 태평(太平)스럽게.
のうは【脳波】뇌파(脳波).
ノウハウ【know-how】 노하우.
のうはんき【農繁期】농번기(農繁期).
のうひん【納品】 납품(納品).
のうひんけつ【脳貧血】 뇌빈혈(脳貧血). ∥脳貧血を起こす 뇌빈혈을 일으키다.
のうふ【納付】(する) 납부(納付). ◆納付金 납부금.
のうふ【農夫】농부(農夫).
のうふ【農婦】농부(農婦).
のうべん【能弁】능변(能弁); 달변(達弁).
のうほう【農法】농법(農法). ∥有機農法 유기 농법.
のうほんしゅぎ【農本主義】 농본주의(農本主義).
のうまく【脳膜】뇌막(脳膜). ◆脳膜炎 뇌막염.
のうみそ【脳味噌】 ❶뇌(脳). ❷지혜(智慧); 지능(知能).
のうみつ【濃密】 농밀(濃密)하다. ∥濃密な色彩 농밀한 색채.
のうみん【農民】농민(農民).
のうむ【濃霧】농무(濃霧).
のうやく【農薬】농약(農薬).
のうり【脳裏】뇌리(脳裏). ∥脳裏に浮かぶ 뇌리를 스치다.
*__のうりつ__【能率】 능률(能率). ∥能率を上げる 능률을 올리다. 能率よく働く 능률이 오르게 일하다. 能率的なやり方 능률적인 방법. ◆能率給 능률급.
のうりょう【納涼】 납량(納涼).
*__のうりょく__【能力】 능력(能力). ∥能力を発揮する 능력을 발휘하다. 能力を十分に生かす 능력을 충분히 살리다. 生産能力 생산 능력. 計算能力 계산능력. 能力の限界 능력의 한계.
のうりん【農林】농림(農林).
ノーカット【no+cut日】노컷.
ノーコメント【no comment】 노코멘트.
ノースリーブ【no+sleeve日】 소매가 없는 옷; 민소매.
ノータイ【no+tie日】 노타이.
ノータッチ【no+touch日】 노터치.
ノート【note】 노트. ◆ノートパソコン 노트북. ノート型パソコン 공책.
ノーネクタイ【no+necktie日】 노타이.
ノーヒット【no-hit】 노히트. ∥ノーヒットノーラン 노히트 노런.
ノーブラ【no+brassiere日】 노브라.
ノーベルしょう【Nobel賞】 노벨상(賞).
ノーメーク【no+make日】 화장(化粧)을 하지 않은 것.
*__のがす__【逃す】 ❶놓치다. ∥チャンスを逃がす 기회를 놓치다. ❷〔…逃かす形で〕 …하지 못하다. ∥聞き逃す 듣지 못하다.
のがれる【逃れる】 ❶도망(逃亡)가다; 벗어나다. ∥都会を逃れる 도회에서 벗어나다. ❷면하다; 피하다. ∥責任を逃れる 책임을 면하다.
のき【軒】 처마. ∥軒先 처마 끝. 집 앞. 軒下 처마 밑.
のぎ【芒】 까끄라기.
ノギク【野菊】 들국화(菊花).
のきなみ【軒並み】 ❶집이 늘어서 있음. ❷〔副詞的に〕전부(全部); 모두.
のく【退く】 ❶물러나다; 비키다. ❷탈퇴(脱退)하다.
のけぞる【仰け反る】〔上半身が〕뒤로 젖히다.
のけもの【除者】 따돌림을 받는 사람; 왕따. ∥のけ者にする 왕따시키다. のけ者にされる 왕따당하다.
のける【除ける・退ける】 ❶치우다; 제외(除外)하다. ∥石を除ける 돌을 치우다. ❷〔…てのける形で〕해내다; 감(敢)히 …하다. ∥困難な仕事をみごとにやってのける 어려운 일을 훌륭히 해내다.
のこぎり【鋸】 톱. ∥鋸でひく 톱으로 켜다.
*__のこす__【残す】 남기다. ∥ご飯を残す 밥을 남기다. 実験の記録を残す 실험 기록을 남기다. 証拠を残す 증거를 남기다. 後世に名を残す 후세에 이름을 남기다.
のこのこ 태연(泰然)히. ∥捕まるとも知らず, のこのこ(と) 出てくる 잡힐 줄도 모르고 태연히 나타나다.
*__のこり__【残り】 남음; 남은 것. ∥残り少ない 얼마 안 남다. 残り惜しい 아쉽다. 섭섭하다. 残り字(부) 찌꺼기; 쓸모없는 것. 残り物 남은 것.
*__のこる__【残る】 남다. ∥ご飯が残る 밥이 남다. 古い風習が残っている 오래된 풍습이 남아 있다. 不満が残る 불만이 남다.
のざらし【野晒し】 (説明) 야외(野外)에서 비바람을 맞힘 또는 그 물건.
のし【熨斗】 (説明) 선물(膳物) 등에 곁들이는 장식물(装飾物).
のしあがる【伸し上がる】 지위(地位) 등이 급격(急激)히 높아지다.
のしいか【伸し烏賊】 (説明) 오징어를 얇게 펴서 가미(加味)한 식품(食品).
のしかかる【伸し掛かる】 ❶덮치다. ∥のしかかって倒す 덮쳐서 쓰러뜨리다. ❷

のじゅく 부담(負擔)이 되다. ∥家族の生活が重くのしかかっている 가족의 생활이 상당히 부담이 되고 있다.
のじゅく【野宿】 (≊해) 노숙(路宿).
ノスタルジア【nostalgia】 노스탤지어, 향수(鄕愁).
ノズル【nozzle】 노즐.
***のせる**【乗せる】 ❶ 태우다. ∥乗客千人を乗せた船 승객 천 명을 태운 배. 車で乗せてあげるよ 차까지 태워 줄게. ❷ 속이다. ∥口車に乗せるうまい 言葉で속이다. ❸ (伴奏に)맞추다. ∥リズムに乗せる 리듬에 맞추다.
***のせる**【載せる】 싣다; 게재(揭載)하다; 올리다. ∥机の上にテレビを載せる 책상 위에 텔레비전을 올리다. 荷物をトラックに載せて運ぶ 짐을 트럭에 실어서 옮기다. 広告を載せる 광고를 싣다.
のぞかせる【覗かせる】 살짝 보여 주다.
のぞき【覗き】 훔쳐봄; 엿봄.
のぞきこむ【覗き込む】 들여다보다.
のぞく【除く】 제거(除去)하다; 없애다; 제외(除外)하다. ∥芝生の雑草を除く 잔디밭의 잡초를 제거하다.
のぞく【覗く】 ❶ 엿보다; 들여다보다. ∥鍵穴から中をのぞく 열쇠 구멍으로 안을 들여다보다. ❷ (ちょっと立ち寄る)잠깐 들르다. ∥本屋をのぞく 책방에 잠깐 들르다.
のそのそ 느릿느릿; 어슬렁어슬렁. ∥大きい犬がのそのそ(と)歩く 큰 개가 어슬렁어슬렁 걷다.
のぞましい【望ましい】 바람직하다. ∥学生として望ましい態度 학생으로서 바람직한 태도.
***のぞみ**【望み】 ❶ 바람; 소망(所望); 희망(希望). ∥望みがかなう 소망이 이루어지다. ❷ 기대(期待); 전망(展望); 가망(可望). ∥成功する望みがない 성공할 가망이 없다. 子の将来に望みをかけている 자식의 장래에 기대를 걸고 있다. ❸ (遠くを見る)바라봄.
***のぞむ**【望む】 ❶ 바라다; 희망(希望)하다; 원(願)하다. ∥世界平和を望む 세계 평화를 바라다. 進学したいと望んでいる 진학을 희망하고 있다. ❷〔遠くを見る〕바라보다.
のぞむ【臨む】 ❶ 임(臨)하다; 대(對)하다; 면(面)하다; 처(處)하다. ∥駿河湾に臨み漁村 스루가 만에 면해 있는 어촌. 試合に臨む気持ちで仕事に臨む다. ❷ 출석(出席)하다; 참석(參席)하다. ∥国際会議に臨む 국제회의에 참석하다.
のたうちまわる〔のた打ち回る〕 괴로워하며 뒹굴다.
のたうつ〔のた打つ〕 괴로워 몸부림치다.
のたれじに〔野垂れ死に〕 ∥のたれ死にする 길에서 쓰러져 죽다. 비참하게 죽다.

***のち**【後】 뒤; 나중. ∥曇りのち雨 흐린 뒤 비. 後に説明する 나중에 설명하다. 夕食の後に 저녁 식사 뒤에. 後の世そ세.
のちぞい【後添い】 후처(後妻).
のちほど【後程】 나중에; 앞으로의 일. ∥のちのちのことまで考える 나중의 일까지 생각하다.
のちほど【後程】 나중에; 뒤에; 後ほど伺います 나중에 뵙겠습니다.
のっかる〔乗っかる〕 올라타다.
ノック【knock】 (≊해) 노크. ◆**ノックアウト** (≊해) 녹아웃. **ノックダウン** (≊해) 녹다운.
のっけ 처음; 최초(最初). ∥のっけから 처음부터.
のっしのっし 어슬렁어슬렁. ∥象がのっしのっし(と)歩く 코끼리가 어슬렁어슬렁 걷다.
のっそり 느릿느릿; 천천히; (ぼんやりと)멍하게. ∥のっそり(と)起き上がる 천천히 일어나다.
ノット【knot】…노트.
のっとる【則る】 (規範などに)따르다. ∥法律にのっとる 법률에 따르다.
のっとる【乗っ取る】 빼앗다; (航空機などを)납치(拉致)하다. ∥会社を乗っ取る 회사를 빼앗다.
のっぴきならない【退っ引きならない】 어쩔 수 없다; 불가피(不可避)하다. ∥のっぴきならない用事で出かける 불가피한 일이 생겨 외출하다.
のっぺらぼう 평평(平平)하다; 판판하다.
のっぺり ❶〔地形などが〕평평(平平)히; 판판히. ∥のっぺり(と)した地形 평평한 지형. ❷〔容貌などが〕밋밋하게. ∥のっぺり(と)した顔の男 밋밋하게 생긴 남자.
のっぽ〔人〕키다리.
***ので**〔原因・理由・根拠〕…아[어]서; …(으)므로; …(으)니까. ∥忙しかったのでお昼を食べられなかった 바빠서 점심을 못 먹었다. あまり寒いので一日中家にいた 너무 추워서 하루 종일 집에 있었다. 風邪なので今日は休みます 감기 걸려서 오늘은 쉬겠습니다. 時間がないのでタクシーで行きましょう 시간이 없으니까 택시로 갑시다.
のてん【野天】〔露天〕. ◆**野天風呂** 노천(露天)탕.
のど【喉】 ❶ 목; 인후(咽喉). ∥のどが渇く 목이 마르다. パンのどにつかえた 빵이 목에 걸렸다. ❷〔歌い声〕목소리. ∥彼女はいいのどをしている 그녀는 노래를 잘한다. ◆**喉から手が出る** 몹시 갖고 싶다.
のどか【長閑】∥ 조용하고 한가(閑暇)롭다.
のどくび【喉首】 ❶ 목의 앞부분(部分).

❷〔比喩的に〕급소(急所). 喉首を押える 급소를 누르다.

のどごし【喉越し】 (服飾) 음식물(飮食物)이 목구멍을 통과(通過)할 때의 느낌.

のどじまん【喉自慢】 노래자랑.

のどちんこ【喉ちんこ】 목젖.

のどぼとけ【喉仏】 결후(結喉); 울대뼈.

のどもと【喉 부분(部分)】. ▶喉元過ぎれば熱さを忘れる 힘든 일도 지나고 나면 잊어 버리다.

のに ❶〔逆接・対比〕…는데; …은데. ∥熱があるのに外出した 열이 있는데 외출했다. タクシーに乗ったのに結局会議に遅刻した 택시를 탔는데도 결국 회의에 지각했다. こちらは 5 人なのに椅子が 4 脚しかない 우리는 다섯 명인데 의자는 네 개밖에 없다. ❷〔遺憾〕∥あの時, 斷わるべきだったのに その때 거절했어야 했는데. ❸〔願望〕∥少し手伝ってくれればいいのに 좀 도와주면 좋을텐데. その計画を実行するのには君の協力が必要だ 그 계획을 실행하는 데는 너의 협조가 꼭 필요하다.

ノネズミ【野鼠】 들쥐.

ののしる【罵る】 욕(辱)하다; (悪口を).

* **のばす**【伸ばす・延ばす】 ❶늘이다; 늘리다; (ひげなどを)기르다. ∥売り上げを伸ばす 매출을 늘리다. 寿命を延ばす 수명을 늘리다. ひげを伸ばす 수염을 기르다. ❷〈まっすぐに〉펴다. ∥しわを伸ばす 주름을 펴다. 〈打ちのめす〉상대(相對)를 쓰러뜨리다. ❹연기(延期)하다; 늦추다. ∥締め切りを延ばす 마감을 연기하다.

のばなし【野放し】 방목(放牧); 방치(放置). 野放しにする 방치하다.

のはら【野原】 들판.

ノバラ【野薔薇】 들장미(薔薇).

のび【伸び】 ❶늘어남; 자람; (むらなど) 퍼짐. ❷기지개. 伸びをする 기지개를 켜다.

のび【野火】 야화(野火); 들불.

のびあがる【伸び上がる】 발돋움하다. ∥伸び上がって棚の上の物を取る 발돋움해서 선반 위의 물건을 내리다.

のびざかり【伸び盛り】 한창 자랄 때. ∥伸び盛りの子ども 한창 자라는 아이.

のびちぢみ【伸び縮み】 (표현) 신축(伸縮).

のびなやむ【伸び悩む】 ❶(期待通りに)진보(進步)・성장(成長)・증가(增加)가 안 되다. ❷(売り上げ・株価などが)오르지 않다. ∥売り上げが伸び悩む 매상이 오르지 않다.

のびのび【伸び伸び】 무럭무럭; 쑥쑥. ∥のびのびと育つ 쑥쑥 자라다.

のびのび【延び延び】 질질. 開催が延び延びになる 개최가 질질 끌어지고 있다.

のびりつ【伸び率】 신장률(伸張率).

* **のびる**【伸びる・延びる】 ❶길다; 길어지다; 늘어지다. ∥ひげが伸びる 수염이 많이 길어지다. 会議が 1 時間延びる 회의가 1 시간 늘어지다[길어지다]. だいぶ日が延びた 해가 많이 길어졌다. 平均寿命が大幅に伸びた 평균 수명이 대폭 길어졌다. ❷크다; 커지다. ∥身長が 3 センチ伸びてキが 삼 센티 컸다. ❸퍼지다; 풀어지다. ∥しわが伸びる 주름이 퍼지다. パーマが伸びたパーマが 풀어졌다. ❹〔弾力〕이 없어지다; 늘어나다; 붙다. ∥ラーメンが伸びる 라면이 퍼지다. ❺〔日程が〕연기(延期)이 되다; (道筋などが) 연장(延長)이 되다. ∥雨のため遠足が翌日に延びた 비 때문에 소풍이 다음날로 연기되었다. 道路が隣町まで延びた 도로가 옆마을까지 연장되었다. ❻〔餠など〕が質지다. ∥この餅はよく伸びる 이 떡은 잘 찰지다.

ノビル【野蒜】 산달래.

ノブ【knob】 노브.

のべ【延べ】 연(延); 총(總). ∥延べ語数 총 어휘수.

のべ【野辺】 들판.

のべじんいん【延べ人員】 연인원(延人員).

のべつ 끊임없이; 쉴 새 없이. ∥のべつ幕なしにしゃべる 쉴 새 없이 떠들다.

のべつぼ【延べ坪】 연건평(延建坪).

のべばらい【延べ払い】 연불(延拂).

のべぼう【延べ棒】 금속(金屬)을 늘여 만든 봉(棒); 밀 방망이.

のべる【述べる】 〈意見などを〉말하다; 밝히다; 진술(陳述)하다. ∥意見を述べる 의견을 말하다.

のほうず【野放図】 방약무인(傍若無人); 제멋대로임; (無制限) 건방짐; 野放図なやつ 건방진 녀석.

のぼせあがる【逆せ上がる】 ❶〔上気する〕되다; 흥분(興奮)하다; 상기(上氣)되다. ❷〔熱中する〕열중(熱中)하다; 반하다; 빠져 있다.

のぼせる【上せる】〔記録・話題などに〕올리다; 싣다. ∥教育問題を話題に上せる 교육 문제를 화제로 올리다. 記録に上せる 기록에 올리다.

のぼせる【逆せる】 ❶흥분(興奮)하다; 〈風呂で〉상기(上氣)되다. ❷〔夢中になる〕열중(熱中)하다; 빠져 있다.

のほほん 빈둥빈둥; 태평(太平)스럽게. ∥のほほんと毎日を送る 매일 빈둥거리며 지내다.

のぼり【上り・登り・昇り】 ❶오름; 올라감. ❷상경(上京); 상행(上行). ∥上り列車 상행 열차.

のぼり【幟】 (服飾) 가늘고 긴 천을 장대에 달아 세우는 기(旗).

のぼりくだり【上り下り】 오르막과 내리막; 올라감과 내려감. ‖上り下りする 오르내리다.

のぼりざか【上り坂】 오르막길.

のぼりちょうし【上り調子】 상승세(上昇勢).

のぼりつめる【上り詰める・登り詰める】 꼭대기까지 오르다; 정점(頂點)에 도달(到達)하다. ‖首相の地位に上りつめる 수상 자리에까지 오르다.

*のぼる【上る・登る・昇る】 ❶오르다; 올라가다. ‖柿の木に登って柿を取る 감나무에 올라가 감을 따다. 高い地位에 上る 높은 지위에 오르다. 話題に上る 화제에 오르다. 壇上に登って挨拶する 단상에 올라가 인사하다. ❷上京(上京)하다. ❸달하(達)다; 미치다. ❹ (日・月)이 뜨다.

のまれる【飲まれる・呑まれる】 압도(壓倒)되다; 휩쓸리다. ‖雰囲気にのまれる 분위기에 압도되다. 波にのまれる 파도에 휩쓸리다.

のみ【鑿】 끌. 鑿で彫る 끌로 새기다.

ノミ【蚤】 벼룩. ‖ノミに食われた 벼룩한테 물리다. 蚤の市 벼룩시장. 蚤の夫婦 아내가 남편보다 큰 부부.

-のみ …만; …뿐. ‖学歴のみを問題にすべきではない 학력만을 문제 삼아서는 안 된다. 発表を待つのみである 발표를 기다릴 뿐이다. 医師のみに許される行為 의사에게만 허용되는 행위.

のみあかす【飲み明かす】 밤새 마시다.

のみくい【飲み食い】 먹고 마시는 것. ‖飲み食いする 먹고 마시다.

のみぐすり【飲み薬】 내복약(內服藥).

のみくだす【飲み下す】 삼키다.

のみくち【飲み口】 마셨을 때의 느낌; 입에 닿는 맛. 飲み口がよい 입에 닿는 맛이 좋다.

のみこうい【飲み行為】 ❶증권 업자(證券業者) 등이 거래소(去來所)를 통하지 않고 주식(株式)을 매매(賣買)하는 것. ❷(競馬・競輪등)주최자(主催者) 이외의 사람이 마권(馬券)을 매매(賣買)하는 것.

のみこむ【飲み込む・呑み込む】 ❶삼키다. ‖つばを飲み込む 침을 삼키다. ❷이해(理解)하다; 파악(把握)하다. ‖こつをのみ込む 요령을 파악하다.

のみしろ【飲み代】 술값.

のみすぎ【飲み過ぎ】 과음(過飮).

のみすぎる【飲み過ぎる】 과음(過飮)하다.

のみすけ【飲み助】 술꾼; 술고래.

のみち【野道】 들길.

のみつぶす【飲み潰す】 술로 재산(財産)을 탕진(蕩盡)하다.

のみつぶれる【飲み潰れる】 고주망태가 되다.

のみなかま【飲み仲間】 술친구(親舊).

のみならず …뿐만 아니라. ‖彼は俳優としてのみならず, 演出家としてもすぐれた仕事をしている 그 사람은 배우로서만 아니라 연출가로서도 대단한 일을 하고 있다.

ノミネート【nominate】 (종도)노미네이트. ‖ノミネートされる 노미네이트되다.

のみほす【飲み干す】 다 마시다.

のみみず【飲み水】 식수(食水).

のみもの【飲み物】 마실 것.

のみや【飲み屋・呑み屋】 〔店〕술집; 선술집; 〔人〕술꾼.

*のむ【飲む・呑む】 ❶마시다; 삼키다; (薬を)먹다. ❶水を飲む 물을 마시다. ビールを飲む 맥주를 마시다. 飲みに行こう 마시러 가자. 涙をのむ 눈물을 삼키다. 薬を飲む 약을 먹다. ❷받아들이다; 수락(受諾)하다. ‖条件をのむ 조건을 받아들이다.

のめりこむ【のめり込む】 빠지다; 빠져들다. ‖勝負事にのめり込む 도박에 빠지다.

のやま【野山】 산과 들; 산야(山野).

のらいぬ【野良犬】 들개.

のらくら 빈둥빈둥. ‖のらくら(と)遊び暮らす 빈둥빈둥 놀고 먹다.

のらしごと【野良仕事】 농사(農事)일; 들일.

のらねこ【野良猫】 도둑고양이.

のらりくらり ❶〔ぶらぶら〕빈둥빈둥. ❷횡설수설(橫說竪說). ‖のらりくらり(と)言い逃れる 횡설수설하며 발뺌하다.

のり【乗り】 ❶ (化粧などが)받는 정도(程度). ‖化粧のりがわるい 화장이 잘 받다. ❷…승(乘). ‖10人乘り 십 인승.

のり【糊】 풀. 糊で貼り付ける 풀로 붙이다. 糊付けする 풀을 먹이다.

ノリ【海苔】 김. ‖味付け海苔 맛김.

のりあい【乗り合い】 합승(合乘).

のりあげる【乗り上げる】 위에 올라앉다. ‖船が暗礁に乗り上げる 배가 암초에 부딪히다.

のりあわせる【乗り合わせる】 우연(偶然)히 같이 타다.

のりいれる【乗り入れる】 ❶탄 채로 들어가다. ❷(路線)을 연장(延長)하다.

のりうつる【乗り移る】 ❶옮겨 타다. ❷(神・霊魂などが)人間에 취(取)하다; 신(神)이 들리다.

のりおくれる【乗り遅れる】 놓치다; (時代の流れに)뒤떨어지다; 뒤처지다. ‖電車に乗り遅れる 전철을 놓치다.

のりかえ【乗り換え】 환승(換乘).

*のりかえる【乗り換える】 환승(換乘)하다; 갈아타다. ‖バスから電車に乗り換える 버스에서 전철로 갈아타다. 次の駅で乗り換えてください 다음 역에서 환승하세요[갈아타세요]. ❷바꾸다. ‖新しいシステムに乗り換える 새로운

のりかかる【乗り掛る】 ❶〔乗り始める〕탈것에 타기 시작(始作)하다. ❷〔仕事などを〕막 시작하다. ‖乗りかかった仕事 막 시작한 일. ▶乗り掛かった船 도중에 그만둘 수 없는 일.

のりき【乗り気】 의욕(意欲). ‖乗り気を示す 의욕을 보이다. 乗り気にならない 마음이 내키지 않다.

のりきる【乗り切る】 헤쳐 나가다; 극복(克服)하다. ‖難局を乗り切る 난국을 헤쳐 나가다.

のりくみいん【乗組員】 (船舶・航空機などの)승무원(乗務員).

のりくむ【乗り組む】 운항(運航)을 위해 타다.

のりこえる【乗り越える】 타고 넘다; 극복(克服)하다. ‖塀を乗り越える 담을 타고 넘다. 危機を乗り越える 위기를 극복하다.

のりごこち【乗心地】 승차감(乗車感). ‖乗り心地がいい 승차감이 좋다.

のりこし【乗り越し】 ‖乗り越しする 하차할 역보다 더 멀리 타고 가다.

のりこす【乗り越す】 목적지(目的地)를 지나치다.

のりこむ【乗り込む】 ❶〔乗り物などに〕타다. ❷〔場所・領域に〕뛰어들다. ‖敵地に乗り込む 적지에 뛰어들다.

のりしろ【糊代】 풀칠하는 부분(部分).

のりすてる【乗り捨てる】 버리다; 방치(放置)하다.

のりそこなう【乗り損なう】 탈것을 놓치다; 못 타다.

のりだす【乗り出す】 ❶배를 타고 나가다. ❷〔上体を前方へ〕내밀다. ‖身を乗り出す 몸을 내밀다. ❸〔積極的に〕나서다; 착수(着手)하다. ‖事業に乗り出す 사업에 착수하다.

のりつぐ【乗り継ぐ】 갈아타고 가다.

のりづけ【糊付】 ❶〔糊で貼る〕 ‖糊付けする 풀로 붙이다. ❷〔洗濯물에〕풀을 먹이다.

のりつける【乗り付ける】 차(車)를 타고 목적지(目的地)까지 가다.

のりば【乗り場】 타는 곳; 승강장(昇降場).

のりまき【海苔巻き】 김 초밥.

のりまわる【乗り回る】 차(車)를 타고 돌아다니다.

のりもの【乗り物】 탈것.

***のる**【乗る】 ❶타다. ‖車に乗る 차에 타다. リズムに乗る 리듬을 타다. ❷올라가다; 올라오다. ‖机の上に乗ってはいけない 책상 위에 올라가서는 안 된다. ❸속다; 넘어가다. ‖口車に乗る 그럴듯한 말에 속다. もうその手には乗らない 이제 그 수에는 안 넘어간다.

のる【載る】 실리다; 게재(掲載)되다; 올려지다. ‖投書が新聞に載る 투서가 신문에 실리다. 机の上に辞書が載っている 책상 위에 사전이 올려져 있다.

ノルウェー【Norway】(国名) 노르웨이.

ノルマ【norma 러】 노르마.

のれん【暖簾】 ❶포렴(布簾). ❷〔店の〕신용(信用); 격식(格式). ‖のれんにかかわる 가게의 신용과 관계되다. ▶暖簾に腕押し 아무런 반응이 없음.

ノロ【獐】(動物) 노루.

のろい【鈍い】 느리다; 둔(鈍)하다. ‖仕事がのろい 일이 느리다.

のろい【呪い】 저주(詛呪)하다.

のろける【惚ける】 아내[남편(男便)] 자랑을 하다.

のろのろ 느릿느릿. ‖疲れ切ってのろのろ(と)動く 기진맥진해서 느릿느릿 움직이다.

のろま 느리광이; 느림보; 늘보.

のろわしい【呪わしい】 저주(詛呪)스럽다.

ノンアルコール【non+alcohol 日】 알코올이 들어 있지 않은 것.

のんき【暢気】 ❶근심이나 걱정이 없다. ❷태연(泰然)하다; 태평(太平)하다.

ノンストップ【nonstop】 논스톱.

のんびり 여유(餘裕)롭게; 유유자적(悠悠自適)하게; 느긋하게. ‖のんびり(と)した性格 느긋한 성격.

ノンフィクション【nonfiction】 논픽션.

は

は ❶【返事】네. ‖は、かしこまりました 네、알겠습니다. ❷【聞き返す】네. ‖は、何ですか 네, 뭐라고요.
は【ハ】【音階の】C 음(音).
は【刃】(刃物の)날. ‖刃を研ぐ 날을 갈다. 刃が鈍い 날이 무디다.
***は**【葉】잎. ‖葉が茂る 잎이 무성하다. 木の葉が色づき始める 나뭇잎이 물들기 시작하다. 葉が出る 잎이 나다. 桃の葉 복숭아 잎.
***は**【歯】이; 이빨. ‖歯が痛い 이가 아프다. 歯を磨く 이를 닦다. 歯を 2本抜く 이를 두 개 뽑다. 歯が生える 이가 나다. 歯の生え変わる 이갈이하다. ▶歯が浮く 역겹다. 아니꼽다. ◆歯が立たない 당할 수가 없다. ◆歯の強さに衣着せぬ 솔직하게 말하다. 歯に衣着せぬ 너무 강해서 당할 수가 없다. ◆歯に衣着せぬ 솔직하게 말하다. 입바른 소리를 하다. ◆歯を食いしばる 이를 악물다.【慣】
はは…은는. ‖今日はいい天気だ 오늘은 날씨가 좋다. 地球は丸い 지구는 둥글다. あれとは違う 저것과는 다르다.
-は【波】…파(波). 衝撃波 충격파.
-は【派】…파(派). 保守派 보수파.
***ば**【場】❶장; 장소; 장이; 곳. ‖机を置く場がない 책상을 놓을 자리가 없다. 対話の場 대화의 장. ❷상황(状況); 분위기(雰囲気). ‖人が出て行く分위기까지 깨지다. ❸(演劇などの)장. ‖二幕三場 이 막 삼 장. ▶場をもたせる 어떻게 해서든지 분위기를 끌고가다.
はあ ❶【返事】네. ‖はあ、そうです 네, 그렇습니다. ❷【感嘆】네. ‖はあ、そうですか 네、그렇군요. ❸【聞き返す】네. ‖はあ、何でって 네, 뭐라고요?
ばあ 까꿍.
バー【bar】❶【酒場】바; 술집. ❷【高飛びなどの】크로스바. ❸【バレエの練習で使う】바.
ばあ ❶모두 없어짐; 허사(虚事). ‖せっかくの計画がぱあになる 모처럼의 계획이 허사가 되다. ❷(じゃけんに)보.
パー【par】【同価】같은 값. (ゴルフで)파.
***ばあい**【場合】❶사정(事情); 상황(状況); 국면(局面); 때. ‖場合は場合だけに慎重に考える 상황이 상황인 만큼 신중히 생각하다. 笑っている場合ではないよ 웃을 때가 아니다. ❷경우(境遇). ‖万一の場合は中止する 만일의 경우에는 중지한다. 彼の場合は例外だ 그 사람의 경우는 예외다.
パーカ【parka】(ジャケット)파카.
パーキンソンびょう【Parkinson病】파킨슨병.
はあく【把握】(会해) 파악(把握). ‖情報を把握する 정보를 파악하다. 問題点を把握する 문제점을 파악하다.
バーゲン【bargain】바겐세일. ◆バーゲンセール 바겐세일.
バーコード【bar code】바코드.
パーサー【purser】객실 승무장(客室乗務長).
バージョン【version】버전.
パーセンテージ【percentage】퍼센티지.
パーセント【percent・%】퍼센트.
パーソナルコンピューター【personal computer】퍼스널 컴퓨터; 피시.
バーチャル【virtual】가상적(假想的).
パーツ【parts】부품(部品).
パーティー【party】❶파티. ‖パーティーを開く 파티를 열다. ❷일행(一行). ‖登山パーティー 등산 가는 일행.
バーテン(ダー)【bartender】바텐더.
ハート【heart】❶마음; 성의(誠意). ‖ハートを射止める 마음을 사로잡다. ハートがこもっていない 성의가 없다. ❷(トランプの)하트.
ハード【hard】힘들다. ‖ハードな仕事 힘든 일. ◆ハードウエア 하드웨어. ハードカバー 하드커버. ハードディスク 하드 디스크. ハードトレーニング 하드 트레이닝.
パート【part】❶부분(部分). ❷【役割】분담(分担). ❸【パートタイマーの略語】단시간 근무자(短時間勤務者). ◆パートタイマー 단시간 근무자. パートタイム パート 타임. 단시간 근무.
バードウオッチング【bird watching】들새 관찰(観察).
パートナー【partner】파트너. ‖国際社会のパートナー 국제 사회의 파트너. ◆パートナーシップ 파트너십.
ハードル【hurdle】허들. ‖ハードル競走 허들 레이스.
バーナー【burner】버너.
ハーフ【half】❶절반(折半). ❷혼혈아(混血兒). ◆ハーフコート 반코트. ハーフタイム 하프 타임.
ハーブ【herb】허브. ◆ハーブティー 허브 차.
ハープ【harp】하프.
バーベキュー【barbecue】바비큐.
バーベル【barbell】바벨.
パーマ【←permanent(wave)】파마. ‖パーマをかける 파마를 하다.
ハーモニー【harmony】하모니.
ハーモニカ【harmonica】하모니카.
パール【pearl】진주(眞珠).
バーレーン【Bahrain】【国名】바레인.

ハーレム【harem】하렘.
バーレル【barrel】〔体積の単位〕…배럴.
*はい ❶〔返事〕네; 예. ∥はい, 中村です네, 나카무라입니다. ❷〔肯定·承諾〕네, 예. ∥はい, 分かりました 네, 알겠습니다. ❸〔注意の喚起〕자. ∥はい, そこで息を止めて 자, 거기서 숨을 멈추자.
はい【灰】재. ∥灰になる 재가 되다. タバコの灰 담뱃재.
はい【杯】❶ 배(杯); 잔(盞). ❷〔接尾語として〕…그릇; …잔. ∥ご飯を2杯食べる 밥을 두 그릇 먹다. ビールを3杯飲んだ 맥주를 세 잔 마셨다.
はい【肺】폐(肺).
はい【胚】배(胚).
-はい【敗】…패(敗). ∥8勝7敗 팔승 칠 패.
*ばい【倍】❶ 배(倍); 두 배. ∥倍の時間がかかる 시간이 두 배로 걸리다. ❷〔接尾語として〕…배. ∥10倍 열 배.
パイ【pie】〔お菓子の〕파이.
パイ【π】파이; 원주율(圓周率).
はいあがる【這い上がる】❶〔よじ登る〕기어오르다. ❷ 역경(逆境)을 딛고 좋은 자리에 오르다.
バイアス【bias】❶〔布目に対して〕비스듬히 자르는 것. ❷ 편견(偏見); 선입견(先入見). ∥発言にバイアスがかかる 発言에 편견이 있다.
バイアスロン【biathlon】 바이애슬론.
はいいろ【灰色】❶ 회색(灰色). ∥灰色の空 회색 하늘. ❷ 우울(憂鬱)함. ∥灰色の人生 우울한 인생.
はいいん【敗因】패인(敗因).
ばいう【梅雨】장마. ◆梅雨前線 장마 전선.
はいえい【背泳】배영(背泳).
ハイエナ【hyena】하이에나.
はいえん【肺炎】폐렴(肺炎).
ばいえん【煤煙】매연(煤煙).
バイオテクノロジー【biotechnology】 바이오테크놀러지.
バイオリズム【biorhythm】바이오리듬.
バイオリニスト【violinist】바이올리니스트.
バイオリン【violin】바이올린.
はいか【配下】 수하(手下); (어떤 사람의) 밑. ∥彼の配下で働く ユ 사람 밑에서 일하다. 配下の者 부하.
はいが【胚芽】배아(胚芽). ◆胚芽米 배아미.
ばいか【売価】판매가(販賣價).
ばいか【倍加】(도和) 배가(倍加). ∥会員が倍加する 회원이 배가되다.
はいかい【俳諧】일본(日本)의 독자적(獨自的)인 시(詩)의 하나.
はいかい【徘徊】(도和) 배회(徘徊). ∥夜の巷(칣)を徘徊する 밤거리를 배회하다.

ばいかい【媒介】(도和) 매개(媒介). ◆媒介者 매개자. 媒介変数 매개 변수.
はいかきょう【拝火教】(宗教) 배화교(拜火敎).
はいがス【排ガス】배기(排氣) 가스. ∥排ガス規制 배기 가스 규제.
はいかつりょう【肺活量】 폐활량(肺活量).
はいかん【配管】 (도和) 배관(配管). ◆配管工事 배관 공사.
はいかん【廃刊】(도和) 폐간(廢刊).
はいかん【肺癌】폐암(肺癌).
はいき【排気】배기(排氣). ◆排気音 배기음. 排気量 배기량.
はいき【廃棄】 (도和) 폐기(廢棄). ◆廃棄物 폐기물.
はいきしゅ【肺気腫】 폐기종(肺氣腫).
ばいきゃく【売却】 (도和) 매각(賣却). ∥家を売却する 집을 매각하다.
はいきゅう【配球】〔野球で〕배구(配球).
*はいきゅう【配給】(도和) 배급(配給). ∥食糧を配給する 식량을 배급하다. ◆配給制度 배급제.
はいきょ【廃墟】폐허(廢墟).
はいぎょう【廃業】(도和) 폐업(廢業).
はいきん【金金】 배금(拜金). ◆拝金思想 배금 사상. 拝金主義 배금주의.
はいきん【背筋】배근(背筋).
ばいきん【黴菌】세균(細菌).
ハイキング【hiking】하이킹.
バイキング【Viking】❶ 바이킹. ❷〔料理〕뷔페.
はいく【俳句】하이쿠.
バイク【bike】❶〔モーターバイクの略語〕오토바이. ❷ 자전거(自轉車). ∥マウンテンバイク 산악 자전거.
はいぐうしゃ【配偶者】배우자(配偶者).
ハイクラス【high-class】 상류(上流); 고급(高級). ∥ハイクラスの品 고급품.
はいぐん【敗軍】패군(敗軍).
はいけい【拝啓】배계(拜啓).
はいけい【背景】 배경(背景). ∥背景に森を描く 배경으로 숲을 그리다. 事件の背景 사건의 배경.
はいげき【排撃】 (도和) 배격(排擊).
はいけっかく【肺結核】폐결핵(肺結核).
はいけん【拝見】(도和) 배견(拜見).
はいご【背後】❶ 배후(背後); 뒤쪽. ∥背後から操る 배후에서 조종하다. ❷〔背景 関係 배후 관계.
はいこう【廃校】(도和) 폐교(廢校).
はいごう【配合】(도和) 배합(配合). ∥料を配合した香料を配合する. ◆配合飼料 배합 사료.
ばいこく【売国】매국(賣國). ◆売国奴 매국노.
はいざら【灰皿】재떨이.
はいざんぺい【敗残兵】 패잔병(敗殘兵).
はいし【廃止】(도和) 폐지(廢止). ∥赤字

はいじつせい【背日性】〖植物〗배일성(背日性).
はいしゃ【配車】〖조하〗배차(配車).
はいしゃ【敗者】패자(敗者). ‖敗者復活戦 패자 부활전.
はいしゃ【廃車】〖조하〗폐차(廃車).
はいしゃ【歯医者】치과 의사(歯科醫師).
はいしゃく【拝借】拝借하는 걸리다.
ばいしゃく【媒酌】❶〖조하〗중매(仲媒). ‖媒酌の労をとる 중매를 하다. ◆仲人 중매인(仲媒人). ◆媒酌人 중매인.
ハイジャック【hijack】하이잭.
ばいしゅう【買収】〖조하〗매수(買收). ‖土地を買収する 토지를 매수하다.
はいしゅつ【排出】〖조하〗배출(排出). ‖汚水を排出する 오수를 배출하다.
はいしゅつ【輩出】〖조하〗배출(輩出). ‖人材を輩出する 인재를 배출하다.
ばいしゅん【売春】〖조하〗매춘(賣春). ◆売春婦 매춘부.
はいじょ【排除】〖조하〗배제(排除). ‖抵抗する者を排除する 저항하는 사람을 배제하다.
ばいしょう【賠償】〖조하〗배상(賠償). ◆損害賠償 손해 배상. 賠償金 배상금.
はいしょく【配色】〖조하〗배색(配色). ‖配色がよい 배색이 좋다.
はいしょく【敗色】패색(敗色). ‖敗色が濃い 패색이 짙다.
はいしん【背信】배신(背信). ◆背信行為 배신 행위.
はいじん【廃人】폐인(廢人).
ばいしん【陪審】배심(陪審). ◆陪審員 배심원. 陪審員制度 배심원 제도.
はいすい【排水】〖조하〗배수(排水). ◆排水溝 배수구.
はいすい【廃水】폐수(廢水). ◆工場廃水 공장 폐수.
はいすいのじん【背水の陣】배수진(背水陣). ‖背水の陣を敷く 배수진을 치다.
ばいすう【倍数】배수(倍数).
はいする【拝する】❶拝하다; 배례(拜禮)하다. ❷《受ける》받다. ‖勅命を拝する 칙명을 받다.
はいする【配する】❶배치(配置)하다. ❷나누다; 배분(配分)하다. ❸배합(配合)하다.
はいする【排する】❶배제(排除)하다; 물리치다. ‖万難を排して決行する 온갖 어려움을 물리치고 결행하다. ❷배열(排列)하다. ‖いろは順に排する 가나다순으로 배열하다.
はいする【廃する】폐하다; 폐지(廢止)하다; 폐위(廢位)하다. ‖君主を廃する 군주를 폐위하다.
はいずる【這いずる】기어 다니다.

はいせき【排斥】〖조하〗배척(排斥).
ばいせき【陪席】〖조하〗배석(陪席).
はいせつ【排泄】〖조하〗배설(排泄). ◆排泄物 배설물.
はいぜつ【廃絶】〖조하〗폐절(廢絶).
はいせん【配線】〖조하〗배선(配線). ◆配線工事 배선 공사.
はいせん【敗戦】〖조하〗패전(敗戰). ◆敗戦投手 패전 투수.
はいぜん【配膳】〖조하〗配膳하는 차린 상을 손님에게 돌리다.
ばいせん【焙煎】《茶葉やコーヒー豆を》볶는 것. ‖炭火で焙煎する 숯불로 볶다.
はいそ【敗訴】〖조하〗패소(敗訴).
はいそう【配送】〖조하〗배송(配送).
はいそう【肺臓】폐장(肺臟).
ばいぞう【倍増】〖조하〗배증(倍增). ‖所得が倍増する 소득이 배증하다.
はいぞく【配属】〖조하〗배속(配屬). ‖総務部に配属する 총무부에 배속하다.
ハイソックス【high+socks日】〖설명〗무릎아래까지 오는 양말(洋襪).
はいたい【敗退】〖조하〗패퇴(敗退). ‖1回戦で敗退する 일 회전에서 패퇴하다.
ばいたい【媒体】매체(媒體). ◆宣伝媒体 선전 매체.
*はいたつ【配達】〖조하〗배달(配達). ‖郵便を配達する 우편물을 배달하다. ◆新聞配達 신문 배달. 配達車 배달차. 配達料 배달료.
はいたてき【排他的】배타적(排他的). ‖排他的な集団 배타적인 집단.
バイタリティー【vitality】활력(活力). ‖バイタリティーがある 활력이 있다.
はいち【配置】〖조하〗배치(配置). ‖机の配置を変える 책상 배치를 바꾸다. ◆配置転換 배치 전환.
ハイティーン【high+teen日】하이틴.
ハイテク【high-tech】하이테크. ◆ハイテク産業 하이테크 산업.
はいでる【這い出る】기어 나오다. ‖穴からはい出る 구멍에서 기어 나오다.
はいでん【配電】〖조하〗배전(配電). ◆配電盤 배전반.
ばいてん【売店】매점(賣店).
バイト【←Arbeit ド】알바.
バイト【byte】…바이트.
はいとう【配当】〖조하〗배당(配當). ‖利益を配当する 이익을 배당하다. ◆配当金 배당금.
ばいどく【梅毒】매독(梅毒).
パイナップル【pineapple】파인애플.
はいにく【背任】배임(背任). ◆背任罪 배임죄.
ハイネック【←high-necked】하이넥.
はいはい【這い這い】아기가 기는 것. ‖赤ん坊がはいはいする 아기가 엉금엉금 기다.

*ばいばい【売買】（名·する）매매(賣買). ‖品物を売買する 물건을 매매하다. 土地の売買 토지 매매. ◆売買契約 매매 계약.

バイバイ【bye-bye】안녕(安寧).

バイパス【bypass】우회 도로(迂廻道路).

はいはん【背反】（名·する）배반(背反). ◆二律背反 이율배반.

ハイヒール【←high-heeled shoes】하이힐.

ハイビジョン【←high-definition television】하이비전.

ハイビスカス【hibiscus】하이비스커스.

はいびょう【肺病】폐병(肺病); 폐결핵(肺結核).

はいひん【廃品】폐품(廢品). ◆廃品回収 폐품 회수.

はいひん【売品】파는 물건.

はいふ【肺腑】폐부(肺腑). ▸肺腑を衝(つ)く 폐부를 찌르다.(예) 深い感銘을 받다. 肺腑をつく一言 깊은 감명을 주는 한마디.

はいふ【配付】（名·する）배부(配付).

はいふ【配布】（名·する）배포(配布). ‖びらを配布する 전단을 배포하다.

パイプ【pipe】파이프. ◆パイプオルガン 파이프 오르간. パイプカット 정관 수술. パイプライン 파이프라인.

ハイファイ【hi-fi】하이파이. ◆ハイファイビデオ 하이파이 비디오.

はいふく【拝復】배복(拜復).

はいぶつ【廃物】폐물(廢物); 폐품(廢品). ◆廃物利用 폐품 이용.

ハイブリッド【hybrid】하이브리드; 잡종(雜種). ◆ハイブリッドカー 하이브리드카.

バイブル【Bible】바이블; 성서(聖書).

ハイフン【hyphen】하이픈(-).

はいぶん【配分】（名·する）배분(配分). ‖利益を等しく配分する 이익을 균등하게 배분하다.

はいべん【排便】（名·する）배변(排便).

はいぼく【敗北】（名·する）패배(敗北). ◆敗北主義 패배주의.

ハイボール【highball】하이볼.

ばいめい【売名】매명(賣名). ◆売名行為 매명 행위.

バイメタル【bimetal】바이메탈.

ハイヤー【hire】콜택시.

バイヤー【buyer】바이어.

はいやく【配役】배역(配役).

ばいやく【売約】（名·する）매약(賣約). ‖この机は売約済みですので この 책상은 이미 매약이 되었습니다.

ばいやく【売薬】시중(市中)에서 파는 약(藥).

はいゆう【俳優】배우(俳優).

はいよう【胚葉】배엽(胚葉).

ばいよう【培養】（名·する）배양(培養). ‖細菌を培養する 세균을 배양하다. ◆培養液 배양액. 培養土 배양토.

ハイライト【highlight】하이라이트. ‖今週のハイライト 이번 주의 하이라이트.

はいらん【排卵】（名·する）배란(排卵). ◆排卵期 배란기.

はいりこむ【入り込む】안으로 들어가다. ‖裏口から入り込む 뒷문으로 들어가다.

ばいりつ【倍率】❶경쟁률(競爭率). ‖入学試験の倍率が高い 입학 시험 경쟁률이 높다. ❷〈顯微鏡 따위의〉배율(倍率).

はいりょ【配慮】（名·する）배려(配慮). ‖相手の立場を配慮する 상대방 입장을 배려하다.

バイリンガル【bilingual】（説明）이 개 국어(二個國語)를 자유자재(自由自在)로 구사(驅使) 하는 사람.

*はいる【入る】❶들어가다; 들어오다; 가입(加入)하다; 들다. ‖部屋に入る 방에 들어가다. では先に入ります ユ럼 本저에 들어가겠습니다. 列車がホームに入ってきた 열차가 홈으로 들어왔다. 弟は国立大에 入った 남동생은 국립대학에 들어갔다. 私はテニス部に入っている 나는 테니스부에 들어 있다. 目に入る 눈에 들어오다. 内容が頭に入らない 내용이 머리에 들어오지 않다. ❷〈ある時期·状態에〉접어들다. ‖夏休みに入る 여름 방학으로 접어들다. ❸〈情報·お金など가〉들어오다; 설치(設置)되다. ‖まとまった金が入る 목돈이 들어오다. 現地から連絡が入る 현지에서 연락이 오다. ファックスがうちの課にこんど我が科에 팩스가 설치됐다.

はいれつ【配列】（名·する）배열(配列). ‖いろは順に配列する 가나다순으로 배열하다.

パイロット【pilot】파일럿.

パイン【pine】파인(애플). ◆パインジュース 파인 주스.

バインダー【binder】❶〈書類を綴じる〉바인더. ❷〈機械の〉바인더.

はう【這う】❶기다. 地面をはって進む 지면을 기어 나아가다. ❷〈蔓などが〉뻗다. ‖蔦がはう 담쟁이덩굴이 뻗어 나가다.

ハウス【house】❶〈家〉집. ❷〈溫室〉비닐하우스. ‖このキュウリはハウスものだ 이 오이는 비닐하우스에서 재배한 것이다. ◆ハウスダスト 집 먼지. 실내 먼지.

ハウツーもの【how-to もの】（説明）실용적(實用的)인 기술(技術)이나 방법(方法) 등을 설명(說明)한 책자(冊子).

バウンド【pound】…파운드. ◆バウンド

はえ　406

ケーキ パウンドケーキ.
はえ【栄え】 빛남; 명예(名譽); 영광(榮光). ◆栄ええる受賞 영광의 수상.
ハエ【蠅】 파리. ◆蝿叩き 파리채. 蝿取り紙 (設明) 파리를 잡기 위한 점성(粘性)이 있는 종이.
はえぎわ【生え際】 (設明) 머리카락이 난 곳과 나지 않은 곳의 경계(境界) 부분(部分).
はえぬき【生え抜き】 ❶〈その土地の〉토박이. ❷〈初めから所属している人〉‖生え抜きの社員 창립 사원.
はえる【生える】 ❶〈植物が〉자라다. ‖雑草がはえる 잡초가 자라다. ❷〈歯が〉나다. ‖赤ちゃんが歯が生える 아기가 이가 나다.
はえる【映える】 ❶빛나다. ‖朝日に映える富士山 아침 햇살에 빛나는 후지산. ❷훌륭해 보이다. 돋보이다. ‖彼女は和服を着ると映える 그녀는 기모노를 입으면 돋보인다.
はおり【羽織】 (設明) 기모노 위에 입는 겉옷. ◆羽織袴 일본 옷의 정장.
はおる【羽織る】 걸치다. ‖カーディガンを羽織る 카디건을 걸치다.
はか【墓場】 무덤; 묘(墓).
*ばか【馬鹿】 ❶바보; 멍청이. ‖ばかなやつ 바보 같은 녀석. ❷어처구니없음; 터무니없음. ‖ばかな 소리 하지 마라! ❸못 쓰게 됨; 제 기능(機能)을 못함. ‖スイッチがばかになる 스위치가 말을 안 듣는다. ◆馬鹿とはさは使いよう 아는 것 같이 잘만 하면 쓸 수 있는 것처럼 바보도 잘만 다루면 쓸모가 있다. ◆馬鹿にする 바보 취급하다. 깔보다. ◆馬鹿に付ける薬はない 바보를 고치는 약은 없다. ◆馬鹿にならない 볼 수 없다. ◆馬鹿の一つ覚え 항상 같은 소리만 하는 사람. ◆馬鹿を見る 불이익을 당하다.
はかい【破戒】 파계(破戒).
*はかい【破壊】(名他) 파괴(破壞). ◆自然を破壊する 자연을 파괴하다. ◆環境破壊 환경 파괴. 破壊力 파괴력.
はかいし【墓石】 묘석(墓石); 묘비(墓碑).
はがき【葉書】 엽서(葉書).
はかく【破格】 파격적(破格的). 파격의 값어치 파격적인 가격. 破格의 昇進 파격적인 승진.
ばかげる【馬鹿げる】 바보 같아 보이다; 시시하게 여겨지다. ‖ばかげた話 시시한 이야기.
ばかさわぎ【馬鹿騒ぎ】 (야단)법석. ‖ばか騒ぎをする 법석을 떨다.
ばかしょうじき【馬鹿正直】 고지식함. ‖ばか正直に 지식하게 시키는 대로 하다.
はがす【剥がす】 떼다. ‖ポスターを剥がす 포스터를 떼다.
ばかす【化かす】 속이다; 판단(判斷)을 흐리게 하다.
はかず【歩数】 경험(經驗)의 횟수(回數). ◆歩数を踏む 경험을 쌓다.
はかせ【博士】 박사(博士). ◆博士課程 박사 과정. 博士号 박사 학위. 文学博士 문학 박사. 物知り博士 만물박사.
はがた【歯形】 잇자국. ‖噛まれたところに歯形がつく 물린 곳에 잇자국이 나다.
ばかていねい【馬鹿丁寧】 지나치게 공손(恭遜)하다. ‖ばか丁寧な挨拶 지나치게 공손한 인사.
ばかでかい【馬鹿でかい】 매우 크다; 엄청나게 크다. ‖ばかでかいカボチャ 엄청나게 큰 호박.
はかどる【捗る】 순조(順調)롭게 진행(進行)되다; 진척(進捗)되다. ‖仕事がはかどる 일이 순조롭게 진행되다.
はかない【儚い】 ❶덧없다. 허무(虛無)하다. ‖人生ははかない 인생은 덧없다. ❷헛되다; 시시하다; 무익(無益)하다. ‖はかない希望をいだく 헛된 희망을 갖다.
はかば【墓場】 무덤.
はかばかしい【捗捗しい】 ❶순조(順調)롭게 진행(進行)되다. ‖事業がはかばかしくない 사업이 잘 되지 않는다. ❷병세(病勢)가 좋아지다. ‖病状ははかばかしくない 병세가 좋아지지 않다.
ばかばかしい【馬鹿馬鹿しい】 어이없다; 시시하다; 바보 같다. ‖ばかばかしい質問 바보 같은 질문.
はかまいり【墓参り】 성묘(省墓).
ばかもの【馬鹿者】 바보; 멍청이.
ばかやろう【馬鹿野郎】 바보; 멍청이. ‖この馬鹿野郎が 멍청한 녀석!
はがゆい【歯痒い】 답답하다; 안타깝다. ‖彼の仕事を見ていると全く歯がゆい 그 사람이 일하는 것을 보고 있으면 정말 답답하다.
はからい【計らい】 처리(處理); 조치(措處); 조치(措置).
はからう【計らう】 처리(處理). 조치(措置)하다. ‖便宜を計らう 편의를 꾀하다.
ばからしい【馬鹿らしい】 시시하다; 무의미(無意味)하다; 바보 같다.
はかり【秤】 저울. ◆秤に掛ける 저울질하다.
*ばかり ❶…만; …뿐. ‖毎日雨ばかり降っている 매일 비만 온다. 彼は怒ってばかりいる 그 사람은 화만 내고 있다. あの子は男の子だとばかり思っていたが 実は男子 아이일 거라고만 생각하고 있었다. ❷…만한; …정도(程度). ‖子牛ばかりもある大きな犬 송아지만 한 개. ❸〈分量・時間・距離などの〉쯤; …가량. ‖千円ばかり貸してくれ 천

엔 정도 빌려 줘라. ❹〈今にも〉…할 듯한; …할 것 같은. ‖泣き出さんばかりの顔 당장이라도 울 것 같은 얼굴. ❺막…한. ‖建てたばかりの家 最近에 지은 집. 産まれたばかりの赤ちゃん 갓 태어난 아기. 갓난아기.

はかりかねる【計り兼ねる】 짐작(斟酌)이 안 가다; 생각할 수 없다.

はかりしれない【計り知れない】 헤아릴 수 없다.

ばかりに …통에. ‖ちょっと油断したばかりに, とんでもないことになった 조금 방심한 탓에 생각지도 못한 일이 생겼다.

はかる【図る・計る・謀る】 ❶ 계획(計劃)하다; 기도(企圖)하다. ‖再起を図る 재기를 꾀하다. ❷〈だます〉속이다. ‖謀られた! 속았다! ❸ 다른 사람의 의견(意見)을 듣다.

*は**かる**【計る・測る・量る】 ❶ 재다; 계측(計測)하다. ‖物差しで寸法を計る 자로 치수를 재다. ❷ 추정(推定)하다; 가늠하다. ‖頃合いを計る 적당한 때를 가늠하다.

はがれる【剝がれる】 벗겨지다. ‖めっきが剝がれる 도금이 벗겨지다.

バカンス【vacances 프】 바캉스.

はき【破棄】 (호텔) 파기(破棄). ‖契約を破棄する 계약을 파기하다.

はき【覇気】 패기(覇気).

ハギ【萩】 싸리.

バギー【buggy】 (報明) 접이식 유모차(乳母車).

はきけ【吐き気】 구역질. ‖吐き気がする 구역질이 나다. 토할 것 같다.

はぎしり【歯軋り】 ‖歯ぎしりをする 이를 갈다.

パキスタン【Pakistan】 (国名) 파키스탄.

はきだす【吐き出す】 뱉다; 토하다; 토로(吐露)하다. ‖ガムを吐き出す 껌을 뱉다. 不満を吐き出す 불만을 토로하다.

はきだめ【掃き溜め】 쓰레기장. ‖掃き溜めに鶴 쓰레기장에 학. 너절한 곳에 어울리지 않게 훌륭한 것.

はきちがえる【履き違える】 ❶〈間違って〉바꾸어 신다. ‖父の靴とはきちがえた 아버지의 구두와 바꾸어 신다. ❷ 잘못 생각하다; 잘못 이해(理解)하다. ‖自由の意味をはきちがえている 자유의 의미를 잘못 이해하고 있다.

はぎとる【剝ぎ取る】 벗겨 내다. ‖樹皮を剝ぎ取る 나무껍질을 벗겨 내다.

はきはき ‖はきはきした応対 시원시원한 대응.

はきもの【履物】 신; 신발.

ばきゃく【馬脚】 마각(馬脚). ◆馬脚を露わす 마각을 드러내다. [ぼろ]

はきゅう【波及】 파급(波及). ◆波及効果 파급 효과.

はきょく【破局】 파국(破局). ‖破局を迎える 파국을 맞이하다.

はぎれ【歯切れ】 ❶ 음식(飲食)을 씹을 때의 느낌. ❷ 발성(發聲)・의견(意見)이 명확(明確)함. ‖歯切れの悪い返事 모호한 대답.

*は**く**【吐く】 ❶ 뱉다; 토(吐)하다; 내쉬다. ‖荒い息を吐く 거친 숨을 내쉬다. 血を吐く 피를 토하다. ❷[言葉として言う] 말하다. ‖弱音を吐く 약한 소리를 하다. ❸[白状する] 자백(自白)하다; 불다. ‖仲間のアジトを吐く 동료의 아지트를 불다.

はく【履く】 ❶〈ズボン・スカートなどを〉입다. ‖スカートをはく 치마를 입다. ❷〈靴下・靴などを〉신다. ‖スリッパをはく 슬리퍼를 신다. 靴下をはく 양말을 신다.

はく【掃く】 ❶ 쓸다. ‖毎朝道路を掃く 매일 아침 길을 쓸다. ❷[刷毛・筆などで]칠하다; 바르다. ‖紅を掃く 연지를 바르다.

はぐ【剝ぐ】 ❶ 벗기다. ‖仮面をはぐ 가면을 벗기다. ❷ 탈취(奪取)하다; 박탈(剝奪)하다. ‖官位をはぐ 관직을 박탈하다.

はぐ【接ぐ】〈紙・布などを〉잇다. ‖スカートの裾に別布を接ぐ 치마 밑단에 다른 천을 대다.

ハグ【hug】 ‖ハグをする 끌어안다.

バク【獏】 맥과(獏科)의 포유(哺乳) 동물(哺乳動物)의 총칭 (總稱).

はくあ【白亜】 ❶ 백악(白堊). ❷ 석회암(石灰岩)의 하나.

はくあい【博愛】 박애(博愛). ‖博愛の精神 박애 정신. ◆博愛主義 박애주의.

はくい【白衣】 백의(白衣). ◆白衣の天使 백의의 천사.

ばくが【麦芽】 맥아(麦芽). ◆麦芽糖 맥아당. 엿당.

はくがい【迫害】 (호텔) 박해(迫害).

はくがく【博学】 박학(博學)하다. ◆博学多識 박학다식.

はくがんし【白眼視】 (호텔) 백안시(白眼視).

はぐき【歯茎】 치경(齒茎); 잇몸.

はぐくむ【育む】 ❶ 새끼를 품어 기르다. ❷ 양육(養育)하다; 육성(育成)하다; 보호(保護)하다; 키우다. ‖子どもの夢を育む教育 아이의 꿈을 키우는 교육.

ばくげき【爆撃】 (호텔) 폭격(爆撃). ‖基地を爆撃する工を 폭격하다.

はくげきほう【迫撃砲】 (호텔) 박격포(迫撃砲).

はくさ【白砂】 백사(白砂); 흰모래.

ハクサイ【白菜】 배추.

はくし【博士】 박사(博士).

はくし【白紙】 백지(白紙). ‖白紙の答案 백지 답안. ◆白紙委任状 백지 위임장.

はくじ

はくじ【白磁】 백자(白瓷).
はくしき【博識】~ 박식(博識)하다. ‖博識な人 박식한 사람.
はくじつ【白日】 백일(白日). ◆白日の下に晒(さら)す 백일하에 드러나다. ◆青天白日 청천백일. ◆白日夢 백일몽.
はくしゃ【拍車】 박차(拍車). ▶拍車を掛ける 박차를 가하다. 經濟發展に拍車をかける 경제 발전에 박차를 가하다.
はくしゃく【伯爵】 박작(伯爵).
はくじゃく【薄弱】~ 박약(薄弱)하다. ‖薄弱な根拠 박약한 근거. ◆意志薄弱 의지박약.
*ハ**はくしゅ**【拍手】 (조하) 박수(拍手). ‖拍手を送る 박수를 보내다. 拍手で迎える 박수로 맞이하다. ◆拍手喝采 박수갈채.
はくじゅ【白寿】 백수(白壽); 아흔아홉 살; 구십구 세(九十九歳).
はくしょ【白書】 백서(白書). ◆經濟白書 경제 백서.
はくじょう【白状】 (조하) 자백(自白).
はくじょう【薄情】~ 박정(薄情)하다. ‖薄情な人 박정한 사람.
ばくしょう【爆笑】 (조하) 폭소(爆笑).
はくしょく【白色】 백색(白色).
はくしょん〔くしゃみ〕에취.
はくしん【迫真】 박진감(迫眞感). ‖迫真の演技 박진감 있는 연기.
はくじん【白人】 백인(白人).
ばくしん【驀進】 (조하) 돌진(突進).
ばくすい【爆睡】 ‖爆睡する 곯아떨어지다.
はくする【博する】 획득(獲得)하다; 얻다. ‖好評を博する 호평을 얻다.
はくせい【剝製】 박제(剝製).
はくせん【白線】 백선(白線); 흰 줄.
ばくぜん【漠然】 막연(漠然). ‖漠然と考える 막연하게 생각하다.
ばくそう【爆走】 (조하) 폭주(暴走).
ばくだい【莫大】~ 막대(莫大)하다. ‖莫大な財産 막대한 재산.
はくだつ【剝奪】 (조하) 박탈(剝奪). ‖地位を剝奪する 지위를 박탈하다.
ばくだん【爆弾】 폭탄(爆弾). ‖爆弾を落とす 폭탄을 떨어뜨리다. ◆爆弾宣言 폭탄선언. 爆弾発言 폭탄발언.
はくち【白痴】 도박(賭博). ‖博打を打つ 도박을 하다. ◆博打で 도박으로. ◆博打打ち 도박꾼.
ばくちく【爆竹】 폭죽(爆竹). ‖爆竹を鳴らす 폭죽을 터뜨리다.
はくちゅう【白昼】 백주(白晝). ◆白昼夢 백일몽.
はくちゅう【伯仲】 (조하) 백중(伯仲).
ハクチョウ【白鳥】 백조(白鳥).
バクテリア【bacteria】 박테리아.
はくとう【拍動】 (조하) 박동(拍動).
はくどう【拍動】 (조하) 박동(搏動).

408

はくないしょう【白内障】 백내장(白内障).
はくねつ【白熱】 ❶ 백열(白熱). ‖白熱電球 백열전구. ❷ (조하) 백열(白熱); (試合・議論などが)절정(絶頂)에 다다름; 치열(熾烈)함. ‖白熱した試合 치열한 시합.
はくば【白馬】 백마(白馬).
ばくは【爆破】 (조하) 폭파(爆破). ‖爆破作業 폭파 작업.
ぱくぱく ❶ 빠끔빠끔; 빠끔빠끔. ‖金魚が口をぱくぱく(と)させる 금붕어가 입을 빠끔거리다. ❷ (盛んに食べる様子)ぱくぱく(と)食べる 덥석덥석 먹다.
はくはつ【白髪】 백발(白髪).
ばくはつ【爆発】 폭발(爆発). ‖火薬が爆発する 화약이 폭발하다. ◆爆発的 폭발적. 爆発的な人気 폭발적인 인기.
はくはん【白斑】 백반(白斑); 흰 반점(斑點).
はくび【白眉】 백미(白眉). ‖歴史小説の白眉 역사 소설의 백미.
はくひょう【白票】 백표(白票). ‖白票を投じる 백표를 던지다.
はくひょう【薄氷】 박빙(薄氷); 살얼음; 살얼음판. ‖薄氷を踏む 살얼음판 밟듯이.[쪽]
ばくふ【幕府】 막부(幕府). ◆德川幕府 도쿠가와 막부.
ばくふう【爆風】 폭풍(爆風).
はくぶつ【博物】 박물(博物). ◆博物学 박물학.
はくぶつかん【博物館】 박물관(博物館). ◆国立博物館 국립 박물관. 大英博物館 대영 박물관.
はくへいせん【白兵戦】 백병전(白兵戰).
はくぼく【白墨】 백묵(白墨); 분필(粉筆).
はくまい【白米】 백미(白米); 흰쌀.
ばくやく【爆薬】 폭약(爆薬).
はくらいひん【舶来品】 박래품(舶來品).
はぐらかす 얼버무리다; 말을 돌리다.
はくらん【博覽】 박람(博覽). ◆博覽会 박람회. 博覽強記 박람강기.
ぱくり ❶ 덥석. ‖一口でぱくりと食う 한 입에 덥석 먹다. ❷〔割れ目など大きく開く様子〕‖傷口がぱくりと開く 상처가 벌어지다.
ばくり【暴利】 폭리(暴利).
はくりきこ【薄力粉】 박력분(薄力粉).
はくりたばい【薄利多売】 박리다매(薄利多賣).
はくりょく【迫力】 박력(迫力). ‖迫力がある 박력이 있다. 迫力に欠ける 박력이 없다.
はぐるま【歯車】 ❶ 톱니바퀴. ❷〔一部分(一部分)〕; 부품(部品). ‖会社機構の中の一つの歯車にすぎない 회사 기구의 일부분에 불과하다. ▶

다.
ばくれつ【爆裂】 (조하) 폭발(爆發). ‖地雷が爆裂する 지뢰가 폭발하다.
はぐれる【逸れる】 ❶ 놓치다. ‖仲間にはぐれる 친구들을 놓치다. ❷〔…はぐれる〕(ぱぐれる)の形で〕…하지 못하다; 놓치다. ‖昼飯を食いっぱぐれた 점심을 못 먹다.
はぐろ【白露】 ❶ 이슬. ❷ (二十四節気의) 백로(白露).
ばくろ【暴露】 (조하) 폭로(暴露). ‖秘密を暴露する 비밀을 폭로하다.
はけ【刷毛】 솔. ‖刷毛でペンキを塗る 솔로 페인트를 칠하다.
はげ【禿】 대머리. ‖禿げ頭 대머리.
はげあがる【禿げ上がる】 이마가 벗어지다; 벗어지다.
はけぐち【捌け口】 ❶ 배수구(排水口). ❷ 판로(販路). ‖仕入れ品のはけ口 구입한 물건의 판로. ❸〔感情의〕발산(發散)하는 곳 또는 그 대상(對象); 배출구(排出口). ‖不満のはけ口 불만의 배출구.
はげしい【激しい】 ❶ 거세다; 격심(激甚)하다; 격렬(激烈)하다. ‖風雨が激しい 비바람이 거세다. 激しい痛み 극렬한 통증. 政府の政策を激しく非難する 정부의 정책을 격렬하게 비난하다. ❷〔程度가〕심하다; 극심(極甚)하다. ‖激しい変化 극심한 변화.
ハゲタカ【禿鷹】 콘도르.
バケツ【bucket】 물통; 양동이.
はげまし【励まし】 격려(激勵). ‖励ましの言葉 격려의 말.
*はげます【励ます】 격려(激勵)하다. ‖失意の友を励ます 실의에 빠진 친구를 격려하다. 先生はもっと努力するよう励ましてくださった 선생님께서는 더욱 노력하도록 격려해 주셨다.
はげむ【励む】 힘쓰다; 열심(熱心)히 하다; 전념(專念)하다. ‖学業に励む 학업에 전념하다.
ばけもの【化け物】 귀신(鬼神); 괴물(怪物).
はげやま【禿げ山】 민둥산.
はける【捌ける】 ❶〔水などが〕잘 빠지다. ‖なかなか水がはけない 물이 좀처럼 빠지지 않다. ❷〔品物의〕흐름이 좋다. ‖仕入れした商品ははけた 오늘 아침에 들어온 상품은 거의 다 팔렸다.
はげる【剥げる・禿げる】 ❶ 벗겨지다. ❷ 색(色)이 바래다; 벗겨지다. ‖カーテンの色が剥げる 커튼 색이 바래다. ペンキが剥げる 페인트칠이 벗겨지다.
ばける【化ける】 변(變)하다; 둔갑(遁甲)하다. ‖狐が美女に化ける 여우가 예쁜 소녀로 둔갑하다. 授業料が飲食費に化ける 수업료가 음식값으로 쓰

다.
はけん【派遣】 (조하) 파견(派遣). ‖特使を派遣する 특사를 파견하다. ◆派遣社員 파견 사원.
はけん【覇権】 패권(覇權). ‖覇権を握る 패권을 잡다.
はこ【箱】 상자(箱子).
はこいり【箱入り】 상자(箱子)에 들어 있음. ‖箱入りの菓子 상자에 든 과자. ◆箱入り娘 (吧吧) 소중(所重)히 기른 딸.
はこう【跛行】 (조하) 파행(跛行). ◆跛行状態 파행 상태.
パゴダ【pagoda】 파고다; 불탑(佛塔).
はごたえ【歯応え】 ❶ 씹는 느낌; 씹힛한 느낌. ‖歯応えがある 씹히는 맛이 쫄깃하다. ❷ 상대(相對)의 반응(反應). ‖歯応えのある相手 해볼 만한 상대.
はこづめ【箱詰め】 상자(箱子)에 담음; 상자에 든 물건.
はこび【運び】 ❶ 이동(移動)함; 움직임 또는 그 속도(速度); ❷ 발의 운빔 가벼운 발걸음. ❷ 일의 진행(進行); 진행 정도(程度). ‖話の運び 이야기 전개. ❸ 일이 진행되어 어떤 단계(段階)에 이름. ‖締결의 운빔이 되는 체결(締結)에 이르다.
はこぶ【運ぶ】 ❶ 옮기다; 운반(運搬)하다. ‖荷物を運ぶ 짐을 옮기다. ❷ 가다. ‖わざわざお運びくださって恐縮です 이렇게 일부러 걸음을 해 주셔서 감사합니다. ❸ 진행(進行)하다; 추진(推進)하다. ‖計画通りにことを運ぶ 계획대로 일을 추진하다.
はこぶね【箱舟】 방주(方舟). ‖ノアの方舟 노아의 방주.
はこべ【羽衣】 날개옷.
バザー【bazaar】 바자.
はざかいき【端境期】 보릿고개.
はさき【刃先】 칼끝.
ばさし【馬刺し】 말고기 육회(肉膾).
ばさばさ〔水分や脂けの少ない様子〕 髪がばさばさになる 머리카락이 부스스해지다.
はさまる【挟まる】 사이에 끼다. ‖魚の骨が歯に挟まる 생선 가시가 이빨에 끼다. 母と妻の間に挟まって困っている 어머니와 마누라 사이에서 난처해하고 있다.
はさみ【鋏】 ❶ 가위. ❷ (게などの) 집게. ‖鋏を入れる 가위로 자르다.
*はさむ【挟む】 ❶ 끼우다; 끼다; 사이에 넣다. ‖本をわきの下から引き出しの中に挟む. パンにハムを挟む 빵 사이에 햄을 넣다. ❷ 사이에 두다. ‖テーブルを挟んで向かい合う 테이블을 사이에 두고 마주 앉다. ❸ 참견(參見)을 하다. ‖口を挟む 말참견을 하다. ❹ 듣다. ‖小耳に挟む 얼핏 듣다.
はざわり【歯触り】 씹을 때의 감촉(感

はさん【破産】 (法) 파산(破産). ¶事業に失敗して破産する 사업 실패로 파산하다.

*__はし__【端】 ① 끝; 가장자리. ¶道の端に寄って車を止める 길가로 붙여 차를 멈추다. ② 조각; 木の端 나뭇조각. ③ 일부분(一部分). ¶言葉の端をとらえる 말꼬리를 잡다.

はし【箸】 젓가락. ¶箸を使う 젓가락을 쓰다. ▶箸が進む 입맛이 당기다. ▶箸にも棒にもかからない 어떻게 할 수가 없다. 아무짝에도 쓸모가 없다.

はし【橋】 다리. ¶橋を架ける 다리를 놓다. 橋を渡る 다리를 건너다.

*__はじ__【恥】 창피(猖披); 수치(羞恥); 부끄러움. ¶恥をかく 창피를 당하다. ¶恥を曝(さら)す 창피를 당하다. ▶恥を雪(そそ)ぐ 설욕하다.

はじいる【恥入る】 매우 창피(猖披)해하다; 부끄러워하다. ¶大人げないふるまいに恥じ入る 어른스럽지 못한 행동을 부끄러워하다.

はしおき【箸置き】 젓가락 받침.

はしか【麻疹】 홍역(紅疫).

はしがき【端書き】《本の》서문(序文).

はじきだす【弾き出す】 ① 튕겨 내다. ¶爪で弾き出す 손톱으로 튕겨 내다. ② 따돌리다. ¶グループから弾き出される 그룹에서 따돌림을 당하다. ③ 산출(算出)하다. ¶利益はぱっと1億円と弾き出された 이익은 대략 일억 엔으로 산출되었다.

はじく【弾く】 ① 《弦楽器を》 치다; 타다. ¶ギターの弦を弾く 기타를 치다. ② 튕기다. ¶水を弾く 물을 튕기다. ③ 계산(計算)하다. ¶利益をコンピューターで弾く 컴퓨터로 이익을 계산하다. そろばんを弾く 주판을 튕기다.

はしくれ【端くれ】 ① 조각; 일부분(一部分). ② 변변치 않지만 그 집단(集團)에 속해 있음. ¶これでもプロの端くれでそう級に 프로입니다.

はじける【弾ける】 터지다; 벌어지다. ¶さやが弾ける 콩깍지가 벌어지다. 弾けるような笑い声 터져 나오는 웃음소리.

はしご【梯子】 사다리. ¶梯子をかける 사다리를 걸치다.

はしこい ① 《動作が》 빠르다; 민첩(敏捷)하다. ② 영리(怜悧)하다. 《はしこい子ども 영리한 아이.

はしござけ【梯子酒】 (說明) 장소(場所)를 바꿔 가며 술을 마심. ¶何軒もはしご酒をする 이 가게 저 가게를 돌아가며 마시다.

はしごしゃ【梯子車】 사다리차.

はじさらし【恥曝し】 ¶恥さらしな창피한 짓을 하다.

はじしらず【恥知らず】が 뻔뻔스럽다; 鐵面皮(鐵面皮)다. ¶恥知らずなことをする 뻔뻔스러운 짓을 하다.

はした【端】 ① 어중간함. ② 나머지; 우수리; 끝수. ¶端たを切り捨てる 끝수를 버리다. ◆はした金 적은 돈. 푼돈.

はしたない 상스럽다. ¶はしたないふるまい 상스러운 행동.

はしっこい ① 빠르다; 민첩(敏捷)하다. ② 영리(怜悧)하다.

ばじとうふう【馬耳東風】 마이동풍(馬耳東風).

はしばこ【箸箱】 젓가락통; 수저통.

はしばし【端端】 구석구석.

はじまり【始まり】 ① 〔發端〕발단(發端). ¶事の始まりはこうなった 일의 발단은 이렇습니다. ② 〔開始〕 개시(開始); 시작(始作). ¶新たな1日の始まり 새로운 하루의 시작.

はじまる【始まる】 시작(始作)되다. ¶試合が始まる 시합이 시작되다. 建設工事가 始作되었다.

*__はじめ__【初め・始め】 ① 시작(始作); 개시(開始); 처음. ¶仕事始め 업무 개시. 初めは気がつかなかった 처음에는 몰랐다. ② 기원(起源); 선례(先例). ¶国の始め 나라의 기원. ③ 〔…を始めとしての形で〕…を[를] 비롯하여. ¶社長を始めとして全社員が 사장을 비롯하여 전 사원이.

はじめて【初めて】 ① 처음. 初めてのこと 처음 있는 일. 처음 하는 일. ② 〔副詞的に〕처음; 처음으로. 비로소. ¶初めてお目にかかります 처음 뵙겠습니다.

はじめまして【初めまして】 처음 뵙겠습니다.

*__はじめる__【始める】 시작(始作)하다. ¶健康のために水泳を始める 건강을 위해 수영을 시작하다. 商売を始める 장사를 시작하다.

ばしゃ【覇者】 패자(覇者).

ばしゃ【馬車】 마차(馬車).

ばしゃうま【馬車馬】 마차(馬車)를 끄는 말. ¶馬車馬のように働く 한눈 팔지 않고 열심히 일하다.

はしゃぐ【燥ぐ】 《陽気になって》 떠들다. ¶子どものようにはしゃぐ 아이처럼 떠들다.

パジャマ【pajamas】 파자마; 잠옷.

はしゅつじょ【派出所】 파출소(派出所).

*__ばしょ__【場所】 ① 장소(場所); 위치(位置). ¶病院の場所を尋ねる 병원 위치를 물어보다. 場所をとる 자리를 잡다. ② 〔開催〕개최(開催)하는 장소(場所) 또는 그 기간(期間).

はじょう【波状】 파상(波狀). ◆波状攻撃 파상 공격.

バショウ【芭蕉】《植物》 파초(芭蕉).

はしょうふう【破傷風】 파상풍(破傷風).

ばしょがら【場所柄】 그곳의 분위기(雰

はしょう【端折】 ❶생략(省略)하다; 줄이다. ∥話をはしょる 이야기를 줄이다. ❷〔物の裾を〕접어 올려 허리띠에 끼우다.
はしら【柱】 ❶〔建物의 기둥〕❷주축(主軸)이 되는 사람. ∥一家の柱 일가의 기둥. ∥柱時計 벽시계.
はじらう【恥じらう】 부끄러워하다; 수줍어하다.
はしり【走り】 ❶〔走ること〕달림; 뛰는 것. ❷〔野菜など〕제철에 앞서 먼저 나오는 것; 맏물. ∥はしりだから高価だ 맏물이어서 비싸다.
はしりがき【走り書き】 갈겨쓰다.
バジリコ【basilico イ】바질리코.
はしりこむ【走り込む】 ❶〔走って入る〕달려 들어오다. ❷달리는 연습(練習)을 충분(充分)히 하다.
はしりたかとび【走り高跳び】 높이뛰기.
はしりはばとび【走り幅跳び】 멀리뛰기; 넓이뛰기.
はしりまわる【走り回る】 바쁘게 뛰어다니다; 바쁘게 돌아다니다. ∥山野を走り回る 산야를 뛰어다니다. ∥金策に走り回る 돈을 마련하려고 여기저기 뛰어다니다.
*はしる【走る】 ❶뛰다; 달리다. ∥廊下を走ってはいけない 복도에서 뛰어서는 안 된다. 全速力で走る 전속력으로 달리다. 電車が走る 전철이 달리다. ❷도망(逃亡)가다. ∥敵国へ走る 적국으로 도망가다. ❸한쪽으로 치우치다. ∥感情に走りやすい 감정에 치우치기 쉽다. ❹〔感覚・感情이〕스쳐 나가다. ∥顔に不安の影が走る 얼굴에 불안한 그림자가 스쳐 지나간다. ❺〔道・川などが〕통과(通過)하다; 가로지르다. ∥国境を南北に走る山脈 국경을 남북으로 가로지르는 산맥.
はじる【恥じる】 창피(猖披)하게 생각하다; 부끄럽게 여기다. ∥彼女はうそをついたことを恥じている 그녀는 거짓말을 한 것을 부끄럽게 생각하고 있다.
はしわたし【橋渡し】 ❶다리를 놓음. ∥橋渡しする 다리를 놓다. ❷〔仲立ち〕중매; 중매인(仲媒人); 중간 역할(中間役割).
ハス【蓮】연(蓮). ∥蓮の花 연꽃.
*はず【筈】 ❶〔当然〕…것. ∥これですむはずだ 이것으로 끝날 것이다. ❷〔予定〕…할 예정(豫定). ∥明日は行くはずだ 내일은 갈 예정이다. ❸〔確信〕…터. ∥何度も言ったはずだ 몇 번이고 말했을 터인데(텐데).
バス【bass】 ❶〔声楽의〕베이스. ❷〔コントラバスの略語〕콘트라바스.

*バス【bus】 버스. ∥私はバスで通学している 나는 버스로 통학하고 있다. バスで行こう 버스로 가자. バスの中で先生に会ったバスの中で先生に会った. ◆観光バス 관광버스. バスガイド 안내양. バス停 버스 정류장.
パス【pass】 ❶승차권(乗車券); 입장권(入場券) ❷정기권(定期券). ❸통과(通過); 합격(合格). ❹書類審査にパスする 서류 심사에 통과하다. ❺〔ケットなど〕패스.
はすい【破水】{産} 파수(破水).
はすう【端数】끝수; 우수리. ∥端数は切り捨てる 우수리는 버린다.
バスーン【bassoon】{音楽} 바순.
ばすえ【場末】변두리. ∥場末の酒場 변두리 술집.
*はずかしい【恥ずかしい】 ❶부끄럽다; 창피(猖披)하다. ∥どこへ出しても恥ずかしくない実力 어디에 내놔도 부끄럽지 않은 실력. ❷쑥스럽다; 겸연(慊然)쩍다. ∥そんなにほめられると恥ずかしい 그렇게 칭찬을 하면 쑥스럽다.
はずかしめる【辱める】 ❶창피(猖披)를 주다; 모욕(侮辱)하다. ∥人前で辱める 사람을 앞에서 창피를 주다. ❷〔地位・名誉などを〕욕되게 하다. ∥第一人者の名を辱める 제일인자의 이름을 욕되게 하다. ❸강간(強姦)하다.
パスカル【pascal】〔圧力の単位〕…파스칼(Pa).
ハスキー【husky】ダ 허스키하다. ∥ハスキーな声 허스키한 목소리.
バスケット【basket】 ❶〔かご〕바구니. ❷〔スポーツ〕농구(籠球).
バスケットボール【basketball】농구(籠球).
*はずす【外す】 ❶풀다; 벗다; 떼어 내다. ∥ワイシャツのボタンを外す 와이셔츠 단추를 풀다. 眼鏡を外す 안경을 벗다. ❷피(避)하다; 빗나가게 하다. ∥急所を外して撃つ 급소를 피해 쏘다. ❸제외(除外)하다. ∥メンバーから外される 멤버에서 제외되다. ❹〔席을〕뜨다. ∥その場を外す 그 자리를 잠시 놓치다. ∥この機会を外すと二度と会えない 이번 기회를 놓치면 두 번 다시 못 만난다.
バスタオル【bath towel】목욕 수건(沐浴手巾).
バスタブ【bathtub】욕조(浴槽).
パステル【pastel】파스텔. ◆パステルカラー 파스텔 칼라.
バスト【bust】가슴.
パスポート【passport】패스포트; 여권(旅券).
バスマット【bath mat】욕실(浴室) 앞의 발판.
はずみ【弾み】 ❶튐; 탄력(弾力). ∥弾みのいいボール 잘 튀는 공. ❷여세(餘

勢); 기세(氣勢). ❷탄력이붙다 기세를 타다. ❸〖…する弾みに(の形で)〗…하는 바람에. ‖よろけた弾みに破れる 넘어지는 바람에 찢어지다.

はずむ【弾む】 ❶튀다. ‖このボールはよく弾むので弾みが強い 이 공은 잘 튄다. ❷(気が)들뜨다. ‖電話の声が弾んでいた 전화 목소리가 들떠 있었다. ❸활기(活氣)를 띠다. ‖久しぶりの再会に話が弾む 오랜만에 만나 이야기가 활기를 띠었다. ❹気前よく돈을 쓰다. ‖チップを弾む 팁을 듬뿍 주다.

はすむかい【斜向かい】 대각선(對角線)으로 건너편.

パズル【puzzle】 퍼즐. ◆クロスワードパズル 크로스워드 퍼즐.

はずれ【外れ】 ❶빗나감. ‖外れのくじ 꽝. ❷변두리. ‖村の外れ 변두리.

*はずれる【外れる】 ❶빠지다; 끌러지다. ‖ボタンが外れている 단추가 끌러져 있다. ❷안 맞다. ‖当たりくじに外れる 복권이 맞지 않다. ❸(距離的)떨어지다; 벗어나다. ‖町から外れた寂しい所 한적한 곳(基準에서)벗어나다. ‖人の道に外れた行ない 사람의 도리에서 벗어난 행동.

バスローブ【bathrobe】 목욕(沐浴) 가운.

パスワード【password】 패스워드.

ハゼ【鯊・魚介類】 망둥이과 물고기의 총칭(總稱).

はせい【派生】 〖する〗 파생(派生). ‖新しい問題が派生する 새로운 문제가 파생되다. 派生的の問題 파설적인 문제. ◆派生語 파생어.

ばせい【罵声】 욕설(辱說); 욕설을 퍼붓는 소리. ‖罵声を浴びせる 욕설을 퍼붓다.

パセリ【parsley】 파슬리.

はせる【馳せる】 ❶(車・馬などを)달리다; 몰다; 달리게 하다. ❷(気持ちなどを)한곳까지 미치게 하다. ‖遠い故郷に思いを馳せる 멀리 떨어진 고향 생각을 하다. ❸(名前などを)떨치다. ‖国中にその名を馳せる 온 나라에 이름을 떨치다.

はぜる【爆ぜる】 터지다; 튀다; 벌어지다. ‖栗がはぜた 밤이 벌어졌다.

ばぜん【破線】 파선(破線).

パソコン 피시.

はそん【破損】 〖する〗 파손(破損). ‖家屋が破損する 가옥이 파손되다. ◆破損箇所 파손된 곳.

はた【畑】 밭. ‖畑を耕す 밭을 갈다.

はた【端・傍】 ❶끝; 가장자리. ‖道の端길가. ❷주위(周圍); 옆. ‖はたの見る目 주위의 보는 눈.

はた【旗】 기(旗); 깃발. ‖旗を掲げる 깃발을 내걸다.

はだ【肌・膚】 ❶피부(皮膚); 살결. ‖肌が荒れる 살결이 거칠어지다. ❷표면(表面); 껍질; 결. ‖木の肌 나무껍질. ❸기질(氣質). ‖学者肌 학자 기질. ▶肌が合わない (性格などの)안 맞다. 彼とはどうも肌が合わない 그 사람하고는 도무지 안 맞는다. ▶肌で感じる 피부로 느끼다.

バター【butter】 버터. ◆バターロール 버터 빵.

はたあげ【旗揚げ】 〖する〗 발족(發足). ‖新党を旗揚げする 신당을 발족하다.

ばたん【ばたん】 물장구를 치는 것.

はだあれ【肌荒れ】 피부(皮膚)가 거칠어짐.

パターン【pattern】 ❶패턴. ‖行動のパターン 행동 패턴. ❷모양(模樣); 도안(圖案).

はたいろ【旗色】 형세(形勢); 상황(狀況). ▶旗色が悪い 형세가 불리하다.

はだいろ【肌色】 살구색.

はたおり【機織り】 베틀로 베를 짬 또는 그 사람.

はだか【裸】 ❶알몸; 나체(裸體). ‖服を脱いで裸になる 옷을 벗고 알몸이 되다. ❷씌우는 것 없이 그대로 드러냄. ‖お札を裸で出す 사례금을 봉투에 넣지 않고 그대로 내놓다. ❸무일푼(無一分); 맨몸. ‖裸になって出直す 무일푼에서 다시 시작하다. ❹숨기는 것이 없음. ‖裸の付き合い 꾸밈없는 솔직한 교제.

はだかいっかん【裸一貫】 맨손; 맨주먹. ‖裸一貫からたたき上げる 맨주먹으로 시작해서 성공하다.

はだかけ【肌掛け】 얇고 부드러운 이불.

はだかる 버티고 막아서다. ‖門口にはだかる 문 입구에 버티고 막아서다.

はたき【叩き】 총채. ‖はたきをかける 총채로 털다.

はだぎ【肌着】 속옷; 내의(內衣).

はたく【叩く】 ❶두드리다; 때리다. ‖球をはたく 볼을 때리다. ❷털다. ‖ちりをはたいて 먼지를 털다. ❸(有り金を)털다; 다 쓰다. ‖有り金をはたく 있는 돈을 다 쓰다.

*はたけ【畑】 ❶밭. ‖畑を耕す 밭을 갈다. トウモロコシ畑 옥수수밭. ❷전문 영역(專門領域); 분야(分野). ‖工学畑 공학 분야. ▶…하는 분야가 다르다.

はだける【開ける】 (衣服の襟元などを)벌리다.

はたざお【旗竿】 깃대.

はたさく【畑作】 밭농사(農事).

はだざむい【肌寒い】 ❶쌀쌀하다. ‖朝夕に肌寒く感じる 아침저녁에 쌀쌀함이 느껴지다. ❷으쓱하다; 섬뜩하다. ‖肌寒い光景 오싹해지는 광경.

はだざわり【肌触り】 ❶촉감(觸感); 감촉(感觸). ‖肌触りがよい 촉감이 좋다. ❷사람을 대했을 때의 느낌이나 인상(印象).

はだし【裸足】 ❶맨발. ‖裸足で土を踏む 맨발로 흙을 밟다. ❷〔…에게도 미치지 못하는 뜻으로〕‖女人はだし プロ 뺨칠 정도.

はたして【果たして】 ❶예상(豫想)대로; 과연(果然). ‖はたして昼過ぎから雨になった 예상대로 오후부터 비가 왔다. ❷〔疑問·仮定의 表現을 伴って〕과연; 정말로. ‖はたして彼は何者か 과연 그는 누구인가?

はたじるし【旗印】 ❶기(旗)에 표시(標示)한 문양(文樣)이나 글자. ❷주의(主義); 주장(主張); 기치(旗幟). ‖反戦の旗印のもとに合同する 반전의 기치 아래 회를 합치다.

はたす【果たす】 ❶이루다; 달성(達成)하다; 다하다. ‖念願を果たす 염원을 이루다. 目的を果たす 목적을 달성하다. 使命を果たす 사명을 다하다. ❷기능(機能)을 하다. ‖本棚が仕切りの役も果たす 책장이 칸막이 역할도 하고 있다. ❸〔…はたす形で〕완전(完全)히…해 버리다. ‖小遣いを使い果たす 용돈을 전부 써 버리다.

はたち【二十·二十歳】 스물; 스무 살.

ばたつく 바둥거리다; 퍼덕이다; 덜컹거리다. ‖風で戸がばたついている 바람에 문이 덜컹거리고 있다.

はたと ❶〔急にものを打つ〕탁. ‖ひざをはたと打つ 무릎을 탁 하고 치다. ❷〔新しい発見を得る〕‖はたと出くわす 딱 마주치다. はたと思いつく 생각이 딱 떠오르다. ❸〔鋭く見据える〕‖はたとにらむ 째려보다. ❹완전(完全)히; 딱. ‖はたと忘れた 까맣게 잊어 버렸다.

ハタハタ【鰰】 도루묵.

ばたばた ❶덜거덕덜거덕; 덜컹덜컹; 펄럭펄럭. ‖木片が風にばたばたする 나무 문이 바람에 덜컹거린다. ❷〔鳥が羽ばたく音〕푸드득; 퍼더덕. ❸〔手足を忙しく動かして立てる音〕‖廊下をばたばた(と)走る 복도를 쿵쾅거리며 뛰다. ❹〔続けざまに倒れる様子〕픽픽. ❺〔事態が急速に進行する様子〕척척. ❻〔忙しい様子〕‖お祭りの準備でばたばたしている 축제 준비에 분주하다.

ぱたぱた ❶덜거덕덜거덕; 펄럭펄럭; 툭툭. ‖ほこりをぱたぱた叩く 총채로 툭툭 털다. ❷〔軽い音を立てて歩く様子〕‖スリッパをぱたぱた(と)いわせて歩く 가볍게 슬리퍼 소리를 내며 걷다. ❸〔物事を急速に処理する様子〕‖仕事をぱたぱた(と)片づける 일을 재빨리 처리하다.

バタフライ【butterfly】 (水泳で)버터플라이.

はだみはなさず【肌身離さず】 항상(恒常) 몸에 지니고 있다.

はため【傍目】 타인(他人)의 시선(視線). ‖はた目にも気の毒などに落ち込んでいる 옆에서 보기에도 딱할 정도로 풀이 죽어 있다.

はためいわく【傍迷惑】 민폐(民弊). ‖全くくだらぬ迷惑な話で 정말 민폐 끼치는 얘기다.

はためく (布・紙などが)펄럭이다.

はたらかせる【働かせる】 ❶일시키다. ‖息子を自分の会社で働かせる 아들을 자기 회사에서 일시키다. ❷발휘(発揮)하다; 활용(活用)하다. ‖想像力を働かせる 상상력을 발휘하다. 知恵を働かせる 지혜를 활용하다.

はたらき【働き】 ❶일. 働きに出る 일하러 가다. ❷일과 관련(關聯)되는 수입(收入); 실적(實績); 공적(功績). ‖働きが認められる 작품 공적을 인정받다. ❸활동(活動); 작용(作用); 기능(機能). ‖引力の働き 인력의 작용.

ハタラキアリ【働き蟻】 일개미.

はたらきかける【働き掛ける】 손을 쓰다; 힘을 쓰다. ‖両国に働きかけて和平を実現する 두 나라에 힘을 써 평화를 실현하다.

はたらきざかり【働き盛り】 한창 일할 나이.

はたらきて【働き手】 ❶집안의 생계(生計)를 책임(責任)지는 사람. ❷〔よく働く人〕일을 잘하는 사람.

ハタラキバチ【働き蜂】 일벌.

はたらきもの【働き者】 일을 잘하는 사람.

*****はたらく**【働く】 ❶〔労働〕일을 하다. ‖弟はレストランで働いている 남동생은 레스토랑에서 일하고 있다. 働いた後は飯がうまい 일을 한 뒤에는 밥이 맛있다. ❷활동(活動)하다; 작용(作用)하다. ‖遠心力が働く 원심력이 작용하다. ❸나쁜 일을 하다. ‖盗みをはたらく 도둑질을 하다.

ぱたり ❶콩. ‖ぱたりと倒れる 콩 하고 쓰러지다. ❷광. ❸〔急に途絶える様子〕뚝. ‖風がぱたりとやんだ 바람이 뚝 그치다.

ぱたり ❶〔軽いものが倒れたり当たったりする音〕탁. ‖本をぱたりと閉じる 책을 탁 하고 덮다. ❷〔戸などを開け閉めする音〕쾅. ‖戸をぱたりと閉める 문을 쾅 하고 닫다. ❸〔急に途絶える様子〕뚝. ‖笑い声がぱたりとやむ 웃음소리가 뚝 그치다.

はたん【破綻】 (文語)파탄(破綻). ‖経済が破綻する 경제가 파탄하다.

はだん【破談】 파담(破談).

ばたん ‖ばたんと倒れる 쿵 하고 쓰러지다.

ばたんきゅう ‖帰宅と同時にばたんきゅう

うだった 집에 돌아오자마자 쓰러져서 잤다.

はち【鉢】 ❶ 대접. ❷ (植木の)화분(花盆).

ハチ【蜂】 벌. ‖蜂に刺される 벌에 쏘이다.

ばち【罰】 벌(罰). ‖罰が当たる 벌을 받다.

はちあわせ【鉢合わせ】 ❶ 머리끼리 부딪침. ‖暗闇で鉢合わせする 어둠 속에서 머리를 부딪치다. ❷ 우연(偶然)히 마주침; 만남. ‖山道で熊と鉢合わせした 산길에서 우연히 곰과 마주쳤다.

はちうえ【鉢植え】 ‖鉢植えのゴムの木 분에 심은 고무나무.

ばちがい【場違い】 그 장소(場所)에 어울리지 않다. ‖場違いな服装 그 장소에 어울리지 않는 복장.

はちがつ【八月·8月】 팔월(八月).

バチカンしこく【Vatican 市国】 〔国名〕 바티칸시국.

はちきれる【はち切れる】 터지다; 찢어지다. ‖詰めすぎて紙袋がはち切れそうだ 너무 담아서 종이 봉투가 터질 것 같다.

はちくのいきおい【破竹の勢い】 파죽지세(破竹之勢). ‖破竹の勢いで勝ち進む 파죽지세로 이겨 나가다.

ぱちくり ‖目をぱちくりさせる 놀라서 눈을 깜박거리다.

はちのす【蜂の巣】 벌집. ◆蜂の巣をつついたよう 벌집을 쑤신 듯.

ぱちぱち ❶ 짝짝. ‖ぱちぱち(と)手をたたく 손뼉을 짝짝 치다. ❷〔熱せられたものがはじけて火花が散る音〕툭툭. ‖マメがぱちぱちはぜる 깨가 툭툭 튀다. ❸〔しきりにまばたきする様子〕‖驚いて目をぱちぱちさせる 놀라서 눈을 깜박거리다.

はちぶ【八分】 팔 할(八割), 팔십 퍼센트. ‖八分通り読めた 팔십 퍼센트 정도 읽었다. ◆八分音符 팔분음표.

はちまき【鉢巻き】 머리띠. ‖手ぬぐいで鉢巻きする 수건으로 머리띠를 하다.

はちみつ【蜂蜜】 (벌)꿀.

はちもの【鉢物】 ❶ 대접에 담아 내는 요리(料理). ❷ 화분(花盆)에 심은 식물(植物); 분재(盆栽).

はちゅうるい【爬虫類】 파충류(爬虫類).

はちょう【波長】 파장(波長). ‖光の波長 빛의 파장. ◆波長が合う 주파수가 맞다.

ぱちり 딱; 찰칵. ‖ぱちりと碁石を打つ 딱 하고 바둑돌을 놓다. ‖ぱちりとシャッターを切る 찰칵 하고 셔터를 누르다.

はつ【初】 처음; 첫; 최초(最初). ◆初公開 첫 공개.

はつ【発】❶…발; 출발(出發). ‖午後3時発の列車 오후 세 시발 열차. ❷ 발신(發信). ‖東京発信 도쿄발 통신.

❸〔弾丸·銃声などを数える単位〕…발. ‖3 発の銃声 세 발의 총성.

ハツ【heart】(料理用の牛·豚·鶏などの)심장(心臟).

ばつ【罰】 벌(罰); 죄(罪). ‖罰を受ける 벌을 받다. ‖罰が当たる 벌을 피운 죄다. 体罰 체벌. 重い罰 무거운 벌.

はつあん【発案】 発안(發案); 발의(發議); 제안(提案). ‖父の発案で旅行に出かける 아버지 제안으로 여행을 떠나다.

はつい【発意】〔名動〕발의(發意).

はついく【発育】 발육(發育). ‖順調に発育する 순조롭게 발육하다.

ばついち【バツ一】 한 번 이혼(離婚).

はつおん【発音】 발음(發音). ‖発音記号 발음 기호.

はっか【発火】〔名動〕발화(發火). ‖自然発火する 자연 발화하다. ◆発火点 발화점.

ハッカ【薄荷】 박하(薄荷); 민트.

はつか【二十日·20日】 이십 일(二十日); 스무 날. ‖来月 20 日に出発する 다음 달 이십 일에 출발하다.

はつが【発芽】〔名動〕발아(發芽). ‖種が発芽する 씨가 발아하다.

ハッカー【hacker】 (IT) 해커.

はつかおあわせ【初顔合わせ】 ❶〔スポーツなどで〕상대(相對)와의 첫 대전(對戰). ❷〔演劇などで〕상대와의 첫 공연(共演). ❸ 관계자(關係者)가 처음으로 모이는 것.

はっかく【発覚】〔名動〕발각(發覺). ‖不正融資が発覚する 부정 융자가 발각되다.

ハッカダイコン【二十日大根】 순무.

ハツカネズミ【二十日鼠】 생쥐; 실험쥐(實驗用) 쥐.

はっかん【発刊】〔名動〕발간(發刊). ‖全集を発刊する 전집을 발간하다.

はっかん【発汗】 발한(發汗).

はつがん【発癌】 발암(發癌). ◆発癌物質 발암 물질.

はっき【発揮】〔名動〕발휘(發揮). ‖実力を発揮する 실력을 발휘하다.

はつぎ【発議】〔名動〕발의(發議). ‖修正案を発議する 수정안을 발의하다.

はっきゅう【発給】〔名動〕발급(發給). ‖ビザを発給する 비자를 발급하다.

はっきょう【薄給】 박봉(薄俸).

はっきょう【発狂】 발광(發狂).

はっきり❶ 선명(鮮明)히; 또렷이; 뚜렷이. ‖はっきり(と)見える 또렷하게 보이다. ❷ 확실(確實)히; 분명(分明)히. ‖原因はっきりとしている 원인은 확실하다. ❸ 개운하게. ‖頭がはっきりしない 머리가 개운하지 않다.

はっきん【発禁】 판금(販禁). ◆発禁本 판금된 책.

ばっきん【罰金】 벌금(罰金). ‖罰金を

払う 벌금을 내다.
ハッキング【hacking】(<u>ㅎ</u>) [IT] 해킹.
バック【back】백.∥배경(背景).
バッグ【bag】가방.∥ハンドバッグ 핸드백.
パック【pack】(<u>ㅎ</u>) ❶[包み]꾸러미; 싸는 것; 묶음.∥紙パックの牛乳 팩 우유. ❷[美容の]팩.∥顔をパックする 얼굴에 팩을 하다.
パック【puck】(아이스하키의) 퍽.
バックアップ【backup】(<u>ㅎ</u>) ❶후원(後援). ❷財界がバックアップする候補者 재계가 후원하는 후보자. ❷[コンピューターの]백업.
バックグラウンド【background】배경(背景).∥事件のバックグラウンド 사건의 배경. ◆バックグラウンドミュージック 배경 음악.
バックスキン【buckskin】사슴 가죽.
バックスクリーン【back+screen 日】백스크린.
バックストローク【backstroke】배영(背泳).
はっくつ【発掘】(<u>ㅎ</u>) 발굴(発掘).∥人材を発掘する 인재를 발굴하다. ◆発掘調査 발굴 조사.
バックナンバー【back number】 ❶(雑誌などの)정기 간행물(定期刊行物)의 지난 호(號). ❷[背番号]백넘버.
バックミラー【back+mirror 日】백미러.
ぱっくり∥傷口がぱっくり(と)あく 상처 자리가 벌어지다.
ばつぐん【抜群】(<u>ㅎ</u>) 발군(抜群).∥抜群の成績 발군의 성적.
パッケージ【package】(<u>ㅎ</u>) 포장(包裝), ∥きれいにパッケージされた商品 예쁘게 포장된 상품. ◆パッケージツアー 패키지 투어.
はっけっきゅう【白血球】백혈구(白血球).
はっけつびょう【白血病】백혈병(白血病).
***はっけん**【発見】(<u>ㅎ</u>) 발견(発見).∥病原菌を発見する 병원균을 발견하다.∥重要な発見をする 중요한 발견을 하다.∥犯人は山で死体として発見された 범인은 산에서 시체로 발견되었다.
はっけん【発券】(<u>ㅎ</u>) 발권(発券).
はつげん【発言】(<u>ㅎ</u>) 발언(発言).∥全員が自由に発言する 모두가 자유롭게 발언하다.∥大胆な発言をする 대담한 발언을 하다. ◆発言権 발언권. 発言者 발언자.
はつこい【初恋】첫사랑.∥初恋の人 첫사랑.
はっこう【白光】백광(白光); 코로나.
はっこう【発光】(<u>ㅎ</u>) 발광(発光). ◆発光ダイオード 발광 다이오드. 発光塗料 발광 도료.

はっこう【発行】(<u>ㅎ</u>) 발행(発行).∥雑誌を発行する 잡지를 발행하다.∥毎週発行される雑誌 매주 발행되는 잡지. ◆発行部数 발행 부수.
はっこう【発効】(<u>ㅎ</u>) 발효(発効).∥条約が発効する 조약이 발효되다.
はっこう【発酵】(<u>ㅎ</u>) 발효(醱酵).
はっこう【白狐】백호(白狐).
ばっさい【伐採】(<u>ㅎ</u>) 벌채(伐採).∥樹木を伐採する 수목을 벌채하다.
ばっさり❶[勢いよく切る様子]싹둑.∥木をばっさり(と)切り倒す 나무를 싹둑 베어 넘기다. ❷[思い切って切り捨てる様子]싹.∥予算がばっさり(と)削られた 예산이 싹 깎였다.
はっさん【発散】(<u>ㅎ</u>) 발산(発散).
ばっし【抜糸】수술 후(手術後)에 실을 뽑음.∥10日後に抜糸する 열흘 뒤에 실을 뽑는다.
ばっし【抜歯】∥抜歯する 이를 뽑다.
バッジ【badge】배지.
はっしゃ【発車】(<u>ㅎ</u>) 발차(発車).∥バスが発車する 버스가 발차하다.
はっしゃ【発射】(<u>ㅎ</u>) 발사(発射).∥ミサイルを発射する 미사일을 발사하다.
はっしょう【発祥】(<u>ㅎ</u>) 발상(発祥).∥発祥の地 발상지.
はっしょう【発症】(<u>ㅎ</u>) ∥長い潜伏期間の後発症する 오랜 잠복 기간을 거쳐 증상이 나타나다.
はつじょう【発情】(<u>ㅎ</u>) 발정(発情).
はっしん【発信】(<u>ㅎ</u>) 발신(発信).∥電波を発信する 전파를 발신하다.
はっしん【発疹】(<u>ㅎ</u>) 발진(発疹).∥発疹チフス 발진티푸스.
はっしん【発進】(<u>ㅎ</u>) 발진(発進). ◆急発進 급발진.
バッシング【bashing】∥バッシングする 심하게 비난하다. 공격하다.
はっすい【撥水】발수(撥水). ◆撥水加工 발수 가공. 撥水性 발수성.
ばっすい【抜粋】(<u>ㅎ</u>) 발췌(抜粋).∥一節を抜粋する 한 구절을 발췌하다.
はっする【発する】(<u>ㅎ</u>) ❶[から始まる; 始作する]∥株の暴落に端を発した大恐慌 주식의 폭락으로 시작된 대공황. ❷[出発する]出発하다.∥列車が東京駅を出発する 열차가 도쿄 역을 출발하다. ❸[熱・音・光などが]드러내다.∥騒音を発する 소음을 발하다.∥[考え・命令などを]∥警告を発する 경고를 하다.
ばっする【罰する】벌을 주다; 처벌(處罰)하다.∥法律によって罰する 법률에 따라 처벌하다.
はっせい【発生】(<u>ㅎ</u>) 발생(発生).∥事件が発生する 사건이 발생하다. 酸素が発生する 산소가 발생하다.
はっせい【発声】(<u>ㅎ</u>) ❶발성(發聲). ❷선창(先唱).∥会長の発声で乾杯を

する 회장의 선창으로 건배를 하다.

はっそう【発送】 (する) 발송(發送). ‖荷物を発送する 짐을 발송하다.

はっそう【発想】 (する) 발상(發想). ‖子どもらしい発想 아이다운 발상.

はっそく【発足】 (する) 발족(發足).

ばっそく【罰則】 벌칙(罰則).

バッタ【飛蝗】 메뚜기.

*はったつ【発達】 (する) 발달(發達). ‖発達した文明 발달한 문명. 心身が発達する 심신이 발달하다. 高度に発達した科学技術 고도로 발달한 과학기술.

ばったや【バッタ屋】 (說) 정상적(正常的)인 유통 경로(流通經路)를 거치지 않고 구입(購入)한 물건(物件)을 싸게 파는 사람.

はったり 허세(虛勢); 허풍(虛風). ‖はったりをきかせる 허세를 부리다. はったりを言う 허풍을 떨다.

ばったり ❶ [倒れる様子] 폭. ‖ばったり(と)倒れた 폭 쓰러졌다. ❷ [偶然出会う様子] 딱. ‖街角でばったり(と)出会った 길거리에서 딱 마주쳤다. ❸ [急に途絶える様子] 뚝. ‖客足がばったり(と)止まった 손님 발길이 뚝 끊겼다.

はっちゅう【発注】 (する) 발주(發注).

ばっちり 충분(充分)히; 멋있게; 잘. ‖この本があれば試験なんてばっちりだ 이 책이 있으면 시험은 문제없다.

ぱっちり ❶ [目が大きい様子] 目がぱっちりした子 눈매가 뚜렷한 아이. ❷ [目を大きく見開く様子] ぱっちりと目をあける 눈을 크게 뜨다.

パッチワーク【patchwork】 패치워크.

バッティング【batting】 배팅. ◆フリーバッティング 프리 배팅.

ばってき【抜擢】 (する) 발탁(拔擢). ‖新人を抜擢する 신인을 발탁하다.

バッテリー【battery】 ❶ 축전지(蓄電池); 배터리. ‖バッテリーがあがる 배터리가 다 되다. ❷ [野球で] 투수(投手)와 포수(捕手).

*はってん【発展】 (する) 발전(發展). ‖発展する企業 발전하는 기업. 事態は思わぬ方向へ発展していった 사태는 생각지도 않은 방향으로 발전하다. ◆経済的発展 경제적 발전. 発展の解消 발전적 해체. 発展途上国 발전도상국.

はつでん【発電】 (する) 발전(發電). ‖地熱を利用して発電する 지열을 이용해서 발전하다.

はっと【驚いたり急に思いついたりした時】 문득; 번쩍. ‖はっと思いつく 문득 생각이 나다. はっと我に返る 번쩍 정신이 들다.

バット【bat】 배트. ‖バットを振る 배트를 휘두르다.

ぱっと ❶ [変化が瞬間的である様子] 갑자기. ‖ぱっと消える 갑자기 사라지다. ❷ [一挙に散らばったり広がったりする様子] 쫙. ‖うわさがぱっと広まる 소문이 쫙 퍼지다. ❸ [派手で目立つ様子] 쫙. ‖ぱっと派手に繰り出そう 눈에 확 띄게 하고 가자.

パッド【pad】 패드. ◆肩パッド 어깨 패드.

はつどう【発動】 (する) 발동(發動). ‖国権の発動 국권 발동. ◆発動機 발동기.

はっとうしん【八頭身】 팔등신(八等身).

ぱっとしない 변변치 않다; 상태(狀態)가 별(別)로 좋지 않다; 시원찮다. ‖ぱっとしない成績だ 시원찮은 성적이다.

ぱっとみ【ぱっと見】 얼핏 봄; 얼핏 보는 것. ‖ぱっと見は若い 얼핏 보기에는 젊다.

はつねつ【発熱】 (する) 발열(發熱). ◆発熱体 발열체.

はつのり【初乗り】 ❶ [初めて乗る] 처음으로 탐. ❷ 기본 요금 구간(基本料金區間). ‖初乗り運賃 기본 요금.

はっぱ【葉っぱ】 나뭇잎. ‖葉っぱが風に舞う 나뭇잎이 바람에 날리다.

はっぱ【発破】 발파(發破). ‖発破をかける 자극적인 말을 하여 의욕을 돋우게 하다.

*はつばい【発売】 (する) 발매(發賣). ‖全国で一斉に発売する 전국에서 일제히 발매하다. ❸ [新製品は来月発売になる 신제품은 다음 달에 발매된다.

ぱっぱと ❶ [勢いよく飛び散る様子] 철철. ‖ジョウロでぱっぱと振りかける 후추를 척척 뿌리다. ❷ [手早い様子] 척척; 후다닥. ‖ぱっぱと仕事を片付ける 일을 후다닥 처리하다. ❸ [荒っぽい様子] 척척; 펑펑. ‖金をぱっぱと使う 돈을 펑펑 쓰다.

ハッピーエンド【happy+end 日】 해피엔드. ‖ハッピーエンドの小説 해피엔드로 끝나는 소설.

ハッピーマンデー【happy+Monday 日】 경축일(慶祝日)을 월요일(月曜日)로 옮겨 토일월(土日月) 삼일 연휴(三日連休)가 되게 한 제도(制度).

はつひので【初日の出】 설날의 해돋이; 일출(日出).

*はっぴょう【発表】 (する) 발표(發表). ‖雑誌に論文を発表する 잡지에 논문을 발표하다. ピアノの発表会 피아노 발표회. 合格者発表 합격자 발표.

はつびょう【発病】 발병(發病). ‖発病する率が高い 발병할 확률이 높다.

バッファー【buffer】 ❶ 완충 장치(緩衝裝置). ❷ [コンピューターの] 버퍼.

はつぶたい【初舞台】 첫 무대(舞臺).

はつぶん【発奮】 (する) 발분(發憤).

ばつぶん【跋文】 발문(跋文); 후기(後

はっぽう【八方】 팔방(八方). ∥四方八方 사방팔방. ▶八方塞がり이것은 쓸 방법이 없음.

はっぽう【発泡】 _{名하} 발포(發泡). ◆発泡酒 _{説明} 맥아(麥芽)의 비율(比率)이 맥주(麥酒)보다 낮은 술. 発泡スチロール 발포 스티렌 수지.

はっぽう【発砲】 _{名하} 발포(發砲).

はっぽうさい【八宝菜】 팔보채(八寶菜).

はっぽうびじん【八方美人】 ❶ 팔방미인(八方美人). ❷ 누구에게나 싹싹하게 구는 사람.

ばっぽんてき【抜本的】 근본적(根本的). ∥抜本的な対策を立てる 근본적인 대책을 세우다.

はつまご【初孫】 첫 손자(孫子).

はつみみ【初耳】 금시초문(今時初聞); 처음 들음. ∥この話は初耳だ 이 얘기는 처음 듣는다.

*はつめい**【発明】 _{名하} 발명(發明). ∥蓄音機を発明する 축음기를 발명하다. これは画期的な発明だ 이것은 획기적인 발명이다. ◆発明王 발명왕. 発明家 발명가.

はつもうで【初詣】 _{説明} 새해 들어 처음으로 신사(神社) 등에 참배(參拜)함.

はつもの【初物】 맏물; 햇것.

はつゆき【初雪】 첫눈.

はつらつ【潑剌】 _{名하} 발랄(潑剌). ∥はつらつとした新人 발랄한 신인.

はつれい【発令】 _{名하} 발령(發令). ∥本社勤務を発令する 본사 근무를 발령하다.

はつろ【発露】 _{名하} 발로(發露). ∥善意の発露 선의의 발로.

はつわ【発話】 _{名하} 발화(發話).

はて 〔驚き・迷い〕그런데. ∥はて、これは何だろう 그런데, 이건 뭘까?

はて【果て】 ❶끝. ❷果てのない欲望 끝없는 욕망. 世界の果てまで 세상 끝까지.

はで【派手】^ダ ❶ 화려(華麗)하다. ∥派手な服装 화려한 복장. ❷ 요란(搖亂)하다; 과장(誇張)되다. ∥派手に泣いて 요란하게 울다.

パティシエ【pâtissier^フ】 파티셰.

はてさて 〔驚き・迷い〕거참. ∥はてさて、弱ったちゃな、곤란하네.

はてしない【果て無い】 끝없다. ∥果てしない議論 끝이 이어지는 논쟁.

はてな 거참; 글쎄. ∥はてな、おかしいぞ 글쎄, 이상하네.

はては【果ては】 결국(結局)에는. ∥飲んで歌って、果ては眠り込んでしまった 마시고 노래 부르다가 결국에는 잠들어 버렸다.

はでやか【派手やか】^ダ 화려(華麗)함. ∥派手やかな女性 화려한 여성.

はてる【果てる】 ❶ 끝나다. ∥いつ果てるともなく続く会議 언제 끝날지도 모르게 계속되는 회의. ❷【死ぬ】죽다. ❸ 〔…果てるの形で〕완전(完全)히 …하다. ∥疲れ果てた 완전히 지쳤다.

ハト【鳩】 비둘기. ▶鳩が豆鉄砲を食ったよう 깜짝 놀라다.

はとう【波濤】 파도(波濤).

はどう【波動】 파동(波動).

はとう【罵倒】 _{名하} 매도(罵倒). ∥相手を罵倒する 상대방을 매도하다.

パトカー【←patrol car】 경찰차(警察車).

はとこ【再従兄弟・再従姉妹】 재종형제(再従兄弟); 육촌형제(六寸兄弟).

はとどけい【鳩時計】 뻐꾸기시계.

はとは【鳩派】 비둘기파; 온건파(穩健派).

はとば【波止場】 부두(埠頭); 선창(船艙).

バドミントン【badminton】 배드민턴.

ハトムギ【鳩麦】 율무. ◆はとむぎ茶 율무차.

はどめ【歯止め】 ❶ 자동차(自動車)나 톱니바퀴의 회전(回轉)을 멈추게 하는 것. ❷ 제동(制動). ∥物価の上昇に歯止めをかける 물가 상승에 제동을 걸다.

パトロール【patrol】 _{名하} 순찰(巡察). ◆パトロールカー 경찰차. 순찰차.

パトロン【patron】 경제적 후원자(經濟的後援者).

バトン【baton】 ❶ (릴레이의) 바통. ❷ 지휘봉(指揮棒).

バトンタッチ【baton + touch 日】 배턴 터치. ∥後輩にバトンタッチする 후배에게 배턴 터치하다.

*はな**【花】 ❶꽃. ∥花が咲く 꽃이 피다. 雪の花 눈꽃. 社交界の花 사교계의 꽃. 話に花が咲いた 이야기꽃을 피웠다. ❷제일(第一); 좋은 시기(時期). ∥若いうちが花だ 젊을 때가 제일 좋은 시기다. 花と散る 산화하다; 백화. 花も実もある 명실상부하다. ▶花より団子 금강산도 식후경. [呼] ▶花を持たせる 공을 돌리다.

はな【端】 ❶〔最初〕처음. ∥端からやり直す 처음부터 다시 시작하다. ❷〔先端〕끝부분; 가장자리.

*はな**【鼻】 코. ∥鼻が詰まる 코가 막히다. 鼻をほじくる 코를 후비다. 鼻をかむ 코를 풀다. 鼻にかかった声 콧맹맹이 소리. ▶鼻が利く 이익이 될 만한 것을 잘 찾아낸다. ▶鼻が高い 콧대가 높다. 자랑스럽게 여긴다. ▶鼻であしらう 콧방귀를 뀌다. ▶鼻に掛ける 자랑하다. 내세우다. 学歴を鼻にかける 학력을 내세우다. ▶鼻につく 질리다. 거슬리다. ▶鼻の下が長い 여자에게 약한 사람. ▶鼻を突く 코를 찌르다. ▶鼻息が荒い 의욕이 넘치다. ▶鼻息を窺う 상대방의 의

향이나 눈치를 살피다.
はなうた【鼻歌】 콧노래.
はなかぜ【鼻風邪】 코감기.
はながた【花形】 ❶ 꽃모양. ‖花形に切る 꽃모양으로 자르다. ❷ 인기(人氣)가 있는 것; 각광(脚光)을 받는 것. ▸現代の花形産業 현대의 각광 받는 산업.
はながら【花柄】 꽃무늬.
はなぐすり【鼻薬】 ▸鼻薬を嗅(ｶ)がせる 뇌물을 주다.
はなくそ【鼻糞】 코딱지.
はなげ【鼻毛】 코털. ‖鼻毛を抜く 상대방을 속이다.
はなごえ【鼻声】 콧소리. ‖鼻声で物をねだる 콧소리로 조르다. ‖鼻風邪をひいて鼻声だ 감기 걸려 콧소리를 하다.
はなことば【花言葉】 꽃말.
はなざかり【花盛り】 한창 꽃이 핌; 한창 때.
はなさき【鼻先】 코끝; 코앞; 눈앞. ‖鼻先に証拠をつきつける 코앞에 증거를 들이대다.
***はなし**【話】 ❶ 이야기; 말. ‖話がとぎれる 이야기가 끊어지다. 話が上手だ 이야기를 잘하다. つまらない話 재미없는 이야기. ❷ 상담(相談); 교섭(交涉). ‖話に乗る 교섭에 응하다. ❸ 소문(所聞); 평판(評判). ‖次の選挙に出るという話だ 다음 선거에 출마한다는 소문이다. ❹ 설화(說話); 옛날이야기. ‖土地に伝わる話 그 지방에 전해 내려오는 이야기. ❺ 화제(話題). ‖話を変える 화제를 바꾸다. ❻ 도리(道理); 사리(事理). ‖話が付く 합의를 보다. ▸話が弾む 이야기가 활기를 띠다. ▸話にならない 문제가 되지 않다. 말이 안 되다. ▸話に花が咲く 이야기가 꽃이 피다. ▸話に実が入る 이야기에 열중하다. ▸話の腰を折る 말을 끊다.
-はなし【放し】 {…한 채로; 방치(放置)} ‖野放し 방치. ‖{…っぱなしの形で}계속(繼續) …하고 있다. ‖勝ちっ放しで 계속 이기고 있다.
はなしあう【話し合う】 ❶ 이야기를 나누다. ❷ 의논(議論)하다; 상담(相談)하다.
はなしか【咄家】 만담가(漫談家).
はなしがい【放し飼い】 방목(放牧). ‖牛や馬を放し飼いにする 소나 말을 방목하다.
はなしかける【話し掛ける】 ❶ 말을 걸다; 말을 붙이다. ❷ {話し始める}말을 하기 시작하다(始作하다).
はなしごえ【話し声】 말소리; 이야기 소리. ‖奥の方で話し声がする 안쪽에서 이야기 소리가 나다.
はなしことば【話し言葉】 구어(口語); 입말.

はなしこむ【話し込む】 이야기에 열중(熱中)하다. ‖話し込んでつい長居する 이야기에 열중해 그만 오래 있게 되다.
はなして【話し手】 화자(話者); 이야기꾼. ‖なかなかの話し手だ 상당한 이야기꾼이다.
ハナショウブ【花菖蒲】 꽃창포.
はなじる【花汁】 콧물.
***はなす**【話す】 ❶ 말하다; 이야기하다. ‖大声で話す 큰 소리로 말하다. 韓国語で話す 한국어로 이야기하다. 日本語が話せますか 일본어를 할 수 있습니까? ❷ 대화(對話)하다; 이야기하다. ‖話せば分かる 이야기해 보면 안다.
***はなす**【放す·離す】 ❶ 풀어 주다; 놓아 주다. ‖小鳥を放す 작은 새를 놓아 주다. ❷ 놓다. ‖手を離す 손을 놓다. ❸ {間隔을}떼다. ‖間を離す 간격을 떼다.
はなすじ【鼻筋】 콧날. ‖鼻筋の通った好男子 콧날이 선 미남.
はなぞの【花園】 화원(花園); 꽃밭.
はなだい【花代】 화대(花代).
はなたかだか【鼻高高】 기고만장(氣高萬丈). ‖満点をとって鼻高々だ 만점을 받아 기고만장하다.
はなたば【花束】 꽃다발.
はなだより【花便り】 꽃 소식(消息).
はなたれ【洟垂れ】 코흘리개. ◆洟垂れ小僧 코흘리개. 철부지.
はなぢ【鼻血】 코피. ‖鼻血が出る 코피가 나다. ひどい鼻血を出した 엄청나게 코피를 흘렸다.
はなつ【放つ】 ❶ 풀어 주다; 놓아 주다; 풀어 놓다. ‖鳥をかごから放つ 새를 새장에서 풀어 주다. ❷ {光·音·にお い などを}내다; 발(發)하다. ❸ 강한 빛을 놓거나 물체를 발하는 물체. ❹ {矢·弾丸などを}쏘다. ‖矢を放つ 활을 쏘다.
はなばしら【鼻っ柱】 콧대; 고집(固執). ‖鼻っ柱を折る 콧대를 꺾다(꺾).
はなづまり【鼻詰まり】 코가 막히는 것.
バナナ【banana】 바나나.
はなはだ【甚だ】 매우; 몹시. ‖はなはだしからん話だ 몹시 괘씸한 이야기다.
はなばたけ【花畑】 꽃밭.
はなはだしい【甚だしい】 정도(程度)가 지나치다; 심(甚)하다. ‖はなはだしい 이만저만 무지한 것이 아니다.
はなばなしい【華華しい】 화려(華麗)하다; 눈부시다. ‖華々しい活躍 눈부신 활약.
はなび【花火】 불꽃; 불꽃놀이. ‖今日横浜のみなとみらいで花火大会がある 오늘 요코하마의 미나토미라이에서 불꽃놀이 대회가 있다. 花火を見に行く 불꽃놀이를 보러 가다.
はなびえ【花冷え】 {形明}벚꽃이 필 무

はなびら【花弁】꽃잎.
はなぶさ【花房】꽃송이.
はなふぶき【花吹雪】 (説明) 벚꽃 잎이 눈처럼 떨어지는 것.
パナマ【Panama】(国名) 파나마. ◆パナマ運河 파나마 운하.
はなみ【花見】꽃 구경; 꽃놀이.
はなみず【鼻水】콧물. ‖鼻水をたらした子ども 콧물을 흘리는 아이.
はなみぞ【鼻溝】인중(人中).
はなむこ【花婿】(새) 신랑(新郎).
はなめがね【鼻眼鏡】❶ 코안경. ❷ 안경을 코끝에 걸치는 것.
はなやか【華やか】 화려(華麗)하다; 눈부시다. ‖華やかな装い 화려한 옷차림.
はなよめ【花嫁】신부(新婦); 새색시.
はならび【歯並び】치열(齒列). ‖歯並びがいい 치열이 좋다.
はなれ【離れ】❶【離れ座敷・離れの家の略語】별채. ‖離れに客を通す 별채로 손님을 안내하다. ‖離れの形で)거리(距離)가 있음. ‖日本人離れした 본격 일본인답지 않은 본격.
はなればなれ【離れ離れ】서로 떨어짐; 멀리 떨어짐. ‖親兄弟が離ればなれになる 부모 형제가 뿔뿔이 흩어지다.
*はなれる【離れる】❶ 떨어지다. ‖町から離れた静かな所 마을에서 떨어진 조용한 곳. ❷ (親近感・信頼感などが)멀어지다. ‖気持ちが離れる 마음이 떠나다. ❸ 차이(差異)가 나다. ‖あの夫婦は年が 10 歳も離れている 저 부부는 나이가 열 살이나 차이 난다. ❹ 떠나다. ‖親元を離れて暮らす 부모 곁을 떠나 생활한다.
はなれわざ【離れ業】대담(大膽)한 행동(行動); 아슬아슬한 재주. ‖離れ業を演じる 아슬아슬한 재주를 부리다.
はなわ【花輪・花環】화환(花環).
はなわ【鼻輪】쇠코뚜레.
はにかむ 수줍어하다. ‖はにかみながら挨拶する 수줍어하며 인사한다.
はにく【歯肉】잇몸.
ばにく【馬肉】말고기.
パニック【panic】 패닉; 패닉 상태(狀態). ‖パニックに陥る 패닉 상태에 빠지다.
バニラ【vanilla】바닐라.
バヌアツ【Vanuatu】(国名) 바누아투.
*はね【羽】❶ 【翼】날개. ‖羽を広げる 날개를 펴다. ❷【羽毛】깃털. ❸ (バドミントンの)셔틀콕. ‖羽が生えたように 날개가 돋치다. (慣) ‖羽を伸ばす 기를 펴다.
はね【跳】❶ 〔泥など〕흙탕물을 튀김 또는 그 흙탕물. ‖跳ね上がる 흙탕물이 튀다. ❷ 〔興行の終わり〕그날의 공연(公演)이 끝남.
はね【撥ね】〔文字の〕붓끝을 치켜 올리듯이 씀.
はね【発条】❶ 스프링; 용수철(龍鬚鐵). ❷〔足・腰の〕탄력성(彈力性). ‖足のばねが強い 다리 탄력이 세다. ❸ (ある行動や結果を導く)계기(契機). ❹ ‖住民運動がばねになって基地撤去された 주민 운동이 계기가 되어 기지가 철거되었다.
はねあがる【跳ね上がる】 뛰어오르다; 급등(急騰)하다. ‖魚が跳ね上がる 물고기가 뛰어오르다. ‖ガソリンの価格が跳ね上がって 기름값이 급등했다.
はねかえる【跳ね返る】❶ 튀어서 되돌아오다. ‖ボールが壁に当たって跳ね返る 공이 벽에 맞아 되돌아오다. ❷ 튀어오르다. ‖波のしぶきが跳ね返る 물보라가 튀어오르다.
はねつき【羽根突き】(説明) 제기 비슷한 것을 쳐서 치며 노는 놀이.
はねつける【撥ね付ける】 거절(拒絶)하다; 퇴짜 놓다. ‖修正案をはねつける 수정안을 퇴짜 놓는다.
はねとばす【撥ね飛ばす】 떨쳐 버리다. ‖気力でははね飛ばす 기력으로 떨쳐 버리다.
はねのける【撥ね除ける】❶ 밀어제치다. ❷ 골라내다; 제외(除外)하다. ‖不良品をはねのける 불량품을 골라내다.
はねぶとん【羽布団】우모 이불.
ハネムーン【honeymoon】 허니문. ◆ハネムーンベビー 허니문 베이비.
はねる【刎ねる】〔首を〕자르다; 치다. ‖敵将の首をはねる 적장의 목을 치다.
はねる【跳ねる】❶ 뛰다; 뛰어오르다. ‖子どもが喜んでぴょんぴょん跳ねる 아이가 기뻐 깡충깡충 뛰다. ❷ 튀다. ‖泥が跳ねる 흙탕물이 튀다.
はねる【撥ねる】❶ 들이받다. ‖車ではねる 차로 들이받다. ❷ (基準に合わないものを)제거(除去)하다; 떨어뜨리다. ❷ 面接ではねられる 면접에서 떨어지다. ❸ 〔文字を書く時〕붓끝을 치켜 올리듯이 쓰다.
パネル【panel】 ❶ 건축 재료(建築材料)의 판(板). ❷ 배전반(配電盤). ❸ 전시용 사진(展示用写真)이나 포스터를 붙임.
パノラマ【panorama】 파노라마.
*はは【母】❶ 어머니; 엄마. ‖児の母となる 한 아이의 엄마가 되다. 母は教師をしておりますが 어머니는 선생님입니다. 未婚の母 미혼모. ❷ (物事の)기원(紀源); 근원(根源). ▶必要は発明の母 필요는 발명의 어머니.
*はば【幅・巾】❶ 폭(幅). ‖幅の広い道 폭이 넓은 길. ❷ 여유(餘裕). ‖計画に幅を持たせる 계획에 여유를 두다. ▶

ばば
幅を利かせる 활개를 치다.(俗)
ばば【婆・祖母】 ❶ 노파(老婆); 할머니. ❷ 〔トランプの〕조커.
ばば【馬場】 마장; 승마 연습장(乘馬場).
パパ【papa】 아빠.
ははあ ❶ 〔納得した時〕아하; 아. ‖ははあ, 誰かいたずらをしたな 누군가가 장난을 쳤구나. ❷ 〔目上の人に対してかしこまって応答する時〕예; 네. ‖ははあ, かしこまりました 예, 알겠습니다.
パパイア【papaya】 파파야.
ははうえ【母上】 어머님.
ははおや【母親】 모친(母親); 어머니.
ははかた【母方】 어머니 쪽; 외가(外家) 쪽. ‖母方の祖父 외조부. 외할아버지.
はばかりながら【憚りながら】 ❶ 죄송(罪悚)하지만; 송구(悚懼)스럽지만. ‖はばかりながら申し上げます 송구스럽지만 말씀 드리겠습니다. ❷ 건방진 것 같지만; 외람된 것 같지만. ‖はばかりながられでも作家のはしくれです 외람된 것 같지만 이래 봬도 작가랍니다.
はばかる【憚る】 ❶ 삼가다; 꺼리다. ‖人目をはばかる 남의 눈을 꺼리다. 활개를 치다; 위세(威勢)를 떨치다. ‖憎まれっ子世にはばかる 집에서 미움받는 자식이 밖에서 활개를 친다.
はばたく【羽撃く】 ❶ 날아오르다; 비상(飛上)하다. ‖大空に羽ばたく鳥 하늘을 나는 새. ❷ 사회(社會)에 진출(進出)해 활약(活躍)하다.
はばつ【派閥】 파벌(派閥). ‖派閥争い 파벌 싸움.
はばとび【幅跳び】 넓이뛰기.
ははのひ【母の日】 어머니날. ↔韓国では母の日と父の日を合わせた어버이날(父母の日)がある. 5月8日.
はばひろい【幅広い】 폭넓다. ‖幅広い活動 폭넓은 활동.
バハマ【Bahamas】【国名】 바하마.
はばむ【阻む】 막다; 저지(沮止)하다. ‖行く手を阻む 가는 길을 막다.
パパラッチ【paparazzi】 파파라치.
はびこる【蔓延る】 ❶ 만연(蔓延)하다; 무성(茂盛)하다. ‖雑草かはびこる 잡초가 무성하다. ❷ 활개를 치다; 판치다. ‖暴力がはびこる 폭력이 판치다.
ハブ【hub】 허브. ↔〔車輪・プロペラなどの〕부분(中心部分). ❷ 활동(活動)의 중심. ‖ハブ空港 허브 공항. ❸ 〔コンピュータの〕중계 장치(中繼裝置).
パフ【puff】 퍼프.
パブ【pub】 술집.
パプアニューギニア【Papua New Guinea】【国名】 파푸아 뉴기니.
パフェ【parfait】 파르페.
*はぶく【省く】 ❶ 생략(省略)하다. ‖説明を省く 설명을 생략하다. 審議を省いて採決に移る 심의를 생략하고 채결에 들어가다. ❷ 줄이다. ‖無駄を省く 낭비를 줄이다.
バプテスト【baptist】 ❶ 침례교파(浸禮敎派). ❷ 세례자(洗禮者).
ハプニング【happening】 해프닝.
はブラシ【歯brush】 칫솔.
はぶり【羽振り】 지위(地位); 위세(威勢). ‖羽振りがいい 위세가 좋다.
パプリカ【paprika】 파프리카.
バブル【bubble】 ❶ 〔泡〕거품. ❷ 투기 현상(投機現象). ◆バブル経済 거품 경제.
はへい【派兵】 〔军事〕파병(派兵).
はへん【破片】 파편(破片). ‖ガラスの破片 유리 파편.
はま【浜】 바닷가 부근(附近)의 평지(平地).
はまき【葉巻】 엽궐련.
ハマグリ【蛤】 대합(大蛤).
ハマチドリ【浜千鳥】 물떼새.
ハマナス【浜茄子】 해당화(海棠花).
はまべ【浜辺】 해변(海邊); 바닷가.
ハマユウ【浜木綿】 문주란(文珠蘭).
はまる【嵌まる】 ❶ 잘 맞다; 잘 끼워지다. ‖ボンがはまらない 단추가 끼워지지 않다. ❷ 빠지다. ‖罠にはまる 함정에 빠지다. ❸ 〔型に〕박히다. ‖型にはまった教育 틀에 박힌 교육.
はみがき【歯磨き】 양치질; 이닦기. ◆歯磨き粉 치약.
はみだす【食み出す】 튀어나오다; 비어져 나오다.
ハミング【humming】 〔音乐〕허밍; 콧노래. ‖ハミングしながら掃除をする 콧노래를 부르며 청소를 하다.
はむ【食む】 ❶ 먹다. ‖牛が草を食む 소가 풀을 먹다. ❷〔俸禄を〕받다.
ハム【ham】 ❶ 〔食品の〕햄. ❷ 아마추어 무선사(無線士).
-ばむ …상태(狀態)를 띠다. ‖汗ばむ 땀이 배다. 黄ばむ 누레지다.
ハムエッグ【~ham and eggs】 햄에그.
はむかう【刃向かう】 ❶〔反抗する〕덤벼들다; 달려들다. ❷ 저항(抵抗)하다.
ハムスター【hamster】 햄스터.
はめ【羽目】 ❶ 판자벽(板子壁). ❷ 난처(難處)한 입장(立場). ‖世話役を引き受ける羽目になる 뒤치다꺼리를 해야 할 처지에 놓이다. ▶羽目を外す 정도가 지나치다.
はめこむ【嵌め込む】 집어넣다. ‖型にはめ込む 틀에 집어넣다.
はめつ【破滅】 〔音乐〕파멸(破滅).
*はめる【嵌める】 ❶ 끼우다; 끼워 넣다; 채우다. ‖窓枠にガラスをはめる 창틀에 유리를 끼우다. ❷〔計略・罠などに〕떨어다; 속이다. ‖罠にはめる 함정에 빠뜨리다.
ばめん【場面】 장면(場面). ‖感動的な

はやわかり

ハモ【鱧】 갯장어(長魚).

はもの【刃物】 날붙이; 칼. ‖刃物を振り回す 칼을 휘두르다.

はもの【葉物】 ❶【観葉植物】관엽 식물(観葉植物). ❷【葉っぱ】잎을 먹는 야채(野菜).

ハモる 화음(和音)을 이루다. ‖きれいにハモったコーラス 아름답게 화음을 이룬 코러스.

はもん【波紋】 파문(波紋). ‖波紋が広がる 파문이 확산되다. 波紋を呼ぶ 파문을 일으키다.

はもん【破門】 (**ㅈ動**) 파문(破門). ‖師から破門される 스승으로부터 파문당하다.

はやあし【早足】 빠른 걸음; 잰걸음. ‖早足で歩く 빠른 걸음으로 걷다.

*****はやい**【早い・速い】 ❶ 빠르다. ‖彼は歩くのが速い 그 사람은 걸음이 빠르다. 頭の回転が速い 머리 회전이 빠르다. 時が経つのは速い 시간이 빨리 흐른다. ❷이르다. ‖話すのはまだ早い 말하기에는 아직 이르다. 早ければ早いほどよい 조조익선(早早益善).

はやいこと【早い事】 빨리. ‖早いこと片付けてしまう 빨리 해치워 버리다.

はやいところ【早い所】 빨리; 급히; 서둘러. ‖早いところ用件を済ましてしまう 볼일을 빨리 끝내 버리다.

はやいはなしが【早い話が】 간단(簡単)히 말하면.

はやいものがち【早い者勝ち】 선착순(先着順).

はやおき【早起き】 ‖早起きする 일찍 일어나다. ◆早起きは三文の得 일찍 일어나면 좋은 일이 있다.

はやおくり【早送り】 ‖テープを早送りする 테이프를 빨리 돌리다.

はやがてん【早合点】 (**ㅈ動**) 지레짐작. ‖早合点して1人先に帰った 지레짐작하고 혼자 먼저 돌아갔다.

はやく【早く】 ❶일찍; 이른 시간(時間)에. ‖朝早くから働く 아침 일찍부터 일하다. ❷【早い時期に】일찍이; 이전(以前)에. ‖早く父を失った 일찍이 아버지를 여의다.

はやくち【早口】 빨리 말함. 말이 빠르다. ◆早口言葉 (**説明**) 발음(発音)하기 어려운 어구(語句)를 빨리 말하는 것.

はやくも【早くも】 ❶벌써. ‖はやくも効果が現われた 벌써 효과가 나타났다. ❷빨라도. ‖完成まで早くも3日はかかるだろう 완성까지 빨라도 삼 일은 걸릴 거다.

はやし【林】 숲. ‖ブナの林 너도밤나무 숲.

はやし【囃子】 가부키 등의 반주 음악(伴奏音楽).

はやじに【早死に】 (**ㅈ動**) 요절(夭折). ‖病弱で早死にする 병약하여 요절하다.

ハヤシライス 하이라이스.

はやす【生やす】 기르다; 자라게 두다. ‖あごひげを生やす 턱수염을 기르다.

はやす【囃す】 ❶박자(拍子)를 맞추다. ‖1人が歌い, 1人がはやす 한 사람이 노래를 부르고, 한 사람은 장단을 맞추다. ❷큰 소리로 놀리거나 칭찬(称讃)하다. ‖いたずらっ子たちがはやす 장난꾸러기들이 큰 소리로 놀리다. ❸(株・商品などを)유망(有望)하다고 떠들어대다. ‖建設株がはやされている 건설주가 유망하다고 떠들다.

はやて【疾風】 질풍(疾風). ‖疾風のように 질풍같이.

はやとちり【早とちり】 ‖早とちりする 지레짐작으로 실수하다. そそっかしくて早とちりばかりしている 경솔해서 지레짐작으로 실수만 하고 있다.

はやね【早寝】 ‖早寝早起きを一旦寝て早く 일찍 자고 일찍 일어나다.

はやばや【早早】 일찍이; 급히; 서둘러. ‖早々(と)引き上げる 서둘러 철수하다.

はやばん【早番】 (交代勤務で)【行為】일찍 근무. (動務하는 것. 【人】일찍 근무하는 사람.

はやびき【早退き】 (**ㅈ動**) 조퇴(早退). ‖用事で早退きする 볼일이 있어 조퇴하다.

ハヤブサ【隼】 매.

はやまる【早まる・速まる】 ❶ 빨라지다. ‖台風の上陸が予測より早まる 태풍 상륙이 예상보다 빨라지다. ❷성급(性急)하게 굴다. ‖早まった行動をするな 성급한 행동을 하지 마라.

はやみち【早道】 지름길; 첩경(捷径). ‖上達の早道 숙달의 지름길.

はやめる【早める】 조금 빠름. ‖会議を早めに切り上げる 회의를 조금 빨리 마치다.

はやめる【早める・速める】 ❶앞당기다. ‖開会を早める 개회를 앞당기다. ❷(速度を)빨리 하다; 재촉하다. ‖足を速める 걸음을 재촉하다.

はやり【流行り】 유행(流行). ‖今年流行りの水着 올해 유행하는 수영복.

はやりうた【流行り歌】 유행가(流行歌).

はやる【逸る】 조급(早急)해지다; 초조(焦燥)해지다. ‖はやる心を抑える 조급해지는 마음을 억누르다.

*****はやる**【流行る】 ❶유행(流行)하다; 번지다. ‖ミニスカートが流行る 미니스커트가 유행하다. ❷번성(繁盛)하다. ‖盛業中(盛業中)に いつも流行っている店 항상 성업 중인 가게.

はやわかり【早分かり】 ❶빨리 이해(理解)함. ❷쉽게 알 수 있도록 만든 책이나 도표(圖表). ‖英文法早分かり 속성 영문법.
はら【原】 들판.
*はら【腹】 ❶ 배. ‖腹が痛い 배가 아프다. 腹がいっぱいで動けない 배가 불러움직일 수가 없다. ❷ 의중(意中); 마음속. ‖そのことは腹にしまっておけ 그 일은 마음속에 담아 두게. ❸ 담력(膽力); 도량(度量). ❹〔魚의 腹을 세는 단위〕…개(個). ‖たらこ1はら 명란젓 한 개. ‖腹が黒い 속이 검다. 음흉하다. ‖腹が据わる 담력이 있다. ‖腹が立つ 화가 나다. ‖腹が脹れる 불만이 쌓이다. ‖腹が減っては出来ぬ 배가고프면 아무것도 못한다. ‖腹に一物 꿍꿍이속이 있음. ‖腹に据えかねる 화가 나서 도저히 참을 수 없다. ‖腹の皮が捩(れ)る 배꼽을 잡고 웃다. ‖腹の虫がおさまらない 분이 가라앉지 않는다. ‖腹も身の内 배도 자기 몸의 일부 (폭음이나 폭식을 주의하라는 말). ‖腹を抱える 포복절도하다. ‖腹を切る 책임을 지다. 할복하다. ‖腹を括る 각오하다. ‖腹を探る 마음을 떠보다. ‖腹を据える 각오하다. 腹を据えてかかる 각오하고 대들다. ‖腹を立てる 화를 내다. ‖腹を割る 속을 터놓다. 腹を割って話し合わう 마음을 터놓고 이야기하다.
ばら【散】 낱개. ‖ばらにして売る 낱개로 팔다.
バラ【薔薇】 장미(薔薇). ‖バラのとげ 장미 가시. ♦野バラ 들장미.
バラード【ballade 프】 발라드.
*はらい【払い】 ❶ 지불. ‖払いを済ます 지불을 마치다. 現金払い 현금 지불. 分割払いで買う 할부로 사다. ❷ 털어냄; 제거(除去). ‖煤払い 그을음을 털어내다.
はらいこむ【払い込む】 납부(納付)하다. ‖税金を払い込む 세금을 납부하다.
はらいせ【腹癒せ】 화풀이; 분풀이. ‖腹いせに缶をけとばす 분풀이로 깡통을 걷어차다.
はらいっぱい【腹一杯】 배부르게; 배불리. ‖腹一杯食べる 배불리 먹다.
はらいのける【払い除ける】 뿌리치다. ‖相手の手を払いのける 상대방의 손을 뿌리치다.
ばらいもどし【払い戻し】 (經制) 환불(還拂); 환급(還給).
はらいもどす【払い戻す】 ❶ 환불(還拂)하다; 환급(還給)하다. ‖特急料金を払い戻す 특급 요금을 환불하다. ❷ 돈을 지급(支給)하다. ‖定期預金を払い戻す 정기 예금을 지급하다.
ばらいろ【薔薇色】 장밋빛. ‖薔薇色の人生 장밋빛 인생.
*はらう【払う】 ❶ 제거(除去)하다; 처분

(處分)하다; 털다; 치우다. ‖ほこりを払う 먼지를 털다. 雪を払う 눈을 치우다. ❷ 지불(支拂)하다. ‖代金を払う 대금을 지불하다. ❸〔そこまでいた場所を〕비우다; 나오다. ‖宿を払う 숙소에서 나오다. ❹〔心を〕기울이다; 쓰다. ‖関心を払う 관심을 기울이다. 注意を払う 주의를 하다.
はらう【祓う】 신(神)에게 빌어 죄(罪)나 재앙(災殃)을 없애다; 물리치다. ‖悪霊を祓う 악령을 물리치다.
バラエティー【variety】 다양성(多樣性). ‖バラエティーに富む 다양하다. ♦バラエティー番組 오락 프로.
はらおび【腹帯】 복대(腹帶).
パラグアイ【Paraguay】《國名》파라과이.
はらぐろい【腹黒い】 뱃속이 검다; 음흉(陰凶)하다. ‖腹黒い人間 음흉한 사람.
はらごしらえ【腹拵え】 식사(食事)를 해둠. ‖腹ごしらえをして出かける 식사를 하고 나서다.
はらごなし【腹ごなし】 가벼운 운동(運動) 등으로 소화(消化)를 도움. ‖腹ごなしに散歩する 소화를 위해 산책하다.
パラサイト【parasite】 기생충(寄生蟲).
パラシュート【parachute】 낙하산(落下傘).
はらす【晴らす】 (불만이나 의심 등을) 풀다. ‖恨みを晴らす 원한을 풀다.
はらす【腫らす】 붓게 하다. ‖のどを腫らす 목이 붓다.
ばらす ❶ 분해(分解)하다. ‖ラジオをばらす 라디오를 분해하다. ❷ 폭로(暴露)하다. ❸〔殺す〕죽이다. ‖しゃべるとばらすぞ 입을 놀리면 죽여 버릴 거야.
パラダイス【paradise】 파라다이스.
パラダイム【paradigm】 패러다임.
はらだたしい【腹立たしい】 화가 나다; 괘씸하다. ‖事情を聞くうちに腹立たしくなる事情を聞くに腹が立ってしまう 사정을 듣다 보니 화가 나기 시작하다.
はらちがい【腹違い】 이복형제(異腹兄弟). ‖腹違いの弟 이복 남동생(男同生).
ばらつく ❶ 고르지 못함. ‖作品の出来にばらつきがある 작품이 고르지 못하다. ❷〔統計などの〕불규칙(不規則)한 분포(分布).
ばらつく 불규칙(不規則)하게 분포(分布)하다. ‖測定値がばらつく 측정치가 불규칙하게 분포하다.
ぱらつく 작은 빗방울 등이 조금 내리기 뿌리다. ‖小雨がぱらつく 가랑비가 뿌리다.
はらつづみ【腹鼓】 ‖腹鼓を打つ 만족하여 배를 두드리다.
はらづもり【腹積もり】 속셈; 예정(豫定); 계획(計劃).

はらどけい【腹時計】 배꼽시계(時計).
パラドックス【paradox】 패러독스; 역설(逆說).
ばらにく【肋肉】 [牛·豚などの]갈비 부분의 살; [豚]삼겹살.
はらばい【腹這い】 배밀이. ‖~になって本を読む 엎드려서 책을 읽다.
はらはちぶ【腹八分】 약간(若干) 모자라는 듯이 먹음. ‖~に医者いらず 적당히 먹으면 탈이 없다.
はらはら ❶[気をもむ]조마조마. ‖~しながらサーカスを見る 조마조마하며 서커스를 보다. ❷[木の葉·花びらなどが]팔랑팔랑. ‖~と花が散る 꽃잎이 팔랑팔랑 떨어지다. ❸[雨·涙などが]뚝뚝.
ばらばら ❶[まとまりがない]뿔뿔이. ‖兄弟がばらばらに生活する 형제가 뿔뿔이 떨어져서 생활하다. ❷[夕立さゆうだちが]후두둑. ‖~と降り出すにわか雨 후두둑거리며 내리기 시작하는 소나기.
ばらばら ❶솔솔. ‖塩をばらばら(と)ふりかける 소금을 솔솔 뿌리다. ❷훌훌. ‖雑誌をばらばら(と)めくる 잡지를 훌훌 넘기다. ❸[まばらな様子]띄엄띄엄.
はらぺこ【腹ぺこ】 공복(空腹); 배가 몹시 고픔. ‖昼飯抜きなので腹ぺこだ 점심을 걸러 배가 몹시 고프다.
パラボラアンテナ【parabola+antenna 일】 파라볼라 안테나.
はらまき【腹巻】 복대(腹帶). ‖腹巻きをして寝る 복대를 하고 자다.
ばらまく【散蒔く】 뿌리다. ‖宝石をばらまいたような星空 보석을 뿌린 것 같은 밤하늘의 별.
はらむ【孕む】 ❶임신(妊娠)하다; 배다. ‖子をはらむ 아이를 배다. ❷내포(内包)하다; 지니고 있다. ‖危険をはらむ 위험을 내포하다.
パラメーター【parameter】 매개 변수(媒介變數).
はらもち【腹持ち】 속이 든든함; 배가 쉬이 꺼지지 않음. ‖餅は腹持ちがいい 떡은 속이 든든하다.
バラモン【婆羅門】 바라문(婆羅門). ◆婆羅門教 바라문교.
はらり 사르르. ‖花びらがはらり と散る 꽃잎이 사르르 떨어지다.
パラリンピック【Paralympics】 패럴림픽.
はらわた【腸】 ❶장(腸); 창자. ❷내장(内臓). ‖魚のはらを取りのぞく 생선 내장을 빼내다. ❸[根性]근성(根性); 정신(精神). ‖~が腐る 정신이 썩다. ‖~がちぎれる思い 단장의 아픔. ‖~が煮えくり返る 분통이 터지다.〔慣〕
はらん【波乱】 파란(波瀾). ‖波乱を呼ぶ 파란을 부르다.
バランス【balance】 균형(均衡). ‖バランスをとる 균형을 잡다. ◆バランス感覚 균형 감각.
はらんばんじょう【波瀾万丈】 파란만장(波瀾萬丈). ‖波瀾万丈の生涯 파란만장한 생애.
***はり**【針】 ❶바늘; 침(針). ‖時計の針が正午を指す 시계 바늘이 정오를 가리키다. ❷[針で縫った目数を数える単位]…바늘. ‖3針縫う 세 바늘 꿰매다. ❸[針の筵むしろ]바늘방석. ‖針の筵に座らされた思い 바늘방석에 앉은 기분.
はり【梁】 대들보.
はり【張り】 ❶[引っぱること]당김. ‖張りを強くする 강하게 당기다. ❷탄력(彈力)이 있음; 탱탱함. ‖張りのある肌 탱탱한 피부.
はりあい【張り合い】 ❶경쟁(競爭). ‖意地の張り合い 서로 고집을 부림. ❷[充足感]보람. ‖張り合いのない仕事 보람이 없는 일.
はりあう【張り合う】 맞서다; 경쟁(競爭)하다. ‖張り合って芸を磨く 경쟁하며 기예를 닦다.
バリアフリー【barrier free】 배리어 프리.
バリウム【barium 독】 바륨.
はりがね【針金】 철사(鐵絲).
はりがみ【張り紙·貼り紙】 ❶[物に]종이를 붙임 또는 그 종이. ❷벽보(壁報).
ばりき【馬力】 ❶마력(馬力). ‖このエンジンは何馬力ですか 이 엔진은 몇 마력입니까? ❷[力]힘; 활동력(活動力). ‖馬力がある 힘이 있다. ‖馬力を掛ける 힘을 내다. 정력적으로 일하다.
はりきる【張り切る】 의욕(意欲)이 넘치다. ‖張り切って働く 의욕적으로 일하다.
バリケード【barricade】 바리케이드.
はりこむ【張り込む·貼り込む】 ❶[台紙などに]붙이다. ‖アルバムに写真を張り込む 앨범에 사진을 붙이다. ❷잠복(潜伏)하다. ‖犯人の立ち回りそうな所に張り込む 범인이 다닐 만한 곳에 잠복하다. ❸[奮発する]선뜻 큰 돈을 쓰다. ‖チップを張り込む 팁을 듬뿍 주다.
はりさける【張り裂ける】 찢어지다; 터지다. ‖胸が張り裂ける思い 가슴이 찢어질 듯하다. ‖張り裂けんばかりに叫ぶ 목이 터져라 외치다.
はりたおす【張り倒す】 때려눕히다; 때려서 넘어뜨리다.
はりだし【張り出し】 ❶[建物の]외부(外部)로 돌출(突出)된 부분(部分). ‖張り出しの窓 돌출된 창문. ❷[相撲で]대진표(對陣表)에서 난외(欄外)에 기입(記入)한 力士.
はりだす【張り出す】 ❶돌출(突出)하다. ‖張り出した軒 돌출된 처마. ‖庭に張り出して窓を造る 정원 쪽으로 튀어나오도록 창문을 만들다. ❷게

はりつく 〔掲示〕하다. ‖試験の成績を張り出す 시험 성적을 게시하다.

はりつく【張り付く】 달라붙다; 들러붙다. ‖記者が捜査本部に張り付いて待機する 기자가 수사 본부에 들러붙어 대기하다. ぬれた落ち葉が地面に張り付いている 젖은 나뭇잎이 지면에 달라붙어 있다.

はりつける【張り付ける・貼り付ける】 ❶〔紙・布などを〕붙이다. ‖壁にポスターを張り付ける 벽에 포스터를 붙이다. ❷〔ある目的のために〕사람을 일정 장소〔一定場所〕에 배치〔配置〕하다.

ぱりっと ❶짝; 뿌지직; 빡. ‖写真をぱりっとはがす 사진을 북 뜯어내다. ❷〔身なりがいい〕말쑥하게; 깔끔하게. ‖彼はいつもぱりっとしている その 사람은 언제나 말쑥하게 차려 입고 있다.

はりつめる【張り詰める】 ❶일대〔一帯〕를 뒤덮다. ‖池に氷が張り詰める 연못 일대가 얼다. ❷긴장〔緊張〕하다. ‖神経を張り詰める仕事を毎日続ける 일을 곤두세우는 일.

はりとばす【張り飛ばす】 세게 때리다. ‖横っ面を張り飛ばす 따귀를 세차게 때리다.

バリトン【baritone】 바리톤.

ばりばり ❶북북. ‖壁紙をばりばりとはがす 벽지를 북북 뜯어내다. ❷아드득아드득. ‖お菓子をばりばり〔食〕う 과자를 아드득아드득 먹다. ❸〔活動的な様子〕ばりばり仕事をする 열심히 일을 하다.

ぱりぱり ❶짝. ‖氷にぱりぱりとひびが入る 얼음에 짝 금이 쩍 가다. ❷아삭아삭. ‖たくあんをぱりぱりと食べる 단무지를 아삭아삭 씹어 먹다. ❸〔乾いている様子〕ぱりぱりのシーツ 잘 마른 시트.

はりめ【針目】땀. ‖針目が粗い 바늘땀이 성기다.

はりめぐらす【張り巡らす】 두르다; 둘러치다. ‖幕を張り巡らす 막을 둘러치다.

*はる【春】 ❶봄. ‖冬が過ぎて春が来る 겨울이 지나고 봄이 오다. もうすぐ春だ 곧 봄이다. 春になると庭は花でいっぱいになる 봄이 되면 뜰은 꽃으로 가득차다. ❷한창 때; 전성기〔全盛期〕. ‖我が体身の春. 我が世の春. 전성기.

*なる【張る・貼る】 ❶일대〔一帯〕를 뒤덮다. ‖池に氷が張る 연못에 얼음이 얼다. ❷사방에 뿌리가 뻗다. ❸팽팽해지다. ‖風の糸が張る 연줄이 팽팽해지다. ❹〔筋肉などが〕뭉치다; 뻣뻣해지다; 뻐근하다. ‖肩が張る 어깨가 뻐근하다. ❺긴장〔緊張〕하다. ‖気が張っていたので疲れを感じなかった 긴장을 하고 있어서 피로를 느끼지 못했다. ❻〔突き出

したりして〕눈에 띄다. ‖彼はえらが張っているその 사람은 하관이 벌어졌다. ❼붙이다. ‖封筒に切手を貼る 봉투에 우표를 붙이다. ❽크게 보이다 하다. ‖胸を張って歩く 가슴을 펴고 걷다. 見栄を張る 허세를 부리다. ❾〔金品などを〕걸다. ‖有り金全部を張る 있는 돈을 모두 걸다. ❿망〔望〕을 보다; 감시〔監視〕하다. ‖〔テントなどを〕テントを張る 텐트를 치다. ⓬벌이다; 차리다; 열다. ‖祝宴を張る 축하연을 열다. ⓭〔平手で〕때리다. ‖横っ面を張る 따귀를 때리다.

はるいちばん【春一番】 ［說明］입춘〔立春〕이 지나 처음으로 부는 강한 남풍〔南風〕.

*はるか【遥か】 ❶〔距離・時間などが〕아득히. ‖遥かなる故郷の空 아득히 먼 고향 하늘. ❷훨씬 차이〔差異〕가 나다. ‖予算を遥かに上回る 예산을 훨씬 웃돌다.

はるかぜ【春風】 춘풍〔春風〕; 봄바람.

バルコニー【balcony】 발코니.

はるさき【春先】 초봄.

バルサミコ【balsamico】 발사믹 식초〔食醋〕.

はるさめ【春雨】 ❶봄비. ❷〔食品〕당면〔唐麵〕.

パルス【pulse】 펄스.

はるのななくさ【春の七草】 ［說明］봄의 일곱 가지 나물. ✤セリ(미나리)・ナズナ(냉이)・ゴギョウ(쑥)・ハコベ(별꽃)・ホトケノザ(광대나물)・スズナ(순무)・スズシロ(무).

バルバドス【Barbados】〔国名〕바베이도스.

はるばる【遥遥】 멀리. ‖はるばる(と)故郷から訪ねてくる 멀리 고향에서 찾아 오다.

バルブ【valve】 밸브.

バルプ【pulp】 펄프.

はるまき【春巻】 춘권〔春巻〕.

はるめく【春めく】 봄다워지다. ‖日増しに春めいてくる 날이 갈수록 봄다워지다.

はるやすみ【春休み】 봄 방학〔放學〕.

はれ【晴れ】 ❶갬; 맑음. ‖明日は晴れでしょう 내일은 맑을 것입니다. ❷공식적〔公式的〕인; 영예〔榮譽〕로움. ‖晴れの席に臨む 공식적인 자리에 나가다. ❸의심〔疑心〕이 풀림; 결백〔潔白〕해짐. ‖晴れの身となる 결백한 몸이 되다. ❹晴れの舞台 영광스러운 무대.

はれ【腫れ】 부기〔浮氣〕. ‖顔の腫れがひく 얼굴 부기가 빠지다.

はれあがる【晴れ上がる】 맑게 개다. ‖台風が去って晴れ上がる 태풍이 지나가고 맑게 개다.

はれあがる【腫れ上がる】 부어오르다. ‖虫歯で頬が腫れ上がる 충치로 볼이

バレエ【ballet 프】 발레.
パレード【parade】 퍼레이드. ∥優勝チームが市内をパレードする 우승 팀이 시내를 퍼레이드하다.
バレーボール【volleyball】 배구(排球).
はれがましい【晴れがましい】 화려(華麗)하다; 영광(榮光)스럽다. ∥晴れがましい席に列なる 화려한 자리에 참석하다.
はれぎ【晴れ着】 공식적(公式的)인 자리나 경사(慶事)스러운 자리에 갈 때 입는 옷. ∥正月の晴れ着の娘さん 설빔을 입은 아가씨.
はれつ【破裂】 (名自) 파열(破裂); 터짐. ∥風船が破裂する 풍선이 터지다. ∥爆弾が破裂する爆弾が破裂する 폭탄이 터지다. ◆破裂音(言語) 파열음.
パレット【palette】 팔레트.
はれて【晴れて】 정식(正式)으로. ∥晴れて2人は結婚する 두 사람은 정식으로 결혼하다.
はればれ【晴れ晴れ】 ∥晴れ晴れとした気分で出かける 상쾌한 기분으로 외출하다. ∥晴れ晴れした顔をしているね 얼굴 표정이 밝네.
ばればれ 쉽게 들통남; 뻔함. ∥ばればれのうそ 뻔한 거짓말.
はれぼったい【腫れぼったい】 눈이 부어 있다. ∥寝不足で目が腫れぼったい 수면 부족으로 눈이 부어 있다.
はれま【晴れ間】 ❶비[눈] 등이 잠깐 멈춘 사이. ∥梅雨の晴れ間 장마가 잠깐 그친 사이. ❷(雲の切れ間から)ちらりと見えている青い空。
はれもの【腫れ物】 종기(腫氣). ∥首に腫れ物ができる 목에 종기가 생기다. ∥腫れ物に触るよう 종기를 건드리는 듯.
はれやか【晴れやか】 ❶맑게 개다. ∥晴れやかな5月の空 맑게 갠 5월 하늘. ❷(表情·気分が)밝다. ∥晴れやかな表情 밝은 표정. ❸밝고 화려(華麗)하다. ∥晴れやかに着飾る 화려하게 차려입다.
バレリーナ【ballerina 이】 발레리나.
*****はれる**【晴れる】 ❶(天気が)개다. ∥空が真っ青に晴れた 하늘이 파랗게 개다. ❷(気分などが)밝아지다; 좋아지다. ∥気が晴れない 기분이 좋아지지 않다. ❸(疑いなどが)풀리다. ∥疑いが晴れた 혐의가 풀렸다.
はれる【腫れる】 ❶붓다. ∥泣きはらした顔 운 끝에 부은 얼굴. ❷(惚れた腫れたの形で)반하다. ∥その年で惚れた腫れたもないのだ ユニ나이에 반한다 말이 될 것도 없다.
ばれる 탄로(綻露)나다. ∥うそをついてもすぐばれるよ 거짓말을 해도 금방 탄로날거야.
はれわたる【晴れ渡る】 쫙쫙 개다. ∥晴れ渡った秋空 쫙쫙 갠 가을 하늘.
バレンタインデー【Valentine Day】 밸런타인데이.
はれんち【破廉恥】 파렴치(破廉恥). ∥破廉恥な人間 파렴치한 인간.
はろう【波浪】 파랑(波浪). ◆波浪注意報 파랑 주의보.
ハロウィーン【Halloween】 할로윈.
ハローワーク【Hello+Work 日】 공공직업 안정소(公共職業安定所).
バロック【baroque 프】 바로크. ◆バロック音楽 바로크 음악.
パロディー【parody】 패러디.
バロメーター【barometer】 바로미터. ∥体重は健康のバロメーターだ 체중은 건강의 바로미터이다.
パワー【power】 파워(힘); 힘. ∥パワーがある 파워가 있다. ◆パワーゲーム 파워 게임. パワーショベル 동력삽.
*****はん**【半】 ❶절반(折半). ❷1倍半 두 배 반. ❸(1時間の)반. ∥6時半 여섯 시 반. ❸[半…の形で)반…. ∥半病人 반 병자.
はん【判】 ❶도장(圖章). ∥書類に判を押す 서류에 도장을 찍다. ❷판정(判定). ∥判を下す 판정을 내리다. ◆判で押したよう 판에 박은 듯하다.(例) 判で押したような挨拶 판에 박은 듯한 인사.
はん【版】 판(版). ∥版を重ねる 판을 거듭하다.
はん【班】 반(班). ∥3つの班に分ける 세 반으로 나누다.
はん-【反-】 반(反)…. ◆反作用 반작용.
はん-【汎-】 범(汎)…. ◆汎アジア主義 범아시아주의.
-はん【犯】 …범(犯). ◆知能犯 지능범.
ばん【晩】 ❶밤. ∥1晩のおかず 저녁 반찬. ❷【晩飯】저녁밥.
*****ばん**【番】 ❶순서(順序); 차례(次例). ∥今度は君の番だ 이번에는 네 차례다. ❷(店番などを)봄; 망(望)을 봄. ∥店の番をする 가게를 보다. ❸…번(番). ∥1番 일 번. 3番とも勝つ 세 번 다 이기다.
ばん【盤】 ❶(将棋·碁の)판(板). ∥将棋の盤 장기판. ❷…반(盤). 配電盤 배전반.
-ばん【板】 …판(板). ◆掲示板 게시판. 標識板 표지판.
-ばん【版】 ◆現代版 현대판. 限定版 한정판. 地方版 지방판.
ばん ❶〔破裂する音〕뺑. ❷〔勢いよく打つ音〕뺑.
*****パン**【pão 포】 빵. ∥パンを焼く 빵을 굽다. パンにジャムを塗る 빵에 잼을 바르다. ◆あんパン 팥빵. 食パン 식빵. パン屋 빵집.
*****はんい**【範囲】 범위(範圍). ∥この理論の応用範囲は広い 이 이론의 응용 범위는 넓다. 予算の範囲内で 예산 범위 내

はんいご【反意語】 반의어(反義語); 반대말.
はんえい【反映】 (する) 반영(反映). ‖世相を反映した事件 세태를 반영한 사건. 世論を政治に反映させる 여론을 정치에 반영시키다.
はんえい【繁栄】 (する) 번영(繁榮). ‖町が繁栄する 마을이 번영하다. 繁栄をもたらす 번영을 가져오다.
はんえいきゅうてき【半永久的】 반영구적(半永久的).
はんえん【半円】 반원(半圓). ◆半円形 반원형.
はんおん【半音】 반음(半音). ◆半音階 반음계.
はんか【繁華】 번화(繁華). ◆繁華街 번화가.
はんが【版画】 판화(版畫).
はんがく【晩学】 만학(晩學).
ハンガー【hanger】 옷걸이.
ばんかい【挽回】 (する) 만회(挽回). ‖劣勢を挽回する 열세를 만회하다.
はんかく【反核】 반핵(反核). ◆反核運動 반핵 운동.
はんかく【半角】 반각(半角).
はんがく【半額】 반액(半額).
はんがく【晩学】 만학(晩學).
ハンカチ(ーフ)【handkerchief】 손수건.
ハンガリー【Hungary】(国名) 형가리.
はんかん【反感】 반감(反感). ‖反感を持つ 반감을 갖다. 人の反感を買うことをする人間の反感을 살 짓을 하다.
ばんかん【万感】 만감(萬感). ‖万感胸に迫る 만감이 가슴에 밀리다.
はんき【反旗】 반기(反旗). ‖反旗を翻す 반기를 들다.
はんき【半季】 반년(半年).
はんき【半期】 반기(半期). ◆上半期 상반기.
はんき【半旗】 반기(半旗); 조기(弔旗). ‖半旗を掲げる 조기를 달다.
はんぎご【反義語】 반의어(反義語); 반대말.
はんぎゃく【反逆】 (する) 반역(反逆). ◆反逆罪 반역죄. 反逆者 반역자.
はんきゅう【半球】 반구(半球). ◆北半球 북반구.
はんきょう【反共】 반공(反共).
はんきょう【反響】 (する) 반향(反響). ‖反響する声を呼び起こす 반향하는 목소리를 불러일으키다. 各方面から反響があった 각 방면에서 반향이 있었다.
ばんきん【板金】 판금(板金).
パンク 펑크; 터짐. ‖タイヤがパンクする 타이어가 펑크 나다. 満腹でおなかがパンクしそうだ 배가 터질 것 같다. 空港はパンク状態だ 공항은 펑크 상태다.

ばんぐみ【番組】 방송(放送); 프로(그램). ◆教養番組 교양 방송. 報道番組 보도 방송.
バングラデシュ【Bangladesh】(国名) 방글라데시.
はんけい【半径】 반경(半徑).
はんけい【判型】 판형(判型).
パンケーキ【pancake】 팬케이크.
はんげき【反撃】 (する) 반격(反擊). ‖反撃に出る 반격에 나서다.
はんけつ【判決】 (する) 판결(判決). ‖判決を下す 판결을 내리다.
はんげつ【半月】 반달.
はんけん【版権】 판권(版權).
はんげん【半減】 (する) 반감(半減). ‖勢力が半減する 세력이 반감되다.
ばんけん【番犬】 집 지키는 개.
はんこ【判子】 도장(圖章). ‖はんこを押す 도장을 찍다. はんこを作る 도장을 만들다[파다].
はんご【反語】 반어(反語). ◆反語法 반어법.
パンこ【パン粉】 빵가루.
はんこう【反攻】 반격(反擊).
*はんこう【反抗】 (する) 반항(反抗). ‖先輩に反抗する 선배한테 반항하다. 権力に抗拒の 権력에 반항하다. 反抗的な態度をとる 반항적인 태도를 취하다. ◆反抗期 반항기. 反抗心 반항심.
はんこう【犯行】 범행(犯行). ‖犯行を犯す 범행을 저지르다. 犯行を否認する 범행을 부인하다. 犯行を重ねる 범행을 거듭하다.
ばんこう【蛮行】 만행(蠻行).
*ばんごう【番号】 번호(番號). ‖書類に番号をつける 서류에 번호를 붙이다. 若い番号 낮은 번호. 大きい番号 높은 번호. ◆背番号 등 번호. 電話番号 전화번호. 部屋番号 방 번호.
バンコート【H coat】 반코트.
ばんこく【万国】 만국(萬國). ◆万国旗 만국기. 万国共通 만국 공통. 万国博覧会 만국 박람회.
はんこつ【反骨】 반골(反骨). ◆反骨精神 반골 정신.
はんごろし【半殺し】 반죽음. ‖半殺しの目にあわせる 반 죽여 놓다.
ばんこん【晩婚】 만혼(晩婚).
*はんざい【犯罪】 범죄(犯罪). ‖犯罪を犯す 범죄를 저지르다. 犯罪を防止する 범죄를 방지하다. 重大な犯罪 중대한 범죄. 犯罪行為 범죄 행위.
ばんざい【万歳】 만세(萬歲). ‖万歳、勝ったぞ 만세, 이겼다. 万歳三唱 만세 삼창.
ばんさく【万策】 온갖 수단(手段). ‖万策尽きる 온갖 수단을 다 쓰다.
はんざつ【煩雑】 번잡(煩雑)하다. ‖煩雑な手続き 번잡한 수속. 煩雑な業務 번잡한 업무.

ハンサム【handsome】ㇴ 잘생기다. ∥ハンサムな青年 잘생긴 청년.
はんさよう【反作用】 반작용(反作用).
はんさん【晩餐】 만찬(晚餐). ◆晩餐会 만찬회.
はんじ【判事】 판사(判事).
はんじ【万事】 만사(萬事). ∥万事思い通りになる 만사가 뜻대로 되다. ◆万事休す 만사휴의.
パンジー【pansy】 팬지.
*はんしゃ【反射】 (名·自) 반사(反射). ∥かれた金属の表面は光をよく反射する 닦인 금속의 표면은 빛을 잘 반사한다. 反射神経が優れている 반사 신경이 뛰어나다. ◆条件反射 조건 반사, 反射鏡 반사경, 反射光線 반사광선. 反射的 반사적. 反射的に身をかわす 반사적으로 몸을 피하다.
ばんしゃく【晩酌】 만작(飯酌).
ばんじゃく【盤石】 반석(盤石).
ばんしゅう【晩秋】 만추(晚秋).
はんじゅく【半熟】 반숙(半熟). ◆半熟卵 반숙란.
ばんじゅく【晩熟】 성숙(成熟)이 늦음.
はんしゅつ【搬出】 (名·他) 반출(搬出). ∥展覧会場から作品を搬出する 전람 회장에서 작품을 반출하다.
はんしょ【板書】 (名·他) 판서(板書). ∥数式を板書する 수식을 판서하다.
はんしょう【反証】 (名·他) 반증(反證). ∥反証を挙げて抗議する 반증을 들어 항의하다.
はんじょう【繁盛】 번성(繁盛); 번창(繁昌). ∥店が繁盛する 가게가 번성하다.
バンジョー【banjo】 밴조.
はんしょく【繁殖】 번식(繁殖). ◆繁殖期 번식기, 繁殖力 번식력.
はんしん【半身】 반신(半身). ◆下半身 하반신. 上半身 상반신. 半身不随 반신불수. 半身浴 반신욕.
はんしんはんぎ【半信半疑】 (名·自) 반신반의(半信半疑). ∥半信半疑で聞く 반신반의하며 묻다.
はんすう【反芻】 (名·他) 반추(反芻). ∥師の忠告を反芻する 선생님의 충고를 반추하다.
はんすう【半数】 반수(半數). ∥住民の半数以上 주민의 반수 이상.
はんズボン【半ズボン】 반바지.
*はんする【反する】 ❶ 반대(反對)가 되다; 반하다. ∥予想に反する結果 예상에 반하는 결과. 利害が相反する 이해가 상반되다. ❷ 위반(違反)하다. ∥協定に反する行為 협정을 위반하는 행위. ❸ 거역(拒逆)하다; 따르지 않다. ∥忠告に反する 충고를 따르지 않다.
*はんせい【反省】 (名·他) 반성(反省). ∥過ちを反省する 잘못을 반성하다. 反省の色が見えない 반성하는 기색이 안 보이다. 反省を促す 반성을 촉구하다.
はんせい【半生】 반생(半生).
ばんせい【晩生】 만생(晩生). ◆晚生種 만생종.
はんせいひん【半製品】 반제품(半製品).
はんせつ【反切】【言語】 반절(反切).
はんせつ【半切】 반절(半切). ∥半切にした紙 반으로 자른 종이.
はんせん【反戦】 반전(反戰). ◆反戦運動 반전 운동.
はんせん【帆船】 범선(帆船).
はんぜん【判然】 ❶ 판연(判然)히. ❷ 〔判然としないの形で〕 불분명(不分明)하다. ∥意図が判然としない 의도가 분명하지 않다.
ばんぜん【万全】 만전(萬全). ∥大会の準備に万全を期す 대회 준비에 만전을 기하다.
ハンセンびょう【Hansen 病】 한센병.
はんそう【搬送】 반송(搬送). ∥コンテナを搬送する 컨테이너를 반송하다.
ばんそう【伴走】 반주(伴走).
ばんそう【伴奏】 반주(伴奏). ∥ピアノで伴奏する 피아노로 반주하다.
ばんそうこう【絆創膏】 반창고(絆創膏). ∥絆創膏を貼る 반창고를 붙이다.
はんそく【反則】 반칙(反則). ∥反則を犯す反칙 저지르다.
はんそで【半袖】 반소매; 반팔. ∥半袖のシャツ 반팔 셔츠.
パンダ【panda】 판다.
*はんたい【反対】 반대(反對). ∥提案に反対する 제안에 반대하다. 反対の方向に行く 반대 방향으로 가다. 上下が反対になっている 아래위가 반대로 되어 있다. 昨日とは反対のことを言う 어제와는 반대되는 소리를 한다. 反対を押し切る 반대를 무릅쓰다. ◆反対給付 반대 급부. 反対給付 반대급부. 反対語 반대어, 반대말. 反対色 반대색, 보색. 反対尋問 반대 신문. 反対勢力 반대 세력.
はんたいせい【反体制】 반체제(反體制).
バンタムきゅう【bantam 級】 〔ボクシングで〕밴텀급.
パンタロン【pantalon ㇷ】 판탈롱.
*はんだん【判断】 판단(判断). ∥善悪を判断する 선악을 판단하다. 判断を下す 판단을 내리다. 冷静な判断ができない 냉정한 판단이 되지 않다. 人を外見で判断してはいけない 사람을 외관으로 판단해서는 안 된다.
ばんたん【万端】 만반(萬般). ◆準備万端 만반의 준비.
ばんち【番地】 번지(番地). ∥番地를 頼りに訪ねる 번지를 보고 찾아가다.

パンチ【punch】 ❶(ボクシングなどの)편치. ❷박력(迫力). ❸(穴あけ)편치; 구멍을 뚫는 기구(器具).

はんちゅう【範疇】범주(範疇). ‖同一の範疇 동일 범주.

ばんちょう【班長】반장(班長).

ばんちょう【番長】짱; 우두머리; 대장(大將).

パンツ【pants】 ❶〖ズボン〗바지. ❷〖下着・短パン〗짧은 속바지. ‖デニムのパンツ 데님 바지. 면 바지.

はんつき【半月】반달; 보름.

ハンデ(ィキャップ)【handicap】 헨디; 헨디캡. ‖ハンディキャップを乗り越える 헨디캡을 극복하다. ハンデをつける 헨디를 두다.

はんてい【判定】 ⦅する⦆ 판정(判定). ‖成績を判定する 성적을 판정하다. 判定が下る 판정이 내려지다. ◆判定規準 판정 기준.

パンティー【panties】 팬티. ‖パンティーストッキング 팬티스타킹.

バンデージ【bandage】⦅說明⦆ 복서가 손에 감는 붕대(繃帶).

はんてん【反転】 ⦅する⦆ ❶반전(反轉). ❷구름; 뒤집음. ‖マットの上で反転する 매트 위에서 구르다. ❸반대(反對)로 돌림. ‖機首を反転する 기수를 반대로 돌리다.

はんてん【斑点】 반점(斑點). ‖首に赤い斑点ができる 목에 붉은 반점이 생기다.

バント【bunt】 ⦅する⦆〖野球で〗번트. ◆送りバント 보내기 번트.

ハンドアウト【handout】 핸드아웃.

はんとう【半島】 반도(半島). ‖朝鮮半島 한반도.

はんどう【反動】 반동(反動). ◆反動勢力 반동 세력.

はんどうたい【半導体】 반도체(半導體).

はんとうめい【半透明】 반투명(半透明). ‖半透明な液体 반투명한 액체.

はんどく【判読】 ⦅する⦆ 판독(判讀).

ハンドクリーム【handcream】 핸드크림.

はんとし【半年】 반년(半年).

ハンドバッグ【handbag】 핸드백.

ハンドブック【handbook】 핸드북. ‖海外旅行ハンドブック 해외 여행 핸드북.

ハンドボール【handball】 핸드볼; 송구(送球).

ハンドマイク【hand+mike 日】 휴대용(携帶用) 마이크.

パントマイム【pantomime】 팬터마임.

ハンドメード【handmade】 수제(手製). ‖ハンドメードの椅子 수제 의자.

ハンドル【handle】 핸들. ‖ハンドルを握る 핸들을 잡다. ハンドルを左へ切る 핸들을 왼쪽으로 꺾다.

ばんなん【万難】 만난(萬難); 온갖 고난(苦難). ‖万難を排する 만난을 물리치다.

はんにち【反日】 반일(反日).

はんにち【半日】 반나절. ‖半日がかりの仕事 반나절 걸리는 일.

はんにゃしんぎょう【般若心経】반야심경(般若心經).

はんにゅう【搬入】 ⦅する⦆ 반입(搬入). ‖展覧会場に絵画を搬入する 전람 회장에 그림을 반입하다.

はんにん【犯人】 범인(犯人). ‖犯人を逮捕する 범인을 체포하다. 犯人はまだ捕まっていない 범인은 아직 잡히지 않고 있다.

ばんにん【万人】 만인(萬人).

ばんにん【番人】 파수꾼; 지키는 사람.

はんにんまえ【半人前】 ❶반 사람 몫. ‖半人前の3人分 반 사람 분량. ❷능력(能力)이나 경험(經驗) 등이 부족(不足)해서 한 사람 몫을 못 함. ‖一人前なことを言うが, 仕事は半人前だ 말은 한 사람 몫 하면서 일은 반 사람 몫밖에 못 하다.

はんね【半値】 반값.

ばんねん【晩年】 만년(晩年); (人生の)말년(末年).

*はんのう【反応】 ⦅する⦆ 반응(反應). ‖相手の反応を見る 상대방의 반응을 보다. 何の反応もない 아무런 반응이 없다. 様々な反応を示す 다양한 반응을 보이다. 金属は酸に反応する 금속은 산에 반응한다. ◆化学反応 화학 반응. 連鎖反応 연쇄 반응.

はんのう【万能】 만능(萬能). ◆万能選手 만능 선수.

はんば【飯場】 ⦅說明⦆ 공사장 노동자(工事場勞動者)의 일시적(一時的)인 숙소(宿所).

はんぱ【半端】 ❶다 갖추어지지 않음; 자투리. ‖半端な布 자투리 천. ❷끝수; 우수리. ‖半端は切り捨てる 끝수를 버리다. ❸어중간함. ‖半端な気持ち 어중간한 기분.

バンパー【bumper】〖車の〗범퍼.

ハンバーガー【hamburger】 햄버거.

ハンバーグ(ステーキ)【hamburg steak】 햄버그 스테이크.

*はんばい【販売】 ⦅する⦆ 판매(販賣). ◆自動販売機 자동판매기. 販売員 판매원. 販売促進 판매 촉진. 販売網 판매망. 販売元 판매원.

はんばく【反駁】 ⦅する⦆ 반박(反駁). ‖非難に反駁する 비난을 반박하다. 反駁を加える 반박을 가하다.

はんぱつ【反発】 ⦅する⦆ 반발(反撥). ‖親の意見に反発する 부모 의견에 반발하다. 反発を買う 반발을 사다.

はんはん【半半】 반반(半半). ‖半々に分ける 반반으로 나누다. 彼が合格する

可能性は半々だ その 人が合格する 可能性は半々だ.

ばんぱん【万般】 만반(萬般). ‖万般の準備 만반의 준비.

ばんばんざい【万万歳】 만만세(萬萬歲).

バンバンジー【棒棒鶏】 (略稱) 닭고기 살을 잘게 찢어 고춧가루 등의 향신료(香辛料)를 넣은 소스로 버무린 것.

はんぴれい【反比例】 (名他) 반비례(反比例).

はんぷ【頒布】 (名他) 배포(配布). ‖小冊子を頒布する 소책자를 배포하다.

はんぷく【反復】 (名他) 반복(反復). ‖テープを反復して聴く 테이프를 반복해서 듣다. ◆反復記号 (音楽) 반복 기호. 反復練習 반복 연습.

パンプス【pumps】 끈 없는 여성용(女性用) 구두.

ばんぶつ【万物】 만물(萬物). ‖万物の霊長 만물의 영장.

パンフレット【pamphlet】 팸플릿.

*はんぶん【半分】 반(半). ‖扉が半分開いている 문이 반쯤 열려 있다. 半分ずつ分け合う 반씩 나눠 가지다.

はんべつ【判別】 (名他) 판별(判別). ◆判別式 (数学) 판별식.

はんぼいん【半母音】 반모음(半母音).

ハンマー【hammer】 망치; 해머. ◆ハンマー投げ 해머던지기.

はんめい【判明】 (名自) 판명(判明). ‖投票結果が判明する 투표 결과가 판명되다.

ばんめし【晩飯】 저녁밥.

はんめん【反面】 반면(反面)(에). ‖陽気な反面寂しがり屋でもある 쾌활한 반면에 외로움을 잘 탄다.

はんめん【半面】 ❶ [顔] 얼굴의 반(半). ❷ 표면(表面)의 반; 반쪽. ❸ [一面] 일면(一面); 다른 쪽. ‖隠された半面 감춰진 일면.

はんめんきょうし【反面教師】 반면교사(反面教師).

はんもく【反目】 (名自) 반목(反目).

ハンモック【hammock】 해먹.

はんもん【反問】 (名他) 반문(反問). ‖鋭く反問する 날카롭게 반문하다.

はんもん【煩悶】 (名自) 번민(煩悶). ‖過ちの重大さにひとり煩悶する 잘못의 중대함에 혼자 번민하다.

ばんゆう【蛮勇】 만용(蠻勇). ‖蛮勇をふるう 만용을 부리다.

ばんゆういんりょく【万有引力】 만유인력(萬有引力).

はんよう【汎用】 (名他) 범용(汎用). ‖汎用機械 범용 기계.

はんら【半裸】 반라(半裸).

はんらん【反乱・叛乱】 (名自) 반란(叛亂). ‖反乱を起こす 반란을 일으키다.

はんらん【氾濫】 (名自) 범람(汎濫). ‖大雨で川が氾濫する 큰비로 강이 범람하다. 길가에 포스터가 범람하다. ネット上には情報が氾濫している 네트상에는 정보가 범람하고 있다.

はんりょ【伴侶】 반려(伴侶). ‖終生の伴侶 평생의 반려.

はんれい【凡例】 범례(凡例).

はんれい【判例】 판례(例例). ◆判例法 판례법.

はんろ【販路】 판로(販路). ‖販路を開拓する 판로를 개척하다.

はんろん【反論】 (名自) 반론(反論). ‖政策批判に反論する 정책 비판에 반론하다. 反論が出る 반론이 나오다.

ひ

ひ【一】 일(一); 하나. ‖ひ, ふ, み 하나, 둘, 셋.

*ひ【日】 ❶ [太陽] 해; 일(日). ‖日が昇る 해가 떠오르다[뜨다]. 日が出る 해가 나오다[뜨다]. 日が落ちる 해가 지다. 日の出 일출. 日の入り 일몰. ❷ [日光] 햇살; 햇볕. ‖日が差す 햇살이 비추다. 日が当たらない 햇볕이 들지 않다. ❸ [日中] 낮; 해. ‖日が長くなる 낮이[해가] 길어지다. 冬は日が暮れるのが早い 겨울은 해가 지는 것이 빠르다. ❹ [1日] 하루; 날. ‖日に3度の食事 하루 세 끼 식사. 日に5時間しか眠らない 하루에 다섯 시간밖에 자지 않는다. 日が経つのが速い 하루가 빨리 (지나)가다. 雨の日も風の日も火の日も 비 오는 날도 바람이 부는 날도. 子どもの日 어린이날. ❺ [日々] 나날. ‖悲しみの日を送る 슬픈 나날을 보내다. 日に日に元気になる 나날이 건강해지다. ❻ [日限・日数] 날; 날짜. ‖出発の日が迫る 출발할 날이 다가오다. 締め切り日 마감날. 試験の日まではまだ日がある 시험까지는 아직 날짜가 있다. ❼ [日柄] 일진(日辰). ‖日が悪い 일진이 안 좋다. ❽ [時代] 날. ‖若かりし日の面影を残す 젊은 날의 모습이 남아 있다. ❾ ‥‥した日には[の形で]‥‥하는 날에는; ‥‥할 경우(境遇)에는. ‖手順を間違えた日には大変なことになる 순서가 틀리는 날에는 큰 난다. ‖日に焼ける 햇볕에 타다. ‖日の当たる場所 혜택 받은 지위나 환경. ‖日を追って 나날이. 날이 갈수록.

*ひ【火】 ❶ [炎・熱] 불. ‖薪に火をつける 장작에 불을 붙이다. 火に当たる 불을 쬐다. 鍋を火にかける 냄비를 불에 올려놓다. マッチの火 성냥불. ❷ [炭火] 불. ‖火をおこす 불을 피우다. ❸ [火事] 화재(火災). ‖火を出す 불을 내다. ❹ [火のように光るもの] ‖蛍火 반딧불. 暖炉の火 난롯불. ❺ 격정

(激情). ◆火が付く 불이 붙다. 발등에 불이 떨어지다. 論争に火がつく 논쟁에 불이 붙다. 尻に火がつく 발등에 불이 떨어지다.(諺) ◆火に油を注ぐ 불에 기름을 붓다. ◆火が消えたよう 쓸쓸해지다. 孫たちが帰ってしまったら、家の中が火が消えたようだ 손자들이 돌아가고 나니का 집이 불이 꺼진 듯하다. ◆火の[が]付いたよう ①〔突然慌ただしくなる〕갑자기 바빠짐. 우수선해짐. ②〔激しく泣き叫ぶ〕아이가 자지러지게 울다. 火がついたように泣く 불에 데인 것처럼 울다. ◆火の無い所に煙は立たない 아니 땐 굴뚝에 연기 날까.(諺) ◆火を落とす〔調理場・風呂場などの〕불을 끄다. ◆火を付ける 불을 붙이다. 자극하다. 反対運動に火をつける 반대 운동에 불을 붙이다. ◆火を通す 익히다. ◆火を放つ賊を知らす 더. ◆火を見るよりも明らか 명약관화(明若観火).

ひ【灯】 불빛; 등(燈). ‖灯をともす 불을 켜다.

ひ【否】 부(否). ◆可否 가부.

ひ【非】 ❶부정(不正); 비리(非理). ‖非をあばく 비리를 폭로하다. ❷잘못; 결점(缺點). ‖非を認める 잘못을 인정하다. ❸비난(非難). ‖非を唱える 비난하다. ❹비…. ‖非能率的 비능률적. 非公式 비공식. ◆非の打ち所がない 나무랄 데가 없다.

ひ【緋】 주황색(朱黃色). ‖緋の衣 주황색 옷.

び【美】 미(美). ‖美の女神 미의 여신. 有終の美を納める 유종의 미를 거두다.

-び【尾】 〔助数字〕…마리. ‖鯛1尾 도미 한 마리.

ひあい【悲哀】 비애(悲哀). ‖人生の悲哀を感じる 인생의 비애를 느끼다.

ビアガーデン【beer garden】 비어 가든.

ひあがる【干上がる】 ❶바싹 마르다. ‖日照り続きで田が干上がる 가뭄이 계속되어 논이 바싹 마르다. ❷생활(生活)이 어렵게 되다. ‖あごが干上がる 입에 풀칠하기가 어렵다.

ピアス【pierce】 피어쓰; 피어싱 귀걸이.

ひあそび【火遊び】 ❶불장난. ❷일시적(一時的)인 정사(情事).

ひあたり【日当たり】 별이 드는 정도. ‖日当たりのよい家 볕이 잘 드는 집. 양지바른 집.

ピアニスト【pianist】 피아니스트.

ピアニッシモ【pianissimo 이】 피아니시모.

*ピアノ【piano】 피아노. ‖ピアノを弾く 피아노를 치다. ピアノを練習する 피아노를 연습하다. ピアノを習う 피아노를 배우다. ◆グランドピアノ 그랜드 피아노.

ピアノフォルテ【pianoforte】 피아노포르테.

ビアホール【beer+hall 日】 비어홀.

ビーカー【beaker】 비커.

ビーがた【B型】 B 형; 비형.

ひいき【贔屓】 ❶ひいきする 편들다. 역성들다.

ピーク【peak】 피크; 정점(頂點); 절정(絶頂). ‖ラッシュアワーのピーク 러시아워의 절정.

ピーケーせん【PK 戦】 승부차기.

びいしき【美意識】 미의식(美意識).

ビーズ【beads】 비즈.

ヒーター【heater】 히터.

ビーだま【ビー玉】 유리(琉璃) 구슬.

ひいちにち【日一日】 나날이. ‖日一日と春めく 나날이 봄다워지다.

ビーチバレー【beach volleyball】 비치 발리볼.

ひいて(は)【延いて(は)】 나아가서(는). ‖人のために尽くすことがひいては自分のためになるのは自分のためになるのは他人のためにした方が先行する는 것이 나아가서는 자신을 위하는 것이다.

ひいでる【秀でる】 뛰어나다. ‖語学に秀でる 어학에 뛰어나다.

ビート【beat】〔音楽〕비트.

ヒートアイランド【heat island】 히트 아일랜드; 열섬.

ピーナッツ【peanuts】 땅콩.

ひいひい ❶찔찔. ‖ひいひい(と)泣く 찔찔 짜다. ❷〔大変な様子〕‖訓練の厳しくてひいひい言う 훈련이 힘들어 낑낑대다.

ぴいぴい ❶〔口笛で〕호로로. ‖呼び子をぴいぴい(と)鳴らす 호루라기를 호로로 불다. ❷〔鳥などの鳴き声〕짹짹. ❸〔生活が苦しい様子〕‖いつもぴいぴいしている 돈이 없어 늘 징징대다.

ビーフシチュー【beef stew】 비프스튜.

ビーフジャーキー【beef jerky】 소고기육포(肉脯).

ビーフステーキ【beefsteak】 비프스테이크.

ビーフン【米粉】〔説明〕멥쌀가루로 만든 중국식 면(中國式麵).

ピーマン【piment】 피망.

ヒイラギ【柊】 호랑가시나무.

ヒール【heel】 힐; 굽. ‖ヒールの高い靴 굽이 높은 구두. ◆ハイヒール 하이힐.

ビール【bier 화】 맥주(麥酒).

ヒーロー【hero】 영웅(英雄); 용사(勇士); 남자 주인공(男子主人公).

ひうん【悲運】 비운(悲運).

ひえ【冷え】 차가워짐; 냉기(冷氣). ◆冷え性 냉증.

ヒエ【稗】 피.

ひえいせい【非衛生】 비위생(非衛生). ◆非衛生的 비위생적.

ひえいり【非営利】 비영리(非營利). ◆非営利団体 비영리 단체.

ひえきる 【冷え切る】 완전(完全)히 차가워지다; 식다. ‖冷え切った体を暖める 차가워진 몸을 덥히다. 冷えきった両国の関係 차가워진 양국 관계.

ひえこむ 【冷え込む】 ❶(気温이) 뚝 떨어지다. ‖明日の朝は冷え込むでしょう 내일 아침은 기온이 뚝 떨어질 것입니다. ❷(体)이 차가워지다.

ひえびえ 【冷え冷え】 ❶썰렁히. ‖人気のない冷え冷え(と)した部屋 사람 기척이 없는 썰렁한 방. 冷え冷え(と)して쓸쓸히. ❷冷え冷え(と)した気持ち 적적한 마음.

ヒエラルキー [Hierarchie^독] 위계질서(位階秩序); 계층 조직(階層組織).

ひえる 【冷える】 ❶차가워지다; 추워지다; 쌀쌀하다. ‖朝晩はかなり冷える 아침저녁으로는 꽤 쌀쌀하다. ❷(熱意・愛情など가) 식다. ‖2人の仲が冷える 두 사람 사이가 식다.

ピエロ [pierrot^프] 피에로; 어릿광대.

びえん 【鼻炎】 비염(鼻炎).

ビオラ [viola^이] 비올라.

びおん 【微音】 ❶이론적(微溫的); 미지근함. ‖微温な態度 미온적인 태도. 微温的な処置 미온적인 조치.

びおん 【鼻音】 비음(鼻音).

びか 【美化】【~する】 미화(美化). ‖死を美化する죽음을 미화하다.

*****ひがい 【被害】** 피해(被害). ‖被害がおよぶ 피해가 미치다. 被害をこうむる 피해를 입다. 被害にあう 피해를 당하다. ♦被害者 피해자. 被害妄想 피해망상.

ひかえ 【控え】 ❶예비(豫備). ‖控えの投手 예비 투수. ❷(書類などの)메모; 사본(寫本).

ひかえしつ 【控え室】 대기실(待機室).

ひかえめ 【控え目】 ^ダ ❶조심(操心)스럽다; 삼가다; 자제(制)하다. ‖控えめな態度 조심스러운 태도. ❷(量・程度)を)적게 하다; 약간(若干) 줄이다. ‖砂糖は控え目にしてください 설탕은 조금 줄이십시오.

ひがえり 【日帰り】 당일(當日)치기; 당일[그날]로 다녀옴. ‖日帰りしようと思えばその夜難 그날 돌아오려고 하면 돌아올 수 있는 거리.

*****ひかえる 【控える】** ❶대기(待機)하다. ‖楽屋に控えて出番を待つ 대기실에서 대기하며 출연 순서를 기다리다. ❷(場所的・時間的)으로)가까이 있다; 다가오다. ‖大事な試合が明日に控えている 중요한 시합이 내일로 다가와 있다. ❸삼가다; 자제(制)하다. ‖酒を控える 술을 삼가다. ❹기록(記錄)하다; 메모하다; 적어 두다. ‖電話番号を控える 전화번호를 수첩에 적어 두다.

*****ひかく 【比較】**【~する】 비교(比較). ‖両国の経済力を比較する 두 나라의 경제력을 비교하다. 彼は他の人とは比較にならないほど成績がいい. 그 사람은 다른 사람과는 비교가 안 될 정도로 성적이 좋다. ♦比較研究 비교 연구. 比較文学 비교 문학.

ひかく 【皮革】 피혁(皮革). ♦皮革製品 피혁 제품.

びがく 【美学】 미학(美學).

ひかくさんげんそく 【非核三原則】 (日本の)비핵 삼원칙(非核三原則).

ひかくてき 【比較的】 비교적(比較的). ‖ここは比較的静かで여기는 비교적 조용하다.

ひかげ 【日陰】 그늘; 음지(陰地). ‖セーターを日陰に干す 스웨터를 그늘에 말리다.

ひかげん 【火加減】 불기운; 화력(火力).

びかこう 【美化工】 미화어(美化語).

ひがさ 【日傘】 양산(陽傘); 파라솔.

*****ひがし 【東】** 동(東). ‖太陽は東から昇る 태양은 동쪽에서 떠오르다. 風は東から吹いている 바람은 동쪽에서 불고 있다. 東の空 동쪽 하늘. 東風 東風 동(東)풍. 東半球 동반구.

ひかしぼう 【皮下脂肪】 피하 지방(皮下脂肪).

ひかず 【日数】 일수(日數); 날짜. ‖日数がかかる 날짜가 걸리다.

ひかぜい 【非課税】 비과세(非課稅).

ひがた 【干潟】 간석지(干潟地).

ぴかっと 번쩍. ‖稲妻がぴかっと光る 번개가 번쩍이다.

ぴかぴか ❶{つやがあって光り輝く様子}반짝반짝; 빤질반질. ‖ぴかぴかに磨かれた靴 빤질빤질하게 닦은 구두. ❷{光が点滅する様子}깜빡깜빡. ‖暗い海上でぴかぴかと光るものがある 어두운 바다 위에 깜빡깜빡 빛나는 것이 있다.

ひがみ 【僻み】 비뚤어짐. ‖ひがみ根性 비뚤어진 근성.

ひがむ 【僻む】 비뚤어지게 생각하다; 곡해(曲解)하다. ‖のけ者にされたと恐ってひがむ 따돌림을 당했다고 곡해하다.

ひがら 【日柄】 일진(日辰). ‖今日は日柄がいい 오늘은 일진이 좋다.

ひからす 【光らす】 광(光)을 내다; (目を)번득이다. ‖目を光らして監視する 눈을 번득이며 감시하다.

ひからびる 【干涸びる】 바싹 마르다; 메마르다.

*****ひかり 【光】** ❶빛. ‖強い光を放って燃える 강한 빛을 내며 타다. ❷시력(視力). ‖交通事故で光を失う 교통사고로 시력을 잃다. ❸희망(希望); 광명(光明). ‖人生の光を失う 인생의 희망을 잃다. ▶光を当てる 특별히 다루다. ♦光通信 광통신. 光ディスク 광디스

ひかりかがやく

ㅋ. 光ファイバー 광파이버.

ひかりかがやく【光り輝く】 휘황찬란 (輝煌燦爛)하게 빛나다. ‖光り輝くシャンデリア 휘황찬란하게 빛나는 샹들리에.

***ひかる**【光る】 ❶빛나다. ‖星が光る 별이 빛나다. ❷뛰어나다; 두드러지다. ‖彼の作品が断然光っている 그 사람의 작품이 단연 뛰어나다.

ひかれる【惹かれる】 끌리다. ‖彼のやさしさに惹かれた 그 사람의 다정함에 끌렸다.

ひがわり【日替わり】 매일(毎日) 바뀜. ◆日替わり弁当 매일 반찬이 매일 바뀌는 도시락.

ひかん【悲観】 (文可) 비관(悲観). ‖将来を悲観する 장래를 비관하다. ◆悲観的 비관적. 悲観的な観点 비관적인 관점.

ひがん【彼岸】 피안(彼岸). ◆彼岸花 석산화.

ひがん【悲願】 비원(悲願).

びかん【美観】 미관(美観). ‖美観を損なう 미관을 훼손하다.

ひき【悲喜】 희비(喜悲). ‖悲喜こもごも至る 희비가 교차하다.

-ひき【匹】 …마리. ‖2匹の子犬 강아지 두 마리.

-びき【引き】 …할인(割引). ‖3割引 삼할 할인.

ひきあい【引き合い】 ❶예(例)로 듦; 참고(参考)로 삼음. ‖前例を引き合いに出す 전례를 예로 들다. ❷거래 문의(問議); 주문(注文)의 조회(照会). ‖引き合いが殺到する 거래 문의가 쇄도하다.

ひきあう【引き合う】 ❶서로 당기다. ‖綱を引き合う 서로 줄을 당기다. ❷타산(打算)이 맞다; 돈벌이가 되다; 가치(價値)가 있다. ‖面倒だが十分引き合う仕事 번거롭지만 충분히 돈벌이가 되는 일.

ひきあげ【引(き)上げ・引(き)揚げ】 인상(引上); 끌어올림; 인양(引揚); 철수(撤収); 沈没線の引揚船本線의 인양. 賃金の引上げ 임금 인상. 外地からの引揚げ 외지로부터의 철수.

ひきあげる【引き上げる】 ❶올리다; 끌어올리다; 건져 올리다; 인상(引上)하다, ‖沼に落ちた人を川から引き上げる 늪에 빠진 사람을 건져 올리다. 金利を引き上げる 금리를 올리다. ❷원래(元來) 자리로 되돌리다; 회수(回収)하다; 철수(撤収)하다. ‖もう遅いから引き上げようか 이제 늦었으니까 돌아갈까. 投下した資金を引き上げる 투자한 자금을 회수하다. 彼らは戦後中国から引き上げてきた 그들은 전후 중국에서 돌아왔다.

ひきあてる【引き当てる】 ❶(くじなどを) 뽑아 맞추다. ‖1等を引き当てる 일등을 뽑아 맞추다. ❷충당(充当)하다. ‖賞金を借金の返済に引き当てる 상금을 빚 갚는 데 충당하다.

ひきあわせる【引き合わせる】 ❶소개 (紹介)하다. ‖若い 2 人を引き合わせる 젊은 두 사람을 소개하다. ❷조회(照会)하다; 대조(対照)하다. ❸장부를 대조하다.

ひきいる【率いる】 통솔(統率)하다; 인솔(引率)하다; 生徒を率いて遠足に行く 학생들을 인솔해서 소풍을 가다.

ひきいれる【引き入れる】 끌어들이다. ‖味方に引き入れる 같은 편으로 끌어들이다.

***ひきうける**【引き受ける】 ❶책임(責任)을 지고 맡다; 담당(擔當)하다; 떠맡다. ‖難しい仕事を引き受ける 어려운 일을 떠맡다. ❷보증(保證)하다. ‖身元を引き受ける 신원을 보증하다.

ひきうつす【引き写す】 베끼다.

ひきおこす【引き起こす】 (事件・騒ぎなどを)일으키다; 벌이다. ‖家出騒動を引き起こす 가출 소동을 벌이다.

ひきおとし【引き落とし】 끌어당겨 넘어뜨림. ❷(相撲で)당겨서 넘어뜨리는 기술(技術).

ひきおとす【引き落とす】 ❶당겨서 쓰러뜨리다. ‖前に引き落とす 앞으로 당겨서 떨어뜨리다. ❷자동 이체(自動移替)하다. ‖水道料金を口座から引き落とす 수도 요금을 구좌에서 이체하다.

ひきかえ【引き換え・交換】 교환(交換); 상환(相換). ‖代金を引き替えにする 대금과 상환하다.

ひきかえす【引き返す】 되돌아가다. ‖家へ引き返す 집으로 되돌아가다.

ひきかえる【引き替える】 교환(交換)하다. ‖当たり券を賞品に引き替える 당첨권을 상품과 교환하다.

ひきがね【引き金】 ❶방아쇠. ‖引き金を引く 방아쇠를 당기다. ❷원인(原因); 계기(契機). ‖ささいな口論が引き金となって乱闘事件の사소한 언쟁이 원인이 되어 난투 사건이 일어나다.

ひきぎわ【引き際】 물러날 때. ‖人間は引き際が肝心だ 사람은 물러날 때가 중요하다.

ひきこむ【引き込む】 끌어들이다; 매혹(魅惑)하다. ‖自派の陣営に引き込む 자기 진영으로 끌어들이다. 名演奏に引き込まれた 명 연주에 매료되다.

ひきこもる【引き籠もる】 집에 꼭 박히다. ‖家にじっと引きこもる 집에 꼭 들어박히다.

ひきさがる【引き下がる】 물러나다. ‖すごすご引き下がる 풀이 죽어 물러나다.

ひきさく【引き裂く】 ❶찢다. ‖布を引

き裂く 옷감을 찢다. ❷ 갈라놓다. ‖2人의 仲を引き裂く 두 사람 사이를 갈라놓다.
ひきさげ【引(き)下げ】 인하(引下).
ひきさげる【引き下げる】❶ 내리다; 인하(引下)하다. ‖税金を引き下げる 세금을 인하하다. ❷ 강등(降等)하다. ‖課長から主任に引き下げる 과장에서 주임으로 강등하다. ❸ 철회(撤回)하다. ‖提案を引き下げる 제안을 철회하다.
ひきざん【引き算】 뺄셈; 빼기.
ひきしお【引(き)潮】 간조(干潮).
ひきしまる【引き締まる】❶ 팽팽해지다; 처짐이 없다; 탄탄하다. ‖スポーツで鍛えた引き締まった体 스포츠로 단련된 탄탄한 몸. ❷ 긴장(緊張)되다. ‖気持ちが引き締まる 긴장되다. ❸ (取引で値が)오름세(勢)이다. ‖相場が引き締まる 시세가 오름세이다.
ひきしめる【引き締める】❶ 팽팽하게 하다. ‖手綱を引き締める 고삐를 바짝 당기다. ❷ 긴장(緊張)하다. ‖気持ちを引き締める 정신을 바짝 차리다. ❸ 절약(節約)하다; 긴축(緊縮)하다. ‖財政を引き締める 재정을 긴축하다.
ひぎしゃ【被疑者】 피의자(被疑者).
ひきずりこむ【引き摺り込む】 억지로 끌어들이다. ‖悪い仲間に引きずり込まれる 나쁜 패거리에 끌려들어가다.
ひきずりだす【引き摺り出す】 끌어내다. ‖表舞台に引きずり出す 무대로 끌어내다.
ひきずりまわす【引き摺り回す】 끌고 다니다. ‖東京中を引きずり回される 도쿄 시내를 여기저기 끌려 다니다.
ひきずる【引き摺る】 질질 끌다. ‖荷物を引きずって運ぶ 짐을 끌면 옮기다. 審議を引きずる 심의를 질질 끌다.
ひきだし【引き出し】 서랍. ‖引き出しを開ける 서랍을 열다.
ひきだす【引き出す】❶ 꺼내다; 끄집어내다. ‖ケースから本を引き出す 케이스에서 책을 끄집어내다. ❷ 인출(引出)하다. ‖全額を引き出す 전액을 인출하다.
ひきたつ【引き立つ】 돋보이다. ‖額縁を変えたら絵が引き立って見えた 액자를 바꾸었더니 그림이 한층 돋보였다.
ひきたてやく【引き立て役】 상대(相對)를 돋보이게 하는 역할(役割).
ひきたてる【引き立てる】❶ 돋보이게 하다. ‖真珠のネックレスがドレスを引き立てる 진주 목걸이가 드레스를 돋보이게 하다. ❷ 격려(激励)하다. ❸ 특별(特別)히 돌봐 주다. ‖下積み時代から引き立ててくれた恩人 밑바닥 시절부터 돌봐 준 은인.

ひきつぐ【引き継ぐ】 물려받다; 이어받다. ‖所長の事務を引き継ぐ 소장 업무를 이어받다.
ひきつける【引き付ける】❶〔痙攣(痙攣)을 일으키다. ❷ 끌어당기다; (心)을 끌다; 매료(魅了)하다. ‖彼の人柄には誰もが引き付けられる 그 사람의 성품에는 누구나 매료된다.
ひきつづき【引き続き】 계속(繼續). ‖前回からの引き続きの議題 지난 번부터 계속된 의제. ❷〔副詞〕的に)계속해서; 연속(連續)해서; 이어서. ‖引き続き次の仕事をする 연속해서 다음 일을 하다.
ひきつづく【引き続く】 계속(繼續)되다. ‖戦乱が引き続く 전란이 계속되다.
ひきつる【引き攣る】❶ (火傷など)피부(皮膚)가 당기다. 흉터가 끌어당기는 상처가 당기다. ❷ 경련(痙攣)을 일으키다. ‖手足を引きつらせる 손발에 경련을 일으키다. ❸ (顔·напなどが)굳어지다. ‖顔が引きつる 얼굴이 굳어지다.
ひきつれる【引き連れる】 데리고 가다; 같이 가다. ‖仲間を引き連れて押しかける 동료를 데리고 몰려가다.
ひきて【引き手】❶ (戸·障子などの)손잡이. ❷〔引く人〕끄는 사람. ‖荷車の引き手 짐수레를 끄는 사람.
ひきでもの【引き出物】 초대(招待)한 손님들에게 주는 답례품(答禮品).
ひきど【引き戸】 미닫이.
ひきとめる【引き止める】 만류(挽留)하다; 말리다. ‖辞職を引き止める 사직을 말리다.
ひきとる【引き取る】❶ 물러나다; 물러가다. ‖お引き取り下さい 돌아가 주십시오. ❷ 인수(引受)하다. ‖売れ残った品を引き取る 남은 재고품을 인수하다.
ビキニ【bikini】비키니.
ひきにく【挽き肉】 간 고기.
ひきにげ【轢き逃げ】 뺑소니. ‖轢き逃げする 뺑소니를 치다.
ひきぬく【引き抜く】❶ 뽑다. ‖大根を引き抜く 무를 뽑다. ❷ 스카우트하다. ‖優秀な技術者を引き抜く 우수한 기술자를 스카우트하다.
ひきのばす【引き伸ばす·引き延ばす】❶ 늘이다. ‖ゴム紐を引き伸ばす 고무줄을 늘이다. ❷ (写真を)확대(擴大)하다. ‖航空写真を引き伸ばす 항공 사진을 확대하다. ❸ 지연(遲延)시키다. ‖会議を引き延ばす 회의를 지연시키다.
ひきはなす【引き離す】❶〔両方を〕떼어놓다. ‖けんかをしている2人を引き離す 싸우고 있는 두 사람을 떼어 놓다. ❷〔差をつける〕차이(差異)를 벌리다. ‖2位を大きく引き離してゴールした 이등

ひきはらう [引き払う] 걷어치우다; 떠나다; 정리(整理)하다; 처분(處分)하다. ∥東京の家を引き払って田舎に戻った 도쿄의 집을 처분하고 고향으로 돌아왔다.

ひきまわす [引き回す] ❶ 둘러치다. ∥幕を引き回す 막을 둘러치다. ❷〔方方を連れて歩く〕끌고 다니다. ❸ 돌보다. ∥先輩が親切に引き回してくれる 후배가 친절하게 돌봐 준다.

ひきもきらず [引きも切らず] 끊임없이; 계속(繼續)해서; 연달아. ∥見物人が次から次へ引きも切らず押し寄せる 구경꾼들이 연달아 몰려들다.

ひきもどす [引き戻す] 원래 위치(位置)로 되돌리다; 데려오다. ∥家に引き戻す 집으로 데려오다.

ひきょう [卑怯] ダ 비겁(卑怯)하다. ∥卑怯な手を使う 비겁한 수단을 쓰다.

ひきょう [秘境] 비경(秘境).

ぎょう [罷業] 파업(罷業).

ひきよせる [引き寄せる] 가까이 끌어당기다. ∥行燈を引き寄せる 등불을 가까이 끌어당기다.

ひきより [飛距離] 비거리(飛距離).

ひきわけ [引き分け] 비김; 무승부(無勝負). ∥引き分けに終わる 무승부로 끝나다.

ひきわたす [引き渡す] ❶ 넘겨주다. ∥営業権を引き渡す 영업권을 넘겨주다. ❷〔幕などを〕치다.

ひきん [卑近] ダ 비근(卑近)하다. ∥卑近な例 비근한 예.

ひきんぞく [非金属] 비금속(非金屬).

ひく [引く・惹く] ❶〔近くへ寄せる〕당기다. ∥綱を引く 밧줄을 당기다. 引き金を引く 방아쇠를 당기다. 的に向かって弓を引く 과녁을 향해 활을 당기다. ❷〔引きずる〕끌다. ∥裾を引く 옷자락을 끌다. 荷車を引く 짐수레를 끌다. ❸〔注意を向けさせる〕끌다. ∥人々が目をひくような服 사람들이 눈길을 끄는 옷. 美貌に惹かれる 미모에 끌리다. ❹〔引き抜く〕뽑다. ∥大根を引く 무를 뽑다. くじを引く 제비를 뽑다. ❺〔線状の施設を〕긋다; 놓다; 가설(架設)하다. ∥電話を引く 전화를 놓다. ❻〔引き算〕빼다; 깎다; 줄이다. ∥7から2を引く 칠에서 이를 빼다. 値段を引く 값을 깎다. ❼〔線を引く〕긋다. ∥線を引く 선을 긋다. ❽〔長く続ける〕뽑다; 빼다. ∥声を長く引く 목소리를 길게 빼다. ❾〔熱が下がる〕가시다; 빠지다; 내리다. ∥熱が引く 열이 내리다. 顔から血の気が引く 얼굴에서 핏기가 가시다. 腫れが引く 부기가 빠지다. ❿〔辞書を引く〕찾다; 뒤지다. ∥辞書を引く 사전을 찾다. 電話帳を引いて番号を調べる 전화번호부를 뒤져서 전화번호를 알아보다. ⓫〔受け継ぐ〕이어받다; (祖先に) 닿다. ∥この子は祖父の血を引いて気が強い 이 애는 할아버지를 닮아 기가 세다. ⓬〔身を下げる〕물러나다; 물러서다. ∥政界から身を引く 정계에서 물러나다. 一歩も引かない 한발도 물러서지 않다. ⓭ (カーテンを) 치다. ∥カーテンを引く 커튼을 치다. ⓮〔表面に広く塗る〕두르다; 바르다; 칠하다. ∥フライパンに油を引く 프라이팬에 기름을 두르다. ⓯〔風邪を〕걸리다. ∥風邪を引く 감기에 걸리다.

ひく [挽く] ❶ 켜다. ∥のこぎりで丸太を挽く 톱으로 통나무를 켜다. ❷ 갈다. ∥コーヒー豆を挽く 커피콩을 갈다.

ひく [弾く] 연주(演奏)하다; 타다; 켜다. ∥琴を弾く 거문고를 타다. (바이올린 등이)켜다.

ひく [轢く] 치다. ∥車が歩行者をひいた 차가 보행자를 쳤다.

ひくい [低い] ❶ 작다. ∥背の低い人 키가 작은 사람. ❷ 낮다. ∥身分が低い 신분이 낮다. 低いレベルでの議論 수준이 낮은 논의. 低い声 낮은 목소리. 저음. 温度が低い 온도가 낮다. 鼻が低いコ가 낮다. ❸〔費用などが〕적다. ∥低コストで済む 저비용으로 끝남.

ひくつ [卑屈] ダ 비굴(卑屈)하다. ∥卑屈な態度 비굴한 태도.

びくつく 무서워서 벌벌 떨다; 겁내다. ∥先生に怒られないかとびくついている 선생님께 야단맞지 않을까 하고 겁내고 있다.

びくともしない 꿈쩍도 하지 않다. ∥地震にもびくともしない塔 지진에도 꿈쩍도 하지 않는 탑.

ひくひく 벌름벌름. ∥鼻をひくひく(と)させる 코를 벌름거리다.

びくびく ❶ 벌벌. ∥いつ叱られるかとびくびくしている 언제 야단맞을지 몰라 벌벌 떨고 있다. ❷ 바르르. ∥体をびくびく(と)動かす 몸을 바르르 떨다.

ぴくぴく 실룩실룩. ∥頬がぴくぴく(と)引きつる 볼이 실룩실룩 경련을 일으키다.

ヒグマ [羆] 큰곰; 불곰.

ひくめる [低める] 약간(若干) 낮다. ∥達成目標をやや低める 달성 목표를 약간 낮게 잡다.

ヒグラシ [蜩] 쓰르라미.

びくり〔瞬間的に驚く樣子〕❶ 놀라 화들짝 하는 모습. ∥いきなり話しかけられてびくりとした 갑자기 말을 걸어와 깜짝 놀랐다.

ぴくり〔痙攣するように急に動く樣子〕❶ 볼이 실룩거리는 모습. ∥頬をぴくりとさせる 볼을 실룩거리다.

ピクルス [pickles] 피클.

ひぐれ [日暮れ] 일몰(日沒); 해질 무렵.

ひげ [髭] 수염(鬚髥). ∥ひげを生やす 수염을 기르다. 毎朝ひげを剃る 매일 아

침 수염을 깎다.
ひげ【卑下】(名ス他)비하(卑下). ‖必要以上に自分を卑下する必要 이상으로 자신을 비하하다.
ピケ【←picket】피켓. ‖ピケを張る 피켓을 들다.
ひげき【悲劇】비극(悲劇). ◆悲劇的 비극적. 悲劇的な結末 비극적인 결말.
ひけぎわ【引け際】하루 일과(日課)나 거래가 끝날 무렵.
ひげそり【鬚剃り】면도기(面刀器).
ひけつ【否決】(名ス他)부결(否決). ‖不信任案が否決された 불신임안이 부결되었다.
ひけつ【秘訣】비결(秘訣). ‖英語上達の秘訣 영어 숙달의 비결.
ひけめ【引け目】열등감(劣等感); 약점(弱點). ‖引け目を感じる 열등감을 느끼다.
ひけらかす 과시(誇示)하다. ‖才能をひけらかす 재능을 과시하다.
ひける【引ける】 ❶ (業務などが) 끝나다. ‖会社が引ける 회사가 끝나다. ❷ 기가 죽다; 주눅이 들다. ‖気が引ける 기가 죽다.
ひけん【比肩】(名ス自)비견(比肩).
ひけんしゃ【被検者】피검자(被檢者).
ひご【庇護】(名ス他)비호(庇護).
ひご【卑語】비어(卑語).
ひこう【非行】비행(非行). ‖非行に走る비행을 저지르다. ◆非少年 비행 소년.
ひこう【飛行】(名ス自)비행(飛行). ‖低空飛行をする 저공비행하다. ◆飛行機 비행기. 飛行機に乗る 비행기를 타다. 飛行機雲 비행기운. 飛行士 비행사. 飛行時間 비행 시간. 飛行場 비행장. 飛行船 비행선. 夜間飛行 야간 비행.
びこう【尾行】(名ス他)미행(尾行). ‖ひそかに尾行する 몰래 미행하다.
びこう【備考】비고(備考). ◆備考欄 비고란.
びこう【鼻孔】비공(鼻孔).
びこう【鼻腔】비강(鼻腔).
ひこうかい【非公開】 비공개(非公開). ‖非公開で審議する 비공개로 심의하다.
ひこうしき【非公式】 비공식적(非公式的). ‖非公式に会談する 비공식적으로 회담하다. 非公式な見解 비공식적인 견해.
ひごうほう【非合法】 비합법적(非合法的). ‖非合法な活動 비합법적인 활동.
ひごうり【非合理】 비합리(非合理).
ひこく【被告】 피고(被告). ◆被告人 피고인.
びこつ【尾骨】 꼬리뼈; 미골(尾骨).
びこつ【鼻骨】 코뼈; 비골(鼻骨).
ひごと【日毎】 매일(毎日); 날마다.
ひこぼし【彦星】 견우성(牽牛星).
ひごろ【日頃】 평소(平素); 평상시(平常時). ‖日頃思っていた通りになる 평소 생각하고 있던 대로 되다. 日頃から食事には気をつけています 평소에 식사에는 신경을 쓰고 있습니다.
***ひざ【膝】** 무릎. ‖膝をすりむく 무릎이 까지다. ‖膝に雪が積もっている 무릎까지 눈이 쌓여 있다. 膝丈のスカート 무릎까지 오는 치마. ‖膝を打つ 무릎을 치다. ‖いいアイディアに思わず膝を打つ 좋은 생각에 자신도 모르게 무릎을 치다. ▶膝を折る 무릎을 꿇다. ‖예‖ ▶膝を崩す 편하게 앉다. どうぞ膝を崩してください 편하게 앉으세요. ▶膝を屈する 무릎을 꿇다. ‖예‖ ▶膝を正す 바로 앉다. ▶膝を突き合わせる 무릎을 맞대다. 膝を突き合わせて懇談する 무릎을 맞대고 간담하다.
ビザ【visa】 비자. ◆入国ビザ 입국 비자.
ピザ【pizza이】 피자.
ひさい【被災】 ‖被災する 재해를 입다. ◆被災者 이재민. 被災地 재해지.
びさい【微細】 미세(微細)하다; 세세(細細)하다
ひざかけ【膝掛け】 방한용(防寒用)으로 무릎에 걸치는 천.
ひさく【秘策】 비책(秘策). ‖秘策を練る 비책을 짜내다.
ひざし【日差し】 햇살; 볕살. ‖日差しが強い 볕살이 뜨겁다. 日差しがまぶしい 햇살이 눈부시다.
ひさしい【久しい】 오래되다; 오랜만이다. ‖久しく会わない友 오랫동안 만나지 않은 친구.
***ひさしぶり【久し振り】** 오랜만임. ‖(お)久しぶりですね 오랜만이네요. 久し振りに会う 오랜만에 만나다.
ひさびさ【久久】 오랜만임. ‖久々の対面 오랜만의 만남.
ひざまくら【膝枕】 무릎베개.
ひざまずく【跪く】 무릎을 꿇다. ‖ひざまずいて祈る 무릎을 꿇고 빌다.
ひさめ【氷雨】 ❶우박(雨雹); 싸락눈. ❷늦가을·초겨울의 찬비.
ひざもと【膝元】 슬하(膝下). ‖親の膝元を離れて東京に出る 부모 슬하를 떠나 도쿄로 나오다.
ひさん【飛散】(名ス自)비산(飛散).
ひさん【悲惨】 비참(悲惨)하다. ‖悲惨な光景 비참한 광경.
ひし【菱】 피지(皮脂).
ひし【秘史】 비사(秘史). ◆王朝秘史 왕조 비사.
ひじ【肘】 팔꿈치. ‖肘をつく 팔꿈치를 괴다. ◆肘掛け 팔걸이.
ひしがた【菱形】 마름모꼴.
ヒジキ【鹿尾菜】 톳.
ヒシコイワシ【鯷鰯】 멸치.

ひししょくぶつ【被子植物】 피자 식물(被子植物); 속씨 식물.

ひしつ【皮質】 피질(皮質).

びしっと ❶〔厳しい様子〕딱. ∥びしっと断る 딱 거절하다. **❷**〔きちんと整っている様子〕쫙. ∥スーツをびしっと決めて現われる 양복을 쫙 빼입고 나타나다.

びしてき【微視的】 미시적(微視的). ∥微視的な世界 미시적인 세계.

ひじでっぽう【肘鉄砲】 거절(拒絶)함; 거부(拒否)함. ∥肘鉄砲を食わされる 거절당하다.

***ビジネス【business】** 비즈니스. ◆ビジネスクラス 비즈니스 클래스. ビジネススクール ①부기등 상업 실무를 가르치는 학교. ②(아메리카 등의)경영 대학원. ビジネスホテル 비즈니스 호텔. ビジネスマン 비즈니스맨.

ひしひと【犇犇】 절절(切切)히; 절실(切實)히. ∥老いのわびしさがひしひしと感じられる 노년의 쓸쓸함이 절실히 느껴지다.

びしびし ❶〔厳しい様子〕가차 없이; 사정(事情) 없이. ∥びしびしと取り締まる 가차 없이 단속하다. **❷**〔続けざまに当たる音〕팡팡.

ひじまくら【肘枕】 팔베개. ∥肘枕をする 팔베개를 베다〔하다〕.

ひしめく【犇めく】 북적대다; 붐비다.

びしゃく【微弱】 미약(微弱)하다. ∥微弱な振動 미약한 진동.

ひしゃげる【拉げる】 찌부러지다. ∥家がひしゃげる 집이 찌부러지다.

ひしゃたい【被写体】 피사체(被寫體).

びしゃり ❶〔音〕철썩. ∥びしゃりと頬を打つ 철썩 하고 뺨을 때리다. **❷**〔遠慮のない様子〕딱. ∥要求をびしゃりと断る 요구를 딱 잘라 거절하다. **❸**〔手荒く閉める様子[音]〕탁. **❹**〔正確で少しの狂いもない様子〕딱. ∥計算がびしゃりと合った 계산이 딱 맞아떨어졌다.

ひじゅう【比重】 비중(比重). ∥教育費の比重が年々増大する 교육비의 비중이 해마다 늘다.

びしゅう【美醜】 미추(美醜).

ひしゅうしょくご【被修飾語】 피수식어(被修飾語).

びじゅつ【美術】 미술(美術). ◆美術館 미술관.

ひじゅん【批准】 (종허) 비준(批准). ∥講和条約を批准する 강화 조약을 비준하다.

ひしょ【秘書】 비서(秘書).

ひしょ【避暑】 (종허) 피서(避暑). ◆避暑地 피서지.

びじょ【美女】 미녀(美女).

ひしょう【卑称】 비칭(卑稱).

ひしょう【飛翔】 비상(飛翔)하다. ∥大空を飛翔するワシ 하늘을 향해 비상하는 독수리.

ひじょう【非情】 비정(非情)하다. ∥非情な人 비정한 사람.

***ひじょう【非常】** 비상(非常); 대단함; 엄청남. ∥非常の際はこの階段をご使用ください 비상시에는 이 계단을 이용하시오. 非常の場合に備える 비상시에 대비하다. 非常な人気 대단한 인기. 非常な暑さ 엄청난 더위. ◆非常口 비상구. 非常時 비상시. 非常事態 비상사태. 非常手段 비상 수단.

びしょう【微小】 미소(微小)하다; 매우 작다. ∥微小な動き 미소한 움직임.

びしょう【微少】 미소(微少)하다; 매우 적다.

びしょう【微笑】 미소(微笑). ∥思わず微笑を浮かべる 자기도 모르게 미소를 짓다.

ひじょうきん【非常勤】 비상근(非常勤). ◆非常勤講師 시간 강사.

ひじょうしき【非常識】 비상식적(非常識的). ∥非常識な発言 비상식적인 발언.

ひじょうじょ【美少女】 미소녀(美少女).

ひじょうすう【被乗数】 피승수(被乘數).

ひじょうに【非常に】 매우; 몹시; 무척; 대단히. ∥非常にうれしい 몹시 기쁘다. あの映画は非常に面白かった 그 영화는 무척 재미있었다.

びしょうねん【美少年】 미소년(美少年). ∥紅顔の美少年 홍안의 미소년.

びしょく【美食】 (종허) 미식(美食). ◆美食家 미식가.

ひじょすう【被除数】 피제수(被除數).

びしょぬれ【びしょ濡れ】 흠뻑 젖음. ∥立ちふさがるびしょ濡れになる 소나기를 만나 흠뻑 젖다.

びしょびしょ ❶〔主観主観; 毎日びしょびしょと〕雨が降る 매일 주룩주룩 비가 내리다. **❷**〔すっかり濡れる様子〕흠뻑. ∥汗でびしょびしょになる 땀으로 흠뻑 젖다.

ビジョン【vision】 비전. ∥福祉国家のビジョンを示す 복지 국가의 비전을 제시하다.

びじれいく【美辞麗句】 미사여구(美辞麗句). ∥美辞麗句を並べる 미사여구를 늘어놓다.

びじん【美人】 미인(美人).

ひすい【翡翠】 비취(翡翠).

ビスケット【biscuit】 비스킷.

ヒステリー【Hysterie ド】 히스테리. ∥ヒステリーを起こす 히스테리를 일으키다.

ヒステリック【hysteric】 히스테릭하다. ∥ヒステリックに叫ぶ 히스테릭하게 소리 지르다.

ピストル【pistol】 권총(拳銃). ∥ピストルを撃つ 권총을 쏘다.

ピストン【piston】 피스톤.

ひずみ【歪み】 ❶〔ゆがみ〕일그러짐; 비

ひずむ【歪む】 일그러지다; 비뚤어지다; 뒤틀리다.
ひせい【美声】 미성(美聲).
びせいぶつ【微生物】 미생물(微生物).
びせきぶん【微積分】 미적분(微積分).
ひせんきょけん【被選挙権】 피선거권(被選擧權).
ひせんきょにん【被選挙人】 피선거인(被選擧人).
ひそ【砒素】 비소(砒素).
ひそう【皮相】 피상적(皮相的). ‖皮相な見方 피상적인 관점.
ひそう【悲壮】 ~だ 비장(悲壯)하다. ‖悲壮な覚悟 비장한 각오.
ひそう【悲愴】 비창(悲愴).
ひぞう【秘蔵】 (죕巻) 비장(祕藏). ‖秘蔵の品 비장의 물건.
ひぞう【脾臓】 비장(脾臟).
ひぞくにん【被相続人】 피상속인(被相續人).
ひそか【密か】 은밀(隱密)하다. ‖密かに楽しみを分ける 즐거움을 나누다.
ひぞく【卑俗】 비속(卑俗)하다. ‖卑俗な歌 비속한 노래.
ひぞく【卑属】 비속(卑屬). ◆直系卑属 직계 비속.
ひそひそ 소근소근. ‖ひそひそ(と)耳元でささやく 귓전에 대고 소근소근 속삭이다.
ひそむ【潜む】 숨다. ‖犯人は市内に潜んでいるはずだ 범인은 시내에 숨어 있을 것이다.
ひそめる【潜める】 숨기다; 감추다; 〈声・息を〉죽이다. ‖物陰に身を潜める 그늘에 몸을 숨기다. 声を潜めて話す 목소리를 죽이고 이야기하다.
ひそめる【顰める】 눈살을 찌푸리다. ‖彼の態度に皆眉をひそめた 그 사람의 태도에 다들 눈살을 찌푸렸다.
ひだ【襞】 ❶〈衣服の〉주름. ‖スカートのひだ 치마의 주름. ❷ 주름처럼 보이는 것.
ひたい【額】 이마. ‖額が広い 이마가 넓다. 額に汗して働く 이마에 땀 흘리며 일하다. 額に八の字を寄せる 미간을 찌푸리다. ‖額を集めて相談する 이마를 맞대고 상의하다.(慣)
ひだい【肥大】 비대(肥大). ❶益々肥大する情報産業 점점 비대해지는 정보 산업.
びたい【美人】 미태(美人).
ひだいちもん【鐚一文】 아주 적은 돈. ‖ぴた一文寄付は出さない 한 푼도 기부하지 않을 거야.
びだくおん【鼻濁音】 〔言語〕 비탁음(鼻濁音).

ひたす【浸す】 〈液体に〉담그다. ❶足を小川の水に浸す 발을 실개천에 담그다. 干ししいたけを水に浸しておく 말린 버섯을 물에 담가 두다.
ひたすら【只管】 오직; 한결같이; 오로지. ‖ひたすら謝る 오로지 빌다. ひたすら働く 오로지 일만 하다. ひたすらな思い 한결같은 마음.
ひだち【肥立ち】 나날이 성장(成長)함; 나날이 회복(回復)됨. ‖産後の肥立ち 산후 회복, 산후 조리.
ぴたっと ❶〔急に止まる〕딱. ‖しゃっくりがぴたっと止まる 딸꾹질이 딱 멎다. ❷〔正確に合致する〕딱. ‖占いがぴたっと当たる 점이 딱 맞다. ❸〔平らなものが打ち当たる〕철썩. ‖平手で頬をぴたっと打つ 손바닥으로 뺨을 철썩 때리다. ❹〔隙間なくついている〕꽉. ‖門がぴたっと閉まっている 문이 꽉 잠겨 있다.
ひだね【火種】 불씨. ‖紛争の火種 분쟁의 불씨.
ひたひた ❶철썩철썩. ‖水が舟べりをひたひた(と)たたく 물이 뱃전을 철썩철썩 때리다. ❷〔次第に迫ってくる〕 고독감이 가슴에 밀려오다. ❸〔浸るくらいの〕水加減はひたひたになるくらいにする 물 양은 잠길 듯 말 듯한 정도로 하다.
ひだまり【日溜まり】 양지(陽地).
ビタミン【vitamin】 비타민.
ひたむき【直向き】 한 가지 일에 전념(專念)함. ‖ひたむきな態度 한 가지 일에 전념하는 태도.
***ひだり**【左】 ❶ 왼쪽; 좌(左)로 돌다. 左に見えるのがランドマークタワーです 왼쪽으로 보이는 것이 랜드마크타워입니다. 彼の左に座っていた人は誰かの その 사람 왼쪽에 앉아 있던 사람은 누구야? ❷ 좌익(左翼). ‖左がかった思想 좌익 성향의 사상.
ぴたり ❶〔急に止まる〕딱. ❷〔合致する〕딱. ‖占いがぴたり(と)当たる 점이 딱 맞다. ❸〔隙間なくついている〕딱.
ひだりうちわ【左団扇】 (죕巻) 안락(安樂)한 생활(生活)을 함. ‖左うちわで暮らす 걱정 없이 생활하다.
ひだりがわ【左側】 좌측(左側); 왼쪽.
ひだりきき【左利き】 왼손잡이.
ひだりて【左手】 왼손. ‖左手で持つ 왼손으로 들다. ‖左の方に向かって左の家 정면에서 보아 왼쪽 집.
ひだりまわり【左回り】 좌회전(左回轉).
ひたる【浸る】 ❶〈液体に〉담그다. ‖湯まで浸っている更은 目に어깨까지 담그다. ❷〈考えなどに〉잠기다. ‖過去の思い出に浸る 과거의 추억에 잠기다.
ひだるま【火達磨】 불덩어리. ‖全身火だるまになる 온몸이 불덩이가 되다.
ひたん【悲嘆】 (죕巻) 비탄(悲嘆). ‖悲嘆

びだん【美談】 미담(美談).
びだんし【美男子】 미남(美男).
びちく【備蓄】 ⦅する⦆비축(備蓄). ∥米を備蓄する 쌀을 비축하다.
びちびち ❶〔勢いよく跳ね回る〕펄떡펄떡. ∥びちびち(と)跳ねる白魚 펄떡펄떡 뛰는 뱅어. ❷〔若さにあふれている様子〕생기가 넘치는. ∥びちびちした女の子 생기가 넘치는 여자 아이. ❸〔はりのある肌〕탱탱한 피부.
びちゃびちゃ 흠뻑. ∥雨で靴がびちゃびちゃになる 비로 구두가 흠뻑 젖다.
びちゃびちゃ ❶〔水などがよく跳ね返る音〕철썩철썩. ❷〔飲んだり食べたりする時の舌の音〕쩝쩝. ∥犬がびちゃびちゃとミルクをなめる 개가 우유를 할짝할짝다.
びちょうせい【微調整】 ⦅する⦆약간(若干) 조정(調整)을 함. 微調整する 약간 조정을 하다.
びちょびちょ ❶주룩주룩. ∥朝からびちょびちょと降り続いている 아침부터 비가 주룩주룩 내리고 있다. ❷〔すっかり濡れている様子〕흠뻑.
ひつ【櫃】 궤(櫃); 뚜껑이 위로 열리는 큰 상자(箱子).
ひつう【悲痛】 ダ 비통(悲痛)하다. ∥悲痛な面持ち 비통한 표정.
ひっか【筆禍】 필화(筆禍). ◆筆禍事件 필화 사건.
ひっかかり【引っ掛かり】 ❶관계(關係); 마음에 걸림. 気持ちで引っかかりがある 마음에 걸리는 것이 있다.
ひっかかる【引っ掛かる】 ❶걸리다. ∥風が電線に引っかかる 연이 전선에 걸리다. 詐欺に引っかかる 사기에 걸리다. ❷〔かかわる〕관계(關係)하다; 말려들다. ❸面倒な事件に引っかかる 성가신 사건에 말려들다.
ひっかきまわす【引っ掻き回す】 ❶휘젓다; 마구 뒤지다. ∥引き出しの中を引っかき回す 서랍 속을 마구 뒤지다. ❷〔秩序を乱す〕어지럽히다; 휘저어 놓다. ∥1人で会を引っかき回す 혼자서 모임을 휘저어 놓다.
ひっかく【筆画】 필획(筆畫); 자획(字畫).
ひっかく【引っ掻く】 할퀴다. ∥爪で引っかいた痕 손톱으로 할퀸 자국.
ひっかける【引っ掛ける】 ❶걸다. ∥コートハンガーにコートを引っかける 코트를 옷걸이에 걸다. ❷걸치다. ∥コートを引っかけて飛び出す コートを걸치고 뛰어나가다. ❸〔車で〕치다; 들이받다. ❹〔液体を〕뒤집어쓰다. ❺〔だます〕속이다.
ひっかぶる【引っ被る】 ❶뒤집어쓰다. ∥水を引っかぶる 물을 뒤집어쓰다. ❷떠맡다. ∥責任をすべて引っかぶる 책임을 모두 떠맡다.
ひっき【筆記】 ⦅する⦆필기(筆記). ◆筆記試験 필기시험.
ひつぎ【棺】 관(棺).
ひっきりなし【引っ切り無し】 끊임없음; 계속(繼續)됨. ∥電話が引っ切り無しにかかってくる 전화가 끊임없이 걸려 온다.
ピッキング【picking】 ❶⦅開錠⦆특수(特殊)한 도구(道具)로 자물쇠를 여는 것. ❷〔物流で〕물품(物品)을 배송별(配送別)로 분류(分類)하는 것.
ピック【pick】 (ギターなどの) 픽.
ビッグバン【big bang】 빅뱅; 대폭발(大爆發).
びっくり 깜짝 놀람. ∥私はその知らせを聞いてびっくりした 나는 그 소식을 듣고 깜짝 놀랐다. 彼はびっくりするほど背が高い 그 사람은 깜짝 놀랄 정도로 키가 크다. びっくりさせるような知らせ 놀라게 하지 마. ◆びっくり仰天 ⦅する⦆기절초풍. あまりのことにびっくり仰天する 너무 놀라 기절초풍하다. びっくり箱 ⦅說明⦆뚜껑을 열면 내용물(內容物)이 튀어나와 놀라게 하는 장난감 상자(箱子).
ひっくりかえす【引っ繰り返す】 ❶쓰러뜨리다; 넘어뜨리다. ∥茶碗を引っ繰り返す 찻잔을 넘어뜨리다. ❷뒤집다(試合を)역전(逆轉)시키다. ∥負け試合を引っ繰り返す 지고 있던 시합을 역전시키다.
ひっくりかえる【引っ繰り返る】 ❶쓰러지다; 넘어지다. ∥地震で本棚が引っ繰り返ってしまった 지진으로 책장이 넘어지고 말았다. ❷뒤집히다; 역전(逆轉)되다. ∥形勢が引っ繰り返る 형세가 역전되다.
ひっくるめる【引っ括める】 모두 합하다; 총괄(總括)하다. ∥全部引っくるめて3万円 전부 합해 삼만 엔.
ひづけ【日付】 날짜. ∥この書類には日付がない 이 서류에는 날짜가 없다. もらった名刺の裏に日付を書く 받은 명함 뒤쪽에 날짜를 적다. ◆日付変更線 날짜 변경선.
ひつけやく【火付け役】 ⦅說明⦆어떤 일의 계기(契機)를 만드는 사람. ∥彼が論争の火付け役だ 그 사람이 논쟁을 일으킨 장본인이다.
ひっけん【必見】 꼭 보아야 함; 꼭 보아야 하는 것. ∥必見の書 필독서. 꼭 읽어야 하는 책.
ひっこし【引っ越し】 ⦅する⦆이사(移徙), 이전(移轉). ∥引っ越し先 이사 가는 곳. ◆引っ越し蕎麦 ⦅說明⦆이사 온 인사(人事)로 이웃에 돌리는 국수.
ひっこす【引っ越す】 이사(移徙)하다; 이전(移轉)하다. ∥新居に引っ越す 새 집으로 이사하다.
ひっこみ【引っ込み】 ❶〔引き込むこと〕들여박힘. ❷〔身を引くこと〕물러남. ▶

引っ込みがつかない 시작한 이상 물러날 수가 없다.

ひっこみしあん【引っ込み思案】 소극적(消極的)임. ∥引っ込み思案の性格 소극적인 성격.

ひっこむ【引っ込む】 ❶ 쑥 들어가다; 패이다. ∥目が引っ込んでいる 눈이 쑥 들어갔다. ❷ 들어박히다; 뒤로 물러나다. ∥大病をして以来ずっと家に引っ込んでいる 큰 병을 앓고 난 후 집에만 틀어박혀 있다. 彼は定年になって田舎に引っ込んだ 그 사람은 정년퇴직하고 시골에 처박혔다.

ひっこめる【引っ込める】 ❶〔突き出していたものを〕도로 집어넣다. ∥慌てて頭を引っ込める 서둘러 머리를 움츠리다. ❷ 철회(撤回)하다. ∥要求を引っ込める 요구를 철회하다; 〔役者・選手などを〕물러나게 하다; 〔監督(降板)시키다. ∥先発投手を引っ込める 선발 투수를 하강시키다.

ピッコロ〔piccolo〕 피콜로.

ひっし【必死】 필사적(必死的). 필사적으로 勉強する 필사적으로 공부하다. ∥必死の努力 필사적인 노력. 必死になる 필사적으로 되다.

ひっし【必至】 필지(必至); 반드시 그렇게 됨. ∥総辞職は必至の情勢だ 총사직은 필지의 정세다.

ヒツジ【羊・未】 ❶〔動物〕양(羊). ∥羊の群れ 양떼. 羊飼い 양치기. ❷〔十二支の1〕미(未).

ひっしゃ【筆写】(する) 필사(筆寫).

ひっしゃ【筆者】 필자(筆者).

ひつじゅ【必需】 필수(必需).

ひつじゅう【必修】 필수(必修). ◆必修科目 필수 과목.

ひつじゅひん【必需品】 필수품(必需品). ∥生活必需品 생활 필수품.

ひつじゅん【筆順】 필순(筆順).

ひっしょう【必勝】 필승(必勝).

びっしょり〔全身がびっしょり(と)濡れた 온몸이 흠뻑 젖었다.

びっしり〔❶〔たくさん詰まっている〕꽉. ∥予定がびっしりだ 예정이 꽉 차 있다. ❷〔十分に物事を行なう〕꽉. ∥8時間びっしり(と)働く 여덟 시간 꽉 채워서 일하다.

ひっす【必須】 필수(必須). ◆必須アミノ酸 필수 아미노산. 必須条件 필수 조건.

ひっせき【筆跡】 필적(筆跡). ◆筆跡鑑定 필적 감정.

ひっぜつ【筆舌】 필설(筆舌). ∥筆舌に尽くしがたい 필설로 다할 수 없다.

ひつぜん【必然】 필연(必然). ∥必然の結果 필연적인 결과. ◆必然性 필연성. 必然的な 필연적인.

ひっそり 조용히; 고요히. ∥ひっそり(と)した森 고요한 숲.

ひったくり【引っ手繰り】 날치기; 날치기.

ひったくる【引っ手繰る】 날치기하다; 낚아채다. ∥ハンドバッグを引ったくられる 핸드백을 날치기당하다.

ぴったり ❶〔隙間がない様子〕 ∥障子をぴったり(と)閉める 문을 꼭 닫다. ❷〔合う〕딱 맞다. ∥足にぴったりの靴 발에 딱 맞는 구두. 息子にぴったりの嫁 아들한테 딱 어울리는 며느리.

ひつだん【筆談】(する) 필담(筆談).

ひっち【筆致】 필치(筆致).

ピッチ〔pitch〕 ❶ 피치. ∥ピッチを上げる 피치를 올리다. ❷〔サッカー・ホッケーなどの〕경기장(競技場).

ヒッチハイク〔hitchhike〕 히치하이크.

ひっちゃく【必着】 필착(必着).

ぴっちり〔隙間なく合っている〕∥ぴっちり(と)した洋服 딱 맞는 양복.

ひっつかむ【引っ掴む】 움켜쥐다; 꽉 잡다. ∥髪の毛を引っつかむ 머리카락을 움켜쥐다.

ひっつく【引っ付く】 착 달라붙다. ∥汗でシャツが体に引っつく 땀으로 셔츠가 몸에 착 달라붙다.

ひってき【匹敵】(する) 필적(匹敵). ∥プロに匹敵する腕前 프로에 필적할 만한 솜씨.

*ヒット〔hit〕 ❶ 히트. ❷〔野球で〕안타(安打). ❸〔映画・音盤などの〕성공(成功). ∥映画がヒットする 영화가 히트하다. 等命(命中). ❹〔インターネットで〕검색 항목(検索項目)에 해당(該当)하는 것. ∥検索ヒット件数 검색 결과 건수.

ビット〔bit〕 …비트.

ひっとう【筆頭】 필두(筆頭). ◆筆頭株主 필두 주주; 최대 주주.

ひつどく【必読】(する) 필독(必讀). ◆必読書 필독서.

ひっぱく【逼迫】(する) 핍박(逼迫). ∥生活が逼迫する生活が 핍박받다.

ひっぱたく【引っ叩く】 세게 두드리다; 세게 때리다. ∥頬をひっぱたく 뺨을 세게 때리다.

ひっぱりだこ【引っ張り凧】〔膨腳〕 서로 데려가려고 하는 사람 또는 물건. ∥各球団から引っ張りだこの選手 각 구단에서 서로 데려가려고 하는 선수.

ひっぱりだす【引っ張り出す】 ❶ 꺼내다. ∥押し入れから布団を引っ張り出す 붙박이장에서 이불을 꺼내다. ❷ 끌어내다; 끄집어내다. ∥検察側証人として引っ張り出される 검찰 측 증인으로 불러나가다.

*ひっぱる【引っ張る】 ❶ 당기다; 끌어당기다; 잡아당기다. ∥綱を引っ張る 밧줄을 잡아당기다. ❷ 통솔(統率)하다; 강제(強制)로 끌고 가다. ∥クラスを引っ張っていく 반을 이끌고 가다. 警

ヒッピー   440

ヒッピー【hippie】 히피족.
ヒップ【hip】 엉덩이; 힙.
ヒップホップ【hip-hop】 힙합.
ひづめ【蹄】 발굽. ‖馬のひづめの音 말 발굽 소리.
ひつめい【筆名】 필명(筆名).
*ひつよう【必要】 필요(必要)하다. ‖登山に必要な道具 등산에 필요한 도구. 眼鏡が必要になる 안경이 필요하게 되다. 完成までにはあと 1か月の期間を必要とする 완성까지는 앞으로 한 달이라는 기간이 필요하다. そんなに急いで行く必要はない 그렇게 서둘러서 갈 필요는 없다. 必要ならば必要だから, 必要に迫られて 필요에 의해. ▶必要は発明の母 필요는 발명의 어머니. ◆必要悪 필요악. 必要条件 필요조건.
ビデ【bidet】 ビデ 비데.
ひてい【否定】 (する) 부정(否定). ‖うわさを否定する 소문을 부정하다. 彼が有能だことは否定できない 그가 유능하다는 것은 부정할 수 없다. 否定的な返事 부정적인 대답. ◆二重否定 이중 부정.
ビデオ【video】 비디오. ◆ビデオカセット 비디오카세트. ビデオカメラ 비디오 카메라. ビデオディスク 비디오디스크. ビデオテープ 비디오테이프. ビデオテープレコーダー 비디오테이프리코더. ビデオデッキ 비디오테이프리코더.
びてき【美的】 미적(美的). ‖美的センス 미적인 센스.
ひでり【日照り】 가뭄; 기근(飢饉). ◆日照り雨 여우비.
ひでん【秘伝】 비전(祕傳). ‖秘伝の妙薬 비전의 묘약.
*ひと【人】 ①사람; 인간(人間). ‖人は死ぬものだ 사람은 죽는다. 現場にはたくさんの人がいた 현장에는 많은 사람이 있었다. とても親切な人 무척 친절한 사람. 三上という人 미카미라는 사람. 人が変わる人が変わる 사람이 변하다. 人を見る目がある 사람을 보는 눈이 있다. 人が足りない 사람이 부족하다. 彼の奥さんはどういう人ですか 그 사람 부인은 어떤 사람입니까? ②타인(他人); 남; 다른 사람. ‖人のものに手をつける 남의 물건에 손대다. 人に言えない悩み 다른 사람에게 말할 수 없는 고민. ‖お客さん】손님. ‖今日人が来ることになっている 오늘 손님이 오기로 되어 있다. ‖(私·自分)나. 人をばかにしないで 나를 바보로 만들지 마. ⑤【夫】남편(男便). うちの人が우리 남편이. 人が好(す)い 사람이 좋다. ▶人の噂も七十五日 소문은 오래가지 못한다. ▶

人の口に戸は立てられない 소문은 막을 길이 없다. ▶人のふり見て我がふり直せ 다른 사람의 행동을 보고 자신을 반성하고 고쳐라. ▶人の褌(ふん)で相撲を取る 남의 것으로 자신의 이익을 챙기다. ▶人は一代, 名は末代 사람은 죽지만 이름은 오래도록 남는다. ▶人を食う사람을 깔보다. 人を食った態度 사람을 깔보는 태도. ▶人を見て法を説け 상대에게 맞게 방법을 써라.
ひと-【一】 ①한…. ‖1えろい 한 벌. ②잠깐. ‖一風呂浴びる 한 차례 목욕하다. ③어떤 시기(時期)를 막연(漠然)하게 나타냄. ‖ひと頃 한때.
ひとあし【一足】 ①한발. ②짧은 시간(時間); 짧은 거리(距離). ‖一足先に出かけます 먼저 나가겠습니다.
ひとあじ【一味】 ①미묘(微妙)한 맛의 정도(程度). ‖一味足りない 맛이 부족하다. ②다른 것과 구별(區別)되는 성질(性質). ‖一味違う画風 독특한 화풍.
ひとあせ【一汗】 한바탕 땀을 흘림. ‖テニスで一汗かく 테니스로 한바탕 땀을 흘리다.
ひとあたり【人当たり】 사람을 대하는 태도(態度); 붙임성. ‖人当たりがよい 붙임성이 좋다.
ひとあわ【一泡】 놀라 허둥지둥함. ‖敵に一泡吹かせる 적을 놀라게 하다.
ひとあんしん【一安心】 일단 안심(安心)함; 한시름 놓음. ‖手術が성공되어 一安心する 수술이 성공해서 한시름 놓다.
*ひどい【酷い】 ①심하다; 잔혹(殘酷)하다. ‖老人をだますとはあまりにもひどい 노인을 속이다니 너무 심하다. ひどい仕打ち 잔혹한 처사. ②【劣悪だ】아주 나쁘다; 형편없다; 비참(悲慘)하다. ‖ひどい料理 형편없는 요리. ひどい成績 형편없는 성적. ひどい生活 비참한 생활. ③【甚だしい】정도(程度)가 심하다; 지독(至毒)하다. ‖ひどい暑さ 지독한 더위. ひどい風邪をひく 지독한 감기에 걸리다.
ひといき【一息】 ①단숨. ‖一息に飲み干す 단숨에 들이켜다. ②잠깐 쉼. ‖一息つく 한숨 돌리다. ③약간(若干)의 노력(努力). ‖頂上まであと一息だ 정상까지 조금만 더 가면 된다.
ひといきれ【人いきれ】 사람의 훈김; 후기(薰氣); 열기(熱氣). ‖会場は人いきれでむんむん(と)하던 회장은 사람들의 열기로 가득 차 있었다.
ひといちばい【人一倍】 남보다 배(倍)로. ‖人一倍努力する 남보다 배로 노력하다.
びどう【微動】 (する) 미동(微動). ‖微動だにしない 미동도 하지 않다.
ひとえ【一重】 한 겹. ‖壁一重を隔てる

ひとえに【偏に】 오로지; 오직; 전적(全的)으로. ‖成功はひとえに努力のたまものである 성공은 전적으로 노력의 결과이다.

ひとおじ【人怖じ】《子どもが》낯을 가려 무서워함. ‖人怖じしない子ども 낯을 가리지 않는 아이.

ひとおもいに【一思いに】 과감(果敢)히; 눈 딱 감고. ‖ひとおもいに毒薬を呑み込む 쓴 약을 눈 딱 감고 삼키다.

ひとかげ【人影】 그림자; 인적(人跡). ‖人影が絶える 인적이 끊기다.

ひとかず【人数】 ❶인원수(人員數); 사람수. ‖人並み人数 축. ‖人数にも入らない 사람 축에 못 끼다.

ひとかた【一方】 ❶ 한 분. ‖お一方様 한 분. ❷보통(普通); 웬만함. ‖彼の喜びは一方ではなかった 그의 기쁨은 보통이 아니었다. ‖ひとかたならぬ 매우. 무척. 대단히. 一方ならず驚いた 무척 놀랐다. 皆様には一方ならぬお世話になりまして 여러분들께는 한결같이 신세를 많이 졌습니다.

ひとかど【一角・一廉】 ❶한 분야(分野). ❷《一人前》한몫. ‖一角の働きをする 한몫을 하다. ❸〔副詞として〕그런대로; 남이 하는 만큼은; 어엿하게.

ひとがら【人柄】 인격(人格); 인품(人品). ‖人柄がいい 人柄の人 인품이 좋은 사람.

ひとかわ【一皮】 한 꺼풀. ‖一皮むく 한 꺼풀 벗다. 一皮むけば 한 꺼풀 벗기면.

ひとぎき【人聞き】 ❶사람을 통해 들음; 전해 들음. ‖人聞きに聞く 전해 듣다. 그 느낌. ‖人聞きの悪いことを言うな 듣기에 안 좋은 소리는 하지 마.

ひとぎらい【人嫌い】 사람과 사귀는 것을 싫어함.

ひときわ【一際】 더욱; 유달리. ‖一際目立つ特別 유달리 눈에 띄다.

ひどく【酷く】 매우; 몹시. ‖ひどく暑い日が続く 몹시 더운 날이 계속되다.

びとく【美徳】 미덕(美徳). ‖謙譲の美徳 겸양의 미덕.

ひとくい【人食い】 식인(食人). ◆人食い鮫 식인 상어.

ひとくぎり【一区切り】 일단락(一段落). ‖一区切りつく 일단락되다.

ひとくくり【一括り】 한 묶음.

ひとくせ【一癖】 특이(特異)한 성격(性格); 성깔. ‖一癖ありそうな人 성깔이 있어 보이는 사람. ▶一癖も二癖もある 보통내기가 아니다.

ひとくち【一口】 ❶ 한입. ❶ 一口で食う 한입에 먹다. ❷ 한마디. ‖一口に言うと 한마디로 말하면. ❸《株·寄付·出資》의 한 구좌(口座). ‖一口寄付する 한 구좌 기부하다.

ひとくろう【一苦労】 약간(若干)의 고생(苦生); 상당(相當)한 고생. ‖子どもを寝かせるのに一苦労した 아이를 재우는 데 고생 좀 했다.

ひとけ【人気】 인기척; 인적(人跡). ‖人気のない夜道 인적이 없는 밤길.

ひとけた【一桁】 한자릿수. ‖一桁の成長率 한자릿수의 성장률.

ヒトゲノム【▶human genome】 인간(人間) 게놈.

ひとこいしい【人恋しい】 사람이 그립다.

ひとこえ【一声】 ❶ 한 번 소리를 냄. ❷ 한마디 말. ‖困ったことがあったら一声かけてください 곤란한 일이 있으면 말해 주십시오.

ひとごこち【人心地】 (說明) 긴장(緊張)이 풀려 기분(氣分)이 안정(安定)됨. ‖やっと人心地がついた 겨우 안정이 되었다.

ひとこと【一言】 한마디. ‖一言も聞き漏らさない 한마디도 흘려듣지 않다. ▶一言も通じない말을 する 말을 하다.

ひとごと【人事・他人事】 남의 일. ‖まるで人事のような話をしている 마치 남의 일인 것 같은 얼굴을 하고 있다. ▶人事ではない 남의 일이 아니다.

ひとこま【一齣】 한 장면(場面). ‖映画の一こま 영화의 한 장면.

ひとごみ【人込み】 한잡(人雑). ‖人込みに紛れ込む 인파 속으로 사라지다.

ひところ【一頃】 한때. ‖ひと頃は映画に行った 한때는 자주 영화를 보러 갔다.

ひところし【人殺し】 살인자(殺人者).

ひとさしゆび【人差し指】 집게손가락; 인지(人指).

ひとさわがせ【人騒がせ】 세상(世上)을 떠들썩하게 하다. ‖人騒がせな事件 세상을 떠들썩하게 한 사건.

ひとしい【等しい】 같다; 동일(同一)하다; 마찬가지다. ‖AとBは重さが等しい A와 B는 무게가 같다. 飲酒運転は殺人行為に等しい 음주 운전은 살인 행위나 마찬가지다.

ひとしお【一入】 한층 더. ‖寒さがひとしお身にしみる 추위가 한층 더 몸에 스미다. 喜びもひとしおだ 한층 더 기쁘다.

ひとしきり【一頻り】 한바탕. ‖ひとしきり雨が降る 한바탕 비가 내리다.

ひとしごと【一仕事】 ❶ 한바탕 일을 함; 한차례 일을 함. ‖一仕事終えて帰宅する 한차례 일을 하고 집으로 돌아오다. ❷《かなり大変な仕事》상당(相當)히〔꽤〕힘든 일. ‖旅行の支度だけでも一仕事 여행 준비하는 것도 꽤 힘든 일이다.

ひとじち【人質】 인질(人質). ‖人質に取る 인질로 잡다.

ひとしなみ【等し並み】ダ 동등(同等)하다. ∥大人も子どもも等し並みに扱う 어른도 아이도 동등하게 대하다.

ひとしれず【人知れず】남몰래. ∥人知れず涙を流す 남몰래 눈물을 흘리다.

ひとしれぬ【人知れぬ】남모르는. ∥人知れぬ苦労 남모르는 고생.

ひとずき【人好き】호감(好感). ∥人好きのする顔 호감이 가는 얼굴.

ひとすじ【一筋】❶ 한줄기. ∥一筋の光明 한줄기 광명. ❷ 한 가지 일에 전념(専念)함. ∥学問一筋に生きる 오로지 학문에 전념하며 산다.

ひとすじなわ【一筋縄】보통(普通)의 방법(方法). ∥一筋縄ではいかない 보통의 방법으로는 안 된다.

ひとずれ【人擦れ】(많은 사람과 접하여) 닳고 닳음. ∥人擦れする 닳고 닳다. 人擦れしていない純朴な青年 때 묻지 않은 순박한 청년.

ひとだかり【人集り】사람이 모임 또는 그 집단(集團). ∥人だかりがしている 사람들이 모여 있다.

ひとだすけ【人助け】∥人助けする 남을 돕다.

ひとだのみ【人頼み】남에게 의지(依支)함; 남에게 맡김. ∥大事な仕事なので人頼みにはできない 중요한 일이므로 남에게 맡길 수는 없다.

ひとだま【人魂】도깨비불.

ひとたまり【一溜まり】잠시(暫時) 버팀. ∥ひとたまりもない 잠시도 버티지 못하다.

ひとちがい【人違い】∥人違いする 사람을 잘못 보다.

*****ひとつ**【一つ・1つ】❶ 하나. ∥1つ, 2つ 하나, 둘. ❷ 一歳(한 살. ∥1年とる 나이를 한 살 먹다. ❸ 한 가지. 그것도 그것도 두 가지 방법(方法)도 그것도 한 가지 방법이다. ❹…에 (따라). ∥君の決心ひとつにかかっている 너의 결심에 달려 있다. ❺…ちよっと. ∥挨拶ひとつできない 인사조차 제대로 못 하다. ❻ 試験(試験)삼아. ∥ひとつやってみよう 시험 삼아 해 보자. ∥一つ穴のむじな 한통속. ▶一つ釜の飯を食う 한솥밥을 먹다.

ひとつおぼえ【一つ覚え】하나만 알고 융통성(融通性)이 없음; 하나밖에 모름. ∥ばかの一つ覚え 하나만 알고 막무가내로 내세움.

ひとつかい【人使い】사람을 부림 또는 부리는 방법(方法). ∥人使いが荒い 사람 부리는 것이 거칠다.

ひとつかみ【一摑み】한 줌; 적은 양(量).

ひとづきあい【人付き合い】붙임성; 사교성(社交性). ∥人付き合いが悪い 사교성이 없다.

ひとづて【人伝】간접적(間接的)으로 듣거나 전함; 인편(人便). ∥人づてに聞いた話 인편에 들은 이야기.

ひとっぱしり【一っ走り】한달음.

ひとつひとつ【一つ一つ】하나하나. ∥一つ一つ点検する 하나하나 점검하다. 一つ一つ問題を解決していく 하나하나 문제를 해결해 나가다.

ひとつぶだね【一粒種】〔息子〕외아들; 〔娘〕외동딸.

ひとづま【人妻】유부녀(有夫女).

ひとつまみ【一撮み】❶손끝으로 한 번 집음; 아주 적은 양(量). ∥一つまみの塩 약간의 소금. ❷ 간단(簡單)히 상대(相對)를 이김. ∥あんな相手は一つまみ 저런 상대는 간단하다.

*****ひとで**【人手】❶사람 손; 다른 사람의 손. ∥人手が加わる 사람 손이 가다. ❷ 일손. ∥人手が足りない 일손이 부족하다. ∥人手に渡る 남의 손으로 넘어가다.

ひとで【人出】인파(人波). ∥連休は大変な人出だった 연휴는 엄청난 인파였다.

ヒトデ【海星】불가사리.

ひとでなし【人で無し】인정(人情)이나 은혜(恩惠)를 모르는 사람; 사람도 아닌 사람.

ひととおり【一通り】❶대충; 대강(大綱). ∥一通り説明しておく 대충 설명을 해 두다. ❷보통(普通); 일반적(一般的)임. ∥一通りの教育は受けさせたつもりだ 남들만큼 교육은 받도록 해 줬다고 생각한다. ❸ 한 가지 방법(方法). ∥やり方は一通りだけではない 방법이 한 가지만 있는 것은 아니다.

ひとどおり【人通り】사람의 왕래(往来).

ひととき【一時】❶한때. ∥楽しい一時を過ごす 즐거운 한때를 보내다. ❷ 과거(過去)의 한때. ∥一時盛んだった遊び 한때 유행했던 놀이.

ひととなり【人となり】천성(天性); 성격(性格); 사람 됨됨이. ∥温和な人となり 온화한 성격.

ひとなつこい【人懐こい】사람을 잘 따르다. ∥人懐こい子ども 사람을 잘 따르는 아이.

ひとなみ【人並み】보통 정도(普通程度); 평범(平凡)함. ∥人並みな生活 평범한 생활.

ひとなみ【人波】인파(人波). ∥人波にもまれる 인파에 시달리다.

ひとにぎり【一握り】한 줌. ∥一握りの砂 한 줌의 모래.

ひとはだぬぐ【一肌脱ぐ】힘껏 도와주

다.∥君のためなら一肌脱いでもいい 널 위해서라면 도와줄 수 있다.
ひとびと【人人】 사람들. ∥大勢の人々が集まる 많은 사람들이 모이다.
ひとひねり【一捻り】 ❶ 한 번 비틂. ∥腰を一捻りする 허리를 한 번 비틀다. ❷ [簡単に負かすこと] 간단(簡單)히 이김. ∥あんなやつは一捻りだ 저런 녀석은 간단히 이길 수 있다. ❸ 조금 더 궁리(窮理)를 함. ∥最近の入試問題はどれも一捻りしてある 최근의 입시 문제는 전부 궁리가 있는 문제들이다.
ひとべらし【人減らし】 감원(減員).
ひとま【一間】 방(房) 한 칸.
ひとまえ【人前】 ❶ 사람들 앞. ∥人前ではうまくしゃべれない 사람들 앞에서는 말을 제대로 못한다. ❷ 체면(體面). ∥人前をつくろう 체면을 차리다.
ひとまかせ【人任せ】 남에게 맡김. ∥人任せにできない仕事 남에게 맡길 수 없는 일.
ひとまく【一幕】 ❶ (演劇의) 한 막(幕). ❷ (事件의) 한 장면(場面).
ひとまず【一先ず】 우선(于先); 일단(一旦). ∥これでひとまず安心だ 이걸로 일단 안심이다.
ひとまとめ【一纏め】 하나로 합침. ∥皆の荷物を一まとめにする 모두의 짐을 하나로 하다.
ひとまね【人真似】 ∥人まねする 남 흉내를 내다.
ひとまわり【一回り】 ❶ 한 바퀴 돎; 일주(一周). ∥池を一回りする 연못을 한 바퀴 돌다. ❷ (十二支의) 한 바퀴; 십이 년(十二年). ∥年が一回り違う 나이가 열두 살 차이가 난다. ❸ 한 단계(段階); 한 층. ∥一回りも大きなサイズの服 한 치수 더 큰 사이즈의 옷.
ひとみ【瞳】 눈동자; 눈. ∥瞳を輝かせる 눈을 반짝이다. ▶瞳を凝らす 응시하다.
ひとみしり【人見知り】 (名・ㅎ) 낯가림. ∥人見知りしない子 낯가림을 하지 않는 아이.
ひとむかし【一昔】 (說明) 옛날이라고 느껴질 정도의 과거(過去). ∥十年一昔は十 년이면 강산도 변한다. 彼が留学したのは一昔前のことだ 그 사람이 유학한 것은 상당히 옛날이다.
ひとめ【一目】 ❶ 잠깐 봄. ∥一目会いたい 한 번 만나고 싶다. ❶ 한눈에 봄. ∥峠から町は一目で見渡せる 고개에서 마을이 한눈에 내려다보이다.
ひとめ【人目】 남의 눈. ∥人目を避ける 남의 눈을 피하다. ∥人目に付く 남의 눈을 받다. 눈에 띄다.[自] ▶人目を忍ぶ 남의 눈을 피하다. ▶人目を憚(はばか)る 남의 눈을 꺼리다. ▶人目を引く 시선을 끌다. 눈에 띄다.[他]
ひとめぼれ【一目惚れ】 ∥一目惚れする 첫눈에 반하다.
ひともうけ【一儲け】 ∥一儲けする 한몫 잡다. 株で一儲けする 주식으로 한몫 잡다.
ひとやく【一役】 한몫; 한 역할(役割). ▶一役買う 한몫하다. 한 역할 하다. ∥新絵理誕生に一役買う 신출리 탄생에 한몫하다.
ひとやすみ【一休み】 잠깐 쉼. ∥ちょっと一休みする 잠깐 쉬다.
ひとやま【一山】 ❶ 한 무더기. ❷ 한 고비. ∥一山越す 한고비 넘기다. ▶一山当てる 투기로 한몫 잡다.
ひとよ【一夜】 하룻밤. ∥今宵一夜を共に過ごす 오늘 하룻밤을 함께 보내다. ❷ 어느 날 밤. ∥ある冬の一夜 어느 겨울날 밤.
ひとよせ【人寄せ】 (説明) 사람을 모음 또는 사람을 모으기 위한 흥행(興行).
*ひとり【一人・独り】 ❶ 한 사람; 하나; 한 명(名). ∥彼は私の友人の1人です 그 사람은 내 친구 중의 한 사람입니다. その部屋には子どもが1人いた 그 방에는 아이가 한 명 있었다. 1人残らず試験に合格した 한 사람도 빠짐없이 시험에 합격했다. ❷ 혼자. ∥1人で遊ぶ 혼자서 놀다. 彼女は一人暮らしています 혼자 살고 있다. ❸ 독신(獨身). ∥まだ独りです 아직 독신입니다.
ひどり【日取り】 날짜를 잡음. ∥結婚式の日取りを決める 결혼식 날짜를 잡다.
ひとりあたま【一人頭】 일 인당(一人當). ∥1人頭5千円 일 인당 오천 엔.
ひとりあるき【一人歩き・独り歩き】 ❶ 혼자 걸음. ❷ 자립(自立) 함.
ひとりがてん【一人合点・独り合点】 (名・ㅎ) 지레짐작. ∥確かめもせずに独り合点する 확인도 하지 않고 지레짐작하다.
ひとりぎめ【一人決め・独り決め】 (名・ㅎ) 독단(獨斷).
ひとりぐち【一人口】 한 사람만의 생계(生計).
ひとりごと【一人言・独り言】 혼잣말. ∥独り言を言う 혼잣말을 하다.
ひとりしばい【一人芝居・独り芝居】 ❶ 모노드라마. ❷ (相手なしに) 혼자 흥분(興奮)하여 행동(行動)함.
ひとりじめ【一人占め・独り占め】 독점(獨占); 독차지. ∥利益を独り占めする 이익을 독차지하다.
ひとりずもう【一人相撲・独り相撲】 ▶一人相撲をとる 혼자 설치다. 혼자서 헛수고를 하다.
ひとりだち【一人立ち・独り立ち】 (名・ㅎ) 독립(獨立). ∥一人立ちして商売を始める 독립해서 장사를 시작하다.
ひとりたび【一人旅・独り旅】 혼자 하는 여행(旅行).

ひとりっこ【一人っ子】〔息子〕외동아들；〔娘〕무남독녀(無男獨女).

ひとりでに【独りでに】저절로. ¶車おひとりでに動きだす 차가 저절로 움직이다.

ひとりね【独り寝】혼자 잠.

ひとりひとり【一人一人】각자(各自); 한 사람 한 사람. ¶一人一人の心がまえが大切だ 한 사람 한 사람의 마음가짐이 중요하다.

ひとりぶたい【独り舞台】독무대(獨舞臺).

ひとりぼっち【独りぼっち】외톨이.

ひとりみ【独り身】❶독신(獨身). ¶独り身の気楽さ 독신의 편안함. ❷〔家族と離れて〕혼자 지냄.

ひとりむすこ【一人息子】외아들; 독자(獨子).

ひとりむすめ【一人娘】외동딸; 무남독녀(無男獨女).

ひとりもの【独り者】독신자(獨身者).

ひとりよがり【独り善がり】독선적(獨善的). ¶独り善がりな態度 독선적인 태도

ひな【雛】병아리; 새 새끼. ¶ひなが孵(ふ)る 병아리가 부화하다. ヒバリのひな 종다리 새끼.

ひなが【日長】낮이 김. ¶春の日長 긴 봄날.

ひながた【雛型】❶모형(模型). ❷서식(書式). ❸견본(見本).

ひなた【日向】양지(陽地).

ひなたぼっこ【日向ぼっこ】¶日向ぼっこする 양지에서 햇볕을 쬐다.

ひなどり【雛鳥】❶새끼 새. ❷병아리.

ひなにんぎょう【雛人形】[설명]여자(女子) 아이의 성장(成長)을 축하(祝賀)하는 날(3월 3일)에 장식(裝飾)하는 인형(人形).

ひなびる【鄙びる】촌스럽다; 시골티가 나다. ¶ひなびた温泉宿 촌스러운 온천여관.

ひなまつり【雛祭り】[설명]삼월 삼일(三月三日)에 여자(女子) 아이의 성장(成長)을 축하(祝賀)하는 행사(行事).

ひなん【非難】[する] 비난(非難). ¶不手際を非難する실수를 비난하다. 非難を受ける 비난을 받다. 非難を免れない 비난을 면치 못하다. 非難の的になる 비난의 대상이 되다.

ひなん【避難】[する] 피난(避難). ♦避難訓練 피난 훈련. 避難場所 피난처.

びなん【美男】미남(美男).

ビニール【vinyl】비닐. ♦ビニール傘 비닐 우산. ビニールハウス 비닐하우스.

ひにく【皮肉】❶비꼼; 비아냥; 빈정거림. ¶皮肉を言う 비아냥거리다. 皮肉な笑い 빈정대는 듯한 웃음. ❷얄궂음; 짓궂음. ¶運命の皮肉 얄궂은 운명. 皮肉なことに 얄궂게도.

ひにち【日日】❶[年月日]날; 날짜. ❷일수(日數); 날수.

ひにひに【日に日に】나날이; 날이 갈수록. ¶日に日に暖かくなる 날이 갈수록 따뜻해지다.

ひにょうき【泌尿器】비뇨기(泌尿器). ♦泌尿器科 비뇨기과.

ひにん【否認】[する] 부인(否認). ¶犯行を否認する 범행을 부인하다.

ひにん【避妊】[する] 피임(避妊).

ひねる【捻る】❶만지작거리다. ¶機械のスイッチをひねる 기계 스위치를 만지작거리다. ❷[理屈を]둘러대다. ¶理屈をひねる 이유를 둘러대다.

ひねくれもの【捻くれ者】꼬인 사람.

ひねくれる【捻くれる】〔性質が〕비뚤어지다; 뒤틀리다; 꼬이다. ¶ひねくれた考え方 비뚤어진 사고방식.

ひねこびる【陳こびる】〔子どもが〕어른스럽다; 조숙(早熟)하다.

びねつ【微熱】미열(微熱).

ひねり【捻り】❶비틂. ❷〔おひねりの形で〕[설명]신불(神佛)에게 바치거나 팁으로 주기 위해 돈을 종이에 싸서 비튼 것.

ひねりだす【捻り出す】❶궁리(窮理)하다; 짜내다. ¶妙案をひねり出す 묘안을 짜내다. ❷〔お金を〕마련하다; 염출(捻出)하다.

ひねる【捻る】❶비틀다; 틀다. ¶蛇口をひねる 수도꼭지를 틀다. ❷간단(簡單)히 이기다. ¶新人投手にひねられる 신인 투수에게 간단히 당하다. ❸[考える]궁리(窮理)하다. ¶頭をひねる 머리를 짜내며 생각하다.

ひのいり【日の入り】일몰(日沒).

ひのうみ【火の海】불바다. ¶あたり一面火の海だ 주변 일대가 불바다이다.

ひのえ【丙】(十干의)병(丙).

ヒノキ【檜】노송나무.

ひのきぶたい【檜舞台】[설명]영광(榮光)스러운 자리. ▶檜舞台に立つ 영광스러운 자리에 서다.

ひのくるま【火の車】경제 상태(經濟狀態)가 매우 어려움.

ひのくれ【日の暮れ】해가 질 무렵.

ひのけ【火の気】불기. ¶火の気の全くない部屋 불기가 전혀 없는 방.

ひのこ【火の粉】불티; 불똥.

ひので【火の手】불길. ▶火の手が上がる 불길이 오르다.

ひので【日の出】해돋이; 일출(日出). ¶日の出の勢い 욱일승천의 기세.

ひのべ【日延べ】[する] 연기(延期). ¶運動会は雨で日延べになった 운동회는 비로 연기되었다.

ひのまる【日の丸】일장기(日章旗).

ひのめ【日の目】햇빛; 빛. ▶日の目を見る 빛을 보다. (비) 알려지다. 地味な研究がやっと日の目を見る 주목받지 못

ひのもと【火の元】불기가 있는 곳; 화기(火氣). ‖火の元に気をつける 화기를 조심하라.

ひばい‐どうめい【非買同盟】 불매 동맹(不買同盟); 보이콧.

ひばいひん【非売品】 비매품(非賣品).

ひばく【被爆】 피폭(被爆). ◆被爆者 피폭자.

びはく【美白】 미백(美白). ◆美白効果 미백 효과.

ひばしら【火柱】 불기둥. ‖爆発音と同時に火柱が立った 폭발음과 함께 불기둥이 솟았다.

ひはだ【美肌】 아름다운 피부(皮膚).

ひばち【火鉢】 화로(火爐).

ひばな【火花】 불꽃. ‖火花を散らす 불꽃을 튀기다.

ヒバリ【雲雀】 종다리; 종달새.

*ひはん**【批判】 (する) 비판(批判). ‖政府の外交方針を批判する 정부의 외교 방침을 비판하다. ◆自己批判 자기비판. 批判的 비판적.

ひび【皹】 (皮膚의)주름.

ひび【罅】 금. ‖ひびが入る 금이 가다. 友情にひびが入る 우정에 금이 가다.

ひび【日日】 나날; 하루하루. ‖日々の暮らし 하루하루의 생활. 忙しい日々 바쁜 나날.

びび【微微】 미미(微微). ‖私の功績など微々たるものに 내 공적은 미미한 것이다.

ひびかせる【響かせる】 ❶ (音や振動を)울리다. ❷ 떨치다. ‖名声を響かせる 명성을 떨치다.

ひびき【響き】 소리; 울림. ‖太鼓の響き 북소리.

*ひびく**【響く】 ❶ (音‧振動が)울리다; 퍼지다. ‖突然銃声が響いた 갑자기 총성이 울렸다. ❷ 알려지다; 퍼지다. ‖世界にその名が響く 세계에 그 이름이 알려지다. ❸ 나쁜 영향(影響)을 미치다. ‖徹夜をすると明日の仕事に響く 철야를 하면 내일 일에 영향을 미친다. ❹ 감명(感動)을 받다. ‖胸に響く言葉 가슴에 와 닿는 말.

ひひょう【批評】 (する) 비평(批評). ‖作品を批評する 작품을 비평하다. 文芸批評 문예 비평. 批評家 비평가.

ひびわれ【罅割れ】 ‖柱がひび割れる 기둥에 금이 가다.

びひん【備品】 비품(備品). ‖学校の備品 학교 비품.

*ひふ**【皮膚】 피부(皮膚). ‖皮膚が弱い 피부가 약하다. ◆皮膚科 피부과. 皮膚病 피부병.

ビフィズスきん【bifidus 菌】 비피더스균.

びふう【微風】 미풍(微風).

ひぶくれ【火脹れ】 데어서 생긴 물집. ‖火ぶくれができる 데인 자리에 물집이 생기다.

ひふこきゅう【皮膚呼吸】 피부 호흡(皮膚呼吸).

ひぶそうちたい【非武装地帯】 비무장지대(非武装地帯).

ひぶた【火蓋】 ▶火蓋を切る (戦い)를 시작하다. 개시하다. 反撃の火蓋を切る 반격의 불을 당기다.

ビブラート【vibrato 伊】 비브라토.

ひぶん【碑文】 비문(碑文).

びぶん【微分】 미분(微分). ◆微分方程式 미분 방정식.

ひふんこうがい【悲憤慷慨】 (する)비분강개(悲憤慷慨).

ひへい【疲弊】 (する) 피폐(疲弊). ‖国力が疲弊する 국력이 피폐하다.

ひほう【秘法】 비법(秘法).

ひほう【悲報】 비보(悲報).

ひぼう【誹謗】 (する) 비방(誹謗). ‖人を誹謗する人を비방하다.

びほう【弥縫】 미봉(彌縫). ◆弥縫策 미봉책.

びぼう【美貌】 미모(美貌). ‖美貌を誇る 미모를 자랑하다.

びぼうろく【備忘録】 비망록(備忘錄).

ひほけんしゃ【被保険者】 피보험자(被保険者).

ひぼし【日干し】 햇볕에 말림. ‖魚を日干しにする 생선을 햇볕에 말리다.

ひぼん【非凡】 ¾ 비범(非凡)하다; 뛰어나다. ‖非凡な手腕 비범한 수완.

*ひま**【暇】 ❶ 자유(自由)로운 시간(時間), 한가(閑暇)함. ‖この時期は商売が暇で 이 시기는 장사가 잘 안 된다. お暇ならお寄りください 한가할 때 들러 주십시오. 暇を持て余る 남아도는 시간을 주체 하다. ❷ (何かをするための)시간(時間); 틈. ‖本を読む暇もない 책을 읽을 틈도 없다. ▶暇を出す 해고하다. 이혼하다. ▶暇を潰す 시간을 때우다. 소일하다. 映画を見て暇をつぶす 영화를 보며 시간을 때우다. ▶暇を取る〔やめる〕고용인 쪽에서 자진해서 관계를 끊다. ▶暇を盗む 짬을 내다. 暇を盗んでは本を読む 시간을 내어 틈틈이 책을 읽다.

ひまく【皮膜】 피막(皮膜).

ひまご【曾孫】 증손자(曾孫子).

ひましに【日増しに】 나날이. ‖日増しに暖かになる 나날이 따뜻해지다.

ひまつ【飛沫】 비말(飛沫). 물보라.

ひまつぶし【暇潰し】 ❶ 심심풀이. ❷ 시간 낭비(時間浪費).

ヒマワリ【向日葵】 해바라기.

ひまん【肥満】 (する) 비만(肥滿). ◆肥満型 비만형. 肥満症 비만증.

*ひみつ**【秘密】 비밀(秘密). ‖秘密にす

びみょう 446

る 비밀로 하다. 秘密が漏れる 비밀이 새다. そのことは彼にはにしてください この 일은 그 사람한테는 비밀로 해 주십시오. 秘密を守る 비밀을 지키다. 公然の秘密 공공연한 비밀. 秘密裏に取引が行なわれる 비밀리에 거래가 이루어지다. ◆秘密警察 비밀경찰. 秘密結社 비밀 결사. 秘密選挙 비밀 선거. 秘密投票 비밀 투표.

びみょう【微妙】ダ ミ묘(微妙)하다. 《빛깔や色彩のバランス 미묘한 색채의 조화.

ひめ【姫】❶ 귀인(貴人)의 딸. ‖お姫様 공주님: 아가씨. ❷【小さいもの】작고 귀여운 것; 꼬마. ‖姫鏡台 꼬마 화장대. ❸ 이름 뒤에 붙이는 경칭(敬稱). ‖白雪姫 백설공주.

ひめい【悲鳴】비명(悲鳴); 비명 소리. ‖暗闇の中で悲鳴が聞こえた 어둠 속에서 비명 소리가 들렸다. ◆悲鳴を上げる 비명을 지르다.

びめい【美名】미명(美名). ‖美名に隠れて悪事をはたらく 그럴듯한 미명하에 나쁜 짓을 하다.

ひめごと【秘め事】비밀(秘密). ❷ 2人だけの秘め事 두 사람만의 비밀.

ひめやか【秘めやか】몰래 하는 것; 은밀(隱密)함. ‖秘めやかに想う 남몰래 생각하다.

ひめる【秘める】비밀(秘密)로 하다; 숨기다; 묻어 두다. ‖胸に秘める 가슴 속에 묻어 두다.

ひめん【罷免】(공무) 파면(罷免). ‖大臣を罷免する 장관을 파면하다.

*ひも【紐】❶ 끈; 줄. ‖紐を解く 끈을 풀다. 古新聞を紐で縛る 오래된 신문을 끈으로 묶다. 柱と柱の間に紐を張る こと 기둥과 기둥 사이에 줄을 치다. ❷ 정부(情夫); 기둥서방.

ひもく【費目】비목(費目); 지출 명목(支出名目). ‖費目ごとに伝票を整理する 지출 명목별로 전표를 정리하다.

ひもじい 배고프다. ◆ひもじい時のまずい物なし 시장이 반찬. [諺]

ひもち【日持ち】날짜지나는 (식こもの가) 오래되어도 변질되지 않다.

ひもつき【紐付き】❶ 끈이 달려 있음. ‖紐付きの寝巻 끈이 달린 잠옷. ❷ 정부(情夫)가 있는 여자(女子). ❸ 조건(條件)이 붙어 있음.

ひもと【火元】❶ 불을 사용(使用)하는 곳. ❷ 발화 장소(發火場所).

ひもとく【繙く】책을 펴서 읽다.

ひもの【干物】건어물(乾魚物).

ひや【冷や】❶ 냉수(冷水). ‖お茶や冷や水. ❷【冷や酒】찬 술.

ひやあせ【冷や汗】식은땀. ◆冷や汗をかく 식은땀을 흘리다.

ひやかす【冷やかす】놀리다. ‖新婚夫婦を冷やかす 신혼부부를 놀리다.

*ひゃく【百】 백(百); [百歳]백 살. ‖彼は 100까지 살겠よ 그 사람은 백 살까지 살 것이다. 100個の卵が箱にある 계란이 백 개 상자 안에 있다. 100分の2 백 분의 이. ◆百も承知 충분히 알고 있음. 危険は百も承知で強行する 危険은 충분히 각오하고 결행하다.

ひやく【飛躍】비약(飛躍). ❶一大飛躍を遂げる 일대 비약을 하다. 彼の話には論理の飛躍がある 그 사람의 이야기에는 논리의 비약이 있다. 科学技術は飛躍的に進歩した 과학 기술은 비약적으로 진보했다.

びやく【白衣】백의(白衣).

ひゃくがい【百害】백해(百害). ◆百害あって一利なし 백해무익 (百害無益).

ひゃくじゅう【百獣】백수(百獸). ‖百獣の王ライオン 백수의 왕 사자.

ひゃくしょう【百姓】농사꾼; 농민(農民).

ひゃくせんひゃくしょう【百戦百勝】백전백승(百戰百勝).

ひゃくたい【百態】백태(百態).

ひゃくてん【百点】백점(百點). ◆百点満点 백점 만점.

ひゃくにちぜき【百日咳】백일해(百日咳).

ヒャクニチソウ【百日草】백일초(百日草).

ひゃくにんいっしゅ【百人一首】[說明] 대표적(代表的)인 백 인(百人)의 와카를 한 수(首)씩 모아 놓은 것.

ひゃくにんりき【百人力】일당백(一當百)의 힘.

ひゃくねん【百年】백 년(百年); 긴 세월(歲月). ◆百年河清を俟(*)つ 백년하청(百年河淸). ◆百年の計 백년지계. 国家百年の計 국가의 백년지계.

ひゃくパーセント【百％・100％】백(百) 퍼센트.

ひゃくはちじゅうど【百八十度・180度】백팔십 도(百八十度). ‖180度の方向転換 백팔십 도 방향 전환.

ひゃくぶん【百聞】백문(百聞). ◆百聞は一見に如かず 백문이 불여일견(不如一見).

ひゃくぶんひ【百分比】백분비(百分比).

ひゃくぶんりつ【百分率】백분율(百分率).

ひゃくまん【百万】백만(百萬).

ひゃくや【白夜】백야(白夜).

ひゃくやく【百薬】백약(百藥).

ひゃくようばこ【百葉箱】백엽상(百葉箱).

ひやけ【日焼け】❶真っ黒に日焼けする 피부가 새까맣게 타다.

ひやし【冷やし】차게 함; 냉(冷)…. ◆冷やしそば 냉국수.

ヒヤシンス【hyacinth】히아신스.

ひやす【冷やす】차게 하다; 식히다.

ビールを冷蔵庫で冷やす 맥주를 냉장고에 넣어 차게 하다. 少し頭を冷やして来い 잠시 머리를 식히고 와라.

ひゃっかじてん【百科事典】 백과사전(百科事典).

ひゃっかぜんしょ【百科全書】 백과전서(百科全書).

ひゃっかてん【百貨店】 백화점(百貨店).

ひゃっかにち【百箇日】 (說明) 사람이 죽은지 백일째 되는 날.

ひやっと【冷やっと】 ‖ひやっとする 섬뜩하다. 오싹하다.

ひゃっぱつひゃくちゅう【百発百中】 백발백중(百発百中). ‖百発百中の命中率 백발백중의 명중률.

ひやとい【日雇い】 날품팔이; 일용(日傭). ‖日雇い労働者 일용직 노동자.

ひやひや【冷や冷や】 조마조마. ‖気づかれはしないかと冷や冷やしながら聞いている 들키지 않을까 살얼음 걷는 듯이 조마조마하게 듣고 있다.

ひやめし【冷や飯】 찬밥. ⇒冷や飯を食う 찬밥 신세다.

ひややか【冷ややか】ダ ❶ 싸늘하다; 차갑다. ‖高原の冷ややかな風 고원의 싸늘한 바람. ❷ 냉담(冷淡)하다; 냉정(冷情)하다; 싸늘하다. ‖ひややかな目で見る 싸늘한 눈으로 보다.

ひややっこ【冷や奴】 (說明) 차게 한 두부(豆腐)를 양념 간장에 찍어 먹는 것.

ひやりと【冷やりと】 ❶〔急に冷たさを感じる〕‖ひやりと感じる外気 싸늘하게 느껴지는 바깥 공기. ❷〔一瞬危険などを感じて緊張する〕‖吊り橋が揺れてやりとした 현수교가 흔들려서 가슴이 철렁했다.

ひゆ【比喩】 비유(比喩). ◆比喩的表現 비유적인 표현. 比喩法 비유법.

ひゅう【風·笛など】❶〔風·笛などがひゅうと吹く〕휘파람을 휘익 불다. ❷〔弾丸など〕획. ‖弾丸がひゅうと耳をかすめる 탄환이 획 하고 귀를 스치다.

ぴゅう【風などが】쌩. ‖一陣の風がぴゅうと寒々吹き抜ける 찬바람이 쌩하고 불어제치다.

ヒューズ【fuse】퓨즈. ‖ヒューズが飛んだ 퓨즈가 끊어졌다.

ピューレ【purée 프】퓌레.

ビュッフェ【buffet 프】뷔페.

ひょい【軽く】❶〔ひょいと持ち上げる〕가볍게 들어 올리다. ❷〔急に〕갑자기. ‖ひょいと現われる 갑자기 나타나다.

ひょう【表】 표(表). ‖実験の結果を表で示す 실험 결과를 표로 나타내다. ◆時間表 시간표. 成績表 성적표.

ひょう【票】 표(票). ‖票を投じる 표를 던지다. ◆組織票 조직표. 浮動票 부동표.

ひょう【雹】 우박(雨雹).

ヒョウ【豹】 표범.

*ひよう【費用】 비용(費用). ‖結婚式の費用 결혼식 비용. 費用を出す 비용을 내다. かなりの費用がかかる 상당한 비용이 들다.

-びょう【秒】…초(秒). ‖5秒 5초 오 초.

-びょう【病】…병(病). ◆心臓病 심장병.

びよう【美容】 미용(美容). ‖美容にいい食べ物 미용에 좋은 음식. ◆美容院 미장원. 美容師 미용사. 美容整形 성형수술. 美容体操 미용 체조.

ひょういもじ【表意文字】 표의 문자(表意文字).

*びょういん【病院】 병원(病院). ‖病院に行く 병원에 가다. 病院に入院している病院に入院している 입원해 있다. 病院に通っている 병원에 다니고 있다. ◆総合病院 종합병원.

ひょうおんもじ【表音文字】 표음 문자(表音文字).

*ひょうか【評価】 (する) 평가(評価). ‖学説の評価が高まる 학설의 평가가 높아지다. 評価できる内容の本 평가할 만한 내용의 책. 能力を過大評価する 능력을 과대평가하다.

ひょうが【氷河】 빙하(氷河). ◆氷河期 빙하기.

ひょうかい【氷解】 (する) ❶ 해빙(解氷). ❷ 풀림. ‖彼に対する誤解も氷解した 그 사람에 대한 오해도 풀었다.

ひょうき【表記】 (する) 표기(表記). ‖漢字で表記する 한자로 표기하다.

ひょうき【標記】 (する) 표기(標記).

ひょうぎ【評議】 (する) 평의(評議). ◆評議員 평의원. 評議会 평의회.

*びょうき【病気】 병(病). ‖病気になる 병이 나다. 病気にかかる 병에 걸리다. 病気が治る 병이 낫다.

ひょうきん【ヒョウキン】ダ 익살맞다; 우스꽝스럽다. ‖ひょうきんな男 익살맞은 남자. ◆剽軽者 익살꾼.

びょうく【病苦】 병고(病苦). ‖病苦に打ち克つ 병고를 이겨내다.

ひょうけいほうもん【表敬訪問】 (する) 예방(禮訪).

ひょうけつ【表決】 (する) 표결(表決).

ひょうけつ【票決】 (する) 표결(票決).

ひょうけつ【氷結】 (する) 氷結하는 얼음이 얼다.

びょうけつ【病欠】 병결(病缺).

*ひょうげん【表現】 (する) 표현(表現). ‖適切な言葉で表現する 적절한 말로 표현하다. この悲しみは言葉では表現できない 이 슬픔은 말로는 표현할 수 없다. 思っていることを自由に表現する 생각하고 있는 것을 자유롭게 표현하다. ◆表現の自由 표현의 자유. ◆表現力 표현력.

びょうげん【病原】 병원(病原). ◆病原

ひょうご【兵語】 병원균. 病原体 병원체.
ひょうご【標語】 표어(標語). ∥交通安全の標語 교통 안전 표어.
ひょうこう【標高】 표고(標高).
ひょうさつ【表札】 문패(門牌). ∥表札をかける 문패를 달다.
ひょうざん【氷山】 빙산(氷山). ∥氷山の一角 빙산의 일각.〔感〕
ひょうし【拍子】 ❶박자(拍子). ∥拍子を合わせる 박자를 맞추다. ❷「…した拍子で」の形で〕…는 바람에; …자마자. ∥転んだ拍子に靴がぬげた 넘어지는 바람에 구두가 벗겨지다.
ひょうし【表紙】 표지(表紙). ◆裏表紙 속표지.
ひょうじ【表示】 표시(表示). ∥意思を表示する 의사를 표시하다. 製造年月日はふたに表示されている 제조 일자는 뚜껑에 표시되어 있다.
ひょうじ【標示】 표시(標示). ◆標示板 표시판.
ひょうし【病死】(名・自サ) 병사(病死).
ひょうしき【標識】 표지(標識). ∥道路標識 도로 표지. 標識灯 표지등.
ひょうしつ【病室】 병실(病室).
ひょうしぬけ【拍子抜け】 김빠짐; 김샘; 맥(脈)이 빠짐. ∥拍子抜けしてやる気がなくなる 김빠져서 할 마음이 없어지다.
びょうしゃ【描写】(名・自サ) 묘사(描寫). ∥巧みに描写する 정밀하게 묘사하다. ◆心理描写 심리 묘사. 性格描写 성격묘사.
びょうじゃく【病弱】 ∅ 병약(病弱)하다. ∥病弱な身 병약한 몸.
ひょうしゅつ【表出】(名・自サ) 표출(表出). ∥感情の表出 감정 표출.
*ひょうじゅん【標準】 표준(標準). ∥東京を標準にして考える 도쿄를 표준으로 해서 생각하다. 標準的な大きさ 표준적인 크기. ◆標準規格 표준 규격. 標準語 표준어. 標準時 표준시. 標準装備 표준 장비.
ひょうしょう【表象】 표상(表象).
ひょうしょう【表彰】(名・自サ) 표창(表彰). ◆表彰式 표창식. 表彰状 표창장.
ひょうじょう【氷上】 빙상(氷上). ∥氷上バレエ 빙상 발레.
*ひょうじょう【表情】 표정(表情). ∥表情豊かな人 표정이 풍부한 사람. 顔の表情が柔和になる 얼굴 표정이 부드러워지다. 表情のない顔 표정이 없는 얼굴.
びょうじょう【病状】 병세(病勢). ∥病状が悪化する 병세가 악화되다.
びょうしん【秒針】 초침(秒針).
ひょうする【表する】 표(表)하다. ∥遺憾の意を表する 유감의 뜻을 표하다.
ひょうする【評する】 평(評)하다. ∥人物を評する 인물을 평하다.

びょうせい【病勢】 병세(病勢). ∥病勢改まる 병세가 악화되다.
ひょうせつ【剽窃】(名・自サ) 표절(剽竊).
ひょうそう【表層】 표층(表層). ◆表層構造 표층 구조.
びょうそう【病巣】 병소(病巢). ∥病巣を切除する 병소를 절제하다.
ひょうだい【表題·標題】 표제(標題). ◆標題音楽 표제 음악.
ひょうたん【瓢箪】 호리병박; 표주박; 조롱박. ▶瓢箪から駒 농담으로 한 말이 실제로 이루어짐.
ひょうちゃく【漂着】(名・自サ) 표착(漂着). ∥海岸に漂着する 해안에서 표착하다.
びょうちゅうがい【病虫害】 병충해(病蟲害).
ひょうてき【標的】 표적(標的). ∥敵の攻撃の格好の標的となる 적이 공격하기에 좋은 표적이 되다.
びょうてき【病的】 병적(病的). ∥病的に太る 병적으로 살이 찌다.
ひょうてん【氷点】 빙점(氷點).
ひょうてん【評点】 평점(評點).
ひょうてん【表点】 표점(表点).
ひょうでん【評伝】 평전(評傳).
ひょうてんか【氷点下】 영하(零下). ∥気温が氷点下に下がる 기온이 영하로 내려가다.
びょうとう【病棟】 병동(病棟).
びょうどう【平等】 평등(平等). ∥法の前にはすべての人が平等である 법 앞에서 만인은 평등하다. 平等に扱う 평등하게 대하다. ◆男女平等 남녀평등.
びょうにん【病人】 병자(病者); 아픈 사람.
ひょうはく【漂白】(名・自サ) 표백(漂白). ◆漂白剤 표백제.
ひょうばん【評判】 평판(評判). ∥評判がいい 평판이 좋다. 評判を気にする 평판에 신경을 쓰다.
ひょうひ【表皮】 표피(表皮).
びょうぶ【屏風】 병풍(屛風).
びょうへい【病弊】 병폐(病弊). ∥機械文明の病弊 기계 문명의 병폐.
ひょうへん【豹変】(名・自サ) 표변(豹變). ∥態度が豹変する 태도가 표변하다.
ひょうぼう【標榜】(名・自サ) 표방(標榜). ∥福祉国家を標榜する 복지국가를 표방하다.
ひょうほん【標本】 표본(標本). ◆植物標本 식물 표본. 標本調査 표본 조사.
ひょうめい【表明】(名・自サ) 표명(表明). ∥反対の意を表明する 반대 의사를 표명하다.
びょうめい【病名】 병명(病名).
*ひょうめん【表面】 표면(表面). ∥表面に傷をつける 표면에 상처를 내다. 表面上は問題は単純に見えた 표면상으로는 문제가 단순하게 보였다. ◆表面化

ひょうめんか【(종하) 表面化】. 表面張力 표면 장력. 表面的 표면적.

ひょうめんせき【表面積】 표면적(表面積).

びょうよみ【秒読み】 초읽기. ‖完成は秒読みの段階だ 완성은 초읽기 단계다.

ひょうり【表裏】 표리(表裏); 겉과 속. ◆表裏一体 표리일체.

ひょうりゅう【漂流】 (종하) 표류(漂流). ‖嵐を漂流する 폭풍이 치는 바다를 표류하다.

ひょうろん【評論】 (종하) 평론(論論). ◆評論家 평론가.

ひよく【肥沃】ダ 비옥(肥沃)하다. ‖肥沃な土地 비옥한 토지.

ひよけ【日除け】 직사광선(直射光線)을 피(避)함.

ひよこ【雛】 ❶ 병아리. ❷ [未熟な者] 애송이. ‖技術者としてまだほんのひよこだ 기술자로서는 아직 애송이에 불과하다.

ひよこひよこ ❶ [小刻みにはねる] 깡충깡충. ❷ [気軽に出歩く] ‖ひよこひよこ出かける 여기저기 돌아다니다.

ぴよこん ❶ [急に動作をする] 꾸벅. ‖ぴよこんと頭を下げる 꾸벅 머리를 숙이다. ❷ [そこだけが突き出ている] 툭. ‖ぴよこんと出っぱっている 툭 튀어나와 있다.

ひょっこり 갑자기. ‖彼がひょっこり立ち寄った 그 사람이 갑자기 집에 들렀다.

ひょっとしたら 혹시; 어쩌면.

ぴよぴよ 삐악삐악.

ひより【日和】 ❶ [いい天気] 좋은 날씨. ‖遠足には絶好の日和だ 소풍 가기에 딱 좋은 날씨. ❷ […日和の形で] 하기에 좋은 날씨. ‖運動会日和 운동회 하기에 좋은 날씨.

ひよりみ【日和見】 기회(機會)를 엿봄. ◆日和見主義者 기회주의자.

ひょろつく 비틀거리다; 휘청거리다.

ひょろひょろ ❶ [足がよろめく]비틀비틀. ‖ひょろひょろした足どり 비틀걸음; 비틀걸음. ❷ [細長く伸びている] ‖ひょろひょろした松の木 앙상한 소나무.

ひよわ【ひ弱】 허약(虚弱)하다; 연약(軟弱)하다. ‖ひ弱な体 허약한 몸.

ぴょん 폴짝; 흘쩍; 폴짝. ‖ぴょんと飛び乗る 폴짝 올라타다.

ひょんな 의외(意外)의; 기묘(奇妙)한; 생각지도 않은; 뜻밖의. ‖ひょんなことから彼と知り合いになった 뜻밖의 일로 그 사람과 알게 되었다. ひょんな所で兄に会った 뜻밖의 곳에서 형을[형을] 만났다.

ぴょんぴょん 깡충깡충. ‖ウサギがぴょんぴょん(と)跳ねる 토끼가 깡충깡충 뛰

다.

ひら【平】 ❶ 평평(平平)함. ‖平屋根 평평한 지붕. ❷ 평범(凡凡)함; [普通] 임. ‖平社員 평사원.

びら 전단지(傳單紙).

ひらあやまり【平謝り】 ❶ 평謝り리 謝 사싹 빌다. 손이 발이 되게 빌다.

ひらいしん【避雷針】 피뢰침(避雷針).

ひらおよぎ【平泳ぎ】 평영(平泳).

ひらがな【平仮名】 히라가나.

ひらき【開き】 ❶ 열림. ‖開き 悪い 문이 잘 열리지 않다. ❷ 꽃이 핌; 개화(開花). ‖今年は花の開きが遅い 올해는 개화가 늦다. ❸ 차이(差異); 격차(格差); 갭. ‖理想と現実との開きが想像 현실과의 갭. (魚などの)말린 것. ‖サンマの開き 꽁치 말린 것. ❹ [宴会などを]마침. ‖この辺でお開きにしたいと存じます 이쯤에서 마치도록 하겠습니다.

ひらきなおる【開き直る】 정색(正色)하다; 뻔뻔해지다. ‖開き直って反駁하는 정색하고 반문하다.

***ひらく**【開く】 ❶ 열리다; 트이다. ‖風で戸が開く 바람에 문이 열리다. 心を開く 마음을 열다. ❷ 펴다; 펴지다. ‖傘が開かない 우산이 펴지지 않다. ❸ 피다. ‖桜の花が開いて 벚꽃이 피다. ❹ 차이(差異)가 나다. ‖ますます差が開く 차이가 자꾸 나다. ❺ 개점(開店)하다; 개최(開催)하다; 시작(始作)하다; 열다. ‖同窓会を開く 동창회를 열다. 店を開く 가게를 열다. 개점하다.

***ひらける**【開ける】 ❶ 열리다; 트이다. ‖視界が開ける 시야가 트이다. 운이 열리는 운이 트이다. 解決への道が開ける 해결의 길이 열리다. ❷ 개화(開化)되다; 개발(開發)되다. ‖古くから文明が開けた地域 옛날부터 문명이 개화된 지역. ❸ 속이 트이다. ‖あの人は속이 開けている 저 사람은 의외로 속이 트였다.

ひらたい【平たい】 ❶ 평평(平平)하다; 납작하다. ‖平たい皿 납작한 접시. ❷ [分かりやすい] 알기 쉽다. ‖平たく言えば 알기 쉽게 말하면.

ひらて【平手】 손바닥. ‖平手で叩く 손바닥으로 때리다.

ひらに【平に】 제발; 부디. ‖平にご勘弁ください 부디 용서해 주십시오.

ひらひら 팔랑팔랑. ‖ひらひらと木の葉が落ちる 나뭇잎이 팔랑거리며 떨어지다.

ピラフ【pilaf】 필라프.

ひらべったい【平べったい】 평평(平平)하다; 납작하다. ‖平べったい顔 납작한 얼굴.

ヒラメ【平目・鮃】 넙치; 광어(廣魚).

ひらめき【閃き】 번뜩임; 기지(機智).

ひらめく【閃く】 ❶ 번쩍이다; 번뜩이

ひらや【平屋】 단층집.
ひらり【軽く体を動かす様子】획; 훌쩍.
びらり 꼴찌.
ピリオド【period】 피리어드; 종지부(終止符). ▶ピリオドを打つ 종지부를 찍다.
びりから【びり 하】 자극적(刺戟的)이고 야함.
ひりつ【比率】 비율(比率). ∥このクラスの男女の比率は 이 학급의 남녀 비율. ◆交換比率 교환 비율.
ひりひり【肌がひりひりする 피부가 따끔따끔하다. 唐辛子で舌がひりひりする 고추를 먹었더니 혀가 얼얼하다.
びりびり ❶ 짝짝. ∥手紙をびりびり(と)破いた 편지를 짝짝 찢었다. ❷[振動などでガラスなどが揺れる様子][音]∥暴風で窓ガラスがびりびり(と)言う 폭풍으로 창문이 흔들거리다. ❸【強い刺激を感じる様子】∥コンセントに触れたらびりびり(ときた) 콘센트를 만졌더니 짜르르 하고 전기가 왔다.
ぴりぴり ❶ 따끔따끔. ∥熱い湯がぴりぴり(と)肌を刺す 뜨거운 물이 피부를 따끔따끔하게 자극하다. ❷【不安などで神経が張りつめる】∥コンセントに触れたら神経をとがらせる 팽팽하게 신경을 곤두세우다.
ビリヤード【billiard】 당구(撞球).
ひりょう【肥料】 비료(肥料).
びりゅうし【微粒子】 미립자(微粒子).
ひりょう【微量】 미량(微量). ◆微量分析 미량 분석.
びりょくながら【微力】▼ 미력(微力)하다. ∥微力ながらお手伝いします 미력하나마 도와 드리겠습니다.
*ひる【昼】 ❶ 낮; 정오(正午). ∥夏は夜より昼の方が長い 여름은 밤보다 낮이 길다. 昼寝て夜働く 낮에 자고 밤에 일하다. ❷【昼食】점심(點心). ∥昼は簡単に済ませる 점심은 간단하게 끝내다.
ひる【放る】 배설(排泄)하다. ∥屁をひる 방귀를 뀌다.
ヒル【蛭】 거머리.
-びる …다워지다; … 티가 나다. ∥大人びる 어른티가 나다.
ピル【pill】(經口避妊薬의) 필.
ひるがえす【翻す】 ❶ 뒤집다; (考えなどを)바꾸다; 돌리다. ∥手のひらを翻す 손바닥을 뒤집다. 身を翻す 몸을 돌리다. ❷ 휘날리다; 날리게 하다. ∥反旗を翻す 반기를 들다.
ひるがえる【翻る】 ❶ 뒤집히다; 뒤엎어지다. ❷ 펄럭이다. ∥旗が風になびいている 깃발이 바람에 펄럭이고 있다.
ひるね【昼寝】 낮잠. ∥昼寝をする 낮잠

을 자다.
ひるま【昼間】 낮.
ひるむ【怯む】 기죽다; 겁먹다. ∥ピストルを見て怯む 권총을 보고 겁먹다.
ひるめし【昼飯】 점심(點心); 점심밥.
ひるやすみ【昼休み】 점심시간(點心時間).
ひれ【鰭】 지느러미.
*ひれい【比例】 ㉥㉿ 비례(比例). ∥給料は仕事量に比例します 월급은 일의 양에 비례합니다. ◆正比例 정비례. 反比例 반비례. 比例代表制 비례 대표제. 比例配分 ㉥㉿ 비례 배분.
ひれき【披瀝】 ㉥㉿ 피력(披瀝).
ひれつ【卑劣】▼ 비열(卑劣)하다. ∥卑劣なやり方 비열한 방법.
ヒレにく【filet 肉】 등심살.
ひれん【悲恋】 비련(悲戀).
*ひろい【広い】 ❶【面積・幅が広い. ∥広い庭 넓은 정원. 肩幅が広い 어깨통이 넓다. 道を広くする 길을 넓히다. 広くなる 넓어지다. ❷（心が）넓다. ∥心の広い人 마음이 넓은 사람. 顔が広い 発이 넓은 사람. ❸ 彼らの名前は広く知られている 그 사람 이름은 널리 알려져 있다.
ひろいあげる【拾い上げる】 ❶ 줍다; 주워 들다. ∥貝殻を拾い上げる 조가비를 줍다. ❷ 가려서 뽑아내다; 픽업하다. ∥適当な例を2, 3拾い上げる 적당한 예를 두세 개 들다. ❸（不遇な人を引き立てて）적당(適當)한 지위(地位)에 앉히다.
ひろいもの【拾い物】 습득물(拾得物).
ヒロイン【heroine】 히로인; 여주인공(女主人公). ∥悲劇のヒロイン 비극의 여주인공.
ひろう【披露】 ㉥㉿ 피로(披露). ◆披露宴 피로연.
*ひろう【疲労】 ㉥㉿ 피로(疲勞). ∥疲労が蓄積する 피로가 축적되다. 疲労回復には이가一番が疲労回復에는 이것이 최고다.
ひろう【拾う】 ❶ 줍다. ∥池に落ちたボールを拾う 연못에 빠진 공을 줍다. ❷（タクシーを）잡다. ∥タクシーを拾う 택시를 잡다.
ビロード【veludo ⦆】 비로드; 벨벳.
*ひろがる【広がる】 ❶ 넓어지다. ∥道幅が広がる 길 폭이 넓어지다. ❷ 퍼지다. ∥黒雲が空一面に広がる 검은 구름이 하늘 전체로 퍼지다.
ひろげる【広げる】 ❶ 넓히다. ∥道路を広げる 길 폭을 넓히다. ❷ 펼치다. ∥地図を広げる 지도를 펼치다. ❸ 확장(擴張)하다. ∥事業を広げる 사업을 확장하다.
ひろば【広場】 광장(廣場). ∥駅前広場 역 앞 광장.
ひろびろ【広広】 널찍이. ∥広々(と)した

庭園 널찍한 정원.
ひろまる【広まる】 ❶ 넓어지다. ∥範囲が広まる 범위가 넓어지다. ❷ 퍼지다; 확산(擴散)되다. うわさが広まる 소문이 퍼지다.
ひろめる【広める】 ❶ 널리 알리다; 퍼뜨리다. ∥うわさを広める 소문을 퍼뜨리다. ❷ 넓히다. ∥見聞を広める 견문을 넓히다.
ひわ【秘話】 비화(秘話). ◆終戦秘話 종전 비화.
ひわ【悲話】 비화(悲話).
びわ【琵琶】 비파(琵琶).
びわ【枇杷】 비파나무.
ひわり【日割り】 ❶ 일당(日當). ∥日割りで払う 일당으로 지불하다. ❷ 그날 그날의 일의 내용(內容)을 정함. ∥試験の日割りを決める 시험 일정을 정하다.
ひん【品】 품위(品位), 품격(品格). ∥品がある 품위가 있다.
びん【便】 운반 수단(運搬手段); …편(便). ∥航空便で送る 항공편으로 보내다. ◆船便 배편.
びん【瓶】 병(瓶). ∥ビール瓶 맥주병.
ピン 처음; 최상급(最上級). ◆ピンからキリまで 최상급에서 최하급까지. ∥ワインといってもピンからキリまで 와인이라고 해도 최상품에서 최하품까지 다양하다.
ピン【pin】 ❶ 핀. ∥安全ピン 안전핀. ヘアピン 머리핀. ∥装身具의 핀. ◆ネクタイピン 넥타이핀. ❸ (ボウリングの)핀. ❹ (ゴルフ의) 홀에 세우는 깃대.
ひんい【品位】 품위(品位). ∥品位に欠ける 품위가 결여되다.
ひんかく【品格】 품격(品格). ∥品格を保つ 품격을 유지하다.
びんかん【敏感】 ᵈ 민감(敏感)하다. ∥気温の変化に敏感な肌 기온 변화에 민감한 피부.
ピンク【pink】 핑크; 분홍(粉紅). ∥ピンク色 분홍색. ❷ 관능적(官能的).
ひんけつ【貧血】 빈혈(貧血).
ビンゴ【bingo】 빙고.
ひんこう【品行】 품행(品行). ∥品行方正 품행이 방정하다.
ひんこん【貧困】 ᵈ 빈곤(貧困)하다. ∥貧困な生活 빈곤한 생활. 貧困な発想 빈곤한 발상.
ひんし【品詞】 품사(品詞).
ひんし【瀕死】 빈사(瀕死). ∥事故で瀕死の重傷を負う 사고로 빈사의 중상을 입다.
ひんしつ【品質】 품질(品質). ◆品質管理 품질 관리. 品質保証 품질 보증.
ひんじゃく【貧弱】 ᵈ 빈약(貧弱)하다. ∥貧弱な体格 빈약한 체격.
ひんしゅ【品種】 품종(品種). ◆品種改良 품종 개량.

ひんしゅく【顰蹙】 （名ㆍ하）빈축(嚬蹙). ▶顰蹙を買う 빈축을 사다.
びんしょう【敏捷】 ᵈ 민첩(敏捷)하다. ∥敏捷な動作 민첩한 동작.
びんじょう【便乗】 （名ㆍ하）편승(便乘).
ヒンズーきょう【Hindu 教】 힌두교.
ひんする【瀕する】 （よくない事態が）임박(臨迫)하다; 직면(直面)하다; 처(處)하다. ∥絶滅の危機に瀕している 절멸의 위기에 처해 있다.
ひんせい【品性】 품성(品性).
ピンセット【pincet*】 핀셋.
びんせん【便箋】 편지지(便紙紙).
ひんそう【貧相】 빈상(貧相).
びんた 따귀를 때림. ∥びんたを張る 따귀를 때리다.
ピンチ【pinch】 핀치; 위기(危機); 궁지(窮地). ∥ピンチに追い込まれる 궁지에 몰리다.
ヒント【hint】 힌트. ∥問題解決のヒントを与える 문제 해결의 힌트를 주다. ∥ヒントを得る 힌트를 얻다.
ひんど【頻度】 빈도(頻度). ∥頻度が高い 빈도가 높다.
ぴんと ❶ 쫑긋. ∥耳をぴんと立てる 귀를 쫑긋 세우다. ❷ 〔强く張られる様子〕∥ロープをぴんと張る 로프를 팽팽히 당기다. 背筋をぴんと伸ばす 등을 꼿꼿이 펴다. ❸ 알아차리다. 느낌이 오다. 彼が何を言いたいのかぴんと来た 그 사람이 무슨 말을 하고 싶어 하는지 바로 알아챘다.
ピント 핀트. ∥ピントを合わせる 핀트를 맞추다. ピントが合っていない 핀트가 안맞다.
ひんぱつ【頻発】 （名ㆍ하）빈발(頻發). ◆事故頻発地域 사고 빈발 지역.
ピンはね【ピン撥ね】 삥땅. ∥ピンはねする 삥땅을 치다.
ひんぱん【頻繁】 ᵈ 빈번(頻繁)하다; 잦다. ∥人の出入りが頻繁な家 사람들의 출입이 잦은 집.
ひんぴょう【品評】 （名ㆍ하）품평(品評). ◆品評会 품평회.
ぴんぴん ❶ 펄떡펄떡. ∥バケツの中でイがぴんぴん(と)跳ねている 양동이 안에서 잉어가 펄떡펄떡 뛰고 있다. ❷ 〔元気よく活動する様子〕∥病気どころかぴんぴんしている 아프기는커녕 팔팔하다.
ひんぷ【貧富】 빈부(貧富). ∥貧富の差 빈부의 격차.
びんぼう【貧乏】 ᵈ 가난하다. ∥貧乏な暮らし 가난한 생활. 若くて貧乏していた頃 젊고 가난했던 시절. ▶貧乏暇なし 생활에 쫓겨 시간의 여유가 없음. ◆貧乏性 (説明)궁상맞은 성격(性格). 貧乏ゆすり (説明)앉아 있을 때 다리를 떠는 것.
ピンぼけ ❶ 핀트가 안 맞음. ∥ピンぼけ

ピンぼけ 写真 핀트가 안 맞는 사진. ❷핵심(核心)에서 벗어남. ‖ピンぼけな話 핵심에서 벗어난 이야기.
ピンポン【ping-pong】 핑퐁; 탁구(卓球).
ひんみん【貧民】 빈민(貧民). ◆貧民窟 빈민굴.
ひんめい【品名】 품명(品名).
ひんもく【品目】 품목(品目). ◆輸出品目 수출 품목.
ひんやり 싸늘히. ‖ひんやり(と)した高原の空気 싸늘한 고원의 공기.
びんらん【便覧】 편람(便覧).
びんわん【敏腕】 민완(敏腕). ◆敏腕刑事 민완 형사.

ふ

ふ【二】 둘. ‖ひ, ふ, み 하나, 둘, 셋.
ふ【府】 지방 자치 단체(地方自治團體)의 하나: 부(府). ‖大阪府 오사카 부.
ふ【負】 마이너스; 음(陰)·부(負). ‖正負 정부. 負の遺産 부의 유산.
ふ【腑】 ❶내장(內臓). ❷생각; 마음. ▶腑に落ちない 납득이 안 가다.
ぶ【分】 ❶승산(勝算). ‖分がある 승산이 있다. ❷…부; 십분(十分)의 일(一).
ぶ【歩】 ❶평(坪). ❷금리(金利). ‖이율(利率). ‖歩のいい貯金 이율이 좋은 저금.
ぶ【部】 ❶부(部). ‖午前部 오전부. 経理部 경리부. ❷【書籍などを数える単位】…부. ‖新刊 1 万部 신간 만 부.
ファ【fa 伊】(音階の)파.
ファーストクラス【first class】 퍼스트 클래스.
ぶあい【歩合】 ❶비율(比率). ❷수수료(手數料). ◆歩合制 성과급 제도.
ぶあいそう【無愛想】″ 무뚝뚝하다. ‖無愛想な店員 무뚝뚝한 점원.
ファイナンシャルプランナー【financial planner】 자산 관리사(資産管理師).
ファイバースコープ【fiberscope】 파이버스코프.
ファイル【file】 파일; 철(綴). ‖会議録をファイルする 회의록을 철하다.
ファインセラミックス【fine ceramics】 파인 세라믹스.
ファインダー【finder】 파인더.
ファウル【foul】 파울. ◆ファウルボール 파울 볼.
ファジー【fuzzy】 퍼지. ◆ファジー理論 퍼지 이론.
ファシズム【fascism】 파시즘.
ファストフード【fast food】 패스트푸드.
ファスナー【fastener】 파스너; 지퍼.
ぶあつい【分厚い】 두껍다; 두텁다. ‖分厚い唇 두터운 입술. 分厚い辞書 두꺼운 사전.
ファックス【fax】 팩스.
ファッション【fashion】 패션. ◆ファッションショー 패션쇼. ファッションモデル 패션모델.
ファミリーレストラン【family+restaurant 日】 패밀리 레스토랑.
ファン【fan】 팬. ‖野球ファン 야구 팬.
ファン【fan】 환풍기(換風機).
*ふあん【不安】″ 불안(不安)하다. ‖不安な一夜を過す 불안한 하룻밤을 보내다. 息子の将来が不安です 아들의 장래가 불안합니다. 一抹の不安を覚える 한 가닥의 불안을 느끼다.
ふあんてい【不安定】″ 불안정(不安定)하다. ‖不安定な身を安定한 신분. 不安定な政局 불안정한 정국.
ファンデーション【foundation】 파운데이션. ❶기초 화장품(基礎化粧品). ❷여성용(女性用) 속옷.
ファンド【fund】 기금(基金).
ふあんない【不案内】″ 지식(知識)이 적다; 사정(事情)을 잘 모르다. ‖事情に不案内な人사정을 잘 모르는 사람.
ファンファーレ【Fanfare 독】 팡파르.
ふい 허사(虛事); 헛일. ‖またとない機会をふいにする 두 번 다시 없는 기회를 허사로 만들다.
ふい【不意】 불의(不意); 갑작스러움. ‖不意の来訪 갑작스러운 방문. ▶不意を衝(つ)く 허를 찌르다.[廟]
ぶい【部位】 부위(部位). ‖身体各部位の名称 신체 각 부위의 명칭.
ブイ【buoy】 부표(浮標); 구명대(救命帶). ◆救命ブイ 구명부표.
フィアンセ【fiancé 프】 피앙세.
フィードバック【feedback】 (言·한) 피드백.
フィーバー【fever】 열광(熱狂); 흥분(興奮).
ふいうち【不意打ち】 기습(奇襲). ‖不意打ちを食う 기습을 당하다.
フィギュアスケート【←figure skating】 피겨 스케이팅.
フィクション【fiction】 픽션.
フィジー【Fiji】(国名) 피지.
ふいちょう【吹聴】″ 吹聴する 말을 퍼뜨리다.
ふいっち【不一致】 불일치(不一致).
ぷいと 【急に無愛想な態度をとる様子】 ‖ぷいと席を立つ 토라지어 갑자기 자리를 뜨다.
フィナーレ【finale 伊】 피날레; 마지막. ‖フィナーレを飾る 마지막을 장식하다.
ブイネック【V neck】 브이넥.
フィリピン【Philippine】(国名) 필리핀.
フィルター【filter】 필터.
フィルハーモニー【Philharmonie 독】 필하모니.
フィルム【film】 필름. ‖フィルムに収め

フィレ【filet ヲ】 (肉·魚의) 등심살.
ぶいん【部員】 부원(部員).
フィンランド【Finland】(国名) 핀란드.
ふう【二】 둘. ∥ひい, ふう, み 하나, 둘, 셋.
ふう【風】 ❶ 방식(方式); 식. ∥どんなふうに説得するか悩む 어떤 식으로 설득해야 할지 고민하다. ❷ ~풍(風). ∥東洋風 동양풍.

ふういん【封印】 봉인(封印). 遺言状に封印する 유언장을 봉인하다.
ブーイング【booing】(説明) 관객(観客)이 불만(不満)을 나타내는 또는 그 소리.
ふうう【風雨】 풍우(風雨); 비바람. ∥風雨にさらされる 비바람을 맞다.
ふううん【風雲】 풍운(風雲). ♦風雲児 풍운아.
ふうか【風化】(名·自) 풍화(風化).
ふうがわり【風変わり】 보통(普通)과 다르다; 특이(特異) 하다; 색다르다. ∥風変わりな建物 색다른 건물.
ふうかん【封緘】(名·他) 봉함(封緘).
ふうき【風紀】 풍기(風紀). ∥風紀を乱してはいけない 풍기를 문란하게 해서는 안 된다.
ふうきり【封切り】(名·他) 개봉(開封). ♦封切館 개봉관.
ブーケ【bouquet】 부케.
ふうけい【風景】 풍경(風景). ♦田園風景 전원 풍경.
ふうこう【風向】 풍향(風向). ♦風向計 풍향계.
ふうさ【封鎖】(名·他) 봉쇄(封鎖). ∥道路を封鎖する 도로를 봉쇄하다. ♦経済封鎖 경제 봉쇄.
ふうさい【風采】 풍채(風采).
ふうし【風刺】(名·他) 풍자(風刺). ∥世相を風刺する 세태를 풍자하다.
ふうじめ【封じめ】 봉쇄(封鎖).
ふうじこめ【封じ込め】 봉쇄(封鎖). ∥封じ込め政策 봉쇄 정책.
ふうじこめる【封じ込める】 가두다; 봉쇄(封鎖)하다; 억압(抑壓)하다. ∥思想を封じ込める 사상을 억압하다.
ふうしゃ【風車】 풍차(風車).
ふうしゅう【風習】 풍습(風習). ∥珍しい風習のある地方 진기한 풍습이 있는 지방.
ふうしょ【封書】 봉서(封書).
ふうじる【封じる】 봉(封)하다; 막다; 금지(禁止)하다. ∥退路を封じる 퇴로를 막다.
ふうしん【風疹】 풍진(風疹).
ブース【booth】 부스(boothなどの) 부스.
ふうすい【風水】 풍수(風水).
ふうすいがい【風水害】 풍수해(風水害).
ふうせつ【風雪】 풍설(風雪).
ふうせん【風船】 풍선(風船). ∥風船が

割れる 풍선이 터지다. ♦風船ガム 풍선껌.
ふうぜんのともしび【風前の灯】 풍전등화(風前燈火).
ふうそく【風速】 풍속(風速).
ふうぞく【風俗】(説明) 朝鮮時代の風俗 조선 시대의 풍속. ♦風俗営業 유흥업. 風俗画 풍속화. 風俗도.
ブータン【Bhutan】(国名) 부탄.
ふうちょう【風潮】 풍조(風潮). ∥社会の風潮を反映する 사회 풍조를 반영하다.
ブーツ【boots】 부츠.
ふうてい【風体】 차림새; 모습; 꼴. ∥怪しい風体の男 수상한 차림의 남자.
ふうど【風土】 풍토(風土). ∥日本の風土に慣れる 일본의 풍토에 익숙해지다. ♦風土病 풍토병.
ふうとう【封筒】 봉투(封套).
ふうばいか【風媒花】 풍매화(風媒花).
ふうび【風靡】(名·他) 풍미(風靡). ∥一世を風靡する 일세를 풍미하다.
ブービー【booby】 최하위(最下位)에서 두 번째.
*ふうふ【夫婦】 부부(夫婦). ∥おしどり夫婦 잉꼬부부. 新婚の夫婦 신혼부부. 夫婦げんか 부부 싸움. ∥夫婦喧嘩は犬も食わない 부부 싸움은 칼로 물 베기. (諺) ∥夫婦は二世 부부의 인연은 다음 세상까지 계속된다.
ふうふう ❶ 후후. ∥ふうふう吹いて火をおこす 후후 불어 불을 피우다. ❷ [苦しそうに息をする様子] ∥ふうふう言いながら駆けてきた 헐떡이며 달려왔다. ❸ [仕事などに追われている様子] ∥宿題でふうふう言っている 숙제에 쫓기고 있다.
ぶうぶう ❶ [太く低い音] 붕붕. ❷ [不平を言い立てる様子] 투덜투덜. ∥ぶうぶう言うな 투덜거리지 마라.
ふうぶつ【風物】 풍물(風物).
ふうぶつし【風物詩】 ❶(説明) 風景(風景)이나 季節(季節)을 노래한 시(詩). ❷(説明) 계절감(季節感)을 나타내는 상징(象徵). ∥花火は夏の風物詩だ 불꽃놀이는 여름의 상징이다.
ふうぶん【風聞】 풍문(風聞). ∥よからぬ風聞を耳にする 좋지 않은 풍문이 들리다.
ふうぼう【風貌】 풍모(風貌); 귀족적인 風貌 귀족적인 풍모.
ふうみ【風味】 풍미(風味).
ブーム【boom】 붐. ∥ブームに乗る 붐을 타다. 自然食品ブーム 자연 식품 붐.
ブーメラン【boomerang】 부메랑.
フーリガン【hooligan】 훌리건.
ふうりゅう【風流】 풍류(風流).
ふうりょく【風力】 풍력(風力). ♦風力計 풍력계. 風力発電 풍력 발전.
ふうりん【風鈴】 풍경(風磬).
プール【pool】 풀; 수영장(水泳場).

ふうん【不運】 불운(不運). ‖不運な出来事 불운한 일.

*__ふえ【笛】__ 피리; 호각(號角). ‖笛を吹く 피리를 불다. 笛を合図に集合する 호각을 신호로 집합하다.

フェア【fair】 공정 (公正)다운. ‖フェアな態度 공정한 태도. フェアプレー 페어플레이.

ふえいせい【不衛生】ダ 비위생적(非衛生的)이다. ‖不衛生な店 비위생적인 가게.

フェイント【feint】 페인트. ‖フェイントをかける 페인트 모션을 쓰다.

フェーンげんしょう【Föhn現象】 푄 현상(現象).

フェザーきゅう【feather 級】 페더급.

ふえて【不得手】ダ 서투르다; 잘 못하다; 대하기 힘들다. ‖不得手を相手に大하기 쉬운 상대. 私は数学が不得手だ 나는 수학을 잘 못한다.

フェミニスト【feminist】 페미니스트.
フェミニズム【feminism】 페미니즘.
フェリー【ferry (boat)】 페리.

*__ふえる【増える】__ 늘다. ‖韓国語を学ぶ人が増えている 한국어를 배우는 사람이 늘고 있다. 家族が増える 식구가 늘다. 彼の財産は年々増え続けている 그 사람의 재산은 매년 늘고 있다. 体重が3キロ増えた 체중이 삼 킬로 늘었다.

ふえん【敷衍】〖する〗 부연(敷衍). ‖敷衍して述べる 부연 설명하다.

フェンシング【fencing】 펜싱.
フェンス【fence】 펜스.

ぶえんりょ【無遠慮】ダ 제멋대로 하다. ‖無遠慮な態度 제멋대로 하는 태도.

フォアボール【four+balls日】 포볼.
フォーク【fork】 포크.
フォークソング【folk song】 포크 송.
フォークダンス【folk dance】 포크 댄스.

フォーマット【format】 포맷.
フォーマル【formal】 형식적(形式的); 공식적(公式的); 의례적(儀禮的). ‖フォーマルな装い 공식적인 차림.

フォーラム【forum】 포럼.
ふおん【不穏】ダ 불온(不穩)하다.
フォント【font】 본트.
ふおんとう【不穩當】 온당(穩當)치 못하다. ‖不穩当な発言 온당치 못한 발언.

ふか【孵化】〖する〗 부화(孵化). ‖人工孵化 인공 부화.
ふか【不可】 불가(不可).
ふか【負荷】〖する〗 부하(負荷).
ふか【賦課】〖する〗 부과(賦課). ‖租税を賦課する 조세를 부과하다.
ぶか【部下】 부하(部下). ‖部下を従える

454

부하를 거느리다. 彼は信頼できる部下だ 그 사람은 신뢰할 수 있는 부하다.

ふかい【不快】 불쾌(不快). ◆不快感 불쾌감. 不快指数 불쾌지수.

*__ふかい【深い】__ ❶ 깊다. ‖深い海 깊은 바다. 深い山の中 깊은 산속. 日本音楽に造詣が深い 일본 음악에 조예가 깊다. 深える深さ 깊이 생각하다. 川の深さ 강의 깊이. ❷ (程度が)심하다; 강하다; 많다; 짙다. ‖深い関心 관심이 많다. 深い霧 짙은 안개. ❸ (関係が)밀접(密接)하다. ‖深い縁 깊은 인연.

ぶかい【部会】 부문별 회합(部門別会合).
ぶがい【部外】 부외(部外). ◆部外者 부외자.

ふがいない【不甲斐無い】 한심(寒心)하다; 패기(覇氣)가 없다. ‖連敗するとは情けない 연패하다니 한심하다.

ふかいり【深入り】 ‖深入りする 깊이 관여하다.

ふかかい【不可解】 불가해(不可解)하다; 이해 (理解) 할 수 없다. ‖不可解な現象 불가해한 현상.

ふかかち【付加価値】 부가 가치(附加價値). ◆付加価値税 부가 가치세.

ふかく【不覚】 ❶ 無의식(無意識). ‖不覚の涙を流す 자신도 모르게 눈물을 흘리다. ❷ 방심(放心)하여 실패(失敗함); 실수(失手); 불찰(不察). ‖試験で思わぬ不覚をとった 시험에서 뜻하지 않은 실수를 했다.

ふかくじつ【不確実】 불확실(不確實)하다. ‖不確実な情報 불확실한 정보.

ふかくてい【不確定】 불확정적(不確定的)이다. ‖不確定な要素を含んでいる 불확정적인 요소를 포함하고 있다.

ふかけつ【不可欠】ダ 불가결(不可缺)하다. ‖不可欠な条件 불가결한 조건.

ふかこうりょく【不可抗力】 불가항력(不可抗力).

ふかしぎ【不可思議】 불가사의(不可思議)하다. ‖不可思議な話 불가사의한 이야기.

ふかしん【不可侵】 불가침(不可侵). ◆不可侵条約 불가침 조약.

ふかす【吹かす】 ❶ (タバコの煙を)내뿜다. ‖タバコを吹かす 담배를 피우다. ❷ …風を吹かすの形で)…티를 내다. ‖先輩風を吹かす 선배티를 내다. ❸ (エンジンを)고속 회전(高速回転)시키다. ‖エンジンを吹かす 엔진을 회전시키다.

ふかす【更かす】 (夜を)새우다. ‖夜をかす 밤을 새우다.
ふかす【蒸かす】 찌다. ‖芋を蒸かす 고구마를 찌다.

ぶかつ【部活】 〔部活動の略語〕 学교 (学

ぶかっこう【不格好】 볼품없다; 꼴사납다. ∥不格好な服 볼품없는 옷.
ふかっせいガス【不活性 gas】 불활성(不活性) 가스.
ふかのう【不可能】 불가능(不可能)하다. ∥不可能な計画 불가능한 계획. 実現は不可能だ 실현은 불가능하다. 不可能に挑戦する 불가능에 도전하다.
ふかひ【不可避】 불가피(不可避)하다. ∥衝突は不可避のことと思われる 충돌은 불가피해 보인다.
ふかふか 말랑말랑. ∥ふかふか(と)したパン 말랑말랑한 빵.
ふかぶか【深深】 깊숙이. ∥深々と頭を下げる 깊숙이 머리를 숙이다.
ぶかぶか 중얼중얼. ∥ぶかぶか言う 중얼거리다.
ぶかぶか 헐렁헐렁. ∥ぶかぶかなズボン 헐렁헐렁한 바지.
ぷかぷか ❶뻑뻑. ∥四六時中タバコをぷかぷかやっている 하루 종일 담배를 뻑뻑 피우고 있다. ❷둥둥. ∥桃がぷかぷか(と)流れてきた 복숭아가 둥둥 떠내려왔다.
ふかぶん【不可分】 불가분(不可分)하다. ∥不可分な関係 불가분한 관계.
ふかまる【深まる】 깊어지다; 깊어가다. ∥秋が深まる 가을이 깊어간다.
ふかみどり【深緑】 진한 초록(草綠).
ふかめる【深める】 ∥互いの友情を深める 서로의 우정을 깊게 하다.
ふかんしょう【不感症】 불감증(不感症).
ふかんぜん【不完全】 불완전(不完全). ◆不完全燃焼 불완전 연소.
ふき【不帰】 불귀(不歸). ▶不帰の客となる 불귀객이 되다.
ふき【付記】 (名ㅋ) 부기(附記).
フキ【蕗】 머위.
ぶき【武器】 무기(武器). ∥武器をとる 무기를 들다.
ふきあげる【吹き上げる】 ❶(風が)불어 날리다. ❷뿜어 올리다. ∥クジラが潮を吹き上げる 고래가 바닷물을 뿜어 올리다.
ふきあれる【吹き荒れる】 바람이 세차게 불다. ∥木枯らしが吹き荒れる 초겨울의 찬바람이 세차게 분다.
ふきかえ【吹き替え】 ❶(音声の)더빙. ❷(映画·演劇などの)대역(代役).
ふきかえす【吹き返す】 소생(蘇生)하다. ∥息を吹き返す 소생하다.
ふきかける【吹き掛ける】 ❶내뿜다. ∥息を吹きかける 입김을 내뿜다. ❷(値段を)비싸게 부르다. ∥高く吹きかける 비싸게 부르다. ❸(けんかを)걸다. ∥けんかを吹きかける 싸움을 걸다.

ふきげん【不機嫌】 기분(氣分)이 안 좋다. ∥不機嫌な顔つき 기분이 안 좋은 듯한 표정.
ふきこぼれる【吹き零れる】 끓어 넘치다. ∥味噌汁が吹きこぼれる 된장국이 끓어 넘치다.
ふきこむ【吹き込む】 ❶(風で雪·雨などが)실내(室內)로 들어오다; 들이치다. ∥雪が部屋に吹き込む 눈이 방으로 들이치다. ❷불어넣다. ∥風船に息を吹き込む 풍선에 바람을 불어넣다. ❸녹음(錄音)하다. ∥テープに吹き込む 테이프에 녹음하다. ❹불어넣다; 주입(注入)시키다. ∥悪知恵を吹き込む 나쁜 꾀를 불어넣다.
ふきさらし【吹き曝し】 밖에서 비바람을 맞음; 바람받이. ∥その像は長いこと吹き曝しになっている 그 동상은 오랜 세월 밖에서 비바람을 맞고 있다.
ふきそ【不起訴】 불기소(不起訴).
ふきそうじ【拭き掃除】 걸레질. ∥廊下を拭き掃除する 복도를 걸레질하다.
ふきだす【噴き出す】 솟구치다; 솟다; 내뿜다. ∥温泉が噴き出る 온천이 솟다. ❷웃음을 터트리다. ∥思わず噴き出す 자신도 모르게 웃음을 터뜨리다.
ふきつ【不吉】 불길(不吉)하다. ∥不吉を予感 불길한 예감.
ふきつける【吹き付ける】 ❶불어 닥치다; 세차게 불다. ∥北風が吹き付ける 북풍이 세차게 불다. ❷뿜어서 부착(附着)시키다. ∥塗料を吹き付ける 도료를 뿜어서 부착시키다.
ふきでもの【吹き出物】 부스럼. ∥吹き出物ができる 부스럼이 났다.
ふきとばす【吹き飛ばす】 ❶날려 보내다. ∥台風で屋根が吹き飛ばされる 태풍으로 지붕이 날아가 버리다. ❷날려 버리다. ∥暑さを吹き飛ばす 더위를 笑다.
ふきとぶ【吹き飛ぶ】 ❶(風に날리다); 날아가다. ∥看板が吹き飛ぶ 간판이 날아가다. ❷(考えなどが)사라지다; 없어지다. ∥疑いの念が吹き飛ぶ 의혹이 사라지다.
ふきとる【拭き取る】 닦아 내다. ∥汗を拭き取る 땀을 닦아 내다.
ふきぬけ【吹き抜け】 바람이 빠져나가 또는 그런 곳. ∥吹き抜けの家 통풍이 잘 되는 집.
ふきまわし【吹き回し】 ▶どういう風の吹きまわしか 무슨 바람이 불어서.〔□〕
ぶきみ【不気味】 어쩐지 음산(陰散)하다; 기분(氣分)이 나쁘다. ∥不気味な笑い 기분 나쁜 웃음.

ふきゅう【不休】 불휴(不休); 쉬지 않음. ◆不眠不休 불면불휴.
ふきゅう【不朽】 불후(不朽). ‖不朽の名作 불후의 명작.
ふきゅう【普及】(する) 보급(普及). ‖新製品の普及に努める 신제품의 보급에 노력하다. ◆普及版 보급판.
ふきょう【不況】 불황(不況). ‖不況を乗り切る 불황을 이겨 내다. 不況が長引く 불황이 오래가다.
ふきょう【布教】(する) 포교(布敎). ◆布教活動 포교 활동.
ぶきよう【不器用】(ダ) 서투르다; 잘 못하다; 어설프다. ‖手先が不器用だ 손재주가 없다.
ふきょうわおん【不協和音】 불협화음(不協和音). ‖不協和音を生じる 불협화음이 생기다.
ぶきょく【部局】 (官庁·会社などの)부(部)·국(局)·과(課)의 총칭(總稱).
ぶきょく【舞曲】 무곡(舞曲).
ふぎり【不義理】 ❶의리(義理)가 없다. ❷빚을 갚지 않다.
*ふきん【付近】 부근(附近). ‖付近の図書館 부근의 도서관. この付近は不便だ 이 부근은 불편하다. 東京付近 도쿄 부근. 駅の付近を うろつく 역 부근을 배회하다.
ふきん【布巾】 행주.
ふきんこう【不均衡】 불균형(不均衡). ‖貿易の不均衡を是正する 무역 불균형을 시정하다.
ふきんしん【不謹慎】(ダ) 불성실(不誠實)하다; 조심성(操心性)이 없다. ‖不謹慎な態度 불성실한 태도. 不謹慎な行動 조심성이 없는 행동.
ふく【服】 옷. ‖服を着る 옷을 입다. 服を脱ぐ 옷을 벗다.
ふく【副】 부(副). ‖幹事は正 1名, 副 2名とする 간사는 정 한 명, 부 두 명으로 한다. 副大統領 부대통령.
ふく【福】 복(福). ‖福を招く 복을 부르다. ◆笑う門には福来たる 소문만복래(笑門萬福來).
*ふく【吹く·噴く】 ❶불다. ‖風が吹く 바람이 불다. 口笛を吹く 휘파람을 불다. 熱い茶をふうふう吹いて冷ます 뜨거운 차를 후후 불어 식히다. ❷뿜다; 솟다. ❸허풍(虛風)을 떨다. ‖ほらを吹く 허풍을 떨다. エンジンが火を吹く 엔진이 불을 뿜다.
ふく【拭く】 닦다. ‖ぬれた手をタオルで拭く 젖은 손을 수건으로 닦다.
―ふく【服】 〔粉薬などの包みを数える単位〕…봉지(封紙). ‖食後に 1服ずつ服用する 식후에 한 봉지씩 복용하다.
フグ【河豚】 복어.
ふくあん【腹案】 복안(腹案). ‖腹案を練る 복안을 짜다.
ふくいん【福音】 복음(福音). ◆福音書 복음서. マタイ福音書 마태복음.

ふぐう【不遇】(ダ) 불우(不遇)하다. ‖不遇な一生を送る 불우한 일생을 보내다.
ふくえき【服役】(する) 복역(服役). ◆服役者 복역수.
ふくえん【復縁】(する) 복연(復緣) ‖원래의 관계로 돌아가다.
ふくがく【復学】(する) 복학(復學).
ふくがん【複眼】 (トンボなどの)복안(複眼).
ふくぎょう【副業】 부업(副業).
ふくげん【復元】(する) 복원(復元).
ふくこう【腹腔】 복강(腹腔). ◆腹腔鏡手術 복강경 수술.
ふくごう【複合】(する) 복합(複合). ◆複合肥料 복합비료.
ふくごうかんしんけい【副交感神経】 부교감 신경(副交感神經).
*ふくざつ【複雑】(ダ) 복잡(複雜)하다. ‖複雑な構造 복잡한 구조. 複雑な表情をする 복잡한 표정을 짓다. 問題を複雑にする 문제를 복잡하게 하다. 因果関係が複雑になる 인과 관계가 복잡해지다.
ふくさよう【副作用】 부작용(副作用). ‖薬の副作用 약의 부작용.
ふくさんぶつ【副産物】 부산물(副産物).
ふくし【副詞】 부사(副詞).
ふくし【福祉】 복지(福祉). ‖公共の福祉 공공 복지. ◆社会福祉 사회 복지. 福祉国家 복지 국가. 福祉施設 복지 시설. 福祉事業 복지 사업.
ふくしき【複式】 복식(複式). ◆複式簿記 복식 부기.
ふくしきこきゅう【腹式呼吸】 복식 호흡(腹式呼吸).
ふくじてき【副次的】 부차적(副次的). ‖副次的な問題 부차적인 문제.
ふくしゃ【複写】(する) 복사(複寫). ◆複写機 복사기. 複写紙 복사지.
ふくしゃ【輻射】(する) 복사(輻射). ◆輻射熱 복사열.
ふくしゅう【復習】(する) 복습(復習). ‖今日の授業の復習をする 오늘 수업의 복습을 하다. 漢字の復習 한자 복습.
ふくしゅう【復讐】(する) 복수(復讐).
ふくじゅう【服従】(する) 복종(服從). ‖命令に服従する 명령에 복종하다.
ふくしゅうにゅう【副収入】 부수입(副收入).
ふくしょう【副賞】 부상(副賞).
ふくしょう【復唱】(する) 복창(復唱). ‖命令を復唱する 명령을 복창하다.
ふくしょく【服飾】 복식(服飾). ◆服飾品 복식품.
ふくしょく【復職】(する) 복직(復職). ‖病気が治り復職する 병이 나아 복직하다.
ふくしょく【副食】 부식(副食).

ふくしん【副審】 부심(副審).
ふくじん【副腎】 부신(副腎). ◆副腎皮質 부신 피질.
ふくすい【腹水】 복수(腹水).
ふくすい【覆水】 ▶覆水盆に返らず 엎질러진 물.
ふくすう【複数】 복수(複數); 두 개(個) 이상(以上). ‖複数의敵 두 명 이상의 적. この問題には複数の解答がある 이 문제에는 두 개 이상의 답이 있다. ◆複数形 복수형.
ふくする【伏する】 ❶ 엎드리다. ‖神前に伏する 신전에 엎드리다. ❷ 항복(降伏)하다. ‖敵軍に伏する 적군에 항복하다.
ふくせい【複製】 (名他) 복제(複製). ◆複製品 복제품.
ふくせん【伏線】 복선(伏線). ‖伏線을 敷く 복선을 깔다.
*ふくそう【服装】 복장(服裝); 옷차림. ‖派手な服装 화려한 복장. 服装に気를 つかう 복장에 신경을 쓰다. 服装を整える 옷차림을 단정히 하다.
ふくぞく【福禄】 복상(福相).
ふくだい【副題】 부제(副題).
ふぐたいてん【不倶戴天】 불구대천(不倶戴天). ‖不倶戴天の敵(かたき) 불구대천의 원수.
ふぐちり【河豚ちり】 복국; 복싱건탕.
ふくつ【不屈】 불굴(不屈). ‖不屈の意志 불굴의 의지.
ふくつう【腹痛】 복통(腹痛). ‖腹痛を起こす 복통을 일으키다.
ふくとう【復党】 복당(復黨).
ふくどくじさつ【服毒自殺】 음독자살(飲毒自殺). ‖服毒自殺を図る 독약으로 자살을 꾀하다.
ふくどくほん【副読本】 부독본(副読本).
ふくとしん【副都心】 부도심(副都心).
ふくびき【福引き】 (説明) 제비를 뽑아 경품(景品)을 탐 또는 그 제비.
ふくぶ【腹部】 복부(腹部). ▶下腹部 하복부.
ぶくぶく ❶ 부글부글. ‖ぶくぶくと泡が立つ 부글부글 거품이 일다. ❷ [水中に沈む様子] 뽀글뽀글. ❸ 뒤룩뒤룩. ‖ぶくぶくと太る 뒤룩뒤룩 살이 찌다.
ぶくぶくしい【福福しい】 (顔が) 둥글둥글하고 복(福)스럽다. ‖福々しい笑顔 복스러운 얼굴.
ふくぶくろ【福袋】 (説明) 설에 여러 가지 물건을 넣어 실제 가격(實際價格)보다 싸게 파는 주머니.
ふくぶん【複文】 복문(複文).
ふくへい【伏兵】 복병(伏兵). ‖思わぬ伏兵に足もとをすくわれる 생각하지 않은 복병에게 발목을 잡히다.
ふくほんい【複本位】 (経) 복본위(複本位).

ふくまくえん【腹膜炎】 복막염(腹膜炎).
ふくまでん【伏魔殿】 복마전(伏魔殿).
ふくみ【含み】 함축성(含蓄性). ‖含みのある返事 함축성이 있는 대답.
ふくみみ【福耳】 귓불이 큰 귀; 복(福)스러운 귀.
ふくむ【服務】 (名自) 복무(服務). ◆服務規程 복무 규정.
*ふくむ【含む】 ❶ 머금다; 품다. ‖水を口に含む 물을 입에 머금다. ❷ 함유(含有)하다. ‖金を含む鉱石 금을 함유한 광석. ❸ 고려(考慮)하다. ‖この点を含んで方針を立ててほしい 이 점을 고려하여 방침을 세우기를 바란다. ❹ [表情に]띠다; 어리다. ‖愁いを含んだ眼差し 수심 어린 눈빛.
ふくめる【含める】 포함(包含)하다. ‖手数料を含めて請求する 수수료를 포함하여 청구하다.
ふくめん【覆面】 (名自) 복면(覆面). ‖覆面をした強盗が侵入する 복면을 한 강도가 침입하다.
ふくも【服喪】 (名自) 복상(服喪).
ふくよう【服用】 복용(服用). ‖毎食後服用する 매 식후에 복용하다.
ふくよか ❶ 포동포동. ‖ふくよかな顔 포동포동한 얼굴. ❷ [香りが豊かである様子] ‖ふくよかな新茶の香り 새로 딴 차의 짙은 향기.
ふくらはぎ【脹ら脛】 장딴지.
ふくらます【膨らます】 부풀리다. ‖期待に胸を膨らませて 기대에 가슴이 부풀다.
ふくらむ【膨らむ】 ❶ 부풀다; 부풀어오르다. ‖ゴム風船が膨らむ 고무풍선이 부풀어오르다. ❷ (규모가)커지다.
ふくり【福利】 복리(福利). ◆福利厚生施設 복리 후생 시설.
ふくり【複利】 복리(複利).
ふくれっつら【脹れっ面】 뾰로통한 얼굴. ‖脹れっ面をしてむっぽう向く 뾰로통한 얼굴로 외면하다.
ふくれる【脹れる】 ❶ 부풀다; 불어나다. ‖財布が脹れる 지갑이 불룩해지다. ❷ [不満] 뾰로통해지다. ‖注意されるとすぐ脹れる 주의를 받으면 금세 뾰로통해진다.
ふくろ【袋】 ❶ (紙·布などで作った)봉지 (封紙). ❷ (ミカンなどの)果肉を包んでいる)얇은 껍질. ▶袋のねずみ 독 안에 든 쥐.
フクロウ【梟】 올빼미.
ふくろだたき【袋叩き】 뭇매질. ‖袋叩きにあう 뭇매질을 당하다. 뭇매를 맞다.
ふくろとだな【袋戸棚】 벽장(壁欌).
ふくわじゅつ【腹話術】 복화술(腹話術).
ぶくん【武勲】 무훈(武勳).
ふけ【雲脂】 비듬.

ぶけ【武家】 무사(武士) 집안.

ふけい【父兄】 부형(父兄).

ふけい【父系】 부계(父系).

***ふけいき【不景気】** ❶ 불경기(不景氣). ‖深刻な不景気 심각한 불경기. うちの商売は最近不景気だ 우리 장사는 최근에 불경기다. ❷ (態度や様子が)활기(活氣)가 없음. ‖不景気な顔をしている 활기 없는 얼굴을 하고 있다.

ふけいざい【不経済】 비경제적(非經濟的). 不経済な方法 비경제적인 방법.

ふけつ【不潔】 불결(不潔)하다.

ふける【老ける】 늙다. ‖年のわりに老けて見える 나이에 비해 늙어 보이다.

ふける【更ける】 (季節・夜が)깊어지다; 깊어가다. ‖夜が更ける 밤이 깊어가다.

ふける【耽る】 (熱中)하다; 빠지다. ‖思索にふける 사색에 잠기다. 物思いにふける 생각에 잠기다.

ふけん【父権】 부권(父權).

ふげん【付言】 (名ㆍ하) 부언(附言). ‖付言すれば次の通りだ 부언하자면 다음과 같다.

ふけんこう【不健康】 건강(健康)하지 않다; 건강에 좋지 않다; 불건전(不健全)하다. ‖夜更かしは不健康だ 밤을 새우는 것은 건강에 좋지 않다.

ふけんぜん【不健全】 불건전(不健全)하다. ‖不健全な発想 불건전한 발상.

ふこう【不孝】 불효(不孝). ‖不孝者 불효자.

ふこう【不幸】 불행(不幸). ‖不幸な目にあう 불행한 일을 당하다. ►不幸中の幸い 불행 중 다행. (例)

ふごう【符号】 부호(符號). ‖モールス符号 모스 부호.

ふごう【符合】 (名ㆍ하) 부합(符合). ‖2人の言うことが符合する 두 사람의 말이 부합되다.

ふごう【富豪】 부호(富豪).

ふごうかく【不合格】 불합격(不合格). ‖試験に不合格となる 시험에 불합격하다.

ふこうへい【不公平】 불공평(不公平). ‖不公平な処置 불공평한 조치.

ふごうり【不合理】 불합리(不合理)하다. ‖不合理な方法 불합리한 방법.

ふこく【布告】 포고(布告). ‖緊急事態のおきゅうを発する 긴급 사태를 포고하다. 宣戦を布告する 선전 포고하다.

ぶこく【誣告】 (名ㆍ하) 무고(誣告). ◆誣告罪 무고죄.

ふこくきょうへい【富国強兵】 부국강병(富國强兵).

ふさ【房】 ❶ (飾りの)술; 끝을 묶은 여러 가닥의 실. ❷ (花ㆍ実などの)송이. ‖ブドウの房 포도 송이.

ブザー【buzzer】 버저.

ふさい【夫妻】 부처(夫妻); 부부(夫婦).

ふさい【負債】 부채(負債); 채무(債務). ‖莫大な負債を抱えている 막대한 부채를 안고 있다.

ふざい【不在】 부재(不在). ‖彼はあいにく不在だ 그 사람은 공교롭게도 부재 중이다. ◆不在者投票 부재자 투표. 不在地主 부재 지주.

ぶさいく【不細工】 ❶ 볼품없다; 서투르다. ❷ 못생기다. ‖不細工な女性 못생긴 여자.

ふさがる【塞がる】 ❶ 막히다. ‖排水管が塞がる 배수관이 막히다. ❷ 닫히다; 다물어지다. ‖あいた口がふさがらない 벌린 입이 다물어지지 않다. ❸ 꽉 차다. ‖席が全部ふさがる 자리가 전부 차다.

ふさぎこむ【塞ぎ込む】 우울(憂鬱)해지다.

ふさぐ【塞ぐ】 ❶ 막다. ‖壁の穴をセメントで塞ぐ 벽에 난 구멍을 시멘트로 막다. ❷ (場所を)차지하다. ‖本の山が机をふさぐ 책 더미가 책상을 차지하다. ❸ (不十分ながらも)책임(責任)을 다하다. ‖責めをふさぐ 책임을 다하다. ❹ 우울(憂鬱)해하다. ‖あれ以来, ずっとふさいでいる 그 일이 있은 이후 우울해하고 있다.

ふざける ❶ 농담(弄談)을 하다; 장난치다. ‖ふざけて言ったこと 농담으로 한 말. ❷ (人をばかにして)깔보다; 얕잡아 보다; 까불다. ‖ふざけるな 까불지 마라.

ぶさた【無沙汰】 오랫동안 소식(消息)・연락(連絡)이 없음. ‖ご無沙汰しておりまず 오랫동안 연락도 못 드렸습니다.

ふさふさ【総総】 (髪が)치렁치렁; (果物などが)주렁주렁. ‖ふさふさ(と)した髪 치렁치렁한 탐스러운 머리.

ぶさほう【無作法】 무례(無禮)하다.

***ふさわしい【相応しい】** 어울리다; 걸맞다; 적합(適合)하다. ‖その場にふさわしい服装 장소에 어울리는 복장. 彼はこの仕事にふさわしい人ではない 그 사람은 이 일에 적합한 사람이 아니다.

ふし【節】 ❶ 마디. ‖節の多い木 마디가 많은 나무. ❷ 관절(關節). ‖指の節 손가락 관절. ❸ 구분(區分); 단락(段落); 고비. ‖人生の節 인생의 고비. ❹ (注目すべき)부분(部分). ‖故意と思われる節がある 고의로 보이는 부분이 있다.

ふし【不死】 불사(不死). ‖不老不死 불로불사.

ふし【父子】 부자(父子). ‖父子相伝 부전자전.

ふじ【不治】 불치(不治). ‖不治の病 불치병.

フジ【藤】 등나무.

ぶし【武士】 무사(武士). ◆武士道 무사도.
*ぶじ【無事】 무사(無事)하다. ‖乗客は全員無事だった 승객은 전원 무사했다. 彼は無事帰国した 그 사람은 무사히 귀국했다. 今日も1日無事に過ごした 오늘 하루도 무사히 보냈다. 無事を祈る 무사하기를 빌다.
ふしあわせ【不幸せ】 불행(不幸)하다. ‖不幸せな一生 불행한 일생.
*ふしぎ【不思議】 불가사의(不可思議)하다; 이상(異常)하다. ‖不思議な現象 불가사의한 현상. 不思議に思う 이상하게 여기다.
ふしぎがる【不思議がる】 이상(異常)하게 생각하다.
ふしぜん【不自然】 부자연(不自然)스럽다. ‖不自然な姿勢 부자연스러운 자세.
ふしだら【不締】 문란(紊亂)하다. ‖ふしだらな生活 문란한 생활.
ふじちゃく【不時着】 (준히) 불시착(不時着). ‖故障で不時着する 고장으로 불시착하다.
ふしちょう【不死鳥】 불사조(不死鳥).
ぶしつけ【不躾】 무례(無禮)하다. ‖不躾な態度 무례한 태도.
ふしぶし【節節】 ❶뼈 마디마디. ‖節々が痛まる 뼈 마디마디가 아프다. ❷몇 군데. ‖思い当たる節がある 짚이는 데가 몇 군데 있다.
ふしまつ【不始末】 ❶뒤처리나 단속(團束)이 허술함. ‖火の不始末から火事になる 불의 불시맡으로 단속이 허술한 단속으로 불이 나다. ❷불미(不美)스러운 일. ‖不始末なことをしでかす 불미스러운 일을 저지르다.
ふじみ【不死身】 불사신(不死身).
ふしめ【伏し目】 ‖伏し目になる 눈을 내리깔다.
ふしめ【節目】 ❶마디; 옹이. ‖節目のない良材 마디가 없는 양질의 목재. ❷전환점(轉換點); 고비. ‖人生の節目 인생의 전환점.
ふしゅ【浮腫】 부종(浮腫).
ふしゅ【部首】 부수(部首).
*ふじゆう【不自由】 ダ 부자유(不自由)스럽다; 불편(不便)하다; 부족(不足)하다; 궁하다. ‖不自由な生活 불편한 생활. 何不自由なく暮らしている 아무 하나 부족한 것 없이 살고 있다. 弟は体が不自由だ 남동생은 몸이 부편하다. お金に不自由はしていない 돈이 궁하지 않다.
ぶしゅうぎ【不祝儀】 흉사(凶事); 궂은 일.
ふじゅうぶん【不十分】 불충분(不充分)하다. ‖不十分な証拠 불충분한 증거.
ぶじゅつ【武術】 무술(武術).

ふじゅん【不純】 ダ 불순(不純)하다. ‖不純な動機 불순한 동기.
ふじょ【扶助】 부조(扶助). ‖扶助を受ける 부조를 받다.
ふじょ【婦女】 부녀(婦女).
ぶしょ【部署】 부서(部署). ‖部署につく 부서에 배치되다.
ふしょう【不詳】 불상(不詳); 미상(未詳); 알 수 없음. ◆年齢不詳 나이를 알 수 없음. 身元不詳 신원 미상.
ふしょう【負傷】 부상(負傷); 다침; 상처(傷處)를 입음. ‖足を負傷する 다리를 다치다. 顔に負傷する 얼굴에 상처를 입다. ◆負傷者 부상자.
ぶじょう【不定】 (仏教) 부정(不定).
ふじょう【不浄】 ダ 부정(不淨)하다.
ふじょう【浮上】 부상(浮上). ‖3位に浮上する 삼 위로 부상하다.
ひげをそらない【剃らない】 귀찮아서 수염을 깎지 않다.
ふしょうじ【不祥事】 불상사(不祥事). ‖学校始まって以来の不祥事だ 학교가 생긴 이래 처음 있는 불상사다.
ふしょうち【不承知】 반대(反對).
ふしょうぶしょう【不承不承】 마지못해.
ふしょうふずい【夫唱婦随】 부창부수(夫唱婦隨).
ふじょうり【不条理】 부조리(不條理).
ふしょく【腐食】 (준히) 부식(腐蝕).
ふしょく【腐植】 부식(腐植). ◆腐植土 부식토.
ぶじょく【侮辱】 (준히) 모욕(侮辱).
ふしょくふ【不織布】 부직포(不織布).
ふしん【不信】 불신(不信). ‖不信の目で見る 불신의 눈으로 보다. 不信の念 불신감. 政治不信 정치 불신.
ふしん【不振】 부진(不振). ‖食欲不振 식욕 부진. 商売が不振だ 장사가 부진하다.
ふしん【不審】 ‖挙動不審の男 거동이 수상한 남자. ◆不審火 원인 불명의 화재.
ふじん【夫人】 부인(夫人). ‖夫人同伴 부인 동반. 동부인.
ふじん【婦人】 부인(婦人). ◆婦人科 부인과. 婦人服 부인복.
ふしんかん【不信感】 불신감(不信感). ‖不信感をいだく 불신감을 가지다.
ふしんせつ【不親切】 ダ 불친절(不親切)하다. ‖不親切な応対 불친절한 응대.
ふしんにん【不信任】 불신임(不信任). ◆不信任案 불신임안.
ふしんばん【不寝番】 불침번(不寢番). ‖不寝番に立つ 불침번을 서다.
ふす【付す】 붙이다; 부치다. ‖条件を付す 조건을 붙이다. 不問に付す 불문에

ふす 부치다.
ふす【伏す】 ❶ 엎드리다. ❷ 숨다. ‖ガばっと伏す 푹 엎드리다. ‖岩陰に伏して様子をうかがう 바위 뒤에 숨어 상황을 살피다.

ぶす 추녀(醜女); 못생긴 여자(女子).
ふずい【不随】 불수(不随). ◆半身不随 반신불수.
ふずい【付随】 [漢字] 부수(附随). ◆付随条項 부수 조항.
ぶすい【不粋】ダ 촌(村)스럽다; 세련(洗練)되지 못하다. ‖無粋な男 촌스러운 남자.
ずいきん【不随意筋】 불수의근(不随意筋).
ふすう【負数】 음수(陰数).
ぶすう【部数】 부수(部數). ‖発行部数 발행 부수.
ぶすっと ❶ 푹. ‖注射針をぶすっと刺す 주사 바늘을 푹 찌르다. ❷ [不機嫌] ぶすっとした顔つき 뾰로통한 얼굴.
ふすま【襖】 장지.
ぶすり 푹; 꽉. ‖わき腹に矢がぶすりと刺さる 옆구리에 화살이 푹 박히다.
ふせ【布施】 [漢字] 보시(布施).
*ふせい【不正】 부정(不正); 부정된 짓; 비리(非理). ‖不正をはたらく 부정된 짓을 하다. 不正な行為 부정된 행위. 不正な手段で利益を得る 부정된 수단을 써서 거래를 챙기다.
ふせい【父性】 부성(父性).
ふぜい【風情】 ❶ 정서(情緒); 정취(情趣). ‖風情ある眺め 운치 있는 전망. ❷ 모양(模様). ‖寂しげな風情 쓸쓸한 모양.
ふせいかく【不正確】 부정확(不正確)하다. ‖不正確な記憶 부정확한 기억. 彼の発言は不正確だ 그 사람의 발음은 부정확하다.
ふせいしゅつ【不世出】 불세출(不世出). ‖不世出の英雄 불세출의 영웅.
ふせいみゃく【不整脈】 부정맥(不整脈).
ふせき【布石】 포석(布石).
*ふせぐ【防ぐ】 ❶ 막다. ‖敵の猛攻を防ぐ 적의 맹공을 막다. ❷ 방지(防止)하다. ‖事故をあらかじめ防いで被害を最小限に防止하다. 塩は食品の腐敗を防ぐ 소금은 식품의 부패를 방지한다.
ふせつ【付設】 [漢字] 부설(附設). ‖研究所を付設する 연구소를 부설하다.
ふせつ【敷設】 [漢字] 부설(敷設). ‖鉄道を敷設する 철도를 부설하다.
ふせっせい【不摂生】 건강(健康)을 돌보지 않음. ‖長年の不摂生が祟るオレン 동안 건강을 돌보지 않아 탈이 나다.
ふせる【伏せる·臥せる】 ❶ 엎다. ‖皿を伏せておく 접시를 엎어 두다. ❷ [隠す] 숨기다. ‖実名を伏せる 실명을 숨기다. ❸ [病気で] 앓아 눕다. ‖風邪で

臥せっております 감기로 앓아 누워 있습니다.
ふせん【付箋】 메모를 적어 눈에 띄도록 붙이는 종이; 포스트잇.
ふぜん【不全】 불완전(不完全); 부전. ◆心不全 심부전.
ふぜん【憮然】 망연(茫然)해함; 허탈(虚脱)해함; 낙담(落膽)함. ‖憮然たる面持ち 낙담한 듯한 표정.
ふせんしょう【不戦勝】 부전승(不戦勝).
ぶそう【武装】 [漢字] 무장(武装). ◆武装解除 무장 해제.
ふそうおう【不相応】ダ 어울리지 않다; 맞지 않다. ‖身分不相応な生活 신분에 맞지 않음는 생활.
*ふそく【不足】 부족(不足). ‖人手が不足しているときは連絡してください 일손이 부족할 때는 연락해 주세요. ◆運動不足 운동 부족. 経験不足 경험 부족. 睡眠不足 수면 부족.
ふそく【不測】 예측(豫測)이 안 됨. ‖不測の事態 예측할 수 없는 사태.
ふそく【付則·附則】 부칙(附則).
ふぞく【付属·附属】 [漢字] 부속(附屬). ‖大学の附属病院 대학 부속 병원. 車の付属品 차 부속품.
ぶぞく【部族】 부족(部族).
ふぞろい【不揃い】ダ 가지런하지 않다; 고르지 않다. ‖これらのミカンは大きさが不揃いだ 이 귤들은 크기가 고르지 않다.
ふそん【不遜】 불손(不遜)하다. ‖不遜な態度 불손한 태도.
ふた【蓋】 뚜껑. ‖鍋にふたをする 냄비 뚜껑을 덮다. 瓶のふたを取る 병 뚜껑을 따다. ‖ふたを開ける 공개하다. 結果는 알수 있게 된다. 当番はふたを開けてみるまで分からない 당락은 뚜껑을 열어보기 전에는 모른다.
ふた-【二】 둘; 두; 양(兩); 쌍(雙). ‖二晩 두 밤. 二家族 두 가족.
ふだ【札】 ❶ 표; 표찰(標札). ❷ 값을 쓴 札 가격을 적은 표. 名札 이름표. 명찰. ❸ (カード·花札などの) 패(牌). ‖札を配る 패를 돌리다.
ブタ【豚】 돼지. ‖豚がぶうぶう鳴いている 돼지가 꿀꿀거리고 있다. 豚小屋 돼지우리. ▶豚に真珠 돼지에 진주. (諺)
ふたい【付帯】 [漢字] 부대(附帯). ◆付帯事項 부대 사항.
ぶたい【部隊】 부대(部隊). ◆落下傘部隊 낙하산 부대.
*ぶたい【舞台】 무대(舞臺). ‖舞台に立つ 무대에 서다. その小説の舞台はソウルだ 그 소설의 무대는 서울이다. 彼は世界を舞台に活躍している 그 사람은 세계를 무대로 활약하고 있다. ◆独り舞台 독무대. 舞台衣装 무대 의상. 舞台裏 무대 뒤. 舞台稽古 무대 연습.

舞台装置 무대 장치.
ふたえ【二重】두 겹. ◆二重まぶた 쌍꺼풀.
ふたかた【二方】두 분.
ふたご【双子】쌍둥이. ◆双子座 쌍둥이자리.
ふたことめには【二言目には】말을 꺼냈다 하면; 말만 했다 하면. ‖母は二言目には勉強しなさいと言う 어머니는 말만 했다 하면 공부하라고 한다.
ふたしか【不確か】 불확실(不確實)하다. ‖不確かな情報 불확실한 정보.
ふたたび【再び】다시; 한 번 더. ‖再びめぐってきた絶好のチャンス 다시 찾아온 절호의 기회.
*ふたつ【二つ・2つ】 ❶둘; 두 개(個). ‖リンゴが2つ 사과가 두 개. ❷(2歳) 두 살. ‖2つになったばかりで いまだ 막 두 살이 되었다. ❸두 번째로; 둘째. ❹一つには誠実、二つには努力 첫째는 성실, 둘째는 노력.
ふだつき【札付き】 ❶가격표(價格標)가 붙어 있음. ❷악명(惡名)이 높음; 이름난 것. ‖札つきの悪者 이름난 악당.
ふたつへんじ【二つ返事】 흔쾌(欣快)히 승낙(承諾)함. ‖二つ返事で引き受ける 흔쾌히 승낙하다.
ぶたにく【豚肉】 돼지고기.
ふたば【双葉】 떡잎; 어릴 때; 초기(初期). ‖双葉の頃から見守る 어릴 때부터 지켜보다.
ふたまた【二股】두 갈래. ‖川が二股に分かれる 강이 두 갈래로 갈라지다. ◆二股を掛ける 양다리를 걸치다(걸기). 〖비〗
*ふたり【二人・2人】두 사람; 둘. ‖客が2人来る 손님이 두 사람 오다. 弟は2人とも学生だ 남동생은 둘 다 학생이다. 彼は母親と2人暮らしだ その人は母親一人と二人暮らしだ 그 사람은 어머니하고 둘이 살고 있다.
ふたん【負担】 🈭 부담(負擔). ‖彼が費用を全部負担する その人が 비용을 전부 부담하다. 家族に負担をかける 가족들에게 부담을 주다.
ふだん【不断】 부단(不斷). ‖不断の努力 부단한 노력.
*ふだん【普段】 평소(平素); 평상시(不常時); 보통(普通). ‖私は普段通り 8時に家を出た 나는 평소대로 여덟시에 집을 나왔다. 彼は普段はジーパンをはいている その人は평상시에 청바지를 입고 있다. ◆普段着 평상복.
ふち【淵】물이 깊은 곳; 수렁. ‖絶望の淵に沈む 절망의 수렁에 빠지다.
ふち【縁】가장자리; 테두리; 틀. ‖眼鏡の縁 안경테.
ぶちあげる【打ち上げる】큰소리치다; 호언장담(豪言壯談)하다.
ぶちこむ【打ち込む】 ❶박아 넣다. ‖杭をぶち込む 말뚝을 박아 넣다. ❷처넣다. ‖海にぶち込む 바다에 처넣다. ❸뒤섞다. ‖肉も野菜もそのままぶち込んで煮る 고기도 야채도 그대로 집어넣고 끓이다.
ぶちころす【打ち殺す】 쳐죽이다.
ぶちこわす【打ち壊す】 ❶때려 부수다. ❷망쳐다; 방해(妨害)하다; 깨다. ‖いい雰囲気をぶち壊す 좋은 분위기를 깨다.
ぶちぬく【打ち抜く】 꿰뚫다; 관통(貫通)하다. ‖3枚重ねた板をぶち抜く 세 장 겹쳐진 판자를 뚫다.
ぶちまける ❶(中に入っているものを)다 쏟아 내다. ❷(思っていることを)다 털어놓다.
ふちゃく【付着】 🈭 부착(附着). ‖貝が船底に付着する 조개가 배 밑바닥에 달라붙다.
ふちゅうい【不注意】 부주의(不注意). ‖不注意から事故が起きる 부주의에서 사고가 발생하다.
ふちょう【不調】 ❶성립(成立)이 안됨. ‖交渉は不調に終わった 교섭은 이루어지지 않았다. ❷(体の具合・気分などが)안 좋다. ‖胃の不調を訴える 위의 상태가 안 좋다고 호소하다. ❸(物事の状態が)부진(不振)하다. ‖商売がふ調だ 장사가 부진하다.
ぶちょう【部長】 부장(部長).
ふちょうわ【不調和】 부조화(不調和).
ふちん【浮沈】 🈭 부침(浮沈).
ぶつ【仏】(仏教) 부처.
ぶつ【打つ】 때리다. ‖頭をぶつ 머리를 때리다.
ふつう【不通】 불통(不通). ‖電話が不通だ 전화가 불통이다. 音信不通になる連絡が 끊어지다.
*ふつう【普通】 보통(普通). ‖彼が遅刻してくるのは普通のことだ 그 사람이 지각하는 것은 보통이다. 朝は普通 7時に起きる 아침에는 보통 일곱 시에 일어난다. 普通の成績 보통의 성적. ◆普通選挙 보통 선거. 普通預金 보통예금. 普通列車 보통 열차.
ふつか【二日・2日】 이 일(二日); 이틀.
*ぶっか【物価】 물가(物價). ‖物価が高い 물가가 비싸다. 物価が上がった 物価가 올랐다. 物価を安定させる 물가를 안정시키다. ◆物価指数 물가지수.
ぶっかく【打っ欠く】 잘게 깨다. ‖氷をぶっ欠く 얼음을 잘게 깨다.
ふっかける【吹っ掛ける】 ❶불다; 내뿜다. ‖息をふっかける 입김을 불다. ❷(値段を)비싸게 부르다. ❸(相手の困るようなことを)걸다. ‖けんかをふっかける 싸움을 걸다.
ぶっかける【打っ掛ける】 끼얹다. ‖水をぶっかける 물을 끼얹다.

ぶっかける

ふっかつ【復活】 (三한) 부활(復活). ‖対抗試合を復活する 대항전을 부활하다 [시키다].

ふつかよい【二日酔い】 숙취(宿醉).

ぶつかる ❶ 부딪치다; 직면(直面)하다. ‖岩にぶつかった波が砕ける 바위에 부딪친 파도가 부서지다. ❷ 대립(對立)하다; 충돌(衝突)하다. ‖父親とぶつかって父親とぶつかる 진학을 둘러싸고 아버지와 충돌하다. ❸ 겹치다. ‖2つの会議がぶつかる 회의 두 개가 겹치다.

ふっき【復帰】 복귀(復歸). ‖政界に復帰する 정계에 복귀하다. 社会復帰する 사회에 복귀하다.

ぶつぎ【物議】 물의(物議). ▸物議を醸(かも)す 물의를 빚다.

ふっきゅう【復旧】 (三한) 복구(復舊). ◆復旧工事 복구 공사. 復旧作業 복구 작업.

ぶっきょう【仏教】 불교(佛敎).

ぶっきらぼうダ 무뚝뚝하다. ‖ぶっきらぼうな口のきき方 무뚝뚝한 말투.

ぶつぎり【ぶつ切り】 두껍게 썲. ‖マグロのぶつ切り 두껍게 썬 참치.

ふっきる【吹っ切る】 (고민 등을) 떨쳐버리다. ‖未練を吹っ切る 미련을 떨쳐버리다.

ふっきれる【吹っ切れる】 (고민 등이) 없어지다; 사라지다.

ふっきん【腹筋】 복근(腹筋).

ふっくら ふっくら(と)した体つき 통통한 몸매. ふっくらと暖かそうな布団 폭신해서 따뜻해 보이는 이불.

ぶつける ❶ [投げる] 던져서 맞추다. ❷ [打ちつける] 부딪치다. ‖頭をぶつける 머리를 부딪치다. ❸ (自分の考えなど를) 확실(確實)히 표현(表現)하다.

ぶっけん【物件】 물건(物件); 물품(物品). ◆証拠物件 증거 물건.

ふっこ【復古】 복고(復古). ◆復古思想 복고 사상. 復古調 복고조.

ふっこう【腹腔】 복강(腹腔).

ふっこう【復興】 부흥(復興). ◆文芸復興 문예 부흥.

*ふつごう【不都合】ダ ❶ (状況などが) 안 좋다. 不都合な場合 상황이 안 좋은 경우. ❷ [不届き] 무례(無禮)하다; 괘씸하다. ‖不都合なことをしでかす 괘씸한 짓을 하다.

ふっこく【復刻】 (三한) 복각(復刻). ◆復刻本 부각본.

ぶっころす【打っ殺す】 때려죽이다.

ぶっこわす【打っ壊す】 때려부수다.

ぶっさん【物産】 물산(物産).

ぶっし【物資】 물자(物資). ‖物資を補給する 물자를 보급하다. ◆救援物資 원조 물자.

ぶっしつ【物質】 물질(物質). ‖物質文化 물질문화. 物質代謝 물질대사. ◆物質的 물질적. 物質的な満足 물질적인 만족. 物質文明 물질문명. 物質名詞〖言語〗 물질 명사.

ぶっしょう【物象】 물상(物象).

ぶっしょう【物証】 물증(物證).

ぶっしょく【払拭】 (三한) 불식(拂拭). ‖不信感を払拭する 불신감을 불식하다.

ぶっしょく【物色】 물색(物色). ‖店内を物色する 가게 안을 물색하다.

ぶっしん【物心】 물심(物心). ‖物心両面から援助する 물심양면으로 돕다.

ぶっそ【弗素】 불소(弗素).

ぶつぞう【仏像】 불상(佛像).

ぶっだ【仏陀】 불타(佛陀); 부처.

ぶったい【物体】 물체(物體). ◆未確認飛行物体 미확인 비행 물체.

ぶつだん【仏壇】 불단(佛壇).

ぶっちょうづら【仏頂面】 뾰로통한 얼굴. ‖仏頂面をする 뾰로통한 얼굴을 하다.

**ふつつか【不束】ダ 불민(不敏)하다; 미숙(未熟)하다. ‖ふつつかながら精一杯努めます 미숙하나마 열심히 하겠습니다.

ぶっつづけ【打っ続け】 계속(繼續)됨. ‖3日間ぶっ続けの審議 삼 일 동안 계속된 심의.

ぶっつぶす【打っ潰す】 때려 부수다.

ぶっつり ❶ [糸などが切る音] 싹둑; 뚝. ‖黒髪をぶっつり(と)切る 검은 머리를 싹둑 자르다. 紐を引いたらぶっつり(と)切れた 끈을 당겼더니 뚝 끊어졌다. ❷ [それまで続いてきたことを急にやめる様子] 딱. ‖好きだった酒をぶっつり(と)やめた 좋아하던 술을 딱 끊었다.

ぶつつん ❶ [ぶんと強めて言う語] 탁. ‖縛った紐がぶっつんと切れる 묶어 놓은 끈이 탁 끊어지다. ❷ [我慢の限界を超えて怒り出す] 재차의 폭언이 날아와 또다시 폭언을 하길래 폭발해 버렸다.

ぶってき【物的】 물적(物的). ◆物的証拠 물적 증거.

ふっと ❶ 폭; 훅. ‖ふっとため息をもらす 한숨을 쉬다. ❷ [物事が突然起こる]돌연(突然)히; 갑자기; 문득. ‖ふっと海に行きたくなった 문득 바다에 가고 싶어졌다.

ぶっと ❶ 픽. ‖おかしくてぶっと吹き出す うっかりと 픽 하고 웃음을 터뜨리다. ❷ [吐き出す]퉤. ‖ガムをぶっと吐き出す 껌 하고 껌을 내뱉다. ❸ [ふくらむ様子] 注意されて頬をぶっとふくらせる 주의를 받자 뺨을 부루퉁해지다.

ふっとう【沸騰】 ❶ (お湯が) 끓음. ‖お湯が沸騰して이 끓다. ❷ (高揚) (三한) 비등(沸騰). ◆沸騰点 비등점.

ぶっとおし【打っ通し】 ❶ 계속(繼續)함; 계속됨. ‖昼夜ぶっ通しの猛練習 주야로 계속되는 맹연습. ❷ (仕切りなど

ふっとばす【吹っ飛ばす】 ❶날려 버리다; 떨쳐 버리다. ‖不安を吹っ飛ばす 불안을 떨쳐 버리다. ❷〔車などを〕속력(速力)을 내어 달리다.

ふっとぶ【吹っ飛ぶ】 ❶날아가다; 날리다. ‖屋根の瓦が吹っ飛んで지붕의 기와가 날아갔다. ❷없어지다; 사라지다; 가시다. ‖疲れが吹っ飛ぶ 피로가 가시다.

フットボール【football】 풋볼; 축구(蹴球).

ぶつのう【物納】 (名ㆍ하) 물납(物納).

ぶっぴん【物品】 물품(物品).

ふつふつ【沸沸】 ❶부글부글. ‖湯がふつふつとたぎっている 물이 펄펄 끓고 있다. ❷〔感情など〕철철. ‖喜びがふつふつと湧いてくる기쁨이 철철 넘치고 있다.

ぶつぶつ ❶중얼중얼. ‖何かぶつぶつ言いながら歩いている 뭔가를 중얼거리며 걷고 있다. ❷〔不平不満など〕투덜투덜. ‖どう分配しても誰かがぶつぶつ言うどう어떻게 분배하더라도 누군가가 투덜거릴 것이다. ❸〔小さな穴や突起がたくさんある〕오돌도돌. ‖鶏の皮みたいにぶつぶつしている 닭살처럼 오돌도돌하다. お腹にぶつぶつができた 배에 두드러기가 났다. ❹〔煮立ったわき出たりする〕보글보글. ‖お粥(か)がぶつぶつ煮えてきた 죽이 보글보글 끓기 시작했다. ❺〔穴など〕뻥뻥. ‖そこにぶつぶつ(と)穴をあける 뚜껑에 뻥뻥 구멍을 뚫는다.

ぶつぶつ ❶툭툭. ‖古くなって糸がぶつぶつ(と)切れる 실이 오래되어 툭툭 끊어진다. ❷〔小さな粒状のものができる様子〕오돌도돌. ‖ぶつぶつ(と)小さなにきびができるおん돌도돌하게 작은 뾰루지가 생긴다. ❸〔穴など〕콕콕. ‖突き刺して穴をあける 콕콕 쑤셔서 구멍을 내다.

ぶつぶつこうかん【物物交換】 물물교환(物物交換).

ぶつぶん【仏文】 ❶불문학(佛文學). ❷불어 문장(佛語文章).

ぶっぽう【仏法】 불법(佛法).

ぶつよく【物欲】 물욕(物慾). ‖物欲にとらわれる 물욕에 사로잡히다.

ぶつり【物理】 물리(物理). ◆物理学 물리학. 物理的 물리적. 物理的変化 물리적 변화. 物理療法 물리 요법.

ふつりあい【不釣り合い】 어울리지 않다. ‖不釣り合いな縁談 어울리지 않는 혼담.

ぶつりゅう【物流】 물류(物流). ◆物流業界 물류 업계. 物流システム 물류 시스템.

ぶつりょう【物量】 물량(物量). ◆物量作戦 물량 작전.

ぶつん ❶툭. ‖糸がぶつんと切れる 실이 툭 끊어지다. ❷뚝. ‖通信がぶつんと絶えた 통신이 뚝 끊어졌다.

ふで【筆】 ❶붓. ‖手紙を筆で書く 편지를 붓으로 쓰다. ❷문; 문필(文筆). ‖筆の力 문필의 힘. ▸筆が滑る 써서는 안 될 것이나 쓰지 않아도 될 것을 쓰다. ▸筆を執る 문장(文章)을 쓰다. ▸筆を擱(お)く 붓을 놓다. ▸筆を加える 더 써 넣다. 문장을 고치다. ◆筆立て 연필꽂이. 筆箱 필통.

ふてい【不定】 부정(不定). ◆不定形 부정형. 不定詞 부정사. 不定称 부정칭.

ふていき【不定期】 부정기(不定期). ‖不定期航路 부정기 항로.

ふていさい【不体裁】 볼품없다. ‖不体裁な包み方 볼품없는 포장.

ふてき【不適】 ♂ 부적당(不適當)하다.

ふてき【不敵】 대담(大膽)하고 겁이 없다.

ふでき【不出来】 ♂ 됨됨이가 나쁘다; 신통(神通)치 않다. ‖不出来な子 신통치 않은 아이.

ふてきとう【不適当】 ♂ 부적당(不適當)하다. ‖不適当な例 부적당한 예.

ふてぎわ【不手際】 솜씨가 나쁨; 방법(方法)이 안 좋음; 실수(失手). ‖不手際をお詫びします 실수를 사과 드립니다.

ふてくされる【不貞腐れる】 부루퉁해지다. ‖注意されるとふてくされる 주의를 받으면 금세 부루퉁해지다.

ふってい【不徹底】 불철저(不徹底)하다; 철저하지 못하다.

ふてぶてしい【太太しい】 뻔뻔스럽다. ‖ふてぶてしい男 뻔뻔스러운 남자.

ふと 문득; 갑자기; 우연(偶然)히. ‖ふと右を見ると彼がいた 문득 오른쪽을 보니 그 사람이 있었다. ‖ふと思いつく 문득 생각이 나다. ふと立ち止まる 갑자기 걸음을 멈추다. ふと出会う 우연히 만나다.

*ふとい【太い】 ❶〔直径〕굵다. ▸太い 굵은 관. ❷〔幅〕폭이 넓다. ‖太いベルト 폭이 넓은 벨트. ❸〔声〕굵다. ‖太い声 굵은 목소리. ❹〔大胆だ〕대담(大膽)하다; 담차다. ‖肝が太い 담차다.

ふとう【不当】 ♂ 부당(不當)하다. ‖不当な差別 부당한 차별. 不当な利益 부당한 이익. ◆不当性 부당성. 不当表示 부당 표시.

ふとう【不凍】 부동(不凍). ◆不凍液 부동액. 不凍港 부동항.

ふとう【不等】 부등(不等). ◆不等号 부등호. 不等式 부등식.

ふとう【埠頭】 부두(埠頭).

ふどう【不同】 부동(不同). ‖順不同 순서 부동. 순서에 일정한 기준이 없음.

ふどう【不動】 부동(不動). ‖不動の姿勢 부동 자세.
ふどう【浮動】 (スル) 부동(浮動). ◆浮動票 부동표.
ブドウ【葡萄】 포도(葡萄). ◆ブドウ球菌 포도상 구균. ブドウ糖 포도당.
ふどうかい【舞踏会】 무도회(舞蹈會).
ふとうこう【不登校】 등교 거부(登校拒否).
ふどうさん【不動産】 부동산(不動産). ◆不動産業 부동산업. 不動産取得税 부동산 취득세. 不動産登記 부동산 등기. 不動産屋 부동산 중개사. 복덕방 업자.
ふどうたい【不導体】 부도체(不導體).
ふどうとく【不道徳】 부도덕(不道德)하다. ‖不道徳な行為 부도덕한 행위.
ふとうめい【不透明】 불투명(不透明). ‖不透明な液体 불투명한 액체.
ふとく【不徳】 부덕(不德). ‖不徳の致すところ 부덕의 소치.
ふとい【不得意】 잘 못하다; 서투르다; 자신(自信)이 없다. ‖不得意な科目 자신이 없는 과목.
ふとくてい【不特定】 불특정(不特定). ◆不特定多数 불특정 다수. 不特定多数の読者 불특정 다수의 독자.
ふところ【懐】 ❶ (衣服の)가슴 언저리; 품. ‖財布を懐に入れる 지갑을 품에 넣다. ❷의중(意中); 심중(心中). ‖懐を見すかす 심중을 꿰뚫어 보다. ❸내부(内部). ‖敵の懐深く入る 적 내부 깊숙이 들어가다. ‖懐が暖かい 충분히 돈이 있다. ‖懐が寒い 가진 돈이 적다. ‖懐が深い 포용력이 있다.
ふとさ【太さ】 굵기.
ふとじ【太字】 굵은 글씨. ‖太字用万年筆 굵은 글씨용 만년필.
ふとした 뜻밖의; 우연(偶然)한. ‖ふとしたことで俳優になった 우연한 계기로 배우가 되었다.
ふとっぱら【太っ腹】 배포(排布)가 크다. ‖太っ腹なところを見せる 배포가 큰 것을 보여 주다.
ふとどき【不届き】 무례(無禮)하다; 괘씸하다. ‖不届きなやつ 괘씸한 녀석.
ふともも【太腿】 넓적다리; 대퇴(大腿).
ふとる【太る】 ❶살이 찌다. ‖赤ん坊がまるまると太る 아기가 통통하게 살이 찌다. 1か月で3キロ太る 한 달에 3킬로 찌다. ❷늘어나다; 불어나다; 많아지다. ‖財産が太る 재산이 불어나다.
ふとん【布団】 이불. ‖布団を敷く 이불을 깔다. 布団を畳む 이불을 개다. 1枚の布団の中 한 채.
フナ【鮒】 붕어.
ブナ【橅】 너도밤나무.

ふなか【不仲】 ダ 사이가 안 좋다; 사이가 나쁘다. ‖不仲になる 사이가 나빠지다.
ふなちん【船賃】 뱃삯.
ふなつきば【船着き場】 선착장(船着場); 선창(船艙).
ふなづみ【船積み】 (スル) 선적(船積). ‖コンテナで船積みする 컨테이너로 선적하다.
ふなで【船出】 ❶ (スル) 출범(出帆). ❷새로운 출발(出發).
ふなぬし【船主】 선주(船主).
ふなのり【船乗り】 선원(船員); 뱃사람.
ふなびん【船便】 선편(船便); 배편.
ふなよい【船酔い】 (スル) 뱃멀미.
ふなれ【不慣れ】 ダ 익숙하지 않다. ‖不慣れな仕事 익숙하지 않은 일.
ふなん【不難】 ダ 무난(無難)하다. ‖無難な演技 무난한 연기. 無難な選択 무난한 선택.
ふにあい【不似合い】 ダ 어울리지 않다; 걸맞지 않다. ‖不似合いな恰好 어울리지 않는 차림새.
ふにゃふにゃ ダ 흐물흐물. ‖ふにゃふにゃして歯応えがない 흐물흐물해서 씹는 맛이 없다.
ふにん【不妊】 불임(不妊). ◆不妊症 불임증.
ふにん【赴任】 (スル) 부임(赴任). ‖東京に赴任する 도쿄로 부임하다.
*ふね【舟・船】 배. ‖荷物を船で送る 짐을 배로 보내다. ‖船は横浜から中国に向けて出航した 배는 요코하마에서 중국을 향해 출항했다. ‖船に酔う 뱃멀미를 하다. ▶舟を漕ぐ 졸다. 座るとすぐ舟を漕ぎ始めた 앉더니 바로 졸기 시작했다.
ふねん【不燃】 불연(不燃). ◆不燃ごみ 불연 쓰레기. 不燃性 불연성.
ふのう【不能】 불능(不能). ◆再起不能 재기 불능.
ふのう【富農】 부농(富農).
ふはい【腐敗】 (スル) 부패(腐敗). ‖腐敗した政治家 부패한 정치가.
ふばい【不買】 불매(不買). ◆不買運動 불매 운동.
ふはつ【不発】 불발(不發). ◆不発弾 불발탄.
ふばらい【不払い】 미불(未拂). ◆賃金の不払い 미불 임금.
ふび【不備】 불비(不備); 미비(未備). ‖運営上の不備 운영상의 불비. 書類に不備な点がある 서류에 미비한 점이 있다.
ふひつよう【不必要】 ダ 불필요(不必要)하다.
ふひょう【付表】 부표(附表).
ふひょう【付票】 부표(附票); 물표(物票).
ふひょう【浮標】 부표(浮標).

ふびょうどう [不平等] 불평등(不平等). ‖不平等条約 불평등 조약. 不平等な取り扱い 불평등한 대우.
ふびん [不憫]ダ 가엾다; 딱하다. ‖不憫に思う 가엾게 생각하다.
ぶひん [部品] 부품(部品). ‖ラジオの部品 라디오 부품.
ふぶき [吹雪] 눈보라.
ふふく [不服] 불복(不服); 불만(不滿); 이의(異議). ‖不服そうな顔 불만스러운 듯한 얼굴. 不服を唱える 이의를 제기하다.
ふぶく [吹雪く] 눈보라가 치다. ‖一晩中吹雪いていた 밤새도록 눈보라가 쳤다.
ふふん ふふん과 鼻先で笑う 흥 하고 코웃음치다.
*ぶぶん [部分] 부분(部分). ‖その映画は最初の部分が特に面白かった 그 영화는 처음 부분이 특히 재미있었다. 下線の部分を英訳しなさい 밑줄 친 부분을 영역하시오. その事実は一部分にか公開되지 않고 있다 그 사실은 일부분밖에 공개되지 않고 있다. ◆部分集合 부분집합. 部分食 (天文) 부분 일식. 部分的 부분적. 部分的な誤り 부분적인 실수. その答えは部分的には正しい 네 대답은 부분적으로는 옳다.
ぶぶんりつ [不文律] 불문율(不文律).
ふへい [不平] 불평(不平). ‖不平不満を言う 불평불만을 늘어놓다..
ふへん [不変] 불변(不變); 불변의 진리. ♦永劫不変 영구불변.
ふへん [普遍] 보편(普遍). ◆普遍化 (국어) 보편화. 普遍性 보편성. 普遍的 보편적. 普遍的な真理 보편적인 진리.
ふべん [不便]ダ 불편(不便)하다. ‖出入りに不便だ 출입이 불편하다. 交通の不便な地 교통이 불편한 곳. 田舎の生活は不便なことが多い 시골 생활은 불편한 점이 많다. 不便をこうむる 불편을 감수하다.
ふべんきょう [不勉強]ダ 공부(工夫)가 부족(不足)하다; 공부를 게을리하다.
ふぼ [父母] 부모(父母).
*ふほう [不法] 불법(不法). ‖大麻を不法に所持する 대마초를 불법 소지하다. 不法な取り引き 불법 거래. 不法行為 불법 행위. 不法侵入 불법 침입.
ふほう [訃報] 부고(訃告). ‖訃報に接す 부고를 접하다.
ほほんい [不本意]ダ 본의(本意)가 아니다; 바라는 바가 아니다; 뜻하지 않다. ‖不本意な結果に終わる 뜻하지 않은 결과로 끝나다. 不本意ながら同意する 본의는 아니지만 동의하다.
ふまえる [踏まえる] 고려(考慮)하다; 어떤 일을 전제(前提)로 생각하다. ‖先を踏まえない単なる思いつき 앞뒤를 고려하지 않은 단순한 생각.
ふまじめ [不真面目]ダ 불성실(不誠實)하다. ‖不真面目な態度 불성실한 태도.
*ふまん [不満] 불만(不滿). ‖不満が爆発する 불만이 폭발하다. 不満がたまる 불만이 쌓이다. 何がそんなに不満なのですか 무엇이 그렇게 불만입니까? 私には何の不満もないようだけど 나한테는 아무런 불만도 없다. ◆欲求不満 욕구 불만.
ふまんぞく [不満足] 불만족(不滿足); 만족스럽지 못함.
ふみいし [踏み石] ❶ (靴ぬぎの) 디딤돌; 섬돌. ❷ (飛び石) 징검돌.
ふみいれる [踏み入れる] 들어가다. ‖ジャングルに足を踏み入れる 정글 속으로 들어가다.
ふみきり [踏み切り] ❶ (線路の) 건널목. ❷ (跳躍競技で) 도약(跳躍)을 위해 지면(地面)을 참 또는 그 장소(場所). ❸ 타이밍. ‖踏み切りのタイミングが合わない 도약 타이밍이 맞지 않다.
ふみきる [踏み切る] ❶ (跳躍競技で) 지면(地面)을 차고 오르다. ‖勢いよく踏み切って跳ぶ 힘차게 땅을 차고 뛰어 오르다. ❷ (断行)하다. ‖結婚に踏み切る 결혼을 단행하다.
ふみこむ [踏み込む] ❶ 밟고 들어가다; 덮치다; 빠지다. ‖賭場に踏み込む 도박장을 덮치다. ❷ 깊이 생각하다; 고려(考慮)하다. ‖作歌の経緯にまで踏み込んだ解釈 노래를 만든 경위까지 고려한 해석. ❸ 세게 밟다. ‖アクセルを踏み込むむ 액셀을 세게 밟다.
ふみしめる [踏み締める] ❶ 힘주어 밟다. ‖大地を踏み締めて立つ 대지를 힘차게 밟고 서다. ❷ 밟아 다지다. ‖田の畔(ぐ)を踏みしめる 논두렁을 밟아 다지다.
ふみだい [踏み台] 발판. ‖人を踏み台にしてのし上がろうとする 다른 사람을 발판으로 삼아 출세하려고 하다.
ふみたおす [踏み倒す] ❶ 밟아 쓰러뜨리다. ‖畑の柵を踏み倒した 말이 울타리를 밟아 쓰러뜨렸다. ❷ 떼어먹다. ‖借金を踏み倒す 빌린 돈을 떼어먹다.
ふみだす [踏み出す] ❶ 발을 내딛다. ‖一歩前に踏み出す 한걸음 앞으로 내딛다. ❷ (新しい仕事・活動などを) 시작(始作)하다; 진출(進出)하다. ‖政界に踏み出す 정계에 진출하다.
ふみだん [踏み段] 사다리나 계단(階段)의 단.
ふみつけ [踏み付け] 踏み付けにする 업신여기다. 깔보다. 무시(無視)하다.
ふみとまる [踏み止まる] ❶ 밟아 힘을 주어 멈추다. ‖危うく崖っぷちに踏み止まった 아슬아슬하게 낭떠러지 끝에

서 멈췄다. ❸ 끝까지 남다. ∥1人踏み止まって火を消した 혼자 남아 불을 껐다. ❸ 하려던 것을 참다; 단념(斷念)하다. ∥辞職も考えたが踏み止まった 사직도 생각했지만 단념했다.

ふみならす【踏み鳴らす】 발아 소리를 내다. ∥床を踏み鳴らす 마루를 쿵쿵 구르다.

ふみにじる【踏み躙る】 짓밟다; 저버리다. ∥庭の花を踏みにじる 정원의 꽃을 짓밟다. 人の好意を踏みにじってはいけない 다른 사람의 호의를 저버려서는 안 된다.

ふみぬく【踏み抜く】 ❶ 밟아 구멍을 내다. ∥床板を踏み抜く 세게 밟아 마루에 구멍을 내다. ❷ 밟아서 찔리다. ∥釘を踏み抜く 못을 밟아 찔리다.

ふみば【踏み場】 발 디딜 곳. ∥足の踏み場もない 발 디딜 곳도 없다.

ふみはずす【踏み外す】 ❶ 헛디디다. ∥階段を踏み外してけがをした 계단을 헛디뎌서 다쳤다. ❷ 도리(道理)에 어긋난 짓을 하다. ∥人の道を踏み外す 사람의 도리를 저버리다.

ふみん【不眠】 불면(不眠). ◆不眠症 불면증. 不眠不休 불면불휴.

ふむ【承諾・納得】음, 그래, 알았다.

* **ふむ**【踏む】 ❶ 밟다. ∥うっかりして隣の人の足を踏んでしまった 무심코 옆사람의 발을 밟아 버렸다. ブレーキを踏む 브레이크를 밟다. 塁を踏む 루를 밟다. ❷ 경험(經驗)하다. ∥初舞台を踏む 첫 무대를 경험하다. ❸ 예상(豫想)하다; 평가(評價)하다. ∥素人ではないと踏む 초보자가 아닌 것으로 보다. ❹ (規範・手続きなどに)따르다; 밟다. ∥手続きを踏む 절차를 밟다.

ふむき【不向き】 맞지 않다; 적합(適合)하지 않다. ∥商売には不向きな性格 장사에는 맞지 않는 성격.

ふめい【不明】 불명(不明); 애매(曖昧)함. 不明な点を尋ねる 애매한 점을 물어보다. 原因不明の病気 원인 불명의 병. 行方不明 행방불명.

ふめいよ【不名譽】 불명예(不名譽). ∥不名誉な事件 불명예스러운 사건.

ふめいりょう【不明瞭】 불명료(不明瞭)하다; 불분명(不分明)하다. ∥不明瞭な態度 불분명한 태도.

ふめつ【不滅】 불멸(不滅). ◆不滅の名声 불멸의 명성.

ふめん【譜面】 악보(樂譜).

ふもう【不毛】 불모(不毛). ∥不毛の地 불모지.

ふもと【麓】 산기슭; 산자락.

ふもん【不問】 불문(不問). ◆不問に付す 불문에 부치다.

ぶもん【部門】 부문(部門). ∥部門別売上 부문별 매상. ◆研究部門 연구 부문.

ふやかす 불리다. ∥豆をふやかす 콩을 불리다.

ふやける ❶ (水分を吸って)붇다. ∥指がふやける 손가락이 붇다. ❷ (気分)해이(解弛)해지다.

ふやじょう【不夜城】 불야성(不夜城).

* **ふやす**【増やす】 늘리다. ∥募集定員を増やす 모집 정원을 늘리다. 財産を増やす 재산을 늘리다. 窓口を増やす 창구를 늘리다. 練習量を増やす 연습량을 늘리다.

* **ふゆ**【冬】 겨울. ∥今年の冬はとても寒い 올 겨울은 정말 춥다. 冬を越す 겨울을 넘기다. ◆冬将軍 동장군. 冬空 겨울 하늘. 冬鳥 겨울 철새. 冬場 겨울 철. 冬物 겨울 옷. 冬休み (학생의) 겨울 방학.

ふゆう【浮遊】 (화학)부유(浮遊). ∥水中に浮遊する 수중에 부유하다.

ふゆう【富裕】 부유(富裕). ∥富裕な商人 부유한 상인. ◆富裕層 부유층.

ぶゆう【武勇】 무용(武勇). ◆武勇伝 무용전.

* **ふゆかい**【不愉快】 불쾌(不快)하다. ∥不愉快な出来事 불쾌한 일. それを聞いたら不愉快になった その話を聞いてから不愉快になった 彼の態度は実に不愉快だ その人の態度は本当に不愉快だ.

ふよ【付与】 (화학)부여(附與). ∥権限を付与する権限を付与する.

ふよ【賦与】 (화학)부여(賦與). ∥天の賦与した才能 하늘이 부여한 재능.

ふよう【不用】 필요(必要)가 없음. ∥不用の施設 필요 없는 시설. 不用になる 필요가 없어지다.

ふよう【不要】 불필요(不必要)하다; 필요 없다. ∥日常生活には不要な品目 일상 생활에는 필요 없는 물건.

ふよう【扶養】 부양(扶養). ◆扶養家族 부양 가족. 扶養義務 부양의무.

ぶよう【舞踊】 무용(舞踊). ◆舞踊家 무용가. 民族舞踊 민족 무용.

ふようい【不用意】 ❶ (準備不足)준비(準備)가 안 되다. ❷ 배려(配慮)가 없다; 부주의(不注意)하다. ∥不用意な発言 부주의한 발언.

ふようじょう【不養生】 건강(健康)에 신경(神經)을 쓰지 않음.

ふようじん【不用心】 재해(災害)나 위험(危險)에 대한 준비(準備)나 주의(注意)가 부족(不足)함.

ふようせい【不溶性】 불용성(不溶性).

ふようど【腐葉土】 부엽토(腐葉土).

ぶよぶよ ❶ (水を吸って膨らんでいる)물컹물컹. ∥ぶよぶよして気味が悪い 물컹물컹해서 기분이 나쁘다. ❷ (太っている)부유부유 살찌다 뚱뚱하게 살이 찌

フライ【fry】 튀김. ‖フライにする 튀기다. ◆フライ級 새우 튀김.

フライ【fly】 플라이. ‖センターフライを打つ 센터플라이를 치다. ◆フライ級 (ボクシングで)플라이급.

フライト【flight】 플라이트; 비행(飛行). ◆フライトレコーダー 비행 기록.

プライド【pride】 자존심(自尊心). ‖プライドが高い 자존심이 세다.

フライドチキン【fried chicken】 프라이드치킨.

フライドポテト【fried potatoes】 감자 튀김.

プライバシー【privacy】 프라이버시; 사생활(私生活).

フライパン【frypan】 프라이팬.

プライベート【private】 사적(私的)/개인적(個人的). ‖プライベートな問題 개인적인 문제.

ブラインド【blind】 블라인드.

ブラウス【blouse】 블라우스.

プラカード【placard】 플래카드.

プラグ【plug】 플러그. ‖プラグを差し込む 플러그를 꽂다.

ぶらさがる【ぶら下がる】 ❶매달리다. ‖鉄棒にぶら下がる 철봉에 매달리다. ❷(簡単に手に入りそうに)い어른거리다. ‖大臣の椅子が目の前にぶら下がっている 장관 의자가 눈앞에 어른거리다. ❸〔頼る〕남에게 의지(依支)하다.

ぶらさげる【ぶら下げる】〔手に〕들다; 늘어뜨리다; 달다. ‖胸に勲章をぶら下げる 가슴에 훈장을 달다.

ブラシ【brush】 브러시; 솔. ‖ブラシをかける 솔질을 하다. ‖ブラシで髪をとかす 브러시로 머리를 빗다.

ブラジャー【brassiere】 브래지어.

ブラジル【Brazil】〔国名〕브라질.

ふらす【降らす】 내리게 하다. ‖雨を降らす雲 비를 내리게 하는 구름.

プラス【plus】 ❶〔名〕플러스; 더하기. ‖3をプラスする 삼을 더하다. 人生にプラスになる 인생에 있어 플러스가 되다. ❷〔数学〕정수(正數)의 부호(符號)(+).

プラスアルファ【plus＋alpha 日】 플러스알파.

フラスコ【frasco 포】 플라스크. ‖三角フラスコ 삼각 플라스크.

プラスチック【plastic】 플라스틱. ‖プラスチックのコップ 플라스틱 컵.

ブラスバンド【brass band】 브라스밴드; 관악대(管樂隊); 취주 악대(吹奏樂隊).

プラズマ【plasma】 플라즈마. ◆プラズマディスプレー 플라즈마 디스플레이.

フラダンス【hula＋dance 日】 훌라 댄스.

プラチナ【platina 화】 백금(白金).

ふらつく ❶비틀거리다; 휘청거리다. ‖酔って足がふらつく 취해서 다리가 휘청거리다. ❷〔うろつく〕돌아다니다. ❸〔気持ちが〕흔들리다.

ぶらつく ❶돌아다니다. ‖友人と町の中をぶらつく 친구와 시내를 돌아다니다. ❷〔ぶらつかせる形で〕흔들거리다. ‖象が長い鼻をぶらつかせる 코끼리가 긴 코를 흔들거리다.

ブラックコーヒー【black coffee】 블랙 커피.

ブラックコメディー【black comedy】 블랙 코미디.

ブラックホール【black hole】 블랙홀.

ブラックボックス【black box】 블랙박스.

ブラックリスト【blacklist】 블랙리스트.

フラッシュ【flash】 ❶(カメラの)플래시. ❷(映画などの)순간적(瞬間的)인 장면(場面).

プラットホーム【platform】 플랫폼.

プラトニック【platonic】 플라토닉. ‖プラトニックな愛 플라토닉한 사랑.

プラネタリウム【planetarium】 플라네타륨.

ふらふら ❶비틀거리다; 휘청거리다. ‖熱があるのかふらふらする 열이 있는지 휘청거리다. ❷〔考えなどが揺れる〕‖気持ちがまだふらふらしているようだ 아직 마음이 흔들리고 있는 모양이다.

ぶらぶら ❶〔揺れる〕‖腰掛けて足をぶらぶらさせる 걸터앉아 다리를 흔들거리다. ❷〔ゆっくり歩く〕어슬렁어슬렁 걷다. ‖ぶらぶら(と)歩いても駅まで5分くらい 어슬렁어슬렁 걸어도 역까지 오 분 정도. ❸〔漫然と過ごす〕빈둥빈둥. ‖退院して家でぶらぶらしている 퇴원하고 집에서 빈둥거리다.

プラム【plum】 플럼; 서양 자두.

フラメンコ【flamenco 스】 플라멩코.

ふらり ❶〔力なく動く〕‖ふらりとして倒れそうになる 비틀거리며 쓰러질 듯하다. ❷〔いきなり思い立って何かを行動する〕돌연(突然)히; 갑자기; 훌쩍. ‖出かける 갑자기 길을 나서다.

ぶらり ❶대롱대롱; 달랑달랑. ‖ヘチマがぶらりと下がっている 수세미가 대롱대롱 달려 있다. ❷〔すること なく暮らす〕빈둥빈둥. ‖一日ぶらりとしている 하루 종일 빈둥거리고 있다. ❸〔突然に〕갑자기; 훌쩍. ‖ぶらりと旅に出かける 훌쩍 여행을 떠나다.

ふられる【振られる】 (異性に)거절(拒絶)당하다; 퇴짜를 맞다; 차이다. ‖女にふられる 여자에게 차이다.

フラン【franc 프】 ⋯프랑.

ブランク【blank】 공란(空欄); 여백(餘白); 공백(空白). ‖3年間のブランク 삼년 동안의 공백.

プランクトン【plankton】 플랑크톤.

ぶらんこ【鞦韆】그네.
フランス【France】〖国名〗프랑스.
フランチャイズ【franchise】 프랜차이즈.
ブランデー【brandy】브랜디.
ブランド【brand】브랜드. ‖有名ブランド 유명 브랜드.
フランネル【flannel】플란넬.
ふり ❶흔듦; 휘두름. ‖バットの振りが鈍い 배트 휘두르는 것이 둔하다. ❷동작(動作); 모습. 몸가짐. 겉모습. ❸…척; …체. 知らないふりをする 모르는 척하다. ❹안무(按舞). 振りを付ける 안무를 하다. ❺뜨내기. 振りの客 뜨내기손님. ❻〔振る回数を数える単位〕…번(番). ‖バットを一振り二振りしてからバッターボックスに立つ 배트를 한두 번 휘두르고 나서 타석에 들어서다.
*ふり【不利】불리(不利)하다. ‖不利な立場に立つ 불리한 입장에 서다. 不利な条件を克服する 불리한 조건을 극복하다. 形勢が不利になってきた 형세가 불리해졌다.
ぶり【振り】 ❶모습; 양식(樣式); 방식(方式). ‖勉強ぶり 공부하는 방식. ❷〔時間を表わす語に付いて〕…만에. ‖5年ぶりの帰郷 오 년만의 귀향.
ブリ【鰤】방어(魴魚).
ふりあう【振り合う・触り合う】 흔들다; 스치다. ‖手を振り合って別れる 서로 손을 흔들며 헤어지다. 袖触り合うも多生の縁 옷깃만 스쳐도 인연.
ふりあてる【振り当てる】할당(割當)하다.
*フリー【free】 ❶자유(自由). ‖フリーな立場から発言する 자유로운 입장에서 발언하다. ❷무료(無料). 〔フリーランサー〕프리랜서. ◆フリーサイズ 프리 사이즈. フリーダイヤル 수신자 부담 전화. ✢日本は 0120, 韓国は 080で始まる番号. フリーパス 프리 패스. フリーライター 프리라이터.
フリージア【freesia】프리지어.
フリーター【←free＋Arbeiter 日】프리타.
ブリーフ【briefs】브리프.
ブリーフケース【briefcase】서류(書類) 가방.
フリーマーケット【flea market】벼룩시장.
ふりおこす【振り起こす】 불러일으키다; 분발(奮發)하게 하다.
ふりかえ【振替】 ❶대체(對替). ❷振替の休日 대체 휴일. ❸〔郵便振替の略語〕우편환(郵便換). ❹〔簿記〕대체 계정(對替計定).
ふりかえす【振り返す】 도지다; 다시 악화(惡化)되다. ‖風邪がぶり返す 감기가 도지다.

ふりかえる【振り返る】 ❶뒤돌아보다. ‖別れを惜しんで振り返る 헤어짐을 아쉬워하며 뒤돌아보다. ❷회고(回顧)하다. ‖学生時代を振り返る 학창 시절을 회고하다.
ふりかえる【振り替える】 ❶대체(對替)하다; 유용(流用)하다. ‖休日を月曜に振り替える 휴일을 월요일로 대체하다. ❷〔簿記〕대체 계정(對替計定)을 하다.
ふりかかる【降り掛かる】 ❶(눈·비 등이) 떨어지다. ‖火の粉が降りかかる 불똥이 떨어지다. ❷(재난 등이) 닥치다. ‖身に降りかかる危険を感じる 신상에 닥치는 위험을 느끼다.
ふりかけ【振り掛け】〖說明〗밥에 뿌려서 먹는 것으로, 어분(魚粉)에 김·가다랑어포 등을 섞어서 만든 식품(食品).
ふりかける【振り掛ける】 뿌리다. ‖赤飯にゴマを振りかける 팥밥에 깨를 뿌리다.
ふりかざす【振り翳す】 ❶머리 위로 쳐들다. ‖刀を振りかざす 칼을 머리 위로 쳐들다. ❷(主義·主張などを) 내걸다.
ふりかぶる【振りかぶる】 머리 위로 쳐들다.
ブリキ【blik 네】양철(洋鐵); 함석.
ふりきる【振り切る】 ❶뿌리치다. ‖手を振り切って逃げる 손을 뿌리치며 도망치다. ❷힘껏 휘두르다. ‖バットを振り切る 배트를 힘껏 휘두르다.
プリクラ 스티커 사진(寫眞).
ふりこ【振り子】 진자(振子).
ふりこう【不履行】 불이행(不履行). ‖契約不履行 계약 불이행.
ふりこみ【振り込み】 ❶송금(送金); 입금(入金). ❷〔麻雀〕상대(相對)가 이기게 될 패(牌)를 버리는 것.
ふりこむ【振り込む】 ❶송금(送金)하다; 입금(入金)하다. ‖代金を口座に振り込む 대금을 계좌로 송금하다. ❷〔麻雀〕상대(相對)가 이기게 될 패(牌)를 버리다.
ふりしきる【降り頻る】 (눈·비 등이) 세차게 내리다; 퍼붓다. ‖降りしきる雨の中を走る 퍼붓는 빗속을 달리다.
ふりしぼる【振り絞る】 (소리·힘을) 쥐어짜다. ‖声を振り絞って応援する 한껏 소리를 질러 응원하다.
フリスビー【Frisbee】 플라스틱 원반(圓盤).
プリズム【prism】 프리즘.
ふりそそぐ【降り注ぐ】 쏟아지다. ‖太陽の光が降り注ぐ 햇살이 쏟아지다. 非難の声が降り注ぐ 비난의 소리가 쏟아지다.
ふりそで【振り袖】〖說明〗소매가 긴 미혼 여성(未婚女性)의 정장용(正裝用) 기모노.

ふりだし【振り出し】 ❶出発점(出發點); 원점(原點); 처음; 시작(始作). ‖交涉から振り出しに戻る 교섭이 원점으로 돌아가다. 牛乳配達を振り出しに転々と職を変えた 우유 배달을 시작으로 직업을 전전했다. ❷어음·수표(手票) 등을 발행(發行)하는 것.

ふりだす【振り出す】 ❶[振って中から内容物(內容物)を]꺼내다. ‖[振り始める] 흔들기 시작(始作)하다. ‖鈴を振り出す 종을 흔들기 시작하다. ❷어음·수표(手票) 등을 발행(發行)하다.

ふりつけ【振り付け】 안무(按舞). ‖バレエの振り付けをする 발레 안무를 하다.

ふりつける【振り付ける】 안무(按舞)를 하다.

ぶりっこ【ぶりっ子】 착한 척함 또는 그런 사람. ‖いいぶりっ子している 착한 사람인 척하고 있다.

ふりつもる【降り積もる】 쌓이다. ‖夜の間に降り積もった雪 밤 사이에 쌓인 눈.

ぶりぶり ❶[怒って機嫌の悪い]ぶりぶりしてものも言わない 잔뜩 화가 나서 대꾸도 안 하다. ❷[弾力がある]ぶりぶりした肌 탱탱한 피부.

ふりまく【振り撒く】 ❶[水などを]뿌리다. ‖水を振りまく 물을 뿌리다. ❷[愛嬌などを]떨다. ‖愛嬌を振りまく 애교를 떨다.

プリマドンナ【prima donna イ】 프리마돈나. ‖オペラのプリマドンナ 오페라의 프리마돈나.

ふりまわす【振り回す】 ❶휘두르다. ‖棒を振り回して暴れる 몽둥이를 휘두르며 난동을 부리다. ❷내세우다; 자랑하다. ‖肩書を振り回す 직함을 내세우다. ❸[人を]마음대로 다루다.

ふりみだす【振り乱す】 흐트러뜨리다; 흩뜨리다. ‖髪を振り乱して戦う 머리를 흐트러뜨리며 싸우다.

ふりむく【振り向く】 뒤돌아보다. ‖物音に振り向く 소리가 나서 뒤돌아보다.

ふりむける【振り向ける】 돌리다. ‖[頭を右に]振り向ける 머리를 오른쪽으로 돌리다. ❷전용(轉用)하다. ‖車を1台送迎用に振り向ける 차 한 대를 송영용으로 돌리다.

ふい【不意】 불의(不意); 뜻밖.

ふりょう【不良】 불량(不良). ◆消化不良 소화 불량. 成績不良 성적 불량. 不良少年 불량 소년.

ふりょく【浮力】 부력(浮力).

ぶりょく【武力】 무력(武力). ‖武力に訴える 무력에 호소하다.

フリル【frill】 프릴. ‖フリルのついたスカート 프릴이 달린 치마.

ふりわけ【振り分け】 둘로 나눔. ‖振り分けにして担ぐ 둘로 나눠서 메다.

ふりわける【振り分ける】 ❶둘로 나누다. ‖荷物を前後に振り分ける 짐을 앞뒤로 나누다. ❷배분(配分)하다; 할당(割當)하다. ‖3人に仕事を振り分ける 세 사람에게 일을 할당하다.

ふりん【不倫】 불륜(不倫).

プリン 푸딩.

プリンター【printer】 프린터.

プリント【print】 [중략] 프린트. ‖レジュメをプリントして配る 레주메를 프린트해서 배부하다.

*ふる【振る】 ❶흔들다. ‖旗を振る 깃발을 흔들다. 手を振る 손을 흔들다. ❷뿌리다. ‖塩を振る 소금을 뿌리다. ❸뿌리치다; 버리다; 거절(拒絶)하다. ‖昇進を振って好きな道に進む 승진을 뿌리치고 자기가 좋아하는 길을 가다. ❹할당(割當)하다; 맡기다. ‖大役を振る 대역을 맡기다. ‖[振られるの形で]차이다. ‖彼氏にふられちゃった 남자 친구에게 차였다.

*ふる【降る】 ❶[雪・雨などが]오다; 내리다. ‖雪が降る 눈이 오다. ❷[上からのが]떨어지다. ‖上から看板が降ってきた 위에서 간판이 떨어졌다. ❸[思いがけないことが]생기다. ‖幸運が降ってくる 행운이 굴러들어오다.

ぶる …식이다; …연(然)하다. ‖学者ぶる 학자연하다.

ふるい【篩】 체. ▶篩に掛ける 선별하다.

*ふるい【古い】 오래되다; 낡다. ‖歴史が古い 역사가 오래되다. 古い友人 오래된 친구. 古い建物 낡은 건물.

ぶるい【部類】 부류(部類).

ふるいおとす【篩い落とす】 체로 치다.

ふるいわける【篩い分ける】 체로 치다; 선별(選別)하다. ‖砂と小石をふるい分ける 모래와 잔돌을 체로 쳐서 가려내다.

*ふるう【振るう】 ❶휘두르다. ‖拳を振るう 주먹을 휘두르다. ❷흔들다; 털다. ‖財布を振るっても何も出ない 지갑을 털어도 아무것도 나오지 않다. ❸한창이다; 기세(氣勢)가 좋다. ‖熱弁をふるう 열변을 토하다. インフルエンザが猛威をふるう 독감이 맹위를 떨치다. 腕をふるって料理する 솜씨를 발휘해서 요리하다. ❹기발(奇拔)하다. ‖ふるった話だ 기발한 이야기다.

ふるう【奮う】 분발(奮發)하다. ‖勇気を奮う 용기를 내다.

ブルーカラー【blue-collar】 블루칼라.

ブルース【blues】 블루스.

フルート【flute】 플루트.

ブルーベリー【blueberry】 블루베리.

プルーン【prune】 말린 자두.

ふるえる【震える】 떨리다. ‖手が震えて字がうまく書けない 손이 떨려 글씨를 제대로 쓸 수가 없다.

ブルガリア【Bulgaria】《國名》불가리

ふるぎ〔古着〕헌 옷.
ブルキナファソ【Burkina Faso】《国名》부르키나파소.
ふるくさい〔古臭い〕 진부(陳腐)하다; 구식(舊式)이다. ¶古臭い例え 진부한 예.
ふるさと〔故郷〕 고향(故郷). ¶ふるさとの山川 고향 산천. 第二のふるさと 제이의 고향. 心のふるさと 마음의 고향.
ブルジョア【bourgeois フ】부르주아.
ブルジョアジー【bourgeoisie フ】부르주아지.
ふるす〔古巣〕옛집. ¶古巣に戻る 옛집으로 돌아가다.
ふるって〔奮って〕 적극적(積極的)으로. ¶ふるってご参加ください 적극적으로 참가해 주십시오.
ブルドーザー【bulldozer】불도저.
ブルドッグ【bulldog】불독.
ブルネイ【Brunei】《国名》 브루나이.
ふるびる〔古びる〕 오래됨. 낡다. ¶古びた由緒ありげな家 오래된 유서(由緒) 깊어 보이는 집.
ぶるぶる 부들부들; 덜덜; 벌벌. ¶怖くてぶるぶる(と)震える 무서워서 벌벌 떨다.
ふるほん〔古本〕헌책. ◆古本屋 헌책방.
ふるまい〔振る舞い〕 ❶ 동작(動作); 행동(行動); 태도(態度). ¶上品なふるまい 품위 있는 태도. ❷〔もてなし〕대접(待接); 향응(饗應).
ふるまう〔振る舞う〕 ❶ 행동(行動)하다; 굴다. ¶明るくふるまう 밝게 행동하다. わがままにふるまう 제멋대로 굴다. ❷ 대접(待接)하다. ¶酒をふるまう 술을 대접하다.
ふるもの〔古物〕고물(古物). ◆古物商 고물상.
ふるわせる〔震わせる〕 떨게 하다; 떨다. ¶怒りのあまり体を震わせている 화가 난 나머지 몸을 떨고 있다.
ブルンジ【Burundi】《国名》부룬디.
ぶれ 흔들림; 떨림. ¶カメラのぶれ 카메라의 흔들림.
フレア【flare】플레어. ¶フレアスカート 플레어스커트.
ふれあう〔触れ合う〕 접촉(接觸)하다; 통하다. ¶心が触れ合う 마음이 통하다.
ぶれい〔無礼〕ダ 무례(無禮)하다. ¶無礼な奴 무례한 놈. 無礼をはたらく 무례한 짓을 하다.
フレー【hurray】〔かけ声〕이겨라; 잘한다.
ブレーカー【breaker】 전류 차단기(電流遮斷器).
ブレーキ【brake】 브레이크. ¶ブレーキを踏む 브레이크를 밟다. 急ブレーキ 급

브레이크. ▶ブレーキを掛ける 제동을 걸다.〔例〕
フレーム【frame】 프레임; 테. ◆眼鏡のフレーム 안경테.
フレームワーク【framework】 프레임워크.
ブレスレット【bracelet】 팔찌.
プレミアム【premium】 프리미엄.
ふれる〔振れる〕 ❶ 흔들리다. ¶地震計の針が振れる 지진계 바늘이 흔들리다. ❷ 기울다; 기울어지다. ¶航跡から東に2度振れている 항로에서 동쪽으로 이도 기울어져 있다.
◆**ふれる**〔触れる〕 ❶ 닿다; 접촉(接觸)하다. ¶電線が木の枝に触れる 전선이 나뭇가지에 닿다. 空気に触れると酸化する 공기에 접촉하면 산화한다. 偶然手が触れる 우연히 손이 닿다. ❷ 체험(體驗)하다; 접하다. ¶西欧の文物にじかに触れる 서양 문물을 직접 접하다. ❸〔目·耳などで〕느끼다. ¶目に触れる 눈에 들어오다. ❹ 저촉(抵觸)되다. ¶法に触れる 법에 저촉되다. ❺ 언급(言及)하다. ¶その問題は次章で触れる 그 문제는 다음 장에서 언급하겠다.
ぶれる〔焦点が〕흔들리다.
ふれんぞく〔不連続〕 불연속(不連續). ◆不連続線 불연속선.
フレンチトースト【French toast】 프렌치토스트.
フレンチドレッシング【French dressing】프렌치드레싱.
ふろ〔風呂〕 ❶ 목욕(沐浴); 욕조(浴槽). ¶毎日風呂に入る 매일 목욕을 하다. 風呂を沸かす 목욕물을 데우다. ❷ 目욕탕(沐浴湯). ¶風呂に行く 목욕탕에 가다.
プロ ❶ 프로. ¶プロ野球 프로 야구. プロの選手 프로 선수. ❷〔プロダクション〕프로덕션.
ふろう〔不労〕 불로(不勞). ◆不労所得 불로 소득.
ふろう〔浮浪〕(る전) 부랑(浮浪). ◆浮浪者 부랑자.
ブローカー【broker】 브로커.
ブローチ【brooch】 브로치.
ふろく〔付録〕 부록(附録). ◆別冊付録 별책 부록.
ブログ【blog】〔IT〕블로그.
プログラム【program】 ❶ 프로그램; 방송 편성표(放送編成表). ❷ 예정표(豫定表). ❸〔コンピューターの〕프로그램.
プロジェクター【projector】〔映写機·投光機〕프로젝터. ❷ 입안자(立案者).
プロジェクト【project】 프로젝트. ¶商品開発プロジェクト 상품 개발 프로젝트.
ふろしき〔風呂敷〕 보자기. ¶箱を風呂敷に包む 상자를 보자기에 싸다. ◆大

風呂敷を広げる 허풍을 떨다.
プロセス【process】 프로세스; 과정(過程). ∥プロセスを重んじる 과정을 중시하다.
プロダクション【production】 프로덕션.
ブロック【bloc 프】 블록. ∥ブロック経済 블록 경제.
ブロッコリー【broccoli】 브로콜리.
フロッピー(ディスク)【floppy disk】 플로피 디스크.
プロデューサー【producer】 프로듀서.
プロバイダー【provider】 프로바이더.
プロパンガス【propane gas】 프로판 가스.
プロフィール【profile】 ❶【横顔】프로필; 옆얼굴. ❷【人物紹介】(人物紹介).
プロペラ【propeller】 프로펠러.
プロポーズ【propose】 프러포즈. ∥思い切って彼女にプロポーズする 큰마음 먹고 그녀에게 프러포즈하다.
プロやきゅう【プロ野球】 프로 야구.
プロレス【←professional wrestling 영】 프로 레슬링.
プロレタリア【Proletarier 독】 프롤레타리아.
プロレタリアート【Proletariat 독】 프롤레타리아트.
フロン【flon+gas 영】 프론 가스.
ブロンズ【bronze】 브론즈. ∥ブロンズの像 브론즈 상.
フロント【front】 ❶ 프런트; 정면(正面). ❷(ホテルの) 프런트. ❸(プロ野球の) 구단 수뇌진(球團首腦陣).
ふわ【不和】 불화(不和). ◆家庭的不和 가정 불화.
ふわく【不惑】 불혹(不惑).
ふわたり【不渡り】 부도(不渡). ∥不渡りを出す 부도를 내다. 小切手が不渡りになった 수표가 부도가 났다. ◆不渡り手形 부도 어음.
ふわふわ ❶ 둥실둥실. ∥雲がふわふわと浮かんでいる 구름이 둥실둥실 떠 있다. ❷【心が浮ついている】∥喜んでふわふわした気分になるな 기쁘다고 너무 들뜨지 마라. ❸【柔らかく軽い】∥ふわふわの羽毛布団 푹신푹신한 오리 털 이불.
ふわらいどう【付和雷同】 부화뇌동(附和雷同).
ふわり ❶【軽く柔らかい】∥ふわりとした綿菓子 부드러운 솜사탕. ❷【軽く漂う】∥パラシュートでふわりと降りる 낙하산으로 두둥실 내려오다. ❸【軽いものをおおう】∥ふわりと毛布をかけてやる 살짝 담요를 덮어 주다.
ふん ❶【軽く了解・承諾する】응; 음. ∥ふんふん, なるほど 음, 음, 그럴듯하네. ❷【不満・軽視などの気持ち】흥. ∥ふん, たったこれっぽっちか 흥, 겨우 이 정도야?
ふん【糞】 똥. ∥鳥の糞 새똥. 鶏の糞 닭똥.
ふん【分】 ❶【時間の単位】…분(分). ❷【角度・緯度・経度などの単位】…분.
ぶん【分】 ❶【分け前】몫. ∥弟の分 남동생 몫. ❷【分際】분수(分數). ∥分を弁(わきま)える 분수를 알다. ❸【本分】본분(本分). ∥学生の分を尽くす 학생의 본분을 다하다. ❹【程度】정도(程度). ∥この分なら大丈夫だ 이 정도라면 괜찮다. ❺…分の形で…分. ∥…뿐. 来年度分の予算 내년도분의 예산. 5人分の料理 오 인분의 요리. 兄貴分 형 님뻘.
ぶん【文】 ❶【言語単位の一つ】문(文). ∥全文 전문. 文 문장(文章). ∥文を練る 문장을 다듬다. ❷【学問】학문(學問); 문(文藝). ∥文を修める 학문을 닦다.
ぶんあん【文案】 문안(文案).
ふんいき【雰囲気】 분위기(雰圍氣). ∥家庭的な雰囲気 가정적인 분위기. 独特の雰囲気 독특한 분위기. 落ち着いた雰囲気の部屋 차분한 분위기의 방.
ふんか【噴火】 (ㅎㄷ) 분화(噴火). ∥火山が噴火する 화산이 분화하다.
ぶんか【文化】 문화(文化). ∥日本文化 일본 문화. 日韓文化交流 한일(한일) 문화 교류. 伝統文化を守る 전통 문화를 지키다. ◆漢字文化圏 한자 문화권. 文化遺産 문화 유산. 文化活動 문화 활동. 文化勲章 문화 훈장. 文化功労者 문화 공로자. 文化財 문화재. 文化人 문화인. 文化的 문화적. 文化的な生活 문화적인 생활.
ぶんか【文科】 문과(文科). ∥文科系 문과.
ぶんか【分化】 (ㅎㄷ) 분화(分化). ∥学問がますます分化する 학문이 점점 분화하다.
ぶんか【分科】 분과(分科).
ふんがい【憤慨】 (ㅎㄷ) 분개(憤慨). ∥ひどい仕打ちに憤慨する 심한 처사에 분개하다.
ぶんかい【分解】 (ㅎㄷ) 분해(分解). ∥自転車を分解する 자전거를 분해하다. この化合物は2つの物質に分解される 이 화합물은 두 가지 물질로 분해된다. ◆空中分解 공중분해.
ぶんがく【文学】 문학(文學). ◆現代文学 현대 문학. 児童文学 아동 문학. 日本文学 일본 문학. 文学作品 문학 작품. 文学的 문학적. 文学的な表現 문학적인 표현.
ぶんかつ【分割】 (ㅎㄷ) 분할(分割). ∥領土を分割する 영토를 분할하다. 黃金分割 황금 분할. 分割払い 할부.
ふんき【奮起】 (ㅎㄷ) 분기(奮起).
ぶんき【分岐】 (ㅎㄷ) 분기(分岐).

ぶんきてん【分岐点】 분기점(分岐點). ∥人生の分岐点 인생의 분기점.

ぶんぎょう【分業】 분업(分業).

ふんぎり【踏み切り】 결단(決斷). ∥なかなか踏み切りがつかない 좀체 결단을 내리지 못하다.

ぶんけい【文系】 문과(文科).

ぶんけい【文型】 문형(文型). ∥文型練習 문형 연습.

ぶんげい【文芸】 문예(文藝). ◆文芸復興 문예 부흥. 文芸欄 문예란.

ぶんけん【文献】 문헌(文獻). ◆参考文献 참고 문헌. 文献学 문헌학. 文献検索 문헌 검색.

ぶんけん【分権】 분권(分權). ◆地方分権 지방 분권.

ぶんこ【文庫】 문고(文庫). ◆学級文庫 학급 문고. ◆文庫判 문고판. 文庫本 문고본.

ぶんご【文語】 문어(文語); 글말. ◆文語体 문어체.

ぶんこう【分校】 분교(分校).

ぶんごう【文豪】 문호(文豪).

ふんこつさいしん【粉骨砕身】 분골쇄신(粉骨碎身).

ふんさい【粉砕】 분쇄(粉碎). ∥石灰岩を粉砕する 석회암을 분쇄하다.

ぶんさつ【分冊】 분책(分冊).

ぶんさん【分散】 분산(分散). ∥工場を全国的に分散させる 공장을 전국적으로 분산시키다.

ぶんし【分子】 분자(分子). ∥水の分子 물 분자. ◆不平分子 불평 분자.

ぶんし【分詞】 분사(分詞). ∥現在分詞. 分詞構文 분사 구문.

ふんしつ【紛失】 분실(紛失). ∥身分証明書を紛失する 신분증명서를 분실하다. 紛失届 분실 신고.

ぶんしつ【分室】 분실(分室).

ふんしゃ【噴射】 분사(噴射).

ふんしゅう【文集】 문집(文集).

ふんしゅつ【噴出】 분출(噴出). ∥溶岩が噴出する 용암이 분출하다.

ぶんしょ【文書】 문서(文書). ∥文書で報告する 문서로 보고하다. ◆機密文書 기밀 문서. 公文書 공문서, 私文書 사문서.

ぶんしょう【文章】 문장(文章). ∥次の文章を読み問いに答える 다음 문장을 읽고 물음에 답하다.

ぶんじょう【分乗】 분승(分乗).

ぶんじょう【分譲】 분양(分讓). ◆分譲住宅 분양 주택.

ふんしょく【粉飾】 분식(粉飾). ◆粉飾決算 분식 결산.

ぶんしん【分針】 분침(分針).

ぶんしん【分身】 분신(分身).

ふんすい【噴水】 분수(噴水).

ぶんすいれい【分水嶺】 분수령(分水嶺).

ぶんすう【分数】 분수(分數). ◆仮分数 가분수. 真分数 진분수.

ふんする【扮する】 분장(扮裝)하다. ∥王様に扮する 임금님으로 분장하다.

ぶんせき【分析】 분석(分析). ∥事態の原因を分析する 사태를 분석하다. 失敗の原因を分析する 실패의 원인을 분석하다. ◆精神分析 정신 분석.

ぶんせつ【分節】 분절(分節).

ぶんせつ【文節】〔言語〕어절(語節).

ぶんそう【扮装】 분장(扮裝).

ふんそう【紛争】 분쟁(紛爭). ∥紛争を解決する 분쟁을 해결하다. 労使間の紛争 노사 간의 분쟁.

ふんぞりかえる【踏ん反り返る】 뽐내다; 거들먹거리다.

ぶんたい【文体】 문체(文體). ∥平易な文体 평이한 문체.

ぶんたい【分隊】 분대(分隊).

ぶんたん【分担】 분담(分擔). ∥組み立て作業を分担する 조립 작업을 분담하다. 費用を分担する 비용을 분담하다. ◆分担金 분담금.

ぶんだん【分断】 분단(分斷).

ぶんだん【文壇】 문단(文壇).

ぶんだん【分団】 분단(分團). ◆分断国家 분단 국가.

ふんだんに 충분(充分)히; 풍부(豊富)하게.

ぶんつう【文通】 편지 왕래(便紙往來); 펜팔. ∥外国の友人と文通する 외국인 친구와 펜팔하다.

ふんど【憤怒】 분노(憤怒). ∥卑劣な行為に対して憤怒する 비열한 행위에 대해 분노하다.

ぶんと ❶〔怒ってすねる〕∥ぷんとふくれる 뾰로통해지다. ❷〔におい〕∥ぷんと鼻をつく悪臭 코를 찌르는 악취.

ふんとう【奮闘】 분투(奮鬪). ◆孤軍奮闘 고군분투.

ぶんどき【分度器】 분도기(分度器).

ぶんどる【分捕る】 빼앗다; 탈취(奪取)하다.

ふんぬ【憤怒】 분노(憤怒).

ぶんのう【分納】 분납(分納).

ぶんぱ【分派】 분파(分派).

ぶんぱい【分配】 분배(分配). ∥儲けを分配する 이익을 분배하다. 分配金 분배금.

ふんぱつ【奮発】 ❶ 분발(奮發). ❷ 큰마음을 먹고 돈을 냄. ∥ボーナスが出たから、今日は奮発するよ 보너스가 나왔으니까 오늘은 큰마음 먹고 내가 돈을 낼게.

ふんばる【踏ん張る】 ❶ 발에 힘을 주고 버티다. ∥土俵際で踏ん張る 씨름판 끝에서 밀리지 않으려고 버티다. ❷〔頑張る〕버티다; 참다; 견디다. ∥最後まで踏ん張る 끝까지 버티다.

ぶんぴ【分泌】 분비(分泌).

ぶんぴつ【分泌】 (名하) 분비(分泌).
♦分泌液 분비액. 分泌腺 분비선.
ぶんぶ【文武】 문무(文武).
ぶんぷ【分布】 (名하) 분포(分布). ‖人口の分布 인구 분포. ◆正規分布 정규 분포. 分布図 분포도.
ふんぷん【紛紛】 분분(紛紛). ‖諸説紛紛 여러 설들이 분분하다.
ぷんぷん ❶〔強いにおいが辺りに漂う〕 ‖酒の匂いをぷんぷんさせている男 술 냄새를 풀풀 풍기는 남자. ❷〔怒っている〕 ‖そんなにぷんぷんするな 그렇게 화내지 마.
ぶんべつ【分別】 (名하) 분별(分別). ‖事態を分別する 사태를 분별하다. 분별이 있는 사람.
ぶんべつ【分別】 분별(分別); 분리(分離); 구별(區別). ‖ごみの分別 쓰레기의 분별.
ぶんべん【分娩】 분만(分娩).
ぶんぼ【分母】 분모(分母). ‖分子を分母で割る 분자를 분모로 나누다.
*__ぶんぽう__【文法】 문법(文法). ‖この文は文法的に誤っている 이 문장은 문법적으로 틀렸다. ◆英文法 영문법. 文法書 문법서.
ぶんぼうぐ【文房具】 문방구(文房具).
◆文房具屋 문방구점.
ふんまつ【粉末】 분말(粉末). ‖粉末ジュース 분말 주스.
ぶんまつ【文末】 문말(文末).
ふんまん【憤懣】 울분(鬱憤). ‖憤懣を晴らす方がない 울분을 풀 길이 없다.
ぶんみゃく【文脈】 문맥(文脈). ‖前後の文脈から意味を判断する 전후 문맥으로 의미를 판단한다.
ぶんみん【文民】 문민(文民).
ふんむき【噴霧器】 분무기(噴霧器).
*__ぶんめい__【文明】 문명(文明). ‖オリエント文明 오리엔트 문명. 文明の利器 문명의 이기. ◆物質文明 물질문명.
ぶんめい【分明】 분명(分明)하다.
‖結論を分明にする 결론을 분명히 하다.
ぶんめん【文面】 문면(文面). ‖誠意が読み取れる文面 성의가 느껴지는 문면.
ぶんや【分野】 분야(分野). ‖経済学の分野 경제학 분야. 専門の分野 전문 분야. ◆研究分野 연구 분야.
*__ぶんり__【分離】 (名하) 분리(分離). ‖牛乳からクリームを分離する 우유에서 크림을 분리하다. 水と油は分離する 물과 기름은 분리된다. ◆政教分離 정교 분리.
ぶんりつ【分立】 분립(分立). ◆三権分立 삼권 분립.
ぶんりょう【分量】 분량(分量). ‖水の分量が多い 분량이 많다. 相当な分量の仕事 상당한 분량의 일.

*__ぶんるい__【分類】 (名하) 분류(分類). ‖図書を分類する 도서를 분류하다. レコードをジャンル別に分類する 레코드를 장르별로 분류하다.
ぶんれつ【分裂】 (名자) 분열(分裂). ‖党が2つに分裂する 당이 둘로 분열되다. ◆核分裂 핵분열. 細胞分裂 세포 분열.
ふんわり ❶ 두둥실. ‖大きな雲がふんわりと浮かんでいる 커다란 구름이 두둥실 떠 있다. ❷〔ふわふわした様子〕‖ふんわりとした羽毛布団 푹신푹신한 우모 이불.

へ

へ ❶〔場所・方向〕…에. ‖学校へ行く道 학교에 가는 길. ソウルへは行ったことがない 서울에는 간 적이 없다. 山頂へたどり着く 산정에 도달하다. ボールはこのかごへ入れてください 공은 이 바구니에 넣어 주십시오. 中国へ調査に行く 중국에 조사하러 가다. ここへは荷物を置いてはいけない 여기에 짐을 두어서는 안 된다. 列車に乗り乗る 열차에 뛰어 타다. 日本経済への影響 엔고가 일본 경제에 미치는 영향. ❷〔方向〕…(으)로. ‖京都へ行く列車 교토로 가는 열차. 左へ曲がる 왼쪽으로 꺾어지다. 家へ帰ろう 집으로 돌아가자. 椅子を彼へ近づける 의자를 그에게로 당기다. ❸〔対象〕…에; …에게; …한테; …께. ‖当局へ陳情する 당국에 진정하다. 君へのお願い 너한테 하는 부탁. 恩師への手紙 선생님께 보내는 편지. 〔手紙などで〕優太別へ 유타로에게. ❹〔…たところへ…ているところへ〕…고 있는데. ‖ちょうど寝たところへお客が来た 마침 자고 있는데 손님이 왔다. お風呂に入っているところへ電話がかかってきた 목욕하고 있는데 전화가 걸려 왔다.
へ〔ヘ〕〔音楽〕〔音階の一つ〕.
へ【屁】 ❶ 방귀. ❷〔価値のないもの〕 하찮은 것. ‖屁のようなもの 하찮은 것이다. ▶屁とも思わない 하찮게 생각하다.
ペア【pair】 페어; 쌍(雙); 짝.
ヘアスタイル【hairstyle】 헤어스타일.
ヘアスプレー【hairspray】 헤어스프레이.
ヘアトニック【hair tonic】 헤어 토닉.
ヘアドライヤー【hair dryer】 헤어 드라이어; 드라이기.
ヘアブラシ【hairbrush】 머리 빗.
へい【兵】 ❶ 병사(兵士). ❷ 전쟁(戰爭).
へい【塀】 담. ‖塀を乗り越える 담을 넘다.

べい【米】〔美国の略語〕미(美). ‖日米関係 미일 관계.
ペイ【pay】❶ 임금(賃金); 급료(給料). ‖ペイが安い 급료가 싸다. ❷ 채산(採算)이 맞음. ‖利用者が少ないとペイしない込み 이용자가 적으면 채산이 안 맞다.
へいあんじだい【平安時代】〔歴史〕헤이안시대(時代)(794~1192).
へいい【平易】ダ 평이(平易)하다. ‖平易な言葉で書く 평이한 말로 쓰다.
へいえき【兵役】 병역(兵役). ‖兵役に服する 병역에 복무하다.
へいおん【平穏】ダ 평온(平穩)하다. ‖平穏な日々 평온한 나날.
へいかい【閉会】 〔る하〕폐회(閉會). ◆閉会式 폐회식.
へいがい【弊害】 폐해(弊害). ‖弊害をもたらす 폐해를 가져오다. 弊害が大きい 폐해가 크다.
へいかきりさげ【平価切り下げ】 평가절하(平價切下).
へいかん【閉館】 〔る하〕폐관(閉館).
*へいき【平気】ダ 아무렇지 않다; 태연(泰然)하다. ‖品ぜが(이불)롭다. ‖よっとの熱ぐらい平気だ 약간의 열 정도는 아무렇지 않다. 彼は平気でうそをつく 그 사람은 예사로 거짓말을 한다. 何を言われても平気だ 무슨 말을 들어도 아무렇지 않다.
へいき【兵器】 병기(兵器). ◆化学兵器 화학 병기.
へいき【併記】 〔る하〕병기(併記). ‖本人と保証人の氏名を併記する 본인과 보증인의 이름을 병기하다.
へいぎょう【閉業】 〔る하〕폐업(閉業). ‖経営不振で閉業する 경영 부진으로 폐업하다.
*へいきん【平均】 ❶ 평균(平均); 균일(均一)함; 고름. ‖平均に分ける 균일하게 나누다. 品質が平均している 품질이 고르다. 平均より背が高い 평균보다 키가 크다. 平均寿命 평균 수명. ❷ 균형(均衡). ‖平均を保つ 균형을 유지하다. ◆平均台 평균대.
べいぐん【米軍】 미군(美軍).
へいけい【閉経】 폐경(閉經).
へいげん【平原】 평원(平原).
*へいこう【平行】 〔る하〕평행(平行). ‖平行する 2 本の線 평행하는 두 개의 선. 平行線をたどる 평행선을 달리다. ◆平行移動 평행 이동. 平行四辺形 평행 사변형. 平行棒 평행봉.
へいこう【平衡】 평형(平衡). ‖平衡を保つ 평형을 유지하다. ◆平衡感覚 평형 감각.
へいこう【並行】 〔る하〕병행(並行). ‖2種の調査を並行して行なう 두 종류의 조사를 병행해서 실시하다. ‖バスと電車が並行して走る 버스와 전철이 나란히 달리다.

へいこう【閉校】 〔る하〕폐교(閉校).
へいごう【併合】 〔る하〕병합(併合). ‖合併(合倂). ‖2つの会社を併合する 두 회사를 합병하다.
べいこく【米国】【国名】 미국(美國).
へいこら 上役にへいこらする 상사에게 굽실거리다.
へいさ【閉鎖】 〔る하〕폐쇄(閉鎖). ‖門を閉鎖する 문을 폐쇄하다. ◆閉鎖的 폐쇄적. 閉鎖的な社会 폐쇄적인 사회.
べいさく【米作】 미작(米作); 벼농사(農事).
へいし【兵士】 병사(兵士). ‖古参の兵士 고참 병사.
へいじつ【平日】 평일(平日). ‖平日ダイヤ 평일 열차 운행표.
べいじゅ【米寿】 미수(米壽); 여든여덟살.
へいじゅんか【平準化】 평준화. ◆平準化 평준화하다. 作業の平準化を図る 작업의 평준화를 꾀하다.
へいじょう【平常】 평상(平常). ‖平常の状態に復する 평소 상태로 돌아오다. 平常通り営業を行なう 평소대로 영업을 하다. ◆平常心〔説明〕언제나 변하지 않는 평온(平穩)한 마음.
へいじょうぶん【平叙文】 평서문(平敍文).
へいしん【平伏】ダ 침착(沈着)하다. ‖平静な態度 침착한 태도.
へいせつ【併設】 〔る하〕병설(並設). ‖大学に高等学校を併設する 대학에 고등학교를 병설하다.
へいぜんと【平然と】 태연(泰然)히; 예사(例事)로이.
へいそ【平素】 평소(平素). ‖平素は静かな町で平素には 조용한 동네다.
へいそく【閉塞】 〔る하〕폐색(閉塞).
へいたい【兵隊】 군대(軍隊); 병사(兵士).
へいち【平地】 평지(平地).
へいてい【平定】 〔る하〕평정(平定). ‖天下を平定する 천하를 평정하다.
へいてん【閉店】 〔る하〕폐점(閉店). ‖7時には閉店する 일곱 시에는 폐점한다.
へいねつ【平熱】 평열(平熱).
へいねん【平年】 평년(平年). ‖平年並みの暖かさ 평년 수준의 포근함.
へいはつ【併発】 〔る하〕병발(竝發). ‖風邪から肺炎を併発した 감기로 폐렴을 병발하다.
へいふく【平服】 평복; 평상복(平常服). ‖当日は平服でおいでください 당일은 평상복으로 오십시오.
べいべい【米米】 …제곱미터.
へいほう【平方】 자승(自乘); 제곱. ‖1 坪は 3.3 平方メートルである 한 평은 삼점 삼 제곱미터이다. ◆平方根 제곱근.

へいぼん【平凡】 평범(平凡)하다. ‖父は平凡な会社員です 아버지는 평범한 회사원입니다. 平凡な人生 평범한 인생.

へいまく【閉幕】(名他) 폐막(閉幕).

へいみん【平民】(名) 평민(平民).

へいめん【平面】 평면(平面). ◆平面図 평면도. 平面的 평면적.

へいもん【閉門】 폐문(閉門). ‖6時に閉門する 여섯 시에 폐문하다.

へいや【平野】 평야(平野). ◆関東平野 간토 평야. 浸食平野 침식 평야.

へいよう【併用】(名他) 병용(併用).

へいりつ【並立】(名) 병립(立立).

へいりょく【兵力】 병력(兵力).

へいれつ【並列】(名) 병렬(並列). ◆並列回路 병렬 회로.

***へいわ【平和】** 평화(平和). ‖平和に暮らす 평화롭게 살다. 平和を守る 평화를 지키다. 心の平和 마음의 평화. 平和的に解決する 평화적으로 해결하다. ◆世界平和 세계 평화. 平和運動 평화 운동. 平和共存 평화 공존. 平和条約 평화 조약.

ペイント【paint】 페인트. ‖ペイントする 페인트칠을 하다.

へえ (感) 허어, 그가 결혼했다는 이야기야, 그 사람이 결혼했다니.

ベーコン【bacon】 베이컨. ‖ベーコン1切れ 베이컨 한 쪽.

***ページ【page】** 페이지. ‖ページをめくる 페이지를 넘기다. この本は何ページありますか この本は全部で何ページですか 그것은 몇 페이지에 실려 있습니까? それは何ページに載っていますか 30ページの図を見てください 삼십 페이지의 그림을 봐 주십시오.

ベージュ【beige[프]】 베이지.

ベース【base】 ❶기본(基本); 기준(基準); 기초(基礎). ❷기지(基地). ❸ 〔野球で〕 베이스. ◆ベースキャンプ 베이스캠프.

ベース【bass】 ❶베이스. ❷〔コントラバス〕콘트라베이스.

ペース【pace】 속도(速度). ‖ペースを上げる 속도를 올리다.

ベースアップ【base+up[일]】(名他) 기본급 인상(基本給引上).

ベータ【β[그]】 베타.

ベール【veil】 베일. ‖神秘のベールをはぐ 신비의 베일을 벗기다.

-べからざる …해서는 안 될; …할 수 없는. ‖欠くべからざる条件 뺄 수 없는 조건.

-べからず …해서는 안 된다. ‖みだりに運転者に話しかけるべからず 함부로 운전자에게 말을 걸어서는 안 된다. ❷ …할 수 없는. ‖許すべからざる行為 용서할 수 없는 행위.

へき【癖】 벽(癖); 버릇; 습성(習性). ‖ 放浪の癖がある 방랑벽이 있다.

-べき …해야 함. ‖するべき仕事 해야 하는 일. 行くべきだ 가야 한다.

へきえき【辟易】(名自) 질리다. 지겹다.

へきち【僻地】 벽지(僻地). ‖山間の僻地 산간벽지.

へきめん【壁面】 벽면(壁面). ‖絵画で壁面を飾る 그림으로 벽면을 장식하다.

へきれき【霹靂】 벽력(霹靂). ►青天の霹靂 청천벽력.

へぐ【剝ぐ】 얇게 벗기다; 얇게 깎다.

ヘクタール【hectare】 헥타르.

ベクトル【Vektor[독]】 벡터.

-べくもない …할 수 있지도 않다; …할 수도 없다. ‖そのようなことは望むべくもない 그와 같은 일은 바랄 수도 없다.

へこたれる 기진맥진(氣盡脈盡)하다; 주저앉다. ‖これしきでへこたれるな 이까짓 일로 주저앉지 마라.

ベゴニア【begonia】 베고니아.

ペこぺこ (副) ❶〔薄い金属板などがへこむ音〔様子〕〕このブリキ缶はぺこぺこする 이 양철 깡통은 잘 찌그러진다. ❷〔人にへつらう様子〕굽실굽실. ‖上役にぺこぺこする 상사에게 굽실거리다. ❸〔空腹な様子〕‖お腹がぺこぺこだ 배가 몹시 고프다.

へこます【凹ます】 ❶ 집어넣다; 들어가도록 하다; 밀어 넣다. ‖腹をへこます 배를 밀어 넣다. ❷〔人を〕굴복(屈服)시키다.

へこむ【凹む】 ❶움푹 들어가다. ‖指で押すとへこむ 손으로 누르면 움푹 들어간다. ❷〔落ち込む〕의기소침(意氣銷沈)해지다.

へしおる【圧し折る】 꺾다. ‖高慢の鼻をへし折る 거만한 콧대를 꺾다.

ベジタリアン【vegetarian】 채식주의자(菜食主義者).

ぺしゃんこ ‖箱がぺしゃんこになる 상자가 납작하게 찌그러지다.

ベスト【best】 ❶최상(最上). ❷최선(最善); 전력(全力). ‖ベストを尽くす 최선을 다하다.

ベスト【vest】〔チョッキ〕조끼.

ベストセラー【best-seller】 베스트셀러. ‖今月のベストセラー 이달의 베스트셀러.

へそ【臍】 ❶배꼽. ‖臍の緒 탯줄. ❷중심(中心). ►臍を曲げる 심술을 부리다〔피우다〕. ‖臍曲がり 〔-ダ〕(性格が)비뚤어지다. 심술궂다. ちょっとヘソが曲がりなところがある 좀 심술궂은 구석이 있다.

へそ 울상이 됨. ‖へそをかく 울다. 울상을 짓다.

へそくり【臍繰り】 비상금(非常金).

へた【蔕】(実의) 꼭지.
*へた【下手】❶ 서투르다; 잘 못하다. ‖字の下手な人 글씨를 잘 못 쓰는 사람. ❷ 어설프다; 섣부르다. ‖下手な学者より精通している어설픈 학자보다 정통하다. 下手に手を出すな 섣불리 손을 대지 마라. ◆下手な鉄砲も数撃てば当たる 여러 번 하다 보면 그중에 맞는 일도 있다. ◆下手の考え休むに似たり 공연히 궁리하고 있는 것은 쉬고 있는 것과 같다.
へだたる【隔たる】❶〔時間的·空間的에〕떨어지다. ‖都心から100キロ以上隔たった所 도심에서 백 킬로 이상 떨어진 곳. ❷ 차이(差異)가 나다; 벌어지다. ‖両者の主張が大きく隔たっている 두 사람의 주장이 크게 차이가 나다.
べたつく ❶ 끈적끈적하다. ‖汗でべたついて気持が悪い 땀에 젖어 끈적거려서 기분이 나쁘다. ❷〔男女가だらしなく〕달라붙다. ‖人前でべたつく 남들 앞에서 찰싹 달라붙다.
べたっと =べたり.
べとっと =べたり.
へだて【隔て】❶ 칸막이. ‖隔てのテーブル 칸막이 테이블. ❷ 차별(差別). ‖誰かれの隔てなく宜仮ている 누구한테 할 것 없이 선전하다. ❸ 격의(隔意). ‖隔てのない間柄 격 의 없는 사이.
へだてる【隔てる】❶〔時間·距離를〕두다. ‖生け垣で隔てられた家 울타리로 둘러쳐진 집. ❷ 사이에 두다. ‖テーブルを隔てて向かい合う 테이블을 사이에 두고 마주하다. ❸〔人を疎んじる〕멀리하다.
へたばる 녹초가 되다. ‖徹夜続きでへたばってしまった 계속된 철야로 녹초가 되어 버렸다.
へたへた 털썩. ‖気落ちしてへたへたとその場に座り込む 낙심해서 그 자리에 털썩 주저앉다.
べたべた ❶ 끈적끈적. ‖汗でからだがべたべたする 땀으로 몸이 끈적끈적하다. ❷〔男女가べたつく様子〕찰싹. ‖人前でべたべた(と)くっつき合う 남들 앞에서 찰싹 달라붙다. ❸〔厚く塗る様子〕더덕더덕, 덕지덕지. ‖白粉(おしろい)をべたべた(と)塗りたくる 분을 덕지덕지 바르다.
べたべた 저벅저벅. ‖素足でべたべた(と)歩く 맨발로 저벅저벅 걷다. ❷〔一面に貼りつけたりする様子〕‖電柱にびらをべたべた(と)貼りつける 전봇대에 전단을 더덕더덕 붙이다.
べたり ❶ 더덕더덕; 덕지덕지. ‖ちらしをべたりと貼りつける 전단을 덕지덕지 붙이다. ❷〔だらしなく座る様子〕털썩; 풀썩. ‖座敷にべたりと座り込む 자리에 풀썩 주저앉다.
へたり ❶ 척. ‖切手をへたりと貼る 우표를 척 붙이다. ❷ 풀썩. ‖芝生にへたり
と座る 잔디밭에 풀썩 앉다.
へたりこむ【へたり込む】맥(脈)이 빠져 주저앉다. ‖思わずその場にへたり込んだ나도 모르게 그 자리에 주저앉았다.
ペダル【pedal】페달. ‖ペダルを踏む 페달을 밟다.
ぺたんこ ❶ 납작하다. ‖ぺたんこの下駄 납작한 나막신.
ペチカ【pechka 러】페치카; 벽난로(壁煖爐).
ヘチマ【糸瓜】❶〔植物〕수세미외. ❷〔つまらないもの〕하찮은 것; 쓸모없는 것. ‖勉強もヘチマもあるものか 공부고 나발이고 무슨 소용이야!
ぺちゃくちゃ 재잘재잘; 조잘조잘; 쫑알쫑알. ‖ぺちゃくちゃとよくさえずる娘だ 쫑알쫑알 잘도 재잘거리는 여자 아이다.
べちゃべちゃ ❶ 질척질척. ‖雪解け道がべちゃべちゃしている 눈 녹은 길이 질척질척하다. ❷ 재잘재잘 ‖隣室で誰かがべちゃべちゃしゃべっている 옆방에서 누군가가 재잘거리고 있다.
ぺちゃぺちゃ ❶〔しゃべる様子〕재잘재잘; 조잘조잘. ❷〔汁気の多い食べ物を食べる様子[音]〕홀짝홀짝.
ぺちゃんこ 납작하다. ‖地震で家がぺちゃんこになる 지진으로 집이 납작하게 무그러지다.
べつ【別】❶ 차이(差異); 차별(差別); 구별(區別). ‖男女の別を問わない 남녀를 구분하지 않다. ❷ 다름; 별개. ‖別の人に頼んでみる 다른 사람에게 부탁해 보다. 別のものを見せてください 다른 것을 보여 주세요. ❸ 예외(例外). ‖彼は別として, 普通は皆そうする 그 사람은 예외이지만, 보통은 모두 그렇게 한다. 別扱いする 특별히 다루다. ◆別売り 별도 판매. モニターは別売りです 모니터는 별도로 판매합니다.
べっかん【別巻】별권(別巻).
べっかん【別館】별관(別館).
べっきょ【別居】⟨俗⟩별거(別居). ‖仕事の都合で家族と別居する 일 때문에 가족과 별거하다.
べっけん【別件】별개의 건(件).
べっこ【別個】별개(別個). ‖別個に扱う 별개로 다루다. それとこれとは全く別個のものだ 그것과 이것은 전혀 별개의 것이다.
へこむ【凹む】쑥 들어가다; 파이다. ‖お腹がへこむ 배가 쑥 들어가다.
べっさつ【別冊】별책(別冊). ◆別冊付録 별책 부록.
べっし【別紙】별지(別紙).
べっし【蔑視】⟨俗⟩멸시(蔑視).
べっしつ【別室】별실(別室).
べっしゅ【別種】별종(別種).
べつじょう【別状】별다른 이상(異狀).
べつじん【別人】딴사람.

べっかい【別世界】 별세계(別世界); 별천지(別天地).

べっそう【別荘】 별장(別莊).

べつだて【別立て】 따로 취급(取扱); 별도(別途)로 다룸.

べったり ❶ 착; 척; 찰싹. ‖泥がべったり(と)ついている 진흙이 착 달라붙어 있다. ❷〔親密である〕‖息子にべったりの母 아들한테 푹 빠져 있는 엄마.

べつだん【別段】 특별(特別)히. ‖別段変わったことはない 특별히 달라진 것은 없다.

へっちゃら 태연(泰然)하다; 아무렇지도 않다(凝毫). ‖怒られたってへっちゃらだ 혼났다고 해도 아무렇지도 않다.

べってんち【別天地】 별천지(別天地). ‖野生動物の別天地 야생 동물의 별천지.

べっと【別途】 별도(別途). ‖別途支給する 별도로 지급하다.

ベッド【bed】 침대(寢臺). ◆ベッドタウン 베드타운. ベッドルーム 침실.

ペット【pet】 애완동물(愛玩動物). ◆ペットフード 애완동물용 배합 사료.

ヘッドハンター【head+hunter 日】 헤드헌터.

ヘッドハンティング【head hunting 和英】 헤드헌팅.

ペットボトル【PET bottle】 페트병.

ヘッドホン【headphone】 헤드폰.

ヘッドライト【headlight】 헤드라이트; 전조등(前照燈).

ヘッドライン【headline】 헤드라인.

べっとり 흠뻑. ‖べっとり(と)汗をかく 땀을 흠뻑 흘리다.

べつに【別に】 특별(特別)히; 별로. ‖別に用はありません 특별히 용건은 없습니다.

べつばら【別腹】〔説明〕좋아하는 것은 배가 부르지만 더 먹을 수 있음. ‖満腹だがデザートは別腹だ 배가 부르지만 디저트는 먹을 수 있다.

べつびょう【別表】 별표(別表).

べつびん【別便】 별편(別便).

べつべつ【別別】 따로따로. ‖2人は別々に出発した 두 사람은 따로따로 출발했다.

べつめい【別名】 별명(別名).

べつもんだい【別問題】 별문제(別問題); 다른 문제.

へつらう【諂う】 아첨(阿諂)하다. ‖上役にはへつらう部下には威張る 상사한테는 아첨하고 부하한테는 으스대다.

べつわく【別枠】 예외(例外)로 마련한 기준(基準). ‖別枠の予算 특별 예산.

ヘディング【heading】 헤딩. ◆ヘディングシュート 헤딩슛.

ベテラン【veteran】 베테랑.

ぺてん 사기(詐欺). ‖ぺてんにかける 사기를 치다. ◆ぺてん師 사기꾼.

へど【反吐】 구토(嘔吐). ‖反吐を吐く 토하다.

べとつく 끈적거리다. ‖汗で体がべとつく 땀으로 몸이 끈적거리다.

ベトナム【Vietnam】〔国名〕베트남; 월남(越南).

へとへと 강행군으로 헤토헤토가 되는 강행군으로 녹초가 되다.

べとべと 끈적끈적. ‖汗でシャツがべとべとだ 땀으로 셔츠가 끈적끈적하다.

へどろ ❶〔河口・沼・湾などの〕쌓인 질척한 침전물(沈澱物). ❷〔産業廃棄物などが〕침전하여 엉긴 것.

へなへな ❶〔力なく座り込む様子〕‖へなへなとその場にうずくまる 맥없이 그 자리에 주저앉다. ❷〔弱って曲がっている〕‖へなへな板 휘어진 판자.

ペナルティー【penalty】 페널티. ◆ペナルティーキック 페널티 킥.

ベナン【Benin】〔国名〕베냉.

べにいろ【紅色】 주홍색(朱紅色).

ベニザケ【紅鮭】 홍송어(紅松魚).

ペニシリン【penicillin】 페니실린.

ベニヤいた【veneer板】 베니어판(板).

ベネズエラ【Venezuela】〔国名〕베네수엘라.

へばりつく 딱 달라붙다. ‖トカゲが石にへばりついている 도마뱀이 돌에 딱 달라붙어 있다.

へビ【蛇】 뱀.

ベビーカー【baby+car 日】 유모차(乳母車).

ヘビーきゅう【heavy級】(ボクシングで)헤비급.

ベビーシッター【babysitter】 베이비시터; 보모(保姆).

へま 실패(失敗); 실수(失手). ‖へまをする 실수를 하다.

***へや【部屋】** 방(房). ‖部屋が5つある家 방이 다섯 개 있는 집. 子ども部屋 아이 방. ◆部屋割り 숙박자의 방을 나눔.

へら【篦】 주걱 모양(模樣)의 도구(道具). ‖靴べら 구둣주걱.

へらす【減らす】 줄이다. ‖人員を減らす 인원을 줄이다. 食事の量を減らす 식사량을 줄이다.

べらべら 종알종알; 나불나불. ‖べらべら(と)しゃべりまくる 종알종알 지껄이다. 彼女は秘密の話もべらべらしゃべってしまう 그녀는 비밀 이야기도 나불나불 떠들어 버린다.

ぺらぺら ❶〔軽薄によくしゃべる〕종알종알; 나불나불. ❷〔外国語をよどみなく話す〕‖英語ならぺらぺらだ 영어라면 유창하다. ❸ 획획. ‖ページをぺらぺらめくる 페이지를 획획 넘기다. ❹〔紙・布などが薄っぺらな様子〕하늘하늘. ‖ぺらぺらした着物 하늘하늘한 옷.

べらぼう [箆棒] ❶ [ばか] 바보; 병신. ‖べらぼうめ! 바보야! ❷ [ばかげている] 터무니없음. ‖そんなべらぼうな話はない 그런 터무니없는 이야기는 없다. ❸ [並外れてひどい] 굉장함; 지독(至毒)함. ‖べらぼうに暑い 지독히 덥다.

ベラルーシ [Belarus] (国名) 벨루루시.

ベランダ [veranda] 베란다.

へり [縁] ❶ [川·湖などの] 가. ‖池のへりに立つ 연못가에 서다. ❷ 가장자리; 테. ‖カーテンのへり 커튼 가장자리.

ベリーズ [Belize] (国名) 벨리즈.

ペリカン [pelican] 펠리컨.

へりくだる [遜る·謙る] 겸손(謙遜)하다. ‖へりくだった態度 겸손한 태도.

へりくつ [屁理屈] 억지. ‖屁理屈をこねる 억지를 쓰다.

ヘリコプター [helicopter] 헬리콥터.

へる [経る] ❶ 경유(經由)하다. ‖京都を経て大阪に行く 교토를 경유해서 오사카에 가다. ❷ 시간(時間)이 지나다; 경과(經過)하다. ❸ 절차(節次)를 밟다; 거치다. ‖審査を経て採用される 심사를 거쳐 채용되다.

へる [減る] ❶ 줄다. ‖人口が半分に減った 인구가 반으로 줄었다. ❷ 배가 고프다. ‖腹が減って何もできない 배가 고파서 아무것도 할 수 없다.

ベル [bell] 벨; 종(鐘). ‖授業のベルが鳴る 수업 종이 울리다. 非常ベルを鳴らす 비상 벨을 울리다.

ペルー [Peru] (国名) 페루.

ベルギー [België] (国名) 벨기에.

ヘルツ [hertz] …헤르츠.

ベルト [belt] 벨트. ‖ズボンのベルト 바지 벨트. ベルトを緩める 벨트를 헐겁게 하다. ◆ベルトコンベヤー 벨트 컨베이어.

ベルベット [velvet] 벨벳; 빌로드.

ヘルメット [helmet] 헬멧.

ぺろ 혀. ‖ぺろを出す 혀를 내밀다.

ぺろぺろ ❶ 할짝할짝. ‖犬に顔をぺろぺろ(と)なめられた 개가 얼굴을 할짝할짝 핥았다. ❷ 곤드레만드레. ‖ぺろぺろに酔う 곤드레만드레 취하다.

ぺろぺろ ‖アイスクリームをぺろぺろなめる 아이스크림을 할짝할짝 핥다.

ぺろり ❶ [舌を出す] ‖ぺろりと舌を出して照れ笑いした 혀를 날름 내밀고는 쑥스러운 듯 웃었다. ❷ [食べてしまう] ‖ぺろりと平らげる 날름 먹어 치우다.

へん [辺] ❶ 부근(附近); 근처(近處). ‖この辺 이 근처. 今日はこの辺でやめておこう 오늘은 이 쯤에서 그만두자. ❷ (数学의) [多角形の) 변(邊). ❸ (数学의) [等号の) 좌우(左右)의 식(式).

へん [変] ❶ 변(變); 이상(異常)함. ‖彼は近頃どうも変だ 그는 요즘 아무래도 이상하다. ❷ (音楽에서) 반음

(半音) 낮음.

へん [偏] (漢字의) 변(邊).

へん [編] ❶ 편(篇). ‖3編に分かれた小説 삼 편으로 나눠진 소설. ❷ 편(編) ‖編集部編 편집부 편.

べん [弁] ❶ 꽃잎. ❷ [バルブ] 밸브. ❸ [話] 변(辯). ‖立候補の弁 입후보자의 변.

べん [便] ❶ [便利] 교통의 편이 있다 편이 좋다. ❷ 소변(小便); 대변(大便).

ペン [pen] 펜. ◆ペン先 펜촉.

へんあつ [変圧] 변압(變壓). ◆変圧器 변압기.

へんい [変異] 변이(變異). ◆突然変異 돌연변이.

へんい [変移] (조형) 변이(變移); 변천(變遷).

へんおんどうぶつ [変温動物] 변온동물(變溫動物).

*へんか [変化] (조형) 변화(變化). ‖表情の変化を読み取る 표정의 변화를 읽다. 変化のない生活 변화가 없는 생활. 生活に変化をつける 생활에 변화를 주다. 変化が生じる 변화가 생기다. ◆変化球 변화구.

べんかい [弁解] (조형) 변명(辯明). ‖弁解の余地がない 변명의 여지가 없다.

へんかく [変革] (조형) 변혁(變革). ‖教育制度を変革する 교육 제도를 변혁하다.

べんがく [勉学] (조형) 면학(勉學). ‖勉学に励む 면학에 힘쓰다.

へんかん [返還] (조형) 반환(返還). ‖沖縄は1972年に返還された 오키나와는 천구백육십이 년에 반환되었다.

へんかん [変換] (조형) 변환(變換). ‖ハングルをローマ字に変換する 한글을 로마자로 변환하다.

べんき [便器] 변기(便器).

べんぎ [便宜] 편의(便宜); 편리(便利). ‖便宜を図る 편의를 꾀하다. 便宜上 편의상. 便宜的な処置 편의적인 조치.

ペンキ [pek키] 페인트. ‖ペンキを塗る 페인트를 칠하다. ペンキ질을 하다.

へんきゃく [返却] (조형) 반환(返還); 반납(返納). ‖図書館に本を返却する 도서관에 책을 반납하다.

へんきょう [偏狭] 편협(偏狹)하다. ‖偏狭な性格 편협한 성격.

*べんきょう [勉強] (조형) ❶ 공부(工夫); 경험(經驗). ‖勉強ができる子 공부를 잘하는 아이. 遊ばないで勉強しなさい 놀지 말고 공부해라. 何事も勉強だと思ってやってみる 무슨 일이든 공부라고 생각하고 해 보다. ❷ [安く売ること) 싸게 팖. ‖勉強しますので買ってください 싸게 드릴 테니 사세요.

へんきょく [編曲] (조형) 편곡(編曲).

∥交響曲をピアノ曲に編曲する 교향곡을 피아노곡으로 편곡하다.

へんきん【返金】 返金する돈을 갚다.

ペンギン【penguin】《鳥類》펭귄.

へんくつ【偏屈】 편벽(偏僻)하다; 비뚤어지다. ∥偏屈な考え方 편벽한 사고방식.

へんけい【変形】 변형(變形). ∥事故で変形した車体 사고로 변형된 차체.

へんけん【偏見】 편견(偏見). ∥偏見をいだく 편견을 가지다.

へんご【弁護】 (する) 변호(辯護). ∥無実を信じて弁護する 무죄를 믿고 변호하다. ◆弁護士 변호사. 弁護人 변호인.

へんこう【変更】 (する) 변경(變更). ∥出発時刻を変更する 출발 시각을 변경하다. 予定が変更される 예정이 변경되다.

べんき【便座】 양변기(洋便器)의 앉는 곳.

へんさい【返済】 (する) 변제(辨濟). ∥住宅ローンを返済する 주택 대출금을 갚다.

へんざい【偏在】 (する) 편재(偏在). ∥富が偏在している 부가 편재해 있다.

へんざい【遍在】 (する) 편재(遍在).

へんさい【弁済】 (する) 변제(辨濟). ◆弁済能力 변제 능력.

へんさち【偏差値】 편차치. ∥学力検査結果(學力檢査結果)가 전체 평균(全體平均)과 어느 정도(程度) 차이(差異)가 나는지 나타낸 수치(數値)를 말한다.

へんさん【編纂】 (する) 편찬(編纂). ∥国史を編纂する 국사를 편찬하다.

へんじ【返事】 (する) 대답(對答); 답변(答辯); 답장(答狀). ∥元気に返事する 씩씩하게 대답하다. 手紙の返事を出す 편지 답장을 보내다.

へんしつ【変質】 (する) 변질(變質). ∥油が変質する 기름이 변질되다. ◆変質者 변질자.

へんしゅ【偏執】 = へんしゅう.

へんじゃ【編者】 편자(編者). ∥辞典の編者 사전 편자.

へんしゅ【変種】 변종(變種).

へんしゅう【偏執】 편집(偏執). ◆偏執狂 편집광.

へんしゅう【編修】 (する) 편수(編修). ∥辞書を編修する 사전을 편수하다.

へんしゅう【編集】 (する) 편집(編輯). ∥雑誌を編集する 잡지를 편집하다. ◆編集後記 편집 후기. 編集者 편집자. 編集長 편집장.

べんじょ【便所】 변소(便所).

へんじょう【返上】 (する) 반환(返還); 반납(返納). ∥休暇を返上する 휴가를 반납하다.

べんしょう【弁証】 (する) 변증(辯證). ◆弁証法 변증법.

べんしょう【弁償】 (する) 변상(辨償). ∥なくした本を弁償する 잃어 버린 책을 변상하다.

へんしょく【変色】 (する) 변색(變色). ∥セピア色に変色した写真 세피아색으로 변색된 사진.

へんしょく【偏食】 (する) 편식(偏食).

ペンション【pension】 펜션.

へんしん【返信】 (する) 답장(答狀).

へんしん【変心】 (する) 변심(變心). ∥変心して敵に内通する 변심해서 적과 내통하다.

へんしん【変身】 (する) 변신(變身). ∥華麗に変身する 화려하게 변신하다.

へんじん【変人】 괴짜. ∥変人扱い 괴짜 취급.

へんすう【変数】 변수(變數).

へんずつう【偏頭痛】 편두통(偏頭痛).

へんせい【編成】 (する) 편성(編成). ∥予算を編成する 예산을 편성하다.

へんせいき【変声期】 변성기(變聲期).

へんせいふう【偏西風】 편서풍(偏西風).

べんぜつ【弁舌】 변설(辯舌); 말솜씨; 언변(言辯). ∥弁舌さわやか 명쾌한 말솜씨.

へんせん【変遷】 (する) 변천(變遷). ∥風俗は時代とともに変遷する 풍속은 시대와 함께 변천한다.

ベンゼン【benzene】 벤젠.

へんそう【変装】 (する) 변장(變裝). ∥老人に変装する 노인으로 변장하다.

へんぞう【変造】 변조(變造).

へんそく【変則】 변칙(變則).

へんそく【変速】 (する) 변속(變速). ◆変速装置 변속 장치.

へんたい【変態】 변태(變態).

ペンだこ【pen 胼胝】 (오랜 기간(期間) 펜을 써서 손가락에 생긴 굳은) 살.

べんたつ【鞭撻】 (する) 편달(鞭撻). ∥御鞭撻のほどよろしくお願いいたします 지도 편달을 부탁드립니다.

ペンダント【pendant】 펜던트.

ベンチ【bench】 ❶벤치. ❷(野球で)더그 아웃.

ペンチ【← pinchers】 펜치.

へんちき【変ちき】

へんちょう【変調】 ❶상태(狀態)가 바뀜 또는 바뀐 상태. ∥体に変調をきたす 몸 상태가 좋지 않다. ❷《音楽の》조바꿈; 전조(轉調).

へんちょう【偏重】 (する) 편중(偏重). ∥学歴偏重の社会 학력 편중 사회.

へんてこ【変てこ】 별다름; 색다름. ∥何の変哲もない花びら 별다른 특징이 없는 꽃잎.

へんでんしょ【変電所】 변전소(變電所).

へんとう【返答】 (する) 대답(對答); 답변

(答辯)。∥ノックをしても返答がない ノックをしても대답이 없다.

へんどう【変動】 ⦅するヒ⦆ 변동(變動). ∥物価の変動 물가 변동. 地殻の変動 지각 변동. 変動をもたらす 변동을 가져오다. ◆変動幅 변동 폭.

べんとう【弁当】 도시락. ∥参加者に弁当を出す 참가자에게 도시락을 주다.

へんとうせん【扁桃腺】 편도선(扁桃腺). ∥扁桃腺がはれる 편도선이 붓다. 扁桃腺炎にかかる 편도선염에 걸리다.

へんにゅう【編入】 ⦅するヒ⦆ 편입(編入). ◆編入試験 편입 시험.

ペンネーム【pen name】 펜네임.

へんぴ【辺鄙】 반늘(僻地).

へんぴん【返品】 ⦅するヒ⦆ 반품(返品). ∥不良品を返品する 불량품을 반품하다. 返品はききません 반품은 안 됩니다.

へんぺい【扁平】 편평(扁平)하다. ∥扁平な顔 편평한 얼굴. ◆扁平足 편평족.

べんべつ【弁別】 ⦅するヒ⦆ 변별(辨別); 식별(識別). ∥色の違いを弁別する 색의 차이를 변별하다.

へんぼう【変貌】 ⦅するヒ⦆ 변모(變貌). ∥都会は著しく変貌した 도시는 현저하게 변모했다.

べんぽう【便法】 편법(便法). ∥便法を講じる 편법을 강구하다.

べんめい【弁明】 ⦅するヒ⦆ 변명(辨明). ∥自分のとった態度について弁明する 자신이 취한 행동에 대해 변명하다.

べんもう【鞭毛】 편모(鞭毛).

へんよう【変容】 ⦅するヒ⦆ 변용(變容); 변모(變貌).

*べんり【便利】ダ 편리(便利)하다. ∥便利な道具 편리한 도구. 交通に便利な土地 통근하기에 편리한 곳. この辞書はとても便利だ 이 사전은 정말 편리하다. ◆便利屋 심부름센터.

べんりし【弁理士】 변리사(辨理士).

へんりん【片鱗】 편린(片鱗).

へんれき【遍歴】 ⦅するヒ⦆ 편력(遍歷). ∥女性遍歴 여성 편력.

べんろん【弁論】 ⦅するヒ⦆ ❶ 변론(辯論). ∥弁論大会 변론 대회. ❷ ⦅法⦆でヒ 변론. ∥最終弁論 최종 변론.

ほ

ほ【帆】 돛. ∥帆をかける 돛을 달다.

ほ【歩】 ❶ 걸음. ∥歩を運ぶ 걸음을 옮기다. ❷ …걸음; …보. ∥1 歩退く 한 걸음[발] 물러서다.

ほ【穂】 ❶ 이삭. ∥穂が出る 이삭이 패다. 麦の穂 보리 이삭. ❷ (とったもの)끝. ∥筆の穂 붓끝.

ほあん【保安】 보안(保安). ◆保安官 보안관. 保安設備 보안 설비.

ほいく【保育】 ⦅するヒ⦆ 보육(保育). ◆保育園 어린이집. 保育器 보육기. 인큐베이터. 保育士 보육사.

ボイコット【boycott】 ⦅するヒ⦆ 보이콧. ∥授業をボイコットする 수업을 보이콧하다.

ポイすて【ポイ捨て】 함부로 버리는 것. ∥吸殻のポイ捨てはやめましょう 담배꽁초를 함부로 버리지 맙시다.

ポイする 버리다; 던져 버리다.

ホイッスル【whistle】 휘슬.

ほいほい 척척. ∥何でもほいほい買ってやる 뭐든지 척척 사 주다.

ボイラー【boiler】 보일러.

ぼいん【母音】 모음(母音).

ぼいん【拇印】 무인(拇印); 손도장(圖章).

ポイント【point】 ❶ ⦅点⦆ 포인트; 점; 지점(支點). ∥バッティングポイント 배팅 포인트. ❷ 요점(要點). ∥出題のポイント 출제 요점. ❸ 득점(得點); 점수(點數). ∥ポイントを稼ぐ 점수를 따다. ❹ ⦅二つの指数の差逢を表わす単位⦆…퍼센트(%). ∥物価は前年比で 2 ポイントの上昇 물가는 전년 대비 이 퍼센트 상승.

ほう ⦅感心・驚き⦆오호. ∥ほう, そうですか 오호, 그래요?

*ほう【方】 ❶ ⦅方向⦆방향(方向); 쪽. ∥南の方へ行く 남쪽으로 가다. 東の方から風が吹く 동쪽에서 바람이 불어오다. ベランダから右の方に日産本社ビルが見えます 베란다에서 오른쪽으로 닛산 본사 빌딩이 보입니다. こちらの方へ来てください 이쪽으로 오십시오. ❷ ⦅対立的に存在するものの一方⦆쪽. ∥相手の方から苦情が出た 상대방 쪽에서 불만이 제기되었다. こちらの方は準備완료です이 이쪽은 준비가 다 되었습니다. ❸ ⦅比較した時の一方⦆쪽(便). ∥兄より弟の方が背が高い 형보다 남동생 쪽이 키가 크다. どうせやるなら早い方がよい어차피 하는 것이라면 빨리 하는 편이 낫다. 彼は右の方がその人は有能한. ❹ ⦅方面⦆방면(方面). ∥スポーツの方は苦手です 스포츠 방면은 재주가 없습니다. 将来は医学の方に進みたい 장래에 의학 방면으로 진학할 생각입니다. ❺ 방법(方法). ∥連絡する方がない 연락할 방법이 없다.

ほう【法】 ❶ 법; 법률(法律). ∥法の裁きを受ける 법을 재판받다. 法の網をくぐる 법망을 뚫고 나가다. 法の網 법망. ❷ ⦅仏教⦆⦅教え⦆가르침. ❸ 방법(方法); 수(手). ∥無事助け出す방법은 없을까? 그것을 안 할 수는 없다. ❹ ⦅文法⦆법. ∥仮定法 가정법.

ぼう【某】 모(某). ‖某政治家 모 정치가. 某月某日 모월 모일.

ぼう【棒】 봉(棒); 막대; 막대기; 몽둥이. ‖棒を振り回す 막대기를 휘두르다. ▶棒に振る 헛되게 하다. 무로 돌리다. その事件でかれは一生を棒に振った 그 사건으로 그 사람의 인생은 엉망이 되었다.

ほうあん【法案】 법안(法案).

ほうい【方位】 방위(方位).

ほうい【包囲】 포위(包圍). ‖城を包囲する 성을 포위하다. ◆包囲網 포위망.

ほういがく【法医学】 법의학(法醫學).

ぼういん【暴飲】 폭음(暴飮). ‖暴飲暴食 폭음폭식.

ほうえい【放映】 방영(放映). ◆放映権 방영권.

*ぼうえい**【防衛】 방위(防衛). ‖祖国を防衛する 조국을 방위하다. ◆正当防衛 정당방위. タイトル防衛戦 타이틀 방어전. 防衛費 방위비.

*ぼうえき**【貿易】 무역(貿易). ◆貿易赤字 무역 적자. 貿易会社 무역 회사. 貿易自由化 무역 자유화. 貿易収支 무역 수지. 貿易手形 무역 어음. 貿易風 무역풍. 貿易摩擦 무역 마찰.

ぼうえん【望遠】 망원(望遠). ◆望遠鏡 망원경. 望遠レンズ 망원 렌즈.

ほうおう【法王】 교황(敎皇).

ほうおう【鳳凰】 봉황(鳳凰).

ぼうおん【防音】 방음(防音). ◆防音装置 방음 장치. 防音壁 방음벽.

ほうか【法科】 법과(法科). ◆法科大学院 로스쿨.

ほうか【放火】 방화(放火). ◆放火犯 방화범.

ほうが【邦画】 방화(邦畫).

ほうが【萌芽】 맹아(萌芽). ‖文明の萌芽 문명의 맹아.

ぼうか【防火】 방화(防火). ◆防火訓練 방화 훈련.

ほうかい【崩壊】 붕괴(崩壞). ‖堤防が崩壊する 제방이 붕괴하다. 崩壊寸前 붕괴 직전. ローマ帝国の崩壊 로마 제국의 붕괴.

ほうがい【法外】 터무니없다; 과도(過度)하다. ‖あまりにも法外な価格だ 너무나도 터무니없는 가격이다.

*ぼうがい**【妨害】 방해(妨害). ‖通行を妨害する 통행을 방해하다. 計画を妨害する 계획을 방해하다. 仕事を妨害しないでくれ 일을 방해하지 말아 줘. 電波妨害 전파 방해.

ほうがく【邦楽】 일본 국악(日本國樂).

*ほうがく**【方角】 방향(方向); 방위(方位). ‖南の方角 남쪽 방향. 駅の方角に向かって歩き出す 역 방향으로 걸기 시작하다. 反対の方角へ行く 반대 방향으로 가다. 方角を聞く 방향을 묻다.

ほうがく【法学】 법학(法學). ◆法学部 법학부.

ほうかご【放課後】 방과 후(放課後). ‖放課後野球をしよう 방과 후에 야구 하자.

ほうかつ【包括】 포괄(包括). ‖全体を包括して述べる 전체를 포괄해 말하다.

ほうがん【包含】 포함(包含).

ほうがん【砲丸】 포환(砲丸). ◆砲丸投げ 투포환.

ぼうかん【防寒】 방한(防寒). ◆防寒服 방한복.

ぼうかん【傍観】 방관(傍觀). ‖事態を傍観する 사태를 방관하다. ◆拱手傍観 수수방관. 傍観者 방관자.

ぼうかん【暴漢】 폭한(暴漢).

ほうがんし【方眼紙】 모눈종이.

ほうき【箒】 비. ‖ほうきで庭を掃く 비로 마당을 쓸다.

ほうき【法規】 법규(法規). ◆交通法規 교통 법규.

ほうき【放棄】 방기(放棄); 포기(抛棄). ‖権利を放棄する 권리를 포기하다. 彼は試験を放棄した 그 사람은 시험을 포기했다.

ぼうぎ【謀議】 모의(謀議). ◆共同謀議 공동 모의.

ぼうきゃく【忘却】 망각(忘却).

ほうきゅう【俸給】 봉급(俸給).

ぼうぎょ【防御】 방어(防禦). ‖攻撃は最大の防御である 공격은 최대의 방어이다. ◆防御体制 방어 체제. 防御率 방어율.

ぼうきょう【望郷】 ‖望郷の念 고향 생각. 향수.

ぼうくう【防空】 방공(防空). ◆防空訓練 방공 훈련. 防空壕 방공호.

ぼうグラフ【棒 graph】 막대그래프.

ぼうくん【暴君】 폭군(暴君).

ほうけい【包茎】 포경(包莖).

ほうけい【傍系】 방계(傍系). ◆傍系会社 방계 회사. 傍系血族 방계 혈속.

ほうげき【砲撃】 포격(砲擊). ‖敵陣を砲撃する 적진을 포격하다.

ほうける【呆ける】 ❶〈知覚が〉둔해지다; 명해지다. ❷열중(熱中)하다; 정신이 팔리다. ‖遊びほうける 노는 데 정신이 팔리다.

ほうけん【封建】 봉건(封建). ◆封建時代 봉건 시대. 封建主義 봉건주의. 封建制度 봉건 제도. 封建的 봉건적. 封建的な風習 봉건적인 풍습.

ほうげん【方言】 방언(方言).

ぼうけん【冒険】 모험(冒險). ‖そんな冒険はしたくない 그런 모험은 하고 싶지 않다. ◆冒険家 모험가. 冒険心 모험심. 冒険談 모험담.

ぼうげん【暴言】 폭언(暴言). ‖暴言を浴びせる 폭언을 퍼붓다.

ほうこ【宝庫】 보고(寶庫).

ぼうご【防護】〘る히〙 방호(防護).

***ほうこう【方向】** 방향(方向). ‖研究の方向が決まる 연구 방향이 정해지다. 方向を変える 방향을 바꾸다. 駅の方向に行く 역 방향으로 가다. 反対の方向 반대 방향. 同じ方向 같은 방향. ◆方向音痴〖설명〗방향 감각(方向感覺)이 없는 사람. 길눈이 어두운 사람. 方向探知器 방향 탐지기. 方向転換 방향 전환.

ほうこう【彷徨】〘る히〙 방황(彷徨). ‖荒野を彷徨する 황야를 방황하다.

ほうこう【縫合】〘る히〙 봉합(縫合). ‖傷口を縫合する 상처를 봉합하다.

ぼうこう【膀胱】 방광(膀胱). ◆膀胱炎 방광염.

ぼうこう【暴行】〘る히〙 폭행(暴行). ‖暴行を加える 폭행을 가하다.

ほうこうざい【芳香剤】 방향제(芳香劑).

***ほうこく【報告】**〘る히〙 보고(報告). ‖仕事の進行状況を報告する 일 진행 상황을 보고하다. 上司に結果を報告する 상사에게 결과를 보고하다. 報告を受ける 보고를 받다. ◆最終報告 최종 보고. 中間報告 중간 보고.

ぼうさい【防災】 방재(防災). ◆防災対策 방재 대책.

ほうさく【方策】 방책(方策). ‖最善の方策を考える 최선의 방책을 생각하다.

ほうさく【豊作】 풍작(豊作).

ほうし【奉仕】〘る히〙 봉사(奉仕). ◆社会奉仕 사회 봉사.

ほうし【胞子】 포자(胞子).

ほうじ【法事】 법사(法事); 불사(佛事).

ぼうし【防止】〘る히〙 방지(防止). ‖山火事を防止する 산불을 방지하다. 防止策を講じる 방지책을 강구하다. 事故防止 사고 방지.

ぼうし【帽子】 모자(帽子). ‖帽子をかぶる 모자를 쓰다. 帽子を取る 모자를 벗다. ◆麦藁帽子 밀짚모자. 麦口모자.

ほうしき【方式】 방식(方式). ‖決められた方式に従う 정해진 방식에 따르다.

ほうじちゃ【焙じ茶】〖설명〗질(質)이 낮은 차(茶)를 센 불에 볶아 독특(獨特)한 향(香)을 낸 것.

ほうしつ【放湿】〘る히〙 방습(放濕). ◆防湿剤 방습제.

ほうしゃ【放射】〘る히〙 방사(放射). ◆放射状 방사상. 道路が放射状に延びる 도로가 방사상으로 뻗다. 放射線 방사선. 放射能 방사능.

ぼうじゃくぶじん【傍若無人】 방약무인(傍若無人). ‖傍若無人な態度 방약무인한 태도.

ほうしゅ【砲手】 포수(砲手).

ほうしゅ【芒種】 (이십사절기의) 망종(芒種).

ぼうじゅ【傍受】〘る히〙 방수(傍受). ‖無線を傍受する 무선을 방수하다.

ほうしゅう【報酬】 보수(報酬). ‖報酬を支払う 보수를 지불하다. ◆無報酬 무보수.

ほうしゅつ【放出】〘る히〙 방출(放出). ‖エネルギーを放出する 에너지를 방출하다.

ほうじょ【幇助】〘る히〙 방조(幇助). ◆自殺幇助 자살 방조.

ほうしょう【報償】 보상(報償). ‖遺族に報償する 유족에게 보상하다.

ほうしょう【褒賞】 포상(褒賞).

ほうじょう【豊饒】ダ 풍요(豊饒)하다; 풍요롭다. ‖豊饒な土地 풍요한 땅.

ほうしょう【放証】〘る히〙 방증(放證). ‖放証を固める 방증을 굳히다.

ほうしょく【飽食】〘る히〙 포식(飽食).

ぼうしょく【紡織】 방직(紡織). ◆紡織機 방직기.

ぼうしょくざい【防食剤】 방식제(防蝕劑).

ほうしょくひん【宝飾品】 보석(寶石); 귀금속(貴金屬) 등의 장식품(裝飾品).

ほうじる【奉じる】 ❶ 받들다. ‖勅命を奉じる 칙령을 받들다. ❷ 헌상(獻上)하다. ❸ 봉직(奉職)하다.

ほうじる【封じる】 봉(封)하다. ‖諸侯に封じる 제후로 봉하다.

ほうじる【報じる】 알리다; 보도(報道)하다. ‖外電の報じるところによると 외신이 보도하는 바에 의하면.

ほうじる【焙じる】 볶다. ‖茶を焙じる 차를 볶다.

ほうしん【方針】 방침(方針). ‖将来の方針を立てる 장래의 방침을 세우다. ◆教育方針 교육 방침. 施政方針 시정 방침.

ほうしん【放心】〘る히〙 방심(放心). ◆放心状態 방심 상태.

ほうじん【法人】 법인(法人). ◆学校法人 학교 법인. 人組織 법인 조직.

ほうじん【邦人】 일본인(日本人). ‖在留邦人 재외 일본인.

ぼうず【坊主】 ❶ (寺의) 주지(住持); 승려(僧侶). ❷ 빡빡 깎은 머리. ‖坊主頭 빡빡 깎은 머리. 坊主刈りにする 머리를 빡빡 깎다. ❸ (男の子)남자(男子) 아이에 대한 애칭(愛稱). ‖うちの坊主は今1年生だ 우리 집 꼬마는 지금 1학년이다. ◆坊主憎けりゃ袈裟まで憎い 그 사람이 미우면 그 사람과 관계 있는 것은 모두 밉다. 三日坊主 작심삼일인 사람.

ほうすい【放水】〘る히〙 방수(放水).

ぼうすい【防水】〘る히〙 방수(防水). ◆防水服 방수복.

ほうせい【方正】ダ 방정(方正)하다.

‖品行方正な人 품행이 방정한 사람.
ほうせい【砲声】 포성(砲聲).
ほうせい【縫製】 봉제(縫製). ◆縫製工場 봉제 공장.
ほうせき【宝石】 보석(寶石). ◆宝石箱 보석함.
ほうせき【紡績】 ⦅する⦆ 방적(紡績). ◆紡績工場 방적 공장.
ほうせつ【包摂】 포섭(包攝).
ホウセンカ【鳳仙花】 봉선화(鳳仙花).
ぼうぜんじしつ【茫然自失】 망연자실. ‖突然の大事件に茫然自失する 갑작스러운 큰 사건에 망연자실하다.
ほうそう【包装】 ⦅する⦆ 포장(包裝). ◆包装紙 포장지.
***ほうそう【放送】** ⦅する⦆ 방송(放送). ‖現地から放送している 현지에서 방송하다. ‖その試合はテレビで放送される 그 시합은 텔레비전으로 방송된다. ◆国営放送 국영 방송. 再放送 재방송. 生放送 생방송. 民間放送 민간 방송. 放送局 방송국. 放送網 방송망.
ほうそう【法曹】 법조(法曹). ◆法曹界 법조계.
ぼうそう【暴走】 ⦅する⦆ 폭주(暴走). ◆暴走族 폭주족.
ほうそく【法則】 법칙(法則). ‖万有引力の法則 만유인력의 법칙.
ほうたい【包帯】 붕대(繃帶). ‖包帯を巻く 붕대를 감다.
-ほうだい【放題】 마음대로[마음껏] …하다. ‖何でも食べ放題だ 뭐든지 마음껏 먹을 수 있다.
ぼうだい【膨大】 방대(厖大)하다. ‖膨大な人員 방대한 인원.
ぼうたかとび【棒高跳び】 장대높이뛰기.
ぼうだん【防弾】 방탄(防彈). ◆防弾ガラス 방탄유리. 防弾チョッキ 방탄조끼.
ほうち【法治】 법치(法治). ◆法治国家 법치 국가. 法治主義 법치주의.
ほうち【放置】 ⦅する⦆ 방치(放置). ‖ごみを放置する 쓰레기를 방치하다. 駅前に放置された自転車 역 앞에 방치된 자전거.
ほうち【報知】 알림; 통지(通知). ◆火災報知器 화재 경보기.
ぼうちゅう【防虫】 방충(防蟲). ◆防虫剤 방충제.
ぼうちゅうかんあり【忙中閑有り】 망중한(忙中閑).
ほうちょう【包丁】 요리용(料理用) 칼; 부엌칼. ‖包丁を入れる 칼질을 하다.
ぼうちょう【傍聴】 ⦅する⦆ 방청(傍聽). ‖演説を傍聴する 연설을 방청하다. ◆傍聴券 방청권. 傍聴席 방청석.
ぼうちょう【膨張】 ⦅する⦆ 팽창(膨脹). ‖空気は熱で膨張する 공기는 열에 의해 팽창한다. 市街地が膨張して郊外へのびていく 시가지가 팽창하여 교외로 뻗어 나가다.
ぼうっと ❶뚜-. ‖ぼうっと汽笛が鳴る 뚜하고 기적이 울다. ❷〔炎が燃え上がる〕‖枯葉がぼうっと燃え上がる 마른 잎이 타오르다. ❸〔ぼやけて見える〕‖今日は山がぼうっとかすんでいる 오늘은 산이 뿌옇게 흐려 있다. ❹〔意識が正常に働かない〕‖ぼうっとして用件を忘れるぼんやり하다가 용건을 잊어 버리다.
ほうてい【法廷】 법정(法廷). ◆法廷闘争 법정 투쟁.
ほうてい【法定】 법정(法定). ◆法定貨幣 법정 화폐. 法定期間 법정 기간.
ほうていしき【方程式】 방정식(方程式). ‖方程式を解く 방정식을 풀다. 方程式を立てる 방정식을 세우다. ◆二次方程式 이차 방정식.
ほうてき【法的】 법적(法的). ‖法的な根拠 법적 근거. 法的に規制する 법적으로 규제하다.
ほうてん【法典】 법전(法典).
ぼうと【暴徒】 폭도(暴徒). ‖暴徒と化す 폭도로 변하다.
ほうとう【宝刀】 보도(寶刀). ▶伝家の宝刀 전가의 보도.
ほうとう【放蕩】 방탕(放蕩).
ほうどう【報道】 ⦅する⦆ 보도(報道). ‖報道の自由 보도의 자유. 新聞は彼が逮捕されたと報道した 신문은 그 사람이 체포되었다고 보도했다. ◆新聞報道 신문 보도. 報道機関 보도 기관. 報道陣 보도진.
ぼうとう【暴投】 폭투(暴投).
ぼうとう【冒頭】 첫머리; 모두(冒頭). ◆冒頭陳述 모두 진술.
ぼうとう【暴騰】 ⦅する⦆ 폭등(暴騰). ‖野菜の値段が暴騰する 야채 값이 폭등하다.
ぼうどう【暴動】 폭동(暴動). ‖暴動が起きる 폭동이 일어나다.
ぼうとく【冒瀆】 ⦅する⦆ 모독(冒瀆). ‖神を冒瀆する 신을 모독하다.
ぼうどくマスク【防毒 mask】 방독 마스크.
ほうにち【訪日】 방일(訪日).
ほうにょう【放尿】 ⦅する⦆ 방뇨(放尿).
ほうにん【放任】 ⦅する⦆ 방임(放任). ◆放任主義 방임주의.
ほうねん【豊年】 풍년(豊年).
ぼうねんかい【忘年会】 망년회(忘年會).
ほうはく【傍白】 방백(傍白).
ぼうばく【茫漠】 茫漠(망막)하게; 막연(漠然)하게. ‖茫漠としてつかみどころがない 막연해서 종잡을 수가 없다.
ぼうはつ【暴発】 폭발(暴發).
ぼうはてい【防波堤】 방파제(防波堤).
ぼうはん【防犯】 방범(防犯). ◆防犯

ル 방범 벨.
ほうび【褒美】 포상(褒賞); 상. ∥褒美を もらう 포상을 받다. ¶ご褒美をあげる 상을 주다.
ぼうび【防備】 (を하) 방비(防備). ∥防備 を強化する 방비를 강화하다. 無防備 무방비.
ほうふ【抱負】 포부(抱負). ∥将来の抱負を語る 장래의 포부를 말하다.
ほうふ【豊富】ダ 풍부(豊富)하다. ∥豊富な知識 풍부한 지식. 彼は話題が豊富だ 그 사람은 화제가 풍부하다. 物資は豊富にある 물자는 풍부하게 있다.
ぼうふう【防風】 방풍(防風). ◆防風林 방풍림.
ぼうふう【暴風】 폭풍(暴風). ◆暴風域 폭풍권. 暴風雨 폭풍우.
ほうふく【報復】 보복(報復). ◆報復行為 보복 행위.
ほうふくぜっとう【抱腹絶倒】 (を하) 포복절도(抱腹絶倒).
ぼうふざい【防腐剤】 방부제(防腐剤).
ほうふつ【彷彿】 방불(彷彿); 흡사(恰似)함; 떠올리게 함. ∥彼は亡父を思いふつとさせる 그 사람은 돌아가신 아버지를 떠올리게 한다.
ほうぶつせん【放物線】 포물선(抛物線).
ほうへい【砲兵】 포병(砲兵).
ぼうへき【防壁】 방벽(防壁).
ほうべん【方便】 ❶방편(方便). ∥うそも方便 거짓말도 하나의 방편. ❷(仏教) 중생(衆生)을 구제(救濟)하기 위한 방법.
***ほうほう**【方法】 방법(方法). ∥私はいい方法を知っています 나는 좋은 방법을 알고 있습니다. 彼は問題を誤った方法で解決しようとしている 그 사람은 문제를 잘못된 방법으로 해결하려고 하고 있다. 彼らは不正な方法で試合に勝った 그들은 부정한 방법으로 시합에 이겼다. 最善の方法 최선의 방법. 方法論 방법론.
ぼうぼう【棒棒】 활활. ∥ぼうぼう(と)燃える 활활 타다.
ぼうぼう【茫茫】 ❶〔果てしなく広々とした〕∥茫々とした大平原 망망한 대평원. ❷〔髪·草などが生え乱れている〕ぼうぼうたる白髪 텁수룩한 백발. 庭は草ぼうぼうだ 뜰에는 잡초가 무성하다.
ほうほうのてい【這う這うの体】 ほうほうの体で逃げ出す 다리야 날 살려라 하고 도망치다.
ほうぼく【放牧】 방목(放牧). ∥牧場に馬を放牧する 목장에 말을 방목하다.
ほうまつ【泡沫】 포말(泡沫); 물거품.
ほうまん【放漫】ダ 방만(放漫)하다. ∥放漫な生活 방만한 생활. ◆放漫経営

방만한 경영.
ほうまん【豊満】ダ 풍만(豊滿)하다. ∥豊満な胸 풍만한 가슴.
ほうまん【飽満】 포만(飽滿).
ぼうまん【膨満】 (を하) 팽만(膨滿). ◆膨満感 팽만감.
ほうむ【法務】 법무(法務). ◆法務大臣 법무부 장관.
ほうむる【葬る】 ❶ 매장(埋葬)하다. ∥なきがらを墓に葬る 시체를 묘에 매장하다. ❷ 덮다; 감추다. ∥忌まわしい過去を葬る 안 좋은 과거를 감추다. 社会から葬られる 사회적으로 매장되다.
ぼうめい【亡命】 (を하) 망명(亡命). ∥アメリカに亡命する 미국으로 망명하다.
ほうめん【方面】 방면(方面). ∥各方面の意見を聞く 각 방면의 의견을 듣다.
ほうめん【放免】 방면(放免). ∥無罪放免 무죄 방면.
ほうもつ【宝物】 보물(寶物).
ほうもん【砲門】 포문(砲門). ◆砲門を開く 포문을 열다.[砲]
***ほうもん**【訪問】 (を하) 방문(訪問). ∥先生宅を訪問する 선생님 댁을 방문하다. 彼はスペインを訪問中である 그 사람은 스페인을 방문 중이다. ◆訪問客 방문객. 訪問販売 방문 판매.
ぼうや【坊や】 ❶〔呼称〕아가야. ❷〔世間知らずの〕철부지; 세상 물정(世上物情)을 모르는 남자(男子).
ほうよう【包容】 포용(包容). ◆包容力 포용력.
ほうよう【法要】 법사(法事); 법회(法會).
ほうよう【抱擁】 포옹(抱擁). ∥再会の抱擁 재회의 포옹.
ぼうよみ【棒読み】 ❶ 단조(單調)롭게 읽음. ∥せりふを棒読みする 대사를 책 읽듯이 하다. ❷〔漢文を〕위에서 아래로 읽는 것.
ぼうらく【暴落】 폭락(暴落). ∥株価が暴落する 주가가 폭락하다.
ぼうり【暴利】 폭리(暴利). ∥暴利をむさぼる 폭리를 취하다.
ほうりこむ【放り込む】 던져 놓다; 집어 넣다. ∥ランドセルを家に放り込む 가방을 집에 던져 놓다. あめ玉を口に放り込む 사탕을 입에 집어넣다.
ほうりだす【放り出す】 ❶〔外へ投げ出す〕밖으로 내던지다. ∥土俵の外へ放り出す 씨름판 밖으로 내던지다. ❷〔放棄する〕팽개치다; 내버려 두다. ❸〔追い出す〕쫓아내다.
***ほうりつ**【法律】 법률(法律). ∥法律を破る 법을 어기다. 飲酒運転は法律で禁じられている 음주 운전은 법률로 금지되어 있다. ◆法律違反 법률 위반. 法律家 법률가. 法律学 법률학.
ほうりっぱなし【放りっ放し】 팽개쳐 둠; 내버려 둠.

ほうなげる【放り投げる】❶멀리 던지다; 내던지다. ‖石を放り投げる 돌을 멀리 던지다. ❷집어버리다; 도중(途中)에 그만두다. ‖仕事を放り投げる 일을 집어치우다.

ぼうりゃく【謀略】모략(謀略).

ほうりゅう【放流】(名他) 방류(放流). ‖ダムの水を放流する 댐의 물을 방류하다.

*__ぼうりょく__【暴力】 폭력(暴力). ‖暴力に訴える 폭력에 호소하다. ‖暴力をふるう 폭력을 휘두르다. ◆暴力行為 폭력 행위, 暴力団 폭력단.

ボウリング【bowling】볼링.

ほうる【放る】❶던지다. ‖窓から放る 창문으로 던지다. ❷내버리다. ‖当分放っておいて様子を見よう 당분간 내버려 두고 상황을 보자.

ボウル【bowl】〔食器の〕볼.

ほうれい【法令】법령(法令).

ほうれい【亡靈】망령(亡靈).

ホウレンソウ【菠薐草】시금치.

ほうろう【放浪】(名自) 방랑(放浪). ‖各地を転々と放浪する 각지를 전전하며 방랑하다. ◆放浪記 방랑기.

ほうろう【琺瑯】법랑(琺瑯). ◆琺瑯質 법랑질, 에나멜질.

ほうわ【飽和】(名自) 포화(飽和). ◆過飽和 과포화, 飽和脂肪酸 포화 지방산, 飽和状態 포화 상태.

ほえる【吠える】 짖다. ‖犬が吠える 개가 짖다.

ほお【頬】볼; 얼굴. ‖彼は頬がこけているその 사람은 얼굴이 반쪽이다. ‖頬が赤い顔 얼굴이 빨갛다. ‖頬がゆるむ 싱글벙글 웃다. ‖頬を染める 얼굴이 빨개지다. 얼굴을 붉히다. ▶頬を膨らます 뾰로통하다.

ボー【bow】❶〔弓〕활. ❷〔弦楽器の〕활. ❸〔蝶結びの〕리본. ◆ボータイ 나비넥타이.

ボーイ【boy】❶소년(少年). ❷남자 급사(男子給仕); 웨이터. ◆ボーイスカウト 보이 스카우트, ボーイフレンド 남자 친구.

ポーカー【poker】포커. ◆ポーカーフェース 포커 페이스.

ポークカツ 포크커틀릿; 돈가스.

ホース【hoos*】호스. ‖ホースで芝生に水をまく 호스로 잔디에 물을 뿌리다.

ポーズ【pose】포즈. ‖ポーズを取る 포즈를 취하다.

ホオズキ【酸漿】꽈리.

ポーチ【pouch】〔小物入れ〕작은 주머니.

ポーチ【porch】〔玄関口〕포치.

ボーナス【bonus】보너스.

ほおばる【頬張る】볼이 미어지도록 음식물(飲食物)을 입에 넣다. ‖すしを口いっぱい頬ばる 볼이 미어지게 초밥을 입에 넣다.

ほおべに【頬紅】볼 연지.

ほおぼね【頬骨】광대뼈.

ホーム〔プラットホームの略語〕플랫폼.

ホーム【home】홈; 집. ◆ホームグラウンド 홈그라운드, ホームシック 향수병, ホームシックにかかる 향수병에 걸리다, ホームステイ 홈스테이, ホームセンター (説明)각종 생활 용품(各種生活用品)을 다양(多様)하게 갖춘 대형 점포(大型店舗), ホームドラマ 홈드라마, ホームページ 홈페이지, マイホーム 내 집.

ホームラン【homerun】홈런.

ホームルーム【homeroom】홈룸.

ホームレス【homeless】홈리스. 노숙자.

ポーランド【Poland】(国名) 폴란드.

ホール【hole】홀. ◆ホールインワン 홀인원.

ホール【hall】〔会館〕홀.

ボール【ball】공; 볼. ◆ボールカウント (野球で) 볼 카운트.

ポール【pole】❶〔棒〕막대; 장(長) 대. ❷(スキー競技で) 폴.

ボールペン【ball pen】볼펜.

ほおん【保温】(名他) 보온(保温). ◆保温装置 보온 장치.

ほか【外・他】❶〔よそ〕다른 곳. ‖ほかで探してください 다른 곳에서 찾아 주세요. ❷〔以外〕다른 것. ‖ほかに方法がない 달리 방법이 없다. ビールのほかにワインも炒な 맥주 외에 포도주도 마신다. 思いのほか高く売れた 의외로 비싸게 팔렸다.

ほかく【捕獲】(名他) 포획(捕獲). ‖動物を捕獲する 동물을 포획하다.

ぼかす【暈す】❶(色の境目や輪郭を)흐릿하게 하다. ❷〔答えや話を〕얼버무리다. ‖人数をぼかす 인원수를 얼버무리다.

ほかならない【他ならない】…임이 틀림없다. ‖努力の結果にほかならない 노력의 결과임이 틀림없다.

ほかならぬ【他ならぬ】다른 사람도 아닌…. ‖ほかならぬ君の頼みだから聞いてあげる 다른 사람도 아닌 네 부탁이니까 들어줄게.

ほかほか 따끈따끈. ‖ほかほかのあんまん 따끈따끈한 호빵. 体がほかほかする 몸이 따끈따끈하다.

ぽかぽか ❶〔暖かい〕ぽかぽか陽気 따뜻한 날씨. ❷〔頭などを叩く様子[音]〕‖ぽかぽか(と)なぐられた 머리를 몇 대 쥐어박혔다.

ほがらか【朗らか】ダ 명랑(明朗)하다; 쾌활(快活)하다. ‖ほがらかな人 명랑한 사람.

ぽかり❶떡; 딱. ‖いきなりぽかりとやられた 갑자기 딱 하고 맞았다. ❷ぽかりと口を開けたまま입을 떡 하니 벌린 채로.

ほかん【保管】 (名・他) 보관(保管). ‖金庫に保管しておく 금고에 보관해 두다.
ほかん【補完】 (名・他) 보완(補完). ‖補完的機能 보완적 기능.
ぽかん ❶ [頭などを打つ] ‖ぽかんと殴る 꽉 쥐어박다. ❷ [ぼんやりする] ‖ぽかんと口を開けたままで 입을 떡 하니 벌린 채다.
ぼき【簿記】 부기(簿記).
ぽきぽき 뚝뚝. ‖枝をぽきぽき(と)へし折る 가지들 뚝뚝 부러뜨리다.
ほきゅう【補給】 (名・他) 보급(補給). ‖弾薬を補給する 탄약을 보급하다.
ほきょう【補強】 (名・他) 보강(補強). ‖戦力の補強 전력 보강. ◆補強工事 보강 공사.
ほきん【保菌】 보균(保菌). ◆保菌者 보균자.
ぼきん【募金】 (名・自) 모금(募金). ◆募金活動 모금 활동.
ぼく【僕】 나; 「僕」의. ‖僕は行けないから 난 못 가. 僕にも少しちょうだい 나한테도 좀 줘. 僕の本 내 책.
ほくい【北緯】 북위(北緯).
ほくおう【北欧】 북구(北歐).
ボクサー【boxer】 복서.
ぼくし【牧師】 목사(牧師).
ほくじょう【北上】 북상(北上).
ぼくじょう【牧場】 목장(牧場).
ほくしん【北進】 북진(北進).
ボクシング【boxing】 복싱; 권투(拳鬪).
ほぐす【解す】 ❶ [魚の身などを] 바르다. ‖魚の身をほぐす 생선 살을 바르다. ❷ 풀다. ‖気분をほぐす 기분을 풀다. 体をほぐす 몸을 풀다.
ほくせい【北西】 북서(北西); 북서쪽.
ぼくせき【木石】 목석(木石).
ぼくそう【牧草】 목초(牧草). ◆牧草地 목초지.
ほくたん【北端】 북단(北端). ‖島の北端 섬의 북단.
ぼくちく【牧畜】 목축(牧畜). ◆牧畜業 목축업.
ほくとう【北東】 북동(北東); 북동쪽.
ぼくとう【木刀】 목도(木刀).
ほくとしちせい【北斗七星】 북두칠성(北斗七星).
ほくぶ【北部】 북부(北部).
ほくべい【北米】 북미(北美).
ほくほく ❶ [得をしてうれしい] ‖ほくほく顔 좋아서 어쩔 줄 몰라 하는 얼굴. ❷ [水気が少ない物] ‖ほくほくのふかし芋 맛있어 보이는 찐 고구마.
ほくほくせい【北北西】 북북서(北北西).
ほくほくとう【北北東】 북북동(北北東).
ぼくめつ【撲滅】 (名・他) 박멸(撲滅). ‖害虫を撲滅する 해충을 박멸하다.
ほくよう【北洋】 북양(北洋); 북해(北海).

ほぐれる【解れる】 풀리다. ‖結び目がほぐれる 매듭이 풀리다. 肩のこりがほぐれる 어깨 결리는 것이 풀리다.
ほくろ【黒子】 점(點).
ほげい【捕鯨】 포경(捕鯨); 고래잡이.
ぼけい【母系】 모계(母系). ◆母系社会 모계 사회.
ぼけい【母型】 모형(母型).
ほけつ【補欠】 보결(補缺). ‖補欠で合格する 보결로 합격하다. ◆補欠選挙 보결 선거.
ぼけつ【墓穴】 묘혈(墓穴). ‖墓穴を掘る 묘혈을 파다.(慣)
ぽけっと 멍하니, 멍청하게. ‖ぽけっとしていないで勉強しなさい 멍하니 있지 말고 공부해라.
ポケット【pocket】 주머니; 포켓. ‖ポケットに両手を入れて歩く 주머니에 양손 넣고 걷다.
ぼける【惚ける】 ❶ 둔해지다; 망령(妄靈)이 들다. ‖まだぼける年でもないのに 아직 망령이 들 나이도 아닌데. ❷ 흐려지다. ‖輪郭がぼける 윤곽이 흐려지다.
ほけん【保健】 보건(保健). ◆保健師 보건사. 保健所 보건소.
*ほけん【保険】 보험(保險). ‖保険をかける 보험을 들다. 生命保険に加入する 생명 보험에 가입하다. 保険を解約する 보험을 해약하다. その損害は保険で処理된(処理)되었다. ◆保険金 보험금. 保険料 보험료.
ほご【反故】 못쓸것. ▶反故にする ① [駄目にする] 못 쓰게 만들다. 쓸모 없이 만들다. ‖原稿用紙を何枚もほごにする 원고지를 몇 장이나 버리다. ② [取り消す] 파기하다. 취소하다. ‖中立条約を反故にする 중립 조약을 파기하다.
*ほご【保護】 (名・他) 보호(保護). ‖自国民を保護する 자국민을 보호하다. 森林を保護する 삼림을 보호하다. 迷子を保護している미아를 맡고 있다. ◆保護関税 보호 관세. 保護者 보호자. 保護色 보호색. 保護貿易 보호 무역.
ほご【補語】 보어(補語).
ぼご【母語】 모어(母語).
ほこう【歩行】 보행(步行). ◆歩行器 보행기. 歩行者 보행자.
ほこう【補講】 보강(補講).
ぼこう【校校】 모교(母校).
ぼこく【母国】 모국(母國). ◆母国語 모국어.
ほこさき【矛先】 ‖ 槍끝. ❶ (攻撃の) 방향(方向). ‖非難の矛先を向ける 비난의 화살을 돌리다.
ぼこぼこ ❶ 보글보글. ‖ぼこぼこ(と)が湧き出る 물이 보글보글 솟아나다. ❷ [でこぼこしている] ‖底がぼこぼこな鍋 바닥이 우둘투둘한 냄비. ぼこぼこにす

ほこらい【誇らい】 자랑스럽다. ∥入選して誇らしい気持ちになる 입선해서 자랑스러운 기분이 되다. 受賞を誇らしく思う 수상을 자랑스럽게 생각하다.

ほこり【埃】 먼지. ∥ほこりが立つ 먼지가 일다. たたけばほこりが出る本 때리면 먼지가 나는 책.

ほこり【誇り】 자랑; 긍지; 자긍심(自矜心). ∥誇りに思う 자랑으로 생각하다. 誇り高き人 긍지가 강한 사람.

ほこりっぽい【埃っぽい】 먼지가 많다. ∥ほこりっぽい部屋 먼지가 많은 방.

ほこる【誇る】 자랑하다; 뽐내다; 자만(自慢)하다. ∥才を誇る 재능을 뽐내다.

ほころび【綻び】 (縫い合わせなどが)터짐. ∥綻びを繕う 터진 자리를 깁다.

ほころびる【綻びる】 ❶(縫い合わせなどが)터지다. ∥袖つけがほころびる 소매 이음 부분이 터지다. ❷(つぼみが)벌어지다. ❸(表情が)부드러워지다; 웃음을 띠다. ∥口元がほころびる 입가에 웃음을 띠다.

ほころぶ【綻ぶ】 ❶(つぼみが)벌어지다. ❷(表情が)부드러워지다; 웃음을 띠다.

ほさ【補佐】 〘する〙 보좌(補佐). ∥補佐役 보좌역.

ぼさつ【菩薩】 보살(菩薩).

ぼさっと ∥ぼさっとしていないで早く仕事にかかれ 멍청하게 있지 말고 빨리 일해라.

ぼさぼさ ∥ぼさぼさの髪 부스스한 머리.

*__ほし【星】__ ❶별. ❷夜空に星がまたたく 밤하늘에 별이 빛나다. 星の数はまるで星ほど多い있다. ❷작은 점(點)·별모양(模樣)의 기호(記號)〈☆〉. ❸〔相撲で〕승패(勝敗)를 나타내는 흑백(黒白)의 동그라미. ∥星を落とす 시합에서 지다. ❹범인(犯人). ∥星を挙げる 범인을 검거하다. ❺운명(運命); 운세(運勢). ∥星回り 운세. 星占い 점성술(占星術). 幸運な星の下に生まれる 행운을 타고나다. ❻〔形彩〕문학界의 星 문학계의 별.

ぼし【母子】 모자(母子). ◆母子家庭 모자 가정. 母子手帳 모자 건강 수첩.

ほしい【欲しい】 ❶(갖)고 싶다. ∥新しい洋服がほしい 새 옷이 갖고 싶다. ❷…해 주었으면 좋겠다; …해 주기 바란다. ∥はっきり言ってほしい 확실히 말해 주기 바란다.

ほしがき【干し柿】 곶감.

ほしがる【欲しがる】 (갖)고 싶어하다. ∥甘い物をほしがる 단것을 먹고 싶어하다.

ほしくさ【干し草】 건초(乾草); 마른풀.

ほしくず【星屑】 밤하늘의 많은 별.

ほじくる【穿る】 ❶후비다. ❷집요(執拗)하게 캐다; 들추다. ∥過去の事をほじくる 과거 일을 들추다.

ほしぞら【星空】 별은 총총한 밤하늘.

ほしつ【保湿】 보습(保湿). ∥保湿クリーム 보습 크림.

ほしぶどう【干し葡萄】 건포도(乾葡萄).

ほしもの【干し物】 볕에 말림 또는 말린 것; 〔洗濯物〕빨래. ∥干し物をする 빨래를 말리다.

ほしゃく【保釈】 〘する〙 보석(保釈). ◆保釈金 보석금.

ほしゅ【保守】 보수(保守). ∥保守点検 보수 점검. 彼の考えは保守的だ 그 사람 생각은 보수적이다.

ほしゅ【捕手】 〔野球で〕포수(捕手).

ほしゅう【補修】 〘する〙 보수(補修). ∥堤防の補修工事 제방 보수 공사.

ほしゅう【補習】 보충 수업(補充授業). ∥補習を受ける 보충 수업을 받다.

ほじゅう【補充】 〘する〙 보충(補充). ∥人員を補充する 인원을 보충하다.

*__ほしゅう【募集】__ 〘する〙 모집(募集). ∥生徒を募集する 학생을 모집하다. ◆募集広告 모집 광고. 募集人員 모집 인원.

ほじょ【補助】 보조(補助). ∥補助を受ける 보조를 받다. ◆補助金 보조금.

ぼしょ【墓所】 묘지(墓地).

ほしょう【歩哨】 보초(歩哨).

*__ほしょう【保証】__ 〘する〙 보증(保証). ∥利益を保証する 이익을 보증하다. 彼が生きているという保証は何もない 그 사람이 살아 있다는 보증은 아무것도 없다. ◆保証期間 보증 기간. 保証金 보증금. 保証書 보증서. 保証人 보증인.

ほしょう【保障】 〘する〙 보장(保障). ∥安全을保障する 안전을 보장하다. ◆社会保障 사회 보장.

ほしょう【補償】 보상(補償). ∥補償を要求する 보상을 요구하다.

ほしょく【補色】 보색(補色).

ほす【干す】 ❶널다; 말리다. ∥洗濯物を干す 빨래를 말리다. ❷비우다. ∥杯を干す 잔을 비우다. ❸〔食事を与えない〕굶기다. ∥1日一寸 하루 종일 굶기다. ❹〔仕事を与えない〕일을 주지 않다. ∥半年ほど干されている 반 년 정도 일을 못 받고 있다.

ボス【boss】 보스. ∥暗黒街のボス 암흑가의 보스.

ポスター【poster】 포스터.

ホステス【hostess】 호스티스.

ホスト【host】 호스트. ◆ホストコンピューター 호스트 컴퓨터. ホストファミリー 호스트 패밀리.

ポスト【post】 ❶우체통(郵逓筒); 우편함(郵便函). ❷지위(地位); 부서(部

ボスニア・ヘルツェゴビナ署. ‖重要なポストにつく 중요한 지위에 있다. ❸ [サッカーなどで] 골포스트.

ボスニアーヘルツェゴビナ 【Bosnia-Herzegovina】 (国名) 보스니아헤르체고비나.

ほせい 【補正】 (全하) 보정(補正). ‖観測値を補正する 관측치를 보정하다. ◆補正予算 추가 경정 예산.

ぼせい 【母性】 모성(母性). ‖母性愛 모성애. 母性本能 모성 본능.

ぼせき 【墓石】 묘석(墓石); 묘비(墓碑).

*ほそい 【細い】 ❶ 가늘다; 좁다. ‖細い糸 가는 눈. 細い糸 가는 실. 細いズボン 통이 좁은 바지. 道が急に細くなった 길이 갑자기 좁아졌다. ❷ 작다. ‖蚊の鳴くような細い声 모깃소리 같은 작은 목소리. ❸ [やせている] 마르다. ‖細い体 마른 몸. ❹ 짧다. ‖食が細い 입이 짧다.

ほそう 【舗装】 (全하) 포장(舗装). ‖道路を舗装する 도로를 포장하다. ◆舗装工事 포장 공사. 舗装道路 포장도로.

ほそく 【補足】 (全하) 보충(補足). ‖説明を補足する 설명을 보충하다.

ぼそっと ❶ [ぼんやりしている] ‖ぼそっと立っている 멍하니 서 있다. ❷ [小声で言葉少なに話す] ‖ぼそっとつぶやく 뭐라고 중얼거리다.

ほそながい 【細長い】 가늘고 길다. ‖細長い棒 가늘고 긴 막대기. 細長い指 가늘고 긴 손가락.

ほそぼそ 【細細】 ❶ [細い様子] ‖細々(と)続く小道 끊어질 듯 이어지는 좁은 길. ❷ [辛うじて] ‖細々(と)暮らす 근근이 살아가다.

ぼそぼそ ❶ [低く小さな声で] ‖ぼそぼそ(と)話す 나지막한 목소리로 말하다. ❷ [水気がない] ‖ぼそぼそしたパン 퍼석퍼석한 빵.

ほそめる 【細める】 좁게 하다; 가늘게 하다. ‖目を細めて喜ぶ 눈을 가늘게 뜨고 좋아하다.

ほそる 【細る】 ❶ 가늘어지다. ‖ろうそくが細る 촛불이 가늘어지다. ❷ 약해지다; 줄어들다; 마르다; 짧아지다. ‖気力が細る 기력이 약해지다. 身が細る思いが 몸이 줄어드는 듯한 느낌. 食が細る 입이 짧아지다.

ほぞん 【保存】 (全하) 보존(保存). ‖史跡を保存する 사적을 보존하다. 塩に漬けて保存する 소금에 절여 보존하다.

ポタージュ 【potage】 포타주.

ぼたい 【母体】 모체(母體).

ぼたい 【母胎】 모태(母胎).

ボダイジュ 【菩提樹】 보리수(菩提樹).

ほだされる 【絆される】 [情に] 얽매이다; 끌리다. ‖情にほだされて金を貸してやった 정에 끌려 돈을 빌려 주었다.

ホタテガイ 【帆立貝】 가리비.

ぽたぽた ‖ぽたぽた(と)天井から雨漏りした天장에서 빗물이 뚝뚝 떨어지다.

ぼたもち 【牡丹餠】 [찹쌀과 멥쌀로 만든 떡에 팥소 등을 뿌린 것.

ホタル 【蛍】 개똥벌레; 반디.

ボタン 【牡丹】 모란(牡丹).

ボタン 【botão ざ】 ❶ 단추. ‖ボタンをかける 단추를 채우다. ボタンホール 단춧구멍. ❷ [スイッチボタン] 스위치. ‖呼び鈴のボタンを押す 초인종을 누르다.

ぼたんゆき 【牡丹雪】 함박눈.

ぼち 【墓地】 묘지(墓地). ◆共同墓地 공동묘지.

ぼちぼち 슬슬. ‖ぼちぼち始めようか 슬슬 시작할까?

ぼちゃぼちゃ ❶ 첨벙첨벙. ‖川岸でぼちゃぼちゃと水遊びをする 강가에서 첨벙첨벙 물놀이를 하다. ❷ [ふっくらとした様子] ‖色白のぼちゃぼちゃとした女性 피부가 하얗고 포동포동한 여자.

ほちょう 【歩調】 보조(歩調); 발걸음. ‖歩調を合わせる 보조를 맞추다. 歩調を速める 발걸음을 빨리 하다.

ほちょうき 【補聴器】 보청기(補聴器).

ぼっ 【没】 ❶ 죽음. 1900년 没 천구백년 몰. ❷ [原稿などを] 채용(採用)하지 않음. ‖記事を没にする 기사를 채용하지 않다.

ぼつ 【点】 작은 점(點).

ぼっか 【牧歌】 목가(牧歌). ‖牧歌的な風景 목가적인 풍경.

ぼっかり ❶ [軽く浮かんでいる] 둥실둥실. ‖ぼっかり(と)浮かんだ白い雲 둥실 떠 있는 흰 구름. ❷ [大きな穴があいている] 뻥. ‖道路に大きな穴がぼっかり(と)あいている 도로에 큰 구멍이 뻥 뚫려 있다. ❸ [口を大きくあける] 쩍. ‖口をぼっかりあける 입을 쩍 벌리고 있다.

ほっき 【発起】 (全하) 발기(發起). ◆発起人 발기인.

ほつぎ 【発議】 (全하) 발의(發議). ‖条約改正を発議する 조약 개정을 발의하다.

ぼっき 【勃起】 (全하) 발기(勃起).

ほっきょく 【北極】 북극(北極). ◆北極熊 북극곰. 北極圏 北極圈.

ぽっきり ❶ 뚝; 툭. ‖杖がぽっきり(と)折れた 지팡이가 뚝 하고 부러졌다. ❷ [それだけ] 겨우… 뿐임. ‖持っていたのは千円ぽっきりだった 가진 돈은 겨우 천엔뿐이었다.

ホック 【hook】 호크.

ぽっくり 덜컥. ‖ぽっくり逝く 덜컥 죽다.

ホッケー 【hockey】 하키.

ぼつこうしょう 【没交渉】 교섭(交渉)이 없음; 접촉(接觸)이 없음; 관계(關係)를 끊음. ‖世間と没交渉の生活を送る 세상과는 관계를 끊고 생활하다.

ほっこり ‖ほっこり(と)した芋 따끈따끈한 고구마.

ほっさ 【発作】 발작(發作). ‖発作を起こ

ぼっしゅう【没収】(名他)몰수(沒收). ‖財産を没収する 재산을 몰수하다.

ほっしん【発疹】 발진(發疹).

ぼっする【没する】 ❶〔日が〕지다; 잠기다; 묻히다; 가라앉다. ‖日はすでに西に没した 해는 벌써 서쪽으로 졌다. ❷〔消える〕사라지다; 감추다; 숨다. ‖男は人込みに姿を没した 남자는 인파 속으로 사라졌다. ❸〔死ぬ〕죽다.

ほっそく【発足】(名自)발족(發足). ‖議会は10月に発足する 협의회는 시월에 발족한다.

ほっそり ‖ほっそり(と)したしなやかな指 가늘고 부드러운 손가락.

ほったらかす 방치(放置)하다; 내버려 두다. ‖仕事をほったらかして遊ぶ 일을 내버려 두고 놀다.

ほったん【発端】 발단(發端). ‖物語の発端 이야기의 발단.

-ぽっち 겨우; 고작. ‖これっぽっちでは足りない 겨우 요거로는 부족하다. ‖千円ぽっちでは少なすぎる 고작 천 엔은 너무 적다.

ホッチキス【Hotchkiss】 호치키스.

ぽっちゃり ‖ぽっちゃり(と)した女の子 오동통한 여자 아이.

ぼっちゃん【坊ちゃん】 ❶〔敬称〕아드님. ‖坊ちゃんはおいくつですか 아드님은 몇 살입니까? ❷〔世間知らず〕세상 물정(世上物情)을 모르는 남자(男子). ◆(お)坊ちゃん育ち 세상 물정도 모르고 자란 남자. ◆坊ちゃん刈り(理髪) 남자(男子) 아이의 머리 형태(形態).

ほっと ❶ 휴. ‖ほっとため息をつく 휴 하고 한숨을 쉬다. ❷〔安心して緊張の解ける様子〕‖仕事を終えてほっとする 일을 끝내고 한숨을 돌리다.

ぽっと ❶〔急に飛び出す〕‖ぽっと道路に飛び出す 갑자기 도로로 뛰어나오다. ❷〔灯火がともる〕‖ぽっと灯りがつく 전등이 반짝 들어오다. ❸〔顔がほんのり赤くなる〕‖顔をぽっと赤らめる 얼굴을 약간 붉히다.

ポット【pot】 포트. ◆コーヒーポット 커피 포트.

ぼっとう【没頭】(名自)몰두(沒頭). ‖研究に没頭する 연구에 몰두하다.

ホットケーキ【hot cake】 핫케이크.

ぽっとで【ぽっと出】 갓 상경(上京)한 촌뜨기.

ホットドッグ【hot dog】 핫도그.

ホットニュース【hot news】 핫뉴스; 최신(最新) 뉴스.

ホットライン【hot line】 핫라인.

ホップ【hop】 홉.

ポップ【pop】 ❶ 대중적(大衆的). ❷〔音楽〕팝 뮤직.

ポップコーン【popcorn】 팝콘.

ほっぺた【頰ペ辺】 볼; 뺨. ▶ほっぺたが落ちる 매우 맛있다.

ぽっぽ 모락모락. ‖頭からぽっぽと湯気を立てている 머리에서 김이 모락모락 나고 있다. ❷〔火の燃える様子〕활활. ‖ストーブの火がぽっぽと燃える 스토브의 불이 활활 타다. ❸〔体が暖まる〕따끈따끈. ‖湯上りは体がぽっぽする 목욕하고 나면 몸이 따끈따끈하다. ❹〔汽車の音〕(칙칙)폭폭.

ほっぽう【北方】 북방(北方).

ぽつぽつ ❶〔点々〕‖ではぽつぽつ出かけようか 그럼 슬슬 나가 볼까? ❷〔てんてんと〕‖にきびが顔中にぽつぽつできる 여드름이 얼굴 가득히 나다.

ぼつぼつ ❶〔物事が少しずつ行なわれていく〕‖ぼつぼつ(と)売れ出す 조금씩 팔리기 시작하다. ❷〔雨などが少しずつ落ちてくる〕‖雨がぼつぼつ(と)降り始める 비가 뚝뚝 떨어지기 시작하다. ❸〔点在する〕‖タンポポがぼつぼつと咲いている 민들레가 여기저기 피어 있다.

ぼつらく【没落】(名自)몰락(沒落). ‖貴族階級が没落する 귀족 계급이 몰락하다.

ぽつり 〔水滴などが落ちる様子〕‖ぽつりとしずくが落ちてきた 물방울이 뚝 떨어졌다. ❷〔点や小さな穴のできる様子〕‖ぽつりと穴があく 구멍이 뻥 뚫리다. ❸〔一つだけ離れてある〕우두커니. ‖ぽつりと1人座っている 우두커니 혼자 앉아 있다. ❹〔言葉少に話す〕툭.‖ぽつりと一言つぶやいた 불쑥 한마디 중얼거렸다.

ぽつりぽつり ‖ぽつりぽつり(と)人が集まってくる 사람들이 하나둘 모여들다.

ほつれ【解れ】 흐트러짐; 풀림. ◆ほつれ毛 흐트러진 머리.

ほつれる【解れる】(자하일)해지다; 풀리다. ‖袖口がほつれる 소매 끝이 해지다.

ボツワナ【Botswana】(国名) 보츠와나.

ボディー【body】 보디. ◆ボディーガード 보디가드. ボディーチェック ① 몸수색. ② (アイスホッケーの)보디체크. ボディ(ディング) 보디빌딩. ボディーライン 몸매의 곡선. ボディーゲージ 보디랭귀지.

ポテトチップ(ス)【potato chips】 포테이토칩.

ほてる【火照る】(자오단)(얼굴·몸이)화끈거리다. ‖顔が火照る 얼굴이 화끈거리다.

ホテル【hotel】 호텔. ‖どのホテルにお泊りですか 어디 호텔에 묵으십니까? ‖ロッテホテルで2泊した 롯데 호텔에서 이 박했다[두 밤 잤다].

ほてん【補塡】(名他)보전(補塡). ‖赤字を補塡する 적자를 보전하다.

*ほど【程】❶ 정도(程度); 만큼. ‖私は彼

女도 비 피아노가 우마쿠나이 나는 그녀만큼 피아노를 잘 치지 못한다. 今日은 昨日ほど 寢겠지 오늘은 어제만큼 덥지 않다. 彼女는 잠들수 없을 정도로 興奮하고 있어 그녀는 잠을 못 잘 정도로 흥분해 있었다. 500万円 정도 오백만 엔 정도. 20 명정도의 應募가 있었다 이십 명 정도의 응모가 있었다. ❷分수(分數) ‖身의 程를 弁(わきま)えない 분수를 모른다. ❸情勢(情勢)·模様(模様) ‖真偽의 ほど를確하다 진위 여부를 확인하다. ❹(時間·空間)의 사이; 쯤. ‖このほどは 大変お世話になりました 지난번에는 정말 신세 많이 졌습니다. ❺〔…にもほどがある 形으로〕…에도 한도가 있다. ‖甘えるにもほどがある 어리광부리는 데도 한도가 있다.

ほどう【歩道】 보도(歩道). ‖歩道を歩く 보도를 걷다. ‖横斷歩道 횡단보도. 歩道橋 육교.

ほどう【補導】 ⦗名⦘ 보도(補導). ‖家出少年を補導する 가출 소년을 보도하다.

ほどく【解く】 풀다. ‖小包をほどく 소포를 풀다. 縄をほどく 밧줄을 풀다.

ほとけ【仏】 ❶부처; 불상(仏像). ❷〔死者〕죽은 사람. ❸慈悲心(慈悲心)이 많은 사람.

ほどける【解ける】 풀어지다. ‖結び目がほどける 매듭이 풀어지다.

ほどこす【施す】 ❶ベ풀다. ‖恩恵を施す 은혜를 베풀다. 情を施す 온정을 베풀다. ❷行하다; 하다. ‖手術を施す 수술을 하다. 手の施しようがない 손을 쓸 도리가 없다. ❸〔装備·加工などを〕하다. ‖防水加工を施した布 방수 가공을 한 천.

ほどちかい【程近い】 (距離·期間が)가깝다; 그리 멀지 않다. ‖彼の家から程近い所に新居を構える 역에서 그리 멀지 않은 곳에 새 보금자리를 마련하다.

ほどとおい【程遠い】 (距離·期間が)멀다. ‖完成までには程遠い 완성되기가지는 아직 멀었다.

ほどなく【程無く】 곧; 금방(今方); 머지않아. ‖ほどなくして戻ってきた 금방 돌아왔다.

ほとばしる【迸る】 세차게 내뿜다. ‖鮮血がほとばしる 선혈을 내뿜다.

ほとほと【殆】 정말; 아주; 무척. ‖ほとほと困り果てる 정말 난감하다. ‖ほとほと愛想がつきた 정말 정나미가 떨어졌다.

ほどほど【程程】 적당(適當)히; 정도(程度)껏. ‖何事もほどほどが大事だ 무슨 일이든지 정도껏 하는 것이 중요하다.

ほとぼり【熱り】 ❶열기(熱氣). ❷感激의 ほとぼり 감격의 열기. ❷〔事件などに 対する〕사람들의 관심(關心)이. ‖ほとぼりが冷めるまで姿を隠す 사람들의 관심이 식을 때까지 모습을 감추다.

ボトムアップ【bottom up】 ⦗経⦘ 보텀업.

ほどよい【程好い】 적당(適當)하다. ‖程よい温度 적당히 적당한 온도.

ほとり【辺】 가; 옆; 부근(附近). ‖川のほとり 강가. 池のほとり 호숫가.

ぽとり 뚝. ‖ドングリの実がぽとりと地面に落ちる 도토리가 땅에 뚝 떨어지다.

ボトル【bottle】 병(瓶).

ほとんど【殆ど】 거의; 대부분(大部分). ‖ほとんど終わりました 거의 끝났습니다. それはほとんど不可能だ 그것은 거의 불가능하다. 会員のほとんどが賛成した 회원 대부분이 찬성하다.

ぼにゅう【母乳】 모유(母乳).

ほにゅうどうぶつ【哺乳動物】 포유 동물(哺乳動物).

ほにゅうびん【哺乳瓶】 젖병.

ほにゅうるい【哺乳類】 포유류(哺乳類).

*__ほね__【骨】 ❶뼈. ‖骨が太い 뼈가 굵다. 骨が折れる 뼈가 부러지다. ❷〔芯〕틀이 되는 재료(材料). ‖傘の骨 우산대. ❸핵심(核心); 중심(中心). ‖骨になる사람이 없는 중심이 될 사람이 없다. ❹기골(氣骨) ‖骨が折れる 고생을 하다. 骨と皮になる 피골이 상접하다. ▶骨の髄までしゃぶる 철저하게 이용하다. ▶骨を埋める 거기서 죽다. ❷한 일에 평생을 바치다. ▶骨を折る 애쓰다. 전력을 다하다.

ほねおしみ【骨惜しみ】 ‖骨惜しみする 꾀를 부리다. 게으름을 피우다.

ほねおり【骨折り】 열심(熱心)히 일함; 고생(苦生)함. ▶骨折り損のくたびれ儲け 헛수고만 함.

ほねおる【骨折る】 애쓰다; 전력(全力)을 다하다. ‖教え子の就職に骨折る 제자의 취직에 애쓰다.

ほねぐみ【骨組み】 골격(骨格); 골자(骨子); 뼈대. ‖建物の骨組み 건물의 뼈대. 計画の骨組み 계획의 골자.

ほねつぎ【骨接ぎ】 접골(接骨).

ほねっぽい【骨っぽい】 ❶가시가 많다. ‖骨っぽい魚 가시가 많은 생선. ❷신념(信念)이 있다; 기골(氣骨)이 있다. ‖骨っぽいところのある男 기골이 있는 남자.

ほねぬき【骨抜き】 ❶〔信念などをなくさせる〕신념(信念)이나 주장(主張) 등을 없앰. ❷〔뼈가 없이〕알맹이가 없음. ‖法案は骨抜きにされた 법안은 골자가 빠져버렸다.

ほねぶとく【骨太】 ❶뼈가 굵다. ‖骨太な指 굵은 손가락. ❷しっかりした신념(信念)·주장(主張)이 있다.

ほねみ【骨身】 骨·肉. ▶骨身にこたえる 뼛골에 사무치다. ⦗俗⦘ 寒さが骨身にこたえる 추위가 뼛속까지 사무치다. ▶骨身を

ほねやすめ【骨休め】‖骨休めする 쉬다; 骨休めに温泉に行く 쉬러 온천에 가다.

ほのお【炎】불꽃; 불길. ‖炎に包まれる 불길에 휩싸이다.

ほのか【仄か】ダ 흐릿하다; 희미(稀微)하다; 어렴풋하다. ‖ほのかな光 희미한 불빛.

ほのぼの【仄仄】❶[ほのかに明るい]ほのぼのと夜が明ける 어슴푸레하게 날이 새다. ❷[心があたたまる]ほのぼのとした 따뜻한 따듯한 우정.

ほのめかす【仄めかす】 넌지시 비추다; 풍기다. ‖引退をほのめかす 은퇴 의사를 비추다.

ほはば【歩幅】보폭(歩幅).

ぼはん【母斑】모반(母斑).

ぼひ【墓碑】묘비(墓碑). ◆墓碑銘 묘비명.

ポピー【poppy】양귀비(楊貴妃).

ポプラ【poplar】포플러.

ほぼ【略】 거의; 대체(大體)로; 대충. ‖ほぼ読み終わった 거의 다 읽었다. 大学まではほぼ10キロだ 대학교까지는 거의 십 킬로이다.

ほぼ【保母】보모(保姆).

ほほえましい【微笑ましい】 흐뭇하다. ‖微笑ましい光景 흐뭇한 광경.

ほほえむ【微笑む】 미소(微笑) 짓다. ‖かすかに微笑む 살짝 미소 짓다.

ほまれ【誉れ】명예(名譽); 자랑. ‖彼はわが校の誉れだ 그 사람은 우리 학교의 자랑이다.

ほめそやす【誉めそやす】 격찬(激讚)하다; 칭찬(稱讚)하다. ‖口々にほめそやす 입을 모아 칭찬하다.

ほめちぎる【誉めちぎる】 절찬(絶讚)하다. ‖最高の演奏だとほめちぎる 최고의 연주라고 절찬하다.

***ほめる**【誉める】 칭찬(稱讚)하다. ‖彼の勇気を皆がほめた 그 사람의 용기가 다들 칭찬했다. よく頑張ったとほめられる 열심히 했다고 칭찬받다.

ホモ【←homosexual】 호모; 게이.

ホヤ【海鞘】 멍게; 우렁쉥이.

ぼや【小火】 작은 화재(火災).

ぼやかす 얼버무리다. ‖返事をぼやかす 대답을 얼버무리다.

ぼやける 흐릿해지다; 흐려지다; 멍해지다. ‖ものがぼやけて見える 사물이 흐릿하게 보이다. 論点がぼやける 논점이 흐려지다.

ほやほや ❶[できたばかり]‖できたてほやほやのパン 갓 만들어 따끈따끈한 빵. ❷[間もない]막 …한; 갓 …한. ‖新婚ほやほやだ 갓 결혼한 신혼이다.

ぼやぼや ‖ぼやぼやするな, 早く行け 멍하게 있지 마, 빨리 가.

ほゆう【保有】 (する) 보유(保有)하다. ◆核保有国 핵보유국. 保有量 보유량.

ほよう【保養】 (する) 보양(保養)하다. ‖目の保養をする 눈요기를 하다. ◆保養地 보양지.

ほら 자; 이봐. ‖ほら, 見てごらん 자, 이것 봐.

ほら【法螺】 허풍(虛風). ‖ほらを吹く 허풍을 치다. 〔慣〕

ボラ【鯔】 숭어.

ホラー【horror】 공포(恐怖). ‖ホラー小説 공포 소설.

ほらあな【洞穴】 동굴(洞窟).

ホラガイ【法螺貝】❶[魚介類] 소라고둥. ❷[笛] 소라고둥 껍질로 만든 나팔(喇叭).

ほらふき【法螺吹き】 허풍쟁이.

ポラロイドカメラ【←Polaroid Land Camera】 폴라로이드 카메라.

ボランティア【volunteer】 자원 봉사자(自願奉仕者). ‖ボランティア活動 봉사 활동.

ほり【彫り】 팜; 판 모양(模樣). ‖彫りの深い顔 윤곽이 뚜렷한 얼굴.

ポリープ【polyp】 폴립.

ポリウレタン【Polyurethan ド】 폴리우레탄.

ポリエステル【polyester】 폴리에스테르.

ポリオ【polio】 소아마비(小兒痲痺).

ほりおこす【掘り起こす】 ❶ 일구다. ‖畑を掘り起こす 밭을 일구다. ❷ 파내다. ‖木の根を掘りおこす 나무 뿌리를 파내다. ❸ 발굴(發掘)하다. ‖人材を掘りおこす 인재를 발굴하다.

ほりさげる【掘り下げる】 깊이 파다; 깊이 생각하다. ‖掘り下げて考える 깊이 파고 들어 생각하다.

ほりだしもの【掘り出し物】 우연(偶然)히 입수(入手)한 진귀(珍貴)한 물건; 싸게 산 물건. ‖骨董店で掘り出し物を見つける 골동품 가게에서 우연히 진귀한 물건을 찾아내다.

ほりだす【掘り出す】 ❶ 파내다. ‖石を掘り出す 돌을 파내다. ❷[偶然に] 귀중(貴重)한 물건을 손에 넣다(入手하다); 싸게 사다. ‖古本屋で珍本を掘り出す 헌책방에서 귀한 책을 입수하다.

ポリタンク【poly+tank ド】 폴리에틸렌 용기(容器).

ボリビア【Bolivia】【国名】 볼리비아.

ポリぶくろ【ポリ袋】 폴리에틸렌으로 만든 얇은 봉지.

ぽりぽり ❶[かみ砕く音]‖ぽりぽり(と) せんべいを食べる 오도독거리며 과자를 먹다. ❷[つめで皮膚などをひっかく音] 북북.

ぼりぼり 오도독오도독. ‖炒り豆をぼりぼり(と)食べる 볶은 콩을 오도독오도독 씹어 먹다.

ほりもの【彫り物】 ❶ 조각품(彫刻品).

❷〔入れ墨〕문신(文身).

ほりゅう【保留】 [名하] 보류(保留). ‖態度を保留する 태도를 보류하다. 結論は次の会議まで保留にしよう 결론은 다음 회의 때까지 보류하자.

ボリューム【volume】 ❶ 분량(分量); 양. ‖ボリュームのある料理 양이 많은 요리. ❷ 음량(音量). ‖すごいボリュームでラジオをかける 엄청난 볼륨으로 라디오를 틀다.

ほりょ【捕虜】 포로(捕虜). ‖捕虜になる 포로가 되다.

ほる【彫る】 ❶ 조각(彫刻)하다. ‖仏像を彫る 불상을 조각하다. ❷ (入れ墨を)새기다.

***ほる【掘る】** ❶ 파다. ‖穴を掘る 구멍을 파다. 井戸を掘る 우물을 파다. 庭を掘る 정원을 파다. ❷ 캐다. ‖ジャガイモを掘る 감자를 캐다.

ぼる 폭리(暴利)를 취하다; 바가지를 씌우다. ‖海外でぼられる 해외에서 바가지를 쓰다.

ボルト【volt】 …볼트.

ボルト【bolt】 볼트. ‖ボルトを締める 볼트를 죄다.

ポルトガル【Portugal】 《国名》 포르투갈.

ホルモン【Hormon ド】 호르몬.

ホルン【Horn ド】 호른.

ほれこむ【惚れ込む】 홀딱 반하다; 푹 빠지다. ‖彼の人柄に惚れ込んだ 그 사람의 사람됨에 홀딱 반했다.

ほれぼれ【惚れ惚れ】 ‖ほれぼれするような声で歌う 반할 정도로 매력적인 목소리로 노래하다.

ほれる【惚れる】 반하다. ‖一目惚れする 첫눈에 반하다. 聞き惚れる 넋을 놓고 듣고 있다.

ボレロ【bolero ス】 ❶ (舞曲の)볼레로. ❷〔上着〕여성용 상의(女性用上衣).

ぼろ【襤褸】 ❶ 누더기. ‖ぼろをまとう 누더기를 걸치다. ❷ 결점(缺點); 약점(弱點). ‖あまりしゃべるとぼろが出る 너무 떠들면 약점이 드러난다. ❸ 오래된 것; 낡은 것; 고물(古物). ‖ぼろの自転車 고물 자전거.

ポロ【polo】 폴로.

ほろにがい【ほろ苦い】 씁쓸하다. ‖ほろ苦い思い出 씁쓸한 추억.

ポロネーズ【polonaise フ】 폴로네즈.

ほろびる【滅びる】 멸망(滅亡)하다; 망하다; (一族が)끊어지다. ‖国が滅びる 나라가 망하다.

ほろぼす【滅ぼす】 멸망(滅亡)시키다; 망치다. ‖身を滅ぼす 신세를 망치다.

ぼろぼろ ❶〔涙などがこぼれ落ちる〕‖ぼろぼろ(と)涙を流す 눈물을 줄줄 흘리다. ❷〔水分や粘りけがない〕 ‖ぼろぼろ(と)したご飯 퍼석퍼석한 밥. ❸〔事実やうそなどが露見する〕‖過去の悪事がぼろぼろ(と)明るみに出る 과거에 나쁜 짓을 한 것들이 이것저것 드러나다. ❹ (ものが)상당(相當)히 낡고 해진 모양(模樣). ‖ぼろぼろの洋服 너덜너덜한 양복. ❺ (心身が)몹시 지쳐 있는 모양. ‖身も心もぼろぼろになる 심신이 만신창이가 되다.

ぽろぽろ 주르르. ‖涙がぽろぽろ(と)頬を伝う 눈물이 주르르 흘러내리다.

ぼろもうけ【ぼろ儲け】 ‖ぼろ儲けする 왕창 벌다.

ほろよい【ほろ酔い】 조금 취(醉)함.

ほろり ‖観客をほろりとさせる感動的なシーン 관객들의 눈시울을 적시게 하는 감동적인 장면.

ぽろり ❶ 뚝; 찔끔. ‖涙がぽろりと落ちる 눈물이 뚝 떨어지다. ❷ 쏙; 툭. ‖歯がぽろりと抜ける 이가 쏙 빠지다. ボールをぽろりと取り落とす 공을 툭 떨어뜨리다. ❸〔うっかりと〕‖ぽろりと本音を漏らす 무심결에 본심을 드러내다.

ホワイトカラー【white-collar】 화이트칼라.

ホワイトソース【white sauce】 화이트소스.

ホワイトデー【white＋day 日】 화이트데이.

ホワイトボード【white board】 화이트보드.

ほん【本】 ❶ 책(册). ‖本を読む 책을 읽다. 本を出す 책을 내다. 本を5冊注文する 책을 다섯 권 주문하다. 歴史の本 역사 책. 料理の本 요리 책. 釣りに関する本 낚시에 관한 책. ❷〔本…の形で〕본(本)…; 이…. ‖本事件 이 사건. ❸〔細長いものを数える単位〕…개(個). ‖棒が3本 막대기가 세 개. ❹〔映画の作品を数える単位〕…편(篇). ‖韓国映画3本 한국 영화 세 편. ❺〔勝負の回数を数える単位〕…판. ‖三本勝負 삼판 승부.

ぼん【盆】 쟁반(錚盤). ‖盆に載せて運ぶ 쟁반에 담아 나르다.

ほんい【本位】 본위(本位). ‖自分本位にものを考える 자기 본위로 사물을 생각하다. ♦本位貨幣 본위 화폐.

ほんい【本意】 본의(本意). ‖本意ではない 본의는 아니다.

ぼんおどり【盆踊り】 [説明] 백중(百中)날 밤에 많은 남녀(男女)들이 모여서 추는 윤무(輪舞).

ほんかく【本格】 본격(本格). ♦本格化 [名하] 본격화. 本格的 본격적. 工事が本格的に始まる 공사가 본격적으로 시작되다. 本格派 본격파.

ほんかん【本館】 본관(本館).

ポンカン【椪柑】 귤(橘)의 일종(一種).

ほんき【本気】 진지(眞摯)한 마음; 본심(本心); 진심(眞心); 진짜; 제정신(精神). ‖本気で言う 진심으로 말하

ほんぎ【本義】 본의(本義).

ほんぎまり【本決まり】 본결정. ∥本決まりになる 정식으로 결정되다.

ほんぎゅう【本給】 본봉(本俸).

ほんきょ【本拠】 본거지(本據地). ∥東京に本拠を置く 도쿄에 본거지를 두다.

ほんぎょう【本業】 본업(本業).

ぼんくら 바보같다; 멍청하다. ∥ぼんくらな男 멍청한 남자.

ぼんくれ【盆暮れ】 백중(百中)과 연말(年末).

ほんけ【本家】 본가(本家); 원조(元祖).

ボンゴ【bongo】 (楽器)의 봉고.

ほんごく【本国】 본국(本国).

ほんごし【本腰】 ∥本腰を入れる 본격적으로 시작하다.

ぽんこつ 쓸모없는 것; 다 망가진 것.

ほんさい【本妻】 본처(本妻); 본마누라.

ぼんさい【盆栽】 분재(盆栽).

ほんしつ【本質】 본질(本質). ∥日本文化の本質 일본 문화의 본질. 問題の本質を理解する 문제의 본질을 이해하다. **本質的** 본질적. 본질적인 문제.

ほんじつ【本日】 오늘. ∥本日開店 오늘 개점.

ほんしゃ【本社】 본사(本社).

ほんしゅつ【奔出】 (をする) 분출(奔出).

ホンジュラス【Honduras】(国名) 온두라스.

ほんしょう【本性】 본성(本性). ∥本性を暴露する 본성을 폭로하다.

ほんしょく【本職】 ❶ 본업(本業). ❷ 전문가(専門家); 프로.

ほんしょごせん【本初子午線】 본초자오선(本初子午線).

ほんしん【本心】 본심(本心). ∥本心を明かす 본심을 밝히다.

ぼんじん【凡人】 범인(凡人); 보통(普通) 사람. ∥我々凡人には思いつかぬと 우리 같은 범인으로서는 생각할 수 없는 일.

ポンず【ポン酢】 등자즙(橙子汁).

ほんすう【本数】 ❶ 개수(個数). ∥鉛筆の本数を数える 연필 개수를 세다. ❷ 편수(便数). ∥バスの本数 버스 편수.

ほんすじ【本筋】 본론(本論); 중심(中心)이 되는 것. ∥話の本筋に戻る 이야기의 본론으로 돌아오다.

ほんせき【本籍】 본적(本籍).

ほんせん【本選】 본선(本選). ∥本選に進出する 본선에 진출하다.

ほんそう【奔走】 (をする) 분주(奔走).

ほんたい【本体】 ❶ (機械などの) 본체(本體). ❷ 정체(正體). ∥本体を現わす 정체를 드러내다. ❸ 〔哲学で〕 현상(現象)의 배후(背後)에 있는 실체(實體). ❹ 〔仏教〕 본존(本尊).

ほんたい【本隊】 본대(本隊).

ほんだい【本題】 본제(本題); 주제(主題). ∥本題に入る 본제로 들어가다.

ほんたて【本立て】 책꽂이.

ほんだな【本棚】 책장(冊欌).

ぼんち【盆地】 분지(盆地). ◆奈良盆地 나라 분지.

ほんちょうし【本調子】(説明) 정상적(正常的)인 상태(狀態); 본궤도(本軌道). ∥本来(本來)のペース. ❷ 1회말부터 야구 그 회전부터 겨우 자신의 페이스를 찾는다.

ほんてん【本店】 본점(本店).

ほんど【本土】 본토(本土). 〔日本列島の本州〕 혼슈.

ボンド【bond】 ❶〔接着剤〕 본드. ❷ 증권(證券).

ぽんと ❶ 탁; 뻥. ∥彼に肩をぽんと叩かれた 그 사람이 내 어깨를 탁 쳤다. ボールをぽんと蹴る 공을 뻥 차다. ❷ 펑. ∥夜空にぱんと花火が上がる 밤하늘에 불꽃이 펑 하고 오른다. ❸ 팍. ∥ごみ箱にぽんと投げ入れる 쓰레기통에 팍 집어던진다. ❹ 척. ∥大金をぽんと寄付する 거금을 척 기부한다.

ポンド【pound】 …폰드.

***ほんとう**【本当】 ❶ 진실(眞實); 사실(事實); 진짜. ∥本当のことを言う 사실을 말하다. その話は本当だ 그 이야기는 진짜다. 本当にうれしい 정말로 기쁘다. ❷ 당연(當然)함; 정상(正常)임. ∥代理でなく本人が来るのが本当だ 대리인이 아니라 본인이 오는 게 당연하다. 体が本当ではない 몸이 정상이 아니다.

ほんにん【本人】 본인(本人). ∥本人の印が必要です 본인 도장이 필요합니다.

ほんね【本音】 본심(本心). ∥本音を吐く 본심을 토로하다.

ボンネット【bonnet】 (車の) 보닛.

ほんの 작은; 변변찮은; 정말; 불과(不過). ∥ほんの少し食べる 정말 조금 먹다. 兵士はほんの子どもだった 병사는 어린아이에 불과했다. 歩いてほんの2,3分 걸어서 불과 이삼 분.

ほんのう【本能】 본능(本能). ∥死に対する本能的恐れ 죽음에 대한 본능적인 공포. ◆母性本能 모성 본능.

ぼんのう【煩悩】 번뇌(煩惱). ∥百八煩悩 백팔 번뇌.

ほんのり 어슴푸레. ∥ほんのり(と)東の空が白んできた 어슴푸레 동이 터 왔다.

ほんば【本場】 본고장. ∥ファッションの

本場 패션의 본고장.

ほんばん【本番】 본경기(本競技); 실전(實戰). ∥本番に強い 실전에 강하다.

ほんぶ【本部】 본부(本部). ◆搜査本部 수사 본부.

ポンプ【pompネ】 펌프. ∥ポンプで水をくみ上げる 펌프로 물을 길어 올리다.

ほんぶん【本文】 본문(本文).

ほんぶん【本分】 본분(本分). ∥学生の本分 학생의 본분.

ボンベ【Bombeド】 봄베. ∥ガスボンベ 가스봄베.

ほんぽ【本舖】 본점(本店).

ほんぽう【奔放】∥ 분방(奔放)하다. ∥自由奔放な生き方 자유분방한 생활 태도.

ほんぽう【本俸】 본봉(本俸); 기본급(基本給).

ぼんぼり【雪洞】 〔服飾〕 나무틀에 종이를 바른 작은 등(燈).

ぼんぼん 〔坊ちゃん〕도련님; 철부지; 세상 물정(世上物情)을 모르는 젊은 남자(男子). ∥ぼんぼん育ち 세상 물정을 모르고 자란 남자.

ボンボン【bonbonフ】 봉봉.

ぽんぽん ❶팡팡. ∥花火がぽんぽん(と)上がる 불꽃이 팡팡 터지다. ❷〔威勢のいい様子〕∥商品がぽんぽん(と)売れる 상품이 마구 팔리다.

ほんまつ【本末】 본말(本末). ◆本末転倒 본말 전도.

ほんみょう【本名】 본명(本名).

ほんめい【本命】 ❶(競馬などの)우승 후보 (優勝候補). ❷〔有力視されている人〕가장 유력(有力)한 사람.

ほんもう【本望】 ❶숙원(宿願). ∥本望を遂げる 숙원을 이루다. ❷만족(滿足); 흡족(洽足). ∥出場できただけで本望です 출장할 수 있게 된 것만으로도 만족합니다.

ほんもの【本物】 ❶진짜. ∥本物の真珠 진짜 진주. 本物と偽物 진짜와 가짜. ❷실물(實物). ∥本物と同じ大きさに作る 실물과 같은 크기로 만들다. ❸본격적(本格的)임; 실력(實力)을 갖추고 있음; 제대로 된 것. ∥あの人の絵は本物だ 저 사람의 그림은 제대로 된 것이다.

ほんや【本屋】 책방(冊房); 서점(書店). ∥本屋に寄る 책방에 들르다.

*ほんやく【翻譯】 (名ㆍ하) 번역(翻譯). ∥トルストイの小說を翻譯する 톨스토이의 소설을 번역하다. 翻譯調の文章 번역조의 문장. ◆機械翻譯 기계 번역. 翻譯家 번역가. 翻譯者 번역자. 翻譯書 번역서. 翻譯ソフト 번역 소프트.

*ぼんやり ❶어렴풋하게. ∥ぼんやりした思い出 어렴풋한 추억. ❷멍하니; 멍청히. ∥ぼんやり(と)暮らす 멍하니 지내다. ぼんやりしていて違う電車に乗ってしまった 멍하니 있다가 다른 전철을 타 버렸다.

ほんらい【本來】 본래(本來); 원래(元來). ∥本來の姿に戻る 본래의 모습으로 돌아오다. 本來ならば挨拶に伺わなくてはならないのですが 원래대로 하면 [보통이라면] 인사를 드리러 찾아뵙지 않으면 안 되는데.

ほんりゅう【本流】 본류(本流); 주류(主流).

ほんりょう【本領】 본래(本來)의 특징(特徵); 진가(眞價). ∥本領を發揮する 진가를 발휘하다.

ほんるい【本壘】 ❶〔野球で〕홈. ∥本壘打を打つ 홈런을 치다. ❷근거지(根據地); 본거지(本據地). ∥本壘を陷れる 적의 근거지를 함락시키다.

ほんろう【翻弄】 (하) 농락(籠絡)하다. ∥敵を翻弄する 적을 농락하다.

ほんろん【本論】 본론(本論). ∥本論に入る 본론으로 들어가다.

ほんわか ∥ほんわか(と)したムード 온화한 분위기.

ま

ま 음; 아. ∥ま、しょうがないか 음, 할 수 없지.

ま【真】 정말; 진실(眞實). ∥真に受ける 곧이 듣다. 정말로 받아들이다. ◆真心 진심.

*ま【間】** ❶【空間】사이; 틈; 간격(間隔). ∥一定の間を置いて木を植える 일정한 간격을 두고 나무를 심다. ❷【時間】시간(時間). ∥出発までに少し間がある 출발하기까지 조금 시간이 있다. この土地に来てまだ間がない 이곳에 온 지 얼마 되지 않았다. ❸…칸(짜리). ∥三間の家 세 칸짜리 집. ▶間が抜ける 얼이 빠지다. 間が抜けた顔 얼빠진 얼굴. 間が悪い 때가 안 좋다. 間が悪い時に客が来た 안 좋은 때 손님이 왔다.

ま【魔】 마(魔). ∥魔が差す 마가 끼다.

まあ ❶ 대체(大體)로; 그런대로. ∥まあ、いいじゃない 그런대로 괜찮지 않아? ❷ 자; 아무튼; 그럼. ∥まあ、今日はやめておこう 그럼 오늘은 그만두자.

まあい【間合】 타이밍. ∥タイミングを図る 타이밍을 맞추다.

マーカー【marker】 마카.

マーガリン【margarine】 마가린.

マーク【mark】 〖名ハ〗 마크. ∥ライバルをマークする 라이벌을 마크하다. 新記録をマークする 신기록을 마크하다.

マークシート【mark+sheet 日】 마크시트.

マーケット【market】 마켓; 시장(市場). ∥新しいマーケットを開拓する 새로운 시장을 개척하다.

マーケティング【marketing】 마케팅. ◆マーケティングリサーチ 마케팅 리서치. 시장 조사.

マージャン【麻雀】 마작(麻雀).

マージン【margin】 마진.

まあたらしい【真新しい】 전(全)혀 새롭다. ∥真新しい携帯電話 새로운 핸드폰.

マーボーどうふ【麻婆豆腐】 마파두부(麻婆豆腐).

まあまあ 그럭저럭; 그런대로. ∥成績はまあまあだ 성적은 그저 그렇다.

マーマレード【marmalade】 미멀레이드.

まい【毎】 매(毎)…; …마다. ◆毎朝 아침마다. 매일 아침. 毎年 매년.

-まい【枚】 …매(枚); …장(張). ∥紙1枚 종이 한 장.

まいあがる【舞い上がる】 ❶ 날아오르다. ∥砂塵が舞い上がる 모래 먼지가 날아오르다. ❷ 들뜨다. ∥春のさわやかな風に心が舞い上がる 산뜻한 봄바람에 마음이 들뜨다.

まいあさ【毎朝】 매일(毎日) 아침. ∥朝体操をする 매일 아침 체조를 하다.

マイカー【my+car 日】 자가용; 자가용차(自家用車).

まいかい【毎回】 매회(毎回); 매번(每番). ∥毎回出席している授業 매번 출석하고 있는 수업.

まいきょ【枚挙】 ∥枚挙するひとりあまり열거하다. ∥枚挙に遑(いとま)がない 많아서 일일이 셀 수가 없다.

マイク【mike】 마이크.

マイクロ【micro】 마이크로. ◆マイクロフィルム 마이크로필름.

まいげつ【毎月】 매월(毎月); 매달(毎月).

まいご【迷子】 미아(迷兒); 길을 잃음. ∥迷子の子猫 길을 잃은 새끼 고양이.

まいこむ【舞い込む】 ❶ 날아들다. ∥落ち葉が窓から舞い込む 창문으로 낙엽이 날아들다. ❷ (생각지 아니한(ことが))일어나다. ∥吉報が舞い込む 길보가 날아들다.

まいじ【毎時】 매시(毎時).

まいしゅう【毎週】 매주(毎週).

まいしょく【毎食】 매끼; 식사(食事)때마다.

まいしん【邁進】 〖名ハ〗 매진(邁進).

まいすう【枚数】 매수(枚數); 장수(張數).

まいせつ【埋設】 〖名ハ〗 매설(埋設).

まいそう【埋葬】 〖名ハ〗 매장(埋葬).

まいぞう【埋蔵】 〖名ハ〗 매장(埋藏). ∥原油の埋蔵量 원유의 매장량.

マイタケ【舞茸】 〖殖〗 식용(食用) 버섯의 일종(一種).

まいつき【毎月】 매달; 매월(毎月).

まいど【毎度】 매번(每番).

まいとし【毎年】 매년(毎年); 해마다.

マイナー【minor】 마이너.

マイナス【minus】 마이너스. ◆マイナスイオン 마이너스 이온.

まいにち【毎日】 매일(毎日); 날마다. ∥毎日のように顔を合わせる 매일 같이 얼굴을 마주하다.

マイノリティ【minority】 소수; 소수파(少数派).

まいばん【毎晩】 매일(毎日) 밤.

マイペース【my+pace 日】 자기(自己) 나름의 방식(方式).

マイホーム【my+home 日】 내 집. ∥夢のマイホームを買う 꿈에도 그리던 내 집을 사다.

まいぼつ【埋没】 〖名自〗 매몰(埋沒).

まいもどる【舞い戻る】 서둘러 되돌아 오다.

*まいる【参る】** ❶ 오다; 가다. ∥すぐそちらへ参ります 바로 그쪽으로 가겠습니다. ❷ 참배(參拜)하다. ∥祖先の墓前に参る 성묘를 하다. ❸ 항복(降伏)하다. ∥うん、参った 음, 졌다. ❹ 곤란(困難)하다; [あきれる]질리다; 난처(難處)

マイル [mile] …마일.
マイレージ [milage] 마일리지.
まう【舞う】 ❶춤을 추다. ❷〈宙〉에 떠다니다; 날리다. ‖雪が舞う 눈발이 날리다.
まうえ【真上】 바로 위. ‖真上から見下ろす 바로 위에서 내려다보다.
マウス [mouse] 〔IT〕 마우스.
マウンド [mound] 마운드.

*まえ【前】 ❶〈方向〉앞; 앞쪽. ‖前を見て歩く 앞을 보고 걷다. ‖一番前の席に座る 맨 앞자리에 앉다. 家の前に空き地がある 집 앞에 공터가 있다. ❷〈時間〉전; 이전(以前). ‖30分ほど前に電話があった 삼십 분 전쯤에 전화가 왔다. ❸전력(前歷); 전과(前科). ‖前がある 전과가 있다. ❹…분(分). ‖3人前 삼 인분.
まえあき【前開き】 앞섶. ‖前開きの服 앞섶이 트인 옷.
まえあし【前足・前脚】 앞발; 앞다리.
まえうしろ【前後ろ】 앞뒤.
まえうり【前売り】 〔商〕예매(豫賣). ◆前売り券 예매권.
まえおき【前置き】 서론(序論); 서두(序頭); 머리말. ‖前置きが長い 서론이 길다.
まえかがみ【前屈み】 (上半身을)구부림. ‖前かがみになって歩く 구부리고 걷다.
まえがき【前書き】 머리말.
まえがし【前貸し】 〔商〕가불(假拂); 가지급(假支給).
まえがみ【前髪】 앞머리.
まえばらい【前払い】 〔商〕선불(先拂).
まえぶれ【前触れ】 ❶예고(豫告); 사전 연락(事前連絡). ‖まえぶれもなくやって来た 그는 사전 연락도 없이 찾아왔다. ❷전조(前兆); 조짐(兆朕). ‖地震の前触れ 지진의 전조.
まえまえ【前前】 이전(以前); 오래 전. ‖前々から気になっていた 오래 전부터 궁금했었다.
まえむき【前向き】 ❶정면(正面)을 향하다; 앞을 향하다. ‖前向きに座る 앞을 보고 앉다. ❷적극적(積極的)이다; 전향적(前向的)이다. ‖前向

きに検討する 적극적으로 검토하다.
まえもって【前以て】 미리; 사전(事前)에. ‖何う時は前もって連絡하는 때는 미리 연락을 드리겠습니다.

まおう【魔王】 마왕(魔王); 마귀(魔鬼).
まがいもの【紛い物】 가(假)짜; 모조품(模造品); 위조품(僞造品).
まがお【真顔】 정색(正色); 진지(眞摯)한 표정(表情). ‖彼は急に真顔になって그는 갑자기 정색을 했다.
まがし【間貸し】 ‖間貸しする 세를 놓다.
マガジン [magazine] 잡지(雜誌).
まかす【負かす】 이기다. ‖1点差で負かした 일 점 차로 이겼다.
まかせる【任せる】 ❶맡기다. ‖仕事を任せる 일을 맡기다. ❷충분(充分)히 이용(利用)하다. ‖暇に任せて本を読む 여가를 이용해 책을 읽다. ❸되는 대로 놓아두다; 맡기다. ‖成り行きに任せる 흐름에 맡기다.
まかなう【賄う】 ❶식사(食事)를 준비(準備)하다. ❷昼食をまかなう 점심을 준비하다. ❷변통(變通)하다; 마련하다. ‖生活費をまかなう 생활비를 마련하다. ❸조달(調達)하다; 감당(堪當)하다.
まかふしぎ【摩訶不思議】〆 아무리 생각해도 기묘(異妙)하다.
まがり【間借り】 ‖間借りする 방을 빌리다.
まがりかど【曲がり角】 ❶길 모퉁이. ‖次の曲がり角を右に行ってください 다음 모퉁이를 오른쪽으로 도세요. ❷기로(岐路); 전환점(轉換點). ‖人生の曲がり角 인생의 기로.
まがりくねる【曲がりくねる】 구불구불하다. ‖曲がりくねった道 구불구불한 길.
まかりとおる【罷り通る】 당당(堂堂)하게 이루어지다; 통(通)하다. ‖不正がまかり通る時代 부정이 통하는 시대.
まがりなりにも【曲がりなりにも】 미흡(未洽)한 대로; 그런대로.
*まがる【曲がる】 ❶휘다; 구부러지다. ‖腰が曲がる 허리가 구부러지다. ❷〈方向〉을 바꾸다; 돌다. ‖角を左に曲がる 모퉁이를 왼쪽으로 돌다. ❸기울다; 비뚤어지다. ‖ネクタイが曲がっている 넥타이가 비뚤어졌다.
マカロニ [macaroni イ] 마카로니.
まき【巻】 감음; 감은; 감은 상태(狀態). ‖巻きが強い 세게 감다.
まき【薪】 장작(長斫). ‖薪割り 장작 패기.
まきあげる【巻き上げる】 ❶감아 올리다. ‖錨を巻き上げる 닻을 올리다. ❷탈취(奪取)하다; 갈취(喝取)하다. ‖金を巻き上げる 돈을 갈취하다.
まきえ【時絵】 옻칠(漆) 공예(工藝).
まきおこす【巻き起こす】 불러일으키다.

∥旋風を巻き起こす 선풍을 불러일으키다.

まきおこる【巻き起こる】 뜻하지 않은 일이 생기다. ∥ブームが巻き起こる 붐이 일다.

まきがい【巻き貝】 고동.

まきかえす【巻き返す】 따라붙다; 반격(反擊)하다. ∥後半に巻き返す 후반에 따라붙다.

まきかえる【巻き替える】 새로 감다; 다시 감다; 새것으로 갈다. ∥包帯を巻き替える 붕대를 새로 감다.

まきこむ【巻き込む】 ❶ 끌어들이다; 관여(關與)하게 하다. ∥私をトラブルに巻き込まないで 나를 트러블에 끌어들이지 마. ❷〔巻き込まれる形で〕연루(連累)되다; 휘말리다. ∥事件に巻き込まれる 사건에 연루되다.

マキシマム【maximum】 맥시멈.

まじゃく【巻き尺】 줄자.

まきぞえ【巻き添え】 ∥事故の巻き添えを食う 사고에 말려들다.

まきちらす【撒き散らす】 흩뿌리다; 퍼뜨리다. ∥うわさを撒き散らす 소문을 퍼뜨리다.

まきつく【巻き付く】 감다; 감겨 붙다. ∥朝顔が竿に巻き付いている 나팔꽃이 장대를 감고 있다.

まきつける【巻き付ける】 휘감다; 두르다. ∥首にマフラーを巻き付ける 목에 목도리를 두르다.

まきば【牧場】 목장(牧場).

まきもどす【巻き戻す】 되감다. ∥テープを巻き戻す 테이프를 되감다.

まきもの【巻き物】 (書画の)두루마리.

まぎらす【紛らす】 ❶ 혼란(混亂)스럽게 하다; 어지럽게 하다. ∥話を紛らす 이야기를 혼란스럽게 하다. ❷ (退屈などを)달래다. ∥退屈を読書で紛らす 독서로 따분함을 달래다.

まぎらわしい【紛らわしい】 혼동(混同)하기 쉽다; 틀리기 쉽다; 애매(曖昧)하다. ∥警官と紛らわしい服装 경찰관과 혼동하기 쉬운 복장.

まぎれこむ【紛れ込む】 ❶ 섞여 들다. ∥書類がどこかに紛れ込んだ 서류가 어딘가에 섞여 들었다. ❷ (混乱に乗じて)끼어들다; 뒤섞이다. ∥人込みに紛れ込む 인파 속에 뒤섞이다.

まぎれもない【紛れもない】 명백(明白)하다; 틀림없다. ∥紛れもない事実 틀림없는 사실.

まぎれる【紛れる】 ❶ 뒤섞이다. ∥子どもが人込みに紛れる 아이가 인파에 뒤섞이다. ❷〔気を取られる〕정신(精神)이 팔리다. ∥忙しさに紛れて約束を忘れる 바빠서 약속을 잊다.

まぎわ【間際】 직전(直前). ∥締め切り間際 마감 직전.

まく【幕】 ❶ 막(幕); 휘장(揮帳); 幕が上がる 막이 오르다. ❷ (演劇の)막. ∥幕が開く 시작되다. ▶幕を閉じる 막이 내리다. 끝나다.

まく【膜】 막(膜).

まく【巻く】 ❶ 감다. ∥腕に包帯を巻く 팔에 붕대를 감다. ∥卒業証書を巻いて筒に入れる 졸업장을 말아서 통에 넣다. ❷ 조이다; 감다. ∥時計のねじを巻く 시계 태엽을 감다.

まく【蒔く】 (種を)뿌리다.

まくあい【幕間】 막간(幕間).

まくあけ【幕開け】 개막(開幕). ∥新時代の幕開け 새로운 시대(時代)의 개막(開幕).

マグカップ【mug+cup 日】 머그잔(盞).

まくぎれ【幕切れ】 ❶ (芝居などの)막(幕)의 끝. ❷ (物事の)끝; 결말(結末). ∥あっけない幕切れ 허망한 결말.

まくしたてる【捲くし立てる】 일방적(一方的)으로 말하다; 지껄여대다; 격렬(激烈)하게 주장(主張)하다. ∥早口でまくし立てる 빠른 말로 지껄여대다.

まぐち【間口】 ❶ (土地・家などの)정면(正面)의 폭(幅). ∥間口が狭い店 정면의 폭이 좁은 가게. ❷ (事業・研究などの)영역(領域)의 넓이. ∥事業の間口を広げる 사업 영역을 넓히다.

マグニチュード【magnitude】 매그니튜드.

マグネシウム【magnesium】 마그네슘.

マグネット【magnet】 마그넷; 자석(磁石).

マグマ【magma】 마그마.

まくら【枕】 베개. ∥枕をあてる 베개를 베다. 枕을 베다.

まくらぎ【枕木】 (鉄道の)침목(枕木).

まくらもと【枕元】 베갯머리. ∥枕元に置く 베갯머리에 두다.

まくりあげる【捲り上げる】 걷어 올리다. ∥袖をまくり上げる 소매를 걷어 올리다.

まくる【捲る】 ❶ 소매나 바짓단을 걷다. ∥腕をまくる 팔을 걷다. ❷〔…まくるの形で〕마구 …하다; 계속(繼續) …하다. ∥書きまくる 마구 써대다. 逃げまくる 계속 도망치다.

まぐれで【紛れで】 우연(偶然)히; 어쩌다. ∥まぐれで正解する 어쩌다 정답을 맞추다.

まくれる【捲れる】 걷히다.

マクロ【macro】 매크로; 거시(巨視). ∥マクロ経済 거시 경제학.

マグロ【鮪】 다랑어(魚); 참치.

マクワウリ【真桑瓜】 참외.

まけ【負け】 패배(敗北); 짐. ∥勝ち負け 승패. 私の負けだ 내가 졌다. ▶負け戦 패전. 지는 싸움.

まけいぬ【負け犬】 패자; 패배자(敗北者). ∥負け犬根性 패자 근성.

まけおしみ【負け惜しみ】 ∥負け惜しみを

まけじだましい 言う 지고도 억지를 부리다.

まけじだましい【負けじ魂】지지 않으려는 투지(鬪志); 오기(傲氣).

まけおとらず【負けず劣らず】막상막하(莫上莫下); 팽팽함. ∥負けず劣らずの接戦 팽팽한 접전.

まけずぎらい【負けず嫌い】지기 싫어함; (人)지기 싫어하는 사람. ∥負けず嫌いな 男 지기 싫어하는 남자.

****まける**【負ける】 ❶〔敗れる〕지다; 못 이기다. ∥1回戦で負け 1 회전에서 졌다. 彼の強引さには負ける 그 사람 고집에는 못 이긴다. ❷〔逆らえない〕넘어가다. ∥誘惑に負ける 유혹에 넘어가다. ❸〔圧倒される〕압도(壓倒)되다; 뒤지다; 못 이기다. ∥雰囲気に負ける 분위기에 압도되다. ❹값을 깎아 주다; 덤으로 주다. ∥10個買ったら1個負けてくれた 열 개 샀더니 한 개 더 주었다. その店では100円負けてくれた 그 가게에서는 백 엔 깎아 주었다.

まげる【曲げる】 ❶굽히다. ∥膝を曲げる 무릎을 굽히다. ❷왜곡(歪曲)하다. ❸〔主義などを〕굽히다. ∥自説を曲げる 자기주장을 굽히다.

まけんき【負けん気】지지 않으려는 기질(氣質); 지기 싫어하는 기질. ∥負けん気が強いのは父譲りだ 지기 싫어하는 것은 아버지를 닮았다.

まご【孫】손자(孫子).

まご【馬子】마부(馬夫). ◆馬子にも衣装 옷이 날개라. (俚)

まごころ【真心】진심(眞心); 성의(誠意). ∥真心を込めて話す 진심으로 이야기하다.

まごつく 당황(唐慌)하다. ∥機種が変わったのでまごついた 기종이 바뀌어서 당황했다.

まこと【誠·実·真】진실(眞實); 사실(事實); 성의(誠意). ∥誠を尽くす 성의를 다하다.

まことしやか【真しやか】＊정말 같다; 그럴싸하다. ∥まことしやかなうそをつく 그럴싸한 거짓말을 하다.

まことに【誠に】정말로. ∥誠にお世話になりました 정말로 신세 많이 졌습니다.

まごのて【孫の手】효자(孝子)손. ∥孫の手が届かない 효자손이 닿지 않다.

まごびき【孫引き】孫引きする 다른 책에 있는 것을 그대로 인용하다.

まごまご 갈팡질팡; 우왕좌왕(右往左往). ∥出口が分からずまごまご 출구를 몰라 우왕좌왕하다.

まごむすこ【孫息子】손자(孫子).

まごむすめ【孫娘】손녀(孫女).

マザーコンプレックス【＊mother+complex 비】마마보이.

まさか ❶만일(萬一). ∥まさかの場合に備える 만일의 경우에 대비하다. ❷설

마. ∥まさか雨は降らないだろう 설마 비는 안 오겠지.

まさぐる【弄る】 ❶〔手をしきりに動かして〕만지작거리다. ❷〔もてあそぶ〕가지고 놀다.

まさしく【正しく】확실(確實)히; 틀림없이. ∥彼はまさしく天才だ 그 사람은 확실히 천재다.

まさつ【摩擦】〔全般〕마찰(摩擦). ∥摩擦が生じる 마찰이 생기다. ◆貿易摩擦 무역 마찰. 冷水摩擦 냉수마찰.

まさつおん【摩擦音】(言語) 마찰음(摩擦音).

まさに【正に】 ❶〔疑いもなく〕틀림없이; 확실(確實)히. ∥まさに名案だ 확실히 명안이다. ❷〔ちょうど〕딱; 바로. ∥彼こそがまさに適任だ 그 사람이 딱 적임자다. ❸〔ちょうど今〕막; 하마터면. ∥まさに出発する直前だった 막 출발하려던 참이었다.

まざまざと 역력(歷歷)히; 생생(生生)히. ∥あの日の光景をまざまざと思い出す 그날의 광경이 생생히 떠오르다.

まさゆめ【正夢】(原則) 꿈에 본 일이 실제(實際)로 일어나는 꿈.

まさる【勝る】 뛰어나다; 뛰어넘다; 낫다. ∥師匠に勝る技量 스승을 뛰어넘는 기량.

まざる【混ざる】 섞이다. ∥水と油は混ざらない 물과 기름은 섞이지 않는다.

まし【増し】 ❶증가(增加). ❷割り増し料金 할증 요금. ❸나음; 더 좋음. ∥ないよりましだ 없는 것보다 낫다.

まじ ❶진지(眞摯)하다; 성실(誠實)하다. ∥まじになる 진지해지다. ❷〔まじの形で〕정말; 본심(本心)으로. ∥まじでかわいい 정말 귀엽다.

まじえる【交える】 ❶섞다; 끼워 넣다. ∥私情を交える 개인 감정이 섞이다. ❷맞대다; 교차(交叉)시키다. ∥膝を交える 무릎을 맞대다. ❸주고받다. ∥言葉を交える 말을 주고받다.

ましかく【真四角】 정사각형(正四角形).

ました【真下】 바로 밑. ∥真下の階 바로 밑층.

マジック【magic】마술(魔術). ◆マジックテープ 매직테이프. 벨크로테이프. マジックナンバー 매직 넘버.

まして【況して】 ❶하물며; 더욱이; 말할 필요(必要)도 없이. ∥ましてやお前まで 하물며 너까지! ❷ …이상(以上)으로; …보다도. ∥何にも増して大切なこと 무엇보다도 중요한 것.

まじない【呪い】 주술(呪術); 주문(呪文).

まじなう【呪う】〔神仏に〕빌다; 기원(祈願)하다. ∥災難を免れるようまじない 재

난을 피할 수 있도록 빈다.
まじまじ 말똥말똥; 찬찬히. ‖まじまじと見つめる 말똥말똥 쳐다보다.
まじめ【真面目】 ❶ 진심(眞心)이다; 진지(眞摯)하다. ‖真面目な顔になる 진지한 얼굴이 되다. ❷ 성실(誠實)하다. ‖真面目な人 성실한 사람.
ましゅ【魔手】 마수(魔手). ‖魔手にかかる 마수에 걸리다.
まじゅつ【魔術】 마술(魔術). ‖魔術をかける 마술을 걸다.
マシュマロ【marshmallow】 마시멜로.
まじょ【魔女】 마녀(魔女).
ましょうめん【真正面】 정면(正面).
マジョリティー【majority】 다수; 다수파(多數派).
まじりけ【混じり気】 혼합물(混合物); 불순물(不純物).
まじる【混じる】 섞이다; 혼합(混合)되다.
まじわる【交わる】 ❶ 교차(交叉)하다. ‖鉄道と道路が交わる 철도와 도로가 교차하다. ❷ 교제(交際)하다; 사귀다. ‖友と交わる 친구와 사귀다.
ましん【麻疹】 홍역(紅疫).
マシン【machine】 머신. ◆タイムマシン 타임머신.
ます【升・枡】 되; 말.
ます【増す】 ❶ 〔数・量・食全당이〕늘다; 붇다. ‖食欲が増す 식욕이 늘다. ‖川の水が増す 강물이 불어나다. ❷ 〔痛みが〕심해지다. ‖痛みが増す 통증이 심해지다. ❸ 〔速度が〕빨라지다. ‖スピードが増すにつれ揺れも大きくなる 속도가 빨라짐에 따라 진동도 심해지다.
マス【鱒】 송어(松魚).
まず【先ず】 우선(于先); 먼저. ‖まず, 私からご報告いたします 먼저 저부터 보고 드리겠습니다. ‖一旦(一旦). ‖まずこれでよし 일단은 이걸로 됐다.
ますい【麻酔】 마취(麻酔). ‖麻酔をかける 마취를 시키다. ‖麻酔が切れる 마취가 풀리다.
まずい【不味い】 ❶ 〔おいしくない〕맛이 없다. ‖まずくて食べられない 맛이 없어 못 먹겠다. ❷ 〔下手だ〕서투르다; 잘 못하다. ‖運転がまずい 운전을 잘 못하다. ❸ 〔具合が悪い〕난처(難處)하다. ‖まずい所で出会った 난처한 곳에서 만났다.
マスカット【muscat】 청포도(靑葡萄).
マスカラ【mascara】 마스카라.
マスク【mask】 ❶ 마스크. ‖マスクをかける マスクをする 마스크를 하다. ❷ 용모; 얼굴 생김새. ‖甘いマスクをしている 예쁘장하게 생겼다.
マスゲーム【mass+game 日】 매스 게임.
マスコット【mascot】 마스코트.
マスコミ 매스컴.
マスコミュニケーション【mass communication】 매스 커뮤니케이션.

マダガスカル

まずしい【貧しい】 ❶ 가난하다. ‖貧しい暮らし 가난한 생활. ❷ 부족(不足)하다; 빈곤(貧困)하다; 빈약(貧弱)하다. ‖語彙が貧しい 어휘가 빈약하다. 貧しい想像力 빈곤한 상상력.
マスター【master】 마스터. ◆マスターキー 마스터 키. マスタープラン 마스터 플랜.
マスタード【mustard】 머스터드; 겨자.
マスターベーション【masturbation】 마스터베이션.
まずは【先ずは】 우선(于先); 하여튼; 어쨌든. ‖まずはビールで乾杯 우선 맥주로 건배.
ますます【益益】 점점(漸漸); 한층. ‖ますますきれいになる 점점 예뻐지다.
まずもって【先ず以て】 그런대로; 그럭저럭. ‖まずまず成功と言える 그런대로 성공이라고 할 수 있다.
ますめ【升目・枡目】 ❶ 〔升ではかった量〕되로 잰 양(量). ❷ 〔原稿用紙などの〕네모 칸.
マスメディア【mass media】 매스 미디어.
まぜあわせる【混ぜ合わせる】 섞다. ‖材料をよく混ぜ合わせる 재료를 잘 섞다.
まぜかえす【混ぜ返す】 〔ちゃかす〕남의 말을 훼방(毁謗) 놓다; 말허리를 자르다.
まぜこぜ 뒤죽박죽. ‖まぜこぜにする 뒤죽박죽으로 만들다.
まぜごはん【混ぜ御飯】 비빔밥.
ませる 조숙(早熟)하다. ‖ませた口をきく 말하는 것이 조숙하다.
まぜる【混ぜる】 섞다. ‖米に麦を混ぜる 쌀에 보리를 섞다. 具を混ぜる 물감을 섞다.
マゾヒズム【masochism】 마조히즘.
***また【又】** ❶ 〔もう一度〕또. ‖今日もまた雨だ 오늘도 또 비다. ❷ 〔同様に〕역시; 또한. ‖私もまた彼女が好きです 저 역시 그녀를 좋아합니다. ❸ 〔その上に〕동시에(同時に). ‖彼はまた画家でもあるその人は화가이기도 하다. ◆又にする 두 가지 역할을 하다.
また【股】 가랑이. ◆股に掛ける 두루 돌아다니다. 世界を股にかけてコンサートをする 세계 각지를 돌며 공연을 하다.
***まだ【未だ】** ❶ 〔達していない〕아직. ‖あの頃はまだ田園地帯だったその 때는 아직 전원 지대였다. ❷ 〔依然として〕아직; 여태. ‖まだ時間がある 아직 시간이 있다. ‖まだ 3 日しか経っていない 아직 사흘밖에 지나지 않았다. 彼はまだ子どもだ 그 사람은 아직 애다. ❸ 〔さらに〕더; 또. ‖チャンスはまだある 기회는 또 있다.
マダイ【真鯛】 참돔.
マダガスカル【Madagascar】 〔国名〕마다가스카르.

またがる

- **またがる【跨がる】** ❶ 걸터앉다; 올라타다. ‖馬にまたがる 말에 올라타다. ❷ 걸치다. ‖3県にまたがるプロジェクト 세 현에 걸친 프로젝트.
- **まちぎき【又聞き】** ‖また聞きする 전해 듣다. また聞きした話 전해 들은 이야기.
- **まちぐ【跨ぐ】** 넘다. ‖敷居をまちぐ 문지방을 넘다.
- **マダコ【真蛸】** 왜문어.
- **またしても** 또; 또다시. ‖またしても同じ過ちを犯す 또 같은 잘못을 저지르다.
- **まだしも** 〔…(이)라면 괜찮지만; …(이)라면 모르되〕 차라리. ‖子どもならまだしも大人がそんなことをするなんて 애라면 모르되 어른이 그런 짓을 하다니.
- **またせる【待たせる】** 기다리게 하다. ‖生徒を教室で待たせる 학생들을 교실에서 기다리게 하다.
- **またたく【瞬く】** ❶ (눈을)깜박이다. ❷(星や光が)깜박거리다; 반짝이다.
- **またたくま【瞬く間】** 눈 깜짝할 사이; 삽시간(霎時間). ‖うわさが瞬く間に広がる 소문이 삽시간에 퍼지다.
- **またとない【又と無い】** 두 번 다시 없다. ‖またとないチャンス 두 번 다시 없는 기회.
- **マタニティー【maternity】** 임산부(妊産婦); 임신복(妊娠服).
- **または【又は】** 혹(或)은; 또는. ‖曇りまたは雨 구름 또는 비.
- **まだまだ【未だ未だ】** 〔まだを強めて言う語〕まだまだ未熟だ 아직 미숙하다.
- **マダム【madame ᴸ】** 마담.
- **またもや【又も(や)】** 또; 또다시. ‖またも(や)だまされる 또 속다.
- **まだら【斑】** 얼룩; 반점(斑點). ◆まだら牛 얼룩소.
- **まだるっこい【間怠っこい】** 굼뜨다; 느리다; 답답하다. ‖まだるっこい動作 굼뜬 동작.
- **まち【町・街】** ❶도시(都市). ❷거리; 번화가. ‖ファッションの街 패션의 거리. ❸(市・区を構成する)구획(區劃). ‖千代田区麹町 지요다구 고지마치.
- **まち【襠】** (衣類や袋などの)폭(幅)을 여유(餘裕)있게 하기 위해 대는 천.
- **まちあいしつ【待合室】** 대기실(待機室); 대합실(待合室).
- **まちあわせる【待ち合わせる】** 시간(時間)과 장소(場所)를 정해서 만나다. ‖駅で待ち合わせる 역에서 만나다.
- **まちいしゃ【町医者】** 개업의(開業醫).
- **まぢか【間近】** ʷ (時間・距離などが)아주 가깝다. ‖動物を間近で見る 동물을 가까이에서 보다. 締め切りが間近に迫る 마감이 임박하다.

- **まちがい【間違い】** ❶ 잘못; 틀림; 틀린 곳. ‖記録に間違いがある 기록에 잘못이 있다. 選択の間違い 잘못된 선택. ❷ 과실(過失). ❸ 사고(事故). ‖何か間違いがあったのではないか 무슨 사고가 난 것은 아닐까?
- **まちがう【間違う】** ❶ 틀리다. ‖間違った考え 틀린 생각. ❷ 잘못되다; 실수(失手)하다. ‖一つ間違えば命取りの 자칫 잘못하면 목숨이 위험하다.
- **まちがえる【間違える】** ❶ 잘못하다; 틀리다. ‖答えを間違える 답을 틀리다. ❷ 착각(錯覺)하다. ‖ともだちと間違えて肩をたたく 친구인 줄 알고 어깨를 치다.
- **まちかど【街角・街角】** 길거리; 길 모퉁이. ‖偶然街角ですれ違う 우연히 길에서 마주치다.
- **まちかまえる【待ち構える】** 준비(準備)하고 기다리다.
- **まちくたびれる【待ちくたびれる】** 기다림에 지치다.
- **まちこがれる【待ち焦がれる】** 애타게 기다리다; 손꼽아 기다리다; 학수고대(鶴首苦待)하다. ‖入学式を待ち焦がれる 입학식을 손꼽아 기다리다.
- **まちどおしい【待ち遠しい】** 몹시 기다려지다. ‖夏休みが待ち遠しい 여름 방학이 몹시 기다려진다.
- **まちない【町内】** 시내(市内).
- **まちなみ【町並み】** 거리 풍경(風景). ‖昔の町並みが残っている 예전의 거리 풍경이 남아 있다.
- **まちにまった【待ちに待った】** 고대(苦待)하던; 기다리고 기다리던. ‖待ちに待った運動会 기다리고 기다리던 운동회.
- **まちのぞむ【待ち望む】** 기대(期待)하며 기다리다. ‖続編を待ち望む声 속편을 기대하는 목소리.
- **まちはずれ【町外れ】** 변두리; 외곽 지역(外廓地域).
- **まちぶせ【待ち伏せ】** ❶ (名ㆍ하) 매복(埋伏). ❷ 기다림. ‖峠で敵を待ち伏せする 고개에서 적을 기다리다.
- **まちまち【区区】** 다양(多樣)함; 구구(區區)함. ‖まちまちの意見 다양한 의견.
- **まちやくば【町役場】** 읍사무소(邑事務所).
- **まつ【待つ】** ❶ 기다리다. ‖喫茶店で人を待つ 커피숍에서 사람을 기다리다. バスを待つ 버스를 기다리다. 順番を待つ 순서를 기다리다. 待ってくれ 기다려 줘. ❷ 기대(期待)하다. ‖今後の研究に待つ 앞으로의 연구를 기대한다.
- **マツ【松】** 소나무.
- **-まつ【末】** ❶ …말(末). ‖世紀末 세기말. ❷ 분말(粉末); 가루. ‖ホウ酸末 붕산가루.
- **まつえい【末裔】** 후예(後裔).

まっか【真っ赤】 ダ 새빨갛다. ∥진짜의. ∥真っ赤な太陽 새빨간 태양. 真っ赤なうそ 새빨간 거짓말.
まっき【末期】 말기(末期). ◆末期症状 말기 증상.
まっくら【真っ暗】 ダ 캄캄하다; 컴컴하다. ∥真っ暗な部屋 캄캄한 방.
まっくろ【真っ黒】 ダ 새까맣다. ∥日に焼けて真っ黒な顔 햇볕에 타서 새까만 얼굴.
まつげ【睫・睫毛】 눈썹.
まつご【末期】 임종(臨終).
マッサージ【massage】 (名ㆍ하) 마사지.
まっさいちゅう【真っ最中】 한창 …할 때; 한창인 때. ∥勉強の真っ最中 한창 공부하고 있을 때.
まっさお【真っ青】 새파랗다; 파랗다. ∥顔が真っ青になる 얼굴이 파래지다.
まっさかり【真っ盛り】 한창 때.
まっさき【真っ先】 제일(第一) 먼저; 선두(先頭). ∥真っ先に逃げる 제일 먼저 도망가다.
まっさつ【抹殺】 (名ㆍ하) 말살(抹殺).
まっさら【真っ新】 새로움; 새것. ∥真っさらなスーツ 새 양복.
まっしぐらに【真っしぐらに】 곧장; 쏜살같이. ∥まっしぐらに帰宅する 곧장 귀가하다.
まつじつ【末日】 말일(末日).
マッシュポテト【mashed+potato日】 으깬 감자.
マッシュルーム【mushroom】 양송이(洋松栮).
まっしょう【抹消】 (名ㆍ하) 말소(抹消). ∥名簿から名前を抹消する 명부에서 이름을 말소하다.
まっしょうしんけい【末梢神経】 말초 신경(末梢神経).
まっしょうめん【真っ正面】 바로 정면(正面). ∥敵に真っ正面からぶつかる 적과 정면으로 부딪치다.
まっしろ【真っ白】 새하얗다. ∥真っ白なシャツ 새하얀 셔츠.
まっすぐ【真っ直ぐ】 ❶ 똑바르다; 곧다. ∥背中をまっすぐに伸ばす 허리를 똑바로 펴다. ❷ 정직(正直)하다. ∥まっすぐな気性 정직한 성격.
まっせ【末世】 말세(末世).
まっせき【末席】 말석(末席); 맨 뒷자리.
まった【待った】 ❶ 바둑·장기·씨름 등에서 상대(相對)의 수(手)를 기다리게 하는 것 또는 그때의 구호(口號). ❷ 일시 중지(一時中止).
まつだい【末代】 ❶ 말세(末世). ❷ 사후 세계(死後世界).
まったく【全く】 ❶ (打ち消しの表現を伴って) 전(全)혀. ∥客がまったく来ない 손님이 전혀 안 온다. ❷ 완전(完全)히; 전적(全的)으로. ∥全くの素人 완전 초보자. ❸ (本当に) 정말; 실(實)로. ∥まったくその通りだ 정말 그렇다. ∥ひどい話だよ, まったく 너무해, 정말.
まったくのところ【全くの所】 정말; 실제(實際)로. ∥全くの所何も知らない 정말 아무것도 모른다.
マツタケ【松茸】 송이(松栮)버섯.
まったなし【待った無し】 ❶ (囲碁·将棋·相撲などで)기다리게 하는 일 없이 승부(勝負)를 겨루는 것. ❷ 조금의 여유(餘裕)도 없는 일 또는 다시 할 수 없는 일. ∥待ったなしの本番 다 바로 본 방송이다.
まったり【こくがある樣子】 ❶ まったり(と)した味わい 감칠맛. ❷ (のんびりと) 느긋하게. ∥まったり(と)した時間を過ごす 느긋하게 시간을 보내다.
まったん【末端】 말단(末端); 끝 부분(部分).
マッチ【match】 성냥. ∥マッチ棒 성냥개비.
マッチポイント【match point】 매치 포인트.
まっちゃ【抹茶】 분말 녹차(粉末綠茶).
マット【mat】 매트.
まっとう【真っ当】 ダ 성실(誠實)하다; 정당(正當)하다; 올바르다. ∥まっとうな人 성실한 사람. ∥まっとうな考え 올바른 생각.
まっとうする【全うする】 완수(完遂)하다. ∥任務を全うする 임무를 완수하다.
マットレス【mattress】 매트리스.
マッハ【Mach】 마하.
まつば【松葉】 솔잎.
まっぱだか【真っ裸】 알몸; 전라(全裸).
まつばづえ【松葉杖】 목발.
マツバボタン【松葉牡丹】 채송화(菜松花).
まつばやし【松林】 솔밭; 송림(松林).
まつび【末尾】 말미(末尾).
まっぴら(ごめん)【真っ平(御免)】 질색(窒塞). ∥運動なんてまっぴら(御免)だ 운동이라면 딱 질색이다.
マップ【map】 지도(地圖).
まっぷたつ【真っ二つ】 절반(折半); 두 쪽; 두 동강이. ∥スイカを真っ二つに切る 수박을 절반으로 자르다.
まつぶん【末文】 말문(末文); 결문(結文).
まつぼっくり【松毬】 솔방울.
まつやに【松脂】 송진(松脂).
まつり【祭り】 제사(祭祀) ❷ 축제(祝祭). ∥雪祭り 눈 축제.
まつりあげる【祭り上げる】 추대(推戴)하다. ∥会長にまつり上げる 회장으로 추대하다.
まつりごと【政】 정치(政治).
まつる【奉る】 바치다; 드리다.
まつる【絎る】 공그르다. ∥ズボンの裾をまつる 바지 자락을 공그르다.
まつる【祭る·祀る】 ❶ (霊などの)제사

まつろ(祭祀)를 지내다. ❷【神을】안치(安置)하여 신(神)으로 모시다.

まつろ【末路】 말로(末路). ‖悲惨な末路 비참한 말로.

まつわる【纏わる】 ❶【絡まる】달라붙다; 달라붙어 떨어지지 않다. ❷【つきまとう】귀찮게 따라다니다. ❸ 관계(關係)가 있다; 관련(關聯)되다.

*****まで** ❶ 까지. ‖東京からソウルまでは 2 時間くらいかかる 도쿄에서 서울까지는 두 시간 정도 걸린다. 5 時から 10 時まではアルバイトがある 다섯 시부터 열 시까지는 아르바이트가 있다. 3 個までは食べられる 세 개까지는 먹을 수 있다. 雪が降っている 眼までに来ている 눈까지 오고 있다. 子どもにまで笑われる 애들한테까지도 놀리다. ❷ 뿐; 것(까지)뿐. ‖合格したのは運がよかったまでだ 합격한 것은 운이 좋았을 뿐이다. 調べるまでもないことだ 조사할 것까지도 없는 일이다. 改めて言うまでもないが、これは危険な仕事だ 새삼 말할 필요도 없지만 이것은 위험한 일이다.

まてどくらせど【待てど暮せど】 아무리 기다려도. ‖待てど暮せど始まらない 아무리 기다려도 시작을 안 하다.

までに ‖5 時までに来てください 다섯 시까지 오십시오.

*****まと**【的】 ❶ 표적(標的); 과녁. ‖的に当たる 과녁에 맞다. ❷ 목표(目標); 대상(對象). ❸ 공격의 공격 대상. ❹ 요점(要點); 정곡(正鵠). ‖的を外した批判 요점이 빗나간 비평. ▶ 的を射る 정확히 요점을 파악하다. 的を射た質問 요점을 제대로 파악한 질문.

まど【窓】 창; 창문(窓門). ‖窓を開ける 창문을 열다. 窓越しに 창문 너머로.

まとう【纏う】 입다; 걸치다. ‖一糸まとわぬ姿 실오라기 하나 걸치지 않은 모습.

まどぎわ【窓際】 창(窓)가. ▶窓際族 찬밥 신세.

まどぐち【窓口】 창구(窓口). ‖銀行の窓口 은행 창구.

まとはずれ【的外れ】 ⟨ ❶【要点·主題などから】 벗어나다. ‖的外れな意見 주제에서 벗어난 의견. ❷【予想などが】 빗나가다.

まどべ【窓辺】 창(窓)가. ‖窓辺に花を飾る 창가에 꽃을 장식하다.

まとまる【纏まる】 ❶ 하나로 모아지다. ‖意見がまとまる 의견이 모아지다. ❷ 결론(結論)이 나다; 완성(完成)되다; 성사(成事)되다. ‖交渉がまとまる 교섭이 성사되다.

まとめ【纏め】 요약(要約).

まとめやく【纏め役】 조정자(調整者).

*****まとめる**【纏める】 ❶ 하나로 모으다; 묶다. ‖チームを一つにまとめる 팀을 하나로 묶다. ❷ 결론(結論)을 내다; 완성

(完成)하다; 성사(成事)시키다. ‖契約をまとめる 계약을 성사시키다.

まとも ❶ 정상(正常)이다; 성실(誠實)하다; 제대로 되다. ‖まともな事業 제대로 된 사업. ❷ 정면(正面). ‖まともに顔が見られない 정면으로〔똑바로〕얼굴을 볼 수가 없다.

まどり【間取り】 방(房)의 배치(配置); 방 구조(構造).

マトリックス【matrix】 매트릭스.

まどろむ【微睡む】 졸다. ‖木陰でまどろむ 나무 그늘에서 졸다.

まどわく【窓枠】 창(窓)틀.

まどわす【惑わす】 ❶【混乱】현혹(眩惑)시키다. ‖人心を惑わす 인심을 현혹시키다. ❷【困惑】곤란(困難)하게 만들다.

まとわりつく【纏わり付く】 (휘감듯이) 달라붙다. ‖スカートの裾がまとわりつく 치맛자락이 달라붙다. 子どもがまとわりつく 애가 달라붙다.

マナー【manner】 매너.

まないた【俎·俎板】 도마. ▶俎板の鯉 도마에 오른 고기.[諺]

まなざし【眼差し】 눈길; 눈빛.

まなじり【眦】 ‖まなじりを決して立ち向かう 눈을 부라리며 대들다.

まなつ【真夏】 한여름.

まなでし【愛弟子】 애제자(愛弟子); 수제자(首弟子).

*****まなぶ**【学ぶ】 ❶【教わる】익히다; 배우다. ‖呉先生から韓国語を学ぶ 오 선생님한테서 한국어를 배우다. この事件から学んだこと 이 사건을 통해 배운 것. ❷【学習する】공부(工夫)하다. ‖英文学を学ぶ 영문학을 공부하다.

まなむすめ【愛娘】 애지중지(愛之重之)하는 딸.

マニア【mania】 마니아. ▶コレクトマニア 수집 마니아.

まにあう【間に合う】 ❶【時刻·期限に】 맞추다; 늦지 않다. ‖バスに間に合ったバスの 시간에 늦지 않았다. ❷ 충분(充分)하다. ‖1 万円で間に合う 만 엔으로 충분하다.

まにあわせ【間に合わせ】 임시변통(臨時變通). 급하게 만든 것. ‖間に合わせの料理 급하게 만든 음식.

まにあわせる【間に合わせる】 ❶ 임시변통(臨時變通)으로 때우다. ‖人から借りて間に合わせる 다른 사람한테서 빌려서 때우다. ❷ 시간(時間)에 늦지 않게 맞추다. ‖資料を会議に間に合わせる 자료를 회의 시간에 맞추다.

マニキュア【manicure】 매니큐어.

マニュアル【manual】 매뉴얼.

まぬかれる【免れる】 모면(謀免)하다. ‖罪を免れる 죄를 면하다.

まぬけ【間抜け】 ⟨ 명청하다; 얼이 빠지다. ‖間抜けな男 명청한 남자.

まね【真似】 ❶ 모방(模倣); 흉내. 真似する 흉내 내다. **❷** 행동(行動); 짓. おかしな真似をするな 이상한 짓 하지 마라.
マネー【money】 머니; 돈. ◆電子マネー 전자 화폐. ポケットマネー 주머닛돈.
マネージメント【management】 매니지먼트; 경영(経営).
マネージャー【manager】 매니저.
まねき【招き】 초대(招待). 招きを受ける 초대를 받다.
マネキン【mannequin】 마네킹.
***まねく【招く】 ❶** [手招きする]손짓하여 부르다. 子どもを招く 아이를 손짓하여 부르다. 彼は中に入るよう手で招いた 그 사람은 안으로 들어오라고 손짓했다. **❷** 초대(招待)하다. 外国から音楽家を招く 외국에서 음악가를 초대하다. **❸** 초래(招来)하다; 불러일으키다. 危険を招く 위험을 초래하다.
まねる【真似る】 모방(模倣)하다; 흉내를 내다. 声を真似る 목소리를 흉내 내다.
まのあたり【目の当たり】 눈앞; 목전(目前). 現実を目の当たりにする 현실에 직면하다.
まばたき【瞬き】 瞬きする 눈을 깜박이다.
まばゆい【眩い】 눈부시다. まばゆい宝石 눈부신 보석.
まばら【疎ら】 ♉ 뜸하다; 듬성듬성하다. 드문드문하다. 講演会の聴衆はまばらだった 강연회의 청중은 드문드문 앉아 있었다.
まひ【麻痺】 冫互 마비(麻痺). 寒さのため手足が麻痺する 추위로 손발이 마비되다. 交通が麻痺状態になる 교통이 마비 상태가 되다.
まびき【間引き】 ⓢ옌 솎음질.
まぶしい【眩しい】 눈부시다. 眩しい太陽 눈부신 태양.
まぶす【塗す】 고루 묻히다. 小麦粉をまんべんなくまぶす 밀가루를 골고루 묻히다.
まぶた【瞼】 눈꺼풀. まぶたを閉じる 눈을 감다.
マフラー【muffler】 머플러; 목도리.
まふゆ【真冬】 한겨울.
まほう【魔法】 마법(魔法). ◆魔法使い 마법사. 魔法瓶 보온병.
まぼろし【幻】 ❶ 환영(幻影); 환상(幻像). 恋しい人を幻に見る 사랑하는 사람의 환영을 보다. **❷** 실제(実際) 여부(与否)를 확인(確認)할 수 없는 것; 손에 넣기 힘든 것. 幻の名画 환상의 그림. 幻の酒 구하기 힘든 술.
***まま【儘】 ❶** 그대로; 되는 대로; 마음대로. 見たままを話す 본 대로 이야기하다. 誘われるままに来た 가자는 대로 따라왔다. **❷** 뜻대로; 마음대로.

儘(まま)にならない世の中 뜻대로 되지 않는 세상.
まま【間間】 가끔; 때때로. 忘れることもままある 때때로 잊어 버리기도 한다.
ママ【mama】 엄마. ◆ママちゃり ⓢ옌 바구니가 달린 여성용 자전거(女性用自転車).
ままおや【継親】 계부(継父); 계모(継母).
ままこ【継子】 의붓자식(子息).
ままごと【飯事】 소꿉놀이; 소꿉장난.
ままちち【継父】 계부(継父); 의붓아버지.
ままならぬ【儘ならぬ】 뜻대로 되지 않는; 마음대로 되지 않는. 勉強するのもままならぬ状況 공부하는 것도 마음대로 되지 않는 상황.
ままはは【継母】 계모(継母); 의붓어머니.
まみず【真水】 담수(淡水); 민물.
まむかい【真向かい】 바로 건너편(便); 맞은편. 真向かいの家 바로 건너편 집.
マムシ【蝮】 살무사.
まめ【豆】 ❶ 콩의 총칭(総称). **❷** (작은 것의)작은…; 꼬마…. 豆電球 꼬마 전구.
まめ【忠実】 ダ **❶** 성실(誠實)하다. まめに働く 성실하게 일하다. **❷** 건강(健康)하다.
まめ【肉刺】 (발에 생기는)굳은살.
まめつぶ【豆粒】 ❶ 콩알. **❷** (比喩的に)작은 것.
まめでっぽう【豆鉄砲】 ⓢ옌 콩을 총알로 하는 장난감 총(銃).
まめまき【豆撒き】 콩의 씨앗을 뿌리는 것. 「節分の夜」' 복(福)은 집안에 귀신(鬼神)은 집밖에'라고 외치면서 콩을 뿌리는 것.
まもう【摩耗・磨耗】 冫互 마모(磨耗). 軸受けが摩耗する 축받이가 마모되다.
まもなく【間も無く】 곧; 금방(今方). まもなく離陸する 곧 이륙하다.
まもの【魔物】 요물(妖物).
まもり【守り】 수호(守護); 수비(守備). 守り神 수호신.
***まもる【守る】** 지키다; 막다; 보호(保護)하다. 国境を守る 국경을 지키다. 約束を守る 약속을 지키다. 制限速度を守る 제한속도를 지키다.
まやく【麻薬】 마약(麻薬).
まゆ【眉】 눈썹. 眉を引く 눈썹을 그리다. 眉に唾を付ける[塗る] 속지 않도록 조심하다. 眉一つ動かさない 눈썹도 까딱하지 않다. [慣] 眉を顰める 눈살을 찌푸리다. [慣] 眉を寄せる 불쾌한 얼굴을 하다.
まゆ【繭】 누에.
まゆげ【眉毛】 눈썹.

まゆじり【眉尻】 눈썹 꼬리; 눈썹 끝.
まゆつばもの【眉唾物】 미심(未審)쩍은 것; 수상(殊常)쩍은 것.
マユミ【檀】【植物】 참빗살나무.
まよい【迷い】 망설임. ∥迷いを断ち切る 망설임을 떨쳐 버리다.
まよいご【迷い子】 미아(迷兒).
*__まよう__【迷う】 ❶〔うろうろする〕헤매다. ∥森の中で道に迷う 숲에서 길을 잃고 헤매다. ❷〔決断ができない〕어쩔 줄 모르다; 망설이다. ∥判断に迷う 판단을 못 내리다. ❸〔誘惑に負ける〕유혹(誘惑)에 넘어가다. ∥金に迷う 돈에 넘어가다.
まよけ【魔除け】 마귀(魔鬼)를 쫓는 것 또는 그 물건, 魔除けのお守り 부적.
まよなか【真夜中】 한밤중(中). ∥真夜中に騷ぐ 한밤중에 떠들다.
マヨネーズ【mayonnaise 프】 마요네즈.
まよわす【迷わす】 혼란(混亂)스럽게 하다; 현혹(眩惑)시키다.
マラソン【marathon】 마라톤.
マラリア【Malaria 독】 말라리아.
マリ【Mali】【國名】 말리.
まりょく【魔力】 마력(魔力).
*__まる__【丸】 ❶동그라미; 원(圓). ∥正しい文に丸をつける 맞는 문장에 동그라미를 치다. 指先で丸を描く 손가락으로 원을 그리다. ❷〔구두점(句讀點)〕. ❸〔接頭語として〕전체(全體)로; 통째로; 완전(完全)히. ∥丸暗記する 통째로 외우다. 丸ақにする 완전히 벌거숭이가 되다. ❹〔接尾語として〕만(滿). ∥入社して丸1年になる 입사한 지 만 1년이 되다.
まるあらい【丸洗い】 ∥丸洗いする 통째로 빨다[세탁하다].
まるい【丸い·円い】 ❶동글다; 동그랗다. ∥目を丸くする 눈을 동그랗게 뜨다. ❷각(角)이 지지 않다; 곡선(曲線)이다. ∥板の角を丸く削る 판자의 모서리를 둥글게 깎다. ❸원만(圓滿)하다. ∥丸い人柄 원만한 성격.
まるうつし【丸写し】 ∥丸写しする 통째로 베끼다.
まるがお【丸顔】 동그란 얼굴.
まるがり【丸刈り】 머리를 빡빡 깎음; 빡빡깎은 머리.
マルクスレーニンしゅぎ【マルクスレーニン主義】 마르크스레닌주의(主義).
まるごと【丸ごと】 통째로; 통째로.
まるシー【丸 C】 저작권 기호(著作權記號)(ⓒ).
まるぞん【丸損】 완전 손해(完全損害). ∥丸損になる 완전 손해를 보다.
まるた【丸太】 통나무.
マルタ【Malta】【國名】 몰타.
まるだし【丸出し】 ∥腹を丸出しにする 배를 다 드러내다.
マルチしょうほう【multi 商法】 다단계 판매(多段階販賣).
マルチメディア【multimedia】 멀티미디어.
まるっきり【丸っ切り】 도무지; 전(全)혀. ∥まるっきり分からない 전혀 모르겠다.
まるつぶれ【丸潰れ】 완전(完全)히 찌그러짐[망가짐]; 엉망이 됨. ∥計画が丸つぶれになる 계획이 엉망이 되다. 面目丸つぶれだ 체면이 말이 아니다.
*__まるで__【丸で】 ❶마치. ∥まるで子どもだ 마치 어린애 같다. ❷전(全)혀. ∥漢字がまるで読めない 한자를 전혀 못 읽다.
まるのみ【丸呑み】 ❶〔嚙まずにのみ込むよう〕 통째로 삼키다. ❷이해(理解)하지 않고 그대로 외움. ∥書いてあることを丸呑みする 써져 있는 것을 그대로 외우다. ❸무조건(無條件) 받아들임. ∥要求を丸呑みする 요구를 무조건 받아들이다. 人の話を丸呑み(に)する 다른 사람 이야기를 곧이 곧대로 듣다.
まるはだか【丸裸】 알몸; 전라(全裸).
まるばつ【○×】 오엑스.
マルひ【丸秘】 비밀(祕密). 丸秘文書 비밀문서.
まるぼうず【丸坊主】 빡빡 깎은 머리.
まるぼし【丸干し】 통째로 말림.
まるまる【丸丸】 ❶통통하게. まるまる(とした)体つき 통통한 몸매. ❷완전(完全)히; 전부(全部).
まるまる【丸まる】 동그래지다; 동그레지다.
まるみ【丸み】 ❶동그스름함. 丸みを帯びる 동그스름하다. ❷원만(圓滿)함. ∥人柄に丸みが出る 성격이 원만해지다.
まるみえ【丸見え】 전부(全部) 보임; 환히 보임. ∥丸見えの室内 환히 보이는 실내.
まるめこむ【丸め込む】 구슬려서 자기 마음대로 하다. ∥母親を丸め込んでオートバイを買う 어머니를 구슬려 오토바이를 사다.
まるめる【丸める】 ❶둥글게 만들다. ∥紙くずを丸めて捨てる 종이를 뭉쳐서 버리다. ❷〔頭を〕빡빡 깎다. ∥頭を丸める 머리를 빡빡 깎다.
まるもうけ【丸儲け】 ∥丸儲けする 고스란히 벌다.
まるやき【丸焼き】 통째로 구움; 통구이.
まれ【稀】 드묾; 보기 드물다. ∥世にも稀な美人 보기 드문 미인.
マレーシア【Malaysia】【國名】 말레이시아.
マロニエ【marronnier 프】 마로니에.
まろやか【円やか】〔(味などが)부드럽다. ∥まろやかな味 부드러운 맛.
まわしのみ【回し飲み】 ∥回し飲みする 잔

*まわす【回す】 ❶회전(回轉)시키다; 돌리다. ∥こまを回す 팽이를 돌리다. ∥扇風機を回す 선풍기를 돌리다. ❷돌리다; 감다. ∥ロープを二重に回す 로프를 두 겹으로 감다. ❸[次に送る]보내다. ∥伝票を経理部に回す 전표를 경리부로 보내다. ❹[移し替え(移動)]시키다. ∥車を玄関に回して 차를 현관 앞으로 대 주게. ❺〔ある位置·立場に〕만들다. ∥敵に回す 적으로 만들다. ❻〔働きが及ぶ〕손을 쓰다. ∥手を回す 손을 쓰다. ❼자금(資金) 을 융용(運用)하다; 굴리다. ∥1千万円を年6%で回す 천만 엔을 연율 퍼센트로 운용하다.

まわた【真綿】 풀솜.

*まわり【回り·周り】 ❶[回ること]돎; 도는 방법(方法). ∥大回りする 크게 돌다. ❷[広がること]번짐; 퍼짐. ∥火の回りが速い 불이 빨리 번지다. ❸〔順に移して行くこと〕순차적(順次的)으로 돎. ∥得意先回り 거래처를 돎. ❹〔付近〕부근(附近); 근처(近處). ∥池の周り 연못 부근. 周りの人の意見を聞く 주위 사람들의 의견을 듣다.

まわりくどい【回りくどい】 빙 돌려서 말하는.

まわりこむ【回り込む】 뒤로 돌아 들어가다. ∥後ろに回り込む 뒤로 돌아 들어가다.

まわりみち【回り道】 돌아서 가는 길. ∥回り道をする 돌아서 가다.

まわりもち【回り持ち】 돌려 가며 맡음. ∥回り持ちにする 돌아가면서 맡다.

*まわる【回る】 ❶회전(回轉)하다; 돌다; 돌아가다. ∥扇風機が回っている 선풍기가 돌아가고 있다. ❷〔順に従って〕돌다. ∥回覧板が回る 회람판이 돌다. ∥回り道をする 둘러 가다. ❸급하게 回れ 급할수록 돌아가라. ❹[寄る]들르다. ∥得意先を回ってから会社に行く 거래처에 들렀다가 회사에 가다. ❺[別の位置·立場に]바뀌다. ∥敵に回る 적이 되다. ❻퍼지다. ∥毒が回る 독 기운이 퍼지다. ❼〔思うように動かない〕움직이지 않다. ∥舌が回らない 혀가 잘 안 움직이다. ❽〔時間が〕넘기다. 지나다. ∥5時を回る 다섯 시가 지나다. ❾〔利息が〕생기다. ∥5分で回る 오 부 이자가 생기다. ❿〈…回る의 形で〉…다니다. ∥探し回る 찾아 다니다.

まわれみぎ【回れ右】 우(右)로 돌아.

まん【万】 만(萬). ∥1万円札 만 엔 권. 1万人 만 명.

まんいち【万一】 만일(萬一). ∥万一の場合に備える 만일의 경우에 대비하다.

まんいん【満員】 만원(滿員). ◆満員御礼 만원사례. 満員電車 만원 전철.

まんえつ【満悦】 ∥満悦する 몹시 기뻐하다.

まんえん【蔓延】〈する〉만연(蔓延). ∥伝染病が蔓延する 전염병이 만연하다.

*まんが【漫画】 만화(漫畫). ∥漫画を読む 만화를 보다. ◆漫画映画 만화 영화. 漫画家 만화가.

まんかい【満開】〈する〉만개(滿開). ∥桜が満開になる(になっている) 벚꽃이 만개하다.

まんがく【満額】 (予想·計画通りの)금액(金額); 전액(全額).

マンガン【Mangan°】 망간.

まんき【満期】 만기(滿期). ∥保険の満期を迎える 보험이 만기가 되다.

まんきつ【満喫】〈する〉만끽(滿喫). ∥京都の秋を満喫する 교토의 가을을 만끽하다.

まんげきょう【万華鏡】 만화경(萬華鏡).

まんげつ【満月】 보름달.

マンゴー【mango】 망고.

まんさい【満載】〈する〉만재(滿載).

まんざい【漫才】 만담(漫談). ◆漫才師 만담가.

まんざら【満更】〔まんざら…ないの形で〕아주〔그다지〕…한 것만은 아니다. ∥まんざら捨てたものではない 아주 못 쓸 것만 아니다. 満更でもなさそうでもない表情を浮かべた 그는 그다지 싫지 않은 표정을 지었다.

まんしつ【満室】 만실(滿室).

まんしゃ【満車】 만차(滿車).

まんじゅう【饅頭】 찐빵.

まんじょう【満場】 만장(滿場). ◆満場一致 만장일치.

マンション【mansion】 맨션; 아파트.

まんしん【慢心】〈する〉만심(慢心).

まんしん【満身】 만신(滿身); 온몸; 전신(全身). ∥満身の力をふりしぼる 온몸의 힘을 쥐어짜다. ◆満身創痍 만신창이.

まんせい【慢性】 만성(慢性). ∥慢性の盲腸炎 만성 맹장염. ◆慢性化 만성화. 慢性疾患 만성 질환.

まんせき【満席】 만석(滿席).

*まんぞく【満足】〈する〉만족(滿足). ∥結果に満足する 결과에 만족하다. 満足が得られる満足を得る. 自己満足 자기만족.

まんだら【曼陀羅】〈佛教〉만다라(曼陀羅).

まんタン【満タン】 ∥満タンにする 꽉 채우다.

まんだん【漫談】 만담(漫談).

まんちょう【満潮】 만조(滿潮).

マンツーマン【man-to-man】 맨투맨.

まんてん【満天】 하늘에 온통. ∥満天の星 하늘에 가득한 별.

まんてん【満点】 만점(滿點). ∥百点満点 백점 만점.

マント【manteau フ】 망토.

まんなか【真ん中】 한복판. ‖ソウルの真ん中で서울 한복판에서.

マンネリ[ズム]【mannerism】 매너리즘. ‖マンネリズムに陥る매너리즘에 빠지다.

まんねん【万年】 만년(萬年). ◆万年平社員 만년 평사원.

まんねんひつ【万年筆】 만년필(萬年筆).

まんぱい【満杯】 가득 참. ‖満杯に詰める가득 채우다.

マンパワー【manpower】 인적 자원(人的資源).

まんびき【万引き】 ‖万引きする 물건을 사는 척하고 훔치다.

まんびょう【万病】 만병(萬病).

まんぷく【満腹】 (⟨する⟩) 포만(飽滿). ‖満腹感を得る 포만감을 느끼다.

まんべんなく【満遍無く】 골고루; 두루두루; 공평(公平)하게. ‖まんべんなく気を配る두루두루 신경을 쓰다.

マンホール【manhole】 맨홀.

まんぽけい【万歩計】 만보계(萬歩計).

まんまと 보기 좋게; 감쪽같이. ‖まんまとだまされる감쪽같이 속다.

まんまる【真ん丸】 아주 둥긂; 쟁반(錚盤)같이 둥긂. ‖真ん丸のお月様 쟁반같이 둥근 달.

まんまん【満満】 만만(滿滿). ‖自信満々자신만만.

まんめん【満面】 만면(滿面). ‖満面に笑みを浮かべて미소를 띠우다.

マンモス【mammoth】 매머드; 대형(大型). ◆マンモスプール 대형 풀장.

まんりょう【満了】 (⟨する⟩) 만료(滿了). ‖任期が満了する 임기가 만료되다.

まんるい【満塁】 (野球で)만루(滿壘). ◆満塁ホーマー 만루 홈런.

み

み【三・3】 셋. ‖ひ, ふ, み 하나, 둘, 셋.

-み【身】 ❶ 신체(身體); 몸 ‖身をよじって笑う 몸을 비틀며 웃다. ◆身に걸치다. **❷** 입장(立場). **❸** 지위(地位); 신분(身分); 분수(分數). ‖身のほどを知れ 분수를 알아라. **❹** 본체 부분(本體部分), 몸통; 알맹이. ‖身だけ食べる알맹이만 먹다. ◆身から出た錆 자업자득(自業自得). ◆身に余る 분에 넘치다. ◆身に染める 뼈저리다. ‖身にしみる. ◆身に着ける ① 옷을 입다. 高い服を身に着ける비싼 옷을 입다. ② 몸에 지니다. お守りを身に着ける부적을 몸에 지니다. ③ 몸에 익히다. 教養を身に着ける 교양을 익히다. ◆身になる ① 그 사람의 입장이 되다. ② 먹은 것을 몸에 좋은 것을 먹다. ◆身を入れる 열심히 하다. ◆身を固める 가정을 가지다. 제대로 된 회사에 취직을 하다. ◆身を焦がす 애를 태우다. 初恋に身を焦がす 첫사랑에 애를 태우다. ◆身を粉にする 전력을 다하다. ◆身を立てる 일정한 직업으로 생활을 하다. ◆身を引く 은퇴하다. ◆身を以て 몸소. 직접. 身을 以て 범위를 示す 몸소 모범을 보이다.

み【実】 ❶ 결실(結實); 열매. ‖実がなる 열매를 맺다. **❷** 내용(內容). ‖実のある話 내용이 있는 이야기. **❸** 결실. ‖実が結실을 맺다. 努力가 実을 結는 노력이 결실을 맺다.

ミ【mi 伊】 (音階의) 미.

み-【未】 미(未) …. ◆未完成 미완성.

-み【味】 미(味); …맛. ‖身を感じる 쓴맛을 느끼다. 面白味のない話 재미가 없는 이야기.

みあい【見合い】 맞선. ‖見合いする 맞선을 보다. ◆見合い結婚 중매결혼.

みあう【見合う】 ❶ (釣り合う)맞다; 걸맞다. ‖収入に見合った生活 수입에 맞는 생활. **❷** (見つめ合う)서로 쳐다보다; 마주 보다. ‖両選手が見合う 두 선수가 마주 보다.

みあげる【見上げる】 ❶ 올려다보다. ‖空を見上げる 하늘을 올려다보다. **❷** 훌륭하다고 생각하다. ‖見上げた度胸だ 대단한 용기다.

みあたる【見当たる】 눈에 띄다; 보이다. ‖財布が見当たらない 지갑이 안 보이다.

みあやまる【見誤る】 잘못 보다.

みあわせる【見合わせる】 ❶ 마주 보다. ‖顔を見合わせる 얼굴을 마주 보다. **❷** 비교(比較)하다. ‖2つの案を見合わせる 두 안을 비교하다. **❸** 보류(保留)하다; 미루다. ‖出発を見合わせる 출발을 미루다.

みいだす【見出だす】 발견(發見)하다; 찾아내다. ‖才能を見出だす 재능을 발견하다.

ミーティング【meeting】 미팅; 회합(會合); 회의(會議).

ミートソース【meat sauce】 미트소스.

ミーハー (⟨服⟩) 유행(流行) 등에 빠지기 쉬운 젊은이들.

ミイラ【mirra 葡】 미라. ◆ミイラ取りがミイラになる 함흥차사(咸興差使).

みいる【見入る】 넋을 잃고 보다. ‖名画に見入る 명화를 넋을 잃고 보다.

みうごき【身動き】 ‖身動きがとれない 꼼짝할 수가 없다.

みうしなう【見失う】 보고 있던 것을 놓치다; 잃다. ‖目標を見失う 목표를 잃다.

みうち【身内】 가족(家族); 가까운 친척(親戚).

みうり【身売り】 ‖経営難で会社を身売りする 경영난으로 회사를 팔다.

みえ【見栄·見得】 ❶ 겉모습; 외형(外形). ❷ 허세(虛勢); 겉치레. ∥허영을 飾る 겉치레를 좋아 요구하다. ∥虛榮で피아노를 사다. ▶見得を切る 허세를 부리다.

みえっぱり【見栄っ張り】 겉치레를 함 또는 그런 사람.

みえみえ【見え見え】 상대(相對)의 의도(意圖)가 빤히 보임. ∥見え見えの態度 속 보이는 태도.

*みえる【見える】 ❶ 보이다. ∥ここからは海がよく見える 여기서는 바다가 잘 보인다. ❷ …처럼 보이다. ∥一見強そうに見える 얼핏 보면 강해 보인다. ❸ (抽象的なものが)보이다. ∥少しも反省の色が見えない 조금도 반성의 기미가 안 보인다. ❹ 《来るの尊敬語》오시다. ∥お客さんが見えました 손님이 오셨습니다.

みおくり【見送り】 ❶ 전송(餞送); 배웅. ∥駅まで見送りに行く 역까지 전송하러 가다. ❷ 〔延期〕보류(保留). ∥今回は見送りとする 이번에는 보류로 하기로 하다.

みおくる【見送る】 ❶ 전송(餞送)하다; 배웅하다. ∥空港まで先生を見送る 공항까지 선생님을 전송하러다. 〔死ぬまで〕돌보다; 모시다. ∥兩親を見送るまでの 부모님을 돌아가실 때까지 모셨다. ❷ 〔延期〕미루다; 늦추다; 보류(保留)하다. ∥着工を見送る 착공을 늦추다. ❸ 놓치다. ∥ボールを見送る 공을 놓치다.

みおさめ【見納め】 보는 것이 이것으로 마지막임; 마지막으로 봄. ∥この世の見納め 이 세상[이승]에서의 마지막.

みおとす【見落とす】 못 보고 넘어가다. ∥間違いを見落とす 잘못을 못 보고 넘어가다.

みおとり【見劣り】 見劣りする 떨어지다; 뒤떨어지다.

みおぼえ【見覚え】 본 기억(記憶). ∥見覚えがある 본 기억이 있다.

みおろす【見下ろす】 ❶ 내려다보다. ∥山頂から見下ろす 산 정상에서 내려다보다. ❷ 깔보다. ∥人を見下ろしたような態度を取る人を蔑むような態도를 취하다.

みかい【未開】 미개(未開). ◆未開人 미개인.

みかいけつ【未解決】 미해결(未解決). ∥未解決の事件 미해결 사건.

みかいはつ【未開發】 미개발(未開發). ◆未開發地帯 미개발 지대.

みかえす【見返す】 ❶ 다시 한번 보다. ∥改めて書類を見返す 서류를 다시 한번 보다. ❷ 되받아 보다. ❸ 相手가 나를 見下았던 상대방을 되받아 보다. ∥いつか見返してやる 언젠가 보란 듯이 하겠다.

みかえり【見返り】 ❶ 〔報酬〕베풀어 준 것에 대한 보답(報答). ∥見返りを要求する 보답을 요구하다. ❷ 〔擔保〕담보(擔保)나 보증(保證)으로 내놓는 것 또는 그 물건(物件).

みかき【見掛き】 ❶ 닦음. ∥廊下に磨きをかける 복도를 닦다. ❷ 연마(研磨); 단련(鍛鍊)함. ❸ 技에磨きをかける 기술을 단련하다. 歯磨き粉 치약.

みかぎる【見限る】 (見込みがないと)단념(斷念)하다; 버리다; (会社などを)그만두다; 떠나다. ∥親友を見限るわけにはいかない 친한 친구를 버릴 수는 없다. 会社を見限る 회사를 그만두다.

みかく【味覚】 미각(味覺). ∥味覚が発達する 미각이 발달하다.

みがく【磨く·研く】 ❶ 닦다; 갈다. ∥爪を磨く 손톱을 갈다. ❷ 연마(研磨)하다; 단련(鍛鍊)하다.

みかくにん【未確認】 미확인(未確認). ◆未確認情報 미확인 정보. 未確認飛行物体 미확인 비행 물체(UFO).

みかけ【見掛け】 겉; 외관(外観). ∥見かけ倒し 겉만 번지르르함.

みかける【見掛ける】 눈에 뜨이다; 보이다; 보다. ∥本屋でよく見かける人 책방에서 자주 보는 사람.

みかた【味方】 ❶ 자기 편(の便). ∥味方に引き入れる 자기 편으로 끌어들이다. ❷ 편; 가세(加勢). ∥弱い方に味方する 약한 쪽 편을 들다.

みかづき【三日月】 초(初)승달.

みがって【身勝手】 身勝手な 제멋대로이다.

みかねる【見兼ねる】 방관(傍觀)할 수 없다; 두고 볼 수 없다. ∥見かねて助けに行く 두고 볼 수가 없어서 도와주러 가다.

みがまえる【身構える】 자세(姿勢)를 취하다; 대비(對備)하다; 경계(警戒)하다.

みがら【身柄】 신병(身柄). ∥身柄を拘束する 신병을 구속하다.

みがる【身輕】 ❶ (体が)가볍다; 경쾌(輕快)하다; 간편(簡便)하다. ∥身軽に木から飛び降りる 가볍게 나무에서 뛰어내리다. 身軽な服装 간편한 복장. ❷ 〔義務などがなくて〕홀가분하다. 身軽な独り者 홀가분한 독신.

みがわり【身代わり】 대역(代役); 대신(代身). ∥友の身代わりになる 친구 대신에 되다.

みかん【未完】 미완(未完). ∥未完の小説 미완의 소설.

ミカン【蜜柑】 밀감(蜜柑); 귤(橘).

みかんせい【未完成】 미완성(未完成). ∥未完成の作品 미완성 작품.

みき【幹】 ❶ 〔木〕줄기. ❷ 〔物事の重要〕중요한 부분(部分).

*みぎ【右】 ❶ 오른쪽. ∥右を向く 오른쪽

みぎうで【右腕】 을 보다. ❷〔手〕오른손；〔足〕오른발. ❸ 〔前に記したこと〕앞에 쓴 내용(内容). ‖右の通り相違ありません 앞에 쓴 대로 틀림없습니다. ❹ 보수적(保守的)；우익(右翼). ‖右寄りの考え 우익적인 생각.

みぎうで【右腕】 ❶ 우완(右腕). ❷ 오른팔. ‖社長の右腕 사장의 오른팔.

みぎかたあがり【右肩上がり】（上昇型）상승세；성장 궤도(成長軌道).

みぎがわ【右側】 우측(右側)；오른쪽. ‖右側通行 우측 통행.

みきき【見聞き】 見聞きする 보고 듣다.

みぎきき【右利き】 오른손잡이.

ミキサー [mixer] 믹서.

みぎて【右手】 ❶〔手〕오른손. ❷〔右の方〕오른쪽.

みぎまわり【右回り】 우회전(右回轉).

みきり【見切り】 단념(斷念)；포기(抛棄). 見切りをつける 단념하다. ‖安値で早い中かう 처분 ‖見切り品 바겐세일품. 헐값에 파는 물건.

みきりはっしゃ【見切り発車】 ❶〔満員などの理由で〕승객(乘客)을 남겨 두고 출발(出發)함. ❷〔議論などが十分に尽くされていない段階で〕결정(決定)하여 실행(實行)에 옮김.

みきわめる【見極める】 ❶〔最後まで〕지켜보다. ‖成り行きを見極める 경과를 지켜보다. ❷〔真相を〕판단(判斷)하다；알다. ‖事実を見極めた上で対処する 사실을 알고 대처하다.

みくだす【見下す】 깔보다；경멸(輕蔑)하다. ‖見下すような目で見る 경멸하는 듯한 눈으로 보다.

みくびる【見縊る】 만만하게 보다；우습게 보다；얕보다. ‖敵を見くびる 적을 만만하게 보다. 子どもだからといって見くびってはいけない 애라고 만만하게 보아서는 안 된다.

ミクロ [microドイツ] 미크로；미시(微視). ‖ミクロ経済学 미시 경제학.

ミクロネシア [Micronesia]〔国名〕미크로네시아.

みけいけん【未経験】 미경험(未經驗).

みけつ【未決】 미결(未決). ♦未決囚 미결수.

みけん【眉間】 미간(眉間). ‖眉間にしわを寄せる 미간을 찌푸리다. 인상을 쓰다.

みこ【巫女】 무녀(巫女).

みこうかい【未公開】 미공개(未公開).

みこし【神輿】 신(神)을 모신 가마.

みこす【見越す】 앞을 내다보다；예상(豫想)하다. ‖値上げを見越して買いだめする 가격 상승을 예상하고 사재기를 하다.

みごたえ【見応え】 볼만한 가치(價値). ‖見ごたえのある試合 볼만한 시합.

みごと【見事】 ❶ 훌륭하다. ‖見事な演技 훌륭한 연기. ❷ 완전(完全)하다. ‖見事に失敗した 완전히 실패했다.

みこみ【見込み】 ❶ 예상(豫想). ‖見込みが外れる 예상이 빗나가다. ❷ 가망(可望)；희망(希望). ‖もう見込みがない 더 이상 희망이 없다.

みこみちがい【見込み違い】 예상외(豫想外)(의 일)；계산(計算) 밖. ‖株価が下がったのは見込み違いだった 주가가 떨어진 것은 예상외의 일이었다.

みこむ【見込む】 ❶〔当てにする〕기대(期待)하다. ‖将来性が見込まれる学生 장래가 기대되는 학생. ❷〔勘定に入れる〕미리 계산(計算)에 넣다.

みごもる【身籠る】 임신(妊娠)하다.

みごろ【見頃】 볼만한 때；구경하기 좋은 때. ‖今が桜の見頃だ 지금이 벚꽃 구경하기 좋은 때다.

みごろし【見殺し】 사람이 죽어 가는 것을 보고 도와주지 않음；방관(傍觀). ‖苦境の友を見殺しにする 곤경에 처한 친구를 못 본 체하다.

みこん【未婚】 미혼(未婚). ‖未婚の母 미혼모.

ミサ [missaラテン]〔カトリック〕미사.

ミサイル [missile] 미사일. ♦地対空ミサイル 지대공 미사일.

みさお【操】 정조(貞操)；정절(貞節)；지조(志操).

みさき【岬】 곶.

みさげる【見下げる】 경멸(輕蔑)하다.

みさだめる【見定める】 보고 확인(確認)하다. ‖自分の目で見定める 자신의 눈으로 확인하다.

***みじかい【短い】** ❶ 짧다. ‖短い距離 짧은 거리. 短い説明 짧은 설명. 髪を短く切る 머리를 짧게 자르다. 面接の時間は思ったより短かった 면접 시간은 생각보다 짧았다. ❷〔気などが〕급하다. ‖気が短い 성격이 급하다.

みじかめ【短め】 약간(若干) 짧음. ‖短めのスカート 약간 짧은 치마.

みじたく【身支度】 몸치장；외출 준비(外出準備).

みじめ【惨め】 비참(悲慘)하다；딱하다. ‖敗戦後の惨めな生活 패전 후의 비참한 생활. 見るも惨めな姿 보기에도 딱한 모습.

みしゅう【未収】 미수(未收). ♦未収金 미수금.

***みじゅく【未熟】** ❶ 미숙(未熟)하다；덜 익다. ‖未熟な考え方 미숙한 생각. 未熟な果物 덜 익은 과일. ♦未熟児 미숙아. ‖未熟な人 미숙한 사람.

みしょう【未詳】 미상(未詳). ♦作者未詳 작자 미상.

みしらぬ【見知らぬ】 모르는; 잘 모르는. ‖見知らぬ男性 모르는 남자.
みしり【見知り】 안면(顔面)이 있음. ‖顔見知り 안면이 있는 사람.
ミシン 재봉(裁縫) 틀.
みじん【微塵】 미진(微塵); 티끌.
みじんぎり【微塵切り】 채를 썲. ‖みじん切りにする 채를 썰다.
みじんも【微塵も】 [微塵もない]조금도 없다. ‖だますなどという気持ちは微塵もなかった 속일 생각은 조금도 없었다.
ミス【miss】 (名하) 미스; 실수(失手).
*ミス【Miss】 미스.
*みず【水】 물. ‖お水 1杯ください 물 한 잔 주세요. 水をこぼす 물을 쏟다. 花に水をやる 꽃에 물을 주다. ▶水に慣れない 새로운 환경에 적응이 안 되다. ▶水と油の(仲) 물 위의 기름.〔諺〕▶水に流す 없었던 것으로 하다. ▶水を得た魚 물 만난 고기. ▶水を差す 물을 끼얹다; 방해하다.
みずあか【水垢】 물때. ‖水垢がつく 물때가 끼다.
みずあげ【水揚げ】 ❶[荷物を]잔교에 水揚げする 선창에 물건을 부리다. ❷ 어획량(漁獲量). ‖水揚げが落ちる 어획량이 감소하다.
みずあそび【水遊び】 (名하)물놀이; 물장난.
みずあめ【水飴】 물엿.
みずあらい【水洗い】 (名하) 물세탁; 물빨래.
みすい【未遂】 미수(未遂). ◆自殺未遂 자살 미수.
みずいらず【水入らず】 식구(食口)끼리; 가족(家族)만. ‖夫婦水入らず 부부만.
みずいろ【水色】 물색.
みずうみ【湖】 호수(湖水). ‖湖のほとり 호숫가.
みすえる【見据える】 ❶응시(凝視)하다; 주시(注視)하다. ‖相手の顔をじっと見据える 상대방의 얼굴을 물끄러미 응시하다. ❷ [本質を]파악(把握)하다. ‖現実を見据える 현실을 파악하다.
みずかき【水搔き】 물갈퀴.
みずかけろん【水掛け論】 공론(空論); 결말(結末)이 나지 않는 논쟁(論爭).
みずかげん【水加減】 적당(適當)한 물의 양(量); 물 조절(調節).
みずかさ【水嵩】 (川·湖などの)수량(水量). ‖水かさが増した川 물이 불어난 개천.
みずがめ【水瓶】 물병; 물독. ◆水瓶座 물병자리.
みずから【自ら】 몸소; 스스로. ‖自らの勇退を決める 스스로 진퇴를 결정하다.
みずぎ【水着】 수영복(水泳服). ‖新しい水着を買う 새 수영복을 사다.
みずきり【水切り】 ❶물기를 빼는 것. ❷[遊び]물수제비뜨는 것.
みずぎわ【水際】 물가.
みずくさ【水草】 수초(水草); 물풀.
みずくさい【水臭い】 서먹하다; 서먹하게 먹히다. ‖水臭いじゃないか、遠慮するなんて서먹하지 않아, 사양하고 그러면.
みずぐすり【水薬】 물약(藥).
みずくみ【水汲み】 ‖水汲みする 물을 긷다.
みずけ【水気】 물기. ‖水気を切る 물기를 빼다.
みすごす【見過ごす】 ❶못 보다. ‖標識を見過ごす 표지판을 못 보다. ❷못 본 척하다. ‖黙って見過ごせない 못 본 척할 수 없다.
みずさいばい【水栽培】 물재배(栽培); 수경법(水耕法).
みずさきあんない【水先案内】 수로 안내인(水路案内人).
みずさし【水差し】 〔說明〕다른 용기(容器)에 물을 담기 위한 그릇.
みずしごと【水仕事】 물을 만지는 일; 부엌일.
みずしぶき【水飛沫】 물보라. ‖イルカが水しぶきを上げる 돌고래가 물보라를 일으키다.
みずしょうばい【水商売】 술장사.
みずしらず【見ず知らず】 전(全)혀 모름; 생판 모름. ‖見ず知らずの人 전혀 모르는 사람.
ミスター【Mister】 미스터.
みずたま【水玉】 물방울. ◆水玉模様のハンカチ 물방울 모양의 손수건.
みずたまり【水溜まり】 물웅덩이.
みずっぽい【水っぽい】 (水分が多くて)싱겁다; 밍밍하다. ‖水っぽいお酒 싱거운 술.
みずでっぽう【水鉄砲】 물총(銃). ‖水鉄砲で遊ぶ 물총을 가지고 놀다.
ミステリー【mystery】 미스터리. ‖ミステリー小説 미스터리 소설.
みすてる【見捨てる】 ❶[見限る]돌보지 않다. ‖妻子を見捨てる 처자식을 버리다. ❷[放置する]곤경(困境)에 처한 것을 못 본 척하다. ‖友人を見捨てて逃げる 친구를 버리고 도망가다.
みずどけい【水時計】 물시계(時計).
みずとり【水鳥】 물새.
みずのあわ【水の泡】 수포(水泡); 물거품. ‖努力が水の泡になる 노력이 물거품이 되다.
みずはけ【水捌け】 배수(排水); 물빠짐. ‖水はけがいい 물이 잘 빠지다.
みずばしら【水柱】 물기둥. ‖水柱が突き上がる 물기둥이 치솟다.
みずびたし【水浸し】 (浸水)물에 잠김. ‖洪水で玄関が水浸しになる 홍수로 현관이 물에 잠기다.

みずぶくれ【水膨れ】 물집. ∥指に水ぶくれができる 손가락에 물집이 생기다.
みずベ【水辺】 물가.
みずぼうそう【水疱瘡】 수두(水痘).
みすぼらしい【見すぼらしい】 초라하다; 볼품없다; 보잘것없다. ∥見すぼらしい格好 초라한 행색.
みずまき【水撒き】 水撒きする 물을 뿌리다.
みずまし【水増し】 ❶ (水を加えて)양(量)을 늘림; 물타기. ❷ (全体を)부풀림. ∥經費を水増しして請求する 경비를 부풀려서 청구하다.
みずまわり【水回り】 (台所·浴室など)建物(建物)에서 水를 사용(使用)하는 부분(部分).
みすみす【見す見す】 빤히 보면서; 빤히 알면서; 눈앞에서. ∥みすみすチャンスを逃がす 빤히 알면서 기회를 놓치다.
みずみずしい【瑞瑞しい】 싱싱하다; 신선(新鮮)하다. ∥瑞々しい若葉 싱싱한 나뭇잎.
みずむし【水虫】 무좀.
みずもの【水物】 ❶ 음료수(飲料水). ❷ 수분(水分)이 많은 과일이나 음식(飲食). ❸ 운(運)에 좌우되어 예측(豫測)하기 어려운 것. ∥勝負は水物である 승부는 예측할 수 없다.
みずもれ【水漏れ】 ∥水漏れする 물이 새다.
みずようかん【水羊羹】 수분(水分)이 많은 양갱(羊羹).
みずわり【水割り】 ∥ウイスキーを水割りで飲む 위스키를 물을 타서 마시다.
みせ【店】 가게; 점포(店舖). ∥中心街に店を出す 중심가에 가게를 내다. ▶店を畳む 가게를 접다. 장사를 그만두다.
みせいねん【未成年】 미성년(未成年). ∥未成年の飲酒問題 미성년자의 음주 문제.
みせかける【見せ掛ける】 …인 체(척)하다; …처럼 보이게 하다. ∥本物に見せかける진짜外 보일 뿐이다.
みせがまえ【店構え】 점포(店舖)의 모양(模樣)이나 규모(規模).
みせさき【店先】 점포 앞. ∥店先の看板 가게 앞의 간판.
みせじまい【店仕舞い】 ❶ 그날의 영업(營業)을 끝냄. ∥今日はもう店じまいしよう 오늘은 그만 문닫자. ❷ 폐업(閉業).
みせしめ【見せしめ】 본(本)보기; 본때. ∥見せしめのために皆の前で叱る 본보기로 사람들 앞에서 야단치다.
ミセス【Mrs.】 미세스.
みせつける【見せ付ける】 과시(誇示)하

다; 일부러 보이다. ∥仲のよいところを見せつける 사이 좋은 것을 일부러 보이다.
みせどころ【見せ所】 자신(自信) 있는 부분(部分); 보여 주고 싶은 부분. ∥ここが힘의 見せどころだ 이 부분을 꼭 보여 주고 싶다.
みせば【見せ場】 볼만한 장면(場面). ∥見せ場の多い舞台 볼만한 것이 많은 무대.
みせばん【店番】 가게를 보는 것 또는 보는 사람. ∥1人で店番をする 혼자서 가게를 보다.
みせびらかす【見せびらかす】 자랑하듯 내보이다. ∥指輪を見せびらかす 자랑하듯 반지를 내보이다.
みせびらき【店開き】 ［する］ ❶ 개업(開業). ❷ ［始業］그날의 영업(營業)을 시작(始作)함.
みせもの【見世物】 ❶ (手品·曲芸などの)흥행(興行). ❷ 구경거리. ∥他の見世物になるような 다른 사람들의 구경거리가 되다.
みせる【見せる】 ❶ 보여 주다. ∥絵を見せる 그림을 보여 주다. ❷ 드러내 보이게 하다. ∥誠意を見せる 성의를 보이다. 弱みを見せる 약점을 보이다. ❸ …처럼 보이게 하다. ∥若く見せる 젊게 보이게 하다. ❹ 진찰(診察)을 받다. ∥医者に見せる 진찰을 받다. ❺ ［…てみせるの形で］(일부러) …를[을] 하다. ∥絵を描いてみせる 그림을 그려 보이다.
みぜん【未然】 미연(未然). ∥未然に防ぐ 미연에 방지하다.
みそ【味噌】 된장(醬). ∥味噌汁 된장국. ∥味噌漬け 된장에 절인 것.
みぞ【溝】 ❶ ［どぶ］도랑; 개천(開川). ∥溝を掘る 도랑을 파다. ❷ (敷居などの)홈. ❸ 間; 간격(間隔); 골. ∥両国間の溝が深まる 양국의 골이 깊어지다.
みぞう【未曾有】 미증유(未曾有). ∥未曾有の大惨事 미증유의 대참사.
みぞおち【鳩尾】 명치.
みそか【晦日】 그믐날; 월말(月末). ∥昨日다 月が出る있을 수 없는 일이다.
みそぎ【禊】 ［説明］바닷물이나 강(江)물로 몸을 씻어 죄(罪)나 부정(不淨)을 흘려 보내는 일.
みそこなう【見損なう】 ❶ 잘못 보다. ∥数字を見損なう 숫자를 잘못 보다. ❷ 볼 기회(機會)를 놓치다. ∥ピカソ展を見損なってしまった 피카소 전을 못 보고 말았다. ❸ (評価などを)잘못 보다. ∥君を見損なった 너를 잘못 봤다.
みそじ【三十路·三十】 서른; 서른 살.
みそめる【見初める】 ［好きになる］첫눈에 반하다.
みぞれ【霙】 ❶ 진눈깨비. ❷ ［食べ

꿀을 넣은 빙수(水氷).

-**みたいだ** …같다. ‖本当に夢みたいだ 정말 꿈 같다. 彼女は子どもみたいに泣いた 그녀는 애같이[처럼] 울었다. 彼女みたいな人は嫌いだ 그 사람 같은 사람은 싫다.

みだし【見出し】 표제(標題); 타이틀. ‖見出しをチェックする 표제를 체크하다. ◆見出し語 표제어.

みだしなみ【身嗜み】 ❶차림새; 용모(容貌). ‖身だしなみに気を使う 용모에 신경을 쓰다. ❷〈心がけとして〉교양(教養)이 있는 것.

みたす【満たす・充たす】 ❶채우다. ‖杯に酒を満たす 잔에 술을 채우다. ❷만족(満足)시키다; 충족(充足)시키다. ‖要求を満たす 요구를 충족시키다. 以下の条件を満たす数値 다음 조건을 만족시키는 수치.

みだす【乱す】 혼란(混亂)스럽게 하다; 어지럽히다; 흐트러뜨리다; 문란(紊亂)하게 하다. ‖髪を乱して 머리를 흐트러뜨리다. 社会秩序を乱す 사회 질서를 혼란스럽게 하다. 風紀を乱す 풍기를 문란하게 하다.

みたてる【見立てる】 ❶보고 고르다; 선정(選定)하다. ‖服を見立てる 옷을 고르다. ❷진단(診斷)하다; 판단(判斷)하다. ‖軽い եэгを見立てる 가벼운 폐렴이라고 진단한다. ❸가정(假定)하다; 비유(比喩)하다. ‖切り株を椅子に見立てる 그루터기를 의자로 가정하다.

みため【見た目】 외관(外觀); 겉모양(模樣); 걸모습; 겉보기. ‖見た目には仲のよさそうな夫婦 겉으로는 사이가 좋아 보이는 부부. 見た目だけで人を判断してはいけない 겉모습만으로 사람을 판단해서는 안 된다.

みだら【淫ら】‡ 음란(淫亂)하다. ‖淫らな行為 음란 행위.

みだりに【妄りに】 무분별(無分別)하게; 함부로; 제멋대로; 쓸데없이. ‖みだりに作品に手を触れないでください 함부로 작품에 손대지 말아 주십시오.

みだれ【乱れ】 흐트러짐; 문란(紊亂)함. ‖髪の乱れ 흐트러진 머리. 秩序の乱れ 질서 문란함.

みだれる【乱れる】 ❶흐트러지다; 문란(紊亂)하다. ‖髪が乱れる風が吹く 바람으로 머리가 흐트러지다. ❷〈心が〉동요(動揺)하다.

***みち**【道・路】 ❶길. ‖学校へ行く道 학교에 가는 길. 道を開く 길을 닫는다. 道を行く 길을 가다. ❷경로(經路); 여정(旅程). ‖勝利への道は遠かった 승리로의 길은 멀었다. ❸방법(方法); 수단(手段). ‖解決の道を探す 해결할 방법을 찾다. ❹전문(專門); 방면(方面). ‖この道に入って 30 年 이 길에 들어선 지 삼십 년.

みち【未知】 미지(未知). ‖未知の世界 미지의 세계.

みちあんない【道案内】 길 안내; 안내자(案內者); 가이드.

みぢか【身近】 ❶주위(周圍); 신변(身邊). ‖身近にある本 주위에 있는 책. ❷자주 접해 익숙함. ‖身近な話題 자주 접해 익숙한 이야기.

みちがえる【見違える】 잘못 보다; 몰라보다. ‖見違えるほど大きくなる 몰라볼 정도로 자라다.

みちくさ【道草】 딴전. ▶道草を食う 딴전을 피우다; 한눈팔다.

みちしお【満ち潮】 만조(滿潮).

みちじゅん【道順】 길; 코스. ‖駅へ行く道順 역으로 가는 길.

みちしるべ【道しるべ】 이정표(里程標); 길 안내(案内); 길잡이.

みちすう【未知数】 미지수(未知數).

みちすじ【道筋】 ❶가는 길; 지나는 길. ‖郵便局は駅に行く道筋にある 우체국은 역으로 가는 길에 있다. ❷조리(條理); 논리(論理); 이치(理致). ‖道筋を立てて説明する 조리 있게 설명하다.

みちたりる【満ち足りる】 충분(充分)히 만족(滿足)하다; 충족(充足)되다. ‖満ち足りた生活 충족된 생활.

みちづれ【道連れ】 동행인(同行人).

みちなり【道形】 〈途中にある角を曲がないで〉길을 따라가는 것. ‖道なりに行く 길을 따라가다.

みちのり【道のり】 도정(道程); 거리(距離). ‖長く険しい道のり 길고 험한 여정. 1 時間ほどの道のり 한 시간 정도의 거리.

みちばた【道端】 길가. ‖道端に咲くタンポポ 길가에 피는 민들레.

みちひ【満ち干】 조수(潮水)의 간만(干満).

みちびく【導く】 ❶안내(案内)하다. ‖子どもたちを安全な所へ導く 아이들을 안전한 곳으로 안내하다. ❷가르치; 지도(指導)하다. ‖弟子を導く 제자를 지도하다. ❸인도(引導)하다; 유도(誘導)하다; 이끌다. ‖成功に導く 성공으로 이끌다.

みちゃく【未着】 미착(未着).

ミチヤナギ【道柳】 마디풀.

みちる【満ちる】 ❶〈あふれる〉가득 차다. ‖自信に満ちた顔 자신에 찬 얼굴. 悪意に満ちた書評 악의에 찬 서평. ❷〈満月が〉되다; 달이 차다. ❸만조(滿潮)가 되다. ‖潮が満ちる 만조가 되다. ❹〈一定の期間が終わる〉만기(滿期)가 되다. ‖刑期が満ちて出所する 형기가 다 차서 출소하다. 月満ちて産まれた子 달이 다 차서 태어난 아이.

みつ【蜜】 꿀.

みつ【三つ・3つ】 셋;세 개.
みつあみ【三つ編み】 세 갈래로 머리를 땋는 것.
みっか【三日・3日】 ❶삼일(三日). ❷극(極)히 짧은 기간(期間). ▶三日天下 삼일천하.
みっかい【密会】 (する) 밀회(密會).
みっかばしか【三日麻疹】 풍진(風疹).
みっかぼうず【三日坊主】 작심삼일(作心三日).
みつかる【見付かる】 ❶들키다. ∥かくれんぼうで鬼に見つかる 술래잡기에서 술래에게 들키다. ❷발견(發見)되다. ❸찾다. ∥落としたものが見つかる 잃어버린 물건을 찾다.
みつぎもの【貢ぎ物】 공물(貢物).
みっきょう【密教】 밀교(密敎).
みつぐ【貢ぐ】 ❶생활비(生活費) 등을 대주다. ❷공물(供物)을 바치다.
ミックス【mix】 (する) 믹스하다; 혼합하다.
みづくろい【身繕い】 (する) 몸치장.
みつくろう【見繕う】 적당(適當)히 골라서 준비(準備)하다.
みつげつ【蜜月】 밀월(蜜月).
みつける【見付ける】 발견(發見)하다;찾다. ∥なくした指輪を見つける 잃어버린 반지를 찾다.
みつご【三つ子】 ❶세쌍(雙)둥이. ❷세살짜리 아이. ▶三つ子の魂百まで 세 살적 버릇이 여든까지 간다.(諺)
みっこう【密航】 (する) 밀항(密航).
みっこく【密告】 (する) 밀고(密告). ∥警察に密告する 경찰에게 밀고하다. ♦密告者 밀고자.
みっし【密使】 밀사(密使).
みっし【密旨】 밀지(密旨).
みっしつ【密室】 밀실(密室).
みっしゅう【密集】 (する) 밀집(密集). ∥住宅密集地域 주택 밀집 지역.
みっしょ【密書】 밀서(密書).
ミッション【mission】 미션. ♦ミッションスクール 미션 스쿨.
みっせつ【密接】 (する) 밀접(密接). ∥密接な関係 밀접한 관계.
みっそう【密葬】 밀장(密葬).
みつぞう【密造】 (する) 밀조(密造).
みつだん【密談】 (する) 밀담(密談).
みっちゃく【密着】 (する) 밀착(密着). ∥生活に密着した記事 생활에 밀착된 기사.
みっちり 충분(充分)히; 철저(徹底)히. ∥みっちり(と)仕込む 철저하게 가르치다. みっちりしぼられた 호되게 혼났다.
みっつ【三つ・3つ】 셋;세 개(個);[3歳] 세 살.
みつど【密度】 밀도(密度). ∥密度が高い 밀도가 높다. 人口密度 인구 밀도.
みつどもえ【三つ巴】 삼파전(三巴戰).
みっともない【っともない】 보기 흉하다; 꼴사납다; 꼴불견이다. ∥みっともない姿 꼴사나운 모습.
みつにゅうこく【密入国】 (する) 밀입국(密入國).
みつば【三つ葉】 ❶세 잎. ❷三つ葉のクローバー 세 잎 클로버. ❸【植物】 파드득나물.
みっぱい【密売】 밀매(密賣).
ミツバチ【蜜蜂】 꿀벌.
みっぷう【密封】 밀봉(密封). ∥密封包装 밀봉 포장.
みっぺい【密閉】 밀폐(密閉). ∥密閉容器 밀폐 용기.
みつぼうえき【密貿易】 (する) 밀무역(密貿易).
みつまた【三つ又】 ❶(川・道などが)세 갈래로 갈라지는 것 또는 그 부분(部分). ❷끝이 Y자(字) 모양(模樣)의 막대
みつめる【見詰める】 응시(凝視)하다; 직시(直視)하다; 주시(注視)하다; 뚫어지게 쳐다보다. ∥事態を見つめる 사태를 주시하다. 顔を見つめる 얼굴을 빤히 쳐다보다.
みつもり【見積もり】 견적(見積). ∥工事の見積もりをせ공사 견적을 내다. 見積もり額 견적 가격. ♦見積書 견적서.
みつもる【見積もる】 어림잡아 계산(計算)을 하다; 견적(見積)을 내다. ∥工事費を見積もる 공사비 견적을 내다.
みつやく【密約】 밀약(密約).
みつゆ【密輸】 (する) 밀수(密輸). ∥密輸の取り締まり 밀수 단속.
みつゆしゅつ【密輸出】 (する) 밀수출(密輸出).
みつゆにゅう【密輸入】 (する) 밀수입(密輸入).
みづらい【見辛い】 보기 힘들다; 잘 안 보이다. ∥字が小さくて見づらい 글자가 작아서 보기 힘들다.
みつりょう【密猟】 밀렵(密獵).
みつりん【密林】 밀림(密林). ∥密林に生息する 밀림에 서식하다.
みつろう【蜜蠟】 밀랍(蜜蠟).
みてい【未定】 미정(未定). ∥卒業後の事は未定である 졸업 후의 일은 미정이다. ♦発売未定 발매 미정.
ミディアム【medium】 미디엄. ♦ミディアムレア 비프스테이크 등을 중간 정도로 굽는 것.
みてくれ【見て呉れ】 외관(外觀); 겉모양(模樣). ∥見てくれを気にする 외관에 신경을 쓰다.
みてとる【見て取る】 간파(看破)하다. ∥敵の動きを見て取る 적의 동태를 간파하다.
みとおし【見通し】 ❶전망(展望). ∥見通しの悪い曲がり角 앞이 잘 안 보이는 커브 길. 先の見通しがない 전망이 불

투명하다. ❷〔お見通しの形で〕통찰(洞察). ∥神様は全てお見通しだ 신은 모든 것을 꿰뚫어 보고 있다.
みとおす【見通す】 ❶(全部見る)처음부터 끝까지 다 보다. ❷(遮らず)멀리까지 보이다. ❸(予知)예측하다;(豫測)하다. 先を見通す 앞날을 예측하다.
みとがめる【見咎める】〔問いただす〕이상(異常)하게 여겨 추궁(追窮)하다.
みどころ【見所】 ❶볼거리. ∥見どころ滿載の映画 볼거리가 많은 영화. ❷장래성(將來性); 꿀잼. ∥見どころのある青年 장래성이 있는 청년.
みとどける【見届ける】 끝까지 보고 확인(確認)하다. ∥安全を見届けてから橫斷する 안전을 확인하고 건너다.
みとめいん【認め印】 도장(圖章).
***みとめる**【認める】 ❶확인(確認)하다; 보다. ∥暗闇に人影を認める 어둠 속에서 사람 그림자를 보다. ❷인정(認定)하다. ∥不正を認める 부정을 인정하다. 試験での辞書の使用を認める 시험에서 사전 사용을 인정하다.
みどり【緑】 녹색(綠色);, 초록 녹색.
みとりず【見取り図】 겨냥도, 圖).
みとる【見取る】 이해(理解)하다; 알다.
みとる【看取る】 (最期를)지켜 보다. ∥最期を看取る 임종을 지켜보다.
ミドルきゅう【middle 級】 (ボクシングで)미들급.
みとれる【見蕩れる】 넋을 놓고 보다. ∥ダイヤに見とれる 다이아몬드를 넋을 놓고 보다.
***みな**【皆】 전원(全員); 전부(全部); 다. ∥私たちは元気です 우리들은 다 잘 있습니다. 子どもは皆アイスが好きです 애들은 전부 아이스크림을 좋아한다.
みなおし【見直し】 다시 봄; 재검토(再檢討). ∥全面的な見直しを図る 전면적으로 재검토하기로 하다.
みなおす【見直す】 ❶ 한 번 더 보다; 재검토(再檢討)하다. ∥予算を見直す 예산을 재검토하다. ❷(見方を変えて)달리 보다; 다시 보다. ∥今回の件で兄を見直した 이번 일로 형을 다시 봤다.
みなぎる【漲る】 넘치다. ∥闘志がみなぎる 투지가 넘치다.
みなごろし【皆殺し】 몰살(沒殺).
みなさま【皆様】 여러분. ∥皆様, 大変長らくお待たせいたしました 여러분 대단히 오래 기다리셨습니다.
みなさん【皆さん】 여러분.
みなしご【孤児】 고아(孤兒).
みなす【見做す】 간주(看做)하다; 여기다. ∥返事がないので欠席とみなす 대답이 없어서 결석으로 간주하다.
みなと【港】 항; 항구(港口). ∥港町 구 도시.
みなまたびょう【水俣病】 미나마타병(病).
***みなみ**【南】 남(南); 남쪽. ∥日当たりのいい南向きの家 볕살이 잘 드는 남향집. 南の島 남쪽 섬.
みなみアフリカきょうわこく【南Africa 共和國】(國名) 남아프리카공화국.
みなみかいきせん【南回歸線】 남회귀선(南回歸線).
みなみかぜ【南風】 남풍(南風).
みなみはんきゅう【南半球】 남반구(南半球).
みなもと【源】 ❶수원(水源). ❷기원(起源); 원천(源泉).
みならい【見習い】 견습(見習); 수습(修習). ∥見習い期間 견습 기간.
みならいこう【見習工】 견습공(見習工); 수습공(修習工).
みならう【見習う】 보고 배우다. ∥先輩を見習う 선배를 보고 배우다.
みなり【身形】 옷차림. ∥みなりを整える 옷차림을 단정히 하다. 身なりに構わない 옷차림에 신경을 쓰지 않다.
みなれる【見慣れる】 눈에 익다; 친숙(親熟)하다. ∥見慣れた景色 눈에 익은 풍경. 見慣れない人でも見보던 사람이 있다.
ミニカー【minicar】 미니카.
みにくい【醜い】 ❶밉다; 보기 흉하다. ∥醜い顔 미운 얼굴. ❷〔醜惡である〕꼴사납다; 꼴불견이다; 추잡(醜雜)하다.
みにくい【見難い】 잘 안 보이다; 보기 힘들다. ∥この席は後ろで見にくい 이 자리는 무대가 잘 안 보인다.
ミニスカート【miniskirt】 미니스커트.
ミニチュア【miniature】 미니어처.
ミニマム【minimum】 미니멈.
ミニマムきゅう【minimum 級】 (ボクシングで)미니멈급.
みぬく【見抜く】 간파(看破)하다; 알아차리다. ∥うそを見抜く 거짓말을 알아차리다.
みね【峰】 봉우리.
ミネラル【mineral】 미네랄. ◆ミネラルウォーター 미네랄워터, 생수.
みの【簑】 도롱이.
みのう【未納】 미납(未納).
***みのうえ**【身の上】 신상(身上); 운명(運命). ∥身の上相談 신상 상담. 身の上話をする 신세타령을 하다.
みのがす【見逃す】 ❶못 보다; 못 보고 지나치다. ∥誤植を見逃す 오식을 못 보다. ❷(봐주다; 눈감아 주다. ∥罪を見逃す 죄를 눈감아 주다. ❸기회(機會)를 놓치다; 못 보다. ∥ドラマを見逃す 드라마를 못 보다.
みのしろきん【身の代金】 몸값. ∥身代金を要求する 몸값을 요구하다.
みのたけ【身の丈】 신장(身長); 키. ∥身

みのほど【身の程】 분수(分數). ∥身の程知らずもはなはだしい 분수를 몰라도 정도가 있지.

みのまわり【身の回り】 신변(身邊). ∥身の回りを片付ける 신변을 정리하다.

みのり【実り】 결실(結實). ∥実りの秋 결실의 가을.

みのる【実る】 ❶[生る]열매를 맺다. ∥桃が実る 복숭아가 열리다. ❷[結果が出る]성과(成果) 얻다. ∥努力が実る 노력이 성과를 거두다.

みばえ【見栄え】 좋아 보임. ∥見栄えのするネクタイ 좋아 보이는 넥타이.

みはからう【見計らう】 ❶ 적당(適當)한 것을 고르다. ∥適当に見計らって買う 적당히 보고 고르다. ❷[時機(時期)を]보다. ∥暇な時間を見計らって訪れる 한가한 시간을 봐서 찾아가다.

みはなす【見放す】 단념(斷念)하다; 포기(抛棄)하다. ∥医者から見放される 의사가 포기하다.

みはらい【未払い】 미불(未拂); 미납(未納).

みはらし【見晴らし】 전망(展望). ∥見晴らしのいいマンション 전망이 좋은 맨션.

みはり【見張り】 ❶[行為]망(望)을 보는 것. ∥見張りを立てる 망을 보게 하다. ❷[人]망을 보는 사람.

みはる【見張る】 ❶ 눈을 크게 뜨고 보다; 괄목상대(刮目相對)하다. ∥彼の上達ぶりは目を見張るほどだ 그 사람의 실력 향상에 눈이 휘둥그레지다. ❷ 경계(警戒)하다; 망을 보다. ∥不審者を見張る 수상한 사람을 경계하다.

みひつのこい【未必の故意】 미필적 고의(未必的故意).

みひらく【見開く】 눈을 크게 뜨다. ∥眼を見開いてよく見る 눈을 크게 뜨고 보다.

みぶり【身振り】 몸짓; 몸놀림. ∥身振り手振りで説明する 손짓 발짓으로 설명을 하다.

みぶるい【身震い】 身震いする 무서워서 몸이 떨리다.

*みぶん【身分】** 신분(身分). ∥身分を隠す 신분을 숨기다. ∥身分を証明するもの 신분을 증명하는 물건, 신분을 보증하는 신분이 보장되다. ◆身分証明書 신분 증명서.

みぶんか【未分化】 미(未)분화(分化).

みぶんそうおう【身分相応】 身分相応な生活をおくる 분수에 맞는 생활.

みぼうじん【未亡人】 미망인(未亡人).

みほん【見本】 견본(見本). ∥見本を展示する 견본을 전시하다.

*みまい【見舞い】** ❶[行為]병문안(病問安); 문안; 문병. ∥見舞いに行く (병)문안을 가다. ❷[見舞い品]병문안품(病問安品);위문품(慰問品).

みまう【見舞う】 ❶ 병문안(病問安)하다; 문병하다. ∥友人を病院に見舞う 병원에 친구를 문병 가다. ❷[見舞われる形で]좋지 않은 일을 당하다. ∥水害に見舞われた地方 수해를 당한 지방.

みまちがえる【見間違える】 잘못 보다.

みまもる【見守る】 지켜보다. ∥成り行きを静かに見守る 경과를 조용히 지켜보다.

みまわす【見回す】 둘러보다. ∥辺りを見回す 주위를 둘러보다.

みまわり【見回り】 순찰(巡察); 둘러보기.

みまわる【見回る】 순찰(巡察)하다; 경계(警戒)하며 둘러보다. ∥校内を見回る 교내를 둘러보다.

みまん【未滿】 미만(未滿).

*みみ【耳】** ❶ 귀. ∥耳が大きい 귀가 크다. 右の耳が痛い 오른쪽 귀가 아프다. 耳が聞こえない 귀가 안 들린다. 耳がいい 귀가 좋다. 耳をつんざくジェット機の音 귀청이 떨어질 것 같은 제트기 소리. ❷[端・回り]パンの耳 빵의 귀. ▶耳が痛い 귀가 따갑다.(慣) ▶耳が遠い 귀가 어둡다. ▶耳が早い 귀가 빠르다. 소식에 빠르다. ▶耳にたこができる 귀에 못이 박히다.(慣) ▶耳に残る 들은 소리나 말이 기억에 남다. ▶耳に入る 들리다. 妙なうわさが耳に入る 이상한 소문이 들리다. ▶耳を疑う 귀를 의심하다.(慣) ▶耳を貸す 상대방의 이야기를 듣다. 들여겨 주다. ▶耳を傾ける 귀를 기울이다.(慣) 耳を澄ます 주의해서 들으려고 하다. ▶耳を塞ぐ 귀를 막다. ▶耳を塞ぎたくなる 悪いうわさ 귀를 막고 싶은 안 좋은 소문.

みみあか【耳垢】 귀지. ∥耳垢がたまる 귀지가 쌓이다.

みみうち【耳打ち】〖俗〗귓속말. ∥そっと耳打ちする 살짝 귓속말을 하다.

みみかき【耳搔き】 귀이개.

みみざわり【耳障り】 ル 귀에 거슬리다. ∥耳障りな音 귀에 거슬리는 소리.

ミミズ【蚯蚓】 지렁이. ∥♦ミミズ腫れ〖俗〗굵은 부위가 지렁이처럼 길게 부어오른 것.

ミミズク【木菟】 수리부엉이.

みみせん【耳栓】 귀마개.

みみたぶ【耳朶】 귓불. ∥福々しい耳たぶをしている 귓불이 복스럽다.

みみなり【耳鳴り】 이명(耳鳴). ∥耳鳴りに悩まされる 이명으로 고생하다.

みみもと【耳元】 귓가; 귓전. ∥耳元で囁く 귓전에서 속삭이다.

みみより【耳寄り】 귀가 솔깃함. ∥耳寄りな情報を聞く 귀가 솔깃한 정보를 듣다.

むむき【見向き】 거들떠봄; 돌아봄; 관심(關心)을 보임. ∥見向きもしない 거

みめ【見目】본 느낌; 겉모양(模樣); 용모(容貌); 체면(體面).
みめい【未明】미명(未明); 새벽. ∥本日未明 오늘 새벽.
みもしらぬ【見も知らぬ】생면부지(生面不知)의. ∥見も知らぬ人 생면부지인 사람.
みもだえ【身悶え】∥身悶えする 몸부림치다.
みもち【身持ち】몸가짐; 품행(品行). ∥身持ちが悪い 품행이 좋지 않다.
*__みもと__【身元·身許】신원(身元). ∥身元の確かな人 신원이 확실한 사람. ◆身元照合 신원 조회. 身元保証 신원 보증.
みもの【見物】볼거리.
みや【宮】❶ 궁(宮). ❷ 황족(皇族)의 경칭(敬稱).
みゃく【脈】❶ 맥; 맥박(脈搏). ∥脈打つ 맥박(脈搏) 치다. ❷ 가망(可望); 희망(希望). ∥脈がある 희망이 있다. 가능성이 있다.
みゃくはく【脈搏】맥박(脈搏).
みゃくみゃく【脈脈】맥맥(脈脈)히. ∥脈々と続く 면면히 이어지다.
みゃくらく【脈絡】맥락(脈絡).
みやげ【土産】❶ 선물(膳物) ❷ (旅行の)토산품(土産品). ◆土産話 여행담.
みやこ【都】❶ 수도(首都). ❷ 도시(都市). ∥水の都ベニス 물의 도시 베니스. ❸ 황궁(皇宮)이 있는 곳.
みやこおち【都落ち】(古)낙향(落鄕).
みやすい【見易い】❶ 보기 편하다. ∥見やすい紙面 보기 편한 지면. ❷ ∥誰にでも分かる 알기 쉽다. ∥見やすい説明 알기 쉬운 설명.
みやび【雅】우아(優雅).
みやぶる【見破る】간파(看破)하다; 꿰뚫어 보다; 알아차리다. ∥うそを見破る 거짓말을 알아차리다.
ミャンマー【Myanmar】(国名) 미얀마.
ミュール【mule】뮬.
みょう【妙】❶ 묘(妙). ❷ 造化의 妙 조화의 묘. ❷ 【妙の形で】묘하다. ∥妙な話 묘한 이야기.
みょうあん【妙案】묘안(妙案). ∥妙案が浮かぶ 묘안이 떠오르다.
ミョウガ【茗荷】양하(蘘荷).
みょうぎ【妙技】묘기(妙技).
みょうごにち【明後日】모레. ∥明後日にお会いしましょう 모레 만납시다.
みょうごねん【明後年】내후년(來後年).
みょうじ【名字】성; 성씨(姓氏).
みょうちょう【明朝】다음날 아침(에).
みょうにち【明日】내일(來日).
みょうみ【妙味】묘미(妙味).
みょうみまね【見様見真似】∥見様見真似で調理する 다른 사람이 하는 것을 보고 조리하다.
みょうり【冥利】기쁨. ∥教師冥利に尽き

る 교사로서 기쁘기 그지없다.
みょうれい【妙齢】묘령(妙齢).
みより【身寄り】친척(親戚). ∥身寄りが少ない 친척이 적다.
ミラー【mirror】거울; 미러. ◆バックミラー 백미러.
みらい【未来】미래(未來). ∥未来への希望 미래에 대한 희망.
ミリ【milli】…밀리(m).
ミリオンセラー【million seller】밀리온셀러.
ミリグラム【milligramme 프】…밀리그램(mg).
ミリメートル【millimètre 프】…밀리미터(mm).
みりょう【魅了】(名·他) 매료(魅了). ∥聴衆を魅了する 청중을 매료하다.
みりょく【魅力】매력(魅力). ∥魅力を感じる 매력을 느끼다. 魅力あふれる 매력이 넘치는 사람.
みりょくてき【魅力的】매력적(魅力的). ∥魅力的な人 매력적인 사람.
ミリリットル【millilitre 프】…밀리리터(ml).
みりん【味醂】미림(味淋).
*__みる__【見る·看る·診る】❶ 보다. ∥建物を正面から見る 건물을 정면에서 보다. 心電図を見る 심전도를 보다. 昔の農家によく見られた間取り 옛날 농가에서 쉽게 볼 수 있는 집 구조. 世間を甘く見る 세상을 우습게 보다. 私から見ると彼が正しい 내가 볼 때는 그 사람이 옳다. ❷ 감상(鑑賞)하다; 구경하다. ∥桜を見に行く 벚꽃 구경을 가다. ❸ 진찰(診察)하다. ∥患者を診る 환자를 진찰하다. ❹ (世話)보살피다; 돌봐 주다. ∥入院中の母親を見る 입원 중인 부모님을 돌봐 드리다. ❺ (よくない)경험(經驗)을 하다. 痛い目を見る 안 좋은 경험을 하다. ❻ (動作·作用などが)실현(實現)되다. ∥なかなか意見の一致を見ない 좀체 의견이 일치되지 않다. ❼ 【…てみるの形で】…아[어·해] 보다. ∥旅行にでも行ってみたい 여행이라도 가서 보고 싶다. ノートに内容を書いてみる ノート에 내용을 써서 보다. ∥見る影もない 볼품이 없다. 見るに忍びない 너무 안 돼서 볼 수가 없다. 見るに忍びない惨事 차마 보지 못할 참사. 見るに見兼ねて 두고 볼 수가 없어서. 보다 못해.
みるからに【見るからに】보기에도. ∥見るからに強そうな選手 보기에도 강해 보이는 선수.
ミルク【milk】밀크; 우유(牛乳).
みるみる【見る見る】순식간(瞬息間)에. ∥みるみる火が燃え広がる 순식간에 불길이 번지다. みるみるうちに平らげる 순식간에 먹어 치우다.
みるめ【見る目】안목(眼目); 남의 눈;

ミレニアム 516

보는 눈. ∥골동품을 보는 눈이 있다 골동품을 보는 눈이 있다.
ミレニアム [millennium] 밀레니엄; 새 천년(千年).
みれん 【未練】 미련(未練). ∥未練が残る 미련이 남다.
みれんがましい 【未練がましい】 미련(未練)이 남아 있다는; 연연(戀戀)해하다.
みろく 【弥勒】 미륵(彌勒).
みわく 【魅惑】 (호린)매혹(魅惑). ◆魅惑的 매혹적.
みわけ 【見分け】 구분(區分); 구별(區別). ∥見分けがつかない顔 구분이 안 되는 얼굴.
みわける 【見分ける】 구별(區別)하다. ∥双子を見分ける 쌍둥이를 구별하다.
みわすれる 【見忘れる】 ❶전(前)에 본 것을 잊다; 생각나지 않다. ∥旧友の顔を見忘れた 옛날 친구의 얼굴이 생각나지 않았다. ❷보는 것을 잊다. ∥ドラマを見忘れる 드라마 보는 것을 잊어버리다.
みわたす 【見渡す】 ❶멀리 보다. ∥見渡す限りの絶景 끝없이 펼쳐지는 절경. ❷전체(全體)를 내다 보다. ∥仕事の全体を見渡す 일 전체를 내다보다.
みんい 【民意】 민의(民意).
みんえい 【民営】 민영(民營). ◆民営化 민영화.
みんか 【民家】 민가(民家).
みんかん 【民間】 민간(民間). ◆民間人 민간인. 民間信仰 민간 신앙. 民間放送 민간 방송. 民間療法 민간 요법.
みんげい 【民芸】 민예(民藝). ◆民芸品 민예품.
みんけん 【民権】 민권(民權).
みんじ 【民事】 민사(民事). ◆民事事件 민사 사건. 民事訴訟 민사 소송.
みんしゅ 【民主】 민주(民主). ◆民主化 민주화. 民主社会 민주 사회. 民主主義 민주주의.
みんしゅう 【民衆】 민중(民衆).
みんぱく 【民泊】 민박(民泊).
みんせん 【民選】 (호린)민선(民選).
みんぞく 【民俗】 민속(民俗). ◆民俗音楽 민속 음악. 民俗学 민속학.
みんぞく 【民族】 민족(民族). ◆民族意識 민족의식. 民族国家 민족 국가. 民族主義 민족주의. 民族的 민족적.
ミンチ [mince] 간 고기.
みんちょうたい 【明朝体】 명조체(明朝體).
みんな 【皆】 ❶전원(全員). ∥皆が賛成した 전원 찬성했다. ❷[副詞的に]모두; 전부(全部). 다. ∥彼の作品は皆読んだ 그 사람의 작품은 전부 읽었다.
みんぽう 【民法】 민법(民法).
みんぽう 【民放】 민방; 민간 방송(民間放送).

みんよう 【民謡】 민요(民謠). ∥昔から伝わる民謡 옛날부터 전해 오는 민요.
みんわ 【民話】 민화(民話).

む

む 【無】 ❶무(無); 아무것도 없음. ∥無に等しい 없는 것과 마찬가지다. ❷헛수고. ∥人の好意を無にする 다른 사람의 호의를 헛되이 하다.
むい 【無為】 무위(無爲). ◆無為徒食 무위도식.
むいか 【六日·6日】 육일(六日); 엿새.
むいしき 【無意識】 무의식(적)(無意識(的)). ∥無意識に手を動かす 무의식적으로 손을 움직이다.
むいちもん 【無一文】 무일(無一)푼. ∥無一文になる 무일푼이 되다.
むいみ 【無意味】 ☞ 무의미(無意味)하다. ∥無意味な行動 무의미한 행동.
ムース [mousse 프] 무스.
ムード [mood] 무드; 분위기(雰圍氣); 기분(氣分).
むえき 【無益】 ☞ 무익(無益)하다. ∥無益な争い 무익한 싸움.
むえん 【無援】 무원(無援). ◆孤立無援 고립무원.
むえん 【無塩】 무염(無鹽). ◆無塩バター 무염 버터.
むえん 【無縁】 무연(無緣).
むえんたん 【無煙炭】 무연탄(無煙炭).
むが 【無我】 무아(無我). ∥無我の境 무아지경.
むかい 【向かい】 건너편(便).
むがい 【無害】 ☞ 무해(無害)하다. ∥人体に無害な薬 인체에 무해한 약.
むかいあう 【向かい合う】 마주 보다. ∥向かい合う商店 마주 보는 상점.
むかいあわせ 【向かい合わせ】 마주 봄. ∥向かい合わせに座る 마주 보고 앉다.
むかいかぜ 【向かい風】 맞바람. ∥向かい風に影響される 맞바람의 영향을 받다.
*__**むかう** 【向かう】 ❶향(向)하다. ∥机に向かって本を読む 책상에 앉아 책을 읽다. ❷향하여 가다. ∥目標に向かって進む 목표를 향해 나아가다. ❸(ある時期·状態になる) ∥寒さに向かう 추위가 다가오다. ❹대하다. ∥親に向かって何だ 부모한테 그게 무슨 태도니? ❺상대(對峙)하다; 대적(對敵)하다. ∥素手で向かっていく 맨손으로 대항하다.
むかえ 【迎え】 마중. ∥迎えに行く 마중 나가다.
むかえうつ 【迎え撃つ】 맞받아치다; 요격(邀擊)하다.
むかえる 【迎える】 ❶맞다; 맞이하다. ∥笑顔で迎える 웃는 얼굴로 맞이하다.

❷ 맞아들이다. ¶妻に迎える 아내로 맞아들이다. ❸[ある時期・状態になる] ¶冬を迎える 겨울을 맞이하다.
むがく【無学】 무학(無學).
*むかし【昔】 옛날; 예전. ¶昔の習慣 옛날부터의 습관. 昔の思い出 옛날 추억.
むかしばなし【昔話】 ❶ 지난 이야기. ¶昔話に花が咲く 지난 이야기로 꽃을 피우다. ❷ 옛날이야기. ¶おばあさんが聞かせてくれた昔話 할머니가 들려준 옛날이야기.
むかしむかし【昔昔】 옛날옛적에.
むかつく ❶ 메슥거리다. ¶食べすぎて胸がむかつく 과식으로 속이 메슥거리다. ❷ 화(火)가 치밀다. ¶顔を見るだけでむかつく 얼굴만 봐도 화가 치밀다.
むかって【向かって】 자기(自己) 쪽에서 봐서. ¶向かって右 내 쪽에서 봤을 때 오른쪽.
むかっと 울컥; 벌컥. ¶その言葉にむかっとした 그 말에 울컥 화가 치밀었다.
ムカデ【百足】 지네.
むかむか 메슥메슥. ¶胃がむかむかする 속이 메슥거리다. ❷ 화(火)가 남; 울컥. ¶むかむか(と)して怒鳴りつける 화가 나서 큰 소리로 꾸짖다.
むがむちゅう【無我夢中】 무아도취(無我陶醉); 정신(精神)없음. ¶無我夢中で逃げる 정신없이 도망가다.
むかん【無冠】 무관(無冠). ¶無冠の帝王 무관의 제왕.
むかんかく【無感覚】 무감각(無感覚). ¶寒さで指先が無感覚になる 추위로 손끝이 무감각하다.
むかんけい【無関係】 관계(關係)없음. ¶無関係の人 관계없는 사람.
むかんしん【無関心】 무관심(無關心); 관심이 없음. ¶政治には無関心だ 정치에는 관심이 없다.
むき【向き】 ❶ 방향(方向). ¶南向きの家 남향집. ❷ 의견(意見)이 있는 사람. ¶反対の向きもある 반대 의견이 있는 사람도 있다. ❸ 경향(傾向). ¶理想主義に走る向きがある 이상주의로 치닫는 경향이 있다. ❹ 적합(適合)함. ¶初心者向きの辞書 초심자에 적합한 사전. ▶向きになる 정색을 하다. 정색하고 대들다. 些細なことで向きになる 사소한 일에 정색을 하다.
むき【無期】 무기(無期). ◆無期刑 무기형. 無期懲役 무기 징역.
むき【無機】 무기(無機). ◆無機化学 무기 화학. 無機化合物 무기 화합물. 無機質 무기질. 無機物 무기물.
むぎ【麦】 보리. ¶麦ご飯 보리밥. 麦畑 보리밭.
むきあう【向き合う】 ❶ 마주하다; 마주 대하다. ¶客と向き合って座る 손님과 마주 보고 앉다. ❷ 직시(直視)하다. ¶問題に向き合う 문제를 직시하다.
むきげん【無期限】 무기한(無期限). ¶無期限活動停止 무기한 활동 정지.
むきこきゅう【無気呼吸】 무기 호흡(無氣呼吸).
むきず【無疵】 ❶ 흠이 없음. ¶無疵の茶碗 흠 하나 없는 그릇. ❷ 죄(罪)·결점(缺點)·실패(失敗) 등이 없음. ¶無傷の 10 連勝 무패의 십 연승.
むきだし【剝き出し】 드러냄; 노골적(露骨的)임. ¶背中をむき出しにする 등을 드러내다. 敵意をむき出しにする 적의를 노골적으로 드러내다.
むきだす【剝き出す】 드러내다; 노출(露出)시키다. ¶歯をむき出して笑う 이를 드러내고 웃다.
むぎちゃ【麦茶】 보리차(茶).
むきどう【無軌道】 무궤도(無軌道).
むきめい【無記名】 무기명(無記名). ◆無記名投票 무기명 투표.
むぎめし【麦飯】 보리밥.
むきゅう【無休】 무휴(無休). ◆年中無休 연중무휴.
むきゅう【無給】 무급(無給).
むきゅう【無窮】 무궁(無窮)하다.
むきりょく【無気力】 ダ 무기력(無氣力).
むぎわら【麦藁】 밀짚. ◆麦藁帽子 밀짚모자.
むきん【無菌】 무균(無菌). ◆無菌室 무균실.
むく【無垢】 무구(無垢). ◆純真無垢 순진무구.
*むく【向く】 ❶ 향(向)하다. ¶窓の方を向く 창 쪽을 향하다. ❷ 방향(方向)을 가리키다. ¶南を向いているコンパスの針 남쪽을 가리키고 있는 나침반의 바늘. ❸ (기가)내키다. ¶気が向けば夜中まで働く 마음이 내키면 밤늦게까지 일을 하다. ❹ 적합(適合)하다; 맞다; 어울리다. ¶自分に向いた仕事 자기한테 맞는 일. ❺ [運が向の形で]운(運)이 트이다.
むく【剝く】 (皮)를 벗기다. ¶リンゴの皮を剝く 사과 껍질을 벗기다. 一皮剝けば詐欺師だった 껍질 벗기면 사기꾼이다.
むくい【報い】 ❶ 응보(應報); 과보(果報). ¶悪業の報を受ける 나쁜 짓 한 벌을 받다. ❷ 보답(報答); 보수(報酬). ¶何の報いも求めないから無報酬 아무런 보수도 바라지 않다. ❸ 앙갚음; 보복(報復).
むくいぬ【尨犬】 삽살개.
むくいる【報いる】 ❶ 보답(報答)하다. ¶彼の親切に報いるように努力します 그 사람의 친절에 보답할 수 있도록 노력하겠습니다. ❷ 앙갚음하다; 보복(報復)하다.
ムクゲ【木槿】 무궁화(無窮花). ✤韓国

の国花.
むくち【無口】 과묵(寡默)하다; 말수(數)가 적다.
ムクドリ【椋鳥】 찌르레기.
むくみ【浮腫】 부종(浮腫).
むくむ【浮腫】 붓다. ‖寝すぎて顔がむくむ 많이 자서 얼굴이 붓다.
むくむく ❶【雲·煙】뭉게뭉게. ‖雲がむくむくとわき上がる 구름이 뭉게뭉게 피어오르다. ❷【感情】부글부글. ‖怒りがむくむくと頭をもたげてきた 부글부글 화가 치밀었다. ❸【起き上がる様子】벌떡. ‖むくむくと起き上がる 벌떡 일어나다. ❹【柔らかいものが厚くふくらんでいる様子】통통히. ‖むくむくと肥えた赤ん坊 통통하게 살이 찐 아기.
-むけ【向け】 老人向けの番組 노인 취향의 프로. 南米向けの輸出 남미로의 수출.
むけい【無形】 무형(無形). ◆無形文化財 무형 문화재.
むけつ【無缺】 무결(無缺). ◆完全無欠 완전무결.
むげに【無下に】 함부로. ‖むげに断るわけにもいかない 함부로 거절할 수도 없다.
むける【向ける】 ❶돌리다. ‖顔を向ける 얼굴을 돌리다. 非難を与党に向ける 비난을 여당에 돌리다. ❷향(向)하다. ‖ハワイに向けて出発する 하와이를 향해 출발하다. ❸파견(派遣)하다. ‖担当者を現地に向ける 당당자를 현지에 파견하다. ❹할당(割當)하다. ‖全額を図書館に向ける 전액을 도서비에 할당하다.
むける【剥ける】 벗겨지다.
むげん【無限】 무한(無限). ◆無限の宇宙 무한한 우주. ◆無限軌道 무한궤도. 無限級数 무한급수. 無限責任 무한 책임. 無限大 무한대.
むこ【婿】 ❶사위. ❷신랑(新郞). ‖婿入りする 데릴사위로 들어가다. ▶신랑(新郞).
むごい【惨い】 ❶비참(悲慘)하다. ‖むごい死に方をする 비참하게 죽다. ❷무자비(無慈悲)하다; 잔혹(殘酷)하다. ‖むごい仕打ち 무자비한 처사.
***むこう**【向こう】 ❶맞은편(便). ‖向こうの家 맞은편 집. ❷저쪽. ‖向こうで遊びなさい 저쪽에서 놀아라. ❸건너편. ‖川の向こう 강 건너편. ❹상대방(相對方). ‖向こうの意見も聞こう 상대방의 의견도 듣자. ❺향후(向後); 지금(只今). ‖向こう1週間仕事を休む 지금부터 일주일간 일을 쉬다. ▶상대(相對)로 삼다. 強豪を向こうに回して互角に戦う 강적을 상대로 대등하게 싸우다.
むこう【無効】 무효(無效). ‖契約が無効になる 계약이 무효가 되다.
むこういき【向こう意気】 오기(傲氣);

깡다구. ‖向こう意気が強い 깡다구가 세다.
むこうみず【向こう見ず】 경솔(輕率)하다; 무모(無謀)하다. ◆向こう見ずな行動 무모한 행동.
むこうもち【向こう持ち】 (経費などを)상대방(相對方)이 부담(負擔)함.
むごたらしい【惨たらしい】 비참(悲慘)하다; 잔혹(殘酷)하다. ‖むごたらしい事件 잔혹한 사건.
むこようし【婿養子】 데릴사위.
むこん【無根】 무근(無根). ◆事実無根 사실무근.
むごん【無言】 무언(無言). ◆無言の抗議 무언의 항의. ◆無言劇 무언극. 팬터마임.
むざい【無罪】 무죄(無罪). ‖無罪の判決が下される 무죄 판결이 내리다.
むさく【無策】 무책(無策). ◆無為無策 속수무책.
むさくい【無作為】 무작위(無作爲). ‖無作為に選ぶ 무작위로 고르다. ◆無作爲抽出 무작위 추출.
むさくるしい【むさ苦しい】 지저분하다; 누추(陋醜)하다.
むさべつ【無差別】 무차별(無差別). ◆無差別テロ 무차별 테러.
むさぼる【貪る】 ❶탐(貪)하다; 만족(滿足)할 줄 모르다. ‖暴利をむさぼる 폭리를 취하다. ❷질릴 줄도 모르다. ‖本をむさぼり読む 닥치는 대로 책을 읽다.
むずむず 호락호락; 어이없이; 쉽사리; 쉽게. ‖むずむずチャンスを逃す 어이없이 기회를 놓치다.
むさん【無産】 무산(無産). ◆無産階級 무산 계급.
むさん【霧散】 〖五自〗무산(霧散). ‖計画が霧散する 계획이 무산되다.
むざん【無惨】ダ 무참(無慘)하다. ‖夢は無惨にもついえた 꿈은 무참하게 깨졌다.
***むし**【虫】 ❶벌레. ‖虫がわく 벌레가 생기다. 虫に食われる 벌레한테 물리다. ❷【気持ち·感情】腹の虫がおさまらない 화가 나서 참을 수가 없다. ❸【考え】생각. ‖悪い虫が頭をもたげる 나쁜 생각이 머리를 쳐들다. ❹【熱中する人】本の虫 책벌레. ❺【性的】泣き虫 울보. ▶虫がいい 뻔뻔스럽다. 虫が知らせる 예감이 들다. 虫が好かない 왠지 모르게 마음에 안 들다. 虫が付く (未婚の女性などに)남자가 생기다. ▶虫も殺さぬ 악하다. 温화한. 虫も殺さぬ顔をして心は悪魔のような 인자한 얼굴을 하고 속은 악마 같다.
むし【無死】 〖野球〗무사(無死).
むし【無私】 무사(無私). ◆公平無私 공평무사.
むし【無視】 〖五他〗무시(無視). ‖信号を無視する 신호를 무시하다. 彼の意見

むじ【無地】 무지(無地); 단색(単色)으로 무늬가 없는 천. ∥無地のTシャツ 단색 티셔츠.
むしあつい【蒸し暑い】 무덥다. ∥蒸し暑い夜 무더운 밤.
むしかえす【蒸し返す】 ❶ 다시 찌다. ❷ (一度解決した事柄を)다시 끄집어내다; 다시 문제(問題) 삼다. ∥話を蒸し返す 얘기를 또 끄집어내다.
むしかご【虫籠】 곤충(昆虫) 채집용(採集用) 바구니.
むしき【蒸器】 찜통.
むしくい【虫食い】 벌레 먹음. ∥虫食いのリンゴ 벌레 먹은 사과.
むしくだし【虫下し】 구충제(駆虫剤).
むしされ【虫刺され】 벌레 물린 곳. ∥虫刺されがかゆい 벌레 물린 곳이 가렵다.
むじつ【無実】 ❶ 무죄(無罪)를 호소하다; 무죄를 주장하다. ❷ 무실(無實). ◆有名無実 유명무실.
むしば【虫歯】 충치(蟲齒). ∥虫歯ができる 충치가 생기다.
むしばむ【蝕む】 벌레 먹다; 좀먹다; 골병(骨病)들다. ∥蝕まれた果実 벌레 먹은 과실. 青少年の心を蝕む出版物 청소년의 마음을 좀먹는 출판물. 蝕まれた体 골병든 몸.
むじひ【無慈悲】 ダ 무자비(無慈悲)하다. ∥無慈悲な行動 무자비한 행동.
むしぶろ【蒸し風呂】 한증탕(汗蒸湯); 찜통. ∥蒸し風呂のような暑さ 찜통 같은 더위.
むしむし【蒸し蒸し】 ∥蒸し蒸しする 후덥지근하다.
むしめがね【虫眼鏡】 돋보기; 확대경(擴大鏡). ∥虫眼鏡で見る 돋보기로 보다.
むしやき【蒸し焼き】 밀폐(密閉)된 용기(容器) 속에 넣어 구운 요리(料理).
むじゃき【無邪気】 ダ 순진(純眞)하다; 천진난만(天眞爛漫)하다. ∥無邪気な子ども 천진난만한 아이. ◆無邪気(の惡意) がない。 無邪気な言動 악의 없는 언행.
むしゃくしゃ ∥仕事がうまくいかなくてむしゃくしゃする 일이 잘 안 풀려서 짜증나다.
むしゃむしゃ 게걸스럽게; 게걸스레. ∥むしゃむしゃ(と)食べる 게걸스럽게 먹다.
むしゅう【無臭】 무취(無臭). ◆無色無臭 무색무취.
むしゅうきょう【無宗教】 무교(無敎).
むじゅうりょく【無重力】 무중력(無重力). ∥無重力状態 무중력 상태.
むじゅみ【無趣味】 무취미(無趣味).
むじゅん【矛盾】 (도되) 모순(矛盾). ∥前後矛盾した意見 앞뒤가 안 맞는 모순된 의견.
むしょう【無償】 무상(無償); 무보수(無報酬); 무료(無料). ∥無償で配布する 무상으로 배포하다. 無償の奉仕 무료 봉사.
むじょう【無上】 최상(最上). ∥無上の喜び 최상의 기쁨.
むじょう【無情】 ダ 무정(無情)하다. ∥無情な仕打ち 무정한 처사.
むじょう【無常】 ダ 무상(無常)하다; 덧없다. ∥無常な世の 덧없는 세상.
むじょうけん【無條件】 무조건(無條件). ∥無条件で受け付ける 무조건으로 받아들이다. ◆無條件降伏 무조건 항복.
むしょうに【無性に】 괜히; 무턱대고; 공연(空然)히; 한(限)없이. ∥無性に腹が立つ 괜히 화가 나다. 無性に眠い 한없이 자고 싶다.
むしょく【無色】 무색(無色). ◆無色透明 무색 투명.
むしょく【無職】 무직(無職).
むしよけ【虫除け】 방충제(防蟲劑).
むしょぞく【無所属】 무소속(無所屬). ∥無所属代議士 무소속 의원.
むしる【毟る】 ❶ 뽑다. ∥鶏の毛をむしる 닭 털을 뽑다. ❷ 가시를 바르다. ∥魚をむしって食べる 생선 가시를 발라 먹다.
むじるし【無印】 ❶ (競馬·競輪などで)(注目)을 받지 못해 예상표(豫想表)에 아무런 표시(標示)가 되는 것. ❷ [ノーブランド]상표(商標)가 없음.
むしろ【筵】 돗자리; 멍석; 거적; 방석(方席). ◆針のむしろ 바늘방석.
むしろ【寧ろ】 오히려; 차라리. ∥美しいというよりむしろかわいい人だ 아름답다기보다 오히려 귀여운 사람이다.
むしん【無心】 ❶ 무심(無心). ∥子どもたちが無心に遊んでいる 애들이 무심히 놀고 있다. ❷ (古語) (お金などを)구걸(求乞). ∥無心する 구걸하다.
むじん【無人】 무인도. ◆無人島 무인도. 無人飛行 무인 비행.
むじん【無尽】 무진(無盡). ◆縱橫無尽 종횡무진.
むしんけい【無神経】 무신경(無神經).
むじんぞう【無盡藏】 무진장(無盡藏). ∥無盡蔵の資源 무진장한 자원.
むしんろん【無神論】 무신론(無神論).
むす【蒸す】 ❶ 찌다. ∥ジャガイモを蒸す 감자를 찌다. ❷ 후덥지근하다. ∥今日は蒸すね 오늘은 후덥지근하다.
むすう【無數】 무수(無數). ∥無数の星 무수한 별.
*****むずかしい**【難しい】 ❶ 어렵다. ∥難しい問題 어려운 문제. 内容が難しい 내용이 어렵다. ❷ 힘들다; 곤란(困難)하

むずがゆい 520

다. ∥優勝するのは難しい 우승하는 것은 힘들다. 難しい立場 곤란한 입장. ❸ **복잡**(複雜)**하다**. ∥操作が難しい 조작이 복잡하다. 難しい手続きを簡略化する 복잡한 절차를 간략화하다. ❹ **까다롭다**. ∥食べ物に難しい人 입이 다로운 사람. ❺ **언짢다**. ∥難しい顔をして考え込んでいる 언짢은 얼굴로 생각에 잠겨 있다.

むずがゆい【むず痒い】 근질근질하다. ∥足のむずむずがゆい 凍傷 걸린 발이 근질근질하다.

むずかる【憤る】 칭얼거리다; 보채다. ∥赤ん坊がむずかる 애가 보채다.

*むすこ【息子】 아들. ∥息子が 3 人いるアドゥリ 세 있다. 一人息子 외동아들. 息子の嫁 며느리.

むすっと〔不愉快な表情で押しだまっている様子〕 ∥むすっとした顔 화가 나서 입을 꾹 다물고 있는 얼굴.

むすばれる【結ばれる】 친한 사이가 되다; 결혼(結婚)하다.

むすび【結び】 ❶ 묶는 것; 매듭. ∥蝶結び 나비매듭. ❷ 맺음. ∥縁結びの神 혼의 인연을 맺어 주는 신. ❸ **결말** (結末); 끝맺음. ∥結びの言葉 맺음말. ❹ **주먹밥**. ∥おむすび 주먹밥.

むすびつき【結び付き】 관계(關係); 결합(結合); 결탁(結託). ∥政治家と企業との結び付き 정치가와 기업 간의 결탁.

むすびつく【結び付く】 결부(結付)되다; 연결(連結)되다. ∥点と点が結び付く 점과 점이 연결되다.

むすびつける【結び付ける】 ❶ **묶다**; **매다**. ∥木の枝に結び付ける 나뭇가지에 묶다. ❷ **결부**(結付)**시키다**; **연결**(連結)**시키다**. ∥地震と火山の活動を結び付けて考える 지진과 화산 활동을 결부시켜 생각하다.

むすびめ【結び目】 매듭. ∥結び目がほどける 매듭이 풀어지다.

*むすぶ【結ぶ】 ❶ **잇다**; **묶다**; **매다**; **연결**(連結)**하다**; **결부**(結付)**시키다**. ∥靴の紐を結ぶ 구두끈을 매다. ネクタイを結ぶ 넥타이를 매다. 2 点を結ぶ直線 두 선을 연결하는 직선. ❷ **맺다**. ∥条約を結ぶ 조약을 맺다. 縁を結ぶ 인연을 맺다.

むずむず〔虫などが〕 꼼지락거리다; 근질근질하다. ∥背中がむずむずする 등이 근질근질하다. ❷〔何かをしたくて〕 안달이 나다. ∥彼女に会いたくてむずむずする 여자 친구를 만나고 싶어 안달이 나다.

*むすめ【娘】 딸. ∥娘が嫁ぐ 딸이 시집가다. 娘を嫁がせる 딸을 시집보내다. 一番上の娘 큰딸. 末娘 막내딸. 娘一人大事に育てる 딸 애지중지하다. 一人娘 외동딸.

むすめざかり【娘盛り】〔說明〕 미혼 여성(未婚女性)이 가장 아름다운 시기(時期).

むせい【無声】 무성(無聲). ◆無声映画 무성 영화. 無声音 무성음.

むせい【無性】 무성(無性). ◆無性生殖 무성 생식.

むせい【夢精】〔又は〕 몽정(夢精).

むぜい【無税】 무세(無稅).

むせいげん【無制限】 무제한(無制限). ∥無制限に許可する 무제한으로 허가하다.

むせいふ【無政府】 무정부(無政府). ∥無政府状態 무정부 상태.

むせいぶつ【無生物】 무생물(無生物).

むせいらん【無精卵】 무정란(無精卵).

むせかえす【咽返す】 숨이 막히다. ∥むせ返るような暑さ 숨이 막히는 듯한 더위.

むせきついどうぶつ【無脊椎動物】 무척추 동물(無脊椎動物).

むせきにん【無責任】✔ 무책임(無責任)**하다**. ∥無責任な行為 무책임한 행위.

むせっそう【無節操】 절조(節操)가 없음.

むせぶ【噎ぶ】 목메어 울다. ∥悲しみの涙にむせぶ 슬퍼서 목메어 울다.

むせる【噎る】 숨이 막히다; 목이 메다; 사레들리다.

むせん【無銭】 무전(無錢). ◆無銭飲食 무전취식. 無銭旅行 무전여행.

むせん【無線】 무선(無線). ◆無線操縦 무선 조종. 無線ラン 무선랜.

むせんまい【無洗米】〔說明〕 안 씻고 밥을 짓는 쌀.

むそう【無双】 무쌍(無雙).

むそう【夢想】〔又は〕 몽상(夢想).

むぞうさ【無造作】✔ 쉽다; 간단(簡單)**하다**. ∥無造作にやってのける 간단히 해내다. ❷〔ぞんざいに〕 함부로 하다; 대충 하다. ∥無造作に髪を束ねる 대충 머리를 묶다.

むじ【六十路・六十】 예순; 예순 살.

*むだ【無駄】 ❶ **낭비**(浪費); **비효율**(非效率). ∥無駄を省く 낭비를 줄이다. ❷ **헛수고**; **헛됨**; **쓸데없음**. ∥無駄な骨折り 헛수고. 努力が無駄になる 헛수고를 하다.

むだあし【無駄足】 헛걸음. ∥無駄足を踏む 헛걸음을 하다.

むだい【無題】 무제(無題).

むだがね【無駄金】 헛돈. ∥無駄金を使う 헛돈을 쓰다.

むだぐち【無駄口】 쓸데없는 소리. ∥無駄口をたたく 쓸데없는 소리를 하다.

むだじに【無駄死に】〔又は〕 개죽음.

むだづかい【無駄遣い】❀ 낭비(浪費).

むだばなし【無駄話】 무익(無益)한 이야기; 쓸데없는 이야기; 잡담(雜談).

むだぼね【無駄骨】 헛수고. ∥無駄骨を

むだめし【無駄飯】 하는 일 없이 먹는 밥. ∥無駄飯を食う 무위도식하다.
むだん【無断】 무단(無斷). ∥無断で他人のものを使う 무단으로 남의 물건을 쓰다. ◆無断欠勤 무단 결근.
むたんぽ【無担保】 무담보(無擔保). ∥無担保で貸す 무담보로 빌려주다.
むち【鞭】 채찍; 회초리; 매. ∥愛の鞭 사랑의 매. 馬に鞭を入れる 말을 채찍질하다.
むち【無知】 무지(無知). ∥無知をさらけ出す 무지를 드러내다. ◆無知蒙昧 무지몽매.
むち【無恥】 무치(無恥). ◆厚顔無恥 후안무치.
むちうちしょう【鞭打ち症】 (説明) 강한 충격(衝撃)으로 머리가 뒤로 젖혀지면서 목등뼈와 주변 조직(周邊組織)이 손상(損傷)을 입어 생기는 제 증상(症狀).
*むちゃ【無茶】 ❶ 무모(無謀); 난폭(亂暴)함; 터무니없음. ∥無茶な運転 난폭한 운전. 無茶な言이分 터무니없는 소리. 無茶をする 난폭한 짓을 하다. ❷ 극단적(極端的)임; 무리(無理)함; 정도(程度)가 심함. ∥無茶なダイエット 무리한 다이어트.
むちゃくちゃ【無茶苦茶】 ∥棒をむちゃくちゃに振り回す 난폭하게 막대기를 휘두르다. むちゃくちゃに寒い 무지 춥다. 人の人生をむちゃくちゃにしてしまう 다른 사람의 인생을 엉망으로 만들어 버리다.
むちゅう【夢中】 몰두(沒頭); 열중(熱中). ∥夢中になる 몰두하다.
むちん【無賃】 무임(無賃). ◆無賃乗車 무임승차.
むつ【六つ・6つ】 여섯; 여섯 개(個).
ムツ【鯥】 게르치.
むつう【無痛】 무통(無痛). ◆無痛分娩 무통 분만.
ムック【mook】 무크.
むっくり 벌떡. ∥むっくり(と)起き上がる 벌떡 일어나다.
ムツゴロウ【鯥五郎】 짱뚱어.
むっちり ∥むっちり(と)した体つき 단단한 몸매.
むっつ【六つ・6つ】 여섯; 여섯 개(個). ∥6歳むっつ 여섯 살.
むっつり 뚝뚝하게. ∥むっつり(と)した男 뚝뚝해 보이는 남자.
むっと ❶ 급히 분이 치밀어 올라 말을 못하는 모양. 울컥. ∥無視されてむっとする 무시당해 울컥 화가 치밀다. ❷ 갑자기 냄새나 열이 꽉 들어차서 숨이 막힐 듯한 모양. ∥悪臭でむっとする 악취로 숨이 막힐 듯하다. ❸ (力を入れて唇を閉じる様子) 꾹. ∥むっと口を結ぶ 입을 꾹 다물다.
むつまじい【睦まじい】 사이좋다; 화목

(和睦)하다; 단란(團欒)하다.
むていけい【無定形】 무정형(無定形).
むていこう【無抵抗】 무저항(無抵抗). ◆無抵抗主義 무저항주의.
むてき【無敵】 무적(無敵). ◆天下無敵 천하무적. 無敵艦隊 무적함대.
むてっぽう【無鉄砲】ダ 무모(無謀)하다.
むてんか【無添加】 무첨가(無添加).
むとう【無糖】 무가당(無加糖). ◆無糖コーヒー 무가당 커피.
むとうは【無党派】 무당파(無黨派).
むとうひょう【無投票】 무투표(無投票). ◆無投票当選 무투표 당선.
むどく【無毒】ダ 무독(無毒)하다.
むとどけ【無届け】 보고(報告)를 하지 않음. ◆無届欠勤 무단 결근.
むとんちゃく【無頓着】ダ 무관심(無關心); 관심이 없다. ∥無頓着な性格 집착하지 않는 성격.
むなぐら【胸倉】 멱살. ∥胸倉をつかむ 멱살을 잡다.
むなぐるしい【胸苦しい】 가슴이 답답하다.
むなげ【胸毛】 가슴의 털.
むなさわぎ【胸騒ぎ】 가슴이 두근거림. ∥何となく胸騒ぎがする 왠지 모르게 가슴이 두근거리다.
むなざんよう【胸算用】 속셈; 심산(心算).
むなしい【空しい・虚しい】 ❶ 허(虛)하다; 텅 비다. ∥人が去ってむなしくなった家 사람들이 떠나가자 텅 빈 집. ❷ 결과(結果)가 없다. ∥善戦むなしく敗れる 선전했지만 졌다. ❸ 불확실(不確實)하다; 헛되다; 허무(虛無)하다. ∥むなしい夢 허무한 꿈.
むなもと【胸元】 가슴 부분(部分).
むに【無二】 무이(無二); 둘도 없음. ∥無二の親友 둘도 없는 친구. ◆唯一無二 유일 무이.
むにゃむにゃ 중얼중얼. ∥むにゃむにゃ(と)何かつぶやく 뭐라고 중얼중얼 하다.
むにんか【無認可】 무허가(無許可). ◆無認可保育所 무허가 어린이집.
むね【旨】 취지(趣旨).
*むね【胸】 ❶ 가슴. ∥胸を張る 가슴을 펴다. ◆女性の乳房 가슴. ∥胸を隠す 가슴을 가리다. ❷ 심장(心臟). ∥胸がどきどきする 심장이 두근거리다. ❹ 폐(肺). ∥胸を病む 폐를 앓다. ❺ 위(胃). ∥胸が焼ける 위가 쓰리다. ❻ 마음. ∥胸のうち 속내를 이야기하다. 胸三寸に納める 가슴에 묻어 두다. ▶胸が痛む 양심에 꺼리다. ▶胸が一杯になる 가슴이 벅차다. ▶胸が騒ぐ 가슴이 설레다. ▶胸がすく 속이 후련하다. ▶胸がつかえる 격한 감정으

로 가슴이 미어지다. ▶胸がつぶれる 슬픔이나 걱정으로 가슴이 죄이다. ▶胸が詰まる 가슴이 미어지다.〖例〗胸が張り裂ける 가슴이 찢어지다. ▶胸が塞がる 우울해지다. ▶胸に手を当てる 깊이 생각하다. ▶胸のつかえが下りる 걱정거리가 없어지다. ▶胸を躍らせる 가슴이 두근거리다. ▶胸を貸す (実力の上位の者が)하수를 상대해 주다. ▶胸を焦がす 속을 태우다.〖例〗▶胸を叩く 가슴을 치다. 自信ありげに胸をたたく 자신 있게 가슴을 치다. ▶胸を突かれる 놀라다. ▶胸を撫で下ろす 가슴을 쓸어내리다. ▶胸を弾ませる 가슴이 벅차다.〖例〗▶胸を膨らませる 희망으로 가득 차다.

むね【棟】 ❶ 지붕의 제일(第一) 높은 곳. ❷〔家屋を数える単位〕…채.

むねまわり【胸回り】 가슴둘레; 흉위(胸圍).‖胸回りを測る 가슴둘레를 재다.

むねやけ【胸焼け】‖胸焼けする 속이 쓰리다.

むねん【無念】 ❶ 무념(無念). ❷ 분(憤).‖無念を晴らす 분을 풀다. ◆無念無想 무념무상.

むのう【無能】‖無能な人 무능한 사람.

むのうやく【無農薬】 무농약(無農藥).

むはい【無敗】 무패(無敗). ◆全勝無敗 전승 무패.

むはいとう【無配当】 무배당(無配當).

むひ【無比】 비교(比較)할 것이 없다.

むひょうじょう【無表情】 무표정(無表情).‖無表情な顔 무표정한 얼굴.

むびょうそくさい【無病息災】 병(病)이 없고 건강(健康)함.

むふう【無風】 무풍(無風). ◆無風地帯 무풍지대.

むふんべつ【無分別】 무분별(無分別).‖無分別な行動 무분별한 행동.

むほう【無法】 무법(無法). ◆無法者 무법자.

むぼう【無謀】‖無謀な 무모(無謀)하다.‖無謀な計画 무모한 계획.

むぼうび【無防備】 무방비(無防備).‖地震に無防備の都市 지진에 무방비한 도시.

むほん【謀反】 ⦗준⦘ 모반(謀反).‖謀反を企む 모반을 꾀하다.

むみかんそう【無味乾燥】 무미건조(無味乾燥).‖無味乾燥な話 무미건조한 이야기.

むめい【無名】 무명(無名). ◆無名の芸術家 무명의 예술가.

むめんきょ【無免許】 무면허(無免許). ◆無免許運転 무면허 운전.

むやみ【無やみ】 무작정(無酌定).‖むやみに歩き回る 무작정 돌아다니다. ❷ 도(度)가 지나치다.‖むやみと食べたがる 지나치게 먹으려고 하다.

むゆうびょう【夢遊病】 몽유병(夢遊病).

むよう【無用】 무용(無用). ◆無用の長物 무용지물.

むよく【無欲】 무욕(無慾).

むら【村】 ❶ 촌락(村落). ❷ 지방 공공단체(地方公共團體)의 하나. ❸ 합숙시설(合宿施設).‖選手村 선수촌.

むら【斑】 ❶ 얼룩. ❷ 고르지 못함.‖成績にむらがある 성적이 고르지 못하다. ❸ 변덕(變德)스러움.‖むらのある気質 변덕스러운 성격.

むらがる【群がる】 떼 지어 모이다; 몰리다.‖売り場に群がる人々 매장에 몰리는 사람들.

むらさき【紫】 보라. ◆紫色 보라색. 紫水晶 자수정.

むらす【蒸らす】 뜸을 들이다.‖ご飯を蒸らす 밥 뜸을 들이다.

むらはずれ【村外れ】 마을의 외곽(外廓).

むらちぶ【村八分】 왕따.‖村八分にする 왕따하다. 따돌리다.

むらびと【村人】 마을 주민(住民).

むらむら‖むらむらと怒りが込み上げる 화가 치밀어 오르다.

・**むり**【無理】 무리(無理). ❶ 怒るのも無理はない 화를 내는 것도 무리는 아니다. ❷ 無理な注文をする 무리한 주문을 하다. 子どもには無理な仕事 애한테는 무리한 일. 無理することはない 무리할 필요는 없다. ❸ 無理が通れば道理が引っ込む 부정이 통하면 정당한 일이 이루어지지 않는다.

むりおし【無理押し】‖無理押しする 강행하다. 강요하다.

むりし【無利子】 무이자(無利子).

むりじい【無理強い】‖強制(强制), 강요(强要).‖同行を無理強いする 동행을 무리 강요하다.

むりしんじゅう【無理心中】 ⦗준⦘ 동반자살(同伴自殺).

むりすう【無理数】 무리수(無理數).

むりそく【無利息】 무이자(無利子).

むりなんだい【無理難題】 생트집; 실현 불가능(實現不可能) 한 요구(要求).‖無理難題をふっかける 생트집을 잡다.

むりもない【無理もない】 당연(當然)하다; 무리(無理)가 아니다.‖高いのも無理もない 비싼 것도 무리가 아니다.

むりやり【無理矢理】 억지로.‖無理やり連れて行く 억지로 데리고 가다.

むりょう【無料】 무료(無料); 공(空)짜. ◆無料券 무료권.

むりょう【無量】 무량(無量). ◆感慨無量 감개무량.

むりょく【無力】‖無力な 무력(無力)하다. ◆無力感 무력감.

むるい【無類】 비교(比較)할 것이 없음; 뛰어남.

むれ【群れ】 ❶ (動物の)무리.‖鳥が群

れをなす 새가 무리를 짓다. ❷ (人の)한데; 떼. ‖群れを作って遊ぶ 떼를 지어 놀다.

むれる【蒸れる】❶ 뜸이 들다. ‖ご飯が蒸れるのを待つ 밥이 뜸이 들기를 기다리다. ❷ (風通しが悪くて) 열기(熱氣)·습기(濕氣)가 차다; 짓무르다. ‖足が蒸れる 발이 짓무르다. おむつが蒸れる기저귀가 젖다.

むれる【群れる】 떼를 짓다.

むろ【室】저장(貯藏) 하는 방(房).

むろまちじだい【室町時代】 무로마치 시대(時代).

むろん【無論】물론(勿論).

むんむん ‖聴衆の熱気でむんむんとしている 청중들의 열기로 뜨겁다.

め

*め【目·眼】 ❶눈. ‖目をつむる 눈을 감다. 目の大きい子ども 눈이 큰 아이. 変な目で見る 이상한 눈으로 보다. 目がいい 눈이 좋다. さいころの目 주사위의 눈. 台風の目 태풍의 눈. レーダーの目 레이더의 눈. ❷ 〖囲碁で〗집. ‖目ができる 집이 만들어지다. ❸ 눈금. ❹秤の目 저울의 눈금. ❹ 안목(眼目). ‖目のない人 안목이 없는 사람. ❺ 외관(外觀). ‖見た目が悪い 외관이 안 좋다. ❻ 체험(體驗). ‖ひどい目にあう 끔찍한 일을 당하다. ❼…번(番)째. ‖3番目 세 번째. ❽ 〖性質·性向〗 ‖厚めの本 두꺼운 책. ❾ 곳; 때; 부분(部分). ‖縫い目 박음질한 곳. ‖目が眩む 눈이 멀다. 金に目がくらむ 돈에 눈이 멀다. ▶目が肥える 눈이 높다. 〖慣〗▶目が覚める 눈을 뜨다. 정신을 차리다. ▶目が据わる 한 곳을 응시하다. ▶目が高い 눈이 높다. ▶目が届く 눈길이 미치다. ▶目がない ① 판단력이 없다. 人を見る目がない 사람 보는 눈이 없다. ② 무척 좋아하다. 彼はじものには目がない 그 사람은 단 것을 무척 좋아한다. ▶目が回る 매우 바쁘다. 目が回るような毎日 정신없이 바쁜 나날. ▶目から鱗が落ちる 눈이 트이다. 〖慣〗▶目から火が出る (ぶつかって) 현기증이 일다. ▶目じゃない 문제가 되지 않다. 予選は目じゃない 예선은 문제가 되지 않다. ▶目と鼻の先 엎어지면 코 닿을 데. 〖慣〗▶目に余る 차마 볼 수 없다. 目に余るふるまい 눈뜨고 못 볼 행동. ▶目に浮かぶ 눈에 선하다. ▶目に映る 보이다. ▶目に染みる 색채나 인상이 선명하다. ▶目に付く 눈에 띄다. 눈에 어른거리다. ▶目に留まる 보이다. 눈에 띄다. ▶目には歯を 歯에는 이를 이에는 이. ▶目に触れる 우연히 보다. 눈에 띄다. ▶目に物言わす 눈으로 말하다. ▶目の色を変える 눈빛이 달라지다. ▶目の上のたんこぶ 눈엣가시. ▶目の黒いうち 살아 있는 동안. 눈에 흙이 들어가기 전. ▶目の付け所 착안점. 보는 곳. ▶目の中に入れても痛くない 눈에 넣어도 아프지 않다. 〖慣〗▶目は口ほどに物を言う 눈은 입만큼 말을 한다. ▶目もくれない 무시하다. ▶目を疑う 눈을 의심하다. 目を疑うような光景 눈을 의심하게 하는 광경. ▶目を覆う 눈을 가리다. ▶目をかける 마음에 들어하다. ▶目を配る 살피다. 신경을 쓰다. ▶目を凝らす 응시하다. ▶目を皿のようにする 눈이 등잔만 하다. 〖慣〗▶目を白黒させる 불안하게 눈을 움직이다. ▶目を付ける 주목하다. ▶目をつぶる 눈을 감아 주다. ▶目を通す 훑어보다. ▶目を盗む 눈을 피하다. ▶目を離す 한눈을 팔다. ▶目を光らせる 감시하다. ▶目を引く 눈을 끌다. 〖慣〗▶目を細める 기쁨의 미소를 띠다. ▶目を丸くする 놀라서 눈을 크게 뜨다. ▶目を見張る 괄목상대하다. ▶目を剥く 눈에 쌍심지를 켜다. 〖慣〗

め【芽】 싹. ▶芽が出る (将来への)성공할 가능성이 보이다. ▶芽を摘む 뿌리를 뽑다. 悪の芽を摘む 악의 뿌리를 뽑다.

めあたらしい【目新しい】새롭다. ‖目新しい試み 새로운 시도.

めあて【目当て】 ❶ 목표(目標). ‖看板を目当てに行く 간판을 목표로 해서 가다. 50 キロを目当てに減量する 오십 킬로를 목표로 감량하다. ❷ 목적(目的). ‖賞金を目当てに応募する 상금을 목적으로 응모하다.

めい【名】 ❶ 이름. ‖姓と名 성과 이름. ❷ …명(名). ‖3 名 세 명.

めい【命】 ❶ 생명(生命); 목숨. ‖一命をとりとめる 목숨을 건지다. ❷ 명령(命令). ‖命に背く 명령을 어기다.

めい【姪】질녀(姪女); 조카딸.

めいあん【名案】명안(名案).

めいあん【明暗】명암(明暗). ‖ 1 球が試合の明暗を分けた 공 하나가 시합의 명암을 갈랐다.

めいい【名医】명의(名醫).

めいうつ【銘打つ】 제목(題目)을 만들다; 내세우다. ‖"環境にやさしい"と銘打った商品 친환경적임을 내세운 상품.

めいおうせい【冥王星】명왕성(冥王星).

めいか【名家】명가(名家); 명문가(名門家).

めいか【銘菓】명과(銘菓). ‖鎌倉銘菓 가마쿠라 명과.

めいが【名画】명화(名畫).

めいかい【明快】ダ 명쾌(明快)하다. ◆単刀明快 단순 명쾌.

めいかく【明確】ダ 명확(明確)하다. ‖明確な答えがない 명확한 답이 없다.

めいがら【銘柄】 ❶ 상표(商標); 브랜드. ❷ (経) 유가 증권(有價證券)이나

상품(商品)의 명칭(名稱).
めいき【名器】 명기(名器).
めいき【銘記】 (する) 명기(銘記).
めいぎ【名義】 명의(名義). ‖母名義の財産 어머니 명의의 재산.
めいきゅう【迷宮】 미궁(迷宮). ‖迷宮入りする 미궁에 빠지다.
めいきょうしすい【明鏡止水】 명경지수(明鏡止水).
めいきょく【名曲】 명곡(名曲).
めいく【名句】 명구(名句).
めいげつ【明月】 명월(明月).
めいけん【名犬】 명견(名犬).
めいけん【名剣】 명검(名劍).
めいげん【名言】 명언(名言).
めいげん【明言】 (する) 명언(明言).
めいさい【明細】 명세(明細). ‖給与(の)明細 급여 명세. ◆明細書 명세서.
めいさく【名作】 명작(名作). ‖世界的名作 세계적인 명작.
めいさつ【名刹】 명찰(名刹); 유명(有名)한 사찰(寺刹). ‖名刹を巡る旅 유명한 사찰을 돌아보는 여행.
めいさん【名産】 명산(名産). ◆名産品 명산품.
めいざん【名山】 명산(名山).
めいし【名士】 명사(名士); 유명인(有名人).
めいし【名刺】 명함(名銜). ‖名刺を交換する 명함을 교환하다.
めいし【名詞】 명사(名詞). ◆固有名詞 고유 명사.
めいじ【明治】 (する) 명시(明治).
めいじ【明治】 메이지. ◆明治維新 메이지 유신.
めいじつ【名実】 명실(名實). ‖名実共に一流 명실상부 공히 일류.
めいいしゃ【眼医者】 안과 의사(眼科醫師).
めいしゅ【名手】 명수(名手). ‖弓の名手 활의 명수.
めいしゅ【盟主】 맹주(盟主).
めいしゅ【名酒】 명주(名酒); 유명(有名)한 술.
めいしょ【名所】 명소(名所).
めいしょう【名将】 명장(名將).
めいしょう【名称】 명칭(名稱). ‖名称の変更 명칭 변경.
めいしょう【名勝】 명승지(名勝地).
めいじる【命じる】 ❶ 명령(命令)하다. ‖警察への出頭を命じる 경찰 출두를 명하다. ❷ 임명(任命)하다.
めいじる【銘じる】 (心に)새기다. ‖肝に銘じる 명심하다.
めいしん【迷信】 미신(迷信). ‖迷信を信じる 미신을 믿다.
めいじん【名人】 명인(名人). ‖名人芸 명인의 기술.
めいせい【名声】 명성(名聲). ‖地位と名声を得る 지위와 명성을 얻다.

めいせき【名跡】 유명(有名)한 고적(古跡).
めいせき【明晰】ダ 명석(明晳)하다. ‖明晰な頭脳 명석한 두뇌.
めいそう【名僧】 명승(名僧).
めいそう【瞑想】 (する) 명상(瞑想). ‖瞑想にふける 명상에 잠기다.
めいそう【迷走】 미주(迷走)하는 정해진 길로 가지 않다.
めいだい【命題】 명제(命題).
めいちゅう【命中】 (する) 명중(命中). ‖的に命中する 표적에 명중하다.
めいちょ【名著】 명저(名著).
めいっぱい【目一杯】 힘껏. ‖目いっぱい走る 힘껏 달리다.
めいてい【酩酊】 (する) 명정(酩酊); 몹시 취하다.
めいど【明度】 명도(明度).
めいど【冥土】 저승.
メイド【maid】 하녀(下女); 가정부(家政婦).
めいとう【名答】 명답(名答).
めいにち【命日】 기일(忌日).
めいはく【明白】ダ 명백(明白)하다. ‖明白な事実 명백한 사실.
めいひつ【名筆】 명필(名筆).
めいひん【名品】 명품(名品).
めいびん【明敏】ダ 명민(明敏)하다.
めいふく【冥福】 명복(冥福). ‖冥福を祈る 명복을 빌다.
めいぶつ【名物】 명물(名物).
めいぶん【名文】 명문(名文).
めいぶん【名分】 명분(名分). ‖名分が立たない 명분이 서지 않다. 大義名分 대의명분.
めいぶんか【明文化】 (する) 명문화(明文化).
めいぼ【名簿】 명부(名簿).
めいほう【盟邦】 맹방(盟邦).
めいみゃく【命脈】 명맥(命脈). ‖命脈を保つ 명맥을 유지하다. 命脈をつなぐ 명맥을 이어가다.
めいめい【命名】 (する) 명명(命名).
めいめいはくはく【明明白白】ダ 명명백백(明明白白)하다.
めいめつ【明滅】 (する) 명멸(明滅).
めいもう【迷妄】 미망(迷妄).
めいもく【名目】 명목(名目). ‖研究費の名目で 연구비 명목으로. ◆名目賃金 명목 임금.
めいもん【名門】 ◆名門大学 명문 대학.
めいゆう【名優】 명우;명배우(名俳優).
*めいよ【名誉】 명예(名譽). ‖名誉に思う 명예로 생각하다. 名誉を重んじる 명예를 중시하다. ◆名誉会長 명예 회장. 名誉毀損 명예 훼손. 名誉教授 명예 교수. 名誉市民 명예 시민. 名誉職 명예직.
めいりょう【明瞭】ダ 명료(明瞭)하다; 뚜렷하다. ‖意識は明瞭だ 의식은 뚜

めいる【滅入る】 우울(憂鬱)해지다; 처지다. ‖気が滅入る 우울해지다.

*めいれい【命令】 (名他) 명령(命令). ‖部下に命令する 부하에게 명령하다. 上司の命令に従う 상사의 명령에 따르다. 命令に背く 명령을 어기다. ◆命令形 명령형. 命令文 명령문.

めいろ【迷路】 미로(迷路). ‖迷路のような交通網 미로 같은 교통망.

めいろう【明朗】ダ 명랑(明朗)하다.

*めいわく【迷惑】 폐; 귀찮음. ‖迷惑をかける 폐를 끼치다. 他人の迷惑になる 다른 사람에게 폐를 끼치다.

めうえ【目上】 윗사람.

めうち【目打ち】 ❶【千枚通し】천에 구멍을 뚫는 송곳. ‖(切手·伝票などで)자르기 쉽게 한 줄로 점점이 뚫은 구멍. ❷(手芸·調理用の)송곳.

めうつり【目移り】 ‖目移りする 눈길이 쏠리다. 눈이 가다.

メーカー【maker】 메이커; 업체(業體). ‖部品メーカー 부품 업체.

メーター【meter】 ❶【計器】미터기. ❷〔料金〕미터. ‖メーター制 미터제.

メーデー【May Day】 메이데이.

メートル【mètre 프】 …미터(m).

メール【mail】 메일. ‖E-メール 이메일.

めおと【夫婦】 부부(夫婦).

メガ【mega】 메가.

めかくし【目隠し】 눈가리개. ‖目隠しをする 눈가리개를 하다.

めかけ【妾】 첩(妾).

めがける【目掛ける】 목표(目標)로 하다; 향하다. ‖ミットを目がけて投げる 미트를 향해서 던지다.

めかしこむ【粧し込む】 한껏 멋을 내다.

めがしら【目頭】 눈시울. ‖目頭が熱くなる 눈시울이 뜨거워지다. ▶目頭を押さえる 울음을 참다.

めかす【粧す】 멋을 내다.

めかた【目方】 중량(重量); 무게. ‖目方を量る 무게를 달다.

メガトン【megaton】 메가톤.

メカニズム【mechanism】 메커니즘.

*めがね【眼鏡】 안경(眼鏡). ‖眼鏡をかける 안경을 쓰다. 眼鏡を外す 안경을 벗다. 度の強い眼鏡 도수가 높은 안경. ▶眼鏡にかなう 눈에 들다.〔慣〕

メガヘルツ【megahertz】 …메가헤르츠(MHz).

メガホン【megaphone】 메가폰.

めがみ【女神】 여신(女神). ‖勝利の女神がほほえむ 승리의 여신이 미소를 짓다.

めきき【目利き】 (名他) 감정(鑑定)을 함 또는 그 사람. ‖書画の目利きをする 서화의 감정을 하다.

メキシコ【Mexico】 (国名) 멕시코.

めきめき ❶ 눈에 띄게; 두드러지게; 부쩍부쩍; 무럭무럭. ‖めきめき(と)上達する 눈에 띄게 향상되다. ❷【音】뚝뚝.

-めく …답다; …다위지다. ‖春めく 봄다위지다.

めくじら【目くじら】 눈초리. ▶目くじらを立てる 트집을 잡다.〔慣〕

めぐすり【目薬】 안약(眼藥); 눈약.

めくそ【目糞】 눈곱.

めくばせ【目配せ】 (名自) 눈짓. ‖黙っているように目配せをする 잠자코 있으라고 눈짓을 하다.

めくばり【目配り】 ‖目配りする 두루두루 살피다.

めぐまれる【恵まれる】 ❶ 좋은 조건(條件)이 주어지다. ‖裕福な家庭 유복한 가정. ❷ (운좋게) 부여받다. ‖天候に恵まれる 다행히도 날씨가 좋다.

めぐみ【恵み】 은혜(恩惠). ‖恵みの雨 단비.

めぐむ【芽ぐむ】 싹이 트다.

めぐむ【恵む】 베풀다; 적선(積善)하다. ‖少々の金を恵む 약간의 돈을 적선하다.

めぐらす【巡らす】 ❶ 두르다; 치다. ‖幕を巡らす 막을 치다. ❷ 돌리다. ‖首を巡らす 머리를 돌리다. ❸ 강구(講究)하다; 짜내다. ‖策を巡らす 대책을 강구하다.

めぐり【巡り】 ❶ 순환(循環). ‖血の巡りが悪い 혈액 순환이 안 좋다. ❷ 순례(巡禮). ‖名所巡り 명소 순례.

めぐりあう【巡り合う】 우연(偶然)히 만나다.

めぐりあわせ【巡り合わせ】 운명(運命). ‖奇妙な巡り合わせ 기묘한 운명.

めぐりめぐって【巡り巡って】 돌고 돌아서. ‖巡りめぐって私のところに来た 돌고 돌아서 나한테 왔다.

めくる【捲る】 넘기다. ‖カレンダーをめくる 달력을 넘기다.

めぐる【巡る】 ❶ 돌다. ‖血液が体内を巡る 혈액이 체내를 돈다. ❷ 돌아다니다. ‖温泉を巡る旅 온천을 도는 여행. ❸ 둘러싸다. ‖池を巡る小道 연못을 둘러싼 작은 길. 入札を巡る疑惑 입찰을 둘러싼 의혹.

めくれる【捲れる】 젖혀지다; 뒤집혀지다. ‖風にカーテンがめくれる 바람에 커튼이 뒤집혀지다.

めげる 풀이 죽다; 굴하다. ‖雨にもめげず 비에도 굴하지 않고.

めさき【目先】 ❶ 눈앞. ‖子どもの顔が目先にちらつく 아이 얼굴이 눈앞에 어른거리다. ❷ 장래; 눈앞. ‖目先の利益ばかりを追求する 눈앞의 이익만을 추구하다. ▶目先を変える 취지를 바꿔 새롭게 하다.

めざす【目指す】 목표(目標)로 하다. ‖プロ野球選手を目指す 프로 야구 선

めざとい [目敏い] ❶보는 게 빠르다. ‖目ざとい間違いを見つける 잘못을 금방 발견하다. ❷[目が覚めやすい]잠귀가 밝다. ‖老人は目ざとい 노인은 잠귀가 밝다.

めざましい [目覚ましい] 눈부시다. ‖目覚しい発展 눈부신 발전.

めざましどけい [目覚まし時計] 자명종(自鳴鐘). ‖目覚まし時計をかける 자명종을 맞추다.

めざめる [目覚める] ❶잠이 깨다. ‖鳥のさえずりで目覚める 새가 지저귀는 소리에 잠이 깨다. ❷[活動していなかったものが鈍っていたものが]움직이기 시작(始作)하다. ‖町が目ざめる 거리가 눈을 뜨다. ❸[必要性を]알다; 눈뜨다. ‖学問に目覚める 학문에 눈뜨다. ❹[自覚]깨닫다. ‖現実に目覚める現実を깨닫다.

めざわり [目障り] 눈에 거슬림. ‖展望の目障りになる 전망의 방해가 되다. 目障りだ, 向こうに行け 눈에 거슬려, 저쪽으로 가!

めし [飯] 밥; 식사(食事).

めじ [目地] (タイルなどの)연결 부분(連結部分).

メシア [Messiah] 메시아.

めしあがる [召し上がる] 드시다. ‖召しあがれ 드세요.

めした [目下] 아랫사람.

めしつかい [召し使い] 머슴; 식모(食母).

めしつぶ [飯粒] 밥알.

めしべ [雌蕊] 암술.

メジャー [major] 메이저. ‖メジャーリーグ 메이저 리그.

メジャー [measure] 자.

めじり [目尻] 눈꼬리. ▶目尻を下げる 만족하여 얼굴이 환해지다.

めじるし [目印] 표시(標示). ‖目印をつける 표시를 해 두다.

メジロ [目白] 동박새.

めじろおし [目白押し] ‖この冬は新作映画が目白押しだ 올 겨울은 신작 영화가 줄서 있다. 目白押しに並ぶ 빽빽하게 늘어서다. 目白押しの客 밀어닥치는 손님.

めす [雌・牝] 암컷; 암놈.

めす [召す] ❶부르시다. ‖王に召される 왕의 부르심을 받다. ❷드시다. ‖お酒を召しでいらっしゃる 술을 드시고 계시다. ❸입으시다. ‖和服を召した기모노를 입고 계신 분. ❹[相手の]행동(行動)・상태(狀態)에 대한 경칭(敬稱). ‖お年を召す 연세가 드시다. お気に召す 마음에 드시다. お風邪を召す 감기에 걸리시다.

メス [mes ネ] 메스. ▶メスを入れる 메스를 가하다.〔비〕

メスシリンダー [Messzylinder ド] 메스실린더.

めずらしい [珍しい] ❶신기(新奇)하다. ‖珍しい動物 신기한 동물. ❷드물다; 이상(異常)하다. ‖今日は珍しく帰りが遅い 오늘은 이상하게 귀가 늦다. ❸귀하다; 진귀(珍貴)하다. ‖珍しいものを見せていただきました 진귀한 것을 보여 주셨다.

メセナ [mécénat フ] 메세나.

めせん [目線] 시선(視線); 눈. ‖目線を合わさない 눈을 안 맞추다.

メゾソプラノ [mezzosoprano イ] 메조소프라노.

メゾネット [maisonnette] 복층(複層).

メゾピアノ [mezzo piano イ] 메조 피아노.

メゾフォルテ [mezzo forte イ] 메조 포르테.

めそめそ 훌쩍훌쩍. ‖めそめそするな 훌쩍거리지 마라.

メダカ [目高] 송사리.

*****めだつ** [目立つ] 두드러지다; 눈에 띄다. ‖白髪が目立つ 흰머리가 눈에 띄다. 背が高いので目立つ 키가 커서 눈에 띄다. 数学の成績が目立って上がってきた 수학 성적이 눈에 띄게 올랐다.

メタノール [Methanol ド] 메탄올.

メタファー [metaphor] 메타포; 은유(隱喩).

めだま [目玉] ❶안구(眼球); 눈알. ‖目玉を動かす 눈동자를 움직이다. ❷주목(注目)할 만한 것. ‖目玉商品 특가 상품. ▶目玉が飛び出る 눈알이 나오다.〔비〕目玉が飛び出るほど高い 눈알이 나올 만큼 비싸다. ▶目玉の黒いうちは 살아 있는 동안. ◆目玉焼き 계란 프라이.

メダル [medal] 메달. ‖メダルをとる 메달을 따다. 金メダル 금메달.

メタン [Methan ド] 메탄.

めちゃ [滅茶] ❶터무니없는 것; 엉터리. ‖めちゃを言う 터무니없는 소리를 하다. ❷[副詞的에]굉장히. ‖めちゃ寒い 굉장히 춥다.

めちゃくちゃ [滅茶苦茶] 엉망(진창). ‖話し合いがめちゃくちゃになる 이야기가 엉망이 되다.

めちゃめちゃ [滅茶滅茶] 엉망(진창). ‖めちゃめちゃに壊れた 엉망으로 망가지다.

めっ 떽. ‖めっ, お皿を叩いちゃいません 떽, 접시를 두드리면 안 돼요.

メッカ [Mecca] 메카.

めっき [鍍金] (표기)도금(鍍金).

めつき [目付き] 눈매. ‖目付きが悪い 눈매가 안 좋다.

めっきり 완연(宛然)히; 완전(完全)히; 아주; 폭삭. ‖めっきり寒くなる 아주 추워지다. めっきりと老け込む 폭삭 늙다.

めっきん [滅菌] (표기)멸균(滅菌). ◆滅

菌加工 멸균 가공.
めっしほうこう 【滅私奉公】 멸사봉공(滅私奉公).
メッシュ [mesh] 〔說明〕 그물 모양(模樣)으로 짠 것.
めっする 【滅する】 멸(滅)하다. ‖悪を滅する 악을 멸하다.
メッセ 【Messe⁵】 견본 시장(見本市場).
メッセージ [message] 메시지.
めっそう 【滅相】 〔滅相もない〕 터무니없다. 말도 안 된다. 당치도 않다.
めった 【滅多】ʸ 함부로 하다; 분별(分別)이 없다. ‖~とは言わない 터무니없다. ‖~のことは言わない 터무니없는 말은 하지 않는다.
めったうち 【滅多打ち】 ‖~にする 마구 때리다.
めったに 【滅多に】 거의; 좀체. ‖~電車に乗らない 좀체 전차를 타지 않는다.
めっぽう 【滅法】 엄청나게. ‖~強い 엄청나게 강하다.
めつぼう 【滅亡】 〔名・하〕 멸망(滅亡). ‖インカ帝国は滅亡した 잉카 제국은 멸망했다.
メディア [media] 미디어.
めでたい 【目出度い】 ❶ 〔大変喜ばしい〕 경사(慶事)스럽다. ‖~結婚式 경사스러운 결혼식. ❷ 〔うれしい〕기쁘다. ‖めでたく希望の学校に合格했다 기쁘게도 원하는 학교에 합격했다. ❸ 〔覚えがめでたい形で〕신뢰(信頼)를 받다. ‖社長の覚えがめでたい 사장의 신뢰를 받다. ❹ 〔おめでたい形で〕너무 정직(正直)하다. ‖おめでたい男 너무 정직한 남자.
めでる 【愛でる】 ❶감탄(感歎)하다. ❷ 〔かわいがる〕귀여워하다; 칭찬(稱讚)하다.
めど 【目処】 목표(目標); 예측(豫測). ‖仕事のめどが立たない 일 일정을 예측할 수 없다.
メドレー [medley] 메들리.
メトロノーム [Metronom⁵] 메트로놈.
メニュー [menu⁵] 메뉴; 식단(食單); 차림표.
メヌエット [Menuett⁵] 미뉴에트.
めぬきどおり 【目抜き通り】 번화가(繁華街); 중심가(中心街).
めねじ 【雌螺子】 암나사(螺絲).
めのう 【瑪瑙】 마노(瑪瑙).
めのかたき 【目の敵】 눈엣가시. ‖目の敵にする 눈엣가시로 여기다.
めのたま 【目の玉】 안구(眼球).
めのどく 【目の毒】 ❶ 〔悪い影響を与える〕보면 나쁜 영향(影響)을 미치는 것. ❷ 〔欲しくなる〕보면 갖고 싶어지는 것.
めのほよう 【目の保養】 눈요기(療飢).
めのまえ 【目の前】 ❶ 눈앞. ‖目の前を横切る 눈앞을 가로지르다. ❷ 〔近い将来〕가까운 미래(未来). ▶目の前が暗くなる 눈앞이 캄캄해지다. 〔慣〕
めばえる 【芽生える】 싹트다.
めはし 【目端】 눈치. ‖目端が利く 눈치가 빠르다.
めはな 【目鼻】 ❶ 눈코; 생김새; 이목구비(耳目口鼻). ‖目鼻の整った人 이목구비가 뚜렷한 사람. ▶目鼻が付く 거의 완성되다.
めはなだち 【目鼻立ち】 생김새. ‖目鼻立ちがいい 잘생기다.
メビウスのわ 【Möbius의 輪】 뫼비우스의 띠.
めぶんりょう 【目分量】 눈대중. ‖目分量で作る料理 눈대중으로 만드는 요리.
めべり 【目減り】 目減りする 줄다. 줄어들다. 物価の値上がりで貯金が目減りする 물가 상승으로 저축이 줄다.
めぼし 【目星】 목표(目標); 예상(豫想). ‖目星をつける 짐작하다. 지목하다.
めぼしい 주목(注目)할 만하다.
めまい 【目眩】 현기증(眩氣症). ‖めまいがする 현기증이 일다.
めまぐるしい 【目紛しい】 눈이 돌 지경(地境)이다; 변화(變化)가 빠르다. ‖目まぐるしく変わる世の中 빠르게 변하는 세상.
めめしい 【女女しい】 유약(柔弱)하다; 여자(女子) 같다.
メモ [memo] 메모. ‖メモをする 메모하다. ◆メモ帳 메모첩.
めもと 【目元】 눈가; 눈 언저리.
めもり 【目盛り】 (物差し・秤などの)눈금.
メモリー [memory] ❶기억(記憶), 추억(追憶). ❷ (コンピューターの)메모리.
めやす 【目安】 기준(基準); 목표(目標).
めやに 【目脂】 눈곱. ‖目脂のたまる 눈곱이 끼다.
メラニン [melanin] 멜라닌.
メラミンじゅし 【melamine 樹脂】 멜라민 수지(樹脂).
めらめら 활활. ‖めらめら(と)燃える 활활 타다.
メリークリスマス [Merry Christmas] 메리 크리스마스.
メリーゴーランド [merry-go-round] 회전목마(回轉木馬).
めりこむ 【めり込む】 빠지다. ‖ぬかるみにめり込む진창에 빠지다.
メリット [merit] 메리트; 장점(長點). ‖早期教育のメリット 조기 교육의 장점.
めりはり 【めり張り】 완급(緩急); 고저(高低); 강약(強弱); 억양(抑揚). ‖声にめりはりをつける 목소리에 억양을 덧붙이다. 生活にめりはりをつける 생활에 변화를 주다.
メリヤス [medias³] 메리야스.
メルとも 【mail 友】 메일 친구(親舊).
メレンゲ [meringue⁵] 머랭.

メロディー【melody】 멜로디.
メロドラマ【melodrama】 멜로드라마.
めろめろ ‖孫にはめろめろだ 손자라면 사족을 못 쓰다.
メロン【melon】 멜론.
*めん【面】 ❶얼굴. ❷〔面〕‖立方体の面 정육면체의 면. ❸가면(假面). ‖面をかぶる 가면을 쓰다. ❸〔方面〕や〔面(方面)〕;…면. ‖資金の面では情えない 자금면에서는 괜찮다. 機能の面で劣っている 기능면에서 떨어지다. 面が割れる 얼굴이 알려지다. ◆面と向かって 마주 보고, 면과 향하여서 非難する 대놓고 비난하다.
めん【綿】 면(綿). ‖綿製品 면제품.
めん【麺】 면류.
めんえき【免疫】 면역(免疫). ‖免疫ができる 면역이 생기다.
めんおりもの【綿織物】 면직물(綿織物).
めんか【綿花】 면화(綿花).
*めんかい【面会】 〔名·하〕 면회(面會). ‖面会に行く 면회를 가다. 面会を求める 면회를 요청하다. ◆面会謝絶 면회 사절.
めんきょ【免許】 〔名·하〕 면허(免許). ‖免許をとる 면허를 따다. ◆免許停止 면허 정지. 運転免許証 운전 면허증.
めんくい【面食い】 〔속어〕 잘생기거나 예쁜 사람을 좋아하는 것 또는 그런 사람.
めんくらう【面食らう】 당황(唐慌)하다. ‖不意の試験に面食らう 갑작스러운 시험에 당황하다.
めんこ【面子】 (おもちゃの) 딱지.
めんざい【免罪】 〔名·하〕 면죄(免罪). ◆免罪符 면죄부.
めんしき【面識】 면식(面識). ‖面識がある 면식이 있다.
めんじつゆ【麺実油】 면실유(麺實油).
めんじゅうふくはい【面従腹背】 면종복배(面從腹背).
めんじょ【免除】 〔名·하〕 면제(免除). ‖授業料を免除する 수업료를 면제하다.
めんしょく【免職】 〔名·하〕 면직(免職). ‖懲戒免職 징계 면직.
めんじる【免じる】 ❶면제(免除)하다. ‖授業料を免じる 수업료를 면제하다. ❷면(免)에 시키다. ‖課長の職を免じる 과장직을 면직시키다. ❸특별(特別)히 허락(許諾)하다. ‖親に免じて 부모를 생각하여.
めんしん【免震】 〔건축〕 지진(地震)의 흔들림을 줄임. ◆免震構造 지진의 흔들림을 적게 하는 구조.
メンス【←Menstruation⁵】 멘스; 생리(生理); 월경(月經).
めんする【面する】 면(面)하다. ‖ホテルは湖に面している 호텔은 호수에 면해 있다. 私の部屋は南に面している 내 방은 남향이다.
めんぜい【免税】 〔名·하〕 면세(免稅). ◆免税点 면세점. 免税品 면세품.
めんせき【免責】 면책(免責). ◆免責特権 면책 특권.
*めんせき【面積】 면적(面積). ‖面積を求める公式 면적을 구하는 공식. 面積の広い公園 면적이 넓은 공원.
めんせつ【面接】 〔名·하〕 면접(面接). ‖面接を受ける 면접을 보다. ◆面接試験 면접 시험.
めんぜん【面前】 면전(面前).
めんそう【面相】 면상(面相).
メンソール【menthol】 멘톨.
メンタイこ【明太子】 명란(明卵); 명란젓.
めんだん【面談】 〔名·하〕 면담(面談). ‖担任の先生と面談する 담임 선생님과 면담하다. ◆三者面談 삼자 면담.
メンツ【面子】 면목(面目); 체면(體面). ‖面子を守る 체면을 유지하다.
メンテナンス【maintenance】 설비 보전(設備保全).
*めんどう【面倒】 ❶성가심; 귀찮음. ‖面倒な仕事 성가신 일. 面倒ばかり起こす人だ 귀찮은 일만 만드는 사람이다. ❷보살핌; 돌봄. ‖赤ん坊の面倒を見る 아기를 보살피다. 面倒見がいい 잘 보살핀다. 잘 돌봐 주다.
めんどうくさい【面倒臭い】 번거롭다; 귀찮다. ‖面倒くさい作業 귀찮은 작업.
めんとり【面取り】 각진 곳의 각(角)을 없애는 것.
めんどり【雌鳥】 암탉.
メンバー【member】 멤버.
めんぷ【綿布】 면포(綿布).
めんぼう【面貌】 면모(面貌).
めんぼう【綿棒】 면봉(綿棒).
めんぼう【麺棒】 반죽을 미는 방망이.
めんぼく【面目】 면목(面目). ‖面目を失う 면목을 잃다. 面目を保つ 면목을 유지하다.
めんぼくない【面目ない】 면목(面目)이 없다.
メンマ【麺麻】 〔속어〕 죽순(竹筍)을 소금에 절인 것.
めんみつ【綿密】 〔ダ〕 면밀(綿密)하다. ‖綿密な計画 면밀한 계획.
めんめん【面面】 면면(面面). ‖幹部の面々 간부의 면면.
めんめん【綿綿】 면면(綿綿). ‖綿々たる伝統 면면한 전통.
メンヨウ【緬羊】 면양(緬羊).
めんるい【麺類】 면류(麵類). ‖麺類の消費 면류의 소비.

も

*も【…】 ❶…도. ‖本も買った 책도 샀다. 野にも山にも春が来た 들에도 산에도 봄이 왔다. 血も涙もない男 피도 눈물도

없는 남자. 英語もろくにできないくせに 英어도 제대로 못하는 주제에. ║君も 注文しておいた 먹을 것도 주문해 두었다. こうも暑くてはやりきれない 이렇게 더워서는 어떻게 할 수가 없다. ❷ …의)나. ║雨は3日も降り続いた 비는 삼 일이나 내렸다. 何を思ったか, 私に 10 万円もくれた 무슨 생각을 했는지 나한테 십만 엔이나 주었다. ❸ …도. ║聞いたこともない話 들어 본 적도 없는 이야기, 挨拶もしない 인사도 하지 않다. 振り向きもしない 돌아보지도 않다. 何も知らない 아무것도 모르다. ❹ …가(가). ║誰もが知っていること 누구나가 다 아는 일.
も【面】 표면(表面). ║川面 강 표면.
も【喪】 상(喪). ║喪に服する 상을 치르다.
も【藻】 수초(水草).
もう ❶〔感情が高ぶって〕야. ║もう, 最高だ야, 최고다. ❷〔軽い非難・叱責〕정말. ║もう, 何度言っても聞かないんだから 정말, 몇 번을 말해도 안 듣는다니가.
*もう ❶〔すはや〕벌써. ║もう3時を過ぎた 벌써 세 시가 넘었다. ❷〔間もなく〕이제. ║駅はもうすぐそこだ 이제 역에 다 왔다. ❸〔さらに〕더. ║もう一度やってみよう 한번 더 해 보자.
もうい【猛威】 맹위(猛威). ║風邪が猛威をふるう 감기가 맹위를 떨치다.
もういい 이제 됐나; 충분(充分)하다.
もうがっこう【盲学校】 맹아 학교(盲啞學校).
*もうかる【儲かる】 ❶ 돈을 벌다. ║新しいビジネスで儲かる 새로운 사업으로 돈을 벌다. ❷ 득(得)을 보다; 〔点數を〕따다. ║相手のエラーで1点儲かった 상대방의 에러로 일 점 땄다.
もうかん【毛管】 모관; 모세관(毛細管).
もうけ【儲け】 돈벌이; 이익(利益); 득(得). ║株で一儲けする 주식으로 한 몫 잡다. ◆儲け口 돈벌이. 돈 버는 자리[일]. 儲け物 횡재. 뜻하지 않은 횡운.
*もうける【設ける】 ❶ 준비(準備)하다; 만들다. ║口実を設ける 구실을 만들다. ❷ 설치(設置)하다; 마련하다. ║事務所を設ける 사무실을 설치하다. 基準を設ける 기준을 마련하다.
もうける【儲ける】 ❶ 〔利益を〕얻다; 득(得)을 보다; 돈을 벌다. ║株で儲ける 주식으로 돈을 벌다. ❷〔子を〕얻다. ║男の子をもうける 아들을 얻다.
もうけん【猛犬】 맹견(猛犬).
もうげん【妄言】 망언(妄言). ║妄言を吐く 망언을 하다.
もうこ【猛虎】 맹호(猛虎).
もうこう【猛攻】 〔全面〕맹공(猛攻).
もうこはん【蒙古斑】 몽고반점(蒙古斑點).

もうこん【毛根】 모근(毛根).
もうさいけっかん【毛細血管】 모세 혈관(毛細血管).
もうしあげる【申し上げる】 ❶〔言うの謙譲語〕말씀을 드리다; 아뢰다. ║お礼を申し上げる 감사의 말씀을 드립니다. ❷ 드리다. ║改めてご相談申し上げるつもりでおります 다시 한번 상담을 드리려고 생각하고 있다.
もうしあわせ【申し合わせ】 합의(合意); 약정(約定); 약속(約束). ║申し合わせの場所 약속한 장소. かねて申し合わせの通り 일전에 합의한 대로.
もういれ【申し入れ】 요망(要望); 제의(提議); 신청(申請).
もういれる【申し入れる】 요망(要望)하다; 제의(提議)하다; 신청(申請)하다. ║和解を申し入れる 화해를 제안하다.
もうしおくる【申し送る】 필요 사항(必要事項)을 전달(傳達)하다; 생각 등을 전하다.
もうしきかせる【申し聞かせる】 말하다; 이야기하다. ║私から申し聞かせておきます 제가 잘 이야기해 놓겠습니다.
*もうしこみ【申し込み】 신청(申請); 응모(應募). ║懸賞の申し込みをする 현상에 응모하다. 申し込みが殺到する 신청이 쇄도하다. ◆申し込み者 신청자.
もうしこみしょ【申し込書】 신청서(申請書); 원서(願書).
もうしこむ【申し込む】 신청(申請)하다; 응모(應募)하다. ║参加を申し込む 참가 신청을 하다. 結婚を申し込む 청혼하다.
もうしそえる【申し添える】 덧붙여 말씀드리다.
もうしたて【申し立て】 주장(主張); 이의 제기(異議提起).
もうしたてる【申し立てる】 주장(主張)하다; 제기(提起)하다. ║異議を申し立てる 이의를 제기하다.
もうしつける【申し付ける】 분부(分付)하다; 지시(指示)하다; 명령(命令)하다. ║謹慎を申し付ける 근신을 명하다. ご用がございましたら何なりと申し付けください 용건이 있으시면 무엇이든 분부해 주십시오.
もうしつたえる【申し伝える】 전(傳)하다. ║担当者に申し伝えておきます 담당자에 전해 놓겠습니다.
もうしでる【申し出る】 자청(自請)하여 말하다; 〔意見·希望などを〕말하다. 요청(要請)하다. ║援助を申し出る 원조를 자청하다.
もうしのべる【申し述べる】 말씀을 드리다.
*もうしぶんのない【申し分の無い】 나무랄 데 없는; 흠잡을 데 없는. ║申し分のない成績 흠 잡을 데 없는 성적.

もうじゃ【亡者】 망자(亡者).

もうしゅう【妄執】 망집(妄執).

もうじゅう【盲従】 (名・自) 맹종(盲從).

もうじゅう【猛獣】 맹수(猛獸).

もうしょ【猛暑】 혹서(酷暑).

もうしわけ【申し訳】 ❶ 변명(辯明); 면목(面目). ‖申し訳ない 변명을 하다. 申し訳が立たない 면목이 없다. ❷ 아주 적음; 형색(名色)분임. ‖申し訳ばかりのお礼 아주 적은 사례.

もうしわけない【申し訳無い】 면목(面目)이 없다; 죄송(罪悚)하다.

もうしわたす【申し渡す】 언도(言渡)하다; 선고(宣告)하다; 통고(通告)하다.

もうしん【盲信】 (名・他) 맹신(盲信).

もうじん【盲人】 맹인(盲人).

もうす【申す】 말씀 드리다; 말씀하다; …(이)라고 하다. ‖父がこう申しました 아버지가 이렇게 말씀하셨습니다. 私は鈴木康子と申しまして 저는 스즈키 야스코라고 합니다.

もうぜん【猛然】 맹렬(猛烈). ‖猛然と突っ込む 맹렬하게 돌진하다.

もうそう【妄想】 망상(妄想).

もうだ【猛打】 〔野球〕 맹타(猛打).

もうちょう【盲腸】 맹장(盲腸). ♦ 盲腸炎 맹장염.

もうでる【詣でる】 참배(參拜)하다.

もうてん【盲点】 맹점(盲點). ‖法律の盲点をつく 법의 맹점을 찌르다.

もうとう【毛頭】 ‖辞める気は毛頭ない 그만둘 생각은 눈곱만큼도 없다.

もうどう【妄動】 (名・自) 망동(妄動). ♦ 軽擧妄動 경거망동.

もうどうけん【盲導犬】 맹도견(盲導犬).

もうどく【猛毒】 맹독(猛毒). ‖猛毒を持つ虫 맹독이 있는 벌레.

もうはつ【毛髪】 모발(毛髮).

もうふ【毛布】 모포(毛布); 담요. ‖毛布をかける 담요를 덮다.

もうぼ【孟母】 맹모(孟母). ♦ 孟母三遷の教え 맹모삼천지교(孟母三遷之敎).

もうまい【蒙昧】 몽매(蒙昧). ♦ 無知蒙昧 무지몽매.

もうまく【網膜】 망막(網膜).

もうもう【濛濛】 자욱히. ‖もうもうと砂塵が舞い上がる 자욱하게 모래 먼지가 일다.

もうもく【盲目】 맹목(盲目). ‖子どもに対する盲目的な愛 자식에 대한 맹목적인 사랑.

もうら【網羅】 (名・他) 망라(網羅)하다. ‖必要な資料を網羅する 필요한 자료를 망라하다.

もうれつ【猛烈】 ダ 맹렬(猛烈)하다. ‖猛烈な勢いで突っ込む 맹렬한 기세로 돌진하다.

もうろう【朦朧】 몽롱(朦朧). ‖意識が朦朧とする 의식이 몽롱하다.

もえあがる【燃え上がる】 타오르다. ‖燃え上がる情熱 타오르는 정열.

もえかす【燃え滓】 =燃え殻.

もえがら【燃え殻】 타고 남은 재(滓).

もえぎいろ【萌黄色】 연두색(軟豆色).

もえさかる【燃え盛る】 ❶ 타오르다. ‖燃え盛る炎の中に飛び込む 타오르는 불길 속으로 뛰어들다. ❷ (感情など)が불타다. ‖燃え盛る情熱 불타는 정열.

もえたつ【萌え立つ】 싹트다.

もえつきしょうこうぐん【燃え尽き症候群】 번아웃 증후군(症候群); 탈진(脫盡) 증후군.

もえつきる【燃え尽きる】 완전(完全)히 타다.

もえでる【萌え出る】 싹이 나다; 싹트다.

もえひろがる【燃え広がる】 불이 번지다.

*****もえる**【燃える】 ❶ 타다. ‖木が燃える 나무가 타다. 燃えて灰になる 타서 재가 되다. ❷ (感情などが)고조(高潮)되다; 들뜨다. ‖希望に燃える 희망에 불타다.

モーグル【mogul】 모굴.

モーター【motor】 모터. ♦ モーターショー 모터쇼. モーターボート 모터보트.

モーテル【motel】 모텔.

モード【mode】 모드.

モーリシャス【Mauritius】 (国名) 모리셔스.

モーリタニア【Mauritanie】 (国名) 모리타니.

モール【mall】 몰. ♦ ショッピングモール 쇼핑몰.

モールスふごう【Morse符号】 모스 부호(符號).

もがく【踠く】 ❶ 발버둥이치다; 바둥거리다; 허우적거리다. ‖水に溺れてもがく 물에 빠져 허우적거리다. ❷ (焦る) 안달하다.

もぎ【模擬】 모의(模擬). ♦ 模擬試験 모의시험. 模擬体験 모의 체험.

もぎとる【捥ぎ取る】 ❶ 따다; 비틀어 따다. ‖梨を木からもぎ取る 나무에서 배를 따다. ❷ 강제(强制)로 빼앗다. ‖バッグをもぎ取られた 가방을 빼앗겼다.

もく【木】〔木曜の略記〕목.

もく【目】 (生物) 목(目). ♦ 霊長目 영장목.

もぐ【捥ぐ】 따다. ‖柿の実をもぐ 감을 따다.

もくぎょ【木魚】 목어(木魚); 목탁(木鐸). ‖木魚を叩く 목탁을 두들기다.

もくげき【目撃】 (名・他) 목격(目擊). ♦ 目撃者 목격자.

もくこんしき【木婚式】 목혼식(木婚式).

もぐさ【藻草】 해초(海草); 바닷말.

モグサ【艾】 뜸에 쓰는 쑥.

もくざい【木材】 목재(木材). ∥木材を運ぶ 목재를 옮기다.

もくさく【木酢】 목초산(木醋酸).

もくさつ【黙殺】 묵살(黙殺).

もくさん【目算】 ❶【大体の見当をつける】目算하는 대략 계산(하). 경費를 目算してみる 경비를 대충 계산해 보다. ❷【思惑】(희) 예상(豫想). ∥目算がはずれる 예상이 빗나가다.

もくし【黙示】 묵시(黙示). ◆黙示録 묵시록.

もくし【黙視】 (하) 묵시(黙視).

もくじ【目次】 목차(目次).

もくしつ【木質】 목질(木質).

もくず【藻屑】 (海草など)수중(水中) 쓰레기. ▸海の藻屑となる 바다에 빠져 죽다.

もくせい【木星】 목성(木星).

もくせい【木製】 목제(木製). ∥木製の椅子 목제 의자.

モクセイ【木犀】 물푸레나무.

もくぜん【目前】 목전(目前); 눈앞.

もくそう【黙想】 묵상(黙想).

もくぞう【木造】 목조(木造). ◆木造家屋 목조 가옥.

もくたん【木炭】 목탄(木炭). ◆木炭画 목탄화.

もくちょう【木彫】 목조(木彫).

__もくてき__【目的】 목적(目的). ∥目的を達成する 목적을 달성하다. 目的を明らかにする 목적을 분명히 하다. ◆目的意識 목적의식. 目的格 목적격. 目的語 목적어. 目的税 목적세. 目的地 목적지. 目的論 목적론.

もくとう【黙禱】 (하) 묵도(黙禱). ∥黙禱を捧げる 묵도를 올리다.

もくどく【黙読】 (하) 묵독(黙読).

もくにん【黙認】 (하) 묵인(黙認).

もくば【木馬】 목마(木馬). ∥トロイの木馬 트로이의 목마.

もくはん【木版】 목판(木版). ◆木版印刷 목판 인쇄.

もくひ【黙秘】 (하) 묵비(黙秘). ◆黙秘権 묵비권. 黙秘権を行使する 묵비권을 행사하다.

__もくひょう__【目標】 목표(目標). ∥目標を定める 목표를 정하다. 年内完成を目標にする 연내 완성을 목표로 하다. 目標を掲げる 목표를 내걸다. ◆目標物 목표물.

もくめ【木目】 나뭇결.

もくもく 모락모락; 뭉게뭉게. ∥もくもくと煙を出す 모락모락 연기를 내뿜다.

もぐもぐ ❶【噛む】우물우물. ∥もぐもぐ(と)噛む 우물우물 씹다. ❷【しゃべる】우물우물; 웅얼웅얼. ∥もぐもぐ(と)口ごもる 말을 우물거리다.

もくめくと【黙黙と】 묵묵(黙黙)히. ∥黙々と勉強する 묵묵히 공부하다.

もくやく【黙約】 묵약(黙約).

もくよう【木曜】 목요(木曜).

もくようび【木曜日】 목요일(木曜日).

もくよく【沐浴】 목욕(沐浴).

モグラ【土竜】 두더지. ◆もぐら叩き 두더지 잡기.

もぐり【潜り】 ❶ 잠수(潜水). ∥潜りの名人 잠수의 명인. ❷ 무면허(無免許). ∥もぐりの医者 무면허 의사. ❸【よそ者】외부인(外部人). ∥彼を知らないとはもぐりだ 그 사람을 모르다니 외부인이나 다름없다.

もぐりこむ【潜り込む】 ❶ 잠수(潜水)하다; 기어들다. ∥ベッドに潜り込む 침대 안으로 기어들다. ❷ 잠입(潜入)하다. ∥こっそり潜り込む 몰래 잠입하다.

もぐる【潜る】 ❶ 잠수(潜水)하다. ∥海に潜ってアワビを採る 잠수해서 전복을 따다. ❷ 기어들다; 들어가다. ∥床下に潜る 마루 밑으로 들어가다. ❸ 숨다. ∥地下に潜って反政府運動をする 지하에 숨어 반정부 운동을 하다.

もくれい【目礼】 (하) 목례(目礼); 눈인사(人事). ∥目礼をして通り過ぎる 눈인사를 하고 지나가다.

もくれい【黙礼】 목례(黙礼).

モクレン【木蓮】 목련(木蓮).

もくろく【目録】 목록(目録). ◆蔵書目録 장서 목록.

もくろむ【目論む】 계획(計劃)하다; 꾀하다. ∥海外進出を目論む 해외 진출을 계획하다.

もけい【模型】 모형(模型). ◆模型飛行機 모형 비행기.

モザイク【mosaic】 모자이크.

もさく【模索】 모색(摸索). ∥最善の道を模索する 최선의 길을 모색하다. ◆暗中模索 암중모색.

もさっと 멍하니. ∥もさっと立っている 멍하니 서 있다.

モザンビーク【Mozambique】 (国名) 모잠비크.

もし【若し】 만약(萬若); 만일(萬一). ∥もし雨が降ったらどうする? 만일 비가 오면 어떠하지.

__もじ__【文字】 문자(文字); 글자. ∥彼は文字が読めない 그 사람은 글자를 못 읽는다. 文字通り 문자 그대로. ◆大文字 대문자. 小文字 소문자. 象形文字 상형 문자. 表音文字 표음 문자.

もしかしたら【若しかしたら】 혹시(或是); 어쩌면. ∥もしかしたら来るかも知れない 혹시 올지도 모른다.

もしき【模式】 모식(模式). ◆模式図 모식도.

もしくは【若しくは】 혹(或)은; 또는. ∥本人もしくはその代理の者 본인 또는 그 대리인.

もじたじゅうほうそう【文字多重放送】

もじばけ 532

문자 다중 방송(文字多重放送).

もじばけ【文字化け】 글자가 깨짐. ¶メールが文字化けする 메일 글자가 깨지다.

もじばん【文字盤】 문자반(文字盤). ¶文字盤の針 문자반의 바늘.

もしも【若しも】〖もしを強めて言う語〗 만일에. ¶もしもの時 만일의 경우.

もしもし 여보세요.

もじもじ 머뭇머뭇; 우물쭈물. ¶もじもじしないでちゃんと言いなさい 우물쭈물하지 말고 확실히 말해라.

もしゃ【模写】〖する〗 모사(模寫). ¶名画を模写する 명화를 모사하다.

もしや【若しや】 만약(萬若); 만일(萬一); 혹시(或是). ¶もしやと疑う 혹시나 하고 의심을 하다.

もじゃもじゃ 덥수룩하게; 더부룩하게.

もしゅ【喪主】 상주(喪主).

モジュール【module】 모듈.

もしょう【喪章】 상장(喪章).

もじり【捩り】 풍자(諷刺); 패러디.

もじる【捩る】 풍자(諷刺)하다.

モズ【百舌】 때까치.

モスキートきゅう【mosquito 級】 모스키토급.

モスク【mosque】 모스크.

モズク【海雲・水雲】 큰실말.

モスグリーン【moss green】 모스 그린.

モスレム【Moslem】 모슬렘.

もぞう【模造】〖する〗 모조(模造). ◆模造紙 모조지. 模造品 모조품.

もぞもぞ ❶ (人が) 꼼지락꼼지락. ¶身体をもぞもぞさせる 몸을 꼼지락거리다. ❷ (虫などが) 우글우글; 꿈틀꿈틀. ¶虫がもぞもぞ動く 벌레가 꿈틀거리다.

もだえる【悶える】 ❶ (苦痛などで) 몸을 뒤틀다. ¶激痛に悶え苦しむ 심한 통증으로 몸을 뒤틀며 괴로워하다. ❷ 번민(煩悶)하다; 괴로워하다. ¶恋に悶える 사랑에 괴로워하다.

もたげる【擡げる】 ❶ 들어올리다; 쳐들다. ¶首をもたげる 머리를 쳐들다. ❷ 대두(擡頭)하다; 눈에 띄게 되다.

もたせかける【凭せ掛ける】 기대게 하다.

もたせる【持たせる】 ❶ 들게 하다. ¶荷物を持たせる 짐을 들게 하다. ❷ 부담(負擔)하게 하다. ¶費用を相手に持たせる 비용을 상대방에게 부담시키다. ❸ 보존(保存)하다; 유지(維持)시키다. ¶肉を冷蔵庫に入れて 1 週間持たせる 고기를 냉장고에 넣어 일주일 보존시키다. ❹ 기대(期待)를 갖게 하다. ¶相手に気を持たせる 상대방에게 기대하게 하다.

モダニズム【modernism】 모더니즘.

もたもた 느릿느릿. ¶もたもた(と)走る 느릿느릿 달리다. もたもたする 어물거리다.

もたらす【齎す】 가져오다; 초래(招來)하다. ¶幸運をもたらす 행운을 가져오다.

もたれかかる【凭れ掛かる】 ❶ 기대다. ¶肩にもたれかかる 어깨에 기대다. ❷ 의지(依支)하다. ¶いつまでも親にもたれかかっている 언제까지나 부모에게 의지하고 있다.

もたれる【凭れる】 ❶ 기대다. ¶壁にもたれる 벽에 기대다. ❷ 소화(消化)가 안 되다. ¶食べ過ぎて胃がもたれる 많이 먹어 소화가 안 된다.

モダン【modern】 모던. ◆モダンジャズ 모던 재즈. モダンダンス 모던 댄스. モダンバレエ 모던 발레.

もち【餅】 떡. ◆餅は餅屋 떡은 떡집.

もち【持ち】 ❶ 보존(保存); 오래감. ¶持ちがいい 오래가다. ❷ 부담(負擔); 비용(費用). ¶費用は自分持ち 비용은 자기 부담.

もちあがり【持ち上がり】〖학교(學校)에서〗 학생(學生)이 진급(進級)을 해도 계속(繼續)해서 담임(擔任)을 맡는 것.

もちあがる【持ち上がる】 ❶ 솟아오르다. ¶地面が持ち上がる 지면이 솟아오르다. ❷ 일어나다. ¶重大事件が持ち上がる 중대 사건이 일어나다. ❸ 계속(繼續)해서 담임(擔任)을 맡다. ¶担任が 4 年に持ち上がる 사 학년 때도 담임을 맡다.

もちあげる【持ち上げる】 ❶ 들어올리다. ¶2 人がかりで持ち上げる 두 명이 붙어서 들어올리다. ❷ 〖おだてる〗 치켜세우다. ¶相手を持ち上げる 상대방을 치켜세우다.

もちあじ【持ち味】 ❶ (植物などの) 본래(本來)의 맛. ¶野菜の持ち味を生かす 야채 본래의 맛을 살리다. ❷ (作品・人物などの) 독특(獨特)한 맛; 특성(特性). ¶この映画には監督の持ち味がよく出ている 이 영화에는 감독의 특성이 잘 나타나 있다.

もちあるく【持ち歩く】 가지고 다니다; 휴대(携帯)하다. ¶保険証を持ち歩く 보험증을 가지고 다니다.

もちあわせ【持ち合わせ】 마침 가지고 있는 것. ¶持ち合わせがない 마침 가지고 있는 돈이 없다.

もちあわせる【持ち合わせる】 마침 가지고 있다.

もちいえ【持ち家】 자가(自家); 자택(自宅); 자기 집.

モチーフ【motif 프】 모티프.

＊もちいる【用いる】 ❶ 이용(利用)하다; 사용(使用)하다. ¶運搬に車を用いる 옮기는 데 차를 이용하다. ❷ 등용(登用)하다; 채용(採用)하다. ¶新人を用いる 신인을 등용하다.

もちかえる【持ち帰る】 가지고 가다. ¶仕事を自宅に持ち帰る 일을 집에 가지고 가다. ❷ (檢討するために) 가지고

가다. ‖この件は委員会に持ち帰って討議しましょう 이 건은 위원회에서 토의합시다.

もちかける【持ち掛ける】 (話を)꺼내다. ‖儲け話を持ちかける 돈 버는 이야기를 꺼내다.

もちきり【持ち切り】 온통 한 가지 화제(話題)에 집중(集中)됨. ‖どこへ行っても選挙の話で持ちきりだ 어디를 가도 온통 선거 이야기뿐이다.

もちぐされ【持ち腐れ】 가지고 있으나 활용(活用)하지 못함. ‖宝の持ち腐れ 좋은 재능을 썩힘.

もちくずす【持ち崩す】 품행(品行)이 안좋다.

もちこす【持ち越す】 넘기다; 미루다. ‖結論を次回に持ち越す 결론을 다음으로 미루다.

もちこたえる【持ち堪える】 버티다; 견디다. ‖敵の猛攻を持ちこたえる 적의 맹공에 버티다.

もちこみ【持ち込み】 반입(搬入). ‖持ち込み禁止 반입 금지.

もちこむ【持ち込む】 ❶ 반입(搬入)하다. ‖機内に危険物を持ち込まないでください 기내에 위험물을 반입하지 말아 주십시오. ❷ 제기(提起)하다; 제의(提議)하다. ‖苦情を持ち込む 불평을 제기하다. ❸ (決着がつかないで次の段階に)넘어가다. ‖延長戦に持ち込む 연장전으로 넘어가다.

もちごめ【糯米】 찹쌀.

もちさる【持ち去る】 마음대로 가져가다.

もちじかん【持ち時間】 할당 시간(割當時間); 주어진 시간. ‖5分ずつの持ち時間で意見を発表する 주어진 오 분 동안 의견을 발표하다.

もちだい【餅代】 떡값; 연말(年末) 보너스.

もちだし【持ち出し】 ❶ 반출(搬出). ‖図書の持ち出し禁止 도서의 반출 금지. ❷ 예산 초과분(豫算超過分)에 대한 자기 부담(自己負擔). ‖会報の印刷代はかなりの持ち出しだ 회보 인쇄비의 상당 부분은 자기 부담이다.

***もちだす**【持ち出す】 ❶ 꺼내다; 반출(搬出)하다; 훔치다. ‖店のものを持ち出して質に入れる 가게 물건을 훔쳐서 전당포에 잡히다. ❷ 말을 꺼내다. ‖今そんな古い話を持ち出されても困る 지금 그런 이야기를 꺼내면 곤란하다. ❸ 부족(不足)한 비용(費用)을 본인(本人)이 부담(負擔)하다. ‖チップの分だけ持ち出すことになった 팁은 본인이 부담하게 되었다.

もちつき【餅搗き】 떡을 침.

もちつもたれつ【持ちつ持たれつ】 서로 도움. ‖持ちつ持たれつの関係 서로 도우며 지내는 사이.

もちなおす【持ち直す】 ❶ 회복(回復)되다. ‖病人が持ち直す 환자가 회복되다. ❷ 바꿔 들다. ‖荷物を持ち直す 짐을 바꿔 들다.

もちにげ【持ち逃げ】 ‖持ち逃げする 가지고 도망가다.

もちぬし【持ち主】 소유자(所有者); 주인(主人). ‖持ち主を探す 주인을 찾다.

もちはこぶ【持ち運ぶ】 운반(運搬)하다.

もちはだ【餅肌】 막 빚은 떡처럼 희고 매끄러운 피부(皮膚).

もちぶん【持ち分】 지분(持分).

モチベーション【motivation】 동기 부여(動機附與).

もちまえ【持ち前】 천성(天性); 타고난 성격(性格). ‖彼は持ち前の明るさでうまく接客している 그 사람은 타고난 밝은 성격으로 손님을 잘 다룬다.

もちまわり【持ち回り】 ❶ 관계자(關係者)에게 순차적(順次的)으로 전달(傳達)함. ❷ 돌아가면서 맡음. ‖司会は持ち回りでする社会는 돌아가면서 보다.

もちもの【持ち物】 소지품(所持品); 소유물(所有物). ◆持ち物検査 소지품 검사.

もちゅう【喪中】 상중(喪中).

もちよる【持ち寄る】 가지고 모이다. ‖アイディアを持ち寄る 아이디어를 가지고 모이다.

もちろん【勿論】 물론(勿論). ‖もちろんいい気分だ.

***もつ**【持つ】 ❶ [重量を支える]들다. ‖荷物を両手で持つ 짐을 양손으로 들다. 右手で持つ 오른손으로 들다. ❷ (つ)かむ] 잡다. ‖紐の端を持って引っ張る 줄 끝을 잡고 당기다. ❸ 소지(所持)하다; 휴대(携帶)하다; 가지다. ‖傘を持って出かける 우산을 가지고 나가다. ❹ 소유(所有)하다; 가지다. ‖店を持っている 가게를 가지고 있다. ❺ [権利·資格などを]갖추고 있다. ‖車の免許を持っている 자동차 운전 면허를 갖고 있다. ❻ [家族·友だちなどを] 얻다; 두다. ‖いい息子さんを持って幸せですね 좋은 아드님을 두셔서 행복하시겠습니다. ❼ [属性を]지니고 있다. ‖音楽の才能を持った少年 음악적 재능을 지닌 소년. ❽ (気分·感情などを) 품다; 가지다. ‖自信を持つ 자신을 가지다. 誇りを持って禁止を保つ. ❾ 관련(關聯)이 있다. ‖あの団体とは何の関わりも持っていない 그 단체와는 아무런 관련도 없다. ❿ [責任などを]지다; 부담(負擔)하다. ‖責任は私が持ちます 책임은 제가 지겠습니다. ⓫ [ある状態が]유지(維持)되다. ‖この靴は3年も持った 이 구두는 삼 년이나 신었다. ⓬ 지지(支持)하다. ‖肩を持つ 편을 들다.

もっか【目下】 목하(目下).

もっか【黙過】 ⓼ 묵과(默過).

もっかんがっき【木管樂器】 목관 악기(木管樂器).

もっきん【木琴】 목금(木琴); 실로폰.
もっけい【黙契】(主) 묵계(黙契).
もっこう【木工】 목공(木工). ‖木工用ボンド 목공용 본드.
もっさり ‖もっさり(と)した男 동작이 느리고 눈치가 없는 남자.
もったい【物体】 위엄(威嚴). ▶物体をつける 위엄을 떨다.
もったいない【物体無い】 ❶아깝다. ‖こんなことをして時間がもったいない 이런 일을 하는 게 시간이 아깝다. ❷불경(不敬)이다. ‖神痂を汚すとはもったいない 신전을 더럽히다니 불경스럽다. ❸송구(悚懼)스럽다. ‖お心づかいもったいなく存じます 신경을 써 주셔서 송구스럽습니다.
もったいぶる【物体振る】 무게를 잡다; 대단한 척하다.
もって【以て】 ❶[手段·方法]…을[를] 사용(使用)해서; …을[를] 가지고. ‖書面をもって通知する 서면으로 통지하다. ❷[原因·理由]…을[를] 이유(理由)로; …(으)로. ‖雨天をもって延期する 우천으로 연기하다. ❸[区切り]…을[를] 시점(時點)으로. ‖これをもって閉会するものとす 이것으로 폐회하다.
もってうまれた【持って生まれた】 타고난. ‖持って生まれた才能 타고난 재능.
もってこい【持って来い】 최적(最適). ‖花見はもってこいの場所 꽃구경에 더 없이 좋은 장소.
もってのほか【以ての外】 무례(無禮); 당(當)치도 않음. ‖悪口を言うとはもってのほかだ 흉을 보다니 당치도 않다.
もってまわる【持って回る】 빙빙 돌리다. ‖もって回った言い方 빙빙 돌려서 하는 말투.
もっと 더. ‖もっと努力しろ 더 노력하라.
モットー【motto】 모토.
もっとも【尤も】 당연(當然)하다. ‖もっともな意見 당연한 의견. もっともなことを言う 지극히 당연한 소리를 하다. 怒るのももっともだ 화를 내는 것도 당연하다. ▶もっとも 그렇다. 그렇지만. もっともらしい 그럴 듯하다. もっともらしいことを言う 그럴 듯한 거짓말.
もっとも【最も】 제일(第一); 가장. ‖世界で最も高い山 세계에서 제일 높은 산. 学校で最も足の早い生徒 학교에서 가장 발이 빠른 학생.
もっぱら【専ら】 오직; 오로지; 전부(全部); 온통. ‖今日はもっぱら向こう側の話を聞いてきた 오늘은 오로지 저쪽 얘기만 듣고 왔다. もっぱら輸出用だ 전부 수출용이다. もっぱらのうわさだ 온통 그 얘기다.
モップ【mop】 대걸레.
もつれこむ【縺れ込む】 (決着がつかないままの段階に)넘어가다. ‖延長戦にもつれ込む 연장전으로 넘어가다.

もつれる【縺れる】 ❶엉키다. ‖髪の毛がもつれる 머리카락이 엉키다. ❷꼬이다; 꼬부라지다. ‖舌がもつれる 혀가 꼬부라지다. ❸틀어지다; 결렬(決裂)되다. ‖交渉がもつれる 교섭이 결렬되다.
もてあそぶ【玩ぶ】 ❶만지작거리다. ‖髪をもてあそぶ 머리를 만지작거리다. ❷농락(籠絡)하다; 가지고 놀다. ‖女をもてあそぶ 여자를 농락하다. ❸마음대로 하다; 주무르다. ‖権力をもてあそぶ 권력을 주무르다. ❹즐기다. ‖詩文をもてあそぶ 시문을 즐기다.
もてあます【持て余す】 주체를 못하다. ‖泣く子を持て余す 애가 우니까 주체를 못하다.
もてなし【持て成し】 ❶환대(歡待); 대우(待遇); 대접(待接). ❷대단하시 대접을 받는다. ❸손님에게 내놓는 음식(飲食); 접대(接待).
もてなす【持て成す】 ❶환대(歡待); 대우(待遇); 대접(待接)하다. ‖丁重にもてなす 정중하게 대우하다. ❷[料理를]내놓다; 접대(接待)하다. ‖手料理でもてなす 손수 만든 요리를 내놓다.
もてはやす【持て囃す】 ❶[ほめる]모두가 칭찬(稱讚)하다. ❷[人気がある]인기(人気)가 있다. ‖若い女性にもてはやされている若い女性に人気がある 인기가 있는 젊은 여성들에게 인기가 있다.
モデム【MODEM】(IT) 모뎀.
モデラート【moderato 이】 모데라토.
もてる【持てる】 ❶인기(人気)가 있다. ‖女にもてる男 여자한테 인기가 있는 남자. ❷유지(維持)하다; 버티다. ❸공통의 화제가 없어서 자리가 어색하다. ‖共通の話題がなくて座がもてない 공통 화제가 없어 자리가 어색하다.
もてる【持てる】 가지고 있다. 가지고 있는 힘을 발휘하다. 가지고 있는 힘을 다하다. 持てる者の悩み 가진 자의 고민.
モデル【model】 모델. ‖1年ごとにモデルチェンジする 매년 모델을 바꾸다. ▶モデルケース 모델케이스.
もと【下】 아래; 아랫부분(部分). ‖自由の旗の下に集まれ 자유의 깃발 아래 모여라. 白日の下にさらす 백일하에 드러내다. 1か月という約束の下に依頼する 한 달이라는 약속하에 의뢰하다. ❷슬하(膝下). ❸지배(支配)下. ‖親の下を離れる 부모 슬하를 떠나다.
もと【元】 전(前); 원래(元來). ‖元首相 전 수상. ▶元の鞘に収まる 헤어졌다가 다시 만나다. ▶元の木阿弥 도로 아미타불.(佛)
もと【元·基】 ❶처음. ‖元へさかのぼって考え直す 처음으로 돌아가 다시 생각하다. ❷근간(根幹); 기초(基礎); 토대(土臺). ‖資料を基にして議論す

もどり【戻り】 ❶〔帰宅〕귀가(歸家). ∥今夜は主人の戻りが遅い 오늘은 남편의 귀가가 늦다. ❷〔復路〕오는 길; 올 때. ∥行きは辛かったが戻りは楽だ 갈 때는 힘들었는데 올 때는 편하다.

もどる【戻る】 ❶(もとの場所に)돌아가다; 돌아오다. ∥家に戻る 집으로 돌아가다[돌아오다]. 貸した本がやっと戻ってきた 빌려준 책이 겨우 돌아왔다. 意識が戻る 의식이 돌아오다.

もなか【最中】 〔御菓子〕찹쌀 반죽을 얇게 구워 그 속에 팥소를 넣은 과자〕.

モナコ【Monaco】 〔国名〕모나코.

モニター【monitor】 모니터. ∥モニター調査 모니터 조사.

モニュメント【monument】 기념물(記念物).

もぬけのから【蛻の殻】 ❶사람이 빠져 나간 자리. ❷혼(魂)이 빠져나간 몸.

もの【者】 사람. ∥正直者 정직한 사람.

＊もの【物】 ❶〔物体・事物・品物・商品〕물건(物件); 것. ∥階段にものを置くのは危険です 계단에 물건을 두는 것은 위험하다. 値段は安いがものは確かだ 값은 싸지만 물건은 확실하다. 都会でもものが高い 도시에서는 물건이 비싸다. 面白いものを見せてやる 재미있는 것을 보여 줄게. 日本的なものと日本的でない. 色々なものがショーウインドーに飾られていた 여러 가지 물건이 쇼윈도에 진열되어 있었다. あの映画は一度見たものだ 그 영화는 본 것이다. ❷〔所有物〕것; 소유물(所有物). ∥人のものを借りる 다른 사람의 것을 빌리다. これは誰のものですか 이건 누구 것입니까? この家は私のものだ 이 집은 나의 것이다. ❸…物. ∥現代物 현대물. 夏物 여름옷. 3年ものブドウ 삼 년 된 포도주. ❹〔動作の対象〕…것; 아무것. ∥読み物 읽을 것. 飲み物 마실 것. もの食べない 아무것도 먹지 않는다. ❺〔道理・理致〕도리(道理); 이치(理致). ∥ものが分かっている人 도리를 아는 사람. 彼女はものを知らない 그녀는 뭘 모른다. ❻〔…ものとの形で〕…것이다. ∥どんな人でもほめ言葉には弱いものだ 누구든 칭찬에는 약한 것이다. そんな時は何も聞かずにいてあげるものだ 그럴 때는 아무것도 묻지 말고 곁에 있어 주는 것이다. ❼〔…したものの形で〕…곤 했다. ∥2人でよく遊んだものだ 둘이서 자주 놀곤 했다. ❽〔言を強調〕∥そんなことがあるものか 그런 일이 있을 수 있나. 그런 일은 있을 수 없다. ❾〔判断を強調〕∥彼はもう帰ったものと思われる 그 사람은 벌써 돌아간 것 같다. ❿〔…ものとする〕…하는 것으로 하다. ∥甲はその責任を負うものとする 갑이 그 책임을 지는 것으로

자료를 토대로 논의하다. ❸**원인**(原因); 이유(理由). ∥成功の元 성공한 이유. ❹**원료**(原料); 재료(材料). ∥大豆を元にして作る大豆가 원료로 만들다. ❺**원금**(元金); 원가(元價); 본전(本錢). ∥元を取る 본전을 찾다. ▶元も子も無い 모든 것을 잃다. ∥元を正す원인을 따지다. 元を正せば相手が悪い 원인을 따지자면 상대방이 나쁘다.

もどかしい 답답하다. ∥思い出せずもどかしい生覺が入り答いい 생각이 안 나 답답하다.

-もどき【擬き】 …을[를] 닮음; …와[과] 비슷함; …같음.

もときん【元金】 원금(元金).

もどす【戻す】 ❶(もとの場所(場所)로) 돌려놓다. ∥本を棚に戻す 책을 책장에 돌려놓다. ❷**이전**(以前) **상태**(狀態)로 되돌리다. ∥計画を白紙に戻す 계획을 백지화하다. ❸뒤로 돌리다. ∥時計の針を戻す 시계 바늘을 돌리다. ❹토하다. ∥乗り物に酔って戻してしまった 멀미로 토했다.

もとせん【元栓】 (ガス・水道などの)꼭지. ∥ガスの元栓を閉める 가스 꼭지를 잠그다.

もとだか【元高】 원금(元金).

もとちょう【元帳】 원장부(元帳簿).

＊もとづく【基づく】 ❶준하다; 근거(根據)하다. ∥法に基づく調査 법에 근거한 조사. ❷기인(起因)하다; 비롯되다. ∥この争いはつまらぬ誤解に基づいている 이 다툼은 사소한 오해에서 비롯되었다.

もとで【元手】 ❶**자본금**(資本金). ∥元手がかかる 자본금이 들다. ❷자본; 밑천. ∥体が元手の者 몸이 밑천이다.

もとどおり【元通り】 원래(元來)대로. ∥元通りにしよう 원래대로 치우자.

もとね【元値】 원가(原價).

もとばらい【元払い】 〔郵物〕**화물**(貨物)의 운임(運賃)을 발송자(發送者)가 부담(負擔)하는 것.

もとむ【求む】 구(求)하다. ∥アルバイト求むアルバイト募集.

もとめ【求め】 **요구**(要求); 주문(注文). ∥求めに応じる 요구에 응하다.

＊もとめる【求める】 ❶**추구**(追求)하다; 바라다. ∥平和を求める 평화를 추구하다. ❷**찾다**; 구하다. ∥適任者を求める 적임자를 찾다. ❸**요구**(要求)하다. ∥著名を求める 서명을 요구하다. ❹〔買う〕사다. ∥絵を求める 그림을 사다.

もともと【元元】 원래(元來). ∥元々興味がある 원래 흥미가 있다.

もとより【元より】 ❶**물론**(勿論). ∥罪はもとより僕にある 물론 잘못은 나에게 있다. ❷**원래**(元來). ∥元より根본が善しい人 원래 근본은 착한 사람이다.

한다. ▶물이 개의치 않다. 부상을 개의치 않고 출장하다. 부상을 그런 것으로 하다. 물이 되는 훌륭한 물건이 되다. 이루다. 성취하다. ▶물은 言い様 様で 角が立つ 같은 말이라도 하기에 따라서는 상대방의 기분을 상하게 할 수 있다. ▶物を言う 효력을 발휘하다. 目は口ほどに物を言う 눈은 입만큼 말을 한다.

ものいい【物言い】 ❶말투. ▶不満そうな物言い 불만스러운 말투. **❷**말다툼. ▶物言いの種になる 말다툼의 원인이 되다. **❸**이의(異議). ▶計画に対して物言いをつける 계획에 이의를 제기하다.

ものいう【物言う】 ❶말하다. ▶物言いたげなそぶり 무언가 말하고 싶어하는 태도. **❷**효력(効力)을 발휘(発揮)하다. ▶金が物言う世の中 돈이 제일인 세상.

ものいり【物入り】 물이 드는 일. **ものいれ【物入れ】** 물건(物件)을 넣는 것.
ものうり【物売り】 상인(商人); 장사꾼.
ものおき【物置】 조그만 곳간; 광; 창고(倉庫).
ものおじ【物怖じ】 ▶物怖じする 겁먹다. 주눅이 들다.
ものおしみ【物惜しみ】 ▶物惜しみする 인색하다. 아까워하다.
ものおと【物音】 무슨 소리. ▶物音で目を覚ます 무슨 소리가 나서 눈을 뜨다. 変な物音がする 이상한 소리가 나다.
ものおぼえ【物覚え】 기억력(記憶力). ▶物覚えが悪い 기억력이 나쁘다.
ものおもい【物思い】 근심; 걱정. ▶物思いにふける 생각에 잠기다.
ものかき【物書き】 작가(作家).
ものかげ【物陰】 그늘; [見えない所가] 보이는 곳.
ものがたい【物堅い】 의리(義理)가 있다; 성실(誠実)하다. ▶物がたく信用できる人 의리가 있고 믿을 만한 사람.
ものがたり【物語】 이야기.
ものがたる【物語る】 ❶이야기하다. ▶昔のことを物語る 옛날 일을 이야기하다. **❷**나타내다; 말해 주다. ▶焼け跡が火事の悲惨さを物語る 불탄 자리가 화재의 비참함을 말해 주다.
ものがなしい【物悲しい】 왠지 슬프다. ▶物悲しい秋の夕暮れ 왠지 슬픈 가을의 해질 무렵.
モノクロ【−monochrome】 ❶흑백(黒白). **❷**흑백 사진(写真); 흑백 영화(映画).
ものごい【物乞い】 ❶[속어] 구걸(求乞). **❷**[人] 거지.
ものごころ【物心】 철. ▶物心がつく 철이 들다.

ものごし【物腰】 말투; 태도(態度). ▶柔らかい物腰 부드러운 태도.
ものごと【物事】 사물(事物). ▶物事を冷静に判断する 사물을 냉정히 판단하다.
ものさし【物差し】 ❶자. ▶物差しで測る 자로 재다. **❷**기준(基準). ▶審判の物差しは一様ではない 심판의 기준이 다 같지는 않다.
ものしずか【物静か】ダ ❶[ひっそりと]조용하다. ▶物静かな家 조용한 집. **❷**차분하다. ▶物静かに話す 차분하게 이야기하다.
ものしり【物知り】 박식(博識)한 사람.
ものずき【物好き】 (俗에) 특이(特異)한 것을 좋아함 또는 그런 사람; 호기심(好奇心)이 강한 사람.
ものすごい【物凄い】 ❶무섭다. ▶かみつきそうなものすごい形相 덤벼들 듯한 무서운 모습. **❷**굉장하다; 대단하다. ▶ものすごい人気 굉장한 인기.
ものする【物する】 (文章·詩를)짓다.
ものたりない【物足りない】 물이 덜 차다; 아쉽다. ▶これだけの説明では物足りない 이 정도 설명으로는 부족하다.
モノトーン【monotone】 모노톤.
ものの ❶[けれども]…지만; …는데. ▶苦しいものの、楽しさもあると言うから 힘들지만 즐거움도 있다. その仕事を引き受けてはみたものの、できるかどうか自信はなかった 그 일을 맡기로는 했지만 할 수 있을지 없을지 자신이 없었다. 道具を買ったものの、使い方が分からない 도구를 샀는데 사용법을 모른다. **❷**정말. ▶ものの見事なゴールだ 정말 멋있는 골이다.
もののあわれ【物の哀れ】 정취(情趣); 정감(情感).
もののかず【物の数】 주목(注目)할 만한 것; 특별(特別)한 것. ▶これくらいの雨は物の数ではない 이 정도 비는 별것 아니다. 私などは物の数に入らない 나 같은 것은 별것 아니다.
もののけ【物の怪】 해(害)코지를 하는 귀신(鬼神).
ものほし【物干し】 빨래를 너는 곳.
ものほしげ【物欲しげ】 탐(貪)이 남; 갖고 싶음.
ものまね【物真似】 흉내. ▶物真似をする 흉내 내다. 物真似がうまい 흉내를 잘 내다.
ものみだかい【物見高い】 호기심(好奇心)이 강한.
ものめずらしい【物珍しい】 희귀(稀貴)하다; 신기(新奇)하다.
ものもうす【物申す】 ❶말하다. **❷**항의(抗議)하다.
ものもち【物持ち】 ❶물건을 오래 씀.

❷ 재산가(財産家).

ものものしい【物物しい】 ❶삼엄(森嚴)하다; 엄중(嚴重)하다. ‖ものものしい警戒態勢 삼엄한 경계 태세. ❷과장(誇張)하다; 엄청나다. ‖物々しく包帯をする 엄청나게 붕대를 감다.

ものもらい【物貰い】 ❶〔乞食〕거지. ❷〔眼病〕다래끼.

ものやわらか【物柔らか】ダ (態度가)부드럽다; 침착(沈着)하다.

モノレール【monorail】모노레일.

モノローグ【monologue】모놀로그.

ものわかり【物分かり】 이해(理解), 이해력. ‖物分かりの悪い人 이해력이 부족한 사람.

ものわかれ【物別れ】결렬(決裂). ‖物別れに終わる 결렬되다.

ものわすれ【物忘れ】건망증(健忘症). ‖物忘れが激しい 건망증이 심하다.

ものわらい【物笑い】 세상의 웃음거리. ‖世間の物笑いになる 세상의 웃음거리가 되다.

モバイル【mobile】모바일.

もはや【最早】 ❶〔もう〕지금(只今)에 와서는; 이제, ‖もはや手遅れだ 이제 늦었다. ❷〔すでに〕벌써. ‖あれからもはや6年も経ってからもう벌써 6년이나 지났다.

もはん【模範】모범(模範). ‖下級生の模範となる 하급생의 모범이 되다. ‖模範を示す 모범을 보이다. ◆模範解答 모범 답안.

モビール【mobile 기】모빌.

もふく【喪服】상복(喪服).

モヘア【mohair】모헤어.

もほう【模倣】[する] 모양(模倣). ‖生活様式を模倣する 생활양식을 모방하다. ◆模倣犯罪 모방 범죄.

もまれる【揉まれる】 ❶많은 사람들 틈에서 고생(苦生)하다. ‖世間の荒波にもまれる 세상의 거친 풍파에 시달리다. ❷큰 힘에 휘둘리다. ‖波にもまれる小船 파도에 출렁이는 작은 배.

モミ【樅】 뉘. ♣籾殼 겨, 왕겨.

もみあう【揉み合う】 뒤섞어 싸우다. ‖警官とデモ隊がもみ合う 경찰과 데모대가 싸우다.

もみあげ【揉み上げ】구레나룻. ‖もみ上げを伸ばす 구레나룻을 기르다.

もみくちゃ【揉みくちゃ】 ❶ 모양くちゃにする구기다. もみくちゃにされる 심하게 구겨지다.

もみけす【揉み消す】 ❶비벼 끄다. ‖タバコの火をもみ消す 담뱃불을 비벼 끄다. ❷무마(撫摩)시키다. 덮어 두다. ‖収賄事件をもみ消す 뇌물 사건을 무마시키다.

もみじ【紅葉】단풍. ♣紅葉狩り 단풍놀이. 週末は紅葉狩りに行く 주말에는 단풍놀이를 간다. もみじマーク 說明 운전자(運轉者)가 칠십 세(七十歳) 이상(以上)임을 표시(標示)하는 스티커.

もみほぐす【揉み解す】 ❶뭉친 것을 주물러 풀다. ‖肩を揉みほぐす 어깨를 주무르다. ❷〔気持ち·気分を〕풀다. ‖緊張を揉みほぐす 긴장을 풀다.

もむ【揉む】 ❶비비다. ‖錐(きり)を揉む 송곳을 비비다. 揉み洗いする 비벼 빨다. ❷주무르다. ‖肩を揉む 어깨를 주무르다. キュウリを塩で揉む 오이를 소금으로 주무르다. ❸(大勢の人が)밀치락달치락하다. ‖満員電車に揉まれる 만원 전철에서 밀치락달치락하는

もめごと【揉め事】다툼; 싸움. ‖揉め事に巻き込まれる 싸움에 휘말리다.

もめる【揉める】 ❶다투다. ‖遺産相続で揉める 유산 상속 때문에 다투다. ❷초조(焦燥)하다; 안달하다. ‖気が揉める 초조하다.

もめん【木綿】목면(木棉).

もも【腿·股】넓적다리; 대퇴(大腿).

モモ【桃】 복숭아. ▶桃栗三年柿八年 복숭아·밤은 삼 년, 감은 팔 년만에 열매를 맺음.

ももいろ【桃色】도색(桃色); 분홍색(粉紅色).

もものせっく【桃の節句】說明 삼월 삼일(三月三日). 일본(日本) 명절(名節) 중의 하나.

ももひき【股引き】내복(內服) 바지.

モモンガ【鼺鼠】하늘다람쥐.

もや【靄】안개; 연무(煙霧).

もやし【萌やし】숙주나물. ♣豆モヤシ 콩나물.

*もやす【燃やす】태우다; 불태우다. ‖紙を燃やす 종이를 태우다. 闘志を燃やす 투지를 불태우다. 情熱を燃やす 정열을 불태우다.

もやもや ❶〔もやが立ち込めたようにぼんやりしてよく見えない様子〕 ‖湯気でもやもやした風呂場 김으로 자욱한 목욕탕. ❷〔事情が不明朗な様子〕 ‖真相はもやもやとしてつかみ難い 진상이 불분명해서 알 수가 없다. ❸〔心にわだかまりがある様子〕 ‖だまされたようでもやもやとした気持ちが残る 속은 것 같아 찜찜하다.

もよう【模様】 ❶문양(文樣); 무늬. ‖水玉模様 물방울 무늬. ❷상태(狀態); 상황(狀況). ‖当時の模様を話す 당시의 상황을 이야기하다. ❸모양(模樣). ‖今年中に渡米する模様だ 올 해 안에 미국에 갈 모양이다.

もようがえ【模様替え】 ‖模様替えする 바꾸다. 변경하다.

もよおし【催し】 모임; 회합(會合) 행사(行事).

もよおす【催す】 ❶개최(開催)하다; 열다. ‖パーティーを催す 파티를 열다. ❷느끼게 하다. ‖吐き気を催す 토할 것

もより【最寄り】 가장 가까운 곳. ‖最寄りの駅 가장 가까운 역.

もらい【貰い】 받음; 얻음. ‖もらいが多い 받은 것이 많다. ‖もらい物 받은 것.

もらいご【貰い子】 양자(養子).

もらいじこ【貰い事故】 상대방(相對方)에 의한 사고(事故).

もらいて【貰い手】 받을 사람. ‖子犬のもらい手がない 강아지를 받아 줄 사람이 없다.

もらいなき【貰い泣き】 덩달아 우는 울음. ‖ついついもらい泣きする 덩달아 울다.

*もらう【貰う】 ❶ 받다. ‖手紙をもらう 편지를 받다. くれるものは何でももらう 주는 것은 무엇이든지 받다. ❷ 얻다. ‖許可をもらう 허가를 얻다. ❸ 일원(一員)으로 맞다. ‖我がチームにもらいたい選手だ 우리 팀원으로 하고 싶은 선수다. ❹【引き受ける】맡다; 인수(引受)하다. ‖〈自分の責任ではないこと を〉떠맡다; ‖風邪をもらってきた 감기를 옮아 왔다. ❺【自己(自己) のにする; 획득(獲得)하다. ‖これをもらおう 이걸 사겠다.

もらす【漏らす】 ❶ 흘리다; 새다. ‖水も漏らさぬ警戒網 물샐틈없는 경계망. ❷ 누설(漏泄)하다. ‖機密を漏らす 기밀을 누설하다. ❸ 생각하고 있는 것을 드러내다. ‖辞意を漏らす 사의를 비추다. ❹〈感情을〉나타내다. ❺ 빠트리다. ‖必要書類をもれず揃える 필요 서류를 빠짐없이 갖추다.

もり【森】 숲. ‖うっそうとした森 울창한 숲.

もり【銛】 작살.

もり【盛り】 (販) 용기(容器)에 음식물(飲食物)을 담은 것 또는 그 분량(分量).

もりあがる【盛り上がる】 ❶ 부풀어 오르다. ‖筋肉が盛り上がる 근육이 부풀어 오르다. ❷ 고조(高調)되다. ‖雰囲気が盛り上がる 분위기가 고조되다.

もりあげる【盛り上げる】 ❶ 쌓아 올리다; 부풀어 오르게 하다. ‖土を盛り上げた墓 흙을 쌓아 올린 무덤. ❷ 띄우다; 고조(高調)시키다. ‖雰囲気を盛り上げる 분위기를 띄우다.

もりかえす【盛り返す】 만회(挽回)하다. ‖人気を盛り返す 인기를 만회하다.

もりこむ【盛り込む】 포함(包含)하다; 반영(反映)하다. ‖多くの意見を盛り込む 많은 의견을 반영하다.

もりじお【盛り塩】 (販) 〈料理屋·寄席などの〉門 입구(門入口)에 놓는 소금.

もりそば【盛り蕎麦】 메밀국수.

もりだくさん【盛り沢山】 풍부(豊富)

함; 많음. ‖内容盛りだくさんの情報誌 내용이 풍부한 정보지.

もりたてる【守り立てる】 ❶〈能力이 발전될 수 있도록〉도와주다. ‖若い社長をもり立てる 젊은 사장을 도와주다. ❷ 다시 일으키다. ‖会社をもう一度もり立ててみる 회사를 다시 한번 일으켜 보겠다.

もりつける【盛り付ける】 ❶〈ようそう〉그릇에 담다. ❷【取り分ける】할당(割當)하다; 분배(分配)하다.

もりもり ❶〈よく食べる様子〉모리모리 먹을직스럽게 먹다. ❷〈威勢よく働きまわる様子〉왕성(旺盛)하게; 맹렬(猛烈)히. ❸〈力強く盛り上がる様子〉‖筋肉がもりもりしている 근육이 울퉁불퉁하다.

もる【盛る】 ❶ 담다; 푸다. ‖ご飯を盛る 밥을 푸다. ❷ 쌓아 올리다. ‖土を盛る 흙을 쌓아 올리다. ❸〈毒薬などを〉먹이다. ‖毒を盛る 독약을 먹이다. ❹〈文章などに〉사상(思想) 등을 담다. ‖独立宣言に盛られた精神 독립 선언에 담긴 정신.

もる【漏る】 새다. ‖水が漏るバケツ 물이 새는 양동이.

モル【Mol 독】…몰(mol).

モルジブ【Maldives】〈国名〉몰디브.

モルタル【mortar】 모르타르.

モルドバ【Moldova】〈国名〉몰도바.

モルヒネ【morfine 네】 모르핀.

モルモット【marmot 네】 모르모트.

モルモンきょう【Mormon 教】 모르몬교(教).

もれなく【漏れ無く】 빠짐없이; 전부(全部). ‖漏れなく当たる 빠짐없이 당첨되다.

もれる【漏れる】 ❶ 새다. ‖タンクから燃料が漏れる 연료 통에서 연료가 새다. ❷ 누설(漏泄)되다. ‖情報が漏れる 정보가 누설되다. ❸〈感情이〉드러나다. ‖思わずため息が漏れる 자기도 모르게 한숨을 쉬다.

もろい【脆い】 ❶ 부서지기 쉽다. ‖もろい岩 부서지기 쉬운 바위. ❷ 약하다. ‖情けにもろい 정에 약하다.

もろくも【脆くも】 간단(簡単)히; 쉽게. ‖脆くも敗れた 쉽게 졌다.

モロッコ【Morocco】〈国名〉모로코.

もろて【諸手】 양(兩) 손; 쌍수(雙手). ‖諸手を挙げて쌍수를 들어. 무조건. ‖諸手を挙げて賛成する 무조건 찬성하다.

もろみ【諸味·醪】 (販) 발효(醗酵)가 끝나고 거르지 않은 상태(状態)의 술이나 간장.

もろもろ【諸諸】 여러 가지. ‖諸々の説がある여러 설이 있다.

もん【門】 ❶ 문(門). ‖門を閉める 문을 닫다. 入試の狭き門を突破する 입시의

もん【文】 ❶〔昔の貨幣〕…푼. ❷〔足袋などの大きさ〕…문(文).

-もん【問】 문제(問題). ‖第1問 첫번째 문제.

もんか【門下】 문하(門下). ◆門下生 문하생.

もんがい【門外】 문외(門外). ◆門外漢 문외한. 門外不出 비장.

もんがまえ【門構え】 문(門)의 모양(模樣); 문의 구조(構造). ‖立派な門構えの家 문이 멋있는 집.

もんきりがた【紋切り型】 ‖紋切り型の挨拶 틀에 박힌 인사.

***もんく**【文句】 ❶ 문구(文句); 어구(語句). ‖名文句 명문구. ❷ 불평(不平); 불만(不滿); 트집. ‖文句を言う 불평을 하다. 文句なしの 흠 잡을 데가 없다.

もんげん【門限】 정해진 귀가 시간(歸家時間).

もんこ【門戸】 문호(門戶). ◆門戶開放 문호 개방.

モンゴウイカ【紋甲烏賊】 甲오징어.

モンゴル【Mongol】(国名) 몽골.

もんし【悶死】 앓어.

もんじゃやき【もんじゃ焼き】【料理】 일본식(日本式) 부침개.

もんじゅ【文殊】〔仏教〕 문수보살(文殊菩薩).

もんじょ【文書】 문서(文書).

もんしょう【紋章】 문장(紋章).

モンシロチョウ【紋白蝶】 배추흰나비.

もんしん【問診】(医学) 문진(問診).

モンスーン【monsoon】 몬순.

もんせき【問責】(医学) 문책(問責).

もんぜん【門前】 문전(門前). ◆門前市を成す 문전성시를 이루다. ▶門前の小僧習わぬ経を読む 서당 개 삼 년에 풍월을 읊는다. (諺) ◆門前払い 문전박대(門前薄待).

モンタージュ【montage 프】 몽타주. ◆モンタージュ写真 몽타주 사진.

***もんだい**【問題】 ❶〔設問〕문제(問題). ‖英語の問題を解く 영어 문제를 풀다. ❷〔事柄〕문제(問題). 問題にする 문제로 삼다. 問題にならない 문제가 안되다. 問題点を整理する 문제점을 정리하다. 問題を起こす 문제를 일으키다. 就職の問題で悩んでいる 취직 문제로 고민하고 있다. ◆練習問題 연습 문제. 問題意識 문제의식. 問題外 논외. 問題児 문제아.

もんちゃく【悶着】 다툼; 싸움; 말썽. ‖悶着を起こす 말썽을 일으키다.

もんつき【紋付き】(服飾) 가문(家門)의 문장(紋章)이 찍힌 전통(傳統)옷.

もんどう【問答】(佛教) 문답(問答). ‖問答を交わす 문답을 주고받다. ◆禅問答 선문답.

もんどり【翻筋斗】 공중(空中) 제비. ‖もんどり打つ 공중제비를 하다.

もんなし【文無し】 무일푼(無一文).

もんばつ【門閥】 문벌(門閥); 가문(家門).

もんばん【門番】 문(門)지기; 수위(守衛).

もんぺ【作業・保温用の〕여성용(女性用) 바지.

もんめ【匁】 돈.

もんもう【文盲】 문맹(文盲).

もんもん【悶悶】 ‖悶々とする 몹시 괴로워하다.

もんよう【文様】 무늬; 문양(文樣). ‖花の文様 꽃무늬.

や

や ❶〖並立〗…(이)나. ∥新聞や雑誌を読む 신문이나 잡지를 읽다(보다). ❷〖(…する)や否やの略語〗─(하)자마자. ∥見るや飛び出す 보자마자 웃음을 터뜨리다. ❸〖意味の強調〗∥今や国際化時代である 지금은 국제화 시대이다.

や〖八・8〗팔(八); 여덟.

や〖矢〗화살. ∥弓と矢 활과 화살. ▶矢でも鉄砲でも持って来い 무슨 일이 있어도 겁나지 않다. ▶矢も楯もたまらず 하고 싶어서 안달이 나다.

や〖家・屋〗❶〖家〗집. ∥この家の主 이 집의 주인. ❷〖そのような性質を持つ人〗사람. ∥頑張り屋 열심히 하는 사람. ❸〖職業・屋号として〗집; 가게. ◆パン屋 빵집. 八百屋 채소 가게.

やあ ❶〖驚き〗야. ❷〖呼びかけ〗야. ❸〖気合〗얍; 얏.

ヤード〖yard〗야드.

やい〖呼びかけ〗야.

-やいなや〖や否や〗…(하)자마자. ∥家に帰るや否や 집에 돌아오자마자. 私を見るや否や 나를 보자마자.

やいば〖刃〗칼.

やいやい ❶〖呼びかけ〗야야. ∥やいやい, 静かにしろ 야야, 조용히 해. ❷〖催促〗早くしてくれとやいやい言う 빨리 해 달라고 재촉을 하다.

やいん〖夜陰〗야음(夜陰). ∥夜陰に乗じて侵入する 야음을 틈타 침입하다.

やえ〖八重〗여덟 겹; 많이 겹친 것. ◆八重桜 겹벚꽃. 겹벚꽃나무. 八重歯 덧니.

やえい〖野営〗❀野営 야영(野營).

やえちょう〖八百長〗〖說明〗부정(不正)한 승부(勝負).

やおもて〖矢面〗화살이 날아오는 정면(正面). ∥矢面に立つ 진두에 서다.

やおや〖八百屋〗채소(菜蔬) 가게.

やがい〖野外〗야외(野外). ◆野外活動 야외 활동.

やがく〖夜学〗야학(夜學).

やがすり〖矢絣〗〖說明〗화살 깃 무늬를 넣은 직물(織物).

やかた〖館〗훌륭한 저택(邸宅).

やかたぶね〖屋形舟〗〖說明〗지붕이 있는 놀잇배.

やがて ❶〖そのうち〗머지않아; 곧; 이윽고. ∥やがて戻ります 곧 돌아오겠습니다. 日々の努力がやがて実を結ぶ 하루하루의 노력이 이윽고 결실을 맺다. ❷결국(結局). ∥やがて滅亡に至った 결국 멸망했다.

*やかましい〖喧しい〗❶시끄럽다. ∥やかましい騒音 시끄러운 소음. ❷잔소리가 심하다; 까다롭다. ∥食べ物にやかましい人 먹는 것에 까다로운 사람.

やかましや〖喧し屋〗잔소리꾼; 까다로운 사람.

やかん〖夜間〗야간(夜間). ◆夜間飛行 야간(夜間) 비행. 夜間飛行 야간 비행.

やかん〖薬缶〗주전자(酒煎子).

やき〖焼〗❶〖焼くこと〗구움. ∥焼きが悪い 덜 구워지다. ❷〖刀などの〗담금질; 불림. ▶焼きが回る 나이가 들어 둔해지다. ▶焼きを入れる 호되게 다루다. 고문하다.

ヤギ〖山羊〗염소. ∥山羊屋 염소자리. 山羊座(山羊座).

やきあがる〖焼き上がる〗다 구워지다.

やきあみ〖焼き網〗석쇠.

やきいも〖焼き芋〗군고구마.

やきいれ〖焼き入れ〗(조명) 담금질.

やきいん〖焼き印〗낙인(烙印); 소인(燒印); 화인(火印).

やきがし〖焼き菓子〗구워서 만든 과자(菓子).

やきがね〖焼き金〗낙인(烙印); 소인(燒印); 화인(火印).

やきぐし〖焼き串〗조리용(調理用) 꼬챙이.

やきごて〖焼き鏝〗인두.

やきざかな〖焼き魚〗구운 생선(生鮮); 생선 구이.

やきしお〖焼き塩〗구운 소금.

やきそば〖焼き蕎麦〗볶음면(麵).

やきたて〖焼き立て〗갓 구운 것. ∥焼き立てのパン 갓 구운 빵.

やきつく〖焼き付く〗❶눌어붙다; 탄 흔적(痕跡)이 남다. ∥鍋(⑤)のあとが焼きつく 인두질한 자리가 눌어붙다. ❷강한 인상(印象)이 남다. ∥心に焼きつく 마음에 강한 인상이 남다.

やきつけ〖焼き付け〗❶〖写真の〗인화(印畫). ❷〖めっき〗도금(鍍金).

やきつける〖焼き付ける〗❶인화(印畫)하다. ❷도금(鍍金)하다. ❸〖陶磁器に〗무늬를 넣어서 굽다.

やきどうふ〖焼き豆腐〗구운 두부(豆腐).

やきとり〖焼き鳥〗닭 꼬치구이.

やきにく〖焼き肉〗갈비 구이.

やきのり〖焼き海苔〗구운 김.

やきはらう〖焼き払う〗완전(完全)히 태우다; 몽땅 태우다.

やきまし〖焼き増し〗∥(写真を) 焼き増しする 추가 인화를 하다.

やきめし〖焼き飯〗볶음밥.

やきもき ∥やきもきする 안절부절 못하다.

やきもち〖焼き餅〗❶〖食品〗구운 떡. ❷질투(嫉妬). ∥焼きもちを焼く 질투를 하다.

やきもの〖焼き物〗❶도자기(陶瓷器). ❷구운 요리(料理).

*やきゅう【野球】 야구(野球). ‖テレビで野球を見る 텔레비전에서 야구를 보다. 熱烈な野球ファン 열렬한 야구팬. 野球の試合 야구 시합. ◆野球場 야구장. 野球選手 야구 선수. 野球部 야구부.

ヤギュウ【野牛】 들소.

やきょく【夜曲】 소야곡(小夜曲); 세레나데.

やきん【冶金】 야금(冶金).

やきん【夜勤】 야근(夜勤). ◆夜勤手当 야근 수당.

やきん【野禽】 야금(野禽).

やく【厄】 ❶액(厄); 재난(災難). ❷액년(厄年).

*やく【役】 ❶임무(任務); 역할(役割). ‖見張りの役 망보는 역할. ❷직무(職務). 役(役). ❸〔演劇で〕역(役). ▶老人役 노인 역. ▶役に立つ有用하다. 쓸모가 있다. 도움이 되다.

やく【約】 약(約). ‖約1時間 약 한 시간. 約束 약속. 약 1개월.

やく【訳】 역; 번역(翻訳).

やく【薬】 약(薬). ◆胃腸薬 위장약.

やく【妬く】 시기(猜忌)하다; 질투(嫉妬)하다.

*やく【焼く】 ❶굽다. ‖魚を焼く 생선을 굽다. パンを焼く 빵을 굽다. ❷태우다. ‖ごみを焼く 쓰레기를 태우다. 民家2棟を焼く 민가 두 채를 태우다. ❸〔写真を〕인화(印書)하다.

ヤク【yak】【動物】 야크.

やくいん【役員】 임원(任員); 중역(重役).

やくえき【薬液】 물약(薬).

やくおとし【厄落とし】 액(厄)땜.

やくがい【薬害】 약해(薬害).

やくがく【薬学】 약학(薬学).

やくがら【役柄】 ❶직무(職務)의 성질(性質). ❷〔役に伴って生じる〕입장(立場)・체면(體面). ❸〔演劇で〕등장인물(登場人物)의 성격(性格)・역할(役割).

やくご【訳語】 역어; 번역어(翻訳語).

やくざ 깡패; 불량배(不良輩).

やくざい【薬剤】 약제(薬劑). ◆薬剤師 약사.

やくし【薬詩】 역시; 번역시(翻訳詩).

やくしにょらい【薬師如來】 약사여래(薬師如來).

やくじほう【薬事法】 약사법(薬事法).

やくしゃ【役者】 배우(俳優). ▶役者が一枚上 인물이나 능력 등이 한 수 위다. ▶役者が上 인물로는 다 모이다. ▶役者馬鹿 배우로서는 훌륭하나 세상 물정을 모르는 사람.

やくしゃ【訳者】 역자; 번역자(翻訳者).

やくしゅ【薬酒】 약주(薬酒).

やくしゅ【薬種】 약재(薬材).

やくしょ【役所】 관공서(官公署).

やくしょ【訳書】 역서; 번역서(翻訳書).

やくじょう【約定】 약정(約定).

やくしょく【役職】 보직(補職).

やくしん【躍進】 약진(躍進).

やくす【訳す】 번역(翻訳)하다.

やくすう【約数】 약수(約數).

やくする【約する】 ❶요약(要約)하다. ❷〔数学〕약분(約分)하다.

やくする【訳する】 번역(翻訳)하다; 해석(解釋)하다.

やくぜん【薬膳】〔說明〕약재(薬材)를 사용(使用)한 건강식(健康食).

やくそう【薬草】 약초(薬草).

*やくそく【約束】 약속(約束). ‖約束を守る 약속을 지키다. 約束を破る 약속을 어기다. 約束した日にち 약속한 날짜. 約束した場所 약속한 장소.

やくそくてがた【約束手形】 약속(約束)어음.

やくたたず【役立たず】 쓸모없는 것[사람].

やくだつ【役立つ】 유용(有用)하다; 쓸모가 있다; 도움이 되다.

やくだてる【役立てる】 유용(有用)하게 쓰다.

やくちゅう【訳注】 역주(譯註). ‖訳注をつける 역주를 달다.

やくづくり【役作り】〔說明〕배역(配役)에 맞는 분장(扮裝)이나 연기(演技) 등을 궁리(窮理)하는 것.

やくとう【薬湯】 약탕(薬湯).

やくどう【躍動】 약동(躍動). ◆躍動感 약동감.

やくどく【薬毒】 약(薬)의 독(毒).

やくどし【厄年】 액년(厄年).

やくにん【役人】 공무원(公務員).

やくば【役場】〔町・村の〕사무(事務)를 보는 곳.

やくばらい【厄払い】〔亩〕액(厄)막이.

やくび【厄日】 운수(運數)가 사나운 날; 일진(日辰)이 안 좋은 날.

やくびょうがみ【疫病神】〔說明〕재난(災難)을 가져오거나 다른 사람들이 싫어하는 사람.

やくひん【薬品】 약품(薬品). ◆化学薬品 화학 약품.

やくぶそく【役不足】 능력(能力)에 비해 역할(役割)이 보잘것없음.

やくぶつ【薬物】 약물(薬物). ◆薬物中毒 약물 중독. 薬物療法 약물 요법.

やくぶん【約分】〔亩〕〔数学〕약분(約分).

やくほう【薬包】 약봉지(薬封紙).

やくほん【訳本】 번역서(翻訳書).

やくまわり【役回り】 할당(割當)된 역할(役割).

やくみ【薬味】 양념; 향신료(香辛料).

*やくめ【役目】 주어진 역할(役割). ‖役目を果たす 주어진 역할을 다하다. 男

としての役目 남자로서의 역할.
やくよう【薬用】 약용(薬用). ♦薬用石けん 약용 비누.
やくよけ【厄除け】 액(厄)막이.
やぐら【櫓】 망루(望樓); 성루(城樓); 화재 감시 망루. ∥火の見櫓 소방 망루.
やくり【薬理】 약리(薬理). ♦薬理作用 약리 작용.
やくわり【役割】 역할(役割). ∥役割を分担する 역할을 분담하다. 重要な役割 중요한 역할.
やけ【自棄】 자포자기(自暴自棄). ∥やけを起こす 자포자기하다.
やけあと【焼け跡】 불탄 흔적(痕跡); 불탄 자리.
やけい【夜景】 야경(夜景). ∥夜景がきれいな港町 야경이 아름다운 항구 도시.
やけい【夜警】 야경(夜警).
やけいし【焼け石】 달궈진 돌. ▶焼け石に水 언 발에 오줌 누기.〔속〕
やけおちる【焼け落ちる】 불에 타 무너져 내리다.
やけくそ【自棄くそ】 자포자기(自暴自棄). ∥やけくそになる 자포자기하다.
やけこげ【焼け焦げ】 타서 눌음; 타서 눌은 자국.
やけざけ【自棄酒】 홧김에 마시는 술.
やけしぬ【焼け死ぬ】 타죽다.
やけつく【焼け付く】 타서 늘어붙다.
やけど【火傷】 화상(火傷). ∥やけどを負う 화상을 입다.
やけに 마구; 몹시; 이상(異常)할 정도(程度)로. ∥やけに暑い 무척 덥다. 今日はやけに親切だ 오늘은 이상할 정도로 친절하다.
やけのこる【焼け残る】 타지 않고 남다.
やけのはら【焼け野原】 불타 버린 들판.
やけのみ【自棄飲み】 自棄飲みする 홧김에 술을 마시다.
やけぶとり【焼け太り】 〔説明〕화재(火災)가 난 후 생활(生活)이 윤택(潤澤)해지거나 사업(事業)이 잘되는 것.
やけぼっくい【焼け棒杭】 타다 남은 그루터기. ▶焼けぼっくいに火が付く 관계가 다시 이어지다.
やける【妬ける】 질투(嫉妬)하다; 샘나다.
*やける【焼ける】 ❶ 타다; 불타다. ∥家が焼けた 집이 불탔다. ❷ 그을리다; 구워지다. ∥サツマイモが焼けた 고구마가 구워졌다. 小麦色に焼けた肌 검게 그을린 피부. ❸ 손이 많이 가다. ∥世話〔手〕が焼ける 손이 많이 가다.
やけん【野犬】 들개.
やこう【夜光】 야광(夜光). ♦夜光塗料 야광 도료.
やこう【夜行】 〔名·하〕야행(夜行).
やごう【屋号】 옥호(屋號).

やごう【野合】 〔名·하〕야합(野合).
やこうせい【夜行性】 야행성(夜行性).
ヤコウチュウ【夜光虫】 야광충(夜光蟲).
やこうれっしゃ【夜行列車】 야간열차(夜間列車).
やさい【野菜】 야채(野菜). ♦野菜スープ 야채 수프. 野菜ジュース 야채 주스.
やさがし【家捜し】 ∥家捜しする 집안을 뒤지다.
やさき【矢先】 (物事の始まろうとする)바로 그때; 막 …할 때. ∥外出しようとする矢先に客が来る 막 외출하려고 할 때 손님이 오다.
やさしい【易しい】 간단(簡單)하다; 알기 쉽다. ∥易しい仕事 간단한 일. 易しく説明する 쉽게 설명하다.
*やさしい【優しい】 ❶ 부드럽다; 온화(溫和)하다; 친절(親切)하다; 착하다. ∥気立ての優しい子 마음씨가 착한 아이. 優しい声で話す 부드러운 목소리로 이야기하다. 優しい眼つきの紳士. 誰に対しても優しくするようにしなさい 누구한테든 친절하게 대하도록 해라. ❷ 우아(優雅)하다; 품위(品位)가 있다. 優しい物腰の婦人 태도가 품위 있는 부인.
やし【香具師】 〔説明〕노점(露店)을 차려 물건을 파는 사람.
ヤシ【椰子】 야자(椰子); 야자나무.
やじ【野次】 야유(揶揄). ∥野次を飛ばす 야유를 보내다.
やじうま【野次馬】 구경꾼; 자신(自身)과 무관(無關)한 일에 떠들어대는 사람.
やしき【屋敷】 ❶ 저택(邸宅). ❷ 집의 부지(敷地).
*やしなう【養う】 ❶ 기르다; 양육(養育)하다; 키우다. ∥実力を養う 실력을 기르다. 読書の習慣を養う 독서하는 습관을 기르다. この訓練は忍耐力を養ってくれる의 훈련은 인내력을 길러 준다. ❷ 부양(扶養)하다. ∥家族を養う 가족을 부양하다.
やしゃ【夜叉】 야차(夜叉); 두억시니.
やしゃご【玄孫】 현손(玄孫).
やしゅ【野手】 〔野球で〕야수(野手).
やしゅう【夜襲】 〔名·하〕야습(夜襲).
やじゅう【野獣】 야수(野獸).
やしょく【夜食】 야식(夜食).
やじり【矢尻】 화살촉.
やじる【野次る】 야유(揶揄)하다.
やじるし【矢印】 화살표(標).
やしん【野心】 야심(野心). ∥野心家 야심가. 野心を抱く 야심을 품다. 野心満々 야심만만. 野心的 야심적.
やすまがり【安上がり】 싸게 먹히다.
*やすい【安い】 싸다; 저렴(低廉)하다. ∥安いもの 싼 물건. 安く買う 싸게 사다. もっと安いのを見せてください 더 싼

やすんじる【安んじる】 안심(安心)하다; 만족(滿足)하다. ‖現状に安んじる 현 상태에 만족하다.
やせ【痩せ】 여윔; 마름;〔人ひと〕마른 사람. ▶痩せの大食い 마른 사람이 오히려 더 많이 먹음.
やせい【野生】 야생(野生). ◆野生動物 야생 동물.
やせい【野性】 야성(野性).
やせおとろえる【痩せ衰える】 수척(瘦瘠)해지다; 쇠약(衰弱)해지다.
やせがた【痩せ形】 마른 체형(體型).
やせがまん【痩せ我慢】 억지로 버티다. 태연한 척하다.
やせぎす【痩せぎす】 ダ 비쩍 마르다; 앙상하다.
やせこける【痩せこける】 몹시 마르다; 몹시 여위다.
やせち【痩せ地】 척박(瘠薄)한 땅.
やせっぽち【痩せっぽち】 비쩍 마른 사람.
やせほそる【痩せ細る】 여위어 홀쭉해지다.
*やせる【痩せる】 ❶〔人が〕마르다; 여위다; 살이 빠지다. ❷〔土地が〕척박(瘠薄)해지다; 메마르다.
やせん【夜戦】 야전(夜戰).
やせん【野戦】 야전(野戰). ◆野戦病院 야전 병원.
やそ【八十·80】 팔십(八十);〔数かずが多おおいこと〕수(數)가 많음.
やそうきょく【夜想曲】 야상곡(夜想曲).
やそじ【八十路】 여든; 여든 살; 팔십 세(八十歲).
やたい【屋台】 포장마차(布帳馬車).
やたいぼね【屋台骨】 ❶가옥(家屋)이나 포장마차(布帳馬車)의 뼈대. ❷〔組織おるしきを〕지탱(支撐)하는 것.
やたら【矢鱈】 함부로; 마구; 몹시. ‖やたら(に)買い込む 마구 사들이다. やたらと騷さわぎ立たてる.
やちよ【八千代】 오랜 세월(歲月).
やちょう【夜鳥】 야조(夜鳥).
やちょう【野鳥】 들새.
やちん【家賃】 집세.
やっ ❶〔急きゅうに力ちからを入いれる時とき〕얏. ❷〔驚おどろいた時とき〕.
やっつ【八つ·8つ】 여덟; 여덟 개(個).
やつ【奴】 ❶늠; 자식(子息); 녀석; 〔物もの〕것. ‖いやあの 괜찮은 녀석. ❷그놈; 그 녀석; 그 녀석. ‖やつの仕業しわざだろう 그놈 소행일 거야.
やつあたり【八つ当たり】 ③動 화풀이. ‖八つ当たりする 관계없는 사람에게 화풀이하다.
やっか【薬価】 약(薬) 값.
やっか【薬科】 약학과(藥學科).
*やっかい【厄介】 ❶〔面倒めんどう〕귀찮음; 번거로움; 성가심. ‖厄介なことに巻まき込こ

まれる 성가신 일에 말려들다. 厄介な 仕事 귀찮은 일. ❷【世話】보살핌; 신세(身世); 폐(弊). ‖厄介をかける 폐를 끼치다. 一晩厄介になります 하룻밤 신세를 지겠습니다.

やっかいばらい【厄介払い】『厄介払いする 귀찮은 사람을 내쫓다.

やっかいもの【厄介者】귀찮은 사람; 성가신 사람.

やっかみ 시기(猜忌); 질투(嫉妬); 시샘.

やっかむ 시기(猜忌)하다; 질투(嫉妬)하다; 시샘하다.

やっかん【約款】약관(約款).

やっき【躍起】『やっきになる 기를 쓰다.

やっきばやに【矢継早に】계속(繼續)해서; 잇달아. ‖やっぎばやな質問を浴びせる 잇달아 질문을 퍼붓다.

やっきょく【薬局】약국(藥局).

やっこ【奴】❶=やっこさん. ❷(江戸時代の)노비(奴婢). (奴婢).

やっこう【薬効】약효(藥效).

やっこどうふ【奴豆腐】차게 해서 간장(醬)을 뿌려서 먹는 두부(豆腐).

やつざき【八つ裂き】『八つ裂きにする 갈기갈기 찢다.

やつす【窶す】❶초라하게 변장(變裝)하다. ❷(やせるほど)열중(熱中)하다; 애태우다. ‖恋に身をやつす 사랑에 애태우다.

やっつ【八つ·8つ】여덟; 여덟 개(個); [8歳]여덟 살.

やっつけしごと【遣っ付け仕事】급하게 대충대충 하는 일; 날림 공사(工事).

やっつける【遣っ付ける】❶《さっと終わらせる》단숨에 해치우다; 과감(果敢)하게 하다. ❷《相手を》혼내 주다.

ヤツデ【八つ手】【植物】팔손이나무.

やっていく【遣って行く】살아가다; 해나가다. ‖同僚とうまくやっていく 동료들과 잘 해 나가다.

やってくる【遣って来る】오다; 다가오다.

やってのける【遣って退ける】해내다. ‖難しい仕事をやってのける 어려운 일을 해내다.

やっと 겨우; 간신히; 근근(僅僅)이; 가까스로. ‖やっと仕事が終わった 겨우 일이 끝났다. バスにやっと間に合う 간신히 버스를 타다. やっと食べていけるくらいの収入 근근이 먹고 살 수 있을 정도의 수입.

やっぱり 과연; 역시.

ヤッホー【yo-ho】야호.

ヤツメウナギ【八つ目鰻】칠성장어(七星長魚).

やつら【奴等】놈들; 녀석들.

やつれる【窶れる】❶여위다; 쇠약(衰弱)해지다; 마르다. ‖やつれた身なり 여원 모습. ❷영락(零落)하다; 볼품없

어지다.

やど【宿】(旅行先의)숙소(宿所).

やとい【雇い】고용(雇用); 고용인(雇用人). ▶臨時雇い 임시 고용인. 雇い人 고용인. 雇い主 고용주.

やとう【野党】야당(野黨).

*·**やとう**【雇う】고용(雇用)하다. ‖店員を雇う 점원을 고용하다. 彼をマネージャーとして雇う 그 사람을 매니저로 고용하다.

ヤドカリ【宿借り】소라게.

やどす【宿す】❶품다; 머금다. ‖葉に露を宿している 잎이 이슬을 머금고 있다. ❷임신(妊娠)하다; 〈子를〉배다. ‖子を宿す 아이를 배다.

やどちょう【宿帳】숙박계(宿泊屆).

やどる【宿る】❶숙박(宿泊)하다. ❷《位置を占める》머물다; 자리잡다. ❸임신(妊娠)하다. ‖新しい生命が宿る 임신하다.

やながわなべ【柳川鍋】《飲食》냄비에 미꾸라지와 우엉을 넣어 삶은 다음 달걀을 풀어 덮은 것.

ヤナギ【柳】버드나무. ▶柳に風 거스르지 않고 잘 받아넘기다. ▶柳に雪折れ無し 부드러운 것이 오히려 강하다.

やなぎごうり【柳行李】버들고리.

やなぎごし【柳腰】가늘고 부드러운 허리.

やに【脂】❶(木の)진(津); 수지(樹脂). ❷(タバコの)타르. ❸(目の)눈곱.

やにさがる【脂下がる】우쭐해져서 싱글벙글하다.

やにょうしょう【夜尿症】야뇨증(夜尿症).

やにわに【矢庭に】즉시(即時); 갑자기.

やぬし【家主】집주인(主人).

ヤヌス【Janus ラ】야누스.

やね【屋根】지붕. ▶屋根を葺(ふ)く 지붕을 이다. 藁葺き屋根 초가지붕.

やねうら【屋根裏】다락; 다락방(房). ▶屋根裏部屋 다락방.

やばい 위험(危険)하다; 큰일이다.

やばず【矢筈】❶(矢の)오늬. ❷〔文様〕화살의 두 갈래로 갈라진 가는 대나무 막대.

やばね【矢羽】(矢の)화살깃.

やはり【矢張り】❶《同様に》마찬가지로; 여전(如前)히. ‖彼は弁護士が息子になりそうだ 그 사람은 변호사인데 아들도 마찬가지이다. 彼女も やはり肉が好きで 그녀도 마찬가지로 고기를 좋아한다. ❷《思った通り》생각한 대로; 역시. ‖やはり彼 1人が反対だった 역시 그 사람 혼자 반대를 했다. やはりあなただったの 역시 너였니?

やばん【夜半】야반(夜半); 밤중.

やばん【野蛮】야만(野蠻). ▶野蛮な行為 야만적인 행위. ▶野蛮人 야만인.

やひ【野卑】『やひな(野卑な)하다. ‖野卑

やぶ【藪】 ❶수풀; 덤불. ❷〔醫者の略語です〕돌팔이 의사(醫師). ‖藪から棒 아닌 밤중에 홍두깨.(屬) ‖藪の中 주장이 서로 틀려 진상을 알 수 없음. ▶藪をついて蛇を出す 긁어 부스럼.(屬)

やぶいしゃ【藪醫者】 돌팔이 의사(醫師).

やぶく【破く】 (紙・布などを)찢다. ‖手紙を破く 편지를 찢다.

やぶける【破ける】 찢어지다.

やぶさか【吝か】 〔やぶさかでないの形で〕기분(氣分) 좋게 …하다; 기꺼이 …하다; …하는 데 노력(努力)을 아끼지 않다. ‖認めるにやぶさかでない 기분 좋게 인정하다.

ヤブツバキ【藪椿】 야생 동백(野生冬柏).

やぶへび【藪蛇】 긁어 부스럼.

*やぶる【破る】 ❶찢다. ‖手紙を破る 편지를 찢다. ❷깨다; 깨뜨리다. ‖窓を破って入る 창문을 깨고 들어오다. 記録を破る 기록을 깨다. 沈黙を破る 침묵을 깨뜨리다. ❸어기다. ‖約束を破る 약속을 어기다. 規則を破る 규칙을 어기다. ❹(負かす)물리치다. ‖ライバルを破る 라이벌을 물리치다.

やぶれ【破れ】 찢음; 찢어진 곳.

やぶれかぶれ【破れかぶれ】 자포자기(自暴自棄). ‖破れかぶれになる 자포자기하다.

やぶれる【破れる】 ❶(紙・布が)찢어지다; 터지다; 해지다. ‖破れたシャツ 해어진 셔츠. 血管が破れる 혈관이 터지다. ❷깨지다. ‖沈黙が破れる 침묵이 깨지다. 夢が破れる 꿈이 깨지다.

やぶれる【敗れる】 지다; 패(敗)하다. ‖決勝戦で敗れる 결승전에서 지다.

やぶん【夜分】 밤; 밤중; 야간(夜間). ‖夜分に 밤늦게.

やぼ【野暮】 세상 물정(世上物情)에 어두움; 촌스러움. ‖野暮なことを言う 뭘 모르는 소리를 하다. 野暮な服装 촌스러운 복장.

やぼう【野望】 야망(野望). ‖野望をいだく 야망을 품다.

やぼくさい【野暮臭い】 촌스럽다.

やぼったい【野暮ったい】 촌스럽다. ‖野暮ったい身なり 촌스러운 모습.

*やま【山】 ❶산(山). ▶周囲を山に囲まれた盆地 주위가 산으로 둘러싸인 분지. ❷〔山の形をしたもの〕산 모양(模樣)의 것. ▶書類の山 산더미 같은 서류. ❸(クライマックス)절정(絶頂); 고비. ▶山のない小説 절정이 없는 소설. 最大の山を越す 최대의 고비를 넘기다. ❹〔鉱山〕광산(鑛山). ▶山が当たる 예상이 적중하다. ▶山が見える 전망이 보이다. ▶山高きが故に貴(たっと)からず

외형으로만 판단해서는 안 된다. ▶山を掛ける 요행수를 노리다. ▶山を張る 요행수를 노리다. ▶山を踏む 범죄를 저지르다.

やま【山見】 산기슭(山麓).

ヤマアラシ【山荒らし】 아프리카바늘두더지.

やまい【病】 병(病); 나쁜 습관(習慣); 나쁜 버릇. ‖病に冒される 병에 걸리다. 病を得る 병을 얻다. ▶病膏肓に入る 무언가에 열중해서 빠져나오지 못하다. ▶病は気から 병은 마음 먹기에 따라 좋아지기도 하고 나빠지기도 하다.

ヤマイモ【山芋】 참마.

ヤマイヌ【山犬】 승냥이.

ヤマウド【山独活】 야생 땅두릅.

やまおとこ【山男】 ❶〔登山する人〕등산(登山)을 좋아하는 사람. ❷〔イエティ〕산속에 산다는 괴물(怪物).

ヤマカガシ【赤楝蛇】 율무기.

やまかげ【山陰】 산그늘.

やまかぜ【山風】 산바람.

やまがり【山狩り】 산 가리하다. 산을 수색하다.

やまがわ【山川】 산속을 흐르는 강.

やまぎし【山岸】 (山の)절벽(絶壁); 낭떠러지.

やまぎわ【山際】 ❶〔山の近く〕산(山) 근처(近處). ❷ 산의 능선(稜線) 등이 하늘과 닿은 곳.

やまくずれ【山崩れ】 산사태(山沙汰).

やまぐに【山国】 산(山)이 많은 지방(地方).

やまごえ【山越え】 산을 넘음.

やまごし【山越し】 ❶〔山を越すこと〕산(山)을 넘음. ❷〔山の向こう側〕산 너머.

やまごや【山小屋】 산막(山幕).

やまさか【山坂】 산과 고개.

ヤマザクラ【山桜】 산벚나무.

やまざと【山里】 산촌(山村).

やまざる【山猿】 ❶〔猿〕산(山)에 사는 원숭이. ❷〔田舎者〕촌놈.

やまし【山師】 ❶투기업자(投機業者). ❷〔詐欺師〕사기(詐欺)꾼.

やまじ【山路】 산길.

やましい【疚しい】 양심(良心)의 가책(呵責)을 느끼다. ‖やましいことは何もしていない 양심의 가책을 받을 일은 하지 않았다.

やまそだち【山育ち】 산에서 자람 또는 그런 사람.

やまたかぼうし【山高帽子】 중산모자(中山帽子).

やまづたい【山伝い】 산을 타고 감.

やまつなみ【山津波】 대규모(大規模) 산사태(山沙汰).

やまづみ【山積み】 (조형) 산적(山積).

やまて【山手】 산에 가까운 쪽.
やまと【大和】 ❶일본(日本)의 옛 이름. ❷현재(現在)의 나라 奈良県(나라현).
ヤマトイモ【山芋】 참마.
やまとごと【大和琴】 일본(日本) 거문고.
やまとことば【大和言葉】 일본(日本)의 고유어(固有語).
やまとだましい【大和魂】 일본 민족(日本民族) 고유(固有)의 정신(精神).
やまとなでしこ【大和撫子】 ❶〔植物〕패랭이꽃. ❷〔比喩的〕일본 여성(日本女性)의 미칭(美称).
やまどり【山鳥】 산새.
やまない【止まない】 […してやまないの形で] 계속(繼續) …하다; … 하여 마지 않다. ‖折ってやまない 빌어 마지 않다. 望해마지않다 바라 마지 않다.
やまなみ【山並み】 늘어서 있는 산(山).
やまなり【山鳴り】 산(山)울림.
ヤマネコ【山猫】 ❶들고양이. ❷살쾡이.
やまのかみ【山の神】 ❶산신(山神). ❷〔自分の妻〕마누라; 여편네.
やまのさち【山の幸】 (狩猟などで)산에서 잡은 것.
やまのて【山の手】 높은 지대(地帶)의 주택지(住宅地).
やまのは【山の端】 능선(稜線); 산등성이.
やまば【山場】 중요(重要)한 국면(局面); 고비. ‖山場を迎える 중요한 고비를 맞이하다.
やまはだ【山肌】 산의 표면(表面).
やまばた【山畑】 산전(山田); 산비탈에 있는 밭.
ヤマバト【山鳩】 산비둘기.
やまばん【山番】 산(山)지기.
やまびこ【山彦】 메아리.
やまひだ【山襞】 (說明) 능선(稜線)과 골짜기가 이어져 주름처럼 보이는 곳.
やまびらき【山開き】 (說明) 그해 여름 처음으로 등산(登山)을 허용(許容)하는 것.
ヤマブキ【山吹】 황매화(黄梅花)나무.
ヤマブドウ【山葡萄】 머루; 산포도(山葡萄).
やまぼこ【山鉾】 (說明) 산 모양(山模樣)의 장식(裝飾)을 얹은 축제용(祝祭用) 수레.
ヤマホトトギス【山時鳥】 두견(杜鵑)새.
ヤママユ【山繭】 산누에나방.
ヤマモモ【山桃】 소귀나무.
やまもり【山盛り】 수북이 쌓음[담음].
やまやき【山焼き】 (說明) 초(初)봄에 산(山)의 풀을 태우는 것.
やまやま【山山】 ❶많은 산(山). ❷副詞的に]많이; 산더미 같이. ❸ […たいのはやまやまで形で]…하고 싶은 마음

은 굴뚝 같다; 꼭 …하고 싶다. ‖買いたいのはやまやまだが, 我慢する 사고 싶은 마음이야 굴뚝 같지만 참다.
やまゆき【山雪】 산에 내리는 눈.
ヤマユリ【山百合】 산나리.
やまわけ【山分け】 ‖山分けする 공평하게 나누다.
•やみ【闇】 ❶어둠; 암흑(闇黒). ‖闇に紛れる 어둠 속으로 사라지다. 闇の世界 암흑 세계. ❷〔不正取引〕闇で売買する 암거래하다. ❸캄캄함; 어두움. ▶一寸先は闇한 치 앞을 알 수 없다. ‖闇から闇に葬る 몰래 처리하다.
やみあがり【病み上がり】 병(病)이 막 나은 상태(狀態).
やみいち【闇市】 암시장(闇市場).
やみうち【闇討ち】 ‖闇討ちする 어둠을 틈타 덮치다. 불시에 공격하다.
やみがたい【止み難い】 (感情などを) 눌 수 없다.
やみきんゆう【闇金融】 무허가 사채 업자(無許可私債業者).
やみくもに【闇雲に】 함부로; 무턱대고. ‖やみくもに信じ込む 무턱대고 믿다.
やみそうば【闇相場】 암시세(闇市勢).
やみつき【病み付き】 ‖病みつきになる 습관이 되어 그만두지 못하다.
やみとりひき【闇取引】 (名動) 암거래(闇去來).
やみね【闇値】 암거래 가격(闇去來價格).
やみよ【闇夜】 달이 없는 어두운 밤. ▶闇夜に烏 구분이 안 되다. ‖闇夜の提灯 바라던 것을 만나는. ‖闇夜の鉄砲 맹목적으로 하는.
•やむ【止む】 끝나다; 그치다; 멎다; 멈추다. ‖雨がやむ 비가 그치다. 歌声は突然やんだ 노랫소리가 갑자기 멈췄다.
やむ【病む】 ❶〔病気〕병(病)에 이르다; 병에 걸리다. ❷〔悩み〕걱정하다; 고민(苦悶)하다.
やむなく【已むなく】 할 수 없이; 어쩔 수 없이. ‖やむなく承諾する 어쩔 수 없이 승낙하다.
やむにやまれぬ【止むに止まれぬ】 멈추려 해도 멈출 수 없는; 어쩔 수 없는. ‖やむにやまれぬ事情 어쩔 수 없는 사정.
やむをえず【止むを得ず】 할 수 없이; 어쩔 수 없이.
やむをえない【止むを得ない】 할 수 없다; 어쩔 수 없다.
•やめる【止める】 ❶〔終わりにする〕끝내다; 끝마치다; 끊다. タバコをやめる 담배를 끊다. 研究をやめる 연구를 그만두다. 今日はこれでやめる 오늘은 이걸로 끝내자. ❷중지(中止)하다; 그치다; 멈추다. ‖彼は突然話をやめた 그 사람은 갑자기 얘기를 멈췄다. 泣く

のはやめなさい 울음 그쳐라. 그만 울어라.
やめる【辞める】 (会社を)그만두다; 퇴직(退職)하다. ∥会社を辞める 회사를 그만두다.
やもうしょう【夜盲症】 야맹증(夜盲症).
やもめ【寡】〔女性〕과부(寡婦); 미망인(未亡人); 〔男性〕홀아비.
ヤモリ【守宮】 도마뱀.
やや【稍】 조금; 약간(若干). ∥彼はやや驚いたようだった 그 사람은 약간 놀란 듯했다.
ややこしい 복잡(複雜)하다; 까다롭다. ∥ややこしい問題 복잡한 문제.
ややもすれば【動もすれば】 자칫하면; 까딱하면. ∥ややもすれば1時間も遅れる 자칫하면 한 시간이나 늦어진다.
やゆ【揶揄】 (漢字) 야유(揶揄).
やよいじだい【弥生時代】 야요이 시대(時代).
*やら ❶…인지; …는지; …지. ∥完済するのはいつのことやら いつ 다 갚게 될지. 一体何を食わせるやら 도대체 뭘 먹여야 할지. ❷〔…やら…やらの形で〕…(이)랑…(이)랑. ∥リンゴやら柿やら 사과랑 감이랑.
やらかす【遣らかす】 하다; 저지르다.
やらせ【設仕】 사전(事前)에 준비(準備)한 대로 시킴.
やらせる【遣らせる】 시키다. ∥この仕事は彼にやらせよう 이 일은 그 사람한테 시키자.
やられる【遣られる】 당하다; 지다. ∥暑さにやられる 더위에 지다. 더위 먹다.
やり【槍】 ❶창(槍). ❷창술(槍術). ▶槍が降っても 무슨 일이 있어도. 어떠한 일이 있어도.
ヤリイカ【槍烏賊】 화살꼴뚜기.
やりかえす【遣り返す】 반박(反駁)하다; 되받아치다.
やりかけ【遣り掛け】 하는 도중(途中). ∥やりかけの仕事 하다가 만 일.
やりかた【遣り方】 수단(手段); 방법(方法). ∥やり方を間違える 하는 법을 틀리다.
やりきれない【遣り切れない】 ❶〔終わらない〕다 할 수가 없다. ❷참을 수가 없다. ∥暑くてやりきれない 더워서 참을 수가 없다.
やりくち【遣り口】 수단(手段); 방법(方法).
やりくり【遣り繰り】 변통(變通); 주변; 꾸림. ∥家計をやりくりする 가계를 꾸리다.
やりくりさんだん【遣り繰り算段】 이리저리 변통(變通)함.
やりこなす【遣り熟す】 잘 해내다.
やりこめる【遣り込める】 말로 꼼짝 못하게 하다.

やりすぎる【遣り過ぎる】 도(度)가 지나치다. ∥仕事をやり過ぎて病気になる 일을 너무 해서 병이 나다.
やりすごす【遣り過ごす】 ❶〔先に通らせる〕앞서가게 하다. ❷〔度を過ごす〕도(度)를 넘다.
やりそこなう【遣り損なう】 실패(失敗)하다. ∥やり損なってけがをする 실패해서 다치다.
やりだま【槍玉】 창을 자유자재(自由自在)로 다룸 또는 그 창. ▶槍玉に挙げる 비난의 대상으로 삼다.
やりて【遣り手】 수완가(手腕家).
やりとげる【遣り遂げる】 끝까지 해내다.
やりとり【遣り取り】 ∥手紙をやり取りする 편지를 주고받다.
やりなおす【遣り直す】 다시 하다. ∥最初からやり直す 처음부터 다시 하다.
やりなげ【槍投げ】 창(槍)던지기.
やりぬく【遣り抜く】 끝까지 하다. ∥仕事をやり抜く 일을 끝까지 하다.
やりば【遣り場】 가지고 갈 곳; 둘 곳. ∥目のやり場に困る 시선을 둘 데가 없다.
*やる【遣る】 ❶〔使いをやる〕심부름꾼을 보내다. 手紙をやる 편지를 보내다. ❷주다. ∥えさをやる 먹이를 주다. ❸하다. ∥勉強をやる 공부를 하다. 野球をやる 야구를 하다. ❹〔…てやるの形で〕남을 위하여 해 주다. ∥本を読んでやる 책을 읽어 주다. 死んでやる 죽어 버릴 거야.
やるかたない【遣る方ない】 마음을 달랠 길이 없다.
やるき【遣る気】 의욕(意欲); 하고 싶은 마음. ∥やる気を起こす 의욕이 생기다. やる気をなくす 의욕을 잃다.
やるせない【遣る瀬ない】 안타깝다; 어찌할 방법(方法)이 없다.
やれやれ 〔安心〕아이구; 〔感動〕거참. ∥やれやれこれで一安心だ 아이구, 이젠 안심이다. やれやれかわいそうに 거참, 가엾어라.
やろう【野郎】 놈; 녀석.
やわ【夜話】 야화(夜話).
やわはだ【柔肌】 여성(女性)의 부드러운 살결.
やわらか【柔らか】ダ 부드럽다; 유연(柔軟)하다. ∥やわらかな身のこなし 유연한 몸놀림.
やわらかい【柔らかい】 부드럽다; 유연(柔軟)하다. ∥この肉はとても柔らかい 이 고기는 정말 부드럽다. 柔らかい眼差しを浮かべた眼 매는. 彼は頭が柔らかい 그 사람은 융통성이 있다. 彼女は柔らかい体をしている 그녀는 몸이 유연하다.
やわらぐ【和らぐ】 부드러워지다; 완화(緩和)되다. ∥表情が和らぐ 표정이 부드러워지다. この薬を飲めば痛みは和ら

やわらげる

ぐでしょう 이 약을 먹으면 통증이 완화될 것입니다.
やわらげる【和らげる】❶ 부드럽게 하다; 완화(緩和)시키다. ‖痛みを和らげる 통증을 완화시키다. ❷(알기) 쉽게 하다. ‖表現を和らげる 표현을 쉽게 하다.
ヤンキー【Yankee】양키; 불량 청소년(不良青少年).
やんちゃ 아이가 제멋대로임; 개구쟁이임. ‖やんちゃ坊主 개구쟁이.
やんわり 부드럽게; 온화(穩和)하게.

ゆ

*ゆ【湯】❶〔お湯〕뜨거운 물. ❷〔風呂〕목욕물; 목욕탕(沐浴湯). ‖湯から上がる 목욕탕에서 나오다. ◆男湯 남탕. 女湯 여탕. ❸ 온천(溫泉).
ゆあか【湯垢】물때. ‖湯垢がつく 물때가 끼다.
ゆあがり【湯上がり】목욕(沐浴)을 마치고 나옴.
ゆあたり【湯中り】‖湯あたりする 물에 오래 들어가 있어서 기분이 안 좋아지다.
ゆい【結い】두레; 공동 작업(共同作業).
ゆいあげる【結い上げる】머리를 묶어 위로 올리다.
ゆいいつ【唯一】유일(唯一). ‖唯一の楽しみ 유일한 즐거움. 唯一の手段 유일한 수단. 唯一無二 유일무이.
ゆいがどくそん【唯我独尊】유아독존(唯我獨尊).
ゆいごん【遺言】(조히) 유언(遺言).
ゆいしょ【由緒】유서(由緒). ‖由緒ある家柄 유서 있는 집안.
ゆいしんろん【唯心論】유심론(唯心論).
ゆいのう【結納】예물(禮物)을 주고받음. ‖結納を交わす 예물을 주고받다.
ゆいぶつ【唯物】유물(唯物). ◆唯物史観 유물 사관. 唯物弁証法 유물 변증법. 唯物論 유물론.
ゆう【有】유(有). ‖無から有を生じる 무에서 유를 낳다.
ゆう【勇】용기(勇氣).
ゆう【雄】뛰어남; 걸출(傑出)함.
ゆう【優】(成績評價의) 우(優).
ゆう【結う】매다; 묶다. ‖髪を結う 머리를 묶다.
ゆうあい【友愛】우애(友愛); 우정(友情).
ゆうい【有望】유망(有望); 유능(有能).
ゆうい【優位】우위(優位). ‖優位を占める 우위를 점하다. ◆比較優位 비교 우위.
ゆういぎ【有意義】ダ 의의(意義)가 있

다. ‖有意義な仕事 의의가 있는 일.
ゆういん【誘引】(조히) 유인(誘引).
ゆういん【誘因】유인(誘因).
*ゆううつ【憂鬱】ダ 우울(憂鬱)하다. ‖憂鬱な顔をする 우울한 얼굴을 하다. 憂鬱な時に私は音楽を聴く 우울할 때 나는 음악을 듣는다. 将来のことを考えると憂鬱だ 장래의 일을 생각하면 우울하다.
ゆううつしょう【憂鬱症】우울증(憂鬱症).
ゆうえい【遊泳】(조히) 유영(遊泳).
ゆうえき【有益】ダ 유익(有益)하다. ‖有益な話 유익한 이야기. 有益に使う 유익하게 쓰다.
ゆうえつ【優越】우월(優越).
ゆうえつかん【優越感】우월감(優越感).
ゆうえんち【遊園地】유원지(遊園地).
ゆうか【有価】유가(有價). ◆有価証券 유가 증권.
ゆうが【優雅】ダ 우아(優雅)하다. ‖優雅な生活 우아한 생활. 優雅に暮らす 우아하게 생활하다.
ゆうかい【誘拐】(조히) 유괴(誘拐).
ゆうかい【融解】융해(融解).
ゆうがい【有害】유해(有害). ◆有害物質 유해 물질.
ゆうかいてん【融解点】융해점(融解點); 녹는점.
ゆうかいはん【誘拐犯】유괴범(誘拐犯).
ゆうかく【遊郭】유곽(遊廓).
ゆうがく【遊学】(조히) 유학(遊學).
ゆうかぜ【夕風】저녁 바람.
ゆうがた【夕方】저녁때.
ユーカリ【Eucalyptus】유칼립투스.
ゆうかん【夕刊】석간(夕刊).
ゆうかん【有閑】유한(有閑). ◆有閑階級 유한계급. 有閑マダム 유한마담.
ゆうかん【有感】유감(有感). ◆有感地震 유감지진.
ゆうかん【勇敢】ダ 용감(勇敢)하다. ‖勇敢な兵士 용감한 병사.
ゆうきゅうち【遊休地】유휴지(遊休地).
ゆうき【有期】유기(有期). ◆有期刑 유기형.
ゆうき【有機】유기(有機). ◆有機化学 유기 화학. 有機化合物 유기 화합물. 有機栽培 유기 재배. 有機農産 유기산. 有機農業 유기 농업. 有機肥料 유기 비료. 有機体 유기체. 有機的 유기적. 有機の関係 유기적인 관계. 有機物 유기물.
*ゆうき【勇気】용기(勇氣). ‖勇気を出す 용기를 내다. 勇気のある人 용기 있는 사람.
ゆうぎ【友誼】우의(友誼).
ゆうぎ【遊技】유기(遊技).
ゆうぎ【遊戯】(조히) 유희(遊戲).

ゆうきづける【勇気付ける】 용기(勇氣)를 북돋우다. ‖彼の一言に勇気づけられた 그 사람의 말 한마디에 용기를 얻었다.

ゆうきゅう【有給】 유급(有給).

ゆうきゅう【悠久】 유구(悠久). ‖悠久の歴史の流れ 유구한 역사의 흐름.

ゆうぎ【遊技】 유희(遊戱).

ゆうきゅうきゅうか【有給休暇】 유급 휴가(有給休暇).

ゆうきょう【遊興】 (する) 유흥(遊興).

ゆうきょうひ【遊興費】 유흥비(遊興費).

ゆうぎり【夕霧】 밤안개.

ゆうぐ【遊具】 ❶[おもちゃ]장난감. ❷[遊園地の]놀이 기구(機具).

ゆうぐう【優遇】 우대(優待).

ゆうぐれ【夕暮れ】 해질 무렵.

ゆうぐん【友軍】 우군(友軍).

ゆうけい【有形】 ◆有形財産 유형 재산. 有形文化財 유형 문화재.

ゆうげき【遊撃】 (する) 유격(遊擊). ◆遊擊手【野球で】유격수. 遊擊戰 유격전. 遊擊隊 유격대.

ゆうげしき【夕景色】 저녁 풍경(風景).

ゆうげん【有限】 유한(有限)하다. ◆有限会社 유한 회사.

ゆうげん【幽玄】 깊고 그윽함. ‖幽玄な調べ 깊고 그윽한 선율.

ゆうけんしゃ【有権者】 유권자(有權者).

ゆうこう【友好】 우호(友好). ◆友好関係 우호 관계. 友好条約 우호 조약.

*ゆうこう**【有効】 유효(有效)하다. ‖この切符は2週間有効です 이 표는 이주일간 유효합니다. 時間を有効に使う 시간을 유효하게 쓰다. ◆有効期限 유효 기한. 有効需要 유효 수요.

ゆうごう【融合】 (する) 융합(融合). ◆核融合 핵융합.

ゆうこく【幽谷】 유곡(幽谷). ‖深山幽谷 심산유곡.

ゆうこく【憂国】 우국(憂國). ‖憂国の士 우국지사.

ユーゴスラビア【Yugoslavia】 (国名) 유고슬라비아.

ゆうこん【雄渾】 웅혼(雄渾)하다. ‖雄渾な筆致 웅혼한 필치.

ユーザー【user】 유저. ◆ユーザーインターフェース 유저 인터페이스. ユーザーネーム 유저 네임.

ゆうざい【有罪】 유죄(有罪). ◆有罪判決 유죄 판결.

ゆうさん【有産】 유산(有産). ◆有産階級 유산 계급.

ゆうさんそうんどう【有酸素運動】 유산소 운동(有酸素運動).

ゆうし【勇士】 용사(勇士).

ゆうし【勇姿】 용자(勇姿).

ゆうし【雄姿】 웅자(雄姿).

ゆうし【融資】 (する) 융자(融資). ‖銀行から融資してもらう 은행에서 융자를 받다.

ゆうじ【有事】 유사(有事). ‖有事の際に 유사시에.

ゆうしき【有識】 유식(有識). ◆有識者[識者] 학문(學問)이나 견식(見識)이 높은 사람.

ゆうしてっせん【有刺鉄線】 철조망(鐵條網).

ゆうしゅう【有終】 유종(有終). ‖有終の美を飾る 유종의 미를 거두다.

ゆうしゅう【憂愁】 우수(憂愁).

ゆうしゅう【優秀】 우수(優秀)하다. ‖優秀な学生 우수한 학생. 優秀な人材 우수한 인재.

ゆうじゅうふだん【優柔不断】 우유부단(優柔不斷)하다.

ゆうしゅつ【湧出】 용출(湧出).

ゆうしょう【有償】 유상(有償). ‖有償契約 유상 계약.

ゆうしょう【勇将】 용장(勇將).

*ゆうしょう**【優勝】 (する) 우승(優勝). ‖試合で優勝する 시합에서 우승하다. 彼は優勝をねらっている 그 사람은 우승을 노리고 있다. ◆優勝旗 우승기. 優勝杯 우승배. 優勝劣敗 우승열패. 적자생존.

ゆうじょう【友情】 우정(友情).

ゆうしょく【夕食】 저녁밥; 저녁 식사(食事).

ゆうしょく【有色】 유색(有色). ◆有色人種 유색 인종.

ゆうしょく【有職】 직업(職業)을 가지고 있음.

ゆうじん【友人】 친구(親舊); 벗.

ゆうじん【有人】 유인(有人). ◆有人衛星 유인 위성.

ゆうすい【湧水】 샘솟는 물.

ゆうすいち【遊水池】 유수지(遊水池).

ゆうすう【有数】 유수(有數). ‖日本有数の工業団地 일본 유수의 공업 단지.

ゆうずう【融通】 (する) 융통(融通). ‖金を融通する 돈을 융통하다. 融通が利く 융통성이 있다.

ゆうすずみ【夕涼み】 저녁에 더위를 식히다.

ユースホステル【youth hostel】 유스호스텔.

ゆうする【有する】 가지고 있다.

ゆうせい【有性】 유성(有性). ◆有性生殖 유성 생식.

ゆうせい【郵政】 우정(郵政). 체신(遞信).

ゆうせい【遊星】 유성(遊星). 행성(行星).

ゆうせい【優生】 우생(優生). ◆優生学 우생학.

ゆうせい【優性】 우성(優性).

ゆうせい【優勢】 우세(優勢)하다. ‖試合を優勢に進める 시합을 우세하게 끌고 가다. 優勢に転じる 우세해지다.

ゆうせい【有勢】 유세(有勢).

ゆうぜい【遊説】 유세(遊説).

ゆうせいおん【有声音】〖言語〗유성음(有聲音).

ゆうせいらん【有精卵】 수정란(受精卵).

ゆうせん【有線】 유선(有線). ◆有線テレビ 케이블 텔레비전. 有線放送 유선 방송.

ゆうせん【優先】〖名・하〗 우선(優先). ◆優先権 우선권. 優先順位 우선 순위. 最優先事項 최우선 사항.

ゆうぜん【悠然】〖하〗유연(悠然). ‖悠然と構える 유연하게 대응하다.

ゆうせんてき【優先的】 우선적(優先的).

ゆうそう【勇壮】 용장(勇壯).

ゆうそう【郵送】〖名・하〗 우송(郵送). ‖書類を郵送する 서류를 우송하다.

ユーターン【U-turn】 유턴.

ゆうたい【勇退】 용퇴(勇退).

ゆうたい【優待】 우대(優待).

ゆうだい【雄大】〖하〗웅대(雄大)하다. ‖雄大な構想 웅대한 구상.

ゆうだち【夕立】 소나기.

ゆうだん【勇断】 용단(勇斷). ‖勇断を下す 용단을 내리다.

ゆうだんしゃ【有段者】 유단자(有段者).

ゆうち【誘致】〖名・하〗유치(誘致). ‖工場団地を誘致する 공장 단지를 유치하다.

ゆうちょ【郵貯】 우편 저금(郵便貯金).

ゆうちょう【悠長】〖하〗유장(悠長)하다.

ゆうとう【優等】 우등(優等). ◆優等生 우등생.

ゆうどう【誘導】〖名・하〗유도(誘導). ‖生徒を安全な場所に誘導する 학생들을 안전한 장소로 유도하다. ◆誘導尋問 유도 심문. 誘導弾 유도탄.

ゆうどうえんちぱ【遊動円木】 유동원목(遊動圓木).

ゆうどく【有毒】〖하〗유독(有毒)하다.

ゆうどく《有毒》 유독(有毒). ◆有毒ガス 유독 가스.

ユートピア【Utopia】 유토피아.

ゆうに【優に】 충분(充分)히; 넉넉히. ‖優に 100kgはある 충분히 백 킬로그램은 된다.

ゆうのう【有能】〖하〗유능(有能)하다. ‖有能な人材 유능한 인재.

ゆうはい【有配】 주식(株式)의 배당(配當)이 있음.

ゆうばえ【夕映え】 저녁노을.

ゆうはつ【誘発】〖名・하〗유발(誘發). ‖連鎖反応を誘発する 연쇄 반응을 유발하다.

ゆうばれ【夕晴れ】 저녁때 하늘이 갬.

ゆうはん【夕飯】 저녁밥; 저녁 식사(食事).

ゆうひ【夕日】 저녁 해; 석양(夕陽).

ゆうひ【雄飛】 웅비(雄飛).

ゆうび【優美】〖하〗우아(優雅)하고 아름답다.

ゆうびん【郵便】 우편; 우편물(郵便物). ‖書類は郵便で送りました 서류는 우편으로 보냈습니다. お年寄りは郵便で受け付けます 신청은 우편으로 접수합니다. 今日は郵便がたくさん来た 오늘은 우편물이 많이 왔다. ◆郵便為替 우편환. 郵便切手 우표. 郵便局 우체국. 郵便私書箱 우편 사서함. 郵便書簡 봉함엽서. 郵便貯金 우편 저금. 郵便貯蓄 우편예금. 郵便番号 우편 번호. 郵便物 우편물.

ユーフォー【UFO】 유에프오.

ゆうふく【裕福】〖하〗유복(裕福)하다. ‖裕福な家庭 유복한 가정.

ゆうべ【夕べ】 ❶밤. ‖クラシック音楽の夕べ 클래식 음악의 밤. ❷〖昨夜〗어제저녁; 어젯밤. ‖夕べは寒かった 어젯밤은 추웠다.

ゆうへい【幽閉】〖名・하〗유폐(幽閉).

ゆうべん【雄弁】〖名・하〗웅변(雄辯). ◆雄弁家 웅변가. 雄弁術 웅변술.

ゆうぼう【有望】〖하〗유망(有望)하다. ‖将来有望な若者 장래가 유망한 젊은이.

ゆうぼく【遊牧】〖名・하〗유목(遊牧). ◆遊牧民 유목민.

ゆうみん【遊民】 유민(遊民).

ゆうめい【有名】〖하〗유명(有名)하다. ‖有名な人 유명한 사람. リンゴで有名な所 사과로 유명한 곳. 彼は作曲家としても有名だ 이 사람은 작곡가로서도 유명하다. 一躍有名になる 일약 유명해지다. ◆有名税 유명세.

ゆうめい【勇名】 용명(勇名). ‖勇名を馳せる 용명을 떨치다.

ゆうめい【幽明】 유명(幽明). ‖幽明界を異にする 유명을 달리하다.

ゆうめいむじつ【有名無実】 유명무실(有名無實)하다.

ゆうめし【夕飯】 저녁밥.

ユーモア【humor】 유머. ‖ユーモア感覚 유머 감각(感覺).

ユーモラス【humorous】 유머러스하다.

ゆうもん【幽門】〖解剖〗유문(幽門).

ゆうやく【釉薬】 유약(釉薬).

ゆうやけ【夕焼け】 저녁노을.

ゆうやみ【夕闇】 땅거미. ‖夕闇が迫る 땅거미가 지다.

ゆうゆう【悠悠】 유유(悠悠). ‖悠々と歩く 유유히 걷어가다.

ゆうゆうじてき【悠悠自適】 (ス自) 유유자적(悠悠自適).

ゆうよ【猶予】 (ス自) 유예(猶豫). ‖執行猶予 집행 유예.

-ゆうよ【有余】 남짓. ‖3年有余 삼 년 남짓.

ゆうよう【有用】グ 유용(有用)하다. ‖有用な品物 유용한 물건. 社会に有用な人材 사회에 유용한 인재.

ユーラシアたいりく【Eurasia 大陸】 유라시아 대륙(大陸).

ゆうらん【遊覧】 (ス他) 유람(遊覧). ◆遊覧船 유람선.

ゆうり【有利】グ 유리(有利)하다. ‖有利な条件 유리한 조건. 有利な位置を占める 유리한 위치를 차지하다.

ゆうり【遊離】 (ス自) 유리(遊離).

ゆうりすう【有理数】 유리수(有理数).

ゆうりょ【憂慮】 (ス他) 우려(憂慮). ‖憂慮すべき事態 우려할 만한 사태.

ゆうりょう【有料】 유료(有料). ◆有料道路 유료 도로.

ゆうりょう【優良】グ 우량(優良)하다. ◆優良株 우량주. 優良品 우량품.

*****ゆうりょく【有力】**グ 유력(有力)하다. ‖有力な候補 유력한 후보. 失敗するとの意見が有力となる 실패할 것이라는 의견이 유력해지다.

ゆうれい【幽霊】 유령(幽霊).

ゆうれつ【優劣】 우열(優劣). ‖優劣をつける 우열을 가리다.

ユーロ【Euro】 유로. ◆ユーロ円 유로엔. ユーロダラー 유로 달러.

ゆうわ【有和】 (ス自) 유화(有和). ◆有和政策 유화 정책.

ゆうわ【融和】 (ス自) 융화(融和).

ゆうわく【誘惑】 (ス他) 유혹(誘惑). ‖言葉巧みに誘惑する 감언이설로 유혹하다. 誘惑に打ち勝つ 유혹에 이기다.

ゆえ【故】 ❶ 사정(事情); 이유(理由). ‖故あって 사정이; 까닭이. 故のない非難を受ける 이유도 모르는 비난을 당하다. ❷ …때문에; …서. ‖貧しきがゆえに犯した犯罪 가난해서 저지른 범죄.

ゆえき【輸液】 수액(輸液).

ゆえに【故に】 그러므로; 따라서; (그런) 고로. ‖我思う、ゆえに、我ありわれは 생각하므로, 고로 존재한다.

ゆえん【油煙】 유연(油煙).

ゆえん【所以】 까닭(所以); 이유(理由).

ゆか【床】 마루; 마룻바닥. ◆床板 마루청. 마룻장. 床運動 마루 운동. 床暖房 온돌. 床面積 바닥 면적.

*****ゆかい【愉快】**グ 유쾌(愉快)하다. ‖愉快な会だった 유쾌한 모임이었다. 愉快に1日を過ごす 유쾌하게 하루를 보내다.

ゆかうえ【床上】 마루 위.

ゆかく【湯掻く】 〔野菜などを〕데치다.

ゆかげん【湯加減】 적당(適當)한 목욕(沐浴)물의 온도(温度).

ゆかしい【床しい】 마음이 끌리다; 호감(好感)이 가다. ‖床しい人柄 호감이 가는 인품.

ゆかした【床下】 마루 밑.

ゆかた【浴衣】 유카타.

ゆがみ【歪み】 心の歪みを正す 비뚤어진 마음을 바로잡다.

ゆがむ【歪む】 일그러지다; 비뚤어지다. ‖ものが歪んで見える 사물이 일그러져 보이다. 性格が歪む 성격이 비뚤어지다.

ゆがめる【歪める】 〔顔を〕찡그리다; 일그러뜨리다; 왜곡(歪曲)하다. ‖苦痛に顔を歪める 고통으로 얼굴을 찡그리다. 事実を歪めて報道する 사실을 왜곡해서 보도하다.

ゆかり【緣】 관련(關聯)이 있음. ‖緣(ゆ)も緣(ゆ)もない사람 아무런 관련도 없는 사람.

ゆき【行】 …행(行). ‖ソウル行きの飛行機 서울행 비행기.

*****ゆき【雪】** 눈. ‖雪が降る 눈이 오다[내리다]. 雪が積もる 눈이 쌓이다. 雪が解ける 눈이 녹다. 初雪 첫눈. ぼたん雪 함박눈. ◆雪を戴く山 정상에 눈이 쌓여있다.

ゆきあう【行き合う】 우연(偶然)히 만나다.

ゆきあかり【雪明かり】 (説明) 쌓인 눈으로 약간(若干) 밝음.

ゆきあたりばったり【行き当たりばったり】 (計画もなく)되는 대로 함.

ゆきあたる【行き当たる】 막다르다.

ゆきあらし【雪あらし】 눈보라.

ゆきおれ【雪折れ】 雪折れした 쌓인 눈으로 나뭇가지가 부러지다.

ゆきおろし【雪下ろし】 雪下ろしする 지붕에 쌓인 눈을 쓸어내리다.

ゆきかう【行き交う】 왕래(往來)하다; 오가다.

ゆきかえり【行き返り】 왕복(往復).

ゆきがかり【行き掛かり】 내친걸음. ‖行き掛かりに郵便局に寄る 내친걸음에 우체국에 들르다.

ゆきかき【雪掻き】〔行為〕제설(除雪); 제설 도구(道具).

ゆきがけ【行き掛け】 가는 길에; 가는 도중(途中)에. ‖行きがけに投函する 가는 길에 편지를 넣다.

ゆきがっせん【雪合戦】 눈싸움.

ゆきき【行き来】 (ス自) 왕래(往來).

ゆきぐに【雪国】 (説明) 눈이 많이 내리는 지방(地方).

ゆきぐも【雪雲】 눈구름.

ゆきくれる [行き暮れる] 가는 도중(途中)에 해가 저물다.
ゆきげしき [雪景色] 설경(雪景).
ゆきげしょう [雪化粧] 하얗게 눈이 내려 아름답게 보임. ‖雪化粧한 富士山 하얗게 눈이 내려 아름다운 후지산.
ゆきけむり [雪煙] (説明) 눈이 연기(煙氣)처럼 흩날리는 것.
ゆきさき [行き先] ① [行った先]간 곳. ‖彼の行き先は不明だ 그 사람이 간 곳은 불분명하다. ❷ 행선지(行先地); 목적지(目的地).
ゆきしな [行きしな] 가는 도중(途中).
ゆきすぎる [行き過ぎる] ❶ [通り過ぎる]原과(通過)하다. ‖家の前を行き過ぎる 집 앞을 지나치다. ❷ [度を越す]도(度)를 넘다; 지나치다.
ゆきずり [行き摺り] ❶ 스쳐 지나감. ❷ 일시적(一時的)임. ‖行きずりの恋 일시적인 사랑.
ゆきぞら [雪空] 눈이 올 것 같은 하늘.
ゆきだおれ [行き倒れ] (説明) 허기(虛飢)나 추위 등으로 길에 쓰러짐 또는 쓰러져 죽음.
ゆきたけ [裄丈] 등솔기에서 소매 끝까지의 길이.
ゆきだるま [雪達磨] 눈사람. ◆雪達磨式 눈덩이처럼 불어남. 雪だるま式に負債が増える 눈덩이처럼 빚이 불어나다.
ゆきちがい [行き違い] 엇갈림.
ゆきつく [行き着く] 도착(到着)하다.
ゆきつけ [行き付け] 단골.
ゆきづまる [行き詰まる] 막다르다.
ゆきどけ [雪解け] ❶ 눈 녹음. ❷ 대립(對立)이나 긴장(緊張)이 완화(緩和)됨.
ゆきとどく [行き届く] 구석구석까지 미치다. ‖注意が行き届く 주의가 구석구석 미치다.
ゆきどまり [行き止まり] 막다른 곳.
ゆきなやむ [行き悩む] 앞으로 나아가는데 고생(苦生)하다; 진전(進展)이 없다.
ゆきば [行き場] 갈 곳.
ゆきはだ [雪肌] 쌓인 눈의 표면(表面).
ゆきばれ [雪晴] (説明) 눈이 그치고 맑게 갬.
ゆきひら [行平(鍋)] 오지 냄비.
ゆきま [雪間] 눈이 잠시(暫時) 그친 사이.
ゆきまつり [雪祭] 눈 축제(祝祭).
ゆきまよう [行き迷う] 길을 잃다.
ゆきみ [雪見] 눈 구경.
ゆきみち [雪道] 눈길. ‖雪道を歩く 눈길을 걷다.
ゆきめ [雪目] [医学]설맹(雪盲)

ゆきもよう [雪模様] (説明) 금방(今方)이라도 눈이 올 것 같은 날씨.
ゆきやけ [雪焼け] ❶ (紫外線で)눈 탐. ❷ [凍傷]동상(凍傷).
ゆきやま [雪山] 설산(雪山).
ゆきよけ [雪除け] ❶ 제설(除雪). ❷ 방설설비(防雪設備).
ゆきわたる [行き渡る] 전체(全體)에 미치다.
ユキワリソウ [雪割草] 노루귀.
ゆく [行く] =いく(行く)
ゆく [逝く] 죽다.
ゆくえ [行方] ❶ 갈 곳; 장래(將來). ❷ 행방(行方). ◆行方不明 행방불명.
ゆくさき [行く先] 행선지(行先地); 목적지(目的地).
ゆくすえ [行く末] 장래(將來). ‖この子の行く末が思いやられる 이 아이의 장래가 걱정된다.
ゆくて [行く手] 앞길; 전도(前途).
ゆくとし [行く年] 가는 해.
ゆくゆく [行く行く] 결국(結局); 장래(將來). ‖ゆくゆくは社長になる 결국에는 사장이 된다.
ゆげ [湯気] 김. ‖湯気が立つ 김이 나다.
ゆけつ [輸血] (名他) 수혈(輸血). ‖輸血を受ける 수혈을 받다.
ゆけむり [湯煙] 피어오르는 김.
ゆごう [癒合] (名自) 유합(癒合).
ゆさい [油彩] 유채(油彩). ◆油彩画 유채화.
ゆさい [油菜] 유채(油菜).
ゆさぶる [揺さぶる] ❶ (물건을)흔들다. ❷ (心を)동요(動搖)시키다.
ゆざまし [湯冷まし] (説明) 끓인 물을 식힌 것.
ゆざめ [湯冷め] 목욕(沐浴) 후의 한기(寒氣).
ゆさゆさ 흔들흔들. ‖木をゆさゆさ(と)揺らして栗を落とす 나무를 흔들어서 밤이 떨어지게 하다.
ゆし [油脂] 유지(油脂).
ゆし [油紙] 유지(油紙); 기름종이.
ゆし [諭旨] 윗사람이 아랫사람에게 취지(趣旨)나 이유(理由)를 깨우쳐 줌. ◆諭旨免職 잘못 된 이유로 관리를 면직시킴.
*ゆしゅつ [輸出] (名他) 수출(輸出). ‖自動車を輸出する 자동차를 수출하다. ◆主要輸出品 주요 수출품. 輸出超過 수출 초과.
ゆしゅつにゅう [輸出入] 수출입(輸出入).
ゆしょう [油床] 원유(原油)의 매장지(埋藏地).
ゆじょう [油状] 유상(油狀).
ユズ [柚] 유자(柚子)나무. ◆柚湯 (説明) 유자를 넣은 목욕물.

ゆすぐ【濯ぐ】 헹구다. ‖洗濯物をゆすぐ 빨래를 헹구다.

ユスラウメ【梅桃】 앵두나무.

ゆすり【強請】 협박(脅迫)해서 금품(金品)을 갈취(喝取)함 또는 그런 사람.

ゆずり【譲り】 양보(譲歩).

ゆずりあう【譲り合う】 서로 양보(譲歩)하다.

ゆずりうける【譲り受ける】 양도(譲渡)받다; 물려받다.

ゆずりわたす【譲り渡す】 양도(譲渡)하다; 물려주다.

ゆする【強請】 협박(脅迫)해서 금품(金品)을 빼앗다.

__ゆずる__【譲る】 ❶ 물려주다; 양도(譲渡)하다. ‖店を息子に譲る 가게를 아들에게 물려주다. ❷ 양보(譲歩)하다. ‖順番を譲る 순서를 양보하다. ❸ 미루다; 연기(延期)하다. ‖他日に譲る 다른 날로 미루다.

ゆせい【油井】 유정(油井).

ゆせい【油性】 유성(油性). ‖油性塗料 유성 도료.

ゆせいかん【輸精管】【解剖】 정관(精管).

ゆそう【油層】 유층(油層).

ゆそう【油槽】 유조(油槽). ◆油槽船 유조선.

ゆそう【輸送】 [한자] 수송(輸送).

ゆそうかん【油送管】 송유관(送油管).

ゆそうせん【油送船】 송유선(送油船).

__ゆたか__【豊か】 ❶ 풍부(豊富)하다. ‖豊かな資源 풍부한 자원. ❷ 여유(餘裕)롭다. ‖豊かな生活 여유로운 생활.

ゆだねる【委ねる】 맡기다. ‖部下に後事を委ねる 부하에게 뒷일을 맡기다.

ユダヤきょう【~Judea 教】 유대교.

ゆだる【茹る】 삶아지다.

__ゆだん__【油断】 [한자] 방심(放心). ‖油断大敵 방심은 금물. 油断のならない相手 방심할 수 없는 상대. ‖油断も隙(すき)もない 조금도 방심할 수 없다.

ゆたんぽ【湯湯婆】 탕파(湯婆).

ゆちゃく【癒着】 [한자] 유착(癒着).

ゆっくり ❶ 천천히. ‖ゆっくり(と)立ち上がる 천천히 일어서다. ❷ 편안(便安)하게; 편히; 여유(餘裕)롭게. ‖ゆっくり休む 편히 쉬다.

ユッケ【料理】 육회(肉膾).

ゆったり ❶ 여유(餘裕)롭게; 느긋하게; 편(便)히. ‖ゆったりくつろぐ 느긋하게 쉬다. ❷ 넉넉함. ‖ゆったりした服 넉넉한 옷.

ゆであずき【茹で小豆】 삶은 팥.

ゆでこぼす【茹で溢す】 삶은 다음에 그 물을 버리다.

ゆでだこ【茹で蛸】 ❶ 데친 문어(文魚). ❷ [비유적으로] 목욕(沐浴)이나 음주(飲酒)로 빨개진 사람.

ゆでたまご【茹で卵】 삶은 계란(鷄卵).

ゆでる【茹でる】 삶다. ‖卵をゆでる 계란을 삶다.

ゆでん【油田】 유전(油田).

ゆどうふ【湯豆腐】 두부(豆腐)를 다시마의 국물에 익힌 것.

ゆどおし【湯通し】 ❶【織物】천의 수축 방지(収縮防止)나 풀기를 빼기 위해 더운물에 담그는 것. ❷【料理】에서 재료(材料)를 뜨거운 물에 살짝 데치는 것.

ゆとり 여유(餘裕). ‖ゆとりのある生活 여유 있는 생활.

ユニオン【union】 유니언.

ユニコーン【unicorn】【動物】 유니콘.

ユニセックス【unisex】 유니섹스.

ユニセフ【UNICEF】 유니세프.

ユニット【unit】 유닛. ◆ユニットシステム 유닛 시스템.

ユニバーサル【universal】 유니버설. ‖ユニバーサルデザイン 유니버설 디자인.

ユニバーシアード【Universiade】 유니버시아드.

ユニフォーム【uniform】 유니폼.

__ゆにゅう__【輸入】 [한자] 수입(輸入). ‖農産物を輸入する 농산물을 수입하다. 輸入自由化 수입 자유화.

ゆにゅうちょうか【輸入超過】 수입 초과(輸入超過).

ゆにゅうひん【輸入品】 수입품(輸入品).

ゆにょうかん【輸尿管】 요관(尿管).

ユネスコ【UNESCO】 유네스코.

ゆのみ【湯飲み】 찻잔.

ゆば【湯葉】 [설명] 두유(豆乳)를 끓여 표면(表面)에 생긴 얇은 막(膜)을 건조(乾燥)시킨 식품(食品).

ゆび【指】 〔手に가락; 〔足に가락. ‖指で弾く 손가락으로 튕기다. 指をしゃぶる 손가락을 빨다. ▶指一本も差さ せない 비난이나 간섭을 못하게 하다. ‖指をくわえる 부럽다고 생각하면서 그냥 바라보고 있다. 방관하다. ▶指を差すする 손가락질하다.

ゆびいん【指印】 손도장(圖章).

ゆびおり【指折り】 ❶ 뛰어남; 뛰어난 사람; 굴지(屈指). ‖日本で指折りの外科医 일본에서 손꼽는 외과 의사.

ゆびきり【指切り】 새끼손가락 약속(約束)을 걸다.

ゆびさき【指先】 손끝; 손가락 끝.

ゆびさす【指差す】 가리키다; 손가락질하다.

ゆびずもう【指相撲】 손가락 씨름.

ゆびにんぎょう【指人形】 손가락 인형(人形).

ゆびぬき【指貫】 골무.

__ゆびわ__【指輪】 반지(半指). ‖指輪をはめる 반지를 끼다. 指輪を外す 반지를 빼

ゆぶね

ゆぶね[湯船] 욕조(浴槽).
ゆぶん[油分] 기름 성분(成分).
ゆべし[柚餅子] (菓子) 유자(柚子)를 넣은 찹쌀 과자(菓子).
ゆまく[油膜] 유막(油膜).
ゆみ[弓] ❶ 활. 궁도(弓道). ❷ (樂器의) 활. ‖バイオリンの弓 바이올린의 활. ▶弓を引く 배반하다.
ゆみがた[弓形] 활 모양(模樣).
ゆみず[湯水] 더운물과 물. ▶湯水のように使う 물처럼 쓰다.
ゆみなり[弓形] 활 모양(模樣).
ゆみはりづき[弓張り月] 상현(上弦)달; 하현(下弦)달.
ゆみひく[弓引く] ❶ 활을 쏘다. ❷ 반항(反抗)하다.
ゆみや[弓矢] 활과 화살; 무기(武器).
ゆむき[湯剝き] 뜨거운 물에 데쳐 껍질을 벗김.
ゆめ[努] 조금도; 절대(絶對)로. ‖ゆめ疑うな 조금도 의심하지 말아라. ゆめ忘れるな 절대로 잊지 말아라.
ゆめ[夢] ❶ 꿈. ‖夢を見る 꿈을 꾸다. 夢から覚める 꿈에서 깨어나다. ❷ 희망(希望); 이상(理想). ‖少年らしい夢をいだいている 소년다운 이상을 갖고 있다. ❸ 꿈같은 이야기. ‖夢のような話 꿈만 같은 이야기.
ゆめうつつ[夢現] ❶ 꿈과 현실(現實). ❷ 비몽사몽(非夢似夢).
ゆめうらない[夢占い] 해몽(解夢).
ゆめごこち[夢心地] 꿈을 꾸는 듯한 기분(氣分).
ゆめじ[夢路] 꿈을 꿈; 꿈길. ▶夢路をたどる 꿈을 꾸다. 푹 자다.
ゆめにも[夢にも] (打ち消しの表現を伴って) 꿈에도; 조금도. ‖こうなるとは夢にも思わなかった 이렇게 되리라고는 꿈에도 생각하지 않았다.
ゆめまくら[夢枕] ▶夢枕に立つ 꿈에 나타나다.
ゆめまぼろし[夢幻] 몽환(夢幻).
ゆめみ[夢見] ▶夢見が悪い 꿈자리가 안 좋다.
ゆめみる[夢見る] 꿈꾸다; 상상(想像)하다; 공상(空想)하다. ‖政治家を夢見る 정치가를 꿈꾸다.
ゆめものがたり[夢物語] 꿈같은 이야기.
ゆめもと[湯元] 은천(溫泉)이 나오는 곳.
ゆゆしい[由由しい] 중요(重要)하다; 심상(尋常)치 않다. ‖由々しい問題 심상치 않은 문제.
ゆらい[由来] 유래(由來). ‖社名の由来 사명의 유래.
ゆらぐ[揺らぐ] ❶ 흔들리다. ❷ (安泰でなくなる)위험(危險)해지다.
ゆらす[揺らす] 흔들다. ‖ブランコを大き

く揺らす 그네를 심하게 흔들다.
ゆらめく[揺らめく] 흔들리다; 흔들거리다.
ゆらゆら 흔들흔들. ‖風でブランコがゆらゆら(と)揺れる 바람에 그네가 흔들흔들거리다.
ゆらんかん[輸卵管] 난관(卵管).
ユリ[百合] 백합(百合).
ゆりいす[揺り椅子] 흔들의자(椅子).
ゆりうごかす[揺り動かす] 흔들다; 흔들어 움직이게 하다; 떠들썩하게 하다. ‖木の枝を揺り動かす 나뭇가지를 흔들다. 社会を揺り動かす 사회를 떠들썩하게 하다.
ゆりおこす[揺り起こす] 흔들어 깨우다.
ゆりかえし[揺り返し] ❶ 반동(反動). ❷ 여진(餘震).
ゆりかご[揺り籠] 요람(搖籃). ▶揺り籠から墓場まで 요람에서 무덤까지.
ユリカモメ[百合鷗] 붉은부리갈매기.
ゆるい[緩い] ❶ 느슨하다; 헐겁다. ‖緩い結び目 느슨한 매듭. ❷ 완만(緩慢)하다. ‖緩いカーブ 완만한 커브. ❸ 허술하다. ‖警戒が緩い 경계가 허술하다. ❹ (水分が多い)묽다; 물기가 많다. ‖絵の具を緩く溶かす 물감을 묽게 풀다.
ゆるがす[揺るがす] 흔들다; 동요(動搖)시키다.
ゆるがせ[忽せ] 소홀(疎忽)함; 등한(等閑)함. ‖ゆるがせにする 소홀히 하다.
ゆるぐ[揺るぐ] 동요(動搖); 불안정(不安定)하다; 흔들림. ‖揺るぎない 흔들리지 않다.
ゆるぐ[揺るぐ] 흔들리다; 동요(動搖)하다.
ゆるし[許し] ❶ 허가(許可); 인가(認可). ❷ 용서(容恕). ‖許しを請う 용서를 빌다.
ゆるす[許す] ❶ 허가(許可)하다. ❷ 허용(許容)하다; 허락(許諾)하다. ‖法の許す範囲 법이 허용하는 범위. ❸ 인정(認定)하다. ‖彼が許す画家 그 자신이 인정하는 화가. ❹ (緊張を)풀다. ‖気を許す 경계를 풀다. 방심하다.
ゆるむ[緩む] 느슨해지다.
ゆるめる[緩める] 풀다; 완화(緩和)하다; 느슨하게 하다.
ゆるやか[緩やか] ❶ 완만(緩慢)하다. ‖緩やかな坂 완만한 언덕. ❷ 엄하지 않다; 완화(緩和)되다. ‖規制が緩やかになる 규제가 완화되다.
ゆるゆる ❶ 천천히. ‖ゆるゆると時が過ぎる 시간이 천천히 흐르다. ❷ 느긋이; 여유(餘裕)롭게; 헐렁하게. ‖ゆるゆるのズボン 헐렁한 바지.
ゆれうごく[揺れ動く] 흔들며 움직이다; 끊임없이 변화(變化)하다. ‖揺れ

動く世界情勢 끊임없이 변화하는 세계 정세.
ゆれる【揺れる】 흔들리다;∥判断の基準が揺れる 판단 기준이 흔들리다.
ゆわえる【結わえる】 묶다; 매다.
ゆわかし【湯沸かし】 주전자(酒煎子).
ゆわく【結わく】 묶다; 매다.

よ

*よ【世】❶세상(世上); 세간(世間).∥世のため人のために働き 세상을 위해 사람들을 위해 일해라. ❷시대(時代). ❸(人の一生(一生)) 일대(一代).∥我が世の春 내 세상. ∥世が世ならば 아주 순조롭게 진행되었더면. ▶世も末 말세. ▶世を去る 죽다. ▶世を忍ぶ 세상에 알려지지 않도록 하다. ▶世を捨てる 출가하다. ▶世を渡る 살아가다.
よ【四・4】 넷; 사(四). ひ, ふ, み, よ하나, 둘, 셋, 넷.
よ【余】 나머지; 이상(以上).∥百人余の参加者 백 명 이상의 참가자.
*よ【夜】 밤. ∥夜を明かす 밤을 새우다. 夜が更ける 밤이 깊어가다. ▶夜の目も寝ずに 밤새 안 자고. ▶夜も日も明けない 그것 없이는 한시도 지낼 수 없다. ▶夜を徹する 철야하다. 밤샘하다. ▶夜を日に継ぐ 밤낮없이 계속하다.
よあかし【夜明かし】 (도한) 철야(徹夜); 밤샘.
よあけ【夜明け】 새벽.
よあそび【夜遊び】∥夜遊びする 밤에 놀러 다니다.
よい【宵】 ❶[宵の内] 저녁. ❷[夜] 밤. ∥春の宵 봄밤.
*よい【良い・好い・善い】 ❶좋다; 괜찮다.∥よい酒 좋은 술. 景色がよい 경치가 좋다. けがにはこの薬がよい 상처에는 이 약이 좋다. あの人はよい人だ 저 사람은 좋은 사람이다. 姿勢がよい 자세가 좋다. 今日のよき日 오늘 같이 좋은 날. よい気持だ 기분이 좋다. 飲み過ぎよくない過ぎ는 안 좋다. 天気がよくなった 날씨가 좋아졌다. 昨日見た映画はよかった 어제 본 영화는 괜찮았다. ❷[優秀だ] 뛰어나다; 우수(優秀)하다. ∥腕がよい 솜씨가 뛰어나다. ❸[構わない] 괜찮다. ∥帰ってきた 돌아가도 괜찮네. もしよかったら電話番号を教えてください 괜찮다면 전화번호를 가르쳐 주세요. ❹[うれしい] 다행(多幸)이다. ∥ここで君に会ってよかった 여기서 너를 만나서 다행이다. 無事でよかった 무사해서 다행이다. ❺ 《…いの形で》…기 쉽다; …기 좋다; …기 편하다. ∥住みよい 살기 좋다. 書きよい万年筆 쓰기 편한 만년필.

よい【酔い】 취기(酔氣). ∥酔いが回る 취기가 돌다. 酔い心地 거나한 기분. 酔いが覚める 술이 깨다.
よごし【宵越し】 하룻밤을 넘김.
よいざまし【酔い覚まし】 술이 깨도록 함 또는 그 방법(方法). ∥酔い覚ましに散歩する 술이 깨도록 산보하다.
よいざめ【酔い覚め】 술이 깸.
よいしょ ❶[かけ声]영차. ❷[おべっか] 아부(阿附). ∥上役によいしょする 윗사람에게 아부하다.
よいしれる【酔い痴れる】 도취(陶醉)되다.
よいっぱり【宵っ張り】 밤을 샘; 밤늦도록 자지 않음.
よいつぶれる【酔い潰れる】 고주망태가 되다.
よいとまけ【建築現場などで】터를 다지는 일 [사람].
よいどれ【酔いどれ】 주정(酒酊)뱅이.
よいのくち【宵の口】 초(初)저녁.
よいのみょうじょう【宵の明星】 초(初)저녁에 빛나는 금성(金星).
ヨイマチグサ【宵待ち草】 달맞이꽃.
よいまつり【宵祭り】 축제 전야제(祝祭前夜祭).
よいやみ【宵闇】 ❶일몰 후(日没後) 달이 나오기 전(前)까지의 어둠. ❷[夕闇]초(初)저녁 또는 그 어스름.
よいよい ∥よいよいになる 몸이 말을 듣지 않다.
よいん【余韻】 여운(餘韻). ∥余韻が残る 여운이 남다.
よう【呼びかけ・挨拶】어.
*よう【用】❶용무(用務); 일; 볼일. ∥用が済む 볼일이 끝나다. 今日は銀座に用がある 오늘은 긴자에 볼일이 있다. 銀行にちょっと用があるんだ 은행에 좀 볼일이 있어. ❷[用途(用途)] 쓸모. ∥これでも用が足りる 이래 봬도 쓸모가 있다. ❸용전(用便), …용(用). ∥子ども用 어린이용. ▶用を足す 1)[用事]일을 끝내다. 2)[排泄]용변을 보다. ▶用をなさない 쓸모가 안 되다. 쓸모없다.
よう【洋】❶동양(東洋)과 서양(西洋); ∥洋の東西を問わず 동서양을 불문하고. ❷서양.
よう【要】❶[かなめ]중요(重要)한 점(點). ❷[必要] 필요.
よう【陽】 양(陽). ∥陰に陽に 음으로 양으로.
よう【様】❶[ありさま]모양(模様); 형태(形態). ❷[방법(方法). ∥やりようがない 어떻게 할 방법이 없다. ❸양식(樣式). ∥唐(ⓢ)様 당나라 양식.
*よう【酔う】❶취(酔)하다. ∥私は酒を飲むとすぐに酔う 나는 술을 마시면 금방 취한다. 酔うと泣きあげる癖がある 취하면 우는 버릇이 있다. ❷[乗り物に]멀

よい …미하다. ⦅船に酔う⦆뱃멀미하다. ❸ 도취(陶醉)되다.

***よう＊い【用意】**（名ㆍ하）용의(用意); 준비(準備). ‖食事を用意する 식사를 준비하다. 旅行の用意 여행 준비. 用意ドン 준비, 땅. 用意周到 용의주도. 用意万端 준비, 땅.

よう＊い【容易】ダ 쉽다; 용이(容易)하다; 간단(簡單)하다. 容易ではない 쉽지는 않다. いとも容易だ 너무도 간단하다.

よう＊いく【養育】（名ㆍ하）양육(養育). ♦養育費 양육비.

よういん【要因】요인(要因). ‖成功の要因 성공 요인.

よういん【要員】요원(要員).

ようえき【用益】용익(用益). ♦用益物権 용익 물권.

ようえき【腋液】액액(腋液). 잎게드랑이.

ようえき【溶液】용액(溶液).

よう＊えん【妖艶】ダ 요염(妖艶)하다.

よう＊えん【遥遠】ダ 요원(遥遠)하다.

ようおん【拗音】（説明）（きゃㆍちょㆍしょ 따위 ゃㆍゅㆍょ의 かな를 작게 써서 나타내는 음(音).

ようか【八日ㆍ8日】❶ 초(初)여드렛날. ❷ 팔 일간(八日間).

ようか【養家】양가(養家).

ようが【洋画】양화(洋畫).

ようが【陽画】양화(陽畫).

ようかい【妖怪】요괴(妖怪).

ようかい【溶解】용해(溶解).

ようがく【洋楽】양악(洋樂); 서양 음악(西洋音樂).

ようがさ【洋傘】양산(洋傘); 파라솔.

ようがし【洋菓子】양과자(洋菓子).

ようかん【羊羹】양갱(羊羹); 단팥묵.

ようがん【熔岩】용암(熔岩).

ようがんドーム【熔岩 dome】（説明）점성(粘性)이 높은 용암(熔岩)으로 생긴 언덕.

ようがんりゅう【熔岩流】용암류(熔岩流).

ようき【妖気】요기(妖氣).

ようき【容器】용기(容器).

ようき【陽気】❶ 양기(陽氣). ❷ 날씨; 기후(氣候), ‖よい陽気になる 날씨가 좋아지다. ❸ 명랑(明朗)함; 밝고 쾌활(快活)함. ‖陽気な人 밝고 쾌활한 사람. 陽気に騒ぐ 쾌활하게 떠들어 대다.

ようぎ【容疑】용의(容疑); 혐의(嫌疑). ‖容疑が晴れる 혐의가 풀리다.

ようぎしゃ【容疑者】용의자(容疑者).

ようきゅう【洋弓】양궁(洋弓).

*ようきゅう【要求】**（名ㆍ하）요구(要求). ‖金を要求する 돈을 요구하다. 賃上げを要求する 임금 인상을 요구하다. 相手の要求をのむ 상대방의 요구를 받아들이다. 時代の要求 시대의 요구.

ようぎょ【幼魚】유어(幼魚).

ようぎょ【養魚】양어(養魚).

ようぎょう【窯業】요업(窯業).

ようきょく【陽極】양극(陽極).

ようきょく【謡曲】（能楽의）가사(歌詞).

ようぎょじょう【養魚場】양어장(養魚場).

ようぎん【洋銀】양은(洋銀).

ようぐ【用具】용구(用具); 도구(道具). ‖筆記用具 필기도구.

ようけい【養鶏】양계(養鶏). ♦養鶏場 양계장.

ようけん【用件】용건(用件); 볼일. ‖用件を話す 용건을 말하다. 用件を済ます 볼일을 끝내다.

ようけん【洋犬】서양(西洋) 개.

ようけん【要件】❶ 중요(重要)한 일. ❷ 필요(必要)한 조건(條件).

ようげん【言言】언언(言言); 용언(用言).

ようご【用語】용어(用語). ‖哲学用語 철학 용어.

よう＊ご【養護】（名ㆍ하）양호(養護).

よう＊ご【擁護】（名ㆍ하）옹호(擁護).

ようこう【洋行】（名ㆍ하）양행(洋行).

ようこう【要項】요항(要項); 요강(要綱). ‖募集要項 모집 요강.

ようこう【要綱】요강(要綱); 정책 요강. 政策 요강.

ようこう【陽光】햇볕; 일광(日光).

ようこうろ【熔鉱炉】용광로(熔鉱炉).

ようごがっこう【養護学校】양호 학교(養護學校).

よう＊こく【用刻】（名ㆍ하）양각(陽刻).

ようごしせつ【養護施設】아동 복지 시설(兒童福祉施設).

ようこそ 잘 오셨습니다.

ようさい【洋裁】양재(洋裁).

ようさい【要塞】요새(要塞).

ようざい【用材】용재(用材); 재료(材料). ‖学習用材 학습 재료.

ようざい【溶剤】용제(溶劑).

ようさいるい【葉菜類】엽채류(葉菜類).

ようさん【葉酸】엽산(葉酸).

ようさん【養蚕】양잠(養蠶).

ようし【用紙】용지(用紙). ‖答案用紙 답안지. 原稿用紙 원고지.

ようし【要旨】요지(要旨).

ようし【容姿】용자(容姿).

ようし【陽子】양자(陽子).

ようし【養子】양자(養子). ♦養子縁組 양자 결연.

ようじ【用字】❶ 사용(使用)하는 문자(文字). ❷ 문자의 사용법(使用法).

ようじ【用事】용무(用務); 일; 볼일. ‖ちょっと用事がある 조금 볼일이 있다. 用事を済ます 볼일을 끝내다.

ようじ【幼児】유아(幼兒). ‖幼兒教育 유아 교육.

ようじ【幼時】어린 시절(時節); 어릴

ようじ 때. ∥幼時から 어릴 때부터.
ようじ【要時】 중요(重要)한 일.
ようじ【楊枝】 이쑤시개.
ようしき【洋式】 양식; 서양식(西洋式).
ようしき【様式】 양식(様式). ∥書類の様式が変わる 서류의 양식이 바뀌다. 生活様式 생활양식. 建築様式 건축 양식. ロココ様式 로코코 양식.
ようしつ【洋室】 양실(洋室).
ようしつ【溶質】 용질(溶質).
ようしゃ【容赦】 ❶[許すこと]용서(容恕). ❷[手加減]사정(事情)을 봐줌. ∥情け容赦なく 사정사정없이.
ようじゃく【幼弱】ダ 유약(幼弱)하다.
ようしゅ【洋酒】 양주(洋酒).
ようしゅつ【溶出】 용출(溶出).
ようじゅつ【妖術】 요술(妖術).
ようしょ【洋書】 양서(洋書).
ようしょ【要所】 요소(要所). ∥要所を占める要所를 차지하다.
ようじょ【養女】 양녀(養女).
ようしょう【幼少】∥幼少の頃 어릴 때.
ようしょう【要衝】 요충(要衝). ∥要衝の地 요충지.
ようじょう【養生】ⓢ하 양생(養生).
ようしょく【洋食】 양식(洋食).
ようしょく【要職】 요직(要職).
ようしょく【養殖】 ⓢ하 양식(養殖).
◆養殖真珠 양식 진주.
ようしょっき【洋食器】 서양 식기(西洋食器).
ようしん【葉身】 잎몸.
ようしん【養親】 양부모(養父母).
*ようじん【用心】 ⓢ하 조심(操心); 주의(注意). ∥火事を起こさぬよう用心する 불을 내지 않도록 조심하다. 火の用心 불조심.
ようじん【要人】 요인(要人). ∥政府の要人 정부 요인.
ようじんぶかい【用心深い】 주의(注意) 깊다.
ようじんぼう【用心棒】 보디가드.
*ようす【様子】 ❶상태(状態); 상황(状況). ∥様子を見る 상황을 보다. ❷사정(事情). ∥様子ありげな 사정이 있는 듯한 얼굴. ❸[姿]모습. ∥みすぼらしい様子で帰ってきた 초라한 모습으로 돌아왔다. ❹김새; 징조(徴兆); 흔적(痕跡). ∥出かけた様子もない 외출한 흔적도 없다. ❺[そぶり]기색(氣色).
ようすい【用水】 용수(用水). ∥防火用水 방화 용수.
ようすい【羊水】 양수(羊水).
ようすい【揚水】 양수(揚水).
ようずみ【用済み】 ❶일이 끝남. ❷역할(役割)이 끝남.
ようする【要する】 필요(必要)로 하다; 필요하다. ∥注意を要する問題 주의가 필요한 문제.
ようする【擁する】 거느리다; 가지다.

∥社員千人を擁する会社 사원이 천 명이나 되는 회사.
ようするに【要するに】 결국(結局); 결국은. ∥要するに我々の力不足だった 결국 우리들의 역부족이었다.
ようせい【妖精】 요정(妖精).
ようせい【要請】ⓢ하 요청(要請). ∥援助を要請する 원조를 요청하다.
ようせい【陽性】 양성(陽性). ∥陽性反応 양성 반응.
ようせい【養成】ⓢ하 양성(養成). ∥人材を養成する 인재를 양성하다.
ようせき【容積】 용적(容積).
ようせきりつ【容積率】 용률(容積率).
ようせつ【夭折】ⓢ하 요절(夭折).
ようせつ【要説】 요설(要説).
ようせつ【溶接】ⓢ하 용접(鎔接). ∥溶接工 용접공.
ようそ【沃素】 요오드.
ようそ【要素】 요소(要素). ∥構成要素 구성 요소. 流動的な要素 유동적인 요소.
ようそう【洋装】 양장(洋装). ∥洋装本 양장 제본.
ようそう【様相】 양상(様相). ∥複雑な様相を呈する 복잡한 양상을 띠다.
-ようだ ❶…것 같다. ∥専門家が作ったようだ 전문가가 만든 것 같다. 要約すれば以上のようである 요약하면 이상과 같다. スキーのような冬のスポーツ 스키 같은 겨울 스포츠. ❷…ように の形で] …같이; …듯이; …처럼; …도록; …기를. ∥ご承知のように 알고 계시는 바와 같이. 飛ぶように売れた 날개 돋친 듯이 팔렸다. 地球が太陽の周りを回るように月は地球の周りを回る 지구가 태양의 주위를 돌듯이 달은 지구의 주위를 돈다. すぐ来てくれるように頼む 바로 와 도록 부탁하다. 遅れないように早めに家を出る 늦지 않도록 일찌감치 집을 나서다. ご無理なさらないように 무리하지 마시기를. またお会いできますように 다시 만나뵐 수 있기를.
ようたい【様態】 양태(様態).
ようだい【容体】 용태(容態). ∥容体が悪化した 용태가 악화되었다.
ようたし【用足し】 ❶[用事]일을 마침. ❷[トイレ]용변(用便).
ようだてる【用立てる】 빌려 주다. ∥資金を用立てる 자금을 빌려 주다.
ようだん【用談】 상담(相談).
ようだんす【用簞笥】 작은 장롱(欌籠).
ようち【用地】 용지(用地). ∥ビル建設用地 빌딩 건설 용지.
ようち【幼稚】ダ 유치(幼稚)하다. ∥幼稚な人 유치한 사람. 幼稚にふるまう 유치하게 굴다.
ようち【要地】 요지(要地).
ようち【夜討ち】 야습(夜襲). ∥夜討ちを

ようちえん

ようちえん【幼稚園】 유치원(幼稚園).
ようちゅう【幼虫】 유충(幼虫).
ようちゅうい【要注意】 요주의(要注意). ∥要注意の人物 요주의 인물.
ようつい【腰椎】 요추(腰椎).
ようつう【腰痛】 요통(腰痛).
ようてい【要諦】 요체(要諦).
ようてん【要点】 요점(要点). ∥要点を捉えている 요점을 파악하고 있다.
ようてん【陽転】 양전(陽轉).
ようでんき【陽電気】 양전기(陽電氣).
ようでんし【陽電子】 양전자(陽電子).
ようと【用途】 용도(用途). ∥用途を明確にする 오금 용도를 명확히 하다.
ようど【用土】 원예용(園藝用) 흙.
ようど【用度】 ❶비용(費用). ❷물품(物品)의 공급(供給).
ようとうくにく【羊頭狗肉】 양두구육(羊頭狗肉).
ようどうさくせん【陽動作戦】 양동 작전(陽動作戰).
ようとして【杳として】 묘연(杳然)히.
ようとん【養豚】 양돈(養豚).
ようない【用無し】 ❶용무(用務) 없음; 볼일이 없음. ∥君はもう用無しだ 너는 이제 필요 없다. ❷[暇なこと]한가(閑暇)함.
ヨウナシ【洋梨】 서양(西洋) 배.
ようにく【羊肉】 양(羊)고기.
ようにん【容認】 용인(容認).
ようねん【幼年】 유년(幼年).
ようは【要は】 중요(重要)한 것은; 결국(結局)은.
ようばい【溶媒】 용매(溶媒).
ようび【曜日】 요일(曜日). ∥曜日別に 요일별로. 曜日によっては 요일에 따라서는.
ようひし【羊皮紙】 양피지(羊皮紙).
ようひん【用品】 용품(用品). ∥事務用品 사무 용품.
ようひん【洋品】 양품(洋品). ◆洋品店 양품점.
ようふ【妖婦】 요부(妖婦).
ようふ【養父】 양아버지; 양부(養父).
ようぶ【腰部】 허리 부분(部分).
ようふう【洋風】 서양풍(西洋風).
ようふく【洋服】 양복(洋服).
ようふぼ【養父母】 양부모(養父母).
ようぶん【養分】 양분(養分).
ようへい【用兵】 용병(用兵).
ようへい【葉柄】 잎자루.
ようへい【傭兵】 용병(傭兵). ∥外国人傭兵 외국인 용병.
ようべん【用便】 (名·自サ) 용변(用便). ∥用便をする 용변을 보다.
ようぼ【養母】 양어머니; 양모(養母).
ようほう【用法】 용법(用法). ∥用法を誤る 용법을 틀리다. 副詞的用法 부사적 용법.
ようほう【養蜂】 양봉(養蜂).
ようぼう【要望】 (名·他サ) 요망(要望). ∥道路の整備を要望する 도로 정비를 요망하다. 要望に応える 요망에 부응하다.
ようぼう【容貌】 용모(容貌).
ようま【洋間】 양실(洋室).
ようまく【羊膜】 양막(羊膜).
ようみゃく【葉脈】 엽맥(葉脈); 잎맥.
ようむ【用務】 용무(用務).
ようむいん【用務員】 (学校·会社などで)잡일을 하는 사람.
ようむき【用向き】 용건(用件).
ようめい【用命】 용금(用金)을 하명(下命).
ようめい【幼名】 아명(兒名).
ようもう【羊毛】 양모(羊毛).
ようもうざい【養毛剤】 발모제(發毛劑).
ようやく【要約】 (名·他サ) 요약(要約). ∥講演の趣旨を要約する 강연 취지를 요약하다. 一言で要約して言えば 한마디로 요약해서 말하자면.
ようやく【漸く】 ❶[やっと]겨우; 간신(艱辛)히. ∥ようやく終電に間に合った 간신히 마지막 전철을 탔다. ❷[段々]점차(漸次); 점점(漸漸); 차츰. ∥日もようやく暮れてゆく 해가 점점 기울어 가다.
ようやっと 겨우; 간신(艱辛)히. ∥ようやっと完成した 간신히 완성했다.
ようゆう【溶融】 (名·他サ) 용융(鎔融); 융해(融解).
ようよう【揚揚】 양양(揚揚). ∥意気揚々 의기양양.
ようよう【漸う】 ❶[やっと]겨우; 간신(艱辛)히. ❷[段々]점차(漸次); 점점(漸漸); 차츰.
ようらん【洋蘭】 서양란(西洋蘭).
ようらん【要覧】 요람(要覽). ∥学校要覧 학교 요람.
ようらん【揺籃】 요람(搖籃). ∥揺籃の地 발상지.
ようらんき【揺籃期】 요람기(搖籃期).
ようりく【揚陸】 揚陸する 뭍으로 부리다.
ようりつ【擁立】 (名·他サ) 옹립(擁立).
ようりゃく【要略】 (名·他サ) 요약(要略).
ようりゅう【楊柳】 버드나무.
ようりょう【用量】 용량(用量).
*ようりょう【要領】 ❶요점(要點). ∥要領を得ない返事 요점이 확실하지 않은 대답. ❷요령(要領). ∥要領がいい 요령이 좋다. 要領の悪い人 요령이 나쁜 사람.
ようりょう【容量】 용량(容量). ∥記憶容量 기억 용량.
ようりょく【揚力】 양력(揚力).
ようりょくそ【葉緑素】 엽록소(葉綠素).

ようりょくたい【葉緑体】 엽록체(葉綠體).

ようれい【用例】 용례(用例). ∥用例を挙げて説明する 용례를 들어 설명하다.

ようれき【陽暦】 양력(陽曆).

ようろ【要路】 요로(要路).

ようろう【養老】 양로(養老). ∥養老年金 양로 연금. 養老保険 양로 보험.

ヨーグルト【yogurt】 요구르트.

ヨーデル【Jodel^ド】 요들.

ヨーヨー【Yo-Yo】 요요.

ヨーロッパ【Europa^ポ】 유럽.

よか【予科】 예과(豫科).

よか【余暇】 여가(餘暇). ∥余暇時間 여가 시간.

ヨガ【yoga】 요가.

よかく【余角】 여각(餘角).

よからぬ【良からぬ】 좋지 않은. ∥良からぬうわさ 좋지 않은 소문.

よがる【満足】 좋다고 생각하다; 만족(滿足)하다.

よかれ【善かれ】 잘되어라. ∥よかれと思ってやったこと 잘되어라고 생각하고 한 일.

よかれあしかれ【善かれ悪しかれ】 좋든 나쁘든; 어쨌든.

よかん【予感】 예감(豫感). ∥不吉な予感がする 불길한 예감이 들다.

よき【予期】 예기(豫期). ∥予期せぬ出来事 예기치 못한 일.

よき【良き】 ∥今日のよき日に 오늘같이 좋은 날에.

よぎしゃ【夜汽車】 밤 열차(列車).

よぎない【余儀無い】 어쩔 수 없다; 하는 수 없다. ∥余儀ない事情で欠席する 어쩔 수 없는 사정으로 결석하다. 内閣は総辞職を余儀なくされた 내각은 어쩔 수 없이 총사직했다.

よきょう【余興】 여흥(餘興).

よぎり【夜霧】 밤안개.

よぎる【過ぎる】 지나가다; 스치다. ∥脳裏をよぎる不安 뇌리를 스치는 불안.

*__よきん__【預金】 예금(預金). ∥銀行に預金をする 은행에 예금하다. 預金通帳 예금 통장.

*__よく__【良く·好く】 ❶충분(充分)히. ∥よく調べる 충분히 알아보다. ❷매우; 정말; 잘. ∥よくできた 잘 만들었다. よくやった 정말 잘했다. ❸자주. ∥よく見かける人 자주 보는 사람이다.

*__よく__【欲】 ❶욕심(欲心). ∥欲が深い 욕심이 많다. 金銭欲 금전욕. ❷의욕(意欲). ∥まだ勉強に欲が出ない 아직 공부에 의욕이 안 생긴다. ▶欲と二人連れ 욕심에 따라 행동한다. ▶欲に目が眩む 욕심에 눈이 멀다. ▶欲の皮が突っ張る 욕심이 많다. ▶欲も得もない 이익을 생각할 겨를이 없다.

よくあさ【翌朝】 다음날 아침.

よくあつ【抑圧】 억압(抑壓). ∥政治活動を抑圧する 정치 활동을 억압하다.

ヨクイニン【薏苡仁】【植物】 율무의 일종(一種).

よくげつ【翌月】 다음 달; 익월(翌月).

よくご【浴後】 목욕 후(沐浴後).

よくしつ【浴室】 욕실(浴室).

よくじつ【翌日】 다음날; 익일(翌日).

よくしゅう【翌週】 다음 주(週).

よくじょう【浴場】 목욕탕(沐浴湯).

よくじょう【欲情】 욕정(欲情).

よくしん【欲心】 욕심(欲心).

よくする【善くする】 ❶[上手にする]잘하다; 능숙(能熟)하다. ❷[うまくいく]잘되다. ❸친절(親切)하게 대하다. ∥部下によくする上司 부하에게 친절한 상사.

よくせい【抑制】 억제(抑制). ∥感情を抑制する 감정을 억제하다. 抑制された欲求 억제된 욕구.

よくぞ【善くぞ】 잘. ∥よくぞ言ってくれた 말 잘했다.

よくそう【浴槽】 욕조(浴槽).

よくちょう【翌朝】 다음날 아침.

よくど【沃土】 옥토(沃土).

よくとく【欲得】 탐욕(貪欲)과 이득(利得).

よくとくずく【欲得尽く】 ∥欲得尽くで 계산적으로. 타산적으로.

よくとし【翌年】 다음 해; 이듬해.

よくねん【翌年】 다음 해; 이듬해.

よくばり【欲張り】 욕심(欲心)꾸러기; 욕심쟁이.

よくばる【欲張る】 욕심(欲心)을 부리다.

よくぶかい【欲深い】 욕심(欲心)이 많다.

よくぼう【欲望】 욕망(欲望). ∥欲望を満たす 욕망을 채우다.

よくめ【欲目】 좋은 쪽으로만 보는 것. ∥親の欲目で 부모의 욕심으로.

よくも【善くも】 잘도. ∥よくもだました な잘도 속였구나.

よくやく【抑揚】 억양(抑揚). ∥抑揚をつけて読む 억양을 넣어서 읽다.

よくよう【浴用】 목욕용(沐浴用). ∥浴用タオル 목욕용 타월.

よくよく【善く善く】 ❶[十分に]충분(充分)히; 주의(注意) 깊게; 잘. ❷[はなはだしく]몹시; 매우. ❸[よくよくのことの形で]어쩔 수 없이.

よくよく【翼翼】 ∥小心翼々と任務に励む 벌벌 떨면서 임무를 수행하다.

よくよく-【翌翌】 다음다음…. ∥翌々日 다음다음 날.

よくりゅう【抑留】 억류(抑留).

-よけ【除け】 재난(災難)을 막음 또는 막는 것. ∥厄除け 액막이.

よけい【余計】 ❶ 남음. ‖1個余計だ한 개가 남는다. ❷ 불필요(不必要)함. ‖余計なものを捨てる 불필요한 물건을 버리다.
よける【避ける】 ❶ 피(避)하다; 비키다. ‖犬をよけて通る 개를 피해서 걷다. ❷ 방지(防止)하다; 막다. ❸ 제외(除外)하다; 빼다. ‖不良品をよける 불량품을 제외하다.
よけん【与件】 여건(與件).
よけん【予見】(名・他サ) 예견(豫見).
よげん【予言】(名・他サ) 예언(豫言). ‖将来を予言する 장래를 예언하다.
よこ【横】 ❶ 가로. ▶縦5センチ横3センチ 세로 오 센티, 가로 삼 센티. 横になる 눕다. ❷ 옆; 측면(側面). ‖横から見た顔 옆에서 본 얼굴. ▶横の物を縦にしない 손 하나 까딱 안 하다. ▶横を向く 무시하다.
よご【予後】 병(病)에 대한 의학적 전망(醫學的展望).
よこあい【横合い】 ❶ [横の方]옆; 곁. ❷ [当事者以外]당사자 이외(當事者以外)의 입장(立場).
よこいっせん【横一線】 차이(差異)가 없음.
よこいと【横糸・緯糸】 씨실.
よこう【予行】(名・他サ) 예행(豫行). ‖予行演習 예행 연습.
よこう【余光】 여광(餘光).
よこう【余香】 여향(餘香).
よこがお【横顔】 ❶ 옆얼굴. ❷ [プロフィール]잘 알려지지 않은 일면(一面); 프로필.
よこがき【横書き】 가로쓰기.
よこがみやぶり【横紙破り】 무리(無理)하게 밀어붙임; 억지를 부림.
よこぎ【横木】 가로로 댄 나무.
よこぎる【横切る】 가로지르다; 횡단(橫斷)하다. ‖道を横切る 길을 가로지르다.
よこく【予告】(名・他サ) 예고(豫告). ‖予告もなく 現われる 예고도 없이 나타나다. 将来を予告する 장래를 예고하다.
よこくへん【予告編】 예고편(豫告篇).
よこぐみ【横組(み)】 (文字組版で)가로짜기.
よこぐるま【横車】 억지. ▶横車を押す 억지를 부리다.
よこじく【横軸】 가로축(軸).
よこしま【邪】 도리(道理)에 어긋나다; 옳지 않다다; 잘못되다. ‖邪な考え 잘못된 생각.
よこじま【横縞】 가로줄 무늬.
よこしゃかい【横社会】(股陵) 횡적(横的)인 관계(關係)를 중시(重視)하는 사회(社會).
よこす【寄越す】 ❶ 보내 오다. ‖手紙をよこす 편지를 보내 오다. ❷ (こちらの方に)건네다. ❸ [‐てよこすの形で]…

(해) 오다. ‖電話をかけてよこす 전화를 걸어 오다.
よごす【汚す】 ❶ 더럽히다. ❷ (和える)무치다; 버무리다. ‖ゴマでよごす 깨소금으로 무치다.
よこずき【横好き】 잘 못하지만 좋아함.
よこすじ【横筋】 ❶ [線]가로줄. ❷ [道]옆길.
よこすべり【横滑り】 ‖横滑りする ①옆으로 미끄러지다. ②동등한 지위로 옮기다.
よこたえる【横たえる】 옆으로 누이다.
よこだき【横抱き】 옆으로 안음. ‖子どもを横抱きにする 아이를 옆으로 안다.
よこたわる【横たわる】 ❶ [横になる]눕다; 드러눕다. ‖ベッドに横たわる 침대에 눕다. ❷ (遮る)가로막다. ‖多くの困難が横たわっている 많은 어려움들이 가로막고 있다. ❸ 펼쳐지다. ‖アルプス山脈が横たわる 알프스 산맥이 펼쳐지다.
よこちょう【横丁】 골목; 골목길.
よこづけ【横付け】 ‖横付けする (車・船などを)바싹 갖다 대다.
よことび【横っ跳び】 옆으로 뜀.
よこづな【横綱】 ❶ (相撲の)최고 지위(最高地位). ❷ [最もすぐれたもの]가장 뛰어난 것. ▶横綱を張る 최고 지위에 오르다.
よこっぱら【横っ腹】 옆구리.
よこつら【横面】 옆얼굴.
よこて【横手】 옆; 측면(側面).
よごと【夜毎】 매일(毎日) 밤; 밤마다.
よことじ【横綴じ】 가로로 철(綴)함 또는 그 책(册).
よこどり【横取り】 ‖横取りする 가로채다.
よこなが【横長】 가로로 긺.
よこながし【横流し】 ‖横流しする 빼돌리다.
よこなぐり【横殴り】 (風雨などが)옆으로 들이침. ‖横殴りの雨 옆으로 들이치는 비.
よこなみ【横波】 횡파(横波).
よこならび【横並び】 ❶ 옆으로 늘어섬. ❷ 차이(差異)가 없음.
よこばい【横這い】 ❶ 옆으로 김. ❷ (相場などの)변동(變動)이 없음.
よこはいり【横入り】 새치기.
よこはば【横幅】 가로 폭(幅).
よこはら【横腹】 옆구리.
よこぶり【横降り】 (強風に吹かれて雨・雪などが)옆으로 들이침.
よこみち【横道】 옆길. ‖話が横道にそれる 이야기가 옆길로 새다.
よこむき【横向き】 ‖横向きになる 옆으로 향하다.
よこめ【横目】 ❶ 곁눈; 곁눈질. ‖横目を使う 곁눈질하다. ❷ […を横目にの

形で)…을[를] 본체만체하다; 무시(無視)하다. ‖けんかを横目に通り過ぎる 싸움을 본체만체하고 지나가다.

よこもじ【横文字】 서양 문자(西洋文字); 외국어(外國語).

よこやり【横槍】 말참견(參見). ‖横槍を入れる 말참견을 하다.

よこゆれ【横揺れ】 横揺れする 옆으로 흔들다.

よごれ【汚れ】 때.

よごれる【汚れる】 더러워지다. ‖服が汚れる 옷이 더러워지다.

よこわり【横割り】 ❶ 가로로 자름. ❷ (說明)(組織・業務などを)횡적(橫的)으로 연관성(聯關性)이 있게 편성(編成)하는 일.

よさ【良さ】 좋은 점; 좋은 정도(程度); 장점(長點). ‖古いものの良さ 옛 것의 좋은 점.

よざい【余罪】 여죄(餘罪). ‖余罪を追及する 여죄를 추궁하다.

よざくら【夜桜】 밤에 보는 벚꽃.

*よさん【予算】 예산(豫算). ‖予算を立てる 예산을 세우다. 予算を組む 예산을 짜다. 国家予算 국가 예산.

よし【承認・決意・決断】자; 그래; 좋아. ‖よし分かった. そうら 알았다. よしやるぞ 좋아 해보자.

よし【止し】 그만둠. ‖よしにする 그만두다.

よし【由】 ❶ 이유(理由); 사정(事情). ‖由ありげな 사정이 있는 듯한. お元気の由なによりで 건강하시다니 무엇보다 다행입니다. ❷ 취지(趣旨). ❸ 수단(手段); 방법(方法). ‖知る由もなく 알 방법이 없음.

よし【好し】 좋다.

ヨシ【葦】 갈대. ▶葦の髄(から)天井を覗く 우물 안 개구리. [諺]

よじ【余事】 ❶ 다른 일. ❷ 한가(閑暇)할 때 하는 일.

よしあし【善し悪し】 ❶ 좋고 나쁨; 선악(善惡). ❷ 한마디로 좋고 나쁨을 말할 수 없음; 일장일단(一長一短)이 있음.

よじげん【四次元】 사차원(四次元).

よしず【葦簾】 갈대로 만든 발.

よじつ【余日】 여일(餘日); 남아 있는 날.

よしなに 좋도록; 적절(適切)히.

よじのぼる【攀じ登る】 기어오르다.

よしみ【誼み】 정분(情分); 친분(親分); 연고(緣故). ‖友だちのよしみで 친구지간으로. 昔のよしみで 옛날부터의 친분으로.

よしゅう【予習】 (說明) 예습(豫習).

よじょう【余情】 여정(餘情).

よじょうはん【四畳半】 (說明) 다다미 넉장(張) 반을 깔 수 있는 크기 또는 그런 방(房).

よしよし〔慰め・激励〕자지.

よじる【捩る】 비틀다; 꼬다; 비비꼬다; 비비꼬다. ‖身をよじって笑う 몸을 비비꼬며 웃다.

よじれる【捩れる】 비틀리다; 꼬이다.

よしん【与信】(經) 여신(與信).

よしん【予診】 (說明) 진찰 전(診察前)에 병력(病歷)이나 증상(症狀) 등을 묻는 것.

よしん【余審】 예심(豫審).

よしん【余震】 여진(餘震).

よしんば【縦しんば】 가령(假令); 설사(設使); 설령(設令). ‖よしんば駄目でも 설사 안 되더라도.

よす【止す】 그만두다.

よすが【縁】 실마리.

よすみ【四隅】 네 구석; 네 귀퉁이.

よせ【寄席】 (說明) 만담(漫談) 등을 하는 장소(場所).

よせあつめる【寄せ集める】 그러모으다.

よせい【余生】 여생(餘生).

よせい【余勢】 여세(餘勢). ‖余勢を駆って여세를 몰다.

よせうえ【寄せ植え】 ‖寄せ植えする 여러 종류의 식물(植物)을 한곳에 심다.

よせがき【寄せ書き】 (說明) 여럿이 글이나 그림을 그린 것.

よせぎ【寄せ木】 쪽매.

よせぎざいく【寄せ木細工】 쪽매붙임.

よせぎづくり【寄せ木造り】 (說明) 각(各) 부위별(部位別)로 다른 나뭇조각으로 만들어 붙인 불상(佛像).

よせざん【寄せ算】 덧셈; 더하기.

よせつける【寄せ付ける】 가까이 오게 하다. ‖人を寄せつけない 사람들을 가까이 못 오게 하다.

よせなべ【寄せ鍋】 (說明) 닭고기・어패류(魚貝類)・야채(野菜) 등을 넣고 끓여서 먹는 요리(料理).

よせむね【寄せ棟】 사방(四方)으로 경사면(傾斜面)이 있는 지붕.

よせる【寄せる】 ❶ 밀려오다; 밀려오다; 가까이 대다; 가까이 붙이다. ‖顔を寄せる 얼굴을 가까이 대다. ❷〔集める〕모으다. ❸〔関心などを〕기울이다. ‖関心を寄せる 관심을 기울이다. ❹〔足す〕보태다. ❺〔原稿を寄せる 원고를 보내다. 투고하다. ❻〔かこつける〕빗대다.

よせん【予選】 예선(豫選).

よそ【余所】 ❶ 다른 데; 다른 곳. ‖よそでは食べる 다른 데서는 남의 집; 밖. ‖今日はよそで夕食を食べてくる 오늘은 밖에서 저녁을 먹고 올 거야. ❸ 직접(直接) 관계(關係)가 없음. ‖よその国 다른 나라.

よそいき【余所行き】 =よそゆき.

よそう 담다; 푸다. ‖ご飯をよそう 밥을

よそう[予想] (名하) 예상(豫想). ‖結果を予想する 결과를 예상하다. 予想が中たる 예상이 적중하다. 予想が外れる 예상이 빗나가다.

よそうがい[予想外] 예상외(豫想外); 뜻밖.

よそおい[装い] ❶ 치장(治粧); 단장(丹粧). ‖新たに開店する新たに開店する 새로 단장하여 개점하다. ❷ 풍취(風趣); 풍정(風情).

よそおう[装う] ❶ 치장(治粧)하다; 단장(丹粧)하다. ❷ 체하다; 척하다; 가장(假裝)하다. ‖学生を装う 학생을 가장하다.

よそく[予測] (名하) 예측(豫測). ‖将来を予測する 장래를 예측하다. 予測が外れる 예측이 빗나가다.

よそごと[余所事] 남의 일.

よそじ[四十路・40] 마흔; 마흔 살. ‖四十路の坂を越える 마흔 살이 넘다.

よそながら[余所ながら] 멀리서나마; 남몰래. ‖よそながら応援する 멀리서나마 응원하다.

よそみ[余所見] ‖よそ見する 한눈을 팔다.

よそめ[余所目] ❶ 남의 눈. ‖よそ目を気にする 남의 눈을 신경 쓰다. ❷ 〔わき目〕한눈을 팖.

よそもの[余所者] 타관(他官) 사람.

よそゆき[余所行き] ❶ 외출; 외출복(外出服). ❷ 격식(格式)을 갖춘 태도(態度)나 말투. ‖よそ行きの態度を 격식을 갖춘 태도.

よそよそしい[余所余所しい] 서먹서먹하다. ‖よそよそしい態度 서먹서먹한 태도.

よぞら[夜空] 밤하늘.

よそる (食べ物を)푸다; 담다. ‖ご飯をよそる 밥을 푸다.

よた[与太] 실없는 말. ‖与太を飛ばす 실없는 말을 하다.

よたく[預託] (名하) 예탁(預託).

よだつ[与奪] 여탈(與奪). ‖生殺与奪の権 생살여탈권.

よだつ[弥立つ] 소름이 끼치다. ‖身の毛のよだつ話 소름이 끼치는 이야기.

よたもの[与太者] 망나니; 불량배(不良輩).

よたよた 비틀비틀. ‖疲れてよたよた(と)する 피곤해서 비틀거리다.

よだれ[涎] 침; 군침. ▶よだれが出る 군침이 돈다. ‖[慣]▶よだれを垂らす[流す] 군침을 흘리다.[慣]

よだれかけ[涎掛け] 턱받이.

よたろう[与太郎] 명청이; 바보; 얼간이.

よだん[予断] (名하) 예단(豫斷); 예측(豫測). ‖予断を許さない 예측을 불허하다.

よだん[余談] 여담(餘談).

よち[予知] (名하) 예지(豫知).

よち[余地] 여지(餘地). ‖疑いを差し挟む地地もない 의심할 여지가 없다. 立錐の余地もない 입추의 여지가 없다. 弁解の余地もない 변명의 여지가 없다.

よちょう[予兆] 전조(前兆); 조짐(兆朕).

よちょきん[預貯金] 예금(預金)과 저금(貯金).

よちよち 아장아장. ‖よちよち(と)歩く子ども 아장아장 걷는 아이.

よつ[四つ] 넷; 네 개(個). ▶四つに組む 정면 대결하다.

よっか[四日・4日] 초(初) 나흘날; 사 일간(四日間).

よっかい[欲界] 〔仏教〕욕계(欲界).

よっかかる 寄っ掛かる 기대다.

よつかど[四つ角] 사(四)거리; 네거리.

よつぎ[世継ぎ] 대(代)를 이음 또는 그 사람.

よっきゅう[欲求] 욕구(欲求). ‖知的欲求 지적 욕구. 欲求不満 욕구 불만.

よつぎり[四つ切り] (写真などの)사절판(四切版).

よっつ[四つ] 넷; 네 개(個); [4歲] 네 살. 四つの子ども 네 살짜리 아이.

よつつじ[四つ辻] 사(四)거리; 네거리.

よって[因って・依って] 그러므로; 따라서.

よってたかって[寄って集って] 여럿이 달라붙어; 많은 사람이. ‖寄ってたかっていじめる 여럿이 달라붙어 괴롭히다.

ヨット[yacht] 요트.

よっぱらい[酔っ払い] 취객(醉客); 주정(酒酊)뱅이.

よっぱらう[酔っ払う] 만취(滿醉)하다.

よっぴて[夜っぴて] 밤새도록.

よっぽど[余っ程] 굉장(宏壯)히; 꽤; 상당(相當)히; 훨씬. ‖家にいた方がよっぽどましだ 집에 있는 것이 훨씬 낫다.

よづめ[夜爪] 밤에 손톱을 깎음.

よつゆ[夜露] 밤안개.

よづり[夜釣り] 밤낚시.

よつんばい[四つん這い] 네 발로 김 또는 그 자세(姿勢).

*よてい**[予定] (名하) 예정(豫定). ‖予定通り事を進める 예정대로 일을 추진하다. 予定を繰り上げる 예정을 앞당기다. 帰国予定日 귀국 예정일.

よど[淀] 물웅덩이.

よとう[与党] 여당(與黨).

よどおし[夜通し] 밤새도록; 밤새껏; 밤 내내. ‖夜通し雨が降り続いた 밤새도록 비가 내렸다.

よどみ[淀み] ❶(水の)웅덩이. ❷ 정체(停滞); 막힘.

よどむ[淀む] ❶(水が)괴다. ❷ 정체(停

滯)되다.
よなおし【世直し】 ‖世直しする 세상을 바로잡다.
よなか【夜中】 한밤중.
よなが【夜長】 밤이 긺.
よなき【夜泣き】 밤에 우는 것. ‖夜泣きする 밤에 울다.
よなべ【夜なべ】 ‖夜なべする 밤에 일을 하다. 밤일을 하다.
よなよな【夜な夜な】 매일(每日) 밤; 밤마다.
よなれる【世慣れる】 세상 물정(世上物情)에 익숙하다.
よにげ【夜逃げ】 (する) 야반도주(夜半逃走).
よにも【世にも】 매우; 몹시. ‖世にも珍しい 매우 희귀하다.
よねつ【余熱】 여열(餘熱).
よねん【余念】 여념(餘念). ‖研究に余念がない 연구에 여념이 없다.
よのつね【世の常】 ‖世の常が 세상사가 그렇다.
よのなか【世の中】 ❶ 세상(世上); 사회(社會). ‖世の中に出て出世する 사회에 나가 출세하다. ❷ 세상사(世上事); 세상 물정(世上物情). ‖世の中を知らない 세상 물정을 모르는 사람. 시대(時代).
よは【余波】 여파(餘波). ‖戦争の余波で物価が騰貴する 전쟁의 여파로 물가가 등귀하다.
よはく【余白】 여백(餘白).
よばなし【夜話】 야화(夜話).
-よばわり【呼ばわり】 …(이)라고 부름[불림]; …(이)라는 소리를 들음. ‖ばかよばわりする 바보라는 소리를 듣다.
よばん【夜番】 야경(夜警). ‖夜警번(不寝番).
*****よび**【予備】 예비(豫備). ‖予備知識 예비 지식. 予備交渉 예비 교섭. 予備工作 예비 공작.
よびいれる【呼び入れる】 불러들이다.
よびえき【予備役】 예비역(豫備役).
よびおこす【呼び起こす】 불러 깨우다; 불러일으키다. ‖感動を呼び起こす 감동을 불러일으키다.
よびかけ【呼び掛け】 ❶ 부름 ❷ 호소(呼訴).
よびかける【呼び掛ける】 ❶ 부르다. ❷ 호소(呼訴)하다. ‖自粛を呼びかける 자숙을 호소하다.
よびかわす【呼び交わす】 서로 부르다. ‖互いの名を呼び交わす 서로의 이름을 부르다.
よびぐん【予備軍】 예비군(豫備軍).
よびこう【予備校】 입시 학원(入試學院).
よびごえ【呼び声】 ❶ 부르는 소리. ❷ 평판(評判). ‖呼び声が高い 평판이 높다.

よびこむ【呼び込む】 불러들이다; 끌어들이다.
よびさます【呼び覚ます】 불러서 깨우다; 불러일으키다. ‖眠っている人を呼び覚ます 자고 있는 사람을 불러서 깨우다. 記憶を呼び覚ます 기억을 불러일으키다.
よびすて【呼び捨て】 (説明) 경칭(敬稱)을 붙이지 않고 부름.
よびだし【呼び出し】 호출(呼出); 불러냄.
よびだす【呼び出す】 호출(呼出)하다; 불러내다.
よびたてる【呼び立てる】 ❶〔大声で〕큰 소리로 부르다. ❷〔呼び寄せる〕불러서 오게 하다.
よびつける【呼び付ける】 ❶〔呼び寄せ〕불러서 오게 하다. ❷〔呼び慣れる〕자주 불러서 익숙하다.
よびとめる【呼び止める】 불러 세우다.
よびな【呼び名】 보통(普通) 때 부르는 이름.
よびひん【予備品】 예비비(豫備品).
よびみず【呼び水】 ❶〔ポンプの〕마중물. ❷〔ある出来事の〕계기(契機).
よびもどす【呼び戻す】 불러서 되돌아 오게 하다.
よびもの【呼び物】 인기(人氣)가 있는 것.
よびょう【余病】 합병증(合病症).
よびよせる【呼び寄せる】 불러서 오게 하다.
よびりん【呼び鈴】 초인종(招人鐘).
*****よぶ**【呼ぶ】 ❶ 부르다. ‖医者を呼ぶ 의사를 부르다. 誰かが私の名を呼んだ 누군가가 나의 이름을 불렀다. いくら呼んでも返事がない 아무리 불러도 대답이 없다. ❷〔助けなどを〕청(請)하다. ‖助けを呼ぶ 도움을 청하다. ❸〔称する〕칭(稱)하다; 일컫다. ❹〔引き寄せる〕불러일으키다; 모으다; 끌다. ‖人気を呼ぶ인기를 끌다.
よふかし【夜更かし】 (する) 밤샘.
よふけ【夜更け】 밤늦.
よぶん【余分】 여분(餘分). ‖余分がある 여분이 있다. 余分な金 여분의 돈.
よぶん【余聞】 여담(餘談).
よほう【予報】 (する) 예보(豫報). ‖天気予報 일기 예보.
*****よぼう**【予防】 (する) 예방(豫防). ‖火災を予防する 화재를 예방하다. 風邪の予防にいい食品 감기 예방에 좋은 식품. 予防策を講ずる 예방책을 강구하다.
よぼうせっしゅ【予防接種】 예방 접종(豫防接種).
よぼうちゅうしゃ【予防注射】 예방 주사(豫防注射).
よほど【余程】 굉장(宏壯)히; 꽤; 상당

よぼよぼ 비실비실. ‖よぼよぼ(と)歩く 비실비실 걷다. よぼよぼした犬 비실거리는 개.

よまわり【夜回り】 야경(夜警); 야경꾼.

よみ【黄泉】 황천(黄泉). ‖黄泉の国で会. ◆黄泉路 황천길.

よみ【読み】 [二(こと)]읽음. ❶음(音)음독. ❷ 통찰(洞察). ‖読みが深い 통찰력이 깊다.

よみあげる【読み上げる】 ❶「大きい声で読む」큰 소리로 읽다. ❷「終わりまで読む」읽기를 끝내다; 다 읽다. ‖本を読み上げる 책을 다 읽다.

よみあわせ【読み合わせ】 읽으면서 맞춰 봄.

よみあわせる【読み合わせる】 틀린 곳이 없는지 여럿이 읽으면서 맞춰 보다.

よみかえる【読み替える】 ❶ 한자(漢字)를 다른 음훈(音訓)으로 읽다. ❷ (法令の条文中の語句に)같은 조건(條件)의 다른 어구(語句)를 넣어 그대로 적용(適用)하다.

よみがえる【蘇る】 소생(蘇生)하다; 되살아나다.

よみかき【読み書き】 읽고 쓰기.

よみかた【読み方】 읽는 법(法). ‖この漢字は読み方が三通りある 이 한자는 읽는 법이 세 가지 있다. ❷문장(文章)의 내용(内容)을 이해(理解)하는 법; 읽기. ‖読み方によっては違う解釈もできる 읽기에 따라서는 다른 해석도 가능하다.

よみきる【読み切る】 다 읽다; 끝까지 읽다.

よみくだす【読み下す】 ❶「初めから終わりまで」読み下して 내려가다. ❷ 한문(漢文)을 일본어(日本語)로 고쳐 읽다.

よみごたえ【読み応え】 [充実感]읽을 만한 가치(價値)가 있음. ❷「量が多かったら難しかったりして」읽기 힘듦.

よみこなす【読みこなす】 읽고 충분(充分)히 이해(理解)하다.

よみこむ【読み込む】 ❶ 숙독(熟讀)하다. ❷ (コンピューターがデータやプログラム)을 읽어들이다.

よみさす【読みさす】 읽다가 그만두다.

よみせ【夜店】 밤거리의 노점(露店).

よみち【夜道】 밤길.

よみて【読み手】 읽는 사람.

よみで【読み出】 ‖読みでがある 읽을 분량이 많다.

よみとる【読み取る】 ❶ 읽고 내용(内容)을 이해(理解)하다. ❷ 알아채다. ‖表情から気持ちを読み取って 기분을 알아채다. ❸ (計算機などで)읽어들이다. ‖カードを読み取る 카드를

읽어들이다.

よみながす【読み流す】 대충 읽다.

よみふける【読み耽る】 읽기에 열중(中)하다; 열중하여 읽다; 탐독(耽讀)하다. ‖推理小說に読み耽る 추리 소설을 탐독하다.

よみもの【読み物】 읽을거리.

よむ【詠む】 (和歌などを)짓다; 표현(表現)하다; 읊다.

よむ【読む】 ❶읽다. ‖大きい声で本を読む 큰 소리로 본을 읽다. あの本はまだ読んでいない 그 책은 아직 안 읽었다. 消費者動向を読む 소비자 동향을 읽다. 人の心を読むと 다른 사람의 마음을 읽다. 手の心を読むと 수를 읽다. ❷(数を声に出して)세다. ‖枚数を読む 장수를 세다.

よめ【嫁】 ❶며느리. ‖彼女は嫁と折り合いが悪い 그녀는 며느리하고 사이가 안 좋다. ❷신부(新婦); 신부감. ‖嫁を探す 신부감을 찾다.

よめ【夜目】 [說明]밤에 어두운 곳에서 봄.

よめい【余命】 여명(餘命). ‖余命いくばくもない 여명이 얼마 안 남다.

よめいびり【嫁いびり】 [說明]시부모(媤父母)가 며느리를 구박(驅迫)함.

よめいり【嫁入り】 시집감 또는 그 의식(儀式). ‖嫁入りする 시집가다.

よめとり【嫁取り】 신부(新婦)를 맞음.

よめる【読める】 ❶「読むことができる」읽을 수 있다. ❷「読む価値がある」읽을 만한 가치(價値)가 있다. ❸「理解できる」알아차리다. ‖君の考えは読めた 네 생각이 파악되었다.

よも【四方】 사방(四方). ‖四方を見渡す 사방을 둘러보다.

ヨモギ【蓬】 쑥.

よもすがら【夜もすがら】 밤새도록; 밤새껏.

よもや 설마. ‖よもや間違いはないでしょうね 설마 틀린 데는 없겠죠?

よもやま【四方山】 여러 가지. ‖よもやま話 여러 가지 이야기.

***よやく【予約】** (名他)예약(豫約). ‖席を予約する 자리를 예약하다. チケットは3か月前から予約を受け付けている 티켓은 3개월 전부터 예약을 받고 있다. 予約が取れた 예약이 되었다.

よとう【与野党】 여당(與黨)과 야당(野黨).

***よゆう【余裕】** 여유(餘裕). ‖余裕のある態度 여유가 있는 태도. 経済的に余裕がない 경제적으로 여유가 없다. 余裕のある여유가 생기다. ▶余裕綽々 여유작작.

よよと【泣き声】 흑흑. ‖よよと泣く 흑흑 소리 내어 울다.

***より** 더; 더욱. ‖より多く 더 많이. 新しいビルはより高くなる傾向がある 새 빌딩은

더욱 높아지는 경향이 있다.

*より ❶ …보다. ∥富士山より高い山 후지산보다 높은 산. 前よりよく なった 전보다 좋아졌다. ❷ …에서; …부터. ∥東京駅より出発する 도쿄역에서 출발하다. 6時より開会の予定 여섯 시부터 개회 예정. ❸ [ほかにない의 意로] …수밖에. ∥断わるより仕方がない 거절하는 수밖에 없다.

より【寄り】 …에 가까움; 쪽. ∥海寄りの道 바다 쪽 길.

より【縒り】 꼼; 꼬인 것. ∥よりの強い糸 꼼꼼히여 꼰 실. ∥～を戻す 헤어졌던 남녀가 다시 가까워지다.

よりあい【寄り合い】 ❶ [한 곳에 集まること] 사람들이 한 곳에 모임. ❷ 집회(集會).

よりあつまる【寄り集まる】 많은 사람이 한 곳에 모이다.

よりいと【縒り糸】 꼬아서 만든 실.

よりかかる【寄り掛かる】 기대다; 의지(依支)하다.

よりきり【寄り切り】 [相撲で] 상대(相對)를 밖으로 밀어냄.

よりけり […によりけりの形で] …에 달려 있다. ∥…に 寄られりけり 買うかどうかは値段によりけりだ 살지 안 살지는 가격에 달려 있다.

よりごのみ【選り好み】 ∥選りごのみする 좋은 것만을 고르다.

よりすがる【寄り縋る】 매달리다.

よりすぐる【選りすぐる】 좋은 것을 골라내다.

よりそう【寄り添う】 바싹 다가가다; 바싹 달라붙다.

よりたおし【寄り倒し】 [相撲で] 상대(相對)를 씨름판 끝으로 밀어붙여 쓰러뜨림.

よりつき【寄り付き】 ❶ 들어가서 첫 번째 방(房). ❷[茶室의 대기실 (待機室). ❸[取引所에서] 전장(前場)과 후장(後場)의 첫 거래(去來) 또는 그 시세(時勢).

よりつく【寄り付く】 ❶[近づく] 가까이 다가가다. ❷[取引所에서] 첫 거래(去來)가 성립(成立)되다.

よりどころ【拠り所】 ❶ 의지(依支)할 것[곳]. ❷ 근거(根據).

よりどりみどり【選り取り見取り】 마음대로 고름.

よりによって【選りに選って】 하필이면. ∥よりによって試験日に風邪をひくとは 하필이면 시험 치는 날 감기에 걸리다니.

よりみち【寄り道】 ∥寄り道する 도중에 다른 곳에 들르다.

よりめ【寄り目】 사시(斜視).

よりょく【余力】 여력(餘力).

よりわける【選り分ける】 선별(選別)하다; 구별(區別)하다.

よる【夜】 밤. ∥夜の帳(ᇂ) 밤의 장막. 夜を明かす 밤을 새우다. 夜遅くまで勉強する 밤늦게까지 공부하다. 夜の9時に帰る 밤 아홉 시에 돌아가다.

よる【因る・依る】 ❶[依]하다. ∥努力による成功 노력에 의한 성공. ❷ 따르다. ∥季節による差 계절에 따른 차이. 彼는 상대에 따라 말을 바꾼다 彼は相手によって言うことを変える 그 사람은 상대에 따라 말을 바꾼다 ❸ 근거(根據)하다; 기준(基準)하다. ∥資料による判断 자료를 근거로 한 판단.

*よる【寄る】 ❶ 다가가다. ∥もっと近くに寄って聞こう 더 가까이 다가가서 들자. ❷ [一か所에] 모이다. ∥人々が彼の周りに寄ってきた 사람들이 그 사람 주위로 모여 들었다. ❸ [片寄る] 기울다. ❹ 들르다. ∥本屋に寄る 책방에 들르다.

よる【選る】 고르다.

よる【縒る】 꼬다.

ヨルガオ【夜顔】 밤나팔꽃.

ヨルダン【Jordan】[国名] 요르단.

よるひる【夜昼】 ❶ [夜と昼] 주야(晝夜). ❷ [昼夜] 밤낮(으로). ∥夜昼休まず着工を急ぐ 어머니의 기쁨이 밤낮 쉬지 않고 착공을 서두르다.

よるべ【寄る辺】 의지(依支)할 곳; 연고(緣故).

よれい【予鈴】 [鈴明] 시작(始作)을 알리는 종(鐘).

よれよれ 구깃구깃; 후줄근히. ∥よれよれの上着 후줄근한 윗도리.

よれる【縒れる】 꼬이다.

よろい【鎧】 갑옷.

よろいど【鎧戸】 미늘창; 셔터.

よろく【余禄】 부수입(副收入).

よろける 비틀거리다.

よろこばしい【喜ばしい】 기쁘다. ∥喜ばしい知らせ 기쁜 소식.

よろこばす【喜ばす】 기쁘게 하다.

*よろこび【喜び】 기쁨; 경사(慶事). ∥初優勝の喜び 첫 우승의 기쁨. 喜びにあふれる기쁨이 넘쳐흐르다.

よろこびごと【喜び事】 기쁜 일; 경사(慶事).

*よろこぶ【喜ぶ】 기뻐하다; 좋아하다. ∥合格を喜ぶ 합격을 기뻐하다. 手をたたいて喜ぶ 손뼉을 치며 기뻐하다. 母の喜ぶ顔が目に浮かぶ 어머니의 기뻐하는 얼굴이 눈에 선하다. このプレゼント、きっと喜ぶだろう 이 선물을 분명히 좋아할 거다.

*よろしい【宜しい】 ❶ 좋다. ∥ご都合のよろしい時にいらしてください 사정(事情)이 좋을 때 오세요. ❷ [許容] 괜찮다; 된다. ∥帰ってよろしい 돌아가도 괜찮다. 言いたくなければ言わなくてもよろしい 말하기 싫으면 말 안 해도 된다.

よろしく【宜しく】 ❶ [適当に] 적당(適

당(當)히; 적절(適切)히. ❷【挨拶】부탁(付託)을 하는 인사(人事)말. ‖どうぞよろしくお願いします 잘 부탁합니다. ❸ 안부(安否)를 전(傳)하는 말. ‖お母様によろしく 어머님께 안부 전해 주십시오. ❹《まるでのように》마치 …처럼. ‖女王よろしく 마치 여왕처럼.

よろず【万】 ❶【数】만(萬), 《수(數)가 많음. ❷【副詞的】전부(全部).

よろずや【万屋】 ❶ 만물상(萬物商). ❷ 만물박사(萬物博士).

よろめく 비틀거리다.

よろよろ 비틀비틀, 《よろよろ(と)歩く 비틀비틀 걷다. 비틀거리며 걷다.

*ょろん【世論・輿論】 여론(輿論). ‖世論に訴える 여론에 호소하다. 世論を喚起するよる여론을 환기시키다.

よわい【齢】 연령(年齡) / 나이. ‖齢を重ねる 나이를 먹다.

*よわい【弱い】 약(弱)하다. ‖体が弱い 몸이 약하다. 意志が弱い사람 의지가 약한 사람. 視力が弱い시력이 약하다. 数学が弱い 수학이 약하다. 弱いチーム 약한 팀. 酒に弱い 술에 약하다. 熱に弱い 열에 약하다.

よわき【弱気】 ❶ 마음이 약(弱)함[여림]. ‖弱気になる 마음이 약해지다. ❷〈取引で〉약세(弱勢)를 예상(豫想)함.

よわごし【弱腰】 소극적(消極的)인 태도(態度).

よわたり【世渡り】 세상(世上)살이.

よわね【弱音】 나약(懦弱)한 소리. ‖弱音を吐く 나약한 소리를 하다.

よわび【弱火】 약(弱)한 불. ‖弱火で煮込む 약한 불에서 푹 끓이다.

よわまる【弱まる】 약(弱)해지다. ‖体力が弱まる 체력이 약해지다.

よわみ【弱み】 약점(弱點)도; 결점(缺點).

よわむし【弱虫】 겁쟁이.

よわめる【弱める】 약(弱)하게 하다.

よわよわしい【弱弱しい】 약(弱)하디약하다; 여리디 여리다.

よわりめ【弱り目】 곤란(困難)할 때; 어려울 때. ▶弱り目に祟り目 설상가상(雪上加霜).

よわる【弱る】 ❶약해지다; 쇠약(衰弱)해지다. ❷【困る】곤란(困難)해지다.

よん【四·4】 사(四); 넷; 네. ‖4倍 네배. 4か月 네 달. 4시 4개월.

よんダブリューディー【4WD】 사륜 구동(四輪驅動).

よんぱょうし【四拍子】 사박자(四拍子).

よんりん【四輪】 사륜(四輪). ◆四輪駆動 사륜 구동. 四輪車 사륜차

ら

ラ【la 이】《音階의》라.

-ら【等】〖複数〗…들; 등(等). ‖子どもらいる 아이들. 我ら 우리들.

ラージヒル【large hill】《스키의 점프 경기의》라지 힐.

ラード【lard】 라드.

ラーメン【拉麵】 라면. ◆ラーメン屋 라면집.

ラーメンこうぞう【Rahmen 構造】 라멘 구조(構造).

ラーゆ【辣油】 라유(辣油); 고추기름.

らい【来】 …이래(以來) …이후(以後). ‖昨年来 작년 이후.

らいう【雷雨】 뇌우(雷雨).

らいえん【来演】〖名·ス他〗 내연(來演).

らいおう【来往】〖名·ス自〗 내왕(來往); 왕래(往來).

ライオン【lion】 라이온.

ライオンズクラブ【Lions Club】 라이온스 클럽.

ライカばん【Leica 判】《사진의》라이카 판(判).

らいかん【来館】〖名·ス自〗 내관(來館).

らいき【来季】 ❶〈스포ーツ의〉다음 시즌. ❷ 다음 계절(季節).

らいき【来期】 다음 기(期).

らいきゃく【来客】 내객(來客); 방문객(訪問客).

らいげつ【来月】 다음 달(에); 내달(來月). ‖来月の始めに 다음 달 초에.

らいこう【来航】〖名·ス自〗 내항(來航).

らいしゅう【来秋】 내년(來年) 가을.

らいしゅう【来週】 ❶ 다음 주; 내주(來週). ‖来週の土曜日 다음 주 토요일. ❷〖副詞的〗다음 주에. ‖来週, 韓国へ行きます 다음 주에 한국에 갑니다.

らいしゅう【来襲】〖名·ス自〗 내습(來襲).

らいじょう【来場】 ‖来場する 회장에 오다.

らいしん【来診】〖名·ス他〗 내진(來診).

ライス【rice】 라이스.

らいせ【来世】 내세(來世).

ライセンス【license】 라이선스. ‖ライセンスを取る 라이선스를 따다.

ライター【lighter】 라이터. ‖ライターで火をつける 라이터로 불을 붙이다.

ライダー【rider】 라이더.

ライチ【茘枝】 여지(茘枝).

らいちょう【来朝】〖名·ス自〗 방일(訪日).

ライチョウ【雷鳥】 뇌조(雷鳥).

らいてん【来店】〖名·ス自〗 내점(來店). ‖来店する 가게에 오다.

ライト【light】 라이트. ◆ライトアップ 라이트업.

らいどう【雷同】〖名·ス自〗 뇌동(雷同). ◆付和雷同 부화뇌동.

ライトきゅう【light 級】《ボクシング에서》라이트급(級).

ライトバン【light+van 일】 미니밴.

ライナー【liner】 ❶〈野球에서〉라이너. ❷

らいにち【来日】 (名サ) 방일(訪日).
らいねん【来年】 ❶내년(來年). ║来年のこと 내년 일. ❷[副詞的に]내년에. ◆来年のことを言うと鬼が笑う 장래의 일은 예측할 수 없다.
らいはい【礼拝】 (名サ) 예배(禮拜).
ライバル【rival】 라이벌. ◆恋のライバル 사랑의 라이벌.
らいひん【来賓】 내빈(來賓). ◆来賓席 내빈석.
ライフ【life】 라이프. ◆ライフサイクル 라이프 사이클. ライフジャケット 구명 동의. ライフスタイル 라이프 스타일. ライフライン 라이프라인. ライフワーク 라이프워크.
ライブ【live】 라이브. ◆ライブコンサート 라이브 콘서트. ライブショー 라이브 쇼. ライブハウス 라이브카페.
ライフルじゅう【rifle 銃】 라이플 총(銃).
らいほう【来訪】 (名サ) 내방(來訪).
ライム【lime】 라임.
ライムギ【rye 麦】 호밀.
ライラック【lilac】 라일락.
らいれき【来歴】 내력(來歷). ◆故事来歴 고사의 내력.
ライン【line】 라인. ◆ラインアウト 라인 아웃. ラインダンス 라인댄스. ラインナップ 라인업.
ラウンジ【lounge】 라운지.
ラウンド【round】 라운드.
ラウンドテーブル【round table】 원탁(圓卓).
ラオス【Laos】〔国名〕 라오스.
ラガービール【lager beer】 가열 처리(加熱處理)한 맥주(麥酒).
らかん【羅漢】 나한(羅漢).
らたい【裸体】 나체(裸體).

*らく【楽】 ダ ❶편하다; 편안(便安)하다; 안락(安樂)하다. ║楽な気持ちで試験を受ける 편안한 마음으로 시험을 보다. 楽に暮らす 안락하게 살다. 気が楽になる 마음이 편해지다. ❷쉽다. ║楽に解ける問題 쉽게 풀 수 있는 문제. ◆楽あれば苦あり 좋은 일만 계속되지는 않는다.
らくいん【烙印】 낙인(烙印). ║烙印を押される 낙인이 찍히다.
らくえん【楽園】 낙원(樂園). ║地上の楽園 지상 낙원.
らくがき【落書き】 (名サ) 낙서(落書).
らくご【落伍】 (名サ) 낙오(落伍). ◆落伍者 낙오자.
らくご【落語】 만담(漫談). ◆落語家 만담가.
らくさ【落差】 낙차(落差). ║落差が大きい 낙차가 크다.
らくさつ【落札】 낙찰(落札).
らくじつ【落日】 석양(夕陽).

らしょくぶつ
らくしょう【楽勝】 (名サ) 낙승(樂勝). ║楽勝する 낙승하다. 쉽게 이기다. 가볍게 이기다.
らくせい【落成】 (名サ) 낙성(落成). ◆落成式 낙성식.
らくせき【落石】 (名サ) 낙석(落石). ◆落石注意 낙석 주의.
らくせん【落選】 낙선(落選).
ラクダ【駱駝】 낙타(駱駝).
らくだい【落第】 (名サ) 낙제(落第). ◆落第生 낙제생. 落第点 낙제점.
らくたん【落胆】 (名サ) 낙담(落膽). ║その知らせを聞いて彼は非常に落胆した その 소식을 듣고 그 사람은 매우 낙담했다.
らくちゃく【落着】 (名サ) 낙착(落着). ║落着する 낙착을 보다.
らくちょう【落丁】 낙장(落張). ◆落丁本 낙장본.
らくちょう【落潮】 낙조(落潮).
らくてんか【楽天家】 낙천가(樂天家).
らくてんしゅぎ【楽天主義】 낙천주의(樂天主義).
らくてんてき【楽天的】 낙천적(樂天的). ║楽天的な性格 낙천적인 성격.
らくど【楽土】 낙토(樂土).
らくのう【酪農】 낙농(酪農). ◆酪農家 낙농가. 酪農業 낙농업. 酪農製品 낙농품.
らくば【落馬】 (名サ) 낙마(落馬).
らくばん【落盤】 낙반(落盤).
ラグビー【rugby】 럭비.
らくめい【落命】 (名サ) 낙명(落命).
らくよう【落葉】 낙엽(落葉). ◆落葉樹 낙엽수.
らくらく【楽楽】 ❶편안(便安)히, 쉽게; 용이(容易)하게; 간단(簡單)히. ║楽々と解決する 간단히 해결하다.
らくるい【落淚】 (名サ) 낙루(落淚).
ラクロス【lacrosse】〔スポーツ〕 라크로스.
ラケット【racket】 라켓. ◆ラケットボール 라켓볼.

*-らしい ❶[推定]…같다; …(이)라고 하는 것 같다. ║この本は山田さんらしい 이 책은 야마다 씨 것 같다. 講演会は2時からだという 강연회는 두 시부터 라고 하는 것 같다. ❷…답다. ║男らしい 남자답다. 子供らしい 아이답다. 学生らしい服装 학생다운 옷차림. ❸…같다. ║ばからしい 바보 같다. わざとらしい 일부러 그러는 것 같다.
ラジウム【radium】 라듐.
ラジエーター【radiator】 라디에이터.
ラジオ【radio】 라디오. ║ラジオを聞く 라디오를 듣다. ◆ラジオ放送 라디오 방송.
ラジカセ 카세트라디오.
ラジコン 무선 조종(無線操縱).
らししょくぶつ【裸子植物】 나자 식물

ラシャ (裸子植物).
ラシャ【raxa ^ポ】 나사(羅紗). ◆ラシャ紙 나사지.
らしゅつ【裸出】 (名動) 노출(露出).
らしん【裸身】 나신(裸身); 알몸.
らしんぎ【羅針儀】 나침반(羅針盤).
らしんばん【羅針盤】 나침반(羅針盤).
ラスト【last】 라스트; 마지막. ‖ラストシーン 라스트 신. ラストスパート 라스트 스퍼트.
ラズベリー【raspberry】 라즈베리.
らせん【螺旋】 나선(螺旋). ◆螺旋運動 나선 운동. 螺旋階段 나선 계단. 螺旋形 나선형. 螺旋状 나선상.
らぞう【裸像】 나상(裸像); 나체상(裸體像).
らたい【裸体】 나체(裸體).
らち【埒】 범위(範圍); 한계(限界). ▶埒が明かない 결말이 안 난다. 진전이 없다. ▶埒もない 요점이 없다. 분별이 없다.
らち【拉致】 납치(拉致).
らっか【落下】 (名動) 낙하(落下). ◆落下運動 낙하 운동.
らっか【落花】 낙화(落花).
ラッカー【lacquer】 래커.
ラッコ【猟虎】 해달(海獺).
らっかさん【落下傘】 낙하산(落下傘).
らっかせい【落花生】 땅콩; 낙화생(落花生).
らっかん【落款】 낙관(落款).
らっかん【楽観】 (名動) 낙관(樂觀). ◆楽観主義 낙관주의. 楽観的 낙관적. 楽観的な意見 낙관적인 의견.
ラッキー【lucky】 러키. ◆ラッキーセブン 러키세븐. ラッキーゾーン 러키존.
ラッキョウ【辣韮】 골파.
ラック【rack】 래크.
ラッシュアワー【rush hour】 러시아워.
らっぱ【喇叭】 나팔(喇叭). ‖らっぱを吹く 나팔을 불다. ▶らっぱズボン 나팔바지. らっぱ飲み 병나발. らっぱ飲みする 병나발을 불다. [名]
ラッピング【wrapping】 (名) 래핑.
ラップ【lap】 (スポーツ) 랩.
ラップ【rap】【音楽】 랩.
ラップ【wrap】【包装】 랩.
らつわん【辣腕】 민완.
ラディカル【radical】 래디컬; 급진적 (急進的).
ラテン【Latin】 라틴. ◆ラテンアメリカ 라틴 아메리카. ラテン音楽 라틴 음악. ラテン語 라틴어. ラテン民族 라틴 민족.
らでん【螺鈿】 나전(螺鈿). ◆螺鈿細工 나전 세공.
ラトビア【Latvia】【国名】 라트비아.
ラバ【騾馬】 노새.
ラバー【rubber】 고무 제품(製品). ◆ラバーセメント (説明) 고무와 고무를 붙이는 접착제(接着劑). ラバーソール 밑창

이 고무인 구두.
ラビ【rabbi】【宗教】 랍비.
ラビオリ【ravioli ^イ】 라비올리.
らふ【裸婦】 나부(裸婦).
ラフ【rough】^ダ 거칠다; 까칠까칠하다; 난폭(亂暴)하다. ‖ラフな布 까칠까칠한 천. ラフな服装 아무렇게나 입은 복장.
ラブ【love】 러브. ◆ラブコール 러브콜. ラブシーン 러브신. ラブホテル 러브호텔. ラブレター 러브레터.
ラプソディー【rhapsody】 랩소디.
ラフティング【rafting】〈スポーツ〉 래프팅.
ラベル【label】 라벨. ‖図書にラベルを貼る 도서에 라벨을 붙이다.
ラベンダー【lavender】 라벤더.
ラマーズほう【Lamaze 法】 라마즈 호흡법(呼吸法).
ラマきょう【Lama 教】 라마교.
ラム【lamb】 램. ◆ラムウール 램울.
ラム【RAM】 (コンピューターの) 램.
ラム【rum】 럼주.
ラムネ【lemonade】 레모네이드.
ラメ【lamé ^フ】 라메.
ラリー【rally】 랠리.
ラルゴ【largo ^イ】【音楽】 라르고.
られつ【羅列】 (名動) 나열(羅列). ‖辞麗句を羅列する 미사여구를 나열한다.
られる ⇨れる.
ラワン【lauan】 나왕.
ラン【蘭】 난초(蘭草); …란. ◆竜舌蘭 용설란.
ラン【LAN】 랜. ◆無線ラン 무선랜.
らんおう【卵黄】 난황(卵黃); 노른자.
らんがい【欄外】 난외(欄外).
らんかく【乱獲】 남획(濫獲).
らんかん【卵管】 난관(卵管).
らんかん【欄干】 난간(欄干).
らんぎょう【乱行】 난행(亂行). ‖乱行に及ぶ 난행을 부리다.
らんぎり【乱切り】 ‖乱切りにする (料理 재료를) 아무렇게나 썰다.
らんきりゅう【乱気流】 난기류(亂氣流).
ランキング【ranking】 랭킹. ◆世界ランキング 세계 랭킹.
ランク【rank】 랭크. ‖ランクをつける 랭크를 하다.
らんこう【乱交】 (名動) 난교(亂交).
らんこう【藍耕】 남경(亂耕).
らんこうげ【乱高下】 난고하下 시세가 급격히 변한다.
らんさいぼう【卵細胞】 난세포(卵細胞).
らんさく【乱作】 남작(濫作).
らんざつ【乱雑】 난잡(亂雜)하다. ‖机の上が乱雑だ 책상 위가 난잡하다.

らんし【卵子】난자(卵子).
らんし【乱視】난시(亂視).
ランジェリー【lingerie 프】란제리.
らんしょく【藍紫色】 남자색(藍紫色).
らんしゃ【乱射】(중하)난사(亂射). ‖銃を乱射する 총을 난사하다.
らんしん【乱心】‖乱心する 마음이 어지러워지다. 미치다.
らんすい【乱酔】만취(滿醉).
らんすうひょう【乱数表】난수표(亂數表).
らんせ【乱世】난세(亂世).
らんせい【卵生】난생(卵生). ◆卵生動物 난생 동물.
らんせん【乱戦】난전(亂戰).
らんそう【卵巣】난소(卵巢).
らんぞう【乱造】‖乱造する 마구 만들다. 함부로 만들다.
らんそううん【乱層雲】 난층운(亂層雲).
らんだ【乱打】(중하)난타(亂打).
らんたいせい【卵胎生】 난태생(卵胎生).
ランダム【random】 무작위(無作爲); 랜덤.
ランタン【lantern】 랜턴.
ランチ【lunch】런치. ◆ランチタイム 점심시간.
らんちょう【乱丁】◆乱丁本 페이지 순서가 뒤바뀐 책.
らんちょう【乱調】난조(亂調). ‖投手が急に乱調になる 투수가 갑자기 난조를 보이다.
ランチョン【luncheon】런천.
ランデブー【rendez-vous 프】(중하)랑데부.
ランド【land】랜드. ‖ランドスケープ 랜드스케이프.
らんとう【乱闘】(중하)난투(亂鬪).
らんどく【乱読】(중하)남독(濫讀).
ランドセル(小学生用의)책가방.
ランドマーク【landmark】랜드마크.
らんにゅう【乱入】(중하)난입(亂入).
ランニングコスト【running cost】 러닝 코스트; 운전 자금(運轉資金).
ランニングシャツ【running+shirts 일】 러닝셔츠.
らんぱく【卵白】난백(卵白); 흰자.
ランバダ【lambada 포】 람바다.
らんばつ【乱伐】(중하)남벌(濫伐).
らんぱつ【乱発】(중하)남발(濫發). ‖어음을 乱発하는 어음을 남발하다.
らんはんしゃ【乱反射】(자)난반사(亂反射).
らんぶ【乱舞】(중하)난무(亂舞).
ランプ【lamp】램프.
***らんぼう**【乱暴】난폭(亂暴). ‖乱暴をはたらく 난폭한 짓을 하다. 品物を乱暴に扱う 물건을 난폭하게 다루다.

◆乱暴運転 난폭 운전.
らんま【欄間】교창(交窓).
らんまん【爛漫】난만(爛漫). ◆天真爛漫 천진난만.
らんみゃく【乱脈】난맥(亂脈).
らんよう【乱用・濫用】(중하)남용(濫用). ◆職權乱用 직권 남용.
らんらん【爛爛】‖眼をらんらん(と)輝かせる 눈이 반짝반짝 빛나다.
らんりつ【乱立】(중하)난립(亂立). ‖ビルが乱立する 빌딩이 난립하다.

り

り【里】[距離의 単位]…리(里).
り【利】❶벌이; 잇속; 이익(利益). ‖利にさとい 잇속에 밝다. ❷이자(利子).
り【理】도리(道理); 이치(理致). ‖理にかなう 이치에 맞다. 理의 当然 이치에 맞는 당연한 일.
リアクション【reaction】반응(反應); 반동(反動).
りあげ【利上げ】금리 인상(金利引上).
リアスしきかいがん【rias式海岸】 리아스식 해안(海岸).
リアリズム【realism】리얼리즘.
リアリティー【reality】리얼리티.
リアル【real】◆リアルに描く 리얼하게 그리다. ◆リアルタイム 실시간.
リーグ【league】리그. ◆リーグ戦 리그전.
リース【lease】리스. ◆リース産業 리스 산업.
リース【wreath】리스. ◆クリスマスリース 크리스마스 리스.
リーゼント【regent】 (ヘアスタイルの)리젠트.
リーダー【leader】리더.
リーダーシップ【leadership】 리더십. ‖リーダーシップを発揮する 리더십을 발휘하다.
リーチ(麻雀의)리치.
リーチ【reach】(ボクシングの)리치.
リート【Lied 독】[ドイツ歌曲]리트.
リード【lead】(중하)리드. ◆リードタイム 리드 타임.
リード【reed】(木管楽器などの)리드.
リーフ【reef】[暗礁・砂洲]암초(暗礁); 사주(沙洲).
リーフレット【leaflet】리플릿.
リール【reel】릴.
***りえき**【利益】이익(利益). ‖利益を求める 이익을 추구하다. 利益을 配分하는 이익을 배분하다. 公共의 利益 공공의 이익. ◆利益社會 이익사회. 利益率 이익률.
リエゾン【liaison】 리에종.
りえん【離縁】‖離縁する 인연을 끊다.

りか 이혼하다.
りか【李下】▶李下に冠(かんむり)を整さず 이하부정관(李下不整冠).
りか【理科】이과(理科).
*****りかい**【理解】(する) 이해(理解). ‖相手の立場を理解する 상대방의 입장을 이해하다. 内容を正しく理解する 내용을 올바르게 이해하다. 理解に苦しむ 이해가 안 가다. ◆理解力 이해력.
*****りがい**【利害】이해(利害). ‖利害が相反する 이해가 상반되다. ◆利害関係 이해관계.
りかがく【理化学】이화학(理化學).
りがく【理学】이학(理學).
りかん【離間】(する) 이간(離間). ◆離間策 이간책.
りき【力】힘; 체력(體力); 실력(實力); 능력(能力). ‖力がある 힘이 있다. 力をつける 힘을 기르다.
りき【利器】이기(利器). ‖文明の利器 문명의 이기.
りきえん【力演】(する) 열연(熱演).
りきがく【力学】역학(力學). ‖政治の力学 정치의 역학. ◆力学的エネルギー 역학적 에너지.
りきかん【力感】역동감(力動感).
りきさく【力作】역작(力作).
りきし【力士】역사(力士); 씨름 선수(選手).
りきせつ【力説】(する) 역설(力說). ‖福祉制度の必要性を力説する 복지 제도의 필요성을 역설하다.
りきせん【力戦】(する) 역전(力戰).
りきてん【力点】역점(力點). ‖力点を置くする 역점을 두다.
りきとう【力投】역투(力投).
りきとう【力闘】(する) 역투(力鬪).
りきむ【力む】❶힘을 주다; 힘쓰다. ‖重い物を動かそうと力む 무거운 물건을 움직이려 힘쓰다. ❷〖気負う〗허세(虚勢)를 부리다.
りきゅう【離宮】이궁(離宮); 별궁(別宮).
リキュール【liqueur 프】리큐어.
りきりょう【力量】역량(力量). ‖力量を発揮する 역량을 발휘하다.
りく【陸】뭍; 육지(陸地). ‖陸に上がる 뭍에 오르다.
りくあげ【陸揚げ】(する) 陸揚げする 뱃짐을 부리다.
りぐい【利食い】(設명) 주식(株式)을 전매(轉賣)하거나 도로 사들이거나 해서 차액(差額)을 버는 것.
りくうん【陸運】육상 운송(陸上運送).
リクエスト【request】(する) 주문(注文); 요망(要望).
りくかい【陸海】육해(陸海).
りくかいくう【陸海空】육해공(陸海空).
りくかぜ【陸風】육풍(陸風).
りくぐん【陸軍】육군(陸軍). ◆陸軍士官学校 육군 사관학교.
りくじょう【陸上】육상(陸上). ◆陸上競技 육상 경기.
りくせい【陸棲・陸生】(する) 陸棲(陸生)である 육상 생물이다.
りくせん【陸戦】지상전(地上戰).
りくそう【陸送】육상 운송(陸上運送).
りくち【陸地】육지(陸地). ◆陸地面積 육지 면적.
*****りくつ**【理屈】❶도리(道理); 이치(理致). ❷〖こじつけ〗억지; 구실(口實). ‖理屈をこねる 억지를 부리다.
りくつづき【陸続き】陸続きである 육지와 연결되어 있다.
りくつっぽい【理屈っぽい】이론(理論)을 내세우며 따지기를 좋아하다.
リクとう【陸島】육도; 대륙도(大陸島).
りくなんぷう【陸軟風】〖地〗육풍(陸風).
りくはんきゅう【陸半球】육반구(陸半球).
リクふう【陸風】육풍(陸風).
リクライニングシート【reclining seat】리클라이닝 시트.
リクルート【recruit】구인 활동(求人活動); 취직 활동(就職活動).
リくろ【陸路】육로(陸路).
りけい【理系】이과(理科).
りけん【利権】이권(利權). ‖利権を掌中にする 이권을 손에 넣다.
りこ【利己】이기(利己). ◆利己主義 이기주의. 利己心 이기심. 利己的 이기적. 利己的な行為 이기적인 행위.
りこう【利口】❶똑똑하다; 영리(怜悧)하다; 총명(聰明)하다. ❷〖子どもが〗말귀를 잘 알아듣고 착하다. ‖利口にいうことを よく 말 잘 듣고 있어. ❸요령(要領)이 좋다. ◆利口者 요령이 좋은 사람.
りこう【履行】(する) 이행(履行). ‖約束を履行する 약속을 이행하다.
りごう【離合】이합(離合).
りごうしゅうさん【離合集散】(する) 이합집산. ‖政界の離合集散 정계의 이합집산.
レコーダー【recorder】〖音楽〗리코더.
リコール【recall】리콜; 리콜제.
りこん【離婚】이혼(離婚). ◆協議離婚 합의 이혼. 熟年離婚 황혼 이혼. 離婚届 이혼 신고.
リサーチ【research】(する) 리서치. ◆マーケティングリサーチ 마케팅 리서치.
リザーブ【reserve】예약(豫約).
りざい【理財】이재(理財). ‖理財の道に長けている 이재에 밝다.
リサイクリング【recycling】재활용(再

リサイクル [recycle] 〖名・하〗 재활용(再活用).
リサイタル [recital] 리사이틀.
りさげ [利下げ] 금리 인하(金利引下).
りさん [離散] 이산(離散). ◆**離散家族** 이산 가족.
***りし** [利子] 이자(利子). ‖高い利子で借りた 비싼 이자로 빌리다. 利子をつけて返す 이자를 붙여서 갚다.
りじ [理事] 이사(理事). ◆**理事会** 이사회. **理事国** 이사국. **常任理事国** 상임이사국.
りしゅう [履修] 〖名・하〗 이수(履修). ◆**履修科目** 이수 과목. **履修届** 이수 신청.
りじゅん [利潤] 이윤(利潤). ‖莫大な利潤をあげる 막대한 이윤을 내다.
りしょく [利殖] 이식(利殖). ‖利殖する 재산을 늘리다.
りしょく [離職] 〖名・하〗 이직(離職). ◆**離職率** 이직률.
リス [栗鼠] 다람쥐.
リスク [risk] 리스크. ‖営業面のリスク 영업상의 리스크. リスクが大きい 리스크가 크다. ◆**リスク管理** 리스크 관리. **リスクヘッジ** 〖経〗 리스크 헤지.
リスト [list] 리스트.
リスト [wrist] 손목.
リストアップ [list+up 日] ‖リストアップする 일람표를 만들다. 표를 작성하다.
リストラ [←restructuring] 〖名・하〗 구조 조정(構造調整); 해고(解雇).
リスニング [listening] 리스닝; 듣기.
リズミカル [rhythmical]ダ 리드미컬하다.
リズム [rhythm] 리듬. ‖リズムに乗る リ듬을 타다. 生活のリズムが狂う 생활 리듬이 깨지다. ◆**リズム感** 리듬감.
りする [利する] ❶이익(利益)을 얻다. ❷이용(利用)하다.
りせい [理性] 이성(理性). 理性を失う 이성을 잃다. ◆**理性主義** 이성주의. **理性的** 이성적. **理性的な行動** 이성적인 행동. **理性的に判断する** 이성적으로 판단하다.
りせき [離席] ‖離席する 자리를 뜨다.
りせき [離籍] 이적(離籍).
リセット [reset] 〖名・하〗 리셋.
***りそう** [理想] 이상(理想). ‖理想を実現する 이상을 실현하다. 理想を追う 이상을 좇다. 理想と現実のギャップ 이상과 현실의 갭. ◆**理想化** 이상화. **理想郷** 이상향. **理想主義** 이상주의.
リソース [resource] 리소스.
リゾート [resort] 리조트. ◆**リゾートホテル** 리조트 호텔. **リゾートマンション** 리조트 맨션.
りそく [利息] 이자(利子).

リゾット [risottoイ] 리조토.
りた [利他] 이타(利他). ◆**利他主義** 이타주의.
リターン [return] ‖リターンする 되돌아오다. 되돌리다. 복구하다. ◆**ハイリターン** 수익성이 높다. **ハイリスクハイリターン** 하이리스크 하이리턴, 고위험 고수익.
リタイア [retire] 〖名・하〗 은퇴(隠退); 퇴직(退職).
リダイヤル [redial] ‖リダイヤルする 전화를 다시 걸다.
りだつ [離脱] 〖名・하〗 이탈(離脱). ‖戦線から離脱する 전선에서 이탈하다.
りち [理知] 이지(理知). ◆**理知的** 이지적. **理知的な顔だち** 이지적으로 생긴 얼굴.
リチウム [Lithium独] 리튬.
りちぎ [律儀] ‖義理(義理)가 있다; 성실(誠実)하다. ◆**律儀な人** 의리가 있는 사람. ◆**律儀者** 의리가 있는 사람. 성실한 사람.
りちゃくりく [離着陸] 〖名・하〗 이착륙(離着陸).
りつあん [立案] 〖名・하〗 입안(立案).
りっか [立夏] (이십사절기의) 입하(立夏).
りっきゃく [立脚] 〖名・하〗 입각(立脚). ‖事実に立脚する 사실에 입각하다. ◆**立脚点** 근거. 입장.
りっきょう [陸橋] 육교(陸橋).
りっけん [立件] 입건(立件).
りっけん [立憲] 입헌. ◆**立憲君主国** 입헌 군주국. **立憲君主制** 입헌 군주제. **立憲政治** 입헌 정치.
りっこうほ [立候補] 〖名・하〗 입후보(立候補). ◆**立候補者** 입후보자.
りっこく [立国] 입국(立國). ◆**工業立国** 공업 입국.
りっし [立志] 입지(立志). ◆**立志伝** 입지전.
りっし [律師] 율사(律師).
りっし [律詩] 율시(律詩).
りっしゅう [立秋] (이십사절기의) 입추(立秋).
りっしゅう [律宗] 계율종(戒律宗).
りっしゅん [立春] (이십사절기의) 입춘(立春).
りっしょう [立証] 〖名・하〗 입증(立證). ‖有罪を立証する 유죄를 입증하다.
りっしん [立身] 입신(立身).
りっしんしゅっせ [立身出世] 〖名・하〗 입신출세(立身出世).
りっすい [立錐] 입추(立錐). ◆**立錐の余地もない** 입추의 여지가 없다.
りつぞう [立像] 입상(立像).
りったい [立体] 입체(立体). ◆**立体音響** 입체 음향. **立体鏡** 입체경. **立体交差** 입체 교차. **立体図形** 입체 도형. **立体的** 입체적. **立体派** 입체파.

りっち【立地】(名하) 입지(立地). ◆立地条件 입지 조건. 立地条件がいい 입지 조건이 좋다.

りっとう【立冬】 (二十四節気의) 입동(立冬).

りっとう【立党】(名하) 창당(創黨).

りつどう【律動】 율동(律動). ◆律動的 율동적.

リットル【litre ⁊】 리터.

***りっぱ【立派】⁊** 훌륭하다; 멋지다; 뛰어나다. ‖立派な成績 뛰어난 성적. 立派な態度 훌륭한 태도. 立派にやっての けた 멋지게 해내다.

リップクリーム【lip cream】 립크림.

リップサービス【lip service】 립서비스.

リップスティック【lipstick】 립스틱.

りっぽう【立方】 세제곱; ◆立方体 입방체. 定숙면적.

りっぽう【立法】(名하) 입법(立法). ◆立法権 입법권. 立法府 입법부.

りつりょう【律令】 율령(律令).

りつろん【立論】(名하) 입론(立論).

りてい【里程】 이정(里程). ◆里程標 이정표.

りてき【利敵】 이적(利敵). ◆利敵行為 이적 행위.

りてん【利点】 이점(利點).

リトアニア【Lithuania】【国名】 리투아니아.

りとう【離島】 낙도(落島); 외딴섬.

りとう【離党】 탈당(脫黨).

りとく【利得】 이득(利得).

リトマスしけんし【litmus 試験紙】 리트머스 시험지(試驗紙).

りにゅう【離乳】(名하) 이유(離乳). ◆離乳食 이유식.

リニューアル【renewal】(名하) 개장(改裝); 신장(新裝). ‖店をリニューアルする가게를 개장하다.

りにょう【利尿】 이뇨(利尿). ◆利尿剤 이뇨제. 利尿作用 이뇨 작용.

りにん【離任】(名하) 이임(離任).

りねん【理念】 이념(理念). ‖教育の理念 교육 이념. ◆政治理念 정치 이념.

リネン【linen】 리넨; 아마포(亞麻布).

りのう【離農】(名하) 이농(離農).

リノリウム【linoleum】 리놀륨.

リハーサル【rehearsal】 리허설.

リバイバル【revival】 리바이벌.

リバウンド【rebound】(名하) 리바운드. ◆リバウンドボール 리바운드 볼.

りはつ【利発】⁊ 영리(怜悧)하다; 똑똑하다. ‖利発な子 영리한 아이.

りはつ【理髪】(名하) 이발(理髮). ◆理髪師 이발사. 理髪店 이발소.

りはば【利幅】 이폭(利益幅). ‖利幅が大きい 이익 폭이 크다.

リハビリ(テーション)【rehabilitation】 리허빌리테이션.

りばらい【利払い】 이자 지불(利子支拂).

りはん【離反】(名하) 이반(離反). ‖民心が離反する 민심이 이반하다.

リビア【Libya】【国名】 리비아.

リピーター【repeater】(説明)같은 가게나 장소(場所)를 또 이용(利用)하거나 방문(訪問)하는 사람.

リピート【repeat】 리피트; 반복(反復).

リヒテンシュタイン【Lichtenstein】【国名】 리히텐슈타인.

リビドー【libido ⁊】 리비도.

リビングキッチン【living + kitchen】 리빙키친.

リビングルーム【living room】 거실(居室).

リブあみ【rib 編み】 고무뜨기.

リフォーム【reform】 ‖家をリフォームする 집을 개축하다. 母の服をリフォームして子供服にする 어머니의 옷을 고쳐서 아이 옷으로 만들다.

りふじん【理不尽】⁊ 도리(道理)에 맞지 않다; 불합리(不合理)하다; 터무니 없다. ‖理不尽な要求 터무니없는 요구.

リフト【lift】 리프트.

リフトバック【liftback】 해치백.

リフレッシュ【refresh】 ‖気分をリフレッシュする 기분 전환하다.

リブロース【rib roast】 등심.

リベート【rebate】 리베이트.

りべつ【離別】(名하) 이별(離別).

リベラリスト【liberalist】 리버럴리스트.

リベラリズム【liberalism】 리버럴리즘.

リベラル【liberal】⁊ 리버럴하다.

リベリア【Liberia】【国名】 라이베리아.

りべん【利便】 편리(便利); 편의(便宜). ‖利便性が高い 상당히 편리하다. 利便を図る 편의를 꾀하다.

リベンジ【revenge】(名하) 복수(復讐); 설욕(雪辱).

リポーター【reporter】 리포터.

リポート【report】(名하) 리포트.

リボルバー【revolver】 리볼버.

リボン【ribbon】 리본. ‖リボンをつける 리본을 달다.

りまわり【利回り】(説明)이자(利子)나 배당금(配當金)의 비율(比率).

リムジン【limousine】 리무진. ◆リムジンバス 리무진 버스.

リメーク【remake】(名하) 리메이크.

りめん【裏面】 이면(裏面); 뒷면. ‖社会の裏面 사회의 이면.

リモートコントロール【remote control】 리모트 컨트롤.

リモコン 리모콘.

リヤカー【rear + car 日】 리어카.

りゃく【略】생략(省略).
りゃくぎ【略儀】약식(略式).
りゃくげん【略言】∥생략하여 간략하게 말하다.
りゃくご【略語】약어(略語).
りゃくごう【略号】약호(略號).
りゃくじ【略字】약자(略字).
りゃくしき【略式】약식(略式). ◆略式起訴 약식 기소. 略式命令 약식 명령.
りゃくじゅつ【略述】(する) 약술(略述).
りゃくしょう【略称】약칭(略稱).
りゃくす【略す】 생략(省略)하다; 줄이다. ∥細部は略す 세세한 부분은 생략하다.
りゃくず【略図】약도(略圖).
りゃくだつ【掠奪】(する) 약탈(掠奪).
りゃくでん【略伝】약전(略傳).
りゃくふ【略譜】약보(略譜).
りゃくれき【略歴】약력(略歷).
りゃっかい【略解】(する) 약해(略解).
りゃっき【略記】(する) 약기(略記).
りゅう【流】 유파(流派); 방식(方式).
◆自己流 자기 방식.
リュウ【竜】 용(龍).
*****りゅう**【理由】 ❶〔わけ〕이유(理由). ∥理由を明かす 이유를 밝히다. 一身上の理由 일신상의 이유. そんなこと理由にならない そんな理由が成り立たない 그런 건 이유가 안 된다. ❷〔口実〕구실(口實); 핑계. ∥理由をつけて休む 핑계를 대고 쉬다.
りゅうい【留意】(する) 유의(留意). ∥留意すべき点 유의할 점.
りゅういき【流域】 유역(流域). ∥利根川流域 도네가와 유역.
りゅうがく【留学】(する) 유학(留學).
◆海外留学 해외 유학. 自費留学 자비 유학. 留学生 유학생.
りゅうかすいそ【硫化水素】 황화수소(黃化水素).
リュウガン【竜眼】【植物】 용안(龍眼).
りゅうき【隆起】(する) 융기(隆起).
りゅうぎ【流儀】〔人・流派・地方などの〕독특(獨特)한 방식(方式).
りゅうけつ【流血】 유혈(流血). ∥流血の惨事 유혈 참사.
りゅうげんひご【流言飛語】 유언비어(流言蜚語).
*****りゅうこう**【流行】(する) 유행(流行). ∥流行を追う者は流行に따른다. 流行の先端を行く 유행의 첨단을 걷다. ◆流行遅れ 유행에 뒤떨어짐. 流行遅れの服 유행이 지난 옷. 流行歌 유행가. 流行語 유행어. 流行性感冒 유행성 감기.
りゅうさ【流砂】 물에 떠내려가기 쉬운 모래.
りゅうざい【粒剤】 가루약(藥).
りゅうさん【硫酸】 황산(黃酸). ◆硫酸アンモニウム 황산 암모늄. 硫酸塩 황산염. 硫酸銅 황산 구리.
りゅうざん【流産】(する) 유산(流産).
りゅうし【粒子】 입자(粒子).

りゅうしつ【流失】(する) 유실(流失).
りゅうしゅつ【流出】(する) 유출(流出). ∥情報の流出 정보의 유출.
りゅうず【竜頭】〔腕時計などの〕태엽(胎葉)을 감는 꼭지.
りゅうせい【流星】 유성(流星). ◆流星群 유성군.
りゅうせい【隆盛】(する) 융성(隆盛)하다.
リュウゼツラン【竜舌蘭】 용설란(龍舌蘭).
りゅうせんけい【流線形・流線型】 유선형(流線型).
りゅうそく【流速】 유속(流速).
りゅうたい【流体】 유체(流體).
りゅうち【留置】(する) 유치(留置). ◆留置場 유치장.
りゅうちょう【流暢】ダ 유창(流暢). ∥流暢な英語 유창한 영어.
*****りゅうつう**【流通】(する) 유통(流通). ∥現在流通している貨幣 현재 유통되고 있는 화폐. ◆流通業界 유통 업계.
りゅうと【隆と】 의젓히. ∥りゅうとした背広姿 의젓한 양복 차림.
りゅうどう【流動】(する) 유동(流動). ◆流動資産 유동 자산. 流動資本 유동 자본. 流動食 유동식. 流動性 유동성. 流動体 유동체. 流動的 유동적. 流動的な政局 유동적인 정국. 流動物 유동물.
りゅうとうだび【竜頭蛇尾】 용두사미(龍頭蛇尾).
りゅうにゅう【流入】(する) 유입(流入). ∥外資の流入 외자의 유입.
りゅうにん【留任】(する) 유임(留任).
りゅうねん【留年】(する) 유급(留級).
りゅうは【流派】 유파(流派).
りゅうひょう【流氷】 유빙(流氷); 성엣장.
りゅうほ【留保】(する) 유보(留保).
りゅうぼく【流木】 유목(流木).
リューマチ【Rheumatismus】ド 류머티즘.
りゅうみん【流民】 유민(流民).
りゅうよう【流用】(する) 유용(流用). ∥会費を流用する 회의비를 유용하다.
りゅうり【流離】(する) 유리(流離).
りゅうりゅう【隆隆】 울퉁불퉁. ∥筋骨隆々とした体 근육이 울퉁불퉁한 몸매.
りゅうりょう【流量】 유량(流量).
りゅうれい【流麗】ダ 유려(流麗)하다.
リュック(サック)【Rucksack】ド 륙색; 배낭(背囊).
りょう【両】 ❶〔両〕양쪽. ∥両の手 양쪽 손. 両首脳 양 수뇌. ❷…량. 貨車 4 両 화물차 네 량.
りょう【良】〔成績・品質などの〕양(良).
りょう【料】 …료(料). ◆通話料 통화료. 入場料 입장료. 調味料 조미료.

りょう【涼】 서늘함; 시원함. ‖涼をとる 시원한 바람을 쐬다.

りょう【猟】 수렵(狩獵); 사냥. ‖猟に出る 사냥을 가다.

りょう【陵】 능.

りょう【量】 양(量). ‖塩の量を減らす 소금의 양을 줄이다. 量より質 양보다 질.

りょう【稜】〖数学〗 모서리.

りょう 고기잡이. ‖漁に出る 고기를 잡으러가다.

りょう【領】 …령(領). ◆フランス領 프랑스령.

りょう【寮】 기숙사(寄宿舍). ‖大学の寮 대학 기숙사.

•**りょう**【利用】〖하〗 이용(利用). ‖通勤バスを利用する 통근 버스를 이용하다. 地位を利用した不正 지위를 이용한 부정. 火力を利用した火력을 이용하다. ◆利用者 이용자. 利用客 이용객.

りょう【理容】 이용(理容); 이발(理髮).

りょういき【領域】 영역(領域). ‖他人の領域を侵す 다른 사람의 영역을 침범하다. ◆専門領域 전문 영역.

りょういん【両院】 양원(兩院).

りょういん【良縁】 좋은 인연(因緣).

りょうえん【遼遠】 요원(遙遠)하다. ◆前途遼遠 전도요원.

りょうか【良家】 양가(良家).

りょうが【良貨】 양화(良貨).

りょうが【凌駕】〖하〗 능가(凌駕). ‖総合力で他チームを凌駕する 종합력으로 다른 팀을 능가하다.

りょうかい【了解】〖하〗 이해(理解); 양해(諒解); 납득(納得); 승낙(承諾). ‖暗黙の了解を得る 암묵적인 양해를 얻다. 了解できない 납득할 수 없다.

りょうかい【領海】 영해(領海). ◆領海侵犯 영해 침범.

りょうがえ【両替】〖하〗 환전(換錢). ‖ウォンを円に両替する 원을 엔으로 환전하다. ◆両替所 환전소.

りょうがわ【両側】 양쪽.

りょうかん【量感】 양감(量感).

りょうがん【両岸】 양안(兩岸); 양쪽 기슭.

りょうき【猟奇】 엽기(獵奇). ◆猟奇小説 엽기 소설. 猟奇的 엽기적.

りょうき【猟期】 엽기; 수렵기(狩獵期); 사냥철.

りょうき【漁期】 어기(漁期).

りょうぎ【両義】 두 가지 뜻.

りょうきょく【両極】 양극(兩極).

りょうきょくたん【両極端】 양극단(兩極端).

•**りょうきん**【料金】 요금(料金). ‖料金を払う 요금을 지불하다. バスの料金 버스 요금. タクシーの基本料金 택시 기본 요금. 公共料金 공공요금. 料金所 요금소.

りょうくう【領空】 영공(領空). ◆領空権 영공권. 領空侵犯 영공 침범.

りょうけ【両家】 양가(兩家). ‖両家の許可を得る 양가의 허락을 받다.

りょうけ【良家】 양가(良家); 양갓집.

りょうけん【猟犬】 사냥개.

りょうげん【燎原】 원원(燎原). ▶燎原の火 요원의 불길.

りょうこう【良好】 양호(良好)하다. ‖良好な成績 양호한 성적.

りょうこう【良港】 양항(良港).

りょうさい【良妻】 양처(良妻). ◆良妻賢母 현모양처.

りょうさん【量産】〖하〗 양산(量産).

りょうざんぱく【梁山泊】 양산박(梁山泊).

りょうし【猟師】 사냥꾼.

りょうし【量子】 양자(量子). ◆量子物理学 양자물리학.

りょうし【漁師】 어부(漁夫).

りょうじ【領事】 영사(領事). ◆総領事 총영사. 領事館 영사관.

りょうじ【療治】 치료(治療).

りょうしき【良識】 양식(良識). ‖良識のある人 양식이 있는 사람.

りょうしつ【良質】 양질(良質). ‖良質のバター 양질의 버터.

りょうじつ【両日】 이틀; 양일(両日).

りょうしゃ【両者】 양자(兩者); 쌍방(雙方).

りょうしゅ【領主】 영주(領主). ◆領主権 영주권.

りょうしゅう【領収】〖하〗 영수(領收).

りょうしゅう【領袖】 영수(領袖); 우두머리.

りょうじゅう【猟銃】 엽총(獵銃); 사냥총.

りょうしゅうしょ【領収書】 영수증(領收證).

りょうしゅうしょう【領収証】 영수증(領收證). ‖領収証をもらう 영수증을 받다.

りょうしょ【良書】 양서(良書).

りょうしょう【了承】〖하〗 양해(諒解); 승낙(承諾); 이해(理解); 납득(納得). ‖了承を得る 양해를 얻다.

りょうしょく【糧食】 양식(糧食); 식량(食糧).

りょうじょく【凌辱】〖하〗 능욕(凌辱).

りょうしん【両親】 부모(父母)님; 양친(兩親). ‖両親は元気です 부모님은 건강하십니다.

りょうしん【良心】 양심(良心). ◆良心の呵責を感じる 양심의 가책을 느끼다. 良心がとがめる 양심에 꺼리다. 良心の自由 양심의 자유. ◆良心的 양심적.

りょうじん【猟人】 사냥꾼.

りょうする【領する】 차지하다.

りょうせい【両性】 양성(両性). ◆**両性生殖** 양성 생식.

りょうせい【良性】 양성(良性). ◆**良性腫瘍** 양성 종양.

りょうせいるい【両棲類】 양서류(両棲類).

りょうせん【稜線】 능선(稜線).

りょうぜん【瞭然】 요연(瞭然). ◆**一目瞭然** 일목요연.

りょうぞく【良俗】 양속(良俗).

りょうだてよきん【両建て預金】 양건 예금(両建預金); 구속성 예금(拘束性預金); 꺾기.

りょうたん【両端】 양단(両端).

りょうだん【両断】 양단(両断).

りょうち【料地】 용지(用地).

りょうち【領地】 영지(領地).

りょうて【両手】 양손; 두 손; 두 팔. ‖両手を広げる 두 팔을 벌리다. ▶両手に花 좋은 것 두 가지를 동시에 차지함. 좌우에 미인을 거느림.

りょうてい【料亭】 요정(料亭).

りょうてんびん【両天秤】 저울. ‖両天秤にかける 양다리를 걸치다.

りょうど【領土】 영토(領土). ◆**領土権** 영토권. **領土紛争** 영토 분쟁.

りょうとう【両頭】 양두(両頭). ◆**両頭政治** 양두 정치.

りょうどう【両道】 두 길; 두 방면(方面).

りょうどうたい【良導体】 양도체(良導體).

りょうとうづかい【両刀遣い】 ❶〔二刀流〕쌍칼잡이. ❷두 가지 일을 동시(同時)에 하는 것 또는 그런 사람.

りょうとく【両得】 양득(両得). ◆**一挙両得** 일거양득.

りょうどなり【両隣】 좌우(左右) 양쪽.

りょうない【領内】 영내(領内).

りょうば【猟場】 사냥터.

りょうば【漁場】 어장(漁場).

りょうはし【両端】 양단(両端); 양쪽 끝.

りょうはん【量販】 ‖量販する 싸게 대량으로 판매하다. ◆**量販店** 양판점.

りょうびらき【両開き】〔戸などが〕양쪽으로 열림.

りょうひん【良品】 양품(良品).

りょうふう【良風】 양풍(良風). ◆**良風美俗** 미풍양속.

りょうぶん【両分】 (する)양분(両分). ‖利益を両分する 이익을 양분하다.

りょうぶん【領分】 영역(領域); 세력 범위(勢力範囲). ‖他人の領分を侵す 다른 사람의 영역을 침범하다.

りょうほう【両方】 양방(両方); 쌍방(雙方).

りょうほう【療法】 요법(療法). ◆**物理療法** 물리 요법.

りょうみ【涼味】 시원한 맛; 시원한 느낌.

りょうみん【良民】 양민(良民).

りょうめ【両目】 두 눈; 양쪽 눈.

りょうめん【両面】 양면(両面). ◆**物心両面** 물심양면. **両面コピー** 양면 복사.

りょうやく【良薬】 양약(良薬). ▶**良薬は口に苦し** 양약고구(良薬苦口).

りょうゆう【領有】 (する)영유(領有). ◆**領有権** 영유권.

りょうよう【両用】 (する)양용(両用). ◆**水陸両用** 수륙 양용.

りょうよう【療養】 요양(療養). ◆**療養所** 요양소.

りょうよく【両翼】 양익(両翼).

*りょうり【料理】 (する)요리(料理). ‖魚を料理する 생선을 요리하다. 料理の本 요리책. ◆**韓国料理** 한국 요리. **中華料理** 중화요리.

りょうりつ【両立】 (する)양립(両立). ‖仕事と育児を両立させる 일과 육아를 양립시키다.

りょうりん【両輪】 양쪽 바퀴.

りょうろん【両論】 양론(両論). ◆**賛否両論** 찬반 양론.

りょうわき【両脇】 양 옆; 양쪽 겨드랑이.

りょかく【旅客】 여객(旅客). ◆**旅客機** 여객기. **旅客船** 여객선.

りょかん【旅館】 여관(旅館).

-りょく【力】 …력(力). ◆**経済力** 경제력.

りょくいん【緑陰】 녹음(緑陰).

りょくおうしょく【緑黄色】 녹황색(緑黄色). ◆**緑黄色野菜** 녹황색 야채.

りょくじゅうじ【緑十字】 녹십자(緑十字).

りょくしょく【緑色】 녹색(緑色).

りょくそう【緑草】 녹초(緑草).

りょくそうしょくぶつ【緑藻植物】 녹조식물(緑藻植物).

りょくち【緑地】 녹지(緑地). ◆**緑地帯** 녹지대.

りょくちゃ【緑茶】 녹차(緑茶).

りょくど【緑土】 초목(草木)이 무성(茂盛)한 땅.

リョクトウ【緑豆】 녹두(緑豆).

りょくないしょう【緑内障】 녹내장(緑内障).

りょくひ【緑肥】 녹비(緑肥).

りょくべん【緑便】 (幼児の)녹변(緑便); 푸른똥.

りょけん【旅券】 여권(旅券). ‖旅券を申請する 여권을 신청하다.

りょこう【旅行】 (する)여행(旅行). ‖京都へ旅行する 교토로 여행을 가다. ◆**観光旅行** 관광 여행. **国内旅行** 국내여행. **修学旅行** 수학여행. **新婚旅行** 신혼여행.

りょしゅう【旅愁】 여수(旅愁).

りょじょう【旅情】 여정(旅情).

りょそう【旅装】 여장(旅裝). ‖旅装を解く 여장을 풀다.

りょだん【旅団】 여단(旅團).

りょっか【緑化】 녹화(綠化). ◆緑化運動 녹화 운동.

りょてい【旅程】 여정(旅程).

りょひ【旅費】 여비(旅費).

リラ【liraイ**】** [터키 등의 통화 단위]…리라.

リラックス【relax】 릴랙스하다. 긴장을 풀다. 쉬다.

リリース【release】 ‖CDをリリースする 새 시디를 발매하다. 釣った魚をリリースする 낚은 물고기를 놓아 주다.

リリーフ【relief】 [野球で]릴리프; 구원 투수(救援投手).

りりく【離陸】 이륙(離陸). ‖羽田空港を離陸する 하네다 공항을 이륙하다.

りりしい【凜凜しい】 늠름하다; 씩씩하다. ‖りりしい顔 늠름한 얼굴.

リリシズム【lyricism】 리리시즘; 서정주의(抒情主義).

りりつ【利率】 이율(利率). ‖利率を上げる 이율을 올리다. 利率年5分 연 오 퍼센트.

リリック【lyric】 리릭; 서정시(抒情詩). ◆リリックソプラノ 리릭 소프라노.

リレー【relay】 릴레이. ‖聖火をリレーする 성화를 릴레이하다.

りれき【履歴】 이력(履歷). ◆履歴書 이력서.

ろろせいぜん【理路整然】 ‖理路整然と話す 논리 정연하게 이야기하다.

•りろん【理論】 이론(理論). ‖理論を確立する 이론을 확립하다. 理論武装する 이론으로 무장하다. 理論と実践が伴う 이론과 실천이 따르다. ◆経済理論 경제 이론. 理論家 이론가. 理論的 이론적. 理論的な問題 이론적인 문제. 理論物理学 이론물리학.

りん【厘】 [길이의 단위]…이(厘).

りん【鈴】 방울; 벨.

りん【燐】 인(燐).

-りん【輪】 ❶[花]…송이. ❷[車輪]…륜.

りんか【隣家】 이웃집.

りんかい【臨海】 임해(臨海). ◆臨海工業地帯 임해 공업 지대.

りんかい【臨界】 임계(臨界). ◆臨界状態 임계 상태.

りんかく【輪郭】 윤곽(輪廓). ‖事件の輪郭をつかむ 사건의 윤곽을 잡다. 輪郭を描く 윤곽을 그리다.

りんがく【林学】 임학(林學).

りんかん【林間】 임간(林間). ◆林間学校 임간학교.

りんぎ【稟議】 품의(稟議). ◆稟議書 품의서.

りんきおうへん【臨機応変】 임기응변(臨機應變).

りんきゅう【臨休】 임시 휴업(臨時休業).

りんぎょう【林業】 임업(林業).

リンク【link】 링크. ◆リンク制 링크제.

リンク【rink】 링크. ◆スケートリンク 스케이트장.

リング【ring】 링. ◆リングサイド 링사이드.

りんげつ【臨月】 산(産)달.

リンゲル【Ringer】 링거. ◆リンゲル液 링거액.

リンゴ【林檎】 사과(沙果). ‖リンゴの皮をむく 사과를 깎다. リンゴを丸かじりする 사과를 통째로 베어 먹다.

りんこう【燐光】 인광(燐光).

りんごく【隣国】 이웃 나라.

りんざいしゅう【臨済宗】 임제종(臨濟宗).

りんさく【輪作】 (る하) 윤작(輪作).

りんさん【燐酸】 인산(燐酸). ◆燐酸カルシウム 인산 칼슘. 燐酸肥料 인산 비료.

りんさんぶつ【林産物】 임산물(林産物).

りんし【臨死】 임사(臨死).

•りんじ【臨時】 임시(臨時). ◆臨時休業 임시 휴업. 臨時休校 임시 휴교. 臨時国会 임시국회. 臨時国会を開く 임시 국회를 열다. 臨時政府 임시 정부. 臨時ニュース 임시 뉴스.

りんじゅう【臨終】 임종(臨終). ‖臨終を迎える 임종하다.

りんしょう【臨床】 임상(臨床). ◆臨床医学 임상 의학. 臨床実験 임상 실험. 臨床心理学 임상심리학.

りんじょう【臨場】 (る하) 임장(臨場). ◆臨場感 현장감.

りんじん【隣人】 이웃; 이웃집 사람.

リンス【rinse】 린스.

りんせい【輪生】 돌려나기.

りんせき【臨席】 (る하) 임석(臨席).

りんせつ【隣接】 (る하) 인접(隣接). ‖隣接している国を 인접해 있는 나라들.

りんせん【臨戦】 임전(臨戰). ◆臨戦態勢 임전 태세.

りんち【林地】 임업(林業)을 위한 땅.

りんち【臨地】 실제(實際)로 현지(現地)에 감. ◆臨地調査 현지 조사.

リンチ【lynch】 린치. ‖リンチを加えるリンチを加わる.

りんてん【輪転】 (る하) 윤전(輪轉). ◆輪転機 윤전기.

りんと【凜と】 늠름(凜凜)하게. ‖凜とした態度 늠름한 태도.

リンドウ【竜胆】 용담(龍膽).

りんね【輪廻】 윤회(輪廻).

リンパ【Lympheド**】** 림프. ◆リンパ液 림프액. リンパ管 림프관. リンパ球 림프구

구. リンパ節 림프샘.

りんばん【輪番】 윤번(輪番).

りんぶ【輪舞】 윤무(輪舞); 원무(圓舞).

りんや【林野】 임야(林野).

りんり【倫理】 윤리(倫理). ‖倫理的 책임. ◆倫理学 윤리학. 倫理的 윤리적. 政治倫理 정치 윤리.

りんりん ❶〔鈴·ベルなどの鳴る音〕딸랑 딸랑; 따르릉. **❷**〔スズムシの鳴き声〕또 르르.

る

ルアー【lure】 루어 낚시.

るい【累】 누(累); 폐(弊). ‖累を及ぼす 폐[누]를 끼치다.

るい【塁】 루(壘). ‖❶塁を守る 이루를 지키다. ❸塁打を打つ 삼루타를 치다.

るい【類】 종류(種類); …류. ‖麺類なら 何でも好きです 면 종류라면 뭐든지 좋아합니다. ▶類は友を呼ぶ 유유상종(類類相従). ◆哺乳類 포유류.

るいか【累加】 (名他) 누가(累加).

るいがいねん【類概念】 유개념(類概念).

るいぎご【類義語】 유의어(類義語); 비슷한 말.

るいけい【累計】 (名他) 누계(累計).

るいけい【類型】 유형(類型). ‖昔話をいくつかの類型に分類する 옛날이야기를 몇 개의 유형으로 분류하다. 類型的な表現 유형적인 표현.

るいご【類語】 유의어(類義語). ‖類語辞典 유의어 사전.

るいじ【類似】 (名自) 유사(類似). ‖犯罪の手口が類似する事件 범죄 수법이 유사한 사건. ‖類似点 유사점. 類似品 유사품.

るいしん【累進】 (名自) 누진(累進). ‖累進課税 누진 과세.

るいじんえん【類人猿】 유인원(類人猿).

るいすい【類推】 (名他) 유추(類推). ‖単なる類推に過ぎない 단순한 유추에 불과하다. ◆類推解釈 유추 해석.

るいする【類する】 닮다; 비슷하다.

るいせき【累積】 (名自他) 누적(累積). ‖累積する赤字 누적되는 적자.

るいせん【涙腺】 눈물샘; 누선(涙腺).

るいだい【累代】 누대(累代).

るいひ【類比】 유비(類比); 비교(比較). ‖両国の国民性を類比する 두 나라의 국민성을 비교하다.

るいべつ【類別】 유별(類別).

るいらん【累卵】 누란(累卵). ▶累卵の危うき 누란지세(累卵之勢).

るいるいと【累累と】 겹겹이.

るいれい【類例】 유례(類例). ‖類例がない 유례가 없다.

ルー【roux】 〔フ〕〔カレーなどの〕루.

ルーキー【rookie】 루키.

ルージュ【rouge】 〔フ〕루주; 립스틱.

ルーズソックス【loose+socks】 〔和〕여고생(女高生)들이 헐렁하게 늘어져 보이게 신는 길고 흰 양말(洋襪).

ルーチン【routine】 **❶** 단조(單調)로운 일. **❷** 〔IT〕루틴.

ルーツ【roots】 기원(起源).

ルート【root】 루트(√).

ルート【route】 루트. ‖販売ルート 판매 루트.

ルーブル【rubl'】 〔ロシア連邦の貨幣単位〕…루블.

ルーペ【Lupe】 〔ド〕확대경(擴大鏡); 돋보기.

ルーマニア【Rumania】 (国名) 루마니아.

ルーム【room】 룸. ◆ルームサービス 룸 서비스. ルームメイト 룸메이트.

ルール【rule】 룰. ‖ルールを守る 룰을 지키다. ルールを破る者 룰을 어기다.

ルーレット【roulette】 룰렛.

ルクス【lux】 〔光の強さを表わす単位〕…럭스.

ルクセンブルク【Luxemburg】 (国名) 룩셈부르크.

るけい【流刑】 유형(流刑).

るす【留守】 **❶** 외출(外出)해서 집에 없음; 부재 중(不在中)임. ‖家を留守にする 집을 비우다. **❷** 집을 봄; 집을 지킴. ‖隣に留守を頼む 이웃 사람한테 집을 봐 달라고 부탁하다. ▶留守を使う 집에 있으면서도 없는 척하다.

るすばん【留守番】 집을 보는 것[사람]. ‖留守番をする 집을 보다. ◆留守番電話 자동 응답 전화.

ルック【look】 룩. ◆サファリルック 사파리룩.

ルックス【looks】 용모(容貌); 외모(外貌). ‖ルックスがいい 외모가 멋있다.

ルッコラ【rucola】 루콜라.

るつぼ【坩堝】 도가니. ‖興奮の坩堝 흥분의 도가니.

るてん【流転】 **❶** (名自) 유전(流轉). **❷** 윤회(輪廻).

ルネッサンス【Renaissance】 〔フ〕르네상스.

ルビ【ruby】 〔ふりがな用の〕작은 활자(活字).

ルビー【ruby】 루비. ‖ルビーの指輪 루비 반지.

るふ【流布】 (名自) 유포(流布).

ルポ 〔輪廻〕.

ルポライター【repo+writer】 〔和〕르포라이터.

ルポルタージュ【reportage】 〔フ〕르포르타주.

るみん【流民】 유민(流民).

るり 【瑠璃】 유리(瑠璃). ◆瑠璃色 보랏빛이 도는 진한 청색.

るる 【縷縷】 자세(仔細)하게. ◆縷々事情を説明する 자세하게 사정을 설명하다.

ろろう 【流浪】 (る하) 유랑(流浪). ◆流浪の民 유랑민.

ルワンダ 【Rwanda】 【国名】 르완다.

ルンバ 【rumbaス】 룸바.

ルンペン 【Lumpen독】 룸펜.

るんるん ▮るんるん(と)한気分 신바람 나는 기분.

れ

レ 【reイ】 (音階의)레.
レア 【rare】 레어. ◆レアチーズケーキ 레어 치즈케이크.
れい 【礼】 ❶예의(禮儀). ◆礼を尽くす 예의를 다하다. ❷【お辞儀】인사(人事). ❸起立, 礼 기립, 경례. ❹【感謝】의 뜻을 나타냄 또는 그 물건(物件). ◆お礼を言う 감사의 뜻을 전하다. ❹式; 의식(儀式). 即位의 礼 즉위식.
れい 【例】 ❶예; 보기; 사례(事例); 전례(前例). ◆例を挙げて説明する 예를 들어 설명하다. これは珍しい例だ 이것은 드문 사례다. このような事件はかつて例がない事件は일찍이 전례가 없다. ❷습관(習慣). ❸【主に例の…の形で】예; 그. 例の話 그 이야기. ◆例によって例の如し 언제나 마찬가지다.
れい 【零】 영(零); 제로.
れい 【霊】 영; 영혼(靈魂).
れい 【嶺】 영(嶺); 봉우리. ◆分水嶺 분수령.
レイアウト 【layout】 레이아웃.
れいあんしつ 【霊安室】 영안실(靈安室).
れいえん 【霊園】 공동묘지(共同墓地).
れいおん 【冷温】 냉온(冷溫).
れいか 【冷夏】 냉하(冷夏). ◆덥지 않은 여름.
れいか 【零下】 영하(零下). ◆今日の最低気温は零下10度だった 오늘의 최저 기온은 영하 10도였다.
れいかい 【例会】 정례회(定例會).
れいかい 【例解】 (る하) 예해(例解).
れいがい 【例外】 예계(禮戒).
れいがい 【冷害】 냉해(冷害).
れいがい 【例外】 예외(例外). ◆例外を認める 예외를 인정하다. 例外を作る 예외를 만들다. 例外として扱う 예외로 취급하다. 例外なし 예외 없이.
れいかん 【霊感】 영감(靈感).
れいがんし 【冷眼視】 (る하) 냉안시(冷眼視).

れいき 【冷気】 냉기(冷氣).
れいぎ 【礼儀】 예의(禮儀). ◆礼儀正しい 예의바르다. そういうことをするのは礼儀に反する 그런 짓을 하는 것은 예의에 어긋난다. あの人は礼儀作法を知らない 저 사람은 예의범절을 모른다.
れいきゃく 【冷却】 (る하) 냉각(冷却). ◆冷却期間 냉각기간. 冷却装置 냉각장치.
れいきゅうしゃ 【霊柩車】 영구차(靈柩車).
れいきん 【礼金】 사례금(謝禮金).
れいぐう 【礼遇】 (る하) 예우.
れいぐう 【冷遇】 냉대(冷待).
れいけつ 【冷血】 냉혈(冷血). ◆冷血漢 냉혈한. 冷血動物 냉혈 동물.
れいげん 【冷厳】ダ 냉엄(冷嚴)하다. 冷厳な態度で宣告する 냉엄한 태도로 선고하다. 人間の死という冷厳な事実 인간의 죽음이라는 냉엄한 사실.
れいけん 【霊験】 영험(靈驗); 영검.
れいこく 【冷酷】ダ 냉혹(冷酷)하다. ◆冷酷な仕打ち 냉혹한 처사.
れいこん 【霊魂】 영혼(靈魂). ◆霊魂不滅 영혼 불멸.
れいさい 【冷菜】 냉채(冷菜).
れいさい 【零細】 영세(零細). ◆零細企業 영세기업. 零細農家 영세 농가.
レイシ 【霊芝】 영지(靈芝).
れいじ 【例示】 (る하) 예시(例示).
れいじ 【零時】 영시(零時); 밤 열두 시.
れいしゅ 【冷酒】 (說明) 데우지 않은 술; 데우지 않고 마시도록 만든 술.
れいしょう 【冷笑】 (る하) 냉소(冷笑).
れいじょう 【例文】 (る하) 예증(例證).
れいじょう 【令状】 영장(令狀). ◆召集令状 소집 영장. 逮捕令状 체포 영장.
れいじょう 【令嬢】 영애(令愛); 영양(令孃); 따님.
れいじょう 【礼状】 감사 편지(感謝便紙); 감사장(感謝狀).
れいすい 【冷水】 냉수(冷水). ◆冷水摩擦 냉수마찰. 冷水浴 냉수욕.
れいせい 【冷静】 냉정(冷靜)하다; 침착(沈着)하다. ◆彼は常に冷静だ 그 사람은 언제나 침착하다. 冷静に状況を判断する 상황을 냉정히 판단하다.
れいせつ 【礼節】 예절(禮節).
れいせん 【冷戦】 냉전(冷戰). ◆冷戦状態 냉전 상태.
れいぜん 【霊前】 영전(靈前).
れいぜんと 【冷然と】 냉담(冷淡)하게.
れいそう 【礼装】 예복(禮服) ▮礼装する 예복을 입음.
れいぞう 【冷蔵】 (る하) 냉장(冷蔵).
れいぞうこ 【冷蔵庫】 냉장고(冷蔵庫).
れいそく 【令息】 영식(令息); 아드님.
れいぞく 【隷属】 (る하) 예속(隸屬).
れいだい 【例題】 예제(例題).

れいたん【冷淡】ダ 냉담(冷淡)하다. ‖冷淡な態度 냉담한 태도.
れいだんぼう【冷暖房】 냉난방(冷暖房). ◆冷暖房装置 냉난방 장치.
れいち【霊地】 영지(靈地).
れいちょう【霊長】 영장(靈長). ‖万物の霊長 만물의 영장. ◆霊長類 영장류.
れいてき【霊的】 영적(靈的). ‖霊的な世界 영적인 세계.
れいてつ【冷徹】ダ 냉철(冷徹)하다.
れいてん【零点・0点】 영점(零點); 빵점.
れいど【0度・零度】 영도(零度).
れいとう【冷凍】(名サ) 냉동(冷凍). ◆冷凍食品 냉동 식품. 冷凍食品 냉동 식품.
れいねん【例年】 예년(例年).
れいはい【礼拝】 예배(禮拜).
れいはい【零敗】(名サ) 영패(零敗).
れいばい【冷媒】 냉매(冷媒).
れいばい【霊媒】 영매(靈媒).
れいふう【冷風】 냉풍(冷風).
れいふく【礼服】 예복(禮服).
れいふじん【令夫人】 영부인(令夫人).
れいぶん【例文】 예문(例文).
れいほう【礼法】 예법(禮法).
れいほう【礼砲】 예포(禮砲); 축포(祝砲).
れいほう【霊峰】 영봉(靈峯).
れいぼう【冷房】 냉방(冷房). ◆冷房装置 냉방 장치.
れいめい【黎明】 여명(黎明). ◆黎明期 여명기.
れいめん【冷麺】 냉면(冷麺).
れいもつ【礼物】 예물(禮物); 선물(膳物).
れいらく【零落】(名サ) 영락(零落).
れいり【怜悧】ダ 영리(怜悧)하다.
れいれいしい【麗麗しい】 일부러 눈에 띄도록 하다. ‖麗々しい看板を出す 눈에 띄는 간판을 내걸다.
れいろう【玲瓏】ダ 영롱(玲瓏)하다.
レインコート【raincoat】 레인코트.
レーザー【laser】 레이저. ◆レーザー光線 레이저 광선. レーザーディスク 레이저 디스크. レーザープリンター 레이저 프린터.
レース【lace】 레이스.
レーダー【radar】 레이더.
レーヨン【rayonne 仏】 레이온.
レール【rail】 레일. ▶レールを敷く 일이 잘 진행되도록 하다.
レオタード【leotard】 레오타드.
*れきし【歴史】 역사(歷史). ‖歴史に残る大事件 역사에 남을 대사건. 服飾の歴史 복식의 역사. 歴史上の人物 역사상의 인물. 歴史学 역사학. 歴史時代 역사 시대. 歴史的 역사적. 歴史的な瞬間 역사적인 순간.

れきせん【歴戦】 역전(歷戰). ‖歷戰の勇士 역전의 용사.
れきぜん【歴然】 분명(分明)히; 확연(確然)히. ‖歴然とした差 확연한 차이.
れきだい【歴代】 역대(歷代). ‖歴代の王 역대의 왕.
れきにん【歴任】(名サ) 역임(歷任).
れきほう【歴訪】(名サ) 순방(巡訪).
レギュラー【regular】 레귤러.
れきりょくと【歴として】 역력(歷歷)히.
レクイエム【requiem】 레퀴엠.
レクリエーション【recreation】 레크리에이션.
レゲエ【reggae】 레게.
レコーダー【recorder】 리코더.
レコーディング【recording】(名サ) 리코딩.
*レコード【record】 ❶기록(記錄). ‖従来のレコードを破る新記録 종래의 기록을 깨뜨리는 신기록. ❷레코드. ‖LPレコード 엘피 레코드.
レジ【←register】 계산대(計算臺). ◆レジ袋 슈퍼 등의 비닐 봉지.
レシート【receipt】 영수증(領收證).
レシーバー【receiver】 리시버.
レジスタンス【résistance 仏】 레지스탕스.
レシピ【recipe】 레시피.
レジャー【leisure】 레저. ◆レジャー産業 레저 산업. レジャー施設 레저 시설.
レジュメ【résumé 仏】 레쥬메; 레쥬메.
レスキューたい【rescue 隊】 인명 구조대(人命救助隊).
レストラン【restaurant 仏】 레스토랑.
レズビアン【lesbian】 레즈비언.
レスラー【wrestler】 레슬러.
レスリング【wrestling】 레슬링.
レセプション【reception】 리셉션.
レタス【lettuce】 양상추.
*れつ【列】 열; 행렬(行列); 줄. ‖列を作る 줄을 서다. 列に並ぶ 줄을 서다. 列に割り込む 새치기하다. 2列縦隊 이열 종대.
れつあく【劣悪】ダ 악락(劣惡)하다. ‖劣惡な条件 열악한 조건.
れっか【劣化】(名サ) 열화(劣化)하다. ‖劣化する 품질이나 성능 등이 떨어지다. ◆劣化ウラン弾 열화우라늄탄.
レッカーしゃ【wrecker 車】 레커차.
れっきとした【歷とした】 훌륭한; 당당(堂堂)한; 명백(明白)한. ‖れっきとした証拠 명백한 증거.
れっきょ【列挙】(名サ) 열거(列擧)하다. ‖罪状を列挙する 죄상을 열거하다.
れっきょう【列強】 열강(列强).
レッグウォーマー【leg warmers】 레그 워머.
れっこく【列国】 열국(列國).
レッサーパンダ【lesser panda】 레서판

다.
れっし【烈士】 열사(烈士).
れっしゃ【列車】 열차. ‖東京駅で列車に乗る 도쿄역에서 열차를 타다. 列車で行く 열차로 가다. ◆貨物列車 화물 열차. 夜行列車 야간열차.
れつじょ【烈女】 열녀 ◆烈女ース 열녀전.
れっする【列する】 출석(出席)하다; 어깨를 나란히 하다. ‖会議の席に列する 회의의 석에 출석하다.
れっせい【劣性】 열성(劣性). ◆劣性遺伝 열성 유전.
れっせい【劣勢】 열세(劣勢)하다.
れっせき【列席】 (す하) 열석(列席).
レッテル【letter네】 레테르. ▶レッテルを貼る 꼬리표를 붙다. (개)
れつでん【列伝】 열전(列傳).
れっとう【劣等】 열등(劣等)하다. ◆劣等感 열등감.
れっとう【列島】 열도(列島). ◆日本列島 일본 열도.
レッドカード【red card】 (サッカーで) 레드카드.
れつれつ【烈烈】 ‖烈々たる闘志 뜨거운 투지.
レディー【lady】 레이디. ◆レディーファースト 레이디 퍼스트.
レディース【ladies】 여성(女性). ◆レディースファッション 여성 패션.
レトリック【rhetoric】 수사; 수사학(修辭學).
レトルト【retort】 레토르트. ◆レトルト食品 레토르트 식품.
レトロ【rétro프】 복고풍(復古風).
レバー【lever】 (取っ手)레버.
レバー【liver】 (肉の)간(肝).
レパートリー【repertory】 레퍼토리.
レバノン【Lebanon】〔国名〕 레바논.
レビュー【review】 레뷰.
レファレンス【reference】 참고; 참고문헌(參考文獻).
レフェリー【referee】 레퍼리.
レフト【left】 레프트.
レベル【level】 레벨. ‖レベルが向上するレベル이 향상되다. レベルの高い授業 레벨이 높은 수업
レベルアップ【level+up일】 수준 향상 (水準向上). ‖学力がレベルアップする 학력이 높아지다.
レポーター【reporter】 리포터.
レポート【report】 (す하) 리포트. ‖レポートを書く 리포트를 쓰다. 調査結果のレポートを作成する 조사 결과 리포트를 작성하다.
レモネード【lemonade】 레모네이드.
レモン【lemon】 레몬. ◆レモンスカッシュ 레몬스쿼시. レモンティー 레몬차.
レリーフ【relief】 릴리프.
れる(られる) ❶〔自発〕‖三輪車を見ると子どもの頃が思い出される 세발자전거를 보면 어릴 때 생각이 난다. 彼は参加しないように思われます 그 사람은 참가하지 않을 것으로 생각됩니다. ❷〔尊敬〕…に行く‖韓国へはいつ行かれますか 한국에는 언제 가십니까? 今度の学会に先生も出席される 이번 학회에 선생님께서도 참석하신다. ❸〔可能〕…ます(가) 없다; …지 못하다. 못…. ‖朝は早く起きられない 아침에는 일찍 일어날 수가 없다. 今日は一緒に行けない 오늘은 같이 못 가. 全部は食べられない 전부 다는 못 먹어. ❤…에의 표현도 사용된다. ❹〔受身〕(i)〔漢語動詞〕…되다(받다). ‖問題が解決される 문제가 해결되다. 努力した結果だと先生にほめられる 노력한 결과라고 선생님께 칭찬받다. 会社から解雇される〔被害〕회사에서 해고당하다. (ii)〔非漢語動詞〕‖机の上にたくさんの本が積まれている 책상 위에 책이 많이 쌓여 있다. 時間に追われている 시간에 쫓기고 있다. 電車の中で足を踏まれる 전철 안에서 발을 밟히다. 会議は今度の土曜日に開かれる 회의는 이번 주 토요일에 열린다. (iii)〔自動詞による迷惑の受身〕‖私はケーキを弟に食べられた 남동생이 내 케이크를 먹어 버렸다. 学校からの帰り道で雨に降られる 하굣길에 비를 맞다. ❤迷惑の受身の場合, 対応する表現がないため, 用いられる動詞それぞれの構文の特徴に合わせた表現になる.
れん【連】 ❶ 무리; …들. ‖悪童連 악동들. ❷ …줄. ‖3連のネックレス 세 줄짜리 목걸이.
れんあい【恋愛】 (す하) 연애(戀愛). ◆恋愛小説 연애 소설.
れんか【恋歌】 연가(戀歌).
れんか【廉価】 염가(廉價). ◆廉価商品 염가 상품. 廉価販売 염가 판매.
れんが【煉瓦】 벽돌. ‖レンガ造りの家 벽돌로 지은 집.
れんかん【連関】 (す하) 연관(聯關); 관련(關聯).
れんき【連記】 (す하) 연기(連記). ◆連記投票 연기 투표.
れんきゅう【連休】 연휴(連休).
レンギョウ【連翹】 개나리.
れんきんじゅつ【錬金術】 연금술(鍊金術).
れんけい【連係】 (す하) 연계(連繫).
れんけい【連携】 (す하) 연계(連繫).
レンゲソウ【蓮華草】 자운영(紫雲英).
れんけつ【連結】 (す하) 연결(連結). ‖車両を連結する 차량을 연결하다.
れんこ【連呼】 (す하) 연호(連呼).
れんご【連語】 연어(連語).
れんこう【連行】 (す하) 연행(連行). ‖容疑者を連行する 용의자를 연행하다.
れんごう【連合】 (す하) 연합(聯合). 連

合軍 연합군. 連合政権 연합 정권.
れんごく【煉獄】 연옥(煉獄).
レンコダイ【連子鯛】 황돔.
れんこん【蓮根】 연근(蓮根).
れんさ【連鎖】 연쇄(連鎖). ◆連鎖球菌 연쇄 구균. 連鎖反応 연쇄 반응.
れんざ【連座】 (ス타) 연좌(連坐). ◆連座制 연좌제.
れんさい【連載】 (ス타) 연재(連載). ◆連載小説 연재 소설.
れんさく【連作】 (ス타) 연작(連作).
レンジ【range】 레인지. ◆電子レンジ 전자레인지. レンジフード 레인지 후드.
れんじつ【連日】 연일(連日). ◆連日連夜 연일연야. 매일.
*れんしゅう【練習】 (ス타) 연습(練習). ∥ピアノを練習する 피아노를 연습하다. 相当な練習をする 상당한 연습을 하다. 試合に備えて猛練習する 시합에 대비해서 맹연습하다. ◆発音練習 발음 연습. 練習曲 연습곡. 練習不足 연습 부족.
れんしょ【連署】 (ス타) 연서(連署).
れんしょう【連勝】 (ス타) 연승(連勝).
れんじょう【恋情】 연정(戀情).
れんじょう【連乗】 (ス타) (수학) 연승(連乗).
レンズ【lens】 렌즈. ◆凹レンズ 오목 렌즈. 凸レンズ 볼록 렌즈.
れんせつ【連接】 연접(連接).
れんそう【連想】 (ス타) 연상(聯想). ∥哲学者というとカントを連想する 철학자라고 하면 칸트를 연상하다. ◆連想ゲーム 연상 게임.
*れんぞく【連続】 (ス타) 연속(連續). ∥3年連続して優勝する 삼 년 연속으로 우승하다. 連続して質問する 연속하여 질문하다. ◆連続性 연속성.
れんだ【連打】 연타(連打).
れんたい【連体】 관형(冠形). ◆連体形 관형형. 連体詞 관형사.
れんたい【連帯】 (ス타) 연대(連帶). ◆連帯感 연대감. 連帯責任 연대 책임.
れんたい【連隊】 연대(聯隊).
れんだい【連代】; 연화대(蓮花臺).
レンタカー【rent-a-car】 렌터카. ∥レンタカーを借りる 렌터카를 빌리다.
レンタル【rental】 (ス타) 임대(賃貸). ◆レンタルビデオ 임대 비디오.
れんたん【練炭】 연탄(煉炭).
れんだん【連弾】 (ス타) 연탄(連彈). ∥ピアノを連弾する 피아노를 연탄하다.
れんち【廉恥】 염치(廉恥). ◆廉恥心 염치. 부끄러운 마음.
レンチャン 연속(聯續). ∥忘年会のれんチャン 망년회의 연속.
れんちゅう【連中】 패거리; 무리; 동료(同僚). ∥会社の連中 회사의 동료들.

れんとう【連投】 (ス타) (野球で)연투(連投).
れんどう【連動】 (ス타) 연동(連動). ◆連動装置 연동 장치.
レントゲン【Röntgen ド】 뢴트겐. ◆レントゲン写真 뢴트겐 사진.
れんにゅう【練乳】 연유(煉乳).
れんぱ【連覇】 (ス타) 연패(連覇).
れんぱい【連敗】 (ス타) 연패(連敗).
れんぱつ【連発】 (ス타) 연발(連發). ∥ピストルを連発する 권총을 연발하다. 事故の連発 사고의 연발. ◆連発銃 연발총.
れんばん【連番】 연번(連番).
れんびん【憐憫】 연민(憐憫). ∥憐憫の情を催す 연민의 정을 느끼게 하다.
れんぺい【練兵】 연병장. ◆練兵場 연병장.
れんぼ【恋慕】 연모(戀慕).
れんぽう【連邦】 연방(連邦). ◆連邦制 연방제.
れんぽう【連峰】 연봉(連峰).
れんま【練磨】 연마(研磨).
れんめい【連名】 연명(連名). ∥連名で嘆願書を出す 연명으로 탄원서를 내다.
れんめい【連盟】 연맹(聯盟). ◆国際連盟 국제 연맹.
れんや【連夜】 연야(連夜); 매일(毎日) 밤.
れんよう【連用】 계속해서 사용(使用)함.
れんようけい【連用形】 부사형(副詞形).
*れんらく【連絡】 (ス타) 연락(連絡). ∥警察に連絡する 경찰에 연락하다. 彼から来られないという連絡があった 그 사람한테서 못 온다는 연락이 왔다. 連絡を取る 연락을 취하다. 連絡が途絶える 연락이 끊어지다. ◆連絡先 연락처. 連絡船 연락선. 連絡網 연락망.
れんりつ【連立】 (ス타) 연립(聯立). ◆連立内閣 연립 내각. 連立方程式 연립 방정식.

ろ

ろ【櫓】 노(櫓). ∥ろを漕ぐ 노를 젓다.
ロイヤリティー【royalty】 로열티.
ロイヤルゼリー【royal jelly】 로열 젤리.
ロイヤルボックス【royal box】 로열박스.
ろう【労】 노력(努力); 수고; 노고(勞苦). ∥労をねぎらう 노고를 치하하다. 労を執る 수고를 하다.
ろう【蠟】 납(蠟); 왁스.
ろう【蠟】 (ス타) 납 용접 납땜.
ろうあ【聾啞】 농아(聾啞). ◆聾啞学校

농아 학교.
ろうえい【漏洩】 ⟨するで⟩ 누설(漏洩). ‖機密の漏洩 기밀 누설.
ろうえき【労役】 노역(労役).
ろうか【老化】 노화(老化). ‖老化を防ぐ食品 노화를 방지하는 식품. ◆老化現象 노화 현상.
ろうか【廊下】 복도(複道).
ろうかい【老獪】 　　　　노회(老獪)하다. ‖老獪な政治家 노회한 정치가.
ろうかく【楼閣】 누각(楼閣). ‖砂上の楼閣 사상누각.
ろうがっこう【聾学校】 농아 학교(聾啞学校).
ろうがん【老眼】 노안(老眼). ‖老眼になる 노안이 되다. ◆老眼鏡 노안경, 돋보기.
ろうきゅう【老朽】 ⟨するで⟩ 노후(老朽). ‖老朽化した建物 노후화된 건물.
ろうぐ【老軀】 노구(老軀).
ろうく【労苦】 노고(労苦).
ろうご【老後】 노후(老後). ‖老後に備える 노후에 대비하다.
ろうさい【労災】 산재(産災); 산업 재해(産業災害).
ろうさく【労作】 노작(労作).
ろうし【労使】 노사(労使). ◆労使交渉 노사 교섭.
ろうじゃく【老弱】　　　 노약(老弱)하다. ‖老弱な身 노약한 몸.
ろうしゅう【老醜】 노추(老醜).
ろうじゅく【老熟】 노숙(老熟).
ろうしゅつ【漏出】 누출(漏出).
ろうしょう【老将】 노장(老将).
ろうしょう【朗誦】 낭송(朗誦).
ろうじょう【楼上】 누상(楼上).
ろうじょう【籠城】 농성(籠城).
ろうしん【老親】 노친(老親).
***ろうじん**【老人】 노인(老人). ‖老人になる 노인이 되다. 老人扱いする 노인 취급하다. ◆老人性痴呆 노인성 치매. 老人ホーム 양로원, 노인 복지 시설.
ろうすい【老衰】 노쇠(老衰).
ろうする【弄する】 늘어놓다; 부리다. ‖詭弁を弄する 궤변을 늘어놓다. 技巧を弄する 기교를 부리다.
ろうする【労する】 노력(努力)하다; 수고하다; 애쓰다. ‖労せずして何かを得ようとする 노력하지 않고 무언가를 얻으려고 하다.
ろうそ【労組】 노조(労組).
ろうそう【老僧】 노승(老僧).
ろうそく【蠟燭】 초; 양초. ‖ろうそくの明かり 촛불.
ろうたいか【老大家】 노대가(老大家). ‖書道の老大家 서도의 노대가.
ろうちん【労賃】 노임(労賃); 품삯.
ろうでん【漏電】 누전(漏電). ‖漏電事故 누전 사고.
***ろうどう**【労働】 ⟨するで⟩ 노동(労働). ‖1日8時間労働 하루 여덟 시간 노동. ◆強制労働 강제 노동. 精神労働 정신 노동. 肉体労働 육체 노동.
ろうどううんどう【労働運動】 노동 운동(労働運動).
ろうどうきじゅんほう【労働基準法】 근로 기준법(勤労基準法).
ろうどうきほんけん【労働基本権】 근로 기본권(勤労基本権).
ろうどうきょうやく【労働協約】 노동 협약(労働協約).
ろうどうくみあい【労働組合】 노동조합(労働組合).
ろうどうけいやく【労働契約】 노동 계약(労働契約).
ろうどうけん【労働権】 노동권(労働権).
ろうどうさいがい【労働災害】 산업 재해(産業災害).
ろうどうじかん【労働時間】 노동 시간(労働時間).
ろうどうしゃ【労働者】 노동자(労働者). ◆労働者階級 노동자 계급.
ろうどうじょうけん【労働条件】 노동 조건(労働条件).
ろうどうそうぎ【労働争議】 노동 쟁의(労働争議).
ろうどうほう【労働法】 노동법(労働法).
ろうどうりょく【労働力】 노동력(労働力). ◆労働力人口 노동력 인구.
ろうどく【朗読】 ⟨するで⟩ 낭독(朗読). ‖詩を朗読する 시를 낭독하다.
ろうにゃくなんにょ【老若男女】 남녀노소(男女老少).
ろうにんぎょう【蝋人形】 밀랍 인형(蜜蝋人形).
ろうねん【老年】 노년(老年). ◆老年期 노년기.
ろうば【老婆】 노파(老婆). ◆老婆心 노파심.
ろうはい【老廃】 ⟨するで⟩ 노폐(老廃). ◆老廃物 노폐물.
ろうばい【狼狽】 ‖狼狽する 당황하다, 허둥거리다.
ろうひ【浪費】 낭비(浪費). ‖時間を浪費する 시간을 낭비하다. ◆浪費癖 낭비벽.
ろうへい【老兵】 노병(老兵).
ろうぼ【老母】 노모(老母).
ろうほう【朗報】 낭보(朗報). ‖朗報に接する 낭보를 접하다.
ろうぼく【老木】 노목(老木).
ろうまん【浪漫】 낭만(浪漫).
ろうむ【労務】 노무(労務). ◆労務管理 노무 관리.
ろうや【牢屋】 감옥(監獄).
ろうらく【籠絡】 농락(籠絡).
ろうりょく【労力】 노력(労力). ‖労力を惜しまない 노력을 아끼지 않다.

ろうれい【老齢】 노령(老齡).
ろうれん【老練】 노련(老練)하다. ∥老練な医師 노련한 의사.
ろうろうと【朗朗と】 낭랑(朗朗)하게. ∥朗々と詩を朗読する 낭랑하게 시를 낭독하다.
ローカル【local】 로컬. ♦ローカルカラー 지방색. ローカル線 지선. ローカル番組 지방 프로그램.
ローション【lotion】 로션. ♦スキンローション 스킨로션.
ロースクール【law school】 로스쿨.
ロースト【roast】 로스트. ♦ローストチキン 로스트 치킨.
ロータリー【rotary】 로터리. ♦ロータリーエンジン 로터리 엔진.
ロータリークラブ【Rotary Club】 로터리 클럽.
ローテーション【rotation】 로테이션.
ロードショー【road show】 로드 쇼.
ロープ【rope】 로프. ♦ロープウエー 케이블카.
ローマ【Roma】 로마. ♦ローマ字 로마자. ローマ数字 로마 숫자. ローマ法皇 로마 교황.
ローマカトリック【Roman Catholic】 로마 카톨릭. ♦ローマカトリック教会 로마 가톨릭 교회.
ローラー【roller】 롤러. ♦ローラースケート 롤러스케이트. ローラースケートをする 롤러스케이트를 타다.
ロール【role】 역할(役割).
ロールパン【roll パン】 롤빵.
ローン【loan】 대부; 대부금(貸付金); 융자(融資). ♦住宅ローン 주택 융자.
ろか【濾過】 ⦗する⦘ 여과(濾過). ♦濾過器 여과기.
ろかた【路肩】 갓길. ∥路肩に注意 갓길 주의.
ろく・6【六】 육(六); 여섯. ∥6人前 육인분. 小学校 6 年生 초등학교 육 학년. 6人 여섯 명.
ろく【碌】 제대로임; 번번함. ∥ろくに見もしないで 제대로 보지도 않고.
ろく【緑】 녹(綠). ♦緑を食む 녹을 먹다.
ログアウト【log out】(IT) 로그아웃.
ログイン【log in】(IT) 로그인.
****ろくおん**【録音】 ⦗する⦘ 녹음(錄音). ∥講演を録音する 강연을 녹음하다. ♦録音機 녹음기. 録音装置 녹음 장치.
ろくが【録画】 ⦗する⦘ 녹화(錄畵). ♦録画放送 녹화 방송.
ろくがつ【六月・6月】 유월.
ろくじゅう【六十・60】 육십(六十); 예순. ∥60番目 육십 번째. 60歳 육십 세. 예순 살.
ろくしょう【緑青】 녹(綠). ∥緑青が出ている 녹이 슬다.
ろくだいしゅう【六大州】 육대주(六大洲).
ログハウス【log house】 통나무집.
ろくまく【肋膜】 늑막(肋膜). ♦肋膜炎 늑막염.
ろくめんたい【六面体】 육면체(六面體).
ロケーション【location】 로케이션.
****ロケット**【rocket】 로켓. ∥ロケットを打ち上げる 로켓을 쏘아 올리다. ♦ロケットエンジン 로켓 엔진. ロケット弾 로켓탄.
ロゴ(タイプ)【logotype】 로고.
ロゴス【logos ギ】 로고스.
ろこつ【露骨】 노골(露骨的). ∥露骨な表現 노골적인 표현.
ロザリオ【rosario ポ】 로사리오; 묵주(默珠).
ろし【濾紙】 여과지(濾過紙); 거름종이.
ろじ【路地】 골목; 골목길. ♦路地裏 뒷골목. 골목 안.
ろじ【露地】 노지(露地).
ロシア【Rossiya ロ】 러시아. ♦ロシア語 러시아어.
ろしゅつ【露出】 ⦗する⦘ 노출(露出). ∥肌を露出する 속살을 드러내다. ♦露出症 노출증.
ろじょう【路上】 노상(路上). ♦路上駐車 노상 주차.
ロス【loss】 손실(損失); 낭비(浪費). ∥時間のロス 시간의 낭비. ♦ロスタイム (サッカーなどで) 로스 타임.
ろせん【路線】 노선(路線). ∥決まった路線を走る 정해진 노선을 달리다. ♦反核平和路線 반핵 평화 노선.
ろせんバス【路線 bus】 노선(路線) 버스.
ろそくたい【路側帯】 보행자용(步行者用) 도로(道路).
ロッカー【locker】 물건함(私物函); 라커. ♦コインロッカー 코인라커.
ろっかくけい【六角形】 육각형(六角形).
ろっかん【肋間】 늑간(肋間).
ロック【lock】 ∥ロックする 자물쇠로 잠그다.
ロッククライミング【rock-climbing】 록클라이밍.
ロックンロール【rock'n'roll】 로큰롤.
ロッジ【lodge】 산장(山莊).
ロッド【rod】 낚싯대.
ろっぷ【六腑】 육부(六腑). ♦五臓六腑 오장육부.
ろっぽう【六方】 동서남북(東西南北)과 천지(天地).
ろっぽう【六法】 육법(六法). ♦六法全書 육법전서.
ろてい【路程】 노정(路程).
ろてい【露呈】 ⦗する⦘ 노정(露呈).

ろてん【露天】 노천(露天). ◆露天商 노천상.

ろてん【露店】 노점(露店).

ろとう【路頭】 길거리. ▶路頭に迷う 거리로 나앉다; 생계가 막막하다.

ロハ 〔ただ〕공짜.

ロバ【驢馬】 당나귀.

ろばた【炉端】 노변(爐邊); 화롯가; 난롯가. ◆炉端焼き 로바타야키, 화롯불구이.

ロビー【lobby】 로비. ◆空港の出発ロビー 공항의 출발 로비.

ロビイスト【lobbyist】 로비스트.

ロブスター【lobster】 로브스터.

ロフト【loft】 다락방.

ろぼう【路傍】 노방(路傍); 길가. ◆路傍の人 길가는 사람.

ロボット【robot】 로봇. ◆産業用ロボット 산업용 로봇. ロボット工学 로봇공학.

ロマネスク【Romanesque 프】 로마네스크.

ロマン【roman 프】 낭만(浪漫). ◆ロマン主義 낭만주의.

ロマンス【romance】 로맨스.

ロマンチシズム【romanticism】 로맨티시즘.

ロマンチスト【romanticist】 로맨티시스트.

ロマンチック【romantic】ダ 로맨틱하다. ▶ロマンチックな雰囲気 로맨틱한 분위기.

ロム【ROM】(IT) 롬. ◆CRロム 시디롬.

ろめん【路面】 노면(路面). ◆路面電車 노면 전차.

ろれつ【呂律】 말투; 말씨. ▶呂律が回らない 혀가 제대로 움직이지 않다. 말을 제대로 못 하다.

ろじろてん【露和辞典】 러일 사전(露日辭典).

ろん【論】 논; 이론(理論); 논리(論理); 의견(意見). ▶論が分かれる 의견이 갈라지다. 論を戦わす 논쟁을 벌이다. 論が立つ 논리가 서다. ▶論より証拠 말보다는 증거. 論を俟(ま)たない 논할 필요가 없다. 명백하다. ◆抽象論 추상론. 一般論 일반론.

ろんがい【論外】 논외(論外); 터무니없음. ▶それは論外の問題だ 그건 논외의 문제다. 論外な値段 터무니없는 가격. 論外な要求 말도 안 되는 요구.

ろんぎ【論議】(する) 논의(論議). ▶論議を尽くす 충분히 논의하다.

ろんきゃく【論客】 논객(論客).

ろんきゅう【論及】(する) 논급(論及).

ろんきょ【論拠】 논거(論據).

ロングラン【long-run】 롱런.

ろんご【論語】 논어(論語).

ろんこう【論功】 논공(論功). ◆論功行賞 논공행상.

ろんこう【論考】(する) 논고(論考).

ろんこく【論告】(する) 논고(論告).

ろんし【論旨】 논지(論旨).

ろんしゃ【論者】 논자(論者).

ろんしゅう【論集】 논집(論集). ▶論集を編纂する 논집을 편집하다.

ろんじゅつ【論述】(する) 논술(論述). ◆論述式試験問題 논술식 시험 문제.

ろんしょう【論証】(する) 논증(論證). ▶引力の法則を論証する 인력의 법칙을 논증하다.

ろんじる【論じる】 논(論)하다. ▶政治について論じる 정치에 대해 논하다.

ろんせつ【論説】 논설(論說). ◆論説委員 논설위원.

ろんそう【論争】(する) 논쟁(論爭). ▶経済問題について論争する 경제 문제에 대해서 논쟁하다. 論争が激しい 논쟁이 치열하다.

ろんそう【論叢】 논총(論叢).

ろんだい【論題】 논제(論題).

ろんだん【論壇】 논단(論壇).

ろんちょ【論著】 논저(論著).

ろんちょう【論調】 논조(論調).

ろんてん【論点】 논점(論點). ▶論点を明確にする 논점을 명확히 하다. 論点が曖昧な 논점이 애매하다.

ロンパース【rompers】 〔子供服の〕롬퍼.

ろんばく【論駁】(する) 논박(論駁). ▶陳述を論駁する 진술을 논박하다.

ろんぴょう【論評】(する) 논평(論評).

*ろんぶん【論文】 논문(論文). ◆卒業論文を提出する 졸업 논문을 제출하다. 教育問題に関する論文 교육 문제에 관한 논문. ◆修士論文 석사 논문. 博士論文 박사 논문.

ろんぽう【論法】 논법(論法). ◆三段論法 삼단 논법.

ろんり【論理】 논리(論理). ▶論理の飛躍 논리의 비약. ◆論理学 논리학. 論理的の 논리적. 論理的な 생각.

わ

わ【和】 ❶협력(協力); 협조(協調); 화합(和合). ▶人の和 인화. ❷화해(和解). ❸〔数〕합.

わ【輪・環】 ❶환(環); 원형(圓形)의 것. ❷차륜(車輪); 수레바퀴.

-わ【羽】 〔鳥・ウサギなど〕…마리. ▶鳥 1 羽 새 한 마리.

わあ 〔驚き・感動など〕와. ▶わあ, 大きい 와, 크다.

わあい 〔からかう〕야. ▶わあい, 泣き虫やあい, 울보야.

ワーカホリック【workaholic】 일 중독

(中毒).
ワークショップ【workshop】 워크숍.
ワードプロセッサー【word processor】 워드프로세서.
ワールドカップ【World Cup】 월드컵.
ワールドワイドウェブ【World Wide Web】(IT) 월드 와이드 웹(WWW).
わあわあ ❶〔泣き声〕엉엉. ‖わあわあ泣いた 엉엉 울었다. ❷〔騒ぐ声〕왁자지껄.
わいきょく【歪曲】 (する) 왜곡(歪曲). ‖事実を歪曲する 사실을 왜곡하다.
ワイシャツ 와이셔츠.
わいしょう【矮小】 (する) 왜소(矮小)하다.
わいせつ【猥褻】 외설(猥褻). ‖わいせつ行為 외설 행위.
ワイドショー【wide+show 日】 와이드 쇼.
ワイドスクリーン【wide screen】 와이드 스크린.
ワイパー【wiper】 와이퍼.
ワイフ【wife】 와이프; 마누라.
ワイヤ【wire】 와이어. ◆ワイヤレス 와이어리스.
わいろ【賄賂】 뇌물(賂物).
わいわい 〔騒ぐ声〕왁자지껄; 와글와글.
ワイン【wine】 와인, 포도주(葡萄酒). ◆ワインカラー 포도색.
わえいじてん【和英辞典】 일영 사전(日英辞典).
わおん【和音】 화음(和音).
わが【我】 우리; 나의. ‖我が国 우리 나라.
*わかい【若い】 ❶젊다; 미숙(未熟)하다; 어리다. ‖若い人 젊은 사람. 若い木 어린 나무. 若い者 젊은이. 考え方が若い 생각이 미숙하다. 彼の方が私より若い 그 사람이 나보다 젊다. ❷〔番号・数値などが〕낮다. ‖番号の若い順 번호가 낮은 순.
わかい【和解】 (する) 화해(和解).
わがい【我意】 자기 생각; 자기 기분(自己気分). ‖我が意を得たり 자기 생각대로 되다.
わかがえる【若返る】 젊어지다.
わかくさ【若草】 어린 풀.
わかげ【若気】 젊은 혈기(血気); 젊은 패기(覇気). ‖若気の至る 혈기로 인한 잘못.
わがこと【我が事】 자신(自身)의 일.
わかさ【若さ】 젊음.
ワカサギ【公魚】 빙어.
わがし【和菓子】 일본 전통(日本傳統) 과자(菓子).
わかじに【若死に】 (する) 요절(夭折).
わかしらが【若白髪】 새치. ‖若白髪を抜く 새치를 뽑다.
わかす【沸かす】 ❶끓이다. ‖お湯を沸かす 물을 끓이다. ❷열광(熱狂)시키

다. ‖観衆を沸かす大接戦 관중을 열광시키는 대접전.
わかぞう【若造】 풋내기; 애송이.
わかだんな【若旦那】 ❶〔商家の〕장남(長男); 도련님. ❷〔大家の〕아들; 도련님.
わかちあう【分かち合う】 나누다; 나누어 가지다; 분담(分擔)하다. ‖喜びを分かち合う 기쁨을 나누다.
わかちがき【分かち書き】 띄어쓰기. ‖韓国語は分かち書きをする 한국어는 띄어쓰기를 한다.
わかつ【分かつ】 ❶〔分ける〕나누다. ❷구분(区分)하다; 구별(區別)하다; 분간(分揀)하다. ‖黒白を分かつ 흑백을 분간하다.
わかづくり【若作り】 젊어 보이게 꾸밈; 젊게 보이게 꾸밈. ‖若作りの女性 젊게 보이게 꾸민 여자.
わかて【若手】 젊은이; 젊은 사람. ‖若手を起用する 젊은 사람을 기용하다.
わかな【若菜】 봄나물. ‖若菜を摘む 봄나물을 캐다.
わかば【若葉】 새잎; 어린 잎; 신록(新綠). ‖若葉の季節 신록의 계절. ▶若葉マーク 초보 운전 마크.
わかみ【我が身】 ❶〔体〕자기(自己) 몸. ❷〔立場〕자기 입장(立場).
わかめ【若芽】 새싹. ‖若芽が萌え出る 새싹이 움트다.
ワカメ【若布】 미역. ‖ワカメスープ 미역국.
わかもの【若者】 청년(青年).
わがや【我が家】 우리 집.
わがよ【我が世】 내 세상(世上). ▶我が世の春 전성기. 我が世の春を謳歌하는 전성기를 구가하다.
わからずや【分からず屋】 벽창호.
わかりきった【分かり切った】 너무나 뻔한; 당연(當然)한. ‖分かり切ったこと 너무나 뻔한 일.
*わかる【分かる】 ❶알아보다; 이해(理解)할 수 있다. ‖意味が分かる 의미를 알다. 答えが分かる 답을 알다. 味の分かる人 맛을 아는 사람. 一目で分かる 한눈에 알 수 있다. 道が分からない길을 모르다. 名前が分からない人이름을 모르는 사람. 分かった. 何とかして心配するな 어떻게 해서든지 해볼께. 걱정마. どんなに心配したか分からない 얼마나 걱정했는지 모른다. ❷명백(明白)히 되다; 알려지다. ‖真犯人が分かる 진짜 범인이 명백해지다.
わかれ【別れ】 이별(離別); 결별(訣別); 고별(告別). ‖別れを告げる 이별을 고하다. 永の別れ 영원한 이별.

わかれみち【別れ道】 갈림길. ‖運命의 別れ道 운명의 갈림길.

わかれめ【分かれ目】 갈림길; 갈라지는 곳. ‖勝負の分かれ目 승부의 갈림길.

***わかれる【分かれる】** ❶ 갈라지다; 나뉘다. ‖道が分かれる 길이 갈라지다. 3台に分かれて乗る 세 대로 나누어 타다. ❷ 차이(差異)가 생기다; 갈라지다. ‖意見が分かれる 의견이 갈라지다.

***わかれる【別れる】** 헤어지다; 이혼(離婚)하다; 이별(離別)하다. ‖駅で友だちと別れる 역에서 친구와 헤어지다. 恋人と別れた愛人 헤어진 애인. 別れた妻 헤어진 아내.

わかれわかれ【別れ別れ】 ‖家族が別れ別れになる 가족이 뿔뿔이 헤어지다.

わかわかしい【若々しい】 아주 젊어 보이다.

***わき【脇】** ❶ 겨드랑이. ‖脇に体温計を挟む 체온계를 겨드랑이에 끼우다. ❷ 옆; 곁. ‖先生の脇に座る 선생님 옆에 앉다. ❸ 딴 곳; 딴 데. ‖話が脇にそれる 이야기가 딴 데로 새다.

わきあいあい【和気藹々・和気靄靄】 화기애애(和氣靄靄). ‖和気藹々とした雰囲気 화기애애한 분위기.

わきあがる【沸き上がる】 ❶ (泡などが) 끓어오르다. ❷ 터져 나오다. ‖歓声が沸き上がる 환성이 터져 나오다.

わきおこる【沸き起こる】 ❶ 피어오르다. ‖雲が沸き起こる 구름이 피어오르다. ❷ 터져 나오다. ‖拍手が沸き起こる 박수가 터져 나오다.

わきが【腋臭】 암내.

わきかえる【沸き返る】 〖沸騰する〗펄펄 끓다. ❷ 열광(熱狂)하다. ‖沸き返る観衆 열광하는 관중.

わきげ【腋毛】 겨드랑이 털.

わきたつ【沸き立つ】 (雲が)피어오르다.

わきど【脇戸】 쪽문(門); 옆문.

ワギナ【vaginaラ】 질(膣).

わきのした【脇の下】 겨드랑이.

わきばら【脇腹】 옆구리.

わきまえる【弁える】 ❶ 가리다; 구분(區分)하다; 구별(區別)하다. ‖善悪を弁える 선악을 구분하다. ❷ 도리(道理)를 알다. ‖礼儀を弁える 예의를 차리다.

わきみ【脇見】 ‖脇見する 곁눈질하다. 한눈을 팔다. 脇見運転 한눈을 팔면서 하는 운전.

わきみず【湧き水】 샘물.

わきみち【脇道】 옆길; 샛길. ‖話が脇道にそれる 이야기가 옆길로 새다.

わきめ【脇目】 곁눈; 한눈; 옆에서 봄. ‖脇目もふらず仕事をする 한눈 한 번 팔지 않고 일을 하다.

わきやく【脇役】 ❶ 조연(助演). ❷ 보좌역(補佐役).

わぎゅう【和牛】 〖說明〗일본 재래산(日本在來産) 소.

わぎり【輪切り】 ‖輪切りにする 둥글게 썰다.

***わく【枠】** ❶【輪郭】윤곽(輪廓); 테; 테두리. ‖眼鏡の枠 안경테. ❷【限界】한계(限界); 범위(範圍); 한도(限度). ‖法律の枠外 법률의 한도.

***わく【沸く】** ❶ 끓다. ‖お湯が沸く 물이 끓다. ❷ 열광(熱狂)하다. ‖場内が沸く 장내가 열광하다.

***わく【湧く】** ❶ (泉などが)솟다. ‖温泉が湧く 온천이 솟다. ❷ (기分·感情などが)솟다; 나다; 생기다. ‖実感が湧く 실감이 나다. 興味が湧く 흥미가 생기다. ❸ (虫などが)생기다.

わくがい【枠外】 (範圍・限度などの) 밖. ‖予算を枠外 예산 한도 밖.

わくぐみ【枠組み】 ❶ 틀. ❷ (仕事などの) 아우트라인; 구성(構成).

わくせい【惑星】 행성(惑星).

ワクチン【Wakzin ド】 백신.

わくない【枠内】 (範圍・限度などの)내(內). ‖予算の枠内で仕事をする 예산 한도 내에서 일을 하다.

わくわく ‖期待と緊張で落ち着かない様子) ‖わくわく(と)しながら登場を待つ 가슴 설레며 등장을 기다리다.

***わけ【訳】** ❶【意味】뜻; 의미(意味). ‖訳も分からずに暗唱する 뜻도 모르고 외우다. ❷【理由】이유(理由); 사정(事情). ‖逃げた訳を聞く 도망간 이유를 묻다. ❸【理】도리(道理); 이치(理致); 상식(常識). ‖深い訳がある 깊은 사정이 있다. ❹【道理】도리(道理); 이치(理致); 상식(常識). ‖訳の分かった人 도리를 아는 사람. ❺『…わけにはいかないの形で』…할 수는 없다. ‖帰るわけにはいかない 돌아갈 수는 없다. ❺『…わけだの形で』…하는 것도 당연(當然)하다; …할 만하다. ‖それでは怒るわけだ 그러면 화낼 만도.

わげい【話芸】 〖說明〗화술(話術)로 사람을 즐겁게 하는 재주.

わけいる【分け入る】 헤치고 들어가다.

ワケギ【分葱】 쪽파; 골파.

わけしり【訳知り】 사물(事物)의 사정(事情)을 잘 알고 있는 사람.

わけても【別けても】 특(特)히.

わけない【訳ない】 쉽다; 용이(容易)하다.

わけへだて【分け隔て】 사람에 따라 차별(差別)하기.

わけまえ【分け前】 할당분(割當分).

わけめ【分け目】 ❶ 나눈 곳. ‖髪の分け目 머리 가르마. ❷ (勝敗などの) 갈림길.

***わける【分ける】** ❶ 나누다; 나누어 가지다. ‖学年別に分ける 학년별로 나누다. パンを何切れかに分ける 빵을 몇

조각으로 나누다. 5回에 나누어 지불하다 5회에 나누어서 지불하다. 2組에 나누어 시합하다 두 팀으로 나누어서 시합을 하다. 獲物を皆で分ける 획득물을 전원이 나눠 가지다. ❷ 헤치고 나아가다. ‖波を分けて進む 파도를 헤치고 나아가다.

わご【和語】 일본(日本)의 고유어(固有語).

わごう【和合】(名動) 화합(和合).

ゴム【輪ゴム】 고무줄.

ワゴン【wagon】 왜건. ◆ワゴン車 봉고. ◆봉고차는 商品名. ワゴンセール (店頭や店内での)세일.

わこんかんさい【和魂漢才】(説明) 일본 고유(日本固有)의 정신(精神)과 중국(中國)에서 전래(傳來)된 학문(學問).

わざ【業・技】 ❶ 행위(行爲); 짓; 일. ‖凡人のなしうる業ではない 보통 사람이 할 수 있는 짓이 아니다. 容易な業ではない 쉬운 일이 아니다. ❷ 기술(技術); 재주.

わざし【業師】 ❶ (相撲取りなど)기술(技術)이 뛰어난 사람. ❷ (策略家) 흥정이나 거래(去來)가 뛰어난 사람.

*__わざと__【態と】 고의(故意)로; 일부러. ‖わざと反対する 일부러 반대하다. わざと会議に出なかった 일부러 회의에 나갔다. ◆わざとらしい 부자연스럽다. 꾸민 것 같다.

ワサビ【山葵】 산규(山葵); 고추냉이; 와사비.

わざわい【災い・禍】 재난(災難); 재앙(災殃). ‖災いが降りかかる 재앙이 덮치다. 災いを転じて福となす 전화위복(轉禍爲福).

わさわさ 술렁술렁.

わざわざ【態々】 ❶ [特別に]특별(特別)히. ‖わざわざ見舞いにくる 특별히 병문안을 오다. ❷ [故意に]일부러. ‖わざわざ仕事を邪魔する 일부러 일을 방해하다.

わさんぼん【和三盆】(説明) 질(質) 좋은 백설탕(白雪糖).

わし【私】 저.

わし【和紙】(説明) 일본 고유(日本固有)의 종이.

ワシ【鷲】 독수리.

わしき【和式】 일본식(日本式); 재래식(在來式). ‖和式トイレ 재래식 화장실.

わしつ【和室】 일본식 방(日本式房).

わしづかみ【鷲摑み】 매부리고집, 鷲摑みにする 낚아채다.

わしばな【鷲鼻】 매부리코.

わしゃ【話者】 화자(話者).

わじゅつ【話術】 화술(話術).

わしょ【和書】 ❶ 일본어(日本語)로 된 책. ❷ 일본식(日本式)으로 장정(裝幀)한 책.

わしょく【和食】 일식; 일본 음식(日本飲食). ◆和食器 일본 음식용 식기.

わしん【和親】 화친(和親). ‖和親条約 화친 조약.

*__わずか__【僅か】 ❶ 불과; 아주 조금; 약간(若干); 사소(些少)한. ‖わずかなお金 약간의 돈. わずかなことで争う 사소한 일로 다투다. ❷ [わずかにの形で]겨우; 간신(艱辛)히. ‖わずかに命をつなぐ 겨우 목숨을 연명하다.

わずらい【煩い・患い】 ❶ 고민(苦悶); 걱정. ❷ 병(病). ‖恋わずらい 상사병.

わずらう【煩う・患う】 ❶ 고민(苦悶)하다. ❷ 병(病)을 앓다.

わずらわしい【煩わしい】 번거롭다; 귀찮다. ‖煩わしい手続き 번거로운 절차.

わずらわす【煩わす】 번거롭게 하다; 귀찮게 하다.

わする【和する】 ❶ 친하게 지내다. ❷ 박자(拍子)를 맞추다; 소리를 맞추다. ❸ (詩歌)에 화답(和答)하다.

わすれっぽい【忘れっぽい】 잘 잊어 버리다. ‖忘れっぽい性格 잘 잊어 버리는 성격.

ワスレナグサ【忘れな草】 물망초(勿忘草).

わすれもの【忘れ物】 분실물(紛失物); 잊어 버린 물건. ‖最近忘れ物が多い 최근에 자주 물건을 잃어버린다.

*__わすれる__【忘れる】 잊다; 잊어 버리다. 恩を忘れる 은혜를 잊다. 時の経つのを忘れる 시간이 지나는 것을 잊다. 宿題を忘れる 숙제를 잊다. 電車に傘を忘れる 전철에 우산을 두고 내리다.

わすれんぼう【忘れ坊】 잘 잊어 버리는 사람.

わせい【和製】 일제(日製). ◆和製英語 일본식 영어.

ワセリン【Vaseline】 바셀린.

わそう【和装】 ❶ 일본식 복장(日本式服裝). ❷ 일본식 장식(裝飾).

わた【腸】 내장(內臟); 창자. ‖魚の腸を抜く 생선 내장을 빼다.

わた【綿】 목화(木花); 솜. ▶綿のように疲れる 파김치가 되다. (慣) 녹초가 되다. ◆綿飴 솜사탕. 綿雲 뭉게구름. 綿毛 솜털.

わだい【話題】 화제(話題). ‖話題の豊富な人 화제가 풍부한 사람. 話題に上る 화제에 오르다.

わたいれ【綿入れ】 솜옷.

わだかまり【蟠り】 (心の中の)응어리.

わだかまる【蟠る】 응어리가 남다.

わたくし【私】 ❶ 저. ❷ 사욕(私慾); 사심(私心). ‖私のない人 사심이 없는 사람. ❸ [私の都合で]비밀(秘密); 물래. ‖私に処理する 물래 처리하다.

わたくしごと【私事】 ❶ [個人的]사적

わたくしりつ　(私的)인 일. ❷[隠し事]비밀(秘密) 스러운 일.

わたくしりつ【私立】 사립(私立). ‖*私*の大学 사립대학.

*わたし【私】 ❶나;[나의 謙譲語]저. ‖私も行きたい 나도 가고 싶다. 私の読んだ本 내가 읽은 책. 私も知りませんでした 저도 몰랐습니다. 私がやります 제가 하겠습니다. ❷【私の】나의. ‖私のかばん 내 가방. 私の故郷 내 고향.

わたし【渡し】 나룻배;나루터. ◆渡し場 나루터. 渡し船 나룻배.

*わたす【渡す】 ❶[向こう側へ渡す]건네다. ❷걸치다;놓다. ‖橋を渡す 다리를 놓다. ロープを渡す 로프를 걸치다. ❸[手渡す・与える]넘겨주다;건네주다. ‖給料を渡す 월급을 주다. 泥棒を警察に渡す 도둑을 경찰에 넘겨주다.

わたぼうし【綿帽子】 ❶[説明] 솜으로 만든 모자(帽子). ❷[説明] 눈으로 뒤덮인 산(山)이나 나무.

わたゆき【綿雪】 함박눈. ‖綿雪が降る 함박눈이 내리다.

わたり【渡り】 ❶[渡し場]나루터. ❷떠돌아다님 또는 그런 사람;떠돌이. ‖渡りの職人 떠돌이 일꾼. ❸교섭(交渉);협상(協商). ‖渡りをつける 협상을 하다. ▶渡りに舟 바라던 대로 됨.

わたりあう【渡り合う】 ❶싸우다. ❷논쟁(論争)하다.

わたりあるく【渡り歩く】 전전(轉轉)하다. ‖いくつもの会社を渡り歩く 몇 군데회사를 전전하다.

わたりいた【渡り板】 [説明] 배에서 육지(陸地)에 걸쳐 놓은 발판(板).

ワタリガニ【渡り蟹】 꽃게.

わたりどり【渡り鳥】 철새;후조(候鳥).

わたりろうか【渡り廊下】 두 건물(建物)을 잇는 통로(通路).

*わたる【渡る】 ❶건너다. ‖橋を渡る 다리를 건너다. 海を渡る 바다를 건너다. ❷살아가다. ‖難しい世の中を渡る 살아가다. ❸[他人の手に]넘어가다. ‖極秘書類が人手に渡る 극비 서류가 다른 사람 손에 넘어가다. ❹[時間・数量などに]걸치다. ‖2年間に渡る作業 2년에 걸친 작업. ▶渡る世間に鬼は無い 세상에는 무정한 사람만 있는 것이 아니다.

わた〈鷹・驚かす〉익;으익.

ワックス【wax】 왁스.

わっしょい 영차.

わっと ❶[泣き声]엉엉. ❷왈칵. ‖わっと押し寄せる 왈칵 몰려가다.

ワット【watt】 …와트.

ワッフル【waffle】 와플.

ワッペン【Wappen ド】 바펜.

わどくじてん【和独辞典】 일독 사전(日獨辞典).

わな【罠】 덫;함정(陷穽). ▶罠にかかる 덫에 걸리다. 함정에 빠지다.

わなげ【輪投げ】 고리 던지기.

わななく【戦慄く】 부들부들 떨다. ‖恐怖にわななく 공포로 부들부들 떨다.

わなわな 부들부들;와들와들;벌벌. ‖恐ろしさにわなわな(と)震える 두려움에 벌벌 떨다.

ワニ【鰐】 악어(鰐魚). ◆鰐皮 악어 가죽.

ワニス【varnish】 니스.

わび【侘び】 한적(閑寂)한 정취(情趣).

わび【詫び】 사죄(謝罪);사과(謝過). ‖詫びを言う 사과의 말을 하다. ‖詫びを入れる 사죄하다.

わびいる【詫び入る】 진심(真心)으로 사죄(謝罪)하다;깍듯이 빌다.

わびしい【侘しい】 ❶[寂しい]외롭다;쓸쓸하다;[閑寂]한적하다. ‖わびしい一人暮し 외로운 독신 생활. ❷[みすぼらし]초라하다;가난하다. ‖わびしい暮らし 초라한 생활.

わびじょう【詫び状】 사죄(謝罪)하는 편지(便紙);사과문(謝過文).

ワビスケ【侘助】[植物] 동백(冬柏)나무의 일종(一種).

わびずまい【侘び住まい】 한적(閑寂)한 생활(生活).

わびる【詫びる】 사죄(謝罪)하다;사과(謝過)하다.

わふう【和風】 일본품(日本風).

わふく【和服】 일본 전통 복장(日本傳統服装);기모노.

わふつじてん【和仏辞典】 일불 사전(日佛辞典).

わぶん【和文】 일본어 문장(日本語文章).

わへい【和平】 평화(平和). ‖和平交渉 평화 교섭.

わほう【話法】 화법(話法). ‖直接話法 직접 화법.

わぼく【和睦】[する] 화목(和睦).

わめい【和名】 [学名に対して]일본명(日本名). ❷일본에서의 호칭(號稱);일본명.

わめく【喚く】 소리를 지르다;외치다.

わやく【和訳】 ‖和訳する 일본어(日本語)로 번역(飜譯)하다.

わよう【和洋】 일본(日本)과 서양(西洋). ◆和洋折衷 일본식과 서양식의 절충.

わら【藁】 지푸라기. ▶溺れる者は藁をもつかむ 물에 빠지면 지푸라기라도 움켜쥔다.[俚] 藁にもすがりたい 지푸라기라도 잡고 싶다.

わらい【笑い】 ❶웃음. ‖笑いが止まらない 웃음을 참지 못하다. 웃음이 멈추지 않다. 笑いをこらえる 웃음을 참다. 口もとに笑いを浮かべる 입가에 웃음을 띠다. 笑い顔 웃는 얼굴. ❷조소(嘲

わるがしこい

笑); 비웃음.
わらいぐさ【笑い種】 웃음거리.
わらいこける【笑いこける】 자지러지게 웃다; 배꼽을 잡고 웃다. ∥面白過ぎて笑いこける 너무 재미있어 배꼽을 잡고 웃다.
わらいごと【笑い事】 웃을 일. ∥笑い事ではない 웃을 일이 아니다.
わらいじょうご【笑い上戸】 (説明) 취(酔)하면 잘 웃는 사람.
わらいとばす【笑い飛ばす】 웃어넘기다.
わらいばなし【笑い話】 가볍게 하는 이야기.
わらいもの【笑い物】 웃음거리. ∥笑い物のにされる 웃음거리가 되다.
*わらう【笑う】 ❶ 웃다. ∥大きい声で笑う 큰 소리로 웃다. どっと笑う 와 하고 웃다. 彼の冗談で皆笑った 그 사람이 농담을 해서 전원이 웃었다. ❷비웃다; 조소(嘲笑)하다. ❸愚かさを笑う 어리석음을 비웃다. ▶笑う門には福来たる 웃으면 복이 와요.
わらじ【草鞋】 짚신.
ワラビ【蕨】 고사리.
わらぶき【藁葺き】 초가(草家)지붕.
わらべ【童】 어린이, わらべ歌 동요.
わり【割】 ❶나눔; 할당(割當). ❷비율. ∥3日に1冊の割りで本を読む 3일에 한 권 비율로 책을 읽다. ❸「…のわりに形で」…에 비해. 値段のわりに物が悪い 가격에 비해 물건이 안 좋다. 大きいわりに弱い손 데 비해 약하다 ❹ 10 분(分)의 1; 할. ∥2 割引が可能だ. ▶割りに合う 수지가 맞다. 채산이 맞다.
わりあい【割合】 ❶비율(比率). ❷(副詞的に)비교적(比較的). ∥わりあい元気だった 비교적 건강했다.
わりあてる【割り当てる】 할당(割當)하다; 분배(分配)하다. ∥各自に仕事を割り当てる 각자에게 일을 할당하다.
わりいん【割印】 계인(契印). ∥割り印を押す 계인을 찍다.
わりかん【割り勘】 더치페이(各自負擔).
わりきる【割り切る】 ❶(端数が出ないように)딱 떨어지게 나누다. ❷확실(確實)히 결론(結論)을 내다. ∥割り切って考える 잘라서 생각하다.
わりきれる【割り切れる】 ❶(端数がないで)나누어떨어지다. ❷확실(確實)히 납득(納得)이 가다.
わりこみ【割り込み】 새치기. ∥割り込み禁止 새치기 금지.
わりこむ【割り込む】 ❶(列に)새치기하다; 헤치고 들어가다. ❷(話に)끼어들다, 말참견(參見)을 하다. ❸(相場が)일정 가격(一定價格)보다 낮아지

다.
わりざん【割り算】 나눗셈; 나누기.
わりした【割り下】〖料理〗(醤)(醤) ·미림 등을 넣은 전골용 국물.
わりだか【割高】⑦ 비교적(比較的) 비싸다.
わりだす【割り出す】 산출(産出)하다. ∥当期利益を割り出す 당기 이익을 산출하다.
わりつけ【割り付け】 레이아웃.
わりと【割と】 비교적(比較的). ∥わりと楽に試験を通った 비교적 쉽게 시험에 합격했다.
わりに【割に】 비교적(比較的). ∥仕事がわりに早く終わった 일이 비교적 빨리 끝났다.
わりばし【割り箸】 나무젓가락.
*わりびき【割引】 ⑤ㄴ 할인(割引). ∥団体割引 단체 할인. 割引券 할인권. 割引料金 할인 요금. 割引サービス 할인 서비스. ❷〖手形割引の略語〗어음 할인.
わりびく【割り引く】 할인(割引)하다.
わりふる【割り振る】 할당(割當)하다; 배당(配當)하다. ∥座席を割り振る 좌석을 배당하다.
わりまし【割り増し】 ⑤ㄴ 할증(割增). ∥割増金 할증금.
わりもどす【割り戻す】 받은 돈의 일부(一部)를 돌려주다.
わりやす【割安】⑦ 비교적(比較的) 싸다. ∥わりやすな航空チケット 비교적 싼 항공 티켓.
*わる【悪】 ❶【人】나쁜 사람. ❷「…の形で」나쁜 짓. 悪ふざけ 나쁜 장난.
*わる【割る】 ❶【壊す】깨다; 부수다. ∥ガラスを割る 유리를 깨다. ❷【離す】無理(무리)하게 떼어 내다. ❸【割り算】나누다; 나눗셈을 하다. ∥6を3で割る 6을 3으로 나누다. ❹【薄める】묽게 하다; 희석(稀釋)시키다. ∥ウイスキーを水で割る 위스키에 물을 타서 묽게 하다. ❺밀돌다. ∥定員を割る 정원을 밑돌다. ❻【隠さない】털어놓다. ∥腹を割って話す 터놓고 이야기하다.
*わるい【悪い】 ❶나쁘다; 안 좋다; 해(害)롭다. ∥天気が悪い 날씨가 안 좋다. 体に悪い 몸에 해롭다. 評判が悪い 평판이 안 좋다. 成績が悪い 성적이 안 좋다. どこが悪いですか 어디가 안 좋습니까? 彼は心臓が悪い 그 사람은 심장이 안 좋다. 他人のことを悪く言う 다른 사람을 나쁘게 말하다. 事態はますます悪くなっている 사태는 점점 나빠지고 있다. ❷미안(未安)하다. ∥悪いけれど一緒に行けないよ 미안하지만 같이 못 가.
わるがしこい【悪賢い】 영악(獰惡)하다; 교활(狡猾)하다; 약다. ∥悪賢い男 교활한 남자.

わるぎ【悪気】 악의(悪意); 나쁜 뜻. ‖悪気はない 악의는 없다.

わるくち【悪口】 험담(險談). ‖友だちの悪口を言う 친구의 험담을 하다.

わるさ【悪さ】 장난. ‖悪さをする 장난을 치다.

わるだくみ【悪巧み】 흉계(凶計); 간계(奸計).

わるぢえ【悪知恵】 간사(奸邪)한 꾀. ‖悪知恵をはたらかす 간사한 꾀를 부리다.

ワルツ【waltz】 왈츠. ‖ワルツを踊る 왈츠를 추다.

わるびれる【悪びれる】 기(氣)죽다; 주눅이 들다.

わるふざけ【悪ふざけ】 짓궂게 장난침. ‖悪ふざけする 정도가 지나치게 장난치다.

わるもの【悪者】 악인(悪人); 나쁜 놈. ‖悪者扱いされる 나쁜 놈 취급을 받다[당하다].

わるよい【悪酔い】 악취(悪醉)하다. ‖悪酔いする 술로 인해 두통[구토] 등이 생기다.

われ【我·吾】 나. ‖我にもなく 나도 모르게. 我思う, 故に我あり 나는 생각한다, 고로 존재한다. ‖我関せず 오불관언(吾不關焉). ‖我に返る 정신이 들다. ‖我も我もと 앞 다투어. ‖我を忘れる 정신을 못 차리다. 망연자실하다.

われかえる【割れ返る】 (拍手·喚声などが)크게 일다. ‖割れ返るような拍手 떠나갈 듯한 박수.

われがちに【我勝ちに】 앞 다투어.

われさきに【我先に】 앞 다투어.

われしらず【我知らず】 나도 모르게.

われながら【我乍ら】 내 일이지만; 내가 생각해도.

われなべ【破れ鍋】 금이 간 냄비. ‖破れ鍋に綴じ蓋 짚신도 제짝이 있다. [俚]

われめ【割れ目】 금이 간 곳; 금. ‖壁に割れ目が入る 벽에 금이 가다.

われもの【割れ物】 ‖割れたもの 깨진 물건; [割れ易い] 깨지는 물건.

われら【我等】 우리; 우리들. ‖自由を我らに 우리들에게 자유를.

＊われる【割れる】 ❶[壊れる] 깨지다; 갈라지다. ‖ガラスが割れる音 유리가 깨지는 소리. 大地震で地面が割れる 대지진으로 지면이 갈라지다. ❷[端数が出ない] 나누어떨어지다. ❸[はっきりする] 판명(判明)되다. ‖犯人が割れる 범인이 판명되다.

われわれ【我我】 우리들. ‖我々は最善を尽くしたり 우리들은 최선을 다했다.

わん【湾】 만(灣). ‖東京湾 도쿄 만. ペルシャ湾 페르시아 만.

わんがん【湾岸】 만안(灣岸); 만의 연안(沿岸) ‖湾岸戦争 걸프 전쟁.

わんしょう【腕章】 완장(腕章). ‖腕章をつける 완장을 차다.

ワンタン【餛飩】 훈탕.

わんぱく【腕白】 개구쟁이; 장난꾸러기.

ワンピース【one-piece】 원피스. ‖赤いワンピースを1着買う 빨간 원피스를 한 벌 사다.

ワンボックスカー【one box car】 원박스카.

ワンマン【one-man】 원맨. ◆ワンマンカー 차장은 없고 운전사만 있는 버스나 전철. ワンマンショー 원맨쇼.

わんりょく【腕力】 완력(腕力); 힘. ‖腕力に訴える 완력에 호소하다.

ワンルーム【one room】 원룸.

わんわん ❶[犬の吠える声] 멍멍. ❷[幼児語] 멍멍이.

を

を ❶…을[를]. ‖本を読む 책을 읽다. ご飯を食べる 밥을 먹다. 湯を沸かす 물을 끓이다. 子どもを泣かせる 애를 울리다. 足を踏まれる 발을 밟히다. 故郷を離れる 고향을 떠나다. 船で川を渡るで渡る 뱃로 강을 건너다. 夜道を歩く 밤길을 걷다. 大空を飛ぶ 창공을 날다. ❷…에서. ‖バスを降りてから5分ほど歩く 버스에서 내려서 오 분 정도 걷다. 何時に家を出たの 몇 시에 집에서 나왔니?

-をおいて【を措いて】 이외(以外)에(는). ‖あの人をおいて他に適任者はいない この人以外に適任な者は

-をつうじて【を通じて】 …을[를] 통(通)해서; …에 걸쳐서. ‖四季を通じて楽しめる味覚の季節 즐길 수 있다.

-をもって【を以て】 ❶…을[를] 이용(利用)해서; …을 통해서. ‖紙面をもって発表する 지면을 통해 발표하다. ❷…때문에. …로 인(因)해. ‖雨天をもって延期する 비로 인해 연기하다. [(を)を強めた言い方で] …을[를]. ‖東京を以て首都とする 도쿄를 수도로 하다. ❹…(으)로. ‖これを以て閉会します 이것으로 폐회하겠습니다.

ん

ん [うんを口ごもって] 응.

ん- 몇. ‖ん万円 몇 만 엔.

日韓辞典付録

都道府県と県庁所在地 ……… 592
行政機関・中央省庁 ………… 593
日本の姓の例 ………………… 594
日常会話 ……………………… 595

● 都道府県と県庁所在地

都道府県	(都・府・県 省く)	県庁所在地	(市 省く)
北海道	홋카이도	札幌市	삿포로
青森県	아오모리	青森市	아오모리
岩手県	이와테	盛岡市	모리오카
宮城県	미야기	仙台市	센다이
秋田県	아키타	秋田市	아키타
山形県	야마가타	山形市	야마가타
福島県	후쿠시마	福島市	후쿠시마
茨城県	이바라키	水戸市	미토
栃木県	도치기	宇都宮市	우쓰노미야
群馬県	군마	前橋市	마에바시
埼玉県	사이타마	さいたま市	사이타마
千葉県	지바	千葉市	지바
東京都	도쿄	東京	도쿄
神奈川県	가나가와	横浜市	요코하마
新潟県	니가타	新潟市	니가타
富山県	도야마	富山市	도야마
石川県	이시카와	金沢市	가나자와
福井県	후쿠이	福井市	후쿠이
山梨県	야마나시	甲府市	고후
長野県	나가노	長野市	나가노
岐阜県	기후	岐阜市	기후
静岡県	시즈오카	静岡市	시즈오카
愛知県	아이치	名古屋市	나고야
三重県	미에	津市	쓰
滋賀県	시가	大津市	오쓰
京都府	교토	京都市	교토
大阪府	오사카	大阪市	오사카
兵庫県	효고	神戸市	고베
奈良県	나라	奈良市	나라
和歌山県	와카야마	和歌山市	와카야마
鳥取県	돗토리	鳥取市	돗토리
島根県	시마네	松江市	마쓰에
岡山県	오카야마	岡山市	오카야마
広島県	히로시마	広島市	히로시마
山口県	야마구치	山口市	야마구치
徳島県	도쿠시마	徳島市	도쿠시마
香川県	가가와	高松市	다카마쓰
愛媛県	에히메	松山市	마쓰야마
高知県	고치	高知市	고치
福岡県	후쿠오카	福岡市	후쿠오카
佐賀県	사가	佐賀市	사가
長崎県	나가사키	長崎市	나가사키
熊本県	구마모토	熊本市	구마모토
大分県	오이타	大分市	오이타
宮崎県	미야자키	宮崎市	미야자키
鹿児島県	가고시마	鹿児島市	가고시마
沖縄県	오키나와	那覇市	나하

行政機関・中央省庁

● **行政機関**(행정기관)・**中央省庁**(중앙성청) [1 府 12 省庁(1 부 12 성청)]

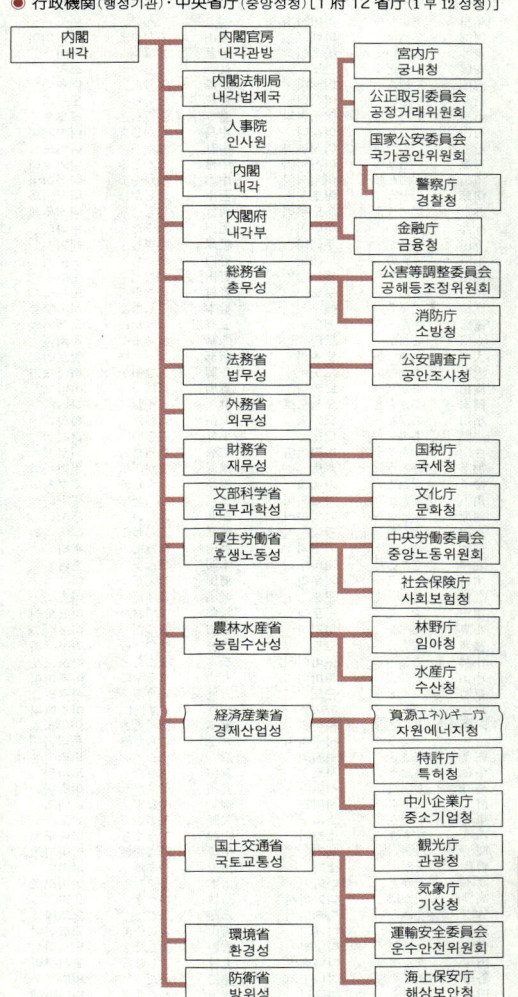

```
内閣 ─┬─ 内閣官房
내각    │   내각관방
       │
       ├─ 内閣法制局 ─── 宮内庁
       │   내각법제국     궁내청
       │
       ├─ 人事院 ─── 公正取引委員会
       │   인사원     공정거래위원회
       │
       ├─ 内閣 ─── 国家公安委員会 ─── 警察庁
       │   내각     국가공안위원회       경찰청
       │
       ├─ 内閣府 ─── 金融庁
       │   내각부     금융청
       │
       ├─ 総務省 ─┬─ 公害等調整委員会
       │   총무성    │   공해등조정위원회
       │           │
       │           └─ 消防庁
       │               소방청
       │
       ├─ 法務省 ─── 公安調査庁
       │   법무성     공안조사청
       │
       ├─ 外務省
       │   외무성
       │
       ├─ 財務省 ─── 国税庁
       │   재무성     국세청
       │
       ├─ 文部科学省 ─── 文化庁
       │   문부과학성     문화청
       │
       ├─ 厚生労働省 ─┬─ 中央労働委員会
       │   후생노동성    │   중앙노동위원회
       │               │
       │               └─ 社会保険庁
       │                   사회보험청
       │
       ├─ 農林水産省 ─┬─ 林野庁
       │   농림수산성    │   임야청
       │               │
       │               └─ 水産庁
       │                   수산청
       │
       ├─ 経済産業省 ─┬─ 資源エネルギー庁
       │   경제산업성    │   자원에너지청
       │               │
       │               ├─ 特許庁
       │               │   특허청
       │               │
       │               └─ 中小企業庁
       │                   중소기업청
       │
       ├─ 国土交通省 ─┬─ 観光庁
       │   국토교통성    │   관광청
       │               │
       │               └─ 気象庁
       │                   기상청
       │
       ├─ 環境省 ─── 運輸安全委員会
       │   환경성     운수안전위원회
       │
       └─ 防衛省 ─── 海上保安庁
           방위성     해상보안청
```

付録

● 日本の姓の例　＊日本語の五十音はハングルで以下のように表記します．

相川	あいかわ	아이카와	団	だん	단
阿部	あべ	아베	近山	ちかやま	지카야마
新井	あらい	아라이	千葉	ちば	지바
安藤	あんどう	안도	辻	つじ	쓰지
池田	いけだ	이케다	手島	てじま	데지마
石井	いしい	이시이	戸倉	とくら	도쿠라
石川	いしかわ	이시카와	堂本	どうもと	도모토
石田	いしだ	이시다	中島	なかじま	나카지마
石塚	いしづか	이시즈카	中野	なかの	나카노
石原	いしはら	이시하라	中村	なかむら	나카무라
市川	いちかわ	이치카와	中山	なかやま	나카야마
伊藤	いとう	이토	西川	にしかわ	니시카와
井上	いのうえ	이노우에	西村	にしむら	니시무라
今井	いまい	이마이	沼田	ぬまた	누마타
上田	うえだ	우에다	根岸	ねぎし	네기시
上野	うえの	우에노	野口	のぐち	노구치
内田	うちだ	우치다	野田	のだ	노다
宇野	うの	우노	野村	のむら	노무라
江口	えぐち	에구치	橋本	はしもと	하시모토
遠藤	えんどう	엔도	長谷川	はせがわ	하세가와
太田	おおた	오타	八幡	はちまん	하치만
大塚	おおつか	오츠카	服部	はっとり	핫토리
大野	おおの	오노	花岡	はなおか	하나오카
岡田	おかだ	오카다	馬場	ばば	바바
岡本	おかもと	오카모토	林	はやし	하야시
小川	おがわ	오가와	原田	はらだ	하라다
小野	おの	오노	平井	ひらい	히라이
片山	かたやま	가타야마	広瀬	ひろせ	히로세
加藤	かとう	가토	深沢	ふかざわ	후카자와
金子	かねこ	가네코	福島	ふくしま	후쿠시마
川上	かわかみ	가와카미	福田	ふくだ	후쿠다
河原	かわはら	가와하라	藤井	ふじい	후지이
神田	かんだ	간다	藤原	ふじわら	후지와라
菊池	きくち	기쿠치	堀田	ほった	홋타
北村	きたむら	기타무라	本間	ほんま	혼마
木村	きむら	기무라	前田	まえだ	마에다
久保	くぼ	구보	増田	ますだ	마스다
黒田	くろだ	구로다	松岡	まつおか	마쓰오카
小島	こじま	고지마	松田	まつだ	마쓰다
後藤	ごとう	고토	松村	まつむら	마쓰무라
小林	こばやし	고바야시	松本	まつもと	마쓰모토
小山	こやま	고야마	丸山	まるやま	마루야마
近藤	こんどう	곤도	三浦	みうら	미우라
財津	ざいつ	자이즈	水谷	みずたに	미즈타니
斎藤	さいとう	사이토	宮本	みやもと	미야모토
桜井	さくらい	사쿠라이	村上	むらかみ	무라카미
佐々木	ささき	사사키	森	もり	모리
佐藤	さとう	사토	森田	もりた	모리타
島田	しまだ	시마다	安田	やすだ	야스다
清水	しみず	시미즈	柳	やなぎ	야나기
東海林	しょうじ	쇼지	矢野	やの	야노
鈴木	すずき	스즈키	山口	やまぐち	야마구치
関	せき	세키	山崎	やまざき	야마자키
曽我	そが	소가	山田	やまだ	야마다
高木	たかぎ	다카기	山本	やまもと	야마모토
高橋	たかはし	다카하시	結城	ゆうき	유키
竹内	たけうち	다케우치	横田	よこた	요코타
武田	たけだ	다케다	横山	よこやま	요코야마
田中	たなか	다나카	吉田	よしだ	요시다
田辺	たなべ	다나베	吉村	よしむら	요시무라
谷口	たにぐち	다니구치	和田	わだ	와다
田村	たむら	다무라	渡辺	わたなべ	와타나베

● 日常会話　＊「あいさつ」の部分のみカナ発音を表示しました.

■ あいさつ

- おはようございます./こんにちは./こんばんは.
  안녕하세요？/안녕하십니까？
  アンニョンハセヨ／アンニョンハシムニッカ

- おやすみなさい.
  안녕히 주무세요./안녕히 주무십시오.
  アンニョンヒ ジュムセヨ／アンニョンヒ ジュムシプシオ

- お元気ですか.
  안녕하세요？
  アンニョンハセヨ

- はい, 元気です.
  네, 잘 지냅니다.
  ネ, ジャル ジネムニダ

- ご主人[奥さん]はお元気ですか.
  남편[부인]께서는 잘 지내세요？
  ナムピョン[プイン]ッケソヌン ジャル ジネセヨ

- それは何よりです.
  그게 최고죠.
  グゲ チェゴジョ

- はじめまして.
  처음 뵙겠습니다.
  チョウム プェプケッスムニダ

- よろしくお願いいたします.
  잘 부탁드립니다.
  ジャル プタクドゥリムニダ

- お目にかかれてうれしいです.
  만나 뵙게 되어서 반갑습니다.
  マンナ プェプゲ デェオソ パンガプスムニダ

- お久しぶりです.
  오랜만입니다./오래간만입니다.
  オレンマニムニダ／オレガンマニムニダ

- ようこそ韓国[ソウル]へ.
  한국[서울]에 오신 것을 환영합니다.
  ハングゲ[ソウレ] オシン ゴスル ファニョンハムニダ

- 疲れていませんか.
  피곤하지 않으세요？
  ピゴンハジ アヌセヨ

- ええ, 大丈夫です.
  아, 괜찮습니다.
  ア グェンチャンスムニダ

- ちょっと疲れました.
  조금 피곤합니다.
  ジョグム ピゴンハムニダ

- お出迎えありがとうございます.
  마중 나와 주셔서 감사합니다.
  マジュン ナワ ジュショソ カムサハムニダ

- (留まる人に)さようなら.
  안녕히 계세요./안녕히 계십시오.
  アンニョンヒ ゲセヨ／アンニョンヒ ゲシプシオ

- (去る人に)さようなら.
  안녕히 가세요./안녕히 가십시오.
  アンニョンヒ ガセヨ／アンニョンヒ ガシプシオ

- じゃあまたあとで.
  나중에 또 봐.
  ナジュンエ ット ボワ

- お気をつけて！
  조심해서 가세요.
  ジョシムヘソ ガセヨ

- あなたもね！
  네, 조심해서 가세요.
  ネ ジョシムヘソ ガセヨ

- 今度は日本で会いましょう.
  다음에는 일본에서 만납시다.
  ダウメヌン イルボネソ マンナプシダ

- ご家族によろしくお伝えください.
  가족분들께 안부 전해 주세요.
  ガジョグブンドゥルッケ アンブ ジョンヘ ジュセヨ

■ 紹介

- 私は鈴木健次です.
  저는 스즈키 켄지입니다.

- 姓が田中, 名前がミサです.
  성은 다나카, 이름은 미사입니다.

- ユウヤと呼んでください.
  유야라고 불러 주세요.

- お名前はなんとおっしゃいますか.
  성함이 어떻게 되십니까？

- お名前をもう一度お願いします.
  성함을 다시 한번 말씀해 주세요.

- お名前はどう書きますか.
  성함은 어떻게 씁니까？

- 韓国は初めてです.
  한국은 이번이 처음입니다.

- ソウルには2度来たことがあります.
  서울에는 두 번 온 적이 있어요.

- 釜山には 3 年前に来ました.
  부산에는 삼 년 전에 왔어요.

- こちらへは休暇で来ました.
  여기는 휴가차 왔어요.

- 仕事で来ています.
  일로 와 있습니다.

- 京都に住んでいます.
  교토에 살고 있습니다.

- 東京で生まれました.
  도쿄에서 태어났습니다.

- 誕生日は 5 月 15 日です.
  생일은 5 월 15 일입니다.

- お仕事は何をなさっていますか.
  무슨 일을 하고 계십니까?

- 看護師[会社員]です.
  간호사 [회사원] 입니다.

- 銀行に勤めています.
  은행에 다닙니다.

- 学生です.
  학생입니다.

- 九州大学に通っています.
  규슈 대학에 다니고 있어요.

- 大学で経済学を専攻しています.
  대학에서 경제학을 전공하고 있습니다.

- 独身です./結婚しています.
  독신입니다./ 결혼했습니다.

- 子供は 3 人います.
  애는 셋입니다.

- 10 歳の男の子と 8 歳の女の子です.
  10 살짜리 아들하고 8 살짜리 딸입니다.

- 子供はいません.
  애는 없습니다.

- 9 月に初めての子供が生まれます.
  9 월에 첫 애가 태어납니다.

- 姉が 1 人, 弟が 1 人います.
  언니가 한 명, 남동생이 한 명 있어요.

- 姉[兄]は 2 つ上です.
  언니 [오빠] 는 두 살 위예요.

- 犬[猫]を飼っています.
  개 [고양이] 를 키우고 있습니다.

- 妻[夫]はデザイナーです.
  처는 [남편은] 디자이너입니다.

- 親と同居しています.
  부모님과 함께 살고 있습니다.

- 両親は北海道に住んでいます.
  부모님은 홋카이도에 살고 계세요.

- こちらは友人の山田恵理です.
  이쪽은 제 친구 야마다 에리예요.

■ お礼を言う・謝る

- どうもありがとうございます.
  감사합니다./ 고맙습니다.

- ご親切にありがとう.
  친절하게 대해 주셔서 감사합니다.

- あなたのおかげです.
  도와 주신 덕분입니다.

- いろいろとお世話になりました.
  여러모로 신세 많이 졌습니다.

- どういたしまして.
  별말씀을 다 하십니다.

- こちらこそ.
  저야말로.

- ごめんなさい.
  미안합니다.

- どうもすみません.
  죄송합니다.

- 失礼しました.
  실례했습니다.

- 遅れてすみません.
  늦어서 미안합니다.

- 待たせてすみません.
  기다리게 해서 미안합니다.

- だいじょうぶですか.
  괜찮습니까?

- だいじょうぶです.
  괜찮습니다.

- なんともありません.
  아무렇지도 않습니다.

- 気にしないでください.
  신경 쓰지 마세요.

■ 祝う・励ます

- おめでとう.
  축하해요.

- よかったね！/ やったね！
  잘됐네！/ 해냈구나！

- 心からお祝い申し上げます.
  진심으로 축하드립니다.

- お誕生日おめでとう.
  생일 축하해요.

- ご結婚[婚約]おめでとう
  결혼 [약혼] 축하해요.

- あけましておめでとう.
  새해 복 많이 받으세요.

- よいお年を！
  좋은 한해 되세요.

- 残念でしたね./ お気の毒に.
  안됐군요./ 정말 안됐어.

- お悔やみ申し上げます.
  조의를 표합니다.

- 気を落とさないで.
  기운 내세요.

- あきらめないで.
  포기하지 마세요.

- あなたならできますよ.
  당신이라면 할 수 있어요.

- 落ち着いて.
  진정해.

■ 呼びかけ・質問

- (ちょっと)すみません.
  저기요！/ (잠깐)실례하겠습니다.

- 待って.
  잠깐만요！

- ちょっとお尋ねしたいのですが.
  말씀 좀 묻겠습니다.

- これは何ですか./ ここはどこですか.
  이것이 무엇입니까？
  / 여기가 어디에요？

- もう一度おっしゃってください.
  한번 더 말씀해 주세요.

- もう少しゆっくり話していただけますか.
  조금 더 천천히 말씀해 주시겠습니까？

- それはどういう意味ですか.
  그게 무슨 뜻입니까？

■ 肯定・否定

- はい(そうです).
  네(그렇습니다).

- わかりました./ なるほど.
  알겠습니다./ 그럴구나.

- いいですよ.
  좋습니다./ 좋아요.

- もちろんですよ.
  물론입니다.

- 賛成です.
  찬성합니다.

- いいえ.
  아뇨.

- ちがいます.
  아닙니다./ 아니에요.

- 反対です.
  반대합니다.

- 知りません.
  잘 모르겠습니다./ 잘 모릅니다.

- 私にはわかりません.
  저는 잘 모르겠습니다.

- いいえ, 結構です.
  아뇨, 괜찮습니다.

- いやです.
  싫습니다./ 싫어요.

- 無理です.
  무리입니다./ 무리에요.

- 私のではありません.
  제 게 아닙니다.

- 英語[日本語]はわかりますか.
  영어 [일어] 할 줄 아세요？

- はい, できます.
  네, 할 수 있습니다.

- はい, わかります.
  네, 알아요.

- 私は韓国語は話せ[読め]ません.
  저는 한국어는 못 해요 [못 읽어요].

- 韓国語を話すのは得意ではありません.
  한국어로 말하는 건 잘 못해요.

■ 感情表現

- すばらしい！
  근사하다! / 훌륭하다!

- わあ、おいしい。
  와, 맛있다!

- 気に入りました。
  마음에 들었어요.

- 楽しかった。
  즐거웠어.

- 本当？
  정말？

- 冗談でしょう？
  농담이죠？

- 信じられません。
  믿을 수가 없어요.

- 残念です。
  유감입니다.

- いいかげんにしてください。
  어지간히 하세요.
  / 그 정도로 하세요.

- 悲しいです。
  슬픕니다.

- 心配です。
  걱정입니다.

- ソウル[コンサート]はどうでしたか。
  서울은 [콘서트는] 어땠어요？

- 最高でした。
  최고였어요.

- 感動しました。
  감동했어요.

- まずまずでした。
  그저 그랬어요.

- がっかりしました。
  실망했어요.

- 期待外れでした。
  기대에 못 미쳤어요.

■ 意見・好み・願い

- あなたは中華はお好きですか。
  중화요리는 좋아하세요？

- わたしはワインよりもウィスキーが好きです。
  저는 와인보다 위스키를 좋아해요.

- 辛いものは苦手です。
  매운 것은 잘 못 먹어요.

- 大好きです。
  아주 좋아해요.

- まあまあ好きです。
  그런대로 좋아해요.

- あまり好きではありません。
  그다지 좋아하지 않아요.

- 何が買いたい[食べたい]ですか。
  뭘 사고 [먹고] 싶어요？

- 試しに食べて[飲んで]みたいです。
  한번 먹어 [마셔] 보고 싶어요.

- ちょっと見てみたいです。
  한번 보고 싶어요.

- また訪れてみたいです。
  또 오고 싶어요.

■ 誘い・約束

- いっしょに行きませんか。
  같이 가지 않을래요？

- あなたもどうですか。
  같이 안 갈래요？

- 明日の晩空いていますか。
  내일 저녁 시간 비어 있습니까？

- なにも予定はありません。
  딱히 예정은 없습니다.

- 5時でご都合はいかがでしょうか。
  다섯 시는 어떻습니까？

- 私はそれで結構です。
  저는 괜찮습니다.

- 残念ですが、予定があるんです。
  미안하지만, 약속이 있어요.

- では、明日の朝10時にしましょう。
  그럼, 내일 아침 열 시로 합시다.

- どこで会いましょうか。
  어디서 만날까요？

- 明洞駅の改札口は？
  명동역 개찰구는 어디세요？

- ロビー[改札口]で待っています。
  로비 [개찰구] 에서 기다리겠습니다.

- 迎えに来てくれますか。
  마중 나와 주시겠습니까？

- 車で迎えに行きますよ.
  차로 마중 나가겠습니다.

- お目にかかるのを楽しみにしています.
  만나 뵙게 되기를 기대하고 있습니다.

■ 許可・依頼

- ここに座ってもいいですか.
  여기 앉아도 됩니까?

- ここで写真を撮ってもいいですか.
  여기서 사진을 찍어도 됩니까?

- これをもらってもいいですか.
  이거 가져가도 됩니까?

- たばこを吸ってもいいですか.
  담배를 피워도 됐습니까?

- さわってみてもいいですか.
  만져 봐도 됐습니까?

- いっしょに行ってもいいですか.
  같이 가도 됐습니까?

- 写真を撮っていただけませんか.
  사진 좀 찍어 주시겠습니까?

- 窓を開けて[閉めて]いただけますか.
  창문 좀 열어[닫아] 주시겠습니까?

- コピーをとってくれますか.
  복사 좀 해 줄래요?

- メールで連絡してもらえますか.
  메일로 연락 주시겠습니까?

- 空港まで送っていただけませんか.
  공항까지 데려다 줄 수 있어요?

- 駅まで迎えに来てくれませんか.
  역까지 마중 나와 주실래요?

- ちょっと手伝っていただけますか.
  좀 도와주시겠어요?

- ここに書いてください.
  여기에 써 주세요.

- もう少しゆっくり話してください.
  좀 더 천천히 말씀해 주세요.

- 見せてください.
  보여 주세요.

- 会社へ電話してください.
  회사로 전화해 주세요.

■ 数を含む表現

- 1[2,3]個ください.
  한 [두, 세] 개 주세요.

- これは1個いくらですか.
  이건 한 개에 얼맙니까?

- 1人いくらですか.
  한 사람당 얼마입니까?

- (今)何時ですか
  (지금) 몇 시입니까

- 2時です.
  두 시입니다.

- もうすぐ3時です.
  곧 세 시예요.

- 開店[閉店]は何時ですか.
  몇 시에 문 열어요 [닫아요]?

- 何時まで開いていますか.
  몇 시까지 열어요?

- 7時閉店です.
  일곱 시에 문 닫습니다.

- 何時開演ですか.
  몇 시에 공연 시작해요?

- コンサートは6時に始まります.
  콘서트는 여섯 시에 시작해요.

- 終点まで何分ほどですか.
  종점까지 몇 분 정도 걸려요?

- 慶州まで何時間かかりますか.
  경주까지 몇 시간 걸려요?

- こちらへは3月2日に来ました.
  여기는 삼월 이일에 왔습니다.

- 何月[何日]に行かれる予定ですか.
  몇월 [며칠] 에 가실 예정입니까?

- 5月にソウルへ発ちます.
  오월에 서울로 갑니다.

■ 現在・過去・未来

- 今, ホテルを出るところです.
  지금 호텔에서 나가려던 참이에요.

- 今, ホテルに着いたところです.
  지금 막 호텔에 도착했어요.

- さっき行ってきたばかりです.
  좀 전에 갔다 왔습니다.

- ヤン・ムンスさんとは以前にお会いしたことがあります。
  양문수 씨와는 이전에 만난 적이 있습니다.

- 3年前に卒業しました。
  삼 년 전에 졸업했습니다.

- この映画はずっと前に見ました。
  이 영화는 꽤 오래 전에 봤습니다.

- 明日はどちらへ行きますか。
  내일은 어디로 가요?

- ソウルにいつまでご滞在ですか。
  서울에 언제까지 계실 거예요?

- 昼から出かけます。
  점심때 외출합니다.

- 来年またソウルに来ますよ。
  내년에 또 서울에 오겠습니다.

- 今行きます。
  지금 갑니다.

- すぐに戻ります。
  금방 돌아오겠습니다.

- 飲みに行きます。
  술 마시러 가요.

- ツアーで慶州を回ります。
  투어로 경주를 돌아요.

- まだ、予定はありません。
  아직 예정은 없습니다.

- これから決めます。
  지금부터 정할 겁니다.

- 天気がよければソウル市内を回ってみます。
  날씨가 좋으면 서울 시내를 돌아볼 거예요.

■ 気候

- 風が強いです。/ 風が冷たいです。
  바람이 세요. / 바람이 차가워요.

- 暑いです。/ 暖かいです。
  더워요. / 따뜻해요.

- 寒いです。/ 涼しいです。
  추워요. / 선선해요.

■ 空港・ホテル・街で

- パスポートを見せてください。
  여권을 보여 주세요.

- 入国目的は何ですか。
  입국 목적이 무엇입니까?

- 観光[商用、留学]です。
  관광 [사업, 유학] 입니다.

- 何日間の滞在ですか。
  며칠간 머무릅니까?

- 5日間[1週間]です。
  오 일간 [일주일간] 입니다.

- 何か申告するものはありますか。
  뭔가 신고하실 물건이 있습니까?

- いいえありません。
  아뇨, 없습니다.

- これは申告の必要がありますか。
  이건 신고할 필요가 있습니까?

- これは何ですか。
  이것이 무엇입니까?

- 心臓の薬です。
  심장약입니다.

- 医師の診断書を持っています。
  의사의 진단서를 가지고 있습니다.

- これは課税対象となります。
  이건 과세 대상입니다.

- 地下鉄の駅[バス停]はどこですか。
  지하철역 [버스 정류장] 은 어디입니까?

- 切符売り場はどこですか。
  표 파는 곳이 어디입니까?

- この電車は汝矣島駅に行きますか。
  이 전철은 여의도에 갑니까?

- 明洞で降りてください。
  명동에서 내리세요.

- 東大門で4号線に乗り換えてください。
  동대문에서 4 호선으로 갈아타세요.

- 東大門は2つ目の駅です。
  동대문은 두 번째역입니다.

- 釜山行きは2番ホームです。
  부산행은 2 번 홈이에요.

- どうぞ、お掛けください。
  여기 앉으세요.

- Aホテルまでお願いします。
  A 호텔까지 부탁합니다.

- もしもし, 505号室です.
  여보세요, 505 호실입니다.

- ルームサービスをお願いします.
  룸서비스 부탁합니다.

- キーを部屋に置き忘れました.
  키를 방에 두고 왔습니다.

- トイレはどこですか.
  화장실이 어디입니까?

- 遠いですか.
  멀어요?

- 近いですか.
  가까워요?

- 歩いて行けますか.
  걸어서 갈 수 있습니까?

- すぐそこですよ.
  바로 저기예요.

- タクシーで行ったほうがいいですよ.
  택시로 가는 게 좋습니다.

- 歩いて10分ほどです.
  걸어서 십 분 정도에요.

- 駅の前にあります.
  역 앞에 있어요.

- 角を曲がったところにあります.
  모퉁이를 돌면 있어요.

- もう1本あちらの道です.
  저기 다음 길이에요.

- あの青いビルです.
  저 파란색 빌딩입니다.

- このビルの中にあります.
  이 빌딩 안에 있어요.

- 4階[地下1階]にあります.
  사 층 [지하 일 층] 에 있어요.

- (この道を)まっすぐに行ってください.
  (이 길로) 죽 가세요.

- 入り口[出口]はどこですか.
  입구 [출구] 는 어디입니까?

- 電池はどこで買えますか.
  전지는 어디서 살 수 있습니까?

- すみません, シャッターを押していただけますか.
  실례합니다만, 사진 좀 찍어 주시겠습니까?

■ 食事・買い物

- お腹がすきました./のどが乾きました.
  배가 고픕니다./ 목이 마릅니다.

- 喫茶店で休みましょう.
  커피숍에서 쉽시다.

- いいレストランを教えてくれませんか.
  괜찮은 레스토랑이 있으면 소개해 주실래요?

- ごちそうしますよ.
  제가 사겠습니다.

- 6時から3名で予約をお願いします.
  여섯 시부터 세 명 예약을 부탁합니다.

- 何分ぐらい待ちますか.
  몇 분 정도 기다려요?

- ここにお名前を書いてください.
  여기에 성함을 적어 주세요.

- 7時に予約をしました.
  일곱 시로 예약을 했습니다.

- 2[3]人です.
  두[세] 명 입니다.

- 禁煙席・喫煙席どちらがよろしいですか.
  금연석과 흡연석 중 어느 쪽으로 하시겠습니까?

- 禁煙席をお願いします.
  금연석으로 부탁합니다.

- どこでたばこが吸えますか.
  어디서 담배를 피울 수 있습니까?

- こちらへどうぞ.
  이쪽으로 오세요.

- この席はあいていますか.
  이 자리는 비어 있습니까?

- メニューを見せてください.
  메뉴를 보여 주세요.

- お勧めはなんですか.
  오늘은 뭐가 맛있어요?

- お水をいただけますか.
  물 좀 주시겠어요?

- これは注文していません.
  이건 주문하지 않았습니다.

- 頼んだものがまだ来ません.
  주문한 것이 아직 안 왔습니다.

- 乾杯!
  건배!

- 割り勘にしましょう。
  더치 페이하지요.

- お勘定をお願いします。
  계산해 주세요.

- カードはご使用になれません。
  카드는 안 됩니다.

- 現金でお願いします。
  현금으로 부탁드립니다.

- おつりが足りません。
  거스름돈이 모자랍니다.

- ここで食べます。/ 持ち帰ります。
  여기서 먹을 겁니다. / 가져갈 겁니다.

- おいしい!
  맛있어요.

- お腹が一杯です。
  배가 부릅니다.

- たいへんおいしかったです、ごちそうさま。
  아주 맛있었습니다. 잘 먹었습니다.

- いらっしゃいませ。
  어서 오세요. / 뭘 찾으세요?

- ちょっと見ているだけです。
  잠깐 구경하는 겁니다.

- 地下 2 階にあります。
  지하 2 층에 있습니다.

- 申し訳ございません、こちらでは扱っておりません。
  죄송합니다. 여기서는 취급하지 않습니다.

- あれを見せてくださいますか。
  저걸 보여 주시겠습니까?

- 右端[左端]のものを見せてください。
  오른쪽[왼쪽] 끝에 있는 물건을 보여 주세요.

- 左から 3 つ目のものを見せてください。
  왼쪽에서 세 번째 것을 보여 주세요.

- ほかのを見せてくださいますか。
  다른 걸 보여 주시겠습니까?

- 大きすぎ[小さすぎ]ます
  너무 커요[작아요].

- ちょうどいいです。
  딱 맞아요.

- これより大きい[小さい]サイズはありますか。
  이것보다 큰 [작은] 사이즈는 없어요?

- 試着してもいいですか。
  입어 봐도 돼요?

- これをください。
  이거 주세요.

- これを3つください。
  이걸 3 개 주세요.

- いくらですか。
  얼마입니까? / 얼마예요?

- 全部でいくらですか。
  전부 얼마예요?

- 気に入りましたが値段がちょっと高すぎます。
  마음에 듭니다만, (값이) 좀 비쌉니다.

- クレジットカード[トラベラーズチェック]は使えますか。
  신용 카드 [여행자 수표] 는 쓸 수 있어요?

- 別々に包んでいただけますか。
  따로따로 포장해 주시겠어요?

■ 連絡

- 電話番号は、0123-456-7891 です。
  전화번호는 0123-456-7891 입니다.

- もしもし、ユン・ヨンミさんはいらっしゃいますか。
  여보세요, 윤영미 씨 계십니까?

- そのままでお待ちください。
  잠깐만 기다리세요.

- ただ今ほかの電話に出ております。
  지금 통화 중입니다.

- 電話があったことをお伝えください。
  전화 왔더라고 전해 주십시오.

- ウォン[円]に換えてください。
  원 [엔] 으로 바꿔 주세요.

- インターネット・カフェはありますか。
  인터넷 카페가 있습니까?

- Eメールアドレスを教えていただけますか。
  이메일 주소 좀 가르쳐 주시겠어요.

- メールアドレスはこれです。
  이게 제 메일 주소입니다.

- Eメールで連絡を取り合いましょう.
  이메일로 연락하며 지내요.

■ トラブル・病気

- パスポートをなくしました.
  여권을 잃어 버렸습니다.

- 電車の中にかばんを忘れました.
  전철에 가방을 두고 내렸습니다.

- 見つかったらホテルに電話をください.
  찾으면 호텔로 전화 주세요.

- このくらいの大きさの黒い肩掛けかばんです.
  이 정도 크기의 까만 숄더백입니다.

- 助けて!
  살려 주세요!

- 火事だ!
  불이야!

- どろぼう!
  도둑이야!

- おまわりさん!
  경찰관 아저씨!

- お医者さんを呼んで!
  의사를 불러 주세요!

- 救急車を!
  구급차!

- こっちに来てください.
  이쪽으로 오세요.

- 病人がいます.
  아픈 사람이 있습니다.

- 日本語の通訳をお願いします.
  일본어 통역을 부탁합니다.

- 国際診療部のある病院に運んでください.
  국제 진료실이 있는 병원으로 데려가 주세요.

- 日本語の話せる医師はいますか.
  일본어를 할 수 있는 의사가 있습니까?

- 気分が悪いのですが.
  속이 불편합니다.

- 吐きそうです.
  토할 것 같아요.

- 下痢をしています.
  설사를 합니다.

- 息が苦しいです.
  숨이 차요.

- 熱があります.
  열이 있습니다.

- 昨夜から熱が下がりません.
  어젯밤부터 열이 내려가지 않아요.

- 胃[頭]が痛みます.
  속이[머리가] 아파요.

- ここがとても痛いんです.
  여기가 굉장히 아파요.

- 痛くありません.
  아프지 않아요.

- 糖尿病です.
  당뇨병입니다.

- 高血圧[低血圧]です.
  고혈압[저혈압]이에요.

- 私は卵アレルギーです.
  저는 계란 알레르기가 있습니다.

- 私は妊娠3か月です.
  저는 임신 3개월입니다.

- 左の上の奥歯が痛みます.
  왼쪽 위 어금니가 아파요.

- 1日に3回飲んでください.
  하루에 세 번 드세요.

- 食後[食前・食間]に飲んでください.
  식후[식전, 식간]에 드세요.

- 1回2錠です.
  한 번에 2알입니다.

- この薬を常用しています.
  이 약을 먹고 있습니다.

2009年5月20日　初版発行

デイリーコンサイス韓日日韓辞典

2024年3月10日　　第7刷発行

編 者　尹 亭 仁（ユン・チョンイン）
発行者　株式会社 三省堂　代表者 瀧本多加志
印刷者　三省堂印刷株式会社
発行所　株式会社 三省堂
　　　　〒102-8371
　　　　東京都千代田区麴町五丁目7番地2
　　　　　　電 話　（03）3230-9411
　　　　　　https://www.sanseido.co.jp/
　　　　商標登録番号　4147735・4596661・521140

〈デイリー韓合本・1,568 pp.〉

落丁本・乱丁本はお取り替えいたします。

ISBN978-4-385-12310-3

本書を無断で複写複製することは、著作権法上の例外を除き、禁じられています。また、本書を請負業者等の第三者に依頼してスキャン等によってデジタル化することは、たとえ個人や家庭内での利用であっても一切認められておりません。

本書の内容に関するお問い合わせは、弊社ホームページの「お問い合わせ」フォーム（https://www.sanseido.co.jp/support/）にて承ります。

朝鮮半島
KOREAN PENINSULA

0 50 100km

中華人民共和國
중화인민공화국

白頭山
백두산

羅先特級市
라선 특급시

豆滿江
두만강

惠山市
혜산시

兩江道
량강도

淸津市
청진시

咸鏡北道
함경북도

江界市
강계시

慈江道
자강도

鴨綠江
압록강

咸鏡南道
함경남도

新義州市
신의주시

平安北道
평안북도

咸興市
함흥시

朝鮮民主主義人民共和國
조선민주주의인민공화국

平壤直轄市
평양 직할시

平安南道
평안남도

平城市
평성시

元山市
원산시

南浦特級市
남포 특급시

大同江
대동강

江原道
강원도

金剛山
금강산

沙里院市
사리원시

黃海北道
황해북도

雪嶽山
설악산

臨津江
임진강

京畿道
경기도

黃海南道
황해남도

開城特級市
개성 특급시

海州市
해주시

襄陽
양양

春川市
춘천시

江原道
강원도

仁川廣域市
인천 광역시

漢江
한강

金浦
김포

仁川
인천

鬱陵島
울릉도

ソウル特別市
서울 특별시

水原市
수원시

原州
원주

忠淸南道
충청남도

忠淸北道
충청북도

淸州市
청주시

慶尙北道
경상북도

浦項
포항

大田廣域市
대전 광역시

全州市
전주시

洛東江
낙동강

大邱
대구

大邱廣域市
대구 광역시

大韓民國
대한민국

錦江
금강

群山
군산

全羅北道
전라북도

慶州市
경주시

蔚山
울산

昌原市
창원시

慶尙南道
경상남도

蔚山廣域市
울산 광역시

光州廣域市
광주 광역시

光州
광주

泗川
사천

金海
김해

釜山廣域市
부산 광역시

霧安
무안

全羅南道
전라남도

麗水
여수

✈ 国際空港
국제공항

✈ 国内空港
국내공항

濟州市
제주시

濟州
제주

日本
일본

濟州道
제주도

漢拏山
한라산